"十三五"国家重点图书出版规划项目
上海市Ⅰ类高峰学科（外国语言文学）建设项目成果

语言学与应用语言学百科全书

ENCYCLOPAEDIA OF
LINGUISTICS AND APPLIED LINGUISTICS

梅德明 主编

上海市第十四届哲学社会
科学优秀成果奖二等奖

图书在版编目(CIP)数据

语言学与应用语言学百科全书/梅德明主编. —北京：北京大学出版社，2017.5

ISBN 978-7-301-27120-9

Ⅰ. ①语… Ⅱ. ①梅… Ⅲ. ①语言学 ②应用语言学 Ⅳ. ①H0

中国版本图书馆 CIP 数据核字 (2016) 第 099995 号

书　　　名	语言学与应用语言学百科全书 YUYANXUE YU YINGYONG YUYANXUE BAIKE QUANSHU
著作责任者	梅德明　主编
责 任 编 辑	黄瑞明
标 准 书 号	ISBN 978-7-301-27120-9
出 版 发 行	北京大学出版社
地　　　址	北京市海淀区成府路 205 号　100871
网　　　址	http://www.pup.cn　　　新浪微博：@北京大学出版社
电 子 邮 箱	编辑部 pupwaiwen@pup.cn　　　总编室 zpup@pup.cn
电　　　话	邮购部 62752015　发行部 62750672　编辑部 62754382
印 刷 者	北京中科印刷有限公司
经 销 者	新华书店
	787 毫米 ×1092 毫米　16 开本　99.25 印张　3580 千字 2017 年 5 月第 1 版　2023 年 9 月第 4 次印刷
定　　　价	368.00 元

未经许可，不得以任何方式复制或抄袭本书之部分或全部内容。
版权所有，侵权必究
举报电话：010-62752024　电子邮箱：fd@pup.pku.edu.cn
图书如有印装质量问题，请与出版部联系，电话：010-62756370

《语言学与应用语言学百科全书》
编纂人员

主　编　梅德明

副主编　李健儿　刘金凤　吴丽英

编　委（按姓氏笔画为序）
刘金凤　祁小雯　李健儿　李景娜　李　瑞　吴丽英　佟和龙　陈　杰　姜占好
高文成　梅德明　Jeroen van de Weijier（耶鲁安）

编纂人员（按姓氏笔画为序）

马乐东	王　正	王　淼	王　遥	王　静	王　磊	王凤元	王继楠	王雪梅
王瑞昀	计霄雯	户进菊	毋亚勤	申　奥	朱　青	朱　萍	朱　磊	朱玉山
刘　芹	刘　臻	刘金凤	刘颖呈	祁小雯	孙国俊	孙珊珊	李　佳	李　欣
李　梅	李　瑞	李健儿	李景娜	李端阳	杨雨寒	杨春雷	杨晓东	杨维嘉
吴　菲	吴丽英	吴明会	何春燕	佟和龙	汪小祥	张艳莉	张雪梅	张新彬
陈　杰	陈　朗	陈　璐	陈立青	尚巾斌	明　宏	罗杏焕	郑友奇	赵　阳
赵　彤	赵　燕	侯艳萍	姜占好	宫英瑞	骆明琼	秦　悦	贾　丹	顾伟勤
晁　瑞	倪　蓉	倪锦诚	徐　佳	徐　真	高文成	黄　皓	梅德明	谌莉文
葛忆翔	韩戈玲	韩巍峰	傅　玉	虞文婷	蔡君梅	戴建春		

目　录

前　言 ·· vii
凡　例 ·· xv
词目首字音序分区速查表 ··· 2；718；858；1204

正　文 ·· 1～1312
　语言学术语 ··· 1
　语言学理论与流派 ·· 717
　语言学人物 ·· 857
　　一、中国语言学者 ·· 859
　　二、外国语言学者 ·· 912
　世界语言 ·· 1203
　　一、谱系概述 ··· 1205
　　二、世界主要语言 ·· 1215

附　录 ··· 1313
　国际音标符号全表 ··· 1315
　语言学惯用符号表 ··· 1316
　语言学大事记 ··· 1320
　国内外语言学与应用语言学主要学术期刊名录 ·· 1353
　国内外语言学学术机构名称及网站 ·· 1369
　主要参考文献 ··· 1381

汉英词目检索表 ··· 1403
英汉词目检索表 ··· 1487

前　言

　　人的天性,在于永无休止地认识世界,建构世界,解构世界;人的本能,在于永不停息地认识自我,表达自我,超越自我。人类在建构自我与世界关系的同时,由"知"到"识",由形成认识到书写知识,不断地聚合人类智慧,汇成文化巨流,注入文化宝库。辞书编纂便是呈现人类知识文化总汇的一种主要形式。

　　清代版《辞源》主编陆尔奎曾言:"一国之文化,常与其辞书相比例……国无辞书,无文化之可言也。"纵观人类语言研究的辉煌历史,语言学的发展可谓耀人眼目且举足轻重,国外语言学各类辞书琳琅满目,数不胜数,特别是《语言与语言学百科全书》(*Encyclopedia of Language and Linguistics*)第二版于 2006 年问世落地,瞬间便在全球语言学界激起千层浪花,这部鸿篇巨制激发的不是涟漪微漾的震动,而是巨浪澎湃的震撼。反观近年国人编写的语言学专科辞书,则寥寥数于指尖。基于国内外语言研究的历史沿革与语言学发展的最新成果,为我国广大语言学研究者和学习者编纂一部特色鲜明、简明易索、集科学性与百科性于一体的语言学专科辞书,这一想法一直挥之不去,十年前终将这一想法付诸笔端。

　　阅微我国语言研究史,自周、秦时期起,便有官方輶轩之使赴各地采集异代方言,还奏籍之,藏于密室[1];春秋诸子百家的名实之辩与古希腊哲人的语言思辨交相辉映,而成书于战国末年的《尔雅》则是世界上首部语汇类书籍和释义专著。汉代三大语言经典之作——《輶轩使者绝代语释别国方言》(简称《方言》)、《说文解字》和《释名》[2]奠定了语言学在中国的研究基础,若称自汉代起语言学在中国便是一门独立的学科毫不夸张。时至今日,汉语音韵学[3]的研究依然在世界语言学界独树一帜,一骑绝尘。自秦汉以降,以文字学、音韵学和训诂学为核心的传统语言文字学熠熠生辉,为中国语言学的发展奠定了基础。

　　从传统上看,西方语言学注重对语言现象的归纳与总结,倡导以实证主义方法研究语言,力图建立关于语言本质的理论假说或学说体系。近年来随着认知神经科学、计算机科学、人工智能等的飞跃发展,语言研究深受自然科学研究的影响,语言学也成为人文社会科学中最接近自然科学的一端。西方这种崇尚以科学方法和手段描写语言现象、解释语言本质的研究范式,不同于我国传统的语言研究。自 1898 年马建忠著述的《马氏文通》问世后,我国语言学界在借鉴西方语言学思想和研究范式的基础上,开展了语法学、方言学、语音学、词汇学、类型学、语言政策与规划等研究,并形成了自身的特色和优势。黎锦熙、赵元任、王力、吕叔湘、李方桂、朱德熙等老一辈语言学家所开创的现代汉语研究业已体系化、理论化、科学化。外语学界在研究与

---

[1] 东汉泰山太守应劭著《风俗通义·序》言:"周秦尝以岁八月遣輶轩之使赴各地采集异代方言,还奏籍之,藏于密室。及嬴氏之亡,遗脱漏亡,无见之者。"

[2] 《方言》,作者扬雄,成书于西汉末年,是世界上首部研究方言的专著;《说文解字》,作者许慎,成书于东汉,是世界上第一部真正意义上的字典;《释名》,作者刘熙,成书于东汉末年,词汇研究著作,因声求义,开创了汉语语源学先河。

[3] 详见本书流派条目"汉语音韵学"。

引进西方语言学理论方面发挥了重大作用,并在语言教学、语言测试、认知语言学、句法学以及计算机自动理解及信息处理领域取得了令人瞩目的成就。汉语语言学界汲取西方语言学主流学说的有益内核,积极开展基于汉语语言事实的理论研究,为国际语言学发展作出了重要贡献。纵观当今语言学界,各种理论百花齐放,各种流派百家争鸣,编纂一部全面反映国际国内语言学与应用语言学发展史和研究成果的百科全书势在必行。

先贤有云:"一社会学术之消长,观其各种辞典之有无、多寡而知之。各国之学术,无不各有其辞典,或简或繁,不一而足。"[1]"看似寻常最奇崛,成如容易却艰辛"[2]。专科类学术辞典的编纂更为艰巨,非十年不得磨成一剑;智力、毅力、财力,乃至体力,样样不可或缺;在名缰利锁之下,即便贤能之士也确非仅凭上下求索可挥之而就。

回眸前辈耕耘,筚路蓝缕,为今人留下启山财富。我辈胸中虽无丘壑,一掬希望依然萦绕于怀。放眼辞书界,上世纪后十载,西方语言学界推出十余部专业百科辞书,除《语言与语言学百科全书》(第一版)[3]之外,还有布赖特(William Bright)主编的四卷本《语言学国际百科全书》(*International Encyclopedia of Linguistics*,1992)、柯灵哲(Neville E. Collinge)主编的《语言百科全书》(*An Encyclopedia of Language*,1990)、克里斯特尔(David Crystal)主编的《剑桥语言百科全书》(*The Cambridge Encyclopedia of Language*,1997)等。此外,诸如《大英百科全书》(*Encyclopaedia Britannica*)等综合性经典百科全书也大幅扩充、完善和更新语言与语言学的条目信息。除了这些卷帙浩繁的大型辞书外,语言学分支学科词典或手册层出不穷,各有侧重。

再观我国语言学界,戚雨村、董达武等人于上世纪80年代编撰的《语言学百科词典》对古今中外语言学主要术语、理论、方法、学科、流派、人物、著作等作了简明扼要的介绍。大致属于同一时期的《中国大百科全书》和《辞海》出版了各自的《语言文字卷》单行本。此后多年间,除零星出版一些手册类小型词典,鲜见大部头语言学辞书面世。在世纪之交,沈家煊翻译了克里斯特尔编著的《语言学与语音学词典》[4],外研社引进出版了《朗文语言教学及应用语言学词典》(*Longman Dictionary of Language Teaching and Applied Linguistics*),这两部辞书在语言学界发挥了极大的作用,成为语言学专业师生常见的案头书。戴炜华主编的2007年版《新编英汉语言学词典》在收词规模、内容更新、释义详尽等方面均有积极突破;同年出版的唐作藩主编的《中国语言文字学大辞典》,以中国语言文字学及人物和著作为主要内容,涉及世界其他语言与文字,在深度和广度两方面均有新的建树。

放眼世界,古印度吠陀时代(约公元前1500—前600)后期,便有各种"梵书"(The Brahmanas)问世,对吠陀经文的含义、祭祀时唱颂经文的方法等进行详尽的说明。公元前4世纪的古印度语文学家波尼尼(Pāṇini)编制了近四千条规则,用以描写梵语语音、形态变化、构词和句法。语言的哲学思辨则贯穿于古希腊古典时期(公元前5世纪—前4世纪)至希腊化时期(公元前4世纪—前2世纪)。柏拉图以描写克拉底鲁(Cratylus)、赫谟根尼(Hermogenes)和苏格拉底三人对话为形式将自己的语言思想集中体现在《克拉底鲁篇》(*Cratylus*)中。随着人类文明的不断进步,语言研究也随之发生了巨大变革,不同的历史发展阶段呈现出极为不同的

---

[1] 语出蔡元培,原文载于1917年《植物学大辞典·序》,商务印书馆出版。
[2] 语出宋代诗人王安石的《题张司业诗》:苏州司业诗名老,乐府皆言妙入神。看似寻常最奇崛,成如容易却艰辛。
[3] 第一版由阿舍尔(Ronald E. Asher)担任主编,成书共10卷,1994年出版;第二版改由布朗(Keith Brown)担任主编,成书共14卷,2006年出版。
[4] 译本取名为《现代语言学词典》,商务印书馆2000年出版。

特征。从以文献考证、读通古书、写好文章为目的的传统语文学，到19世纪的历史比较语言学、20世纪初的索绪尔结构主义语言学、20世纪五六十年代兴起的生成语法研究，再到当今各种见仁见智、精彩纷呈的语言学流派和理论，语言学研究融汇了生物学、心理学、社会学、数学、医学、认知科学、计算科学、信息论、系统论等学科知识，相互渗透，交融发展，形成了诸多边缘性、交叉性和综合性的新兴学科分支。

随着语言学研究的不断深入和研究成果的不断涌现，原有的专业工具书已经难以满足我国语言学专业人员不断增长的查询参阅需求。有鉴于此，这部《语言学与应用语言学百科全书》致力于博采众人之长，汇撷各家精华，古今中外兼收，经典新论并蓄，希冀为国内语言学汉外两界研究工作者提供一部最具参阅价值的工具书。

浩如烟海的学术文献和专业知识需要梳理提炼，既要追求理论上的认识价值，又要追求应用上的实用价值。本书以追求厘正故训、纲维群籍为目的，以如下要点为编纂原则：

（一）以史为线，将具有划时代意义的语言学理论精髓纳入编写要略；
（二）以点带面，以术语释义为核心，以流派阐释、人物介绍为补充，构筑网状式的立体释义编写模型；
（三）以经典为本，以科学精准为立足点，汇聚语言学各发展阶段的核心术语；
（四）以学科知识为基准，覆盖世界主要语种、语言学大事记等相关内容。

基于此，本书主体部分由语言学术语、语言学理论与流派、语言学人物和世界主要语言四个大板块构成，附录部分设置了语言学大事记、语言学主要符号、国内外语言学与应用语言学主要学术期刊、国内外主要语言学学术机构名称等辅助性信息。全书正文条目共约1.1万条，其中语言学术语条目近8000条，主要理论与流派86种；语言学人物1044人，其中中国语言学者312人，外国语言学者732人；世界主要语言1200余种。附录部分汇编了自公元前1500年至公元2015年止约3500年来与语言及语言学发展相关的大事件；辑录了语言学常用符号94个；介绍了国内语言学学术期刊46种；编译了SSCI国际核心期刊174种以及其他国际主要期刊71种的名录；搜罗了国内外较为活跃的语言学学术机构名称及其网址300个，其中国内63个，国际237个。

本书词目选择力求体现平衡性与层级性、专业性与完备性、科学性与实用性。立目广博而不失衡，溯本而不逐末，涵盖古今中外语言学与应用语言学领域各分支及交叉学科的基本概念和理论共识，既继承语言学词典编纂的优秀传统，又在时代性、前沿性、全面性诸方面求得发展，在重点、难点、新点上求得突破；剔除以往辞书中出现但已逐步退出使用范围的术语，注重增录近年来在句法学、认知语言学、音系学等学科分支出现的新兴术语，如"**纳米句法**"(nano-syntax)、"**制图理论**"(cartographic approach)、"**界标**"(landmark)、"**浮游声调**"(floating tone)等。在词目的分立与合并上，比较古今，综合百家，审慎论证，求同守恒。在词条选编上"点""面"并举，以点带面，兼顾相关学科和交叉领域的语言概念，对诸如语言哲学、句法学、音系学、语言测试学等领域的收词各有侧重。以"**粒子音系学**"(particle phonology，见正文第298页)为例，在此条目的引领下，由点及面设立了诸如"**时标层**"(timing tier)、"**音层**"(tier)、"**分裂**"(fission)、"**骨架层**"(skeletal tier)、"**偶值特征**"(binary feature)、"**区别性特征**"(distinctive features)、"**独值特征**"(privative)等下一层级的关联词目。

再以"**语义学**"为例，因不同语言学派对其持有不同观点或着眼于不同视角，研究方法不尽相同，故而语义学各分支学科的名称和相关术语繁杂众多，词目选择难免颇费思量。从平衡性原则出发，本书词目的选取从学科交叉性、研究层次、研究方法出发，层层关照：首先从研究角度出发，设置"共时语义学"和"历时语义学"两个条目；然后从研究层次出发，安排"**参照语义学**""**过程语义学**""**话语语义学**""**词汇语义学**"和"**默认语义学**（亦称'**缺省语义学**'）"等条目。这一思路和选择的结果如下图所示：

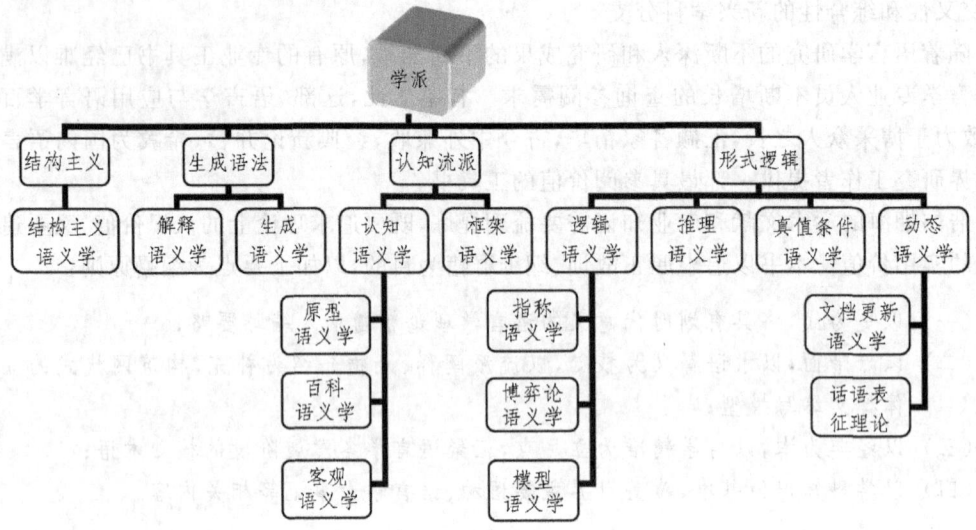

同时，依据词目设置的"层级性"原则，每个词目所涉及的重要概念另行设立条目解释，如在"逻辑语义学"下设立"**A 量化**"（A-Quantification）、"**空量化**"（vacuous quantification）、"**D 量化**"（D-Quantification）、"**命题逻辑**"（propositional logic）、"**外延动词**"（extensional verb）等一系列相关核心概念类别的条目；在以"**形式语义学**"为核心概念设立词目后，辅以"**形式逻辑**""**分析哲学**"等相关学科的概念。为使读者能在此基础上有进一步的了解，"语言学理论与流派"部分设立了信息量更大的"**认知语言学**""**结构主义语言学**""**生成语法**""**元语言学**"等条目，既从宏观层面介绍这些学科分支的背景，也为术语词目的内涵提供了翔实的补充和拓展；在"语言学人物"板块中，可参见**布雷亚尔**（Michel Jules Alfred Bréal）、**布尔**（George Boole）、**戴维森**（Donald Davidson）、**蒙塔古**（Richard Montague）等语义学、逻辑学的创始人，介绍其生平、观点、著述等，进一步加以充实和完善。

面对数量浩瀚如海、关系庞杂如丝的语言学术语，以术语板块为核心，精心构筑网状式的立体释义模型，无疑有助于全局上的统筹安排。

释文是辞书的灵魂，一部辞书质量的优劣，很大程度上取决于释文的质量。词目的释义绝非"平地起家式"的独创，高质量的术语在其内涵上具有稳定性和继承性，"平地起家式"的独创既不现实又违反了辞书编纂的原则。当然，因循守旧、照搬照抄则既无创造性又悖于学术规范，甚至导致谬误流传、以讹传讹的局面。依照"集萃众说、校正异同、推究义蕴"的原则，本书在借鉴前人研究成果的基础上，结合规定性与描写性两种方法撰写释文，围绕汉语主词目简明扼要地说明术语内涵，提供其渊源来历、涵义变迁、首创者、相关著作等要素，如"**结构效度**"（construct validity，见第 248 页）；涉及晦涩难懂之处，尽可能辅以精准、恰当的例证加以诠释，如"**中心语移位**"（head movement，见第 671 页）；涉及句法学、形式语义学、音系学的术语，则附以树形图或逻辑表达式，使释义更为清晰，如"**X 音层**"（X-tier，见第 715 页）、"**戴维森分析法**"（Neo-Davidsonian，见第 523 页）、"**语段无渗透条件**"（phase impenetrability condition，见第

593页)等。鉴于自然语言是一种结构性的知识体系,世界诸语言的结构既有共相也有殊相。本书所收语法条目,一般以汉语或英语例证为主,其他语种为辅;有些语法结构、形态或规则,因其具有"**指小词缀**"(diminutive)、"**中缀**"(infixing)、"**远指**"(distal)、"**补偿性延音**"(compensatory lengthening)等显著的类型学特征,则结合多语种例证加以诠释,如"**作格**"(ergative case,见第705页)。

在语言学发展史上,不少流派及其多种理论水乳交融,关系错综复杂,不易厘清。本书遵循"删繁就简"的原则,诸如"**依存音系学**""**参量语音学**""**计量语言学**""**莱比锡学派(青年语法学派)**"以及"**语音学**""**音系学**""**句法学**"等学科分支或学派,一般不在"语言学理论与流派"板块单独列为条目;遵循"以史为线"的原则,将"**古印度的语言研究**""**古罗马的语言研究**""**文艺复兴至18世纪欧洲的语言研究**""**欧洲中世纪的语言研究**"等反映西方语言研究渊源与传统的历史研究,分别按地域和年代立目加以介绍;遵循"时代性"原则,收录了诸如"**历史比较语言学**""**结构主义语言学**""**生成语法**""**认知语言学**"等具有划时代意义的理论与流派;遵循"前沿性"原则,收录了"**工程语言学**""**文献记录语言学**""**生态语言学**"等新兴语言学理论的要义;遵循"包容性"原则,收录了诸如"**树邻接语法**""**层次语法**""**词语法**""**中心词驱动的短语结构语法**"等小众学派;遵循"交叉性"原则,收录了诸如"**司法语言学**""**计算语言学**""**临床语言学**""**病理语言学**"等跨学科语言学理论。为弘扬我国语言学研究的特殊贡献,彰显我国传统经典领域的研究亮点,收录了"**中国文字学**""**训诂学**""**汉语音韵学**"等中国传统语言研究学派。

"十步之泽,必有香草;十室之邑,必有忠士"[1]——用来描绘致力于语言和语言学研究或为语言学的发展作出贡献的人士,也是十分贴切。在"语言学人物"板块,除收录专攻语言及语言学研究领域的专家学者之外,对语言及语言学研究产生重要影响的哲学、人文学科、自然科学等领域著名俊士也择而录之,如**笛卡儿**(René Descartes)、**巴赫金**(Михаил Михайлович Бахтин)、**爱因斯坦**(Albert Einstein);中国语言学研究人物收录了三百多位,如黎锦熙、王力、吕叔湘等。古今中外语言及语言学研究领域人才辈出,彬彬济济,各造精微,但限于篇幅,所收录人物以已故者为主。这一板块的释文含定位评价、生平简介和学术成就三部分,其中学术成就含主要学术观点、代表作等,提供了丰富的百科知识和标注资料。

一种语言承载了该语言族群的历史文化,一旦消亡,所承载的文化也随即湮没。以13世纪尚在使用的我国**西夏语**(见第1297页)为例,这一活跃了近五百年的古典语言的书写系统,随着党项民族的消失而成为"死文字",致使西夏文各种古籍碑文长期无法破译,这既是语言文字的缺憾,也是人类文化的损失。"世界主要语言"板块旨在提供语言的百科性资料。语种的选录以实用性为首要原则,囊括世界上200多种官方语言以及在历史上曾经发挥过重大作用或当前仍活跃的语言1200余种。以谱系归属、分布范围、使用人口、重大演变、共性特征(如判定和划分系属区片的依据,包括语音、词汇、语法等规则)、社会历史地位以及政治经济影响等为释文要素。

作为辞书的必要补充,附录部分纳入了语言学大事记。秉承"以史为线""以点带面""科学性与百科性兼顾"的原则,以编年史撰写方式,记录了历史上的语言学重大事件,其中包括史论典籍的出版、历史上重大语言规划事件、重要学术会议概要、与语言密切相关的重大科学发现等。在20世纪和21世纪的事件记载中,记载了人工智能的发展史,有助于读者理解术语板块中的"**深度学习**"(deep learning)、"**马尔可夫模型**"(Markov model)、"**神经网络**"(neural net-

---

[1] 语出汉·刘向《说苑·谈丛》。

work)等条目。国际音标表和语言学惯用符号为正文释义部分出现的各类符号作了补充说明,同时也为语言学专业学生提供了必要的学习资料。国内外专业期刊的辑录不以"核心"或"非核心"为标准,而以提供信息为出发点;本书所汇总的三百个语言学学术机构的名称及其网站,目的也是为读者获取相关知识提供便利。

本书编纂工作起始于2006年,不荒不怠十载,历经风雨坎坷。词典编纂博观而约取,厚积而薄发,即是对编纂者学养的检验,也是对其毅力的磨砺。编纂工作异常艰辛,从立目考究到释文打磨,举步之间,谨小慎微。不可悉数的术语,不胜枚举的理论,千节百扣的脉络,个个猛如下山虎,非有精卫填海之志不敢为。立志易,行却难,纵然抱有青云之志,行者面临各种始料不及的难关。统揽古今中外的人物、理论和流派,要求编纂人员条分缕析,巨细必究。含梵文在内的数十种语言的文字翻译,真可谓呕心镂骨,笃行不倦。各种语言信息的释解和例证,数以百计的列表、插图的设计和绘制,不仅耗费了大量的时间和精力,也考验着编纂团队对数字技术的操控。

辞书编纂,炼狱之旅,几度惆怅,几度惶惑。辞书编纂,艰难竭蹶,个中甘苦,非亲身经历不可体会,非持之以恒不得而果。18世纪英国著名辞书编纂学家塞缪尔·约翰逊(Samuel Johnson)将辞书编纂喻为"无害之苦狱"(harmless drudgery),叹其为"无偿劳作,虽成无荣"(success without applause, diligence without reward)。荀子曰:"骐骥一跃,不能十步;驽马十驾,功在不舍。"[1]选择这条不归之路,深感岁月不居,时节如流。虽有踟蹰,但矢志不移,锲而不舍。求之而后得,为之而后成。

"古之立大事者,不惟有超世之才,必有坚忍不拔之志。"[2]眼前这部囊括古今中外语言学要义的厚重之作,检验了编纂团队的才华和意志。悠悠十载的艰辛旅途,编委会主要人员气定神凝,不离不弃,攻克一个又一个的难关。编纂团队的成员来自不同地区和单位,他们年富力强,学术思维活跃,前沿意识敏锐,学术造诣高,在语言学与应用语言学研究领域各有所长和突出表现。不离不弃的十年历程,无怨无悔的辛勤耕耘,不仅迎来了辞书的息墨付梓,也助推了各自的研究事业。

作为国内首部语言学与应用语言学百科全书,编纂工作兼具继承性和拓荒性。本书在整体设计、词目确立、内容取舍等方面参考并借鉴了国内外同类辞书的编写规范,同时以跨学科的视角和严谨缜密的方法研读、考究、核查相关领域的专业文献和数字资源,以开放的态度、拓荒的精神、准确的表述、规范的语言撰写每一条目。虽然资料浩如烟海,术语意义繁难,文献解读不一,考究过程费时,但是编纂团队不懈调研,八方求教,与诸多国内外专家学者保持沟通。在理论与流派的审定工作中,向英国著名语言学家库克(Vivian Cook)教授多次请教,收录了他的部分见解和观点。在资料核查、释疑解惑、文稿校对诸方面不时得到国内同仁给予的专业指导和慷慨协助。对于诸多掠美之处,谨向慷慨解囊、无私相助的各位同仁深表谢意。

上海外国语大学的诸多青年学者、博士研究生和来自各地的访问学者,如尹瑞华、王丽、冉云云、刘颖、刘陈艳、李薇、李加强、李铁欧、杨金龙、杨楠、杨海琴、宋振军、陆月华、张苑、张松松、罗杏焕、胡妮、段惠琼、袁帅、黄敏、霍艳娟等,在文献收集、资料核查、文稿审校等方面付出了辛劳。全国高校的相关学报或学术刊物负责人,如上海外国语大学学报主编束定芳教授、西安外国语大学学报主编王和平教授,在语言学学术刊物信息的提供与核实方面给予了鼎力相

---

[1] 语出荀子《劝学》。
[2] 语出苏轼《晁错论》。

助。北京大学出版社外语编辑部主任张冰女士、责任编辑黄瑞明女士,在学术出版颇为不易的大环境下,一如既往地大力支持本书的编纂和出版;该社公共英语教材发展中心原负责人刘强先生在选题推荐和联系过程中给予了热情鼓励和支持。对于上述学界同仁的不吝指教,我们在此一并表示深深的感谢。

  尽管我们奋力拼搏十载,难免各照隅隙,鲜观衢路。夙愿虽了,杌陧依旧。编纂这样一部专业百科全书,惟恐管中窥豹、挂一漏万。对于本书中出现的纰缪或疏漏之处,敬祈专家学者和广大读者不吝赐教。

梅德明
2016 年 12 月于上海外国语大学

凡 例

一、编 排

1. 本书正文词目按大类分四个板块排列,各板块条目排序、符号使用、图片要求、数字、译名(含人名、地名、术语名称)等保持一致。
2. 正文条目以汉语名称立目、按拼音顺序编排,基本格式为"汉语目名+英语目名(或外语本名)";部分约定俗成以外文字母或相关符号开头的词目按照字母和符号的排序惯例编排,录于汉语目名的条目之后。

二、词目名

3. 本书以汉语目名为主词目,外语目名为副词目,汉语词目名只列"唯一项";允许多个外语目名(对应词)并列,其间(包括缩略形式)以分号分隔;汉语词目名完全相同而英文对应词不同的条目,在汉语词目名上方加注上标数字,如**背景**[1]、**背景**[2]……。
4. 语言学人物板块中,外国人物原则上仅用姓氏的汉语译名为词目名,译名相同或特殊姓氏者(如肯尼迪),采用"姓氏汉语译名(名字汉语译名+～)"的格式;外语姓名为副词目,姓氏置于名字前,以逗号分隔。外语名尽量提供其本族语原文。
5. 汉语词目名采用黑体,外语词目名采用粗体,两者字号相同,但均大于正文字号。"参见"字样后的词目名保留黑体,字号同释文。

三、释 文

6. 条目释文的写作语言为规范化的现代汉语;例证以中文为主,外文例证根据释义及其理解的需要提供相应的译文。"语言学术语"板块释文提供必要的学科类属标签和定义,"语言学理论与流派"板块包含源起与发展、创始人或主要代表人物、主要观点或著作、主要贡献或影响等元素,"语言学人物"板块原则上包含生平、主要观点与贡献、主要作品等要素,"世界主要语言"板块则着眼于谱系类属、分布与人口、语言特征和发展演变等要素。
7. 条目释文若涵盖不同学科领域或学科分支,即属跨学科或跨领域的多个义项,以反白阿拉伯数字❶、❷、❸……分别标识。条目内部分层表述或罗列要点,采用带圆括弧阿拉伯数字(1)、(2)、(3)……,避免单独成行的标题;编号项目之间的分隔标点,不宜先出现句号,后采用分号。语言学流派与主要理论板块的释义篇幅较长且需分层,可采用带圆括弧的汉语数字(一)、(二)、(三)……为第一层级,带圆括弧阿拉伯数字(1)、(2)、(3)……为第二层级。

8. 例证多项并列时，用带方括号的阿拉伯数字[1]、[2]、[3]……在同一条目内连续编号排列；在同一编号下例证细分，以字母 a、b、c …辅助区别。例证中与释文表述具体所指相关的部分，外文采用斜体，中文采用着重号或粗体。

9. 外国人名在释文中首次出现，原则上汉语译名采用全名全译，随后以圆括弧夹注外语全名，语言学人物板块已收录为词目的人物仅提供姓氏译名；同一条目中复现时仅用姓氏译名，涉及亲属关系则灵活变通。

10. 非常见的地名、机构名、事件和专业术语等专有名词，采用圆括弧夹注外语原名。书籍、期刊、文章等作品的汉语名称采用书名号标识，随后用圆括弧夹注作品的外语原名和出版年代。俄语、日语以外的外文书名采用斜体，篇名用正体，非通用语种根据表述需要提供英语译名。

四、"参见"

11. 条目内容涉及其他相关条目或需由其他条目释文予以补充，采用"参见"的方式，所需参见的词目名称仅用主词目（即汉语目名）并加双引号用黑体字呈现。

12. 同义异名的汉语词目名不再重复释义，另设参见型条目，与正常释义条目一同按音序编排，释文部分仅注明被参见对象，格式同上。

13. 上下义条目之间设有互相参见的提示信息，下义词条不作详解，仅提供已作详解的上义词条目名，以供互相参考。

五、参考书目

14. 全书的主要参考文献统一安排在"附录"的最后一部分，以辞书类、论著类、论文类和译著类分别编排。英语文献采用 APA 格式，汉语及其他语种文献格式参照英语文献。

六、检 索

15. 本书四个板块的辑封后均有词目首字音序分区定位速查表，最后附有全部条目的词目汉英双语检索表和英汉双语检索表。

16. 检索表采用"双双栏"编排，汉英表中的英语词目并列项之间用分号分隔；英汉表中的汉语目名同义项用逗号分隔，非同义项用分号分隔。外国语言学人物的汉英检索表提供了国籍信息。

七、译名规范

17. 专业术语名称译名以"约定俗成"为首选原则，以《辞海》《中国大百科全书·语言文字卷》《语言学名词》(2011 版)等工具书为主要参考依据。

18. 各语种姓名、地名、机构名称等的译名，在尊重事实、遵从共识的前提下，以新华社译名室编纂的各语种姓名和地名译名手册、国家法定标准化机构等的正式出版物为自译的参照标准。

19. 缺乏现成参考依据或参照标准的人名、地名和机构、事件等专有名称,均以源语发音作为音译的主要原则。

八、其　他

20. 本书字体除必须用繁体字的以外,凡已简化的汉字,一律以 1986 年 10 月重新公布的《简化字总表》为准。
21. 本书所用数字,除习惯用汉字表示的以外,一般用阿拉伯数字。
22. 本书在部分条目释文中配有必要的插图,在插图底部对插图来源进行标注。

语言学术语
Linguistic Terms

词目首字音序分区速查表
(语言学术语)

分 区	页码区间
A	3 ~ 5
B	6 ~ 31
C	32 ~ 67
D	68 ~ 103
E	104 ~ 106
F	107 ~ 144
G	145 ~ 185
H	186 ~ 212
I	
J	213 ~ 267
K	268 ~ 287
L	288 ~ 312
M	313 ~ 329
N	330 ~ 341
O	342 ~ 342
P	343 ~ 354
Q	355 ~ 377
R	378 ~ 393
S	394 ~ 451
T	452 ~ 479
U	
V	
W	480 ~ 500
X	501 ~ 545
Y	546 ~ 649
Z	650 ~ 705
字母与符号起首	706 ~ 716

A

阿尔法 alpha 希腊字母表的第一个字母,具有"开始"之义。

阿尔法移位 move α; alpha movement 参见"移位 α"。

阿尔哈米阿多文 Aljamiado 亦称阿尔哈米亚文(Aljamía)。历史上莫扎拉布语(Mozarabic)的部分样本赖以流传下来的一种书写形式,采用阿拉伯文或希伯来文转写。也指用阿拉伯文转写的西班牙语、葡萄牙语和拉迪诺语(Ladino)等欧洲罗曼语文本。

阿尔泰假说 Altaic hypothesis 历史语言学术语。指有关语言远亲关系的一种假设,名称取自有关语言所在区域的地标—中亚的阿尔泰山。此假设认为突厥语(Turkic)、蒙古语(Mongolian)和通古斯语(通古斯满语)(Tungusic/Manchu-Tungusic)等四十种语言具有谱系关系。拓展的"阿尔泰假说"甚至将朝鲜语、日语、阿伊努语(Ainu)也纳入其内。19世纪早期和中期的学者们曾提出了一些分类方法,将某些或所有这些语言归为"阿尔泰语族",但这些语言之前通常被归为更大的、定义不确定的类属,比如学界已放弃了的乌拉尔—阿尔泰语假说。尽管"阿尔泰语系"一词常见于百科全书和各种语言学手册,但大多这些语言的专家不再认为传统上所认定的突厥语支、蒙古语支和通古斯语支三个"阿尔泰语支"有紧密的谱系联系。尽管如此,"阿尔泰假说"仍然有一些忠实的追随者。"假说"最主要的问题是整个亚洲内部语言之间以及"阿尔泰语言"之间大量的词汇借用;缺乏足够数量有说服力的同根词和语言类型学上常见的表明语言谱系关系的词汇区域扩散特征。"阿尔泰语"共有的典型特征包括元音和谐、音位总量少、均为黏着语、均无词缀、(S)OV 语序以及非主句多为非限定句结构等。但这些共有特征通常是谱系上无亲缘关系的语言之间司空见惯的类型学特征,也是相邻地区语言的地域性特征。因此,"阿尔泰假说"虽然历史悠久,但自其诞生之始即备受争议。

阿拉伯字母 Arabic alphabet 阿拉伯语的书写形式。除了阿拉伯语之外,世界上尚有多种语言如波斯语、达里语以及中国的维吾尔语、哈萨克语等采用阿拉伯字母。阿拉伯字母属于亚兰字母体系,共28个,均为辅音字母。阿拉伯字母本身不包含短元音,元音用附加符号来表示,但通常只有在《古兰经》、幼儿读物或供外国人阅读的书籍中才加元音符号,所以在阿拉伯语和波斯语、达里语、普什图语等语言的很多书籍和杂志中,短元音并不被标出,人们必须从文中推测出这些元音。阿拉伯语是连续书写的,而且书写顺序与拉丁字母相反,自右向左横写。

埃及象形文字 Egyptian hieroglyphic writing ❶指公元前3500年至公元400年大约四千年间非洲东北部至尼罗河下游一带古埃及人所使用的文字系统,由图形符号、音节符号和字母构成,其意符、类符和声符都来源于象形的图式,表意兼表音。这种文字大多见于神庙和各种纪念性建筑物的碑刻上,书写正规、图画性强,只有祭司等少数人群通晓,因此被称作"圣书体"。写于莎草纸上笔画连写特征更为明显的变体则被称为"草写圣书体(cursive hieroglyphs; hieroglyphic book hand)"。随着书写形式的不断演化,出现了书写更为简化、连贯的速写字体,称为僧侣体(hieratic,亦称"草体"),多见于写在莎草纸上;到公元前7世纪,又演化出更便于快速书写的字体,称为大众体(demotic,亦称"世俗体")。僧侣体和大众体文字脱胎于象形文字,在技术层面上已经丧失了象形文字的外在特征。❷特指古埃及文字中的圣书体(Egyptian hieroglyphs),亦称碑铭体、正规体。

艾立夫 alif; aleph 阿拉伯字母表的第一个字母,与希伯来字母表、希腊字母表和拉丁字母表中的第一个字母一样,都由腓尼基字母演化而来。艾立夫是一个表音字母,表示喉塞音或长元音。

艾特肯定律 Aitken's Law 亦称苏格兰元音长度定律(Scottish vowel length rule),由苏格兰词典编纂家艾特肯(Adam Jack Aitken,1921—1998)教授发现并提出,故而得名。其基本主张为:在苏格兰语和英语的苏格兰口音中,当出现在辅音/v/、/ð/、/z/、/ʒ/、/r/之前,或出现在单词之前,或出现在词素之前时,处于重读音节中的元音/i/、/e/、/o/、/u/、/a/等要发长音;在其他情况下则发短音。

爱称 hypocoristic form 语用学术语,亦称爱称词(hypocoristic word)。用表示亲昵的名称(term of endearment)或小名(diminutive)。取代人名、地名或物名。例如,称 Tom(汤姆)为 Tommy(汤米)。某些非线性音系学模型(特别是韵律形态学)以爱称为例来证明模板分析和相关程序的合理性。有学者认为,爱称是将一名称投影到最小词模板的结果。

爱称词 hypocoristic word 参见"爱称"。

暗音 l dark l 音系学术语。指英语中位于辅音前的或词尾软腭化的[ɫ]例如,double 中的[ɫ]。与此相对,当/l/位于元音前,尤其是前元音前的齿

龈音 /l/ 则称作"明音 l(clear l)",如 light 中的 /l/。

暗示法 suggestopaedia; suggestopedia; suggestopedy　语言教学术语,亦称罗扎诺夫法(Lozanov method)。指由保加利亚罗扎夫创立的一种外语教学法,通过借助对话、情景和翻译来提出语言材料让学生练习,特别是借助音乐、视觉形象和轻松的练习使学习变得更轻松、更有效率。

暗箱分析 Black-Box Analysis　神经语言学术语,亦称黑箱分析。一种仅仅基于系统输入和输出的分析的形象性表达,常常被用于一些其内部规律很少为人们所知的现象的研究。人们只能观察到这些系统输入和输出的值,而无法观察到数据内部的结构和相互关系,这样,只能从输入和输出的数据来推断它们在系统中的特点。这种源于控制论的观察方法也适用于自然语言研究,其中,语言的发生过程的内部结构被视为语法规则的系统,但处于人的大脑的"暗箱"之中,因而在讲话时,大脑的神经生理过程无法观察。

暗箱模型 Black Box Model　参见"黑盒模型"。

暗元音 dark vowel　参见"深元音"。

暗指 innuendo　修辞学术语。间接表达一种意思(通常是不好的、贬义的甚至是讥讽的)的修辞格(figure of speech),是反语(irony)的一种变异形式。例如:[1] He is a man most dependable when you're not in need.(你没有什么为难事的时候,他挺可靠;有为难事时就靠不住了。)　[2] Laws are cobwebs, catching flies and letting wasps break through.(法律如蛛网,只抓小苍蝇,放走大马蜂。)

盎格鲁美洲 Anglo-America　地理方面指北美大陆,以别于具有深厚西班牙传统的中、南美洲;文化学方面指以英语为共同语,风俗习惯传统上与北欧相同的北美洲文化实体,具体包括美国和加拿大大部分地区(法语区除外);人种学方面指操英语的北美白种人,以别于拉丁美洲人的后裔。

盎格鲁人 Angles　世居北欧的西日耳曼部落,公元5—6世纪与撒克逊人(Saxons)和朱特人(Jutes)一起侵入不列颠,并建立了东盎格利亚(East Anglia)、麦西亚(Mercia)和诺森伯里亚(Northumbria)三个王国,这些区域后改称为英格兰(England),即盎格鲁人之岛。他们的语言,史称盎格鲁-撒克逊语(Anglo-Saxon),取得了主导性地位,完全取代了之前的凯尔特语(Celtic)。现在人们一般把盎格鲁-撒克逊语称为古英语(Old English)。

奥卡姆剃刀原则 Ockham's razor; Occam's razor　亦称认知吝啬定律(Law of Parsimony),中世纪学者奥卡姆(William of Ockham, 1285—1349)提出:"如无必要,勿增实体"(Entities should not be multiplied beyond necessity)。奥卡姆剃刀原理的含义是在试图了解某事物时,不采用不必要的信息是获得真相或获得最佳解释的最快途径。几种解释中最简单、最显而易见的解释就是最应该被采用的,除非被证明是错误的;如果有两个原理都能解释观测到的事实,那么应该使用简单的那个,直到发现更多的证据;最简单的解释往往比较复杂的解释更正确;如果有两个类似的解决方案,选择最简单的;需要最少假设的解释最有可能是正确的。用一句话来总结就是:让事情保持简单。

在现代社会奥卡姆剃刀原则被认为是简练的认识与行为原则,广泛地运用到社会各个领域。其首先成为现代科学研究的基本信条,其内涵是当两个处于竞争地位的理论若都能得出同样的结论,那么简单的则为上选。该原则也被命名为吝啬定律(law of parsimony),亦称朴素原则。

澳大利亚词典学 Australian lexicography　19世纪30年代开始,英语作为一个特殊的变体进入澳大利亚社会,逐渐取代土著语,成为标准语言,1788年,讲英语的殖民者在澳大利亚建立殖民统治,1901年成立澳大利亚联邦。一般认为澳大利亚第一位词典学家是墨尔本大学的爱德华·莫里斯教授(Edward Ellis Morris)(1843—1902),他所编撰的《澳新英语词典》(*Dictionary of Austral English*)于1898年由伦敦麦克米伦公司出版,该词典用实例记载了澳大利亚和新西兰英语的用法。1945年,澳大利亚悉尼的安格斯·罗伯森公司出版了西德尼·贝克(Sidney J. Baker)的《澳大利亚语言》(*The Australian Language*)。该书虽然在严格意义上不能算是词典,但生动记载了澳大利亚口语和方言。更富有词典学特征的澳大利亚英语记载是1978年悉尼大学出版社发行的由威尔克斯(Gerald Wilkes)编撰的《澳大利亚口语词典》(*A Dictionary of Australian Colloquialisms*),该词典多次再版。第一部全面介绍澳大利亚英语的是《澳大利亚语牛津词典》(*Australian Pocket Oxford Dictionary*),该词典于1976年由伦敦大学出版社发行,格莱姆·约翰斯顿(Grahame Johnston)编撰。1981年麦格理图书馆出版的《麦格理词典》(*Macquarie Dictionary*)由戴尔布里奇(Arthur Delbridge)、伯纳德(J.R.L. Bernard)、布莱尔(D.

Blair)和拉姆逊(W.S.Ramson)编撰,概述首次规范了澳大利亚语的用法和读音。1988年,牛津大学出版社出版发行了拉姆逊的《澳大利亚国家词典:关于历史原则的澳大利亚英语词典》(*The Australian National Dictionary: A dictionary of Australianisms on historical principles*),该书收集了6000余条澳大利亚英语词条,以牛津注解方式从9000余种澳大利亚文献中引用了约6万条年份、出处确切的引文。格林斯、麦格理和牛津出版的词典占据澳大利亚的主要市场。除词典出版外,在澳大利亚大学里还有两个词典研究中心:牛津大学出版社和澳大利亚国立大学赞助的澳大利亚国家词典研究中心以及麦格理大学的词典研究中心。1990年,澳大利亚词典学会成立。

澳斯特里语系假说 Austric Hypothesis

从理论上讲,澳斯特里语系是一个庞大的假设语系,亦称大南方语系,主要指东南亚、太平洋和东印度次大陆地区讲的语言,包括南岛语系和南亚语系,前者主要分布在台湾岛、马来群岛、太平洋岛屿、马达加斯加,后者主要分布在东南亚大陆、东印度与孟加拉国,关于这两种语系有基因关系的假说,还未得到语言学家的广泛认可。1906年德国传教士施密特(Helmut Heinrich Waldemar Schmidt)首次提出澳斯特里语系假说,他以音系、词汇形态和词汇理据来支持澳斯特里超级语系的存在,但在较大的语言社团中,词汇理据却不够充分。因此这一假说未获广泛认可。1942年本尼迪克特(Paul King Benedict,汉名白保罗)增加了壮侗语(Tai-Kadai languages)和苗瑶语(Hmong-Mien;Miao-Yao),从而扩展了澳斯特里语系假说。本尼迪克特认为,壮侗语不属汉藏语系的一个语族,它们与印度尼西亚语才有真正的发生学上的关系。20世纪60年代,他把壮侗语、苗瑶语、印度尼西亚语以及台湾岛、大洋洲的土著语言归在一起提出建立"澳泰语系(Austro-Tai)",他关于汉藏语言分类有一定的支持者,与李方桂、罗常培汉藏语言分类系统形成对峙之势。虽然迄今为止关于"澳泰语系假设"仍有很多争议,但是该假说对东亚和南亚语系属关系研究的冲击是以往任何研究所不曾有过的。尽管词汇理据微小,但直到今天,很多支持者主要从词汇形态的角度肯定了南岛语系与南亚语系或壮侗语系之间的关联性。一些研究者认为,最近发现的尼科巴语(Nicobar)与南岛语之间在词汇形态上的共性为南岛语系和南亚语系的基因关系提供了强有力的证据。还有一些研究者依然在寻找南岛语系与南亚语系之间缺失的词汇联系。

B

巴尔索罗梅定律 Bartholomae's Law 语音学术语。印度—伊朗语言的一项语音定律：在某些情况下，后跟送气清辅音时送气浊辅音会失去送气，而清辅音本身则浊化并附加送气。

巴赫-彼得斯悖论 Bach-Peters paradox 句法学术语，亦称问题代名词化（problominalization）或巴赫-彼得斯句子（Bach-Peters sentence）。指代词从深层结构派生时可能出现的指代不明或前后照应关系混淆不清的问题。美国语言学家埃蒙·巴赫（Emmon Bach）和史坦利·彼得斯（Stanley Peters）发现了这一问题，并分别作出相关描述。具体而言，在语法理论中，一个句子包含两个名词短语（NP），而且这两个名词短语都各自含有一个代词与另一个名词短语形成相照应的关系。例如：[the woman who was having lunch next to him_i] smiled at [the man who offered her_j a seat]$_j$。这一类句子给由完全名词短语（full noun phrases）转换成代词的照应理论带来了难以克服的问题。

巴赫-彼得斯句子 Bach-Peters sentence 参见"巴赫-彼得斯悖论"。

巴赫概括 Bach's generalization 句法学术语。指在一个合乎语法的句子中，用来控制主语的并且在句子中做宾语成分的名词短语不能省略。例如：[1] Jack persuaded us to do it. [2] *Jack persuaded to do it. [3] Tom promised us to hold the party. [4] Tom promised to hold the party. 在这些句子中，句[2]是错误的，因为该句缺少一个明显的 NP"us"来控制"to do it"的空位主语；而句[4]是正确的，因为"promise"本身就是主语的控制语。

巴黎符号学学派 Paris School Semiotics 指 20 世纪 70 年代末出现的法国符号学学派，以格雷马（Algirdas Julien Greimas）等人为代表，以"法语研究学会"的成员为主，形成法国符号学学派主流。其特点是更看重语义研究，努力探讨意指方式，认为符号学应该成为一种有关意指系统的理论，他们研究的领域是作为意指实践结果的各种文本。按照格雷马的主张，符号学（sémiotique）即意指系统的一种等级分析学说；一个意指整体可分为深层结构、表层结构和表现结构，需要对这些不同层次加以确立，对其相互关系进行研究。

靶域 target domain 参见"目标域"。

爸爸语 fatherese 儿童语言习得研究用语。指父亲对其幼儿的独特说话方式。这种说话方式有语法简化、语调夸张、用词短小等特点。虽与"妈妈语（motherese）"相比具有风格上的差异，但常常一起被归在较宽泛的概念"保姆语"（caretaker speech 或 caregiver speech）之下。不过，"保姆语"除指父母外还指祖父母、职业保姆以及其他照看人说的话。

白板说 tabula rasa 语言习得术语。行为主义心理学把人脑看成一块没有特定结构、没有功能划分、没有"花纹"，可由后天经验任意涂抹的"白板"。从这种理论出发，一个人的语言知识可被视为白板状的大脑按照"模仿—记忆"或者"刺激—反应"的模式对经验中语言材料的贮存和记录，而一个人的语言能力则是大脑经过"学习""训练"的形成的结果或习惯。

百分比符号 percent sign 在语言学中，"%"符号用来表示其后面语符串的语法特征取决于讲话者所做的判断。对同一句子，有的人认为可能符合规范，但有人却认为不是，这主要取决于判断者的社会或地域背景。例如：[1] % Mark needs his hair cutting. [2] % The beer here is lousy and more. [3] % You ain't seen her. [4] % Mike came across Alice while enjoying herself at the party. 英国某些地区的人认为句[1]合乎语法规范，但是其他地区的人们并不认为此句合乎语法规则；只有美国东北部部分地区的人们认为句[2]合乎语法规范；只有某些非标准方言的讲话者认为句[3]符合语法规范；至于句[4]，有些人认为它符合语法规范，也有一些人认为它不符合语法规范。"%"的这一用法类似于用星号"*"表示不规范的语符串，用问号"?"表示规范性不确定的语符串，用井号"♯"表示句法规范但语义荒谬。

百科信息 encyclopaedic information 语用学术语。指组成交际中每个人的认知语境的三种信息之一。其他两种为逻辑信息（logic information）和词语信息（lexical information）。这三种信息的组成与结构都因人而异，因而得出的话语推理结果也不尽相同。参见"关联理论"。

百科意义 encyclopaedic meaning 间接的、非指称性的、累加的符号意义，与世界百科知识相关。尽管传统上认为百科意义不属于语言学要素，但其在对符号的理解中往往至关重要。与内涵、语义框架以及与述谓范围相关的诸多概念含义都有所交叠。

百科语义学 encyclopaedic semantics 认知语言学术语。指认知语义学（cognitive semantics）

在研究语言意义时所使用的一般方法(general approach)。百科语义学有五个核心假设(key assumptions)。第一,语义学和语用学之间没有原则性的区别,即一方面在核心意义,另一方面在语用、社会和文化意义上没有区别;第二,百科知识是有结构的,词汇提供访问路径的知识结构代表一个有组织的知识库藏;第三,百科意义产生于使用语境,故百科意义的选择是由语境因素决定的;第四,百科知识研究方法视词汇项为百科知识访问点,因此词汇有选择地提供通向巨大百科知识语义潜势(semantic potential)的具体部分的访问路径(access);第五,虽然和每一个词有关的中心意义是相对稳定的,但每一个词提供访问路径的百科知识却是动态的,如词汇概念"手机"提供访问路径的百科知识是不断更新的,是科技发展以及个人经历不断互动的结果。

百科知识 encyclopaedic knowledge 语用学术语。指话语参与者的背景知识,即关于世界的知识。它有别于关于语言系统的知识,如"猫"一词具有的语义特征[＋哺乳动物]或[＋胎生的]等知识可将"猫"一词从词汇库中与其他词区分开来。但"百科知识"让人们知道的可能是瞎猫生下来是瞎的,家猫的怀孕期是 65 天等关于猫的背景知识。

柏拉图问题 Plato's problem 句法学术语。参见"笛卡儿问题"。

半词素 semi-morpheme 形态学术语。词素是单词的最小的有意义的组成部分,而半词素是指无法继续共时性地分析原始性意义、贴附于某一语素基的词汇语素。例如:cranberry 中的 cran-。与半词素分类相关的是:(1)与其发生相伴的语素可得以明确无误地划分;(2)半词素在范式中具有独立的功能(如:cranberry vs boysenberry and huckleberry);(3)半词素并不形成系列。如果半语素出现在派生过程中,可称作准语素(pseudo-morpheme)。

半韵 half rhyme; imperfect rhyme 参见"全韵"。

半元音 semi-vowel 语音学术语。指肺部送出的气流通过口腔和/或鼻腔时,带着极轻微的摩擦发出的语音。功能上类似辅音,起辅音的音系作用。就发音方式而言,半元音与元音相同。与元音不同的是,半元音不能充当音节核心,如流音(liquid)和滑音(glide)。

伴随 accompaniment ❶语法学术语。指句子结构内部非谓语语段所表达的动作状态与句子谓语动词所表达的动作状态伴随发生的一种语义关系。在语言使用中,伴随的成分往往在句子中充当状语,以 with 复合结构、独立主格结构、分词短语或形容词短语等形式修饰句子的谓语动词,所表示的动作或状态伴随着谓语动词的动作同时进行。例如:[1] She sat there alone *with her eyes filled with tears*. [2] *Breathless*, she rushed in through the back door. ❷语义学术语。菲尔默(Charles Fillmore)用以解释句子核心谓语动词与受其支配的实体成分之间的一种语义关系,属于深层语义格之一。指不与其他诸如施事、客体等深层语义格并列受动词支配,而是在任何一种格关系之下的名词短语进行扩展时移入的一个成分。例如:[3] I ate dinner *with my wife*. 其中的 with my wife 与句子核心动词之间的关系就是伴随,my wife 的深层语义格也称为伴随格。

邦科姆之辞 bunkum; buncombe 指空话、废话。源于美国北卡罗来纳州邦科姆(Buncombe)县的一个典故。据传 1820 年该州有一议员在国会中作了一次哗众取宠、华而不实,只为讨好选民的演讲,该议员当时的竞选宣言是"to make a speech for Buncombe"(为邦科姆说话)。由此,"邦科姆之辞"专指为了表现的高调言论。后转义为"空话,废话"(nonsense)。例如:You are talking a lot of bunkum!(你说的都是废话!)

包含 inclusion 语义学术语。一种语义关系,具体指上下义的涵义关系。例如,说"小卧车"是一种"车辆",就是说"小轿车"这一类车"包含"在"车辆"这一类中。换言之,如果 A 包含于 B,当 B 中至少有一个元素不是 A 的元素时,A 即真包含(properly included)于 B。

包容式代词 inclusive pronoun 语义学术语,亦称第一人称代词(first person pronoun)。就代词而言,包容的与外排的对立,指说话人和听话人(或说话人和其他人)都包括在内的第一人称代词,如"我们"="我和你(们)"。

包容条件 inclusiveness condition 句法学术语。指乔姆斯基在其"最简方案"中提出的关于人类语言运算系统的一个条件,要求句法运算中不能增加新的信息。根据这个条件,进入句法运算的词项在运算过程中和运算结束后输出的成分既不能增多也不能减少。管辖与约束理论中语迹(trace)、标记(index)和阶标层次(bar-level)等概念,由于违反了该条件,在最简方案中最终被废弃。

褒义后缀 ameliorative suffix; meliorative suffix 语义学术语。使词义转褒的后缀,此类后缀使单词语义由低微或中性意义转为表示更佳意义的语义变化。

褒义化 amelioration 参见"词义升格"。

保护式教学　sheltered instruction　参见"保护式英语"。

保护式英语　sheltered English　语言教学术语，亦称保护式教学(sheltered instruction)。指一种以加拿大沉浸式教育模式为基础的第二语言教学方法。为了适应学习者的语言水平，对学科内容适当调整简化；对教材语言进行限制和处理，如限制用词等级、作词语注释、设计相关辅助性教学材料等；教师采用适当的教学策略，如减慢讲课语速、利用图片等，以降低学习难度。该方法旨在提高学习者的语言水平并拓展其学科知识。

保留宾语　retained object　句法学术语。句子在与格转换后结构变为被动式时，间接宾语前移至主语位置，直接宾语保留在原位。例如：[1] Dad gave me *the book* for my birthday. [2] I was given *the book* for my birthday. 句[2]中的"the book"本为句[1]的直接宾语，句式变换后保留在原位，被称为保留宾语。

保姆式语言　caretaker speech　亦称保姆语。参见"婴幼儿话语理论"。

保全面子　face-saving　语用学术语。指为满足面子需求所采取的各种理性行为，由布朗(Roger William Brown)和列文森(Stephen Levinson)于1978年提出。西方人通常通过暗示、暗语、反语、委婉语气等形式保全面子，而中国人更加顾及别人的面子，常常表现为多听对方讲话、少辩解、少冲突以保全对方的面子。

报道分　reported score　语言测试术语。指反馈给被试者的分数，其形式既可以是原分数也可以是考虑任务难度、评价者因素等而给出的转换分数(transformed scores)。

爆发　burst　语音学术语。指在发声时所产生的突然、短促的声能的高度集中及迸发，其发生在如爆破音以及某些闪音和颤音的除阻阶段。

爆破音　plosive; plosion　参见"塞音"。

北极人语言　Hyperborean　希腊神话中北极地区部分居民的语言。传说他们品德高尚，生活富裕，居住在"北风源以北"(north of source of the north wind)，一个阳光永远普照大地的地方。

备择假设　alternative hypothesis　统计学术语，亦称对立假设。在假设检验中，对于一个假设检验问题，一般提出两个相对立的假设：零假设和备择假设。如果有足够的证据能够推翻零假设，那么备择假设就被接受。在很多假设检验中，备择假设才能检验设计所要验证的结论。

背景¹　ground　认知语法术语，亦称参照物。在认知语法中，背景与所有话语有关，包括会话参与者、说话的时间、现场的物理情景等。被应用到认知语言学中的一个心理学术语。背景与主观识解(subjective construal)和客观识解(objective construal)密切相关。背景有时也指参照物，指图形—背景结构(figure-ground organization)中次凸显的成分。泰尔米(Leonard Talmy)在概念的结构系统方法(Conceptual Structuring System Approach)中阐述并发展了认知语言学中的背景这一概念。泰尔米指出，较大的、运动特性不明显的、用以确定其他物体方位的物体往往是典型的背景。例如：The car is opposite to the building.(汽车在大楼的对面)　其中"大楼"就是背景。兰艾克(Ronald Langacker)在其认知语法理论中把背景称为界标(landmark)。参见"**参照物**"。

背景²　background　布拉格学派的语言学分析理论中指在句子中的已知信息，它与焦点即句子中的新信息相对。例如，John had lunch at school. 句中"John"被称为背景，"had lunch at school"被称为焦点。与之相对应的其他名称还有主题—述题；已知信息—新信息。

背景³　setting　亦称环境。指言语事件的时间和/或地点。言语事件的背景对说话的内容及方式会有影响。如谈话可以在教室内、操场上，可以发生在任何时候。这些均会影响谈话者双方的谈话内容和方式。

背景化的　backgrounded　叙事学术语。指非重要的、辅助的、无需突出的内容或结构，如叙事文体中对主要故事情节起衬托作用的事件称为背景化的事件；复合句中的从句提供次要信息，叫作背景化的结构。背景化的与"前景化的(foregrounded)"相对，后者指背离常规语言表达方式的更为突出和新颖的内容或结构。

背景现象　backgrounding　一种话语现象，指话语其他部分的上下文是以话语中某个特定部分为基础而发展的，对上下文起到提示作用。如英语中的强调标记词"it is ... that ..."表示用来强调句子后面的成分。例如：[1] It is he that helped me pull through difficulties. 在此，背景现象指只是用来描述，不涉及介绍新事物的信息。有时用不及物从句结构以及静态延续体和非愿望动词。例如：[2] He has been studying since childhood. 此句未涉及介绍新事物的信息。还可通过被动和倒装等方式使句子发生变化，这样句法要点的作用就会削弱甚至消失。例如：[3] Mary opened the window. [4] The window was opened by Mary. 在句[3]向句[4]转变的过程中，可以看到句法要点"Mary"在句子中的地位产生变化，"Mary"在主动句中起基础性作用，但在被动语态中其地位已受到削弱。

背景信息　background information　句子信息结构的一个方面。在交际行为中，听话者理解新信息所需的信息为背景信息，而新的或被认为更重要的信息为凸显信息。例如：As I was going to the classroom, I met a classmate. 其中"I met a classmate"为凸显信息，"As I was going to the classroom"为背景信息。背景信息通常包含于从句，凸显信息通常包含于主句中。在笔译和口译中，通过提供给笔译人员或口译人员有关术语的定义和上下文信息等背景信息，可以给他们的工作提供方便。

背景知识　background knowledge　泛指世界知识，或人们进行交谈时所共有的、能使人们达成相互理解的知识结构。例如：His cat kept me awake. 其背景知识可以理解为，某人拥有猫，猫在夜间发出叫声使人无法入睡等。

背诵　recitation　语言教学术语。指一种不看原文、凭记忆复述出所阅读文字的方法。背诵有助于学习者理解词语、熟悉句法、训练思维、培养阅读写作能力等。

背心结构　exocentric　参见"离心结构"。

悖语义分析　asemantic analysis　参见"语法悖理"。

被动词汇　passive vocabulary　语言教学术语，亦称接受性词汇（receptive vocabulary）或认识词汇（recognition vocabulary）。指学习者能够理解的词汇，与主动词汇相对。词汇知识分为主动词汇和被动词汇。学习者的被动词汇量大于其主动词汇量，词汇习得的过程可以看作是从被动词汇向主动词汇过渡的连续体。参见"认识词汇"。

被动发音器官　immovable vocal organ　语音学术语，亦称非能动言语器官。指发音时不能主动改变状态而只充当主动发音器官接近或靠拢对象的声带以上的发音器官，如上下齿、齿龈、硬腭等。主动发音器官有时也起被动发音器官的作用，如发舌后音[g]、[k]、[x]等时，舌面后部向主动发音器官软腭靠拢。

被动分词　passive participle　参见"完成体分词"。

被动化规则　passivization rule　句法学术语。转换生成语法的转换规则之一。根据转换语法规则，主动变被动的规则就是 NP1－Aux－V－NP2 ⇒ NP2－Aux＋be＋en－V－by＋NP1。其中 be 是不定式 to be 的某种形式，en 代表动词的过去分词形式。这一规则首先在初始短语标记（initial phrase-marker）发挥作用，然后转换成衍生短语标记（derived phrase-marker）。在进一步的句子分析中，衍生短语标记所产生的词串（STRING）又构成了进一步转换的基础。

被动技能　receptive skills　参见"接受性技能"。

被动技能测试　receptive test　参见"接受性技能测试"。

被动声腔　passive cavity　语音学术语。指发音时间接参与发音的声腔。参见"声腔（cavity）"。

被动语言知识　passive language knowledge　指一个人对别人所说和所写话语的理解能力。说本族语的人所能理解的词汇大大超过他们主动使用的词汇。有些人的被动词汇（passive vocabulary）即他们所能理解的词语达 10 万个，而主动词汇（active vocabulary）即他们所使用的词语才一两万个。在外语学习中，如果一个人的主动词汇达到 3 000－5 000，被动词汇约 5 000－10 000 个，这样的程度已经属于中级到中高级水平。被动语言知识与主动语言知识（active language knowledge）相对，后者指一个人主动说和写的能力。参见"接受性语言知识"。

被认同者　identified　功能语法术语。功能语法中涉及认同型关系过程的两个参与者之一，另一个参与者为认同者（identifier）。参见"认同者"。

被指引成分　directed element　亦称语轴（axis）。某些语法分类的模式中用来指离心结构（exocentric construction）中的第二个成分，如在"in the garden"和"see the man"中，in 和 see 为定向词，"the garden"和"the man"为被指引成分。

本地语　vernacular　亦称本国语、本土语、土语。在双语制或多语制国家中，部分人或大多数人使用的一种非该国的官方语言或国语的语言。也可指一个言语社团使用的本土语言或方言，如牙买加、利物浦、伯克郡等地的土语。还指一个国家原有的语言，如中世纪时欧洲的各本族语，它们与那时作为"交际语"的古典拉丁语相对。罗马天主教的宗教仪式在以前都使用拉丁语，但现在都使用本地语（如用英语、意大利语、斯瓦希里语等）举行。

本国语　vernacular　参见"本地语"。

本拉斯线　Benrath line　划分北部低德语方

言群和南部高德语方言群的分界线。该分界线起自莱茵河上本拉斯北部，穿过柏林北部，直至德语地区边界。

本能论 nativistic theory 指认为人类语言最初是在以声音表达客观世界事物的过程中发展起来的观点。这种语言起源观亦称"叮咚论（Ding-Dong Theory）"，最早由德裔英籍语文学家缪勒（Friedrich Max Müler, 1823—1900）提出。

本体 tenor 参见"喻体"。

本体范畴 ontological category 哲学术语。存在的不同种类或不同方式叫做存在的范畴（categories of being）或范畴，为了研究存在的范畴就要确定最根本、宽泛的客体类别（classes of entities）。为了研究存在的实质而对其进行的分类被称为本体范畴，如物体、思维、特征、关系、时空、命题、事件等。近年来，本体（ontology）这一哲学术语开始越来越广泛地使用在其他领域，如语言研究、人工智能、资讯技术等。

本体规划 corpus planning 教育语言学术语。是语言规划（language planning）中的四个主要研究板块之一，指通常由政府发起的一种对语言结构的人为调整。本体规划常出于不同的目的，方法则可以是增加词汇，赋予新的语法结构，有时甚至会调整书写体系。例如，作为马来西亚国语的马来语（Malay）就已经在商业，教育和研究等方面建立新的词汇。东非的斯瓦希里语（Swahili）也存在类似的情况。

本体论 ontology 哲学术语。指对存在的本质、存在的基本范畴及这些范畴之间关系的研究。本体论的英文单词"ontology"由 17 世纪的德国经院学者郭克兰纽（Goclenius, 1547—1628）首先使用。ont 源出希腊文，是 on(όν) 的变式，相当于英文的 being，即巴门尼德（Parmenides）的"存在";-ology 这一后缀表示"学问""学说"，因此本体论即关于存在的学说。传统上，本体论被列为哲学的主要分支"形而上学"的一部分，关注的问题包括：(1)什么实体存在或被认为存在；(2)这些实体在一个等级体系中如何归类、如何相互联系、如何根据相似或差异进行进一步分类等。从语言研究角度来讲，语言系统或其语言成分是否存在以及以何种方式存在这一问题是一个本体论问题或说这一问题关注了语言的本体。

本体隐喻 ontological metaphor 认知语言学术语。雷考夫（George Lakoff）和约翰逊（Mark Johnson）在《我们赖以生存的隐喻》一书中指出，我们对客观物体和物质的经验为我们进一步理解抽象概念提供了基础。本体隐喻指用物体（objects）和物质（substance）的概念来描写和理解事件、活动、情感、思想等抽象概念，把抽象概念看成统一的具体客体和物质，进而对它们进行指称、范畴化、分类、量化甚至推理。最典型的本体隐喻是容器隐喻（container metaphor）和拟人（personification）。拟人是涵盖各种隐喻的总范畴，其范畴内的每一个隐喻挑选人的不同方面或不同方式看待其他现象。我们中的每一个人都是一个容器，有边界清晰的表面和内—外方向的代谢。我们把自己的内—外方向投射到其他有清晰表面的物体，把它们也看成有内外方向的容器。例如：[1] I'm a little rusty today.（我的大脑今天有点生锈了。）　[2] Inflation is eating up our profits.（通货膨胀正在吃掉我们的利润。）　例句[1]把抽象的思维看成一部机器；例句[2]把抽象的通胀看作一个人，拟人化的本体隐喻。

本土化 indigenization 社会语言学术语，亦称当地化（nativization）。指语言或外来词当地化的过程。通常包含两种过程：其一指某一语言为了适应不同的文化和社会环境所经历的变化过程。例如，印度英语被认为经历了英语本土化的过程，其音位、词汇、语法等方面都在这一过程中发生了变化，成为一种明显的英语变体。其二，指外来词失去了其在源语中的发音特征而被同化到借用语发音模式中来的现象。例如，在汉语中，英语词 Brandy 和 salad 根据汉语的发音模式被译为"白兰地"和"沙拉"。

本土语言 indigenous language 教育语言学术语。一个国家的本地（原先的）居民所说的语言。例如，美国的夏威夷语和印第安语、法兰西的法语、澳大利亚的土著语言等。本土语言与移民本族语（immigrant language）相对。

本质主义 essentialism 认为任何一种实体（动物、人、物体、概念）都拥有一系列与其特征和功能相符的属性。最早可追溯到柏拉图的"相（idea）"，即一切已知事物和概念背后皆有一种使其为其所是的本质现实（"相"或"形式"）。亚里士多德的范畴论则提出一切客体皆为其实质（substance）所是之客体。在此基础上，认知语言学家雷考夫（George Lakoff）认为，客体的本质属性是使事物为其所是，否则就无其为所是。

本族词 native words 教育语言学术语。表示全民族活动共同的或基本的概念或情景的某种语言词汇中的基本（核心）部分。虽然所占比例不大，但本族词在日常交际中的使用频率很高，也是最必需、意义最明确、生命力最强的一组词。

本族语 native language 教育语言学术语，

亦称母语(mother tongue)。指人们孩提时代习得而不是后天学得(例如经过教育)的语言。本族语通常是儿童最早学会的语言，也称第一语言。但也有例外，如儿童从保姆或长辈那里学了另一种语言后，后来才学会他们认为是自己本族语的语言。有时，本族语是第一语言的同义词。

本族语词汇　native language vocabulary
指某语言的词汇(单词、词形)在历史上不是借用了其他语言，而是本语言土生土长的。例如，虽然 cow 在其他日耳曼语言中有同语系的对应词，但它是英语的本源词汇，所以 cow 是本族语词汇，而英语中源于古法语的 beef 则不是本族语词汇。

本族语化　nativized　教育语言学术语。(语形等)在历史上是外来词，但现已与本族语词汇没有区别。例如，英语 cheer 源于古法语中相当于 face 的词语 chiere，现已被本族语化。

本族语言领悟力　native speaker insight
教育语言学术语。指说话者或学习者直接掌握本族语的能力，该能力是通过对本族语最大限度的接触和实践而产生。

本族语者　native speaker　教育语言学术语。指说本族语的人。本族语者具有如下三个特征：(1)本族语者对本族语的直觉是建立本族语语法规则的基础之一；(2)本族语者是语言调查或语言研究的主要受试对象；(3)虽然有变体差异，本族语者的本族语依然地道。

崩溃　crash　句法学术语。参见"计算系统"。

鼻化音　nasal twang　语音学术语，一种区域性的发音特征，说话时总带有鼻音共鸣。主要指口腔元音鼻化变体。在正常的音流中，元音有可能受前后鼻音的影响而在两音连接处微带鼻音色彩，如 man /mæn/。这种鼻音色彩可以忽略不计，但有的地方这种色彩较明显，很容易听出来。

鼻腔　nasal cavity　语音学术语。发音器官的组成部分，是鼻音和鼻化音的形成之处，鼻通道加上软腭闭塞点以上的咽部。

鼻塞音　nasal plosive　参见"鼻音爆破"。

鼻咽部　nasal pharynx　语音学术语。咽腔中发音时构成鼻腔延伸体的部分，即从软腭后部到喉后壁部分。

鼻音　nasal　语音学术语。辅音的一种。发鼻辅音时，口腔内小舌或之前某个发音部位成阻，软腭下降，小舌下垂，咽—鼻通道打开，气流从鼻腔流出。国际音标辅音图中列出了七种基本鼻音。朱晓农在《语音学》(2010)一书认为腭前鼻音也属于基本鼻音。因此，基本鼻音可有八种。所谓基本鼻音，指无附加色彩的浊鼻音。下图是这八种基本鼻音：

	双唇	唇齿	齿音	龈音	龈后	腭前	卷舌	硬腭	软腭	小舌
爆破音	p b			t d		t̪ d̪	ʈ ɖ	c ɟ	k g	q ɢ
鼻音	m	ɱ		n		n̪	ɳ	ɲ	ŋ	ɴ

(参见朱晓农(2010:136)和国际音标表(2015年修订))

作为参照，表中还列出了相应发音部位的清浊爆破音。英语中有三个鼻音 /m/、/n/、/ŋ/。

鼻音爆破　nasal plosion　语音学术语，亦称鼻音除阻(nasal release)。发鼻辅音软腭下降时，词中或词间鼻辅音前一个音自行爆破，气流从鼻子流出，也有少量气流从口腔逸出，使发出来的音听起来是从鼻腔发出来的爆破音。例如，sudden 中的 [dn] 和 button 中的 [tn]。通过这种方式发出来的音称作鼻塞音(nasal stop)。

鼻音除阻　nasal release　语音学术语。参见"鼻音爆破"。

鼻音对口腔音　nasal vs. oral　语音学、音系学术语。音系学中音系相关表现方式之一。例如，音素 /p t k/ 对 /b d g/ 对 /m n/ 构成音系关系束(correlational bundle)。区别它们特征的方式就可以用[清辅音]对[浊辅音]的形式，或者用[鼻音]对[口腔音]的形式。

鼻音化　nasalization　语音学术语。发音过程中元音或辅音变成了鼻音或具有鼻音的特征。例如，拉丁语 unus(一)、manus(手)中的元音因其前(后)的鼻音而鼻音化。发音时可以通过放低口腔后部软腭位置达到该效果。

鼻音色彩　nasal colouring　语音学术语。如 wrongly /ˈwrɒŋli/ 中的 [ɔ] 受 [ŋ] 的影响有了鼻音的色彩。以上标符号～为标记，是非鼻音的附加鼻音化特征。

鼻音同化　nasal assimilation　音系学术语。通常指鼻音受到发音部位相同的非鼻音性辅音影响而产生同化的过程。例如，unkind 中的 /n/ 的发音要么往往是软腭音 [ŋ]，要么是通过同化于其后的软腭爆破音把 /n/ 与 /ŋ/ 叠加后产生的。

鼻语　rhinolalia　语音学术语。一种声音和发音受到影响(如软腭机能障碍，或者鼻腔形状变化等)而产生的失常现象。从词源学角度而言，rhinolalia 源于希腊语 rhis(鼻子)和意大利语 lalia(说话)。

鼻元音　nasal vowel　语音学术语，亦称鼻化元音(nasalized vowel)。发音全过程带有鼻腔共鸣的元音。鼻化元音指发音过程中应该有鼻共鸣的元音音位,鼻化元音指具有作为次特征的鼻共鸣的元音变体。鼻化元音的形成过程为:在发某元音时,软腭下沉后,再打开软腭,让气流同时经过鼻腔和口腔。英语中鼻辅音有三个,分别是/m/、/n/和/ŋ/。只要/m/和/n/出现在元音之后,其本身作为浊辅音都要读长,元音也因此会带上鼻音色彩。试比较:lamb-move,tune-next。而/ŋ/作为鼻辅音,通常的构词形式为-nging(singing、hanging 等)、-ng(longer、younger、finer、angry、angle、language、tongue 等)、-nk(thank、drink、uncle 等)以及-nge 或-ngi(strange、lounge、longitude 等),之前出现的也都是鼻化元音。

比较重建法　comparative reconstruction
历史语言学术语。指构建原始语(proto-language)中共同形象的方法。比较重建法主要遵循两条基本原则,即多数原则(majority principle)和最自然发展原则(most natural development principle)。多数原则指如果一组同源词中的多数形式有特征 A,少数形式有特征 B,那么 A 可能是保留下来的原始特征。最自然发展原则指出,有的音变类型非常普遍(如词尾元音往往消失,元音之间的清音变浊等),而有的却极不可能。如在下述三种语言的同源词中 c 作为词首发/k/为原始语中的相应形式的可能性较大:

```
     A        B        C
cavallo   caballo   cheval    (horse)
cantare   cantar    chanter   (sing)
cantena   candena   chaine    (chain)
caro      caro      cher      (dear)
```

原因在于按照多数原则,三种语言中两种语言(A 和 B)均以字母 c 开头。同时/k/是塞音(stop),/ʃ/是塞擦音(fricative),按照最自然发展原则,应以爆破音发展到塞擦音,故而根据比较重建法上述三种语言的原始语相应类型应为首字母 c 发/k/。

比较从句　comparative clause
语法学术语,亦称比较句(comparative sentence)。指以主句中被比较的事物为参照的子句。比较从句可以指相同程度的比较,英语中更常以 as … as 作引导。例如:[1] Tom studies as hard as Mary does.例句中"Tom"学习的努力程度就以"Mary"学习的努力程度为参照。在上句中两者的程度是相同的。比较从句还可以是不同程度的比较,英语中常用 not as … as 或 than 来作引导。例如:[2] Tom doesn't study as hard as Mary. 或 Mary studies harder than Tom.

比较等级　degree of comparison
语法学术语。在某一程度类别内所有表达比较的语言单位,通常指带有比较形式的形容词和副词。分为四类:(1)基础级,或原级:The cake tastes good.(2)比较级,标记两种事物某些不同的特性:This cake tastes better than that one.(3)最高级,标记事物品质的最高程度:This cake tastes best among all the other cakes.(4)绝对最高级,标记某一特性的最高程度,但不与其他特性作比较:The cake is most impressive.比较程度并不总是通过词形变换来实现语法化。在缺乏形式变化机制时,往往会通过添加词汇成分来标记程度。例如:(1)添加后缀(suffixation),如 new:newer/newest;(2)添加小品词,如 beautiful:more/most beautiful;(3)异干互补法(suppletion),即提供不同的词干,如 good:better/best。

比较对比法　comparison and contrast method
指写作中通过两样事物的比较和对比,对其进一步说明的方法。比较通常侧重两个事物的相同点,而对比侧重它们的不同之处。在结构上,两者非常相似。比较对比法有两种形式,一种是事件对应(subject-by-subject pattern),另一种是特征对应(point-by-point pattern)。事件对应模式中作者将某一事件的所有特征全部列出,再将另一事件的全部特征一起列出,然后进行比较;而在特征对应模式中,作者将两个事件中对应的特征成对列出并一一做出比较。

比较法　comparative method
历史语言学术语。指通过比较同源词语(cognate word)来确定有关语言之间的关系的研究方法。通常用比较法来构拟共同的始源语。比较法是历史比较语言学研究语言亲属关系的基础。

比较级　comparision; comparative degree
语法学术语。指副词或形容词用以比较两种事物的语法形式。英语中比较级通过后缀-er 或之前加上 more 的形式构成。如 clean—cleaner,beautiful—more beautiful。两者区别在于以-er 构成的形容词或副词通常为单音节词,之前加 more 的多为多音节(三个或三个以上音节)词。至于双音节词,绝大部分加-er,少数加 more 或两种变形均可,如 clever—cleverer,或 more clever。副词若是以形容词加-ly 构成的,则比较级一律在之前加 more。此外存在一部分特殊变化的形容词或副词比较级,其变化形式无规则可循,如"good—better""badly—worse"等。

比较句　comparative sentence
参见"比较从句"。

比较式关联　comparative correlative
语法学术语,亦称关联性构式(correlative construction)。指包括两条相互对应小句的句子范式,每式之前均有定冠词,后跟形容词或副词比较级,表现为"the X-

er ... the X-er"或者"the X-er ... the Y-er"的形式。例如：[1]Life is pure adventure, and the sooner we realize that, the quicker we will be able to treat life as art. [2]The more we do, the more we can do; the busier we are, the more leisure we have.

比较语言学　comparative linguistics　语言学一分支学科。指对两种或两种以上的语言进行研究，比较它们的结构并试图找出其相同之处的语言学分支。语言类型学(typology)和比较历史语言学(comparative historical linguistics)均以比较语言学为研究基础。此外，应用语言学和语言教育学也利用比较语言学的理论和方法来比较学习者母语和目的语在语言、词汇和方法等方面的相同之处，并试图找出其不同点以预测语言学习中的困难，提高语言学习的效率。

比例从句　proportional clause　语法学术语。指用作状语修饰语的语义模态从句，表示从句和主句所描述的事物成比例关系。例如：The more he read, the more discouraged he was.

比例模式教学大纲　proportional syllabus　语言教学术语。以发展语言交际能力为目标的教学大纲，由英国语言学家贾尼斯·约尔登(Janice Yalden)提出。其核心理念是随着教学的推进，教学核心不再是语言形式，而是交际功能。教学初期的结构阶段(structural phase)核心是语言的形式和概念语义(ideational meaning)；之后进入交际阶段(communicative phase)，功能、语篇、修辞等元素依次介入；最后阶段是"专业阶段(specialized phase)"。比例模式大纲的特点包括：(1)在兼顾语法能力、交际能力和篇章能力全面发展的同时，上述三个阶段中的三种能力可以根据教学目标与学习者的水平进行适当调整；(2)话题、情景、主题、意念等可以被视作课程内容的支持框架，使课程具有系统性。

比邻原则　first-sister principle　句法学术语。指罗帕(Thomas Roeper)和西格尔(Markus Siegel)在其构词理论中提出的构成并解释动词合成词的原则。该原则控制名词与其比邻节上的在次范畴位置上的动词结合。据此，peace-maker 是合成词，而 peace-thinker 则不是。

比率量表　ratio scale　语言测试术语，亦称等比量表。可以表示倍数关系并作加减乘除四则运算的唯一量表类型，有一个绝对零点。如用于测量高度、长度的尺，测量重量的秤等。多适用于自然科学而不是教育和行为科学（除非测量年龄等生理特征）。譬如，考试成绩无法用比率量表度量，因为零分并不意味着没有知识；一个学业成绩是 90 分的学生的知识也并不是学业成绩是 45 分的学生的两倍。

比拟　analogy　参见"类比"。

比喻词　simile marker; indicator of resemblance　修辞学术语。明喻中用来连接本体和喻体的词，如英语 like、as、as if 和汉语"如同""好像"等。

比喻误用　catachresis　修辞学术语。指一种对事物修辞性比喻的误用情况。虽然有些比喻在初次使用时被认为是误用，但在一定程度上有助于人们对新事物的认识，许多原先属于误用的短语如今已被广泛接受，如"a leaf of paper""foot of mountain"等。

比喻习语　figurative idiom　修辞学术语。指组成中含有比喻意义词语的习语，如趁热打铁(to strike while the iron is hot)、如履薄冰(to be on the thin ice)、浑水摸鱼(to fish in troubled waters)等。

比喻性语言　figurative language　修辞学术语。指通过修辞格手段提高叙述或描写效果的语言。

比喻义　figurative meaning　指借用与某物或某个概念的本体意义具有类似特征的参照物或参照性概念而传递出的更为生动鲜明的表达效果，是基本意义或字面意义的一种延伸。例如：对字面意义进行夸张或改变原有意义之后所产生的意义。比喻意义分为五个类型：(1)表类似或关系，如"她的脸颊像玫瑰""爱是一段旅程"；(2)表强调或克制陈述，如"他饿得能吃掉一头牛"；(3)表拟声，如"汪—汪—狗对着急驰而过的汽车狂吠"；(4)表言语游戏，如"相同的不同""有序的无序"；(5)表错误，如"这句话是错的"。参见"**字面意义**"。

笔迹测量学　graphometry　指通过研究书面文字以确定原书写者的学科。具有较强的实用性，有时可用于语言侦破，即在侦察破案过程中对作案人的语言进行辨认、识别与研究，从词汇、语法、异体字、信封词语、信文格式等特殊现象或痕迹中甄别出作案人的民族、年龄、性别、职业等信息，结合相关证据做出准确判断。

笔迹学　graphology; graphoanalysis　研究手写文本的笔迹形态、样式等物理特征以确定书写者身份的学科。笔迹的辨认和分析通常着眼于书写者心理状态、个性特征等信息，因而在职场选拔、心理分析、婚配评估、司法侦察、医学诊断以及书写疗法等领域广为应用。

必需语气　debitive　拉脱维亚语(Latvian)动词的一种语气，表示"必要的"或"必需"。拉脱维亚语动词有五种语气：(1)直说法；(2)命令法；(3)条件法；(4)接续法；(5)必需语气。必需语气的基本形式由第三人称动词的一般现在时加前缀 jā- 构成，其施动者位于与格位置；若有直接宾语，则位于主格或宾语位置。例如：[1] Man jāsmejas. (It is necessary for me to laugh.) 必需语气结合不规则动词 būt 表示三种时态，即过去时、现在时和将来时。būt 在现在时态的变化 ir 可省略。例如：[2] 过去时：Annai bija jāraksta vēstule. (Anna had to write a letter.) [3] 现在时：Annai ir jāraksta vēstule. / Annai jāraksta vēstule. (Anna has to write a letter.) [4] 将来时：Annai būs jāraksta vēstule. (Anna will have to write a letter.) 罗纳德·阿舍尔（Ronald Asher）于 1982 年假设泰米尔语中也有必需语气。

闭过渡 close transition 参见"过渡"。

闭塞 occlusion; closure 语音学术语。指发塞辅音（stop）时持阻保持直到爆破前的阶段。像在发 /p/ 和 /b/ 音时，声道封闭，软腭上抬，气流在封闭处积累，然后爆破而出。

闭塞音 occlusive 参见"塞音"。

闭音渡 close juncture; close transition 参见"音渡"。

闭音节 closed syllable 语音学术语。英语中指以一个元音字母加一个或几个辅音字母（r 除外）结尾的音节，如 map、desk、is、hit、bad、hot、duck 等。参见"受阻音节"。

闭元音 close vowel 参见"窄元音[1]"。

闭元音 close vowel 语音学术语，亦称高元音（high vowel）。元音的一种，发音时口腔开口度很小的元音，舌位高。

避忌言语类型 avoidance speech style 参见"回避类型"。

边界节点 bounding node 句法学术语。指与语障相关的结构概念。根据乔姆斯基在《语障》（Barriers，1986）中的论述，语障是指阻止管辖关系跨过其界限节点的语类，即在短语结构中一些语类会在一定条件下隔断成分之间的管辖关系，阻止成分的移位。边界节点是指受到障碍的节点。这意味着没有一次一个句子成分的移位能把该成分的移动距离超过一个以上的边界节点。例如：[1] *Mr. Smith met [NP a girl [CP who ate which cake]]. （句中的 CP 是 COMP+S 结构） 若把疑问词 which 及其后的 cake 一同提前，则句子的结构为：[2] *which cake did Mr. Smith meet [NP a girl [CP who ate t]]. （句中 CP 即是 COMP+S 结构） 句[2]中的"which cake"与其语迹 t 之间的照应管辖关系被割断，因而此种移位不合语法。

边界效应 boundary effect 语言测试术语。某个测试对某一特定组的测试参加者来说太难或者太容易出现的效应，其结果是他们的分数分布倾向于集中在或者就在两个边界中的一端。由于测试太容易而导致的边界效应使得测试分数集中在分布线的顶部，称为天花板效应，而由于测试太难使得分数集中在分布线底部的边界效应称作地板效应。

边音 lateral 语音学术语。按发音方式给辅音分类的术语，发这类辅音时舌头顶住口腔上部使气流受阻，造成来自肺部的气流从受阻的一侧或两侧逸出。典型的边音是 /l/ 音。如果空气仅从舌头的一边逸出，叫做单边辅音（unilateral/monolateral consonant）；如果空气从舌头的两边逸出，则叫做双边辅音（bilateral consonant）。

边音爆破 lateral plosion 语音学术语。塞音的一种除阻（release）方式，允许空气沿着舌边逸出，如 atlas /ˈætləs/ 中的 /l/。

边音对非边音 lateral vs. non-lateral 语音学、音系学术语。只适用于舌尖辅音的区别性特征（distinctive feature）。气流不是沿着舌的一边或两边逸出的语音称为非边音。

边音化 lambdacism; lateralization 音系学术语，亦称 /l/ 音化。指非边音辅音转化为边音[1]的音系过程，如法语的 danger（危险）被借入巴斯克语后变为 lanjer。再如：英语词 tree 的音 /triː/ 被发成 /tliː/。

边缘成员 marginal member 认知语言学术语。指一个给定范畴中具有较少类似于最能代表该范畴关键属性的示例（instance）。根据原型理论（Prototype Theory），范畴成员的地位是不平等的，有典型成员和非典型成员之分，处于范畴边缘的非典型成员称为边缘成员。典型范畴成员具有特殊的地位，拥有最多代表范畴的特征；而边缘成员具有的共同范畴特征较少，这也造成了范畴边界的模糊性。例如"鸵鸟"不会飞，属于"鸟"范畴的边缘成员。参见"外围成员"。

边缘地区 marginal area 社会语言学术语。指远离某一项语言变化而很少或完全不受其影响的地区。例如，英语 but、love、sun 等词中的元音原来是 /u/，以后南方逐渐从 /u/ 经过中间阶段变成 /ʌ/，但在英国北部（特别是约克郡和兰开夏郡），该元音发音却没有变化，因而成为不受这一变化影响的边缘地区。

边缘区域 peripheral area 社会语言学术语。与方言学和语言地理学密切相关。指一个语言社团(speech community)中心区(focal area)的邻近各区域中的一种区域。这一区域的语言或方言可能保留其早期语言的某些特点。保留类似而显著程度不同的语言特点的中心区的邻近区域还包括偏僻区域(remote area)、残余区域(relic area)或孤立区域(isolated area)。

边缘特征　edge feature　参见"语段无渗透条件"。

边缘语言　peripheral language　世界上大部分语言都属于边缘语言,它们使用的范围较小,使用者相对较少,一般不会在教育、行政管理或媒体中用到。其使用者一般都必须会双语,而边缘语言的使用一般局限在家庭或非正式场合。在现代社会,使用边缘语言的人大多是老人,很多边缘语言现在都面临消亡的危险。欧洲有很多边缘语言都面临这种境况。

边缘元音　peripheral vowel　语音学术语。发边缘元音时,从任何方向看,舌部的最高点离口腔中央均最远,如八个基本元音(cardinal vowel)都是边缘元音。

编班测验　placement test　语言测试术语。参见"分班测试"。

编程语言　programming language　计算语言学术语。人工语言(artificial language)的一种,指电脑使用时所运用的形式语言(formal language)。计算机语言用于设计任务和解决问题。写入编程语言的一个执行程序,即"源码(source code)",由编译程序(compiler)或解译程序(interpreter)翻译成机器语言(machine language),即目标码(object code)。每一种高端的计算机语言都是为了解决某些种类的问题而设置的。例如,ALGOL(algorithmic language)主要用以解决数学问题;COBOL(common business-oriented language)用以解决商务方面的问题;FORTRAN(formula translation system)用以解决非数字科学问题。在计算语言学(computational linguistics)的理论框架中,LISP[用以扩展网络语法(augmented transition network grammar),缩写为ATN grammar]和PROLOG[用于限定小句语法(definite clause grammar)]起着非常重要的作用。

编辑系统　authoring system　参见"写作系统"。

编码　coding　指将资料归类或注释以便于计算机处理或检索的一种研究方法。如,在进行需求分析(need analysis)时,将学生调查表上的答案进行归类或编码以便于计算机对调查表进行自动计算。语料库里通过注释对语料进行编码,如对 gives 的注释可能是代码 VVZ,表示词汇中的动词(VV)的第三人称单数现在时(Z)形式。诸如这样的编码使得对语料库里语言信息的检索和分析变得更快、更容易。

编码时间　coding time　参见"时间指示语"。

编年史现在时　annalistic present　语法学术语,亦称历史现在时(historic present)或戏剧性现在时(dramatic present)。指用动词现在时的形式去叙述过去发生的事件。这种用法往往用来表示一种刻不容缓的紧迫性,或增添描述的生动性和真实感,或表达友好和不拘礼的气氛,多用在小说和故事情节描写中。运用这种方法时,通常以一句过去时的背景句开始,以表明真实的过去时意义,如:[1] Long long time ago there was a king. He has three daughters. They are all pretty, but the youngest daughter is the most kind-hearted. … [2] I was in Oxford Street yesterday and suddenly this man turns on me and grabs me by the arm and …

贬义成分　pejorative　语义学术语。语言表达方式的语义特征,它使载体具有消极的贬义的内涵。这种贬义成分可以产生于新词,如 wet-back 用来指偷渡到美国的墨西哥移民;也可以源于词义变化,如 silly 一词,最初是指"神圣的",后来演变为现在的词义,表示"愚蠢的";另外一种情况是由贬义前缀构成贬义词,这种前缀有 mal-、pseudo-等。

变格　declension　语法学术语,亦称变形。指根据格、性、数而变化的名词、冠词、形容词、数词和代词的屈折类型。语词的对应屈折形式构成的变格根据规律性、可预测性或可行性而叠嵌在变格类别当中。英语在很大程度上已经失去了变格系统,剩余不多的复数形式(如 books)、所属格(如Caroline's)和宾格代词(如 him、her)等。德语和俄语等现代语言保留了更加完整的变格系统。

变界分析　metanalysis　历史语言学术语,亦称分界变化。指结构分析上的变化。主要指在一个单词或结构中由于语素标志切分错误而产生新词的一种现象。例如,英语"addre(加法器,蝰蛇)"一词来自古英语"næddre",由于错误地将"a næddre"中的"n"误分解为冠词"a"的一部分,变成"an addre"而导致。即 a+ næddre ＞an+ adder。又如,an ewt ＞a newt(蝾螈)。

变量　variable　语言测试、统计学术语。指能够区别一组各不相同的成员的属性。例如:在比较不同的外语教学方法时,不同变量可能是每一种教学法所能引起的兴趣程度、所使用的教学时间以及运用时的难度。在外语学习中,学习者的学习态度和动机会对语言能力产生一定影响。因此,语言能力是从属变量(dependent variable),而学习者的学习态度和动机则是独立变量(independent variable)。

变量设定　parameter-setting　语言测试术语。参见"参数设定"。

变时研究　metachrony　亦称超时研究。丹麦语言学家叶尔姆斯列夫(Louis Hjelmslev)在 1928 年出版专著《普通语法原则》(*Principes de grammaire générale*),就历时性(diachrony)问题提出了现代术语——变时研究(metachrony),表示与前者相对应。文中认为,历时研究主要探讨外部语言事实对语言发展过程中个别过程的影响,而变时研究则是着眼于在不同的语言系统连续变化的过程中从语言功能方面描写其变化。

变体　variant　语音学术语。指一个语言单位有可供选择的不同形式,但形式上的差别并不引起意义上相应的差别。这样的变体包括:(1)名词复数形式的形态音位变体,如 books 中的后缀-s 发/s/,pencils 中的-s 发/z/,houses 中的-s 发/ɪz/;(2)送气与不送气的音位变体,如/t/在 tomato 中是有送气的变体,在 student 中是不送气的变体;(3)词的异读形式,如 room 可读作/rʊm/或/ruːm/。这些形式方面的差别并不引起意义上的差别。

变项　variable　具有各种不同变体(variant)形式的语言项。变项产生的原因有语体方面的差异,或因说话人的社会经济背景、教育、年龄、性别及人种差异而产生。在一种语言的语音、词形、句法和词汇中都有变项存在。例如,在正式场合中,英语动词的现在分词词尾-ing 都读作/ɪŋ/,如 eating /ˈiːtɪŋ/,speaking /ˈspiːkɪŋ/,但在非正式场合或地区方言中,常被读作 eat'n /ˈiːtn/、speak'n /ˈspiːkn/。其中,eating 和 speaking 的词尾 ing 是变项。再如,英语第三人称单数一般现在时的动词形式标-s 是一个变项;在非标准英语和某些新式英语中,第三人称单数一般现在时会出现不带-s 的变项,即"She studies here."可能会变成"She study here."

变项规则　variable rule　社会语言学术语。美国社会语言学家拉博夫(William Labov)提出的一种描写语言变异现象的语言学规则,并试图用它来解释语言中的变项。它与绝对规则相对,绝对规则是指语言系统中不能违反的规则,它对说话者有无形的约束作用,违反它就会导致明显的言语错误。例如,在英语中,我们不能把[1]说成[2],否则就违反了英语语法中的绝对规则。[1] We read several books. [2] We several books read. 变项规则是不固定的,可以从几种语言形式中选择一种。它可以应用在语音、词汇、语法等各个方面。它不易为人察觉,但经过分析能够发现,说话者有运用它的能力。例如,美国英语中的字母组合 th 发为/θ/或/ð/,但有人却发成/t/或/d/。变项规则并不是绝对的,它取决于说话人的性别、种族、教育程度、职业等社会背景及说话风格的正式与否。

变异　variation　社会语言学术语。一种语言中发音、语法或词汇选择等诸方面的差异。这些差异可能与地区、语言使用者的社会地位、文化背景以及受教育程度有关,也可能与使用语言的场合的正式程度有关。

变异语言学　variational linguistics　在社会语言学中,假定了自然语言的系统有序的异质性的描述方法。这种语言变体从(1)地域导致差别(方言);(2)人类特定的语言行为;(3)情境因素(如正式与非正式的会话上下文);(4)语言习得阶段;(5)所有语音、词形、句法、词汇、语用的语言学方面特质会由于语言之外的因素而有所不同。关于语言变异的实证调查和理论描述,最近出现了两种方法:第一,定量的概念确定变量规则;第二,蕴涵分析方法。除了语言的多样化,变异语言学还关注在语言之外因素的影响下语言多样性的起源与资质。

变音标记　shift sign　语音学术语。指标在元音字母上方或下方的一种辅助性符号,主要用以更改字母的发音或者用以区分拼写相似的词语。例如,汉语拼音字母 ü 上面的两个小点或 á、à 字母上面的标调符都属于变音符号。变音符号虽然可以放在字母的上方或下方,但并不是所有元音字母的这些符号都是变音符号。例如字母 i 和 j 上面的点是字母本身的一部分,而不是变音符号。此外,一个符号在一种语言中是变音符号,但是在另外一种语言中则不一定是。例如:在德语、加泰罗尼亚语、葡萄牙语和西班牙语中,u 和 ü 是相同的字母,但其在爱沙尼亚语、匈牙利语、土耳其语、维吾尔语或阿塞拜疆语中表示不同的字母。

变音符　cedilla　指出现在字母下方表示变音特征的符号,如法语单词"garcon"中的/ç/是硬腭音。

变音符号[1]　umlaut　指一种变音符号,国际音标符号为[¨]。例如,后元音[o]变为前元音后记标为[ö]。

变音符号[2]　diacritic; accent mark　加在字母上的,用以改变发音或者区别相似词语的符号。可以出现在字母的上方、下方或者其他位置。主要作用是改变其所修饰的字母的语音值,但是,它也可以用作修饰整个词或音节的发音、区分同形异义词、进行缩写或者改变字母的意义。变音符号所修饰的字母可被视为一个新的、独立的字母，或者书写中字母和变音符号的结合体。例如，"～"这个符号区分了 feel 中的暗音/ɫ/与 leaf 中的明音/l/。

变语匹配法　matched guise technique　社会语言学术语，亦称变语对应测试法。兰伯特（Wallace E. Lambert）于 20 世纪 60 年代建立的一种用来测量社会语言值（即说话者无意识语言态度信息）的一种方法，适用于语言态度（Language Attitude）研究。起初的测试对象是作为英法双语使用者的加拿大人。测试中，让受试者用不同的声音即不同的语言变体说出同一段文字，并对声音进行录音，听者不能辨认出这些声音属于相同受试者；然后让听者说出受试者的个人特征，如社会地位、受教育程度、可信任度和好感度等，由于测试是对同一个会说多种方言的人进行，因此对语言变体的评估不会受受试者个人语言特征的影响。例如，加拿大法语区人说话时可能先说法语，后又改说英语。播放这样的录音时，听录音者不知道听到的同样内容的两段话是出自同一个人，将出自同一说话人的两种语言判断为出自两个分属不同民族或国籍的说话者；将听者对操一种语言的说话者的态度与操另一种语言的说话者的态度进行比较，可以反映对不同语言或方言社团的态度，以此比较出这些语言社团的成员在智力发展水平、对人的友善程度、合作精神和可信度等方面的差异。语言态度测试中，诸如话题内容等其他变项保持恒定，这种手段对试验的控制力度大于一般的社会语言学研究方法。

便利样本　convenience sample　参见"样本"。

辨义成分　distinguisher　语义学术语。指区别同音同形词不同意义的语义成分，这种成分在语言中不成系统，也就是不能对选择限制和其他限制作出一般的说明，与语义构成成分（semantic component）或语义标记（semantic marker）不同，后者成系统，如 bachelor 一词可有［＋HUMAN］（人）、［＋MALE］（阳性）、［＋ADULT］（成年）等语义成分，如再含［－MARRIED］（未婚）就是单身汉，而如再含［＋具有大学本科学位］就是学士。"未婚""具有大学本科学位"就是辨义成分。

辨音法　shibboleth　语音学术语。一种特定集团共有的语言学特征，可用来区分各个群体以确定说话人的社会和宗教来源。通常是通过单词的发音来确定说话人是否是某一特定群体的成员。shibboleth 源自希伯来文 שִׁבֹּלֶת（šibbōlet），字面意为"玉米穗"或"谷物"。在其他语境中还有"河流"（stream/torrent）的意思。在希伯来语圣经中，该词用来指一种辨别以色列人（Ephraim）的方法，因为以色列的方言缺少/ʃ/音，而基列人（Gileadites）的方言中则保留有这个音。

辨音训练　ear-training　语音学术语，亦称耳听训练。一项训练从事语言学学科的实践者能用耳朵区分和识别人类的声道能发出的所有语音的技术。相应的训练发出语音的技术叫做发音训练法。

辩论术　forensics　指辩论双方针对一个论点阐述各自观点并试图说服对方的一种表达形式，是发展逻辑思维、推理能力及说话艺术的重要手段。

标记　markedness　❶ 亦称标记性、加标记或有标记，与无标记（unmarkedness）相对。标记理论是 20 世纪 30 年代由布拉格学派在研究音位对立问题时提出的语言特征分析理论，该理论主要代表人物为特鲁别茨柯依（Nikolay Trubetzkoy, 1890—1938）和雅柯布逊（Roman Jakobson, 1896—1982）。标记理论认为在相互对立的语言或语言成分之间，具有其他语言或语言成分所没有的区别性特征的语言或语言成分被视为是"有标记"的，或具有"标记性"；与其他语言或语言成分类似，即具备共性或不具备区别性特征的语言或语言成分被视为是"无标记"的，或不具有"标记性"。语言的标记性表现的是一种对立的不对称关系，在语言中的音位、词汇、句法以及语法等各个层面都有所反映。例如，英语中的［t］－［d］、［k］－［g］、［p］－［b］、［s］－［z］等音位组合中，因为辅音的浊音特征构成了相关标记，所以浊辅音［d］、［g］、［b］和［z］都是有标记成分，而清辅音［t］、［k］、［p］和［s］都不具备浊辅音所具有的特征，因而是无标记成分。标记性除了用于分析语音，也可应用于词素特征、句法和语义等方面的分析。例如：英语中具有复数"s"的名词具有标记性，而单数名词则无标记性；针对介词宾语的疑问句"What did he deal with?"相对于动词宾语的疑问句"what did he do?"，前者是有标记的，后者无标记；"break"的语义在"break one's heart"中是有标记的，在"break a window"中则是无标记的。❷ 句法学术语。在生成语法中指所有语言中发现的一般倾向相一致的特性，无标记性则是违背这种一般倾向的特性。针对这种二元对立的标记性还有很多种定义。概言之，复杂的、特殊的、边缘化的、额外的、出现频率低的即为标记性特征，可以赋以正值［＋］；相应地，简单的、普通的、核心的、原型性的、出现频率高的即是无标记性，则以负值［－］表示。

标记差异假设　markedness differential hypothesis　语言习得术语。由美国语言学家埃克曼（Fred Eckman）于 1977 年在标记理论基础上提出。该假设认为，母语中比目标语中标记性强的方面对学习者来说更富挑战性,而标记性不强的方面则难度较低。不仅母语影响二语习得的程度,母语和目标语之间的标记关系也会导致二语习得中矛盾性(inconsistencies)的产生。语言中一些标记性不强的形式比较基础、中性和一般,出现的频率也比较高,而标记性强的语言形式则更具体,不经常使用,并具有局限性。

标记符　notation　亦称标识符号。指用于形式逻辑、数学、化学等的表达式中,起标记、表征、指代等作用的符号系统。

标记性　markedness　❶音系学术语。指判断语言的有标记形式(marked form)和无标记形式(unmarked form)系统的分析方法。最初见于布拉格学派的音系理论,后被经典生成音系学理论发展,目前是优选论的重要概念之一。判断有标记形式的标准包括:(1)从语言类型学的角度看普遍很少见;(2)在某种语言中的出现频率较低;(3)在特定语言环境中显得"不自然"(unnatural);(4)在语言习得中较晚出现;(5)在发生音位中和时倾向于并入无标记形式。标记性可以是绝对的,也可以是相对的。例如,从语言类型学角度看,音节的无标记形式是 CV,而 CVC、V 和 VC 则是有标记形式;但是音节 V 相对于 VC 来说又是无标记的;而相对于 CCVCC 的音节来说,上述四种音节结构都是无标记的。❷优选论中,标记性是一个至关重要的概念,标记性制约(markedness constraints)与忠实性制约(faithfulness constraints)相对,共同构成一种语言的制约系统。

标句成分节点　COMP node　句法学术语。指树形图中一个 S 阶标的子语类或姐妹语类。标句成分节点被看作是一个词汇语类,在句法分析中起基本作用,是 wh 移位的着落点。

标句词　complementizer; COMP　句法学术语。形式语法概念,指用作引导分句(clause)的特定类别的词,即 that、if 和 for。例如:[1] I think *that* you should apologize。[2] I doubt *if* she realizes。[3] They are keen *for* you to show up。可以缩写为"COMP"或"C",指子句中主语前的位置(presubject position),该位置通常由 that/if/for 占据,但有时倒装的助动词也可出现在该位置。例如:[4] Can you help?

标句词层　complementizer layer　句法学术语。意大利语言学家路易吉·里齐(Luigi Rizzi)在发表于 1997 年的论文《左向边界的精细结构》(The fine structure of the left periphery)中提出:处于句子结构最高层的标句词系统即表达句子命题内容(内部)与表达话语信息(外部)之间的界面,句子命题内容表现为屈折短语 IP,表达句子的限定、非限定(finite / infinite);外部(the outside)话语信息体现句子的语气等信息。里齐像分解 VP 和 IP 那样分解 CP,提出分裂 CP 假说(split-CP Hypothesis),将 CP 分解为"语势—有定轴心(Force-Fin Axis)"和"话题—焦点轴心(Top-Foc Axis)",前者再分为语势短语(ForceP)和有定短语(FinP);后者再分为话题短语(TopP)和焦点短语(FocP)。进一步分解 CP 得出的这四个类别被称为"左向边界(left periphery)"。CP 分解后的全图如下:

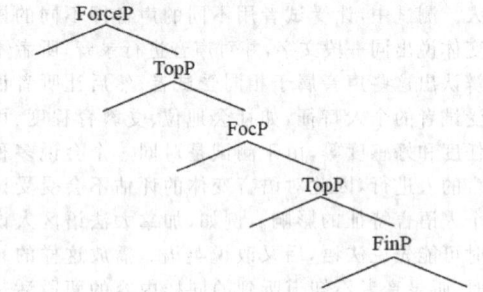

即标句词层为 ForceP ＞(TopicP*)＞(FocusP)＞(TopicP*)＞ FiniteP,其中加 * 标的表示该短语可以递归生成,"＞"表示结构上居前或高于。

标句词短语　complementizer phrase; CP　句法学术语。指以标句词或移位到标句词的助动词或动词为中心语的短语或小句。例如:My neighbour is interested in *what I grow in my garden*。参见"标句词"。

标句词一致　complementizer agreement　句法学术语。指一些语言(尤其是一些西日耳曼语言的方言)中标句词需要同其引导分句内的主语成分进行一致性操作。例如:

[1] a. ... dat ik zuinig leef(…我节俭地生活)
　　　标名词 我 节俭 生活(单数)
　　b. ... datt-e we/jullie/hullie gewoon lev-e
　　　(…我们/你们/他们正常地生活)
　　　标名词—复数 我们/你们/他们 正常生活—复数
　　　词缀　　　　　　　　　　　　　　词缀

例[1]反映了荷兰语的一种方言卡特维克荷兰语(Katwijk Dutch)的标句词一致。例[1a]中,分句主语为单数时,标句词为单数形式 dat;例[1b]中,分句主语为复数时,标句词需要增加复数词缀-e 以保持标句词—分句主语的一致关系。

标示符号　indexical sign　符号学术语。涉及指示现象的语言形式的概念,由美国哲学家皮尔斯(Charles Peirce)提出。指通过符号和所指事物的现存关系来确定事物。参见"指引符号"。

标示性原则 principle of indexicality　认知语言学术语，亦称索引性原则。指语言使用者能在他们所注意的范围内"指向"事物。人类通常以自我为中心来观察周边事物。这种以自指中心（egocentric）的世界观在语言中具体体现为：当人们指自己所处的地点时使用"here"，自己说话的时间被称作"now"。诸如 here、there、now、then、today、tomorrow、this、that、come、go、I、you、we 等词语均属于指示词语，人类的"ego"成为在空间中确定事物位置的"指示中心（deictic centre）"。

标示语法 indexed grammar　类似于上下文自由语法的形式语法的一类，与自由语法的区别是标示语法可以允许的范畴数量是无限的。在常规标记中，一个起始的范畴有限集通过使用非终端节点上的标示而得到扩展；这样一个节点可以承担任何长度标示的线性序列，同时在派生过程中标示可以加到序列的左边终端上，也可以把标示从左边终端上除掉。当应用一条重写规则时，母节点上的标示序列就自动地重写到一切非终端节点上，但终端节点是从不带标示的。

标题式语言 block language　参见"块状语言"。

标题语言 headline language　指用精炼概括的文字，可以言简意赅地表达出整篇文章的大意。

标音 transcription　语音学术语。指用字母或音标记语音的方法。分宽式和严式两种，前者亦称音位学标音法，后者亦称语音学标记法。音位标音比较简单，只表示出能说明意义差别的单位，如 /pɪn/（别针）、/pen/（笔）、/pæn/（平底锅）；而语音标记则是为了识别语音本身，其中可以标明很细微的发音特征，例如，英语 pen 一词的语音标记可以是 [pʰɛn]。标音时最常使用的符号系统是国际音标（International Phonetic Alphabet），简称 IPA。

标音法 phonetic transcription　参见"语音表征"。

标引 indexing; index　❶亦称指称标引（referential index）。指对句子中某一成分（尤其是名词短语）的注释，用以明确该名词短语的所指对象。通常情况是两个或多个名词短语出现在一个句子中，并且所指对象可能相同时才有必要做标引。❷指说写者在其言语中表现出来的个人特征（包括书写、发音、音质、手势等非语言学特征）。例如，有人说话慢条斯理，带有家乡口音；有人说话常用本人职业用语。从标引可以知道有关说话人和写作者的社会背景、个人特点、具体状况和态度。

标引符 index　用来标记短语之间是否共指的下标或上标。例如：[1] Mary$_i$ said she$_i$ would come. [2] Mary$_i$ said she$_j$ would come. 例[1]中用的是共指下标 i，意思是"Mary said she（Mary）would come"；例[2]中用的是不共指下标 j，意思是"Mary said she（someone else）would come"。

标志 mark　语义学术语。指在一定程度上引起人们注意或表明其他事物的事物。标志与被标志的事物间可以是自然联系，如颤抖是恐惧、寒冷或发病的标志；也可以是约定俗成的，如路标、地图标志、红绿灯标志等。后一类标志亦称符号。

标志语义学 Reference Semantics　参见"指称语义学"。

标志语中心语一致 spec-head agreement　句法学术语。乔姆斯基于 20 世纪 80 年代中后期提出的屈折短语（IP）的标志语和中心语共享 φ-特征（即人称、性、数特征）的操作。到 90 年代初，乔姆斯基又将此概念扩展至 IP 外的功能语类。

标注 tagging　指计算机语料中附加在词上的语法标签，用以指明词所属的类。以前的标注主要靠人工添加，如今机器自动加标注已经取得不同程度的成功。

标准变体 standard variety　亦称"标准语"。

标准参照测验 criterion referenced test　语言测试术语。指根据某一具体标准，即学生具体可以用语言做什么或他们能否较为令人满意地完成一个或一组任务，来考核学生语言能力的测验。因此学生分数的参照标准不是其他学生的分数，而是有意义的标准（meaningful criteria），学生不用担心因为分数低于其他同学而不能通过考试。这种标准参照测验有两大积极意义：第一，它以学生到底能做什么作为衡量标准；第二，它鼓励学生努力达到这些标准。因此有人认为标准参照测验对语言学习有积极作用。标准参照测验与常模参照测验（norm referenced test）相对，后者指学生的成绩与另组作为常模的学生的成绩之间的关联。参见"内容效度"。

标准测量误差 standard error of measurement　统计学术语，表示测验分数与测量对象的真分数之间偏离程度的一种指标，测量误差越大，分数的可信度就越小，测量误差越小，就意味测量越精确。当已知测验的信度系数和测验分数的标准差时，计算测量标准误差公式为：

$$\sigma_E = \sigma_T \sqrt{1-r_{tt}}$$

其中 $SE(\sigma_e)$ 表示测量标准误差，$ST(\sigma_t)$ 表示测验分数标准差，r_{tt} 表示测验的一致性信度系数（可 KR20

或 a 系数来表示)。标准测量误差的大小与题目的质量、测验的长度等因素都有密切联系,在编制测验时,应根据设计的要求和考试的目的精确控制标准测量误差的大小,使之在可接受的范围之内。

标准差　standard deviation　统计学术语,亦称标准偏差,或者实验标准差。在统计学上指用于衡量一组数值中某一数值与其平均值差异程度的指标。即各数据偏离平均数的距离(离均差)的平均数,是离差平方和平均后的方根。用 σ 表示。标准差能反映一个数据集的离散程度。平均数相同的,标准差未必相同。例如,A、B 两组各有 6 位学生参加同一次语文测验,A 组的分数为 95、85、75、65、55、45,B 组的分数为 73、72、71、69、68、67。两组平均数均为 70,但 A 组的标准差是 17.08 分,B 组的标准差为 2.16 分,说明 A 组学生之间的差距要比 B 组学生之间的差距大得多。EXCEL 中的 STDEV 函数便是用于标准差计算,STDEVP 函数用于总体标准差计算,在内地以外汉语区亦译称"母体标准差"。

标准发音　Received Pronunciation; RP　语音学术语,亦称英国通用发音、公认发音或 BBC 英语发音。指以英吉利民族标准语基础方言(伦敦为中心的南部方言)语音为基础,以受过良好教育的发音者的读音为规范而建立起来的英国英语的规范语音体系。琼斯(Daniel Jones)于 1917 年确立了这一概念,其中"received"意为"普遍接受的""公认的",表明其标准性声望取决于社会因素而不是语言因素。标准语音被广泛认为是最有声望、无地域性变异的发音;在学校教育和媒体中广泛使用,大部分教材的发音以此为基础,将英语作为外语的教学中也多采用此发音体系。近年来 RP 显示出一定地域变异,出现修改的标准发音(modified RP),其权威地位也有所下降,因为部分年轻人更认同有地域特点的发音。

标准方言　standard dialect　社会语言学术语,亦称标准语(standard variety; standard language)。指有一定规范的民族共同语,是全民族的交际工具,如汉语的普通话。许多国家的标准语同时被指定为全国语或官方语。不同于标准语的变体叫做非标准语,其发音、语法和词汇明显有别于公认的标准。标准语和非标准语无优劣之分。例如,美国英语的标准语称标准美国英语(Standard American English),英国英语的标准语称标准英国英语(Standard British English)。

标准分数　standard score　语言测试术语。在统计中,变量值与其平均数的离差除以标准差后的值,称为标准分数,也称为标准化值或 Z 分数。标准分数给出了一组数据中各数值的相对位置。计算过程是对变量数值进行标准化处理的过程,它并没有改变该组数据分布的形状,而只是将该组数据变为平均数为 0,标准差为 1。

标准化　standardization　社会语言学术语。指使语言用法的某些方面符合标准语。这种情况可能发生在一种语言的文字和拼写方面,通常由政府机关公布实施。例如,在马来西亚和印度尼西亚,也已经推行了一种标准化文字系统,使马来语和印度尼西亚语的拼写有一个共同的标准。

标准化测验　standard test　语言测试术语。与非标准化测验相对。指经过标准化程序,具有下列条件的测验:(1)具有常模,即标准化样组的平均数,为测验分数的比较提供了参照点。(2)具有代表性的相同的一组测验,为被试者的作业提供了可直接比较的基础。(3)具有测验实施的详细规定,包括测验指导语、时间、情境的规定等,以保证每一被试者有相同的受测条件。(4)有评分方法的详细规定,以减少评分误差。

标准九分　standard nine; stanine　语言测试术语。指有时用于测试的一种正态化标准分数,标准九分把标准化分数分为九级,标准九分的一分等于分布的标准分数全距的九分之一。

标准理论　Standard Theory　句法学术语。指乔姆斯基从 1965 年到 1971 年间的语言哲学思想,认为生成语法应该由句法、音位和语义三部分构成,句法部分包括基础部分(base component)和转换部分(transformational component),前者由改写规则(rewrite rules)和词库(lexicon)两部分构成,改写部分生成句子的深层结构,转换规则再把深层结构转换成表层结构;音位部分对表层结构从语音上做出解释,语义部分对深层结构从语义上做出解释。乔姆斯基这一新的语法模式在其代表作《句法理论面面观》中提出。标准理论中最引人注目的修改是把语义纳入到语法中,并引入了深层结构和表层结构的概念。通过转换规则,深层结构可以转换成表层结构。深层结构对语义做出解释,表层结构则确定句子的语音表达。转换规则这两个阶段的研究可以通称为关于系统的研究。转换规则的作用在于生成一切合乎语法的句子。标准理论相对于古典理论有了较大改进,如对语义的论述和对转换的修改,取消了"强制转换"和"随意转换"等。但许多同时代的语言学家仍对乔姆斯基的若干观点提出了反对意见,如对语义、语音的论述不够完整,"转换不改变意义"等,但标准理论跟古典理论仍有原则区分。

标准美国英语　Standard American English　社会语言学术语。英国英语的一种变体,在美国这一特定社会环境中演变、发展而成,是构成美国英语自身特点的最重要因素。在词汇方面,它不仅保留了一些中古英语时期的古词,还吸引了大量外来词,这些外来词主要来自印第安地和其他移民国家的语言。标准美国英语词汇具有守旧、通俗、委婉等特点,这是美国文化自身特点的反映。

标准误差　standard error　语言测试术语。在测试和统计学中指一个统计量,用以测定对总体参数的估计在多大程度上不同于计算出的样本统计量。统计量的标准误差表示该统计量作为总体参数的估计的准确程度。一个常用的标准误差是平均数的标准误差,它表示所观察的样本的平均数在多大程度上接近于整个总体的平均数。

标准相关效度　criterion-related validity　语言测试术语。指一项测验与其他外在效标量数(outside criterion measure)的关系或比较。标准相关效度一般分为两类,即同期效度(concurrent validity)和预测效度(predictive validity)。如果一项测验的结果与另一次同时或近期测验或另一个较长、较全面的测验结果相比较一致的话,则认为该测验具有同期效度。预测效度则指一项测验的结果在多大程度上预测学生未来的语言水平。若一项测验的结果能较好地预测学生未来的表现,则称该测验具有预测效度。

标准英国英语　Standard British English　亦称英国英语(British English)。主要是指居住在不列颠群岛上的英格兰人(Englander)所说英语的形式,被认定为英国、英联邦国家以及部分英国前殖民地地区的官方语言,包括澳大利亚、南非以及印度。英式英语并非不列颠群岛所有居民完全认同的语言变体。在某些非英格兰地区,特别是苏格兰、威尔士与爱尔兰,主张不同方言之共存。在历史上,英语之所以通行世界的重要原因是大英帝国鼎盛时期的势力。最具有影响力的标准英国英语即以 RP 为发音标准的英语,在英国主要的大学城牛津、剑桥流行,是各寄宿学校教育用的英语和电台、电视播音用的英语。

标准英语　King's English；Queen's English；Standard English　亦称标准发音(Received Pronunciation)英语。指发音、用词以及语法等方面遵循受过良好教育的群体所公认的纯正标准的英语。英国是君主制国家,皇室被认为是高贵美好的象征,因此,纯正的标准英语也被称为国王英语(King's English)或者女王英语(Queen's English)。Queen's English 的概念已有 400 多年的历史,莎士比亚名剧《温莎的风流娘儿们》(*Merry Wives of Winsor*)已提到这一说法。标准英语的语法和口音通常被认为英国南部上层社会人士身份的识别特征,因而被英国广播公司(BBC)采纳为标准用语。1864 年,坎特伯雷大主教出版了一本英语用法手册《钦定英语》(*The Queen's English*),成为当时英语语法的圣经。1903 年,彼高特(John Bygott)和琼斯(Arthur J. L. Jones)合著《钦定英语及写作指南》(*The King's English and How to Write It*)。1906年,语法学家福勒兄弟(Henry Watson Fowler 和 Francis George Fowler)出版《钦定英语》(*The King's English*)。以此为基础,兄弟俩撰写了经典语法著作《现代英语用法》(*Modern English Usage*),被史学家泰勒(Alan Taylor)誉为"牛津大学出版社五百年来最伟大的作品"。

标准语　standard dialect；standard language　社会语言学术语,亦称标准变体(standard variety)。标准语是一种享有最高社会地位的语言变体,通常以在一个国家的政治、文化中心地区受过教育的人的本族语的口语和书面语为基础。标准语为政府和司法部门采用,也用于新闻媒介、文学作品、正式讲话或写作、正规教育以及对非本族语者的外语教育。许多国家的标准语同时被指定为全国语或官方语。不同于标准语的变体叫做非标准语(nonstandard language),其发音、语法和词汇明显有别于公认的标准语。标准语和非标准语无优劣之分。

标准语言　H language　亦称标准使用变体。一种语言中存在的两种可能的语言使用变体之一,尤指用于宗教、政治机构、高等教育、电台和电视新闻广播、报刊和文学诗歌等方面的正式语体。另一种是低俗变体(用 L 表示),常用于一般的个人非正式交谈、书信往来、电视和电台非正式、非严肃和无拘束的交谈等。

标字　catchword；headword　亦称眉题。指在书页的边侧或页眉、页脚部位靠近翻口处额外添加的文字或词语,用于提示当页或下页的首词或首字,以便阅读时检索词目或核对页码和内容的连续性,尤其在辞书类出版物中较为常见。在页面最后一行下方的边角添加标字的排版方式现已罕用。

表层的　surface　音系学术语,与底层的(underlying)相对应的概念。指通过音系推导产生的与实际发音比较相似的形式。例如,英语名词复数后缀的底层形式是/z/,但是在清辅音后面会变成[s]。"cats"的底层形式是/kæt-z/,表层形式是[kæts]。参见**底层**。

表层结构　surface structure　句法学术语。转换生成语法标准理论术语之一,与深层结构(deep structure)相对。指由深层结构通过转换规则的应用推导出的结果,是句子句法表征的最后阶段,为语法的音系部分提供输入。表层结构最接近于人们说出和听到的句子。

表层结构移情等级　surface structure empathy hierarchy; SSEH　功能语言学术语。指主语所指对象一般比其他名词短语所指对象(the referent of other NPs)更容易取得较高的移情值,公式表示为:E(主语)＞E(其他名词短语)(Subject＞other NPs)。SSEH是旅美日本语言学家久野暲(Susumu Kuno)在其《功能句法学》中提出的移情原则之一。例如:

[1] 张三打了李四。
　　E(张三)＞E(李四)
[2] 李四被张三打了。
　　E(李四)＞E(张三)

根据SSEH,人们往往倾向于使用主动句而非被动句是因为从说话者那里获得较高移情值的是主动句中处于主语位置的名词短语(即张三),而不是被动句中处于非主语位置的名词短语。

表层语言　adstratum　参见"接加层"。

表达功能　representational function　参见"语言的发展功能"。

表达型言语行为　expressive　参见"言语行为分类"。

表面效度　face validity　语言测试术语。指测试中根据观察者的主观判断,测验达到预先设想的衡量知识或能力的程度。如果卷面"看起来"符合每个人心中对某一概念的心理形象,即具有了表面效度,即指从外表(如测验的材料及用语、试题的印刷等)直观地看,测验题目与测量目标的一致程度。表面效度可以迅速提供学生和老师对考试的意见和看法,并且直接影响学生的考试动机和努力程度。获知表面效度的方法是通过问卷调查或非正式地询问教师和学生。表面效度的局限性在于它是靠直觉而不是靠实验得出,因此从技术意义上严格地说,表面效度不是效度。

表面字符　constrate　指记录在石头、木块、竹片、纸张等实体物表面的书写符号。

表情功能　emotive function　指雅柯布逊(Roman Jakobson)分析的六种语言功能之一,即说话人表示对所指事物和所说内容的感情态度的功能——主要通过感叹词和特殊语调来表达,其他五种分别为指称功能(referential function)、意动功能(conative function)、寒暄功能(phatic function)、诗歌功能(poetic function)和元语功能(metalinguistic function)。

表缺词缀　privative affix　形态学术语。英语中表"缺失"或"没有"的词缀,语义上意为"剥夺"或"去除",如 a-、un-、non-等,"useless"中的"-less","dishonest"中的"dis-"等。

表缺对立　privative opposition　音系学术语。布拉格语言学派的音系学家特鲁别茨柯依(Nikolay Trubetzkoy)于1939年提出的概念,用以指两个音素,其中一个包含某个音位特征而另一个不包含这个音位特征,然而这两个音素的其余特征完全相同。例如:在/k/和/g/这对音素中,清辅音和浊辅音形成表缺对立。

表始动词　inchoative verb　表示某种行为状态开始发生的动词。英语中由形容词转化或构成的动词大都为表始动词。例如:[1] The leaves *yellowed*. [2] The cheese *matured*.

表述句　constative　语用学术语。言语行为理论中指对事物进行陈述或描写的句子。一般表述句可用是否具有真值(true value)来衡量,因而是可证实的(verifiable)。与施为句(performative)能实施某种行为不同,表述句只对句子内容进行描述。例如,当老师在演示实验时说:I pour some liquid into the tube. 这只描述了说话人当时在做什么,不能通过说这句话让液体流入试管,而必须同时做倒液体的动作。否则,这样的表述句为虚假陈述。

表现目标　performance objective　语言教学术语,亦称行为目标(behavioural objective)。设计课程时关于学习者学完部分或全部教授项目后要求懂得或能够掌握事物的说明。表现目标具有三个特征:(1)用可以观察得到的行为去明确描述学习目标;(2)说明行为预期会发生的条件;(3)表明能力的认可标准。

表现性意义　sensus designate　语义学术语。内涵意义的一种。有三个组成部分:(1)言语化概念意义(verbalized conceptual sensus),指篇章形式所表现的物体性状;(2)非言语化概念意义(nonverbalized conceptual sensus),指篇章形式所表现的物体性状等在思想中的意象(mental image);(3)非概念意义(non-conceptual sensus),指形式与概念意义触发的主观体验。参见"外指性意义"。

表信语　representative　参见"描述性行为"。

表形符　hieroglyph　参见"象形字"。

表形文字　hieroglyph　参见"象形字"。

表型　phenotype　亦称显型。原为遗传学术语,后由绍米扬(S. K. Saumijan)用于符号学,表示自然语言(可通过实验观察的)外部表现形式,即具体的语言表达线性链段。它同对应规则与隐型(genotype,即理想的、普遍的语言规则,是表型/显型的基础)相互联系。

表意符号　ideograph　亦称意符。指书写系统中用来代表一串言语的、规约化的文字符号。表意符号也指语音和意义相结合的词的印刷符号,或指一种表示信息的视觉形象,如交通信号等。

表意行为　rhetic act　语用学术语。在奥斯汀(John Austin)于20世纪60年代提出的言语行为理论中,指说话人实施一个交际行为,即表明谈论内容,说明行为的意义。后来该行为被塞尔(John R. Searle)用命题行为(propositional act)来代替,塞尔同时提出将言内行为(locutionary act)分为命题行为和话语行为(utterance act)。

表意文字　ideogram; ideograph; ideographic writing　指用符号(意符)代表整个词或概念的文字系统,如我国至今使用的汉字以及历史上存在过的古埃及文字、巴比伦楔形文字、中美洲玛雅文字等。表意文字由原始的图画文字(pictograph)演变而来,其中最早的字多数是有明显图像性质的象形字,在使用上具有比较广泛的社会性,加上形体上的简化和定型化而富有符号性,已发展成为名副其实的文字。从形体构成来看,有接近实物图像的象形字,也有以象征方法或对图像加以改变合并而成的象意字,如汉字中的指事字和会意字。此外,还可把每个字当作音符和意符,按文字系统内部的结构关系,加以引申、增减或合并而构成一些像汉字中的假借字、形声字和转注字。假借字和形声字具有表音作用,代表了向表音文字发展的倾向,许多表音文字就是由表意字简化和表音化而来的。汉语通过将已有意符组成复合词可以产生新的词位,还可以将已有意符组成发音类似于借用的外语单词的词,从而将外语单词"音译"成汉语。

表音文字　phonography; phonemic script　记录音位单位的文字符号系统。对于所有字母文字和音节文字都可以音位记录,但系统地把每一个文字符号划归为一个基本音位单位(即音位),只适用于字母文字的语言。字母、字母串及音节符都是音位符。音位标写的结果即是音标,如国际音标,其中每一个字符都对应一个语音,而每一个语音也都对应一个字符。

表语串联　nexus　指述谓性连接(predicative concatenation)的句法类型,是叶斯柏森于1937年提出的概念,以区别修饰性连接(attributive concatenation)的连接(junction)。例如:[1] The door is wooden.(述谓性连接)　[2] the wooden door.(修饰性连接)

表征　representation　❶亦称描述。运用一组与某一分析层次相适应的符号或是语言学实体对一段语料所进行的任何约定俗成的表述。例如:cats一词,在构词层次可能会被表达为{cat}+{复数},音位层次表达为/kæts/或/kætz/,在语音层次表达为[khæts]。❷亦称体现。美国结构主义流派中所认为的某些语言成分之间的关系,即通过下一层次上的一个语言单位体现某一层次(level)的一个或一以上的语言单位。例如语素由语子体现出来,语素音位由音位体现。又如语义成分和句法成分"write"和"过去时态"表现在形态层上即是(wrote),wrote反之又有语音或文字的体现。❸亦称表征式。生成语言学中指生成一个句子时各相继分析平面之间的对应关系。语言在一给定平面上表征为一个成分构型(例如"语义/音系/深层结构/系统语音……表征式"),语法规则将结构描写指派给这些表征式。例如在一个语音表征式中,一个话段可分析为一个矩阵,其中各行加语音特征标签,各列代表相继音段。该概念在最近的音系学理论(特别是非线性音系学)中已被广为讨论。

表征层面　level of representation　句法学术语,亦称表达层面。指生成一个句子或短语时各相继分析的平面,以相应的表达式(representation)呈现。例如,在转换生成语法的部分理论阶段,表征层面分为深层结构层面、表层结构层面、语音层面(PF)和逻辑式层面(LF),每个层面上都有其对应的表达式。

表征经济性　economy of representation　句法学术语。指进入逻辑式LF和语音式PF层面的表达式不含多余的、无法诠释的成分,是最简方案经济原则的体现之一。参见"推导经济性"。

表征论　representational theory　语义学术语。一种认为词语的意义包含系统意义和指称意义两类知识的理论,其中系统意义更为基本,而词语之所以指表事物,是因为他们与系统意义有关。系统意义构成词语与现实世界之间关系的一个层面,即心理表征(mental representation)。概念语义学认为描述意义就是描述心理表征,句子的意义是概念结构。

别处条件　elsewhere condition　音系学术语。指两条操作原则在派生过程的某一点发生冲突时,操作范围较受限制的后一陈述优先于前一陈述。

由于后一陈述较具体因而优先,而前一陈述则较一般,只适用于那条具体陈述不适用的地方,只在"别处"适用。

蹩脚英语　broken English　指母语不是英语的言语者说的英语。特点是不地道、不流畅、语言不符合表达习惯、行文不合语法、语音语调严重不纯,有明显的外国腔等。

宾格　objective case　语法学术语。在屈折语研究中亦称受格(accusative)。参见"受格"。

宾格化　accusativization　语法学术语。指许多语言中出现的值或配价的变化,其中与格(dative)或所有格(genitive)中的宾语或介词宾语与致使或直接宾语交替使用。

宾语控制　object control　句法学术语。动词后接名词短语(NP)和动词不定式成分(infinitival complement)并要求 NP 控制动词不定式成分的主语 PRO 的控制形式。这种动词称为宾语控制动词(object control verb)。例如:John$_i$ persuaded Susan$_j$ [PRO$_{i/*j}$ to leave]。其中 Susan 为动词 persuade 的宾语,动词不定式成分 to leave 的主语 PRO 受 Susan 控制而不受主语 John 控制,成为宾语控制句。

宾语提升　object raising　句法学术语。指名词短语从嵌套从句主语位置移动至成分统制的宾语位置的操作,主要用于解释如例外格标记(exceptional case marking)的现象。例如:[1] John believes him$_i$ [$_{IP}$ t_i to have won]。[2] John believes [$_{AgrP}$him$_i$ [$_{IP}$$t_i$ to have won]]。例[1]中的 him 作为 IP 的主语却获得宾格标记。乔姆斯基在 20 世纪 90 年代初认为,这是因为 him 从 IP 的 spec 位置(即嵌套主语位置)移动到了其上层的一致性短语(AgrP)的 spec 位置(可以从 VP 处获得宾格),如例[2]所示。

宾语一致　object agreement　句法学术语。指宾语成分与动词或屈折成分进行的人称、性、数等一致性操作。宾语一致在印欧语言中比较罕见,在很多非印欧语言中,宾语一致受宾语词汇形式的影响。例如,阿姆哈拉语具有宾语一致现象,其格标记和一致具有相关性。通常情况下,非定指宾语缺乏宾格标记时,动词也缺乏宾语一致;定指宾语既有宾格标记,也有宾语一致。

宾语转移　object shift　句法学术语。指宾语与其他成分出现位置互换的现象。其中最典型的语例是重块头名词短语转移(heavy NP shift)。例如:[1] Alice saw t_i with utter disbelief [the extraordinarily big, ugly black cat]$_i$。如果代词性 NP 是带有小品词的 VP 的宾语,则宾语必须居于小品词之前,两者位置不允许互换。例如:[2] a. He picked *it* up. b.* He picked up *it*。

濒危语言　endangered language　社会语言学术语。指使用人数越来越少、行将灭绝的语言。判断某种语言是否处于濒危状态的标准有多种。例如,2000 年 2 月在德国科隆召开的濒危语言学术会议曾通过决议,将语言按现状分为七个等级:(1)安全的语言,即前景非常乐观、群体的所有成员包括儿童都在学习使用的语言,即(2)稳定但受到威胁的语言,即群体内所有成员包括儿童都在学习使用、但总人数很少的语言;(3)受到侵蚀的语言,即群体内部的一部分成员已经转用了其他语言,而包括儿童在内的另一部分成员仍在学习使用的语言;(4)濒临危险的语言,即所有的使用者都在 20 岁以上、而群体内部的儿童都已不再学习使用的语言;(5)严重危险的语言,即所有的使用者都在 40 岁以上、而群体内部的儿童和年轻人都已不再学习使用的语言;(6)濒临灭绝的语言,即只有少数 70 岁以上的老人还在使用、而群体内几乎所有其他的成员都已放弃使用的语言;(7)灭绝的语言,即失去了所有使用者的语言。2003 年 3 月 10—12 日在法国巴黎召开的联合国教科文组织濒危语言国际专家会议上,在题为《语言活力与语言濒危》的联合国教科文组织濒危语言问题特别专家组报告中,专家组提出了语言活力与语言濒危状况评估方法的九个维度指标,即代际语言传承、语言使用者的绝对人数、语言实际使用人口占族群总人口的比例、现存语言使用域的走向、语言对新语域和媒体的反应、语言教育材料与读写材料、政府机构的语言态度与语言政策(包括语言的官方地位和使用)、语言族群成员对母语的态度以及语言记录材料的数量与质量。九大指标体系的每一个指标都有详细的分解说明,比如,就代际传承而言,濒危语言的程度可分为以下六个级别:

濒危度	语言代际传承
安全型	该语言被所有年龄人群使用;代际传承未被阻断,地图无标示
不安全型	该语言被大多数孩子使用,但或局限于某些场合(例如:家中)
肯定濒危型	该语言不再被孩子在家中作为母语学习
严重濒危型	该语言被祖父母辈及以上辈分的人们使用,父母辈可能懂得该语言,但不会用它与孩子及同辈交谈
极度濒危型	该语言只被祖父母辈及以上辈分的人们使用,而他们也不能流利运用该语言

目前公认的世界范围内濒危语言据估计约有 3000

种。联合国教科文组织世界濒危语言地图最新版本(2010版,英语、法语及西班牙语版,详见教科文组织出版社)列入大约2500种语言(其中230种语言自1950年已消亡),每种语言均列印有名称、濒危程度以及使用该语言的国家。联合国估计,目前世界上现存语言中,有一半的语言只有不到一万名使用者,四分之一语言只有不到一千名使用者,除非采取有效措施,否则在一个世纪之内这些语言(至少3000种)都要灭亡。中国的许多少数民族语言也都属于濒危语言,如满语(约100人能听懂、50人能说)、塔塔尔语(使用者不足1000人)、赫哲语(使用者仅十余人)、仙岛语(使用者百人左右)等。有些语言,尽管使用的人数上万,也仍然被鉴定为濒危语言。例如土家语、包括吴方言和闽方言在内的弱势汉语。造成语言濒危的因素有多方面。既包括语言外部的因素,如使用人口少分布杂和社会转型等;也包括语言自身的因素,如弱势语言等的词汇和语法功能无法满足社会复杂交流的需要。此外,语言的濒危还牵涉到语言使用者对自己母语的忠诚度等问题,有些族群在母语受到强势语言威胁时会采取强烈的反抗以争取权利,而有些族群则自愿放弃将母语传递给下一代。20世纪90年代以来,语言濒危成为学术和政治关注的前沿问题。国际上先后成立了应对濒危语言问题的相关机构,如1993年,联合国教科文组织正式设立了濒危语言项目。1995年出现了东京票据交换所、英国濒危语言基金会和美国濒危语言基金会等机构。目前对濒危语言的拯救主要是通过语言档案编制和语言复兴这两种办法。

并存效度　concurrent validity　参见"同期效能"。

并集合并　set merge　参见"结合合并"。

并连关系　parataxis　语篇语言学术语。指句子之间并列的句法连接(不同于偏正连接)。英语中的这种句法连接现象体现在通过并列连词或语调并列在一起。例如:[1] She bought tea, coffee, milk and sugar. [2] I came; I saw; I conquered.

并联符号&　ampersand &　源自"and, per se and",是它的连读音。1837年第一次被加入词典中。用符号 & 表示,其字面意义为"和"或"与",通常用在一些固定结构中,如在 Smith & Co. Ltd.,表示 Smith and Company, Limited。

并列复合词　dvandva compound; corpulative compound　语法学术语。"Dvandva"(相违释)是梵语语法用语,其本意为"对偶",也就是前后两部分并列,两者地位相等,但两者之间不需要用连接词连接。并列复合词是包含两个地位相等成分的复合词(compound word),两个成分就像是由 and 连接起来似的,如 bittersweet、Anglo-American。

并列结构孤岛　coordinate structure island　参见"孤岛"。

并列连接　conjoin　语法学术语。指连接几个并列的单词,词组或句子的现象。如下面句子中的"and"所起的作用:[1] John likes apples *and* pears. [2] John likes eating apples for breakfast *and* pears for lunch. [3] John likes apples *and* Mary likes pears. 其他较常见的承担并列连接的词还有"but"和"or",如:[4] John doesn't like apples *but* pears. [5] John likes to have apples *or* pears for breakfast.

并列连接　conjoining　语法学术语。指连接几个并列单词、词组或句子的现象。汉语中常用"和""以及";英语中常用"and"。例如:[1] 我和小张是大学同班同学。[2] John likes eating apples for breakfast *and* pears for lunch. 在英语中,其他较常见的承担并列连接作用的词还有"but"和"or"。例如:[3] John doesn't like apples *but* pears. [4] John likes to have apples *or* pears for breakfast.

并列连接词　correlative conjunction　语法学术语。指句法上连接一对平行结构的连接词。例如:[1] Tom will choose *both* butter *and* jam for his breakfast bread. [2] They'll choose *either* Paris *or* Milan as the first stop of their European tournament. [3] *Neither* he *nor* I am good at linguistics. 三例中斜体部分均为并列连接词。不同语言的并列连接词未必是对应的,如汉语中的"虽然……但是……"在英语中只能用 though(虽然)或 but(但是);汉语中的"只要……就……",在德语中只有单独的 solange(只要)。

并列双语现象　coordinate bilingualism　参见"复合双语现象"。

并列下义词　co-hyponym　语义学术语。指上下义关系(hyponymy)中处于同一层次的下义(hyponym)。所有这些下义词应有共同的上义词(super-ordinate)。如下列上下义关系:

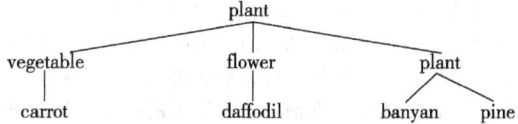

plant 的下义词有 vegetable、flower、plant,所以这三者之间为并列下义项关系。同样 banyan 和 pine 也如此。但 daffodil 和 pine 却不属于同位下义项,因为它们的上义词分别为 flower 和 plant，不相同。

并列向心结构 co-ordinate endocentric construction　参见"向心结构"。

并列语 juxtaposing language　一种特殊的语言类型，如科普特语和某些班图语。这类语言通过把类符(classifier)作为前缀加在词基上来表示语法关系或附加概念。

波尔-罗瓦雅尔语法 Port Royal Grammar　亦称普遍唯理语法。指由法国哲学家、数学家安托万·阿尔诺(Antoine Arnauld)和詹森派僧侣、语法学家朗斯洛(Claude Lancelot)在法国理性主义的框架下撰写、1660年出版的语法论著《普遍唯理语法》(*Grammaire générale et raisonnée*)所主张的理论，因其源于17世纪著名的巴黎天主教隐修会波尔-罗瓦雅尔修道院命而得名。波尔-罗瓦雅尔语法试图在希腊语、拉丁语、希伯来语和现代欧洲语言的基础上构筑语法范畴(grammatical category)，目的是使其理论适用于世界上所有语言，即成为具有广泛通用性的普遍语法(general grammar)。为了证实其转换生成语法模式的合理性，乔姆斯基在有关著作中将普遍语法改称"universal grammar"，作为转换生成语法的基础。普遍语法这一概念被学界认为源自普遍唯理语法。参见"笛卡儿语言学"和"理性主义"。

波浪模式 wave model　社会语言学和历史语言学术语。参见"波浪说"。

波浪说 wave theory　社会语言学和历史语言学术语，亦称波浪模式(wave model)。社会语言学、历史语言学有关语言演化的理论，与语言谱系树理论相对立。1872年由德国语言学家施密特(Johannes Schmidt)提出，借用物理学概念，用石子投入水中水波从中心向四周扩散的现象作类比，描述一种语言形式怎样从某一中心地区向四周地区扩散及影响，随着时间的推移扩展到有亲属关系的语言领域。在语言演化过程中，某种语言变体形式以某个区域为中心，像波浪一样一圈一圈地向邻近地区扩散，其影响逐渐减弱、消失。另外，两个不同的语言变体，如一对同义词 pail 和 bucket 在邻近的地区同时使用，其影响到的范围也会会交叉、重叠，正如两个或两个以上的石子同时投入水中，同时扩散的波纹会交叉。波浪说用来解释个别语言的起源和发展，以及一组彼此有亲属关系的语言如何发展为一个语族甚至语系。近期关于波浪说的论述主要见于变异语言学(variational linguistics)和社会语言学(sociolinguistics)领域。

波形 waveform　语音学术语。指可视化表示声波振幅随时间变化的图形。其依据原理是声波引起的空气压力的变化。

泊定 docking　句法学术语。在生成语言学中有时用来指一个浮游(floating)单位重新附联于一个表征式的过程，如一个浮游声调如果被指派给一个早已负载一声调的元音或一无声调元音，它就泊定在一个音节上。浮游指一个成分与派生过程中的某个位置没有固定的联系。

博思语言测试 Business Language Testing Service；BULATS　一种在全球采用统一的质量管理、标准化的测试。试题由英国剑桥大学考试委员会(University of Cambridge Local Examinations Syndicate, 缩称 UCLES)和欧洲语言测试协会(the Association of Language Testers in Europe, 缩称 ALTE)共同开发研制，涵盖了英语、法语、德语和西班牙语等四个语种，综合测试听、说、读、写全方位的商务语言沟通技能。这一考试包括计算机化考试、综合化考试、口语考试、写作考试等四种不同的考试形式，企事业单位可以通过博思考试客观地评估其员工和应聘者当前的外语水平，也适合正在修读外语课程、商务或其他专业课程的考生报考。博思测试与 ALTE 的语言能力分级标准相关，分为五级。这些证书为国际认可，可为企业或单位评估员工的外语能力提供标准。英国驻华大使馆文化教育处(The British Council)负责其在中国的项目引进与管理。目前在中国，有九家代理机构获剑桥大学考试委员会(UCLES)批准提供 BULATS 测试服务。

博弈论语义学 game-theoretical semantics　形式语义学的一个分支，以博弈论理论概念的真值为基础。德国哲学家兼数学家保罗·洛伦岑(Paul Lorenzen)于20世纪50年代首先把博弈语义学(game semantics)引入到逻辑中，后来德国哲学家库诺·洛伦茨(Kuno Lorenz)又进一步推动了它的发展。几乎在同一时间，芬兰哲学家兼逻辑学家亨迪卡(Jaakko Hintikka)也发展了一种研究方法。从那时起，许多逻辑学家开始对博弈语义学进行研究。例如，模型理论语义学(model-theoretical semantics)。法国哲学家拉曼(Shahid Rahman)等把博弈语义学发展成了一个研究和逻辑多元论(logical pluralism)有关的逻辑哲学问题。有学者认为博弈论与逻辑之间有界面(interface)，博弈论语义学应置于新逻辑概念的中心地位，逻辑是动态的推论工具。博弈论语义学的哲学基础是维特根斯坦的语言博弈(language game)理论。总之，语义不仅与词义、逻辑有关还与获胜策略有关。例如，一个精心设计的审讯对话，其意义和语义博弈的获胜策略有关。

博弈论语用学 game-theoretical pragmatics

形式语用学分支。通过对交际过程进行博弈建模，运用数学手段计算话语的效用，并做出评估和预测，从而预测和指导交际者选择最优的策略。

补偿策略　compensatory strategies　参见"交际策略"。

补偿性延音　compensatory lengthening
音系学术语。指由于一个音段的删除而引起临近音段音长相应增加的过程。有两种情况通常导致补偿性延音：(1)一个音节尾音失去，该音节的核心元音相应延长。例如，日耳曼语的 gans(鹅)失去鼻音 /n/ 后前面的核心元音 /a/ 延长，衍变成古英语中的 gōs，其中 ō 是长元音。(2)亦作补偿性延长。指一个音节核心元音失去，其临近的一个音节中的核心元音相应延长，这个临近的音节可以在失去核心元音的音节前，也可以在其后。例如，中古英语的 /talə/（故事）由两个音节组成，后一音节中的核心元音 /ə/ 失去后，前一音节中的核心元音 /a/ 相应延长，变成 /ta:l/，最后衍变为现代英语中的 /teɪl/。再如，"tooth"在原始日耳曼语中发音为 *tonθ，至古英语时期发音为 tōθ，/n/ 音丢失，/ɔ/ 音长为 /ɔ:/。类似的变化还有 *fimf→fīf (five)；*gans→gōs (goose)。补偿性延音也是生成音系学莫拉理论(Mora Theory)的重要研究领域之一。

补偿性延长　compensatory lengthening
参见补偿性延音。

补充附加语　additive adjunct　参见"增加性修饰语"。

补充关系　additive relation　功能语言学术语。命题间关系(interpropositional relation)的一种，指以从句形式或大于从句的语篇单位形式存在的两个或一组命题之间存在的一个以另一个为基础的递进或补充关系。韩礼德(Michael Halliday)和韩茹凯(Ruqaiya Hasan)于1976年认为，英语中如 and、further、furthermore、also、moreover、what is more、besides、additionally、in addition 等都可以指示命题之间的补充关系。例如：[1] Peter didn't show up; *and* how about you? [2] The task is very difficult; *besides*, time presses. [3] General Geichenko was a survivor. His father, *also* a top-ranking officer, had perished during the war. 两个命题之间存在补充关系。

补语　complement　语法学术语。指语法上跟在动词后帮助构成完整句子的成分。常见的补语有四种形式：(1)主语补语(subject complement)，指出现在 be 动词或系动词后与主语链接的补语；(2)宾语补语(object complement)，指在宾语后与宾语相关的补语；(3)形容词补语(adjective complement)，指在形容词后与形容词相关的内容；(4)介词补语(prepositional complement)，指在介词后与介词连用的补语。例如：[1] I am a *teacher*. [2] The result made me *sad*. [3] I'm so happy that *I've finished the work in advance*. [4] My supervisor is satisfied with *what I've done*. 此外若作补语的是句子，称之为补语分句(complementary clause)。补语与附加语(adjunct)形式相近，却属于不同概念，后者在句子中可有可无，前者则一般是必须具备的。

补语从句　complementary clause　语法学术语。指以从句形式出现的补语，与普通的补语一样，补语从句也有四种形式，即主语补语、宾语补语、形容词补语及介词补语。例如：[1] She is *what we call a linguist*. [2] We made her *what we call a linguist*. [3] I'm glad that *she finally becomes a linguist*. [4] They argued about *what a linguist should be*.

不变形词　invariable; invariant　形态学术语。使用时无形态变化的词，即在任何环境下出现时都保持一种形式。英语中的介词、连词、冠词、数词、副词、叹词等均为不变形词，如 under、but、and、ouch 等。不变形词与有屈折变形的变形词相对，如 house/houses, sit/sat 等。

不变重音　immovable stress　语音学术语。与移动重音(movable stress)相对。指在构形或构词时位置不变的词重音。如英语 child /ˈtʃaɪld/、children /ˈtʃɪldrən/（复数）、childish /ˈtʃaɪldɪʃ/。

不充分赋值　underspecification　参见"区别性特征"。

不充分赋值理论　underspecification theory　参见"区别性特征"。

不带 r 音　non-rhotic　参见"带 r 音"。

不等音节词　imparisyllabic word　参见"等音节词"。

不定冠词　indefinite article　语法学术语。区别于定冠词，指所指称的名词对于受话者来说不具有特殊性和不确定性。不定冠词所指代的名词既可能是发话者第一次提及的事物，也可能是其身份无关或假设性的，更可能发话者对此类事物作出总体上的陈述。英语中的不定冠词有 a 和 an 两个。an 用于元音性音开始的语词之前，如 hour，而 a 用语辅音性音开始的语词之前，如 European。参见"无定性"。

不规则复数 irregular plural 参见"规则复数"。

不规则名词 heteroclite 语法学术语。指在性、数、格变化上有特殊性的词,尤指有特殊的性、数、格变化的名词。这些词(名词)与按正常性、数、格语法规则变化的形态有所偏离,如英语中的 man 是单数形态,而其特殊复数形态是 men。

不规则性 irregularity 语言形式不符合语法规则的现象。与规则性(regularity)相对。如英语名词 ox 的复数 oxen 为不规则变化的结果,因为它不符合大多数名词通过加-s 构成名词复数的模式。

不规则语言现象 anomaly 参见"破格"。

不合语法性 ungrammaticality 语法学术语。指语言结构或话语不符合某种语言的词法规则和句法规则的性质,如 "Hit the ball the boy."是一个不合语法的句子,因为其不是根据英语的语法规则而生成。

不和谐 disharmony 音系学术语。指在出现和谐现象的音节或词中,元音或辅音存在某个区别性特征不一样的现象。例如,匈牙利语单词[sofør]"司机"中,两个元音的[+ROUND]"圆唇"、[−HIGH]"高"、[−LOW]"低"等特征都相同,不同之处在于前者为[+FRONT]前元音,而后者为[+BACK]后元音。这是典型的不和谐现象,与和谐(harmony)相对。"和谐"指一个音节或词中,元音或辅音所有特征趋同的现象,前者称为元音和谐(vowel harmony),后者称为辅音和谐(consonant harmony)。受一种和谐方式影响的元音子集被称作和谐音集(harmonic sets),一种语言可能含有多个和谐音集。

不和谐音 cacophony 语音学术语。指音调、音高、超音段等特征不和谐。

不及物的 intransitive 语法学术语。是指不跟直接宾语的动词语法要求。例如,"he sneezed"中的 sneezed 便是不及物的,具有不及物性。参见"及物动词"。

不及物化规则 intransitivization rule 语法学术语。即不及物动词后要求不能直接跟宾语的规则。

不恰当话语 improper speech 社会语言学术语。指某些语言集团在某些情景中所使用的次标准语言形式,在其他群体的人看来为非主流语言形式,难以被社会所理解和接受,如俚语。

不可分离性 non-detachability 语用学术语。指会话含义与其所言的语义内容相贴合,而非语言形式。因此,可以用同义词来代替而保持其含义不变。换言之,会话含义无法与作为整体的话语脱离开来,即使具体的语词发生了变化。例如:[1] John's a *genius*. [2] John's a *mental prodigy*. [3] John's an *exceptionally clever human being*. [4] John's an *enormous intellect*. [5] John's a *big brain*. [6] John's an *idiot*. 其中,例[1]—[5]均与例[6]的会话含义一致。

不可及说 no access hypothesis 参见"普遍语法可及性"。

不可接受性 unacceptability ❶指经过可接受性测验(acceptability test)的检验被认为是错误的语言项目且是不可接受的,一般以星号(*)标明。例如:[1] *The house was arrived before. ❷句法学术语。指语言试验中听话者凭语言直觉判断难以接受或理解的句子,即不符合生成规则的句子。例如:[2] *The doctor who the woman who the witness saw mentioned is a friend of mine. 例[2]即为不可接受的句子。

不可解读 uninterpretable 句法学术语。参见"可解读性"。

不可数名词 uncountable noun 语法学术语。指无法按个体来计数,因而无复数形式的名词,不能在这些词前面添加数字,也不能在其末尾添加表复数的 s,与可数名词相对。物质名词、抽象名词和专有名词通常是不可数的,如 information(信息)、iron(铁)、happiness(幸福)、China(中国)等。此类词可复数形式出现时,其意义与其单数形式的意义不同。例如:sugar(糖)— sugars(糖块);sand(沙粒)— sands(沙滩);water(水)— waters(水域)。

不连续性 discontinuity 语法学术语,亦称间断性。将一个语言单位插入一个语法结构之中,使之发生间断或不连续的现象。例如:[1] a. *switch the light on*; b. *put the coat on*; c. *tear the paper apart* [2] *propa-fucking-ganda*

不明确解读 non-specific reading 参见"明确解读"。

不确定表达式 indefinite expression 指话语信息的结构化过程中用于引入新信息的不确定性表达式。不确定表达式反映出自然语言具有不确定性和模糊性的显著特征。翻译过程中的信息处理与转换离不开对使用中的词语或结构进行语境化处理,比如语境补缺和语用充实。例如:I will visit a friend this weekend.

不实话语 prevarication 语用学术语。指语言用来传递非字面意义以达成特殊的语用功能,如说谎、反讽、胡扯等。例如,一位母亲进门后看见房间被小孩弄得一团糟,她说道:What a neat room! You've done me a great favour. 这种讥讽挖苦的含义在除语言外的其他符号系统中几乎不存在。有些语言学家认为,这种不实话语现象是人类语言的一个定义特征,是其有别于其他符号系统的一大特性。

不送气 unaspirated 语音学、音系学术语。❶指某些清辅音的一种发音特征,该特征表现为发音的除阻过程中没有明显的气流呼出。例如,汉语音节[paa⁵¹]"爸"的节首辅音/p/即属不送气音。❷生成音系学术语。指偶值特征理论中指的是一种区别性特征的一个可能的取值,与其相对应的另一个特征取值是"送气"。

不透明 opacity 参见"晦暗性"。

不透明元音 opaque vowel 音系学术语。在拥有元音和谐现象(vowel harmony)的语言中,不受元音和谐的影响,并且阻止和谐现象向外延展的元音。不透明元音也被称为音障(blocker),通常引起不和谐现象(disharmony)。

不完全变化词 defective 形态学、语法学术语。指与其他同类词相比,语法功能或构词分布有所限制的语言单位。例如,助动词缺少一般动词的变位形式,或者某些形容词只能用于属性修饰,可以说"The mere fact that ... "但不可说"*The fact is mere."

不完全动词 defective verb 语法学术语,亦称缺陷动词。指没有一般动词通常所具备的各种形式的一类动词。例如,should、can、may 等情态动词既没有不定式、现在分词形式,也没有过去分词形式。

不完全句 incomplete sentence 语法学术语,亦称"省略句"。在一定语言环境(对话、上下文)中,省去某些句子成分,就成为省略句。例如:甲:你在找什么?乙:钢笔。其中答语"钢笔"就是"我在找钢笔"的省略说法,即省略句。省略的成分又可以确定地加以补充,否则就不是省略句。

不相容 incompatibility 语义学术语。用于对词项之间意义关系的分析。指词项之间具有部分类似而又互相矛盾的意义这样一种关系。即一组词项如果选用其中一个就排除使用其他各个(除非用于反驳)。例如这把椅子坐起来很舒服句中,"椅子"一词虽然与"桌子""柜子"有部分类似的意义(同属"家具"语义场),但它们又是相互矛盾的,在上述句子中不能互相替换,因此这些词项就具有不相容性。颜色词的属性尤为明显:说一辆汽车是"红"的,它就不可能是"绿"的、"蓝"的或其他,这种对立的词项就是互相"不相容"的。有些语言学家指出某些不同类型的词项组表现出这种不相容性,如表示军阶、季节、各种颜色的词项等。

不幸被动句 adversative passive 参见"间接被动句"。

不圆唇 non-rounded 语音学术语。圆唇音在发音时双唇的间隙收窄,如/w/、/u/等音。不圆唇音指双唇间隙未经收窄而发出的音,如英语的前元音。

不专注行为 off-task behaviour 参见"任务内行为"。

布克维查字母 Bukvitsa 受南斯拉夫、波利尼西亚及达尔马提亚的天主教斯拉夫人所用的格拉哥里字母(Glagolitic)的影响而修改的一种字体。是西里尔字母(Cyrillic)的微变形体。

布拉格学派 Prague school 参见"功能语言学派"。

布莱叶盲文 Braille 法国教师布莱叶(Louis Braille)发明的凸点符号文字,供盲人触摸阅读和写作使用,是一组用六个小点代表拉丁字母的符号系统。如下图所示:

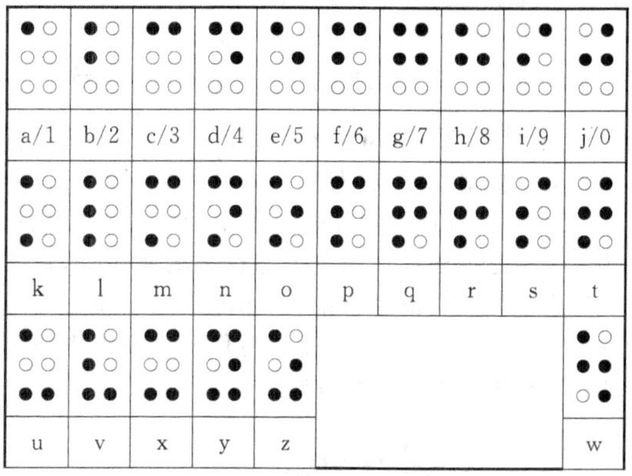

a/1	b/2	c/3	d/4	e/5	f/6	g/7	h/8	i/9	j/0
k	l	m	n	o	p	q	r	s	t
u	v	x	y	z					w

图一 布莱叶盲文 26 个字母的组拼法

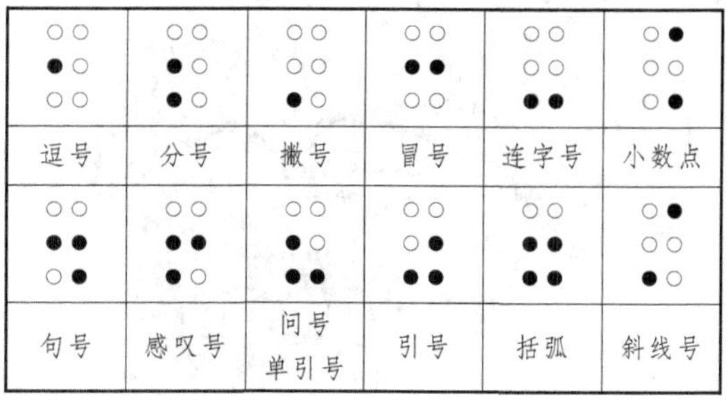

逗号	分号	撇号	冒号	连字号	小数点
句号	感叹号	问号 单引号	引号	括弧	斜线号

图二 布莱叶盲文英语标点的表示法

| afternoon 下午 (a-f-n) | mother 母亲 (dot 5-m) | hand 手 (h-and) |

图三 布莱叶盲文英语单词的组拼法

布朗语料库　Brown Corpus　语料库语言学术语。指20世纪60年代,由美国布朗大学(Brown University)语言学教授弗朗西斯(Nelson Francis)和库塞拉(Henry Kučera)建立,第一个计算机可读的(machine-readable)语料库。其库容量是100万个单词,存储了1961年美国各类书刊的连续语言样本500篇,每篇2000个词。该语料库多年来一直是计算语言学领域引用率最高的语料库之一。它的创立为语料库语言学开创了一个新时代,为语言学研究提供了一种全新的科学手段。

布鲁姆分类法　Bloom's taxonomy　语言教学术语。美国教育学家布鲁姆(Benjamin S.Bloom)提出的关于认知领域目标的分类方法,其内容包括六个层次,即知识、理解、应用、分析、综合、评鉴。布鲁姆分类法在教育和教育规划方面被广泛运用。

布罗卡区　Broca's area　神经语言学术语,亦称言语中心(speech centre)。19世纪60年代由法国外科医生皮埃尔·布罗卡(Pierre Paul Broca)发现。大脑左半球运动皮层前部司言语功能的重要区域,位于有运动机能的联想皮层之支配语言的左大脑半球第三脑回的底部。布罗卡认为这个区域专司语言发音。一般认为,这个区域的损伤会导致布罗卡失语症。

布罗卡失语症　Broca's aphasia　病理语言学术语。根据皮埃尔·布罗卡命名的后天性语言障碍(也称表达性或机能性失语症)。普遍症状是只使用不带状态标记或带简单形态标记的实义词,还常表现为音位上的语言错乱、韵律障碍以及说话缓慢吃力等。在语言理解、阅读和写作各方面出现障碍的程度根据患者情况的差异而有所不同。

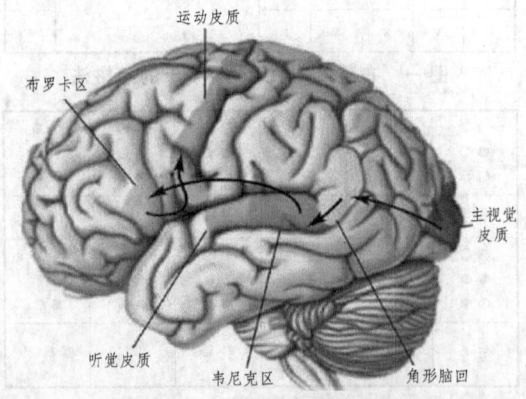

图一　布罗卡区、韦尼克区在大脑左半球的位置

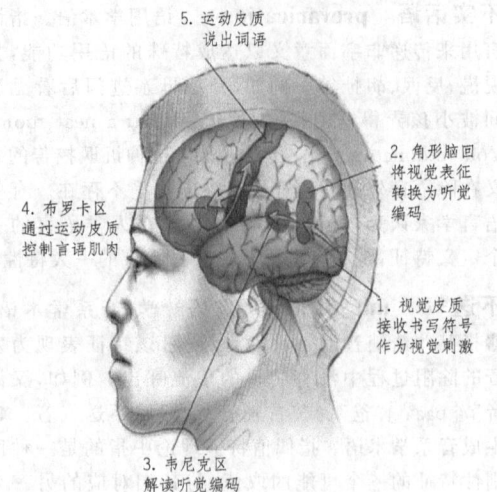

图二　言语表达的实现过程

布罗卡失语症患者　Broca's aphasiac　参见"布罗卡失语症"。

部分否定　partial negation　语法学术语。指英语中的不完全否定包括的情形有:(1)all 的否定式"not all …"或"all … not"表示"并非都……"、"不是所有的都……";(2)both 的否定式"not … both"或"both … not",表示"并非两个……都……";(3)every 的否定式"not every …",表示"不是每……都……";(4)always 的否定式"并非总是(并非一直)……";(5)entirely、altogether、completely 和 quite 的否定式"不完全……"、"并非完全……";(6)all the time 的否定式"并非一直……"、"未必老是……";(7)"not … and …"的否定式,被否定的往往是 and 后面的那一部分。例如:[1]Not all men can be masters.(= All men cannot be masters.)(并非人人都能当大师。)　[2]I don't want both the books.(我不是两本书都要。)　[3]Not every book is educative.(= Every book is not educative.)(不是每本书都有教育意义。)　[4]He is not always so sad.(他并不是一直都这样悲伤。)　[5]The businessman is never to be entirely trusted.(生意人不可完全信任。)　[6]A foolish man doesn't make a mistake all the time.(人笨未必老犯错。)　[7]He did not speak clearly and correctly.(他未必讲得既清楚又正确。)

部分格　partitive case　句法学术语。在芬兰语等一些语言中,部分格用来表征"部分""无结果"或者"无特定身份"。例如:[1] pala juustoa(一块奶酪)　[2] ammuin karhun(〈我〉开枪熊〈宾格〉)。芬兰语例[1]中的"juustoa(奶酪)"为部分格,表示一大块奶酪中的一部分;例[2]用宾格标记"熊"表示"我把熊打死了";若"熊"用部分格标记,变为 ammuin karhua,则表示"我对熊开枪了,但不知是否打死了"。另外一些语言中,如意大利语,非宾格动词可为其后出现的主语赋以部分格。例如:

    [3] E'arrivato Gianni
       is arrived Gianni
       'Gianni arrived.'

例[3]中意大利语的非宾格动词 arrivare(到达)为主语 Gianni 赋予部分格。

部分可及性 partial access   参见"普遍语法可及性"。

部分能产 partially productive   形态学术语。指某些词缀可附加于某些词上构成新词,但不可无限制地构成新词,它们只能是部分能产。例如,-less 可附加于名词后构成形容词如 shoeless、breathless 等,但 houseless、penless 等词听起来比较怪异,更不存在 breakfastless、smellless 等。

部分生格 partitive genitive   参见"部分所有格"。

部分所有格 partitive genitive   语法学术语,亦称部分生格。指某些屈折语中表示所指的只是一个词或一个短语整个意义一部分的所有格或属格,如俄语的第二格就可以具有部分所有格或属格的意义。英语中主要是由 of 构成以表示"部分"的所有格词组。如 most of us, some of my friends。

部分同化 accommodation; partial assimilation   语音学术语。同化的一种。指语言中相邻的两个语音之间由于互相影响,从而产生的以音位模式一致为目的的部分语音特征的变化现象。例如,five pence 中的[v]由于受到与其相邻的清辅音[p]的影响,其发音方式因此发生与[p]趋同的清化现象,由浊音变成同[p]近似的清音[f]。但是并没有由[v]这个唇齿音变成[p]这个双唇音。

部分学习 part learning   参见"整体学习"。

部分整体关系 meronymy; part-whole relation; partonymy relation   语义学术语。表示部分和整体之间的语义关系。英语 meronym 源自希腊词 mero(相当于 part 表部分)和 onoma(相当于 name 表名称)。表示某事物的一个部分或一个成员,即:如果 Xs 是 Ys 的部分则 X 是 Y 的一个部分—整体关系,或:如果 Xs 是 Ys 的成员则 X 是 Y 的一个部分—整体关系。举例说明:"手指"是"手"的部分整体关系,是因为手指是手的一部分,类似地,车轮是车的部分—整体关系。部分整体关系(Meronymy)的反面是整体部分关系(holonymy),与其非常相关的一个概念是分体论。一个部分整体关系表示整体的部分,即"X 是 Y 的一部分",与其相对应的是一个指示另一个词所指示的子集的词就是下义词,即"X 是 Y 的一个种类"(上下义关系)。在知识表征语言里,部分—整体关系常常表述为作为"……的部分"。部分整体关系和内包关系(inclusion)非常相近。它与真内包关系(true inclusion)一样具有非对称性,但与内包关系不同的是它没有可传递性。例如:[1] A leg has a foot. [2] A foot has five toes. [3] * A leg has five toes. 在某些动词(如 have, possess)和不少名词类型之间存在选择限制。例如,可以说[4] A rabbit has a short tail, 但不能说[5] A short tail has a rabbit. 这种选择限制在成分分析法(componential analysis)中无法用偶值特征(binary features)来描述,只能用这种关系特征(relational features)来描述。

部首 radical   亦称形旁、字符义素(determinative)。指某些词符文字系统(olgography)中基本字符的组成部分,表示该词的语义。在汉语方块字中为与意义有联系的形旁,如"湖""海""洋"等字的"氵"(即"水")。大部分汉字均由两部分组成,第一部分即部首,标明该字的语义类别,第二部分标明该字的发音。其中部首可以根据笔画的数量和形状归类。东汉许慎在《说文解字》中以小篆为主分析字形的结构,把具有同一个形旁的字归在一起,称为一"部"。全书以"一"部始,"亥"部结束,共有 540 部。每部把共同所从的形旁字列在开头,称为部首,如玉、山、人、水、木等都是部首。以前字书根据篆书的写法来分部,如《康熙字典》中为 214 部;现在按照楷书的写法来分部,需要对有些形旁进行增减,如《新华字典》的《部首检字表》为 189 部。

C

擦音 fricative; spirant 语音学术语，亦称摩擦音。按照发音方式区分而命名的一种辅音，指气流在通过发音器官时受到不完全的阻碍而发出的声音。由于两个发音器官十分靠近，以至空气从其间通过时产生可听到的摩擦声。典型的英语擦音有/f/、/v/、/s/、/z/、/ʃ/、/ʒ/。

擦音化 spirantisation 语音学术语。指辅音变成摩擦音的过程，是一个辅音弱化（lenition）的过程。在这一个过程中，塞音和破擦音慢慢被弱化成了擦音。例如，西班牙语元音间的浊塞音会弱化为擦音：/b/ → [β]，/d/ → [ð]。

猜测参数 guessing parameter 语言测试术语。指项目反应理论模型（Item Response Theory Model）中的一种猜测因素，也称 C 参数（c-parameter）。项目反应理论（Item Response Theory）是与经典测试理论（Classical Test Theory）相对的一种现代测量理论，其理论假设是测试者可能具有某种做对或做错某一测试项目的潜在能力。有三种项目反应理论模型，它们之间的差别在于每一个模型中评估的参数数目不同。"一个参数模型"（one-parameter model），又称纳什模型（Rasch model），只评估项目的难度（b 参数：b-parameter）；"两个参数模型"（two-parameter model）既考虑项目难度又考虑项目区分度（a 参数：a-parameter）；"三个参数模型"（three-parameter model）在前两个参数的基础上同时考虑猜测因素（c 参数：c-parameter）。项目反应理论模型的参数越多，模型也就越复杂，要求的样本量也越大。项目反应理论用来发现测试偏见和发展计算机—适用性测试（computer-adaptive test）。

裁剪词 clipping 亦称截短词。参见"截短法"。

裁切 bleeding 句法学术语。指分析规则排列时规则间的一种功能关系，与馈给（feeding）相对，借自历史音系学。裁切关系就是规则 A 破坏了规则 B 本来可以应用的结构表达式。如果规则 B 的形式是 X→Y，那么规则 A 必然是 W→非 X。在这些情况下，A 就是 B 的裁切规则（bleeding rule），而这些规则的线性序列叫作裁切次序（bleeding order）。

采访 interview 亦称访谈。语言调查研究中用交谈方式向被调查者收集有关其本族语的语音、语法及词汇资料的一种方法。采访用于收集语言分析所需资料，也可用于需求分析。

采用常规形式的倾向 bias toward normality 心理语言学术语。指听话人在对话语重新构建的过程中，通常会采用一种常规形式来填补说话人在语言中表达不清晰的地方，而这些常规形式会因语境知识、习俗、信仰等的不同而不同。

参加者 participant 语用学术语。指在言语事件发生时在场的人，其在场使说话的内容和方式都会受到影响，他们可以参加到言谈活动中去，也可以保持沉默，如参加某一演讲的听众。

参考性问题 referential question 语言教学术语。指咨询相关信息的、具有一定开放性的问题。例如：What do you think about global warming? 此类问题可在课堂讨论、访谈等活动中使用，有助于启发学生思维。

参量语言学 parametric linguistics 生物语言学术语。生物语言理论研究的一个分支，指将语言实体划分成一些物理变量（如声音、音调、舌和唇的各种运动）的研究方法。在语言处理中，言语生成和言语合成取决于这些物理变量的协调一致性。参量语言学的出现要受乔姆斯基和勒纳伯格（Eric H. Lenneberg）的影响。参量语言学的发展使伽利略式的形式语法研究在语言历史、认知科学及文化人类学等领域具有巨大的应用潜力。

参量语音学 parametric phonetics 语音学的一个分支学科。指将言语行为或现象视为单一的生理系统的语音学理论。其中声道内的各种发音动作参数被视为连续不断的动作，在时间维度上以各种方式互相作用而产生连续语流，听者则根据其语言的规则加以切分。发音过程中涉及的参数有语音（sound）、发音（articulation）、嗓音（phonation）、送气运气（initiation）、音长（duration）、嘴唇的位置（lip-position）、舌头的水平位置（horizontal tongue-position）和垂直位置（vertical tongue-position）等，这些参数不同的变化都会在发音时造成不同的语音效果。这种理论让人们不再把发音单纯地视为舌头和嘴唇的运动，而是整个声道和呼吸器官的整体运动。这种理论因此与传统的语音理论对立，后者预先将发音过程视为一系列发音姿势或切分成分的序列，其中每一个成分都可参照一组可分离的特征（发音部位，发音方式等）独立定义。这种静态模型与动态的参数模型形成对比，后者已引起对神经语言学控制机制本质的新兴趣。

参数 parameter 句法学术语，亦称变量或参项。在生成语法理论中，表示普遍语法（Universal Grammar）规则及其限制条件的参数，参数只有在具体语言中才能确定。确定一个具体参数（即确定一个参数的值),就意味着确定具体语言的、与普遍语法相一致的语法,即学习者在普遍语法所允许的范围内选择某一具体的语言。例如,中心语参数决定某一语言中的中心语是在其补足语之前还是补足语之后。在英语等中心语居首的语言中,中心语通常在其补足语之前;而在日语等中心语居后的语言中,中心语通常在其补足语之后。这样一个普遍语法的"原则与参数"的系统必须符合语言习得理论。因此,人们一般认为,普遍语法不标记某些变量的值,这些无标记的值在语言习得过程中根据外部具体情况(语言表述)被适当改变。根据每一语法的具体要求,句法中位置最具体的项的值是无标记的,在该项与其他语言成分发生矛盾时,会扩展为一个位置不十分具体的项。参数一方面允许某些具体问题是开放的,从而更灵活地解释核心语法的原则;另一方面,又与某些语言习得机制的假设和具体语言现象的标记性理论相互作用。

参数检验 parametric tests 语言测试术语。一组统计程序,它建立在这样的假设之上:数据成正态分布并且用区间量表和比率量表进行衡量。参数检验的例子有:T 测试、方差分析和皮尔逊积矩相关。

参数设定 parameter-setting 语言习得术语,亦作变量设定或参项设定。人们(尤其是儿童)在习得语言过程中确定哪个参数是他们所学语言的恰当值的过程。这对解释为什么人们可以产出以前从来没记忆过、见过或听到过的符合语法的语言提供了一种方法。在第二语言习得中,参数设定应更恰当地被认为是参数的重新设定,因为学习者已为其第一语言首先设定了参数。

参项设定 parameter-setting 参见"参数设定"。

参与角色 participant role 语用学术语。语用学中用来指一次语言交往中可归于参与者的各种功能。典型的参与角色是说话人和受话人,但还可分出其他几种角色,如信息的接受者(区别于目标)、信息的来源(区别于说话人)。有时也用于语法研究中,可替换成,指附于各小句成分的语义功能,如施事、接收者、承事等。

参与框架 participation framework 语用学术语。指美国社会学家戈夫曼(Erving Goffman,1922—1982)在其 1981 年版《交谈方式》(Forms of Talk)中提出的概念,用于解读会话结构。其主要观点是:会话结构中的"参与框架"涉及说话人和听话人。说话人兼具会话激活人(animator)、作者(author)和主角(principal)的作用;听话人兼具谈话有意识的接受者(addressees,即受话人)和被动听话者(passive listener)的特征,前者区别于话语无意识的接受者(overhearer),后者区别于期待参与谈话的人。说话人和听话人不仅因相互在场并享有谈话的责任而相互有关,而且与谈话的语句(即命题)、行为以及话轮的方式也有关系。

参与者结构 participant structure 语言教学术语。指在使用语言进行交际时参与者的权利和义务,如谁可以说什么、什么时候、对谁说等。是课堂交际研究和课堂话语研究中的焦点。

参与者现场观察 participant observation 指定性研究中的一个研究程序。研究人员或观察人员亲自参与其正在进行研究的环境,以此作为收集资料的一种方式,这些观察者被称作参与现场观察者。据称,如果观察者同时又是参与者,与只作为旁观者,可能实际没有一手信息的观察者相比,更能全面了解实际情况。但是参与者现场观察对那些被观察者方面来说,涉及公开观察和隐蔽观察以及参与者同意等道德问题。

参照框架 reference frame 认知语言学术语。指为了利用参照物(reference object)来确定图形(figure)的位置,语言可使用的表达手段。参照框架的功能是通过利用图形和参照物之间的空间关系来确定图形的位置。为了确定图形的方向和相对于参照物的位置,还需利用参照物的轴性特征(axial properties),常见轴性特征包括前面、后面和旁边等。参照物及其轴线特征构成参照框架,建立空间关系。世界语言常用的参照框架是有限的,主要可分为(1)仅涉及参照物的参照框架,即基于背景的参照框架(ground-based reference frame);(2)同时也涉及次要参照物(secondary reference object)参照框架,这一类又可细分为基于场的参照框架(field-based reference frame)、基于导杆的参照框架(guide-post-based reference frame)和基于射体的参照框架(projector-based reference frame)。例如:[1] The bookstore is next to *the City Hall building*.[2] Bill is behind Tom in *the queue*.[3] The restaurant is on *the river side of the office building*.[4] The bakery is to *the left of the City Hall building*. 例[1]仅涉及(首要)参照物"the City Hall building","next to the City Hall building"为基于背景的参照框架,建立了图形"the bookstore"的空间关系。例[2]不仅涉及首要参照物 Tom 而且涉及"the queue"这一包含性次要参照物,构成了基于场的参照框架。例[3]涉及两个参照物,即首要参照物"the office building"和次要参照物"the river",但次要参照物是无生命的客体,故构成了基于导杆的参照框架。例[4]涉及首要参照物"the City Hall building"和次要参照物"the left",而且次要参照物是说话者这一有生命客体的投射方位,构成了基于射体的参照框架,建立了图形与参照物之间的空间关系。

参照物　reference object　认知语言学术语,亦称背景。指参照框架(reference frame)中用来作为参照以确定图形(figure)位置的物体,可分为首要参照物(primary object)和次要参照物(secondary object)。参照物与图形之间可以建立空间关系,利用参照物相关的轴性特征(axial property)——如"前面""后面""旁边"等,可以确立图形的方向和位置。有时需要次要参照物与首要参照物一起才能确定图形的位置。例如:[1] The car is in front of the building. [2] Bob is in front of Alice in the line. 句[1]中,the car 是图形,the building 是参照物,但仅有参照物还不能确定图形的空间关系,还要利用轴性特征 front 与参照物一起构成参照框架来确定图形的位置。句[2]中,Bob 是图形,Alice 是首要参照物,the line 是次要参照物;首要参照物和次要参照物再加上轴性特征,一起构成参照框架,确定了图形 Bob 的空间关系。

参照语义学　referential semantics　语义学术语。在言语行为理论基础上发展而来的语义学理论,旨在分析和描写语言指称外部世界的条件和规则。研究侧重点不在于语言的内部关系,而在于说话人指称特定语境的时间—空间结构、确定相关性或指称物体或观点的方式。

残余地区　residual zone　历史语言学术语。指所占地域虽小,但语言非常多样化的地区,一般地域特色较强,且没有任何语言占据支配性地位。譬如在新几内亚或高加索地区,一方面原有语言历经千百年而留存,另一方面引进了一些新的语言,因此语言数量日益增加。

残余地域　relic area　亦称残遗分布区。指某一言语社团中仍然保留该语言早期发展形式和特点残余的地域。一般认为此类区域多为因文化、政治、地理等原因而难于接触到的地区,很难受到外界语言影响。

残余听力　residual hearing　语音学术语,亦称残存听力。指听力受损者(未达全聋的听觉残疾者)所有的一定程度的听力。事实上,完全丧失听力的人较少,大多数人仍具有某种程度的听力,如可听到雷声等较强音响。残存听力经医学鉴定后可选配合适的助听器,以发挥补偿听觉缺陷的作用。

残余形式　relic form　一种仍然保留在语言中的古语语言形式,一般只在方言或特定地域中(残余地域)保留。例如,英语中 was(be 动词第三人称单数过去时形式)和 were(be 动词复数形式的过去时),这对词是唯一保留古英语/z/—/r/变换的形式。

操练　drill　语言教学术语,亦称练习。一种语言训练技巧,常见于较为老式的语言教学法(特别是听说法),要求学生在教师指导下对语音与句型进行反复的训练。这种操练的是语法或者句子的某些方面,所以又称为模式练习。这种练习通常由两部分组成:(1)教师提供一个单词或者一句句子作为刺激(引入字、暗示);(2)学生以此为基础进行重复、替换或者变形练习。例如:

教师暗示	学生反应
替换练习 John bought a cake.	John bought a pen.
重复练习 John bought a cake.	John bought a cake.
变形练习 John bought a cake.	What did John buy?
	Did John buy a cake?
	John failed to buy a cake.

鉴于这种练习培养的是失真的交际能力,因此较少运用于交际教学法,其所谓的交际互动并没有多少实际意义。

操双方言者　ambidialectal　社会语言学术语。以同等熟练程度使用两种方言的人,如父母操不同方言,儿童往往也操不同方言。

操双语者　ambilingual　社会语言学术语。以同等熟练程度使用两种语言的人或言语社团,如比利时人能同样熟练地使用法语和佛兰芒语,新加坡人会讲英语和中文,我国许多少数民族能说汉语和本族语。

操作词　operator　句法学术语,亦称行为词(action word),在英语里指构成谓语的第一个助动词。它对句子具有操作作用,比如标记句子从陈述到提问的变化,即当构成一般疑问句时,操作词总是移到问句的句首。例如:[1] Arnold has joined the club. [2] Has Arnold joined the club? [3] She couldn't have been there. [4] Couldn't she have been there? [5] He went to Beijing yesterday. [6] Did he go to Beijing yesterday? 句[1]通过移动操作词变为疑问句[2],句[3]移动第一个助动词,变为[4]。当句中只有实义动词而无助动词时,需加助动词 do。例如句[5]变为[6]。

操作方法　operational procedure　结构主义语言学术语。用来分析和描写语言的规律性,并提出并检验语言学假设和理论的实验分析方法。在一定语境如词、句子或篇章中,通过省略、替换、增加或移动语言成分,某些本来凭直觉感受到的规律变得客观,而得以正确的描写。比如音位(phoneme)是通过替换能引起语义变化从而产生语义区别的最小语音单位,如 pin 和 bin、red 和 bed。操作方法有几种检验手段:换位检验(commutation test)、替换检验(substitution test)、省略检验(reduction test)、和并列检验(contact test)。在生成转换语法中,结构主义语言学的这些检验模式成为基本的转换形式,与上述检验手段一一对应:换位(permutation)、替代(substitution)、删除(deletion)、附加(adjunction)。

操作行为　operant　心理学术语,亦称奏效行为。指能够达成某种结果或某一目的的言语行为。例如,通过说"I'm thirsty"而达到得到饮用水的目的。如果达成的结果有利,则行为会重复下去,并得到强化,反之则不会再发生。参见"**操作性条件反射**"。

操作行为主义　operant behaviourism　参见"**新行为主义**"。

操作性定义　operational definition　指用可观察和测量的术语来界定一个概念。在语言教学和语言测试中,许多语言学概念需要定义使其具备可操作性,比如在制定某个教学项目的目的、课程目标、测试项目时,首先需要对语言能力(competence)和语言水平(proficiency)的概念进行界定,使其可以操作。

操作性条件反射　operant conditioning　心理学术语。美国心理学家斯金纳(Burrbus Frederick Skinner)在行为主义心理学框架下提出的一种学习理论。就语言学习而言,指第一语言学习者作出一个动作,如说话(utterance),达到了预想的目的或结果(如得到食物),这个行为就是奏效(operant)行为。如果产生的结果对其有利,这个动作就有可能再次发生,即得到强化。操作的结果令人愉快,则得到正向强化(positive reinforcement),反之则受到负面强化(negative reinforcement);如果操作行为没有结果,即没有受到强化,或者其结果是令人不快的,操作行为就不太可能再次发生。斯金纳认为儿童学习语言是根据操作性条件的原则进行的。

操作意义　operative sense　参见"**映象意义**"。

槽擦音　groove fricative　参见"**沟槽音**"。

草拟　drafting　语言教学术语。学生在写作时所经历的不同阶段之一。通常存在三种不同的阶段:(1)构思:作者在写作前确定题目、组织思想、选择措辞;(2)草拟:通常又称写作,作者将所构思的内容大致写出来;(3)修改:通常亦称编辑,作者对所写内容进行检查或重写。实际的写作过程并不一定按照这三个阶段依次进行,而往往在整个写作过程中有所复现。鼓励学生经常复现这些阶段的写作教学法称为过程式教学法。

草写体　tachygraphy　指为提高书写速度,用速记符号或缩写文字做记录,从而能快速记下需要记录的内容的书写形式。

侧画　profile　认知语法术语,亦称侧面、侧重。指一个词所指明(designate)的实体或关系。兰艾克(Ronald Langacker)在《认知语法基础 I—理论前提》一书中提出,述义(predication)的范围是基体(base),述义所指明的要素是侧画。大于一个词素的语言表达式的语义即称为述义。侧画是以基体为背景的"浅浮雕突出部分"。一个语言表达式的语义既不单独存在于基体,也不单独存在在于侧画,只存在于两者的结合。例如,圆和弧,圆的基体是二维空间,点集合构成的图形是侧画;弧的基体是圆,一段弯线是侧画。再如,直角三角形的斜边(hypotenuse),整个直角三角形是基体,最长的边是侧画,没有基体就没有侧画。此外,叔叔和血缘关系网络也是侧画与基体的关系。只有基体和侧画两者恰当地相互联系识解,侧画所指明的概念方能产生。

侧画决定词　profile determinant　认知语言学术语。在提出的侧画中,指一个结构的中心词(head of a construction)。一个短语的中心词决定这个短语的范畴地位。例如:A boy at the subway station reading a book. 这个短语包括几个层面的结构,涉及三个名词"boy""subway station""book",但只有一个名词"boy"决定了这个短语的地位,决定整个短语是一个名词短语,因此这个词被称为侧画决定词。

侧面　profile　参见"**侧画**"。

测试　test　语言测试术语。指衡量学习者能力、知识和表现的任何过程。测试也是贯彻教学大纲和促进教学水平提高的一种有效的方法。考试与测验(quiz)不同,考试一般是预先通知的,给学习者一定的时间准备,范围也比测试广,而测验一般不作预先通知。

测试项　test item　语言测试术语。指测验时要求受试作出回答的问题。常用的几类语言测试项包括:(1)是非选择题(alternate response item),即考生必须在给出的两个选择项中选出一项正确答案的题型,如是/非题、正/误题、A/B 题等。(2)固定答案题(fixed response item),亦称闭端反应项(close-ended response item)或固定回答项。指要求考生必须从几个选项中选出一个正确答案的题型。正确选项以外的其他选项被称为干扰项(distractor)。多项选择题(multiple-choice item)是典型的固定反应题项。(3)自由发挥题(free response item),亦称开放式题

C 测 cè （语言学术语）

型，即学生无需从待选项中做出选择，而是可以按照本人的意愿答题的题型。如问答题。(4)引导型试题（structured response item），即对学生答题的答案有所引导和控制的题型，但学生必须填充自己的答案，如不提供选项的开放式完形填空题。

测听计 audiometer　亦称听力米表。用来测试听力并评估听力是否失灵的一种装置，是耳鼻喉科和听觉中心的标准评估仪器。该装置包括一个嵌入的硬件单位以及与反馈按钮相连接的一对耳机，往往由标准的电脑所控制，其要求标准分别是 IEC60645、ISO8253 和 ANSI S3.6。除了硬件测听计外，还可采纳适用于不同配置的软件测听计，即任何人都可以通过安装在自己家中的电脑屏来测试其听力水平，后者由于没有刻度标准，故精确度不高。有些测听计还可适用于视窗操作系统、手提电脑或掌上电脑。

测听术 audiometry　语言测试术语，亦称听力测验。测定听觉灵敏度和听觉适应的方法，能产生 10—20000Hz 声音，强度可以调节的仪器叫听力计。用听力计可测量对某一声音的响度绝对阈限，以此来代表被试的听觉敏度。如果在被试较长时间连续听一个声音的前后分别测响度绝对阈限，而且后测的阈限值高于前测的，即说明有听觉适应的产生。

策略 strategy　语言教学术语。指用于学习、思维等方面的程序，是达到学习、交际等特定目的的一种方法。语言学习中，学习策略和交际策略是学习者在学习和运用语言时有意或无意识应用的方法。

策略性能力 strategic competence　语用学术语。指交际能力的一个方面，它描述说话者为补救交际失败或提高交际的有效性，使用语言的和非语言的交际策略的能力。例如，学习者可能不会说某一个词或不会用某一个结构，就不得不采用换说法或迂回的说法来进行弥补，说话者也可能故意放慢速度，用一种柔和的方式说话，想带给听者一种特殊的效果。

策略训练 strategy training　语言教学术语，亦称学习者训练（learner training）。指训练学习策略的使用，以提高学习者的效率。策略训练的一些方法有：直接训练，告诉学习者特定策略的价值和用途，教他们如何利用、检测自己对这些策略的使用；嵌入式训练，所教的策略不是直接传授给学生，而是隐含在学术科目的正常内容里，如阅读、数学或自然学科；结合型训练，直接训练之后接着进行嵌入式训练，这种训练模式是直接训练和嵌入式训练的综合。这种训练模式既可以让学习者明确特定学习策略的价值和用途，又可以让学习者更有效地掌握这些策略。

策略准则 tact maxim　语用学术语。主张英国语言学家利奇（Geoffrey N. Leech）提出的礼貌原则中的一条准则，在言语表达中尽量减少对他人损害的观点。策略准则的两条次准则是：尽量使他人受损最小；尽量使他人受惠最大。策略准则的目的简单地说就是在交际中"不要造成谈话双方的不愉快"。策略准则是利奇礼貌原则六个准则中最根本的一条，其原因在于策略准则用于指令和承诺，而指令是各种言外行动中最需要讲究礼貌的。同时，策略本身就是礼貌的根本，交际中礼貌地使用语言就是策略地使用语言。

层次 level　语言系统中的层次、层面或级，如字词层、短语层等。有学者认为，从含有较小语言单位的低层次到含有较大语言单位的高层次的各种不同层级，可以形成一种等级阶梯或层次系统。例如：词素（morpheme）→词（word）→短语（phrase）→分句（clause）等。还有语言学家认为：一个层次的项目是由下一个较低层次的项目组成。例如分句由短语组成，短语由词组成，词由词素组成等。

层次分析 immediate constituent analysis　参见"直接成分分析"。

层次分析法 hierarchical analysis　参见"链状分析法"。

层次结构 hierarchical structure　句法学术语。指短语或句子可以分析为一系列上下相继的层次或级别，句法上通常用树形图（tree diagram）来表示层次结构。

层次语法 Stratificational Grammar　结构语言学术语。指由美国语言学家兰姆（Sydney Lamb）于 20 世纪 60 年代所提出的，目的在于阐释语言结构以及意义与话语之间关系的一种语言学理论。层次语法将语言视作一个极其复杂的交流工具，其结构由一系列若干有序层次系统的关系网组成。兰姆对英语语言传统的音系、句法和语义三个层次进行了细分，从而区分出六个层次。音系层又包括音位和超音位两个层次，句法层涵盖语素和词位两个层次，语义层则分为义位和超义位两个层次。任何层次系统的组合限制由各层次所谓的策略性规则（tactical rules）加以保证。每个层次系统处理语言结构的一个方面，而对它的解释也必须独立于其他层次系统的语言结构。

层递式 climax; gradation　修辞学术语。与突降法（anti-climax）相对。指在使用语言时将话语的分量一步步增强,以重要性的递进顺序提出论点,将高潮保留到最后。例如:What light is to the eyes, what air is to the lungs, what love is to the heart, liberty is to the soul of man.(自由对于人的灵魂,如同光明对于眼睛,空气对于肺,爱情对于心。)

层级规则运用原则　principle of cyclic rule application　句法学术语。指由乔姆斯基1968年前后创立的层级理论(Cyclic Theory)中的规则运用原则,是对转换语法中转换原则(transformation)反复运用的一种补充。根据这一原则,句法和语音法则是自下而上运行的,即它们始于树形图(tree diagram)的最底端,层层上升,直至达到层级的最高节点(the highest cyclic node),即主句(matrix sentence)。在一个节点(cyclic node)内部运用层级规则(a cyclic rule),而假定在更高的一个节点没有运用其他的层级规则。为了给所有自然语言的语法提供普遍约束法则(universal restriction),乔姆斯基设定层级原则为普遍语法内在固有的组织原则。在句法理论中,语迹理论(trace theory)表明层级原则的经验性预言(empirical predication)也可由其他转换制约因素(other constraints on transformations)生成(Freidin 1978)。芬兰语言学家基帕尔斯基(Paul Kiparsky)指出,在音系学领域,有些研究者试图用其他约束法则取代层级规则(1982)。然而,乔姆斯基在20世纪60—70年代提出的限制语法生成能力的严格层级理论(strict cyclicity principle)至今仍为许多研究者所采纳。

层级性　cyclicity　句法学术语。参见"层级原则"。

层级隐涵意义　scalar implicature　语用学术语。当言者向听者表达某一概念时使用了描述(description)或层级(scale)的词语,听者可以在此基础上进行推测和延伸而得出的意义称为层级隐涵意义。在这类情况下,听众知道言者有充分理由不使用层级性较强、信息更丰富的词语。例如:[1]Some students can afford a new car.　[2]Not all students can afford a new car.　在句[1]中,some的隐涵意义是[2]。这样的语用推理具有不可分离性,即对于所言内容,当用同样字面意义(literal meaning)的词语替换时,话语的隐涵意义保持不变。

层级原则　cyclic principle　句法学术语。由乔姆斯基等人提出,认为句法操作具有层级性(cyclicity),在层级域(cyclic domain)D_x中的任何句法操作都先于层级域D_{x-1}的句法操作发生。最初认为层级域是指句子S(即CP),麦考利(James McCawley)认为每个投射都构成层级域(McCawley 1984, 1988)。早期转换生成语法中,转换规则应该由内向外、自下而上逐层逐级进行,这称为层级转换(cyclic transformation)。在管辖与约束理论中,层级原则可以应用于移位操作。例如:

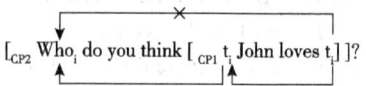

例中的wh-疑问词who不能跳过CP1直接移位到CP2的Spec位置,移位必须一个层级一个层级地连续进行。这种移位称为连续层级移位(successive cyclic movement)。

层级转换　cyclic transformation　句法学术语,参见"层级原则"。

层进　climax　参见"突降"。

曾用义　purport　认知语言学术语。指一个词过去曾使用过的意义。与一个既定词的百科知识有关,类似于意义潜势(meaning potential)。参见"意义潜势"。

叉线符 ♯　hash mark　句法学术语,亦称双叉符(♯)。生成语言学常用来表示一个语言词的边界,也可用来表示该符号(♯)后面成分合乎语法但语义奇怪。

插入¹　insertion　句法学术语。指将任何一种新成分插入语符列中的操作,如英语中有"by插入""do插入""Neg插入"等。

插入²　layering　法位学(tagmemics)术语。相当于嵌入(embedding),即小单位可以插入到大单位中去,而大单位又可插入到更大的单位中去。例如,在"the very good book"中,"very good"就是短语"the book"中的插入(layered)短语。

插入句　inserted clause　语法学术语。指一个从句用在句中,但与句子其他成分没有语法上的关系。插入句表示说话人的态度或看法,对一句话做一些附加的解释或说明。英语中常见的此类型插入句有:

if you ask me	if you will	if you dont't mind
it seems	it seems to me	I am afraid
I am certain	I am sure	I believe
I suppose	I think	I wonder
I guess	don't you think	don't you know
I tell you	you know	you think
as far as I am concerned		as it is/was
as it were	as I see it	as we/you know

插入句在句中位置灵活,可置于句首、句中或句末等位置。

C 插 chā （语言学术语）

插入式误读　insertion miscue　　参见"误读分析"。

插入性动词　parenthetical verb　　引起话语多种涵义的一类动词，如 assume、suspect 等。例如：I assume that he's coming today. 此句子既可理解为说话者的一种猜测，也可理解为一种陈述。后者的用法就是一种插入用法。

插入序列　inserted sequence　　语篇语言学术语。参见"话语转换序列模式"。

插声停顿　filled pause　　参见"有声停顿"。

插音¹　epenthesis　　语音学、音系学术语，亦称增音或插入音。指为方便发音而插入一个词中或词与词间插入元音或辅音的现象；通常分为前增音和加插音。增音现象在历史演变和连续言语中都很常见。插入音可以出现在词首或词的其他部分，或在两词之间增加一个元音或辅音。这些插入的音没有词源上的理据，但却有实际的需要。在词中，特别是外来语中，插进一个或更多的音或字母，使之符合借入语言的语音模式。例如，西班牙语无 /sk/、/sp/ 辅音连缀起始的词，就将 schola 拼为 escuela。有的则属为发音方便而插入的音，如 barbarism /ˈbɑːbərɪz(ə)m/；有的是为避免元音重叠而添加的音。例如：I saw it. /aɪsɔː(r)ɪt/。在某些英语方言中，腭音和软腭音前常发现的双元音，如将 bag 读作 /baɪg/，也属增音现象。在生成音系学中，增音被视为一条音位插入规则。

插音²　intrusion　　音系学术语，指在连续言语中所添插的一些音，这些音在单独说出的音节或词里无发音基础。英语标准发音中的常见例子为用作连音的 /r/（添加在一个元音后，其后的词也以元音起首，但该位置拼写上不存在 r），如"China(r) and Japan"和"India(r) and Pakistan"。

插音 r　intrusive r　　语音学术语。指英语中从连音 r（linking r）类推而来，前后词的重叠元音间加入的 /r/ 音（不是原有的哑音），如"Australia/r and New Zealand""the India/r office""draw/r/ing room"等。有时会产生同音异义现象，如"law(r) and order"与"lore and order"；有时会造成幽默效果，如把"law(r) and order"理解为"Laura Norder"。

差位体现　discrepant realization　　语法学术语。系西德尼·兰姆（Sidney Lamb）创立的层次语法（stratificational grammar）术语。兰姆认为语言主要有四个层次，由下往上排列依次是音位层、语素层、词位层和语义层，相应地就有音位、语素、词位和语义四种基本单位。语言是通过配列关系和体现关系把语义和语音连成一体的关系网络，语言学的任务在于对这一关系网络进行描写。语义概念和语音各层次之间的体现关系分为简单体现和差位体现。如果一个层次上的单位总与邻近的另一个层次上的单位相对应，为简单体现。如果两个邻近层次上相应单位之间没有出现严格的一一对应关系，则叫做差位体现。差位体现可表现为分化体现（diversification）、中和体现（neutralization）、合成体现（composite realization）、并合体现（portmanteau realization）、零体现（zero realization）、虚体现（empty realization）和倒位体现（anatactic realization）。

差异系数　difference coefficient　　计算语言学术语。指词频统计时，单词频率在两个不同语料库的统计数据之间的差异程度。

蝉联　anadiplosis　　参见"联珠"。

阐释　interpret　　在 20 世纪 60 年代指对歧义表达的不同理解。例如：I cooked his goose. 对这句话可以有两种阐释，一种为字面意义"我烹了他的鹅"，另外一种为习语含义，指"毁掉某人的计划"。

阐释学　hermeneutics　　指一种探求意义理解和解释的理论，是 20 世纪 60 年代后盛行于西方的哲学和文化思潮。最早源于德国所开展的科学思维方式改革运动，主张人类科学旨在对社会习俗或体系等进行深入解释。从 20 世纪 70 年代起，该主张被运用于语言研究，强调详细阐述语言规则，与乔姆斯基的生成语法理论相对立。传统阐释学主要指对书面篇章（特别是文学、宗教、法律方面）的解释。现代或当代阐释学涉及所有的解释过程，包括言语交际、非言语交际以及预设、先前理解、意义、语言哲学、符号学等。

阐述功能　representational function　　参见"描述性行为"。

阐述型言语行为　representatives　　参见"言语行为分类"。

颤音　trill　　语音学术语，亦称滚辅音（rolled consonant）。按照发音方式给辅音分类，发这种音时，气流使舌或小舌多次振动，如意大利语中的滚音 /r/，或德语中的舌尖—齿龈音 /r/ 或小舌音 /ʀ/。

长被动句　long passive　　句法学术语。指动作施事通过介词短语标记出来的被动句。与不出现施事的短被动句（short passive）相对。例如：[1] The thief was arrested by the police. [2] The thief got arrested. [3] 鱼缸被花猫碰碎了。[4] 包子被抢光了。　其中，例[1]和例[3]是长被动句；例[2]和例[4]为短被动句。

长距离反身代词 long-distance reflexive
句法学术语。指先行词出现在被约束反身代词(即照应语)局部范围之外的反身代词。按照约束理论,照应语在管辖范围内必须受到约束,即照应语的先行词必须在约束域内成分统制照应语。例如:

[1] John$_i$ welcomed [$_{NP}$ the reporter$_j$'s criticism of himself$_j$].
[2] 张三$_i$认为李四$_j$知道王五$_k$喜欢自己$_{i/j/k}$
[3] John$_i$-wa [Bill-ga zibun$_i$-o
John-话题 Bill-主助 自己-宾助
nikunde iru] -to omotte iru.
恨 -标句词 认为
(约翰认为比尔恨约翰自己。)

在例[1]中,英语反身代词 himself 在约束域 NP 中受到 the reporter 的约束,不能回指 John。但在很多语言中照应语的先行词可以出现在约束域外。例[2]汉语的"自己"可以是王五、李四或张三中任何一人;例[3]中日语的 zibun(自己)不受局部范围内 Bill 的约束,却受范围外 John 的约束。

长期记忆 long-term memory 参见"记忆"。

常规公式 formulae; formulas 参见"公式化语言"。

常规特征 stereotype 参见"约定概念"。

常规语法 regular grammar 语法学术语,亦称正规文法。一类只描写语符列线性(非层级的)方面的形式语法。此类语法只允许左首有一个非终结符,右首最多有一个非终结符(例如名词,动词)和一个终结符。如果限制产生式的形式为 A→aB 或 A→a,其中 A,B 是非终结符,a 是终结符,那么该文法为右线性语法;如果限制所有产生式的形式均为 A→Ba 或 A→a,那么该语法为左线性语法。每一个右线性语法一定有与之等价的左线性语法存在。换言之,这两种语法生成相同的常规语法。

常模 norm 语言测试术语。测试与统计中指以某种方法测量出的特定群体("常模群体")的分数或典型成绩。常模用于将个人或群体成绩与常模群体比较。常模通过参照诸如性别、年龄、受教育时间的长短、在测验中的百分位等级等要素而表示出来。

常模参照考试 norm-referenced test 语言测试术语。指旨在评判一个或一组特定学生的成绩与其成绩分数作为常模的另一个或另一组学生的表现是如何关联的考试。待测学生的分数或成绩的解释是参照其他学生的或其他的组而不是已定的标准分数。

常识衍推话语 discourse in common sense

entailment; DICE 语用学术语。一种话语附加理论,指用一种称为"常识衍推"的逻辑来处理遇到互相矛盾的知识资源时做出推理的能力。它提供一种逻辑后承关系来解决话语理解过程中可供利用的知识资源互相矛盾的问题,因而能解释为什么语言的语符列能在不同的话语语境中作不同的理解。常识衍推是一种非单调推理的模式理论,是人们日常推理的重要形式,它的特点是推理结论是暂时性的,随着新信息的出现,结论会被废止。这种推理充分体现了日常推理的灵活性。

常用话语语境 canonical situation of utterance 语用学术语。指话语产生时的规范或常规语境。常用话语语境包括说话者与听话者的比例应为1:1,听话者可略多;信息通过视觉或听觉以语音为媒介来传播;会话的参与者应同处于相同的实际情境中,互相能感知对话中的非语言特征,且互相之间没有视觉障碍;听话者与说话者的角色应在所有参与者之间有序地转换。

场 field 语义学用语。源自物理学概念。美国语言学家派克(Kenneth L. Pike)于1967年提出的概念,指语言形式的语境分布情况,注重单位之间的关系及单位的功能,将语言视为互相关联的词汇网络系统,而不是一些独立词项的总和。从这个角度出发,语言是一种模式系统,在这个系统中,每一个单位都处于一定的关系之中,具有一定的功能。例如:/p/、/b/、/t/、/d/、/k/、/g/等辅音根据它们的共同发音方法(形成完全闭塞后爆破)而被看作是处于爆破音场(field of plosives)中;而 red、black、blue、purple 等词项则被看作是属于颜色语义场。场是相对概念,本身又是处于更大的场的一个单位,如爆破音场又属于辅音场。

场独立 field independence 语言教学术语。学习方式的一种,亦称个别项学习方式。指学习者能够辨认或集中于特定项目而不受背景或上下文中其他语言项的影响。场独立和场依存学习方式已被作为语言学习中不同的认知类型来研究。

场依存 field dependence 语言教学术语,亦称整体学习方式。学习方式的一种。如果一种学习任务有很多项目,学习者总把它们作为一个整体来看。如果某一个项目出现在其他项目的"领域"内,学习者学习起来会感觉到有难度。场依存与场独立(field independence)相对立。场依存性强的学生对教师的依赖性较大,希望教师的教学有条不紊地进行,每个教学阶段都有明确的任务和及时的反馈;而"场独立"占优势的学生,则更喜欢独立自主的学习。

绰号 nickname 英语 nickname 一词最早见

C 超 chāo （语言学术语）

于1303年的ekename,意为"另外的名字",源于古英语的eaca(意为"增加")。截止到15世纪,由于发音音节变化,"an ekename"变化成"a nekename"。虽然拼写有所改变,但读音和意义没有变化。绰号是人、物、体正式用名的描述性的替换名,也可以是专有名字的近似或者缩减形式。例如:使用"Bob""Bobby""Bobbert""Rob""Robbie""Hob",或者"Bert"代替Robert。绰号的感情色彩可以是正面、积极的,也可以是讽刺的、消极的。

超级提升 superraising 句法学术语。指超越主语位置的主语提升。超级提升会导致句子不合语法。例如:[1] Vitesse$_i$ seems [t_i to win]。[2] *Vitesse$_i$ seems [that it is certain [t_i to win]]。例[1]是正常的主语提升,但例[2]中的Vitesse越过了被it占据的主语位置提升到了句首seem的主语位置,由此构成的句子不符合语法。

超级语法码 grammatical hypertag 语料库语言学术语。对语料标注是建立语料库(corpus)的一个重要步骤。普通语法码是在词的基础上对语料标注,而超级语法码则是在普通语法码标注完成以后,在短语的基础上对语料标注,通常采用NP、VP、PP、AP之类的语法码,可表示句法作用。

超文本 hypertext 指相关信息的超文本链接,可使网络用户通过点击一个链接获取网络世界任何一个信息源的信息。如果在一篇文章中选中点击一个词,可获得与该词相关联的更多信息(如百科词条或相关文章)。超文本概念由泰德·尼尔森(Ted Nelson)在20世纪60年代提出。

超音段 suprasegmental 音系学术语,亦称非音段成分(non-segmental)。由美国结构主义者提出,现仍广泛使用。与某一音位因素相关,但其作用域大于单个音段,其语音实现方式只通过描述同一语句中的相邻辖域才能达到。最常见的这种非切分成分有重音、音高、音调、元音长度等。超音段成分基本和同韵律成分相同。参见"**复切分**"。

超音段音位 suprasegmental phoneme 语音学、音系学术语。指将超音段成分如音高、重音和语调等被看成音位的一种分析。超音段音位这一术语主要为美国结构主义语言学家所使用。

超音位 archiphoneme 音系学术语。指在特定环境中两个或多个原本对立的音位发生中和后由理论假设产生的新的音位。这一概念最初由布拉格学派的音系学家特鲁别茨柯依(Nikolay Sergeyevich Trubetzkoy)提出。例如,波兰语的塞音存在清浊[±voice]的对立,但这种对立在音节末尾时会消失。例如,单词[trud]"劳动"的音节尾音在表层形式中变成[t]。特鲁别茨科依假设词尾辅音既不是[d],也不是[t],而是超音位[D],代表[d]和[t]的共有特征,即两者都是齿龈塞音。后来这一概念用来指假设存在的仅标明部分区别特征的音段,其未标明的区别特征由音位规则推导产生。

超语法习语 extragrammatical idiom 认知语言学术语。在构式语法中,不遵守常见语法规则的习语式表达法(idiomatic expressions)。例如,all of a sudden(突然地),在这个表达式中,量词all的后面通常跟名词短语,但这里却是一个介词短语;限定词a的后面往往需要名词,这里却出现了形容词sudden,整个结构不符合常见语法规则。超语法习语和合语法习语(grammatical idiom)相对立。

超语言特征 extralinguistic feature 参见"语言内部特征"。

沉浸式教学法 immersion approach 语言教学术语。指把学生第二语言作为学校教学语言工具的一种双语教育模式。在沉浸式教学大纲中,一般要求至少有50%的课程用非母语来讲授。这种教学方法在加拿大使用广泛。若学校全天用法语为讲英语的孩子授课,则采用的是全沉浸式教学方法(a total immersion programme);如果一天中只有部分时间用法语授课,那么采用的就是部分沉浸式教学方法(a partial immersion programme)。

沉浸式强化课程 immersion programme 语言教学术语。双语教育的一种形式。指说一种语言的儿童进入用另一种语言作为所有学生的教学语言的学校,使其耳濡目染并学说第二语言(宛如沉浸于第二语言的汪洋大海)。例如,加拿大有为操英语的儿童设立的以法语为教学语言学校。如果全天用法语给儿童授课,则称之为全部沉浸式强化课程,但如果只在一天的部分时间里使用,则称之为部分沉浸式强化课程。

沉默 silence 话语分析术语。指相对于话语而存在的另一种表达意义的方式,并非是话语的终结。例如,沉默在某种程度上体现了权势关系和话语权,突出了话语霸权的存在。沉默的意义还取决于交际者相互间的权势关系。在不同地位的交际者之间,位尊者的沉默显示出权威和霸气,而位卑者的沉默则暗示着顺应和服从。

沉默法 silent way 语言教学术语。一种由英国心理学家加特诺(Caleb Gattegno,1911—1988)在20世纪60年代创立的教学法。教学通常可以分为讲解模式(expository mode)和假设模式(hypothetical mode)。讲解模式中所有的教学内容、形式和进度全部由教师控制。假设模式让学生在实验、摸索、尝试中学习,增强其自信心和成就感。教师采用实验心理学中的"解决问题"(problem-solving)方法进行教学,即教师不多次重复教学内容,而是借助手势、挂图、模仿性动作、直观教具,尤其是彩色棒(coloured cuisenaire rods)和发音卡(Fidel pronunciation charts)进行教学,学生仔细观察,运用归纳法学习语言。该方法的优势在于把学习看作解决问题的创造性探索过程,给予学生充分的时间去探索、分析、测试和记忆语言。

沉默期　silent period　语言习得术语。指语言习得者就像儿童在母语习得过程中一样所经历的一个只听不说的语言学习期。造成这种现象的原因有多种,可能是不愿意说,也可能是在通过听别人讲来学习,还有可能私下里自言自语为公共场合的交流做准备。此概念由于受到史蒂芬·克拉申(Stephen Krashen)的影响,在 20 世纪 80 年初很流行,和监控理论(Monitor Theory)、自然教学法(Natural Approach)联系紧密。克拉申认为这是学习者通过积极聆听不断加工所输入的语言材料来建立其语言能力的一个过程。

陈述　statement　语言教学术语。指向一组或一群人介绍、描述某特定事物的行为。(例如:某一新产品、公司业绩或某一广告策划)或特定事件的行为。例如:[1] It's very cold in winter. [2] I don't think she looks very well.

陈述句　declarative sentence　❶语法学术语。指以陈述形式出现的句子,与问句和祈使句相对,其目的主要在于提供信息,对事物有所说明或描写的话语。例如:[1]It's very cold.(天气很冷。) [2] The bridge was built thousands of years ago.(这座桥是好几千年以前造的。) ❷语用学术语。一般认为陈述句的结构隐含"说""认为""主张"等动词。例如,明天会下雨。这句话言下之意就是"我认为明天会下雨"。同时,陈述句也可以不具有陈述的功能。例如,"考试不难吧?"通常可用作设问;"你马上出去。"则通常可用作命令或请求。这种并非以提供信息为目的的陈述句在语用学中被称为宣告性言语行为(以言行事的一种类型)。

陈述性知识　declarative knowledge; propositional knowledge　亦称事实性知识(factual knowledge)。指认知心理学和学习理论认为的信息储藏在长期记忆中的一种方式,通常指由能够作为命题储存的有意识掌握的事实、概念或观点构成的信息。例如,关于语言时态的认识可以由一系列命题、规则或事实组成。即这种认识可以作为陈述性知识而被习得。陈述性知识与程序性知识相对,后者是关于人们知道如何做,却无法意识到为何能够做这件事情的知识。例如,"如何游泳""如何说话"等。程序性知识通过实践而逐步获得,并以技巧的习得为前提。二语习得的诸多方面均涉及程序性知识,而非陈述性知识。

陈述音系学　declarative phonology　音系学术语。指 20 世纪 90 年代初形成的一种不同于经典生成音系学的理论。陈述音系学以合一语法(unification grammar)为理论基础,结合音节理论和非线性理论,通常最大限度地避免推导和派生(derivation)的出现,直接陈述音系规则,而避免派生(derivation,亦称推导)的概念。由于该理论中的音系表征直接表述表层形式(surface form),因此往往被认为比派生音系学(derivation phonology)的表层形式更加具体。该理论的代表人物包括詹姆士·斯科比(James Scobbie),史蒂文·博德(Steven Bird)和约翰·科尔曼(John Coleman)。

称呼体系　address system　指称呼语中各种方式或称呼方略的总和及称呼方式之间的内在关系。不同的语言,乃至语言变体,在称呼方式的使用方面都存在着差异,而具体的称呼方式又取决于文化、社会、教育、信仰、年龄、性别等诸多因素。从社会语言学的观点来看,称呼行为具有极其丰富的社会和文化内涵,它可能是社会中权势性和和平性的象征。

称呼语　address term　语用学术语,亦称谓形式(address form)。指在直接的语言交往中指称某人的方式,已成为社会语言学研究的一个重要方面。除起到引起受话者注意和保持发话者同受话者之间联系的根本作用以外,还具有一定的社交指示功能,传递与说话情景相联系的、有关说话人和听话人之间社会关系等方面的语用信息。研究称呼语涉及不同的社会环境中不同类型的参与者。一些社会心理学因素如权势、共聚等都影响到称呼语的选择和使用。语言的称呼形式是一个复杂的称呼体系,有其自身的规则,人们只有掌握这些规则才能有效地进行语言交际。例如,学生在言语交流中唤起老师注意时,一般会使用如"张老师""王老师"等称呼语,并在进一步的交谈中使用"您"来指称对方。由于称呼语的选择往往可以反映说话者之间的心理距离、社会地位差异等社会因素,因而在社会语言学研究中,称呼语不仅是语法单位,而且还被看作是言语交际单位和语用单位。

称呼语的代词形式　pronominal form of address　语用学术语。指称听者的代词表达法。使用代词进行称呼的语言中至少有两种形式,它们的用法取决于说话者的社会地位和相互之间的关系。通过对称呼语的代词形式进行社会和语言方面的调查,结果表明世界语言之间有一系列的规律(regularities)。称呼语的代词形式不仅取决于一种纵向型的社会等级结构["较高一级的(higher)"相对于"较低一级的(lower)"],也受制于横向型的组织划分(即指属于某个"组织"这个概念),和说话者之间关系的亲密程度。在一些亲密场景中代词的对称使用与在不对称的社会场景中[如"较高一级的(higher)"和"较低一级的(lower)"]中的使用相似,两种用法交叉使用。而敬语在不亲密的场景中"下对上(lower to higher)"使用是对称的。例如法语中的vous和德语中的sie均用于表示"您"这一尊称。近来对称呼语的代词形式的研究主要集中在语用、社会和人种学方面。

称名量表　nominal scale　语言统计学、语言测试术语。指由量数产生的定量化水平或种类之一,用来给属于不同群体或类别的项目或个体标上数目。例如,我们可以给一个年级的全体学生标上1,给另一个年级标上2,第三个年级标上3,等等。

称谓　appellation　语义学术语,亦称称呼。指给事物命名的词类,代表实际存在的物体,也就是语法中的普通名词(common noun)。

称谓词　appellative　可用作呼语(vocative)的名词。称谓词主要包括:(1)家庭成员及亲戚名称,如爸爸、妈妈、姐姐、哥哥等;(2)用于亲人或配偶之间的亲昵称呼词,如亲爱的、宝贝等;(3)表达尊敬的称号,如先生、女士等;(4)职业或地位的称谓(有时也用于表达尊敬),如主席、总统、老师、医生等。

称谓性名称词　appellative name　语义学术语。指将称谓性专有名词(即称谓词)用作普通物品类名称的词。例如,用法国东北部地名的尚帕涅(Champagne,英语发音读作"香槟")指称当地出产的特种葡萄酒——香槟酒;用苏格兰发明家麦金托什(Charles Mackintosh)的姓来指称其发明的防水胶布,称为"mackintosh";用商标"Xerox(施乐牌复印机)"来称呼任何复印机。

成对联想学习法　paired-associate learning　语言教学术语。一种词语学习方法。这种方法是由教师先提供成对的词或其他语项,然后让学生在他们之间做联想。例如,教师可先让学生看 calendar—shoe,bag—pen,然后用每一对的第一个词对学生进行测试,看学生是否能记起第二个词。

成对语式　twin formula　参见"重言法"。

成分分析法　componential analysis　语义学术语。指通过将词的语义成分(componential)或语义特征(semantic features)分成几个部分来研究词义的一种方法。例如:将 husband 的词义分解为[+HUMAN]、[+MALE]、[+ADULT]、[+MARRIED]等不同成分。成分分析法一般用来研究两个或两个以上相互关联且只有一两个成分不同的词。例如:相对于husband,wife 可分析为[+HUMAN]、[-MALE]、[+ADULT]、[+MARRIED]。成分分析法起源于人类语言学(anthropological linguistics),起初用作研究多语言词的亲属关系名称及其他词项。现在该方法已广泛应用于音位学研究中。参见"**义素分析法**"。

成分结构　constituent structure　句法学术语。指表示短语、子句或句子中各语言单位或构成成分(constituent)间相互关系的排列。成分结构可以由不同方式进行表示,如给句子加标记和括号(labeled, bracketed sentences)。对于"The dog followed the boy"这句话可以表示为 S[NP[Det[The]N[dog]] VP[V[followed]NP[Det[the]N[boy]]]]。其中 S 表示句子(sentence),NP 表示名词短语(Noun Phrase),VP 表示动词短语(Verb Phrase),Det,N 和 V 则分别表示限定词(Determiner)、名词(Noun)和动词(Verb)。较之上述方法更为清楚也较为常用的方法是画树形图(tree diagram),即上句可表示为:

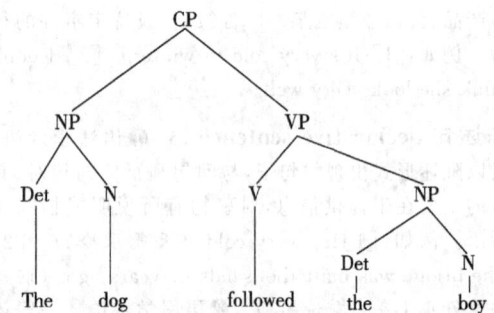

成分结构　constituent structure;C-structure　参见"C 结构"。

成分统制　constituent-command;C-command　参见"C 统制"。

成绩报告　reporting　语言测试术语。语言测试中将考试结果通知测试使用者、测试参加者、雇主、录取人员等的活动。成绩可以以等级分(band scores)、原始分(raw scores)、标准分(standardized scores)、综合分(composite scores)等形式呈现。

成绩测试　achievement test　语言测试术语。按用途对语言测试进行分类的类型之一,该类测试的内容主要是基于某一特定的课程或教学计划且针对已经完成的教学内容而设计,目的在于考察学习者对所学知识的掌握程度。成绩测试既包括在课程或教学计划结束时进行的期末测试,也包括在课程进行中的衡量学习者所取得进步程度的进展测试，如随堂测试、期中测试等。

成绩登记　record keeping　语言测试术语。语言课程教学中对学生作业、测试成绩等档案资料的保存，一般用分数(如百分制)或等级(如优、良、及格、不及格等)来表示，为教学评估的一个必要环节。

成见效应　halo effect　亦称光环效应。❶心理学术语。指从个人主观好恶对他人做出认知判断，并得出相应推论。❷语言教学术语。指教师或学习者由于某一特征而改变或影响判断结果。例如教师在根据"学习的兴趣"给学习者打分时，给在课堂上表现良好的学习者高分。

成就策略　achievement strategies　参见"交际策略"。

成就动词　achievement verb　❶由美国语言哲学家泽诺·万德勒(Zeno Vendler,1921—2004)提出，指动词分类的一种。万德勒根据体貌特征将英语中的动词分为四类：活动动词(activity)、完成动词(accomplishment)、成就动词(achievement)和状态动词(state)。❷亦称成功动词或成功语汇，所进行的动作或某项任务已经完成，或者说进行这一动作或任务的主体已经完成了某件事，且产生了某种结果。例如英语中的动词 buy, win, die 等均可被归为成就动词。❸语义学术语，亦称达成动词。指根据动词体态特征划分出来的一个大类，表示因发生变化而使得其域外论元进入某种"静止状态"或"存在位置"。例如，汉语的"懂"是成就动词，表示"懂"的域外论元进入到"明白"的状态；英语的 arrive 也是一个成就动词，表示其域外论元到达某个存在位置。根据动词体态特征划分的动词类别中除成就动词外，还有状态动词(state verb)、活动动词(activity verb)和完成动词(accomplishment verb)。

成就假设　resultative hypothesis　语言教学术语。动机论中的一种假设，认为学习成功者将继续努力，而那些学习不成功者将会感到沮丧，不再努力。该假设由语言学家斯基恩(Peter Skehan)于20世纪80年代提出。

成人形态分析　adultomorphic analysis　亦称成人中心分析(adultocentric analysis)。指在语言习得研究中沿用成人语言分析的方法来分析儿童语言。例如，国际音标是为对成年人的语音进行描写而使用的分析方法，但在对儿童的牙牙学语进行描写时，仍旧使用国际音标来描写，即为成人形态分析。

成事动词　perlocutive verb　参见"施为动词"。

成熟假说　maturation hypothesis　心理语言学术语。指博雷尔(Hagit Borer)和韦克斯勒(Kenneth Wexler)在1987年《句法成熟》(The Maturation of Syntax)一文中提出的儿童第一语言习得方面的假说，认为有些语言学原则的某些方面的习得需要时间。例如，论元移位(A 移位)后形成的 A 语链在第一语言习得中需要一个成熟过程。英语被动句"The house was painted"可以看作论元 the house 从 paint 的宾语位置移动至句子主语位置，形成语链〈the house, t〉。博雷尔和韦克斯勒发现一些儿童出现被动习得延迟同语链形成和题元角色的赋予有关。

成型中立语　Idiom Neutral　社会语言学术语。一些对沃拉普克人造语(Volapük)持异议的人于1903年创造的人造语。它自称拥有国际上最流行的词汇系统。

成语学　phraseology　参见"习语学"。

成阻阶段　closing phase　语音学术语。指一个辅音，特别是爆破音(plosive；stop)的发音过程的最初阶段。在发爆破音时，发音器官首先必须形成完全的阻碍。

诚意条件　sincerity condition　参见"真诚条件"。

诚意原则　sincerity rule　语用学术语。语用学中指言语交际最基本的原则之一。该原则要求说话人必须说真话，如果违背该原则，则说话人的话语失去应有的效度，令听话者对话语产生质疑。

承诺型言语行为　commisives　参见"言语行为分类"。

程度副词　adverb of degree　语法学术语。修饰性副词(adjunctive adverb)中的一个子类，属于句子基本结构的一个部分，表明被修饰成分所具有的某种性质的程度，如 very、really、somehow、unbelievably、amazingly 等。

程序教学　programmmed instruction　源自20世纪20年代蓬莱西(Bob Pressey)的一种教学方法。这种方法假设学习任务可被分解成"各种小的学习板块(bit learnings)"，这些小板块能够按特定步骤重组起来；应当在学习过程中避免错误的发生；复习巩固应当与教学环环相扣。这一教学方法衍生了两个变体(variant)：斯金纳(Burrhus F. Skinner)提出的线型(linear)教学模式和克劳德(Norman A. Crowder)提出的叉型教学模式(branching)。参见"自动化教学"。

程序教学法　procedural approach　语言教学术语。指一种改进的交际教学法，由普拉布（N.S. Prabhu）于1987年提出。程序教学法摒弃了传统意义上的语言教学大纲，认为既不应该只以语言结构为内容，也不能以语言功能为内容，而应以课堂活动为内容，让学生参与大量的语言活动。在活动中将学生的注意力集中到语义内容上，这就是程序教学法。这种教学法虽然克服了其他教学法中存在的一些问题，但是在实施过程中应该按照什么顺序来组织和安排课堂语言活动是目前还没有解决的一个问题。

程序性知识　procedural knowledge　语言习得术语。泛指完成一项活动，使用一种技能所涉及的"如何做"的知识。在二语习得中有两种相关但义不同的知识：一种与陈述知识相对，指大脑中可使语言自动产出的程序性知识；另一种指学习者在使用目的语交际时所使用的各种语言策略。

痴呆症　dementia　神经语言学术语。指由于脑功能障碍而产生的获得性智能障碍综合征。从临床的角度可将痴呆定义为：因脑功能障碍导致获得性、持续性智能障碍或受损，并在记忆、认知（概况、计算、判断等）、语言、视空间功能和人格诸项中至少有三项受损。虽然常被归在失语症的名下，但痴呆语言与失语症之间却有着本质的不同。失语症是因脑外伤、脑瘤、中风等引起，原因多是局部病灶型的，而痴呆症多呈现出一种扩散性、多病灶型的病理特征，如脑萎缩。两者的神经解剖基础不同，失语症一般认为是语言系统受到损害，而智力没有受损；痴呆症则是智力发生障碍，语言只是其中的一部分。

驰音　lentis　参见"张音"。

迟发前置词　deferred preposition　参见"后置前置词"。

持续时间　durative time　语法学术语。指延续一定长度的时间段，表示动作的持续性。试比较下面两个例句。[1] He knocked for a while. [2] He knocked. 例[1]中的 for a while 即表示一个时段，说明敲门的动作持续了一段时间，[2]中则没有时间词表明时段，只是表达了敲门这一动作曾经发生过。

持续体　durative aspect　语法学术语。体的一种下属分类。体是指动词所描述的某一活动、事件或者状态，无论这种活动正在进行或已经完成。作为词汇体，体指动词的内在语义，包括四个类型：（1）状态型：用来指称状态不变的动词，如be、have、want；（2）活动型：用来指称既无始又无终的过程的动词，如play、walk、sigh；（3）完成型：用来指称有终点、但持续了一段时间的活动的动词，如 read a book、write a book；（4）实现型：用来指称非持续型，但具有终点的活动的动词，如 finish、realize、arrive。

持阻过程　holding　语音学术语，亦称位姿保持或持续时间。用来描写某些类语音的发音动作。当发音过程中发生气流受阻现象，发音气官能保持其发声姿势并持续一段确定时间的过程称作持阻过程，如在发爆破音或长辅音时的闭塞阶段等。

齿间音　interdental　语音学术语。语音学给辅音分类的术语，指以舌尖为主的舌面前部在上下门齿间形成气流通道的缝隙而发出的擦音。齿间音按主动发音器官一般归为舌前音中的舌尖音，按成阻部位则为齿音或齿龈音。如英语单词/θɪk/ thick 中的/θ/。

齿音　dental　语音学术语。指舌尖顶住齿背发出的声音，舌尖与牙齿接触的位置可以在上齿，也可以在上下齿之间，还可以在上齿后部接近齿龈的地方，一般为辅音，可以是塞音、塞擦音和擦音。英语中的/θ/和/ð/就是典型的齿间擦音。某些英语方言，如爱尔兰语中有塞音性质的齿音[t̪]、[d̪]、[n̪]，其中[̪]为国际音标中表示齿音的符号。

齿龈爆破音　alveolar plosive　语音学术语，亦称齿龈塞音（alveolar stop）。既是齿龈音同时又是爆破音或塞音的语音，如英语的/t/、/d/。舌尖上抬与上齿的齿龈隆骨相接触而形成收紧点，发音时收紧点先是完全闭合、然后阻碍解除，气流冲出并随之相伴发出的类似爆破的语音。

齿龈擦音　alveolar fricative　语音学术语。既是齿龈音同时又是擦音的语音，如英语的/s/、/z/。舌尖上抬与上齿的齿龈隆骨相接触而形成收紧点，发音时收紧点不完全闭合、而且气流被迫通过狭窄的通道在某个部位产生明确的局部摩擦。

齿龈脊　alveolar arch　语音学术语。俗称牙槽弓。

齿龈隆骨　alveolar ridge; alveolar arch　语音学术语。俗称齿龈（teeth ridge）。上排牙齿所依附的骨性突起部位，上覆粉红色的肉体，为上颌骨的一部分，对齿龈音的形成具有重要意义，是英语辅音发音的一个重要部位，如/t/、/d/发音过程中舌尖抵靠的位置。

齿龈塞擦音　alveolar affricate　语音学术语。按照语音的发音方式分类，属于塞擦音；按照语音的发音部位分类，属于齿龈音。此类齿龈音是塞音和擦音复合的结果：舌尖上抬与上齿的齿龈隆骨相接触而形成收紧点，发音时收紧点开始是完全闭合，随后逐渐地伴随着源自部分阻塞的摩擦而消失。英语中齿龈塞擦音有/ts/、/dz/、/tr/、/dr/。

齿龈塞音 **alveolar stop** 语音学术语。参见"齿龈爆破音"。

齿龈吸气音 **alveolar click** 语音学术语。一种特殊的语音形式。舌尖与齿龈构成阻碍，利用内吸气的方式发出的语音，如英语 tut-tut。

齿龈音 **alveolar; gingival** 语音学术语。辅音的一种，按照语音的发音部位加以分类的术语。用舌尖或舌叶紧抵或紧挨上齿的齿龈或齿龈隆骨构成阻碍而形成的语音，英语中的齿龈音有/t/、/d/、/s/、/z/、/n/、/l/和/r/，其中用舌尖构成阻碍的叫舌尖齿龈音（apico-alveolar）；用紧靠舌尖的舌叶构成阻碍的叫舌叶齿龈音（lamino-alveolar 或 dorsal-alveolar）；在齿龈隆骨后、几乎与硬腭交界的部位发出的音叫后齿龈音（post-alveolar 或 supradental）。

齿龈音语素 **alveolar morpheme** 音系学术语，指用一个齿龈音构成的后缀。在英语中，动词的过去式或过去分词后缀-ed，在单词尾部除/t/、/d/之外的清辅音之后读作为/t/；在单词尾部除/t/、/d/之外的浊辅音或元音之后读作为/d/。名词的复数后缀-es 或所有格后缀-'s 在单词尾部除/s/、/ʃ/、/tʃ/之外的清辅音之后读作为/s/；在单词尾部除/z/、/ʒ/、/dʒ/之外的浊辅音或元音之后读作为/z/。

齿龈硬腭音 **alveolo-palatal; lamino-palatal** 语音学术语，亦称舌面前音。用舌前部位与硬腭靠前接近齿龈的地方构成阻碍而形成的语音，如现代汉语普通话中的"喜""学"等字的声母/ɕ/。

冲击 **impact** 语言测试术语。指测试对个体受试者、其他相关人员（如教师、父母、学校管理人员或测试开发者）、教育体制或者社会的影响。

充分诠释 **full interpretation** 句法学术语。充分诠释是表征经济性的一个原则。语音式表征 π 和逻辑式 λ 表征形成搭配（π, λ），该搭配所携带的所有特征分别在 A-P 接口和 C-I 接口获得诠释，称为充分诠释。未获得充分诠释的推导将崩溃（crash）。详见"计算系统"。

充分性 **adequacy** ❶语言学理论中用以评价语法编写是否成功的一条标准。基于这一概念已经区分出几种不同的充分性。外部充分性是指对一部语法在多大程度上与来自外部的数据相吻合作出评判；内部充分性是指对一部语法内部的简单性和精致性作出评判。❷在生成语法研究中，乔姆斯基把对语法成功与否的判断标准分为三个层次：观察充分性、描写充分性和解释充分性。如果一部语法通过观察某一语言的全部数据，能够预测哪些句子是可接受的，那么这部语法就满足观察的充分性；如果一部语法能够对所描写语言的说话者的语言能力作出描写，即满足描写的充分性；如果一部语法能在观察和描写充分性的基础上进一步对人的语言能力作出原则性解释，即满足解释的充分性。

充分性层次 **level of adequacy** 句法学术语。指乔姆斯基在其1965年《句法理论面面观》中提出的评估语法（具体语言的语法）和元语法（语法理论）的层次标准。充分性层次可细分为三个方面，即观察充分性（observational adequacy）、描写充分性（descriptive adequacy）和解释充分性（explanatory adequacy）。

重叠¹ **gemination** ❶修辞学术语，亦称紧接反复（epizeuxis）。指一个词语或表达式的即时直接重复，如"sing softly, softly, softly"。重叠也可以用来表达强烈的情感或词义的细微差别。❷语音学术语。辅音成倍化带来的语音变化（sound change）。重叠音由下列两种原因引起：一是同化（assimilation），如果我们比较古印度—伊朗语（梵语）与中印度—伊朗语（巴利语），就会发现 bhartum→bhattum（带来），sahasra→sahassa（千）（Hock 1986:65）；二是元音间（intervocalic）辅音丛的音节结构变化，特别是半元音和响音前面。这种情况下的音节划分难题往往是通过重叠音的帮助，选择"强"音节节首来解决。例如，西日耳曼语中出现在/j/、/w/、/r/、/l/、/m/、/n/前的辅音叠音，从原始日耳曼语（Proto-Germanic）到古英语经历了 sitjan→sittjan→sittan（坐）的变化。

重叠² **reduplication** ❶音系学指语言中某些词缀的变化过程反映了词根的音系特点。该重叠变化过程在希腊语、马来语、英语中都较常见。如在马来语中重叠过程被用来表达副词、不定复数的意义：baik"好的"，baik-baik"好地"；bunga，"花"，bunga-bunga"一些花"。重叠中的音系变化一直是韵律语素学研究的重点。韵律语素学区别了基式（base form；B）和重叠成分（reduplicant；R）两个概念。❷形态学术语，亦称重复。指在构词或构成时态等时，一个形式（如词、词根或词干）某部分（如开首音节、语素）或全部的重复，属形态句法范畴。马来语将其用于构成副词或表示名词复数，如 baik（好的）重叠后成为 baik-baik（好地），anak（孩子）一词重叠为 anakanak（孩子们）。在印欧语中，动词词根某部分的重复可以构成时态。如希腊语 leipo（我离去）中的 l-，其完成时是 le-loip-a；又如拉丁语 curr-（跑）的完成体词根为 cucurr-。汉语的重叠形式主要表现在动

C 重 chóng（语言学术语）

词(重叠表示尝试或短时意义，如跑跑、跳跳)、形容词(重叠表示程度的加深，如漂漂亮亮、高高兴兴)、名词或量词(重叠表示普遍意义，如人人、条条)上，为汉语语法手段之一。在句子中单词可以重叠，起强调作用，如"This book is very very interesting"。❸亦称叠用或反复。一种重复使用相同音节、词组、诗行、诗节或韵律格式的修辞手法，从而突出某种含义，强调某种感情，增强诗的节奏感和韵律美。一般而言，"重叠"多见于自由体诗。

重叠分布　overlapping distribution　亦称类裂现或类分裂(class cleavage)。指根据上下文把一个词分别划入不同的词类。例如：在"He gave me a beautiful fan as a present"中，present 是名词，但在"How many people were present at the meeting yesterday"中，present 是形容词。另外，根据莱昂斯(John Lyons1977,1995)的观点，两个除句子以外的语言单位的分布可以重叠(overlap)和交叉(intersect)。如果 X 和 Y 都能在某些语境中出现，但彼此都不能在对方能出现的所有语境中出现，那么 X 和 Y 就被认为是重叠分布。

重叠复合词　iterative compound; reduplicative compound　形态学术语，亦称重复复合词(repetitive compound)。一种由两个及两个以上形式组成的复合词，其中第二个形式源于对第一个形式的全部重叠或部分重叠，多属于非正式或亲密用语。有的复合词前后两种形式完全相同，如 goody-goody；有的复合词首辅音不同，如 helter-skelter；有的复合词中间元音不同，如 shilly-shally。

重读　regression　参见"回读"。

重复¹　reduplication　参见"重叠²"。

重复²　repetition　❶语言教学术语。指有控制地反复练习语言知识或技能，从而达到对语言准确流利的运用。重复可以分为四种形式：增进型、操作型、机械型、变换型。其中增进型即每次重复语言项目(如句子)时增添一个新成分(如生词或词组)，使学生重复越来越长的句子。该类型重复适用于扩充句子和造句练习。操作型即对听说读写等四种技能进行操作练习，以保持并协调各种语言技能。该类型重复适用于看图说话、复述、阐述、翻译、回答等练习。机械型即反复重复同一种形式，适用于对话、唱歌、朗读、抄写、听力重复等练习。变换型重复即重复时每次变换句子的一、两个以上的成分，并将变换成分置于表格内。此类重复适用于句型转换、多项选择、完成句子等练习。❷一种修辞格。用来表现强烈情感和紧迫的呼唤，起强调某事物的作用，并产生优美的节奏。重复包括相同词或词组的重复以及同义反复。例如：We shall fight on the seas and oceans, we shall fight on the beaches, we shall fight on the landing grounds, we shall fight in the fields and in the streets, we shall fight in the hills.

重复动词　frequentative verb　语法学术语，亦称多次性动词。表示习惯动作或重复动作的动词，如 crackle、gabble 等。

重复复合词　repetitive compound　参见"重叠复合词"。

重复复数　generous plural　指复数的词后加上另一个表示复数的标记词。例如，美国南部英语中的"you-all"(你们大家)，以及其变体"y'all""youse""you-uns"等。

重复话语　echo utterance　指将对方的话加以全部或部分重复的话语，目的是为了明确或证实对某一问题的态度或看法，或对对方所说的事表示怀疑、惊奇、讽刺的情绪。可采用疑问句或感叹句的形式。例如：[1]甲：我看见一个鬼。乙：你看见什么？[2]甲：我要到上海去休假。乙：到上海去休假?!

重复阶段　repetition stage　语言教学术语，亦称仿照阶段、重复环节、练习阶段(practice stage)。指课堂教学中练习新语言项目、巩固学习知识的阶段。一般从有控制的练习逐渐转入自由练习。练习形式包括个体练习、小组练习、集体练习等。

重复体　iterative aspect　语法学术语，亦称频现体(requentative; frequentative aspect)。动词语法范畴"体"之一。表示行为动作有规律的反复。在有些语言(如俄语)中，这类动词有形态标记。在英语中这种意义通常用表示重复的状语来表达，如 again、regularly、often 等，也有一部分以-le、-er 结尾的动词具有这种意义。例如：[1] The fire *crackles*.(火噼噼啪啪地烧着)　[2] Geese *gabble*.(群鹅嘎嘎地叫着)还有其他借助语法手段的重复体方式。例如：[3] *The rain is tap-taping the roof.*　[4] *He kept looking back.*　参见"频现动词"。

重复同义词　tautological　语义学术语。指两个或更多的同义词并列而形成的复合词。

重构　reconstruction　❶句法学术语，指将某些组构成分移回到 D-结构(深层结构)的位置，为发生在 S-结构(表层结构)映射为逻辑结构时的一种变化过程。譬如重构允许将"which book of himself did John buy?"(约翰买了哪一本他自己的书？)分析为一般的复指情形，意指照应语受其先行语的成分统制(C-command)。❷历史比较语言学术语，亦作构拟。指通过对现存保存较完备语音记录和文本的实证分析,推导出一个早期语言的语音假设系统,即"原始语"的"原始形式"。如果某些语言缺乏书面文献,仍然可以通过分析其当代状态的规律或不规律性推导出其早期语言状态的底层形式。参见"构拟"。

重构形式　reconstructed form　参见"构拟形式"。

重构连续体　restructuring continuum　语言习得术语。指语言学家科德(Pit Corder)于20世纪70年代末提出的将中介语连续体(interlanguage continuum)看作重构连续体的假设。该连续体的起始点为学习者的第一语言,学习者在学习过程中逐步用基于第二语言的规则代替基于第一语言的规则。

重建论　reconstructionism　语言教学术语。亦称重构论。指在课程发展中,注重教育的实用性,强调规划、效益和合理教学。在外语教学实践中,主张提高应用技能,倡导系统地进行需求分析、大纲设计和课程设置。重建论与进步论(progressivism)相对,后者提倡以学生为中心,强调学生个体发展,注重整体学习过程而不是单个学习项目的掌握。

重建式换码　recasting　翻译学术语。指翻译活动中的语码或符号转换模式,多用于原作思维方式、思维风格、表达方式和习惯用法有别于目标语时的情形,其目的是使译文适配原作风格,增强表达效果。鉴于此种转换属于风格意义再创造的一种转换,需要译者进行分析综合后统筹安排相应语句和语段。

重述　reiteration　参见"复用²"。

重述操练　repetition drill　语言教学术语。指练习语音或句型时常用的一种操练类型。指学生完全重复教师所说提示(如句子)的练习。如下所示:
教师提示
　　We bought a　notebook.
　　～　　～　　～　cap.
　　～　　～　　～　basketball.
学生重复
　　We bought a　notebook.
　　～　　～　　～　cap.
　　～　　～　　～　basketball.
与之平行的其他练习类型有替换操练(substitution drill)和转换操练(transformation drill)。

重写　rewriting　语言教学术语。指对原始篇章进行不同方式的加工处理,包括翻译、评论、改编、编辑、编纂等。语言教学中可以让学生通过此类练习提高写作能力。

重新范畴化　recategorization　指语言演变中一个单位的所属范畴(类型)发生变化的过程。包括一种语法形式所表示的语法功能、语法意义发生变化,或者一个词的词类、性、数、格等发生变化等。例如,英语"you"一词本来为复数名词,但在语言发展过程中逐渐具备单数性质;汉语中"阳光"一词本为名词,但在"很阳光"这一用法中已经兼具形容词性质。

重新分析　reanalysis；restructuring　❶语言形式结构或功能的改变和演化,多用于语言演变研究。语言的任何平面都涉及重新分析,一个词汇项(如动词)可演变为一个语法项(如助动词),一个词的音节由于音系演变可能重新划分,一个词的音段可指派给另一个词,一个句子中的语法成分可能重新分配。例如,巴斯克语中存在把一个方位从一个词划到另一个词的例子;英语中曾把 a napron 听成 an apron,产生 apron(围裙)现在的词形。在分析由两个词组成的复合词时,需要将其重新分析为一个整体(如 green[绿色,形容词]＋house[房子,名词]→greenhouse[温室效应,名词])。❷句法学术语。指一个句法范畴序列被分析为一个单位的操作。例如:[1] I said that [he was wrong]. [2] I said [that he was wrong]. 例[1]中关系代词 that 与从句并置,可将其重新分析,视为例[2]的结构,其中 that 成为一个引入从句的连词。

重新合成　recomposition　形态学术语。指将借用成分作为词缀而构成新词的过程或结果。例如,将来源于希腊语的 telegraph(电报)一词中的 tele-作为前缀,可以构成 telecamera(电视摄影机)、telepolitics(电视政治)、telecast(电视广播)、teleprinter(电传打字电报机)、telecommunication(电信)等词。

重新排序　reordering　❶句法学术语。转换语法中将组构成分从短语标记的一个部分移至另一部分(通常一次移一个)的基本转换操作。一般涉及附接或替换,如形成被动式,定位否定成分和词缀等。❷语言演变中必须假设的规则历史序列的差异,旨在解释各方言、形式等之间的差别。目前主要针对音系学提出了各种规则序次关系的类型。

重言法　hendiadys　亦称成对语式(twin formula)。❶传统修辞中指由两个单词(其中间由连接词 and 连接)表达单个意义的词组形式。该词组可由两个名词、形容词或者动词等构成。例如:[1] He returns to his *home and house*. [2] The colours are *lovely and soft*. [3] The story is *nice and juicy*. [4] *Come and get* it. 例[1]中的 home and house 只有一个意义,即"可爱的家";例[2]中的 lovely and soft 并不分指两种各有特点的颜色;例[3]是双形容

词词组的实例；例[4]为双动词词组的实例。莎士比亚在其晚期作品中常采用这一修辞手段。例如：[5] The *flash and outbreak* of a fiery mind. ❷指将一个复合词拆成两个并列而语义上不相等的表述，如"shocking language"拆成"language and shocking"。

抽取移位域条件　condition on extraction domains；CED　普遍语法中指语法成分移位时只有补足语（complement）中的成分可分别移动，而主语等其他各成分不可单独移动，只能随主语整个一起移动。例如：

[1] Pictures of whose mother did you think were on the mantel piece?
[2] *Whose mother did you think pictures of were on the mantel piece?
[3] *Of whose mother did you think pictures were on the mantel piece?

```
                    CP
                   / \
                  C   TP
                 /   / \
               did  Q   T'
                    |  / \
                   you T  VP
                       |  / \
                      t₁  V  TP
                          |  / \
                        think DP₁  T'
                              / \   \
                             D  NP   were on the mantel piece
                             |  / \
                             ø N   PP
                               |  / \
                           pictures P DP₂
                                   |  / \
                                   of D  D'
                                      |  / \
                                     who D  N
                                         |  |
                                         's mother
```

图示的句子之所以不合语法就在于 who 或 whose 是 were on the mantel piece 的主语 pictures of whose mother 中的一部分，不能单独移出，故而应是整个限定词短语（DP₁）一同移动，即[1]中的 pictures of whose mother；而诸如[2]或[3]等移位均不合语法。

抽象词　abstracts　指奈达（Eugene A. Nida）的翻译理论中使用四分法来对词类进行划分时所使用的一个词类范畴。与传统语法重视词的形式的词类划分方法不同，奈达的四分法注重考察词的功能，即把词分为物体词（objects）、事件词（events）、抽象词（abstracts）和关系词（relationals）四类，其中抽象词指的是物体词和事件词的修饰语。

抽象格　abstract case　句法学术语，亦称深层格（deep case）。区别于形态格（morphological case），句法学认为格形态不丰富或缺少格形态变化的语言中同样存在一套完整的格系统，这种普遍存在的格称为抽象格或深层格。抽象格又分为结构格（structural case）和内在格（inherent case）。结构格指主语和补足语位置上名词短语的授格，与语义无关但与结构有关。内在格指带有论元结构的语类在分派题元角色（theta-role）时授予的格，与语义有关。

抽象关联原则　principle of abstractive relevance　德国语言学家比勒（Karl Bühler）的符号理论（sign theory）的基本原则。这一原则是在与特鲁别茨柯依（Nikolay Trubetzkoy）的理论进行类比和研究的过程中设立的。该原则还以语音学和音系学的区别为例得到说明和演示：作为标记的符号结构的性质不是体现在感官所能认知的物理特征（即发音的语音多样性"the phonetic variety in its articulation"）之上，而是体现在符号具有区别意义的特征（diacritically effective features）之上。这些特征与意义的区分有关联。参见"语言公理学"和"区别性特征"。

抽象化　abstraction　根据对具体事物的观察和分类，最后形成理论概念的过程。这种理论上的概念没有具体所指，语言学中的音位、语素等概念都是根据对语言形式和变化所作的观察进行抽象的结果。例如，英语中音位单位{t}是经过抽象化过程得到的一个抽象音位单位，它自身没有具体所指，但在具体的语言环境中，如在 tail、star 和 twelve 等词中出现时，才以具体的实现形式出现，分别实现为音位变体[t]、[tʰ]和[tʷ]。

抽象性争论　abstractness controversy　音系学术语。指生成音系学中关于音系结构的底层形式离表层形式有多远的问题。在生成音系学的研究中，语音结构的底层形式即音位表征，而语音结构的表层形式就是语音表达。

抽象域　abstract domain　认知语言学术语。兰艾克（Ronald Langacker）认为，体现一个语义单位特点的语境就是域，如"手指"就直接体现了"关节"的特点，"关节"的域就是"手指"。抽象域指那些不直接来源于体验经验（embodied experience）的域，因而和基本域（basic domain）相对。抽象域的本质要比基本域复杂，虽然不是由体验经验直接构成，但是间接地建立在体验经验的基础上。例如，婚姻、爱、古典音乐等，其中抽象域"爱"既涉及和基本域有关的知识，如触摸、身体亲近、性关系等，又涉及和抽象域有关的知识，如婚礼仪式、婚礼宴席之类的复杂社会活动经验。

出现　emergence　指一种过程。许多说话者各自分开的行为会带来语言结构和变化的出现。因此,在语言学中有这样一种观点,声音的变化是由于多个说话者重复的说话动作而出现;一个词的意思是由于多个说话者在各自不同的语境中反复使用而浮现;语言的体系也是说话者在语言社区的无数个言语行为的过程中产生。

初始短语标记　initial phrase marker　句法学术语。转换生成语法标准理论中的基础部分所生成的结构式,即深层结构(deep structure)。按照扩充式标准理论的模式,基础部分生成初始短语标记,转换规则把初始短语标记转换成包括语迹在内的表层结构,经过第一套语义规则把表层结构转换为逻辑式,这样就构成句子语法。初始短语标记大致相当于过去的深层结构,为了不让人们对深层结构的含义产生误解,20世纪70年代中期乔姆斯基改用"初始短语标记"术语,但人们仍习惯地称之为"深层结构"。

初始结构　initial structure　语法学术语,亦称裸形式。指在未经时、体、态等形式变化之前的基础性结构。

初始双语现象　incipient bilingualism　双语现象或者二语习得的早期阶段,在这一阶段语言还没有充分发展起来。

初始状态　initial state　语言习得术语。指语言习得过程中,习得开始进行的起点。行为主义者认为第一语言习得的起点是零(一块白板),而生成语法则认为儿童以普遍语法作为初始状态。在二语习得中,初始状态至少包括那些来自第一语言的迁移资源。普遍语法在二语习得和外语学习中是否起作用是形式方面二语习得理论研究的主要问题之一。

除阻　release　语音学术语。语音学中指发音器官所做的使声道闭塞得以打开或收缩点得以松解,原有收紧点消失的运动方式。一般发生在发音器官从一个发音位置移动到准备发另一语音位置,或回复到静止状态时。除阻根据不同位置可以分为鼻除阻(nasal release)、边除阻(lateral release)、送气除阻(aspirated release)等。例如,双唇塞音/p/在pin一词的首音时产生送气,为送气除阻;在短语cup and saucer中气流由鼻腔通过而造成闭塞除阻;又如齿龈塞音/t/在cattle一词中由舌的两边除阻而造成边除阻。不同语言中辅音除阻情况不同,如/k/在法语词acteur(演员)中是除阻音,但在英语词actor中并非除阻音位。

触发条件　trigger　参见"决定因素"。

传播　propagation　社会语言学术语。指在语言社区选择和使用含有一个或一套独特创新语言要素(lingueme)的话语,随着时间推移,一个或一套创新语言要素经过传播,逐步变成新的语言规范被接受。这里的创新语言要素指在个人话语(utterance)中重复使用的、独特的语音片段、词、词素或者语法结构。

传导性失语症　conduction aphasia　病理语言学术语。指大脑中弓形纤维束(arcuate fasciculus)受损导致说话犹豫停顿、节奏紊乱、复述词语有困难等失语症现象。一般传导性失语症患者的理解力并无大碍,但其听到或理解的信息不能被传递到表达区(production area),以致在复述base、wash等词时出现raysse和fosh等形式。上述症状在各种失语症中也有类似情况出现。此外研究发现口语表达有困难的患者,写作也有困难;听力理解有困难的患者,阅读也会有困难。

传统原则　traditional principle　表音文字中,拼写法原则的一种,即以历史上习惯的拼写形式为标准,作为具体词语的书面规范形式。亦称"历史传统原则"或"保守原则"。

传统重音　traditional stress　语音学术语。自由重音(free stress)的别称,与固定重音(fixed stress)相对。指某些语言的单词重读音节的位置不同,可以在第一、第二等不同次序的音节上的发音现象。重音的位置因词而异,有时和音位一样有辨义的功能,如英语中content /ˈkɒntent/(内容,名词)和content /kənˈtent/(满意的,形容词)。把自由重音称为传统重音是因为有的著作认为,"自由重音"这一说法可能会让人误解,以为任何词的重音可以在任何位置上,而不受传统语言习惯的约束。

创新　innovation　某些词在使用过程中形成了新词,而原有词在语音、形式或意义上发生了改变,这种现象称为创新。这种创新可能是由于社会的变革、科技的发展而引起的。创新可以是偶然的;也可以是有意图的,如广告语中的一些新手法。某一区域所发生的创新变化一般向本言语社团的各区域辐射传播。

创造性构建　creative construction　语言习得术语。指二语习得过程中,学习者对第二语言(或外语)形成关于语言的一套规则的过程。学习者往往利用自身的自然心智过程(如概括等),或利用能够产生目的语中不存在的形式或结构的过程,来描述一套自己关于目的语的临时规则。二语习得中的创造性构建与儿童语言习得中的过度概括(overgeneralization)十分相似。在创造性构建过程中学习者可能会将目的语中的一般规则运用于特殊情况,如

goed；也可能混合使用目的语中的规则，如 womens；同时创造性构建还可能发生在句法结构上，如 what you are doing? 等。

创造性结构假说　creative construction hypothesis　语言习得术语，亦称自创结构说。指二语习得者形成语言规则的理论，由杜雷(Heidi Dulay)和布特(Marina Burt)在批评对比分析假设的基础上于1974年首先提出。该假说认为语言习得不受课程指导和反馈的影响，而是受内在机制的驱动，二语习得者会经过下列四个过程形成目的语规则：(1)学习的自然心理过程，如概括；(2)类似母语习得的过程；(3)不过分依赖母语语言规则；(4)创造出目的语中不存在的形式或结构。例如，说 She *eated* an apple，而不是说 She ate an apple；说 there are not many people passed the final exam，而不是说 there are not many people who passed the final exam。此假说认为学习者往往利用自身的自然心智过程(如概括等)，或利用能够产生目的语中不存在的形式或结构的过程来描述一套自己关于目的语的临时规则。二语习得中的创造性构建与儿童语言习得中的过度概括(overgeneralization)十分相似。

垂悬分词结构　dangling particle　语法学术语，亦称分词独立结构(absolute construction)。指并不专门修饰句子中的某个名词短语，而是修饰整个句子的分词结构。例如，*Having said that*, there is another interpretation。有些语言学家认为斜体部分悬垂分词结构不符合语法规范，但是话语中的悬垂分词结构现象并不少见。

锤子和铁砧　hammer and anvil　语音学术语。语音学中将舌比作锤，将不活动的发音器官(immovable speech organs)比作铁砧，将舌与齿、齿龈或硬腭形成阻碍的动作比喻为锤子敲击铁砧。

纯理功能　metafunction　功能语言学术语，亦称"元功能"。指以韩礼德为代表所创立的系统功能语法对各种语言功能进行抽象后所概括出的高度抽象化功能之一。参见"韩礼德语言学"。

纯音词　vocal　参见"语音稳固形式"。

纯语用学　pure pragmatics　参见"形式语用学"。

纯语主义　purism　在语言学中带有贬义的一个概念，指认为语言不应受外界因素的渗透而发生变化的思想流派。外界因素包括来自其他方言或语言的压力(如借词)和由口语引发的变化等。语言学家认为，这种"纯语主义的"(purist)思虑其实不必要，因为语言不可避免会发生变化，变化正是反映了社会、文化和心理的发展。

纯元音　pure vowel　音系学术语，亦称单元音(monophthong)。与复合元音(diphthong)相对。指发音时觉察不到音质变化的元音，如 dot 和 bit 中的元音。

唇齿音　labiodental　语音学术语。指下唇作为主要发音器官主动向上齿靠近或接触所发出的语音。例如，英语中的/f/和/v/就是唇齿音。

唇读法　lip-reading; speech reading　语音学术语。指通过观察说话人的嘴唇和面部肌肉来理解话语内容的一种方法。

唇音　labial　语音学术语。语音学中指需要闭上嘴唇或部分闭上嘴唇而发出的音，发音时对气流形成阻力的位置在上唇与下唇之间。该术语来源于拉丁语中的 labia(唇)。使用双唇阻塞或改变气流而发出的音称为双唇音(bilabial；labio-labial)。使用下唇接触上齿而发出的音称为唇齿音(labio-dental)。

词　word　一般认为，词是介于词素与词组之间的语法单位，由词素构成，词也可构成词组。词能够独立运用，而词素不能；词组可以切分为能够独立运用的单位，而词不行。词是一个重要的语法单位，词和词以下单位由词法制约，词和词以上单位由句法制约。操本族语者普遍地对"词"有一个直觉的认识，但是要给"词"下一个严格的、通用的语言学的定义却比较困难，由于词的概念涉及众多方面，在不同语言中的情况也不一致。"词"的一个常见定义是布龙菲尔德(Leonard Bloomfield)给出的"词是最小的自由形式"，即它本身能构成一个完整话语的最小单位。不过，这一定义不能界定如 the、a 之类不能独立运用的词。现已提出若干标准来识别言语中的词。其一是词的相对"不间断性"，即在正常言语里其他成分通常不能插入词中，停顿总是出现在词界上；其二是词的内部结构的稳定性，即与句子和其他语法结构相比，词的组成成分很少可能重新排列。另外，人们也在不同层次上全方位地给词下定义。口语中介于两个停顿之间的词称作语音词；传达具体词汇信息或意义的词称作词汇词；根据词的形态变化区分的词称作形态词，如 book 和 books；根据语素构成而区分的词称为语素词，可再细化为单语素词与多语素词；根据词的语义而加以确定的词称为语义词，如 bank(银行)和 bank(河岸)；书写时出现在两个空白之间的一系列字母称为书面词；句法上，词是句中最小的可以改变词序和替代的单位。不过，这些定义其实更适合英语等拼音语言，并不能完全适用于所有语言，如汉语。现代汉语以双音节词为主，同时还存在大量单音节词和多音节词，词语边界不明的问题就显得比较突出。现代汉语的一个字,既可能本身就是独立的单音节词,也可能作为语素与前后字构成双音节词,还可能跟前后字双连构成多音节词。

词本位教学法 whole-word method 参见"视读法"。

词比较 word comparison 历史比较语言学术语。指对不同语言中意义相同或相近的词或词根作横向比较,从中发现语言之间的亲缘关系。例如,对不同语言的"妈妈"进行比较:mother(英语)—Mutter(德语)—mātár(古印度语)—métēr(希腊语)—māter(拉丁语)。

词表 word list 语言教学术语。一种语言中基本的、最重要词汇的列表,或用于某一特定范围的词汇列表。主要用于语言教学以及教学资料的准备。例如,大学英语四、六级词表,GRE 词表,商务英语词表等。词表收录哪些单词一般依据词汇频率统计或涵盖率等衡量单词重要性的方法。

词串 lexical bundle 词汇学术语。指反复出现的三个或者更多单词组成的词语序列,是语言的结构和意义单位。词串在自然语言中高频出现,充分反映语域特点。

词的内部形式 inner form of a word 形态学术语。指词的意义结构,亦即表现词内声音和意义联系的信号特征。在根词和单纯词中,词的内部形式一般不能显示出来,因为在这些词中音和义的联系是任意的。在合成词和派生词中,词的内部形式一般是可以解释或论证的。例如,对汉语中的"毛笔""钢笔""粉笔""圆珠笔"和"作者""读者""译者""编者"这些词,人们可以通过它们的组成部分了解其意义结构。在不同语言中,表现词内部音和义联系的信号特征可以不同,如汉语中的"夜莺",取其活动于夜晚的特征命名,英语中的 nightingale 不仅取其活动于夜晚,而且取其鸣叫的特征(night[夜],gale 源自古英语的 galen)。语言学家往往通过词的内部形式来探究词源。

词的屈折后缀 termination 指加在词汇后面的各种后缀形式,如 quick-*er*(更快的)、butcher-*'s*(肉铺的)、find-*ing*(发现)中的"-er""-'s"和"-ing"等。

词典编纂学 lexicography 语言学的分支学科。指研究词典编纂的原则与实践的一门学科。一般而言,其研究对象是词语,研究基础是社会的语言实践和前人的语文研究成果,研究方法是对字或词语的形、音、义及其发展演变进行历史地、辩证地分析、概括和比较、鉴别,研究目的是系统而准确地反映词语的客观内容。词典编纂是一项严谨的创造性科研活动,对词项(lexical items)进行搜集、比较、注释和分类,并编纂成书,并通过总结关于词汇的知识,使其系统化、科学化、建立词汇—语义体系和词汇—语用体系。无论从对语言表述精确性、严密性、逻辑性的要求来看,还是从追本溯源以及对条目的相关性、平衡性处理等要求来看,辞书都无愧为学术专著。词典编纂活动早在两千多年前就已出现,成书于我国战国时期的《尔雅》可以说是世界上首部语汇类辞书和释义专著。随着科学技术的进步,词典编纂引入了大量现代技术,如语料库、计算机检索等新技术。词典编纂学不仅研究语文词典编纂,也研究专科辞书的编纂。当前,影响较大的辞书编纂学术团体有中国辞书学会(The Lexicographical Society of China)、欧洲辞书协会(European Association for Lexicography;EURALEX)、北美词典学会(Dictionary Society of North America)等。

词典意义 dictionary meaning 语义学术语。符号的直接指称意义,或在词典中找得到的意义。词典意义体现的是词语与外部世界、词语与词语间的关系,这种关系在相当长一段时间内是稳定的,是一种静态的意义。

词对 doublet 形态学术语。一种词语游戏,由路易斯·卡罗尔(Lewis Carroll)发明,是将一个词通过若干步骤转换为另一个词。但是其中每一步转换后的词必须只能与转换前的词相差一个字母。这个游戏的挑战之处在于既要形成一条换词链,又要用尽可能少的步骤来完成转换。例如,将 pig 转换为 sty 的过程就是:pig—wig—wag—way—say—sty。

词分布 word distribution; word range 词在指定范围的语言材料中的分布情况。词的分布情况可以从不同角度统计。例如,某个词针对不同作者、不同专业或不同年代等的使用情况。例如,某一个词 100 个作者中有 80 个使用过,则该词的作者分布率为 80%。

词符 logogram; logograph; word sign 亦称语素文字。指书面语言中用以代表一个词或词组的字位(grapheme)。汉字(包括日文汉字)、部分埃及象形文字和苏美尔楔形文字均属词符。词符与字母文字(alphabet)和音节文字(syllabary)相对。

词符文字 logography 指使用词符(logogram)作为书写符号的一种文字系统。词符文字起源于记录信息的图案,然后发展成为以语音为基础的文字,如音节文字和拼音文字。在拼音文字系统中,词符包括%(百分比)、&(和)、+(加)等,以及 Mr.(先生)和 Co.(公司)等缩写词。

词符音节文字 logo-syllabic writing 指书写时词符(logogram)和音节字符(syllabogram)相结合的文字系统。

词干　stem　形态学术语。指单词可添上屈折词缀的那一部分，如英语中屈折词缀-s 可加在词干 work 上形成复数形式 works。一个词的词干可以是：只含一个词素的简单词干，如 work；词根加派生词缀，如 work＋-er＝worker；两个或两个以上的词根，如 work＋shop＝workshop。

词干复合词　stem compound　形态学术语。指与其他语词复合派生的复合词。每个词干复合词都可以分为两部分：主体(the Prima)和附体(the Secunda)。主体一般是实体、形容词或动词项目，而附体是一种实体或形容词或动词项目且往往附加有实质性或形容词后缀或词尾。

词干孤立语　stem-isolating language　语言类型学术语。语言学家洪堡特划定的四种语言类型之一，与黏着性、屈折性和多式综合语相对。词干孤立语的基本特征是语词的恒定性、屈折形式的缺席性。其句法关系主要通过词序来表示。该类语言中，词干往往与词根完全吻合。最接近这一类型的语言是古汉语、越南语和埃维语等部分西非语。参见"词根语"。

词干屈折语　stem-inflected language　语言类型学术语。指改变部分语词形式或结尾的语言，为综合语(Synthetic language)之一种。黏着语亦为有词形变化的综合语，但屈折语和黏着语之间的分别在于屈折语的词素趋向连在一起，较难分割，意即屈折语的一个词缀经常同时表达多种意思，而黏着语的一个词缀一般倾向于只表达单一的意思。不过黏着语和屈折语之间的界线很多时候并不明显，因此可将黏着语和屈折语之间的关系视为一个连续体，而很多语言则落于"完全的"黏着语和"高度的"屈折语之间。拉丁语、俄语、德语及波兰语等是颇为典型的屈折语，而大多数的印欧语系语言在一定程度上都称得上是屈折语。参见"溶合语"和"词根屈折语"。

词根　root; radical　形态学术语，亦称词基(base)。指除去派生词缀及屈折词缀后剩余的词的基础部分或具有零词缀的词形态本身构词法的核心部分，如 easy、easily、uneasy、easier、easiness 等。在形态学中指具有实在意义的，体现一个词基本意义的语素，是词在同一族词汇中可以辨认出来的共同部分，也是最简单的语素形式，如拉丁语的 am-(爱)或阿拉伯语的 ktb(写)。从语义角度看，词根一般表达词的主要意义；从历史角度看，词根是词的最早形式。一般而言，词素具有下列条件之一才可称为词根：(1)能表明直接的物质意义词素；(2)在合成词中虽然不能独立，却能以同样意义独立成为词的词素；(3)简称时可以代替全词的词素；(4)构词时位置自由的词素。词根词素具有自由(free)和黏着(bound)之分。自由词素可以单独使用，如 car、mean 等；黏着词素不能单独使用，如-ceive(拿取)在 receive(接收)和 conceive(构想)中。在许多语言中词根以单纯词形式出现，表示独立和完整的词汇意义(如英语的 man、cold、rhythm 等)，也可以与其他词根结合构成复合词或派生词，为表示词汇意义的主要部分(如英语中 house＋hold→household, girl＋friend→girlfriend)，还可以附加词缀(如 manly, coldness)或结合形式(如 biorhythm)。词根与语法词缀(affix)相对，后者例如 coming、comes、comely 中的派生性和屈折词尾。新词根的增长(或借自外语，或出于创造)有助于扩大词汇。词根的形容词形式为 radical，指"在词根中的"，"属于词根的"。

词根创词　root creation　形态学术语，亦称词根创新词，一种不用词缀法(affixation)，而是通过拟声或者生造构成一个新根词的构词法(word formation)。例如：ding-dong(叮当声)、fizz(嘶嘶响)、ticktack(嘀嗒声)、blob(斑点)、see-saw(跷跷板游戏)、tete-a-tete(两人间的密谈)等。

词根反义词　root antonym　语义学术语。传统上由不同词根构成的反义词，与词缀(前缀、后缀等)构成的派生反义词(derivative antonym)相对。词根反义词如 large(大)－small(小)、good(好)－bad(坏)、clear(清楚的)－vague(模糊的)、up(向上)－down(向下)、happiness(愉快)－sadness(忧愁)等。派生反义词如 fair(公平的)－unfair(不公平的)、polite(礼貌的)－impolite(不礼貌的)等。

词根孤立语　root-isolating language; isolating language　语言类型学术语。指一种通过无形态变化的词根和词序来表示语法关系的孤立语，即不变化的根词组合成一定次序以呈现不同的语法关系。此类语言一般缺乏词形变化，词序严格，复合词多，派生词少，虚词比较重要。例如，汉语为词根孤立语，"水""天"等词无外部词形变化。

词根名词　root noun　形态学术语。只有一个词根(自由语素)或一个词基，或词干(语素)组成的名词，一般识别不出词中的派生语素。例如英语词根名词 boy、dog、fish 等。

词根屈折语　root-inflected language　语言类型学术语。指一类屈折形态影响词根内部音系结构的语言，即以词根内元音分布的变化来表示屈折变化，从而呈现语法关系的语言。其典型代表为阿拉伯语，该语言的词根定义为一个辅音序列(CvCvC)，中间元音的变化表示现在时，过去时等语法差别。换言之，阿拉伯语词根通常由三个辅音构成框架，通过填进不同的元音或附加词缀，派生出不同的词或赋予词不同的语法意义。例如阿拉伯语中"书写"这一概念词根的基本因素为 k-t-b，填进不同元音或附加词缀后，构成 Kitab(书、作品)、Maktab(书房、书桌)等各种名词,以及Kataba(他写了)、Yaktubu(他正在写)、LamYaktub(他未写)等各种动词。

词根语　radical language　语言类型学术语,亦称分析语(analytic language)、孤立语(isolating language)。一种所有的词都是根词,词没有构形词缀,因此也没有屈折变化(inflexion)的语言类型。词与词之间的语法关系,词在句中的作用等是通过词序和辅助词等手段来表示。一般把古汉语、壮语、苗语、缅甸语、越南语等语言归为孤立语,也有学者把孤立语分为词根孤立语(即无构形、无构词的语言,如古汉语)和词干孤立语(即有构词而无构形的语言,如越南语)。在不同语言中,"孤立"程度有所差别。

词根重音的　rhyzotonic　语音学术语,单词重音在词根上的。例如,英语business /ˈbɪznɪs/(买卖)一词的重音在词根busy(忙碌的)上;这与重音在词缀上的非词根重音词(arhyzotonic)相对立。

词汇¹　lexicon　指一种语言的全部单词和习语,是词汇语义学的研究对象,包括单词、词性、词位(lexeme)、词的语法和语义特征、意义关系、纵聚合和横组合关系等。

词汇²　vocabulary　一种语言中所有的词的总和。不仅可指整个语言中所有的词,也可指方言(dialect)、语域(register)或术语(terminology)等某一语言变体中使用的词和短语,还能指在某一特定历史时期使用的全部词和短语。词汇反映语言发展的状态,词汇越丰富,语言越发达。不同语言中包含的词的数量依照该语言使用者的专门需要以及可以利用词典的质量的不同而不同。一般来说,普通的本族语使用者大概具有的词汇量在6 000至10 000个。词汇的组成十分纷繁复杂。按照性质和功能,可分为基本词汇和一般词汇;按照使用频率,可分为积极词汇和消极词汇;按照表达的意义,可分为实词和虚词;按照语体特点,可分为口语词汇和书面语词汇;按照感情色彩,可分为中性词和表情词;按照使用范围,可分为全民词和方言词;按照来源,可分为本族语固有的词和外来词;按照发展情况,可分为新词和旧词等。词汇是语言中最敏感的部分,它敏锐地反映着社会发展处于不断变化之中。

词汇变化　vocabulary change　词汇学术语。语言中新词产生、旧词消失以及词义发生改变的现象。词汇是语言中最敏感的部分,它敏锐地反映着社会发展,处于不断变化之中,这主要体现在新词语的出现和旧词语的消失以及词的意义的变化。例如,古英语词"wlita"(脸庞)被法语词"face"取代;古英语中"deer"为类属词,意思是"动物",后意义演化,专指"鹿"。

词汇参数化假说　lexical parameterization hypothesis　句法学术语。指韦克斯勒(Kenneth Wexler)和曼齐尼(Rita Manzini)在《约束理论中的参数与可学性》(Parameters and learnability in binding theory,1987)一文中提出的观点,认为参数数值与个别语言的语法无关但与语言中某些特殊的词汇有关。

词汇层　lexis　指某种语言的词汇(vocabulary)层,与音位层和句法层相对。

词汇场　lexical field　参见"语义场理论"。

词汇场理论　lexical field theory　语义学术语,亦称"词场理论"(word-field theory)。由德国语言学家约斯特·特里尔(Jost Trier)于1931年提出的研究词汇结构的一种理论。词汇场理论认为词汇之间存在着互相依赖的内在联系,即一种语言中的任何词项都属于某个词汇系统,没有词项能够单独存在。很多词项集结在一起构成较大的集合时形成词汇场,小的词汇场是较大的词汇场的"次场",不同种类的词项组合成不同类型的词汇场。在同一个词汇场中,要获得一个词义必须以该词与其他词之间的关系为基础,如果在同一个词汇场中,一个词的词义发生变化,整个词汇场的结构就会发生变化。词汇场理论将词汇场设定为一个容易界定的闭合集,其中没有词义的交叉与空缺。这些假设受到后人质疑,并得到进一步修订与完善。

词汇重组　relexification　参见"词汇重组假说"。

词汇重组假说　relexification hypothesis　社会语言学术语,亦称换词说。指语法结构等不变,用一种语言词汇来代替另外一种语言词汇的假设,在社会语言学中为有关皮钦语和克里奥耳语起源及相互关系的一种理论。例如以法语为基础的皮钦语可以通过词汇重组构成以英语为基础的皮钦语,后者继续重组为荷兰语皮钦语等。根据该理论,各种英语、法语、西班牙皮钦语等是以15世纪初在西非广为使用的葡萄牙皮钦语语法为基础,在吸收各欧洲语言词汇后逐步形成。有学者认为该理论可以解释各种皮钦语之间的语法相似,以及许多源自西非或葡萄牙语的词汇相似。

词汇词　lexical word　参见"实词"。

词汇单位　lexeme　参见"词位"。

词汇等级　lexical hierarchy　指自然语言中词汇的语义结构性质。词汇等级的语义空间所具有的等级式拓扑组织结构可以用来解释不同的语义关系为何会共享一个相同的小型世界图表结构。

词汇地图　word atlas　社会语言学术语。用来显示方言词汇地域分布的地图。例如,根据"番茄"和"西红柿"所适用的不同地域范围可以绘制一个"番茄"/"西红柿"词汇地图。最早的词汇地图是德语版的语言学地图。

词汇动词　lexical verb　参见"实义动词"。

词汇范畴　lexical category　语法学术语。指语言中词汇的语言学范畴,与功能范畴(functional category)相对。词汇范畴通常指名词、动词和形容词等三大词类。大多数语言都包含名词和动词两大词汇范畴,但对于形容词这类范畴,语言之间各不相同。例如日语的形容词范畴中就含有三类形容词,而在英语的形容词范畴中却无更多分类。

词汇概念　lexical concept　认知语言学术语。与埃文斯(Vyvyan Evans)提出的"词汇概念和认知模型理论"(Lexical Concept and Cognitive Model Theory)有关,指与语言形式常规相连的一个语义结构单位。根据埃文斯提出的"词汇概念和认知模型理论"(LCCM Theory),一个词汇概念和一个语言形式组成一个语言单位(linguistic unit),即约定俗成的形式—意义配对体(form-meaning pairing)。词汇概念由语码化在形式中的概念知识(conceptual knowledge)组成,与各种语言形式如词、黏着词素、习语甚至语法构式常规地联系在一起。因此,词汇概念关注的仅仅是语言知识,尽管它也为认知模型提供访问通道,为百科知识提供访问点(access site)。词汇概念有许多特征,其中最重要的是词汇概念有一个独特的词汇侧画(lexical profile),或者说意义侧重点。例如,英语语言形式"drive"(驾驶)在下列句子中有不同的词汇概念:

[1] Tom *drives* a green Volvo. (汤姆驾驶一辆绿色的沃尔沃牌小汽车。)[驾驶汽车]

[2] Can you *drive* me to the airport tomorrow? (你明天能开车送我去机场吗?)[开车送人到某地]

[3] My love of family is what *drives* me. (对家的热爱是驱使我的动力。)[驱动人前进的力]

[4] *Drive* the nail into the wall. (把这根钉子钉进墙里。)[敲进]

[5] Well, you *drive* a hard bargain, but you've got yourself a deal. (好吧,你杀价够狠,不过你赢了。)[砍价]

[6] He'll build a *drive* to his new house. (他要建一条通向新房子的车道。)[车道]

词汇功能语法　lexical-functional grammar; LFG　指20世纪70年代末由布雷斯南(Joan Bresnan)和卡普兰(Ronald Kaplan)提出的词汇功能语法学派核心的语言学理论。词汇功能语法强调语法功能(例如主语、宾语等)和词汇在语法当中核心的地位,并提出语言中语音、功能、语意、论元等各个结构的平行存在及其相互对应。词汇功能语法由转换生成语法理论结合计算理论和心理语言学理论而创立。在语法理论研究的客体、对象、方法等问题上,继承了生成语法学派的观点,在理论体系的构造方法上始终遵循形式明确(formal explicitness)原则,注重数学方法(mathematical property)的应用。LFG重视词项的作用,把词汇按词的不同意义立项,词汇项所含的信息有语法范畴和功能注释。功能注释的形式与语法规则中的功能注释完全一样,以便采用统一方法处理功能信息。在描写句子时,词汇功能语法采用了成分结构(constituent structure,简称c-structure)和功能结构(functional structure,简称f-structure)。成分结构用来描述表层句子的层次结构,形式上是一棵短语结构树,树的结点上标注有表示语法功能的信息。LFG依据句法规则和由词汇项提供的个性规则来构造句子的成分结构。功能结构表示的是独立于句子表层结构之外的句子的功能关系。功能结构形式地表达了成分结构的语法功能和标注在谓词论元结构之上的语法功能之间的关系。它既包含语法信息,又包含语义信息,是句子的成分结构与语义结构衔接的基础。词汇功能语法利用成分结构提供的句法信息和功能信息,通过合一运算和功能合格条件检查来生成功能结构。词汇功能语法认为语法功能与表示语义的谓词论元结构之间的联系可以通过词汇规则加以改变,而语法功能与表层句法结构之间的关系则不能通过任何规则加以改变。句法部分遵循"直接句法编码原则"(principle of direct syntactic encoding),不存在任何转换机制。

词汇关系公式　dips　语言年代学(glottochronology)中用来确定两个或多个语言间词汇关系密切程度的计算公式:

$$d = \frac{\log c}{2\log r} \times 0.014$$

其中 d 为词汇关系式,c 为语言中的同源词(cognate word)的百分比,r 为经过分离近千年以后仍然保留的同源词的百分比。

词汇规则　lexical rule　中心语驱动短语结构语法(HPSG)的产生式装置。该规则的形式为:X→Y。X是输入,经过规算,输出Y。输入的X是一个完整的词位描述,即经过词汇类体系结构运作后,包含完整信息的词位描述。HPSG有两类不同的词汇规则:形态规则(morphological rules)和派生规则。形态规则是有关形态变化的规则,说明如何从一个词位产生具有形态变化的词项(from lexeme to lexical entry)。HPSG有很多形态规则如单数名词规则、复数名词规则、动词过去式规则、动词进行式规则等。派生规则说明如何从一个词位产生与其相关的另一个词位。词汇规则简化了HPSG的词汇操作,使词的描述更为简洁。另一方面,利用词汇规则,HPSG 无需借助转换就可以有效地分析和解释一些句法现象,实现了它的"词汇主义"。

词汇结构学 logotactics 研究词汇排成序列的特点和结合方式的学科。

词汇空缺 lexical gap 语义学术语。指词汇场某处所出现的单词空缺。例如,英语中有既包括公马又包括母马的词 horse,但却没有既包括公牛又包括母牛的单数名词。

词汇扩散 diffusion 历史语言学术语。既是一种现象,也是一种理论。所谓的现象是指在词的子集中某个音位发生变动,并逐渐影响到其他词项。例如,在英语中,/u:/在 good 和 hood 中变为/ʊ/,但是在 food 中却不然。一些方言将 hoof 和 roof 中/u:/发成/ʊ/,但是其他方言则不然。因为 flood 和 blood 受词汇扩散的影响较早,因此其中的/ʊ/早已转变为/ʌ/。理论则指由王士元(William Wang)于1969 提出,认为所有的音变都源于一个词语或一小组词语,然后这种变动以相似的音位组成方式扩散影响至其他的而不是全部的能够套用规则的词语。

词汇密度 lexical density 亦作类型标记比率(type-token ratio)。指一种统计语言材料中不同词占材料词汇总数比例的方法。这种方法可用于衡量一段或一篇语言材料的难易程度。词汇密度用百分比表示,计算公式为:词汇密度=不同词数÷词汇总数×100。

词汇歧义 lexical ambiguity 语义学术语。由词汇本身内涵或音形匹配(如多义词、同音/形异义词等)造成的多义现象。

词汇体 lexical aspect; aktionsart 语法学术语,亦称词形体、行为方式(mode of action)。语法"体"的范畴中有语法体(grammatical aspect)和词汇体之区分,前者指与事件的时间有关的动词共轭的一个成分,后者指与时间相关的结构而构成的动词方式的一部分。一个动词所表达的任何一种事件、状态、过程或动作汇总起来,任何一种可能性都有相同的词汇体。词汇体是一种可能性的内在属性,而语法体是具体动词形式的属性;词汇体是不变的,而语法体随说话人的思绪进展而发生变化。动词词汇体与语法体(grammatical aspect)的概念有很大区别。例如,英语 eat 和 sit 的词汇体完全不同,无论 eat 的宾语是什么,eat 这个词所表述的动作包含一个自然的时间过程,有起始点和结束点的时间界线,因而其词汇体为目的体(telic);而 sit 所表述的动作基本上是可以瞬间完成的,没有一个自然的起始和终结的时间界线,其词汇体为无终体(atelic)。在目的体和无终体两种词汇体划分研究的基础上,泽诺·万德勒(Zeno Vendler)将动词的词汇体分为四个类别,即状态(states)、动作(activities)、完成(accomplishments)和成就(achievements)。在万德勒分类的基础上,伯纳德·科姆里(Bernard Comrie)又为动词的词汇体增加了一个新的类别——次体(semelfactive)。活动范畴和成就范畴不同于完成范畴和状态范畴,前者允许延续性时态的使用,活动范畴和成就范畴相互之间因其局限性而不同;活动动词没有终点(即在此点之前不能说活动已发生,在此点之后活动不能继续。例如:I sent a message to you.(我给你发了个消息),而成就动词则不同。完成范畴和状态范畴的情形有所不同,表完成的动词是瞬间动词而表状态的动词是延续动词。完成范畴与成就范畴的相互不同在于完成动词即刻发生,如 recognize(认出)、find(发现),而成就动词逐渐到达事件末端,如 write a letter(写信)、fix a computer(修电脑)等。科姆里的分类中加入了半事实范畴和准时事件范畴,其分类如下:状态、活动和成就是延续动词,而半事实和完成是准时动词。对延续动词而言,状态不涉及变化,因而具有独特性;活动是未完成的(即没有终点)而成就是终端的。对于准时动词而言,半事实动词是未完成的,而完成动词是终端的。

词汇统计学 lexicostatistics 指对两种或两种以上语言中的基本词汇所作的统计研究,以确定它们之间的联系程度,揭示它们之间的相互关系,并对它们进行归类。参见"**语言年代学**"。

词汇完整性假设 lexical integrity hypothesis 形态学意义上的一般性原则。认为词由不同于句法短语的结构要素和构造原则构成,词的形态学成分属于词汇和次词汇范畴,如词干和词缀,而短语的句法成分则将词作为最小的、不可分析的成分,因此句法顺序原则不能应用于形态学结构。

词汇晚插入 late lexicon insertion 参见"晚插入"。

词汇系统 lexical system 语义学术语。指可以在语义场(semantic field)中的词组之间确立起来的一种关系。

词汇衔接 lexical cohesion 指语篇中出现的一部分词汇相互之间存在语义上的联系,包括复现和搭配。复现又具体细分为重复、同义(或近义)、上义词等。重复是词汇衔接中最普遍、最直接也是最重要的方式,指具有同样语义和同样形式的词或词组在同一语篇中反复出现;同义词(近义词)是指两个或两个以上含义相同或相近的词或短语、在同一语篇中出现的反义词,可以使该语篇中两个不同的组成部分在意义上形成对立或反衬,帮助读者感受到同一事情有两个相反或相对的现象或力量存在,或者是两个事物由于有了相反或相对之处的存在而在某些方面显得迥然不同;在词汇的上下义关系中,上义词指的是那些相对比较概括的词,下义词是那些相对比较具体的词,上义词的语义包含了下义词的语义。比如在 flower 和 rose 的语义关系中,flower 是上义词,rose 是下义词;"泛指"亦称"概括词","泛指"体现了其语义特点,而"概括"则体现了其功能和用法特点,即在语篇中遇到有关人、物、事情或地点时,可以用一些"泛指"上述概念的词语替代前面相对详细的描述,从而起到"概括"的作用。搭配是指不同语义的词汇一起出现的语言现象。搭配既包括传统意义上的、狭义上的搭配,如动词和名词的搭配(如 throw a party)、名词和介词的搭配(如 a check for 1000 dollars)、副词和形容词的搭配(如 bitterly cold)、形容词和名词的搭配(如 inalienable right)等,也包括广义上的搭配。

词汇形态学　lexical morphology　形态学术语,亦称派生词汇学。指研究构词的一个形态学研究领域。词汇形态学属于词库范畴,主要研究派生和复合两种词语形成方式。参见"形态学"。

词汇选择　lexical selection　句法学术语。指较大的句法单位中的词之间或语法次类成分之间的互相搭配关系。例如:[1]He drinks water. [2]He smokes a cigar. 在句[1]和句[2]这类句子中,表示"喝"这个意思的动词"drink"只能与"water"搭配,而不能与 cigar 搭配;表示"吸"这个意思的动词"smoke"只能与 cigar 搭配,而不能与 water 搭配;water 和 milk 等属不同于 cigar 的一个次类;cigar 和 cigarette 属不同于 water 的一个次类。

词汇学　lexicology　语言学的一个分支,主要研究某语言的词汇项目,包括词的定义、结构、理据、构成方式、语义特征、用法、习语以及词形和词义的历史演变。词汇学家的研究成果有助于词典编纂者的工作。

词汇学派　lexicalists　亦称解释语义学派(interpretive semantists)。参见"解释语义学"。

词汇意义　lexical meaning　形态学术语。与语法意义(grammatical meaning)相对。指词所表示的概念,或语词的语音或书写形式所表达的内容。在词汇学中,一般认为词汇意义包括概念意义(conceptual meaning)和联想意义(associative meaning)。概念意义指语词或表达式的基本意义或理性意义,联想意义指语词的感性意义,包括内涵意义(connotative meaning)、社会意义(soical meaning)、情感意义(affective meaning)、反映意义(reflected meaning)和搭配意义(collocative meaning)等。例如,英语中的"dog"一词,其概念意义为"可看家、狩猎等并可被当作宠物饲养的一种动物",但在短语"a dog fox"中,"dog"被赋予某种联想意义,即"雄性的"。

词汇意义　significance　语义学术语。实际的事物或事件的象征,是对一个语言单位作为词项的一部分而解释的意义。

词汇音系学　lexical phonology　生成音系学的分支学说。主要研究音系规则在词汇层面的应用。20 世纪 70 年代,美国斯坦福大学语言教授基帕尔斯基(Paul Kiparsky)在将生成音系学、构词学、词汇学理论等综合研究的基础上,提出并逐渐形成了较为完善的词汇音系学理论体系。词汇音系学的一个重要理论基础是由西格尔(Dorothy Siegal)于 1974 和 1977 年分别在其论文《英语形态学的若干话题》(*Topics in English Morphology*)和《邻接条件和形态学理论》(*The Adjacency Condition and the Theory of Morphology*)中以及艾伦(Margaret Allen)在其 1978 年的《形态学调查研究》(*Morphological Investigations*)中提出的构词法理论,即把一种语言的词汇派生和屈折变化过程看作是一组有序的层次(ordered levels),每一层次都与一组音系规则相联系。以此为基础,音系规则可分为两类,一类为词汇规则(lexical rules),在词汇部分起作用,应用于该部分各构词层次的每一个构词过程之后;另一类为后词汇规则(post-lexical rules),应用于句法部分所输出的结构。音系规则在词汇部分的运用应遵循几条主要规则:(1)音系规则在词汇部分应用时具有循环应用的性质,而在后词汇部分应用时则不具有这种性质;(2)音系规则在词汇部分应用时只限于派生环境,而不能用于非派生环境;(3)在词汇部分,音系规则不能产生非区别性特征。

词汇语法　lexicogrammar　指词汇和语法之间存在的关系。词汇语法理论是法国科学院(CNRS)辖下的计算语言学研究所创建者格罗斯(Maurice Gloss)在 1975 年发表的《句法方法论》(*Methods en syntaxe*)中倡导的。他在 1979 年用英语发表的"语言学的实证"中首次公开提出"词汇语法"的概念。词汇语法理论认为词汇和语法在语言描述和语言学习中具有同等重要的地位,不应独立开来进行研究,亦即应着重词汇和语法的互动关系。词汇单位的句法个性是句子共现和共存变异的主要原因。词汇语法坚持实证论,阐明有关描写语法的基本事实和进行分类再分类的归纳的操作原则和顺序。

词汇—语法连续体 lexicon-grammar continuum　认知语言学术语，亦称语法-词汇连续体。认知语言学秉承象征论断(symbolic thesis)，认为词汇和语法单位两者内在的意义是一致的。从这个角度看，心理词库(mental lexicon)和句法成分(syntax component)之间没有大的区别，尽管开放类形式(open class form)具有实义，封闭类形式(closed class form)仅有图式意义，为实义提供"脚手架"(scaffolding)般的架构支持；词汇项和语法要素则被视为形成一个连续体。兰艾克(Ronald Langacker)在《认知语法基础Ⅰ》中指出，语法就是对它的语言结构的综合描写，其特点是已建立的、约定俗成的语言单位的结构化库藏(structured inventory)。语言单位基于被固化的用法，不需要付出建构的努力(constructive effort)就可创造新的结构。音系、语义概念以及两者之间的象征联系都有单位地位(unit status)，构成象征单位。基本象征单位逐步构成大的象征单位。较大的象征单位如词组、句子被分析为图式象征单位(schematic symbolic unit)，它们和其他较小的象征单位的区别不在于种类，而在于具体的程度(degree of specificity)不同。所以，象征单位提供了使用语言形式表达思想的手段。

词汇语素 lexical morpheme　形态学术语。语素可以分为词汇语素和语法语素两种。其中词汇语素是语词具有清晰意义的实质性部分。因为词汇语素具有自身独立的意义和地位，它们可以独立成形、单独表义。参见"**语法语素**"。

词汇语义学 lexical semantics　亦称词义学，或狭义语义学。词汇学和语义学的重要分支学科。兴起于19世纪初，词汇语义学将词汇看作一个系统，从多个角度研究词汇的意义，包括词义的性质、变化、语义与概念、语言和思维的关系、词义系统、语义与词形以及词的语音关系等。词汇语义学是传统语义研究和结构主义语言学的重要内容，其研究在揭示词义关系方面起着重要作用。

词汇主义 lexicalism　句法学术语。指20世纪70年代标准理论时期生成语法演变的一个阶段。在此阶段，词汇主义提出回归到传统的模块化语法分析方法，区别形态学和句法学时不仅要看被合并的构成成分的大小，而且要看合并的结果。

词基语素 base morpheme　形态学术语。最小的语音语义结合体。按语素的活动能力来分可将其划分为自由语素和黏着语素。词基语素属于自由语素(free morpheme)，与黏着语素(bound morpheme)相对。词基语素是任何语言生成的重要组成部分，是词中的主干部分，能够独立成词，也能够同别的语素组合成词语。如词基语素green、care都可以单独成词，也可成为复合词greenhouse、careful等。词基语素两端都可以停顿，即两端都是自由的，不与别的语素固定地黏附在一起，但词基语素不是永远自由的，大多数词基语素都能和别的语素组合成复合词。因此，词基的数量会发生变化。譬如，借词(borrowings)和新词语(neologism)就是增加词基数量的重要来源。

词界 word boundary　形态学术语。词与词之间的界线。从音位、超音段、字位或语法等方面把词分开的手段。印欧语系语言的书写以词为单位，词与词之间界线明确；而汉语书面语自古以来不实行分词书写，字字相连，阅读中词界切分和语义提取都容易造成困难。有人主张汉语的书面书写采用词式书写，使词和词之间在书写上有明显的距离，逼真地体现口语词的界线，但其可行性尚存争议。

词库 lexicon　❶心理语言学术语。指人们头脑中的抽象的词典或理论词典。词库由词项组成，包括词的语音、形态、句法和语义特征。❷句法学术语。词库是语法的基本部分。将词插入语类结构成为词项插入。

词类 word class　语法学术语。指用以构成句子的不同类型的词，一般的词类划分标准有概括语义标准、句法功能标准和词法形态标准。划分词类时，一般要综合考虑词的语法特性的各个方面，然后以一种标准为主，参照其他标准进行。由于这些名称的传统定义很不明确(如使用模糊的意念标准)，而且定义有限定性(只反映拉丁语或希腊语的特点)，语言学家倾向于采用词类(word-class)或形式类这样的术语。大多数教学语法承认的主要"词类"是继承古希腊和罗马语法家的论著，有名词、代词、动词、副词、形容词、介词、连词、叹词，有时还加上其他词类，如冠词或分词等。现代语法学也区分封闭词类和开放词类。介词、连词、代词、数词等词类成员固定，新成员不易进入，称为封闭词类；名词、动词、形容词、副词等词类可能随时增加新词，称为开放词类。

词类转化 transmutation; conversion　语法学术语。指词的类别转化的过程或结果。这种词类转化可以是不改变词形的，也可以是重音或其他超音段特征的变化。前者如英语词rest，在have a rest中是名词，而在If you're tired, you'd better rest for a while.一句中则是动词；后者如record，重音在第一个音节上是名词，在第二个音节上则是动词。

词聋 word deafness; auditory aphasia　神经语言学术语。听觉性失语症的一种，属感觉性失语症，因海希尔区(Heschl's area)受损引起。患者

C 词 cí　（语言学术语）

听觉器官基本正常,耳不聋,但听到声音不能理解,听不懂别人所说的话。主要表现为能把语音和非言语声音区分开,但不能理解词的意义;能听懂单个的词,但不能理解整句的意义;能朗读或自发书写,但不能重复词语或听写。有趣的是,对有声语言理解能力的丧失并不影响对声乐的理解,20世纪俄罗斯作曲家维沙翁·雅科夫列维奇·舍巴林（Vissarion Shebalin）曾患有听觉失语症。

词盲　word blindness; visual aphasia　神经语言学术语。视觉性失语症,属感觉性失语症的一种,由大脑损伤而引起的失读症,一般与大脑舌回、左角回、顶叶等部位,即大脑后部与视觉相关的区域受损或病变有关。患者能分辨颜色,但不能辨别和理解原先掌握的文字,丧失书面语阅读能力,常伴有失写症。有的患者不能阅读拼音文字,但能阅读表意文字,如读懂日语中的汉字,但无法看懂假名。参见"失读症"。

词末增音　epithesis　语音学术语,亦称词尾增音。把某个没有词源学理据的音附加到某个词的尾部,亦即词末非词源性的增音,如 amid＋st（在其间）、among＋st（在……之间）等。

词末重音　final accent　语音学术语。指落在单词最后音节上的重音。

词内语音变位　anastrophe　语音学术语,亦称语音移位（metathesis）。古英语中的一种语音变化,指一个词内两个相邻的语音在位置上的互换,如古英语中的 hros 和 bridd,在发生语音变位后就导致了现代英语中的对应词 horse 和 bird。

词频　word frequency　统计学术语。一个词在一个语篇或一个语料库中出现的总次数。不同的词在语篇或语料库中出现的频率不同。例如,英语中的虚词如 the、a、to 等比动词、名词、形容词、副词等实词出现频率更高。一项对书面美国英语的研究显示,一百万多单词的语言材料中,出现频率最高的20个词位:the, of, and, to, a, in, that, is, was, he, for, it, with, as, his, on, be, at, by, I。词频统计（word frequency count）,即对一个语篇或语料库中词汇的出现频率进行统计,可用于语言教学选择词汇、词典编撰、文体风格分析、篇章语言学等。

词频统计　word frequency count　参见"词频"。

词品　rank　参见"品级"。

词群　word group　参见短语❷。

词首屈折　initial inflection　形态学术语。在词首添加字母或音节单位（作为前缀）或用其他修改词首的办法构成的屈折。

词素变体　allomorph　参见"语素变体"。

词素学　morphemics　形态学术语,亦称语素学。从广义上讲,词素学是形态学的同义词;从狭义上讲,词素学是与词语形成的历时研究相对,着重共时形态学研究的一个语言学分支。词素学将语素的概念应用于语言分析,以语素类型和语言之间的组合规则为主要研究对象。

词条　entry　参见"条目"。

词尾　ending　语法学术语。指加在词或词干上以标示性、数、格、时态、语气、人称或其他语法功能和句法关系的屈折后缀。

词尾变体　alloflex　语法学术语。指表示同一个语法意义的词尾屈折变化在语音或形态上具有区别性的实现形式。例如,俄语阳性非动物名词第六格的词尾形式包括三种词尾变体,除了最基本的词尾-e 外,还包括变体词尾-y 和-ю。

词尾加音　paragogue; paragoge　音系学术语。指在词尾增加某个或某些音以更显声音和谐或发音方便等,尤指某些语言吸收外来语词汇时,为了符合本族语发音习惯而在词尾添加的音,如英语词 computer 进入拉脱维亚语变为 kompjūters,rack 进入芬兰语变为 räkki,beer 进入日语变为 beeru（ビール）。

词尾重复　epistrophe　参见"尾词重复"。

词位　lexeme　形态学术语。语言词汇（vocabulary）基本单位（fundamental unit）的名称,是指可以从其他类似单位中区别出来的一个抽象的最小语义单位。词位和语素（morpheme）、义素（sememe）相对。词位是词法单位,语素是语法单位,而义素是语义单位。在实际的书面语或口语句子中,词位可以多种屈折变化形式出现,但是,这些变化形式仍然属于同一个词位。例如,英语中 go、goes、gone、went、going 等词形变化同属于一个词位 go。有些词组可视为一个词位,如 bury the hatchet（休战）、hammer and tongs（大刀阔斧地）、give up（放弃）、white paper（白皮书）等。在词典中,每个词位通常作为主词目或副词目单独列出。

词位结构学　lexotabtics　指研究词位（lexeme）的独特配列及其系统的学科。

词文字　word writing　亦称词符书写体系。指使用词符（word sign）的文字系统,它的书写符号（包括图画符号）表示单词。古汉字、古苏麦尔文字、古埃及文字等都是词符文字。它们通常产生于文字画,但书写符号表示独立语义的单词。

词项¹ lexical entry 句法学术语。指列入基础部分（base component）词库中的词或短语及有关信息。这些信息通常包括：(1) 词或短语的发音；(2) 词或短语所属的语类；(3) 任何子语类化信息；(4) 能够与词或短语在句中连用的其他语言项目，例如：某一动词能否后跟宾语；(5) 词的语义信息等。

词项² lexical item 指任一语言词汇（vocabulary）的个体单位，如词典中列出的词、短语等。它们通常具有可读出的或可书写的形式，在句子中起一定的语法作用，并具有语义。

词项插入规则 lexical insertion rule 句法学术语。指生成底层结构用到的一种规则。在标准理论阶段，乔姆斯基认为，句法、语义和音系三个组成部分中，语义部分和音系部分只起解释作用，句法部分是其核心，其中又区分基础部分和转换部分。基础部分中的短语结构规则、词库及词项插入规则生成底层结构，经转换规则生成表层结构。例如：The man walks. 此句转换生成的过程可图示如下：

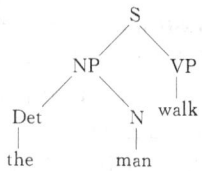

从树形图可以看出，句子可以重写为名词词组 NP 与动词词组 VP，名词词组 NP 又可重写为限定词 Det 和名词 N，根据词项插入规则，得到"the man walk"。它是词项插入后形成的，这个树形图就是底层结构。为了得到句子的表层结构，还必须作形态变化，把 walk 转换为 walks。

词项和过程语法 Item and Process Grammar 亦称语项和变化模式（Item and Process；IP）。指由霍凯特（Charles Hockett）提出的语法概念，也是一种语言分析的方法。霍凯特将一些形式看成基本形式，视另一些形式为经过某过程的派生形式，基本形式是派生形式的直接成分。霍凯特把语言作为动态系统来描写，通过规则由深层表达推到出表层形式，即一个语项是由另一个语项通过系列的变化派生出来的。

词项与配列语法 Item and Arrangement Grammar 亦称语项与配列模式（Item and Arrangement；IA）。指以哈里斯（Zelling Harris）为代表的美国解构主义分支——分布主义（distributionalism）的语法概念。语项与配列语法将所有结构都看成是两种或两种以上的成分排列而成，这里的成分包括语素、词、短语等各个层次上的语言单位。语项与配列模式分为次选模式（sub-selection）和调整模式（adjustment model）两个变式。但是，这种方法受到生成语法的反对。

词项重读 lexical stress 语音学术语。指把一个词项从其通常所在的上下文中分离出来加以重读的现象，如把不定冠词 a 单独地读成 /eɪ/，而不是 /ə/。

词形 word form 以语音或书写形式所体现出的词汇单位的具体表现形式，即词汇单位在特定语境中表达一定语法意义的形态，而非脱离语境的词的原形。例如：runs、ran、running 分别为词汇单位 to run 的一种语法形态，分别表示单数第三人称现在时、过去式和过去分词。印欧语系诸语言大都拥有丰富的词形变化体系。例如，英语从公元 5 世纪中叶至今，原有的词形变化大为减少。英国语言学家斯威特（Henry Sweet）把古英语时期称为"词形变化完备时期"，把中古英语时期称为"词形变化减少时期"，把近代英语时期称为"词形变化消失时期"。其实，近代英语词形变化还保留名词的数和所有格，代词的性、数、格和动词的时态、人称变化。例如：run、runs、ran、running 都是词汇单位 to run 的具体词形表现，表示不同的语法范畴。

词形变化¹ declension; decline 指某些语言（特别是属于印欧语系的语言）中名词、代词、形容词在格、数、性上的词形变化。例如，德语中有四种格词形变化，分别为：der Mann [the man]（主格）；den Mann [the man]（宾格）；dem Mann [to the man]（与格）；des Mannes [of the man]（属格）。在现代英语中，名词存在单复数形式，即具有通过词形的变化而标记"数"的能力，如 book→books。另外，少数英语代词亦存在主格与宾格的变化形式。例如，"He saw it."中的主格 he 与"It saw him."中的宾格 him。但是，英语的形容词则不存在任何词形变化形式。

词形变化² accidence 形态学术语，亦称词态。在传统语法研究中指何的形态结构因表达性、数、格、时、体、态等语法意义或范畴而产生的形式变化。英语中名词的单复数和动词的时体等语法意义即以所涉及的词的词尾的形态变化为主要表达手段。例如，cat 的复数形式为 cats，table 复数形式为 tables，work 的过去时和完成体均为 worked 等。

词形变化³ conjugation 语法学术语。指动词根据不同的时态、人称和数进行词形变化的方式。例如，英语中在一般现在时用 do 形式（主语为第三人称单数时用 does），一般过去时用 did 形式。不同语言的词形变化不同。例如，法语动词 donner

（给）的词形变化有 je donne（我给），nous donnons（我们给），je donnerai（我将要给），j'ai donné（我已经给）等。又如德语动词 machen（做）有：ich mache（我做），du machst（你做），er macht（他做），wir machen（我们做），ihr macht（你们做），Sie machen（您做），sie machen（他们做）等。

词形变化表　paradigm　语法学术语。指列出一个词在语法系统中可能存在的各种形式的表。如英语中名词的单复数或动词的现在时、过去时形式等。词形变化表主要显示的是一个词的屈折形式，而不是它的派生形式。

词形变异　metaplasm　形态学术语。指词的标准形态或可能形态的任何一种变化，其形成原因通常包括：(1)增加或减少音或音节；(2)音或音组的移位；(3)任何其他语音学或形态学修正而引起的变化。

词形赋值形态学　paradigm function morphology　形态学术语。指一种语言的词形变化依赖于其词语的屈折变化系统，因其在屈折形态学的形式模型中使用词形赋值函数而被称为词形赋值形态学。其推论性表现在根据一定的规则从基本的词根或词干推导出词形；其实现性表现在根据一个词在其所属的屈折变化表中相关的词形句法特征推导出该词的屈折形式标记。词形赋值函数（paradigm function；PF）是从该词的句法范畴到其实现形式（realization）的一个函数。例如，在英语中，动词词位 HIT 的一个词形变化赋值形式为⟨HIT, {3rd singular present indicative}⟩，那么可以推导出其实现形式为 HITS，即 PF(⟨HIT, {3rd singular present indicative}⟩)=HITS。

词形体　lexical aspect；aktionsart　参见"词汇体"。

词形形态学　paradigm morphology　形态学的传统研究方法。这种方法认为语法描述的核心单位是单词（与之相对的是将语素作为最小描写单位的项目与配列语法）。词形变化表可从语法范畴中（即语素句法范畴）概括出来，如动词的时态和语态，名词的性和格等；也可以由某一语素的各种形式（由词干和相应的屈折词尾构成）概括出来。

词性　part of speech　参见"词类"。

词性赋码　part-of-speech tagging　语料库语言学术语。指为自然语语篇中的每一个单词确定词性并做相应的标记。赋码标记通常把各种词类进行编码。例如英语中的普通名词和动词、形容词等，同时还把词的一些其他属性如数、时态等也进行编

码。如下面的这句话及其编码形式：Food/NN prices/NNS rose/VBD。它表示 food 是一个普通名词（NN），prices 是个普通名词单数，rose 是动词过去式。一般的词性赋码体系有 20—100 种编码，但有些情况下可能会有 400 多种编码。词性赋码主要就是为了区分词性，避免歧义。比如前一句中的 rise 如果是动词第三人称单数形式，那么其赋码则为 VBZ。词性赋码可以人工完成，也可以借助计算机实现。现在词性赋码的技术已经相当成熟，目前有些词性赋码软件的准确率可以高达 97%。

词序变化　word-order change　句法学术语。词序是语言里词、句子成分等组合的次序，为汉语、英语等众多语言的主要语法手段。构成简单陈述句的核心成分的词序会随着时间的改变而发生变动，如拉丁语的 SOV 语序变为罗曼语族的 SVO-VSO 语序；印欧语为 SOV 语序，凯尔特语则变为（Celtic）VSO 语序。同时，一种语言不止能有一种基本词序。例如，在一些特定语法现象中英语有时也会出现 SOV 词序。

词序变位　anastrophe　语法学术语。一种词序倒置的修辞手段，为了强调等目的转换或倒置句子的正常词序，如把形容词放置在名词之后（如 three bags full）；或把表语成分置于句首（如 Blessed are the meek）；或以副词词组作为话题置于句首（如 To my wife, I leave my house）。

词序倒置　hyperbaton　语法学术语。一种为强化某一意义而使用词序颠倒和换位等的修辞手段。例如：[1] They are far short of hands. [2] Hands are far short of. 句[1]可改为句[2]，从而强调人手（hands）的缺乏。

词哑　word dumbness　神经语言学术语，亦称运动性失语症（motor aphasia）。失语症的一种，由运动性语言中枢（即布罗卡区）病变或受损引起。患者的发音和听觉器官正常，能阅读书面语言并听懂别人说话，也清楚自己想说什么，但无法说出话来，或者说话极其困难。在这种失语症的症状中，口语表达障碍最突出，呈非流利型口语。主要表现为语量少（每分钟讲话字数小于 50 个）、讲话费力、发音和语调障碍和找词困难等，因语量少仅限于实质词且缺乏语法结构而呈电报式语言；口语理解相对好，对语法词和秩序词句子理解困难，如分不清"狗比马大与马比狗大"有何差异；复述、命名阅读及书写均不同程度受损。

词义　signification　语义学术语。概念或事物和用来表示概念或事物的语言符号之间的关系。概念、事物及其意义称为"所指"（signified），而表示

概念、事物及其意义的言语或文字则称为"能指"（signifier）。

词义变化　alteration　语义学术语。由于科技进步、文化发展以及语言各种变体的相互作用等因素引起的词或短语的语义变化。例如，jet 一词原来指液体的喷射，现指喷气推进。

词义淡化　fading　历史语言学术语。词逐渐变得不明确的过程，尤其指语法化过程。例如英语中带有词汇意义的自由语素便成带有语法意义的黏着语素，如"clockwise"中的"wise"。

词义恶化　deterioration　语义学术语。参见"词义转贬"。

词义分化　semantic divergence　语义学术语。当一个词的两项或更多的词义开始发生变化，并渐离渐远，很难在其中发现明显的联系时，这个词就经历了词义分化的过程。例如中文里的"月"字，本来指月亮，随着时间的发展，也可用来指称时间。

词义扩大　broadening　语义学术语。参见"语义变化"。

词义扩展¹　radiation　语义学术语，亦称词义辐射。是将词的原始本义看作毂（hub），将次要引申意义看作环绕毂的辐条（spoke）的比喻性说法。指从词的中心意义（central significance）向外引申出许多次要意义（secondary meaning），向几个方向扩展。如 head 一词有"头，人体的一部分""顶点""要点""负责人"等意义。

词义扩展²　widening of meaning; extension of meaning　语义学术语，词义变化的一种。指词从原先表示外延较窄的概念扩大到表示外延较宽的概念，从表示个别的意义到表示一般的意义。例如英语的 place 原指"广阔的道路"，现指"任何处所"；汉语的"江""河"原分别指"长江""黄河"，属专名，现泛指一切河流，属通名。

词义弱化　weakening of meaning　语义学术语，词义降级（degradation）的一种。指有些本来词义强烈的词，如用于赞赏的 fantastic、terrific，以及表示不悦的 horrible、atrocious 等词，由于过多过频使用使其词义变弱。

词义升格　elevation　语义学术语，亦称词义转褒（amelioration）。词汇语义变化的一种，指词从原来表示低微或中性意义转为表示重要意义的语义变化过程。在语言的历史发展变化中，有些词原先表示低贱的意义，但随着时间的推移，转而表示褒扬的意义，如 nice 一词，其原意为 ignorant，后变为 foolish，现在升格为 delightful。marshal 和 constable 原义都是"马夫"，现在分别升格为"元帅"和"警察"，其他发生词义转褒的词如 angel（信使→天使）、governor（舵手→总督）、minister（仆人→部长、大臣）、nimble（偷窃→动作灵敏）等。

词义缩小　reduction; restriction　语义学术语，亦称词义专门化（specialisation）、词义窄化（narrowing of meaning），与词义扩展（extension）相对。指在词语或短语发展过程中，受到所在上下文语境限制而导致词义缩小的过程，还指过去具有普遍意义的单词发生变化，现仅表达特殊意义。例如，在 Shakespeare 的诗句 rats and mice and such small deer 中，deer 泛指"动物"，而现在词义缩小为仅指"鹿"。其他例子如下：corn 在英国原来指"粮食"（grain），但现在在美国英语中仅指"玉米"（maize）；hound 原指"狗"的总称，后来专指"猎犬"；girl 原来指所有性别的年轻人，现专指年轻姑娘。

词义退化　degeneration　语义学术语。参见"词义转贬"。

词义学　lexical semantics　参见"词汇语义学"。

词义转褒　elevation　参见"词义升格"。

词义转贬　pejoration　语义学术语，亦称词义恶化（deterioration）或词义退化（degeneration）。指词从原先的中性意义或褒义转为贬义。例如，sly 原指"熟练的"，现表示"狡诈的"；gossip 原指"教父"，现指"爱讲闲话的人"。

词义转移　transference of meaning　语义学术语。指词的主观意义和客观意义相互转化的现象。有的词语失去原来具有的主观意义，留有客观意义，如 hateful 现在只表示"可恨的"，而不表示"怀恨在心的"；有的词语的主观意义转移为客观意义，如 drunken 原来只表示"喝醉的（人）"，现在还可以用于修饰非人，如 drunken driving（酒后驾车）；还有的词则相反，由客观意义转移为主观意义，如从 profound theory（深奥的原理）到 profound scholar（学识渊博的学者）。

词优势效应　word-superiority effect　心理语言学术语。指人们对单词中的字母更容易辨认、领悟的现象。测试者快速地出示一个单词如 word、一个非单词如 owrd 或一个字母 d 或 k，然后要求受测试者快速说出最后一个字母。结果显示，在单词中出现的字母领悟准确率最高，从而表明单词有助于字母辨认，而非字母有助于单词辨认。

词与物学派　word and thing school　20 世纪初在德国建立的语言学派。主要代表人物是奥地

词 cí （语言学术语）

利语言学家舒哈特（Hugo Schuchardt），其名称来源于1909年问世、由梅林格（Rudolf Meringer）主编的《词与物》（Wörter und Sachen）杂志。该学派认为：语言是由词组成的，要研究语言的历史必须研究词的历史；而研究词的历史必须把与词密切相关事物的历史联系起来。该学派激烈反对青年语法学派的理论和方法，认为语言只是说话者个人的产物，个人的生活情况、条件、性格、年龄等因素都对他的语言产生影响，造成个人的"风格"。这些"风格"经过社会成员的互相模仿而得到传播并进入语言。另外，该学派还认为按语言的亲属关系作谱系分类是不可能的，提出"地理均匀"学说，认为一种语言不断地按照地理的形势过渡到另一种语言，试图按人类共同的心理本质建立语言的"基本"亲属关系。

词语法　word grammar　指20世纪80年代由赫德森（Richard Hudson）创立的语法理论。其主要思想来源为系统功能语法（systemic functional grammar）和依存语法（dependency grammar）。词语法的中心单位是词。词语法把词汇和句法合而为一，除并列关系外，所有的句法关系都归结为词与词之间有序的依存关系。句中结构完全是一种词与词之间的依存关系，而非生成语法所用的短语结构。依存关系由一个主导词和一个从属词构成。例如：Sensible people ride bicycles，在这句话中，sensible依存于people；people依存于ride；bicycles也依存于ride，动词为全句的主导。与其他几种语言理论相比，词语法更彻底地摒弃句子成分的概念而提倡以词汇为基础的依存关系。

词语分割　word segmentation　心理语言学术语，与幼儿早期语言习得相关。研究表明，八个月大的婴儿能够分辨母语中语音之间组合的概率，从而将连续的语流分割为单词。

词语联想　word association　语言教学术语。词与词之间在某种纽带上的联想，能使词相互联系起来，有助于单词的学习和记忆。一般来说，词与词之间最主要的联想关系有四种，即类属关系、修饰关系、整体部分关系和功能关系。词语联想在语义学、心理语言学及语言学习理论中都有研究。

词语联想测试　word association test　语言教学术语。心理学家用来研究词与词之间语义关系的最早的方法之一。由达尔文（Charles Darwin, 1809—1882）的表弟高尔顿（Francis Galton, 1822—1911）发明。1910年进行了第一次大规模的用于研究英语的词语联想测试。测试者大声读出一连串的单词，每读一个词，要求受试给出最先联想到的另一个词。例如，听到chair这个词时，在1000个接受此项测试的不同职业、不同受教育程度的受试中，首先想到table的人数最多，有191人，其次分别为seat（127人）、sit（108人）、furniture（83人）、sitting（56人）、wood（49人）、rest（45人）、stool（38人）、comfort（21人）、rocker（17人），构成前十位，其中前四位就占到了总人数的一半多。针对美国大学生的词语联想测试发现，常见的联想方式如下：accident-car, airplane-fly, American-flag, baby-child, depression-recession。除此以外，词语联想测试还用于其他研究，如评估智力和概念形成的功能，或用来研究高级神经活动的特点。

词源理据　etymological motivation　参见"理据"。

词源偏离　etymology deviation　指不符合词的通常形式或标准形式的现象。比如policy源于希腊语，本义是"城市、国家"，后引申为"政策、策略"，进入保险业后指"保险单"。

词源形式　base　对亲属语言中具有共同来源的词，通过历史比较法重拟的"原始形式"。例如，数字3在英语中是three，德语中是drei，拉丁语中是tres，希腊语中是treis，俄语中是три，法语中是trois，通过历史比较法重拟出原始印欧语中数字3的词源形式是trey。

词源学　etymology　指研究词的起源、历史、词的形态以及词义变化的一个语言学分支。词源学是历史比较语言学的一部分，按现代语言学的要求，研究一个词的词源，必须查明它的旁系亲属语言中这个词的词义和词形是什么，据此构拟出它最古的形式和意义。例如，汉语"佛"和"佛陀"源出梵语"buddha（觉悟）"，又如，现代英语cat（猫），在古英语是"catt(e)"，其来源可能是晚期拉丁语"cattus, catta"，或借自某种非印欧语。其同源词有古高地德语的kazza, 古斯堪的纳维亚语（Old Norse）的*köttr*, 古弗里斯兰语（Old Frisian）的katte, 荷兰语的kat以及德语的Katze等。并不是每一个词的来源都能弄清。例如，现代英语dog（狗），古英语拼作docga，丹麦语拼作dogge，但来源不明。词源学与语义学、词汇学（lexicology）关联密切。

词中省音　syncope　音系学术语，亦称中略。指音节中一个音段丢失的过程，该音段通常为元音。发生省音的原因可能与历史演变有关，也可能与地域发音习惯有关，还有可能与词汇—音系过程有关，即由于增加词缀而产生的词中省音。例如，"secretary"的英式发音为［ˈsekrɪtərɪ］，而美式发音为［ˈsekrɪterɪ］，这是地域发音习惯引起的词中省音。在雅韦尔马尼语（Yawelmani）的一种方言中有一条省音规则：V → Ø/VC_CV。其中两个辅音当中的元音通常被省略，而这条规则适用于以闭音节结尾的词根加上以元音开头的词缀的情况。有时也扩大到辅音丢失，即原来在元音间存在的辅音消除。例如：ever 成了 e'er，和 boatswain 成了 bosun，这种现象称为辅音脱落（jamming）。美国罗曼语语文学家小霍尔姆斯（Urban T. Holmes, Jr.）最先对此现象加以命名。

词重音 **word stress** 音系学术语，指词内部对某个音节的重读。例如：below/bɪˈləʊ/重音落在第二个音节，而 billow/ˈbɪləʊ/重音则在第一个音节。美国结构主义学派提出四种词重音分别为：（1）主重音（primary stress），用/ˈ/表示；（2）次重音（secondary stress），用/ˆ/表示；（3）第三重音（tertiary stress），用/ˋ/表示；（4）弱重音（weak stress），用/˘/表示。Élêvàtŏr ôpêràtŏr 这个词组常用来说明四种重音。

词缀 **affix; affixoid** 形态学术语。语素中具有黏附性的构词成分的统称。词缀可以是一个或一组字母构成的语素，它们不能独立构成单词，必须附加于其他词根或词干上，起到改变词根或词干的词汇意义或语法意义的作用。根据词缀的功能，可以分为派生词缀和屈折词缀两类，其中派生词缀通常改变词干的意义或词性，如 un-、en-、-al、-less 等；而屈折词缀只表示词干的语法意义，如-s/-es 表示名词的复数，-ed、-ing 等表示动词的时体等。根据词缀附加于词根或词干时所黏附的位置，词缀可分为三类：前缀、后缀和中缀。前缀指黏附在词根或词干之前的词缀。例如，un-和 en-必须附加在词根之前构成 unhappy、unlucky、enforce、endanger 等词；后缀指只能黏附于词干之后的词缀，如-s/-es、-ness 和-ly 必须黏附于词干之后构成 students、kindness、lovely 等词；中缀指黏附于其他词根或词干内部的词缀，主要见于南岛语系和南亚语系的语言中。对英语中是否存在中缀语言学界尚存在争议，有学者认为 spokesman、pesticide、thermometer 等词中的-s-、-i-和-o-属于中缀。词缀"-ed"形式指动词的一般过去时形式，如"I walked.""She jumped."不过，"-ed"仅是为了简单概括、记忆之便的代表性符号，因为过去时形式不一定完全以-ed 结尾，还包括强变化动词的过去时及过去分词形式在内（如 drank、drunk；took、taken 等）。词缀"-ed"词尾也是过去分词的常用形式，夸克（Randolph Quirk）将它分为 V-ed¹（过去时）和 V-ed²（过去分词）。

词缀法 **affixation** 形态学术语。把词缀附加在词根或词干上构成新词的构词方法。根据词缀所附加的位置，词缀法可以进一步分为前缀法、后缀法和中缀法。前缀法是把词缀附加在词干之前的构词方式，如在 danger 之前附加前缀 en-就构成具有使动意义的动词 endanger；后缀法是在词干之后附加词缀的构词方式，如在动词 move 之后附加词缀-ment 就构成名词 movement；中缀法主要见于南岛语系和南亚语系的语言中。英语中是否存在中缀法尚存争议，但有学者认为-s-、-i-和-o-等属于英语的中缀，主要出现在由两个语素之间，如 spokesman、pesticide、thermometer 等。

词缀略写 **affix clipping** 形态学术语。词汇再分化（metanalysis）的方式之一，指通过简化一个词的语素从而得到一个新的词缀的构词现象。例如，helicopter 一词本来由来自希腊语的两个语素 helico-和-pter 构成，但是在词汇的再分化过程中，helico-被简化为 heli-，成为具有派生能力的词缀，并在语言使用中构成如 heliport（直升机场）、helipad（直升机停机坪）等词。

词缀下移 **affix-lowering** 句法学术语，亦称词缀跳跃（affix-hopping）。是一种语音层面的操作，一般指非附着时态词缀从时态短语（TP，早期称 IP）的中心语位置降至其成分统制的最近中心语（即动词）处并与之结合。例如：[1] a. He enjoyed syntax. b. He didn't enjoy syntax. 例 [1a] 中表示"过去"的词缀-ed 本来位于 VP 上层的 T（或早期的 I）位置，通过词缀下移操作，-ed 与动词 enjoy 结合，形成 enjoyed；但例 [1b] 中否定词 not 的出现阻止了词缀的下移，因此动词仍然保持原形。

词缀指数 **affixing index** 一种语言中词汇的前缀和后缀在词汇构成成分中所占的比率。是格林伯格（Joseph H. Greenberg）等语言学家在对语言的类型进行分类研究时采用的一种参考性指数。如果一种语言的词缀指数低于或等于 2，那么该语言属于孤立语（isolating language），而非综合语（synthetic language）。例如，泰语的词缀指数小于 2，因此在语言类型上要归为孤立语。

词组屈折语 **group-inflected language** 语言类型学术语，亦称组合屈折语。指词基和词缀紧密结合在一起的一种屈折语言，如格鲁吉亚语。

词组所有格 **group genitive** 亦称短语所有格。丹麦语言学家叶斯柏森（Otto Jespersen）提出的语法术语。指所有格词缀-'s 的名词短语依附于一个大的名词短语，但所有格词缀和该名词短语的中心语是隔开的。例如，the wife of Bath's tale, the south of Greece's population boom, the man you were talking to's wife, that woman you are seeing's mother, 等。

次标准 **substandard** 表示一种否定性评价。指在个人或群体的口语或书面语中，有些成分不合乎标准语，因此被视为不可取的。例如，英语有些方言所使用的双重否定"I don't know nothing.（我什么都不知道）"。有些人认为这句话是次标准的。有的语言学家使用较为中性的术语"非标准的"来指示那些不属于标准语的形式。

次宾语 secondary object；SO　语法学术语。与主要宾语（primary object）相对，一般指双及物构式中的主题论元（theme argument）。参见"主要宾语"。

次范畴 subcategory　句法学术语，亦称子语类。来自数学概念。当范畴 Y 是范畴 X 的次范畴时，Y 的成员则全部为 X 所涵盖，其态射（morphisms）全部涵盖在 X 中。在生成语法中指某一语法范畴的子集。比如，及物动词是动词的一个次范畴，不可数名词是名词的一个次范畴。

次范畴化 subcategorization　句法学术语，亦称"语类再分"或"子语类化"。指标明词类次范畴（subcategory）的做法。语类对不同成分的选择要求称为选择限制。例如：[1] a. John gives Mary a book. b. John gives a book to Mary. [2] a. *John puts a book. b. *John puts on the table. c. John puts a book on the table. 同样作为动词，give 和 put 对跟在其后成分的选择不同；give 后面可以出现两个 NP，也可以出现 NP 和 PP，如例[1]所示。这种选择限制可以使用子范畴化框架标记为：[3] give：V；[____ NP NP；____ NP PP]。put 后面需要 NP 和 PP，如[2]所示，其次范畴化框架标记为：[4] put：V；[____ NP PP]。

次范畴化框架 sub-categorization frame　参见"框架"。

次间隙度 secondary aperture　音系学术语。在音系学区别性特征理论里，指包括鼻音和边音对立特征的一种声腔特征。

次派生词 derived secondary word；secondary derivative　派生词或次要词由词干加上附加成分构成。如果添加的是派生词缀，就叫做次派生词，如"工业化""追星族""出国留学热"和 child*ish*、quick*ly*、king*dom*、*be*friend 等。

次数数词 iterative numeral　对类似"How many times（多少次）?"进行回答的数词，如 once（一次）、twice（两次）、thrice/three times（三次）、four times（四次）等。

次谓语 secondary predicate　语法学术语。指不是小句的主谓词却传达关于主题信息的述谓性表达式。次谓语在多数情形下表现为形容词。次谓语可以是表达结果性（resultative）的，也可是描述性（descriptive）的。例如：[1] She painted the wall white. [2] John walked along the road naked. 例[1]中的 green 表达的是一种结果，而[2]中的 naked 则具有描述性。

次要词类 minor word class　形态学术语。指不能加新项的词类。按照词类的划分，是指除了主要词类以外的词类。次要词类（minor word class）不能带词缀，亦称虚词（particles）或闭合性词类（closed word class）。不同的语言对词类的划分不同，在很多语言中都共有的次要词类包括前置词（preposition）和后置词（postposition）、限定词（determiner）、连词（conjunction）和代词（pronoun）。与次要词类之相对应的是主要词类或开放性词类（open word class），最典型的是名词和实义动词，它们往往通过复合、派生、仿造和借用等方式得到新词。次要词类也可在同样的过程中获得新的词项，但因其不易改变的特性，变化的过程相当长。次要词类可视为核心语言的一部分。参见"词类"和"主要词类"。

次要发音 secondary articulation　语音学术语，亦称辅助发音。指一种类似元音的、与主要辅音发音动作同时出现的发音动作。在音素的发音中不决定音素的基本音质，而仅使音素带有一定的色彩。

次重音 secondary stress　语音学术语。参见"重音"。

次语类化框架 sub-categorization frame　参见"框架"。

刺耳音 strident　参见"非刺耳音"。

刺激 stimulus　参见"刺激—反应理论"。

刺激充足论 richness of stimulus　参见"随机音系学"。

刺激—反应理论 stimulus-response theory；S-R theory　❶行为主义心理学术语。一切形式的体验、思想和意图都可以解释为所观察到的刺激和相应的反应之间的交换结果。该理论由行为心理学的创始人华生（John Watson）在巴甫洛夫条件反射实验的影响下提出。他指出人类的复杂行为可以被分解为两部分：刺激和反应。人的行为是受到刺激的反应。刺激来自两方面：身体内部的刺激和体外环境的刺激，而反应总是随着刺激而呈现的。❷语言习得术语。由美国心理学家斯金纳（Burrbus Frederick Skinner）倡导的一种行为主义的学习理论。斯金纳认为学习就是形成刺激和反应的联系。刺激能使机体发生变化或做出反应，而反应则是由刺激引起的相应行为。强化（reinforcement）是在反应出现之后形成的又一个刺激。它影响同样反应再次出现的概率。增加反应可能性的强化叫正向强化(positive reinforcement)。反之,减少反应出现可能性的刺激称为负向强化(negative reinforcement)。而如果反应不能导致强化,反而却促使反应最终消失的现象称作反应消失(extinction)。如果某种反应是由类似的但原本并不产生联系的刺激所引起,则为刺激泛化(stimulus generalization)。能够区别各类刺激,就具备了"辨别"(discrimination)能力。

刺激泛化　stimulus generalization　参见"刺激—反应理论"。

刺激贫乏论　poverty of the stimulus; POS　由乔姆斯基于1980年首次使用。指儿童在语言习得过程中受到的语言刺激是贫乏有限的,但却最终能够获得极为丰富的语言知识和大致相同的语法体系。刺激贫乏论指出了语言输入和语言输出的不对称性,是乔姆斯基语言天赋论的基础及其普遍语法的核心部分。这一概念最早可追溯到柏拉图,指人们所获得的知识往往比他们的经验更丰富,因而亦称为柏拉图问题。乔姆斯基认为语言的心理表征(mental representation of language)比输入的语料复杂得多。也正是由于人类与生俱来的语言能力,所以儿童在语言输入不足的情况下,依然可以形成像成人一样复杂的语法体系。输入刺激的贫乏体现在三个方面:(1)输入生成能力的退行(degenerate),即说话时,人们会有语误、简略的说法等,因而输入的语料并不总是语法正确的句子,儿童语言习得的语料是不充足的;(2)语言输入是有限的,儿童语言习得的输入中,没有足够的信息来帮助他们建立某些语法规则;(3)儿童语言习得的输入中并不总包括能够使其避免形成错误假设的典型的负面证据(negative evidence),语言输入不提供同义关系、歧义和不合语法性等关键信息。例如,"I've"这个缩略形式只能出现在陈述句中,而不能使用在疑问句中;儿童在陈述句中习得后,在没有人告知的情况下,仍然能说出"Should I have done it?"的正确形式。

从格　elative　形态学术语。方位格(locative case)的一种。指表示"从处所离开(移出)"这一方位变化的词汇屈折形态,见于芬兰语、爱沙尼亚语等语言。比如在芬兰语、爱沙尼亚语和匈牙利语中,分别通过添加后缀表明从里到外的运动方向。以下三例分别是这三种语言表达"离开房子"这一意义的语言形式:[1]"talosta"(芬兰语"talo"="房子")　[2]"majast"(爱沙尼亚语"maja"="房子")　[3]"házból"(匈牙利语"ház"="房子")　从格与向格(allative)、近处格(adessive)等表示"局部"、时空并存,常与离格(ablative)("从里到外"和"从外到

里")对立。

从句　clause　语法学术语,亦称小句、分句。指构成一个语法单位并含有一个主语和一个限定动词的一组词,是表示一定语义或思想的语言单位。通常由主句(main clause)与从属分句(subordinate clause; dependent claus)构成,前者指不从属于任何其他句子,在单独出现时具有完整意思的句子,但可被一个或一个以上的从句所修饰或扩展。例如:[1] The sun shone although it was raining(虽然下着雨,但太阳仍然照耀着)例句中,the sun shone(太阳仍然照耀着)是主句,although it was raining(虽然下着雨)是从句(subordinate clause)。从属分句指一种必须与另一个小句连用,且从属于那个小句,并与之组成一个完整语法结构的从句。能够单独使用的小句称为独立性从句。例如,

[2] *When I was at school*, I loved history.
　　(dependent clause)(independent clause)

[3] *He announced the news* that he was going to Hawaii for his holidays.
　　(independent clause)　(dependent clause)

从句一般通过连词,比如when、that等,或者关系代词,比如who、whose等,与独立性从句相连接。尽管能够与另一句独立从句或从属子句相连接,但是独立性从句(亦称主句)并不从属于其他从句。例如:

[4] *She came in* and *he helped her take her coat off*.
　　(independent clause)　(independent clause)

[5] *Did she leave a message* before she went?
　　(independent clause)　(independent clause)

从属变量 dependent variable　参见"变量"。

从属词　subordinate　语法学术语。与主导语相对,指处于更低类属、级别或位置的次级语词。

从属分句　subordinate clause; dependent claus　参见"从句"。

从属连词　subordinating conjunction; subordinate conjunction; subordinator　语法学术语。如果连词用于引导从句以形成句子的一部分或修饰句子的构成要素,则称作从属连词。从结构上看,英语连接词分为并列连词(coordinating conjunctions)和从属连词(subordinating conjunctions)。从属连词用以引导名词性从句和状语从句。

从属连接　subordination　语法学术语。由从属连词如because、when、unless、that等把独立子句和从属子句连接起来。例如:[1] I knew that he was lying.(我知道他在撒谎。)　[2] Unless it

rains, we'll play tennis at 4. (如果不下雨,我们四点打网球。)

从属性　subordinate　参见"依附性"。

从属音系学　dependency phonology　参见"依存音系学"。

从属语标注　dependent-marking　语言类型学术语。指词组中的词的一致、格等语法标记往往出现在从属语上的现象,如格标记(case marking)、性标记(gender marking)、小称标记(diminutive marking)和定指/不定指标记((in)definite marking)等。

粗喉音　burr　语音学术语。某些方言中的典型发音。指发音时声音好像闷在喉部,导致声音模糊、沙哑。俄语中的 р、л 容易混淆不清,俄语 p 是颤音/r/,有些本族语中没有颤音的人易将 p 读成 л(边音/l/)。

粗俗词　vulgar　社会语言学术语。指带有粗俗、粗鲁色彩的词语。一般认为只在社会下层和受教育程度较低的人群中使用,在高雅的谈话中使用被认为是不恰当的,如"四个字母词"(指英语中一些低级下流词语,在最普通的交际环境中是禁忌语)。例如,英语中 arse 是用以指臀部的粗俗词语。

粗译文　rough translation　翻译学术语。可以借助机器进行的粗糙的翻译,只说明篇章的基本内容,以供客户判断是否进行全部翻译。一般未经过编辑,质量不够理想。

粗直语　dysphemism　亦称恶俗语。用冒犯或诋毁的字词取代普通词或委婉语,或出于恐惧和厌恶,或出于憎恨和蔑视。分为五种类型:性行为,性器官,以对方的亲戚朋友为受词(例如:娘、妈),身体孔穴及其排泄物和复合类等(例如:杂种)。

存在句　existential clause　语法学术语。从语义角度看,凡是含有表示"存在"或"开始存在"意义的动词的句子,或者表示人或事物的存在或出现等意义的句子都称为存在句。例如,下列五个英语句子都属于存在句:[1] A book is on the desk. [2] On the desk is a book. [3] The desk has a book on it. [4] A girl suddenly appeared in front of me. [5] Perhaps some more mysterious things exist. 在现代汉语中存在句也是一种既重要又特殊的句型。对汉语存在句的范围,语法界的看法虽然不尽相同,但多数研究者倾向于认为汉语存在句主要是指某处存在着(包括单纯存在、以某种状态存在、以某种运动方式存在)的某人或某物。例如下列两句属于汉语存在句:[6] 主席台上坐着几位受邀而来的老教授。[7] 村子南面有几个砖窑。

存在量词　existential quantifier　语义学术语。形式语义学中当存在量词化的逻辑算子"∃"与一个谓词变项共同使用时,表示为"∃x"或"∃(x)"。参见"存在量化"。

存在量化　existential quantification　语义学术语。谓词逻辑中的一类量化词,作为一个逻辑常量,解释为"存在""存在至少一个"或"有一些",表示一个命题函项能由论域中至少一个成员来满足。通常用逻辑算子"∃"表示。参见"存在量词"。

措辞　diction　修辞学术语。指作者或说话人对词语和表达风格的别具一格的选择,也就是所谓的措辞、用语。关于措辞的影响因素较多。语域(词语属于正式的或非正式的语境)起着相当重要的作用。对于文学作品中的措辞分析可以揭示出一段文字或言语是如何进行情调渲染和人物塑造的。比如,小说中大量运用有关身体动作的动词表明主人公意气风发,而大量使用心理活动方面的动词有利于刻画主人公内敛的状态。

措辞矛盾　contradiction in terms　参见"语法悖理"。

错别字　ghost form　亦称鬼字(ghost word)、幻觉字(phantom word)或虚构字(vox nihili)。指由于抄写员或词典编撰人员的错误,或从外语中听到的关于某个词的错误解释而导致的不正确字。

错读症　parallalia　病理语言学术语,亦称失读症。诵读困难(dyslalia)症的一种。由于视觉性言语中枢损伤而造成在阅读有意义的语言符号时出现的经常性的歪曲、代替、遗漏和添加的症状。主要类型有:知觉性错读、运动性错读和知觉—运动性错读等。深度诵读困难的错读症患者会把"牛奶"念成"奶牛",把"首长"念成"总统"。后天性的错读症多由中风、脑部肿瘤、损伤、炎症等原因造成。

错格句　anacoluthon; anapodoton; anantapodoton　参见"错格现象"。

错格现象　anacoluthon; anapodoton; anantapodoton　修辞学和语法学术语。指一个句子在按预期的句法表达序列产出过程中忽然换为另一个毫无关系的句子的现象,以及由此产生句型的语言现象。这种现象导致同一句子中结构的前后不一致或不连贯。例如:You really ought ... well, do it your own way. 错格句中通常有一个停顿或用破折号表示,其结构前后不一致或不连贯是由句子成分本身不明确或情绪激动等使遣词造句计划不周或有意纠正原有表达造成的。

错误分析　error analysis　❶语言习得术语，亦称语误分析。指对二语学习者语言习得过程中所出现的错误进行的研究和分析。错误分析是作为相对有限性的对比分析的替换方法，是二语习得研究的重要研究方法及发展阶段之一。20 世纪 60 年代末，在认知心理语言学的理论基础上，英国应用语言学家皮特·科德（Stephen Pit Corder，1918—1990）提出了错误分析的理论和研究方法。其基本步骤为：选择语料、确认错误、对错误进行描写和分类、对错误进行解释找出原因、对错误进行以教学为目的的评估。错误分析着眼于学习者的语言错误，对产生错误的原因展开研究，提出了语际（interlingual）和语内（intralingual）错误类型。语际错误是由母语迁移产生的错误，而语内错误是目的语错误或者学习不完整而产生的结果。语内错误又可分为过度类推（overgeneralizations）、简化（simplifications）、发展性语误（developmental errors）、交际性语误（communication-based errors）、诱导性语误（induced errors）、避免性语误（errors of avoidance）和过产性语误（errors of overproduction）等。❷语言测试学术语，亦称误差分析。指对误差（精确值与近似值之差称为误差）在完成系统功能时偏离所要求的目标而产生的原因（模型误差、观测误差、截断误差、舍入误差等）、后果及发生在系统的哪一个阶段等进行的分析。误差分析的目标不是要消除误差或达到误差可能的最低值，而是确定结果的不确定程度，根据预先所需结果，选择合理的实验设施、实验条件和方法，以降低时间、金钱和成本等。

错误选项　distractor　语言测试术语，亦称干扰项。多项选择项目中任意一个错误选项。在项目分析中通过进行干扰项效率分析，对干扰项是否起到预期作用进行考查，即在受试者不知道正确答案的情况下误导受试者，使之选择错误答案。这种分析需要对语言能力分处于高、中、低的受试者所做的每一项项目选择的对错进行百分率统计。如果参照难度指数和项目鉴别指数，分析结果就可以帮助测试开发者对相关项采取保留、修改或者删除处理。

错误选项效率分析　distractor efficiency analysis　语言测试术语，亦称干扰项效率分析。基于多项选择项目中任意一个错误选项的分析。参见"错误选项"。

D

搭配 collocation 语法学术语。指语言中词汇组织与出现的方式或规则。该规则限制词语如何同时使用,如限定哪种前置词与特定动词同时出现、什么样的动词与什么样的名词同时出现等。例如,perform 可与 operation 搭配而不与 discussion 搭配,high 可与 probability 搭配却不与 chance 搭配等。然而搭配现象是某一语言特定的(language-specific),一些搭配的意义不是其搭配成分语义的简单叠加。例如,blue blood 指贵族出身而非蓝色的血,green hand 为新手而非绿手。

搭配范围 collocation range; range of collocation 语法学术语。指一个词可以与其搭配的其他词的种类和数量。每一种语言都不可能有两个搭配范围完全相同的词;而即使对于同一个词,也不是所有搭配可能性的出现频率完全一致。搭配范围取决于搭配限制(collocational restriction)。许多功能词,如 the、of 等,搭配范围很广。一些实词的搭配范围是固定的,如 a lump of sugar(一块糖)、a slice of meat(一块肉)、a chunk of wood(一块木头)、a cake of soap(一块肥皂)等。同义词的搭配范围可能并不相同,如:answer 与 reply to 都有"回答"的意思,并且都能与 letter 搭配。但是 answer 还能与 door 搭配,构成 answer the door(去开门),而 reply to 则不能。此外,有些习语中的词搭配范围很窄,如 spick and span(崭新的)中的 spick。

搭配能力 collocational competence 指学生能够准确组合语言项,并能够说出流利、正确且文体风格得体的言语的一种能力,是语言能力、交际能力的重要组成部分。❶心理语言学术语。搭配能力具有心理现实性。母语者能够在具体语境下区分常规搭配与非常规搭配。母语者之所以能以流利而准确表达思想的原因很大程度上在于其心理词库中贮存着大量词块。搭配可以大幅减轻言语理解和表达时大脑信息处理的负荷,因而这些固定或半固定搭配既是语言习得的编码方式之一,也是言语理解时解码以及表达时是否流利与地道的基础。❷语言教学术语。搭配能力被视为外语学习者掌握该语言的重要标识之一,是掌握词汇必不可少的要素之一。搭配能力的优劣不仅可以体现语言使用的地道性和自然性,也是反映词汇知识深度的一个重要指标,学习者的词汇知识不仅是量的问题,也涉及词汇知识的深度。外语习得者的搭配能力受到认知差异、母语干扰、惯例用法、语言文化差异等因素的影响,他们往往在搭配运用中表现出语法使用正确性远远高于语义语用合适性的特征,使得搭配成为词汇学习的障碍。

搭配限制 collocational restriction 语法学术语。指对词语同时出现或互相连用的限制。搭配限制主要体现在三个方面:(1)语法限制,即互相连用的词语应符合语法规则。例如,go school 中 go 为不及物动词,不能直接与宾语 school 相连,正确的用法为 go to school;(2)语义限制,即连用词语的意义应该能够被理解。例如,time elapsed(时光流逝),而不说 someone elapsed;(3)习惯性限制,即连用的词语应符合该语言的表达习惯。例如,empty box(空盒子)和 vacant seat(空位子),而不说 vacant box 和 empty seat。习惯性限制还包括习语,如 kick the bucket(去世)不能说成 kick the pail 或 strike the bucket。

搭配重音 collocation accent 语音学术语。指对于具有相同词项的结构区别意义的不同的重音模式。例如:[1] 'three-hundred-meter-wide walls(宽三百米的墙) [2] three 'hundred-meter-wide walls(三堵宽一百米的墙) [3] three hundred 'meter-wide walls(三百堵宽一米的墙) 三个例子中,分别通过重音确定了 walls 的定语,从而消除了歧义。

达—达说 ta-ta theory 参见"语言起源"。

达尔定律 Dahl's Law 音系学术语。指发生在一些东非班图语中的一种音变。通常表现为相邻音节中的第一个送气塞音不送气而变为浊音的送气音的异化现象,如尼亚姆韦齐语(Nyamwezi)中"-k^hat^hi"音变为"gat^hi"、"-p^hit^h-"变为"-bit^ha"(Mutaka 2000:253)。

达意论 interpréter pour traduire 参见"释意派理论"。

达因 dyne 语音学术语。以厘米每克每秒计量的单位。等于一克质量的物体每秒产生每秒一厘米的加速度所需要的力。用来测量声压。

答题效度 response validity 语言测试术语,亦称回答效度。一种测试的内部效度,主要指被试回答测试或问卷是否达到预计测试目的。对问题不熟悉、回答动机不端正、缺乏恰当的说明等因素都将使回答失效。

答题形式 response format 语言测试术语。语言测试学中指答题者接受测试和回答试题的方式。例如,要求答题者在单项选择中排除干扰项选择正确答案,或者进行结构性写作。

答题要求　test rubric　语言测试术语。语言测试学里指测试中每项问题或任务之前的、针对被试的说明。一般使用被试的本族语或目的语,措辞清楚,意思明确。具体可以包括测试形式、各部分分值、时间分配、解题说明、评价方式等。例如,作文的答题要求可表述如下:You are required to write a coherent and grammatically correct composition of 300 words.(要求写 300 字的作文,内容连贯,语法正确。)

打油诗　doggerel　诗歌的一种。其特点是多用俚语,通俗易懂,诙谐幽默,有时还暗含讥嘲。汉语中指不拘于平仄韵律的旧体诗,相传为唐代张打油所创。英语打油诗(doggerel)的用法最早见于英国著名诗人乔叟(Geoffrey Chaucer,约 1343—1400)在 1386 年左右出版的《坎特伯雷故事集》(*The Canterbury Tales*)。自此,doggerel 一词沿用至今。早期的"doggerel"有多种拼法,如 dogerel、doggrel 等。关于英语打油诗的起源有多种说法,其中最有可能的说法与 dog(狗)有关。英语中可以用"dog"作为前缀或者形容词来表示 bad(糟糕的)、mongrel(杂种的)或 incompetent(无能力的),尤其是指在语言和思考方面。因此,在 18 世纪,dog Latin 是指各种错误频出的拉丁文,而 dog English 则指未加修饰的差劲的英语散文。

大代语　PRO　句法学术语,亦称空语类 PRO。指表层结构中的抽象成分。根据乔姆斯基的论述,任何一个不定式短语在深层结构中就是一个句子,而句子均含有逻辑主语,空语类 PRO 在句法上即代表一个不定式的逻辑主语,空语类 PRO 没有语音内容,因此没有语音表达(Chomsky 1986)。根据管辖与约束理论对名词短语的分类,空语类 PRO 既是代名语又是照应语,它可受到句中某个 NP 的控制,或可以任意指称。例如:[1] Robin tried PRO to please Anna. [2] It is difficult PRO to please Anna. 在句[1]中,空语类 PRO 受制于 NP"Robin";在句[2],空语类 PRO 具有任意指称的功能。带空语类 PRO 的构式被称作控制构式,以区别于提升构式。然而,有的语言学家则把两者都称作链接构式。与空语类 pro 相对,空语类 PRO 总是不受管辖,也没有格位。空语类 PRO 的分布和 PRO 的语义内容由管辖与约束理论中的控制理论(control theory)来管辖。参见"**空语类**"。

大纲设计　syllabus design　语言教学术语。一般指构思或设想语言课程教学内容的宏观体系和预定目标,而课程设计(course design)则指落实大纲规定的教学内容的具体安排。在语言教学大纲的设计方面,目前有两种主要的范式——综合型大纲和分析型大纲。综合型大纲包括结构大纲、功能大纲和话题情景大纲。分析型大纲包括过程大纲、程序大纲和任务大纲。任何语言教学大纲的设计都是某一阶段对语言本身、语言的使用及语言的教与学诸观点的汇集地。大纲设计需综合理论研究和课堂教学实践等多种因素。

大括弧　brace notation　亦称花括号。在语言学科中表示几个词语或行项全部笼括在同一用法之内。

大脑侧化　lateralization　神经语言学术语。指人的认知和感知能力在大脑左右半球的功能性专门区域化现象。随着大脑的发育和成熟,人体的各种功能(如语言、听觉、感觉、动作等)逐渐服从大脑中不同区域的控制,此现象称为大脑单侧偏利或大脑偏侧优势。大多数人的左半脑具有语言能力侧化优势,这可以通过两耳分听实验(dichotic listening research)来验证。大脑侧化后,左右半脑主要功能不同。左半脑主要负责语言、分析推理、时间排序、读写、计算、联想等,右半脑主要负责非语言声音的感知、综合推理、视觉和空间能力、图案识别能力、音乐感知能力等。大脑功能侧化的佐证最早来自对局部脑损伤病人的临床观察和治疗。1861 年,法国医生布罗卡(Pierre P. Broca)发现了与运动性失语症有关的特定大脑皮层区域,即布罗卡区(Broca's area),并指出大脑左侧这个区域受损会导致失语症,而大脑右侧的相应区域受到类似的损伤却不影响语言功能。1874 年,德国学者韦尼克(Carl Wernicke)发现感觉性失语症与大脑皮层的另一区域受损有关。这个区域也在大脑左半球,被称为韦尼克区(Wernicke's area)。

大脑单侧偏利　cerebral dominance　参见"大脑侧化"。

大脑皮层　cerebral cortex　神经语言学术语,亦称大脑皮质,简称为皮质、皮层。属于脑和整个神经系统演化史上最晚出现、功能最高级的一部分。哺乳动物出现了高度发达的大脑皮层,而人类的大脑皮层有了抽象思维能力,成为意识活动的物质基础。沟和回是大脑皮层最显著的两个解剖特征。根据皮层的不同特点和功能,可将皮层分为若干区。机体的各种功能在皮层上具有定位关系,如运动区、感觉区等。根据空间位置,大脑皮层被分为以下几个区域:额叶、顶叶、颞叶、枕叶和边缘系统。额叶的主要功能是高级认知功能,比如学习、语言、决策、抽象思维、自主运动的控制等。顶叶主要控制躯体感觉和处理空间信息,负责感觉性语言的认知处理和数理逻辑。颞叶主要负责听觉、嗅觉和高级视觉功能(例如物体识别),以及分辨左右和长期记忆的功能。枕叶的主要功能是视觉处理。边缘系统主要与情绪、精神等高级神经活动有关，被称为"情绪的大脑"。大脑皮层具有特定的言语中枢区域和与之联系的周围性感受系统和运动系统。言语的解剖机构及其生理功能在不同部位的损害，会造成不同形式的言语障碍。例如，如果大脑左额叶区受损，患者可能会产生布罗卡失语症（Broca's area）（即表达性失语症），如果颞叶上方受损，患者可能会产生韦尼克失语症（Wernicke's area）（感受性失语症）等。德国神经科医生科比尼安·布鲁德曼（Korbinian Brodmann）将大脑皮层划分为 52 个区，被后人称作布鲁德曼分区。其中一些区域如今已被细分。例如，第 23 区被分为 23a 区和 23b 区等。

大脑偏侧优势　cerebral lateralization　参见"大脑侧化"。

大舌头　lisping　语音学术语，指发音时混淆了齿擦音和齿龈擦音的现象。例如，将/s/和/z/音分别读作/θ/和/ð/，或者相反。

大写　capital　大写字母或大写体是许多拼音字母的一种书写形式，如 A、B、C 等。因为西方在过去活字印刷时期，凡大写字体都会放在检字抽屉的上层，所以大写体也被称做上层字盘体（uppercase）。大写体一般和小写体的字体高度宽度有明显区别。但在有些语言中也不分大小写。例如，拉丁字母在发明初期，只有一种字体，即大写体。大写体主要用于以下方面：(1)句首；(2)缩写；(3)增加易读性，如招牌和标签；(4)在某些语言中具有强调的效果；(5)人名和地名等专有名词。不同语言中大写字母的用法也不尽相同。德语是使用大写字母最多的语言，所有的名词都需以大写字母开头。在英语中，只有专有名词和由它们衍生的形容词以大写字母开头，如 China 和 Chinese。在法语中，专有名词衍生的形容词则不能使用大写，如 Chine 和 chinois。在俄语中，有三个字母（ъ，ы，ь）没有大写形式，因为他们从来不作为单词的第一个字母使用。在汉语拼音中，中华人民共和国国家标准 GB/T 16159—1996《汉语拼音正词法基本规则》4.9 规定，专有名词的第一个字母大写。有时候，姓氏完全大写有助于辨认，因为不同地区的语言表示姓名的习惯有所不同，所以世界语常常将姓氏的每一个字母全部大写。例如，毛泽东写作 MAO Zedong，乔治·华盛顿写作 George WASHINGTON，卡斯特罗写作 Fidel Alejandro CASTRO Ruz。

大写 C 文化　large C culture　亦称高雅文化。指文学、艺术、音乐作品等的总称。文化分类的一种，有大小写 C 文化之别，"C"指英语中的文化"Culture"，小写 c 文化指态度、价值观、信念和生活方式等。

大猩猩可可　Koko　指一只懂得使用美国手语的雌性大猩猩。1971 年 7 月 4 日生于旧金山动物园，因生日为美国国庆日，以庆典烟花的日文名称"花火子"的读音"Hanabiko"昵称而得名。从一岁起就跟随斯坦福大学女研究员帕特森（Francine Patterson）学习美国手语，目前住在旧金山郊外"大猩猩基金会"附属的"大猩猩研究所"。1972 年，帕特森开始做一个大猩猩能否使用语言与人类进行沟通的课题，她选择了可可作为实验对象。结果，大猩猩可可在六个月内学会了一些组合手语，能够用手语提问和创造新手势，能够用手势自发地命名物体，并能自言自语。到目前为止，可可能听懂约两千个英文单词，并学会一千种人类手语。可可及其所参与的语言学实验被认为是人类的一次伟大探索。

大众传播学　mass communication　指研究通过大众传媒向接收群体同时传递信息的学科，主要研究通过新闻媒体、广播、电视等技术手段传播信息的公共信息交流方式。一般认为，大众传媒与承载发布新闻和广告功能的报纸、杂志发行、广播、电视、电影等媒介有关，是大众传播者和不同层级的听众或观众之间存在较高程度的远距离传播。大众传播者包括播音员、撰稿人、主持人、编辑、利益代表人等，他们以不同职能方式控制交际过程。这一交际过程的重要特征是听者和说者角色之间呈非对称分布，从而使参与者之间不能直接交流，并有可能引起交际意图和交际效果模糊不清，成为单向性交际。大众传播学的五大要素是：(1)传播主体，如传道授业的教师、写诗作文的艺术家、活跃在国际舞台的外交官、各类媒体的从业人员等；(2)传播内容，如记者的报道、私人的闲谈、部门的文件通知等；(3)传播媒介，如语言、文字、印刷、广播、电视、网络等；(4)传播对象，如书刊的读者、广播的听众、影视的观众、上网的网虫等；(5)传播效果。这些要素是一切传播活动的根本，一切传播活动都是为了特定的目的，也就是说为了特定的传播效果。

代表样本　representative sample　语言测试术语，亦称代表性样本。指可以较好地或充分地代表被抽样总体（population）的样本。为使样本具有代表性，往往采用随机抽样、分层抽样、系统抽样等方法。随机抽样指将总体中的各个体依次编上号码 1、2、……、N，然后通过抽签或类似方法来抽取样本；分层抽样指将总体按差异情况分成几个部分，然后按各部分所占比例进行抽样；系统抽样指将总体分成均衡的几个部分，然后按照预先定出的规则，从每一部分抽取相同个数的个体。

代称比喻　kenning　参见"迂说"。

代词　pronoun　语法学术语。指代替名词的一种词类。大多数代词具有名词和形容词的功能。汉语中的代词通常分为三类：(1)人称代词,如我、他们、汝、吾辈等；(2)疑问代词,如谁、什么、怎么等；(3)指示代词,如这、那里、此、如此。英语中的代词按意义、特征及其在句中的作用,可分为九类：(1)人称代词,如 she、he、me 等；(2)物主代词(包括名词性物主代词和形容词性物主代词),前者如 my、your,后者如 ours、hers 等；(3)指示代词,如 this、that、such、those 等；(4)反身代词,如 myself、themselves 等；(5)相互代词,如 each other、one another 等；(6)疑问代词,如 who、whose、which 等；(7)关系代词,如 who、whom、which 等；(8)连接代词,如 whoever、whichever、whatever 等；(9)不定代词,如 some (somebody、something、someone)、any (anybody、anything、anyone)、no (nothing、nobody)、little、neither 等。

代词逆指　backward pronominalization　语法学术语,亦称后指(cataphora)。指代词先于其指代的先行词出现的结构,与前指相对。例如：After she came into the room, Lucy sat down. 句中的代词 she 先于被指代词 Lucy 出现在句中。

代词形式　pro-form; pronominal copy; substitute　语法学术语。指名词性先行词(nominal antecedents)的语言要素,通过回指(anaphora)、后指(cataphora)等方式指代文中其他的语言要素。代词形式属于回指还是后指取决于先行词是否被事先提及。代词(pronoun)用以描述人称(person)、数(number)、性(gender)和格(case)等语言要素,代副词(pronominal adverbs)用以指代地点(location,如 there)、时段(temporality,如 then)、原因(causality,如 for that reason)和情态(modality,如 thus)等语言要素。

代词性形容词　pronominal adjective　语法学术语。代词性形容词承代词的秉性,消减语词的冗余性。代词性形容词经常用以替代某个确定性术语或短语。例如,话语者可以不说"the orange cat",而可以说"that cat"。在"that cat"中的"that"即是一个代词形容词。代词形容词通过限定所涉及的特定名词来修饰名词,所以有时也被称作相对性形容词(determining adjectives)。参见"指代词"。

代词重叠　pronominal reduplication　参见"附着重叠"。

代达罗斯交互式课堂　Daedalus InterChange　语言教学术语。指一款通常用于局域网中用于教学的、具备模拟其他在线聊天软件功能的软件程序,具有同步交流、互动编辑和启发式教学等功能。很多版本的多用户 UNIX 操作系统都含有此类早期版本的即时对话软件,多用于远程教育。与串联处理和命令驱动的网上即时对话不同,代达罗斯教学软件是一款结构式的、用户友好的讨论软件。它可以把显示器的屏幕分成上下两部分,学生在下半部分输入自己的作文或句子,立即会出现在班上其他学生屏幕的上半部分。所有学生的讨论发言,可以按照其完成上传时间的先后顺序排列,通过滚动屏幕可以很方便地查看以前的信息。

代动词　pro-verb　语法学术语。可以用来代替完全动词或动词短语的动词形式。英语中最常见的代动词为 do,它的不同形式可以用以替代其他的动词或动词短语。例如：[1] A: I like tea. B: I do too. / So do I. / Mary does too. [2] A: The boy broke the glass. B: So he did.

代类名　antonomasia　参见"换称"。

代码　code　❶社会语言学术语,亦称语码。指在社会环境中传达意义的不同方式。这一概念最早由英国教育社会学家巴兹尔·伯恩斯坦(Basil Bernstein,1924—2000)提出并将代码分为两类：精制代码(elaborated code)和限制性代码(restricted code)。限制性代码词汇量少,常用代词代替名词,使用反意疑问句(tag question)较多,通常通过手势、表情等动作来帮助表达。限制性代码使用者认为听话者在态度和期待方面大不相同。精制代码则包含更多的形容词和代词,句子结构更为复杂。使用精制代码的人能更准确地表达意思。一般认为工人阶级的儿童只能接触到限制性代码,而中产阶级的儿童两种代码都能接触到。因将语言学习与社会阶级甚至教育政策做了关联,代码理解尚存争议。参见"**精致语码**"和"**局限语码**"。❷符号学术语。指用于传递信息的符号系统。任何一种符号系统如自然语言、莫尔斯代码(Morse code)、布莱叶盲文(Braille)、手语(sign language)等都可称为代码。传递代码的媒介(如书写形式、发报机、电话等)称为渠道(channel)。在不同情况下,可能会出现用一种代码表示另一种代码以便更清楚地传达信息的情况。在业余电台的联络中,对于 26 个英文字母均有一种或几种表达法,如用 Charlie 代替字母 C,用 Hotel 代替字母 H 等。

代码转换　encoding　亦称编码。指在交流活动中将信息转换为一组符号代码的过程。例如,把思想变为语言、声音变为脉冲、字母变为二进制数字等。说话者进行代码转换时首先选择一个要进行交流的意义,然后使用语义系统将之转换成语言形式。所使用的语义系统包括概念、命题、语法体系(如单词、短语和分句)以及语音系统(如音素和音节)。不同的交流系统使用不同类型的符号来编码信息,如使用图像、莫尔斯电码、鼓打等符号。听众也通过解码这一逆过程将说话者的语言符号解码成可以理解的意义。代码转换是交际行为的重要组成部分,这种编码过程既与词汇、句法和音位相关,也受制于语境。

代码总和 repertory; repertoire 亦称字母总和或代码符号总和。指一个文字系统中所有符号的总和,如拉丁字母表、罗马字母表、汉语拼音字母表等。

代名化 pronominalize 句法学术语,亦称代名语(pronominalization)。指用一个代词取代一个词汇名词短语的规则。在生成语法较近期的一些模型中,代词由基础生成。在管辖与约束理论中,代词(pronominal)是一类有特殊重要性的名词短语(其他两类是照应语和指称语)。代名语包括人称代词、小代语和大代语。一个代名性的 NP 在其管辖语类内必须自由。参见"**人称代词**"。

代纳语音合成器 dynavox 一种能够使丧失言语和学习能力的人快速而简便地与他人进行沟通的便携式工具。该处理机采用语音合成器,可以存储若干分钟的数字化讲话和声音,并提供基于 Windows 的 PC 编辑软件。其他增强功能包括单词预测、字母预测、缩写词扩展和自学新单词,简化了消息合成。按键可以自定义为特殊情况或者作为普通功能的快捷键。同时具有若干种预先设计好的页面设置,以减少为每一个场合都创建自定义页面的麻烦,其所配备的可编辑屏幕键盘更为交互式交流提供了可能性与便利性。

代数语言学 algebraic linguistics 亦称形式语言学(formal linguistics)。指运用数学集合论、数理逻辑、算法理论、格论、模糊数学等离散的、代数的方法研究语言现象的学科,代数语言学的研究目的在于建立语言的代数模型,对客观的语言现象进行抽象的代数描述和理论上的精确分析。

代语成分 pro-constituent 句法学术语。指用来替换句中其他词项的成分。在管辖与约束理论(Government and Binding Theory)中,大写的 PRO 是指某些不定式中由基础生成的主语。

带 r 音 rhotic 音系学术语。指英语音系学中用于某些方言或口音中元音后头的 /r/ 发音,如 car 和 cart 中的 r。没有这个特征的语言变体是不带 r 音(non-rhotic)的,如标准发音。

带语用功能习语 idiom with pragmatic function 认知语言学术语。指带有非常明显的语用功能(pragmatic function)或者一个特定态度的习语表达式。例如:问候语"你好"带有明显的语用功能,希望与身边的人维持和谐的人际关系。又如:"你怎么坐我的位子了?"有一个明显的特定态度,表达对对方的不满。带语用功能习语与无语用功能习语(idiom without pragmatic function)相对。

待选项 alternative 语言测试术语。指多项选择题题干所述问题的供选择项。多项选择测试题目中题干所述问题的可能答案有 4 到 5 个,一般只有一个是正确答案,另外几个是干扰性的错误答案。被测试者在回答多项选择测试题时,必须从待选项中选择答案,选中正确答案则得分。

单边辅音 unilateral consonant 参见"**边音**"。

单边音 unilateral 语音学、音系学术语。指的是边音(lateral)的一种,即气流只从舌的一侧逸出的边音。与双边音(bilateral)相对。

单纯存在句 bare existential sentence 指不带有任何修饰语的 There be (is/are) ... 句。此类句子泛指人或事物的存在,不指出具体时间,更不指出具体的行为动作。例如:[1] There's a tree in front of the house. [2] There have been some desks in this classroom.

单词句 holophrase 语言习得术语。指儿童在语言习得早期所发出的单独词,从功能的角度讲这些独词和成人所使用的对应语言形式并无关系,但从交际目的的角度看,好像等同于成人语言的整个短语或句子,故称为单词句。儿童早期发出的单独词有广泛的目标指向(goal-directed)交际意图。例如,美国儿童发展心理学家托马西鲁(Michael Tomasello)在研究他女儿早期的单词句报告中指出,他女儿用单词句"电话"(phone)履行四种交际功能:示意接电话、描写电话交谈活动、命名电话机和要求拿起电话机交谈。

单词识别 word recognition 亦称单词辨识。单词识别有"自下而上"和"自上而下"两种方法。"自下而上"方法指通过组成所给单词的音素或字母来识别单词,"自上而下"方法指通过相关语言的构词知识以及语言中已有词汇来识别所给单词。

单杠 single-bar 句法学术语。X 阶标理论中,中心语 X^0 向上投射,投射满足 $X^n \rightarrow X^{n+1}$ 的投射规则。即 X^0 投射到 X',X' 投射到 X''。中间投射 X' 称为单杠,X'' 称为双杠(double-bar)。后来 X'' 被 XP(即最大投射)取代,单杠即指中心语 X^0 到最大投射

XP间的中间投射。

单杠连音　single-bar juncture　语音学术语,亦称单线音渡或单杠音渡,用于标音。连音指说话时一个音向另一个音的过渡或过渡形式,而持续音可以用箭头"→"或单线"|"标出。

单基转换　single-base　参见"双基转换"。

单数　singular　语法学术语。属于数的语法范畴,指不超过一个的数。单数用来表示所指事物在数量上只有一个的名词、动词或代词。例如:The car was broken on the way to the airport.(车在去机场的路上坏了。) 句中的car为名词单数,was为动词be的第三人称单数is的过去式。

单数形位　singulative　语法学术语。指用来表示单个所指对象从群体中个体化的一个语法形式、修饰成分或者单词变体。例如,把flake加到snow后面构成snowflake,表示所指对象为单数个体。

单位　unit　❶在普通语言学中,指语言各个层次的结构成分。如语音层的基本单位是音位(phoneme)和音节(syllable);语法层的基本单位是语素(morpheme)、词(word)和句子(sentence);词汇层和语义层的基本单位是词素(lexeme)和义素(sememe);在字位学中是字素(grapheme)、词、句子和段落。这种分类是通过将整个语言系统分解成一些连续的、较小的部分而得到。❷系统功能语法术语。指含有一定的语法模式,并对其内容要进行语法选择的语言片段。例如,句子的单位由一个或多个分句单位构成,分句单位包含短语单位等。

单位词　partitive　语法学术语。指表示数量的词,与不可数名词连用。英语中有三种单位词:(1)度量衡单位词,如"a yard of cloth""an acre of land"和"two pints of milk"中的yard、acre和pint;(2)特有单位词,即与特定名词搭配的特定量词,如"a slice of bread"和"a lump of coal"中的slice和lump;(3)一般单位词,即不限于与特定名词搭配的单位词,如"a piece of paper/cake"和"a bit of cheese/cloth"中的piece和bit。

单位名词　unit noun　语法学术语。"单位词"的全称,相当于通常所说的量词,属名词范畴。语言学家王力在其《中国现代语法》中使用此术语,指表示人、物单位的名词。例如:英语中的piece、bit、a bar of、a pair of;汉语中的"一块糖""一线希望""一群人"等。参见"物质名词"。

单向共现　unidirectional co-occurrence　横组合结构中一单位单方面配合另一单位的共现。如副词与动词的配合共现、冠词与名词的配合共现等。例如,在"an apple"中,apple只允许an,不允许a与之共现。

单向性　unidirectionality　指一种有关语法化演进过程的假说,即语法化的演进过程是以"词汇成分＞语法成分"或"较少语法化＞较多语法化"这种特定方向进行的。语法化被认为是一个单向演进的过程。单向性不仅仅是简单地由词汇形式向语法形式转变或由较弱语法性向较强语法性转化,在从句的连接关系上,它体现为由松散连接向更紧凑的连接转化;在语篇关系上,它体现为由表现一般的逻辑关系向承担纯粹的语篇组织功能的转化。但是语言中也存在反对语法化单向性的例证,一般是指语言形式由语法成分向词汇成分转化,语法性渐弱的例子。因此,单向性假说尚存争议。

单一词化　univerbation　形态学术语。指两个或者两个以上单词组成的词组变成一个单词的现象。例如,英语中"full"一词变为"handful""mouthful"和"hopeful"等词中的黏着后缀"ful";或如短语"going to"和"want to"分别变为"gonna"和"wanna"。参见"拼缀词"。

单一转换　singulary transformation　句法学术语。指转换生成语法中处理单一句子变形的转换规则,如助动词转换、被动转换、否定转换、疑问转换等。与广义转换(generalized transformation)相对。

单义现象　monosemy　语义学术语,亦称单义性。指词或短语只有一种词汇意义的现象,如spaceship(宇宙飞船)、oxygen(氧)、table tennis(乒乓球)等。专业术语绝大部分是单义的。与多义性(polysemy)相对。

单音节　monosyllabic　语音学术语。指仅由一个音节构成的语词或话语的状况。单音节词是英语中至关重要的组成部分,是表义的关键性基础。

单音位词　monophonemic word　形态学术语。指仅由一个音位构成的语词。

单音位分类　monophonematic classification　语音学术语。指语音分析中把两个音归并于一个音位(phoneme)的做法。音位是语言中能区分单词语音形式的最小语音结构单位,抽象的音位以具体的音素与音素之间的关系作为基础。音素之间存在两种重要关系:一是"对立关系",另一是"互补关系"。几个音质不同的音素,如果处于互补关系,而且发音相似,就可以把它们视同一个音类成员,归并为一个音位。单音位分类不同于多音位分类(multiphonematic classification），后者指语音分析中，把两个连续的、发音不同的音分析成两个不同的音位。

单语素词 monomorphemic word　语法学术语，亦称单词素词。指仅含有一个词素的语词，与多词素词相对。例如：语词"dog"即是一个单语素词，它可以分割为更小的音段（sound segments），但不能被剖解为更小的表义单元。

单语现象 monolingualism；unilingualism；monoglottism　社会语言学术语。指使用单一语言或单一语言机制。单语现象有两种情况：（1）指语言使用者只知道和使用一门语言，对应于双语现象（bilingualism）或多语现象（multilingualism）；（2）指在一个社会里只使用一种语言，对应于多语制（multilingualism）。由于英语分布于欧洲、非洲以及南亚许多非英语国家并被广泛使用，所以很多在盎格鲁国家土生土长的人，比如在英国、澳大利亚、美国和新西兰的许多当地人，往往是使用单一语言的人（monoglots）。使用单一语言也指一个语篇、一部字典或一段会话只用一种语言撰写或进行，以及一个实体内部只使用一种语言或得到官方承认的那一种语言。与"双语现象"、"多语现象"相对。

单语者 monolingual　社会语言学术语。是指仅掌握一种语言的人，与双语者和多语者相对。参见"单语现象"。

单元音 monophthong　音系学术语，亦称简单元音（simple vowel）。指在一个音节的发音过程中不改变音质的单个元音，如英文单词 bed 中的元音 /e/。

单源说 monogenesis theory　与多源说（polygenesis）相对，指认为世界上所有的语言都源自同一种原始母语的一种语言起源假说理论。

当地化 nativization　参见"本土化"。

当时式 hodiernal　语法学术语。hodie 是拉丁语，意指"今天"。当时式是语法中的一种现在时态，指今天的事件（绝对时态体系）或正在考虑的某一天的事件（相对时态体系）。与之对立的是先时式（prehodiernal）。

导出分数 derived score　参见"推演分数"。

导词 call-word　语言教学术语，亦称线索词。指语言教学中教师所提供的一个词或句子，并以此作为刺激物（stimulus）以帮助学生进行重复、替换或转换操练（drill）。导词是语言联系中线索（clue）的一部分。学生通过导词来进行句子或短语操练。例如，在替换操练中教师给出句子"We bought a book."以及提示词 pencil。学生用 pencil 替换 book 并造句"We bought a pencil"。这里的 pencil 就是导词。

导向词 director　语法学术语。指某些语法分类模式中用来指离心结构（exocentric construction）中起导向作用的第一个单词，如短语或从句 see the man、in the corner 和 if he comes 中的第一个单词 see、in 和 if。

倒行干扰 retroactive inhibition　参见"逆向干扰"。

倒摄抑制 retroactive inhibition　参见"逆向干扰"。

倒数第二音节重读词 paroxytone　语音学术语。指单词重音（stress）或主重音（primary stress）落在倒数第二个音节上的词，如英语 philosophic /ˌfɪləˈsɒfɪk/。

倒数第二音节重读语 paroxytonic language　语言类型学术语。指大部分单词的重音落在倒数第二个音节上的语言，如波兰语。

倒数第三音节 antepenult；antepenultimate　语音学术语。在某些语言中，指在三个或三个以上音节的多音节词中，其倒数第三个音节通常是单词重音所处的位置，如 economy [ɪˈkɒnəmɪ]、popularity [ˌpɒpjʊˈlærɪtɪ] 等。英语、拉丁语和意大利语等均有此发音现象。

倒退连锁法 backchaining　语言教学术语，亦称反向造句法（backward build-up）。指教授口语语言技能、特别是多音节词和难词的一种语言教学技巧。教师引导学生练习构句前，先将一句话按照意义群分成几个部分，然后带着学生从最后一部分开始说，然后再说最后两部分，逐层倒退至句子开头，直到最后说出全句。例如：

Teacher：　　　　　　Students：
the girl.　　　　　　the girl.
loved the girl.　　　loved the girl.
The boy loved the girl.　The boy loved the girl.

这种教学技巧旨在帮助发音困难的学生发出难发的音节、单词和词组，同时也能够增添语言学习的趣味。

倒置 inversion　参见"倒装"。

倒置对立 inverse opposition　指存在于成对词语中的语义二项对立的一种类型，如 all/some，possible/necessary，allow/compel，be willing/insist 等。倒置对立的主要逻辑检验是同义规则。根据这条规则,可用一个倒置项代替另一个倒置项,且依照倒置项改变否定的位置则两者同义。以量词表示的倒置对立为最重要的一种倒置对立。例如:[1] Some countries have no coastline. [2] Not all countries have a coastline. 例[1]和例[2]是同义的,some … not 和 not all 同义,因此 some 与 all 的语义具有倒置对立关系。倒置对立的特点是在构成对立的词项相互替换时,必须同时改变否定词对于该词的位置,才能保持意义不变。例如:possible 与 necessary 具有倒置对立关系,因为 impossible = necessary not, possible not = unnecessary;allow 与 compel 具有倒置对立关系,因为 not allow = compel not, allow not = not compel。

倒置法¹ hyperbaton　修辞学术语。指为了加强和突出某语法成分而将语序颠倒换位的一种修辞方法。被倒置部分可能是词、短语或更大的句法单位。倒置法包括语序倒装法(anastrophe)、换言法(hypallage)、逆序法(hysteron proteron)等类型。具有高度屈折变化的语言(即其句子意义并不取决于语序的语言)更有可能使用倒置法。

倒置法² inversion method　参见"逆译法"。

倒置拼写 inverse spelling　指因过分纠正(over-correction)而产生的错误书写形式,为过分纠正现象之一。例如,把 maintenance 写成 maintainance。倒置拼写有时亦指单词中两个字母的位置前后颠倒,如把 relevance 写成 revelance。

倒装 inversion　语法学术语,亦称倒置。指两个词或短语顺序倒位的移动操作。例如:[1] He will come by at 8 o'clock. [2] Will he come by at 8 o'clock? 英语陈述句中助动词(auxiliary)一般置于主语名词之后,如例[1]中的 will 置于 He 之后,而在问句中则需把助动词移位至主语名词之前,如例[2]中的 will 置于 He 之前。此种移位操作就是主—动倒置或主—动倒装。倒装亦常见于修辞学中,称为"倒置法"。用颠倒词法成分和句法成分在话语中常见位置的办法能起到突出某一内容、加强语势、协调韵律等修辞效果。诗歌中为了强调宾语,也常常主语和动词倒装。例如:[3] Ten thousand saw I at a glance. [4] Strange fits if passion have I known. 很多类型的倒装也常见于非诗歌和文学语言中。否定副词、半否定词或某些副词成分位于句首时,句子要倒装。例如:[5] Scarcely had I left the room. [6] Here comes the milkman. 例[5]中的半否定词 scarcely 和例[6]中的副词 here 置于句首,句子都发生了倒装。

道义逻辑 deontic logic　亦称规范逻辑或义务逻辑。指研究"应当""可以""允许""禁止"等规范模态的逻辑,是现代模态逻辑的重要分支。它属于哲学逻辑范畴,是一种与伦理学或道德哲学有密切关系的模态逻辑。"道义",来源于希腊文"deontic",即"义务"或"应该"之意。波兰哲学家马舍舍夫斯基(Witold Marciszewski)在《现代逻辑词典》中将"道义逻辑"定义为"关于'某某是应当的''某某是允许的''某某是禁止的'等表达式出现于其中的语句公式系统"。美国哲学家卡斯坦涅达(Héctor-Neri Castañeda)认为道义逻辑作为一种研究学科是处理有关义务、禁止、权利、自由、制裁等日常推理结构的学问。道义逻辑能够用来解释和澄清关于此类推理的有效性标准和表现我们日常的道义思想和道义推理的逻辑结构。除了使用逻辑表达式,如逻辑功能词(logical particles)(和、或、其他)和形式逻辑(formal logic)的算子(operators)外,语义分析中还引入了表达"必要(obligation)""可以(permission)""不能(prohibition)"等算子来表达道义逻辑。

道义情态 deontic modality　语义学术语。形式逻辑中用来表示"义务和许诺"逻辑结构的术语。道义情态与逻辑上的义务和允许有关。例如:[1] 汽车必须准备好。例[1]含有情态动词"必须",是表示"义务"逻辑结构的句子。道义情态与真势情态(alethic modality)和认识情态(epistemic modality)相对立。真势情态关注命题必然的或可推导出的真值,认识情态则指说话者对所说内容的真实性所承担责任的程度。按照后两种情态理解,句子"汽车必须准备好"分别是例[2]和例[3]之意:[2] 汽车显然已准备好。[3] 汽车想必已准备好。

道义系统 deontic system　叙事学术语。捷克文学理论家多勒热尔(Lubomír Doležel)提出的分析叙事文本的四种形式系统之一,由允许、责任、禁止等概念组成。以道义系统为主的故事关注道德、法律等社会规范对人们行为过程的约束,涉及主题包括禁止、惩罚、奖赏、考验等。其他三种系统分别是真值系统(alethic system)、价值系统(axiological system)和认识系统(epistemic system)。

得体性 appropriateness　指某一语言使用与以该语言为母语者所期待或实践的相关语言学和社会语言学知识所匹配的程度。使用者进行语言表达时既要考虑所说的话是否符合语法,也要考虑所说的话是否符合话语场合。例如,缩写形式或俚语常用于非正式文体而非法律文件中。再如:[1] Give me a glass of water! [2] May I have a glass of water, please? 句[1]和句[2]都符合语法,话语的目的也相同,但语用、文体等意义不同。前一句不如后一句来得礼貌、客气,因此,前者适用于显示说话者权威的场合,而后者则更适用于有求于人的场合。传统的规定性语言教学法往往无视语境差异而僵化地教授语言,得体性原则的提出是对这一种简单教学操作的改进和提高,弥补了语言教学中追求单一正确性(correctness)的不足。

德尔塔 delta 指转换生成语法中表示生成深层结构过程中的假位成分,使用符号为 △。德尔塔符号(delta symbols)的作用是在起始短语标记(前词汇结构)中标明后来插入词项的位置,然后词汇插入规则用复杂符号来取代每一个"空位"德尔塔,每个复杂符号包括一系列将用来定义语法深层结构的句法特征。

等距量表 interval scale 语言测试术语。指项目按序数(ordinal number)排列且各项之间间距相等,是由测量产生的量化水平或类型之一。例如,在摄氏温度阶梯中,6 至 8 度的差值与 2 至 4 度的差值完全一样,这就属于等距量表。但在此情况下不能说 8 度比 4 度热两倍,因为这里的等距量表并无绝对零度。

等待时间 waiting time 语言教学术语。指教师课堂提问时用于等待学生做出回应的一段时间。等待时间长短的把握一定程度上会影响课堂提问效果。一般情况下,由于上课时间有限,当学生回应较慢时,教师可能会自己回答问题,或者叫另一个学生回答问题,这会影响到课堂提问的效果。如果能适当延长等待时间,在问题提出后留给学生足够的思考时间,并在学生回答问题后留出足够时间供其他同学提问,这样课堂提问效果就会更好一些。

等级 grade 语言测试术语,亦称等级分。指在测试中用数字或字母来表示整体效果的一种方式。

等级对词 gradable pair 参见"等级反义词"。

等级反义词 gradable antonym 语义学术语,亦称等级对词(gradable pair)。指具有程度差异特性的反义词。意义与另一个词相反的词称为反义词,意义相反的一对词构成反义词对。根据两者之间的关系,可分为互补反义词对(complementary pair)、等级反义词对(gradable pair)和关系反义词对(relational pair)三类。等级反义词具有程度差异性,如 hot 和 cold,具有三个明显特征:(1)等级反义词间往往可以插入中间词(intermediate terms);(2)对等级反义词中一个词的否定并不意味着对另一个词的肯定;(3)等级反义词中一个有标记(marked),而另一个无标记(unmarked)。疑问句中常用无标记的一个。例如:[1] How long is it? [2]* How short is it? 一般用例[1]提问,而不用例[2]提问,因为 long 无标记,而 short 有标记。如果使用例[2]提问,则表明提问者提问前就知道 it 是短的,short 具有标记意义。

等级反义词对 gradable pair 参见"等级反义词"。

等级互补词 gradable complementaries 语义学术语。指克鲁斯(David A. Cruse)所命名的一类既有阶差(scalar)又有级差(gradable)的互补反义词,如 safe 和 dangerous, sober 和 drunk, clean 和 dirty 等。等级互补词把概念域分成两个互相排斥的子域,词项之间在某一个意义域上互补。

等级量表 rating scale 语言测试术语,亦称顺序量表。指测量某人语言使用中某一方面能力的技术,通过使用从最好到最差的许多等级来进行测试判断。在等级量表中,一个变量的不同值有次序关系(大于或小于)。一般要求评定者按照量表赋予各项目一个值,并以排序形式呈现。所得数据是等级变量,数字大小只表示顺序,不能进行加减乘除等运算。这种量表多用于问卷类调查研究,用来评定自己或他人的心理特性(如性格、焦虑、动机、态度)、语言水平等。例如,在评定个人态度时,要求评定者按照从"最喜欢"到"最不喜欢"的五级量表(李克特量表 Likert Scale)进行评定。再如,衡量说话者外语流利度时,可以用以下三部分量表的方式加以衡量:

自然运用程度 不自然 1 2 3 4 5 自然
表达方式 外国腔 1 2 3 4 5 地道的本族语腔
表达的清晰度 不清晰 1 2 3 4 5 清晰

评定者针对每一项技能,按照量表上的 1 至 5 等级给说话者评分,并最终根据三项得分整体来评定说话者的语言流利度。

等级数量含义 scalar quantity implicature 在一个语言等级中,语言使用者选择弱项就意味着对强项的否定,而对强项的否定意义构成了选择弱项的含义。例如,给出任何一个语言等级:⟨e_1, e_2, e_3 … e_n⟩,如果说话人陈述 A(e_2),就意味着对 A(e_1) 的否定,如果陈述 A(e_3),就意味着对 A(e_2) 和 A(e_1) 的否定,依此类推,如果陈述 A(e_n),便否定了 A(e_{n-1}) 和 A(e_{n-2}),一直到对 A(e_1) 的否定。因此,在 ⟨所有,一些⟩ 中,如果说"一些男孩儿去了派对"就意味着对"所有男孩儿去了派对"的否定。

等级相关 rank correlation 指两个变项按照等级(ranks)或顺序量表(ordinal scale)来衡量变项间相关系数的方法。在统计中,有许多现象或变项(如观点、态度、性格、文化程度等)并不全用数量表示,而仅用等级表示。因此,计算两种变项相关系数时,使用该方法仅仅考虑各变项在数列中所处的位置,而不考虑其绝对值。等级相关法常用Spearman和Kendall使用的两种方法进行,主要包括排序(将X、Y分别按数量从小到大编序),并计算每对观察值秩次的差值d及d^2、$\sum d^2$,再求等级相关系数(记为r_s)等步骤。英国统计学家斯皮尔曼(Charles E. Spearman)提出的计算公式为:

$$r_s = 1 - \frac{6\sum_{i=1}^{n}d^2}{n(n^2-1)}$$

一般说来,下列情况宜用等级相关:(1)变量不能准确测量,只能按大小、程度优劣或综合判断给出顺序号;(2)虽可测量,但总体数据的分布未知或已知不是正态双变量,不能作积差相关分析;(3)只需对两事物数量之间的关系作初步分析等。在话语分析中,如根据两段文本中单词出现频率等级确定相关程度,和二语习得的个体差异研究中,如学习态度与学业成就关系、性别与学习策略关系、学习策略与学习风格关系等,常运用等级相关法进行分析。

等级形容词 gradable adjective 参见"等级性"。

等级性 gradability 语义学术语。指物体、人、概念等所具有的不同等级或程度的性质。在英语中,这种性质通常用等级形容词(gradable adjectives)(亦称程度形容词)表示,即能够对人或物进行分程度描写的形容词,如hot(热)、cold(冷)、rich(富)、poor(穷)、tall(高)、short(矮)、deep(深)、shallow(浅)等。等级性形容词虽然没有明显的比较形式,但是通常具有比较含义。例如:It's hot in here.(这里面真热。) 上例包含有和外面相比或者和说话人所处的室温相比的含义。等级形容词的否定形式并不一定等于其反义词,如not hot(不热)并不意味着cold(冷),not tall(不高)并不意味着short(矮)等。

等级修饰语 degree modifier 语法学术语,亦称强势词,强调成分。指表征应用的程度性语词。英语中的等级修饰语包括very、rather、quite、somewhat、pretty以及too等。其位置一般是置于形容词和副词之前。等级修饰语通常是修饰级阶性语词的副词,回答的问题包括"如何?""多远?"或"多少?"等。

等价作用原则 principle of equivalent effect 翻译学术语,亦称等价反映原则(principle of equivalent response)。翻译学领域的一个概念,指在翻译时译者要充分运用语言、文化和世界知识,使目标语所传递的信息对译文读者产生的作用尽可能等价于原文对其读者所产生的作用。

等同动词 equi verb 参见"控制动词"。

等同结构 isochrony; isochronism 一种修辞格。指一个句子中的短语或从句具有相同的长度、类似的句法及节奏等。该结构尤为常见于绮丽体(euphuism)及受拉丁语修辞学影响的作家的散文作品中。例如,18世纪英国著名作家塞缪尔·约翰逊(Samuel Johnson)在《致切斯特菲尔德伯爵书》(*To the Right Honourable the Earl of Chesterfield*)一文中就运用了等同结构 had it been …, till I am … 等: The notice which you have been pleased to take of my labours, had it been early, had been kind; but it has been delayed till I am indifferent, and cannot enjoy it; till I am solitary, and cannot impart it; till I am known, and do not want it.

等同名词短语删除 equi-NP deletion 句法学术语。早期生成语法理论中将两个相同的NP删去一个的转换规则。例如:[1] John wants [John to win] [2] John wants [to win] [3] John wants [PRO to win] 表层结构为"John wants to win"的句子是由深层结构[1]删除第二个John而得到。之所以在深层结构中会出现两个John,是因为考虑到动词win和want的主语都是John。这种等同名词短语删除在后来的管辖与约束理论中被PRO所取代,如[3]所示,详见"**控制理论**"。

等音节词 parisyllabic word 语音学术语。单数和复数的所有变化形式中音节数都相等的词,如bee-bees。有些词的单数形式和复数形式的音节数不一样,如boss—bosses。这类词被称为"不等音节词(imparisyllabic word)"。

等音节现象 isosyllabism 语音学术语,指音流中每个音节所用时间大致相等的现象。换言之,指若干句子、短语或词形内各含同等数量的音节,或同一时段的话语所含的音节数量相等。前者常见于对仗的韵文,尤其是变格时的各个词形至少有几个基本形式的音节数相等;后者同语速有关,多见于音节时制语言,如法语就具有这种音节—时域节奏(syllable-timed rhythm)。

等音长 isochronisms 语音学、音系学术语。指重读音节(或成)节拍之间的时间距基本等同的节奏特征,即话语音流中重音以间隔大致相等的时间出现,而不计重音之间有多少非重读音节的现象。该名源于希腊语isokhronos,20世纪50年代后应用于语音学和格律学。例如:[1] The (Kensinton)(Kenton)(Kent) road was deserted. [2] The 'consequenses of his 'action are 'several. 例[1]中,虽然每个专有名词都含有不同数量的音节数目,但阅读所占时间长度大体一致。根据听者知觉得出的等音长是"主观的",用仪器测得时间间隔相同的等音长是"客观的"。根据该术语可以推断:两个重读音节之间的若干非重读音节都用同样长的时间读出。如果非重读音节多,发音速度就要快一些。例[2]中 'con-之后五个音节的发音速度要比 'ac-之后两个音节的发音速度快。一般认为等音长是英语的一个显著特点,因此英语是重音合拍语言(与"音节合拍"相对立)。有的语音学家将英语及其他语言的这种节奏单位(即重读音节之间的距离)称作音步。由于言语中存在多种语速变化,该原则的适用度遭到一定质疑。

等语线 isoglottic line; isogloss 社会语言学术语,亦称同言线或等言线。指在语言地图上划定的标记语言在发音、语法、或词汇方面特点相同的标记线。等语线用来标记某一语言特征使用范围的边界。一组(或"一束")同言线如重叠在一起就表明存在一种方言的边界。同言线可以分为:同音线(isophone)(划定某一音系特征使用范围的线)、同形线(isomorph)(划定某一形态特征使用范围的线)、同词线(isolex)(划定某一词项使用范围的线)、同义线(isoseme)(划定某一语义特征使用范围的线,如同一音韵形式的词项在不同地区表示不同的意义)、同文线(isopleth)(有些社会语言学家用来指参照社会特征划定某一语言特征使用范围的线)、同言线(isolect)(为某些社会语言学家用来指一种语言变体或方言与另一种变体只有最小程度的差异,即一条同言线,不管是地域的还是社会性质的,就可以将两者分开来)。参见"同……"。

低等语体 low variety; L-variety 社会语言学术语,亦称低层次语体。指同一语言集团中,在两种功能或用途不同的语言变体并存的情况下,用于家庭范围内或朋友之间的一种非标准语言变体。而用于政府部门、传媒界、教育界、宗教仪式和书面语中的一种标准变体,则被称为高等语体(high variety; H-variety)。

低势语 basilect 社会语言学术语,亦称下层方言。指语言的下层社会变体,是一个言语社团中社会中下层人所使用的语言。这种语言的特点是不地道、不准确,缺乏文化因素,甚至显得粗俗,与上层社会使用的标准语或高势语相差甚远。另外,也指一些地域(如牙买加、圭亚那等国)的克里奥耳语(Creole)。

低位性 low 语音学、音系学术语,亦称低位。❶从发音角度定义,低位指发音时舌体处于低于中性的位置,如发/a/音的时候舌体就处于典型的低位。❷区别性特征理论中重要的区别性特征之一,定义为"发音时舌体低于中性位置的",用符号表示为[±低位]。例如,元音/a/是[+低位],元音/i/是[−低位]。

低语声 murmuring 语音学术语。指声门在发出耳语的同时发出噪音的发音类型。发音时声门前部韧带振动产生噪音,同时声门后部的杓状软骨打开发出低语声。低语声在有些语言中是一种区别性特征。例如北部印度语言。在国际音标表中,低语声用音标符号下的两点表示。例如[ḅ]。参见"呼气音"。

低元音 low vowel 语音学术语。指一种元音(vowel)。发这种音时,舌头在口腔中的位置较低,亦称为开元音(open vowel)。

笛卡儿问题 Descartes's problem 句法学术语。乔姆斯基于20世纪80年代中后期在探索语言本质的时候,提出了三个著名的问题:(1)语言知识包括哪些内容?(2)语言知识是怎样获得的?(3)语言知识是如何运用的?乔姆斯基将第一个问题称为柏拉图问题(Plato's problem);第二个问题称为洪堡特问题(Humboldt's problem);第三个问题称为笛卡儿问题(Descartes's problem)。

笛卡儿语言学 Cartesian linguistics 指以笛卡儿(René Descartes)、赫尔德(Johann Herder)、洪堡特(Wilhelm von Humboldt)等人以及,波尔-罗瓦雅尔(Port Royal)学派的研究方法为依据的理性主义语言学。其主要观点认为语言是建立在人类共同思想结构之上的,在认知能力之前人脑中已存在先天知识(innate ideas)。笛卡儿语言学的说法最早由语言学家乔姆斯基提出,与经验主义语言观相对应。

底层 underlying 句法学术语。在音系学中指的是单词或语素在受到音系规则作用之前的音系表征属性。底层形式是一种抽象的、音系推导之前的基本形式。与此对应的概念是表层的(surface)。

底层表征 underlying representation 句法学术语。在句法部分指深层结构上的各种形式的表达;在语音部分有时指音系表达或词汇表达。有时与"深层结构"同义。

底层短语标记 underlying phrase-marker 句法学术语。指深层结构(deep structure)的短语标记。是转换成表层结构(surface structure)短语标记的基础。早期转换生成语法把由短语结构规则产生的句子结构描写称为基础短语标记,而卡茨(Jerrod Katz)和波斯托尔(Paul Postal)称其为底层短语标记。

底层结构　underlying structure　句法学术语。语言中表示口头或书面句子基本形式的一层句子结构。是转换生成语法的重要概念，与表层结构相对，亦称"深层结构（deep structure）"。指短语或句子成分之间的内在语法关系，但这种语法关系不能直接从它们的线性序列上显示出来。早期的转换生成语法模式中，每个句子都被认为有两层结构：底层结构和表层结构。表层结构是指一个人所说、所闻、所见或写下的句子的句法结构。例如：[1] The vase was not broken by Tom. [2]（Negative）Tom（Past tense）break the vase（Passive）。被动句[1]是一个表层结构，而底层结构要抽象得多，被认为隐藏在说话者、作者、听者或读者的意识里，可以表述为[2]，括号中的内容不是词项而是语法概念，构成句子最后的形式。描述底层结构的规则是语法的第一部分，即基础部分（base component）。将这些结构转换成表层结构的规则（transformational rules）是语法的第二部分，即转换部分（transformational component）。在转换生成语法中，底层结构由基础部分输出，成为转换部分的输入，经过转换规则得到表层结构。

地道材料　authentic materials　参见"真实材料"。

地点副词　adverb of place　语法学术语。修饰性副词（adjunctive adverb）中的一个子类，属于句子基本结构的一个部分。表示被修饰成分所述事件发生的地点或被修饰成分所指代的实体的位置与其他实体间的位置关系，如 here、there、inside、outside、down、up 等。

地点指示语　place deixis　语用学术语，亦作空间指示语（space deixis）。它们表明言语事件中涉及地点相对于指示中枢的空间方位，涉及地点可以是说话人和听话人双方所处的位置，也可以是话语中所涉及的人或物的方位。英语中常用的地点指示语包括指示副词 here（近指标记）和 there（远指标记）以及指示代词 this（近指标记）和 that（远指标记）。一些介词短语也可以用作地点指示语，如 across the street。另外，地点指示语也可表示象征用法，即指包括说话人在说话时所处位置在内的一个为听话人熟悉或能想象出来的较笼统的空间单位。地点指示语 there 还有"前照应"的用法（anaphoric usage），用来指讲话中曾经到过的某个地方。例如：[1] *That*'s a fantastic view! [2] What's the weather like over *there*?

地方词汇　idiotism　在方言学（dialectology）中指受地区限制的方言词汇。地方词汇是一种方言地理范围的词汇标志，如 hulp（helped）是北美阿巴拉契亚英语（Appalachian English）的词汇标志。

地理方言　geographical dialect　指语言因地域差异而形成的变体，是语言的不同地域分支，也是语言在地域上发展不平衡的反映。地理方言在语音、词汇、语法等方面与这种语言的标准语有所不同。方言与语言的关系是个别与一般的关系，同属一种语言的不同方言有共同的历史来源和类似的基本词汇和语法结构，但语音方面的差异往往较大。地理方言产生差异的主要原因是过去交通不便、武装侵略或和平迁徙等，语言也因此随着使用者的分离而逐步走上分化道路。地理方言可分为地区方言和地点方言。地区方言指分布于一个较大地区的方言，如中国的吴语、湘语、闽语等；而地点方言指使用于某一地点的方言，在我国一般以市县或相当于县一级大小的地方为标准，如北京话、上海话、广州话、昌黎话等。

地理分类　geographical classification　指根据语言的地理位置进行语言分类，如对巴尔干半岛各国的语言进行分类，对加勒比海地区各国的语言进行分类以及对南亚次大陆各国的语言进行分类等。

地理语言学　geographical linguistics　语言学的一个分支，指从地理学角度出发并以绘制地图方式来研究语言地理分布和差异的学科。地理语言学把语言集团的地理位置和历史发展联系起来加以研究，讨论一个区域中某语言在语音、语法、词汇等类型上的相似性，然后再研究它们的类别从而发现其语言变迁痕迹。地理语言学的产生源于欧洲青年语法学派的德国语言学家温克尔（Georg Wenker）。他于1876年证明了音位法则的规律性，并尝试利用这一规律性和其他方法来厘清德国语言的方言分界线。自1897年起，法国语言学家吉叶龙（Jules Gilliéron）在他人帮助下历时四年半完成了著名的《法国语言图册》（*Atlas linguistique de La France*）。他在图册中描写了语言的各种生态，提出了词的分布与传播、民间语源等理论，创立了地理语言学。地理语言学的研究采用调查不同语言点（或方言点）的方法，然后标出同语点，再采用地理学上划等高线的方法划出同语线，绘制成图，从而标示出一种语言在整个地区的差异。德国、法国、意大利、罗马尼亚、丹麦、比利时等国都有了自己的语言地图。李荣、熊正辉、张振兴担任主编的《中国语言地图集》于1987年和1990年分两次正式出版。该书由中国社会科学院和澳大利亚人文科学院合作编纂，由香港朗文（远东）有限公司出版。地理语言学目前的主要任务是提出一个全面的语言演变模式来解释语言间的界线、分布以及语言（或方言）的演变趋势等。

地名学　toponymy; toponomastics　指研究地名的由来、词语的构成、演变、分布规律、功能以及地名与自然和社会环境之间关系的一门学科。地名的研究源远流长。早在东汉初年班固撰写的《汉书·地理志》中，就记有4000多个地名和对部分地名的命名缘由和名称演变。但"地名学"正式作为术语，出现于19世纪后期西方语言学和测绘学的发展过程中。现在的地名学已发展成一门综合性独立学科，包括综合研究地名基本原理的普通地名学；研究反映一定区域内地名系统历史地理特征的区域地名学；研究单个地名的地名地志学；和研究地名读音、书写和译名标准化等问题的实用地名学等子学科。

地区变体　regional variation　参见"地域变体"。

地位　status　社会语言学术语。指各种言语变体在一种言语社团里的不同地位，如地位高、低或平等。例如，限于商场和非正式场合使用的言语变体，一般地位低，而用于政府部门、教育机构、行政单位等方面的语言变体，一般地位高。在进行口头或书面交际时，个人地位也很重要，因为这会影响他们交际或写作时所选用的语体，如使用的称呼形式、礼貌套语等。

地位规划　status planning　语言地位规划是指语言规划时，为语言文字确定应有的、合适的地位，即决定某种语言或文字在社会交际中的重要性。这种规划通常要借助于政治、立法、行政力量来进行，其主要内容有：配合政府制定语言政策；选择、确定标准语、共同语或者官方方言；创造、改革文字；协调语言关系等。

地域变体　regional variation　社会语言学术语，亦称地区变体或区域性变异。指言语习得者由于来自某一特定区域而呈现出的言语变体。地域变体具体表现在发音、词汇或句法方面的差异上。例如，英格兰西南部和美国中西部的许多人在说part、four、her等词时带有卷舌音/r/音，但一些诸如伦敦、新英格兰等地方的人发此类词时却不带/r/音。

地域层面　diatopic　社会语言学术语。指语言变体研究中的一个层面。社会语言学共时研究中的语言变体主要有社会方言、地域方言、风格变体等三个方面。科谢留（Eugenio Coșeriu）将三者合为一个立体结构，叫做"立体系统"（diasystem），其中处于地域层面的是地域方言。语言变体有一定的地理分布，同一个地区的人常常表现出相似的方言差异。

地域的　areal　方言学术语。指根据语言特点划分的地理区域。语言的地域差异与语言使用的非地域差异相互对立，后者如男性和女性言语的差异、某些社会语言变体之间的差异等。

地域方言　regional dialect　社会语言学术语。一个国家某个区域内的语言社团所使用的方言，在语音、词汇、语法等方面与同一语言的其他形式有所不同。地域方言的形成和消失受经济、文化、教育、人口迁移等因素的影响。在伦敦和纽约等大城市中，可以分出东伦敦（East London）区、布鲁克林（Brooklyn）区等地域方言区。

地域分类法　areal classification　亦称区域分类法。指根据地理分布对语言进行分类的方法。分类的主要标准包括：(1)同一地理区域中各语言有多少共享特征；(2)特征聚集的主要方式，比如主要聚集在同一地域的边缘地区；(3)不同地域特征的权重或复杂程度，即越难习得的特征权重越大。例如确立巴尔干语言区的主要显性特征包括：(1)存在中元音/ʌ/或央元音/ə/（希腊语和马其顿语除外）；(2)冠词后置（希腊语除外）；(3)存在屈折完成时（要使用一个和英语中"have"功能相同的助动词）；(4)不存在动词不定式等。

地域口音　regional accent　社会语言学术语。指与地域因素相关的口音，既包括一个国家任一地区（乡村或城市）居民的口音（如英格兰西南部诸郡口音和伦敦口音），也包括操同一语言的不同民族群体的口音（如澳大利亚口音和美国口音），还包括人们对其他语言的刻板印象（stereotyping）（如印度口音、斯拉夫口音和阿拉伯口音）。

地域语言学　areal linguistics　参见"区域语言学"。

地缘语言学　geolinguistics　社会语言学的一个分支，研究世界上语言和方言的地理分布。研究内容主要包括方言地理学、城市方言学、人类地理学等。

帝王复数　plural of majesty　社会语言学术语。指皇室成员惯用复数自称的用语方式，即国王、皇后等自称时常用复数代词来指称自己，如用we而不用I来自称。在有些语言（如德语）中，别人在称呼帝王等时也用复数形式，如Eure Majestat（Your Majesty）。

递归　recursion　指语言中某种重新应用于自身输出的过程。该现象在音系学或句法学中比较常见。粒子音位学中存在粒子联系，它逐次生成元音I[i]，AI[e]），AAI[ɛ]，AAAI[æ]等。句子中也存在一个句法成分支配同一句法语类另一成分的现象。例如：[1] Kevin said that he would come. [2] the story of his life 例[1]句子中包含另一句子,例[2]名词短语中包含另一名词短语。

递归规则 recursive rule ❶句法学术语。自然语言语法具有递归性,即构建语法的规则通过反复使用可以得到无限长度的语法产物(即短语和句子)。嵌套规则反复使用,可以产生无限层的嵌套从句。例如:John believes [CP that Tom thinks [CP that Jane argues [CP that ... [CP that Bill loves Kate]...]]]. ❷语法学术语。指语法中的一种循环规则,此种规则可以不受任何明确限制而反复应用。使用递归规则可以不断地添加关系分句产生新的长句。例如:The man saw the dog which bit the girl who was stroking the cat which had caught the mouse which had eaten the cheese which ....

递归性 recursiveness 句法学术语。❶指语法利用数量有限的成分和规则生成数量无限句子的语言性质。乔姆斯基在《句法结构》(Syntactic Structures,1957)一书中首次提出这一语言性质,后又在标准理论和修正的标准理论中对此进一步加以阐释,把短语结构规则视为生成递归结构的根本。例如:[1] Tom [and Mary] [and John] [and Frank] ... went to see a film. [2] The man in a coat on a bus with his son ... 根据NP可无穷尽并列原则(NP1+and +NP2+and+ NP3 ...),可产生句[1];而根据一个名词短语中名词后的介词短语数量不受限制的原则,则可产生句[2]的表达形式。❷用来定义一种扩展了的转移网络语法——递归转移网络(recursive transition networks;RTNs)。当代许多语言学家认为,语言使用事实上具有重复使用语言的固定表达和搭配的特点。

第二人称 second person ❶语法学术语。语法学中语法人称(grammatical person)的一种,指对听话人或包括听话人在内的称呼,如英语中的"you"和汉语中的"你"和"你们"等。❷叙事学术语。在叙事过程中,把读者或作品中的人物作为叙述对象进行交待的一种叙述方式,即作者称作品中的人物为"你"或"你们"的人称。

第二语言 second language;L2 语言习得、语言教学术语。广义上讲,指一个人所学的除母语之外的其他语言。狭义上讲,与外语相对,指在某一个国家或地区虽不是许多人使用的第一语言但也发挥着重要作用的语言,如移入美国的移民所学的英语就是第二语言。

第二语言习得 second language acquisition;SLA 指人们习得一门第二语言或者外语的过程。对第二语言习得的研究有利于第二语言教学。在美国,第二语言习得研究重点包括第二语言学习者的语音、句法、口语、书面语及其他语言发展方面的问题。二语习得研究起源于20世纪60年代末、70年代初,以科德(Stephen Pit Corder)在1967年发表的经典论文《学习者错误的重要性》(The Significance of Learner's Error)和赛林格(Larry Selinker)在1972年提出的"中介语"为开端。几十年来,第二语言习得的研究领域不断地拓展和深化。目前,二语习得已经发展成为一门有明确研究对象、存在诸多学科交叉及一整套独立于普通语言学、一般语言习得理论的完整知识体系和研究方法的独立学科。第二语言习得研究吸收和借鉴了语言学、心理语言学、社会语言学、心理学、教育学等学科的理论、方法和研究手段,并与哲学、社会学等社会科学,以及神经系统科学、神经生物学等自然科学有诸多交叉之处。第二语言习得研究目前已发展出诸如普遍语法理论、监察理论、文化适应模式、适应理论、功能理论等众多理论体系。研究者从心理学、社会学、语言学等角度研究二语习得的认知过程、心理过程以及语言过程,具体研究学习者在掌握母语之后是如何学习另一套新的语言体系的,为什么绝大多数第二语言学习者的学习水平达不到母语的水平,母语对第二语言的影响,语言学习者如何使用第二语言等等。第二语言习得还研究如何运用相关的研究成果来改进第二语言或外语教学。第二语言习得研究以描写和解释为其两个基本目标,描写指的是对第二语言学习者的整体语言能力和各项具体语言机能的习得和发展过程的描写;解释指的是对第二语言学习者为什么能够习得第二语言以及外在因素和内在因素对第二语言习得的影响和作用的解释。

第二语言习得课堂研究 classroom studies in SLA 第二语言习得课堂的研究可以从不同角度展开:(1)研究课堂上教师与学生之间或学生与学生之间的互动及其对学生语言学习的作用;(2)研究教师指导对学生语言学习的作用,并与学生的非指导(non-instructed)学习相比较;(3)研究不同教学法对语言学习的不同效果。第二语言习得课堂研究的对象常被置于以下环境中进行分析和比较——自然习得环境(naturalistic acquisition environment)、传统指导环境(acquisition in a traditional instructional environment)和交际指导环境(acquisition in a communicative instructional environment)。近年来,对第二语言习得课堂的研究发现:(1)与纯自然的环境相比,有指导的环境更有益于语言习得;(2)对语言输入主要来自课堂的学习者来说,在理解的基础上习得二语可以较快地习得听说技能;(3)一个既包含"交际活动"(communicative activities)又"注重二语本质"(focusing on the linguistic properties of the

L2)的课堂为最佳二语习得环境。

第三反应　tertiary response　布龙菲尔德(Leonard Bloomfield)引入语言学的术语。指人们对关于语言的评价(第二反应)的评价。例如，有人说"那种方言真难听/纯朴"，这属于第二反应；如果对此加以批驳，那么对批驳依据的解释，也包括一般的情感反应，就是第三反应。

第三人称　third person　语法学术语。属于人称范畴，指除了讲话人和听话人以外的人。例如，英语中表示第三人称的人称代词为 he、she、it 和 they。

第三人称代词多余使用　illeism　指在语句中使用多余的 he，特别是在提及某人本人时。此术语来自拉丁语 ille(他，相当于 he)或 that one(那个人)。这种用法有时作为一种修辞手法应用在文学作品中，在现实生活的使用中，这种用法常用来表现不同的修辞意图和无意识的情况。

第四人称　fourth person　亦称另指人称。指某个特定句中所指之外的不同于第三人称的其他所指。例如，一个说话者正在谈论 Bill，因此已经用到的"he"(Bill)这个形式就是近指人称(proximative)。如果再用这个形式指称其他人，就是第四人称。例如，长篇小说《黑白地铁》使用了第四人称的写法。小说中的男主角有时候人称是我，有时候人称是陈小调，实际上指的是同一个人。

第一不定式　first infinitive　语法学术语，亦作不带小品词 to 的不定式。指不带标记 to 的不定式(bare infinitive)。例如：Who let her stay here? 例中做宾语补足语的不定式 stay 不带小品词 to，因此称作第一不定式。

第一次语音演变　first sound shift　历史语言学术语，亦称日耳曼语音变化(Germanic sound shift)。指发生在印欧语系内原始日耳曼语中一系列有规律的辅音变化。这些辅音变化把日耳曼语和印欧语系中的其他语种区别开来。日耳曼语音变化较为复杂，只有通过实例对日耳曼语和其他印欧语言进行详细对比才能对此加以说明。不过，最明显的变化是那些影响塞辅音的变化。通过英语(日耳曼语)和拉丁语(印欧语系中的非日耳曼语)的对比，可以看出一些变化结果：

[p]>[f]　　　　　pater　　　　father
[t]>[ø]　　　　　tenuis　　　　thin
[k]>[x]>[h]　　　cord　　　　　heart

区分高地德语和低地德语的辅音变化则称第二次语音演变。第一次语音演变和第二次语音演变被称作"格林定律"(Grimm's Law)。

第一分节　first articulation　语音学术语，亦称第一次切分。依据法国语音学家马蒂内(André Martinet)的理论，语言结构包含两个层次：(1)第一分节(the first articulation)，即把语言分析为意义单位，如把语流分成一个个词或语素这样的单位；(2)第二分节(the second articulation)，即可把语言分为无意义的声音单位(即音位)，如 cat 可以分成/k/、/æ/和/t/三个音位。

第一级语言　first-order language　亦称对象语言(object language)。指通过另一种语言作为工具或媒介来进行学习、研究或分析的语言。如以本族语作为中介来学习外语。第一级语言的词项代表事物，与元语言(metalanguage)相对立。

第一人称　first person　叙事学术语。叙述人称的方式之一。在记叙、抒情一类文章中，叙述人以作品中人物的身份出现，以"我"第一人称自称。文中的"我"可以是作者本人或作品中的虚构人物，也可以是主要人物或次要人物。"我"必须和作品中其他人物发生种种关系，并对人物和事件等起到说明和见证作用。这种叙述方式常给人以亲切真实之感，但笔触所至，只能限制在"我"所经历或耳闻目见的范围之内。

第一人称命令式　adhortative　语法学术语。句子语气(mood)的一种。大多数印欧语系语言没有专门的第一人称命令式句型，而使用复数第一人称的语气形式表达第一人称命令式，如英语中使用"Let's ＋ 动词原形"表示第一人称命令式。

第一语言　first language; L1　语言习得术语。一般指一个人在幼儿时期通过模仿双亲或周围成人说话而掌握的语言。但在多种语言社团内，儿童可能逐渐从主要使用一种语言转向主要使用另一种语言，这时第一语言可能指儿童运用的最得心应手的那种语言。第一语言可能是母语，也可能不是母语。就多数人而言，母语是他们的第一语言。但由于种种原因，有些人习得的第一语言并非母语，如对于那些移居国外的华侨来说，其子女出生后首先接触并获得的语言可能不是母语汉语，而是英语，那么对于他们来说，第一语言是英语而不是汉语。因此，第一语言是语言学的概念，而母语则更多地牵涉到民族学问题。

第一语言模式　First Linguistic Model　指乔姆斯基根据结构主义直接成分分析法不能解释歧义句的事实所提出的第一个关于总体理论假设的生成语法模式，即其于 1957 年在《句法结构》中提出的语法规则系统，由改写规则(即短语结构规则)、转换规则和形态音位规则等组成。此模式为语言的结构描写和分析开创了一条形式化的途径,但由于对语义考虑不够,在生成合格句子的同时,也产生了诸如"plays like John"之类语义上不能接受的句子。

第一语言习得　first language acquisition
语言习得术语。指人们对母语的习得。第一语言习得主要是语言学家、心理学家和发展心理学家的研究领域,主要解释儿童如何学习和理解语言,涉及对儿童在与他们的父母和其他照看者的社会交往中所接触语言的输入影响研究以及对人类所特有的语法自然性的研究。不过,普遍语法、语言先天论、认知心理学等倡导者以及用语言社会化观点看待语言习得的学者则强烈反对这些因素的相对重要性。乔姆斯基认为,儿童生来就具有语言习得能力,其语言规则在无意识中习得和发展。因此,儿童习得母语时不一定需要教他们语言或纠正其语言错误;反之,让他们通过接触语言而习得语言。有些语言学者认为,在母语习得中,儿童表现出使用语言习得的普遍规则和原理,这些规则和原理与他们所学的具体语言无关。母语习得者在语言发展中经历了相似的阶段。第一语言习得的研究范围包括语言发展与认知发展关系、儿童如何区别和发展词义、第一语言音位发展、相互交流对语言发展的影响等。

颠倒极性　reversed polarity　句法学术语。指附加疑问句所表现出的极性颠倒性质。例如:[1] Tom has finished his homework, hasn't he?(肯定+否定)　[2] Tom hasn't finished his homework, has he?(否定+肯定)　当陈述部分是肯定式时,附加疑问句为否定式;当陈述部分是否定式时,附加疑问句为肯定式。

颠倒失误　reversal error; reversal miscue
病理语言学术语,亦称颠倒性误差、颠倒错误、颠倒口误、首音误置或首内互换。这是一种常见的言语失误,即言语中由于把语音、音节或单词位置弄颠倒而出现的错误。例如:[1] Let's buy rabbits and chickens.　[2] Let's buy chabbits and rickens.　[3] Let's have fish and chips.　[4] Let's have chish and fips. 把句[1]说成句[2]或把句[3]说成句[4]就是颠倒失误现象。传统上,这类口误亦称作换位现象或斯本内现象(spoonerism)。

颠倒式误读　reversal miscue　参见"误读分析"。

典礼演说　epideictic rhetoric　参见"劝服修辞"。

典型概念　stereotype　亦称常规特征。❶社会语言学术语。指某一特定社会群体的语言特征的普遍概念。譬如,当出现A时必然会联想到B,这就认为A是B的常规特征。典型概念通常极具夸张性,只表现了某一群体言语模式的某些特征。例如,把wine发音发成/wɒɪn/, today说成/təˈdaɪ/,就认为是澳大利亚英语。❷语义学术语。用来描写与有关自然类别典型例子特性的一组典型特征,如汽车的一个常规特征是有四个轮子。这些特征在经验上可以是正确的,也可以是不正确的。例如,"金子"具有"黄色的"的典型概念,但作为化学合金,实际上是白色的。

典型特征　characteristic feature　❶语音学术语。语音学中指对语音声学特征(acoustic feature)的分析,包括基频(F_0)、振幅(amplitude)等;❷音系学术语。指各音位的区别性特征。

典型效应　typicality effect　认知语言学术语。指一个特定的例示(instance)或原型(exemplar)被判断能够在多大程度上代表一个给定的范畴。在原型理论(Prototype Theory)中,典型效应是由人类范畴的原型结构(prototype structure)引起的,并可根据"例子完美性排序"(goodness-of-example ratings)进行测量。例如,对范畴"鸟"来说,"知更鸟"(robin)"最具代表性,而"鸵鸟(ostrich)"的代表性较弱,因而不是典型例示。换句话说,"知更鸟"比"鸵鸟"具有更大的典型效应。

典型形式　canonical form　参见"基本形式²"。

点阵式字符　dot-matrix characters　计算语言学术语。以不同精度按X、Y方向排列的点阵构成的字符体形。其机理是通过显示器的一个单元依据字母的内码找出其二进数位字型码型码,随后再依据二进制(B,BIN)位字型码指挥阴极射线管的电子枪在荧光屏幕上撞击出由点阵所构的字型。

电报式话语　telegraphic speech　语言习得术语。指幼儿(1.5-2岁)在早期阶段学习母语时说出的不完整句子。因其话语通常由两三个词组合而成(如名词+动词)缺乏介词、助动词、冠词等虚词以及各种屈折变化,简洁如同电报而得名。参见"婴幼儿语言理论"。

电动记波器　electrokymograph　语音学术语,亦称电子记波仪。发音语音学使用的一种仪器,用以记录说话时口腔气流及鼻腔气流的变化,分为面罩及器械本身两部分。面罩可区别两种气流,器械本身则可测记气流量及气流速度。这种做法称作电子记波术,将测量结果记录下来的图即为电子波形图(electrokymogram)。

电发音通道　electrical vocal tract　语音学术语。指接通电流后可以合成元音的一种仪器。

电子波形图　electrokymogram　语音学术语，亦称电动浪纹图。由电子记波仪做出的可见图表。

电子腭动作记录图　electropalatogram　语音学术语，亦称电子腭位图。参见"电子肌动记录仪"。

电子腭动作记录仪　electropalatograph；EPG　语音学术语，亦称电子腭位观察仪。指发音语音学研究中用来连续记录言语过程中舌和腭之间接触情况的仪器。使用时将附有数个电极的假腭套在口盖上，电极可将实际腭—舌接触情况予以记录。这种做法称作电子腭位观察术（electropalatography），记录下的结果是电子腭位图（electropalatogram）。

电子腭位观察仪　electropalatograph；EPG　语音学术语。参见"电子腭动作记录仪"。

电子肌动记录图　electromyogram　语音学术语，亦称电子肌动图。参见"电子肌动记录仪"。

电子肌动记录仪　electromyograph；EMG　语音学术语，亦称电子肌动观察仪。发音语音学中观察和记录说话时肌肉（包括舌、唇等）收缩情况的仪器。使用时在声道（vocal tract）的各个部分插入电极或用表面探垫，以观察和测定说话时肌肉的运动踪迹，并加以分析和记录。这种做法称作电子肌动观察术（electromyography），记录下的电子肌动痕迹，即为电子肌动图（electromyograms）。

电子量气术　electroaerometry　语音学术语。指运用电子量气仪（electroaerometer）等电子仪器测量言语过程中气流的一项专门技术。

掉音　haplology　音系学术语，亦称漏音。❶指说话时将一连串发音相似的音节漏发一个。例如，将 regularly（有规律的）读成 regurly，或将 philology（语言学）读成 philogy。❷在心理语言学中有时指"舌头打滑（slip of the tongue）"现象中的类似省音口误。

调查表　questionnaire　参见"问卷"。

调查合作人　informant　参见"资料提供人"。

调符　tone graph　语音学术语。声调的符号，指标写声调所使用的简单明了的符号，如在汉语拼音中表示四种声调的调符分别是ˉ（阴平）、ˊ（阳平）、ˇ（上声）、ˋ（去声）。

调幅低限　bottom of voice-range　语音学术语。一个人说话的音高幅度的最低点。通常出现在正常陈述句的句末，如"I'll do it.↘"。

调核　nucleus　音系学术语。指语调群中具有区别意义或语法功能的音高变化所在的音节。是说话人所要强调的语用或语义部分，是语调群不可少的区别性特征。例如，句子"It's an ˈincredible experience."中的 ˈincredible 就是调核。

调类　tone class　语音学术语。指按照声调的不同形式所建立的声调类别。在一种语言或方言中，调类主要是根据能够区分意义的不同调值所建立的声调类别，即调类是由调值确定的。如普通话有四个调类：阴平、阳平、上声、去声。但同一种调类在不同的方言里调值可能不同，如阴平在普通话里是高平调，在天津话里则是低平调。

调群　tone group　参见"语调单位"。

调尾　tail　语音学术语。语调群（tone group）中处于核心音节之后的非重读部分。

调位　toneme　参见"声调音位"。

调位学　tonetics　参见"声调学"。

调值　tone value　语音学术语。指声调的实际读法，即声调的高低升降的具体变化形式和幅度。中文汉语拼音通常使用赵元任的"五度标调法"来确定调值，即建立一个坐标，纵轴表示音高，横轴表示音长。声调的高低调值分为五度，分别用 1、2、3、4、5 来表示，其中 1 表示音高最低，5 为最高。如图所示：

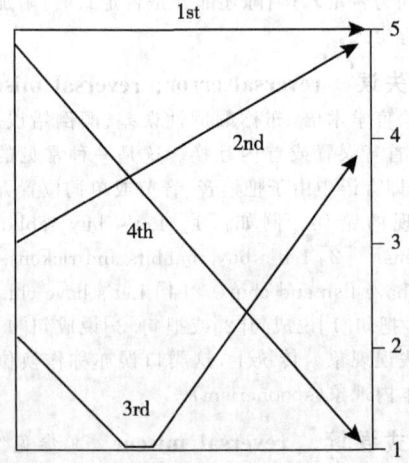

普通话里的四个调类的调值分别标为 55（阴平）、35（阳平）、214（上声）、51（去声）。调值表示的是相对音高，而不是绝对音高，因为每个人的客观条件不同，所发音的绝对音高是不可能完全相同的。

叠叙法　polyptoton　亦称一词重复。一种修辞手法，句子中采用不同的格或屈折变化来重复一个词，即通过改变一个词的语音和意义对比，达到某种表达目的。常见于格言。例如：[1] Few men speak humbly of humility, chastely of chastity, skeptically of skepticism. (Blaise Pascal) [2] My own heart's heart, and my ownest own, farewell. (Alfred Tennyson)

叠音词 double-barrelled word; reduplicative word 修辞学术语，亦称叠词。指重复同一个音节所构造的词。汉语中叠音词的词形为"AAB""ABB"和"AABB"，词组中有两个以上的同音同型字或词，如"呱呱叫"("AAB"词型)、"绿油油"("ABB"词型)、"平平安安"("AABB"词型)等。叠音词是一种应用极广的词类，其目的是增强语言的形象性，加强语言的感染力，以增强声势、动态的描绘效果；重叠音节能增强对语言的感受，使听者得到一种回环往复的语音美感。

叠用 reduplication 参见"重叠²"。

叮咚理论 ding-dong theory 一种关于语言起源的理论。认为言语的产生是由于人们对周围世界的刺激产生了反应，从而自发地发出声音，这种声音往往是对周围世界声音的摹仿。最重要的证据是人们普遍运用某些语音来表示具有某些意义的词语，但是除了一些明显的象征性的拟声词以外，这种理论的解释力似乎还不够强，某些例子给人非常勉强的感觉。例如，mama 这个音代表的是婴儿嘴唇靠近乳房时所产生的蠕动，bye-bye 或者 ta-ta 表示的是在招手告别时嘴唇和舌头各自所做出的运动。

顶真 anadiplosis 参见"联珠"。

定冠词 definite article 语法学术语。虚词的一种，区别于不定冠词，一般用于名词之前，本身没有含义，但可以帮助指明名词的含义。定冠词具有确定的意思，用以特指人或事物，表示名词所指的人或事物是同类中特定的一个，以区别于同类中其他的人或事物。例如，英语定冠词 the 既可修饰单数，也可修饰复数，如"the kid""the children"等；汉语中的定冠词包括"这个""那个""这些"和"那些"等。在英语中 the 与名词连用，主要用于标示名词所指称的特定的人或事物。(1)指听/说话人都知道的人或事物。例如：[1] She is in *the garden*. [2] He is at *the post office*. (2)指上文已提到的人或事。例如：[3] *The first two* were relatively easy but *the third one* was hard. (3)指独一无二的、一般的或不言而喻的人或事。例如：[4] *the Mona Lisa*, *the Nile*, *the Queen* (4)用于泛指。例如：[5] He taught himself to play *the violin*. [6] *The dolphin* is an intelligent animal. (5)与形容词连用，指事物或统称的人。例如：[7] *the unemployed*, *the Americans* [8] You should always expect *the unexpected*. (6)用于姓氏的复数形式之前，指家庭或夫妇。例如：[9] Do not forget to invite *the Smiths*.

定量表述法 quantificational representation 语义学术语。心理语言学采用的语义研究的一种方法。研究时先让受试对词义的成分作出判断，然后设法在坐标或图表上作出定量表示。采用的方法有"语义空间法"(semantic space)和"语义区分法"(semantic differential)等。

定量方法 quantitative method 指实证性研究中统计数据用数字来呈现的方法。语言研究中根据数据的性质和类型，研究有定性和定量之分。定量研究有调查研究和实验研究之分。调查研究的特点是指在研究过程中对外语学习活动和日常教学不做任何干预，只对外语教学的现状观察和数据收集，然后用统计的方法探讨不同因素之间的关系。调查研究有描述性研究(descriptive research)、探索性研究(exploratory research)、相关性研究(correlational research)和解释性研究(explanatory research)之分。实验研究是通过有意识的改变某种因素，观察其他因素是否随之发生变化。如果其他因素显然随着这种因素的变化而变化，就表明它对这个因素产生影响。如果要了解一种新的教学方法是否有效，一般采用试验研究的方法，在教学中用实验组和对比组观察新的教学方法是否能显著提高学生的成绩。

定量方法涉及一些研究的基本要素，包括总体、样本、特征、量化和分布等。统计方法是定量方法中一个重要的方面，一般分为两大类：一类是描述统计法(descriptive statistics)，另一类是推断统计法(inferential statistics)。描述统计方法主要研究如何整理通过调查和试验得来的大量数据，描述一组数据的全貌，表述一件事物的性质。具体包括对数据如何分组、如何使用统计图表以及如何计算一组数据的代表性参数等。其中表示数据集中情况的参数有平均数、中位数和众数；表示数据分散情况的参数有标准差、方差及各种相关系数等。推断统计方法主要研究如何利用数据去做出决策，即如何通过样本数据来概括它所代表的总体特征。方法主要包括统计检验、统计分析和非参数统计方法等。这两种统计方法既有区别，也有联系，描述统计方法是推断统计方法的基础，推断统计方法使前者有了进一步的分析结果，也使研究更有深度。

定量研究 quantitative research; quantitative study 分狭义和广义两种概念。前者指任

何以收集数字形式的数据为手段而进行的研究；后者指通过对构成实验研究基础变量的识别，尝试寻找解释现象原因的研究。社会语言学家在研究中除了使用定性研究外，也广泛采用定量研究方法。定量分析原本指分析化学上测定某种物质所含各种成分数量多少的方法。在社会语言学中，也可以对如言语种类、方言、语域、语言变异、语音变异等方面不同的人群中出现的不同情况进行定量研究和定量分析，其方法是在进行广泛的、各种形式的社会调查的基础上，对取得的数据加以定量和统计分析，然后得出结论。例如，有些英语本族语者在发 house 和 hit 时从不把[h]发出来，又如对于非元音前/r/音（non-vocalic /r/)，纽约市民中有些人把/r/发出来，但另一些人并不把/r/发出来。为此，社会语言学家拉博夫（William Labov）在纽约市有代表性的百货公司中对店员进行了广泛而深入的调查，问他们某些物品是否在"fourth floor"。这两个词都包含非元音前/r/音，而且拉博夫也明明知道这些物品在"fourth floor"。当店员回答后，拉博夫又会说："I beg your pardon?"目的在于使店员再说一遍"fourth floor"，取得了"fourth floor""fawth floah""fourth floah"和"fawth floor"这四种模式的抽样数据，从而作出了客观的分析。他发现在纽约黑人社团里，人们一般都不发词尾后的"-r"音（如"four""car"等），只有在正式场合，他们才跟白人一样带上"-r"音。微观社会语言学、宏观社会语言学和人种交际学（ethnography of communication）的学者进行社会调查的方法也各种各样，这取决于他们所研究的对象和理论取向。语言的定量研究涉及统计学和语言统计学；而总体（population）、特征、量化和分布是语言统计中涉及的基本要素。描写统计学的平均数和标准差能给出量化数据的统计全貌。假设检验也很重要，其程序包括卡方检验、T 检验、方差检验、相关等内容。其中卡方检验是非参量性的；T 检验和方差分析是参量性程序；相关则度量一个总体的两个特征之间的相互关系的强度和方向。假设检验的这些程序可以导致相关系数，而相关系数本身必须使用 T 检验来检验其显著水平。

定时 timing　　语音学术语。指语言产生过程中对语音的发音和定序施加的时间制约。定时现象因此与音段和超音段语音学以及音系学的研究都有关系。肌肉动作的协调需要定时才能发出一个个音，音位组配序列的编程、节奏和语调的控制也需要定时。

定式动词 finite verb　　参见"限定动词"。

定式手势 holding　　亦称定位手势（location）。指对手势语作音韵分析的一个静态功能单位。定式手势有别于动态单位，后者称为"移位手势"（movement）。

定位手势 location　　参见"定式手势"。

定向接收 directional reception　　语用学术语。指人类具有通过耳朵的方向识别能力对语音源进行定位的能力。参见"位移"。

定向结构 directive construction　　语法学术语。与连接结构和谓语性结构一起构成离心结构的三大类别之一。定向结构由定向词和轴心词组成。例如，在"in the garden""see the man"中，in 和 see 为定向词，garden 和 man 为轴心词。参见"**轴**"。

定向小品词 directive particle　　语法学术语。定向结构的组成部分，指定向结构中的第一个词，即定向词。参见"**定向结构**"。

定型词 fixation　　参见"固定形式"。

定性数据 qualitative data　　与定量数据相对应的概念。指以书面形式记录非数字形式的材料，如以非数字形式记录上课或采访内容。以定性形式收集的材料经常可以转换成定量形式的材料。

定性研究 qualitative research　　社会科学研究的重要方法之一，被广泛运用到社会语言学和和应用语言学研究之中，有狭义和广义两种概念。狭义上指利用非数字数据进行的研究，研究手段有访谈、个案研究、对参与者进行观察等。广义指"社会的整体研究法"（a holistic approach to social research）。这种研究采取对复杂场景的自然观察法，尝试孤立实验中的有趣现象，并试图识别孤立变项之间的因果关系。定性研究比较关注伦理问题（ethical issues），如进入研究场所、守门现象、研究设计的灵活性等，这里的守门现象是指在社会内部权力关系中任何限制性的东西，如讲标准英语或显贵英语者可能拥有'守门'功能，而不能讲此种英语者则可能不具有'守门'功能，参与某些工作或服务的机会便可能受到限制。

定义词汇 defining vocabulary　　指一组基本的、无法被其他词所解释或定义的词汇。定义词汇基于对词频的研究成果而入选，一般用于为儿童或外语学习人士所编写的辞典中。例如，《朗文当代英语词典》中对于所有词汇的定义都是基于 2000 至 3000 个定义词汇，因此任何掌握这 2000 至 3000 个定义词汇的人都能够理解本辞典中所有的词汇释义。

定义法 definition method　　语言教学术语。指写作教学中补充增写一段文字或一篇文字的一种语言教学方法。作者在诸多同类术语或事物中选择对某一个术语或事物的定义,将其与其他同类术语或事物中区分开来。

定语 attribute 语法学术语,亦称修饰语、限定语或附加语。语法描写中对名词性句子成分进行进一步修订的非独立型句子成分,通常具有定语功能的形容词或名词所有格担任。例如:[1] a red skirt [2] Mary's skirt 例[1]和例[2]中的 red 和 Mary's 具有定语性成分功能,因而不同于其表语功能的用法。例如:[3] The skirt is red. [4] The skirt is Mary's. 在某些语法研究中,"定语"概念被扩展,还指一些补语结构,甚至包括上面提到的形容词用法。例如:[5] She is my sister. [6] I call him brother. [7] I feel sorry. 例[7]中,sorry 对主语 I 起语义限定作用。

定语从句 relative clause 参见"关系从句"。

定语形容词 attributive adjective 参见"修饰性形容词"。

定语性物主代词 attributive possessive 语法学术语。指相当于形容词,具有形容词的特性,常置于名词前面作定语的物主代词。定语性物主代词表明该名词所表示的人或物是"谁的"或"某物属于某人",后面必须跟名词。名词性物主代词常用来避免和前面已提及的名词重复,相当于"形容词性物主代词+名词"。形容词性物主代词包括 my(我的)、your(你的,你们的)、our(我们的)、his(他的)、her(她的)、its(它的)、their(他们的)等。

定指 definite reference 语义学术语。名词短语的内在语义特征。用于指称会话时某个已经熟悉的对象。例如:[1]现任美国总统是奥巴马。[2]张三爱李四。[3]我的小儿子上个月刚结婚。[4]他是被警察追捕的人。

定指限定词 definite determiner 语法学术语。是一个与名词短语有关的语义概念,与非定指限定词(indefinite determiner)相对,指在名词词组中对名词中心词起特指、类指以及表示确定数量和非确定数量等限定作用的词类。比如,英语中的定指限定词包括定冠词 the,指代词 this、those 等。

定指限制 definiteness restriction 参见"定指效应"。

定指效应 definiteness effect 句法学和语义学术语,亦称定指限制(definiteness restriction)。指虚主语 there 开头的句子中的主语必须为非定指名词短语(indefinite NP)。例如:[1] a. There is a man / one man in the room. b. There are men /

two men / many men in the room. [2] a. * There is John / the man / every man in the room. b. * There are they / the people / most people in the room. 例[1]中的 a man / one man / men / two men / many men 都是非定指 NP,但如果换成例[2]中那样 John / the man 等定指短语,句子则不合法。

动词补语从句 verb-complement clause 语法学术语。指在句式中起到补充动词作用的补语从句。动词补语从句通常含有由一个补语连词引导、往往包含一个动词、一个主语和间接宾语。

动词词尾 verb-final 语言类型学术语。指动词位置在小句末尾的一种语言现象。动词在小句中的位置可以放在句首、句中或句末,对应的小句分别是动词开头(verb-initial)、动词居中(verb-medial)和动词词尾小句。相应地,语言也可据此区分为 VSO、SVO 和 SOV 词序的语言。例如,澳大利亚土著语言中的 Gooniyandi 便是一种动词词尾语言。

动词短语 verb phrase ❶语法学术语。传统语法中指以主动词(main verb)为中心语,具有与简单动词相同句法功能的一组词。例如:[1] Jason laughed at the boy. [2] John picked me up. 例[1]中的"laugh at"和例[2]中的"pick up"即为动词短语。动词短语可能只包括一个主动词或主动词加修饰语,被称之为"简单动词短语"(simple verb phrase)。例如:[3] Mary *left* yesterday. [4] They fully *understand our problems*. 动词短语也可由一个或一个以上的助动词加主动词构成,被称之为"复杂动词短语"(complex verb phrase),亦称"动词短语"或"组合动词"。例如:[5] The leaves *are turning* yellow. [6] He must have *been injured*. ❷句法学术语。在转换生成语法中指主要动词连同其宾语、补语、状语等句子成分,即句子的整个谓语部分(常用 V 或 VP 标记),与句子的主语部分(用 S 标记)相对。例如:We take morning exercises every day. 此句可用简单的树形图表示如下:

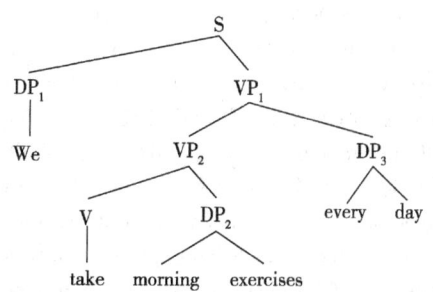

动词短语壳假说 VP-shell Hypothesis 参见"拉森结构"。

动词短语内主语假说 VP-internal subject

hypothesis 句法学术语。假定和中心语有关的所有题元角色都是在中心语的投射内指派的,那么域外论元在中心语的标志语处生成,并同其一起进入题元关系。这种假说称为谓语内主语假说(Predicate internal subject hypothesis)或内主语假说(internal subject hypothesis)。若谓语中心语为动词,则假说称为动词短语内主语假说。

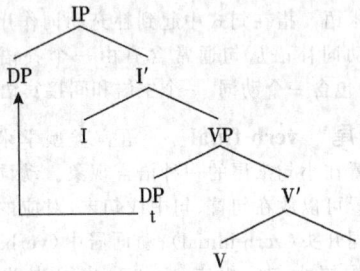

动词短语内主语假说具有理论上的优势,它实现了句法结构和以动词为中心的题元结构的对应,将域外论元和域内论元分别放到了动词短语的标志语和补足语位置,较好地解释了题元角色指派的区域性问题。主语从动词的标志语位置移到屈折语素短语的标志语位置是特征核查的需要,屈折成分具有强EPP特征,该特征促使主语在显性句法中移到其标志语位置,核查并删除该特征,否则生成的结构不合语法。

动词短语前置 VP preposing 语法学术语。指在某些特定情况下将动词短语置于句中其他成分之前的语言现象。典型的动词短语前置的情形包括:(1)never(从不)、seldom(很少)、few(很少)、little(很少)、rarely(很少)、barely(很少)、hardly(很少)、scarcely(很少)、nowhere(任何地方都不)等否定词位于句首时;(2)at no time(决不、任何时候也不)、by no means(决不)、in no case(决不)、under no circumstances(无论如何也不)、in no sense(决不)、in no way(决不)、on no account(决不)、in vain(徒劳)、no longer(不再)、not until(直到……才)、no more(不再)、not for a moment(从不)、not only ... but also(不但……而且)、no sooner ... than(一……就)、hardly (scarcely) ... when(一……就)等否定意义的短语和一些短语性连词位于句首时;(3)以 only 或 so 引导状语或表语位于句首时引导的状语从句。举例分别如下:[1] Never before has a machine been so efficient and accurate as the electronic computer. [2] At no time, and under no circumstances will China be the first to use nuclear weapon. [3] Only when you have acquired a good knowledge of grammar can you write correctly.

动词短语省略 VP deletion 语法学术语。指在同一个句子中的动词短语(VP)或动词短语的一部分在第二次出现时因语义或句法的需要而被删除的一种语言现象。英语中的动词短语省略在并列结构中非常普遍。例如,She will sing in the party but he won't (sing in the party)。有时,省略后的语词至少包括一个助动词和一个副词,如 too、also、as well 等。例如:I went to the library yesterday, and She did(go to the library), too。

动词非谓语形式 verbid 语法学术语,亦称"动词非限定式"。指动词不定式(infinitive)、动名词(gerund)和分词(participle)等不可独立充当谓语的动词形式。

动词非限定式 infinite verb form; non-finite verb form 语法学术语。指没有人称、数或时态的动词形式,如分词(participle)、动名词(gerund)和不定式(infinitive)。

动词复合词 verbal compound 形态学术语。由动词和另一个词结合而成的复合词(compound word),如 understate、overestimate、spoonfeed、jaywalk 等。

动词核 verbal core 指与主语代词、宾语代词结合在一起的一类动词,常见于罗曼语族诸语言。其中代词按特殊的次序与这类动词结合在一起,如法语中的 J'en ai trios (我有三个)。

动词化 verbalization 通过一定的方式将非动词转变成动词的过程或结果。例如,英语将构词词缀-ize 和 en-分别添加在形容词 modern 和 rich 上,可变成动词 modernize 和 enrich。汉语中的"春风又绿江南岸"一句中的"绿"字为形容词动词化作"吹绿"理解,再如"有问题,百度一下"中的"百度"为名词动词化的结果。

动词基本式 base verb 语法学术语。通常英语动词的五种形式中产生其他四种形式的第一式,即词典中的词条形式(俗称原形动词),如 make、jump、work 等。其他四种形式是-s 式、过去式、-ing 式和-ed 式。动词基本式的作用包括:(1)单数第三人称以外的现在一般时态形式;(2)祈使语气形式;(3)虚拟式的一种形式;(4)光杆不定式。例如:[1] It's important that we unite. [2] I should leave. 句[1]中的 unite 为虚拟式;句[2]中的 leave 为光杆不定式。

动词拷贝结构 verb copying construction 句法学术语。指汉语等语言中特有的同一个动词在同一个句子中出现两次的结构。汉语动词拷贝结构的一般构式为〈V+O〉〈V+C〉,其中 O 为宾语,C 为补语。例如:"他骑马骑了一整天。"这说明汉语动词后面同时出现宾语和补语时,需要动词重复出现将两者分开。黄正德最早使用动词复制的方法分析这类句子,认为核心动词复制是挽救结构的手段。

动词提升 verb raising 句法学术语。与词缀下移相对,指动词受到时态词缀所附着的某种特征吸引而向上移位并与该词缀结合的操作,一般是动词从 V 位置移动至 T 位置(早期称 I 位置),因此也称为 V 至 T 移位(V to T movement 或 V to I movement)。例如:

[1] a. Paul always works.
 b. *Paul works always.
[2] a. *Paul toujours travaille.
     (Paul always work)
 b. Paul travaille toujours.
     (Paul work always)

例[1]中英语句子里的动词必须出现在副词后面,这是因为副词 always 占据动词的标志语位置;而例[2]中法语的句子刚好与英语相反,动词必须出现在副词前面,这是因为法语中的 T 语类(或 I 语类)具有很强的[+V]特征,能够吸引动词至 T 位置,而英语中 T 的[+V]特征很弱,无法吸引动词移位。

动词体 verbal aspect 语法学术语。动词的语法范畴之一,表示动作或过程在一定时间内处于何种状态的动词形式。英语动词有两个体:进行体(progressive aspect)和完成体(perfective aspect)。进行体是由助动词 be 的某一形式加主动词的 -ing 分词构成。例如:[1] I speak Chinese, but I am *speaking* French now. [2] She taught maths, but she was *teaching* chemistry that term 完成体是由助动词 have 的某一形式加主动词的 -ed 分词构成。例如:[3] I *have learned* English for 15 years. [4] By the end of 2008, she *had worked* in this company for 20 years.

动词性词类 verbal 句法学术语。指具有动词功能、在句中起动词作用的词或短语,包括动词性词和动词性短语。例如,动词和形容词被看作是动词性词类,这是由于它们具有许多共同的特征,比如有些英语动词和形容词可以出现在祈使句中,有些英语动词和形容词可以出现在进行体中。例如:[1] Play the piano! [2] Be quiet! [3] He is reading a book. [4] He is being polite. [5] *Resemble him! [6] *They are resembling him. 有些动词和形容词却是反例,如[5]、[6]标星号的两句中的词"resemble"。

动词性名词 deverbal noun 形态学术语。指由动词派生而来的名词。例如,英语 realization 即属由动词 realize 派生而来的动词性名词。

动词迂回变位形式 periphrastic verb form 语法学术语。源于拉丁语法,指动词的变化形式不是严格意义上的词形变化,而是借助一些助动词来实现。英语中除动词的一般现在时和一般过去时外,其他时态几乎都使用迂回变位形式。

动辅音 kinetic consonant 语音学术语。指发音时音不能延长,而必须适度休止以免音质发生变化的辅音,如塞音等。

动副词组合 verb-adverb combination 语法学术语。指动词短语的一种,即由动词与可以移动位置的类似副词的小品词(particle)构成的动词短语。例如:[1] He *turned on* the gas. [2] He *turned* the gas *on*. 例[1]中"turned on"即属动副组合的动词短语,其中的 on 可以移动位置,变为例[2]的形式加以表达。

动机 motivation 语言习得术语。指驱动人去做某事的因素,是第二语言学习研究的一个重要个体因素。学习者为之付出努力的态度、欲望和意愿都为动机。动机分类有多种。最普遍的是 1972 年加德纳(Richard Gardner)和兰伯特(Wallace Lambert)提出的工具型动机(instrumental motivation)和融入型动机(integrative motivation)。前者指学习者处于某种功能性目标(比如通过考试,或者找工作等)而愿意付出的努力,后者指出于认同目的语目标或团体而积极学习语言的意愿。其他的动机还有:(1)内在动机(intrinsic motivation),亦称任务动机(task motivation),指出于对语言本身的喜好而积极学习的动机;(2)马基雅弗利型动机(Machiavellian motivation),指学习一门外语是为了操控或者超越说该语言的本族语人;(3)结果型动机(resultative motivation)指为取得好成绩,产生成就感而获得的满足学习外语的动机。

动觉反馈 kinaesthetic feedback 指说话者意识到自身发音器官运动的过程。在说话或写作时,人脑会接收到来自肌肉、器官等运动过程的反馈。如果这一动觉反馈受到干扰(如牙齿注射导致舌头失去知觉),说话就会含糊不清。与动觉反馈相对的是听觉反馈(auditory feedback)。参见"**振动反馈**"。

动力情态 dynamic modality 语法学术语。指既不表达说话者的意见,说话者又不影响句子情景的一种情态。例如:[1] He can speak good Spanish. 这里的说话者只是描述与主语有关的事实情景,没有表达个人意见。情态是句子层面的重要语义范畴,涉及句子可能性或必要性的逻辑,或表达说话者对命题所持的观点或态度。一般有三种情态,另外两种是认识情态(epistemic modality)和义务情态(deontic modality)。例如:[2] It might be wrong. [3] You can leave the lab after you have finished. 例[2]涉及认识情态,标志是 might,说话者在句子中表达了他的态度,可能错了,但不能肯定;例[3]涉及义务情态,标志是 can,表达了说话者的允许,用义务情态来控制情景。

动力重音　dynamic accent; dynamic stress　语音学术语,亦称为吐气重音(expiratory accent)、加重重音(stress accent)或音势重音(intensity stress)。指以音强强调出来的重音,也就是以呼气强度强调出来的重音,如英语的词重音。现代语言中动力重音型语言比较普遍,如英、俄、德、法等语言皆是。广义上的重音(stress; accent)包括动力重音和音调重音(pitch accent)两种基本类型。音调重音指因话语中某一部分的音调和紧密相临的部分音调不同而造成的该部分的突出,如瑞典语和古希腊语。

动名词　gerund　语法学术语。指英语动词的一种非限定形式,以 -ing 形式呈现,但其语法功能是动源名词(verbal noun),在句子中作名词使用。例如:[1] He enjoys swimming. [2] Swimming is good for the over-weighted. [3] I found them swimming in the river. 例[1]和例[2]中的 swimming 是动名词,分别在句中作宾语和主语,而例[3]中的 swimming 则是现在分词,用作状语,表示伴随状况。

动名词分句　gerundial clause　语法学术语。指结构形式上类似名词短语而实质功能上更等同于现在分词短语(present participle phrase)的一种独立结构(absolute construction)。常用以表示方式或伴随动作,或者表示原因、条件、时间等。例如:[1] The teacher being ill, we'd better put the meeting off. [2] The question being settled, we had a rest. [3] Time permitting, I'll write one more chapter. 例[1]—[3]分别表示原因、时间和条件。包含 -ing 非定式短语的独立结构前面有时可有介词"with",但是它不表示词汇意义,只是表示结构的口语化特征。例如:[4] With Mr. Colin taking the lead, they decided to investigate the case.

动态动词　dynamic verb　语法学术语。用来指称正在行进中的某事、某物或某人的动词,可以用作进行式,与"静态动词"相对。例如,在"John is writing a letter"中,write 就是动态动词。但是,某些英语动词,如 have 和 think,既可用作静态动词,即对某一状态进行描述,又可用作动态动词,即对某一动作或活动进行描述。例如:

静态:John has a cake.
动态:John is having a party tonight.
静态:I think it will be fine tomorrow.
动态:I am thinking about how to go to the airport tomorrow.

动态对等　dynamic equivalence　翻译学术语。由美国翻译理论家尤金·奈达(Eugene Nida)于 20 世纪 70 年代提出。翻译中的动态对等是指译语中的信息接收者对译文信息的反应应该与原文接受者对原文信息的反应程度尽可能一致。动态对等理论的精髓在于翻译要改变形式,传达内容,要着眼于原文的意义和精神而不拘泥于原文的语言形式。奈达提出的这一理论主要基于两个方面:(1)翻译是一个交际过程;(2)翻译的目的在于用目的语以最接近、最自然的方式从意义和风格方面全面再现原文信息。到 20 世纪 80 年代,为避免对"动态对等"产生更多误解,奈达将其改称为"功能对等(functional equivalence)",核心内容不变。尽管如此,"动态对等"的称呼一直沿用至今。

动态反对称　dynamic antisymmetry　句法学术语。参见"线性对应公理"。

动态规划算法　dynamic programming algorithm　计算语言学术语。指在动态条件下对多级问题的解决采用优化的一种数学方法。动态规划是运筹学的一个分支,是求解决策过程(decision process)最优化的数学方法。20 世纪 50 年代初,美国数学家贝尔曼(Richard E. Bellman)等人在研究多阶段决策过程(multistep decision process)的优化问题时,提出了著名的最优化原理(principle of optimality),把多阶段过程转化为一系列单阶段问题,并逐个求解,创立了解决这类过程优化问题的新方法——动态规划。

动态规律　dynamic laws　心理语言学术语。乔姆斯基 1959 年在批驳斯金纳(Burrbus Frederick Skinner)行为主义的学说时,认为斯金纳把"刺激"和"反应"这两个观念用于狭义,即环境的一部分和行为的一部分。实际上,只有"动态规律"把两者彼此有规律地联系在一起,并能画出顺滑的"再现曲线(reproducible curves)"时,才能叫做刺激和反应。这样,乔姆斯基认为斯金纳抛弃了这两个观念的客观性。

动态语境　dynamic context　语用学术语。指交际过程中不断变化的环境。首先提出这一概念的是丹麦语用学家雅各布·梅伊(Jacob Mey),2001 年在其《语用学引论》(*Pragmatics: An Introduc-*

tion)第二版中,他提出语境是动态的而不是静态的概念。所谓的动态语境,即话语范围、话语基调和话语方式中的某一个、某两个甚至所有这三个因素在语言交际过程中发生变化,从而影响语言使用的现象。静态语境(static context)与之相对立,不同的是静态语境是预先给定的,而动态语境则是选择建构的。动态语境的主要特点体现在四个方面：(1)文化特定性；(2)非语言性；(3)动态性；(4)依赖性。动态语境的文化特定性是指在语言交际过程中,文化特性左右着交际双方对交际意义的理解；动态语境的非语言性特点指的是在语言交际中,一些非语言性的语境如交际者的声音高低、语音语调、面部表情、肢体动作以及交际进行的地点和气氛等都会对交际效果产生巨大影响；动态语境之所以是动态的,主要取决于交际双方因视觉和听觉因素导致的双方表情变化、语调升降、动作变化等是动态的；动态语境的依赖性是指动态语境的构建需要以静态语境的文本为基础。研究动态语境对话语的理解有重要作用。

动态语义学　dynamic semantics　20世纪八九十年代在西方学术界发展起来的一种逻辑语法理论。其内容大致包括语境变化理论、信仰增减理论、指派更新理论以及动态蒙塔古语法等。指派更新理论又分为文本更新语义学(File Change Semantics)、话语表征理论(Discourse Representation Theory)、动态谓词逻辑(Dynamic Predicate Logic)和量化动态逻辑(Quantificational Dynamic Logic)等类别。形式语义学把语言处理为一种静态系统,而动态语义学则认为语言理解是一个动态的、变化的过程,更加注重对话语意义的研究。对动态语义学基础概念"信息状态"的理解有"个体性"和"社会性"之别。动态语义学将一个句子的意义刻画为其改变语言使用者信息状态的潜能；而"静态"模型则视意义为等同于句子的真值条件内容。一个信息状态被视为一组可能性即对某种语言词语的各种可能的外延意义和这些词语各变项(照应语)的可能值所作的信息编码。这些状态又用来定义词语的信息变化潜能,即由于说出一个句子而引起信息状态发生的变化。这种分析是一个连续过程,随着新话语信息的增加和某些可能性的消除,信息状态逐渐延伸,句子释义不断更新。因此,这种理论又称作更新语义学(update semantics),特别适用于阐释代词同指。

动物符号学　zoosemiotics　符号学术语。与人类符号学相对立,指对动物交际行为的系统性研究。西比奥克(Thomas A. Sebeok)于1963年首次提出这一学科名称,主要用以指称同种动物之间和不同动物之间信息传递行为体系的研究。动物各种动作信息码的发出和接受过程与生存环境和所在群体的特征密切相关。动物符号学的研究成果对人种学、社会生物学和动物认知学科的发展起着重要作用。参见"植物符号学"。

动物交际　animal communication　指发生于动物群体之间或内部的交际系统,与人类所使用的语言大不相同。动物交际可能是一种声音信号,如"鸟鸣""兽吼"；也可能是身体动作,如蜜蜂的舞蹈等。在比较动物交际系统和人类语言的基础上,查尔斯·霍凯特(Charles Hockett)提出了12个人类语言区别于任何一种动物交际体系的识别特征(design features),其中包括任意性(arbitrariness)、能产性(productivity)、双重性(duality)、移位性(displacement)、文化传递(cultural transmission)等。与人类语言不同,动物交际不是随意而发,往往是对外界刺激的反应；动物交际信号的形式与意义是纯粹单层的对应,不具备人类语言从无意义到有意义的组合再组合的双重特性；动物交际系统与生俱来,不需后天学习；动物交际往往是此时此地地发生,而人类语言可以谈天说地、说古论今,甚至进行元语言论断(用语言讨论语言)等。

动物叫声拟声论　animal cry onomatopoeic
参见"摹声说"。

动物叫声说　animal cry theory　人类语言起源的一种假定,认为人类语言从模仿动物叫声而开始形成。由于缺乏人类初始阶段语言状况的历史记录,对语言的起源和发展很难作出符合事实的报导,因而只能作一些推测,其中动物叫声说便是一种。其他类似推测包括本能论(ding-dong theory)、唱歌说(sing-song theory)、感叹说(pooh-pooh theory)、劳动喊声说(yo-he-ho theory)、哒哒说(ta-ta theory)等。这些假定均从一种用于交流信息的声音或动作发展而来。

动物语言　animal language　参见"动物交际"。

动形词　gerundive　语法学术语。指既有动词特点又有形容词特点的词。英语中不分这个词类,与动名词相同。但拉丁语中有动形词,且具有被动意义。动形词在形式上与动名词相似,但意义上具有目的性和必要性。

动源介词　verbal preposition　由动词的-ing分词构成的介词,如英语介词during(在……的期间)来自古动词dure。

动源名词　verbal noun　形态学术语,亦称动词性名词。指在形式和(或)意义上都与动词有渊源关系的一类名词。例如,英语中founding、foundation、completion、establishment等词即属由动词转化或通过构词方式(包括形态变化)产生的名词。

动源形容词　verbal adjective　亦称动词性形容词。在形式和(或)意义上都与动词有渊源关系的一类形容词,如 disagreeable、helpful、talkative、irritating、troublesome 等。在英语中,以-ing 或-ed 结尾的形容词就属于动词性形容词,如 crying、sleeping、wicked、conceited 等。这类形容词可用于由动词 be 开首的祈使句,如"Be careful!"和"Be cheerful!";也可与动词 be 的进行体搭配作补语,如"She is being witty."和"She is being foolish."。

动源性习语　idiom verbal in nature　以动词为中心语加上从属词形成的习语,作用为动词。例如,block out(封锁)、miss the boat(坐失时机)、beat about the bush(旁敲侧击)、get wind of(风闻)、come clean(全盘招供)等。

动转词　deverbal　❶构词法术语。指一个成分原本为动词但在句子结构中转作他用,如在 the singing policeman 中,singing 可被称为动转形容词(deverbal adjective)。❷亦称动词派生词(deverbative)。指从动词派生出来的词,如 equip-ment, read-able 等。

动转名词　deverbal noun; deverbative noun　❶构词法术语。指根据构词法中的派生法,在动词词根后添加后缀以构成名词,如 work-er、teach-er、inform-ant、-ee、-ment、paint-ing、drain-age 等。❷指通过转换法(conversion)或功能转移(functional shift)等途径由动词变成名词的词。例如:[1]人要吃饭。[2]不愁吃穿。[3]We are going to walk there. [4]Let's have a walk. 例[1]中的"吃"是动词,例[2]中的"吃"又变成了名词。后者的"吃"是由动作"吃"变来的,即先有吃的动作,然后才能将"吃"代指为"吃的东西"。例[3]中的 walk 是动词,例[4]中的 walk 是名词,后者显然是从前者转变而来的。夸克(Randolph Quirk)将英语中的动转名词分成七种类型:(1)状态(state),如 love、want 等;(2)事件/活动(event/activity),如 swim、shut-down 等;(3)动作的结果(object of V),如 answer、find 等;(4)动作的执行者(subject of V),如 cheat、coach 等;(5)动作的工具(instrument of V),如 paper、wrap 等;(6)动作的方式(manner of V-ing),如 walk、lie 等;(7)动作的地点(place of V),如 retreat、rise 等。汉语中的动转名多以功能划分。例如,"政通人和,百废俱兴"中的"废"表示废弛的事业,是动词兼代中心语直接作主语。

动作动词　action verb　指本身表示具有实体意义的行为动作的动词,如 run、kick、fly 等。这类动词是根据语义特征对动词进行分类的结果之一。

动作类别　Aktionsart〔德〕　语义学术语。指英语语义学研究中一种按照动态时态进行的语法分类。在英语中,动作或行为的时间可以通过动词时态来传达,但并不绝对如此,时态更像是动作的类别。在英语语义研究中有一种观点将动作的类别分成线性(linear)动作和瞬时性(punctual)动作,线性动作的执行具有持续或继续的过程性的特点,瞬时动作的执行具有短暂性的特点。

动作链　action chain　认知语法术语。兰艾克(Ronald Langacker)在《认知语法基础II》中提出的一个典型限定子句描写模型,该模型把实义动词的侧画关系描写为能量的互动过程。当一个物体和另外一个物体有力接触后,动作链就产生了,导致能量的转移(transfer of energy)。第一个物体强力接触第二个物体,第二个强力接触第三个,第三个接触第四个,以此类推,直到能量耗尽或无力再接触其他物体。这个链条中的第一个物体被称为链首(head),即能量源(energy source),最后一个被称为链尾(tail),即能量槽(energy sink)。如果没有中间环节,只有两个参与物体,一个是链首,另外一个是链尾。动作链也是语义角色施事(agent)和受事(patient)的概念基础。一个典型的限定子句体现了一个典型的动作链,能量从施事转移到受事,导致受事的状态改变。例如:Andrew broke the mirror. 例句中 Andrew 是施事,能量源,the mirror 是受事,能量槽,能量从链首到链尾被全部消耗,镜子被打碎了,其状态被改变。

动作名词　action noun　亦称行为名词。指语义上表达行为、动作意义的名词。很多动作名词直接由动词转化而来,如 walk、fight、bath 等。还有一些动作名词由动词派生而来,如 arrival、destruction 等。

动作者　actor　功能语言学术语。根据功能语法理论,语言概念功能(ideational metafunction)的及物性系统(transitivity)包括六种重要过程,每个过程都有自身的表达格式,动作者则是六种过程之一的物质过程(material process)表达式的一个重要组成部分,指物质过程的逻辑主语。例如:He killed all the people. 此句表达一个物质过程,其动作者为 He,动作为 killed,动作的目标为 all the people。如果一个物质过程既有动作者又有目标,所在的小句既可以是主动语态,如"He broke the window",也可以是被动语态,如"The window was broken by him."。如果只有动作者而没有目标,小句就只能以主动语态的形式出现,如"He ran away."。

动作者—动作模型　actor-action model　布龙菲尔德(Leonard Bloomfield)在《语言论》(Language)中分析欧美语言后得出完整句子的最常见基本句型。此句型模型化后即是:动作者+动作。例如:Frank kicked the ball. 此句中的 Frank 为动作者,而"kicked the ball"为动作。

动作者—动作—目标　actor-action-goal　功能语言学术语。指在对众多语言进行语法和语义分析基础上得出的语言陈述式的典型功能序列。例如:John kicks the ball. 此句是典型的主动语态陈述句,主语 John 是动作者,动词 kicks 是动作,宾语 the ball 是目标,完全符合动作者—动作—目标序列。当然,这一序列只是陈述式的典型功能序列,某些语言中的陈述式还存在其他功能序列,如威尔士语中陈述句的无标记序列表现为动作—动作者—目标。

冻结隐喻　frozen metaphor　认知语言学术语。指如此频繁使用以至于获得一个新意义的隐喻。例如:"他是一条蛇",一开始可能是一个隐喻,但是使用多年以后就变成了死隐喻(dead metaphor),隐喻意义"狠毒狡猾的人"就变成了"蛇"的一个新意义。

逗号　comma　最常见的标点符号之一,用于分隔语法成分。逗号的主要功能有三种:(1)用于分隔处于并列关系的单词、短语或分句;(2)用于分隔从句、独立成分、非限定性定语从句、插入语、同位语等;(3)其他用法。例如:[1] He taught slowly, carefully, and patiently. [2] I like reading books, listening to music, playing basketball, and so on in leisure time. [3] Some are reading, some are speaking, and others are talking. [4] If I were you, I wouldn't say so. [5] Time permitting, I will find it on time. [6] The man, who was in good health, came to visit me. [7] Sure, you are right. [8] Tom, the orphan. [9] July 13th, 1980. 其中,例[1]—[3]为第一种功能;例[4]—[8]为第二种功能;例[9]为日期等格式化用法。

独白　soliloquy　指一个人的言语活动。说话时可以有观众或者听众在场,也可以无人在场。

独词句　holophrase　语言习得术语。语言习得研究中指仅由一个词组成、无语法结构的句子或话语。它是儿童语言习得最初阶段即一词阶段(one-word stage)的特点。例如:

独词句	想表达的意思
Water.	I want some water.
More.	Give me some mor.

随着儿童语言的发展,语言习得逐渐过渡到二词、三词等阶段,直至最后掌握完整的语法系统。语言学界对这种话语在多大程度上可认定为句子(即独词句)或句子缩略形式的争议较大。

独词句话语　holophrastic speech；holophrastic language　指儿童早期语言习得中用单一词句表达各种需求和愿望的话语。参见"独词句"。

独词句现象　holophrasis　以单一词代表一个整句和完整意义的现象。参见"独词句"。

独词句语言　holophrastic language　参见"多式综合语"。

独立变量　independent variable　亦称"自变量"。参见"变量"。

独立成分　independent element　语法学术语。任何与句子其余部分无语法关系,但仍具有句法作用、与其余词语有一定语义关系的词语。独立成分包括感叹词、插入语和呼语,它们不能离开句子而独立存在,是句子的特殊成分,而不是构成句子的直接成分。

独立动词　absolute verb　语法学术语,亦称绝对动词,与相对动词的概念相对。指及物动词在使用中不带宾语的语法现象。例如:[1] We have a teacher who inspires. [2] Guns may kill. 例[1]和例[2]中的及物动词 inspire 和 kill 属于独立动词,它们的宾语在句中未被明确指出,而包含在明确的语境之中。

独立短语　absolute phrase　语法学术语。指与句子主句部分相分离、包含自身逻辑主语的分词短语结构。在夸克(Randolph Quirk)等人的《当代英语语法》中被划归于独立结构,但区别在于独立结构所涵盖范围大于独立短语,前者还包括省略了分词的结构。独立短语既可是现在分词结构也可是过去分词结构,受分词修饰的名词性短语或代词通常被视为独立短语的逻辑主语。一般情况下,独立短语的逻辑主语不同于主句主语。例如:[1] The scholars increasing fast, the house was soon found too small. [2] Some books under his arm, the professor walked into the classroom. 例[2]属于大范围的独立结构,不同于独立短语句例[1]。如果独立短语的主语在句子使用时受到压制不显性出现,那么独立短语就表现为悬垂分词(dangling participle)。

独立夺格结构　ablative absolute　语法学术语,亦称独立离格结构。指拉丁语法中的一种独立结构,由同属夺格的名词、代词或动词的定语性分词及其修饰语构成,作为句子主干部分的外围成分使用,表示时间、地点、原因等。例如:[1] Ocukis clausis, nihil videmus.（眼睛闭着,我们什么也看不见。）[2] Te puero, his magnum bellum gestum est.（当你还是小孩的时候,这里打过仗。）独立夺格结构使用不依存于动词,从而避免了从句、动词变位等繁琐的语法现象,极大地简化了拉丁语表现手段,也增强了其语言表达的灵活性。

独立分句 independent clause   语法学术语,亦称主句(main clause)。指可以独立成句的分句。不依附于任何其他分句,但可与从属分句或其他独立分句连接成句。例如:[1] I will put the money in the bank or I will spend it.　[2] Bring it when you come.　[3] 因为路上太滑,车子不能开得太快。[4] 如果大家同意,我们就这样决定了。英语例句[1]—[2]中的"I will put the money in the bank"、"I will spend it"和"Bring it"以及汉语例句[3]—[4]中的"车子不能开得太快"和"我们就这样决定了"都是独立分句。

独立结构 absolute construction   语法学术语,亦称独立成分。指那些与句子主句部分相分离或以反常方式连接的句子成分。独立结构可以是独立用在句首位置的副词、形容词,也可以是独立于主句之外的动词的非限定形式。例如:[1] Weather permitting, they will definitely go.　[2] Happily, she went to school. 例[1]中的"Weather permitting"和例[2]中的"Happily"都是独立结构。无论何种形式,此类成分总是不以常规的句法手段与句子的其余部分相连接,而只以语调或逗号等形式与句子其余部分简单地分割开来。

独立区域 isolated area   参见"孤立区"。

独立属格 independent genitive   语法学术语。指独立使用的名词属格。属格往往在名词中心词之前作限定词或修饰语,若名词的中心词省略,而以名词属格独立充当一定的句子成分或词组成分,在此情况下使用的属格即是独立属格。例如:[1] His memory is like *an elephant's*.　[2] I had dinner at the *White's*.　[3] *The barber's* is on the corner of the street.　[4] Pickled vegetables are available at *the grocer's*. 例[1]中名词中心词在上下文中出现过;例[2]被省略的名词中心词表示默认的住宅或家;例[3]中被省略的名词中心词表示公共场所;例[4]被省略的名词中心词表示商铺。

独立物主代词 absolute possessive   语法学术语,亦称绝对物主代词。指物主代词在不带被修饰语的情况下独立使用的一种语法现象。例如:Theirs were the best. 此句中的 theirs 就属于此类用法,其修饰语在句中未被明确指出,需要听话人依据上下文加以推测。

独立形容词 individual adjective   语法学术语,亦称绝对形容词。指把形容词活用为具有名词功能的一种语法现象。以独立形式出现的形容词在使用时一般在其前面加定冠词 the,且后面不跟被修饰成分,如"the rich""the poor""the old"等短语中的 rich、poor 和 old 都属于此类用法。

独立型所有格代词 independent possessives   语法学术语。从形式上看,是名词性修饰语代词(adnominal possessives)的别称,包括 mine、yours、his、hers、ours、theirs 等,充当独立句的主语或宾语。与修饰所有格代词(attributive possessives)相对应。

独立学习 independent learning   参见"自主学习"。

独立音变 independent sound change   音系学术语,亦称无条件音变(unconditional sound change)、孤立音变(isolative sound change)、自主音变(autonomous sound change)、自发音变(spontaneous sound change)和偶发音变(sporadic sound change)。指不受语言环境制约,能在所有位置都发生的音变。独立音变可用来解释不能用正常音变原则来衡量的语音变化。例如,在关于近代汉语"们"缀研究中,有学者认为"们"缀来源于"辈"。对于由"辈"到"们"语音上的解释,除了方音的因素外,可能是因为虚词或词尾在虚化过程中发生了超出语言系统音变范围的独立音变。

独立指代词 depend demonstrative   参见"指示代词"。

独立主格 absolute nominative; independent nominative   语法学术语。指英语句式中一种非限定性独立结构。其构成分为两部分:前一部分是名词或代词,后一部分是非限定形式(不定式、动名词和分词)、形容词、副词、介词短语,前后两部分具有逻辑主谓关系。独立主格结构多用于书面语,在句中做状语,用以补充说明主语发生行为的时间、原因、条件、方式、伴随等情况。例如:[1] He came into the room, *his ears red with cold*.　[2] *Their manes flowing*, the horses ran from the burning barn. 例[1]和例[2]中斜体部分就属于独立主格结构,其名词性主语与主句的主语不一致,在非限定结构中独立存在。

独特特征 idiosyncratic feature   在音位学、形态学、句法学或语义学中指单词不符合一般规则的特征。例如,在形态学中,指一个单词的无理据形态变化,即单词的意义不能根据其组成成分的意义来推断。

独值特征　privative　音系学术语。指只有一个特征值的特征,该特征要么存在,要么不存在。例如,[labial 双唇性]这一特征在/u/、/o/、/p/、/b/、/m/等音段中存在,在其他音段中则不存在。与这一概念相对应的是偶值特征(binary)。

读唇法　oral method　语言教学术语,亦称唇读法。指通过观察发音者的嘴型变化以及触摸发音者的脸部、喉部和胸部来感觉气流运动等方式来分辨话语、学会发音的方法。这种教学方法较为机械、枯燥、费时,教学效果并不显著。但该法较为广泛地运用于培养耳聋患者的听说能力。

读取　access　亦称存取或访问。指在计算机辅助语言学习中学习者对计算机所提供学习系统中的信息、数据等的查找或获取。读取主要有两种方式:一种是顺序读取,另一种是随机读取,或称直接读取。在顺序读取方式下,学习者只能从文件开始处按文件既定的顺序读取其中的信息和数据,不能略过某些内容,也不能非顺序读取。在随机读取方式下,学习者可以根据自身的需要直接定位系统中的某些文件或信息,非顺序地读取文件中的信息和数据。相对于顺序读取而言,随机读取与信息和数据在学习系统中的储存位置无关,读取更为便捷、灵活。

读入　reading　语义学术语。现代语义学中指通过一系列语义标记途径(path)所得到的释义(interpretation)。例如,woman 通过 Noun→……→的读入方式,即(HUMAN)→(FEMALE)→(ADULT)这一途径"读入",是"妇女"。

读书报告　book report　语言教学术语。教学中让学生对自己所读书籍进行口头或者书面报告,用来刺激他们仔细阅读书籍并对阅读进行思考性讨论。

读音法　phonics　参见"按字元音值拼读法"。

堵塞　blocking　形态学术语。指已存在的派生结构阻止具有相似功能的构词规则再次派生语义相同单词的过程。例如,英语后缀-er 可由动词派生出其施事,如 teach 加-er 可派生出 teacher,但因为有 thief 存在,steal 不可加-er 派生出 stealer;后缀-ness 和-ity 可将形容词转为名词,但因 graciousness 已存在,新词 graciocity 便不能生成。

杜鹃论　Cuckoo theory　参见"摹声说"。

短被动句　short passive　句法学术语。参见"长被动句"。

短路假说　short circuit hypothesis　语言习得术语。二语习得中英语阅读的研究范围。指阅读者母语的阅读策略会因二语熟练程度的缺陷而变得不起作用,或称为短路,除非二语习得者具有与母语一样的二语水平。克拉克(Herbert Clark)的短路假说理论认为,在母语阅读中,阅读能力好的学生比差的学生更多地依赖语义线索,而阅读能力差的学生比好的学生更多地依赖句法线索;但在二语阅读中,母语阅读能力好的学生与阅读能力差的学生在语义线索和句法线索的使用方面均无明显差异。

短时记忆　short-term memory　心理语言学术语。大脑储存信息的时间有短有长,信息储存有短时记忆和长时记忆两种方式。短期记忆指收到信息并对其进行分析和解释期间所进行的记忆,这个阶段的记忆大约只能保持18秒到20秒的短暂时间。在这个阶段里,有许多需要快速判断或核对的工作必须执行,由此称之为工作记忆(working memory)。短时记忆的容量相当有限,一般人的记忆广度约介于7±2个单位。长时记忆指更永久地储藏信息的记忆。参见"记忆"。

短时体　delimitative aspect　语法学术语,亦称有限体。指动词表达的状态或活动持续的时间非常有限(即"不多一会儿"的意思)。在某些语言(如俄语)中,有无时限的对立是体(aspect)系统形式标记的一部分。李讷(Charles Li)和汤普森(Sandra Thompson)把现代汉语的动词重叠式看作为体标记的一种,称之为"有限体"。根据朱德熙1982年的《语法讲义》,动词重叠式表示动作的量,具体地说,就是"时量短"或"动量小"。例如:[1]我昨天晚上看了看电视就睡觉了。[2]下午我想去游游泳。[3]你们应该认真讨论讨论这个问题。

短停顿　brief pause　语音学术语,无声停顿中最短的一种。一般用于句子内部的语调群之间。例如:As far as I know,｜he is one of the best students in the class. 上句中分句和主句之间进行了短停顿。

短语　phrase　❶语法学术语。指构成一个语法单位的一组词,它没有限定动词,也不存在主述结构。例如,I like his wonderful ideas.(我喜欢他精彩的想法)。传统上短语被视为结构层级的组成部分,介于小句(clause)和词之间,通常根据其中心语进行分类,如名词短语(如 a beautiful girl)、介词短语(如 in the corner)、副词短语(如 very slowly)、形容词短语(如 old and young)等。短语在生成语法中的用途较广,分析初始阶段的一般描写(短语结构语法、短语标记、投射等)和相关的分析单位(名词短语、动词短语等)都用到这个短语。❷句法学术语,亦称词群(word group)。指大于一个词而又小于一个完整句子的任何句法单位。主要用于生成语法的短语结构语法(phrase structure grammar)、短语结构规则(phrase structure rule)和短语结构树形图(phrase structure tree)之中。例如:[1] They [said [they [liked cheese]]]。 [2] They liked cheese。 例[1]中几对用括号括起来的都是短语,包括自成分句的they liked cheese。在此意义上的phrase不同于常见的作为小于分句的句法单位的phrase。

短语变体 **allophrase** 语法学术语,亦称片语变体或句子变体。指表达同一意义的短语或句子的不同实现形式。例如,英语中的短语now and then, now and again, every now and then等虽然在表达形式上有所不同,但它们所表达的意义和语法用法没有区别,因而可被看作同一短语的不同变体。

短语标记 **phrase-marker; PM** 句法学术语。指根据语法规则对句子在派生过程各阶段的层级结构加以明确标定,并将其分析成语素或构形成分组成的线性序列。一个句子的短语结构是根据其直接和间接成分的上下支配关系确定的,可用树形图描述,也可用括号标示。短语标记通常用树形图形式表示。

短语动词 **phrasal verb** 语法学术语。指由一个动词成分加上一个或几个小品词序列构成的一类动词,如come in、get up、look out for等。根据不同语法模式,可以区别短语动词、介词动词(prepositional verb)和短语介词动词(phrasal-prepositional verb)。短语动词如 turn off,其特点是介副词off可以重读,还可以出现在宾语之后,如 turn the light off;宾格代词可出现在动词和介副词之间,如 turn it off。带介词的动词如 apply for,其特点是介词不能出现在宾语之后,代词只能出现在介词之后。带介词的短语动词由动词、介副词和介词构成,如 cut down on(expenses),这种形式的动词结构,有时可以根据各组成部分的意思猜出其意义,但有些部分的意思则是习惯用法,如 put down to。现在一般用"短语动词"这个术语来统称短语动词、带介词的动词和带介词的短语动词。

短语结构 **phrase structure** 句法学术语,亦称成分结构(constituent structure)。指一个句子内部的结构成分或更小的直接分析成分。短语结构是直接成分分析的结果,也是一个句子短语通过使用树形图所作的描述。

短语结构成分 **phrase structure component** 句法学术语,亦作基础成分(base component)。按照转换生成语法,句法结构分为两个部分:短语结构成分和转换成分。短语结构成分生成语言的基本句型,转换成分将句型转换成句子。短语结构成分由一系列规则及一个列出语素和惯用语的词汇表组成,其中主要的规则称为短语结构规则(phrase structure rules)或重写规则(rewrite rules)。

短语结构规则 **phrase structure rule** 句法学术语。指生成短语结构的改写(rewrite)规则。短语结构规则通常可以用"X → Y Z W …"表示,其中X为短语的名称,"→"表示"改写为",Y、Z和W分别定义了短语X的结构。若Y、Z和W是短语,则需要再次写出它们的结构。例如:The boy sends flowers to his mother。 此句的短语结构可以写作表达式[1]:

[1] a. S → NP VP
    b. VP → V NP PP
    c. NP → Det N
    d. PP → P NP

其中,[1b]表示这个句子中的VP内部结构包括动词V、宾语NP和补语PP;同样[1c]和[1d]描绘了此句NP和PP的结构。短语结构也可以通过短语带标加括法(labelled bracketing)写作表达式[2]。

[2] [S[NP[Det the[N boy]][VP[V sends][NP[N flowers]][PP[P to][NP[Det his][N mother]]]]]

短语结构规则的递归性 **recursiveness of phrase structure rules** 句法学术语。短语结构规则具有使短语和句子无限地、循环地组合起来的属性,表明语言的创造性。例如,一个句子可以包含一个动词短语结构,而该动词短语结构中又可以包括另外一个句子;一个名词短语后可跟一个介词短语,而该介词短语又可以包括一个名词短语等。

短语结构语法 **phrase structure grammar** 语法学术语。指分析语言中不同句子类型结构的语法,乔姆斯基在其《句法结构》(1957)中做了论述。短语结构语法包含短语结构规则(phrase structure rules),详细说明句法范畴成分,不仅能生成语言成分语符列,还能对语符列提供组构成分分析,因而能比有限状态语法提供更多信息。例如,有一条句法结构规则规定名词短语(NP)可以重写为:NP→(Art)(Adj) N (PP),即名词短语由可选择的冠词加上可选择的形容词加上名词加上可选择的介词短语组成。乔姆斯基的短语结构语法与早期语言学家采纳的直接成分分析法的主要区别在于:前者形式化为一个生成规则系统,并力图避免早期理论把重点放在发现程序上的做法。短语结构语法原为生成语法框架下的一种识别语法,转换语法使其变得更为形式化,而且对它做出部分的重新诠释,即原来静止的、分析性的描写规则变成了重写规则,如 S→NP+VP 等同于"一个句子由一个名词短语和一个动词短语组成"。短语结构语法局限于表层结构分析,因此不能彻底解决一些句法和语义问题,如非连续性成分问题、歧义问题、互为改写的句子问题等。为了解决这些问题,转换生成语法认为句子可以有多个句法表现形式,它们之间可以进行转换。

短语介词动词　phrasal-prepositional verb
语法学术语。由动词、介副词和介词构成,如 cut down on 等。这种形式的动词结构,有时可以根据各组成部分的意思猜出其意义,但有些的意思则是习惯用法。例如,put down to 具有"归因于"之意。

短语境测试法　short-context technique
语言教学术语。指外语教学中的一种阅读测试技巧。该测试法所使用的材料是一至三句话,材料后有一至两个问题,要求学生回答所阅读内容的大意等。该测试法强调基本的阅读技能和策略,不要求学生过度注意材料中的细节,或者做太多推理。在短语境测试中,教师可以增加所选材料的题材,从而避免因某些学生熟悉某篇文章而影响测试信度。此外,由于每段文章后只有一至两个问题,考生从同篇文章其他问题中得到回答某一问题线索的可能性降低,从而有助于提高测试信度。

短语所有格　phrasal genitive　语法学术语,亦称介词所有格(prepositional genitive)或后所有格(post-genitive)。指英语中同时使用介词 of 和 -'s 的所有格结构,如 a friend of Mary's 中的 of Mary's。

短语性复合词　phrasal compound　形态学术语。指用两个或两个以上的词构成的复合词,如英语 takeaway、classroom、hide-and-seek 等。

短语语类　phrasal category　句法学术语。在转换生成语法时期,使用短语结构规则(phrase structure rules; PS rules)描述句法结构时,将句子按照不同的成分分开,其中标示词性的称为词汇语类(lexical category),如 N、V、P 等;标示短语的称为短语语类,如 NP、VP、PP 等。

短语重音　phrasal stress　语音学术语,指加在句子、从句或短语中词汇里的句法搭配上的重音。例如:The mayor of Chi<u>ca</u>go won their sup<u><u>port</u></u>。句中黑体划线的音节比无划线的音节重音要强,双下划线的音节要比单下划线的音节重音要强。后者即属短语重音。

短元音符　breve　语音学术语,指弧形符号(˘),主要用于标明读作短音或轻读的元音。

段落　paragraph　语篇语言学术语。指很多语言中书面语言的组织单位。段落组成篇章,用来表明篇章的主要思想是如何组织起来的。在篇章语言学中,段落说明一个篇章的宏观结构(macro-structure; schema)。段落一般由涉及同一话题的句子组成,句与句之间相互紧密衔接。因此,新的段落一般表明段落主题或小主题的改变。英语中一个段落要另起一行,在印刷和书写时段落开头要首行缩进。

断定代词　assertive pronoun　语法学术语。不定代词(indefinite pronoun)的类型之一,表示数量上的多或少。与限定性代词(determinative pronoun)、连带代词(logophoric pronoun)、相互代词(reciprocal pronoun)等其他形式共同构成代词范畴。英语中的断定代词包括 much、many、more、most、some、little 和 few 等。例如:You need more milk for this sweet. Not much milk is lost.

断句　sentence fragment　没有完整的句子结构,或缺少一个句子应有成分的句子。例如:[1] *If you want to travel abroad*. [2] Scientists report no human deaths due to excessive caffeine consumption. *Although caffeine does cause convulsions and death in certainanimals*.

断连　delinking　音系学术语。指在某些非线性音位学(nonlinear phonology)中,一个特征或节点与一个音段取消联系,与展连(spreading)相对的现象。展连指一个属于某一音段的特征或节点与一个邻接音段相联系。展连和断连是同/异化研究中的重要概念。异化是一个特征或节点与一个音段断连,孤立的音段随后被删除;而同化是展连的结果,其表征式含有多重联系节点。

断续闭合　intermittent closure　语音学术语。指发音时主动器官与被动器官发生多次迅速的开闭,使气流忽通忽塞的现象。颤音、闪音都具有这样的特点。

断续形态学　discontinuous morphology
参见"非链接动词形态学"。

断言　assertive　语用学术语。塞尔(John Searle)批判奥斯汀(John Austin)言外行为(illocutionary acts)的分类,重新划分为五种类型,断言是其中之一,即说话人对某事作不同程度的表态,对命题做出真假判断。通常使用一些典型的动词表达,如 think、believe、claim、swear、guess、state 等。至于说话人的肯定程度有多大，要根据每句话的动词、副词使用的具体情况而定。

对半信度 split-half reliability　语言测试术语。常用的信度检验方法之一。反映测验项目内部一致性的程度，即表示测验测量相同内容或特质的程度。具体分析步骤是在测验后将测验项目分成相等的两组（两半），通常采用奇偶分组方法，即将测验题目按照序号的奇数和偶数分成两半，然后计算两个项目之间的相关程度。这两部分通常被认为是平行的。得到的信度估计是只有原测验一半长的测验的平行形式的信度系数。相关系数越高表示信度高，或内部一致性程度高。通常用斯皮尔曼-布朗公式（Spearman-Brown formula）计算测验结果，其目的是估计整个试题，而不是独立的两个对半部分的信度。因为当所有其他因素都相同的时候，测验数目越多，信度越高。

对比分析 contrastive analysis；CA　语言教学术语。兴起于20世纪50年代，是结构语言学理论在语言教学及二语习得研究中的应用。主要指两种语言体系的比较，如语音体系或语法体系的比较等。对比分析理论被广泛应用于语言迁移（language transfer）及中介语（interlanguage）研究。对比分析基于的主要观点是二语习得的主要困难来自第一语言的干扰，但这种困难可通过对比分析来解释和预测，从而减少干扰的影响，并对教材的编写有直接启示。自20世纪50年代以来，对比分析在音位学方面的研究最为成功。近年来，对比分析用于语篇研究等领域，进而产生了语篇对比分析等研究分支。

对比焦点 contrastive focus　语义学术语。指信息传递中起对比作用的焦点。例如：
A：Where can I find the cutlery?
B$_1$：[$_{CT}$ The forks] are in the *cupboard*，but [$_{CT}$ the knives] I left in the *drawer*.
B$_2$：The cutlery/It is in the *cupboard*.
在此例中，针对wh疑问词的回答构成答话的焦点信息，但cutlery（刀具）是集合名词，将cutlery看作是一个父集的话，forks（叉子）和knives（切刀）都是其子集。在回答A的问题时，B$_1$提到cutlery子集时也将其包含的其他集合提了出来以便对比。因而，the forks和the knives构成了对比焦点；而B$_2$的回答则不存在对比焦点，只有原始问句的焦点。

对比联想 association by contrast　亦称反义联想。指由于意义相对或相反而引起的联想。例如，从"好"联想起"坏"，从"父亲"联想起"母亲"，从"买"联想起"卖"，从"旧"联想起"新"，从"内"联想起"外"等。

对比替换测试法 contrastive commutation test　音系学术语。指通过最小对立体（minimal pair）之间的对比与替换寻找并确定某一特定语言音位系统的方法。例如，通过对pin、bin、tin、din、kin、chin、gin、fin、thin、sin、shin、win等最小对立体的分析，得到/p/、/b/、/t/、/d/、/k/、/tʃ/、/ʃ/、/f/、/s/、/w/等音位。在此基础上，通过pot、tot、cot、lot、yacht、hot、rot等最小对立体的分析，又得到了/l/、/j/、/h/、/r/等音位。以此类推，直至找到该语言中所有音位。

对比替换法 contrastive substitution　指在某一较大语言学单位里替换一个成分以形成两分对立组（contrastive pair）或纵聚合关系（paradigm）的方法，如两分对立组cob（打碎）和cop（警察）和I love linguistics/literature …中的纵聚合关系项linguistics和literature。

对比修辞学 contrastive rhetoric　对比语言学、修辞学、语言习得术语。指通过研究两种语言间的异同来研究第一语言与第二语言在写作方式上的不同。对比修辞学研究的主要目的在于了解一种语言（通常母语）的写作语境如何影响一个人用另一种语言（通常为外语）的写作过程和方式。一般认为第二语言或外语写作在不同程度上受到作者第一语言即母语本身及其文化传统的影响。这种影响体现在作者对语篇结构（discourse structure），即语篇的组织方式，作者写作时所采用的图式（schema）或脚本（script）类型，以及对话题、段落组织、词汇、语域、甚至读者选择等诸多方面。

对比语调 contrastive intonation；contrastive tone　语音学术语。指语句中包含某种隐含对比或言外之意时所使用的语调。包括具有逻辑重音的降调（突出第一调）、具有逻辑重音的升调（突出第二调）和降升调。例如：You learnt English well. 如果上句用降调则与"not any other language"相对比，用升调则具有如"Why not Chinese?"的言外之意，而用降升调，其言外之意则可能是"But you didn't learn Chinese well"等。

对比重音 contrastive stress　音系学术语。指句子中相对其他词或词组在发音时用更大的力量，即发音时肺部送出更多的空气的词或词组。对比重音一般是为了突出对某词或词组的强调。例如：[1]—Do you study Japanese? —No, I major in 'English! 例[1]对话中重音落在了English上以强调和突出新信息。有时通过对比重音的变换还可消除歧义。例如：[2] Tom 'didn't come because of Mary. [3] Tom didn't come 'because of Mary. 例

[2]中的对比重音落在 didn't 上，表明 Tom 来了但却不是为了 Mary；而例[3]中的对比重音改到了 because 上，意思变为 Tom 没有来，而这是因为 Mary 的缘故。对比重音也可以指使语句中某一成分在相同语境下与另一词语形成对比的重音。例如：[4]—Have you met Mr. Scavo? 你见过斯卡沃先生？—No! I've met 'Mrs. Scavo. 不，我见过斯卡沃太太。

对唱诗　amoebaean verse　亦称对答体。田园诗歌的一种，源自古希腊和拉丁语牧歌中使用的一种赋诗方法，即由诗中的两个人物轮流唱出对句或诗节，用一问一答的形式吟唱。维吉尔（Virgil Maro）在他的第 3 首和第 7 首《牧歌》里发展了这一诗法，使之广为流传。

对称结构句　balanced sentence　语法学术语。结构模式完全相同或具有相同结构对应部分的两个分句或句子。例如：[1] Like father, like son. [2] That's one small step for a man, one giant leap for mankind. 句中的对应部分互相参照，这使得对称结构句透彻而有力。

对等词　equivalent　参见"对应词"。

对弧语法　Arc Pair Grammar　指 20 世纪 70 年代末美国语言学家波斯特尔（Paul Postal）和约翰逊（David Johnson）在关系语法（Relational Grammar）的基础上发展并创立的语法理论。其代表作是两人于 1980 年发表的《对弧语法》。随着对关系语法理论研究的不断深入，波斯特尔等人开始意识到，在句子关系中，除了关系语法所描写的语法关系及层次外，还需描写关系弧之间的依存和排斥关系。对弧语法认为关系弧之间存有扶持和消抹两种关系，它们在关系网络中与其他关系，如语法关系、语法层次关系等相互作用和制约。由于扶持和消抹关系将关系弧连成对立体，波斯特尔等人把关系网络改为"对弧网络"，将这种描写对弧网络的语法称为对弧语法。对弧网络由表层图、逻辑图、关系图和扶持及消抹关系四部分组成，其中表层图表示句子的表层位形式，逻辑图表示句子的语义，关系图表示句子从语义到表层的各种语法关系，而扶持及消抹则是对语法关系的依存和排斥关系进行描写。对弧语法理论用了一套对弧网络定律及对弧网络规则对关系弧之间的联系进行描写，这些定律和规则都是用逻辑蕴涵式来表示。关系弧之间的各种逻辑条件就得到了确定。定律是理论的组成部分，是从各语言的规则中抽象出来的，属于普遍语法的内容，规则是对弧语法理论对具体语言描写所得出的该语言对弧网络的特殊处理，属于个别语法的内容。对弧语法理论还提出了一套公理系统来验证各定律之间的各种逻辑关系，从另一个侧面来描写对弧网络中关系弧之间的各种细节联系。总之，对弧语法内容主要就是描述句子的对弧网络结构。

对话　dialogue　语言教学术语。指语言教学中的固定模式的交谈，经常以书面的方式提前准备，包括经过简单化处理过的语法与词汇，用以练习口语，并为学生提供语言使用的具体例子。因此，对话本身可能与实际生活中的真实交谈有很大区别。

对话二人组　dyad　社会语言学术语。指两个彼此交流的人。对话二人组合可以视为交际网中最小的交际单位或部分。例如，在描述家庭成员之间语言使用现象的时候，对话的二人组合就是指母子、父子、兄弟或姐妹。

对话日志　dialogue journal　语言教学术语。指在写作课程中，学生和教师之间关于学习或学生感兴趣话题的讨论的书面记录或者录音。对话日志可以用来训练学生的写作技巧，帮助教师对课程进行评估或者获取学生的反馈意见，以及培养学生写作的总体能力。

对话者　interlocutor　语用学术语。指交流、对话或会话中积极参与谈话的人。除对话者之外，还可以有沉默不语的侧边参与者，如听众。侧边参与者在场可能影响对话的形式和风格。说话人的意图是通过对话者反射到侧边参与者的，这被称作反射性意图。说话人总是要通过语言手段或非语言手段来让侧边参与者意识到自己说话是针对他的，在话语中加上足以使侧边参与者明白其地位的词语和语法成分。例如，Susan 要去医院看病，Jack 在 George 面前对 Susan 说："Would you have me accompany you to the hospital, Susan?" 在这句话中，Jack 用了请求语气，借助有关词汇和相关语法手段，希望 Susan 不要 George 跟着他们一起，折射到 George 身上的言后效果就是要他走开，让 Jack 和 Susan 单独行动。对话者还可用于语言测试中，指在测试中和学生或者受试对话的教师或者其他经过训练的人，其职能在于帮助学生或受试完成一项口语任务。

对句　antithesis　参见"对偶"。

对立[1]　contrast　指能够出现在相同环境中，并且能够区别意义的单位之间的聚合关系。在音系学中，对立指能够出现在相同环境并且能够区别意义的音段之间的聚合关系，具有对立关系的音段被视为不同的音位。例如，英语中的/pɪg/"猪"和/bɪg/"大"，音节首音/p/和/b/所处的语音环境相同，但在[浊音性]([VOICE])这一特征上对立，因此是两个不同的音段。

对立² opposition 指单位之间在语言学上有重要意义的区别,表示一个系统内各成分间的关系,可用来区别各个成分。对立可以是语法对立(如单数对复数、现在时对过去时)或者语音对立。语音对立指由于语音上的差别而使得不同的音位(phoneme)得到区别。例如,英语音位/t/和/d/是对立的,是最小对立体(minimal pair),只在一个特征上有差别,其间的不同可使讲英语的人把 tin 与 din 以及 bat 与 bad 等区分开来。再如,/i/和/e/的不同可以区别 pig 和 peg 以及 pin 和 pen。两个语言项也可能在一个以上的特征上形成对立,如/t/与/v/以及/p/与/m/。布拉格学派首先对这种意义上的对立做了理论上的阐述,并应用于音位学的分析中。后来,区别性对立(distinctive opposition)也应用于语素分析和语义分析。

对立词义 enantiosemy 语义学术语,亦称反义同词。指一个词同时兼有两个相反义项的现象,常见于多义词。例如:[1] I dusted the mantelpiece. [2] I dusted the cake with sugar. 例[1]中 dust 与句[2]中 dust 意义相反。前者意指"去除、去掉",后者则意指"加上、添加"。在汉语中对立词义也很普遍。例如,普通话的"乖"既有"违反"之意,如"有乖常理",又有"听话"之意,如"这孩子很乖"。

对立反义词 contradictory antonym 参见"互补反义词"。

对立假设 alternative hypothesis 参见"备择假设"。

对偶 antithesis 修辞学术语,亦称对句。一种修辞手段,指在结构上互相对称、语义上互相对立的表达方法,能形成鲜明对照的效果。多使用排比法,常出现在政治演讲和商业广告等说服性语言中。例如:[1] Speech is silver, silence is golden. [2] Marriage has many pains, but celibacy has no pleasures. [3] It wasn't ME, it was YOU.

对象格主语 objective subject 格语法中指形式上是主语,但在深层结构中只是动作对象的词。例如:[1] The clock winds up at the back. [2] This material washes easily. [3] The pen writes smoothly. 对象格主语通常与一些形式上主动而意义上被动的词连用构成主谓结构。

对象语言 object language 亦称目标语言、目的语言。用来谈论世界事物的语言,与元语言(metalanguage),即用于分析和描述语言的语言相对。指通过另一种语言作工具或媒介来进行学习、研究或分析的语言,即通过另一种语言的中介进行分析的对象。对象语言和元语言这两个概念由来已久,20世纪后形式逻辑对此有了更精确的定义,以在论述语言时对命题的不同层次作出必要的区分。在对象语言中,词"代表"或"指"事物,而在元语言中,词用来指另外一些词。例如:[1] Shanghai is situated on the Huangpu River. [2] 'Shanghai' is a proper name of two syllables. 例[1]中用"Shanghai"这个表达形式指中国的一个城市,是关于非语言的命题,属于目标语言命题,而在例[2]中"Shanghai"被当作一个双音节专有名词的例子,是元语言命题。在元语言描写中,对象语言的范例用引号、斜体或下划线等图形符号标示。元语言可以建立在不同层面上。例如,一本语言学词典的词条(或整本词典本身)定义和解释就是关于语言学术语元语言使用的元—元语言描述,这些语言学术语是用来描写对象语言表达方式的。另外,如果用一种语言对另一语言中的概念提出命题,那么这两种语言就形成了对象语言和元语言的关系,如用英语来描写法语语法。另参见"第一级语言"。

对应 balance 指一个系统的某一项在性质、作用、位置或数量上同另一系统的对应项对称。在语言学中,指一种语言的语法、语义或语音系统内在性质、作用等某一特征方面相当的对立对。例如,boy [+MALE]和 girl [−MALE]就是一对语义语素上的对立对;be 动词的单数"is/am/was"和复数"are/were"则是语法上的对立对。

对应词 analogue 指某一语言中的一个词在另一语言中的对等词(equivalent),但词形和词义范围不一定完全一致,如法语中的 maison 和英语中的 house 就是对应词。

对应结构 analogue 指涵义相同的同一语言或不同语言的结构,它们彼此可以参照或说明,为人们的语言理解提供便利,并丰富其表达方式。常见的三种对应结构为:(1)对应词组(phrasal analogue),如 a women's college 与 a college for women, cow's milk 与 milk from cows 等;(2)对应句(sentential analogue),如 My son has a wife 与 my son's wife 等;(3)不同语言的对应结构,如 the student's book 与"学生的书"等。

对应系统 diasystem 指两个或两个以上方言形态上的对应关系系统。魏恩赖希(Uriel Weinreich)于1954年创造该术语,他根据对应关系提出一个方言比较模式,并把部分相同、部分差异的对应关系写成图式。例如,在依地语(Yiddish)中,

$$\frac{X\ i \sim i}{Y\ i} \approx e \approx \frac{a}{a \sim e}$$

其中的 X 和 Y 代表两个地域,~ 表示只与一种方言有关的对立,≈ 表示与两种(或多种)方言有关的对

立。这一"对应系统"其实就是一种共时的方言比较、方言对应关系。在历史语言学中,这种比较方法并不新鲜,但在结构主义的理论架构里,每一个方言的结构都是独立的、无法比较的。魏恩赖希的贡献是把历史语言学的比较方法应用到共时的方言研究来,并且加以模式化,使得所谓的"对应系统"变得非常易解。根据安蒂拉(Raimo Anttila,1972)的观点,方言和语言本来并无绝对的鸿沟界线,因为两者都存在着谱系性关系,都可以解释"对应系统"中的对应规律。

对应音 diaphone 音系学术语,亦称跨方言音。指一个抽象的音系单位,其发音不同,但音系上却是对等的不同方言的音位,如 half/hɑːf/在美语中读/hæf/,然而两种读法中的元音都属于/ɑː/音位。

对照组 control group 参见"实验组"和"控制组"。

钝音符 grave accent 语音学术语,亦称钝重音符号。指书写时加在元音上方的一种变音符号(diacritic mark),用来表示重音、音调和其他特征。某些语言中,钝音符还可以用来区别同音异义词,如法语的 ou(或者)和 où(哪里)、意大利语的 e(和)和 è(是)。

钝音与锐音 grave vs. acute 语音学术语。指雅柯布逊(Roman Jakobson)在20世纪50年代提出的关于辅音和元音的区别性特征。由软腭或唇发出的、低频部分听起来相对较响的音叫钝音。例如,英语的后元音(back vowel)和唇(bilabial)发出的辅音/u/、/p/、/b/、/f/和/m/;而由腭和齿发出的、高频部分听起来相对较响的音叫锐音。例如英语的前元音(front vowel)和齿(dental)以及齿龈(alveolar)发出的辅音/ɪ/、/s/、/t/、/d/和/n/。

顿呼 apostrophe 修辞学术语。一种词汇辞格。指在言语表达过程中,讲话人、剧中人或诗歌作者中断话题,转向不在场的人、已故者、甚至无生命的对象或拟人化事物直接称呼,借此表达典型的感叹和感情色彩。在戏剧独白中或诗歌的开头处尤为突出。例如:[1] Frailty, thy name is woman! 脆弱——你的名字是女人!(Hamlet, Act 1, Scene 2) [2] 地也,你不分好歹何为地;天也,你错勘贤愚妄做天!([元]关汉卿《窦娥冤》)

顿绝 aposiopesis 修辞学术语,亦称说话中断法。一种修辞手段,指说话人或作者因感情激动而无法继续说下去,或不愿继续下去而突然使句子中断,其目的在于表达客气、担心、愤怒、悲伤、惊恐等。例如:[1] What the .... [2] And suppose that they .... [3] His behaviour ..., but I blush to mention that.

多边对立 multidimensional opposition 布拉格学派音系学家确立的语音学术语。指语音间存在不止一种特征差异的对立,如/v/－/t/在"浊—清""是否封闭音"和构成部位这些特征上存在差异;同样具有这些差异的还有/f/－/d/。于是/v/－/t/之间就是多边对立,而不是双边对立(bilateral opposition)。

多层级学习 hierarchical learning 参见"深度学习"。

多成分组合语 incorporating language 比较语言学术语。指根据结构标准(而不是历时标准)、特别是按词的形态特点分出的一种语言类型。这些语言中由两个或多个词根或屈折语素组成单个屈折词。多式合成语词的形态较复杂,如许多美洲印第安语特有的构式。现通常称作多式综合语(polysynthetic language),属于语言类型学的研究范畴。参见"多式综合语"。

多重聚合词 aggregative compound; agglutinative compound 参见"聚集复合词"。

多次体 interactive aspect 语法学术语。动词语法范畴的"体"之一,表示行为动作有规律地反复。某些语言(如俄语)中这类意义通过动词的形态变化表示。但在英语中,这类意义通常由频度副词表示,如 again、regularly、often 等。汉语用"说来说去"之类的复叠结构表示反复。

多次性动词 frequentative verb 参见"重复动词"。

多方会话 polylogue 参见"会话"。

多方言的 polylectal 社会语言学术语。指有些社会语言学家用来指一种建议中的语法模型,能说明个人,也可引申到整个社会使用的多种语言变体,即方言。提出这一概念是为了区别于那类不管地域和社会变异、假设语言为同质状态而进行分析的语法。多方言语法还与泛方言(panlectal)语法对立,后者将所有语言变体都考虑在内。

多分支结构 multiple-branching construction 句法学术语。是短语结构(phrase structure)构建的一种类型。短语结构规则是描写句法的一种方法,其做法是把自然语言分成句法成分,称作短语语类(phrasal category)和词汇语类(lexical category)(词性)。短语类别包括名词短语(noun phrase, NP)、动词短语(verb phrase, VP)和介词短语(prepositional phrase, PP),词汇类别包括名词、动词、形容词、副词等。转换语法中经常使用短语结构规则进行句法分析。一个成分如果直接支配与其不相关的类似成分，就会构建一个多分支结构。例如：Socrates, Plato, Aristotle and many others are great philosophers. 句中的"Socrates""Plato""Aristotle"和"many others"就是 NP 成分的多分支结构。

多话期　loquacity　语言习得术语。幼儿习得母语的阶段之一。4 岁为多话期，多话期的儿童已经完全掌握了母语的基本语法结构，可以完整顺畅地完成语言交际任务，而且常喋喋不休地提一些"为什么"和"怎么样"的问题。儿童语言习得从六个月时的咿呀学语(babbling)到四岁时的多话期，大致会经历六个明显的语言发展阶段。参见"儿童语言习得期"。

多连接结构　polysyndeton　参见"连词叠用"。

多模态　multimodality　指几种符号模态的同时使用，也是人与人、人与机器之间在一些媒介的作用下交流信息的模式。由克莱斯和卢温(Gunther Kress & Theo van Leeuwen)于 1996 年提出，并受到语言学界的关注。也指除了文字之外，还带有图像、图表等的符号话语，或者任何符号可以编码成文本。多模态不再把传统的副语言(paralanguage)如图像、颜色、声音和动作等符号看作交流的辅助位置，而是把它们看成与语言符号一样对意义的构建起作用。现代生活的多模态已经成为交流的主要方式。

多模态交互　multimodal interaction　语言教学术语。指在网络环境下，教师应用教学设计的理论和方法，通过特定的组织、指导方式，应用教学策略为学生提供语言的平台，使他们的语言学习处于应激状态，促使学生在变化的情景语里选择语言形式表达意义，促进语言与情景之间的契合，使学生与教师、同学、课件、计算机、网络资源等产生多项的互动，从而调动学生的学习主动性和互动性，培养学生的创新意识，使语言学习成为一种更自然的行为模式。

多式综合　polysynthesis　指美洲土著语言中共有的一种独特现象，即由不同类型的语素组成的复杂词(complex word)。多式综合词可以遵循也可以违背合并(incorporation)原则。合并产生自由语素(free morpheme)，否则产生黏着语素(bound morpheme)。

多式综合语　polysynthetic language　语言类型学术语，亦称复综语、合体语(incorporating language)或多成分组合语、编插语、独词句语言(holophrastic language)。指综合语的若干类型之一，与孤立语、分析语相对。其特征是把主语、宾语和其他语法项结合到动词词干上，以构成一个类似单独的词，但表达一个句子的意思的结构，即语言的一个单词由许多语素组成而不只是由一个语素组成。在多式综合语中，句子是基本的语言单位，没有独立存在的造句基本单位——词。构成句子的成分都有意义，有的有词汇意义，有的表示语法意义，整个句子形似于其他语言中的词。属这类语言的多式综合语的例子包括因纽特语、莫霍克语、古爱努语、中西伯利亚尤皮克语(Central Siberian Yupik)、切罗基语、苏拉语(Sora)、楚科奇语以及北美地区和西伯利亚地区的多种语言，其中以北美印第安人使用的易洛魁语(Iroquoian)最为典型。例如，美洲契努克语中的 i-n-á-l-u-d-am(意为"我来是为了把这个交给她")就是由多种语素合成的词，所表达的意义等同于一个完整句。有时也见于英语的新创新词，如 anti/dis/establish/ment/arian/ism/s(各国反国教制度废除主义)。但有的语言学家认为这类构式应看为黏着语和溶合语两种特点的综合，而不应在语言类型学中另设一类。与类似的分类法一样，这一类型划分也并非泾渭分明、自成一统：各种语言都多多少少表现出一些"多式综合语"的特点。

多系统主义　polysystemism　亦称多系统说。由英国语言学家弗斯(John R. Firth)提出的一种语言学分析法。这种方法在结构的不同部位建立不同的语言系统，系统与系统之间不必相一致。这种方法主要针对音系学提出，在音系学领域称作韵律分析法。"多系统的"与"单系统的"对立，后者如音系学中的各种音位理论。这些理论只使用一种基本音系单位(即音位)，音位的集合被视为唯一的对立系统，适用于语音线性序列的分析和转写，不管相关的语法或词汇结构如何。与此相反，多系统主义在音节、词和其他单位等结构的不同部位、并在词汇或语法的不同方面，根据需要建立了不同的音韵系统。这种方法不强调撰写，比较注重音系学与语言结构其他平面的联系。按照这种方法，在一种语言词的起首位置定义各种对立所需要的一组语音很可能与词的中间或结尾位置所需的不一样。英语中没有多少证据表明有必要采取这种分析法，但东南亚的不少语言采用这种分析法很有成效。

多样性　diversity　社会语言学术语。指社会中特定的学习群体或个人具有包容来自不同种族、文化及语言背景人群的能力或特点。承认和宣传这种文化多样性的举措称为多元文化主义。虽然在文化、宗教和语言背景方面相异的少数团体，但仍在课程、教材、媒体中宣传占支配地位的团体的文化。对此，倡导文化多样性的人通常会寻求实现社会对多样性文化的普遍认同，鼓励宽容地对待多样文化，重新审视对文化少数群体的偏见，以期创造一个更为宽容的社会。

多义词　polysemic word；polysemous word
语义学术语。指一个词具有两个或更多的意义。如"spring"一词，常见的意义就有"春天""泉水"和"弹簧"等。

多义现象　polysemia　语义学术语。亦称多义、多义性（polysemy）、一形多义或一词多义（polysemic、polysemious）。法国语言学家布雷亚尔（Michael Bréal）于1897年提出的术语。在语义分析中用来指一个表达形式具有两个或两个以上的含义，这些含义有共同点，且源于同一个基本含义。按照传统的解释，同形异义（homonymy）词之所以有多种含义，是因为这些语义词源不同，所以它们应该是不同的词；相反，多义则可以追溯到共同的词源。然而，词源这一标准在应用中也会出现问题，因为它往往偏离人的语言直觉。因此，一词多义和同形异义（homonymy）很难严格区分开来，这就是同样的词汇在不同的字典里有不同解释的原因。多义现象与单义现象（monosemy）相对，单义现象指一个词只有一个意义。科学术语、专有名词、常见事物的名称多半是单义词，因为这类词本身要求意义单一、固定，不允许同时有几种含义，如"北京""火车""天文学""无产阶级"。

多音节词　polysyllable；polysyllabic word；multisyllable　音系学术语。指由超出一个的音节所组成词。多音节词与单音节词相对。例如，difficult、beautiful、understand 等词均为多音节词，而 shut、big、it 等由一个音节所构成的词则为单音节词。

多音位分类　polyphonemic classification
音系学术语，亦称双音位分类（biphonemic classification）。指音位分析中把两个连续的、发音不同的音分析为两个不同的音位，与单音位分类（monophonemic classification）相对。参见"单音位分类"。

多语素词　polymorphemic word　参见"词"。

多语现象　multilingualism　社会语言学术语，亦称多语制、多语主义。❶由于某种政治或社会原因，一个言语社团或个人同时使用三种或更多语言的现象。能够同样熟练地运用多种语言的人非常少，他们掌握这些语言的精通程度通常被夸大。多语制多见于西非一些国家（如加纳、尼日利亚）和马来西亚、菲律宾和以色列等国。❷指个人能使用数种语言及在一个地理区域不同语言族群共存的现象。

多语主义　multilingualism　参见"多语现象"。

多元文化主义　multiculturalism　指在多种民族、多种文化和多种语言的社会背景下，一个群体或个人所持有的认可和促进文化多元性的理念。许多国家在教学大纲、教材和媒体中只推进主流文化，而忽视了少数民族和宗教人士的需求，反对派主张消除成见，提高社会的包容性，推崇社会的多元性。

多源说理论　polygenesis theory　指语言学界认为世界上的语言是由几个彼此完全独立的源语种系发展而来，而非由唯一的一种母语发展而来的理论。与单源说理论相对。这个理论基于这样的事实，即中国、中美洲、埃及、苏米尔等区域都各自产生过独立的语言，鉴于此，语言的产生也应该是多源的。从现象上来看，世界上各种语言之间存在不小的差别，而世界各种语言中所存在的相似之处或普遍特征现象有可能是近乎一致的生理因素和环境因素所导致的。同时，语言的交互影响又必然导致语言产生共同特征，所以，语言的发展趋势从总体上来看具有合并的趋势。

夺格　ablative case　亦称离格。属屈折语中名词语法功能格的一种，与一些前置词连用或者独用，以表示动作赖以进行的工具、手段，或动作发生的方式、地点等。夺格主要出现在拉丁语中，用法非常复杂，包括起点夺格、工具夺格、分离夺格、被动夺格、陪伴夺格、方式夺格、原因夺格、价格夺格、描述夺格、差异夺格、方面夺格等。例如：[1] Roma heri iter fecimus.（我们是昨天从罗马启程的。）　[2] Uxor agricolae caudas trium murum cultro scindit.（农夫的妻子用刀割下了三只老鼠的尾巴。）　例[1]使用了起点夺格，例[2]使用了工具夺格。除拉丁语外，梵语、匈牙利语、土耳其语、蒙古语、藏语、芬兰语中也存在类似的格。

惰误　dord　辞典编纂学术语。辞典编纂学中一个有名的错误。起因是 G. & C. Merriam 公司（美国梅里亚姆-韦伯斯特公司的前身）的员工将誊写卡上写的"D or d"（大写 D 或者小写 d）误为 *Dord*，并将其编入第二版的《韦氏新国际英语词典》（New International Dictionary），并将其释义为"密度"（density）。发现错误后，第三版收录了 *Dord* 这个假词，将其释义为"幽灵词"。

E

讹误语 cacology 指不合乎语法、违反发音规则或书写不规范的语言,也指粗俗、恶意或措辞不当、有失得体的言语。狄更斯在其主编的《一年到头》(*All the Year Round*)杂志1867年5月25日第422期第526页发表的连载故事《社会筛屑》(*Social Siftings*)中,一位被称作"my lord"的人物常犯此类语言错误,如把 sandwiches 说成 selvedges,把 correct 说成 rebut。

讹写法 cacography 修辞学术语。指在字母文字的书写中,故意采用错误或不规范的拼写形式,以制造讽刺、幽默的语用效果。其特征与"飞白"有相似之处,但着眼点不在语音而在书写,包括词素误用或凭空杜撰、字母漏写或顺序错乱、附加符号遗漏或写错、字迹潦草难以辨认等。常用于刻画、讥讽文盲以及识读能力低下的人。参见"飞白"。

俄罗斯形式主义 Russian formalism 20世纪初至20世纪30年代在俄罗斯影响较大的文学批评流派,主要包括圣彼得堡的诗学研究和莫斯科的语言学研究,其思想主要体现在部分著名学者(如雅柯布逊等)的著作中。这一流派倡导诗歌语言的自主性和文学的特性,并率先系统研究声音模式。该流派对巴赫金(Mikhail Bakhtin)等思想家产生了很大影响,对19世纪20年代中期的布拉格学派影响较大,并为法国60年代和70年代的结构主义文学提供了一个范式。

轭式修饰法 zeugma 修辞学术语,亦称拈连或轭式搭配法。指一个词(通常是动词、形容词或介词)与并列结构中两个以上的在意义上不相干的名词搭配,即一个句子成分同时支配句中其他两个或两个以上的并列成分。例如:[1] *Give* them thy fingers, me thy lips to kiss. [2] He *took* my advice and my wallet. [3] He *lost* his wallet and his temper. 例[1]—[3]中的动词 give、take 和 lose 分别支配两个并列的名词短语,属于轭式修饰法。

恶俗语 dysphemism 参见"粗直语"。

腭 palate 语音学术语,发音器官之一。指从齿龈隆骨后开始到小舌之间的整个区域,共分为两部分,即硬腭(hard palate)和软腭(soft palate)。硬腭指紧挨齿龈隆骨后面不动的多骨区;软腭是硬腭的延续,为可动的多肉区,到小舌为止。以硬腭为主要发音器官的音称为硬腭音(palatal),以软腭为主要发音器官的音称为软腭音(velar)。

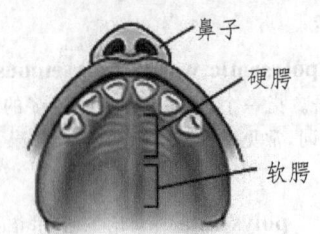

图1 正常的腭

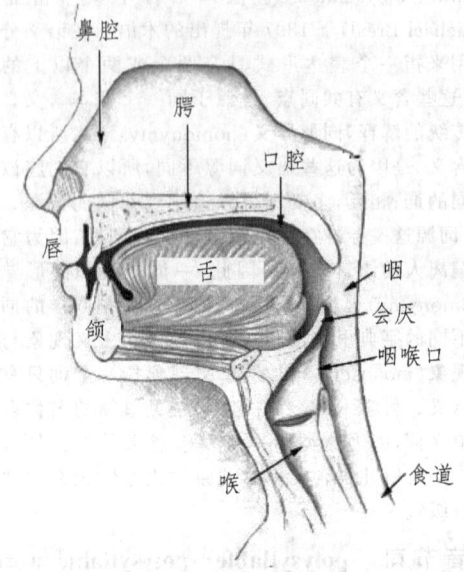

图2 腭在口腔内的部位

腭化 palatalization 语音学术语,亦称软音化(softening)。指发音时将舌的前端朝口腔上面的硬腭抬起。辅音中的软腭音和齿音在与前元音相邻时,产生的音同时带有两个音的体征,这一变化即是腭化。例如,在法国巴黎方言中/k/被腭化为 qui [kʲ](疑问词"谁")。元音的腭化一般多为后元音根据元音和谐的需要而发生前移,如古高地德语的 i 音变。腭化通常构成发音的次要特征。在一些语言中腭化辅音与非腭化辅音的对立可以区别不同词义的词;也有些语言中,如俄语,一些腭化辅音构成独立的音素。

腭化音 palatalized 语音学术语,亦称软辅音(soft consonant)。指发音时带有一定腭化(palatalization),即舌部向硬腭抬起。例如,英语中 dew 一词的首辅音/d/腭化为[dʲ]。

腭位观察术 palatography 语音学术语,亦称腭位学。借助仪器来研究腭区发音的方法。当舌与腭接触时很难看清和感受口腔内发生的情况。研究者们尝试用各种技术来产生腭位图(palatogram)。早期采用的技术之一是在口腔顶部喷撒一层暗色粉末质,然后发一个音。如果发音在腭或齿龈区,舌就会擦掉一些粉质,然后给口腔顶部照相来确定发音部位。这种方法很不方便,而且只能做静态观察,无法观察到连续说话时舌的运动情况。后来随着科技的发展,各种电子腭位观察术(electropalatography)出现,其技术可以连续实时记录舌与腭的接触,并且通过计算机来快速处理大量的信息。现在,腭位观察术被许多语音实验室及语音治疗诊所广泛应用于研究不同语言的语音问题。

腭位图 **palatogram** 语音学术语。指发辅音时舌与声带上表面地区接触位置的影像图(image)或印痕。获得这种影像的最好办法是在舌头上涂抹活性木炭粉和橄榄油的混合物,然后用镜子和照相机记录下颜料的移动位置。

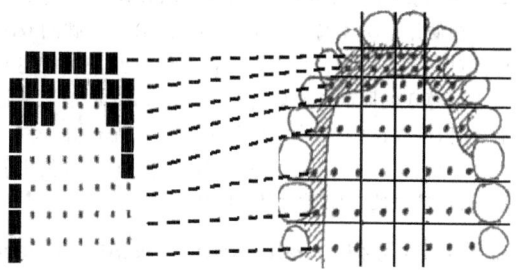

图1 电极在腭上定位的落点

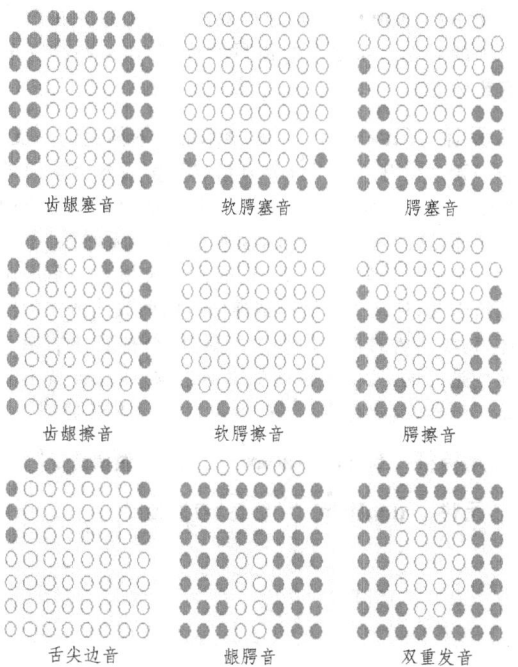

图2 有关辅音在腭的定位示意图

腭位学 **palatography** 语音学术语。参见"腭位观察术"。

腭音 **palatal** 参见"腭""软腭音"和"硬腭音"。

腭龈音 **palato-alveolar** 语音学术语,亦称硬腭齿龈音或舌叶后齿龈音(lamino-post-alveolar)。指舌面朝齿龈隆骨和硬腭之间区域同时运动发出的音:发音时,舌(或舌尖和舌叶一起)与齿龈隆骨接触,同时舌前朝硬腭方向抬起,如英语 ship 中的/ʃ/和 treasure 中的/ʒ/。

儿童语言 **child language** 语言习得术语。指仍在习得母语的儿童所讲的语言。儿童语言在很多方面与成人语言不同。首先,句法结构不同。例如:[1] Why don't you come to the party? [2] Why not you come to the party? 儿童语言中的否定式可能不用句[1],而用句[2]形式,省掉助动词 do。儿童语言的特征说明了儿童语言似乎有自己的一套语法规则,他们并非简单模仿成人话语来学习语言。儿童语言与成人语言的区别还表现在词汇和词形方面。儿童可能会使用某些过度概括(overgeneralization)的词汇,如用 apple 指所有圆形的水果。儿童也可能认为所有动词过去式均在词尾加"-ed"表示,以至于出现 goed 等形式;或者认为所有复数均加"-s",导致"mouses"等词的出现。

儿童语言习得期 **stages of child's language acquisition** 语言习得术语。指儿童语言习得发展过程中的不同阶段。儿童语言习得在时间上可分为这样几个阶段:3—6个月时为咿呀学话的婴儿语期(babbling)或语言游戏期:这时能理解面部表情和语调,能运用发音器官发出各种语音,但不会说连贯的话语;6—9个月时为幼儿语期(lallation):这时能对手势和简单指令做出反应,在自身刺激的情况下不断地进行语音组合;12个月时为模仿期(imitation):这时能对外界影响做出积极反应,说出最初的"词"(单词句)和做重复性的言语游戏;15个月时为说出莫明其妙话语(jargon)的时期:这时能把外界谈话的成分编成随便的言语,词汇量增加至二十多个,能用双词短语进行交谈;两岁时为说话期(talking):这时能完全理解指令,开始用短语表达需求;四岁时为多话期(loquacity):几乎完全掌握了母语的基本语法结构,完全能理解成年人对他说的话。在学习母语的过程中,不断摸索的学习方法、模仿和类比等因素都在起作用。年纪增大、缺乏与说外语者的接触机会、两种语言互相干扰、缺乏明确的学习动机等,都可能使学习第二语言变得更加困难。

耳听训练 **ear-training** 参见"辨音训练"。

耳语 **whisper** 语音学术语。语言学中的一种发音,指没有嗓音的话语。发耳语音时,为不使旁人听见而对发音加以控制,声门局部闭塞,声带合拢形成极小缝隙,气流穿过时摩擦声带产生很轻微的类似/h/的摩擦声。耳语中没有声带振动的元音,耳语元音就表现为带噪音的清元音,因声门变窄而有气流通过的摩擦噪音;声道的其他部位则与发相应的带嗓音的元音相同并有相同的共鸣音色,因而在音质上基本一致。音位关系上,耳语元音是相应的元音音位的变体,类似英语和其他许多语言中的[h]音。

耳语元音 whispered vowel 语音学术语。参见"耳语"。

二重介词 double prepositions 语法学术语。指由两个单一介词并列构成作为一个介词使用并表达一个完整意思的介词。英语中常见的二重介词有 from among、from behind、from under、until/till after 等。

二分对立 binary opposition 音系学术语。指音位或其他语言学单位按一项两分法特征(binary feature)形成对立的特征组。如[± ANIMATE]、[± VOICED]等。

二分法计分 dichotomous scoring 语言教学术语。一种计分的方法,只有对错之分。多用于对错判断题或者多项选择题的计分。

二分特征 binary feature 参见"偶值特征"。

二合字母 digraph 形态学术语。(1)由两个符号结合形成的新符号,如古英语中的 æ。(2)由两个字母组合而成,共同表示一个音,如 ship 中的 sh 和 beat 中的 ea。

二价动词 divalent 句法学术语。指强制要求与两种性质的名词性词组或动元关联的一类动词,可记为"动²"。例如"爱、采、参观、讨论"等。这类动词几乎就是一般所说的及物动词。二价动词与动元的基本配置关系有三种:(1)N1(施事)＋V＋N2(受事)。例如:他买巧克力;(2)N1(施事)＋prepN2(与事)＋V。例如:张明和李文结婚了;(3)N1(受事)＋N2(施事)＋V。例如:这件事我包办。

二听法 dichotic listening 心理语言学术语,亦称两耳分听。指认知心理学中,用于研究听觉系统选择性关注能力的一种方法。受试者通过耳机同时且分别接听来自左右耳麦的不同语音,然后被要求重复两耳各自所接听到的内容。实验显示,受试者的一侧听力要强于另一侧听力。右耳接听力较强称为右耳优势,左耳接听力较强称为左耳优势。据信,这是由于与左右半脑控制语言的能力不平衡有关。

二项分类 binary taxonomy 语义学术语。当两个相互对立的名称具有绝对性的对比时,这种对立称作二项分类,如生与死、正确与错误等。

二项式 binominal 形态学术语。原为数学术语,借用到词汇学中指两个成分搭配而成为习语,中间由连词连接,如 black and white, wear and tear 等。

二选一原则 alternative principle 指语言学家在使用二元对立(binary opposition)为基础的双值特征对语言的语音、语义、句法特点等方面进行描述时所必须遵守的原则。例如,在对英语"stone"的语义进行描述时,可以认定该词如果不具有[+ANIMATE]的特征,就一定具有[-ANIMATE]的特征,不存在任何的其他中间状态,这是二选一原则的根本属性。

二语自然习得 naturalistic second language acquisition 参见"课堂过程研究"。

二元的 binary 亦称双项的。指建立在两个单项的对立关系之上的描写项特点,如某些特征的有或无等。

二元论 dualism 哲学术语。本体论的一支,与一元论相对。主张世界有精神和物质两个本原的哲学学说。二元论认为世界的本原是精神和物质两个实体,这两者相互独立,性质不同,互无联系,各自平行发展。哲学史上二元论的代表人物之一是法国的笛卡儿,他认为物质和精神分属两种彼此独立的实体,物质实体的根本属性为广延性,精神实体的根本属性是思维,具备广延性就不能思维,能思维就不具备广延性,因此物质不产生意识,意识不依赖物质。

二元特征 binary feature 参见"偶值特征"。

二元性 dualism 参见"双重性¹"。

F

发话人　addresser; addressor　语用学术语。指言语会话或交际中处于主动发出信息的一方,与"受话人"相对。在会话中,发话人指说话的一方;在书面交际中,发话人则指信函等有关书面文件的作者。发话人与受话人的角色因话轮的交替而随时发生变换。

发起者　initiator　翻译学术语。德国功能派翻译理论认为,翻译活动全过程涉及的参与者除了原作者、译者及接受者外,还包括发起者。翻译活动好比环环相扣的链条,第一环就是发起者。发起者可能是个人、群体或机构,这一角色所起的作用就是发起翻译活动并影响整个文本的翻译过程。发起者是实际需要译文的用户端,由其提出翻译要求,包括翻译目的、使用译文的时间、地点、情境、交际媒介、译文应有功能等。

发散思维　divergent thinking　语言习得术语,亦称求异思维。指为了达到某一确定目的而展开联想,以求得某一问题各种可能和最佳答案的思维。这是一种开放性的思维方法,这种思维的特点是,思维中的信息朝着各种可能的方向发散,并引出更多新信息。思考者能从不同方面、不同角度进行探索,不拘泥于一种途径,不局限于既定规范,在分析与比较中,寻求合乎目的的最佳解释。发散思维可分为三种:正向思维、侧向思维和反向思维。

发生认识论　genetic epistemology　指瑞士心理学家皮亚杰(Jean Piaget)提出的关于儿童心理发展的理论。其基本观点是:(1)由于科学知识处于不断演化之中,因而人们不能静止地看待认识论问题;(2)人类知识的形成,既不是外物的简单复制,也不是主体内部预成结构的独立显现,而是包含了主体和外部世界在连续不断的相互作用中建立起来的一系列结构。皮亚杰将儿童认识的发展分为四个阶段:(1)感知运动阶段(sensorimotor stage);(2)前运思阶段(pre-operational stage);(3)具体运思阶段(concrete operational stage);(4)形式运思阶段(formal operational stage)。这四个阶段大致涵盖从孩子的出生到成年的青年时期,从最简单的感觉运动初始阶段到运用抽象概念,做出命题、假设、推理和演绎等高级思维阶段。皮亚杰的发生认识论对心理学研究和语言学研究的影响都很大。对儿童语言发展的研究称为发展语言学,主要研究儿童学习和掌握语言的过程中阶段的划分,各个阶段对词项和语法结构的掌握情况,区分本能与后天成分,后天教学对语言习得的影响,社会、智力等因素对语言能力的影响等。

发声　phonation　语音学术语。指通过声带和声门的不同状态构成语音。通常有五种状态影响语音构成:(1)声门开启发出清音;(2)声带形成隙缝并颤动发出一般的浊音;(3)声带前部贴在一起,而后部形成隙缝并颤动发出喉音;(4)声带不紧贴在一起而颤动发出嘟哝音,这时,和重声耳语是一样,勺状软骨之间形成三角形空隙;(5)声门关闭,无语音发生,声门关闭和重新开启则发出声门闭塞音,声带震动能产生不同基频,肺部气流压力的不同导致不同重音,构音持续时间的长短产生音量区别。

发声器官　soundorgans; vocalorgans　语音学术语,亦称言语器官(speech organs)。指人体上与发音有关的器官,包括肺(lung)、喉(larynx)、咽(pharynx)、鼻腔(nasal cavity)、口腔(oral cavity)、唇(lips)、齿(teeth)、舌(tongue)、齿龈(alveolar ridge)、硬腭(hard palate)、软腭(soft palate/velum)、小舌(uvula)、声带(vocal cords)、气管(windpipe/trachea)、会厌(epiglottis)等。其中,有些如唇、舌、声带等能够活动的叫主动发音器官;有些如软硬腭等不能活动的叫被动发音器官。

发声器官操练　gymnastics of the vocal organs　语音学和病理语言学术语。指根据发音部位(place of articulation)和发音方式(manner of articulation)对发音器官的反复训练。反复训练发音器官不仅能培养学生自发地正确发音,还能通过发音器官的运动使听觉和声觉、视觉相结合,既增强发音技巧和熟练程度,又强化音素和单词的记忆。发音器官训练离不开模仿。模仿从听觉定向活动开始,再经过大脑分析器的作用,然后由对心理运动器官的操练而完成。

发声生理学　sound physiology　语音学术语。新语法学派提出的发声语音学。该学派认为人类发声生理机制的全过程由大脑控制,大脑发出信息,首先传到呼吸器官,在呼吸肌肉的作用下,胸廓、肺扩大和收缩,产生发音动力的气息,气息通过由喉肌作用下闭合的声门,引起声带振动,产生喉头原始声音—声门波。喉原音经过喉腔、咽腔、口腔的过滤、共鸣、扩大,再经吐字器官舌、唇齿的作用,形成带有语言意义的人声,最后由口腔发出去,但发声运动并未完成,需要反馈过程,听神经将自己发出的音感信息传入大脑,同时,其他运动的本体感觉信息也输入大脑,经分析综合作出正确的发声指令,再由运动神经信息传输给发声器官,发出合乎要求的声音。

F 发 fā （语言学术语）

发声失常　dysphonia　语音学术语,亦称发音困难。指由于器质性、功能性或心理精神性原因造成的发声功能损坏,表现为声音嘶哑、气息微弱或其他发声缺陷。发音困难的最严重程度是失声(aphonia)。失声指声音消失,病人的说话会变成喃语,而且常伴有其他症状,如喉部干涩、疼痛、说话时费力等。

发现程序　discovery procedure　语法学术语,亦称发现过程。20世纪50年代,美国语言学家依据经验主义理论,尤其是逻辑实证主义的路线,开发出的一套相当完整的语言分析程序。发现程序是一套经验主义式的分析方法,起源于美国语言学家对印第安人语言研究的需要,在语言分析上遵照由上(言谈)自下(音位)、由表及里的过程。所以,语言学家在面对一个尚待研究的语言时,绝不会知道即将分析出来的各个层次面貌会如何,更不可能通过下层层面结构分析来验证上层层面的分析结果。

发现过程　discovery procedure　参见"发现程序"。

发现学习法　discovery learning　语言教学术语。一种教学方法,基于以下原则:(1)学习者通过观察、推断、假设、预测和交流,来进行发现和提问;(2)教师使用相应的教学法帮助和鼓励学生进行相关的发现与提问;(3)教科书不是学习的唯一参考源;(4)结论可以修正,并非不可修改;(5)学习者参与教学计划、实施和评估之中,教师只起辅助性作用。许多语言教学法,尤其是交际法语言教学和浸没法,都基于发现学习法。

发音[1]　diction　语言教学术语,亦称发音法。指通过清晰的发音,使词语能够更好更精确地得以传达,多与发音和语调有关,并不涉及词语或风格的选择,也就是所谓的发音、咬字。

发音[2]　pronunciation　语音学中的非专业术语。指人通过控制咽喉部的气流强弱、声带振动所发出的声音。与发音方式(articulation)意思相近,但后者为语音学专业术语。参见"标准发音"。

发音部位　place of articulation　语音学术语。指口腔中(从唇到喉)用来发音的各个部位。例如,发英语辅音时使用的口腔部位情况包括:(1)双唇,如发诸如/p/的双唇音时;(2)下唇抵住上齿,如发诸如/f/的唇齿音时;(3)舌头抵住上齿,如发thick中θ的齿间音时;(4)舌头抵住齿龈隆骨,如发齿龈音/t/时;(5)舌后部抵住软腭,如发软腭音/k/时。元音的发音部位是按舌头在口腔中的位置而定的,如前元音和后元音、高元音和低元音。

发音参数　articulatory parameter　音系学术语。指能够使音段发生质变的发音器官的形态特征和运动特征的可能取值。例如,口腔的形态参数有"圆唇"和"非圆唇",开口度的大与小,舌体的参数包括舌位的"高"与"低",舌根的"前伸"与"非前伸",舌体的"卷舌"与"非卷舌",声带的运动特征参数包括"振动"与"非振动"等等。

发音点　point of articulation　语音学术语。参见"发音部位"。

发音定式　articulatory setting　语音学、音系学术语。指说话时一切参与活动的发音器官共同形成的总体型式。不指发单个语音时发音器官的协同运作,而是指将孤立的语音有机融合成一种语言中流畅易懂的话语的过程中所有发音器官采取和保持的姿势及其协同运作的机制。

发音动作　articulating act　语音学术语。指发音过程中发音器官(articulator)之间或发音器官各部位之间的协同运动过程。例如,发/z/音时的动作包括:(1)舌前端接近上齿龈,形成隙缝;(2)软腭上升,堵住鼻腔;(3)肺用力压出气流;(4)声带振动,发出噪音。

发音动作基础　basic of articulation　语音学术语。指发音器官不发音时所处的自然状态。

发音方式　manner of articulation　❶语音学术语。指发音过程中气流受到阻碍的程度。一般来说,气流受到阻碍的方式可以分为三种:(1)完全闭塞,即气流在发音器官中被完全阻碍,这种发音方式产生的是塞音或爆破音,如/p/、/t/、/k/等;(2)部分闭塞,即气流在发音器官中受到不完全的阻碍,这种发音方式产生的是擦音、塞擦音、闪音和边音;(3)无闭塞,即气流在发音器官中没有受到阻碍或基本没有受到阻碍,这种发音方式产生的是元音和流音。❷音系学术语。在生成音系学的区别特征理论中,发音方式是一个重要的分析维度,戴维·奥登(David Odden)按照这个维度分析的区别性特征包括持续、延迟释放、鼻音性和边音性等。也可以称为紧缩程度(degree of stricture)。

发音行为　phatic act　语用学术语。在言语行为理论中指发出语言表达式,借助语音行为发出符合某种语言语音语法规则的表达式,包括词汇、语法和语调。发音行为与语音行为(产生语音产品的操作过程)和表意行为(以语言指称外部世界客观现象)一起构成言内行为。

发音机能失调　articulation disorder　语音学术语。泛指发音时的某种机能的损伤或失调。有些人是天生的。例如生下来就是裂腭；另一些人则是周围发音器官发生变化造成的，以致不能自主地产生发音动作。

发音器官　articulator　语音学和音系学术语，亦称发音器。指声道（vocal tract）中各发声器官（vocal organs）的具体部位，具体包括肺、气管、喉、声带、咽壁、小舌、软腭、硬腭、齿龈、门齿、臼齿、双唇、舌尖、舌前、舌面、舌根和鼻腔等。

发音识别接口　articulatory-perceptual interface　句法学术语，参见"计算系统"。

发音速度　rate of articulation　语音学术语。指实际说话的速度，按照每分钟除去停顿时间外所发音节的数目计算，与言语速度（rate of speech）有所区别。例如，说话者一分钟说了 70 个音节，但中间停顿了 20 秒，实际上是 40 秒说了 70 个音节。在上例中，说话者的言语速度是 60 秒 70 个音节，发音速度是 40 秒 70 个音节。

发音音系学　articulatory phonology　音系学的一个分支。指认为音系表征由一系列相互交迭的音姿（gesture）组成的音系学理论，产生于 20 世纪 80 年代，其创始人和代表人物是布劳曼（Catherine Browman）和戈德斯坦（Louis Goldstein）。音姿指的是特征矩阵（feature geometry）中根据具体发音器官（vocal organs）对区别性特征（distinctive feature）进行分类的单位，主要包括喉音姿（laryngeal gestures）和喉上音姿（supralaryngeal gestures）。发音音系学旨在将语音学与音系学结合起来对音系现象进行描写和解释，由此得出的音系结构是一个基于发音过程的自然音类的层级结构。

发音语音学　articulatory phonetics　语音学的一个分支。主要研究人类发音器官如何发出语音。传统的发音语音学主要通过视觉观察发音器官的动作来进行研究。现代的发音语音学应用各种科学仪器和技术手段观察和测量发音器官的运动，如声学频谱仪可以用于记录声音的物理特性，电子喉镜可以用于观察声带及其周围组织的运动，鼻音计可以用于测量鼻音的能量值。这些先进的仪器和技术大大促进了该学科的发展。

发音自然性　ease of articulation　语音学术语。省力原则（principle of least effort）认为，交际中说话者由于人类天生惰性原因，总想在做任何事中越省力越好，包括发音。根据这一原则，两个元音间的清辅音随发音器官的自然运动顺势浊化，发音才显得自然。

发展测试　developmental testing　语言教学术语。指在二语习得和外语学习中，确定学习者所处的特定发展阶段的测试，以便为今后能够更好地开展教学活动而提供参照。例如，英语学习者可能一开始会说"I no want it"，而不是"I do not want it"；或者"No go"，而不是"Do not go"。但是随着语言学习深入，学习者将在语言学习中产生明显的发展序列，他们会逐渐地将 not 或者 don't 这些词替代 no，以形成语法正确的句子。因此，教师有必要对此进行甄别，从而为下一步教学计划做出针对性的安排。

发展阶段相互依存假说　developmental interdependence hypothesis　语言习得术语。认为二语习得的流利程度取决于儿童在开始充分接触第二语言的时候所达到的第一语言的流利程度。与临界值假说相似，后者由吉姆·卡明斯（Jim Cummins）提出，主张母语在低于某一程度的二语水平时，母语阅读能力与二语阅读水平没有多大的关系，但当高于某一程度的二语水平时，读者在二语阅读中更有可能利用母语阅读中所发展起来的技能和已有知识。在语言临界值以下，二语水平对二语阅读的贡献比母语能力大，而当超过尤其是大大超过语言临界值的时候，母语阅读能力对二语阅读贡献比二语水平更大。

发展心理学　developmental psychology　心理学的一个分支学科。研究人类从出生至儿童阶段的心智、情感、心理和社会交往和行为等方面的变化及其原因。虽然大部分研究以儿童为主。例如，儿童与成人之间到底存在量的差异，还是仅仅缺乏可供支配使用的经验；儿童发展的过程是渐进式的，还是层进式的；或者知识天生赋有，还是通过经验获得；发展由社会环境驱动，还是由儿童内在的某种因素驱动等等。但是，越来越多的研究开始关注老年人以及其他年龄段群体的相关变化，对他们的动作技能、心理和生理进程、解决问题的能力、认知理解、语言习得、道德理解和甄别信息等方面进行研究。研究也从以人类为主转向对其他灵长类和种属的研究。发展心理学对诸多应用领域。例如教育心理学、儿童心理治疗与发展辩论术，均有指导意义。

发展性失语　developmental aphasia　参见"特殊言语损伤"。

发展性双语教育　developmental bilingual education; late-exit bilingual education　语言习得术语。为入学的语言少数民族学生开设的双语教育课程，这些学生往往精通其他语言，而只具备有限的英语能力或并不精通英语。一般而言，开设这类课程的目的是为了在保持学生母语水平的同时，有效地提升其英语能力，最后达到双语水平平衡的结果。与过渡性双语教育不同,在学生已经掌握流利的英语之后,他们还将继续接受以其母语教授的课程。

发展性特征 developmental feature 指第一语言或第二语言使用者在使用语言时所呈现的特征,包括发展性语误(developmental error),通常属于语言发展过程中所产生的正常现象,常见于诸多学习者的语言学习过程中。例如,将英语作为第一或第二语言的学习者经常会将动词 came、went、broke 误用作 comed、goed、breaked。参见"发展性语误"。

发展性失调 developmental disorder 参见"特殊言语损伤"。

发展性语误 developmental error 语言习得术语。指第一或第二语言使用者在其语言发展过程中使用语言时所犯的错误,如将英语动词 came、went、broke 误用作 comed、goed、breaked。之所以会产生这类错误,通常是因为学习者在掌握动词过去时变形规则之后,将其不加甄别地运用到所有动词上面。当然,随着语言学习者语言能力的增加,这类错误会逐渐减少。这些"泛化过渡"现象是语言学习过程中所必经的、自然的、发展性的阶段。参见"发展性特征"。

发展性语言失用症 developmental apraxia 参见"语言失用症"。

发展序列 developmental sequence 语言习得术语。指在二语习得和外语学习中习得语言形式的诸多不同阶段。二语习得理论中有一个重要问题,即学习者的错误是否产生于语言转换,还是仅仅属于发展性错误。研究表明发展序列能够解释学习者如何习得英语中否定表达的规则。学习者可能一开始会说"I no want it",而不是"I do not want it";或者"No go",而不是"Do not go"。但是随着语言的进行,语言的发展序列就能够清晰可见,因为学习者会用 not 或者 don't 这些词替代 no。这样,英语学习中有关否定表达的发展序列就形成了。

发展语言学 developmental linguistics 亦称"儿童语言发展学"。指对儿童学习和掌握语言的过程所进行的各种研究的统称。发展语言学主要研究儿童语言习得过程中阶段的划分;各个阶段对词项和语法结构的掌握情况;其中本能性成分与普遍性成分的区分;后天教学对语言习得的影响以及社会、智能等因素对语言能力的影响等。发展语言学与心理学、语言学、生物学、医学等学科有着密切的联系。儿童不断掌握语言的过程就是儿童言语发展的过程,涉及心理、生理、教育、社会等因素,是一个复杂的过程。从个体心理发展史看,儿童活动的发展以及在活动中掌握成人语言的过程,也就是儿童意识发生发展的过程。从生理机制看,儿童言语的发展过程也就是在第一信号系统的基础上第二信号系统形成和发展的过程,是第一和第二信号系统协同活动发展的过程。儿童语言的发展不是一个自发的过程,而是在社会生活条件特别是教育条件下进行的。在适宜的社会生活和教育条件下,儿童的词汇不断地增长。一般在第一年末,儿童能掌握 10—20 个词,第二年末增加到 300—400 个词,第三年末可以达到 800—1000 个词。如果社会生活和教育条件不适宜,儿童语言就得不到正常的发展,如"狼孩"缺乏社会生活和教育条件,即使回到人类社会,也难以掌握人类的语言。参见"发生认识论"。

法兰西学派 French School 亦称语言社会学学派。是 19 世纪与 20 世纪之交,由格拉蒙(Maurice Grammont,1866—1946)和梅耶(Antoine Meillet)在法国建立的语言学学派。代表人物有格拉蒙、梅耶、旺德里(Joseph Vendryes)、科恩(Marcel Cohen)、本维尼斯特(Émile Benveniste)和马蒂内(André Martinet)。法兰西学派把语言看作社会行为并致力于说明历史比较语言学的原则。该学派继承索绪尔的理论,把语言看作一种社会制度和社会事实;从心理和社会两方面研究语言变化,提出社会结构变化和说话者的心理变化是改变语言状况的因素;指出语言对每一个社会成员有一种制约力,个人不能随意变更语言,否则就难以达到与他人交际的目的。法兰西学派致力于说明历史比较语言学原则,认为要证明两种语言是否有亲属关系,最重要的是研究其语法形式;认为语法形式的证据最可靠,如果在许多情况下,两种语言音位排列的方式和语法功能的表现都相同,那绝非偶然。在各种语言中,语法形式相对应,并不意味着音位序列必然相同或相似。例如,亚美尼亚语中的"二"是 erku,这与拉丁语中的"二(duo)"在音位序列上并不相同。但是,亚美尼亚语的 erk-与印欧语系许多语言的 dwi-相对应,而 dwi-又与拉丁语的 duo 相对应,可见亚美尼亚语的 erku 与拉丁语的 duo 同出一源,即这两种语言在远古时代有共同的祖先。

法律语言学 forensic linguistics 参见"司法语言学"。

法式英语 Franco-English;Frenglish 指讲法语的诺尔曼人统治英国时期说的英语,即掺杂法语词的英语。

法庭演说 forensic rhetoric 参见"劝服修辞"。

法位意义 tagmeme　　参见"意义法位"。

法英词 Franglais　　指法语中借自英语的外来词。Franglais 一词由法语单词fr(ançais)和英语单词anglais（English)混合而成，也指言语交际中法语和英语的有趣混合。

法子 tagma　　指法位变体（allotagma）。与法位相对，两者都是法位学（Tagmetics）单位。法子是实体的最小单位，法位是形式的最小单位。法子之于法位，正如音子之于音位和语子之于语位。

翻译 translation; translating　　❶指把一种语言或语言变体的内容用另一种语言或语言变体表达出来的过程或结果。在翻译自然语言的书面材料或录音材料时，目的在于通过在"译文"中寻找对等成分，尽可能准确地重现"原语"（source language）的语法特征和词汇特征。翻译的基本标准是"忠实"和"流畅"，要求译文忠实于原文，原文书面材料或录音中包含的全部实际内容必须保留在译文中，不能任意增删，且译文要畅达、易懂。根据两种语言的语法特征和其他语言特征对比的紧密程度，可分为三种翻译：(1) 词对词（word-for-word）翻译，即将原语一个词对一个词地翻译成目标语（target language），这种翻译不考虑这些词在语法或词义方面的不同，甚至造成误解，因而又被称为"死译"；(2) 直译（literal translation），在翻译中基本保留原文的表达和风格，允许在短语层次上做一些调整；(3) 意译，亦称自由翻译（free translation），翻译过程中更注重"神似"，而不是强调"形似"。❷通常专指笔译，与口译（interpretation; interpreting）相对。

翻译目的论 Skopos Theory; purpose-oriented translation　　翻译学术语。指诞生于20世纪六七十年代由德国功能派翻译学家卡塔琳娜·赖斯（Katharina Reiss）、汉斯·弗梅尔（Hans Vermeer）、克里斯蒂安·诺德（Christiane Nord）等基于翻译行为的目的性提出的一种翻译理论，认为翻译是具有明确目的性的跨文化人类交际活动，是多种因素交互作用的译文文本的生产活动。翻译目的论是德国功能翻译理论的核心成分，共有三个原则：目的原则（skopos rule）、连贯原则（coherence rule）和忠实原则（fidelity rule）。目的原则是所有翻译应当遵循的首要原则，即翻译应能在译语情境和文化中按译语接受者期待的方式发生作用。连贯原则指译文必须符合语内连贯的标准，即译文必须能让读者理解，并在译语文化及使用译文的交际环境中具有意义。忠实原则指原文和译文之间应该达到语际间的连贯，即译文要忠实于原文，忠实的程度和形式取决于译文的目的和译者对译文的理解。翻译目的论是从译文视角进行翻译研究的一种解构主义理论模式，它以译文功能为取向，注重翻译的实用性，强调译者的主观能动性，反映了翻译的全面转向，即由占主导地位的语言学及侧重形式的翻译理论转向为更加注重功能和社会文化因素的翻译观。

翻译器 interpreter　　法位学术语，亦称翻译机。指代替人进行翻译的机器，如电子翻译器（electronic interpreter）、免费在线翻译服务等。

翻译中的干扰 interference in translation　　翻译学术语。从狭义上讲，指译者把原文的句法结构、词汇、隐喻及语序不恰当地直译成译语；从广义上讲，干扰会影响翻译句子的长短、标点符号、专门术语、新词、文化词汇等。任何翻译都会或多或少地受到原文的影响，从这个意义上说，干扰可以说是翻译的内在属性。一般认为，干扰的作用是负面的，影响译文的地道和流畅，翻译腔就是干扰的结果。但如果利用得当，干扰可以丰富译入语的文化和语言，也可以加深读者对原语文化的认识。

反拨效应 washback effect; backwash effect　　参见"反拨作用"。

反拨作用 washback　　语言测试术语，亦称反拨效应（washback effect; backwash effect）、考试余波影响。指测试对相应的教与学活动产生的影响，一般界定为考试对教与学活动提供积极和消极的反馈作用。此概念分别由休斯（Arthur Hughes）在《语言教师测试》（Testing for Language Teachers, 1989）和韦尔（Cyril J. Weir）在《理解和发展语言测试》（Understanding and Developing Language Tests, 1990）中先后提出。比格斯（John B. Biggs）在1995年发表于《课程论坛》（Curriculum Development）期刊上的《教育评估新方法假设》（Assumptions Underlying New Approaches to Educational Assessment）一文中也曾提出"backwash effect"，即考试的评估方式会影响学生学习和思考、课程内容与教师教学的后续效果和方式。在某些国家，学校语言教学往往实行"应试教育"，即教与学均以国家的语言考试为唯一或主要导向。因而，为了改变学校教学模式，命题模式的改变便成为行之有效的办法。比如，为了加强听力教学，教育部门只需在国家语言考试中增加听力考试的比重，学校便会增加听力课的教学时间，这就是测试的反拨效应。测试对教学的"双刃剑"式反拨效应引起了教育主管部门和测试研究者日益密切的关注，近年来的研究主要包括：反拨作用是否存在；反拨作用是怎样起作用；影响反拨作用的因素；怎样减轻负面反拨作用、提高正面反拨作用等。研究对象主要是大型国际标准化测试，如托福（TOEFL）、雅思（IELTS）等，也包括我国大学英语四、六级考试和英语专业四、八级考试等。

反常语调　abnormal tune　指说话人在言语表达过程中在本应使用升调时却使用降调或其他非正常语调的现象。例如，在一般情况下，陈述句或特殊疑问句的正常语调是降调，一般疑问句的正常语调是升调。如果说话人在使用陈述句或特殊疑问句时用升调，或在使用一般疑问句时用降调，那么这种现象就称为反常语调。反常语调通常会使句子的语义产生伴随性变化。

反讽　irony　修辞学术语。指实际使用词语的意思同语境具体要求的意思恰恰相反，说话人言在此而意在彼。一般分为言语反讽（verbal irony）、戏剧反讽（dramatic irony）和情景反讽（situational irony）三种。

反复¹　iteration　语言学有时用作"循环"的替换术语，指在生成一个句子时反复应用一条规则。反复规则多用于音系学，某一规则（如元音和谐或重音指派）可在一个词或短语中反复应用。某些节律音位学模型中，反复用性（iterativity）决定一个音位结构在多大程度上可反复应用。

反复²　repetition　修辞学术语。指连续或间隔地重复同一单词、短语或句子的修辞手法。用以增强语气和语势、强调表述的观点、抒发强烈的情感和阐明深刻的道理。反复主要可分为连续反复（immediate repetition）和间隔反复（intermittent repetition）两类。反复运用广泛，常出现于诗歌、散文、小说、演讲及政论文中，也常用于日常口语中。例如，英国诗人亚历山大·蒲柏（Alexander Pope）的《钟声》以及耶稣登山训众时所讲的福音都有运用。

反复体　iterative; frequentative aspect　语法学术语。指某些语言中表示同一个行为在长度不定的时间内反复出现的动词体，是未完成体的类型之一。英语中有一部分以-le、-er结尾的动词有此类意义，如"The fire crackles""Geese gabble"等。反复体也可用其他方式表示。例如：The rain was tap-taping the roof.

反馈　feedback　信息交流理论用语。指信息发送者从接收者获取反应的过程，发送者借此检查信息传递的效率。一些语言学家认为，反馈是定义人类语言的一种特性，即说话人通过反馈监视自己的语言运用。在话语分析中，人说话时所得到的反馈有时作暗示（back-channel cues），如 uh、yeah、really 之类的应声以及微笑、摇头和咕哝声等副语言特征。这些暗示能表明交际的成功或失败。在教学中，反馈指学习者所得到的来自教师或其他学习者关于某一学习任务是否成功的评论或信息。

反馈项　back channel item　参见"后通道行为"。

反启发式　anti-heuristic　参见"启发式"。

反嵌入　backlooping　法位学术语，亦称逆级嵌入。指包括在低平面结构空位里的较高平面结构，即某一级语法单位嵌入次一级空位（slot）中的现象。例如，短语"the lady who was talking"中有两个级别的法位：分词（who was talking）及名词短语（the lady）。前者高于后者一级，却反嵌在名词短语中，成为它的一个组成部分。

反身代词　reflexive pronoun　语法学术语，亦称加强代词（intensive pronoun）。可反指主体自身的一种人称代词。既可复指名词，也可复指人称代词，多为同一分句中与主语所指相同的代词成分，常用于句子的主语和宾语，指同一个人或同一件事物。英语中的反身代词由宾格形式的人称代词之后加上单数反身后缀-self 或复数反身后缀-selves 构成。例如：He washes himself in hot water. 许多语言的反身代词与人称代词（特别是第一和第二人称）形式相同，如法语"Il se lave"（他洗脸）。现代汉语中反身代词即无定人称代词，既可以指代说话者，又可以指代听话者，还可以指代第三者，如"自己""人家""大家"等。

反身动词　reflexive verb　语法学术语。表示行为返回到主语所指代的人或事物本身，即主语将自己作为施事对象的动词。在英语中通常与反身代词连用。罗曼语、斯拉夫语、日耳曼语族中这类动词较常见。例如：[1] We wash ourselves. [2] Sie müssen *sich beeilen*, um den Zug noch zu erreichen.（您想要赶上火车的话，动作得快。） 有时动词本身也可表达反身意义。例如：[3] He was shaving.

反身化　reflexivization　语法学术语。早期转换语法中指在句中引入反身代词以改变宾语人称代词句法特征的过程，即当宾语与主语所指相同时由[一反身]变为[＋反身]。例如：[1] He₁ saw him₂. [2] He₁ saw himself₁.

反身性　reflexivity　语法学术语。指谓语所描写行为的两个参与者的所指为同一成分，句子主语和宾语指同一实体。一般运用反身代词、后缀、格词尾、语序等方式来表示这种关系。有时不用代词动词也能表达反身意义，此时动作施及动作者本人，或该动作是为其本人而进行。例如：[1] He kicked himself. [2] He shaved (himself).

反事实动词　contrafactive verb　语法学术语。指具有所述内容与事实相反属性的动词，如

wish 等。反事实动词后接的宾语从句所表述的是与现实情况相反或尚未发生的事实。例如：I wish that we won the game. 我希望我们赢了那场比赛。（事实上没赢）。

反事实条件句　counterfactual conditional sentence　亦称虚拟条件句（subjunctive conditional sentence）。在日常语言中，条件句一般分为直陈条件句和虚拟条件句两类。虚拟条件句又叫反事实条件句，一般具有"如果 A，那么 B"的形式，其前述条件与事实相反或者不太可能为真，但条件与后句之间存在一定联系，并且前述条件如果得到满足的话，后句表达的事物或情况就会发生或有可能发生。例如：[1] 如果我是小丽，就不会那么做。[2] 如果今天太阳没有升起来，就没有今天的白昼了。两句中的条件部分都与事实或已经发生的事实相反，都属于反事实条件句。

反输　back channel　参见"后通道"。

反思性教学　reflective teaching　语言教学术语。一种主张教师通过对自身教学经历的批评性反思，提升教学领悟力和改善教学实践的教学及师资培训方法。师资培训以寻求反思性教学方法来达到教学目的，旨在培养受训者认真、客观和分析性地考虑教学过程的技能，以提高课堂教学实践的质量。具体操作包括：（1）受训者撰写教学日志，记述课堂经历，作为回顾反思的依据；（2）录制教学录音、录像，以备课后回顾和反思之用；（3）跟同学或指导老师进行小组讨论，探讨课堂中出现的问题；（4）进行教学观摩，提高对教学的感性认识等。

反问句　rhetorical question　参见"修辞性问句"。

反向性¹　polarity　音系学术语，亦称声调反向性（tonal polarity）。在声调语言的研究中，指一个声调总是与前一个或后一个声调形成相反的情形。参见"声调反向性"。

反向性²　reversivity　语义学术语。指一种语义对立关系，主要存在于两个表明相对应或相反过程的词之间，两词均强调从起始状态到终结状态的变化过程，前者的起始状态相当于后者的终结状态，反之亦然，如进入、离开。在英语中，该关系经常通过前缀表示，如 lock（锁上）与 unlock（开锁）。表现出反向性关系的词称为反向性反义词（reversive）。

反向性反义词　reversive　参见"反向性²"。

反向造句法　backward build-up　参见"倒退连锁法"。

反心灵主义　anti-mentalism　指某些语言研究方法的总称，提倡语言研究要摆脱心理学的影响，推崇严格的自然科学方法，并坚持观察一定情景中的作为言语行为结果的实际话语，不主张直观地解释人熟练使用语言的能力，反对任何形式的内省和思考，把语言研究限定在可观察的"真实"资料和有关语境之中，如布龙菲尔德学派的分布分析和新语法学派的语音定律。

反省　retrospection　语言习得术语。第二语言习得研究中的一种实证研究方法。要求被试在完成学习任务后，根据对其所观察到的某一心理事件（如记忆单词、阅读理解等）加以记忆、思考，来推断自己的心理过程或学习策略，并进行口头报告。

反叙实性动词　countrafactive　参见"叙实性动词"。

反义词　antonym　语义学术语。指语义与另一个词相反的词。例如，大和小、男和女、买和卖等。在英语中，通常以词根和词缀为依据将反义词分为词根反义词（root antonym）和派生反义词（derivational antonym）。词根反义词指由不同词根构成的反义词，如 long↔short、happy↔sad、up↔down 等。派生反义词指词根相同，加上否定前缀或后缀构成的反义词，如 happy↔unhappy、polite↔impolite、careful↔careless 等。现代语言学的义素分析法认为词项之间的某一对义素在语义关系上不相容、互相对立时就可构成反义现象。他们以语义对比为依据将反义词分为等级反义词（gradable antonym）和不可分级反义词（ungradable antonym）。分级反义词亦称相对反义词（contrary term），指两词的语义特征形成对立的两极，两极之间可插入表示不同程度性质的相对存在的词语，如 beautiful↔ugly，其中可插入 pretty、good-looking、plain 等词，此类反义词可与 very、very much 或 how、how much 等程度副词连用。不可分级反义词不可分等级，在两词之间不可插入表示层次性对立的词语，可进一步分为互补反义词（complementary antonym）和关系反义词（relational opposite）。互补反义词的语义之间互不包容，非此即彼，非彼即此，肯定一方就是否定另一方，如 present↔absent、single↔married、dead↔alive 等；关系反义词表示语义上既相互对立又相互存在，如 buy↔sell、husband↔wife、above↔below 等。反义词的特点包括：（1）反义词是按照语义相反进行划分的：表示事物特征和状态的形容词有大量反义词，表示动作的动词有不少反义词，表示各种物体名称等方面的名词的反义词最少；（2）多义词可有多个反义词，如 fast↔slow、fast↔loose、fast↔sober；（3）可分等级的词语在各自层面拥有各自的反义词，如 hot

和 warm，其反义词分别为 cold 和 cool；(4)同一词的搭配不同，其反义词也可能不同，如 fresh/stale bread（新鲜/陈面包）、fresh/stuffy air（新鲜/污浊空气）、fresh/faded flower（新鲜/枯萎花朵）；(5)反义词在语义包容上不同，在许多反义词中，其中一个词比另一个词更具体，存在着有标记(marked)与无标记(unmarked)之分，如 man↔woman、tall↔short 中，每组词的前者为无标记词，后者为有标记词；(6)有些词可同时有两个反义词，其中一个是否定词，另一个是反义词，如 happy↔unhappy/sad、free↔unfree/enslaved。

反义词练习 antonymy drill 语言教学术语。指在语言教学中使用反义词造句的练习。例如，教师给出一对反义词 married 和 single，学生造出如下句子：My friend has decided to get married. Why doesn't he stay single?

反义关系 antonymy 语义学术语，亦称反义现象。语义关系的一种，指语义相反的现象，主要出现在形容词、名词、动词等词类中。反义关系有不同种类，参见"反义词"。

反义类推 antonymous analogy 形态学术语。产生新词的一种方法，指利用已有的反义现象推理产生复合反义词，如 calfdozer（小型推土机）来自 bulldozer（推土机）；whitelist（白名单，指经认可或批准事项的一览表）来自 blacklist（黑名单）；low-rise（低层建筑）来自 high-rise（高层建筑），cold line（冷线）来自 hot line（热线）等。

反义联想 association by antonymy 参见"对比联想"。

反义疑问句 disjunctive question 语法学术语，亦称附加疑问句(tag question)。在陈述句之后附加一个简短问句，对陈述句所叙述或提出之事提出相反疑问的句子。换言之，反义疑问句由两部分组成，前一部分是对事物的陈述，后一部分是针对所提出事情进行提问。例如：[1] They work hard, don't they? [2] She was ill yesterday, wasn't she? [3] You didn't go, did you? [4] He can't ride a bike, can he? 反义疑问句陈述部分用降调，简短问句部分可以用升调，也可以用降调，视提问者情况而定。提问者对陈述部分把握较大，问句用降调；把握不大时用升调。反义疑问句前后两部分所遵循的规则包括：(1)前后语气相反，如前一部分用肯定式，后一部分就用否定式；前一部分用否定式，后一部分就用肯定式；(2)前后人称一致；(3)前后时态一致；(4)简短问句部分要用缩写形式；(5)简短问句部分的主语要用人称代词主格。

反应 response 行为主义心理学、语言教学术语。指听话者或者学习者对情景或言语刺激(stimulus)的反应，包括两种表现方式：主动外露的(如用言语文字回答问题)反应和被动不外露的反应(如对会话内容的理解)。

反应启发 response elicitation 心理语言学术语。指与刺激/反应相关的一种心理过程。任何一种具体的刺激/反应过程都涉及动机、期望、选择、反应启发等。在语言课堂教学中，可以采用疑问句、陈述句、祈使句等不同形式引发学生的反应。

反应前置词 preposition of reaction 语法学术语。指在英语中表示对刺激做出反应的前置词，最常见的为 to，如"To their disappointment, their proposal was turned down."

反应时间 reaction time 心理学术语。指一种常用的反应变量指标。指被试对某一语言讯号刺激(如一句话中的某个音素)做出反应的时间。影响反应时间的主要因素包括刺激强度、刺激的空间性、接受刺激的感官种类、机体本身的状态、反应的复杂性等。

反映论 reflection theory 马克思主义语言理论，认为语言是人类意识对客观现实的表达或反映，是大脑意象和概念的物质实现，是人类思想最直接的现实表现，也是人们用来交流交际的主要工具。

反映形式 reflex 音系学术语。指从同一语言的词源，即古代形式或音段派生出的一种音段。例如，现代英语 foot（脚）是古英语 fot 的反映形式；father（父亲）是古英语 fæder 的反映形式。又如，英语/f/是原始印欧语/p/的反映形式；英语中的 cow 和法语中的 bœuf 都是同一印欧语（构拟为名词性单数 gwou-s）的反映形式。

反映义 reflected meaning 语义学术语。在多义词中，由某一意义引起联想的另一种有可能是禁忌的意义。例如，英语中的 cock 既指"公鸡"，也指"男性生殖器官"，后一意义即为反映义。

反语 irony; enantiosis 修辞学术语。一种运用与本意相反的词语来表达本意，即通过正话反说或反话正说的方式来取得讽刺、幽默等效果的修辞手法。可以更好、更强烈地表达思想和感情，通常比正说更有力量。例如：[1] Aren't you clever! [2] What lovely weather! [3] 她是我们村里最勤快的人，整天忙着睡懒觉。例[1]的实际意义是"你很笨"，例[2]在一定语境下运用一定的语调时可能是指"天气很糟"。例[3]中的"勤快"实际是"懒惰"之意。

反语法结构 antigrammatical construction
语法学术语。指不符合标准语句法规则的结构,如英语方言中依然存在的双重否定(double negative)结构。例如:[1] *I ain't afraid of no ghosts. [2] *Don't nobody never help me do my work.

反转 reversing 参见"复位"。

返后核对翻译法 back checking translation
翻译学术语。一种翻译方法。指译者在翻译中先将原语言文章粗略翻译成可接受的目的语译文后,再对照原文,对译文进行核对检查,进行修改,以检验翻译是否恰当。

泛时 panchronic 瑞士语言学家索绪尔(Ferdinand de Saussure,1857—1913)使用的语言学术语,是一种语言学研究方法,即研究跨时期的、不属于某一发展阶段的语言的规律性。

泛指 generic 参见"类指"。

范本理论 exemplar theory 认知语言学术语。将新事例与储存在记忆中同一范畴的其他事例相比较,进而做出范畴判断的一种范畴理论。

范畴表达式 categorematic expression 蒙塔古语法(Montague Grammar)术语。指没有词汇意义的词语,如量词、冠词、连词等。范畴表达式的功能由句法规则确定,其组合结构的语义效果由相应的语义解释规则说明。词库(lexicon)中一般不出现范畴表达式。

范畴成分 categorial component 句法学术语。指句法规则系统中语类规则的集合,以范畴为基础生成句子结构。

范畴符号 category symbol 句法学术语。转换生成语法中表示句子、短语、动词等语法范畴的符号。例如,句子用S表示,名词短语和动词分别用NP和V表示。其他范畴符号还有N(名词)、Pro(代词)、PN(专有名词)、Adj(形容词)、Art(冠词)、Adv(副词)、Prep(介词)、VP(动词短语)、AP(形容词短语)、PP(介词短语)等。运用范畴符号,人们可以非常清楚地表示句子或短语的组成成分及方式。如图:

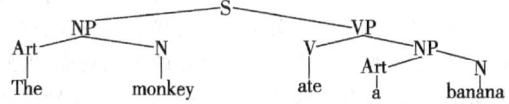

范畴合一语法 category unification grammar; CUG 指用统一方法表现范畴语法的句法学理论。

范畴化 categorization 认知语言学术语。指以人的认知为基础,通过考察事物本质上的区别性特征对客观实体进行分类,确定一个事物归属于哪一个范畴的过程。范畴化是人类认知能力极其重要的组成部分,也是人类思想、语言、推理等认知活动中的最基本的能力,其产物是认知范畴。在原型范畴理论下,范畴化即根据认知对象的特征及其与某一范畴原型的相似性大小来判定其是否属于该范畴的过程。在范畴化的过程中,判断和认定的依据是成员之间的家族相似性,而在经典范畴理论中依据的是范畴成员同样的本质属性或一套限定性的充分必要条件。

范畴界限 boundary of category 认知语言学术语。范畴是经过无数次实践的证明,并已经内化积淀为人类的思维成果,具有高度概括性和结构稳定性的基本概念。在语言学中,范畴是围绕原型(prototype)而成,其功能是用作认知参照点。就范畴界限而论,在范畴外围的某一个特定点和区域,范畴就会以某种方式消失。这就涉及某些范畴界限的不确定性,因为语言中不少词语所表达的概念是所谓"模糊概念",即没有精确界限的概念,如"早晨"与"上午"以及"下午"与"傍晚"等。这个概念广泛运用于模糊语言学中。

范畴累计 cumulation of categories 参见"混合形式"。

范畴语法 categorial grammar 指关于自然语言句法和语义的一系列理论。主要观点是词汇(lexicon)是决定句法形式(syntactic form)的关键。相关理论包括中心词驱动短语结构语法(head-driven phrase structure grammar)、树邻接语法(tree-adjoining grammar)、蒙塔古语法(Montague grammar)、关系语法(relational grammar)等。范畴语法中的功能类或范畴与所有语法范畴相联系。例如,"最左结果"(result left-most)理论将各功能类之间的关系定义成 a/β 或 a\β,对于 a、β 的位置或左(\)或右(/)。例如,love 就可描述为:love:= (s\NP)/NP,即 loves 为一个功能项(functor),其右边联结NP构成谓语(predicate),其左边联结NP构成句子(sentence),因此下句表示为:

He	loves	Ann.
NP	(S\NP)/NP	NP
	S\NP	
S		

范式 paradigm 指用来界定某一特定学科或科学工作的信念、理论假设、公认的研究方法、标准的一种概念性框架。美国科学家库恩(Thomas

Kuhn)于1962年把科学中的变化过程描述为范式转换。他认为科学领域的变化不是渐进式的积累过程;相反,新范式因为某一专业群体的思想革新而得以出现,这些转换涉及该群体成员采用新观点或范式。物理学上范式转换例子之一是牛顿力学理论转换到量子理论。范式转换也体现在社会科学中,如基于语法的语言教学法转换到语言的交际教学法。

梵文字母 Sanskrit letter 参见"天城体"。

方差 variance 语言测试术语。指一个样本离散程度的统计量,即该样本离期望值的距离。例如:一次测试的一组成绩方差是根据实际得分与平均分数的差值为基础求得的,是标准差(standard deviation)的平方。

方差分析 analysis of variance; ANOVA 语言测试术语,亦称变异数分析或F检验。由费希尔(Ronald Aylmer Fisher)发明,用于两个及以上样本均数差别的显著性检验。由于受各种因素影响,研究所得数据呈波动状。造成波动的原因分成两类:(1)不可控的随机因素;(2)研究中施加的对结果形成影响的可控因素。

方块大写 block capital 亦称方块柱头、正楷大写。在某些英语文书中,为了突出一个词或一个语段的重要性或使其清楚醒目,而将其全部由大写字母组成。

方括号 square bracket 亦称中括号。在语言学著述中常用方括号表示多种意思,其中包括:(1)引出读音音标,如 branch[brɑ:ntʃ];(2)辞书中引出略语,如 [c]—countable、[俚]—俚语等;(3)引出与内容无关的插入语,如 A fly is said to be a two-winged dipterous [does that make four wings?] insect;(4)引出语音、语法或语义特征,如[+GRAVE],[−COMMON],[−MALE]等;(5)引出双变项,如[A→C,B→D]。

方式副词 adverb of manner 语法学术语。指修饰性副词(adjunctive adverb)中的一个子类别,属于句子基本结构的一部分,表明被修饰成分所描述的事件发生方式,一般回答"怎样地"这种问题,如无忧无虑地(carelessly)、强有力地(forcefully)等。

方式原则 M-principle 语用学术语。新格赖斯会话含意推导机制三原则中的第三条原则。新格氏语用机制除了将格氏原来的一些准则改造为数量原则和信息原则外,保留了方式准则的内容,同时改变了某些提法,改称方式原则,跟数量原则、信息原则配套。"方式原则"的内容如下:(1)说话人准则:不要无端选用冗长的、晦涩的有标记表达式;(2)听话人推理:如果说话人选用了冗长的有标记表达式M,他的意思就不同于选用无标记表达式U,即他是在设法避免无标记表达式U的常规联想和信息量含义。参见"数量原则"。

方式指别 manner deixis 语用学术语。意义的量的一个维度。从延展性的角度描述指称对象,是诸多语法标记和意义扩展的起点。例如:所以、因此。

方位参数 directionality parameter 句法学术语。通常称为中心语方向参数(head-directionality parameter),反映短语中心语的位置。中心语方向参数有两个值:中心语居前(head-initial)和中心语居后(head-final)。文献中也使用右分叉(right branching)和左分叉(left branching)来表示中心语居前/居后。比如英语是一种典型的中心语居前的语言,英语的各种短语的中心语都居前于补充语,而日语是一种典型的中心语居后的语言。两者的X阶标图式分别为:[1] [标志语[中心语补足语]](英语) [2] [标志语[补足语中心语]](日语)

方位格 locative case 语法学术语。指一些屈折语(inflected languages,如古拉丁语、捷克语、梵语等)用来表示动作发生方位的一种格(case)形式。在古拉丁语中,这一功能大部分由离格完成,但仍留有少数几个明显的方位格形式,如 Romae(在罗马)、domi(在家里)等。在菲尔墨(Charles Fillmore)的格语法(case grammar)中,方位格指表示动作发生方位的名词或名词短语。例如:They meet once a week in a café.(他们每周在一家咖啡馆碰头。)上句中,a café 就是方位格。

方位隐喻 orientational metaphor 认知语言学术语,亦称空间化隐喻。指通过参照上下、内外、前后、远近、中心边缘等空间方位来理解非方位概念所构成的隐喻。雷考夫(George Lakoff)和约翰逊(Mark Johnson)在《我们赖以生存的隐喻》(Metaphors We Live By)中指出,人类生活在空间之中,空间方位感知是人类生存最基本的感知能力和认知经验,当人类用这些熟悉的空间经验来理解和描述非方位的抽象概念时,就产生了方位隐喻。方位隐喻的特点就是互相参照,构成一个对立的体系,如上下、前后、来去。例如,"把敌人争取过来",中间隐藏着一条敌我的分界线,朝我的方向代表着可控、有利的局势,背我的方向代表着不可控的不利局面;因此不能说"*把敌人争取过去"。这种意义的差别并非来自语法,而是基于隐喻的意象对立。

方向附加语 direction adjunct 语法学术语。只能与移动动词(verb of motion)和其他一些动态动词(dynamic verb)连用,表示行为所趋方向的附加语,如"swim across the river""jump over the fence""turn right""go over there"等。某些方向附加语常用作命令句,隐含一个移动动词的意思。例如:Out! Left! Up the stairs! To bed! 等。

方向性　directionality　❶节律音系学(metrical phonology)术语。指决定音步构式重音域扫描方向的方向性参数。这种扫描可以从右到左,也可以反方向。这个概念同时适用于节律树(metrical tree)和节律栅(metrical grid)。❷语义学术语。指一个词项的两种涵义之间的关系,其中一种可以证明是从另一种派生而来。例如:She is first violin. 例句中,violin(小提琴手)就是从 violin(小提琴)派生而来。涵义的引申方向一般是从规约的引申为不太规约的,但这种方向性常不太明显。

方向性反义词　directional opposite　语义学术语。指与公共轴线上的相反方向相关的反义词。例如:前—后、左—右、上—下、高—低、起—伏等。

方向性假设　directional hypothesis　语言测试术语。测试者所选择的一类合理的数据统计假设测试,比如差异或相关性测试,并提前对其效果的导向性进行明晰。例如,测试者可以预测,在词汇认知测试中试验组的分数将远远高于控制组。

方言　dialect　社会语言学术语。语言的某一种变体,流行于国家的某一地区(地区方言)或者某一社会群体(社会方言),在词、语法和/或发音等方面区别于相同语言的其他变体。如果操一种语言的人之间存在地域、社会、政治或经济上的差异与隔阂,那么往往会导致产生这种语言的诸多"方言"。这些方言在发音、语法和词汇方面存在许多相似之处,相互能够进行交流。但是,当这些方言发展到一定阶段,以至于操不同方言的人之间无法相互交流的时候,那么这些方言就演化成了各自独立的语言,就像拉丁语的不同方言演化成诸多的罗曼语一样。同时,诸多方言能够组成一个连续体,相邻的方言可以相互理解交流;而不相邻的方言间隔越大,就越难进行交流,直至最后无法交流。例如,在荷兰语和德语区,存在一个从佛兰德斯到石勒苏益格,再到斯蒂律之间能够彼此理解的方言连续地区,但是佛兰芒语和斯蒂律方言之间却无法相互理解。如果方言中某一种方言发展较快,比如操这种方言的人数达到一定数量,并具有了一定的影响,那么就又可以演化成一种标准的语言。

方言地理学　dialect geography　亦称语言地理学、地理语言学或区域语言学。参见"**方言学**"。

方言地图集　dialect atlas　方言学术语,亦称语言地图集(linguistic atlas)。语言研究中的一种重要手段,指用地图的形式标示方言分布状况、面貌特征,并描绘方言的发音、语法、词汇特点以及地理分布的语言图集。传统的方言学研究(始于19世纪后半叶)采用问询表和采访录音(近期才采用)的调查方式,收集地域上有差异的词(包括形式、涵义和发音的差异),将这些词收集起来绘制成地图编纂成集,就成了方言地图集。著名的语言地图包括《法兰西语言地图》(Atlas Linguistique de la France)、《美国和加拿大语言地图》(Linguistic Atlas of the United States and Canada)以及德国、意大利、瑞士、英格兰、苏格兰等其他国家和地区的各种方言调查地图。方言地图集的主要特点有:(1)所标示的方言及方言特征的地理分布情况简明扼要、一目了然;(2)便于直观比较方言及方言特征。方言地图对方言的分布情况及方言特征的差异只能做到宏观标示,难以准确、细致地描写,需辅以文字说明;方言及其特点的分界线只能根据方言及其特点的总情况来大致画定,无法达到精确的要求。

方言多样化　divergent dialect　社会语言学术语。指一种民族语言(national language)分化为几种地区方言的现象。

方言混合说　dialect mixture hypothesis　变异偶然论的一种假设。认为变体的并存只是一种方言混合,变体之间不存在互动关系。钱伯斯(Jack Chambers)和彼得·特鲁吉尔(Peter Trudgill)将方言变体并存的理论分为两大类:(1)把变异性当作偶然的存在(variability as accidental);(2)把变异性当作本质的存在(variability as essential)。变异偶然论有两种假设:方言混合说以及自由变异说(free variation hypothesis)。后者认为双方言现象是方言变体的自由变异,其出现是不可预测的。这两种假说并没有事实根据,1960年以来社会语言学的研究已经否定了这些假设,接受了所谓的有序异质说。

方言计量学　dialectometry　社会语言学术语,亦称为方言测量学。方言学的一分支,主要涉及方言分析的统计方法,于19世纪70年代发展起来,研究不同方言形式的数量比较,以确定一种方言与另一种方言的接近程度,即一个方言区内若干个方言点之间的语言学上的"距离"。具体是在大量的语言特征取样中计算对立的数目。

方言界线　dialect boundary　亦称方言边界。指在方言地图集上假设存在的一条综合了若干条重叠在一起的同言线。这条线可以展示出一种方言到哪里为止,另一种方言从哪儿开始。

F　方 fāng　（语言学术语）

方言连续体　dialect continuum　指在某一特定地域内存在的一系列方言，由于远近不同而略有区别，且随着距离的增加，彼此之间能够沟通的可能性越来越小，最终导致距离悬殊的两种方言彼此无法进行沟通。根据"Ausbausprache-Abstandsprache-Dachsprache"范式，这些无法进行沟通的方言可以视为单独的语言。但是如果存在一种标准语言，而通过这种标准语言，操不同语言或方言的人能够进行相互沟通，那么这些不同的语言或方言就可以被视为这种标准语言的方言。而当两种或两种以上不同语言或方言在某一特定的地域内相互合并的时候，就会出现方言连续体。

方言链　dialect chain　社会语言学术语。存在于方言连续体中的一根"链条"。在"链条"上任何一点（操某种方言）的居民能够与"链条"相邻那点（操另一种方言）的居民进行沟通，但是如果要与更远的居民沟通的话，难度就会增加。与处在最远点的居民则几乎无法沟通。因此就形成了这样一个现象：处于"链条"两端的居民无法进行沟通，但是他们的方言是由一系列能够相互沟通的方言所串联起来的。

方言调查　dialect survey　社会语言学术语。通过实地调查（田野调查）搜集方言语料，然后对所搜集到的语料进行共时和历时比较，从而揭示出方言的历史、演变以及方言之间关系的调查。在调查一种方言前，一般必须了解该方言所处的地理位置、历史沿革、有关的风土人情，以及该方言所通行的区域和使用的人口，还要选择好发音人，准备好调查所用的表格和有关资料等。如果要确保大规模方言调查的结果具有可比性，做到省时省力，发放调查问卷就不失为一种优化的选择。

方言调查字表　Questionnaire of Characters for Dialect Surveys　调查研究汉语方言语音以及学习和研究汉语音韵的参考资料，由中国科学院语言研究所以中央研究院历史语言研究所 1930 年编的"方音调查表格"为底本，加以修改编成，于 1955 年 7 月由北京科学出版社出版，供各地区的方言调查、调查整理汉语方言字音、方言音系之用。一共选择的比较常用的字超过 3700 个，依广韵的声母、韵母、声调排列。书前有用法、说明和声母表、韵母表。书后附音标及其他音符号表。用这个字表调查方言音系，即可理解许多复杂而不易理解的现象，得出方言音位和音系在古今演变上的要点，构拟出古代的韵部和音系。这个字表调查方言音位也便于归纳整理。

方言习语词典　idioticon　收录一种方言或一个言语地区词汇和习语的词典。

方言学　dialectology　语言学的一个亚领域。指主要基于地理分布的不同（与基于社会因素的社会语言学或基于时间的历史语言学来研究语言的变异相对应）以及相关的特征来研究语言的变异现象。主要关注不同方言中指称相同对象的不同词语，或者相同的词在不同方言中的不同发音，但最终还是关注不同地域的语法和句法特征。其研究对象不仅包括在某一地区定居数代的居民的语言，还包括新来此地区定居的移民的语言。包括两个分支，即方言地理学和社会方言学——前者用地图的形式来显示共时方言差异的地理分布，研究关于语言变化的地理模式，即研究语言的地区性差异；后者研究语言的社会性差异，即狭义的社会语言学。方言学与历史语言学有紧密的关系。方言地理学的兴起的初衷就是为了验证 19 世纪新语法学派的"语音演变无例外"假说。其研究结果后来也被用来构拟早期语言，并说明它如何分化。社会方言学的主要研究目的是提出可能性较大的语言演变模式。

方言整平　dialect leveling　社会语言学术语，亦称同语化（koineization）。指方言之间差异缩小的过程。例如，操不同方言的人移居到一个新的地方，一段时间后，那个地区就会出现一种新的语言变体，与移居者所操的方言相似，但是缺少了移居者所操方言的某些具体特征。方言整平在美国英语和其他英语变体（比如新西兰英语）的形成过程中起着举足轻重的作用，其过程中所出现的新的语言变体称为共同语。作为一种语言或者方言，共同语与皮钦语和克里奥耳语相似，所不同的是它能够与演化而来的那门源语言相互沟通。因此，同语化的进程就远不如皮钦语化和克里奥耳语化那么快。相邻方言之间的正常影响不属于同语化过程。作为一种新的语言变体，共同语的出现并不改变原有那些方言的地位，这与一般的方言进化有着本质区别。

仿拟　parody　修辞格的一种。常用来对人们熟知的某一谚语、格言、名句甚至文章体裁加以适当修改，从而构成一种新奇的表达形式，取得幽默的效果，或达到讽刺、嘲弄的目的。常用的方法有更换词语、改变结构、颠倒次序、增加成分、模仿全篇等方法。例如：[1] A stitch in time saves nine.　[2] A word in time saves nine.　[3] like father, like son　[4] like son, like father　例[2]就是模仿例[1]而写出来的；例[4]是将例[3]中两部分顺序的颠倒而成，以强调其父在某方面比儿子有过之而无不及。

仿造词语　calque　形态学术语。语言借词现象（borrowing）的一种表现形式，指按相应外国词语直译而来的新词。一般仿造词语对目的语的每一项成分均有翻译，如英语 skyscraper 直译自法语的 gratteciel；德语 Uber-mensch 变成英语的 superman；西班牙语 perroscalientes 和汉语"男朋友"则分别借自英语中的 hot dog 和 boyfriend；甚至"借词"（loanword）本身直译自德语的 Lehnwort。仿造词语现象在各词语之间比较普遍，有时也称翻译借词法（loan translation）。

仿造构词法　coinage　参见"构拟造词法"。

仿真　simulation　参见"模拟"。

访谈指引　interview guide　亦称访谈表。指调查人员采访过程中所用的话题表。通常在访谈开始前设计出来，作为访谈的构架，一般只列出将要问及的主要话题。

放射范畴　radial category　认知语言学术语。指成员通过"复合原型"（composite prototype）的方式组织起来的范畴。放射范畴的成员不是生成的，而是通过规约性（convention）扩展的，因此要通过学习方能形成。"复合原型"决定扩展的可能性和成员与中心原型之间的关系。认知词汇义学（cognitive lexical semantics）把放射范畴作为研究的一个重要的方面，把词看作一个通过"复合原型"组织起来的放射范畴，放射范畴是基于语义网络（semantic network）构成的模型，如对介词"over"（在……上）的研究。

飞白　malapropism　修辞学术语。原为书法笔法，即在某些笔画中露出一丝丝的空白，如同用枯笔写成，以显现苍劲浑朴的艺术效果。后转指修辞手法，即在语用中故意运用白字（别字）制造特定的修辞效果。具体表现为模仿、记录或援用某些发音近似、同音异形或形近异音的字词，制造错误以达到喜剧效果等目的。英语 malapropism 源自英国剧作家谢立丹（Richard Brinsley Sheridan）作品《对手》（The Rivals）中的人物马拉普罗普太太（Mrs. Malaprop），她说话时经常满嘴莫名其妙的怪词，听者理解的意思可能千奇百怪，从而制造出荒诞、滑稽、令人浮想联翩的喜剧效果。

非 pro 省略语言　non-pro-drop languages　句法学术语。指诸如英语、法语、德语中陈述句一般不省略主语的语言。例如（带星号者为病句）：[1] He speaks. [2]* speaks. 英语中，例[1]不能说成例[2]，主语 He 不能省略。不过，有些语言的主语可以省略。例如，意大利语表达"他说话"，可以省略主语（lui），而只用 parla；俄语的也一样，"他说话"可以省略он，而只用говорит。参见"pro 省略语言"。

非鼻音　buccal　偶尔用于发音语音学的术语，是口腔音（oral）的替代术语。但更经常的是特指喉部发出的语音。

非必要重复　needless repetition　修辞学术语。为取得句子语音和谐而进行的一种非必要现象，即在句中重复使用一个重要词项或同音式的现象。例如：The general ordered him to order the soldiers to observe good order.

非边音　non-lateral　音系学术语。指音系学的某些区别特征理论中与"边音"对立的术语，也是语音学按发音方式给辅音分类的术语。边音是指气流从口腔闭塞处的一边或两边流出而发的音，而"非边音"则不是以这种边流方式发的音。这种术语对立是由于假设这一对立是必要的，为完整说明一种语言的音系，

非标准性　non-standard　亦称次标准性（sub-standard）。与某一语言标准语相关的术语。指口语或书面语在发音、语法或词汇方面不同于该语言的标准语。

非表音文字　analphabetic writing　参见"非字母文字"。

非宾格动词　unaccusative verb　句法学术语，亦称作格动词（ergative verb）。指不及物动词的一类，其主语在语义上不是动作的发出者，不大关注动词动作的起始，也不大关心动作本身，而是与动作的属性有关，如英语的 die、arrive、fall 等。在句法上，这些动词只带域内论元，而域内论元不能被赋予宾格。例如：[1] Three students *arrived*. [2] There *arrived* three students. 例[1]中的 three students 移动到主语位置并获得屈折成分授予它的主格。若 three students 不移位，则可获得部分格（partitive case），并由虚主语 there 填充主语位置。非宾格动词之外的不及物动词称为非作格动词（unergative verb），非作格动词只能带一个域外论元，而域外论元被授予施事的题元角色，在主语位置上可以获得主格。

非宾格假说　unaccusative hypothesis　句法学术语。指帕尔穆特（David Perlmutter）于 1978 年在关系语法（Relational Grammar）的框架下提出的假说，将传统意义上的不及物动词进一步区分为非宾格动词（unaccusative verb）与非作格动词（unergative verbs）两类。帕尔穆特用关系语法中一些普遍规则来说明，非作格动词的论元是域外论元（深层主语），而非宾格动词的论元是域内论元（深层宾语）。虽然它们都属于一元动词，而且唯一的论元通常都出现在动词的前面充当句子的表层主语，但两类动词论元之间的深层逻辑语义关系却有着本质的差

别:非宾格动词表层结构中的主语是深层结构中的逻辑宾语,是通过移位得到的;而非作格动词表层结构中的主语也即深层结构中的主语,由基础生成。

非参数检验 non-parametric tests 统计学术语。指一组统计程序,它们不做与参数检验相类似的强分布假设,而用作分析称名量表或者定序量表上量度的数值,如卡方(Chi-Square)和斯皮尔曼等级关联(Spearman Rank-Order Correlation)。

非常用句型 non-favourite sentence type 语法学术语。指语言中不符合或不能简缩成任何基本句法结构的句子。这种句子经常出现在话语中,但不是构成扩展句或长句的基础。例如,"Hello"或"God Gracious me!"等不见容于其他句子,但可以与其他句子连用,构成话语的感叹句或格言句式。非常用句型也可以是缩略句。例如,回答"Where do you come from?"时,可以用"(I'm)from Shanghai.",即答句中的"I'm"可以省略。

非成形语言 non-configurational language 语言类型学术语,亦称非构型语言。指句子没有独立动词短语成分(VP constituent)的语言。相反,在成形语言中,句子主语在动词短语成分之外,直接位于树形图中 S(句层面)之下,宾语则在动词短语成分之内。鉴于非成形语言中没有独立的动词短语成分,主语和宾语之间没有结构差异。成形语言和非成形语言之间的差异可以如下图所示:

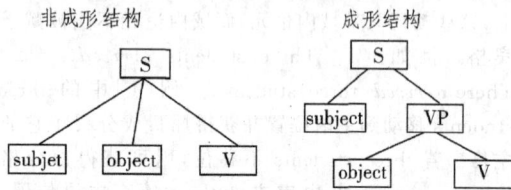

非成形语言通常具有语序自由、零指示语、句法无序表述等特点,如美洲印第安语群中的莫霍克语(Mohawk)、瓦尔皮里语(Warlpiri)、纳瓦特尔语(Nahuatl)、奥哈姆语(O'odham,亦称帕帕戈语[Papago])等。

非持续体 non-continuous aspect 语法学术语。对动词形式作语法描写的术语,与持续体(continuous aspect)在时间或延续方面相对应的概念。这种对立通常是指持续体或进行体与非持续体、简单体或非进行体之间的对立。

非纯语言 impure language 不恰当或不符合惯用法的语句结构或语言风格。

非词源化 de-etymologisation 词源学术语。指两个词素混合成一个复合词素后,原来词素的形式和意义不再能辨认出来的现象。

非刺耳音 non-strident 音系学术语。与刺耳音相对应的术语,是乔姆斯基和哈勒(Morris Halle)在其音位学的区别特征理论中确立的声源特征之一,用来描写语音噪音性的变化。刺耳音,如/f/和/s/,从发音和声学方面定义为发音时制流较复杂,频率和强度较高的音。非刺耳音在发音时制流不太复杂,噪音频率和强度较低,如鼻音和破裂音。

非单调逻辑 non-monotonic logic 亦称非单一逻辑,人工智能逻辑的核心概念。指含有模态运算号 M(Modal Operator)的首位述谓逻辑,20世纪70年代由耶鲁大学计算机科学系的德鲁·麦克德莫特(Drew McDermott)和麻省理工学院当时的人工智能研究生约翰·多伊尔(John Doyle)提出。非单一逻辑相对于单调推理(演绎推理)而言,基于弗雷格(Gottlob Frege)的谓词逻辑而提出。弗雷格通过赋予旧逻辑中命题的主词和谓词新的含义,提出了一种新逻辑,即谓词逻辑。非单调推理预设了"当我们不能证明 p 为真时,我们便假定它为假",结论在一定时间内是可接受的,而随着新信息的增加会变得不可接受,即新信息可以推翻以前得出的结论。非单调逻辑的推理模式在某些实践应用中被证明是极为有用的一种非经典逻辑。

非单一逻辑 non-monotonic logic 参见"非单调逻辑"。

非导向性访谈 nondirective interview 访谈的一种方式,事先没有组织,也没有导向,访谈者让被访者自己选择话题进行自由讨论,访谈者一般只提少量问题。

非等价 non-equivalence 用于描述两部语法生成力不相等时的术语。在结构加标或加括法上显示差异或者生成不同句子集合的两部语法称作非等价语法。

非地域的 non-areal 参见"地域的"。

非定指效应 indefiniteness effect 句法学术语。同定指效应相对,亦称非定指限制。指在一些结构中 NP 必须为定指短语,否则句子不符合语法。例如:[1] What is wrong with John/the student/every student/him/the three students/most students/you/his students? [2] *What is wrong with a student (/three students/no more than three students/at least three students/no students)? 例[1]中的 John/the student/every student/him 等都是定指 NP,而如果换成例[2]中的 a student/three students/no more than three students/at least three students/no students 等非定指 NP,句子便不符合语法。

非短暂性　non-punctual　语法学术语,亦称及时性。用以描述重复发生或一段时间内存在或进行的动作或状态。例如:[1] She *sold* books at the bookstore. [2] We *know* the man. 例[1]中 sold 表示她曾在这个书店卖过一段时间的书。

非对比性变体　non-contrastive variant　参见"自由变体"。

非腭化辅音　non-palatalized consonant　语音学术语。指发音中没有硬腭化过程的辅音(硬腭化过程指发音时舌面在一定程度接近硬腭而使声音略带腭音色彩),如英语中不与/j/或高元音相邻接的舌尖辅音和舌后辅音。

非辅音的　non-consonantal　音系学术语。指音系特征分析中从发音和声学上所作的区别性特征定义,与"辅音的"相对。具体指的是,辅音发音时在声道中央受到较大阻塞,声学能量较低;非辅音发出时则不受类似阻塞,声学能量较高。一切元音都是非辅音。

非高位音　non-high　音系学术语。乔姆斯基和哈勒(Morris Halle)提出的音位区别性特征之一,用以描写发音部位的变异(腔特征)。非高音是一类舌体特征,从发音上定义为舌不高于其中性位置时发出的音,如开元音和前высокий元音。

非功能变体　facultative variant　参见"自由变体"。

非规约隐涵　non-conventional implicature　语用学术语,亦称会话含义(conversational implicature),与规约隐涵相对。指根据会话准则推导出来的意义,即根据某些支配会话效率和正常可接受性的合作原则,从语段的形式推导出来的隐涵意义。此术语最早见于哲学家格赖斯(Paul Grice)的著作中,常用于语言学对会话结构的研究。例如:Can you pass me the salt? 上例在特定语境中可理解为说话人请听话人递盐过来。参见"涵义"。

非规则现象论　anomalism　最初由西希昂的齐诺(Zeno of Citium,335BC—263BC)和其他希腊斯多葛学派哲学家(Stoic philosophers)提出,与规则现象论(analogism)观点相对,认为语言中许多不规则的语法和语义现象是自然形成的习惯用法,所以不应建立规范标准去影响它。

非规则现象论者　anomalists　参见"类推现象论者"。

非过去时态　non-past　语法学术语。指一些语言(如英语)里动词的现在时态形式,可用以表示将来时,但一般不表示过去时,也并不一定指现在。例如:[1] I leave tomorrow. [2] The sun rises in the east. 例[1]和例[2]中的谓语动词都用了非过去时态,前者指明天[将来],后者指客观真理,都没有指现在。

非核心规则　non-core rule　句法学术语。指生成语言学中与核心规则相对立的一组语言学原则。核心规则在核心语法中指生成语言学中一组普遍的语言学原则,用来描写语言中发现的所有无标记语法原则,符合这些原则的规则是核心规则(core rule),相反的则是非核心规则。

非后位的　non-back　音系学术语,亦称非后位音。与后位音(back)相对立的发音特征,即舌头不从中性位置后缩时发出的音。

非互指　disjoint reference　参见"异指"。

非混合语化　decreolisation　参见"去克里奥耳语化"。

非技术性语域　non-technical register　语用学术语。一种语域类型,指除专业技术领域外,日常生活中常见的各类场合,如告别、婚宴、娱乐、上学等。

非接口论　non-interface position　语言习得术语。克拉申(Stephen Krashen)在其监控模式中提出假设之一,指内在知识和外显知识都是封闭系统,两者的发展都是独立的,一种知识的变化不会引起另一种知识的变化。克拉申认为通过习得获取的知识也是潜意识的,不能被学习者意识到,但能启发自动的语言表达;学得(learning)是一个有意识的过程,学得的知识处于意识状态之中,只是在语言运用中起监控作用,这两种学习是割裂的,通过两种学习获得的知识也不能互相转化。非接口论认为关于某一特定语言项目,若学习者同时拥有这两种知识的现象,只是一种巧合。与接口论(interface)相对立。参见"接口"。

非句子　non-sentence　句法学术语。指既无意义又无语法规则,而只是杂乱的词组合在一起的一段音流。例如:*East the spoke and love.上列一组词既无意义,又无语法规则,因此是非句子。

非口腔化的　debuccalized　音系学术语。指缺少口腔部位特征的辅音,如声门塞音或/h/。这种辅音形成的过程称作非口腔化(debuccalization;deoralization)。古汉语音节末尾有/p/、/t/、/k/三个辅音韵尾,在发展过程中经历了非口腔化的过程,变成喉塞音/ʔ/,这种形式在现代吴语方言中保存下来,在普通话中已完全消失。

非离散性　non-discrete　❶人类语言的一个特性（与其他符号系统特性相对立），即一个信号的成分可以分析为有确定的边界，成分之间没有连续的过渡。❷语音学、音系学术语。指在声学、发音或听觉上具有相对明确边界的语音。言语是一个连续的音流，母语者可以从这些连续的音流中切分出数量有限的明确单位，即该语言的音位。音位单位的边界可能对应于声学或发音特征，但经常又不对应。语音学上最小的明确单位是音元。

非离散语法　non-discrete grammar　一种语言学模型，由美国语言学家罗斯（John Robert Ross）于20世纪70年代初提出，用来取代转换语法扩展的标准理论。在非离散语法中，诸如合乎语法性、规则适用性、类属关系等概念都被视为程度问题，不确定性是语言能力的一个基本特征，所以研究的主要目的是要对诸如勉强合乎语法的句子、半合格句做出解释。这种模型采用一些独特的术语（如黏糊、类名词性、类小句性等）。强调分析有问题的数据，这种做法受到欢迎，但此模型在语言学界的研究进展甚微，理论价值也颇有争议。

非连续成分　discontinuous constituent；discontinuous element　语法学术语。属于在一起的但是其线性的连接却又被其他成分分割的语言成分。例如：(1) 在法语中，动词的否定式由"非连续成分"ne... pas构成：Paul ne mange pas beaucoup.（保罗吃得不多。）(2) 在英语中，短语动词 roll down 就是非连续成分：John rolled the stone down；a-wholenother 中的 another 就是由于被 whole 分割而成为非连续成分。一般而言，短语结构规则较难对非连续成分进行描写，因为前者认为只有毗邻的成分才能够组成一个成分。参见"非连续性"。

非连续性　discontinuity　语法学术语。指由于另外一些成分的插入，原来的连续成分被切分开的现象。例如：[1] It is, no doubt, a mistake. [2] Switch the light on. [3] Je ne sais pas. [4] Is he coming? 例[1]是句子被插入语打断，例[2]是短语动词被打断，例[3]是法语中的否定结构"ne pas"被动词打断，例[4]被疑问句的部分倒装打断。有时做这样的插入可收到幽默效果，如 abso-bloody-lutely。当单个词素被这种方法分隔开，就叫做非连续语素（discontinuous morpheme），如德语前缀 ge- 和后缀 -en 组成的过去分词 gesprochen（说话）。

非链接动词形态学　Nonconcatenative Morphology　形态学术语，亦称断续形态学（discontinuous morphology）。指20世纪80年代早期由美国语音学家麦卡锡（John J. McCarthy）通过与自主音段音系学（Autosegmental Phonology）类比提出的形态学。指仅对词根进行修改，而不需串接其他词素的一种构词形式。非链接动词形态学包括元音变换（ablaut）和贯通音变（transfixation）等。例如：英语中，名词 foot 的复数形式是 feet，动词 freeze 的过去式形式为 froze。埃及阿拉伯语表"书"的语词是 *kitāb*，其复数形式为 *kutub*，"作者" *kātib* 的复数形式 *kuttāb*。它们共享相同的辅音根（k ... t ... b），而具有不同的元音范式。与自主音段音系学相应，这里的词根被赋予音层（tier），同时标示元音范式相互间的关系两个单元将被不间断地实现。

非流畅性　dysfluency　语言习得术语。指一种不平滑的或不流畅的语言表达。"非流畅语言表达"可用来描述一个正处于语言学习时期的儿童的发展性结巴，或在一个成年人的说话过程中出现的节奏混乱和中断现象。其他的非流畅语言表达都会涉及神经病理学等，比如由功能丧失症、帕金森病、多发性硬化症、重症肌无力等其他类似疾病所导致的不流畅语言表达。

非论元　non-argument　句法学术语。指处在 A 位置上但并非指称表达且没有被赋予题元角色的 NP。例如：[1] There is a man in the garden. [2] It is certain that John will win. 例[1]中的虚主语 there 和 it 都为"非论元"，它们没有获得任何题元角色，为填充主语空位而出现在句首。

非论元位置　A'-position　参见"A' 位置"。

非论元移位　A'-movement　参见"A' 移位"。

非论元语链　A'-chain　参见"A' 语链"。

非论元约束　A'-binding　参见 A' 约束。

非能产性　non-productive　❶从广义上说，语言学中用 productive（能产的）指语言使用者产生和理解无穷多句子的创造性能力，特别与动物的"不/非能产性"相对立。❷从狭义上说，"能产的"也用来指某种语言对某一特征或型式的利用。一个型式如在语言中反复使用，即不断出现同一型的不同例，则是能产的。例如，-ed 作为英语过去时后缀，能加在英语中任何规则动词后。相比之下，不/非能产的型式则不具备这种功能。例如，英语中某些不规则名词所特有的复数型式（如 foot/feet），其他新的规则名词就不能采用，而只能用能产的"-s"型式。参见"能产性"。

非能动言语器官　immovable speech organ　音系学术语，亦称被动发音器官。指上齿、腭部等不能动的发音器官，但是其他发音器官可以接触或接近这些器官。非能动发音器官与能动发音器官

(movable speech organ)相对。参见"被动发音器官"。

非派生词干 underived stem 形态学术语。指仅由一个词根构成的词干,与派生词干相对。单纯词的词干都属于非派生词干。例如:汉语中的"水""喝""蟋蟀"等。英语中的自由词素都是非派生词干,如 boy, care, heat 等。

非强制性 optional 语法学术语。与强制性(obligatory)相对。指句子或某些结构的某些成分是非强制性的,可以去除。例如:[1] I was reading a book. [2] I was reading. [3] I threw away the bottle. [4] I threw the bottle away. 例[1]中宾语"a book"可以省略而不影响句子完整,例[2]中的语法知识规则是有选择性的,例[3]中的"away"可以放到宾语后面而不影响句子意义,如例[4]。

非情态助动词 non-modal auxiliary 语法学术语。助动词类别之一,不表达任何情态语气。例如:[1] Lisa has quit smoking. [2] Lisa is working on her translation. 例[1]和例[2]中的助动词 have(has)和 be(is)就是非情态助动词。

非区别性特征 non-distincitive feature 音系学术语。指话语中实际存在的、没有区别音位作用的对意义无影响的语音特征。例如,英语中清塞音的"送气"特征—不送气的[p]、[t]、[k]与送气的[pʰ]、[tʰ]、[kʰ]只是/p/、/t/、/k/的音位的互补变体,不区别意义。pin[pʰɪn]中的[pʰ]和 spin [spɪn]中的不送气的[p]就属于非区别性特征。如果把 spin 读成[spʰɪn],词义不会改变。

非屈折语言 non-inflexional language 语言类型学术语。主要指孤立语,即不靠词的屈折变化来表示语法关系的语言。

非人称结构 impersonal construction 参见"无人称句子结构"。

非人称性 impersonality 语用学术语。指语篇明显缺少人称的情形。语篇中不使用人称代词"I"或"You"来提及说话人和受话人之间的情景语境,也不提及参与者的情感和意见。如果需要代词做主语进行归纳,一般采用非限定性或总称的代词"one"。例如:[1] One should always be careful when talking to strangers. 在某些方言中,即使 one 也含有个人的意思。例如,皇室成员话语中的 one:[2] One was glad when one's daughter got engaged. 也常使用被动语态,省略施事。这种非人称语域的特色常出现在科学教材、法律文件、公众布告等。例如:[3] Smoking *is not permitted* in rear seats. 为表达更简单、亲近的文体,广告语言、官方文件趋于避免使用非人称性的用法。

非舌冠音 non-coronal 语音学、音系学术语。音位区别性特征之一,用以描写发音部位(腔特征)的变异。与舌冠音对立。非舌冠音是指舌叶保持中性位置发出的音,如唇音和软腭音有[-舌冠]特征,缩写为[-COR]。

非使役 non-causative 语法学术语。用来描述句子交替形式之间不存在因果关系。例如:[1] The lion killed the antelope. [2] The antelope died. [3] The lion lives with the antelope. 例[1]中的及物动词 kill 可视作例[2]中不及物动词 die 的使役形式,而例[3]中的及物动词 live 和例[2]中的 die 之间不存在使役关系。

非双音化 degemination 音系学术语,亦称"去双音化"。表示双辅音变成单辅音的过程,是一种比较常见的辅音弱化现象。例如,前缀 in-与 material(物质的)结合组成单词 immaterial(非物质的),读作[ˌɪməˈtɪərɪəl],而不是[ˌɪmməˈtɪərɪəl],说明出现了双辅音[mm]变成单辅音[m]的弱化过程,就是典型的非双音化现象。

非咝音 non-sibilant 语音学术语,指在舌叶和齿龈隆骨后部之间狭窄的、有如舌沟的制流中发出的擦音,如[s]就有频率很高的咝声特征。缺乏这一特征的音称为非咝音。

非特定先天论 non-specific nativism 语言习得术语。指语言习得的能力取决于人的内在机制(即生物限定机制),且此机制非语言习得所专有,人类其他认知能力都拥有该机制。

非体质特征 inorganic feature 词或短语中的非词源性外加成分,这一成分在历史上并不属于该词或词组,如 bridegroom(新郎)中的第二个 r。该词起源于古英语 bryd(新娘)+ guma(男人),外加的 r 是由于与另一词 groom(马夫)相混淆或为之取代之故。

非完全转换 approximate conversion 形态学术语。指词类转换的一种特殊形式。一般情况下,从一种词类到另一种词类的转换过程中,新词只在语法意义上产生改变,形态结构和语音保持不变;但有时候会伴有单词发音、重音模式甚至拼写等方面的变化。这种变化包括:(1)清辅音变为浊辅音,如从名词到动词的转换:use /juːs/ → use /juːz/, shelf /ʃelf/ → shelve /ʃelv/。(2)词的重音移至词尾,常出现在双音节词中:用作名词时,重音落在第一个音节上;用作动词时,重音移至第二个音节上。

(3)拼写和发音偶尔会发生较大变化,如 food /fu:d/ → feed /fi:d/、blood /blʌd/ → bleed /bli:d/等。

非位 etic 指"唯位的与非位的"或"区别性的与无区别性"特征对立,用来代表研究语言学数据的两条对立的途径之一。非位(etic)是对语言的各种物理模式加以描写,尽量不考虑其在语言系统中的功能。例如:对语调作"唯位"分析,就只描写音高变化模式中那些被一种语言用来表示意义的特征;而"非位"对音高变化的描写要细致得多,不管描写的特征是否被这种语言用来表示意义。所谓唯位术语(emic term),是指除了 phoneme、morpheme、grapheme、kineme 等以及其形容词(如 phonemic 等)以外,广义地还指音位学(phonemics)、音系学(phonology)、形态单位学(morphemics)、形态音位学(morphonology)、法位学(tagmemics)等以"唯位研究态度",亦称"唯位观点"和"唯位法"(emic approach)。唯位与非位的区分是法位学(tagmemics)的一个重要特征,参见"唯位"。

非谓语形式 verbid 语法学术语,亦称非限定动词(nonfinite verb)。指动词不定式(infinitive)、-ing 分词和-ed 分词这样的非限定动词成分,与限定动词(finite verb)相对。两者之间最重要的区别在于前者没有"时"(tense)的标记,而后者有"时"的标记。

非先创语言 a posterior language 参见"先创语言"。

非现实情态 irrealis 参见"现实情态"。

非限定动词 non-finite verb 语法学术语。动词的一种形式,没有时态,也不因主语的人称或数的变化而变化,不能有语法主语。例如,英语中的不定式、分词和动名词就是非限定动词。参见"限定动词"。

非限定分句 non-finite clause 语法学术语。指以非限定动词词组作谓语动词的分句,包括不定式分句(infinitive clause)、-ing 分词分句(-ing participle clause)以及-ed 分词分句。非限定分句属[−TENSE, −AGREEMENT]分句,其动词 VP 采用非限定形式,名词 NP 节被显性主语或隐主语占据。与限定分句(non-finite clause)相对。

非限定性关系从句 non-defining relative clause; non-restrictive relative clause 语法学术语。指对主句或主句中的名词性短语或成分提供补充或解释信息的从句,但对其不起限制或限定作用,书写时用逗号隔开。例如:My supervisor, who is 59, still plays badminton.

非限定性修饰 non-restrictive modification 参见"限制性修饰"。

非限制性结构 non-restrictive construction 语法学术语。包括非限制性修饰语(non-restrictive modifier)和非限制性关系从句(non-restrictive relative clause),仅仅对被修饰对象进行补充或说明。在英语中,非限制性修饰语往往读成轻音。例如:[1] The *yellow* boat came into view. 例[1]中的形容词 yellow 无需重读,听者便可知道是指哪艘船。非限制性关系从句通常用逗号与前面的被修饰成分隔开。例如:[2] The woman, *who was smiling*, sat dwon. 例[2]表示在说其微笑之前,听者早就知道是哪位女士。

非线性形态学 non-linear morphology 形态学理论之一。指构成派生词的每个词素都表征在形态层(morphological tier/plane)上,即独立自动的表征层面。这一框架在解释阿拉伯语复杂的非线性形态上行之有效。

非线性音系学 non-linear phonology 音系学理论之一,即避免用线性表征式来表示词的音韵结构。这里的"线性"指将结构表示为一系列音段组成的严格的水平序列,每个音段(在垂直方向上)分析为一列无序次的特征,如[s]有[−成音节]、[−带声]、[−鼻音],[+舌冠]等特征。这种二维矩阵的一个弱点是不能处理适用域超出一个音段的特征(如某些声调特性和元音和谐);另一个弱点是不能表示特征列内的结构关系。因此又发展出各种非线性模型,如弗斯(John Rupert Firth)的韵律音位学和(20 世纪 70 年代以来的)节律音系学、自主音段音系学、依存音系学等模型。在这些模型中,适用域超出一个音段的特征从特征矩阵中提出来在一个独立的层面(音层)上表征。

非响音 non-sonorant 语音学、音系学术语。音位区别性特征之一,与响音(sonorant)相对。用以描写发音方式的变化。响音从发音上定义为用来自肺部的相对不受阻气流通过口腔或鼻腔时发出的音,如元音、流音、鼻音和边音。非响音指有制流阻碍气流的音,如破裂音、擦音和塞擦音。

非叙实动词 non-factive verb 与叙实动词(factive verb)相对应。表示后接宾语从句未必表达一个事实的动词,如 think、believe、suppose、guess 等。例如:[1] She *thinks* that Frenchmen are romantic. 例[1]只表明她认为法国人是浪漫的,而事实未必如此。叙实动词后接的宾语从句在说者看来则是表达一个事实,如 regret、deplore、know、agree 等。例如:[2] I *remember* that he was always late. 例[2]中的 remember 就是一个叙实动词。

非延续体 non-durative aspect　　参见"延续体"。

非延续音 non-contituant　　语音学、音系学术语。音位区别性特征之一，用以描写发音方式的变异。非延续音发出时口腔声道完全闭塞，从而声学上有一个无声特性。例如，破裂音的特征为［－连续］（［-CONT］）。有时也称间断音。

非言语交际 non-verbal communication　　语用学术语。指不用词语，而用身体语言（如手势、面部表情、头部运动、眼睛移动等）或言语行为中的音高、音调和重音等来进行的交际。这类不经过言语符号而传情达意的行为称为"非言语行为"（non-verbal act），是语境中不可或缺的组成部分。

非一致性 incongruity　　语言学术语。指不同语言中表面对等词（equivalent）的实际词义范围的差异性。例如，德语的 Land 表示"国家""境""省""土地""乡村"等意思，而英语的 land 表示"土地""国家""田地"等意思。

非龈前音 non-anterior　　语音学、音系学术语。音位区别性特征之一，用以描写发音方式的变异，与龈前音相对。龈前音从发音上定义为在口腔腭龈部位前面用制流发出的音。非龈前音则是不通过这种制流发出的音，如软腭音、喉音和元音。

非圆唇元音 unrounded vowel　　语音学、音系学术语。指发音时双唇不伴以收圆的动作，而向两侧展开或呈中性状态的一类元音，如/i/、/e/、/æ/、/a/、/ə/等。与**圆唇元音**（rounded vowel）相对。

非真实初学者 false beginner　　语言教学术语，亦称假定初学者。指预先受过一些语言教学训练，但由于语言熟练程度有限，仍被列为语言初级水平的学习者。非真实初学者不同于无任何语言知识的"真正初学者"（true beginner）。

非正常元音 abnormal vowel　　语音学术语。指对语音进行发音位置方面分类时既不属于前元音也不属于后元音的中性元音。发这些元音时，舌在口腔中总是处于不前不后、不高不低的中部位置，如发英语语音中的中元音/ʌ/。

非正式评估 informal assessment　　语言测试术语。指对学生课堂上的表现进行系统观察和数据收集，而并非采用标准化测试或其他评估控制方式的过程。

非正式英语 informal English　　社会语言学术语。与正式英语相对。指用于日常口头交谈的英语，其特点是用词比较自由，词汇主要来源于盎格鲁—撒克逊语（Anglo-Saxon），句型结构简单，通俗易懂，遣词用句不像正式英语那样庄重正规，多少有些脱离标准语言规范。使用非正式英语目的往往是说话人和听话人之间试图建立一种随和轻松的密切关系。非正式英语的语言环境多样，说话人之间的关系千差万别。

非正式语 informal language　　社会语言学术语。与正式语（formal language）相对。主要用在日常工作交往、商店购物、旅游、朋友之间闲谈及书信往来、不拘礼节的互访和问候等。非正式语以日常口语为主要特征，常用小词及缩略形式，句式简短，语音同化现象与弱读形式较多等。翻译非正式语时需作相应的文体和修辞考虑。正式语（formal language）包括正式书面语以及正式口语，正式书面语主要用于教科书、学术论文、商业合同、法律文件、政府报告等，语气通常比较正式、严肃。正式口语通常用于官方或严肃的场合，如官方迎接外宾时所致的欢迎词等。英语中，正式语使用的词汇通常比日常口语复杂，通常避免使用俚语、口语词、缩略形式，句子往往较长，结构复杂，经常使用非人称代词"it"和被动语态等。

非正式语体 informal style; familiar style　　社会语言学术语，亦称口语体（colloquial style）。指受过教育的人在随意而非正式谈话场合中使用的语言形式。这种语体包括俚语、套语、创新词和缩写词，如 buck (*dollar*)（美元）、phone (*telephone*)（电话）、hassle (*trouble and difficulty*)（争论）、a lot (*many*、*much*、*a great deal*、*a large quantity*)（很多）等。

非周期波 aperiodic wave　　语音学术语。声波中一个压力变化周重复一次所需的时间称为周期。周期越短，给定单位时间内的周数越多，频率就越高。发音过程中，振动呈反复型式的波形是周期（periodic）波；不呈反复型式的是非周期波。语音中的元音利用周期波，擦音等其他音利用非周期波。

非洲裔美国人白话英语 Black English Vernacular; BEV　　参见"黑人英语白话"。

非洲语言学 African linguistics　　描写非洲语言的学科，包括对非洲诸语言的起源、发展演变、亲缘关系等方面的研究，尤其是对非洲尚无记录的语言和方言所进行的研究，对语言类型和语系进行新的分类和整理。

非主动语态 inactive voice　　语法学术语。一般指被动语态（passive voice），而某些语言没有严格意义上的被动态，故以此术语称之。

非自然意义 non-natural meaning　参见"自然意义"。

非字母标音 analphabetic notation　发音语音学术语,指用各种字母和非字母符号表现语音和音位特征的标音法,也包括字母音标 IPA 中的变音符号(diacritics),较典型的有贝尔(Alexander Melville Bell)所发明的"视识语"(Visible Speech)标音系统。

非字母文字 analphabetic writing　亦称非表音文字。指字母文字或表音符号之外的语言书写系统。这种文字系统本身是一套表达意义或描摹实物的符号,其中部分字符"客串"般地充当音素,具有表音功能,但不具备表示语音字母的语言学特征。非字母文字包括由意符(ideogram)构成的表意文字(ideographic writing)和通过图画描摹实物的图画文字(pictographic writing)。例如汉字、古埃及的图画式象形文字和玛雅人雕刻的象形文字等。

非字母音标 analphabetic phonetic symbols　语音学术语,指非字母标音法中用来标音的各种非字母符号的统称。

非作格动词 unergative verb　句法学术语。参见"非宾格动词"。

肺气流 pulmonic airflow　参见"外向气流"。

肺气流测量仪 pneumotachograph　语音学术语,是量气技术的一部分,是一种用来分开或同时测量口腔和鼻腔气流的仪器。装置含一个面罩套住鼻和口,另外连接仪表监测气流的运行。

肺气流的 pulmonic　语音学术语。用以描写发音时与肺气流相关的活动。例如,"肺气流机制"指用肺引发言语产生的气流。大多数人类语言都有肺气流音。

分班测试 placement test　语言教学术语,亦称编班测验。指为了将学生安排到适当级别的课程学习而进行的一种测验。可以采用不同类型的考试或考试方法(如听写、面试、语法测验等)。

分贝 decibel　语音学术语,一般缩写为 dB。表示声强的标准科学单位,但它不表示声强的绝对值,而是两个声音的相对强度,通常是一个声音的强度与参考声强(亦称基准声强)的相对值。分贝的计算公式为目标声强与参考声强比值的对数值乘以 10。假设一个声音的强度与参考声强的比值为 100,那么该声音的强度为 $\log(100) \times 10 = 20$ 分贝。1 分贝大约等于人耳通常可觉察响度差别的最小值,人耳能觉察的响度差别的范围大致在 1 分贝到 130 分贝之间。

分辨性操作反应 discriminated operant　心理语言学术语。指一种在分辨性刺激控制下的操作反应。若设定食物的发送以灯亮为条件,被实验的动物(如白鼠)就会在灯亮时把杠杆按下,便有一团食物掉在盘中,这种情况称为刺激分辨。加强分辨性刺激出现时的反应,刺激控制就会被建立。

分布 distribution　音系学术语。指所有既定语言特征的集合。在美国的分布主义中,分布是决定和划分语言单位的最主要标准。以命题逻辑和几何理论为基础,分布可以分为三类:(1)对等分布,即两个成分在同一处共同出现;(2)部分对等分布,即两个成分一般共同出现,但是其出现不是排他性的;(3)互补性分布,即两个成分从来不同时出现。分布一般用来决定和界定不同的基本的语言成分:对等分布揭示的是作为区分意义的音位,互补性分布揭示的则是音位变体和形位变体。

分布分析 distributional analysis　指对语言现象在不同范围语言材料中的分布情况进行统计分析,来揭示该语言现象的常用程度和使用特征,是对语言现象频率分析的必要补充,如分析音位在词中的分布情况和词在句子中的分布情况。分布的思想首先源于音位学,后来扩展到语言学其他分支学科。

分布共性 distributional universal　语言类型学术语。指用来说明哪种类型的语言比较多的参量。以动一宾(VO)型语言为例,从主语(S)的位置来看,以 SOVX 型的语言最多,VSOX 型次之,VOSX 再次之,……;用符号式表示即为:SOVX＞VSOX＞VOSX＞VOXS …

分布数词 distributional numeral　语法学术语。指含有几个词的数词短语,如 by twos and threes、one or two、in hundreds 等。

分布主义 distributionalism　指 20 世纪四五十年代,以哈里斯(Zellig Harris)、布洛克(Bernard Bloch)、特拉格(George Trager)、约斯(Martin Joos)等学者为代表的美国结构主义的一个分支。在布龙菲尔德(Leonard Bloomfield,1887—1949)之后,哈里斯的《结构语言学的方法》(1951)是体现美国结构主义学派理论和方法最为谨严的代表作,标志着该学派进入成熟期。哈里斯就语言结构分析规定了两项基本任务:(1)把话语里的单位(如语素)切分出来;(2)把有关的单位归类。在分析时,要根据语言单位的分布特征,用替换的方法进行鉴别,因此有人把这种方法称为"分布主义"。所谓分布,就是某个单位或特征在话语中出现各种不同位置的总和,也就是出现于其中的一切环境的总和。所谓替换，就是在相同的环境中某个单位能够用别的单位来替代。分布主义的目标是用实验的手段对个别语言（主要是美国本土语言）系统之间的关系进行可证实的、客观的描写，排除主观和语义因素。这些关系是各种等级层次（音系、形态和句法）之间的个别成分分布的结果。每种语言的结构都能通过实验的方法，即所谓发现程序（discovery procedure，指从语库中提取一种语法描写的详细的机械性程序）加以描写。

分词 participle 语法学术语。❶指不定式和动名词之外的动词非限定形式，充当形容词或副词功能。❷指动词的限定形式，用来构成被动语态、完成体和进行体，包括现在分词（present participle）和过去分词（past participle）两种形式。现在分词由动词原形后加 ing 构成。可以充当形容词，如 a smiling girl；可以与 be 连用"be＋现在分词"，置于句子谓语位置构成进行体，如例[1]；可以用于一些固定结构，如例[2]：[1] He was coming. [2] Let's go shopping. 过去分词通常由动词原形后加 ed 构成（不规则变化除外），可以充当形容词，如 a broken window；可以与 be 连用"be＋过去分词"，置于句子谓语位置构成被动语态，如例[3]；可以与 have 连用"have＋过去分词"，置于句子谓语位置时构成完成体，如例[4]：[3] Smoking is not allowed in this area. [4] He has come.

分词独立结构 absolute construction 参见"垂悬分词结构"。

分词短语 participial phrase 语法学术语，亦称分词结构（participial construction）。指以现在分词或过去分词引出的短语。分词短语一般在句中充当定语、状语等成分。例如：[1] Who is the girl standing by the window? [2] Stopped by the policeman, the girl waved to me. 例[1]中的现在分词短语 standing by the window 在句中充当定语，修饰 the girl；例[2]中的过去分词短语 stopped by the policeman 在句中充当状语。

分词结构 participial construction 参见"分词短语"。

分隔间 booth 语言实验室中给学生使用的、装配有电化教具（如磁带录放机、耳机、话筒等）的小隔间。可保证隔音（acoustic isolation），避免一般教室中的外界干扰，分散注意力，使学习效果大大提高。

分隔中心 divided focus 音系学术语。指调核（nucleus）分别出现在两个词项上，前降后升或前升后降，这种中心称作分隔中心。

分化 differentiation 语言教学术语。作者在写作过程中所运用的四种技巧之一，即增加和扩充已有的文本。其他三种技巧分别是删除（删除错误的片段、不必要的或措词不当的语句）、重组（分割或组织材料；改变写作思路或词序）和精简（在保持原有内容不变的条件下，使文本更加精炼和流畅）。以上四种写作技巧在写作中经常交叉使用。

分化体现 diversification 语法学术语。指层次语法（stratificational grammar）中差位体现的一种表现形式。参见"差位体现"。

分级 gradation；grading 语言教学术语，亦称序列化（sequencing）、分级排列。指对语言课程内容或教科书内容进行合理安排，以一种对学生有帮助的方式呈现出来。分级会影响词汇、词义、时态、结构、话题、功能、技巧等呈现给学习者的顺序，可以依据不同的标准进行，如语项的复杂性、难易程度、在书面或口语中出现的频率、对学习者的重要性等。

分级读本 graded reader 语言教学术语，亦称简易读本（simplified reader）。指为学习母语的儿童，或为二语或外语的学习者编写的读物，其语言内容基于某一语言分级方案编排。分级读物可以在一定词汇和语法结构范围内来编写。

分级目标 graded objective 语言教学术语。指语言教学的不同阶段（stages）所应达到的不同目标。既给学习者提供实际的短期目标（short-term goals），又提供经过短期学习后可取得的实际语言水平。分级目标尤其用于英国的外语教学中。

分解评分法 analytic scoring 语言测试术语。一种测试评分方法，与整体评分法（holistic scoring）相对。指把测试者在有关测试（主要是写作和口语测试）中的表现分解为不同特征，给每一特征以不同的权重值，并以分值体现。写作测试中常用的分解特征包括内容、组织、风格、连贯、语域、词汇、语法、拼写等。口语测试中常见的分解特征包括发音、流利程度、准确性、得体性等。

分解语义学 decompositional semantics 指运用义素（sememe）概念来分析词语聚合（联想）与组合（搭配）的系统关系，是表征分析法的一种形式化方法。其研究方法是把各种词汇的意义分解为"语义成分"（semantic component），并尝试概括出一些规律，用以联系不同词、词组和句子在语义上的联系（如同义关系、反义关系、下义关系、蕴涵关系等）。

分句 clause 句法学、语法学术语，亦称子句或从句。指由一组词构成的大于短语而小于句子的语法单位，一般包括主语（subject）和限定动词（finite verb)。分句一般分为独立句(independent)和从属句(dependent)两类,既可单独成句,也可作为句子的组成部分;当其作为句子一部分出现时,其功能相当于一个名词、形容词或副词。句子中的分句与句子中的短语并非一回事,因为短语不包含限定动词,也不存在主谓结构。例如:[1] I study English *because* I like English. [2] He suddenly realized *that* she couldn't be without it. 例[1]中"because"前的分句是独立句,例[1]"because"和例[2]"that"引导的分句是从属句。

分类 categorization 指将一切语言现象抽象为各种分类单位的过程,主要根据性质或使用方法将词目分为不同的组或类(category)。例如,将名词分成动物名词(animate nouns)和非动物名词(inanimate nouns),如 cow 和 desk。也可以将动词分为及物动词(transitive verbs)和不及物动词(intransitive verbs),如 leave 和 eat。

分类法 taxonomic approach 语言研究中对语言各部分进行分类研究的一种手段,如语法中词类的划分、语音学中元音或辅音的分类、语义学中词汇场的划分等都是分类法的运用。分类法既用于传统语言学的各个分支,也用于现代语言学的一些流派,如结构主义语言学(structural linguistics)。在现代语言学理论中,分类法虽然对语言结构的表面现象作了一定的分析,如直接成分分析(immediate constituent analysis),但对语言结构的内在联系却难以解决。如"Flying planes can be dangerous."虽然能分析为 Flying‖planes|can|be‖dangerous,但其中的 flying planes 可以有两种结构关系"动宾关系"("驾驶飞机")或"形容词修饰名词的关系"("正在飞行的飞机")仅以分类法无法实现。因此转换生成语法认为其不能深入揭示句子的深层结构。

分类谓词 sortal predicate 语义学术语。由三大标准确定:(1)可数标准:只有分类谓词才能使事物个体化,并使之成为可数;(2)部分论标准:若分类谓词适用于一个事物,则其不能同时适用于此事物的各个部分;(3)本质标准:对"什么是 x"这种形式的问题提供一个合适的实质性回答,即分类谓词表达的是其真正适用于其上的事物的性质或本质。

分类系统 category system 语言教学术语,亦称分类法。指在课堂观察或课堂研究中,对不同课堂行为进行编码、分类和分析的方法。其目的在于提出一套方法,并通过该方法对课堂行为(classroom behaviour)的不同方面进行客观描述。不同的课堂行为包括交际活动的目的、交际所使用的媒介、对媒介的使用方法和交际内容等。语言交际教学(the Communicative Orientation of Language Teaching;COLT)和场景交际重点(Focus on Communication Used in Settings)教学具有不同的分类体系,用于观察和描写不同的语言课堂。

分类型语言 taxonomic language 参见"先创语言"。

分类学 taxonomy 原为生物学术语,借入语言学中,指为分析和描写语言而对语言现象进行分类。可从不同角度对语言进行分类,如历时、地域、类型、功能等;分类对象可以是语言特征、语项、单位、结构等实体,也可以是全部语言、语言变体或方言。分类学的概念已有效地应用于语言学各分支领域,但生成语法学家认为分类学方法在语言分析中存在局限性,结构主义语言学过分依赖于切分和分类程序,其研究只有标记和分类,而没有解释,缺乏系统的理论框架,因而无法对深层结构做出解释。

分类音位学 taxonomic phonemics 指从切分和分类的角度对音位进行研究的音系学理论。乔姆斯基指出,分类音系学需满足四个条件:(1)线性(linearity):言语由音位序列(sequence)组成,每个音位具有区别性特征和冗余特征(redundant features),相应的音位序列的语音值(phonetic value)即为这些音位语音值的序列。线性即指体现为词语的音位(phonemes)和对应音素(phones)之间的关系。(2)不变性(invariance):指一个音位的所有成员,即指音位变体(allophones),具有共同的语音特征。(3)双向单一性(biuniqueness):亦称单项双系列对应关系。每个语音序列由音位的单一序列表达,每个音位序列代表一个单一的语音序列。(4)局部确定性(local determinacy)。单一的音位表达对应于一个语音形式,即一对一的关系,只是决定于语音上的考虑,或可能决定于涉及仅是邻近的语音。

分类语言学 taxonomic linguistics 通过对语言现象进行分类来分析和描写语言的语言学研究取向。例如:对辅音的分类、词类的划分、词汇场的划分、句子的分类等。参见"分类学"。

分离 disjoint 逻辑学术语。指不同集合(set)中的事物各自独立、互不相交或重合的现象。分离集合(disjoint set)即不相交集合,如我们将某大学的学生区别为大学生及研究生两种集合,被归类到其中一个集合的学生就不可能再属于另一集合,意即不是大学生就是研究生,不可能出现既是大学生又是研究生的情形。

分离代词 disjunctive pronoun 罗曼语族(the Romance languages)中孤立使用,置于介词后或用作强调主语或宾语的人称代词(pronoun),如法语中的 moi(我)、lui(他)和意大利语中的 io(我)。以法语语法中的分离代词为例,当多个代词被逗号 et 或 ou 分开时,分离代词就作为主语代词使用,例如:[1] Jean Paul *et moi* allon spartir demain.(我和让·保罗将在明天离开。) 分离代词使用广泛,如果它不是宾语代词,也不是主语代词(除了上面提到的情况),就需要分离代词。具体要求包括:(1)代词在介词之后,例如:[2] Ce cadeau est *pour moi*?(这个礼物是给我的吗?) (2)代词在 C'est 之后,如 C'est *moi*.

分离对立　disjunctive opposition　音系学术语。指不同系列(series)和不同次列(order)的音位对立,如清辅音与浊辅音系列的对立:/p t k/对/b d g/;尖龈音次列与软腭音次列的对立。

分离集合　disjoint set　参见"分离"。

分裂　fission　音系学术语,指一些音系学模型中,用来表示单元音和双元音之间关系的两种形式变化之一。具体说来,在粒子音系学中,分裂指一个根节点裂变为两个节点的过程,可用来描写双元音和其他种类的"裂变"现象。

分裂CP假说　split-CP hypothesis　句法学术语。参见"标句词层"。

分裂不定式　split infinitive　语法学术语。指在英语句子中的不定式符号 to 和动词原形之间插入一个词或短语(通常是状语)的结构。此类结构首现于14世纪,到了19世纪语法学家们才对其用法进行说明,并称之为分裂不定式。例如:[1] She was told *to carefully listen* to the lecture. [2] She asked me *to as quickly as possible drop* over to her house. 例[1]和例[2]中斜体部分就是分裂不定式,分别在 to 和动词原形间插入作状语的词或短语。

分裂不及物现象　split intransitivity　句法学术语。指不及物动词的唯一论元(做主语,用 S 表示)可能存在两种形式,一种与及物动词的施事(用 A 表示)一致,一种与及物动词的受事(用 O 表示)一致。美洲的拉科塔语(Lakhota)存在分裂不及物现象。例如:

[1] a. wapšca. 我跳。
　　b. waktekte. 我要杀了他。
[2] a. maxwa. 我在睡觉。
　　b. maktekte. 他要杀了我。(Mithun,1991)

在例[1]中,不及物动词"跳"的唯一论元"我"的形式同及物动词"杀"的施事,都是 wa;例[2]中不及物动词"睡觉"的唯一论元"我"的形式同及物动词"杀"的受事,都是 ma。

分裂句　cleft sentence　语法学术语,亦称强调句。指为强调某个特定内容而将句子分成两个部分的表达方式。每个部分均有其自己的动词常以 It is 或 It was 的结构开始,后跟被强调的内容。根据强调成分不同,同一个句子可有不同强调结构。例如:[1] She sent me a card. 例[1]可分别转换为:[2] *It was she who* sent me a card. [3] *It was me that* she sent a card to. [4] *It was a card that* she sent to me. 英语中当 wh-子句作为句子主语或补语时,该句被称为假分裂句(pseudo-cleft sentence),如 *What I need* is a good rest.(做主语)和 A good rest is *what I need*.(做补语)。

分裂式话题　split topic　亦称论元分裂式话题。分裂式话题在意义上是谓语动词的受事论元的一部分,其可"回到"动词后与"留在"动词后的部分组合为一个名词短语,充当动词的宾语,成为"正常的"动宾句。例如:[1] a. 衬衫他买了三件。b. 他衬衫买了三件。[2] 衬衫他买了这件。[3] 他买了三件衬衫。[4] 他买了这件衬衫。例[1]和[2]可分别转换为[3]和[4]。

分裂作格　split ergativity　一种作格宾格混合现象。在分裂作格语言中标记动词与主语之间关系的一种语法格。指某种语言表现出作格性质,但在某些语境下句法和形态关系也具有宾格性质。

分配词　distributive word　语法学术语。指表示分配的一些词或词组构成的数词的一个子集,如英语的 apiece、each、per person,类似于汉语的"每……"。这些数词中,事物被分配给一个群体中的一些或所有成员。例如:[1] There is enough bread for everyone to have two slices *a piece*. [2] They will be given two apples *each*. 有些语言的分配词有屈折形式,如西班牙东北部和法国西南部巴斯克地区的巴斯克语(Basque)中,na-表示 each,bi 表示 two,因此 na 的屈折形式 bina 表示"two each""two a piece"或"two at a time"。

分配数词　distributive numeral　语法学术语。指包含几个词的数词(numeral)词组,如英语中的 in twos、by the score、in thousands 等。

分配体　distributive aspect　语法学术语。指表示动词的行为状态同时由一个以上的施事(主语)执行或由一个以上的受事(宾语)体验或接受。

分歧效度　divergent validity; discriminate validity　参见"鉴别效度"。

分数词　fractional numeral　语法学术语。指语言中表示分子/分母结构的词,如英语中的 one-third、three-fourths 等。

分位数　percentile score; percentile rank　语言测试术语。指常模组内所有受试者得分低于某受试者所得原始分的百分比的术语。它用来描述一个受试者与分布内所有其他受试者之间的相对位置。例如，如果一个受试者在某次测试中的百分位分数为95（或者在百分位第95位），它的意思是该受试者得分比常模组内95%的受试者分高，或者是在所有受试者中最好的5%以内。在大多数测试中，一个人的百分位分数越高，成绩越好，百分位数用在常模参照测试中。它不同于百分比分数（percentage score），即回答正确的百分比，百分比分数用在标准参照测试（Criterion-referenced Test）中。

分析比较　analytic comparison　指语言学中不考虑语言起源是否具有共性，只对语言的共时结构进行比较，如在研究起源不同的土耳其语、芬兰语和日语时，在对词句构造以及形位相互关系进行比较后，可以确定其是黏着语。

分析程序　parser　❶指任何用于分析的程序（尤指计算机程序）。例如，在语料库语言学研究中，分析程序是一个可以进行句法分析的计算机程序，用来分析和识别主语、动词、宾语和复杂的句法信息。❷心理语言学术语。分析程序，作为一个心理过程，对输入进行处理，产生一个构成理解过程一部分的结构描写。

分析法　analytic approach　语言教学术语，亦称分析教学法。指语言教学中教学大纲和课程设计以不同的语言行为单位（如描叙、请求、致歉、询问等）为出发点，在不同阶段根据需要对表达不同功能的词汇和语法进行分析。意念教学大纲（notional syllabus）或意念功能教学大纲（notional-functional syllabus）均属于分析教学法。

分析风格　analytic style　参见"整体学习"。

分析归纳　analytic induction　语言分析方法之一。指在定性研究中对某组资料进行分析，从中提出假设进行解释，然后检验这一假设在其他资料中的有效性，必要时进行修正，并利用反面材料反证这一假设。

分析句　analytic sentence　语义学术语，源自逻辑学、哲学。指在任何语境中都是真实的句子，其判断不经过经验检验，只根据自身的语言成分和句法结构的逻辑形式和真值（truth value）来进行，以同义关系（synonymy）和下义关系（hyponymy）等语义关系为基础，如"All bachelors are unmarried."参见"分析命题"。

分析命题　analytic proposition　❶逻辑学术语。指根据纯逻辑分析推理产生的真实陈述或判断，仅用来阐明已经隐含在主项中的意义。❷语义学术语，亦称为分析句（analytic sentence）。指单凭句子内部因素（语法及语义）的分析就可断定为绝对真实的句子。例如：Spinsters are unmarried women. 其中 spinsters 不仅与 unmarried，而且与 women 都搭配恰当，这是保证句子绝对真实的必需条件和充分条件，如果把句中的 spinsters 改为 bachelors，unmarried 改为 married，或者 women 改为 men，命题都不成立。参见"分析句"。

分析式　analytic form　参见"综合式"。

分析型教学大纲　analytic syllabus　语言教学术语。指按照学习者需要，通过语言表达的意义和使用语言所要发挥的作用来排列内容的课程大纲。属于分析（教学）法（analytic approach）的一部分，如意念教学大纲（notional syllabus）即为分析性的教学大纲。

分析语　analytic language　即分析型语言。根据语言的句法结构（syntactic structure），世界语言分为分析型语言和综合型语言（synthetic language）两类。分析型语言的句法关系不是通过词本身的屈折形态变化，而是通过词以外的成分，如语序（word order）和功能词（function word）等方式表示，而综合型语言以屈折性（inflecting）为特点，通过词汇本身的形态变化来表达语法意义（性、数、时态、语态等）。分析语中的词倾向于由简单的自由词素构成，多词素词的构成与其句法功能往往没有关联。由于分析语与孤立语（isolating language）趋于一致，一般认为分析语就是孤立语。古汉语和越南语属于典型的分析语，其他分析语包括萨摩亚语、保加利亚语、法语、意大利语、丹麦语和现代英语等。参见"孤立语"。

分析哲学　analytic philosophy　以语言分析作为哲学方法的现代西方哲学流派或思潮，主要包括逻辑经验主义和日常语言学派，产生于20世纪初罗素（Bertrand Russell）和摩尔（George Edward Moore）对布拉德雷（Francis Herbert Bradley）绝对唯心主义（Absolute Idealism）的批判，是结合弗雷格逻辑论和英国经验论传统的产物，在当时的美国和英国占哲学研究的主导地位。代表人物除创始人弗雷格外，主要有英国的罗素、摩尔、维特根斯坦等，后期代表人物赖尔（Gilbert Ryle）、奥斯汀、斯特劳森（Peter Strawson）等。

第一代分析哲学家们把分析作为哲学研究的中心议题，认为通过分析语言的逻辑结构，可以解决诸多哲学问题；对于不能解决的问题，也可以揭示它们实际上是因为语言的欺骗性所造成。他们坚持事实与价值、分析命题与综合命题之间的区分，关注对语言深层语法的还原的逻辑分析。哲学被理解为只是概念分析,早期维特根斯坦与罗素的经验论不尽相同,他认为这种分析同样可以接受世界的结构。

在二战后,逻辑分析的主要对象成为日常语言(参见"**日常语言哲学**")。这种观点认为,哲学应该首先关心语言,而非其本质。这主要受到后期维特根斯坦的影响,并通过赖尔、奥斯汀、斯特劳森等牛津学派的工作而得到发展。赖尔对心灵的行为主义分析规定了心灵哲学的范围;奥斯汀的言语行为理论使语言哲学与心灵哲学成为相互关联的学科;斯特劳森的"描述的形而上学概念"恢复了形而上学在分析哲学中的地位。这种分析哲学通常致力于使论证清晰准确,同时较多地使用逻辑学作为工具,没有具体的目标,研究的问题广泛多样。

早期和后期的分析哲学共同具有的基本信条可以表达为这样一种观念,即关于思想的哲学必须看作是等同于关于语言的哲学。尽管分析哲学自身有着各种不同的方法和理论主张,而统一这个运动的则是理性方面的精神、对独断假设的怀疑以及追求严格的论证和自然科学模式的清晰性。

分译法　division　　翻译学术语,翻译技巧之一。指将原语中单词、介词、分词短语分离出来改译为独立的句子,或将包含诸多从句的长句拆分成若干短句的翻译技巧。在翻译过程中,由于原语和译入语在表达形式上的差异,若照搬原语的结构形式不能或很难准确通顺地表达原文的思想内容时,可考虑调整原语的句子结构,采取分译技巧进行翻译。例如在英汉翻译中,由于英语长句较多,而汉语句子相对较短,因此在翻译时宜改变原文结构,把原文的某个成分从原来的结构中分离出来,译成一个独立成分、从句或并列分句。例如:[1] We tried in vain to persuade him to give up his wrong belief.(我们尽力劝说他放弃错误的信念,但没有成功。)[2] It has been rightly stated that this situation is a threat to international security.(这个局势对国际安全是个威胁,这样的说法是完全正确的。)此类句子若不采用分译法,常会导致歧义或者意义含糊。例如:[3] You are talking delightful nonsense. 例[3]若不做任何调整译为"你说的都是些令人愉悦的废话",就颇为费解,也不符合汉语表达习惯。若调整原句结构,则可改译为"你虽满口胡言乱语,倒也蛮有情趣"。

分音符　diaeresis; dieresis　　语音学术语,指在拉丁字母、希腊字母或西里尔字母上使用的变音符号⟨¨⟩,置于两个连续元音字母的后一个之上,表示两个元音分读的两点符(trema)。这纯粹是发音上的标记,表示有分音符号的字母要单独念一个音节,ï念/i/,ë念/e/,而不跟前后的元音一起念,前后的元音一起念。如:naïve,/naɪˈiːv/,ï念/iː/。除 naïve 等外来语仍保留两点符外,其余的一般失去了两点符,如 cooperate、zoology 等,有时用连词符代替,如 co-operate。

分音位　diaphoneme　　音系学术语,指某一音位在方言中的等值音(equivalents),它们本身又是各自方言中的音位,如 cot 这个词中的元音,在英国英语中为/ɒ/ 在美语中却是/ɑː/。

分支暗喻　branching metaphor　　修辞学术语。指较为复杂的暗喻,以一个基本比喻为基础,然后在细节上加以描写,好像从一个主要干枝上分叉出许多小枝。分支暗喻可以把事物比喻得更全面贴切,使读者更好地理解。例如:[1] Society is a big classroom. [2] All the successes and the failures are the lessons we have to learn. [3] Experience is the homework we have to do. 例[1]是基本比喻,而例[2]和例[3]则是细节上的比喻,即分支暗喻。

分支程序　branching programme　　参见"**线性程序**"。

分支方向　branching direction　　句法学术语。树形图中扩展左侧节点的结构是左分支(left branching),扩展右侧节点的结构是右分支(right branching)。英语的关系从句紧跟所修饰的名词之后,属于右向分支结构,而日语的关系从句则紧跟所修饰的名词之前,属于左向分支结构。例如:[1] *The apple that the boy ate* was delicious. 那个男孩吃的苹果味道很好。

[2]　めの　男の子　　　の　　　食べた　りんこ
　　那个 男孩子 (主格助词的变 吃的　苹果
　　　　　　　　　形,无实际意义)
　　　　　　が　　おいしい　　　　　　であ
　　　(主格助词　　好吃　　 (表示判断的助
　　　无实际意义)　　　　　　词,无实际意义)

在第二语言学习中,学习者母语和目标语分支方向是否相同可影响关系从句学习的难易度。

分支节点　branching node　　句法学术语。指树形图各个分支的节点。其中最高节点叫根(root),不可分叉的节点叫终端节点(terminal node)。参见"**节点**"。

分组　grouping　　语言教学术语。指教学中把学生安排成学习小组,帮助他们取得更好的学习成绩的一种教学方法。不同的学习任务要与不同的分组安排相匹配,这是教学的一个重要维度。分组教学中要考虑的另两个重要问题是小组规模(group size)和学生是否在由不同能力(mixed-ability)成员组成的小组中学得更好,还是在同一能力水平成员小组中学得更好。教学中不同的分组安排包括：(1)整组教学(whole-group instruction)，全班作为一个整体来教学；(2)小组讨论(small-group discussion)，六到八个学生共同讨论同一个话题；(3)辅导讨论小组(tutorial discussion group)，通常少于五个人的小组专门讨论某个较小范围的材料以帮助他们克服学习困难。交际语言教学(Communicative Language Teaching)和合作语言学习(Collaborative Language Learning)的特点是小组教学，因为小组活动被认为能够促进真正的交际和语言的自然使用。

分组表 grouping table 记录分组情况的统计表，属于描述性统计学(descriptive statistics)的常用工具。

分组教学 group instruction 语言教学术语。指按照学生能力或成绩分成若干不同组进行教学的组织形式。目前西方国家的分组教学可分成外部分组和内部分组两种形式。外部分组不是传统的按年龄分组教学方法，而是按学生的能力或成绩进行分组教学方法；内部分组则是在传统的按年龄分组之后，再按学生的能力或成绩分成若干小组进行教学的方法。分组教学主要有头脑风暴式、模拟课题式、同伴互助式、角色扮演式、组合式等五种形式。一般认为，分组教学可以因材施教，照顾学生的水平和能力差异，还能适应不同的情况，有利于人才的培养，为学生的合作学习创造条件。不过分组教学可能会给各类学生的心理造成一定的不良影响，使优等生骄傲自满，后进生自暴自弃。在我国，以班级教学为主要形式，有时采用小组教学和个别教学作为辅助形式。

芬兰—乌戈尔亚系语言学 Finno-Ugrian Linguistics 指研究匈牙利语、土耳其语和芬兰语等语言的学科。

坟冢假说 Kurgan hypothesis 亦称库尔干假说。指有关印欧起源问题的假说之一。Kurgan源自俄语курган，意为"坟冢"，源自突厥语言。坟冢假说认为印欧人起源于"坟冢文化"，即指东欧大草原上亚姆纳文化及其前身的考古文化。坟冢假说是最为广泛接受的有关印欧起源的模型，与之相对的一个模型是"安纳托利亚假说"。坟冢假说最早由玛利亚·金布塔斯(Marija Gimbutas)于 20 世纪 50 年代提出，她综合利用考古学和语言学来对印欧起源问题进行研究，将"坟冢文化"定义为四个连续时段的统称，其中最早阶段("坟冢甲")包含红铜时代(公元前四千年)在第聂伯河、伏尔加河地区的萨马拉文化与塞罗格拉佐沃文化。坟冢假说将原始印欧语使用者与东欧大草原的亚姆纳文化及其前身相联系，并将印欧人的原住地定位在东欧大草原，提出晚期原始印欧语的各种方言曾在这一地区被使用。坟冢假说认为该文化逐渐扩张直至占据整个的东欧大草原，最晚阶段的文化("坟冢丁")即为 3000 年前左右的亚姆纳文化。参见"**库尔干文化**"。

风格 style 亦称文体。指言语行为的风格。约斯(Martin Joos)于 1962 年在《五只钟》(*The Five Clocks*)中提出英语的五种文体：庄重体(the frozen style)、正式体(the formal style)、商议体(the consultative style)、随意体(the casual style)和亲密体(the intimate style)。其中庄重体最为正式，见于正式典雅的文学作品、法律文件和历史文献等；正式体主要用于正式场合；商议体适用范围较广，适合大多数场合；随意体用于非正式场合；亲密体用于关系比较亲近的朋友、熟人之间。风格因使用场合的不同而不同，人们在不同场合使用不同风格一般是不自觉的选择，靠直觉和语感来决定。影响风格变化的因素多种多样，但主要有三个方面：讲话内容、讲话方式、讲话人和听话人的地位关系。

风格层面 diaphasic 指对语言变体的研究。社会方言、地域方言和风格变体等三种语言变体是社会语言学中共时研究的三个主要方面。欧金尼奥·科塞硫(Eugenio Coseriu)将三者合为一个立体结构，叫做"立体系统"(diasystem)，其中处于风格层面的是风格变体。虽然是同一个人，但是场合不同，说话的方式(包括发音、用词遣字，甚至语法)可能就不同，这种不同叫做"语体"。即使是白话文章也会跟平常说话不同，文章所代表的语言叫做"书面语"(written language)。书面语往往舍弃口语的某些成分而代之以口语上不使用的语言成分，部分是已经死亡的语言成分(文言词、成语、格言或古代语法)，部分是只存在于文字(如写信时的称呼、礼貌用语)中。

风格要素 element of style 文体学术语。指任何能够决定或形成一个语篇(text)风格特点(stylistic features)的具体语言要素，包括语言与非语言要素。语言风格要素包括具有风格功能的语音、词汇、句法等。例如：语音修辞学(phonostylistics)的运用，如头韵(alliteration)；词汇，如词汇是否规范化(normalization)，是否使用古词语(archaism)等；句法，如句子的复杂程度及长短等。非语言风格要素指能形成风格，而又不属于语言结构体系的要素，如语段、篇章结构等衔接类型、主题扩展(thematic development)方式以及表格、图形、公式等。使用单一的风格要素一般不能形成特定的风格，特定的风格是综合运用风格要素的结果。

封闭反应项 close-ended response item 参见"**固定反应题项**"。

封闭路径　closed path　　认知语言学术语。指认知语言学中注意观路径(attentive path)的一个种类。在封闭路径中,事件的起点(starting point)与终点(endpoint)重合。例如:[1] Go bring it here. 例[1]中动作的执行者可能从桌子旁出发去某处将东西拿到并回到桌子旁,从而使路径的起点和重点循环。上述方式称为起点—终点扩展(initial-final windowing)。此外,还有起点—中点扩展(initial-medial windowing)、中点—终点扩展(medial-final windowing)以及最大化扩展(maximal windowing)。例如:[2] Go get it out of the refrigerator. [3] Get it out of the refrigerator and bring it here. [4] Go get it out of the refrigerator and bring it here。

封闭性词类　closed class　　形态学术语。指所包含的词项有限制的词类。封闭性词类往往是虚词,包括介词、连词、助词、冠词等。封闭性词类与开放性词类(open class)相较数量少得多,却相对稳定。此外,其功能非常重要,使用频率远高于名词、动词、形容词、副词等实词。

蜂鸣式讨论　buzz group　　语言教学术语。教学中的一种小组活动形式。针对某一话题,学生分组进行简短讨论,一般讨论5—10分钟,形成一些观点或者对具体问题进行回答。可作为一种课前准备活动或者作为一种课堂小组活动。

讽刺准则　irony maxim　　语用学术语。利奇(Geoffrey Leech)所倡导的一种语用规则。利奇(1983)主张在不得不冒犯他人的情况下,至少采用与礼貌原则不发生明显冲突的方式,即间接地、含蓄地冒犯他人。

讽喻　allegory　　修辞学术语。指说话或写作时以暗喻、双关等修辞手段阐述一个道理,达到启发、教育或者讽刺、谴责等目的的修辞手法。例如,在17世纪英国作家约翰·班扬(John Bunyan)所著的《天路历程》(The Pilgrim's Progress)中,有一段关于一个名叫克里斯琴(Christian)的人物在泥沼中挣扎的情景描写,其中"泥沼"即是采用讽喻的方式,暗喻当时艰难的社会生活环境。

否定　negation　　语法学术语。否定事物的存在或真实性,或否定句子的部分或全部意义。英语中常见的否定词是not,缩写为n't,如isn't、hasn't、doesn't、hadn't等;也有no、never等否定词,如例[1];否定代词、副词、表示否定意义的动词或否定前缀也可表示否定,如例[2]—[5]:[1] Although he lived near us, he *never* visited us. [2] *Nobody* likes working. [3] She can *hardly* answer the question. [4] She *fails* to see him at station. [5] *Nobody* is born *unkind*. [6] I haven't done *nothing*. 有些英语变体使用双重否定,如例[6]。这时不表示两个否定词的抵消而变成肯定,而是为了表示强调。双重否定有时被认为是非标准的表达方法,但只在英语方言里使用,必须遵循一定的模式,如用no-代替any-(We didn't hurt nobody.)。

否定变位　negative conjugation　　语法学术语。将本身表示的行为状态加以否定的动词变化形式。这种现象有的语言通过加否定小词的方法(如英语中的 not),有的语言通过加否定意义词尾等(如 careful 变成 careless),有的语言通过其他手段。

否定词　negative; negative particle　　语法学术语。指使句子成为否定句的词或表示对某一概念或词项进行否定的词语,如英语中最常见的否定词 not 以及 hardly、never、seldom、neither、nothing、rarely 等。

否定词缀　negative affixes　　形态学术语。英文中常用的构词手段,利用否定词素如 dis-、not-、un-、in-、none-、-less 等,以前缀或后缀的方式构词,表达否定的意思。如:[1] She is *un*happy. (她不开心。) [2] We will have the work done, *ir*respective of cost.(不管代价多大,我们也要把这项工作做好。)

否定代词　negative pronoun　　语法学术语。指代替具有否定意义名词的代词,如英语中的 nobody、nothing、none 等。

否定的礼貌策略　negative politeness strategies　　参见"消极礼貌策略"。

否定后移　negative transportation　　语法学术语。英语中有些动词(如 to think、to believe 等)所在的句子构成否定时,主句的否定也可理解为宾语从句的否定。例如:[1] Mary doesn't think Bill is handsome.上例有例[2]和例[3]两种理解:[2] Mary doesn't think: Bill is handsome. [3] Mary thinks: Bill isn't handsome. 句子[3]中的否定是从主句后移至宾语从句。

否定极项词　negative polarity item; NPI　　句法学、语义学术语。指仅能出现在否定句(或疑问句)中词项。例如:[1] a. I didn't like the film *at all*. b. *I liked the film *at all*. [2] a. He didn't *ever* see it. b. *He *ever* saw it. 英语的 ever、at all、yet 等是典型的否定极项词,不能出现在肯定句中。与否定极项词相反,另有一部分词项仅能出现在肯定句中,称为肯定极项词(positive polarity item)。

否定检验法　negation test　　语义学、语用学术语。指用来判断预设(亦称前提)与蕴涵的关系的测试方法。预设与蕴涵的关系即命题与意义的关系,其研究始于语言哲学和逻辑学的研究,是语义学和语用学的重要话题之一。预设与蕴涵的关系最早由德国语言哲学家弗雷格(Gottlob Frege)于 1892 年提出。例如:[1] The farmer has stopped beating his donkey. [2] The farmer was beating his donkey. 例句[1]与[2]构成前提关系:句[2]是句[1]的前提。两者之间的真值条件关系为:如果句[1]为真,则句[2]为真;如果句[2]为假,则句[1]无所谓真假;如果句[1]为假,则句[2]为真。而蕴涵和前提不完全相同。例如:[3] John married a blonde heiress. [4] John married a blonde. 例句[3]与句[4]构成蕴含关系,即句[3]中含有句[4],两者互为条件。其真值条件关系为:若句[3]为真,则例[4]为真;若例[4]为假,则句[3]为假;若句[3]为假,则例[4]或真或假。语言研究者们通常用否定检验法(negation test)来判断前提与蕴涵的关系。蕴涵经受不住否定检验,但预设则能够经受否定检验。例如:[1'] The farmer hasn't stopped beating his donkey. [3'] John didn't marry a blonde heiress. 例句[1']为句[1]的否定句,其前提依然是句[2]。但句[3]的否定句[3']就不蕴涵句[4]。预设是言语交际双方已知的共有知识,或是开始交际后根据语境可以推断出来的信息。预设可能受到语句中某些词语的影响而被触发出来,这些词语被称作预设触发语(presupposition triggers)。在一定的语境条件下,由于背景信息或特定语境信息与话语内容不兼容,预设便因此消失,可见预设具有可消失性(defeasibility)。例如:[5] Henry cried before he boarded the plane. [6] Henry died before he boarded the plane. [7] Henry boarded the plane. 在句[5]→[7]中,句[7]预设了句[5],但不是句[6]的前提。总的说来,预设和蕴涵均为推理关系,以语言结构意义为根据,靠逻辑概念、语义、语境等推断出的各种先决条件是语言意义研究的重要方面。

否定连词　negative conjunction　语法学术语。指诸如 neither ... nor ... 具有否定意义的连接词。由其连接的句子用肯定形式。例如:Neither he nor she will come.

否定前缀　alpha privativum　指表达否定意义的前缀 a-。否定前缀最早出现在对古希腊语的语法描述中,那时/n/可以作元音使用,就像在英语 button 中的发音一样,可以构成音节。正因如此,否定前缀在元音前出现时要使用 an- 的形式。英语中的否定前缀包括 a- 和 an-。例如:a-theism、a-typical、an-esthesia、an-archy 等。这个否定前缀也出现在梵语中,同样是以 a- 和 an- 的形式出现。在拉丁语中,同源的否定前缀形式为 in-,而在包括英语在内的西部日耳曼语族中,同源的否定前缀还有 un-。在北部日耳曼语族中,ú-、u- 等则是常见的表现形式。

否定式　negative　语法学术语。语法描述中具有否定标志的句子类型或动词形式。否定句可以通过本身带有否定意义的词汇直接构成,也可以通过助动词的否定形式构成。例如:[1] *Nothing* will be done. [2] She *won't be* here.

否定统一　constancy under negation　语用学术语。语用学中用于检验某一陈述预设内容的一种方法。即将该陈述改为否定式后其预设内容保持不变。例如:[1] My car is a wreck. [2] My car isn't a wreck. [3] I used to regret marrying him, but I don't regret marrying him now. 将例[1]改为否定式例[2]后,其预设"I have a car"保持不变。例[3]中,两个分句的预设内容"I married him"是一致的。

否定推理规则　rule of negative inference　语用学、语义学术语。指如果一个命题为真,那么由此做出的否定推断不一定为真,即这种否定推断可能或可能不为真,但如果为真,也不是由最初的命题推导而来。条件格式为:"如果 A,则 B"不蕴涵其否定式"如果非 A,则非 B"。例如,"如果他是上海人,他就是中国人"不蕴涵"如果他不是上海人,他就不是中国人"。

否定性反馈　negative feedback　参见"负面反馈"。

否定疑问句　negative question　语法学术语。指含有否定词的疑问句。例如:[1] Can't you come? [2] Isn't there anything new? 对此类疑问句的回答遵循肯定句,即"是是一非非"的原则。

否定转移　negative raising; negative transportation　语法学术语。指句中否定成分的转移。例如:[1] I don't think he's coming. [2] I think he isn't coming. 例[1]中的 n't 是对主句的否定:[I don't think[he's coming.],例[2]中的 n't 是对从句的否定。不过,此时可把例[1]中对句子主句的否定看成是例[2]句子对从句的否定转移而来,尤其是主句主语是第一人称 I 或 We,而主句的谓语动词是 think, believe 等词。

弗雷格意义原则　Frege's Meaning Principle　参见"组合原则"。

弗雷格原则　Frege's Principle　参见"组合原则"。

弗纳定律　Verner's law　参见"维尔纳定律"。

弗斯语言学　Firthian linguistics　以英国语言学家弗斯(John Firth)的学说为基础发展起来的语言学理论。弗斯语言学的中心概念是多系统主义，对语言分析的基本观点是：语言形式的说明不能仅靠一个分析原则和范畴的单一系统(单系统语言学)，而要靠在某一描写层次上为不同的部位建立不同的系统。弗斯语言学还包括意义的语境理论(特别强调情景和社会语境)、韵律音位学和搭配理论。后来，一些语言学家继承并发展了弗斯的理论，称为新弗斯学派(Neo-Firthian group)。他们试图建立一种内部结构严密的理论体系。其代表人物为韩礼德，他建立了系统功能语法。

浮游声调　floating tone　音系学术语。指没有与任何音段连接的声调。一般情况下，浮游声调是一条音系规则将底层形式中的声调与负调单位(通常为音段)分离后产生的。分离后的声调要么被音系规则删除，要么重新和一个负调单位连接，这一过程被称为重新连接(re-association)。还有一种情况是底层形式中存在浮游声调，这是音系学家对某些语言底层形式中不存在而表层形式中出现的声调的一种假设(postulation)。例如，非洲克瓦族(Kwa)的伊博语(Igbo)中有些词的底层形式不存在高声调，如/àgbà/('jaw'下颚)和/ènwè/('monkey'猴子)，但[àgbáènwè]('jaw of monkey'猴子的下颚)中出现了一个高调，有些音系学家就假设该语言的底层形式中存在浮游的高声调。

符号　sign　符号学(semiotics)概念。符号分为能指(signifier)和所指(signified)两个互不从属部分。能指是符号的语音形象，所指是符号的意义概念，两个部分组成的整体称为符号。能指和所指之间并无必然关联，具有任意性(arbitrariness)。例如，英语中 tree 的读音和汉语中"树木"的读音不同(即能指不同)，而其所指相同，都指"木本植物的通称，一种以木质枝杆为主体的叶本植物"。

符号功能　sign function　亦称符号关系(sign relation)。符号由两个平面之间的符号关系或符号功能来表达，一个是表达平面，另一个是内容平面。平面内的语言单位均是对别的单位以组合和聚合关系来作为其特征的。

符号关系　sign relation　参见"符号功能"。

符号三角关系　semiotic triangle　由美国实用主义哲学家皮尔斯(Charles Sanders Peirce)于20世纪20年代提出的符号三重性理论术语。根据符号的定义，符号亦可称为代表项，指在某种程度上向某人代表某样东西。符号三角关系是指构成一个有效符号的三个基本成分，这三个成分是代表项(Representamen)、指涉对象(Object)以及解释项(Interpretant)之间的关系。如下图所示：

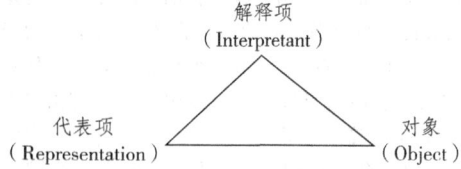

符号体系　semiotic system　一种符号学体系，其中每一个符号都有某种意义与之对照。符号学体系可以是自然的、人工的和形式的语言、程序设计语言、信号系统、各种机器的状态和输入输出信号系统等。

符号学　Semiotics　一种系统地研究自然语言的语言符号和非语言符号的理论。除了语言和交际理论，很多人文学科也和非语言符号有关，诸如美学、艺术、心理分析、文化人类学、宗教研究等学科。符号学领域可分为语义学、句法学和语用学三个分支。

符号学史前史　prehistory of semiotics　指对符号的论述依附于哲学、神学、语言学及其他学科的历史。

符号学体系　semiotic system　参见"符号体系"。

符合语法性　grammaticality　指短语、从句或句子遵循某一语法规则而构成，语法上是可以接受的。例如：[1] They go swimming.　[2] *They goes swimming.　例[1]符合英语语法的主谓一致规则，而例[2]则不符合这一规则。生成语法认为：如果一个句子符合说本族语者的语言能力，那么这个句子就是符合语法的。例如：[3] The teacher who the man who the children saw pointed out is a cousin of Joan's.

符际翻译　intersemiotic translation　翻译学术语，亦称跨类翻译(transmutation)。俄裔美国语言学家雅柯布逊(Roman Jakobson)在其1959年《翻译之语言学面面观》(*On Linguistic Aspects of Translation*)一文中划分的三种翻译类型之一。指通过非语言符号去解释或转换语言符号，或通过语言符号去解释或转换非语言符号，如语言符号与图画、手势或音乐之间的转换。另两种翻译类型为"语内翻译"和"语际翻译"。

辅音　consonant　语音学、音系学术语。指气流在喉、咽或口腔受到阻碍而形成的音。气流受到完全阻塞时形成的是爆破音(stop)，如/p/、/b/、/t/、/d/、/k/、/g/等；气流受到部分阻塞而产生摩擦时，称为擦音(fricative)，如/f/、/v/、/s/、/z/、

/θ/、/ð/、/ʃ/、/ʒ/、/h/等；若气流一开始受到完全阻塞，之后又改为部分阻塞所发出的音称为塞擦音(affricate)，如/tʃ/、/dʒ/等；当气流受到部分阻塞但仍能从舌尖与上颚之间通过时所发出的音称为流音(liquid)，如/l/、/r/等。由于舌头卷曲，/r/也称卷舌音，/l/为翘舌音；当气流在口腔中受阻但却由鼻腔通过时，形成鼻音(nasal)，如/m/、/n/、/ŋ/等；当气流几乎可以完全通过，只是在双唇或舌头与硬腭之间轻微摩擦时，叫做滑音，如/w/、/j/等。因为滑音受阻很少且只有轻微摩擦，故而有语言学家称其为半元音(semi-vowels)式半辅音(semi-consonant)。

辅音丛　consonant cluster　音系学术语。指两个或两个以上辅音的组合，如/sk/、/sp/、/pl/、/pt/等。英语中辅音丛可出现在单词的不同位置。若出现在词首即构成词首辅音丛(initial cluster)，如/ˈstʌdɪ/(study)中的/st/；若出现在词中则为词中辅音丛(medial cluster)，如/ˈpeɪstrɪ/(pastry)中的/str/；若出现在词尾则叫做词尾辅音丛(final cluster)，如/desk/(desk)中的/sk/。不同语言的辅音丛各不相同。例如，塞尔维亚－克罗地亚语(Serbo-Croatian)中词首位置有/smr/、/zdr/、/zgr/、/zdv/等辅音丛，但在英语中却没有。此外，有的语言可能根本不存在辅音丛，如汉语和波利尼西亚语。

辅音和谐　consonant harmony　音系学术语。指某些语言在特定范围内，两个辅音由于相互影响而由异趋同的现象。与元音和谐现象相比，辅音和谐现象比较罕见。辅音和谐包括发音部位(place of articulation)和谐和发音方法(manner of articulation)和谐。儿童言语中的辅音和谐通常是主要发音部位(major place of articulation)的趋同，如将whistle发音为/wɪpu/，前舌音/s/与词首的/w/趋同发音为唇音/p/。儿童辅音和谐现象往往表现出因人而异的特征。在成人的音系系统中，主要发音部位的和谐现象很少见，但存在次要发音部位(minor place of articulation)的辅音和谐现象。例如，北美印第安纳瓦霍语(Navajo)底层形式中的硬腭-齿龈音/ʃ/在表层形式中通常会变成齿龈音[s]。例如，/j-iʃ-mas/('I'm rolling along'，我一路卷来)变成/jɪsmas/。

辅音逆变　consonantal anticipation　音系学术语，亦称逆变错误(anticipation error)。指发音器官(articulators)由于心理联想而将某一音节后的辅音复制到该音节，并造成首音互换(spoonerism)的语言失误的现象，如将"tasted a whole term"说成"wasted a whole term"。辅音逆变可通过扫描复制模型(scan-copier model)来解释，即在说话时，说话者脑中形成即将要说内容的抽象表征(abstract represen-

tation)，并将其储存于脑缓冲区(buffer)中。而在实际说话时，正在说的词会受到缓冲区内其后词的发音影响，即将其后的发音特征复制到正在发的音上，从而产生失误。上述例子的扫描复制模型如下：

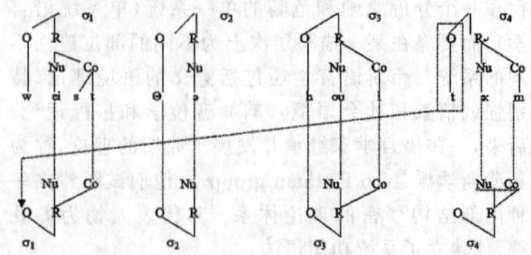

辅音体系　consonant system　音系学术语。指语言中辅音组成的系统。例如英语中的爆破音、擦音和塞擦音均有清浊对立的两个辅音，而鼻音、流音和滑音则均为浊音。根据发音部位不同，辅音还可以分为双唇音(bilabial)、唇齿音(labiodental)、齿音(dental)、齿龈音(alveolar)、腭音(palatal)、软腭音(velar)和喉音(glottal)。通过发声方式、发声部位及清浊的区别，可以十分简单明了地描述和定义每一个英语辅音，如"浊音、双唇、擦音"对应/v/，"清音、软腭、爆破"对应/k/等。英语辅音体系表如下(注：每一格的成对辅音中，左边为清辅音，右边为浊辅音。)：

	双唇音	唇齿音	齿音	龈音	龈后音	硬腭音	软腭音	声门音
爆破音	p b			t d			k g	
塞擦音					tʃ dʒ			
鼻音	m			n			ŋ	
擦音		f v	θ ð	s z	ʃ ʒ			h
近音				ɹ		j	w	
边近音				l				

辅音同化　consonant harmony　参见"辅音和谐"。

辅音脱落　jamming　参见"词中省音"。

辅音文字　consonantal writing　语音学术语，指一种表音文字，该文字系统中只有表示辅音因素的字母。元音音素则通过加在辅音字母上方的符号来表示，如藏语中辅音字母ㄥ读/ŋ/，若无附加元音符号，则在词中读/ŋa/表示"我"；两个同时出现时，即ㄥㄥ，在前的读/da/，在后的读/ŋa/，表示"和"；在上方加上"ཱུ"时，即ㄥ́，读/ŋo/，表示"面孔"。除藏语以外，属于辅音文字系统的语言还包括阿拉伯语(Arabic)，古腓尼基语(ancient phoenician)等。

辅音硬化　hardening　音系学术语。指声道相对较宽的辅音变成声道相对狭窄的辅音的过程。例如，由滑音变成擦音或塞音的过程就是辅音硬化。

辅助符号　auxiliary mark　亦称附加符号

(diacritic mark)。指加在常规字符(sign)的上、下或后面,以标出相关常规书写符号在读音方面的更多信息。辅助符号最初与邮政管理有关,由非邮政管理机构所使用。例如,在19世纪,邮件运输常常依靠私人船舶、蒸汽船、驿马车、铁路运输和其他运输机构。这些机构在每一邮件上标明代表自己的符号,有些就是简单的STEAMBOAT(蒸汽船)或其他标示,有些邮件上则带有非常复杂的图案。类似的路线记号也应用在早期的航空邮件上。

辅助式教学 adjunct instruction 语言教学术语。指一种内容型(content-based)教学模式。该教学模式的设计是把语言教学与专业教学相结合,目的在于学习专业知识的同时提高学习者语言能力,为专业教学提供必要的语言技能。例如,把英语课程的教学与经济学课程的教学相联系,帮助学习者为经济学专业课程奠定必要的语言基础。由此以经济学专业课内容为基础的英语课就属于辅助式教学。

辅助式教学模式 adjunct model 语言教学术语。指一种以内容为基础的教学模式。虽然同时开设专业课和语言课,但是两者紧密结合。语言课程以配合专业课程为目的来设置语言知识、词汇和学习技巧,起到帮助学生排除语言障碍,辅助学生更好地掌握专业课程的目的。专业教师则采用外文原版教材,课堂教学用外语讲解和讨论。

辅助语 auxiliary language 社会语言学术语。一种交际辅助语,指作为不同言语社区的成员进行信息交流、贸易、教育等交际目的而使用的语言。不属于操该语言的人的本族语或方言。如英语和法语是非洲许多社区的辅助语。又如东非班图人将斯瓦希里语作为其交际辅助语,尽管他们使用的语言除了斯瓦希里语(Swahili)之外,还有祖鲁语(Zulu)、卢旺达语(Rwanda)等。

辅助语言 paralanguage 参见"副语言"。

腐蚀 erosion 指由于某种语言使用的减少或停止,双语或多语使用者运用该语言的能力也会随着时间的推移而逐渐减退的现象。

父亲用语 fatherese 参见"爸爸语"和"婴幼儿话语理论"。

负极项 negative polarity item 参见"正极项"。

负面反馈 negative feedback 语言习得术语,亦称否定性反馈。反馈是对行为后果提出的任何信息。负面反馈在语言习得中指语言能力强者对学习者的错误或不完整话语进行重新组织和修正后产生的信息。

负面礼貌策略 negative politeness strategy 参见"消极礼貌策略"。

负面证据 negative evidence 语言习得术语。在语言习得中,对于学习者存在两种证据:正面证据和负面证据。负面证据是指所学习的语言不可能出现某种语言现象。例如:[1]* He goes sometimes there. [2] He goes there sometimes. [3] He sometimes goes there. [4] Sometimes he goes there. 例[1]不可能在英语中出现,而例[2]—[4]则可以在英语中出现。负面证据包含直接负面证据和间接负面证据。前者是教师或学习伙伴直接作出的纠正行为(explicit correction);后者指没有出现在学习者输入中的句子,但学习者认为即便是他们没有听到过的句子,其存在还是有可能的。参见"正面证据"。

负迁移 negative transfer 语言习得术语。指由于套用母语模式或规则而产生的错误的、不合适的目的语形式,如母语为汉语的学习英语者所犯的"中式英语"错误。例如:[1]* Xiao Ming like play football. [2]* Long time no see。与屈折语英语不同,汉语是黏着语,谓语动词没有人称、数、时态等范畴标记。例句[1]、[2]中的"中式英语"正是由于汉语句法结构知识的负迁移造成的错误。与之相对的是正迁移(positive transfer),指有利于语言学习的迁移。参见"语言迁移"。

负强化 negative reinforcement 参见"刺激—反应理论"。

负倾斜分布 negatively skewed distribution 语言测试术语。一种对非对称性分布的量度,指所有受试分数中高分数多于低分数时的分布状态。

负相关 negative correlation 统计学术语。指在回归与相关分析中,因变量值随自变量值的增大(减小)而减小(增大)的现象。在这种情况下,表示相关程度的相关系数为负值。相关程度用相关系数 r 表示:$-1 \leq r < 1$。r 的绝对值越大,表示变量之间的相关程度越高,r 为负数时,表示一个变量的增加可能引起另一个变量的减少,此时,就叫做负相关。运用在测试学中,指两个或多个变量有反差,如果两次考试成绩有反差,则称其有高度的负相关。参见"相关性研究"。

附带现象 epiphenomenon 句法学术语,亦称副现象或边缘现象。20 世纪 60 年代成为句法分析的标准方法。个体规则视为主要的,对一些结构则被认为是次要的或边缘现象。

附带学习 incidental learning 语言教学术

语。指在无意学习某项内容时却学到了该项内容，或在打算学习某项内容时却学到了另一项内容的现象。例如，通过互动、交际活动或内容阅读或娱乐阅读时，无意学到了词汇、句型或拼写知识。与意向性学习相对。意向性学习是指有意通过一门课程的学习去提高词汇或语法能力。在受控实验中，附带学习通常在一个更受限制的意义上使用，对实验对象一般预先不予告知。

附加陈述句　tag statement　参见"尾句"。

附加从句　appended clause　语法学术语。表示事后想法(afterthought)的从句，用来补充前句内容。例如：We'll leave for Beijing at 9 o'clock—tomorrow, *strictly speaking*.

附加分句　additive clause　语法学术语。只给主句增加内容而不改变、影响主句原来内容的分句。例如：The visitor came in and he sat down. 其中的 and he sat down 就属于该句的附加分句。

附加符号　diacritic mark　参见"辅助符号"。

附加式副词　additive adverb　语法学术语。连接性副词的一种，其作用是在两个及以上语项中提供一个选择。例如：You either leave or stay. 上句中的 either 就是附加式副词。

附加性双语现象　additive bilingualism　教育语言学术语。指语言教育中不以目标语取代母语为教学目标，而只是在保持母语的基础上使学习者再多懂得一门语言的教育现象。例如，加拿大魁北克地区的一些英语为母语者也学习法语，但学习的目的不是要取代英语，而是为了做生意或其他原因。与附加性双语现象相对立的语言教育为消解性双语现象(subtractive bilingualism)，后者的教育目标是以新语言取代母语。

附加姓名　beiname〔德〕　指某些国家人名的附加部分，表示某人的特征或称号，其中一部分固定而成为姓，如 karl der Grosse 中的 Grosse。

附加疑问句　tag question　参见"反义疑问句"。

附加意义　concomitant meaning　语法学术语。指语言单位中附属于词汇意义或语法意义等主要意义的次要意义或言外之意。一般而言，附加意义不是该语言单位的字面意义，而是包含了说话者的态度、评价和情感等因素。例如：[1] She's slender.(她很苗条。) [2] She's skinny.(她瘦得皮包骨头。) 例[1]和例[2]都有附加意义，前者属于褒义用法，后者则有贬义。此外，通过句法结构的变化也会改变附加意义。例如：[3] The train arrives on time. [4] The train is always arriving on time. 例[3]为客观陈述，没有附加意义，而例[4]附加了说话者主观的感情色彩和评价。

附加音　appendix　音系学术语，亦称终端音(termination)。在音节结构分析中(主要在英语中)，指音节尾辅音丛中的最后一个但又不能自成音节的辅音，如 box、beds、strength、strange、glimpsed、mind 等中的最后一个辅音。

附加语　adjunct　句法学术语。指用来扩展另一词或短语的成分。附加语与中心语、补足语、标志语等短语结构中的核心成分概念相对应，不是句子的主要成分。因此，附加语的存在与否不影响整个句子结构的合法性和完整性。例如：[1] We went to the National Forest Park *yesterday*. 此句中"yesterday"即为附加语。即便去掉"yesterday"一词，整个句子的完整性及合乎语法性等都不受影响。在句子层面上，附加语多作为状语。与联加语(conjunct)和外加语(disjunct)不同，附加语是分句或句子基本结构的一部分，在分句或句子中修饰动词、形容词或其他副词，表示时间、地点、频率、程度或方式等。例如：[2] I have *almost* finished. [3] I think she'll be married *shortly*. [4] He did *really* well, didn't he? 附加语还可细分为主语附加语(subject adjunct)和方式附加语(manner adjunct)。例如：[5] You *stupidly* answered his questions. [6] You answered his questions *stupidly*. 例[5]句中的"stupidly"是主语附加语。该句的含义可解释为"It was stupid of you to answer his questions"或"You were stupid to answer his questions"；而例[6]句中的"stupidly"是方式附加语，该句的含义则相当于"You answered his questions in that stupid way"。

附属课程　adjunct course　语言教学术语。内容型教学(content-based)模式的一种课程设置。指在语言教学课程中把语言教学的内容与专业课程教学内容相结合，目的是使语言教学有针对性地为某些专业教学提供必要的语言技能。例如，把英语课程的教学与经济学课程的教学相联系，就能够帮助学习者为经济学专业课程的学习奠定必要的语言基础。

附着分词　adherent participle　语法学术语。指在句子中位于被修饰词之前作定语修饰语的分词，如"a jumping frog"中的 jumping 即为附着分词。

附着形容词　adherent adjective　语法学术语。指在句子中位于被修饰名词之前，做定语修饰语的形容词，如"a beautiful flower"中的 beautiful。

附着语　affixing language　语言类型学术语。根据语言的结构特点对语言类型进行分类产生的类别之一。该类语言主要依靠在词根上添加词缀的方法来表达词与词之间的语法关系,如拉丁语、希腊语、梵语等。

附着语素　clitic　语法学术语。指不能独立存在,而必须出现在其他形式之前或之后的语法形式。n't 可以附着在助动词后表示否定,如 isn't、shouldn't、mightn't 等。同样 've 作为 have 的缩写可跟在某些代词后表示完成,如 I've、we've、you've、they've 等。因为附着语素多为缩写形式,故而有些缩写形式相同的附着语素,因其原形不同,意思也不同。例如:[1] He's a student.　[2] He's finished his homework.　例[1]中的 's 是 is 的缩写,而例[2]中的 's 则表示 has,两者意思完全不同。

附着重叠　clitic-doubling　句法学术语,亦称附着语素倍增、代词重叠(pronominal reduplication)。指动词短语中出现与其包含的名词短语有共同指涉的附着性代词的现象,多见于罗曼语族的语言。西班牙语就是一种典型的带有附着重叠现象的语言。例如:

Juan *me* visito a mi ayer.(胡安昨天拜访了我。)
胡安 我 访问 向 我 昨天

此例中所示的动词短语 visito a mi(访问我)的前面增加了一个指涉 mi 的代词性词缀 me。虽然附着重叠的条件在各语言中有所不同,但有一个共同的特点:允许、需要或禁止出现附着重叠都与所指涉名词短语的有生性(animacy)有关。因此,也有人将其看作是受词异相标记(differential object marking)的一种。参见"受词异相标记"。

复本　alternate forms; equivalent forms; parallel forms　语言测试术语。指测量同样技能或能力的同一测试的两种或多种不同形式。这些不同形式之间不仅在方法、内容长度、难度等方面应该保持一致,而且对同一受试使用不同形式测试时,理论上也应该取得相似分数。参见"平行试卷"。

复本信度　alternate form reliability; equivalent form reliability; parallel form reliability　语言测试术语。对语言测试进行信度评估的一种重要方法。对某一考试进行复本信度评估时,要求被评估的考试采用形式和难度上相同的两种及以上复本形式,通过计算这些复本形式总分之间的相关系数,确定考试在测试受试语言能力方面是否达到等效程度指标。

复合波　complex wave　声学语音学术语。指任何与正弦波不同的波,在声音频谱图中一个复合波通常可以分解为两个或两个以上简单波形的叠加。所有的语音都是由复合波携带的。决定复合波波形的主要因素是简单波的振幅。如图:

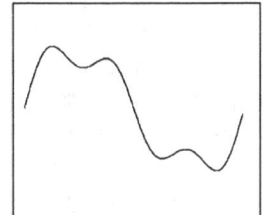 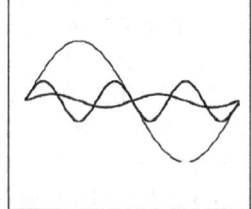

复合词　compound　形态学术语。指由两个或两个以上的简单词通过不同方式组合而成的词,其功能相当于单个词。最常见的英语复合词包括:(1)名词类,如 wonderland、passer-by、give-away;(2)动词类,如 sleep-walk、spoon-feed、over-compensate;(3)形容词类,如 high-rise、overdue、grief-stricken;(4)副词类,如 nonetheless;(5)连词类,如 whereas;(6)介词类,如 alongside。复合词的特征主要有四:(1)从书写形式上看既可以是两个词写在一起,如 headache;也可以是中间加连字符,如 self-made;或者中间分开从形式上看像两个词,如 flower shop。(2)从句法角度看,复合词的词性往往由最后一个词的词性决定。(3)从语音学角度看,复合词是一个词,其重音在第一个词上。(4)从语义角度看,复合词的语义并不绝对是各个组成部分简单的语义叠加,如 green hand 意为"新手"而非"绿手"。

复合句　compound sentence　语法学术语。复合句是指包含两个或两个以上独立分句的句子。复合句中的小句之间通常由连词相连接。英语复合句中连接小句的连词常有 for、and、nor、but、or、yet、so 等。例如:[1] He promised to join my birthday party *but* he didn't come.　[2] There's the respect that makes calamity of so long life. *For* who would bear the whips and scorns of time ... (Shakespeare: *Hamlet*)

复合声调　compound tone　语音学术语,指语言声调的一种组合形式,指由降调(falling tone)、升调(rising tone)和平调(level tone)等组合而成的变换音高走向的复合体。英语中的复合声调一般有升降调(rise-fall),降升调(fall-rise),升降升调(rise-fall-rise tone),降升降调(fall-rise-fall tone)和降平调(fall-level tone)。同样作为升调的组合方式,复合声调与复杂升调的主要区别在于:复杂声调在同一个音节核内完成而复合声调在核心音节上开始,至语调群尾结束。

复合双语现象　compound bilingualism　教育语言学术语,亦称并列双语现象(coordinate bilingualism)。指操双语的人把不同语言中的词汇和意义联系起来的现象。操双语者可以只有一个词义体系,该体系同时适用于第一和第二语言。例如,对操英语和汉语的双语者来说,"桌子"与"table"的意思完全相同。然而,也有人将复合双语现象与并列双语现象区分开来,认为后者指的是操双语者拥有两个词义体系。对他们来说,两个体系不尽相同,一个适用于第一语言,另一个则适用于第二语言。例如,同样是操英语和汉语的双语者,"桌子"与"table"的意思可以不同。复合双语现象试图说明在双语习得进程中主客观条件的不同可以形成不同的词义体系。虽然复合双语与并列双语的区分已广泛应用于词汇学习的研究中,但这种区分似乎并无太大意义,因为至今尚未发现其作为双语整体模式的有用价值。

复合限定动词短语　complex finite verb phrase　句法学术语。指包含一个以上动词形态的谓语结构。例如,英语中的复合限定动词短语包括含有情态动词和助动词 do 的结构、完成时结构、进行时结构和被动态结构等四种:[1] He didn't study linguistics, but he *will study* it in future. [2] He *has studied* linguistics for three years. [3] He *is studying* linguistics. [4] Linguistics *has been studied* for centuries.

复合音　complex tone　语音学术语,亦称复杂声调。参见"声调"。

复合音节核　complex nucleus　音系学术语。指由双元音或三元音构成的音节核,如英语 ego /ˈegəʊ/ 中的 /əʊ/ 和 variety /vəˈraɪətɪ/ 中的 /aɪə/。虽然复合音节核有几个元音构成,但音节峰(peak)却仍是几个元音中最紧张(tense)的音素,如前例中的音节峰分别是 /o/ 和 /ə/。汉语中也有类似的例子,如"鸟"(niǎo)的复合音节核为(iǎo),其音节峰则为(ǎ)。

复合隐喻　compound metaphor　认知语言学术语,亦称复杂隐喻。指由多个初始基本隐喻(primitive primary metaphor)联合构成的隐喻。基本隐喻把不同认知域的两个"简单"概念联系在一起,相反复合隐喻把整个复杂的经验域都联系起来。指雷考夫(George Lakoff)和约翰逊(Mark Johnson)在《体验哲学》(*Philosophy in the Flesh*)中指出,基本隐喻(primary metaphor)就像原子,可以合成分子复合隐喻。许多此类复合分子隐喻都包含稳定、常规而牢固的基本隐喻,构成概念系统的一部分,影响思维方式和生活中的关注点。例如,"有目的人生是旅程"(A purposeful life is a journey),这一复合隐喻即由四个基本隐喻构成:(1)有目的的人生是一段旅程。(A purposeful life is a journey.) (2)过着生活的人是一个旅行者。(A person living a life is a traveler.) (3)生活的目标是旅行的目的地。(Life goals are destinations.) (4)人生规划是一条旅行路线。(A life plan is an itinerary.)

复合元音　diphthong　语音学术语,亦称双元音。指一种复杂的元音,以一个元音开始,在同一个音节中逐渐转为另一个元音。例如,boy、buy、bow。根据不同的理论标准,可将复合元音看作两个元音的组合序列,即一个音素,或一个元音加上一个滑音。在通用美国英语中,复合元音有:/aʊ/ *house*; /aɪ/ *kite*; /eɪ/ *pain*; /oʊ/ *tow*; /ɔʊ/ *join*;在标准英国英语中,复合元音有:/aʊ/ *house*; /aɪ/ *kite*; /eɪ/ *pain*; /ɔɪ/ *join*; /ɪə/ *fear*; /eə/ *hair*(在现代发音中经常作为/ɛː/); /ʊə/ *poor*(在现代发音中经常作为 /ɔː/)。

复合元音化　diphthongize　音系学术语,亦称双母音化。使一个非复合元音变成复合元音。参见"复合元音"。

复合重音　compound stress　语音学术语,指复合词的重音结构,与自由词组(free phrase)不同。一般复合词重音在第一个音节上,如 ˈfat-head、ˈblack-horse、ˈgreen-room 等。若有两个重音,则一般第一个音节为主重音(primary stress),第二个音节为次重音(secondary stress),如 ˈhot house。但这并非是绝对的,有些复合重音落在第二个音节上,如 ash-ˈblonde、bottle-ˈgreen 等;有的则落在第三、第四甚至更靠后的音节上,如 socio-linˈguistics、psychoˈanalysis 等。另外有部分情况复合词为双重音,即第一、第二个音节均为主重音,如 ˈeye-ˈwitness、ˈhome-ˈmade 等。

复活形式　revival form　用于特殊语体(如法律文体)的古词语(archaism)和废旧或过时用法。

复切分　plurisegmental　语音学术语,有些语音学家用来指在一个语段中跨多个音段的发声效应,如一个语调曲拱。

复述测验　repetition test　社会语言学术语。指检验两个假定对立对比项之间是否真正对立的方法。复述测验是将对比的两项录制下来,打乱次序后回放若干遍,让操本地方言者听辨,并要求复述每项内容。如果复述成功率在 90% 及以上,就说明两者真正对立。

复数　plural　语言中表示数量不止一个概念

的语法形式。在英语和大多数欧洲语言中，复数仅与单数相对，表达"两个或两个以上"，复数形式由名词和动词的屈折变化来表示，因而复数形式为一种语法范畴。例如，英语 hands、we、men 分别是 hand、I、man 的复数形式；在日语等语言中，复数由专门的词汇标记来表示，因而这些语言的复数形式被看作是一种词汇范畴的现象。在存在双数（dual）的语言中，复数指"三个以上"。在存在单数、双数和三数（trial）的语言中，复数指"四个以上"。在存在"少数量"（paucal）的语言中，复数表示"几个以上"。

复数成分 plurative component 表示复数的词缀或附加成分，如 stones 中的词缀-s。

复数名词 plural-only noun; plural tantum 指有些在使用时只能以复数形式出现的名词。英语中有许多这样的名词，如 scissors（剪刀）、glasses（眼镜）、the Alps（阿尔卑斯山脉）、trousers（长裤）等。

复位 reversing 翻译学术语，亦称反转。多指翻译中句法上的变通，符合目的语规范的语序或者词句表达习惯。例如，把"*Misery follows war*"译为"战争导致苦难"，也符合汉语的句尾重心原则。

复现 reiteration; recurrence 参见"复用²"。

复现性 replicability 参见"可靠性"。

复用¹ iteration 语言学有时用作"循环"的替换术语，指在生成一个句子时反复应用一条规则。复用规则多用于音位学。某一规则（如元音和谐或重音指派）可在一个词或短语中反复应用。某些节律音位学模型中，复用性（iterativity）决定一个音位结构在多大程度上可反复应用。

复用² reiteration 话语分析术语，亦称重述、复现。指重复使用一个词项或一个同义词项，包括重复其同义词、近义词、上义词、概括性词等，以此作为衔接篇章各部分的手段。例如：Tom saw a cat. The cat was very ugly. "What a monstrosity", he said. 例句中，cat 和 monstrosity 属于复用。

复原 restituting 翻译学术语，亦称还原。指在翻译中淡化原语色彩，包括各种无法在目的语中找到对应体的比喻、典故、幽默、谐谑语等。例如，汉语中的"来龙去脉"译为英语只能淡化为 the whole story，而"完璧归赵"这一典故只能淡化为 return sth. to sb. in good condition。

复杂 NP 孤岛 complex NP island 句法学术语，孤岛的一种。指由复杂名词短语（NP）构成的孤岛结构。例如：[1] You heard the claim that Fred solved *the second problem*. [2] *What$_i$ did you hear [$_{NP}$ the claim that Fred solved t_i]? 例[1]中对"the second problem"提问，疑问词 what 不能跨越带有嵌套结构的 NP 移到句首，如例[2]所示。

复杂句 complex sentence 语法学术语。指除主句外还包含一个或几个从句、从属子句的句子。若句子中只有一个谓语（predicate）则称为简单句（simple sentence）。例如：[1] I study linguistics. 由并列连词（and、but、or）连接的两句或两句以上简单句称为复杂句（compound sentence），也称为并列句。例如：[2] I study linguistics and she likes linguistics. 若由从属连词（if、when、because、so that、although 等）连接两句或两句以上简单句则称为复合句。例如：[3] I study linguistics because she likes linguistics.

复杂声调 complex tone 语音学术语。指至少含有一个降调或升调的声调模式。该模式通常是由不同频率的复合波所共同产生的现象。参见"复合声调"。

复杂隐喻 complex metaphor 参见"复合隐喻"。

复杂语码 elaborated code 参见"精制语码"。

复指 resumption 语法学术语，亦称复现成分。指一个成分或结构重复或以某种方式重述先前一个成分的意义。主要有复指代词（resumptive pronoun）和复指关系小句（resumptive relative clause）。例如：[1] Kevin, I know him.（凯文，我认识他。）[2] The chairman announced the result, an announcement which had been long awaited.（主席宣布了结果——一项等待已久的宣布。）

复指代词 resumptive pronoun 句法学术语。指代词在句内复指有指称内容的名词短语，是构建关系化的形式手段之一。汉语、法语等语言中广泛存在这种复指代词。例如：[1] [这盘包子$_i$] 我等会儿拿 [它$_i$] 当夜宵吃。 [2] a. I wonder [who$_i$ they think [that [if Mary marries him$_i$] then everybody will be happy]] b. * I wonder [who$_i$ they think [that [if Mary marries e$_i$] then everybody will be happy]] 例[1]中的"它"重复指称"这盘包子"。英语等语言中复指代词很少，如例[2a]所示的复指代词 him 受 wh 短语中的 who 约束。理论上 who 的原生位置位于 if 分句的附加语孤岛中，无法像例[2b]那样移出。但如果像例[2a]那样将 who 看作是算子，约束作为变项的 him，则句子可以接受，这种复指代词一般解释为约束变项（bound variable）。

复制 copy 句法学术语。参见"移位复制理论"。

副词 adverb 语法学术语。指语法范畴中词类的一种,在时间、地点、程度、方式等语义方面修饰动词、形容词、副词及其他结构。副词作为一个词类并不是纯正的,与其他词类有许多重叠的地方,因此在不同的语法理论中对副词的分类标准也不尽相同。从副词形态方面考虑,副词可以分为简单副词和派生副词。简单副词在词形上与形容词和其他词类相似,无特别形态标记,如 so、very、rather、still 等;派生副词通常是在形容词或名词基础上派生而来,在词形上表现为以-ly 或-wise 等后缀为标记,如 carefully、quickly、clockwise、moneywise 等。从句法形式角度考虑,副词可以分为纯粹副词和代副词,纯粹副词指可以在句中独立出现的副词,如 downstairs、completely、rather 等;代副词指介词短语或状语的替代形式,如 wherever、whereof、hereby 等,它们的存在依赖于对某个介词短语或状语的替代,不能在句中自由出现。从句法功能角度考虑,副词可分为句子副词、连接副词、解说副词、疑问副词、关系副词和感叹副词等,如 actually、surely 等副词主要用来修饰整个句子,表示说话人对整个句子的态度和看法,属于句子副词,而 as、namely 等副词常用于引出列举和举例,属于解说副词。根据副词所修饰限定的主体成分,还可以对副词进行语法功能方面的分类,有的副词只能在句中充当状语。例如:[1] I am *extremely* sorry. [2] He speaks *fluently*. 有的副词既能用作状语,也能用作定语或表语等其他句子成分。例如:[3] The man is *there*. [4] The man *there* is Xiao Li. 根据副词自身所承载的语义,副词又可以划分为方式副词、时间副词、地点副词、程度副词等类别。例如,quickly 和 awkwardly 属于方式副词,recently 和 nowadays 属于时间副词,away、outside 等属于地点副词,very、wholly 等属于程度副词。

副词短语 adverbial phrase 语法学术语。指以副词为中心词的短语。副词短语可以由单个副词构成,也可以由前置修饰语加副词构成,有时副词中心词也可以带有后置修饰语或补足成分,如 quickly、pretty soon、very elegantly indeed 等。副词短语的主要语法功能是修饰动词短语、形容词短语和分句等语言结构。例如:He sings *very badly*. 句中的副词短语"very badly"由中心词 badly 加前置修饰语 very 构成,在句子中修饰动词。

副词化 adverbialization 语法学术语。指在语言使用中把一个非副词范畴的词或短语当作副词使用的一种语法现象。例如:He stayed at home. 句中介词短语"at home"就是已经副词化的短语。

副词化形容词 adjectival adverb 参见"形容词式副词"。

副词前置 adverb preposing 语法学术语。指把动词修饰性副词置于句首的句法现象。例如:*Proudly*, he showed his diploma to his parents. 句中的 proudly 就是副词前置。副词前置的使用经常与信息的焦点化等因素相关。

副词问句形式 adverbial question form 语法学术语。指由疑问副词 where、when、why、how 等引导的对状语提问的问句形式。例如:[1] *Where* are you heading now? [2] *How* did he fix it? 概念上,副词问句形式与由 what、which 等疑问代词引导的代词问题形式相对应。

副词小品词 adverbial particle 语法学术语。英语中形似介词但具有副词特征的一类比较特殊的词。副词往往与其前面的动词构成一个整体,表示一个单一意义。在副词小品词的修饰和补充说明下,动词往往会获得不同于其基础意义的新意义。例如:[1] The old man gave *away* his houses. [2] Our car broke *down* yesterday morning. 两例中的 away 和 down 就是副词小品词。副词小品词虽然形似介词,但其本身并不能带宾语,而且形似带宾语的小品词并不与其后的名词性短语发生实质上的介宾关系,它的位置是可以移动的。例如:[3] The workers put *out* the fire. [4] The workers put the fire *out*. 例[3]中的副词小品词 out 可以移至作宾语的名词短语之后,句子就变为例[4]。副词小品词与介词的另一个重要区别在于前者在功能上主要起到副词作用,可以单独用作句子的一个成分。例如:[5] He was already *down* to his last loaf of bread.

副词形式 adverb form 语法学术语。指副词词形的形态表现。从副词形式方面考虑,副词可以分为简单副词和派生副词。简单副词在词形上与形容词或其他词类相似,无特别形态标记,如 so、very、rather、still 等;派生副词通常是在形容词或名词基础上派生而来,在词形上表现为以-ly 或-wise 等后缀为标记,如 carefully、quickly、clockwise、moneywise 等。在英语中,有些形容词同时具有一种以上的副词形式,在同一形容词的两种不同副词形式中,有时两者所表达的含义完全不同,如例[1]和例[2]中的 hard 和 hardly:[1] He works *hard* all day. (他整天都在使劲地干活。) [2] He *hardly* works at all. (他很少干活。) 有时两者所表达的意义很相近或相似,但又不完全一致,如例[3]和[4]中的 close 和 closely:[3] She stood *close* against the wall. (她紧挨着墙站着。) [4] The police were watching him *closely*. (警察在密切监视他。) 有时两者所表达的意义则完全一致,如 slow 和 slowly、quick 和 quickly

等,它们是异形同义副词。

副词性表达式 adverbial expression 语法学术语。指在句子中起副词作用的语段。副词性表达式可以是副词短语、名词性短语、介词短语、形容词短语等,如 at least、every day、from time to time、without a doubt 等。

副词性成语 adverbial idiom 语法学术语。作用与副词相同的成语。英语中此类成语有 bag and baggage(完全地)、tooth and nail(竭尽全力)、in a breeze(轻而易举地)、with flying colours(出色地)、between the devil and the deep blue sea(进退维谷)等。

副介词 adprep 语法学术语。在英语动词短语中,跟在动词后面的小品词主要为介词和副词两类,但有些小品词到底属于介词还是副词很难判断,因此语法学家把这一部分小品词定义为副介词,亦称为介词性副词(prepositional adverb)。副介词在动词短语中往往既可以用作介词,使其所在的动词短语及物化,也可以简单地用作副词,其所在的动词短语则不及物。在夸克(Randolph Quirk)等(1972)关于副介词的描述中,能够充当副介词的词主要有 about、above、across、after、along、around、by、down、in、off、on、over、past、through、under、up 等。例如:[1] He walked *past*. [2] He walked *past* the car. [3] He was moving *about*. [4] He was moving *about* the town. 例[1]中的 past 作副词用,而例[2]中的 past 则作介词用。同样,例[3]中的 about 作副词用,而例[4]中的 about 则作介词用。

副语言 paralanguage 亦称辅助语言。有狭义、广义之分。狭义的"副语言"指有声现象,如说话时气喘、嗓子沙哑或者吃吃笑等,这些伴随话语产生或对话语有影响,能表示某种意义。广义的"副语言"指无声而有形的现象,即与话语同时或单独使用的手势、身势、面部表情、对话时的位置和距离等,这些也能表示某种意义,一般有配合语言加强表达能力的作用。副语言包括发声系统的各个要素,如音质、音幅、音调、音色等。语言意义有真有假,副语言如语调、面部表情等作为思想感情的表现却较为真实,因为往往是不自觉的。

副语言特征 paralinguistic feature 指语言的超音段特征,包括说话者的各种音调变化,如耳语、呼气声、嘟哝声和次发音动作(如鼻音化)等。这些特征虽然不如语调和重读重要,但同样可以影响话语意义,尽管这种影响不具有普遍意义。副语言特征还可以指非言语行为,如面部表情、头部运动、眼睛移动和手势等。这些特征也能对人们所说的话加以证明或强调,或呈现出意义上的细微差别。

副语言学 paralinguistics 研究伴随着语言交际而发生的种种副语言现象的学科。

赋格原则 case assignment principle 句法学术语。根据赋格原则,具有格指派能力的结构成分只能把格指派给它所管辖的结构。例如,在限定子句中,一致关系(ARG)所管辖的限定短语(DP)位置上只有主语,所以将主格指派给它。动词或介词一般只管辖其宾语,故将宾格指派给宾语。

赋值[1] assign 指赋值语句用来把名字(重新)捆绑到值,以及修改可变对象的属性或者项目:一个赋值语句对表达式序列求值,然后从左到右将对象结果一一地赋予目的的序列的每个对象。依赖于目标(序列)的形式,赋值被递归地定义。当目标为某可变对象的一部分(属性引用、下标或片断)时,该可变对象必须最终执行该赋值,决定其有效性,并且如果该赋值不可接受可能会抛出一个例外。不同类型以及抛出例外所遵循的规则在该对象类型的定义中给出。一个对象向一个目的序列的赋值可递归地定义如下:如果目标序列是单个目标,该对象就赋予该目标;如果目标序列是一组用逗号分隔的目标,该对象必须是一个其子项个数与目标序列中的目标个数一样多的有序类型对象,且其子项,从左到右地,逐个赋予相应目标。虽然赋值的定义隐含着左手边和右手边之间的重叠是"安全的"(比如,"a, b= b, a"交换两个变量),在所赋值变量间的重叠却是不安全的。

赋值[2] valuation 句法学术语。可指儿童习得母语时设定参数值,也可指最简方案中特征的属性通过一致性操作得到满足。例如:

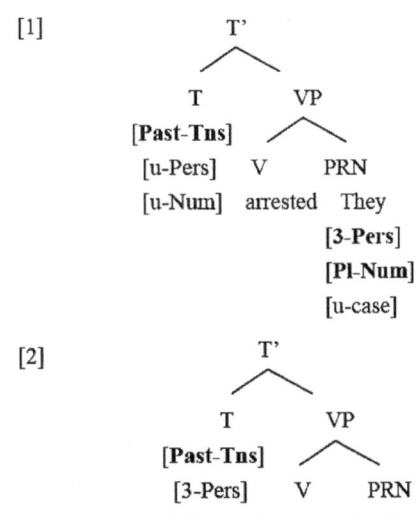

在被动句 they were arrested 的推导过程中（如表达式[1]所示），they 带有第三人称单数特征（[3-pers]，[Pl-Num]），但格特征未被赋值（[u-case]）；Be 作为探针（probe），带有时态特征（[Past-Tns]）和未被赋值的人称和数特征（[u-Pers]，[u-Num]）。探针探索到 They 带有可与之一致的特征时，将特征复制过去，称为赋值，如表达式[2]所示。

傅立叶分析　Fourier analysis　语音学术语。指以法国数学家傅立叶（Jean Baptiste Joseph Fourier）命名的声学语音学分析方法。一种将复合波分解为若干具有一定频率、振幅等特征的正弦波的数学方法。

富萨克字母　Futhark；Futhork；Futhorc
亦称如尼字母（Runic alphabet）。北欧古代字母名称。这种字母系统根据拉丁字母和希腊字母改制而成，以便于将其刻写在木头或石头上。

腹语　oesophageal speech　指喉切除后利用食管所发出的言语。参见"**食道音**"。

G

嘎裂声　creaky voice　语音学术语,亦称喉化音(laryngealization)。指声带振动的一种不规则模式,具体发音方式为杓状软骨将声带后端收拢,仅使前段振动。这种发音方式的结果是声带同时可以发出紧喉音和正常噪音的效果。国际音标用正常辅音加上下标的形式表示这种声音,如豪萨语(Hausa)中的[b̰]。

改述　paraphrase　指不改变一个句子或篇章的意义而变换措辞形式的结果或过程。由此产生的句子称为改述句。一个句子通常可以改述为多个句式或用词不同但意思基本相同的句子。例如:[1] The girl is eating an apple.　[2] An apple is being eaten by the girl.　[3] It is the girl who is eating an apple. 从句[1]改述而成的句[2]和句[3],核心句意基本一致,但信息侧重点或情感赋值略有差别。

改写规则　rewrite rule　句法学术语,亦称转写规则。转换生成语法中指不同的句法范畴各自具有的组成短语的规则。改写规则是句法学中句子结构的表达方式之一。例如:The beggar fell over a stone.在具体操作时,此句可以转化为:
[1]　S→NP+VP
　　　NP→D+N
　　　VP→V+PP
　　　PP→P+NP
[2]　V→fell
　　　D→a, the
　　　P→over
　　　N→beggar

其中,箭头读作"改写为":S → NP+VP 表示"句子 S 改写为名词短语 NP 和动词短语 VP";NP → D+N 表示"名词短语 NP 改写为限定词 D 和名词 N"。以此类推。改写规则清楚地表现了句法结构的生成性,即句子是如何从开端符号 S 开始经过语类演绎[1]和词项插入[2]逐步推导出来。短语改写规则还具有递归性,即同样的短语结构的生成规则可以重复地使用。短语规则的不足在于其不考虑短语生成的语义,从而生成人类语言中不可能存在的语言现象,无法达到语法应该具备的描写充分性原则。

概化理论　generalizability theory　亦称 G-理论(G-Theory)。是测量理论的三种理论模型之一,其他两种为经典测量理论(classical test theory,简称 CTT 理论)和项目反应理论(item response theory,简称 IRT 理论)。概化理论是 20 世纪 60 至 70 年代初,克隆巴赫(Lee Joseph Cronbach)等人针对 CTT 理论对误差测量的缺陷而提出,因为 CTT 理论仅以一个 E 就概括了所有的误差,并不能指明哪种误差或在总误差中各种误差的相对大小如何。这样对于测量工具和程序的改革没有明确的指导意义,只能根据主试自己的理解去控制一些因素,针对性并不强。概化理论的基本思想是,任何测量都处在一定的情境关系之中,应该从测量的情境关系中具体地考察测量工作,提出多种真分数与多种不同信度系数的观念,并设计一套方法去系统辨明和实验性地研究多种误差方差的来源,并用"全域分数(Universe Score)"代替"真分数(True Score)",用"概括化系数/G 系数(Generalizability Coefficient)"代替"信度(Reliability)"。较之 CCT 理论,概化理论是用方差分析的方法来全面估计各种方差成分的相对大小,并可直接比较其大小。概化理论在研究测量误差方面有更大的优越性,它能针对不同测量情境估计测量误差的多种来源,为改善测验、提高测量质量提供有用的信息。其缺陷是统计计算过程相当复杂,但借助一些统计分析软件可以解决这一问题。概化理论目前在我国还处于实验研究阶段,不过在面试、考核等主观性测评中已有一些应用。

概括　generalization　❶指在语言学中对所观察到的语言事实作出解释的规则或原理,或对语言事实作概括性的陈述。❷指在学习理论(learning theory)中适用于各类学习共有的一个过程,这个过程包括从观察具体例子到形成一般规则或原理。例如,小孩看到英语中的名词复数 cup→cups 和 bag→bags,就会概括出英语复数概念的形成就是在名词词尾加上-s,从而出现过度概括(overgeneralization)的情况,如用 womans 代替 women。❸指在翻译理论中用省略概括的方式传达原文的意义,如省略对目标语读者不言而喻的成分、在原文中不重要译出后会引起误解的成分等。

概括语音　abstract sound　音系学术语,亦称抽象语音。指在不考虑方言特点或个人发音特点情况下,从具体语音形式中归纳出来的音位。例如,/I/这个音位就是从[I]和[ɪ]中概括出来的概括语音,它的语音实现形式要以具体语音环境来决定实现为[I]还是[ɪ]。

概率语法　probabilistic grammar　指由芬兰裔德国人萨洛马(Arto K. Salomaa)和美国的苏佩斯(Patrick Colonel Suppes)于 20 世纪 60 年代末、70 年代初提出的语法模型,用以描述自然语言中社会、地区、情景以及历时性的变体(variant)。按照统计学理论,每一项语言规则在概率上都具备某种可能性(probability)，这种可能性可以帮助我们预测涵盖某一变体的"关系语法(relational grammar)"框架下这一语言规则产生的概率。研究实践证明，这种以语言规则可能性度或概率为基础的语法有助于我们描述语言变化和语习得的过程。

概念　concept　指词或符号在大脑中的印象(idea)或意义(meaning)。概念是以词或其他语言单位为代表的抽象意义。作为人类认知的结果，概念反映了人脑中的客观世界。不论文化、种族或语言差别多大，人类的概念是相通的。因此不同语言对同一概念仅是表达法不同而已。不过有些语言表达某些概念的名称会比其他语言少一些。同时，语言之间区分概念的方法也不同。即使在同一语言中，相同的概念也可以有不同的表达方式。例如，"去世"可说"die"，也可说"pass away"或"kick the bucket"，不同之处在于其社会文化价值和文化风格。概念的形式与语习得关系密切，利用概念组成命题是人类思维和交际的基础。

概念功能　ideational function　功能语言学术语。韩礼德的语言三大元功能之一。元功能是韩礼德的功能语法的重要组成部分和基本概念。概念功能指把说话者或作者的现实世界或想象世界的体验用组织的语言说出来，即对某些人、物、动作、事件或状态有所陈述。其主要目的在于传达信息，重点在内容，关心的是"在真实世界完成某事"。其前提条件是语言必须清楚而精确。语言达意功能的特征表现为给予指导、说明、发出命令、询问、打听、提出要求、作出解释、检查细节对错、证实理解正确与否等。根据韩礼德的观点，语言的另外两大功能为"人际功能(interpersonal function)"和"篇章功能(textual function)"。

概念合成理论　Conceptual Blending Theory　认知语言学术语，亦称合成理论或概念整合理论。指福柯涅(Gilles Fauconnier)和特纳(Mark Turner)提出的有关语言的创新意义构建机制的理论。概念合成理论是在认知语义学的概念隐喻理论(Conceptual Metaphor Theory)和心理空间理论(Mental Spaces Theory)基础上发展起来的。概念合成理论认为，意义构建涉及结构整合(structure integration)，从而导致意义大于其构成部分之和。促进这种现象发生的机制被称为概念整合(conceptual integration)或者"合成(blending)"。概念合成对于我们的思维非常重要，是一种普遍的基本认知过程。概念合成理论和心理空间理论有一定的联系，如两者的核心概念"心理空间"是相同的。但是概念合成理论本身更复杂，比概念隐喻理论和心理空间理论有更强的解释力。例如，在解释"创新性(creative)"的

意义建构方面，如新隐喻(novel metaphor)和虚拟(counterfactual)语言现象，概念合成理论做得更好。不仅如此，最近的研究表明概念合成能力对于思维和想象非常重要，在语言和人类活动的其他方面都发现了证据。福柯尼尔和特纳指出，对于依赖象征能力的高级认知活动如仪式、工具制造和使用、艺术和语言发展等，概念合成能力可能是关键机制。

概念化　conceptualization　认知语言学术语。指语言促成的意义建构过程。概念化通过为丰富的百科知识提供访问通道(access)、推动概念整合的复杂过程而促成意义建构。概念化与语言表达的动态思想有关。从认知语言学的视角看，语言单位(如词)本身不承载意义，但能够促进在概念层面发生的意义建构过程。每一个人都有生成概念的能力，这种能力来自一套我们人类常见的、基本的、共享的认知能力。正是这一套共同的基本认知能力促进和限制了人类的概念发展。

概念结构　conceptual structure　认知语言学术语。指人类概念系统中各种知识表征(knowledge representation)的组织。概念结构包括：(1)为局部意义构建而集合的稳定或临时的知识组织；(2)相对稳定的知识结构，如认知域(cognitive domain)、认知模型(cognitive model)、语义框架(semantic frame)、理想认知模型(idealised cognitive model)；(3)各种概念投射(conceptual projection)，如跨域映射等。心理空间(mental space)、心理空间框格(mental spaces lattice)和概念整合网络(integration network)也属于概念结构范畴。

概念投射　conceptual projection　认知语言学术语。指涉及映射(mapping)、连接关系(connector)和整合(integration)过程的概念操作。映射既包括概念隐喻中的跨域映射(cross domain mapping)，又包括概念转喻中的单域映射。心理空间(mental space)理论中的连接关系和概念整合(conceptual integration)中的整合过程，如输入心理空间对应项的匹配(matching)、外空间关系变成内空间关系的压缩(compression)等都属于概念投射。

概念系统　conceptual system　认知语言学术语。指人脑中的概念储藏处(repository of concepts)，由便于范畴化(categorisation)和概念化(conceptualisation)的有结构、有组织的知识库藏(inventory)组成。原则上讲，概念系统中的每一个概念都可以编码并通过语言外形化。被语言编码的概念再赋予具体的语言形式就构成了词汇概念(lexical concept)。认知语言学家认为，语言反映概念系统，因此语言可以用来调查概念组织；同时被用法修改过的语言组织也可以影响概念系统的本质和构成。

概念—意向接口 conceptual-intentional interface　句法学术语,参见"计算系统"。

概念意义 conceptual meaning　参见"指称"。

概念隐喻 conceptual metaphor　参见"隐喻[2]"。

概念隐喻理论 conceptual metaphor theory　认知语言学术语。指雷考夫(George Lakoff)和约翰逊(Mark Johnson)提出,由吉布斯(Raymond Gibbs)、斯威彻尔(Eve Sweetser)和特纳(Mark Turner)等学者共同发展的有关隐喻的理论框架。雷考夫和约翰逊在1980年出版的《我们赖以生存的隐喻》(Metaphors We Live By)中首先提出了概念隐喻,并指出隐喻不仅仅是语言的修辞特征,思维本身本质上也基本是隐喻性的。概念隐喻理论是认知语义学(cognitive semantics)中最早提出的理论框架之一,为采用认知方法深入研究语言、思维和体验经验(embodied experience)之间的关系提供了许多早期的理论推动力。一个概念隐喻包含两个概念域,从一个概念域的角度来理解另一个,即概念域A是概念域B。根据概念隐喻理论,概念结构是通过跨域映射(cross-domain mapping)组织的,且具有系统性。部分跨域映射产生于前概念体验经验(pre-conceptual embodied experience),而其他则是在这些经验基础上构成的更复杂的概念结构。例如,人们常用"管道(conduit)"概念来思考和谈论"思想(idea)"概念:[1] Your reasons came through to me. [2] His words seem very hollow. [3] It's difficult to get this idea across to her.　从三个例句可以看出,"思想"被理解成"物体","语言表达式"被理解成"容器",思想的交流则是物体沿管道的传输。概念隐喻不仅存在于我们的语言中,还存在于思维和行动中。我们的一般概念系统本质上是隐喻性的。概念隐喻和概念转喻(conceptual metonymy)均涉及映射,是概念投射(conceptual projection)的两种常见方式。不过,概念隐喻是跨域的映射,其功能是理解;而概念转喻则是同一认知域的映射,主要功能是指代。

概念语法 notional grammar　有时亦称哲学语法(philosophical grammar)。指在所有语言均具备的语言范畴的基础上来研究语言的语法。概念语法认为所有语言都具有时态、语气、性、数、格的范畴,但并非所有的语言都充分利用这些范畴。以格为例,德语、拉丁语和俄语中都有主格、所有格、宾格等系统,但现代英语中的格系统并不丰富。参见"哲学语法"。

概念域 conceptual domain　认知语言学术语,亦称经验域(experiential domain)。指与连贯经验的不同方面相连的、相对复杂的知识结构。兰艾克(Ronald Langacker)认为,域是必不可少的认知实体(cognitive entities),包括心智经验、表征空间、概念或概念复合体(conceptual complexes)。例如,概念域"战争"(WAR)就包含许多事物的表征,包括敌人、武器、冲突、死亡、后勤等。在概念隐喻理论(Conceptual Metaphor Theory)中,概念隐喻通过来源域(source domain)和目标域(target domain)之间的跨域映射(cross-domain mappings),把一个概念域的表征投射到另一个概念域。例如,"辩论是战争"(ARGUMENT IS WAR)就把战争域的表征投射到辩论域。抽象深奥的目标域因来源域的映射而变得具体生动。

概念整合 conceptual integration　认知语言学术语,亦称概念合成(conceptual blending)。指概念整合网络中导致形成合成空间(blended space),产生涌现结构(emergent structure)的过程。例如:In France, Clinton wouldn't have been harmed by his affair with Monica Lewinsky.(在法国,克林顿不会因他与莫妮卡·莱温斯基的绯闻受到伤害。)这句话会促使形成一个合成空间,即我们知道:即使作为法国的总统,克林顿也不会因为他与莱温斯基的关系而在政治上受到伤害。产生这一合成性理解需要一个整合网络(integration network),其中包括两个输入空间(input spaces)和一个类空间(generic space)。一个输入空间包含"克林顿""莱温斯基"以及"他们的关系",并处于"美国政治"框架(frame)结构之中。在这个框架中,有"美国总统"角色和与之相连的"美德"(如婚姻忠诚);婚姻不忠诚,便会导致政治伤害。第二个输入空间包含角色"法国总统",同时处于框架"法国政治"结构之中;在这个框架中,社会接受总统有"情妇",所以在这个空间里婚姻不忠诚不会导致政治伤害。这两个输入空间由类空间联系起来,类空间包含有类角色"国家""国家元首""性伙伴""市民"等。然后,类空间在两个输入空间中建立对应项(counterpart),形成一个合成空间,包含"比尔·克林顿""莫妮卡·莱温斯基""法国总统"和"法国总统的情妇",其中克林顿与法国总统、莱温斯基与法国总统的情妇相连。最重要的是,合成空间处于框架"法国政治"结构中,而不是框架"美国政治"结构之中,因此在合成空间中克林顿不会因婚姻不忠诚而受到政治伤害。概念合成理论与框架理论密不可分,在整合的过程中也有许多构成原则、管辖原则和合成目标。

概念整合理论 Conceptual Integration Theory　参见"概念合成理论"。

概念转喻 conceptual metonymy　参见"转喻"。

感情意义　emotive meaning　　语义学术语。指语言单位所包含的与说话者的感情、意志、态度等有联系的意义。一个词语的"感情意义"会在听话人身上产生感情效果。宣传演讲和广告语言都选用表达力强、能说服和打动听众和读者的感情意义强的语言成分。参见"内涵意义"。

感染　contamination　　指由于习惯或偶然联系把不同语言形式混淆起来的现象。例如,把 equally good 与 as good as 错误地结合成 equally as good。

感受　impression　　翻译学术语。指翻译理论中对文本的理解和感觉。由于译者主体性在文学翻译中的客观存在,译者首先是原作的读者,对原作的理解必然带有自己的主观性,对原作的翻译处理也会不可避免地打上其主体性作用的烙印。范仲英等翻译家认为,从翻译理论的角度来看,因为存在原文与译文语言表达方式不同等诸多因素,译文读者只能得到与原文读者大致相同的感受,而完全一样的感受实际上是达不到的。

感受者　experiencer　　亦称经历者。指一个接受感觉或情感输入的实体所承担的语义角色。例如:[1]张三听到歌声。[2]我哭了。

感叹词　interjection　　词类的一种,一般无屈折变化,不指称事物且不与其他词类构成句法关系,单纯表达说话者的情感,如表示吃惊、厌恶、快乐、兴奋、热情等的词汇或短语。英语中常见的感叹词有 Yuk、Alas、Blast、Ouch、Oh、Wow 等。少量感叹词具有句子的功能,即一个词表明整句意思。例如:[1] Hooray! [2]Yippee! 有的与其他词一起构成句子,具有建构句法结构的能力。例如:[3]Damn the children! 有一些停顿词如 uh、er、um 等也被认为是感叹词,但它们与其他感叹语之间的界线不太明显,也可包含一些指称义,并且包括几个词,如"Excellent!""Lucky devil!""Well well!"等。

感叹短语　interjectional phrase　　指一个或一组具有感叹作用的词,表达强烈的感叹、惊讶、喜怒哀乐等感情,如"Great God!""For goodness sake"等。参见"感叹词"。

感叹说　Interjectional Theory　　亦称"呸—呸理论"(Pooh-pooh Theory)。语言起源的一种假说,最早由古希腊伊壁鸠鲁派(Epicurean)提出,认为语言起源于人们因痛苦、悲伤、惊喜等感情而产生的自然呼喊,首先产生叹词,进而由叹词演化出语言中其他的词。因叹词在语言中数量极少,而且感情的呼喊往往是猝然而发,与正常话语大相径庭,故感叹说无法解释语言中一般的词和句子是如何形成的。

感应影响　infection　　音系学术语。指由于邻接元音的影响而产生的元音变化。

感知　perception　　❶神经语言学术语,亦称知觉。指为了表征和理解我们的环境,对感觉信息(sensory information)进行的组织、识别和解释。所有感知都涉及神经系统的信号,这些信号来自外界对感官的物理或化学刺激。例如,视觉涉及光对我们眼睛视网膜的刺激,听觉涉及压力波对我们耳膜的刺激。感知不是对这些刺激信号的被动接受,而是经过学习(learning)、记忆(memory)、预期(expectation)和注意(attention)的塑造。萨克斯(Alan Saks)和约翰斯(Gary Johns)认为,感知包含三个成分:感知者(perceiver)、目标(target)和情景(situation)。感知由三个阶段组成:感觉(sensation)、感知组织(perceptual organization)、识别和认识(identification and recognition)。感觉阶段神经接受末梢刺激(distal stimulus),感知组织阶段对最近刺激(proximal stimulus)信号进行组织处理,形成感知对象(percept);识别和认识阶段借助于过去的经验和知识对感知对象进行解释。例如,一个人看见一只鞋,这只鞋是末梢刺激,鞋刺激他的视网膜形成了最近刺激,大脑对刺激进行处理,形成的解释就是感知对象。第三阶段涉及意义,是对感知对象的本质、功能和意义的理解。在整个感知过程中过去的经验和早前形成的概念对感知对象的识别和范畴化起重要作用。大多数感知活动都是下意识的,能轻易完成的。❷心理学术语。指用感官(视觉、听觉、触觉等)来识别和理解发生的事件、物体和刺激。感知可分为:(1)视觉感知(visual perception),即通过眼睛感知视觉信息和周围环境刺激的能力;(2)听觉感知(auditory perception),即通过耳朵感知信息和刺激物——要求听者根据频率、振幅、持续时间、发音顺序和出现频率等声学特征的差别来鉴别不同种类的声学信号并判断它们间的差别;(3)言语感知(speech perception),即言语被听到,解释并被理解的过程。语音学和心理语言学中指言语输入的接受和解码过程。在这一过程中,听话者不仅要参考言语信号中的声学提示特征,还要参考自己对其语言音系的知识,才能对听到的信号作出解码。

感知方言学　perceptual dialectology　　民俗语言学(folk linguistics)研究领域的方言学分支。它研究一个方言区的方言使用者如何感知各种方言及某一单一方言的特征。它采用定性和定量的方法,通过向受访者提问来获得研究资料,再根据这些资料确定不同的方言区。感知方言学家常提诸如此类的问题:你觉得周围哪些地方的人和你讲同样的方言?哪些人讲的方言和你讲的方言明显不同?这些不同主要表现在哪些地方？由于这种研究方法完全依靠个人对方言的感知，研究受到诸如语言差异的真实性、主流文化的熏陶、辨别语言的方法等因素的影响，其研究结果和使用客观方言研究方法所得出的结论可能差别很大。

感知突显性　perceptual salience; salience　在语言学习、言语感知和信息处理中指语言项目易于被感知的程度。在语言学习方面，人们对语言项目的突出性进行了研究，以探讨这一特性是否影响语言项目学习的次序。例如，在口语中，某一单词的突出性可能取决于：(1)某一音素在该词中的位置；(2)说话时对该词的强调程度，即它是重读还是非重读；(3)该词在句中的位置。

干扰　interference　社会语言学、语言教学术语。指某一语言使用者由于接触另一语言而引入该语言所造成的语误。最常见的干扰出现在外语学习过程中，本族语在外语学习中造的干扰。但干扰也出现在其他场合(如多语场合)。在学习标准语和方言过程中也可能出现干扰。例如，中国北方人学习英语，至少起始阶段念不准[b]、[g]等浊音和连续话语的语调，上海人学习普通话往往念不准某些声母等。

干扰项　distractor　参见"错误选项"。

干扰项效率分析　distractor efficiency analysis　参见"错误选项效率分析"。

干预条件　intervention condition　句法学术语，亦称干预限制(intervention constraint)或干预效应(intervention effect)。在结构[... X ...[... Y ...[... Z ...]]]中，若Y成分和Z成分为同一类型，则X受Y的干预无法针对Z进行句法操作(如一致性操作)，Z也无法越过Y移动至X。例如：

[1] I wonder[*who* he might think has done what].
[2] a. *I wonder[*who* what he might think has done].
　　b. *I wonder[*what* *who* he might think has done].
　　c. *I wonder[*what* might he think *who* has done].

在英语的多重wh疑问句[1]中，what因干预条件无法越过who移位到分句句首。

干预限制　intervention constraint　参见"干预条件"。

高标准变体　high variety　参见"高标准语言"。

高标准语言　high variety; H-variety　社会语言学术语，亦称高标准变体、高级变体、高等语体等，与低标准变体(low variety)相对。语言学家弗格森(Charles Ferguson)最早提出双言制(diglossia)，指一个社团中同时存在具有不同功能或用途的同一种语言的两种使用变体，即高标准变体和低标准变体。取得通用、标准化地位的使用变体为"高标准变体"。高标准变体地位较高，用于政府、新闻媒介、教育和宗教活动等场合，是正规教育用语，保存了语言社区高度推崇的文献。低标准变体则由儿童作为母语自然习得，一般用于家庭或朋友之间的交流或购物时的交际等场合。

高的　high　音系学术语。❶用于描述元音的舌位特征。舌面抬起位置高于舌面中性位置时发出的元音为高元音。例如，/i/和/u/就是高元音，而与之相应的另外两个舌位特征为中位和低位。❷表示生成音系学特征系统中的一个区别性特征，一般表示为[±高]([±HIGH])，可以定义为"舌面抬起最高位置高于自然位置的"。辅音中的软腭塞音/k/和/g/以及鼻音/ŋ/都有[＋高]的特征，元音/i/和/u/也有[＋高]的特征。

高等语体　high variety; H-variety　参见"高标准语言"。

高地德语　High German　原为德国南部和中部使用的德语，是德国、奥地利的官方语及瑞士官方语之一。德语主要分为高地德语(高地指阿尔卑斯山和临近的德国南部山区)和低地德语。高地德语属西日耳曼语，是通用的书面语，采用了低地德语的某些发音规则，主要用于德国、奥地利、列支敦士登、瑞士、卢森堡等国。在瑞士和卢森堡，"高地德语"特指标准德语。该语言经历了三个发展阶段：8—12世纪的古高地德语(Old High German)；12—15世纪的中高地德语(Middle High German)和现代高地德语。在社会语言学意义上，高地德语是一种标准语，与口语相对。在方言—地理意义上，高地德语指所有经受第二音变(second sound shift)的方言，与低地德语相对(没有参与第二音变)。

高地德语语音变化　high German sound shift　高地德语辅音转变或第二次高地德语语音变化(Second sound shift)的另一称呼。指有文字记录以前在德国南部地区发生的一系列有规律的辅音变化。此变化后扩展至德国北部地区，从而区分高地德语和低地德语方言。第二次音变主要影响塞辅音/p/、/b/、/d/、/k/和/g/，即在某些条件下发生音变，/p/＞pf/、/t/＞ts/、/k/＞kx／x/、/b/＞p/、/d/＞t/、/g/＞ð/。该语音变化始于公元3—5世纪之间，直到19世纪(高地德语最早用于书面记载)始完成。最早衍化而来的古高地德语与其他欧洲大陆的西高地德日耳曼语言形成鲜明对照，后者绝大部分未曾经历此种衍变。

高地日耳曼诸语言 High Germanic; High German languages; Hochdeutsch〔德〕 属印欧语系日耳曼语族西部语支中的南方语言,是标准德语、卢森堡语、依地语和德国的中南部、奥地利和列支敦士登国、瑞士卢森堡以及邻近的比利时、法国、意大利和波兰部分地区的方言。在其他国家和地区(如罗马尼亚、俄罗斯、美国、阿根廷以及纳米比亚)散居的一些犹太人亦说该语言。高地(high)指德国南部山区及阿尔卑斯山区,与低地(low)相对,后者指北部平坦海岸地区。高地日耳曼可分为上部日耳曼和中部日耳曼(德语分别是 Oberdeutsch 和 Mitteldeutsch)。

高化 raising 音系学和语音学术语,指舌位高度变化的音系过程,为元音舌位向更高位置的变化过程;通常同化为相邻的高元音或辅音,有时存在脱离语音环境而抬高(如抬高低长元音)现象,与低化(lowering)相对应。一个元音可以由于后接另一个元音而升高。在巴斯克语中,中元音在低元音前发生高化。例如,etxe(房子)和 asto(驴)处于冠词-a 前时,其表征为 etx[i]a 和 ast[u]a。在语言演变过程中,原处于低位的元音也可升高至较高的位置。元音高化是语音演变的重要规律之一,是世界语言中较为普遍的现象。大多数情况下,元音高化多是先由一个元音发生某种变化,然后推动或拉动一系列元音发生相应的变化。英语中元音大转移的几次发展过程都包含高化,如 beet 中的元音从[e:]向[i:]的移动等。

高级编程语言 high-level programming language 一种类似于数学公式、接近于自然语言的人工计算机语言表达式。它是一种以人类日常语言为基础的编程语言,用一般人易于接受的文字来表示,有较高的可读性。高级语言主要是相对于汇编语言而言,汇编语言和机器语言都是直接对硬件操作。高级语言并不特指某一种具体的语言,而是包括了很多编程语言,如 VB、VC、FoxPro、Delphi 等;其语法规则严格,词汇数量有限,如 FORTRAN、C++、FoxPro 等。

高级变体 high variety 参见"高标准语言"。

高级推理行为 high inferencing category; high inference behaviour 语言教学术语。在对教学或其他课堂行为的研究中,指不能直接观察到的、需要通过推理获得的有关学生的高级课堂行为。譬如,学生"对功课感兴趣"或"在课堂上使用高级思维"这些事实不能直接观察到,属于高级推理课堂行为;相反,"课堂上提问"等类似行为易于计算和衡量,属于低级课堂行为。对可观察的(课堂)行为的研究属于低级推理(课堂)行为(low inferencing category)研究。区别这种推理行为对量化学生课堂行为研究具有重要意义。

高降调 high-falling 音系学术语,亦称全降。词的一种发音模式。其核心音节由最高音调降到最低音调。在语调中,通常用来表示惊讶或加强语气,多用于感叹词上,如"↘ Well, I didn't know it!"中 well 的语调。

高频词 high frequency word 指实际交际中使用频率高的词项,通常是常用词,如英语中的 the、in、of 和汉语中的"什么""我""的"等。

高舌位 bunching 参见"舌面隆起"。

高升 plateauing 音系学术语。在自主音段音系学中指"高—低—高"元音序列变为"高—高—高"序列的一类规则。不管序列是在同一词内还是横跨不同的词,高升规则都适用。

高势语 acrolect 社会语言学术语,亦称上层方言,指在口语中被认为最有声望或最接近标准语言的语言变体或方言。社会语言学家比克顿(Derek Bickerton)在20世纪70年代首次提出,可把克里奥耳语使用者在交际中使用的口语区分为高势语、低势语(basilect)和中势语(mesolect)。在社会语言学研究中,这些概念适用于对任何语言的分析。

高雅词 elevated 文体学术语。具有典雅修辞色彩的词,多用于正式语体和诗歌中,是词的三种不同的感情色彩(coloration)之一。词的另两种情感差异表现为中性(neutral)和粗俗(vulgar)。例如,steed、charger 是 horse 的高雅词,horse 是中性词。与高雅词对立的是粗俗词。

高元音 high vowel 语音学术语。参见"闭元音"。

告诫性命令 admonitory command 在语法研究中指表达警告、劝诫等强烈情感的祈使句。该类祈使句的主要特点是保留主语,并且不能与 please 等表示礼貌的标记词连用。例如:You shut up!

告示语 placard; bill 指书写在公共场所告示牌上的语句,提醒人们注意或按要求行事。告示语是带有一定强制性的应用文体,一般是短小精炼、一目了然的词、词组或句子,如"小心地滑""禁止吸烟"等,也可以是文字、数字和图画的组合。

告知同意 informed consent 语言教学术语。指在语言学习和各种教学法有效性的研究中必须遵守的基本道德要求,即所有研究对象都同意把他们作为研究对象中的一员,并且已经了解研究的内容,知道研究结果将会被怎样使用。要获得研究对象的同意,需要告知他们参与该研究可能涉及的任何风险,包括对研究人员来说无足轻重但对研究对象却很紧要的事情,如可能出现不舒服或者尴尬感觉等。绝大多数赞助研究的机构都为道德研究提供了详细指南,并要求把签署的同意表格存档。

哥特体 Gothic script; Gothic minuscule 参见"黑体字"。

歌唱论 Sing-song Theory 一种语言起源学说。歌唱论认为语言起源于戏剧表演、笑声、求婚、喃喃低语、有节奏的原始仪式吟诵声等。有学者甚至提出人最初的语言长而富有音乐节奏,并不是短的咕哝声。

格 case ❶指某些语言中表示句子中名词或名词短语的功能的语法范畴。名词或名词短语通过其形式的变化,即屈折变化(inflection),表示不同的功能,即格。一般认为,原始的印欧语具有主格(nominative)、属格(genitive,亦称所有格)、与格(dative)、宾格(accusative,亦称受格或对格)、离格(ablative,亦称夺格或造格)、方位格(locative)、工具格(instrumental,亦称具格)、呼格(vocative)等八种格。主格表示主语和表语;属格表示领属关系;与格表示间接宾语;对格表示直接宾语;夺格一般均能表示离开、工具、凭借某种手段等意义;方位格表示方位;具格表示工具;呼格表示呼语。印欧语中完全具备这七至八种格的语言也不多。例如,古拉丁语只有六格、古希腊语只有五格,而梵语则保留了八种格。现代印欧语的发展趋势是减少格的变化,取而代之的是多用介词和语序表达格的意义。现代印欧语仍具有原始印欧语的全部七种格的语言都是斯拉夫语族的相对较小的语言,如塞尔维亚语、克罗地亚语、波兰语、捷克语、乌克兰语等。这些语言的语法功能几乎完全由静词变格与动词变位体系承担,它们是高度屈折语,也是综合语。其他斯拉夫语言,一般仍具有复杂的格变化,如俄语有六种格,也是高度屈折语和综合语。斯拉夫语中比较例外的是保加利亚语和马其顿语,这两种语言基本上放弃了格变化,从综合语演变至分析语。现代印欧语的罗曼语族虽然是从具备六种格的拉丁语演化而来,但法语、意大利语、西班牙语、葡萄牙语等语种均已经放弃名词的格变化,改由介词和语序表达格的涵义;罗马尼亚语则例外,保留了五种格。现代印欧语的日耳曼语族也大部分放弃了格变化。例如,英语名词只剩下属格与通格的区别,这种变化的直接后果是,语序和介词在英语中非常重要。因此,英语的语法规则变得非常简单明了。日耳曼语族中仍将格变化作为语法重要手段的语言有德语和冰岛语以及荷兰语。它们各保留了4个格,即主格、所有格、与格和宾格,这些格通过冠词词尾的变化来表达。因此处于综合语到分析语的过渡阶段中。荷兰语则保留有部分变格,常见于古老的语句或者词性用法,但大部分变格已经放弃。除此以外的现代印欧语,典型的保留格变化的语言还有:现代希腊语、阿尔巴尼亚语、普什图语等。波斯语与法语一样,彻底放弃了名词的变格。印欧语的格的语法特点在于它不单独存在,而是与"性"、"数"等语法范畴同时存在。非"屈折语"的阿尔泰语的所有语言均依赖格系统,且格数甚多,如突厥语族有九个左右,而通古斯语族有六个左右。例如,通常认为维吾尔语具有九个格,满语具有六个格;芬兰语(乌拉尔语系)具有15个格,南美安第斯山区印第安所使用的克丘亚语有19个格,而匈牙利语(乌拉尔语系)则有20个以上。黏着语的变格词尾,只表示格,不涉及"性""数"等范畴,与印欧语有别。汉藏语系中的汉语诸方言,大多数属于"孤立语",不区分格,格的功能由语序及介词表示。现代汉语就是典型的例子。"张三打李四"和"李四打张三"这两句的语义区别完全依靠语序表达。但汉藏语系藏缅语族的语言则例外。以藏语为代表的这类语言,有丰富而复杂的格变化,语法涵义也是由名词的变格和动词词尾来体现的,语序和介词的意义并不大。因为汉藏语言的同源关系,有观点认为早期的汉语也是一种有格变化的语言。闪含语系的语言中,标准阿拉伯语有格的变化。现代希伯来语已经放弃了变格。❷ 菲尔默(Charles Fillmore)格语法(case grammar)中的基本概念。格语法中,动词被认为是句子最重要的部分,与不同名词之间有着一系列语法关系,他们之间的关系即格。例如,"a knife cuts"与"cut with a knife"中同样有"a knife",两者虽然句法不同,但与动词"cut"相联系,所作的格相同,都作工具格。格关系可通过不同的句法结构来表示,所以格语法属于深层结构。

格环境 case frame 参见"格框架"。

格检验式 case filter 句法学术语,亦称格鉴别式。在管辖与约束理论中,指格理论(Case Theory)强加的一种要求,即任何名词都必须有格(case)的规定。例如,依附于动词或介词的名词直接从动词或介词取得格;依附于形容词的名词不能从形容词直接取得格,但可以通过插入介词等方法从介词取得格。名词必须有格,当名词短语(NP)无格时,该名词短语不成立,用格检验式公式表示为:* NP,当NP没有格。

格鉴别式 case filter 参见"格检验式"。

格交替 case shifting 指人称代词在相应语

法位置的格交替使用。在该用主格的地方用了宾格，或在该用宾格的地方用了主格，就属于格交替现象。例如：We, us all, have finished the compiling task. 格交替情况常见于口语中，趋向是主格让位给宾格。

格框架　case frame　格语法术语，亦称格环境。指用来说明动词环境的格列阵。即动词要根据句子中的格环境作出适当选择。菲尔默（Charles Fillmore）(1992) 认为框架是词语对概念进行编码时的认知结构。例如，动词 open 的格框架可以表示为：open + [—O(I) (A)]，即动词 open 必须有(O) —客体格，但可有可无(I) —工具格和(A) —施事格。如：[1] The door opened. [2] The door opened with a key. [3] John opened the door with a key.

格拉哥里文字　Glagolitic script　亦称格拉哥里字母。指古斯拉夫语使用的两套文字之一，另一套是西里尔文字（Cyrillic script）。格拉哥里字母是现存已知最老的西里尔字母，由圣西里尔于862年至863年间发明，为的是把圣经翻译成古教会斯拉夫语。格拉哥里文字字母大部分按古体希腊小写字母创造的，直到18世纪末，一直在保加利亚和克罗地亚使用。格拉哥里字母有两款字体：圆体和方体。圆体的字型主要由圆圈和平滑曲线组成，而方体则由大量方角或梯形组成。信奉不同宗教的斯拉夫人使用不同的文字系统，信奉东正教的斯拉夫人使用西里尔文字，信奉天主教的斯拉夫人大多使用格拉哥里文字（如图所示）。

格拉斯曼定律　Grassmann's law　音系学术语。指格拉斯曼（Hermann Grassmann）1863发现的关于音变的规律，是对格里姆定律（Grimm's law）第二组例外提出的合理解释。该定律描述梵语和希腊语中发生的音变，导致送气塞音的变化，即如果一个单词内有两个以上的送气塞音出现，那么只有最后一个塞音保留送气，前面的几个送气塞音均不送气。这一解释后来被称为格拉斯曼定律。

格里姆定律　Grimm's law　参见"格林定律"。

格邻接原则　case adjacency principle　参见"邻接条件"。

格林定律　Grimm's law　历史语言学术语，亦称格里姆定律。指对第一次日耳曼语语音变化的描述，反映了日耳曼语中某些辅音与它们在印欧源语之间的关系。这种关系首先由丹麦语言学家拉斯克（Rasmus Christian Rask）于1818年加以描述；德国著名语言学家雅各布·格林（Jacob Grimm）于1822年对它们加以详细规定，故称为格林定律。格林定律指出印欧语中唇音/p b f/、软腭音/k g h/和齿音/t d p/当发展成为日耳曼语时经历了规则变化，具体变化是：[p]、[b]、[f]→[f]、[p]、[b]；[k]、[g]、[h]→[h]、[k]、[g]；[t]、[d]、[tʰ]→[tʰ]、[t]、[d]。借助于这种辅音变化，可把日耳曼语言与其他印欧语言区分开来，也可把高地德语与低地德语区分开来。

格罗沙语　Glosa　一种基于语义的国际辅助语。指语言学家罗纳德·克拉克（Ronald Clark）和温迪·阿什比（Wendy Ashby）于1972—1992年间根据兰斯洛特·霍格本（Lancelot Thomas Hogben）在1943年提出的语际语（Interglossa）所创造出来的人造语言。格罗沙语是希腊语 glosa 的音译，原意是"语言"。核心词汇约有1000个，大部分都基于拉丁语和希腊语的词根开创。单词拼写使用拉丁字母，不使用特殊字符。语音系统中没有双元音，读音规则简单。在格罗沙语中，主一谓一宾是标准语序，形容词通常位于名词之前，动词位于助动词和副词之后。格罗沙语属于孤立语，词形没有屈折变化，无论单词在句中的语法功能如何，词形均保持不变。一个词在句中可作动词、名词、形容词、介词等。语法意义由添加功能词和改变语序来实现。下表以"我

读书"为例,说明格罗沙语部分时态的表达方式:

时态	助动词	格罗沙语例句	英语对应例句
一般现在时	(nu)	Mi(nu) lekto u bibli.	I (do) read the book.
一般过去时	pa	Mi pa lekto u bibli.	I (did) read the book.
现在进行时	du	Mi du lekto u bibli.	I am reading the book.
过去进行时	pa du	Mi pa du lekto u bibli.	I was reading the book.
一般将来时	fu	Mi fu lekto u bibli.	I shall/will read the book.
现在完成时	nu pa	Mi nu pa lekto u bibli.	I have (just) read the book.

参见"人工语言"。

格律　poetic meter　参见"韵律❷"。

格式塔　gestalt　心理学术语,亦称格式塔心理学。格式塔是德语 gestalt 的音译,指结构上的整体性或完备性,是格式塔心理学中的核心概念。参见"格式塔心理学"。

格式塔风格　gestalt style　参见"完形风格"。

格式塔理论　gestalt theory　参见"完形心理学"。

格式塔心理学　Gestalt Psychology　心理学术语,亦称完形心理学。19 世纪末兴起的一场心理学运动,代表知觉研究远离了此前风靡心理学领域的元素学说(atomistic outlook)。格式塔心理学的核心概念是格式塔(gestalt),该流派提出的假设是,就知觉的角度看,整体大于部分之和。格式塔心理学的代表人物有韦特海默(Max Wertheimer)、科勒(Wolfgang Kohler)和考夫卡(Kurt Koffka)。他们认为,知觉感知到的东西要大于眼睛看到的东西。任何经历的现象,其中的一种成分都与其他成分有关。由此构成的整体并不取决于个别的元素。完整的现象具有其本身的完整特性,既不能分解为简单的元素,特性也不包含在元素之内。人的心理意识活动都是先验的、具有内在规律的完整历程。人凭知觉感受的外界事物和运动都是完形的作用。考夫卡在《格式塔心理学原理》中提出了心物场(psycho-physical field)和同型论(isomorphism)两个核心概念,指有意识的经验与大脑神经活动之间的关联。他认为,我们自然而然观察到的经验都带有格式塔的特点,均属于心物场和同型论。以心物场和同型论为格式塔的总纲,又派生出若干组织原则,包括图形与背景、接近性和连续性、完整和闭合倾向、相似性、转换律和共同运动方向。格式塔心理学极大地推动和促进了心理学研究,为认知心理学的产生奠定了基础,也在一定程度上影响了学习理论。格式塔心理学在认知语言学领域影响深远,因为其提供了证据证明下意识的心智过程可以限制我们的经验。认知语言学接受了这一立场,并用它来反驳客观语义学(objectivist semantics)。参见"完形心理学"。

格言　aphorism　指表示普遍真理或自然本质的一种熟语,其句中的谓语动词通常使用现在时态。例如:[1] Still waters run deep. [2] As you sow, so will you reap. [3] Easy come, easy go.

格言句　aphoristic sentence　指格言、警句、谚语以及成语等典型语言现象中常出现的句子结构,通常是具有平衡等同的结构、简练、对称、谐音、省略等特点的一类句子,容易记忆,朗朗上口,意味深长。例如:[1] No pains, no gains. [2] More haste, less speed. [3] First come, first serve. [4] Handsome is as handsome does.

格言现在时　aphoristic present　亦称真理现在时(truth present)。由于格言表达普遍真理或自然本质,其谓语动词往往使用现在时态。例如:Art *is* long and life *is* short.

格语法　Case Grammar　指由语言学家菲尔默(Charles Fillmore)于 20 世纪 60 年代末至 70 年代初建立的语法理论。格语法强调句子各成分之间的语义关系。动词是格语法的关键,与不同名词或短词之间的语义关系称为"格"(case)。不同句子中的名词可能具有不同句法功能,但它们与某一动词的"格"可能是相同的。例如:[1] Smith killed the policeman *with a revolver*. [2] *This revolver* killed the policeman. 句[1]和句[2]中的"with a revolver"和"This revolver"均为动词"kill"执行动作的工具,即它们都为"工具格"(instrumental case)。而句中动词的执行者"Smith"和动作的接受者"the policeman"分别为"施事格"(agenitive case)和"与格"(dative case)。因为通过不同的句法结构可以表示相同的格关系,故认为格语法属于"深层结构"(deep structure)。其他重要的"格"还包括"受益格"(benefactive case)、"方位格"(locative case)、"受格"(objective case)、"使役格"(factitive case)、"结果格"(resultative case)等。格语法对语言语调等也有相应描述。例如:Q: I know who YOU love, but who does HE love? A: [HE loves] S/NP ‰ [ANN] NP.(其中的大写表示重读,‰ 表示语言停顿)　此外,格语法也被用于描写儿童语言习得以及对语言的句法描写。一般认为该理论是对乔姆斯基的"标准理论"(Standard Theory)的一种修正。

隔行对照译法　interlinear translation　用来对比分析原文和标准译文的结构,以揭示"增、减、代、换"等基本技巧的传统翻译方法。

个案研究　case study　指对单一的研究对象进行深入而具体研究的方法。个案研究的对象可以是个人,也可以是个别团体或机构。个案研究起源于医学上对病人或法学上对罪犯的案例分析,19 世纪后逐渐推广到应用语言学，尤其是外语教学研究中。语言学的个案研究通常指在某一时间段内对被试的某一行为(如话语、写作、语言应用等)所进行的集中研究，如对儿童一年内语言发展的研究。个案研究能够收集到其他研究方法所不能观察到的详细资料。一般来说，个案研究的被试可以是个人、小组或组织，甚至可以是某个事件(如英语教学过程)。个案研究总是基于这样一个假设，即从某一个人、小组、群体中收集而来的资料对某一特定对象的观察(oberservation)或干预指导(intervention instruction)所得到的资料对其他对象也同样适用。然而实际情况是个案研究结果也许不能被重复实验所证明。因此，个案研究具有不确定性和不宜推广的特点，有时对所观察到的资料也难以总结出规律。个案研究属于折中主义研究(eclectic study)，可以是定性研究(qualitative study)，也可以是定量研究(quantitative study)，但更多时候是两者的结合。从结果来看，个案研究可分为探索性研究、描述性研究和解释性研究；从研究目的来看，则可分为单纯性个案研究、工具性个案研究和集体性个案研究。个案研究的具体方法一般包括新人种学个案研究法(neo-ethnographic case study)、评估性个案研究法(evaluative case study)、多现场个案研究法(multi-site case study)和行动个案研究法(action case study)。

个人方音 idiophone　　社会语言学术语。参见"个人语音"。

个人功能 personal function　　亦称自指功能。根据韩礼德1973年提出的研究儿童语言习得的理论，指儿童语言具有表明自己身份或表达自己的功能。例如：Here I come. 自指性功能是幼儿在语言发展的早期阶段能够掌握的七种语言基本功能之一。参见"语言的发展功能"。

个人言语库 verbal repertoire　　社会语言学术语。指个人所掌握的各种语言及语言变体的总和，包括具体的语言、方言、社会方言、语体和语域。有时，某种语言是个人言语库的一部分，但在一个言语社团里不一定能用得上。例如：一个既懂英语又懂德语的人从德国移居澳大利亚后，很可能就不再使用德语，而只使用英语。德语虽然仍是其言语库的一部分，却不属于澳大利亚这个言语社团的言语库。

个人语言 idiolect　　社会语言学术语，亦称个人方言、个人语言特征。指个人使用的语言变体系统。从广义上说，个人语言包含个人交际方式，如个人对话语的选择和对他人话语的理解方式。从狭义上说，个人语言包括在说或写时出现的区别于其他人的语言特征。这些特征存在于语音、词汇和句法

等不同层面中。语言学家常通过对个人语言分析来对语言进行一般性描写。个人语言有时仅指某一个体在某一时刻用某一种风格说的话，由其当时表现出来的各种特点(职业的、社会的、心理的、生理的)所决定。

个人语言特征 idiolect　　参见"个人语言"。

个人语言研究 ontogenesis　　语言习得术语。专指儿童语言习得中的个人语言研究。与群体语言研究(phylogeny)相对，后者是指对一个团体的语言历史发展研究。语言学家试图通过研究两者的关系，来证明儿童语言习得的发展阶段是否与群体语言的发展历程相同。

个人语音 idiophone　　社会语言学术语，亦称个体语音。指某个人言语特点中的语音特色，即个人方言中有别于正常发音或超过正常冗余差异的独特语音。

个体层面谓词 individual-level predicate　　语法学术语。指描述事物或个体稳定特性的谓词。此类特性不会随着时空的改变而改变，如"很高""很聪明"等。参见"阶段层面谓词"。

个体化 individualization　　语言教学术语。英国语言学家布鲁(George M. Blue)1981年引用法国学者路易·谢(Louis Chaix)的观点，将其定义为一种在目标、内容、方法论和学习节奏等方面适合某一特定个体的学习过程。这个概念直接与需求分析、学习自主和学习者学习相关联。

个体化教学 individualized instruction　　语言教学术语，亦称个体化学习(individualized learning)。指一种以学习者为中心的教学方法。个体化教学以学习者的需求和学习者的差异性为基础，来制定教学大纲、确定教学内容、教学方法和教学进度。个体化教学使学习者拥有语言学习的更大自主权。这种教学模式包括一对一的授课、在家学习、自己找资源找设备学习、自我指导的学习等方式。这种教学理念基于如下考虑：(1)学习者的学习方式不同；(2)可从不同的资源中学习；(3)学习者在语言学习中有不同的学习目标和学习目的；(4)教师授课并不总是最有效的促进语言学习的方法。

个体化学习 individualized learning　　参见"个体化教学"。

个体量词 individual measure word　　量词的一种。指用于计量个体事物的词，如汉语中的"根""粒""个""枝""只""项"等。参见"量词"。

个体名词 individual noun　　与集合名词

(collective noun)相对。指表示个体事物名称的名词,如"桌子""笔""学生""蛋"等。汉语中个体名词一般与个体量词相适用,如"一张桌子""一支笔""一个学生""一只蛋"等。英语中的 cat、chair 等也都是个体名词。

个体语音 idiophone　　社会语言学术语。参见"个人语音"。

根本性差异假说 fundamental difference hypothesis　　语言习得术语。指认为第一语言习得和第二语言习得有本质不同的一种观点。根本性差异假说把第一语言习得看作是普遍语法和习得规律相互作用的结果,而第二语言习得是一个普通认知加工的过程,通常涉及解决问题和假设检验等认知行为。

根标记理论 root-marker theory　　指一种认为每一个词根在词库中可用一个任意特征赋值标出,该赋值又可根据一定规则转化为音位形式的理论,可用于分析元音和谐。例如,在某些有性别区分的语言中,其词根被标明阴性、阳性(如法语)或阴性、阳性、中性(如俄语、德语)等。

根复合词 root compound　　形态学术语。指由词根构成的复合词,该类词中的非核心成分无论是名词还是形容词,都起到修饰核心成分的作用。例如,catfish(鲶鱼)是一种鱼,sky blue(天蓝)描述的是一种蓝色,blue grey(蓝灰)则表示一种灰色。该类词与动词复合词(verbal compound)不同,后者的核心成分为动词派生词,非核心成分起到论元和动词补足成分的作用,如 hatter、geographer、driver 等。

根节点 root node　　❶句法学术语。生成语法中指树形图中的顶端节点,是层级中统制所有其他特征的一个节点。❷音系学术语。节律音位学中亦称上位节点,是节律树的顶端节点,是一个音段系列特征标志。根节点与下位节点(如部位节点 place node)共同构成音段内部的特征。代表根节点或最高节点的符号为 R。

根句 root clause　　句法学术语,亦称主句(main clause),指没有嵌套的分句。在德语、荷兰语等第二顺位语言(verb second languages)中根句和嵌套分句有明显区别。例如:

[1] a. Ik las gisteren dit book(昨天我读了这本书)
　　　我 读 昨天 这书
　　b. Gisteren las ik dit book
　　　昨天 读 我 这书
　　c. Dit book las ik gisteren
　　　这书 读 我 昨天

[2] a. Het book, dat ik gisteren las
　　　这 书 标句词 我 昨天 读
　　　(我昨天读的这本书)
　　b. Ik zei dat ik gisteren dit book las
　　　我 说 标句词 我 昨天 这书 读
　　　(我说过我昨天读这本书了)

根句中动词出现在第二顺位(如例[1]所示),而在嵌套分句中动词出现在句子末端(如例[2]所示)。

根句转换 root transformation　　参见"根转换"。

根情态 root modality　　语法学术语。一种与主体控制事件程度有关的情态类型,与认识情态(强调说话人对命题真实性的态度)对应。例如:You can go there on foot.句中 can 为根情态,表明能力或许可。与带有隐性推测或猜想的认识情态(如"Mary could go there on foot."中的"could")不同,根情态的语用含义往往是显性的。

根限定词 root determinative　　形态学术语。指在单词构成过程中,用来修饰词根、表达语法性质的成分。这种成分处于词根与后缀或词尾之间,并不改变词根的含义。

根与式 root-and-pattern　　形态学术语。指一个稳定的辅音序列(根)出现在几个音段形状不同的相关词内,该现象在闪族诸语言中比较典型。例如,从阿拉伯语 kataba(写了)和 Yaktubu(正写)这两个形式中可识别出一个根型式 k-t-b。该概念已引起非线性音位学家的关注。他们将这一现象描写为辅音根映射到各骨架模板,而每个模板界定一个特定形态范畴的基本形状。

根转换 root transformation　　句法学术语,亦称根句转换。指转换生成语法中一种只适用于完整句子结构而不适用于嵌套句转换的转换规则,包括祈使句转换和英语疑问句中主语—助词的次序颠倒。构成是非问句时,此类转换规则只作用于主句。例如:*She said* that here was trouble. → *Did she say* that here was trouble? 20 世纪 70 年代后期,乔姆斯基的生成语法标准理论主张改写规则生成句子的深层结构,转换规则再把深层结构变成表层结构;根转换规则被认为是唯一能够生成不符合以上句法规则的结构规则。

耕牛书法 boustrophedon　　参见"犁耕体"。

更新 renewal　　历史语言学术语。指一种用几乎具有同样功能的新语法形式来代替旧语法形式的过程。例如,在拉丁语中将来时原用屈折形式,后来发展为可用 habere(相当于英语的 have to)和 volo

(耍,相当于英语的 will)的将来表达法。在现代罗曼语言中,类似的表达结构都演变成助动词。其中,西班牙和法语中还有更新的用"去"表示将来的用法,如法语"aller ＋ v."表示将来,而其中的 aller 词义原本为"去"。

工具从句 instrumental clause; modal clause
从语义角度看,指表明主句中描述的事件如何发生的从句。从句法角度来看,这类从句是状语从句。工具从句可由"by"引出。例如:By listening to the speech, he got the up-to-date information.

工具动词 instrumentative verb 指一个在意义中表明行为动作工具的动词,如"to horse-whip"(用鞭子抽打赶马)、"to pistol-whip"(用手枪柄打)等。

工具格 instrumental case ❶在用屈折形态表示语法关系的语言里,指名词短语(一般为单个名词或代词)所取的一种形式,表达"借助……手段"之意,动词动作得以执行。❷格语法术语。指一无生命实体在动词表示的动作中充当使成者的语义格。例如:[1] He dug the hole with *a spade*. [2] *The hammer* hit the nail. 此两例中"a spade"和"the hammer"皆为工具格。工具格与施格、与格等对立,还用于俄语的某些表述构式中。

工具格主语 instrumental subject 格语法(case grammar)中指形式上是主语,但在深层结构中只是工具格成分的词。例如:*The knife cuts well.* 句中的"the knife"在深层结构中应该是"with the knife",句中真正的施事主语告缺。

工具功能 instrumental function 功能语言学术语。指韩礼德 1973 年在研究儿童语言习得时提出的儿童语言具有的七种具体功能(developmental functions of language)之一,即用语言来满足某种物质需要的功能。例如,"I want ..."这个结构就是儿童想得到所求东西时所使用的工具。参见"**语言的发展性功能**"。

工具名词 instrumental noun 语法学术语。指通常由动词派生而来,表示相应工具的名词,如 can opener。工具名词有时会与名词性施事(nominal agents)发生混淆。如(video) player 是工具名词,而 (basketball) player 则是名词性施事。工具名词的自动性有强弱之分。人们在利用此工具做某事时,仍需人直接参与其中,此工具名词的自动性较弱,如"塑料桶",人们在利用它洗衣服时,它只是一个用来盛放衣物的工具,真正发出"洗"这一动作的仍是人,因此不可以说"塑料桶能洗衣服"。但随着人类社会的不断进步,许多可以替代人劳动的工具被发明,如"洗衣机",可真正代替人的手搓手洗,可以直接说"洗衣机能洗衣服"。基于自动性的强弱,工具名词可分为两类:一类是辅助性工具名词,指只能帮助人完成某件事,仍需要人参与其中的工具名词;另一类是替代性工具名词,指替代人去完成某件事,不需要人直接参与其中的工具名词。在这两者中,辅助性工具名词可以实现由工具格向处所格的转化,而替代性工具名词却不可以实现转化。例如:[1] 他用洗衣机洗衣服。[2] *他在洗衣机里洗衣服。例[2] 只有在因为洗衣机坏了或因个人偏好,故而由人在洗衣机洗涤桶里用手洗衣服的情况下才会成立,但属于特例。

工具型动机 instrumental motivation 心理语言学术语。加德纳(Robert Gardener)和兰伯特(Wallace Lambert)1972 年对外语学习者动机的分类之一。指学习者为了实现某一特定目标,如为了获得工作、阅读外语报纸或小说以及通过考试等而学习的动机或目的。与之相对的另一种动机为融入型动机(integrative motivation)。参见"**动机**"。

工具主义 instrumentalism 由美国哲学家、教育学家杜威(John Dewey)于 19 世纪后期提出的一种哲学理论。其核心观点是信仰、假设、理论等都是为人类所使用的工具,所以评价它们的标准就是它们为我们所用成功与否的程度。

工作场所语言 workplace language 指工作环境中使用的一种专门类型的语言,包括工作人员之间交流、上司与下属之间交流使用的语言,用在某些特定职业和机构的语言。对工作场所语言的研究是员工援助计划(Employee Assistance Program,简称 EAP)课程设计中目标情景分析的一个方面。

工作记忆 working memory 心理学术语。指完成认知任务时,负责短暂储存和加工信息的有限容量系统。工作记忆也指短时记忆,但它强调短时记忆与当前所从事的工作的联系。由于工作进行的需要,短时记忆的内容不断变化并表现出一定的系统性。短时记忆随时间而形成的一个连续系统也就是工作记忆或叫作活动记忆。工作记忆其实是一种假设,在著名的巴德利(Alan Baddeley)模式假设中,工作记忆由两个存储系统和一个中央处理功能单元组成:存储口头信息的语言环和存储视觉信息的视觉空间画板,再加上一个中央处理单元。中央处理单元负责日常事务处理过程。巴德利模式认为这种记忆是连续的流动的记忆,实质上是由若干个短时记忆随时间顺序组合而成的一个连续系统。在信息加工过程中,随着时间的进展,短时记忆不断变化,工作记忆的内容也就不断增减、变动和更新。参见"**短时记忆**"。

工作语言 working language　　指法定的在跨国公司、社会、地区或者其他组织与经济实体中作为通信与交流的主要语言。绝大多数组织有几种工作语言。例如，最初英语和法语被确定为联合国的工作语言，随后阿拉伯语、汉语、俄语和西班牙语被追加确认为联合国经济及社会理事会、联合国安全理事会的工作语言。大多数的国际组织都有自己组织的工作语言，但工作语言不一定是该组织的官方语言。

公理 axiom　　指科学理论框架中的基本原则。公理是科学体系的基础，在此基础上才可能符合逻辑地衍生出所有其他定理。在传统逻辑学领域，公理被认为是自明地或直觉上有可行性的命题，并且由公理演绎或推理出其定理或理论论断都是正确的。在数学领域，公理用于两个相互关联但彼此区别的意义术语——逻辑公理(logical axiom)和非逻辑公理(non-logical axiom)。两者都表示逻辑地衍生出其他命题的基础命题。逻辑公理往往被认定是真理的命题，如"A＋B 蕴含 A"；非逻辑公理其实是为了定义一个具体数学理论的属性而设的，如"a＋b＝b＋a"。因此，一般说来，非逻辑公理不是自明的真理，它是用于建立数学理论的逻辑表达式。在语言描写中，公理理论被运用于描述性模型，如乔姆斯基的转换生成语法(Transformational Generative Grammar)、考尔德(Jonathan Calder)、克莱因(Ewan Klein)和兹瓦特(Henk Zeevat)的合一范畴语法(Unification Categorial Grammar)以及综合语言学(Integrational Linguistics)。

公设 postulates　　亦称假设。语言学中指称公理系统的逻辑分支中一般涵义的一个术语，用来指一种理论设定为真的一组最初的命题。根据这些最初的命题得出的一些推理，这种方法称作"假设方法"。为了使关于语言的思想系统化，语言学已提出好几种"公设集"，其中数美国语言学家布龙菲尔德(Leonard Bloomfield)和布洛赫(Bernard Bloch)所阐释的最为著名。

公式 formula　　指形式逻辑中形式化过程的结果，即将自然语言转化成适当的形式——逻辑语言，用以表达语言间或语言单位间的某些关系，这个关系由符号组成的公式表示。例如，"Jane is Dave's sister"可以用公式表述为：① is（Jane，Dave's sister）和 ② is the sister of（Jane，Dave）。

公式化话语 formulaic discourse　　指为某一特定社会目的而使用的任何固定形式的词语，如互相间的招呼语、跳绳时的押韵语、婚礼致辞等。与自由话语(free discourse)相对。

公式化语言 formulaic language；formulaic speech　　❶语言习得术语，亦称预制表达(formulaic expression)、常规公式、例行话语、词汇短语、习惯化话语或预制语块。指在记忆中以单元的形式存储的词串，在使用时不需要进行语法分析，直接以单元形式整体提取的语言表达式。其特征是语义上透明，语法上有规则；或者形式和意义都不规则；具有表达的高频性、典型性、透明性、不可拆分性，有时具有比喻意义。其功能有：有效保存已加工的语言资源，提高表达流利度和习语性，实现特殊的互动功能。参见"**刻板词语**"。❷语法学术语，亦称套语等。叶斯柏森(Otto Jesperson)对谈话中不可分割及不可变化的单位词组的称呼。某些语法的理论和描写研究用来指缺乏正常句法或形态特点的话段。例如：[1] Many happy returns. [2] How do you do? 例[1]和例[2]在语言中很少与其他诸如"Few happy returns.""How will you do?"等句子形成对立。这种固化结构常用于有限的社交场合。参见"**套话**"。

公文体 officialese　　亦称官样文章(gobbledegook)。指一种政府部门或大型机构常用的文本风格。常用多音节字，文风浮夸晦涩，以迂腐、累赘、费解为特点，多含贬义。

公文体裁用法 bureaucratic usage　　指官方文件及法律文献中的词语惯用法。例如，偏爱使用如下复杂介词：in case of，in default of，in lieu of，on pain of，in respect of 等。

功能 function　　语言学中最受关注的概念之一，指使用话语或语言单位的目的。主要包括(1)在语法学中，功能指话语和句子中的一个语言成分在与别的成分结构关系中所起的作用。例如，名词或名词短语的功能是可以在小句结构中充当主语、宾语、补语等。这类功能也叫"句法关系"或"语法关系"。(2)在音系学中，功能指音位的区别性作用，如音位[p]和[b]具有区别 pig 和 big 这两个词义的功能。(3)指语言在社会或个人语境中所起的作用。在语言教学中，语言功能常被归为不同的行为类别，如请求、道歉、抱怨、提议、称赞等。(4)在叶尔姆斯列夫的语符学中，用以描写语言的结构和系统特征的概念用语。接近于数学中的函数概念，指语言中各类成分的互相制约、互相依赖关系的表现。能满足语言分析条件的任何一种依赖关系都可称为功能。(5)布龙菲尔德(Leonard Bloomfield)语言学用语。指形式类占据的一定位置，功能或位置是说明某一语言形式可能出现的环境，即分布的基础。

功能不确定性 functional uncertainty　　词汇功能语法术语。由美国语言学家卡普兰(Ronald

M. Kaplan)和泽恩(Annie Zaenen)在 1989 提出的词汇功能语法(Lexical Functional Grammar)中描述非局部依存关系特征结构的一种方法。在特征结构中,从特征结构的底部到一个内嵌值的排列称为路径(path)。功能不确定性概念是基于对路径名称的正规表达式的运用而提出的。例如,在英语的主题化过程中,被主题化的部分必须与主句中的一个宾语位置统一起来。因此,可以通过下列特征等式表达:Topic＝OBJ。被主题化的宾语也可以从多层嵌入补语中提取出来。例如:Mary$_1$ John claimed that Bill said that Henry telephoned$_1$。因此,卡普拉和泽恩提出了以下特征式:Topic＝COMP * OBJ,补语属性中的算子表明任何 COMP 属性都可以通过这种途径找到。因此,等式表明了特征结构的无限分离。功能不确定性也用于处理其他非局部依赖关系。

功能产出 functional yield 参见"功能负荷"。

功能词 function word 语法学术语,亦称语法词(grammatical word)。与自主词(autonomous word)对应,指较少有词汇意义或歧义的词,只是用来表达一个句子中与其他词之间的语法关系,也可用来明确说话人的态度或情绪,包括介词、代词、助动词、连词、冠词等,这些词均属于封闭词类(closed-class words)。感叹词有时被认为是功能词。功能词可能有也可能没有屈折变化或词缀。功能词一般给予句子中其他词一定的语法信息,但不能独立于其他词;还可以用来描述说话人对于所表达话语的心理模式。例如,英语冠词就属于功能词,有 the、a 和 an。代词是概括地指称事物、特征、数量和状况的一类特殊实词,与相应实词相比,根本区别在于它只是概括地指称事物、特征、数量或状况,而不具有称谓作用。英语代词有屈折变化,如 he－him、she－her 等;英语连词没有屈折变化;英语助动词是形成共轭的一部分(主要动词时态的一部分),往往有屈折变化;叹词用以表达说话人的态度,没有屈折变化;插入语包括 as if、then、well、however、thus 等;填充词能起代替句子的作用;句前词包括 yes、okay 等。

功能动词 function verb 语法学术语。动词的一类,指在特定语境中失去作为主动词词汇意义的动词,如 bring、come、stand、take、find 等。在此用法中,这些动词在句中主要起连接主语和介词宾语的作用,以及承担句法和形态特点的功能,如"to bring to completion"中的"bring"一词。

功能动词结构 functional verb structure 语法学术语。指介词宾语和功能动词组成的句法结构(如 to bring to completion)。其构成方式是把原来具有"完成"意义的动词通过名词化形成一个抽象名词,再通过增加一个语义功能较弱、功能上起助动词作用的动词把主语和介词宾语连接起来。由于其语义功能多样,功能动词结构能使语言准确而简洁,因此应用广泛,尤其在技术性语言中。功能动词结构的主要语义功能有:(1)变化形式表达,如"to flee"可变换为"to be in flight"或者"to put to flight"等;(2)代替被动结构,如"His proposals *were approved by all the participants*."与"His proposals *found approval with all the participants*.";(3)通过将最重要的信息结构放在句尾改变句子主位和述位结构,如"He consented *whole-heartedly*."

功能范畴 functional category 传统语法中指某一句子成分的句法功能的类别,如主语、谓语、宾语、定语、状语等。

功能范畴参数化假说 functional parameterization hypothesis 句法学术语。博雷尔(Borer 1984)、乔姆斯基(Chomsky 1995)、福井(Fukui 1995)等提出的有关普遍语法的一个假说,认为参数数值与个别语法无关,但与语言中的功能成分有关。运算系统是人类语言共有的,不允许变异;变异只局限于词库中功能语类的形式特征,与词汇语类无关。

功能分类法 functional classification 亦称社会语言学的语言分类法。指根据语言交际功能特点对世界语言进行分类的方法。这种方法建立在社会语言学研究基础上,是制定语言计划和语言政策的科学依据。语言的社会交际功能取决于诸多社会因素,包括语言的使用人数及其分布情况,语言环境和语言使用范围、有无文字、教学用语、工作和宣传用语(如广播电视用语)、使用者对此语言的社会评价和心理感情等。中国学者王均在 1988 年,将中国语言按功能分为五个层次,即区域性方言、民族语、区域性族际共通语、族际共通语、国际共通语。语言功能分类的目旨在阐明国家语言政策的性质和基础、评价语言方针的前景和调整国家语言生活的趋势等。

功能分析法 functional analysis 功能语言学术语。指以功能为依据的一种语言分析方法。它研究言语单位作为结构成分在更大的语段中的结构关系、阐明组成成分在话语中所起的作用。例如,指出名词短语和动词短语是句子的组成成分,前者起主语或表述对象的功能,后者起谓语或表述的功能。布拉格学派提出的句子实义切分就强调在进行话语分析时必须基于主位和述位所含信息和它们在理解句子语义时所起的作用。当代语法理论大多也以功能为基础。例如,格语法(Case Grammar)以语义功能作为中心描写手段,词汇功能语法(Lexical-Functional Grammar)和关系语法(Relational Grammar)

则以句法功能为描写手段。

功能符　functor　形态学术语。黏着语素（bound morpheme）和功能词的总称。有的学者将功能符与功能词等同。参见"功能词"。

功能负荷　functional load　亦称功能产出（functional yield）。指语言对立可以利用的限度。例如，英语中/t/和/d/的对立具有的功能负荷量高，因为这种区别性在许多成对的词中发挥作用，如/tɪn/—/dɪn/、/bæt/—/bæd/、/æt/—/æd/、/læθə/—/læbə/等。另一方面，/θ/与/ð/对立具有的功能负荷量低，这种区别性只有在少数词中起作用，如ether/i:θə/与either/i:ðə/。

功能合一语法　Functional Unification Grammar；FUG　指美国计算语言学家马丁·凯（Martin Kay）在1985年提出的自然语言处理的语法理论。功能合一语法主要针对早期生成语法理论中短语结构语法的描写能力弱、生成能力差而提出。功能合一语法采用复杂特征集和合一运算的方法描写语法表现式，包括词项、句法规则、语义信息以及句子结构和功能，既可用于语句分析，也可用于语句生成。这种理论用于机器翻译和自然语言理解等计算语言学研究中。

功能交际教学法　functional-communicative approach　语言教学术语。指一种强调交际功能范畴的外语教学法。旨在使第二语言学习者掌握目的语的结构和语义，并且学会目的语的交际功能，使他们说出来的话语符合目标语习惯。

功能角色　functional role　功能语言学术语。指语言表征（representation）内容的决定性因素。所谓表征，即外部事物在心理活动中的内部显现。

功能教学大纲　functional syllabus　语言教学术语。指根据语言功能或言语行为以及所需要的语言项目进行安排的教学大纲。大纲中列出功能种类（邀请、建议、拒绝等）、语篇类型（口语或写作）、语言技能（听、说、读、写）和为这些功能使用的语言项，如旅游咨询、旅游安排、订餐、问路、租车等。

功能教学法　functional approach　语言教学术语。亦称交际法（Communicative Approach）、功能意念法（Functional-Notional Approach）或意念法（Notional Approach）。指20世纪70年代初产生于欧洲的一种外语教学方法，以社会语言学、心理语言学、转换生成语法等理论为基础，以语言功能和交际活动为纲要，在教学过程中侧重学生的交际能力培养。根据学生的实际需要和必须掌握的语言功能确定教学目的和学习内容，通过课堂内外的交际活动来学习。功能教学法在培养学生运用语言进行交际，调动学习者语言学习积极性方面有优势，但其自身有待进一步完善。

功能结构　functional structure；F-structure　参见C结构。

功能结构理论　Functional and Structural Theory　社会语言学术语。指一种黏着结构理论，认为每一种语言都由彼此互相区分并且使人有可能说出有意义话语的各种成分所组成；人的话语的多样性在于社会需要的变化，这种变化反映在语言成分的功能变化上，结果便会导致话语结构发生改变。

功能句法　functional syntax　功能语言学术语。功能语言学的一个分支。在分析句法结构时，着重点在于分析句法结构的交际功能，以句法功能如主位和述位为主要研究对象，从功能角度解释句子结构在交际中所起作用的方法。

功能句子观　functional sentence perspective；FSP　功能语言学术语。布拉格学派的马泰修斯（Vilem Mathesius）于1929年提出的一种语言学分析方法，着眼于描述信息在句子中如何分布，尤其研究已知信息和新信息在话语中分布的效果：句中主位是已知信息，而述位则指新信息。功能句分析法与传统主谓分析法不同，因为主语—谓语之间的区别并不总是主位—述位的对立。例如：

[1] John　sat in the front.
　　（主语）（谓语）→传统主谓分析法
　　（主位）（述位）→功能句分析法
[2] In the front sat John.
　　　　（谓语）（主语）→传统主谓分析法
　　（主位）　　（述位）→功能句分析法

例[1]和例[2]中的John都是主语，但前者是已知信息，而后者则是新信息。用以指主位—述位区别的其他表述法有"话题—述题（topic—comment）""背景—焦点（background—focus）""已知信息—新信息（given—new information）"。

功能空位　functional slot　在功能语法中指由不同结构成分来填充的一个小句的不同功能空位，如主语、谓语、宾语、定语、补语和状语。

功能体　functive　语言符号学用语。指构成形式逻辑功能的成分，即功能的负荷体。功能指成分间的互相制约和互相依赖关系。因此，功能体就是发生关系的关系项。功能体可大可小，大的可以是复句中的小句，小的可以是音位。小句和其他小句发生关系,音位和其他音位发生关系,所以它们是功能体。例如,pet与man的横列构成过程,纵列构成系统;p、e、t、m、a、n都是关系项,即功能体。在横列中p、e、t之间的关系就表现为功能;在纵列中它们可以替换,pet中的e如果换成a,则为pan,e与a、t与n之间也同样有这种或此或彼的关系,这种关系也表现为功能,而在功能的接触点上发生关系的这些项目就是功能体。

功能图式 **functional schema** 词汇功能语法术语,亦称功能注释(functional annotation)。指词汇功能语法(Lexical-Functional Grammar)中的一个树形结构内对某个节点所作的一个注解,它代表这个节点的f结构(f-structure)整合到树形结构的f-结构方法。

功能唯一性 **functional uniqueness** 词汇功能语法术语。指f结构是否符合语法性的一个条件,即在一定f结构中,一个具体特征至多有一个值。这种制约条件可以在一个小句内阻止给两个不同的NP指派主语功能。

功能性变化 **functional change** 指语言单位在不同句法或语境中的功能转换,如"in the library"(在图书馆里)、"come in"(进来)以及"the ins and outs"(执政党和在野党)中"in"的不同用法。

功能性音变 **functional change** 音系学术语,亦称音位音变(phonemic sound change)。指音系学中由于新情况发生而必须改变功能,因而导致音位结构的音变现象。如古英语中[f]音位在词开头或结尾时发成[f],但在两个元音之间则发成[v]。换言之,古英语中[f]和[v]是音位[f]的变体,但是现代英语中[v]是一个独立的音位。功能性音变包括音位的消失、音位的增加、一个音位变成两个音位等情况。

功能性组合 **functional composition** 范畴语法中论元的继承原理。穆尔特盖特(Michael Moortgat)在1984年将功能性组合应用于构词法。根据弗雷格(Friedrich Ludwig Gottlob Frege)的功能性组合原理,复合词的词义反映了各组成部分的意义和构成方式。为了解释简单动词和形容词以及它们的衍生词之间的论元结构,蒙塔古设计了一个在逻辑学上有名的广义功能性组合原则,如英语中的"to rely on him/reliance on him""willing to go/willingness to go"等。在构词法中,名词性词缀与动词或形容词原形组成一个结构。然而,语义范围却涵盖了动词或形容词以及它们的补语。根据穆尔特盖特的观点,功能性组合可以表现词缀的扩展的语义范围。它导致衍生词替代原形词类的论元,而词的原形同时满足了词缀的论元结构。扩展的功能性组合表现了复合功能,把两种功能合并为一种复合功能,这种复合功能可以用于未被满足的合并功能之一的论元(原形论元)。与语义合成性原理一起,这种语义操作确保了on him或to go是原形论元的补语,虽然这种派生源于原型+词缀的结构单位。这种操作后来进一步被迪休洛(Anna Maria Di Sciullo)和威廉姆斯(Edwin Williams)(1987)以及比尔维西(Manfred Bierwisch)(1989)的论元继承理论所吸收。

功能意念教学法 **functional-notional approach** 指自20世纪70年代初由瑞士教育心理学家皮亚杰(Jean Paul Piaget)提出的发挥语言(外语)功能作用的教学法。意念指观念、思想;功能指表达观念和思想的语言。功能意念法的主要特征是积极发挥语言的功能,即直接用语言表达询问、命令、请求、商谈、断定等,最终达到主观交际的目的。意念功能法提出八点要素,即情景、功能、意念、社会、性别、心理作用、语言手段(如varcr体、重音和语调、语法、词汇)和超语言手段。它从交际要素的角度研究交际能力的内涵和培养交际能力的途径,从而促成了独立的交际教学法学派的产生。功能意念法的方法论基础是实用主义哲学。参见**功能教学法**。

功能意义 **functional meaning** 参见"形式意义"。

功能语法 **functional grammar** 强调语言或语言的某一方面功能的语法学体系。由于语法学家对功能的理解有所不同,所以形成的所谓功能语法也各不相同。功能语法可以指:(1)以语言单位在一定结构中与其他成分的关系为基础的语法。哥本哈根学派、布拉格学派的语法理论,以及关系语法、词汇功能语法等都属于这种语法。(2)指以语言在交际中的职能为基础的语法。例如,布拉格学派有马泰休斯(Vilem Mathesius)的功能句子观。他认为交际句子应分为对方已知信息(主位)和未知信息(述位),交际过程中不可省去信息量多的成分保留信息量少的成分。这种语法的分析范围是话语,超出了句子范围。支持这一语法的韩礼德还试图将语言内部的功能关系和外部的功能作用统一起来,认为语言有概念功能、交际功能、语篇功能三大功能,将语言的表意性质也纳入了功能框架。

功能语言学 **functional linguistics** 指与抽象的、形式化的结构主义语言观相对的、强调功能关系的一种语言学理论。其基本假设是语言不是一个独立的、脱离功能的规则体系,而是社会互动交际的工具,语言使用者个体是社会存在。功能语言学研究个人习得语言的方式以及如何使用语言以求在自身的社会环境中与他人进行交流。欧洲一些与布拉格学派和语符学派的观点有关联的学者的研究著作都对这种情况进行了阐述。

功能语言学派　functional school　亦称布拉格学派。结构主义语言学的主要流派之一,其活动中心是布拉格语言学会。该学会成立于1926年10月,创建人为布拉格查理大学教授马泰修斯(Vilem Mathesius)。布拉格学派认为语言是一个由多种表达手段构成的、为特定目的服务的功能系统,其基本功能是作为交际工具,因此要用功能的观点去研究语言。布拉格学派认为语言是一个系统,应对其结构进行共时的研究;他们同意把共时研究和历时研究区分开来,但不赞成把两者割裂。由于语言永远处在运动变化之中,而这种运动又触及语音、词汇和语法等各方面,所以共时研究不能绝对地排除演化的概念;另一方面,历时研究也不能完全抛开系统和功能等概念。在研究方法上,布拉格学派认为无须再用历史比较法去研究谱系关系和构拟母语,而应采用共时的分析比较法去研究各种语言(包括非亲属语言)的结构特征与发展趋势。他们针对语系的概念,提出了"语盟"的概念,认为有些语言虽不一定有谱系关系,但地理上毗邻,在音系和语法结构上有近似特征,如巴尔干诸语言,就可以算是语盟。他们还主张在语言研究中把传统的定性分析同定量分析(统计方法)结合起来,以便得出一些贯通性的结论。布拉格学派主要以音系研究著称,代表作是特鲁别茨科依(Nikolay Sergeyevich Trubetzkoy)的《音系学原理》(1939)。他认为音系学是一门独立的学科,并以对立关系为原则来研究语音单位的各种功能,主要是辨义功能。凡能区别两个词的意义的语音对立叫做辨义性对立,如英语pig和big中的[p]和[b]。使得一个音位同其他音位构成辨义性对立的特征称为区别性特征,如英语[p]的区别性特征是双唇爆破(与[t]、[k]对立)、声带不振动(与[b]对立)、软腭封住鼻腔通路(与[m]对立),但送气特征不是区别性的,因为没有与[p]对立的不送气音。布拉格学派的薄弱环节是语法学(尤其是词法学)。他们未能建立起一个完整的结构语法学体系。此外,有些概念,如正负对立原则、区别性特征、中和论等,能否绝对化并推广到语言的所有层次中去仍然存在争议。

功能制约　functional constraint　句法学术语。指从形式和实质两方面对规则的制约。由芬兰语言学家基帕尔斯基(Paul Kiparsky)提出,认为以前的语言描写仅仅考虑到语言规则的形式特征和相互间的关系是不够的,语言理论应该同时考虑到实质性条件,才能达到解释的充分性。

功能主义　functionalism　指当代语言学界中与形式主义相对的一种学术思潮。它通过语言在社会交际中应实现的功能来描写和解释各种语言在语义、语法和音位上的特征,其功能在内涵上远超过传统文献中的诸如"主语"、"宾语"、"补语"等句法功能。功能主义以人类学为本,其基本假设是:语言有认知和交际功能,这种功能对语言的音位、语法和语义结构有决定性影响。功能主义研究的目的是论证语言功能决定语言形式,人们的语法知识主要来自后天的经验。语言类型学调查是功能主义的主要研究手段之一。功能主义作为语言学界一种具有全球性影响的学术思潮,在近30年才出现并得以蓬勃发展。主要包括70年代的美国功能主义(代表人物鲍林格 Dwight Bolinger)和同时期英国韩礼德创立的"系统功能语法"。其他功能派语法还有"显现语法"(Emergent Grammar)、"角色指称语法"(Role and Reference Grammar)、"构式语法"(Construction Grammar)、"认知语法"(Cognitive Grammar)等。

功能注释　functional annotation　参见"功能图式"。

共核　common core　参见"共同核心部分"。

共鸣　resonance　语音学术语,亦称共振。原为物理声学术语,指两个振动频率相同的物体因其中一个振动另外一个共同振动的现象,即通过同时振动频率相同的声波系统以加强某一声波的现象。如人们可在说话和唱歌时改变声道的大小和形状来加强特定频率。在声学语音学中指由同一发声源引发的声道内的气流振动。口腔、鼻腔、咽腔等声道(vocal tract)的主要共鸣腔以其形状改变起到加强音源处某些频率的作用,从而产生一系列人类语音。

共鸣器　resonator　语音学术语。指与另一个物体发生共振以加强某些频率的物体。发音时人的口腔、鼻腔和咽腔均为共鸣器,其腔室的空气容量和声带振动发生共鸣。

共鸣腔　resonance chamber　语音学术语。人体发音通道中起共鸣器(resonator)作用的腔室,如鼻腔、咽腔、口腔和胸腔,其形状取决于口腔的张合、舌位的前后升降、软腭和小舌的起落等。胸腔共鸣一般并不影响语音的形成,但对语音音色影响较大,近年来也被列入语音学研究范围。

共鸣特征　resonance feature　语音学术语。从语音音调共鸣上表现出来的区别性特征,由布拉格学派语言学家雅柯布逊(Roman Jakobson)等人根据语音的声学特征和人的生理特征,按二元对立原则归纳出来。共有六对相对立的区别性共鸣特征:集聚性与分散性(compact vs. diffuse)、钝音性与锐音性(grave vs. acute)、抑降性与平坦性(flat vs. plain)、尖锐性与平坦性(sharp vs. plain)、紧张性与松弛性(tense vs. lax)和鼻音性与口音性(nasal vs. oral)。

共鸣音　resonant　语音学术语,亦称响音。指利用较宽、较畅通的发音通道发出的语音,如元音、边辅音、鼻辅音等,一般声音经过共鸣比较响亮,而且可以任意延长。共鸣音与阻塞音(如塞音、摩擦音)相对,后者以闭塞或发音通道窄为特点。

共时效度　concurrent validity　参见"效度检验"。

共时语言学　synchronic linguistics　❶亦称静态语言学。指以某个时期的语言学的情况作为研究对象的语言学。它研究在一个特定时期内语言的各个要素(如语音、词汇、语法、篇章)的规律;对一个时期内有内在联系的语言之间进行对比,以及研究语言本身与语言外部的其他因素之间互相影响、互相制约的关系。此学科分支于20世纪初由索绪尔创立,其研究遍及各主要语言,主要学派包括描写语言学、转换生成语言学和层次语言学等,并为美国语言学中的"结构主义流派"和"行为主义"的产生完成了理论的铺垫。共时语言学与历时语言学的分开,标志着语言学从印欧语系的比较声韵学走进结构语言学。共时语言学与历时语言学(diachronic linguistics)相对。参见"**历时语言学**"。❷语言研究的一种方法,从一个横断面描写研究语言在某个历史时期的状态和发展。

共时语义学　synchronic semantics　语义学的一个分支。截取某一时代的横断面,对语义进行静态的描写和研究的方法。共时语义学和历时语义学相互为用,描写研究不能忽视语义的历史演变,历时研究必须以共时研究的结果作基础。参见"**历时语义学**"。

共通语　Koine　亦称共同语或折衷语言(compromise language)。指某种方言或语言在更广大区域使用后所形成的共通语,如罗马帝国统治前地中海地区的古希腊语(Hellenistic Greek)、印度大部分地区使用的印地语。共通语糅合了一种语言的若干方言的显著特点或几种相近语言的显著特点,因此没有区域化特征,不反映任何团体在社会和政治上的统治性。共通语通常是在政治统一的地区通用的标准语言。

共同发音　co-articulation　参见"协同发音效果"。

共同核心部分　common core　亦称共核。共同核心部分指语言教学中不管何种目的和专业背景,或不论出于何种目的的语言学习者都必须掌握的语言的基础词汇及语法等。教师在设计教学大纲时,必须决定该课程中哪些内容为共同核心部分,哪些内容必须针对学生的具体需求,如对科技或商业方面的需求。

共同学习法　collaborative learning　参见"合作学习法"。

共同语　Koine　参见"共通语"。

共享成分并列　shared constituent coordination　参见"右节点提升"。

共享知识　shared knowledge　参见"共有知识"。

共有结构　apokoinou; apokoinou construction　指两个句子共有一个句子成分的结构。这个成分通常位于两个句子的结合部,在第一个句子中充当宾语,在第二个句子中充当主语。例如:[1] 我看见他扶盲人过街。　[2] There was a door leading to the kitchen. 例[1]中的"他"和例[2]中的"a door"均属共有成份。

共有知识　mutual knowledge　语用学术语,亦称共享知识(shared knowledge)。指语言交际中交际双方对话题共有的背景知识、信念、经验,包含共享的语内、语外、文化、历史传统和经验以及偶然、临时发生的事件及经验。共有知识与个人知识、人际知识有关,它为交际的合理、顺利进行提供背景条件。基于共有知识的内涵理解,其定义关乎语言交际的两种模式,即基于编码和解码的语言交际模式和语言交际的认知模式。在基于编码和解码的语言交际语码模式中,以格赖斯的合作原则为例,语境涉及语言知识、话语的上下文、世界知识、交际的社会文化背景知识以及交际时的具体情景因素。语用推理是人的知识因素加上具体情景因素的综合推理过程,话语的推理是建立在共有知识的基础上,要能够对话语做出有效推理,双方就必须有一定的背景知识,它是确定的、双方共享的,具有静态性质,这样才能保证言语交际的有效性,因此是存在于交际双方的头脑中固定不变的共有知识。斯珀波(Dan Sperber)和威尔逊(Deirdre Wilson)于1986年提出关联理论,在此理论框架下的语言交际认知模式则认为,交际双方的有效交际依赖于认知语境,它不是事先确定好的和静态的,而是动态的;不是双方共享的、不是被动的,而是在语言交际过程中通过假设、猜测和推理不断被创造出来的。言语交际是有目的和意图的活动,说话人的目的或意图能被听话人识别,是由于他们对认知语境(cognitive environment)具有共识,即交际是否成功取决于交际双方对彼此的认知语境是否能显映(manifest)和达到相互显映(mutual manifestation)。因此,后者认为共有知识是语言交际和理解话语的结果,而不是理解话语的前提。

共振　resonance　参见"共鸣"。

共振峰　formant　语音学术语。指在声音的频谱中能量相对集中的一些区域。以元音为例,一切元音均有一个基音,并至少有两个声音加强的频带,即有两个共振峰。共振峰对元音、类似元音的音、元音与邻接音之间的过渡特征的分类有重要价值。它不但是音质的决定因素,而且反映了声道(共振腔)的物理特征。

沟槽音　groove fricative　语音学术语,亦称咝擦音(sibilant)或咝音。指一种具有摩擦音(fricative)和 s 音特征的语音。沟槽音是一种擦音,发音时舌部和上腭形成槽状开口(groove opening),气流从中逸出。例如,英语 sky 中的/s/音和 graze 中的/z/音均为沟槽音。

沟通假定　bridging assumption　话语分析术语。指在话语意义的推理过程中,必须假设存在另一种情况,才能理解间接话语行为中话语的含义,这种被假定的情况作为话语和含义之间的桥梁存在,具有沟通功能。

构成规则　formation rule　语义学术语。在生成语义学模型中,指一组生成句子语义表征式的起始规则。

构词　formation　亦称构形。指一个语言单位的形成过程。例如,英语中的屈折构形可以通过在动词原型后加-ing 构成现在分词形式。一个合成构形则需要两个词的合成,如 ballpoint 是由 ball 和 point 共同合成。

构词词缀　word formation affix　形态学术语。指用于构成新词的词缀,与构成语法形式的构形词缀相对。如:构成名词复数的后缀-s,构成动词过去式的后缀-ed,构成动词现在分词的后缀-ing 都属于构形词缀。英语中表示"相反、否定"的 dis-,表示"重复"的 re-,表示"之前"的 pre-,表示"互相"的 inter-等前缀以及表示"动作者"的-er,表示"学科"的-ics,表示"主义"的-ism,构成序数词的-th 等后缀,都是构词词缀。汉语中的构词前缀如老虎的"老",构词后缀如刀子的"子"也都是构词词缀。

构词法　word formation　形态学术语。指用语言系统中现有构词材料,通过一定的规则手段构成新词,以充实和丰富语言词汇的途径。构词法在语言学中的地位还有些争议。在传统语法中,构词法归入词法学。当代语言学倾向于在词库(lexicon)范围内通过词汇规则来处理构词问题。属于印欧语系的英语采用的构词法主要包括:(1)词缀法(affixation),如 work→worker、happy→unhappy;(2)逆成法(back formation),如 babysitter→babysit;(3)转类法(conversion),如 water(n. 水)→water(v. 浇);(4)融合法(blending),如 smoke＋fog→smog;(5)截短法(shortening),如 advertisement→ad;(6)缩略法(acronym),如 very important person→VIP;(7)复合法(compounding),如 green＋house→greenhouse。汉语很少用词缀构词,多由单音语素组合而成,常见的构词方式有:(1)并列式,如"道路";(2)偏正式,如"误会";(3)动宾式,如"担心";(4)主谓式,如"地震"。广义的构词还包括词的屈折变化,即区分名词的性、数、格,形容词、副词的级,动词时态、语态、人称和数等语法关系的词尾变化。

构拟　reconstruction; recomposition　历史语言学术语,亦称重构、重拟。指一种通过比较分析一种语言的几种方言或几种谱系上亲属语言的书面文献或现存语言的某些成分形式(如表现在某种变体或替换形式中的形态、音位等的共有特征),来重构史前(现已不存在且没有文字资料)时期的语言系统("原始语言"、"原始形式")或考证其语言发展阶段的研究方法或过程。构拟形式不能反映始源语的音响特征,只能表明其大致的音位模式,因此其书面符号前标有星号(*)。如原始印欧语 * menes-(月亮)即根据梵语 mas-、哥特语 mena、希腊语 men、拉丁语 mensis、古英语 mona、立陶宛语 menuo 等重构所得。又如,原始印欧语的 * p 即根据梵语 pita,拉丁语 Pater、古希腊语 patér、英语 father、德语 Vater 等词首辅音对应构拟出的。根据共时语言迹象的存在形式(即存在于一种语言还是同源的不同语言中),构拟可以分为语言内部构拟和外部构拟两种方法:(1)语言内部构拟,即根据语言内部的系统关系(如分析语言的规律与不规律之处)重构某一语言历史的结构特点,多应用于缺乏书面文献或几种已知亲属语言的情况下(如许多非洲语言和美洲印第安语)。譬如根据这一方法构拟出换音、维尔纳法则和喉音理论。其中索绪尔于 1879 年根据语言内部结构性观点重构了印度日耳曼语喉音,后来在海地特语的踪迹中得到证实。(2)语言外部构拟,亦称语言对比重构,即通过对一组同源(或推测为同源)语言之间的对应关系(特别是语音之间的对应关系)构拟原始语(ancestor language)的研究方法。例如,19 世纪语言学家通过对比多种印欧语系语言的辅音系统,对其塞音和擦音进行了重构。

构拟形式　reconstructed form　历史比较语

言学术语,亦称重构形式。指通过对亲属语言的比较而虚拟出的原始语(ancestor language)的语言单位。鉴于原始语在发展过程中一些特征已经消失,故所构拟的原始语言状态不过是一种假设,并无历史文献记载。譬如原始印欧语(Proto-Indo-European)中的*menes-(月亮)、*penkwe(五)等(星号*为构拟形式的书面符号标志)。但这种假设有助于研究各种语言的发展规律。

构拟造词法　coinage　亦称仿造构词法。指词汇演变过程中根据已有的语素创造新词指称新事物的方法。由此方法形成的新词即仿造词。比较典型的例子是一些原先为公司或产品商标的名字被用来指称该类商品,形成了诸如 aspirin、nylon、sipper 以及 kleenex、xerox 等仿造词。仿造词还可通过截短、缩合等其他方法产生,如 teflon 就是来自专业术语 te(tra)-fl(vor)-on。一旦造词成功,这些新词即可快速融入人们的日常交际中。

构念效度　construct validity　参见"结构效度"。

构式　construction　❶认知语言学术语。戈德堡(Adele Goldberg)提出的构式语法(Construction Grammar)中一个语言单位。指常规的形式—意义配对体(form-meaning pairing),形式和语音在特定的语言中是常规联系在一起的,意义与概念结构(conceptual structure)有关。例如,dog 是一个形式—意义的配对体,在英语中有自己常规的读音,意义是一种家养的动物,在构式语法中就是一个语言单位(linguistic unit)。除了完整的词之外,构式还包括一个词中有意义的从属部分(sub-part)如词素,以及句法构式(syntactic construction),如双及物构式(ditransitive construction)。句法构式不是由具体词构成的结构,而是一种图式结构。例如,双及物构式的图式为:名词短语$_1$+动词+名词短语$_2$+名词短语$_3$(NP$_1$+VERB+NP$_2$+NP$_3$),其图式意义为"X 导致 Y 接受 Z"(X CAUSES Y TO RECEIVE Z)。双及物句法构式可以用具体的词例示,如"杰克给我一个礼物"(Jack gave me a gift.)。常见的句法构式包括致使构式(caused motion construction)、不及物构式(intransitive construction)、结果构式(resultative construction)、"更不用说……"构式(let alone construction)、"X 对 Y 做什么?"构式(What's X doing Y construction)等等。❷认知语法(Cognitive Grammar)术语。一个构式就是指一个象征组配(symbolic assembly),要么是一个简单象征组配(simplex),如一个自由词素 bag,或者一个黏着词素 -s(复数形式),要么是一个复杂象征组配(complex),即包含两个或两个以上的简单象征组配,如 bags(袋子+复数形式)或者 three bags(三个袋子)。

构式侧画　constructional profiling　认知语言学术语,亦称构式侧面。指核心语法关系题元角色的实现。核心语法关系包括主语、直接宾语和间接宾语。其他题元角色也可以出现在句子中,但表征为介词短语,而不是主语和宾语。被构式侧画的是与核心语法关系有关的主语和宾语的题元角色。例如:The man opened the door with the screwdriver. 例句中的施事(agent)和受事(patient)题元角色分别词汇化为"The man"和"the door",因为它们分别作主语和宾语,和核心语法关系有关,所以施事和受事题元角色被构式侧画了。而工具题元角色的词汇实现方式是"with the screwdriver",介词短语作状语,和核心语法关系无关,所以工具题元角色没有被构式侧画。

构式侧面　constructional profiling　参见"构式侧画"。

构式多义现象　constructional polysemy　认知语言学术语。指构式语法(Construction Grammar)中的基本单位构式(construction)像一个词一样也显示出一词多义现象。例如,双及物构式(ditransitive construction)就具有多义性:[1] Jane gave Jeff an apple. [2] Brenda is knitting Bob a sweater. [3] Carl owes me fifty US dollars. 以上三个例句都是双及物构式,涉及物体的"转移"(transfer),但每一个例句的转移方式有细微而重要的差别。例[1]表示一个连续的转移过程,例[2]表示一个有目的的、但也可能中途延误或终止的转移过程;例[3]表示需要满足一定条件的转移过程,如卡尔有钱、愿意或打算偿还等。

构式意义　constructional meaning　认知语言学术语。与各种构式语法有关的一个重要术语,指一个构式具有和它相连的约定俗成的(conventional)意义。

构式语法　construction grammar　认知语言学术语。指各种用认知方法研究语法的理论体系,其观点都认为构式(construction)是语法研究的基本单位。目前有几种不同版本的构式语法,包括菲尔默(Charles Fillmore)和凯(Paul Kay)提出的构式语法 1(Construction Grammar 1)、戈德堡(Adele Goldberg)的构式语法 2(Construction Grammar 2)、伯根(Benjamin Bergen)和张(Nancy Chang)提出的体验构式语法(Embodied Construction Grammar)、克罗夫特(William Croft)的激进构式语法(Radical Construction Grammar)和斯蒂尔斯(Luc Steels)提出的流体构式语法(Fluid Construction Grammar)等等。构式语法不同版本的理论,构成了一个理论"家族"(family),不是一个统一(unified)的理论。最早

的是伯克利构式语法（Berkeley Construction Grammar），其代表人物是菲尔默（Charles Fillmore）和凯（Paul Kay），主要集中研究构式的形式方面，企图寻求一个统一的单层（monostratal）句法表征来描写句法。其研究大体上还是生成方向的，但是把语法看成构式模块，而不是单词加规则。菲尔默和凯提出了象征论断（symbolic thesis），并作为语法理论研究的基础。他们认为构式语法是以一些复杂句法构式为理据的，特别是习语表达式（idiomatic expression），如 cat out of the bag（泄密），spill the milk（把事情弄糟）等。其意义无法从构成成分预测出来，很可能作为一个"储存的整体"（stored whole）存在于大脑中，既含有句法信息，也包含有与论元结构（argument structure）相关的语义和语用信息，不是像形式语言学声称的是转换生成的。戈德堡（Adele Goldberg）的构式语法，主要代表人物有戈德堡和雷考夫（George Lakoff），从形式和功能角度出发，主要研究构式与构式网络结构的外部关系，把追求心理真实性（psychological plausibility）作为最高目标。同时在研究中强调认知科学的实验结果，也利用认知语言学的主要原则。在继承菲尔默（Charles Fillmore）和凯（Paul Kay）研究成果的基础上，戈德堡把构式从"不规则"的习语表达式扩展到"规则"的构式，如词、词素等。这样，就可以利用构式研究普通句子，如单及物或双及物结构，以建立一个构式语法理论来解释她发现的论元结构模式（argument structure pattern）。戈德堡还把一词多义、隐喻等认知语义学的成果吸收进她的构式语法理论，提出了词汇—语法连续体（lexicon-grammar continuum），词汇和语法不可分，只是象征结构的复杂程度不同而已。构式语法往往和认知语言学联系在一起，一方面因为许多研究构式的语言学家同时也涉及认知语言学，另一方面因为构式语法和认知语言学有共同的语言理论和哲学基础。

构思 rehearsing; prewriting 俗称打腹稿。指作者写作前寻找主题或观点及与主题有关的语言而进行思考的一个过程，具体包括确定主题、组织内容、选择材料、决定题材、考虑形式、拟定大纲、构思语言等。构思过程是一种复杂的创造性思维活动，是整体写作的思想准备。

构形 formation 参见"构词"。

构形成分 formant; formative 指形式上可识别的、不可缩减的语法成分，可以用来构建较大的语言单位，如词和句子。现常用来指一个语素，尤其是起句法作用的语素，如英语名词所有格's即是构形成分。

构音无能性失语 alalia 指由发声器官的畸形或损伤，尤其是声带的畸形或损伤所导致的语言能力的受损或丧失。

构音障碍[1] **dysarthria** 病理语言学术语。因发音肌肉损伤造成发音困难与不清晰。症状是元音发音的偏误率非常高，且具有共同性特征，即元音弱化。弱化是指一个音段或一串音段在某种意义上减弱的过程，是一个音的总体强度减弱，与增强对立；而元音弱化主要指在发音的过程中某些元音被减弱。减弱的形式有两种：一是紧元音央化，二是元音脱落。造成元音弱化的主要原因有三个：（1）部分患者对区别性特征小的元音不能准确听辨；（2）患者发音时的气流量不足，难以形成声带震动所需的压力；（3）构音器官的紧张度不够，造成喉、唇、舌、腭的发音松懈。

构音障碍[2] **articulation disorder** 发音语音学术语。指由于发音器官或感觉器官的功能丧失而导致的言语产生困难、畸变或完全不可能等病症。构音障碍与因大脑特定部位损伤而导致的失语症（aphasia）有区别。

孤岛 island 句法学术语，亦称禁区。指不允许成分从中移出的语域。并列结构（coordinate structure）是典型的孤岛结构。例如：
[1] 我喜欢[数学和物理]。
[2] [数学和物理]$_i$我喜欢 e_i。
[3] *[数学]$_i$我喜欢[e_i和物理]。
[4] *[物理]$_i$我喜欢[数学和 e_i]。
例[1]所示的并列结构"数学和物理"，该结构整体可以通过话题化（topicalization）形成例[2]；但句中并列结构的成分"数学"或"物理"都不能单独作为话题抽取出来，否则构成的例[3]、例[4]均不合语法。

孤独成分 foreign element; suppletive; forlorn element 亦称异干词。指一种语言的某个词形变化表中某一个词的替代词，这一词项没有一般的符合规则的形式。例如，英语中 must 的过去时借用"had to"。

孤立成分 isolate 句法学术语，亦称子句对等词语（clause equivalent）或句式词（sentence word）。指具有子句（clause）功能，但不具有子句构成成分的词或短语。例如：A: When will Mary come to London? B: *Tomorrow*. 对话中的答语 "Tomorrow" 即为孤立成分。

孤立词语识别 isolated word and phrase recognition 语言处理术语。语音识别的一种模式。在对自然语言的语音动态识别时，将词汇表中的词和短语在计算机内逐个建立相应模式，从而实

G 孤 gū （语言学术语）

现有限词汇的孤立词语识别。该模式因回避了语流中的连读等问题,识别结果不自然。孤立词语的识别盛行于20世纪70年代。从20世纪80年代开始,连接词语识别的问题逐步成为研究的焦点。连接词语识别的目标是创建能识别由词汇串接组成的流畅话语的可靠系统。

孤立对立　isolated opposition　音系学术语,指布拉格学派音系学分出的一种音位对立。指一种语言的音位体系中找不到第二个具有相同区别性特征的例子,与平行对立相区别。如英语的流音(liquid)/l/～/r/就形成孤立对立,因为两者形成对立的区别性特征(就气流溢出通道而言,/l/是舌侧,/r/是舌尖齿龈间)不能区别其他的音位对立,而区别/b/～/p/的浊一清对立特征还可区别/d/～/t/、/g/～/k/等的音位对立。参见"平行对立"。

孤立区　isolated area　方言学术语,亦称独立区域。地理方言区域分类中的一种,有两方面含义:(1)一个言语社团中离中心遥远的、与外界很少有交往和接触,因而很容易保留古语言形式残余的地区。(2)处于其他方言区包围之中,但仍保留另一方言特点的区域。例如,浙江沿海属吴方言区,但在泰顺、平阳等县也有操闽方言的村落。语言区即在语音、词汇、语法方面具有相同或相似特点的方言地理区域,可大致分为中心区、边缘区、偏远区和孤立区。

孤立语　isolating language　语言类型学术语,亦称分析语(analytic language)。指词形不变、语法功能由词序和功能词表示的一种语言,孤立型语言的词通常只包含单个语素。例如,汉语"我吃了这个橘子"和"我吃过这个橘子"两个句子分别用"了"和"过"表示不同时态。该术语用"分析语"替换时,与综合语(synthetic language)对立,后者的词包含不止一个语素。与其他类似分类法一样,该分类范畴并不明确:各种语言多少均有"孤立"的特点。高度孤立型的语言包括汉语和越南语,而在英语、法语、德语、俄语等屈折语中,英语孤立程度相对更高。

孤立语言　language isolate　语言类型学术语。指尚不能隶属于任何语系(language family)的语言。例如,分布在西伯利亚东部地区的吉尔亚克语(Gilyak)和分布在伊比利亚半岛(Iberian Peninsula)的巴斯克语(Basque)就属于孤立语言。

古词语　archaism　形态学术语。指古文献中存在但在现代语言中已经很少使用或者不再使用的词语。例如,古汉语的文言助词"之乎者也"即为典型的古词语。

古典范畴理论　classical category theory　参见"经典范畴理论"。

古典文献学　palaeography　参见"古文字学"。

古文书学　diplomatics　考证文书(特别是手抄文书)起源和线索的分支学科,其目的是为了佐证书面资料的起源及其真伪。其方法是:(1)研究手头的文书资料;(2)分析资料中出现的笔名、字母或其他手迹;(3)分析所使用的语言及其风格,包括措辞、用法与文风。古文书学术语"diplomatics"由本笃会僧侣让·马比荣(Jean Mabillon)发明,最早出现于他的六卷本的专著《古文书学》(De re diplomatica)。在中世纪,为了争取和维护权利,伪造契据文书盛行。马比荣的研究使人们认识到从事古文书学研究的重要性。

古文献学　archeography　指对古代文献加以研究并进行整理利用的学问。包括对古代文献的产生、形成、发展和嬗变的研究,与相关学科关系的研究,以及从理论上进行概括说明进而能够探究本学科内在规律的研究。

古文字学　palaeography　研究古代文字本体以及文稿书体历时变化的学科。其领域包括史籍或文物上文字的识解、训读和断代,书写中的文化内涵,书写和制书的方法等。与铭文学(epigraphy)同属语文学(philology)的分支。

古希腊共通语　Koine　古希腊共通语是罗马帝国时期的语言,其基础是阿提卡方言(Attic),即通常所说的雅典语,并将爱奥尼亚(Ionic)等方言的特点融合到雅典语中而形成。古希腊共通语的产生是由于越来越多的非希腊本族人开始学习希腊语,所以它不同于雅典语的最大之处在于语法简化,并从拉丁语和闪语(Semitic)中借用了大量词汇。用共通语写成的文学作品最有名的为《圣经》的《新约全书》,东正教至今还在使用这部圣经。

古语化　archaisation　指在语段中使用过多的古词语而使语言具有明显古风古貌的现象。

古冢文化　Kurgan culture　参见"库尔干文化"。

骨传导　bone conduction　语音学术语,亦称基本推导。语音学中指人自觉意识到自我语言产生过程和方法的一种途径,即发音时的震动波通过有关骨块传达到内耳的过程。在语音学中也指反馈(feedback),包括动觉反馈、听觉反馈和振动反馈。

骨架层　skeletal tier　参见"时标"。

鼓声语　drum language　用来描述用鼓声来模拟部分言语特征(主要是声调和节奏)的一类语言。信号主要由一些简短的、公式化的话段组成,但可用来构筑很复杂的交际系统,特别是在非洲许多村庄内和社区之间均有使用。

鼓言 drum signaling 指在世界一些地方,尤其是非洲、美洲和太平洋上的群岛,当地土著人使用鼓、号角、铜锣和其他乐器来摹仿言语的某些特征的做法。在非洲,多用鼓来进行摹仿,并从中演化出一套复杂的交际系统。

固定表达法 fixed expression; fixed word combination 对某一事物的现成的固定说法,使用时不能随意拆开。例如:[1] He nursed her back to health. [2] He nursed her into health. [3] He nursed her out of illness. [4] He helped her back to health. 句[1]中,nurse back to health 表达法比句[2]、[3]、[4]中的相应表达方式更为固定,更加常用。汉语中的"一弯新月""一口钟""一把茶壶"等都是固定表达法。参见"**刻板词语**"。

固定词组 fixed word combination 与自由词组相对。指组合成分不能随意更换、组合关系固定不变,在句中作为一个语言单位运用的词组,如"人民日报""上海外国语大学""朝三暮四"等。在做句法分析时,固定词组具有终极性的特点,不必进一步加以划分。

固定反应题项 fixed response item 语言测试术语,亦称封闭反应项(close-ended response item)或固定回答项(fixed response item)。语言测试题型的一种。指要求考生必须从几个选项中选出一个正确答案的题型。正确选项以外的其他选项被称为干扰项(distractor)。多项选择题(multiple-choice item)是典型的固定反应题项。参见"**测试项**"。

固定辅音 fixed consonant 语音学术语。指总是能发出的辅音,与只在某些条件下可发出的潜在辅音(latent consonant)相对。参见"**潜在辅音**"。

固定回答项 fixed response item 参见"**固定反应题项**"。

固定体 permansive aspect 语法学术语。动词体范畴的一种,表示动作已经完成而出现的某种固定状态的体。参见"**体**"。

固定形式 fixation 亦称定型词。指现代语言的固定表达式(如习语、谚语)中仍保留下来的古词语形式(archaism),如"to and fro"和"wend his weary way"中的 fro 和 wend。

固定性 fixed 语音学术语。指一个语言单位的结构保持不变的特性。例如,固定重音指的是始终落在词内某一个固定次序音节上的重音,如威尔士语的重音就总是落在倒数第二个音节;固定语序指的是语序不能自由变化以免影响意义,如英语的语序。

固定语序 fixed word order 指某些语言中句子的不同语法成分以固定次序的形式进行表达的手段。这种方式在屈折变化较少的语言中较为常见。改变语序就会改变句法结构和句子的意义,有时甚至不能完成正确的表达。以汉语为例,"主语+谓语+宾语"就是一种固定语序,如果调换主语和宾语位置上的词,句子的意义就会发生变化,甚至成为不正确的表达。例如,"他找到了失散多年的父亲"和"失散多年的父亲找到了他"的意义就不同,"他找到了丢失的钱包"和"丢失的钱包找到了他"的涵义也不一样,"狗咬人"和"人咬狗"则因语序变动而意义截然不同。

固定重音 fixed accent; fixation accent; fixed stress 音系学术语。指语言中所有的词的重音总是落在固定音节上的现象。如法语的重音总是落在最后音节;匈牙利语通常重读单词的第一个音节;波兰语和威尔士语是在倒数第二音节上重读;拉脱维亚语和捷克语的重音落在第一音节。固定重音可以用来以音节为单位划分词的界限,如捷克语重读音节标志词的开始,波兰语每一重读音节后再隔一个音节标志词的结束,但当词末辅音与后一个词的首元音连读而组成一个音节时,词的界限就难以按固定重音准确划分。与自由重音(free accent)相对立。参见"**自由重音**"。

固化 entrenchment 认知语言学术语。指语言单位作为一种认知模式(cognitive pattern)或者是常态的认知路径(cognitive routine)在个体语言使用者脑海中建立起来。用认知方法研究语法的重要原则之一就是语言基于用法论断(usage-based thesis)。根据这一论断,语言知识和语言使用没有重要区别,在各种情景中使用的话语是语言知识的例证,它们也是象征单位,这些象征单位然后抽象形成心智语法(mental grammar)。语言输出单位使用的频率越高,就越可能被固化。

固有特征 inherent feature 某些生成语法模型用来指包含在词条中的一类(二分)特征(另两类特征是上下文特征和规则特征),常用符号[+]、[−]表示,[+]表示具有这一特征,[−]表示不具有这一特征。这类特征提供词项中很可能影响句子功能的重要特性的信息,如[+人类]、[+抽象]、[+男性]等。这些特征在分析中的好几个地方都要涉及,如用来说明选择限制和某些非词汇转换。例如,选择限制规定动词 speak 不能选择具有[−人类]固有特征的名词作主语。

固有语义关系　inherent semantic relation

语言学家波尔齐格(Walter Porzig)于1934年提出的概念,指词语的横组合型相容关系,表现为单向语义蕴涵,如 bark:dog 和 blond:hair。这种语义关系在隐喻转移中起着特别重要的作用,并在很大程度上取决于个人言语习惯和具体语境。

故事语法　story grammar

叙事学术语。指体现小说、寓言和记叙文篇章结构的构思图式。句子根据语法规则构成。同样,故事的组织也具有一套规则。这些规则描述了大多数小说共有的一些要素,还有故事中出现的情景的类型、事件、人物、行为和目标以及这些要素之间的相互关系。

故抑其词　apophasis

修辞学术语,亦称阳否阴述。一种修辞手法,指从字面上声明不想说,但实际上已经说出或暗示出。例如:I speak not to disprove what he spoke. 嘴上说不想反对,但说出的话其实表明了反对的态度。

关键词　key word

❶指学术论文中表达中心思想或观点的词。❷文献标题内有实质性意义、用来检索主题内容的词,不包括预设的"非用词表"(stoplist)中的词,如冠词、介词、连词、助动词等虚词以及"研究""分析""效果""报告""理论""问题"等无检索价值的实词。❸用于表达某一历史时期或某一语言集团典型思想的术语,如"经济体制改革""开放政策"等词语。

关键词索引　key word indexing

语料库语言学术语。指以出现在文献题名(或正文及文摘)中的描述文献主题内容的关键词为标目的字顺索引。文献标题内有实质性意义、用来检索主题内容的词,不包括预设的"非用词表(stoplist)"中的词,如冠词、介词、连词、助动词等虚词以及"研究""分析""效果""报告""理论""问题"等无检索价值的实词。"非用词表"置于主存储器内,标题内若有非用词,计算机编制索引时会自动排除。关键词索引一般分为两类:一类是带上下文的索引,如题内关键词索引、题外关键词索引、双重关键词索引等;另一类是不带上下文的索引,如单纯关键词索引和词对式关键词索引。计算机编制的关键词索引方便、快速,广泛应用于科技刊物检索。另外,对关键词索引的研究促进了自动标引的实现和全文数据库的建立。

关键期假设　Critical Period Hypothesis

语言习得术语。指语言学家假设的在语言习得过程中能使习得最为流畅、自然的一段时期。无论在这段时期之前或之后真正的语言习得都将不再出现。一般认为这段时期从两岁开始延续到青春期。对二语习得的研究为关键期假设提供了依据。关键期的界定有其生物学基础。按照语言学家勒纳伯格(Eric Heinz Lenneberg)的观点,语言学习过了青春期之所以变得越来越困难,是因为大脑逐渐缺乏了适应能力(loss of plasticity in the brain),并且语言功能在大脑某一部位的定位(localization of language in brain),即语言侧化(language lateralization)已出现。此外,关键期还可以从社会、情感、认知等角度来解释。

关联场　associative field

参见"关联词群"。

关联词群　association group

语义学术语,亦称关联场(associative field)。指在形态上或意义上有某种关联的一组词。如英语中的 walking、thinking、knocking、shouting 等,可称为形态关联词群;banana、apple、orange、peach、pear 等,可称为意义关联词群。

关联功能　relevance function

功能语言学术语。指语言语义部分的三个功能性成分之一。语言使用者通过明示语言交际行为,让接受者人获取某种信息。从前者的角度讲,语言交际是一个明白无误地示意过程,即语言使用者明确地表达出自己的意图;从后者角度讲,交际是一种推理过程,即从语言使用者通过明示手段提供的信息中推断出话语或文本的意图。关联功能理论认为,语言交际中说写者一般总会最大限度地表达话语或文本信息,设法使用诸如话语标记语等一些语言手段,来引导听读者根据相对共有的认知环境作出最佳关联的假设,将其引向说写者所期待的语境假设和语境效果,使其以理想方式理解话语,获得所期待的效果,实现成功交际。

关联理论　Relevance Theory

由斯珀波(Dan Sperber)和威尔逊(Deirdre Wilson)最早于1986年提出的推导话语意义的认知理论。一般把它归于语用学范畴。关联理论试图用它概括总结的认知原则——关联原则(Principle of Relevance)来涵盖所有有关语言交际的理论,即人们认知世界遵循关联原则,人的每个明示交际行为都假设其自身具有最佳关联性。关联原则是关联理论的基础。关联理论认为,语言的基本的和本质的功能是认知。人们在交际中具有关联的直觉。因此,理解话语的过程即为寻求关联的过程。该理论提出交际双方共有的认知语境(cognitive environment)为语言交际的基础,言语交际双方能否成功实现交际目的取决于他们能否显映(manifest)和相互显映彼此的认知语境,即一系列存在于人脑中的假设。在话语理解过程中,听话人通过一系列的语境假设处理说话人的话语所提供的新信息或新假设,获取所产生的语境效果,从而推导出话语的含义,理解说话人的交际意图。影响关联程度的因素主要有两个:语境效果和处理话语时所付出的努力。语境效果与关联性成正比,即语境效果越大,关联性越强;处理话语时所付出的努力与关联程度成反比,即处理话语的努力越小,关联程度越强。关联是一个从最大关联到最小关联的连续体。关联理论从认知角度提出了一种理论框架以研究语言形式和语言理解之间的关系,在很大程度上拓展了语用学的研究范围。

关联准则 maxim of relevance 语用学术语。关联准则要求会话内容与交谈话题相关,无关主题的话不说的会话准则。美国哲学家、语用学家格赖斯(Herbert Paul Grice)所提出的会话合作原则包含的四个准则之一。其余三个分别为质量准则(maxim of quality)、数量准则(maxim of quantity)和方式准则(maxim of manner)。格赖斯对关联准则未作详尽说明,后来斯珀波(Dan Sperber)和威尔逊(Deirdre Wilson)对合作原则提出了质疑。他们认为,关联性是交际中最重要的因素,并将关联准则进一步发展为有较大影响的关联理论。

关涉话题 aboutness topic 亦称句子话题(sentence topic)。说话人指派一个话题以表明出现在其中的句子在某种程度上与这个话题相关,或作为背景信息得以储存,或用来激活话题指称对象的心理表征。

关系 relation ❶形式逻辑术语。指集合论中两个或两个以上有序成对元素(如物体、人、事件等)之间的关系。在自然语言中,根据动词短语价位的不同,可以在两个或者多个事物之间建立起关系,由名词短语和对应的格标记符来表示,但其成分的排列顺序并不是任意的。例如:Mary is younger than Betty. 其逻辑表达式可记作:younger (x, y);或者 younger than (x, y)。❷指语言学层面上两个或多个成分之间意义上的联系,如包含关系、管辖关系、等值关系、对立关系等。如从功能角色看名词与动词之间的各种关系可用主语、宾语、补语等术语表达;而意义相似或相反的词项之间的对应称作同义关系和反义关系。又如在 see [si:]中,[s]与[i:]分别为一个音节的韵头和韵核,这体现出组合关系;而they作为复数与he、she、it等单数相关,体现出聚合关系。

关系表达式 relational expression 指拥有一元论元的名词,如 son(of)、dean(of)等,都具备明确的所有格结构。在许多语言中,关系表达式与非关系表达式在句法和词法上有所区别。

关系从句 relative clause 语法学术语,亦称关系小句或定语从句。指用关系代词(如 who、which、that 等)或关系副词(如 where、when、how 等)引出的修饰名词或名词短语的一个从句。例如:[1] People *who chain-smoke* annoy me. 其中"who chain-smoke"为定语从句,修饰"people"。关系从句可以独立出现,也可与所有句子成分(谓语除外)发生指代关系。根据其不同的语义、语用功能,可分为限定性(restrictive)和非限定性(non-restrictive)的关系从句。例如:[2] This is the girl *who has won the first prize in the speech contest*.(限定性) [3] He got the opportunity to promote, *which made him excited*.(非限定性) 也可分为饰名性(adnominal)、名词性(nominal)、涉句性(sentential)和零形式(zero)的关系从句。例如:[4] The key *which he got* ... [5] W*hat surprises me* is his answer ... [6] It's said she's dead—*which I don't believe*. [7] *That is the book* I bought.

关系代词 relative pronoun 语法学术语。指代一个主句中先行的名词、名词短语或整个句子,作定语从句引导成分的代词。其形态同疑问代词,但没有疑问意义,如代词 who、which、whom、whose、which 等,与疑问代词无关的 that、as 等也可用作关系代词。例如:[1] The man *who* talked with Mike is my brother. [2] All *that* you have done ... [3] *As* mentioned above, we have to raise money for the poor in rural area. 句[1]中的"who"引导从句,用以进一步说明先行词"the man";句[2]中的"that"引导从句,用以具体说明"all"的内涵。

关系动词 relational verb 语法学术语。表示成分之间彼此存在领属、内包、相似、等同、组成等不同关系的静状态及物动词。例如,belong to(属于)、own(拥有)、possess(占有)、contain(含有)、include(包括)、resemble(像)等,此类动词不能用进行时态。

关系对立 relational opposition 语义学术语。指涉及两个实体的方向的对比,为二元对立(binary opposition)的一种重要类型,如 west vs. east(西方与东方)、left vs. right(左与右)、up vs. down(上与下)、teacher vs. pupil(教师与学生)、wife vs. husband(妻子与丈夫)等。两个实体可能按某种次序相互联系,其对比可以通过变换实体的句法位置但保留原有词项来实现,或者通过变换词项而保留原来的句法位置来实现。有些关系的方向对比是互相排斥的,而有些则会呈现对称的关系。例如:[1] Mary is the teacher of Tom. [2] Tom is the teacher of Mary. [3] Lucy was married to Jack. [4] Jack was married to Lucy. 其中,句[1]与句[2]的对立项相互排斥,句[3]与句[4]中的对立项互为对称。

关系反义词　relational opposite　语义学术语。语义学中表示某一对称关系的两个词，两者并不构成肯定/否定式的对立，而是构成一种反向关系。反向关系主要表现在相互社会角色、时间和空间关系等方面。例如，wife vs. husband（丈夫与妻子），buy vs. sell（购买与出售），lend vs. borrow（借出与借入）等。

关系副词　relative adverb　语法学术语。指复合句中引导从句时起连接词作用的一种副词，如when、where、why等。关系副词将主句与从句连接，同时说明前面的先行词（antecedent）。例如：[1] This is the classroom *where* we met. [2] At the time *when* I met him, he was waiting at the bus stop. 句[1]中的"where"和句[2]中的"when"均为关系副词。

关系过程　relational process　功能语言学术语。指一种语言的经验功能所涉及的活动和事件的过程类型，即一个事物（如人、物体、事件、情景等）的特征，或者该事物与另一事物或情景的关系。关系过程包括修饰型（attributive）和认同型（identifying）两类。前者包括载体（carrier）和属性（attribute）两个参与者，后者包括被认同者（identified）和认同者（identifier）两个参与者。例如：[1] This bread is stale. [2] Lucy was the boss. 其中，句[1]中的"this bread"是载体，"stale"是属性；句[2]中的"Lucy"是被认同者，"the boss"是认同者。判断这两类关系过程主要看两个参与者在句中的位置能否互换，如果能够互换，则该过程是认同型；如果不能互换，则该过程为修饰型。

关系类型法　relational typology　类型学中的一种语言分类方法，即根据语言的语法关系系统（如语言的基本关系和对主价语的编码）把语言分为三类：(1) 主格语言（nominative），其中不及物动词所带的论元是主语，标为主格，而及物动词带的两个论元是主语和宾语，分别标为主格和宾格；(2) 作格语言（ergative），其中不及物动词所带的论元的句法标记跟及物动词的宾语的标记相同，均为宾格；(3) 主动态语言（active），其中不及物动词所带的论元的句法标记一部分跟及物动词的宾语相同，一部分跟及物动词的主语相同。这一分类方法与区域分类法和谱系分类法相对应，但着眼于语言的表面特征，因此，不如谱系分类法应用广泛。

关系名词　relational noun　某些语言中的一类句法上充当名词、但具有介词意义的词。此类词描述两个实体之间的一种空间、时间关系而并非一个事物，而且与介词一样用来表明地点、动作和其他关系。一般而言，此类名词或者由构成身体部分的单词派生而来，或者与其含义相关。在玛雅语中，"inside"往往表述为"its stomach"；"on top of"往往表述为"its back"。此类名词多用于中美洲诸语言中，其应用构成了中美洲语言区的类型特点。

关系判断　relation judgment　形式逻辑术语。指对两者或更多物体之间关系的判断，其关系涉及尺寸、序列、时间、顺序、位置等不同因素。例如：[1] Tom is younger than Mary.（汤姆比玛丽年轻。）[2] Tom is the brother of Mary.（汤姆是玛丽的兄弟。）

关系小句　relative clause　参见"关系从句"。

关系形容词[1]　Bezugsadjektiv〔德〕　德语里主要指带后缀 isch 和 lich 的构词形式，是从名词派生而来的一种形容词。在语义上表示名词基本语素与相关名词之间的（所属）关系。关系形容词在用法上受到很大限制，既不能用作表语，也不能用作同位语，没有比较级变化，也不能进行程度修饰。

关系形容词[2]　relational adjective　指源自名词而且对其所修饰名词进行分类的形容词，如"a *musical* instrument"中的"musical"和"a *nervous* disease"中的"nervous"。与描写性形容词（descriptive adjectives）相对，后者表示人或事物的性质，描写颜色、大小、质量等，如big、interesting、beautiful等。

关系意义　significance　当人们使用两个以上的词来表达意思时，词与词之间组成某种结构，从而产生原来两个词不具有的、表示词与词之间某种依存关系的意义，这种意义称关系意义，亦称语法意义。语法意义有多种表现形式，可通过语法、词汇和语音形式表现出来。不同的时态便是语法形式表现语法意义的例子。词汇形式表现的语法意义的例子如在"He bought a pen"和"He sold a pen"两句中，"bought"和"sold"相对，由此两句话的语法意义也相对。音素发音、重音或语调也可表现语法意义。例如，在短语"a sleeping car"中，如果重读 sleeping，是"卧铺车"的意思；如果重读 car，就成了"正在睡觉的汽车"的意思。

关系语法　relational grammar　由美国语言学家帕尔穆特（David Perlmutter）、波斯特尔（Paul Martin Postal）和约翰逊（David Johnson）等人于20世纪70年代提出的一个以语法关系（如主语和宾语）为自然语言句法关系核心，注重研究语法中某些句子成分关系的普遍语法模式，与乔姆斯基在20世纪60年代提出的转换语法相对。不同于以成分结构概念为制定句法规则和语法关系为出发点的其他普遍语法模式，关系语法模式认为语法关系本身是无法再分析的原始概念，而句法成分结构不适合于普遍性规则的描写；研究并描写跨语言现象（如被动式、反身化、动词一致关系），同时提出普遍性的等级法则。此模式尝试使用关系网络来分析句子，以非线性序列的语法关系从属网形式表现转换，其网络核心是一个句子节点，并以此为起点展开谓语及其论元的"弧线"；在各描写层面上，每个被支配成分与其支配句子节点处于唯一的一种语法关系之中。所研究的关系主要有（1）名词与句子的关系，如主语、直接宾语、间接宾语等语法关系；（2）修饰语与名词的关系，包括所有者、形容词、制约、关系从句等关系；（3）语义关系，包括施事、受事、工具、时间、地点等关系；（4）照应关系等。关系语法中的句法层次呈连续性，且句子中的一个成分成为句子节点后必须承受多重语法关系，因为在许多情况下，一个句子成分并不能马上被判定为某一特定语法关系的载体，往往呈现出不同的语法关系（如主语、宾语特性等）。关系语法在具体反映时有一套独特的符号和公式。例如，字母 a、b 等代表有语法关系的成分，数字 1 代表主语关系，数字 2 代表直接宾语关系，数字 3 代表间接宾语关系，C1、C2 分别代表主动结构平面和被动结构平面，公式 2C1 表示在 C1 平面上 a 是 b 的直接宾语等。该语法理论尚处于发展阶段。参见（流派）**关系语法**。

关系轴心从句 relator-axis clause 参见"关系轴心分句"。

关系轴心短语 relator-axis phrase 法位学术语，亦称联系词语轴短语。指由联系词（介词）加上语轴（介词的宾语）所形成的、传统上称作介词短语的结构。在此类短语中，介词为关系词，被介词"支配"的词是轴心（语轴）。例如：

  in the house
 关系词 轴心

关系轴心分句 relator-axis clause 法位学术语，亦称关系轴心从句。指由从属连接词（如连词）引导的、传统上叫做"关系从句"的成分。例如：

[1] when I first met him（当我第一次见他的时候）
[2] where you came from ...（你来的那个地方）
[3] which I give you（我给你的那个东西）
[4] when I was eight
 关系词 轴心

在此类语法中，连接词亦称关系词，分句的其余部分为轴心（语轴）。

观察 observation ❶指通过实地调查等方法研究语言的各种现象，从而揭示语言规律性的行为和方法。当进行考察的语言学家是其所调查的语言集团内语言活动的参与者时，其本人的语言习惯可能会影响其最终要做出的结论，因而需要力图用实际材料检验他的各种抽象概念和理论，然后再作出任何可靠的、科学的一般叙述。❷指在语言课堂上有目的地考察教学和学习的情况，进行系统的数据收集和分析。教学观察经常用于教师培训项目。

观察充分性 observational adequacy 句法学术语。参见"解释充分性"。

观察法 observational method 指研究中对活动进行系统观察的方法和过程，比如使用录音机、录像机和检查表等来进行素材采集和观察。观察法在研究语言使用和课堂活动中经常使用。

观察时间表 observation schedule 在课堂观摩中，用来记录课堂中的可观察行为的分析工具（文档），可以是事件发生时的实时记录编码，也可以用电子记录数据。

观察者悖论 observer's paradox 指调查者（尤其是社会语言学家）在与人们进行面谈、观察人们的语言习惯时，由于自身的出现和参与反而影响观察对象所使用的语言形式或行为模式的一种逆论现象。此概念由美国语言学家拉博夫（William Labov）于 20 世纪 60 年代后期首次使用。他指出，语言研究的目的是为了了解人们在没有系统观察的情况下如何交谈，但是这些数据只能通过系统观察获得。而大多数人如果知道自己被观察，便会改变他们的言语表达，因而很难系统分析他们真实的语言使用。语言学家普雷斯顿（Dennis Preston）指出，如果被观察者意识到有人观察他们的言语行为，他们的表现就不会很自然随意。其内在的假设是受到内在监察的言语会不自然随意，而不是自然表达的言语其系统性受到影响，因此不能很好地真实反映最自然随意的言语行为。例如，观察者在教学课堂观摩观察以收集数据，但观察人员的在场既可能影响教师的行为，也可能影响学生的行为，导致收集到的数据并非代表课堂的真实行为。这种观察者的自相矛盾在定量研究中也同样有影响。

观察者偏差 observer's bias 心理学术语。指由于观察者自己的动机、期望和先前经验等因素妨碍了观察的客观性的现象。一般来说，观察者只能看见他希望看见的东西，而对一些与研究者的期望不一致的现象视而不见，有选择地记录细节。组成多人检查组，多名观察者同时观察，有助于消除观察者偏差。

观点体 viewpoint aspect 语义学术语，亦称视点体。参见"情景体"。

观念　ideology　❶批评语言学术语。通常与马克思主义批评联系在一起,可看成是某一阶级或政治经济体特有的思想或思维方式。这些思想不只是政治上的,还有道德、宗教、哲学、美学方面的意义。因此,观念在这种意义上与社会的权力关系紧密相关。在任何社会中,意识形态的语篇,如政治宣传、电视新闻、五音步抑扬格的诗篇等都具有权威性。❷符号学术语。观念表示基于人们的概念、偏见和社会文化观点的任何一种价值体系,相当于一种普遍的无意识的世界观。这种体系在语言上的实现构成一种代码系统;每个文学作品表达一种特定的思想体系,或几种对抗的思想体系,其中有的部分具有第一义项的意义时有政治意义。正是这种广义上的意识形态加上"观念"中的政治权威含义日益引起了批评语言学的兴趣。其主要目标是研究在诸如报刊标题、条例广告等语篇中,语言与意义的关系问题,这种关系影响着人们的思维方式,反映出人们在意识形态方面的设想。

官场用语　federalese　亦称公文体或政府官样文章。指语言表达上用类似联邦政府官员使用的措辞方式。可能是基于外交上的要求,公文体言辞通常具有立场不明确、话语模棱两可的特点。此术语具有贬义。

官方语言　official language　政府部门公务需要、上层建筑各个领域的正式场合所使用的语言。一般来说,官方语言即为一个国家的国语(national language),如中国的汉语既是国语又是官方语言,但在多语制国家,一般使用"官方语言"的名称,而不使用"国语"。例如,英语并非美国或英国的法定官方语言,而是事实上的官方语言;英语是纳米比亚唯一的法定官方语言;英语与法语同列为加拿大的官方语言;新加坡有汉语、英语、马来语和泰米尔语四种官方语言;联合国的官方语言为汉语、英语、法语、西班牙语、俄语、阿拉伯语;欧盟的官方语言有德语、英语、法语、意大利语、西班牙语、葡萄牙语等。随着欧盟成员国的增加,其官方语言的数量也随之增加。

管辖　government　句法学术语。指句子中两个或两个以上成分之间的一种结构关系。在管辖与约束理论中,"管辖"这一概念基于其在传统语法中的意义,即动词对其宾语或介词对其宾语的约束关系;但在管约论中,这一概念被进一步严格定义,并架构(structure)成一个复杂的系统以显示句子中一个成分与另外一个成分之间的关系。有管辖能力的成分被称为管辖成分(governor);被管辖的成分称为受辖成分(governee)。乔姆斯基对"管辖"的定义中引入了三个条件,即节点 A 管辖节点 B,当且仅当:(1)管辖语是中心语(head);(2)节点 A c 统制节点 B (后改为 m 统制);(3)节点 A、B 之间无障碍,最大投射为管辖之障碍。被管辖成分 α 的辖域是一个包括 α、α 的可及主语和 α 的管辖成分的最大投射(maximal projection),例如:[1] Miss White's description of herself　[2] *Mr. White's description of herself

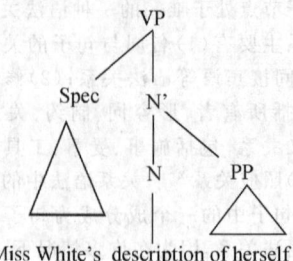

Miss White's description of herself

在这一复杂名词短语中,自反代词"herself"即受指示成分中"Miss White"的管辖,若将例[1]改为例[2],则短语不成立。

管辖和粲数音系学　Government and Charm Phonology　参见"管辖音系学"。

管辖成分　governor　句法学术语。指在管辖与约束理论中,句子中管辖(govern)另一个成分的成分。管辖即一个成分对另外一个成分的影响(influence)或依存(dependency)。充当短语中心语(head)的任何成分都可以作管辖成分,如名词、动词、形容词、介词等。例如,在英语短语"speak the language"中,speak 就是此动词短语中"the language"的管辖成分。

管辖理论　government theory　参见"管辖"。

管辖音系学　Government Phonology　亦称管辖和粲数音系学(Government and Charm Phonology)。当代非线性音系学的主要理论之一,与经典生成音系学理论的主要不同之处在于:使用元素(element)而不是偶值特征作为初始单位;音段由元素而非区别性特征构成;音系的基本表征为成对的首音(onset)和韵音(rhyme)成分,不承认音节的存在;音节的地位被核心(nucleus)投射所取代;不承认底层形式和规则推导的重要性,主张使用主从关系(head-dependent relation)、允准制约(constraint)、管辖关系以及原则与参数等手段对表层形式及其变化进行直接的描述,等等。管辖关系(government)是理论的核心概念。这种关系存在于构成音段的元素之间、构成音节成分的音段之间以及构成音系表征的首音—韵音对(pair)之间。这一理论是生成音系学框架下一种体系比较完备的音系学理论,产生于1985年,其创始人及代表人物为长期在加拿大和英国从事语言学教学与研究的美国语言学家乔纳森·凯

(Jonathan Kaye)。

管辖与约束理论　Government and Binding Theory; GB Theory　句法学术语,简称管约论(GB Theory)。是乔姆斯基于20世纪80年代初提出的语言学理论,也称为原则与参数(Principles and Parameters)理论。1979年4月乔姆斯基在意大利比萨的学术研讨会上作了一系列关于普遍语法原则的演讲,提出了管辖和约束理论,三年后出版《管辖与约束演讲集》(Lectures on Government and Binding,1982),后来就成了著名的管辖与约束理论。管辖与约束理论的发表标志着转换生成语法的研究重心从规则系统转向原则系统,更侧重普遍语法的研究。乔姆斯基认为,一部语法由词库、句法(包括基础部分和转换部分)和解释部分(语音形式部分和逻辑形式部分)构成。其中,每一部分都有自己的一套规则,组成规则系统;每一套规则都按一定的原则起作用,这些原则又组成了原则系统。具体地讲,词库包括构词规则和冗余规则(redundancy rule);基础部分包括X阶标规则(X-bar rule),转换部分包括移位规则(movement rule);解释的语音形式部分主要包括删除规则(deletion rule)、过滤规则(filter rule)、形态规则、音位规则等;解释的逻辑形式部分主要包括下标规则(indexing rule)。语法原则系统包括:X阶标理论(X-bar Theory)、题元理论(Theta Theory)、格理论(Case Theory)、管辖理论(Government Theory)、约束理论(Binding Theory)、控制理论(Control Theory)和界限理论(Bounding Theory)。

管辖域　governing category　句法学术语。指约束理论(Binding Theory)的一个句法局部范围。根据乔姆斯基的管辖与约束理论,被管辖成分α的管辖域是一个最小的XP(最大投射),包括α、α的可及主语和α的管辖成分。

管约论　GB Theory　参见"管辖与约束理论"。

惯例　convention　❶指语言学中在语言运用上被普遍接受的做法,如日常生活中的客套话(formulae)、惯例等。❷句法上的惯例包括传统语法中对句子功能结构分析的操作,如S+V+O等,语法上将词按词类(part of speech)分类的惯例等。

惯例派　conventionalist　指支持认为词和义之间没有必然联系观点的人。在词与义之间的关系问题上,惯例派的观点与自然派(naturalist)观点相对,后者认为词和词所表示的事物之间存在着根本的和必然的联系。参见"自然派"。

惯用法[1]　idiomatic usage　指一个具有特有意义的词或表达式(expression)的用法,往往与语法或逻辑原则背道而驰。例如,惯用法"buy a pig in a poke"(瞎买东西)的涵义不等于这个词语的各单个词义的组合。参见"成语学"。

惯用法[2]　usage　某个语言集团的成员实际使用其母语的方式,或某种语言中全部个人言语特点的总合。惯用法与个人言语行为(performance)有密切的联系,并可用分析真实语言的抽样和各种试验来研究。惯用法研究可以揭示语言运用上的一些独特现象。例如:在英语及其他一些语言中,被动语态非常频繁地出现于科技语体;all right和alright两种拼法均可使用等。也可研究对惯用法的反应,并据此来指导惯用法产生分歧时的选择。《惯用法指南》这类书籍即有此类用途,如说明all right和alright的不同使用场合等。

惯用法学　idiomatology　指研究某种语言中独特的倾向系统的学科。如研究词尾屈折的用法、研究语句结构、语义结构和词语共现等方面的习惯用法等。

惯用套语　frozen expression　参见"刻板词语"。

惯用性　idiomaticity　社会语言学术语。指言语的使用不仅合乎语法而且符合使用者语族的言语习惯。例如:[1] It pleases me that Harry was able to be brought by you. [2] I'm so glad you could bring Harry. 其中例[1]合乎语法,但不像是操本族语者说的惯用语句,而例[2]就既合乎语法也很地道。

惯用虚拟语气　formulaic subjunctive　虚拟语气的一种。这种虚拟语气句子的谓语动词用原形,仅用于某些固定词句中。例如:[1]Come what may, we will go on with it. [2]God save the Queen.

惯用语　formulaic language; formulaic speech; formulaic expression　参见"公式化语言"。

光杆不定式　bare infinitive　语法学术语。指不带to的不定式。这一形式出现在很多语法结构和句子当中。例如祈使句、情态动词以及英语特定动词(短语)后的不定式,如let, have, make, notice, had better等后的动词不定式都为光杆不定式。例如:[1] Open the door, please. [2] We should try our best to work hard. [3] We let him do the job. [4] The boss made him work day and night.

光杆短语结构　bare phrase structure; BPS　句法学术语。最简方案(Minimalist Program)的主要组成部分之一,乔姆斯基1995年在管辖与约束理论短语结构基础上发展出来的新的短语结构理论。与传统的X阶标理论不同,BPS理论认为短语结构是自下而上推导产生,没有像X阶标图式那样相对固定的标志语—中心语—补足语结构,并且 BPS 不允许单分叉结构,所有结构必须都是双分叉结构。BPS 理论不再使用 XP、X'这类标记(label),而是使用参与合并操作的一个对象作为标记标识短语的属性。按照乔姆斯基最初的构想,两个成分(例如 α 和 β)合并之后形成一个以 α 或 β 为标记的非有序集合,记作 Merge(α,β) → {α,{α,β}}。例如英语 drink 和 water 两个单词,因合并后的短语 drink water 更有"动意",故选用 drink 作为该短语的标记,写为 Merge(drink,water) → {drink,{drink,water}},画成树形图可标示如下:

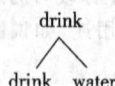

光杆复数 bare plurality 语法学术语。指不带复数修饰词的名词复数,如某类事物名词的复数形式可用来表示这种事物的种类。例如,"Elephants eat bananas"中用"Elephants"和"bananas"两个光杆复数名词泛指种类。

广告 advertisement 文体学术语。指为了某种特定的需要,通过一定形式的媒体,并消耗一定的费用,公开而广泛地向公众传递信息的宣传手段。广义的广告包括非经济广告和经济广告。非经济广告指不以盈利为目的的广告,如政府行政部门、社会事业单位乃至个人的各种公告、启事、声明等。狭义的广告仅指经济广告,又称商业广告,是指以盈利为目的的广告,通常是商品生产者、经营者和消费者之间沟通信息的重要手段,或企业占领市场、推销产品、提供劳务的重要形式。由于广告中所使用的言语和文字往往具有时尚、个性的特点,所采用的修辞手段也往往偏离正常的语言轨道,因此,广告语言是语言学研究的重要内容。

广告语言 advertising language 文体学术语。语言应用文体的一种,指通过各种传播媒体和招贴形式向公众介绍商品、文化、娱乐等服务内容的一种宣传用语,旨在影响人们的政治和商业等行为,尤其是消费行为。具有明显的说服性或劝导性。由于广告语言使用的目的主要在于对信息的传播起到促进、劝服、增强、提示等作用,因此广告语言具有鲜明、独特的风格,如用词简洁凝练、朗朗上口、追求新颖、主题突出等。

广义短语结构语法 Generalized Phrase Structure Grammar; GPSG 英国语言学家盖兹达尔(Gerald Gazdar)及其合作者于 20 世纪 70 年代末提出的形式句法模型,是转换语法(Transformational Grammar)的发展,继承了蒙塔古语法的传统,提出每一个句法结构对应一个语义规则;认为句法表征只有一个平面,即表层结构;只有一种句法研究对象,即短语结构规则。因此,与转换语法相比,它没有转换概念,没有深层与表层之分。广义短语结构语法主要使用短语结构规则和一些附加设置,特别是元规则(metarules)和斜线范畴(slash categories)的使用,使得当时生成语法的许多理论中假定的转换(transformation)变得没有必要。这一理论中的成分次序可以用一系列的"直接支配规则"和"线性先行规则"来处理;语义成分的处理独具特色,在句法规则之外再平行地运行一套语义规则,使许多句法上的问题都可以通过语义手段得以解决。例如:What can you see? 此句就是通过使用短语结构规则,将 what 与一个必须包括一个空名词短语的短语相连,即[can you see NP[]],便不再需要转换。广义短语结构语法主要应用于计算语言学(computational linguistics),因为使用短语结构系统进行的句法分析(parsing)既简明又易于理解。自问世以来,此理论模型引起了欧美语言学界和计算语言学界的极大兴趣。

广义量词 generalized quantifier 逻辑语义学术语。指任何表示集合的语义单位,其语义值表现了集合与集合之间的关系。根据莫斯托夫斯基(Andrzej Mostowski)在 1957 年提出的广义量词不同于量词的观点,量词对应于属于限定词的"每一个""一些"等,而广义量词对应的是满足逻辑式《〈e,t〉,t》的整个名词短语;广义量词也不同于谓词逻辑中的全称量词(universal quantifier)和存在量词(existential quantifier)。事实上,在进行自然语言的数量结构分析时,广义量词包括:(1)类型为〈1〉的量词,即论元是一个集合,值为真;(2)类型为〈1,1〉的量词,即论元是两个集合的序对,值为真;(3)类型为〈〈1,1〉,1〉的量词,即论元是三个集合的三元组;(4)其他模式的量词以及叠置的复合量词等。换句话说,广义量词不仅包括诸如 all、some、every、a 之类的逻辑量词,而且包括诸如 a lot of、quite a few、many、more than half 等模糊量词,甚至包括一个完整的量化名词短语,如 at most thirty applicants、fewer than five mistakes 等。

广义数量含义 generalized quantity implicature 语用学术语。由莱文森(Stephen Levinson)于 1983 年在论述会话含义时提出。据此,数量含义可分成等级数量含义(scalar quantity implicatures)和小句数量含义(clausal quantity implicatures)两种。等级数量含义为:一个语言的等级(scale)由一组可以交替使用的语言成分组成,这些成分可以按照其语义力度(semantic strength)以线性顺序排列。这个语言等级具有按顺序排列的词语集合表达式<e1, e2, e3, ... en>。如果在句子框架A中嵌入e1,e2,e3等,我们便可得到合乎语法的句子A(e1)、A(e2)、A(e3)等,其中 A(e1)蕴涵 A(e2)、A(e2)蕴涵 A(e3),依此类推,但逆向蕴涵是不成立的。例如,语言成分 all、many 和 some 构成了一个等级,并有语义力度的差距,从左到右语义力度逐渐减弱。包含 all 的句子蕴涵包含 many 的句子,包含 many 的句子蕴涵包含 some 的句子,反之则不成立。例如:[1] All students passed the examination. [2] Many students passed the examination. [3] Some students passed the examination. 在上述三例中,句[1]蕴涵[2],句[2]蕴涵句[3]。小句数量含义为:如果说话人使用了某个语义较弱的表达式而没有使用另一个可用的强语义表达式,那么听话人便可以推断出他对听话人的语义不能作出较强的理解。例如:[4] It is possibly true that he died in the earthquake. [5] It is necessarily true that he died in the earthquake. 如果说话者说出句[4],那么听话者可推断出他不能理解成句[5]。这里"possibly"是弱表达式,"necessarily"是强表达式。

广义转换 generalized transformation 句法学术语。指转换生成语法中同时处理两个并列连结或嵌入连结的语符列的转换规则(transformational rule)。例如:[1] The pen is hers. [2] The pen is on the table. [3] The pen on the table is hers. 利用广义转换规则,可以从句[1]和句[2]派生出句[3]。参见"生成语法"。

归类法 classification method 指在作文中,作者根据某种原则(principle)将人、事物或观点进行组合,并以此将其归类并做出解释。用归类法写出的段落一般包含一句主题句(topic sentence)、具体分类过程(body)和总结(conclusion)。主题句要包括清楚的主题,即要分类的对象及准备将其分为几类;分类过程按逻辑顺序(包括时间、程度等)将事件具体分类。用归类法写作时需注意以下几点:第一,所选择的分类法应符合写作的目的;第二,选用恰当的原则进行分类;第三,分类过程只遵循一条分类原则;第四,分类结果应具有完整性。例如,如果仅把电影分类成喜剧片(comedy)、动作片(action)和言情片(romance)是不完整的,其他诸如悲剧片(tragedy)、科幻片(fiction)、恐怖片(horror)等被忽略了。

归纳¹ generalization ❶指对所观察到的语言事实进行概括,从语料中归纳概括出一般规则、规律或原理。❷翻译学术语。指用省略概括的方式传达原文的意义,如对目标语读者不言而喻的成分、在原文中不需要译出后会引起误解的成分等。

归纳² induction 逻辑学术语。与演绎(deduction)相对。指从个别到一般的一种推理过程。例如,基于对一些工作非常勤奋的教授的观察,得出结论所有的教授工作都很勤奋。

归纳式大纲 retrospective syllabus 语言教学术语,亦称经验性大纲、追溯性教学大纲或回顾性教学大纲(posterior syllabus)。指语言教学中一种在课程后制定,作为课堂中使用语言和教学活动记录的教学大纲。与预定式大纲相对,后者又称先验性教学大纲,一般在教学前预先准备好作为进行课堂活动的基础。

归纳学习 learning by induction; inductive learning ❶指先掌握语言的具体运用,并在实践的过程中逐步发现和归纳各种规则的学习方法。❷指强调语言运用的实践而不是有关语言的知识的传授的教学法。在语言教学中,表现为教师不直接向学生讲解语法和其他规则,而是让学生在语言输入和输出的过程中自己发现并归纳语法规则。直接法、交际法和辅导法都是利用这一原理的产物。

归纳语言学习能力 inductive language learning 参见"语言学能"。

归属句 ascriptive sentence 句子的一种类型。在此类句子中句中的名词性主语和后置的动词补语在句子分布价值上等同,但是不可以互换位置。例如:在句子"Jane is happy"中,Jane 和 happy 同样重要,但是位置不能颠倒,"Happy is Jane"不成立。

归属性解读 attributive reading 语言哲学术语,亦称修饰性解读。指基思·唐纳兰(Keith Donnellan)在《指称与限定摹状》(*Reference and Definite Description*)一文中用以区分限定性名词短语的概念,与指称性解读(referential reading)相对。例如:Lynn wants to get enrolled to the university that is located in Shanghai. 此句容易产生多义或歧义,至少两种解读:(1)可以理解为琳恩想报考一所位于上海的大学,不管哪所学校,只要在上海就可——此为修饰性解读;(2)可以理解为琳恩想报考的是自己心目中认定的那所学校,学校就位于上海——此为指称性解读。修饰性解读注重形式,而指称性解读的关键在于对所指称对象的明确和认同,其中任何表达形式均可。

归因理论 attribution theory 社会心理学术语。指说明和分析人们活动因果关系的理论。人们用它来解释、控制和预测相关的环境,以及随这种环境而出现的行为,因而也称为"认知理论",即通过改变人们的自我感觉、自我认识来改变和调整人的行为的理论。归因理论由奥地利社会心理学家海德（Fritz Heider，1896—1988）在其1958年出版的《人际关系心理学》(*The Psychology of Interpersonal Relations*)中首先提出，后经过一些学者如美国心理学家韦纳（Bernard Weiner）、阿布拉姆森（Lyn Yvonne Abramson）、凯利（Harold Kelly）、琼斯（Edward Jones）以及美国斯坦福大学教授罗斯（Lee Ross）和澳大利亚心理学家安德鲁斯（Gregory R. Andrews）等，对理论的不断丰富而发展起来。归因理论主要研究三种基本问题：(1)人们心理活动发生的因果关系。包括内部原因与外部原因、直接原因和间接原因的分析。(2)社会推论问题。根据人们的行为及其结果对行为者稳定的心理特征和素质、个性差异做出合理的推断。(3)行为的预测。根据过去的典型行为及其结果，来推断在某种条件下将会产生的可能行为。20世纪70年代，归因问题成为美国心理学研究的中心课题。

规定语法　prescriptive grammar　亦称规范语法(normative grammar)，与描写语法(descriptive grammar)相对。是一种语法描述形式，其目的是教授和传递语言的规范用法，包含为大众公认并接受的正确或适当用法的规则的语法。这些规则常源于经典文学作品或为大家效仿的楷模的语言，并依据此区分是否正确。例如，英语的规定语法包括一些固有的规则，如动词be后须用主格I，如应当说"It is I"，而使用"It is me"是不规范的。又如，表达宾语功能的关系代词应用"who"的宾格"whom"（the girl whom I met）。在有很多方言的国家里，往往以其中一种方言作为标准语或民族语言，并编写有规范语法或规范词典。这种规范用法受到历史、逻辑、美学方面的影响。18世纪早期出版的英语语法书籍和学校使用的教科书以规定语法为主。按照传统语言的范例（在印欧语系中，拉丁语广受遵从），以诗人、作家、学者的语言为标准，研究者和研究机构试图将某种语言区分为"风格优美""正确"或"错误"等不同类别。规定语法落后于理论或描述语法。描写语言学(descriptive linguistics)认为不应对语言现象和特征进行规定和约束，而是要客观反映各种语言现象和语言变体，反对用"对"或"错"来评判这些现象和变体。语言教学模式的变化也反映了规定语法的局限性。例如，传统的语法翻译教学模式（grammar-translation method）向结构主义（structuralism）转变，继而又受到认知语言学（cognitive linguistics）的影响。在语言教学中是否应当遵循一个特定的语法模式已成为一个广受争议的问题，这种争议因对语言教学的目标缺乏共识而变得尤其激烈。语言教学的目的可以是掌握语言固有的规则和结构，也可是掌握语言分析的能力；语言教学还可以要求增强语言的理解力和培养逻辑思维和想象能力等。这些不同层次的要求反映了许多语言外因素，如教育、社会文化、政治等。

规定语言学　prescriptive linguistics　亦称规范语言学(normative linguistics)。有两层含义：一是对语言的应用规则进行编定；二是对编定的规则的强制实施。这些规则涉及的内容有拼写、语法、句法规则，以及在政治和社会意义上被认为是正确和合适的规则。规定语言学既可以包含建立和保持地域间语言及标准拼写体系，也包括宣布哪些语言群落"品位很高"。如果"品位高"的语言比较保守，那规范的语言不会经历语言变化；如果比较激进，就可能会产生新词、新句。规定语言学还包括推荐使用有效的语言用法。与规定语言学相对、有时也互补的是描写语言学。现当代语言学者不主张或很少使用"规定语言学"作为术语，因为现代语言学的一个主要原则是语言、语言品种和语言变异并无好坏之分，只有各具特色的差别。

规定主义　prescriptivism　指语言学中任何试图对如何正确使用语言而制定规则的做法。通过采用纯洁性、逻辑、历史或文学等标准。规定主义坚持用法规范，批评且排斥偏离规范的用法，目的是维护一些"想象中的"固有的标准。对于这些固有规则，规定主义认为应当严格执行，并进一步将某些规则划分为规定规则和禁用规则，后者是禁止而不是批准某种用法的规则。语言学界对规定主义一般持批判态度，强调应当对语言的用法作精确描写的重要性，在解释对语言所持的各种态度时需要将社会因素的影响考虑在内，并对语言变异进行研究。总体而言，规定主义这一术语在语言学界带有贬义，有些学者认为应当将其看作一种社会文化现象来研究。参见"规定语法"和"规定语言学"。

规范　norm　社会语言学术语。指要求言者在不同的场合采用不同的口语或书面语形式的规则或范例。在特定的人群或社团内，具有适用于特定场合或用途的口语或书面语，正式与非正式场合下的规范差别迥然。例如，在非正式场合下面对John Searle使用称呼语，或许可以直呼其名"John"；但在正式场合下，则须称其"Professor Searle"。

规范逻辑　deontic logic　参见"道义逻辑"。

规范性　well-formedness　句法学术语。指句子符合语法规则或公认的规范。一般认为，合乎语法的句子并不一定都是可以接受的惯用形式，也不一定有意义或符合语用习惯。例如：[1] A car knocked down a dog. [2] * A car down knocked a dog. 例[1]为符合规范(well-formed)的句子，而例

[2]则被视为不符合规范(ill-formed)。生成语法将能由某种语法规则生成的句子称为规范的(well-formed)句子;反之,不能由某种语法规则生成的句子称为不规范的(ill-formed)句子。讲母语者一般能够凭直觉对句子是否合乎规范做出判断。在生成语法中,不合规范的句子用"*"表示,以区别于合乎规范的句子,介乎其间者用"?"表示。语义学和音系学中也存在类似特征。

规范语法 normative grammar 参见"规定语法"。

规范语言学 normative linguistics 参见"规定语言学"。

规划语言 planned language 与自然语言相对。指一种为便于国际交流而人为创造出来的语言系统。

规划语言变化 planned language change 参见"语言规划"。

规约隐涵 conventional implicature 参见"涵义"。

规则 rule 句法学术语。指对语言成分或结构之间对应关系的形式说明,用以描述和分析(即"生成[generate]")语言的结构,并将结构转换成句子。生成规则(generative rules)不仅是对观察结果的总结描写,还是一个关于句子间关系的预测性假设,涉及生成句子的形式化过程,适用于整体语言并反映操本族语者的语言能力。经典转换生成语法认为一部语法为一批重写规则的集合,能生成并且只生成一种语言的合乎语法的句子。规则按其出现的语法组成成分可分为"音系规则""句法规则""词汇规则"等,具体包括短语结构规则、转换规则、递归规则、移位规则、重新调整规则、变项规则、词汇插入规则、词汇羡余规则等。生成语法后期引入规则图示(rule schema)的概念,即不必列出规则而只是对一组规则作概括说明。例如:S→Sn,其中n指应用这一规则可得出的任何数目(大于1)的句子(如并列句,长短不限)。然而,管辖与约束理论已脱离规则的概念,转向原则和参数。生成转换语法提出了动态的规则概念,以反映人的语言能力。

规则变化 rule change 音系学术语。指任何一种类型的音系变化,包括由于一条规则被引入,或是被丢失,或是被修改,或是两条规则的顺序发生变化而引起的音系变化。

规则丢失 rule loss 一种使某语言中原先存在的一条规则从该语言中消失的规则变化。例如,所有南部德语方言历史上都有一条词尾阻塞音清化的规则,结果形成了 Bund /bʊnt/(联盟)与 bunt /bʊnt/(杂色)相交替,两者的所有格 Bundes /ˈbʊndəs/(联盟的)和 buntes /ˈbʊntəs/(杂色的)相交替的现象。但目前许多瑞士德语和依地语(Yiddish,又译意第绪语)方言中已经丢掉这一规则,区分了 /bʊnd/与/bʊnt/以及/ˈbʊndəs/与/ˈbʊntəs/。

规则动词 regular verb 语法学术语。指在一定语法范畴(如时态或人称等)中呈现的某种语言典型变化形式的动词。在有形态变化的语言中按一定规则进行词形变化的动词为规则动词。例如英语中规则动词构成一般过去时的方式包括:(1)动词词根后加-ed。例如:walk→walked;(2)词根后直接加-d。例如:smile→smiled;(3)把 y 变成-ied。例如:carry→carried。与规则动词相对应的为不规则动词(irregular verb),其变化不遵循相应规则。例如:go(走)的一般过去时为 went;come(来)的一般过去时为 came 等。

规则钝化 rule deactivation 参见"规则去活"。

规则复数 regular plural 语法学术语。指根据语言中构成复数的一般规则可以预测的复数形式。例如英语名词复数构成规则为在单数名词末尾添加词缀-s,因此 books(书)、tables(桌子)、boys(男孩子)、girls(女孩子)等都是规则复数,但是 men(男人)、women(女人)、deer(鹿)、oxen(公牛)等形式不符合复数构成的一般规则,为不规则复数形式(irregular plural)。

规则复杂化 rule complication 指一种使一个规则变得比以前更为复杂的规则变化,一般被看作是其他规则变化的间接结果,而不是规则变化的一种基本形式。

规则化 regularization 社会语言学术语。指在皮钦语和克里奥耳语形成过程中,由于语法结构的简化需求,一些不规范的语言形式被认为是规范的过程,如使用 I buyed,而不使用 I bought。

规则激活 rule activation 指在一些规则有序理论中,某一规则根据一定原则或在一定情况下只允许在最后激活使用的现象。

规则简化 rule simplification; rule generalization 指一种规则的变化,一般通过取消操作规则的某些条件,以扩展该规则的应用范围,或提高其规则应用方式的一致性。例如:英语名词复数有规则变化和不规则变化两种类型,在演化过程中,一些不规则形态逐步趋于规则化,从而使其复数形式趋向简化。

规则链 rule chain 语法学术语。指语法学中一串简单而又自然的语法规则，与一条复杂规则具有相同作用。在句法分析中，每一条规则链（一组互不包含且覆盖句子所有节点的规则）对应一种句法结构，也就是一种句法分析结果。

规则论者　regularist　指语言学中持规则论观点的新语法学派（neogrammarian）学者，即德国莱比锡大学的一批学者。他们随着对印欧语系调查研究的深入发展，为源于18和19世纪欧洲的历史比较语言学提出系统的理论原则（如语音规律无例外论等）和方法（如原始语构拟等）。其代表著作为保罗（Hermann Paul）1880年出版的《语言史原理》（*Prinzipien der Sprachgeschichte*，即 *Principles of the History of Language*），规则论学派在历史比较语言学中占据主导地位达50余年，为印欧语系的研究工作奠定了理论基础。

规则模式　regularity　参见"规则性"。

规则模式原则　Regularity Principle　音系学术语，亦称规则性原则。即不允许有无法解释的语音规律，为新语法学派所坚持的一种核心假设。此原则力图把例外视为一般规则受地域、社会等其他因素制约而产生的变体；提出音变是语音实现过程中的变化，与词汇无关。保罗（Hermann Paul）在1880年出版的《语言史原理》中明晰论述了规则模式原则，19世纪后期学界对此争议颇多。词汇扩散理论证明了此原则缺乏依据。

规则去活　rule deactivation　亦称规则钝化或规则失活。语法学中指某些框架里，一条应用于其他情况下的规则不允许应用于某一特定的域（一般为一个语法上的域）。

规则失活　rule deactivation　参见"规则去活"。

规则适用　rule application　音系学术语。指音系推导过程中规则起作用的过程。一个特定的规则通过该过程作用于某个表达式，从而产生另一个不同的、符合这条规则要求的表达式。

规则双重性　duality of patterning　指语言的声音不具有固有或内在的意义，而是通过不同的形式组合成更大的单位（比如词语）来表示意义，这与动物的叫声有本质的不同，无法将动物的叫声分解成两个结构层次加以分析。

规则顺序重排　rule reordering　指一种颠倒两个规则的顺序，因而改变输出的规则变化，为语言变化的一种假设模式。例如，巴斯克语中一些比斯开方言（Bizkaian）中有一条规则提非高元音前的中元音，另一条规则将/a/前的/a/提升到[e]。使用原始规则时，底层/ea/变为[ia]，底层/aa/变为[ea]；一些方言对这两条规则进行重排以使/ea/和/aa/都实现为[ia]。

规则特征　rule feature　❶音系学术语，亦称区分特征、附加区别要素。指对一个词项进行注释，规定该词项不适用于它本应适用的规则。该特征一般多用于处理音系上为例外的词项。例如在美国英语中，Plato和veto等可以标为［−TAPPING 闪音］，因为两者不适用于闪音规则。❷句法学术语。生成语言学认为词具有的三类特征：规则特征、固有特征和语境特征。根据这些特征可以判断非词汇属性的转换（如被动转换等）。如果一条规则有词属于例外，就是受管辖规则，否则为不受管辖规则。

规则添加　rule addition　一种引介一个新规则到语法中以便在已存在规则之后应用的规则变化。格林定律中所描述的语音变化就体现出规则添加。例如，希腊文的浊送气塞音在规则添加后变成清送气塞音，拉丁文的浊送气塞音变成擦音等。此类规则变化有助于语言输出。譬如，许多波利尼西亚语引入了去掉所有词尾辅音的规则。

规则统一　rule regularization　语法学术语，与历史语言学等分支学科密不可分。一般指语法规则的统一，是语言演变的原因之一。以英语中的名词复数形态变化为例：某些不规则名词在转换成复数时，词尾清擦音需要浊化，如"knife→knives" "shelf→shelves"等；有些舶来词的复数形态变化，也不同于英语名词复数加"-s"的一般规则，如来自拉丁语的"antenna→antennae" "formula→formulae" "addendum→addenda" "focus→foci"、来自法语的"bureau→bureaux"、来自意大利语的"paparazzo→paparazzi"等。在历史演变过程中，许多这类词汇也渐渐有了规则和不规则两种复数变化形式，甚至其不规则变化形式被英语规则复数变化形式所取代，如"handkerchief→handkerchiefs/handkerchives" "datum→datums/data" "antenna→antennas/antennae" "formula→formulas" "focus→focuses/foci" "bureau→bureaus"等。这就是英语中名词复数形态变化规则的统一。规则统一不是瞬时的结果，而是一个长期的演变过程；否则，言语交流便无法进行。在规则统一过程中，语言不规则形式的数量减少，符合叶斯柏森（Otto Jespersen）的"省力说"以及语言的经济原则。另见"规则细化"。

规则图式　rule schema　句法学术语。指使两个或更多规则通过某种简约规约合到一起的表述，被组合在一起的规则为组合式的扩展规则或子规则。

规则细化　rule elaboration　语法学术语。

一般指语法规则的细化,通常伴随着规则统一。与规则统一相似,规则细化也是一个长期演变过程;不过,与规则统一符合语言经济原则不同,规则细化是通过增加或细化规则而达到提高语言表达准确性的目的。以古英语和现代英语的对比为例:古英语有丰富的形态系统,语序较为自由;现代英语则丢失了大部分格词尾,因而需对语序实施更严格的制约。在古英语转变为现代英语的过程中,由于名词屈折词尾的不断丢失,名词的功能不能得到明确的表示,因此,主语、宾语这些功能概念只能渐渐依靠名词在句中出现的顺序或通过介词来得以呈现。可以说,词序规则的严格化就是规则细化的典型示例。规则是否需要细化由语言的交际功能所决定。虽然存在语言经济原则,但为限制交际过程中的歧义或含糊,有些规则需要细化,才能保证交际顺利进行。参见"规则统一"。

规则性　regularity　亦称规律性、规则模式。指语言中语音、词法和句法的可预测性。即语言形式遵循一般语法规则(包括音系、词法和句法模式)的性质。例如,英语 desk 和 notebook 均为规则变化名词,其复数分别为 desks 和 notebooks,符合名词构成复数的规则(添加词尾-s),是可预测的。与规则性相对应的为不规则性(irregularity)。参见"不规则性"。

规则性原则　Regularity Principle　参见"规则模式原则"。

规则有序　rule ordering　音系学术语。指一种使音系规则作用于底层形式以推导出表层形式的特性,包括线性有序、部分有序、局部有序等。规则有序可以是固有的,也可以外加的。这些规则并不同时应用。

规则有序悖论　rule-ordering paradox　音系学术语。在最新的音系学理论中指违背早期生成音系学规定的规则次序一致性条件的情形;相关模型在部分派生过程中要求 A<B,在部分派生过程中要求 B<A。

规则支配行为　rule-governed behaviour　句法学术语。句法学中指语言行为。由于人们受其语言能力指导生成句子,而语言能力是一个构成如语素、单词、分句和句子等语言单位的规则体系。换言之,说某种语言的人有可能难以解释以某种方式组成句子的原因,但能够在该语言体系规则的支配下使用语言,所以生成句子是规则支配下的行为。

鬼字　ghost word　参见"错别字"。

滚辅音　rolled consonant　参见"颤音"。

滚音　roll; trill　语音学术语,亦称颤音、闪音、抖音。指发音时具有弹性的发音器官(舌尖、小舌、双唇等)与一个坚硬的部位(如上齿龈)之间发生一系列快速的接触或振动而发出的一种辅音。发音过程中发音器官不断颤动,发音通道迅速地忽开忽闭而形成颤音。按照发音部位可以分为舌尖颤音、小舌颤音、双唇颤音等。舌尖颤音由舌尖接近齿龈,发生频繁颤动而发出,如俄语大舌音 P[r];小舌颤音由小舌接近舌根并且发生频繁颤动而发出,如法语的 r[R];双唇颤音是双唇互相接触,并且发生频繁颤动而发出的,如[φ]。

国标交换码　Chinese national standard code for information interchange; CSCII　亦称国标码。指为了便于汉字处理、汉字通信等系统之间的信息交换而由中国国家标准总局制定并颁布的代码表,属于中国国家标准,强制标准冠以"GB",推荐标准冠以"GB/T"。其中包括 1980 年发布、1981 年开始实施的 GB2312-80《信息交换用汉字编码字符集——基本集》,1993 年颁布的 GB 13000-93《信息技术 通用多八位编码字符集(UCS)第一部分》,1995 年颁布的《汉字内码扩展规范》(GBK),2000 年推出、2005 年修订的 GB 18030-2005《信息技术 信息交换用汉字编码字符集 基本集的扩充》等。

国标区位码　Chinese national standard code by section-position　中国国家标准(GB)"信息交换用汉字编码字符集"中表示汉字在图形字符代码表中位置的编码。国标区位码为四位十进制数,前两位称为"区码",后两位称为"位码",每个区位码对应一个唯一的汉字或符号。

国际词语　international word　❶某些欧洲语言所共有的、语音和语义相对应的词语。此类词多以希腊语和拉丁语为其共同来源,或由这两种语言的语素构成。❷世界上全部或者大多数重要语言所具备的、声音极相似而意义完全一致的同等词。此类词多为单义性的科技词汇、政治经济词汇,或是具有全球影响或意义的事件或事物名称,等等。多从某一源语(source language)向其他语言传播。在此过程中语音有时产生轻微的本土化(indigenisation)。

国际第二语言水平测试　International Second Language Proficiency Ratings; ISLPR　原称"澳大利亚第二语言水平测试",为评估四种语言技能(听说读写)水平级别的体系。该体系包括从 0(没有水平)到 5 级(达到类似本族人的水平)的 12 个级别。各级别均描述了受试者达到该水平时应该具备的运用语言形式的能力。

国际辅助语　international auxiliary language

指不同语言群体间为实现语言交流目的而使用的通用性辅助语言。广义上,只要具有国际通用的特点,任何一个民族的母语或者某一地区的混合语(lingua franca)都可以作为国际辅助语使用。例如,历史上的拉丁语、希腊语、地中海通用语(Mediterranean Lingua Franca),当今的英语、汉语、西班牙语等,这些语言在特定的时期都可以被称为国际辅助语,因为它们都曾经或正在国际语言交流中起到桥梁性语言的作用。狭义上,国际辅助语仅指人为创立的非自然语言。在早期的国际辅助语中,法国音乐教师苏德勒(Jean-François Sudre,1878—1862)创立的"索来索语"(Solresol)比较有影响,这种辅助语在语音、词汇和语法的创立方面主要借助于音乐的五线谱和音符形式,不仅具备音乐性十足的语音和书写形式,甚至还可以用乐器演奏。"索来索语"的主要成果在苏德勒去世后于1866年集结出版,之后在欧洲流行数年,直至被后来的沃拉普克语(Volapük)、世界语(Esperanto)等其他国际辅助语所取代。为实现国际间无障碍语言交流,各国学者创立的国际辅助语多达数百种,但使用广泛的只有世界语、伊多语(Ido)和国际语(Interlingua)三种。

国际交流英语考试 Test of English for International Communication;TOEIC 亦称托业考试。指美国教育考试服务处(Educational Testing Service;ETS)应日本国际贸易工业部的要求于1979年开发、用于检测母语非英语的人员在国际环境中日常英语能力的考试。托业考试旨在衡量应试者在国际商业和贸易环境中使用英语的熟练程度,提供国际职业环境下英语交际能力的权威鉴定与工作适应能力描述,已成为国际公认的职业英语测评标准。试题包括听读测试(Listening & Reading Test)和说写测试(Speaking & Writing Test)两部分,其中听读测试满分990,说写测试满分400分。其特点为:(1)属于"职业考试"或"工作考试",即"Test for work"——不要求应试者具有专业知识或词汇,只是检测应试者在日常工作环境中英语应用能力以及熟练程度,因而不同于学术性考试或研究性考试;(2)实用性强——试题由语言测试专家与各类职场人员(如跨国公司的总裁、首席执行官、人事处主管、技术主管等)相互协作、共同研编并审定,采自世界各地英语职场的口语和写作的样板,融入许多不同的工作背景和工作场合,范围涉及商业活动的一般业务、特殊业务和日常生活,如商贸合同、谈判、销售、财政预算、科技工程项目等;(3)可靠的公正、公平性——通过开发者、相关单位及外界相关人士共同组织的公平公正性检视(fairness review),以确保试题适合全球范围内把英语作为第二语言的考生应考,确保考试的高信度;(4)具备考试成绩与英语运用能力描述快速对照表——针对每一个分数等级都给予了相应英语运用能力描述,便于应试者进行自我评估,也便于招聘方进行人才评估。托业考试避免考试所用语言成为特殊的美式英语,避免某一测试试题的上下文特指某一种文化,避免使用太专业化的情景和词汇,充分体现不同的工作背景、文化和性别差异。通过这种能力描述,托业考试可以提示考生语言运用能力的优势和劣势,对工作职位进行合理化建议;企业管理部门则可以根据员工的实际现有英语水平,为全体员工或员工个体制定更有针对性的、切实可行的工作或个人发展目标与标准,对企业的员工招聘、海外派员等人事活动具有很强的指导性和可操作性,便于企业对人力资源进行合理调控,同时也客观真实地证明托业考试的预示效度。

国际普通话 Esperanto 参见"世界语"。

国际性外来词 international foreign word 具有国际通用性质的外来词。有时两种或两种以上语言的词汇,即使是属于国际性外来词,也只能是部分相似。例如英语的culture与德语的kultur就不完全属于同一个语义范围。

国际音标 International Phonetic Alphabet;IPA ❶国际音标的法语名称为Alphabet Phonetique Internationale,简称API;在英语中称作International Phonetic Alphabet,简称为IPA。需区别的是,国际语音协会的英语简称也是IPA。参见"国际语音学协会"。❷指国际音标(IPA),即国际语音学协会于1888年根据一套共同规则首次拟定发表的、几经修订用于表示所有人类语言发音的符号体系。该体系主要包括音素符号和附加符号两部分。每个有基本音质差异的音素原则上都有一个按生理发音的单独标音符号,从而做到一音一符和一符一音。音素符号以印刷体小写拉丁字母为主,并采用其较通用的音值;此外增添了手书体字母、小写尺寸的大写字母、倒排字母、合体字母、变形字母以及希腊等语言的字母。附加符号中有的表示音素的补充发音动作或其他发音特征,有的表示声调、重音等韵律特征。100年来国际音标的影响不断扩大,它的某些符号也被采用为音素文字的正式字母,但对音素的不同分类、语言文字使用习惯、理论传统等因素阻碍了国际音标的真正统一。目前国际音标表最新修订版发布于2015年。

国际音标标音 IPA transcription 指使用国际音标符号系统记录语言或方言或为其标音的方法。国际音标符号系统(简称国际音标〔IPA〕)于1888年首次发表在国际语音学协会的《语音教师》杂志上,标志着以国际音标为代表的词外标音法的诞生。此标音法分为宽式标音（broad transcription）和严式标音（narrow transcription），前者又称"音位标音法"，是在严式标音的基础上，只标记语音的音位、不标记音位变体的标音方法，适用于语音教学；后者亦称"音素标音法"，全面细致地标记语言或方言中实际存在的各种音素，适用于语言研究。

国际印刷图形文字教育系统 International System of Typographic Picture Education; ISOTYPE 指由奥地利哲学家和社会学家纽拉特（Otto Neurath, 1882—1945）1925年发表，经过系统化设计的一种具有普遍意义的、非音标符号的文字系统（或称图画文字）。这一系统提出目的是希望用"语言似的"图形设计或系统的图像来取代文字，形成一种世界共通的语言，其本质类似于现在流行于网络的MSN表情符号等。尽管纽拉特的这一系统本身并未取得成功，但ISOTYPE的这种概念对公共设计影响深远，成为后来公共交通、国际活动、公共场所等图形设计的基础。

国际英语测试系统 International English Language Testing System; IELTS 参见"雅思"。

国际语 Interlingua ❶亦称无屈折拉丁语（Latin without inflections）或拉丁国际语。指意大利数学家和逻辑学家皮亚诺（Giuseppe Peano, 1858—1932）创立的一种国际辅助语（international auxiliary language）。1903年，皮亚诺用拉丁语在《数学评论》（Revue de Mathématiques）上发表题为《无屈折拉丁语作为国际辅助语》（De Latino sine Flexione, Lingua Auxiliare Internationale）的文章，指出拉丁语在科学研究领域已经具有国际通用语言的特点，应以简化的拉丁语作为学术领域交流的国际辅助语。此后几年，皮亚诺以及其他一些学者不断使用拉丁国际语在《数学评论》发表文章，在保留拉丁语词汇的同时，不断简化拉丁语的语法体系，摒弃大量的词尾形态变化。1909年，皮亚诺发布拉丁国际语的词汇表，国际语学术院（Academia pro Interlingua）认定其为机构语言，因而称作"国际语"（Interlingua，简称IL）；到1915年，词汇表收词已达1.4万个。例如，国际拉丁语原文：*Latino es lingua internationale in occidente de Europa ab tempore de imperio romano, per toto medio aevo, et in scientia usque ultimo seculo.* 译为英语：Latin was the international language in the west of Europe from the time of the Roman Empire, throughout the Middle Ages, and in the sciences until the last century. ❷指国际辅助语言学会（International Auxiliary Language Association）于1937—1951年之间大力推行的一种国际辅助语，简称IA。国际辅助语言学会致力于创造一种满足国际交流目的的人造语言，作为项目主要负责人的美国语言学家斯蒂尔曼（Ezra Clark Stillman, 1907—1995）和戈德（Alexander Gode, 1906—1970）认为，没有必要创立一种全新的国际辅助语，应该以自然语言为基础创立国际语。因此，在词汇方面，国际语大量保留拉丁语的词干，同时收录来自英语、法语、德语、意大利语、西班牙语、俄语等语言中的共有词汇。在语法方面，国际语推崇简单且规则的语法体系，名词和形容词无需变格变位，取消大部分阴性和阳性的词尾标记，若无必要可不标记单复数，动词不再有时态变化，必要的时态由状语表达。1951年，国际辅助语言学会正式推出国际语的词典和语法使用规则。对于具有罗曼语族背景的学者，国际语的学习和使用非常方便。IA国际语面世后，被应用于一些科技期刊类出版物和国际会议，目前仍有世界国际语联盟（Union Mundial Pro Interlingua）等机构对其加以推广。❸亦称西方语（Occidental; Interlingue）。指爱沙尼亚语言学家埃德加·冯·瓦尔（Edgar von Wahl）于1922年创制的一套人造语言。西方语基于印欧语系的一些自然语言，第二次世界大战之前曾经风行一时。

国际语学 interlinguistique 根据德国世界语学者布兰克（Detlev Blanke, 2003）的定义，指旨在优化国际语言交流的一门学科。比利时人梅斯曼斯（Jules Meysmans）于1911年首先使用法文术语interlinguistique，1931年丹麦语言学家叶斯柏森（Otto Jespersen）将其作为一门新的学科分支引入语言学，认为其研究对象主要有三种：(1)研究计划语言的构造原则、结构、发展和应用；(2)从各种角度研究国际语言通讯问题，包括民族语和计划语言作为国际间的交流工具；(3)研究各种语言之间的关系，包括语言接触、语言比较和翻译等。目前，国际语学界普遍认可的是第二种类型，即国际语学的研究应包括：(1)国际语言通讯问题，如属于语言障碍的语言、历史、政治、经济等特征；民族语或计划语言作为国际通讯手段的条件与效果等。(2)计划语言学——计划语言方案的类型及其结构特征，计划语言作为语言学的研究对象，作为优化国际语言交流的可选语言等。(3)世界语学——国际语学通过研究各种语言的结构和基本组成原则，旨在建立一种国际语（计划语言）的标准。国际语学是世界语运动的理论基础之一。对于这一学科研究可以用来检验一系列的语言学基本概念，而且也会启发与促进相关学科的研究。

国际语言 international language 指作为外语或第二语言在国际会议、外交、商务等方面广泛应用的自然语言。其特点一般表现为使用人数多、应用地区广、作用大等。根据此特点，英语、法语、俄语、汉语、西班牙语、阿拉伯语被确定为联合国大会工作语言,其中英语是使用最广的国际语言。

国家外语能力 national foreign language capacity　　教育语言学术语。指国家处理、应对海内外各种外语事件以及运用外语处理各种事务的能力,也包括国家运用外语研究人类多样文明类型与文化的能力。这是国家语言能力(National language capacity)的重要组成部分。美国马里兰大学的国家外语中心杰克逊(Frederick Jackson)等人就国家外语能力要求(National Requirement for Foreign Language Capacity)列出五个方面的视角:(1)国家安全和外交需要;(2)国际经济发展需要;(3)全球国际交流需要;(4)多民族语言交流需要;(5)学术和研究交流需要。李宇明(2011)认为,国家外语能力的外延应包括语种能力、国家主要语言的国内外地位、公民语言能力、拥有现代语言技术的能力、国家语言生活管理水平等。

国家英语教学大纲 National Curriculum in English　　指英格兰和威尔士使用的英语教学大纲。大纲有三个"构成要件"(profile component):听说、阅读和写作。每个"要件"有一个或多个"学习目标"(attainment target)组成,其中大纲的内容以10个发展级别的"目标说明"(statements of attainment)的形式出现。

国王英语 King's English　　参见"女王英语"。

国语 national language　　社会语言学术语,亦称民族语。指历史或政治定义下某语言社区中所有地域、含区域、社会的书面或口语的某语言及其变体;狭义上指该语言社区里与文学语言相对的标准语(不含方言和社会语言变体)。两种意义下的定义均不够严谨、严密,因为着眼于民族个性特征的地域概念,经常会因历史、政治原因与语言不一致。譬如美国存在多语现象,德国、瑞士、奥地利等国所说的德语各有不同。概要地说,国语可用以辨别或区分一个国家或民族的语言,如德国的德语、英美等国的英语和中国的汉语。但其有别于"官方语言"。例如,卢森堡一直到20世纪80年代中期有两种官方语言(法语和德语),但是当时其国语是卢森堡语(Luxembourgish)。国语一般是历史形成、立法确认的,也有政府依法颁布、推行并确立的。

国语罗马字 National Romanization　　指中国第一套法定的拉丁字母拼音方案,1928年由南京国民政府大学院(院长蔡元培)作为"国音字母第二式"公布,全称为"国语罗马字拼音法式"。20世纪20年代前后,受到欧美先进思潮影响的中国留学生发起了国语罗马字运动,想以此来普及教育,促进中国文化的转型,从而达到振兴中国的目的。"五四"运动前后,《新青年》和《新潮》等杂志讨论文字改革,提出采用罗马字(拉丁字母)拼音的问题,并成立专门委员会制定方案,于1926年提请教育部公布。国语罗马字方案的特点为:以北京语音为标准音,同时也适当兼顾其他"官话"区域的读音;完全采用现成的拉丁字母,不增加新字母也不附加符号;充分考虑现代汉语的语音特点,同时也尽可能照顾到国际习惯;用改变拼法的办法来表示声调,避免使用附加符号。其缺点是表示声调的规则较繁杂,带来学习上的不便。国语罗马字公布以后,除了出版数量很少的一些课本、教材、字表、读物外,并没有在学校里和社会上广泛传习。1986年经台湾教育主管部门修订后,又以"国语注音符号第二式"名称公布,声调改用符号标调,拼写规则大为简化。

国语运动 National Language Movement　　指从清朝末年到1949年中华人民共和国成立前推行的把北京话作为汉民族共同语的运动。其两大口号是"言文一致"和"国语统一"。"言文一致"即书面语不用古代文言,改用现代白话。"国语统一"即确立现代白话以北京话为全国通用的国语。此运动对于现代汉民族共同语的建立和推行,对于文体改革和文字拼音化,都有积极的贡献。由于受到日本明治维新的影响,在清末的最后十年,清朝的学者就已经提出统一国语的问题,国语运动得以肇始。"国语"这一名称由时任京师大学堂总教习的桐城派古文名家吴汝纶首提。1902年,他主张在学校讲授官话合声字母,推行以"京话"(北京话)为标准的国语。1909年,清政府资政院开会,议员江谦提出把"官话"正名为"国语",设立"国语编查委员会",负责编订研究事宜。1911年,学部召开"中央教育会议",通过《统一国语办法案》,决议在京城成立国语调查总会,各省设分会,进行语词、语法、音韵的调查,审定"国语"标准,编辑国语课本、国语辞典和方言对照表等。1912年民国成立后,召开"临时教育会议",决定先从统一汉字的读音做起,召开"读音统一会"。1913年,"读音统一会"议定汉字的国定读音(即"国音")和拼切国音的字母"注音字母"(也叫"国音字母");但北洋政府迟迟不予公布。1916年,北京教育界人士组织"中华民国国语研究会"(简称"国语研究会")掀起一个催促北洋政府公布注音字母和改学校"国文科"为"国语科"的运动。研究会确立五项任务:(1)调查各省方言;(2)选定标准语;(3)编辑标准语的语法辞典;(4)用标准语编辑国民学校教科书及参考书;(5)编辑国语刊物。运动提出学校的"国文教科书"改称"国语教科书",得到各地教育界人士的响应。国语研究会的会员4年中增加到12000多人。1918年北洋政府教育部召开"全国高等师范校长会议",决定在全国高等师范附设"国语讲习科",专教注音字母和国语;于11月公布"注音字母"。同年,《新青年》等刊物提出"文学革命"的口号,提倡用白话文写作。1919年"五四"运动爆发,推动北洋政府教育部成立"国语统一筹备会",训令全国各国民学校改"国文科"为"国语科";同时通令修改原有《国民学校令》,规定首先教授注音字母,改革教科书的文体和教学方法等。国语运动在学校方面取得了初步的成功。"五四"以后,国语运动进入推行期。主要工作是修订注音字母方案,制订国语罗马字拼音法式,调整"国音"标准,扩大国语的教育与应用以及出版、宣传等。主要成就包括:(1)修订注音字母。改变公布时的字母顺序("守温字母"顺序),改为ㄅ、ㄆ、ㄇ、ㄈ的顺序。增加ㄛ母。(2)制订国语罗马字拼音法式。由于注音字母不便于国际应用,黎锦熙、赵元任等人发起国语罗马字的研究和制订。1926年由国语统一筹备会发表方案,1928年由大学院(教育部)作为注音字母第二式予以正式公布。(3)调整"国音"标准。1913年读音统一会用投票方式议定"国音"标准,1919年出版《国音字典》初印本。这一版标准音后被称作"老国音",颇受各界诟病,出现改以北京语音为标准音的主张。1923年国语统一筹备会成立"国音字典增修委员会",决定采用北京语音标准,称作"新国音"。1932年教育部公布《国音常用字汇》,采用"新国音"。(4)推动学校的国语教育。1920年,教育部通令初小科目"国文"改为"国语"。1921年教育部发布训令:"凡师范学校及高等师范均应酌减国文钟点,加授国语。"1923年,国语统一筹备会第三次大会提案议决函请教育部规定中等以上学校实行国语教育,教育部复函表示同意;同年实行学制改革,全国教育联合会组织了"新学制课程标准起草委员会"公布《中小学各科课程纲要》,规定小学、初中、高中的语文科一律定名为"国语"科,小学课本取材以儿童文学为主。(5)培训国语师资。1920—1923年间,教育部开办"国语讲习所"培训各省区选送的学员四五百人。各省区教育厅也分别举办了各种短期训练班。1921年中华书局创办"国语专科学校",商务印书馆创办"国语讲习所",两个单位在三四年间为南方各省以及南洋各地培训了两三千名国语教员。1928—1934年间,国语统一筹备委员会直辖的"国音字母讲习所"举办8期,毕业学员170多人。河南、河北、山东、陕西各省积极举办短期讲习所,利用暑期培训国语教员。(6)出版书刊。出版宣传和研究国语的刊物《国语月刊》《国语旬刊》《国语周刊》等。1920—1922年间,《民国日报》《时报》《时事新报》《申报》《教育杂志》《星期评论》《上海青年》等报刊,不断发表宣传国语的文章;商务印书馆和中华书局出版《国民学校用新体国语教科书》《新法国语教科书》

《新教育国语课本》等各种课本;此外,国音的字汇、字典、国语辞典、语音教材、语法、会话读本、留声片等也陆续出版。编纂国音字汇、字典和国语辞典成为国语运动后期的重点工作,专门成立了编纂机构"中国大辞典编纂处"。1937年全面抗日战争爆发,国语的推行陷于停顿。1949年中华人民共和国建立以后,改为推广以北京语音为标准音、以北方话为基础方言、以现代典范的白话文著作为语法规范的现代汉语普通话。普通话的标准与国语略有不同,但是运动的性质依然如旧,是国语运动的继续。在1945年光复后的台湾省,国语运动的推行获得很大的成绩,只花了大约10年时间,就在台湾同胞中普及了国语。

过程语义学　procedural semantics　指借助一系列心理过程来确定语义(词义、句义、篇章意义等)的研究方法,其基础是义素分析由于其程序缺少灵活性,在判断一些概念时所要观察的特征又具有多样性,过程语义学对于一些较为模糊的概念(如介于主食和辅食之间的土豆)不易作出判断。

过度措辞　adoptive form　指由于避讳或追求委婉而形成的不恰当的语言表达形式。例如,在新闻报道中,媒体会尽量使用 visually challenged(视力受挑战的)、senior citizens(资深公民)等词汇形式替代 blind(瞎子)、old people(老人)等概念,但如果在某些场合下语言使用中过分回避可能存在激怒或歧视某一群体的现象,把 wrong(错误的)称为 differently logical(不同逻辑的)、把 dead(死亡的)称为 living impaired(生存受损的)、把 ugly(丑陋的)称为 aesthetically challenged(美感受挑战的)等用法均属于矫枉过正的形式。

过度概括　overextension；overgeneralization
参见"过度类推"。

过度矫正　hypercorrection　亦称过度模仿(hyperurbanism)或过度纠正(overcorrection)。❶语言教学术语。指学习者所使用的一种语言形式超越目标语语言变体的某一标准,如英语中的副词构词规则(形容词加 ly)被过分应用。例如,*He runs fastly 应作"He runs fast"。又如,对语法组句规则的过头模仿:*This dish tastes deliciously 应为 This dish tastes delicious(这个菜好吃)。过度矫正常造成语言学习中的语内错误(intralingual errors)。❷社会语言学术语。指因考虑社会地位等因素,过分使用一种语言形式而避免另一种语言形式的现象。如发舌尖齿龈后部摩擦辅音/r/在美国被认为是有社会地位、受过良好教育的标记,因此人们往往倾向于过分使用/r/,特别是在正式场合中更是如此。

过度纠正　overcorrection　　参见"过度矫正"。

过度类推　overgeneralization；overextension；overregularization　　语言习得术语，亦称过度概括。指学习者把一个规则不恰当地过度扩展使用的现象。过度类推现象在母语习得及二语习得中都会出现。譬如：小孩看到英语中的名词复数cup—cups、bag—bags，就会概括出英语复数概念的形成就是在名词词尾加上-s，如用"womans"代替"women"；或将规则动词的过去形式过度概括而得出goed、wented、goned等形式。但随着语言接触的增多，语言水平的增长，这种错误也会逐渐消失。这种现象不仅在屈折变化和词素上出现，在语义、词汇、句法规则中都会出现。例如：幼儿在学会了"狗"这个词后，会用它泛指所有的四足小动物；助动词"be"代替助动词"do"的用法。这类扩展表明儿童并非复制成人，因为他们没有听到过这些说法，而是在产生自己的规则。

过度模仿　hyperurbanism　　参见"过度矫正"。

过度区分　overdifferentiation　　语言习得术语。指在第二语言或外语的习得过程中，由于受第一语言或母语影响，不能抑制原来语言中所存在的区分，而把这种区分扩展到所学语言中的现象。例如，英语的/d/和/t/在西班牙语中合为一个音位/d/，但是以英语为母语的学习者在学习西班牙语的过程中可能继续区分这个音素。

过度外延　overextension；overgeneralization　　参见"过度类推"。

过度用词　overwording　　指使用过多的近义词或者近似近义词的单词来指代一个特定的领域或社会行为。可能意味着对某个问题或领域的过多关注，或在此领域中存在意识形态的挣扎。譬如，被称为"freedom fighters"的人，从不同角度也可称作"terrorists""rebels""insurgents"或"assassins"。

过渡　transition　　语音学术语，亦称音渡（juncture）。指与语音连接的方式有关的语音现象。大多数语言学家把过渡音分为两类：开过渡（open transition；open juncture）和闭过渡（close transition；close juncture）。开过渡用＋来表示，常常叫做正连音（plus juncture）。开过渡在词的分界线处发生，如把an aim /ən eɪm/和a name /ə neɪm/这样的词组分开。在单个词语音中的开过渡叫做内部开连音或内部连读（internal open juncture或internal hiatus）。闭过渡（亦称闭连音）（close transition，close juncture），用一系列不留空格的书写符号来表示。闭过渡指在正常的连续的系列中一个语音到下一个语音的过渡。一些语音学家用"juncture"这个术语，但"juncture"一词在这里所用的意思必须和终端连音（terminal juncture）所用的意思区别开来。

过渡性双语教育　transitional bilingual education　　参见"维持性双语教育"。

过渡音　transitional sound　　语音学术语。指发音器官从一个音的位势转入下一个音的位势时可能出现的不稳定的中间音。如the ice的一种可能的读法：/ðɪˈjaɪs/，其中的/j/是一个不明显的过渡成分。

过滤　filter　　句法学术语，亦称过滤条件或检验式。生成语言学中指对可能的语法结构的一种限制。在标准理论阶段，派生过程中只有某些基础短语标记被转换成表层结构，其他的都被实施的各种制约或规则过滤掉。在管辖与约束理论中，过滤指能够阻止生成不合法句子的一类条件。例如：[1]* Who did we want *for to* win?　[2]* Mary loves *themselves*.　[3]* That *that* she smokes bothers you surprises me.　句[1]表示，"for-to"过滤条件规定，凡是"for-to"类型的结构都不合格。句[2]中的回指词themselves因为没有被相应的先行词管辖，所以被输出条件"所有的回指词必须被管辖"所过滤。句[3]表明"that-that"过滤条件规定，任何英语句子都不允许标句成分"that"连续出现两次。

过滤转换　filtering transformation　　句法学术语。通常指能在推导过程中把一个短语结构转换为另一个短语结构，把不能转换成合格表层结构的短语标记过滤掉的现象。与此不同的是，过滤转换只具有过滤功能，而没有改变结构的功能。

过去分词　past participle　　语法学术语，亦称完成分词（perfect participle）或被动分词（passive participle），用以构成完成时或被动语态。例如：have painted中的painted以及have been done中的been、done均为过去分词。

过去将来时　future in the past　　语法学术语。在过去时间框架下表示未来的行为的时态。英语中用should/would与主要动词连用来表示。例如：He said he would come the following day.

过去进行体　past progressive　　语法学术语。指语法范畴的一种，表示动作正在进行中。英语的进行体由助动词be和动词的-ing形式构成。当进行体与过去时连用时，就被称作过去进行体。例如：I was doing my homework when he came in.

过去时　past tense；past　　语法学术语。❶指与过去时间相关联的时态范畴，通常用于表示动词所描述的动作或状态发生在说话时刻之前。不同的语言对过去这段时间内作不同的区分,如所指时间是最近的还是遥远的,动作是完结的还是未完结的。在古希腊语等一些没有不定过去时、未完成时和完成时之区别的语言中,过去时表示所叙述的事情在言语行为之前已经结束,因此主要是描述性叙事的时态。由于受拉丁语各种描写模型的影响,英语语法传统上也区分多种过去时,但只有一种过去时用动词的屈折形式表示。例如:[1] She *cried*. [2] It *collapsed*. 其他指称过去时间的方式由助动词和表过去的状语来实现。例如:[3] He *went* to England *last year*. [4] When *did* you get up *yesterday morning*? 不带助动词的过去时通常称为一般过去时或过去式。过去时和非过去时的区别是英语时态体系中的基本区别。❷在英语中,有些句子在形式上是过去时,却并非表示过去时间。例如:[1] If I *were* you, I would accept the offer. [2] It's time you *had* breakfast. 两例中的过去时形式,其实是虚拟语气的表达方式,用以表示假设的前提或条件,而非过去的时间。

过去式 preterite 指语言中没有体标记的、表示过去时态的动词形式。此概念源自拉丁语仅对发生在言语行为之前的事件进行描述,如用于史诗(epic)中,对历史事件进行描述或叙述。在更早期的用法中,此术语统指完成体、未完成体、和过去完成体。

过去完成时 past perfect 语法学术语。动词的时态之一,在英语中由"had + 过去分词"构成,表示过去某时前已经发生的动作或情况,表示的是"过去的过去"之意。例如:[1] Mary had successfully set up her own business by the end of last May. 过去完成时可表示过去某个事件的终点。例如:[2] Vivien had eventually reached the destination. 在由 when、as soon as、before、after、until、now that 等连接的复合句中,如果主句的谓语和从句的谓语表示的过去动作发生在不同的时间,则先发生的动作通常要用过去完成时。例如:[3] They had finished the job before the boss came back.

过去完成式 pluperfect 语法学术语。为表达过去时态和完成体动词形式的传统术语,也称作第二完成时(second perfect)或过去完成时(past perfect)。参见"过去完成时"。

过去现在时 preterite-present 语法学术语。指早先印欧语系语中的动词过去时(preterite)在使用过程中逐渐含有了某种现在时的意义。对时态和意义的重新解释是基于印欧语言时态体系中的体的特征(aspectual character)而演变的。印欧语言现在过去时动词的基本模型是其完成体词根(perfect stem),这种完成体词根表达行为发生在过去的一种状况。例如:I have read the book. 即意味着"I know the story",因而含有现在时的意义。过去现在时是从语言的古代过去时形式逐渐演变而来的。例如:ought 在古英语中是 ahte,而 ahte 是 agan 的过去时形式;must 在古英语中写作 moste,是 mot 的过去时。

过头形式 hyperform 亦称过度纠正。是矫枉过正(hypercorrection)造成的结果表现出来的形式。参见"矫枉过正"。

H

孩子气的言语 infantile speech; pedolalia; baby talk; infantile perseveration; infantilism 指在语言发展正常的年龄阶段还保留的儿童早期语言发展阶段的语言混乱或失调的状态。其特征是某些语音的缺失和使用儿童早期语言发展阶段中常见的不标准的语音。

海湾地区语法 Bay Area Grammar 基于合一语法（unification grammar）的算法建立的语法模型，是合一语法的一种变化形式。因由斯坦福大学和附近的旧金山海湾地区的一些研究机构提出的，故称为海湾地区语法。

海湾语言 Gulf Languages 社会语言学术语。指分布于北美的语族，包括分布在美国东南部的摩斯科格（Muskogean）语支和育奇—海湾（Yuki-Gulf）语支，而育奇—海湾语支又包括育奇语（Yuki）和加利福尼亚州北部的瓦坡语（Wappo）。格林伯格（Joseph Greenberg）1987年发表的学术观点认为海湾语言属佩纽蒂语群（Penutian）。

海希尔区 Heschl area 以奥地利解剖学家海希尔（Richard Heschl 1824—1881）名字命名的脑回，亦称海希尔脑回（Heschl gyrus）。海希尔曾于1855年在其研究中描述了大脑皮层靠近左太阳穴的脑部区域。该区域靠近韦尼克区（Wernicke's area），连接听觉神经通道。如果该区域受损会导致词聋（word deafness）。

含糊发音 slur 语音学术语。指发音时从一个语音含糊过渡到另外一个语音的结果。

含蓄陈述 understatement 修辞学术语，亦称低调陈述。用较少分量的语气或程度来描述或表达，以达到一种"尽在不言中"、表示强调效果的修辞格。这是一种轻描淡写、明抑实扬的含蓄说法，与夸张（hyperbole）相反。例如：[1] I didn't half-like him. [2] It's no laughing matter. 例[1]意为"我不是一点点喜欢他"，即用否定式表达极其肯定的意思。例[2]意为"这不是笑笑就行的事"，同样用否定方式表达"这事其实很严肃"的意思，达到了明抑实扬的效果。

含蓄行为句 implicit performative 亦称隐含行事句，行事句的一种。指不含明示行为动词（performative verb），但隐含一个行为的句子。与 explicit performative 相对立。例如：[1] There is a vicious dog behind you. [2] 吸烟有害健康。句[1]和句[2]均各隐含一个警告。

含蓄施事 implied agentive role 句法学术语。指虽未明示但从语境中可以觉察出的隐藏的施事者。例如：Using microscope, a new bacterium was discovered. 此句是一个含悬垂分词（dangling participle）短语 using microscope 的句子（句首的问号表示在一定程度上有可能在实际使用中被接受）。分词短语没有它的逻辑主语，但全句可以觉察出一个隐藏的施事者在"使用显微镜"，以致"发现了新的细菌"。

含蓄意义 intensional meaning 语义学术语，亦称内涵意义。指说话人或作者以隐指事物的特征或属性的方式赋予词或短语的涵义。

含义[1] implication 逻辑学、语义学术语，亦称蕴涵。指一种判断前后两个命题互为条件的逻辑关系，即当且仅当在 P 为真的任何情况下，Q 也为真时，P 在语义上蕴含 Q，其逻辑符号为"→"。蕴涵的具体表现为如果 P 为真，则 Q 也同时为真，逻辑式为 P→Q。例如，命题 P 为"张三打了李四"，命题 Q 为"张三打了人"，则 P 蕴含 Q。逻辑蕴涵的真值表为：

P	Q	P→Q
T	T	T
T	F	F
F	T	T
F	F	T

含义[2] sense 语义学术语。指一个语言形式的内在含义，是这个语言形式所有特征的集合。意义是抽象的，与具体语境无关。例如，"狗"的意义是指"家畜，听觉、嗅觉都很灵敏的食肉动物，种类很多，有的能帮助打猎、牧羊、看守门户等"。这个定义并不指代世界上具体哪只狗，而是指满足这些特征的任意一只动物。与意义相关的概念是指称，是语言形式在真实世界中的所指。例如，"这只狗在汪汪叫"中的"狗"是处于真实环境中特定的狗，说话人或交际双方都清楚是哪只狗。此外，有些词汇在真实世界中没有所指，如孙悟空和猪八戒，但是人们仍然能知道它们的意义，因为人们在头脑中对这种现实世界中不存在的事物具有某种形象。

含义分析 implicational analysis 变异语言学理论中"定性范式"的一种研究方法。此方法以语言变异具有互不相同的层级结构为理论基础，采用定性的模式来表征语言变异。此方法把各个标志着语言变异的语言特征在一个蕴含关系矩阵中排序，如果矩阵中出现了某一特定特征，就可以推导出另一特定特征的存在。这种蕴含关系不具可逆性（如下页的矩阵图所示)。这个矩阵代表了一个蕴含层级,对相关变异的规律性特质提供了图示表征。

语言品种	特征			
V1	F1	F2	F3	F4
V2	F1	F2	F3	
V3	F1	F2		
V4	F1			

含义普遍现象 implicational universal 参见"蕴含规律"。

函数 function 集合论术语。表示元素之间的一种特殊关系。在形式语言学中,一些语词的赋值也可以是函数。

涵盖面 coverage 亦称覆盖面、覆盖的范围。指词和结构可用来替代其他词和结构的程度。某个词或结构因与另一个或几个词或结构在意义上类似,便可能用来对意义类似的词或结构进行替换。例如,seat(座位)包含了 chair、bench、stool 等意思;用"What time is it?"可替代"Could you kindly tell me the time?"等。涵盖面也是一个教学原则,可以用来帮助语言教师选择语言教学的语项,因为涵盖面广的语言项目对语言学习者最有用。

涵义 implicature 语用学术语,亦称隐涵、含义。指句子所表达的意义除了字面意义以外还有隐含或含蓄意义,由美国哲学家格赖斯(Paul Grice)于20世纪60年代提出。格赖斯把隐涵分为规约(conventional)隐涵与非规约(non-conventional)隐涵,即会话隐涵(conversational implicature)。前者隐涵内容是由所使用的单词、词语本身所具有的规约意义决定的,即只是以约定俗成的方式与某些词语相联系而不靠准则推导。例如:他是运动员,因此他很强壮。这句话中"他很强壮"是"他是运动员"的结果;后者的含义不是由词语的常规意义决定,而是由会话的一般特征、一般规律决定的,和说话人所用的单词、词语之间的关系是间接的,它固然要以话语的语义内容为基础,但说话人所要表达的内容无疑要多于话语的语义内容,需根据会话准则推导意义。会话隐涵指根据某些支配会话效率和正常可接受性的合作原则,从话段的形式推导出来的隐涵义。会话隐涵/涵义分为一般(general)隐涵/涵义和特殊(particularized)隐涵/涵义两类,前者不受特定语境的限制,后者要求有特殊的语境。

韩礼德范式 Hallidayan Paradigm 参见"生态语言学"。

韩礼德语言学 Hallidayan linguistics 指英国当代语言学家韩礼德探索并发展的一套语言学理论。20世纪50年代初到60年代中期,韩礼德探索并发展了一套系统语法理论。60年代中期,韩礼德又集中精力探讨了语言的功能问题,到70年代初,基本上形成了他的系统功能语法理论;70年代后韩礼德把研究重点转向语言与社会学和符号学关系上。韩礼德语言学的一个重要理论是纯理功能思想。韩礼德认为语言的性质决定人们对语言的要求,即语言所必须完成的功能。语言千变万化的功能都可以归纳为若干有限的抽象的功能,即"纯理功能"或"元功能",纯理论功能包括三方面的内容:(1)语言是对存在于主客观世界的过程和事物的反映,这是"经验(experiential)"功能,或者说关于所说的"内容"功能。在语言中还有"逻辑(logical)"功能,即以表现为并列关系和从属关系的线性循环结构的形式出现,由于两者都是基于说话人对外部世界和内心世界的经验,与其功能相比较是中性的,因而可统称为"概念(ideational)"功能。(2)语言是社会人有意义的活动,是做事的手段,是动作,因此它的功能之一必须是反映人与人间的关系。这个纯理功能称为"人际(interpersonal)"功能。(3)实际使用中的语言基本单位不是词或句,而是表达相对来说完整思想的"语篇(text)",上述两种功能部分最后要由说话人把它们组织成语篇才能实现。这就是语篇功能(textual function)。语篇功能使语言和语境发生联系,使说话人只产生与语境相一致的语篇。

韩礼德语言学十分重视语言的社会功能及如何实现这些社会功能,集中力量去发现和描写由于社会情境和说话人的情况不同而产生的各种语言变体,以及这些变体与社会功能之间的关系。韩礼德语言学重视对个别语言以及个别变体的描写,并且认为这种描写本身就是语言学的目的之一,而不是为了发现语言的普遍现象。韩礼德语言学用"连续体(continuum)"的概念来解释复杂的语言事实,引进了"阶(scale)"和"精密阶(scale of delicacy)"两个概念。韩礼德语言学以"系统"作为基本范畴,把语言看作是一套系统,每一个系统就是语言行为中的一套可供选择的可能性,即在特定环境中可以选用的一组语言形式。

寒暄功能 phatic function 语用学术语,亦称应酬功能。结构主义语言学家雅柯布逊(Roman Jakobson)1960年概括的语言的六大功能之一。寒暄功能一般指语言被用来保持交际活动的畅通和良好的社会联系的功能。人们见面时的打招呼、说客套话、相互致谢或道贺等都属于语言的寒暄功能。在这个功能层面上,谈话内容远不及谈话的交际功能重要。雅柯布逊概括的语言的其余五大功能是指称功能(referential function)、诗歌功能(poetic function)、表情功能(emotive function)、呼吁功能(conative function)和元语功能(meta-lingual/metalinguistic function)。

寒暄性交谈　phatic communion　亦称交际性谈话。参见"寒暄语"。

寒暄语　phatic communion　社会语言学术语。波兰裔英国人类学家马林诺夫斯基（Malinowski）于1935年首先使用此概念，后来许多语言学家用来指用语言营造一种气氛或保持社会接触而不是交流信息或思想，如谈论天气、询问健康等。常见的英语寒暄语包括"Hello, how are things going?""Good day, isn't it?"等。寒暄语对语言功能的社会语言分析特别重要。

汉藏语语言学　Sino-Tibetan linguistics　指语言学中研究汉语、藏语、泰语等属于汉藏语系诸语言的学科分支。汉藏语系中各语言有以下共性：(1)很多是孤立语；(2)有声调；(3)单音节词根占多数；(4)有量词；(5)以虚词和语序作为表达语法意义的主要手段。

汉字　Chinese character; Chinese writing　亦称中文字、中国字。广义的汉字包括甲骨文、大篆、金文、籀文、小篆以及隶书、草书、楷书（以及派生的行书）等文字；狭义指以正楷作为标准写法的汉字，也是今日普遍使用的现代汉字。汉字是世界上现存最早最古老的文字之一。汉字的数量尚无公认的定论，根据现代数据库统计，总数约为10万。1989年版《汉语大字典》收录汉语单字54678个，1994年版《中华字海》收字85568个；2003年版日本《大汉和辞典》收汉字约5万，2008年版韩国《汉韩大辞典》收汉字53667个。日常使用的汉字只有几千个。2012年版《现代汉语词典》（第六版）共收各类单字1.3万余个，共收条目69000多条。汉字是表意文字，以字根组字，即以本身有意义的869个声母及265个形母的象形、指事字为最基本字根部件，通常为独体字，再组成各种复合部件以及一般认知的字。汉字在造字原则上从表征、表意到形声，基本上一个字一个音节，绝大多数是形声字，在形体上逐渐由图形变为笔画，象形变为象征，复杂变为简单，构造原理为：象形、指事、会意、形声、转注、假借。

汉字为上古时代的华夏族人所发明创制并作改进，目前确切历史可追溯至约公元前1300年商朝的甲骨文、籀文、金文，再到秦朝的小篆，发展至汉朝隶变，至唐代楷化为今日所用的手写字体标准正楷。现代汉字，在中文体系大致分成繁体中文与简体中文两个体系。前者主要用于中国香港、澳门以及台湾，而后者主要用于中国内地以及新加坡、马来西亚等东南亚国家。一般来讲，繁、简两个体系的用户都能在短期内适应并能看懂另一体系的文字，并无太大的沟通障碍。汉字在其演变过程中基本遵循了循序渐进、有迹可寻的正常变化，但也有与正变不同的称之为讹变的演变情况，使用者把本来是有理据的结构或构件偏旁误写成了与之相似而意义不相干的结构或构件偏旁，从而使得文字的形体结构丧失或脱离了原来的形义关系的错误现象，造成古今字形联系上的中断，使得形义解释歧说纷出。但与世界上诸如古埃及的圣书字（图画文字）和古美索不达米亚的楔形文字等其他古老文字相比而言，汉字的演变依然显得保守，前两者都从表意文字演进成为拼音文字，改变了自己的体系，而汉字始终在表意的范围内演变，这恰恰反映了诸如生活变化、时代变迁等社会变异的语言功能。

汉字编码方案　Chinese character coding scheme　语言处理术语。指通过键盘向计算机输入汉字的编码规则及实施方法。汉字编码，即按照一定规则对汉字编制相应代码的过程。储存在计算机上的汉字字模数据库亦称汉字字形库（Chinese character font library）。目前，汉字主要通过三种途径进入计算机：(1)机器自动识别。计算机通过"视觉"装置（光学字符阅读器或其他仪器），用光电扫描等方法识别汉字。(2)通过语音识别输入。计算机利用人们给它配备的"听觉器官"，自动辨别汉语语音要素，从不同的音节中找出不同的汉字，或从相同音节中判断出不同汉字。(3)通过汉字编码输入。根据一定的编码方法，由人借助输入设备将汉字输入计算机。机器自动识别汉字和汉语语音识别虽然取得了不少进展，但由于难度大，预计还要经过相当一段时间才能得到解决。在现阶段，比较现实的就是通过汉字编码方法使汉字进入计算机。据粗略统计，现有四百多种汉字编码方案，其中上机通过试验的和已被采用作为输入方式的也有数十种之多。归纳起来，不外乎五种类型：(1)整字输入法；(2)字形分解法；将汉字的形体分解成笔画或部件，按一定顺序输进机器。(3)字形为主、字音为辅的编码法；(4)全拼音输入法：绝大多数是以现行的汉语拼音方案为基础进行设计。(5)拼音为主、字形为辅的编码法：一般在拼音码前面或后面再添加一些字形码。上述各种编码法，各有优劣之处。例如，字表法的特点是一字一格（键），无重码，直观性好，操作简单。缺点是需特制键盘，速度较慢。鉴于此，目前的趋势是推广并过渡到双轨制，即汉字和汉语拼音文字并存并用以及音码和形码并存并用的双轨制。

汉字识别　Chinese character recognition　语言处理术语。指通过计算机对汉字字形特征予以抽取，从而实现对汉字的自动识别。汉字识别包括对印刷体汉字和手写体汉字的识别。

汉字信息处理　Chinese character informa-

tion processing　　语言处理术语。指通过计算机对汉字信息的操作与加工,如汉字的输入、输出和识别。

汉字整理　regularization of Chinese characters　　指对汉字进行定量、定形、定音、定序,使其规范化、标准化的工作。我国历史上出现过多次汉字整理运动。秦朝的"书同文",确定小篆为全国通用的标准字体。新中国成立后,开展了简化汉字、整理异体字的工作。一方面在采纳民间简体字、总结简化规律的基础上,形成《简化字总表》,使简化字的数量达到2234个;另一方面主要是废除异体字。文化部和中国文字改革委员会于1955年12月公布了《第一批异体字整理表》,废除1055个异体字。目前汉字整理主要包括定量工作,即规定现代汉字的常用字、通用字、专用字(人名、地名、物名、文言等用字)的字数;定形工作,即规定现代汉字印刷体和书写体(包括行书、草书)的字形,确定正体、淘汰繁体、异体;定音工作,即规定现代汉字的普通话读音、确定正音,消除不必要的多音、异读;定序工作,即规定现代汉字集中统一的排检法或查字法。从社会语言学角度而言,该工作为语言规划中本体规划(corpus planning)的重要内容。

行话　jargon　　亦称行业话或行业语。指同属于某一行业的一组人或具有共同利益的任何一个群体所说或所写的语言,如法律行话、医学行话、体育行话、宗教行话等。其词汇具有创新性、变化性,有独立的词汇及相应的形态规则,如复合词、特殊前缀形式、外来语、专门名词和隐喻等;其句法特点通常是名词句和非人称结构,语篇层面的特点是通过连接词、重现和其他衔接手段表现出的结构和语义连贯。行话具有社会功能,便利职业交流,但对于外行人来说理解困难。例如,在体育赛事转播节目中,主持人或解说人经常使用特定运动项目中的行话来讲评,如擦板得分(篮球)、局末平分(网球)等。

行内韵　internal rhyme　　一行诗中间停顿休止音节或行末最后音节押韵。行内韵可以加强音韵感,是轻松诗体中常见的韵律。例如,17世纪英国作家纳什(Thomas Nash)的《春天》(*Spring*)中有"Cold does not sting, the pretty birds do sing"。

行首外加音节　anacrusis　　指诗句开头的非重读音节,在正常的格律结构前增加的音节(不属于第一音步),其作用在于引导一种韵律。例如:O come, all ye faithful.

行业语　jargon　　参见"行话"。

行业语言学　institutional linguistics　　语言学正在发展的一个分支,集中研究不同行业有代表性的从业人员在行业工作中使用的语言,如法律、医药、媒体、教育、商业等行业中使用的语言。20世纪70年代中期以来,行业语言学家的研究主要集中在对行业人员与外行人(通常是他们的客户)之间面对面的口语交流研究。调查研究的范围不仅仅局限在同行业人员之间的语言交流,也延伸至跨行业的行业人员的交流研究。同时,从事行业语言学研究的学者也强调行业书面语和非言语的行业交流方式研究的重要性。研究者们还注意到行业语言与民族志背景以及电话、传真,电子邮件和电脑等科技手段使用之间的复杂关系。行业语言学研究的理论和研究视角多样,如有行业语言学的民族志研究法、行业话语分析研究、行业话语批评研究以及行业语言学的社会语言学研究等。

豪根范式　Haugenian Paradigm　　参见"生态语言学"。

合并　merge　　❶句法学术语。指最简方案中搭建句法结构的操作。两个成分结合在一起形成结构,并为其指派标签(即加标)。标签与参与合并的其中一个成分相同。例如:

[1]　build + airplanes

[2]　build　airplanes

[3]　build

　　build　airplanes

动词build和名词airplanes合并的过程是:build和airplanes合并后形成表达式[2]的结构,然后加标操作选择动词build作为标签,得到表达式[3]。❷音系学术语,亦称并合(convergence),指两个对比音位中和而产生的音变现象。例如,中古英语的/æ:/和/e:/合并为现代英语的/i:/。

合并词　portmanteau word　　参见"拼缀词"。

合并形素　portmandeau morph　　形态学术语。指代表两个或两个以上语素的一个单个形素,如拉丁语中的动词amo(我爱)中的"o"。在amo中,am-是动词词根,-o可以同时表示第一人称、单数、现在时、主动语态、陈述式等语法范畴。这些语法范畴都集中体现在形素-o上。合并形素是拉丁语动词的明显标记。

合并优于移位假说　merge-over-movement hypothesis　　句法学术语。最简方案中的经济原则之一。乔姆斯基提出,如果一个运算系统需要在合并一个成分和移动一个成分之间做出选择的话,应该选择合并操作。换言之,移位操作比合并操作更费力。

合并原则 amalgamation rule　　参见"投射规则"。

合成法 compounding　　形态学术语。指在构词法中将两个或两个以上单词进行连接（joining），构成新词的方法。构成的新词称为复合词（compound）。复合词可以连写，如 silkworm；可以加连字号连接，如 honey-bee；还可以分开书写，如 tear gas。合成后的复合词不论从语法上，还是语义上都作为独立词出现。英语复合词一般分为名词复合词（noun compound）、形容词复合词（adjective compound）和动词复合词（verb compound）。复合词在英语和德语等语言中非常普遍，而在另一些语言（如法语和西班牙语）中并不常见。

合成复合词 synthetic compound　　形态学术语，亦称非词汇化复合词（non-lexicalized compound）。英语复合词的一种，分类标准按照是否含去动词化形式（deverbal form）而定。合成复合词定义最早见于布龙菲尔德（Leonard Bloomfield）的《语言》（Language），指复合词可以和短语（如：eat meat）共存，条件是加上-er、-ing 这样的后缀。大多数学者认为构成英语合成复合词的去动词化后缀是-er/-or、-ing、-en/-ed。例如：oven cleaner, truck driver time saving, fast moving, expert tested, pan fried。另一种为基础复合词（primary compounds），即复合词全部由词根组成。例如：hotdog, stirfry。

合成空间 blended space　　认知语言学术语，亦称合成。与概念合成理论（Conceptual Blending Theory）有关，指概念整合网络中，源于概念整合的一个心理空间，导致产生涌现结构（emergent structure）。

合成理论 Blending Theory　　参见"概念合成理论"。

合理删词完形填空 rational cloze　　语言测试术语，亦称选择性删词填空。一种并非随机删词，而是根据词类等因素合理删词并要求被试填空的完形填空形式。一般而言，可以考虑合理删掉冠词、情态动词、介词等。较其他完形填空（如多项选择完形填空）而言，该形式信度与效度较高，有助于检测学生的综合能力。

合理选项法 acceptable alternative method　　语言测试术语，亦称合理选词法（acceptable word method）或上下文合适法（contextually appropriate method）。指语言测试中对完形填空的任务类型所制定的评分标准之一。根据该评分标准，完形填空试题的答案不唯一，只要受试所给出的答案符合上下文所给定的语境或者在意义上可以接受，即使与标准答案不一致，也视为正确的答案，可以在测试中得分。

合取式顺序 conjunctive ordering　　句法学术语。见于括号标记法，表示从一组交替形式强制选择其中一个。例如：

$$X\begin{Bmatrix}Y\\Z\\W\end{Bmatrix}O \quad \begin{matrix}(1)\ XYO;\\(2)\ XZO;\\(3)\ XWO.\end{matrix}$$

在此用标记法缩略表示的一个合取式规则序列中，其规则序列规定(1)、(2)、(3)三条规则中必有一条适用。合取式顺序与析取式顺序相对。

合适性 appropriateness　　参见"得体性"。

合适选词法 appropriate word method　　亦称语境得体法（contextually appropriate method）或可接受选词法（acceptable word method; acceptable alternative method）。在完形填空测验中，读者可以从上下文判断，并选择合适的或可接受的词填空。其理论基础为格式塔心理学（Gestalt psychology）：一段文字应有其内容、组织结构和语言特点的完整性，此段文字为空白处缺词的选择提供了足够的线索，使读者在语境分析的基础上恢复正确的词项。

合体语 incorporating language　　参见"多式综合语"。

合体字母 ligature; linker　　指两个或两个以上字母的合并成为合体字母或音标中符号的连接。例如：英语单词 field 中的 fi，法语中的连字 œ 由 o 和 e 合并而成；音标中的连接符号，如 [æ]。

合一型语法 unification-based grammars　　句法学术语。指 20 世纪 80 年代后计算语言学界提出的若干有别于乔姆斯基转换生成语法的新语法理论。其中包括布里斯南（Joan Bresnan）和卡普兰（Ronald Kaplan）的词汇功能语法（Lexical Functional Grammar；LFG）、马丁·凯（Martin Kay）的功能合一语法（Functional Unification Grammar；FUG）、盖士达（Gerald Gazdar）等人的广义短语结构语法（Generalized Phrase Structure Grammar；GPSG）、中心语驱动短语结构语法（Head-Driven Phrase Structure Grammar；HPSG）以及逻辑语法（Logic Grammar；LG）等。此类形式各异的语法理论有两个共同特点：一是避免在语言分析中沿用转换规则，因而被称为"非转换语法理论（non-transformational grammar theories）"；二是以复杂特征集（sets）和合一运算作为形式体系的基础，因而又称作"基于合一的语法（unification-based grammars）"。

合语法习语 grammatical idiom　　认知语言

学术语。指遵守通常语法规则的习语式表达法。例如,在"chase the wild goose"(徒劳的追求)中,动词 chase 后面跟名词短语 the wild goose,符合语法。合语法习语与超语法习语(extragrammatical idioms)相对。

合作交流 co-operative interaction 参见"合作学习法"。

合作任务 co-operative projects 参见"合作学习法"。

合作学习法 co-operative learning 语言教学术语,亦称协同学习法(collaborative learning)。指把班级分成若干合作小组(co-operative groups)进行学习的方法。通过合作学习法,学生在小组学习中面临的压力降低,学生的课堂参与度提高,因而合作学习法有助于减少竞争和教师的支配作用,促进学生学习。合作学习活动一般分为五类:(1)同伴辅导(peer tutoring),即学生在学习中互相帮助,互相操练;(2)拼图法(jigsaw),即小组成员各自有一条完成任务的信息,经过"拼图"的方式共同完成任务;(3)合作任务(co-operative projects),即学生合作完成的任务,如书面论文或集体表演等;(4)合作/个别法(co-operative/individualized learning),即学生各自通过适合的学习材料学习,以自己的速度和方式取得进步,并提高小组成绩,所有成员都能因某个成员的成绩提高而得到奖励;(5)合作互动(co-operative interaction),即学生成立小组共同完成某一单元的任务,如实验室里的实验。各类合作学习活动均适用于交际法语言教学。参见"**交际法语言教学**"。

合作研究 collaborative research 语言教学术语。行动研究(action research)的一个基本项目,指在教师培训课程(teacher development programme)中教师与他人合作共同进行的研究。合作研究中与教师进行合作的对象,可以是指导者(supervisor)、学校顾问(school consultant)、大学研究员(university researcher),也可以是另一位教师,其至是学生。

合作原则 cooperative principle 语用学术语。人们在交际过程中遵循的会话原则,由美国语言哲学家格赖斯(Paul Grice)1967年在哈佛大学演讲中首次提出。格赖斯认为,交际双方似乎在有意无意遵循着某一会话原则,以求相互配合并有效地完成交际任务,格赖斯将这一原则称为"合作原则",并仿效康德的"范畴表"提出"合作原则"包含四个范畴:数量准则(Maxim of Quantity)、质量准则(Maxim of Quality)、关系准则(Maxim of Relation)和方式准则(Maxim of Manner)。数量准则是指交际过程中的信息量应满足且不超过交际所需的信息量;质量准则指交际时应该避免那些自知虚假或缺乏足够证据的言语;关系准则指交际双方所交流的信息之间相互关联;方式准则指交际时表达应清晰明了,避免晦涩和歧义。

和谐 harmony 音系学术语。指一个音系单位的发音方式受同一词或短语中另一单位的影响,即与其"和谐"。一个类似的概念是同化。和谐分为辅音和谐(consonant harmony)和元音和谐(vowel harmony)两大类。如典型的元音和谐即一个词内的全部元音共享某些特征,如都用舌前部位,或都是圆唇音(见于土耳其语和匈牙利语)。受一种和谐方式影响的元音子集称作和谐音集(harmonic sets)。不和谐(disharmony)或不和谐性(disharmonicity)是指 A 音集的一个元音用于(如通过添加后缀)通常只含音集 B 的词,从而形成一个和谐域(harmonic domain)。参见"**同化**"。

和谐音集 harmonic set 参见"不和谐"。

和谐音系学 harmonic phonology 指通过强调语音配列从而把握音位生成的一种音系学研究理论。其代表人物为芝加哥大学金斯密(John Goldsmith)教授。和谐音系学区分形态音位层(morphophonemic,即 M 层)、词/音节配列层(word/ SYLLABLE tactics,即 W 层)和语音层(PHONETIC,即 P 层)等三个并行的表征层面。每一层面都包含一组合式规则和一组无序"层内"规则。这些规则共同决定输入表征式必须遵循的路径,以达到与配列最大限度的一致。这种最大限度的合适性即为和谐。三个层面通过层间规则而互相关联。

河流名 hydronym 亦称湖泊名。参见"水域名称学"。

荷恩等级关系 Horn scale 语用学术语。由荷恩(Laurence Horn)于1984年提出,揭示一种"量原则"的等级关系,为列文森(Stephen Levinson)的"一般含义推导"所用的一种量原则等级关系。荷恩等级关系的内容大致如下(转引自 Levinson,1987):要使<S, W>构成荷恩等级关系,则:(1) 在一个任意句子框架 A 内必须实现 A(S)→A(W)(因此,没有<iff, if>的荷恩等级关系,就不能进行"条件扩充"的推导);(2) A 和 W 的语义关系相同,即来自同一个语义场(因此没有< since, and>的荷恩等级关系,就不能进行"关联强化型"推导)。这里 S 表示荷恩等级的强项(strong),W 表示荷恩等级的弱项(weak);尖括号<>表示括号内的词语信息按照先强后弱的次序排列。这就是荷恩等级关系。在荷恩等级关系中,强项蕴涵弱项(用→表示),弱项否定强项(用～表示),如<love, like>中,love 为强项,like 为弱项;love→like,而 like ～ love。

荷恩会话含义两原则　Horn's Two Principles

语用学术语,亦称荷恩两原则。指荷恩提出的替代格赖斯四准则的两条原则:(1) 量原则:要使你的话语充分,能说多少就说多少(以关系原则为条件);(2) 关系原则:要使你的话语只是必需的,不要说多于所需的话。

核查　checking

句法学术语,亦称核查理论(checking theory)。指具有不同语法特征的词在其派生过程中需要被检查。如 I 作为名词性代词,必须出现在一个主语位置(即要出现在允许主语的词之前,如助动词)。任何不具语义的纯形式特征在核查后都要被去掉。有三种语法特征,即中心语特征(head-feature),标志语特征(specifier-feature)和补足语特征(complement-feature)。中心语(head)的标志语特征(specifier-feature)要与修饰词的中心语特征核查;同样,中心语的补足语特征(complement-feature)要与补足语的中心语特征相核查。经过检查之后若剩下来的中心语特征均为可解读的(interpretable)中心语特征的话,则说明该句子符合充分诠释原则(principle of full interpretation),即符合语法。例如:

[1]
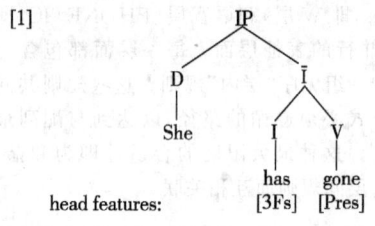

[2]
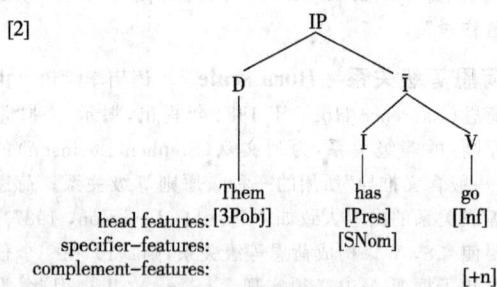

其中[3Fs]指阴性第三人称单数,[Pres]指一般现在时。反之若经过核查仍有不可诠释特征(uninterpretable features)的话,则不符合语法。图[2]中 has 的标志语特征定为主格[Nom],而 Them 的中心语特征却是宾格[Obj],has 的补足语特征是名词[+n],而 go 的中心语特征为非限定性动词[Inf],均无法核查,故而无法满足完全理解原则,不符合语法。在最简方案中,为了保证句法推导成功结束,必须对从词库中选取的词项进行特征核查。乔姆斯基将特征区分为语类特征、φ 特征、格特征和强特征 F(当 F 为语类特征时)等类别(Chomsky 1995)。根据新的运算设计,当运算系统从词库选取词项形成算式库或词汇序列时,该算式库的所有成分都是已经带有特征的语类。核查理论认为,语类的有些特征为逻辑式层面的可诠释特征(+INTERPRETABLE FEATURE)(如语类特征,指人称、性、数特征的名词φ特征),有些为不可诠释特征(−INTERPRETABLE FEATURE)。在句法运算中,带有特征的词项必须在其核查域(checking domain)范围内受到功能语类的核查。当带有强特征的功能语类进入句法推导且成分统制带相应强特征的语类,两者便形成核查关系。核查操作从最底层开始,逐层进行,直至所有语类的强特征都被核查。核查过程中不被逻辑式层面解读的不可诠释特征将被删除。核查理论保证了句法推导的经济性,比如,为核查特征 F 而移动的语类 X 必须与距离最近的、携带可核查特征 F 的中心语 H^0 形成核查关系。

核心　nexus

句法学术语。指涉及谓语部分(predication)的任何结构。例如:[1] The door creaks. [2] I heard the door creaking. 句[1]中的"creaks"为独立核心,而句[2]中的"the door creaking"为非独立核心。

核心标记语言　head-marking languages

语言类型学术语,亦称中心语标记语言或头标记语言。指短语中标识一致性关系的语法标记主要出现在中心语(亦称核心词)处的语言,与依存标记语言(dependent-marking languages)相对。由美国语言学家约翰娜·尼科尔斯(Johanna Nichols)于 1986 年提出。某种语言的短语中标识一致性关系的语法标记若主要出现在修饰成分上,则称之为依存标记语言。有些语言的短语既可能是核心标记,也可能是依存标记。例如:

[1]
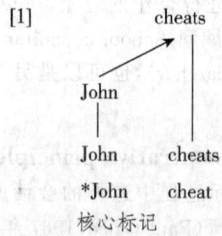
核心标记

[2]
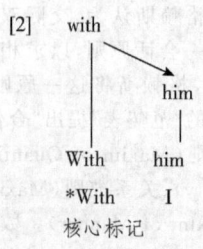
核心标记

例[1]、例[2]分别表明了英语分句和介词短语中的标记现象。还有些语言的短语要求同时出现核心标记和依存标记。

核心标注　head marking　语言类型学术语。此概念由尼科尔斯(Johanna Nichols)于1986年提出,随后广泛应用于语言类型学。与之相对应的概念是依附标记(dependent marking)。核心标注语言指表明短语中不同词之间一致性的语法标注倾向标注在短语核心成分上(heads or nuclei of phrases),而不标注在修饰成分或从属成分上的语言。很多语言使用核心标记和依附标记两个概念,但不一定同时表示两者;某些语言在标记核心成分的同时要标注从属成分。

核心否定　nexus negation　句法学术语,亦称句子否定(sentential negation)。指语言学家叶斯柏森(Otto Jespersen)就句子中否定语素的位置而言提出的否定概念之一,与特殊否定(special negation)或成分否定(constituent negation)相对。一般来说,核心否定是对句子的谓语结构的否定,否定形式出现在谓语动词上。例如:[1] John *didn't* arrive.　[2] John *didn't* eat anything.　与之相对的是特殊否定,即成分否定。例如:[3] *No one* objected.　[4] John ate *nothing*.　[5] They're arguing about *nothing*.

核心功能语类　core functional category;CFC　句法学术语。乔姆斯基于2000年在探讨最简方案时提出,语言中存在两种语类:实词语类(substantive)和功能语类(functional)。核心功能语类包括标句词(C)、时制成分(T)和轻动词(*v*)。乔姆斯基认为,功能语类的差异是造成语言间结构差异的决定因素,而非实词语类。

核心规则　core rule　参见"非核心规则"。

核心句　kernal sentence　句法学术语。早期转换生成语法中指仅包含一个动词的简单陈述句,通常为主动语态的肯定句。从有标记/无标记(marked/unmarked)的角度看,核心句在语气(mood)、极性(polarity)、语态(voice)方面都是无标记的。核心句的概念最早于1957年由哈里斯(Zellig Harris)提出,之后乔姆斯基(Noam Chomsky)在其早期著作中认为,语言中的每个句子要么是核心句,要么是由一个或多个核心句的底层终端字符(underlying terminal strings)通过转换规则的应用推导而来。例如,"Tom opened the door."属于核心句;"Tom didn't open the door." "Did Tom open the door?" "The door was opened by Tom."都不是核心句,但都可以由核心句推导出来。

核心论元　core argument　句法学术语。指在句中做主语和宾语的论元。核心论元可通过被动(passive)、反被动(anti-passive)、并合(incorporation)等操作进行增补、减少或改变。与核心论元相对的是非核心论元(oblique argument),亦称间接核心论元,如介词短语充当的论元。从格位标记的角度来看,核心论元一般由主格、宾格、作格、绝对格、与格等直接格位来标示,而非核心论元则由斜格标记(oblique case marker)来标示。

核心实词　nexus substantive　句法学术语。叶斯柏森(Otto Jespersen)1937年根据"表语串联(nexus)"的定义概念延伸出的一个语法概念。指从动词、形容词派生出来的、而意义不变的抽象名词,如desire、push、height、weight、pull等。

核心语法　core grammar　句法学术语。指乔姆斯基1973年修正的扩充式标准理论(Revised Extended Standard Theory;REST)中对语言描写的主题思想,即普遍语法(Universal Grammar)中包含语言普遍原理(即原则)及构成特定语言的特殊条件或规则(即参数)的语法。核心语法中原则均倾向于作为无标记的语法现象在一切自然语言中出现,它们同时形成个人语言能力的核心;参数则因语言而异。例如,英语中短语的中心语(head)出现在最前面,而日语中则出现在最后面。普遍语法中未包含的语言现象不属于核心语法,而被称为外围语法(peripheral grammar)。

盒图　box diagram　句法学术语。指在直接成分分析中,用来说明句子等级结构的表征形式。例如:

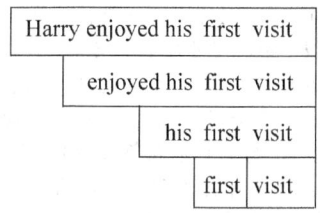

如果语法语类的符号有分支连接,其结果是由上至下的树形图。盒图的不同层次与成分结构划分的各个步骤相对应。盒图相当于树形图、短语结构规则以及标签括号法。参见"中国盒"和"括号标记法"。

黑盒模型　Black Box Model　语言习得术语,亦称暗箱模型。借自物理学,指关于系统的可见性输入和可见性输出关系的研究。严格意义上,系统的形象及如何运作是无法观察到的,如同装在"黑盒"里。语言学习的过程也一样,我们可以观察学习者听到、读到的语言或表达的句子,但他们实际上如何学习语言,则如同黑盒里的运作过程,我们通常无法观察到。因此,语言学习有时也被形容为"黑盒问题。参见"暗箱分析"。

黑话　argot；cant　社会语言学术语。指盗贼团伙及其他黑社会组织各自使用的切口。主要有以下三个特点：(1)利用全民词语表示内部约定的特殊意义；(2)含有大量方言词汇、俚语、粗俗语(有许多甚至无书面形式)——因其成员多来自无文化或粗通文化之社会阶层；(3)使用面极狭窄。

黑人伊斯兰教　Black Islam　亦称黑色回教、伊斯兰国教派。指1930年7月穆罕默德(Wallace Fard Muhammad)在美国密歇根州底特律成立的黑人穆斯林的宗教组织。其目的是复兴美国黑人的精神、心理、社会以及经济，争取黑人民权，建立黑人社会。他们主张世界只有一个上帝，即真主安拉，黑人是上帝的后裔。黑人受奴役的历史是顺应了《圣经》里的预言。主流的穆斯林认为这个组织仅仅袭用了伊斯兰教的名称而不是伊斯兰教的教派，因为他们关于上帝、种族、语言等都与主流伊斯兰教教义有所不同。就伊斯兰教地区而言，阿拉伯语是伊斯兰教发源地的语言，也是《古兰经》的文字语言；中亚伊斯兰教地区主要使用突厥语，西亚北非伊斯兰教地区主要使用阿拉伯语和波斯语，南亚伊斯兰教地区主要使用乌尔都语，东南亚伊斯兰教地区主要使用马来语，非阿拉伯地区的穆斯林或多或少都能背诵一些阿拉伯语的《古兰经》，而美国的黑人伊斯兰教众则大多只会黑人英语。

黑人英语　Black English；African American English　社会语言学术语。标准英语的一种变体，使用者多为居住在乡村或在城市但身处社会下层的美籍非洲人，在许多方面类似于美国南方诸州发达地区城市中心身处社会下层黑人说的英语。关于黑人英语的研究始于20世纪60年代，但究其形成和来源尚无定论，目前主要存在三种说法：(1)克里奥耳语说，认为拥有不同语言背景的非洲奴隶首先创造了同时具有英语和非洲语言特征的洋泾浜语，随着时间的推移，洋泾浜语逐渐发展为克里奥耳语，而后又慢慢地经历了一个去克里奥耳语化的过程，才最终形成了比较接近于英语的黑人英语；(2)南部方言说，认为黑人英语是美国南部方言的变体，因为两者在元音系统的发音位置、双情态动词等方面存在很多共同特征；(3)统一说(The Unified Theory)，认为黑人英语是在西部非洲的各种语言和美国南部方言的基础上演化形成的，是多个源头的统一。黑人英语曾被种族歧视者视为劣等语言，但自20世纪60年代黑人民权运动以来，黑人英语与英语的其他变体一样被认同是具有自己的结构和系统。黑人英语在语音和句法系统等方面存在明显不同于标准英语的特征，语音方面较为显著的特征是元音的单元音化和词尾的辅音连缀的简化；句法方面则经常省略系动词，使用双重否定结构，即动词为否定时，句中的不定代词也要变为否定形式。例如：(1)动词第三人称单数不一定标出("He know something")；(2)be动词经常被省略("He nice")。

黑人英语白话　Black English Vernacular；BEV　社会语言学术语。亦称黑人英语俗语或非洲裔美国人白话英语。指美国黑人说的是一种非标准美国英语社会方言。关于黑人英语俗语的起源，语言学界仍处于进一步探讨的阶段。有学者认为最早可以追溯到以伊巴尼克(Ebonics)方言著名的非裔美人的语言，19世纪60年代起开始为部分美国语言学家所研究。黑人英语在词汇、语音、句法等方面具有其独有的特点：(1)系动词be经常被省略，如"Jane beautiful"；(2)动词往往不区别人称，如"He come"；(3)有时将词末辅音脱掉，如passed /pɑs/。参见"黑人英语"。

黑人语风　Negroism　社会语言学术语。英语语言学中特指美国黑人说英语时所具有的词汇、句法结构或表达式。

黑色回教　Black Islam　参见"黑人伊斯兰教"。

黑体字　black-letter character　❶亦称哥特体(Gothic)。指拉丁字母的一种写法，在中国亦称花体。最早出现在9世纪末的瑞士圣加伦，是当时斜握鹅毛笔书写成的手写体，字母密集，呈方形，笔画极粗，带有棱角与花饰，较加洛林体华丽，但不易辨认。16世纪后被罗马体取代。目前，黑体字有时仍用于某些出版物封面或文件的标题，以呈现复古色彩的装饰作用。❷亦称等线体或方体字。指汉字排印的一种字体，字形端庄，无衬线装饰，笔画横平竖直，笔迹粗细均匀一致。起初主要用于文章标题，随着电脑排版技术的日益精进，目前已有多种适用于正文的黑体字型。

黑箱分析　Black-Box Analysis　参见"暗箱分析"。

恒定　invariance　音系学术语。指音位的语音特征具有某种确定性或恒常性。某些音系学理论将其视为一条原则，即每个音位被视为有一组确定的语音特征，当该音位出现时相对应的一组特征也随之出现，具有线性和双唯一性。该原则所确立的音位分析观遭到生成音系学家的批评。

横断法　cross-sectional method　参见"横断研究"。

横断研究　cross-sectional study　亦称横断法(cross-sectional method)。一般用于语言习得研

究,指对一组不同的个体或被试在某一时间点上进行的研究,以衡量或研究语言的某个主题或某个方面(如时态)的使用及习得情况。横断研究与纵深研究(longitudinal study)相对。后者指对一组个体或被试进行一段时期的研究,以研究被试对语言某一方面的发展(如时态体系如何随着年龄而变化)。将横断研究与纵深研究结合在一起,即对一组不同的个体或被试语言某个方面在其不同发展阶段的研究,也被称为拟纵深研究(pseudo-longitudinal study)。

横组合关系 syntagmatic relation 指语言个体单位(如词、子句)因位于同一序列而具有的关系。例如,可以说一个单词与同一句子中的其他单词具有组合关系,但与在句中可以取代它的单词具有聚合关系(paradigmatic relations)。例如:

```
I—gave—Tracy—the—book.
  │
  passed—syntagmatic relations (组合关系)
  │
  handed  │  paradigmatic relations (聚合关系)
```

宏观结构 macro-structure 指体现语篇的主题思想及其发展脉络的语篇高层次上的语义结构。语篇宏观结构主要通过标题、目录、摘要等形式来体现,而这些体现形式在语篇中又占据着重要的位置。此概念最早由德国语言学家比尔维施(Manfred Bierwisch)于1965年首次使用,用以说明叙事文体的整体结构。范戴克(van Dijk)进一步提出了建立在语篇更高层次上的语义宏观结构,阐述和发展了他自己提出的"宏观结构理论"。参见"**修辞结构**"。

宏观社会语言学 macro-sociolinguistics 从语言学角度出发,将社会作为一个与语言相关的整体加以研究。例如,从社会学、人类学、民族学等社会科学的角度关心语言问题,研究社会的双语现象和多语现象、双言(或双语体)现象、语言传播、语言政策、语言规划及标准语的选择等与社会因素有关的问题。参见"**微观社会语言学**"。

宏观言语行为 macro-speech act 指交际互动的整体结构。由整个话语声音所做出的、并由一系列可能不同的言语行为所实施的整体言语行为。例如,一封邮件可以在整体上作为一种威胁,一整套法律可以作为一种禁律等。参见"**微观言语行为**"。

宏观语言学 macrolinguistics 亦称外部语言学(exolinguistics),与微观语言学(microlinguistics)相对。指与人类传达、交流信息的一切手段和工具联系起来研究语言的语言学领域。从最广义的角度看,宏观语言学是对语言进行外围性的研究,即在与语言相关的学科,如社会学、心理学和哲学等学科背景下,对语言进行的科学研究,主要包括社会语言学、心理语言学、神经语言学、人类语言学、文体学、认知语言学、篇章语言学、语料库语言学、应用语言学等研究体系。在研究对象上,宏观语言学研究模仿和身势动作等"前语言"(pre-linguistic)现象、副语言学特征(paralinguistic feature)和文化行为的问题等。有的语言学家认为宏观语言学是用统计学方法研究大面积语言现象(例如一个语言的音位在话语结构中的分布、词在语篇中的出现频率等)的一门学问。

宏观语用学 macropragmatics 20世纪70年代欧洲大陆学派主张的语用综观论,与微观语用学相对。一种考察语言的功能性视角,通常将语言研究和经济、社会、政治及文化状况联系起来,考察社会因素和意识形态对人类言语行为的限制,如处于强势地位的社会群体如何利用语言手段控制和操纵弱势群体等。宏观语用学认为语用学渗透在语言运用的所有层次,不应将其看作语言学的一个分支,凡与语言的理解和使用相关的都属于语用学的研究对象,将语用学看作是一种语言功能的综观,其主要研究思路在于结合语言运作的认知、社会和文化等方面复杂因素,从语用角度探索语言功能,并考察人类交际活动所必需的社会背景信息,故称宏观语用学。参见"**微观语用学**"。

侯姆伯格定律 Holmberg's generalization 句法学术语。侯姆伯格(Anders Holmberg)于1986年提出的斯堪的纳维亚半岛语言中存在的动词移位和宾语移位之间关系的法则。侯姆伯格定律认为:只有在动词移出VP之后其宾语部分才可移位。例如:

[1] Jag kysste$_j$ henne$_i$ inte [$_{VP}$ t_j t_i](我没有吻她。)
  我 亲吻 她 没有
[2] *Jag har henne$_i$ inte [$_{VP}$ kysst t_i].
  我 体标记 她 没有 亲吻
[3] *...att jag henne$_i$ inte [$_{VP}$ kysst$_i$]
  标记句 我 她 没有 亲吻

在此三例瑞典语句子中,例[1]中直接宾语"她"可以向前移位,前提是动词已经移位。如果动词保持原位而只移动直接宾语的话,无论在主句例[2]还是分句例[3]中都不允许。

喉 larynx 语音学术语。指位于气管上方的软骨和肌肉组织结构,介于咽和气管之间,包括声带(vocal cord),是重要的发音器官之一。

喉化音 laryngealization 参见"**嘎裂声**"。

喉化浊音 laryngealised voicing 语音学术

语。指发音时声门的一部分缓慢地振动、而其余部分正常振动所发出的音。

喉塞插音 intrusive glottal stop　语音学术语,符号为/ʔ/。英语中部分人代替连音 r（linking r）和插入 r（instrusive r）的喉塞音,如 better and better /ˈbetəʔ ənˈbetə/（越来越好）、a comma after it /ə kɒmɑːftəʔ it/（其后的逗号）等。有时也加在词内部,如 triumphant/ˈtraɪʔəmfənt/（得意洋洋的）。

喉塞音 glottal stop　参见"声门塞音[1]"。

喉塞音 Hamza　语音学术语,阿拉伯语中的声门塞音(glottal stop)。发音时由于声门阻塞而引起气流短暂停顿,声带因此停止振动而形成的语音。

喉音 laryngeal　语音学术语。指由喉部发出的语音,如喉塞音(glottal stop),或者涉及在喉头附近的发音部位收缩时发出的语音,如咽音、会厌音和声门音。在特征几何理论(feature geometry)中,喉音为一个支配和声门运动相关的区别性特征的上位节点。在对原始印欧语原型重构的研究中,喉音被作为假设存在的几个辅音之一,赫梯语和其他安纳托利亚语是喉音被直接或间接地证实为辅音的仅有的欧洲语言。

后…… post-　❶语言学中一个常用词缀。表示在语音或语言形态序列中处于相对靠后的位置,与"前……（pre-）"对立。例如,"元音后（辅）音"（post-vocalic）指出现在元音之后的（辅）音,如[bæd] '坏的'中[d]就是元音后辅音;"后置词"指一种出现在所支配名词之后的小品词。❷语音学术语。指常用于形容发音位置靠后的音,如"后齿龈音"（post-alveolar）指成阻点在齿龈后部、接近硬腭位置的辅音。❸形态学术语。语言学中一个常用词缀。主要表示在语音或语言形态序列中处于相对靠后的位置,与"前……"相对。例如,"后元音"（post-vocalic）指出现在元音之后的音,"后置词"指一种出现在所支配名词之后的小品词;在语音学中"后……"常用于形容发音位置靠后的音。例如,"后齿龈音"（post-alveolar）指成阻点在齿龈后部、接近硬腭位置的辅音。此外,还表示处于时间序列中靠后的位置,如"学习后测验"（post-test）指一项课程或学习之后进行的测验。

后布龙菲尔德语言学 Post-Bloomfieldian linguistics　指继布龙菲尔德（Leonard Bloomfield）时代之后,以哈里斯（Zellig Harris）为主要代表的"分布主义"以及霍凯特（Charles F. Hockett）等的完全经验主义（strict empiricism）为特点的美国结构主义发展的新阶段。派克（Kenneth Pike）的法位学（Tagmemics）也是这一时期的重要成就。参见"分布主义"。

后部音 back sound　语音学术语。❶指口腔后部和舌后部发出的语音。在传统音系学分类里,口腔后部所发的语音与其前部发出的语音相对立;舌后部发出的语音与舌前部如舌尖、舌叶所发的语音相对立。❷在部分语音中,口腔后部和舌后部指的是一个概念,如舌位在口腔后部的元音和气流成阻点在口腔后部的辅音,即口腔后元音和舌后辅音,在口腔后部用舌后形成。例如,舌头从原有位置缩向口腔后部所发出的后元音,如[uː]和[ɑː];英语辅音中的软腭音/k/,发音时由舌后部升起与软腭在口腔口部形成气流阻碍。但喉音,如/h/只是口腔后音,不是舌后音。❸在乔姆斯基与哈勒提出的区别性特征语音分析中,用"前部音（anterior）"代替"front",用"舌面前音（coronal）"代替"舌尖/舌叶（tip/blade）"。后部音作为一个整体与非后部（non-back）音相对,即舌头没有从原位置上收缩而发出地语音。后元音和后辅音较难有意识地控制,因为人对口腔后部的感觉相对不太灵敏。

后齿龈音 post-alveolar　语音学术语。指气流通过由舌面和齿龈后部形成的狭窄通道时发生摩擦而产生的语音,既包括以咝音（sibilant）为典型特征的腭龈音（palato-alveolar）或舌叶后齿龈音（lamino-post-alveolar）,如英语塞擦音/tʃ dʒ/和擦音/ʃ ʒ/以及汉语"小""上"的声母/ɕ ʂ/;也包括一些腭化音和非腭化的卷舌音,如印地语中的/ʈ ɳ ɭ/和美国英语的/ɻ/。

后发生性 posteriority　语法学术语。指复杂句子（complex sentence）中几项行为之间的临时关系。例如,在主从复合句"They kept searching until they finally found him"中,从句中所描述的行为发生晚于主句中描述的行为。

后辅音 back consonant　语音学、音系学术语。指气流在口腔后部因受阻而形成的辅音,包括软腭音（/g/、/k/、/ŋ/、/x/、/ɣ/）、小舌音（/q/、/ɢ/、/ɴ/、/ʁ/）及咽喉音（/h/）等。

后附着语素 enclisis　参见"向前附着词"。

后结构主义 post-structuralism　亦称文学风格学。指20世纪60年代后期出现的对语言中心主义（logocentrism）进行反叛的文学风格学理论。语言中心主义看待文学或其他行为时主要以语言或词为中心。这一观点与结构主义的分析方法相关联,即集中研究文本的语言,排斥分析作者的个性、社会环境和历史状况。新兴的后结构主义则把语言看作一个其价值随非语言因素而变化的系统。后结构主义的多种观点都重视词的多重意义,强调心理过程对语言关系的影响和作用。后结构主义还强调文本理解的主观性，否定文本理解的客观性。

后克里奥耳语连续体 post-creole continuum 社会语言学术语。指在一种克里奥耳语社团中，在受到与其相关的标准语影响后，社团成员所使用的各种语言变体构成的一个语言连续体。例如，在使用以英语为基础的克里奥耳语的地区，由于学校里教授标准英语，因而受过高等教育的人所使用的语言更接近标准英语，被称为高势语；未受过教育的人使用克里奥耳语，被称为低势语；其余介于两者之间的人使用的语言变体被称为中势语。参见"克里奥耳语"。

后流 final-glide 参见"尾流"。

后舌背软腭音 post-dorsal velar 语音学术语。参见"舌背音"和"后舌背音"。

后舌背音 post-dorsal 参见"舌背音"。

后思 afterthought 句法学术语。指刚刚说过一件事之后忽然想起仍缺乏充分性而做出的补充，在语言中往往以补充分句的形式表现。乔姆斯基在其关于最简理论的《超越解释的充分性》(Beyond Explanatory Adequacy, 2001)一文中，用后思解释某些右置附加结构的生成位置。例如：[1] We saw a painting yesterday *from the museum*. [2] I gave him a painting yesterday *from John's collection*. 对于[1]、[2]两个句子的斜体部分，乔姆斯基认为它们属于后思，即可分别看成是如下[3]、[4]两个句子的省略形式：[3] We saw a painting yesterday, (*that is*,) *a painting from the museum*. [4] I gave him a painting yesterday, (*more precisely*,) *a painting from John's collection*.

后所有格 post-genitive 参见"短语所有格"。

后台认知 backstage cognition 认知语言学术语。指意义构建过程中大量的发生在"现场背后"(behind the scene)的观察。福柯涅(Gilles Fauconnier)认为，语言语码化并不是使用其复杂的全部手段，而是以初步说明(rudimentary instructions)表达丰富而又精致的思想。他把这种在意义构建过程中"现场背后"的概念化过程(conceptualisation processes)称为后台认知。

后天性语言障碍 acquired language disorder 参见"获得性语言障碍"。

后通道 back channel 语用学、社会语言学术语，亦称反馈或反输。指听者对所听内容的语言(如 uh, yes)或非语言(如点头)反应，暗示有两种语言交流渠道在会话过程中同时运行。交流的第一个渠道中说话者处于控制地位，引导着最基本的对话走向；第二个渠道是反向渠道，听者使对话继续而作出反馈，表现出对信息的理解或兴趣。后通道行为(back channel behaviour)亦称反馈或反输行为，则指谈话中听话者对说话者所说的内容的反应及反馈，如非语言的点头同意、语言的小声赞同"uh""yes"和反问"Really?"等。

后通道行为 back channel behaviour 参见"后通道"。

后退同化 retrogressive assimilation 参见"逆向同化"。

后修饰语 postmodification 语法学术语。指短语中位于中心语之后，对中心语进行说明的语言结构。英语中最常见的后修饰语是介词短语。例如：[1] The girl *behind the counter* is my sister. 除介词短语外，英语中常见的后修饰语还有关系分句和非谓语动词结构。例如：[2] The girl *who is standing behind the counter* is my sister. [3] The girl *standing behind the counter* is my sister.

后循环 post-cyclic 句法学术语。指扩展的标准理论分出的一类规则，即循环转换结束后应用的一类转换。后循环规则可以处理倒装、疑问句中疑问词置于句首等现象。

后验 aposteriori 参见"先验"。

后裔语言 descendant language 指原始语(ancestor language)经过漫长历史阶段分化演变而独立出的许多语言，如原始印欧语(proto-European language)分化成当前欧洲和南亚的诸多语言。

后元音 back vowel 语音学、音系学术语。指由舌面后部抬起、气流通过发音腔、声带振动而发出的一类元音，如/u/、/o/等。参见"深元音"。

后照应 backward anaphora 参见"预指"。

后指 cataphora; backward anaphora; back reference 语义学术语，亦称下指。由奥地利心理学家比勒(Karl Bühler)于1934年首次提出。与常态的前指(anaphora)相对，后指用单词或词组来指代下文中将要出现的另一个单词或词组，即先行词(antecedent)出现在指称词(anaphor)之后。在指代对象上，后指用单词或词组既可后指另一单词或词组，有时还可指之后出现的句子甚至段落。例如：[1] When I first met *him*, Tom was very happy. [2] *This* is what I believe: that all men were created equal. 例[1]中，"him"指其后的"Tom"；例[2]中，"This"则指后面的小句"that all men were created

后指关系　cataphora　参见"内部照应"。

后滞　perseveration　心理语言学术语，亦称言语重复错误(perseveration error)。指言语交际中口误的一种，表现为用先前在言语中已出现的语言单位取代后面的语言单位，或因舌头打滑而造成某些语言单位的重复出现，如将 Please help me 说成 Please please me。

后置词　postposition　语法学术语。指跟在名词或名词短语后表示方位、方向、所属关系等的词或语素，与名词短语（或单个名词或代名词）一起构成一个组构成分，为封闭类词类。日语和印地语等语言经常使用后置词（或语素）。参见"介词"。

后置前置词　deferred preposition　语法学术语，亦称迟发前置词。当前置介词位于被支配的受词之后时，就称作后置前置词，如"Where do you come from?"一句中的"from"。

后置修饰　postmodification　语法学、句法学术语。指短语中位于中心语之后，对中心语进行说明的语言结构，包括介词短语、关系分句、非谓语动词结构等。例如：[1] The girl behind the counter is my sister.　[2] The girl who is standing behind the counter is my sister.　[3] The girl standing behind the counter is my sister. 例[1]中"behind the counter"为介词短语结构作为后修饰语；例[2]中"who is standing behind the counter"为英语中常见的后置定语关系从句；例[3]中"standing behind the counter"则为非谓语分词结构作后置定语修饰语。

后置修饰语　post-modifier　参见"修饰语❷"。

后缀　suffix　形态学术语。指加在词根或词干后面的黏着词缀。主要包括两类：(1)可表达语法关系的屈折后缀，如 cats 中表示复数的-s 以及 kicked 中表示过去时的-ed 等；(2)可以构成复合词的派生后缀，如名词后缀-er、-ness、-ment，动词后缀-ify、-ize，形容词后缀-ful、-less，以及副词后缀-ly 等等。汉语中的后缀也较丰富，常见的类型包括：(1)表多数的"们"，如咱们、哥儿们等；(2)表本质的"性"，如攻击性、爆炸性、挥发性等；(3)状态改变的"化"，如优化、激化、数位化等。

呼格　vocative case　形态学术语。屈折语中一种格的形式，指呼语所处的格，用来表示直接称呼的人或人格化的事物。英语中，呼格可用来表示那些没有特殊的屈折变化但在某一个位置使用的一个非强制性的名词或名词短语，通常被语调或标点符号隔开。例如：Mike, open the door!（迈克，开门！）

呼气发音　breathy phonation　语音学术语。指发音时大量气流通过稍许开启的声门的发音方式，尤指一些浊音的发音。其效果是产生呼气音(breathy)，与紧音(tight phonation)相对立。

呼气音　breathy　语音学术语。用于根据发音与听觉标准对音质进行语音分类。指让大量气流通过稍稍张开的声门时所产生的语音效应。这种效应有时也叫"低语声"(murmuring)。某些人具有这种声音特质，因而形成一种固定的言语特征。在某些语言中呼气属于音位特征，如古吉拉特(Gujarati)语中，元音有送气和非送气之分。就语言分析而言，送气效应可以表达一种副语言意义，如用呼气方式发出 Oh really! 时，整个话语可以表示极度的震惊。

呼吸道　respiratory tract; respiratory system　语音学术语。指气流在呼吸和说话时所通过的整个通道。其容积大约为 120ml～150ml，包括鼻、咽、喉、气管、左右支气管、小支气管、末梢小支气管及呼吸性小支气管等。其中前三者为上呼吸道，其余部分称为下呼吸道。呼吸道的通畅对于发声器官的正常运作具有重要影响。

呼吸周期　respiratory cycle　语音学术语。指正常呼吸的吸气和呼气模式，即肺部一次性吸气后再呼气。呼吸周期为外界空气和肺泡之间气体交换的最小单位。呼吸周期的训练可以改变和调节气息的运用、发音音量的高低强弱、音质的优劣以及情感的流露和控制等，是言语训练的必要环节。

呼吸状态　breath state　语音学术语。指不言语时呼吸或发清辅音时的声门状态。例如，发/h/音时声门敞开，气流可以自由逸出。

胡言乱语错语症　neologistic paraphrasia　病理语言学术语。指错语症(paraphrasia)的一种类型。错语症是失语症(aphasia)特征之一，患有失语症的人，丧失了正确表达的能力，而错语症患者口语非常流利，但是常常犯各式错误，如将 train 读成 treen。错语症可以细分为：(1)词/音错语症(literal/phonological paraphrasia)，如单词发音超过一半都是错的，将 pun 说为 spun；(2)语性错语症(verbal paraphrasia)，用错误的词代替要说的词，如用 dog 代替 cat。胡言乱语错语症在精神分裂症患者中表现得特别突出，如出现超过一半的词都使用错误而导致严重的交际障碍。

互补反义词　complementary antonym　语义学术语，亦称对立反义词(contradictory antonym)。反义词的一种，指两个词之间绝对相反的意义关系。互补反义词中对任何一方的否定意味着对另一方的肯定。对互补反义词来说没有可分级的(gradable)

概念,只能非此即彼,例如:一个人要么活(alive)要么死(dead),机器要么开(on)要么关(off),座位要么占着(occupied)要么空着(vacant),事物要么相同(identical)要么不同(different)。参见**反义词**。

互补分布　complementary distribution　音系学术语。指在某种语言的音位系统中,两个或两个以上从不在同一环境中出现的音素之间的关系。如果这些音素在语音方面相似,而且在分布上也互补,那么它们就是音位变体(allophone)。例如:在英语中,音位/p/有送气[pʰ]和不送气[p]两个音位变体,后者仅出现在擦音/s/之后,而前者则出现在其他环境中。互补分布的音位变体没有区别意义的作用。例如:英语中清晰音[l](clear [l])出现在元音前,如 loaf/ləuf/,含糊音[ɫ](dark [ɫ])则出现在词尾,如 tell[ɫ]。在美国结构主义音系学中,互补分布是音系分析的重要概念之一。

互动　interaction　❶社会语言学术语。指说话者之间为满足亲密、移情、兴趣和社会和谐等需要的交流和社会交往。如社会语言学研究中,通过分析面部表情、沉默、会话参与者之间的行为节奏模式等,关注话语互动中的社会因素,如日常会话中礼貌策略使用,角色关系协调,话轮交替中会话者面子的保留等。产生于互动交际过程中的言语可被称为互动的语言(interactional language)。❷语言教学术语。指语言学习者之间的交际和意义协商,学习者之间的互动会使学习者获得额外的语言输入和输出,对语言学习产生积极的影响。在外语教学中,要创设互动的语言课堂,关键在于教师对交互策略的合理运用。提问策略简单、方便、成本低且易于控制,往往是教师的首选。近年来,小组活动、真实语料、技能综合训练、多媒体等新的交互策略也逐步推广开来。

互动分析　interaction analysis; interaction process analysis　语言教学术语。指一种衡量和描写课堂上学生和教师行为的方法,其主要目的在于描写课堂上的活动、评估和研究教学以及帮助教师了解教学程序。

互动假设　interaction hypothesis　语言习得、语言教学术语。迈克尔·朗(Michael Long)于1996年在《二语习得中语言环境的作用》一文中认为,语言习得中的互动,即意义的协商(meaning negotiation),在二语习得中具有决定作用。该假设具体表达为:语言习得需要或者获益于互动、交际和(尤其是)意义协商,而不仅仅是需要接触语言输入。当对话者之间试图克服他们传递意义所遇到的问题时,会出现意义协商,从而使学习者获得额外输入和对他们所产生的语言的有益的反馈。

互动论　interactionism　参见"**交互作用论**"。

互动平行搜索　interactive parallel search　认知心理语言学术语。指两种信息搜索类型的交织与互动。20世纪80年代由叶克维奇(Frank Yekovich)和沃克(Colin Harold Walker)提出。两人在实验中发现,人们在认知理解过程中存在两种不同的信息搜索,一是文化语境中话语所指搜索,这类搜索通常是对语篇情节记忆的搜索;二是以框架为基础的文化语义搜索,这类搜索是对永久记忆搜索的搜索。这两种搜索在认知过程中同时发生,而且彼此作用。

互动社会语言学　interactional sociolinguistics　社会语言学的一个分支,研究会话参与者通过语境线索和背景知识对发话人的交际意图作出推理、判断和回应的互动过程。互动社会语言学强调在话语实践中探索语言与文化的多样性关系,因此把交际者在交际互动过程中有效地掌握开启和保持会话的会话策略,作为交际者交际能力的有机组成部分。为了保持会话继续进行,交际者需要根据收到的语境提示,理解会话合作者的话语,对会话合作者的意图做出判断,并且在会话过程中不断地修正这些推断。

互动性动词　interactive verb　参见"**延续体**"。

互联网中继聊天　Internet Relay Chat; IRC　指一种使个人与全球范围内其他人进行实时交谈的多用户聊天协议。IRC 为免费下载软件,可应用在语言课堂中,使对同步交际感兴趣的学生建立"键友"关系。

互通性　interchangeability　亦称可交换性。指包括人类语言在内的符号系统的一个定义特性,这种系统能让同一种类的成员互相传递和接收信息。人类同一言语社团中的每一个人既是语言符号的发送者又同时是接收者。有的动物信号则缺乏互通性,如雌性动物的叫喊声不为同一种类的雄性所共有。只有少数动物(如蜜蜂、长臂猿)的符号系统有极其有限的互通性。

互文性　intertextuality　语篇语言学术语。指一个文本的解读依赖其他文本的知识的因素。研究表明,在解读一篇文本时,读者会把该文本与其以前碰到过的文本联系起来。从文本推断出来的意思来源于读者已有的与文本相关的社会和文学知识,亦来源于文本类型、文本内容和该文本与其他文本关系的相互作用。

互相可理解性　mutual intelligibility　社会语言学术语。指理解别人话语的能力和使别人懂得自己所说话语的能力。在确定方言、语言界限（language boundary）时，对语言互相可理解性的检验可以说明某一语言集团的成员是否理解邻近语言集团所使用的词项。

互依关系　interdependence；interdependency　句法学术语。在语言结构关系中，指同一个结构中两个成分互以对方的存在为本身存在的前提，即有甲才有乙，有乙才有甲。与相容关系和偏依关系一同组成语言的三种结构关系。例如，形态范畴中通格和所有格、单数和复数，句法范畴中的主语和谓语都属互依关系。互依关系有横组合和纵聚合之别，前者称作一致关系，如"*she does*"中 she 与 -es 的关系；后者称作互补关系，如语音体系中元音与辅音的关系。

互用双语　reciprocal bilingualism　社会语言学术语。指两个言语不同的个体或社团能够交互使用对方语言的现象。例如，塞浦路斯共和国的土耳其—塞浦路斯人（Turkish-Cypriots）和希腊—塞浦路斯人（Greek-Cypriots）之间能够相互交流。

互知性　mutual knowledge　语用学术语。指对前提的分析需要涉及前提的合适性（appropriateness 或 felicity）或前提的共知性（mutual knowledge）。所谓前提的合适性是指前提要与语境紧密结合；而前提的共知性指的是前提必须为说话者和听话者双方所共有的背景知识。参见"**得体性**"。

花园幽径句　garden path sentence　句法学术语，亦称引入歧途之句。指因局部歧义的存在而容易引起误解的句子。例如：[1] The mule raced past the barn fell.　[2] 小王研究鲁迅的文章发表了。　例[1]中，乍一看会误以为 raced 是句子的过去时谓语成分，细看后才认定是过去分词，而真正的谓语是 fell。例[2]中，句子前半部分"小王研究鲁迅的文章"为歧义结构，而整个句子为花园幽径句，易将受众引入歧途，以致对句义产生错误的理解。

花园幽径现象　garden path phenomenon　参见"**花园幽径句**"。

划界法　delimitation　亦称为界限标记法（boundary marking）或分界法（demarcation）。指用语音、语法手段或文字上的手段划分词或分句界限的方法。例如，用重音及音度对音流/aɪskriːm/作出不同的切分，即根据重音位置的不同和音渡方式不同可以区别"I ˈscream"和"ice ˈcream"两种语言表达式。这种用于划分界限的特征具有分界功能（demarcative function）。匈牙利语、捷克语中的重音具有分界功能，它与词的界限有固定的关系。

滑稽诗文　amphigory；amphigouri　语义学术语。指一种词句诙谐但内容荒诞的诗文，间或出现些引人联想且无意义的杜撰词，但并非无意义的胡诌，可以增强表达效果。

滑降　downdrift　音系学术语。一种声调语言中的普遍特点，声调的绝对音高从句首到句尾产生逐渐的积累性下降，但是其值相对于其他音高而言仍旧不变。滑降区别于声调语言韵律轮廓中所出现的普通的音高下降。

滑离音　off-glide　语音学、音系学术语，亦称尾流音或后流音。指前响双元音尾部的滑音。例如，双元音/aj/中的/j/和/aw/中的/w/就是滑离音。与滑入音（on-glide）相对。参见"**滑音**"。

滑音　glide　语音学术语。指舌位从一个位置滑到另一个位置而发出的类元音（vocoid）。例如英语单词 bike/baik/中的[i]音就是一个滑流音。此类元音不能作为音节核心的音。例如，you/juː/中的/j/、we/wiː/中的/w/、life/laɪf/中的/ɪ/、bow/baʊ/中的/u/等，前两者出现在核心元音前，后两者出现在核心元音后，即滑流音可以作为双元音的非核心成分。滑音也被称为半元音或者半辅音，因为它们虽然发音像元音，但通常占据音节中辅音的位置。滑音分为滑入音（on-glide）和滑离音（off-glide），前者在核心元音前，后者在核心元音后。例如，汉语"蛙"/wa/中的/w/为滑入音，"矮"/aj/中的/j/为滑离音。

滑音插入　glide insertion　音系学术语。指音节核心元音的发音方式延续至后一音节的首音，并在该位置插入一个与自身发音部位相同的（homorganic）滑音的过程。例如，马来语单词/tari/"跳舞"加上后缀/an/后变成[talijan]，第三音节的首音/j/就是插入的滑音，与第二音节的核心元音/i/发音部位相同。再如，马来语单词/buru/"打猎"加上后缀/an/后变成[buruwan]，第三音节的首音/w/也是典型的滑音插入。

滑音构成　glide formation　音系学术语。指音节中的核心元音（nuclear vowel）失去核心地位，变为节首滑音的过程。例如，法语单词/lu/"租借"加上不定式后缀/e/后变成[lwe]，核心元音/u/变成了滑音/w/。再如，法语单词/li/"联系"加上不定式后缀/e/后变成[lje]，核心元音/i/变成了滑音/j/。这些都是典型的滑音构成。

化古形式　fossilized form　参见"**石化现象**"。

话到嘴边现象　tip-of-the-tongue；TOT phenomenon　心理语言学术语。指个人一时无法从记忆中成功提取非常熟悉的词汇，但同时却能想出形近或者意似词汇的一种心理状态。美国哲学家、心理学家詹姆士（William James，1842—1910）于1893年首先注意到人类意识这一奇特心理现象，但当时并未直接加以命名。回忆一个熟悉的名字却又说不出来是该心理状态的一种典型现象。经历话到嘴边说不出这种状态的人能够回忆词的一个或者更多特征，如音节的数目和重音形式、词的首字母及其他形近或义同的词汇。话到嘴边现象表明词汇的可及性在大脑的表征中呈现出阶段性特点，而且词结构的某些特征是独立于其他特征而存储。

话段 talk 语用学术语，亦称谈话。指讲话人在一定的语境下通过某种交际符号（如语言或代码）发出信息的一种言语交际过程。话段是思想和感情交流的重要手段，在交流思想和感情过程中占有特殊的地位。话段是语用的基本单位。话段既是交际者思维的内容，也是交际者同客观世界和社会现实之间的连接手段。根据交际中谈话对象和适用范围的不同，"谈话"可分为人际互动交际（personal interaction）、对话（conversation）、会见（interview）、小组讨论（group discussion）、公众互动交际（public interaction）以及广播（broadcasting）等。根据谈话的构成，话段可分为简单话段和复合话段。简单话段由一个词构成的非语句单位。例如一个"Okay"就可以表示"赞同"；而复合话段一般由话头（preface）、话身（body）和话尾（tag）三部分构成。参见"**会话**"。

话轮 turn 社会语言学术语。谢格洛夫（Emanuel Schegloff）等提出的理论概念，此术语表示两个方面的意义：一是指在会话过程中的某一时刻成为说话者的机会；二是指一个人作为讲话者时所说的话。衡量话轮的标准从形式上来看，话轮强调会话中的界限，即话轮由停顿/沉默来界定，或者将话轮作为允许其后发生话轮交替（turn-taking）的一个句法单位加以识别。从功能标准来看，话轮同至少一个话步（move）相一致，因此后通道（back channel）并不构成一个话轮。话轮也可以看作是一系列话轮的一个，其长度和结构决定于互动交际的情况。因此，话轮可长可短。词、短语、小句、句子、句子组合等均可充当话轮。通常在会话中一方出现的沉默或另一方的开始讲话标志着一个话轮的终止，而这种讲话者角色的变换（即由说话者变为听话者或由听话者变为说话者）就是发生了话轮交替（turn-taking）。

话轮转换 turn-taking 语用学术语。指会话参与者交替发话的过程，它决定了某一会话参与者拥有发话者地位的权利。美国社会学家萨克斯（Harvey Sacks）等人于20世纪60—70年代提出的会话分析（conversation analysis）理论中话语的基本结构之一。话轮转换具有普遍性特征，在任何会话情景中，任何语言的会话中均存在话轮转换现象。话轮转换并非严格意义上要求会话参与者轮流发话。话轮转换通常还伴随着少量的重叠和沉默。在存在多方会话参与者的情况下，话轮转换会变得更加复杂。由于两个或两个以上的会话参与者同时发话或者一个或多个说话人的话轮由于某种原因而暂时中断等因素，话轮转换可能受阻或被打断。萨克斯等人提出的会话转换机制（turn-taking system）认为会话转换机制是一切会话最基本的言语转换机制。会话转换机制包含话轮构造（turn-constructional）和话轮分配（turn-allocational）等重要部分。

话目 act 语篇语言学、话语分析术语。指英国学者辛克莱（John Sinclair）与库特哈德（Malcolm Coulthard）在20世纪70年代依据学校中教师与学生的课堂对话建立的话语分析法的话语层次之一。根据辛克莱与库特哈德所创立的伯明翰学派话语分析法，话语层次包括话目、话步（move）和回合（exchange）等三个基本层次形式，其中交际回合是交谈者围绕话题进行交谈的基本单位，由各种话步构成，话目则在会话中确定前后话步之间的关系。在日常口语会话中，有时一个话步就是一个话目，有时一个话步可以是两个话目。例如：

Teacher：What's the verb in the question?
Student：Look.
Teacher：Right，to look like.

在以上这个交际回合中共有三个话步，分别为教师向学生提问的启始话步（opening move）、学生回答问题的应答话步（answering move）和教师向学生提供反馈信息的连接话步（follow-up move）。其中应答话步和连接话步不仅是这个交际回合的两个话步，同时又分别是诱发（elicitation）话目与回答（reply）话目，而连接话步则不仅一个话步，还同时是两个话目，分别为评价（evaluative）话目与告知（informative）话目，它们共同组成一个由教师向学生提供反馈信息的连接话步。在辛克莱与库特哈德所创立的话语分析模式中共有22个话目，这些话目的模式后来虽然经过许多学者的修改与充实，但基本的形式却没有大的改变，一直都保持着它原有的层次系统。

话题 topic 亦称主题。（1）表层结构中受 S 直接支配的位于最左侧的 NP，即主语。例如：书在桌子上。（2）处于双词句阶段的婴儿所说的、不具备句法结构的句子中的第一个词语。例如：车要。（3）话题是位于主语前面的 NP，不与主语重叠。话题具有与主语截然不同的一些性质，是话题突出型语言（如汉语）中的一种专门的句子结构成分，和主语一样享有句法地位。可以分为论元共指性话题（例如：这个历史你没有办法写的）、语域式话题（例如：他们你看我，我看你）、拷贝式话题（例如：去就去，我还怕你吗?)、分句式话题(例如:他会干这种事我不相信)和论元分裂式话题(例如:衬衫他买了这三件)。(4)语用层面上已经给出的旧信息。例如:我读过这本书了。/这本书我读过了。

话题化　topicalization　指使用一个标记结构使句子的某一部分突出,通常是放在句子的开头,从而达到一种特殊的交际功能的现象,被突出的这一部分就被话题化了。例如:[1] This problem you must deal with. [2] In the square stood a statue.

话题教学大纲　topic syllabus　语言教学术语。指一种交际法的教学大纲,其组织标准围绕交际的话题编排。

话题框架　topic framework　语篇语言学术语。在话语分析中,语篇话题的文本背景称为话题框架。话题框架包括语篇上下文中提到的、与话题阐述相关的各种要素,如人物、日期、时间、地点和事实等。话题与话题框架之间关系紧密,话题可以限制话题框架所包含的各种要素,合理的话题框架也可以反过来帮助读者更好地理解文本,为话语分析提供更多背景信息和分析依据。

话题式模式　topic-based model　语言教学术语。使课堂对话成为日常生活缩影的一种语言运用课堂教学模式。往往以内容为基础,教师环绕一个或多个主题组织教学训练学生的听、说、读、写等技能。

话题突出　topic prominent　亦称话题优先。通过语法来表达句子中的主题和述语,相对不受主词、动词格和受词规限。其特征是句子围绕话题,而非主谓语展开。如果句子存在被动结构,往往不使用被动态。通常没有虚主语或赘代词。

话题优先　topic prominent　参见"话题突出"。

话题主位　topical theme　功能语言学术语。句子三类主位中的一种。韩礼德在其《功能语法导论》(An Introduction to Functional Grammar,1994)中提出,英语中的小句根据其功能和意义,可以分为三类主位(theme):语篇主位(textual theme)、人际主位(interpersonal theme)和话题主位(topical theme)。话题主位体现的是语言的概念功能,包括主语、补足语或环境副词,也称为经验主位(experiential theme),因此话题主位表达的是内容和经验。

话语¹　discourse　话语分析术语,亦称语篇。关于语言使用的例子(即语言作为交际行为的结果)的术语。语法指的是语言用以组成语法单位(比如从句、短语和句子)的规则,而话语一般指的是语言的更大的单位,比如段落、对话和访谈等。有时候,对书面和口头语篇的研究都称为话语分析;但是某些研究者称对口头语篇的研究为话语分析,而称对书面话语的研究为文本语言学。在后现代主义和批评话语分析中,话语指的不仅是任何形式的谈话,而且是谈话中所包含的意义、意思和价值。

话语²　utterance　话语分析术语。指两个停顿或可能的停顿之间的一串言语,通常在话语的末尾用上升或下降的终端连音表示。因此,Have you finished your homework? No, not yet.是两句分开的话语。话语可以是一个词、一个短语或一个句子及句子以上的言语结构。话语是使用中的语言,是一个句子口头或文字的物质实现形式。因此,话语与语境紧密相连。话语不同于句子,同一个句子在不同语境中可能暗含不同的话语语气。之所以区分话语和句子,是因为在进行语言分析时,总是从记录下来的原始语言材料入手,这时对词与句子的界线尚不清楚,因此将出现在停顿中间的语言成分作为分析单位。

话语标记语　discourse marker　语篇语言学术语,亦称话语联系语(discourse connectives)。指用来帮助构建语篇的语言手段,是话语分析、语用学等学科所关注的一个热门话题。英语的话语标记语就是指诸如therefore、so、moreover、because等单个语词和"you know""you see""I mean"等语用表达式。在话语的实际运用中,它们通常被冠以连词(conjunctions)、逻辑联系语(logical connectors)、话语操作语(discourse operators)、话语小品词(discourse particles)、语用标记语(pragmatic markers)等不同名称。根据霍尔克(Franzosisich Holker)1991年的理论,话语标记语具有四个方面的特征:(1)不影响话语的真值条件;(2)不对话语的命题内容增加任何新信息;(3)与说话的当时情形有关,但与被论及的情形无关;(4)具有情感表达功能,而不具指称、外延或认知功能。其中,前两项具有语义的性质;第三项具有语用的性质;第四项具有功能的性质。话语标记语在话语中不影响话语的真值条件,也不对话语的命题内容增加任何新信息,但对话语的构建与理解有制约功能,特别是对辨认两个话语之间的连贯关系起着重要的作用。

话语表征理论　discourse representation theory; DRT　语义学术语,亦称篇章表述理论、话语表达理论或话语表现理论。指一种关于自然语言的动态语义学(dynamic semantics)理论,也是话语语义学(discourse semantics)的一种理论变体。此理论于20世纪80年代初由荷兰逻辑学家坎普(Hans Kamp)在《真值与语义表征理论》(A Theory of

Truth and Semantic Representation)中提出,是继蒙塔古语法之后又一种极具代表性的自然语言逻辑理论。该理论试图扩展模型论语义学(model-theoretic semantics),以便处理由句子组成的序列,特别是能处理超出句子界限的照应关系。话语表征理论由"句法规则""话语表征结构(Discourse Representation Structures)的构造规则"和"话语表征结构在模型中的解释"三部分构成。句法规则给出的是英语的句法算法,话语表征结构的构造规则给出的是语言形式和语义之间的转换模式,话语表征结构在模型中的解释部分则是用真值条件(truth conditions)模型论语义学方法对话语表征结构进行解释。在这三个组成部分中,居于核心位置的是话语表征结构。话语表征结构是语义表征的直接层次,起始的一个话语表征结构通过句子句法结构的算法派生而成。然后用其他规则决定如何充实这个起始话语表征结构来识别各种照应关系。每个话语表征结构都含有两部分的内容:话语所指(discourse referents)和与话语所指相关的各种条件,即话语表征结构条件(DRS conditions),分别组成话语所指集和DRS条件集。其中话语所指集又称论域(universe)。切分话语表征理论(segmented discourse representation theory)是话语表征结构的延伸,是一种以语义为基础的话语结构理论,用来表示进入一个篇章的各命题之间存在的修辞关系。

话语层　discourse level　语篇语言学术语,亦称语篇层。指对语言进行分析的较大单位。语言单位包括声音、词汇、句子、段落及篇章等,语言研究也相应地划分为语音层、词汇层、句法层和语义层等。超出句子层面的语言单位即为语篇层。语篇的形式多样,如政治语篇、经济语篇、科技语篇、教育语篇以及学术语篇等。另外,根据内容概括程度和抽象程度的不同,篇章中的话语大致分布于三个层面:写实层面(factual level)、信念层面(perceptual level)和思议层面(rational level)。这三个层面的话语各有其特点和功能,它们相互衔接,相辅相成,从而构成完整的段落或篇章。从这一角度出发对篇章进行研究,可以揭示篇章生成和构建过程中的规律。写实层面的话语所描述的是被具体时间或空间所定位的事件或情景。其内容比较具体,因而概括程度和抽象程度最低;信念层面的话语所描述的是人们根据自身经验或者基于对客观事物的认识而形成的对某一事物的观念;思议层面的话语讲述的是根据某一事件或者自身的经验和观念所感悟到的普遍事理。写实层面语篇和信念层面语篇的话语涉及对某一本体的认识和描述,而思议层面的话语内容往往跨越范畴,超越本体,因而具有共性、普遍性和抽象性。

话语场　field of discourse　功能语言学术语,亦称话语范围、语篇领域,简称场。指按话语交际活动中语言内容区分的语域,如化学、宗教、广告等语场。

话语发生学　logogenesis　指语篇框架中语篇意义的产生过程。话语发生学过程就是意义本身展开的过程,即在一个语篇形式中意义的实体构建过程。

话语分析　discourse analysis; discourse study　亦称语篇分析。对各种分析书面、口头和手势语言使用的方法的总称。其研究领域包括:(1)冠词、代词和时态的选择对于话语结构的影响。(2)话语中诸多声言之间的关系。(3)说话人做出的相关举动,用以挑起新的话题、改变某个话题或者使在对话中的地位关系变得更为强势。口头话语的分析有时也称为对话分析,一些语言学家则称书面话语的研究为文本语言学。话语分析的另一个研究重点是对课堂话语的研究,其研究成果可用来判断教学方法是否有效以及师生之间具有怎样的互动关系。

话语附加　discourse attachment　语义学、话语分析术语。指模拟利用相关的语用知识来推断两个给定话语构成成分之间的修辞关系的过程。在某一话语结构理论的框架内,话语附加是以读者的背景知识为基础的,通常揭示某一个篇章底层的各种修辞关系。

话语概念结构化　discourse configurationality　指某些语言通过语法层次结构来体现话题和焦点这两个话语概念。例如,话题突出语言在语法结构上具有话语功能,而焦点突出语言在语法结构上则具有焦点功能。

话语结构　discourse structure; macro-structure; genre-scheme; rhetorical structure　话语分析术语。❶一种心智表征、计划或结构。❷一组经过有组织、相关联的想法、概念和前知识结构,是关于客体、事件和现实世界中的关系的抽象表征。❸指在文本语言学和话语分析中,能够解释一个文本或话语组织布局的深层结构。例如,小说的深层结构是:小说＝时间＋地点＋人物＋事件＋插曲……所谓合适的"话语结构"就是连贯的。参见"修辞结构"。

话语连接词　discourse linker　参见"话语标记词"。

话语联系语　discourse connective　参见"话语标记语"。

话语模型　discourse model　语篇语言学术语。根据普林斯(Ellen Prince),已知信息和新信息的两端隐含对称的思想无助于对信息状态进行客观、准确的分类,拟使用"认定的熟悉程度"(assumed familiarity)来描述信息状态,将信息状态视作包含不同程度的一个连续体。以此为基础,构建了一个包括话语实体(discourse entities)、属性(attributes)和实体之间连接(links)的话语模型。根据这一模型,发话者能引入话语的实体有三类:(1)新实体(new entity),包括全新实体(brand-new entity)和未用实体(unused entity);(2)可推知实体(inferable entity);(3)被唤起的实体(evoked entity),包括情景唤起的实体(situationally evoked entity)和语篇唤起的实体(textually evoked entity)。

话语能力 discourse competence 语用学术语。指懂得如何开始和结束一场对话的知识。属于交际能力的一种,由卡纳奈尔(Michael Canale)和斯温(Merrill Swain)于1980年提出、发展和归纳。交际能力还包括语法能力(形式能力)、社会语言能力(社会文化能力)和策略能力(strategic competence)。参见"交际能力"。

话语期 talking 语言习得术语。指幼儿语言习得第五阶段,约在两岁时开始。此时幼儿能完全理解他人比较简单的指令,并做出良好的言语反应。在这个阶段,幼儿可以从用单个的词发展到用短语来表示自己的愿望和需求。

话语社团 discourse community 社会语言学术语。特定专业或行业内的人群(比如具有特定的交流方式与行业习惯的教师、语言学家、医生或者工程师等)使用的特定的一类话语称为体裁。因此,话语社团这个概念用来解释特定的文本修辞特征是如何传达特定社团的价值观、目的和特性,以及如何标记特定社团中的个体。

话语实践 discourse practice 社会语言学术语。指围绕文本且必须在文本分析中加以参照的产出、分布和解释过程。这些实践活动本身被视为更为宽泛的社会权力和权威实践的一部分。

话语特征 discourse accent 语用学术语。在书面语中,非本族语言者所写的、区别于本族语言者所写的语篇特征。例如,非本族语言者文章中的修辞布局规律,或者非本族语言者对于粘连技巧、话题以及段落组织各方面的运用,都能够显示出作者的话语特征。

话语填充测试 discourse completion test; DCT 语篇语言学术语。一种调查问卷,指从社会语言学角度对某一情形进行描述,其后附有部分语篇,以诱发被测试者的某种具体的言语行为。这种特定的言语行为的发出可视为只有特定语篇才能诱发的,其作为数据,可用于对语言学习者的中介语语用能力诸方面的研究。例如,运用话语填充测试让受试者发出让听者关门的命令,那么最后受试者所发出的命令可能就是"关门!""请您把门关上好吗?""我好冷!""你(不)冷吗?"等。

话语填充问卷调查法 discourse completion questionnaire 参见"话语填充测试"。

话语文体学 discourse stylistics 指兴起于20世纪80年代、注重人物之间的交际互动过程、主要采用语用学和话语分析的理论与方法来分析会话的学科分支。申丹概述了话语文体学的几种常用分析模式,其中尤以言语行为理论、会话合作原则、礼貌原则以及伯明翰大学的"话步"理论等常用模式最具代表性。通过将这些会话分析的方法应用到会话分析中,建立一个由个人话语(personal utterance)到双方交流(interactive exchange),再到交流话语群(exchange groups)的分析流程,其中既包括分析个人话语中表现出的静态人物性格和社会关系,也包括体现在话语群中的人物冲突和情节发展的动态过程。

话语项 discourse item 语篇语言学术语。指位于话语之间表示其关系的词汇项或语法形式。如汉语中的因此、而且、因为等。参见"话语标记"。

话语序列 sequence of discourse 语用学术语。指语篇中由前后相连的句子或语段构成的有意义的语言单位。例如,"运动会取消了,天下雨了"和"天下雨了,运动会取消了"由于话语序列不同而表示不同的语言意义。

话语选择理论 Utterance Selection Theory 人在言语交际中必须选择语言手段建构话语,传递信息,即一般所说的话语表达。语言使用者在选择话语时不仅要斟酌酌句、考虑文从字顺,更要考虑如何使自己的言语目的和意图通过话语选择有效地传递给听读者。话语选择理论认为,所选择的话语的内容必须包含说写者的意图、话语的意义和听读者可能对话语的反应,这三方面的关系表现在说写者力图用恰当的语言手段组合话语,使听读者的反应纳入说写者联想的轨道,以达到言语目的。

话语隐喻 discourse metaphor 约尔格·青肯(Jörg Zinken)在其研究中提出的一个概念,指能在某个话语群中引起一致类推的语言表达结构。话语隐喻往往出现在话语中,常和一个具体的语言形式捆绑在一起,经常与具体的交际需要联系在一起,并经常引起争论;当它服务的交际需要无存在必要或无关时,该话语隐喻就会消失。任肯明确指出话语隐喻不是受一个内在的概念隐喻驱动,与概念隐喻理论(Conceptual Metaphor Theory)的正统观点相反,而是代表基于用法模型(usage-based model)的隐喻。例如,20世纪90年代,"弗兰肯食物(Frankenfood)"即"基因改造食物"这个语言形式在欧洲被公共舆论广泛用来指转基因谷物。地球组织成员使用这个话语隐喻的目的就是把这种谷物和"弗兰肯斯特"(Frankenstein)即"科学怪人"联系起来,让人们想起令人厌恶、自我毁灭的人造产品将导致不可预见的灾难性后果,从而指责转基因食物。

话语语义学　discourse semantics　亦称篇章语义学。指着眼于语篇内句子间的语义关系的语义学分支。其主要概念包括前指(anaphora)、后指(cataphora)等超出句子边界的语义关系以及模型从属关系(model subordination)等现象。范戴克(van Dijk)的话语语义学或篇章语义学(text semantics)主张透过个别子句间意义连贯(local coherence),或是一连串命题相互扣连的意义连贯(global coherence),可以检视特定媒体文本建构之蕴含意义(implications)。以他者的再现为例,范戴克认为在媒介文本中若某一社会团体一再被描述为对某些负面行动(如犯罪或暴力)存有时间、条件、原因或次序上的相关,不论其是直接或间接、明示或暗示,此社会团体便已很难摆脱负面的蕴含;相反,某些主流团体即便从事负面行为,都可用类似的手法为自己推卸责任。

话语域　discourse domain　❶根据不同的因素,包括语义范畴以及情景和语境的其他特征(如参与者、音调、音高、话题、风格、目的、手势、表情等)所建构的语言发展和使用或交互于其中的一个认知客体。❷交际借以发生的、由语境决定的语言使用特征或规约,通常包括各种不同的语域(register)。

话语运用　discourse management　语言习得术语。指第二语言学习者在交际时运用各种交际策略对其言语进行修正,以避免交际问题的产生。话语运用和互动交际(interactive communication)两大要素是针对语篇能力而提出,强调语言的交际特点与技巧。比如,说话者在交际中可以限制他们所要传达的信息种类,减少传达的信息量,使用理解核对法等。

话语韵律　discourse prosody　指话语扩展到超过线性字符串单位的一种特性。斯塔布斯(Michael Stubbs)于2001年在其《词语与短语:词汇语义学的语料库研究》(Words and Phrases: Corpus Studies of Lexical Semantics)一书中对话语韵律做了论述,指出其与语义韵律有很多相似性:语义韵律倾向于聚焦单个词语间的关系,话语韵律考察的是单词与同嵌入的语境之间的关系。

话语指示语　discourse deixis　亦称篇章指示语。指说话和行文过程中运用恰当的词汇或语法手段来传达话语中的某部分(如"前述""后述")或某方面的指示信息。话语指示语与时间指示语和地点指示语关系密切,有些话语指示语则是从时间指示语和地点指示语中提取而来,如英语中的"the following chapter""the next chapter"等。这些话语指示语可以分别表示前述或后述话语信息,可以成对使用,亦可单独使用,在话语或语篇中起到承上启下的作用,从而使话语或语篇连贯。指示语按照其指代性质可分为五大类:人称指示语(person deixis)、地点指示语(place deixis)、时间指示语(time deixis)、语篇指示语(discourse deixis)和社交指示语(social deixis)。参见"指示语"。

话语中断　aposiopesis　参见"顿绝"。

话语主题　discourse topic　语篇语言学术语。指话语片段的中心思想。话语主题是语篇所关涉的内容,因此有别于句子话题(sentence topic)。话语主题研究始于19世纪中叶,后经马泰休斯(Vilém Mathesius)进一步拓展,1974年由弗兰蒂萨克·丹尼斯(Frantisek Danes)归纳出用来解释语篇组织的五种基本模式。典型模式包括:(1)单纯线性推进(simple linear progression),指前一句评述中的一个成分,在随后一句中做主旨;(2)持续推进(constant progression),指前一句主旨中的一个成分,在随后一句中仍然选择为主旨;(3)衍生超级主旨推进(derived hyperthematic progression),指后来出现的特定主旨衍生于某个"超级主旨"。单纯线性推进和持续推进具有序列性,衍生超级主旨推进具有等级层次性。强调线性序列的话语主题研究主要探讨主题在语篇内的发展过程,而等级层次的话题研究则集中考察话语主题到句子主题之间的层次关系与具体化。参见"关涉话题"。

话语转换序列模式　Modes of Turn-taking　语篇语言学术语,亦称话轮转换模式。话语分析中的核心问题,基本构建模式为"A—B—A—B—A—B"。通常构成对话的话轮并非孤立存在,前后出现的话轮之间必定存在某种序列关系,形成话轮序列。常见的话轮转换序列模式包括相邻语对(adjacency pair)、前置序列(pre-sequence)、插入序列(inserted sequence)和旁支序列(side sequence)。其中相邻语对通常由相关的两句话语构成,并分别由两个说话者说出,其中第二句总是作为第一句的回答或反应。例如:A: What's your name? B: I'm James. 此会话即为相邻语对。前置序列指说话者在交际时总是设法避免发生令人尴尬的情况,为此,他往往先说一些试探性话语,这些话语就被称作"前置序列"。例如,在试图说服对方时,为了避免对方拒绝接受,造成谈话双方的不愉快,说话者总是要进行婉转的试探。插入序列指在主要会话序列中插入另一个相关的话题,然后再回到主要话题上。其产生的原因是发话者的话语有歧义,受话者因不清楚发话者的意图而插入会话。库克(Rita Cook,1989)将插入序列的相邻话对结构归纳为:Q1(Q2－A2)A1。例如:

A: Did you enjoy the meal←Q1
B: Did you? ←Q2
A: Yes.←A2
B: So do I.←A1

在本组对话中 Q1—A1 构成主要相邻话对,即发话者问受话者,对这顿饭满不满意,受话者的应答是满意。在 Q1—A1 之间,加入了一个插入序列 Q2—A2,插入序列加入这组对话后,意思并没有变,但反映出受话者对这顿饭实际上不满意,不过碍于情面,不好直说,因此借对方的口敷衍对方;或者是受话者故弄玄虚,和对方开玩笑,说明他对这顿饭满意,但他没有直截了当地说出自己的感受。旁支序列指一个说话者为弄清某一点可能会偏离会话主题,而通常对方也会做出相应回答,从而形成的一组对话。继这组题外话之后,通常主线会话继续进行。例如,A 和 B 在安排一个约会:A: I'll be there at five. B: Aren't you working late? A: Not on Tuesdays. B: Fine, see you at five then. 会话中间部分的 B/A 对话就是题外话。

话语作为过程 discourse-as-process 语篇语言学术语。指语篇分析的一种方法。与对语篇静态的分析不同,话语作为过程的语篇分析是把话语看成活动而非"结果"的动态分析法。词、词组、句子等只有成为整个话语活动的环节才能获得"过程"价值。

怀疑式 dubitative mood 语法学术语。指某些语言的语法中存在的一种与认识有关的语气。怀疑式语气只表明对所做陈述的怀疑或不确定性,并不包含任何意愿成分。英语中的传统英语语法分析性意念语气(analytical notional mood)即属此类。例如:[1] He *must be* rich. [2] I *guess* he's rich. [3] *Maybe* he's rich. [4] He *might be* rich. [5] He *may be* rich.

还原 restituting 参见"复原"。

环境 environment 音系学术语,亦称触发因素(trigger)或决定因素(determinant)。指音段在音节(或更大的单位)中所处的位置和上下文条件。一个音位在某种语言中的分布是它能够出现的所有环境的总和。一个音段的特征会受到其所处环境的影响。例如,在很多语言中,元音经常会被紧跟其后的鼻音同化,变成鼻化元音。这条规则可表示为:V → V / N ♯ 斜杠右边表示的就是目标音段所处的环境条件。参见"决定因素"。

环境 it ambient *it* 英语代词 it 可以用于表示世界的客观存在状态而不是个体的形式,如"It's snowing.""*It*'s hot."等。

幻觉字 phantom word 参见"错别字"。

换称 antonomasia 形态学术语,是一种产生新词的现象和方法。指专有名词可转化为普通名词,或形容词转换为专有名词。例如:[1] Rugby(拉格比公学)→ rugby(橄榄球) [2] the Almighty(全能的)→ God(上帝) 另一方面普通名词也可转化为专有名词。例如:[3] city → the City(= the business centre of London) [4] prophet → the Prophet (= Mohammed)。

换气 breathing; pause for breath 指说话时因呼吸而形成的短暂停顿。此动作可具体描述为:说话时停顿一下,重吸一口气作为下一气群的呼出气流。

换位[1] metathesis 形态学术语。指句子中的词序或词中语音顺序发生变化的现象。这种变化偏离正常的使用规则,并且在有些情况下可能会导致语言中的永久性变化。这种现象常在第二语言或外语学习者的话语中出现,有时也出现于本族语说话者,比如将/fɪlm/读成/flɪm/。换位现象在一些古英语方言中也很常见,如西撒克逊语中的 axian(问)、dox(黄昏)。通行和流传下去的换位也可能引起词的变化,如古英语 brid(小鸟)中的两个语音发生换位,变成现代英语的 bird,古英语 hros 中的两个语音发生换位,变成 hors(马)等。有些语言学家把这个术语的意义仅局限在表示元音和辅音位置的互换。

换位[2] permutation 句法学术语,亦称移位或重新排序。指某个成分在一个位置上被省略,然后在另一位置上通过替代而被插入,如被动式的构成过程。属于一类基本的转换操作。有些理论中将"换位"分解为两个更基本的操作,即附接和替换。在秩序和语序研究中,表示诸如外位、话题化等换位过程。

换音词 anagram 形态学术语,亦称同形异序词。指一个语言形式(词、词组或句子)是由另一个语言形式的相同字母构成的,但字母的排列顺序不同,如 pit-tip、now-won、petal-plate 等。有些换音形式比较特殊,称为回文(palindrome),因为它们往前读或往后读都是一个相同的字母排列或相同的数字排列的语言形式(词、词组或句子),如"Anna""Was it a cat I saw""98989"等。

回避策略 avoidance strategy　　语言习得术语。学习者交际策略之一,指交际过程中,学习者担心不会或者不能熟练使用某词或某种表达方式而造成交际失败,有意避免使用难词或者较难的结构而代之以较简单的词或句子结构,或选择避而不谈。参见"**交际策略**"。

回避类型 avoidance style　　社会语言学术语,亦称避忌言语类型(avoidance speech style)。避忌言语(avoidance speech)是语言学上用来指跟对方交流时,在有社会禁忌语的情形下,允许使用的语言,有时称作丈母娘语(mother-in-law language),是许多澳大利亚土著语、部分北美语言和非洲班图语言(如在祖鲁叫作 ukuhlonipa)的一个语言特色。在这些地方,有些亲戚之间在日常言语类型中表现出严格的禁忌特性,因而采用一种特殊的言语类型。避忌言语类型一般有相同的音位和语法,以此作为其标准语言的一部分;由于避忌类型只在有禁忌的亲戚之间并且在万不得已的场合使用,因而表现在词汇范畴上比一般言语要小。比如,迪尔巴尔语(Dyirbal)有一种常规言语类型(称作古瓦尔Guwal),以及其避忌类型迪亚恩圭语(Dyalngui),即包含一组代替古瓦尔语中表示异性的配偶家长、异性配偶子女、异性表堂兄弟姐妹之间的特殊词汇条目。虽然这类词的数量现在减少了,而它们的意义趋向更具类属性,如避忌类型迪亚恩圭语动词 bubaman 用来代替古瓦尔语中的动词"摇"(shake),dyindan 代替"晃"(wave),banyin 代替"粉碎"(smash)。

回波效应 backwash effect　　参见"**反拨作用**"。

回答[1] answer　　亦称应答。指针对问题所作出的达到预期的反应。从句法角度,回答主要区分为完整回答和不完整回答。完整回答是语法结构完整的形式。例如:[1] — What time is it? — It's five o'clock. 不完整回答有两种,即省略式和前照应式。例如:[2] — What time is it? — Five o'clock. (省略式回答) [3] — Do you like coffee or tea? — Both. (前照应式回答,用作回答的小品词属于不完整回答) 回答还可以区分为语义合适的回答和语用合适的回答。前者指给出恰当准确的必要信息,既不多余也不缺少;后者具有语境性,指结合语境作出的回答。例如:[4] — Where is the Eiffel Tower located? — In Paris. 针对例[4]字面上的问题,"In Paris"是一个语义合适的回答;但如果问题是在巴黎旅游的观光客提出的,这个回答就不能算是语用合适的。

回答[2] response　　语言教学术语,亦称反应、回应。指语言学习中学生对不同提问者(如教师、同学等)的提问所给予的回答;在测试中,指被试对问题的答复。在课堂练习中提问者可以给予提示(cue),而测试中相应题项说明应该清晰。在对话中回答问题的句子为答问句(response sentence),常与疑问句连用,作为对所提出的疑问的回答。

回读 regression　　亦称重读、倒退。指无声阅读时目光沿着印刷行倒回去的动作;在出声阅读中表现为重复已读过的音节、单词或短语。一般而言,阅读能力较差的读者回看或重读次数要多于阅读能力较强者。

回归分析 regression analysis　　语言测试术语。指一种研究两个或两个以上变量间关系形式的统计分析方法,即从一个自变量的集合中估计或预测一个因变量的数值。在分析过程中,无论有多少个变量,应选择其中之一作为受控制的、可精确观察的因变量,其余随机变量作为自变量。首先要建立变量之间的关系式(即回归方程式),然后通过回归方程式,由自变量的数值去预测因变量的数值。回归分析与相关分析不同,前者旨在寻求各变量之间数量上的联系方程式及其变化规律,后者得出的相关系数只能说明自变量与因变量之间关系的密切程度。回归分析中如果变量之间呈线性关系,则为直线回归分析,反之为曲线回归分析。"回归(regression)"的概念于1877年由英国生物学家高尔顿(Francis Galton)首先提出,后来他的学生英国数学家、哲学家皮尔逊(Karl Pearson)从数学角度提出代表现象间一般数学关系的回归直线(或曲线)概念。回归现泛指变量之间的一般数量关系。

回归音 recursive　　语音学术语,亦称递归的。由声门气流机制所产生的一种音段(如挤喉音或浊缩气音),较为罕见。源自拉丁语 recursio(后移)。

回滑现象 backsliding　　语言习得术语。指语言习得过程中出现的、语言发展向先前阶段回归的一种现象。在第二语习得中,学习者已经掌握了某一方面的语法或语音的正确表达形式,但在某些场合下,比如在气氛紧张或出现某方面交际困难的情形下,却对某些已掌握的语言特征不能运用自如,从而导致出现其表达偏离正确形式的现象。这样,语误就有可能临时性地再次出现。回滑现象中语误的出现并不偶然,而是反映了学习者语言早期发展阶段的语言体系。它与第二语习得中一个属于早期发展阶段的规则的使用有关。

回声词 echo word　　一种复合词,其第二个组成成分的首个辅音或改变的音节重复第一个组成成分。在印度次大陆的语言中,表示"……及类似的"这样含糊的意思时,用回声词的做法比较普遍。例如，印地语中的 pani→panivani（水及类似的），就是有规可循地把重复的第二个组成成分首个辅音变成 v；panivani 中的第一个音节是 pani，在第二个音节中第一个字母 p 就变为 v。

回声句　echo　句法学术语。指回答时不直接回应"是/Yes"或"否/No"，而是重复原句的部分内容的疑问句。在一些诸如夸克等人的语法描写中，指对另一说话人刚说出的话加以全部或部分重复的一类句子，包括回声问句和感叹句。前者尤指通过重复或重述对方问话进行反问的一种疑问句形式，形式与所反问的前面一句疑问句一样，但体现出的语调不同。例如：[1] A: Who are you looking for? B: Who am I looking for?　对回声句的回答一般要求对前一句话加以肯定。例如：[2] A: I'm going to the library. B: To the library? A: Yes, to the library. 不具备此回声特征的问句有时称作非回声问句（non-echo）。

回文　palindrome　修辞学术语。无论顺读还是倒读，语音序列都相同的词、短语或更高一级的语言单位。例如，英语中单词一级语言单位的用例有：madam，Eve。把几个单词连在一起构成回文，而且能表达一定的意思，往往比较难，有时会意思不同。但也有组合得比较好的。例如：[1] Draw, O, coward!　[2] Doc, note, I dissent. A fast never prevents a fatness. I diet on cod. 据记载，最长的英语回文例子有 65000 多词。汉语中回文形式多样，诗句化的回文形式常见于文学作品中。

回译　back translation　翻译方法的一种。指将原语中借自译语的词语回译成它在译语中原来的形式，即将 A 语言的译文 B 翻译成 A 语言。回译一般由不同文化之间的交流引起，是检验译文准确性的一个有效手段。回译在词和词组层面和句子、短文等较高语言层次都可进行，但前者较为多见。回译可分为两种类型：(1)术语回归回译，如咖啡(coffee)、沙发(sofa)、brain wash(洗脑)、对照组(control group)、Confucius(孔子)、Amoy(厦门)、litchi(荔枝)、ginseng(人参)、choumian(炒面)、tai chi chuan(太极拳)、dragon's eyes(龙眼)、mooncakes(月饼)等；(2)翻译精确性测试回译，如"贾琏偷娶尤二姨尤三姐思嫁柳二郎"《红楼梦》第六十五回）David Hawks 译：Jia Lian's second marriage is celebrated in secret; And the future marriage of Sanjie becomes a matter of speculation　回译：贾琏的二次婚姻在秘密进行,三姐的婚事正提上议事日程　杨译：A henpecked young profligate takes a concubine in secret; A wonton girl mends her ways and picks herself a husband　回译：怕老婆的浪荡子斗胆偷纳妾　一惯放肆的野闻女心中自有夫。回译一般有四种表现形式：(1)音译回译；(2)仿译回译；(3)增词回译；(4)释义回译。

回译测试法　back translation test　一种用来衡量由源语言译成目语翻译质量好坏的方法。译者将一篇文章从 A 语言翻译成 B 语言，另一译者将这篇文章又从 B 语言翻译成 A 语言，然后将译文与原文进行对比，如果两者相似度很高，则翻译质量很高；反之亦然。

回指消解　anaphora resolution　为回指语确定其所指的过程。一般包括三个步骤：(1)回指语的辨认；(2)候选先行语的定位；(3)在回指消解要素的基础上从候选集中选择先行语。

回指语言孤岛　anaphoric island　参见"照应孤岛"。

回转　flip　句法学术语，亦称主宾逆转。指例如英语中从"what he said amused me"推导出"I was amused at what he said"的过程中需要回转规则，以移动主语和宾语的位置。后面一句不是前面一句的被动形式，后面一句中的"amused"作形容词，是表语成分。

回转颠倒　flip-flop　句法学术语。转换规则之一，指英语中把短语结构规则生成的终端语符列中的部分序列"♯…affix＋v…♯"排列成"♯…v＋affix…♯"，其中 affix 为词缀，v 为动词。用符号表示为：Af＋v＝v＋af♯，其中 Af 为词缀。例如：The boy may have been sleeping. 在生成此句过程中，短语结构规则生成的终端语符列中含有"♯…have＋en＋be＋ing＋v♯"语序，其中"have、be"为助动词，v 为动词，en 为动词过去分词词缀，ing 为动词进行时词缀，通过回转颠倒转换，这一序列转换成：have＋be＋en♯v＋ing♯，即词缀与动词颠倒位置。

会话　polylogue　亦称多方会话、聚谈。指有两个以上的人员参加的交流活动。在戏剧中指多角色对白。

会话分析　conversational analysis　语用学、话语分析术语。由美国社会学家哈维·萨克斯(Harvey Sacks)等人于 20 世纪 60—70 年代提出，指对日常自然会话的分析。会话分析所研究的内容包括：(1)对会话结构的分析，如话轮转换(turn-taking)，即说话者如何决定何时在会话进程中说话；(2)对邻近对(adjacency pair)的分析，即会话中两个或两个以上说话者的话语是如何联系的；(3)对不同会话功能的分析，如会话者如何建立关系，表示礼貌或亲近等。

会话规则 conversational rules 语用学术语,亦称说话规则(rules of speaking)。指一组说话者所共有的支配其口头会话行为的规则。要使会话顺利地、有秩序地进行下去,参加会话的各方都必须善于运用一些技巧或手段,相互配合,以达到某种默契。比如语义、句法,肢体语言等在话轮转换(turn taking)中均发挥作用。会话规则规定说话者在会话过程中何时说话、何时不说、何种场合下说何种话以及如何开始或结束一次谈话等。会话规则并非是固定的或统一的,不同语言及文化中的会话规则不尽相同,有时甚至在同一语言内不同社会群体之间的会话规则也不一样。

会话含义 conversational implicature 语用学术语。指为保证会话的顺利进行,交际双方必须共同遵守一些基本的合作原则(co-operative principle),而出于某些原因,说话者在交际中会有意违反某一条或几条会话准则(conversational maxim)而表达言外之意的现象。由牛津大学哲学家格赖斯(Herbert Paul Grice)于1967年在哈佛大学詹姆斯(William James)讲座上所作的三次学术报告中提出此观点,并在之后形成了格赖斯会话含义理论(1975,1978),成为语用学中最为重要的理论之一。四条会话基本准则包括数量准则、质量准则、关联准则以及方式准则。例如:〔1〕A:Do you know where Mr. X lives? B:Somewhere in the southern suburbs of the city. B的回答违反了数量准则,其意可能是不想告知Mr. X的地址。〔2〕A:Would you like to come to our party tonight? B:I'm afraid I'm not feeling so well today. 当B事实上并无不适时,其回答违反了质量准则,其意可能是不想参加晚会。〔3〕A:The hostess is an awful bore. Don't you think so? B:The roses in the garden are beautiful, aren't they? B的反问式的回答违反了关联准则,其意可能是不想背后谈论他人。〔4〕A:Shall we get something for the kids? B:Yes. But I veto I-C-E-C-R-E-A-M. B的回答违反了方式准则,其用意可能是不想让孩子们知道他们正在谈论冰淇淋。参见"**会话准则**"。

会话互动 conversational interaction 语用学术语。指两个或两个以上说话者进行话轮转换的会话活动。会话互动中同时只有一个说话者说话,在话轮转换过程中会话各方都会尽力避免沉默。若在同一时间不止一个说话者说话,其中之一通常会停止说话,等另一方说完后再继续。例如:A:Didn't you know wh- ... B:But he mustn't been there by two. A:Yes, but you know where he was going. 除话轮外,会话应对中还包括结束点(completion point)、会话策略等重要概念。

会话修正 discourse repair 语言习得术语,亦称语篇修正。指在会话中讲话者或听话者遇到不合规范的话、无意误用的语言形式或发生误解时加以改正。萨克斯(Harvey Sacks)、谢格洛夫(Emanuel Scheglofff)和杰弗逊(Gail Jefferson)1977年在《语言》(Language)杂志第53期上发表《会话中修正结构的自我更正优先》(The preference for self-correction in the organization of repair in conversation)一文,被认为是会话修正研究的开始。他们提出失误源/修正阻碍(trouble source)、修正的启动(initiation)、修正的完成(repair)结构模型。根据启动修正者和修正者是自我还是他人,会话修正包括自我诱发的自我修正(self-initiated self-repair)、他人诱发的自我修正(other-initiated self-repair)、自我诱发的他人修正(self-initiated other-repair)和他人诱发的他人修正(other-initiated other-repair)。会话修正是社会交往的自行校正机制,在第二语言习得中,当本族语说话人(或其他第二语言学习者)遇到第二语言学习者一个交际问题时,就会来修正它导致交际中断的问题,或者通过改正办法来修正学生的错误。在第二语言或外语教学中,由于学生的语言能力关系,常使用他人修正和自我开始的他人修正。参见"**修正**"。

会话准则 maxim of conversation; conversational maxim 语用学术语。指说话者的话语在其发生阶段应符合其所参与交谈的公认目标或会话所遵守的准则。格赖斯(Herbert Paul Grice)提出的会话应遵守的四个准则吸取了康德(Immanuel Kant)(1724-1804)关于理性判断的四个逻辑函数的学说,这四个准则分别是:(1)数量准则(Maxim of Quantity),即使所说的话正好满足当前交谈所需要的信息,但所说的话不要多于超过交际所需的信息;(2)质量准则(Maxim of Quality),即尽量使所说的话真实,不要说出自己认为是虚假的信息,不要说出缺少足够证据的话;(3)关联准则(Maxim of Relevance),即说出的话要有关联;(4)方式准则(Maxim of Manners),即说出的话要清楚、避免晦涩,语言简练而有条理。格赖斯从其基本准则,即合作原则(co-operative principle)中提炼出会话准则。合作原则认为"参与者都在某种程度上承认其中有一个或一组共同目标,至少有一个彼此都接受的方向"。会话准则是合作原则的具体化,其前提是交际中所有的交际参与者需要相互合作。间接言语行为、会话含义、反语的理解等都可在会话准则的框架下得到解释。基于会话准则的思想后来发展成关联理论。

会厌 epiglottis 语音学术语。指喉头之上的舌后部突出的软骨。作用是在人吞咽食物时盖住气管,或者在呼吸和说话时向上抬,使喉腔开放,但本身不直接参与发音。在此部位发的音称作会厌音(epiglottal)。

会意词　ideograph; virtue word　批评语言学和修辞学术语,亦称好字眼。指政治话语中常用来代表政治立场的抽象概念词语。这类词语难以给予明确的定义,但总给人词义明确的印象,属于构建观念形态类语言的专用词汇,如"自由(〈liberty〉〈freedom〉)""民主(〈democracy〉)""权利(〈rights〉)""平等(〈equality〉)""法制(〈rule of law〉)"等。修辞批评话语分析中,常用波纹线(chevron)或尖括号(〈 〉)标识。

讳忌词　forbidden word　社会语言学术语,亦称禁忌语(taboo)。指用来替代日常语言生活中视为禁忌而尽可能避免提及的词。例如,汉语中用"老了""走了""永远地睡着了"等表示"死"的概念,英语中用washroom、powder room代替lavatory。

晦暗参数　opacity parameter　句法学术语。指诸如英语的语言有隐性一致短语(opaque AGRP/Agreement Phrase),动词不能越过它构成"John likes not Mary"之类的句子,而法语的非隐性一致短语(non-opaque AGRP)使得"Jean n' aime pas Marie"符合语法,句子成立。

晦暗词　opaque word　由于历史原因,有些词的来历或意义无法从词的构成上做出判断,如"火""鸳鸯"等。

晦暗性　opacity　❶句法学术语。指一个抽象的表达与一个不太抽象的表达之间相异的程度,尤指句法中不同程度表达之间的相似性。例如:
[1] s[he vp [PAST s[he] vp [go]]]]
[2] s[he vp [go-PAST]]
例[1]是一个其时态被看作是构成更高层次分句谓语的内在结构,而例[2]是表层只有一个分句的结构,前者比后者要隐晦。又如:
[3] They believe [*each other* are intelligent]
[4] They believe [*each other* to be intelligent]
例[3]中的"each other"是晦暗上下文,不能与其外面的语项同标,例[4]中的"each other"是透明上下文,可以与小句外的NP(they)同标。乔姆斯基在70年代后期短暂使用了晦暗性的原则,后来在其管辖与约束理论中做了修正。❷语义学术语。语义学研究中存在指称晦暗性(referential opacity)这一现象。指称晦暗性在语义学中指一个构式或上下文如用某些类型的同指词语替换后就不能保持其真值函项地位。❸音系学术语,亦称不透明性。指音系规则的一种特殊性质,即在音系推导(derivation)中存在的

音系规则,在表层形式中却很难观察到其存在。例如,英语中有一条音系规则:元音在浊辅音前的发音比在清辅音前的发音要长。因此,/e/在bedding中的发音比在betting中的发音长。但是在美式英语中,两个单词的元音间辅音均变成了闪音[ɾ],使/e/的发音长短在两个单词中的差别缩小,上述音系规则在表层形式中就具有晦暗性。音系晦暗性(phonological opacity)由基帕尔斯基(René Paul Victor Kiparsky)于1973年提出。指仅通过表层结构研究以确定音系生成环境或结果的一种方法。音系晦暗性是贯穿生成音系学发展全过程的问题之一。在SPE(Chomsky & Halle 1968)为代表的规则推导法(简称规则法)里,晦暗性不仅对语音表达形式特点具有解释作用,而且对描写儿童的语素/词项习得过程和确定音系历时演变方向也具有重要的理论意义。

混成语素　portmanteau morpheme　形态学术语。指音位语素单位(phonomorphological units)合成了几个原先是相对独立的语素单位(morphemic units),由美国语言学家霍凯特(Charles Francis Hockett)提出。例如:法语中的au实为a+le,其含义包括与格(dative)、定冠词(definite)、阳性(masculine)、单数(singular)等。

混合词¹　blend　参见"拼缀词"。

混合词²　hybrid word　形态学术语,亦称混种词。即由源自不同语言的成分(如词缀等)组成的词。例如,television一词中的tele源自希腊语,意为"远",vision源自拉丁语,意为"景";moral(有道德的)一词加上希腊语的否定前缀a-,构成反义词amoral(不遵守道德的,不分是非的)。

混合代码　code mixing　社会语言学术语。指在同一话题内同时使用两种或几种代码的现象。这种情况多出现在双语或多语种群体内。混合代码出现在非正式场合下,是朋友或同事间关系密切的标志。混合代码包含语言的不同层次,如音素(phonology)、形态(morphology)、语法结构(grammatical structure)和词项(lexical item)等。一般当说话人认为某一代码中的某个词更适合其所表达的事物时,会倾向于把该词用到另一个代码的语法结构中去。例如:"今天晚上party去不去?""不去了,我有lecture。"虽然混合代码还不是一种语言,但有时某一混合代码因为广泛使用甚至会获得一种名称,如香港大学生所说的英语和广东话的混合代码就被称为Ugewa。

混合形式　amalgam　形态学术语,亦称累计形式(cumul)或范畴累计(cumulation of categories)。

指一个形位能够表示多个语法范畴的语言现象,如拉丁语后缀-a 在名词 lingua 中代表单数、阴性、主格或夺格。混合形式也指一个句子混合了两种及以上的结构。

混合隐喻　mixed metaphor　认知语言学术语。指从一个事物跳到另一个不一致事物的隐喻,如"我嗅到了一只老鼠,但我将把他消灭在萌芽状态"(I smell a rat ... but I'll nip him in the bud.)前半句中的隐喻"老鼠"指"叛徒"或"卑鄙小人",后半句的隐喻"萌芽"指"事物的初级阶段",表示两个不同的事物的隐喻混合使用。混合隐喻通常作为隐喻本身的仿拟使用,如"如果我们击中牛眼,剩下的多米诺骨牌就像纸牌堆成的房子一样倒塌"(If we can hit the bull's-eye then the rest of the dominoes will fall like a house of cards.),前半句中的隐喻"牛眼"指"关键环节",后半句中的"多米诺骨牌"指"次要环节",不同事物的隐喻混合使用。

混合语　mixed language; jargon　社会语言学术语。指多种语言融合产生的语言,也指洋泾浜语的第一个(发展性)阶段,也叫前洋泾浜语(pre-pidgin)。由于零星使用并且限制在几个语域如贸易或劳动中使用,这类语言结构不稳定,个体变异多,语音体系简单,词汇量小,句子简短。它与稳定洋泾浜语(stable pidgin)形成对照,如果接触环境改变,它们可以演变成稳定洋泾浜语。目前已知的混合语都是两种语言的混合。虽然语言间的相互借用和影响非常普遍,但是真正的混合语并不多。混合语的产生有可能标志着新的民族或文化群体的产生。如汉语与其他语言的混合语有诶话、五屯话。诶话是侗台语系的语言与汉语的混合语,也是自称为诶/eɪ/的人使用的一种语言,在当地称为五色话。据统计,在诶话的 2000 多个常用词中,只有 200 多个是侗台语词。五屯话是汉语、藏语和蒙语的一种混合语。

混借词　loan blend　参见"外来词"。

混杂隐喻　mixed metaphor　参见"语法悖理"。

混种词　hybrid word　参见"混合词²"。

活动　transaction　话语分析术语。指交往活动,亦称课段。伯明翰学派语言学家辛克莱(John Sinclair)和库特哈德(Malcolm Coulthard)等于 20 世纪 70 年代运用描写语言学方法建立课堂言语分级阶梯系统(rank-scale system),包括五级:授课(lesson)、交往活动(transaction)、回合(exchange)、话步(move)和话目(act)。其中,交往活动是指界限典型地以框架和重点为标志的单位。例如:一个课段以"well"为框架发起,而其重点则是"what we are going to do is to read this story"。框架通常都是由一些数量较少的语项构成,如 well、good、now、yes 等,这些语项一般都用高—降语调。

活动动词　activity verb　亦称行为动词。指动词的词汇意义中暗含动作正在进行中或没有完成。根据动词词汇意义所暗含的体态特征对英语动词进行分类,可以把动词分为活动动词、终结动词(achievement verb)、完成动词(accomplishment verb)和状态动词(state verb)等类型。其中终结动词亦称非延续性动词、瞬间动词或短暂性动词,表示不能延续的动作,这种动作发生后立即结束,如 open、close、finish、begin、come、go、arrive、reach、get to、leave、move、borrow、buy、join、die、become 等。完成动词是指动词所表示的不仅是活动,而且是适宜或正确的活动。换句话说,它们不但意味着某项任务已被完成,而且意味着完成这一任务的主体已经做成了某件事,如 win、kick、arrive、open 等。状态动词是指表示主语继续或保持一种状况或态度的动词,如 study、work、stand、lie、know、walk、keep、have、wait、watch、sing、read、sleep、live、stay 等。

活用言语知识库　speech repertoire　社会语言学术语,亦称言语全部体式。指言语社区中个人熟练掌握并且合适地用于该言语社区日常交际的语言变体总和。言语社区内部成员互相交流时,单一的语言或语言变体往往无法满足交流的需要,而是需要使用几种语言或语言变体进行交流。每一种都有其适用的日常活动的范围。例如,蒙特利尔的加拿大籍法国人的言语可能包括标准加拿大法语、口语体的加拿大法语和英语(可能有不止一种的变体)。言语全部体式与语言知识库(verbal repertoire)相对而言。语言知识库是指个人所掌握的语言资源的总和,包括其他语言、地域方言或者社会方言等。参见"语库"。

活语言　living language　亦称现有语言。指某一语言集团内目前正在通用的母语,如英语、法语、德语等,与死语言(dead language)(如拉丁语、梵语等)相对。

获得性诵读困难　acquired dyslexia　病理语言学术语。指在正常视力条件下因脑损伤而引起的后天性阅读能力障碍疾病。患有获得性诵读困难的患者在智力上与普通人并无差别,只是丧失了对视觉性符号的辨识能力,在字母、单词或句子的读取方面表现出特别的困难。症状较轻的患者能够读取文字却不解其意,严重的患者则完全无法阅读,对所有文字均不认识。

获得性语言障碍　acquired language disorder

病理语言学术语,亦称后天性语言障碍。指既往已获得的语言功能丧失或受损的临床表现。按语言障碍出现的时间可分为发育性语言障碍和获得性语言障碍两种。在言语出现前出现的语言障碍为发育性语言障碍,一般发生在从出生到 1 周岁期间;在语言出现之后出现的语言障碍称为获得性语言障碍,一般发生在 3 周岁以后的时期。而如果患者的语言障碍出现在 1 至 3 周岁期间,一般会兼有发育性和获得性语言障碍的特点。一般情况下,获得性语言障碍的发病原因都是由于相应部位的脑损害或病变导致的,器质性脑部病变直接影响到了语言功能的发育、形成或使患者产生言语困难。

霍布逊-乔布逊语典　**Hobson-Jobson**　《霍布逊-乔布逊语典——印式英语口语词和词组汇编》(*Hobson-Jobson: A Glossary of Colloquial Anglo-Indian Words and Phrases*)的短称,是历史上英国对印度统治时期英印混血儿或英裔印度人使用的印式英语的有关词源学、历史地理等领域的术语词典。此语典的原作者是苏格兰东方学学者亨利·尤尔(Henry Yule)和英国梵语学者阿瑟·伯内尔(Arthur Burnell),于 1886 年首次出版,1903 年由英国东方学学者威廉·克鲁克(William Crooke)校订再版。

霍桑效应　**Hawthorn effect**　心理学术语,亦称需求特点(demand characteristic)。指当被观察者知道自己成为观察对象而改变行为倾向的效应,在语言教学和测试中亦可感知。1927 年至 1932 年,哈佛大学心理学家梅奥(George Elton Mayo)进行了一系列心理学实验,研究工作条件、内在心理与生产效率之间的关系。实验因在一家坐落在芝加哥、名为"霍桑"的美国西部电气公司的工厂里进行而得名。此效应认为人们的行为表现在得到新的关注或更多关注时会发生变化,常应用于组织管理学中。语言教学中如果采用新的教学方法,往往会产生霍桑效应,使学习效率得到暂时提高,但此效应会随着教学方法持续固化而逐渐减退。

J

机器翻译 machine translation　　计算语言学的一个分支。亦称自动翻译(automatic translation)、机器辅助翻译(machine-aided translation; machine-assisted translation)、计算机辅助翻译(computer-aided translation; computer-assisted translation; CAT)。指借助计算机程序将一种自然语言文本(源语)对译到另一种自然语言文本(目标语)的过程。这一过程包括源语分析、文本转换和译文生成三个既各自独立又互为融合的主要阶段。机器翻译运用计算机处理大批翻译程序,涉及词汇的、语法的和一部分百科知识的资料库,在设计上模拟人脑思维过程,完成三个主要步骤:(1)分析源语,即通过句法分析的办法对源语进行分析,用代码结构标记来标示源语的语句,然后输入计算机;(2)将信息从源语转换为目标语,即把输入的标记语转换成目标语的结构标记,继而生成目标语;(3)综合生成目标语,即对译文进行修辞加工,组合成目标语的文句,从计算机输出。在自动翻译过程中,可以由一种语言直接翻译成另一种语言,也可以先将原语文本翻译成中介语(interlingua),然后将中介语翻译成目标语。与自动翻译相关的语言学问题包括:处理不同语言的词汇结构和形态结构;处理不同语言在语法上不同程度之间的差别;为消除歧义形式而需要的语言和百科知识;需要依靠人的经验来解释语言的模糊性问题等。在大多数情况下,人们需要对自动翻译的文本进行译前和译后的编辑加工,也有一些近似于机器翻译的自动处理系统需要人工的参与,这些过程常被称作人类辅助机器翻译(human-aided machine translation)。参见"**人机互助翻译**"。

机器翻译在概念上颇为宽泛,涵盖一系列从简单到复杂的工具,主要有:(1)拼写检查工具(Spelling Checkers),包括植入词语处理软件或增补程序;(2)语法检查工具(Grammar Checkers),包括植入词语处理软件或增补程序;(3)术语管理器(Terminology Managers),允许译者在电子形式下管理自己的术语库,诸如 LogiTerm、MultiTerm、Termex 等专门的软件包;(4)随机储存(RAM)词典,包括单语或双语;(5)术语数据库,随机储存或通过联机互联网查询,如公开的术语论坛(The Open Terminology Forum)、TERMIUM 或法语办公术语大辞典(Grand Dictionnaire Terminologique du Dureau en Française);(6)全文搜索工具(Full-text search tools或 indexers);(7)要词索引工具(Concordancers),即在单语、双语或多语语料库检索单词或表达方式的程序;(8)双文本(Bitexts),通过使用全文搜索工具或者要词索引工具,使原语文本和其翻译出现新的发展;(9)项目管理软件(Project management software)帮助语言学家处理复杂的翻译项目、向不同的人分配不同的任务并追踪任务实施过程;(10)翻译记忆管理器(Translation memory managers)包括一个在原语的文本段的数据库和在一个或更多译语的翻译文本。常用的机器辅助翻译软件有:翻译记忆软件(Translation Memory Software)、语言搜索引擎软件(Language Search Engine Software)、术语管理软件(Terminology Management Software)和同步软件(Alignment Software)。

自20世纪30年代初,亚美尼亚裔法国工程师(George B. Artsouni)提出了用机器来进行翻译的想法起,机器翻译的研究和开发走过了八十多年的历史,语言学家和计算语言学家在该领域的研究取得了长足的发展。从早期的词典匹配的翻译,到此后的基于规则的翻译、基于语料库的统计翻译、基于语料库和实例翻译,再到今天的基于大数据、深度学习的在线翻译,人类朝着高质量智能翻译的理想目标不断迈进。

机器辅助翻译 machine-aided translation; machine-assisted translation　　参见"**机器翻译**"。

机器学习 machine learning　　人工智能的一个分支。研究计算机如何模拟或实现人类的学习行为以获取新的知识或技能,同时重新组织已有的知识结构使之不断改善自身性能的一门新兴分支学科,是人工智能的基础。机器学习的核心关注点和本质是如何利用计算机来模拟或仿照人类的学习行为。按照学习模型的层次结构,机器学习的发展阶段可以大致划分为浅层学习(shallow learning)和深度学习(deep learning)两个阶段。机器学习的相关技术随着计算能力的大幅提升,自20世纪80年代末以来得到了蓬勃发展。参见"**浅层学习**"和"**深度学习**"。

机器语言 machine language　　机器语言是人类按照一定的规律,以二进制代码"0"和"1"为电子计算机编制的机器指令的集合,是计算机唯一能直接识别的语言。简单来说,机器语言就是计算机使用的语言。机器语言虽然不同于人类进行交际使用的语言(即自然语言),但机器语言也有自己的语言规范,包括符号、缩写等。

机械论 mechanism　　语言习得术语。指把语言的学习、掌握和运用看成是一种机械的刺激反应过程。第二语言学习者可以通过模仿的方式习得第二语言。

机械识记 rote learning　　参见"**机械型学习**"。

机械式操练 mechanical drill 语言习得术语。指一种语言训练的方法。在机械式语言操练中,学生的反应完全受到控制,不需要理解意思,只是机械地作出所要求的反应。以一些替换词的句型练习为例。在训练句型"Hand me a _____, please"时,老师给出单词 book、cup、pencil 等,学生就不假思索地完成"Hand me a book, please""Hand me a cup, please""Hand me a pencil, please"等句子。

机械型强记能力 rote memorization ability 指建立刺激与反应之间的联系,并能记住这一联系的能力。此能力与音素代码能力、语法敏感度、归纳性语言学习能力等共同构成语言学能,成为现代语言学能测试(Modern Language Aptitude Test)的主要组成部分。

机械型学习 rote learning 亦称机械型识记或强记学习法。指根据学习材料的外部联系(而不是内部意义上的联系)机械重复(如反复诵读)直至可以记忆的一种学习方法。其效果不如理解型学习,但无意义材料的学习主要以此方式进行。一般有意义材料(如篇章、公式、定理等)需在理解基础上反复操练并掌握,避免忽视材料的内在联系而仅仅依靠死记硬背的方法。

机制 device 句法学术语。源自于数学理论模型概念,用于描述分析过程的一个抽象设计。生成语言学中,语法可视为生成各种句子的机制。乔姆斯基语言习得观认为儿童生来具有一个"语言习得机制"(Language Acquisition Device;缩称 LAD),能对言语数据做出正确的分析和加工。参见"语言习得机制"。

鸡尾酒会现象 cocktail-party phenomenon 心理语言学术语。指作为一个日常生活概念被纳入心理语言学言语知觉理论的研究范畴。在诸如酒会的环境下,听话者可选择的话源很多,如离听话者最近的话源、声音最响的话源、所谈内容最吸引说话者的话源。选择收听某个话源取决于听话者对它的注意,听话者选择了某一话源的同时,同时忽略了其他话源。此外,鸡尾酒会现象还用于讨论谈话中的冗余信息(redundancy)。

积差相关 Pearson product-moment correlation 参见"皮尔逊积矩相关系数"。

积极词汇 active vocabulary 语言习得术语。指一个人所掌握的词汇中能够在说话和写作中被自如运用的那部分。积极词汇的概念与消极词汇(passive vocabulary)相对立,后者指一个人能听懂或读懂、能理解,但无法自如运用的词汇。例如,在本族语的使用中,人们的消极词汇大大超出其积极词汇,有些本族语者的消极词汇多达 10 万,而积极词汇则为 1 万至 2 万。学习外语过程中,积极词汇达到 3000 到 5000,消极词汇约 5000 到 1 万,可被视为中高级外语水平学习者。

积极技能 active skill 语言教学术语。在语言教学中主要指说和写两项产出性的语言技能,与听和读的接受性语言技能相对。

积极礼貌策略 positive politeness strategy 语用学术语,亦称正面礼貌策略、肯定礼貌策略。指对听话人的积极面子威胁最小化的策略,以满足听话人对自身形象、利益或持有的要求。通常在听/说话人彼此熟悉的情况下使用,包括表友谊、团结、恭维的陈述。例如:需要帮忙吗?/头发做得不错。

积极面子 positive face 语用学术语。指面子理论中强调为他人关注、欣赏、推崇和赞许的面子需求和欲望。由人类文化学家布朗(Penelope Brown)和语言学家列文森(Stephen Levinson)在其 1978 年的论文《问题与礼貌——社会交际中的策略》(Questions and politeness: Strategies in social interaction)中提出。参见"面子理论"。

积极声腔 active cavity 语音学、音系学术语。指声道中那些在发音时以某种方式直接参与发音过程的声腔。例如,在发口腔音时,口腔因为直接参与发音过程,为积极声腔,而其他声腔如肺腔、咽腔和鼻腔等则为消极声腔。

积矩相关 Pearson product-moment correlation 参见"皮尔逊积矩相关系数"。

基本变式 basic alternant 参见"基本形式"。

基本层次 basic level 参见"基本层次范畴"。

基本层次范畴 basic level category 认知语言学术语,亦称基本层次。指原型理论(prototype theory)中,介于上位层次范畴(superordinate level category)和下位层次范畴(subordinate level category)之间、从认知经济(cognitive economy)角度为人类提供最佳信息的一个中间层次范畴。基本层次范畴,如猫、火车和桌子提供中等程度的细节信息,其上位层次范畴概括性更强,依次为动物、交通工具和家具;但下位层次范畴却包含更丰富的细节,依次为波斯猫、高铁和玻璃茶几。基本层次范畴成员间的区别最明显,如猫与火车显然不同;但是下位层次范畴成员间的区别相对不太明显,如波斯猫、虎斑猫和孟加拉猫等。三个层次之间的关系遵循类属涵盖原则(principle of class inclusion),即上位层次范畴包含所有基本层次范畴成员,而基本层次范畴包含下位层次范畴的所有成员。基本层次范畴具有如下特点；文化凸显性，因为人们日常生活涉及的多为基本层次范畴成员；感知的完形性，基本层次范畴在感知上具有相似的整体外形，容易形成反映整个类别的心理意象；行为区别性，人们与外部物体或生物体相互作用时，动作行为常发生在基本层次范畴，如抚摸狗、嗅花、打球等；原型共生性，因为原型效应在基本层次范畴表现最充分，基本层次范畴成员提供相关属性最多。罗施（Eleanor Rosch）认为，基本层次范畴在语言发展中往往最早出现，最早被儿童习得，也最容易被识别和辨认。

基本陈述　basic statement　　语义学术语。利奇（Geoffrey Leech）认为，语义学作为独立的理论，其最基本的数据包括一套基本陈述，必须通过建立各种能演绎出陈述的理论来解释这些陈述。例如，"X 蕴含着 Y""X 解释 Y""X 自相矛盾""X 同义重复"等语义范畴和语义关系均可以纳入一组语感"所给"的陈述之中。这种陈述叫做"基本陈述"。

基本词　primary word　　形态学术语。指由一个语素构成的词，具有稳定性、能产性和广泛性的特征，往往用于描述人类对自然界、人类本身和社会生活的一些最基本的概念，如 dog、son、pay 等。

基本词汇　basic vocabulary　　指一种语言中最原始、最基本、最单纯的词汇。基本词汇是日常生活中最常用到的词汇，能够为使用这种语言的群体所共同理解和使用，往往是使用频率较高的词汇。这些词汇所代表的意义比较稳定，并且可以由它们构成新的词汇和词组。例如，汉语中的"人"可以生成"人民""人口""人才"等，英语中的 man 可以生成 manlike、manmade、manpower 等。

基本技能　basic skill　　语言教学术语。指语言教学中作为进一步学习和学习其他课程所必需的基础技能，通常指阅读、写作和算术技能。

基本句　basic sentence　　语言教学术语。指在目的语教学中用来给一定的语句结构或句型作说明或范例的句子。例如，教 I want＋*to*-infinitive 时，用"I want to do something."这个例子，实质上指阐明一种结构的标志句（marker sentence）。

基本句法结构　basic syntactic sentence　　句法学术语。转换生成语法中由短语结构规则（phrase structure rules）生成的属于深层结构的结构式。如由 S→NP＋VP，NP→Det＋N，VP→V＋PP 生成的一个句子结构式：The boy plays in the house.

基本人际交往能力　basic interpersonal communication skill；BICS　　参见"认知学术语言能力"。

基本推导　bone conduction　　参见"骨传导"。

基本形式　canonical form；basic form　　语法学术语，亦称典型形式。指语言中通常作为标准的语言项目形式。例如英语中的动名词以动词加上-ing 结尾的形式出现。需要注意的是，基本形式并不是指单一形式，而是指较普遍出现的形式。例如，英语中的复数一般以-s 结尾，但也可能以-es、-ies、-en 等形式出现；又如，过去式以-ed 结尾，不规则变化（如 cut→cut、leave→left 等）则属例外。上述例子中-s、-ed 被称作英语复数及过去式的典型形式或标准形式。

基本颜色名　basic colour terms　　认知语言学术语。指各民族语言中数量有限、普遍认可、按照一定层阶和固定顺序排成色谱的颜色名称。此概念源自 1969 年布伦特·伯林（Brent Berlin）和保罗·凯（Paul Kay）合著出版的《基本颜色名：其普遍性及演变》（*Basic Color Terms: Their Universality and Evolution*）一书。人们对颜色名称的语言学研究一直致力于把语言的"基本"颜色名称分离出来。伯林和凯对 98 种语言中的颜色名称进行了调查研究，提出了 11 种基础颜色术语，即白、黑、红、绿、黄、蓝、棕、灰、橙、紫和粉红。基本颜色名称需要符合三个条件：(1)非复合的单个本族词语；(2)其应用不应局限于狭窄的事物范围；(3)在讲话时容易在脑中出现，为一种语言的使用者或者至少是大多数使用者所熟悉。

基本因变量　basic dependent variable　　心理学术语。心理学实验中，自变量是由实验者操纵、掌握的变量，而因变量就是由操纵自变量而引起的被试的某种特定反应。自变量是引起因变量发生变化的因素或条件。美国心理学家斯金纳（Burrhus Skinner，1904—1990）于 1957 年提出了基本因变量这一概念，指把"反应强度"作为基本衡量尺度所进行的分析。语言学及语言教学中的基本因变量指的是语言使用中因一个自变量的改变所引起的变化。

基本英语　Basic English　　基于英语而产生的一种简化版、半人造语言，由奥格登（Charles Kay Ogden，1889—1957）在 1930 年所出版的《基础英语——规则和语法的一般约定》一书中提出。他对世界上主要语言的词汇进行整合，最后得出了 850 个单词作为第二语言用于一般的国际交流；对语法规则方面也做了简化，如形容词的反义词是加前缀 un-，问句使用相反的词序，加上 do。奥格登说，"学习英语要 7 年，学习世界语要 7 个月，而学习基本英语只要 7 个星期。"但此"半人造语"因词汇量太少，使用不便，未能广泛流行。

基本语序　basic word order　　句法学术语。指任何一种语言中主语（S）、谓语动词（V）和宾语

(O)三个成分排列时最常见的先后顺序。例如,英语的基本语序是 SVO,与汉语相同,而日语则是SOV。研究表明,各种语言 S、V 和 O 之间共有六种可能的排序,即 SVO、SOV、OVS、OSV、VOS 和 VSO,语言学界将此称作基本语序。在这六种排序中,SOV 是出现频率最高的基本语序,其次是 SVO,如布度语、德昂语、克木语均以 SVO 为句法结构的基本语序,其他词序出现的几率比较少,如佤语、布朗语兼有 SVO 和 VSO 两种基本语序类型。

基本语言 primary language 指语言使用者在日常生活中最常用的语言,基本语言可能是其母语,也可能不是。

基本域 basic domain 认知语言学术语。指那些直接来源于人类体验经验(embodied experience)的知识结构。基本域的知识既可以来自感觉经验,又可以来自主观经验。基本域主要包括空间、时间、温度、压力、情感、痛苦、颜色、气味等。基本域与抽象域相对。

基本元音 cardinal vowel 语音学术语,亦称基本母音。元音系统中的任何元音都可称为基本元音,不属于某一特定语言,却可以用于描写任何语言的元音。基本元音的概念最早由丹尼尔·琼斯(Daniel Jones,1881-1967)于 1917 年出版的《英语正音词典》(*An English Pronouncing Dictionary*)中提出。虽然基本元音不属于某一特定语言,但可作为某一种或多种语言的元音存在的参照点。基本元音包括主要基本元音(primary cardinal vowels)和次要基本元音(secondary cardinal vowels)。前者包括[u]、[o]、[ɔ]、[ɒ]、[i]、[e]、[ɛ]、[a]等 8 个;后者包括[y]、[ø]、[œ]、[ɶ]、[ɯ]、[ɣ]、[ʌ]、[ɑ]等 8 个。主要基本元音和次要基本元音分别可以分为圆唇音(rounded vowel)与非圆唇音(unrounded vowel),其中每一组前 4 个是圆唇元音,而后 4 个是非圆唇元音。

基本元音四边形 cardinal vowel quadrilateral 语音学中表示单、双元音位置的图表,可见如下三图(图中黑点表示相关双元音的起点):

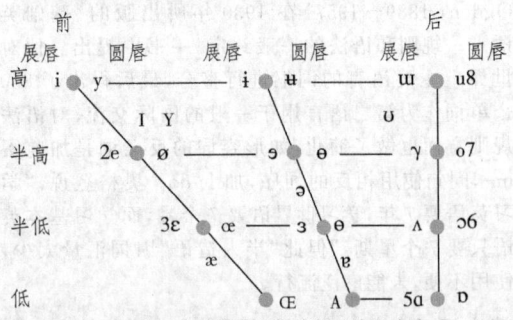

图 1 单元音位置图(成对出现的元音中,左边为非圆唇元音,右边为圆唇元音)

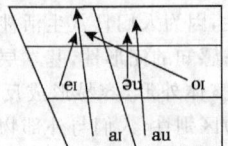

图 2 闭合双元音位置图

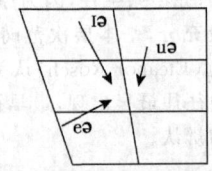

图 3 集中双元音位置图

基础部分 base;base component 句法学术语。指由词库及一套规则组成的基本句法结构。转换生成语法的句法体系包括两个子部分,即基础部分和转换部分;两部分可分别生成各具特征的语言结构。

基础成分 base component 参见"短语结构成分"。

基础短语标记 base phrase-markers 句法学术语。句法规则包括基础规则和转换规则两部分。在句法规则系统中,短语标记可分为基础短语标记和派生短语标记,前者由基础规则生成,而经过转换规则得到的新的短语标记叫派生短语标记。基础短语标记是一种形式化的手段,目的是力求对句法学研究做出清晰而准确的描述和分析。句法研究的目标是用有限的规则生成无限个在结构上合乎规则的句子,基础短语标记即是用以表达这些句子的内部结构关系。

基础法语词汇表 français fondamental 指由法国政府提供专项经费支持,于 1954 年根据使用频率、分布和易联想性三项客观标准为外国学习者学习法语所遴选和建立的生词表。该词汇表从 163 篇访问材料中选出 1475 个词,其中实词 1222 个,虚词 253 个。

基础方言 root dialect 方言学术语。指确立一种语言的共通语所依据的方言系统。共通语或民族共通语是在某一种方言的基础上形成、发展起来的,如汉民族共通语以北方方言为基础,以北京语音为标准音,以北方话为基础方言,以典型的现代白话文著作作为语法规范的普通话,就是北方话的标准形式,也是法律规定的汉民族的共通语,中华各民族的通用语言。

基础复合词 primary compound 参见"合成复合词"。

基础结构 base structure 句法学术语。在

一定意义上等同于深层结构(deep structure),与表层结构(surface structure)相对。乔姆斯基20世纪后半叶提出的转换生成语法学说的基本观念是:人们心理上的认知(深层结构)演化成具体的语言形式(表层结构),需要经过一个投射、衍生的变化过程(转换);表层结构不同的句子可能在深层结构上类似或相同。例如:[1] a. 我把水喝掉了。b. 水被我喝掉了。 [2] a. I finished my homework within an hour. b. My homework was finished by me within an hour.

基础生成结构 base-generated structure
句法学术语。指生成语法理论中由基础部分生成的结构。基础生成(base generated)与转换生成相对。

基础写作 basic writing 语言教学术语。指美国写作学的一个子课程。对象为尚未掌握学术写作的大学初级阶段的学生。在一般意义上来说基础写作课程还旨在帮助那些与传统高等教育无缘的学生,如在大学和大学预科里的城市移民和成人难民。

基础形式 base form 句法学、形态学术语。指某些语言中未经屈折变化的词的原有形式,一般也称作原形。例如,英语动词 taught 的基础形式为 teach。

基础语符列 underlying string 句法学术语。指基础部分的规则系统所生成的具有高度概括性、有限的基础短语标记,是构成深层结构的基本单位,也是处于句子底层的基础。当句子的基础只有一个基础语符列时,该基础语符列可视为句子本身。在此情况下,基础短语标记既是深层结构,又是表层结构。

基础语言 substrate language; substratum language 社会语言学、历史语言学术语,亦称下位层语言。指因政治或经济等强势因素形成的一种语言变体形式影响一个社会内原先占主导的语言或变体的结构用法。这一术语最初指说洋泾浜语和克里奥耳语的人以前的语言。例如,西非洋泾浜语是各种当地的西非语言或变体的集合,如库阿语、埃维语、加族语、豪萨语、伊博语、约鲁巴语。该术语的意义已有所扩展,还指习得第二语言或外语的人所使用的语言,如英语变体中仍包含着自身母语的语言、词汇、句法形式的一些特征。

基础语言影响 substratum influence; substratum interference 指说话者原有的语言对另一种语言习得的影响,无论这种语言是正式传授所获或通过非正式的方法习得(如洋泾浜语)。发音、句子结构、词汇或交际能力的各个方面都可能受基础语言的影响。例如,以英语为第二语言的一些变体常把动词 open 和 close 用于收音机或灯的开和关,这种情况可以被视为受基础语言的影响:

菲律宾英语	他加禄语(Tagalog)			
Open the radio	buksan	mo	ang	radio
打开收音机	open	you	the	radio
Close the light	isara	mo	ang	ilaw
关灯	close	you	the	light

基尔会议 Kiel Convention 1989年在德国基尔举行的国际语音协会(IPA, International Phonetic Association)会议。此次会议对国际音标表(IPA, International Phonetic Alphabet)进行了首次较大的修订,严格规定一音一符,一符一音,尽可能记录人类目前已有语言中所有可能的发音。例如,会议提出要增加对超音段成分(suprasegmental element),如语调(intonation)等的符号记录,并对记录发音的符号和方式作了统一的规定。

基频 fundamental frequency 语音学术语。原为物理声学术语,现用于声学语音学。指一个复杂声波中最低且通常最强的一个频率(其他频率称作"谐波"),可被视为声音的基础音调。基频对语调的研究特别重要,语调中基频与涉及的音高变化之间有相当紧密的对应关系。

基频声源特征 fundamental source feature 语音学术语。雅柯布逊(Roman Jakobson)等语言学家根据语音的声学特征,参考生理特性按二元对立原则所归纳出的四大类区别性特征之一,包括元音性与非元音性(vocalic vs. nonvocalic)、辅音性与非辅音性(consonantal vs. non-consonantal)等。

基数词 cardinal number 指表示普通整数的数词,如1、2、300、5000等。主要用法包括:(1)作为限定词,如 one dictionary, two linguists, ten students;(2)作为代词,如 He ate one egg and I had two;(3)作代词用时单数可用 one,复数除具体数目以外还有 ones,如 compare the new edition with the old ones。基数词与序数词(ordinal number)相对,后者用于将事物以号数顺序排列,如 first, second 等。

基体 base 认知语言学术语。指理解语言单位的侧画(profile)必不可少的、域母体(domain matrix)的一部分。一个语言表达式的语义存在于侧画和基体的结合。基体对于理解侧画至关重要。例如,弧(arc)的基体是圆,一段弯线即弧是侧画,只有在圆的衬托下,才能有弧。再如,直角三角形的斜边(hypotenuse),两条直角边是基体,斜边是侧画,没有基体就没有侧画。基体对于理解侧画所指明的概念不可或缺,两者对立统一。

基线数据　baseline data　指研究中可与其他数据相比较的数据。例如，当考察非本族语者在某项特定任务的表现时，应当采用来自操本族语者的基线数据作比较；而不能仅按照研究人员关于正误的理论性标准，简单地假定非本族语者会圆满完成任务。

基于背景的参照框架　ground-based reference frame　认知语言学术语。指参照框架（reference frame）中最简单的一种参照定位关系，只涉及首要参照物（primary reference object），并利用首要参照物本身的几何图形关系来给图形（figure）定位。例如，书店在邮政大楼的隔壁，其中"邮政大楼"是首要参照物，其本身有前、后、边几何图形关系，说话者利用邮政大楼的"前面"来给图形"书店"定位。

基于导杆的参照框架　guidepost-based reference frame　认知语言学术语。指参照框架（reference frame）中涉及另外一个外在的次要参照物（external secondary reference object）的参照定位关系。这种参定位关系除了需要首要参照物外，还需要一个无生命的、外在于首要参照物的客体，两者结合共同为图形定位。例如，小汽车停在办公大楼沿河的一边。其中"河"是外在的次要参照物，结合首要参照物"办公大楼"共同为图形"小汽车"定位。

基于符号的构式语法　sign-based construction grammar; SBCG　认知语言学术语。指构式语法的数个分支之一，其代表人为伊凡·萨格（Ivan Sag）。SBCG 采用基于合一运算（unification-based 或 monotonic）的表征方式。基于符号的构式语法（SBCG）是萨格（2007）在中心语驱动的短语结构语法（HPSG）的基础上进行的修订。但 SBCG 摒弃了转换生成的基础，转而采用了基于约束的视角。SBCG 将 HPSG 理念应用于 SBCG 中来分析传统研究中的构式现象。它继承了 HPSG 的主要描写手段，引入了构式局部性和选择局部性。该模型为形式学家提供了表征和解释工具，其语法描写的基本单位是由词汇条目或构式允准的符号，认为语法由词汇条目和构式组成。

基于使用的语法　usage-based grammar　认知语言学术语。认为语法是关于人类语言经验的一种认知结构，包括语言经验的方方面面。例如，特定结构的使用频率或者结构特例，对说话者规约化的短语知识、语言变异和变化的表征具有影响作用。语法的任何一个层面都无法独立于语言使用，一切抽象的语法规则在某种程度上都来自具体的特定的语言使用。

基于体裁的方法　genre-based approach　参见"体裁法"。

基元　primitive; primacy　句法学术语。指某些理论构建物被认为是本质上可以理解却不能用更为简单的术语加以表达的概念。由这种不加定义的术语表达的命题通常被称作公设或公理。不同的语法理论对充当基元的术语认识不同。在关系语法（Relational Grammar; RG）和词汇功能语法（Lexical Functional Grammar; LFG）中，主语和宾语等被认为是基元，而在狭义的乔姆斯基句法研究的定义性特征中，主语和宾语等语法关系则不被认为是语法理论的基元。在乔姆斯基的形式句法研究中，由于句子，特别是短语结构被认为是比主语、宾语更基本的句法关系单位，所以它们被认为是语法理论的基元。随着乔姆斯基语言学理论的进一步发展，该理论对基元的认识也在发生变化。比如，在管辖与约束理论阶段，句子（S）已不再是基元，而 IP 是基元。此外，语言学研究中也存在所谓的语义基元（semantic primitive）。语义基元是指从词语中抽象出来的表示行为或状态的基本概念。句子内部的语义关系则依赖这些概念及其组合来加以描述。

基准　benchmark　语言习得术语。用于详细描述在一个特定地区某一水平的二语学习者预期可以达到的学习水平级别。基准通常采用作为抽样的二语学习者的表现来定义。建立基准的目的在于有一个参照点，可以用来比较学习者在以后某时点的学习表现。例如，在二语写作评估中，用二语学习者的基准文章来代表评分标准上某一特定水平的文章。

激活扩散　spreading activation　语义学术语。以某种方式相互联系在一起的概念被认为在心智网络中是相连的，网络中的一个成员被激活启动时，其他成员也相应被激活。这一现象称为激活扩散。例如，当单词 student 出现，其他相关联的单词如 school、teacher、homework、campus 等词也被激活。激活扩散模型的基础是语义网络模型。概念性的知识在语义网络中通过语义和联想关系组织起来。启动效应可以由语义网络中结点和结点之间相联结的激活扩散机制来解释。当语义网络中的一个概念结点（启动词）激活时，其通过联结扩散到其他概念结点上，使得另一些概念（目标词）也达到一定程度的激活，从而使这些概念的加工更加容易。在语义网络中，代表肯定（或否定）概念的结点与其他结点相连，每一个词的呈现会启动与其有语义关系的其他结点，而这些结点的启动又会激活另外一些结点，从而激活整个语义网络中的结点。

激进的不充分赋值理论　Radical Under-

specification 音系学术语。指不充分赋值理论的一种,源于对北美印第安语言中雅库特语(Yakut)、亚韦尔玛尼语(Yawelmani)的方言研究,后由阿尔尚热利(Diana Archangeli)(1984,1988)提出,并经阿尔尚热利和蒲立本(Edwin George Pulleyblank)(1989)进一步予以阐述。不充分赋值理论是对《英语的语音模式》(*SPE*)中提出的区别特征理论的一个改进,它认为底层形式中的某些冗余特征可以通过缺省方式成为表层表达所需要的语音信息,因此底层音系表达应排除冗余特征。不充分赋值理论可以分为两种:一种是激进不充分赋值理论,一种是相对不充分赋值理论(Contrastive Underspecification)。前者认为底层形式中所有可以预测的区别性特征,包括冗余特征和无标记特征,都是没有赋值的;而后者认为只有冗余特征才可以不赋值,表层形式中存在的、与底层形式形成对立的特征都必须赋值。参见"区别性特征理论"。

激进构式语法 **Radical Construction Grammar** 认知语言学术语。威廉·克罗夫特(William Croft)提出的一种构式语法理论,主要为类型学的(typology)研究目的,同时考虑跨语言(cross-linguistic)因素。激进构式语法认为,构式不是来自它们的构成部分,但构成部分来自它们出现的构式。因此,在激进构式语法中,构式类似于格式塔(Gestalt)。激进构式语法反对句法范畴、句法角色和句法关系的普遍(universal)观,认为它们不仅只适用于具体语言(language-specific),而且只适用于具体构式(construction-specific)。既然形式范畴因语言和构式不同而不同,就没有关于形式范畴的普遍语法。语言模式中唯一存在的普遍性就是从意义到形式的映射(mapping)。激进构式语法同时反对各种句法关系,使用语义关系取代句法关系,持类似于认知语言学的形式功能观,即语言形式由语义驱动。

及物动词 **transitive verb** 语法学术语。指要求带有直接宾语的动词,与不及物动词(intransitive verb)相对。不及物动词通常意义完整,后面不能直接跟动作的对象(即宾语),若要跟宾语,必须在动词后添加介词。英语中有许多动词既可以用作及物动词,也可用作不及物动词,而词形不需要改变。例如,grow 可作为及物动词,意为"种植";也可作不及物动词,意为"生长"。再如,play 可作为及物动词,指"打(牌、球)、演奏";而作为不及物动词,则指"玩耍"。

及物性 **transitivity** 功能语法术语。指某些被系统地用来表示某种交际活动中参与者间的某种关系,以及参与者的活动、状态或环境之间某种关系的语法特征。韩礼德语言三大纯理功能中,概念功能在语言系统中就是通过及物性系统来体现的,是表现概念功能的一个语义系统。及物性系统的作用在于将人们对现实世界的认识分成若干种"过程",并标明与各种过程相关的"参与者"和"环境成分"。一般包括 6 种不同的过程:(1)物质过程(material process);(2)心理过程(mental process);(3)关系过程(relational process);(4)行为过程(behavioural process);(5)言语过程(verbal process);(6)存在过程(existential process)。参见"概念功能"。

及物虚词结构 **transitive expletive construction** 句法学术语。指一些日耳曼语中存在的及物动词以虚词做主语的形式。例如:

[1] a. Es haben gestern viele Menschen pudding
  虚主语 有-复数 昨天 许多 人 布丁
  gegessen.
  吃
  (昨天有许多人吃了布丁)
 b. Es bauen viele Islaander Haauser
  虚主语 建造-复数 许多 冰岛人 房子-复数
  in Torshavn.
  在 地名
  (许多冰岛人在 Torshavn 建房子)
[2] a. *There ate many people pudding yesterday.
 b. *There build many Icelanders houses in Torshavn.

例[1]两个德语句子中,均以虚词 Es 为主语,后面所跟 haben(有)和 bauen(建造)均为及物动词;而在例[2]相应的英语句子中,这种及物虚词结构不能成立。

级[1] **grade** ❶语法学术语。表示形容词和副词比较级。现代语言学多用比较级(comparative degree)的概念。❷指元音交替后的词根可表示不同的语法意义,被称为不同的级。这一现象存在于印欧语系和阿尔泰语系的某些语言中。如希腊语动词"离开"词根元音交替有三种形式,表示不同的时态:leip-(现在时)、loip-(完成时)和 lip-(不定过去时),分别被称为为 e 级、o 级和零级。

级[2] **rank** ❶表示形容词或副词所指称性状程度的级差,通常分原级、比较级和最高级。例如英语中的两组级差变化词:[1] clever → cleverer → cleverest(用词法表示) [2] beautiful → more beautiful → most beautiful(用句法表示)。❷功能语法术语。指进行语言分析时句子、小句、词等语言项的排列顺序,如句子相对于小句属于高级单位,词相对于小句属于低级单位。

级阶 **rank scale** 功能语法术语。指不同级别语言项所组成的等级结构。功能语法认为,语言项根据结构深度排列在一个等级顺序上,结构深度低,级别相对高,结构深度高,级别相对低。功能语法中级阶由小句、词组、词、语素四个级构成。高一级别语言项由低于其一个级别的语言项组成,每个语言项都应当属于某一高级别单位。当某一语言项失去其原有等级身份时,会发生转级(rank shift),成为原来其同级单位的低级结构单位。理论上,转级只能由上向下发生,不能由下向上发生。根据韩礼德的系统语法理论,级阶与精度阶、标示阶共同构成语言分析的三个尺度。

级受限　rank-bound　翻译学术语,亦称一对一翻译。英国语言学家卡特福德(John Cunnison Catford)根据阶和范畴语法(Scale-and-Category grammar)提出的一种翻译类型,即翻译时源语和译语在同一级别语言单位上转换,其语段在词、词组、分句或句子这几个平面上都一直是1:1的一致关系,包括逐词翻译(词译成词)、字面翻译(短语译成词组)、分句译成分句等直译形式。与在上下级阶(句子、小句、意群、词、语素等)变动的"级无限"相对应。参见"级无限"。

级无限　rank-unbound　翻译学术语。与级受限相对,指可沿级阶(句子、小句、意群、词、语素等)上下自由移动的意译,译者在选择等值词语时不受级的限制。参见"级受限"。

级序量表　ranking-scale　语言测试术语。指从一组选项级序中按照度量程度排列的量表。被调查者可以按照被观察单位某种属性的不同程度分组,通过对比各个选项进行选择或以递增或递减的顺序排列。譬如,被调查者可以根据不同因素(如教材、教师、教学方法、评估方式等)影响学业成就的程度,选择最重要的三个因素或者将相关因素按照重要性大小进行排列。参见"等级量表"。

级转位　rank shift　功能语法术语,亦称级转移。韩礼德提出的系统语法概念,指一个语法单位从高一级阶降至低一级阶中并不作为该级阶单位的一部分,即一个语法单位由句子级和子句级降到短语级、词级、语素级的过程或结果。例如:[1] where he works 这一小句可以成为比它本身低一级的语法单位的一部分:[2] The university where he works is very famous. 句[1]中"where he works"为级转移子句,作为包含在句[2]中名词短语作主语的关系从句。

极项　polarity item　句法学术语。指任何一个不管是正极项(positive polarity item)还是负极项(negative polarity item)的语项。参见"极性对立"。

极性对立　polarity　语法学、语义学术语,亦称极化对立(polar opposition)。指语言中的肯定与否定的对立系统。"肯定极"和"否定极"的区别可用多种形式表示,既可指句法形态的、也可指词汇形态方面,如:英语中用 no/not 来对原句进行否定,如 "He is a student."与"He is not a student.";英语词汇中的某些前缀可对原词进行否定,如 fortunate-unfortunate。意义完全对立的两个词也可能是"极性对立"关系,如 tall-short。其实在许多成对反义词所表示的二项对立的两极和两个极端中还存在一个坡度。例如:large 与 small 这两个极之间还存在着 fairly big 与 very small 等更为细微的对比。根据英国语言学家利奇(Geoffrey Leech)所述,极性"可以允许一个不属于任何一极的中间地带存在。这个中间地带说明存在着一种规范,而且这个规范与物体有关,即它能在刻度尺上根据物体所属的范畴而变化位置"(Leech 1981)。因此,我们就可以说 It is neither big nor small。利奇还指出,这种意义的极性特征不仅可以通过形容词(如例句中的 large 和 small)来表示,还可以通过副词(如 well 和 bad)、名词(如 fool 和 genius)、动词(如 love 和 hate)以及限定词(如 a few、many、a little 等)来表示。

即时翻译　simultaneous interpretation　参见"同声传译"。

即时回忆　immediate recall　心理语言学术语,亦称即刻回忆。指在接触识读或视听材料瞬间就可以进行有意识的记忆,也可指无意识中接触的东西,瞬间也能够回忆起来。而对某一事物内容在当下不能准确地回忆起来,但在间隔一定时间后或因空间变换又能重新回忆起来的过程被称为延迟记忆(delayed recall)。

即时将来时　immediate future tense　表示行为动作在说话后即将发生或不久就会发生的时态。例如:[1] He is going. [2] He's going to visit the city. [3] He is about to kick the ball.

即时性—非即时性划分　punctual-non-punctual distinction　语法学术语。用于区分表示动作一次性短暂发生(即时性或瞬间性)的动词与表示动作重复发生或状态持续一段时间(非即时性或延续性)的动词。表示状态的动词(如 seem,like,know 等),按其本质来说是非即时性动词,但很多动词既可作即时性动词又可作非即时性动词使用。例如:[1]Just now she waved to me. [2] The branches were waving in the breeze. 句[1]中"wave"为即时性用法;句[2]中"wave"则为非即时性用法。

即时语境　immediate context　参见"直接语境"。

集簇模型　cluster model　认知语言学术语,亦称集束模型。指许多汇集的(converging)理想认知模型(ICM)集体构成一个复杂结构簇,结构簇所形成的一个大规模的稳定认知模型。从心理学看，集簇模型比构成它的单个理想认知模型复杂得多，也更为基本。雷考夫（George Lakoff）在《女人、火与危险事物——范畴对于心智揭示了什么》中提出了理想认知模型，他认为单个理想认知模型复合可以构成集簇模型。例如，"母亲"就是由下面五个理想认知模型共同构成的集簇模型：出生模型、基因模型、养育模型、婚姻模型和宗谱模型。

集合　set　　数学集合论（Set Theory）中的一个基本概念，指具有同一特征的元素的集合。若元素包含在集合中，为内包关系。集合定义有两种：（1）列举法（enumeration），即列举集合中的元素数目，而不重视其排序；（2）描述法（description），表明元素的共有特征，即把集合的全部元素（或成员）的共同特征一个个列出来。在语言研究中，集合具有的特征包括：（1）具体事务、抽象概念和概念结构（mental construct），如数、名称和音位（phonemes）均可以成为事物集合元素；一个集合也可以是其他集合的元素，如英语中所有名词的集合同时是英语所有词类的集合中的一个元素，如果将所有的词类视为一个整的集合；（2）集合可以是空集（empty set），即不包括元素的集合，其数学表达式为ø；（3）集合可以只含有一个元素，即单集（singleton），如短语结构语法（Prase Structure Grammar）中的起始系统集合，唯一的元素 S（sentence）作为起始节点；（4）集合的元素数可以是无限的，如自然数集合或英语中合乎语法的句子集合。

集合合并　set merge　　句法学术语，亦称并集合并。最简方案中最基本的合并方式。乔姆斯基（1995，2001）提出，两个成分α和β合并后形成包含两者的新成分，即集合{α, β}。若α和β是相对独立的成分，两者的结合合并称为外部合并（external merge）。若α和β之间存在包含关系（如β是α的一部分），则称为内部合并（internal merge）。乔姆斯基提出，外部结合合并构造论元结构（argument structure），而内部结合合并构造与辖域和话语属性相关的结构（scopal and discourse-related properties）。例如：

[1] a. S(S(a, b), c) = {{a, b}, c}
　　b. S({a, b}, c) = {{a, b}, c}

```
        S(a,b) = {a,b}
       /              \
      a                b          c
```

[2] a. S(S(a, b), b) = {{a, b}/b, b} = {{a, b/b}, b}
　　b. S({a, b}, b) = {{a, b/b}, b}

```
        S(a, b) = {a, b}
       /              \
      a                b          b
```

表达式[1a]表示 a 和 b 结合合并后再与 c 做外部结合合并的结果，[1b]为反映该操作的树形图。表达式[2a]表示 a 和 b 经过外部结合合并后形成{a, b}，其后再与 b 的拷贝进行内部结合合并的结果。"/b"表示 b 是{a, b}的一部分。[2b]为反映该操作的树形图。

集合论　Set Theory　　数理语言学术语，亦称集论。指对具有某些共同特征的元素所构成的集合进行研究的数理逻辑理论，重要的数学基础之一。集合是集论的核心概念，被认为是集论的基元。其他重要概念还包括同集（identity of sets）、等价关系（equivalence）、并集（union set）、交集（intersection set）、差集（difference）、子集（subset）、补集（complement）、幂级（power set）、选集（disjunction）和笛卡儿乘积（Cartesian product）等。参见"**集合**"。

集合名词　collective noun　　语法学术语。指表示一组人或物的集合体（collection）的名词。英语中的 school、fish、class 等都属于集合名词。集合名词可作单数也可作复数。当它作单数使用时，其后动词既可用单数形式也可用复数形式，区别在于用单数动词表明该集体名词以一个整体出现，用复数名词则其作为一组不同的个体出现。例如：[1] The class is very excited. [2] The class are very excited. 例[1]指整个班级处于一种兴奋状态，句[2]则指班级中的每一位学生都处于这种状态。

集束模型　cluster model　　参见"**集簇模型**"。

集团抽样　group sampling　　参见"**整群抽样**"。

集中功能　collecting function　　语义学术语。指上义范畴（superordinate categories）对下义范畴（subordinate categories）具有集中解释力的特征。如，"玩具"的集中功能为"供玩耍（used to play with）"，这样就包括了"球""摇摆"等下义范畴。然而根据各上义范畴的集中功能，相同的下义范畴可能属于不同的上义范畴。例如，"小轿车"既满足其上义范畴"交通工具"的"载人和物的工具（move people and things around）"的集中功能，也满足"玩具"的"供玩耍"的集中功能。除具体上义范畴外，一些较复杂的上义范畴的集中功能可能包含了一组不同类型的范畴。如"交通工具"的上义范畴"交通"还包含了更为抽象的"噪音""拥堵"等特征。

集中趋势　central tendency　　统计学术语，亦称集中量。指能反映频数分布中大量数据向某一点集中情况的数据。集中趋势不是绝对的，而是对容易集中的中心值的任何一个估计数。常用的集中量有算术平均数（arithmetic mean）、中位数（median）和众数（mode）等。用集中趋势来比较两组数据相对经济、明了。例如,要比较两个班的英语成绩,不能将两个班的学生个人成绩一一列出作比较,而只需算出各自的平均加以比较即可。虽然学生分数有高有低,但在求平均数的过程中被相互抵消了。然而作为估计数,不同集中趋势有时可能会差异很大,如中位数与众数和平均数之间的距离往往是不相等的,这样用不同的集中趋势来比较两组数据则可能会得到不同的结果。

几何图 graph 逻辑学术语。指由集 M 定义的二元关系的几何学图示。其中 M 的成分被看作节点,节点之间的联结被视为分支。如果各分支的方向是确定的,那么结构图形就是有方向性的,这一原则可用于结构图的一种专门类型,即结构树,或者数学和逻辑学中的函数图。

几率 probability 统计学术语,亦称或然率、概率。数学概率论的基本概念,指通过对所获得的实际数据与从机会产生方面预测(prediction from chance)的数据进行比较以度量某一事件发生的可能性。如果从机会产生方面预测(prediction from chance)的数据与实际结果相差甚远,就可以认为具有一种真正的效能(effect)。例如,接受不同方法测试的两组人群平均分数(mean scores)之间的差异在实验几率上只存在百分之一的可能,这样的结果被称作是"显著的、有区别的(significant)",有时被写作 $p \leqslant .01$,表示偶然结果的几率等于或小于百分之一;如果几率等于或小于二十分之一,则被称作"可能有区别的、有意义的(probably significant)",被写作 $p \leqslant 0.5$。

挤喉音 ejective 语音学术语,亦称挤喉塞音。语音学按发音方式给辅音的一种分类,指用声门气流机制发出语音系列。一般情况下,空气在口腔或咽腔压缩,同时声门先持关闭状态,然后声门封闭与口腔封闭同时解除,产生挤喉辅音(ejective consonant)、用喉气流形成的挤喉擦音(ejective fricative)、挤喉塞音(ejective stop)等。这类音的标记法是在相关音段的上角加小号声门塞音音标,或加撇号,如[p']、[s']等。

挤喉音除阻 ejective release 语音学术语。指挤喉音的声门闭塞和声门阻碍同时放松。

挤气音 egressive 参见"外挤音"。

计量语言学 quantitative linguistics; glottometrics 语言研究的一个分支,亦称统计语言学或语言计量学。计量语言学将数量统计中如概率论、数理统计、信息论以及微分与微分方程、函数论等数学的定量方法和程序应用在语言研究中,以真实语言交际活动中呈现的各种语言现象、语言结构、结构属性以及它们之间的相互关系作为研究对象,旨在对通过对语言进行精确的测量、观察、模拟、建模和解释,寻找语言现象背后的数理规律,揭示各种语言现象形成的内在原因,探索语言系统的自适应机制和语言演化的动因。计量语言学研究涉及语言学、数学、统计学、社会学、心理学、物理学、系统科学和计算机科学等多个学科领域,是一个典型的文理交叉学科。其核心观点认为语言是一种生物认知现象,也是一种心理社会现象,语言系统是一个自组织、自适应的动态、复杂的系统。

计量语言学尝试通过对语言现象的定量分析和动态描写来揭示语言现象的关系、地位、性质、规律、总体面貌等,使语言研究更加精确化、科学化,弥补传统语言学中定性和静态研究的不足,"精确、真实、动态"是其研究的三大特点,鲜明的跨学科研究是其特质。计量语言学诞生的标志是美国语言学家齐普夫(George Kingsley Zipf) 1935 年出版的《语言的心理生物学——动态语文学》(The Psycho-Biology of Language: An introduction to dynamic philology)一书。齐普夫认为利用统计方法可以定量研究语言中的各种现象,这样语言学便可成为一门精确的科学,而大量真实的语言行为数据可以反映语言结构及其相互关系遵循着某些普遍的规律,这些规律与那些众所周知的自然科学规律如出一辙。20 世纪五六十年代之后,计量语言学在德国和东欧得到迅速发展,其中最著名的研究者是德国语言学家阿尔特曼(Gabriel Altmann)和科勒(Reinhard Köhler)。进入 21 世纪后,现代计量语言学在音位学、形态学、句法学、词汇学、语义及语用学、地理语言学及方言学、类型学与语言的历时研究等领域所取得的诸多成果。经过几十年的努力,各国计量语言学学者发现了不少具有普适性的计量语言学定律,主要可分为三类,即分布定律、函数定律和演化定律,分别以齐普夫定律(Zipf's law)、门策拉—阿尔特曼定律(Menzerath-Altmann's law)和皮奥特洛夫斯基—阿尔特曼定律(Piotrowski-Altmann's law)为代表。

齐普夫定律由哈佛大学语言学家齐普夫提出,是计量语言学最早提出的统计规律之一。在研究人类语言的真实文本时,齐普夫发现词出现的频数与其频数序之间存在反比例关系,即一个词在一个有相当长度的语篇中的等级序次(该词在按出现次数排列的词表中的位置,即 rank,简称 r)与该词的出现频次(frequency,简称 f)的乘积几乎是一个常数(constant,简称 C),用公式表示为 $r \times f = C$(C 一般认为取 0.1)。齐普夫定在计量语言学中具有核心地位,与诸多语言性质和语言过程密切相关的语言规律。门策拉—阿尔特曼定律由德国心理学家、语音学家门策拉(Paul Menzerath)于 1928 年提出,关注词和音节的长度关系,即随着一个词所含音节数的增加,这些音节的平均长度会减小。门策拉将此种现象概括为"整体越大,其组成部分就越小"。为了用数学公式建立语言学单位间的这种部分与整体的关系,阿尔特曼(Gabriel Altmann)于1980年对其进行了数学描述,将其精确为"一种语言结构越长,则构成它的成分越短",即部件长度是结构长度的函数。皮奥特洛夫斯基—阿尔特曼定律于1974年由苏联语言学家皮奥特洛夫斯基(Rajmund G. Piotrowski)等人提出。指用反正切函数来描述语言的演化规律,这一定律认为"所有语言变化都是新老形式交互作用的结果"。1983年,阿尔特曼等人在皮奥特洛夫斯基发现的基础上,结合拉波夫等人的研究成果,提出了语言演化规律的三种变体。

计量语音学 phonometrics 语音学的一个分支。指用音位的、语音的(仪器的)和统计的方法对口头语言进行分析和描写的研究体系。

计算机辅助翻译 computer-aided translation; computer-assisted translation; CAT 参见"机器翻译"。

计算机辅助教学 computer-assisted instruction; CAI 语言教学术语,亦称电脑化教学(computer-based instruction)或电脑辅助学习(computer-assisted learning; CAL)。指利用计算机及其辅助设备协助进行语言教学的方法。计算机辅助教学主要把所学科目的内容用计算机编程依次排成若干项目,学生在计算机上对各个项目作出反应,并与计算机给出的结果进行比较。学习材料可以是分级排列,学生根据自己的情况和步骤完成这些材料。当学生遇到困难时,可通过衍支程序(branching programme)查看补充材料或复习资料寻求解决方案。此外教师还可利用计算机检查学生学习进度,引导学生查阅合适的材料等。因此这种教学有时也被称为计算机管理教学(computer-managed instruction)。

计算机辅助语言学习 computer-assisted language learning; CALL 语言教学术语。是计算机辅助教学(computer-assisted/aided instruction; CAI)的一个分支。指使用计算机设备,主要包括交互型音频(interactive audio)、交互型视频(interactive video)、计算机网络等媒介进行二语或外语教学活动,是对传统的以书面材料或以教师为主体的课堂教学活动的拓展和改变。交互型音频(interactive audio)指将计算机与磁带录音机等形式的器材连接,使学习者与音频器材进行交流,通过计算机教师可以促进存取的顺利进行,并对播放和重播装置等进行精确的控制;交互型视频(interactive video)则指计算机与影碟机或录像机连机使用,使学生与视频器材交流,计算机可使录像或影碟及各种联机设备以不同的形式显示材料用以教学。参见"计算机辅助教学"。

计算机情报检索 information retrieval by computer 指利用计算机从众多的文献资料中找出符合特定需要的文献或情报的过程,目前已成为科技情报现代化的核心内容。计算机情报检索可以从不同的角度来分类。按存贮情报内容的表现形式,可以分为:(1)数据检索:存贮的信息是数据,检索时要搜索数据资料档,并针对提问输出答案。(2)事实检索:存贮的信息是各种事实,检索时可以对被检索的事实作某种逻辑推理,进行比较和分析,然后再输出答案。(3)文献检索:存贮的信息是文章标题、著录项目和关键词组成的文献单元,检索时,按提问检索词查找文献资料档,输出文献题录和文摘。按存贮情报内容的时间,可以分为:(1)现刊检索:检索时可提供当前现刊上的情报。(2)追溯检索:检索时可追溯若干年前的情报。按计算机检索的方式,可以分为:(1)脱机检索:检索时利用计算机作批处理。(2)联机检索:检索时利用计算机的近程或远程终端进行人机联作。

计算机语言 computer language 计算语言学术语。指由一套具有特定意义和功能的特征和规则组成的、用于编写特殊用途的计算机程序的编程系统,从而实现人与计算机之间进行交互的人工语言。

计算系统 computational system 句法学术语,亦称运算系统,英文简写为 C_{HL}。乔姆斯基在其"最简方案"理论中认为:语言机制(language faculty)包括词库(lexicon)和运算系统两大组成部分,词库为句法加工提供词汇和功能性成分,计算系统对这些成分进行加工,生成语音式(Phonetic Form,常作PF)表征 π 和逻辑式(Logic Form,常作 LF)表征 λ 的搭配(π,λ)。语音式表征 π 在发音识别接口(articulatory-perceptual interface,简称 A-P)获得诠释(interpretation),即满足 A-P 接口的要求;逻辑式表征 λ 在概念意向接口(conceptual-intentional interface,简称 C-I)获得诠释,即满足 C-I 接口的要求。满足接口要求的运算称为合法运算(legitimate)。如果计算系统生成的表征 π 和 λ 的各种特征(feature)在 A-P 和 C-I 接口都获得了恰当的诠释,称之为满足接口条件(interface condition)。满足接口条件的推导称为在接口层面收敛(converge),没有满足接口条件的推导称为在接口层面崩溃(crash)。

计算语言学 computational linguistics 应用语言学的一个分支。属于认知科学范畴。指通过计算机处理人类语言的一种理论研究方法。人们利用计算机,通过数理方法,对语言进行研究。计算机语言学包括对语言数据的分析,建立一个语列供初学者使用以获得各种语法规律,观察某一特定条目的出现频率,旨在实现对一切自然语言描写层次上的形式化的处理。其研究的具体内容包括:精确描述计算机所能阐释的语言知识或语言模型;分析和生成自然语言文本的处理方法;仿拟语言行为模型;建立基于一系列规则和语言系统的语法模型;对大量自然语料进行编程,如对相关词类、词频、关键词的自动索引进行编辑。计算语言学还涉及言语识别(speech recognition)、言语合成(speech synthesis)、机器翻译(machine translation)、计算机辅助教学(computer-assisted instruction;CAI)、计算机辅助语言学习(computer-assisted language learning;CALL)以及语料库建设诸多应用领域等。

记笔记 note-taking; note-making　　语言教学术语。指边倾听或边阅读时对相关要点、问题或者其他的回答,这些信息能够帮助保存信息、讨论或组织,在口译活动中更是极为重要的一个环节。

记叙文 narrative writing　　文体学术语,亦称叙事写作。四种传统意义上非创作形式的短文写作形式之一,用以讲述发生的一件事情或者一个故事。叙事通常与"故事"同义,叙事写作中往往涉及一位讲述故事的叙述者和一个或几个演绎故事的人物。通常而言,作者本人即是叙述者。叙事是由相连事件细节的点点滴滴拼接而成的,这些细节成为考察作者创作目的的线索。叙事写作在人类日常生活中俯拾即是、异常重要,包括日记、电子邮件、歌曲、戏剧、视觉艺术、信件、微博等属于传递信息、情感以及揭示内心信念、抱负的叙事写作。叙事写作也可以向我们展现他人的亲身经历,使读者或公众有身临其境之感,产生有关周围世界的移情和共鸣。

记忆 memory　　认知心理学术语。指人脑对过去经验的反映,诸如过去感知过的事物、思考过的问题、体验过的情绪与情感、做过的动作等均可能保存于头脑中。它包括识记、保持、再认与重现四个过程。从记忆保持的时间角度来看可分为:短期记忆(short-term memory,缩称 STM)和长期记忆(long-term memory,缩称 LTM)。

记忆力 retention　　语言教学术语,亦称保持力。指间隔一段时间之后能回忆或记起事物的能力,是记忆的四个过程(包括识记、保持、再认、重现)之一,也是再认和重现的必要条件。在语言教学中,对于语法规则、词汇等已教授内容的保持力从一定程度上取决于学习者兴趣、学习材料、教学方法、学习策略等因素。保持的主要方法是多种形式的复习,包括分散复习和集中复习、即时复习和延后复习以及多样化复习等。

记忆缺失 amnesia　　神经心理学术语。心理语言学中指对词语等语言信息的缺失或遗忘。遗忘是正常的生理和心理现象,是对储存和处理能力作出的合理限制,是记忆系统的一个重要组成部分。对毫无用处、应予淘汰的信息,遗忘是必要的。关于遗忘一般有两种解释:消退说和干扰说。第一种观点认为,随着时间的推移,记忆强度衰减,遗忘的可能性就会增加,但再认和回述有助于提高记忆的强度,降低遗忘率;第二种观点认为随着信息量的增大,新旧信息融合或掺杂在一起,记忆之间相互干扰,抑制神经反应,产生遗忘。干扰的影响比时间的推移还要大。因此掌握一些记忆运作的原理有助于人们使用编码和提取信息的策略,以改善记忆,避免或减轻遗忘,如把信息放到有意义的语境的策略、经常有意识提取信息的策略等。

技能 skill　　语言教学术语。指一种通过练习而获取的以完成某一既定任务的技巧和能力。在语言教学中,主要是指听、说、读、写等若干方面的技能的培养和学习。

技术翻译 technical translation　　翻译学术语。应用翻译的一种。主要指对各种科技资料、文献等进行双语码转换的翻译活动。其特点主要要求译文准确,词语简洁通顺,忠实于原文,符合科技文体的语篇规范和行业用语的要求,不必过多考虑风格修辞等。

继承 inheritance　　指派生词项继承其构成成分的形态特征、句法特征和论元结构的现象。例如,在"They *inquired* into his expenses"与"Their *inquiry* into his expenses"两句中,inquiry 是由 inquire 派生出来的,继承了 inquire 与介词 into 搭配的特征。又如,development 是由 develop 派生出来的,继承了其只有一个论元的结构:to *develop* a country → the *development* of a country。形式语义学中,继承作为合一语法(Unification Grammar)的一个核心原则,指下义概念继承上义概念的特征。继承的关键在于确定默认推理(default reasoning)是否需要或何时必须使用。最初仅限于语义网络(semantic networks)中的概念等级,后来扩展到知识表征(knowledge representation)的形式化描写,如框架(frame)。

继发性内驱力 secondary drives　　参见"内驱力降低理论"。

寄生缺位 parasitic gap　　句法学术语,亦称寄生语缺。指句中的一个句法缺位,因其只有在句子包含一个普通缺位时才可存在,故而称其依附于或寄生于普通缺位。例如:[1] which book did Mark file(e) without reading(p)　[2] * John filed the book without reading. 例[1]中包含一个寄生缺位p和一个普通缺位e。由于寄生缺位的存在条件是先有普通缺位,因此,例[2]句子不符合语法。

寄生元音　parasite vowel　参见"中插元音"。

加 n 字母　nunation　形态学术语。指诸如阿拉伯语某些名词的词尾变化是把 n 作为后缀加在以短元音结尾的词后的做法。

加标[1]　indexing　亦称标引。多见于生成语言学。指在句子中一组项目上加数字或字母等指示符号,建立直接的指称关系,表示指称的异同。加同标即指加标规则(indexing rules)给句子中的名词短语指派数字或字母标引,以保证表示出正确的同指语义关系的过程。约束条件会限制加标规则的应用。

加标[2]　labeling　句法学术语。指在管辖与约束理论中,为句法结构中的成分添加适当表征符号的操作。加标后,树形图中的每个节点都有相应的表征符号。例如:
[1] a.

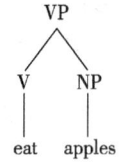

b. [VP [V eat] [NP apples]]
动词 eat 和名词 apples 构成动词短语 VP、V、NP、VP 都是加标操作后的表征符号,因此树形图可以等价转换成"加标括号表达式"。如例[1]所示,[1a]是树形图,[1b]是加标括号表达式。在最简方案中,句法成分 α 和 β 合并后构成集合{α, β},在命名该集合时不再使用其他符号,而用已有符号。这种使用已有符号标识的操作称为加标,如记作{α,{α, β},标识 α 和 β 合并后构成 α。例如:
[2] a.

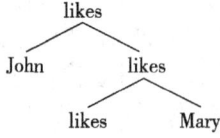

b. {likes, {John, {likes, {likes, Mary}}}}
例[2a]为"John likes Mary"的加标树形图,例[2b]为其括号表达式。

加标规则　indexing rule　句法学术语,亦称下标规则。指在句子逻辑式的不同成分右下角标出数字,以表明关系的规则。例如:Everyone[1] believes [he[1] is intelligent]　例句中的 he[1] 改为 he[2],则成为"每个人都以为他很聪明"——显然 he[2] 与 everyone 不同指。

加工　processing　❶计算机语言学术语。指对语言信息的自动处理。❷心理语言学、神经语言学术语。指语言产生、理解过程中,大脑所发生的一系列活动。大脑的信息加工包括大脑的信息加工包括信息识别和理解、信息编码和解码、信息存贮、组织和追溯等心理活动。

加强代词　intensive pronoun　参见"反身代词"。

加强复合词　intensive compound　形态学术语。指复合词中一个成分加强另一个成分的意义。例如,在 stone-deaf(完全聋)中,stone 刻画出"聋得像石头般完全堵住了"那种强度。

加强重音　intensified stress　音系学术语。指在句重音的基础上,对某个词所含的意义加以强调的重音。包括两种主要形式:(1)强调量或程度(有时是夸张)。例如:There was an eˈnormous ˈqueue. (2)语气上的强调。例如:Uˈpon my ˮwords.

加权　weighting　语言测试术语,亦称加权评分(weighted scoring)。指不是根据所有正确答案平均分配分值,而是综合考虑不同知识点的相对重要性以及考题的科学性等因素进行评分。

加音　anaptyxis　参见"中插元音"。

家庭—学校语言转换　home-school language switch　社会语言学术语。在双语教育中,指从家庭使用的日常口语向学校环境的教学或学习用语的转换。

绩点平均分　grade point average; GPA　语言测试术语。常见于美国等地的对学业表现(scholastic performance)的一种测量方法,它基于对字母等级赋予数值后得到的平均分,如 A 为 4,B 为 3 等。

家族相似性　family resemblance　认知语言学术语。原型理论(Prototype Theory)的重要概念,指一个具体的范畴成员被评估在多大程度上能够很好地反映它所属范畴成员的典型结构。最早由哲学家维特根斯坦(Ludwig Wittgenstein)在 1953 年提出。他在研究游戏一词的定义时发现,各种游戏之间的边界是模糊的,游戏范畴的各个成员之间没有传统范畴观所提出的一套共同属性来把它们和范畴外的成员区分开,没有一套共同的语义特征包含全部义项。因此,他提出范畴是通过范畴成员之间的家族相似性建立的,即范畴成员共享多少该范畴原型的凸显特征(salient attribute)。共享特征重叠的程度反映了范畴成员家族相似性的程度。例如,鸵鸟不会飞,因此缺少"鸟"范畴典型结构的凸显特征,但其也有其他共享特征,如有喙和翅膀。因此,显示了家族相似性但没有显示出像知更鸟一样的家族相似性优点,如飞翔。在认知语言学中,家族相似性被定义成以 AB、BC、CD、DE 形式出现的事物,每一个事物至少有一个或几个与其他事物相同的属性,但没有或很少属性是所有事物共有的。家族相似性动摇了传统范畴观的基础,导致了原型范畴观的形成。

夹用外语 foreignism 外国人使用某一语言时,由于受本族语影响而造成的错误或不合习惯的现象。通常表现为外国腔,伴有语法或词汇方面的不当之处。

假不及物 pseudo-intransitive 语法学术语。指含有一个不稳定动词(labile verb)的不及物短语或句子。例如,在"The books are not selling well."中 sell 为不稳定动词。参见"**及物性**"。

假程序 pseudo-procedure 语言学的一种分析方法。指假设能以某种方式进行语言分析,但由于此方法违背科学原则,或因假设自相矛盾而实际做不到。譬如,假设靠仔细察看频谱仪图上显示的声学形式就能确定音系差别,或者无须参考意义就可作语法分析的推定。

假定不知原则 principle of the presumption of ignorance 语用学、话语分析术语。指话前推断的现象,即说话人断定他所要说的话不可能为听话人所说时才开始发话,由英国语言学家斯特劳森(Peter Strawson)提出。

假定初学者 false beginner 参见"**非真实初学者**"。

假定已知原则 principle of the presumption of knowledge 语用学、话语分析术语。指说话人在发出信息之前,不仅要判断其所发出的信息是否已为听话人所说,而且还需要对听话人是否已经具备有关要传达的信息的相关知识作出初步判断。这一现象被描述为交际中的"假定已知原则",与其所描述的"假定不知原则"相对照。

假腭 false palate 指适用于促成舌头与上腭接触的试验工具,用薄金属片或滤纸根据试验人的口盖石膏模轧压而成。进行发音试验时,将假腭正面涂上粉末在口盖上,舌头触及部位的粉末将被蹭掉,显出成阻部位。

假分裂句 pseudo-cleft sentence 语法学术语。指一种类似于分裂句的结构,即一个小句可分成两个部分,每个部分均有其相应的动词。与分裂句的不同之处在于,两个小句之间的语法关系是主从关系。例如:[1] I've got a new book. [2] What I've got is a new book. [3] A new book is what I've got. 假分裂句[2]及其"倒置"假分裂句[3]与基本简单句[1]相关。参见"**分裂句**"。

假复合词 improper compound 形态学术语。其内部组成部分都发生屈折变化的复合词。与真复合词(proper compound)相对立。

假名 Kana 日本语书写中使用的音节字符。从汉字演变而来,在日本平安时代(公元 10 世纪)基本定型。1900 年,日本文部省颁布《小学校令施行规则》,规定了正确的假名书写形式。假名最初有 50 个符号,共 50 个音;1946 年 11 月 16 日以后,改革为 46 个可书写符号,且每个假名分平假名(hiragana)和片假名(katakana)两种字体,发音相同,但书写方法不一样,用于不同的目的和不同的文体。平假名由汉字的草书演变而来,而片假名源自汉字楷体的偏旁部首。在日常生活中使用平假名较多,片假名多用来书写外来语、电报、某些儿童书籍,或印刷广告的大字标题、电视和海报等。出于历史的传统习惯,日语书写时夹用汉字和假名。

假名表 Kana Syllabary 日语中音节字符的总表,日语按习惯称之为"五十音图"。表的纵向称"行",每行五个假名,共有十行。横向称"段",每段十个假名,共有五段。各行各段的名称均以第一个假名命名,如あ行、か行、さ行、あ段、い段、う段等等,其中あ行假名代表五个元音,其他各行基本上表示辅音与这五个元音分别相拼而成的音节。同一行的假名具有相同的辅音,而同一段的假名具有相同的元音。日语的假名共有七十一个,包括清音、浊音、半浊音和拨音,而五十音图表示五十个清音音节。需要注意的是,五十音图中,[い]、[え]各出现三次,[う]出现两次,所以实际只有四十五个清音假名。拨音[ん]不属于清音,但习惯上列入清音表。

	あ段 a	い段 i	う段 u	え段 e	お段 o				
あ行	あア a	いイ i	うウ u	えエ e	おオ o				
か行 k	かカ ka	きキ ki	くク ku	けケ ke	こコ ko	きゃキャ kya	きゅキュ kyu	きょキョ kyo	
さ行 s	さサ sa	しシ shi	すス su	せセ se	そソ so	しゃシャ sha	しゅシュ shu	しょショ sho	
た行 t	たタ ta	ちチ chi	つツ tsu	てテ te	とト to	ちゃチャ cha	ちゅチュ chu	ちょチョ cho	
な行 n	なナ na	にニ ni	ぬヌ nu	ねネ ne	のノ no	にゃニャ nya	にゅニュ nyu	にょニョ nyo	
は行 h	はハ ha	ひヒ hi	ふフ fu	へヘ he	ほホ ho	ひゃヒャ hya	ひゅヒュ hyu	ひょヒョ hyo	
ま行 m	まマ ma	みミ mi	むム mu	めメ me	もモ mo	みゃミャ mya	みゅミュ myu	みょミョ myo	
や行 y	やヤ ya	(i)	ゆユ yu	(e)	よヨ yo				
ら行 r	らラ ra	りリ ri	るル ru	れレ re	ろロ ro	りゃリャ rya	りゅリュ ryu	りょリョ ryo	
わ行 w	わワ wa	(i)	(u)	(e)	をヲ o				
んン n									

か行	がガ	ぎギ	ぐグ	げゲ	ごゴ	ぎゃギャ		ぎゅギュ		ぎょギョ	
	ga	gi	gu	ge	go	gya		gyu		gyo	
ざ行	ざザ	じジ	ずズ	ぜゼ	ぞゾ	じゃジャ		じゅジュ		じょジョ	
	za	ji	zu	ze	zo	ja		ju		jo	
だ行	だダ	ぢヂ	づヅ	でデ	どド						
	da	ji	zu	de	do						
ば行	ばバ	びビ	ぶブ	べベ	ぼボ	びゃビャ		びゅビュ		びょビョ	
	ba	bi	bu	be	bo	bya		byu		byo	
ぱ行	ぱパ	ぴピ	ぷプ	ぺペ	ぽポ	ぴゃピャ		ぴゅピュ		ぴょピョ	
	pa	pi	pu	pe	po	pya		pyu		pyo	

假设 hypothesis 亦称假说。指对客观现象或规律所进行的科学猜测或设想。假说包括核心部分和推论部分,具有可验证性。其基本特征主要有:(1)科学性。人们以相关科学知识或经验知识为依据,以确实可靠的相关事实材料为基础,并按照科学逻辑方法推理而成的假说。(2)推测性。假说是在不完全或不充分的经验事实基础上推导出来的,还未经过实践检验,尚存一定疑问。(3)抽象性与逻辑性。假说的这种抽象性与逻辑性尚不成熟。(4)预见性。假说是对事物的质、事物的内在联系、事物规律性的猜测和推断,已具有一定的预见性。(5)多样性。科学研究中,对同一现象及其规律可以作出两种或多种不同假设,以进行比较研究。在语言习得过程中,研究者已经提出各种假说,如输入假说、情感过滤假说、输出假说等。

假设检验 hypothesis testing 指对一种语言假说的检验,即检测此假说正确与否。常见检测方法是运用各种假说来说出更多话语(utterances),同时确定其有效性和可行性。说话人亦可将自己说出的话语和其他人的话语进行比较,或者想象其他人在某种特定情况下说出的话语,然后再检测其是否确实说出这些话语。主张语言天赋假说(innatist hypothesis)的学者认为,学习语言过程中需要检验的假说数量有限,因为大脑中存在语言习得机制,已经具备普遍语法知识。

假设形成 hypothesis formation 指利用有关事实推论出更广泛结论的过程,由美国哲学家和逻辑学家皮尔斯(Charles Sanders Peirce)提出。皮尔斯把无小前提的不明推理过程描述为一个创造过程,但强调推理结果须经过理性评估。在推理过程中,这些假设可能是有意识的,亦可能是无意识的。

假设—演绎行为主义 hypothetico-deductive behaviourism 参见"新行为主义"。

假声 falsetto 语音学术语。指通过控制声带发出的一种高于正常音域的高音。发声时,声带不完全闭合,胸腔亦不起共鸣作用,声带震动幅度比平时小。假声通常为歌唱者所用,以取得特殊的音色效果。

假声带 false vocal cords; vernacular cords 语音学术语。指在声带的上方并与声带平行、一般不参与正常发音,用来保护更加容易受损伤真声带的一对膜。在正常的发声中几乎不用,但是在尖叫或歇斯底里(death grunt)唱法中经常用到假声带。

假说推理 abduction 逻辑学术语,亦称不明推论式或溯因推理。美国实用主义哲学家皮尔斯(Charles Sanders Peirce)(1932)提出的一种既不同于演绎,也不同于归纳的推理方式。在假说推理中,推理者假设某种特别的情况是某个普遍规则的实例,并推断两者在其他方面也极为相似。一个比较典型的假说推理的实例是,在内陆发现了鱼化石,要说明这种现象,就必须假设这块陆地曾经是一片海洋。在皮尔斯的哲学思想中,假说推理是一种发现的逻辑,一种创造性的过程,只是科学研究的基础阶段,在假说推理的基础上,科学研究还需要进一步的归纳和验证。

假同根词 false cognate 参见"伪同源词"。

假位 dummy 参见"漂浮成分"。

假位承载素 dummy carrier 句法学术语。指句中充当语法区别标示者(即表明语法范畴)的假位成分。例如:[1] Do/Did you know? [2] Does he know? 两个疑问句中的 do 就是给动词承载"时态/数"范畴的假位助动词(dummy auxiliary)。

假位符号 dummy symbol 句法学术语。指在转换语法的深层结构中假设存在的成分的符号。假位符号有时引入句子的深层结构,以便各类句子的派生,表示句子表层结构中不出现,但在深层结构中假设其存在。例如:[1] the shooting of the hunter [2] Δ＋shoot＋the＋hunter。 表层结构[1]可以由深层结构[2]转换而来,Δ(delta)表示深层结构中假设存在的主语。

假位助动词 dummy auxiliary 参见"假位承载素"。

假语素 pseudomorpheme; pseudoplerem 形态学术语。指在一些约定俗成的词汇中出现的词汇语素(morphem),它们只能以特定成分构词,其语义已经不能用共时观予以研究。假语素如果和自由语素组合成复合词,就被称为孤单语素。

价 valence; valency 句法学术语,亦称配价。指语句中的动词可以支配名词性成分的数目。20世纪50年代由法国语言学家泰尼埃(Lucien Tesnière)提出"价"的概念,对以后各种依存语法(dependency grammar)模型的建立有着重要的影响。泰尼埃在其专著《结构句法概要》(*Esquisse d'une syntaxe struc-*

tural，1953）中首先借用了化学"价"的概念，于1959年出版《结构句法基础》（*Éléments de syntaxe structurale*），完善了其配价语法理论。"价"在化学中亦称"原子价"或"化合价"，旨在说明分子结构中各元素的原子数目间的比例关系。泰尼埃在语法学中引进"价"，旨在说明一个动词能支配多少个名词短语（称为"行动元"）。动词的价决定于它所支配的行动元的数目。动词可比作带钩的原子，它能钩住（即支配）几个行动元，便可称之为几价动词。一个动词若不能支配任何行动元，即可称之为零价动词（zero valency 或缺价（avalent），如汉语的"地震""海啸"和英语的 rain、snow 等；一个动词若能支配一个行动元，即属一价动词（monovalent），如汉语的"病""醉""休息""咳嗽""游泳"和英语的 vanish、exist、sleep 等不及物动词；一个动词如果能支配两个行动元，即称作二价动词（divalent），如汉语的"爱""采""参观""讨论"和英语 like、visit、meet 等及物动词；一个动词如果能支配三个行动元，即称作三价动词（trivalent），如汉语的"给""送""告诉""赔偿"和英语的 give、tell、inform 等。动词在这方面的区别称作具有不同的配价集（valency set）。

价值　value　语义学术语。指一个语言符号（sign）在语言的语义系统中因所在位置的关系所产生的语义功能。索绪尔认为，语言符号不仅有意义，而且还有价值。一个语言符号的价值只取决于其他语言符号的存在，他们通过组合和聚合关系互相关联。不同系统中的某些语言符号在意义上可能有重叠之处，但是由于它们同时又与所在系统的其他符号处于不同的位置关系，因此它们的价值不相等。例如，英语词 mutton（羊肉）和法语词 mouton（羊，肉）的意义有相同之处，但赋值却不相等。这是因为法语词 mouton 还可以表示"羊"的意义，而英语词 mutton 却没有这个意思。

价值判断　value judgment　社会语言学术语。指不能通过科学的观察和分析来得到证实的一种对待语言的态度。例如，称某种语言变体中哪些是不正确的、低劣的、丑恶的表达法的陈述，或者称一种语言比另一种语言先进、落后、原始或合乎逻辑等的说法，均属于价值判断。

架构功能　structuring function　参见"图式意义"。

嫁接　adjunction　句法学术语。指将某词汇或短语结构附加在另一词汇或短语结构上，使后者结构得以扩展的一项基本句法操作规则。例如：[1] [vp her parents [v′ [v′ phone the school] [pp on Friday]]]。[2] He *hasn't* finished his work. 例[1]中"on Friday"和"phone the school"分别为两个独立的

介词短语和动词短语，但通过嫁接操作，介词短语"on Friday"就可以扩展动词短语的中节成分而插入动词短语中，形成新的动词短语。例[2]中的 not 也可以认为是嫁接到助动词 has 上，从而形成一个扩展了的助动词"hasn't"。

尖角括号〈〉　angled brackets　括号的一种，其用途为：（1）转换生成语法的"英语语音模式"（SPE）中表示选择性特征（optional feature）之间的依赖性，如 [＋A〈＋B〉] → [＋C〈＋D〉]意为"A 变成 C，如果也有 B，B 变成 D"；（2）字位学中表示字位，"字位〈m〉包括 m、M、μ、M、m[U1]等变体"；（3）拼字法中表示区别拼写单位，如〈ph〉是拼写语音[f]的一种方式。

间断的　discontinuity　参见"不连续性"。

间接被动句　indirect passive　句法学术语。亦称不幸被动句（adversative passive）。指一些东南亚语言通过被动形式表达人们对某一动作或事件不快或不幸的感觉。间接被动句的动词变化和直接被动句（direct passive）相同，区别在于间接被动句一般是将主动句中的客体（theme）或工具（instrument）作为被动句的主语，直接被动句中则是主动句的受事做主语。另外，一些不及物动词也可用于间接被动句，形式上与直接被动句相同，但语义上没有被动的意义，只表示说话人的不幸或不快。例如：

花子が　　隣の　学生に　　ピアノを　　朝まで
花子-助词　隔壁　学生-助词　钢琴-宾格标记　早上-直到
弹かれた。
弹奏-被动-体标记
"花子因隔壁学生弹了整晚钢琴而心生不满。"

在日语例句中，动词"弹かれた"使用了被动形式，强调花子因为受到隔壁学生通宵弹琴的干扰而心生不满。

间接宾语　indirect object　句法学术语。指能在小句结构中起作用、与直接宾语共同出现的两种宾语成分之一，紧接在语法主语和谓语动词之后，通常是描写过程的有生命的受益者或承受者。在拉丁和古英语等语言中，间接宾语被称作与格。英语的间接宾语常可解读或转写为带有 to 或 for 的介词短语。例如：[1] I gave a bun *to the elephant*. [2] I gave *the elephant* a bun. [3] The woman gave a toy *to the boy*. 不同语法理论对此采取了不同的处理方法。辛克莱（John Sinclair）将其严格归类为状语，夸克（Randolph Quirk）等将其归类为介词宾语，而一些系统语法学家则将其归类为间接宾语。在功能方面，例[1]与例[2]并无区别，区别在于文体方面；信息焦点在每个句子中都集中在不同的成分

上。生成语法(特别是关系语法)主张有限制地使用此概念,通常只指介词(通常为 to)的补语,如例[3];在关系语法中,间接宾语也可升格为直接宾语。

间接测试　indirect test　语言测试术语。指间接测验能力的考试,要求受试者执行并不反映目的语使用的真实情景的任务,从而推断他们隐藏在测试表现后的语言能力。例如,要求受试者找到一篇作文中的错误就是一个写作间接测试的例子,或者要求受试者挑选一个与题干中单词发音相同的单词则是一个发音间接测试的例子。

间接分句　oblique clause　参见"状语从句"。

间接格　oblique case　语法学术语,亦称斜格、旁格。指屈折语中动词所支配的主格(nominative case)以外的任何格,如宾格(accusative)、与格(dative)、夺格(ablative)、工具格(instrumental)等。英语中间接格指除了共同格(common case)以外的格,包括名词的所有格和代词的宾格。

间接后照应　indirect anaphoric reference　语篇语言学术语。指语篇和语段中照应的对象间接出现的一种语言现象,也指根据常识经过推论而出现的后照应。例如,由常识即可知自行车是有链子的,因此在"I was riding my bicycle but the chain came loose"中短语"the chain"与前面的短语"my bicycle"之间就是间接后照应关系。

间接话语　indirect discourse　参见"直接话语"。

间接可及　indirect access　参见"直接可及"。

间接可及说　indirect access hypothesis　参见"普遍语法可及性"。

间接命令　indirect command　语法学术语。指用间接引语转述的命令,如"老师告诉我写一篇文章"。有研究者认为汉语间接命令句也是补足语从句的一种,由祈使小句充当主句谓语的论元,祈使小句成为陈述句的嵌入从句。例如,在句子"我命令你立即出发"中,"你立即出发"这个祈使句充当了主句动词"命令"的宾语从句。这个句子还有另外几种构造的可能。一是作为双宾句,"你"是间接宾语,"立即出发"作为没有主语的祈使句(这是祈使句的常态),充当"命令"的直接宾语,仍是间接祈使句。二是作为兼语句,"你"是兼语,"立即出发"是"你"的谓语,仍可将兼语及其后面的谓语看作间接祈使句。由于说话人的"视角"不同,所导致的表达方式具有多样性。间接命令句在日语等使用频率较高的语言中,是语言学习者必然要遇到的一个难点。掌握间接命令的转述技巧之一是理解说话人的"视点"。同时,要明确"间接转述"本身的三要素——"发令人""传令人"和"接受指令的人"之间的关系。这样,有助于准确表达是说话人自己的命令和要求,还是第三者的命令和要求。

间接问句　indirect question　句法学术语。指在间接引语(indirect speech)中出现的问句。除间接引语的必要语法变化外,一般疑问句还要加连词 whether 或 if(特殊疑问句则用疑问词直接相连)。例如:[1] I asked John, "Is that your sister?" → I asked John *whether that was his sister*. [2] He asked me, "Where are you going?" → He asked me *where I was going*. [3] She asked me *if I was satisfied*. [4] They asked me *where I came from and why I had come*.

间接学习策略　indirect learning strategy　参见"学习策略"。

间接言语行为　indirect speech act　语用学术语。塞尔(John Searle)于1975年在奥斯汀(John Langshaw Austin)言语行为理论基础上提出间接言语行为的概念,指通过一个间接言语行为来实施话语的言外之力。简言之,在说话的过程中,口头上谈及的与实际所指的有所不同。因此一个言外行为看起来是由另一个行为来间接地完成。间接言语行为的一个常见类型是以询问受话人是否愿意或能够做某事的问句形式提出要求。例如,"Can you put the kettle on?"比祈使句形式"Put the kettle on please!"提出的要求更有礼貌。对语义的理解多取决于语境,如果受话人最近刚摔断了胳膊,那么这一问题就可以按字面理解,即询问是否有能力把水壶放到炉子上,那就是一种直接言语行为。在诸多没有明确言语行为动词(如 inquire, beseech, order, complain 等)而只为陈述语句中,实际上可能实施的是间接言外行为作用。例如,像"Waiter, there is a fly in my soup."这样的语句最初的作用是陈述或描述,但通常被当成具有疑问的作用(What's the fly doing in my soup?)或者起提出要求的作用(Please replace this soup by another bowl, without any fly in it)。一般说来,在言语行为中,最好考虑直接和间接的程度问题,并允许在解释时有很大的变化。语用学家们在后续研究中,分别从合作原则(Cooperative Principle;CP)、礼貌原则(Politeness Principle)和面子理论(Face Theory)等角度对该理论进行了进一步的阐释。参见"言语行为理论"和"合作原则"。

间接疑问句　indirect interrogative clause　句法学术语。指由 who、where、why、how 等疑问代词或疑问副词以及 if、whether 等连接词引导的关系从句。例如:[1] He wanted to know *where she had been*. 与直接疑问句不同,间接疑问句从属于一个

间 jiān （语言学术语）

主句，本身不能独立出现。间接疑问句是补足语从句的一种，即由疑问小句充当主句谓语的论元，疑问小句成为一个主句（通常是陈述句）的嵌入从句。相比较，疑问小句直接作为主句的句子则称作直接疑问句。在许多语言中，特别是疑问句涉及移位和主谓语换位的语言中，间接疑问句与直接问句在结构上存在不同。譬如在英语中，间接特指问句的疑问代词仍需移至从句（而非全句）的句首，起标句词的作用，主语和谓语则不互换位置。试比较：[2] What will you buy？ [3] I wonder *what you will buy*. [4] I wonder *if you will buy something*. 例[2]是直接疑问句，助动词 will 要与主语 you 换位；例[3]是主句谓语 wonder 带一个间接疑问句，主谓不换位。直接疑问句无须标句词，而间接疑问句在许多语言中都需要标句词。英语间接特指问句就借助疑问代词充当标句词，如例[3]的 what，而间接是非问句则要用 if、whether 等作为标句词，如例[4]。朝鲜语间接疑问句要用名词化间接问句后置标记 ci。例如：

[5] Na nun John i once o-nun
    我（话题）约翰（主格）何时 来（非限定）
         ci   molu-n-ta
    （标句词） 不知道

汉语间接问句似没有明显的标句词，但处于嵌入句中的疑问代词和"V 不 V"式等的疑问成分可以认为是带有间接问句标句词的作用。例如：[6] 我问你怎么打开这扇门。[7] 什么好吃要问他。[8] 我怀疑他是不是同意，来不来还没决定。[9] 来吗？还没决定？ 固然，汉语的疑问代词在直接疑问句和间接疑问句中都不移位到句首，疑问代词显性结构上标句词功能不强，而"V 不 V"结构作直接问句和间接问句也不存在句法表现上的差异，若把句末疑问助词"吗"、疑问代词和"V 不 V"形式分别作为此类问句的手段，后两者均可用于间接疑问句中，而"VP 吗"不能出现在间接疑问句中[5]，如例[9]），可见疑问代词和"V 不 V"形式确实带有间接疑问标句词的作用，而"吗"无此功能。

间接音位对立 indirect phonological opposition 音系学术语，亦称间接辨义对立。指在具体语言中从不出现在相同的语音位置（互补分布）上，不能直接构成最小对立体，但相互间仍有辨义功能的不同音位间的关系。例如英语中的 h/h/和 ng/ŋ/之间的关系。俄国语言学家特鲁别茨柯伊（Nikolay Sergeyevich Trubetzkoy）在《音位学原理》中论证说：(1) 它们虽然互补分布，但却没有任何共同的（区别）特征足以使它们与同系统的其他音位区分开来，它们唯一的共同点即辅音性质也是其他辅音所共有的；(2) 它们可以跟其他音位，特别是跟他们有共同特征的音位构成直接辨义对立。近来有的著作把特鲁别茨柯伊的提法加以修正，认为这一论据应改为：同一音位的各个变体不仅有互补分布关系，还需在同一语素中能够互相交替。

间接引述 reported speech 语法学术语，亦称转述引语。指不是直接引用说话者实际所说的话，而是由另外一个人转述，与直接引述相对应。直接引述变为间接引语时，相应句型、时态、人称等均发生变化。例如：[1] Lucy said："I'm a professor." 引号中话语为直接引述，变为间接引述时为：[2] Lucy said that she was a professor. 间接引述在性质上与间接引语有所不同，前者强调语用成分，而后者为语法概念。参见"间接引语"。

间接引文 indirect quotation 语法学术语。与直接引文相对。指引用别人话语时不按原话而是做了某些变通调整加以表述。

间接引语 indirect speech 语法学术语。与直接引语相区别，指将某人说的词语从属于主要小句动词的构式，是通过书写媒介来表达言语的一种主要方法。间接引语中，说话者的话语通常出现在言语行为动词，如 say、tell、ask 之后的名词性从句中。即在报道的过程中，"直接"的话语被改变了。例如：[1] "I shall come here again tomorrow," she said. 间接引语中变为：She said (that) she would go there again the next day. 其中，以 that 引导的从句的现在时态通常变为过去时态，第一人称代词变成第三人称代词，表达"近距"的动词和状语变成表示"远距"的词。有一种倾向认为，从转换的角度看，间接引语和直接引语是对等的，但是这两个模式之间的关系仍是值得讨论的问题。语法的对等规则对上述例句类型的陈述句来说比较直接，但对其他句型不是那么简单。例如：[2] "Is it raining?" she asked. → She asked whether it was raining. [3] "Go home!" she ordered. → She ordered him to go home. 更加突出的是，在文字报道中，有一种倾向：只有纯粹的主题内容保留了下来，而实际语言的口语、习语及音韵特征却消失了，好像经过了报道者或叙述者思维的过滤或解释，这种语句通常很难进行间接的记实性报道，结果只能采用一种近似的释义变体。例如：[4] "Gosh!" she exclaimed, " How dreadful!"→She exclaimed how dreadful (it was) / that it was dreadful.

间接语境 indirect context 参见"隐性语境"。

间隙度 aperture 语音学术语，亦称开孔度，在发音语音学中指发音通道上某一点在发音时开放的程度。一般认为间隙度分为三类：(1)完全没有口腔气流,如塞音(stops);(2)能够产生气湍流,如擦音(fricatives);(3)不能产生气湍流,如通音(approximant)。

监督 supervision 语言教学术语。常指在教师教育中,监督者对实习教师的教学行为所做的监测与评估。根据监督者在督导中所扮演的角色,教师教育中的督导可分为临床式督导(clinical supervision)和反思性教学督导(reflective teaching supervision)。临床式督导强调监督者在对实习教师教学行为督导中的评估者角色。通过其对实习教师教学行为进行的系统观察,指出实际教学情况和理想教学行为之间的不同之处,提出有针对性的反馈和改进建议,从而提高实习教师的教学。反思性教学督导着重监督者在对实习教师教学行为督导中的引导者角色。以咨询者或引导者的身份,通过协商的方式与实习教师共同探讨教学的方方面面,并鼓励教师利用教学日记以及自己课堂教学的录音、录像等手段进行反思和自我观察,从而达到实习教师的自我发展。

监控假设 Monitor Hypothesis 语言习得术语,亦称监察假设。指监控理论中的五大假说之一,参见"监控理论"。

监控理论 Monitor Theory 语言习得术语,亦称监察理论。20世纪80年代初,由史蒂文·克拉申(Stephen Krashen)提出。其核心是五个理论假设:(1)习得—学习假设(acquisition-learning hypothesis);(2)自然顺序假设(natural order hypothesis);(3)监控假设(monitor hypothesis);(4)语言输入假设(input hypothesis);(5)情感过滤假设(affective filter hypothesis)。五个假设的内容依次如下:(1)习得和学习是两种不同的语言发展过程。前者指以获取信息或交流信息为目的,以意义为目标、和母语习得过程相似的潜意识语言能力发展过程;后者是有意识地学习语言规则、关注语言形式的学习过程。这两种过程不能沟通,也不能相互转换。(2)在以词素习得顺序研究的基础上,克拉申提出了自然顺序假设,即虽然个体的差异和顺序不同,学习者的词素习得大致经历相同的几个阶段。克拉申推测第二语言规则的习得以可预示的顺序逐步掌握。此顺序具有普遍性,和课堂教学的顺序无关,而且不一定就是线性顺序。(3)学习获得的语言知识在监察中发挥作用。监察是学习者对自己语言输出的质量进行的有意识监督,可能发生在语言输出(output)之前、期间或之后。监察的发生有三个条件:表达者有充分的考虑时间,表达者集中注意力于语言形式的准确性上和表达者明白语言规则。克拉申把学习者分为三类:监控过度者(monitor over-user),体现为说话时往往不流利;监控不足者(monitor under-user),体现为对错误的纠正不足;合理监控者(optimal monitor user),往往在恰当的场合表达得体正确。(4)语言输入假设是监控理论的核心内容,即可理解性输入(comprehensible input)是语言习得的必要条件。克拉申把这种输入定义为i+1。i代表学习者当前的语言知识状态,1则是与下一个语言阶段的间隔。学习者听到或者读到的语言材料既要可以被理解、不应该太难,也要稍微高于学习者当前的水平、不能太容易。只有这种性质的输入语料才能促进第二语言习得。(5)指语言习得成功的变量,用以解释语言学习者进步速度不同、水平参差不齐的原因的假设。克拉申认为情感因素在语言习得过程中对学习者产生影响。如果情感过滤强,不恰当的情感会对语言输入产生障碍使语料无法进入语言习得机制,对语言习得产生负面影响;如果学习者的学习动机强、自信心强、焦虑感适度,产生的情感过滤弱,那么输入的语料就可以顺利通过语言习得机制,从而有效地促进语言习得。这五个假设在语言习得中发挥的作用可以用蒋祖康于2000年在《第二语言习得研究概况》导读中的图式来显示:

```
            强                              监察
            ⇓                                ↓
语言输入 → 情感过滤 → 语言习得机制 → 语言能力的习得 → 语言输出
            ⇑
            弱
```

监控模型 monitor model 语言习得术语,亦称监控假设(Monitor Hypothesis)或第二语言发展监控模式(Monitor Model of Second Language Development),是克拉申(Stephen Krashen)于1981年提出的第二语言习得研究的一个假说模型。根据此假说,学习者在习得第二语言时,其语言产出受一种其固有的控制机制所监控,此机制检查所产出的语言形式正确与否。所谓监控,是指对语言学习过程和语言输出过程做出语言规则上的自我调解、控制或纠正,以及在对第二语言进行说、写练习的前后修改习得所致的输出。监控程度根据语言学习者类型的不同而有所不同,对监控的认识影响对第二语言习得的性质的看法。为此,监控理论区分习得(acquisition)和学得(learning)两个概念,前者指在自然的交际环境中掌握语言,语言能力的发展是不依赖语法规则教学的下意识过程;后者指在正式的课堂中通过教师传授的方式学会语言,是有意识的认识和探究语法规则的过程,即下意识的自发学习(spontaneous learning)为习得,有意识的引导型学习(guided learning)为学得。根据监控模型的假说,成

J 兼 jiān　（语言学术语）

人在第二语言习得中有意识学习的功能是有限的，只可监控和修正语言；而学习者对于第二语言的流利运用来自自然交际语境中无意识习得语言，学习中规则的作用仅在于按照已经习得的规则体系对话语产出进行监控、纠察或修正。学习不能自然导致习得，有意识的学习只起监控作用。

兼容语　inclusive language　社会语言学术语。指使用的语言体现出将特定社会群体包括在内而非排除在外的语言，特别是在性别和种族地位相关的情况下。例如，指发言人时用 spokesperson 而不是 spokesman；指人类时用 humankind 或者 people 而不是 mankind；指整个英国时用 Britain 而不是 England。

检测能力　detection　语言习得术语，亦称探测能力。指一种忽略其他而只注意某件事情的能力或功能，即对某一刺激进行甄别的能力，属于"注意能力"的一种亚能力。其他的属于"注意能力"的亚能力还包括："警觉能力"（总体上能够处理外来刺激的预备状态），"定位能力"（运用空闲的注意力资源处理某些刺激）和"禁用能力"（主动对某些刺激进行忽略）。二语习得理论认为，如果不对某一刺激进行某一层面上的注意和检测，人们就无法对语言输入中的内容进行学得，而至于这种检测本身是不是有意识进行的还存在争议。

检索策略　retrieval strategy　语言习得术语。学习策略研究中指一种语言运用策略，即借助记忆搜索从大脑中提取语言材料和语言形式，旨在运用语言。根据科恩（Cohen，1998）的研究，此策略与排练策略（rehearsal strategy）、掩盖策略（cover strategy）、交际策略（communication strategy）共同构成语言运用策略。参见"交际策略"。

减低负面暗示　desuggestion　语言教学术语，英语教学法中的一种策略。由保加利亚心理治疗师与教育家格奥尔基·洛扎诺夫（Georgi Lozanov）提出，强调上课环境的摆设与布置，浪漫优雅灯光的气氛，上课时美妙音乐为伴的享受，以及学员新角色的选择等；并通过注重周边学习、去除学生心理障碍和减低负面暗示、增加正面暗示等，对学生产生潜移默化的语言学习效果，减低学生心理障碍，增加信心。

减略策略　reduction strategy　语用学术语，亦称减缩策略。属于一种交际策略，即为回避交际中所遇到的问题，为保证交际活动的顺利进行，而采取的一种信息缩减策略。在形式上体现为如避免使用不确定的目的语规则，还包括如避免言语行为、回避话题等。其他交际策略包括负迁移、对语法规则或词汇含义的过度概括、语码转换、迂回表达法等。参见"交际策略"。

减弱双元音　falling diphthong　语音学术语。指比较突出的元音在前和比较不突出的元音在后的双元音。发音时的肌肉紧张度和声音的响度都下降，第一个成分具有最大突出的元音，如 /aɪ/、/au/、/eɪ/ 等。也称前响双元音。

简单词干词　simple stem　形态学术语。指由一个独立语素构成的单词。语素本身是最小的语法单位，是最小的语音语义结合体，如 good、worst、sing 等。

简单将来时　simple future tense　语法学术语。一种时态，表示将来某一时刻的动作或状态，或将来某一段时间内经常的动作或状态。将来一般时由助动词 shall（第一人称）或 will（第二、三人称）＋动词原形构成。其他表示将来的说法有：(1) to be going ＋动词不定式，用于口语中较多，常表示打算去做的事或可能要发生的事；(2) go、come、leave、start 等表示位移的动词，可用现在一般时来表示安排或计划好的将来动作；(3) go、come、leave、start 等表示移动的动词，可用现在进行时来表示即将发生的动作；(4) to be about ＋动词不定式表示安排或计划好了的动作等。例如：[1] We shall go travelling every summer. [2] I am going to see a musical performance. [3] The train starts at 11:30 in the morning. [4] They are leaving for Canada. [5] He and I are to meet in Shanghai.

简单句　simple sentence　语法学术语。传统语法中指只有一个主谓对立的句子，即一个主语加一个谓语构成句子。其他各种句子形式均由此发展演变而来。简单句的结构类型主要包括：(1) 主语＋谓语，即主谓结构，其谓语一般都是不及物动词；(2) 主语＋连系动词＋表语，即主系表结构，连系动词尽管在形式上也是一种谓语动词，但实质上它与表语一同充当谓语；(3) 主语＋谓语＋宾语，即主谓宾结构，谓语一般多是及物动词；(4) 主语＋谓语＋宾语＋宾语，即主谓宾宾结构，其谓语是可带双宾语的及物动词，两个宾语其中一个是间接宾语，另一个是直接宾语；(5) 主语＋谓语＋宾语＋宾补，即主谓宾补结构，其补语是宾语补语，与宾语一起即构成复合宾语。例如：[1] Nobody came.（主谓结构）[2] Mr. Smith is a musician.（主系表结构）[3] He opened the door immediately.（主谓宾结构）[4] He gave the book to his classmate.（主谓宾宾结构）[5] I found the book easy.（主谓宾补结构，形容词 easy 作补语）[6] I'll let him go.（主谓宾补结构，不定式 go 用作补语）　有时两个或两个以上的并列主语拥有一个共同的谓语,或者两个主语和两个谓语并列,此类句子仍属简单句。例如:[7] John and I went to travel together last month. (并列主语) [8] I eat and sleep as usual. (并列谓语)

简单时态 **simple tense** 语法学术语。指由单个动词(不含助动词)构成的时态。例如:[1] He smiles. [2] He comes on time. 而"is coming" "will come" "had come"等就不是简单时态。

简单体现 **simple realization** 语法学术语。层次语法中连接语义概念和语音各层次的关系称为"体现关系"(realizational relations)。体现和体现物之间严格呈现出一对一关系的情况即为"简单体现"。例如,词位上的/sit/总是由形位层上的/sit/体现。

简单完成时 **simple perfect tense** 语法学术语。完成时态表示在过去、现在、将来的某一特定时间之前发生过或完成了的动作,而这一动作又往往与以后事态的发展有一定关系。现在完成时由"助动词 have (has)+过去分词"构成,表示动作发生在过去,但与现在情况有关,即用一个发生在过去的动作来说明现在的情况。现在完成时与一般过去时都表示在过去完成的动作,但前者强调这一动作与现在的关系,及对现在产生的结果和影响,而后者表示动作发生在过去,不一定表示与现在的关系。例如:[1] He has lost his cellphone. (现在完成时) [2] She lost her cellphone last week. (一般过去时) 典型的简单完成时可见于西班牙语、法语等语言。

简单谓语 **simple predicate** 句法学术语。指仅由一个动词短语构成的谓语。例如:The pen writes well.

简单形式 **simple form** 语法学术语,亦称无附着词形式(bare form)。指不带 to 的不定式。

简单音波 **simple wave** 语音学术语。指人发音时造成空气的震动而引起不同的空气压力,用图形表示的空气压力变化就是波形。简单音波有严格的周期模式,包括一个波长和一个波周期,顺着一个方向传播。规则对称的简单波形是正弦波形。

简单元音 **simple vowel** 参见"单元音"。

简单主动肯定陈述句 **simple-active-affirmative-declarative; SAAD** 句法学术语,亦称核心句(kernel sentence)。指不含有任何修饰和连接成分的主动语态肯定句。例如:[1] I enjoyed the movie. [2] This is a problem. [3] Tests are short. [4] (The) tests are good. 此类句子是生成更加复杂句式的基础。例如:Good tests are short. 此句即由例[3]和例[4]两个核心句组合生成。参见"核心句"。

简化 **simplification** 语言教学术语,亦称简写。语言教学中指重写或改写原文或材料,通常先确定词汇表,有时也确定句法结构表或语法大纲,再编写适合第二语言或外语学习者使用的简易阅读材料。在第二语言习得研究和错误分析中,有时用来指学习者因过度类推,把目的语的语法(或词汇/语音)规则简化的现象。例如,学习者在构成过去时态形式时,会忽略例外情况的存在,而只用一条规则(在动词词根后加-ed)构成 breaked、standed 这样不正确的形式。在研究第二语言和外语学习者的中介语时,简化现象可以与语言错误相对比。

简化理论 **simplification theory** 亦称幼儿语理论(baby talk theory)。指认为幼儿语中也存在皮钦语的一些特征,如不用系动词、缺乏复杂句法结构等。布龙菲尔德在其1933年版的《语言论》中首次把"简化"作为一个理论机制提出。后来有学者将此理论应用到第二语言习得研究中。

简略表达法 **brachylogie** 修辞学术语,亦称简短讲话。指有意识地省略本来有必要表达的主要思想。广义上指一种简洁的表达方式。参见"简略法"。

简略定律 **law of abbreviation** 参见"缩写定律"。

简略法 **brachylogy** 形态学术语。一般指简明、缩略的表达式或格式。

简略问句 **abbreviated question** 语法学术语。指省略了诸多成分的问句。大致可分为两类,即 wh 型和 yes/no 型。Wh 型的简略问句一般指除疑问词外其他成分全部省略的句子,如"Who?" "What for?" "Why not?"等;Yes/no 型的简略问句一般指除主语和动词外其他成分全部省略的句子,如"Doesn't he?" "Will you?"等。

简易词汇 **simplified vocabulary** 语言教学术语。指与学习者外语水平相对应的词汇大纲中的词汇。在阅读和其他教学性材料中,如果有超出词汇大纲的难词,将用词汇表中的简单单词取代。

简易读本 **simplified reader** 亦称分级读物(graded reader)。指为儿童(学习母语后)第二语言或外语学习者编写的读本,其内容根据词汇量和语言的难度,对照相关课程大纲的分级进行排列组合。

建构主义 **constructivism** 指研究儿童语言

渐 jiàn　（语言学术语）

习得的一种理论方法，认为儿童在学习过程中会积极主动构建语言知识，而不仅仅是被动无意识地习得知识。运用这一理论方法研究儿童句法习得的代表人物是托马塞罗（Michael Tomasello），研究儿童音系习得的代表人物是维曼（Marilyn Vihman），研究儿童语言习得障碍的代表人物是史密斯（Annette Karmiloff Smith）。

渐变群　cline　❶语言学家韩礼德提出的术语。指一度空间的语法联系体。类似一种等级系统，除了有一部分有限数量的分离要组成以外，其差别是无限的。例如，施事范围可看成是一个连续体，因为某些名词短语同另外一些名词短语相比，是更明显的施事；同时，施事与非施事之间的界线并不明显。❷源自方言地理学术语，指某一特定结构特征在地理上的增量梯度。例如，罗曼语族的伊比利亚—罗曼语支中，词首辅音丛通常包含一个阻塞音/1/，如 * pl、* kl；在中世纪西班牙语最北部从东至西的大部分地区的加泰罗尼亚语（Catalan）中保留着[pl kl]音；而在其西部紧邻的阿拉贡语方言（Aragonese-dialects）中，这组音则变成了[plʸ klʸ]；在中部地区的卡斯提尔西班牙语（Castilian Spanish）中，则合并为/ll/或［lʸ］，在中部偏西的阿斯图里亚斯语（Asturo-Leonese）中为[č～š]；到了最西部的加利西亚—葡萄牙语（Gallego-Portuguese）中则为[š]。例如，"钥匙"一词分别为 * klave（加泰罗尼亚语）—klau［kláw］（阿拉贡语）— klʸau［klʸáw］（卡斯提尔西班牙语）—llave［lʸáβe］（加利西亚葡萄牙语）— Chave［šávə］（阿斯图里亚斯语）。

渐变性　gradience　语义学术语。指一些语言学家用来描述无明确语义界限的语言单位的术语。自然语言中的有些词语语义不明确，具有"模糊界线（fuzzy border）"，如英语中的 hill 和 mountain。因此，渐变性亦称模糊性。模糊是自然语言的基本属性之一，是交际驱动的，也是人类思维的客观反映。语言的模糊属性客观地存在于语音、词汇和语法层面，具体表现为发音模糊、词义差异模糊、话语意义模糊和语篇意义模糊。

渐除词尾　gradual ending　参见"渐除组"。

渐除组　gradual ending　语音学术语。亦称渐除词尾。指词尾浊音的耳语化现象。荷兰语音学家克吕辛加（E.Kruisinga）提出。他认为浊辅音只有在两个元音之间时才会自然地保持其浊音性，而在词首或词尾时往往会成为耳语音（whisper）。如果词尾有两个或两个以上的擦音时，最后一个擦音可能完全耳语化，如 gives 中的[z]。这种叫做渐除组。

渐次对立　gradual opposition　音系学术语。布拉格学派特鲁别茨柯伊提出的概念，指音位对立不是以是否有某种特征来区分，而根据所拥有某种特征的不同程度来区分。例如：/i/、/e/、/æ/、/a/四个前元音是根据舌位高低和开口度大小不同来区分的，它们在舌位高低和开口度这两个特征上构成渐次对立。

渐进系统　developing system　参见"近似语言系统"。

渐快　accelerando　语音学术语。源自音乐中的术语，指把音节以上的语段用逐渐加快的速度说出。

渐慢　rallentando　语音学术语。源自音乐中的术语，常缩写为 rall，意即渐慢，指把音节以上的语段用逐渐减缓的速度说出。

渐弱音渡　fading juncture　语音学、音系学术语，亦称渐弱连音或下降音渡。指一个意群、语调群结束时的音高随声音减弱（到消失）而下降的音渡方式。它表示后接停顿，而且这个意群的信息已经完全表达。

鉴别力　discrimination power　参见"鉴别作用"。

鉴别效度　discriminant validity; divergent validity　语言测试术语。用以描述操作化程度与其他在理论上应该不同、且在实际上同样不同于其他操作化的差异程度。坎贝尔（Donald Campbell）和费思克（Donald Fiske）于 1959 年在关于评估测试效度的讨论中首次引进了"鉴别效度"概念。他们强调在评估新的测试时使用鉴别效度和聚合效度的重要性。例如，为建立两个测量不同结构（比如二语听力和二语词汇）的测试鉴别效度，测试者可以使用相同的方法，让同一组受试者接受这两个测试，将获得的测试分数进行关联。如果无法获得关联，或者所获关联较弱，就表明是在测试不同的结构。

鉴别指数　discrimination index　语言测试术语。通过测试或测试项目，对优秀与次优秀的受试者的语言水平进行的程度划分。例如，如果一组受试者具有不同的语言能力，但是他们的测试结果大都高于 90 分，那么这次测试就没能起到鉴别作用（discrimination）。而对这些测试进行鉴别的举措则称为"鉴别指数"。

鉴别作用　discrimination　语言测试术语，亦称鉴别力（discrimination power）。参见"鉴别指数"。

将来进行时　future progressive; future continuous tense　语法学术语。指把将来时和进行

体融为一体的一种动词形式。主要表示将来某个时刻正在进行的动作，由"shall be（用于第一人称单复数）或 will be（用于第二、第三人称单复数）＋现在分词（动词-ing）"构成。现代语法中倾向于不区分 will、shall 的上述区别。例如：[1] What *will* you *be doing* tomorrow evening. [2] When *shall* we *be meeting* again? 在英语口语中，这一形式常用来表示预计即将发生或势必要发生的动作。

将来完成进行时　future perfect progressive tense　语法学术语。将来时的一种，由"will have been+doing"构成的一种形式，主要表示将来某个时间点之前一直进行的动作。例如：[1] By next summer, he *will have been working* here for twenty years. [2] In another month's time she *will have been studying* for three years.

将来完成时　future perfect tense　语法学术语。指将来时态与完成体相结合的动词形式。英语中用"助动词 will＋have＋过去分词"的形式表示。用来表示将来某一时间之前已经完成或已经发生的事情。这是一种把"时"和"体"融为一体的动词形式，如"When we get there, they will probably have left"中的"will have left"。

僵化词项　fossilized lexical item　亦称固化词项。指现代语言的某些固定词组中所含有的古旧词，如 to and fro（来回地）、ifs and ans（假使）、wend one's way（悠闲地走着）等等。一些重叠词如 goody-goody（老好人）、hocus-pocus（哄骗）等也是僵化词项。

僵化结构　fossilized structure　亦称固化结构。现代语言中保留的、失去再生能力的古旧结构，如"So be it!"（就那样吧!）、"God bless me."（天哪!）、"Suffice it to say that …"（只需说……就够了）等等。

僵化现象　fossilization; stabilization　语言习得术语，亦称石化现象。第二语言习得研究中"中介语（interlanguage）"研究的一个核心问题，指第二语言学习者在经过较长时间的学习后即使已能够较为流利地使用第二语言，但其语音、词汇及语法结构仍保持着区别于本族语者的显著特征，即学习者的中介语系统与本族语者语言系统在很多方面仍有很大的差异。它不仅仅指某些语言错误（error）难以消除，还指学习者语言水平或语言能力发展到某一阶段停滞不前的现象。塞林克（Larry Selinker）将上述现象界定为中介语"石化"。自塞林克于1972年肇端以来，一直致力于求索石化的定义、特征、范围及诱因（Selinker & Lakshmanan 1992；Selinker 1996）。同时期的二语研究者也在各自论著中从不同的角度涉及对石化现象的探讨。石化现象的讨论聚焦于石化究竟发生于局部语言项目还是整体语言表现，应视之为语言发展的结果还是语言认知过程。近年来，塞林克的学生韩照红等对石化问题进行了系统梳辨，其研究成果代表了现阶段该课题研究的发展前沿（Han & Odlin 2006）。韩照红提出综合"宏观"与"微观"角度的石化"双重概念框架（two-level conceptual framework）"。宏观概念上，作为内部因素的"母语迁移和普遍语法"与作为神经—生理因素的"关键期假说"被认为是导致石化产生或学习者普遍性失败的根本因素；微观概念上，提出上述根本因素与其他认知、心理、社会、情感及环境等内、外部因素的相互作用可以共同解释"为何不同学习者石化程度各不相同"或"同一学习者发生石化的语言层面有所不同"等问题。参见"**中介语**"。

讲话合题　speaking topically　语用学术语。指参与对话的人所讲的话和最新引进话题框架（topic framework）的成分能够密切联系。

降二合元音　descending diphthong　音系学术语。指最响部分首先出现、随后才是"滑音"的二合元音（diphthong），如 day 中的/eɪ/和 go 中的/əʊ/；与升二合元音（ascending diphthong）相对。

降格　downgrading　某些语言学家用来指语法等级体系中高层次单位嵌入低层次单位的现象。如将短语这个语法单位嵌入到词这个结构上较低层次或较低等级的单位中去："over-the-counter sale"中的"over the counter"这一短语降级到词的层次，因为它在这里只起到单词通常起的作用，像"autumn sale"或"bargain sale"中 autumn 或 bargain 所起的作用一样。再如分句一级的 I don't care 用作名词的词一级修饰语：That's a very I-don't-care attitude. 降级是再解释（reinterpretation）的融合过程导致的现象之一。再解释是语言变异的起因之一，语言运用中的"再解释"之误主要由话语的听话人对话语使用或理解不当而造成。

降格述谓结构　downgraded predication
参见"**降级述谓结构**"。

降级　demotion　句法学术语，亦称降位。指关系语法中，与某动词有特定语法关系的名词短语与此动词的语法关系发生变化的过程。变化后的语法关系在关系层级中处于较低的层次，如主语的角色比直接宾语要高，因此当句子从主动语态变为被动语态时，原句主语发生降级成为间接修饰成分。例如：[1]*Tom* wrote this book. [2]This book was written *by Tom*. 句[1]变为句[2]时，其中的

"Tom"降级为"by Tom"。在关系语法中,主语、直接宾语和间接宾语称为"项关系(term R-signs)",分别标记为"1"、"2"和"3"。其中,主语和直接宾语("1"和"2")称为"核心项关系(nuclear term R-signs)",此外还有"非项关系(non-term R-signs)"。关系语法的核心是提供双层(bistratal)句子结构描述以及不同层次上语法关系的变化。关系语法中的几类主要转换类型包括升位(promotion/advancement)和降位、替代(replacement)、上升(ascension)。在关系语法中,"1""2""3"和"非项关系"(如"退位语""间接关系"等)构成一个等级体系,在这个等级中"1"是最高等级语法关系,由"1"到"非项关系"语法关系的等级逐渐降低。升位是指一个元素由较为低等的语法关系转变为较为高等的语法关系(如:3→2 或 2→1);降位正好相反(如:1→2 或 2→3)。通常一个元素的升位同时引起另一个元素的降位。

降级述谓结构　downgraded predication
语义学术语,亦称降格述谓结构、特征化述谓结构。指某个结构中的部分语义成分也可构成完整表述的述谓结构。述谓结构的降级实际上就是降低述谓结构在语义等级体系中的位置,即由项的地位降低到特征的地位。降格述谓结构通常可以用一个关系从句、介词短语、分词或分词短语等来表示。降级述谓结构主要分为两种:(1)起形容词作用的述谓结构;(2)起副词作用的述谓结构。最典型的降级述谓结构就是把一个述谓结构包括在另一个述谓结构中。例如:[1] a man walked into the room. [2] a man who was dressed as a countryman entered the room. 定语从句"who was dressed as a countryman"本身是个述谓结构,但是现在降级为一个特征化表述与"a man"结合成一个新的结构。

降阶　downstep　音系学术语。指某些声调语言的一种音系现象,即一个高声调由于前面的低声调的影响而比正常音高稍低。例如,在非洲的特威(Twi)语中,短语[mí bú]'我的石头'中第二个音节的声调比其正常音高要低,原因是在短语的底层形式[mí óbú]中,[bú]的音高由于前一音节[ó]的影响而降低,但[ó]随即被删除,因此表层形式中无法看出音节[bú]降阶的原因。参见"下移"。

降升语调　falling-rising　语音学术语。指声音先降后升的一种语调模式。可以是核心音节的先降后升。降升语调带有比较确定和自信的言外之意,也可能带有感情态度的附加意义。

降调　falling; fall　语音学术语,亦称降式。语言学中用于语调分类,指调从相对较高到相对较低的变化。各种降调(如"高/低降调""降升调")见于语调系统和声调语言的研究。

降调成分　down-toner　参见"减弱语"。

降音　flat　音系学术语,亦称降音性。指音系学区别性特征理论中的一种特征,表示降低音色区别音位。在发音上,圆唇音因缩小口腔的外孔并延长口腔以降低共鸣音色而形成降音。反之,展唇音则是舌高音。咽化音因咽腔紧缩,缩小口腔的后孔,有同样的降音效果。在声学上表现为某些乃至全部共振峰下降,音调低抑。

降终音渡　falling terminal juncture　语音学术语,亦称下降音渡。因多见于句子末端,呈下降音调而得名。

交叉表　cross tabulation　参见"列联表"。

交错重音规则　Alternating Stress Rule　音系学术语。指由乔姆斯基和哈勒(Morris Halle)提出的一条音系规则,规定将本应指派给单词最后一个音节的主重音指派给单词的倒数第三音节,把最后音节变为次重音音节。例如,根据主重音规则,"hurricane"的主重音要指派给单词的最后一个音节,但按照交错重音规则,主重音要指派给单词的倒数第三音节。

交股模型　cohort model　心理语言学术语,亦称同质队列模型。心理语言学中对词汇提取(lexical access)进程作出解释的一种模型,主要用于解释和分析听话者对单词的理解进程(auditory word recognition)。一般分为三个阶段:第一阶段,听话者基于对语言输入(input)的语音分析(acoustic-phonetic analysis)激活一组可能的词备选(lexical candidates)。这一阶段通常被称作单词初步队列(word initial cohort);第二阶段,在备选词中选出一个进行进一步分析;第三阶段,备选词汇继续与之后的语义及句法语境相结合。一般认为交股模型在分析词汇提取过程时更具优势,因为它采取了平行处理(parallel)的方式,这与词汇发生模型(logogen model)相同,却与搜索模型(search model)不同;而在辨认词汇的初级阶段,它又采取严格的自下而上式(bottom-up)的处理方式,这与搜索模型相同却又与词汇发生模型不同。

交互动词　reciprocal verb　参见"相互动词"。

交互式处理　interactive processing　语言教学术语。指一种阅读理论,认为阅读建立在识别文本中的单词和句子的意思以及根据经验、背景信息的基础之上的准确理解和依序理解,同时还涉及读者对文本的预测性理解(即自上而下处理)。这两种处理方式在阅读过程中相互修正,相互作用。

交互式的　interactive　语言教学术语。指计算机辅助教学（computer-assisted instruction; CAI）中计算机用户与计算机之间的双向信息处理方式，体现了用户与计算机交流的能力。计算机辅助教学中的交互式活动一般采用人机对话方式进行。比如，利用 CAI 材料的课程可以由计算机显示问题，学生回答，计算机再提供反馈，告诉学生答案是否正确。另外，教师和学生之间通过多媒体教室内各自的多媒体计算机进行的交流也可认为是交互式的。

交互式听力 interactive listening 语言教学术语。在听力教学中，强调听力训练时听话者和听力文本之间或者听话者和说话人之间的积极的相互影响。

交互性阅读 interactive reading 语言教学术语。阅读教学中，强调阅读是读者和文本之间相互作用过程。文章中文字意义与语境并非是被动的符号以待解码，而是通过读者与文章的互动作用得以产生和再创造，读者的文化背景知识与文章中的符号发生联系，从而重建信息。

交互作用论 interactionism 语言习得术语，亦称互动论。二语习得中的一个主要理论流派。指包括意义的协商、提供反馈、调整输出等形式的活动与语言习得的过程和效果之间存在紧密联系，强调语言学习者之间以及语言学习者与社会外部环境之间的交互作用对语言发展的贡献。根据克拉申（Stephen Krashen）的语言学习"监控模式"，交互在二语习得的输入过程中可以帮助学习者加强对输入的理解和减低情感过滤。迈克尔·朗（Michael Long）的"互动假设"中提到包括"可理解的输入""提供对二语形式的反馈"和"制造调整的输出产出机会"在内的交互类型能以有效的方式联接输入、学习者内在能力，特别是选择注意和输出的各个环节，从而促进学习者中介语的发展。同时，"意义协商"被认为是一种重要的隐性交互形式，是二语习得中交互研究的焦点。盖斯（Susan M. Gass）认为意义协商使学习者有更多的时间来关注意义如何被编码。斯温（Merrill Swain）的"输出假设"认为交互在输出过程本身发挥注意功能、假设检验功能以及原语言功能的过程中都产生积极的作用。此外，安德森（John Anderson）的"自适应控制理论"、麦克劳林（Barry McLaughlin）的"信息加工理论"以及维果茨基（Lev Semyonovich Vygotsky）的"社会文化理论"都是二语习得交互作用论重要的理论基础。

交换 interchange; exchange 语用学术语。主要指两个参与者每人完成一个话步（move）的轮回。话步指使交际参与者处于有利和不利地位的一个话语行为。交际参与者在言语交际中能否扮演恰当的交际角色，在于他们的言语活动所受到的交际的礼遇性制约，常常产生配合性和补救性交换。配合性交换可以开始或终止交际，如表示感谢；补救性交换可以表示取消冒犯等言语行为的意义，如请求原谅或解释。

交集 intersection 集合的一种运算。集合 A 与集合 B 的交集中所有的元素既属于 A 又属于 B。两个集合也可能没有交集。参见"**集合论**"。

交际 communication 心理语言学、社会语言学术语。指两个或两个以上的人在思想、信息等方面的交流。交际的要素包括至少一个信息发布者（sender）或说话者，需要被传达的信息或思想，以及信息或思想的接受者（receiver）或听话者。交际研究是社会语言学、心理语言学和信息论所关注的中心问题。

交际测试法 communicative testing 语言测试术语。以交际语言能力理论为依据，运用交际时间作为测试项目来检查语言学习者交际能力的一种测试方式。测试项目通常直接与语言使用相关联，并且做到尽可能真实。所测的内容不仅包括词汇、语法以及语义知识，还包括关于语言功能的知识和在特定社会情况下语言表达的正确性、适切性程度等。在交际测试中，被试通常可选择交际内容，而此内容通常需要反映被试的语言使用能力。

交际策略 communicative strategy 语言习得术语。通常被定义为在不完整的二语知识（imperfectly known second language）情况下所运用的解决交际困难以达到交际目的的技巧。此概念最早出现在塞林克（Larry Selinker）1972 年讨论中介语问题的一篇论文中。20 世纪 80 年代起引起了国外二语习得研究者的广泛关注。美国应用语言学家塔隆（Elaine Tarone, 1981）认为，从心理语言学角度看，交际策略被视为构成实际语言行为的心理表征反应；从互动角度看，是"达成意义一致性的协商（negotiation of an agreement on meaning）"行为。法尔克（Claus Faerch）与卡斯珀（Gerhard Kasper）于 1984 年对交际策略进行了类型归纳。交际策略一般分为缩减策略（reduction strategies）和成就策略（achievement strategies）两大类。前者包括形式缩减和功能缩减等回避策略（avoidance strategies）；后者包括补偿策略（compensatory strategies），如采用母语或语码转换、直译、替代、概述或转述、造词、重构策略等和检索策略（retrieval strategies），如采用等待、语义网络检索和二语规则过渡策略等。交际策略的研究重点或争论焦点围绕其在多大程度上影响二语的发展，究竟是阻碍还是促进二语词汇项目和语法规则的习得。巴赫曼（Lyle Bachman）于 1990

年所提出的交际语言能力(Communicative Language Ability)理论中,交际策略是其中策略能力(strategic competence)的核心组成部分。

交际法　Communicative Approach　参见"功能教学法"。

交际干扰　communicative interference　语言习得术语。语言迁移现象的另一种形式,指因受到另一种语言的干扰(通常是母语),而误用目的语的说话规则(如问候方式、开始或结束谈话的方式、称谓语等)。例如,英语谈话时会以问候健康开始,如"How are you?"但在其他语言(如汉语或马来语)中,在开始谈话时会询问对方是否吃过:"(饭)吃了吗?"当汉语学生用"Have you eaten?"开始交谈时,就是受到来自汉语的交际干扰。

交际功能类　categories of communicative function　语言教学术语。与"意义—语法类"(semantic-grammatical categories)和"情态意义"(modal meaning)共同构成由威尔金斯(David Arthur Wilkins)提出的"意念大纲"(notional syllabus)的三类"功能"(Functions)。"功能"指语言的具体使用。交际功能包括"辨断与评价"(Judgement & Evaluation)和"情感关系"(Emotional Relations)功能表达等,具体如表达"邀请""要求""道歉"等。语法在交际功能中占次要地位,因此在实施某一具体功能时不涉及其他语法结构。20世纪80年代后,交际功能说受到一些批评,主要认为它过于缺乏理论,对于语言如何习得几乎不作讨论;它缺乏能产性,教给学生的只是一部丰富的词汇手册而不是真正能发展的交际能力。参见"意念—功能课程大纲"。

交际行为　act of communication　语用学术语。指人们在交际过程中的具体行为和表现,主要包括言语交际行为和非言语交际行为。非言语交际行为指交际过程的参与者通过使用眼神、表情和手势等非言语性的行为活动,引起他人注意、触发交际;言语交际行为则指交际过程的参与者通过口头或书面的方式与交际对象交流信息的活动。在语言学研究中,交际行为研究主要以言语交际行为为主。

交际密度　density of communication　社会语言学术语。指个人或语言集团之间语言接触的频繁程度。交际密度有助于确定各种方言语言间的界线,因为语言类型的差异随着交际密度的增大而减小。

交际能力　communicative competence　语言教学术语。指交际者包括语法、心理、社会文化和概念等方面的判断能力,及其语言表达方式在形式上所能达到的可能性程度、供提取的可行性程度、在实际语境中的合适性以及实际使用情形等诸多方面,以说明说话人使用语言来交际的情况。1972年海姆斯(Dell Hymes)批评乔姆斯基的语言能力观犹如"海市蜃楼",忽略了社会文化因素,提出了相对于"语言能力"的"交际能力(communicative competence)"概念。乔姆斯基认为,"能力"是指说话人—受话人的内在语言习得机制,亦称内有知识,或内有语法。卡纳奈尔(Michael Canale)和斯温(Merrill Swain)于1980年发展和归纳了交际能力内涵,包含语法能力(形式能力)、社会语言能力(社会文化能力)、话语能力(discourse competence)和策略能力(strategic competence)。而美国应用语言学家巴赫曼(Lyle Bachman)于1990年所提出的交际语言能力(Communicative Language Ability,简称CLA)学说在内容和范畴上又进一步对之前的交际能力内涵加以系统化的梳理,形成了学界广泛认可的最全面、最完整的关于交际语言能力的理论模型。如下图所示:

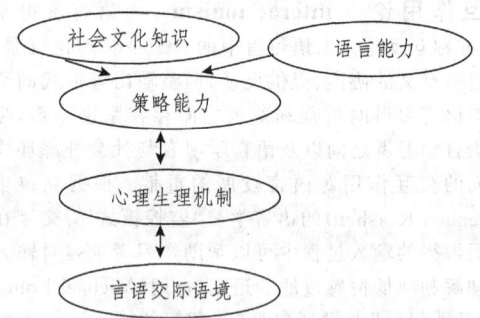

(引自Bachman 1990:85)

如图所示,交际能力模型中各要素互相影响和制约,交际者的社会文化知识(knowledge of world)和语言能力(language competence)直接影响其交际策略能力(strategic competence)的展现,该模式凸显了策略能力在交际中的重要作用,主要指在交际语境中交际者实际驾驭语言知识各项目的心智潜能,其使用效度与语言运用的心理生理能力(psychophysiological competence)相互制约,并且,这一心理生理机制的运作又与交际双方、场合、话题和目标等言语交际语境(context of situation)等因素相互关联。巴赫曼同时认为语言能力应由两大子系统组成:(1)语言的组织能力,包括语法能力和语篇能力;(2)语用能力,包括言语行为能力和社会语言能力。

交际性操练　communicative drill　语言教学术语。语言教学中意义操练(meaningful drill)的一种。指学生在教师的引导下根据所提供的已知信息进行回答的一种交互式语言练习模式。例如,在有关过去式练习中,教师针对过去的动作分别提问

[1] What time did you get up on Sunday? [2] What did you have for breakfast? [3] What did you do after breakfast? 学生们则根据给出的提示自行完成答案：[1′] I got up ____. [2′] I had ____. [3′] I ____.

交际语　lingua franca　参见"通用语"。

交际语言教学法　communicative language teaching　语言教学术语，亦称交际法（communicative approach）。是第二语言或外语教学的一种思想体系。20世纪70年代，语言学家对语言形式和运用以及语言能力等形成了新的认识，即语言形式和运用是社会现象之一，学习语言要联系与之相关的社会活动；语言能力是交际能力的一部分。交际教学法便在否定结构主义语言教学法的理论基础上应运而生。1972年萨维农（Sandra Savignon）提出交际能力语言教学的思想；1978年蒙比（John Munby）发表《交际大纲设计》（*Communicative Syllabus Design*），威多森（Henry Widdowson）发表《交际法语言教学》（*Teaching Language as Communication*），标志着交际语言教学法的正式确立。交际语言教学的基本概念包括意念、功能、交际。意念，俗称念头，指人们头脑中用于表达时空、区间、处所等的理念与思想；功能则指语言用以表达念头的作用；交际则是用语言行事的过程和结果。交际教学法强调功能和意念相结合。语言学习的目标是培养学生交际能力。从学生日常学习生活和未来工作需要的情景中选择典型材料，学习表达和理解不同功能所需要的语言，如请求、描写和表达善恶等。语篇是交际语言教学的基本单位。语言不是存在于孤立的词语或句子中，而是存在于连贯的语篇中。此外，交际语言教学还强调交际进程，比如在何种场合下应如何恰当地使用语言；运用语言执行任务的能力，如解决难题、获得信息等；如何正确运用语言与人进行社交的能力。交际语言教学还承认学生在教学中的主体地位，反对命令、强迫和机械的训练，强调激发学习动机，消除焦虑情绪，鼓励学生积极参加言语交际活动，不苛求纠正语言错误。

交际障碍　barrier to communication　指在日常的人际交往中常常因交际双方背景的不同，对交际话题的认识不同，或受语境的影响使得双方无法得到顺畅准确的沟通，包括语言使用的不地道、不准确都会造成所谓的交际障碍。

交流功能　interactional function　参见"语言的发展性功能"。

交融区域　blend area　语义学术语。由美国语言学家、人类学家萨丕尔（Edward Sapir）于20世纪20年代提出，他认为，很多词的词义是随着上下文的不同而变化的，这些词没有相对的对立词，如good和bad，他们并不是绝对相对的，之间存在一个区域，这个区域内渐次变化的各种性质在其对立的方向上相交融。

交替　alternation　指一个语言单位可以互相替换的形式或变体之间的关系。音系学中把同源词在共时层面上表现出的有规则的语音替换现象称为交替。例如，同源词describe和description这对词中/b/和/p/的替换，其表现为同一音位的不同音位变体；形态学中常见的交替是语素交替。例如，复数语素存在/s/、/z/、/iz/等三种交替形式，取舍要由其前面具体的音韵环境来确定；句法领域中同一语言单位的交替形式多见于语法范畴。例如，英语中过去分词的形式有-ed和-en两种较为常见的形式。

交替传译　consecutive interpretation　参见"接续口译"。

交替评估　alternative assessment　语言测试术语。指语言测试中用以替代或补充传统标准化测试的各种其他类型的评估程序。交替评估主要采用自测、同学互测、学习档案记录、学习者日记、师生会议、面谈和观察等程序，在很大程度上是对真实学习生活的跟踪反映，因此可以在一定程度上弥补传统标准化评估在考察受试者二语能力方面的不足。

交替条件从句　alternative conditional clause　句法学术语。指把if条件意义和either ... or的交替意义结合起来的条件从句。此类从句一般由"whether ... or ..."引导。例如：*Whether it turns out to be a good idea or a bad idea, we'll find out soon.*

焦点　focus　语言学中可指多种概念，包括：（1）语调中心的短语；（2）句子包含的新信息；（3）句子的语义中心；（4）说话人所设想的听话人不与之共享的信息；（5）说话人最想让听话人注意而强调的部分；（6）心理重音所表示的交际上的兴趣中心；（7）指音系规则中经历变化的音段，如 A → B / C _ D，其中 A 就是焦点。参见"目标"。

焦点标记　focus marker　语言学术语。通常指焦点的凸显方式。焦点标记一般分为语音标记、词汇标记和句法标记。例如：张三是昨天从上海回来的。此例中"是"是一个典型的焦点标记，凸显张三从上海回来的时间，这个时间是"昨天"而非"前天"。

焦点化　focalization　焦点标记对句法或短语成分的标示。参见"焦点"。

焦虑　anxiety　心理语言学术语，亦称语言焦虑（language anxiety）。焦虑是一种模糊、有时不明确的恐惧,导致焦虑的原因很多;由于个体需求得不到满足,社会价值观的破裂,各种植物中枢神经失控所产生的紊乱。在第二语言习得以及外语学习方面,指与语言学习和使用有关的恐惧、忧虑等主观性情感,一般认为焦虑对学习的动机、态度以及实践会产生不良的影响,是影响语言习得的情感因素之一。焦虑的类型一般包括:性格焦虑(trait anxiety)、状态焦虑(state anxiety)和情景焦虑(situational anxiety)三类。其中,情景焦虑通常由如演讲、考试、课堂表现等具体情景或事件而引起,学习者普遍存在这一现象;状态焦虑是指对一个确定的情景在某个具体的时刻的反映所产生的焦虑。焦虑研究的问题包括:焦虑是学习成绩不佳的原因还是结果;特定教学情况下的焦虑,以及一般性语言焦虑与阅读、口语或考试相联系的特定类型的焦虑之间的关系等。

矫饰言语　modified speech　参见"语言不安全感"。

矫正语法　remedial grammar　语言教学术语,亦称弥补性语法或补纠语法。指教师为了纠正、补救或调整学生在语法的某一方面理解不充分或运用不正确而进行的语法讲解和教学。属于教学语法的一种特殊形式。

教具　teaching aids　语言教学术语。指在教学活动中为提高教学效果所采用的各种实物工具的总称。根据教具自身所设计的物质技术条件,通常分为非机械性教具和机械性教具两个类别,前者包括黑板、实物、模型、标本、图片、图表、地图、照片、磁贴等,而后者包括收录机、电视、电脑、投影仪等。

教师非言语行为　non-verbal teacher behaviour　语言教学术语。指教师在教学中使用的沉默、眼神、面部表情、手势、体态语言等副语言或非语言行为。这方面的研究旨在试图确定这些行为的情感效果以及对课堂教学的影响。例如,由于文化背景不同,老师的非言语行为可能会引起具有不同文化背景的学习者的误解。

教师语言　teacher talk　语言教学、社会语言学术语。专门指教师在实施教学活动时所使用的语言变体。教师在与学习者交流时,通常使用简化语言,调整语速。

教学大纲　syllabus　教育学、语言教学术语。指对一门教育或培训课程的教学内容和教学顺序等方面以纲要或总结的形式进行描述的指导性文件。教学大纲一般涵盖一门教育或培训课程的具体信息,包括教学目的、任务、教学内容的范围、教学活动、教学进度、评分标准、课堂要求以及对教学法的基本要求等。语言教学大纲可以依据不同的标准进行设计和编写,主要标准有:诸如时态、语法规则以及句型等的语法项目、语法结构和词汇的选择;基于银行、超市或机场等不同类型的情景所需的语言的选择、组织与表达;学生要用目的语表达所需的意念和交际功能,以及不同语言行为所需的语言表达技巧等。由于教学大纲编写所依据的标准不统一,所以教学大纲的种类也较多,比如意念—功能教学大纲(notional-functional syllabus)、语法教学大纲(grammatical syllabus)、词汇教学大纲(lexical syllabus)、情景教学大纲(situational syllabus)、话题教学大纲(topic syllabus)、结构派教学大纲(structural syllabus)、基于语篇的教学大纲(text-based syllabus)、基于技能的教学大纲(skill-based syllabus)、基于任务的教学大纲(task-based syllabus)、交际教学大纲(communicative syllabus)、复合式教学大纲(mixed syllabus)以及在线课程教学大纲(online course syllabus)等。

教学法　teaching methodology　语言教学术语。指语言教学中的实践和程序以及作为它们的理论基础的原理和思想的研究总和。包括:(1)对语言技能(听、说、读、写)的性质和传授各种技能的程序的研究;(2)对课程计划、传授语言技能的教材和教科书等的准备的研究;(3)对不同语言教学法的评价和比较。有时也指语言教学中的实践、程序、原理和思想本身。

教学计划　lesson plan　语言教学术语,亦称教案。指教师为授课而制定的计划或编写的提纲。主要内容包括:(1)教师为某一堂课制定的教学目标;(2)教师为达到教学目标而组织的课堂活动及其步骤和顺序;(3)教师为达到教学目标而使用的教材、教学设备及手段和资源。

教学技巧　teaching technique　语言教学术语。指采用不同的教学方法(method)在课堂上进行各类教学活动的技巧。

教学决策　decision-making　语言教学术语。指教师在教学中计划、实施和评估教学教材、教学方法、教学手段等诸多方面的时候,特别是有多种教学方案可供选择的时候,所进行的思考过程。教学决策通常分为两种形式:(1)前应式决策。指在实施教学行为之前所作的决策。例如,对课文内容的选择;(2)交互式决策。指在课堂上随机做出的决定。例如,决定放弃事先计划进行的课堂活动。教学决策一向被视为教师思考过程的中心部分,因为教师的课堂行为通常由诸多判断和决定构成,影响并决定着教学效果。然而,并非所有的教师课堂行为都能够从教学决策的角度加以解释,因为教师同时可以以计划、惯例或直觉为导向做出相应的决策。

教学卡片　flashcard　语言教学术语。教育学/语言教学的辅助教具之一。指语言课上作为教具或写有单词、句子提示用的卡片或图片。

教学框架　instructional framework　语言教学术语。指教学过程中对教材中某一篇课文或者某一个单元的总体设计、计划和组织。

教学理论　teaching theory; teaching approach　教育学/语言教学术语。指教学活动中一套构成教学实践基础和指导教学方法的理论哲学。作为教育学的一个重要分支,教学理论是对教学中现象、问题的系统描述以及对教学规律和解决教学实际问题的方法策略和技术的规范,其理论与应用性相互兼容。主流的教学理论包括由斯金纳(Burrhus Frederic Skinner)所提出的行为主义程序教学理论、美国教育心理学家布鲁纳(Jerome Seymour Bruner)建立的认知结构教学理论、美国人本主义心理学家罗杰斯(Carl Ranson Rogers)的情感教学理论和布鲁姆(Lois Bloom)为代表建立的教育目标分类学和教学评价理论。语言教学可从三个方面探讨:教学理论(approach)、教学方法(method)和教学技巧(technique)。不同的语言观会产生不同的教学理论,不同的教学理论又会形成不同的教学法以及技巧。与教学理论不同,教学方法往往指具体的教学方法,而教学技巧指使用不同的教学方法在课堂上进行的各种不同的教学活动。在语言教学中不同的教学理论指导下形成不同的教学方法,包括语法—翻译教学法(grammar-translation approach)、直接或自然法(direct or natural approach)、听说教学法(audio-lingual; aural-oral approach)、视听或情景教学法(audio-visual or situational approach)、结构教学法(structural approach)、认知教学法(cognitive approach)、意念—功能或交际教学法(notional-functional or communicative approach)以及整体语言教学法(holistic approach)等。

教学媒介语　medium of instruction　语言教学术语。指用于教学的语言。语言是符号系统,是课堂教学中信息传递的媒介之一;多数国家的教学都以其主要官方语言为课堂用语,但在多民族的地区和多语制的国家,会有双语教学或多语教学的模式。

教学目标　teaching objective; teaching aim　语言教学术语。指教学活动的指导思想和预期结果,教学目标的确立决定着教学活动的总体方向。教学内容、教学策略、教学活动、学习环境、学习评价以及教学模式等的选择和设计都要以教学目标为依据而展开。根据教学目标的含义和表述方式的不同,教学目标还可以分为"总体教学目标"和"具体教学目标"。总体目标通常是针对某个课程内容的整体提出的要求,具有概括性和原则性,通常在教学大纲中有明确的表述;具体目标则指经过一个阶段的教学后所应达到的具体目的,并详细描述学生在一个阶段教学后必须能够获得哪些知识和能力。例如教学中具体的"知识点"等。具体目标所设计的阶段性教学可以指一堂课,也可以指书的一个章节或一个学期的教学等。由于总目标的要求是原则性的而不是具体的,因此在教学活动中一般并不根据总目标,而是根据具体目标来选择教学内容,安排教学进度等。

教学内容知识　pedagogical content knowledge　语言教学术语。内容知识(content knowledge)主要指教师的学科知识,而教学内容知识指知道如何把内容知识转化为教学计划的知识,是教学技能中的关键部分。

教学语法　pedagogic grammar; pedagogical grammar　语言学术语。指专为教学目的,如语言教学、大纲设计或编写教材所作的语法描写(通常为规定性语法)。教学语法的特点是纲要性地介绍具体的语法项目,并对语法形式和用法作出解释。教学语法基础包括:(1)对一种语言的语法分析和描述;(2)一种具体的语法理论,如生成语法;(3)研究学习者的语法问题。

教学语言学　pedagogical linguistics　参见"教育语言学"。

教义宣言　doctrinal statements　历史语言学术语。一种由神学家、圣经学者和其他的宗教专业人士使用的、用来阐释教义宣言的宗教语言。所谓的教义宣言,一般只能通过官方的经典文件、政令、经文、解说文稿、教材、问答集和如今电视上播出的相关辩论会才能够获得阐释。

教育方针　guiding principle for education　指一个国家或政党在一定的历史时期内为实现各时期的基本路线和基本任务,对教育工作所提出的发展总方向,是教育基本政策的总概括。其主要内容包括教育的性质、教育的目的以及实现教育目的的基本途径,其中以指出培养什么规格的人才为最重要。由于各国社会政治历史文化背景不同,教育方针的制定和提法也各异。我国的教育方针是:教育必须为社会主义现代化建设服务,必须与生产劳动相结合,培养德、智、体等全面发展的社会主义事业的建设者和接班人。

教育技术　educational technology　语言教育术语。指将各种器械和设备(如语言实验室、磁带录放机、电视、投影仪)以及计算机和因特网等作为核心的信息技术运用于教育教学中,对教学过程和资源进行设计、开发、应用、管理和评价,以实现教学现代化的理论与实践。根据上海教育出版社 1990 年出版的《教育大辞典》,教育技术定义为:"人类在教育活动中所采用的一切技术手段的总和,包括物化形态的技术和智能形态的技术两大类。"美国教育传播与技术学会(AECT)1994 年发布的定义为:"教育(教学)技术是对学习过程和学习资源进行设计、开发、运用、管理和评估的理论与实践。"2004 年发布的新定义为:"教育技术是通过创造、使用、管理适当的技术性过程和资源,以促进学习和提高绩效的研究与符合伦理道德的实践。"目前,现代教育技术更加强调如多媒体、网络技术、人工智能、虚拟现实等新媒体技术的应用。

教育目标 instructional objective 语言教学术语,亦称行为目标(behavioural objective)或表现目标(performance objective)。指学习者在学完一门课程或全部项目之后应该达到的目标,即在学习结束之后知道自己掌握了什么知识,以及应该如何运用这些学到的知识。一般而言,教育目标包括三个部分:(1)明确自己的学习目标,这一目标应该是具体的;(2)完成这一学习目标应该具备的素质和要求;(3)建立最后衡量是否有效完成学习目标的标准。教育目标还包括学生行为、行为内容、行为表现标准和行为情景等特殊条件。例如,在学习英语精读和泛读时,所要求达到的教育目标或行为目标就不同。精读不仅需要掌握阅读材料的整体意思,还需要弄懂每一个细节,如句子结构、语法等。泛读只需要能够大概理解文章的内容和结构,以及回答主要的相关问题。特别指课程全部或部分学习完成后学习者应达到的相关知识或能力的要求。应明确提出能完成的具体任务以及相应的条件和标准。例如:会话课堂上某一交际任务中,学习者应能像本族语者一样说出姓名、地址、电话号码并拼写姓名、城市及街巷名,以便询问者能百分之百准确地记下。

教育心理学 educational psychology 指研究教育和教学过程中教育者和受教育者心理活动现象和变化规律的心理学一个分支。教育心理学是实验性又是应用性的,是一门介于教育科学和心理科学之间的边缘学科。教育心理学家研究学生的认知发展以及学习过程中涉及的诸多心理学因素,包括学习能力、学习测评、创造过程以及影响师生之间动态的激励因素,关注学习的最优化。教育心理学在 19 世纪末才成为一门独立的学科,其最早可追溯到英国科学家、优生学的奠基人高尔顿(Francis Galton)爵士和美国心理学家霍尔(Granville Stanley Hall),后者于 1883 出版了《孩子的心理》(The Contents of Children's Minds)一书。教育心理学成为一门独立的实验科学,应该归功于美国教育家、心理学家桑代克(Edward Lee Thorndike)。他于 1903 年出版《教育心理学》一书,以学校情境详尽说明学习的概念,被视为是近代教育心理学的真正开端。

教育英语 English for Educational Purposes 参见"通用英语"。

教育语言学 educational linguistics 指以问题为导向,围绕教育环境及教学过程中的语言学习问题,即以研究教育中的语言问题为核心,旨在满足受教育者的语言发展需要,促进其母语能力、双语能力或多语能力的提升和使用的一门综合性的学科分支。美国应用语言学家斯波尔斯基(Bernard Spolsky)于 1972 年在哥本哈根举办的第二届应用语言学年会上宣读论文时首次提出"教育语言学"的概念,之后发表了专著《教育语言学导论》(1978)对其内涵作了较为全面的阐述。时值六七十年代的美国教育界遇到了一系列涉及语言教育的具有普遍意义的问题。斯波尔斯基认为教育语言学是语言学的一个分支,如同教育心理学属于心理学、教育社会学属于社会学一样;同时,教育语言学覆盖了更多的涉及语言的具体问题和实际问题。目前,语言与教育研究界对教育语言学的学科定位持以下观点:(1)教育学与语言学两大学科结缘的"交界科学"(interdisciplinarity);(2)教育学、语言学、民族学、社会学、心理学、社会学等多学科相融合的"多界学科"(multidisciplinarity);(3)基于并且超越上述相关学科的"超界学科"(transdisciplinarity);(4)关于外语教学研究的"应用语言学"。教育语言学的主要研究领域囊括:(1)语言教育与课程建设,如学校的教育理念、培养目标、教学原则、课程设置、方案方法和评估手段等;(2)语言教育与教师发展、如教师的语言意识、元语言知识、语言教育观、语言运用能力和语言教学能力等;(3)语言教育与个人发展,如受教育者的权利和社会文化身份认同、学科知识学习和应用等;(4)语言教育政策,如国家语言政策与规划、语言发展战略等;(5)语言教育与文化传承,如多民族国家的语言多样性发展、濒危语言、方言保护以及语言生态问题等。主要课题大致包括三大类:(1)基于教育的语言发展和语言使用问题;(2)学校环境中的语言教学(含外语教学)问题;(3)语言教育政策的制定和实施问题。近年来,国际学者相继发表一些重要的相关著作,其中包括斯波斯基(Bernard Spolsky)主编的《教育语言学简明百科全书》(Concise Encyclopedia of Educational Linguistics,1999)、霍恩伯格(Nancy Hornberger)撰写的《教育语言学的研究领域》(Educational Linguistics as a Field: A View from

Penn's Program on the Occasion of Its 25th Anniversary，2001)、范莱尔(Van Lier)与霍尔特(Francis Hult)合编的15卷本《教育语言学丛书》(Educational Linguistics Book Series，2003—2012)等。参见流派"**教育语言学**"。

阶标[1] **bar notation** 句法学术语。指普遍语法中对成分进行详细分析时采用的一种符号。例如，名词短语"the mayor of Casterbridge"可以标示为：N — mayor；N′(称N单阶标)— mayor of Casterbridge；N″(称N双阶标)— the mayor of Casterbridge。 在图解中表征为：

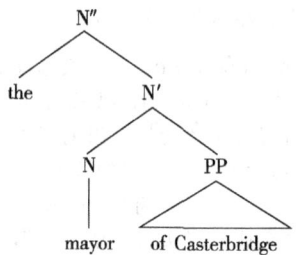

阶标[2] **bar** 句法学术语。乔姆斯基于1970年提出的"X阶标理论"(X-bar theory)认为短语范畴应该分析为词汇范畴的阶标投射，阶标可以分为若干个层次，处于最低层次的词X就是中心语，中心语带有若干个补足语，中心语管辖着补足语。此外，词汇范畴应该分析为一组特征。在X阶标系统中，阶标指附加在词汇语类上的特征的惯用名称，以指出这个语类的投射。参见"**X阶标理论**"。

阶段 stage ❶语言习得术语。可以用来描述儿童习得语言的过程。语言习得通常经历一定的阶段，一般包括：(1)沉默期(silent period)：指儿童在习得母语时，会经历一个相对漫长(如一年左右)的"听"的过程，即接受、输入的过程，然后才开口说出第一个词。这一规律同样适用于第二语言习得。第二语言习得沉默期的长短因人而异。克拉申认为"沉默期"是习得者建立和发展语言能力的一个重要阶段；(2)语法干扰期(interference phase)：指学习者在走出沉默期后，在开始使用语言时会将语言按照一定的规则组织起来，创造出大量不完全符合语言本身规则的表达，即出现语言错误。在母语或二语习得过程中，这一时期是习得语法规则和掌握语言的必经阶段。❷语言教学术语。可以指语言教学中的课堂教学步骤，通常有：(1)引入阶段(presentation stage)，包括介绍新的语言项目，解释语言项目的意义，举例说明以及其他必要的内容；(2)练习阶段(practice stage)，包括操练新的语言项目，学生独立或分小组进行；(3)活用阶段(production stage)，其间学生学会自由地运用新的语言项目，逐步脱离教师的引导和监控。

阶段层面谓词 stage-level predicate 描述事物或个体行为或状态的谓词，根据时空的变化而变化，如"来了、正在读书"等。参见"**个体层面谓词**"。

阶和范畴语法 Scale and Category Grammar 功能语言学术语。指韩礼德系统功能语法的早期理论，于20世纪60—70年代初步建立和形成。这一理论将语言结构视为一套相互交织、在不同层次上起作用的阶和范畴。基本范畴包括单位(unit)、结构(structure)、类别(class)和系统(system)。四个范畴之间的相互关系及它们与语料之间的关系涉及三个抽象的阶，即级阶(rank)、说明阶(exponence)和精密阶(delicacy)。系统功能语言学模型在很大程度上是以该理论的相当部分为基础。

阶级方言 class dialect 参见"**社会方言**"。

阶梯螺旋教学法 ladder-spiral approach 语言教学术语。指由英国应用语言学家、教育理论家布伦菲特(Christopher Brumfit，1940—2006)于20世纪80年代初提出的一种教学法。其基本原则是，以语法体系为核心，将语法项划分为梯级阶段，将概念、功能和情景因素等其他教学内容看成是围绕语法这个核心构成的螺旋体。一般认为，这是对交际教学法的改良。

接触 contact 社会语言学术语。指语言或方言之间因地理或社会阶层等因素相互影响的现象。借词(borrowing)、克里奥耳语(creole)、洋泾浜语(pidgin)以及双语现象(bilingualism)等都属于接触的结果。具有双语能力的人所交替使用的两种语言也互相接触。

接触从句 contact clause 语法学术语。指句中关系代词(who, which, that, whom, whose)及关系副词(where, when)等可以省略的一种关系从句。例如：[1] The dictionary (*which*) we are compiling will be a milestone. [2] I finally got the book (*that*) my mentor strongly recommended.

接触同化 contact assimilation 参见"**邻接同化**"。

接触语 contact language; contact vernacular 参见"**皮钦语**"。

接合 junction 句法学术语。指法国语言学家泰尼埃(Lucien Tesnière)的依存语法中提出的概念，具体既指一个从属连接的二元句法关系，也用于解释语言结合的过程。当具有相同句法功能的节点

接 jiē　（语言学术语）

由并列连词（如 and 和 or）连接起来时即产生"接合"过程。泰尼埃在《结构句法基础》一书中提出了概念结构句法的三个核心概念：联结（connection）、接合和转换（translation）。联结是句法关系，是词与词互相联系而成为句子的依靠；接合和转换是使句子扩展和复杂化的手段，用来形成和描写复杂的句子结构。

接合表达式　**telescoped expression**　词汇语法学术语。指两个或更多的表达式以各自的一部分组合成新的表达式。例如，"get out of bed on the wrong side"是"get up on the wrong side of the bed"和"get out of bed the wrong way"两种表达式的结合。

接合词　**telescoped word; telescope word**　缀合词（blend）的另一术语。参见"**缀合词**"。

接加层　**adstratum**　社会语言学术语，亦称表层语言。与上层位（superstratum）和下层位（substratum）相对应，指某国家或地域存在两种或两种以上地位的语言的现象。例如，在英国的早期历史中，曾存在英语和挪威语处于接加层的现象。目前，几乎每个国家都规定自己的官方语言，但是一些国家仍存在语言接加层现象，如比利时和印度等国。比利时同时使用法语和荷兰语，而在印度情况更为复杂，虽然印度语在印度北部处于主导地位，但其他地区仍存在多种语言的接加状态。

接加层干扰　**adstratum interference**　社会语言学术语。指处于接触中的 A、B 两种语言在社会、经济和文化上地位相仿，如果 A 语言的特征被其母语使用者带进 B 语言里，从而对 B 语言造成干扰，反之亦然。接加层干扰属母语干扰的一种。与"接加层干扰"并列的是"下位层干扰"（substratum interference）和"上位层干扰"（superstratum interference）。下位层干扰指在社会、经济和文化上处于劣势的语言，其特征被其母语使用者带入在社会、经济和文化上处于优势的语言；反之即为"上位层干扰"。

接近联想　**association by contiguity**　由于事物经常在一起而引起的联想。如从"桌子"联想起"食物"，从"衣橱"联想起"衣服"等。

接口　**interface**　❶ 用于描述在二语习得中内在知识和外显知识、内隐式学习和外显式学习之间的关系。接口理论包括三类：（1）强接口理论（strong-interface theory）：认为外显知识可以通过自动化的过程转换为内在知识，自动化是练习的结果；（2）非接口理论（non-interface theory）：认为外显知识和内在知识是独立发展的，都是封闭系统，即一种知识的变化不会引起另外一种知识的变化。根据这种观点，英语学习者可能同时具有关于某一特定项目知识（如时态和体的使用）的现象不过是一种巧合；（3）弱接口理论（weak-interface theory）：认为如果在内在知识系统发展过程中的恰当时间输入外显知识，那么外显知识也可以被成功地整合到内在知识系统中，一种语言规则的外显知识可能有助于学习者在处理语言输入时注意到这些规则，从而促进内在知识的发展。❷ 在最简方案中用于描写逻辑形式（LF）和语音形式（PF）两个表征层面的地位。这两个层面的作用是将各语言表征式与别处的解释连接起来：LF 与认知的各概念系统接口，PF 与言语产生/知觉的发音和知觉系统接口。

接纳　**accommodation**　语义学术语。指听话人与说话人持有相同的前提（或称"接纳预设"）的现象，即说话者假定所预设的一组前提能够为听话者正确理解话语含义提供足够的线索。例如，从说话人的句子"老张又买了一辆车"中，听话人可以提取到预设信息"老张已经买过一辆车了"，只有在接纳了这一预设信息后，听话人才能对所听到的语句作出正确的释义。

接收时间　**receiving time**　参见"**时间指示语**"。

接受性技能　**receptive skill**　语言教学术语，亦称被动技能。语言教学中指大脑接收语言信号并进行语义解释的技能。语言教学中听、说、读、写被称为语言的四项基本技能。其中，听和读为接受技能，强调知识的输入过程和语言的编码过程；说和写为主动或产出技能（productive skills），强调知识的输出过程和语言的解码过程。参见"**语言技能**"。

接受性技能测试　**receptive test**　语言测试术语，亦称被动技能测试。语言测试学中针对听写和阅读技能的测试。鉴于听和读这一过程很难被直接观察到，一般采用多种形式进行测试，具体包括单项选择、听写、问答、综述等形式。

接受性解码技能　**receptive decoding skill**　语言习得术语。在听或读的过程中，大脑把接受到的语言符号解码成相关的意义，形成听力和阅读理解。听和读的语言技能就是接受性解码技能。

接受性双语现象　**receptive bilingualism**　社会语言学术语。指一种说话者能够理解两种语言，但只能自如运用其中一种语言的现象。产生这种现象的一个影响因素是缺少语言表达机会。例如，在美国，许多学龄前儿童来自并不讲英语的移民家庭,虽然在大的社会环境中可以接触到英语,但在入学读书之前很少有机会使用英语,因此他们通常能理解英语,却只能使用母语,而不能流畅地用英语表达。

接受性语言知识 receptive language knowledge 语言习得术语,亦称被动语言知识(passive language knowledge)。指支撑听力理解和阅读理解能力的相关知识,和产出性/主动语言知识(productive/active language knowledge)相对。

接受者 recipient 语法描写术语。相当于格语法中的受事或与格。指动词所表示动作或状态所涉及的有生命的参与者。受事这一语义角色一般用间接宾语表示,表明接受某物的个体或者群体。例如:They gave *me* a book. 句中的 me(我)便是接受者。此时,格并不指表层结构中的词形变化,而是指存在于深层结构的固定句法语义关系,如施事、受事、工具、处所等;其中,深层格所体现的语义关系在不同语言的表层结构中形式各异,如介词、屈折变化、词汇变化、次序等。

接续口译 consecutive interpretation 亦称交替传译。指以句子或段落为单位向听众传递讲演者的话语信息的口译方式。其基本程序为说话者的话语告一段落,译员开始口译,说话者再说,译员再接着译。在这种情况下整个过程需要译员以一段接一段的方式,在讲话者的自然停顿间隙,将信息一组接一组地传译给听众,同时不影响讲演者信息表达的连贯性和完整性。接续口译通常用于多种场合,包括演讲、祝词、授课、高级会议、新闻发布会等。接续口译与同声传译(simultaneous interpretation)是口译的两大主要形式。参见"口译"。

节点 node 句法学术语。指转换生成语法中树形图(tree diagram)上语类标记(如,S、NP、VP、PP、V、P、D、N 等)所在的点。连接节点之间的直线叫树枝(branch)。节点分为分支节点(branching nodes)和非分支节点。分支节点向下分成两条或更多条直线,而非分支节点向下只分出一条直线。如:The little boy loves it.的树形图。

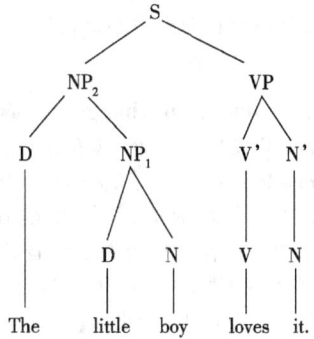

上图中的 S、NP₂、VP、NP₁ 等是分支节点,V、D、N 等则是非分支节点。

节核 nucleus 音系学术语。指一个音节的核心部分,往往为元音,如 come [kʌm]中的[ʌ]即为节核。

节律树 metrical tree 参见"节律音系学"。

节律音系学 Metrical Phonology 一种生成音系学理论,主要研究重音和韵律等超音段(suprasegmental)现象。有两种主要的标示方法:一种是节律树(metrical tree),另一种是节律栅(metrical grid)。节律树反映底层节律结构中节点间的相对节律强弱,S 代表"强",W 代表"弱"。例如:

[1] 节律树

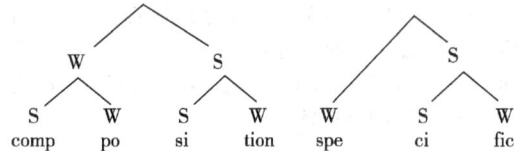

节律栅是一种展示音节突显(salience)的层级模式。行表示节奏结构,列表示相对凸显度。例如:

[2] 节律栅

```
                      *
*           *         *
*   *   *   *    *    *
doc tors use pe  ni   cillin
```

图中"*"的数量越多,表示该音节越突显。该理论于 1977 年由利伯曼(Mark Liberman)和普林斯(Alan Prince)首次提出。

节律栅 metrical grid 参见"节律音系学"。

节律障碍 dysrhythmia 病理语言学术语。在说话过程中,患者确切地知道他希望说什么,但是有时由于不随意的发音重复、延长或停顿,而在表达思想时产生困难。相关研究显示,节律障碍患者在句法编码和语音编码的音节化过程中都有可能存在缺陷,同时可能还受到个人因素(包括年龄、性别、个人生活背景)、环境因素(包括社会心理和文化因素等)、各种活动和参与的语言能力的影响,且各种因素之间存在复杂的相互作用。

节缩分句 abbreviated clause;reduced clause 句法学术语。指省略了主语及限定动词的从句。节缩从句的主语及限定动词可以省略是因为它们的意义可以在语境中得到复原,限定动词往往是 be 的一个限定形式,而主语则通常是与主句主语共指的名词或代词。例如:[1] If punished, they will not cooperate. 此句的从句就是"If they are punished"的省略形式。有时节缩从句的逻辑主语也可与主句主语在指称上无关联,由语境提供其限定性和非限定性的线索,非限定性主语通常为"任何人"或"任何东西",限定的主语通常为"你""我""她"等。例如:[2] *To be an administrator* is to have the worst job in the world. (For someone to be …) [3] The prospects are not very good, *to be honest* (… if I am honest).

节缩手段 abbreviating device 语法学术语。指语言中避免重复、冗赘或表示不再做更多详尽列举时使用的各种语法修辞手段。省略是较为常用的节缩手段之一。例如,分句"When he entered the room …"可以省略主语,改以"When entering the room …"的形式出现。同时,使用 etc.、and so on、and so on and so forth 等词语作为句子的收尾也是一种讲求经济性、避免过多详尽列举的有效节缩手段。此外,缩略语的使用也是一种重要的节缩手段,如把 noun 缩写为 n.,把 incorporated 缩写为 Inc.,把 kilogram 缩写为 kg 等。

节奏 rhythm 语音学术语。指言语或诗歌中由可感知的突显要素(如重音、音节、长短、重型音节、音量高低等)有规律地间断出现与变项组合而产生的音律模式。节奏作为言语或诗歌语音形式规律中的基本环节,既包括音节内特征(如音长、音强、音高)的有规律重复,又包括音节数量、停顿或人为拖长音节等的有规律重复。英语中重读音节间的时距大体相等。例如,说"Jack and Jill"与说"Jack and his sister Jill"所用的时间基本一样。

节奏单元 rhythm unit; intonational phrase 节律音系学术语,亦称语调片断。指基本的节奏单位。在词语层面上表现为一个音步,如指基本的轻重交替单元,包括一个重读音节和零个、一个或更多的非重读音节;在句子层面上表现为一个以重音为核心的轻重对立序列。

节奏规则 rhythm rule 节律音系学术语,亦称抑扬颠倒、重音移位。指包括英语在内的一些语言里,为避免词组中相邻重音发生冲突,通常将第一个重音前移到另一个音节上,从而发生重音移位(stress shift)或颠倒(reversal)的节律现象。移位或颠倒的结果是节律栅的结构呈现出交替状特征,避免了重音冲突(stress clash)。节奏规则最初也被称作"十三人规则",词组 thirteen men (十三人)最初的发音/θɜːˈtiːn ˈmen/中重音落在两个相邻音节上,为了避免重音冲突,第一个重音换位到另一个音节,变为/ˈθɜːtiːn ˈmen/;再如, dew-covered (露珠覆盖的)在正常情况下重音落在 cover 上,但 dew-covered lawn (露珠覆盖的草地)的重音落在 dew 上。

结对练习 pair work; pair practice 语言教学术语。指在语言教学中让学生结成学习对子进行练习或操练语言项目的一种学习活动。

结构¹ structure 语言学中泛指语言成分之间的组合关系,即语言成分之间的特定序列形式,包括语音结构、形态结构、句法结构、语义结构等。如英语中常见的音节结构有 CV、CVC、CCVC 等;短语中的名词短语结构可以表现为"冠词+形容词+名词""冠词+名词""名词"等,句法结构可以表现为[NP[I+VP]]等。

结构² structuring 语言教学术语。用以描写某一课堂在多大程度上具有一个明确的目的、组织及安排计划。结构性较强的课堂应该具有的特点包括:(1)教师和学生都明白课堂的目标;(2)课堂所采用的任务和活动按逻辑顺序进行;(3)课堂内容和使用的材料需围绕课堂目标,紧扣任务和活动要求;(4)要求学生遵从的指示要明确;(5)学生明确了解他们在课堂上要完成的任务结构概念。一般认为课堂结构好,学生注意力会更集中,学习效果也会更好。

结构保存 structure preserving 音系学术语。指音系规则的一种属性,即音系规则的输出音段需要经过适当调整以符合某种语言的整体音位系统的过程。例如,在肯尼亚的一种叫布库苏语(Bukusu)的语言中有一条音系规则将/y/变成[ʝ],但是该语言的音位系统中没有[ʝ]这个音位,因此最终该音系规则的输出音段为该语言的音位系统中存在的/j/。这条音系规则就是结构保存的典型例子。

结构保存限制 Structure-preserving Constraint 参见"结构保存原则"。

结构保存原则 structure preserving principle 句法学术语,亦称结构保存限制(structure-preserving constraint)。指句法成分在移位的时候只能移动到同类型的位置上的原则。例如,中心语移位,只能移动到中心语位置;最大投射移位,只能移动到能够接受最大投射的位置(如标志语位置)。根据结构保存原则,XP 不能移动到中心语位置,中心语也不能移动到非中心语位置。

结构变化 structural change ❶句法学术语。指句法结构发生的改变。罗伯茨(Ian Roberts)和鲁索(Anna Roussou)等人认为句法结构的变化同参数设定的改变有关(Roberts & Roussou, 2003)。❷音系学术语。指音系规则中表示音段变化的部分。例如,音系规则"A → B / C _ D"中,箭头以及其右边的部分表示结构的变化。

结构不同的反义表达法 antonymous expression different in structure　语义学术语。指语言句子结构近似,但主干词派生结构不同,造成语义相对的表达类型。例如:[1] His illness disabled him from working. [2] His recovery enabled him to work. 句[1]和句[2]的基本句子结构一致,但因主干词"disabled"和"enabled"的派生结构不同而使两个句子的语义相反。

结构成分 constituent　句法学术语,亦称句法成分(syntactic constituent)。指句法层级结构的构造单位,可以是句子里任何具有句法意义的部分。结构成分的概念通常与句法条件有关,如移位、省略、并列等。判断是否为结构成分可以通过结构成分测试(constituency test)进行。参见"**结构成分测试**"。

结构成分测试 constituency test　句法学术语。指句法学中用来判断句子中的某些构造组合是否为"结构成分"(constituency)的测试方法,即判别这些构造组合是否具备句法意义。常见的结构成分测试包括话题化测试(topicalization)、分裂测试(clefting)、准分裂测试(pseudo-clefting)、代词替换测试(pro-form substitution)、答问省略测试(answer ellipsis)、被动测试(passivization)、删略测试(deletion)和并列测试(coordination)等。通常只有结构成分才可以进行话题化、成为分裂句的强调对象、使用代词替换、省略或同其他结构成分并列等句法操作。例[1a]中的"to improve his English"可以作为话题移至句首,如[1b];但"improve his English"不可以作为话题移至句首,如[1c]。该测试说明,"to improve his English"可以作为结构成分进行句法操作,但"improve his English"不是结构成分,不能进行句法操作。[1] a. He is going to attend another course *to improve his English*. b. *To improve his English*, he is going to attend another course. c. *Improve his English, he is going to attend another course to.

结构词 structural word　指语言中假设的两大类词之一。词从语法角度可以分成两类:内容词(content words)和功能词(functional words)。内容词,也称实词(full words)或词汇词(lexical words),用来指称事物、品质、状态或动作,单独使用时具有词汇意义(lexical meaning)。内容词主要包括名词、动词、形容词和副词等,如 book、run、musical、quickly 等。功能词,亦称形式词(form words)、虚词(empty words)、功能符(functors)、语法词(grammatical words),指没有独立意义,但在句子中或句子之间表示语法关系(语法意义 grammatical meaning)的词。连接词、介词、冠词均是功能词,如英语中表示因果的连词 because、方位介词 to 和 from、定冠词 the 等。语言中绝大多数词是内容词,而结构词的数量较少。参见"**功能词**"。

结构二元性 duality of structure　参见"**结构双重性**"。

结构格 structural case　参见"**抽象格**"。

结构教学法 structural approach　语言教学术语。以结构主义语言学为理论基础的教学理念,始于20世纪50年代末,在60和70年代产生了重要的影响,与行为主义学习理论有关。结构教学法重视语言的系统性,认为语言形式(如词和句子)本身就是意义的载体,让学习者了解、掌握语音、词汇和句法脱离语境(decontextualized)的用法,经过句型操练(pattern practice),这些知识会内化为习惯,在交际中发挥作用。这种理念也被拉多(Robert Lado)应用于语言测试。多项选择题就是这种测试方法的一个典型例子。

结构描写 structural description　句法学术语。指转换生成语法中用树形结构或附有句子成分标志的括号来对句子进行完整的语法分析。结构描写旨在显示句子最抽象的句法形式("深层结构")以及通过各种规则("转换规则")而引起的各种变化。

结构派教学大纲 structural syllabus　语言教学大纲的一种。结构派教学大纲以结构主义语言学为理论基础,将语言视为一套可以切分的规则代码,主要包括一些语法项目、形式结构,语法体系是由一个个"语法点"连接合成而构建的。这些语法点按照一定的教学顺序罗列和安排在教材内容与教学活动中,学习的主要目的就是循序渐进地掌握这些零碎的目标语法点,直至建立起较为系统和完整的语言结构。教学大纲中通常还包括语音、词汇知识和少许话语知识,但语法项目和形式结构规则最为重要。在结构派教学大纲的指导下,教学方法的基本内容和步骤基本遵循以下顺序:教师讲解语言知识(presentation);学生做相关的语法练习(practice);学生运用相关知识进行元输出(production),即较为普遍的"3P"教学模式。此外传统的"语法翻译法"和"听说法"都基于和采用结构派教学大纲理念。

结构式反应题 structural response item　语言测试术语。指测试设计中的一类试题,通常对答案有某种控制或指导,要求学生自行补充有关内容。例如,在读完一篇英语文章后做下面的阅读理解问题:What is astrology? Astrology is the ancient ____ of telling what will ____ in the future by studying the ____ of the stars and the planets.

结构式访问 structured interview　语言教学术语。语言教学研究方法中定性研究的一种手段。作为一种访谈形式,其访谈步骤、所涉话题、问题内容及提问的顺序都需要预先备妥。

结构双层性 duality of patterning　参见"双重分节"。

结构双重性 duality of structure　形态学术语,亦称结构二元性。指语言在两个层面上获得建构的特征。在其中一个层面上,语言由一系列片断或单位组成,这些片断或单位本身不具有意义。例如,字母 g/d/o。但是在另一个层面上,当这些片断或单位以特定的序列组成更大的单位时,就具有了意义。例如,dog/god。

结构体 syntagm; syntagma　参见"语言组合体"。

结构同音异义 constructional homonymity　指具有相同音段序列但意义相异的结构。例如,"men and women in coats"可作如下三种不同表述:[1] /ˈmen ænd ˈwimin in ↘kəuts/(穿外套的男男女女) [2] /ˈmen ænd ↗wimin · in ↘kəuts/(男男女女,穿着外套) [3] /↗men ænd wimin in ↘kəuts/(男人们和穿着外套的女人们)

结构完整句 articulate sentence　由叶斯柏森(Otto Jesperson)提出的语法术语,指含有一切必要语法部分的句子。

结构相同的反义表达法 antonymous expression identical in structure　语义学术语。指语言的结构相同、语义相对的表达类型。例如:[1] He is easy/difficult of access. [2] He is long on ambition but short on will. 句[1]和句[2]中均包含或可拆分为两个相同结构的句子,语义上各形成一个对立面。

结构效度 construct validity　语言测试术语,亦称构念效度、构想效度。指测试的理论结构与其特质之间的效度关系,由美国学者克龙巴赫(Lee Cronbach)和米尔(Paul Meehl)于20世纪50年代提出。结构效度既针对测试又针对理论,需要逻辑分析、相关分析和实验研究三方面证据,广泛应用于心理学和语言测试中。《心理学大词典》(朱智贤主编)将其定义为"测验在多大程度上正确地验证了编制测验的理论构想一套测验的编制,往往要对所测量的心理特性提出一种理论上的设想,依此编制测验,然后检验测验结果在多大程度上符合构想的理论"。在语言测试中某一测试的结构效度的高低指考试的结果能在多大程度上解释被测对象的语言能力,以及与语言能力相关的心理特征。若所测的内容与相应的测试原则或理论吻合,该测试的结构效度就很好。如交际能力测试和交际能力理论的关系越大,结构效度就越高。语言测试中往往采用直接测试能力的方法。

结构型大纲 structural syllabus　语言教学术语。指以结构语言学和行为主义心理学为理论基础,强调语言句型是语言教学基础的一种大纲类型。结构型大纲提倡语言教学过程是一种新的语言习惯形成的过程,提倡学生通过反复模仿、记忆语法结构,达到不假思索脱口而出的境界,形成自动化的习惯。结构型大纲以语法为导向,词汇和语法规则按照使用的频率、复杂程度和实用性教学直线式排列,以课文演绎语法,介绍语法项和语法结构的顺序;一般基于诸如词频(frequency)、难度(difficulty)、有用性(usefulness)或三者的组合(combination of these)之类的因素。20世纪70年代以前大多数语言教学法都基于结构型大纲,后来又有许多不同的大纲应用到语言教学中。结构型大纲代表了传统的教学方法,其教学内容和步骤主要如下:教师讲解语言知识(presentation);学生做相关的语法练习(practice);学生运用相关知识进行语言输出(production),俗称3Ps式教学模式。在世界范围内,传统的"语法翻译法"和一度广为流行的"听说法"都采用了结构型大纲。

结构依存关系 structure dependency　句法学术语。指语言知识在于对一个句子的结构关系的识解,而不是把它作为一系列单词的组合来看。

结构依存原则 principle of structure dependency　句法学术语。指语法规则不是依据句子中词汇的排列顺序,而是依据成分类型的不同,由结构决定的原则。结构依存原则是语言学理论的基本规则,所有自然语言的语法规则都必须遵循这一原则。

结构意义 structural meaning　语法学术语。词汇的意义内容通过一定的语法结构而赋予,这种通过语法结构而表示出来的意义,称为结构意义,亦称语法意义(grammatical meaning)。在句子层面,结构意义主要包括主语和宾语的区别、确定性、时和体的对立、陈述、疑问和祈使的差异等。参见"形式意义"。

结构隐喻 structural metaphor　认知语言学术语。指作为认知方式存在的一种隐喻,也是概念隐喻(conceptual metaphor; metaphorical concept)的主要类型之一。由美国认知语言学家雷考夫(George Lakoff)于1980年在与约翰逊(Mark Johnson)合著出版的《我们赖以生存的隐喻》(Metaphors We Live By)中首次提出。雷考夫将结构隐喻定义为用一种概念结构来构造另一种概念,使两种概念相叠加,将谈论一种概念的各方面词语用于谈论另一概念。尽管这两种概念的认知域不同,但它们的结构保持不变,即各自的构成成分之间存在有规律的对应关系。例如"生命是一次旅行"和"知识就是力量"等。

结构语言学 structural linguistics 语言学的重要流派之一。兴起于 20 世纪 30 年代的欧洲,基本理论源自索绪尔的《普通语言学教程》,反对对语言现象进行孤立的分析,主张系统的研究。结构语言学内部又分为三大学派:布拉格学派、哥本哈根学派以及美国结构语言学派(也称美国描写语言学)。布拉格学派,亦称"结构功能学派"或"功能学派"。其先驱者是马泰修斯(Vilem Mathesius),成员主要有雅柯布逊(Roman Jakobson)、特鲁别茨柯依(Nikolay Sergeyevich Trubetzkoy)、哈夫朗内克(Bohuslav Havránek)等。布拉格学派集体观点的全面论述见于他们在第一届国际斯拉夫学会议上所提出的《论纲》,《论纲》中强调语言是一个功能体系,对语言现象的评价应着眼于它的功能。它的另一个特点是不仅研究内部语言学,对广义的语言学问题也很感兴趣,运用语言学理论研究文学作品及外部语言学的其他各领域。哥本哈根学派,亦称丹麦学派。代表人物有叶尔姆斯列夫(Louis Trolle Hjelmslev)、布龙达尔(Viggo Brøndal)、乌尔达尔(Gunnar Uldall)等。这一学派以索绪尔的语言系统学说为基础,着重语言形式的研究。它特别注重语言的组合关系,这是这个学派区别于布拉格学派的一个主要方面;它把语言理论看成一个"纯演绎系统",采用"假设—推理法"对语言进行分析,不大涉及具体语言事实的研究,因而其影响面比较小。布拉格学派和哥本哈根学派共同汇成欧洲结构主义语言学,它区别于美国的结构主义语言学。美国结构语言学亦称美国描写语言学,是结构语言学中发展最完善、最重要的一个学派。它是 20 世纪美国的一些学者在对美洲印第安语的调查和研究基础上逐步形成和发展起来的。先驱者是博厄斯(Franz Boas)和萨丕尔(Edward Sapir),分别著有《美洲印第安语手册》和《语言论——言语研究导论》,两人都强调要对语言作客观的共时描写。这个学派最重要的代表人物是布龙菲尔德(Leonard Bloomfield),他与博厄斯、萨丕尔等人于 1924 年一起创立了"美国语言学会",1925 年出版会刊《语言》。1933 年布龙菲尔德的《语言论》出版,对美国结构主义语言学的形成和发展产生了重大影响,是这一学派的奠基性著作,使它进入"布龙菲尔德时期"。50 年代,美国结构主义语言学进入"后布龙菲尔德时期",哈里斯(Zellig S. Harris)和霍凯特(Charles Francis Hockett)是这一时期的主要代表。霍盖特在 1958 年出版的《现代语言学教程》是美国结构语言学集大成的理论著作,对美国结构语言学的发展进行了一次科学的总结。1951 年,哈里斯的《结构语言学的方法》出版,被人视为后布龙菲尔德时期的象征和转折点。美国结构语言学派的显著特点是注重口语和共时描写,这不同于欧洲结构主义学派注重书面语的传统。他们的主要贡献在于制定了一套对语言结构进行形式分析和描写的技术。这一学派对汉语研究影响很大。布拉格学派、哥本哈根学派、美国结构语言学派虽然各有自己的传统和特点,但也有共同之处:都接受了索绪尔的一些基本理论,如区分语言和言语,在语言中又区分共时和历时,认为语言是一个符号系统,系统中的成分依据成分之间的差别和关系从话语中切分出来,并加以分类归并,而后从它们之间的紧密联系、互相制约的关系中去研究语言的系统。

结构语义学 structural semantics 源自 20 世纪上半叶的结构主义语言学,是现代语义学的一个分支学科,研究语义的结构,即词或词组之间的意义关系,或用结构主义的方法分析语义的一门学科。结构语义学注重的不是概念意义或所指意义,而是注重对意义关系(sense relations)、词项之间的搭配关系以及将词义限定在一定结构之中的研究。其基本观点是每个词都通过一整套结构与其他词相联系,因而这个词的意义总是受这些有关系的词的意义影响,该词词义是这些词综合作用的结果。词与词之间有一种含蓄的语义关系,或暗示、包含的关系。含蓄的语义关系主要包括上下义关系(hyponymy)、反义关系(antonym)和相对关系(relativeness)。例如:[1] 玫瑰是一种艳丽的花朵。其中"玫瑰"和"花朵"构成上下义关系。[2] 张三卖了他十年前买的房子。其中"卖"与"买"构成相对关系。[3] 抱最好的希望,做最坏的打算。其中"最好"和"最坏"构成反义关系。

结构整体法 structural global method 参见"视听法"。

结构重构 restructuring ❶认知心理学术语。指原来存储的知识结构被新的知识结构所取代并被重新组织。语习得中指某个新的或修改过的规则在被儿童习得的过程中是作为语法的再构建形式,发生于语言的深层形式结构之中。❷句法学术语,亦称重新分析(reanalysis)。转换生成语法中指一个句法范畴序列被分析为一个单位的过程,表示语言演变过程中基本形式的变化。例如:The dean took account of his report. 这一句子可以解析为:

[NP the dean][V took][NP account][PP of [NP his report]] 也可重新分析为：[NP the dean][V took account of][NP his report]。当语言变化（如语音变化）没有产生共时性替换表层形式时，通过重构可以重新组织语法系统，从而把新变化视为基本形式的组成部分。

结构主义 structuralism ❶语言学研究方法之一。发端于瑞士语言学家索绪尔（Ferdinand de Saussure）逝世后于1916年出版的《普通语言学教程》，随后历经布拉格（Prague）学派、莫斯科学派、哥本哈根（Copenhagen）学派，直至20世纪50年代受到挑战（比如乔姆斯基的生成语法）而式微，对其运用则仍见诸于人类学、社会学、心理学、文学批评等人文领域。结构主义强调将语言作为彼此相连的单位和静态的系统加以研究，将现代语言学从历时研究带入了共时研究。因此结构语言学往往致力于话语搜集，然后按照其不同层面，将其划分成音素、词素、词汇、名词短语、动词短语和句类等。例如，乔姆斯基认为结构主义"对语言的理解是无用的和完全不充分的"（impoverished and thoroughly inadequate conception of language）。诺曼·霍兰（Norman Holland）虽然不认为乔姆斯基是对的，但他确信"乔姆斯基证明了索绪尔是错的"（Chomsky has proven that Saussure is wrong）。他认为虽然有语言学家否定乔姆斯基，声称要超越乔姆斯基，或者仍然坚持短语结构语法（Phrase Structure Grammar），但是他们却没有回到索绪尔的那条老路上。科斯特扬（Jan Koster）认为到20世纪50年代为止，索绪尔无疑是欧洲最重要的语言学家，然而在当下有关语言的理论思考中却无足轻重。❷社会科学流派。侧重结构的认识，不甚讲求本质的了解，大前提是科学与科学之间或多或少互通有无，提倡一种整体的科学，要透过表面的现象，寻求底层的关系，以期获得放诸四海而皆准的结构。结构主义是20世纪下半叶分析研究语言、文化与社会的流行方法。广义的结构主义企图探索一个文化意义是透过什么样的相互结构被表达出来。根据结构主义理论，一个文化意义的产生与再造需要通过作为表意系统（systems of signification）的各种实践、现象与活动。一个结构主义者研究对象的差异会大到如食物的准备与上餐礼仪、宗教仪式、游戏、文学与非文学类的文本以及其他形式的娱乐，来找出一个文化中意义是如何被制造与再制造的深层结构。例如，人类学家兼民族学家列维—施特劳斯（Claude Lévi-Strauss，1908—2009）早期著名的结构主义实践者，就分析了包括神话学、宗族以及食物准备这些文化现象。在分析文学的领域，结构主义者能将一个故事中各元素的潜在关系（即结构）揭露出来。例如《西城故事》和《罗密欧与朱丽叶》的关联性。尽管这两出戏剧发生于不同的时间与地点，一个结构主义者会认为它们是同一个故事，因为它们具有相似的结构。另一个结构主义者会认为后面第二个故事是第一个故事的"倒置"，因为爱情价值以及两对团体的关系刚好是颠倒过来的。总之，结构主义者能从一个故事中将其所代表的"意义"揭露出来，而非找出作者的意图。

结构主义语言学 structural linguistics; struralist linguistics 亦称结构语言学。诞生于20世纪30年代的结构主义语言学，是一门用结构分析的方法研究语言的学科，也是语言学的一个分支，其奠基人是瑞士语言学家索绪尔（Ferdinand de Saussure，1857—1913）。1916年，索绪尔的《普通语言学教程》出版，标志着结构主义语言学的诞生。结构主义语言学有广义和狭义两种解释。广义来讲，结构主义语言学指把语言看作具有语音、词汇和语法特征的一个独立系统的语言研究；狭义来看，结构主义语言学指布拉格学派（Prague School）的研究方法。结构主义语言学特别强调系统性，区分语言和言语，认为语言从本质上说是一种音义结合的符号系统、一种结构，语言要素的性质取决于系统中要素之间的相互关系；语言的系统性表现在组合和聚合这两种纵横交错的关系上；语言具有共时性和历时性，重视语言的共时研究，认为语言学应该是描写性而非规范性的。结构主义语言学的研究对象为语言的结构或系统，注重对活语言口语的研究。结构主义语言学除了索绪尔的语言理论外，主要还有布拉格学派、哥本哈根学派和美国结构主义学派。

结果宾语 object of result; effected object 句法学术语。指表示所说明的事物是动词行为结果的宾语成分。在句中，引起结果的动词被称为"存在使役动词"（即宾语的存在是使役动词行为的结果）。因此，结果宾语实际上表示的是及物动词以及宾语名词短语之间的语义关系。例如：[1] Philip writes *a letter*.（"letter"是"write"的结果）[2] I put up *a fence*.（"fence"是"put up"的结果）[3] She wrote *a play*.（"play"是"wrote"的结果）结果宾语与受动宾语（affected object）不同，后者指动作作用或过程的承受者，例如：[4] Tony baked *a sweet potato*. 例[4]中"sweet potato"原本就存在的实物，而非烘烤产生的结果，它只是"烘烤"这一过程性动作的承受者。

结果格 resultative case 语法学术语，亦称使役格或使成格（factitive case）。语法和语义学中指动词动作所产生的，其意义是表达结果或效果的小句或成分。例如，"John built the shed"中的名词短语"the shed"为使役格，是动词"build"产生的结果；但在"John repaired the shed"中，"the shed"为宾语(受格)而并非使役格,因为棚子在约翰开工翻修前已经存在。

结果构式 resultative construction 认知语言学术语,亦称动结构式。指戈德堡(Adele Goldberg)在发展构式语法理论过程中研究的另一个动词论元(verb argument)构式。该构式的语义结构为"X 导致 Y 变成 Z"(X CAUSES Y TO BECOME Z),其中 X 对应于施事名词短语(AGENT NP),即主语;Y 对应于受事名词短语(PATIENT NP),即宾语;Z 对应于结果论元(RESULT argument),其实现方式既可能是形容词短语,又可能是介词短语。例如:[1] They quarrelled themselves hoarse. [2] Tom drank himself unsteady.

结果属性 resulting attribute 语法学术语。指句中动词在示意时间内所产生的结果,并以名词或名词词组表明该结果的属性。例如:[1] He turned a doctor red. [2] He grew his beard long. 有的汉语动词词组中,第二个词为第一个动词动作的结果,因而具有结果属性,如杀死、救活等。

结果型动机 resultative motivation 参见"动机"。

结果语 resultative; resultant; resulting 语法学、句法学术语,亦称结果补语。指语法中一些与结果有关的特征和用法,包括诸如"at last"(终于)和"as a result"(其结果是)引出的结果状语,所指是因动词的动作才得以存在的结果宾语,由连词"so"或"so that"(因而)等引出的结果小句,以及诸如"They became sad"等的某些补语构式。

结合并列 combinatory coordination 句法学术语。指句法结构中涉及同一事物,处于同一位置的不可分的两个成分之间的关系。在判断两个成分是否为结合并列时,可以通过改写句子的方法来确定。例如:[1]a. Tom and Mary have an agreement. b. Tom has an agreement and Mary has an agreement. [2]a. Tom and Mary have a cold. b. Tom has a cold and Mary has a cold. 若将句[1a]改写成句[1b],原有的意思便可能发生变化,因此句[1a]中的"Tom and Mary"是结合并列;而句[2a]却可改写为句[2b],原有意思不发生变化。因此,句[2a]中的"Tom and Mary"不完全是结合并列。

结合词 bluebeard compound 语法学术语。指由两个或两个以上的名词结合起来的词,其功能相当于一个单词。例如,wallpaper(墙纸)由 wall(墙)和 paper(纸)结合而成;fingerprint(手印)由 finger(手)和 print(印)结合而成。参见"**复合词**"。

结合连词 incorporating conjunction 语法学术语。指从属连词(subordinating conjunction)中将表示一项事实的从句作为补充说明的内容加到主句上的连接词(包括连词、代词、副词),如 that、whether、if、what、who、which、how、where、when 等。

结论分句 apodosis; consequence clause 句法学术语,亦称结果分句,与条件分句(protasis)对立。指在包含条件状语分句的主从复合句中表示结果或后果的主句。例如,在"If I were a bird, I would fly into the sky"中,"If I were a bird"为条件分句,"I would fly into the sky"为结果分句。

结束点 completion point 话语分析术语。指会话中说话者暗示其话轮结束的位置。表示结束点的方式有很多。譬如,在提问或在一个完整句法结构后均会有停顿。不过并不是所有提问或在完整句法结构后的停顿都一定表示结束点,有时为了避免听话者对某些结束点的误判,说话者会通过一些方法来避免结束点以继续其说话。例如,不在句子结尾停顿,而通过 and、then、so、but 等连词来延续话轮;或者在话语显然还未结束的地方稍作停顿,用一些诸如 er、em、uh、ah 语气词等。如下用例则是在动词前后而不是一口气到句子结尾才停顿,以避免出现不当的结束点:"A: That's their favourite restaurant because they ... enjoy French food and when they were ... in France they couldn't believe it that ... you know that they had ... that they had had better meals back home."("…"表示停顿)。

结束谈话策略 conversational closings 话语分析术语。指对话中结束谈话时所采用的策略。结束谈话的策略种类众多,包括使用准备结束用语(pre-closing statement),如 we-ell、so-o-o、okay 等;总结对话内容,说明结束对话的原因,如"I have another meeting";表达谈话的愉快,表达将来的良好关系或计划再见,如"see you later";以及互致良好祝愿,如"take care""have a good trip"等。以上策略的使用一般按照会话顺序出现,即在结束对话的过程中,说话者倾向于开始用总结对话内容的方法,最后互致祝愿。这种顺序还具有相互性(reciprocal),即结束对话的一方对谈话内容做出总结,另一方一般表示同意;若一方表达祝愿,另一方作出相应回复并结束对话。

结束性 finality 话语分析术语。指一个意群所表达的语义内容结束的程度,并根据此程度使用不同的语调。通常情况下,完全结束用降调,未结束的用升调,表示话语未完需要过渡到下一个意群的用微升或低升调,以及表示怀疑、制造悬念或者要有较长的停顿时则用高升调。

截短　truncation　音系学术语。指音系学上可预测的一种词的缩短，即将一个词的结尾部分去掉一个或多个音段的过程。例如，在美式英语中，人名可以通过截短的方式变成昵称，如 Larry 变成 Lar，Harry 变成 Har，Sarah 变成 Sar。这种变化是韵律—形态学的研究对象，因为截短的规律性可以说明音节模板和韵律标界类型的存在。

截短法　clipping　形态学术语。构词法中通过将一个多音节或双音节词缩略为一个较短音节的词的方法，如 examination→exam。缩略法有如下形式：(1)后截短，即缩略后半部分，如 dormitory→dorm, memorandum→memo；(2)前截短，即缩略前半部分，如 earthquake→quake, telephone→phone；(3)中截短，即缩略中间部分，如 influenza→flu。此外还有对词组的缩写，如 zoological garden→zoo, permanent waves→perm 等。值得注意的是，不论上述哪种变化类型，缩略并不一定是保留词或词组中的某一形式。有时为了发音，缩略后的形式会和缩略前单词或词组中的形式不同，如 coca cola→coke、refrigerator→fridge, facsimile→fax 等。缩略法往往出于对常用词的简称以节省时间为目的，比较典型的是人名的缩写，如 Tom、Ed、Liz、Mike 和 Sue 等。

截省　sluicing　句法学术语，亦称截略。指省略疑问句中的句子成分，只保留疑问成分的一种句子结构。例如：[1] Mary wants to read something, but she doesn't know what ＜she wants to read＞. [2] Joe doesn't like the colour, but he doesn't know why ＜he doesn't like the colour＞. 在例[1]、[2]中，尖括号中部分属于被截省的部分。在某些情况下，不仅可以截省类似例[1]和例[2]中嵌入式疑问句的句子成分，也可如例[3]中所示，截省直接引导问句中的成分：[3] A: Somebody is coming for dinner tonight. B: Who ＜is coming＞?

截头表音法　acrophony; acrology　音系学术语，亦称顶音法。指截取象形文字中事物名称的第一个音素构成拼音文字字母体系的标音方法。闪语 (Semitic) 字母体系就是通过截头表音而获得，每个字母代表人们所熟悉的事物，它们通过截头表音法与所涉及的闪语辅音发生关系，因而闪语中的字母是有意义的。例如，希伯来语 (属闪语语系) 的第一个字母א(aleph)的意义是"牛"，第二个字母ב(beth)的本义为"房子"。

姐妹关系　sister　句法学术语。指树形图中受同一个节点(node)直接控制的两个节点之间的关系。例如：

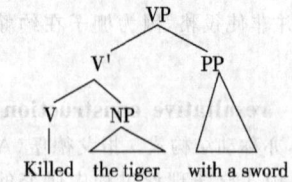

图中节点 V' 和 PP 直接受同一个节点 VP 的支配，V 和 NP 直接受 V' 支配，则 V' 与 PP 以及 V 与 NP 是姐妹关系。

姐妹邻接　sister adjunction　句法学术语。指树形图中受同一个节点(node)直接控制的两个或两个以上句子成分(constituents)之间的邻接关系。以下图为例：

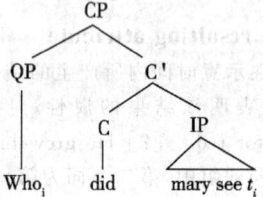

图中的 QP 与 C' 以及 C 与 IP 之间均为姐妹邻接关系。

姐妹依存　sister dependency　句法学术语。指树形图同一节点下同级结构成分之间的关系。在句法分析中，如果一个句子的两个成分处于同一个结构层次上，两者之间就被视为姐妹依存。例如：

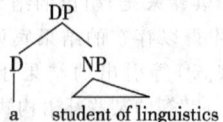

图中的限定词(D)与名词短语(NP)之间为姐妹依存关系，两者与限定词短语(DP)之间为子依从关系。

姐妹语言　sister language　社会语言学术语。指由同一种语言(曾经存在或者假设存在的语言)分化出来、因而具有同源关系的语言。例如，拉丁语和希腊语就是源于原始印欧语的姐妹语言。姐妹语言的一个特点是有大量的词汇重叠，如意大利语与法语彼此有 89% 的词汇重叠，而西班牙语与罗马尼亚语这对姐妹语言之间有 67% 的词汇重叠。

解读性　intelligibility　参见"可理解性"。

解码　decoding　心理语言学术语。指理解词义或句义的过程。与之相应的过程称为"编码"。对声言进行解码时，听话人必须首先通过短时记忆对声言做出处理；然后将其分割成以从句、短语或其他语言形式为单位的若干部分；最后对命题与言内之义进行理解把握。另一方面，亦指将信息从一种形式转化为另一种形式的过程。例如,对任何一套具有意义的符号系统(密码或莫尔斯密码)的解读,都属于"解码"的过程。

解码时间　decoding time　心理语言学术语。指听话人收到说话人发出的信息并开始解读的时间。

解释部分　interpretive component　句法学术语。指转换生成语法的标准理论中"解释性"部分,包括语义解释部分(即对深层结构作意义上的表达)和语音解释部分(即对表层结构作语音上的表达)。

解释充分性　explanatory adequacy　句法学术语。指的是如果语法理论能够提供原则性的基础,以便在所有符合某一语言现有材料的语法中选出能充分描写该语言的语法,则这一语法理论就能起充分解释的作用(Chomsky, 1964)。解释充分性是普遍语法理论必须满足的目标之一,是建立在描述充分性(descriptive adequacy)的基础之上,即普遍语法理论必须正确地反映出语感,概括出规律。在此之前,首先应正确地观察语言现象,满足观察充分性目标(observational adequacy)。

解释规则　interpretive rule　句法学术语。指转换生成语法的标准理论中解释成分(interpretive component)包含的规则,即语义投射规则和语音规则。前者从句子的深层结构推导出句子的语义解释,后者则从句子的表层结构推导出语音解释。

解释社会学　interpretative sociology　社会学的一个分支,建立在"解释性的理解"这个概念上,即德文词 Verstehen,意思是对人类社会行动的意义进行移情式的理解和解释。德国社会学家韦伯(Max Weber, 1864—1920)在《政治作为一种职业》(Politik als Beruf)的论文中把社会学建立在对社会行动作解释性的理解和因果性的说明之上,因而人们称他的社会学为"解释社会学"。

解释项　interpretant　符号学术语。指对一个符号的意义作出解释的符号。例如机动车、轿车、梅塞迪斯—奔驰、敞篷车等都是"小汽车"的解释项。解释项在其他场合作为符号被解释时,它本身也有其解释项。符号及其解释项之间的转换是在符号系统内部进行的。词典中词语之间的同义互训也可以互为解释项,即当甲词语被用来解释乙词语时,甲词语为解释项;当乙词语被用来解释甲词语时,乙词语为解释项。

解释性　interpretiveness　句法学术语。指表征层面之间的一种联系方式。根据生成语法的标准理论,语义投射规则从句子的深层结构推导出句子的语义解释,语音规则从句子的表层结构推导出语音解释。这两类规则都是"解释性的(interpretive)",将一个(语义或语音)表征式指派给各句法结构而对句法结构的输出作出"解释"。所指派的表征式是句子得出意义和发音的基础。

解释语法　interpretative grammar; interpretive grammar　指研究造成各种语言事实的原因,以找出语言事实发生的规律,并提供科学的说明和解释为目的的语法理论,如生成语法。

解释语义学　interpretive semantics; interpretational semantics　生成语言学的一个语义学分支,起源于生成语法的标准理论阶段。其语法模式以句法为基础,句法部分有生成性,语义和语音部分具有解释性。解释语义学理论认为意义成分(即语义成分)是语法的一个部分。语义成分包含解释句子意义的规则,通过符号和规则把句子的意义形式化。换言之,句法具有第一性,语义规则作用于句子的单词和句法结构进行演算获得意义。解释语义学对于意义位置的语义描写模式与生成语义学不同。后者的语法模式以语义为基础,语义部分有生成性,句法部分只有解释性,即认为语义具有第一性,语义成分是语法的最基本部分。语言中所有的句子都是根据语义生成,然后通过转换规则和语音规则生成句子的表层结构。

解释成分　interpretive component　句法学术语。指转换生成语法标准理论中的"解释性"组成部分,包括语义解释成分(对深层结构作意义上的表达)和语音解释成分(对表层结构作语音上的表达)。

介词　preposition; adposition　语法学术语,亦称介系词、前置词。虚词的一种,主要用在名词、代词或相当于名词的其他词类、短语或从句前面,表示名词、代词等与句中其他词的关系。介词和它的宾语构成介词词组,在句中作状语、表语、补语或介词宾语。很多语言学家主张对介词持一种更为宽泛的观点,即在组成介词短语时,介词不仅可与一个 NP 组合和还可与另一个 PP 组合。例如:在"since before lunch"中介词 since 与 PP "before lunch"组合。此外,介词还可以独立存在。例如:在"They have seen each other since."中,since 即属一个独立的项。按用途分类,介词可分为时间介词、地点介词、方式介词、原因介词、数量介词和其他介词。例如:[1] *before* Friday(表时间)　[2] *in* the park(表地点)　[3] *by* bike(表方式)　[4] *for* your birthday(表原因)　[5] *about* 300(表数量)　按构成分类,介词可分为简单介词(如 in、on、with、by

等)、合成介词(如 into、throughout 等)、重叠介词(如 until after、from behind 等)、短语介词(如 according to、by means of 等)和分词介词(如 concerning、given 等)。其中短语介词又常被称作复杂介词(complex preposition),分词介词又常被称作边缘介词(marginal preposition)。按介词和所修饰受词的位置关系分类,介词可分为前置介词(preposition)、后置介词(亦称后置词 postposition)和框式介词(circumposition)。框式介词是刘丹青(2002)在吸收了格林伯格(Joseph Greenberg)1995 年对闪族和伊朗语族的语序类型演变的研究后对"circumposition"的翻译,是前置介词和后置介词共同构成的介词。例如:[6] *on* the table(前置介词) [7] my protests *notwithstanding*(后置介词) [8] 从冰箱里(框式介词) 有些语言的介词没有前置词或框式介词,只有后置词,如丁椿寿(1993)就把彝语的后置词称为介词。介词的一个重要功能是对它所管辖的成分进行赋格。英语的介词赋予其管辖的词宾格,而在其他一些语言中情况则更为复杂一些。例如,在通用希腊语(Koine Greek)中,介词 ν 赋给管辖词与格,而根据具体意义不同,介词 διά 可以赋宾格或所有格。

介词宾语 prepositional object 语法学术语。置于介词之后的名词性成分。介词的宾语通常受制于动词。例如:在"He believes in free market system."中,介词 in 因为动词 believe 的存在而必不可少。参见"介词短语"。

介词补语 preposition complement 参见"介词宾语"。

介词词组 prepositional group 参见"前置词短语"。

介词短语 prepositional phrase; PP 参见"前置词短语"。

介词搁浅 preposition stranding 句法学术语。指介词未与其伴随成分一起移位的现象,通常出现在 wh 问句或某些关系分句中。例如:[1] a. *Who* did you speak *with*? b. *With who*(*m*) did you speak? [2] a. Tony was glad to find on the desk the toy *which* he was looking *for*. b. *Tony was glad to find on the desk the toy *for which* he was looking. 例[1a]中的介词"with"未像[1b]一样连同 wh 问句的疑问词"who"一起移位至句首,故[1a]中的介词 with 搁浅。如果介词同 wh 疑问词一起移位,则称之为伴随移位(pied-piping)。例[2]中的介词"for"则不宜同移位。法语、意大利语等语言中几乎不存在介词搁浅现象。

介词所有格 prepositional genitive 参见"短语所有格"。

介词支配成分 regimen 句法学术语。句法分析中指被介词所支配的成分。此概念由丹麦语言学家叶斯柏森(Otto Jespersen)提出。例如,在短语"in London"中,London 为介词支配成分。

介系词 preposition; adposition 参见"介词"。

界标¹ boundary marker 音系学术语。参见"界限标志"。

界标² landmark 认知语言学术语,亦称路标。指关系侧画(relational profile)中其他凸显的实体,简称 LM。兰艾克(Ronald Langacker)在《认知语法基础 I》中认为,在每一个关系述义结构(relational predication)中,被侧画的参与者的凸显程度是不对称的,界标是次凸显实体,而射体是侧画中最凸显的实体。之所以被称为界标,是因为它为确定射体的位置提供参照点(point of reference)。射体—界标结构实际上是图形—背景结构的反映。从语法功能的角度看,兰艾克把完成主语功能的象征组配(symbolic assembly)的语义极(semantic pole)称为射体,反映了典型主语的动态性;完成宾语功能的象征组配的语义极称为界标,反映了典型宾语的静态性。例如:The train passed *the station*. 句中"the station"(车站)为界标,为射体"the train"(火车)定位提供了参照点。

界面语法 interface grammar 句法学术语,亦称接口语法。指关注句法表征与其他认知系统层面的互动(映射)关系的语法理论。常见的界面包括句法语义界面、句法语音界面、句法语用界面等。

界限 boundary 语法学用语。语言单位之间的分界。界限有不同的类型。例如:(1)词与词之间,如 the book,其界线用空格表现;(2)词内部成分之间,如词根与词根。例如 book-mark,用连字符表现;(3)音节之间,如 reader, /ri: + də/,用"+"表示。

界限标志 boundary marker ❶句法学术语。在转换生成语法中表示结构单位内外界限的标志。语符列内部结构成分之间用"+",内外界限用"♯"表示。例如,【♯the + man + pres + have + en + kick + the + ball ♯】,即表示"The man has kicked the ball"。❷音系学术语。指表示结构单位之间界限的符号。包括音节边界(用"$"或"."表示)、词素边界(用"+"表示),单个词界(用"♯"表示)、两词边界(用"♯♯"表示)和音系短语边界(用'‖'表示)。这个概念在音系学的某些模型中非常重要,因为它标明了音系规则的适用域。

界限理论 bounding theory 句法学术语。

转换生成语法"修正的扩充式标准理论"阶段中有关限制的概念，用来界定具体移位转换的范围条件。发展至管辖与约束理论阶段形成了关于句子成分移位范围的理论。界限理论的主要原则为邻接原则（亦称邻接条件）。根据此原则，一个名词短语的移位范围不能超出一个以上的界限节点，即禁止移位超过两个界限节点，包括 NP 和 IP。例如：*Who did you hear the rumour that Mary kissed? 这句话的深层结构为：[CP1 Who₁ did [IP you hear [NP the rumour [CP2 t₁ that [IP Mary kissed t₁]]]]]。深层结构显示 wh-词的原位，句首的 who 经历两次移位。Wh-成分第一步移位只跨越了一个 IP 节点，因此是合法的。但第二次移位同时跨越了 NP 和 IP 两个界限节点，导致该句不合语法。

界限特征　boundary feature　音系学术语。指一个语调群结束时表示终止或向下一语调群过渡的特征。包括：（1）核心音高升或降；（2）不同长度的停顿；（3）末尾音的变化（如浊音清化或半清化、音量加长、塞音不破而转为休止、/l/ 成为 [ɫ]，等等）。其中前两种是必需有的，第三种是非必需的。例如 I'll stay here ↗ overnight | to receive the ↘ note ‖（我要在这里过夜，等明天拿到通知。）一句分两句，他们之间有升调和一小停顿。

界限信号　boundary signal　指以信号形式反映出来的界限特征（boundary feature）。

界域扩展　Bereichserweilerung〔德〕　荷兰语言学家扬·科斯特（Jan Koster）提出的概念。指原型的局部界域（如在约束理论中无标记情况下定义的前照应的约束界域）由于具体语言的特殊因素或词汇因素可以扩展成程度较弱的局部界域，以便建立超越原型的局部界域的语法关系。

借词　borrowed word；borrowing　形态学术语，亦称外来语（loan；loan word）。指一种语言"借入"或"引入"其他语言的语言单位。是不同民族和文化之间交流的见证和体现，其借用形式通常包括音译、意译、音意结合译、直接借用等。以英语为例，根据外来语被借用的方式不同，英语中的外来语大致可分为五种情况：（1）音译词，或称归化词（Denizen）、变音借词（loan shift），指连音带义一起借用，且所借之词经过改造，符合借入语的音素及词素模式，如"kungfu"和"toufu"等借用了汉语的"功夫"和"豆腐"；英语 sputnik（人造地球卫星）借自俄语。（2）外来词（alien word；peregrinism；alienism），指从其他语言借来的词，在语音、形式和意义上都保持原样。例如，汉语中的"马拉松""披头士"等词汇均来自于对英语词汇的借用，而英语中的 tatami、kimono、judo 等词则来自于日语，Ballet 借自法语等。（3）译借词（loan translation），或称仿译词、仿造词，指借入了语法模式和语义，但形式上则由借语的语音和词素替代。如英语 mother tongue 是根据拉丁语 lingua materna 的词义译借构成。（4）混借词（loan blend），指借用了意义，但部分借用形式。如英语 restaurant 借用了法语词的词尾读法。（5）意借词（semantic borrowing），指在意义上发生借用的词。如英语词 bloom 具有的"盛开"之则是借用了挪威语 blom 的意义。

借词音变　loan shift　形态学术语。指从另一种语言借入的词或短语在融入本族语时发生的音变，通过这种音变使它被本族语吸纳（naturalize），成为本族语的一个词或短语。例如，从汉语借来的英语词 kowtow（磕头），成为英语词时发生了一定的音变。

借入　importation　形态学术语。指语言在发展以及和其他语言的互动中，借入外来语词汇的现象。英语是典型的大量借入其他语言成分的语言，历史上曾充当其来源语的主要有法语、拉丁语、古斯堪的纳维亚语以及低地德语和荷兰语等。另外，英语中汉语借词的数量也在不断增加。根据总部设在美国的全球语言监督机构（GLM）于 2013 年发布的报告称，自 1994 年以来英语借入的新词语中，来自汉语的借词数量以 5%—20% 的比例增长，超过任何其他语言来源。目前，来自汉语的英语词语已有一千多个，除 tuhao（土豪）之外，还有 typhoon（台风）、kungfu（功夫）、jiaozi（饺子）、guanxi（关系）、hukou（户口）、fenqing（愤青）、dama（大妈）、buzheteng（不折腾）和 taikonaut（太空人）等。这些汉语借词已经在英语词汇系统中成为其不可或缺的组成部分。

借入成分　borrowed elements　形态学术语。指通过接触或模仿，从另一种语言或方言借来的语音、语法或词汇成分。例如，英语词汇 crime、society 借自法语；drama、tragedy 借自希腊语等。

借译　loan translation　形态学术语。指从别的语言直译过来的词语。例如，英语词 superman 和 supermen 分别来源于德语词 supermann（单数形式）、supermänner（复数形式）英语词 flea market 来源于法语词组 marché aux puces。

借音　phonemic loan　音系学术语。指某一语言中的一个借词（loan word）保留原来语言（外来语）的音和音的组合，而这些音或音的组合在该语言（借入语）的音位系统中并不存在。例如，英语借自班图语的词 tsetse /tsetsɪ/（舌蝇）中，位于词首的组合音 /ts/ 即属借音。

借 jiè　（语言学术语）

借用¹　appropriation　　社会语言学术语。指第二语言学习者出于自身需求，借用其所熟悉的语言的特征来改变其所学语言的表现形式，从而形成一些独特的语言变体。例如，新加坡英语和马来西亚英语借用了汉语的某些特点，形成自己的独特变体。在非正式谈话中，句末加上"lah"音，如"My turn to pay for lunch today lah."。

借用²　loan; borrowing　　形态学术语。指一种语言或方言引进另一种语言或方言的语言形式的过程。这种情况可以发生在语音层、语法层或词汇层，其中最常见的是词项的借用，即借词（loan word）。例如：英语单词 restaurant、garage、picnic 等由法语借入；wine、kettle、mountain 等来自拉丁语；myth、geometry、tragedy 等来自希腊语；汉语"菩萨"借自梵语，"基督"借自拉丁语，"胡同"借自蒙语，"坦克""沙发"等借自英语，"伏特加""喀秋莎"借自俄语。语音和语法结构也可借用，如从法语借来的词的发音就带有法语或类似法语的口音；而欧洲语言中可见英语语法的影响，如 drinks、ski-lifts、goals、girls 等把英语复数形式-s 加在名词上。

借用意义　borrowed meaning　　形态学术语。指本族语的词汇受到外来语言或概念影响，从而使词义具有新解释或产生词义扩展（semantic extension）的现象。例如，英语中 read 一词原意是"to advise"，这个词被基督徒介绍到英国后具有了"阅读"的意思；英语中 heaven 原指天空，而基督教传入英国后，这个词便有了新的含义。另外，由于发音相似，某些词language被用来表达外来语中和其发音近似的词的意义。例如，生活在美国的葡萄牙语使用者借用葡萄牙语词 grosseria（粗鲁的话语）来表达英语词 grocery（杂货店）；澳大利亚的德英双语者使用德语单词 magasin（储藏室）来表达英语词 magazine（杂志）。

借用字素　allogram　　指用于书写借用语的词或短语的文字符号、音节符号或字母。美国语言学家盖勒卜（Ignace Gelb）在其 1952 年出版的关于文字学（grammatology）的著作中首次使用的概念。例如，英语中的 sputnik（人造卫星）一词为来自俄语的借用词，其拼写方式采用的就是借用字素 s、p、u、t、n、i 和 k。

金石学　epigraphy　　中国特色的一种铭文学，指对铜器和碑石等古器物上文字铭刻和拓片的研究，有时也包括竹简、甲骨、玉器、砖瓦、封泥、兵符、明器等文物，涉及文字、历史、书法、文学、典籍等多门学科，属于多科融合的一门古代考古学。参见"铭文学"。

紧凑形容词　inordinated adjective　　形态学术语。指修饰一个名词的两个或更多的形容词中，紧挨着名词的那个形容词，用来描写事物最本质属性，并且该词与名词结成最紧密（close-knit）单位。例如：[1] the winter biting dark night　　[2] an old brown handmade table　这两个名词短语中都有三个形容词，其中例[1]中 dark 和例[2]中 handmade 属于紧凑形容词。

紧接反复　epizeuxis　　参见"重叠"。

紧连构式　intensive construction　　句法学术语，亦称紧密结构。语法分析中指成分间有紧密语义联系或等同关系的结构。例如：[1] He is a fool.（主语与其补足语紧密联系）　[2] The husky man is John the butcher.（中心语与同位语之间的等同关系）　[3] Call him John.（宾语及其补足语间紧密联系）　紧连构式中的动词称作紧连动词（intensive verb）或联系动词。紧连构式与松连构式（extensive construction，亦称非紧密结构）对立。

紧连式　intensive　　句法学术语。指语法分析中结构成分之间语义上有紧密关系的一类结构。例如：[1] She is a dentist.（主语和补语等同）　[2] They called them Fred.（宾语与补语等同）　[3] John the butcher（同位关系）　与之对立的是松连式。

紧密结构　intensive construction　　参见"紧连构式"。

紧密联系动词　intensive verb　　语法学术语。指紧密结构（intensive construction）中将结构成分在语义上紧密联系起来的动词。例如：[1] He is a soldier.　[2] call him John. 例[1]中的系词"is"和[2]中的使役动词"call"均属紧密联系动词。

紧缩词¹　amalgam　　参见"拼缀词"。

紧缩词²　telescoped word; portmanteau word　　参见"缀合词"。

紧音　tense　　语音学术语。与松音（lax）相对应，指因较大幅度的运动和声道肌肉紧张发出的声音。紧音持续时间较长，频谱中共鸣区的界限明确。例如，英语 seed/si:d/中的/i:/发该元音时双唇向两边拉开，舌头向口腔上端前抬，同时肌肉收紧。相比之下，松音则语音持续的时间较短，没有确定的共鸣，如/i/。也可以指音系中的一个区别性特征，但现在常用[＋ATR 舌根前伸]特征来表示。

紧密联系动词　intensive verb　　语法学术语。指紧密结构（intensive construction）中将结构成分在语义上紧密联系起来的动词。例如：[1] He is a soldier.　[2] call him John　例[1]中的系词 is 和例[2]中的使役动词 call 均属紧密联系动词。

紧音性　tension　　音系学术语，亦称松紧性。

指肌肉运动所引起的舌和声带等弹性器官的伸展和收缩紧张程度。参见"**紧音**"。

紧元音　tense vowel　参见"**紧音**"。

紧张性　tense　语音学、音系学术语。指以频谱（spectrogram）分析为基础的语音学中的区别性特征（distinctive feature），与松弛性（lax）相对，用以描述紧音与松音。紧音指因较大幅度的运动和声道肌肉紧张而发出的声音，其持续时间较长，频谱中共鸣区的界限明确；松音则语音持续的时间较短，没有确定的共鸣。例如，/iː/与/ɪ/即一对紧音与松音。

进行被动式　progressive passive　语法学术语。时态的一种，英语中指用以同时表达进行体和被动态的动词形式。例如：The floor *is being swept*.

进行体　progressive; continuative; continuous　语法学术语。用以描述在较长的一段时间内某种行为持续发生的动词体（aspect）。例如：Helen was dancing when I came in. 句中的"was dancing"即为进行体。英语中的进行体除了用以表示某项持续发生的动作之外，还在特定语境中发挥其他功能。例如：She is constantly complaining. 句子除了表示持续进行的动作"complain"之外，还隐含着不满和持否定态度等含义。英语中"be doing"可以表达为：(1)现在进行时（present continuous）；(2)过去进行时（past continuous）；(3)将来进行时（future continuous）。具体用例分别如下：[1] I am writing. [2] Helen was dancing when I came in. [3] I will be having a party when you are on the way. 进行体和完成体连用则构成四种形式：(1)现在完成进行体（present perfect continuous）；(2)过去完成进行体（past perfect continuous）；(3)过去将来完成进行体（past future perfect continuous）；(4)将来完成进行体（future perfect continuous）。例如：[4] David has been reading the novel for three hours. [5] David had been reading the novel for three hours by the time we arrived. [6] Mom told me that by nine o'clock Mike would have been playing computer games for two hours. [7] He left the house when we set out. I'm sure by the time we arrive he will have been waiting for three hours.

近处格　adessive case　语法学术语。传统语法研究中名词格的一种，表达"在"或"附近"的意义，常见于芬兰语、爱沙尼亚语、匈牙利语和其他一些语言中，与在内格（inessive）、入格（illative）、向格（allative）和其他几种表示局部时空意义的格并存。

近代英语　Early Modern English　指从中古英语（Middle English）过渡到现代英语（Modern English）阶段之间使用的英语，即从都铎王朝开始（15世纪末）至英国王朝复辟时期（17世纪中下叶）使用的英语。詹姆斯国王钦定的《圣经》第一版和莎士比亚的作品都属于早期现代英语的晚期。17世纪的早期现代英语的语法和拼字规则传统构成了现代英语的基础。尽管早期现代英语与现代英语在语法、词义以及拼写上存在一些差异，但现代读者读懂早期现代英语不再有太大困难。参见"**英国英语**"。

近似体系　approximative system　语言习得术语。指对二语学习者所具备的语言能力及所使用的目标语言的一种描述和表达。在第二语习得过程中，不同学者对学习者的二语能力有不同描述。威廉·内姆瑟（William Nemser）在其1971年的论文《外语学习者的近似体系》（"The Approximate System of Foreign Language Learners"）中，将学习者所使用的介乎于本族语和目的语之间而又不同于两种语言的第二语言称之为"近似体系"（approximative system）。之前英国应用语言学家科德（Stephen Pit Corder）在其发表于1967年的论文《学习者错误的意义》（"The Significance of Learners' Errors"）中将学习者所使用的第二语言处在介于本族语和目的语之间的语言能力称之为"过渡能力"（transitional competence）；而塞林克（Larry Selinker, 1972）则称之为"中介语"（interlanguage）。具体而言，中介语是由一系列相互关联的相近的语言系统组成，标志着学习者从本族语能力到目的语能力的过渡。中介语的形成和发展则受多种因素综合影响，包括母语干扰、对目的语规则的过度概括、学习者的学习策略和交际策略等。

近似音　approximant　语音学术语，亦称无擦通音。指一些语音学家按照发音方式对语音的一种分类，如英语中的/w/、/j/、/r/、/h/、/l/。这些音在发音时气流受到的阻碍比发元音时大，但发音器官之间的空隙并未狭窄到足以产生可听见的摩擦音的程度，因此得名。

近似语　approximator　形态学术语，亦称近似词。语气减弱词（downtoner）的一种，表示接近于某种程度的词语，在逻辑思维中与"精确"相对立。英语中的此类词语有两种：(1)数量近似语，如about、or so、around、nearly、approximately等，用于"about five years old" "two days or so"之类的短语中；(2)程度近似语，如almost、barely、as good as、practically、virtually、kind-of、all but等，用于"almost ready" "barely escape" "look as good as new"等短语中。

近似语言系统　approximative system　语言习得术语，亦称渐进系统（graduative system）。指第二语言习得者的知识从零沿着一个连续体逐渐接近本族语者的语言能力，由内姆瑟（William Nemser)于1971年提出。由于近似语言系统不断变化,是一个动态发展的语言体系,虽受母语影响但又不断向着目的语发展,故得名渐进系统。另见"**中介语**"。

近义词　**homoionym; near-synonym**　语义学术语。指意义相似但义值并非完全相同的词。例如:[1] female/woman/lady、jog/run/race;[2] 发现/发觉、飘零/飘落、奉献/贡献、回归/回来、肥美/肥壮/肥沃等。

近音　**open approximant; approximant**　语音学术语。指摩擦声最小的延续音,即发音时气流通过无阻碍的中间通道,发音器官开放无阻。包括所有的元音,还有/r/、/w/之类的半元音,hook 中的/h/等类型的辅音。

近音词　**paronym**　形态学术语,亦称近音词关系。指不同语言中语音相近的表达形式,如德语的 Sommer 和英语的 Summer。这种不同语言中两个词语之间的语音相近关系被称为近音词关系(paronymy)。

近指　**proximate**　语义学术语。指直指系统(deictic system)中表达与原点(origo,即参照点,通常为讲话人)的距离最近的位置。表示近指概念的指代词(demonstrative)就是近指代词,如汉语中的"这""这里",英语中的 here、this,法语中的"le"等。与远指(distal)相对。参见"**远指**"。

禁忌语　**taboo; linguistic taboo; taboo word; tabu**　语用学、社会语言学术语。指在某些场合(如有陌生人、异性、宗教、礼仪等场合)避免使用的令人难堪的词语。禁忌语存在于任何社会群体、任何一门语言之中,不过不同语言、不同社会和不同场合中有很大的差别,诸如死亡、性等则是公众认为的禁忌语。禁忌语往往可以用委婉语(euphemism)或者迂回的表达法来替代。例如,用"洗手间"代替"厕所",用 pass away(故去)代替 death/die(死亡)。参见"**讳忌词**"。

禁用规则　**proscriptive rule**　语法学术语。指在语言使用中禁止使用某种用法的规则。例如,"表示短暂、不能持续一段时间的瞬间动作动词不能用在进行时态中"的观点就是一条"禁用规则"。

禁语句　**prohibitive; prohibitive sentence**　语法学术语。指用以表示禁止某种行为的发生或实施的句子。例如:[1] Don't open the window! [2] No littering!

经典测试理论　**Classical Test Theory; CTT**　语言测试术语。主要指分数事实上由真分数(true score)和误差(error)构成的一种测试。误差和实际分数之比为标准误差(standard error of measure-ment)。然而,由于经典测试理论把误差作为一个整体来考虑,无法处理多样化的误差源,也无法准确计算,因此 20 世纪 50 年代以来已逐渐被概化理论(generalizability theory)和试题响应理论(item response theory)所替代。

经典范畴　**classical category**　认知语言学术语。与"模糊范畴"相对(fuzzy category)。指经典范畴理论(classical category theory)对范畴这一概念的阐释,认为范畴是客观存在的且具有明确的二分性,范畴内部的成员地位是相等,边界是清晰而且确定。一个客体是否属于一个范畴由必要的和充分的条件来决定。例如,对于"奇数"(ODD NUMBER)范畴来说,1、3、5、7、9 具有典型效应,即很容易被判断为奇数,而 1001、1003 等典型效应较低。后来罗施(Eleanor Rosch)提出了原型理论(prototype theory),认为即使属于经典范畴的成员也显示出一定程度的典型效应(typicality effects)。参见"**模糊范畴**"和"**经典范畴理论**"。

经典范畴理论　**classical category theory**　亦称古典范畴理论。指从亚里士多德到维特根斯坦之前的两千多年间形成的传统范畴理论,源自亚里士多德的著作《范畴篇》。经典范畴理论以二分法和充要条件为主要内容和特征,认为一个范畴的边界是清晰的,范畴内成员的地位是相等的,成员具有二分性特征,成员的特征决定了范畴的特征。具体而言,经典范畴理论将范畴视为由拥有共同特征的元素组成的集合,能够进入同一范畴的元素必然具有完全相同的特征,无一例外;而范畴化的过程则需要分析全部成员的共享特征,达到充要条件。例如,"单身汉"(BACHELOR)作为一个范畴,判定任何客体属于该范畴必须满足的条件是"没结婚""男性""成年人";其中每一个条件都是必要的,但任何一个都不充分,因为"没结婚"也可能是"老处女"(SPINSTER),"男性"也可能是"丈夫"等,只有三者结合才能构成充分条件。这种完全吻合的共同特征在充要条件原则下则成为将有关元素纳入同一范畴的绝对标准,因而同一范畴的全部成员地位也绝对相等。由于这些共享特征都是客观存在,不以人的意志为转移,范畴也必然是客观存在而且具有明确的二分性,因此范畴的边界也就得以确定,只有属于这一范畴和不属于这一范畴两种可能,不存在中间值。譬如,"老师"这一职业只有"是"或"不是",没有第三种情况。但在实际应用中,很多情况无法用二分法来解释,在此与彼之间往往存在若干中间值。以对颜色词的研究为例,其归类只能按照其近似性进行,只有不同区域的焦点色可以明显地区分出来,两个区域之间必然会有其他颜色值,并不是非此即彼;同时,两个颜色区域的边界也比较模糊,处于交界处的颜色可能属于两个区域,不能绝对地划分到某个区域。20世纪70年代,罗施(Eleanor Rosch)提出的原型理论(prototype theory)证明经典理论的范畴模型对于人类的范畴化是不可能的。参见"**原型范畴理论**"。

经典真分数测量理论　Classical True Score Measurement Theory　参见"**经典测试理论**"。

经济原则　economy　❶指在语言的具体使用中支配人们言语活动的一条重要规律,由功能语言学法国学派代表人物马蒂内(André Martinet)提出。根据经济原则,人们在交际过程中存在着一种自然的惰性,为了提高效率,尽可能减少语言活动中的力量消耗,通过语音形式的紧缩和话语中词项的缩减以减少繁词赘言(redundancy),完成交际。经济原则能够对语言结构演变的特点和原因提供合理的解释。❷指语言分析(linguistic analysis)的一个原则,即尽可能以简明的术语和规则来描写语言系统的规律。在说清问题、无害于原意完整性的同等条件下,分析法应尽量简短,尽可能使用较少的"形式结构体"(formal construct),如规则、公式、符号等,尽量少使用术语。

经验效度　empirical validity　统计学术语,亦称实证效度。指将某个测验与一个或更多的效标量数(criterion measures)作比较,来衡量测验效度的一种方法。可以作比较的量数包括:同一时期取得的其他有效测验或独立量数(如教师所作的评估);或过一段时间后取得的其他有效测验或作业标准。这种比较可以包括同时效度(concurrent validity)或预测效度(predictive validity)。前者指测验与效标资料同时收集,两者间的相关系数作为同时效度的指标;后者指效标资料是在测验实施之后收集,两者之间的相关系数可能具有时滞的性质。

经验性教学大纲　aposteriori syllabus　语言教学术语。指语言教学中课程结束之后在回顾和记录的基础上整理的教学大纲,也叫追溯型教学大纲。与经验性教学大纲相对应的是先验性教学大纲(apriori syllabus)。参见"**先验性教学大纲**"。

经验语用学　empirical pragmatics　指语用学中的经验主义部分,由德国哲学家于尔根·哈贝马斯(Jürgen Habermas)提出。其研究对象为具体言语行为中语言外部的边缘条件(如说话人的心理状态等)对具体言语行为的影响,借以阐明行为科学的交际理论。

经验域　experiential domain　参见"**概念域**"。

经验主义　empiricism　哲学流派的一种。经验主义认为,一切知识或一切有关世界的有意义的论述都与感觉经验相关,可能的感觉经验的范围就是可能的知识的范围,科学为我们提供了关于实在性的最佳知识。经验主义与理性主义相对。心理学上的经验主义认为人类的所有知识均来自经验,经验是一切认知的基础,理论的发展必须与可观察到的事实和实验相联系。语言学中的经验主义是一种方法和原则。通过可观察到的经验来保证认识的可验证性,是语言发展的行为主义理论(behaviourism)的关键,与语言知识先天论(innatist hypothesis)相对立。经验主义强调语言学研究的途径应该以对实地调查(field work)的"相应领域的工作"为基础,对语言资料进行语言学分析。经验主义源起于亚里士多德,深刻影响中世纪以来的英国思想传统。英国古典经验主义的代表人物包括霍布斯(Thomas Hobbes)、洛克(John Locke)、伯克利(George Berkeley)和休谟(David Hume)。20世纪的主要代表有罗素(Bertrand Russell)、艾耶尔(Alfred Jules Ayer)以及维也纳学派(逻辑经验主义的代表)。

经验主义原则　empirical principle　参见"**可验证原则**"。

精读　intensive reading　语言教学术语。指建立在充分理解、细致消化、记忆强化基础上的阅读,不同于概览性、搜索式的泛读和快速阅读。在精读课程教学中,教师需要对语篇文本进行细致分析,包括词汇语法、修辞运用、语篇特征、中心思想和内容细节等方面。

精密度　delicacy　❶指分析语言现象的详尽程度。如对句子分析到词项一级,包括该词项在句子中的作用、词类、与其他词的关系以及语法特征。这种分析比简单地将句子分成主、谓语要精密。❷韩礼德提出的阶与范畴语法中的一个概念。阶(scale)由级阶(rank)、说明阶(exponence)和精密度阶(delicacy)三者组成。精密度阶用来说明语法描写的细致精确程度。它是一个连续体,其极限的一端是结构和类范畴中的基本等级,另一端是对该等级不能再做进一步区分的语法关系。在描写时,精密度是可变化的。精密度增加会延迟向说明项的移动,同时增加描写的语法性。精密度阶不同于级阶,其精密程度适用于级阶的所有单位。

精致语码　elaborated code　亦称精致代码、完备语码或复杂语码。指在较为正式的场合和受过教育的社会阶层所使用的较为精细的语言表达方式,能够不囿于具体的语境,句法结构复杂,措辞严谨,适用于分析、推理以及抽象概念的表达。需要较宽广的词汇范围,使用较多的修饰词语、从句、形容词、被动语态、不常用的副词,以及常用代词"我"等,允许说话人在表达时发挥个人的创造性,使用各种语言交替形式。与精致语码相反,局限语码则缺乏这些特征。语码的这种区分由英国社会学家巴兹尔·伯恩斯坦（Basil Bernstein）于20世纪60年代初提出。参见"局限语码"。

警觉　alertness　心理语言学术语。指注意力高度持续集中的一种心理状态。在心理语言学的研究中，警觉是注意系统的一个子系统，其功能是为处理可预期的输入刺激做好全面的准备。

警句　aphorism　参见"格言"。

竞争模型　Competition Model　语言习得术语。指一个关于语言习得和语句加工的心理语言学模式，由贝茨（Elizabeth Bates）和麦克维尼（Brian MacWhinney）等于1982年提出。该理论认为听者总是在寻找话语中的某些线索来理解句子。例如：如果他想知道句子的主语，就会留意语序、主谓的一致、能动性、格的标记等因素，那么语言学习的任务就是发现目标语中形式对应功能的映射关系。这些映射在不同的语言中，有着不同的强度（strength），比如英语中格的强度就不如俄罗斯语中的强。强度的判定有赖于三个方面：有效性（availability）、可靠性（reliability）和矛盾效度（conflict validity）。有效性指这种映射出现的频率比较高。例如英语的主语出现在动词前边这个规律比主谓一致更常见，这种映射就更强。可靠性指这种映射对应的功能是否能导向句子正确的理解。矛盾效度指当两个线索都存在时，有一个更可靠。例如希伯来语中的主语，既可以出现在动词前，也可以出现在动词后，但相比较而言，格标记这个线索对于判定主语更为可靠。

敬语　honorific　语用学术语，亦称礼貌式。指语言中关于礼仪的表达系统，用以表达不同层次的礼貌和尊敬，以显示交谈双方的社会地位，在语言形式上表现为词缀、词、句子结构等变化。汉语、日语等东方语言具有较复杂的敬语系统，在词缀变化上尤为典型。汉语拥有丰富的敬语词，如"令……"（令尊、令郎）、"贵……"（贵姓、贵国）等等。欧洲诸语言也有其特有的敬语式，如西班牙语的敬语系统中，对于"您"之类的尊称用人称代词和动词形式配合表示。敬语的不同形态表达不同层次的礼貌或尊敬，采用何种形态与交谈者的相互关系或相对社会地位有关。

敬语代词同等词　honorific pronoun-equivalent　形态学术语。指用以代替第二人称代词的称呼词，如英语中的 Sir（先生）、Lady（女士）、Gentleman（先生），葡萄牙语中的 Senhora（先生）以及法语中的 Madam（女士）等。

静态语境　static context　参见"动态语境"。

静态语言学　static linguistics　参见"共时语言学"。

镜像原则　mirror principle　句法学术语。由迈克尔·布罗迪（Michael Brody）提出的（形态）句法理论。镜像原则不同于生成语法中的X阶标理论或光杆短语结构理论，"镜像"的观点认为"X是Y的补充语"的句法关系实质上同"X是Y的标志语"的句法关系一致。这样，补足语和标志语的概念成为句法结构线性化的重要概念。在句子结构被说出的时候，线性化按照标志语居前于中心语，中心语居前于补充语的顺序进行。

纠正　correction　语言习得术语。指在语言习得过程中，成人对儿童错误的语言形式所采取的态度。针对错误的语言形式，成人往往给出正确的形式，反复提示或要求儿童依样纠正。但事实证明，成人的纠正多半是徒劳的，儿童会继续使用其个人构建的语言形式（personally-constructed form）。如下对话堪称比较典型的例证（C=child；M=mother）：

C：My teacher *holded* the baby rabbits we patted them.
M：Did you say your teacher *held* the baby rabbits?
C：Yes.
M：What did you say she did?
C：She *holded* the baby rabbits and we patted them.
M：Did you say she *held* them tightly?
C：No, she *holded* them loosely.

居前　precedence　句法学术语。指树形图中表示两个节点位置关系的用语。当且仅当节点A位于节点B左侧且A与B不互相支配的情况下，节点A居前于节点B。例如：

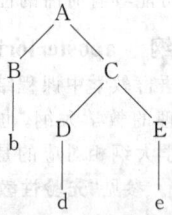

图中节点B居前于节点C、D和E，也居前于终端节点d和e；B不居前于b（因为B支配b）；C、D和E不居前于B，因为他们都位于B的右侧；A不居前于任何一个节点，因为A支配所有的节点。另外，节点D直接居前于节点E，因为D和E中间不存在阻碍节点（intervening node）；B居前于E但不是直接居前于E，因为中间存在一个阻碍节点D。但C不成为B和E的阻碍节点，因为C支配D和E，同D和E没有居前关系。

局部错误　local error　语言习得术语。指在第二语言学习中,句子结构中某个成分使用错误的现象,该错误一般不会引起理解上的困难。例如,句子中名词的单复数形式误用、动词一般现在时的第三人称单数形式误用或动词过去式"-ed"的过度泛化误用现象等。参见"全局性错误"。

局部技能　part skills　语言教学术语,亦称实现技能(enabling skill)或微技能(micro-skill)。指语言教学中为完成一项综合性活动所需的单项教学过程和能力。语言教学中的听、说、读、写被认为是四大"宏观技能"(macro-skill),而这四大宏观技能又可进一步分为若干种不同的微技能。例如,"说"的微技能包括:清楚地发音以便听者能够辨识;清楚地使用重音、节奏及音调;正确使用单词的时态、格等形式;正确地选词;辨识说话者音调和语调的功能以及正确使用语言变体等。另外,语言微技能包含句子层面上的微技能和语篇水平上的微技能。

局部理解原则　principle of local interpretation　语篇分析术语。指在描写语篇时所涉及的语境因素不应多于理解该语篇所需要的语言因素。

局部性　locality　句法学术语,亦称局部性原则(locality principle)。指管辖与约束理论中,要求所有的句法关系(无论是移位还是约束创建的关系)都必须出现在局部范围内而不能超越的原则。句法理论中的约束理论、管辖理论、例外格位指派、语障、最小性等,都是基于局部性的原则。

局部性原则　locality principle　参见"局部性"。

局限语码　restricted code　社会语言学术语,亦称限制性代码或有限表达方式。相对于精致语码而言,局限语码的语言特点主要有词汇范围较窄,句法结构简单;语言形式出现的预测度较高(缺乏语体风格变化);大量使用代名词(如用 he、she、you、they 等代替名词)和疑问尾句(question tag 用于征求对方意见);借助手势和语调来传递意义,会话意义的理解在很大程度上依赖语境(例如会话之间共享较多的期望或假设)。从应用范围而言,局限语码经常用于不太正式的场合(如家庭或朋友间的谈话),强调说话人与某一群体的认同(即其作为某一集体成员的身份)。有学者认为局限语码为社会地位和教育程度都较低的社会阶层(如工人阶级)所使用,提出中产阶级的儿童能接触到两种语码,但工人阶级的儿童只能接触到局限语码。也有学者认为该语码与社会阶层无关,提出语言交际能力弱的人仅掌握了局限语码,而语言交际能力强的人能熟练运用局限语码和精致语码。关于局限语码与社会阶级背景之间的关系,在学校教育中的作用,两种语码的区分等问题学界仍然存在一定争论。局限语码与精致语码相对。参见"精致语码"。

举名障碍　dysnomia　参见"命名障碍"。

巨称词　augmentative　参见"增强性构词"。

句法成分　syntactic constituent　参见"结构成分"。

句法反对称　the anti-symmetry of syntax　句法学术语。指美国语言学家理查德·凯恩(Richard Kayne)于1994年提出的观点,其核心主张是:自然语言的层级结构全都映射到"标志语—中心语—补足语"的表层线性结构,即 X 阶标结构。根据该理论,任何语言中的任何短语结构都可由"标志语—中心语—补足语"结构推导出来。句法反对称理论认为,对称的成分统制关系无法决定线性词序。例如,$[_{AP}\ a\ b]$ 无法确定 a 和 b 在线性化之后的先后顺序,因为 a 和 b 互相构成成分统制关系(即对称性成分统制);但 $[_{AP}\ a\ [_{BP}\ b\ \cdots\cdots]]$ 中的 a 和 b 构成非对称性成分统制关系,即 a 成分统制 b,但 b 不能成分统制 a,这样在线性化时即可确定 a 居前于 b。

句法结构　syntactic structure　句法学术语。指由词或语素组成的短语、分句或句子等较大单位的排列形式。通过比较句法结构,可以研究不同语言之间的差异。例如:

[1]　this　　big　　house
　　 指示词＋ 形容词＋ 名词

[2]　rumah　besar　ini（马来语）
　　 house　big　　this
　　 名词＋ 形容词＋ 指示词

两例说明,英语名词短语的常见语序几乎与马来语完全相反。

句法借用　syntactic borrowing　句法学术语,亦称句法影响(syntactic influence)。指两种语言或方言在句法上的相互借用或相互影响的一种句法现象。例如,南非荷兰语就从马来语、葡萄牙语等语言中借用了一些句法形式。再如,某些非粤语方言和少数民族语言采用否定词前置型的述补结构否定式是粤语句法影响的结果。

句法框架　syntactic frame　参见"框架"。

句法偏离　figure of syntax　修辞学术语。指有意识地违背句子的完整性或采用非标准句法结构,以产生不同的修辞效果的现象。主要有以下五种情况:(1)省略(ellipsis),指省去前文出现过的部分语言结构,通常省去的部分在参照上下语境后可以恢复;(2)赘言(pleonasm),指在含义已经非常清晰明了的短语或句子中插入一个多余的语项,通过语义重复产生强调的效果；(3)兼谈(syllepsis)，指同一个词(如动词、形容词、介词等)同时与两个或更多的词相搭配，如"He lost the game and his temper"，句中 lost 一词分别和 game 与 temper 搭配，表达不同的意义；(4)转品(enallage)，指有意识地错误使用词语以达到更生动的表达效果，如"You don't have to *sir* me"(你不用称呼我先生)，名词 sir 在句中被用作及物动词；(5)换位(hyperbaton)，指将词序颠倒换位，以强调某一成分的方法，如"Bloody thou art; bloody will be thy end"(William Shakespeare in *Richard III*, 4.4, 198)。

句法歧义 syntactic ambiguity 参见"语法歧义"。

句法学 syntax 语言学的一个分支学科。研究自然语言中单词组成句子的方式和支配句子结构并决定句子是否成立的规则，包括句子结构成分之间的相互关系和组合序列规则。关于句法的研究称为句法理论(syntactic theory)，与研究词的形态学对立。现代句法学的主要理论有生成语法(Generative Grammar)、功能语法(Functional Grammar)、范畴语法(Categorial Grammar)、依存语法(Dependency Grammar)等。其中影响最大最广泛的是转换生成语法(Transformational Generative Grammar)。现代句法学的研究对于决定计算机语言的命令如何使用及如何组合的内在规则具有重要作用。

句法重构 syntactic reconstruction 一般指不同语言因句法结构存在差异，在进行语言转换(如翻译)时，需要对基于意义的句法结构进行重新建构的一种现象。

句法自主性 autonomy of syntax 句法学术语。指人脑认知中存在的、与语义和话语等外部因素无关而自足的句法系统，即不取决于意义的句法感，也即一个人的语言直觉感能确定什么样的句子合乎句法，而不必牵涉句子的逻辑性。典型的例子为乔姆斯基于 1957 年自创的句子 Colorless green ideas sleep furiously. 虽然该句没有任何意义，但人们能判别出该句子是语法正确的。语法自主性意味着句子可以脱离意义而存在，此观点是乔姆斯基语言理论的理论基础之一。

句副词 adsentential 句法学术语。根据副词句法功能，指在句子中充当状语，用以修饰其所在的整个分句的副词，因此也被称为"句子状语"。句副词与动句副词(adverbal)相对应，后者主要以谓语动词为修饰对象。在语义功能上，句副词主要表示说话人对所陈述命题的主观评价，如表明说话人主观态度的副词 hopefully、maybe 等，或表达对命题真实程度看法的副词 apparently、surprisingly 等。与句副词语义和句法功能相当的语法成分还包括介词短语，如"without a doubt"在语义和语法功能上都与 undoubtedly 相当，虽非句副词，但同样可以充当句子状语。

句号 full stop 标点符号的一种，用于陈述句末尾的停顿，也可用于语气舒缓的祈使句末尾。句号表示一句话的结束，新句子的开始，提示读者该句的表达意思已结束。西式的句号"."也被称作"句点"，在英国英语中称作 full stop，美国英语中的对等词为 period。汉语句号采用空心小圆点。

句间关系 inter-sentence relation 句法学术语。指生成形式为"如果某语言具有符合语法的 A 句型的句子，则也有涉及相同词项的符合语法的 B 句型的句子"以及两个句型之间的各种系统关系中的任何一种关系。例如，英语中的主动句和被动句之间、外置句和非外置句之间都属句间关系。乔姆斯基的早期著作强调单一的语法陈述表达这些关系的重要性，但是短语结构语法并不能表达这些关系，转换也不能令人满意地描写主动/被动关系，因此管辖和约束理论不再直接表达句间关系。盖士达(Gerald Gazdar)于 1982 年在广义短语结构语法中借助元规则(从规则生成规则)首先对这些关系作出充分解释。当代的若干语法理论研究通过词汇规则来表达句间关系。

句块 sentoid 句法学术语。指包含一个"NP＋V＋(NP)"结构的句子结构。由一个句块组成的句子即为简单句，由两个或两个以上句块组成的句子为复杂句。例如：[1] Do you like apples？[2] Ugly ducklings turn into swans. [3] Don't touch the paint. [4] It is not surprising that the fact that Tom failed in his exam upsets his parents. 例[1]—[3]为简单句，各含一个句块；而句[4]为复杂句，包括三个句块：(a) It is not surprising；(b) that the fact upsets his parents；(c) that Tom failed in his exam。

句末中心 end-focus 参见"句末重心"。

句末重心 end-weight 句法学术语，亦称末尾重心、重心在尾。英语句子结构特点之一。英语中一般较长的重要信息句、语法结构较复杂的成分在排列句子成分时被排在句尾，以保持句子平衡。例如：It's necessary that he observes the rules. (他必须遵守规则)。句中的"he observes the rules"即为尾重部分。这一特点与句末中心(end-focus)原则有类似之处，后者指将重要信息或新信息安排在句子后部或末端。

句片　fragment　句法学术语,亦称片断句。指只有一个短语组成的话语。典型的句片是对提问的简短回答。例如：A：Where are you heading for? B：*To the library*。

句式　sentence pattern　语法学术语,亦称句子模式、句型(syntactic pattern)。严格意义上指一个简单句的基本结构,去除一切附加结构成分的动词配价结构。传统的英语句型包括"N＋V"(即SV)、"N＋V＋Direct Object"(即 SVO)和"N＋V＋Indirect Object＋Direct Object"(即 SVO$_i$O$_d$)等。

句式词　sentence word　参见"孤立成分²"。

句尾成分重复　epiphora　参见"句尾音词重复"。

句尾附加句　tag question；tag statement　参见"尾句"。

句尾附加问句　tag question；question tag　语法学术语。指紧接在一个陈述句后面的简短问句,用助动词加人称代词构成。例如：[1] You are a teacher, aren't you? [2] You aren't a teacher, are you? 句[1]中的"aren't you"和句[2]中的"are you"让陈述句有了疑问性质。陈述部分和句尾附加问句共同构成反意问句,两部分主语人称保持一致,但两部分中肯定和否定正好相反。不过,也有例外的形式。例如：[3] I wish to use your bike, may I? 句[3]中的"may I"则不具有反问性质,也不是否定形式。

句尾音词重复　epiphora　语法修辞学术语,亦称句尾成分重复、末尾重复。指句尾或诗行末尾的音、词或句法结构的重复。末尾重复能产生一种强调的节奏(如诗行末尾的押韵),这种节奏的加强能在读者或听者那里引起情感上的变化。例如：[1] I'll have my bond! [2] Speak not against my bond! [3] I have sworn an oath that I will have my bond! (Shakespeare, *Merchant of Venice*, 3.3.4)。

句型　syntactic pattern　参见"句子结构"。

句型操练　pattern drill；pattern practice　语言教学术语。指通过替换简单语篇(通常是句子)中的词或句法结构成分来练习特定句型结构的一种方法。这种方法主要用于听说教学法,通过模仿和类推练习,使学生习惯于组织某些横向语篇,而无需运用元语言对语法进行解释。

句子　sentence　语法学术语。指可以从形式和功能上进行分类的独立单位,亦是句法分析的最大结构单位。句子分类的角度不同,使用的术语也不相同。在形式上,句子可分为陈述句、疑问句、命令和感叹句等。在结构上,根据句子所包含的"主语—谓语"结构的数量和种类的不同,句子可区分为简单句、复杂句或复合句。

句子成分　element of sentence　句法学术语。句子中具有一定句法功能的组成部分,如主语(subject)、谓语(predicate)、宾语(object)等。

句子分析　parsing　句法分析术语。❶指使用语言的基本单位(如语素、单词、短语等)及其相互关系来描述句子的句法结构。分析的目的和方法视其所涉及的语法而定。例如在传统语法中,指分析出单个句子的语法成分,并为之加标签,如主语、谓语、过去式、名词、动词等；在结构语言学中,指用直接成分分析法对句子进行分析；在从属/配价语法中,指分析句子的各成分与动词的依存/配价关系；在交际语法中,指分析已知信息和新信息的关系。❷指对语言的句法结构进行机器分析,以检验某一具体词链(如句子)是否符合某一具体(人工或自然)语言的规则。如果符合,就可以得出该词链的句法和语义结构图示(如短语结构树)。机器分析以不同的语法模式为理论依据,如广义短语结构语法(Generalized Phrase Structure Grammar)、词汇功能语法(Lexical Functional Grammar)等。此外,分析手段也有不同,如"自上而下"(即从句子树节到终端符号),或"自下而上"(即从终端符号到句子树节)；或者是首先运用一种规则假设,以检验其可行程度,也可以将所有规则假设应用于每一位置,以检验规则的适用性。运用机器分析手段对自然语言进行分析的最大困难在于语言词汇和语言结构具有多义性。

句子副词　sentential adverb　参见"外加语"。

句子话题　sentence topic　参见"关涉话题"。

句子结构　sentence pattern　句法学术语,亦称句型(syntactic pattern)。严格意义上指一个简单句的基本结构,去除一切附加结构成分的动词配价结构。传统、典型的英语句型包括"名词＋动词,即主谓结构""名词＋动词＋直接宾语,即主谓宾结构"和"名词＋动词＋间接宾语＋直接宾语,即主谓双宾结构"。

句子结构场　topological fields　参见"位置场"。

句子逻辑　sentence logic　参见"命题逻辑"。

句子片断　sentence fragment　语法学术语,亦称零碎句(minor sentence)、非惯用句(non-favourite sentence)。指不具有常规句型结构特征的句子,如不包含主动词,但可作为完整的意义单位理解的句子,如"Down with the dictator!"。

句子演算　sentential calculus　　参见"命题逻辑"。

具体化　realization; actualization; manifestation　　亦称实现。指抽象的语音、语法、语义特征或单位在语言或书面文字中的实际表达。音位、音素、法位、义素等都属抽象语言单位。具言之，如通过语音来表达音位；通过助动词来表达情态；通过冠词或屈折变化来表达性；通过名词短语来表达主语；通过一系列音位来表达词素等。此时抽象的语言学单位在一定语境中作为有一定修饰特征（modified feature）的实体出现。譬如，抽象音位单位/t/在具体的语言环境 tail、star 和 twelve 等词中出现时，由于受到相邻语音的影响，其具体实现形式分别为音位变体[t]、[tʰ]和[tʷ]。以英语单词 school（学校）为例，/skuːl/中的/k/为抽象的 k 音位在/s/后的实现（"失去送气"为其修正特点）；又如 big /big/的音位/ɪ/在长度上可表达为[ɪ]、[iː]（有一定长度）或[iii]（特别长）。一般说来，任何一个底层形式都可由相应实体来实现，如音位变体是音位在某一特定条件下的实现。该术语亦可指语言形式任何一种相对不太抽象的表达式。例如：音位序列/fæt/实现了英语词素 fat；而 children 即可用"child + PLURAL"形式来表达，也可由音标/ˈtʃɪldrən/来实现。

具体名词　concrete noun　　语法学术语。指用以命名实物或表示实物与物质的名词。具体名词是普通名词（common noun）的一种，所谓实物指的是桌子、词典、语言学家等。它与说明品质（quality）、状态（state）或动作（action）的抽象名词（abstract noun）不同，后者包括幸福、悲伤等。

具体问题　specific question　　语言教学术语，亦称特定问题。指阅读理解练习中有关一个篇章的各个细节的问题。可以用来检验学生对文章细节的理解。参见"全局性问题"。

距离带　distance zone　　语用学术语，亦称距离区。人们在彼此交流时所采取的站立方式以及彼此之间的距离。不同的文化所允许的距离带存在差异。一般而言，在人们交流过程中，存在四种不同的距离带：(1)亲密型：彼此距离小于 45 厘米，表示彼此关系密切；(2)人际型：0.45 米至 1.3 米之间，表示正常的、较为亲密的关系；(3)社交咨询型：3 米至 4 米，表示较为冷淡的关系；(4)公关型：4 米以上，出现于公众人物和公开场合。

聚合关系　paradigmatic relationship; paradigmatic relations　　句法学术语。语言系统复杂结构的基本语言学关系之一。如果语言单位之间在垂直方向上存在可替换关系，则这种关系称为聚合关系，由替换检验来确立。在句子层面上，例如：She will arrive today. 句中的 today 可被 tomorrow 替换，因此这两个单词具有聚合关系，构成一个聚合类。在语音层面上，beer 和 peer 两个单词的首字母辅音构成一个聚合类，具有聚合关系。参见"横组合关系"。

聚合关系语项　paradigm　　句法学术语。一组具有相同语法特征的词所构成的词集，这些词可以在某一结构中的相同位置互相替换，但不会影响该结构的句法特征。也指在纵向层面上可以替换某一成分的、属于同一（词）类的一组表达形式。

聚合体　linguistic paradigm　　形态学术语。指某一特定词素（lexeme）屈折变化后所形成的词汇集合，典型的例子是同一动词的共轭体（conjugations）集合，以及同一名词的变格体（declensions）集合。而决定词汇形成聚合体的屈折范畴必须和该语言的句法规则相关，如英语名词可根据人称和数的变化形成聚合体，因为英语句法规则要求动词的屈折变化和主语的性数一致。

聚合体形态学　paradigm morphology　　形态学术语，亦称词形形态学。形态学的传统研究方法之一。与以语素为研究核心的方法不同，聚合体形态学认为单词是语法描述的核心单位，体现句法范畴的所谓"屈折语素"是单词本身的组成部分，因此单词就是由句法范畴概括出的屈折聚合体。其研究问题不是如何由语素构成单词，而是屈折聚合体形式之间的普遍规则。聚合体形态学的研究观点在屈折语言（fusional language）中有突出体现。

聚合型反应　paradigmatic response　　心理语言学术语。词汇自由联想测试中的一种语义反应，指受试者在听到一个刺激词后做出的一种联想反应。联想词与刺激词属于同一词类，如 good→bad, cat→animal. 语义反应的另一种形式为组合型反应（syntagmatic response），指联想词与刺激词构成一种搭配、修饰关系，如 dog→bark, nuclear→reactor. 除语义反应外，还有语音反应，指联想词在读音上与刺激词相似，而没有任何语义联系，如 dog→bog。

聚集复合词　aggregative compound; agglutinative compound　　形态学术语，亦称多重聚合词。指使用连字号将多个词连接构成的复合词，常见于报刊的标题或报刊内容中。例如：［1］April Fool *call-up* joke　［2］a *never-to-be-forgotten* moment　例［1］中的"call-up"和例［2］中的"never-to-be-forgotten"均属此类构词。

聚焦附从语　focusing subjunct　　句法学术语。指能够突出句子的某一部分以吸引更多注意力的句子成分,类属于状语(adverbial)。聚焦附从语一般由副词充当,偶尔也由介词短语充当,如 alone, exactly, just, only, purely, simply, mainly, particularly, at least, specifically, again, also, even, further, too, as well 等。聚焦附从语的焦点往往代表新信息。以 only 为例,"He only visited Mary"聚焦的信息可能包括:(1) Mary,即相当于"Mary was the only person he visited";(2) visited Mary,即等于"The only thing he did was visit Mary";(3) visited,即等于"He only Visited Mary"。

聚焦疑问句 focused interrogative 句法学术语。指针对句中特定成分进行提问的问句。例如:[1] Who is coming? [2] Whose coat is this? [3] How did they do that? 句[1]、[2]、[3]分别针对主语、主语限定词和副词进行了提问。通常这类问句也称作特殊疑问句。

聚谈 polylogue 参见"会话"。

卷面效度 face validity 参见"效度"。

卷舌 retroflexion 语音学术语。发音方式之一,舌尖后缩并翘起到一定程度时,接近硬腭中部,形成气流阻碍,气流从舌面上方通过的发音方法,如英语中的/r/音就是通过卷舌方法发音。

卷舌音 retroflex 语音学术语,亦称翘舌音、顶音或反舌音。指一类发音时舌尖向上齿龈及硬腭卷曲,触到或几乎触到硬腭时发出的辅音语音。该音按其发音器官为舌尖音,按发音部位为后齿龈音,如英语 red 中的/r/。卷舌音在印地语和其他一些印度语言中发辅音/t/和/d/时比较明显;在英国西南部和美国许多地方卷舌元音也比较多,尤其是在拼写中元音字母后有 r 的词,如 car、stir 等时。许多印第安语言有卷舌音,操印第安者在讲英语时,也保留了卷舌音。

角色 role ❶语言教学术语。指交际行为中任何一名参与者所呈现的身份。有的角色比较固定,如教学行为的参与者——教师和学生;有的角色比较短暂,如售货员和顾客、指路人和问路人、劝说者和被劝说者等等。一个人在日常生活中可以同时担任多种角色。例如,一位男子在家中的身份可能是儿子、丈夫、父亲等,但在工作中可能是教师、同事、专家等。个体在社会情境中的角色并非由个人特征所决定,而是由自身以及别人对自身行为的一系列期待(role expectation)所规定的。角色对人们相互交际的方式会产生一定影响。❷语法学、句法学术语。指一个成分在句子或派生过程中的功能,多用于分析各种句法或语义功能,如施事和处所格。

角色扮演 role play 语言教学术语。指学习者在课堂交际任务中担任某一角色,运用所学语言通过演示交际情景从而掌握语言知识、培养交际能力的活动。例如,学习者可分角色扮演问路者、指路者,或者扮演饭店中的服务员或顾客等,用外语完成问路、点菜、抱怨饭菜质量、道歉等交际任务。此方法有助于创设交际场景,活跃课堂气氛,提高学习者的语言运用能力。

角色关系 role relationship 社会语言学术语,亦称身份关系。指语言交际过程中发话人与受话人之间的特定社会关系,这种关系在一定程度上影响到人们相互交谈的方式和内容。对话中双方角色地位通常会有高低之分,亲疏之别,还具有情景性、暂时性的特点。

角色卡片 role card; cue card 语言教学术语。指角色扮演或模仿性教学活动中分给参与者的卡片,说明与角色扮演有关的情况,如参与者将扮演何种角色,如何进行活动等。

角色与参照语法 Role and Reference Grammar 语法描写术语。指由美国语言学家福利(William A. Foley)和小范瓦林(Robert Van Valin, Jr)于20世纪80年代发展起来、以功能为取向的语法描写框架。根据这一框架,语法结构取决于语义角色(semantic role)因素和语用或语境参照(reference)因素的交互作用。描写重点在小句结构,分析为一个"核心"层("核心"动词及其各论元)和一个"外围"层(例如附接语),另加一个渡连理论(处理小句以下单位的组合)和一个组连理论(处理波连内单位的句法关系)。这些基本单位又在"小句关系语法"内用来分析各种语言中发现的各种小句、句子和更大的构式。这种语法以词汇为基础,不利用派生过程,通过建立语境条件来支配意义表征式与结构实现之间的配对。

决定系数 coefficient of determination; R^2 统计学术语。等同于相关系数 r 的平方,用以测量两个变量共有或共同预期的变化可能性。例如,相关系数为+0.70则表明两个变量共有的变化可能性为49%(即$+0.70^2$),两个变量非共有的变化可能性为51%。

决定因素 determinant 音系学术语,亦称触发条件(trigger)或环境(environment)。指的是经典生成音系学的音系规则中斜线右边的部分。比如一条音系规则为:A→B / C_D。那么 C_D 就是导致 A 变成 B 的决定因素。参见"环境"。

绝对比较级 absolute comparative 语法学

术语。指形容词比较级的一种应用形式,通常不存在明显的比较的对象,即不以"比……更……"的比较形式出现,而由听者或读者根据语境推理得出比较的对象,如"higher education""the finer things in life"等。

绝对反义词　absolute antonym　语义学术语。指具有逻辑上的矛盾关系,且在概念上不存在其他中间项,也不可在程度上切分的反义词。这样的反义词所表达的概念往往是非此即彼,如生/死、有/无等。区分绝对反义词的方法是肯定 A 必然否定 B,同时否定 A 必然肯定 B。绝对反义词不但具有非此即彼的矛盾关系,而且还具有既能首先用于肯定、又能首先用于否定,既能正用、又能反用的特点,所以在词汇研究中亦称之为"有矛盾关系的反义词""正反关系反义词"或者"可逆用反义词"。

绝对反义关系　absolute antonymy　指两个词的词义完全相互排斥,互相否定,没有中间状态,如"生—死""真—假""对—错"等。

绝对格　absolute case　参见"通格"。

绝对共性　absolute universal　指一切人类语言所共同具有的无例外特性。例如,所有语言的句子都有语气、语调和结构层次即属于语言的绝对共性。对语言绝对共性的研究属于语言类型学范畴,最初由格林伯格(Joseph Greenberg)等人提出,用以区分人类语言共性的程度。语言共性可以区分为绝对共性和共性倾向(universal tendency)两种。与共性倾向相比,人类语言所表现出的绝对共性并不多。

绝对决定　absolute decision　语言测试术语。指测试学中根据预先制定的标准来判定受试者是否已经获得某种知识或是否已经达到某种能力的标准,与相对决定(relative decision)相对。如果受试者经过测试达到了预先制定的标准,就认为其拥有或达到了某种能力,可以颁发合格证书或证明。很多资格考试,如教师资格考试、医师资格考试、驾驶执照考试等,都属于绝对决定。

绝对年代学　absolute chronology　参见"相对年代学"。

绝对时态　absolute tense　语法学术语。指以发话的时间为基准点,仅设置"过去""现在"和"将来"三个"时"的概念。绝对时态与相对时态相对。后者指以过去或者将来的某个点作为基准点,"时"的概念被大大地扩大了,有"过去的过去""过去的将来""将来的将来"等。

绝对同义词　absolute synonym　语义学术语。指在意义和用法上完全相同,而且在任何语境中都能相互替换使用的同义词。绝对同义词之间不存在语义和修辞色彩方面的差异,因而此类同义词在语言中并不常见,仅限于少数的科技术语。例如,汉语中的"日光灯""荧光灯"和英语中的"word-building""word-formation"等,均属绝对同义词。参见"相对同义词"。

绝对形容词　absolute adjective　参见"独立形容词"。

绝对形式　absolute form　形态学术语。指不具有比较级和最高级形式的形容词或副词。例如:unique,excellent,perfectly 等词的基本意义中已经含有"最大限度"之意,因而不能以比较级或最高级的形式出现。

绝对音延值　absolute duration value　语音学术语。指一个音或音节在实际说话中持续时间的绝对值,一般以毫秒为单位计算。绝对音延值的长短通常取决于说话人讲话的整体速度。

绝对真理观　God's truth　指语言分布论(distributionalism)关于语言系统和语言结构是否存在的两种观点之一,20 世纪 50 年代由豪斯霍尔德(Fred Householder)提出,与随意变幻观(hocuspocus)相对。绝对真理观认为:语言单位和词类具有绝对的现实世界真实性,语料中确实存在语言系统和语言结构,它们不是靠戏法变出来的;不管被描写或被分析的语言结构如何变化,总有一种底层结构确实存在。事实上,绝对真理观所声称的语言系统和结构本身并不是实际存在的事物,而是基于语言事实的抽象模型,旨在证明数据中确实存在一种无可争议的底层结构;随意变幻观所批评的规则并不是任意的,相反它们是可以验证的。对此问题的辨证观点比较容易让人接受。参见"随意变幻观"。

绝对中和　absolute neutralization　音系学术语。经典生成音系学的重要假设之一。它假设底层形式中存在表层形式中完全没有的音素,因其在表层形式中总被其他音素中和。例如,波兰语中的[posɛl]和[posla]分别是意为"大使"的名词的单数主格形式和单数所有格形式,[ɛ]在单数主格形式中出现,但在单数所有格形式中不存在。有人认为,这些与零形式交替出现的[ɛ]衍生自底层表征中的抽象音素[ï](指一个没有舌根前伸特征的高元音,此抽象音素在古代波兰语音系中存在,但在现代波兰语音系中不存在)。很多音系学家反对这种分析方法,认为从语言习得的角度来说,儿童不可能习得母语表层形式中根本不存在的音素。此概念在当前经典生成音系学中仍然极具争议。

绝对最高级　absolute superlative　语法学术语。指形容词最高级的一种形式，用于说明某种品质的高级程度，但没有比较的成分。在形式上分两种情况：(1)在对名词的修饰中不使用"the＋adj.＋est"或"the＋most＋adj."的形式，也不对名词所属的参照群体予以限制；(2)在对名词的修饰中使用 the＋adj.＋est 或 the＋most＋adj. 的形式。例如：[1] John is very smart. [2] John is the smartest boy in the class. [3] He's the greatest. 句[1]中的"smart"属于绝对最高级用法；句[2]中的"smart"则属于相对最高级用法；句[3]中的"the greatest"意为 very, really great(非常、真的了不起)，因而也被称为增强语(elative)。参见"**最高级**"。

均变　uniformitarianism　社会语言学、历史语言学术语。指语言持续变化的理论。一致原则(uniformitarianism principle)是均变理论的重要原则。该原则认为，引发语言变异的语动力具有一致性特点，因此，对当代语言变异所做的推理分析也适用于历史上早期的语言变异研究。

隽语　paradox　亦称似非而是，修辞格的一种。使用这种修辞格的语句字面意思互相矛盾，甚至荒唐，有悖常理但令人深思，从而引发人们去发掘其深层含义。例如：[1] Freedom is slavery. [2] Ignorance is strength. [3] More haste, less speed.

K

卡茨—波斯特假说　Katz-Postal hypothesis
句法学术语。指卡茨(Jerrold Katz)和波斯特尔(Paul Postal)于1964年在讨论转换和意义的关系时提出的假说,认为句法部分的深层结构决定意义。这一假说被乔姆斯基所接受,并纳入其1965年的标准理论(Standard Theory)中,进一步表述为:深层结构通过语义解释规则映射意义,通过句法转换规则投射到表层结构,最终获得语音解释。

卡茨语义理论　semantic theory of Katz
语义学术语。由美国哲学家杰罗德·卡茨(Jerrold Katz)在对后期维特根斯坦、奎因等人的内涵主义理论进行批判的基础上提出的一种语义理论。卡茨语义理论属语言学范畴,主要通过语义规则(主要是投射规则 projection rules),对句子的深层结构做出语义解释,即运用语义标记(semantic marker)和辨义成分(distinguisher)及语义的选择限制(semantic selection restriction)对语义进行形式化的描写,检验句子的各个组成部分是否搭配得当,在意义上是否站得住脚,并解决句子的歧义问题,从而得出句子的意义。该理论的主要论点包括:自然语言的所有词语、短语和句子都具有意义;它们的意义就在于它们的涵义,模糊表达式具有不止一个涵义,无意义的表达式没有任何涵义,同义的表达式拥有共同的涵义;涵义可以相反也可以类似;意义同使用相联系,但表达式和句子标记的意义由语言类型的意义派生;自然语言中的句法单项可以拥有复杂的结构,即拥有成分涵义,而对自然语言的语义学的某种解释在表现组合性的涵义结构的同时也必须表现分解性的涵义结构。另外,该理论还认为关于一种语言的问题就是关于句子的语法结构的问题,语法结构与说话者无关,具有自主性。

卡方 χ^2　*chi*-square test; *chi*-test　统计学术语,亦称卡方检验。卡方和卡方检验是统计学常用的一种假设检验方法,主要用来分析一个自变量的变化对其对应变量产生的效果。例如,若n个相互独立的随机变量$\chi_1, \chi_2, \cdots\cdots, \chi_n$,均服从标准正态分布,则这n个服从标准正态分布的随机变量的平方和 $Q = \sum_{i=1}^{n} \xi_i^2$ 构成一个新的随机变量,其分布规律称为$\chi^2(n)$分布,其中参数n称为样本数量,样本数量不同就是另一个χ^2分布。

卡方检验　*chi*-square test; *chi*-test　参见"卡方χ^2"。

开场白　gambit　话语分析术语,亦称开头话。指会话中表明说话者要接过下一个话轮的某个单词或短语,可称为信号词。开场白可以用来说明说话者是否添加新的信息,发展前一个说话者所讲的内容,或发表自己的意见,表示同意等。例如,英语表示说话者要发表自己意见的开场白包括:In my opinion ... / To my mind ... / The way I look at it ... / To my knowledge / In my eyes ... / Personally ...等;表示同意的开场白有:I agree ... / I strongly agree ...等。

开场策略　conversational opening　话语分析术语。指说话者开始谈话时所采用的策略。在语言层面上开场策略包括对听话者的称呼,如"Hey, Tom!";要求得到信息,如"Do you know what time is it?";提供信息,如"Are you looking for someone?";或者用一些招呼语,如"Hello!",以及直接谈论话题,如"Strange weather lately, eh?"等。除语言因素外,开场策略还包括部分非语言因素,如清嗓子、身体动作、姿势、视线的移动等。

开放集合　open set　参见"开放性词类"。

开放教育　open education　参见"开放式学习"。

开放式回答　open-ended response　语言测试术语,亦称自由反应题项(free response item)。指不提供待选项目,应试者无须从中选择而是按自己的意愿来答题,如一些简答题、写作题等。

开放式回答项　open-ended response item
参见"自由反应项"。

开放式题目　open-ended question　语言测试术语。指允许应试者自己提供答案的测试题项。开放式题目不同于有限选项的题目,如多项选择题(multiple-choice question)。测试中使用开放式题目可以更全面、灵活地考查学生对知识的掌握程度和运用能力,如外语测试中的写作部分除了考察学习者对词汇、语法等语言知识的掌握,还可以考察学习者的逻辑思维能力、语言组织能力、语言表达能力等语言应用的能力。另外,问卷调查中使用开放式题目的优点在于它能引出未曾设想到的回答,不足之处在于它不能保证答题者的回答是切合要求并且有意义的答案。

开放式学习　open learning　亦称开放教育(open education)。指取消了通常的一些限制,旨在实现教学资源共享、学习者自有学习的目标而建立的一种成人教育体系。课程可以根据学员需求灵活安排。开放式学习相对于其他传统的封闭式的教育方法有其自身的特点:(1)不受学历背景、年龄、课时、地点、时间的限制,学习者接受教育的机会大为增加;(2)课程结构和讲授方法灵活,学习者对课程节奏、内容、结构和测试评估方式具有较大的自主权;(3)学习者享有多种支持其学习的方法手段。开放式学习通常以远程教学、网络教育为主要方式,也可以结合面授教学,教学方式采用多媒体电子教材和现代信息技术等。现代远程教育和开放教育的结合被称为现代远程开放教育。

开放项列　open list　参见"开放性词类"。

开放性词　open-class word　参见"开放性词类"。

开放性词类　open class　形态学术语。❶亦称开放项列(open list)、开放集合(open set)。指所包含的词项没有限制的一类词,像 chair、table、lamp 等一系列具有无限序列的词项,新词如 google、e-commerce 等。名词、动词、形容词和副词属于开放性词类,这些词类可以增加新词。与封闭类(closed class)或封闭集(closed set)相对,封闭类如连接词、介词和代词这些词类,其数目固定,一般不增添新词。❷亦称内容词、实义词或实词(content word)。指本身有完整意义的词,如 flower、desk、book 等。与之相对的是功能词(function word),功能词没有的独立词汇意义,只是为某种结构提供语法意义,如 the、of、since、to、but 等。

开过渡　open transition　参见"过渡"。

开孔度　aperture　参见"间隙度"。

开始体　ingressive aspect　语法学术语。指某些语言中表示开始进入一个状态的动词的体,表示行为动作的开始,如"She dropped asleep."(她入眠了)。

开音　open　语音学术语。指根据发音时舌与上颚形成的空间大小对基本元音系统进行的分类,即"开""半开""半闭"和"闭"。舌位最高时舌与上颚形成的空间最小,如/ɪ/和/y/,因此为"闭";舌位最低时舌与上颚形成的空间最大,如/a/和/ɔ/,因此为"开";舌位在"开"与"闭"之间时为"半开"或"半闭",前者如/ɛ/,后者如/e/。

开音渡　open juncture; open transition　参见"音渡"。

开音节　open syllable　语音学术语,亦称自由音节(free syllable)。指发音以元音结尾的音节,如[miː]、[haɪ]、[traɪ]、[tuː]等。

开元音　open vowel　语音学术语。指发音时口腔开度较大而舌位较低的元音,如/æ/、/a/、/ʌ/、/ɑ/等。根据口腔开度大小对元音的其他分类为半开元音(open-mid)、半闭元音(close-mid)和闭元音(close)。参见"低元音"。

凯尔特语言学　Celtic linguistics　指专门对包括爱尔兰语(Irish)、苏格兰语(Scottish)、威尔士语(Welsh)、盖尔语(Gaelic)等在内的凯尔特诸语言进行描述的语言学理论。

坎兹　Kanzi　一只会使用美国手语的雄性矮黑猩猩,1980年10月23日出生于美国佐治亚州立大学。他在未受直接训练的情况下,靠观察学会使用键盘,而且学会理解由多个单词构成的英语指令。坎兹现在已被训练到可以接电话,能够通过贴着符号的键盘和语音合成器进行双向交流。在坎兹6个月大时,研究人员原本试图教会他的母亲玛塔塔(Matata)用计算机键盘交谈,但教了大约两年,玛塔塔一直没学会,而坎兹却通过"自学"学会,而且能听懂英语,能够听懂很复杂的新句子,比如"到办公室去把红色球拿过来"。以后研究人员就用类似教小孩说话的方式与坎兹交谈。目前,坎兹能使用约250个词,能听明白2000~3000个英语词。研究者认为它有4岁小孩的思维和语言能力。

考古学　archaeology　人文科学的一个重要分支。指根据古代人类各种活动遗留下来的实物借以研究人类古代社会历史的一门科学。按照研究的年代范围、具体对象、所用手段和方法等的不同,考古学可以划分为史前考古学、历史考古学、田野考古学及各种特殊考古学等分支。史前考古学的研究范围是未有文字之前的人类历史;历史考古学的研究范围则限于有了文献记载以后的人类历史,两者的界线在于文字的发明。史前考古学和历史考古学的研究方法也不同。史前考古学要充分与地质学、古生物学、古人类学和民族学等学科相结合;历史考古学则必须与历史学相配合,同时还要依靠古文字学、铭刻学、古钱学和古建筑学等分支。从断定绝对年代的手段来说,史前考古学在很大程度上要依靠物理学、化学等自然科学的技术,而历史考古学则主要依靠文献记载和年代学的研究。考古学研究是一个整体,田野调查发掘和室内整理研究有着密切的联系,不能截然分割。但是由于调查发掘工作有一套完整的方法论,且还使用许多特殊的器材和设备,又要广泛采用自然科学的手段,使得田野考古学有其相对的独立性。

考试余波影响　backwash; washback　参见"反拨作用"。

科尔曼报告 Coleman report 指美国政府于1966年以《教育机会的公平》(Equality of Educational Opportunity)为题目发布的基于对全美超过三千所学校中几乎六万五千名教师和学生有关教育机会的广泛调查的研究报告。此报告由社会学家詹姆士·科尔曼主持,多位专家共同编纂,是由美国国会下达、为政府决策提供参照的、最早的社会科学研究成果之一,具有里程碑式的意义,但同时也饱受争议。该研究项目以1964年《民权法案》(Civil Rights Act)章程为指导,整个设计充分借鉴第二次世界大战中的军事调查程序,成为教育政策研究的范本,并为后续的研究者广泛模仿。该研究的出版对多年后全国实现破除种族隔离的教育制度的实行带来了最为直接和积极的影响。

科技英语 English for Science and Technology; EST 文体学术语。指在自然科学和工程技术方面的科学著作、论文、教科书、科技报告和学术讲演中所使用的英语,属专门用途英语(English for Special/Specific Purposes)。科技英语作为一种重要的英语文体,包含大量与科技相关的专业词汇,具有词义多、长句多、被动句多、词性转换多、非谓语动词多、专业性强等特点。

可编码性 codability 认知语言学术语。指语言中用词汇表达某方面经验的程度。不同语言对于事物、事件、体验和状态的描写和命名的程度不同。如英语中可区分蓝色和绿色,而有些语言则可能仅用深与浅来区别。现代认知语言学研究发现,不论语言之间对颜色的区分和描述差别有多大,每一种语言必然有其所谓的基本颜色词(basic colour terms),且这些颜色是层级性的(hierarchical),从左往右依次为:黑、白→红→黄→蓝→棕→紫、粉、橙、灰。即黑和白为最基本的颜色词。如果某种语言只有两个词描述颜色,那么一定是黑和白;同样,如果某种语言只有三种颜色词,那么必然是黑、白和红。通过对焦点色(focal colours)的研究发现,焦点色相比其他非焦点色在感知时更加突出,正是这一点影响了不同语言对颜色的编码。

可变词 variable word 形态学术语。指在语法上有规则、有次序的变化,形成不同词形系列的词。常通过添加屈折词缀(inflectional affix)来改变词形,如 work、work-s、work-ing 和 cat、cat-s、cat-'s、cat-s' 等。各种语言中可变词词形变化的数目和复杂性各不相同,英语词形变化的复杂性不及德语,德语又不及拉丁语和梵语。

可变性 variability 参见"系统性"。

可变中心教学法 variable focus approach 语言教学术语。指一种在交际教学基础上改进的一种教学法,由艾伦(John Patrick Brierley Allen)于1980年提出。该教学法由结构、功能和工具三部分组成,并且分别与学生的交际能力水平相对应。例如,对水平较低的学生应加强结构,即语法方面的训练;对中级水平的学生应加强功能,即语言社交功能和话语特征方面的训练;而对水平较高的学生应着重工具,即语言实际运用的训练。不管对哪一级水平的学生,在着重某一方面训练的同时,不应忽视另外两个方面的练习。

可读性[1] readability ❶指书面材料易于阅读和理解的程度,用于判断读者能否顺利阅读并理解某一作品。可读性取决于材料中单位文段内生词数目、句子的平均长度、语法结构的复杂程度等。测量可读性的方法为"可读性公式"。最为普及并成为其他公式基础的是鲁·弗勒施1949年出版的《易读的写作艺术》一书中的公式:R.E. = 206.835 − 0.846WI − 1.015SI。其中,R.E.为可读性得分,WI是每100个词的音节数,SI是平均每句的词数。可读性得分愈高,可读性愈强。在语言测试中,可读性公式有助于选择恰当的阅读理解篇章。❷新闻语篇中指新闻的趣味性以吸引读者的程度。研究表明,新闻语言通过多用动词、短句和单句,少用形容词、长句,多描述细节等方式达到增强新闻可读性的目的。

可读性[2] intelligibility 参见"可理解性"。

可分析性 analyzability 句法学术语。指句子的所有组成成分在结构描写中都符合一项转换规则的结构描写性质。可分析性是转换生成语法句子结构描写的一个特点,构成转换的基础。例如:[1] The man is kicking the ball. [2] The man has gone. 根据被动转换的句子结构描写"NP-Aux-V-NP",这一规则表明,句[1]是可分析的,句[2]是不可分析的。

可复原性 recoverability ❶句法学术语。生成转换语法中指句中被省略(或删除)的成分能参照语言的上下文得以恢复。规定只有缺乏语义内容的成分可被删除,具有语义内容的成分不可省略,从而防止删除转换引发意义的改变,并保证基础结构能够随时复原,或者可以从句子表层结构中推断出来。可复原性是支配删除规则应用的一个条件。❷音系学术语,亦称可还原性。在某些节律音系学流派中,指节律成分的位置和中心语的位置可以非常明确地相互还原。

可及性 accessibility 心理语言学术语。原指某产品、器械、服务或环境为尽可能多的人可触及、可利用的程度。可及性通常倾向于强调全体使用者共同"获取"或"受益"的能力，往往聚焦于残障人士或有特殊需要人群的均享权力，而其语言学内涵则指说话人从记忆中提取语言学单位的难易程度。人们在提取复杂程度、难易程度不等的结构时所需的反应时间通常伴随有相应的个体差异，简单结构的可及性往往高于复杂结构的可及性。

可及性等级 accessibility hierarchy; accessibility scale 关系语法中指名词性短语成分之间线性序列的依存关系。可及性等级序列可用于控制句法规则的适用性，即每个成分要比位于其右边的成分在适用句法规则上更为自由。例如，在把英语主动句变为被动句时，直接宾语和间接宾语都可以成为被动句的主语，但直接宾语被认为比间接宾语更具可及性，而间接宾语又比方位成分等更可及，它们由此形成一个等级：直接宾语（DO）＞间接宾语（IO）＞方位成分（LOC）。

可及性原理 accessibility principle 指可及性具体程度高的心理客体容易被检索和执行。阿里尔（Mira Ariel）认为，可检索性主要取决于激活的程度或可及性，说话者提供给听话者的心理客体的可及性程度是决定检索标记的关键标准。根据阿里尔的观点，意识里最活跃的客体是高度可及的心理客体，检索时需要很少的努力；而可及性程度低的心理客体处理时需要较多的努力。基南（Edward Keenan）和科姆里（Bernard Comrie）提出了"名词短语可及性等级结构"（NP accessibility hierarchy），他们认为一个句子左边的名词总是比右边的名词更容易检索。例如，一个句子主语位置的名词比直接宾语位置的名词容易检索，而直接宾语位置的名词又比间接宾语位置的名词容易检索。

可及主语 accessible subject 句法学术语。乔姆斯基20世纪80年代在管辖与约束理论中提出的一个概念。一般将约束域（binding domain）定义为"若X为包含Y、Y的管辖语及一个主语的最小范围，则X是Y的约束域"。例如：[1] *John$_i$ thinks that [$_{IP}$ himself$_i$ will appear on TV]。[2] John$_i$ thinks that [$_{IP}$ [NP a picture of himself$_i$] will appear on TV]。但这种约束域的定义无法解释例[2]的合法性，因为例[2]中的IP包含了照应语himself、管辖语will和一个主语"a picture of himself"，IP构成约束域。在这个约束域内，himself 如同例[1]一样缺少先行词，但例[1]不合法而例[2]却正确。这是因为himself嵌套在了IP的主语（即 a picture of himself）之内，是不可及的主语。如果将不受包含（嵌套）的主语定义为可及主语，那么约束域的定义可修改为"若X为包含Y、Y的管辖语及一个可及主语的最小范围，则X是Y的约束域"。这样，例[1]不合法是因为在约束域IP内himself没有受到约束，例[1b]正确是因为IP只包含了照应语himself和管辖语will，不包含可及主语，IP没有构成照应语himself的约束域（此时himself的约束域是整个句子，himself受John约束）。

可间断性 interruptability 语法学术语。指词语在语法上的一种定义特性，即作为一个语法单位，词出现的初始形式可被具有一定长度的其他词语形式间隔开来。原本完整的语法单元中间插入其他成分，但原本成分分离后并不影响对语言整体的理解，这反映出思维主体的跳跃性和隔空对话，是人类大脑长期进化后高度发达的体征和表现。参见"**黏聚性**"。

可见性条件 visibility condition 句法学术语。与转换生成语法中的格鉴别式有关。它是指句法成分必须有格标记才能得到题元角色。换言之，谓词必须将题元角色授予可见的名词/限定词短语。为了确保可见性，名词短语必须标记抽象格。可见性条件也适用于逻辑式。

可教性 teachability 语言习得术语。与可加工性（processibility）理论相关的一个产出加工理论假设，认为学习者对一些语法结构的习得具有层级结构，即语言学习者只能一步步地习得不同的语法特征，而不可能跳跃性地习得。若习得了第二个阶段的结构，便意味着做好了习得第三阶段结构的准备，但不可能直接习得第四阶段的语法结构。反之，若已习得第四阶段的语法，那么可推测一定已习得了第三、二、一阶段所应掌握的内容。相应地，教学内容只有符合学生的阶段性习得特征，才有可能促进语言习得，即若教授一个新语法，应在学生已经习得上一个阶段的语法基础上讲授，才会取得良好的教学效果。这个可教性的点对应的是学生可接受度的点。

可接受交替词 acceptable alternative; acceptable word 语言测试术语。在完形填空或其他类似的测试中，除给定的确切词之外，根据语境也可被接受的其他词，如确切词的同义词等。在测试中允许可接受交替词是评分标准灵活、人性化的表现，可在很大程度上有助于提高测试的信度和效度。但对其使用范围及可能带来的评分差异要予以关注并合理限制。

可接受性 acceptability 由乔姆斯基于1965年提出，指语言研究中根据本族语者的语言直觉或语感所判断出的某一语言符合本族语惯例和规则的程度。对语言数据进行可接受性的调查不带有任何规定性标准，往往以实验方式要求本族语者根据自身的语感和直觉对所给出的语言数据作出即时判断。对于那些被认为不可接受的语言数据，通常会以星号"＊"标记；对于那些勉强可以接受的数据，通常用问号"？"标示。接受判断的语言数据可涉及语言的语音、语义和语法结构等各个方面：可以判断一个单词或某个音的发音是否可接受；也可判断一个短语、句子在语义结构或句法结构方面是否可以被接受，上述三种情况分别被称为语音可接受性（pronunciation acceptability）、语义可接受性（semantic acceptablity）和语法可接受性（grammatical acceptability）。可接受性主要讨论语言运用（language performance）的问题。由于本族语者在年龄、地域、社会背景、教育程度等方面存在巨大差异，不同本族语者往往对同一项语言数据做出不同判断。有时在某一群体中被认为是可接受的语言数据对其他群体来说是不可接受的，甚至同一个本族语者也可能认为出现在某一语境中的某个语言语法可以接受，而同一语言数据出现在其他语境中不可接受的情形。因此，一项语言数据是否可以被接受并不需要取得语言群体的一致认可，只要群体中的一部分认可，即可认为该数据具有可接受性。当涉及更广泛的语言单位和语言情景时，可接受性在语言研究中比正确/不正确、标准/不标准等判断标准更灵活可取。但同时，一个句子或结构的可接受性和和语法性是两个不同的概念，具有可接受性的语言表达不一定符合语法，而符合语法的语言表达也不一定可接受。判断语言的不可接受性有多种标准，包括：(1)不符合语法规范；(2)涉及多个压缩结构（encaptulating constructions）或自身嵌入结构（self-embedding constructions）；(3)语义矛盾；(4)语境的不真实性；(5)缺少明确指称；(6)语体不符。例如：This is the dog that worried the cat that killed the rat that ate the malt that lay in the house that was built by Jack. 这个长句中带有多重嵌套定语从句，虽符合语法，但多数本族语者却认为该句不可接受或只能勉强接受。

可接受性测试　acceptability test　语言测试术语。指语言学家为调查语言数据的可接受性而设计的实验。此类测试通常采用实验形式，由实验对象根据他们的语言直觉或语感对所给出的语言数据做出是否可接受的评价。

可接受性判断任务　acceptability judgement task　语言测试术语。指研究中要求实验对象根据他们的语言直觉或语感来判断某些句子在他们的母语或所学语言中是否可能的一种实验任务。此类任务通常用于语言使用而非语言能力的分析，只要求实验对象对所给句子做出可接受、不可接受和勉强可接受等判断。可接受性判断任务对语言学研究，尤其是对生成语法理论的研究具有特殊的重要意义。

可接受选词法　acceptable word method; acceptable alternative method　参见"合适选词法"。

可解读性　interpretability　句法学术语，亦称可诠释性。指乔姆斯基的理论观点，认为所有的句法成分（包括中心语和其最大投射）都能被语法中的语义组分赋予恰当的语义，对整个句子（短语）的意义做出贡献（Chomsky 1995）。最简方案中可以用来描述特征。可解读特征（或可诠释特征）指在语义解释方面起作用的特征，如性、数；没有语义内容的特征称为不可解读特征（uninterpretable feature）或不可诠释特征，如格。

可靠评估　authentic assessment　亦称权威评估（authoritative assessment）。指通过让学生完成真实世界的任务以测试其对基本知识应用能力的评估办法。评估任务的设计强调参与性，并具有很强的现实参考价值，如模仿市民、消费者或职业人士必须面对的一些问题。在这种评估中，学生是否具备创造性地有效处理问题的能力得以充分展现。可靠评估与表演评估对应，后者要求受试者展现其特殊技能和才能，即应用他们已经掌握的知识技能。可靠评估通常基于以下理由和实践：(1)学校的任务是培养有生产力的人才；(2)学习者必须能够完成在真实世界富有意义的任务；(3)学校有责任实施使学生有能力在毕业并接触社会后能够处理实际问题的办法；(4)要了解实施效果，要求学生完成一些模仿在真实世界解决问题的有意义任务，以检测学生是否能达到这一要求。教学课程的设置总受评估要求所驱动。因此，要评估学生所学的知识和技能，可以让他们完成模仿真实场景可能出现的涉及诸如数学运算、历史事实的难题（to replicate the challenges），或让学习者完成一些实地科学调查项目。

可靠性　dependability　计算语言学术语，亦称复现性（replicability）。定量研究中在相似的背景下，使用相同方法的相同研究是否能够得出相同结论的可能性。但是，由于定量研究者认为完全的复现可能几乎不存在，所以往往会通过其他方式对"可靠性"进行研究。例如，要求另一个人系统地检查评估研究者本人所使用的数据和程序（这种方式有时称为"审查"）。

可理解性　intelligibility　亦称可读性，可解读性。❶认知心理学术语。指信息能够被人理解的程度。言语感知的研究发现，言语的可理解性取决于多种因素，包括口音、语调、听话者预测信息的能力、话语中停顿的位置、话语的速度、句子的词汇语法复杂程度等。在语篇(discourse)信息的接受过程中,接受者往往会经历三个阶段:解读(intelligibility)—理解(comprehensibility)—阐释(interpretability)。解读即是对信息的识解和辨别。❷方言学术语。指一种语言的各种方言变体之间可以互相理解的程度。例如,汉语七大方言中,北方方言在很大程度上可为多数其他方言理解,可解读性较高;粤方言、闽方言和吴方言与其他方言之间的语音差别大,对该方言区以外的人而言,可解读性较低,甚至根本无法解读(unintelligible)。❸语言处理术语。指具有特定领域专门知识并以母语为目标语的评价者,在不参照源语言的基础上,对机器译文的可理解程度进行定量评估的一种标准。

可理解性输入　comprehensible input　语言习得术语,亦称提高性输入。由克拉申(Stephen Krashen)于20世纪80年代中期提出,是"输入假说"(Input Hypothesis)模式的核心观点之一。语言输入假说认为,二语习得中语言输入应由现有语言知识"i"加上新知识"1"、构成i+1模式。其中新知识部分可通过学习者自身的理解或教师的帮助来掌握。输入的可理解性在于,首先学习者可以从语言输入中的现有知识部分提取语义,同时通过学习超过学习者现有能力的新知识,从而取得进步。可理解性输入被认为是所有语言教学法获得成功的关键所在。参见"**克拉申假说**"。

可能词汇　possible word　语义学术语。指构词的形态方法,是屈折形态学的外延,由德国语言学家吉斯贝特·范泽洛(Gisbert Fanselow)率先使用。可能词汇具有不同的形式,其中大多数的相关语义和音位联系是可预测的;但在有一些情形或个案中,既可能出现意义规则相似而形式完全不相关,也可能出现不同形式而意义规则保持不变的情况。在某种情况下,某个形式还可能具备不合预期的非典型功能。此外,还会出现在特定词语上附加的语法形式突破原本的制约范畴而生成新的变体及额外意义的情况。

可能世界　possible world　语言哲学术语。最早由德国哲学家、数理逻辑的创始人莱布尼茨(Gottfried Wilhelm von Leibniz)提出的一个概念。莱布尼茨认为世界由可能的事物组合而成,现实世界就是由所有存在的可能事物所形成的组合(一个最丰富的组合)。可能事物有不同的组合,有的组合比别的组合更加完美。因此,有许多的可能世界,每一个由可能事物所形成的组合就是一个可能世界。以莱布尼茨的可能世界理论为基础,美国逻辑学家戴维·刘易斯(David Lewis)认为存在众多的世界,现实世界是"实存",可能世界和现实世界一样真实地"存在",事物除了现在的实际存在方式之外,还可能会具有其他许多种存在方式。那么以其他存在方式存在的实体,就称为可能世界。莱布尼茨的可能世界理论也对模态逻辑的可能世界语义学的建立产生了重要的推动作用。

可能世界语义学　possible world semantics　一种模态逻辑的形式语义学。起源于莱布尼茨(Gottfried Leibniz)的可能世界理论,即由无穷多的具有各种性质的事物所形成的可能事物的组合就是一个可能世界,当且仅当某个事态在所有可能世界中都不包含逻辑矛盾,都是真实的,这个事态就是必然的。20世纪五六十年代因模态逻辑发展的迫切需要,蒙塔古、克里普克人等基于此将其发展为模态逻辑的一种语义解释,它使得命题真假以及必然性和可能性概念相对化,使可能世界之间具有一定的关系。在当代哲学中此理论还用于解决反事实条件句的真值问题。

可取消性　defeasibility　语用学术语。指会话含义会随着语境以及话语内容的增减而改变。例如:(1)我会来赴宴的;(2)我会来赴宴的,如果下不雨的话。

可让渡领属结构　alienable possession　语义学术语。用以表达领属关系是否可以转让的一种语义次范畴。如果被拥有的物品或对象可以轻易移动、可以转让他人或只是暂时被拥有,那么这种语义范畴在语言中就表现为可让渡领属结构。不同语言对可让渡领属结构的表达有不同的表现手段。例如,英语"John's car"、汉语"我的书包"等均属于可让渡领属结构,因为"car"和"书包"都可不依赖于主人而独立存在,而如"John's eyes""我的耳朵"则属于不可让渡领属结构。

可数名词　countable noun　语法学术语。指既有单数形式又有复数形式的名词,如book→books, linguist→linguists等。英语可数名词的复数形式除词尾加-s外,还可加-es,如tomato→tomatoes, potato→potatoes;或改y为i后加-es,如dictionary→dictionaries;或不加s而改变其他部分,如child→children, man→men;或与单数同形,如sheep→sheep, deer→deer等。与可数名词相反,一般不直接以复数形式出现的名词为不可数名词(uncountable noun)或物质名词(mass noun),如water。不可数名词的复数形式往往通过前面的量词体现,如a glass of water→two glasses of water。

可说明性　accountability　语言分析中所遵循的原则之一。指在语言描写的过程中,要把已经说出或将要说出的话语的所有特点都描写清楚的原则。主要体现在对语言进行音位、语素、词、短语、句子等不同层次单位的描写上。语言被简化为这些语言单位,或是这些单位的体现。

可听度　audibility　亦称可耳闻度。指具有声学特征的声音通过一定介质传到人耳,并对后者产生听觉印象或听觉效果。能够传递声音的介质包括空气、电缆、光纤等,由其形成的可听度各不相同。

可听音段　audible segment　语音学术语。指耳朵可听见的音流切分。一般情况下,音流的每一个切分都是可听见的,但也有例外。例如,如当两个不同的塞音毗邻时,即当一个爆破音跟另一个爆破音相遇时,往往失去爆破,这主要是因为两个辅音间隔太小。这种现象在语音学上称为"失去爆破"或"特殊爆破"。由于第一个爆破音只形成阻碍,但不发生爆破,因而成为听不见的音。比如:prompt 中的第二个 p 和 t,前一个爆破音只保持发音部位(/p/音不发出来)的同时,即向下一个辅音 /t/ 过渡。

可闻摩擦　audible friction　语音学术语。指主动发音器官与被动发音器官形成足够狭窄的缝隙,气流通过这一缝隙时,经过摩擦成声。摩擦音(friction)是噪辅音(noise consonant)的必要成分,由声道发生收缩从间隙发出。可闻摩擦是辅音的语音学定义的一部分,而元音的语音学定义是无摩擦。一般按摩擦产生的解剖部位给摩擦分类,如双唇摩擦、咽摩擦;声门以上的摩擦可称作声门上摩擦。最小可闻摩擦音是 /h/。

可选性　facultative　句法学术语。就句子成分而言,指句子或其他结构中可以去除的部分;就规则体系而言,指可用或可不用的规则。例如:[1] I was reading *a newspaper*. [2] *a*. I threw *away* the bottle. *b*. I threw the bottle *away*. 句[1]中的"a newspaper"是一个可选的成分,具有可选性。句[2]中的"away"在规则上具有选择性,可将其移至宾语之后,从而形成句[2b]。

可学性　learnability　语言习得术语。指理论上任何一个正常的儿童,只要有机会,他/她在原则上可以习得任何一种语言。根据普遍语法理论,普遍语法内嵌在人脑中,当语言习得机制(LAD)受到外界某一语言环境(通常是母语)的激发,语言就会自然而然地在大脑中成长,儿童因而可以成功地习得母语。对于儿童来说,只要语言习得机制是正常的,又可以接触到正常的语言环境,就可以习得这种语言。

可验证原则　empirical principle　语法学术语,亦称经验主义原则。由丹麦语言学家叶尔姆斯列夫(Louis Hjelmslev)提出,指语言描述应该遵循的原则,包括上下级原则。上一级原则包括三条细则:(1)没有内部的相互矛盾(free of contradiction);(2)穷尽相关资料(exhaustive);(3)尽可能简单(as simple as possible)。下一级原则指不能因为穷尽性而牺牲自我一致性(self-consistency),也不能因为简洁性牺牲穷尽性和自我一致性。

可移位性　positional mobility　形态学术语。指作为一种语法单位的独立词可在句子内移位的特性。与可移位性相对应的是内部稳定性(internal stability),后者指在内部结构方面,词汇是最稳定的一类语言单位,比如复杂词的内部组构成分不能重新配列,如 unfortunately 不能变换成 ly-un-fortunate。

可中立对立　neutralizable opposition　参见"中和对立"。

克拉申假说　Krashen hypothesis　语言习得术语。第二语言习得研究中影响最为广泛的理论之一,由美国南加州大学教授斯蒂芬·克拉申(Stephen Krashen, 1941—)于 20 世纪 70 年代末、80 年代初在其系列论文和论著(1977, 1981, 1982, 1985, 1989)中提出。克拉申假说的初期核心理论是在其提出的"语言习得监控模式(The Monitor Model)"理论基础上发展而来的"监控假说(The Monitor Hypothesis)"。根据该假说,语言产出受一种其固有的控制机制所监控(monitor),此控制机制检查所产出的语言形式正确与否。所谓监控,是指对语言输入过程和语言输出过程中做出语言规则上的自我调解、控制或纠正。监控假说(Krashen 1982)区分习得(acquisition)和学习(learning)两个概念,前者指在自然交际环境中掌握语言,语言能力的发展是不依赖语法规则教学的下意识过程;后者指在正式的课堂中通过教师传授的方式学会语言,是有意识的认识和探究语法规则的过程。下意识的自发学习(spontaneous learning)为习得,有意识的引导性学习(guided learning)为学习。学习不能自然导致习得,有意识的学习只起监控作用。80 年代初始,克拉申对监控假说进一步扩展,提出以"输入假说(The input hypothesis)"为核心的"输入假说模式",主要包括五个有机组成部分,即 5 个假说:(1)语言习得—学习假说(The Acquisition-Learning Hypothesis);(2)自然顺序假说(The Natural Order Hypothesis);(3)监控假说;(4)语言输入假说;(5)情感过滤假说(The Affective Filter Hypothesis)。五个假说之间相互关联,互为补充,这一有机整体被统称为"克拉申假说"。

克里奥耳语　creole　指由皮钦语(pidgin),即洋泾浜语发展而来,在缺乏可供参考的文法的情况下,自行将洋泾浜语加上文法,用于满足语言群体内部部分或全部日常交际的语言,在某些言语社区(speech community)已成为母语。在某种程度上说,克里奥耳语是洋泾浜语基础上发展起来的较完备的语言,它能覆盖一切生活中需要表达的现象,是洋泾浜语使用者后代的母语。克里奥耳语的句法和词汇比洋泾浜语复杂得多。克里奥耳语的形成过程称为克里奥耳语化(creolization)。由于说克里奥耳语的人受教育的机会增多，与标准语有更多接触，故而他们的语言会朝着标准语转化，这个过程称为克里奥耳语单向化(de-creolization)。该过程可能产生一系列变体，从而形成后克里奥耳语连续体(post-Creole continuum)。克里奥耳语通常根据其主要词汇来源进行分类，如以英语为基础的克里奥耳语(English-based Creoles)，以法语为基础的克里奥耳语(French-based Creoles)等。参见"皮钦语"。

克里奥耳语化　creolization　亦称混合语化。通常指欧洲语言与殖民地当地语言的混合化，从而形成克里奥耳语。参见"克里奥耳语"。

刻板词语　frozen expression　亦称惯用套语、固定表达法(fixed expression)或公式语言(formulaic expression)。指那些由固定的语段或词组成的、被当作单个语项来学习和使用的语段。典型例子包括各类社交用语，如"good morning""excuse me""pardon"等；英语中的一些固定表达，如"spick and span"(崭新的)、"go berserk"(狂怒)等以及中文的四字成语。这类词语还可指某一特定社会场合的口头和书面用语。

客观测试题项　objective test item　语言测试术语。指要求从备选项中选择一个正确答案的测试题项，如选择题(multiple-choice item)和是非判断题(true-false item)。

客观识解　objective construal　认知语言学术语。指识解的一种形式，这种形式依赖于明确的(explicit)言语场景(ground)，因此话语的语境(context of the utterance)包括言语事件(speech event)的参与者、言语事件的时间等都明确提及。注意越集中于言语场景，识解越客观。客体与客体之间的关系位于"舞台上(on stage)"，属于客观识解。例如：Amy is going to open the window.(艾米打算把窗户打开。) 句中主语"Amy"既是穿越路径的人，又是开窗动作的实施者。两客体之间的关系位于"舞台上"，属于客观识解。

客观性测试　objective test　语言测试术语。指有明细的评分标准，可以根据标准答案评分，不需要依赖主试人对试题项的认识和对答案的主观评价给予评分的测试。受试者回答的正确与否完全依赖于事先确定的标准。多项选择题项是最典型的客观性测试，完形填空和听写也属于这一类。客观性测试与主观性测试(subjective test)相对立。主观性测试包括口语面试、写作等。

客观语义学　Objectivist Semantics　认知语言学术语。认知语言学家用来指形式方法(formal approach)进行语义研究的统称。客观语义学认为，语言所指称的是独立于大脑的"客观"现实('objective' reality)。相反，认知语言学家如雷考夫(George Lakoff)、兰艾克(Ronald Langacker)和福柯涅(Gilles Fauconnier)等认为，当语言用来指称外部现实时总是通过概念系统(conceptual system)内的概念间接进行的。根据认知语言学观点，概念系统是由基于我们知识的投射现实(projected reality)构成的。总之，客观语义学认为语言的指称是"外延性的"(denotational)，而认知语言学则认为语言的指称是"表征性的"(representational)。

课程规划　curriculum development　参见"课程设计"。

课程密度　course density　语言教学术语。指在课程或教学大纲中初次或再次引出新教学点的频率。此频率的设计关系到是否能达到理想的教学效果。根据理查德(Richards 2005)等学者的观点，以语言教学中的词汇和语法为例，学习者一般每小时能掌握十个语言项目，其中五个为主动使用项目，五个为被动使用项目。按此计算，400小时的教学目标应为使学生掌握2000个主动语言项目和2000个被动语言项目。

课程设计　course design　语言教学术语，亦称语言课程设计(language programme design)。指语言教学计划，包括选择教材、教学内容、教学方法、课堂活动的形式、组织和次序、教学时间以及考核评价方法和形式等。这一概念与大纲设计(syllabus design)在内容上基本相同，后者偏重于指课堂具体教学的总体安排，前者指大纲要求的具体实施。课程设计还可视为课程规划(curriculum development)的一部分。

课程设置　curriculum　语言教学术语，亦称教学大纲(syllabus)。英语中"curriculum"与"syllabus"两者概念的定义和区分一直是教学课程的设计者和研究者重点讨论的问题，两个术语常被混淆使用。一般将"curriculum"译为"课程设置"，在内容上主要指由学校或教育机构所提供的有关某一学科或专业相关课程的教学计划。它主要是对教学总体目标的广泛描述，所描述的文化教育理念可应用于各个科目的教学，同时能够反映国家和政治发展主流，形成指导教师在具体教学计划安排中的理论基础。在语言教学中，语言教学大纲必须体现国家总体的语言教育政策，是国家、时代和社会在语言教育理念、语言教学理论与实践等方面的综合体现。"syllabus"多译为"教学大纲"，指一种教学规划，是根据不同内容的教学而提出的更加具体、操作性较强的指导性文字，将教学大纲所描述的总体目标和理念

课 kè （语言学术语）

概念化为可以在不同层面上通过一系列具体步骤得以实施的具体内容。通常所说的课程设置或教学大纲设计包括需求判断、教学目标的建立、内容选择、内容组织、教学活动安排和评估内容和手段的确定等重要环节。参见"教学大纲"。

课段 transaction　参见"活动"。

课前组织教学 advance organizer　语言教学术语，亦称先行组织者。指教师在课堂学习前组织开展有助于学习者组织思路并理解即将传授的新知识的引导性活动。此概念由美国教育心理学家戴维·奥苏贝尔（David Ausubel）于20世纪60年代提出。他认为，学生在接受新的学习任务之前有必要设计一个先于新呈现的学习材料的引导性材料，可以是一个概念、定理、说明性文字、图片或模具，在抽象程度、包容性程度和概括程度上均能构建一个使新旧知识发生关联，以及认知结构上能与新的学习任务相衔接的学习材料。这是教育心理学和教学理论中的一个重要概念。

课堂观察 classroom observation　语言教学术语。指语言教学研究中通过系统地观察和记录教学过程，对课堂教学进行研究的一种手段。课堂观察可遵循不同的研究传统（research traditions），如"心理测量传统"（Psychometric Tradition）、"互动分析"（Interaction Analysis）、"话语分析（Discourse Analysis）"和"民族方式学（Ethnographic or Ethnomethodological）"等。课堂观察的对象涵盖语言教学活动的诸多方面，可以是对学习者行为（learner behaviour）的观察，主要关注学习者如何处理输入（input）、采取何种策略等；也可以观察教师行为（teacher behaviour），主要分析教师对学生错误纠正的策略及提问技巧等；还可是对教师和学习者两者行为之间的"因果关系"（cause/effect relationship）及成功学习者的分析。此外，课堂观察也常出现在教师教育（teacher education）中，接受培训的教师（trainee teachers）通过课堂观察对一些易被忽略的课堂行为引起重视。虽然课堂观察是语言教学研究的重要方法，但其局限性也不容忽视。其局限性主要表现在其所得的数据均来自"可观察的显性行为"（observable and overt behaviour），但大多数学习过程是"隐性的"（covert），难以通过简单的观察式录音分析得到。因此，进行课堂观察时最好结合其他研究手段，如"内省法"（introspection）等。参见"内省"。

课堂管理 classroom management　语言教学术语。指教师在语言教学活动中为使教学过程更有序、结果更有效而采取的一系列对学生的行为和活动加以组织和控制的措施。例如，根据不同的课堂活动对学生进行分组，可以是多人一组，也可以是两人配对；倘若活动需全班共同参与，则整个班级可视为一组。分组活动时教师通过教案，利用教具（包括电化设备）对学生的行为及活动进行管理。值得注意的是课堂管理中，除教师外，学生本身也可成为组织的主体。

课堂过程研究 classroom process research　语言习得术语。二语习得研究的一个分支，亦称以课堂为中心的研究（classroom-centered research）。指观察二语习得与教师和学习者课堂行为之间关系的研究。研究内容包括课堂语言特征、教师语言特征、教师与学生的交流模式、教师对错误的处理模式、话轮模式（turn-talking model）、代码转换（code-switching）以及其他在课堂内可能影响二语习得的因素。研究方法通常为对话分析法（conversation analysis）和民族志法（ethnography）。二语的课堂学习与二语自然习得（research of naturalistic second language acquisition）相对立，后者指通过与以目的语为本族语的人进行非正式接触而习得第二语言。

课堂话语 classroom discourse　语言习得术语。指在课堂情景中使用的语言。教师和学生在课堂教学中的特殊角色以及课堂教学活动的特殊性决定了课堂话语的形式及功能，与其他场合下使用的话语不同。课堂话语中教师的话语结构通常分为导入（initiation）、回答（response）和评估（evaluation）。在这个三分结构（three-part structure）中，教师导入问题以检查学生掌握知识的情况，学生进而做出回答，教师便通过学生的反馈对其表现做出评估。虽然课堂话语仅限于课堂，但学生在课堂上所接收到的有限话语会影响其语言发展的进度。

课头 entry　语言教学术语。指一堂课开始导引或导入的部分。目的是将学生的注意力集中于课上，让他们明确当堂课的教学目标及应该学习的内容，并组织学生为即将进行的活动做好准备。

肯定陈述 assertion; allegation　语法学术语。指一个肯定陈述句（assertive sentence）所传达的内容。与非肯定陈述（non-assertion）相对。例如：[1] He was a scientist.　[2] He wasn't a scientist.　[3] Was he a scientist?　[4] Wasn't he a scientist? 这四个句子中，只有第一句是肯定陈述。

肯定陈述句 assertive sentence　指不含否定词语而采用直陈语气的句子。例如：He was a scientist.（他是科学家）。其特点是直截了当地陈述事实或描述状态。

肯定极项词 positive polarity item　参见

"否定极项词"。

肯定礼貌策略　positive politeness strategies
参见"积极礼貌策略"。

肯定连词　affirmative conjunction　语法学术语。指能够引入词、词组或分句等新的语言单位并对前一语言单位加以肯定或在意义上予以补充的连词。例如：Philip is a New Yorker, *that is*, he lives in New York. 句中的"that is"即属肯定连词，在句中起肯定上文意义，并引入后面分句的作用。

空　null　句法学术语，亦称零（zero）。原为数学术语，生成语法借以表示句法位置为"空"或句法参数为"零"的概念，如零主语参数（null-subject parameter）、零前指（null-anapher）、零语素（null-morphem）、零屈折（null-flexion）等。

空档　empty slot　音系学术语。音位学认为音位系统的结构应是对称的，而在语言音位库中的音位空缺则被称为空档。例如，在英语语音系统中，/u/没有与之相对应的非圆唇的后元音。

空间化隐喻　spatialization metaphor　参见"方位隐喻"。

空间指示语　space deixis　参见"地点指示语"。

空节型移位结构　dislocation structure with empty node　参见"左向移位结构"。

空量化　vacuous quantification　亦称徒劳量化。指一个量词无法约束一个变量，因为这个变量不在这个量词的辖域之中，如"All (x) [P (j)] & Q (x)"中的 All (x)；或者另有一个量词已经对这个变量进行了约束，如"All (x) [P (j) & There Is (x) [Q (x)]]"中的 All (x)。

空缺¹　gap　❶形态学术语。指词汇空缺（lexical gap）。在意义关系中，人们希望关于某个意义的词存在，但它事实上不存在。例如，表示亲属关系的英语词汇"parent"既包括"father"也包括"mother"，"child"既包括"son"也包括"daughter"，据此可以预测英语中也有一个包括"uncle"和"aunt"的词，但事实上该词并不存在。此类在某个意义上词汇表达形式的缺失被称为词汇空缺。❷句法学术语，亦称空位。指句法成分空缺，即句子的某一成分在句法上是需要的，但事实上不存在，形成空位。空位用符号 *e* 或 < > 来表示。例如：[1] He liked everything, Tom *e* nothing, and his father *e* only some things. [2] Jane speaks better Chinese than Rose *e*. [3] Which did you mark *e* without reading *e* properly? 动词"mark"后的宾语空缺是因为 wh-词移位留下了轨迹（trace），空缺寄生在这个轨迹中"Which did you mark t ...?"一个句法缺位的出现依赖句子结构中先前存在的另一个缺位，这种现象称为寄生空缺（parasitic gap）。

空缺²　gapping　句法学术语。在生成语法中，指把两个句子合二为一时，删除一个动词会创造一个空位的现象。美国语言学家罗斯（John Ross）于1970年提出此概念，用以描写语言的转换生成。例如：[1] Celia plays the fidel and Daisy < plays > the guitar. [2] < Colin > Holding a book under his arm, Colin enters the library in a hurry. 句[1]中，第二个分句中的 plays 在两个简单句合并时被省略，留出空缺。空缺可以出现在被省略的词后或词前。句[2]中，现在分词短语出现在句首就属于空缺出现在被省略词前。罗斯认为空缺的方向取决于句子深层结构（deep structure）中成分的左右枝（constituent branching）方向，并能解释一种语言的语序是 SVO 还是 SOV。

空缺被动句　gapped passive　句法学术语。指受事论元（affected argument）与句中直接宾语存在领属关系。日本语言学家久保将日语的被动句区分为两大类：空缺被动句和无空缺被动句（Kubo 1992）。无空缺被动句（gapless passive）指承事论元与动词所描绘的事件之间有一种受害关系（malefactive relation），与直接宾语没有直接关系。例如：

[1] a. Hanako-ga dorobou-ni yubiwa-o
　　　花子-主助　贼-与助　戒指-宾助
　　　to-rare-ta.
　　　偷-被动-过去时
　　（花子让贼偷走了戒指。）

b.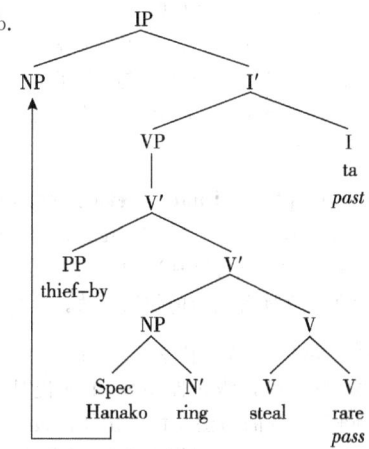

[2] a. Taroo-ga Hanako-ni shinkoushukyoo-o
　　　太郎-主助 花子-与助　新宗教-宾助
　　　hajime-rare-ta.
　　　开始-被动-过去时

空 kōng （语言学术语）

（太郎不情愿花子信仰新宗教了。）

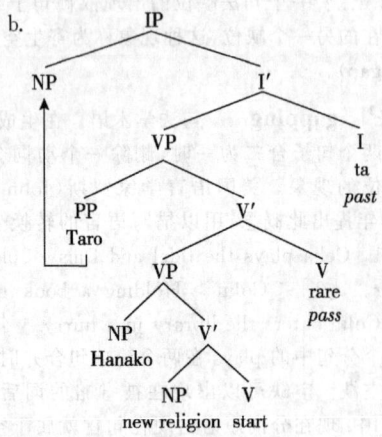

空缺被动句例[1a]中的承事论元"花子"是直接宾语"戒指"的所有人。从句法分析上看，"花子"(NP)从所有者的位置移动至主语的位置，原位置形成空缺，如树形图[1b]所示。非空缺被动句[2a]中"花子信仰新宗教"这一事件对承事论元"太郎"造成了不好的影响，而"太郎"与直接宾语"新宗教"之间没有直接联系。从句法分析上看，"太郎"原本在 VP 的内建主语位置移动至句子主语位置，没有出现空缺，如树形图[2b]所示。

空算子 null operator 句法学术语，亦称零算子(zero operator)，与显性算子(wh-operator，如 wh 疑问词等)相对。指没有语音形式但起算子功能的隐性空成分，由乔姆斯基于 1982 年提出。例如：[1] I met the man [who$_i$ Mary believed t_i to be a genius]. [2] a. I met the man [OP$_i$ Mary believed t_i to be a genius]. b. I met the man [OP$_i$ it was believed t_i to be a genius]. 例[1]中的 who 是显性的算子，主动形态的 believe 可以为算子语链＜who$_i$, t_i＞赋格。同样，[2a]的主动形态"believe"可以为空算子语链＜OP$_i$, t_i＞赋格，但[2b]中被动形态的"believed"无法为空算子语链赋格，因此不符合语法。

空位^1 empty position ❶形式逻辑术语。指谓词(predicate)所要求的论元(argument)。❷句法学术语。在修正的扩展标准理论中，指具有某些形态和句法特性但没有实际语音的句法范畴。

空位^2 slot 在法位学(tagmemics)中指法位的语法功能，与其说是指线性序列，不如说是指主语、宾语、谓语等成分的语法功能。例如：Mary entered the university last year. 根据法位学，此句中的主语空位被 Mary 这个法位所填充。

空语类 empty category 指起一定的语法、语义功能作用，但不具语音形式的语类。乔姆斯基提

出四种空语类：(1) NP 语迹(NP-trace)；(2) wh 语迹(wh-trace，又称"变项"variable)；(3) 大代语(PRO)；(4) 小代语(pro)。

空语类原则 empty category principle; ECP 句法学术语。在修正的扩展标准理论中，空语类是一种可以具有形态或句法特征，但不具有音位特征的句法范畴，如语迹理论中的语迹、控制理论中的空成分、指代脱落语言中的代成分等。空语类只是一个成分，虽然占有一个句法位置，但没有相应的语音实现。在管辖与约束理论中，空语类被分成多个"次空语类"，要求一个语迹受严格管辖，即或受词汇语类管辖，或受同标引语类(即其先行词)的管辖。根据空语类原则，语迹必须是可见的，在表层结构中必须能识别出其空位。

空语子 empty morph 参见"虚语子"。

空元 empty unit 参见"音符"。

控制动词 control verb 语法学术语，亦称链状动词(catenative verb)或等同动词(equi verb)。指其后可跟 VP 补语的动词。控制动词可分为：(1) 主语控制动词(subject-control verb)：动词由主语所引领；(2) 宾语控制动词(object-control verb)：动词由宾语所左右。例如：[1] He *promised* to finish the work. [2] He *persuaded* Mary to finish the work. 两句中的不定小句的主流均是空语类，但例[1]中由主句的主语"He"控制，即由"He"完成工作；而例[2]中则由主句的宾语"Mary"控制，即由"Mary"完成工作。

控制功能 regulatory function 功能语言学术语。指语言可被用于控制他人行为的功能，属韩礼德所区分的幼儿语言发展具备的七种功能(developmental functions of language)之一。例如：Do as I order. (照我的要求办。) 参见"语言的发展性功能"。

控制理论 control theory 句法学术语。指管辖与约束理论中关于空语类 PRO 的理论。鉴于 PRO 同时具有[＋ANAPHOR](照应性)和[＋PRONOMINAL](代名性)的特征，因而不能受到管辖。例如：[1] a. John$_i$ promised Susan$_j$ [PRO$_i$ to wash the dishes] b. John$_i$ ordered Susan$_j$ [PRO$_j$ to wash the dishes]. [2] It is not easy [PRO] to learn a foreign language. 比较例[1a]和例[1b]两个句子，wash the dishes 前面存在一个空语类 PRO，其主语在例[1a]中应该是 John 而[1b]中应该是 Susan。这说明，PRO 需要依赖句中的成分来确定其指称意义。这种依赖关系称为控制(control)。例[1a]中 John 控制 PRO，PRO 受 John 的控制，John 称为 PRO 的先行词(antecedent)或控制语(controller)，两者同标。例[1b]中的 Susan 是 PRO 的控制语，两者同标。但并非所有的 PRO 都能在句中找到控制

语,如例[2]中的 PRO 不受任何成分控制,称作"任指空语类 PRO（arbitrary PRO）"。

控制练习法　controlled practice techniques
语言教学术语。传统听说教学法（audio-lingual method）中广泛应用的教学手段,其理论基础是行为主义理论（behaviourism）。行为主义认为语言学习是一个习惯养成的过程,练习是必须控制的一项内容。由于练习是具有终生作用的,因而错误一旦被重复将难以改正（ingrained）。在控制练习法的课堂中,教师的作用被比作交响乐的指挥,控制着每个细节。然而,乔姆斯基认为控制练习在语言习得中的作用微乎其微。儿童在习得母语的过程中会重复出现很多不符合语法的结构（ill-formed structure）,而当语言能力发展到特定阶段时这种语法缺陷会逐渐自行消退。

控制一致原则　control agreement principle; CAP
句法学术语。普遍语法的一种,指支配句法中一致现象分配的一般性原则,即功能符（functor）与名词论元一致。控制一致原则确保句法结构中两个节点的特征保持一致,其中一个节点为控制成分,另一个为目标成分。如果某一目标成分 X,在同一母节点下有控制成分 X′,则 X 的控制特征的值与 X′的控制特征的值相同;相反,若没有控制成分 X′,则 X 的控制特征的值与其母节点的控制特征的值不同。

控制组　control group
语言教学术语,亦称对照组。指实验研究的两组被试中不接受干预的一组。比如研究某一种新的教学方法的效果,研究者一般会将被试随机分为两组,其中一组接受新的教学方法,另一组则仍接受传统教学法。前者称为实验组（experimental group）,后者则是控制组。在其他方面都相同的情况下,经过一段时间的实验,对两组结果做出比较以确定新的教学方法是否显著有效。

口吃　stuttering
语言病理学术语。指说话发音不流利、结巴,属语言障碍的一种。口吃的表现形式各异,主要有:(1)语音、音节、单词等言语片断的异常重复,如"t-t-t-time""我—我—我认为"等;(2)词语之间停顿过多;(3)异常拉长语音,如"I'm sssssssso cold.""我好（hhhhhhao）冷"等;(4)在发音有困难的单词或语音中增加音节,如在发"people"一词中的/p/音会异常重复时在前面加不定冠词"a"可以缓解口吃。引起口吃的原因各异,有生理原因（如喉部肌肉过于僵硬）和心理原因（如紧张）等。

口内音　intrabucca
语音学术语。指发音部位在口腔内部的一种辅音。主要可分为:(1)舌前音,如/d/、/t/、/l/等;(2)舌面音,如/j/等;(3)舌后音,如/g/、/k/、/x/等;(4)小舌音,如/n/、/x/等。

口腔　oral cavity
语音学术语。指人类发音器官调音部中最重要的器官,与肺腔、咽腔、鼻腔和食道腔一起构成声道的五个声腔。口腔和喉部的空气通道,指从双唇起到咽喉前为止的部分,以自然悬垂的软腭及小舌与咽腔分隔。口腔能变化形状,构成不同的共鸣,形成语音的各种不同的音色;其中某些部位还能构成不同障碍,形成不同性质的噪音。

口腔气流机制　oral airstream mechanism
语音学术语,亦称软腭气流机制。指用来发不同类型语音的口腔部位的气流产生机制。用这种气流机制发音时,舌的后部在软腭上向前或向后移动,起启动部位的作用,声道其余部分的空气在这种发音机制中不起任何作用。参见"气流机制"。

口腔音　oral
语音学术语。指与鼻腔音和其他声腔发出的语音相对立的音。发这种音时,软腭抬高,把鼻通道封住,使空气无法从鼻腔逸出。在英语中,所有的元音和除了鼻辅音/m/、/n/、/ŋ/以外的辅音都是口腔音,如在 bid"投标"一词中所有的音都是口腔音。

口头话语　oral discourse
现代语言学解释为基于书面话语的口头表达,与之相对应的术语是"语篇（text）",指书面话语。而在传统的话语分析中,语篇（text）和话语（discourse）是可以互换使用的一对术语,所以书面话语（written discourse）等同于口头篇章（spoken texts）,口头篇章（spoken texts）等同于口头话语（oral discourse）。

口头文化　oral culture
社会语言学术语。指一个社会经由口头语言交流、传达、散播和遗传下去的文化和文化价值观,如没有文字记载的民间传说、师徒代代口传的曲艺等。其相对概念是书面文化（literary culture）。

口头文学　oral literature
指一代一代口头流传下来的故事、诗词和歌赋,如童话故事或由无识读能力的言语社团口头流传的作品。口头文学是口头文化中的独立成分之一,在一个言语社团的无文字时期,口头文学可凭借记忆世代流传并保存下来。

口头语言　spoken language
亦称口语。是一个言语社团用得最广泛的交际手段和形式。作为一种语言系统,口语和书面语在文体风格、句法、用词和语音等方面都有所不同。口语发音易于变化,语音有弱化、脱落现象,语调变化更为丰富;易产生口误和歧义;有特别的词汇。口语中的句子通常不完整,多有省略。通常有左移位和右移位、悬挂主题（hanging topic）等现象。同时,常使用语篇小品词或话语标记语,如 hmn、er、em、well 等。此外,口语交际中还伴随不同程度的停顿,强调犹豫、重复、话题转换以及词汇语法上的错误等,也包括出现口误（slip of the tongue）

等情况。从语言进化的角度看，人类语言的最初形式是口语，口语先于书面语出现。即便在今天，世界上很多语言仍只有口语而没有书面语。由于日常生活中的口语是非常真实的语料，语言学家经常采用口语作为调查和分析的语料。

口误　slip of the tongue; tongue-slip　语用学术语。指由于讲话人精神过于紧张、压力太大或者精神不集中等原因造成的误说或误读，从而产生言语错误。例如，在一个语句中出现主谓语错位的情况；或是一个语句中有读音相似的文字时出现误读，如把 chapel harlot 说成是 apple charlotte，或把 Greek statue 说成 Greek Statute。参见"**言语错误**"。

口译　interpretation　翻译学术语。指在操不同语言的交际双方之间经由第三方以口语形式将一种语言转换为另一种语言从而实现成功交际的口头翻译活动。口译作为一种职业出现始于第一次世界大战。巴黎和会中口译职员角色与作用的彰显标志着职业口译在国际舞台上的正式登场。二战以后，随着国际交往的日益频繁，市场对于会议口译的需求进一步扩大，欧洲建立了一系列口笔译培训中心，关于口译及其理论与实践的研究随即展开。20世纪50至60年代，口译研究仅涉及口译经验、口译工作环境、译员行为、工作要求以及困难等基本问题的描述。进入60至70年代，口译研究者借助认知心理学和心理语言学理论着重对口译过程进行探究。口译过程主要指译出语（源语）与译入语（目标语）之间的信息传递模式，包括从听辨、记忆、笔记、转换到输出等不同阶段以及口译技巧、口译中的焦虑因素等。其中，法国巴黎高等翻译学校达尼卡·塞莱丝柯维奇（Danica Seleskovitch）教授和玛利亚娜·勒代雷（Mariane Lederer）教授为代表的释义派口译理论为较为权威的理论著述。该理论以认知心理学理论为基础，提出"理解（comprehension）—脱离源语外壳（deverbalization）—重新表述意义"的口译信息处理模式。这一模式强调从语篇或话语层面对源语进行处理，以释意的准确性而非逐字对译为口译评估的标准。20世纪90年代以来，口译理论研究向更为宽广的交叉学科发展，兼容了包括从神经生理学和神经心理学视角展开的口译研究，代表人物包括法博罗（Franco Fabbro）和格兰（Laura Gran）等人。由法国丹尼尔·吉尔（Daniel Gile）在认知科学基础上创建的同声传译"认知负荷模型"（Effort Model），对推动跨学科口译的实证研究起到了重要作用。口译质量评估也是口译研究的焦点问题，包括对评估参数、理论依据、信度和效度等方面的研究。"准确""流利""连贯"和"快速"被普遍认为是口译评估的基本质量评判标准。此外，就口译形式而言，一般分为交替传译（consecutive interpreting）、同声传译（simultaneous interpreting）、视译（sight interpreting）、耳语口译（whispered interpreting）等。口译任务根据体裁、语境的不同可以分为联络陪同口译（liaison interpreting）、司仪口译（ceremonial interpreting）（如欢迎词、介绍词、祝酒词、开闭幕词、致谢词等）、政务外交口译（diplomatic interpreting）、商务口译（business interpreting）（如对话、访谈、会议、谈判、会展、招商等）、媒体口译（media interpreting）以及法庭口译（court interpreting）等。

口译员　interpreter　指为参与交际的双方提供口译服务的人。可专指通过专业机构培训、实习、考试后获得相应资格认证的职业译员。扎实的语言基本功、良好的跨语言、跨文化交际能力、宽广的知识面、娴熟的双语转换能力和口译技巧、优秀的心理素质和临场应变能力是成为一名合格口译译员的基本要求。

口音　accent　社会语言学术语。指具有鲜明发音特点的语音方式。人们往往可以依据一个人的口音来辨识其家乡或长期生活的地方、所属社会阶层等，这是因为每个人的口音除了具有个人特色外，不同地域和社会阶层的群体在口音上也会表现出群体特色。地域口音具有鲜明的地域色彩，既可指操同一语言的不同民族群体的口音，如英语中的美国口音、英国口音、澳大利亚口音等，也可指一个国家内某一特定地区居民的发音特点，如英国伦敦口音、利物浦口音或中国山东口音、四川口音等。与地域口音相比，社会口音与一个人的文化教育背景和所属社会等级有很大的相关性。具有良好教育背景和来自较高社会阶层的人在发音上往往更加接近官方语言的标准发音，而来自社会底层且受教育程度不高的人在发音上往往与标准发音之间存在较大差距。

口音歧视　accent discrimination　社会语言学术语。指对说话时带有外国口音、地方口音或者社会低级阶层口音的人的歧视或偏见。口音歧视主要体现在求职、司法程序等过程中。

口音消除　accent reduction　语言教学术语。指在第二语言教学中为帮助二语学习者讲第二语言时消除外来口音而设计的课程。虽然没有证据表明消除外来口音能够增强二语学习者对所学语言口语的理解程度，但此类课程的设计仍有助于减少二语学习者使用带有外来口音的第二语言时可能遭遇的口音歧视。

口语能力　oracy; articulacy　主要指口头语言交际能力，也可看作听说能力，与语言交际能力紧密相关。以交际语言能力理论为参照，口语能力通常包括：(1)语音、词汇、语法结构方面语言知识基本要素的运用能力；(2)话语逻辑性、连贯性、衔接性组织能力;(3)诸如介绍、描述、告知、劝说、表达情感、询问、请求、建议、号召、命令、解释等言语施事行为能力;(4)在不同的社会语言环境中恰当地选择和表达话语的社会语言能力以及灵活使用交际策略的能力。对口语能力进行评判的重要指标包括语言使用的准确性、丰富性、话语的衔接、意义的连贯性以及表达的灵活性、得体性和有效性。对于第二语言或外语学习者而言,口语能力通常是语言学习和语言交际能力发展的一大瓶颈。国内英语学习者口语能力测试的相关结果显示,学习者普遍存在发音准度偏低、遣词造句准确性和多样性偏低、语言流利度不高、表达内容浮浅、缺乏逻辑性和连贯性以及对交际过程中相关原则把握不当等问题。

口语水平面试 oral proficiency interview; OPI 语言测试术语。一种评估受试者口语水平的面试形式。测试员和受试者以互动方式进行交流,从而引出受试者的口语样本,受试者的口头表达会被录音,然后由一个或几个测试员根据预先规定的量表打分。由美国外语教学委员会,简称 ACTFL(American Council on the Teaching of Foreign Languages)的口语水平面试是较为广泛的口语水平面试。它是一种直接面对面(或通过电话)的综合性测试。测试分四个阶段进行,直到测试员可以确定受试者的口语水平上限,这四个阶段包括开始的热身、反复的水平检查、多次探索和结束阶段。我国外语口语水平测试(以对英语口语能力测试为主)主要包括大学英语四、六级口语能力测试和英语专业四、八级口语能力测试等,测试兼有面试形式和录音形式。以《大学英语课程教学要求(试行)》对口语能力测试(测试称为 CET-SET)的描述为例,通常采用的测试任务有:(1)短文朗读;(2)复述故事;(3)看图说话;(4)基于短片的任务如配音、观点陈述等;(5)给定题目即席讲话;(6)对话;(7)小组讨论等。对学生口语能力评估标准主要有三个方面:(1)语音语调以及词汇语法的准确性和复杂程度以及范围;(2)话语长短以及连贯表达能力;(3)应付不同话题和情景的言语灵活性和适切性。英语专业四级口语测试中,采用的测试任务主要包括复述、即席讲话和交谈;八级口语测试(全称为"全国英语专业八级口语与口译考试")主要考察口译与口语两种能力,包括三个任务项目,即英译中、中译英和评论。这些项目所用的语音材料涉及社会、政治或经济等方面,讲话长度为2—3分钟(英译中材料约300词,中译英材料约400字),其中需要翻译5个句段(约为全文的一半)。讲话的录音播放两遍,第一遍播放讲话全文,目的是让考生初步了解口译材料的背景和大致内容;第二遍分段播放所需口译的内容,考生可以边听边做笔记;评论的内容一般与国内外社会、政治、经济等热点问题相关,考题以书面形式发给考生,考生准备4分钟,评论3分钟。

口语体 colloquialism; colloquial style 文体学术语,亦称非正式用语(informal speech; colloquial speech)。指多用于非正式谈话或写作中的单词或词组。例如,口语中用老板来代替雇主。在使用口语体时说话者一般不特别注意发音、措辞(choice of words)或句子结构,但这并不意味着口语体是低标准变体(substandard variety)或没有声望人的言语(non-prestige speech)。受过良好教育的本族语者在非正式场合与朋友、同事及家人说话时一般会选择口语体的"Why don't you come around this evening?"而不是正式语体的"We should be very delighted if you would pay us a visit this evening."对语言学习者来说,区分口语体与正式语体,尤其是什么场合下使用口语体更为合适有一定难度。参见"**非正式语体**"。

口语形式 oral form 亦称口头形式。强调表示用声音说出,以区别于用书面符号表示的性质,如口试(oral test)、口头文学(oral literature)等。口语形式与书面形式(written form)相对。参见"**口头语言**"。

库藏 inventory 语言学中指一种语言中属于某一范畴层面或描写领域的全部语项的无次序列举。如列出英语的全部音位就构成英语的"音位库藏(phonetic inventory)"。

库德-理查德逊公式 Kuder-Richardson formula 语言测试术语。一个用来计算测试项目信度的公式。信度指测验结果的一致性程度或者可靠性程度。库德和理查德逊两人于1937年提出一些评估信度的公式,其中比较常用的有两个:KR20 和 KR21。一般认为,前者计算的结果较为精确,后者的计算程序较为简便。其公式如下:$KR20 = K/K\text{-}1[1\text{-}\Sigma pq/\sigma^2]$ $KR20 = K/K\text{-}1[1\text{-}M(K\text{-}M)/K\sigma2]$ 其中:K 指试题数,P 指答对某一试题的学生所占比例,Q 指答错某一试题的学生所占比例($q=1\text{-}p$),σ 指分数之标准差,M 指分数之平均数。库德-理查德逊信度系数的运用需要满足以下条件:所有测题都采用二分法记分,即都采用 0、1 记分,答对记1分,答错记0分;测验的项目难度比较接近;项目间的组间相关性等。库德-理查德逊公式基本上假设所有试题都是均质的(homogeneous),因此不适合计算快速测验(speed test)的信度,因为在快速测验中,有些学生无法做完所有试题,将导致 KR20 或 KR21 信度系数的混乱。分析和研究信度的计算方法,理解信度的含义,正确运用信度的概念,对提高语言测试的质量,改进语言测试设计十分重要。

库尔干假说 Kurgan hypothesis 参见"**坟冢假说**"。

库尔干文化　Kurgan culture　"库尔干"一词源自俄语,意指"坟冢",故"库尔干文化"亦称"坟冢文化"。指公元前 5000 年至公元前 2500 年间出现在黑海地区、北高加索、伏尔加河下游的草原地区,以及西伯利亚叶尼塞地区的半游牧文化。1956 年,考古学家金布塔斯(Marija Gimbutas)将考古学上的发现与语言学结合在一起,提出"库尔干假设"(Kurgan Hypothesis),认为库尔干文化就是原始印欧人的文化,是印欧语的发祥地,其扩散和渗入各地分为三个阶段:(1)公元前 4300—公元前 4200 年;(2)公元前 3700—公元前 3500 年;(3)公元前 3100—公元前 2900 年。库尔干假设对关于印欧语言的发源地、扩散和结构理论产生了深远的影响。

库法体　Kufi　指伊斯兰教初期出现的、阿拉伯书法古体时期最早的书法体,以伊拉克历史文化名城库法命名,是阿拉伯主要书法体之一。库法体广泛用于书写《古兰经》、宫廷文献和雕刻碑文、清真寺建筑装饰、打印钱币以及向邻国及各部落致书、缔约等,成为当时传播伊斯兰教的重要工具。尤其是用库法体书写《古兰经》,一直延续了几百年。库法体的特点是粗犷有力、棱角分明、具有整体感(见附图)。

根据书写要求,基本上可分为三大类:(1)有饰型库法体,即为增加美感,多以彩绘形式在字里行间添加各种花、叶、枝、藤等装饰性图案;(2)无饰型库法体,即只有文字而无点缀装饰;(3)几何型库法体,即其字母笔画多为直角,且能组成方形、圆形、长方形、多角形等几何形状。

酷儿语言学　queer linguistics　指后结构主义时期受到酷儿理论(Queer Theory)和女权主义理论影响的语言和篇章研究的一系列方法。酷儿理论是 20 世纪 90 年代在西方兴起的一个新的性理论。作为对一个社会群体的指称,"酷儿"概念包括所有在性倾向方面与主流文化和占统治地位的社会性别规范或性规范不符的人。酷儿理论不是指某种特定的理论,而是多种跨学科理论的综合,它来自历史、社会学、文学等多种学科。酷儿理论向社会的"性常态"挑战,是一种自外于主流文化的立场。传统社会规范在性属(sex)、性别(gender)和性相(sexuality)之间建立了一种天然的"连续统一体",而酷儿理论对这种一致性提出质疑。酷儿语言学是"接触的语言学"(linguistics of contact),强调语言行为与边缘化、非主流性行为(sexualities)之间关系密切,这些性行为通常包括同性恋、双性恋及超性别,并进一步提出了把性行为和性欲融入语言研究。例如,酷儿语言学研究发现美籍非洲人双性恋者使用的语言同时具有男性同性恋者、美籍非洲人和双性恋者三种身份的语言特色。酷儿语言学运用的是将语言与性取向相联系的研究方法,因而在社会语言学对性别的研究中位置独特。

夸克语法　Quirk grammar　指英国语言学家夸克(Randolph Quirk)及其同事创立的一种语法描写法,以 20 世纪 70—80 年代出版的一系列参考语法著作为代表,尤以 1985 年出版的《英语语法大全》(*A Comprehensive Grammar of the English Language*)为翘楚。这部语法著作具有以下特点:(1)综合了英语语法结构知识;(2)融合多种描写法提供的信息;(3)从实际语料中提取大量实例;(4)注重风格和地域变体;(5)多采用欧洲传统的参考语法术语(小句、主语、动词、宾语等),同时引入一些新术语,如评述小句、回声句以及连接语、外接语、附接语等。

夸张　hyperbole　修辞学术语。指通过有意识使用言过其实的词,在数量、形状或程度上予以渲染,以增强表达效果的一种修辞手段。既可用于日常会话,也可用于文学作品。例如:I beg *a thousand* pardons.(请一定原谅我。)句中使用数量词"thousand"来表达请求原谅的强烈愿望。

跨部门语言圆桌机构　Interagency Language Roundtable; ILR　美国政府机构的统称,包括外事服务机构、联邦调查局、保卫语言协会等跨部门的协调机构。该机构制定的语言技能级别规范(ILR Scale)为听、说、读、写四种语言技能都提供了评估标准。

跨喉辅音和谐　translaryngeal harmony　音系学术语。指被喉辅音/h/和/ʔ/隔开的两个元音变得完全相同的音系过程。例如,在涅涅茨语(Nenet)中有这样一些词:to-hona(湖)、pi-hina(街道)、pʲa-hana(树)、pe-hena(石头)和 tu-huna(火)。这些词带有位置格前缀,前缀中的元音与词根第一个音节中的元音完全相同,这两个元音的中间是喉辅音/h/,两个元音产生了跨喉辅音和谐。

跨课程阅读　reading across the curriculum　语言教学术语。指开展与其他相关科目互动活动的一种阅读教学法。此方法强调不能将语言技能的教学孤立于某一固定课程之外,而应将它与在其他知识学科中的运用相联系,反映了语言的功能观。

跨类翻译　transmutation　参见"符际翻译"。

跨文化交际　cross-cultural communication
❶指不同国家、地区、地理、语言、种族、阶层、职业、性

别等不同文化群体以及不同的文化成员互相交换信息、相互沟通、共同构建意义和身份的过程。它涉及个人和群体两个层面的行为。其中个人属于群体的某一成员,具有文化代言人的身份。在跨文化交际研究中,有的侧重群体文化之间的比较,有的则侧重不同群体个人之间的共通性。跨文化交际理论内容覆盖面较广,主要涵盖:(1)高、低语境文化理论、文化价值理论、焦虑与不确定性管理理论、跨文化预期违背理论以及跨文化冲突与管理理论在内的差异与冲突理论;(2)文化适应理论、跨文化调整和通融理论在内的适应与通融理论;(3)交际认同理论、文化认同理论、面子协商理论、身份协商理论以及身份管理理论在内的身份与认同理论;(4)意义协同处理理论、文化图式理论以及跨文化交际能力理论在内的意义与能力理论;(5)语言帝国主义理论、文化帝国主义理论以及交往的合理性在内的权利与合法性理论;(6)全球化与跨文化交际理论等。❷亦称跨文化交际学(Cross-cultural Communication)。指以传播学等学科理论为基础,与人类学、社会学、文化学、心理学和语言学等相互交叉而发展起来的跨学科研究领域。作为一个多民族、多种族的国家,美国自然成为跨文化交际研究的发祥地,以美国人类学家爱德华·霍尔(Edward Hall)于20世纪50年代末首次提出跨文化交际概念为标志。其著作《无声的语言》(*The Silent Language*,1959)被视为这一学科的奠基之作。到了70、80年代,跨文化交际的研究重点逐渐从比较不同文化交际之间的差异转向对跨文化交际动态发展过程的研究,研究问题与内容更为多样、新颖和丰富,以古迪坤斯特(William B. Gudykunst)为代表的跨文化学者不断对原有理论加以拓展和整合,构建了立体、全面的跨文化交际理论模式,出版的《跨文化交际的理论》(*Theorizing about Intercultural Communication*,2005)被认为是迄今最系统、最全面的理论研究。近年来,全球化的深入发展,推动了以全球化为新的语境、立足于本土化价值观的跨文化交际的研究,扩展了跨文化交际理论的研究视野。以现任国际跨文化交际学会执行主席的美国罗德岛大学传播系陈国明为代表,在基于对中国文化的核心价值之一——"和谐"概念的研究上,提出建构亚洲范式的跨文化交际理论的必要性、可行性、深远意义和价值。对于中国跨文化交际研究学者而言,在当今时代发展背景下,中国本土化的跨文化交际理论体系的构建是一项重要的历史使命。

跨文化语用学　Intercultural Pragmatics　指对跨文化交际中的各类语用现象的研究,是20世纪80年代以来在语用学和对比语言学研究的基础上,为适应社会交际需要而发展起来的新兴学科,也是语言学研究横向拓展与纵向深化的新交汇点。跨文化语用学主要包括三个方向的研究:(1)跨文化语用语言学研究,如对不同文化中相同或相似的语言形式语用功能差异的研究以及不同文化对言语行为策略的选择差异的研究等;(2)跨文化社会语用学研究,如对不同文化对各种语用参数的不同解释、不同文化在遵循会话原则及准则上的差异以及不同文化在遵循礼貌原则及其各准则上的差异研究等;(3)语际语用学研究,如对人们在使用第二语言进行跨文化交际的语用行为以及习得第二语言时的行为模式研究等。

跨学科写作　writing across curriculum　语言教学术语。强调英语写作教学应该与整个学科各门课程相协调,特别是应与在知识性学科中的运用相联系,而不是从某一课程中孤立出来的一种外语写作方式。该方法试图通过与其他科目相联系的活动来教授语言,体现了语言的功能观。

跨语言情境　interlingual situation　参见"语际识别"。

跨语言研究　cross-linguistic studies　指对两种或两种以上语言习得现象的研究。该研究主要涉及第一语言习得与第二语言习得之间的关系问题。尤其聚焦于:(1)第一语言习得与第二语言习得之间的联系与区别;(2)第一语言在多大程度上会影响或干预第二语言的习得过程;(3)第一语言对第二语言的积极影响(正迁移)和消极影响(负迁移)分别是什么;(4)如何最大限度地在利用源自第一语言正迁移的同时尽可能规避同源的负迁移。跨语言研究还涉足第三语言习得和第四语言习得等领域。

跨语言影响　cross-linguistic influence　参见"语言影响"。

跨域映射　cross-domain mapping　认知语言学术语。指概念隐喻理论(Conceptual Metaphor Theory)中从来源域(source domain)到目标域(target domain)的结构投射。跨域映射为概念系统的组织提供了主要方式。根据概念隐喻理论,正是因为跨域映射的存在,我们才可以从一个域思考和谈论另外一个域。例如,LIFE IS A JOURNEY(生命是旅程),journey是来源域,life是目标域,借助于跨域映射,我们可以用"距离"(DISTANCE)域来理解"时间"(TIME)域。我们能从距离的角度来理解时间,是因为两域间的常规联系。存储于长时记忆中的跨域映射从来源域向目标域投射结构,促进了这种常规联系。现实中,跨域映射被看作属于两个不同域的概念集合间的稳定关系,即长距离代表时间多,短距离代表时间少。

跨越　crossover　句法学术语。指一个成分越过某个成分并与另一个成分建立某种句法联系的现象。此概念最早由罗斯(John Ross)于1968年提出,用以描述名词短语（NP）不能跨越与其自身同标的 NP 移位。例如：[1] * The pudding which$_i$ the man who ordered it$_i$ said t_i would be tasty was a horror show. 其中的 which 不能跨越跟它同标的 it 移动到 the man 之前。跨越可分为强跨越（strong crossover）和弱跨越（weak crossover）两种。强跨越指 wh 成分或量化 NP 越过与其同标的代词做 A' 移位的操作。例如：[2] * Who$_i$ did he$_i$ see t_i ? [3] * who$_i$ did his$_i$ mother see t_i? [4] a. * His$_i$ mother loves everyone$_i$ b. * everyone$_i$ his$_i$ mother loves t_i。例[2]中的疑问词 who 跨越过代词 he 移动到句首（A'位置）。如果 he 与语迹 t 同标（即表达"是哪个 x, x 看见了 x"），就构成了强跨越，t 和 he 存在约束关系，从而违背约束原则的第三条原则（参见约束原则 binding principles），导致句子不合语法。弱跨越并非因为违背约束原则的第三条原则而导致句子不合语法的跨越现象。正如例[3]中的 who 越过与其同标的 his 移动到句首（A'位置），但 his 与 t 之间不存在约束关系（因 his 不对 t 形成成分统制），句子同样不合语法，这种跨越称为弱跨越。弱跨越也可出现在逻辑式 LF 上，如例[4a]所示的句中量化词 everyone 不能与 his 同标，因为在 LF 上的表达式（即[4b]）出现弱跨越现象，即 t 越过同标的 his 而与 everyone 同标。

蒯斯庭得拉通用语　questione della lingua
参见"意大利'语言问题'大讨论"。

块状语言　block language　语法学术语，亦称标题式语言。指一般较少使用小句和句子，但却表示某种特定意义，而且只用名词、名词词组、短语或名词性分句很难分析出各种句子成分的语言结构。多用于标签、书名、告示、广告或新闻标题中，如"NO ENTRY"（严禁入内）等。

快速读音形式　allegro form　参见"快速形式"。

快速形式　allegro form　亦称快速读音形式。指由于快速说话而产生的语音弱化、脱落及同化等语音形式。例如，拉丁语 calidus 的快速读音形式为 caldus，英语中"Yes, madam."的快速读音形式为"yes, ma'm"。快速形式在概念上与慢速形式（lento form）相对应。

快速言语　rapid speech　指与慢速言语（slow speech）相对应的语速较快的言语。因语速较快，部分单词发音发生变化。例如，英语 perhaps 一词在慢速言语中发音清晰，但在快速言语中则变为 pr'aps。

快速阅读　rapid reading; speed reading　语言教学术语。一种提高阅读速度和理解率的阅读方法，具体包括略读（skimming）、寻读（scanning）等。通常训练阅读者在阅读时更有效地移动视线，更快地阅读或者更好地理解书面语境中单词和课文的意义。

宽二合元音　wide diphthong　音系学术语。指由两个音舌位差距较大的音组成的、发音时舌位变化也较大的双元音，如英语双元音 [aɪ]、[aʊ]。与窄二合元音（narrow diphthong）相对。窄二合元音指两个音舌位差距较小、发音时舌位变化也较小的双元音，如英语双元音 [əʊ]。

宽辅音　broad consonant　语音学术语。指爱尔兰语中的一种辅音，与窄辅音相对。发该辅音时，舌背后拉并稍稍向上，朝着软腭的方向移动。也就是说，该辅音是软腭化的。而与此相对的窄辅音是硬腭辅音，发音时舌头朝硬腭的方向移动。宽辅音和窄辅音在爱尔兰语中成对出现，有区别意义的作用，应视为两种音位。例如，单词 bó（母牛）中 b 发为宽辅音，而单词 beo（活着的）中 b 发为窄辅音。

宽容准则　Generosity Maxim　语用学术语，亦称宽宏准则。英国语言学家利奇（Geoffrey Leech）于 1983 年提出的"礼貌原则"6 条准则的第 2 条，指在使用指令和承诺时，使自身受惠最小，同时受损最大。其他 5 条准则是：策略准则（Tact Maxim）、赞扬准则（Approbation Maxim）、谦虚准则（Modest Maxim）、赞同准则（Agreement Maxim）、同情准则（Sympathy Maxim）。

宽式标音法　broad notation　音系学术语。指使用特定符号来表示每个具体语音时，只注明语言中的区别性语音，不标注发音细节的标音方法，与严式标音法（narrow notation）相对。例如，英语单词 speak 的宽式标音（broad transcription）音标为 [spiːk]。

宽式罗密克音标　Broad Romic　音系学术语。指斯威特（Henry Sweet）创立的罗密克音标。该音标原来是复杂的严式音标，后来斯威特将其简化成宽式音标。

宽域　wide scope　句法学术语。句子逻辑式中有关量词辖域（quantifier scope）的概念之一，与窄域（narrow scope）相对。例如：Everyone likes someone. 此句有两种语义解释：一是"大家各自喜欢不同的人"；二是"大家都喜欢同一个人"。两种不同的意义用逻辑式表达为：[1] ((∀x: x = H), (∃y: y = H)) (Lxy)，即对每一个 x（x 是人）而言，至少有一个 y（y 是人），x 喜欢 y。[2] ((∃y: y = H)), (∀x: x = H) (Lxy)，即至少有一个 y（y 是人），对每一个 x（x 是人）而言，x 喜欢 y。在逻辑式[1]和[2]中，量词 ∀x 和 ∃y 所处位置不同。逻辑式[1]的全称量词 ∀x 在前，存在量词 ∃y 在后，前者的量化域中包含后者,前者占宽域,后者占窄域。因此,存在量词的意义取决于全称量词的意义:有多少个 x,就有多少个 y。逻辑式[2]的情形则相反,∃y 占宽域,∀x 占窄域,存在量词的意义不取决于全称量词的意义:y 的数量不随 x 的数量而变化。

宽元音　broad vowel　参见"深元音"。

框架　frame　❶句法学术语。关涉句法框架(syntactic frame)和替换框架(substitution frame);句法框架指短语结构中,与其他范畴共存时,某特定句法范畴可出现的位置,这一位置由范畴的语法行为(grammatical behaviour)决定,如名词的句法框架可以是 DET + ADJ + NP。框架的这一性质可以帮助发现能够互相替换的成分的聚合类。句法框架强调的是句法结构,而非语义结构。句法框架常用于结构法语言教学中的句型替换操练,亦被称为替换框架(substitution frame)。❷句法学术语。关涉次语类化框架(sub-categorization frame),亦称次范畴框架。指经过次范畴化再分类后,同一范畴的词汇表现出不同的语法行为,从而在短语中占据不同位置。例如,可数名词的词范畴框架可以是 a/one/two/every/each/+ count noun,单数可数名词必须发生在限定词之后(Det + singular count noun);及物动词必须带有名词短语作为宾语(transitive verb + NP),双及物动词必须带有直接宾语和间接宾语(ditransitive verb + NP + NP),而动词 ask、tell、say、think 等可以在宾语的位置上带有句子,如 tell what you believe。❸格语法术语。指格框架(case frame)。❹语法描写中指一类语项可出现于上下文中的结构。例如,要确定英语中 boiling 这个形式与哪些形式同类,包含一个还是两个语素,以及在哪儿划分语素等,可以把它放在"It's _____ now."或"I'm _____ it."这些框架中,然后挑选一些类似的形式填入这些框架,结果表明,boiling 可以被 stopping、speeding 等形式替代,它们同属动词类,其中包含两个语素:boil 和-ing。❺认知语言学术语。指储存在长时记忆中、在概念层面表征的程式化经验(schematisation of experience)。框架包含各种知识,包括属性和属性之间的关系。框架常与特定文化中的场景、情景或者事件有关的成分或客体相连。框架处理的是程式化的日常情景,具有稳定性。提到框架内的一个事物就激活了整个框架,从这个意义上讲框架也是一种格式塔(gestalt)。在认知语言学中,框架理论用来尝试描写句法结构,属于三大研究路径中的注意路径(attention approach),因为它涉及认知主体在组织信息时的注意力分配问题。❻认知心理学术语。参见"情景框"。

框架构建　frame construction; framing; brace construction　❶句法学、语义学术语。指某些表达结构式的构建;❷语言教学术语。指教师课堂教学上对某一问题框架的构建,对提高学生注意力和提出问题、分析问题和解决问题具有良好效果。

框架理论　frame theory　认知语义学术语。通过知识结构(框架)研究语义的理论。框架是指个体、种群和社会如何组织、识别或传递真实的一系列概念或理论视角。该视角是个体选择、识别并赋予词语或短语意义的必经过程。特定的背景知识与百科知识和语言知识联系紧密,可为词语贴附相应的积极或消极的意义标签。语言使用者在操作过程中直接提取该标签即可激活头脑中对应的框架,形成对词汇意义的基本价值判断。

框架特征　frame feature　格语法术语。指在动词词条下用缩写字母标示的说明,表明某一动词能否纳入特定的格框架。确定框架特征要先对语言中的有关动词进行分类。格框架用方括号表示,框架特征写在方括号里面,前面标上"+"或"-"。"+"表示方括号内写出的这些格框架是可以容纳有关此项的框架,"-"则表示不能容纳。

框架语义学　frame semantics　认知语言学术语。指菲尔默(Charles Fillmore)提出的一种研究认知词汇语义学(cognitive lexical semantics)的方法。框架语义学把语言意义和百科知识联系起来,其基本观点是一个词可以激活和其所突出(highlight)的具体概念相连的语义知识框架,如果不了解和那个词有关的主要知识,便不可能理解一个词的意义。框架语义学的核心概念是语义框架(semantic frame)。一个语义框架就是语言事实的集合,这些语言事实详细指明了一个指称对象(denotatum)的特征、属性、功能以及必然或经常与它联系在一起的事物之间的关系。框架基于反复出现的经验,如商业交易框架就是建立在多次发生的商业交易活动上。词不但突出了个体概念,而且详细指明了观察一个框架的确切视角。例如,"买"就决定了观察商业交易框架的视角是买方,而不是卖方。根据菲尔默的观点,框架可以解释许多词汇关系中可观察到的不对称性。框架语义学一开始只用于词位(lexeme)研究,现在已经扩展到构式语法(Construction Grammar)。这与兰艾克(Ronald Langacker)在《认知语法理论 I》中提出的侧画(profiling)语义原则有许多共同之处。

框式介词　circomposition　语法学术语。指名词短语前后由前置词和后置词一起共同作用构成的介词。此概念首先由格林伯格(Joseph Greenberg)于 1995 在研究闪族和伊朗语族的语序类型演变时提出。与前置词(preposition)、后置词(postposition)同为介词的一种类型。例如：他把垃圾丢到垃圾桶里。例句中的"……到……里"即为框式介词。参见"介词"。

奎森奈尔积木　Cuisenaire rods　语言教学术语。指二语或外语教学沉默法(silent way)中教师讲解语法结构时用来表示句法结构和结构中各成分变动的工具。奎森奈尔积木最初由比利时教育学家奎森奈尔(Georges Cuisenaire)发明并用于数学教学中，此后由埃及语言教育学家葛特诺(Caleb Gattegno)将其引入语言教学。具体操作步骤包括：教师用彩色的积木表示某句话的语法结构；学生根据积木的排列造句；当造句错误时教师或其他学生予以纠正；当新结构被学生理解后，教师创设情景让学生自己操作积木并造句。

馈给　feeding; feed　句法学术语。用于分析规则次序。表示语言规则之间的一种功能关系，即一条规则的应用得出一个适用于另一条规则的结构表征，从而增加馈给可生成的形式的数目。在生成音系学中，前元音插入两个辅音之间的规则会馈给后一个规则：软腭音在前元音前变成硬腭音。

馈给关系　feeding relationship　句法学术语。如果一种规则的使用，能得到适合于另一规则操作的结构表达，它们之间为馈给关系。与给出关系概念相对。例如，有A、B两条规则，B为"X—Y"形式，A为"W—Y"形式。在这一情况下，规则A为馈给规则(对规则B而言)。因为规则A的使用为规则B的运用提供了确切的结构表达。两条规则之间的关系称作馈给关系，其线性顺序为馈给次序(feeding order)。

馈给规则　feeding rule　句法学术语。指具体馈给关系的规则。如果规则A的输出为规则B提供了恰当的表达，从而构成规则B的输入。这两条规则为具有馈给关系的规则，规则A是规则B的馈给规则。参见"馈给关系"。

馈给次序　feeding order　句法学术语。指语言规则之间线性次序的馈给关系。参见"馈给关系"。

扩充　amplification　修辞学术语。指使用迂回、呼语、夸张等修辞格或手法来扩展一个论题或一段叙述，以期粉饰辞藻，引人注目，打动情感。从中世纪到18世纪，英国散文作家和诗人(如乔叟)喜用这种方法。

扩展　extension　语义学术语。指词或短语因其所处的语境意义扩大而在意义上做出相应扩大，是一种词或短语的语义扩展现象。扩展时，词或短语的意义一般由特指变为泛指。

扩展投射原则　extended projection principle; EPP　句法学术语。指投射原则(projection principle)的扩充。乔姆斯基认为，一个词项的属性(包括其允许的补足语)在整个推导过程中应该保持不变(Chomsky, 1981)。例如，动词 give 要求有两个宾语，则在D结构、S结构和逻辑式LF中也都必须出现两个宾语。英语虚位主语句"It is raining"中的 it 就是遵循 EPP 原则——要求每个句子必须有主语，虚主语 it 本身没有被赋予任何题元角色。由于主语都出现在标志语位置，因此 EPP 原则也被一些语言学者通俗地称为"我要一个标志语原则"(I-need-a-specifier principle)。

扩展条件　extension condition　句法学术语。指要求所有移位操作必须扩展其根结构的规则。以及物动词分句中的论元移位(A移位)操作为例：TP中心语 T^0 在与其补充语 VP 合并时，与其最近的非对称成分统制 DP(即动词的域外论元，在 VP 的标志语处)进行一致性操作；T^0 携带的[EPP]特征导致 DP 移位至 TP 的标志语位置，成为分句主语。可见在移位操作时根结构 VP 被扩展到了 TP。

括号悖论　bracketing paradox　形态学术语。在构词法中指某些类型的复合词同时有两种不相匹配的标括法，即唯一性成分分类不能满足该语言的音位条件，并同时成为语义解释的基础。括号悖论常见于英语形容词的比较级结构。根据英语形容词比较级构词的规定，三音节单词"uneasy"的比较级应加-er，其标括法为[un-][[easi][-er]]。这一标括法分析出的"uneasy"的意义(更加困难 more difficult)和"uneasy"的实际意义(更不自在 more uneasy)不匹配。因此，"uneasy"的正确标括法应该是[[un-][easi]][-er]。

括号标记法　bracketing; brackets　❶句法学术语。指用来显示一系列成分内部等级结构的方法，类似于数学和符号逻辑的方法。例如：

[1]　(the cat) Subject　　(saw) Verb
　　　　主语　　　　　　　动词
　　　(the king) Object
　　　　　宾语

用括号形式将句子"The cat saw the king"分开，即把 the cat 和 saw 及 the king 分开，写成(The cat)(saw)(the king)。在较为复杂的分析中，每一对括号附有表示语法作用的标记以说明括号存在的意义，如在短语结构语法里，所用括号的顺序也需明确无误。例如：

［2］句子单位(S)：(The cat saw the king)
主语/谓语或 NP ＋ VP：(the cat)(saw the king)
动词/宾语或 V ＋ NP：(saw)(the king)
主语＋谓语动词＋宾语或 N＋V＋NP：((the cat)((saw)(the king)))

句子越复杂,括号套括号的层级就越多,识读就越困难。若用树形图代替则更为明晰。❷写作学术语。指编写语法规则时所采用的各种使用括号的简略表示方法。❸生成语法术语。不同形式的括号被赋予不同涵义,以构成各种相应的规则。圆括号(round brackets)表示可选成分：Art.＋(Adj)＋N,表示可以是 Art.＋N,也可以是 Art.＋Adj＋N,如 an (excellent) answer。大括号｛ ｝(亦称弯曲括号'curly brackets')括住交替成分,指明只能选择其中一个结构,或者 Art.＋Adj＋N 或者 Art.＋N＋N。例如：

the $\begin{Bmatrix}\text{desired}\\\text{experiment}\end{Bmatrix}$ result

方括号［］用于括住语法或语义层次上的特征,如［＋COMMON］［－COUNTABLE］［＋MALE］［＋FEMALE］；方括号要求水平方向的成分相匹配,如［A］→［C］读作"A 变成 C",［B］→［D］读作"B 变成 D"。❹语音学、音系学术语。主要有两种用法：(1)切分音标或区分特征符号,如［T］、［D］、［E］或［＋GRAVE］；(2)音系音标用两条斜线括住,如/ɪ/、/ɑː/。

括号结构 **brace construction** 句法学术语。指句子的括号结构,是德语和荷兰语中的基本句子语序原则。不同成分如限定助词、情态动词、非限定实义动词等形成括号两端存在于句中,将句中的谓语和其他成分隔开。句型不同,括号的成分也有所区别。括号成分主要分为三大类：(1)由可以分离的、形态变化复杂的动词的分离部分构成,或由限定助词、情态动词、非限定性实义动词、谓语成分组成,或由限定性谓语成分、动词补语成分或其他基本成分置于否定词之后构成；(2)以动词结尾的从句的括号结构,是由从句引导词和动词构成；(3)冠词或介词和中心语相隔较远则会形成名词括号结构。

拉丁国际语　Latino sine flexione　参见"国际语❷"。

拉丁语语法　Latinate grammar　指在描写古拉丁语中使用的以范畴为基础的规定语法。拉丁语分为古典拉丁语(Latina Classica)和通俗拉丁语(Sermo Vulgaris)。古典拉丁语为古罗马的官方语言，成熟于恺撒和西塞罗时代。拉丁语后来逐渐分化为法语、西班牙语、葡萄牙语、意大利语、罗马尼亚语等，但同时对亲属关系并不十分相近的英语也产生了重要影响。通俗拉丁语以及拉丁语的语言后裔是从古典拉丁语的修改和简化基础上发展而来，比如古典拉丁语的中性词在拉丁语的后裔语言中已不复存在(罗马尼亚语除外)。古典拉丁语语法具有以下特点：(1)动词具有较为复杂的变位系统，在人称、数、时态、语态和语气上均有区别；(2)名词的变格形式在较大程度上决定句子的意思；(3)名词和代词有阴性、阳性和中性的区别；(4)形容词也有格的变化；(5)副词比较简单，它们在性、数、格上通常只有一种词形，既不变格，也不变位，可以修饰动词、形容词或另外一个副词；(6)介词一般指示方位，既不变格，也不变位，但其后充当宾语的名词、形容词和代词却需要变格。

拉丁字母　Latin letter　参见"拉丁字母表"。

拉丁字母表　Latin alphabet　亦称罗马字母表(Roman alphabet)。一种为多种语言(包括英语)所使用的字母形式的书写系统。它由可以代表不同语言中的不同语音或语音组合的若干字母组成。该字母表于公元前7—前6世纪时在伊特鲁里亚语(Etrurian)基础上形成，以希腊字母为基础，通过埃特鲁斯坎(Etruscan)文字(形成于公元前8世纪)为媒介发展而成，成为罗马人的文字。随着罗马的对外征服战争，拉丁字母作为罗马文明的成果之一也被推广到了西欧广大地区，成为西欧语言的书写基础，也是目前世界上使用最广泛的一种字母文字系统，成为当今三种具有影响力的文字符号(华夏汉字、拉丁字母、阿拉伯数字)之一。拉丁字母表也成为当今最通行的字母表，除整个西欧和部分东欧地区沿用外，美洲、大洋洲以及许多亚洲和非洲的新创文字也多采用该字母表。我国的汉语拼音方案也采用拉丁字母表。中国部分少数民族(如壮族)创制或改革文字也以拉丁字母为基础。

拉丁字母表最初的字母包括21个，书写时没有标点，而且只有大写字母，分别是 A、B、C(表示 k 和 g)、D、E、F、Z、H、I(表示 i 和 j)、K、L、M、N、O、P、Q、R、S、T、V(表示 u 和 v)和 X。其他字母都是在其使用和发展中，特别是随着语音的变化而逐渐出现。字母 Z 于公元前4世纪不再使用，其空位由公元前3世纪从字母 C 分化出来的 G 填补。公元前1世纪引进希腊字母 Y、Z，置于字母表末端。16世纪分别从 I 和 V 中分化出 J 和 U。故拉丁字母表本身共有25个字母，W 是在其他语言使用拉丁字母过程中从 V 中分化而来。为了书写方便也出现了小写字母和各种书写字体。拉丁字母具有形体简单、明晰美观、表音性能强的特点。

拉链式音变　drag chain shift　参见"链式音变"。

拉平　leveling　亦称抹平。❶历史语言学术语。指通过类比(analogy)，词形变化的不同之处逐渐消失，原来相对立的形式按照统一规则变得一致。例如，古英语中的 sang 和 sungon 演变成近代英语中的 sang。❷社会语言学术语。指在语言混合中出现的语音、词汇或语法形式的变式数量随着变体集中而大大减少的过程，拉平消除掉的常常是少数说话人使用的形式或者是在某方面异常的形式。

拉森结构　Larsonian structure　句法学术语，亦称动词短语壳假说(VP-shell Hypothesis)。指由美国语言学者理查德·拉森(Richard Larson)于1988年提出的词汇语义分析方法，用以在分支假设前提下分析英语的双宾语结构。例如：John sent a letter to Mary. 其结构可图示如下：

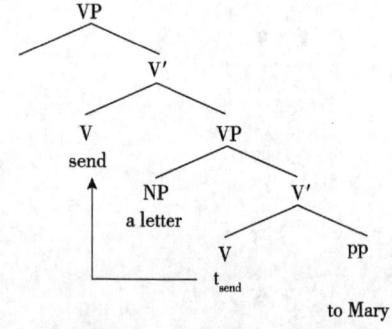

由图可见，动词的最大投射有两个，其中上层的动词中心语为空成分，为了生成正确的语序，下层动词移动到上层的空动词位置。在最简方案框架下，拉森所谓的"壳"被乔姆斯基加以改造后变成轻动词(light verb)。动词短语壳是一个以轻动词 v 为核心而投射的中心语，该动词是功能语类，没有语音表现形式，但具有强动词特征。该特征能够将其语域内最近的被成分统制的动词吸引过来进行相应核查。动词短语壳不仅可用来分析三元谓词结构，也广泛应用于单宾句、非宾格句和非作格句的句法结构中。动词短语壳的结构如图所示：

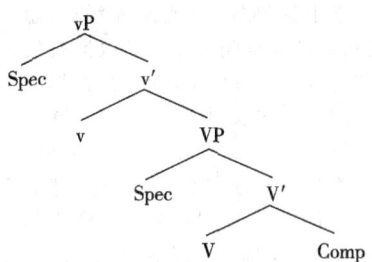

拉西测量法　Rasch measurement　参见"拉西分析法"。

拉西分析法　Rasch analysis　亦称拉西测量法（Rasch measurement）或拉西模型（Rasch modeling）。由丹麦心理测量学家拉西（Georg Rasch）所开发的一种单参数测试模型（one-parameter model），芝加哥的赖特（Benjamine Wright）将其普及。拉西模型不仅用于分析多项选择题测试中的两分数据（dichotomously scored data），而且可以应用到对等级评分表（rating scales）的分析，同时可以对评分者、任务等因素对分数的影响进行研究。拉西模型是对项目反应理论的一种简化，普遍应用于当前的语言测试分析。

拉西模型　Rasch modeling　参见"拉西分析法"。

莱比锡学派　Leipzig School　亦作新语法学派（Neogrammarians）、青年语法学派（Young Grammarians）。受19世纪前期历史比较语言学思想的影响，由德国莱比锡大学布鲁格曼（Karl Brugmann）、奥斯特霍夫（Hermann Osthoff）、德尔布吕克（Berthold Delbrück）、莱斯金（August Leskien）、保罗（Hermann Paul）等人于19世纪70年代共同建立的语言学流派，也被看作是第一个现代语言学学派。莱比锡学派的观点包括：梵语有些词形比古希腊语距离原始印欧语原状更远；原始印欧语词根并不都是单音节的。莱比锡学派认为语音演变规律无例外，并强调语音变化中的类推作用。该学派的局限性在于没有注意到语言演变是社会历史现象。因为语言不是脱离说话人而存在的实体，语音演变要受社会和历史两方面的制约。语言并不能像自然科学那样有预见性，不能预言什么音变会在什么时候什么地方发生。

莱茵河扇状三角洲　Rhenish fan　19世纪末方言学家所发现的高地德语（Hochdeutsh，原为德国南部和中部使用的德语，现为标准德语）、低地德语（Plattdeutsch，德国北部和西部使用的德语）和荷兰语之间的过度地域。这一语言分界线大致始于德国西北部的亚琛，向东经过莱茵河畔的本拉特、卡塞尔、马格德堡直到奥得河畔的浮斯腾堡。分界线以南为高地德语，以北为低地德语。

赖曼定律　Lyman's Law　音系学术语。指日语中与连续浊化（rendaku）现象有关的音系过程，即当第二成分包含浊阻塞音（voiced obstruent）时，连续浊化引起的浊化现象被消除。典型的例子是，日语单词 kami（神）和 kaze（风）组合成复合词时读作 kamikaze，而不是浊化成 kamigaze，原因是 kaze 的第二音节首音为浊辅音 [z]。

兰姆达算子　lambda; λ　语义学术语。原为数理逻辑术语，被借用为形式语义学中的一个基本概念。广义上讲，算子是量词、逻辑谓词和逻辑功能词的一个集合。狭义上讲，算子是量词的集合。兰姆达算子是在"兰姆达抽象"过程中从一些表达式（如表示真值的表达式）中构建出另一些函数的表达式。兰姆达算法（lambda calculus）作为函数和逻辑的理论组成部分，可以为语言的意义和语义关系的形式化提供系统化的运算。

朗读　reading aloud　语言教学术语。指把文字材料转化为有声语言的一种学习活动，亦是一种有效的阅读练习形式和测试学生阅读能力的手段。一般要求阅读者严格遵照文字材料进行，口头表达规范准确、清晰流畅，并能在此基础上通过语言艺术传神地表达出文字内在的节奏和情调。这一活动有助于排除周围无关刺激的干扰，从而提高学习效果。

浪波计　kymograph　实验语音学中早期分析语音的重要仪器。由于语音有稍纵即逝的特点，不易进行比较分析，使用浪波计可把语言的听觉音响变成可视的图像，方便分析。实验者戴着收音用的口、鼻、喉罩说话，声波通过导管传到鼓膜，使鼓膜上的音笔随着鼓膜的振动而上下移动，于是粘在旋转着的圆柱表面的烟熏纸上便画下振动的波纹。这种波纹就是音波的图像。20世纪初分析语音只能用浪纹计画出波形，用傅里叶分析器（Fourier analyzer）对逐个周期的波进行测算，从而得出表示声波特性的频谱和频率。到了50年代，动态声谱仪及其他声学仪器的广泛应用，使语音学迈进一个新阶段。

劳动号子说　Yo-Ne-Ho Theory　亦称劳动喊声说或者哟嘿呼说。一种关于语言起源的学说。认为语言源自于远古时代人们情感迸发时发出的自然喊叫声，或是从事重体力劳动时口中喊叫的号子。

乐音重音　chromatic accent　语音学术语。参见"音高重音"。

雷同假说　identity hypothesis　语言习得术语。指认为第一语言习得与第二语言习得过程基本上是相同或相似的一种假说。其核心观点认为习得一种语言对习得另一种语言没有或很少有影响,因为它们基本上是同一个习得过程。一语和二语习得的相似性在产出和过程两个方面均有体现。产出方面在习得早期阶段的表现尤为明显:一语和二语习得的早期阶段都有一个沉默期(silent period),在这个阶段习得者使用套语(formular)以及结构、语义都简化了的语言;过程方面主要体现在句法结构的习得,即一语和二语句法结构的习得都受到相同规律的制约。

类别　class　语法学术语。指语言学中一组具有相同性质的语言项。例如:较常见的类别是单词,可归为词类。归类的依据可以根据它们与其他单词构成词组或组成句子的方法或其形态变化的方法等。比如骏马、哭闹的孩子、粗壮的白杨等词组中,"骏"、"哭闹的"、"粗壮的树木"等属于形容词词类,而"马"、"孩子"和"树木"则属于名词词类。

类别词　classifier　❶形态学术语,亦称类属成分。指表明某个名词分属哪一类别的词或词缀。例如,马来语中的 eko(尾巴)表示动物的类别词,可与数词连用。其他语言如汉语及许多非洲语言均保留着许多类别词。英语中也有少量类别词,如"five head of cattle"中的"head of"。有些语言如斯瓦希里语(Swahili)还可在名词的修饰词(modifier)和谓语(predictive)中加入词缀来对名词进行分类。❷功能语言学术语。指在名词词组中表示对象(人或物)分别属于哪一类的词,与名词连用。被表示的对象称为被标类的名词(noun classified)。在与被标类名词的关系中,类别词可以是不同词性的词。例如,在"electric boat"和"steam boat"中前者的类别词是"electric"(形容词),后者则为"steam"(名词),但被标类的名词均为 boat。

类别内包关系　class inclusion　认知语言学术语。指认知范畴之间互相联系并形成层级关系(hierarchical relationship)所遵循的原则。例如,"动物"类包括"哺乳动物"类、"鸟"类、"爬行"类等。而"哺乳"类包括"狗""猫""牛"等;再往下,"狗"又可以包括"长毛狗""哈巴狗"等。因此,在类别内包关系中上位层次(superordinate level)包括下位层次(subordinate level)中的所有项(item),而且现实中所有实体(concrete entities)均按类别包含关系原则作了分类。

类分裂　class cleavage　形态学术语。指可归于不同词类的词。例如,英文的"probe"和汉语的"推理",两个词既可是动词也可是名词,因而具有类分裂特性,但其正确使用需取决于上下文。参见"重叠分布"。

类辅音　contoid　语音学术语。指美国语音学家派克(Kenneth Lee Pike,1912－2001)用于从语音学和音系学上区别辅音(或元音)的概念。语音学上,辅音指口腔完全闭合或口腔收紧对气流产生明显阻碍的音段。音系学上,辅音指占据音节首尾部的音段。但这些定义并不适用于一些音段,如/j/、/w/、/l/、/r/等四个音段,语音学上类似元音,但功能上可以作为音节的辅音音段。辅音指音系学意义上的概念,而类辅音则是语音学意义上的概念。类元音(vocoid)与类辅音相对应,20世纪80年代在音系学特征几何理论中得到广泛使用。

类空间　generic space　认知语言学术语。与概念合成理论(Conceptual Blending Theory)有关,指概念整合网络所包含的为输入空间(input spaces)提供共同抽象信息的心理空间。概念合成理论认为,说话者认识到两个输入空间的共同结构,准许部分整合网络(integration networks),因而概念整合(conceptual integration)获得批准,形成一个合成空间。合成空间的形成要使用类空间,类空间的要素映射到两个输入空间的对应项,为识别输入空间的跨空间对应项(cross-space counterparts)提供依据。

类裂现　class cleavage　参见"重叠分布"。

类属词　generic term　参见"通名"。

类同关系　affinity　语言类型学术语。指不同语言之间存在的语音、语法、词汇等方面的相似表现。语言之间的同源关系可以源于语言类型学方面的原因,几种具有相同类型学意义的语言之间,不管各自发生怎样的演变过程,它们在语音、语法等方面还是会表现出一定的相似性;同源关系也可以源于不同类型语言间的亲密接触,如人口迁徙、语言接触等原因也可以导致语言间的同源关系。

类推　analogy　❶亦称类推变化、类推创新。类推是人类语言的基本特征之一。指参照语言某一现象的规律推断出与其类似的其他现象的过程或结果,并把该现象中的不规则形式变为符合规律的规则形式。也就是说,依照规则的形式仿造出了新的形式,以取代原来存在的不规则形式,因此也可称为类推创新(analogical creation/formation),由其产生的新形式被称为类推形式(analogical form)。类推是语言变化的内部因素之一,本来是无意识的错误过程,如儿童的母语习得、方言和教育程度较差者的言语中出现的 *mans(men)、*datas(data)、*knowed(knew)等,但如此类推的"错误"形式有一些却被社会所接受,转化为"正确"的形式,如 cows 取代了曾经的正确复数形式 kine,helped 和 snowed 分别取代了原过去时形式 holp 和 snew。从历史角度来看,类推促进了语言的规律化并导致语言演变。德国新语法学派把类推概念引入语言学,用以解释历史比较语言学用语言规则无法说明的一些语音现象。在转换生成语法中,类推被视为简化这一普遍过程的一个特例,从一大堆规则中剔除一些规则并简化为一个规则加以描绘。此外,类推也是一种有意识的构词手段,如英语中由单词 landscape 类推出 cityscape,由 boycott 类推出 girlcott,由 hamburger 类推出 cheeseburger 等。❷修辞学术语,亦称类比。修辞学用作阐述事理的修辞手段之一。指用人们熟悉的事例说明较深刻的道理,或用具体的形象阐明抽象的概念,对本质上不同的对象之间的共同点加以比较,所比较的相关特性具有足够的相似性。例如:The human vocal tract with its lungs, vocal cords and cavities is just a violin with its bow, strings and sound box. 这句话中,人的声带和小提琴之间拥有"lungs＝bow""cords＝strings""cavities ＝sound box"等数处相似性。类比的英语词汇源于希腊词汇αναλογια,表示比例关系上的相似性。比例关系可以用 A is B ＝ C is D 等式表示。

类推变化 analogical change 参见"类推"。

类推创新 analogical creation 参见"类推"。

类推扩展 analogical extension 形态学术语。指在词汇发展过程中,根据其他已有语言素材的模式进行词的形态或意义的类推或模仿,包括形态扩展(morphological extension)和词义扩展(semantic extension)。形态扩展是词缀法(affixation)构词的形象化表达,如 govern → government → governmental → antigovernmental。词义扩展是词义变化的形式之一,指一个词的词义从表达某一专门意义转化为表示概括意义的过程,如 fabulous 原意为"像寓言一样的"或"基于寓言的",而今义为"难以置信的"和"奇妙的"。英语中大多数多义词就是经过词义的不断扩展而产生,如英语单词 thing 在古英语中意为"集会",现在扩展为泛指任何事物。

类推现象论者 analogist 指古希腊就语法体系规则性问题产生争论,而分属不同阵营的希腊语法学家,另一派称为非规则现象论者(anomalist)。类推现象论者认为语言在根本上是有逻辑、有规则的,可以分为各种系统模式;而非规则现象论者从语言使用出发,认为在语言和现实之间不存在一致关系,如名词的性的非规则性、同义现象、同形异义现象等。非规则现象论者的观点基于对词源的研究,而类推现象论者更多地立足于文献批评,通过对历史语篇的重构来证明语法的规则性。

类推形式 analogical form 参见"类推"。

类推原则 principle of analogy 指根据以往的经验和对世界的认识,借助类推的方法来理解当前的词、句子和篇章等。参见"类推"。

类象符号 icon 符号学术语。指表达形式与其表达内容的实体特征关系紧密的可视符号或声学符号,如表示黑色的小黑点、动物恐惧时的特定叫声等。有人认为自然语言中的拟声词也属于这类符号。这一概念由美国哲学家皮尔斯(Charles Sanders Peirce)在符号学(Semiotics)理论中提出并使用。

类型 type 亦简称型。语言学对语言项的种类(如音位、词、话语)及其在实际的言语和书写中所出现的情况加以区分的表示。语言单位的种类称作类型(type),而种类的例子(即一个个实际听到或观察到的语音或话语)称为标记(token)。例如,Hello、Hi、Good morning 就是人们见面时"问候"(greeting)类型的三个不同标记。类型和标记是语言学各分支中使用的统计学术语。在语言统计中,词形指的是语料中被实际观察到的不同语言单位。例如,一篇文章由 500 个彼此用空格分开的字符串组成,而其中有 200 个字符串是重复出现的,那么这篇文章的标型数为 500,而词形数则为 300。文本中不同的单词与总单词量之比称作词汇密度(lexical density)或类型—标记比率(type-token ratio)。参见"类型—标记比"。

类型—标记比 type-token ratio 指语段类型(text type)数量对语段标记数量(text token)的比例。

类型共性 typological universal 现代语言学研究中有两大重要流派,一是以格林伯格(Joseph Greenberg)为代表的语言类型学研究,二是以乔姆斯基(Norm Chomsky)为代表的生成语法研究,两者都以发现人类语言的共性为研究目标,同时探讨语言标记性(markedness)。乔氏认为类型共性存在于深层结构(deep structure)中,普遍语法(universal grammar)是其一大贡献。格林伯格在跨语言比较的基础上,得出的结论是:在语序上并不存在绝对的语言普遍性,但绝大多数语言属于 VSO、SVO 和 SOV 的类型。这种相对普遍性成为普遍性倾向(Universal Tendency)。在 1966 年,格林伯格将类型共性称为蕴含共性(implicational universal),在第二语言习得研究中使用较为广泛。

语言类型共性对第二语言习得的一个重要影响是引发对中介语(interlanguage)性质的思考:若其属于自然语言,则语言共性对中介语也适用。另一较具影响力的理论假设是美国语言学家基南(Edward Keenan)和英籍语言学家科姆里(Bernard Comrie)在 1977 年提出的可及性等级(accessibility hierarchy),

类 lèi （语言学术语）

认为关系从句的构成受到一种共性的约束，如下表达式所示：主语＞直接宾语＞间接宾语＞介词宾语＞属格＞宾语补足语（SU＞DO＞IO＞OPREP＞GEN＞OCOMP）。所有语言都有修饰主语的关系从句，如果有间接宾语关系从句，那么可以推断一定有主语的和直接宾语的关系从句，依次类推。

类型推理 case-based reasoning and analogy; CBR 指以过去的原型事物为基础寻找源事件(source case)与目标事件(target case)关系的一种推理方法。推理过程分两步进行：(1)找出合适的先例或原型，即搜索过程(retrieving)；(2)在目标事件中推导出结论，即再用过程(reusing)。类型推理系统实际操作的典型例子有卡蒂娅·赛卡拉(Katia Sycara)的用于解决劳资双方矛盾的劝说系统(persuader)。其具体方法以过去相同纠纷或矛盾为源事件，并以类似的劳资双方解决问题所达成的协议为先例。通过计算机分析源事件、目标事件以及过去与现在环境对比、工资情况、市场环境等，建立一个结构模型(structural model)，从而得出一份最可能成功的协议。在这种分析进程中层次因素皆进行了数字化。类型推理除应用于人工智能领域外，还广泛应用于法庭辩论。

类义子 classeme 语义学术语。指不同语义场中的词项所共享的语义特征。例如，man 与 woman 两个词是反义关系，但通过义素分析显示，它们都具有[＋ANIMAL，＋HUMAN，＋ADULT]这三个语义特征，这三个共同的语义特征即为类义子。

类语重叠 annomination 修辞学术语，亦称双关(pun)或双关语(paronomasia)。指利用一词多义、同音或同形异义等语言现象所形成的言此及彼之联想的修辞方法。例如：[1] We must all *hang together*, or we shall all *hang separately*.（同心同德则生，离心离德则死。） [2] Is life worth *living*? That depends on the *liver*.（若问人生值否，全看肝脏健否。） [3] *Seven days* without water make one *weak*.（七天滴水不进，周身瘫软无劲。） 参见"**双关语**"。

类元音 vocoid 语音学、音系学术语。指元音(vowel)和近音(approximants)所构成的自然类(natural class)。此概念由美国语音学家肯尼思·派克(Kenneth Pike)所创造，用来区分语音学与音系学意义上的元音(vowel)，与类辅音(contoid)相对。语音学认为元音是发音时既无闭塞又无足以产生擦声的缝隙的音。按照这个定义，/l/、/r/、/w/、/j/这几个近音音段具有(类)元音的语音特征，而功能上呈现辅音属性。参见"**类辅音**"。

类指[1] **generic** 语法学术语，亦称类属性泛指。❶语义和语法分析中泛指一类人或事物，而非某特定个体。例如：[1] Squirrels like pine-cones. [2] The squirrel likes pine-cones. [3] A squirrel likes pine-cones. 三例中"松鼠(squirrel)"的说法都是类指，指所有松鼠或一般意义上的松鼠。类指与特指(specific)相对。❷指谓词逻辑(predicate logic)中增加全称量词(universal quantifier)的全称命题(universal proposition)的类属性。

类指[2] **generic reference** 语义学术语。用来指称一类物体而不是这类物体的一个具体成员。与特指(specific reference)概念相对应。例如：[1] *A lion* is a dangerous animal. [2] *Lions* are dangerous animals. [3] *The lion* is a dangerous animal. 三例中的"狮子(lion)"指大型猫科动物的一个种类，属类指；三句话都表达同样的意义：狮子是一种危险的动物。而以下三例中的"鹦鹉(parrot)"则是特指，指鹦鹉类属中的某一特定成员。[4] *The parrot* is learning to talk. [5] *The parrots* are learning to talk. [6] There is *a parrot* in the cage.

累计形式 cumulation of categories 参见"**混合形式**"。

离格 ablative case 参见"**夺格**"。

离合诗 acrostic 指文字型态的一种短诗类型，由单一字或多字或字母，以逻辑的方式来组成诗文的某部分。欧美离合诗发明者为古希腊女预言家埃利色雷。后历经中世纪拉丁作家、僧侣与文艺复兴时期的进展，离合诗演绎成多种样式。现今仍流行于欧美的字谜(Word puzzle)即离合诗的一种。欧美离合诗的主要原则为每行诗诗首、诗中或诗尾的字母依次排列而组成诗词，其中最常见的一种是依字首、字母来排序的字母离合诗(abecedarius)。在中国的古文中，离合诗属于杂体诗的一种，诗文行文原则通常为拆字成文。例如，"鲁"为字解之离合诗诗文为"渔父屈节，水潜匿方，与时进止，出行施张。"如同欧美一般，后来也应用于灯谜等谜语。另外，中文还有一种离合藏头诗的离合诗形式，亦称借字联边，是中国古文杂体诗的一种；相传创始者为中国盛唐知名诗人白居易。除原本平仄对仗押韵外，其最主要的特点是取句尾末字的字体一部分作为下句诗文的字首，整诗的最后一个字的字体部分，又作为该诗之字首。现有文献中，首见及最常见的离合藏头诗为白居易所著作之《游紫霄宫》：
水洗尘埃道未尝，甘于名利两相忘。
心怀六洞丹霞客，口诵三清紫府章。
十里采莲歌达旦，一轮明月桂飘香。
日高公子还相觅，见得山中好酒浆。

其中,首句首字"水",来自该诗诗末最尾字浆之"水"部首,首句末字"尝"字体之"甘"拆字部分,亦成为第二句句首;余亦类推之。目前,日文仍有离合诗流传,其日文汉字称为"折句"。但日文离合诗的规则与中文已大相径庭。

离散无限性　discrete infinity　句法学术语。在生成语法中,指有限的基本句法规则可通过循环组合(cyclic combination)重组各类短语或句子,将其内嵌入更高句法层次的短语和句子中,从而生成长度无限的句子。此过程被称为递归(recursion),语言的此特点也被称为无限递归性(infinite recursiveness)。句子的离散无限性或递归性可以体现为两端延长,或中部膨胀、无限扩张。例如:[1][The little girl saw the man with the telescop [which was purchased at the new shop [whose owner was a good friend of the little girl [...]]]]　[2] The man [who registered as a graduate student] [of medium height] [wearing gold-rimmed spectales] [with a scar on the cheek] [...] [left school without explanation]　递归性是语言的根本性质之一。生成语法是一个能反复生成无限数量结构的规则系统,也是人能够用有限手段说出无限多句子的原因。如果没有递归机制,人类语言会无比复杂。参见"递归性"。

离散项目测试　discrete-point test　语言测试术语。指一种针对诸如时态、副词或者介词等语法项目测试的单个语言项目的测试。离散项目测试基于这样一种理论,即语言由不同的部分(语法、语音、词汇等)和不同的技能(听、说、读、写)组成,因此各个部分可以分别加以测试。有多项选择题的测试通常属于离散项目测试,与之对应的是"综合测试"。

离散性　discrete; discreteness　指语言单位所具有的清晰而且可界定的性质。例如,音系学中,语言中能够辨别的音位称为离散的音位。"pin"就是由单个离散的音位组成:/p/、/ɪ/和/n/。

离线任务　off-line task　语言教学术语。与在线任务相对,指通过卷面测试来了解学习者语言知识的一类方法。典型的测试包括:(1)语法判断测试(grammaticality judgment tests),判定一些句子在给定语言中存在的可能性;(2)真值判断测试(truth value judgments),确定哪两个句子通过上下文应该在逻辑上有关联;(3)完形填空题(cloze tests)和连句成段(sentence combining tests)测试。

离心结构　exocentric　句法学术语,亦称背心结构、外向结构,与向心结构(亦称内心结构、内向结构)相对。如果在考查一个较为复杂的句法结构时,整个结构的类别(form-class)同内部某个成分的类别相同,那么该结构就是向心结构,其内部成分称为核心(head)。如果结构的类别同任何内部成分的类别都不相同,该结构就是离心结构,而且没有核心。例如,英语句子"Tom left."是表现施事—动作的主谓结构,其整体结构既不同于结构内部 Tom 的类别,也不同于 left 的类别,这种句子结构即属于离心结构。

离中趋势　dispersion　语言测试术语。一组被测试者所得分数的分布数量状况。例如,如果测试学生的分数从低到中,再到高广泛分布,那么这些分数就具有较大的离中趋势。常见的离中趋势数据统计量包括方差、标准差和全距。

犁耕体　boustrophedon　亦称耕牛书法。古希腊的一种书写形式,一行从左至右,一行从右至左,交替连续排列。

礼貌式　honorific　参见"敬语"。

礼貌套话　politeness formula　参见"套话"。

礼貌现象　politeness phenomena　语用学、社会语言学术语。指作为一种社会活动,语言活动也受到礼貌原则的约束,语言使用中会采取不同礼貌策略和调节社会行为规范的语言特征,维护社会关系,减少摩擦和误解。语言中礼貌现象的特征包括:(1)特殊的话语标记(如 please);(2)适当的语调和恰当的称呼形式,如中文和法语中分别有针对第二人称的尊称"您"和"vous";(3)间接、含蓄的委婉语表达等。

礼貌形式　polite form　语用学术语。与熟称形式(familiar form)相对。用以表示尊敬对方的一种语法形式。日语、朝鲜语中广泛存在礼貌形式。不少欧洲语言中代词的第二人称单数有 T 与 V 的形式之分,T 表示熟称或亲昵的称呼,V 表示礼貌或尊称。例如,法语的人称代词有熟称 tu("你")和尊称 vous("您")之分。

礼貌原则　politeness principle　语用学术语。由英国语言学家利奇(Geoffrey Leech)于1983年在其《语用学原则》(*Principles of Pragmatics*)中针对交际中因遵循合作原则出现的问题而提出。利奇的这一原则共有六项准则,即策略准则(Tact Maxim),或称得体准则:尽量扩大他人的益处,减少他人付出的代价;慷慨准则(Generosity Maxim):尽量少使自己得益,多让自己吃亏;赞扬准则(Approbation Maxim),或称赞誉准则:尽量少贬低别人,多赞扬别人;谦虚准则(Modesty Maxim),或称谦逊准则:尽量少赞扬自己,多贬低自己;赞同准则(Agreement Maxim),或称一致准则:尽量使双方减少分歧,达成一致;同情准则(Sympathy Maxim):尽量减少对他人的厌恶,扩大对他人的同情。

礼仪性功能　ritualizing function　语用学术语。指通过对日常语言的重复使用,以实现在问答中会话惯例之不同的显现、听/说话人之间协商达成共识以及会话含义的规约化等语用功能。

里德和凯洛格图解　Reed and Kellogg diagram　用一组直线和斜线来表达一个句子中各种关系的一种句法结构的图解方式。由里德(Alonzo Reed)和凯洛格(Brainerd Kellogg)在19世纪后期提出。例如,用一条长的垂直线表明主语和谓语的界线,一条短的垂直线分出动词和直接宾语,一条短的斜线划分出补助成分,其他成分划在句子的主要部分之下。"Jack's fat cat purred loudly."的图解如下:

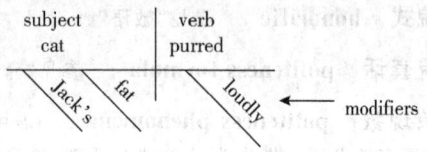

里德和凯洛格图解比较清晰地表示出词与词之间的关系,却不能表明词序的变化。例如,"I turned off the light."和"I turned the light off."两句图解方式相同。

俚语　slang　社会语言学术语,亦称黑话或切口。指某一社会群体、行业内部使用的语言,通常在非正式场合使用。有学者认为俚语等于口语体,但也有学者认为它是"不得体的言语"。一般说来,俚语具有社会变体和地域变体,很不稳定,词语变化迅速,常常通过构拟法(coinage)、合成法(compounding)和词语扩大法(widening)等手段进行构造。因此,使用俚语时需要考虑到场合和对象,不能随意使用。

理解教育法　comprehension approach　语言教学术语。指二语或外语的一种教育方法,认为语言教学的目的是理解语言,学习能力伴随理解能力的提升而增强,由语言学家威尼茨(Harris Winitz)提出。理解教学法强调:(1)听力理解教学应先于会话教学;(2)教学生学会用目的语(target language)理解话语的意义;(3)学生理解力的培养应始终先于对其表达能力的培养,所以学生理解语言的能力应始终高于其表达语言的能力;(4)虽然对表达能力的培养晚于对理解能力的培养,但理解性技能充分提升时,表达能力也相应提高;(5)这一方法反映了儿童习得母语的过程,同时对二语习得有直接启示。尽管这一方法并未最终形成某种具体的教学法,但在诸如全身反应法(total physical response method)和自然法(natural approach)等其他教学法中均能找到理解教育法的原理。

理解性错误　interpretive error　语言习得术语。指学习第二语言或外语时出现的误解对方意图或含义的错误。

理据　motivation　语义学术语。与任意性(arbitrariness)相对立。指词语形式及其意义之间的关系。一般认为大部分词没有理据,其意义和读音之间是约定俗成的关系,只有一小部分词的意义与其读音、形态等方面有一定的逻辑联系,这样的词称为有理据的(motivated)。在词汇学中,一般分为形态、语音、语义以及词源(etymological)、逻辑(logical)等理据。形态理据(morphological motivation),亦称词法理据,指一个词的意义及其构词形态具有逻辑联系。例如,英语复合词landlord和leader,其词素虽是任意的,但新合成的词与其词根的意义之间具有语法上的逻辑联系。语义理据(semantic motivation)指用语言认知手段将词语基本意义进行引申,喻指新事物、新事件或新概念的一种内在联系。例如,"瓶颈(bottle neck)"除本意外,有各种比喻性用法,其中"交通瓶颈"的语义来自瓶颈和交通拥堵路段之间具有的形状上的相似性。语音理据(phonetic motivation)指一个词的意义及其读音之间的联系,如拟声词通过直接模仿与某种事物相联系的声音,词的发音代表其意义。词源理据指词的意义与其本源具有内在联系,词的来源可解释现今的词义。例如,表示"聪明人""以智慧自诩的人"的英语solomon一词来源于古代以色列国王"所罗门(Solomon)",其人以智慧闻名于世。在英语中具有词源理据的词有专有名词(proper name)、俚语(slang)和借词(loan words)等。

理论　theory　❶指对一般原则或规则的陈述,这种陈述以推理的论据和实验证据作为基础,用来说明或解释某一事实、事件或现象。理论与假设不同,理论需要强有力的论据支持,以证明其正确性。假设则是人们对所观察的事物、现象或关系的一种猜测。当假设被证据证明为正确时,可以上升为理论。❷指与实践相对的、涉及一般原理和方法的一门科学或艺术的部分,也就是用于研究某一学科的一套规则或原则。

理论论　the 'theory' theory　指对儿童发展的心理理论的一种理论解释,着眼于对儿童心理生活的认识,脱胎于"常识心理学(folk psychology)",来源于"儿童心理理论(children's theory of mind)"。其核心论点是:儿童对心理的认识或理解在本质上是像理论的,具有与一般科学理论同样的基本特征。

其两大假设是:(1)成人(或科学家)和某一年龄段的儿童利用一种内聚性的概念框架预测和解释他人的动作和思想;(2)这种心理理解的发展机制是"理论形成"的一种过程,遵循与任何科学理论的建构同样的过程。

理论语言学　theoretical linguistics　语言学的一个重要分支。理论语言学在西方尤其在美国也被称作"语言学理论(linguistic theory)"。理论语言学提出语言学的理论概念并作出解释,为描写语言学(descriptive linguistics)、比较语言学(comparative linguistics)、历史语言学(historical linguistics)以及其他的语言科学提供共同的理论框架。戚雨村曾于1998年指出"语言学不只是经验性的实证学问,而且是一门极具理论价值的科学。"理论语言学与应用语言学(applied linguistics)相对。语言学的理论和知识可以被应用于实际领域,解决实际问题,如语言教学。在这个意义上可以说应用语言学是理论语言学和语言教学之间的桥梁。部分语言学家有时也使用这一术语指称普通语言学。

理想成员　paragon　认知语言学术语,亦称极端代表。指能够代表理想型理想认知模型(ideal ICM)的个体范畴成员。理想成员实际上是一种转喻性的理想认知模型(metonymic ICM)。例如,劳力士是"瑞士名表"范畴的理想成员,劳斯莱斯汽车是"豪华汽车"范畴的理想成员等。因为理想成员代表整个范畴,它们建立起评估范畴其他成员的标准和预期。因此理想成员能够产生典型效果(typicality effect)。

理想的说话人与听话人　ideal speaker-hearer　参见"理想化语言使用者"。

理想化　idealization　科学抽象研究的一种形式。指在观察、实验的基础上,运用抽象思维的能力,完全撇开次要因素和过程,把对象形式化、纯粹化,用理想化的客体代替真实的客体进行科学研究。语言研究中指运用抽象思维能力,对语言研究对象进行形式化、纯粹化的处理,使其成为一个不受任何个别因素影响的、理想的抽象客体的过程,是转换生成理论研究的主要设想之一。转换生成语法理论认为,语言理论的研究应以纯粹单一的语言社团中理想的说话者和听话者的语言能力为对象。这种理想的说话者和听话者必须精通自己的语言,并且不受与语法无关的条件,诸如记忆限度、精神涣散、注意力和兴趣转移以及实际运用语言知识时所犯错误等的影响。实际的语言运用是各种因素相互作用的结果,说话者和听话者潜在的语言能力只是其中的一项决定因素。但为了作出概括性说明,某种程度的理想化假设不可避免,但是学界针对在实际分析时哪些因素可以忽略不计仍有争议。

理想化认知模型　idealized cognitive model　认知语言学术语。为了解释原型理论(Prototype Theory)中发现的典型效应(Typicality Effect),雷考夫(George Lakoff)提出的一个重要理论术语,指一个可以代表关于世界某方面相对标准模式的稳定心理表征,这个相对标准模式可以用词或其他语言形式相对地表达出来。就稳定复杂的知识结构而言,理想化认知模型(简称ICM)和框架(frame)类似,但是ICM的细节更丰富,因为它是从不同文化、不同经验中抽象出来的,不是代表一些既定经验的具体例示(specific instances of a given experience),正是在这个意义上被称为"理想化"(idealized)。雷考夫认为认知模式不是客观存在的,是人为创造的,并因人的经验和文化差异而不同,因此他称之为理想化的认知模型。例如,要理解词汇概念"单身汉"[BACHELOR],就需要"婚姻"ICM,包括与婚姻有关的各种信息如结婚年龄、结婚仪式、法律手续、宗教仪式、社会风俗、道德约束、家庭责任、婚礼程序、婚礼参加人员、婚礼场所、婚前准备、婚后风俗等等。理想化认知模型包含内部一致的各种知识表征,架构和组织这些知识表征的方式也不尽相同,主要有四种类型:(1)命题,人脑中的部分知识以命题形式存在;(2)意象图式,涉及形状、移动和空间关系的知识都是以意象图式的形式存储的;(3)隐喻,理解抽象概念;(4)转喻,部分代表整体。心理空间中在线意义构建过程其实也涉及理想化认知模型。

理想化语言使用者　ideal speaker-hearer　亦称理想的说话人与听话人。指理想化的一个全面掌握整个语言知识的语言使用者,而非真实的人,该术语由乔姆斯基(Noam Chomsky)于1965年提出。理想化语言使用者掌握的语言知识被称为"语言能力"(competence)。转换生成语法理论认为,语言理论研究的目标是描述理想的说话人与听话人的语言能力,而不是其言语行为。因而,需要关注在理想化状态下,在一个完全同质的言语社区中,排除受同语法无关的条件的影响(如记忆力的限制、跑神、注意力和兴趣的转移等,以及在实际言语行为中运用其语言知识时所犯的随机或特定误),对母语的掌握十分完美的说话者或听话者的语言能力。

理性主义　rationalism　亦称唯理主义。17世纪的西方哲学流派之一。以法国哲学家笛卡儿(Rene Descartes)和德国哲学家莱布尼茨(Gottfried Wilhelm Leibniz)等人的哲学理论为基础。理性主义哲学家视理性而不是经验为人类知识的唯一源泉;认为人类知识来自与生俱来的结构、过程和理念,而并非环境。理性主义在一定意义上与实证主义相反,对语言先天论、世界语言等理论的产生有重要影响。譬如,笛卡儿的理性主义观点在乔姆斯基的转换生成语法中得以体现,而莱布尼茨以符号逻辑原理构造普遍文字的设想在柴门霍夫(Łazarz Lazarus Zamenhof)等人创始的世界语(Esperanto)设计方案中得到反映。

理性主义观点　rationalist position　在笛卡儿哲学理论基础上发展而来的理性主义持有的观点,主要包括:(1)内在思想(innate ideas)概念;(2)语言是人类特有的活动;(3)强调语言使用中的创造性;(4)区分语言的外在表层形式结构和内在深层形式结构。乔姆斯基继承了笛卡儿语言学(Cartesian linguistics)的理性主义观点,发展了人类语言形成的唯理论观,创建了语言天赋论(innatist hypothesis)假说。该假说认为与生俱来的知识为人类学习语言的基础,提出普遍语法(Universal Grammar)和语言习得机制(Language Acquisition Device)概念,认为儿童天生具有学习语言的能力,而普遍语法在后天经验的触发下形成个别语法(PG)。具体公式如下:

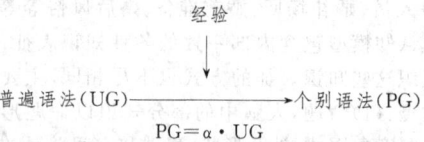

公式中的 α(如出生地、语言环境等)为后天经验,个别语法为儿童接触语言材料后内化了的语言规则,即普遍语法通过参数变化,可以成为个别语法,如儿童在汉语环境中将普遍语法原理运用于汉语,可以习得汉语。

力动态理论　force dynamics　指基本的意念系统在力的一般作用下对概念材料进行整合的理论,适用于与指称和概念相关的物理、心理、社会、推理、话语和心理模式领域。

力动态系统　force-dynamics system　认知语言学术语,亦称力动态。指描写客体与力相互作用方式的语义范畴(semantic category)。属于封闭词类范畴之一,类似于数、体和语气等。力动态系统与有关力的经验相连。根据经验,客体与力相互作用的方式包括作用力和抵抗力,阻力和克服阻力的力。20世纪80年代,认知语言学家泰尔米(Leonard Talmy)首先提出了力动态系统。力动态的基本特征是存在两个运用力(force-exerting)的客体,位于焦点位置的力客体称为"促力体"(agonist),反作用于这个力的客体称为"抗力体"(antagonist)。例如,The drawer cannot open. 其中的"抽屉(drawer)"是"促力体",阻止抽屉打开的力是"抗力体"。其次,力客体间有内在的力倾向(intrinsic force tendency),对于"促力体"要么倾向于运动(toward action),要么倾向于静止(toward rest),而对"抗力体"刚好相反。第三个相关因素是力的平衡。从名称看,两个力应该不等,如果相等,这种情形就失去了意义。有意义的情形是一个力大于或小于另外一个力。例如,The drawer stays open. 句中的"促力体"的力更大,使抽屉保持开的状态。力动态系统体现在语言的不同层面。词语层面,不仅适用于表达物理力的词语如"推""拉""拖"等,而且适用于表达心理力的词语如"鼓励""被激励""想"等。句子层面。例如:[1] The stone kept rolling because of the gale. [2] The stone kept lying on the slope despite of the heavy rain. 例[1]中的"促力体"石头的力小于"抗力体"大风,所以不停翻滚。例句[2]中的"促力体"石头的力大于"抗力体"大雨,故还躺在斜坡上。所以,如果"促力体"的力较小,力动态系统情形可以归纳为"甲发生了因为乙";如果"促力体"的力较大,则可以总结为"甲发生了尽管乙"。此外,力动态系统还可以扩展到篇章(discourse)层面,如甲、乙二人辩论,甲辩论一会儿后放弃了,乙方获胜,整个语篇也显示出力动态系统。力动态系统应用广泛,除此之外还用于研究情态动词、话语分析、形态句法分析等。

历时语言学　diachronic linguistics　语言学的一个分支,研究语言在进化过程中,在音位、语法和词义上发生的变化,重构其历史上的早期形态,并揭示其他语言对某种语言的影响。发源于古希腊罗马时代和中世纪的"词源学"与文艺复兴时期对希腊语和拉丁语之间的比较,但是直到19世纪才由于对语言的分析采用更科学的方法而正式成为一门具体的学科。其主要任务有:(1)描述和解释具体语言的变化;(2)重构众多语言的发展史,考察它们之间的亲缘关系,并对其加以分类(比较语言学);(3)提出一般性理论,解释语言如何发展以及为何发展;(4)提供对言语社团的历史性描述;(5)研究词的发展史(词源学)。

历时语义学　diachronic semantics　亦称历史语义学(historical semantics)。对语言从一个时代到另一个时代的发展过程进行纵向的、历史的研究方法。参见"共时语义学"。

历史比较语言学　historical and comparative linguistics　语言学的分支学科。是历史语言学(historical linguistics)的重要组成部分,狭义的历史语言学即历史比较语言学。历史比较语言学起源于18世纪末的欧洲,是现代语言学研究中最早发展起来的一个分支学科,是19世纪西方语言学的主流研究,丹麦语言学家拉斯克(Rasmus Rask)、德国语言学家格林(Jacob Grimm)、葆朴(Franz Bopp)等是这一学科的奠基人。历史比较语言学运用历史比较的方法研究不同语言之间的亲缘关系,对亲属语言在各个历史发展时期的语音、语法和词汇系统进行比较,揭示它们在相互关系和历史继承性方面的同源现象,以恢复亲属语言的发展过程,并重建它们的共同"原始语"(proto-language)。历史比较语言学在印欧语系的谱系分类方面取得了丰硕的研究成果,并扩展至印欧语系以外其他语言的研究,先后形成了各个语系的比较语法:印欧语系、闪族语系和芬兰-乌戈尔语系、突厥语系等。19世纪70年代,历史比较语言学进入"新语法学派"时期,代表人物是德国语言学家奥斯特霍夫(Hermann Osthoff)和布鲁格曼(Karl Brugmann)等。20世纪以来,瑞典汉学家高本汉、中国语言学家罗常培、陆志韦、王力、李方桂、李荣等人运用历史比较的方法,构拟了上古和中古的汉语语音系统,初步制定了汉语和有关语言的亲缘关系,把汉语音韵学研究提高到崭新的科学高度。历史比较语言学打破了以往文字学仅仅局限于某一种语言书面语研究的局面,摆脱了此前不依赖系统的语言事实和严格的检验、只凭哲学和历史的推理来解释语言的传统,从此语言学成为一门独立的学科。参见"历史语言学"、"历时语言学"。

历史过去时　past historic　语法学术语。指在有些语言(法语或意大利)中,用于叙事体或口语体中的动词过去时态,用来表示已经完成了的动作或提及已经逝去的人,类似于英语中的一般过去时。

历史句法　historical syntax　指从跨语言的角度对句法演变进行研究的理论。历史句法理论在充分吸收以往研究成果的基础上构建了一个完整的句法演变理论框架,其研究目标包括刻画句法演变的特征、概括句法演变的共性、解释句法演变的过程、构建句法演变的理论模型等。

历史同化　historical assimilation　历史语言学术语。语言在其历史发展中所发生的定型同化。譬如,一个音位(音素)向另一个相邻的音位衍变同化,变成相同或类似的音位;而该相邻音位因发声位置不同、发声方法有别而有不止一个定型音位,如 /gramˈpɑ/ (grandpa)。英语中仍保留了历史上发生的少数定型同化。例如,man 在古英语中的复数发音是/maniz/,由于/a/受/i/的影响而变为现代英语/e/的音位,其衍变过程是:从/maniz/到/mɛn/,最后衍变成现代的/men/。

历史现在时　historical present　语法学术语。在陈述过去事件发生的过程中转用现在时的现象,即在一般使用过去时的上下文中使用现在时,旨在使描述更加生动,表明场合不正式或会话气氛融洽。古代和现代许多语言中都有历史现在时现象。例如:[1] Do you know what happened to me last night? I'm sitting in a restaurant when this guy comes up and pours water over me.(知道昨晚我遭遇什么了吗?我正坐在饭馆里,这小子走到我眼前,浇了我一身水。) [2] I was walking home from work one day. All of a sudden this man comes up to me and says ....(一天我下了班后正往家里赶,这男子走到我眼前。) 参见"编年史现在时"。

历史音系学　Historical Phonology　音系学的一个分支,主要研究具体语言的音系随历史的发展而经历的各种变化。

历史语法　historical grammar　历史语言学的一个分支,主要研究语言形态学和句法学的历史衍变。这些衍变主要包括形态学衍变(如语素音位组合)和句法学衍变(如语素构成单词词组及句子的方式和方法)等。

历史语言学　historical linguistics　语言学研究中最早发展起来的一个分支。研究一种或数种语言短期变化和长期衍化的规律,其中包括对语音系统、语法系统和词汇构成的研究。其中历史语音学(historical phonology)研究语音变化(sound change);历史语法(historical grammar)研究形态(morphology)和句法(syntax)的变化;历史语义学(historical semantics)则研究词项意义(meaning)的变化。历史语言学传统上与比较语言学(comparative linguistics)相关,可称为"历史比较语言学"(historical and comparative linguistics)或"比较历史语言学"(comparative historical linguistics)。

历史语用学　historical pragmatics　从历史的角度动态地考察不同时代语言使用的条件和规则,以及语言结构、交际需求和社会结构三者之间的"自变—因变"关系及其发展规律的学科。其研究目标是:(1)描述并理解一度存在,但已无法直接观察的语言社团中语言使用的规约;(2)描述并解释语言规约的历史发展。

立足点　footing　亦称语步变化。指会话交际中会话者通过各种语码转换和其他副语言或非语言特征的变化调节交际角色关系。美国语言学家戈夫曼(Erving Goffman)于1981年提出,交际者在会话中的交际角色以及角色关系的确定通常通过由语码转换、声调、音量以及体态等副语言或非语言特征的变化来调节。这种变化均可表示一种新的语步。语步变化是自然对话的普遍特征。

例行话语　formulaic speech　参见"公式化语言"。

例子完美性排序　goodness-of-example rating
认知语言学术语。指罗施(Eleanor Rosch)20世纪70年代在调查范畴的原型结构(prototype structure)时设计的一种实验方法。罗斯做了一系列的实验,让参入实验者依据成员可代表其范畴的程度,对不同范畴的五十到六十个成员进行所谓的"例子完美性"排序。参入实验者在一个七分量表上(seven-point scale)依据代表范畴的程度进行打分,1代表最完美例子,7代表最不完美例子,以此类推。范畴成员是以词表而非视觉图像的形式呈现给实验参与者的。罗斯实验调查的范畴有"鸟""水果""运输工具""家具""武器"等等,每一范畴都得出了排序结果。例如,"鸟"范畴的调查结果前十名依次为:知更鸟(robin)、麻雀(sparrow)、北美鸟(bluejay)、蓝知更鸟(bluebird)、金丝雀(canary)、乌鸦(blackbird)、鸽子(dove)、云雀(lark)、燕子(swallow)、长尾小鹦鹉(parakeet)。根据调查结果,知更鸟是最完美的"鸟"范畴成员。

粒子音系学　particle phonology　一种集中分析音系音段内部结构的音系学理论,由桑福德·尚纳(Sanford Schane)在其1984年发表的两篇论文中首次提出。粒子音系学摒弃了乔姆斯基和哈勒在《英语的语音模式》(The Sound Pattern of English)中关于音段是由一组偶值的区别特征构成的观点,认为音系音段是由独值的音系成分——粒子构成。例如,就元音而言,粒子音系学认为初始的成分粒子(particle)为开口度粒子/a/和音调性粒子/i/和/u/,分别表示元音的开口度、腭音性和唇音性特征。除[a i u]这三个音段之外,其余元音音段均是由三个表示不同元音特征的粒子组合而成。这一方法类似于依存音系学的方法,但在对分出的基元数目和元音高度的处理上存在差别。这一理论在处理同化这类变化和单元音与复合元音的关系上有独到见解。

连词　conjunction　语法学术语,亦称连接词(connective)。指将几个词、词组或句子连接在一起的词。常见的连词有 and、but、or 等,即单个词干的连词,如"Tom and Jerry are running.""She can draw well but I can't.""Shall we hang together, or hang separately?";有时连词可能由两个或两个以上的词构成,即复合连词或短语连词,如"He did so as if he were the boss." 中的 as if 和"He may succeed as long as he tries." 中的 as long as。因此,连词也称为连接成分(conjunctive)。

连词叠用　polysyndeton　修辞学术语,亦称多连接结构。指超出惯用法所要求的连词多用现象。例如:The horizon narrowed and widened, and dipped and rose, and at all times its edge was jagged with waves. (Stephen Crane, *The Open Boat*) 句中 and 的反复使用即为连词叠用。连词叠用可以强调所列举的连接项目的冗长、拖沓,也可强调每个项目有别于其他项目的独特性。

连带指示性　logophoricity　一种共回指(coreferential anaphora)现象。其从属子句的第三人称单数主语与主句主语标识相同,常局限于间接引语。

连动句　serial verb sentence　参见"连动式"。

连动式　serial verb construction　句法学术语,亦称连动句、连谓式。一般来说,当两个或两个以上而且彼此之间没有结构关系的动词(包括其连带成分)用作同一个主语的谓语时,表示一前一后动作行为的结构形式称为连动式。此结构也称为"动词结构的连用式""谓语的连续"或"连动谓语"等,属复杂谓语的一种。例如,汉语句子"他开车去上班"和英语句子"He wants to buy a car."都属于连动式。

连读音变　sandhi　音系学术语。指相邻的语法形式的语音变化。词与词之间的连读音变称为外部连读音变(external sandhi),词内部的连读音变称为内部连读音变(internal sandhi)。

连读浊化　rendaku　音系学术语。指日语中复合词第二个成分的起首辅音浊化的现象,即当两个音节合并为一个音节时,前一音节尾音的带声特征会同化下一音节的首音。例如,日语中 ami(网)+ to(门)→ amido(纱门,网眼门);omocha(玩具)+ hako(盒子)→ omochabako(玩具盒)。

连贯　coherence　语篇语言学术语。指语篇中句子间的逻辑语义联系,即语篇中连接话语意义的关系或段落中连接句子意义的关系。一般来说,如果一段话中的各个句子均围绕某一特定中心大意而展开,该段话就被认为具有连贯性。语篇连贯指某一语言在语义上的统一,不仅指语篇语言形式(linguistic form)或其所指(denotations)上的连贯,也指听话者(receiver)根据相关知识、通过逻辑对形式及意义的理解。因此连贯并不是某一语篇的绝对属性,而是相对于某一特定听话者与相关语境而言。根据韩礼德和韩茹凯(Ruqaiya Hasan)在其1976年《英语的衔接》中的观点,语篇具有概念意义(ideational)、人际意义(interpersonal)和谋篇意义(textual)三大功能。语篇中句子的连贯由语境(context)决定,语境由语场(field)、语旨(tenor)和语式(mode)三个部分构成。语篇中语义的连贯需在此基础上加以讨论。

连贯标音　consecutive transcription　音系学术语。指对连贯言语的标音。连贯标音与对单词或词组的标音不同。首先，连贯言语的重音、音高、音长等受到语境因素的影响。其次，在严格的情况下超音段语音特征（superasegmental features）也要标出来。例如：[1] *It* is mine. /ˈɪt is mine/. 例[1]中给没有词重音的 it 标上逻辑重音。[2] *a. I saw*. /sɔː/ *b. I saw it*. /sɔ/　例[2a]和[2b]显示出停顿前的元音较长，否则较短。[3] How do you do? /ˈhaʊ dʒə ˈduː/. 例[3]表明 you 的发音受到 do 的影响，被弱化了。

连接　conjunction　语法学术语。指连接词、词组、句子的过程和方式。英语中一般有两种连接方式，即并列连接（co-ordination）和从属连接（subordination）。并列连接一般由并列连词（co-ordinating conjunctions；coordinators），如 and、but、or 引导。由并列连词连接的子句称为并列子句（co-ordinate clause）。从属连接则一般由从属连词（subordinating conjunctions；subordinators），如 because、when、unless 等引导。例如：[1] It rained, *but* he enjoyed and walked. [2] He came to me *when* he saw me.

连接词　connective; conjunctive　参见"连词"。

连接副词　conjunctive adverb　参见"状语连词"。

连接性次序　conjunctive ordering　句法学术语。在转换生成语法中，指在一组交替项目中必须选择一项的次序结构。其规则序列的缩简式由字母和大括号来表示：

$$X \begin{Bmatrix} Y \\ Z \\ W \end{Bmatrix} P$$

如图中所示，该组结构存在三个交替项，即 XYP、XZP 和 XWP。按连接性次序，表达者必须在前述三个交替项中选择一个。

连接性副词　adverb as conjunct; conjunctive adverb　语法学术语。根据副词在句子中的语法作用对副词的一种分类方式，指在形式上不属于句子基本结构的一部分，在功能上对分句中正在表达的部分和已经表达的部分之间起连接作用的副词。例如：[1] If they open all the window, *then* I'm leaving. 有时可与并列连词搭配使用。例如：[2] We have complained several times about the noise, *and* yet he does nothing about it. 连接性副词可以用于具有否定意义的分句句首，但不能成为选择性疑问句中的疑问焦点，也不能成为选择性否定句中的否定焦点。

连接音 R　linking R　语音学、音系学术语。英语中的连接音 R 有两种情况：(1) 指用于音节或词组的元音间的 /r/ 音，如"Here I am". /hɪə ˈraɪ æm/. (2) 插入音 R (Intrusive R)，即前一个词并非以字母 r 结尾，但为了发音方便，可添加一个 /r/ 音，如"Asia and Africa" /ˈeɪ-ʃə rən ˈæfrɪkə/ 以及"the idea of it"/ðɪ aɪˈdɪə rəvɪt/.

连接语素　linking morpheme　形态学术语。指置于复合词的两个组成部分之间、使它们连接在一起的成分，如 psycholinguistics 和 sociopolitical 中的"-o-"，以及法语"A-t-il le livre?"中的"-t-"为连接语素。

连诵　liaison　音系学术语，亦称连读。指说话时前一个词与后一个词（尤其是以元音开头的词）的发音紧密连接的现象。例如，英语中"an apple"通常读作/ əˈnæpl/，两词间无明显停顿，鼻音/n/与后一词的首音/æ/紧密相连，形成一个音节。

连锁　concatenation　句法学术语。指在表达语言结构形式时，句子成分按线性排列，形成语符列的过程。此现象在转换生成语法中尤为突出，如"X＋Y＋Z"或"X⌒Y⌒Z"的表达式。其中，X＋Y 可理解为 X 被 Y 连接（X is concatenated or chained together with Y）。用于表示连锁的符号＋、⌒等被称为连锁标记（concatenation operator）。

连系动词　linking verb　参见"系动词"。

连写句　run-on-sentence; fused sentence　句法学术语。指句子之间或独立分句之间因省略句号而产生标点错误的句子。例如：[1] *Miss Wang is a good nurse she is always patient to patients. [2] Miss Wang is a good nurse, and she is always patient to patients. 句[1]为连写句，可改写成句[2]，用逗号分开并由 and 连接的两个独立子句。

连续层级移位　successive cyclic movement　句法学术语。指跨越一个或若干子句，导致远距离依存现象（Long-distance Dependency）的移位。例如：[1] [CP1 What$_i$ do you think [CP2 t_i he will say we will buy t_i]]? [2] What do you think [what] he will say [what] we will buy [what]? [3] *Who do you think *when* he invited?　例[1]中句首疑问词 what 并非从 buy 后面的位置直接移位到句首，而是通过连续层级移位的方式，经由中间阶段（即 CP2 的标志语位置）后，逐步移位到句首的，如例[2]所示。当途径的中途位置被其他成分占据时，移位的句子便是不合语法的。例[3]中的 who 因为 when 的阻挡而无法移位至句首。

连续成分 continuous constituent 句法学术语,与非连续成分(discontinuous constituent)相对。指按某一语言的规律,在线性序列中连续出现的一个语言单位的各个成员。该序列不被其他单位打断,没有位置上的变化。非连续成分指被其他语法单位打断而分开的一个组合的前后两部分。例如:[1] He is coming. [2] Pick the toy up. 例[1]中的现在进行时结构即连续成分,而例[2]中的动词短语"pick up"为非连续成分。

连续过程 continuing process 语法学术语。指句子中动词表示的行为或状态在某一时间段内所呈现出的不间断的性质。这一特性可通过语法或词汇等不同手段来体现。例如:[1] He is doing his homework. [2] He has been studying for three hours. [3] He played and played and played. [4] He played on and on and on. 句[1]为进行时,句[2]为完成进行时,句[3]和句[4]为词汇重复。

连续实体 continuous entity 形态学术语。指不可数名词所指称的事物所具有的连续及无自然界限的特点,如 water(水)、sand(沙子)、snow(雪)、light(光)、air(空气)等。

连续书写体 continuous script 亦称连续文字(continuous writing)。指词或字符之间无空格的书写体系,如经典希腊文和后期经典拉丁文的书写。汉语在借入标点符号系统之前也属于连续书写体。

连续体[1] continuum 社会语言学术语,亦称言语连续体。❶指某地域方言的一系列变体(dialect)之间没有明确区分,相互之间组成的一种连续体。在分布于一个广阔地理区域的诸方言里,地理位置及其邻近的方言之间的差别非常微小,随着地理位置的改变,方言间的互通度逐渐降低。❷指某一系列社会方言变体(sociolect)。一般称受过高等教育的人所使用的变体为高势语(acrolect),受教育程度较低的人所使用的变体称为低势语(basilect),而介于两者之间的为中势语(mesolect)。高层次变体(H-variety)与低层次变体(L-variety)之间也存在连续体。受过良好教育的说话者在正式场合一般使用高层语或中高层语(upper mesolect),而在非正式场合则可能使用低层语。各变体之间无明确界限。生活在或经常出入于连续体中的人能同时使用两种或以上不同的变体,这种能力被称为双方言现象(bidialectal)。

连续体[2] continuative 语法学术语。指与非连续体(non-durative)相对的动词形式,具有时间延续性或延展性。此类动词包括:拥有(have)、具备(possess)、保持(keep)、知道(know)、学习(learn)、生活(live)、工作(work)、阅读(read)、睡觉(sleep)、等待(wait)、看(look)、听(heard)、闻(smell)、喝(drink)、跑(run)等。

连续文本 running text 计算语言学术语。指上下文连贯的文本。与"孤立的书面语言数据"相对。

连续文字 continuous writing 参见"连续书写体"。

连续演变 concatenation 语义学术语。指单词由其最初的意思演变为现有意义的进程。连续演变是多义词语义发展的一种重要方式。通常,经过连续演变的前后意义之间没有直接联系。例如:[1]treacle 一词最早的意思是"野兽"(wild beast),经过如下一系列连续演变后发展成现在常用的意思——"糖浆"(molasses) [2] remedy for bites of venomous beasts(治疗有毒动物咬伤)→ antidote for poison or remedy for poison(解毒的药剂)→any effective remedy(有效地治疗药品) [3] candidate 的连续演变的过程为:white-robed(穿白袍的)→ office seeker in white gowns(穿白袍寻求职位的人)→ a person who seeks an office(求职的人)→a person proposed for a place, award etc.(某一职位或奖项等的候选人)。

连音 concantenation 音系学术语,指说话时通过同化(assimilation)、省音(elision)和连音(liaison)等语音连接现象,将音素组成音节,音节组成单词的方法。虽然两种语言之间可能存在许多相似的语音,但其组音方式却不相同。譬如,英国人将 steak 发成/stek/,其中"t"发不送气的[t],以区别送气的/tʰ/;而西班牙人学习该英语单词时可能将其发成/estesk/,因为在西班牙语中/st/不出现在重读元音前,而只能出现在重读元音后,故而在词首加上/e/的发音。

联邦英语 federal English 美国词典编纂家韦伯斯特(Noah Webster)对美国英语的一种称呼。参见"美国英语"。

联邦政府的官样文章 federalese 参见"官场用语"。

联合语 union language 亦称混合语。指为便于几种方言之间的交际,从一些邻近的方言中吸取语音、语法和词汇等成分,精心融合而创造出来的一种标准语和文字系统。例如,在罗得西亚(即今津巴布韦和赞比亚)和东非,为了一些班图语方言间的交际而创造出来的修纳联合语(Union Shona)。修纳联合语吸收了四种相邻方言中的语音、语法和词汇成分,以拉丁字母为基础形成其文字。

联加语　conjunct　句法学术语。指不属于句子或子句基本结构的部分,是状语(adverbial)的一种。例如:[1] *Altogether*, it was a happy week. [2] *However*, the weather was not good. 两例句首的"altogether"和"however"即典型的联加语,一般用来说明句子与子句,或与其他句子或子句之间的关系。联加语需要与状语的其他形式如附加语(adjunct)和外加语(disjunct)区分开来。附加语指句子或子句基本结构中的表示时间、地点、频率、程度、方式等的状语;外加语表示说话者对句子或子句其他部分的态度或评价的状语。

联觉系列词　phonaesthetic series　参见"联觉音组"。

联觉音位　phonaestheme　参见"联觉音组"。

联觉音组　phon(a)esthemes　语音学术语,亦称音义联觉(phon(a)esthesia)或语音美学(phon-(a)esthetics)。有时用来指语音美学特征的研究,特别是对个别音具有的语音象征属性的研究。例如,英语中的/i:/元音与"小"的意义有联系(如 teeny、weeny "极小的")。联觉音位被视为语言音义间存在有限对应("音义联觉"或"形义联觉")的证据。相关的语音单位称作"联觉音位"(phonaestheme)。联想到的一系列的词称为联觉系列词(phonaesthetic series)。

联接线　association line　音系学术语。在自主音段音系学中指连接两个不同音层成分之间的线段。从语音学角度来讲,联接线用来表示两个不同音层成分之间在时间上的关系。一条联接线一旦被确立,就按联接规约(association conventions)来联系剩余的特征;当未连接的特征在一条联接线的同一侧,他们以一对一的形式自动联接,从联接线一直向外辐射。联接线之间必须遵守"不交叉制约"(No-crossing Constraint),即联接线之间不允许出现相互交叉的情况。以音段层与音调层的联系为例:

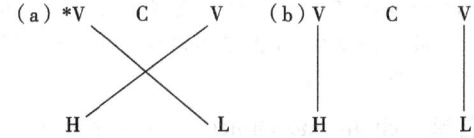

(a)违反了不交叉制约,而(b)遵守不交叉制约,因此(a)不合法而(b)为合法形式。联接线可以被一条规则删除,也可以被另一条规则转移,被转移的联接线叫重新联接(re-association)。需要强调的是,自主音段音系学允许各个音层成分的数量不等,因此一个音层成分可以与另一音层的多个成分联接,这种情况叫多重联接(multiple association)。

联结主义　connectionism　认知科学术语。始于20世纪40年代,认知科学的主要流派之一。联结主义起源于人们对大脑结构和工作方式的研究。该理论认为,人脑由数量巨大的简单处理器(即神经细胞)构成,大脑皮层的一个细胞与其他细胞之间平均具有4000个联结,所有细胞组成了一个紧密复杂的网络系统。信息处理以多个神经细胞互相合作的方式完成。总体来说,神经细胞具有六个基本功能:输入功能、合成功能、传导功能、输出功能、计算功能和表象功能。细胞传递的不是符号信息,而是数值。这些数值输入被神经细胞映射为数值输出。联结主义认知模式即以人脑的工作原理为基础来研究人的认知活动规律,认为神经网络由许多简单处理器(称作单元或节点)组成,节点相互联结组成一个复杂网络。节点同时启动对信息进行处理。节点之间联结的强度被称为权重(weight),权重值的大小可通过学习进行调节。联结主义网络一般由三个层次组成:输入层(input layer)、内隐层(hidden layer)和输出层(output layer)。输入层接收输入的表征,输出层提供输出应有的表征,而内隐层则存储网络所学习到的知识表征。联结主义的三个基本原则是:(1)信号处理由基本单元进行;(2)处理单元与其他单元并行联结;(3)处理单元之间的联结具有不同的权重值(Medler, 1998)。联结主义认知理论取得了丰富的成果,对认知科学、心理语言学等相关学科的发展起到了很大的推动作用。但是联结主义仍处于发展的初级阶段,尚有许多问题有待于人们去探索和研究。

联系项　relator　句法学术语。指形式逻辑中至少包含两个空槽位的谓元,它必须要有至少两个论元。例如:Tom is the brother of Mary. 句中的谓元是"be-brother-of",论元有 Tom 和 Mary 两个,因此"be-brother-of"是一个联系项。

联系重现　renewal of connection　句法学术语。指一个抽象单位或结构与具体数据之间重新确定的联系,应用于短语联系重现中。弗斯学派的语言学家认为,基于一组数据(S1)作出的分析适应于对另一组数据(S2)的分析,因为两者之间存在联系重现,即两者对抽象单位的解释一致。

联想词¹　associational word　语义学术语。指说话人对其所指事物或概念没有直接的、第一手的个人接触或体会的那些词。联想词的范围因人而异,但有些词是全社团共同的,如 sun(太阳)、death(死亡)等。

联想词²　associative word　由中心词(central

word)作为刺激词而联想起的词群及搭配词。以"香蕉"为中心词,联想起的词群如"苹果""橘子""梨""桃子"等都是联想词。

联想词源　associative etymology　亦称流俗词源(popular etymology)、民间词源(folk etymology)。指对一些来源不明的词,根据其语音的相似,不考虑语音的历史发展,也不考虑词义的演变过程,主观地推测得出的词源。通常是改变词的书写形式或读音,使之与更为熟悉常见的词在形式上或声音上很相似或接近,几乎完全不考虑它们之间在意义或构词上是否有关系,并以此来暗示词源关系的一种见解和做法,如将 asparagus(芦笋)改作 sparrow-grass,将 sur-loin(牛腰肉)改为 sirloin 等。

联想搭配　association-collocation　指词与词彼此可以成为刺激和反应,即彼此间产生"联系"与"同现",因而一个词可以联想起一系列与之搭配的词。联想搭配主要有以下几种类型:(1)名词联想起与之搭配的动词,如由"困难"一词可联想起的搭配有"提出""引起""面临""克服""解决""清除""绕过"等;(2)动词联想起与之搭配的名词,如由"值得"一词可联想的搭配有"赞美""奖赏""感谢"等;(3)以概念为中心联想出的搭配,如"开会"可联想出"中断""闭""参加"等;再进一步联想出"提文议案""投票"等搭配。

联想关系　associative relation　❶指索绪尔提出的纵聚合关系(paradigmatic relationship)。❷心理学术语。指一个概念和另一个概念相联系的关系。

联想记忆　associative memory　语言教学术语。指通过回想记忆中已存在的相关信息,建立联系而形成的记忆。一般是利用识记对象与客观现实的联系、已知与未知的联系、材料内部各部分之间的联系来记忆。参见"语言学能"。

联想学习　associative learning　语言教学术语。指通过各种联想手段扩大并丰富词汇的一种方法,常用于学习和记忆。联想手段有:毗邻联想(association by contiguity)、相似联想(association by similarity)、对比联想(association by contrast)、搭配联想(association by collocation)等。

联想意义　associative meaning　语义学术语,亦称关联意义。指语言符号使人产生的联想以及它所暗示的概念和印象。例如,"试图"和"企图"都有"打算"的指称意义,但这两个词使人产生的联想不同,也就是联想意义不一样。另外,如"小狗"这个词暗示的概念和印象,即联想意义有:幼小、毛茸茸、活泼等。根据利奇(Geoffrey Leech)的观点,联想意义是一个概括性的术语,反映意义、搭配意义、情感意义、社会意义与内涵意义均可用联想意义这一名词来概括。与概念意义相比,联想意义不稳定,因一个人的经历不同而变化。

联珠　anadiplosis　修辞学术语,亦称蝉联、前词递接、顶真。指把前一句子的最后部分重复用作后一句子的开头,称为首尾反复,是反复(repetition)的一种。借助这一修辞手段,语段间首尾相连,声韵相辅相成,串串相续,上下文连贯相通。例如:[1] For glances beget ogles, ogles sighs, sighs wishes, wishes words, and words a letter. (Byron, *Beppo: A Venetian Story*) [2]你站在桥上看风景,而风景在楼上看你。(卞之琳《断章》)

练习　rehearsal　语言教学术语。语言教学中指学习者有意识地通过多次重复和自觉控制调节而逐步完善技能的过程。例如,为了记住一个新单词,学习者需要反复朗读或默写该单词。技能一般包括动作技能(如打字、运动等)、智力技能(如阅读、写作等)、行为习惯(如学习习惯)等类型。根据时间、任务和反应性质的不同,练习可分为集中练习与分散练习、整体练习与部分练习、内隐练习与外显练习等。其效果受重复次数(一般而言,重复次数越多,效果越好)、练习与回忆比重(如结合回忆的练习比单纯重复效果好)、练习类型(如分散练习效果优于集中练习;学习材料量较少时整体练习效果更好,学习材料量大时部分练习效果较好)等因素的影响。

链等级体系　chain-of-being hierarchy　语法学术语。名词及其短语的等级体系。依照相关名词及其短语的语义特征进行排列。如"上帝→天使→魔鬼"的名词顺序排列。

链式音变　chain shift　音系学术语。指两个或多个音位变化的系列,如音1→音2→音3→……。链式音变分为推链式音变(push chain shift)和拉链式音变(drag chain shift)。推链式音变指某音位1占用了音位2的音位变体域(allophonic field),以此类推。英语历史上的"元音大迁移"就是属于此类。拉链式音变指新的音位填充语音系统中的空位(empty slot)的变化,如古希腊语种的/u:/→/y:/和/o:/→/u:/的变化。

链选择　chain and choice　句法学术语。指横组合关系(syntagmatic relation)与纵聚合关系(paradigmatic relation)的结合。链选择由"链"和"选择"两个概念组成。"链"指语言成分之间的线性排列,即横组合关系,如"I love you"中的"love"和"you"。"选择"指语言各成分按垂直方向的排列,即纵聚合关系,如"I love not you but him"中的"you"和

"him"。

链状动词　catenative verb　参见"控制动词"。

链状分析法　chain analysis　指对翻译中所涉及的语言文本、转义等进行分析的方法。它效仿音素分析方法将词汇概念进行二分，形成更小的一束成分特征即义素，由此分析和判定词语的可接受性和解释词汇和句子之间的语义关系。链状分析法与层次结构分析法（hierarchical analysis）及成分分析法（componential analysis）相对应。层次分析法是语法结构分析方法之一，常用于句法分析。其操作原则在于对句法结构逐层二分，遇到并列结构时采用多分，依次找出结构的直接组成成分，直至不能再进行切分为止；成分分析法也称作"义素分析"（seme anaysis），是当代语义研究的重要方法之一，主要指对词语的语义构成成分的分析。

两耳分听　dichotic listening　参见"二听法"。

两分对立组　contrastive pair　指语言学中具有对立性差异的单位。这种差异可以是形态上的，如 cab（出租车）和 cap（帽子）；可以是语义上的，man（男人）和 men（男人们）；也可以是语音语调上的，如"He is ↘ here"（他在这里）和"He is ↗ here"（他在这里吗?）。

两分法　binarism; binarity　指用有或无某些区别性特征来进行不同语言层面，包括语音、语法、语义等的分析方法。是一些语言学流派（如布拉格学派、转换生成语法学派）分析语言的一种原则。例如，对 /b/ 和 /p/ 来说，[+/－VOICED]便是一个区别性特征。

两分量表　dichotomous scale　统计学术语，亦称简单分类量表（simple category scale）。指一种只有两个值的称名量表（nominal scale）。可用数字表示一个变量的两个变体。例如，对性别这个定类变量，分别用 1 代表男性，2 代表女性，或者用 0 代表男性，1 代表女性，这里的数值没有大小之分；也可提供两个相互排斥的回答选项，通常以"是"或"否"来做回答，有时也可以是"重要"和"不重要"、"同意"和"不同意"、"男"或"女"，或另外一套不连续的种类。例如：你学过英语吗？□是□否

两极问题　polar question　指可能引发正负两种截然相反或对立回答的问题，如"Are you sure?""Is that acceptable?"等。该类提问均可引发以"yes-no"的作答。

两极形容词　bipolar adjective　形态学术语。指表示相反意义、代表两个极端的一对形容词。两个词之间往往具有中间形式，表示不同的程度，如 old 和 young，它们表示相反意义，并且确定每一个尺度的头和尾，即"极"，代表的是两个极端；它们之间还存在着表示不同程度的"老的"或"年轻的"中间形式，即这两个词中间存在着有程度分化性质的形容词，如 elderly（上了年纪的）、middle-aged（中年的），mature（成年的）。两极形容词可用于有关语义差异（semantic differential）的调查。

两可从属连语　borderline subordinator　语法学术语。指与一个非固定的句法词组很难截然分隔的短语连语，如"supposing that"和"the moment that"。前者在 supposing 后可加状语且具有原来动词的性质，如"supposing liberately that ..."，而"the moment that ..."可认为是带定语从句的名词短语。

亮元音　bright vowel　语音学术语，亦称前元音（front vowel）。舌最高部位移向口腔前部时发出的元音，如 bad 中的 /æ/。

量词　quantifier; numerative classifier; count word　语义学、逻辑学术语。指用于连接数词和名词的语素或词，量词与数词连用，指称名词的数量。不同的名词采用不同的量词计数。量词存在于相当多的亚洲语言中，如现代汉语、朝鲜语、日语等。在现代汉语中，量词的使用必须伴随数字（表所述对象的数量）或限定词。量词是一种规范语素，它本身不具有意义，必须与名词或实义词搭配使用。在汉语中，量词的位置介于数词之后和名词之前，如"一头牛""两张纸""三尾鱼""四朵花"等。量词的内部借用可以达到生动的修辞效果。以现代汉语为例：一扇的大红蝴蝶早就从如今这黑瀑布——大波浪卷发上飞离了（孔捷生《南方的岸》）。"扇"通常用来修饰门或窗，这里用来修饰蝴蝶，生动地刻画出大红蝴蝶展翅飞翔的形态。在某些语法描写模型中，量词还指限制名词短语的表数量的语项，如英语中 much/many、a lot of、several 等。

量词浮游　quantifier floating　句法学术语，亦称量词漂移。指量词没有同其限定的 NP 直接相连的现象。典型的量词浮游例子是法语的 tous（全部）。例如：[1] *Tous* les étudiants ont lu ce livre. [2] Les étudiants ont *tous* lu ce livre. 例[1]中量词"tous"与被其限定的名词短语"les etudiants"（学生）直接相连；例[2]中"tous"浮游至系动词后面。斯波提什（Dominique Sportiche）认为例[2]中的量词"tous"实际是搁浅在了 VP 内部的主语位置，没有跟随 NP 移到句子主语位置（Sportiche 1988）。

量词搁浅　quantifier stranding　参见"量词浮游"。

量词提升　quantifier raising　句法学术语。

L 量 liàng （语言学术语）

指在句子结构转换为句子逻辑式时，量词移动到句子最左端的移位过程。在此位置上的量词可以被解释为句子中受约束的变量（bound variables），被解释的方式如同谓词逻辑推理（predicate calculus）中的量词推理。例如：[1] Lisa charms *everybody*. [2] *Everybody*$_i$ Lisa charms t_i. 例[2]是例[1]的逻辑式，可解读为"对于任何一个人，丽萨都把他/她迷住了"；其中的量词 everybody 相当于提升到了句首的位置。

量词辖域 quantifier scope 句法学术语。参见"隐形移位"。

量化 quantification 在语言和逻辑中，量化是指定一个谓词的有效性广度的结构，即指定谓词在一定范围的事物上成立的程度。产生量化的语言元素叫做量词，产生的句子叫做量化的句子。自然语言和形式语言都会使用到量化。在自然语言中，量词的例子有"所有""某些""很多""少量""大量"等。在形式语言中，量化是从旧公式产生新公式的公式构造子，语言的语义指定了如何把这个构造子解释为一个有效性的广度。量化的第一个严格的表示法出现在弗雷格的《概念文字》中，弗雷格使用在变量名下画曲线来指示在它随后的公式中这个变量是被全称量化的。

量级小品词 scalar particle 语法学术语。英语小品词的一个亚范畴，包括 only、also、already 以及 still 等词。量级小品词意味着聚焦性结构或语境的可选性暗含程度。由量级小品词修饰的陈述通常属预设（presupposition）或规约会话含义（conventional implicature）的情形。例如：*Only* the President could authorize the use of the atomic bomb. 句中 only 的使用，排除了其他人有权力授权使用原子弹的可能性。

量敏感性 quantity sensitivity 音系学术语。在节律音系学中指一个支配轻、重音节，在音步终端节点中分布的音步形态参项。在对量不敏感的音步中，所有音节都作轻音节或都作重音节处理。在对量敏感的音步中，重音节不可出现在隐退位置并且重读。由量决定的音步是对量敏感的音步，附带的要求是统制终端节点必须统制重音节。量敏感性也可以用莫拉来形式化，如节律栅理论。

量气术 aerometry 语音学术语。指用电子量气仪等仪器测量言语过程中的气流，并把测量得到的进出口、鼻的气流数据应用于音系分析和研究的方法。

量限定名词 quantifiable noun; mass noun 形态学术语。指无法按个体数目，但可用单位名词（unit noun），如容器或度量衡单位表示数量的名词。例如：[1] rice → a bowl of rice；[2] tea → two cups of tea；[3] sand → three tons of sand 等。

量重音 quantitative accent; duration 语音学术语。指对音长有影响的重音（stress）和音高（pitch）的语音特征。与质重音（qualitative accent）相对应。

量准则 quantity maxim 语用学术语。格莱斯会话含义理论中合作原则的会话准则之一。要求说话人在会话中说出的话语一般需要根据会话目的提供适量信息，使自己所说的话达到交谈的现时目的所要求的详尽程度，不能使自己的话比所要求的更为详尽，即不能太多也不能太少。参见"会话含义"和"合作原则"。

量子区 quantum 参见"语音量子理论"。

列联表 contingency table 统计学术语，亦称交叉表（cross tabulation）、四格表。指以列表方式表示两个（及以上）变量所共同出现的频率分布，分析的基本问题是判明所考察的各属性之间有无关联或是否独立。在具体操作中，一般将两个属性变量的不同取值分置于行和列的位置，在表格中填入变量组合取值的频数。例如，对随机抽取的 200 名学生按性别（男或女）和英语四级通过与否两个属性分类，即可得到二行二列的列联表。

列文森会话含义三原则 Levinson's Three Principles 语用学术语。列文森（Stephen Levinson）在总结和改进了格赖斯（Paul Grice）"合作原则"的基础上提出的语用推理模式，认为对会话含义的理解和推导可以依据三条原则：数量原则、信息原则和方式原则，且把各个原则都分为"说话人准则"和"听话人推论"两部分。在数量原则下，说话人应遵循的说话人准则是不说信息量不足的话，除非提供足量的信息违反信息原则；听话人相信说话人的陈述，并就他所知而作出最强的陈述。在信息原则下，说话人遵守极小量准则（Maxim of Minimization），即只提供实现交际目的所需的最小语言信息；听话人扩展规则（Enrichment Rule），即扩充说话人所说话语的信息内容，找出最特定的理解，直到认定这就是说话人的发话意图。在方式原则下，说话人不应无故使用冗长、隐讳或有标记的表达式；如果说话人使用了冗长或有标记的表达式，听话人便可推断出说话人的意图与他原本可以使用无标记表达式所表示的意义不同，尤其是说话人要尽量避免常规性联想或用信息原则推导出无标记表达方式的含义的时候。

邻接对 adjacency pair　　语用学术语。会话结构的一种基本单位,指两个说话者各说一次话所构成的对子。萨克斯(Harvey Sacks)和谢格洛夫(Emanuel Schegloff)于 1973 年提出,邻接对由先后两个发话者的话语构成。第一个发话者的话语会引起另一个发话者相应的话语反应。典型的邻接对是提问—回答、提议—认可/拒绝、给予—接受/拒绝以及互致问候等。邻接对具有以下特征:(1)邻接对是一前一后两个话轮。这两个话轮是相邻的,由不同的说话者分别说出,顺序分别是第一部分(始发语)和第二部分(应答语);(2)有一定的类型。特定的第一部分(始发语)要有特定的第二部分(应答语)相配。例如,跟提议配对的是认可或拒绝,问候与问候配对等。对邻接对的研究主要是分析它们在引发、维持、结束会话的过程中所起的作用。在对打招呼、告辞、称赞、转移话题等会话活动中产生的邻接对进行研究后发现,不同社会群体的习惯做法不尽相同。例如,以英语为母语者在面对赞美之词时,最常见的回答方式是接受并表示感谢;而以汉语为母语者的回答则往往是对赞美进行一定程度的否定,以示谦虚和客气。

邻接条件 adjacency condition　　句法学术语,亦称毗邻条件或格邻接条件。指结构格被授格的补充条件,认为授格成分和接受格的名词短语 NP 间除了要有管辖关系外,还需要有附加条件,即两者必须相邻,中间不能存在阻隔成分。其中的附加条件即邻接条件。因此,结构格的授予条件一般是:如果(i)授格成分 A 管辖 B,且(ii)A 与 B 邻接,则 A 能向 B 授予结构格。例如:[1] John wrote a letter yesterday.　　[2] *John wrote yesterday a letter. 例[1]中的名词短语"a letter"与动词"wrote"邻接,动词向其授宾格。如果"wrote"与"a letter"之间存在例[2]中的阻隔成分"yesterday",则邻接条件被破坏,名词短语"a letter"得不到格位,从而违背格过滤条件(case filter),导致句子[2]不合法。

邻接同化 contiguous assimilation　　音系学术语,亦称邻近同化或接触同化(contact assimilation)。指词内和词间相邻音之间的同化现象。例如,news/njuːz/和 paper/ˈpeɪpə/构成复合词 newspaper 后读作/ˈnjuːspeɪpə/。

邻接性 adjacency　　指语言成分之间的相邻关系,广泛应用于音系、句法、社会语言学等各个语言学的分支领域研究。例如,在音系学关于语音特征构架的研究中,一个音层上的表征式如果特征与特征或节点与节点相邻,那么互相邻接的特征或节点间就具有邻接性的关系,插入中间成分就形成非邻接性(non-adjacency)。

邻接异化 contiguous dissimilation　　指词内和词间相邻音之间的异化现象。例如,俄语中的Лё гкий容易读成Лё хкий,其中 к 使 г 异化为 x。

邻接原则 adjacency principle　　句法学术语。管辖与约束理论的重要原则之一。其核心特征是:接受格标记的补足语与为其赋格的中心词之间不能插入其他成分。该原则要求其补足语和中心词必须在位置上相邻,以保证赋格的成功。例如:[1] John is reading a book loudly.　　[2] *John is reading loudly a book. 句[1]中的动词"read"和它的宾语补足语"a book"必须与状态副词相邻;而句[2]则因违反了邻接原则从而不可接受,因而英语动宾搭配结构中不能插入其他组构成分。

邻体效用 neighbourhood effect　　社会语言学术语。指人们在使用(社会流行或创新)语言时,会有相同的趋势。源于考克斯(Kevin Cox)1969 年的著作《空间语境中的投票决定》(The Voting Decision in a Spatial Context),其原意是指居住在同一社区的人们在投票时会彼此相互影响,有相同的投票倾向。

邻音影响 similitude　　语音学、音系学术语。指一个音段的发音受相邻音段发音的影响,属同化现象。例如,在发 kill 中的/k/音时,为了要发前元音/ɪ/,需要在软腭的前部发/k/音;而要发 call 中的/k/音需要在软腭后部,因为/ɔː/是后元音。

临床指导法 clinical supervision　　语言教学术语。指在师范教育或教师培训中指导学员开展教学实践的方法。教师指导者(teacher supervisor)通过对教师的课堂行为及学生所做出的反馈进行系统的观察和分析来改进提高其教学能力和教学手段。其中在指导过程中教师与指导者之间应保持密切的面对面关系(face-to-face relationship)。指导者着重观察教师在课堂上的实际行动(actual behaviour),具体的指导步骤一般分为以下三步:(1)准备环节:教师与指导者就教学目标、方法及可能出现的问题开会讨论,指导者据此确定课堂上应观察的内容;(2)观摩环节:指导者进课堂听课观摩并收集教学过程与环节中的相关问题;(3)反馈环节:教师和指导者双方检查收集的资料,讨论课堂是否有效,并找出需要改进的部分。

临时插入 ad hoc interpolation　　指在说话或写作中插入的与上下文毫无联系的词语。此类词语通常是在正常思路中突然产生的新想法,而且在逻辑上与之前所说或所写的主题没有必然联系。

临时词 ephemeral word 参见"偶造语"。

临时量词 temporary measure 形态学术语。指借用来充当量词的名词,可与一般量词一样作为计算单位而存在。临时量词与它前面的数词组成数量结构,对中心词起数量上的限定作用,如"一车人""一屋子气球""一桌子菜"等。

临时性造词 nonce; nonce word; nonce form; nonce formation 参见"偶造语"。

临时语法 interim grammar 语言习得术语。指儿童在第一语言习得中,在语言发展的特定阶段所使用的一种暂时性语法体系。随着儿童对新的语法规则的接触,原先掌握的那种临时性语法体系会逐渐发生变化。因此,从这个意义上来说,儿童第一语言习得的过程可以说是一系列临时语法不断发生变化的过程。

吝啬定律 Law of Parsimony 参见"奥卡姆剃刀原则"。

零词缀 zero affix 指分析词的构成时出现的一个词缀缺失。参见"零形式"。

零杆 zero-bar 句法学术语。指在 X 阶标理论中,中心语 X^0 向上投射,X^0 即为零杆。

零冠词 zero article 语法学术语。英语中指名词前面没有不定冠词(a、an)或定冠词(the),也没有其他限定词的现象。出现零冠词现象的名词包括:(1)专有名词;(2)部分物质名词和抽象名词;(3)表示抽象概括意义时的不可数名词和复数名词;(4)表示职位、头衔、身份的名词;(5)泛指一类人或事物的复数名词等。

零假设 null hypothesis 统计学术语,亦称虚假设,或称无效假设或原假设,是统计检验时的一类假设。一般用 H_0 表示,与备择假设(H_1)为相对关系。指如果拒绝 H_0,就表示接受 H_1,根据被择假设不同,假设检验还包括单检测和双检测两种。参数检验方法一般为 u 检验、t 检验和方差分析三种。是否接受零假设,一般取决于检验水准 p 值。通常情况下,当 $p > 0.05$ 时,表示接受零假设,认为变量因素间不具有统计学意义,或者说两者间不存在相关性或差异性;当 $p < 0.05$ 时,则拒绝零假设,选择备择假设,即变量因素间具有统计学意义,两者间存在质的相关性或差异性。在统计过程中,每一个统计假设中被观察到或预计到有联系的两个因素间无相关性的情况。以教学统计为例,假设教学方法 A 对学习者的成绩会有显著影响,但统计结果显示两者间不存在差异性,即教学方法 A 对成绩没有显著影响时,这两个因素间即存在相应的、但未明确说明的零假设。

零价动词 zero-valent 句法学术语。指论元数为零的一类动词,如 rain、snow 等。在诸如 "It is raining." 的句子中,it 的插入是为了满足扩充的投射原则(Extended Projection Principle;EPP)的需求。

零价谓词 zero-place predicate 语义学术语。指支配的成分数目为零、句法上没有论元的谓词。根据谓词所支配的成分的数目,可把谓词划分为零价、一价、二价、三价四种基本类型。例如,英语的动词 rain,在句子 "It rains" 中的 it 是虚主语,只起填补主语空位的句法作用,本身得不到题元角色,不是论元。

零前指 zero anaphora 句法学术语,亦称零照应(zero reference)。指在短语结构或小句中不出现所指(或照应)成分的现象,或本应出现的指同表达被省略的现象。这类所指通常比较明确或能够猜测到。例如:John sits down and drinks tea.(约翰坐下喝茶。) 句中动词"drinks"有一个零主语,但可以推断出所指之人就是 John。此例的汉语译文也具有同一特征。一些语言学家把省略(ellipsis)看作零照应。

零式引用语 zero quotative 参见"引用语"。

零算子 zero operator 参见"空算子"。

零替代 zero substitution 语法学术语。指语句中被替代的部分没有实际的语言实现。例如,省略(ellipsis)现象中被省略的部分即属零替代。

零位派生法 zero derivation 语法学术语。指单词本身不发生形态变化,但词类发生了变化,从而具有另一个词类所具有的语法功能,如 probe (n.) → probe (v.)。

零形式 zero form; zero 语法学术语。指对语言现象进行分析时假定的在一个语言中并没有实现形式的抽象语言元素,或表示一个缺失的变化形式,通常写作"ø"。例如,英语单词 deer 的复数可以看作是通过添加零词缀(zero affix)或零形素(zero morph)而构成。

零形素 zero morph 指在语言中没有语音和书写等实现形式的形素变体。参见"零形式"。

零语素 zero morpheme; null morpheme ❶指形态学中用来表示无标记的屈折变化形式,旨在表明屈折变化的规律性。例如,sheep、deer 的复数形式和 put、set 的过去式都是通过添加零语素而发生的屈折变化。❷指构词法中假定的派生后缀。例如,英语中有些形容词加后缀-ize 构成动词,如"modern+－ize"表示"to make modern"或"to become modern;"而 correct ＋Ø 表示 to make correct,这里的 Ø 代表一个假定的动词后缀。

零照应　zero reference　参见"零前指"。

零主语参数　null subject parameter　句法学术语,亦称省略参数(pro-drop parameter)。指乔姆斯基的原则和参数理论中决定陈述句的主语是否可以省略的一个参数。此参数可用以区别动词有主语的语言和动词无主语的语言。语言不同,参数也不同。英语、法语和德语等是句子中必须有明确主语的语言,因而可被称作"有主语语言",或"非 pro 省略语言(non-pro-drop language)"。例如,表示"她来了",英语不能只说"has come",而要说"She has come"。诸如意大利语、俄语或阿拉伯语等陈述句中可以没有主语的语言被称为"零主语语言"或"pro 省略语言(pro-drop language)"。

领会　uptake　亦称回应。❶语用学术语。指听话者领会了说话者的言外之音,是一种言外行为。例如,孩子说:"妈妈我做完作业了。"妈妈答:"那你看十分钟电视吧。" 但是,这种理解和说话者的意图有时并不一致。❷语言习得术语。用来指语言学习者在交际互动中,因为收到某种语言提示而做出的行为反应。例如,在本族语者(NS)和非本族语者(NNS)的对话中:NNS: And so he buy a car. NS: He bought a car. NNS: Yes, he bought a car. 非本族语者的回应(uptake)就是"Yes, he bought a car."

领属　subjacency　句法学术语。通常称作领属条件(subjacency condition),是移位限制理论——界限理论(bounding theory)的主旨。领属条件要求移位不得越过一个以上的界限节点(bounding node);界限节点为 IP 和 NP。例如:[1] * which book$_i$ did John meet [$_{NP}$ a child [$_{CP}$ who [$_{IP}$ read t$_i$]]] [2] * the man [$_{CP}$ who$_i$ [$_{IP}$ [$_{NP}$ pictures of t$_i$] are on the table]]。例[1]中的"which book"越过了 NP 和 IP 移到句首导致句子不合语法;例[2]中的"who"同时越过 NP 和 IP 前移,导致句子不符合语法。从孤岛理论上看,例[1]违背了复杂 NP 孤岛限制,例[2]违背了主语孤岛限制。参见"孤岛"。

领属代词　possessive pronoun　语法学术语。指在功能上起限定词(determiner)作用的代词所有格形式,亦称作人称代词的第二所有格(second possessive),如 mine、hers、its 等。

领属条件　subjacency condition　参见"领属"。

领域　domain　语言教学术语。在制定教学课程目标以及计划时,需要解决的关于学习目标或其他诸多方面的问题。通常存在三种目的领域:(1)认知领域:以培养学生的智力水平和语言技巧为目的;(2)情感领域:以培养学生的态度、感觉能力和价值观为目的;(3)心理机能领域:以培养学生的官能和协作能力与技巧为目的。

领域参照测试　domain-referenced testing　语言测试术语。标准参照测试的一种,被测试者的成绩基于某一领域或者某一套教学目的和计划,用以测试学习者对于被测试领域知识或技巧的掌握程度。

领域特殊性　domain specificity　认知语言学术语。语言认识中指认知能力的发展,特别是儿童认知。认知能力不是按一般方式,而是以特殊方式;不是按一定顺序,而是同时沿着许多方向、以不同速度和连续的方式发展。与领域普遍性(domain generality)相对应。在"后皮亚杰时代"(Post-Piagetian Era)中,领域特殊性研究不仅已经形成了一种占压倒优势的新趋势,而且从理论上也产生了一种认知发展研究的新范式。

另指代词　obviative　语法学术语,亦称指远代词。第三人称代词的一种特殊形式,一般涵义是"另一个他/她/它"。譬如在某个场景中,除了说话者和听话者之外,谈话涉及的第三方还有张三和李四,说话者已经谈及张三,作为谈话中的焦点,那么"他$_{OBV}$"(李四)引入谈话中后就是指远人称代词,与"他$_{PROX}$"(张三)有区分。英语和汉语中均无表示这一语法概念的词汇形式。参见"第四人称"和"指远代词"。

另指人称　obviative person　参见"第四人称"。

浏览　skimming; skim-reading　参见"略读"。

流变　drift　参见"演变"。

流畅模仿　facile imitation　语言习得术语。第一语言学习过程中儿童对成人的本能模仿行为。这种行为具有不知不觉的、轻而易举并且真实有效的。有别于成人有意识的模仿行为。

流畅性失语症　fluent aphasia　病理语言学术语,亦称韦尼克失语症(Wernicke's aphasia)。指大脑中韦尼克语言区受损而引起的一种言语障碍症。患者言语流畅,发音也不困难,但言语缺少内容,伴有大量重复,且包含许多虚词。此外,患者理解他人也有困难。

流利(程度) language fluency 指语言学习,尤指外语学习中自然流畅的语言运用,比如口语表达能像说母语般地恰当使用停顿、节奏、语调、重音以及语速等。从广义上来看,语言流利可涵盖第二语言或外语教学中的各项语言学习技能,是语言精通程度(language proficiency)是否达到高级水平的表现之一,具体包括:自如使用书面语或口语语言的能力,良好地使用语调、词汇和语法知识的能力,理解文本或信息的能力以及能够说出语义连贯的话语而不会造成理解困难或交际中断的能力等。从狭义上来看,语言流利是语言精通程度的必要但未必充分条件。流利的语言使用者往往也存在词汇量小、语言谋篇能力不足以及用词不准确等问题。

流俗词源 popular etymology 参见"联想词源"。

流行词 buzz word 参见"流行语"。

流行效应 fad proposition 社会语言学术语。指社会、科技、经济进步和政治发展不断带给语言以新的词汇和表达方式的现象。

流行语 catchphrase; buzzword 社会语言学术语。❶亦称流行词。指突然流行起来并在一定时期内被大众和媒体广为使用的词汇。与时髦词(vogue word)同义,但比后者更常用。譬如,英语"scenario"原意为话剧、歌剧的剧情梗概或电影剧本,现成为报刊政治性文章的时髦用词。其含义大大超出原先的意义,而被常用来指"计划""行动方案""一连串逐渐展开有联系的事件"等。流行词的主要特点包括:(1)对新的社会现象、大众思潮、时代特征和技术知识快速而直接的反映;(2)不一定是新词,而往往是早已存在的旧词或旧词的组合,在其流行期间被赋予新的用法与含义;(3)生动形象,充满活力,是促使语言更新发展的重要因素之一。❷指经反复使用继而在一定时期内通俗化、大众化的语言形式。通常源于流行文化和艺术作品,也大量来自政治和商业活动,通过书刊、影视、广播和网络等大众传媒广泛传播,因人口相传而广为人知。有些流行语如同作品、产品"商标"或作品中人物或角色的"签名",具有劝说鼓动(persuasive-agitative)或工具性(instrumental)功能,如"Yes, we can!""你懂的!""全球化""一带一路"等,一见这些语词就让人联想到相关事主、事件或物品。❸指用来评价或含蓄地解释复杂事物的词语,具有行话的某些特征,通行于特定年龄人群或语境中。例如,近年来在年轻人和网民中广泛使用的网络流行语,便是网络环境中约定俗成的表达方式。

流音 liquid 语音学、音系学术语。指一种辅音,发音时口腔部分形成阻碍,气流从口腔未形成障碍的部分逸出的音段。例如,light /laɪt/中的/l/和red /red/中的/r/都是流音。

六音步诗行 hexameter 指由六个音步(音位)构成的诗行。六音步诗行是古典希腊拉丁史诗的标准韵律,如《伊利亚特》即使用六音步。标准六音步诗行有三条规则:(1)每个音步可由两个长音节构成,即扬扬格,或一长两短音节构成,即扬抑抑格;(2)前四个音步中可以包含这两种韵律的任何一种;(3)第五音步必须是扬抑抑格,第六音步必须是扬扬格,如:He had | adorned | and hid | the com|ing bulk| of death|(Shelley: *Adonais*)。但英语诗歌中的大部分六音步诗行韵律有别于标准韵律,多为抑扬格,如:Nor a|ny o|ther wold | like Cot|swold e|ver sped (Michael Drayton: *Poly-Olbion*, 1612)。

漏字 haplography 亦称重复序列漏写。对字母文字而言,指词内本该重复写出的一个字母或字母组合被遗漏而只写了一次的语言现象。例如,将 offset 误写成 *ofset,将 accommodation 误写成 *acommodation 或 *accomodation 等。

录波器 oscillograph 参见"示波器"。

录音日志 audio journal 应用语言学研究所采用的语料或信息收集的一种方法。指通过使用磁带录音或语音录音机记录口头言说而非笔语,从而观察和记录语言变化和发展轨迹的研究方法。在应用语言学特别是语言教学的定性研究中,通常需要对师生课堂上以口语行为为主的表现进行持续地观察和记录,包括后续访谈,这些环节的分析均需建立有关的录音日志。

路标 landmark 参见"界标[2]"。

路径 path ❶句法学术语,指树形图中一系列不间断的分叉和节点从顶端朝一个方向移动。❷语法分析术语,指一个实体从源点到目标取一个方向性参照。例如:John rowed *along* the river. 句中along是John的移动路径。

路径分析 path analysis 社会语言学术语。一种研究多个变量之间多层因果关系及其相关强度的方法。由美国遗传学家赖特(Sewall Green Wright)于1921年首创,后被引入社会学研究,并发展成为社会学的主要分析方法之一。路径分析的主要目的是检验一个假想的因果模型的准确性和可靠程度,测量变量间因果关系的强弱并回答下述问题:

(1)模型中两变量 x_i 与 x_i 间是否存在相关关系;(2)若存在相关关系,则进一步研究两者间是否有因果关系;(3)若 x_i 影响 x_i,那么 x_j 是直接影响 x_i,还是通过中介变量间接影响或两种情况都有;(4)直接影响与间接影响两者大小如何。路径分析的前提是选择变量和建立因果关系模型。研究人员多用路径图,形象地将变量的层次、变量间因果关系的路径、类型和结构等表述为所建立起的因果模型。

乱语 jargon ❶神经语言学术语。指失语症患者或其他语言障碍患者使用的流利但无意义的言语,通常与韦尼克失语症(Wernicke's aphasia)有关。乱语可分为语义乱语(semantic jargon)和音位乱语(phonological jargon)。前者指言语由一串无意义的词、新创词和老一套的新词组成,后者指声音序列本身虽然符合语言的语音配列规则,但没有形成常规的顺序。❷语言习得术语,亦称杂合语时期。参见"杂合语时期"。❸行话、黑话。指只有同行或相同社会背景的人才能理解的语词。

伦敦东区土话 Cockney 参见"伦敦英语"。

伦敦学派 London School 指以英国语言学家弗斯(John Rupert Firth)为首的语言学派,因弗斯长期在伦敦大学任教而得名。波兰人类学家马林诺夫斯基(Bronislaw Malinowski)的"情景意义"思想是伦敦语言学派的思想源泉,弗斯的情景语境理论是学派存在的基础,韩礼德的系统功能语法理论是对伦敦学派语言学思想的发展。

语言学在英国的发展历史悠久,而使语言学在英国成为一门公认学科的是弗斯。弗斯扩大了马林诺夫斯基的"情景语境"概念,在语境概念的基础上建立起一种意义独特的语义理论。他把语言看成是人类生活的一种方式,而非只是一套约定俗成的符号或信号。弗斯认为语言研究的目标不是语言系统,而应该将语言的使用作为"社会过程"的一部分来观察,意义不仅与一个特定景象和声音的环境相连,而且深深地根植于人们赖以生存的社会活动过程中。弗斯培养和影响了一批语言学家。韩礼德继承了伦敦学派的基本理论,吸收了布拉格学派、哥本哈根学派和沃尔夫的某些观点,建立和发展了当代的系统功能语法(Systematic-Functional Grammar),将弗斯的情境化为范畴,认为语言与典型的社会情境有密切的联系,语言不能脱离其赖以存在的社会文化环境,语言是一种社会现象,语言行为是个体间、个体与社会环境之间交互作用的社会行为。参见流派"**伦敦学派**""**系统功能语言学**"和人物"**弗斯**"。

伦敦英语 Cockney 社会语言学术语,亦称伦敦东区土话。指伦敦东区土生土长的伦敦人所说的英语。该区域传统上是大量中下阶层工人的聚居地,其中的方言发音特别,俚语颇多,通常只有久居伦敦上了年纪的人才能与他们交谈。伦敦英语发音中的典型特征就是/eɪ/念成/aɪ/;另一具有明显特征的就是 h 和 t 不发音,如将 him 读作/ˈɪm/,将 bottle 读作/ˈbɒl/。

轮替运动 diadochokinesis; diaadochokinesia 心理语言学术语。通过发音器官重复并快速地做出运动的能力。

论元分裂式话题 split argument topic 参见"分裂式话题"。

论元结构 argument structure 句法学术语。指一种表达式,可反映句法结构作为中心语的动词所要求的论元位置及实现动词表达的动作或状态所需要的论元数量。例如:

[1] a. Bill's door *open*ed.
  b. John *open*ed Bill's door with the key.
[2] a. Open   (John   door key)
       AGENT THEME   INSTRUMENT
  b. OPEN   <Ag. TH. Instr>

英语动词 open 至少需要一个论元位置,题元角色为客体(theme,如例[1a]中的 Bill's door),还可以有两个可选的论元位置,题元角色分别为施事(agent,如例[1b]的 John)和工具(instrument,如例[1b]的 the key)。这样,动词 open 的论元结构可以用例[2a]或例[2b]来表示。

论元位置 argument position 句法学术语。指转换生成语法中赖以确定句法成分的位置。S→NP+VP 中两部分之相对位置确定其句法身份。转换生成语法认为句法独立于语义;主、谓、宾等句法概念与意义或功能(广义的意义)无关,只取决于它们在句子结构上的相互关系。任何标记为[NP,S]的,不论什么词项,不论与其他部分有何主题关系(施事、受事、工具等),都是主语。

论元约束 argument binding 句法学术语,亦称 A 约束(A-binding)。指生成语法理论管约论阶段关于名词短语移位的一个普遍条件。当名词短语因主语提升、宾语提升或被动化等原因发生移位时,只能移位到有格但没有题元角色(theta-role)的论元位置,名词短语在移位目的地的先行词与在原位留下的语迹(trace)共同构成一个语链(chain)。在这个语链中,先行词与语迹的关系是同标共指,前者约束后者;又因前者处于论元位置,故而名词短语的先行词与其语迹的约束关系也被称为论元约束。参见"**A 约束**"。

罗马文字化 Romanisation; Romanization
亦称罗马字母化、拉丁化。即将以非拉丁文字母为基础的文字体系（如汉字、西里尔字母[Cyrillic]、阿拉伯字母、波兰文、捷克文等）转换为以拉丁文字母为基础的文字体系的工作。一般根据被转换系统的性质，采用音译或转写（如汉语拼音即以拉丁字母为基础创制拼音字母），或者音译与转写相结合的方法。

罗马字母表 Roman alphabet 参见"拉丁字母表"。

罗曼语言学 Romance linguistics 参见"罗曼语语言学"。

罗曼语语言学 Romance linguistics 亦称罗曼语言学。对罗曼语族诸语言（如拉丁语、法语、西班牙语、意大利语、葡萄牙语、罗马尼亚语等）进行研究描写的总称。相关语法、词汇分析等在中世纪语言学（Mediaeval linguistics）、文艺复兴时期语言学（Renaissance linguistics）和历时语言学（Diachronic linguistics）研究中起过重要的作用。

罗塞塔碑 Rosetta Stone 亦称罗塞塔石。指制作于公元前196年，刻有埃及国王托勒密五世（Ptolemy V）诏书的大理石石碑的一块残片，高1.14米，宽0.73米，重约760公斤；最早于1799年由法军上尉皮耶-佛罕索瓦·布夏贺（Pierre-François Xavier Bouchard）在埃及港湾城市罗塞塔（Rosetta，阿拉伯语称 el-Rashid）发现，后在英法两国的战争中辗转到英国人手中，自1802年起保存在大英博物馆中并公开展示。石碑上用古埃及文字、埃及通俗体文字和希腊文字刻写了同样的内容，如图：

考古学家发现，石碑上第一段是古埃及象形文字，第二段是当时人们完全陌生的一种文字，第三段是人们仍在使用的希腊语，三段内容完全相同。这使得考古学家有机会对照各个语言版本的内容，解读失传已千余年的古埃及文字的意义与结构。在此之前，古埃及文字一直被认为是象形文字，对它的认识来自公元5世纪古埃及牧师荷拉波罗（Horapollo）的著作，他将古埃及文字看作一种图形符号，称之为"埃及象形文字"（Hieroglyphica），即每个字符为一个独立的单词，表达一个单独的意思。如图：

依此看法，表述同样一段内容所用的希腊文单词数量与埃及文字字符数应该大致相等，但法国语文学家商博良（Jean-François Champollion）发现486个希腊单词对应的埃及字符多达1419个，二者之间的差距使其考虑古埃及文字实际上是一种部分表音文字的可能性。商博良从古埃及法老名字的写法推断起，逐步得出埃及象形文字并不是真正的"象形文字"，而是一种像法语、英语一样的表音文字（其最早的表述是"并非严格的字母，而是注音的"）。1822年9月27日，他在法兰西文学院（Académie des inscriptions et belles-lettres）召开的会议上公开了自己的发现，第一次提出：埃及象形文字是一种集表音（phonetic）、表意（ideogram）两种系统为一身的复杂书写系统，而直观的表意字符只占很小的部分，如图（埃及象形文字中的单辅音字母表）：

字符	近似发音	字符	近似发音	字符	近似发音
	a		m		sh
	i		n		k
	y		r		k
	a		h		g
	w/u		h		t
	b		kh		tj
	p		kh		d
	f		s 或		dj

刻有与罗塞塔碑碑文同一诏书的另外两块残片后来也被发现，尽管相似的埃及双语和三语碑文以及公元前2世纪其他托勒密（Ptolemaic）国王的诏书被陆

续发现,罗塞塔碑不再独一无二,但其在破解和解读古埃及语言和文明方面地位至关重要。如今"罗塞塔碑"也用以喻指通往新知识领域的密钥。

罗扎诺夫法　Lozanov method　语言教学术语。指由保加利亚精神病疗法心理学家及教育心理学家罗扎诺夫(Georgi Lozanov)于1974年提出并以其姓氏加以命名的一种外语教学法。罗扎诺夫认为,教室的物理环境与气氛对于增强学生的舒适感与自信心来说是至关重要的,训练有素的教师会使用不同手段,如背景音乐等听觉艺术、影像等视觉艺术等因素来充分调动右脑的替补潜能。他认为,使用这种语言教学法的教学效率是常规教学法的3—5倍。20世纪60年代中期所流行的暗示教学法(Suggestopedia)也是由罗扎诺夫提出和创立的。

逻各斯中心主义　logocentrism　指与结构主义相关,但是被后结构主义和解构主义所批判的一种语言观。这种观点视语言和词为文学和其他语言行为的中心,重视文本本身的分析,但是忽视了作者的个性、社会环境和历史条件对文本理解的作用。

逻辑关系　logical relation　指在推导过程中一个命题与另一个命题之间存在的关系,如前提之于结论,前件(antecedent)之于后件(consequent)。

逻辑理据　logical motivation　指利用传统的逻辑学下定义,以属差加种的方式,把要表达的对象和与之相似的其他对象区别开来。比如,由美国发展心理学家埃里克森(Erik Erikson, 1902—1994)创造了"identity crisis"一词,用来指青少年时期所出现的难以达到自我同一性(ego identity)的现象。identity crisis中的identity是属差,crisis是种差,以区别于economic crisis和spiritual crisis。

逻辑实在论　logic realism　参见"现实主义"。

逻辑实证主义　logical positivism　分析哲学的主要支派之一,亦称逻辑经验主义或新实证主义。形成于20世纪20年代中叶的奥地利,其核心是石里克(Moritz Schlick)所创立的维也纳学派,主要成员有卡尔纳普、纽拉特(Otto Neurath)等。此外,以赖兴巴赫(Hans Reichenbach)为首的德国经验哲学协会,以波兰的塔尔斯基(Alfred Tarski)等逻辑学家组成的华沙学派,英国的艾耶尔(Alfred Ayer)和北欧的凯拉(E. Kaila)等人的观点和理论都属于逻辑实证主义的范围。20年代中叶到30年代中叶是逻辑经验主义在欧洲流传的全盛时期,极大地促进了分析哲学的发展,但在二战之后,其主要信条分别受到了奎因和牛津日常语言哲学的批评。逻辑实证主义的基本观点大致概括为:(1)把知识局限于科学。将所有意义的命题划分为两类——分析命题与综合命题,前者必然为真,可以先天地知道;后者是偶然的,可以从经验上或后天知道。(2)强调形而上学的命题既不是分析命题,又不是综合命题,而是毫无认识意义的伪命题。(3)把哲学的任务归结为对知识进行逻辑分析,特别是对科学语言进行逻辑分析,特别关注数学和逻辑结构。(4)强调一切综合命题都以经验为基础,提出"可证实性原则",认为综合命题只有在原则上可能被经验所证实或证伪的情况下,才具有认识意义。后因受到批驳,代之以比较缓和的"可检验性原则"或"可确认性原则"。(5)主张物理语言是科学的普遍语言,并由此提出了以物理语言为基础,把一切经验科学还原为物理科学,实现"科学的统一"。在《逻辑和知识》(Logic and Knowledge: Essays 1901—1950)中,罗素指出:"逻辑实证主义是一种方法的名称,而不是某种结果的名称。如果一个哲学家认为,没有哲学所专有的特殊的认知方式,事实问题只能由科学的经验方法决定,而不诉诸经验即可决定的问题,要么是数学问题,要么是语言问题,那么他就是逻辑实证主义者"。

逻辑式　logical form; LF　句法学术语。指管辖与约束理论中句子的语义与形式结合的句子语法,表达除词汇意义、语用意义和情境意义等意义之外的一种抽象的结构意义,属普遍语法系统中的句法—语义接口层,包含诸如句子成分焦点和两次量词特征之类的信息。一个语法中的逻辑式组成部分把通过合并和移位等操作形成的句子结构转换成逻辑式表达的部分。当句子的词汇按组合规则、合乎语法性原则和移位生成后,只有进入逻辑式层次才能体现其基本意义。句子进入逻辑式的通达是移位α(move α)规则。移位α规则将句子的量化成分(以及wh成分)朝左提升至句首,并在原位留下语迹;提升后的成分常作"算子",留下的语迹成为"变项"。算子和变项遵循"连同标记规则",受到空语类原则的制约。例如:Every student likes some professor. 对此句有两种理解:解读1:每个学生都喜欢不同的某位老师。(some不确定)　解读2:所有的学生都喜欢某位老师。(some已确定)　两种解读源于句子可用两个不同的逻辑式表达:
[1] [every student$_i$[some professor$_j$[t_i likes t_j]]]
[2] [some professor$_j$[every student$_i$[t_i likes t_j]]]
表达式[1]和[2]中的"every student"与"some professor"的辖域不同。前者中"every"的作用范围覆盖了some,所以可理解为"every student"中的任何一个人可以喜欢某个不同的"professor"。后者中"some"的作用范围覆盖了every,所以意义为"every student"中的所有人都喜欢某个相同的"professor"。

逻辑式表征　LF-representation　句法学术

语。指句子意义的初始表征,包含全部与语义解读有关的句法信息。一般可以将逻辑式看作语言表达和意义的界面(interface)。在管辖与约束理论中,逻辑式由S结构推导得出。例如:
[1] John wants to kiss a girl.
[2] a. there is an x, x=a girl, such that John wants to kiss x.
b. John wants there to be an x, x=a girl, such that John kisses x.
[3] a. [a girl$_i$[John wants [PRO to kiss t$_i$]]]
b. [John wants [a girl$_i$[PRO to kiss t$_i$]]]
例[1]的句子意思可理解为John想要亲吻某个特定的女孩,也可理解为John想要亲吻任何一个女孩。由此可得例[2]所示的两个逻辑式,然后由此可得例[3]所示的两个逻辑式表征。根据两个逻辑式表征,可知例[1]歧义的原因在于量词和能愿动词的辖域上,例[3a]中的"a girl"的辖域包含了"want",而例[3b]中want的辖域包含了"a girl"。在最简方案中,计算系统对词汇和功能性成分加工后,生成语音式表征π和逻辑式表征λ的搭配(π,λ)。参见"**计算系统**"。

逻辑—语义关系 logical semantic relation 句法学术语。由某种表层逻辑结构显现,并通过语言表达而附加出来的意义关系。在语段理论(phase theory)中,当衍生机制(derivational pattern)取代表征机制(representational pattern),逻辑—语义关系及其句法表征通过合并(merge)或移位(move)这种基本的句法操作同时得以实现。

逻辑语义学 logical semantics 自然语言逻辑的一个重要组成部分,是从逻辑的角度对语言系统做出语义解释,实现自然语言的计算机信息处理的前期工作。参见"**形式语义学**"。

逻辑蕴涵 logic implication 参见"**蕴涵**"。

逻辑值 logic value 参见"**真值**"。

逻辑主语 logical subject 语法学术语。一般指描述动作发出者或执行者的名词或名词短语。有些语言学者把主语分为语法主语和逻辑主语。例如:[1] The chair was repaired by *John*. [2] *John* repaired the chair. 句[1]中"the chair"是语法主语,而逻辑主语是"John",因后者是动作的发出者。在句[2]中,"John"既是语法主语,也是逻辑主语。

螺旋式教学 spiral approach; cyclical approach 语言教学术语。指以学科知识的基本结构和基本学习内容为主轴,语言知识项目在教学大纲中逐级递升反复重现的一种教学手段。与语言知识项目仅出现一次的直线性教学大纲(liner syllabus)相对。美国心理学家、教育家布鲁纳(Jerome Bruner)是螺旋式课程的提出者和主要倡导者,其主要观点认为课程教学是要向学生呈现学科的基本概念和基本原理,以后持续不断地在高度和深度上加以重复,直到学生全面掌握该门学科为止。

驴句 donkey sentence 句法学术语。指一类因量词辖域问题导致代词回指不清,一阶逻辑形式无法统一,而无法确定真值的句子,因常常用包含驴子(donkey)题材的句子及其各种变体作为例句,所以被称为驴句,经典例句为:Every farmer who owns a donkey beats it. 针对这个句子的语义解释,有不同的一阶逻辑式:
[1] x(FARMER(x) ∧ y(DONKEY(y) ∧ OWNS(x, y)) → BEAT(x, y))
[2] xy(FARMER(x) ∧ (DONKEY(y) ∧ OWNS(x, y) → BEAT(x, y))
[3] ∀xy((farmer(x) ∧ donkey(y) ∧ owns(x,y)) → ∃st(s = x ∧ t = y ∧ beats(s,t)))
在逻辑式[1]中,全称量词x在前,存在量词y在后,前者的量化域中包含后者,前者占宽域,后者占窄域,这样一来,存在量词的意义取决于全称量词的意义:即有多少个x,就有多少个y。但是BEAT(x, y)中的变量y不确定,即任何一个农夫打任意一头驴,而不一定是自己的驴。在逻辑式[2]中,由于存在量词位置的变化,无论有多少农夫,也只有一头驴。他们打的是同一头驴。逻辑式[3]表面上看符合句子的意思,即不同的农夫有他们自己的驴,也打了自己的驴,但原句中的不定冠词"a"在这个一阶逻辑中既可以充当全称量词,也可以充当存在量词。对驴句句义的研究推动了语义学,特别是动态语义学的发展,其标志之一为话语表征理论(DRT)。

驴句回指词 donkey anaphor 句法学术语。指真值受到先行词(通常是量词)约束的指称代词。例如:*Every man* loves *his* mother. 句中代词*his*的先行词是量化表达式"every man",代词所取的值与量化式的值共变。在此特定使用过程中,代词因受量词约束,本身没有固定的指称对象。这种回指代词是受约变量,其先行词不是指称表达式。由于相关句子的结构被称作"驴句"(因常用"Every farmer who owns a donkey beats it."这一题材的句子及其各种变体作为例句),此类代词被称为"驴句回指词"。参见"**驴句**"。

略读 skimming; skim-reading 语言教学术语,亦称跳读或浏览。指一种快速阅读技巧。具体而言,读者可以跳过某些细节,以抓住文章的大概、了解内容大意为目的,这种阅读技巧可以加快阅读速度。参见"**快速阅读**"。

M

妈妈语 motherese　　参见"婴幼儿话语理论"。

马尔可夫过程 Markov process　　亦称马尔可夫模型(Markov model)。以俄国数学家安德鲁·马尔可夫(Andrey Andreyevich Markov)的名字命名。马尔可夫过程是一个记录非记忆系统任意发展的数学模型。其核心观点是对既定的未来状态在任何既定时刻的发生概率取决于其现在的状态而非任何过去的状态。一般描述为,一个具有马尔可夫特性或非记忆特征的随机状态是以系统当前状态为条件,其未来的和过去的状态是独立的。通常,可用"马尔可夫链"来表示一个离散时间的马尔可夫过程。例如:随机走路时,状态空间是曲线图的一套至高点,转换步伐涉及以平等概率向当前最高点的任何一个点移动,这时并不用考虑之前的步伐。具有马尔可夫特性即指凭现在状态的描述可以完全获得影响未来发展的所有信息,未来状态可以通过可能过程而非确定过程得到描述。在语言学领域,马尔可夫过程指一种随机语法(stochastic grammar),准确地说就是有限状态自动机(finite state automaton),其中所有的状态都是最终状态,状态之间的转变取决于转变概率,被称为有限状态假说。比如未来的状态可凭现在的状态得到预见,而无须借助任何历史(过去的)状态。马尔可夫曾用这一模型来分析普希金的长篇叙事诗《尤金·奥涅金》(*Eugene Onegin*)。

马尔可夫模型 Markov model　　参见"马尔可夫过程"。

马尔学派 Marrism　　指由苏联语言学家、建筑学家马尔(Nikolay Yakovlevich Marr)于1917年十月革命后创建的语言学学派。该学派认为所有语言都出自一个原型语言的大家族;语言是上层建筑,因而具有阶级性,可以由人操作以适应理论的需要;一切语言是由四个扩散感叹词 сал、бер、йон 和 рош 为要素发展而来;主张语言发展的阶段论,并主张用激进迅速的方式来变革语言文字(这也是中国至今主张汉字拉丁化运动的学者们的主要立论依据之一)。马尔学派为列宁所领导的苏维埃政府所接受,成为压倒性的学派,直至1950年斯大林发表《马克思主义与语言学问题》明确反对为止。参见外国语言学人物"马尔"。

马格效应 McGurk effect　　心理语言学术语。指语音感知上的一种错觉。有关此现象的描述来源于20世纪70年代英国认知心理学家哈里·马格(Harry McGurk)和约翰·麦克唐纳(John McDonald)进行的实验,即让受试观看录像中说话者发音为[ba]、[ba]、[ba]的画面,而耳机中播放的是[ga]、[ga]、[ga]的录音,最后受试认为自己听到的是[da]、[da]、[da]的发音。该现象在某种程度上表明人们在会话中会无意识地观察对方的唇形(lip-reading)。

马基雅弗利型动机 Machiavellian motivation　　参见"动机"。

玛雅文字 Maya writing　　指玛雅文字书写系统。作为早期中美洲的早期哥伦比亚地区玛雅文明的书写系统,最早出现文字记载是在公元前3世纪,其书写方式延续使用到公元16世纪西班牙统治时开始。玛雅文字使用一套音节符号来组成字形,被18、19世纪来自欧洲的开拓者称作象形文字,因为后者发现它们看起来就像古埃及的象形文字,尽管玛雅文字系统与埃及文字系统之间并无任何关联。对玛雅文字的研究表明,玛雅书写系统是一个图形标记音节系统,即标记简写和语音成分共存的全面的功能音节文字表,而玛雅文字中关于补序列的字形符号指示月龄周期,可用来预测月食现象。

慢速形式 lento form　　形态学术语。指词或短语在标准发音时的完全形式。例如:library 的慢速形式是/ˈlaɪbrərɪ/,它与简短形式或快速形式(allegro form)/ˈlaɪbrɪ/相对。

矛盾修辞 oxymoron　　修辞学术语。指将意义上互相对立的词连用以形成富有表现力的陈述的修辞手法。用两种不相调和、甚至截然相反的词语来形容一件事物,从而起到一种具有强烈反差的修辞效果,使得所表达的语义更强烈。如 deafening silence(震耳欲聋的沉默)和 a mournful optimist(悲伤的乐观)。由于这种修辞格往往能造成一种出人意料、引人入胜的效果,其在文学作品中有着相当高的使用频率。英国桂冠诗人丁尼生(Alfred Tennyson)的诗句就擅长于运用此修辞手法:

His honour rooted in dishonour stood
(他那来源于不名誉的名誉依然如故,)
And faith unfaithful kept him falsely true.
(而那并不诚实的诚实保持虚伪的忠诚。)

冒险型 risk-taking　　语言习得术语,亦称冒险欲或冒险精神。指个体是否愿意从事具有相当程度冒险性活动的一种人格因素,属于二语习得个体差异研究范畴。适度的冒险被认为是一种创造性的人格特征。在二语习得中,冒险心与自尊心(self-esteem)、抑制力(inhibition)、焦虑(anxiety)、内外倾向(introversion-extroversion))等一同构成个体差异研究的重要对象，对研究第二语言习得速度和语言水平发展具有重要影响。

贸易语言　trade language　指说不同语言的人进行商业活动时所使用的语言。例如，豪萨语（Hausa）是尼日利亚北部地区重要的贸易语言。

眉题　catchword; headword; overline; overscore; overbar　❶排在页眉的标字。参见"标字"。❷报刊、书籍等排在版心上方的提示性标题。通常字号比正文略小，偶数页的标题在级别上高于奇数页。

媒介语　intermediate language　一种机器翻译处理多种语言互译时的中介形式语言。机器翻译系统中，如果没有媒介语，每两种语言互译时需要建立两套算法，N种语言就需要N(N-1)套算法。而借助媒介语，各种语言只需建立与媒介语对应的算法，则N种语言互译只需2N套算法，可节约大量机器设备并加快翻译速度。媒介语的词和语法为大多数自然语言所共有。词表示单值而精确的意义，句子是表示确定意义的词的综合。一般只有句法而无词法。句法是连词成句的规则，因此句子可精确地表达形式语义。自然语言中的词法用词汇手段来表示，媒介语中义素对等的同义词只用一个符号代码来表示，目前尚不能表达词的修辞色彩。

媒介作用理论　Mediation Theory　心理语言学术语，亦称传递论。指通过"刺激"与"反应"之间形成的联系来解释某种学习所属类型的一种理论模型，用以解决语言习得中涉及概念的形式与使用的问题。奥斯古德（Charles Osgood）等人认为，某种刺激不仅引起明显可察觉的反应，而且引起内部隐蔽反应，即称作传递反应；这种反应继而构成内在的传递刺激，并引起新的反应。这种认识对于概念的特指与泛指不具有识别力，不能说明如何掌握虚词和结构的语法意义，只能说明语言教学中"刺激物X和Y通过媒介Z联系起来"的学习模式。

美国风格　Americanism　社会语言学术语。指美国人特有的风俗、性格，尤其是美国英语中与英国英语不同的词、习语和结构等体现美国特色的各种现象。参见"美式英语"。

美国国防部语言学能成套测试　Defense Language Aptitude Battery; DLAB　语言测试术语。美国国防部用以测试一个人的外语学习潜能、挑选军中外语人才的一套语言考试系统。除军方外，联邦调查局也使用DLAB进行测试。DLAB由126道多项选择题组成，满分为176分。第一部分是听力理解题，第二部分是书面测试题。测试的目的在于确定一个人的外语学习潜能，而不是测试其某一门外语的能力。受试者必须达到DLAB的最低分数线即85分，才能够接受语言训练；海军、空军和海军陆战队要求受试者的测试分数达到100分及以上，才可以学习各种语言。培训的语言按照对英语本族语人的难度层次由国防大学决定分成各个等级。按照DLAB受试者的测试成绩，受试者可以接受不同的外语培训。例如，达到85分及以上者可以参加荷兰语、法语、意大利语、葡萄牙语和西班牙语的培训；达到90分及以上者可以参加希腊语、希伯来语、土耳其语、乌克兰语、波斯语、波兰语、白俄罗斯语、克罗地亚语、斯洛伐克语、俄语、泰语、他加禄语、越南语等语言的培训；达到100分及以上者可以参加阿拉伯语、汉语、日语和朝鲜语的培训。

美国结构主义　American Structuralism　指20世纪30年代到50年代在美国发展起来的一个结构主义语言学流派，与欧洲的布拉格学派共同构成结构主义的重要流派。美国结构主义学派是在调查美洲印第安语的基础上逐步形成的，其主要理论特色包括：注重口语和共时描写，注重语言形式分析，回避语义问题；在语言结构分析中主要运用分布和替代的方法；提出了语言结构分析的直接成分分析法；质疑语言共性（linguistic universals）的存在，但认同语言的科学性。其哲学基础是逻辑实证主义（logical positivism），心理学基础为行为主义（behaviourism），认为人类语言仅来自观察（observation）和基于观察的归纳（inductive generalizations）。此外，认为人类的心理过程无法观察，因此将心智主义（mentalism）排除在在语言学之外。这一流派的代表人物包括布龙菲尔德（Leonard Bloomfield）、阿奇博尔德·安德森·希尔（Archibald Anderson Hill）、霍凯特（Charles Francis Hockett）、约斯（Martin Joos）、特拉格（George Leonard Trager）和威尔斯（Rulon Wells）。其中，布龙菲尔德为其主要代表人物和奠基人。60年代以后，其主流地位被生成语言学所取代，但是对语言学所作出的贡献是不可否认的，尤其是其创立的语言结构分析方法今天仍然是研究具体语言结构的重要方法。

美国手语　American Sign Language; ASL; Ameslan　美国和加拿大英语地区聋人或弱听人最常用的一种利用手势、动作及面部表情表达意思的手语。美国手语的语法与当地的口语不尽相同，在菲律宾、新加坡、中国香港以及非洲肯尼亚等地也有使用者。美国手语1817年出现于美国康涅狄格州首府哈特福德的聋人学校，在形成之初受法国手语(French Sign Language)、土著居民手势以及家庭手势的影响。由此也产生了美国手语是否相当于一种克里奥耳语的争论,目前尚无定论。美国手语与英国手语(British Sign Language)和澳大利亚手语(Auslan)也有区别,不能相互沟通。美国手语有自己独特的语法和书写方式,利用空间位置、动作以及上下文去构建语法。美国手语有两种书写方式,一种是一套音位字母加上一套区别符号表示每种手形、动作以及位置(但不能用于表达面部表情);另外一种则利用抽象图形表示每个手势的各种形态。

美国信息交换标准代码 American Standard Code for Information Interchange; ASCII 指由美国国家标准学会(American National Standard Institute, ANSI)制定、基于拉丁字母的一套计算机编码系统,主要用于显示现代英语和其他西欧语言。ASCII 原为美国国家标准,用于基于文本的数据,始于 20 世纪 50 年代后期,1967 年定案,如今是国际上最通用的单字节编码系统,等同于国际标准 ISO/IEC 646。ASCII 码使用指定的 7 位或 8 位二进制数组合来表示 128 或 256 种可能的字符;扩展 ASCII 码允许将每个字符的第 8 位用于确定附加的 128 个特殊符号字符、外来语字母和图形符号。

美国英语 American English 亦称美式英语。是在英国对北美进行殖民拓展的过程中形成的一种区域性的英语变体。17 世纪初英国在北美建立殖民地时讲的是伊丽莎白时代的英语(Elizabethan English),到 18 世纪 50 年代殖民地英语与英国英语多方面的差异已很明显,独立战争后美国强烈要求有自己的独立语言。诺亚·韦伯斯特(Noah Webster)在 1806 年首创"美国英语"(American English)这个正式名称,并为美国英语的规范化作出卓越贡献。但是美国英语与英国英语并没有发展为不同的语言,只是两种在语音、语法及词汇系统中有一定差异的英语变体。美国英语现有近 3 亿使用者,主要分布在美国东、南及中西部三大区域,包括七种主要方言:新英格兰东部(Eastern New England)方言、纽约市(New York)方言、大西洋沿岸中部(Middle Atlantic)方言、宾夕法尼亚西部(Western Pennsylvania)方言、南部山区(Southern Mountain)方言、南部(Southern)方言以及美国普通话(General American)。其中美国普通话的覆盖面最广,以中西部地区为主,在美国大部分地区及加拿大部分地区通用。

美式英语 American English 参见"美国英语"。

美学功能 aesthetic function 布拉格学派的语言学家穆卡洛夫斯基(Jan Mukařovský)在比勒(Karl Büler)语言功能说的基础上补充的另外一个语言功能,后来亦称为诗学功能(poetic function),指语言具有创造艺术效果的功能。

美洲印第安语言学 Amerindian linguistics 指从语言学角度对美洲印第安诸语言进行描写和研究的语言学。美洲印第安语数量繁多,差异很大,极少有文字记录,并且有的已消亡。为了加深对美洲印第安语的了解,19 世纪以后,北美人类学家和语言学家在对北美印第安语进行调查的基础上,开始了谱系分类和研究工作。

门策拉—阿尔特曼定律 Menzerath-Altmann's law 参见"计量语言学"。

蒙古症 Mongolism 参见"唐氏综合征"。

蒙塔古语法 Montague Grammar 以美国逻辑学家和语言理论家理查德·蒙塔古(Richard Montague)的名字而命名的语言学理论,该理论主要用数理逻辑来研究自然语言,该方法建立在形式逻辑,尤其是演算和集合论的基础上,使用内涵逻辑和类型理论。蒙塔古在 20 世纪 70 年代初开创了以逻辑和模型论为基础的形式语义学,从而使语义学作为语法的一个部分真正崛起。蒙塔古继承弗雷格(Friedrich Frege)、塔什(Michael Tarsh)、卡尔纳普(Rudolf Carnap)以及其他逻辑学家的传统,提出了用逻辑语言分析自然语言语义的设想,主要观点是:人工语言(形式语言)和自然语言(日常语言)理论上而言没有本质区别,均可进行句法和语义的描写,因此自然语言的逻辑结构通过普遍代数和数理逻辑得以描写。蒙塔古语法研究的是一种以内涵逻辑为基础对自然语言进行描写的形式语法。

蜜蜂舞蹈语 bee dance 指蜜蜂种群内高度进化的、通过身体动作和移动方式进行信息沟通的复杂通讯系统。可用以告知同伴花卉、水的所在地或新的栖息场所等信息。由奥地利生物学家弗里施(Karl von Frisch)在 1940 年代的研究发现:工蜂在采完花蜜回到蜂巢后,会采用特殊的移动方式,其他工蜂会面向它,并以它为中心,就像在观看这只蜜蜂跳舞一样;工蜂将有关飞行路线的视觉信息通过"舞蹈"转换成机械信号,传递给其他工蜂,其他工蜂接受了这些信号后,再将其转换为视觉信息并沿着这条新路线进行飞行,以抵达目的地。随着进化生物学的发展,对蜜蜂舞蹈语的研究为研究语言进化提供了重要的生物认知基础。通过和人类语言的对比研究表明,蜜蜂在传递和接受信息的过程中运用到感知—运动和概念—意向两大系统,这两个系统属于广义的语言机制(the faculty of language in broad sense；FLB)范畴。广义的语言机制被认为是很多动物种类都具有的能力，如蜜蜂、鸟类、海豚和除人类以外的灵长类等。相比之下，人类语言的产生是因为在此基础上人类大脑得以进化并具有了狭义的语言机制(the faculty of language in narrow sense；FLN)，即一套大脑运算系统。具备了运算能力的人类大脑因此才能够生成具有层次性的、可以无限内嵌、递归的语言。

免费搭车 free ride 语义学术语，亦称自由推衍。指通过为其他目的设置的派生规则而衍生的形式。根据生成语义学，divine [dɪˈvaɪn]是从底层结构/dɪvɪn/衍生而来，目的是解释它的变体/dɪˈvɪnɪtɪ/ (divinity)。但是，使用同一规则，也可以从底层[ɪ]中衍生出如 fine 的[aɪ]，这种派生之所以免费(free)，是因为无需制定为其所独有的其他规则，可以直接推衍而得到。

面部表情 facial expression 语用学和社会语言学术语。指语言交际中的一种非言语表达方式。面部表情与情绪有着不可分割的联系，通过对面部表情的分析研究，可以解读诸如喜、怒、哀、惧等情绪的有关特征，探究非言语交际的策略和技巧。

面对面交流 face to face interaction；face to face communication 语用学术语。指参与者都在场时的交流。与之相对应的是交际各方身处异地的交流，如电视电话交流。研究面对面交流特别涉及非言语特点，如目光交流、面部表情、身体手势等；同时也涉及超语言学和副语言学特点，如说话的方式(窃窃私语、大喊)、语气、语速等。

面子理论 Face Theory 语用学和社会语言学术语。用于分析语言使用中的礼貌现象。面子包括积极面子(positive face)和消极面子(negative face)。积极面子是显示与对方认同的愿望；消极面子是不要冒犯对方的愿望。在人与人的交往中，参与者总试图设计积极面子反映他们的价值观念和信仰。例如，张先生在聚会中欲向人们展示机智、老练、聪明、稳重的形象，如果这一形象没有被其他参与者接受，那么他会觉得感情受到伤害，或失去面子。因此，人与人之间的社会交往包含了社会语言学家戈夫曼(Erving Goffman)所称的饰面工作(facework)，即参与者为保护其正面形象所作的努力。面子有助于解释疏远、敬重、友好等不同类型的互动风格；作为礼貌理论的一个核心概念，面子问题已经成为当前语用学和社会学研究的一个重要课题。

面子威胁行为 face threatening act；FTA 语用学术语。礼貌现象研究的一个问题。指在交际语境中有可能伤害交际一方或双方面子的言语行为。由列文森(Stephen Levinson 1983，1987)和布朗(Penelope Brown 1987)最早提出。

描述符 descriptor 计算语言学术语。由卡尔文·穆尔斯(Calvin Mooers)于1948年提出的概念，如今用于多个含义。❶索引术语，用以标识数据库中的记录。由词、短语或字母数字混编的术语构成，可以对记录内容进行描述，或者本身就是一个随意的代码。如果描述符是描述性的，那么就可以作为一个有效的搜索参数。❷在塞班(Symbian)操作系统上，指字符串。描述符的类别库中包含所有的常用字符串的组合规则，主要有8位和16位两种类型。8位的描述符储存的是美国信息交换标准代码文本，或二进制数据，而16位的描述符储存在是Unicode统一代码。❸在"巨蟒(Python)"等高水准的编程语言中，指一项具有限制行为的客体属性，其属性存取接受描述符协定方法的代理。❹在操作系统中，亦称"文件描述符"，指抽象的、存取文件的钥匙。

描述功能 descriptive function 语言功能的一种，即组织说话人或作者的经验，并将那些能够陈述的或否定的，以及在某些情况下验证的信息传递出来的功能。语言功能还分为建立和维持人与人之间关系的社会功能(亦称人际功能)，传递诸如观点、偏见、经验等信息的表达功能，以及创建口头和书面文本的文本功能。这些功能经常叠加，大多数话语具备不止一种语言功能。例如，对小句"John is a nice guy"辅以适当的语调，表现出来的可能就是对事实的描述(描述功能)，或者说话人根本就不认为"John is a nice guy"(表达功能)，或者作为对话的一部分(文本功能)，交谈者对于 John 报有特定的情感倾向(社会功能)。参见**语言功能**。

描述功能 representational function 参见"描述性行为"。

描述统计法 descriptive statistics 参见"定量方法"。

描述统计学 descriptive statistics 统计学术语。作为工具运用于语言研究各领域中。用以描述语言研究中的有关数据的基本特征，对语言样本和取样方法进行简单的总结，辅以简单的图表分析，则几乎可以成为任何一项数据定量分析的基础。描述统计学经常用到如下方法：(1)图表描述，用于归纳分析数据；(2)表格描述，用于归纳分析数据；(3)数据统计和计算特定的值，用于归纳分析数据。一般而言，对统计数据以及相关的数据都需进行列表描述。

描述性(言语)行为 representative 语用学术语，亦称表信语、描述功能(representational function)或阐述功能。即描述客观世界的状态或活动的言语行为,说话人对所表达命题的真实性做出承诺。具体包括断言、陈述、主张、总结、报导、报告等。说话者往往运用表示相信的话段,如 I state /declare /claim /hypothesize …。根据语言学家塞尔(John Searle)的分类,描述性言语行为是言语行为的五大类型之一,其余四项分别为承诺性行为(commissive)、宣告性行为(declarative)、指示性行为(directive)和表达性行为(expressive)。

描述性研究　descriptive research　　计算语言学、语言教学术语,亦称统计性研究(statistical research)。指对有关语言问题或现象的数据和特点进行描写,并且就人物、事件、地点、时间和方式等有关问题进行解答的一种研究方法。虽然数据描写是事实性的、精确的和系统的,但是研究本身无法描述导致事实的原因,所以,这种研究无法用于解释一个变量为什么会影响另一个变量这种因果关系。换言之,描述性研究的内在有效性要求较低,但是其中所作的描写均可用于频率分析、平均数分析和其他的统计计算分析。一般而言,在进行描述性研究之前,最好的方法是做一项调查研究。定量研究通常以描述为目的,而研究者可以对观察数据进行分析,以探究其背后蕴含的规律和关系。语言教学法有时会因为缺少描述性研究,即缺少对教师如何在课堂中运用教学法过程的描述而遭诟病。

描写　description　　❶语言教学术语。在作文中对某一人物或场景,以及视觉、听觉、触觉、嗅觉、味觉等感觉进行说明和描摹的过程。在这期间作者必须回答"为什么描写此人此物""除了此人此物之外是否还有其他值得描写的人或物""读者的反应会如何""能够让读者产生如何的反应""所描写的人或物是否足以能使读者产生相关的意象"等问题。❷句法学术语。对语言的形式规则进行描述,并提供相关的规则用以解释说明为何能够生成语法上正确的句子,而删除语法上不正确的句子。

描写充分性　descriptive adequacy　　句法学术语。指对语言的形式规则进行充分描述,并提供相关的规则来解释和说明为何能够生成语法上正确的句子,而删除语法上不正确的句子的原则。除了描写充分性原则,还有解释充分性原则,后者用以解释语法为何具有相关特性,以及儿童为何能够在很短的时间内习得语言的原因。

描写写作　description; descriptive writing　　写作体裁的一种。指要求写作者对某一人物或场景,以及视觉、听觉、触觉、嗅觉、味觉等感觉进行说明和描摹的过程。

描写语法　descriptive grammar　　❶与"规定语法"和"比较语法"相对。指用客观的描写的方法对在某一时期的语言事实进行具体的描写研究。它重视静态的、横断面的描写,只叙述语言事实,不做是非优劣的评判,目的在于建立某一语言的语法体系。主要指美国描写语言学派,突出表现为描写人们如何言说和/或书写语言,而不对应该如何言说或书写语言进行规定。所谓"描写",是指对语言进行共时考察,而不借助于对历史语境的参考,一般采用实证的、正面的方法,以客观的观察为主,辅以数据分布分析。例如,在一部关于贝尔法斯特居民所操的北部爱尔兰英语的描写语法中,被视为符合语法的句子是"The eggs is cracked",而不是"The eggs are cracked";是"Them eggs is cracked",而不是"The eggs they are cracked";是"These is cracked",而不是"These are cracked"。参见流派"**美国描写语言学派**"。❷从对语言数据库的分析中得出个体语言使用的普遍规则,不同于"普遍语法"对语言规则的建构方法。

描写语言学　descriptive linguistics　　❶广义上指对不同特定语言根据其使用而整理出规律性的非规定性的描写。描写语言学与历时语言学和规定语言学相对,历时语言学研究一种或几种语言在语音、语法和词汇方面的短期变化和长期演变。规定语言学企图为语言的正确运用制定规则。对某一或某些语言的描写语言学研究是比较语言学的基础。此外,描写语言学也区别于一般语言学,后者的目的是对作为整体的语言做理论表述。❷狭义上指以布龙菲尔德(Leonard Bloomfield)、哈里斯(Zellig Harris)、格里森(Henry Allan Gleason)等为代表的美国结构主义的研究方法。他们研究本来没有文字记录的美洲印第安语,采用实地调查(field work)的方法和特别的语言系统术语,对研究对象进行描写。

描写语用学　descriptive pragmatics　　语用学术语。一种经验性的研究,旨在描写来自于自然语言与情景相结合而出现的诸多用法和应用原则,阐述自然语言如何同语境相联系,揭示句子或话语中词语和结构意义如何受语境约束,探讨人们为了达到某个特定的交际目的在语境中正确理解和有效使用语言的语用能力。

民间词源　folk etymology　　参见"**联想词源**"。

民间词源学　folk etymology; associative etymology　　指未经科学考证而根据传说或推测来解释词的内部形式及词的意义结构的现象。例如,有人把汉语"安息香"中的"安息"与"安静休息"联系起来,认为这是这种香的命名依据。事实上"安息"

是古代亚洲西部的一个国名，这种香是从那里传入。也有人将英语中的 sparrow-grass 和 sirloin 分别认为是 asparagus 和 sur-loin。这种方法含有很大的主观成分，往往会混淆词的来源与历史的真实情况。

民谣四行诗　ballad stanza　英诗中四行诗的一种，诗中四音步和三音步交替出现。

敏感期　sensitive period　语言习得术语。和关键期（critical period）既有联系又有区别的一个概念。关键期假说认为语言习得经过某一段时间后，特定的语言装置关闭，语言学习就像是从大脑受损中恢复一般，成功而完整的语言习得不可能再发生，学习者不可能获得接近母语水平的第二语言（参见"**关键期假设**"）。关键期是个有争议的假说，有些学者倾向于一个更温和的术语，那就是敏感期。敏感期一方面也认为语言学习有个特殊的、效果好的时间段，但语言学习的能力不会猛然停止，而是逐步退化。敏感期对学习者的最终语言成就（ultimate attainment）的定义也更有弹性。

名称学　onomasiology　词汇学（lexicology）研究的一个分支。指研究一组有关联的概念如何获得相应语言命名符号的学科。与词义学（semasiology）相对应，后者研究名称的意义和所指。名称学研究分共时研究和历时研究，不同时期的共时研究又为历时研究提供研究基础。

名词　noun; N　形态学术语。词性的一种，主要指人、物、事、时、地、情感、概念等实体或抽象事物的词，在短语或句子中通常可用代词来替换。根据不同标准，可将名词分为三大类群：(1)"具体名词"和"抽象名词"，前者指"猫""床""金字塔"等有实体的确定事物，后者指"自由""正义"等情感、意见、概念等抽象事物；(2)"普通名词"和"专有名词"，前者如"江""河"，后者如"黄河""长江"；(3)"个体名词"和"集合名词"，前者如"父亲""母亲"，后者如"家庭""班级"。名词在句法操作中带有性、数、格等特征，在部分语言中这些特征会通过屈折变化体现。名词发生屈折变化时，与名词在意义上相关联的动词或形容词等也会有相对应的屈折变化；而用代词指称名词时，通常因所指称的名词的性、数、格变化而使用代词变体。名词通常与限定词搭配使用，限定词包括冠词、数词、指示代词、形容词物主代词等。名词在句中通常以充当主语、宾语成分为主，也可以充当定语、同位语、呼语、表语、状语等成分。此外，名词也可以独立成句。

名词词组　noun phrase; nominal phrase; nominal group　参见"**名词短语**"。

名词簇　noun cluster　亦称名词词组、名词短语（noun phrase）。参见"**名词短语**"。

名词短语　noun phrase; NP　语法学术语，亦称名词片语、名词性短语。指一个由名词或代词作为中心词的短语，一般在句子中主语和宾语的位置上出现。名词短语的基本成分包括中心语（HEAD）、指示语（SPEC）和补足语（COMP）。以"the book of Linguistics"为例，其中名词"book"为中心语，限定词"the"为指示语，介词短语"of Linguistics"为补足语。名词短语还可以通过增加修饰语（mod）来使意义更加具体，修饰语可置于中心语之前或之后；前置修饰语主要包括形容词、分词等，如"the *big* dog""the *spotted* dog""the *barking* dog""the *dying* dog"，后置修饰语包括介词短语、不定式、分词短语和从句等，如"the dog *behind the fence*""the dog *to take care of*""the dog *adopted by Mark*""the dog *that Mark adopted*"。修饰语可以是限定性的或非限定性的，当修饰语对辨认中心语的所指是必须的，就属于限定性的；若修饰语是附加信息，对辨别所指的对象并非必不可少，则为非限定性的。

名词短语可及性等级　Noun Phrase Accessibility Hierarchy; NPAH　语言类型学术语。指描述跨语言关系从句构成的蕴涵模式的语法等级理论。美国语言学家基南（Edward Keenan）和科姆里（Bernard Comrie）于 1977 年通过对 50 种语言中关系从句的句法结构进行分析后提出。他们所研究语言的关系从句表现出具有类型学共性的语法等级，即名词短语可及性等级。这一等级体系具体表述为：SU（主语）＞DO（直接宾语）＞IO（间接宾语）＞OBL（旁格宾语）＞EN（领属关系）＞OCOMP（比较宾语）（＞：比……可及性更大/更易于关系化）。在这个等级体系中，关系从句可关系化的论元遵循从左到右的优先顺序，一种语言如能对 NPAH 中右边的某个论元关系化，则能对其左边所有论元关系化。例如，某语言有间接宾语关系从句（IO），那么它会有宾语关系从句（DO）和主语关系从句（SU）。如果有比较关系从句（OCOMP），它就有所有其他类型的从句。

名词短语首词　noun phrase initiator　语法学术语。英语中置于名词短语限定词前面的词，包括 all，both，half 等，可以组成诸如"all the books""both the children"和"half an apple"等短语。

名词短语移位　NP-movement　句法学术语。指名词短语从一个论元或非论元位置移动到另一个空的论元或非论元位置。在管辖与约束理论中，名词短语移动指的是所有的 α 移位（move α）。NP 移位的动因主要有二：一是满足扩充的投射原则（EPP），二是获得格位，以通过格检验。因此，名次短语移动一般是向前(上)进行的,并留下语迹(t),形成语链(chain)。具体移动情况有二:(1)在提升结构中,由于无法在非时态分句的 TP 标志语位置获得相应的格,NP 移到了高一层时态分句的[Spec,TP]位置上。(2)在被动结构中,由于-en 后缀的添加吸收了域外论元,并"剥夺"了动词指派宾格的能力,导致主语位置为空,宾语也无法在其基础位置上获得格位的结构,因此宾语 NP 为了满足 EPP 并获得相应的格位,就必须移位到主句 TP 的标志语位置上。

名词短语状语 bare-NP adverbial 语法学术语。指不含介词,仅由一个名词短语构成的状语。英语中只有少量名词可作此类状语的中心语,包括 way(方法)、place(地点)、time(时间)以及 day(天)、minute(分钟)等时间名词。例如:I like it *that way*.

名词化 nominalization 语法学术语。指其他词类通过屈折变化、添加词缀等方式形成名词的过程,或指句子派生为实现名词短语功能的句法单位的过程。例如:[1] sad + ness → sadness [2] They handled the problem. → their handling of the problem.

名词化形容词 adjectival noun 参见"形容词式名词"。

名词句 nominal sentence; noun sentence 参见"名词性句子"。

名词类 noun class 广义上说,指根据语义、所指的性质、构词法等不同标准对名词进行的分类。例如,根据所指性质的不同,可分为专有名词和普通名词、个体名词和集合名词、具体名词和抽象名词、动物名词和非动物名词、可数名词和不可数名词等。分类标准的选择与动机相关,分类体系是显性或隐性则取决于分类本身是否与名词有直接关系。狭义的名词分类是基于名词的性的分类。语法中指一个名词或代词的类别,以及形容词、冠词或动词在与名词或代词搭配时发生的屈折变化。一些语言中名词有三个性,即阳性、阴性和中性,如德语、拉丁语和俄语;另一些语言中名词有阴、阳两个性,如法语。英语中的名词基本已不存在性的区别,仅单数的第三人称代词还有性的区别。

名词同等词 noun equivalent 句法学术语。指所有能够承担名词短语句法功能的短语或句子成分。参见"名词性成分"。

名词型功能 nounal function 指名词同等词或名词性成分可充当的句法功能。例如,在句中充当主语、宾语、表语、补语或介词宾语等。

名词性成分 nominal constituents; nominal; NOM 广义上指所有能够承担名词短语句法功能的成分,包括名词、代词、各类名词短语及名词性句子等;狭义上指具有名词的部分特性的语言单位,如定冠词 the 与形容词连用表一类事物和人的用法。例如:[1] *The rich* are helping *the poor*. [2] *The wounded* were taken by helicopter to the hospital. 句[1]中的"rich""poor"和句[2]中的"wounded"在与定冠词连用的情形下,均无复数形式(如 * the riches、* the poors 和 * the woundeds),不能被形容词修饰,但可用副词修饰,如"the relatively poor""the seriously wounded"。

名词性词干 nominal stem 参见"名词性词根"。

名词性词根 nominal root 亦称名词性词干(nominal stem)。指各类派生词中的名词词根。例如,英语 childish 中的 child、boyhood 中的 boy、computerize 中的 computer 均为名词性词根。

名词性从句 nominal clause; noun clause 语法学术语。指起名词或名词短语作用的从句,可在句中充当不同的功能性成分。例如:[1] *What she said* is impressive.(主语) [2] I don't know *what she said*.(宾语) [3] He clings to the belief *that he will win*.(同位语) [4] We nominated him *the candidate for the president*.(补语) 名词性从句充当的成分主要包括主语、宾语、表语、同位语和补语。

名词性短语 nominal phrase; NP 参见"名词短语"。

名词性关系小句 nominal relative clause 参见"自由关系小句"。

名词性句子 nominal sentence; noun sentence 语法学术语,亦称名词句。指句中谓词部分由不含系词(copula)的形容词组成的句子。例如:Nothing easier.

名词性失语 anomic or nominal aphasia 参见"忘名性失语"。

名词性施事 nominal agent 语法学术语。指由名词(短语)表示的施事,作为动作实施者。语法施事指的是在某情景即句子中,动词表示动作,而动作的实施者被称为施事。施事由名词或名词短语表示时,即为名词性施事。英语词 agent 源于拉丁语动词 agere(做、干)的现在分词 agens 和 agentis。

名词性数词 noun numeral 语法学术语。指作名词用的数词。例如:[1] *Two* plus *two* is/equals to *four*. [2] *Three* of them lost their sheep.

名词性文体 nominal style 语法学术语。使用派生名词代替改写句子的一种情况，其典型语体因素（elements of style）是名词化（nominalization）。例如：[1] The war broke out and people left the area. → The breakout of the war forced people to leave the area. [2] The parents agreed and the children spent the night in the tent. → The children spent the night in the tent with parental agreement.

名词性习语 idiom nominal in nature 语法学术语。以名词为中心词加上从属词而形成的习语，或以非名词性词类直接用作名词而构成的习语，整个作为名词使用，英语中这样的常见用例包括 narrow escape（九死一生）、an apple of discord（争端）、Achilles' heel（唯一致命弱点）、ups and downs（盛衰）、do's and taboos（宜忌诸事）、do's and don'ts（行为守则）等。

名词修饰语[1] noun adjunct 语法学术语。指作前置修饰语修饰另外一个名词的选择性名词。名词修饰语是起形容词作用的名词。例如，短语"chicken soup"中，chicken 是名词 soup 的修饰语。

名词修饰语[2] adnominal; adnomianl modifier 语法学术语。指修饰名词的词或短语，包括形容词、形容词短语、介词短语及分句等句法成分。根据修饰语与被修饰名词间的位置关系，名词修饰语还可以分为前置名词修饰语（prenominal modifier）和后置名词修饰语（postnominal modifier）两类。例如：[1] big box [2] Vicar's hat [3] a man with the southern accent 前两例为前置名词修饰语，第三例为后置名词修饰语。

名词语言 noun language 语言类型学术语。指主要使用或只使用名词句（nominal sentence）的语言。

名目定义 nominal definition 指对物体及其抽象特征进行描述，赋予名称、概念、和语言表达法的统称，与涉及物体及其具体特征的真实意义定义相对。名目定义是表征近义关系的陈述。近义关系是对所属同一范畴的被定义物的描述，在定义描述中不能出现被定义物未包含的变量要素。清晰的定义具有缩写的特征，用缩写的形式表示复杂的事态。

名祖词 eponym 指源于人名的独特词语，包括以人名命名或从人名衍化的单词和含人名的习语或短语。在带有屈折性词尾变化的语言中，"名祖词"是一种重要的构词形式和语义特征。Eponym 源自希腊语ἐπώνυμ-ος，指用以命名地名、人名等专有名称的人名。这些人名可能源自历史真实人物、神话或宗教典籍中人物、文艺作品中人物以及其他来源人物的姓氏或名字，也可能源自部落、种族、民族的名称或其他虚构的泛指性群体或个人的称谓。例如，被用作各种物理学单位的 ohm（欧姆）、watt（瓦特）、joule（焦耳）等，原本都是科学家的名字（姓氏）；而 money、echo、atlas 等词则来自古希腊和古罗马的神话人物。

明确解读 specific reading 语法学术语。指非限定性名词短语的所指可以明确理解为该名词外延中的一个特定成分的情形。与不明确解读（non-specific reading）相对。后者指非限定性名词短语的所指，如可理解为该名词外延中的任意成分。

明示定义 ostensive definition 逻辑学术语。指通过直接指明事物进行定义的方法。根据帕斯莫尔（John Passmore）的说法，此概念为英国逻辑学家约翰逊（William Ernest Johnson）率先提出。此外，确定词的"概念"成分特点的定义方法称作真实定义（real definition）；解释"词项"的派生和用法的定义方法称作名目定义（nominal definition）。

明示推理交际 ostensive-inferential communication 语用学中的关联理论用语。关联理论（relevance theory）是由丹·斯珀伯（Dan Sperber）和戴尔德丽·威尔逊（Deirdre Wilson）在其《关联性：交际与认知》（Relevance: Communication and Cognition，1986/1995）中针对格赖斯（Grice）的会话合作原则提出的交际理论。关联理论认为人的交际有两种模式：一种是代码模式（code model），一种是推理模式（inferential model）。人的交际过程会同时涉及这两种模式，但其中的推理过程是基础。代码模式（即编码、解码过程）属于推理过程，明示—推理交际模式则是根据代码模式和格赖斯会话推理模式的不足而提出的一种新的交际模式。按照这一交际模式，"明示"与"推理"是交际过程的两个方面。从说话人的角度看，交际是一个明确的示意过程，说话人在交际语境下发出特定的话语就是向听话人传达自己信息意图的一种明示方式，即说话人用明白无误的明说（明示）表达自己的意图；反之，交际又是一种推理过程，听话人需要从说话人通过明示手段提供的信息中结合各种语境信息来推断说话人的意图。在明示—推理交际模式中，话语的理解是一个通过处理话语所提供的假设找出话语最佳相关性解释的推理过程，即听话者从说话者提供的新假设与已经处理过的旧假设中推导出说话者意图的过程。明示—推理交际模式从新的角度阐述了人类交际的本质，解释了交际的公开性问题。

明示推理模式　ostensive-inferential model　语用学术语。一种语言交际过程理论,源于斯珀伯(Dan Sperber)和威尔逊(Deirdre Wilson)于1986年在《关联性:交际与认知》中所提出的关联理论(Relevance Theory)。关联理论从认知的角度阐述并修正格赖斯(Paul Grice)的会话合作理论,认为语言交际是一个认知过程,需要遵循"认知努力最小化"和"认知效果最大化"的最佳关联(optimal relevance)的原则。此理论认为交际是一种"明示—推理"行为,明示指说话人以显映的方式明确地向听话人表示意图;而推理指听话人凭借说话人所提供的显映方式进行解码,对话语信息作出推理,从而达到对话语信息的正确理解。

明喻　simile　修辞学术语,比喻的一种。根据《大辞海·语言学卷》(2003)的定义,明喻指表明比喻和被比喻的相类关系。本体和喻体两个成分之间一般要用"似""若""像""如""如同""好比"等比喻词。英语中明喻指一种用 as 或 like 等词将具有某种共同特征的两种不同事物连接起来的修辞手段。明喻的典型表达方式为:甲像(似、若、如、如同、好比)乙(A IS LIKE B)。本体、喻体和比喻词三者均在句中出现。例如:[1]月光如流水一般,静静地泻在这一片叶子和花上。薄薄的青雾浮起在荷塘里。叶子和花仿佛在牛乳中洗过一样;又像笼着轻纱的梦。(朱自清《荷塘月色》)　[2] O, my luve's like a red, red rose, ... O, my luve's like the melodie. (Robert Burns, *A Red, Red Rose*)

冥想　meditation　通常指注意力专注于一个点,使心智进入一种深度放松或意识状态。与祈祷一样,冥想是所有宗教体系的一个重要部分,有五千多年的历史。语言在宗教冥想和祈祷中不再是用于表述和交流有关自然、世界相关信息的工具或途径,而是构造世界的工具。冥想者向神灵所描述的世界通过语言来完成。因此在很多宗教冥想和祈祷活动中,要求教徒语言表述一定要正确,错误的表述则会导致无法得到神灵的庇护。

铭文学　epigraphy　亦称金石学。指对镂刻在铜器和碑石上的古文字(铭文)进行研究和译解。在西方,其研究对象主要是古器物上的文字,包括识别字位、明确字义、依据年代和文化语境划分用法类型、确定其属性和作者等,而不探究铭文的文献意义和文学价值。参见"金石学"。

命令式　injunctive　语法学术语。❶表示命令的语气或它的一个动词形式及结构,如祈使句(imperative)。❷印欧语言学中,指时态或语气以外的动词形式。

命令疑问句　wh-imperative　句法学术语,亦称疑问祈使句。指具有祈使命令功能的问句,包括特殊疑问句和一般疑问句。此类问句在形式上是提问,而功能上是建议或命令,委婉、客套中隐含着执著或强硬。例如:[1] Why don't you shut up? (= Shut up!)　[2] Won't you come in? (= Please come in!)　一般情况下,陈述句用来陈述事实或观点,疑问句用来提出问题,祈使句表示请求、命令、劝告、建议等,感叹句可表示喜、怒、哀、乐等强烈感情。但在实际使用中,句子的形式与功能之间错位的情况时有发生。例如:[3] They moved into the new house? (用升调的陈述句,表示提问)　[4] The food is getting cold. (具有祈使句的功能)　[5] He runs so fast! (陈述句形式的感叹句)　疑问句除了表示命令以外,还可以表示感叹。例如:[6] Aren't you silly? (相当于"How silly you are!")

命令转换　imperative transformation　句法学术语。在转换语法中,指深层结构的句子通过转换派生出命令句。命令句的转换规则为:在命令句中,省略第二人称主语 NP。例如:[1] Be patient.←I command you: You should be patient.　[2] Get away.←My request is that: You should get away from us. 命令句通常由行事主体句经过多次转换而派生得出。

命名　naming; onomathesia　指用合适的语言符号(语音系列或词语)来表示各种客观事物以及抽象概念,从而形成事物的名字。为了将一物区别于另一物,人们将事物进行命名。名字是名词的标签,是物事之间相互区别的标志。通过命名,人们将事物或概念进行归类,从而形成了许多命名习俗或规约:如天文学中的星系命名系统、古典文学中的罗马命名体系、计算机科学中标识符的命名系统、计算机网络中计算机命名设计体系等等。命名习俗或规约在日常生活中的作用,主要是让使用者能在更大的范围内掌握相应的物体或概念的所指和内涵。例如,街道的命名遵循一定的规约。在曼哈顿,东西走向横穿岛的路都叫"Street",南北跨越岛的路都为"Avenue",并且所有的"Street"和"Avenue"都以数字命名;"1st Street"出现在岛的南端,"219th Street"则在岛的北端;同理,"1st Avenue"出现在岛的东端,"12th Avenue"在岛的西端。给新的事物或概念命名通常是利用具有近似意义的词,或使用词义引申或隐喻,如 skyscraper (摩天大楼)。

命名词　naming word　语法学术语,亦称指称词。用于指称或代表事物、行为、状况或品质特征的词语。

命名理论　naming theory　亦称命名说。指关于意义的早期原始认知,由古希腊苏格拉底时代的哲学家和其后的柏拉图首先提出。命名论认为,由词形和词义构成的词,其用途在于指称客观事物或者给客观事物命名。词与客观事物之间存在着指称与被指称、命名与被命名的关系,词义实质上就是把词与客观事物联结起来的所指关系和命名关系。中国春秋战国时代的"名实之争"也属于命名论的问题。命名理论的局限性在于只能用于解释具体名词的意义,而无法解释抽象名词和动词、形容词、介词等词类的意义如何形成。抽象名词被用来指称现实世界中不存在的事物,如unicorn(独角兽),或没有客观载体的抽象概念时,如dream(梦想),并不是对客观事物的命名。

命名实体抽取　named entity extraction　亦称命名实体辨认(named entity recognition;NER)或实体识别(entity identification)。指按照已定分类标准将文本中的最基本要素(atomic elements)进行分类,属信息检索(information retrieval)下属概念。分类标准有诸如人名类、组织名类、处所名类、时间名类、数量名类、货币价值类、百分比类等。大多数命名实体撷取系统是将未标注的文本进行构化,产生标注文本。例如,可以将下面的句子进行标注:Jim bought 300 shares of Acme Corp. in 2006.＜命名实体类别＝"人名"＞Jim＜/命名实体＞ bought ＜数值表达式类别＝"数量"＞300＜/数值表达＞ shares of ＜命名实体类别＝"组织名类别"＞Acme Corp.＜/命名实体＞ in ＜时间表达式类别＝"日期"＞2006＜/时间表达式＞。此标注体系使用了20世纪90年代国际信息理解大会所提出的命名实体类别标签。

命名障碍　dysnomia; anomia　语言病理学术语,亦称举名障碍。病人在脑溢血、中风或受外伤后,不能命名物体及其图形,在自由谈话中常常说不出或说错想要表达的词的症状。命名障碍分为两类:第一类称为语义性命名障碍,集中表现为病人无法激活恰当的语义表征;第二类称为非语义性命名障碍,表现为病人知道词的精确意义,但是在语音激活上存在困难。在阅读汉语这种表意文字时,意义的激活主要依赖于从字形到意义的直接计算,语音的中介作用有限;而当语音与字形信息相互作用时,语音制约语义激活的作用就会有所体现。

命题　proposition　语言哲学术语。在语言学中指句子所表达的内容或意义,与句子之间是表达和被表达的关系。"Snow is white"和"雪是白的"分别是英语和汉语句子,但两者表达同一个命题。张三说"我在家里"和张三妈妈说"张三在家里",表达的也是同一命题。命题的分析涉及两个"项",即"谓词"——用以表达单一的动作或状态;和"名"——限定这个动作或状态影响所及的一个或多个实体。命题是摆脱了索引性(indexicality)及特定语种、特定场合限制的抽象语句。例如:[1] John smokes habitually.　[2] Does John smoke habitually?　[3] It's not true that John smokes habitually. 三句均为命题"约翰习惯吸烟"的言语表达形式,无论在断言、提问、或反驳句里都有同样的指称(即John)和谓项(即smoke habitually)。逻辑学家认为命题承担真值,句子不承担真值。如张三在他生日当天和后一天都说了一个同样的句子"今天我过生日",但表达了两个不同的命题,生日当天为真,后一天则为假。一般来说,只有陈述句才可以表达命题,疑问、祈使、和感叹句等不表达命题。但弗雷格区分了命题内容和命题态度(propositional attitude),认为命题不仅仅是真值的载体,而且还是使说话人得以表达信念、希望、怀疑等态度的手段。人们可以对一个命题持断定、疑问、否定、愿望等态度,并用命题符号加以表示。借助这一区分,非陈述句也包含命题内容,如"He is a good father."和"Is he a good father?"中包含同样的命题,只是说话人对这一命题的态度不一样。语言学对命题的研究主要有三个方面:(1)不同的语言形式如何能表达同一命题;(2)一个语言形式如何能被分析为几个不同的命题;(3)句子的命题意义(propositional meaning)和句子的运用(如在各种言语行为情景中)之间的区别。命题演算(propositional calculus)的逻辑系统可用作语法和语义各方面分析的框架。逻辑演算提供一组以系统演绎形式出现的逻辑法则或真式;在命题演算中,决定命题与命题各种组合关系的规则(通常为公理)由某种形式标记法来表示。逻辑演算特别注重分析用来构成这些组合关系(否定、合取、析取、蕴含等)的逻辑连接词,并分析"单一"或"复杂"命题可能有的各种真值。

命题逻辑　propositional logic　逻辑学术语,亦称命题演算、句子演算、句子逻辑。指形式语言公式可以经过解释来表征命题的一种形式系统,属于现代逻辑中较简单、较基本的组成部分,无需考虑将命题分析为个体词、谓词和量词等非命题成分的组合,只研究由命题和命题联结词构成的复合命题。探讨简单命题如何通过逻辑连接词(and、or等)合成复合命题。命题逻辑不同于内涵逻辑(intensional logic)的外延方法(extensional approach),即不考虑命题之间的实际语义关系,这有利于研究真值表(truth tables)所界定的联结命题的外延规则。根据真值表,一个复合命题的真或假取决于各个组成命题真或假的逻辑函数值。命题p和q之间最重要的命题联结关系有五种:(1)连接(合取)(conjunction):p and q(逻辑表达式为:p∧q);(2)析取(disjunction):p or q(逻辑表达式为:p∨q);(3)蕴涵(implication):if p, then q(逻辑表达式为:p→q);(4)等价(equivalence):p is equivalent to q(逻辑表达式为:

p ⟷ q);(5)否定(negation):not p(逻辑表达式为：⌐p)。近来，关于语言理论的描写都以命题逻辑和谓词逻辑(predicate logic)的术语和规则为基础。参见"**生成语义学**"和"**蒙塔古语法**"。

命题内容 propositional content　根据言语行为理论，由所指和述谓结构构成，在话语交际过程中具有语用之力。例如：这儿真冷。可以是让听话人去关窗或者拿衣服。

命题网络 propositional network　语义学术语。指构成一个主要命题的真值赖以成立的数个比较简单的命题。例如，命题"那个男的给了那个女的一枚很昂贵的嵌有一粒大钻石的戒指。"这个命题包含以下系列命题：(1)有一个男人；(2)有一个女人；(3)有一枚戒指；(4)这只戒指很贵重；(5)戒指上嵌有一粒钻石；(6)钻石很大；(7)男人将戒指给了女人。指出句子中潜在的系列命题的过程被认为是语言理解的一个基本部分。

命题演算 propositional calculus　逻辑学术语。数理逻辑的一个分支。指把每个命题作为不可分的整体来处理。例如：设定 p 为一个命题，q 为另一个命题，当且仅当 p 和 q 的值为真时，通过算符"&"的命题演算"p & q"的值为真。参见"**命题逻辑**"。

命题意义 propositional meaning　词语或声言与其所指称或描述的真实或想象世界的关系，既可以为真，也可以为假。例如，"这儿真冷。"是用来描述物理世界的一种状态。

谬论 fallacy　指推理方式不当的论证，通常是因为概念误解、误用或论证思路不合理而导致。一个论证有谬误，不表示其结论不为真；然而，如果我们本来就不相信该结论，也没有其他合理的理由相信该结论，论证过程的谬误便能成为我们不接受该结论的重要理由。谬论通常是无意中的误用，但也有人刻意利用谬论以求赢得争论、说服他人。

谬误 solecism　源自希腊语 soloikismos，希腊人用来指代语言使用中的错误。在传统语法中，谬误是指因单词搭配不当产生的句法错误。例如，短语"those book"是一个谬误，因为表复数的"those"与表单数的"book"不匹配。谬误还可用来指超出语言之外的错误，即一种不礼貌或不恰当的行为方式。例如，在不合时宜的情况下，客人询问主人家里的某件东西值多少钱。

摹仿 mimesis　心理学术语，亦称身体摹仿。指认知表征(cognitive representation)的一种形式，这种表征对于现代认知思维以及高级象征能力的发展非常重要，如仪式、叙述、语言等等。摹仿涉及为了表征某种动作、物体或者事件(event)而使用身体的一部分以及和该部分有关运动的能力，特别是使用者打算运用这种表征来代表目前讨论的动作、物体或者事件的能力。根据发展心理学家唐纳德(Merlin Donald)的观点，摹仿构成了基于身体的表征和交际的基础。摹仿这一心理学术语目前在认知语言学领域影响很大，因为摹仿图式(mimetic schema)比意象图式(image schema)更重要。摹仿图式通达基于身体的具体动作，通过文化熏陶，这些认知表征的意义是可以共享的，如微笑。

摹拟 imitation　修辞学术语，亦称摹状。指直接对所接触事物的声音、色彩、情状加以描摹以增加形象性、真实感的修辞手法。指以客观事物作用于人们感官所造成的不同感觉为基础，通常是描摹听觉、视觉所造成的印象。因而摹状一般可以分为摹声、摹色、摹形等。例如：[1]她(严萍)把一簇传单唰哩哩甩到冒天云里，又看那些红绿纸张随着风飘悠悠落下来，赶集的人们伸手接住高声念着。——梁斌《红旗谱》 [2]黑漆漆的，不知是日是夜。——鲁迅《狂人日记》 其中例[1]的"唰哩哩"是摹声，"飘悠悠"是摹形；例[2]里的"黑漆漆"是描摹色彩。

摹声说 onomatopoeic theory　亦称动物叫声拟声论(animal cry onomatopoeic)、汪汪论(Bow-wow theory)、杜鹃论(Cuckoo theory)、青蛙旋律论(Hey-Nonny-Nonny theory)。指语言起源的一种假设性解释，认为语言起源于对动物叫声和其他自然界声音的模仿。这一假设并不能很好地解释语言起源，因为语言中以声音模仿为起源的词数量很少。参见"**语言起源**"。

摹状词 description　亦称描述语。由冠词和普遍名词及其限制语构成的表示某个事物的词组。哲学家罗素(Bertrand Russell)在 1905 年的《论指示》(On Denoting)一文中把指示词语分为专有名词(proper names)和摹状词(descriptions)两类，专有名词直接指示一个对象，因而对象即是它的意义；而摹状词的意义则是由组成摹状词的词语的意义所确定。罗素把摹状词分为非限定性摹状词和限定性摹状词两大类，前者如"一名歌手""一个人""一条狗""一头猪""一位议员""穿蓝色衣服的男人"等。后者既可以有所指，如"现任美国总统""他的女儿""《威弗利》的作者""那个穿蓝色衣服的男人"等，也可无所指，如"当今的法国国王"。

模仿 imitation　语言习得术语。指语言习得和学习过程中仿效他人话语的一种心理与生理活动，如幼儿模仿母亲的话语、学生重复课堂上所教的句型等，在语言发展中起着重要作用。模仿是许多传统外语教学方法的基础,但第一语言和第二语言习得研究认为并证明了模仿本身无法促进语言发展。语言学习者经过语言学习的初级阶段之后,不再简单地模仿输入的语言,而是会获得创造以前从未听到过的句法或形态组合、形成许多新结构的能力,从而能动地和创造性地使用语言。在母语为英语的习得过程中,类似"*mouses""*wented""Me not like that"等错误的产生是学习成功的一种标志,表明语言规则内化构建过程已经发生。模仿与言语产生和理解的关系问题是语言习得研究所关注的重点之一。

模仿词　imitative word　参见"拟声词"。

模仿记忆法　mim-mem method　参见"听说教学法"。

模仿强化论　imitation-reinforcement theory　心理语言学术语。以行为主义心理学为理论基础发展而来的一种语言学习理论,由美国行为主义心理学家斯金纳(Burrhus Skinner)于1957年在《语言行为》一书中提出。其核心观点认为儿童习得语言的过程如同学习其他行为一样,基于经验性和操作性条件反射原理,后天的学习和环境对于学习的发生和发展起着决定性的作用。儿童掌握语言结构是按照"刺激(stimulus)—反应(response)"的公式而产生的行为。儿童可通过一类言语反应的类化自然建立起某种语言结构与言语反应类别之间的联系。语言习得主要通过模仿和强化(包括父母的直接强化和儿童的自身强化等)完成,主要经历"模仿—强化—重复—成形"四个阶段。该理论与乔姆斯基的"语言天赋论(language nativism)"持截然不同的立场,认为人类并没有先天的语言获得机制,语言是在后天学习环境中通过经验习得的。由于该理论仅能部分地解释语言发展的规律性,而不能解释语言发展过程中儿童创造性地使用和进行语言重构的现象而饱受诟病。

模糊[1]　gradience　参见"渐变性"。

模糊[2]　fuzzy; fuzziness　原为数学术语,后为语言学借用。❶自然语言的基本属性之一。指有些语言学家描写没有明显界限的语言单位所用的一种说法。有些语言单位"边界模糊",如英语单词中的hill和mountain。❷用于描写从一个语言单位逐渐向另一个过渡的梯度,即渐变过程(gradience),如young→old、big→small等。

模糊边界　fuzzy boundary　一般拓扑学中的匀边(crisp)界限。通常有七个特征:(1)边界封闭;(2)封闭是内界(interior)和边界的上确(supremum);(3)当所有模糊集合匀合时,边界化约为通常的拓扑边界;(4)边界的算子相当于给一个模糊拓作出定义;(5)模糊集合的边界与补集的边界相同;(6)如果一个模糊集合或开或合,则边界的内界为空;(7)如果一个模糊集合同时开合,则边界为空。

模糊范畴　fuzzy category　认知语言学术语。与经典范畴(classical category)相对。指边界不明确、成员只显示出一定程度家族相似性(family resemblance)的范畴。模糊范畴以罗施(Eleanor Rosch)提出的原型理论(prototype theory)以及维特根斯坦的家族相似性为理论背景。原型理论严重动摇了经典范畴的基础,证明了模糊范畴存在的合理性。例如,在"家具(furniture)"的概念中,"桌子""椅子"等是明确的范畴成员,但是对于"油画""地毯"等看法不同,有人认为是家具,有人则认为是家居装饰品(furnishings)。参见"经典范畴"和"原型理论"。

模糊集　fuzzy sets　由语言学家扎德(Lotfi Zadeh)于1965年提出用来表示语法正确程度的集合:{0, 0.1, 0.2, 0.3, 0.4, 0.5, 0.6, 0.7, 0.8, 0.9, 1.0}。如:[1] Mary went home yesterday. (1.0) [2] Mary yesterday went home. (0.8) [3] Mary home went yesterday. (0.2) 以上三个句子的接受程度从[1]至[3]依次递减。

模糊类　fuzzy class　指无法明确确定界限的类别。语言某个概念类别中的成员向非成员过渡时遵循逐渐而非突然的轨迹,如"青年"和"中年"。

模糊限制词　linguistic hedge　模糊语言学术语,亦称模糊限制语。初见于美国语言学家雷考夫(George Lakoff)1972年的学术论文《模糊限制语:语义标准和模糊概念逻辑的研究》(Hedges: A Study in Meaning Criteria and the Logic of Fuzzy Concepts)。根据雷考夫(1972)的定义,模糊限制语是一些有意把事物弄得更加模糊或更不模糊的词语(words whose job it is to make things fuzzier or less fuzzier)。例如:[1] What he did is good. [2] What he did is probably good. [3] She is a little bit lonely. [4] Generally speaking, parents love their children. [5] As far as I know, she'll be away for three months. [6] According to Mick, it is a great movie. 例[1]是一个完全断言性的判断,说话人的意思非常明确,而例[2]中使用了"probably"来限制"good",使得说话人的意思变得模糊起来,"probably"即被称为模糊限制词或模糊限制语。模糊限制语有多种分类方式,如模糊论的奠基人、美国学者扎德(Lotfi Zadeh)在其1972年的文章《对模糊限制的模糊集合解释》(A Fuzzy-Set: Theoretic Interpretation of Linguistics Hedges)中将模糊限制语分为两大类:第

一类是直接修饰模糊词的模糊限制语,如英语中的very、more or less、much 等;汉语中的这类模糊限制语也有很多,如非常、或多或少、稍微的等;第二类是指说明从哪些方面修饰模糊词的模糊限制语,如英语中的 actually、strictly speaking、practically、virtually 等,汉语中有基本上、实际上、严格地说、从某种意义上说等。模糊限制语还可以从其修饰对象的范围进行分类:一类模糊限制语只能修饰模糊词,如英语中"very good"中的"very""quite well"中的"quite",汉语"相当理想"中的"相当"等;另一类模糊限制语既能修饰模糊词,也能修饰非模糊词即精确词,如英语"about dawn"和"about ten o'clock"中的"about",以及汉语中的"大约"等。迄今为止影响较大的模糊限制语分类方式还有由普林斯(E. F. Prince)、弗莱德(J. Frader)和博斯克(C. Bosk)从语用角度对模糊限制语的划分,分为变动型模糊限制语(approximators)和缓和型模糊限制语(shields)。变动型模糊限制语根据实际情况改变对话题的认识,这类模糊限制语既可以改变话语的原意,也能为原来的话语意义进行某种程度上的修正,或者为原话语提供一个变动范围。据此,又可细分为程度变动语(adaptors)和范围变动语(rounders)。例[3]中的"a little bit"对原语"lonely"的意义进行了程度上的修正,因而属于程度变动语;例[4]中的"generally speaking"为所涉话题提供了某种范围,属于范围变动语。缓和型模糊限制语可分为直接缓和语(plausibility shields)和间接缓和语(attribution shields)两类。前者用来表示说话人对话题做的直接猜测,或表示说话者本人所持有的某种态度;例[5]中的"as far as I know"一方面代表说话者的个人态度,也避免将自己的观点强加于人,因此属于直接缓和语;例[6]中的"according to"表达的内容并非说话者本人的看法,而是间接地引用他人的观点,属于间接缓和语。在语用功能方面,在一定语境下使用模糊限制语可以巧妙地掩饰说话者在某一方面的无知或知识的不足;有时也是会话合作的表现,即模糊限制语可以将那些很可能是正确,却又不能或不便明确的话语表达得不那么确定,从而避免胡说、乱说等。此外,人们在交际时常常出于礼貌而使用模糊限制语。

模糊语　hedge　语用学术语。❶一种说话人为避免表述(如做出判断或提出请求)过于直接而采取的语言手段,以使自己有改口或收回请求的余地。英语中表达委婉或客气的模糊语有"so far as I can see…""Could you…"等。❷指表示不确定概念或限定条件的词语,如"总体上地"(generally)、"或多或少"(more or less)、"几乎"(almost,nearly)等。

模糊语法　fuzzy grammar　20世纪70年代出现的语言学理论,代表人物有乔治·雷考夫(George Lakoff)和约翰·罗斯(John Robert Ross)等。这一理论强调语言结构的模糊性特征,认为语法结构的范畴归类是模糊、没有明确界限的,处于一个连续统中;语言项是否合乎语法性只有程度的区别。罗斯于20世纪70年代早期提出"黏糊(squish)"这一概念,用于指称一个词项的连续统。例如:[1] The shed is *near* to the barn. [2] The shed is *near* the barn. "near"一词介于形容词和介词之间,作为形容词,它可以如例[1],在宾语前带有介词;作为介词,它可以如例[2],带有直接宾语。因此,罗斯认为在介词和形容词之间存在一个连续统,near既是形容词,也是介词。除了语法范畴之间模糊性,语法结构亦具模糊性,如词、短语、句子之间的区别也是模糊的。模糊性还存在于语法规则的适应性上,即句子是否合法的程度也不同,介于完全合法与完全不合法之间,而合法程度的判断受句子的心理现实性影响。

模糊语言学　fuzzy linguistics　指运用模糊理论研究语言现象的学科,主要探索语言中某些范畴界限的不确定性。模糊语言学的形成以1965年扎德(Lotfi Zadeh)发表《模糊集》(*Fuzzy Sets*)为标志。语言中有不少语词所表达的均为所谓的"模糊概念",即没有精确边缘的概念,如早晨和上午、下午和傍晚,少年和青年等之间均无截然分明的时间界限。再如快慢、高低、胖瘦等也只是模糊而相对的概念,没有确切恒定的标准。模糊词语的界限受地理、时代、政治、经济、文化等因素的制约。20世纪70年代初提出的模糊语法(fuzzy grammar)认为,不仅词义具有模糊性,语言结构也有模糊性。根据这一理论,由于语法结构界限的模糊性,因而在判断句子合法性时,不能简单地区别为合法或不合法,句子均能达到一定的合法性,但在合法程度上有所不同。模糊语言学的研究与形态学、词源学、词典学和修辞学等学科都有密切的联系。

模块　modularity　指在很大程度上相互隔离、独立工作以完成各自不同任务的子系统。神经心理学、神经语言学和心理语言学均对构成整体系统的模块结构进行了有益的讨论。乔姆斯基(1975、1980)曾指出,语法可以概念化为一个模块,并推及系统内其余模块的运行,比如听觉、视力和感知。语法包括一套自动的子系统,每一套系统都有形成其合格语法的自身标准。语法的规则性不是建立在一

模 mó　　（语言学术语）

般的认知原则的基础上，而是建立在专门为生成语言的认知原则的基础上，因此语法知识（形式语法）和语法能力不依赖于其他知识而独立存在。根据模块理论，大脑的某些损伤可能引起语言障碍或语言发展障碍（Curtiss 1988）。在心理语言学领域，福多（Jerry Fodor）提出了模块假说（Modularity Hypothesis），将模块看做信息处理过程时的特殊系统，比如言语感知中的输入系统。模块属性包括：均为输入系统；运作均在特定范围内进行；只要有刺激发生，这些系统均会自动运行，这可比作强制性运作或刺激驱动的条件反射（mandatory operation）；处理过程中信息是密封的，这样内部处理过程就不受外界影响或来自外界；处理运作速度快，输出则以简短的"是/否"方式进行，表现为浅表输出；均以固定的神经建构方式储存于大脑，当系统遭破坏中断（如出现大脑损伤）时则呈现特定的模式。参见"**模块理论**"。

模块理论　modular theory　　句法学术语。在管辖与约束理论中，人类的语言知识被认为是模块化的，即由多个不同的子系统构成，以各种理论模块的形式呈现。这些模块包括题元理论（theta theory）、X阶标理论（X-bar theory）、格理论（case theory）、约束理论（binding theory）、控制理论（control theory）、管辖理论（government theory）、界限理论（bounding theory）等。

模拟　simulation　　❶计算机科学术语，亦称仿真。泛指对真实、具体事物或情形的虚拟抽象，利用计算机对在一定环境下真实系统内部各要素相互作用的机制和过程进行的模仿试验，并作出数值求解的分析方法。不同于一般求解确定性、静态的数理解析方法，模拟可以比较真实地描写和求解不确定的、复杂的和动态的系统全貌。模拟的步骤一般包括确定问题、收集资料、制订模型、建立模型的计算程序、鉴定和证实模型、设计模型试验、进行模拟操作和分析模拟结果。这种计算机模拟普遍运用于物理、化学、工程、医学、空间技术以及管理和经济领域的研究中。❷语言教学术语。计算机辅助语言教学中，指运用大型数据库和多模态符号资源系统对语言使用的真实环境或情景进行科学化、系统化的模拟，以提升语言训练和测试评估的高效性。运用于课堂语言教学中，主要指模拟真实交际情景设计课堂交际任务的活动。教师通常根据交际目的、内容、场景、交际参与者身份或关系，有针对性地设计情景，让学生扮演虚拟角色，体验真实语言交际过程，从而在高度仿真的情景中获取知识和提高交际能力。情景模拟方法因其具有较强的操作性、趣味性和实效性特点而在语言教学课堂上得到广泛运用。

模拟词　echo word　　参见"拟声词"。

模拟交际　analogue communication　　指以信号及其所指对象（referent）之间的相似（analogue）关系为基础，借用模拟计算机（analogue computer）模拟依赖表情、动作等身体语言和符号语言的非言语交际。这是由瓦兹拉威克（Paul Watzlawick）等人于1967年在交际领域的经典先驱著作《人类交际范式的实用主义：互动模式、病理学与悖论研究》（*Pragmatics of Human Communication: A Study of Interactional Patterns, Pathologies and Paradoxes*）中提出的概念。模拟交际主要用来表示人际关系，其语义取决于具体的语境，而且经常可以用作多种解释。

模拟口语水平测试　simulated oral proficiency interview；SOPI　　指美国华盛顿州应用语言学中心开发的口语测试类型。测试拟尽可能接近于面对面的口语考试，用磁带为媒介，记录受试者回答（磁带记录的）本族语者问题的口语样本，主考人员不必在场，受试者的表现随后由经过培训的评分员根据美国外语教学委员会（American Council on the Teaching of Foreign Languages，缩称ACTFL）的标准进行评分。

模式　model　　亦称模型。指用来描写或解释各种关系的具体图示或抽象公式。例如，语言学中的模型有：把语言区分为语音、语法和词汇三个部分的三分法；认为交际是由信息源、渠道和接收点这三个部分组成；主张用谱系树表示有关语言的谱系关系，并用"树枝"表示其亲族关系；把语言变体看作方言和风格的层次以及数学公式等。广义的模式还可指一项理论结构，如体模式（aspect model）、交际模式（communication model）等。

模式匹配　pattern matching　　❶计算语言学术语。指由计算机判断输入的字符串是否与规定的某一模式相符合。这些模式传统上是序列（sequences）或树形结构（tree structure）。❷心理语言学术语。指语言认知过程中自然语言理解的最基本方法之一。语言的理解或习得涉及对大量实际语言输入的处理。而这一处理过程包括模式匹配以及自下而上的分类、推理和存储等。

模式系统　pattern system　　法位学（Tagmemics）的创始人肯尼思·派克（Kenneth Pike）从功能的观点把语言看成一种"模式系统"。语言作为人的社会行为，是一个系统，可以由小到大、由下到上、由简单到复杂、由部分到整体分成若干等级。任何语言都具有三种等级体系：音位等级体系、语法等级体系和所指等级体系。音位等级体系是指语音与其所在结构之间存在的部分对整体的关系。语法等级体系是指词汇单位或词汇单位模式与其所在结构之间的部分对整体的关系。所指等级体系是指一个概念与其所在的有目的的行为结构之间的部分对整体的关系。

模态　modality　❶交流的渠道和媒介，包括语言、技术、图像、颜色、音乐等符号系统。❷哲学范畴。指事物或认识的必然性与可能性等性质。❸说话人对于自己所说话语的评价，表明说话人对命题内容的相信或信守程度。

模态词　modal word　参见"模态算子"。

模态逻辑　modal logic　逻辑学术语。在传统命题和谓词逻辑的基础上扩展而包含表达模态算子(如：可能、或许、必然、通常等)的一种形式逻辑。指一种特殊形式的哲学逻辑表达。除了用和、或等逻辑连接词(logic particles)和形式逻辑中的算子(operators)进行逻辑表述外，语义分析过程中，还可使用"it is likely""it is unnecessary""it is impossible"等模态表达式，把适当的算子纳入逻辑表达式。参见"形式逻辑"。

模态算子　modal operator　亦称模态词。表示模态或含有模态内容的算子，如⊄、◇等。

模型理论语义学　Model-theoretic Semantics　亦称塔尔斯基语义学(Tarskian Semantics)。指由波兰语言哲学家塔尔斯基(Alfred Tarski)提出的关于研究语义学真值的理论。主要观点包括：作为形式逻辑语言里进行语义阐释的一个概念，允许对真值条件或满足前提的条件进行递归性描写。一个重要基本原则是严格区分(形式)目标语言和元语言，前者是将形式目标语言作为语义解释对象，后者则引入诸如"真""假"这样的语义谓词。执行程序是将包含一套个体区域 E 的语义解释具体化，这样借助解释函项 g，关于该语言的合格的逻辑表达式就可以得到解释。比如 g 的价值在于其所属逻辑表达式的扩展，如在谓词逻辑里，这样的函项 g 就可使每一个个体词项都拥有一个元素 E，E 的子集就被赋予为谓词常项，而真值就是对封闭的惯用语的扩展。因此，模型理论语义学的一个优点就是使封闭惯用语的语义关系得以实现。然而，模型理论仅局限于句子语义学，其反映在语言研究目的问题上的局限性。模型理论语义学的研究方法也是蒙塔古语法(Montague grammar)的基础，蒙塔古语法通过可能世界中的语境因素与模型—理论语义学中概念的关联，使后者能够用来表述自然语言中命题陈述的真值条件、满足前提和推理结论等特性。

模型论　model-theory　使用数理逻辑工具对数学结构(如：群、场、坐标图、集合理论的通用集等)进行的研究。

模因论　Memetics　指基于达尔文进化论的观点解释文化进化规律的新理论。1976 年，由牛津大学动物学家理查德·道金斯(Richard Dawkins)在其著作《自私的基因》(*The Selfish Gene*)中首次提出。模因(meme)是道金斯模仿生物传递单位基因(gene)而设想出的一种类似于基因的"文化单位"(一种观念、信仰、行为模式等等)概念。其表现型为曲调旋律、想法思潮、时髦用语、时尚服饰、搭屋建房、器具制造等模式。模因被看作是大脑里的信息单位，存在于大脑中的一个复制因子。存在于个体的思想中，会进行自我繁衍从而在不同人的思想领域内传播。模因学部分沿用了基因学中以基因为中心的进化观点，正如基因的优胜劣汰，一个模因是否成功取决于内容影响和传播能力。模因的生命周期可分为四段：(1)同化(assimilation)。成功的模因必须能感染新的个体，进入他的记忆。个体必须和模因载体有接触并且模因呈现后必须受到应有的注意。(2)记忆(retention)。模因在宿主的大脑里停留的时间越长，传播并影响他人的可能性也就越大。(3)表达(expression)。在交流过程中，模因必须从记忆储存模因中释放出来，能够被他人感知。最突出表达手段就是话语。(4)传输(transmission)。大众媒体特别是因特网的出现对于模因的传输显得尤为重要。四个阶段周而复始，在选择中存在或淘汰。模因的一个主要特点是通过模仿得到传播。目前，模因的研究在西方越来越受到专家学者的注意，模因论的研究正在社会学、心理学、教育学、神学等很多领域进行。

摩擦　friction　语音学术语。指声道发生收缩让气流通过时发出的声音。根据摩擦产生的部位可分为双唇摩擦、齿龈摩擦、硬腭摩擦、软腭摩擦和咽摩擦等。

摩擦音　fricative　参见"擦音"。

摩迪斯泰学派　Modistae　参见"中世纪语言学"和"思辨语法"。

末端重量原则　principle of end-weight　句法学术语。当双及物句式中的一个宾语在成分重量上大于另一个宾语时，那么在成分重量上较大的宾语则需移至句末，以减轻听话人对句子信息的记忆负担，也能减少对其他句子成分的干扰。

末尾重复　epiphora　参见"句尾音词重复"。

末尾重心　end-weight　参见"句末重心"。

末尾重心原则　end-weight principle　参见"重心靠后原则"。

末音节重读词　oxytone　参见"尾重音词"。

末音前音调　properispomenon　音系学术语。指希腊语中带音调符号（circumflex account）的单词的音调,其倒数第二个音节读升降调。

莫尔斯电码　Morse code　指一种靠节奏传输电报信息的编码符,是形式（人工）语言描写基础的有限符号集合或基本符号。莫尔斯电码源于19世纪40年代早期的莫尔斯电报,编码时使用一个包括短元素和长元素的标准序列来代表一则消息中的字母、数字、标点和其他特殊符号;短、长要素可以由键进和键出的声音、符号或停顿组成,一般称为"dots"（圆点）和"dashes"（破折号）或"dits"和"dahs"。由它们组成的符号串就组成莫尔斯电码。19世纪90年代开始,莫尔斯电码广泛使用于早期无线电通讯。20世纪上半叶,大量的高速国际间通讯在使用电报线路、海底电缆和无线电路中使用莫尔斯电码。在语言学领域,莫尔斯电码被用来描写形式语言。例如,在转换语法（transformational grammar）中,词汇中有非终端符（non-terminal symbols）和终端符（terminal symbols）的区分。

莫拉　mora　音系学术语,亦称韵素。表示音节时长的单位。莫拉不是真实的音节时长,而是从韵律音系学角度表示重读音节和非重读音节的相对时长,重读音节有两个莫拉,而非重读音节则只有一个莫拉。例如,英语单词 apple['æpl]"苹果"有两个音节,第一个重读音节为两个莫拉,第二个非重读音节为一个莫拉。一般来说,音节核是音节重的主要承载单位,音节首音不承载音节重,尾音是否承载音节重因语言而异。莫拉还是韵律音系学（prosodic phonology）的最基本单位。

默读　silent reading　指不发出声音的阅读,与朗读相对。读者的注意力集中在理解文章的意义,而不是语音语调上。默读是朗读的基础,与朗读相比,默读的速度比较快,但教师无法了解到学生的理解程度。朗读时眼、口、耳、脑协同动作,教师可以从中判断学生认读的正误和理解的深浅。

默认推理　default reasoning　亦称缺省推理。指在推理过程中虽然某些前提条件不具备,但默认其已具备条件而继续进行推理的情形。

默认意义　default meaning　❶直观给予的、无需特定语境参与的词的意义。例如,"听"的默认意义就是"某人的耳朵感觉到声音"。❷没有特定语境参与的、显性的（salient）、无标记的（unmarked）、假定的（presumptive）的声言意义,无需听话人进行推理。例如,"把盐递给我。"其默认意义就是听话人应该把盐递给说话人。

默认语义学　default semantics　语言学术语,亦称缺省语义学。指由剑桥大学语言学教授杰斯泽佐尔特（Kasia Jaszczolt）于2005年在其著作《默认语义学:交际行为的组成理论基础》（*Default Semantics: Foundations of a Compositional Theory of Acts of Communication*）中提出的对语义—语用界面研究的一种解释理论。默认语义学认为语义的确立是默认推理的结果,默认推理是交际者根据交际意图的类型和强弱,即指称性的强弱而进行的自动推理,是对意图识别的结果,并非对语境的选择,由此认为语义是动态的统一体,并不存在语义—语用的界面分歧。默认语义学试图解释可能存在于语义与语用交叉层面的意义,从而解决语义—语用的分界问题。该理论的核心内容为合并表征论（merger representations）,主要包括三大原则:(1)最简层次原则（Principle of Parsimony of Levels）:除非必要,意义层次不会增加;(2)意图层次原则（Principle of Degrees of Intentions）:意图有强弱层次之分;(3)主要意图原则（Principle of Primary Intention）:交际中意图的主要作用是保证说话者话语中的参照物。默认语义学从认知角度对话语进行分析,解释人类为何能如此迅速、高效地理解对方的话语,从而保证交际的顺利进行,同时它还可解释存在于限定摹状词、预设表达式、否定、连接词、数词等方面的语义含混现象。

默音步　silent foot　音系学术语。指朗读人或说话人不出声但保留一个音步的节奏。这个不出声的音步即为默音步。

母节点　mother; mother node　句法学术语。指短语标记中节点之间自上而下的一种关系。如果一个节点 X 直接统制另一节点 Y,则 X 为 Y 的母节点,Y 则为 X 的女儿节点,母节点统辖女儿节点。例如:

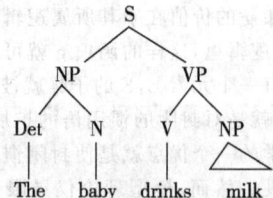

在"The baby drinks milk"的树形图中,最大节点 S 是母节点,NP 和 VP 是她的两个女儿节点,S 直接统辖 NP 和 VP 两个节点,这两个女儿节点互为姐妹节点;VP 本身也是母节点,进一步直接统辖女儿节点 V 和 VP。

母句　matrix sentence　参见"主句"。

母语干扰　mother tongue interference　语言习得术语。指负迁移对第二语言学习造成困难。

母语在发音、语法、词汇和语篇等方面都可能对第二语言的习得产生干扰。干扰在学习者的语言产出上主要体现在四个方面：错误的阐释（misinterpretation）、产出不足（underproduction）、过度产出（overproduction）和产出错误（production errors）。产出错误又可分为替代（substitutes）、仿造词语（calques）和结构替换（alterations of structures）。

目标　target　音系学术语。指音系规则中箭头左边的成分，即被音系规则改变的成分。例如，假设有一条音系规则：A→B/C_D。其中，A 是目标。参见"焦点"。

目标格　goal case　语法学术语。菲尔默（Charles Fillmore）在格语法（Case Grammar）中提出的语法格之一，被定义为"由动词确定的动作所作用到的目标事物或发生位置变化过程中的目标位置的格"。例如：[1] Ted gave a birthday present to her. [2] He loaded apples on the lorry. [3] He's moved to a new apartment. 句[1]中的"her"为赠送生日礼物这一动作的目标对象；句[2]中的"the lorry"为装载苹果这一动作的目标位置；同理，句[3]中"a new apartment"表示搬家所前往的地点，目标格是某人或某物前往或被运往的地点的名词或名词短语。

目标设定　goal setting　指当人们有明确、具体、较难但可以达到的目标时，完成某一个任务的动机就会比没有明确的目标或有太容易的目标时要强。目标设定和动机（motivation）相关。因此，语言教学中教师可以设定适当的目标以增强学生的动机，提高教学效果。

目标题元角色　goal θ-role　句法学术语。指动词所表示的动作的目标。例如，在"The boy put the glass on the table."中，"the boy"是施事，"the glass"为受事，the table 就是目标题元角色。生成语法认为，句子不但要求有一定数量的论元（argument）实现动词论元结构的要求，而且要求有合适的论元类型来胜任动词分配的角色。动词与论元之间的这种语义关系被称为题元关系（thematic relation）。论元承担的角色被称为题元角色（thematic role）或 θ 角色（θ-role）。生成语法中关于题元角色分配的理论叫作题元理论（theta theory）。常见的题元角色包括七种，即施事（agent）、受事（theme）、感受者（experiencer）、受益者（beneficiary）、目标（goal）、来源（source）和方位（location）。

目标域　target domain　认知语言学术语，亦称靶域。指在概念隐喻理论（Conceptual Metaphor Theory）中，借助于来源域企图理解的另外一个概念域（conceptual domain）。目标域的特点是比来源域更难懂、更抽象。这种理解是通过跨域映射，从来源域向目标域投射结构进而建立概念层面的常规联系（conventional link）实现的。例如，在隐喻 TIME IS MONEY（时间就是金钱）中，我们可以用和来源域金钱（MONEY）有关的概念来理解和描写时间，如"珍惜时间""节约时间""浪费时间"等，时间（TIME）是目标域。

目的行为主义　purposive behaviourism　参见"新行为主义"。

目的论　Skopos Theory　翻译学术语。翻译行为理论的重要组成部分，指翻译是一种以源文本为基础的有目的、有目标的翻译行为。该理论由德国功能派翻译理论家赖斯（Katharina Reiss）和弗米尔（Hans Vermeer）于 1984 年提出。目的论认为翻译行为必须遵循三个法则：目的性法则、连贯性法则和忠实性法则。目的性法则指翻译过程取决于翻译行为所要达到的目的，译文应对预定的受话者发挥预期的功能；连贯性法则指译文必须符合语内连贯的标准；忠实性法则指译文与原文间应存在语际连贯一致。

目的体　telic　语法学术语，亦称"终结的"。用以描述动词的体。指一个事件的活动有一个明显的终止点。终结动词包括 fall（落下）、kick（踢）、make（制作）等。终结动词与无终动词对立，后者所示的事件没有这种自然终止点，如"play"在"The children are playing."中不存在终结意义。

目的物　goal　语法学术语，亦称受词。在传统语法中，一些语言学家用来指受到动词表达的动作影响的人或物的一个术语。例如，在"斯蒂芬打碎了盘子"一句中，"盘子"是受到动词"打碎"这一表达动作影响的物体，也是宾语，在传统语法中被称为目的物。

目的语　target language　亦称目标语言。❶语言教学中指与第一语言或母语相对的学习者所学的语言。❷翻译中指译入语，如将文本从汉语翻译为英语，英语就是译入语。译入语与源语言（source language）相对。参见"原文语言"。

N 纳 nà （语言学术语）

纳米句法　nanosyntax　句法学术语。指挪威语言学家史达克（Michal Starke）开创的研究语法结构的一种新途径，是原则与参数理论以及制图理论的进一步发展。纳米句法理论将句法树的终端节点（terminal nodes，如 D、N、T 等）进一步分解至比语素还要小的单元，每个单元如同原子一样不再分解。纳米句法学认为，这些句法的"原子"比词汇甚至语素还要小，句法的职责不局限于将预构词（preconstructed words）按次序产出，词汇实际上是植根于句法的派生实体，而不是由词库提供的初始成分。纳米句法的概念可追溯至肯尼斯·黑尔（Kenneth Hale）和塞缪尔·杰·凯泽（Samuel Jay Keyser）发表于 1993 年的《论论元结构及句法关系的词汇表征》（On Argument Structure and the Lexical Representation of Syntactic Relations）一文，文中提到 L-syntax（即 lexical-syntax "词汇层面的句法"）与 S-syntax（即 syntax-syntax "句法层面的句法"）相对的概念。

南岛语言学　Austronesian linguistics　亦称作马来—波利尼西亚语言学（Malayo-Polynesian linguistics）。指对马来—波利尼西亚诸语言（如马来语、爪哇语、他加禄语、夏威夷语、毛利语）进行描写和分析研究的语言学分支。

难度参数　difficulty parameter　语言测试术语。一种用于测试理论的参数。基于具备一定能力的受试者对测试项目正误判断的几率上的现代测试理论，与经典测试理论相对。主要存在三种项目回应理论模型，它们的区别在于用到的参数数量不同。一项参数模型，亦称朗氏模型，仅仅评估一项难度系数；二项参数模型以项目难度参数和项目甄别为参照；三项参数模型除了对项目甄别和项目难度参数进行参照之外，还对猜测因素进行评估。一般而言，项目回应理论所输入的参数越多就越复杂，需要的样本也越大。

难度顺序　difficulty order　语言习得术语。指语言学习中所产生的一种关于难度的现象。对于语言学习者而言，某些语言项目、形式和规则似乎显得难度较大，而其他某些语言项目、形式和规则相对显得比较简单，因此在客观上就形成了语言学习的难度顺序。虽然这种难度顺序还需要通过纵向研究加以证实，但是有时仍被用作二语习得发展阶段顺序的证据。

难度系数　index of difficulty　语言测试术语。表示试题难度的指数。难度系数反映试题的难易程度，即考生在一个试题或一份试卷中的失分程度。如满分 150 分的试题，考生平均得分 108 分，平均失分 42 分，则难度系数为 42/150＝0.28。难度系数的计算公式为：L＝1－X/W 或者：难度系数＝1－难度（平均分/总分）。其中，L 为难度系数，X 为样本平均得分，W 为试卷总分（一般为 100 分或 150 分）。例如：总体难度系数：一份满分 100 分的试卷，考生平均得分 78 分，则难度系数为 1－78/100＝0.22；单题难度系数：一道题值 2 分的试题，考生平均得分 1.5 分，则难度系数为 1－1.5/2＝0.25。至于一道题或一份试卷的难度系数到底多少为宜，要根据不同的命题需要来选择。而且，即使同一套试题，不同的答题人群做完后计算出的难度系数也是不同的。理想的难度系数以控制在 0.2 左右为宜。

难解问题　conundrum　一般指以谜语等形式出现的难以解决的问题，其答案一般是一个双关或出人意料的变化。

难语症　dyslogia　参见"言语困难"。

囊包　encapsulation　语义学术语。指某个词的意义内包另一个词的意义的语言现象。如果将两词进行搭配或合用，就会产生赘述。例如，在 "female wife" 中，wife 本身就包含了 female 的意思。

脑半球　cerebral hemisphere　亦称大脑半球。指人脑的左右半球。人脑的解剖学研究发现大脑分为左右半球，两者虽然结构相似，但功能有所不同（如图）。左半球主要处理言语，进行抽象、逻辑思维、集中思维和分析思维，生成语言、阅读、书写及逻辑、推理、计算的能力，主管其他包括记忆和时间感觉在内的心理活动；右半球主要处理表象，进行具体的形象思维、发散思维，生成图形、空间结构的构思能力以及音乐欣赏能力等，主管视觉、知觉、形象、记忆、空间几何关系识别、想象、模仿、音乐、舞蹈艺术以及态度、情感等。

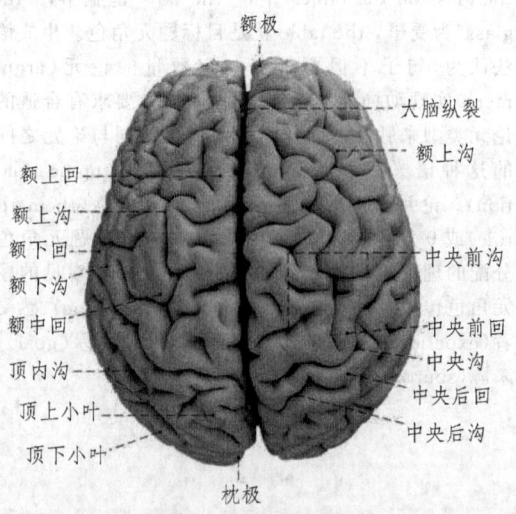

图一　大脑解剖图

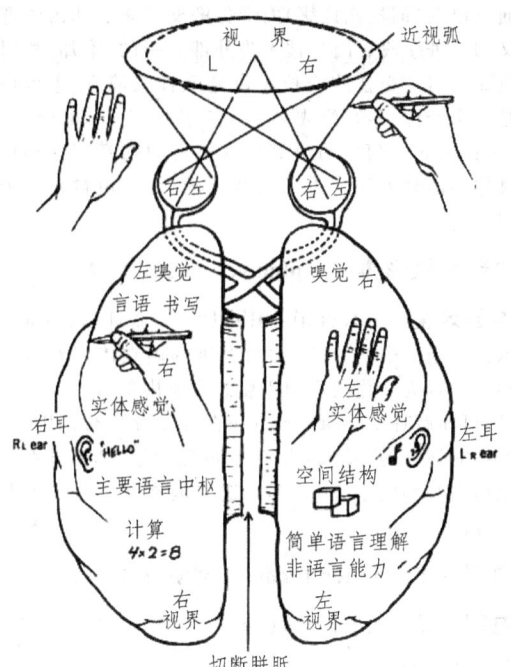

左右视界分别投射在右左枕叶上。身体左右侧的控制也同听觉,大多呈交叉分布。嗅觉投射到同侧脑半球。

图二 大脑半球映象投射图解

脑优势 cerebral dominance 神经语言学术语,亦称优势半球。如果一个半脑在某一功能处理效率上优于另一个半脑,那么这个半脑就具有对另一个半脑的优势。例如,左半脑是98%以上的成年"右撇子"的语言优势半脑,负责执行语言和语言有关的神经心理活动,包括完成语言的理解和表达;右半脑则主要执行非语言的神经心理活动,包括完成音乐节律与旋律的感知。当大脑半球机能出现向"一侧化"发展的现象时,称为机能侧化。

闹剧 farce 喜剧的一种,艺术作品形式之一,以语言素材为基础。通常采用滑稽、夸张等手法刻画人物和情节以供观众娱乐。

内包位置 included position 句法学术语,亦称内含位置结构。指一个语言单位处于高一级(或低一级)的单位序列内某一部分,因而前者并非独立存在,而是依赖于后者存在的现象。语法分析中主要用来指作为一个构式的组构成分出现的语言形式,即它处在"内含位置"。与独立结构(absolute construction)相对立。例如:He put the book with illustrations on the shelf; the man who sat behind。句中的"the man who sat behind"不是独立结构,而是依赖于主语成分"he"而存在,处于"内包位置"。

内爆音 implosive 语音学术语,亦称缩气音。声门几乎闭合时通过降低喉部由咽腔气流机制形成的非鼻塞音。发音过程中,利用吸入(而不是排出)的空气流通过朝里运动的气流机制发音。口腔里形成完全闭塞,就像任何爆破音一样,但闭塞处后头的空气不是压缩并向外疏阻,而是喉部发生向下运动,口腔内的空气随之变得稀疏。闭塞破裂时空气随着声门的打开同时朝口腔里吸,使肺部空气得以产生某种声带振动。正是这种运动的结合产生内破音"空洞"声的听觉效果。这类辅音通常是浊音,并在信德语(Sindhi)和伊博语(Igbo)等语言中具有音位地位。内爆音在撒哈拉以南(sub-Saharan)的非洲语言中较为常见,东南亚语言中也很普遍,部分亚马逊盆地语言中也有,北美印第安语中偶尔一见,欧洲语言和澳洲土著语中未见报道。在很多汉语方言中,如吴语中都有内爆音。

内部标点符号 internal punctuation marks 句子内部运用的标点符号,即除句号(full stop)、问号(question mark)、感叹号(exclamation mark)以外的标点符号,如逗号(comma)、分号(semi-colon)等。

内部分布 internal distribution 句法学术语。指句法范畴内部直接成分的分布关系。例如,在tables、desks、stools、cups等词中存在名词单数形式和语素-s 两个类别,四个单数形式的名词table、desk、stool、cup分别与表示复数的语素-s形成对立分布。

内部分布类 internal distribution class 句法学术语。指在某些较大形式中具有相同形态的直接成分的类别。此类语言形式在较大的形式中彼此对立。例如,在tables、desks、stools、cups等词中,四个单数形式的table、desk、stool、cup分别与表示复数的语素-s 相对立。这些单数形式和语素-s 构成两个类别,表明单数形式及表示复数的语素-s 在复数形式内部的分布情况。与外部分布类(external distribution class)相对。

内部构拟 internal reconstruction 指根据现代语言的结构模式和特征推断某种语言具有更古老的形式的方法。具体而言,即在没有古老的文献记载和同语系亲属语言书面记载参考的情况下,通过考察一个语言的现代结构模式虚构出一个古老形式。例如,对比"luck-lucky-luckless""hair-hairy-hairless"以及happy-happyless等重拟出hap的古形式。该构拟采用演绎法且限于在一种语言系统内进行,与历史比较语言学的构拟(或称比较构拟)不同,后者采用归纳法,如引用方言材料、亲属语言材料等。

内部合并 internal merge 参见"外部合并"。

内部解释　internal explanation　转换生成语法中解决语言学理论解释充分性的一种方法。在语言学研究中解释是比描写更高的目标。乔姆斯基尝试从语言习得机制角度解释语言学研究,认为儿童在掌握语言过程中,通过听成人说话、观察语言原始材料,两三年后在大脑机制的作用下具备了说话能力,即内在掌握了可能描写语感的生成语法。如果要充分观察语言现象,语言理论需要研究语言原始材料;如果要充分描写语感,语言理论就要研究生成语法;如果以解释充分性为目标,则要研究语言习得机制。乔姆斯基认为语言习得机制的解释作用体现在语言学范围内的语法选择上。各语法学家可提出不同语法来处理同一种语言。衡量语法优劣的标准包括语法的生成能力、语法的简单程度以及语法是否能体现普遍语法,即用普遍语法来解释语感。如果探讨人类语言出现普遍原则的原因,则超出内部解释,即不仅通过语言学学科知识进行解释,还需通过心理学、神经生理学等学科研究人脑语言机制。

内部借用　internal borrowing　语言演变的原因之一,指语言内部的某一规则被过度演绎,并取代其他较复杂的语言规则,属于类比变化(analogic change)。英语中原有的许多复数表达的不规则形式被规则形式-s 所取代,如 cow 的复数形式由 kine 转变为 cows。内部借用的动因出于"记忆经济性"(economy of memory)或"语言惰性"(linguistic laziness),即语言习得者和使用者为记忆和使用方便,对某些复杂的语法规则进行简化处理。

内部借用语　internal loan　指在某种语言内部或方言之间借用的词语,如从一种方言中引入另外一种方言的某些成分。

内部开音渡　internal open juncture　音系学术语。指一个词内的分读,即介于闭音渡和开音渡之间的一种内部音渡。学界一般认为,它与开音渡一样均属超音段音位,并用相同的"＋"标示。如汉语的"发难"/fa＋nan/和"白色"/paɪ＋sɣ/,英语的 slyness /ˈslaɪ＋nɪs/及与之有相同语音环境从而对立的 minus /ˈmaɪ＋nəs/。内部开音渡多见于语素分界处,但有时也见于音节分界处,后者显然受次重音或方音影响,如英语 Plato /ˈpleɪ＋toʊ/。

内部历史　internal history　指语言内部结构变化的历史,与外部历史相对。例如,中世纪早期英语词序的变化是内部历史,而莎士比亚、哈代(Thomas Hardy)等作家的写作则是外部历史。

内部连读音变　internal sandhi　参见"连读音变"。

内部屈折　internal inflexion　形态学术语。通过语素(词根或词缀)内音位的交替来表达语法意义的一种手段。因与被视为外部屈折的"附加"相对应而得名。交替的音位可以是元音或辅音,也可以是单个音位、零音位或多于一个音位,如 foot→feet、send→sent。阿拉伯语等闪含语言的辅音词根构成具体词语时需加入表语法意义的元音,也被视为内部屈折。

内部替换形素　replacive　参见"替换形素"。

内部效度　internal validity　统计学、测试学术语。指一个实验研究中,被试的内在因素对所观察到的行为变化的影响程度。影响内部效度的因素(即可能解释变化原因而并不防止变化出现的因素)包括对被试的环境影响、生长成熟因素(如被试在实验前后身心发生变化)等。这些因素并不来自实验本身。

内部形式　inner form　参见"外部形式"。

内部言语　inner speech　参见"内部语言[2]"。

内部语言[1]　endoglossia　社会语言学术语,亦称族内语或内核语言。与外部语言(exoglossia)相对。指一个地理区域内大多数(或所有)人口用作本族语的语言,如中国的汉语、纽约唐人街内的汉语,英国、美国、澳大利亚、新西兰等地的英语等。例如,英语对大多数澳大利亚人和英国人而言是内核语,但对加拿大魁北克省人和新加坡人而言是外层语。在加纳和新加坡等地,尽管英语是重要的交际语言和教育媒介,但只是部分人口(前殖民者和他们的后裔以及归化者)的本族语,不是这两地的族内语。

内部语言[2]　internal language　心理语言学术语,亦称内部言语(inner speech)。心理语言学一般把言语分为内部言语和外部言语(external speech)两大类。外部言语是用来进行交流的言语,可分为口头言语和书面言语两种。内部言语是伴随着思维活动产生的不出声的言语,对词语符号的理解,主要在于实施任务时须处理语词符号,而不在于说话。但思维并不等于内部言语,没有它思维照样可以进行。一般认为,内部言语是口头言语发展到一定阶段(2—3岁),在出声言语的基础上形成的,是外部言语的内化。婴儿先掌握的是外部言语。自我中心化言语就被维果茨基(Lev Semyonovich Vygotsky)认为是由外部言语转化为内部言语的中间过渡形态。他还划分出内部言语发展的三个阶段,即自我中心言语、自我指导或有外部表现的内部言语、无声的内部言语等。总的来讲,外部言语服从于交流目的,具有连贯、完整或严密性等待点;内部言语不具备交流功能,只针对自己,因而结构比较松散、不连贯、不完整,也不规范。许多患严重表达性言语障碍的儿童有相对完整的内部语言,证据是他们能够以适当的方法玩游戏、使用玩具和家庭用品,并尝试用非语言方法与他人进行适当交流。内部语言简略和概括,甚至可以用一个熟悉的词或一个短词组(只有一个主语或一个谓语)代替一系列完整的句子。维果茨基认为内部语言的特点就是倾向于缩短和减弱句法切分(syntactic segmentation)。对成人而言,有声语言与内部语言常常根据情境的需要而随时随地相互转换。人们在说话过程中,内部言语向外部言语转化——外化。内部言语转化为外部言语的过程,是从简略、概括的言语转向展开的,别人能够理解的言语的过程。低龄幼儿的许多有声语言与其内部语言在不同程度上处于一种剥离状态,许多有声语言只是基于生活经验的条件反射。儿童在言语修养不足时,外化可能产生困难,或词不达意,或他人不明所说,或所说非所想。故外化必须经过一定的训练。

内部语言学 intralinguistics 研究语言的结构体系本身的语言学分支,即狭义的语言学,包括语音、形态、语义、语法、语用等领域的研究。与外部语言学(extralinguistics)相对。外部语言学研究语言系统之外的语言学问题。例如,研究语言和社会、政治、民族、心理、思维、符号、文化等之间的关系。外部语言学的研究形成了语言学的若干边缘学科。

内部元音连续 internal hiatus 音系学术语,亦称内部元音分位。一个词内前后相邻而分属不同音节的几个(通常为两个)单元音。例如,汉语中的"礼物(lǐ wù)"[li-u],英语的 doing [ˈduːɪŋ],日语中的あおい[aoi](青色)等。

内部照应 endophora 语篇语言学术语,亦称内指。指存在于语篇内部、有助于描述篇章结构衔接关系的参照。具体来说,一个词的所指内容可由语篇的上下文参照而得到。与之对应的概念是外部照应(exophora),即不起衔接作用的文本,需参照语言外的情景来理解。内部照应关系分为前指照应(anaphora)、后指关系(cataphora)和自指(self-reference)三类。前指照应指词所指代的内容在上文出现,比如:Mary has arrived, but nobody saw her. 句中 her 指代出现上文中的 Mary。后指照应指词所指代的对象出现在下文中,比如:When he arrived home, John went to sleep. 句中"he"指下文出现的 John。自指是指在自然语言和形式语言中,如果一个句子、观念或公式直接或间接提及自身,自指的语句往往会导致悖论的产生。

内规范语言 endonormative 社会语言学术语。指在其所使用的地区之内自有其规范体系的语言。例如,在英国和美国,英语是具有规范内源的语言,而以英语作第二语言或外语的地方(如马来西亚、尼日利亚等地),则缺乏内源性规范。

内涵 intension 哲学和逻辑学术语。指对事物进行描写或给词下定义所需要的特征集合,即一个语言符号所代表对象的根本属性,相当于一个词项的定义,或这一符号所指成员的识别标准。例如"人"的内涵是两足无羽的理性动物,凡符合这一定义的所有对象并且惟有符合这一定义的对象是人。内涵经常与外延(extension)一起讨论。内涵是一个词所能描述的所有可能的事物集合,外延是名称所适用的对象的集合。内涵决定外延,内涵与外延成反比,内涵特征越多,外延对象数量越少。参见"**外延**"。

内涵逻辑 intensional logic 指以一阶谓词逻辑为基础,以数学模型为研究对象,处理可能性、必然性等模态概念与时态的逻辑学分支。属数理逻辑新近发展起来的一个分支。内涵逻辑分析意义的内涵,一个表达式的内涵就是它在可能世界里的外延函数;相反,数理逻辑(如命题逻辑和谓词逻辑)则纯粹分析意义的外延。20 世纪 60 年代,内涵逻辑开始应用于自然语言研究,蒙塔古语法就是基于转换生成语法和内涵逻辑而提出。

内涵性动词 intensional verb 语义学术语。指与补足语形成动词短语后在若干种情况下出现语义反常的动词子集,如寻找动词和需求动词。首先,替换补语从句中外延相同的名词短语,改变主句的真值。例如:[1] Lois Lane *may be seeking* Superman. [2] Lois Lane *may be seeking* Clark. 即使"Clark"就是"Superman",也不能断定"Lois"在寻找"Clark",因此例[1]和例[2]的真值不同。其二,动词短语中的补足语由限定词+名词构成,并且限定词具有歧义,即既有限定性意义,又有所指性意义。例如:[3] Oedipus *is seeking* a member of his family. [4] Oedipus *is seeking* Jocasta. 句[3]中的"member of his family"即可泛指他家庭中的任意一名成员,也可特指 Jocasta。其三,即使在肯定形式中,名词的外延也不成立。例如:[5] He *wanted/searched for* a fountain of eternal youth. [6] *He *stumbled across* a fountain of eternal youth. 句[5]中的"a fountain of eternal youth"没有外延,因而可以"want"或"search",但不可以"stumble across"。

内涵性语境 intensional context 语义学术语。指外延相同的词语不能相互替换,否则句子语义真值会发生变化。例如:[1] You admire Mark Twain. [2] You might admire Samuel Clemens. 当你不知道"Samuel Clemens"就是马克·吐温时,句[1]和句[2]的真值不同,即使两者同指一人。但在外延性语境中,这两个专名词语可相互替代且句子的真值不变。在自然语言中,模态表达式(如"It is necessary"),命题态度谓词(如 believe, know)以及一些及物动词(如 to seek)和事态标记词可以建立内涵性语境。

内涵意义　connotation　　语义学术语,亦称隐含意义(connotative meaning)。指单词或词组除去基本意义(denotation)之外的其他意义。一般指说话者对某一单词或词组所指的人或事物的态度或感情。例如,"儿童"除"幼小的未成年人"的基本意义之外,还可有可亲的、可爱的、逗人的、讨人喜欢的、顽皮的、吵闹的、烦人的、邋遢的等内涵意义。内涵意义可以是某些具有相同社会或文化背景,或相同性别及相同年龄的人共有的;也可以是因为经历不同,个人所特有的。因此内涵意义并不一定具有普遍性。此外,内涵意义有时还包括情感意义、社会意义和搭配意义等。参见"含蓄意义"。

内化　internalization　　句法学术语。指说话人在逐渐掌握语言知识结构、获得语言能力的过程中,其内在的大脑结构状态发生相应变化的过程。转换生成说法学派的语言学家持此观点,认为人类的语言知识和语言能力为大脑内在的一套规则系统,必然表现为某种内在的大脑结构状态。

内化语言　internalized language；I-language　　句法学术语。指语言系统中属于人类心智或人类大脑计算系统的一部分。乔姆斯基在《语言知识:其性质、来源及使用》(*Knowledge of Language: Its Nature, Origin, and Use*, 1995)中明确提出内化语言的概念,取代了其早期著作中的"语法"概念。内化语言使对语言本质的认识最终归结到对大脑结构的认识。语言的研究实际上就是对人类心智和大脑的研究。因此,生成语法的目标就是发现正常语言活动得以使用的机能,即内化语言。赞同内化语言这一说法的语言学家试图构建表明人类大脑组织语言的方式和所运用的普遍原理的语法。内化语言与外化语言(externalized language /E-language)相对。外化语言指内化语言在实际交际中的实现,包括话语的集合,体现了语言社会性的一面。对外化语言进行研究,要收集和分析实际语言样本,并且构建语法以描写语言的总体结构和模式。内化语言和外化语言的区别对语言习得研究和语言教学具有重要意义。参见"外化语言"。

内嵌　nesting；embedding　　句法学术语。指把一个句法单位包含于另一个句法单位中,以修饰中心语。例如,在名词短语"the dog that chased the child"中,从句"that chased the child"被内嵌,用以修饰中心语"dog"。

内驱力降低理论　drive reduction theory　　心理语言学术语,亦称内驱力理论。指强化项目总是与动物和人的特定动机有关,而且强化的事件总是那些减少机体需要的事件,是美国心理学家赫尔(Clark Hull)1943年提出的一种动机理论。赫尔认为,内驱力是导致学习和行为产生的主要原因。机体的需要产生内驱力,内驱力激起有机体的行为。内驱力是一种中间变量,其力量大小可以根据剥夺时间的长短或引起行为的强度或能量消耗,从经验上加以确定。剥夺的持续时间是一个相当不完善的指标,因而强调用行为的力量来衡量。赫尔将内驱力区分为原始性内驱力(primary drive)和继发性内驱力(secondary drive)两种。原始性内驱力具有内在性,即同生物性需要状态相伴随,产生于机体组织的需要状态,如饥、渴、呼吸空气、体温调节、睡眠、活动、回避痛苦等。继发性内驱力指情境(或环境中的其他刺激)而言,这种情境伴随着原始性内驱力的降低,结果形成另一种内驱力,如追逐金钱或追求上进。要形成学习行为,必须降低需要或由需要而产生的内驱力;为使被强化的习惯产生行动,必须有与之相适应的诱因,而且必须引起内驱力。心理语言学家认为,在学习过程中动机很重要,但并非所有个人和社会的动机都符合"内驱力降低原理"。人的大多数动机是学来的,因此教师在试图了解学习者的动机时,应考虑到其以前的背景和性格。学习者通过以往经验得到的个人动机可能与社会动机结合起来,产生种种复杂的动机体系,有些可以有力地促进外语学习,有些则会抑制口头语言的反应。

内圈英语　inner circle English　　社会语言学术语。用来表示英语在世界上不同地方享有不同的地位。内圈指英语被用作第一语言的国家,如英国、美国、加拿大和澳大利亚和新西兰,这与在某些国家把英语作为官方语言或官方语言之一不同。在如新加坡、印度、尼日利亚这些国家,英语只用在教育、管理和商务等领域中,存在高度的个体双语现象,因而它们被称为外圈。此外,还有发展圈英语,指在中国、日本、俄罗斯以及东欧、中东诸国等一大批国家把英语作为外语或第二语言来学习和使用。外圈为规范发展型,并有较牢固的语言文化特征,而发展圈则为规范依附型,英国英语或美国英语是发展圈英语遵循的规范。参见"世界英语"。

内容词　content word　　参见"开放性词类"。

内容分析　content analysis　　❶语言习得、社会语言学术语。指对文本或话语内容进行分析并列表的一种方法。分析的项目包括内容和主题、思想、观点及其他方面出现的频率。例如:通过内容分析可以测定某一语言教材中性别(男、女),年龄(成人、儿童)、种族(白种人、黄种人、黑种人)、职业(教师、盲人)等差异所体现的指示关系的出现频率,以显示相关内容是否表达了某种态度或主题。❷亦作内容分析法,是社会科学研究的分析方法之一,指一种揭示社会事实的数据调查方法。这种方法通过对文本内容做客观系统的定量分析、统计描述来检测或测验文本中本质性的事实和趋势。内容分析法广泛应用在语言研究中,具体操作要求首先统计得查证文献里某些字词出现的频率,然后跟已核证的文献中相同字词的出现频率进行对比,得出结论。内容分析法的常用抽样方式包括来源抽样、时间抽样、分析单位抽样三种。

内容普遍性 substantive universal 指存在于所有已知语言的模式或现象。例如,语言学家认为:(1)一种语言有专指两件东西的双数(dual),就会有复数(指数量大于二),这种普遍性有时称为蕴含普遍性(implicational universal);(2)指母亲的词,很可能以鼻音开头,如英语 mother、德语 Mutter、斯瓦希里语 mama、汉语"母亲(mǔqīn)的/m/"。

内容效度 content validity 语言测试术语。指测试内容是否按照大纲要求包括所要测的语言技能、语言结构等方面的代表性要素。例如,对于发音技能的考试,必须全面考察单音发音、重音、语调、单词中语音发音等各个方面,若只考其中一项或几项都会降低内容效度。相对标准参照测试(criterion referenced test),内容效度尤为重要,因为前者测试的内容必须体现课程大纲所规定的测试。

内省 introspection ❶语言教学术语。指一种定性分析方法,要求被试在执行某项任务(如学习新单词或阅读篇章)时观察自己的直接经验并予以报告。例如,在阅读时对所运用学习策略进行反思并陈述。❷转换生成语法术语。指验证语法规则的一种心理实验法。具体可选取一些相关句子,要求被试凭借本族语语感来判断这些句子是否合乎语法。例如,假设有语法学家设定了两条不同的英语语法规则:
(1) a. 句子是"名词词组+动词词组"构成的序列
　　b. 名词词组是"限定词+名词"构成的序列
(2) a. 句子是"动词词组+名词词组"构成的序列
　　b. 名词词组是"名词+限定词"构成的序列
然后请英语本族语者来判断一组英语句子:[1] The boy went to school. [2] Went to school the boy. [3] Boy the went to school. [4] Went to school boy the. 如果判断者认为只有句[1]是正确的,就证明只有规则(1a)和(1b)是正确规则。如果判断者认为只有句[2]是正确的,那么规则(2a)和(1b)就是正确的。如果判断者认为只有句[3]是正确的,就证明只有规则(1a)和(2b)是英语语法规则。为了提高实验的效度可以扩大范围,用更多同类句子试验,并请更多本族语者参加判断,可得出句[2]、[3]、[4]各类都不正确,从而证明(1a)、(1b)是正确的英语语法规则,而(2a)、(2b)不是。

内吸音 ingressive 语音学术语。指通过吸气发出的语音,与外挤音(egressive)相对。发此类音时气流由外吸入声道内内吸音在南部非洲的科萨语(Xhosa)、祖鲁语(Zulu)、塞索托语(Sotho)和科伊科伊语(Khoikhoi)中很普遍。中国某些方言区如上海松江、海南岛地区也有内吸音,如海南话中有一套内吸音[ɓ]、[ɗ]和[ɠ](或称作"内爆音")。

内向结构 endocentric construction 句法学术语,亦称向心结构。指一些句法上相联系的词的组合,其中一个词的功能相当于整个组合的功能,句法功能相当于其中所含一个或几个词的词序列。英语中主要有两类内向结构:(1)并列结构(coordination construction),通常用 and 或 or 构成,如"boy and girl""here or there";也可用同位语构成,如"Mr. Smith""Peter the Great";(2)定语结构或主从结构(attributive or subordinate construction),其中心成分(head/center)被一个或多个其他成分修饰,如"the tall man""green cheese""the man in black""incredibly beautiful"。以布龙菲尔德为代表的结构主义语言学的语法分析按分布标准将句法结构分为向心结构和离心结构(exocentric construction)。

内兄弟一致关系 brother-in-law agreement 句法学术语。指句子中一个正常位置与另一个虚成分(dummy)的一致关系。例如:There are three hotels in the area. 此句中,动词不与明显的表层主语 there(即句子的虚成分)发生一致关系,而是与替代虚成分"there"的"three hotels"保持一致关系。

内隐式学习 implicit learning 语言习得术语。一般说来,指无意识学习,与有意识的外显式学习(explicit learning)相对。学习者对所学东西并未察觉,不涉及诸如形成假设和检验假设的有意识过程。与之相对,外显式学习者知道自己在学习和在学什么。内隐式学习和外显式学习是二语习得研究的重点问题之一。

内在大纲 build-in syllabus 语言习得术语。指第二语言学习者可能遵循的内在的语言发展顺序和程序。长期以来,语言习得研究者一直致力于研究语言习得的路径(route)和速度(rate)两大问题。内在大纲由英国应用语言学家科德(Pit Corder)于1967年提出,主要用以描述语言习得者在习得语言的过程中大脑的认知结构系统,认为无论是母语习得还是二语习得均受内在大纲的支配。科尔德于1978年提出"强式内在大纲假设"(the strong version of the build-in syllabus hypothesis)和"弱式内在大纲假设"(the weak version of the build-in syllabus hypothesis),前者指外语学习者掌握目的语遵循一个可以预见的顺序,并且不受学习者母语习得的影响,而后者指外语学习者在习得第二语言的过程中将会遵循与母语习得相同的顺序。

内在动机 **intrinsic motivation** 句法学术语。指施加于规则次序的一类约束,对立于允许规则按任意次序应用的条件。

内在格 **inherent case** 句法学术语。参见"抽象格"。

内在记忆 **implicit memory** 心理语言学术语,亦称为无意识记忆。指以前的经验在即使未进行有意识回忆的情况下,仍然促进了即时表现所显示出来的记忆类型。例如,第一语言和第二语言读者处理最近碰到的单词的速度要比他们最近没有碰到过的单词快,但是这种加速处理并不依赖于读者回忆起他们以前看到过这个单词。

内在顺序 **intrinsic order** 句法学术语。指规则系统的某些形式特征或逻辑特征所决定的规则顺序,与"外在顺序"相对。例如,有两条规则 A 和 B,外在顺序指语法必须专门规定 A 在 B 之前运用;内在顺序无需这种语法规定,规则 B 只能在规则 A 之后运用,因为 A 为 B 提供了操作时所需要的特征。英语中否定转换和紧缩转换的运用顺序就是固有的、内在的,即必须先运用否定转换,然后再运用紧缩转换,因为前者使否定词 not 置于动词之后,成为"He is not a worker",此特征使运用紧缩转换成为可能,转换为"He isn't a worker"。

内在效度 **internal validity** 参见"效度检验"。

内在形式 **inner form** 语法学、句法学术语。指语言的语法结构和语义结构,与外部形式(outer form)相对。许多语言学家认为一种语言的语法结构和语义结构是其特有的内在形式,语音系统是外部形式。对这种区别,有学者建议使用各种更明确的提法,如从内容和表达或者从深层结构和表层结构的角度重新作出解释。参见"外部形式"。

内在性 **immanence** 一种描写语言的原则。源自拉丁文词语 manere(意为"停留在里面")。哲学理论上一般指存有的自足性及内在性。内在性可以是超越性的反面,也可以是超越性的补充。自足性排除任何超越性,忽略外在的原因及知识的外在因素;内在性承认超越性,却强调内在力量以及存在物自我走向完美的特色。认识的内在性排除认识主体以外的任何事物,在思想以外的一切都不可想象,因而人心只能认识在它以内的东西,或至少得首先把它吸收到自身之内。语言理论中这种原则认为语言作为一个独立完整的系统不受其他外界因素(包括哲学因素、社会学因素等)的制约。

内在序次 **intrinsic ordering** 句法学术语。指一个规则系统的形式或逻辑特性决定规则应用的序列。例如,规则 B 须在另一规则 A 应用后才能应用,因为 A 向 B 提供应用 B 所需的各个特性。内在序次与外在序次对立,后者指规则应用的次序并不出于形式一致性。换言之,规则在逻辑上可以任何序次出现,但为得到正确的语言输出必须施加某种序次制约。

内在知识 **implicit knowledge;tacit knowledge;intuitive knowledge** 指人们直觉拥有并可以显示(如通过他们的即时言语行为、对语法性的判断等等)出来的但其本人又不能清楚解释或意识到的知识。内在知识与外显知识(explicit knowledge)相对。外显知识指学习者关于某种语言的组成成分及该语言在人类生活中所起作用的意识。外显知识可以清楚地用言辞表达出来,即学习者知其所以然。例如,英语本族语者可以凭直觉知道冠词使用的规则性(何时使用定冠词、不定冠词和零冠词),但是他们通常无法说出这些规则来。而非本族语者可能具有许多关于使用英语冠词的知识,不但知道某个冠词使用合不合语法,而且还能说出为什么。尽管如此,非本族语者依然会频繁地出现冠词的使用错误,这表明外显知识没有内化。

能产性 **productivity** ❶亦称创造性(creativity),是语言的甄别性特征(design feature)之一。指人类可以说出或理解数量无限的句子的特性。这一特性以语言的递归性为理论依托,理论上使人类拥有潜力产出无限长的句子或者创造出无限多的句子,可以传递从未传递的信息,甚至是从未听说过的新句子。例如:A three-eyed white monkey is sleeping soundly on the bed of the king of France. 当听到这句话时,任何说英语的、认知能力正常的人都会毫不费力地理解话语的内容,即使之前他从未听过此句。创造性是人类语言所独有的特征,其他动物的交际系统,如蜜蜂跳舞等,都是固定而有限的(restricted and limited)。❷形态学术语。指一些黏着语素(bound morpheme)的特点,有些前缀和后缀非常灵活,可以与很多的词结合生成新词,改变原来的词义或者词性,如 un-、re-、-ly、-ness 等。

能产性技能 **productive skill** 语言教学术语。语言有四项基本技能,听、说、读和写。其中说和写为能产性技能,听和读为接受性技能(receptive skill)。参见"语言技能"。

能产性语言知识 productive language knowledge　参见"主动语言知识"。

能力测试 proficiency test　参见"水平测试"。

能力-处理互动 aptitude-treatment interaction　语言教学术语。指学习者在学习中个人的强项和弱项与学习情境之间的关系。这类互动研究基于的理念是:当课堂或者其他学习场合的要求与学习者的学能倾向相匹配时,学习效果最佳。例如,口语模仿能力高的学习者,在某一类型的语言课程的学习效果可能更好,而对语法敏感度高的学习者在其他课程学习效果可能较好。

能力分组 ability grouping　语言教学术语。指在教学中根据学生的能力、特长或已经取得的学业测试成绩等因素把学生分成不同小组或班级的教学活动。能力分组在教学实践中可以是暂时性的,也可以是常态编班。例如,教师在课堂教学中把学生临时分组,以分别完成不同要求的任务,即属于暂时性操作。把学生按照能力的高低编为不同的教学班,施以与其水平相应的教学内容,则属于常态性措施。

能指 signifier; significant　语义学术语。指说话人用来代表客观世界具体事物或抽象概念的语音序列或书写符号序列。被符号指称或表示的事物和概念称为所指(signified)。任何语言符号均由能指和所指构成。

能指式 modl significandi　语义学术语。出现于中世纪语言研究中的概念,源于拉丁文,意为"指称的方式"。指意义和指称的种种性质和特点,对词类(parts of speech)划分具有重要的作用。其源流可追溯到亚里士多德时代普通的逻辑基本概念,包括物质、质量、数量、关系、地点、时间、方位、所属、施动和承受等。词类的划分以能指式为基础,根据能指式,名词被定义成"具有属性的物质",动词被定义成"施动或承受的属性"。

拟人 personification　修辞学术语。指把事物人格化的一种修辞手段。具体而言,即将人所具有的品质、行为、情感赋予大自然其他有生命或无生命的事物,使它们具有类似人的特征和情感。例如:[1] The breeze caressed me gently. [2] Fear knocked on the door. 句[1]中,微风被比作具有人的动作特征,句[2]抽象概念"恐惧"拟人化。拟人通常起到生动、形象的修辞效果,有时也达到借物喻人的目的。

拟声 hey-nonny-nonny　修辞学术语。指以文字描写人或事物的声音,以产生某种独特的修辞作用。拟声有助于使事物更具体生动,富有乐感,还能强化词义。例如:[1] 溪水潺潺。[2] 蜜蜂嗡嗡地闹着。[3] 轰隆隆的雷声把孩子吓坏了。[4] 车辚辚,马萧萧,行人弓箭各在腰。

拟声词 onomatopoeic word　亦称模仿词(imitative word),模拟词(echo word),象声词(mimetic word),或形声词语(onomatopoeia)。指用拟声法模仿自然声音构成的词,如英语中的牛叫声 moo、布谷鸟叫声 cuckoo、水滴的声音 ding-dong、大声关门的声音 bang,其他如 murmur、swish 等。不同的语言有不同的拟声法,英语里公鸡叫声是 cock-a-doodle-do,而日语是 kokekokko,法语是 cocorico,德语是 kikeriki,俄语是 kukareku,汉语是"喔—喔—喔"。模仿词的声音理据是语言任意性本质特征的一个例外。参见"拟声构词法"。

拟声构词法 onomatopoeia; sound echoism　指模仿自然声音的构词方法。根据拟声词的音义关系,拟声构词可分为三类:(1)单纯模仿声音,但不代表发声物本身的拟声构词,如 ouch、giggle、croak、ting、tinkle、splash 等。(2)模仿发声物的声音并代表发声物本身的拟声构词,如 cuckoo、pingpong、cricket、quack-quack 等。(3)通过语音与某种象征性意义发生联想的拟声构词。此类拟声构词不直接模仿事物的发声,而是通过象征的手法创造出来。比如,[m]是低沉的鼻音,在"The murmurous haunt of flies on summer eves"(John Keats)诗句中含有的 m 音便象征蚊子的嗡嗡声。

拟纵深研究 pseudo-longitudinal study　参见"横断研究"。

昵称 nickname　由于关系亲近或为了增进感情而另取的形式较短的称呼,通常在日常生活的非正式场合使用。例如,"马萨诸塞州"的昵称为"湾州",贝克汉姆的昵称为"小贝"。

逆被动态 antipassive　语法学术语,亦称反被动态。指一种在及物动词上用以将受词"删去"的语态。逆被动态常见于作格语言(ergative language)中,类似于非作格语言的被动语态(passive voice),差别则在于被动语态"删去"主词,反被动语态"删去"受词。因此,逆被动态在结构上,其主语是动作的施事,并含有一个代表底层直接宾语的间接格。英语中的逆被动态比较少见。逆被动态类似的例子比如把"John gave Bill a book"变成"John gave a book to Bill"。在把句子转换成逆被动态的过程中,宾语被降格处理,降成间接格,而动词也有原来的双及物动词变成了单及物动词。

逆变错误 anticipation error　　参见"辅音逆变"。

逆干扰 retroactive inhibition　　参见"逆向干扰"。

逆构词 back-formation word　　形态学术语。指运用逆构词法创造的新词。逆构词多为动词，形成逆构词的原形词较多的是名词和形容词。现代英语中，人们往往有意识地将已有的名词词尾去掉以便产生新动词。例如：[1] to donate ← donation (n.) [2] to negate ← negation (n.) [3] to enthuse ← enthusiasm (n.) [4] to reminisce ← reminiscence (n.) [5] to audit ← auditor (n.) [6] to edit ← editor (n.)。

逆构法 back-formation　　形态学术语。指通过脱落一个现存词假定的词缀以构成新词的方法，由现存语言中一个较长的词去掉假想的词缀而派生出一个较短的词。此构词法最初产生于对词的错误判断。有些简单的词尾恰巧与某些后缀一样，人们误认为它们是派生词，就去掉词尾，形成了一个新词。例如，德语词 Schwindler 原意是"使产生梦幻的人"，又泛指"骗子"，进入英语之后稍作改动，成为 swindler（骗子，诈骗犯）。它的词尾-er 被误认为是施事名词后缀-er，就错误地类推出"swindle"的动词形态，作"行骗"解。这样，一个新动词 swindle 就逆生而成。另如 televise ← television、peddle ← peddler、act ← actor 等，其中的动词均由名词逆向派生而成的。这类词的派生方式与所期待的派生方式相反，因而称之为"逆构词法"。

逆级嵌入 backlooping　　参见"反嵌入"。

逆融合 reversal of merger; unmerger　　音系学术语。指说话人把某种语言中由于合流作用而已经消失区别的两个音段重新恢复其区别的现象。例如，英语 mate 和 meat 中的元音即属于逆融合现象。目前对此现象有三种解释：(1)融合确实出现过，但是融合音段中只有一个在这个语言中具有音系区别的作用，而且说话人能够区分一个融合音段是否具有音系区别作用；(2)融合发生在显性变异中，因为只有显性变异倾向才有明显的痕迹，而相互对立的变异中的显性变异显示出明显的反融合痕迹；(3)融合从未真正出现过，与此相反，只有从常见的说话者口误中才能观察到客观对立者的接近合流现象。参见"合流现象"。

逆向干扰 retroactive inhibition　　语言习得术语，亦称"倒摄抑制""倒摄干扰""倒行干扰""逆干扰"。指后继的学习与记忆对先前学习材料的保持和回忆的干扰作用。例如，儿童学会了动词不规则过去时形式如 went 和 did 之后，再学规则过去时"-ed"的屈折变化时，就会说出 * goed、* doed 等。干扰的强度受先后所学两种材料的类似程度、难度、学习时间安排以及识记牢固程度等因素影响。一般说来，如果两种学习材料完全不同，倒摄抑制作用最小；两种学习材料越相似，倒摄抑制作用越大。但如果两种材料完全相同，即为复习，不会产生倒摄抑制；同时先学习的材料巩固程度越好，倒摄抑制作用越小。

逆向同化 regressive assimilation　　语音学、音系学术语，亦称后退同化（retrogressive assimilation）。指横组合序列中先出现的一个音素受后面一个音素的影响而发生同化，变得更像其后的音素。例如，"hot pies"中的/t/顺势变为/p/，或"ten bikes 顺势/tem baiks/"中的/n/受/b/影响成/m/。逆同化还影响到前缀的选择。例如，英语否定前缀出现在 polite 一类的词首时是 im-，因为 polite 的词首音为双唇音，im-的结尾也是双唇音；否定前缀出现在 tolerant 词前时为 in，因为 tolerant 的词首音为齿龈音，in-的结尾也是齿龈音。参见"先行同化"。

逆向异化 regressive dissimilation　　参见"先行异化"。

逆向音变 anticipation　　参见"预先音变"。

逆向语音变化 reversal of sound change　　音系学术语。指由于音系规则在历史演变中的丢失而导致规则产生前的语音再次出现。例如，古代德语在公元 900 年到公元 1200 年时出现一条"词尾辅音清化"的音系规则，即词尾辅音必须为[一浊音]。因此，tag（天）变成 ta[k]，gab（他给）变成 ga[p]，sneid（切）变成 snei[t]。源自古德语的犹太语（Yiddish）在公元 1300 年左右也经历了这一音系规则，但是在现代犹太语的某些北部方言中，词尾辅音可以是[＋浊音]，也就是说，在这些方言中"词尾辅音清化"的规则丢失了，结果是规则产生前的语音再次出现。

逆行规则 recessive rule　　句法学术语。指在某些规则有序理论中的一种其结构描写虽然已经得到满足但暂时不能应用的规则，因为同时存在着另一条结构描写也已得到满足的先行规则。

逆行结构 regressive structure　　句法学术语。与顺行结构相反，在一系列排列的词素中，修饰语先于中心词出现而形成的左分支结构。由于左分支结构受到人类瞬间记忆的影响，不能左向无限扩展，因此，左分支结构被认为是有界限的。

逆行重音　recessive accent；recessive stress
语音学术语，亦称词首强重音。指音节的强重音由词尾向词首第一音节移动的过程。在历史音变过程中，逆行重音是英语名词的显著倾向。例如 detail、cigarette、magazine、research 等词原先的重音都在词末，但现在为词首重音。

逆序法　hysteron proteron　参见"前后倒置"。

逆译法　inversion method　亦称倒置法。指翻译中颠倒源语（译出语）中语句的顺序，以符合目标语（译入语）的语言规范和习惯。英汉互译中，由于英、汉两种语言的结构存在一些固有的差异，通常采用的倒置译法包括：(1)词组或短语的词序倒置；(2)定语的词序倒置；(3)定语从句的倒置；(4)状语从句的倒置。对应的译例分别如下：
[1] 原文：the iron and steel industry　译文：钢铁业
[2] 原文：A little, yellow, ragged, lame, unshaven beggar. (John Galsworthy)　译文：一个讨饭的，身材矮小、面色苍黄、衣衫褴褛、瘸腿、满脸胡子的乞丐。
[3] 原文：Objects that do not transfer light cause shadows.　译文：不透光的物体会造成阴影。
[4] 原文：Don't count your chickens before they are hatched.　译文：鸡蛋未孵，勿先数雏。

逆转换　back transformation　翻译学术语。指翻译过程中，将源语言表层结构转换为深层结构的分析过程，由美国翻译理论家奈达（Eugene Nida）于 1964 年提出，奈达认为逆转换更有助于将源语言的深层结构转换为目的语的表层结构，即将深层结构的意义用译文表达出来。

年龄分段　apparent time　社会语言学术语。指在言语社区中不同年龄群体的语言学形式分布。研究发现，不同年龄群体之间的言语差异很大。拉博夫（William Labov）认为，年轻一代与年老一代的言语差异可能就是语言在发展过程中早晚期变化的证据。

黏结　agglutination；agglomeration　参见"黏着法"。

黏聚性　cohesion　语法学术语。指一个语言序列（linguistic sequence）所具有的语法地位（status），比如它是一个独立的词、附着词（clitic）、词缀，或者是词内成分（词中不可分析的组成部分）。一般而言，词的黏聚性低于附着词，附着词的黏聚性低于词缀，而词缀又低于词内成分。语法化（grammaticalization）涉及粘聚性的改变，其实就是指一个独立的自由词变成附着词或者附着词变为词缀、词缀变为词内成分这类演变。即：

自由度　→　附着词　→　词缀　→　词内成分
低 ·· 高
粘聚性

黏着　bound　形态学术语。指在横组合序列中只能依赖于另一个成分出现（不能独立存在）的情形。例如，黏着语素（bound morpheme），即固定在一定位置上的成分；黏着重音（bound accent），即词的重音总是落在同一个位置上，像匈牙利语、捷克语等词的重读音节。

黏着法　agglutination；agglomeration　❶ 形态学术语，亦称黏结。指词形学研究中的构词方法之一，即将词根与具有一定语义附加意义或语法意义的语素简单地彼此结合而构成新词。例如，在土耳其语中，evlerimin 这个词由四个语素构成，其中 ev 表示房子，-ler 表示复数，-im 表示"我的"，-in 表示属格，四个语素结合起来意即"我的房子"。在词法和句法建构中大量使用黏着法的语言即称为黏着语，但事实上，屈折语和孤立语在构词中也经常使用黏着法。以在语言类型分类中不属于黏着型语言的英语为例，英语中存在具有典型黏着性的复数词缀 -(e)s 以及大量的使用黏着法构造的词汇，如 shame-less-ness。❷ 语音溶合。指话语中紧挨着的词在语音上的溶合，如英语中的 can't 等。

黏着句¹　bound sentence　与自由句（free sentence）相对立。指一种句型结构，若不对其做进一步的限定，则其意义不明确，并且不能单独使用。例如：*Did you really?

黏着句²　run-on sentence　亦作粘连句。指在写作的过程中出现的、表示两个完整思想的句子，虽无足够的标识表明是两个句子却放在一起作为一个句子的现象。又细分为溶合句（fused sentence）和逗号误连句（comma splices）。例如：[1] The bus stopped suddenly I spilled coffee all over my shirt.（溶合句）　[2] Mario told everyone in the room to be quiet, his favourite show was on.（逗号误连句）

黏着形式　bound form；bound morpheme　指必须与另一语素一起使用、不单独出现的语言形式（语素），如词缀或组合语素。例如，英语后缀 -ing 必须与动词词根一起使用，构成 writing、loving、driving 等分词。与自由形式（free form）相对。

黏着型语言　agglutinative language；agglutinating language；agglomerating language　语言类型学术语，亦称黏着语。指按照语言结构的形态分类原则确立的一种语言类型。此概念由德国语言学家洪堡特于 1836 年在比较语言学研究中率先提出。在黏着型的语言中，语法关系和词的结构都是用语素的自由组合来表示的,一个词内可以附加多个表示语法意义的附加成分,词根或词干与附加成分的结合不紧密。有些学者认为,黏着型语言是介于分析型语言和屈折型语言之间的一种语言。乌拉尔、阿尔泰、高加索、藏缅、达罗毗荼等语系中的许多语言以及美洲本土的一些语言都属于典型的黏着型语言。事实上,在对具体语言的类型进行划分时,黏着语与屈折语、孤立语之间并不存在明显的界限,即使在语言类型分类上不属于典型黏着语的语言也可以在一定程度上表现出黏着性的特点。例如,土耳其语和日语并非典型的黏着语,但它们在词法和句法构造中在很大程度上倾向于黏着;而英语由于其中某些复合词(如 dis-establish-ment)表现为有序的语素排列,也被认为在某种程度上具有黏着性。

黏着性　boundedness　形态学术语。指短语或句子中限定词、修饰词、连词、虚词以及部分实词与中心语常常放在一起使用的语言现象。以日语的黏着性为例,如:(1)食べる——"吃"(现在式,基本形);(2)食べさせる——"吃"+使役词缀→使/要求(某人)吃;(3)食べさせられる——"吃"+使役词缀+被动词缀→被(其他人)要求(我)吃。

黏着语　agglutinative language; agglutinating language; agglomerating language　参见"黏着型语言"。

黏着语义学　glue semantics　一种语义组合(semantic composition)和"句法—语义界面"理论。认为意义组合由一套形式逻辑(线性逻辑)指令控制,句子中各个部分的意义结合产生句子意义。

黏着指数　agglutinative index　语言类型学术语,亦称黏着率。美国语言学家格林伯格(Joseph Greenberg)等于20世纪70年代末和80年代初在对语言类型进行分类研究时所采用的一种参考性指数,指一种语言中单词内部的可分离语素所占的比率。如果一种语言的黏着指数高,那么该语言在类型上就属于黏着型语言,否则就属于溶合语(fusional language)。

鸟类鸣叫　birdsong　鸟类发出的让人听着有悠扬、悦耳之感的鸣叫声,往往有别于"叽叽喳喳"的较短促、嘈杂的呼叫声,是一种进化成熟的发音交际系统。其主要功能为发现危险报警和吸引交配对象。比较研究表明,鸟类的发音交际系统和人类语言有很多共同之处,其中鸟曲也是由较小的音节构成;小鸟也需通过一段时间的习得来获得这一发音能力,并且这一过程一般在小鸟出生一年内这一敏感期完成;小鸟在习得过程中也需要依赖外部的声音反馈;小鸟也有"牙牙学语期"(babbling),练习发声,并逐渐实现发音与意义的对接。这些相似点表明,人类和鸟类具有相似的神经机制控制语音的习得。这为研究语言进化提供了重要的生物认知证据。但鸟类的发音交际不具备人类语言所具有的递归性,不同的发音组合不能产生新的语义结构,因此不能等同于人类语言或非语言的交际系统。

牛津英语大词典　*The Oxford English Dictionary*; OED　《牛津英语大词典》的宗旨是将12世纪中叶以来所使用的英语词汇作一次清点,追溯英语发展的历史。它是英语词典中准备时间和编纂时间最长的一部,前后历时71年,卷帙浩繁,编写极为严谨,体例统一。出版后,全书共15 487页,收词量414 825个,引证精选的例证1 827 306条。其范围为12世纪以来见于文献记载的全部英语语词,包括乔叟(Geoffrey Chaucer)、莎士比亚(William Shakespeare)等著名作家只用过一次的词语、现代书面和口语中的普通词汇、专业词汇、方言俚语以及较为稳定的科技词汇。词典收词全、覆盖面广、释义详尽,对每个词的处理都含有大量百科全书式的内容。该书对书中出现的每一个词目都按其出现的年代顺序罗列出了与该词发展历史相关的一切可供查考的资料,并用例证加以说明每个词的变化以及例证的出处和日期。对词的含义、起源、与同义词的联系、各种方言、俚语、时髦语言、读音、复合词、派生词等都有详细记载。其俚语资料也比同类词典丰富。在语词资料来源方面,达到了空前的"准确和完善"。向世人展示了自12世纪中叶以来英语发展的全过程,被公认是一部学术价值高而又实用的词典。1928年牛津大学宣称:"本词典的准确性和完备性优于其他所有词典。牛津词典是最高权威,是无与伦比的。"美国语言学家门肯(Henry Louis Mencken)称之为"词典之王"。

挪移　scrambling　句法学术语。指某种特定语序的变化。最早由罗斯(John Ross)于1967年提出。按照生成语法的观点,所有语言的语序都应该从一个基础语序通过移位而推导得出,这种推导即"挪移"。随后,挪移的概念用来指各种非正常词序。挪移通常会导致句子变成不连续结构(discontinous construction)。挪移多存在于语序自由语言中,如德语、俄语、波斯语等。例如:

[1] class   der Mann   der Frau   die Bohnen   gab
    标句词   那个男人   那个女人   豆子   给
    (男人给女人一些豆子)
[2] a. dass   der Mann   die Bohnen   der Frau   gab
    b. dass   der Frau   der Mann   die Bohnen   gab
    c. dass   der Frau   die Bohnen   der Mann   gab
    d. dass   die Bohnen   der Mann   der Frau   gab
    e. dass   die Bohnen   der Frau   der Mann   gab

在此德语分句中挪移的两组例子中,六种词序都可以接受,使用哪一种词序由说话人根据语用因素决定。假设[1]是基础语序,则[2a]—[2e]均通过 der Mann、der Frau 和 die Bohnen 挪移而得。

女权主义语言学 **feminine linguistics; feminist linguistics** 指 20 世纪 70 年代中期由于关注新妇女解放运动(New Women's Liberation Movement)而进行的语言学研究。其核心在于研究语言和社会性别歧视之间的关系,如语言体系中有性别色彩的语言使用以及语言中性别不对称现象。

女王英语 **Queen's English** 亦称标准英国英语或国王英语(King's English)。指在英国使用的以标准发音(RP)为公认标准、规范和正统的英语书面或口语形式。女王英语或国王英语并非专指英国王室的语言,但从语音语调、遣词造句、语法规则以及标点句读各方面都比较考究。能操一口标准的"女王英语"被认为是社会上流阶层身份的标志。

女性语言 **women's speech** 社会语言学术语。指女性所惯用的语言风格,具有礼貌、温顺、清晰、善感等特性。语言被认为存在性别差异,由于男性在社会中所占的强势地位,男性语言表现出权威、直接、有力而且霸道、有命令色彩、显得模糊等特征,用语易显粗俗,多用俚语。但随着男女社会角色的转变,语言的性别特色也随之改变。

女韵 **female rhyme; feminine rhyme** 修辞学术语,亦称"双韵"或"阴韵"。指重读音节和后续的非重读音节都押韵的现象。由于这类押韵重轻配合,韵律悦耳,具有多姿的柔性美,因此得名女韵。英语中常见的用例有 holus-bolus(一下子)、miming-piminy(过分讲究的)、fuddy-duddy(古板人)、hugger-mugger(胡言乱语)、jingle-jangle(叮叮当当)、higgledy-piggledy(杂乱无章)等。

O

偶 ǒu （语言学术语）

偶发同化　accidental assimilation　语音学、音系学术语。指在快速谈话时偶然发生的语音同化现象。例如，"give me"的发音可能会被读作/gɪmmɪ/。造成此类现象的原因主要是谈话速度过快，在正常语速下完全可以避免。

偶发音变　sporadic sound change　参见"独立音变"。

偶然空缺　accidental gap　❶形态学术语。指构词过程中出现的一种可能但实际上却并不存在的词形。例如，将 correspondingly 的反义词认为是 incorrespondingly，将 information 相应的动词写为 informationize。在二语习得研究中，这种构词现象通常被认为是过度概括的结果。❷语法学、句法学术语。指语言中那些不违反任何既定语言规范但实际上却并不存在的语言形式。

偶然命题　contingent proposition　形式语义学术语。形式逻辑中指真值并不由逻辑形式决定的命题。在不同的可能世界情境中偶然命题的真值有所不同。

偶造语　nonce; nonce word; nonce form; nonce formation　亦称临时性造语或临时词（ephemeral word）。指说话人在某一个临时场合有意识创造或偶然使用的语言形式。英语词目名由"n＋once"组成。产生偶造语的因素很多。因暂时记不起某个词或针对某一环境而造出的新形式的词语均属于偶造语。例如，disclude 是被误认为是 include 的反义词而构造而成的词；high-low mix 用来指当时美国在国防方面采取尖端武器与常规武器相结合；bananaphobia 可以指用来不愿在屋子里吃香蕉的人；geilivable（给力）指"带劲儿""牛""酷"的意思；2013年《华尔街日报》专创 dama（中国大妈）意指因大量收购黄金而引起世界金价变动的中国中年女性消费群体。部分偶造语能被社会接受，从而成为新造词语（neologism）。例如，专指中国航天员的 Taikonaut 已被收入牛津、朗文等主流英语词典。

偶值特征　binary feature　音系学术语，亦称二分特征。将语言单位按两个相互排斥的可能性进行分类的特征。例如，在音位学中有无声带振动，或有无圆唇等。二元特征是音位学区别性特征理论的一个主要组织原则。传统上用"＋/－"来表示这种对立，如［＋浊音］或［－浊音］。例如，英语语音/t/和/d/的不同之处在于发/d/音时，声带振动（是浊音），而发/t/时，声带不振动（是清音）。故浊音是描述/d/和/t/两个音的特征之一，通常表示如下：

/d/［＋ VOICE］（＝voice present 有浊音特征）

/t/［－VOICE］（＝voice absent 无浊音特征）

二分特征用以区别两个音位时，如/d/和/t/是否带浊音，这两个音位就是二项对立音位。在生成语法里，二元特征也存在于词项的语法和语义分析中。采用的符号相同，如名词具有［＋普通］和［－普通］的特征。但在语言中，这种对立的地位常常是有争议的，因为存在于音位学、形态学、语法学和语义学的种种语言情况，并不总是以一系列显而易见的双分选择形式出现。通常，直接成分分析法利用二分法把句子分割成较小的单位。然而，有时则不能按二分法来分析，如形容词序列就无法用二分法分析。例如，"nice old red chair"不能分割成"nice + old + red"，或"nice, old + red"。在可用二分法的情况下，有时可看到特征之一是中立的，或无标记的，而另一特征则是有标记的。

P

排比 parallelism; parallel construction; parallel structure 修辞学术语。指以句法结构的对称或含有重复或相似的词、短语、从句或结构的句子来突显意义的修辞手法。例如：[1] Time is passing, Johnny Walker is coming. [2] Michael smiled at the baby, touched her arm, then winked at her. [3] Least said, soonest mended. 这种结构在形式上整齐匀称，在语调上富于韵律感，诵读时声调铿锵，能给读者或听者深刻的印象。马丁·路德·金（Martin Luther King, Jr.）的著名演说《我有一个梦想》就运用大量的排比句，形成了排山倒海的气势，给人一种历史潮流势不可阻挡的生动感。

排除副词 adverb of exception 语法学术语。指连接性副词（conjunctive adverb）中的一个子类，其副词所在的分句在形式上不属于句子基本结构的一部分，但在功能上排除前一分句所述的内容，如英语的 otherwise、else 和汉语的"此外""再说"等。

排练策略 rehearsal strategy 语言教学术语。语言运用策略的一种，指反复练习目的语结构形式而采取的策略，旨在运用语言。根据美国二语习得学者科恩（Andrew D. Cohen）（1998）的研究，排练策略与检索策略（retrieval strategy）、掩盖策略（cover strategy）、交际策略（communication strategy）共同构成语言运用策略。

排列 arrangement 亦称配置。语言学中项目及排列模式（item-and-arrangement model）理论的基础概念之一。指任何序列中语言学成分的位置及分配：音节内可能有的音位结合方式、词或句内可能有的形位结合方式等。

派生 derivation ❶形态学术语。指通过对词或词素添加词缀而形成新词的过程。例如，副词 unpleasantly 是通过对形容词 pleasant 添加否定词缀 un-和副词的词缀-ly 而形成。派生通常会改变词性，而屈折变化从不改变词性。❷音系学术语。指运用一组音位规则对某一基本形式进行规范的过程。例如，法语中，人们可以通过规则从 /bon/ 这个形式中派生出两种形式，一种是在鼻辅音前将元音鼻化，另一种则是删除音节末尾的鼻化辅音。❸句法学术语。指通过运用不断的转化或短语结构规则，以生成相关句子的过程和结果。

派生词干 derivative stem 形态学术语。指可分析为若干形位的词干。这种词干由一个实义形位构成。例如，teacher 一词中 teach-是实义形位，-er 是语法形位。

派生词缀 derivational affix 形态学术语。指加在词干上构成新词的词缀，如汉语动词词缀"化"，与其相对应的英语动词词缀有动词前缀 en-和动词后缀-ate、-en、-ify、-ize 等。运用这种构成新词的方法叫派生法，所构成的词叫派生词。根据在单词中的位置派生词缀又分为前缀和后缀两类。前缀出现在单词词首部位，其主要功能是改变词干的语义，前缀一般不改变词的词性。但是，也有一些例外情况，如 unearth、enlarge、prewar 等。后缀加在词干的后边，主要功能是改变词性。例如"-tive"，构成形容词的派生词缀。

派生次位词 derived secondary word 形态学术语。指由一个词干加一个派生词缀构成的词。例如，"slowly"就是由"slow"加后缀"-ly"构成。

派生短语标记 derived phrase-marker 句法学术语。指由于使用转换规则而产生的新的短语标记。句子深层结构的基础短语标记经过转换而得出的体现表层结构的短语标记。相对于前者而言，后者属于派生的结果。

派生反义词 derivative antonym 形态学术语。词根相同、用加前缀或后缀的方法构成的一种反义词。这种反义词是根据传统的划分标准来划分的，如"polite/impolite""use/useless"等。

派生历程 derivational history 句法学术语。在转换语法中，对一句话不断地应用短语结构规则和转换规则的过程中这句话所经历的所有派生路径。这些派生路径把一句话由深层结构转换为表层结构。如果将这些衍生链列出来，或者将每一条衍生路径对应的树形图进行重组，就能够清楚地看到派生过程的每一个阶段。

派生行为名词 nomen actions 形态学术语。指描述动作的过程、状态或结果的名词，通常由动词派生而来，如 industrialization、urbanization、civilization 等。

派生环境 derived environment 形态学术语。指应用某些音系规则的制约或条件。表现这种制约的域具有循环性。派生环境制约或称"派生环境条件"（derived environment constraint/condition），是指只适用于派生环境某些种类的规则，如强制性中和规则。

派生句 derived sentence 句法学术语，亦称转换句。转换生成语法中指在应用转换规则后产生

派 pài （语言学术语）

出来的句子。

派生名物化结构　derived nominal　语法学、句法学术语。指通过添加适当的派生词缀，把其他类型的词转化为名词的过程或结果。名物化结构的一种。另一种名物化是动名词名物化结构，即用名词短语代替动词结构或从句的过程或结果。两种类型名物化结构的区别主要在于其内部结构。派生名物化的内部结构是名词，而动名词名物化的内部结构是动词。例如，"John's criticism of Mary"是派生名物化结构，而"John's criticizing Mary"是动名词名物化结构。

派生施事格名词　nomen agentis　语法学术语。指添加相应名词性后缀之后使施事动词成为动作的执行者。例如，现代英语中 examiner、singer、listener 等词均由动词添加后缀-er 构成，此类名词即为派生施事格名词。

派生首位词　derived primary word　形态学术语，亦称原始派生词（primary derivative）。指由两个黏着语素构成的词。两个黏着语素中的任何一个均非词干，如 receive、detain、refer 等等。

派生意义　derivative meaning　语义学术语。词在语言发展过程中从原义派生而形成的词义。在现代英语中，相当多的词都随着社会的发展而出现了词义分化的现象。有些派生意义直接取代了原始意义，有些使用则比原始意义更为广泛和自由。例如：assume 本义是 take in 或 receive，现已废弃不用，代之为"假定"和"承担"。

判断句　assertive sentence　句法学术语。指用系词将作为主语的事物与作为表语的事物或性质特征联系起来，以表示一个判断的命题句，如"I am cold."和"Mary is a teacher"等。在逻辑学中，该类句子被称为"直言判断"或"性质命题"。

旁价语　circonstant　语法学术语。在配价语法中，指不需动词配价决定的非必要依附单位。与主价语（actant）相对。

旁听　auditing　通常由接受过专门训练的从业人员对受试者或患者进行倾听并发送审听命令，前者称作专业听析者，后者称为待清晰者（preclear），即对自己没有明确认识之人。旁听涉及的过程包括一系列问题和指令，一个目标的达到就是一个过程的结束，另一个旁听过程可开始。问题和指令引导受试者监察和确认自我的存在。这种方法据说可以使人从受抑制的精神障碍中解脱出来，阻止不利的自然本能进而提高其控制自身的能力。听者依照严格要求，对于受试者执行严格的行为守则，只有当听者确实符合该行为守则，旁听才会成功。旁听过程中采用心灵电仪表（E-Meter 或 Hubbard Electropsychometer），受试者身缚与仪表连接的电线，仪表可测量受试者在经过与电线连接的锡盘试管时的抗电变化情况。一个旁听治疗过程包括许多旁听循环圈，迅速检测出并执行处理一些不明显的个体成分。例如：

听者：回想一个你与他人曾经发生的矛盾。
受试：……呃……的确有一次……［提供一个答案］
听者：谢谢你回想起这个与他人的摩擦。
受试：是的，一次我……［又提供一个答案］
听者：很好。回想一个你与他人曾经发生的矛盾。
受试：我的朋友周某以前总是……［受试再提供一个答案］噢，不！我所有的问题……［受试终于对自己有了一个新的认识］。

旁支序列　side sequences　参见"话语转换序列模式"。

呸—呸理论　Pooh-pooh Theory　参见"感叹说"。

陪音　overtone　参见"谐波"。

配列模式　tactic pattern　句法学术语。指包含一系列句法关系位（taxeme）的语法排列模式。

配音　dubbing　从广义上说，在影视作品的后期制作过程中，对任何声音要素进行处理加工的艺术创作活动都叫作配音。例如，音乐的选配、动效的制作、解说、台词的录制、最后的合成等，都是配音的内容。从狭义上说，指在影视剧作品中，专为对白、独白、内心独白、旁白以及群杂等人物语言的后期配制而进行的一系列艺术创作活动。无论广义还是狭义，影视配音艺术都具有独特的技术性：一方面表现为对录音科技的依赖，另一方面其创作本身具有独特的技术技巧。

批评话语分析　critical discourse analysis; CDA　指旨在通过分析语言特征及其生成的社会文化背景挖掘隐含于语言中的意识形态，进而揭露语言、权势和意识形态之间的复杂关系的话语研究。批评性话语分析诞生于 20 世纪 70 年代，英国语言学家福勒（Robert Fowler）等在《语言和控制》（*Language and Control*，1979）一书中首次提出"批评语言学"这一概念。系统功能语言学为批评话语分析提供了分析的工具，成为批评话语分析的语言学基础。

批评语言学　critical linguistics　语言学的一个分支，涉及社会学、政治学、传播学、管理学、教育学等多个社会科学领域，主要目的在于揭示和研究语言使用及其与社会环境之间的关系。批评语学家将世界看成体现了不同意识形态的社会结构，而对语言使用方式的研究则可反映语言与社会结构及意识形体的内在联系。批评语言学与韩礼德的功能语言学(functional linguistics)有着密切联系，并认为某一语言的语法体系与该语言所服务的社会和个人需求相关。批评语言学的研究对象涉及语言分析的各个层面，尤其是语篇或话语分析层面，具体表现为：不仅研究语言是什么，而且研究语言为何如此；不仅对语篇或话语本身的意义感兴趣，而且对语篇或话语如何产生这种意义的过程感兴趣。批评语言学被认为彻底摒弃了传统语言学的语篇分析极大忽略了语篇的社会属性之鄙陋，转而认为语言是一种社会实践，是社会过程的介入力量。语言不但反映社会，而且直接参与社会事物和社会关系的构成。

皮奥特洛夫斯基—阿尔特曼定律　Piotrowski-Altmann's law　参见"计量语言学"。

皮尔逊积矩相关系数　Pearson product-moment correlation　统计学术语，亦称皮尔逊相关、积差相关或积矩相关。英国统计学家皮尔逊(Karl Pearson)于20世纪初提出的一种计算相关的方法，指对两个定距变量(例如，年龄和身高)的关系强度的测量，简写τ。这一测量也可用作对显著性的一种检验，其方法是检验解消假设：总体中的τ值为0。若样本τ实际上不等于0，则解消假设可加否定，从而可以看到，这两个变量并非互无关联，在统计显著性层次上具有相关性。例如，若有一个较大的样本，并发现一个高的样本值τ(如90)，那么不妨否定这一解消假设：此样本是来自一个其真正的τ值为0的总体。因为假若真正的总体值0，就不可能单纯碰巧取得一个如此高的样本。τ的变化从−1(完全负相关)，通过0(无关系或无关性)，到+1(完全正相关)。从直线关系和曲线关系之间的关系来说，τ是对直线关系的一种测量。对τ有两个主要的解释：(1)τ2=所解释的方差额；(2)τ测量围绕回归线散布的程度。可以用来推测用回归线可预测的准确程度有多大。

皮姆斯勒语言学能成套测试　Pimsleur Language Aptitude Battery; PLAB　语言测试术语，亦称"皮姆斯勒语言学习系统"(Pimsleur Language Larning System)。指用来预测外语学习的能力或语言学能、分析学生的语言学习障碍的评估系统，适用于美国中学(7—12年级)学生。保罗·皮姆斯勒(Paul Pimsleur, 1927−1976)将涉及语言学习的各种语言和心理因子分为七大类：智能、语言能力、音调辨析、语言学习和双语的顺序、学习习惯、动机和态度以及个人性格特征。其中，决定外语学习成败的最明显因子是学习动机和语言能力。后来经过一系列的试验和分析，PLAB最终衡量的四个语言学能预测因子为：语言能力、听力理解能力、学习动机和总平均成绩。PLAB测试包含六个部分，分别测试上述四个预测因子的不同方面：(1)总平均成绩(grade point average)，计算学生语言学习以外各科成绩的平均绩点；(2)兴趣(interest)，测量学生学习一门外语的兴趣，即测量学习动机；(3)词汇(vocabulary)，测试英语的词汇知识，即测语文能力；(4)语言分析(language analysis)，测试受试者就外语进行逻辑推理的能力，也是从另一方面测量语言能力；(5)语音辨析(sound discrimination)，测试受试者学习新的语音区别特征并在不同语境下识别不同语音的能力，即测量听的能力；(6)语音与符号联系(sound symbol association)，测试语音和书面符号相联系的能力，也是从另一方面测量听的能力。皮姆斯勒语言学能成套测试可以用于课程分级(programme placement)、课程评估和计划(programme assessment and planning)、学习能力的诊断(diagnosis of learning ability)等方面。相关人员可以通过对学生考试各方面成绩的分析，帮助实现学习风格和教学方法的相应对接。参见"语言学能测试"。

皮姆斯勒语言学习系统　Pimsleur Language Learning System　参见"皮姆斯勒语言学能成套测试"。

皮钦语　pidgin　社会语言学术语，亦称洋泾浜语。指当母语不同而且相互之间语言不通的人在一起，为了达到交流的目的，把各自母语的结构和词汇加以简化以用于交谈，久而久之形成的一种实用混杂语，而人们在习得母语的同时也学会了这种混杂语言。有人认为英语"pidgin"一词可能是"business"一词的汉语粤方言发音，是产生于交际困难中的一种混杂发音。皮钦语主要产生于欧洲殖民扩张时期的海外领地，在其形成的过程中，欧洲语言起了主导作用。皮钦语的语言特点为：词汇量小，改写和隐喻现象较多，音位系统以及语素、句法结构简单。另外，各种皮钦语系统表现出惊人的相似，不仅同一语言的各皮钦语变体(如不同的皮钦英语)如此，而且产生于不同语言(如法语、西班牙语、葡萄牙语、荷兰语)的各皮钦语系统也是如此，这一现象对于语言学研究，尤其对于自然性理论(naturalness theory)和普遍性(universals)研究很有价值。皮钦语经过充分发展成为某些群体的母语后，被称为克里奥耳语。参见"克里奥耳语"。

皮亚杰认知发展阶段　Piagetian developmental stages　认知心理学术语。指瑞士儿童心理学家皮亚杰(Jean Paul Piaget)提出的关于认知发展的重要理论。认为人从出生到成年的认知发展不是简单的数量增加的过程，而是分为几个有着质的差异的阶段,每个阶段形成的新的认知能力表明个体所发展出的新的适应环境的方式。代表性的划分包括感觉运动、前运算、具体运算和形式运算四个阶段;感觉运动阶段(从出生到约2岁),为智力的萌芽期,是以后发展的基础;前运思阶段(约2~7岁),亦称前逻辑阶段,自我中心思想是这一阶段的突出特点;具体运思阶段(约7~11岁)相当于童年期,儿童形成了初步的运算结构,出现了逻辑思维;形式运思阶段(约11~15岁),相当于少年期,个体形成了完整的认知结构系统,能进行形式命题思维,智力发展趋于成熟。目前研究发现只有第三阶段,即初期形式运思阶段的思维对二语习得产生影响,很多研究者认为学习者的学习效果体现在年龄上的差异主要是由于这一阶段认知能力发生变化而引起的。

疲劳度　fatigue　教育心理学术语。指学习者在学习过程中由种种原因引起的挫折感或反应抑制(reactive inhibition)现象。疲劳过度会引起学生学习兴趣的减弱或学习努力程度的降低。

偏差　deviance　参见"变异"。

偏好规则系统　preference rule system　认知心理学术语。偏好规则指由于过去的认知经验导致个体更加倾向于某个事物或某种思维习惯的一条规则。以语言学中的语义偏好为例,美国语言学家杰肯道夫(Ray Jackendoff)规定词义的条件分为必要条件、渐次条件和典型条件。例如,"绿"拥有其规定词义的必要条件是词义中必须含有"颜色"这一词义要素;在渐次变化的连续频谱中有一个中心频段规定"绿"的词义为其渐次条件;而虽然树叶也允许有红的或黄的,但典型的树叶是"绿"的,这则是词义的典型条件。这三项条件中的典型条件即属于偏好规则系统的一部分。

偏离　deviance　社会语言学术语,亦称偏差。指语言运用上的变化和差异。通过使用各种不同的语言变体表现出来或在人类言语交际活动中产生的语言上的差异。这种差异有如下特点:(1)言语交际与人类社会息息相关,语言变异会受到交际者的身份及其所处社团环境等因素的制约,与交际者的性别、年龄、职业等存在共变关系。(2)语言变异归根到底是语言本身的变异,通常发生在语音、词汇、语法等语言系统的各个单位之中。语言各变异成分并非杂乱无章的,而是有规则、有序的。变异过程在受到社会因素制约的同时也受到语言自身规律的影响与制约。(3)语言变异最终导致交际者在语言使用上的差异。

偏倚　bias; test bias　语言测试术语。指测试评估过程中出现的系统性偏差。因某一个体受试者或者一组受试者的测试分数一直过高或者过低,造成测试或者某单个测试项目存在偏差的现象。复查人需要对每个测试项目进行复查,或者进行区分项目功能分析,把测试偏倚降低到最小。

偏远地区　remote area; isolated area　社会语言学术语。指距离某个语言社团繁荣发达的中心区遥远的同源言语社团地区。传统的方言学研究认为由于处于古老偏远的地区,这类言语社团的语言不易受外界影响,比较容易保存其原始特征。

偏置　dislocation　句法学术语,亦称易位。指句子中的某一成分离开正常位置,向左或右移动,留下的空位由其他成分填补的结构。移位均是语义表层的变化,句子的深层语义结构不变,这一现象在语言中很多见。如:[1] I really like it, this song. [2]书,我看过了。

篇章　text; discourse　语篇语言学术语,亦称语篇或话语。指连续的话段或句子构成的语言整体,是一段有意义、传达一个完整信息、前后衔接、语义连贯,且有一定交际目的和功能的言语作品。篇章是大于句子、具有一定交际功能的语义单位,或口头或书面,或长或短,如一场辩论、一本小说,或是写在出口处的"Exit"。在篇章语言的研究中,篇章被看作言语行为的体现,不是句子的堆砌。篇章被认为是实际使用的语言单位,而不是类似句子成分那样的语法单位。作为一个抽象的语义单位,篇章的形成需要满足一定的条件,即篇章性(textuality),也是衡量一个语段能否被认为是一个篇章的标准。博格朗(Robertt de Beaugrande)和德雷斯乐(Wolfgang Dressler)在《篇章语言学导论》(*Introduction to Text Linguistics*)中指出:篇章性的七个标准包括(1)衔接(cohesion);(2)连贯(coherence);(3)意向性(intentionality);(4)可接受性(acceptability);(5)信息性(informativity);(6)情景性(situationality);(7)篇际性(intertextuality)。

篇章功能　textual function　功能语言学术语。韩礼德的语言三大元功能之一。指人们用语言组织信息,表明信息与信息之间的关系,并把语言自身同语言所处的情景联系起来。一般说来,在儿童语言习得阶段,儿童所说的每句话完成一个功能,而一句成人话语一般会完成一个以上的功能。根据韩礼德的观点,语言的另外两大功能为"概念功能(ideational function)"和"人际功能(interpersonal function)"。

篇章语义学　discourse semantics　参见"话语语义学"。

篇章指示语　discourse deixis　参见"话语指示语"。

片假名 katakana　日语假名的两种书体之一，与"平假名"相对。片假名由同音或近音汉字楷体的偏旁部首演变而来，如ア来自"阿"、イ来自"伊"、ウ来自"宇"等。片假名主要用于书写外来语、印刷广告的大字标题、电视和海报等；也用于儿童识字教育（1946年前还用于日本天皇敕令等官方文件）。片假名是在日本平安时代初期为了训读汉文而发明。现在使用的片假名字形于明治时期确定下来，此前一个发音往往有多个片假名对应存在。参见"假名"和"假名表"。

漂浮成分 floating element　语义学术语，亦称填充虚词（expletive），假位（dummy）。指语义上的零成分，即为填补出于某种原因（如为了造成悬念或为了使句子保持结构平衡）而置于动词后的主语所留下的占位空缺所用的虚词，如英语中经常充当形式主语的it与there等词项。例如下列例句中的斜体部分：[1] *There* is something left in the box. [2] *It* is necessary to study hard. [3] *It*'s sunny.

撇号 apostrophe　在书写中用来表示省略了一个音、某些字母或数字的符号，如 haven't（have not）、ne'er（never）、he's（he is 或 he has）、can't（cannot）、July 2，'98（1998）等。也可用于表示所有格符号。

拼读 Spell-out　句法学术语，亦称拼出。指最简方案中，句法推导到一定阶段（如形成语段）时句法映射到语音式PF的操作。最简方案简化了管辖与约束理论模型流程图，词库取词进入运算系统之后在拼读点（spell-out point）结束句法运算，拼读操作将句法单位移送至语音部分（PF），并将逻辑式（LF）层面不可诠释的内容从句法单位删除。拼读操作必须严格按照语段依次进行。

拼读法 phonetic method；phonics　语言教学术语。教儿童阅读的一种方法。其要点是将一个词分解成一系列书写成分并指定对应的读音。教儿童用母语阅读时普遍使用这种方法，老师教儿童辨认字母与语音之间的关系，先教儿童学会字母所代表的音值，然后把新的单词逐个音试行拼读出来。

拼图法 jigsaw　语言教学术语。指由几个学生共同努力完成的一种合作学习活动。每个小组成员都有各自不同的信息，然后按照一定规则和套路把自己所掌控的信息传递至组内的其他成员，当全部信息被组合在一起的时候，就形成一个整体。分角色表演是拼图法在课堂教学中最常用的形式之一。合作学习活动常用于交际法语言教学，一般认为主要包括五类：(1)同伴辅导；(2)拼图法；(3)合作任务；(4)合作/个别法；(5)合作交流。其中拼图法最早由阿伦森（Elliot Aronson）于1978年提出，并迅速得到推广。参见"合作学习法"。

拼写 spelling　指用标准化的书写规则代表人类语言语音的方式。一般来说，拼写应当反映字母与发音的一一对应关系。比如，芬兰和土耳其语的文字符号和语音有紧密的对应关系。但一般情况下，多数语言中，一个音位可以用不同的字母或字母组合来表示，如英语的同一语音或其序列可用几种不同的拼写形式代表，其中，so、sew、sow、toe、though、owe 均含有双元音音位/əʊ/；而且同一字母或其中它组合可代表不同的音或序列，如在 head、heat、great 和 idea 这几个单词中，ea 的发音分别为/e/、/i:/、/eɪ/、/ɪə/。也有一些字母不代表发音，被称作哑音字母，如法语的 donne、donnes、donnen 均为/dn/和无声字母，另如俄语的硬音符和软音符。

拼写改革 spelling reform　指有关拼写方法的改革运动，旨在使拼写系统更加接近语音系统，通过实施一系列改革措施使拼写更加简单和符合规律，属于语言规划范畴。早期的改革主要发生在一些语言爱好者和语言学家中，如萧伯纳（George Shaw）和扎克里森（Robert Eugen Zachrisson）就曾提出过简化英语的拼写方案，支持者们认为英语拼写中存在的一定复杂、矛盾和不规则现象不利于提高全民的受教育程度，其受教育程度往往会低于那些以拼写与发音更加有规可循的语言为母语的国家的人。总部位于伦敦的"英语拼写简化组织"（Simplified Spelling Society，简称 SSS）也曾于2000年伊始发起了一项旨在方便英语阅读和书写的"简化英语拼写"活动。至今，很多语种包括西班牙语、葡萄牙语、德语和俄语等均进行过拼写改革。

拼音文字 alphabetic writing　参见"字母文字"。

拼音—音节文字 alphasyllabic writing；alphasyllabary　指介于字母文字和音节文字之间的语言文字系统。在此类文字系统中，基本的书写单位用以表示辅音，元音以及辅音与其后元音一同构成的音节则必须要在该辅音上下前后等相应位置添加读音符号或其他转换手段后才可得以表示。

拼缀词 amalgam　形态学术语，亦称混合词（blend）或合并词（portmanteau word）。指形态学中将两个词的各自一部分或一个词的一部分和另一个词合并而构成的新词，其意义通常是它的组成成分的意义的总和。就其结构而言，拼缀词有以下四类：(1)词首＋词尾，如 motel（motor ＋ hotel），brunch（breakfast ＋ lunch），smog（smoke ＋ fog）；(2)词首＋词首，如 comsat（communication ＋ satellite），telex（teleprinter ＋ exchange），sitcom（situational

+ comedy);(3)词首+词,如medicare(medical+care)、Eurasia(Europe+Asia)、autocamp(automobile+camp);(4)词+词首,如lunarnaut(lunar+astronaut)、breathalyse(breath+analyse)、tourmobile(tour+automobile)。拼缀词大多数都是名词,其次是动词和形容词,主要用于科技、报刊文章的写作。

拼缀法 blending 形态学术语。当代英语构成新词汇的重要方式之一。指把两个词同时进行裁剪,或截头或去尾,或只裁剪两个词中的一个,保留另外一个,然后把两部分拼合在一起,构成一个新词。具体构成法分为:(1)词首+词尾;(2)词首+词首;(3)词首+单词;(4)单词+词尾。拼缀法构词一般首先出现于报刊文章、科技文章里。用这种构词法创造的新词言简意丰,生动别致,符合现代人快节奏的生活,符合英语语言简单化的趋势。例如:camcorder(便携式摄像机)、sitcom(情景喜剧)、motown(汽车城)等。拼缀词大多是名词,拼缀动词与拼缀形容词较少。参见"**拼缀词**"。

频率 frequency ❶语音学术语。指单位时间(如每秒)内声带振动完整周期的数目。其中一个语音频率的增加与听觉上音高的增加相对应;❷语言学术语。指语言项在语言材料中出现的次数。不同的语言项目在说和写时会出现不同的频率。例如,英语中功能词比动词、名词、形容词或副词重复出现的概率高得多。单词频率统计通常用于语言教学中的词汇选择、词典编纂、文体学中分析文体风格以及篇章语言学研究中。

频率词表 frequency wordlist 指按单词频率高低排序的词表。

频率词典 word frequency dictionary 按词的出现频率高低对词目进行编排的词典,具有概率统计意义。频率词典按其内容可分为普通频率词典和专业性频率词典两大类。其中,普通频率词典又可分为单语言频率词典和多语言频率词典。世界上第一部频率词典是1898年德国语言学家凯丁(Friedrich Wilhelm Kaeding)编的《德语频率词典》,这部词典统计了110万词的语言素材。20世纪初,美国教育学家兼心理学家桑代克(Edward Lee Thorndike)编写了《教师两万词汇编》(1921)和《教师三万词汇编》(1944)。中国第一部汉语频率字典是教育家陈鹤琴(1892~1982)于1928编写的《语体文应用字汇》。过去编写频率词典主要靠手工查频,近年来人们开始借助于计算机查频。对于一些形态变化丰富的语言,首先由计算机将文章中的每个词还原成它的原形(即频率词典中作词条列出的形式),并注出每个词详尽的形态变化,输入计算机储存,然后由计算机进行频率统计,最后打印出频率词典。北京语言大学语言教学研究所采用人工与计算机相结合的办法,对近200万字的汉语语料进行词频统计,编制了《现代汉语频率词典》(1986),收词31159条,这是中国第一部有着严格统计学意义的汉语频率词典。

频率分析 frequency analysis 指对某个语言材料中语言成分出现频率的分析。例如,对某种语言的一篇文章或一部作品中词的频率进行统计以确定有关语言现象的常用程度及使用特征等。

频率副词 adverb of frequency 语法学术语。修饰性副词(adjunctive adverb)的一个子类,用以说明事件发生的次数,属于句子基本结构的一个部分。通常可分为有定频率副词和无定频率副词两种。前者表明事件发生的确定次数,如once、twice、daily、annually等;后者则不明确指明事件发生的次数,如often、regularly、always、never等。

频率统计 frequency count 指对包括书面语段或口头语言的语言素材样例中诸如音节、音素、单词等语言项目出现的总次数进行统计的一种计算方法。语言项出现频率的分析称为语言统计学,是计算机语言学和数理语言学的一个组成部分。在语段和语言材料中的词汇频率的统计被称为单词频率统计,由此可得出单词频率表。

频谱 spectrum 语音学术语。指记录并展示一段时间内复杂声波的各声学成分的频率和振幅的图谱。在图中,横轴表示频率,纵轴表示振幅。

频谱分析 spectral analysis 语音学术语。指利用频谱图观察检测语音特征的语音学研究方法,描绘声音的波长、振幅、频率、共振峰等各项声学特征。

频谱仪 sound spectrograph 参见"声谱仪"。

频谱仪图 spectrogram 语音学术语。指记录并展示声音在一段时间内的声学特征的图谱。这些声学特征包括声音的频率和音强。图谱提供了一个三维的声音记录:横轴表示时间,纵轴表示频率,颜色深浅代表音强。

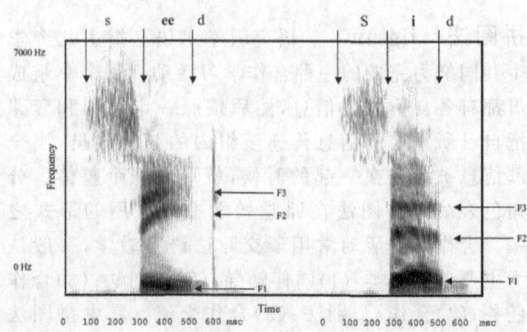

频现动词 frequentative verb　亦称多次性动词。表示习惯动作或重复动作的动词。某些语言的重复体(iterative aspect)即由频现动词表示，如英语中 crackle、gabble 等。参见"**重复体**"。

品级 rank　语法学术语，亦称词品。指词与词群(word groups)的等级关系，由叶斯柏森(Otto Jespersen)提出。一个词在词群中按其功能和重要性可以分为三个等级，居于首要地位者，叫首品或一品(primary)；地位次于首品者的，叫次品或二品(secondary)；地位不及次品者的，叫末品或三品(tertiary)。一般而言，主语和宾语(含直接宾语和间接宾语)称为首品，因为它们指示比较确定和特殊的意念；相反，由动词表示的意念不够"实在"(或"文体性"较弱)，因而相比之下只能称为次品。例如：[1] the furiously barking dog　[2] the dog barks furiously。在例[1]中，"dog"是该词组的中心，因而是一品词，亦称主要成分(principal)，"barking"修饰"dog"，是二品词，或称修饰成分(adjunct)；"furiously"修饰"barking"，是三品词，亦称次修饰成分(subjunct)。在例[2]中，各词的相对位置虽然改变，但具有与词组相同的品级划分，the dog、barks、furiously 分别为一、二、三品。由此可见，名词通常是一品，作为句子的主语或词组的中心词；形容词或动词一般是二品，作句子的谓语或词组中心词的修饰成分；小品词是三品，进一步修饰修饰成分。

平行处理 parallel processing　心理语言学术语。指同时进行两个或两个以上信息处理操作的一种信息处理方式，如人们在试图拼记一个单词的同时，还回忆其意思、读音和用法。

平行分布式处理 parallel distributed processing; PDP　认知心理学术语，亦称连接(或连通)主义(connectionism)。认为人类信息处理中各个组成部分是高度相互作用的，且各种现象、概念和语言的认识在认知系统中的各个部分内得以体现，并分布在整个系统之中。该理论已被用来研究言语处理模式和第二语言习得，它为了解信息处理、学习及思维过程的实质提供了一种数理模式。

平行试卷 parallel forms; equivalent forms　语言测试术语，亦称复本(alternate forms)。指为了准确地衡量同样的语言技能或能力，同一语言测试所采用的两种或多种测试试卷或测试形式。这些测试试卷或测试形式采用同样的测试方法，而且篇幅和难度相同。通常，如果考生在某一考试的平行形式测试中取得类似的成绩，则说明这次考试具有相当高的信度。

平衡 balance　句法学术语。指句子主位与述位之间的长短关系。句子的述位(rheme)比主位(theme)长则可认为处于平衡，反之则不平衡。例如：[1] The student who won the first prize in the speech contest ¦ came 此句为不平衡句。从修辞的角度出发，要求句子尽可能保持平衡，应将其改为如下平衡句：[2] Here came ¦ the man who ...　[3] The man came ¦ who won ...　新闻体裁的标题更注重平衡性，以便更精准、高效地传递信息。例如：[4] The bookstore of the college ¦ crowded.　[5] The college's bookstore ¦ crowded.

平级重音 level stress　语音学、音系学术语。指两个相邻的音节具有某种程度上相同重音的现象。例如英语中的 home-made 和 oatcake。事实上，这里的两个重音只是在听觉上没有明显区别，并非实际上的平级，而是主重音和次重音的结合。

平假名 hiragana　日语的假名是音节字母系统，可为平假名和片假名。例如："これは日本語のテキストです"中的"これは""の""です"就是平假名，"これ"意即"这"；"テキスト"为片假名，是英语 textbook 的音译，即"课本"；の 即"的"，"です"意即"是"。平假名可以直接构成单词，是日语的重要组成部分。平假名也可充当句子中其他无具体意思的成分，如前例中的"は"是一个助词，用来分隔"これ"和"日本语"。此外，平假名还是日文中汉字读音的基本单位，和汉语拼音的作用相似。参见"**假名**"和"**假名表**"。

平均话语长度 mean length of utterance; MLU; mean utterance length　语言习得术语。指语言习得研究中检测儿童话语语言复杂性的一种办法，特别是儿童母语学习早期阶段的语言复杂性。平均话语长度以词素为检测单位来计算儿童话语的平均长度，是检测儿童话语语法结构发展的简易可靠的办法。

平均值 average　❶语言统计术语。在统计中用来代表一列值的单值，如平均数就是数值测量的中间或预期数值，假设所有的数字都是相同的，那么这个数就是可用的；如果数字都不一样，最简单的方式就是从列表中随机挑出代表性的值。由于平均值是通过更精密的方法得到的数值，因而更有实用性。❷语音学术语。指标准或通用语中对于一个音位大多数人都接受的实体，具体语言语音学中将它作为该音位的代表值。

平铺结构 flat structure　句法学术语。指不考虑词项间层级关系的短语结构，与层级结构(hierachical structure)相对。例如：

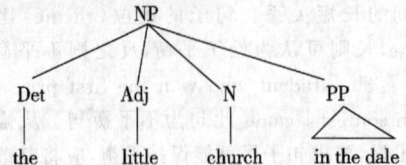

在短语"the little church in the dale"中,平铺结构分析将每个词项的词类标出,认为 NP 是由 Det、Adj、N 和 PP 按照线性序列排列而成。这种分析方法认为所有的词项都以 NP 为母节点,互为姊妹节。这种分析方法忽视了短语结构的层级性,无法体现语言的递归性,为绝大部分语言学理论所摒弃。

平调　level tone; static tone; punctual tone; stepping tone; register tone　语音学术语。声调语言中的一种音调基本平直的调型。平调由音节上不变的水平音高所实现,没有向上或向下移动。汉语中又指平上去入四声中的平声调类。

平音　plain　音系学术语,亦称非降音(non-flat)。与降音相对。以频谱分析为基础的音位对立的区别性特征之一。降音表示在频谱中高频率成分的减弱,而非降音或平音则不具备这种特征。

评分者　rater　语言测试术语。指在口语、写作等产出性测试中,遵循一种既定评分标准,对被试进行评判的人。由于评分者在评分时易受个人偏好的影响,因而在评价过程中应采取相应措施提高其评估信度。

评分者培训　rater training　语言测试术语。语言测试学中指对评分者进行准备性的评分训练。一般以工作坊形式进行,主要介绍相关测试形式、评分标准、范例等;同时组织评分者进行试评,针对评分结果并讨论相关评分依据,只有其评分与参考分值相一致的评分者才能进行正式评分。在比较重要的考试中,还可以通过多人评阅等方式提高其信度。

评分者自身信度　intra-rater reliability; intra scorer reliability　语言测试术语。指一个评分者两次或多次对考生能力所作主观评定的一致性程度。如果两次或多次评定均为大致相同的评分,则评分者自身信度较高。

评估　assessment　语言教学术语,亦称评定。指对学习者的接受能力、学习效果或对一门课的教学质量、效果等所做的衡量。评估可以通过测试、观察、问卷、面谈等方法进行。

评价方法　evaluation procedure　句法学术语,亦称评价程序。衡量评价一种语法优劣的程序或方法。乔姆斯基认为普通语言学应该提供这样一套评价程序对语法的优劣进行测定。早期生成语法理论中的评价方法是考察语法的简单程度,语法应该越简单越好。伴随普遍语法理论的完善,评价方法要求每种语言的语法都体现普遍语法,或者说用普遍语法来解释语感。20 世纪 90 年代后,乔姆斯基在最简方案中认为人类语言的设计应该是"自然选择的进化过程中接近完美无缺的产品",评价方法也逐渐转到语言设计的完美性上面。

评价理论　Appraisal Theory　话语分析术语。由马丁(James Robert Martin)和怀特(Peter White)于 2005 年提出,其理论基础是韩礼德的系统功能语言学。根据系统功能语言学理论,语言是一种可进行语义选择的网络系统,具有概念、人际和语篇三大元功能。评价理论是语言三大功能理论中人际功能的拓展和延伸,属于人际功能的范畴,是一套运用语言表达态度的资源体系。评价理论关注的是说话人如何在话语中建立自己的态度与立场的问题,表达对人或事物的观点、态度和推断;评价系统的核心是态度,态度的外部表现靠语言来表述;语言在该系统中是"手段",通过对语言的分析,评定语言使用者对人物、地点、事物、事件、现象等的肯定或否定态度,同时以协商的姿态表明自己对事态的立场、观点和态度。评价理论的关注点是赋值,即语篇中被协商的态度类型、其中所涉及的情感力度以及价值来源和读者结盟的各种方式。整个评价理论的评价系统包括三大次系统:态度(attitude)、介入(engagement)和级差(graduation)。态度次系统的"态度"指说话者或文本的作者通过参照情感反应或特定文化决定的价值体系对参与者或过程做出的带有主体间性的反应。态度次系统包括情感(affect)、鉴赏(appreciation)和判断(judgment),其态度意义可分为肯定和否定。介入次系统的"介入"指语言学意义上的"态度"介入,指人们使用语言表达态度的时候,要么单刀直入,直陈所思,要么假借他人的观点、思想或立场等间接地表达自己的思想、观点或立场。语言使用者用者利用介入手段调节对所说或所写内容所承担的责任和义务。语言使用者是否"介入"责任,主要通过投射(projection)、模糊词语(hedging)和情态(modality)等手段来评判。介入可以由自言和借言实现,自言意味着排除对话性(elide dialogism),没有投射。级差次系统指态度的增加和衰减,通过语势(force)和聚焦(focus)来发挥作用,关注对态度介入的程度进行分级的资源。分级把所有评价的价值根据强度分出高低值,是跨越整个评价系统的资源。

评价系统　appraisal system　❶神经语言学术语,指大脑对各种语言刺激进行评估的大脑系统,其评估内容包括新奇度、关联度、处理能力以及自我或社会形象等。❷语言教学术语。指行政机构、学校或者某些教学组织为了保障教学活动的正常有效实施,在适当时候对教师的工作表现进行定期检查和评估而建立的一整套程序。评价可分为上级评价、同事评价、学生评价和自我评价。正确的评价系统是进行有效监督和了解教学进展、保证和改进教学质量、总结教学规律的有力保障。

评判员间信度　inter-rater reliability　语言测试术语。指不同考官或评判员对考生的能力各自作出主观评价的一致性程度。如果不同评分人根据同一评分等级表对学生评定等级时,各自的主观评定大致相同,则可以认为该等级量表具有高度的评判员间信度。

评论分句　comment clause　句法学术语,亦称讲述分句。指对句子中其他分句进行评论的子句。例如:[1] This dictionary, I believe, is the one-off in the history of linguistics. [2] As for me, I've made tremendous effort to contribute to the book. 例[1]中的"I believe",以及句[2]中的"as for me"。从句子结构上来看评论分句具有附加语(adjunct)或分离语(disjunct)的作用,故而有人认为其可有可无。

评注性副词　evaluative adverb　语法学术语。指可以充当状语表达各种语气,也可以充当高层谓语对所表达的命题或述题进行主观评注的一种副词。例如:[1] 你究竟是谁? [2] 到底哪一个好?

迫不得已原则　last resort　句法学术语。指柯林斯(Chris Collins)归纳的句法经济性原则之一:句法操作非到迫不得已时不要进行(Collins, 2001)。换言之,只有在若不进行诸如移位、合并等有关的操作就会推导出不合语法的结构的前提下,才进行句法操作。徐烈炯(2009)将此情形称为"最后一招",其典型的例子是"复指代词(resumptive pronoun)"的使用。例如:
[1] a. That's the girl [that I like _____].
　　b. *That's the girl [that I like her].
[2] a. *That's the girl [that I don't know [what _____ said]].
　　b. That's the girl [that I don't know [what she said]].
例[1a]中"like"后面的宾语位置必须为空(无论分析为"the girl"移位还是有算子约束空位),若如[1b]添上替补代词"she",则句子不合语法。在例[2]中,因为存在关系从句孤岛,孤岛内的成分无法移出,空语类也无法回指孤岛外面的成分,若不增加一个有形的替补代词"she",句子就不合语法,因此替补代词的增加是迫不得已原则的体现。

破格　anomaly　语言学、句法学术语。指偏离语法规则、语义上互不相容或自相矛盾,但在习惯上能被容忍、甚至被认可的一种语言现象。例如:[1] More haste, less speed. [2] Aren't I? [3] more ea's. 另如宾格"me"代替主格"I",或者主格"who"代替宾格"whom",例如:[4] —Who's there? —Me. [5] Who do you want to see? 破格也可能导致变异现象,产生不可接受的句子。例如:[6] *This program is for music-lovers who dislike music. [7] *Mr. Black is killing phonemes.

破碎英语　broken English　❶指由于感情激动或出于低能、表达力差、心理因素等其他因素所致的支离破碎、断断续续的英语言辞。❷指语言水平低下、衔接连贯拙劣、前言不搭后语的英语。

破头　broken head　语音学术语。在冗长的渐降语调中,为了打破其单调性而又不破坏语调的完整性,在适当的地方另起一个头的做法。破头的重读音节的音高需要提到略低于第一重读音节的水平,书写上在破头处放一个'↑'。例如:They 'came to 'call ↑ yesterday after'noon. 过长的语调头可以不止破一次: The 'old forge 'stood a ↑ little 'way a'part from the ↑ other 'house in the 'village.

破折号　dash　语法学术语。一种标点符号,书写形式为"——",比连字号长(英语中占一个汉字的长度,中文里占两个汉字的长度),用以表示思维的突然中断、分割成分或解释说明。例如:[1] He's running for reelection — if he lives until then. [2] Very few people in this class — three, to be exact — have completed their projects. [3] She joined the chorus for only one reason — she loves to sing. 在最后一个句子中,当破折号用于句末,而不是句子中间时,可以由冒号代替破折号的功能。

普遍基础假设　universal base hypothesis　转换生成语法的一种观点,认为一切语言都具有一套本质上相同的句法规则,语言的不同仅仅在于表层结构,而不在于深层结构。

普遍天赋主义　general nativism　生成语言学术语。指关于人脑的各种具体特性是生物遗传特性的理论。根据乔姆斯基的观点,儿童语言的发展是生物遗传的普遍语法原则发展的结果。

普遍唯理语法[1]　rational grammar　参见"唯理语法"。

普遍唯理语法[2]　General and Rational Grammar　参见"波尔-罗瓦雅尔语法"。

普遍语法　universal grammar　生成语言学术语。指关于存在适用于任何人类语言的语法系统的假设,由乔姆斯基(1957,1965,1976)提出。乔姆斯基认为,人脑中存在一个习得语言的特别系统,即普遍语法(Universal Grammar)。普遍语法是建立在乔姆斯基等生成语言学家提出的"原则与参数理论"(P&P Theory)基础之上的模型。原则与参数理论将普遍语法视为包括一套语法的原则和参数(principles and parameters)。这套语法的原则和参数是所有人类的生物遗传属性。普遍语法对语言能力的描写是在无标记的核心语法(core grammar)的假设上进行的。20世纪90年代该理论模型发展为最简方案(Minimalist Program;MP)模型。在儿童的母语习得过程中,普遍语法由理想初始状态(initial state)向稳定状态(steady state)发展。理想初始状态指儿童出生时大脑所处的生物遗传状态;伴随他的成长,不断接触语言,有了一定的语言经验后,普遍语法不断发展,最终由理想初始状态达到稳定状态。普遍语法可以被外在语言环境所激发(trigger),是语言发生的内在原因,并不是某种具体语言的具体语法(particular grammar)。普遍语法加上具体语言经验才构成具体语法。根据原则和参数理论,普遍语法有一套产生短语的普遍原则和限制原则运作的参数。普遍原则包括X阶标理论(X-bar theory)、格条件原则(case condition principle)、毗邻条件原则(adjacency condition principle)、扩展投射原则(extended projection principle)等。例如,根据格条件原则,一个名词短语(NP)的生成必须有格,而格只能由动词(V)或介词(Prep)分配到宾语的位置,或用助动词(Aux)分配到主语的位置。格条件原则表明一个名词短语只能出现在主语或宾语的位置上,即使移动时也只能移动到格分配的位置,否则就违反了该原则。再如,根据毗邻条件原则,一个格分配者和格接受者必须相互毗邻。这解释了为何动词与其直接宾语之间不能插入其他短语。例如:[1] Rita deposited the shopping on the table. [2] *Rita deposited on the table the shopping. 由于例[2]中的动词 deposited 和名词成分 the shopping 的位置分布违反了毗邻条件原则,因而不能给后者赋格,从而导致句子不成立。另一方面,虽然某些语言现象是人类语言所共有的,但有些语言现象是某些语言特有的。语言间存在的类似差异称为参数差异(parametric variation)。参数随具体语言经验的变化而变化,为自然语言提供语言变异。参数值具有二元性(binary),一种语言可能允许或不允许某种参数。参数可能性的选择称为参数设定(parameter setting)。例如,wh 成分构成疑问句,一种参数是移动,另一种参数是不移动。英语属于 wh 移动语言(wh-movement language),而汉语属于非 wh 移动语言(wh-in-situ. language)。另一种常见的参数是方向参数(directionality parameter),其参数值为右向(rightward)或左向(leftward),英语的动词短语具有右向方位性(rightward directionality),而日语的动词短语则具有左向方位性(leftward directionality)。参见"最简方案"。

普遍语法可及性　accessibility of UG; availability of UG　语言习得术语。指就乔姆斯基提出的普遍语法的原则与参数理论是否适用于解释第二语言习得、限制母语习得的普遍语法是否也会限制二语习得过程而提出的一系列假设。其核心问题是:第二语言学习与母语习得是两个性质相同的过程,还是具有根本差异的过程。目前就这一问题观点可归纳为三大假设:直接可及说(direct access hypothesis)、不可及说(no access hypothesis)和间接可及说(indirect access hypothesis),一般统称为"普遍语法可及性三假说"。直接可及说认为:在二语习得过程中,二语学习者直接完整地利用普遍语法的原则和参数,包括母语中尚未体现的部分,一语习得中的根本性语言能力在二语习得中同样至关重要;学习者体察第二语言输入中的恒定属性,激活在母语中不起作用的那部分普遍语法原则,按普遍语法允准的值重新设置参数,学习者的语法完全由普遍语法确定。不可及说认为:基于一语习得和二语习得是完全不同的习得过程的假设,不可及说认为儿童一语习得与成人二语习得有根本性质的差异,即只有儿童一语习得者利用普遍语法,而否定普遍语法对成人二语习得的作用。儿童第一语言习得依赖的是天生语言能力,但是成人第二语言习得主要诉诸非语言策略和能力并依靠信息处理原则和问题解决策略。间接可及亦称部分可及(partial access)。间接可及说认为,二语习得者实际上有机会接受普遍语法的原则和参数的指引。但是,至少在二语习得的最初阶段,这种指引是通过第一语言语法进行的,有可能在第二语言输入接触的过程中,中介语的语法会经历重新构建和参数重置的过程。

此外,苏珊娜·弗林(Suzanne Flynn)还提出了与竞争模型(Competition Model)相关的双可及性假设。此假设认为成人二语习得者一方面继续基于普遍语法发展语言能力,但也会利用解决问题的普遍方法。这两者在第二语言习得中相互竞争,解决问题的方法阻碍了语言能力的完全习得。在青春期,当二语习得者达到了皮亚杰正式语言操作阶段(Piagetian stage of formal operations)时,会自动生成处理抽象语言现象的能力,而成人的这种解决问题的能力会干扰普遍语法的形成。该假说在一定程度上解释了为什么成人达不到本族语者语言水平的原因。

目前,"直接可及说"和"间接可及说"的概念已被"完全可及说(full access hypothesis)"所取代。从狭义上讲,完全可及说认为,不管第一语言的参数怎样设置,普遍语法都会在中介语语法中起作用。随着普遍语法可及性理论的发展,研究的热点开始从"普遍语法是否可及"或者"普遍语法对二语习得究竟起到什么样的作用"等问题,转移到对中介语语法性质更为细致的研究,尤其是中介语语法是否显示出自然语言所特有的性质。

普遍语言 universal language 亦称通用语言。指可以作为全世界一切言语社团间交流信息的通用媒介的语言。普遍语言包括如英语、法语等自然语言,也包括为便于国际间的交流而创造出的人工语言,如世界语(Esperanto)、国际辅助语(Interlingua)和新创语(Novial)等。但迄今为止,人工语言的实际使用远不如自然语言,它的普遍语性质尚处于理论阶段。

普遍主义 universalism 语言哲学术语。指某些语言研究方法的总称。这些研究方法认为各种语言和一个最高的哲学系统中的逻辑系统之间存在紧密联系。例如,12世纪拉丁语经院语法或17—18世纪法国的波尔-罗瓦雅尔(Port Royal)语法就是这种观点的体现。

普通名词 common noun 语法学术语。指语言中非特定的人、地点或事物的名称,如字典、读者、书桌等。普通名词与专有名词(proper noun)相对,后者指特定的人、地点或事物,如伦敦、普京、特奥会(SOG)、世博会(EXPO)等。英语专有名词的第一个字母要大写,普通名词则不需要。普通名词包括抽象名词(abstract noun)、形容词代名词(adjectival noun)、动物名词(animate noun)、集合名词(collective noun)、具体名词(concrete noun)和可数名词(countable noun)等。

普通内在论 general nativism 参见"特定先天论"。

普通语言学 general linguistics 指对各个语言学本体分支中的基本概念、理论、模式和方法进行研究的总称。普通语言学的研究范围主要包括语音学(phonetics)、音系学(phonology)、形态学(morphology)、句法学(syntax)、语义学(semantics)和语用学(pragmatics)等。诸如社会语言学(sociolinguistics)、心理语言学(psycholinguistics)、计算语言学(computational linguistics)、应用语言学(applied linguistics)、神经语言学(neurolinguistics)、自然语言处理(natural language processing)等属于跨学科的宏观语言学分支。

普通语义学 general semantics 亦称一般语义学。波兰裔美国哲学家、数学家阿尔弗雷德·考尔兹比斯基(Alfred Korzybski)提出。指语言的语义概念化,更多侧重于思想意识(ideological)而非语言学(linguistic)本身。斯图亚特·蔡斯(Stuart Chase)在其1938年版《词语之暴政》(*The Tyranny of Words*)中认为普通语义学研究说话者、语言和现实三者之间的关系,可以把人类从语言的"暴政"中解放出来。与唯物主义导向的反映论(reflection theory)相对,普通语义学以为,由于现存的语言结构人类不能客观地构思(conceive)现实,因而经验的语言传递一直由某些抽象结构(abstractions)和符号(symbolizations)所决定。因此,出于教学考虑,有必要看透语言对现实的操纵(manipulations)和歪曲(distortions),揭开语言可能掩盖现实的面纱。

谱系分类法 genealogical classification; genetic classification 语言类型学术语。指假定语言从共同祖先发展而来,然后根据语言的某些语音、词汇、语法规则之间有对应关系而对现有语言进行分类的方法。19世纪,欧洲的比较学派研究了世界上近一百种语言,发现有些语言的某些语音、词汇、语法规则之间有对应关系,有些相似之处,他们便把这些语言归为一类,称为同族语言;由于有的族与族之间又有些对应关系,又归在一起,称为同系语言,这就是所谓语言间的谱系关系。语言谱系关系通常用树形图(tree diagram)表示,叫做"语系谱(family trees)",其中"谱"取家谱的隐喻义,实际上是一种比较研究的方法。目前语言学界对语系、语族的分类还有争论,但主要语系有印欧语系、汉藏语系、阿尔泰语系、闪含语系、高加索语系等。以分布最广泛的印欧语系为例,其下细分为日耳曼(Germanic)、罗曼(Roman)、凯尔特(Celtic)、波罗的海(Baltic)、斯拉夫(Slavic)、印度—伊朗(Indo-Iranian)等语族。其中日耳曼语族分为:西语支,包括英语、德语、荷兰语等;北语支,包括瑞典语(Swedish)、挪威语(Norwegian)、冰岛语(Icelandic)等。罗曼语族包括意大利语、法语、西班牙语、葡萄牙语等。凯尔特语族分为:布立吞语支(Brythonic),包括威尔士语(Welsh)、布列塔尼语(Breton)和戈依德尔语支(Goidelic,包括爱尔兰语、苏格兰语)。波罗的海语族包括:立陶宛语(Lithuanian)、亚美尼亚语(Latvian)。斯拉夫语族分为:东语支,包括俄语(Russian)、乌克兰语(Ukrainian)和白俄罗斯语(Byelorussian);西语支,包括波兰语(Polish)、捷克语(Czech)、斯洛伐克语(Slovak)等;南语支,包括保加利亚语(Bulgarian)、塞尔维亚—克罗地亚语(Serbo-Croatian)、斯洛文尼亚语(Slovenian)、马其顿语(Macedonian)等。印度—伊朗语族分为:伊朗语支,包括波斯语(Persian)、普什图语(Pashto)、库尔德语(Kurdish)、奥塞梯语(Ossetian)

等；印度语支包括梵语（Sanskrit）、印地语（Hindi）、乌尔都语（Urdu）、孟加拉语（Bengali）、旁遮普语（Punjabi）等。印欧语系各语言均是屈折语；广泛利用词缀和词干元音音变来表达语法意义；名词和大部分形容词有格、性和数的变化；动词有时态、语态和语体的变化，主语和动词在变化中互相呼应。虽然世界上的语言大多都有较为明确的谱系归属，但还有一些语言的谱系归属不明，如日语和朝鲜语，一度被认为属于独立语言。

谱系关系　affiliation　语言类型学术语，亦称语言隶属关系。指一种语言与其所属语系的始源语言之间在起源学上的亲缘隶属关系。例如，德语、英语都源于古日耳曼语，因此它们与古日耳曼语之间存在谱系关系。再如，汉语和藏语来自史前的原始汉藏语，属同出一源的亲属语言，与原始汉藏语存在谱系关系。

谱系树　family tree　语言类型学术语。19世纪由德国语言学家施莱歇尔（August Schleicher）提出的表示语言间亲缘关系的树形分枝图。基础语经过不断分裂，形成多种亲属语言，犹如树的主干长出各个分枝，各个分枝再长出多个枝头。例如，法语和西班牙语同属"罗曼语族"，都是从拉丁语发展而来，它们又同属于"印欧语系"，因为语言学家认为它们和其他许多欧亚语言一样源于同一个语言。原始犹他—阿兹特克语系的语言谱系树举例如下：

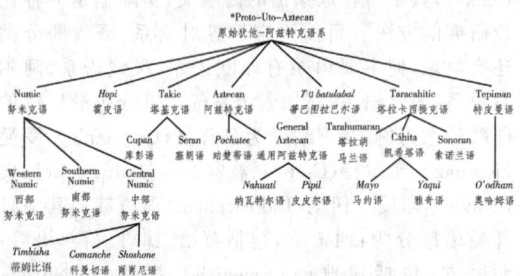

参见"谱系树理论"。

谱系树理论　family tree theory; genetic tree theory　语言类型学术语。指对有共同来源的语言进行历史比较研究的理论。它着眼于语言在时间上有规律的发展，表现语言间类似于生物系族那样的异同关系。谱系树理论把具有共同来源的亲属语言分成不同的族系。在语言内部，又按关系的亲疏分成不同的语族和语支。同一语系内各个亲属语言的共同来源称为始源语。同一来源的语言在语音、语法和词汇方面都有共同的地方。谱系理论建立在对亲属语言之间的语音、词汇和语法对应关系的研究基础之上，系统的语言谱系研究始于19世纪历史比较语言学兴起之后。德国语言学家施莱歇尔（August Schleicher）提出的谱系树模式是谱系理论的一个重要发展。目前，在语言的谱系分类上还有很多争议，许多学者提出了多种不同的分类方案，少则8种，多则100多种。除对印欧语系的划分意见比较一致外，对其他语系的划分则存在很多分歧。

谱系说　pedigree theory　历史比较语言学术语。受生物学分类的启发，历史比较语言学设计出了有亲属关系的语言历史演变树形谱系图，认为世界语言具有共同的原始母语语言，有亲属关系的语言经过演变，产生了现在的各种不同的语言。

谱系语言学　genetic linguistics　指研究语言谱系关系的一个语言学分支。语言中的谱系关系通常指属于同一语族的各语言之间的关系。为避免与生物学意义上的"生物基因"意义相混淆，语言学家常用"语言宗谱关系"（genealogical relationship）一词替代"语言谱系关系"（genetic relationship）这一术语。有宗谱关系的语言通常属于同一个语系，语言间关系通过比较语言分析法来确立。如果两种语言中的一种起源于另一种，或者两种语言均起源于同一语言，这两种语言具有谱系关系。例如，意大利语源自拉丁语，因此两者有谱系关联；西班牙语也源自拉丁语，因而西班牙语和意大利语也有谱系关系。语言接触而产生的语言之间的相互影响并不参与构成语言之间的谱系关系或者拉近谱系上属于远亲的语言之间的关系。例如，英语曾深受法语的影响，虽然两者同属印欧语系，但英语属于日耳曼语族，而法语属于拉丁语族；波斯语（属于印欧语系印度—伊朗语族）曾深受阿拉伯语（属于亚非语系的闪米特语族）的影响，但波斯语属于印欧语系的印度—伊朗语族，而阿拉伯语则属于亚非语系的闪米特语族；日语也曾深受汉语的影响，然而汉语属汉藏语系汉语族，日语的谱系归属尚不明确。混合语言、皮钦语和克里奥耳语一起构成特殊的语言谱系类，因为它们并非线性地或直接源于某一种单一语言。参见"**比较语言学**"。

Q

七行诗　rhyme royal; rime royal　指诗歌中由七个五步抑扬格(iambic pentameter)的诗行组成的诗节(stanza)，其韵脚为 ababbcc。例如，乔叟(Chaucer)的七行诗 *Troilus and Criseyde*：

The double sorwe of Troilus to tellen,
That was the king Priamus sone of Troye,
In lovinge, how his aventures fellen
Fro wo to wele, and after out of Ioye,
My purpos is, er that I parte fro ye,
Thesiphone, thou help me for tendyte
Thise woful vers, that wepen as I wryt.

七音步诗行　heptameter; septenary　指由七个音步构成的诗行。英诗中指一行中有七重音的诗，多指十四音步的诗(fourteener)。英国诗人拜伦(Lord Byron)的 *Youth and Age* 为典型的七音步诗行，其节律构成可示意如下：

'Tis but | as iv|y-leaves | around | the ruin'd | turret | wreathe,
All green | and wild|ly fresh | without, | but worn | and gray | beneath.
O could | I feel | as I | have felt, | or be | what I | have been,
Or weep | as I | could once | have wept | o'er man|y a van|ish'd scene,
As springs | in des|erts found | seem sweet, | all brack|ish though | they be,
So midst | the with|er'd waste | of life, | those tears | would flow | to me!

齐普夫定律　Zipf's law　参见"计量语言学"。

齐声重复　choral repetition; chorus repetition　语言教学术语。指语言课堂教学中教师要求全体学生一起重复某一句型、单词等的操练方式。

歧义　ambiguity　语义学术语。指语言的任意性造成语言符号和意义之间缺少一对一关系，从而导致一个语言形式(单词、词组或句子)可能拥有数种不同意义的理解。歧义是自然语言的特性之一。根据其产生原因，可分为词汇歧义(lexical ambiguity)和语法、句法或结构歧义(grammatical, syntactic or structural ambiguity)两种。词的多义性(polysemy)可导致歧义，词的同音同形异义性(homonymy)也可导致歧义。例如：[1] I need new glasses. [2] The ball was attractive. 句[1]中"glasses"一词既可作"眼镜"讲，又可作"杯子或饮料"讲；句[2]中"ball"可作"球"讲，也可作"舞会"讲。诸如此类的多义词和同音同形异义词引起的歧义，可以通过语境的提供或改写释义的方式来消除。如上句[1]、句[2]可扩展为：[3] I need new glasses to see clearly. [4] The ball was attractive with nice music and a lot of people. 此外，语法、句法或结构的某些形式也往往导致歧义。例如：[5] We found him a humorous teacher. 这样的歧义可以通过语法结构的分析或根据语境的适当调整来消除，如句[5]可有[5a]和[5b]两种理解：[5a] We found him to be a humorous teacher. [5b] We found a humorous teacher for him. 一般而言，在日常语言交际中，具体的语境和语音、语调在大多数情况下会帮助交际者正确把握语义，避免错误理解。在事实性和解释性写作的遣词造句中，歧义往往被视为一种错误；但在文学作品中，歧义则会有助于生成双关和双重句法，引起多重反映或联想，达到寓意丰富、表达微妙的修辞效果。参见"多义词"和"同音同形异义词"。

歧义体　amphibology; amphiboly　语义学术语。指含义模棱两可、易产生歧义的语句或语言风格，特别是在语法结构方面。参见"歧义"。

祈求语气　optative mood　语法学术语，亦称祈求式或希求式。表示说话人对所说事物的情态，如愿望、意愿，常以动词的固有形式表现出来的语法特征，也伴随不同的形式变化，有别于虚拟式。英语里的祈求式往往借助情态动词或虚拟语气表示。例如：[1] May you be happy! [2] (God) bless you! [3] I wish I could fly.

祈使句　imperative sentence　语法学术语。指动词形式为祈使语气的句子，用来表示祈求、使役、期望、劝阻一类的意义，通常不带明显的主语。例如，汉语的"别说话""请进""祝你一路平安""禁止吸烟"等，英语的"Give me the book." "Get out." "Take care not to catch cold." "Look at what you've done."等，均为祈使语句。祈使句的主语均被隐含地假设为第二人称。因为祈使应用于直接对话中，反身代词形式和反义疑问句中的人称代词可以证明主语的省略。受话人在场的事实往往通过使用呼语来表明。例如：[1] Batter my heart, three personed God. 从语言得体的角度来说，纯粹的祈使句式使用得很少；除了在正式的权威性环境里或亲密的家庭圈子里以外，在其他场合使用来则过于草率甚至粗鲁。为礼貌起见，祈使句中有时带有诸如 please 或 kindly 之类的修辞成分，以减弱命令的语气，或者祈使句本身干脆由一个陈述句或疑问句来代替。例如：[2] Please put the cat out. [3] I wonder if you'd mind putting the cat out, please. [4] Could you put the cat out, please? 从句[2]到句[4],话语的礼貌程度逐一增强。

祈使意义　imperative meaning　语义学术语。指要求对方做什么或不做什么的语用意义。前者具体表现为命令、请求、建议、劝告、号召、敦促、祝愿等;后者具体表现为警告、禁止、劝阻等。

祈使语　mand　指说话人命令、要求、请求受话人实施或完成某一行为的话语,其目的在于产生某种特定效果。美国心理学家斯金纳(Burrhus Frederic Skinner, 1904—1990)在其著作《语言行为》(Verbal Behavior, 1957)中用此概念来描述言语操作(verbal operant)的术语。祈使语是斯金纳在著作中所称的六种主要言语操作中的一种。斯金纳认为,祈使语的功能性关系指受缺失、满足或激励运作(motivating operations)所控制的一种言语行为形式。例如,当有人口渴时就要喝水、很大的敲门声可能是要求开门的祈使、仆人可能会回应孩子表示要牛奶的拍掌声等。拉马尔(Jennifer Lamarre)和霍兰(James Holland)在1985年从动态特性、扩展祈使语、迷信祈使语和神奇祈使语等方面对祈使语进行了研究。动态特性指祈使形式在缺失和刺激的控制下在能量水平上的变化,因此可理解为表现具有多重原因功能的变化;扩展祈使语指对物体或动物等不能刺激引发恰当反应的对象发出祈使,比如紧急中对即将伤及某人的物体或事件大声呼停"Stop!";迷信祈使语指对无生命的物体的祈使,比如急于让一辆点火失灵的汽车赶快启动时,人们会说"Come on and start!";神奇祈使语指想象的而实际上不可能或从未发生的祈使形式,如人们会说"能给我一百万英镑就好了!"但"百万英镑的好事"并没有发生在说话人身上。

祈使语气　imperative mood　动词的三种语气之一,指示说话人期望所说内容被对方执行的某种态度动词形式。例如:[1] Be quiet! [2] Put it on the table. 英语祈使语气无时态及完成式,但可用进行式。例如:[3] Be waiting for me at five. 某些语言中的祈使语气有两个时态,一是现在时,表示立即要执行的命令;二是将来时,表示延迟执行的命令。祈使语气一般有一定的句式,但有时可以改用其他语气形式的句子来表达意图或要求。例如:[4] Would you like some wine?

启动器　initiator　语音学术语。指充当空气发动源头的发音器官,如肺、软腭、喉、唇等,其中肺是发音时最常用的启动器。从空气动力学的观点看,启动器的作用好比风箱或活塞。

启发　elicitation　亦称诱发。指在语言研究的实地调查中从当地说本族语的人群获取可靠语言资料的做法。比如,在一个适当的语境中,引导和诱发本族语使用者使用和评议一句话以检验这句话的可接受性(acceptability)。采用间接调查,旨在避免受访人在对某些语段的"可接受性"进行判断时受到自我意识的干扰以致影响到结果。该做法表面上与调查目的无关,但更有可能揭示出分析者直接关心的特征。

启发功能　heuristic function　参见"语言的发展性功能"。

启发技巧　elicitation technique　参见"引发程式"。

启发式　heuristic　语言教学术语,与反启发式相对。在语言教学实践中指鼓励学习者通过经验或亲身经历进行学习。反启发式则指不遵循反复试验(trial and error)让学习者从失误中领悟并学会的原则,而是采取知识灌输的方法进行教学。

启发式教学法　heuristics　语言教学术语。指以学习过程的客观规律为依据,充分调动学生积极性和主动性的教学思想和方法。与填鸭式教学法(cramming)相对立,启发式教学法主张运用诱导、类比、提示等方法促进学生思考,使其通过自身询问、体验、探索、发现等途径获取知识。语言学习中的启发法通常遵循一些自我感知的规律性操作原则(operating principle),即运用语言学习者对目的语已有的句法结构知识来理解句子。例如,儿童在理解"Kate's doll"时可能运用的操作原则是:两个名词连用时第一个是拥有者,第二个是被拥有的东西。

启发性评估　illuminative evaluation　语言教学术语。一种教学评估方法,可用于语言教学评估。与量化性评估不同,启发性评估采用定性研究方法,评估结果多以描述性报告呈现,为教学改进提供更多参考信息,帮助制定和改良教学计划。启发性评估并不重视教学成果,而是试图对项目中课程教学的过程提供一个更为深入的了解,更注重对教学的执行情况和教学过程的评价,找出学生对教学法的真正反应及表现出的行为,作为改进的依据。因此,启发性评估的两大核心部分分别是"教学指导系统"(instructional system)和"学习环境"(learning millieu)。前者包括教学计划、课程大纲,教学设备和教学方法以及以上各项在具体教学中的实施。学习环境主要包括学生学习和教师教学的硬件环境和社会—心理环境,是一个由文化、社会、教学机构和心理变量所构成的综合体。启发性评估所考察的问题包括:教学项目如何开展,项目受具体教学环境的影响,教学项目的优势和缺陷,以及教学对学生的智力发展和学业水平的影响等。具体评估由三个互有联系并重合的阶段构成：整体观察（encompassing observation by investigators）、深入调查（further intensive inquiry）和解释阶段（explanatory stage）。评估中的数据来源包括观察、面谈、调查问卷、测试以及各类文件。

启蒙教学字母 paedography; Initial Teaching Alphabet; ITA 语言教学术语。指供教初学者识读英语而采用的一套拼读体系。此体系利用43个字母符号，试图通过减少英语拼写系统中的不规则现象来使英语更加容易识读。例如用 whot 代替 what，liv 代替 live 等。设计启蒙教学字母的目的是将其用作正常字母表的入门，而不是取而代之。

起点 I-now-here-origo; I-now-here 英语"origo"一词来自拉丁语，意为"起点"。指在言语情景中可以同时指代在人称、时间、空间层面上并列存在的话语成分。例如，I、you、yesterday、tomorrow、there、here 在某一言语情景中可以同时指代不同的指称对象，属于 I-now-here 起点的词语。德国语言学家比勒（Karl Büler）于1934年出版的《语言的理论》（Sprachtheorie）中提出这一概念。

起句失误 false start 口语固有的一个特点。口语中的其他特点有犹豫不决、停顿、填充词（fillers）、后通道行为（back-channel behaviour）、重复和自我改正等。上述特点不出现于书面语。

起始符号 initial symbol 句法学术语。指生成语法中最初一个不加定义的项目，为早期短语结构语法所采用，出现在第一条重写规则的左端。起始符号包括 Σ、S' 或 CP，表示句子。起始符号与终端符号对立，后者指出现在语法生成的终端语符列中的符号。

起始体 inceptive aspect; inchoative aspect 语法学术语。用于对动词进行语法分析，指一类可以指明动作开始的体关系。在有"起始体"形态标记的语言里，这种体的意义译成英语大致相当于"be about to"或"be on the point of"。

起始语符列 initial string 句法学术语。指仅有单一起始符号的语符列，重写规则从此处开始运用。起始语符列由成素（词汇成分和语法成分）和范畴符号组成的短语标记（phrase-marker），可用的表达式为：Σ＝[P₁,P₂,P₃……Pₙ]

气流 airstream 语音学术语，亦称呼吸流（breath stream）。指能够为发音器官发声提供动能的进入或呼出声道的气流。气流的产生源于肺部的呼吸运动，气流流经的通道包括气管、声门、口腔和鼻腔。如果气流在口腔和鼻腔经过时不受任何阻碍，那么发音器官发出的音为元音；如果气流在口腔和鼻腔受到阻碍，则发出辅音。

气流辅音 breath consonant 音系学术语，亦称清辅音。指只有气流克服阻碍形成噪音，但无声带振动的辅音，如[p]、[t]和[h]等。

气流机制 airstream mechanism 语音学术语。指人类用来发不同类型语音时空气动力的产生机制。所有人类语言均有用肺部呼气方式发音的气流机制，而用肺部吸气方式发音的气流机制则比较少见。通过吸气方式发音的音段称为内爆音（implosives）。比较常见的内爆音有双唇、齿龈和软腭内爆音，在国际音标中分别记作[ɓ]、[ɗ]和[ɠ]。其发音过程可以描述为：在口腔中形成阻碍，将空气吸入肺中，释放阻碍，让空气通过内爆方式进入口腔。内爆音多见于非洲语言。根据产生气流的不同器官和方式，气流机制可以分为三种：首先是肺气流机制（pulmonic airstream mechanism），以肺为气流的启动器官，通过肺的运动产生内吸或外呼气流，为语音的产生提供原动力；其次是喉气流机制（glottalic airstream mechanism），以喉为启动部位，通过声门的闭合收拢和声带的震动控制排向口鼻腔或吸入肺部的一小段气流，产生语音；第三是软腭气流机制（velaric airstream mechanism），以软腭终端的小舌为启动部位，通过软腭的抬高与下垂控制气流流经口腔或鼻腔，分别形成口腔音和鼻腔音。还可以利用双颊或食道运动产生空气动力，但这两种气流机制很少见。

气流通道 air passage 语音学术语。指为发音器官提供动能的气流所经过的腔道，包括气管、声门和咽腔，然后是口腔或鼻腔，如图所示。气流通道与人体自然的呼吸通道有所不同，正常的呼吸通道不经过口腔，而音系研究中涉及的气流通道主要是通过口腔作为气流到体外的通道，以鼻腔为气流到体外通道的鼻音在人类语言所使用的语音中所占的比例很小。此外，自然的呼吸通道是顺畅无阻碍的，但气流通道，尤其是从声门到口腔和鼻腔这一段，会受到各种各样的阻碍，以产生不同的音位。

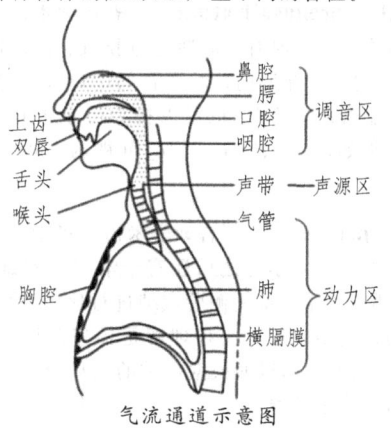

气流通道示意图

Q 气 qì　　（语言学术语）

气群　breath group　　语音学术语，亦称呼吸群。指一次呼吸内说出的话语。呼气结束形成停顿，以"气群—停顿—气群—停顿……"的形式形成语流。从社会功能角度看，话语均具有一定的意义，气群就是意义语调群的载体。一个意义语调群就是一个气群。然而一个气群不等于一个意义语调群，因为一口气通常可以说出一个以上的意义语调群。

气室　air chamber　　语音学术语。指声道中可容纳气流作为语音产生动力源的相对独立的腔体，如口腔、鼻腔和喉腔等。

弃用　obsolescence　　❶历史语言学术语。指词或词义被废弃而逐渐变得陈旧。例如，在英国英语中，radio 已代替 wireless，只有个别年长者仍在使用 wireless 一词。一个完全退出一般使用的词称为废弃词(obsolete)。❷社会语言学术语。指一种语言逐渐消失，语言的传承终止，操本族语的人数减少。比如苏格兰盖尔语正在逐步变得过时，被英语所替代的趋势越来越明显。

迁移　transfer　　亦称转移。❶心理学中指已经习得的行为方式对将要习得的行为方式产生的正面的或负面的影响。❷语言学习理论中特指第一语言或母语的语言特征迁移到目标语言中，从而促进或阻碍目标语言的学习。迁移分为正迁移(positive transfer)和负迁移(negative transfer)两种。正迁移(positive transfer)可以促进目标语或第二语言的学习，而负迁移(negative transfer)则可能阻碍目标语或第二语言的学习。参见"**语言迁移**"。

谦恭复数　plural of modesty　　语用学术语。也作"社论式自称"(editorial we)，指在交际时指称自己用"我们"而不是用"我"，目的是拉近说话者与听者的距离，也是一种自谦的方式，即把自己与交际的另一方置于同一个平台上。例如，当大人让小孩上床睡觉时，通常会说"宝宝，我们睡觉了"，而实际上只是小孩睡觉。

前鼻化　prenasalization　　语音学术语。指一个音段发音开始时有气流通过鼻腔，该音段（通常为辅音）与鼻音有相同的口腔发音部位，可以视为一个鼻音加辅音的辅音丛，也可以视为一个带有鼻音的辅音。例如，[ᵐb]、[ⁿd]、[ᵑg]可视为[mb]、[nd]、[ŋg]辅音丛。

前测　pre-test　　语言教学术语。指学习之前进行的测验。通常学习之后还有个学习后测试（post-test），用以与学习前的测验成绩进行比较，检测学生所取得的进步。还有一种理解是预先测试，指试题试用阶段的考试，以便根据考试的结果分析试题，在此基础上完善试卷。

前词递接　anadiplosis　　参见"**联珠**"。

前词汇阶段　pre-lexical　　句法学术语。指在一些生成语法模型中生成深层结构的两个阶段的第一个阶段。此阶段生成标定句子派生过程各个阶段层级结构的短语标记（phrase-markers），而短语标记中的终端节点都用△（德尔塔）表示。在第二个阶段，词项以包含句法特征（如[＋名词]，[＋抽象]等）复杂符号的形式插入相应位置。

前腭音　pre-palatal　　参见"**硬腭音**"。

前行连锁练习　forward chaining　　参见"**顺连锁法**"。

前喉塞塞音　front implosive stop　　参见"**内爆塞音**"。

前后倒置　hysteron proteron　　修辞学术语，亦称逆序法，源自古希腊语。指将逻辑上应在靠后的(hysteron)成分前置(proteron)。换言之，在语法上将两个词或句子的正常语序颠倒处理，旨在突出强调作用，吸引读者或听众注意力。例如：[1] born and bred → bred and born. [2] Let *us die*, and charge into the thick of the fight. [3] In a recipe *that says that the oven should be preheated to 200℃ after it tells you to put the food in*.

前化　fronting　　音系学术语。指音段（尤其是元音）的发音部位向口腔前部或舌面前部移动的过程。例如，汉语普通话的元音/u/在舌面硬腭音后变成/y/就是前化。反义的过程为后化(backing)。

前景　foreground　　参见"**前景化**"。

前景化　foregrounding　　❶文体学术语。与背景(background)，自动化(automation)和常规(convention)相对应，指在话语中相对突出的某个成分，好比在背景上凸现出一个人物轮廓（话语的其余部分称作背景 background）。前景化分为变异(deviation)和平行结构(parallelism)两大类型。俄罗斯布拉格结构主义学派理论家穆卡洛夫斯基(Jan Mukařovský)强调文学作品中变异的方面。雅柯布逊(Jakobson)则将概念进一步阐发，强调前景化的平行结构。英国语言学家利奇区分了纵聚合前景化(paradigmatic foregrounding)和横组合前景化(syntagmatic foregrounding)，分别对应于变异和平行结构。前景化可出现在语言的音系学、形态学、句法学、语义学及语用学等各个层面。例如，运用韵脚、头韵、节律等手段是在音系学层面上的前景化。❷认知语言学术语。指借助语言表述中的强调手段达到对语言某一成分的突显，在认知语言学中，所谓突显(prominence)是指对语言所传达信息的取舍和安排。

根据认知语言学的观点,语言表达是一种具有动机性的行为,表达者的心理视点及动机在一定程度上控制着语言结构的最终布局。韩礼德曾从语言功能的角度将前景化界定为"有动机的突显"(prominence that is motivated)。这一界定说明两点:一是语言结构中某一成分的前景化取决于表达者的动机;二是前景化在很大程度上就是突显信息(prominence)。

前景信息 foreground information; foregrounded information　句法学术语,亦称凸显信息。句子信息结构中从背景信息引出的通常被认为是比较重要的新信息。

前舌背音 pre-dorsal　参见"舌背音"。

前提[1] premise　指逻辑推理的前提,与语句或话语的"前提[3]或预设(presupposition)"既相关联又有区别。❶语义学术语。指在确定句子的真值(truth value)与区分句子之间不同类型的逻辑关系时才讨论前提[3]或预设(presupposition)。❷语用学术语。根据斯珀伯(Dan Sperber)和威尔逊(Deirdre Wilson)以及布莱克莫尔(Diane Blakemore)的观点,前提(premise)指导致言语行为意向形成的某种事件。它可以是先行的某一言语行为,也可以是先行的时间,还可以是正在进行和持续着的事件。前提(premise)属于语境因素,参见"预设"。

前提[2] prerequisites　音系学术语。用于描述音系分析程序的描述。根据20世纪40年代美国结构主义观点,音系分析应只以语音标准为前提,后来的对立观点则强调"语法前提"的重要性,如在运用最小对进行对比的方法之前必须预设已经确认的词和句子的概念。其实,音系学中的前提仍与预设无异。

前提[3] presupposition　参见"预设"。

前提测试 presupposition test　参见"预设测试"。

前提分句 prolasis　句法学术语。具体指复杂条件句中的条件从句部分。

前文字阶段 preliteracy　❶亦称识字前阶段。指儿童识字之前的语言发展阶段。❷指存在文字记载之前的文化发展阶段。用于指称一些尚未形成其语言的书写形式的社会群体或文化。❸亦称前识解阶段。指对一些消亡或现存文化缺乏认知和识解的阶段。从无识解(illiteracy)到识解(literacy),假定存在一个前识解阶段。其实直到19世纪末,由于缺乏书面文献,对一些文化的认知原本无识解的,仍然是无识解,并无所谓的前识解。

前限定词 predeterminer　参见"前置限定词"。

前序列 pre-sequence　话语分析术语。指说话者在交际时为了避免发生尴尬的情况而事先说些试探性话语。例如,在试图说服对方时,需要进行婉转的试探,以免对方拒绝接受而造成谈话双方的不愉快。参见"话语转换序列模式"。

前移 fronting　❶音系学术语。指历史音变现象,如音段(特别是元音)的发音部位向口腔前部移动的现象,如在希腊语、瑞德语和法语历史的不同时期里,在巴斯克语一些方言、英语的大多数苏格兰方言和一些美国方言里,历史上曾经有过/u/变成/y/的前化。再比如:因为受后继音的影响,/k/音位有前和后两个变体,如 key /ki:/和 car /ka:/。❷句法学术语。指为了强调,将单词或者短语放在从句或者句子前部的现象。例如:[1] I would really love to try that. [2] That I would really love to try (object fronted for greater prominence). 在句[1]中,"that"放了动词后面,做宾语;为了强调"that",在句[2]里,将其放在句首,出现前移现象。

前音 front　音系学术语。前部语音分作两类:(1)在口腔前部发的音,即口腔前音(与后音对立);(2)用舌的前部(或舌叶)发的音。同时满足这两个条件的前音有:(1)前元音,如英语的/i:/、/ɪ/、/e/、/æ/等音位;(2)一些辅音,如出现于英语词首的/s/、/z/、/θ/、/ð/等音位。该术语也是音系区别性特征之一。例如,英语中的元音/i:/、/ɪ/、/e/、/æ/就具有[+前]的特征。

前语言学 prelinguistics　❶与音系学中严格的语言学研究(微观语言学)相对,尤其是在20世纪50年代被用来指对声音的发音和声学研究。按照这个参照系,前语言学是宏观语言学的一个分支。此概念有时还在这个参照系之外指语言学分析开始之前需预先考虑的一些因素,如获取充分的数据样品。❷指对语言行为模式(performance model)进行研究的言语产出的假设阶段。从这个意义上来说,认知意识和认知注意力等心理学因素均可认为是前语言学范畴。在语言习得中,指儿童发声过程中出现语言形式之前的那个阶段。通常指出生第一年的后半年中的大部分时间。

前元音 front vowel　音系学术语。指发音部位在口腔前部的元音,如/æ/、/ɪ/、/e/、/y/等都属于前元音。参见"亮元音"。

前增音 prothesis　语音学、音系学术语,亦称词首加音。指在词的起首处增加音段的现象,是增音的一类。这种现象常见于语言的历史演变。例如,法语词 esprit、establir 就是通过在拉丁语词 spiritus、stabilire 词首加一个音/e/而形成的。

前黏着词　proclitic　形态学术语,亦称前附着词。指黏着词(clitic)的一种,以黏着语素的形式附在其后的主要语素上的语言单位。例如,法语中的 J' 和 t' 就是前黏着词,如 Je t'aime [ʃtɛm]("我爱你")。参见"黏着词"。

前照应　anaphora; anaphoric reference; back-reference　语篇语言学术语,亦称前指、回指、逆参照。篇章中指下文的一个语言成分回指上文提到的另一语言成分,两者产生照应关系,与后照应或后指(cataphora)相对。照应是篇章的重要特征,它建立了篇章的关联。英语语篇的前照应通常涉及的语词包括:(1)第三人称代词(she, he, it, they);(2)定冠词(the);(3)指示代词(that);(4)不定代词(one);(5)动词(do);(6)在法律等正式文体中经常出现的省略现象等,如"the aforesaid""the aforementioned""the former"。参见"后照应"。

前指省略　anaphoric ellipsis　语篇语言学术语。指将上文提及的人或事省略,以避免重复,也就是省略出现在上文中的先行项(antecedent)。例如:I'll remove the Christmas tree if you want (me to remove the Christmas tree)。句中括号里的内容为前指省略成分。

前指照应　anaphora　参见"内部照应"。

前置　preposing; fronting　句法学术语。指句子中一个组构成分移至前头一个位置的移位。通过前置,对移位的成分加以突出或强调。例如:[1] *Last week* I finished my thesis。[2] They thought we'd be celebrating, and *celebrating* we were。参见"前移"。

前置词　preposition　参见"介词"。

前置词补语　preposition complement　语法学术语,亦称介词宾语(preposition object)。参见"介词宾语"和"补语"。

前置词词组　prepositional group　语法学术语。意义等同于介词短语,介词短语。参见"前置词短语"。

前置词短语　prepositional phrase; PP　语法学术语,亦称介词短语或前置词组(prepositional group)。介词短语是一项复杂的句子构成成分,可与不同的词类组合而形成不同的类别。介词可与名词组合构成"介词＋名词词组(NP)"介词词组。例如:down the street;介词还可与副词组合构成"介词＋副词"介词词组,如 since yesterday。介词短语在句中可充当状语、定语和宾语。例如:[1] Mark enjoys hiking in the mountains。[2] a little cottage in the mountains　[3] Mark keeps thinking a lot about the mountains。前两例中的"in the mountains"分别作状语和定语,第三例中的"about the mountains"为动词"thinking"的宾语。介词短语的内部结构及其在句中的功能和成分因不同的理论视角而得到不同的分析和解读。在 X 阶标(X-bar)系统中,PP 语类被看成是 P"词汇范畴的最大投射。PP 可以包含限定词(specifiers),如"*right* in front of her"和"*way down* the street"中的 right 和 way 等。

前置词副词　preposition adverb　参见"副词小品词"。

前置限定词　predeterminer　语法学术语,亦称前限定词。指在名词短语中出现在限定词之前的词,即名词短语中冠词或其他限定词前面的词或短语。在英语中,数量词 all, both, half, double, some, twice 等均可作为前置限定词;短语 some of, many of, a lot of 等也常常用作前置限定词。例如,在"both the boys"中,"both"为前置限定词,"the"为限定词;在"some of the teachers"中"some of"为前置限定词。

前置修饰语　premodifier　语法学术语。在有些语法描写模型中,指出现在短语(向心短语)中心语之前的所有语项。例如,在"All those cute little red toy cars are made in China"中,"All those cute little red toy"整个部分都属于前置修饰语。在英语中,前置修饰语的词类主要为限定词和形容词,但要对这一复杂现象进行完整描述,还需涉及其他几个词类,如量词和程度副词也是研究前置修饰语所必需涉及的词类范畴。添加前置修饰语的行为和过程分别称作添加前置修饰语(premodify)和前置修饰(premodification)。参见"修饰语❷"。

前置序列　pre-sequences　参见"话语转换序列模式"。

前缀　prefix　形态学术语。构词法中指位于词干、词根或词基(stem)前面的构词成分。前缀并不与某一固定的词类相关联,通常附着于动词和实词(substantive,即名词和形容词)两大类词之前。附着于动词之前的前缀有 be-、de-、dis-、en-、mis-、re-、under- 等等;附着于名词和形容词实词之前的前缀有 in-、im-、non-、un- 等等。由此构成的新词也分别保留了其原先的词性,如 understand—misunderstand, polite—impolite。语素或词位(lexemes)通过转化(conversion)和派生(derivation)可形成不同词类的词。因而关于前缀存在着一个争议得问题,如 encage、endear 等词,是由于前缀 en-使原有的名词或形容词动词化,还是由于名词或形容词词根的转化而形成了新的动词。这一问题至今仍未达成一致。另见"后缀"。

前缀法　prefixation　形态学术语。指把词缀加在词根(stem)前面的构词过程,如在 understand 前面加上 mis-构成 misunderstand;在 produce 前加入 re-构成 reproduce 等。这种将词缀(affix)附着于词根之上以构成新的词是词汇构成的一个关键过程。对添加前缀的本质一直有所争议:从一方面来看,添加前缀与后缀法(suffixation)一样,是派生的一个主要类别;但从另一方面来看,添加前缀既不同于属于派生的添加后缀过程,也不同于合成构词过程,而应当被看作构词法的第三大类。

前缀语言　prefixing language　语言类型学术语。指通过将前缀添加于词干、词根或词基的方法体现语法结构关系的语言,如班图语。参见"前缀"。

潜势　potential　语法学术语,亦称可能的。指一种言语语气(verbal mood)。这种状态可描绘一项是"可能的"还是"很可能的"的特定行为特征。印欧语言体系中没有单独的语法词项(paradigm),主要借助虚拟语气来表达这种"可能的"和"很可能的"特性。

潜在辅音　latent consonant　语音学、音系学术语。与固定辅音相对,指原本存在、但仅在特定条件下才发声的辅音。例如,法语词末的辅音除了/r c f l/等以外,其他辅音通常不发音;但其后的单词若以元音起始,词尾原本不发音的辅音则被激活而发音,如"bon appetite"。

浅层学习　shallow learning　机器学习(machine learning)的一个发展阶段,指深度学习(deep learning)出现以前的传统机器学习算法。20 世纪 80 年代末期,由于人工神经网络的反向传播算法(back propagation;BP)的发明,掀起了基于统计模型的机器学习热潮。利用 BP 算法可以让一个人工神经网络模型从大量训练样本中学习统计规律,从而对未知事件做预测。比起过去基于人工规则的系统,这种基于统计的机器学习方法在很多方面凸显出优越性。此阶段的人工神经网络,虽被称作多层感知机(Multi-layer Perceptron),其实只是含有一层隐层节点的一种浅层模型,因而基于此模型的机器学习被称为浅层学习。浅层学习可以理解为单刀直入式的学习方法:给出一堆特征向量,经过一层模型直接获得结果。20 世纪 90 年代,各种各样的浅层模型相继涌现,如高斯混合模型(Gaussian Mixture Model)、支持向量机(Support Vector Machine;SVM)、提升方法(Boosting)、最大熵方法(如逻辑回归 logistic regression)等。这些浅层结构模型通常包含不超过一层或两层的非线性特征变换。通常来说,浅层学习可概括为下图的若干步骤:

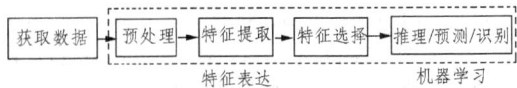

浅层学习模型无论是在理论分析还是实际应用中都获得了巨大成功,在互联网领域得以广泛应用,如搜索广告系统的广告点击率预估、网页搜索排序、垃圾邮件过滤、基于内容的推荐系统等。然而,此类方法长期以来均难以达到令人满意的精确度,而且随着大数据时代的来临,浅层学习迎来新的技术挑战。一方面,大数据里包含的丰富信息维度使得浅层模型置身于欠拟合的状态,"大数据+浅层模型"不能深刻揭示海量数据里所承载的特征结构,因而无法充分发掘有价值的信息和知识;另一方面,浅层模型强调分类或预测为其主要职责,样本的特征需依靠人工经验来抽取,在模型选择正确的前提下,特征的好坏成为影响整个系统性能的瓶颈。2006 年,计算机科学家欣顿(Geoffrey Hinton)、勒丘恩(Yann LeCun)和本齐奥(Yoshua Bengio)提出一种新的深度神经网络模型——深信度网络(deep belief net;DBN),突破了深度学习的技术瓶颈,机器学习进入新时代。参见"深度学习"。

欠格　abessive case　语法学术语,亦称残缺格(caritive case)。语法中名词格的一种,用来表示某种东西的缺少或人的缺席。在乌拉尔语系芬兰—乌戈尔语族的语言中,这种格被称为欠格,在其他语言中,尤其是高加索语系的某些语言中,这种名词格被称为残缺格。在汉语中欠格与残缺格为可替换的概念。例如:芬兰语中的名词 raha(钱)在词尾加上屈折词缀-tta/-ttä 后变为 rahatta(没有钱),表示缺少或没有钱。

嵌入　insert　亦称框架(frame)。表示说话人有意识地让听话人注意到某个情况作为句子的出发点,然后逐渐展开句子的其他内容。近似于韩礼德使用的主位(theme)和述位(rheme),或话题(topic)和述题(comment)的概念。

嵌入分句　embedded clause　句法学术语。指将运用转换规则而得的结果插入(即嵌入)另一个句子的分句。参见"嵌套"。

嵌入句　embedded sentence　句法学术语,亦称内嵌句。通过一定的句法手段嵌入另一个句子内部的句子。例如:The news that he had got married surprised his friends.(他已经结婚的消息使他的友人感到惊奇)。参见**嵌套**。

嵌入体验 situated embodiment 认知语言学术语。体验认知(embodied cognition)的一种观点,由茨拉特夫(Jordan Zlatev)在其研究中提出。该观点认为因为体验出现在语言的语义结构中,所以它是一种嵌入(embedded)或者位于(situated)社会文化环境的实践。这种视角提倡把体验的物理空间层面和它的基本社会本质综合起来,究其本质体验是在人类社会中实践、互动和履行功能的结果。

嵌套 embed; embedding; embedded; embedment 句法学术语,亦称嵌入。❶指一个句子包含在另一句子中并形成主从关系的过程或组构方式。有别于并联(或并列)。例如:[1] The man *who has a suitcase* is in the bar. [2] a. The man has a suitcase. b. The man is in the bar. 从派生过程来看,先有句子[2a],它又嵌套在母句[2b]中。由此通过一定的句法手段嵌入另一个句子内部而生成的句子称为嵌入句或内嵌句(embedded sentence)。❷在转换生成语法中,将成分(constituent)结构插入主句(matrix)的过程,即一个句子在另一句子中的出现。嵌套在理论上可以反复应用无限延伸。通过这种方式,传统句法中常见的主从句的区别就成了母句与分句(或嵌入句)的区别。

强调 emphasis ❶指用语言学手段、副语言手段(如语调、重音、停顿等)以及语言外手段(如表情、身势动作)突出词语意义或加强感情表露的做法。如果用高音调(pitch)或加重音(stress)读一个词或语句乃至语篇的某个部分,便表示对该词或该部分在话语中的特殊重要性加以强调。例如:[1] Give it to *you*, not to me.(强调"给的是你"。)[2] There is a saying: yesterday is history, tomorrow is a mystery, but today is a gift. *That is why it is called the " present."* ❷指通过韵律(prosody)特征、选词或词序等来强调某种交际意图,使传递出的意思比实际表达出来的要多。例如:[3] Be a *man*! [4] He has *such* charm ... 很多修辞手段可以帮助实现强调,如赘语(tautology, pleonasm)、陈词滥调(cliche)、明喻(simile)、反语法(litotes)、感叹词(interjection)以及感叹句(exclamation)等。

强调词 emphasizer 语法学术语。指起到宽泛的强调作用的副词或副词组。例如:[1] It *actually* worked. [2] I *frankly* detest him.

强调代词 emphatic pronoun 语法学术语,亦称强势代名词。人称代词的一种形式,强调发生行为或接受行为作用的是事物本身的代词。英语中这些代词与反身代词形态相同,而法语则不尽相同。例如:[1] I *myself* cooked the dinner.(我亲自烧了这顿饭。)[2] *Moi*, je suis Français.(我嘛,我是法国人。) 强调代词起强调意义或引起注意的作用。

强调句 emphatic sentence 语法学和修辞学术语。指句子具有或呈现的易于使人产生强烈印象的一种修辞手段,包括:(1)短句;(2)掉尾句(periodic sentence,亦称圆周句);(3)对称句(balanced sentence)。短句因其简短易记,给人感受到的冲击力强,故而鼓动性的演说词多运用短句,易产生效果。掉尾句把次要的思想放在句子开头,句义的关键信息和完整性要听到句末才得以揭晓。例如:[1] Though Mary was interested in music, she finally decided to study English. 对称句中主要意义在后半段出现,前半句造成悬念引人入胜,使读者的兴趣和注意力保持到最后,因而是一种有效的强调方法。其平行对偶的结构、鲜明对立的意境,能使一个概念在人的心目中产生较强的印象。例如:[2] United, there is little we can't do; divided, there is little we can do.(同心同德则无事不可为,离心离德则无事可为。) [3] As my funds diminished, my hunger grew.(钱囊日渐瘦下,饥饿日益见长。)

强调肯定词 emphatic affirmative 语法学术语。指用在肯定句中、与动词一同构成强调的助动词"do",在句中需要特别重读。例如:[1] I *do* like strawberries. [2] You *did* do that well.

强调音 emphatic 音系学术语,亦称强势齿音。指阿拉伯语发音时嘴里的舌头宽而平,舌头前部放低,所造成的咽化(或软腭化)发音。

强调重音 emphatic stress 音系学术语。逻辑重音和感情重音的统称。一般来说,与意念相关的重音为逻辑重音,而与感情相关的重音为感情重音。

强度修饰语 intensifier; intensive 语法学术语。用于修饰等级形容词、副词、动词或-ed分词的一类词。强度修饰语通常对句子中的另一成分的意义起增强或减弱的作用,如particularly(特别地)、definitely(绝对地)、a bit(稍微地)等。

强发音 forte articulation 语音学、音系学术语。指由于情境或突出表现情感的需要而提高音段发音强度的现象。

强化 reinforcement 刺激—反应理论(stimulus-response theory)中指反应出现后继发的、能决定同样的反应是否重现的刺激。美国心理学家斯金纳（Burrhus Frederic Skinner）认为语言行为就是"刺激—反应—强化"逐渐形成的过程。学习就是形成反应与反应之间的联系，而强化作为反应出现后的又一个刺激，对于再反应有决定作用。强化的方式主要包括正向强化和负向强化。前者亦称积极强化，即增强反应可能性，如对作出适当反应的个体立即给予奖励；后者亦称消极强化，即减少反应可能性，如惩罚和逃避性学习。在学习过程中，正向强化（如教师的赞许与支持）是鼓励学生产生所期待的、持久性行为变化的一种附加信号。

强跨越　strong crossover　　句法学术语。参见"跨越"。

强烈劝告语气　hortative mood　　指一种语气表达范畴，包括恳请、告诫、敦促、劝告等。例如：[1] Let's unite! [2] Let it be as it is!

强式　strong form　　音系学术语。指在一个连续的有声言语语段中一个词可能存在的两种发音中的一种，另一种是弱式（weak form）。例如：[1] He 'can (/kæn/) pay us.　[2] He can (/kən/) 'pay us. 例[1]中，重读的 can 即属强式，表示"他[一定]能付给我们"，强调万无一失的可靠性；例[2]即不重读的弱式，不再强调是否具备绝对的可靠性。同一词语的强式与弱式音质不同，发音时间长短各异。

强式动词　strong verb　　语法学术语。在语法中，有时指通过改变元音构成过去时和过去分词的动词，如 begin→began→begun, sing→sang→sung。

强式最简命题　strong minimalist thesis; SMT　　句法学术语。乔姆斯基（2000）提出的关于语言系统（linguistic system）和表现系统（performance system）关系的论断。强式最简命题认为，语言是对语言机制必须满足接口条件的最优解答，是连接声音和意义的最优方式，是一种"完美"的设计。强式最简命题影响了语言系统中那些必要机制的推定。其中最重要的一个机制推定是合并操作（merge），是强式最简命题论断下普遍接受的最基本句法操作。乔姆斯基（2009）和奥特（Ott Dennis, 2009）认为合并操作是无限的（unbounded），任何两个成分都可以合并，而阿德加（David Adger, 2003）和斯特罗科（Thomas Stroik, 2009）认为两个能够合并的成分必须具有能够相互匹配的特征。

强势代词　intensive pronoun　　语法学术语。指用来强调或确证事物本身的反身代词。在句中不占据变元位置，仅用来强调另外一个明显的与它共指的名词短语（NP）的反身代词。例如：[1] He *himself* told me so.（他本人这样告诉我的。） [2] Doing is *itself* learning.（践行本身就是学习。）

强送气　rough breathing　　语音学术语。指古希腊语中的一种由强送气符所标记的、位于词首的 /h/ 强送气音。如字母 rho 在古希腊语中表明一个单词以 /h/ 强送气音开始。

强送气符　rough breathing symbol　　音系学术语。一种代表强送气的附加符号，标记在一些单词的首元音上。在希腊语中该标记表明该首元音为送气音，或者置于 ρ 上标明该音不发音。字母 rho 在古希腊语中表明一个单词以 /h/ 强送气音开始。

强特征　strong feature　　句法学术语。指最简方案中特征的表征之一，可以造成显性移位（overt movement）；与弱特征（weak feature）相对，同为句法结构中非终端节点所具有的属性。例如：[1] a. I care not for her.（莎士比亚英语） b. [$_{TP}$ I [$_{T'}$ [$_T$ care$_i$] [$_{VP}$ not [$_{V'}$ t_i [$_{PP}$ for her]]]]. [2] I don't care for her.（现代英语）　诸如例[1a]的莎士比亚时代英语否定句，其句法结构如例[1b]所示，可以直接将动词移动至否定词 not 之前；而例[2]所示的现代英语，必须使用 do 加以支持。原因在于莎士比亚时代英语的 T 具有强动词特征（strong V-feature），可以吸引动词进行 V→T 移位。现代英语的 T 不具备这种强动词特征，无法吸引动词做这种显性移位。乔姆斯基（1993）提出，强特征如果没有在显性移位中获得核查，也无法在 LF 层面进行隐性核查，将使得推导崩溃。

强制曲拱原则　obligatory contour principle　　音系学术语。在生成音系学的某些模型中，指一个表征中不允许有两个相同的邻接成分。这一原则最初针对声调语言提出，它排斥一个骨架层（skeletal tier）相同邻接声调的序列。例如，"高""高—低""低""低—高""低—高—低"等序列是允许的，但像"高—高""高—低—高—低—高"这样的序列则不允许，因此，"高—高—低"序列必须简化为"高—低"。后来这一原则又扩展到音段音系学，特别是一些非线性模型，指不容许两个相同特征或节点在同一音层上邻接。假如违背这一原则，就要靠一些变化来处理，如异化或插入一个增音元音，可表现为 buses、boxes 等复数的发音。

强制性成分　obligatory constituent　　句法学术语。指为保持结构完整，不能从句子或其他构成中去掉的成分，即不能从句法和语义结构中删除的成分。与非强制性成分或任选成分（optional constituent）相对。例如：[1] She left quickly. 此句中主语 she 和动词 left 两者均不可省略，因而属于强制成分；副词"quickly"可省略而不影响句子结构，因而是非强制性成分。又如：[2] *a*. She is writing a letter to her boyfriend. *b*. She is writing.　[3] *a*. She gave her boyfriend a present. b. *She gave her boyfriend. 句[2a]、[2b]均合乎语法，句[3a]属于规范的句子，但句[3b]却是不完整的句子，因为相对于动词 gave 来说，直接宾语"a present"是强制成分，而[2]中的 write 既是及物动词，也是不及物动词，所以不带宾语也符合语法规范。

强制性转换　obligatory transformation　句法学术语。指在满足结构描写的前提下，若要生成合法的句子，需在派生过程某一特定阶段所遵循的规则，如在基础形式上附加词缀。在转换语法后期的一些版本中，因表层结构变成由深层结构强制性转换派生而来，此概念的范围也随之发生变化，而任意性选取（optional selection）的概念则被基础部分规则间的选择所取代。

强制语气　obligative mood　表示说话人对所说事物持强制态度的语气。在英语中用情态动词 will、must、ought、may、can 等表示。

乔姆斯基层级　Chomskyan hierarchy　计算语言学术语，亦称乔姆斯基谱系或乔姆斯基体系。指乔姆斯基于 1956 年提出用于描写形式语法表达能力的一个分类谱系，包括四个层次：(1) 0 型语法（无限制语法或短结构语法）包括所有的语法。该类型的语法能够产生所有可被图灵机识别的语言。可被图灵机识别的语言是指能够使图灵机停机的字串，这类语言又被称为递归可枚举语言。递归可枚举语言与递归语言的区别在于，后者是前者的一个真子集，是能够被一个总停机的图灵机判定的语言。(2) 1 型语法（语境敏感语法）生成语境敏感语言。这种语法的产生式规则取如 $\alpha A\beta \rightarrow \alpha\gamma\beta$ 一样的形式。这里的 A 是非终结符号，而 α、β 和 γ 是包含非终结符号与终结符号的字串；α、β 可以是空串，但 γ 必须不能是空串；这种语法也可以包含规则 S→ε，但此时语法的任何产生式规则都不能在右侧包含 S。这种语法规定的语言可以被线性有界非确定图灵机接受。(3) 2 型语法生成语境自由语言。这种语法的产生式规则取如 A→ γ 一样的形式。这里的 A 是非终结符号，γ 是包含非终结符号与终结符号的字串。这种语法规定的语言可以被非确定下推自动机接受。语境自由语言为大多数程序设计语言的语法提供了理论基础。(4) 3 型语法（正规语法）生成正规语言。这种语法要求产生式的左侧只能包含一个非终结符号，产生式的右侧只能是空串、一个终结符号或者一个非终结符号后随一个终结符号；如果所有产生式的右侧都不含初始符号 S，规则 S → ε 也允许出现。这种语法规定的语言可以被有限状态自动机接受，也可以通过正则表达式来获得。正规语言通常用来定义检索模式或者程序设计语言中的词法结构。

四种类型语法的主要特点可用图表归纳如下：

文法	语言	自动机	产生式规则
0 型	递归可枚举语言	图灵机	无限制
1 型	语境敏感语言	线性有界非确定图灵机	$\alpha A\beta \rightarrow \alpha\gamma\beta$
2 型	语境自由语言	非确定下推自动机	$A \rightarrow \gamma$
3 型	正规语言	有限状态自动机	$A \rightarrow aB$ $A \rightarrow a$

正规语言类包含于语境自由语言类，语境自由语言类包含于语境敏感语言类，语境敏感语言类包含于递归可枚举语言类。此处的"包含"都是集合的真包含关系，也就是说：存在递归可枚举语言不属于语境敏感语言类，存在语境敏感语言不属于语境自由语言类，存在语境自由语言不属于正规语言类。

乔姆斯基革命　Chomskyan revolution　指由乔姆斯基引起并领导的语言学传统的历史转变，后来被约翰·莱昂斯（John Lyons）称为"语言学研究的革命"。乔姆斯基于 1957 年出版其第一部语言学著作《句法结构》（*Syntactic Structure*），从理性主义的立场反对描写语言学的经验主义，把语言学看作是与自然科学中的其他科学一样，可以从假设出发，进行推演并形式化，颠覆了此前在语言学界占主导地位的哈里斯-布龙菲尔德流派的主要思想。乔姆斯基在《句法结构》中论证了语法的生成能力，认为应该把语法看成是能生成无限句子的有限规则系统，从而创立了转换生成语法学说。

乔姆斯基嫁接　Chomskyan adjunction　参见"嫁接"。

乔姆斯基语言学　Chomskyan linguistics　指以美国语言学家乔姆斯基为代表的语言学流派。此流派从探索人类语言的本质、本原和使用出发，提出了一系列重要的假设和理论，并涵盖了句法、心理、认知、习惯等各个方面。其中"转换生成语法"（Transformational Generative Grammar）不局限于研究个别语言，而是要探索语言的普遍规律以最终揭示人类的认知系统和人的本质。"转换生成语法"分别经历了"经典理论"（The Classical Theory）、"标准理论"（The Standard Theory）、"扩展的标准理论"（The Extended Standard Theory）、"修正的扩展标准理论"（The Revised Extended Standard Theory）、"管辖约束理论"（The Government and Binding Theory）以及"最简方案"（The Minimalist Program）"等几个阶段。作为转换生成语法的出发点，"天赋假说"（Innateness Hypothesis）提出人类天生具有一种学习语言的能力，即儿童生来就有基本的语法关系和语法范畴的知识，这种能力称为"语言习得机制"（Language Acquisition Device）。按照此观点，对语言或语言结构的研究能够揭示人脑的实质。因此使得语言学成为心理学的一个分支。乔姆斯基语言学在哲学上追随"理性主义"（Rationalism），在心理学上追随"心灵主义"（Mentalism）。相对应地反驳了"经验主义"（Experientialism）和"行为主义"（Behaviourism）。

桥梁动词　bridge verb　语法学术语。指允许从限定性补语部分提取部分成分的动词，即转换生成语法中可以通过削删规则疏通 S 截阻，将支配关系延置其后 NP 的动词。例如：[1] Who do you think met John?　[2] *Who do you whisper met John?

桥梁课程　bridge course　语言教学术语。指学术英语教学中，专门为英语水平有限的学生设计的学科知识性课程。桥梁课程的目的是为了帮助学生过渡到他们所学的正规学科课程。桥梁课程可由熟悉知识性课程的语言老师上，也可由比较熟悉第二语言教学的专业知识课老师上。它们通常紧跟在二语学习者的语言课后，而且不直接和本族语同一专业学习者的知识性课程一致。

桥音　bridge-sound；bridge phoneme　音系学术语。指为便于复合词的各部分之间发音，或使读音比较清楚或比较悦耳，在前缀与词根间，或词根与后缀（特别是屈折词尾）间插入的音。该音通常是元音，如英语的 physi-o-logy，log-o-gram，psych-o-linguistics 和俄语的 сам-о-лёт，жизн-е-деятельность 等。

切口　slang　参见"俚语"。

钦定《圣经》英译本　The Authorized Version　亦称詹姆斯国王版《圣经》（King James Version of the Bible；King James Version）。指 17 世纪用英文翻译的基督教圣经，其语言是英国国王詹姆士一世所处时代英语的代表。英译本工作始于 1604 年，1611 年由英格兰教会首次出版。此前的授权版本 The Great Bible 是国王亨利八世执政时英格兰教会批准发行的。1604 年 1 月，詹姆士国王一世召集汉普顿法庭会议，酝酿新的英语版本以纠正由英格兰教会中普鲁士派指出的早期译本中存在的问题。国王给翻译学者下达指令，要求新的版本必须遵从教会学并反映英格兰教会的教会结构及其对于神职人员的要求，共有 47 位学者参与了翻译工作，译者都是英格兰教会神职人员。新约译自希腊文本的公认经文（Textus Receptus），旧约译自马所拉抄本（Masoretic Text，即公元 8－11 世纪由马所拉学者们所保存的希伯来圣经经文）。新约外传译自公元前 3 世纪左右完成的希腊文本七十士（Septuagint）译本，其中最初二书是由拉丁通俗译本翻译的。钦定圣经英译本在英国普遍认为是最权威版本，并取代主教圣经版本成为英国教区教堂诵经台使用的标准版圣经。最早使用"钦定版"字样并特指该书的版本于 1824 年发行。1884 年，以"国王詹姆士授权版"命名并得到出版。到 18 世纪上半叶，钦定圣经英译本作为唯一英译本在新教教会普及；18 世纪下半叶，钦定圣经英译本取代拉丁版本成为英语世界学者的标准版经书。在世界大多数地方，钦定圣经英译本在印制方面没有版权限制。

侵入音　intrusion　参见"外加音"。

亲密感　intimacy　社会语言学术语。指使用特定形式的称呼语来表示亲密程度。例如：对社会地位较高的人按职务称呼（如"王经理""李校长"）；对熟悉的同事、朋友加"老""小"等称呼（如"小张""老陈"）等。汉语中使用"你瞧""那么""有点""你说是不是""你看对不对"等，英语中使用 well、you know、say、sort of 等，均可表现不同的亲密感。

亲密交谈　intimate speech　社会语言学术语。关系亲密的人之间所使用的言语形式。亲密交谈具有的主要特征是：(1) 很多言语含意是间接、隐含地传递的，因为共识程度较高；(2) 无矫揉造作的语言形式。亲密交谈是一种用于具体语境的语言变体。就交谈正式程度而言，交谈可分为庄重交谈、正式交谈、协商交谈、随意交谈和亲密交谈。各交谈方式都有一定的语音、词汇和语法特点，以体现说话者对所谈问题的态度，以及说话者和听话者之间的社会关系。

亲昵语词　endearment；term of endearment　社会语言学术语，亦称示亲语。指表达讲话人与所提到的人或物之间亲密关系的词语，如英语 dear、honey、kitty、doggy、piggy 及其汉语译名"亲爱的""宝贝儿""猫咪""小狗儿""猪猪"等。英语还用 -let、-ling 等后缀构成表示亲昵意味的词语，如 piglet（小猪）、houselet（小房子）、townlet（小镇）、duckling（小鸭）等。

亲属关系词　family term；kinship terms　指表示生物学上有关联的一组成员的词，既包括有血缘关系也包括有姻缘关系的词，如 father（父亲）、uncle（叔叔/舅舅/姑父/姨夫）、cousin（堂兄弟/姐妹，表兄弟/姐妹）、father-in-law（岳父，公公）和 mother-in-law（岳母，婆婆）等。

亲属关系术语学　kinship terminology　指对亲属称谓词语的研究。称谓词语包括亲属称谓和社会称谓。亲属称谓是以本人为中心确定亲属成员与本人关系的名称，是由各代婚姻关系构成的男女双方血缘关系排列的亲属次序确定的，如爸爸、妈妈、叔叔、哥哥等。亲属称谓有两种，一种是有血缘关系的亲属称谓，如上所述；另一种是非血缘关系之间社会人的称呼，如大哥、大姐、大妹子等，这种称谓呈现一定的社交功能，是为了拉近彼此关系而采用。语言学家与人类学家已经对于亲属关系术语研究了一个多世纪。语言学家主要分析这些术语与其他术语的比较及联系；人类学家则将亲属关系看作是社会的一部分并分析它的文化背景成分。前一种观点认为亲属关系的名称就是语言中的一个分支或者部分；后一种看法则认为亲属关系术语就是不同文化背景下，人们以各自不同的方式联系在一起的形式。但是，两者都必须承认，亲属关系术语存在于所有语言之中，而且"亲属关系"这四个字的解释在所有语言中都是相近的。

亲属语言　related language　历史语言学术语。指语言的谱系分类中有不同程度亲缘关系的语言，它们在语音、语法、词汇等方面具有明显的、成系列对应的特点。例如，英语和德语同为日耳曼语族的亲属语言，英语和法语同为印欧语系的语言，法语和意大利语同为罗曼语族的亲属语言，而汉语和藏语同属汉藏语系的语言。根据亲属关系的亲疏远近，可以把同一语系中的语言依次分为语族、语支、语群。总体而言，原始语（母语）分化为不同的语族，一个语族又分化为不同的语支乃至语群，一个语支或语群再分化为不同的语言。

青年语法学派　Young Grammarian; Junggramatiker　亦称新语法学派。19世纪70年代，德国莱比锡大学的布鲁格曼(Karl Brugmann)、奥斯特霍夫(Hermann Osthoff)、德尔布吕克(Berthold Gustav Gottlieb Delbrück)、莱斯金(August Leskien)、保罗(Hermann Paul)等人建立的语言学派。他们对梵语和古希腊语的关系提出了新见解。例如，梵语中有些词形比古希腊语距离原始印欧语的原形更远；原始印欧语的词根并不都是单音节等。该学派受到19世纪历史比较语言学家格林(Jacob Ludwig Carl Grimm)和施莱格尔(August Wilhelm von Schlegel)等人的一些语言学思想的影响。例如，关于语音变化，新语法学派强调：(1)语音演变规律无例外；(2)类推在语音变化中起重要作用。参见"**莱比锡学派**"。

青蛙旋律论　Hey-Nonny-Nonny Theory
参见"**摹声说**"。

轻动词　light verb　句法学术语。指存在于实义动词短语VP外层，本身几乎没有语义的动词。轻动词的语义主要靠其补足语提供，通常用v表示。例如：

[1] John—wa　Mary—ni hanashi—o shita
　　John—话题 Mary—向 谈话—宾助 suru 过去式

（约翰跟玛丽谈话。）

[2] [$_{vP}$[域外论元][v′ v [$_{VP}$[直接宾语]v′ V [间接宾语]]]]]

如例[1]所示日语里的 suru（shita 是 suru 的过去式）并不对其宾语 hanashi（谈话）做任何题元标记，而是对 John 和 Mary 做题元标记，suru 本身没有意义，只起动词作用，并同其宾语一起构成谓语。英语中很多动词有轻动词的作用，如"take a look"中的take，"have a snap"中的 have 等。但英语中轻动词不等同于助动词，因为轻动词无法和主语换位构成疑问句，且轻动词不能像多重助动词那样堆叠。乔姆斯基(1995)将轻动词看作及物性谓语的核心，并提出及物性谓语有例[2]那样的结构。

轻名词　light noun　句法学术语。轻名词可类比轻动词，指存在于实义名词NP外层、本身没有语义的功能性名词。轻名词的语义只能依靠其补足语部分的实义名词，通常记作nP。轻名词概念的提出可以帮助解释某些语言现象为何不符合语法。例如：[1] a. I heard something new. b. *I heard new something. [2] a. I have a new book. b. *I have a book new. 岸本英树(Hideki Kishimoto)等认为，像轻动词需要移位至上层的 IP 中心语位置一样，轻名词也需要移位至 DP 范围内数词短语 NumP(Number phrase)中心语处(Kishimoto, 2000)。这样，例[1]的 something 上移至 Num 位置，但例[2]中 book 为实义名词，无法移至 Num 位置，从而句子例[2b]不合语法。

轻拍音　tap　语音学术语。发此类音时主动发音器官很快地从静止位置离开，并轻轻地碰一下另一个被动发音器官，然后再回到开始的位置，与发音器官短暂接触的塞音相似。最常见的轻拍音是齿龈轻拍音[ɾ]，如美式英语 writer 和 rider 中的中间字母 t 或 d 的发音。轻拍音有时被看作是不充分的颤音(trill)，但与颤音不同的是它只颤动一次而后者在发音器官之间迅速多次振动才形成的。

倾斜　skewness　统计学术语，亦称偏态。指统计中衡量非对称分布的手段。当低分比高分多时，呈正倾斜分布；当高分比低分多时，呈负倾斜分布。倾斜值等于0时分布形态与正态分布偏度相同。倾斜计算公式如下：

$$skewness = \frac{\sum_{i=1}^{N}(Y_i-\bar{Y})^3}{(N-1)s^3} \quad \begin{array}{l} skewnes > 0 \text{ 正偏差数值较大，为正偏或右偏。} \\ skewnes < 0 \text{ 负偏差数值较大，为负偏或左偏。} \end{array}$$

倾斜分布　skewed distribution　语言测试术语，亦称偏态分布。在倾斜分布中，平均数(mean)、中数(median)和众数(mode)不重合。当平均数在众数和中位数右边，为正倾斜分布(positively skewed distribution)；当平均数在众数和中位数左边，是负倾斜分布(negatively skewed distribution)。在语言测试中,曲线的倾斜和测试的难度相关。曲线越偏向右边,测试越难;反之,测试越容易。

清辅音　voiceless consonant　语音学、音系学术语。发音时声带不振动,由气流克服在喉上腔道遇到的阻碍而发出的辅音,与"浊辅音"(voiced consonant)相对。几乎任何清辅音都可以有与之相对的浊辅音,即在发音动作中仅增加声带颤动而发成带有嗓音的浊辅音。例如:/p/—/b/、/t/—/d/、/f/—/v/、/s/—/z/(前者为清辅音,后者为浊辅音)。

清塞音　tenuis　语音学术语,亦称清塞音(voiceless stop)。如/p/、/t/、/k/,发清塞音时可以送气也可以不送气,但声带不振动。

清音的　unvoiced, voiceless　亦称不带音的。❶语音学术语。指发音时声带不振动的。例如,[p]、[t]、[k]、[s]等都是典型的清辅音。与"浊音的(voiced)"相对。❷音系学术语。指一种区别性特征,定义为"声带不振动的",与"浊音的"相对。

清音化　devoicing　语音学术语。指发音(通常是在发浊音)时,声带不振动,从而使发出的音完全或部分清化。发音时声带振动的音称为浊音。例如,英语中的元音通常是浊音,/den/中的/d/就是浊塞音;/ziŋk/当中的/z/就是浊擦音。声带不振动的音称为清音。例如,/tin/当中的/t/就是清塞音;/sit/当中的/s/就是清擦音。浊化辅音的清化通常出现在英语的词尾。例如,/lid/当中的/d/就是清化辅音。

清元音　voiceless vowel　语音学、音系学术语。指发音时声带不振动,即不带嗓音的元音。元音本质上是浊音。清元音是具有一定元音位势的呼气音。只在少数语言中或语言变体中存在。

情感　affect　语言习得术语。指对语言学习和语言使用可能产生影响的各种情感因素。这些因素包括内向、外向、羞怯、豪爽等个人的基本性格特征,对语言学习或使用所持的积极或消极的态度,以及面对语言学习或使用任务时所表现出的热情、冷漠、厌倦、焦虑、沮丧等即时心境。有理论认为情感状态主要是由语言学习者或使用者通过对任务的挑战性与自身能力进行主观评估决定的,当语言学习者或使用者认为自身能力低于任务的挑战性时,就会表现得焦虑或沮丧,而当其认为自身能力远高于任务的挑战性时,也通常表现得厌倦、冷漠。因此,只有为学习者提供既具有挑战性又不超出他们能力范围的任务,才能激发最积极有利的学习情绪。

情感变量　affective variable　语言习得术语。指各种可能影响语言习得并与学习者个人情感相关的因素,如动机、态度、兴趣、焦虑、自信心等。学习者由于受到各种情感因素影响而表现出的心理状态大体可以划分为积极情感和消极情感。以焦虑为例,作为重要的情感变量之一,焦虑在外语学习中不仅可以决定语言过滤的多少,还可以在某种程度上影响语言学习的进度和质量。参见"**情感过滤器假说**"。

情感过滤　affective filtering　语言习得术语。指当语言学习者选择某种特定的语言变体作为学习模仿对象时,其选择结果通常受到情感因素的影响。比如有部分语言学习者在所接触到的语言变体中,包括父母的语言、教师的语言、媒体的语言等等,会倾向于选择模仿伙伴所使用的语言变体。

情感过滤器假说　affective filter hypothesis　语言习得术语。克拉申(Stephen Krashen)二语得的"五大假说"之一。根据情感过滤器假说,学习者的情感因素对语言习得是否能够取得成功起着极其重要的作用。消极的情感因素,如焦虑、恐惧、学习动机不足、缺乏信心或兴趣等被定义为过滤器,即情感障碍,会阻碍学习者对输入信息的吸收,从而降低语言习得的效果。情感过滤器假说有利于语言教学工作者和语言学习者充分认识情感因素在语言习得中的重要影响,利用情感中的有利因素提高学习者的学习效率,同时最大限度地避免和克服在语言习得中可能产生的不利的情感因素影响。参见"**监控理论**"。

情感荷载词　charged words　社会语言学术语。指具有一定程度隐含意义(褒义或贬义)的词语,一般与带有中性意义的词相对。例如,eccentric、athlete 和 homosexual 是具有中性意义的词(neutral words),与之对应的带有感情色彩的词分别是 crazy、jock 和 fag。在可用中性意义词情况下用了与之对应的褒义或贬义词往往反映出说话者的某种态度及(或)其教育背景。带有感情色彩的词语可出现的范围很广,涵盖了社会生活的各个方面。一般来说,说话者,尤其是受过教育的人,比较喜欢用委婉语来代替中性词,尤其在指具有贬义的词语时。例如,用"unemployment benefit"来指 dole,用"chemical dependency"来代替 drug addiction 等。

情感领域　affective domain　语言教学术语。教学课程设计时所制定的预期目标领域之一,指将学习者的学习态度、情感和价值观等情感因素纳入课程培养的目标之中。情感领域纳入课程培养的预期目标主要是考虑到学习者的情绪会对语言学习和使用产生积极或消极的影响,因此,在教学课程设计中尽可能激发学习者积极情绪,以期更好地实现教

情 qíng （语言学术语）

学课程的其他方面的目标。

情感目标　affective goal　参见"情感过滤器假说"。

情感诉求　pathos　修辞学术语。劝说机制作为西方修辞学研究的核心，主要围绕劝说模式或论证模式问题展开。论证模式包括理性（logos）、情感（pathos）和人格（ethos）三大因素，共同构成西方传统修辞学原则。修辞理性即指逻各斯，包括论辩，即论辩领域、偶然性与可能性、根据事实的争议、修辞推理、例证、推断、实践智慧、言语行为与言论等方面的研究；情感因素指演说论辩和劝说中对听众的情感诉求；人格因素指演说者的人格或道德操守和演说的可信度。修辞学自古崇尚以听众为中心的说法，当代统称为受众。其中，情感诉求是激发或控制听众心理反应的修辞力量，即感召力，可以根据或创造修辞情境以激发或控制听众的各种情感。情感是修辞反应的模式，是听众作出主观判断的表现，具有导向性。情感诉求通常在修辞者、听众和命题之间建立至关重要的联系，听众分析与修辞目的的关系成为情感力量的重要组成部分。

情感意义　affective meaning; emotive meaning　❶语义学、语用学术语。英国语言学家利奇（Geoffrey Leech）在其 1974 年版《语义学》中在对词汇意义进行分类研究时提出的词汇意义的一个类别。词汇的情感意义在词汇使用中不具有独立性，必须要依附于词汇的概念意义、内涵意义、搭配意义等，从而表达说话人的情感以及对听话者和所谈事物的态度。语言中的 Alas、Ouch、my god 等感叹词的主要功能就是表达情感意义，而另外一些含有褒贬意义的同义词语如 statesman/politician（政治家/政客），resolute/obstinate（坚定的/顽固的）等也都带有较强的情感意义。❷语义学术语。用于给意义分类，指语言单位所包含的与说话者的感情、意志、态度等有联系的意义。情感意义并不是一种独立的意义，而是通过音色、感叹词等手段来表达。例如，"She is only a child"中的 child，其概念意义是"孩童"，但其情感意义可以是"可爱的""顽皮的""吵闹的""烦人的"等。参见"内涵意义"。

情节记忆　episodic memory　心理语言学术语。指由个人经历和情节组成的那部分记忆。它是对一定的时间、地点及具体情境相联系的事件的识记、保持和再现。当一个人被问及过去某时间内曾做过的事情时，此人就会把那一段时间内所经历的事情一一回想，以便于从中截取所需信息。这种记忆的最大特点是具有情节性。虽然情节记忆经常处于不断变化的状态，保持的信息也常变化，不易提取，但情节记忆对保持个体的经历，积累和储存直接的经验起着重要作用。情节记忆与语义记忆（semantic memory）一同组成陈述性记忆（declarative memory）。

情景　situation　亦称非语言学语境。指话语或者文字意义所表达的外部世界的特征，即言语行为所依据的现实情况，如话题、交际参与者、正式程度、交际性质和目的等。情景包括场景（setting）和情节（episode）。除此之外，言语情景还包括前提、主观对言语行为将要激活的因素以及这些因素对预期效果的影响等。情景在为言语行为提供条件的同时，也对言语行为进行制约。

情景法　situational method　语言教学术语。指语言项目的选择、组织和展示均以情景（如在问讯处、在银行、在超市）为基础的语言教学方法。根据情景来选择、组织和练习语言，才符合情景法的要求。情景法课程或教科书的大纲叫情景法大纲。参见"情景语言教学法"。

情景分析　situation analysis; SWOT analysis; target situation analysis　语言教学术语。主要指课程大纲开发中需求分析的一个方面。课程大纲开发中，需要识别可能会对课程执行产生正面或负面影响的因素。这些因素包括政治因素、社会因素、经济因素、机构因素以及管理因素等。

情景框　frame　认知心理学术语，亦称框架。指事件发生的典型模式或格式，表示一种抽象的知识结构。这种结构包含着与某一个情景有关的事件和行动序列的意义单位。例如，餐厅情景框的内容包括厨师、侍者、点菜、付款等，课堂情景框包括教师、教材、学生、课堂活动等。情景框能够帮助读者理解语言材料。情景框理论已广泛运用在阅读、记忆、理解等研究领域。

情景模型　situational model　功能语言学术语。语篇内容和知识运用相互作用的结果。最初表达由论元（argument）和述谓（predicate）组成的关系网络来体现，看其是否可以在真实世界中找到所指或者是否具有真值（truth value）。随后这种命题的内涵逐渐增加，包括情态、时态、修饰词语、指示表达、关联词、时间、地点、语言使用者等因素。

情景体　situation aspect　语义学术语，亦称情状体。指用来描写情景词项内在意义特征的词汇意义体，由史密斯（Carlota Smith）于 1983 年提出，与观点体（viewpoint aspect）相对。例如，英语动词 contain 的词汇意义决定了其表示持续状态的特征。观点体亦称视点体，指由助动词或动词的屈折变化表示的关于体态的意义特征，如英语动词的进行体和完成体。

情景型语码转换 situational code-switching
社会语言学术语。指由于改变话题、参与者等情境因素而引起的语码转换,意味着只有一种语言或语言变体适合在某个特定的情景中使用,讲话人需要改变自己的语言选择来适应情景因素的改变,从而最终维持讲话的适切性。通过语码转换,交际者可以成功地理解和把握情景。此概念与喻意型语码转换(metaphoric code-switching)相区别。后者指在情景不变的情况下,参与交际的人为了改变说话语气、重点或角色关系而采取的语码转换。社会语言学家甘柏兹(John Joseph Gumperz)于1982年《会话策略》中首次提出了以上两种语码转换。

情景意义 situational meaning; contextual meaning
功能语言学术语。指话语和发生话语的情景之间的关系。信息产生于一定的交际情景,情景对于理解文本非常重要。

情景语境 situational context; context of situation
功能语言学术语。语境的一种。指语篇产生时的时间、场景及参与者之间的关系等。韩礼德认为情景语境由场景、方式和交际者三个部分组成。海姆斯(Dell Hathaway Hymes)又进一步将情景语境细分为8个因素,即场景、角色、功能、意念、语体、重音和语调、语法和词汇以及语言辅助手段。

情景语言教学法 situational language teaching
语言教学术语。指1930年至1960年间英国创立并广泛推行的一种语言教学方法。情景语言教学法以语法为基础,在教学过程中运用语法和词汇分级原理,通过情景提出新的教学项目并进行练习(如通过情景操练句型),同时充分利用录音机、投影仪等视听教具,创立生动的情景,使学生身临其境地学习外语。此方法的学习理论是行为主义,主要原则有:(1)语言的学习是习惯的养成。必须避免错误,主张语言技能的展示先以口头方式,后以书面方式,以有效学习。(2)相对于分析而言,类比更有利于学习。(3)单词的含义只能在上下文语境中学习。此教学法认为口语是语言的基础,句型和结构是会话能力的基础。

情景语义学 situation semantics
20世纪80年代诞生的一种新型语义理论,主张词语的意义是情景与(所指)内容之间的关系。换言之,词义并不指语义特征,而是指对情景特征的陈述。美国逻辑学家巴威斯(Jon Barwise)和佩里(John Perry)等人创立了此学说。

情景照应 situational reference
指通过语言之外的情景来认定指涉对象,如"明天开会"。人们必须借助时间概念和知识才能确定"明天"这个对象。

情态 modality
语法学术语。指用来体现说话者对其所言的主观态度的句法语义范畴。情态是为了表达说话者主观上认为的所知、看法的真实(可能)性,或实现自己要求的强制(必要)性或意愿性如何,以及说话者假设的(或理想的)情景与现实世界是否相符的预测。情态范畴主要由情态动词或小句来体现。例如:[1] 小明上学去了。[2] 小明肯定上学去了。[3] 小明可能上学去了。[4] 我认为小明已经上学去了。 四个例句的意义涉指同一个事件,但说话者对于句中描述的时间和真实世界的关系所持有的态度却有不同。句[1]采用的是客观陈述,说话者对事件的真实性确定无误;句[2—4]都增加了说话者的主观态度的表达,即情态。再如:[5] I may be wrong.(我可能错了。)"may"表示可能性。[6] You can smoke here.(你可以在这里吸烟。)"can"表示许可。[7] I can play the piano.(我会弹钢琴。)"can"表示能力。情态意义也可用其他方式表达。例如:[8] Perhaps I'm wrong.(或许我错了。)

情态从句 modal clause
句法学术语。指在句法上起状语补足语作用的从属分句,用来表示被描述的事物在主句中如何发生。例如:The driver saved the lady's life by sending her to the hospital. 句中的"by sending her to the hospital"可看作情态从句,用以说明主句中的主语"the driver"如何帮助其救援对象"the lady"。情态从句通常用作方式从句(instrumental clause)、比较从句(comparative clause)、关系从句(proportional clause)和限制性从句(restrictive clause)等的总称。

情态动词 modal verb
语法学术语,亦称情态助动词(modal; modal auxiliary verb; modal auxiliary)。指本身有一定词义,可以表示说话人对所说动作和状态的情绪、态度或语气的助动词。情态动词具有的主要特点和功能包括:(1)不能单独在句中充当谓语,只能与其他动词原型共同构成谓语;(2)具有助动词作用,可用于构成否定句、疑问句及简单问答。以英语情态动词can为例,用can构成的否定句、疑问句和简单问答句分别如下:[1] She cannot understand what I said.(否定句) [2] Can you do me a favour?(疑问句) [3] Yes, I can.(简单回答) (3)英语中的情态动词在使用时后接动词原形,即不带to的不定式;(4)情态动词无人称和数的变化。英语中的情态动词主要有:can (could), may (might), must, need, ought to, dare (dared), shall (should), will (would), had better等。

情态动词四属性 NICE properties
与实义动词(full verb)相比较,英语中情态动词(auxiliary

verb)具有四个属性：(1)否定性(negative)，即情态动词具有否定形式，如hadn't、can't；(2)倒装性(inverted)，即情态动词和主语的位置可以调换，形成倒装，如"Can he？""Had he left？"；(3)编码性(coded)，即情态动词可以用于省略句或可通过语境理解的编码话语中，如"Yes, he can""No, she won't"；(4)强调性(emphatic)，情态动词可以以强调方式确认陈述的真实性，如"She CAN do it."和"He HAD left."。英语词目名中NICE正是由negative、inverted、coded、emphatic四种属性的英文单词的首字母构成的缩略词。四属性的观点最初由英籍旅澳语言学家罗德尼·赫德尔斯顿(Rodney Huddleston)提出。

情态助动词　modal; modal auxiliary; model verb　语法学术语。指用来表示情态的一类助动词。情态助动词除了表示语法意义以外，还表示说话人对另一个动词的行为或状态的看法或态度，通常用来表达可能、能力、允许、祈求、强制等语气，如英语中的may(可以，或许)、might、can(能够)、could、must(必须)、ought to(应该)等。与英语中的所有助动词一样，情态助动词也有其特殊的否定形式，可以通过语序颠倒构成疑问句；情态助动词处于非重读位置时，有轻读形式(weak form)，但情态助动词没有第三人称单数(现在时)的屈折变化。

区别词汇学　differential lexicology　指对不同语言中的相似词(形态相同、读音相似)的词义进行分析和区别的研究。例如，car在英、法语中是相似词，但英语中car是汽车的意思，法语则是四轮大马车；英语"suggestions for improvement"对应的法语为"suggestions en vue"，英语"a suggestion of an accent"则对应于法语的"une pointe d'accent"。

区别分析　differential analysis　语言分析的一种方法，亦称区别语言学(differential linguistics)或对比分析(contrastive analysis)。用以揭示两种或更多的语言或方言的相同点和不同点，如对比语音体系或语法体系，在外语教学和翻译等应用语言学的某些领域中普遍使用。这种方法特别注重语言的变换、干扰和其中的对等关系，属于共时研究，因为它只注重研究有关语言的当代形式，而历史比较语言学则集中研究语言在不同时期的发展变化形式。

区别性功能　distinctive function　语音学、音系学术语。作为音位、音节、重音等所具有的三种功能之一，即区别不同音系单位的功能。

区别性特征　distinctive features　音系学术语。经典生成音系学最重要的概念之一。生成音系学认为，音系分析的最小单位不是音位，而是区别性特征，音位由区别性特征组成，两个不同音位至少在一个区别性特征上形成对立(contrast)。例如，/p/和/b/仅在[带声]([VOICE])这一个区别性特征上形成对立，两者在音系学中被称为最小对比对(minimal pair)；而/p/和/n/则在[鼻音]、[响音]、[舌冠]等多个区别性特征上形成对立。两个音位能够形成对立的区别性特征越多，说明其间差别越大。区别性特征的概念最初由布拉格学派的雅柯布逊(Roman Jakobson)提出，但在当时并未得到重视，直到1968年乔姆斯基和哈勒(Morris Halle)合著的《英语语音模式》(*The Sound Pattern of English*)出版以后才引起关注，并成为生成音系学的核心概念之一。书中提出的"区别性特征"的概念并不完善，存在的问题主要包括：区别性特征是偶值还是独值；区别性特征如何定义；数量是否有限制；区别性特征之间是各自独立还是相互关联；组成一个音位的特征是凌乱无序的还是规则有序的；等等。关于第一个问题，有些语言学家(如雅柯布逊、乔姆斯基和哈勒)提出区别性特征应呈偶值，在具体特征前用[±]符号标示；但是有些语言学家提出，有些特征(如发音部位)若用偶值标示，会造成数量的大量冗余。例如，/p/是双唇音(bilabial)，若用偶值特征标示，可作：[＋双唇]、[－鼻音]、[－边音]、[－流音]、[－舌冠]……若用独值特征标示，则一个辅音只需用一个特征"[双唇]"即可。关于区别性特征的定义，多数音系学家都同意从声学和发音两个角度进行定义。例如，元音性(VOCALIC)、辅音性(CONSONANTAL)、连续性(CONTINUANT)等是从声学角度定义的区别性特征；鼻音性(NASAL)、边音性(LATERAL)、舌冠性(CORONAL)等是从发音部位的角度定义的区别性特征；紧实性(STRIDENT)、粗糙性(CREAKY)、带声性(VOICED)等是从发音方式的角度定义的区别性特征。但是关于特征数量的问题至今尚有争议，基本的共识是在不同的语言中特征的数量有所不同。此外，在不同的环境中，区别性特征有"有标记(MARKED)"和"无标记(UNMARKED)"的区别。

关于区别性特征的排列，乔姆斯基和哈勒的观点是特征在特征矩阵中的排列是无序的，而且每个特征的地位都是平等的。但是这一观点一经提出就受到了猛烈的抨击。这些批评不断完善特征理论，使之得到了长足的发展，出现了两种重要的理论：不充分赋值(underspecification)理论和特征几何(feature geometry)理论。不充分赋值理论认为特征矩阵(feature matrix)中有些特征是没有赋值的，这些没有赋值的特征主要有四种：非对立性(non-contrastive)、无标记性(unmarked)、冗余性(redundant)和可预测性(predictable)等特征。这些特征可以不必出现在底层表征(underlying representation)中。特征几何理论着重考察特征之间的非线性关系,或层级配列关系。例如,克莱门斯(Nick Clements)认为,如果将音段作为根节点的话,下面可以分为喉部和喉部以上两个节点。喉部节点下有[紧(STIFF)]、[松(SLACK)]、[展(SPREAD)]、[缩(CONSTRICTED)]等终端节点,喉部以上节点下又可以分为位置节点和方式节点,位置节点下有[舌冠(CORONAL)]、[舌后部(BACK)]、[圆唇(ROUND)]等终端节点,方式节点下有[边音(LATERAL)]、[延续(CONTINUANT)]、[响音(SONORANT)]等终端节点。特征几何理论一经提出便受到广泛关注,目前仍在不断发展中。

区别性特征理论　distinctive feature theory　音系学术语。布拉格学派音位学家特鲁别茨科伊(Nikolay Trubetzkoy)等人提出的关于音位是一束语音区别性特征(a bundle of DF)的理论。例如,/p/是[+双唇成阻]+[+闭塞]+[+无声带振动音]等一系列特征组合的结果,其他音位至少在一个这样的特征上有别于/p/。

区分度指数　index of discrimination　语言测试术语。语言测试中,指表示试题对考生实际水平(好、中、差)的区分程度的指数。区分度指数能显示一份试卷总成绩好的考生是否每道试题都做得好。如果一道试题学习好的考生能做出,而学习差的学生做不出,这说明这道题的区分度高。如果一份试卷不管学习好或学习差的考生均考了高分,说明这份试卷区分度指数不高。

区分语态的派生形式　banyan　形态学术语。指在阿拉伯语(属于闪语系)中一套典型地表达和区分语态的动词词根的派生形式系统。阿拉伯语的构词法有独特的规则,每一个词汇大都有其内部词根和派生关系上的屈折变化,通常一个词根可派生出若干含有不同时态的动词和不同含义的名词。例如:Kataba(他写了),Yaktubu(他正在写),Uktub(你写!命令式),LamYaktub(他未写),La Yaktubu(他不写)等各种派生动词。

区域　area　方言学术语,亦称地域。指在相同语言学特征的基础上划分的地理范围。由此形成语言的地区分类(areal classification),如:斯堪的纳维亚地区语言(Scandinavian languages),伦敦区方言(London-influenced dialects)等等。每种语言/方言区叫区域群(areal group)或区域型(areal type)。

区域分类法　areal classification　参见"地域分类法"。

区域性变异　regional variation　参见"地域变体"。

区域性方言　areal type　亦称地域性语言。指同一地区在语音和语法方面有共同特征的一组语言。这些语言具有共同特征不是因为谱系上的演化,而是由于地理位置的接近和言语集团的人们长期接触的结果。

区域语言学　areal linguistics　语言学的一个分支,亦称地域语言学。指根据地理分布将语言划分为语言区,并研究同一语言区的各种语言在语音、词法、句法和语义等方面的共同点和不同点,以及各语言之间相互影响、相互扩散,从而建立方言的语言学分支学科。该学科主要有两种研究方法:(1)环境法(circumstantialist approach),主张将同一语言区中各语言的共同点逐一列举,允许这些共同点包含因语言扩散引起的差异,但是拒绝包含能显示扩散特征的历史语言学证据;(2)历史法(historical approach),主张寻找能显示扩散特征的具体的历史语言学证据。在实际研究中这两种方法通常互为补充。

屈折　inflection; inflexion; flection; flexion　形态学术语。指将词缀添加到词根或词干上,或者改变词的内部元音,以表明某种语法范畴或语法意义的词的变化形式,如希腊语、拉丁语和俄语中名词表示格的词尾。在英语中表示复数的词缀有-s 或 -es。如 hat/hats、tomato/tomatoes;表示属有的语素有-'s,如 boy's/boys';表示时态的语素有 do/did/done 或 study/studied。

屈折变化　inflection　形态学术语。形态学的三种描写模式之一。语素学(morphemics)提出之前西方语言学中常见的分析模式。这种分析方式以词为基本单位,主要强调词的不同形态变化之间的对比关系,而不是将词进一步切分为语素。例如,对"He works."一句中的"works"的描写,强调其与第一、第二人称相对的第三人称形式,与复数相对的单数形式,与过去时相对的现在时形式,与被动语态相对的主动语态形式,与虚拟语气相对的陈述语气形式等等。词的各种可能的词形变化作为一个整体列入词形变化表(paradigm)。这种分析方法比较适用于词形变化丰富的语言。其他两种形态学描写模式为"项目与配列(item and arrangement)"和"项目与过程(item and process)"。

屈折词层　inflectional layer　句法学术语。指具有屈折变化形式的各种动词。句法学上将情态动词、助动词、表示时态、体态等语素都看作是动词的屈折变化形式,将其定义为屈折词(inflection),记作 INFL 或 I。I 投射成的短语称为屈折词短语(IP)。按照 X 阶标理论,IP 出现在 CP 和 VP 之间,这层称为屈折词层。20 世纪 80 年末 90 年代初,乔姆斯基将屈折词的特征进一步分解,分成时态特征和一致特征,各自按照 X 阶标结构投射成 TP 和

AgrP，这种观点称为屈折中心语分裂假说（Split INFL Hypothesis）。1995 年乔姆斯基又将一致分为主语一致和宾语一致两种。

屈折词尾 inflectional suffix; flectional ending 形态学术语，亦称屈折后缀。指加在词基或词干上的屈折词尾，如 chairs 一词上的复数词尾-s。屈折词尾可体现性、数、格、人称、时态、语态、语气等范畴。参见"屈折词缀"。

屈折词缀 inflectional affix 形态学术语，亦称屈折后缀（inflectional suffix）或屈折词尾（flectional ending）。黏着语素的一种，不能独立成词，可和独立词组合表示词的性、数、格、人称、时态、比较级等语法范畴和语法意义。与派生词缀不同，屈折词缀的添加不能衍生新词。表示同一语法意义的屈折词缀在不同语音环境中会出现变体。如英语中表示复数的词缀-s，在清辅音之后发[s]，在浊辅音之后被同化为浊音[z]，在咝音之后由于异化的需要加入轻音，成为[iz]。

屈折范畴 inflectional category 形态学术语。指与词干的屈折变化相关的语义句法功能，通常表现形式为词汇特征（如性）和语法特征（如数、格、时态等）。

屈折构形成分 inflectional formative 形态学术语。构形成分的一种，表示一个词的不同语法形式。构形成分指具有不同功能的语素类型。它们在形式上彼此区别，必须互相结合才能构成较大的语法单位，即词或句子的结构。根据在结构中的不同作用，可分为屈折构形成分、词汇构形成分和词干构形成分。英语中的屈折构形成分包括现在时第三人称单数动词后面所加的-s，构成动词现在分词和动名词的-ing。

屈折消失 deflexion 形态学术语。❶指在历史或历时语言学中失去屈折变化的现象。例如，几个格的词尾可以合并成一个。❷在共时语言学中词尾变化消失是指用别的手段来完成屈折词素的功能。例如，形容词的比较级可以通过加 more 来实现，而不是加词尾-er。

屈折形式 inflection; inflexion; INFL; I 句法学术语。指涵盖多种语法特性的一个抽象组构成分，尤其指包含时、人称和数等特征。在 X 阶标理论中 I 类似于词汇语类 N、V、A 和 P，因其为一个零层次语类，有两个短语投射 I′ 和 I″。I″ 是 I′ 的最大投射，通常称作屈折短语（inflection phrase，缩称 IP）。在早期管辖与约束理论和其他一些理论中 I″ 等同于 S。

屈折形态学 inflectional morphology 形态学的一部分。指对词的屈折变化形式的研究。

屈折语 inflexional language; flexional language 语言类型学术语，亦称屈折型语言（inflecting language; inflectional language; inflected language）。指比较语言学根据结构（而不是历时）标准、特别是根据词的特点建立的语言类型之一。内部屈折指词根中元音或辅音的交替，如英语 foot—feet, lend—lent。外部屈折例如英语名词单数形式后面加上后缀-s，构成相应的复数形式，如 letters、lamps；动词不定式后加-ed，构成过去时态，如 walked, called。其中，一个词缀可以同时表示几种语法意义，如英语动词 reads 中的-s，同时表示第三人称、单数、现在时；另一方面，同一语法意义可用不同的词缀来表示，如 desks, oxen 中的-s 和-en 都表示复数。在像拉丁语、希腊语和阿拉伯语这些语言里，词的屈折形式可表示几种形态对立。这种"溶合"特性使这类语言也称作溶合语，也是分析中采用词与词形变化模型的理据。跟其他类似的分类法一样，这里分出的类也不是绝对的：各种语言或多或少都表现出屈折的特点。希腊语和拉丁语属屈折型语言，但屈折语言、黏着型语言之间没有明确的界限，有时屈折型语言和黏着型语言统称综合型语言。参见"溶合语"。

屈折中心语分裂假说 split-INFL hypothesis 句法学术语。波洛克（Jean-Yves Pollock）在比较英法两种语言时，依据助动词和主要动词在否定句及含副词的句子中分布的不同提出的假说（Pollock1989）。屈折中心语分裂假说将屈折成分短语 IP 进一步分解为 AgrP（一致性短语）和 TP（时态短语）两个功能投射，AgrP 还可进一步分解成 AgrSP（主语一致性短语）和 AgrOP（宾语一致性短语）。分裂后的 IP 树形图如下所示：

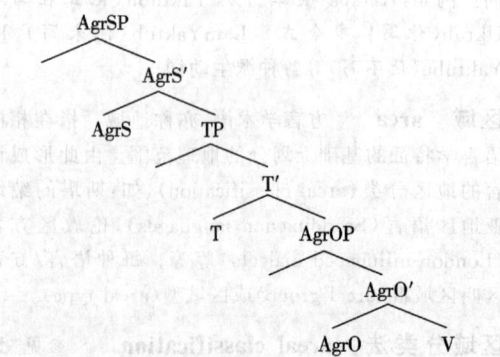

趋同提问 convergent question 语言教学术语。指引导学生提供集中于中心主题的回答的提问。趋同提问一般要求存在一个正确答案，并引导学生就此做出简短的回答。趋同提问与趋异提问(divergent question)不同,后者一般没有所谓正确或错误的答案。而当教师试图重点讲解某些特殊技能或信息,或要求学生给出简短答案时,往往会运用趋同提问,如希望引导学生是否能在阅读过程中找出某一特定内容。

趋向共性 universal tendencies 参见"统计共性"。

趋异提问 divergent question 语言教学术语。一种促使学生提供不同的或趋异的回答的问题。例如,教师试图比较不同学生对某一话题诸多看法的时候,就会用到趋异提问。对于趋异提问,不存在正确或错误的答案。

渠道 channel 指信息传递的方法和途径。语言中最常见的渠道有两种表现形式,即口语和笔记。通过言说,信息由具有意义的一组声音传递给听话者,并由听话者对这组声音进行分析;通过书写,信息则由文字传递出来,由读者进行解析并理解。

渠道能力 channel capacity 语言教学术语。指语言学习者在理解和生成话语中处理话语的能力,如通过记忆重现语言及规则并自由使用的能力。二语学习者的渠道能力随着其习得阶段的不断发展而日益增强。

曲音变化 umlaut; vowel mutation 音系学术语。指词根中的元音由于受到词缀中元音的影响而发生音变的现象。例如,在古代德语中,词语后缀中的高前元音[i]会使词根中的后元音[u]、[o]、[ɔ]分别变为前元音[y]、[ø]、[œ],现代德语中的某些单词也保存了这种音变。例如,德语单词sohn"儿子"的复数形式为söhne,词根中的后元音[o]变为前元音[ø],原因是古代德语名词复数词缀中的[i]使词根中的[o]发生舌位前伸的音变。有些音系学家认为曲音变化是一种特殊的元音和谐(vowel harmony),前者为词根中的元音被词缀中的元音和谐同化,而后者通常是词缀中的元音被词根中的元音和谐同化。

曲折声调 contour tone 语音学术语。指有音高变化的声调。曲折声调一般存在于声调语言中,如汉语、泰语。几种重要的曲折声调有升调、降调、降升调和升降调。有些语言,比如非洲的门德语,存在音高连续变化的曲折声调,如升降升/和降升降调。

去鼻音化 denasal 音系学术语。在鼻塞音或鼻元音中,使通过鼻腔的气流减少。这种现象可能由言语疾病所引发,也可能由感冒导致的鼻窦阻塞所引发。当感冒的人说话时,鼻腔通道仍旧作为共鸣腔在起作用,所以去鼻音化的闭塞音[m̃]听起来就像一个浊化口腔音/b/;去鼻音化的元音[ã]就像一个口腔元音/a/。

去边界化 debounding 认知语言学术语。指把一个可数客体(count entity)转变成物质客体(mass entity)的语法操作过程。例如:[1] I have ten eggs. [2] After my fall there was egg all over my face. 例[1]中的鸡蛋(egg)是有边界的可数名词,但在例[2]中借助于"There was"语法构式把可数名词变成了物质名词,一个没边界的客体。去边界化与语法操作过程提取(excerpting)相对。

去腭化 depalatalisation 音系学术语。指通常由于同化的影响,腭位音变为非腭位音的过程。例如,在波兰语中的音系操作过程中,腭位音位/ć/、/ʃ/和 /ń/,会分别变为非腭位音[t]、[d]和[n],即/vilgoć/→[vilgotni]。

去嗯化 de-umming 社会语言学术语。许多电台和电视的报道只有通过编辑才能够达到至臻完美的语音效果,甚至即时的采访和访谈中出现的瑕疵也可以在播出前进行掩盖,即通过编辑滤除过多的"嗯"或"啊"。这种滤除的技术就叫做去嗯化处理。

去方言化 de-dialectalisation 社会语言学术语。指方言逐渐被通用标准语取代的语言演化现象。例如,丹麦、荷兰、挪威、瑞典和德国都是崇尚方言的国家。但近40年的社会语言学研究表明,由于农村城镇化、商品交易大型市场化以及农场的日益集约化和超大规模化造成农村人口向城市迁徙,丹麦方言使用人口大幅下降,通用标准语的使用比率日趋上升。由此可见,经济发展、信息与通信技术进步、乡村城市化和教育水平提高等现代化因素,对去方言化等语言现象具有重要作用。

去技能化 deskilling 语言教学术语。指因为缺乏使用或环境发生变化而失去原本具有的某种或某些技能的过程。在语言教学法中,指对教师在某些教学的重要方面的职责和参与移除的同时,只让其处理教学低水准方面的过程。一些教育家认为,对教科书过分依赖就会使教师"去技术化",因为教科书替代了许多本应该由教师所完成的、有关教学的思考与计划制定任务。

去克里奥耳语化 decreolisation 社会语言学术语,亦称非混合语化。指克里奥耳语逐渐演化为词汇和语法固化的标准语,并与其原始标准语产生杂糅,从而变得更接近于原始标准语本身。例如,通过去克里奥耳语化,可使以英语为基础的克里奥耳语演变得更像标准英语本身。如果使用克里奥耳语地区的居民能够获得更多的标准语言的学习机会,就必定会出现没有教育背景或教育背景较差的人使用克里奥耳语,而具有良好教育背景的人使用标准语言的语言混杂现象。在牙买加或圭亚那等国家,使用以英语为基础的克里奥耳语和使用诸多标准英语变体的人数都很多;与去方言化现象类似,经济发展、教育普及、信息与通信技术进步和城市化等因素,对去克里奥耳语化进程具有关键性作用。参见"去方言化"。

去歧义化　disambiguation　句法学术语。通过语言学分析来显示存在歧义的句子的实际不同的词义或结构。例如,(1)词义性歧义。在"*The chicken is ready to eat.*"中,"chicken"指的可能是"鸡肉",也可能是"小鸡",因此我们必须通过添加附加成分使之去歧义化:[1]*The chicken is ready to eat; so please serve it*. [2]*The chicken is ready to eat; so please feed it*. (2)结构性歧义。例如:[3]*Flying planes could be dangerous*. 此句意思可能是(a)*Planes which are flying could be dangerous*. 也可能是(b)*To fly planes could be dangerous*. 因此,对于存在结构性歧义的句子,必须对其深层结构进行重组,才能够达到去歧义化的效果。

去石化　defossilization　语言习得术语,亦称去僵化。指确定语言石化前的一种干预手段。对于石化的实证研究,有两种角度:产出角度(a product perspective)和过程角度(a process perspective)。从产出角度研究石化现象,会有一个去石化的过程。在借助外力和更多的输入条件下,如果学习者都没能改变先前的错误,这时被研究的石化结构才最终得以确认。过程角度则采用纵向研究法(longitudinal),长期观察石化的形成过程。

去双音化　degemination　参见"非双音化"。

去习惯化　dishabituation　指在习惯化形成以后,由于一种新刺激的引入,被试的反应水平再度提高的表现。婴儿的吸吮行为可作为习惯化与去习惯化的评估指标。首先给婴儿一个橡皮奶头供其吸吮,记下其吸吮频率的基线。当一个新异的刺激(如声音)出现时,婴儿将产生定向反射,可能表现为吸吮行为的中断或频率降低。同样的刺激如果反复呈现,婴儿的定向反射将逐渐减少直至完全消失,吸吮行为不再受刺激呈现的影响(习惯化)。如果这时又出现另一个新刺激,婴儿可能又产生新的反射行为,吸吮行为再次发生变化(去习惯化)。习惯化—去习惯化等研究方法的采用,对于揭示人类概念的发生及发展的实质具有重要意义。

去语法化　degrammaticalization　指语法成分在内容上愈加词汇化而愈少语法化的变化。通常用于语法化研究中,指涉及违背单向性原则的现象。

去语境化　decontextualisation　语用学术语。指语言使用中缺乏真实语境信息而造成无法完全传达句子或声言意义的具体例子,如教科书中的范句、范文等。因此,许多语言教学法都主张,语言的教与学必须始终在特定的语境下进行。

去圆唇化　unrounding　音系学术语,指圆唇的音段演变为非圆唇的音段的音系过程,又称"唇化消失"。去圆唇化主要见于语音的历史变化和借词。例如,英语 come /kʌm/中 o 发/ʌ/的音就是去圆唇化的结果。

权威差距　authority gap　社会语言学术语,亦称地位差别。指对话双方有较大的地位上的差别,如长辈与晚辈、上级与下级、显贵与平民、教师与学生之间,在这种情况下,对话宜采用正式的态度语体。根据约斯(Martin Joos)的研究,语言的态度语体变体(attitudinal variety)包括庄重体、正式体、商议体、随意体和亲密体五类。这些变体不仅可以通过词汇加以区别,而且表现出在语音、语法和节律上的不同,以体现不同的社会关系。在一定的权威差距情况下,正式语体的使用可以使会话双方保持一定的社会距离,是对话语言适度性的表现。

权威评估　authoritative assessment　参见"可靠评估"。

全包教学　inclusion teaching　语言教学术语。语言教育中指针对所有学生而非部分学生的教学。

全部倒装　full inversion　句法学术语。语序倒装的一种形式。指全部谓语出现在主语之前的语序。全部倒装需满足三个条件:(1)谓语动词为单词动词;(2)谓语动词为表示处所的不及物动词(如 lie、stand、be 等)或为不及物动词作及物动词(如 come、go、fall、run 等);(3)倒装后出现在句首的应为表示处所或方向的状语。例如:[1]*There goes the bell*. [2]*Out rushed a missile from under the bomber*. [3]*Ahead sat an old woman*. 全部倒装的句型结构的主语必须是名词,如果主语是人称代词则不能全部倒装。例如:[4]*Here he comes, and away they went*.

全称量词　universal quantifier　指形式逻辑研究中用于表示值域内所有成分的词语形式或符号特征。词语形式包括"所有""每一个""任何一个""任意一个""一切"等表示整体或全部意义的词语,如果转写为逻辑符号即为"∧"或"∀",仍然表示整体或全部的含义。参见"全称量化"。

全称量化 **universal quantification** 谓词逻辑中的一类量化词,作为一个逻辑常量,解释为"任何一个"或"所有",表示一个命题函项能由论域中每一个成员来满足。通常用逻辑算子"∀"表示。参见"全称量词"。

全称意义 **generic meaning** 参见"种属意义"。

全词法 **whole-word method; word method** 参见"整词教学法"。

全国文字改革会议 **National Conference on Language Reform** 中国文字改革委员会和教育部联合召开的第一次文字改革会议。于1955年10月15～23日在北京举行,与会者有来自全国除西藏外的28个省市自治区以及中央一级文字改革、教育、科学、作协、外交、邮电、新闻、广播、出版、民委、总政、全总、青年团、妇联等的代表共207人。这次会议的任务是通过《汉字简化方案》和推广普通话。中国文字改革委员会提出的《汉字简化方案修正草案》和《第一批异体字整理表草案》,在会上作了充分的讨论后修正通过。会议制订了普通话的定义:以北京语音为标准音、以北方话为基础方言、以典范的现代白话文著作为语法规范。并一致同意在全国大力推广普通话,首先从中小学和师范学校做起。举行这次会议的同时,中国文字改革委员会还举办了"中国文字改革文献资料展览"。会议通过八项决议:(1)建议中国文字改革委员会把修正后的《汉字简化方案》提请国务院审定公布实行。(2)要求各报刊和文化教育机关广泛宣传简化汉字,各级学校使用简化汉字;出版和印刷机关立即着手改铸铜模,迅速采用简化汉字,并按照《第一批异体字整理表》在出版物上废除异体字。(3)要求中国文字改革委员会继续简化汉字、整理异体字的工作,并继续向群众广泛征求意见,早日完成汉字的简化和整理工作。(4)建议中华人民共和国教育部首先对全国各地小学、中学、各级师范学校分别作出指示,大力推广北京语音为标准音的普通话;并指示各级教育行政部门有计划地分批调训各级学校语文教师学习普通话。关于部队推广普通话办法,建议由中国人民解放军总政治部决定。(5)建议在全国各省市设立推广普通话的工作委员会,组织社会力量,特别是广播电台和文化馆站,大力提倡学习和使用普通话。(6)建议中国科学院和有关高等学校合作,进行全国方言调查,编写普通话的教材和参考书,以便利各方言区人民学习普通话。(7)建议中华人民共和国文化部进一步推广报纸、杂志、图书的横排、横写。(8)建议中国文字改革委员会早日拟定《汉语拼音文字方案》草案,提交全国各界人士讨论并试用。

全降 **high-falling** 参见"高降调"。

全局性错误 **global error** 语言习得术语。外语或第二语言学习中,学习者在言语输出时所运用的语言项目偏离本族语者的规范,而发生在句子结构中的主要成分(major elements)的错误被称为全局性错误,与局部错误(local error)相对。例如:[1] *I like travel by air but my wife said so not that we should be late for check-in. 局部性错误指句子结构的某一成分用错,但不至于引起理解上的困难。例如:[2] *If I received a letter from him I will give it to you immediately. [3] *To summing up, they performed very well. [4] *What the hell it is?

全局性问题 **global question** 语言教学术语,亦称整体性问题。指在第二语言或外语阅读教学中,与篇章整体有关的概括性问题。全局性问题和具体问题(specific question)相对。具体问题检验学习者对阅读材料细节的把握。

全距 **range** 统计学术语。表明分布的离差(或离散度 dispersion of distribution)。在频率计算中,一个样本的全距就是它的观察材料的最小和最大的测量或观测值之间的差距。例如,一项测试中如果最高分数为93,最低分数为55,那么它的全距就是38。由于全距未涉及分数的分布状况,在统计中常与标准差(standard deviation)共同使用,互为补充。

全面扩散移位 **across-the-board movement** 句法学术语,简称ATB移位。移位操作的一种,指并列结构中某个句法成分从整个并列结构中移出的操作,由罗斯(John R. Ross)于1967年最先提出。例如:[1] [这只猫]$_i$ [$_{ConjP}$ 老李昨天丢了 e_i, 老叶昨天找到了 e_i]。 [2] Who$_i$ did you say [$_{ConjP}$ that Carrie likes e_i and Sarah hates e_i]? 例[1]中的"这只猫"从并列短语ConjP中移出至句首;例[2]中的疑问词"who"从以"and"为中心语的并列短语中移出至句首位置。ATB移位的一个重要特点是,被移出的成分同时跟并列结构中的多个语缺(gap)同标,移位后形成的语链(chain)称为分叉语链(forking chains),仅出现于并列结构中。

全盘扩散现象 **across-the-board phenomena** 语言习得术语。在语言习得研究中,指儿童在习得一个新的发音时,该新音会扩散到所学语言中所有包含这个音的词。例如,儿童在语言习得之初,可能将/θ/和/d/两个音都发作/d/,但儿童一旦习得/θ/这个音后,就会慢慢扩散到所有包含/θ/音的单词中,对以前的/θ/、/d/部分现象作出纠正,对以后遇到的含有/θ/音的单词给出正确的发音。由此可见,全盘扩散现象是语言习得中音系的发展现象,当然,这种发展并非突变,而是渐变。在语言学研究中,全盘扩散的观点不仅用于语言习得研究,也适用于语言学研究的其他分支领域,如句法研究等。

全球性问题　global issue　主要指在语言教学中把焦点放在对全球来说都很重要的问题上,如全球气候变暖、文明冲突、贫富差距、能源危机、人权问题等。有学者认为,语言教学不应仅传授语言技能,还应培养学习者的全球问题意识和提供解决全球问题的途径。

全弱化元音　full weak vowel　语音学、音系学术语。元音因音强减弱而完全失去个性所形成的中性元音,如英语中的 could /kud/—/kəd/、us /ʌs/—/əs/、a /eɪ/—/ə/和助动词 have /hæv/—/həv/等。

全新实体　brand-new entity　语篇语言学术语。话语实体的一种,指在前面的语篇中从未提及的,由说话者提出,而对说话的对象来说却是前所未知的话语实体,典型地通过运用带不定冠词的短语引入到语篇中来,如"a guy I work with"就是一个全新项目。

全应规则　global rule　生成语音学术语。指可以把不相邻的表达式联系起来的规则,由美国认知语言学家雷考夫(George Lakoff)提出的术语,与局部规则(local rule)相对。局部规则只能把相邻的两个表达式联系起来,而不能超越局部范围把不相邻的表达式联系起来。雷考夫认为乔姆斯基的标准理论(Standard Theory)中的短语结构规则(phrase structure rule)和转换规则(transformational rule)这样的局部规则还不够,有必要打破标准理论的限制,建立另一类作用范围更广、可以把不相邻的表达式联系起来的规则,这类规则称为全应规则。全应规则可以使语义和句法发生直接的联系,数量越多,转换就越少,语义和句法的关系就越直接。

全韵　full rhyme; perfect rhyme　音韵学术语,亦称真韵(true rhyme; exact rhyme)。指从核心元音到末尾全部是相同音素的韵,必需满足两个条件:(1)相同的元音必须重读;(2)元音前的辅音必须不同。例如,fate / late、fan / ran、attitude / gratitude、sending / bending 等属于全韵,而 leave / believe 以及部分同音异义词则属于同韵(identical rhyme)或等韵(identities; identicals)。全韵与半韵(half rhyme; imperfect rhyme; lazy rhyme; approximate rhyme)相对。半韵指发音相近而非相同的韵,有时元音相同而辅音不同,有时辅音相同而元音不同,

同,常见于说唱表演,如 hip-hop / rap、prosperous / dangerous 等;home / none 则属于斜韵(slant rhyme)。参见"押韵"。

全自动高质量翻译　fully automatic high-quality translation; FAHQT　语言处理术语。指无需任何人工干预、全自动的、译文质量有保证的机器翻译。

全字母短句　pangram　指包含全部字母的句子。这样的句子通常用来进行英语字母打字指法的训练。例如:[1] The quick brown fox jumps over the lazy dog. [2] Veldt jynx grimps Waqf zho buck. 其中例[2]包括无重复的26个字母。

诠释理论　interpréter pour traduire　参见"释意派理论"。

劝导行为　persuasive　修辞学术语,亦称劝说行为。指一种交际行为,使听话人被说服放弃自己的观点而采纳有悖于自己意愿的建议等。劝说话语一般经过详细计划,采用最有效可行的语言手段。劝导性言语一般用于论证性语篇(argumentative discourse)、法庭辩论(legal defence)、政治宣传(political propaganda)、学术答辩(academic defence)以及广告(advertising)。

劝服修辞　persuasive rhetoric　修辞学术语。指说话艺术,是修辞的一种表现形式,旨在帮助语言使用者提高在特定情境中告知、劝说或鼓励受众的技巧。语言使用者利用有理有据的理由来支持或反对某种观点或事件。表明自己观点的方法很多。例如逻辑论证、援引典故、巧设譬喻、类比推理等。古希腊劝服修辞的原型根据其"缘由"可分为三种:(1)法庭演说(forensic rhetoric),多涉及已发生的事故,如犯罪、产权纠纷等,以控诉与辩护的方式在法庭上进行辩论,通过对这些事件进行论证,指控某人或为某人辩护,从而达到主持正义的目的;(2)典礼演说(epideictic rhetoric),常见于节日庆典、集会、社团活动和喜庆仪式,多具有对特定人、事、物的赞扬与褒奖;(3)审议演说(deliberative rhetoric),涉及政府或民间团体未来的决策,常以劝服的方式来讨论提议与决策的优点或缺点。由于希腊人经常参与政治,无论是为了辩护自身的政治主张或是试图劝服别人,争取认同,都需要面对各种团体或一般民众,以演讲的方式发表个人意见,这就是审议演说的起源。它相当于当今政府官员或议员在某些审议场合(如议会或提案)所发表的演讲。

缺规　anomie; anomy　语言习得术语。用以描述外语学习过程中学习者的心理状态,指外语学习者在从自己的母语出发向目的语过渡的过程中逐

渐疏远原有语言和文化,同时对新的语言和文化又缺乏真实自信的感觉,此时往往会产生的一种不安定或不满的情绪,而这种精神上的焦虑、迷茫、规范缺失等在一定程度上会影响学习者的成效。尤其当学习者语言能力达到高层次时,这种缺规或失范感会更强烈,甚至会导致学习者寻求说母语的机会以求放松。

缺省推理 default reasoning　　参见"默认推理"。

缺陷 defective　　通常认为,在一套完善的书写系统中,每一个音素往往代表一个音位。反之,如果一套书写系统使用几个音素(如两个辅音)来代表一个音位,这套书写系统就存在缺陷。

缺陷动词 defective verb　　参见"不完全动词"。

群内交际 intragroup communication　　社会语言学术语。指群体内部成员之间的交际。在某些多种族国家或社团内,一个民族或种族群体除了通用的官方语言外,还使用一种语言(本族语或非本族语)作为群体内部所有成员的交际工具。例如,有些美籍墨西哥人在美国部分地方讲西班牙语。

群体间交际 intergroup communication　　社会语言学术语。指不同群体之间的交际,特别是社会、种族、阶层或语言不同的群体之间的交际。群体间的交际通常通过族际通用语,即两个群体的说话者都懂的语言进行。例如,在使用多种语言的印度尼西亚,其官方语言印度尼西亚语是团体间交际中最常用的语言。

群体语言学习法 community language learning　　语言教学术语,亦称咨询学习法(counselling learning)。指通过小组咨询(group counselling)等互动评估形式帮助学习者进行学习的一种二语式外语教学法。最早由美国芝加哥洛约拉大学(Loyola University Chicago)心理学教授罗杰斯(Carl Ranson Rogers,1902—1987)提出,由其同事柯伦(Charles Arthur Curran,1913—1978)发展并建立此理论。群体语言学习法中的"小组(group)"即"群体(community)"。在教学过程中采取群体学习的形式。它以现代心理学为基础,强调学习者情感的需求与满足对学习的促进作用。群体学习法中的学习者被称为当事人(client),教师则被称为顾问(counselor)。顾问一般不直接参与群体活动,只是在必要时为当事人判断对错,作出提示,决策下一步学习目标、主要内容和方法,提供帮助和指导。"安全感"(security)、"注意—表达"(attention-expression)、"记忆—反思"(retention-reflection)和"辨识"(discrimination)是这种学习方法的基本内核。

群体语言研究 phylogeny　　参见"个人语言研究"。

R

让 ràng（语言学术语）

让步从句　concessive clause　语法学术语。指其信息与主句或独立句(independent clause)所包含的信息相反的从属从句(dependent clause)。让步从句一般由 although、though、while 等词引导。例如：[1] Although we've been taught English for more than ten years, we cannot communicate with English native speakers freely. [2] I'm busy with studying while she's busy with playing. 另外，由"although"等引导的让步从句语义与由"but"连接的并列句语义相似，如例[1]还可说：[3] We've been taught English for more than ten years, but we cannot communicate with English native speakers freely. 与汉语的"虽然……但是……"的表达习惯不同，英语中"although"和"but"不是关联词(correlative words)，两者不能同时出现在一句子里。

人本主义教学法　humanistic approach　语言教学术语。指以语言学习者为本进行语言教学的一种教学理念。人本主义教学法遵循下列四个原则：(1)发展人的价值观；(2)加深对自我和他人的认识；(3)提高对人类情感的敏感性；(4)使学生积极参与到学习活动中，促使其学习。集体语言学习法(community language learning)，整体语言教学法(the whole language teaching and learning)和以学生为中心的方法(learner-centered approach)都体现了人本主义的教学法。

人称　person　语法学术语。动词的形态学范畴，表示动词变位的形式，分为发话者(第一人称，单数和复数)、受话者(第二人称，单数和复数)以及作为陈述话题的人、物、事(第三人称，单数和复数)。人称还可作其他形式区分，如第一人称复数分为"涵盖的"(即包含受话者)和"不涵盖的"(即不包含受话者)，正式的(或谦敬的)和非正式的(或亲密的)，男性的和女性的、有定的和不定的(如英语中的 one)，等等。除人称代词外其他词类也可显示人称区别，如英语的反身代词和物主代词(myself, my)，没有人称对立，通常以第三人称出现的动词构式称作无人称(impersonal)构式。

人称不定式　personal infinitive　语法学术语。指葡萄牙语、加利西亚语和萨丁尼亚语等所包含的一种不定式形式，具有人称和数的屈折变化。例如：[1] Mary saw the boys shut the door. [2] Mary saw the boys to-shut-3 PL the door. 句[1]若按葡萄牙语图解则为[2]，句[2]中的不定式第三人称复数与"the boys"一致。

人称词尾　personal ending　语法学术语。指在某些语言中(如德语、拉丁语等)，动词词形随人称和数的变化而变化并保持一致。例如，"She says."中的 She 与 says 一致。

人称代词　personal pronoun　语法学术语。指用以代表人称这一语法范畴的一系列代词。英语中的人称代词可指说话者，如 I、we；听话者，如 you；或其他人或物，如 he、she、it、they 等。根据用法可分为三种：(1)前指人称代词，即被指代成分位于人称代词之前；(2)后指代词，即被指代成分位于人称代词之后；(3)外指代词，即被指代成分位于句子之外。分别见用例：[1] Philip is looking for his knife, which he desperately needs. [2] Before she said anything, Caroline thought about it a long time. [3] Caroline is glad that he is coming. 各种语言人称代词的用法不同，但有一点是相同的，即人称代词及其指代的成分拥有一致的所指，而且它们不出现在同一分句中。如果它们出现于同一分句中，则人称代词以反身代词代之。另外，一般语言里，代词(包括人称代词)用于篇章指代时大多位于其指代成分之后，因此后指代词化很少出现，而且较之于前指代词化受到更多的限制。在早期的生成转换语法里，人称代词是通过代词转换手段派生而来的，即在所指一致的前提下把一个"完整"的名词短语替换成一个代词，而在新的生成理论指导下，约束理论认为人称代词是不转换的。

人称动词　personal verb　语法学术语。与无人称动词(impersonal verb)相对。这些动词有自己真正的主语，可以表示某人的具体行为、某地发生的事件或某物状态，可用第一、第二、第三人称，词形随人称的变化而变化。而无人称动词只用于第三人称单数。

人称移情等级体系　Person Empathy Hierarchy　参见"言语行为移情等级"。

人称指示语　person deixis　语用学术语。指示语的一种，是对编码于言语活动中的参与者或相关角色的符号指称，与地点指示语、时间指示语等密切相关，在各指示语中占据主体与核心地位。人称指示语可分为三类：(1)发话人(speaker 或 addressor)，即第一人称；(2)受话人(hearer 或 addressee)即第二人称；(3)旁听者(bystander / third party)即第三人称。人称指示语通过公开或隐私的人称代词把话语中涉及的人或物与说话者、听话者或第三者联系起来，表明彼此间的关系。指示语反映了语言和语言系统中语境的关系，被认为是语言和语境之间关系最明显最直接的语言反映,是连接语义学与语用学的关节点。人称指示语在不同的语境中,同属于一个指称,却往往含义不同。按照莱昂斯(John Lyons)的观点,指示语境是以讲话者的立场为中心的,也就是所说的以自我为中心特征。英语中的第一人称"I"指的是事实上的讲话者。而讲话者的责任或者更概括一点来讲,言语行为的执行者的责任在谈话过程中是在谈话者之间传递的。第一人称是讲话者的语法化,像英语中的"I""we"和汉语中的"我""我们""咱们"等等;而第二人称则是我们对于讲话者所对的一个或多个讲话对象的编码,像英语中的"you",汉语中的"你""你们""您"等等;第三人称则是对言语所涉对象除一二人称之外的人或事物的编码,像英语中的"she""he""they",汉语中的"她""他""她们""他们",等等。一般情况下人称指示语的指代是既定的,即严格遵守人称指示语的分类,且与现实中的所指目标之间有着严格的对应关系的用法。但是在特定的语境环境下,讲话者为了达到某种特定的语境效果或者情感目的,常常有意地替换人称代词的指代,打破常规用法。按格赖斯(Herbert Paul Grice)关于合作原则遵守和违反的论述,人称指示语的这种"非常规用法"应属于说话者有意地不去遵守某一准则,而让听话人越过话语的表面意义去推倒其中的语用含义。

人工神经网络　artificial neural network
参见"神经网络"。

人工语言　artificial language　❶亦称人造语言。主观设想作为不同言语社团通用交际工具而创造的非自然语言。人造语言没有"社团"及"本族语说话人",全靠人为推广。历史上曾经创造出来的人造语言主要包括通用语(Universal Sprache)、沃拉普克语(Volapük)、世界语(Esperanto)、蒙多语(Mundolingue)、习语中性语(Idiom Neutral)、伊多语(Ido)、世界伊多语(Esperantido)、国际语(Interlingua)和创新语(Novial)等,但只有世界语保持至今。参见"**国际辅助语**"。❷计算机程序使用的抽象符号或数字代码(code)系统的总称,如 ALGOL(算法语言)、Fortran(公式翻译程序)等。

人工智能　artificial intelligence; AI　指利用计算机模拟人类智力活动的研究领域。即在分析人脑思维机制的基础上,利用电子计算机和各种电子设备模拟人脑的信息处理过程,包括图形识别、学习过程、探索过程及环境适应等理论和技术。语言学中可模拟语言、记忆、推理及创造能力,以了解人类说话、记忆、思维及创造性行为的方式,从而对这些领域的研究提供新的理论及途径。如机器翻译即是模拟人脑对外族语言的接收、理解、分析和用本族语表达的过程。人工智能的发展也为新一代机器翻译中的语义分析建立了基础。

人工智能法　AI-based approach　计算语言学的重要研究方法之一,指在语言研究中使用计算机模拟人的智能去分析和生成自然语言。

人机互助翻译　interactive machine translation　属于机器翻译(machine translation)研究范畴。机器翻译是指利用计算机技术将一种自然语言翻译成另外一种自然语言的过程,包括文本机器翻译和语音机器翻译两种基本形式。自然语言作为人类思想感情最基本、最直接、最快捷的表达工具是人们赖以进行沟通和交流的媒介。在信息化、国际化时代背景下,机器翻译的开发和研究是大规模和高效地处理和实现不同领域之间和各种自然语言之间通信和交流的重要途径。建立在人工智能、认知科学、思维科学、语言学、数学等多学科领域基础之上的机器翻译研究已经成为信息社会对计算机技术最具挑战的课题之一,属于国际前沿领域。从目前的发展来看,鉴于全自动机器翻译始终无法实现对翻译质量的确保,与人工翻译质量仍然相差较远,不可能完全取代人工翻译,人工辅助下的半自动翻译即已称为现行机器翻译的基本运作模式。人机互助翻译指针对多语种的信息,让计算机粗略处理一遍,通过人工干预对自动生成的译文进行筛选、评优和编辑等细加工过程,最终得到与人工翻译结果最相近的最优译文的翻译方法。它认为人与机器翻译系统之间是互补、互助,而非互相竞争的关系,在机器翻译研究中实现人机共生(man-machine symbiosis),人机互助的翻译方法明显优于单纯人工翻译,同时比追求全自动的高质量翻译(full automatic high quality translation,缩称 FAHQT)更现实和可行,能切实保证翻译速度和质量。参见"机器翻译"。

人际功能　interpersonal　功能语言学术语。语言的功能之一。韩礼德的系统功能语言学理论论述了语言的三大功能,即概念功能(ideational)、人际功能(interpersonal)和语篇功能(textual)。语言的人际功能认为人们用语言进行人际交往(如打招呼、说客套话、互相道贺、致谢等),目的在于交流感情,建立或保持一定的人际关系,谈话内容本身并不一定重要。书面语中,语言的人际功能表现在因作者(说话者)与读者(受话者)地位、处境、状态的不同,作者往往通过语气、情态、对所谈命题的有效判断等达到交际目的。如在陈述中要求对方承担义务,在命题中表达个人意愿等。表达人际功能的语言标志包括第一人称代词"I"和第二人称代词"you"、称呼语、指示成分以及提问和指示等言语行为。

人际交往　interpersonal communication
亦称人际交流或人际沟通。有关人际交往的定义有两种不同的观点:语境观和发展观。根据语境观,人际交往指涉及的参与者,参与者的身体距离,运用的感知渠道,并且是即时反馈交际信息,该观点不考虑参与者的人际关系;根据发展观,人与人之间存在不同的关系,人际交往是指互相认识一定时间的人之间的交际,且更重要的是,参与者互相把对方看作独特的个体,而非单纯的社会角色扮演者。人际交往可以实现获取信息、建立互相环境、确立自己的身份、满足人际交往需要等重要的日常交际功能。

人际修辞 interpersonal rhetoric 语用学术语。人际交流中追求理想交际效果的言语行为准则之一,是利奇(Geoffrey Leech)语用学理论对格莱斯会话合作原则的延伸。利奇在其1983年版《语用学原理》(Principles of Pragmatics)中提出,语用原则包括语篇修辞(textual rhetoric)和人际修辞,其中人际修辞强调合作和礼貌原则,间接的言语行为也是人际修辞策略,可缓和冒犯与不礼貌的气氛。例如:[1] If I were you, I'd be careful where I put that cigarette end. [2] 坐……请坐……请上坐;茶……上茶……上好茶。除合作原则和礼貌原则,交际双方应遵循的其他修辞原则还包括反讽原则(Irony Principle)、逗乐原则(Banter Principle)、有趣原则(Interesting Principle)和乐观原则(Pollyama Principle)。中国古代语言生活中的避讳制度也常被语言学者视为一种人际修辞。避讳的常用方法有改字、空字、缺笔、同音替代等,常常涉及改姓、改名、改官名、改地名等领域,甚至出现辞官的现象。

人际意义 interpersonal meaning 语义学术语。指语言中反映人与人之间的社会关系、说话人社会身份、语体特点、说话者个性等方面的意义。譬如,某些人谈吐文雅,多使用礼貌语言;另外一些人则出言粗俗,多使用俚语甚至詈词。这些特点可反映出一个人的教育程度、文化素养等特点。有学者认为这种意义不属于语义学而属于社会语言学研究范畴。参见"人际功能"。

人际隐喻 interpersonal metaphor 功能语言学术语。在系统功能语法理论框架中,语法隐喻(grammatical metaphor)可以分为概念隐喻(ideational metaphor)、人际隐喻(interpersonal metaphor)和语篇隐喻(textual metaphor)。而人际隐喻又包括情态隐喻(metaphor of modality)和语气隐喻(metaphor of mood)。系统功能语法认为,形式和意义之间并不存在着一对一的关系,一种形式可以表达一种以上的意义,一种意义也可以由两种或更多的形式体现。用投射小句来替代情态副词或情态动词以表达情态意义,是用不同的形式表达了同一情态意义,在语法层上形成了一个隐喻结构,称为情态隐喻。例如:[1] John is probably ill. [2] John must be ill. [3] I believe John is ill. [4] It's likely that John is ill. 例[1]-[2]用情态副词和情态动词表达可能性,例[3]-[4]用用投射小句结构"I believe …""It's likely that …"表达近似的情态意义,例[3]-[4]是例[1]-[2]的情态隐喻结构。情态隐喻表达客观和主观情态意义,其主客观性与话语的礼貌程度存在着一定的关联。从一种语气域向另一种语气域转移的变异现象,称为语气隐喻。例如:[5] Do you have time to help me? [6] I wonder if you have time to hep me. 例[5]用疑问语气表达"提问"功能,属常规对应;例[6]用陈述语气表达"提问"功能,是一种语气的转移,属变异现象,用不同的语气表达了同一功能,称为语气隐喻。

人际语境 interpersonal context 语用学、功能语言学术语。语言情境的一种。指参与交际的双方根据角色间社会心理距离构建的交际情景。按照交际角色间的社会心理距离,人际语境可以分为亲密的、个人的、疏远的、公共的几种情况。人际语境与语言语境、情景语境一起成为确定名称指称主要依赖的三种语境。

人类发音学 anthropophonics 亦称发音生理学。指发音语音学(articulatory phonetics)的一个分支,研究人类发音器官在正常生理活动中能发出的全部声音(并不考虑这些声音是否都用于语言)及其发音机制。其中包括对不同民族或人种的声道和个别发音作物理对比,以及性别差异和年龄变化所带来的影响等,试图弄清在人类进化过程中某些语言的语音选择可能基于哪些原则。波兰语言学家博杜恩·德·库尔特内(Baudouin de Courtenay, 1845—1929)率先使用的术语。

人类符号学 anthroposemiotics 符号学(semiotics)的一个分支,研究人类交际的所有系统,包括自然语言,也包括可听的、可视的各种交际形式,如体态语、手势语等非语言交际形式,还包括哨语、鼓语以及诸如莫尔斯码(Morse code)等其他替代形式。广义的人类符号学还包括所有的全球性表达系统,如艺术、科学、文学、宗教和政治等人文科学的学科。参见"植物符号学"。

人类语言学 anthropological linguistics 语言学的一个分支。❶指探究语言和文化之间关系的跨学科研究,利用人类学的理论与方法,联系言语社区的社会结构、文化类型、风俗习惯及意识信仰等来研究语言的使用和变异等,如不同文化背景下的亲属称谓体系、颜色术语,不同社会和文化活动中人们的交际方式。人类语言学与人类文化语言学以及社会语言学的研究领域具有交叉性,包含了人类学、民族学、社会学以及语言学等领域的研究的交叉与重合。自博厄斯和萨丕尔以来，人类语言学家都强调指出：语言与其社会环境是不可分割的，必须把语言学看作一门社会科学。❷某些语言学家用来指对没有书写系统和文字传统的、并几乎没有早期学术研究的语言的研究，早期的研究者通常运用实地调查(field work)的方法直接从当地人那里获得语言材料，如对东南亚地区、非洲地区的一些语言和北美印第安语言的研究。

人名 anthroponym; personal name 指人的姓名，包括名、姓和附加名，也指人类群体（如民族）的名称和神话中出现的姓名等。

人名地名变体 allonym 指人名或地名的其他称谓形式。例如，君士坦丁堡(Constantinople)和斯坦布尔(Stambul)是伊斯坦布尔(Istanbul)的变体。"英国诗歌之父"是英国14世纪的伟大诗人乔叟(Chaucer)名字的变体。

人名学 anthroponymy; name study 名称学(onomastics)的一个分支，属于语义学研究范围。指人名的起源、发展和分布状况及其结构、种类和意义等。人名研究可以为语言、语系、方言地理以及历史等领域的历史发展提供重要信息来源。社会语言学、心理语言学、语用学和篇章语言学都对人名的社会历史研究予以特殊的关注。人名学对人名进行研究，如人名的起源、含义等。古时英国人取名遵循一条重要的原则：不许重名，至少在本地区如此；带有"Mac"或"Mc"前缀的英国姓氏说明该姓氏的人是苏格兰人的后代，而带有"O'"前缀的姓氏说明该姓氏的人是爱尔兰人的后裔。

人造语言 artificial language 参见"人工语言❶"。

认识词汇 recognition vocabulary 语言教学术语，亦称消极词汇(passive vocabulary)。指学习者能够认识、理解的词语，与积极词汇(active vocabulary)，即学习者能够运用的词汇相对。一般而言，本族语者的消极词汇远远超出其积极词汇。参见"积极词汇"。

认识论 epistemology 亦称知识论。一种哲学论题，探讨人类认识的本质和结构、认识与客观实在的关系、认识的前提和基础、认识发生和发展的过程及其规律、认识的真理标准等问题。英文epistemology源自希腊文ἐπιστήμη(知识，epistēmē)和λόγος(理论，logos)二词的结合。在对世界是不是可以被认识的问题上，分为可知论与不可知论两派。可知论主张思维与存在的统一性，认为世界是能够被认识的。所以，一切唯物主义反映论都是可知论，彻底的唯心主义，也属于可知论；而不可知论则否认思维和存在的统一性，否认人能认识世界或能彻底认识世界，其代表人物是休谟和康德。在知识来源问题上，也分为两派，理性主义者认为知识来源于心理的理性，以柏拉图、笛卡儿和莱布尼茨为代表；与此相对的是经验主义，认为知识来源于经验，以洛克、休谟等人为代表。康德试图调和这两派，认为知识来源于把先天直觉与知性和表象的结合。概括地说，唯心主义认识论否认物质世界的客观存在，坚持从意识到物质的认识路线；不可知论否认客观世界可以被认识；唯物主义认识论认为物质世界是客观实在，强调认识是人对客观实在的反映，认为世界可以认识。辩证唯物主义的认识论则进一步把实践作为认识的基础，把辩证法运用于认识论。当代西方认识论由英美哲学支配，属于经验主义认识论。随着语言哲学的发展，言语和意义受到重视。在认识论与心理学的关系上，知觉、记忆、想象、他人的心灵和错误成为主要论题；而认识论与科学哲学的关系上，归纳和先天知识也受到关注。1950年，瑞士心理学家皮亚杰(Jean Paul Piaget)创立发生认识论(genetic epistemology)，反对传统的认识论，认为知识来源于动作(活动)，并据此创立儿童发展心理学，革新了传统认识论的结构、体系和研究方法，把认识论与心理学紧密结合起来，既丰富了科学认识论的内涵，又促进了儿童心理学、认知心理学、思维心理学。

认识逻辑 epistemic logic 亦称认知逻辑。哲学逻辑中的一种特殊形式，对形式逻辑的逻辑表达和逻辑算子进行补充。有广义狭义之分。广义的认识论逻辑研究与感知、知道、相信、断定、理解、怀疑、问题和回答等相关的逻辑问题，包括问题逻辑、知道逻辑、相信逻辑、断定逻辑等；狭义的认识论逻辑仅指知道和相信的逻辑，简称"认知逻辑"，引入相应的算子，把"认为""知道"这样的表达纳入语义分析中，对形式逻辑的逻辑表达和逻辑算子进行了补充。认知逻辑纷繁复杂，涉及学科领域众多，在自然语言的逻辑语义学中起关键的作用，在人工智能方面有十分重要的应用前景。

认识情态 epistemic modality 模态逻辑术语。认识情态"把所有的命题纳入其视野，表达出说话人对话段中命题的真值或潜在真值的评价"(Bybee & Pagliuca,1985)，即认识情态关涉说话人对命题真实性状态的判断。例如：[1] He *must* surely be there by now.（说话者认为他现在**必然**在那里。）[2] It *may* have been lost.（说话者认为东西**可能**丢了。） [3] The train *might* be late.（说话者认为火车**很可能**晚点了。） 认识情态和真势情态、义务情态对立。例如：[4] The dinner *must* be ready. 由于must一词的存在，按认识情态，句[4]的意思是"晚饭想必已准备好了"；而按真势情态和义务情态理解，该句就表示"晚饭显然已经准备好了"或"晚饭必须准备好"。

认同关系过程　identifying relational process　功能语言学术语。功能语法区分两种关系过程,即认同关系过程与修饰(attributive)关系过程。认同关系过程的两个参与者分别是被认同者(identified)和认同者(identifier)。判断认同和修饰关系过程的简单办法是看两个参与者在句中的位置是否可以互换;如果可以互换,则属于认同关系过程,如不可互换,则属于修饰关系过程。例如:[1] *Helen is the boss*. [2] *The boss is Helen*. [3] *Helen is a famous writer*. [4] **A famous writer is Helen*. 其中句[1]可以转换成句[2],即"the boss"和"Helen"在句中的位置可以互换,这一过程即属认同型关系过程;句[3]中的"Helen"和"a famous writer"位置不可互换,即句[4]原则上不能成立,因而句[3]的两个参与者构成的表达过程为修饰型关系过程。

认同者　identifier　功能语法中涉及认同型关系过程的两个参与者之一,另一个为被认同者(identified)。例如:[1] Helen is the boss. 句中 Helen 是被认同者,the boss 是认同者。认同型的两个参与者常可互换。又如:[2] My name is Edward. [3] Edward is my name. 两句中被认同者可以都是 My name,认同者可以都是 Edward。但是,在特定的情景下,句子中被认同者与认同者互换后,尽管语法依然正确,表达的意思却会发生变化。例如:[4] A: Pat is her brother. B: So you met Florence's sister? A: No, Pat's her ′brother. [5] A: Pat is her brother. B: What is her brother called? A: Her brother's ′Pat. 在例[4]对话中,说话人 B 听到 Pat,但是没听清 brother,以为 Pat 是女性;从说话人 A 的回应中可知被认同者是 Pat,认同者是 brother。例[5]更换了情景,被认同者和认同者也发生了变化:听到"brother",但未听清"Pat", Pat 成了认同者; B 知道 Florence 有一个兄弟, A 在回答 B 的问题时,把这个兄弟"认同成"Pat。一种辨别被认同者与认同者的实用方法是看句子的哪一部分重读。重读的部分往往是认同者,因为新信息往往要重读,而认同者通常是第一次提到,被认同者通常已经提到过或者谈话者已经知道。

认知　cognition　心理学术语。指从低级的物体感知(object perception)到高级的做决定(decision making)等一系列心理过程(mental process),如注意、记忆、语言理解与产出、计算、推理、解决问题、做决定等等。认知包括有意识的、下意识的、自然的或人工的心理过程。许多学科都研究认知,如心理学、哲学和语言学等,但视角不同。在语言学领域,认知主要从经验、凸显和注意的角度研究意义结构的表征和建构。

认知变元　cognitive variable　语言习得术语,亦称可变认知因素。指与动机、个性、态度、情感等情感变因(affective variables)相对,对学习(尤其是语言学习)在多大程度上获得成功(degree of success)所产生影响的包括智力、记忆力、分析能力、注意力等在内的认知因素等。相关研究包括语言学习者个体特征与教学法之间的关系。其他相关变因还包括同情心(empathy)、语言学能(language apptitude)等。

认知策略　cognitive strategy　语言习得术语。指(语言)学习过程中学习者处理和加工信息的方式,是学习策略的一大重要构块。认知策略是学习和思考过程中一种集中注意、组织信息、细化内容、熟悉使用和检索知识、最终发现、发明或创造性的策略机制。笼统来说,认知策略指信息的编码、储存、提取和运用等认知过程,具体来说包括学习中采用重复、定义和扩展、模仿、翻译、归类、推导、重组、想象等方法和技能。学习策略的另一大重要构块还包括元认知策略(metacognitive strategies)。元认知策略指信息处理和加工过程中对认知过程的知识和观念以及对认知行为和活动的调节和控制,是对认知的认知。元认知策略包括自我计划和组织、自我注意引导、选择性注意、自我管理、自我监控以及自我评估学习效果等内容。

认知承诺　cognitive commitment　认知语言学术语。认知语言学的两个基本承诺或原则之一,语言结构应该反映从其他学科,特别是从其他认知科学如哲学、心理学、人工智能和神经科学等学科发现的人类认知成果。因此认知承诺秉承语言和语言组织应该反映人类一般的认知原则(cognitive principle),包括认知机制和过程,而不是语言特有的,如射体一界标反映的图形一背景理论等。这一点与形式语言学(formal linguistics)把语言能力与一般认知能力割裂开不同。认知承诺事关认知语言学属性,也是与形式语言学的分野之一。认知语言学的另一个基本承诺是一般性承诺(generalisation commitment)。

认知发展　cognitive development　语言习得术语。指人类从婴儿成长到成年过程中复杂表征和去语境化思想(representational & decontextualized thought)的形成过程。心理学家与语言学家对认知发展和语言习得之间的关系持有不同观点。有人认为语言发展的前提是非语言认知知识(non-linguistic cognitive knowledge)的发展与形成;有的则认为认知发展与语言习得毫不相关。皮亚杰(Jean Paul Piajet)持第一种观点,认为去语境化概念(decontextualized concepts)的形成是语言发展的必要条件。维果茨基(Vygotsky)则认为语习得必须基于正常化认知活动(regulated cognitive activity)的发展。因此杜雷(Heidi Dulay)和布尔特(Marina Burt)提出,因其认知发展更为成熟,成年人在第二语言习得方面较之儿童更占优势。一些相反的观点却提出了大量的证据证明即使在正常认知能力缺失的情况下,复杂的语言能力仍能得到发展,并且某些语言能力在那些被认为是其基础的认知能力发展前就已形成。因此,对于认知能力发展与语言能力发展之间到底是否存在某种因果关系,目前语言学界仍存有疑问。

认知法　cognitive approach　语言教学术语。一种教学法理论,指语言学习不是简单的形成习惯的过程,而是学习者积极的智力活动过程。认知法强调学习者在学习过程中有意识地组织学习材料,重点放在语法学习上。语言练习应是有意义的语言运用。教师应鼓励学习者将语言中抽象的语法规则内化为自身具有创造性地(creative)运用语言的能力。在20世纪70年代,认知法一度颇为流行,但其自身却并未形成有系统的教学法理论,因而很快被同样反对单纯形成习惯(如听说法)的交际法语言教学(communicative language teaching)所取代。

认知范畴　cognitive category　认知语言学术语。指人类对事物进行分类的心理过程,即范畴化(categorization)的产物。范畴的认知观认为,典型是一种心理表征,是认知的参照点,认知范畴的典型并非固定不变,而是根据环境的变化而变化,并依赖于人们的认知模型(cognitive model)和文化模型(cultural model)。认知范畴最为典型的著名研究是20世纪六七十年代人类学家柏林(Brent Berlin)和凯(Paul Kay)对颜色范畴的实验研究。此项研究发现颜色的范畴化不是任意的,而是基于焦点色(focal colour)。心理学家罗施(Eleanor Rosch)在此基础上发现颜色范畴中的焦点色比非焦点色在认知上更突出,儿童更易准确记忆并较早习得。在此研究结果基础上,罗施论述了原型(prototype)的概念,亦称典型,并找出了鸟、水果、蔬菜、交通工具等十个范畴的原型。认知范畴这一概念广泛应用于语言、句法、语义、语用、语言习得、失语症等方面的研究,并取得了不少成果。

认知方式　cognitive style　参见"认知类型"。

认知符号法　cognitive code approach　指第二语言教学的一种手法,由美国著名心理学家卡罗尔(Joe Barry Carroll)教授于20世纪60年代中期提出。20世纪60年代科学技术飞速发展,国际间的政治、经济、军事、科技各个领域的激烈竞争,要求大量能够直接进行国际间科技文化交流的高水平人才,以培养口语能力为主的听说法已不适应这种形势发展的需要,外语教学界要求用新的方法代替听说法的呼声越来越高;此时,美国的心理学、教育学、语言学等基础理论学科也有了很大的发展。这就为创立新的外语教学法体系提供了坚实的基础。在这种背景下,认知符号法便应运而生。认知符号法的主要内容认为语言学习是主动的心理活动而并非简单形成习惯的过程。认知符号教学理论主要以现代"完型理论"(gestalt theory)以及"转换生成语言学"(transformational linguistics)为理论基础。它强调二语学习者在学习过程中学习和应用语法的积极作用。它主要目的是帮助学习者提高语言能力(competence)。语言学基础是乔姆斯基的转换生成理论,其"语言习得机制"假说被用来解释语言学习过程,区分了语言能力和语言行为;心理学基础是皮亚杰的发生认识论和布鲁纳的学科结构论、发现学习论等;认知法的教育学原则是"学生中心论"。此外,按照完型理论,语言学习是伴随着不断理解(understanding)的整体性(holistic)活动;同时,语言学界对句法关系的关注,诸如"核心句"(kernel sentences)理论,似乎为整体学习理论及认知意识(cognitive awareness)提供了一种解释。虽然认知符号法自身并未形成一种具体的教学方法,但交际教学法却着实采用了一些认知符号原则。

认知经济性　cognitive economy　认知语言学术语。指认知过程中,认知主体倾向于以最少认知努力(cognitive effort)来提供最大信息量的原则,即人们往往使用包含最大语言信息量的语言项目来达到认知目的。这些语言项目往往属于基本层次范畴(basic level categories),最适合人类的认知需求(cognitive needs)。基本层次范畴所包含的属性是某一范畴所有成员均享有的,且这些属性最易记忆和理解,所以人们通过基本层次范畴对其各成员进行理解,如掌握了"狗(dog)"的概念,就可对博美、边牧、哈士奇等具体种类进行认知。认知经济性往往是通过表示概率(probabilistic)的线索效度(cue validity)来表达的。线索效度在基本层次范畴是最大化的,因为基本层次范畴共享有最多可能的属性,而同时在这一层次与其他范畴共享特征的程度是最低的。这就意味着基本层次范畴拥有最大化的共享细节,同时与其他范畴之间的区别也是最大的,这就导致了最佳认知经济性(optimal cognitive economy)。

认知科学　cognitive science　语言学术语。指对思维(mind)及其过程(process)进行跨学科研究的科学,主要研究什么是认知、认知的作用以及认知的工作方式,包括对智力(intelligence)和行为(behaviour)的研究,特别是信息在神经系统和机器内如何被表征、处理和转化的。认知科学由多个研究学科组成,如心理学、神经科学、人工智能、语言学和人类学等等。

认知类型 cognitive style 语言习得术语,亦称认知方式、认知风格。指人们在认知活动中所偏爱的信息加工方式。认知方式可按场依存型(field dependence)与场独立型(field independence)、冲动型与沉思型以及具体型与抽象型三种对立统一的方式进行分类。场依存型学习者对客观事物的判断常以外部的线索为依据,其态度和自我认知易受周围环境或背景(尤其易受权威人士)的影响,往往不易独立地对事物做出判断;场独立型的学生对客观事物的判断常以自己的内部线索(经验、价值观)为依据,他们不易受周围因素的影响和干扰,倾向于对事物的独立判断。冲动型的学生在解决认知任务时,急于给出问题的答案,他们不习惯对解决问题的各种可能性进行全面思考,有时问题还未搞清楚就开始解答,其认知问题的速度虽然很快,但错误率高;沉思型学生在解决认知任务时,总是谨慎、全面地检查各种假设,在确认没有问题的情况下才会给出答案,但冲动型学生在运用低层次事实性信息的问题解决中占优势。具体型学生在进行信息加工时,善于比较深入地分析某一具体观点或情境,但必须向其提供尽可能多的有关信息,否则很容易造成他们对问题的偏见;抽象型学生善于对认知任务进行联想、类比、推理和归纳。

认知模型 cognitive model 认知语言学术语。指在对事物的认知过程中,存在于大脑中关于该事物的知识基础(knowledge base),即与该事物属同一领域的相关认知表征(cognitive representation)。认知模型是一个内在一致的(coherent)、大体上非语言知识的结构。认知模型是人们经历并存储在记忆中的、关于某一事物的一组背景(contexts)或背景网络(context network)。这里的背景指词汇概念(lexical concept)在人脑中所唤起的认知范畴或心理概念以及概念之间相互作用的认知表征。认知模型和各种内在一致的、以多模块概念客体形式存在的各种知识体系有关,各知识体系是感知模拟(perceptual simulation)的基础。认知模型包括与具体客体(specific entities)有关的知识,如以下是对"on the beach(在海滩上)"的认知模型(如图)。

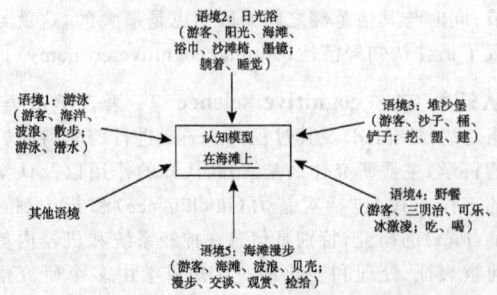

认知模型也包括与各种抽象客体(abstract entities)有关的知识,如幸福、品味、生活等等。抽象知识可以在各种细节程度不同的层面上操作,稳定且是动态,不断在个人经历和环境间进行互动。认知模型还包括与各种程序(procedural knowledge)有关的知识体系,如文化背景,不同的文化环境中赴餐馆就餐的程序不同。认知模式是开放的,对其描述不可能穷尽,只能选择;认知模式不是孤立的,而是相互联系构成网状结构;认知模式因个体经历不同而有主观性特点。认知模式对于理解词汇概念在意义构建过程中起作用的方式非常必要。为便于描述,认知语言学家假想认知模型是许多人共有的大致相同的知识,所以认知模型具有一定程度的理想性。认知模型依赖于认知主体的个人经历和文化环境,事实上一直处于不断修改、更新的过程中,受到了语言和非语言知识与环境互动的调和影响。认知模型的各个组成部分之间不是孤立的,而是互相联系的。如果在一些情况下遇到完全陌生且找不到合适的认知模型事物,人们往往会提取(call up)相似的经验,并迅速为该事物建立一个认知模型。

认知学术语言能力 cognitive academic language proficiency;CALP 语言教学和测试术语。指在校学生习得一种新语言时所体现出的两种语言能力之一,与基本人际交往能力(basic interpersonal communication skill;简称 BICS)相对,由卡明斯(Jim Cummins)提出。后者指完成其他与学习知识无直接联系的、日常交际又必需的语言能力。在二语教学中认知学术能力反映的是通过第二语言完成分析、评价、综合、推测等课堂任务的语言能力,是一种与学习相关的、正式的学术语言词汇能力。卡明斯认为,学生通常需要在没有其他帮助(如语境)的前提下独立完成多数课堂任务,这对学生的认知要求很高;学习者的基本人际交往能力不能代表其学术语言认知能力,学生往往可以流畅地就日常话题交流,但其学术语言能力却可能很低。卡明斯认为学术语言能力很难用考试成绩来检测其教育相关性和结构效度(construct validity),而需要通过不同的测试方法才能衡量。如果学习者第一语言的认知能力无法达到最低阈值,获得二语学术语言能力会有很大困难。

认知隐喻 cognitive metaphor 参见"隐喻❷"。

认知语法 cognitive grammar 认知语言学术语。指兰艾克(Ronald Langacker)自 20 世纪 70 年代以来逐步发展的、集中体现在其《认知语法基础 I》和《认知语法基础 II》两部著作中、用认知方法研究语法的理论框架。这也是目前认知语言领域最详细、最全面的语法研究理论,在语法的认知方法研究

(cognitive approaches to grammar)中也最有影响。认知语法希望建立一些有关认知机制和原则的模型，而这些机制和原则为不同复杂程度的语言单位的形成和使用提供理据并放行。兰艾克认为，语言知识在说话者的脑海中表征为象征组配(symbolic assembly)的库藏(inventory)，形成词汇—语法连续体(lexicon-grammar continuum)。象征组配包括简单象征组配(simple)和复杂象征组配(complex)，它们构成语法的基本单位。认知语法秉承象征论断(symbolic thesis)，语言形式具有常规的象征意义。一个表达式只有经常使用，并经历"牢固"(entrenchment)过程，才能获得语言单位的地位。因此语言单位是基于使用形成的，它与脑海中的概念系统和百科知识联系在一起，并作为一个整体储存起来。在使用过程中，语言单位获得了规约性(convention)，但规约性也是一个程度的问题。语言单位的牢固性和规约性是认知语法基于其第二个重要论断——基于用法论断(usage-based thesis)的直接结果，所以认知语法有时也被称为语法的基于用法模型(usage-based model)。牢固的象征组配作为知识清单储存于大脑，但其内容的储存并非任意，而是构成多重包含关系的结构网络，如词素构成词、词构成短语、短语构成句子等。兰艾克把这一套互相联系和重叠的关系视为结构网络，称之为网络模型(network model)。兰艾克认为语义是语言的基础，句法是语义内容的重组和象征化，而语义存在于人的概念化(conceptualisation)过程中，语义结构就是概念结构。句子结构取决于语义结构，语言表达式的内容不仅取决于它的概念内容，还取决于这一概念内容是如何被观察、感知和理解的。兰艾克详细论述了意象(imagery)和识解(construal)关系，特别是识解的四种参数：选择(selection)、视角(perspective)、凸显(salience)和抽象(abstraction)，并还基于图形—背景理论提出了射体—界标(trajector-landmark)、动作链(action chain)等理论。认知语法目前有两个发展方向：一是自身的不断完善，提出新观点，解决新问题，涉及更多的语言层面如语篇；二是跨学科的探讨和验证，如语言习得、神经语言学和计算语言学，等等。

认知语言学 cognitive linguistics 语言学的一个分支，有广义和狭义之分。广义的指20世纪50年代末在美国发展起来的跨学科研究流派，主要研究在语言与知识的获得与使用中的思维过程，反对行为主义和刺激—反应理论，分析人类在思维、信息储存、话语理解和产出过程中所使用的认知策略，从而揭示思维的结构和组织。广义的认知语言学包括形式学派和意义学派。一般把认知语言学的形式学派称为第一代认知语言学，把意义学派称为第二代认知语言学。目前人们提到的认知语言学一般指狭义的意义学派，即第二代认知语言学。20世纪70年代末到80年代，许多语言学家认识到以乔姆斯基为代表的转换生成语法的局限性，开始从新视角研究语言现象。认知语言学实质上是对形式语言学的对抗。认知语言学的哲学基础是经验现实主义，亦称体验哲学(embodied philosophy)，认为概念结构的形成和理解都建立在身体经验之上。认知语言学把意义、概念过程和体验经验及其相互作用置于语言和思维研究的重要地位。认知语言学秉承三个重要理论观点：否认大脑的自动语言能力；语言知识产生于语言运用；从概念化视角理解语法。认知承诺(cognitive commitment)和一般性承诺(generalisation commitment)是认知语言学的两个重要指导原则，即语言应该反映人类一般的认知机制和过程，发现的认知原理应该适用于人类语言所有方面。认知语言学有三种主要的研究方法：经验观(experiential view)、凸显观(prominence view)和注意观(attentional view)。经验观认为，研究语言不应该建立在以内省为基础制定的逻辑规则和提供的客观定义上，而是要采取现实、经验的方法。认知过程和方式虽然抽象，但会在日常语言中留下痕迹，为此我们可以从日常语言中分离出反映认知过程和方式的信息来解释语言现象。经验观认知语言学家主要关注范畴化(categorization)、原型(prototype)、概念隐喻(conceptual metaphor)和概念转喻(conceptual metonymy)等。凸显观主要关注图形—背景(figure-ground)理论在语言研究中的运用，如概念化(conceptualization)、射体—界标(trajector-landmark)、焦点调整(focal adjustment)、意象图式(image schema)等。注意观涉及主体在组织信息时注意力的分配问题，如框架(frame)等。认知语言学目前两个主要的分支为认知语义学(cognitive semantics)和认知语法(cognitive grammar)。其主要代表人物包括雷考夫(George Lakoff)、菲尔默(Charles Fillmore)、兰艾克(Ronald Langacker)、福柯涅(Gilles Fauconnier)和泰尔米(Leonard Talmy)等。

认知语义学 cognitive semantics 认知语言学术语。认知语言学的一部分，关于语言中编码的经验与概念系统(conceptual system)和语义结构(semantic structure)之间关系的研究。认知语义学感兴趣的三大问题是：什么是词位(lexeme)意义？什么是句子意义？有意义的单位如何组合成一个完整的句子？它们分别对应于词汇语义学(lexical semantics)，结构语义学(structural semantics)和意义合成性(compositionality)。认知语义学寻求从两个方面挑战传统语义理论：第一，提供一个超越真值—条件(truth-condition)理论的不同句子意义观；第二，提供一个超越经典范畴理论的词汇意义观。认知语义学把语言看成人类一般认知能力的一部分,因此只能从人们概念空间里世界的组织方式来描写世界。认知语义学把语言作为认知现象调查的透镜(lens),因此对大脑中和语义研究有关的知识表征模型感兴趣。实际上,认知语义学把意义研究分成意义建构(meaning construction)和知识表征(knowledge representation),或者说概念化(conceptualization)和概念结构(conceptual structure)。语义学和语用学在认知语义学中的区别并不明显。认知语义学认为,词汇的意义是概念性的,对应于不同个体脑海中的概念,与百科知识有关。意义不是固定的,而是约定俗成(conventionalization)和识解(construal)的问题。语言识解的过程和我们处理百科知识和感知涉及的心理过程相同。从认知的角度研究语义的方法包括认知词汇语义学(cognitive lexical semantics)和百科语义学(encyclopaedic semantics)。认知语义学的主要理论包括:合成理论(Blending Theory)、概念隐喻理论(Conceptual Metaphor Theory)、框架语义学(Frame Semantics)、心理空间理论(Mental Spaces Theory)、词汇概念和认知模型理论(Lexical Concept and Cognitive Model Theory)以及原则一词多义(Principled Polysemy)理论等等。认知语义学的主要观点体现在九个方面:语义经验观、语义概念观、语义百科观、语义原型观、意象图示观、隐喻观、寓比观、象似观和认知模型与激活理论。语义经验观是指意义的感知以经验为基础,即意义是通过体验,特别是通过感知和肌肉运动能力而得到的。人们在经验和行为中形成了概念和范畴,语义与概念、范畴同时形成。语义概念观是指语义等同于概念化、心智结构和象征结构。认知语义学家认为语义形成的过程就是概念形成的过程,语义实际上就等于概念。语义百科观认为在进行语义分析时,应采用百科式的语义分析法,根据认知语义学家的观点,语义根植于语言使用者和接受者的百科知识体系之中,因此语义就与人们的主观认识、背景知识、社会文化等因素密切相关。语义原型观认为语义范畴不是通过标准—特征模型或由必要和充分条件决定的成员身份而确定,而是建立在原型、家族相似和范畴内部成员之间主观关系的基础之上,原型是非典型实例范畴化的参照,因此语义具有不确定性、可变性、动态性、相对性和多样性。意象图示观认为认知模型主要是意象图式,而非命题,最重要的语义结构是意象图式结构。人类通过在现实世界中的身体经验(如感知环境、移动身体、发出动力、感受力量等)形成基本的意象图式,然后利用这些基本意象图式来组织较为抽象的思维,从而逐步形成语义结构。隐喻观指抽象的语义主要以空间概念为基础跨域隐喻而成。寓比观认为寓比是语言的起源,语义是通过投射、混合、联结等方式将多个空间进行融合的复杂运算。象似观认为语言符号在语音、词形、句法结构等方面与其所表达的意义之间存在象似性。认知模型和激活理论认为要理解一个词的意义,就要把这个词放到有关的认知模型中去理解;此外,一个词的词义的确定不是通过词义的简单组合来实现,而是通过互相作用激活相关认知域、知识框架以及整合(Integration)来实现。认知语义学是建立在对传统语义理论的批判之上,强调基于身体的经验和想象以及人类在认知过程中与周围世界的相互作用,把注意力真正转向人类认知推理,即对隐喻、换喻、寓比、百科观、意象图式的推理性研究。

任务 task 语言教学术语。指语言教学中为理解和使用语言而设计的活动。例如,学生一面听录音指令一面画出一张地图,便可称之为任务。任务设计包含诸如目标、步骤、顺序、进度、结果、策略决定、评估、参与程度、材料和语言等方面,均会影响语言教学的效果。任务可以分为语言型任务和非语言型任务。通常教师在教学中所布置的任务不一定仅仅只包含语言型任务,非语言型任务也是教学中必不可少的内容。在教学过程中,教师必须向学生详细说明拟完成的任务是什么,因为任务超越了单纯为练习而练习的目的,所以,语言教学中运用各种各样的任务可以使语言教学更富有交际性,使交际教学法能更加顺利地开展,这也正符合交际教学法的要求。

任务内行为 on-task behaviour 语言教学术语,亦称专心行为。指上课或从事学习活动时,学习者针对某堂课或学习活动所采取的行为。例如,课堂上老师要求学生阅读课文,就所阅读内容进行讨论,并根据讨论内容写一段话,那么学生这堂课上会集中全部注意力完成任务。学生根据老师要求所进行的学习行为即为"任务内行为"。有时候学生可能并未全身心投入学习任务,出现一些与任务无关的行为,如起立、交头接耳、查看手机短信、信手涂鸦等,即"任务外行为(off-task behaviour)",也称为"分心行为"。有效率的教师的教学目标应该尽量延长学生任务内学习行为,使学生的学习机会最大化。

任务外行为 off-task behaviour 参见**任务内行为**。

任务型教学大纲 task syllabus; task-based syllabus; procedural syllabus 语言教学术语。指围绕具体的交际性任务,而不是围绕语法或者词汇而制定的教学大纲。任务教学大纲建议语言学习者运用语言完成各种任务。例如,通过打电话来获取信息,根据一张图讲出图中的信息,根据口头指令或录音指令画出地图,或根据目的语发出的命令完成各种行为,或用目的语向别人提出请求、作出承诺、发出邀请或下达命令等。任务教学法被认为是学习语言比较有效的方法,因为它以学习和运用语言为目的,而不是仅仅为了学习语言项而学习语言。任务教学大纲源于印度语言学家普拉布(N. S. Prabhu)在20世纪70—80年代在印度南部推行的一项教学实验。普拉布实验的核心假设是:着重语义的理解可以有效地促进和推动对结构的掌握。实验遵循"以习得为基础(acquisition-based)"的教学理念,即只要接触目标语并"参与到自然的交际场景中"(Stephen Krashen, 1977),学习者就能习得目标语。这一实验产生两个结果:其一是在教学中废除了语法功能项目大纲(linguistic syllabus),用任务型教学大纲作为替换,即在教学大纲中废除语法功能项目,课堂教学内容按照所要进行的任务(tasks)来设定,对其中包含的语法功能项目不作预先设定。普拉布认为,如果希望在课堂上创造一个"自然的(natural)"交际环境,就不能在教学中设定任何预先确定的语法功能项目;换言之,如果教学围绕某个语法功能项目大纲来进行,就不可能在课堂上实现自然交际。结果之二是,在课堂教学中废除如操练(drilling)和改错(error correction)之类强调形式却忽略意义的教学程序,只在偶然产生的自然交际环境中才进行这类程序,即当学习者有意识地、积极地寻找对一项语言点的解释时,可以自然地进行一些有关这一语言点的操练。废除了对语法功能项目的操练后,课堂上教师的职责就类似于母语学习中父母的角色,因为父母从不让孩子进行语言点的操练,也很少改正孩子的语言错误。普拉布实验还对其他类似于母语习得的情景进行了模拟。例如,学习者常在不经意的情况下被要求用第二语言或外语来发表观点或实现交际目的,他们可以像母语使用者那样创设(incubate)属于自己的第二语言。普拉布用实例演示了在实验中所推行的任务类型,这些例子被收录在普拉布(1987)附录5的"学校课程表(School Timetables)"中。所录例证代表了三个层面的任务:(1)按照教学内容或描述来创建课程表;(2)比较这样确立的课程表,确认不同科目课程的频率(或不同学生交换共享材料的可能性);(3)根据现有课堂课程表来为不同科目的教师创建其各自的课程安排。每一节课围绕一项任务展开,任务的完成总包含一段由学习者依靠自身努力达到某一既定目标的"持续时段(a sustained period)"(如15分钟等),这样的努力是对心智的一种"合理挑战(reasonable challenge)"(RIE, 1980)。课堂的其余时间则由前任务(pre-task)和后任务(post-task)的活动组成,前者自然导入所需要的语言功能项目,后者则对整个任务实施的效果进行评测并达到巩固的目的。实验开始阶段由于班级较大、师生对新方法不熟悉等因素的限制,效果并不理想,但经过一段时间的试验后取得了一定的成功。贝雷塔和戴维斯(1985)对这一实验进行了正式评估,认为试验组较传统教学组而言在某些测试上表现更优,但在语言功能项目的使用和调遣方面实验组不及传统教学组的表现(Prabhu, 1987)。总的来说,普拉布的任务型教学大纲与"过程教学大纲(process syllabus)"有一个共同特点,即两者均以"过程方式为核心(means-focused)"(Breen, 1983),而传统的大纲则以"目标为核心(ends-focused)",教授规定的语言功能项目。任务型教学大纲也有别于当时甚为流行的"意念/功能教学大纲(notional/functional syllabuses)",而前者则可在对任务的完成过程中实现对结构的掌握,更能顺应当时印度国内的语言教学需求。另外,普拉布还认为,所谓的"交际教学法(communicative methodology)"本质上是语法操练的一种隐性形式,诸如像"信息空缺(information gap)",在表面上看是以所传递的信息为核心的(message-focused),但本质上仍然是以形式为核心(form-focused),其结果不能导致语言的自由产出(free language production),只能导致对所授语言点的复制(reproduction)。相比之下,任务型教学大纲是"促成交际的(communicational)",这与"交际性的(communicative)"有别,而且普拉布并不热衷于在其实验中进行小组活动或配对活动(group work / pair work),他更强调教师与学生之间以及学生与任务之间的互动。

对普拉布的任务型教学大纲的批判(Brumfit, 1984; Johnson, 1982等)主要认为,这种方法会导致错误的、洋泾浜式的语言。虽然在母语习得过程中类似错误的用法可以得到纠正,但普拉布的实验并未提供足够证据证明在第二语言和外语习得中这种错误用法也会得到自然的更正。另外,这种大纲对测试也造成了一定困难,由于没有明确和既定的语言项目,对教学内容和成效的评估便缺乏了科学依据和统一标准。但是,尽管存在这样和那样的问题,任务性教学大纲还是为语言教学提供了一个新的方向和路径。

任意性 arbitrariness 亦称规约性。语言的一种重要特征。指语言符号与它们所指代的现实或虚拟世界中的事物或概念之间无必然联系。例如,"桌子"一词无论从"形"或"声"看,都没有丝毫表征"桌子"的形状或其他本质特点的因素。此类指称是偶然的、约定俗成的。由于"任意性",同一事物在不同语言中有不同的语言形式与之相对应,如汉语中的人,在英语中是person,在俄语中是человек,在法语中是personne,而在德语中是Mensch。然而,虽然语言在本质上是任意的,但是这并不意味着所有的语言符号都是任意的,最好的例证就是拟声词,如"汪汪""咩咩"等。语言的任意性反映了语言的复杂性,但也正是这种属性为人类创造新的语言符号和表达方式提供了无限的可能性。

任指空语类 PRO arbitrary PRO 句法学术语。参见"控制理论"。

日常语言学派 ordinary language school of philosophy 分析哲学的一支,亦称语言分析学派或日常分析学派。日常语言学派是第二次世界大战后产生于英国剑桥大学并占统治地位的语言哲学流派,战后在牛津盛行,亦称"牛津学派"或"牛津—剑桥学派"。其创始人是摩尔(George Edward Moore,1873—1958),奠基人是维特根斯坦(后期),代表人物有赖尔(Gilbert Ryle)、奥斯丁(John Austin)、斯特劳森(Peter Strawson)、哈特(Herbert Hart)以及厄姆森(James Opie Urmson)等;后流传到美国,代表人物有布莱克(Marx Black)等。日常语言学派认为"形而上学"和科学认识中的错误不在语言本身,而是人们不了解日常语言的规则和方法,违反了常识,错误地解释了语言而造成的;而日常语言是丰富多彩、清楚明白的,与人们生活休戚相关,远非人工语言所能比拟和代替的,因此是人们可靠的工具。以此为基础,该学派秉承"哲学研究应从日常语言的用法入手"的原则,注重研究语言的实际用法,避免概括性的结论,并致力于研究语言的意义与使用的关系,试图通过合理的语言来克服传统哲学的思辨性和抽象性,使哲学世俗化、具体化和社会化。20世纪60年代后日常语言学派逐渐衰落,但至今在英美等国仍有影响。

日常语言哲学 ordinary language philosophy 分析哲学的主要支派之一,亦称语言分析哲学。着重研究如何通过分析日常语言解决哲学问题,把语言哲学的任务看作是对产生哲学困惑的日常概念的澄清。20世纪30年代中叶出现于英国,并盛行于50年代,起始于批评罗素的理想语言哲学以及对维特根斯坦前期哲学和逻辑实证主义的某些解释,主要受摩尔和维特根斯坦后期哲学思想的影响,也有观点认为维特根斯坦是日常语言哲学的主要创始人或首要代表。日常语言哲学的主要观点包括:(1)认为日常语言预设了实在的结构,因而研究这种语言也就是理解可能存在的语言之外的世界的有效方式,因而必须关注日常语言中的意义、范畴、蕴涵、语法形式或逻辑形式、功能、用法和区别,必须像传统所做的那样揭示语言结构的性质。(2)重视语言分析。将其看作是哲学的首要的、甚至唯一的任务,强调自然语言中概念的丰富性以及概念之间的细微区别,认为概念能够完成多种多样的功能,可以充分满足使用者的不同需要。日常语言哲学学派分为剑桥学派和牛津学派。剑桥学派形成于20世纪30年代中叶,以剑桥大学为中心基地,主要代表人物是威斯顿(John Wisdom);牛津学派形成于20世纪40年代,发展的高潮时期是50年代,以牛津大学为中心基地,代表人物有赖尔、奥斯汀、斯特劳森等人。赖尔和奥斯汀都把词的意义看作这个词所完成的功能或所起的作用,反对把意义看作某种抽象实体。赖尔还认为意义的体现者是词或短语,而不是语句。斯特劳森强调词和词语使用的区别以及语句和语句使用的区别,认为意义是语词或语句的功能,指称是语词的使用的功能,真值是语句的使用的功能。他还指出,谈论词或语句的意义,不是谈论它们在特定场合下的使用,而是谈论在一切场合下正确地把词运用于指称某事物,或者把语句用做断定某事物时所应当遵循的惯例。牛津学派比剑桥学派的影响更大,他们全部接受了维特根斯坦关于反对构造人工语言、关于哲学的任务主要是研究自然语言中词和语句的日常用法等观点,部分地接受了他关于哲学问题仅仅产生于哲学家违背语言的日常用法、关于哲学问题的解决只是对语言的日常用法等观点,牛津学派比维特根斯坦更加强调研究日常语言本身的细致区别。

日耳曼语音变化 Germanic sound shift 参见"第一次语音演变"。

日耳曼语语言学 Germanic linguistics 指对英语、德语、荷兰语等日耳曼语的语言加以描写和探讨研究的总称。参见"日耳曼语"(世界主要语言部分)。

日记研究 diary study 语言习得、语言教学术语。指对语言学习或教学经历所做的第一手记述,即在个人日志中做定期、坦诚的详实记录,然后分析行为再发生的模式(recurring patterns)或突出事件(salient events)。包括两个层次的工作:(1)定期坦诚地记日记;(2)在记日记的同时,反复阅读日记,找出带有普遍性的突出问题,并对其进行分析和研究。

日内瓦学派 Geneva School 亦称皮亚杰学派。为瑞士心理学家皮亚杰(Jean Paul Piaget)所创立。此学派以研究儿童认知发展为主要内容,通过对儿童科学概念以及心理运算起源的实验分析,探索智力和认知机制的发生发展规律。日内瓦学派最初活动可以追溯到20世纪20年代皮亚杰在巴黎比纳实验室工作期间所进行的儿童心智研究。1950年他发表了三卷本的《发生认识论导论》,标志着发生认识论体系的建立。皮亚杰在日内瓦大学任职时召集了一批志同道合的儿童心理学家,形成了日内瓦学派的基本队伍。1955 年,皮亚杰又在日内瓦大学创立了发生认识论国际中心,邀集各国心理学家及其他有关学科的学者进行跨学科合作研究。发生认识论的基本观点是:(1)由于科学知识处于不断的演化之中,因而我们不能静止地看待认识论问题;(2)人类知识的形成,既不是外物的简单复制,也不是主体内部预成结构的独立显现,而是包括了主体和外部世界在连续不断的相互作用中建立起来的一系列结构;(3)客观知识从属于这些结构,认知结构的发展标志着儿童智力水平的提高和逻辑范畴与科学概念的深化。皮亚杰的主要贡献在于:(1)提出了对儿童心理发展研究影响深远的基本概念,如图式、同化、顺应等;(2)提出了影响儿童心理发展的四要素:机体的成熟因素、个体对物体作出动作时的练习和习得经验的作用、社会环境、对心理起决定作用的平衡过程;(3)皮亚杰将儿童认识的发展分为四个阶段:第一阶段是感知运动阶段(0—2 岁);第二阶段是前运思阶段(2—7 岁);第三阶段是具体运思阶段(7—12 岁);第四阶段是形式运思阶段(12—16 岁)。

日文汉字　kanji　指书写日文时所使用的汉字。出于历史的传统习惯,日语书写时是汉字和假名混合使用。汉字用来表示主要的实义词,如名词、动词和形容词,假名主要用作词缀、连词和其他语法形式。日文汉字的写法基本上与中文使用的汉字大同小异。但有百余个汉字由日本人利用六书自创,这些汉字称为"国字"或"和制汉字"。《诸桥大汉和辞典》是最大的日文汉字字典,共记载接近 5 万个汉字,不过在战后的现代日文中常用汉字大约只有数千个,其中法定规范汉字约两千个。日文汉字的读法分音读、训读两类,而且大部分日文汉字都有音、训二读。音读指源自中国的读音,与中文的汉字发音近似,另可细分为吴音、汉音、唐音三类。训读是与中文读音无关联的汉字读法,是为了标示原来存在的日文词汇而加上相联系的汉字,由此解决原本日文词汇有音无字的现象。为了表示汉字的发音,书写日文时可以在汉字旁注上假名,表示汉字的读法。这种近似中文注音或拼音的标记,在日文叫做"读假名(読みがな,yomigana)"或"振假名(ふりがな,furigana)",常见于幼儿书籍、日语学习者书籍中,或用来表示不常用汉字或日本人姓名的发音。

溶合　fusion　语法学术语。语言单位内若干成分的合并。如 took 一词是"take＋过去时"的溶合。语音在一些种类的同化中也可以溶合。

溶合分词　fused participle　语法学术语。指动名词和它前面的以宾格形式而非所有格形式出现的名词短语。

溶合复合词　fused compound　语法学术语,亦称原形派生词(primary compound)。由非派生词干组合的复合词,如 bed＋room → bedroom。

溶合句　fused sentence；run-on sentence　句法学术语。指两个或两个以上的句子没有适当的标点符号或连接词而溶合在一起。例如:However, she is lack of education, she is lack of confidence, she represents the bottom class people in the society.

溶合语　amalgamating language；inflected/inflecting language　形态学术语,亦称屈折语言(inflexional or flexional language)。根据形态分类(morphological classification)的语言类型之一。溶合语就其语法关系不是词序,而是屈折变化,其主要特点是词内有专门表示语法意义的内部屈折变化词缀。词缀(affix)并不具有独立身份,与词根(root)或词基(base)紧密结合在一起,并溶合为词的一部分。一个屈折变化形式往往可以表示一个以上的范畴意义,如拉丁词 lingua 中的-a 表示阴性、单数和主格。在阿拉伯语等词根屈折或溶合语(rooted-inflected/fusional/ fusing language)中,词根中的元音分布是不同的,类似与英语中的元音变化,即通过词根的语音变化来表达语法意义,如 feet 是 foot 的复数,sang 和 sung 分别是 sing 的过去式和过去分词。在梵语或拉丁语等词干屈折语(stem-inflected language)中,表示不同功能的后缀附加到不变的词基上,如拉丁动词 amare 有以下变位:amo(我爱)、amas(你爱)、amat(他爱)等。在格鲁吉亚语等组合屈折或溶合语(group-inflected or amalgamating language)中,词缀和词基紧密地结合在一起。根据形态分类,除溶合语外,其他语言类型有孤立语(isolating/formless language)、黏着语(agglutinative/ agglomerative language)、多式综合语(polysynthetic/incorporating language)等。

融合¹　fusion　认知语言学术语。(1)指构式语法中的动词参与者角色(participant roles)与构式的论元角色(argument roles)结合成一体的过程。这一过程受到语义一致性原则(Semantic Coherence Principle)和对应原则(Correspondence Principle)的制约。(2)指词汇概念和认知模型理论(LCCM Theory)中提出的词汇概念合成(lexical concept integration)的两个分过程之一。融合是第二个成分合成的过程,包括两个要进一步连续发生的整合(integration)和解释(interpretation)过程。

融合²　integration　社会语言学术语。与借用(borrowing)一起构成语言相互影响的两种主要类型,一般指不同语言接触时,语言结构或语言成分的"化合",即由一种语言在结构上向另一种语言扩散、渗透,由表层到深层,使该语言从量变到质变从而产生一种新系统的过程。语言融合包括两个最本质的特征：(1)融合的前提是必须有两个同时存在的语言相互之间发生直接的接触；(2)融合必须经过双重语言制的过程。语言融合一方面会导致语言数量的变化，即语言融合的时候，通常是其中某一种语言成为胜利者，保留自己的语法构造和基本词汇，并且按自己的内在规律继续发展，另一种语言则逐渐失去自己的本质而逐渐衰亡；另一方面，相接触的不同语言反而在结构上互相渗透、扩张，在相互影响下各自丰富、发展。

融合教学法　integrated approach　参见"整体教学法"。

融入型动机　integrative motivation　语言习得术语。加德纳(Robert Gardner)和兰伯特(Wallace Lambert)1972年提出的外语学习(第二语言学习)的动机分类之一。他们将影响外语学习动机分为融入型动机(integrative motivation)和工具型动机(instrumental motivation)两种。融入性动机指学习一门语言不是为了通过某项考试或谋求一份好职业等某一具体目的，而是为了能融入目标语国家文化并参加社团活动，能够同该语言的本族语者进行交际与交流等社会性目的。它反映出学习者对目标语国家的人民和文化的个人兴趣。

冗文涩语　bafflegab; gobbledegook　指冗长而难懂的话。20世纪50年代由弥尔顿·史密斯(Milton Smith)首创，当时主要是用来批评美国的物价稳定局(Office of Price Stabilization; OPS)所用的官僚语言。

冗余规则　redundant rule　参见"羡余规则"。

冗余性　redundancy　参见"羡余性"。

冗语　pleonasm　语义学术语。一种语义重复现象，如在含义已经非常清晰明了的短语或句子中插入一个多余的语项。例如，"six p.m. in the evening"亦属于谬误或背理(solecism)现象。但是，正如其他一些比喻修辞用法一样，冗语可加强陈述句的语气。例如：He said he did see it himself, *with his own eyes*。另一个语义重复现象为同义反复(tautology)，亦称重言或类语叠用，即重复同一个词或句子。诸如"Kids are kids."之类的表达即属于冗语现象，目的是强调所要表述的内容，并加强语气。参见"同义反复"。

冗赘　tautology　参见"同义反复"。

如尼字母　rune; runic　亦称茹恩字母、鲁纳字母、茹尼克文字。一种古代北欧文字的字母，据传由拉丁字母和希腊字母改变而成。该字母的基本笔形都是直线，便于在木石上雕刻，故常用作铭文字母及神符符号。每个如尼字母表示一个特定的语音，并以其名称的第一个字母命名；同时每个符号具有一个概念价值，如 g 表示 Gabe(赠品)，n 表示 Not(困苦)，s 表示 Sonne(太阳)。rune一词来源于早期的盎格鲁撒克逊词，意指秘密(secret)或神秘(mystery)。最早的如尼字母出现于斯堪的那维亚半岛(公元2世纪初)，至今已发现将近5000件碑文，其中3000件在瑞典。古英格兰的日耳曼移民最早也使用这种字母，后来该字母被罗马拉丁字母取代。

辱骂性语言　abusive language　指用来侮辱受话者的词或短语。辱骂性语言具有侮辱性和贬损性，可以发泄说话人的不满、厌恶等情绪，表达对他人人格、名誉等的侮辱和损害，如汉语中的"混账东西！"和英语中的"son of a bitch"等。

入格　illative case　参见"推论格"。

入流音　on-glide　语音学术语，亦称滑入音或首流音(initial glide)。指后响二合双元音起首的滑音，如汉语读音[ja]、[wa]中的[j]、[w]。

入门测试　admission test　语言测试术语，亦称筛选测试。指在课程学习开始之前对学习者实施的测试，用以帮助判断哪些受试对象在课程学习中更具成功的可能性，或者用以确定接受哪些受试者作为课程学习的授课对象。

软腭　soft palate; velum　发音语音学术语。发音器官之一。软腭呈半垂直状态悬于口、咽腔之间，是口腔上腔后小半部，硬腭后面部分，比硬腭软。它不仅是软腭音的发音器官，而且是调整气流进入口腔或鼻腔的工具(下垂可挡住口腔，使气流进入鼻腔，上抬则堵住鼻腔的通道)。如图：

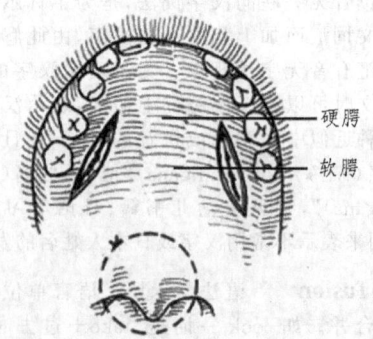

软腭封闭　velic closure　语音学术语。指发音时软腭上抬阻止气流进入鼻腔而形成的完全封闭。

软腭化　velarization　语音学、音系学术语。指发非舌后辅音时舌后向软腭抬高的补充发音动作。像发后元音一样，舌后的抬高使软腭化的辅音具有较低的音色。例如，英语词 call 中的[ɫ]音就是被软腭化了的音。

软腭化音 velarized 语音学、音系学术语。指发音时舌后向软腭(velum)抬起，俗称含糊的(音)(dark)，如英语词 well 中[ɫ]的发音。

软腭气流 velaric air-stream 语音学术语。指由舌后与软腭的相对运动形成的气流，可帮助除阻或加强共鸣。一些非洲语言的吸气音(click)就是由软腭气流产生的。软腭吸入气流，用来发出表示烦恼的音，通常写作 tut-tut。

软腭气流机制 velaric air-stream mechanism 参见"气流机制"。

软腭清擦音 achlaut 语音学术语。指发音部位在舌根、发音方式为擦音的清辅音。例如，苏格兰盖尔语中"loch"中"ch"的发音，国际音标写作[x]或[χ]。

软腭音 velar 语音学、音系学术语。亦称舌背音(dorsal)。用舌后部接触或接近口腔后部的软腭(velum)而发出的语音。例如，英语中 king /kɪŋ/中的/k/和 get /get/中的/g/就是软腭音，更确切地说是软腭塞音(velar stop)。当舌面用作发音器官时，发出的语音可以叫做舌面软腭音(dorso-velar)。根据发音部位的不同，这类音又可以分为：前软腭音(pre-velar)，即发音时舌背朝向软腭的前部；中软腭音(medio-velar)，即发音时舌背朝向软腭的中部；以及后软腭音(post-velar)，即发音时舌背朝向软腭的后部。

软辅音 soft consonant 参见"硬辅音"。

软件 software 教育技术学术语。指用于教育系统物质设备上的录像带、录音带、硬盘、软盘、光盘以及影视光盘等。

软音 soft 音系学术语。一种不专业的音系学术语，表示一个字母的两种不同读音之一，反义词为硬音(hard)。例如，英语字母 c 和 g 有发塞音[k]和[g]以及发擦音[s]和[dʒ]两种情况，前者通常称为硬音，后者通常称为软音。

软音符号 soft sign 语音学术语。软音符号(ь)在词里表示它前面的辅音是软辅音，如 матъ。软音符号(ь)还有分音作用，表示它前面的辅音字母和后面的元音字母要分开读，如 статья。

软音化 softening 参见"腭化"。

锐音 acute 语音学术语。指雅柯布逊(Roman Jacobson)和哈勒(Morris Halle)在其音系学的区别特征理论中确立的区别性特征之一，发音时发音部位在声道的中间部位，声学能量主要集中在高频部分。属于锐音的语音有前元音以及辅音中的齿音、齿龈音和腭音等。在音系学中，锐音的概念与钝音(grave)相对立。

锐音符 acute accent 语音学术语。指书写时标在元音字母上方的变音符号(diacritic mark)，标示元音字母在音高、重音、声调等方面的特点。例如，法语中的锐音符"ˋ"放在字母 a、e、u 等上方写为 à、è、ù，标示这些元音字母为开元音，而锐音符"ˊ"则表示它们为闭元音。

瑞尼森框架 Rennison framework 音系学术语。一种用堆积的层次之间的可视关系代替管辖的音系学的独值特征理论，由瑞尼森(John Rennison)(1987,1991)开创。

若布伦黑话 Jobelyn; Jobelin 社会语言学术语。中世纪巴黎下层社会所用的风格低下的语言变体。法国 15 世纪抒情诗人维永(Francois Villon)笔下多有此种用例。此词在法语中的本意是"乞丐"或"歹徒"。

弱变化 weak change 形态学术语。日耳曼语言中通过添加后缀构成语法形式，与由内部元音变化构成语法形式的强变化相对。如：名词 boy 加后缀-s 构成复数形式称为弱变格(weak declension)；动词 talk 加后缀-ed 构成过去式称为弱变位(weak conjugation)。弱变化的名词、动词分别称为弱变化名词、弱变化动词。

弱等值关系 weak equivalence 语法学术语。具有相同弱生成能力的两种或多种语法之间的关系。句子生成能力相同的两种或多种语法具有等值关系，如果它们能生成相同的句子，就具有弱等值关系；如果不仅生成相同的句子，而且还能为这些句子提供相同的结构描写，就具有强等值关系。

弱辅音 lenis; weak consonant 语音学、音系学术语。指辅音(consonant)的一种，发音时肌肉松弛，它与强辅音(fortis, strong consonant)相对，后者发音时肌肉紧张。英语中浊辅音通常是不送气的，如 /b/、/d/，因而称作弱辅音；而清辅音则通常是送气的，如 /p/、/t/，因而称作强辅音。强弱辅音的区分 1932 年由英国语音学家克鲁辛格(Etsko Kruisinga)提出，体现在发音时由口腔气流强度不同所引起的、明显的压力大小的区别。成对的清/浊辅音，比如/s/、/z/，其区别不仅仅在于发音时声带的振动与否，更在于发音时气流的强弱和喉头肌肉的用力程度。就发音的强度、爆破的强度、噪音的强度和

R 弱 ruò （语言学术语）

气流的长度等方面而言，"清"辅音都强且长于"浊"辅音。例如，发/p/时的爆破声明显比发/b/时要大。清辅音/t/在词首和词尾都应有较强的爆破力，而浊辅音/d/在词尾应该轻化。

弱化　lenition; reduction; weakening　语音学、音系学术语。指一个音段或一串音段由较强的音变为较弱的音的现象。可分为辅音弱化和元音弱化。辅音弱化表现为发音阻力减小，清辅音变为浊辅音，塞音、塞擦音变为擦音，送气音变为不送气音等。如在拉丁语 ripa（河岸）发展到法语 rive 的过程中/p/弱化为/v/。元音弱化比较普遍，即一个元音在非重读位置上变为相关形式元音的央化变体（具体包括前后元音变为央元音，复合元音变为单元音等）。例如，/əuv/的发音在非重读时变为/əv/；telegraph/teləgrɑːf/（电报）中的重读元音在相关的 telegraphy /təlegrəfɪ/（电报术）中弱化。情态动词 could /kud/在"We could go to see the film this evening."中经常会弱化为/kəd/。又如，汉语普通话"喇叭"/lǎbā/发成/labə²¹⁴/，"叭"字的声母清辅音变浊，元音也变得含混。

弱化元音　lenis vowel; reduced vowel　语音学术语。指一个被弱化的元音，如 photograph 中的/əu/和/ɑː/在 photography 中变为[ə]。在英语句子中如果一个单词在语意表达上处于次要地位，不被重读，则其中的元音变为弱化音（如长元音变短音）或者完全消失。

弱接口论　weak interface position　语言习得术语。二语习得中关于隐性知识和显性知识、内隐式学习和外显式学习（implicit / explicit learning and knowledge）之间关系的一种观点。弱接口论认为，如果在隐性知识发展过程的恰当时间输入显性知识，那么显性知识也可以被成功地整合到隐性知识系统中；显性知识也可能有助于学习者在处理语言输入时注意到语言规则，从而促进隐性知识的发展。两者之间的接口主要呈三种观点：无接口说（no-interface position），强接口说（strong interface position），和弱接口说。隐性知识和显性知识之间的接口问题是二语习得研究的热点话题之一。参见"接口"。

弱跨越　weak crossover　句法学术语，亦称弱约束受阻效应。指较弱的一种约束受阻现象，与强约束受阻效应相对立。例如：She$_i$ thinks that John loves her$_{i/j}$　句中 she 和 her 可以异指，意思是一个姑娘认为 John 爱另一个姑娘；也可以同指，意思是一个姑娘认为 John 爱她自己，即代词 her 受主句主语 she 约束。但是，在对 her 提问产生的 wh-问句中，如"Who$_i$ does she think that John loves t_i?"，her 原来所处位置移位留下的语迹 t_i 和主句主语 she 只能异指，不再受 she 约束，两者之间的约束关系受阻。同样，在"His$_i$ mother loves him$_{i/j}$"中，his 和 him 可以异指，也可以同指。但是，在"Who$_i$ does his$_i$ mother love t_i?"中，语迹 t_i 和 his 只能异指，两者之间的约束关系受阻。但是，两个例句中所呈现的约束受阻效应程度不同，前者为强约束受阻效应，后者为弱约束受阻效应。参见"跨越"。

弱祈使语气　apocopated mood; jussive　语法学术语，亦称祈愿语气。动词语气的一种，常等同于祈使语气（imperative mood），但在有些语言中两者需要区分，如闪语族（Semitic languages）。有时用于动词的语法分析，指一类语气，与祈使语气共同使用，两者意思相联系，如"leave!"但在有的语言中，它们的意思有所不同。例如，在阿姆哈拉语中，弱祈使语气动词变形用来表达祝愿（"愿上帝赐予你力量"），祝贺等，并在形式上有别于祈使语气，并不是指向受话人的祈使句，而是表示对第三人称的命令请求或祝愿祝贺，其效果比祈使语气弱。叶斯柏森（Otto Jespersen，1860—1943）首次使用此术语，莱昂斯（John Lyons）用它表示句子的命令和请求功能。例如：Will you keep quiet(, please)?　就语法中的语气而言，弱祈使语气可以被当作是祈使式或是疑问式。

弱生成能力　weak generative capacity　句法学术语。在生成语法中，与强生成能力（strong generative capacity）相对。弱生成能力生成某种语言的句子集合；强生成能力生成一套语言结构描写系统。如果一种语言理论 T 给出一类语法"G1，G2，G3……"，其中 G1 弱生成语言 L1 的句子集合并强生成语言 L1 的结构描写系统Σ1；G2 弱生成语言 L2 的句子集合并强生成语言 L2 的结构描写系统Σ2，那么(L1，L2……)就构成语言理论 T 的弱生成能力，而（Σ1，Σ2……）就构成语言理论 T 的强生成能力，两者构成语言理论 T 的整个生成能力。具有强生成能力的理论必定具有弱生成能力，反之不然。例如，有限状态语法（finite state grammar）可以生成的句子，语境自由语法（context-free grammar）都能生成，反之，语境自由语法能生成的句子，有限状态语法不一定可以生成。也就是说，语境自由语法的弱生成能力大于有限状态语法。

弱式词汇论假说　weak lexicalist hypothesis　形态学术语。与强式词汇论假说（strong lexicalist hypothesis）相对，认为屈折形态学（inflectional morphology）和派生形态学（derivational morphology）有着根本不同：派生形态学属于词库范畴，而屈折形态学则属于句法范畴。强式词汇论假说则认为两者没有原则上的区别，在生成语法框架内它们都属于词库，而非句法。

弱式读音　weak form　语音学术语。英语部分词类（大多数人称代词、所有格代词、关系代词、助动词、be、have、冠词、部分介词和连接词等）在非重读位置的不完全读音形式。弱式读音常见于两种情形：(1) 元音弱化，如"could /kud/→/kəd/""shall /ʃæl/→/ʃəl/"等；(2) 元音或辅音脱落如"must /mʌst/→/məs, ms/""and /ænd/→/ən, n/"等。这些词在句中通常不重读，用弱式。

弱特征　weak features　语法学术语。指现代标准英语中限定动词由于在人称、数的一致关系方面少有变化而具有的弱一致性特征。现代标准英语中，除动词第三人称词尾加-s 以外，其他人称的单、复数形式都同动词原形；而在早期的现代英语中，动词有丰富的人称和数的词尾变化，如同其他词形变化丰富的欧洲语言。例如：[1] Thou say*st* true. [2] She take*th* most delight in music, instruments and poetry. 此二例录自莎士比亚作品原著中，其中动词 say 带有单数第二人称词尾-st，take 带有第三人称单数词尾-th，是当时英语构词的显著特征。生成语法认为，具有弱特征的现代标准英语限定动词不能移位到主语之前，而具有强特征的早期现代英语限定动词能移位到主语之前。例如：[3] Heard you this?　[4] Did you hear this?　其中，句[3]为早期现代英语的说法，而现代标准英语只能采用句[4]的说法。强特征与弱特征的另一个表现是，早期现代英语中可以省略主语，因为早期现代英语限定动词的词尾可以表示人称，而现代标准英语则不行，例如：[5] *Hast* any more of this?　[6] Have *you* any more of this?

弱央元音　shwa；schwa　语音学术语。指国际音标中的/ə/音。发音时口腔各个部分都保持自然状态，肌肉松弛，仅舌中部微微上升，是最不用力的模糊元音。该元音几乎就是声带振动的嗓音，人在犹豫时往往会发出这种声音。在英语中，弱央元音为各种元音弱化的极限。shwa 一词来自希伯来语。

弱意词　diminisher　语法学术语。指在相当程度上降低动词作用力的一类副词及短语副词。例如：[1] I *partly* agree with you. [2] I admired his courage *to some extent*. 常用的降低程度的词语有 mildly, moderately, partially, partly, slightly, somewhat, in part, in some respects, to some extent, a little, least(of all)等。

弱重音　weak stress　音系学术语。美国结构主义学派提出的四种不同程度重音中最弱的一种，属于词重音。参见"词重音"。

S

萨丕尔—沃尔夫假说 Sapir-Whorf hypothesis 亦称沃尔夫假设(Whorf hypothesis)，语言决定论(linguistic determinism)或语言相对论(linguistic relativity)。指一种关于语言与文化或语言与思维之间关系的学说。由美国人类语言学家沃尔夫(Benjamin Lee Whorf)与其老师萨丕尔(Edward Sapir)提出，故称之为萨丕尔—沃尔夫假说。此理论又分语言决定论和语言影响论，即强势和弱势两个版本。其中强假设的观点是语言决定思维，语言类型不同，思维模式便不同，因此，操不同语言的人对世界的认识也就不同。后者不同于前者的是，认为语言影响思维，受不同类型语言的影响，人们的思维和对世界的认识方式也不一样。沃尔夫把这种观点称作"语言相对论"(linguistic relativity)。

塞擦 affrication 语音学术语。指在释放一个破裂音的基础上在同一发音位置产生一个简短的弱擦音的发音方式。换言之，塞擦是塞音发生音变而产生擦音的过程。例如，塞擦音/ts/和/tʃ/与清塞音/t/有相同的发音位置，不同的是前两者以塞擦的方式发出，而后者以塞音或者说爆破的方式发出。

塞擦爆破音 affricated plosive 语音学术语。指塞擦化了的爆破音，即在释放爆破音的基础上在同一发音位置上产生一个简短的弱擦音的发音方式，使爆破音发生一定的音变。例如，英语中的塞擦音/ts/和/dz/在伦敦方言中的发音位置听起来就与送气音/t/和/d/相同，属于微带擦音的爆破音。

塞擦音 affricate 语音学术语。按照发音方式对辅音进行分类产生的一个类别，指在发音时声道首先处于完全封闭的状态阻塞来自肺部的气流，然后再逐渐除阻释放压力，在压力得以释放的初始除阻瞬间会产生一个破裂音，但在随后的缓慢除阻过程中发出的擦音，因以该方式发出的辅音同时具有塞音和擦音的特点，故而称为塞擦音。在英语的语音中，塞擦音的初始除阻产生的只有/t/和/d/两个音，如/tʃ/、/dʒ/、/ts/、/dz/、/tr/、/dr/等。

塞音 stop 语音学、音系学术语，亦称爆破音(plosive)。指发音器官在口腔中形成阻碍，然后气流冲破阻碍而发出的音。以英语为例，塞音有6个，即/p/、/b/、/t/、/d/、/k/和/g/。但在某些情况下，发塞音时，气流不必冲破阻碍，而只是发音器官在口腔中形成阻碍，并稍作停顿——即做好要发出这个塞音的准备，但不把音发出来。这样的发音过程叫做"不完全爆破"。

三段论 syllogism 修辞学术语。逻辑学概念，由古希腊亚里士多德首先提出。三段论是由两个直言判断作为前提和一个直言判断作为结论而构成的推理，其中包含有(而且只有)三个不同的项。指一种修辞论证方法，由一个大前提(major premise)、一个小前提(minor premise)及由这两个前提得出的结论(conclusion)组成。例如：大前提 All boys like sports. 小前提 John is a boy. 结论 John likes sports.

三数 trial 指表示"三个"的数的范畴。某些西南太平洋地区的语言具有三数的范畴。

三元论 triadic theory 语义学术语。一种意义理论，即假设语言形式与其所指称的实体、事态等(即所指)之间的关系是非直接的，不是直接的二元对立关系(二元论)，而是还有第三元，即对应于语言形式的心理概念或涵义。最著名的三元模型是奥格登(Charles Ogden)和理查德兹(Ivor Rechards)在《意义的意义》(1923)一书中提出的"语义三角"。参见"**语义三角**"。

三字母一音 trigraph 语音学术语。三个字母组合在一起发一个语音，如德语中的 sch 发为[ʃ]。

散布音 distributed 音系学术语。乔姆斯基和哈勒(Morris Halle)在其音系学的区别特征理论中确立的语音特征之一，用来描写擦音的发音部位的变异(声腔特征)。散布音指通过声道收缩发出的辅音，这种收缩沿着声道顺气流的方向伸展到一定的长度，如双唇音/w/、/m/(=/hw/)等。与非散布音(non-distributed)相对立。非散布音也是指通过声道收缩发出的辅音，但这种收缩沿着气流的方向只有很短的伸展，如齿擦音和卷舌擦音。

散句 loose sentence 与整句(full sentence)相对。指句式灵活而富有变化的句子，形式长短不一。从语言的交际功能看，散句是它的自然形态，也是基本形态。散句能使语气舒缓，舒卷自如。人们平时说话、写文章，主要用散句。参见"**整句**"。

散音 diffused 音系学术语，亦称散疏。雅柯布逊(Roman Jacobson)和哈勒(Morris Halle)在其音系学的区别特征理论中确立的语音特征之一，用以区别发音部位的不同。散音从发音和声学两方面定义为：制流发生在口腔很后的部位，在频谱非中央区域集中的声学能量较低。闭元音和前辅音有[+散]特征(缩写为[+DIFF])，中元音或低元音、腭辅音或软腭辅音有[-散]特征(缩写为[-DIFF])。在乔姆斯基和哈勒的系统中这一特征为高(high)所取代。

高元音,如/iːi u: u/及腭前辅音(唇、齿、齿龈等辅音)如/t d n m p b f v wᴛ s z/均具散音性质。散音与聚音(compact)相对立,它们是以频谱(spectrogram)分析为基础的区别性特征音系学中的一对根本对立的概念。

嗓音　voiced　语音学术语,亦称浊音、带音。指喉部的声带紧张并相互靠拢形成窄缝,在气流的冲击下颤动而发出的乐音。例如:英语中的元音通常都是浊音。在特定的语音环境里,一个音的带声程度减弱或完全消失,这一现象称作清音化(devoicing)(在音标下面加一小圆圈)。英语中浊辅音的清音化一般出现在词尾位置。例如,bed 发成/beḓ/,lid 发成/lɪḓ/。

嗓音开始时间　voice onset time; VOT　语音学术语。指继闭塞解除后声带开始振动的时点。例如,一个完全带声的破裂音,声带自始至终振动;一个不带声的不送气破裂音,带声开始有一时间上的推迟;而一个不带声的送气破裂音,推迟的时间要长得多。

扫读　scanning　语言教学术语,亦称快读。阅读教学中一种快速阅读的模式。指阅读中眼球快速移动旨在寻找某个特定的信息。

色彩类推　analogy with regard to colours　语义学术语。指通过色彩联想产生新词语的过程,如"black list → white list""blackout → brownout""blue-collar → gray-collar/pink-collar"等。

僧侣文字字体　hieratic script; hieratic writing　指由僧侣保存下来的某些埃及文献中的正式书写字体。该文字体系与象形文字体系一起发展而来,主要用芦苇毛笔蘸墨水在纸莎草纸上写成。因为埃及的象形文字初期主要为了歌颂法老和天神,文字最初由僧侣使用且通常被刻在神庙的墙上和宗教纪念物上,古希腊人称之为"圣书"。从埃及象形文字演变出一种简化的速写形式,成为僧侣体。公元前7世纪左右,僧侣体又演变出一种书写速度更快的草体文字,通常用于日常公文的写作,称之为世俗体。这三种字体虽然日趋简化,但其内部的基本结构并无改变。古埃及的象形文字由表意符号、表音符号和限定符号三部分构成。表意符号是用图形表示词语的意义,特点是图形和词义有密切的关系。例如,表示"水"就画三条波纹线,画一个五角星就代表"星"的概念,后来表意符号还表示动作,如"吃"即一个人把手放在嘴里。表音符号虽然原来表意,但已取得了音值。猫头鹰的图形用作音符时,读[m]音,已失掉"猫头鹰"的含义;表示门闩的图形符号代表[s]音;另一个表示小山坡的符号则表示[k]音。限定符号即在表音符号外加一个新的纯属表意的图形符号,置于词尾,表示这个词的范畴。限定符号本身不发音。例如,在象形文字中,"犁杖"和"朱鹭"的音符完全相同,都由两个辅音组成,读音为 hb,区别词义的方法是在 hb 后分别加上表示"犁杖"和"朱鹭"的限定符号。当这三种符号结合起来就成为一个完整的句子。古埃及文字没有声母,被视为一种拼音文字。公元前600年前后,表音符号已趋于规范化,形成24个单辅音,大批双辅音和3个辅音符号。有专家认为这一时期埃及象形文字的单辅音符号实际上已是字母的萌芽。埃及人创造出了24个表音符号,这是目前所知人类历史上最早创造的标声符号,但还不是真正的字母文字。后来的腓尼基人(Phoenician)在埃及24个表音符号的基础上,创造出世界最早的字母文字。古希腊人又在腓尼基的22个字母(全是辅音)的基础上,增加了元音字母,形成了希腊字母文字。现在欧洲各国的字母文字都是从希腊字母文字发展而来的,由此可见埃及象形文字在世界文明发展过程中的地位。

山毛榉说　beech argument; Buchen-argument　印欧语假说的一种。早在16世纪,当欧洲的传教士、商人、探险者开始学习梵语后,就逐渐认识到印度的梵语与欧洲的拉丁语、希腊语等语言之间有着广泛的相似性。这一发现应归功于18世纪英国的东方学者琼斯爵士(Sir William Jones, 1746-1794)。他提出了著名的"印欧语假说"来解释上述语言之间的相似性。关于原始印欧语的分布、范围、文化类型和语言结构等问题,一直缺乏令人信服的解释。其主要原因一是未见文字记录,二是缺少原始印欧社会的文化遗物。学者们根据印欧语的一些同源词曾对原始印欧人的故乡加以推测。从印欧语言有表示"鲑鱼"和"山毛榉"等动植物的词,推测鲑鱼和山毛榉等生长的地方即原始印欧人的故乡,亦即原始印欧语的发源地。因为欧洲山毛榉(Fagus sylvatica)不产于波兰东部,古印欧语词根 *bhago- 曾被用来支持北欧或西欧起源说。

删除　deletion　句法学术语。指转换生成语法理论框架中消除输入短语"删除"标记的某一个成分的做法。可用来解释祈使句,如"kick the ball"就是深层结构中"You will kick the ball"删除主语和助动词的结果。这个术语的其他应用还见于对假位符号(dummy symbol)的转换处理和几种具体的转换操作,如等同名词短语删除(equi NP deletion)等。转换生成语法中可以通过一次删除转换(deletion transformation)将某个词项从语符列中勾销,如 X＋Y＋Z⇒X＋Z,意思是说 X＋Y＋Z 转换成 X＋Z 时,其中删去了 Y。例如:John plays the violin, and

Mary plays the piano. → John plays the violin and Mary the piano. 修正的扩展标准理论认为,删除规则依据转换规则进行操作。

闪音 flap; flapped 音系学术语。指通过舌头快速接触口腔结实表面而发出的一次性的轻快而又短暂的语音。例如,在美式英语中,/t/在两个元音之间时发闪音[ɾ],如 hitting 读作['hɪɾɪŋ],而不读['hɪtɪŋ];再如,water 读作['wɔːɾə],而不读['wɔːtə]。闪音主要与颤音对立,后者涉及多次振动。

商务英语 business English 指与实务贸易相关的英语。商务英语是专门用途英语(English for Specific Purposes; ESP)的一个分支,以适应职场生活的语言要求为目的。其内容重点涉及与商贸、金融、国际关系相关的词汇、主题以及商务情景下所需要的语言交际技能。这些语言交际技能包括公司中销售、营销、管理以及其他入门级以上职位工作中所需要的陈述技能和谈判、会议、小型会晤及社交等场合下所需的其他技能。商务英语不只是简单地对学习者的英文水平、能力的提高,更需向其传授一种先进的企业管理理念、工作心理以及如何与外国人打交道,如何与他们合作、工作的方式方法,如何理解或适应不同文化以及他们的生活习惯等。商务英语的特点主要在于其教学的专业化、口语化和较强的针对性。实用性则是商务英语最大的特点。

商务语言测试 Business Language Testing Service; BULATS 参见"博思语言测试"。

商议性大纲 negotiated syllabus 语言教学术语。指一种以学习者为中心的大纲,也是开发语言教程的一种方法。商议性大纲考虑学习者的需求和学习偏好,师生共同讨论学习的需求,探讨对有关课程内容的想法。

上层语言 superstratum language 社会语言学术语。上层语言指洋泾浜语或克里奥耳语大部分词汇项目的来源。例如,英语是巴布亚新几内亚所说的雅马加克里奥耳语和皮钦语的上层语言。

上行字母 ascender 亦称字母上伸部分。具有顶格长笔画的小写字母。指印刷术中拉丁字母书写时延伸到顶部,即上部分高于字母的主体部分。如 b、d、h、k、t、f 以及 l 等的上伸部分,又指"上行字母的长笔画"。

上升次序 ascending order 修辞学术语。指组织意义表达的一种方式,即按重要性由小到大先后排列,形成意义重要性逐步升级的次序。例如:He is well known in this city. He has been a member of the city council for years. Secondly he is a scholar of national reputation. And above all he is a Nobelist. (他在这个城市很有名。他多年担任市政参议员到现在。他又是国内知名学者。最重要的是,他是诺贝尔奖获得者。) 通常在语段末尾用"above all""on top of it all""to top it [all]"来表示。参见"下降次序"。

上升级阶 ascending scale 语音学术语。核心前逐步上升的语调头。例如:I ènever heard such èimpudence in èall my èlife. 上句是表示愤怒情绪时所用的语调头。

上升双元音 rising diphthong 音系学术语,亦称上升二合元音、后响二合元音或渐强二合元音。指由两个元音构成的、发音时前轻后响、肌肉的紧张度和声音的响度逐渐增强的双元音。换言之,双元音中第二个成分比第一个成分突显,如汉语中的复韵母/ia/("掐"的韵母)和/ua/("瓜"的韵母)等。与下降双元音(falling diphthong)相对立。

上位比较 superior comparison 语法学术语。指一方比另一方在性质上更好、数量上更多,在英语中表示比较级屈折词尾是"-er"或用"more … than …"来表示,例如:She is more diligent than Jane.

上位层干扰 superstratum interference 参见"接加层干扰"。

上下文 co-text 功能语言学术语。上下文是语境的一种,指篇章内部环境,即词、短语、语句与上下句段之间或篇章之间的意义关系,亦称作语言语境(linguistic context 或 verbal context)。上下文是语境的组成部分,包括篇内衔接(cohesion)、篇际制约(intertextuality)和线性序列(sequencing)。韩礼德于 1976 曾提出用上下文来指代语言语境,以区别于物理语境(physical context)和社交语境(social context)。

上下文关键词索引 keyword in context 参见"题内关键词索引"。

上下文增益 contextual amplification 翻译学术语。指为了语法上的需要、意思表达的清晰自然或为了沟通不同文化,在译文中向译入语读者对意思作进一步的解释和说明。

上下义关系 hyponymy 语义学术语。指两个词之间的上义和下义关系。当一个词的意义包含另一个词的意义时,前者即为后者的上义词(superordinate 或 hypernym),后者则是前者的下义词(hyponym)。上义词指种类,具有概括性,而下义词指该种类的具体事物,如 animal 与 dog。上义词可有许多下义词。例如,与 dog 并列为下义词的有 cat、 hen、sheep 等其他动物。共有同一上义词的下义词为"并列下义词"(co-hyponyms)。为自身下义词的词为自身下义词(autohyponym)，即同一词项既作上义词又作下义词。例如，"狗"在一个较高层次上与猫、羊、牛等作"动物"的下义词，但相对于猎犬、牧羊犬、宠物犬等而言，"狗"是上义词。上下义关系区别于其他一些涵义关系，如同义关系、反义关系、整体部分关系等。

上义词 superordinate；hypernym　语义学术语。表示两个单词之间的关系，其中一词的意义包含另一词的意义。例如，英语词汇 animal 与 dog 的联系是：dog 指 animal 的一类，animal 是统称，包括狗及其他种类的动物；特称 dog 为下义词(hyponym)，统称 animal 叫上义词。上义词可以有许多下义词。例如，上义词 vehicle 包括 bus、car、lorry、van 等下义词。参见"意义关系"。

少数量 paucal　指"几个"等数量较少的数范畴。参见"复数"。

舌背音 dorsal　语言学、音系学术语，亦称舌面的、舌面后音。指与舌面后部(亦指舌背部中间部分)相关的发音，与舌面前音和舌根音相对，包括软腭音和小舌音。发音时收紧部位位于舌体的舌面后，如舌背软腭音[k]、[g]、[x]和[ŋ]。也是区别性特征理论中的重要特征之一，在特征几何中是一个包括[高]、[低]、[后]、[舌根前伸]等与舌背相关的区别性特征的上位节点。

舌边 rim　语音学术语，发音器官一部分。指舌体前部的边缘。该部位与口腔顶部的不同接触程度影响到几个不同语音(如/s/和/l/)的音质。

舌的 lingual　语音学、音系学术语。❶与舌相关的。❷(音段)用舌发音的。

舌高音 sharp　音系学术语。雅柯布逊提出的区别特征理论中的声学区别特征。从发声语音学角度而言是发音时向硬腭方向抬，并且在阻碍后部有宽广区域的音。从声学角度而言是部分高频率具有较高强度的音。硬腭化的辅音都是舌高音，而非硬腭化辅音缺少这些特征，因而是非舌高音。在俄语中硬腭辅音是舌高音。亦称升音。

舌根 root；radix　语音学术语。指发音器官的一部分。舌体最后和最低的部分，在喉咽腔和会咽之前，对着咽腔壁，通常不用于发音。如果有相应的发音动作称为舌根的(radical)，该动作涉及舌根并扩展咽的前后直径，在有些语言(如非洲语言)中为元音和谐对立的一个区别性因素。

舌根的 radical　语音学、音系学术语。指与舌根有关的语音，即运用舌根顶住上部发音，包括从会厌部发出的音，如发阻塞音时涉及完全的或近乎完全的声腔阻塞时的特征；在某些分析中，作为舌根前伸特征(即[+ATR])所从属的上位特征。

舌根前伸 advanced tongue root；ATR　音系学术语。通常指元音的一种区别性特征。具有[-ATR]特征的元音音段在发音时舌根前伸，以扩展咽腔的前后直径，因此听起来比较响亮。在此特征上形成对立的典型的元音对比包括[i]/[ɪ]、[u]/[ʊ]、[e]/[ɛ]、[o]/[ɒ]，其中前者具有[+ATR]特征，后者具有[-ATR]特征。一般来说，高元音在此特征上会形成对立，而低元音在此特征上一般不形成对立。在语言的历史发展过程中具有该特征的元音逐渐消失，只留下其中一小部分，如[i]和[u]，而且此特征的现实性还缺少实验根据，因此使用的频率较低。

舌沟擦音 rill fricative；grooved fricative　语音学和音系学术语。指发音时舌沿其中线稍许下凹(即"沟化")的擦音，即气流通过发音部位中间的一个狭窄通道流出时产生一个频率高于其他擦音的音，如英语中的/s/、/z/、/f/、/v/等。

舌冠化 coronalization　音系学术语。指非舌冠音段由于受到其所处环境中的前元音或前滑音的影响而变成舌冠音的过程。例如，古汉语中的软腭音/k/在/kjV/音节中受到介音/j/的影响而演变为现代汉语中硬腭音/tɕ/的过程就是典型的舌冠化。齿音(dental)、齿龈音(alveolar)、硬腭音(palatal)和卷舌音(retroflex)是典型的舌冠音。

舌后部 back of the tongue　语音学术语，发音器官之一。有别于舌根(root of tongue)，指在舌头并没有做任何发音动作、处于静止状态时紧贴软腭的那部分。

舌后辅音 backlingual consonant　语音学术语。指后辅音中用舌后部和软腭成阻的一类辅音，如/g/、/k/、/ŋ/、/x/、/ɣ/等，不完全等同于在口腔后部成阻的后辅音。

舌尖 apex；tongue-tip　语音学术语。发音器官之一，指舌体的尖端。由舌尖部位发出的语音为舌尖音(apical)，舌尖与其他部位组合则发出相应的变音。参见"舌尖辅音"。

舌尖齿音 apico-dental　语音学术语。指舌尖与上齿成阻所发出的辅音，如英语中的/t/、/d/。参见"舌尖辅音"。

舌尖齿龈音 apico-alveolar　语音学术语。指舌尖与上齿龈成阻所发出的辅音，如英语中的/t/、/d/、/s/、/z/、/n/、/l/。参见"舌尖辅音"。

舌尖唇音 apico-labial　语音学术语。指舌

舌尖辅音 apical; apical consonants　　语音学术语,亦称舌尖音。指以舌尖为主动发音器官,在口腔与某些部位成阻而发出的语音。根据成阻的配合器官不同,可区分为舌尖齿龈音(apico-alveolar)、舌尖齿音(apico-dental)、舌尖后齿龈音(apico-post-alveolar)、舌尖唇音(apico-labial)等。

舌尖后齿龈音 apico-post-alveolar　　语音学术语,亦称卷舌音(retroflex)。指舌尖与齿龈后成阻所发出的辅音,是卷舌音的一种,如英语中的/r/。参见"舌尖辅音"。

舌尖音 apex　　语音学术语。指舌尖顶住或接近门齿、齿龈、硬腭而发出的辅音,包括舌尖前音(齿音)、舌尖中音(齿龈音)、舌尖后音(卷舌音)以及齿腭音。

舌面隆起 bunching　　语音学术语,亦称高舌位。语音学中指舌面的某一部分在发音时向上抬并呈紧张状态(如发闭元音/i/、/u/及硬腭齿龈擦音/f/时)的现象。

舌面前部摩擦音 blade spirant　　语音学、音系学术语。用舌面前部与上齿或上齿龈成阻所发出的摩擦音,如汉语中的/s/、英语中 sit 的/s/及 zone 的/z/等。

舌面前音 alveolo-palatal　　参见"齿龈硬腭音"。

舌面中音 palatal　　参见"硬腭音"。

舌前音 frontal; frontal sound　　语音学、音系学术语。指舌前部与硬腭范围内各部位成阻所形成的音。将舌面前部水平放置在发音部位前而发出的声音可以是元音,也可以为辅音。例如,英语中/i/、/ɨ/、/e/和/æ/是舌前元音,/t/、/d/、/s/、/z/为舌前辅音。舌面被划分为前中后三部分,舌前是最活跃的发音器官,又进一步分为舌尖前指的舌尖音、舌尖上翘的顶音、舌尖后卷的卷舌音以及仅由舌面前部本身成阻的前舌背音;并能形成按发音方法划分的各类辅音,其中多数擦音还可以分为圆缝音和平缝音。

舌位 placement of the tongue　　语音学、音系学术语。根据声道前部(口腔)张开的大小,人们把元音分为高舌位音、半高舌位音、中舌位音、半低舌位音、低舌位音。与此相对应,国际音标等的分类为闭元音(closed)、半闭元音(half closed)、中元音(mid)、半开元音(half open)和开元音(open)。

舌位降低 lowering　　语音学、音系学术语。指元音发音时舌面降低的过程。与舌位升高(raising)相对应。例如,法语单词 cafeteria"餐厅"一般读作[kafeterja],但在非正式场合使用的缩写形式读作[kafɛt],其中元音/e/变成/ɛ/,舌位从中高降至中低。此处引起舌位降低的原因是在完整形式中[te]是开音节,而在缩写形式中[fɛt]是闭音节。

舌位升高 raising　　语音学和音系学术语。指元音发音时舌面升高的过程。与舌位降低(lowering)相对应。例如,在新西兰英语中/desk/"桌子"读作[dɪsk],元音由[e]变成[ɪ],舌位由中高升至高位。

舌叶 blade; lamina　　语音学、音系学术语,亦称舌面前部。发音器官之一,指舌尖与舌面中部之间的那一部分,即舌头紧接着舌尖的部位,不发音时正对着上齿及齿龈。汉语的/tɕ/、/tɕʰ/、/ɕ/等都以舌叶作为主动发音器官。

舌叶齿音 lamino-dental　　语音学、音系学术语。指将舌面前部(即舌叶)放在上下齿之间发出的辅音,如英语 three 中的/θ/。

舌叶齿龈音 lamino-alveolar　　语音学、音系学术语。指用舌面前部(即舌叶)抵住上齿龈发出的辅音,如英语 ten 中的/t/。

舌叶后齿龈音 lamino-post-alveolar　　参见"腭龈音"。

舌叶音 laminal　　语音学、音系学术语。指由舌面前部(即舌叶"lamina")构成主要阻碍的辅音,如英语的/ʃ/和/n/。

社会(情感)策略 social/affective strategies　　语言习得术语。指奥马利(Michael O'Malley)和查莫(Anna Uhl Chamor)于 1987 年提出并划分的三种语言学习策略中的一种。另外两种是认知策略(cognitive strategies)和元认知策略(metacognitive strategies)。社会/情感策略涉及第二语言学习者选择与本族语说话者和其他学习者互动交际的方法,如合作(co-operation)策略、澄清问题(question for clarification)策略等。参见"学习策略"。

社会变量 social variable　　社会语言学术语。指与说者所属的社会群体有关的一种语言变量,主要研究语言在不同的社会群体中是如何变化的,包括社会阶层、性别、年龄等致变因素。

社会标记 social marker　　社会语言学术语。指标记一个说话者属于某个社会群体,同时也附着其社会态度的语言特征。例如,纽约一些人的话语中没有元音后的"r"音,往往被看作是非典型的美国读音;而英国一些人的话语中没有元音后的"r"音,则被看作是普遍接受的、层次较高的"公认标准音"(RP,即 Received Pronunciation)。

社会表征 social representation　社会语言学术语。指在特定的时空背景下社会成员所共享的观念、意象、社会知识和社会共识，是一种具有社会意义的符号或系统。

社会策略 social strategies　语言习得术语。指第二语言学习中运用使学习者通过与他人的交流合作学习语言，为学习者提供更多接触语言的机会以及应用于话语情景中从而减轻学习者交际困难的一种策略。社会策略是学习策略的一种。奥克斯福德（Rebecca Oxford）于1990年将社会策略进一步分为"提问"（要求阐明或证实，要求改正）、"合作"（与同等水平的人合作，与精通该语言的使用者合作）以及"移情"（增进文化理解，体察别人的思想和情感）等三个类型。

社会层面 diastratic　社会语言学术语。指对语言变体（variation）中社会方言的研究。社会语言学者认为，语言的变体大体可分四种：地域方言、社会方言、风格变体和个人方言。社会方言、地域方言和风格变体是社会语言学中共时研究的三个主要方面，科谢留（Eugenio Coseriu）将三者合为一个立体结构，叫做"立体系统（diasystem）"。社会方言属于社会层面（diastratic），地域方言处于地域层面（diatopic），风格变体属于个人风格层面（diaphasic）。这三个层面所构成的"立体系统"是社会语言学研究的范畴，而其中尤其以社会方言和语体最能吸引社会语言学家的兴趣。个人变体与社会阶层有时有一定的对应关系，同一个社会阶层的一群人往往表现出同样的方言差异，此种方言差异谓之"社会方言"（social dialects / sociolect）或"阶层方言"（class dialects）。参见"社会方言"。

社会触动因素 sociological trigger　社会语言学术语，亦称社会激发因素。指语言的演变因素除了内部因素（语音的同化、规则的简化统一、内部借用等）之外，还有来自语言系统的外部因素，如战争、殖民化政策、语言规划政策以及语言文字改革等。

社会方言 social dialect; sociolect　社会语言学术语。指同一地域的社会成员因职业、阶层、年龄、性别、文化教养等方面的社会差异而形成不同的社会语言变体。这些变体在发音、词汇和语法上与标准语有所不同。有时很难判断某种变体语言是一种方言还是另外一种语言，一般指属于一个社会阶层的人的共同语言变体。其说话人通常具有相似的社会经济和教育背景。可分为地位高或地位低两种。例如：[1] He and I went to see the performance last night. [2] He'n me wen to see the performance. 例[1]是地位较高的语言变体，例[2]是地位低的。地位高的变体一般被认为是标准变体。

社会方言变体 social dialectal variation; socialectal variation　社会语言学术语。指通过分析大量社会背景不同的人的口语录音而识别出来的一种社会方言与另一种方言的差别。

社会分层 social stratification　社会语言学术语。指一个社会内部集团直接的等级划分。社会分层在西方工业社会以社会阶级或阶层形式表现出来，并由此形成这些语言或语言使用变体人的态度的研究。

社会符号学途径 sociosemiotic approach　翻译学术语，指融符号学、语言学与社会学于一体的交叉型探索路径。与此相应，另外三条途径分别是语文学途径（philological approach）、语言学途径（linguistic approach）和交际学途径（communicative approach）。社会符号学途径具备边缘性质，其研究对象还没有得到学界公认，研究范围也没有明确界定。但作为符号学发展的必然趋势，社会学和语言学为社会符号学途径的建立和开拓提供了理论基础。从社会符号学途径探索翻译法的代表人物是奈达（Eugene Nida）。其主要观点是认为世界是由各种符号系统组成的，语言只是其中的一种符号系统，对语言进行解释，不可脱离语言的社会环境。由于社会符号的解释涉及符号之间、符号与社会和文化之间的关系，社会符号学翻译理论说明了原文意义的多层次性和不确定性。

社会化 socialization　指儿童学会按照社会所能普遍接受的方式待人处事。这是一个对社会规范、习俗、价值观和意识形态加以继承和传播的终身学习过程，也是学习活动的结果。语言社会化指学会符合有关社会规范、有利于自身与社会其他成员和谐共处的语用技能，学会思考和感知其中的文化。语言社会化除了语言学习之外，还包括文化、语用和其他形式的学习，比语言习得涵盖的范围更广。

社会环境 social context　功能语言学术语。指交流意义的环境。根据韩礼德有关语言的三大元功能的理论阐释，语言的社会环境可以从三个方面来分析：(1)话语范围，指正在发生的事，包括谈论的事；(2)话语基调，指谈话参加者、他们的身份、他们之间的相互关系；(3)话语方式，指语言在具体环境里起什么作用，语言通过什么方式组织起来达到传递意义的目的以及通过什么渠道——书面还是口头，还是两者并用。

社会建构主义 social constructionism　指20世纪70年代兴起的一种新的理论，主要以维果茨基（Lev Semyonovich Vygotsky）的理论为基础，所以也被称之为"维果茨基社会建构主义"。其主要观点为：个人对世界的认识源于社会实践和社会群体互动和协商的结果，强调个人主体和社会是相互联系的主客体互动关系。处于社会文化背景中的个人主体借助各类工具和符号为中介，通过与社会和他人的互动和协商，主动建构自己的认识，实现有意义的社会建构。属于建构主义的一个重要分支。建构主义本身作为一个多学科交叉发展的认识论思潮流派众多、体系庞杂。主要理论范式包括：激进建构主义、社会建构主义、社会文化建构主义、情景建构主义、认知建构主义、信息加工建构主义、认知图示论、批判建构主义、建构实在论、系统建构主义等。

社会建构主义学习理论 socio-constructivist learning theory 基于社会建构主义的学习理论对当今教育、教学的理论研究和实践指导产生了重要而深远的影响，是继行为主义和认知主义之后出现的教育心理学理论。其教育理念包括：(1)个体的认知发展与学习过程密切相关，学习者不是被动地接受和储存外界输入的信息，而是在原有认知结构的基础上主动建构新知识；(2)认知是一个组织学习者经验世界的适应过程。学习包括重组和重建。通过重组和重建，人们把知识内化，并且感知世界。社会建构主义学习理论认为，学习是对社会已定义的知识和价值的共同建构，是通过社会建构的机会发生，通过与他人和环境的互动而实现。这一观点强调了知识是学习者在一定的情景下，借助于教师、学习伙伴的帮助，利用必要的学习材料，在自己已有的知识结构的基础上，通过有意义的建构方式而获得。这种社会性相互作用可以为知识建构创设一个广泛的学习共同体（learning community），从而为知识建构提供丰富的资源和积极的支持。在语言教学中，拟重视学习策略、学习者信念、教师思维和其他强调学习之后个人对学习的贡献的环节和作用，同时教师在课堂中拟发挥引导者、组织者、协调者、倾听者和反馈者的角色和功能。

社会教育模型 socio-educational model 指第二语言和外语学习模型，由美国教育心理学家加德纳（Howard Earl Gardner）提出。加德纳、兰伯特（Michael Lambert）等学者从20世纪50年代至今进行了一系列的动机、态度研究，除了实验外还进行了理论建设，创立了一套社会心理学模式和社会教育学模式，即所谓加氏体系（Gardner Approach），包括一系列研究程序、标准化的测量手段和工具在内。加德纳最初对第二语言学习动机的定义分为融合型和动机型两类动机。实际研究中更注重融合型动机的研究，而工具型动机的研究仅有一例。后来加德纳认为动机是指：(1)为学习语言而付出的努力；(2)学习语言材料的欲望；(3)对学习语言材料有利的态度。加德纳等人的研究促进了第二语言学习动机研究的成熟化，为第二语言学习动机研究作出了巨大的贡献。参见"动机"。

社会距离 social distance 语用学、社会语言学术语。指一个人的自我感觉与他人的社会地位的异同。两个不同团体或者社团之间的社会距离影响他们之间的交流，也许会影响一个团体学习另外一个团体的语言的方式(如移民团体学习一个国家的主体团体的语言)。社会距离取决于团体的大小、种族、两个团体的政治地位和社会地位。

社会历史语言学 social-historical linguistics 由语言学家罗曼（Suzanne Romaine）于1982年提出的一个语言学分支领域，指将社会语言学的方法和成果运用于历史语言学问题的研究；或指历史背景（非当代）中的社会语言学研究。例如，用社会语言学的方法研究古英语的变体和演变。

社会情感过滤器 socio-affective filter 语言习得术语。主要指情感因素影响第二语言习得。具有最佳状态的学习者主观上能获得更多的语言输入，学习机制也能更正常地运转。参见"情感过滤"。

社会认知法 socio-cognitive approach 社会认知是个人对他人的心理状态、行为动机、意向等作出推测与判断的过程。社会认知的过程既是根据认知者的过去经验及对有关线索的分析而进行的，又必须通过认知者的思维活动（包括某种程度上的信息加工、推理、分类和归纳）来进行。社会认知是个体行为的基础，个体的社会行为是社会认知过程中作出各种裁决的结果。

社会身份 social identity 社会语言学术语。指人们把自己划归为某一社会群体成员的方式，通常按照国家、性别、种族或者职业。社会身份具有多重、变化性，而且经常相互冲突；它们很大程度上是通过人们使用语言的方式建构起来。

社会双语现象 societal bilingualism 社会语言学术语。指在一个社会中的个体或团体运用两种或两种以上语言的共存现象。例如，印度、加拿大、瑞士等诸多国家都存在多种语言共存的现象。但是社会双语现象并不意味社会中的所有成员都会说双语。很多在多语社会中的人只会一种语言。例如，在加拿大魁北克以外的很多省当地人只说英语。

社会网络 social network 社会语言学术语。与"阶级"和"社会团体"等相对，指社会交流是核心，每个人拥有可以进行互动交换的伙伴。如果把所有的伙伴看作是"点"，社会关系就是"点"之间的"线"，这样形成个人的网络。在这样一个网络中的所有人同样存在于社会网络中,这样的两个网络互相重合。在一个言语社团中所有的社会交流都可以被看做是个人社会关系的复杂网络。其特点是个人社团有特定的网络结构。当一个个体网络中更多的成员和外界的较大的网络有联系,这些网络的联系就越紧密。而且,由于个体网络中的关系越来越多样(例如,当同事成为朋友,经常在户外活动中见面或者居住在附近时),网络变得更多样复杂了。这个概念对于语言行为改变的试验研究以及对研究语言改变的过程非常重要。因为交互关系是行为一致性形成的原因,是团体划分的起点(尽管交互关系并不需要与一个特定阶级或者民族团体相关)。

社会文化 social culture 广义上指对社会群体施加广泛影响的各种文化现象和文化活动的总称。狭义上指社会的意识形态以及与其相适应的文化制度和组织机构。社会文化多以观念形态存在,如哲学、宗教、艺术、政治思想和法律思想、伦理道德等。社会文化具有地域性、民族性和历史延续性等特点。语言行为模式是社会文化的重要因素。

社会文化理论 socio-cultural theory 语言习得研究领域的重要理论。源自维果茨基(Lev Semyonovich Vygotsky)文化历史发展理论。社会文化理论强调认知发展(包括语言学习)和社会互动具有因果关系。社会文化理论是维果茨基"亲情语境论(Zone of Proximal Development; ZPD)",亦称"最近发展区域"理论应用于二语习得研究的产物。维果茨基认为,儿童的语言是在成年人或其周围同龄人的帮助下发展起来的,语言水平较高者对较低者的语言能力发展起促进作用。对于外语学习者而言,学习者经历"他控"(高水平者的语言指导)到"自控"(一段时间学习后学习者根据语境特点或模式调控自我思维方式)的发展阶段。ZPD 中交际双方的互动不仅能促进词汇、句法等纯语言知识的学习,而且互动本身也是一种能力。此理论一个最重要的准则是人类的认知是通过符号系统(主要是语言)和社会互动作为中介的,较高的认知能力源于各种社会关系。这一理论对研究二语或外语者的语用发展具有明显的方法论和实践意义。社会强调互动行为发生场景的自然性,这就要求先前仅局限于教室的语用发展研究范围要拓宽到自然语境,即便是"实验室"式的环境也需改变,需调控为交际的真实语境。考虑到互动在语用发展中的重要性,二语习得的研究重点继而转移到交际主体间的协作是如何发挥作用的;同时,互动作用的体现不可能在一次观察中所体现,这就要求进行更多的语用发展的历时研究。参见"**互动**"。

社会文化能力 socio-cultural competence 语用学术语。属于交际能力范畴。根据美国社会语言学家海姆斯(Dell Hymes)的界定,社会文化能力具体表现为说话者在语言知识和语言运用的潜在能力指导下,判定自己的言语行为是否得体以及在多大程度上得体。研究的核心涵义是通过综合运用社会语境、文体得体、文化和非语言交际等四种因素,建构非本族语的文化语境,促进交际双方全面理解并自如运用非本族语文化中的语言。社会文化能力的研究范畴定位于同文化与跨文化的交际能力。同文化交际能力指同一文化中不同语境下的交际能力;跨文化交际能力则指同一语境中不同文化背景下的交际能力。由于语言学习的最终目的是让学生运用所学语言,在不同场合根据不同对象进行有效得体的交际,跨文化交际能力因此成为二语教学中的重要培养目标。这种能力进一步分为语言交际能力、非语言交际能力、语言规则和交际规则的转化能力以及文化适应能力。另见"**交际能力**"。

社会心理语言学 socio-psychological linguistics 语言学的一个分支。既是社会心理学和语言学的交叉学科,又是社会语言学和心理语言学的交叉学科。前者称为广义社会心理语言学,后者称为狭义社会心理语言学。社会心理语言学将研究触角指向社会中的人,把语言与人的关系当作社会心理语言学研究的主视角。社会心理语言学的研究对象包括:语言与社会化、语言与社会知觉、语言与社会态度、语言与人际关系、语言与两性差异、语言与文化社会心理、语言与环境社会心理以及语言与审美社会心理等。广义社会心理语言学是将社会心理学原理运用于语言领域而产生的。它将语言学指向运用语言的人(即言语主体)的社会心理机制,从社会心理角度研究社会语言学和心理语言学接缘中产生的话语问题,从人的社会行为和人际关系角度研究语言,从而弥补了既往语言研究囿于纯语言符号体系的不足。狭义社会心理语言学从新的角度探索社会语言学和心理语言学未能解决的问题。它主要研究话语的社会心理方面,结合社会心理环境研究语言和言语;研究社会生活中的言语活动,研究作为交际单位的话语,以及话语信息传递和交流的社会心理因素。狭义社会心理语言学认为话语是交际单位,是个人有目的的思维主动性的体现,在话语被生成被理解的过程中传递话语信息,而且话语承载的信息是人类心理活动的成果。其研究方法采用信息目的分析法,将话语分析与心理感受、从而思维活动结合起来,这种话语分析能有效帮助听读者领会话语信息及其心理感受,从而将说写者的内部言语结构模式化。

社会意识 social awareness ❶哲学术语。指对社会存在的反映,包括人们的政治法律思想、道德、文学艺术、宗教、科学和哲学等意识形式和风俗习惯等社会心理。❷心理语言学术语。指把语言与文化看作一种社会意识存在形式,而社会意识既是自我映像的存在也是他人映像的存在。研究语言意义也要考虑语言在社会意识中的意义,人们关于语言结构、功能和意义等的语言意识都与社会意识相关。例如,两个社会群体具有不同的社会意识,同样的语言学意义上的语言材料尽管具有完全相同的词汇、语法和句法条件等,但这种条件下同样的词语发声音调就会产生深刻的不同;在同样的普遍语法结构中,它们会在彼此间结成差别极大的内涵意义和文体上的组合。同样的词语在作为具体社会行为的表述整体中也将占据完全不同的等级位置,也就是说意义的变化受到社会意识的支配,符号的表意部分不在符号体系内部的所指,而在于符号所指的指示对象在社会结构中的变化。

社会意义 social meaning 指语言应用在社会环境中所表示出的意义。交际者可以从发音、词等分析中得出说话人所生活的地理环境和社会环境,也可根据语言的其他特征了解到说话人的社会背景、个人特征以及谈话双方的社会关系等。具有相同"概念意义"词可以具有不同的"社会意义"。例如:英语词汇 charger、steed、horse、nag、gee-gee 具有同样的"概念意义",但 charger 只用于指冲锋陷阵的战马,steed 常用于诗歌,horse 用于一般场合,nag 多见于俚语,gee-gee 则常见于儿童用语,因此不同的使用场合导致上述各词具有不同的社会意义。社会意义是由英国语言学家利奇(Geoffrey Leech,1981)为显示出词义适应于语言交际的效果,把词义研究放在社会文化背景之下通过分析而提出的概念,即从"通过语言进行的一切交际"这个意义层面上把意义划为七种不同类型:概念意义(conceptual meaning)、内涵意义(connotative meaning)、社会意义(social meaning)、情感意义(affective meaning)、反映意义(reflected meaning)、搭配意义(collocative meaning)和主题意义(thematic meaning)。

社会因素 social factor 泛指和社会环境有关的诸多因素。❶社会语言学术语。社会因素往往包括社会阶层、受教育程度、年龄、性别、种族等。❷语言习得术语。指影响语言习得的社会因素,包括习得环境本身(在家还是在社区使用)、所习得语言的本质(是否优势语言 prestige language)、社会距离(一般认为,社会距离越远,达到的语言水平越差)等。这些社会因素影响学习者的语言输入加工和言语交流的水平。

社会音系学 sociophonology 指一组说话人或某个社会阶层所共享的语音特点。这些语音特点既包括单个音位(phoneme)的发音特点,还包括超音段特征(suprasegemental feature),如重音和语调等。发音特点和特征受诸如性别、年龄、社会阶层、社会地位、受教育程度和社会情景变异等社会语言变量的影响。例如,在纽约,个人的社会地位会影响他是否喜欢使用非元音前的/r/音;社会地位越高,越倾向于使用非元音前的/r/音。

社会语言标记 sociolinguistic marker 社会语言学术语。指社会语言学研究中的一个语言变项,其不同变体可以用来标示说话者的社会身份。例如,根据拉博夫(William Labov)在 1966 年的调查,/r/是一个社会语言标记。美国纽约市中上阶层多使用/r/音,而下层民众则常常省略/r/音。另见"**社会语言学变项**"。

社会语言能力 sociolinguistic competence 语用学术语。指根据社会规则得体地使用语言的能力。每一种言语行为都受社会因素的制约,社会交际的语言模式也因语言社会的不同而各异,因而社会语言能力即指在一定语境中恰当地实施语言功能的社会语言规约知识,并在具体语境中使用与理解语言的能力。例如,语言使用者在不同的社交场合下,根据话题、对话人的身份、交际目的等,能够恰当地表达和理解话语、正确使用称呼语等。它要求会话双方具有关于语言环境和非语言环境的知识,掌握如何使用不同的言语行为,如请求、道歉、致谢和邀请,并对其做出反应,并在不同情景下采用不同的交际策略。根据巴赫曼(Lyle Bachman)于 1990 提出的交际语言能力模式,学习者的社会语言能力体现于学习者对方言和语言变体差异的敏感性、对语域差异的敏感性、对语言自然度的敏感性以及对文化差异和修辞手段的阐释能力。这是构成学习者语用能力的重要组成部分。

社会语言迁移 sociolinguistic transfer 社会语言学术语。当二语学习者(或使用者)在与本族语说话者进行交流时,运用了自己母语中相关的交际文化知识。例如,使用汉语中熟人之间的招呼语"吃饭了吗?""上哪儿去?""去干什么?"等与外国人打招呼,即是社会语言迁移的表现。另见"**语用失误**"。

社会语言学 sociolinguistics 语言学分支。指运用语言学和社会学等学科的理论和方法,从不同社会科学的角度研究语言的社会本质和语言与社会之间关系的一门学科。社会语言学的思想发端于索绪尔(Ferdinand de Saussure,1857—1913),法国社会学派和布拉格学派对社会语言学的发展做出了很大贡献。但是最早提出社会语言学(Sociolinguistics)的概念的是美国语言学家丘里(Haver Currie),他在1952年发表的论文《社会语言学的设计:语言和社会阶层的关系》(A Projection of Sociolinguistics: the Relationship of Speech to Social Status)中使用过。社会语言学这门学科大约诞生于1964年,是因为美国与该年出版了由海姆斯(Dell Hymes, 1927—2009)编纂的《在文化与社会中的语言:语言学与人类学的相关读物》(Language in Culture and Society: A Reader in Linguistic and Anthropology)等多部社会语言学著作。社会语言学的基本出发点在于把语言看作是一种社会现象,主张把语言放到其得以产生和运用的人类社会的广大背景中进行研究和考察,覆盖了大量有关语言和社会的问题,包括语言的社会功能和语言使用者的社会特征。其主要研究内容包括语言变异、社会中的语言问题以及人们如何在实际环境中进行交际。具体内容如下:(1)语言变异(variation):联系社会因素来探讨语言变异发生的原因和规律,常用统计方法和概率模式来描写这些变异现象,也被称为微观社会语言学(micro-sociolinguistics);(2)社会中的语言问题,如双语、语言接触、双方言、语言规范化问题等,亦被称为宏观社会语言学(macro-sociolinguistics);(3)研究人们如何在实际环境中使用语言进行交际,以及不同社会、社团使用语言的差别,如某一社会阶层使用语言的不同习惯(包括语音、语法和词汇的不同),这被称为语言的社会变异),又如不同性别、年龄、行业和经济地位等对个人言语的影响被称为个人语言变异。随着20世纪60年代以后语言学家对语言异质性认识的加深,社会语言学又发展出交际民族志学、跨文化交际、交际社会语言学、语言社会化和语言习得、会话分析、语言变异研究等学派。

社会语言学变项　sociolinguistic variable
社会语言学术语。指说话人在语言的各个方面,如音素、语素、词汇、句法结构、话语风格上存在的变体。变项的选择取决于各种语言外因素,如年龄、性别、社会阶层、职业、教育程度等。例如,拉博夫(Labov,2001)认为一个人的社会阶层越高,他所使用的非标准语言越少。再如,女性比男性更多地使用标准语、职业行话等都反映出变体的选择受到语言外因素的影响。

社会语用失误　socio-pragmatic failure　参见"语用失误"。

社会语用学　sociopragmatics　语言学分支。是一门新的边缘学科,介于语言学和语用学之间,揭示语言使用过程中的社会因素与语用语境干涉因素对意义产生与语言语用价值的影响。其研究重点在于用来完成语用目的的语言手段上。社会语用学的特点是强调语言使用者的社会属性对于意义的产生和理解的影响。例如,为了要用目的语表达赞美之词,学习者需要了解合适的表达场合,以及在考虑到说者与听者之间关系的情况下,采用何种形式最为得体。

社交指示语　social deixis　语用学术语。指示语的一种,指语言结构中能够反映语言使用者的身份及其相对社会地位的词语和语法范畴。具体来说,社交指示语可涉及以下三个方面:(1)语言交际参与者的身份;(2)说话人与听话人之间相对的社会地位;(3)说话人与所谈及之人之间相对的社会地位。社交指示语的参照点是说话人本身的社会地位。听话人和被谈及之人的社会地位是相对于说话人的社会地位而言。在一些亚洲语言(如日语、朝鲜语等)中存在着反映交谈者相对社会地位的语法范畴。例如,敬语(honorifics)就属于这种语法形态体系。此外,在欧洲的许多语言中存在着表示交际参与者社会地位差别的两种第二人称单数形式:T/V差别。例如,法语中的tu/vous,德语中的du/Sie,意大利语中的tu/Lei,西班牙语中的tu/vos等,前者相当于汉语中的"你",后者相当于"您"。古英语中曾有过T/V形式:thou/ye。后来,you取代了ye兼有表示敬意的第二人称单数和第二人称复数的用途。在现代英语中,you失去了表示敬意的用法,成为表示第二人称单复数的形式。现代英语中只有两种社交指示方式:(1)使用不同称呼语来表示交际双方的相对社会地位,如"Mr. Brown""Dr. Young""Professor Harris"等;(2)使用仅限于某些具有特殊身份或地位的人的正式称呼。例如,称呼法官为"Your Honour",称呼总统为"Mr. President"等。参见"指示语"。

社论式自称　editorial we　参见"谦恭复数"。

射体　trajector　认知语法术语。指关系侧画(relational profile)中焦点性的、最凸显的实体,简称TR。兰艾克(Ronald Langacker)在其著作《认知语法基础I》中指出,在每一个关系述义结构(relational predication)中,被侧画的参与者的凸显程度是不对称的;一个具有特殊地位,是关系侧画中的图形(figure),叫做射体。射体是侧画中最凸显的实体,界标(landmark)是次凸显实体。射体—界标是图形—背景的特例。一般来讲,单句的主语是射体,宾语是界标。但和传统语法中的主语和宾语相比,射体—界标更具有一般性,适用范围更广。除了可以用来分析及物动词,还可以用来分析不及物动词、中心语—修饰语结构和介词等。例如:[1] John hit the table. [2] David reads quickly. [3] the ball on the floor. 例[1]是一个单句,John是射体,the table是界标;例句[2]中David是射体,界标省略;例[3]是中心语—

修饰语结构，the ball 是射体。

身势学　kinesics　亦称人体动作学。指对非语言的身体运动(如脸红、耸肩、挥手等)及其与传达信息之间关系的系统研究。1952年，美国宾夕法尼亚大学人类学教授伯德维斯泰尔(Ray Birdwhistell)在他同年出版的《身势学导论》(An Introduction to Kinesics)中正式提出了"身势学"理论，将体态语变成语言一样的代码系统，研究人体动作与交际间的关系。作为一种系统地传达信息方式的研究，身势学主要关注非语言的身体运动，包括面部表情或身体动作等。身势学研究对于促进不同文化间的交际有着积极的意义。

身体摹仿　bodily mimesis　参见"摹仿"。

深层格　deep case　参见"抽象格"。

深层格框　deep case frames　格语法术语。在格语法中，用来描述谓语和深层语义之间的结合关系。在菲尔默(Charles Fillmore)的格语法中，动词被认为是句子最重要的部分，与不同名词短语有着一系列的语法关系，这些关系称为格。格关系可以通过不同的句法结构，如通过语序、介词、附加成分等来表示。对于句子中的动词或动词短语，格语法采用"深层格框"的方式处理，即在格框中，一个动词总是与某些语义格并用。例如：Thomas jumped from one side of the ditch to the other side. 此句可用深层格框的形式表述如下：[+－ASG](A代表施事格(Agent)，S代表源格(Source)，G代表目标格(Goal))。在例句中 Thomas(施事格)必不可少，from one side of the ditch(源格)和 to the other side(目标格)可能用得上，但不是非有不可，因而表达式可改写为：[+－A(S)(G)]。菲尔默宣称他找到了一个描写语言甚至适用于描述一切语言的新途径，因为语义格和深层格框是语言的共性之一。

深层结构　deep structure；D-structure　句法学术语，亦称D结构。生成语法分析语言的一般方法通常是将句子分析为两层组织结构，即深层结构和表层结构。在深层结构上，句子结构以抽象的方式获得表征，显现出所有管辖解释句子的变量；而在表层结构上，句子获得更多的具体表征，使词素连接成为人们能够实际听到的表象形式。深/表层结构的区分一开始是为解释句子的歧义现象。例如：[1] Flying planes could be dangerous. 其表层结构分别对应于两个"深层结构"，即 "Planes which are flying could be dangerous"和"To fly planes could be dangerous"；同时，这种区分能够解释具有不同表层结构的句子共享同一深层结构的现象。例如：[2] Cats chase mice. [3] Mice are chased by cats. 例[2]、例[3]表层结构虽然不一样，但两者的深层结构是一样的。对于"深层结构"的涵义近年来争议颇多，但是其核心涵义却在语言学界有着广泛的认同。

深层语法　deep grammar　句法学术语。指研究、分析和解释语言是如何在深层结构上生成的语法。参见"深层结构"。

深度访谈法　depth interview　社会语言学术语。指一种无结构的、直接的、一对一的访谈方法。在访谈过程中，通过掌握高级访谈技巧的调查员对被访者的深度访谈，揭示被访者对某一语言问题的潜在动机、信念、态度和感情。深度采访能够使研究者有机会认识、了解当事人有关语言的经验、观察和体会以及听到当事人对自己有关语言问题的解释和看法，了解当事人的语言观和对周围语言现象的看法。适用于获取对语言问题的理解和深层了解的探索性研究，同样适用于个案分析，尤其适用于对一些语言政策部门相关人员和语言专业人士的访谈。

深度假说　deep hypothesis　心理语言学术语。20世纪60年代初由美国语言学家维克特·英格夫(Victor Yngve)提出的一种假说，用来解释两类语言结构之间的心理差异。例如，在阐释左分叉(left-branching，如 the man's hat)与右分叉(right-branching，如 the hat of the man)之间的心理差异时，英格夫认为左分叉结构增加了句子的心理复杂性(或转换"深度")，因为这类结构的心理处理比右分叉结构要占用更多的短时记忆空间。这一假说常常使问题复杂化，当涉及诸如嵌入式结构等一些重要结构时尤其如此，因而遭到批评。

深度学习　deep learning；DL　亦称深度结构化学习(deep structured learning)、多层级学习(hierarchical learning)或深度机器学习(deep machine learning)。指通过多层神经网络拟合训练样本分布的一种机器学习方法，是机器学习的第二次浪潮，与浅层学习(shallow learning)相对。近年来，这已成为人工智能领域颇具影响和代表性的技术之一。具体可以理解为神经网络的延伸和发展，其动机在于建立模拟人脑进行分析学习的神经网络，仿照人脑的机制来解释数据，通过组合低层特征形成更加抽象的高层表示属性类别或特征，如图：

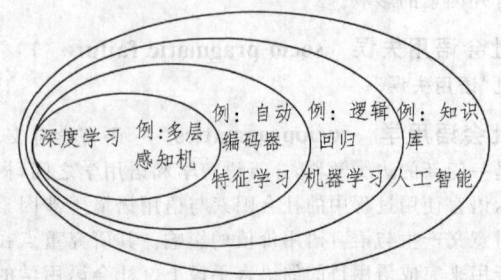

以发现数据的分布式特征表示,其具体训练流程如下图,虚线方框表示从原始数据中学习得到的信息:

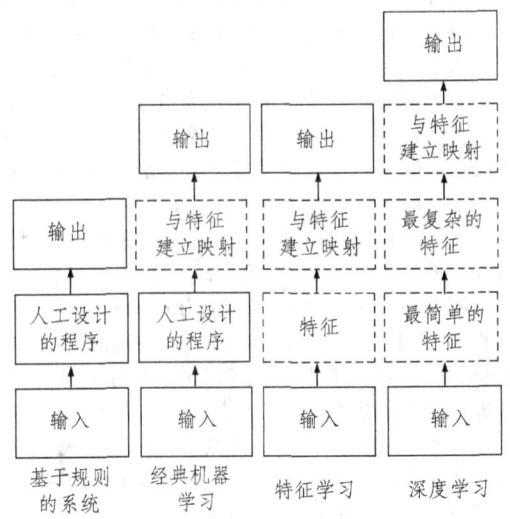

深度学习通过模拟大脑的分层结构,建立了从底层到高层逐级提取输入数据特征的模型,能够深刻揭示从底层信号到高层语义的映射关系,从海量数据中自动地获取具有层次性的有用的多层特征表达特征。其在本质上深度学习是一种数据驱动的人工智能方法,实质是通过构建具有很多隐层的机器学习模型和海量的训练数据,从原始数据中提取出由低层到高层逐层抽象的特征表达,实现提升分类或预测准确性的最终目的。与传统的浅层学习相区别,深层学习的不同之处在于:(1)强调了模型的深度,通常有五层或六层,甚至十多层的隐层节点;(2)明确突出了特征学习的重要性,即通过逐层特征变换,将样本在原空间的特征表示变换到一个新特征空间,使分类或预测更加容易。深层学习算法缓解了传统神经网络算法在训练多层神经网络时出现的局部最优问题,而且其训练过程不依赖于样本标签信息,因此适合于处理非线性的自然信号,如图像识别、语音识别、自然语言处理、大数据特征提取等方面,为许多面临瓶颈的信号处理问题提供了新的尝试方法。常用的三种典型深度学习模型包括:(1)栈式自编码器网络(Deep Auto-encoder Network; DAN);(2)受限玻尔兹曼机(Restricted Boltzmann Machine; RBM);(3)深信度网络(Deep Belief Net; DBN)。近年来,谷歌、微软、IBM、百度等知名企业纷纷投入大量人力物力资源进行深度学习技术研发,在语音合成、图像识别、自然处理、语义分割、机器翻译以及在线广告等领域取得巨大成功,开启了深度学习在学术界和工业界的浪潮。2012年6月由斯坦福大学教授吴恩达(Andrew Ng)主导的Google Brain项目,训练出一种叫做"深度神经网络"(deep neural network; DNN)的机器学习模型,在无监督地训练一周后,可从众多不同的目标中自动识别出猫脸。同年10月,哈佛大学的欣顿教授(Geoffrey Hinton)团队成功推出第一个应用于大词汇量语音识别系统的语境敏感的深层神经网络—隐马尔科夫模型,使用大量比音素小很多的被称作 senones 的单元直接对声音进行建模,利用深度神经网络来逐层抽取、发掘出连续多帧语音信号组成的高维特征。相较于之前最领先的 CD-GMM-HMM 模型,相对误差降低了超过16%,这是语音识别领域颇具颠覆性的成果。参见"**神经网络**"和"**浅层学习**"。

深元音 deep vowel 语音学术语,亦称后元音(back vowel),暗元音(dark vowel)。指由舌面后部抬起而构成的一类元音。按照舌头抬起的部位(前、后、央)来区分元音的类别,就有前元音、央元音和后元音。发深元音时舌头后缩,舌尖向下,舌面后部对着软腭抬起,如英语 calm 中的/ɑː/音或 soon 中的/uː/音。

神经网络 neural network 认知科学、神经语言学术语。在生物意义上指生物的大脑神经元细胞、触点等组成的网络,用于产生生物的意识,帮助生物进行思考和行动。人类大脑的基本组成为脑神经元,人脑大约有 $10^{11} \sim 10^{12}$ 个神经元,每个神经元又有 $10^3 \sim 10^5$ 个突触(synapses),即每个神经元都可与其他 $10^3 \sim 10^5$ 个神经元按一定的形式相连,从而构成巨大的神经网络(如下图),完成各种大脑功能。认知科学研究神经网络的目的在于探索人脑加工、储存和搜索信息的机制,弄清人脑功能的机理,建立人类认知过程的微结构理论。

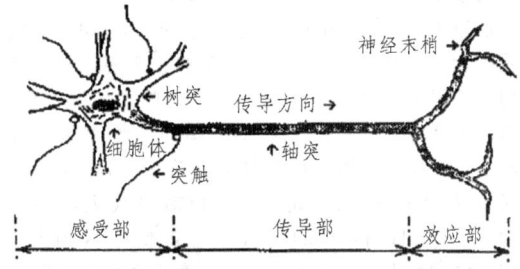

从神经语言学的角度,人类内部语言的物质依托是大脑的神经网络,而神经网络可以分成各个区域,每个区域可能控制一定的语言功能,如听、说、句法以及语义等。语言运用的物化基础是内部语言神经网络激活、传导信号的过程。语言的加工处理在神经网络中进行,语言信息的储存体现在神经元突触间隙中,神经网络能够完成信息处理的重要原因之一是大脑中枢神经网络具有记忆的功能。在神经网络中,我们既找不到相应的句子、短语、词、形位、音位等语言学单位,也找不到书面文字。所有这些信息都贮存在各神经元的关系之中。语言学中将其称作语言学的联结主义。人工智能中联结主义的基本思想是模拟人类大脑的神经元网络。1958年康奈尔大学的心理学教授罗森布拉特(Frank Rosenblat)把神经网络原理成功应用到图像识别,利用神经网络原理成功制造了电子感知机(Perceptron),用以读入并识别简单的字母和图像。此后,基于神经网络原理人工神经网络(artificial neural network)发展迅速,其主要特点是信息的分布存储和信息处理的并行化,并具有自组织、自学习的能力,这使人们利用机器加工处理信息有了新的途径和方法,解决了一些符号方法难以解决的问题,使人工智能的学术界兴起了神经网络的热潮。随着应用的深入,人们又发现人工神经元网络模型和算法也存在问题,如随机初始化、学习过程漫长等,而且容易陷入局部最优而无法达到性能要求。但随着大数据时代的海量数据的到来、神经网络的训练技巧的大量涌现以及计算能力的大幅提升人工神经网络走向深度学习(deep learning)发展。参见"**深度学习**"。

神经语言规划　Neuro-linguistic Programming; NLP　神经语言学术语,亦称神经语言程序学、身心语言程序学。指关于人类行为与沟通程序的一套详细可行的模式,是一套效果强大、快速而含蓄的身心提升技巧,能够在人类的行为和能力方面实现广泛和长久的改变。NLP由美国著名学者班德勒(Richard Bandler)和格林迪尔(John Grinder)于70年代中期创立。"神经"是指人们的大脑能力,包括在意识及潜意识中的视觉、听觉、嗅觉、味觉、触觉、感觉及分析推理能力;"语言"是指人们沟通中所用的字眼、短句和音调及一切身体姿态;"程式"是指人们思维及行为习惯(如同电脑中的程式,可以通过更新软件而改变)。NLP专注于修正和重新设计思想模式以求更大的灵活和能力。NLP的许多原则已被用于多种领域如管理层训练、运动训练、市场营销和语言教学。对语言教学中注重语言教学的人文主义方法(humanistic approach)和新时代人本主义(New Age Humanism)的研究意义重大,因为人本主义强调集中开发个人自我实现意识和自我意识。

神经语言学　neurolinguistics　语言学分支学科之一,是集语言学、神经科学、心理学、认知科学等为一体的一门新兴交叉学科。该学科主要研究语言习得、生成和理解的神经机制,通过分析大脑如何产生、接收、存储和提取语言信息从而探讨大脑和语言之间的关系。现代神经语言学主要采用病理学方法与电子生理学的两种范式来研究人脑,前者通过观察大脑损伤来研究其对语言功能的影响,后者通过生物电的测试来观察大脑在言语过程中的活动。病理学方法的主要研究成果主要来自对失语症的研究,最早源于古埃及,而真正科学意义上的研究始于19世纪后半叶。1861年,法国神经学家布罗卡(Pierre Paul Broca)通过对失语症的研究发现第三额回与言语生成有关,明确了言语行为与脑区功能的关系。后人也因此将该区域命名为布罗卡区,这一区域的损伤使得说话者的话语断断续续,节奏混乱,无法表达实际内容。德国生理学家韦尼克(Carl Wernicke)在1874年发现大脑左半球颞叶后部控制言语的接受与理解,该区域被称为韦尼克区,其损伤会使得说话者无法分辨语音、无法理解话语。电子生理学的研究主要利用ERP(Event Related Potentials,事件相关电位)、fMRI(functional magnetic resonance imaging,功能性磁共振成像)等高时间、空间分辨率的高科技手段对正常人进行实验研究。电子生理学的相关研究表明,成人的言语中枢呈现"单侧化"或"半球优势"。言语中枢位于左半球或右半球,与习惯用左手还是右手有一定联系。

　　神经语言学的研究属于实证研究范畴,具有可重复性和可证伪性。这一领域的研究在于通过实验来研究语言的加工过程,实验的结果、结论或提出的模型和讨论都应以实验数据为基础,所有的数据原则上都可通过重复实验而得到;所得出的结论可被证伪。神经语言学体现了当代各学科之间交叉综合的发展态势,具有广阔的研究前景。

审议演说　deliberative rhetoric　参见"**劝服修辞**"。

渗透　percolation　形态学、句法学术语,亦称弥散。指将某一形态结构或短语结构中的一个成员(通常是中心成分)的特征拷贝到直接支配该成员的节点,从而使得该复合形式拥有该成员的属性。例如,exactness的名词性后缀-ness使其获得名词属性;which book这个短语,是which的疑问特征渗透到整个短语,从而使其具有疑问的属性。

升格　promotion　语法学术语。❶在表示语法关系转换类型时,指某种语法关系的名词短语在语法关系等级上变为更高级语法关系的改变过程。升格主要有升级和扩升两种类型。在升级(advancement)变化中,一个与某个动词持有某种语法关系的NP升级为与该动词持有另一种语法关系,后者在关系层级中的地位较高。例如:[1] The boy kicked the ball. [2] The ball was kicked by the boy. 例[1]变为被动式[2]时,直接宾语the ball由原来的动词的宾语变为主语的过程即为升级。在扩升(ascension)变化中,属于一个较大NP的一个NP持有的语法关系变为原有的那个较大NP持有的语法关系。❷在某些特征构架模型中,指一个理论构建物（如一个特征、一个发音动作等）的地位由较低层次上升到较高层次的变化。例如，一个次要的发音动作（如腭化）在某些条件下可获得主要地位。

升喉嗓音　raised-larynx voice　语音学术语。指在说话时持续提高喉头，从而产生一种通常听起来比较紧张的语音。该语音一般具备音高提升的特点，除非对此进行等级补偿。

升级　advancement　参见"升格"。

升降调　rising-falling tone　语音学术语，亦称高降低调。指一种语调核心的音高先上升，后下降的变化模式。该语调潜在的含义是某些问题表面看来存在一定疑惑，但事实上很清楚，常用来表示惊讶、对比等。例如：[1] Well, of all things. [2] I don't think she knows. 例[1]用升降调表示吃惊。例[2]的言外之意即"我知道有别的人知道"。

升调　rising tone; rise; rising　语音学术语。指音高从相对较低到相对较高的运动，特点为音高持续上升。用于音调分类、语调系统和声调语言等的研究，包括高/低升调、升—降调等不同种类。一般而言，降调表示确定的信息，而升调表示不确定的信息，因此英语中的陈述句、祈使句、感叹句等用降调，一般疑问句通常用升调。从话语分析角度来说，降调一般传递新信息，升调或降升调一般传递已知信息。

生成　generate　句法学术语。原为数学术语，指通过找出有限集合中各成分之间的规律来说明无限的集合。20世纪60年代乔姆斯基把它借用到语言学研究领域。如果一种语法能够通过定义准确的规则来解释或界定（specify）该语言中所有符合语法的句子，那么这种语法就是生成的。因此，动词"生成"是在"有限的规则解释无限的句子"的意义上使用，与原义"产生（produce）"不同。根据生成语法理论，语言是句子的无限集合，而人们的语言知识却是一套有限的规则系统，通过有限的规则来解释或界定无限符合语法的句子，就是我们通常说的语法的生成性。

生成词库　generative lexicon　语义学术语。最早由美国计算机科学家詹姆士·普斯特若夫斯基（James Pustejovsky）于1991年提出，并在其1995年的专著《生成词库》中加以系统描述。生成词库理论通过对词语的语义结构进行多层面的描写和建构有限的语义运作机制来解释词义的语境实现，并将部分百科知识和逻辑推理关系写入词法。该理论包括词汇语义表达和语义生成机制两个部分。词汇意义表达系统包括论元结构（argument structure）、事件结构（event structure）、物性结构（qualia structure）、词汇类型结构（lexical typing structure）；语义生成机制包括纯类型选择（pure selection）、类型调节（type accommodation）和类型强迫（type coercion）。

生成方言学　Generative Dialectology　语言学分支学科。指20世纪70年代把生成音系学运用到方言描写研究而形成的一个学科。该学科认为同一种形式在所有方言中的不同变体都用相同的内在表征（underlying representation）来解释，只是不同的音系规则导致不同的实现方式，或是相同的音系规则但顺序不同导致不同的实现方式等。

生成力　power　句法学术语。指对各种语法作形式评价的概念，尤见于各种生成理论的讨论。语法A若能比语法B生成较多的语言（如句子等），就可以说语法A的生成力较B强。在此基础上，还进一步区分"弱"生成力和"强"生成力。按"弱"生成力的概念，倘若一部语法（或一条规则，或一组规则等）比另一部语法或规则生成较多的合乎语法的句子，则可认定其生成力较强。重要的是，一部语法的生成力不可过强，即不应生成不合语法的句子和直觉上不合理的结构描写，也不应对自然语言的特点作出过于宽泛的描写（如将非语言系统的特征也包容进来）。因此，语法模型内部必须确立一些形式制约，以各种具体方式限定语法的生成力。

生成能力　generative capacity　句法学术语。指生成语法中的语法生成能力，分为"弱生成能力"和"强生成能力"两种。前者指不同的语法生成相同语符列集合的能力；后者指在前者的基础上能把相同结构描写指派给这些语符列的能力。生成能力也指生成语法的输出总量。语法的生成能力既可以生成具体范围的字符串，又可以生成具体范围的语言结构，因此转换语法的生成能力在两方面都要比短语结构语法（Phrase Structure Grammar）的生成能力强。生成字符串的能力是弱生成能力，而生成语言结构的能力是强生成能力。

生成音系学　Generative Phonology　音系学的分支学科。是乔姆斯基转换生成语法的一部分，也是音系学的一种理论方法，目的在于描述本族语者必须具有的能够产生和理解其语言的语音系统的内在化知识。生成音系学是一种系统音系学，其基本研究单位是具有普遍性的区别性特征，研究内容是音位的底层表征（underlying representation）和语音表征（phonetic representation）两个层面。底层表征是音位规则应用之前的某个词的基本形式，也是本族语者抽象的内在化音系知识；语音表征则是说出来和听到的词的语音形式。音位规则包括省略、插入、改变音的切分或切分的特征等。底层表征通过应用音位规则可以得到语音表征。利用二分法特征建立起来的语音转换规则可以说明各语音单位的性质和组成,表现不同语境中语音的相互影响和变化,甚至说明语音的历史演变。转换规则的表达方式为:A→B/X_Y,A 和 B 代表区别性特征或音素,→代表改写,X_Y,代表转换条件,中间用斜线"/"和转换分开。其含义是区别性特征或音素 A 处于条件 X 和 Y 之间时,转变为区别性特征或音素 B,即 XAY→XBY。生成音系学是音系学发展史上的一个重要阶段,特别是对区别性特征的二分法符合计算机的二进制编码要求,对语言的信息处理很有帮助;但也有人质疑二分法的普遍适用性。

生成语法 generative grammar 指试图通过一套规则来界定一种语言中所有符合语法规则的句子而不会生成不符合语法句子的一种语法理论。目前最重要、最有影响的生成语法是美国语言学家乔姆斯基创立的转换生成语法。1957 年乔姆斯基的《句法结构》的出版标志着转换生成语法的诞生。语音学家哈勒(Morris Halle)、语义学家卡茨(Jerrod Katz)、句法学家波斯塔尔(Paul Postal)、心理学家福多(Jerry Fodor)等从不同领域对生成语法表示了响应和支持。生成语法学派以美国麻省理工学院为中心,在几年内一跃而为国际语言学界的重要流派,20 世纪 60 年代后期出现了内部分裂,70 年代后更是声威渐减,而在 80 年代该学派的影响力再次趋于上升。目前该学派有东北语言学会与欧亚语言学会两个国际性组织,出版《语言学探索》(Linguistic Inquiry)等国际性学术刊物。该理论的哲学基础是理性主义。生成语法主要研究内在性语言(internalized language),即人脑对语法规则的认识,而不是外在性语言(externalized language)或言语;研究范围是人的语言能力(competence)而不是语言运用(performance);研究范围限于人的语言知识或语言能力,而不是语言的使用。生成语法学一般不研究话语的社会内容、交际功能和说话的环境等;研究目标是描写并解释语言能力而不仅仅是对语言现象的观察和分类;研究方法主要是形式化的演绎方法,所以有时又被称为形式语法。当前活跃在国际语言学理论界的孟德鸠语法、广义的词组结构语法、词汇—功能语法、关系语法等各派学者均与生成语法有一定的渊源关系。生成语法不是传统意义上的语法,而是具有普遍解释性的有关内在化语言的一种语言理论体系。转换生成语法的产生被誉为语言学历史上的一次革命,无论是对语言学本身还是对其他相关学科,如认知科学、人工智能、计算机科学等都影响深远。

生成语法理论 generative theory 参见"生成语法"。

生成语义学 generative semantics 转换生成语言学的一个分支。从生成语法学派中分离出来的一个学派,作为乔姆斯基(Noam Chomsky)以句法为基础的转换生成语法(transformational generative grammar)的反作用发展起来,目的在于描写和解释人们的语义知识,同时也描写一切词组和一切句子的意义,提出不以语法为基础而以语义为基础的语言理论模式。生成语义学的基本观点是句法和语义不可分割,语义在句法中起中心作用,并通过转换规则把语义表现和表层结构联系起来。代表人物有卡茨(Jerrold Katz)、福多(Jerry Fodor)、麦考莱(James McCawley)、雷考夫(George Lakoff)、罗斯(John Ross)、波斯特(Paul Postal)等。以 1963 年卡茨和福多发表的《语义理论的结构》(The Structure of a Semantic Theory)和次年卡茨和波斯特出版的《语言学描写的统一理论》(An Integrated Theory of Linguistic Description)一书为标志,形成比较系统的语义理论。生成语义学以语义为基础,认为语义部分才有生成能力,而且句子的句法特点取决于语义,主张取消标准理论中的深层结构,把标准理论中的短语结构规则、转换规则等局部规则(local rules)扩展为联系相邻表达式的全应规则(global rules),把树形图的终端成分由词变成语义成分,认为词项是在转换过程的各个环节中逐步插入,而不是在转换前的某个环节中一次插入,并且认为语义部分还有构成规则(formation rules)等。在语义表达层次上的词汇化过程和使用转化规则就可得到表层短语标记。表层短语标记再进入音位部分就得到句子的语音表达式。这样,生成语义学就可以解释句法结构不同而语义结构相同的语言现象,还可以解释语义相同而词不同的语言现象,这是生成语义学的优势所在。20 世纪 60 年代至 70 年代中期是生成语义学的全盛时期。但由于生成语义学派的研究没有考虑语言环境和词语与世界上事物的联系,而且元语言语素众多,在此情况下,生成语义学派逐渐淡出。然而生成语义学派提出的一些观点被转换生成语法所接受。乔姆斯基认为语义学只能处理部分语义问题,尤其是与逻辑有关的语义问题,如名词的指称关系、量词辖域等,其他语义问题则属于语法以外的认知系统。所以,雷考夫后来转而从事认知语言学研究,认知语义学开始被越来越多的人所接受。

生成转换语法 generative-transformational grammar 指乔姆斯基创立的转换生成语法。参见"转换生成语法"。

生理语音学 physiological phonetics 语音学的一个分支,亦称发音语音学(articulatory phonetics)和言语生理学(speech physiology)。是研究

语音产生和感知的一门学科,包括言语产生、语音病理、嗓音类型和口鼻腔调音的机理、大脑感知和情感分析等方面。作为最早语音研究形成的学科,它在一个世纪前就已完成发音原理的探究,从发音器官及其活动方式分析语音形成,认为语音的发音过程是人类发音器官的生理活动。语音学从本质上来说是一门实验科学,作为现代语音学的一个分支,生理语音学采用现代生理语音学仪器进行相关实验研究。目前,有多种生理语音学仪器。就具体对象和内容而言,在发音部位的运动模式方面,有电磁发音仪与动态电子腭位仪;从言语空气力学特性方面入手,有气流计(指言语发生空气动力学系统)与鼻流计;在生物电信号采集方面,有生物电采集器、脑电图、肌电图、皮肤电测试仪等;在声带振动与噪音声源方面,有声带肌电检测、电子声门仪、数字频闪检测系统与高速数字成像系统;在动态声道采集方面,有 X 光摄影、高速核磁共振声道成像技术与 CT 三维成像,在生理振动采集系统方面,有振动声学仪器与肌肤接触压电式麦克风;在言语病理矫正系统内,则有大量语言障碍矫治仪器。由于生理语音学使用的大部分仪器都比较昂贵,有不少仪器必须由专业医生来操作,因此很难普及使用。

生命度等级 animacy hierarchy 指人对客观世界实体对象具有的生命特征的一种看法,在语言学领域指的是名词和代词的一种语法范畴,而生命度等级也成为一条语言共性。名词或代词在有生性(animacy)方面的等级序列,表现为有生性在尺度上的大小差异。作为尺度的两极,人称代词的有生性最大,而无生命物体的有生性最小。语言中的名词和代词的生命度从高到低进行排列,可以得到以下生命度等级序列(">"表示"高于"):

第一/二人称代词>第三人称代词>专有名词>人类普通名词>非人类普通名词>无生命名词

在生命度等级的一端和另一端的词汇在句法方面有不同的反映,如有生性较大的词汇是受格语言(accusative language)的组合特点,而有生性较小的词汇是作格语言(ergative language)的组合特点。移情(empathy)程度也反映在这一尺度上,人们对自身的移情程度最大,对石头等无生命的物体的移情程度最小。

生态批评话语分析 eco-critical discourse analysis 传统批评性话语分析的扩展,注重在书写、口语、或图像形式中环境问题被呈现的方式,揭示潜在的生态或非生态意识形态。其分析范畴还包括对未来生态系统具有潜在重要影响的语篇,如新自由主义经济语篇和涉及消费主义、性别、政治、农业和自然的语篇建构。同时,生态批评性话语分析不仅仅注重揭露有潜在破坏性的意识形态,还探讨有助于生态可持续性发展的社会的话语表达形式。

生态语言学 Ecolinguistics 语言学的一个分支,亦称语言生态学(ecology of language)。是由生态学和语言学相结合而形成的语言研究领域。作为当代语言学跨学科研究较新的一个分支,生态语言学旨在研究语言在生态和环境发展中的作用。"语言生态学(linguistic ecology)"的说法最早于 1967 年由弗格林等学者(Voegelin, Voegelin & Schutz, 1967)在一篇关于语言环境的文章中提出。美籍挪威语言学家豪根(Einar Haugen)于 1970 年的报告《谈语言的生态》(On the Ecology of Language)中首次正式使用"语言生态(language ecology)"概念。豪根于 1972 年在语言学杂志 *The Linguistic Reporter* 上发表论文《语言生态学》(The Ecology of Language),专门阐述"语言生态"的概念,将之定义为"研究任何特定语言与环境之间的相互作用(the study of interactions between any given language and its environment)",其核心问题是语言所产生的社会影响和心理影响,以及这些影响对语言自身产生的作用。豪根将语言与环境的关系比作动植物物种与其生存环境之间的生态关系,进行隐喻类比,提出了语言的社会环境概念,把生态学中的研究方法和概念等应用到语言学研究上来。此后,"语言生态"的隐喻开始逐渐为语言研究者们接受。

20 世纪 70 年代末,生态语言学得到发展。1979 年,赛尔辛格(Kurt Salzinger)首次在正式刊物中使用"ecolinguistics"一词。鲍林格(Dwight Bolinger)在其《语言——上了膛的武器:今日语言之运用与滥用》(*Language, the Loaded Weapon: The use and abuse of language today*,1980)一书中有专章讨论"An ecology of language"。从 20 世纪 80 年代开始,生态语言学家们开始研究生态范式(ecological paradigm),也就是通常所称的"豪根范式(Haugenian Paradigm)"。豪根范式研究社会环境(生态)对语言的影响和作用,用生态学的理论和方法研究语言的生存和演变,即重心是生态对语言的影响。与豪根范式相对应的是"韩礼德范式(Hallidayan Paradigm)"。1990 年,韩礼德在希腊举办的国际应用语言学会议(AILA)上的报告《意义的新途径:应用语言学的挑战》(New Ways of Meaning: The Challenge to Applied Linguistics)强调了语言与生物生产状况、种类特性以及物种形成之间的关系。他的报告促使语言研究者对语言和环境问题的关系做出新的思考,即把语言和语言研究作为生态问题的组成部分加以考察,从而形成了生态语言学的另一研究范式,即通常所称的韩礼德范式。该范式从语言对人类的有用性角度出发,基于索绪尔的"语言—言语

(Langue-Parole)"二分观点提出了"非生态语言(unecological language)"和"人类中心主义(anthropocentrism)"的概念。从一个宽泛的角度来说"人类中心主义"与"性别主义(sexism)""阶级主义(classism)""发展主义(growthism)"等一样都通过语言和语言使用一代一代得以继承。韩礼德范式的重心是研究语言对生态环境的影响,是对自然生态环境进行语言学研究,即语言对生态的影响。两种范式是两种研究方法,虽然重心不一样,但相互补充和完善,使得生态语言学的研究更具有系统性。

20世纪90年代开始,生态语言学发展得更为成熟。奥地利格拉茨大学教授菲尔(Alwin Fill)出版著作多部,包括《生态语言学引论》(Ökolinguistik. Eine Einführung, 1993)、《语言学与生态学》(Sprachökologie und Ökolinguistik, 1996)和《多彩的绿色思想》(Colourful Green Ideas, 2002)等。匈牙利裔美国语言学家麦凯(Adam Makkai)于1993年出版专著《生态语言学:迈向语言科学的新范式》(Ecolinguistics: Toward a new "Paradigm" for the science of language),菲尔和米尔豪斯勒(Peter Mühlhäusler)合编的《生态语言学读本:语言、生态学和环境》(The Ecological Reader: Language, ecology and environment, 2001)一书辑录了豪根、韩礼德等名家的一系列语言生态学论文。米尔豪斯勒于2003年出版专著《环境的语言——语言的环境:生态语言学教程》(Language of Environment — Environment of Language: A course in ecolinguistics)。自1999年在日本东京召开首届会议以来,国际应用生态语言学会议每年都会召开一次,为全球生态语言学家提供了一个交流平台。

"生态批评话语分析(Eco-critical discourse analysis)"是生态语言学的一个研究重点,主要研究分析对未来生态体系具有潜在影响的语篇,包括"新自由经济"(neoliberal economy)、"消费主义的推论建构"(discursive constructions of consumerism)等(Stibbe, 2012; Harré et al., 1999; Goatly, 2000)。因此,生态语言学与生态符号学(ecosemiotics)(Selvamony, 2007)、环境交际(environmental communication)、生态批评(ecocriticism)等研究具有相同的研究目的。由于全球经济一体化,信息传播现代化,全球语言生态的丰富性和多样性受到严重威胁,但随着自然生态学和环境生态学的迅速发展,生态语言学作为一门相对年轻的学科,将会得到更多的关注和发展。

生物程序假说 bio-program hypothesis

生物语言学术语。指毕科顿(Derek Bickerton)在长期研究克里奥耳语(creole)的基础上提出的一个假说。该假说认为儿童具有区别某些基本语义的先天能力,使他们能够组织特定的语法;而且这些先天的语法知识,仿佛构成语言的一个后援系统,当语料输入有限时,该系统便会启动。生物程序假说旨在揭示个人如何学习新语言和语言能力的发展。根据生物程序假说,一些克里奥耳语,像儿童习得母语时表现出的一些早期特征一样,也反映出生物程序的底层结构,也就是说儿童的母语语法与生物程序越接近,语言习得的进程也就越快。毕科顿还观察到居住在夏威夷的葡萄牙人的孩子创造的混合语与世界其他不同地区的孩子创造的混合语有惊人的相似之处。

生物符号学 biosemiotics

符号学的一个分支,也是一个新兴领域,指整合生命科学与符号学研究成果,从生物学角度研究符号的产生、活动和解释的学科。生物符号学认为诸如声音、物体、气味、动作等既是物理的也是生物的符号。该名称由罗斯柴尔德(Friedrich Rothschild)于1962年第一次提出。魏克斯库尔(Jacob von Uexküll)被认为是生物符号学的奠基者,他于1909年在其专著《生物看到的世界》中提出了生物符号学的一个基本论点:生物体是追求意义的生命体,因此,对生命主体和客体的互动与交汇必须放置在"意义"的前提下进行讨论。生物符号学一般分为两个领域:理论生物符号学和应用生物符号学,前者处于统治地位。生物符号学的一个目标便是对自然世界普遍存在的生命和意义形成一种新的观点。

生物语言学 Biolinguistics

语言学的一个分支学科。指运用生物学和语言学研究成果去研究人类语言生物属性的一门学科。这一学科名称最早出现在米德(Clarence Meader)和麦斯肯(John Muyskens)于1959年合著的《生物语言学手册》(Handbook of Biolinguistics)中,该书将生物学的研究成果与语言学结合起来界定生物语言学。目前,生物语言学的研究有广义和狭义之分。广义生物语言学研究涵盖了从进化生物学、基因科学、神经科学以及心理学等角度展开的语言研究,乃至研究语言的生理基础,研究人类语言的种特异性、限制儿童语言发展的相关因素、言语产出与语言障碍、语言的遗传转换等。从狭义上讲,生物语言学主要指以乔姆斯基为代表的生成语法学派关于语法属性的研究。乔姆斯基把语言当作一个自然客体进行研究,把语言官能视为人脑的一个与生俱来的生物器官。他指出语言是生物体的一部分,需要用自然科学的研究方法来研究语言。最简方案就是以生物语言学为基础,认为语言机能既包括"广义的语言机能"(faculty of language — broad sense,简称FLB),也包括"狭义的语言机能"(faculty of language — narrow sense,简称FLN)。广义语言机能包括感觉运动系统、概念意向系统；狭义语言机能仅指语言内在的递归性运算机制，用以说明人类特有的语言能力，即从有限的语言成分生成无限的语句表达的能力。也就是说，FLB 是人类和动物所共有，而 FLN 只包括"狭义句法和接口对应中核心的运算机制"，即递归性是人类所独有。

声波　sound wave　语音学术语。一般使用波长、频率和振幅等三个特征描述声波。

声波图　sonogram　语音学术语，亦称语图。根据声强、频率、振幅等言语声学信号的物理特征进行观察、测量和记录后制成的频谱图（spectrogram）。

声带　vocal cords; vocal folds　言语器官之一。在喉腔内部振动以产生语音的两对并列的纤维质薄膜，上下两两相对。下面的一对固定在甲状软骨和后面的破裂软骨的声带突上，坚韧而有弹性，是真声带，其上还有一对比真声带厚的膜，平常发音时不起作用，是假声带。可闭合以截住气流，开放以通过气流。软膜按照适于音高的频率迅速开启，就产生嗓音。发清音时声带呈开启状态；发浊音时声带便会振动；当空气周期性地通过声带时，声带就震动。声带在咽腔中的位置如下图所示：

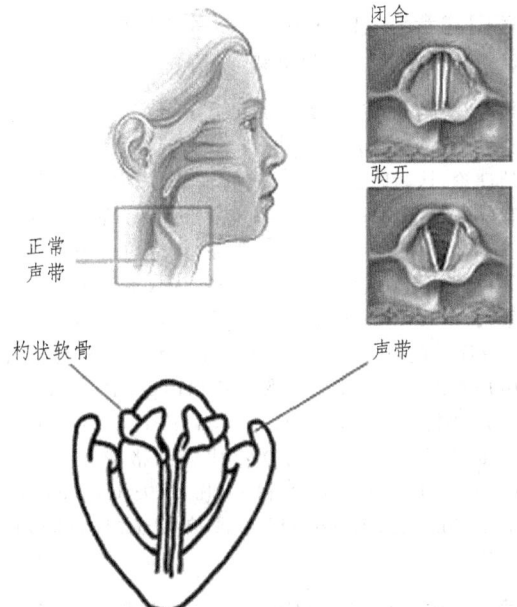

声道　vocal tract　语音学术语。指言语产生过程中的整个气流通道，包括三个主要的共鸣腔（resonance chamber）：口腔（oral cavity）、鼻腔（nasal cavity）和咽腔（laryngeal）。声道形状的变化是引起语音差异的主要因素。

声调　tone　语音学、音系学术语。指音节中具有区别意义的音高。一个音节除了由元音和辅音组成的音质单位外，还包括一定的音高、声强和音长，它们往往和音质成分一样具有区别意义的作用。在一些语言里，音节中不同的音高代表不同的意义，如汉语 mā"妈"、má"麻"、mǎ"马"、mà"骂"，意义随着音节的音高不同而不同。根据声调的有无可以把世界上的语言分为声调语言和非声调语言。世界上有许多语言是声调语言，汉藏语系语言最突出的一个特点就是有声调。例如，现代汉语普通话中有四类声调：阴平、阳平、上声、去声。按照五度标记法，它们的调值分别为阴平[55]、阳平[35]、上声[214]、去声[51]。声调在孤立静止时，呈现出稳定的调值，在连续的语音环境中，由于表情达意和不同语音邻近的作用，表现为一种或几种不同的声学特征。匹配组合普通话中的四个静态声调，可以产生十六种声调的匹配模式。除了辨别词义外，在有的语言里声调还具有语法功能。例如，尼日利亚南部埃多语（又称比尼语）的[i ma]，两个音节都读低调是"我显示"的意思，前高后低是"我正在显示"的意思，而前低后高是"我已经显示"的意思，前后两音节的高低变化区分了动词的不同时态。现代汉语中也存在这种现象，如"他把包袱背（bēi）在背（bèi）上"，声调的不同改变了词性。

声调发生　tonogenesis　亦称声调起源。指声调语言从非声调（atonal）语言发展而来的历史过程。例如，声调发生的一种情形是，某一元音的音高在某一组辅音前需要降低；后来这些辅音在语言发展过程中可能消失了，自此这个元音的音高就成了这些音节与其他音节区别开来的特征。

声调反向性　tonal polarity　语音学术语。用于声调语言的研究，指一个声调总是与前一个或后一个声调形成相反的情形。参见"**声调语言**"。

声调弱化　tone reduction　音系学术语。在声调语言中，弱读音节发音时没有明显的高低起伏的调值，从而不再属于其原有的调类归属的现象，在汉语中亦称"轻声"。

声调下降　downstep　参见"降阶"。

声调学　tonetics　亦称调位学。指对声调语言中的声调以及调位系统的研究。

声调音位　tonic phoneme; toneme　音系学术语，亦称调位。指音节制的声调语言中具有音位功能的声调高低起伏的差别。例如，在汉语中，构成并区别每个音节的不仅包括元音和辅音，还包括发音时的声调，如 mā（妈）、má（麻）、mǎ（马）、mà（骂）。声调音位和音段音位一样，也是语音系统中的最小功能单位，可以用来区分意义。但音段音位是一种根据时间顺序排列的线性组合，而声调是和音段音位同时发生的,是共时组合,因此它是一种超音段音位。

声调语言 tone language 语言类型学术语。指由声调来区分词义的语言。例如,汉语有四个声调的区别,即 dā"搭"(阴平)、dá"达"(阳平)、dǎ"打"(上声)、dà"大"(去声)。除汉语外,越南语、泰语以及中美洲的一些语言也是声调语言。

声调重音 tonic accent 语音学术语,亦称音调重音或音高重音。指在一个由相连的声调所组成的声调群中,使其中某一部分的声调突出从而形成的重音。在一些语言中,声调重音可以存在于某个词的发音中,并用来区分不同的词义。譬如,瑞典语 tanken,若将第一音节发成降调锐重音,则表示"坦克";若将第一音节发成降升调钝重音,则表示"思想""想法"。

声符 phonetic indicator 汉语音韵学术语。指汉字形声字的表音部分,亦称声旁。例如,"像"中的"象"就是这个字的声符。在声符的起源上,存在形声源于假借说、"声化象意字"说、"加旁二步发展"说、"部分表音的独体象形字分化"说等。按照不同的标准,可将声符分为不同类型。根据声符的出现频率,分为高频与低频声符;根据成字与否,分为成字和不成字声符;根据声符的传代性,分为基本和滋生声符;根据声符的读音多寡,分为一音和多音声符;根据声符独立成字时的语音和由它构成的音同或音近关系提示形声字的读音,分为表音声符、半表音声符、不表音声符。

声律障碍 dysprosody 病理语言学术语。指韵律方面的严重损伤,比如语音轮廓、强度或声言中表示时间的结构中所产生的失调和扰动。右半脑相关部位受损所致,一些病人无法用语言或手势来准确表达情感(如快乐、悲伤、愤怒等),却能够理解他人所说的句子和所做的手势的情感内容。另一些病人的情感韵律和自发手势虽然正常,却无法理解句子的情感因素。

声门 glottis 言语器官之一。指声带之间的缝隙。讲话时,声带的开关可以控制气流自肺部到口腔的通道。声门开合程度不同所发出的音不同。

声门闭合 glottal closure 语音学术语,亦称喉部封闭。指声带之间空隙的封闭,其持续的时间影响发音的有效性和音质,因此是判断声音功能的一个重要因素。声门闭合通常可分为五种:完全闭合、后三角闭合、非规则闭合、纺锤闭合和非完全闭合等。声门闭合是描写发音过程的重要参数。

声门化 glottalization 语音学、音系学术语。

❶通常指发音时,伴随有声门收紧的特征,尤其是声门塞音(glottal stop)。例如,英语中的有些词在词尾会出现声门化,如"what"中的尾音[tʔ]。❷指声门打开延迟至声门辅音除阻之后所产生的挤喉音。在英语中,挤喉音仅具有语体意义。例如,清晰精确地说"I think"时,think 中音节尾 k 的发音为[k']。

声门气流机制 glottalic airstream mechanism 语音学术语,亦称喉门气流机制。当声门打开,气流可轻易通过,所发出的音为清辅音;当声门略微封闭,气流导致声带震动,所发出的音为浊辅音。

声门强化 glottal reinforcement 语音学、音系学术语。通常指发辅音时伴随产生的声门闭合。声门强化在南部英格兰英语尾音中常见。例如,fiction [ˈfɪʔkʃən]、milkman [ˈmɪlʔkmən]、opera [ˈɒpʔɹə]等。

声门塞音[1] glottal stop 语音学术语,亦称喉塞音。指短暂完全闭塞声门,阻止气流从肺部流出,随后声门打开让气流突然冲出所发的音。声门塞音是辅音。在有些美国英语的变体中,声门塞音用来代替[t]音,如单词 kitten 和 button。

声门塞音[2] glottalic 指门塞音或声门气流机制。参见"声门气流机制"。

声门塞音理论 Glottalic Theory 音系学理论。指对原始印欧语爆破音系列传统看法提出修正的理论,认为印欧语系语言的辅音是从包含有挤喉音(ejectives)的一个语音系统发展而来,即因此对于发音部位为牙齿的系列音来说,其中的爆破音就成了声门塞音,原来如/p/、/t/、/k/为代表组成的三个系列,应该在类型学背景下重新解释为/p'/、/t'/、/k'/那样包含有一系列挤喉音的系统。此理论首先由丹麦语言学家霍尔格·佩德森(Holger Pedersen)于1951年提出,马蒂内(André Martinet)于1953年进一步发展;在20世纪70年代得到格姆克列利泽(Tamaz Gamkrelidze)和伊凡诺夫(Vyacheslav Vsevolodovich Ivanov)以及霍珀(Paul Hopper)的支持。

声门吸气音 injective 语音学术语。指缩气音(ingressive)的一类。发音机制与内爆音一致。区别在于发音时,声门吸气音声带不振动。参见"内爆音"。

声门音 glottal 语音学术语,亦称喉门音。指短暂完全的封闭喉后部的声门(glottis)所发出的音。许多语言都有声门音,通常为辅音或辅音丛。例如,出现在 die Arbeit /diʔarbait/等大多数德语词词首元音前的声门塞音[ʔ]。

声母　initial (of a Chinese syllable); initial consonant　音韵学术语。构成汉字字音的元素包括声、韵、调。声即声母,指一个字音的起首辅音,如"评"[pʰŋ]、"图"[tʰu]中的[pʰ]、[tʰ]。反切音中,反切上字相当于声母。有些字的反切上字没有起首辅音,也仍算有声母,称为零声母。

声谱仪　sound spectrograph　语音学术语。对语音进行声学研究的一种带有电滤波器的仪器,用来记录振幅、音量和音延,然后在特制的光敏感纸上能对程度不同变化的暗线条进行读数。通过声谱仪录出的材料叫做声谱(spectrogram)。声谱即声能在一定的频率范围内的显示。

声腔　cavity　语音学术语。言语器官之一。指参与语音发音的腔体,直接参与发音的称为主动声腔(active cavity),间接参与发音的称为被动声腔(passive cavity)。声腔分为肺部、咽腔、口腔、鼻腔等。

声强　intensity　语音学术语。声音的生理特性之一。指声音作用于听觉器官的压力强度,一般以分贝(dB)为计量单位。取决于物体发音时的振幅(amplitude)。振幅较大音较强,振幅较小则音较弱。振幅又取决于发音体本身的体积和受力的大小。就生理发音而言,音强与气流的强弱、成阻部位和共鸣腔的大小以及肌肉的紧张度都有关系。声强对语言有着重要意义,语音的传输和感知需要一定的音强(其下限为听阈),音节的构成与声强密切相关。

声学　acoustics　一种专门研究声音的物理特性的科学。声音的物理特性主要指声音在空气中传播时产生的各种波形变化的特性,这种特性主要包括三个方面:频率(frequency)、振幅(amplitude)和相(phase)。声学语音学(acoustic phonetics)是研究人类话语声音的物理特性的科学。参见"声学语音学"。

声学处理　acoustic treatment　参见"消音处理"。

声学分析　acoustic analysis　语音学术语。指在声学语音学研究中对以语音为主的声音进行物理性能方面的分析。声学分析主要借助频谱仪及其他声学仪器等对话语声音进行观察、记录和测量,用物理学的方法对声波形进行频率和振幅、谐波等方面的描写或分析,声学分析所得到的有关语音的精确客观的物理性数据能够为发音语音学和听觉语音学等学科的研究提供支持,从而弥补这些学科主观内省式分析带来的不足。

声学过滤器　acoustic filter　语音学术语。指人体发音器官中起共鸣作用的腔体。共鸣腔只对声带震动所产生的某些具有一定频率的谐波产生共鸣作用。

声学提示　acoustic cue　语音学术语。属于语音的一种声学属性,用以区别不同的语音特征,包括基频、辅音的嗓音开始时间(voice onset time)等。基频能够帮助形成区别典型的男性音色和女性音色,在典型的女性声音中,bird 和 fern 两个词的基频分别大约为 650 赫兹和 1593 赫兹,而典型男性声音的基频则为 513 赫兹和 650 赫兹。辅音嗓音开始时间的差异则可以区别送气和不送气音,如/t/和/tʰ/。

声学语音学　acoustic phonetics　简称声学,属普通语音学的分支学科。主要研究说话者产出的话语在空气中传播到听话者这一过程中所表现出的物理属性,如频率、振幅等声学方面的表现。20世纪30年代后,随着电子科技的发展和进步,声学语音学的研究中主要使用频谱仪及其他声学仪器等对话语声音进行观察、记录和测量,用物理学的方法对声波形进行频率和振幅等方面的静态描写或分析,甚至进行人工语音合成。声学语音学的研究成果能够为发音语音学和听觉语音学等语音相关研究的学科提供和寻找精确客观的数据支持,弥补这些学科主观内省式分析带来的不足。

声音　sound　指由于空气压力的变化引起耳鼓膜振动的结果在大脑中产生的印象。例如,说话时,声音的振动引起介质(即空气分子)有节奏的振动,使周围的空气产生疏密变化,形成疏密相间的纵波,这就产生了言语的声波。声音以声波形式传播。声波振动内耳的听小骨,并将这些振动被转化为微小的电子脑波,形成人耳可觉察到的声音。声音可以被分解为不同频率、不同强度正弦波的叠加,这种分解过程称为傅里叶变换。人耳可以听到的声音的频率范围在 20 到 2 万赫兹(Hz)之间,高于此范围的波动称为超声波,而低于此范围的称为次声波。

声音过滤　acoustic filtering　语言习得术语。指二语学习者在听力理解中只能听到和辨认出说话者所发出的部分语音,而对另一些语音存在排斥的现象。这主要是由于在二语学习过程中,学习者本族语的语音会对所学二语的语音产生过滤作用,使学习者难以听到和辨认出二语中出现的某些新的、不熟悉的语音。

声音节奏　sound-rhythm　音系学术语。指依附于理智或情感节奏而存在的、构成理智或情感节奏的有机成分。声音节奏是适应这两者需要而产生的,其目的是尽可能完美地以声音节奏来配合表达理智或情感节奏。

声域　register　参见"音域²"。

声源　sound source　语音学术语。指产生语言的发声器官的声道，或能够发出声音的设备，如扩音器、录音机等。

声源过滤理论　source-filter theory　一种普遍接受的言语产生理论。认为声源指人体喉部振动时所产生的声波。声道的各个共鸣腔（如口腔、鼻腔等）以过滤器的方式作用于喉部声源的声波，与其声波产生共鸣作用。

声源特征　source features　音系学术语。描述语音特征，诸如清音或浊音、糙音或润音等的对立。由乔姆斯基和哈勒（Morris Halle）提出，是区别特征理论（feature theory）中提出的五大范畴之一。其他四个范畴分别是主要音类特征（major class features）、声腔特征（cavity features）、发音方式特征（manner of articulation features）和韵律特征（prosodic features）。

省略　ellipsis; deletion　语法学术语。指为了说话、表达简捷而省去发音或话语中可以省去的音、字、词等现象。省略是一种言语行为，也是语言中一种常见、复杂的现象。语言学各流派对省略的研究基本上是从语音、句法、语义、篇章等角度展开，近来也有从逻辑、心理动因、价值取向等角度的研究。吕叔湘在《汉语语法分析问题》中提到"省略"应满足两个条件："第一，如果一句话离开上下文或者说话的环境意思就不清楚；第二，经过添补的话是实际上可以有的，并且添补的词语只有一种可能"。只有同时满足这两个条件，才可以称之为省略。朱德熙在《语法讲义》中提出，省略是"结构上必不可少的成分在一定的条件下没有出现"。省略也可分为三类：语义省略、语法省略和语用省略。如上对省略的解释分析各有优劣，但省略的例子在语言中随处可见。汉语中当词或词组的表层结构和深层结构所体现出来的意义一致时，可以出现同音省略，如中医院（中医医院的同音省略）、公安局长（公安局局长）、西餐厅（西餐餐厅）等。英语中说话人在非正式场合说话或语速较快时，往往省略非重读单词的词尾辅音，因而"a friend of mine"就成了"a friend o'mine"。汉语是语义型的语言，在汉语里靠逻辑意义构成省略结构也很常见。例如：[1] 没有规矩，不成方圆。[2] 吃一堑，长一智。　在有些语法如英语语法中，关系代词也可省略。例如：[3] Have you read the book (that) I told you about?

省略参数　pro-drop parameter　参见"零主语参数"。

省略否定式　abbreviated negation　语法学术语。指否定词 not 以附着成分-n't 的形式依附于助动词、be 动词、情态动词等之后的形式。连缩否定式有两种情况，一种是否定附着成分直接附加于上述词项之后，如 did → didn't、is → isn't、were → weren't、would → wouldn't 等。另一种是否定附着成分前的词项在拼写或读音上产生一定的变化，如 do → don't、can → can't、will → won't、shall → shan't、am → ain't 等。

省略号　ellipsis　表示有意略去不需要的词、短语或句子。英语中一般用三个句点连续，加上前后可能有的标点，如"，..."或"...?""...!"。当省略号处于句末（即表示句子的结尾）时，通常不再添加句点。汉语的省略号为居行中的六个点，句尾也通常略去句号；辞书中为节省空间，也常用三个点。

省略检验　reduction test　结构主义语言学的一种分析程序，用来识别句子的基本结构（核心句）或区分句子的可选成分和必选成分。例如：Last year we lived in Shanghai. 其中的"last year"可以省略，但是"in Shanghai"不能省略，因为动词 live 的配价结构需有状语成分。

省略句　elliptical sentence　语法学术语。指某些语言成分的省略。一个句子出于经济、强调或风格的原因，省去前面已经提过，没必要再出现的词或片语以避免重复的现象，省去的部分在参照上下语境后可以恢复。例如，问句"Where are you going?"常省略回答为"To town."；此省略句可恢复为"I am going to town."。有的则不可恢复。根据句法规则或词汇特点，可有如下省略形式：（1）并列成分省略。并列句中某些一致的成分被省略。例如：[1] The man went to the door and (he) opened it. （主词省略）　[2] Mary ate an apple and Jane (ate) a pear. （动词省略）　（2）词汇省略。省略某些配价所要求的补足语。例如：[3] It's your turn to deal (the cards).　词汇省略又分为不定省略和有定省略。例如：[4] He is eating (something).　[5] Jacob finally admitted (something).　例[5]可从上下文知道确定的东西。在英语中，有定省略是很少见的，正常情况下主语一般不省略（除非是在"arriving tomorrow"等所谓的电报文体中以及其他很有限的场景中，如去开门时说"Coming"）。然而，在其他语言（如罗曼语族、日语、汉语）中，有定替代性词语的省略却很普遍。（3）问句与回答中，前面提到过的部分往往可以省略。例如：[6] Who is coming tomorrow? Caroline.　（4）不定式与分词结构主语必须省略，这也属于正常的省略。例如：[7] Lousie stopped smoking.　（5）在祈使句中，经常发生主语省略，如"Go home!"

省略形式 elliptic form 一个省略的限定复合词,指有三个成分的复合词中第二个成分的省略。例如 shoe (repair) shop。相对于前缩写法和后缩写法,这种省略形式可以直接源自限定复合词。

省音[1] deletion 音系学术语。一种比较复杂的语音音变现象,其形成受到多种因素的制约,既有音段方面的(如音段间的协同发音效应),又有韵律方面的(如语句轻重音、语速等)。此外,还受到个人讲话习惯、地域、方言背景等方面的影响。参见"**省略**"。

省音[2] ecthlipsis 指由于诗歌韵律所需对于字母和音节的省略。例如:

Multum ille et terris iactatus et alto
Mult'ill'et terris iactatus alto
——Mosellanus

为适应诗歌韵律,第二行例示了借助省音方法从单词中省略掉的字母。

省音[3] elision 音系学术语。指连续言语中语音的省略。通常为了发音方便,省去音节间或词与词之间的一些音,辅音和元音都可省略,有时整个音节也可省略。省音通常发生在复杂的辅音连缀中,如 clothes;句子中的语法词特别容易省音,如 and 和 of。例如:cup of tea→ cuppa tea,you and me →you 'n' me。在多音节词中,非重读音节里的元音和辅音在正常语速的会话中经常省略,如 camera、probably、February 等。参见"**脱落**"。

圣经 Bible; Holy Scriptures 指包括基督新教、天主教、东正教、犹太教等各宗教的宗教经典。英文名称"Bible"源于希腊文 biblos、拉丁文 biblia,意为一组书卷。约翰·威克里夫(John Wycliffe)在 1382 年到 1384 年把拉丁文版圣经翻译成英文版圣经时,开始使用英语名"The Bible"。圣经由《旧约》与《新约》组成,原文圣经由三种不同的语言写成:希伯来文(大部分旧约)、亚兰文(希伯来文的姊妹语言,半卷但以理书与以斯拉记中的两段改为:但以理书、以斯拉记、创世纪、耶利米书的部分章节及新约的若干地方)和希腊文(新约全部)。《圣经》的作者由约四十多位不同时代、不同身份、不同地区的作者组成,历时约 1500 多年写成。犹太教的宗教经典是《旧约》部分,亦称希伯来《圣经》,犹太教的《圣经》由于把多个章节较少的书卷合成一卷,共有 24 卷;基督教的《圣经》则包括《旧约》和《新约》两部分,只是不同的基督教派别所承认的《圣经》旧约部分略有不同;把《旧约》的《撒母耳记》、《列王纪》、《历代志》分为上下卷,天主教版本承认 49 卷,东正教版本承认 51 卷,基督新教版本承认 39 卷;《圣经》新约部分包括的书卷比较一致,天主教、东正教、新教都承认 27 卷。《圣经》也可以按题材把《旧约》分为:(1)摩西五经(the Pentateuch);(2)历史书(the Historical Books);(3)先知书(the Prophetic Books);4)诗篇、智慧书(the Poetry and Wisdom Books)。《新约》分为:(1)福音四书(the Gospels);(2)历史书(the Book of Acts);(3)书信(the Epistles);(4)启示录(the Book of Revelation)。此外,《圣经》还有极高的文学价值。其中大量的历史文学、神话传说、诗歌戏剧小说、"先知文学"等构成了一座巨大的文学宝库。所以,《圣经》对西方文学影响深远。首先,西欧诸国语言文字的规范化几乎都始于《圣经》的翻译。其次,《圣经》故事、人物等也为文学家提供了引经据典的宝库。再次,《圣经》也是多种多样创作题材的源泉。《圣经》既是一本宗教巨著,其中更融合着政治、经济、历史、文化,并与希腊文明一起,对今天欧美文化的形成起到了不可磨灭的作用。

剩余成分 residue 功能语言学术语。根据系统功能语法理论,指小句(clause)中除语气成分之外的其余成分。语气是体现小句中语气选择的成分,包括小句的主语和定式成分。例如:[1]Mary has passed the exam successfully. 句中的主语 Mary 和定式成分 has 相互结合形成语气;除语气之外的"passed the exam successfully"则为剩余成分。剩余成分主要包括谓语(predicator)、补语(complement)和附加语(adjunct)三个功能成分。其中谓语是指动词词组中除了定式成分以外的动词部分。上例中的谓语是指动词词组"has passed the exam"中除了定式成分 has 以外的动词部分,即 passed;补语由名词词组"the exam"来体现。附加语通常由副词词组或介词短语体现,如上例中的副词 successfully。再如:[2] She *has been working* hard. [3] She *worked* hard last year. 在例[2]"has been working"的动词词组中,has 为语气中的定式成分,been working 为谓语;而在例[3]中,定式成分为表示过去式的-ed,谓语为 work,worked 是定式成分-ed 和谓语 work 的结合。谓语 work 与附加语 hard last year 共同组成剩余成分。附加语可以根据所表达意义分为环境(circumstantial)附加语、连接(conjunctive)附加语和情态(modal)附加语(又包括评论附加语和语气附加语)。其中环境附加语属于剩余成分,情态附加语属于语气成分,体现语篇功能的连接状语则既不属于剩余成分,也不属于语气成分。

失读症 dyslexia; dyslexic; alexia; word blindness 病理语言学术语。一般指在阅读、拼写、写作、说话或听力方面存在学习障碍的症状。失读症可能发生在任何年龄、种族和生活背景的人群中,且大多数病例显示此症状可能与遗传有关。失读症并非一种疾病,而是指有此症状的人的学习方式或心智区别于正常人。因此,一些患有失读患者的智力水平往往相当高。事实上,智力水平与失读症毫无关联。儿童患有失读症,就会在早期表现出阅读或听力障碍,无法区分单词和字母,如无法区分 b 和 d。失读症表现为以下方面的学习障碍:区分单个单词;听懂单词、语序或节奏;拼写;书法;阅读;延时口语;方向辨认;正反辨认;数学等。

失范性　ill-formedness　句法学术语,亦称悖构性或不合式,与规范性(well-formedness)相对。生成语法中用以指句子结构不合语法的特征。一个句子若不能依照有关语法规则而生成,即可认为其有悖于语法规范,因而具有悖构性或失范性,通常用星号"＊"表示;反之,则符合规范(well-formed)。例如:[1] *He live in this house. [2] He lived in this house. [3] *He used living in this house. [4] He used to live in this house. 语义学和音系学中同样存在失范性。参见"规范性"。

失认症　agnosia　病理语言学术语。在神经心理学研究中用以描述对诸如声音和图像等感官刺激无法理解的知觉障碍。失认症患者表现为在意识清晰、感觉系统功能正常的情况下却无法识别感官刺激,不能对刺激形成正常的知觉。失认症还可以具体细划为视觉失认证、听觉失认证和触觉失认证等具体类型。例如,患有听觉失认症者能够听到声音,但却表现为无法辨识声音的来源方向和距离,或是无法区别音位之间的差异。

失声　aphonia　参见"发声失常"。

失效测试　retired test　语言测试术语。指因指导方针改变或目标调整而不再用于最初考核目的的测试。此类测试的试卷一旦用过后,将另作他用,如作为练习材料出版发行,或用于教学中的分班、诊断性测试,或用于研究等。

失写症　agraphia　病理语言学术语。指由于心理或脑部损伤所引起的书写障碍,以丧失书写能力为标志的紊乱。失写症患者通常表现为中枢神经系统的功能失调,他们手臂的运动功能虽然完备,但却无法完成写字、绘画等精细动作。

失音症　aphonia　病理语言学术语。指由于发音器官麻痹、感染、受损或心理因素而造成的发声损害现象。这是一种最严重的构音障碍(dysarthria)。

失语症　aphasia；dysphasia；aphemia　病理语言学术语。指由于脑部受损、发育或心理情感障碍(如极度紧张或恐惧)而造成部分或完全丧失表达或理解语言能力的现象。传统的失语症研究根据大脑受损部位、语言的接受性和表现性障碍以及流利程度分类如下:运动区(motor area)失语症(亦称表达性失语症)、布罗卡区(Broca area)失语症(亦称不流利性失语症)、感官神经(sensory)失语症(亦称接受性失语症)、韦尼克区(Wernicke area)失语症(亦称流利性失语症)和完全性(global)失语症等;根据语言障碍的不同表现分类如下:失写症(agraphia,指书写困难)、失读症(alexia,指阅读困难)、忘名症(anomia,指运用专有名词困难)、语法缺失症(agrammatism,指运用诸如介词、冠词等语法词困难)等。失语症的研究可以为澄清言语中枢的形成、大脑两半球的分工、语言功能的定位等一系列问题做出贡献。由于大多数人的言语中枢位于左半球,因此,言语障碍通常是由左半球的损伤而引起。失语症治愈的可能性很大程度上取决于患者的年龄。一般说来,对于4岁以下的幼儿,如果其左半球受到损坏,右半球也能较顺利地发展其语言能力。但4岁以上至青春期的儿童若患了失语症,其语言能力就会退步到4岁时的水平,需要经过一段时间才有希望恢复原有的语言能力。这说明,在年龄较小阶段,儿童的大脑右半球仍有取代左半球而形成言语中枢的可能。不过,有学者指出,言语中枢能转移到右半球的儿童,学习词汇没有困难,但联词造句的能力却会受到影响。如果左半球的损伤发生在青春期以后,那就会使人完全失去语言功能,因为成人的右半球已经过了发展语言功能的临界期。

诗歌　poetry　文学体裁的一种形式。在文体论(stylistics)领域,文学家和语言学家试图用语言学知识分析各种文学类型,包括诗歌。由于诗人想把意义和形式融为一个有意义的整体,因此,诗歌除了具有格律(metre)、节奏(verse)和韵脚(rhyme)等特点外,与一般语言中的语音、语法、和词汇规则也较为不同。

诗歌破格　poetic licence　修辞学术语。文学作品的散文和诗歌中的一种修辞手段,其特点是偏离公认的语言规范。这种偏离在语义和语法方面都有所体现,如有意将词义扩大、创造新词和新的语法结构等。

诗行跨行　enjambement　指在诗歌里,当一个诗行容纳不下一个句子的长度时,或有时为了押韵的需要,会把一个句法单位,如词组、从句或句子进行拆分,从前一行末跨到次一行之首,或从前一押韵之双行诗末跨入后一双行诗。这种分成两行或多行的现象被称为跨行。莎士比亚的《冬天的童话》(*The Winter's Tale*, c. 1611)即有许多跨行:

　　I am not prone to weeping, as our sex
　　Commonly are; the want of which vain dew

Perchance shall dry your pities; but I have
That honourable grief lodged here which burns
Worse than tears drown.

诗学[1] **Poetics; Aristotelous peri Poiētikēs**
《诗学》是古希腊著名哲学家、科学家、教育家亚里士多德（Aristotle）所著，原名为《论诗》，现存二十六章。在《诗学》一书中，亚里士多德探讨了诗的起源、诗的种类、诗的功能等问题，研究对象并不仅限于诗歌，还涉及史诗和戏剧乃至音乐和舞蹈等，也就是说诗学研究的对象是广义的诗。《诗学》主要表现了亚里士多德对艺术及悲剧的观点，他认为艺术的本质是摹仿，而悲剧是对于一个严肃、完整、有一定长度的行动的摹仿。亚里士多德把诗学看作一个独立的学科，与哲学、政治学、伦理学和逻辑学等学科地位相同。《诗学》是西方美学史上第一部最为系统的美学和艺术理论著作，对西方文艺理论和文学创作的发展有巨大影响。

诗学[2] **poetics** ❶文学术语。传统上指作诗论诗的学问。也指以文学实践为对象，通过研究总结文学经验，上升到理论层面并做出的一种阐释或体系。❷指运用语言学理论和方法对诗歌进行分析的一门学科，研究成果涉及诗学理论、诗学思想、诗学精神、诗学特色、诗学思维、诗学功能、诗学批评等，涵盖比较诗学、文化诗学、认知诗学、翻译诗学、历史诗学、空间诗学等派别。西方主要的诗学代表人物有亚里士多德（Aristotle）、乌斯宾斯基（Глеб Иванович Успенский）、格林布拉特（Stephen Greenblatt）、薄伽丘（Giovanni Boccaccio）、巴赫金（Михаил Миха Йлович Бахтинг）、叶维廉·洛特曼（Juri Lotman）、艾略特（Thomas Stearns Eliot）等；中国主要的诗学代表人物有陆时雍、黄庭坚、金元、刘若愚、郑玄、刘熙载、朱光潜、袁可嘉等。在主要的诗学派别中，比较诗学既是一种研究方法也是一门新兴学科，是一种以各文明的诗学为对象，旨在让各种诗学互识、互解、互补，以期将来能够在多元化的基础上构建一种一般诗学。20世纪60年代以来，比较诗学成为西方学者在比较文学研究中的重点；在国内，一般认为中西比较诗学源于清末民初的王国维，20世纪30年代得到发展，80年代得以复兴。刘若愚的《中国文学理论》（*Chinese Theories of Literature*）（1975，美国芝加哥大学出版）是海外第一部中西比较诗学代表作。

施事 agent 语义学术语，亦称施动者。是名词性短语所承担的语义角色的一种，指实施动作的主体，即发出动作的人或动物。施事由名词或名词性短语来充当，对施事的确认主要依据其在句子中所承担的语义角色，如"孩子打碎了玻璃""鱼让猫给叼走了""一锅饭吃十个人"。三例中加着重号的部分均为施事。尽管它们在句中所承担的语法功能不同，但从语义上分析都是句子的施事。在英语主动句中，施事通常占据主语位置，而在被动句中，施事主要由介词 by 引导。例如：[1] Anthea made a cake. [2] The cake was made by Anthea. 根据与动词间的语义关系，Anthea 在两个句子中都承担施事的语义角色。

施事宾语 agentive object 语法学术语。在句中充当宾语成分，但在语义上执行句中动词动作的名词或名词性短语。例如：Fred galloped the horse. 例句中 horse 即为施事宾语，其在语法功能上虽然是宾语，但从语义角度分析，horse 是动词 gallop 这一动作的真正执行者。

施事动词 agentive verb 语法学术语。根据语义划分的动词类别之一，该类动词所表示的动作行为必须在施事作用下才能产生或完成，如 teach、perform、assist、sleep 等。判断一个动词是否为施事动词，主要依据该动词动作的产生或完成是否必须由施事执行，也可根据动词能否派生出相应的施事名词为标准，以上列举的几个施事动词都可派生出相应的施事名词，而不属于施事动词类别的其他动词，如 have、resemble 等都无法形成施事名词。

施事格 agentive 语义学术语。表示由动词所确定的动作能察觉到的典型的有生命的动作发生者。因为格语法理论认为诸如"主语""宾语"等语法格概念只能描述某些语言的表层结构，所以菲尔默（Charles Fillmore）提出一套语义格系统用以描述语言中深层结构的句法—语义关系，施事格是这套格系统中的一个。例如：[1] *John* opened the door. [2] The door was opened by *John*. 尽管 John 在句子表层结构中所处的位置不同，但在两个句子的深层结构中，John 都具有同样的施事格。

施事名词 agentive noun; agent noun 语法学术语。属名词的一类，主要由动词派生而来，带有行为者或行为工具等意义。在英语中，该类名词通常由-er、-or、-ant 等名词后缀加动词词干构成，还有一小部分形容词词干加后缀-ist 构成的名词也可归为此类。例如，worker、actor、assistant 和 tourist 等派生名词都属于施事名词。

施事式语言 agentive language 参见"主动式语言"。

施事约束 agent constraint 语法学术语。指句子由于缺乏施事而不能由被动句转换为主动句的现象。例如：The book was written in the 14th century. 此句由于无法确定施事到底为何人，因而无法转换为主动句。

施事主语 agentive subject　语法学术语,亦称施事语。施事句的句子成分之一,主语所指的事物是动作的发出者,该动作的发出者即被称为施事主语。例如,"小花猫吃掉一条鱼。"句中的"小花猫"是动作"吃"的发出者,即施事主语。施事句中的施事主语在叙事语体和日常交际语体中常常省略。

施为动词 performative verb　语用学术语。指根据语义—语用标准定义的一类动词,如英语中的 promise、command、swear 等。这些词在显性施为言语中可以实施动词本身所描写的言语行为。施为动词与成事动词(perlocutive verb)应加以区分。成事动词是指 provoke、convince、humble 等不能像施行/为动词那样用的一些动词,它们描述的是受到听话者部分控制的反应。另外,并非所有表达言外行为的动词(illocutionary verbs)都是施为动词。例如,threaten 可以表达言外行为,但它并非施行/施为动词。在此,可用 hereby 一词作为一个辨别标准。例如,可以说"I hereby promise you that …",但不能说"*I hereby threaten you …"。

施为二律背反 performative antinomy　参见"施为矛盾"。

施为句 performative utterance　语用学术语,亦称施行句。指用来实施诸如许诺、请求、警告、威胁、命令、宣誓、道歉、祝贺、感谢等行为的话语,如"I apologize …""I promise …"和"I baptize you …"等。施为句无所谓真实或荒谬,但有合适与不合适之分,要能够使话语成功地实施某一行为,施为句必须满足三个条件。条件1:说话人必须具备实施某一行为的条件;条件2:说话人对自己要实施的行为必须抱有诚意;条件3:说话人对自己所说的话不能反悔。施为句可分为显性施为句和隐性施为句。前者指含有"施行动词"或"施为动词"的话语,如 promise、warn、deny 等,这些动词说明句子的言语行为或施为力量;后者指不含"施行/为动词"的话语。例如:There is a vicious dog behind you. 例中没有施为动词,但却隐含了警告。有人提出,叙述句和隐性施行/施为句之间没有实质上的差别,因为叙述句"Beijing is in China."一句可以理解为隐含了 state 这个动词,复原成完整的句子即:(I state that) Beijing is in China. 施为句是奥斯汀(J. Austin)在建立言语行为理论的早期提出的术语,奥斯汀认为施为句与表述句不同,表述句是对事物进行描写和表述;而施为句是说出一个句子本身就是"实施"一个行动。这样,所有的言语行为统称为施为言语(performative utterance),原来的表述性和施为性的区分就显得没

有意义了。随着言语行为的发展,这两种区别被言内行为(locutionary act)和言外行为(illocutionary act)的区别所取代。

施为句分析 performative analysis; performative hypothesis　句法学术语,亦称施为句假设。罗斯(John Ross)提出的用于描写言外之力(illocutionary force)一种假设,指在分析陈述句(declarative sentences)的句法结构的基础上,把所有句子看作是同一深层结构的生成句,此深层结构只有一个施行性母句,而该母句由主语(第一人称)+施行动词+间接宾语(第二人称)构成,必要时可以根据省略原则省略某些成分。例如:[1] This book is very good. [2] I tell you:This book is very good. 句[1]的深层结构可以是[2]。但由于说话者和听话者的身份以及施行/施为力量依赖于具体的言语语境,因此施行句分析实际上是将语用现象不等值地句法化。

施为矛盾 performative antinomy　语用学术语。指由于自相矛盾而无法成为现实的一种言语行为。它与命题二律背反(propositional antinomy)形成施为性对应。例如:"不要服从这个命令!" 当且仅当这个命令没有被服从时它才被服从了。再如:"我保证不遵守这个保证。" 这样一条声言也属于典型的施为矛盾。

十三人规则 thirteen men rule　参见"节奏规则"。

十四行诗 sonnet　指欧洲文坛一种格律严谨的抒情诗体。音译为"商籁体",源于普罗旺斯语(Provencal)"Sonet"。原系中世纪民间流行并用于歌唱的一种短小诗歌。为意大利文 sonetto 以及英文、法文 sonnet 的音译。最初流行于意大利,诗人彼特拉克(Francesco Petrarca)的创作使其臻于完美,又称"彼特拉克体",后传到欧洲各国。此时的十四行诗由两节四行诗和两节三行诗组成,每行11个音节,前两节八行的韵式为 ABBA,ABBA;后两节六行或两韵变化,或三韵变化。如下为英国诗人弥尔顿(John Milton)的十四行诗 *On His Blindness*:

When I consider how my light is spent,
Ere half my days,in this dark world and wide,
And that one talent which is death to hide
Lodgd with me useless, though my soul more bent
To serve therewith my Maker, and present
My true account, lest he returning chide,
"Doth God exact day-labour, light denied?"
I fondly ask. But Patience, to prevent
That murmur, soon replies, "God doth not need
Either man's work or his own gifts; who best

Bear his mild yoke, they serve him best. His state
Is kingly; thousands at his bidding speed,
And post o'er land and ocean without rest:
They also serve who only stand and wait."

在 16 世纪，十四行诗经莎士比亚的发展，被称为"莎士比亚体"(Shakespearean)或"伊丽莎白体"(Elizabethan)，由三节四行诗和两行对句组成，每行 10 个音节，韵式为 ABAB,CDCD,EFEF,GG。如下为莎士比亚的十四行诗第一首：

From fairest creatures we desire increase,
That thereby beauty's rose might never die,
But as the riper should by time decease,
His tender heir might bear his memory:
But thou contracted to thine own bright eyes,
Feed'st thy light's flame with self-substantial fuel,
Making a famine where abundance lies,
Thy self thy foe, to thy sweet self too cruel:
Thou that art now the world's fresh ornament,
And only herald to the gaudy spring,
Within thine own bud buriest thy content,
And tender churl mak'st waste in niggarding:
Pity the world, or else this glutton be,
To eat the world's due, by the grave and thee.

石化现象　fossilized; fossilization　❶亦称语言僵化形式(fossil form)或化古形式(fossilized form)。指语言中不再有能产性的构式，包含固化结构(fossilized structure)和固化词项(fossilized lexical structure)两种形式。例如，英语中的固化结构有：[1] So be it.　[2] Long live the Queen.　[3] Least said, soonest mended. 固化的词项有 goody-goody(伪善的)，hocus-pocus(哄骗)等重叠形式和多种类型的成语。❷语言习得术语。由赛林克(Larry Selinker)于 1972 年提出。指第二语言学习者使用的语际语或中介语(interlanguage)在交际中出现语言僵化的现象，甚至停止学习的现象。语言僵化可以出现在语言的语音、语法、词汇等各个层次。

时　tense　语法学术语。传统上指时间定位的语法化表达，即动词的形态和该动词所表示的行为动作发生的时间之间的关系，可引申为一种表现动作、事件或状态的时间与说话时间的联系。因此，语言中的时范畴就是语言所表达的一种时间概念，而不再局限于语法化了的形态范畴。从时态的意义来看，一般认为时态是指所表述的事件与说话时间之间的先后关系，或者将一个事件或状态定位于相对于说话时间的某一时间点或时间段上。以英语为例，传统语法通常区分现在时、过去时和将来时三种时，与体(aspect)结合而构成英语的 16 种时态，而以韩礼德为代表的功能学派提出三分制与递归性原则，将英语时态系统分为 36 种具体时态。

时标　timing　音系学术语，亦称时标层(timing tier)或骨架层(skeletal tier)。指一个表征音层，但具体所指因理论而异。例如，在粒子音系学中，时标层(timing tier)表示音节音重，而自主音段音系学中则指骨架层(skeletal tier)这一概念，指被赋予最小的信息、并给所有其他音层上的自主音段提供锚位的独立音层，亦称为 CV 音层或 X 音层。

时标层　timing tier　参见"时标"。

时代错误　anachronism　❶一种修辞手法，指有意或无意地无视或歪曲与时代的关系。最常见于反映历史的文学作品中，某些细节是较晚时代的描绘。❷在语言学中，时代错误指使用不符合特定时代的语音、形态、语法或词汇规范的表达法，如描写现代现象时使用古体词(archaism)或废弃词(obsolete)，或在描述古代现象时使用现代词语。在文艺文学作品创作中，谨慎运用时代错误可以收到滑稽、讽刺等修辞效果。

时点动词　punctual; achievement verb　参见"延续体"。

时间从句　temporal clause　语法学术语。表示动作发生时间的状语从句，如"after I had finished my home work""when you arrive"等。

时间副词　adverb of time　语法学术语。指修饰性副词(adjunctive adverb)中的一个子类，属于句子基本结构的一个部分，表明被修饰成分所表述事情发生的时间，能够回答"什么时候"等与时间相关的问题，如 already、yet、immediately、early 等。

时间介词缺失　absence of preposition of time　语法学术语。指英语中含有 last、next、this、that、some 和 every 等词的时间短语必须略去介词不用，而以名词短语形式出现的一种语法规则。例如：[1] He went to New York *last month*.　[2] *He went to New York *at last month*. 句中的时间短语"last month"就必须遵循这一规则，否则就不可接受，成为不符合英语语法规则的句子。

时间连词　temporal conjunction　语法学术语。指引出一个表示时间关系从句的连词，如 when、after、before、until 等。

时间深度　time depth　语言年代学(glottochronology)中表示两个亲属语言分离后的时间长度。可用以下公式求得：$t = \log c / 2 \log r$，其中 t 为时间深度，c 是两语言的同源词(cognate word)的百分率。认为该公式有效的学者并不多。

时间顺序　chronological order　语言教学术

语。指写作中根据时间先后排列信息的一种方法。在解释过程、描述历史事件及讲故事时，时间顺序非常有用。用时间顺序写作对学习者来说也较为简单，作者只需按照事物实际发生或出现的顺序来描述即可。在这样的作文中，为使时间顺序更清楚，往往需要一些连接词来说明事情的各个环节所发生的时间。较常用的表达时间顺序的连词有：first ... after that ... later ..., then, soon, finally, next, immediately, during, as soon as, in the past 等。

时间性方言　temporal dialect　社会语言学术语。指在历史发展的某个阶段上使用的某种语言的一种变体或方言。例如，汉语中的"红卫兵""红太阳"等"文革"语言以及五四语言、民国语言等都属于时间性方言。

时间指示语　time deixis　语用学术语。指示语的一种。指交际双方在话语信息的传递过程中所提到的事物、动作和活动发生的时间，如已经发生、正在发生或将要发生。"时间"本身是一个非常抽象的概念，为了保证信息传递的顺利进行，语言中必定有用来表示相应时间的词语、表达方式或语法范畴。人们一般会选定一些参照点作为计算时间的依据。交际中，时间指示语以人们说话的那一时刻作为参照点来计算和理解。例如，时间副词现在、今天、明天、昨天等。其中，现在是指说话的那一刻，今天是指说话的那一天，明天和昨天则分别是以说话人的那一刻为基点往后或往前推算。运用时间指示语时，必须要区分编码时间（coding time，简称 CT）和接收时间（receiving time，简称 RT）。编码时间是指说话人要将其传递的内容进行语言编码的时间；接收时间是指听话人接收到说话人发出的信息的时间。一般情况下，编码时间和接收时间同步。但有时也会发生两种时间不一致的情形，如写信、预先录制的广播电视节目等。参见"**指示语**"。

时态倒退　back-shift　参见"**时态逆移**"。

时态逆移　back-shift　语法学术语，亦称时态倒退。指在直接话语中，被描述的句子、词语置于引号之中，所使用的时态和指代词与说话者想要表达的时间人物一致。而当直接话语转换成间接语时，引号中的时态与指代词则要做出相应变化。时态逆移的变化则是现在→过去，过去→过去完成，将来→过去将来。例如：He cried, "I will punish him!" → He said he would punish him.

时态序列　sequences of tenses　句法学术语。指特定语言的一组语法规则，控制相关分句或句子动词时态之间的一致关系。时态序列适用的典型场合是间接引语。例如：[1] I need a drink. [2] She said she needed a drink. 有人在过去某个时间用特定时态说出一个句子（例如现在时），当该言语行为现在被报道时，分句使用的时态可能与原说话者使用的时态不同。如果有人说句[1]，该句转化为间接引语时变为句[2]，动词的时态从现在时变成了过去时。

识别　identification　社会语言学术语。指通过"某某是什么"而非"做什么"来确定社会行动者的一种方式。常用来达到识别目的的方式有三种：(1) 分类——通过现存的社会分类，如年龄、性别、社会等级、种族、宗教；(2) 关系识别——通过人际关系来指称，如母亲、朋友；(3) 生理识别——通过生理特征来指称，如头发颜色、身高、魅力。有些识别性词语包括多个类别，如"crone"既指年龄，也包含了生理特点。

识别焦点　identificational focus　语义学术语。若反映焦点信息的词汇集合是有限集，且都为对话参与人所熟知，这时出现的焦点称为识别焦点。匈牙利语法学家基什（Katalin É. Kiss）把对照焦点和识别焦点区分开来，认为识别焦点具有[±穷尽（EXHAUSTIVE）]和[±对照（CONTRASTIVE）]的特征（Kiss 1998）。例如：

[1] **Olaszországban** jártam.　　[+穷尽，+对照]
　　意大利—去　　旅行—我
　　"我去的是意大利。"

[2] Háború és békét **Tolsztoj**　[+穷尽，-对照]
　　战争和和平—宾助　托马斯泰
　　"托尔斯泰写的是《战争与和平》。"

[3] —Anna, Kati 和 Mikko 住在哪儿？
　　—[Anna] asuu täällä.　　[-穷尽，+对照]
　　　Anna　住　这里
　　"安娜啊，她住在这里。"

匈牙利语例句[1]意为"我去的是意大利（而不是别的国家）"，焦点"意大利"是个有限集，具有穷尽性和对照性，因此是识别焦点；例[2]中的识别焦点"托尔斯泰"具有穷尽性，但不具有对照性（无他人写过《战争与和平》）；而例[3]中在回答"Anna, Kati 和 Mikko 住在哪儿"的问题时，回答只出现了 Anna，其中的焦点不具备穷尽性但具备对照性，因此可将其分析为对照焦点而非识别焦点（Kiss 1998）。

识别试验　recognition test; perception test　指语言研究中测量言语知觉的标准试验。实验过程如下：首先播放一组词，然后要求被试复述并写下来听到的词，或者给予其他方式的反馈。正确知觉的词的百分比可用来测量可理解度。

识解　construal　❶社会心理学术语。指个体如何感知(perceive)、理解(comprehend)和解释(interpret)他们周围的世界,特别是别人对他们做出的行为或采取的行动。心理学研究表明,个人自我识解(self-construal)和社会识解不同。个人识解是一种自我感知(perception of the self),社会识解是我们环境的感知(perception of our surroundings)。当一个人缺乏正确处理某个给定情景的知识时,他可能采用识解的方式。❷认知语言学术语。指人们使用语言建构(structure)和理解概念结构(conceptual structure)的不同方式。语言使用者可以选择不同的方式来组织和呈现在语言中编码的概念表征(conceptual representation),不同的方式将在听话者脑海中唤起不同的理解。根据兰艾克(Ronald Langacker)的观点,句子结构取决于语义结构,语言表达式的内容不仅取决于它的概念内容,还取决于它是如何被观察、感知和理解的。换个角度说,人的认知方式决定概念结构,而概念结构又决定语言表达式,即认知方式决定了语言表达式。语言表达式和感知的场景(scene)有关,一个说话者可以用不同意象来建构同一个场景,不同的意象又唤起性质不同的大脑经验,所以一个语言表达式包含的意象构成了意义的关键。因此意象及其识解关系在认知语法中占据重要的理论地位。这种识解关系涉及意象和焦点调整(focal adjustment),具体包括:选择(selection)、视角(perspective)、凸显(salience)和抽象(abstraction)。例如,主动句和被动句就是涉及同一场景的两种不同识解。认知语义学认为,意义不是固定的而是约定俗成和识解的问题。语言识解的过程和我们处理涉及百科知识和感知的心理过程相同。词本身没有意义,最多具有"默认识解"(default construals),即真正使用的方式。语言识解是动态的,只有考虑语境和交际目的,意义的合成性(compositionality)方可理解。

识字读写能力 literacy 教育语言学术语,亦称书面语能力。指有文字系统的语言的读写能力,与口头表达能力(articulacy)相对。无读写能力的人称其为"文盲(illiterate)"。功能性的读写能力或实用读写能力(functional literacy)指一个成年人能满足其日常社会文化活动要求的读写能力。不能满足此种需求便称为功能性文盲现象(functional illiteracy)。功能性文盲不具备应付实际事务的读写能力;他们也许会写自己的名字,能看懂简单的符号,但无法完成书面的文字交流。能够用两种语言读写的人称为双语读写者(biliterate)。

识字前阶段 preliteracy 参见"前文字阶段"。

实词 content word; full word 语法学术语,亦称词汇词(lexical word)。指指称事物(thing)、动作(action)、品质(quality)或状态(state)的词。相对应的词性有名词,如词典;动词,如阅读;形容词,如语言学的;以及副词,如仔细地。实词单独使用时有意义,称为词汇意义(lexical meaning)。实词与虚词(empty word)相对,后者指没有独立的意义,只在句子或句句中表示语法关系,即语法意义(grammatical meaning),包括介词、连词、冠词等。但是实和虚的界限并不像设想的那么明显,如 while、but、in 虽然被认为是语法词或虚词,但显然都有某种可独立陈述的意义,因而有些语言学家把介词也归为实词,认为介词与实词相同,大多都能找到反义词。参见"开放性词类"。

实地实习 field experience 语言教学术语。指在师范教育中让学生作为实习教师参加教学实践,参与实际教学。即让实习教师在课堂上给学生授课,并通过现场教学来获得教学经验,提高教学能力,为以后的教学职业打下基础。

实地调查 field research 参见"田野调查"。

实地语言学 field linguistics 参见"田野语言学"。

实例化 instantiation 认知语言学术语。指语言使用中的具体例子,这种情况下往往用一个具体用法模式(usage pattern)来例证它对应的图式(corresponding schema)。因此,实例化是产生于图式表征的语言使用的具体例子。例如:Mary gave her father a Christmas present. 此句即双及物构式(ditransitive construction)的实例化。认知语言学家认为,一个心理图式(mental schema)批准(sanction)一个具体的例子是因为基于用法论断(usage-based thesis),即长期使用导致的根深蒂固(entrenchment)或"堑壕效应"。

实例理论 exemplar theory 原为心理学理论,后被广泛应用于心理语言学研究。该理论认为会话者的全部词汇信息,包括其接收到的语音(phonetic)细节和其他羡余(redundant)信息,都存储在心理词库(mental lexicon)中。会话者每次加工某一单词时,头脑中就会留下一条语迹(trace),包括该词的语音细节等信息。某一词汇被加工的频率越高,心理词库中与该单词相关的语迹或实例(exemplar)就越多;反之,单词的加工频率越低,心理词库中的语迹或实例就越少。

实时研究 real-time studies 指对同一个言语社团不同时期记录材料所进行的比较研究,旨在了解其历时变化。该研究与显见时间研究(apparent-time study)(即比较某个言语社团中不同年龄说话者的言语)相对应。

实素 full morpheme　　参见"实语素"。

实体共性 substantive universal　　句法学语,亦称实体共相、实存普遍现象、实体普遍现象或内容普遍性。指一类语言的共相,与形式共性(又称形式普遍现象)相对。具体指语言中实际存在的共性成分与结构,虽然此类结构不一定出现在所有的语言中,但可被用于所有语言。例如,在语音方面,区别性特征可以被看作是语音的实体共性;在语法方面,某些固定的语法范畴如动词、名词等可看作是语法的实体共性。实体共性可分为两种类型:强共性(strong universal)和弱共性(weak universal)。前者又称强普遍性,指所有语言都具有的共性;后者又称弱普遍性,指每种语言普遍存在其中的一部分特征。

实物教具 realia　　语言教学术语,亦称直观教具或示教实物。指教学过程中根据教学内容和学生需求,为学习者提供感知材料的教学用具,包括实物教具(如衣服、物品等)、模拟实物(如玩具、模型等)、形象教具(如图画、照片等)、象征教具(如地图、图表等)、现代化教学手段(如电影、电视、录像等。利用实物教具有助于学生进行实例分析或描写,提升学生的学习兴趣、丰富其感性知识、发展观察能力和思维能力。随着现代教育技术的发展,实物教具在语言教学中的应用日益广泛,一般可与讲解、讨论等结合运用。

实现分析 realization analysis　　语言分析法的一种,主要运用在层次语法(stratification grammar)中,将语言看作诸种关系的网状系统,主张语言结构由若干层次组成,其理论源于语符学(glossematics)和美国结构主义(American structuralism),实现分析包括四类基本方式:(1)横向归并,如 c+a+t→cat;(2)横向分解,如法语 du 实现 de(相当于英语中的 of,from)+le(定冠词);(3)竖向归并,即两个或多个低层面的单位实现为一个高层面单位,如复数语素的各种形式;(4)竖向分解,即两个或多个高层面的单位实现为一个低层面单位。例如,词缀-s 同时实现复数和所属格。

实现技能 enabling skills　　参见"局部技能"。

实现性差异 realization difference　　音系学术语。指单个音位不同语音实现的口音之间的区别,往往受地域影响。例如,英语中/l/的语音实现存在较大差别:大多数苏格兰人和北美人都将其实现为暗音[ɫ],大多数威尔士人和(南)爱尔兰人都将其实现为明音[l],而在英格兰则存在将其在元音前实现为明音[l],其他位置实现为暗音[ɫ]。

实验句法学 experimental syntax　　句法学术语。指判断句法结构的可接受性时注重语法之外诸多因素影响结果的句法研究。有些语言学者未曾意识到可接受性(acceptability)和符合语法(grammaticality)区别:前者指语者对句子有多地道或多自然的感受,后者则是指句子生成的程度或者主体内在心理语法的评价程度。传统句法依靠的内省法更多地是指符合语法判断(grammaticality judgment),而非可接受性判断(acceptability judgment)。

实验音系学 Laboratory Phonology; Lab Phon　　音系学的一个分支,主张采用声学分析等实验室技术以及数学和统计学的辅助方法,对音系进行科学、严肃的调查研究。这一主张的代表人物包括皮埃安贝尔(Janet Pierrehumbert)和拉德(Robert Ladd)等。

实验语用学 experimental pragmatics　　语用学与实验心理语言学相结合的一个新兴跨学科研究领域,涉及语言学、哲学、心理学和认知科学,采用实验方法研究人类对语言意义的认知机制问题。

实验组 experimental group　　科学实验如心理学实验中,通常将被试分为两组,一组接受自变量检验,被称为实验组,其实验结果通常与未接受自变量干预的另一组即对照组或控制组(control group)的被试结果相比较,从而得出实验设计和操作的相关结果。

实义词 content word　　参见"开放性词类"。

实义动词 lexical verb　　语法学术语,亦称词汇动词或完全动词。指具有独立的词汇意义,可以单独作为句子成分的动词,与助动词(auxiliary)相对,如 jump、laugh 等。英语中实义动词与助动词组合构成动词短语,如"have been working""will have worked""is about to work"等。上述例子中的"work"具有词汇意义,而助动词 have、will、is 等主要表示语法功能。

实用读写能力 functional literacy　　教育语言学术语。指能够用一种语言进行阅读和写作的能力,从而体现一个正常成人的生活及社会活动的一切语言功能的状况。一个只能写自己名字和读懂简单符号的人被认为不具有这种能力。

实语素 full morpheme　　形态学术语,亦称实素。指具有实义的语素,可以单独成词或充当词根。例如,"人民"中的"人"和"民","民"不能单独成词,但能充当词根。实语素与虚语素相对。

实证效度 empirical validity　　参见"经验效度"。

实证性研究 empirical investigation　　亦称经验调查、经验主义调查研究。指语言学研究过程中采取在实地向语言使用人进行调查和收集语言资料并加以分析的研究方法。实证性研究作为一种研究范式,产生于培根的经验哲学和牛顿、伽利略的自然科学研究,倡导将自然科学实证的精神贯彻于社会现象研究之中,主张从经验入手,采用程序化、操作化和定量分析的手段,使社会现象的研究达到精细化和准确化的水平。实证性研究方法可以概括为通过对研究对象大量的观察、实验和调查,获取客观材料,从个别到一般,归纳出事物的本质属性和发展规律的一种研究方法。

实证主义　positivism　哲学术语,亦称实证哲学。指强调感觉经验、排斥形而上学传统、以"实际验证"为中心的哲学思想。广义而言,任何种类的哲学体系,只要求知于经验材料,拒绝、排斥先验或形而上学的思辨,都为实证主义。狭义而言,实证主义的代表人物有法国哲学家孔德(Isidore Marie Auguste François Xavier Comte,1798—1857)。他认为对现实之认识只有靠特定科学及对寻常事物的观察才能获得。

实质条件　material conditional　参见"实质蕴涵"。

实质蕴涵　material implication; material conditional　逻辑学术语,亦称实质条件或事实功能条件。指逻辑上表达一定条件的属性的术语。在命题逻辑中,实质蕴涵表达从真值到真值的事实功能;在述谓逻辑中,该术语可看作(或许复杂的)谓词之间的扩充的子集关系,用符号表示如下:

X → Y,
X > Y,或
X => Y

当 X 为真且 Y 为假时,命题为假,反之为真;当 X 和 Y 同时为真或同时为假时,命题皆为真。在这种形式的陈述中,第一项这里的 X,称为前件;第二项这里的 Y,称作后件。前件真实是后件真实的充分条件,而后件真实是前件真实的必要条件。实质蕴涵的意义在自然语言中归结为"如果……就……"这样一种条件句结构,其中条件和后果可用句子来填充。然而,这种结构也蕴含有在条件(protasis,即条件从句)和后果(apodosis,即归结子句)之间的合理关联中。因此,尽管出自矛盾的实质蕴涵可能为真,但是像在自然语言中"如果 H₂O 中含有氢原子,政府就将失去下次当选的机会"这样的命题就会被大多说话人理解为假,因为化学上的断言与对政治后果的预言被认为是无关的。因此,"如果 P,就 Q"在自然语言中意指"P 和 Q 有关联,如果 P 就 Q"。不过在自然语言中到底是一种什么样的关联还没有得到明确的定义。类似地,命题"如果(B)所有的单身汉都未婚,(C)真空里的光速就是稳定的"可为假,因为尽管"如果(B),就(C)"为真,但在(B)和(C)之间并没有明显的关联。再如命题"如果(S)苏格拉底是女人,(T)1 加 1 就等于 3"可能是假,原因与上相同。当条件从句与归结子句相关联时,语言学条件和逻辑条件的事实功能性一致;只有当实质条件为真,而其前因与后果之间被认为无关联时,两者之间的事实功能性才呈现明显区别。

食道音　oesophageal; esophageal　语音学术语。指在食道或食道以下部位发出的音或嗓音。当人们的喉部发生病变时,如果放射疗法不起作用,患者就得接受喉切除术,那些接受喉切除术的患者学习使用上咽部和食道来发出振动,形成沙哑的食道音。另外,他们也可以使用一种人工喉来提供振动,这种装置可以发出一种嗡嗡声,当他们在说话时将其置于颈部,可发出语音。

使动构式　caused motion construction　认知语言学术语。指戈德堡(Adele Goldberg)在发展构式语法理论过程中研究的一个动词论元(verb argument)构式。使动构式的句法结构为[主[动词物体倾斜物体]]([SUB [V_OBJ_OBL]]),其中"倾斜物体"是一个表示方向的介词短语(directional PP);语义结构为"X 导致 Y 运动到 Z"(X CAUSES Y TO MOVE Z),Z 是方向性介词短语表达的一个运动路径。例如:The wind blew the papers off the desk. 使动构式也显示出构式多义现象。

使役动词　factitive verb; causative verb　语法学术语,亦称致使动词。在传统的英语中使役动词是及物动词(transitive verb)中的一类,指本身含有使令或致使意义的词,如 make(使)、choose(选择)、elect(选举)、judge(判断)、name(命名)等。这类动词能够促使某种事物得以产生或某种情况得以出现,并可带两个补语。例如:[1] Make him notorious. [2] Elect him chairman. 使役动词必须是在主语(人或物)的作用下使动作或状态得以发生的动词,而不能是表示自然发生的动词。例如:[3] I ate an apple. [4] She killed a rabbit. [5] The rabbit died. 其中[3]和[4]中的 ate 和 killed 属于使役动词,而[5]中的 died 则不是。有些语言中,使役动词是由非使役动词加上词缀构成。例如,在马来语中"jatuh"表示"掉下"是非使役动词,加上词缀"men...kan"后变成"menjatuhkan"意思为"使……掉下",则是使役动词用法。

使役格　factitive case　格语法术语,亦称役格。指由动词行为所生产或创造出来的事物的格。在深层结构中表示动作或状态的结果,或表示动词的部分意义的成分。例如:[1] John made a paper boat. [2] That makes me angry. [3] John sailed the paper boat. 在例[1]和例[2]中,"paper boat"与"me"都是使役格;但在例[3]中,"paper boat"则不是使役格,因为在施加动作(sailed)之前,它已经存在,所以这个"paper boat"是宾格(objective case)。使役格在早期的格语法中有着特殊的地位,以其表示动词的动作结果的语义定位,与施事格、与格等对立。后期的格语法称其为结果格(result case 或 resultative case)。参见"结果格"。

使用频率 familiarity 参见"熟悉度"。

始点动词 ingressive verb; inchoative verb 参见"延续体"。

示波管 oscilloscope 语音学术语。指一种语音学实验仪器。可观察声波形状的阴极射线管,用来观察送气、语音成阻、鼻化等语音现象并加以测记。能与电子计算机联合使用。

示波器 oscillograph 语音学术语。指一种语音学实验仪器,亦称录波器。能显示频率和振幅,可产生表示声波的空气压力变化的图形。

示教实物 realia 参见"实物教具"。

示调仪 intonograph 语音学术语。指一种语音学实验仪器。能在感光材料上显示并记录说话时的嗓音基频和振幅变化,从而制出语调图的电声仪器。它以直观的视觉线条显示出发音音响特点,使语音分析自动便捷。

示意量表编列法 implicational scaling 语言习得术语。指通过暗示级别划分表/量表(scalogram)来显示变量之间关系的一种方法,用来表示英语或其他语言作为外语或第二语言学习者习得英语规则的顺序。例如,一组英语学习者可能先掌握定冠词的规则,然后才掌握不定冠词的规则,且可能这两个规则都掌握后才掌握复数名词的规则。可以调查该组学习者的口头或书面语言并将结果列表进行说明。符号+表示使用规则100%正确,符号×表示规则有时使用有时不用(不定用法)。

学生	名词复数	不定冠词	定冠词
C	×	×	×
A	×	×	+
D	×	+	+
F	+	+	+
E	+	+	+

(引自《朗文语言教学及应用语言教学词典》第218页)

表中任意一行中出现的+意味着右边的同一排或任何下一排的所有竖行也是+。通过这种方法从学习者C到学习者E进行分级,E为最优秀,因为该学习者能100%正确地使用所有规则。通过这种方法,示意量表可以说明外语和第二语言学习者及由克里奥耳语向标准语体过渡的学习者掌握语言规则的次序。

世界英语 world Englishes 教育语言学术语。指世界各地不同的英语变体,强调不同变体之间相同的成分。由克什米尔裔语言学家布拉吉·卡奇鲁(Braj Kachru, 1932—2016)于1992年提出。他认为英语的不同变体是英语国际化和本土化结合的产物,并用三个圈作为比方,把不同的英语区分为三类:(1)历史上以英语为母语的国家,如英国、美国、加拿大、澳大利亚、新西兰和爱尔兰等国所用的英语,称为"内圈"英语;(2)以英语为官方语言或官方语言之一的国家,如新加坡、印度、马来西亚、菲律宾、圭亚那等国所用的英语,成为"外圈"英语;(3)把英语作为外语的国家,如中国、日本、俄罗斯以及阿拉伯地区等一大批国家所用的英语,成为"发展圈"英语。"内圈"英语,尤其是英国英语和美国英语,为传统英语的基地,提供英语的规范。

世界语 Esperanto 亦称"国际普通话"或"万国新语"。指波兰籍犹太人柴门霍夫(Ludwik Lazarus Zamenhof, 1859—1917)于1887年在印欧语系的基础上创立、旨在消除国际交往障碍的一种国际辅助语言。Esperanto 的字面意思是"希望的语言",即希望这门人造语言能给世界各地不同国家的人们创造交流便利。世界语是一种人造语言,有28个音位,每个音位对应一个字母,语法规则16条,书写时采用拉丁字母的形式;其基本词汇的词根大部分取自印欧语系的拉丁语族,少量源自日耳曼语族和斯拉夫语族。1905年召开了第一次国际世界语大会,确定柴门霍夫所著的《世界语的基础》一书为世界语的准则,此后世界语逐渐成为功能健全、统一稳定的语言。1906年前后世界语传入中国,1951年3月11日在北京成立了中国世界语者的全国性学术团体——中华全国世界语协会。在1986年世界语诞生99周年之际,国际世界语大会在中国北京举行。由于简单易学,世界语问世后受到各国学者和语言爱好者的欢迎,被用来进行交往和文学创作,举办国际研讨会,翻译出版各种世界语译著。目前,世界语已经传播到120多个国家。根据美国国际语言暑期学院(SIL International)旗下的"民族语言网站(Ethnologue)"估算,全球范围内以世界语为母语的人大约有200—2000人,懂得世界语的人超过1000万,约有20万—200万人能够流利使用这种语言。

世俗体文字　demotic script　　参见"通俗体文字"。

似成体　apparitional aspect　　语法学术语。动词体的一种,表示动词的行为状态似乎存在或被执行。

势位　chereme　　参见"势系学"。

势系学　cherology　　指研究手势语的学科。势系学中的最小单位为"势位"(chereme)。

事件基本部分　grounding of events　　认知语言学术语。勒内·迪尔文(René Dirwen)和荷兰语言学家马尤琳·费斯波尔(Marjolijn Verspoor)于1998年的《语言与语言学之认识探索》一书中认为,事件(event)作为一个整体涉及处于不同层次的基本部分。如果把句子比喻成一个洋葱状的结构,那么事件就是该结构的核心,基本部分就是位于其周围的各个不同外层结构。句子的基本部分包括语气(mood)、情态(modality)、时态(tense)、完成体(perfective aspect)和进行体(progressive aspect)。从外到里,最外面一层代表言语行为(speech act),行使句子的交际功能;第二层代表有关事件描写的说话者态度(speaker attitude);第三层代表言语行为发生的时间(speech act time),决定时态的选择;第四层代表所描写的事件与言语行为时间或其他事件的关系的时间(event time),多用完成体表达;第五层涉及时间的内部推进,多用进行体表达。

事件结构　event structure　　认知语言学术语。指事件的起始、度量和界化(delimitation)等时间结构特性,在人们的认知结构和语言之间起着一种中介作用。

事件结构隐喻　event structure metaphor　认知语言学术语。指在话语的解释中经常相互作用的一系列隐喻。构成事件结构隐喻的单体隐喻包括:(1)状态是地点(states are locations)。例如:Tom is in sadness. (2)变化是运动(change is motion)。例如:The situation is getting from good to bad. (3)原因是力(causes are forces)。例如:His absence forced the chair to postpone the meeting. (4)目标是目的地(purposes are destinations)。例如:He has finally arrived at the end of the mission. (5)手段是路径(means are paths)。例如:His career finally succeeded via renovation. (6)事件是运动的物体(events are moving objects)。例如:Everything is going smoothly so far. (7)长期有目的的行动是旅程(long-term purposeful activities are journeys)。例如:The local government is running towards a clear direction. 以上的单体隐喻相互作用构成一个隐喻系统。任何一个具体层次隐喻(specific-level metaphor)都可以使用该隐喻系统,并显示出它们之间的继承关系(inheritance)。

事件类型　event type　　哲学家和语言学家根据动词所表达的事件特征对动词进行的分类,如状态、活动、完成和成就,以刻画出动词和其他句法成分之间的逻辑蕴涵关系和共存限制关系。

事实功能条件　truth functional conditional　参见"实质蕴涵"。

事实接受者　actual recipient　　语法学术语。指英语介宾结构中由介词 to 引出的宾语。例如:He sends an e-mail to his friend. 例句中介词宾语 his friend 就是 e-mail 的事实上的接受者。事实上的接受者在概念上与意图中的接受者(intended recipient)的概念相对应,后者是介词 for 引出的接受者。

事实名词　factive noun　　语法学术语。表示事实、命题、思想、回答、评论等概念的一类抽象名词,可以通过附加结构补充说明其内容,这类名词包括 reply(回答)、idea(主意)、fact(实事)、proposition(命题)、thought(思想)、remark(评论)、suggestion(建议)等。例如:the suggestion that the schedule be changed(改变计划的建议)

事实性理解　factual comprehension　　语言测试术语。在阅读测试中,能够在阅读材料中直接找出答案出处的理解题。这也称为字面意义理解,与要求考试者通过推理、分析找出答案的推断性理解(inferential comprehension)不同。

事实性知识　factual knowledge　参见"陈述性知识"。

饰面工作　face work　　语用学术语。指为了维护个人面子而采取的行为。高夫曼(Erving Goffman)认为,面子保全使人精神愉悦;面子丢失则使人情绪低落。保全面子不仅仅是社会参与者的责任过程,也是观众的过程。一些策略会帮助人们保全面子,如回避技巧、过度补偿和道歉等。

试题鉴别度　item discrimination　　语言测试术语,亦称试题区分度或项目分度。指测试中衡量试题反映受试者能力差异的程度,是该试题区分性能的量度。换言之,如果一道试题实际水平高的学生得分较高而实际水平差的学生得分较低,则该试题的区分度高。在题目分析中,单个题目的答案("题目")和考试的总分("总分")之间的题目总分点—双列相关经常被用来估计区分度。或者以公式 ID=IF$_{upper}$-if$_{lower}$ 来计算,其中 ID 代表单个题目的题目鉴别度。IF$_{upper}$ 是整个测试中上面的 1/3(或者33%)的题目难易度,if$_{lower}$ 是下面的 1/3(或 33%)的题目难易度。ID指数的值域是＋1到－1之间。在常模参考测试中，ID值低或者为负的题目需要修正，因为此类测试中，只有区分度高的试题才能准确比较考生之间的相互水平，达到选拔目的。尺度参照性考试要求对及格分数附近的考生有较高的区分度。

试题库　item bank; item pool　语言测试术语。根据一定的教育测量理论，在计算机系统中实现的某个学科题目的集合。换言之，可将大量试题及各种相关数据有序地存储在计算机内，并从中自动生成合乎要求的试卷。试题库的建设有助于提高考试的效度和信度。

试题难度　facility value; item facility　参见"易度值"。

试题区分度　item discrimination　参见"试题鉴别度"。

试题特征曲线　item characteristic curves　语言测试术语。把能力不同的受试者的得分点连接起来所构成的曲线。把各试题特征曲线加起来，便构成试卷特征曲线（test characteristic curve，简称TCC）。试题特征曲线也是一条试题得分对能力因素所作的回归线。通常试题特征曲线有三种不同的常用参数模型，即单、双和三参数模型。

视点转换　shift of perspective　翻译学术语。指翻译中选取不同的参照点或切入点，通过"表达角度的暗转"，达到语义的暗合，使译文自然、可读，更符合译入语习惯。视点有三个层次，即句子视点（perspective in sentential level）、超句视点（perspective in suprasentential level）和语篇视点（perspective in discourse level）。视点转换用于两种情况：(1)易导致误解；(2)不符合目的语的表达习惯。例如：[1] Think twice.（三思而行）　[2] Did I get your number right?（我没有弄错你的电话号码吧?）

视读法　sight method　语言教学术语，亦称词本位教学法（whole-word method）。指根据辨词和发音教授阅读的方法，通常用于教儿童读母语。此方法，儿童首先要学会以辨词为单位进行学习，而不是将词分解为字母名称或字母读音，然后加以拼合识读。

视角　perspective　认知语言学术语。焦点调整（focal adjustment）的三个参数之一，涉及观看场景的方式，不同的视角赋予场景参与者不同的相对凸显程度。例如：[1] 汽车撞了一个行人。[2] 一个行人被汽车撞了。在第一例中，第一焦点参与者，射体（trajector）是"汽车"，也是动作的施事语义角色；"行人"是第二焦点参与者，为界标（land-mark），是动作的受事语义角色。第二例刚好相反，界标"一个行人"现在变成了射体，射体"汽车"变成了界标。这两个例句就涉及视角的转换，导致参与者在侧画关系中（profiled relationship）的相对凸显程度（relative prominence）不同。兰艾克（Ronald Langacker）在《认知语法基础 I》中提出了焦点调整的三个参数，另外两个是选择（selection）和抽象（abstraction）。

视角系统　perspectival system　认知语言学术语。指泰尔米（Leonard Talmy）提出的概念结构系统方法中的四个图式系统之一。他认为语言表达式代表两个不同的概念分系统，概念结构系统（conceptual structuring system）和概念内容系统（conceptual content system）。概念结构系统为既定场景提供结构或"脚手架（scaffolding）"，有图式意义（schematic meaning），语码形式是封闭词类形式；而概念内容系统提供内容或"悬挂装饰物"（draped），有内容意义（content meaning），语码形式是开放词类形式。另外三个图式系统分别为构型系统（configurational system）、注意系统（attentional system）和力动态系统（force-dynamics system）。视角系统建立一个观测角度以观察场景和参与者。根据泰尔米的观点，图式系统又和图式范畴（schematic category）有关。视角系统与地点（location）、距离（distance）、方式（mode）以及方向（direction）四个图式范畴有关。

视觉词汇　sight vocabulary　语言教学术语。阅读者能够立即自动识别的词汇。学习者在阅读中看到这类词汇就能理解其词义，不需要任何辅助即可辨别与掌握其核心意义。这类词汇不包括在特定上下文中学习者已经学会的词或者从上下文语境中可以猜测词义的新词。原则上说，这种识别能力取决于学习者本身掌握词汇量的多少，词汇量越多，词汇自动识别能力就越强。认知科学研究发现大脑左侧梭状回中后部区域属于视觉词形加工区。

视觉感知　visual perception　参见"感知"。

视说法　look-and-say method　语言教学术语。指把词形和其所代表的事物联系起来进行阅读和口语教学（尤其是第一语言教学）的一种方法，有时也结合文字材料来教授外语。其具体操作与着眼于书面文字的整词教学法（whole-word method）相似。不过视说法适合用图画和实物进行教学，侧重于教授发音与词义乃至句义的识别。

视速仪　tachistoscope　参见"速示器"。

视听法　audio-visual method　语言教学的一种方法，亦称结构整体法。该方法于20世纪50年代产生于法国，来源于直接法和听说法，它是在听说法的基础上,利用视听结合手段而形成的一种教学法,强调在一定情境中听觉感知(录音)与视觉(图片影视)感知相结合。视听法的理论基础源于结构主义语言学、行为主义心理学及"言语交际过程是编码和译码传递信息的活动过程"这一现代心理学理论。视听法在教学中一般分为四个步骤,即感知、理解、练习和活用。其主要特征有以下五个方面:(1)语言和情景紧密结合。除重视听说外,还强调"看",即看画面或情景,学生一边看画面,一边练习听说,身临其境地学习外语,把看到的情景和听到的声音自然地联系起来,印象深刻。(2)重视口语教学,认为口语是教学的基础。(3)重视句型教学,强调通过情景操练句型,使学生掌握在一定场合常用的成套生活用语。(4)日常生活情景对话作为教学的中心。从日常生活情景需要出发,选择安排语言材料,比听说法更能符合学生言语交际的需要。(5)排除母语和文字作为中介,直接用外语进行释义和练习。

视听教具　audio-visual aids　语言教学术语。主要指用来辅导教学的视听工具和器械,包括黑板、图片、图表、抽认卡、法兰绒板、幻灯投影器,也包括教师或参与者的身势语言和教室环境等。另外,随着高科技发展,电影、电视、各类电脑以及互联网都可成为视听教具。

视听言语加工　audio-visual speech processing　心理语言学术语。指对听觉、视觉以及音视频的语音信息进行大脑皮层处理。美国认知科学家琳恩·伯恩斯坦(Lynne E. Bernstein)等学者认为,这一处理过程具有时间与空间上的分布规律。磁共振影像不足以解决其时间动态特征,为此他们提出了构建一个音视频语音信号处理电路的时空组织结构的假说,使用脑电描记法(EEG)记录事件相关电位(ERPs),证明刺激与音视频一致(/ba/)、与听觉不一致(/ba/)、与视觉(/ga/)、单纯听觉(/ba/)、单纯视觉(/ba/和/ga/)同时发生。事件相关电位数据的电流密度重建(CDRs)对间距为50－250ms的潜在因素进行了计算,电流密度重建实验证明在不同刺激条件下所呈现的复杂时空激活。假说电路包括由中间的高级时间股沟(STS)的音视频语音最初整合、顶内沟(IPS)补充和布罗卡区激活。该研究证明时空易感方法对于评估语音处理路径具有重要意义,尽管高级时间股沟一般被看作音视频语音处理的必要条件,而事实上既不是最早也不是最突显的激活点。

视停　fixation pause　语言教学术语,亦称注视停留。指(阅读时)眼球停止转动进行阅读所需的视觉输入的一段短暂时间。从一个视点飞快跳向另一个视点的过程称目光跳跃(saccade)。

是否问句　yes-or-no question　参见"一般疑问句"。

适切条件　felicity condition　语用学术语,亦称恰当条件或适宜条件。指言语行为要达到某一目的所必需满足的条件。适宜条件分为先决条件、真诚条件、本质条件。先决条件指实施某言语行为的人是否有资格或权力作这种行为。例如:[1] I promise the sun will set today. 此句不能成为真正的承诺,因为我们没有资格对不在我们控制之下的将来做出承诺。真诚条件指言语行为必须真诚,即说话人不说谎话。本质条件指说话人对某一言语行为言而有信,即在索取某物后必须接受该物。在分析间接请求时,应当确认的适切条件包括:说话人相信对方有能力满足自己的请求,存在充分的理由提出这一请求等。如果不满足这些条件,就不能有效地充当间接请求的言语行为。例如:[2] Will you operate on this patient? 明知对方不是医生而说[2],就是一个不适宜的请求。如果双方都意识到这种不适宜,就会对这句话作不同的理解(如理解为开玩笑、讽刺等)。这样的话段称作不适宜(infelicitous)话段。美国语言哲学家塞尔研究和继承了上述适切条件,并将其划分为四个基本范畴:命题内容条件(propositionalcontent condition)、预备条件(preparatory condition)、真诚条件(sincerity condition)和根本条件(essential condition)。

适应术　art of adaptation　指取最适当的词语、采取最有效的表达手段,将所说、所写的内容调整到最适合对方接受力的程度(以期达到预期的最佳理解状态,使内容顺利转化为行动或收到效果)。适应术是修辞学全部任务之所在,故被认为是修辞学之另一术语。

释义　paraphrase　❶在转换生成语法中,释义是描写语义关系的基本手段。两个语义相同,但转换形式不一样的句子,如果它们具有共同的深层结构,那么这两个句子构成释义关系。❷语言教学术语,亦称转述。指对一段文字的释义、意译,在教学中常用来作为变换措辞的手段。以英语为例,释义可分为四种:(1)结构(句法)释义;(2)词汇释义;(3)指代释义;(4)语用释义。例如:[1] I will give it to them tomorrow. [2] Tomorrow I'll give it to them. [3] Mary lives in New York. [4] Mary lives there. [5] It's cold in here. [6] Please close the window. 其中,例[1]、[2]即结构释义,例[3]、[4]为指代释义,例[5]、[6]为语用释义。用 unmarried man 解释 bachelor,则是词汇释义。

释意派理论　interpréter pour traduire; theory of interpretational school　翻译学术语,亦

称达意论或释意理论。即交际与释意理论，与语言学派翻译理论相对，由曾经长期担任巴黎高等翻译学校校长的丹尼卡·塞莱丝柯维奇（Danica Seleskovitch）于20世纪60年代后期创立。该学派强调译者的创造性，主张译者在口译或笔译过程中对原文进行解释并用目的语将这一解释再现。该理论的研究围绕着"意义"展开，提出理解原文、脱离源语语言外壳、用另一种语言表达理解了的内容这一翻译程序模式。因此该理论认为：首先，翻译的对象不是语言，而是借助语言表达的意义，因为不同语言社团的交往目的是相互交换思想、进行合作，而若要做到达意，译者应有足够的语言知识、主题知识、百科知识等；其次，翻译的任务是转达交际意义，而语言只是传达意义不可缺少的条件之一，译者的认知补充是意义产生的前提条件；第三，翻译的过程分为理解、脱离原语语言外壳（即理解源语并用目标语表达相关认知和情感意义，超越语言符号）和重新表达三步，认为翻译是解释性的，并不苛求两种语言符号的对等。释意派理论还严格区分语言与话语的相对独立作用和相互关系，区分翻译过程中的已知内容和未知内容之间的关系。释意派的观点与话语分析或语言学论点相距甚远，反对过分夸大语言学本身在翻译学中的作用。

收敛 convergence 句法学术语。乔姆斯基的最简方案理论中的一种语言结构派生过程，指带有标记特征的词汇项在经历推导运算之后所得到的语音表达式（PF）和逻辑表达式（LF）分别到达"发音—知觉"（A－P）和"概念—意图"（C－I）接口，并得到完全解释。这一过程得以实现，即称为收敛，意味着推导成功。任何一个表达式若无法在相应接口被解释，都会导致推导失败，即称为崩溃（crash）。参见"计算系统"。

手势 gesture 非言语交际术语，是副语言学（paralinguistics）主要成分之一，属于身势学（kinesics）。指用来进行交际的面部表情或身体动作形式。例如，点头表示同意，摇头表示拒绝，挥手表示再见，拥抱表示亲密，等等。手势语有时和话语一起使用，可进一步说明或增加所表达的意义。

手势构型 hand configuration 手语的一个构成部分。部分手势语的音系模型用来指一个由手势形状和方向表示的独立音层。美国手语（American Sign Language）中有19种基本手型符号。

手势型用法 gestural usage 语用学术语。指示词语（deixis item）的两种用法之一，一般与点头、用手指点、使眼色等身势语以及其他副语言特征（paralinguistic features）一起使用。要理解指示语的手势型用法，必须知道说话者在当时的语境中具体使用了什么副语言特征。例如："我碰碎花瓶了，就这只。"说话者在说这只时，要有用手指的动作。指示词语另一种是象征型用法（symbolic usage）。

手势语最小单位 kineme 为与音位（phoneme）进行类比而创造出来的一个术语，表示语言或非语言交际时眉毛上扬或耸肩膀之类姿态动作的最小单位。手势语最小单位表述（kine）即指由连续的语流或非语言交际中抽象出来的手势语最小单位的表述。

手势语最小单位表述 kine 参见"手势语最小单位"。

手语 sign language 指利用手的各种动作以及身体的其他部位动作进行思想交流的非言语符号体系，主要为聋哑人以及与聋哑人交谈的其他人使用的一种有形交际手段。世界现已创建了多种不同的符号语言：美国手语（Ameslan）、英国手语（Brislan）、丹麦手语（Danslan）、法国手语（Freslan）等，其中美国手语最为知名。与有声语言不同，手语只限于视觉渠道，手语有本身的语法体系，并非单纯地将有声语言用符号"拼写"出来。手语所用的视像—手势交际单位为"符号"，一般由三部分组成：(1)符号位置（胸前、眼下等）；(2)手指的组合式（张开、握拳等）；(3)手的动作方向（朝向说话人或听话人等）。

首词脱落 aphesis 参见"首音脱落"。

首行缩进 indentation 在印刷和书写的版面编排中开头往往留空两个以上字符的空间，尤其常见于一个段落另起一行时。诗歌以及引文通常会采用缩进以便与上下文区分。

首流音 initial glide 参见"入流音"。

首尾重复 epanalepsis 修辞学术语，亦称语句间隔反复。指在句末重复句首的相同或同义的词或结构来强调的修辞手段。例如：[1] Never trouble trouble till trouble troubles you. [2] Violence begets more violence. 例[1]，[2]中的首尾均是强调部分，首尾重复的手段能引起读者的注意。

首位 initial 出现在语言单位的首部，如词首、从句首，特别用于音系学。例如，位于词首的一组辅音，如英语单词 spring 的 /spr/，是词首辅音丛；the 出现在 the big house 的首位。其他位置称为中间位和尾位。出现在这个位置的其他语言特征有时也用"首"称之，如"首重音"（指词的第一个音节重读）。

首位宾语 primary object; PO 语法学术语。一般指与双宾语从句中的直接宾语即次位宾语

(secondary object;SO)相对的宾语。PO 和 SO 的对立现象在不少语言中很普遍，如斯瓦希里语(Swahili)，奥吉布瓦语(Ojibwa)等。首位宾语有效地控制动词一致关系以及动词的被动化过程。

首音互换　spoonerism　参见"斯本内现象"。

首音脱落　aphesis　音系学术语。指在话语表达过程中省略第一个词或词首非重读元音的现象，省略的首词或首音可以是一个。在语音脱落现象中表现为诸如 knee 和 knife 单词中的/k/音的消失，由 alone 变成 lone 的弱化，把 about 读作/ˈbaʊt/等；在短语或句子中，起首的词汇脱落则表现为把"Good morning"和"Good bye"分别说成 Morning 和 Bye 等。

首音最大原则　Maximal Onset Principle　参见"最大节首辅音原则"。

首语重复　anaphora　修辞学术语。指把某一个音、词、词组或第一个句法结构在连续几个句子或几行诗句的句首重复出现。首语重复在诗歌、演讲、辩论和布道等题材中用于加强语气，增强效果。例如：[1] Must we but weep o'er days more blest? Must we but blush?　[2] We are fighting for the rights of the little man … We are fighting, as we have always fought, for the weak as well as the strong. We are fighting for great and good causes …

首重音　initial stress　音系学术语。指重音落在词的第一个音节上，如英语单词 study、diligent 等。

首字母缩略词　initialism; acronym　形态学术语，亦称首字母缩拼词。指用词组中各词的首字母组成的缩略词，如"Unidentified Flying Object→UFO""British Broadcasting Corporation→BBC"。首字母缩略词一般按字母的顺序读出，而 acronym(例如 NATO)一般按音节发音。也有一些形态学家把首字母缩拼词(acronym)视为首字母缩略词的一种。与首字母缩拼词一样，首字母缩略词可以带词缀，如 pro-BBC、ex-IBMer。起初首字母缩略词的书写要求每个字母后面都带小圆点，如 B.B.C.，但是现在不带圆点的书写方式越来越多地出现在数据处理、军事以及商业、广告和出版界。此外，大多数首字母缩略词都要求大写，但也有少数例外的情况，如 i.t.a./ita (initial teaching alphabet)。

首字母脱落　apheresis; aphaeresis　历史语言学术语，亦称首音脱落。指一个词词首的一个或多个音或字母的脱落，常常导致一些截短词(clipped words)的产生。例如：nadder → adder，esquire → squire，amid → mid，aeroplane → plane，telephone → phone，等。首字母脱落与尾音或尾词脱落

(apocope)和央音或央字母脱落(syncope)相对应。

受词异相标记　differential object marking; DOM　句法学术语。指一些语言的宾语带有不同类属标记的现象。世界上有 300 余种语言存在受词异相标记现象，德国语言学家格奥尔格·玻松(Georg Bossong)在 20 世纪 80 年代中后期首先撰写专文加以论述(Bossong 1985，1988)。带有受词异相标记的语言中，直接宾语往往根据其含义而划分为两个子类，一般只有一个种类有标记，另一个不带标记；有些语言(如芬兰语)中宾语的两个子类会带上不同的标记。西班牙语是典型的带有受词异相标记的语言，其中，指称特定事物或指人的名词需要带有前置词 a(有"向着……"之义)，而非有生名词一般不使用该标记。例如：

[1] a. Juan besó a Justina.
　　 胡安 亲吻 向着 茹斯蒂娜
　　 "胡安亲吻茹斯蒂娜。"
　b. Juan besó el retrato
　　 胡安 亲吻 那(幅) 画
　　 "胡安亲吻那幅画。"

例[1a]中人名 Justina 前面有前置词 a 标记，而例[1b]中的"el retrato"是非有生名词，其前不加前置词 a。另有语言学家认为，附着重叠(clitic-doubling)也是受词异相标记的一种。参见"附着重叠"。

受定成分　determinatum　语法学术语。复合词中被限定成分修饰的基础词，如 bootlace 中的 lace。

受格　object case; objective case　语法学术语。指表示与动词发出的动作有着中性关系的人或物的名词或名词短语。受格形式的名词或名词短语既不是动作的执行者，也不是实现动作的工具。例如：[1] They cut the beef with a knife. [2] The beef cut easily. [3] The beef was thick. 上述例句中，"the beef"是受格，它既不像"they"是施事，也不像"a knife"是工具。受格的概念与传统上的宾语(object)这一概念有联系，但并非所有呈受格形式的词都是宾语。同样，并非所有宾语都是受格。例如：[4] Terry built the cabin. [5] Terry repaired the cabin. 在例[4]中，宾语"the cabin"是使成格(factitive case)或称结果格(result/resultative case)，因为小木屋原来不存在；而在句[5]中，"the cabin"是受格，因为小木屋原来就存在，现在被翻修了。

受格语言　accusative language　语言类型学术语。指根据语言关系类型研究所确定的语言类型之一。在该类型的语言中，及物动词的直接宾语成分通常在形态上有别于及物动词或不及物动词的主

语成分。如果语言的名词或名词性短语存在形态格,那么宾语成分则实现为宾格,而主语实现为主格;如果语言的名词或名词性短语不存在形态上的格标记,那么主语和宾语的区别就要借助于语序。例如,在英语中,主语位于动词之前而宾语位于动词之后。

受话人　addressee　语用学术语。指言语会话或交际中处于被动接收信息的一方,与发话人的概念相对立。在会话中,受话人指听话的人;在书面交际中,受话人则指读者。

受话者设计　recipient design　语用学术语。指说话者充分考虑受话者的期望,努力调整自身,选择恰当的言语行为和非言语行为,以积极互动地建构话轮。

受话者制约敬语　addressee-controlled honorifics　参见"所指制约敬语"。

受惠体　accommodative aspect　参见"受益体"。

受教英语　education English　社会语言学术语。指至少受到过中等教育的英语本族语者说的或写的规范化或接近规范化的英语。有时也用做"标准英语"(Standard English)的同义词。从社会语言学的角度,可以把英语的使用划分为三个层次:最高一层是受教育者使用的英语或说标准英语,底层是未受教育者使用的英语,居于两者之间的是门肯(Henry Mencken)所谓的"日常用语"(vernacular)。

受控处理　controlled processing　❶认知心理学术语。指执行任务时需要集中精力和注意力,有意识地处理和执行一项任务的现象。受控处理往往需要短时记忆的帮助,如见习驾驶员开车时可能会使用受控处理,在驾驶过程中有意识地思考如何做出决定并采取行动。❷语言习得术语。指在语言学习研究中受控处理和自动处理的区别已被用来解释语言学习者不同场合的不同表现。一般认为,在使用受控处理时,如在公共场合面对观众说话,语法错误相对会多些。这是因为听众分散了说话者的注意力,使得说话者更多地使用受控处理,以致说话者的精确性和流利性都受到了干扰。

受事　patient　亦称受动者。在语义学中,指动词行为接受者的语义角色,可缩写为 P,与施事(agent)相对。在主格语言(如英语)中,受事一般表现为直接宾语。例如:The boy ate the apple. 其中的 the boy 为施事,the apple 为受事。在格语法中,受事是深层格之一。在管约论(GB Theory)中,受事是可以被识别的题元角色(theta roles)之一。

受事宾语　affected object　指受到句中动词动作影响的直接宾语,该类宾语所指的实体在动词动作发生前已经存在,动词动作只对它的存在状态产生影响。例如:[1] He ate a sandwich. [2] He opened the door. 其中,"a sandwich"和"the door"都是受事宾语,它们在动词动作发生前已经存在,动词动作所影响的是它们的存在状态。在语法研究中,受事宾语的概念与结果宾语相对应,结果宾语的存在是动词动作的结果。例如:[3] She wrote a letter. 句中的"a letter"为结果宾语,在动词动作发生之前,其所指是不存在的。

受事参与者　affected participant　语法学术语。指在句子中受到动词动作影响的动作参与者,可以在句中充当主语、直接宾语或间接宾语等成分。例如,"The door opened."中包含的是受事参与者为主语,"He cleaned the house."中的受事参与者为宾语,而"I bought her a new dress."中的受事参与者则为间接宾语。

受事间接宾语　affected indirect object　语法学术语。指受到句中动词动作影响的间接宾语。该类宾语所指的实体在动词动作发生前已经存在,动词动作的发生对它的存在状态产生一定影响。例如:I bought her a new dress. 句中间接宾语"her"在动词动作发生前已经存在,动词动作发生后,对"her"产生了一定的影响,结果是作为间接宾语的"her"得到了一套新衣服,存在状态发生了一定的改变。

受事主语　affected subject　语法学术语。指受到句中动词动作影响的主语。该类主语所指的实体在动词动作发生前已经存在,动词动作的发生对它的存在状态产生一定影响。例如:[1] 门打开了。[2] 花儿谢了。 其中,"门"和"花儿"均为主语,它们在动词动作发生前已经存在,动词动作所影响的是它们存在的状态。

受限语言　restricted language　参见"限制性语言"。

受益格　benefactive case　❶语法学术语。用于语法描述,一种格的形式或结构,其在句中的作用是表示"为了……"或"为了……的利益"的概念。❷格语法术语。指示受益于或意为受益于动词动作的人和动物的名词或名词短语为受益格。例如:[1] Mary made a cake for *the children*. [2] Mary made *the children* a cake. 两句中的"the children"均为受益格。

受益体　benefactive aspect　语义学术语。表示动词的行为或状态是某一其他人的利益实行或存在的动词的体,即某人从由谓语指定的某一事件受益。例如,"我给你买了一本书"中的"你"就是受益体。

受益者 beneficiary; receiver 语法学术语。指由动词所表达的行为受益的语义或主题关系。例如：He brought a coat for *her*. 其中的"her"为受益者。受益者有时也称为受话人，其行为表现为一系列的"意外发生"过程，此人可能无法控制自身环境。例如：He pulled *her* forward.

受众 audience 参见"听众"。

受阻音节 checked syllable 音系学术语。指由一个或更多辅音结尾的音节，如 cut、bat、accent、scholarship 等，其中的元音发音短促而响亮。受阻音节亦称为闭音节（closed syllable）。

受阻元音 checked vowel 语音学、音系学术语。指受阻音节中所出现的元音，如"fat man"两个词中的 a 所发短促、响亮的音。

书本词 book word 参见"书面词"。

书法 calligraphy 指语言符号的一种书写形式，强调形体的视觉美感。广义上的书法指语言符号的书写法则，即根据语言文字的特点及含义，按照其书体笔法、结构与章法进行书写，使之成为富有视觉美感的艺术作品。中国当代书法被定义为"一种以和谐且富有表现力、体现熟练技法的方式来表达语言符号的艺术"。现当代中国书法所涉范围颇广，从具有较强实用性的手工铭文和手工设计到富含抽象艺术表现力的书法作品。

书法障碍 handwriting disorder 参见"书写障碍"。

书洪 book flood 语言教学术语。特别是在英语作为第二语言的环境下发展阅读技巧的一种方法。学生通过接触大量的非常有趣的阅读材料书（即书的"洪水"），也就是一种泛读方案来提高阅读技巧。

书面文化 literary culture 参见"口头文化"。

书面语 written language 指人们在书写和阅读文章时所使用的语言，是语言交际方式之一。与口语（spoken language）相对，在口语的基础上发展来的，是口语的记录形式。出现在文字产生之后，而且世界大多数语言没有书面文字。相对于口语而言，书面语是人们在文本上交流所使用的语言，有其内在的稳定性，发展相对缓慢，创新、变化的成分较少，可以反复调整、修饰、造句比口语细致周密，多有不常见于口语的书面语词和较复杂的句式，句子结构中简化、省略、移位等情况比口语少；而口语是听和说的语言，讲求效率，用词范围相对较窄，句子比较短，结构比较简单，有重复、脱节、颠倒等现象，还会出现赘言与失误。另外尽管各地方言口语迥异，但却可以使用相同的书面语言，但书面语表达不出重音与语调。长期以来，语言学家单方面强调书面语的重要性，认为口语不够稳定和完善，书面语才配享有权威地位。然而，有一段时间，特别是 20 世纪上半叶，语言学家又转向另一极端，强调口语的重要性，认为口语存在历史远远超过书面语。近年来，语言学家认识到书面语和口语同等重要，各有千秋，有着不同特征，用于不同的目的。

书写词 graphic word 语料库语言学术语。指语料库中由前后空格所分隔的连续字母串，与语音、动画等相对。英语书写词还包含连字符（hyphen）"-"和省字符（apostrophe）"'"。

书写体系 writing system 参见"书写系统"。

书写系统 writing system 亦称书写体系或文字系统。指用于记录有声语言的符号系统，即文字。世界语言的文字系统共有四十余种，可区分为表形文字（hieroglyph）、表意文字（ideogram）和表音文字（phonogram）三类。人类早期的书写系统主要是象形和表意。表形文字包括埃及象形文字、苏美尔楔形文字初期、汉字早期形式等；表意文字（logographic），有时也称意音文字（logosyllabic），包括汉字、西夏文、女真文、契丹文、楔形文字等。表音文字是当前种类最多、使用范围最广的文字。美国语言类型学家丹尼尔斯（Peter T. Daniels）指出，表音文字可细分为四类：（1）整体音节文字（syllabic），如日文假名、彝文等；（2）半音素化音节文字（abugida，即元音附标文字），以婆罗米文字为主要代表，包括天城文、泰文、高棉文、藏文等；（3）半音素化音节文字（abjad，即辅音音素文字），如阿拉伯文、希伯来文等；（4）音素文字（alphabetic），有拉丁字母、西里尔字母、亚美尼亚文、格鲁吉亚文、蒙古文等。我国西南地区少数民族纳西族所使用的东巴文，是一种表意和表音成分兼备的图画象形文字，其形态比甲骨文更原始，属于文字起源的早期形态，但具有完整记录典藏的功能。

世界文字类型简表

类型	单个符号代表	举例
语素文字	语素/词素	汉字
音节文字	音节（莫拉）	日语假名
字母文字	音位/音素（元音或辅音）	拉丁文
元音附标文字	音位/音素（元音＋辅音）	天城文
辅音音素文字	音位/音素（辅音）	阿拉伯文
特征文字	语音特征	朝鲜谚文

文字是对言语交流一种约定俗成的可视呈现。在一定的历史时期，随着语言社会功能的发展，人类需要克服有声语言最初口耳相传、一发即逝的时空限制，因而产生了文字。其中，表形文字产生最早，表音文字产生最晚。文字是语言交际的主要辅助手段，对有声语言来说是第二性的。文字产生后，对社会和语言都形成了积极的推动作用；人类进入文明时期的标志，如划分史前期和有史期，通常都以文字为界标。

文字系统始终与至少一种口头语言相关联，因而有别于其他用于沟通的符号体系。描图、绘画、地图轮廓线、性别标识符本身均非语言，但通过长期与语言元素一起使用，其中一些符号发生演变并成为语言的一部分。文字系统的共同特征是：(1)至少有一套获得定义的基本元素或符号（即字位或字素），单独可称作符号，组合起来则成为文本；(2)至少有一套整个言语社团所共知或共享的拼读或书写规则，赋予字位意义，规范其排列次序和相互关系；(3)至少有一种口头语言，其构式可予以表征，并通过上述元素和规则加以解读和重构；(4)可通过物理手段对这些符号加以呈现，并应用于永久或半永久媒介，以可视或可触方式解读。

书写学　graphonomy　参见"字法学"。

书写障碍　dysgraphia；agraphia　病理语言学术语，亦称书法障碍（handwriting disorder）。指学龄儿童在书写可辨性上存在严重缺陷的症状。书写障碍分为三类：(1)动作型书写障碍，即由于动作缺陷导致的书写障碍；(2)阅读困难型书写障碍，即由于语言缺陷引起的书写障碍；(3)空间型书写障碍，即由于视空间知觉缺陷导致的书写障碍。研究表明，空间书写障碍的发生机制主要在图解动作模式水平，跟异形字水平关系不大，但是汉语空间书写障碍的发生机制除了图解动作模式外，似乎还与异形字系统有关。

枢轴词　pivot words　语法学术语。指附在开放词类词上面，而且只能和开放式词类连用的语法类别词。参见"枢轴语法"。

枢轴语法　pivot grammar　亦称支点语法。由布雷纳（Martin Braine）等人提出的一种研究儿童语言结构分布的语法，是关于第一语言学习过程中语法发展的一种理论。这种分析不考虑语言表达的含义。它把频繁使用但数量有限的一种词类（即枢轴词，如 on、off、more 等）与开放词类（如名词、动词等）区分开来。与开放词类相比，枢轴词数量有限，在句中的位置受一定的制约，只能和开放式词类连用。例如，在两个词组成的表达里，它只能占据第一或第二的位置，但不能组合连接或单独出现。在儿童早期的母语学习中，他们学的就是这两类词如何结合，从而生成"more juice""socks off"之类的话语规则。

输出策略　production strategy　语言习得术语。指使一个人花最小努力且能有效使用语言系统的语言学习策略。输出策略包括简化（simplification）、语篇策划（discourse planning）、复述（rehearsal）等。其中简化主要指因二语学习者使用比目标语更为简单的语法或句法规则而在语言输出中产生的现象。例如，母语为汉语的英语学习者在使用动词过去式时只使用单一规则即"动词＋ed"，而注意不到英语动词过去式的不规则变化从而导致诸如"breaked"或"standed"等不正确的语言输出现象。复述是指学习者在记忆过程中，通过对目标信息的不断重复而强化记忆的心理过程。学习者可根据输入信息进行口头复述或书面复述。

输出假设　Output Hypothesis　语言习得术语。指20世纪80年代中期梅里尔·斯温（Merryl Swain）针对克拉申（Stephen Krashen）提出的语言输入假设中的不足而提出的假设。她认为语言输入是必要的，但并不是实现语言习得的充分条件；要使学习者达到较高的外语水平，仅靠可理解输入是不够的，还需要可理解输出；学生需要充分利用现有语言资源，对将要输出的语言进行思考，使它更恰当、更准确、更容易理解，只有这样语言学习才能从语义加工过程过渡到句法加工过程。通过产出语言，学习者有可能在没有掌握目标语的形态句法的情况下理解二语输入的意思，但为了参与到语篇中去，学习者必须使自己的输出合乎语法，而会话者的反馈为学习者提供了修正输出的机会。斯旺认为输出假设对语言习得有三大功能，即注意功能、检测假设功能和元语言功能。可理解输出能够促进二语习得，因为输出中的语言问题使学习者对相关的输入予以注意，寻求恰当的语言表达；学习者也可以把输出作为尝试新的语言形式与结构的方法；同时，在学习者反思其目标语用法时，输出起元语言作用，输出使他们控制和内化语言知识。输出假设的三大功能对语言习得的作用主要体现在：(1)多说和多写目的语有利于培养学习者语言运用的流利性和自动性；(2)语言输出迫使学习者从语义加工过程转移到句法加工过程；(3)说、写目的语能让学习者检测自己对目的语学习所做出的假设；(4)语言输出能获得相应的反馈。

输入处理　input processing　语言习得术语。指大脑在形成语言系统过程中对语料的处理。输入是第二语言习得理论中的一个重要概念。不同的流派对输入处理的观点不尽相同。联结主义（connectionism)认为,人类没有内在的知识系统,人脑和计算机类似,对输入的语料信息进行加工和记录,逐渐形成和语料相匹配的语言系统。但是普遍语法(universal grammar)则认为,语料和普遍语法共同作用,才能够形成语言系统,即语言能力。

输入假说　input hypothesis　语言习得术语。指美国语言学家克拉申(Stephen Krashen)在20世纪80年代初提出的第二语言习得"监控模式理论"所包含的五大假说之一(另外四个假说为"习得与学得假说""自然顺序假说""监控假说"和"情感过滤假说")。"语言输入假说"被认为是语言习得理论的核心部分,它回答了语言学习中的一个关键问题,即怎样习得语言(尤其是外语);语言学习或习得中单纯主张语言输入是不够的,只有当习得者接触到"可理解的语言输入"(comprehensive input),即略高于其现有语言技能水平的第二语言输入,同时又能把注意力集中在对意义或对信息的理解而不是对形式的理解时,才能产生习得。"可理解输入"是语言习得的必要条件。所谓"可理解输入",是指学习者听到或读到的可以理解的语言材料,其难度应稍高于学习者已掌握的语言知识。克拉申把学习者当前的语言知识状态定义为"i",把语言发展的下一阶段定义为"i+1"。这里的"1"就是既有的语言知识与下一阶段语言知识之间的距离。只有当学习者接触到属于"i+1"水平的语言材料,才能对学习者的语言发展产生积极的作用。克拉申认为,理想的输入应具备若干特点,包括:(1)可理解性(comprehensibility)。理解输入的语言材料是语言习得的必要条件,不可理解的(incomprehensible)输入对于习得者而言是无意义的。(2)有趣且相关(interesting and relevant)。要使语言输入对语言的习得有利,必须对它的意义进行加工,输入的语言材料越有趣、越关联,学习者就会在不知不觉中习得语言。(3)非语法程序安排(not grammatically sequenced)。语言习得关键是足量的可理解的输入。如果目的是"习得"而不是"学得",按语法程序安排的教学既不必要,也不可取。(4)足够的输入量(i+1)。习得新的语言结构需要连续不断的、有内容有趣味的广泛阅读和大量的会话才能奏效。克拉申还强调,语言使用能力如口语,不是教出来的,而是随着时间的推移通过接触大量的可理解语料之后自然获得的,并且语法也可以通过同样的方式获得。可理解语言输入是习得语言的关键,教师的最大职责就是让学生接受尽可能多的可理解的语料。

输入空间　input space　认知语言学术语。与概念合成理论(Conceptual Blending Theory)有关,指概念整合网络所包含的两个或更多心理空间,它们的结构向合成空间(blend space)投射。每一个输入空间都是一个心理空间,位于心理空间理论(Mental Spaces Theory)所提出的相关结构之中,如局部话语语境,长时记忆中的图式,以及不断形成的相互联系的心理空间。

输入强化　input enhancement　语言习得术语。指一种辅助学生发展其语言系统内形式特征的教学方式。由史密斯(Michael Sharwood Smith)提出。输入强化强调在使学生保持对语义注意的同时,也借助外部手段使学生同时注意到语言的形式特征。强化的方式有积极输入强化(positive input enhancement)和消极输入强化(negative input enhancement)两种。前者采用一些方式使学生更加留意输入语料的语法形式特征。例如,讲话时提高声音,书写时下画线或者加粗字体;后者利用反馈,引导学生注意错误的形式,以提醒其违反了哪些语法规则。

熟称　familiar form　社会语言学术语,亦称熟称。表示关系密切的交谈者之间彼此称呼时所用的词汇和语法形式,用以表示含蓄、熟悉、亲昵和亲属关系。一般情况下,家庭成员间、夫妻或情侣之间使用亲密词,一般关系可以称呼"教名"(Christian name)表示友好关系,如Justin、Jimmy。而如果用头衔和姓进行称呼,如"Mr. Robinson""Dr. Tyson"等,则表示礼貌的正式称呼。对陌生人也有套近乎的称呼,如英国称呼汽车女售票员dear、duck、love,称呼女汽车司机 mate jock 等,但这类称呼通常不是受教育者的用法。有时也表现为不敬或轻蔑的动词、代词及其他一些词类的形式。与敬语形式相对立。法语和德语中都有第二人称代词的熟称 tu 和 du,与敬语形式 vous 和 Sie 相对。一些语言(如日语)中说话人之间关系的表达系统发展得更充分,更明显地表现在语法层平面上,用不同的词汇和语法形式表示不同程度的礼貌。参见"**敬语**"。

熟悉度　familiarity　亦称使用频率。指一个语言项的使用频率或被熟知的程度。熟悉度可以通过调查方法获得。词项的熟悉度不仅可用于有关学习及记忆的研究,也可作为语言教学中词汇选择的依据。

熟语学　phraseology　参见"**习语学**"。

属格　genitive case　亦称所有格(possessive)。指名词或名词短语与同一个句子中的另外一个名词或名词短语之间的所属关系。例如,德语"das Buch des Schülers"(学生的书)中的 *des Schülers* 是所有格;英语"my father's motorcycle"中 my father's 是所有格。在较早期的语法中,诸如"the cover of the book"之类的"of"结构也被看作所有格。参见"**所有格**"。

属格符号's apostrophe　参见"**所有格符号's**"。

属格关系从句 genitive relative clause　名词短语可及性层级(noun phrase accessibility hierarchy)中所包含的一种关系从句(relative clauses)。根据"名词短语可及性层级"的观点，所有的语言都有某种类型的关系从句。关系从句包括主语关系从句(subject relative clause)、宾语关系从句(object relative clause)、间接宾语关系从句(indirect object relative clause)、介词宾语关系从句(object of preposition relative clause)、属格关系从句(genitive relative clause)和比较关系从句(comparative relative clause)六种。其中属格关系从句指从句和其先行词之间是领属关系的一类句子。例如：[1] I know the teacher *whose tape recorder the mechanic fixed*. [2] This is the girl *whose mother is a film star*.

属性 attribute　❶语音学术语。原为听觉感知的术语，用来指凭感觉可区分的语音特性，如音高、音响、音色等属性。❷功能语法术语。指涉及关系过程(relational process)的修饰型类型，除载体(carrier)外的另一个参与者。❸语法学术语。指名词短语中修饰名词核心词的词或短语。可能是形容词、名词、动词或数词等，如"*a beautiful* vase"中的"*beautiful*"。

属性句 ascriptive sentence　句法学术语。动词后成分表征动词前成分属性的句子。例如：The cat is angry。属性句和类似的等式句(equational sentence)不同，不能逆转。例如，"*angry is the cat*"就不符合句法规范。

属性同位语 attributive appositive　语法学术语。表示中心语的性质或特征的同位语，其位置通常在中心语之后，起补充说明中心语的作用。例如：Liani had driven to Pacific Palisades, *a lovely community near downtown Los Angeles where cliffs fall abruptly into the sea*. 其中斜体部分就是中心语"Pacific Palisades"(宝马山花园)的属性同位语，其作用是对中心语进行补充说明。

属性形容词 attributive adjective　参见"**修饰性形容词**"。

属有复合词 possessive compound　语法学术语。指其中一个组成成分表示另一个成分的性质的复合词，如 Walkman(随身听)。

术语 term; terminology　❶指用于某一学科或专题的特定词项，如"时态""体""X 阶标"等。❷指专业领域中具有专门意义的词语。例如，love 在网球比赛中专指零分，而不再具有"爱"的意义。参见"**行话**"。

术语词典学 terminography　是研究有关术语词典的设计、编纂、使用以及演进等活动的一门分支学科。术语词典学与我们通常更习惯说的专业词典学或专科词典学是一个意思。但从严格意义上说，术语与专业词汇应该是有区别的两个概念。简单说来，专业词汇比术语的范围要广，术语是专业词汇中最核心，也是最重要的组成部分。术语词典学的内容框架与一般词典学有相仿之处。比如，它也研究术语词典的宏观结构与微观结构、术语词典的分类原则、术语的释义等。

术语汇编 glossary　参见"**注释词表**"。

术语命名法 nomenclature　指运用术语对特定形态类别的各种或各组机体进行命名的一套系统化的相关原则、程序和规则。术语命名法的一般原则是，对自然界物体命名时要简单、明了、正规、稳定，能为国际受众所认同和接受。不同的学科领域因此形成了各自的正规专门术语体系。例如，瑞典植物学家林奈(Carl von Linné)在其 1768 年的《自然系统》一书中正式提出科学的生物命名法——双名法(binomial nomenclature, binominal nomenclature 或 binary nomenclature)。按照双名法，每个物种的学名由两个拉丁词或拉丁化形式的词构成，其中第一个词为属名，第二个词为种加词。属名一般用名词单数第一格，种加词一般用形容词，并要求与属名的性、数、格一致。书写时采用斜体，属名的第一个字母必须大写，种加词全为小写。此外，还要求在种加词后写上命名人的姓名或姓氏缩写，第一个字母也要大写；如果命名人有两个，则在两个人的姓氏之间加"et"。如果加"ex"，则表示前者是命名人，后者是著文公开发表这一个种的人。基于林奈的双名法和等级分类系统形成的国际动物命名法规、国际植物命名法规和国际细菌命名法规共同构成了生物分类命名的规则，而国际病毒命名和分类法则不属于这一系统。参见"**专门术语**"。

术语学 terminology　研究各专业领域中术语的结构、形成、作用、发展、用法和管理的学科。术语学产生于 20 世纪 30 年代。20 世纪 60 年代后，在国际上越来越倾向于把它视为一门独立的综合性学科，它与许多相关学科如语言学、逻辑学、认识论、系统方法论、控制论、信息学等都保持并将继续保持密切的联系。国际上最有影响的术语学派包括：德国—奥地利学派、俄罗斯学派、加拿大蒙特利尔学派和捷克布拉格学派。术语学又区分为理论术语学与应用术语学，下面进一步细分出一些不同的分支学科或研究方向，诸如一般术语学、术语标准化、术词典学等是其中最主要的几个。近年来，认知术语学研究也相当活跃。术语学与词典学有着特殊的紧密关系。

束 bundle 音系学术语。表明音位的一种概念：根据布拉格学派理论，音位被视为一"束"语音区别性特征。例如，英语音位/s/可视为齿龈音、摩擦音、清音等三种特征结合的产物。参见"**特征束**"。

述题 comment 句法学术语，亦称新信息（new information）。指句子中予以评述的事物或概念，一般对听话者来说是新的信息。述题的概念与话题（topic）（亦称主位"theme"或已知信息"given information"）相对。例如：[1] As for your dry cleanings, I will bring it tomorrow. 例[1]中的前半部分是话题，后半部分是述题。话题表示一个话语或信息的出发点，是句子的基本参照点，述题是对句子话题的具体表述。例如：[2]老总他很生气。[3]那场大雨，幸亏我走得早。 话题和述题的概念与主语（subject）和谓语（predicate）的概念不同。两者可能一致也可能不一致，如下所示：

Mary	sat in the front seat
主语	谓语
主题	述题

In the front seat sat	Mary
谓语	主语
主题	述题

述位 rheme 语法学术语。布拉格学派的句子功能观中指句中表明未知信息的部分（句子表述的内容和核心，是说话者所提供的新信息），与主位（theme）相对。换言之，述位表达除已传递信息外最大部分的新增意义，而主位一般是说话双方已知或根据语境能事先预知的信息。两者之间既非主位也非述位，为过渡词语。主位与述位的区分通常被认为是程度上的差异。例如：The problem is that it is so hot in SUMMER.（问题是夏天如此之热）。例句中，the problem 最可能是主位，in summer（语调强调"summer"）最可能是述位，中间部分可能是过渡词语。类似主位—述位区别的其他说法还有主题—述题（topic－comment）、背景—焦点（background－focus）、已知信息—新信息（given－new information）等。

述谓补语 predicative complement 语法学术语。指与"be、stay、become、seem、get"等语义较弱的系动词共同构成句子述谓结构的名词性补语。基于其不同的构成形式，有三类述谓补语：谓语性名词（predicate noun）、谓语性形容词（predicate adjectives）和谓语性从句（predicate clause）。例如：[1] She is *my teacher*. [2] It's *getting busier*. [3] What they didn't expect was *that he would leave so soon*. 根据不同的句法和语义关系，述谓补语也可分为谓语性名词短语（predicative nominative）和谓语性宾语（predicative object）。例如：[4] Penny is *a waitress*. [5] We consider her *a devoted teacher*.

述谓结构 predication 语义学术语。是主要的语义单位，包括命题、问句、命令句在内的范畴。由论元（argument）和谓词构成。谓词在表句义的述谓结构中起主要作用，用来支配和控制论元。谓词决定了论元的数量、性质及其方式，而论元则被它表述并从属于谓词。论元与谓词的集合反过来构成了命题。例如：[1] Mr. Henry runs this company. 此命题可分解为"Mr. Henry"和"this company"两个论元，它们由表示关系的词"run"联系起来，这个连接成分被称作谓词。利奇（Geoffrey Leech）在《语义学》（*Semantics*，1981）一书中认为论元有时与主语、动词、宾语等成分相对应，但有时又不对应，必须把这个意义上的"谓词"和传统语法中所描述的"谓语"区分开来，即逻辑语义单位与句法单位不一定有直接的对应关系。例如：[2] Jack *was in front of* the building. 其中"was in front of"为谓语，但从句法层面分析，这并非单一单位。

树邻接语法 tree adjoining grammar；TAG 句法学术语。指 20 世纪 60 年代末由印度学者阿拉文德·乔什（Aravind Joshi）定义的形式化语法。树邻接语法在某种意义上类似于语境自由语法，但其基本转写单位是树而不是符号；语境自由语法有把符号转写为其他符号的规则，而树邻接语法有把树的节点重写为其他树的规则。TAG 规则是带有称作"足节点（foot node）"的特殊"叶子"的树，叶子分别锚接（anchor）到一个词汇。在 TAG 中有两种基本树，即"初始树"和"辅助树"；初始树表示基本的价关系，而辅助树允许递归。推导开始于初始树，通过"替换操作（substitution）"或者"邻接操作（adjoining）"来结合。TAG 常被描述为具有"适度语境敏感的（mildly context-sensitive）"特征，这意味着它们在弱生成能力方面上有特定性质，使其有比语境自由语法更强，但比附标语法或语境敏感语法（indexed or context-sensitive grammars）更弱的能力。树邻接语法常被用于计算语言学和自然语言处理。

树形图 tree；tree diagram；tree structure 句法学术语。指一个句子成分结构的图示，是句子内部的等级关系和内部结构的表述。例如：

s 数 shù （语言学术语）

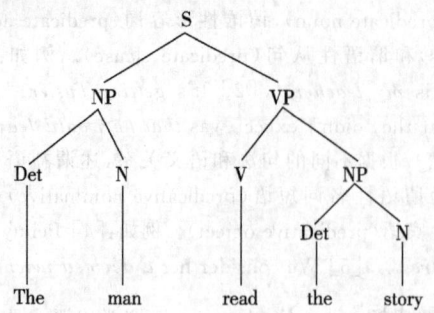

图中每个成分通过一个节点（node）标签加以表述，节点指出其句法语类，每个语类的直接成分通过线条与节点相连，而分支（branches）代表支配关系。

数 number 语法学术语。（1）用来分析某些词类的语法范畴，这些词类有诸如单数、复数、双数、三数、少量数等的对立现象，如英语中可数名词book、books和单句中的"He walks""They walk"等。这种对立一般与所指的现实世界实体的数对应，但语言学讨论所关心的是提出这种一一对应关系时所遇到的问题。例如：The committee are agreed. 其中的committee"看上去"是单数，但是意义上为复数。同时将数与具有可数性的概念联系起来也有分析上的困难，如对于为何没有"a butter"这样的表达方式仍缺乏令人满意的解释。（2）数在运用时有基数（词）和序数（词）之分。基数词可以用于计算，可以用作名词。序数词可用于按顺序排列事物。两种数词可用数字（4、4th）或单词（four、fourth）来书写。

数词 numeral 语法学术语。指用作数的名称的词或短语。有基数词（如one、two、three等）和序数词（如first、second、third等）之分。

数词类推 analogy with regard to numerals 指通过数词或数量概念推导产生新词语的过程。例如：[1] First Lady → First Mother/First Family/First Dog。[2] the 3 R's → the 3 P's（peace, petroleum, Palestine）。

数词转化 numerical metanalysis 叶斯柏森提出的概念。指把单数意义的词用作复数意义（或相反）的现象。

数据分布 distribution 语言测试术语。指一组分数或测量数据的分布规则。例如，测试中分数的频率分布可以通过图表或图形方式做如下显示：
(1)图表：

分数	100	90	80	70	60	50	40	30	20
频率	1	5	5	10	7	9	1	1	0

(2)柱形图：

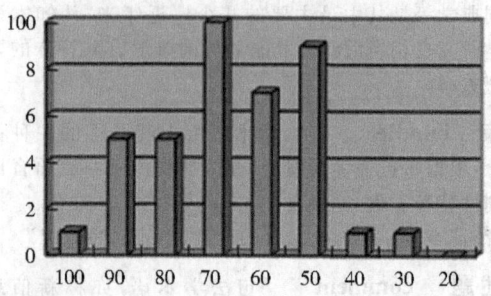

(3)折线图：

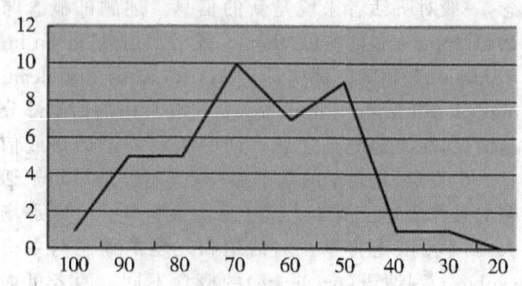

(4)饼图：

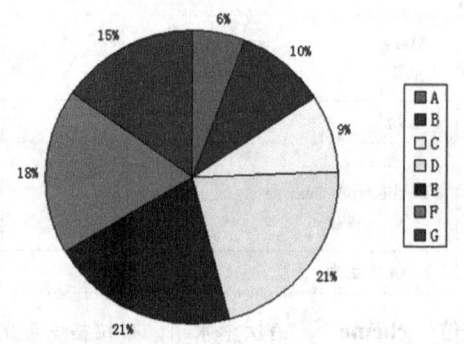

(5)条形图：

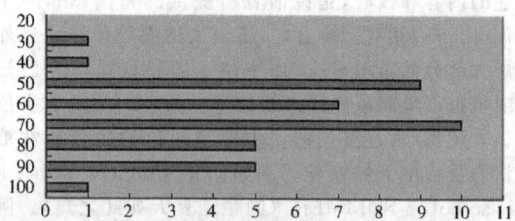

数据库 data bank; database 指由数据库管理系统（Database Management System；DBMS）建立和运行的一整套相互关联的文件。目前，数据库管理系统基本可以处理任何形式的数据，包括文本、图像、声音、视频等。数据库和文件结构始终由软件控制，而对硬件而言，数据库只是一些字节单位而已。如果进行语言分析、研究或教学，数据库指的就是为某一具体目的所做的信息与数据的汇总。例如，在语言教学时，可以建立数据库，汇总所有在校学生的考试成绩，从而用来量化学生的学习进度或考试效度等。

数据驱动加工 data-driven processing 计算语言学术语。信息处理的一种方法。指以词语为先导来寻求意义的过程,即采用由小到大逐步扩展的方法对语言文字进行解码,因而称作"自上而下"的方法。与之相反,另一种信息处理的方法是"概念驱动式"。指的是以背景知识或先前的经验为先导寻求意义的过程,即利用所得信息对文章内容进行"预测—证实或否定—再预测—核实",反复循环,最后达到信息处理的目的,因而称作"自上而下"的方法。参见"自下而上处理"。

数据驱动模式 data-driven approach 指语料库应用于语言教学中的一种教学模式。这种教学模式建立在语料库的研究基础上,同时吸纳语言习得和认知科学的研究成果。与传统的英语教学相比,数据驱动模式下的学习具有如下特征:"自主学习""真实语言输入""自我探索和自我发现",为学生提供了开放式和探索式的学习机会。

数理逻辑 mathematical logic 亦称符号逻辑、理论逻辑。指采用数学方法研究逻辑或形式逻辑的学科,是从形式逻辑中发展、演化出来的一门新兴学科。传统的形式逻辑研究较偏重于论证的形式,从思维形式的结构上研究思维的确定性、无矛盾性、明确性和论证性(参见"**形式逻辑**"),而当代数理逻辑侧重演绎推理,同时包括"语法"(从某一形式语言把一个文字串传送给某一编译器程序,从而转写为机器指令)和"语义"(在模型论中构造特定模型或全部模型的集合)研究。就研究方法而言,数理逻辑使用人工语言研究思维的逻辑结构,即应用形式语言研究词项(概念)、命题(判断)以及命题之间的联系(推理),构成严密的逻辑系统,而形式逻辑主要使用自然语言来表达思想的逻辑结构,只在必要处才使用符号。数理逻辑的主要分支有:模型论、证明论、递归论和公理化集合论。数理逻辑的创始人是德国哲学家、数学家莱布尼茨(Gottfried Wilhelm von Leibniz)。他首先明确地提出了数理逻辑的思想,提出建立普遍的符号语言、推理演算和思维机械化的思想。1847年,英国数学家布尔(George Boole)初步奠定了数理逻辑的基础。19世纪末20世纪初,戈特洛布·弗雷格(Gottlob Frege)在1879年发表的《概念语言》一书中,建立了第一个一阶逻辑体系。美国数学家皮尔斯(Charles Sanders Peirce)、意大利数学家皮亚诺(Giuseppe Peano)等人使现代数理逻辑最基本的理论基础逐步形成,成为一门独立的学科。

数理语言学 mathematical linguistics 亦称数学语言学。指运用数学的理论和方法来研究和说明语言的一门语言学分支学科。数理语言学以诸如音素、字素或词汇项这样的语言单位的计算(即统计语言学)为开端。虽然到19世纪末,文学研究者和速记专家开始对这些项目在具体上下文中的频率(frequency)感兴趣,但直到俄国人马尔科夫(Andrey Andreyevich Markov)奠定起概率研究的数学基础,以及美国人齐普夫(George Kingsley Zipf)把词的频率分布和"费力最小"这一基本的生物学原则相联系时,语言学家才开始注意运用数量计算法(计量语言学 quantitative linguistics),使用若干种不同的模式处理语料。一些学者也研究出确定文体和作者风格的统计学标准(stylostatistics)。在比较语言学(comparative linguistics)中采用了数字公式,衡量各种语言的相关程度以及改进确定语言历史发展中不同时期的方法。数理语言学发展的另一个动力来自信息论(information theory),这一理论使通信工程师和语言学家得以根据传递符号的剩余率来衡量信息。代数语言学这个术语有时用来表示在语言的理论分析和语言形式特征的描写中引进数学模型。机器翻译(machine translation)和计算语言学(computational linguistics)的其他许多研究项目中已经确立起若干句法模型。数理语言学按照所运用的数学方法可分为:(1)组合语言学(亦称非数值语言学或质量语言学),主要运用数学中的集论、数理逻辑、算法等研究语言;(2)定量语言学、数量语言学(数值语言学),主要运用统计学、概率论、信息论、数理分析等研究语言。数理语言学按照研究领域的不同可分为:(1)统计语言学,对语言进行统计研究,并研究语言行为的概率模式,包括对语言结构和语言单位、语言变化和语言差异等方面的统计研究。统计语言学对字母、字、词的频率统计对于语言信息的计算机化处理非常有帮助,还可用于辞书编纂方面对字词的检索统计。此外,统计语言学还常用于研究作家语言,通过对其作品中字词的统计,可以比较准确地测定其常用的修辞手法、语言风格等。(2)代数语言学,亦称形式语言学,主要研究如何对语言的形式结构进行严格的数学描述,并据此创立形式化的普遍语法。认为语言拥有一种递归机制和生成功能,也就是说有限的语言单位和规则可以生成无限的句子,并用数学的方法将之公式化,创建普遍语法的数学模型。代数语言学对计算语言学,机器翻译、语言信息处理学、计算机科学都有很大的贡献。(3)模糊语言学,用模糊数学的方法来研究语言。

数量系统 number system 指不同的数字被归入不同的集合,如自然数集合、有理数集合等。

数量语言学 quantitative linguistics 语言学的一个分支。指基于语料库,用统计技术研究语言单位的频率和分布的语言学学科。分为纯理论研

数 shù （语言学术语）

究和应用性研究,前者旨在就支配词、音等单位使用方式的统计规律提出一些一般原则；后者研究如何用统计方法来阐释语言学问题,可以涉及作者鉴定、风格区别的语体统计语言学等两个方面。

数量原则　Q-principle　语用学术语。❶ 指霍恩(Laurence Horn)在"古典格赖斯会话含义理论"的基础上提出并发展的两原则之一,另一原则为关系准则(R-principle)。此两原则模式是霍恩在1984年发表的《语用推理新分类初探——基于Q原则和R原则的会话含义》中首次提出：数量原则源于格赖斯数量准则的第一条次则,关系原则源于关系准则。但两者比格赖斯的准则内容更宽泛。数量原则是基于听话人的,指你的话语要充分,并在符合关系原则的前提下说的尽可能多。关系原则是基于说话人的,指你的话语应是必要的(参照格赖斯的关系准则、第二数量次则、方式准则),并在符合数量原则的前提下,只说必须说的。❷ 列文森于1987年发表的《语用学和前指代语法》(Pragmatics and the Grammar of *Anaphora*)的论文中提出的会话含义"三原则"之一,另外两条原则为信息量原则和方式原则,列文森(Stephen Levinson)在其1991年发表的一篇再论前指代规律的论文中正式把他的三原则称为"新格赖斯语用学机制"(Neo-Gricean pragmatic apparatus)。其中数量原则包括：(1)说话人准则：不要提供比你掌握的世界知识所允许的程度更弱的陈述,除非提供更强的陈述会与信息量原则冲突；(2)听话人推理：把说话人所作的陈述看成是与他知识一致的最强的陈述。

数目　number; N　语言测试术语。指测试或统计中用于表示观察项目的数量,如学生数、科目数、观察次数等。

数一致　number concord　语法学术语。指句子中两个或两个以上成分在数的意义上保持一致的现象。例如：[1] I am a linguist.　[2] We are linguists.　例[1]中 I、am、a、linguist 四个单词都遵循单数一致的原则,而例[2]的三个单词都是复数。

数字范畴　numerical category　美国汉学家卜德(Derk Bodde,1909－2003)于1952—1953年间提出的中国式记忆法,如同老子《道德经》中"道"的思想——用"道"来解释宇宙万物的起源："道生一,一生二,二生三,三生万物",即用有限至无限的思维方式。

数字化语言　digitalised speech　计算语言学术语。指以数字数据形式存在的语言形式。参见"数字数据"。

数字交际　digital communication　计算语言学术语。指一种是非对立、建立在常规话语符号基础上,以数字表示信息的话语交际模式,由沃茨拉维克(Paul Watzlawick)等人于1967年提出。与模拟交际不同,数字交际中的符号或"名称"与其所指事物没有相似性(拟声词除外)。数字交际用于传递知识,采用逻辑句法来生成复杂的句法关系,但缺乏人类交际所需要的足够复杂的语义关系。

数字数据　digital data　计算语言学术语。指以电磁形式储存的、供数字系统使用的数据。事实上,数字系统使用的是离散的而非连续的值(电子电压),用来表征数字或字母这种非数字符号,从而达到进行输入、处理、传输、储存或者展示的目的。"数字"一词经常用于计算机和电子领域,尤其是当现实世界的信息被转化为二进制形式的数字视听资料时。这种数字数据通常由两个电子光学脉冲1(脉冲存在)或0(脉冲缺失)组成。当然,并非所有的电子系统都是数字的。

双-ing 限制　double -*ing* constraint　语法学术语。指在英语语言表层结构中,如果主句动词以-ing形式出现,与其比邻的补足语(非宾语)不可同时以-ing形式出现的一条语法限制规则。例如：[1] It continues to rain.　[2] It continues raining.　[3] It is continuing to rain.　[4] *It is continuing raining. 例[4]中的动词 continue 和其补足语 rain 同时以-ing形式出现,违反了双-ing限制规则,因而句子不成立。

双被动语态　double passive　语法学术语,亦称双重被动。指主句动词与其补足语成分的动词同时使用被动语态的结构,通常补足语动词的被动语态以不定式形式出现,句子主语既是谓语动词动作的承受者,同时又是不定式动作的承受者。譬如亨利·福勒(Henry Fowler)、西奥多·伯恩斯坦(Theodore Bernstein)等语言学家认为这种双被动语态是一种"丑陋的结构",不合乎规范,表达不清晰明了,应该尽量避免(Fowler,1926；Bernstein,1966)。例如：[1] *The order was attempted to be carried out. [2] *No greater thrill can be hoped to be enjoyed. 也有一些语言学家,如西尔维娅·乔克(Sylvia Chalker)和埃德蒙·魏内(Edmund Weine),则认为这种结构在某些情况下是完全可以接受的(Chalker & Weine,1994)。例如：[3] The deserters were ordered to be shot.　[4] A woman was ordered to be released immediately because she had provided information leading to the arrest of several other people. 通常发生在 attempt、begin、desire、endeavour、propose、threaten 等动词引导的短语中的双被动语态是不可接受的,因为这些结构中的第一个被动语态

无法被改写为主动语态,同时保留第二个不定式被动语态。譬如,将例[1]和[2]改为:[1′] *They attempted the order to be carried out. [2′] *We hope no greater thrill can be enjoyed. 然而,发生在expect、intend、order 等动词引导的短语中的双被动语态是可以接受的,因为这些结构中的第一个被动语态可以被改写为主动语态,同时保留第二个不定式被动语态。譬如,例[3]可以改写为:[3′] They ordered the deserters to be shot.

双边对立 **bilateral opposition** 音系学术语。如果两个音位所共有的语音特征只属于这两个音位,它们的对立就叫双边对立。换句话说,就是它们共有的特征不同时出现在其他音位中。例如,英语中/t/与/d/的对立是双边的,因为它们是系统中仅有的齿龈/爆破单位,而且它们由带音化这一特征区别开;又如/t/与/v/的对立则是多边,因为这一组特征牵涉到其他可能性(如/d/与/f/)。

双边辅音 **bilateral consonant** 语音学术语,亦称流音(liquid)或卷舌音(retroflex),属于边音的一种。发音时,口腔的气流通路的中间被阻塞,气流从舌头的两边通过。边音又叫舌侧音、塞通音,是根据发音时气流受阻情况而分出的辅音的一种。气流从舌一侧流出的叫单边辅音,气流从舌两侧流出的叫双边辅音。另见"边音"。

双宾结构 **double-object construction** 参见"与格转换"。

双叉分支假设 **Binary Branching Hypothesis** 句法学术语。指作为主流生成语言学中限制语法复杂性的一条极其重要的原则,认为每个句法节点最多包含两个姐妹节点,与更简句法(Simpler Syntax)中的多叉分支假设(Multiple Branching Hypothesis)相对。美国语言学家理查德·凯恩(Richard Kayne)最早于 1984 年在其著作中作出阐述,认为此原则适用于所有的词汇投射(lexical projection)和功能投射(functional projection)。双叉分支假设既是 X 阶标理论的根本属性,又是最简方案中合并操作的基础,同时构成了动词词组内主语假设、句法反对称理论的核心,也运用于词汇的形态结构分析。

双唇齿音 **bilabiodental** 语音学、音系学术语。指上唇与上齿同时与下唇接触而发出的声音,如德语 fünf /fuenf/(五)中之/mf/。

双唇吸气音 **kiss click; bilabial click** 语音学术语。指发音中的一种吸气音。发吸气音时口腔中两个位置同时闭塞,后面的闭塞位置处于软腭,起着隔断口腔和其他共鸣腔(鼻腔和咽腔)之间的气流通路的作用。吸气音主要出现在非洲的科伊桑语族(Khoisan languages)、班图语族的祖鲁语(Zulu)和科萨语(Xhosa)中。按照国际音标,一共有 5 种吸气音:双唇吸气音、舌尖吸气音、齿龈吸气音、硬腭吸气音和后齿龈吸气音。双唇吸气音中,放松时声音如破擦音般略带噪音,而不像塞音般清晰。最后的闭合处可以形成塞音、鼻音、挤喉音或破擦音等。由于双唇吸气音颇像接吻时发出的声音,所以又称为"kiss click",但此描述与事实不符,因为发此音时,双唇平放,无需圆唇。

双唇音 **bilabial; labio-labial** 语音学术语。指使用双唇阻塞或改变气流而发出的音,系根据发音部位对辅音进行分类而得名。例如,英语中的 book、page、morning 等词中的节首辅音即属双唇音。

双方言 **bidialectal** 社会语言学术语。指能以同等熟练程度操两种方言的状况,如在学校与工作场合用标准方言,在家庭则用本族群或地域方言;也指根据政策或法规允许使用两种方言的状况。

双方言场合 **bidialectal situation** 社会语言学术语。指同时使用两个方言的社会情景(如在公共场所同时使用标准方言及当地方言宣布事项等)。

双方言教育 **bidialectal education** 教育语言学术语。指学生在学校中使用标准方言而在家庭中使用另一方言的现象,如黑人英语(Black English)、夏威夷克里奥耳语(Hawaiian Creole)等现象。"双方言"情境若干类型已得到研究,其中最为熟知的一种就是从随意变体转换到正式变体(双言)。作为一条在社会语言学和教育语言学里所阐明的原理,不同方言均被赋予同等的语言有效性,并建议在适当的环境中使用。就学校教育方针而言,这条原理尤为重要,因为在学校里非标准语言与标准语言的差别可能导致相当严重的冲突。双方言制鼓励使用非标准和标准语言,同时培养孩子们的语码转换能力,从而能极大地促进相互了解及对各种变体的掌握。

双方言现象 **bidialectalism; bidialectism** 教育语言学术语。指一个人或一个言语集团使用某种语言(地区性或社会性的)两种方言的现象。这两种方言中,其中一种通常是有威望的方言,即可用于学校或工作单位的方言,而另一种方言是没有威望的方言,只能在家里或与朋友交流时使用。

双峰分布 **bimodal distribution** 语言统计术语,亦称双众数分布。指带有两个众数的分布频率。众数是在样本中出现次数最多的变量值,代表分布的集中趋势的一个量数。例如,以某班级期末成绩作为样本分析,其中分数为 70 和 80 的人数最多,都是 10 个学生,那么,两个分值 70 和 80 就是两个众数,此种分布频率称为双峰分布。

双辅音 **doubled consonants; long consonants** 音系学术语。指毗邻的两个音节之间存在的两个相同的辅音,如意大利语/folla/中的/ll/,或者日语/nippon/中的/pp/。

双杠 **double bar** 句法学术语。在 X-阶标句法的最普及版本中指一个完整的短语语类(一个零层次语类的最大投射)。与单杠语类相对立,后者是一个"小"短语语类。

双关语 **pun; paronomasia** 一种修辞格。指借助同音异义或同形异义使一个词或句子具有两种不同的含义,即将语音相近而词源和语义不同的词叠加使用。双关语能使表达显得委婉、幽默和调皮。例如:A: Is life worth living? B: That depends upon the liver. 对话语中的"liver"即借助了同音异义的方法使表达含蓄幽默。英语双关语还包括语音双关和语义双关,前者指谐音双关,也即利用一些词语发音相同或相似而构成双关,后者指利用词语的多义来构成双关。

双基转换 **double base** 句法学术语。生成语法早期模型区分的一类转换规则,这类规则在操作时有两个或多个终端语符列的输入。双基转换也称作概化转换,与单基转换(single-base)对立,后者只涉及一个语符列。

双及物动词 **ditransitive verb** 语法学术语。指带有双宾语的一类动词,即同时带有间接宾语和直接宾语的动词。例如:[1] He *gave* Mary ten dollars. [2] He *passed* Paul the ball. [3] Jean *read* him the books. [4] She is *baking* him a cake. 此类动词的间接宾语均可改为介词短语形式的补语。以上四例可分别改写为:[5] He *gave* ten dollars to Mary. [6] He *passed* the ball to Paul. [7] Jean *read* the books to/for him. [8] She is *baking* a cake for him.

双可及性假设 **double access hypothesis** 参见"普遍语法可及性"。

双类属 **dual class membership** 语法学术语。指同时具有对立的两种语法范畴的现象,如英语词 cake 和 coffee 两者均可作可数或不可数名词,即既可说 a cake,也可说 a piece of cake;"磨咖啡"可说成 grind the coffee,而"两杯咖啡"可说为 two coffees。

双名法 **binomial nomenclature; binominal nomenclature; binary nomenclature** 参见"术语命名法"。

双母音化 **diphthongize** 参见"复合元音化"。

双切分 **Bisegmentalisierung**〔德〕 语音学、音系学术语。指由于经过历时演变发音而引起的语音变化。原本属于一个复合语音的切分单位,分裂成为两个切分成分,致使原来切分成分本身的复杂性减小。例如,在日耳曼语第二次音变(也称高地德语音变)中德语分化并逐渐成为独立语言时,词中间的重叠辅音的构成就是双切分现象。

双人称 **double person** 语法学术语。某些语言的动词具有双人称的形式,即包含主语和宾语两种人称的形式,如斯瓦希里语/nilimwona/(我看见他)、/aliniona/(他看见我)、/mlituona/(我们看见你们)等。匈牙利语、巴斯克语、格鲁吉亚语和许多美洲印第安语言也具有双人称现象。

双数 **dual** 语法学术语。指某些语言中数的语法范畴,"一对(两个项目)"与单数或复数相对立的现象,诸如希腊语、梵语、古英语等语言均存在此类现象。

双填标补语过滤条件 **Doubly Filled COMP Filter** 句法学术语。扩展的标准理论中提出的一种过滤条件,用来排除"*I wonder who that John saw."这类句子,其中两个语项(who 和 that)都占据标志语位置。

双完成时态 **double perfect** 语法学术语。指主句动词与其补语成分的动词同时使用完成时态,连续出现两个由助动词 have 引导的结构,如例[1]*I would have liked to have met Einstein. 一般认为双完成时态结构是不标准的句法结构。但无论是在 15 世纪的文字记载中和现代英语的书面和口语中都经常可以见到这种结构。这一结构的使用在意义上表达了一种无法实现的条件,如下例中的斜体部分:[2] He would have to surrender or evacuate, and though Gage *would have preferred to have removed his force to more-defensible New York City*, he was not going to be bullied about by these ruffians. [3] She *would have liked to have clung to her physically*, to have laid her head on her bosom, and have cried her heart out.

双唯一性 **biuniqueness** 音系学术语。指音系学研究中所遵循的原则。该原则认为任何音位系列都必须由单一的音素系列来代表。反之亦然,即音素和音位之间所具有的一对一(或可颠倒的)对应关系。例如,在 bin 这一字符串中,两个分析层次之间的关系可以表示为：

$$/b/+/i/+/n/$$
$$\updownarrow \quad \updownarrow \quad \updownarrow$$
$$[b]+[i]+[n]$$

有些情况中此类直接的对应关系并不存在，因而把音位当作一种单一类别的语音观念也就不能成立。在这种情况下，一个音素（根据语境）可代表一个以上的音位。"单向双系列对应原则条件"（biuniqueness condition）概念以及产生此种概念的其他两个条件（线性排列和不变性）近年来都受到部分生成语言学家的批评。

双文化者 bicultural 社会语言学术语。指通晓两个不同社会群体的文化（风俗习惯、宗教信仰、道德观念等等）的状况。掌握双文化的个体一般以自己的源文化为核心，同时积极地融入另一不同社会的文化与价值体系之中，这样的个体特别擅长于在不同文化区域之间进行项目计划、推广以及实施。双文化者与双语者（bilingual）有别：一个人可能同等熟练地操两种语言，但并不一定能按第二语言或外语社团的社会模式行事。

双向共现 bidirectional 语法学术语。指横组合结构中两个单位互相配合的共现现象。例如，在英语短语"make tea"中，make 是及物动词，tea 为宾语；该短语的及物性要求匹配一个宾语，而宾语"tea"的存在也以"make"的存在为前提。

双项的 binary 参见"二元的"。

双性 dual gender 语法学术语。指语言中同一名词可以指两种性别的人的现象，如艺术家（artist）、朋友（friend）、客人（guest）、居民（inhabitant）、罪犯（criminal）、教师（teacher）等。语言中还有男人（man）、女人（woman）、男孩（boy）、女孩（girl）等单性名词。有时为了强调性别，需要添加"性别标志"，如 boy/girl baby、male/female doctor 等。

双言制 diglossia 教育语言学术语，亦称双语体现象。指两种语言或语言变体共存于一个语言社团，并且各自具有不同用途的现象。较为标准或正式的变体称为"高级变体"，用于政府、媒体、教育和宗教；影响力较弱的变体称为"低级变体"，用于家庭、朋友交谈、购物等。例如，在瑞士的德语区，高级变体是一种标准的德语形式（高地德语），而低级变体是低地德语，属于瑞士的一系列地域方言。其他国家也存在双语体现象，比如海地和一些阿拉伯国家。

双义性 bisemy 语义学术语。多义性特征中最简单的类型。如果一个词有两种（经常是相反的）意义，就说明这个词具有双义性。

双音 geminate 音系学术语，亦称重叠音。指同一个辅音相邻出现的现象。长短辅音的区别在音系上只与某些语言有关，换言之，拼写形式上的辅音重叠在有些语言中读长音，如意大利语 folla（人群）中的[l:]音、atto（行动）中的[t:]音、brutto（丑的）中的[t:]音等；日本语中也存在双音，如 nippon（日本）的[p:]等。双辅音和单辅音相对，故有时又被称为长辅音（long consonant）或成倍辅音（double consonant）。

双音节的 disyllabic 音系学术语。由两个音节组成的。例如，英语单词 garden 由/gɑː/和/dən/组成。汉语的双音节词在形式上两两结合，在语义上需要联合理解。在汉语双音化的初始阶段，双音词主要产生于句法，由词组衍化而来。当构词法产生以后，复合词不但可以产生于句法，而且可以不经过句法而直接产生于词法。常见形式包括：(1)并列式：皮肉、血汗、脾胃、天地、红色；(2)动宾式：吃素、按键、换马、关门；(3)述补式：戳穿、撑死；(4)主谓式：眼红、脸红、心跳、头痛。因此，汉语的复合词经历了一个从词复合到词根复合的转变。

双音位分类 biphonemic classification 参见"多音位分类"。

双语第一语言习得 bilingual first language acquisition 语言习得术语。指并行习得两种语言的过程。从理论角度，这两种语言的习得过程应是同步的，然而实际上，这种习得的同步性几乎无法实现。通常情况下，学习者在一种环境下使用一种语言，在另一种不同的环境下使用另一种语言，因此，一种语言的使用则不可避免会在双语使用中占据绝对优势。

双语读写者 biliterate 教育语言学术语。指具有两种语言读写能力的人。参见"识字读写能力"。

双语兼通者 balanced bilingual 社会语言学术语。指的是已熟练掌握两种语言能力的人，即同时使用两门语言且达到同等熟练程度的人。

双语教育 bilingual education 教育语言学术语。指学校中使用母语和第二语言或外国语作为教学语言的教育。双语教育有不同类型，包括：(1)沉浸式强化训练教学：学校里使用不同于家用的语言；(2)维持性双语教学：上学之初使用家用语言，而后渐渐转为部分科目采用学校语言对他们进行教学，而其他科目则采用家用语言；(3)过渡性双语教学：儿童上学之初部分或完全使用母语，后一阶段转换到只使用学校语言。学校语言为标准方言而学生母语为另一方言时（如夏威夷克里奥耳语、黑人英语），则称双语方言或双口语教学。

双语句法测试 bilingual syntax measure
语言习得术语。指在语言学习过程中,评估学习者使用语法结构能力的方法。此处的学习过程指学习者学习第一语言的过程,并且测试对象一般指处于语言初学阶段的孩子。在这种测试中,老师会让孩子们先看一些有趣的卡片、图片或简单的视频,然后给孩子们提出一些提前设计好的问题,并且让孩子们在回答时刻意使用一些语法结构,以此来评估第一语言学习者语法结构的掌握水平。

双语区域 bilingual area 教育语言学术语。指同时使用两种标准语言的区域,如加拿大魁北克省(英、法语)、威尔士某些地区(威尔士语、英语)以及新加坡(英语、马来语)等地区或国家。

双语体现象 diglossia 参见"双言制"。

双语通 ambi-bilingualism 教育语言学术语。指能熟练运用两种语言能力的现象,包括阅读、写作、理解、口头表达等语言使用能力。

双语同时现象 simultaneous bilingualism
语言习得术语,亦称同时性双语。根据个体习得第二语言的年龄和情境,双语可以分为同时性双语和继时性双语(successive bilingualism)。前者指个体3岁前从父亲一方习得一门语言,从母亲一方习得另一门语言;或者一种语言来自父母,另一种语言来自监护人或玩伴的现象。后者指个体首先获得一种语言,3岁后习得第二语言的现象。

双语现象 bilingualism 教育语言学术语。指个人或社区群体可以同时使用两种标准语言的现象。英语 bilingual 有时与定冠词连用,指一类人或该类人中的个体,即以同等熟练程度使用两种语言的人,可称其为兼通双语者(balanced bilingual);但一般的双语人往往是一种语言掌握得比另一种好一些。双语现象出现在一些特定的国家与地区,主要是因为这些国家和地区是多民族居住的,或者是移民社会。双语现象有两种情况,一是全国范围内的双语现象,比如新加坡,每个公民都会使用英语和本族语;二是区域性的,比如马来西亚的少数民族被要求学习法定国语马来语,但同时他们也被允许学习本族语言,因此马来西亚的双语现象仅存在于少数民族(如马来华人)之中。

双语语言学 dialinguistics 教育语言学术语。对某一特定言语社团中的一系列语言或方言的研究。

双元音 diphthong 音系学术语,亦称复合元音、二合元音。指一个音节核中具有音质变化的元音,在国际音标中通常用两个前后相连的单元音表示,如[ɪə]、[ʊə]和[aɪ]、[aʊ]等。从舌位滑动的方向分,双元音可分为降二合元音(descending diphthong)和升二合元音(ascending diphthong),前者从高元音滑向低元音,如[ɪə]、[ʊə],后者则从低元音滑向高元音,如[aɪ]、[aʊ];根据开口大小的变化趋势分,双元音可以分为窄二合元音(narrow diphthong)和宽二合元音(wide diphthong),前者从开元音滑向闭元音,如[aɪ]、[aʊ],后者则从闭元音滑向开元音,如[ɪə]、[ʊə];根据突出程度分,双元音还可以分为前响双元音(left-headed diphthong)和后响双元音(right-headed diphthong),前者指前元音突出的双元音,如[aɪ]、[aʊ],而后者指后元音较突出的双元音,如[ɪə]、[ʊə]。

双韵 female rhyme;feminine rhyme 参见"女韵"。

双众数分布 bimodal distribution 参见"双峰分布"。

双重被动 double passive 参见"双被动语态"。

双重比较 double comparison 语法学术语。指同时用形态手段和句法手段构成形容词和副词的比较级和最高级。这种结构被认为与标准英语的语法不相符。例如:[1] "She couldn't be more unhappier. [2] "The most handsomest man …

双重发音 double articulation 语音学术语。指同时有两个同等重要的间隙的发音,如[k͡p]、[ɡ͡b]这种唇软腭塞音。这类音在某些非洲语言中可以碰到。发音过程可以分几种类型。大多数语音的产生只有一个发音点,但语音也可以通过两个发音点产生,这又有两种发音可能性:一种是双重发音,即两个发音点对一个语音的产生做出同等的贡献;一种是一个发音点为主导发音点,另一个的制流作用则较小,即次发音动作。所谓次发音动作是指一个发音特征从属于另一个发音特征。例如,卷舌元音中的卷舌(retroflexion)就是次发音动作,即在发该元音时舌尖向后卷向硬腭。

双重分节 double articulation 法国语言学家安德烈·马蒂内(Andre Martinet,1908-1999)提出的概念。指话语连续体的双重切分,亦称结构双层性。第一次切分为一系列的语法或意义单位,即语素(morpheme),或按马丁内的术语叫做符素(moneme)。这些有意义的词素或符素本身又可进一步划分为一系列无意义的语音单位,即音位(phoneme)。相比之下,鸟叫、交通信号或痛苦的呻吟尽管可以在第一层次切分为意义单位,但不能再切分为更小的语音单位。所有的人类语言都可以有双重分节。例如，no pet/s allow/ed 包含至少五个意义单位，而 pet 由三个音位组成。双重分节说明人类语言只要有少量音位（通常不超过 50 个）就可构成无限数量有意义的话语，因此双重分节是人类语言的经济性和创造性的基础。

双重否定　double negative　语法学术语。具有两个否定词的结构。在今天正式的英语中并不存在双重否定结构。例如，我们可以说"He didn't say anything."，但是不可以说"He didn't say nothing."。但是在非正式的英语或某些英语方言（比如非洲裔美国英语土话或伦敦方言）中，仍旧可以说"He didn't say nothing."。然而，这种具有双重否定的句子并不意味着肯定，而是用作否定强调；只有在特别加重语气（比如重读 nothing）的时候，才表示肯定。

双重构词法　parasynthesis　形态学术语。指由一个合成词和一个词缀相结合构成新词的方法，如 kind-hearted、red-haired 等。通过这种方法构成的词叫作双重法构成词（parasyntheton）。

双重属格　double genitive　语法学术语。指属格的一种，即 of 加名词所有格。例如：[1] a friend of my father's　双重属格可以用 this、that 等限定词连用，表示爱憎褒贬等感情色彩。例如：[2] this outstanding book of Jack's

双重束缚理论　double-bind theory　英国心理学家葛雷格里·贝特森（Gregory Bateson，1904—1980）于 20 世纪 50 年代提出的关于精神分裂症病因的理论。指一种病态行为模式，即说话人甲同时对一个情感依赖者听话人乙传递两个矛盾的信息。由于甲和乙之间的不对称关系（如父母—孩子），乙不能批评这种行为的似是而非或者指出其语言的荒唐性。贝特森举例说，如果一位母亲嘴上对自己的宝宝说"我爱你"，同时却扭过头不理孩子，这时孩子就受到了双重束缚。小孩子在身心上都严重依赖于母亲，面临这种情景无法对母亲表达出自己心理上的矛盾感受。一个人长期受到双重束缚，就容易得精神分裂症。半个多世纪以来，精神病学界围绕该理论正确与否有过激烈的争论，迄今尚未取得共识，因为虽然很多人觉得双重束缚理论具有实用价值，但是难以获得实证经验研究的数据。不过，双重束缚这一说法不胫而走，在许多领域都获得应用。经过对双重束缚现象的深刻反思，贝特森提出：理想的情况应该是使学生们能在不同层面上进行思考，理解不同语法之间的关系（知道在哪种社会交往中采用哪一种语法），理解存在着不同种类的效率和程序，理解真理不一定是唯一的，不同种类真理之间未必相互矛盾，它们只是在不同的维度上为"真"。

双重同化　double assimilation　音系学术语。指两个音互相影响，并各就某一特征向对方趋同的现象。例如：twenty /twentɪ/，quick /kwɪk/ 两词中的首辅音 /t/、/k/ 均受 /w/ 影响而发 [tʷ] 和 [kʷ]。

双重性[1]　dualism　语义学术语，亦称二元性。一种主张语言形式与指称客体间存在一种直接的、双向关系的理论。例如专有名词"伦敦""比尔·克林顿""颐和园"就是直接指称现实世界中存在的客体，就像贴在商品上的标签指称的就是商品本身。但是这种二元理论无法解决其他许多词的指称问题，因为那些词似乎并不具备指称对应的、确切的客体的能力，或者似乎并不总是存在对应于这些词的客观实体。例如，动词有 ask、find、do 等，连词有 if、and、or 等，名词有 tradition、nobleness、consistency 等，形容词有 hard、beautiful、green 等，介词有 in、on、at 等。

双重性[2]　duality　语言的区别性特征之一。语言的二重性概念是索绪尔语言学理论中的核心内容之一。语言二重性主要体现在如下几个方面：任意性与理据性以及不变性与可变性。语言的任意性和理据性是指一方面语言符号的形式和语音与其语义之间的关系是任意的，另一方面语言的能指和所指之间的关系又存在某种理据。语言的不变性与可变性主要基于索绪尔对语言和言语的区分：语言是社会性的、系统的、潜在的和共时的，因而是相对不变的、同一的；而言语是个人的、非系统的、现实的和历时的，因而是相对可变的。另外，语言的二重性还体现在语言包括语音和语义的双重系统，语言一方面是一种特定的系统化声音（底层结构），另一方面又是一种由词、句和语篇构成的语义系统（上层结构）。参见"语言的甄别性特征"。

双字母　dual alphabet　在同一种书写系统中成双使用的大写或小写字母。一般而言，为了弥补拉丁字母在表示本国语音时的不足，世界各国的拉丁字母文字几乎都采用字母组合的办法来增补字母，且通常都是用辅音字母组合成双字母，用以表示辅音。例如，最通用的字母组合就是 ch 和 sh。汉语拼音中的双字母是 zh、ch、sh、ng，各表示一个音素，表示舌尖后音，而相应的单字母则表示舌尖前音。

水平测试　proficiency test　语言测试术语，亦称水平测试。指评估学习者语言达到的总体水平的测试，不同于与某教学大纲课程设置、教学计划相联系的成绩测试。某些水平测试已成为世界范围内广泛使用的标准化测试，如美国的托福考试、英国的雅思考试。国内的大学英语四、六级测试（CET4,6）以及英语专业四、八级测试（TEM4,8）也属于水平

水域名称学　hydronymy　在术语学中指对河流、湖泊、海洋等各类水体之专有名称的来源、历史、传播等方面的研究。英语词目 hydronymy 中的 hydro-源于希腊语 hudor,意指"水";-nymy 源于希腊语 onuma,其意为"名称",合指"水体的专有名称"。研究发现,人们一般倾向于保留水体的传统名称,譬如密西西比河即源于美洲印第安人的命名。不同的民族常常赋予同一水体不同的名称。例如,捷克最长的河流伏尔塔河在捷克语中称作 Vltava,在德语中被称为 Moldau;中国的怒江流入缅甸后改称萨尔温江,雅鲁藏布江被印度人称作布拉马普特拉河,进入孟加拉国以后则称为贾木纳河。

顺行结构　progressive structure　句法学术语。指一系列词素在层次上形成向右分支,即将修饰语全部后置的一种结构。由于这种层次分支被认为处于人类利用瞬间记忆能够充分加工的范畴内,因而能无限扩展。顺行结构即指这种向右分支且其界限能无限拓展的层次分布情况。参见"逆行结构"。

顺连锁法　chaining; forward chaining　亦称前行连锁练习。一种按照句子结构前后顺序组句的练习方法。例如:[1] If I'd known ... the price ...(如果当时我知道……价钱)　[2] If I'd known the price ... I wouldn't ... have bought ... I wouldn't have bought ... the book ... I wouldn't have bought the book ...(如果当时知道价钱……我就不会……就不会买……买这本书……我就不会买这本书)。最终组成:[3] If I'd known the price, I wouldn't have bought the book.(如果我当时知道价钱,就不会买这本书。)顺连锁法是与逆连锁法(back chaining)顺序相反的练习。

顺同化　progressive assimilation　参见"顺向同化"。

顺向同化　perseverative assimilation; progressive assimilation　音系学术语,亦称顺同化。指语音同化(assimilation)现象的一种。同化现象因在语音序列中发生的方向不同而生成的不同类型的同化现象。顺向同化就是因后面音段被前面的音段影响而同化,即语流中前一个音影响后一个音而使其发音变得相同或相似。例如,法语中的 femme(女人)来源于拉丁语 femina,因 femina 的 /m/ 影响后面的 /n/,使其变成 /m/,故而产生法语词 femme。顺向同化与逆向同化(regressive / anticipatory assimilation)相对应。

顺序量表　ordinal scale　语言测试术语。指利用序数词(如第一、第二、第三等)将事物按次序排列的量表。顺序量表上的量数只能表示不同位置事物的顺序,而不能揭示这些事物之间差别的大小,因为数值之间的差不一定相同,比如一项测验的第一名和第二名之间的分数差与第十名和第十一名之间的分数差不同。

顺应变化　adaptation　音系学术语。指一种语言中外来词汇在发音方式上的本土化变化。顺应变化通常是累进的,或者只是表现为某种程度上的顺应。英语中有很多借自法语的词汇,它们有的已经完全适应了英语的发音,有的只是在某种程度上使用,如 pork、gourmet、a la carte 等。顺应变化也指人们自觉调整发音的过程,以此向自己所期望的另外一种言语发音方式转变,如带有地方口音的人向标准发音靠拢,或者无卷舌口音的美国人习得 r 化口音等。

顺应理论　adaptation theory; theory of linguistic adaptation　语用学理论。比利时语用学家耶夫·维索尔伦(Jef Verschueren)在 1999 年出版的《语用学入门》(*Understanding Pragmatics*)一书中提出的一种考察语言使用的语用学理论。维尔舒伦认为,语言使用的过程在本质上就是语言使用者不断地对语言作出选择的过程。语言使用者在语言使用过程中能够作出种种恰当的选择是由语言使用的三大特点作为前提的,它们分别是语言的变异性(variability)、商讨性(negotiability)和顺应性(adaptability)。变异性为语言选择提供可能的前提,并把选择限定在一定的范围内;协商性使语言选择不拘泥于规则或固定的形式—功能关系,使语言表达在遵循基本语用原则和策略的基础上富有高度的灵活性;顺应性则使语言使用者从可供选择的不同语项中作出灵活、变通的选择,最终达到理想的交际目的。正是由于语言使用的这三大特点,人们在语言选择过程中总是在努力顺应语境,顺应语言结构,表现出动态顺应的特点。

顺应性测试　adaptive testing　语言测试术语。指根据受试对象的个体特点设计和制定的测试。该类测试的测试项目通常由标记有项目难度系数的题库中选取,且测试的项目并非在测试前全部选取,而是在测试中根据受试对前一个测试项目的完成情况提供下一个测试项目。例如,如果受试正确回答前一个测试项目,那么下一个测试项目的难度就会稍有提升;反之,如果受试错误回答前一个项目,那么下一个项目的难度选取就会稍有下降。顺应性测试的测试时间相对于其他类型的语言测试也更灵活,只要测试者取得可用于推断受试能力水平的足够信息,测试即可结束。

瞬间体　punctuality　对"体"作语法分析的术

语,指一个瞬时发生的事件被认为没有时间上的延续性,因此与"延续体"或"持续体"对立。

瞬间性　punctuality　参见"瞬间体"。

瞬时除阻　instantaneous release　音系学术语。区别性特征之一,用以区分塞音和塞擦音。指语音的突然除阻,没有擦音的声学湍流,如塞音的除阻。与描写塞擦音的延时除阻相对。参见"突发除阻"。

瞬息新词　ephemeral word　参见"瞬现词"。

瞬现词　ephemeral word　形态学术语,亦称瞬息新词。指由于某种需要而临时生造出来,但得不到社会公认而迅即消逝的词。例如,英语报刊用词 garbologist,是为了表示对 dustman 清扫工/回收工的尊敬或提高其社会地位,而由 garbage＋ologist 生造出来,相当于汉语的"垃圾专家";由于不能得到社会大众的认可,这个词很快就消逝了。

说　speaking　语言教学术语。在基础阶段语言教学目标中,被视为听、说、读、写共同构成语言教学致力于培养的四种基本技能,也是用话语进行交际的基本行为。在此四项基本技能中,听和读属于接受型技能,说和写属于产出型技能。

说话规则　rule of speaking　参见"会话规则"。

说话人识别　speaker recognition　指通过言语语音样本推断说话人身份的过程。这一过程通过对说话人语音信号的分析和提取,自动确定说话人是否在所登记的说话人的集合之中以及说话的人是谁。识别过程需语音学与计算机语言学知识。

说话时间分配　floor apportionment　话语分析术语。指根据"话轮制度"在不同的话语者之间进行的话语时间分配,如让其他言语者说话时"让出话语权"(yielding the floor),或继续说话时"控制话语权"(holding the floor)。

说英语者　Anglophone　在殖民统治时期,非洲沦为英国和法国的殖民地,讲英语的非洲人被称为 Anglophone,以别于 Francophone(说法语的非洲人)。现指在任何一个使用两种或多种语言的国家里讲英语的人。

司法语言学　forensic linguistics　应用语言学的一个分支,亦称法律语言学。是近几年兴起的一门交叉学科,是把语言学应用到法律和司法实践中的一门应用语言学。指运用语言学的研究方法和成果调查罪行,语言数据可充当证据。具言之,以民事和刑事案件中的语言、语音、语域、语体、文本、文字、笔迹等为研究对象,处理的问题包括说话人、嗓音鉴定、说话人画像、录音磁带鉴定、有争议话语的解码等。司法语言学家被邀请作为专家证人参与涉及语言争议案件的调查审理,提供语言证据,进行专家鉴定或解释。

私人语言　private language　语言哲学术语。按照语言哲学家的论述,私人语言是区别于公众语言(public language)的一种语言体系,表达专属于个人经历和感知的、有时不为他人而只为言语者所理解的语言内容。然而,维特根斯坦在其著作《哲学研究》中却质疑了"私人语言"这一概念的一致性。

私自语　idioglossia; autonomous speech; cryptophais　一种自创言语形式,其意义只为创造者所知,只被一个或极少数人使用。常用来指儿童之间的"暗语"。例如,双胞胎之间有时自发使用一种独特的信息传递形式,常作"孪生语"(但仅是当地母语的一种变体)。出生后就接触多种语言的儿童也往往会创造出私自语,但此种情况下私自语在儿童幼年时期就会消退,最终被儿童能接触到的一种或几种语言所代替。

咝声　hissing sound　语音学术语,亦称嘘声。指如蒸汽因高压从缝隙中冲出时发出的咝咝声,或像蛇发出的咝咝声。在特定的交际场合,咝声可代表特殊的交际意义,如表示反对、蔑视等。譬如当演员演出忘记台词,或裁判判罚不公时,观众会发出咝声表示反对;当阻止某人说话时,可用食指指向嘴同时发出嘘声。例如:They hissed down the author when he tried to speak.(当作者想要说话时,他们用嘘嘘声让他闭嘴)。

咝音　sibilant　语音学术语。指带有高频能量集中的擦音或塞擦音。发音时,舌部和上腭形成开口,使气流从中送出。通常由舌体凹槽产生,能听到咝咝声。例如,sip、sin、spell、school 等中的 /s/ 均属于这种音。

思维适应性控制理论　adaptive control of thought　认知心理学术语,亦称 ACT 认知模型。指美国心理学家安德森(John Anderson)于 1976 年提出的一种认知模型。该模型包括三个主要部分,分别为陈述性记忆、程序性记忆和工作记忆,而技能的获得就是陈述性知识转化为程序性知识的过程。这一转化过程也称为知识编辑(knowledge compilation),它包括两个子过程:(1)程序化:在问题解决的开始,学习者会通过手段─目的分析等方法,结合所学的陈述性知识,形成一系列的子目标,经过不断的问题解决活动,某个陈述性知识会在某个子目标背景下反复出现,这样,新的产生式规则就形成了,陈述性知识成了"条件",而所执行的操作称为产生式的"活动"部分。(2)合成:一系列相关的产生式聚合成一个更大的产生式，以更快的速度实现一系列小产生式的操作效果。知识编辑能够使所陈述性知识程序化，它所反映的不仅是知识技能的深化，它的某些侧面，如合成，也说明了技能的熟练化问题，并涉及新图式的获得。根据 ACT 模式，语言学习就是一种技能学习的模式，是一个从基于陈述性知识的控制阶段到基于程序性知识的自我发展阶段的过程。

斯本内现象　spoonerism　心理语言学术语。亦称首音互换。属于言语错误中的一种，指说话人在话语中把某些音位或单词的前后位置颠倒过来。这类错误以牛津新学院院长威廉·斯本内（William Spooner, 1844−1930）而命名，因为他在说话时经常出现发音错位。例如，斯本内曾经说：[1] You have hissed my mystery lectures. 他本意却是想说：[2] You have missed my history lectures. 美国第 43 任总统布什（George Walker Bush）也常犯首音互换的错误。他在纽约州罗彻斯特市谈到经济问题时说到：[3] If the *tarriers* and *bariffs*（barriers and tariffs）are torn down, this economy will grow. 显然布什总统本是要说 barriers（壁垒）和 tariffs（关税）。

斯宾塞体　Spenserian stanza　英国诗歌历史上的一种重要诗体。文艺复兴时期的著名诗人埃德蒙·斯宾塞（Edmund Spenser, 1552−1599）在其代表作《仙后》（*The Faerie Queene*）中首先使用这种诗体，因而得此命名。斯宾塞体每诗节九行，前八行是抑扬格五音步（十音节），第九行是抑扬格六音步（十二音节），即亚历山大格。韵式为 ababbcbcc。例如：

>　Lo I the man, whose Muse whilome did maske,
>　As time her taught, in lowly Shepheards weeds,
>　Am now enforst a far unfitter taske,
>　For trumpets sterne to chaunge mine Oaten reeds,
>　And sing of Knights and Ladies gentle deeds;
>　Whose prayses hauing slept in silence long,
>　Me, all too meane, the sacred Muse areeds
>　To blazon broad emongst her learned throng:
>　Fierce warres and faithfull loues shall moralize my song.

斯宾塞去世后，其诗体受到争议；然而 19 世纪得以复苏。诸如拜伦（Lord Byron, 1788−1824）、济慈（John Keats, 1795−1821）、雪莱（Percy Bysshe Shelley, 1792−1822）、斯科特（Sir Walter Scott, 1771−1832）、彭斯（Robert Burns, 1759−1796）和华兹华斯（William Wordsworth, 1770−1850）等人都在各自诗作中采用斯宾塞体。

斯拉夫语语言学　Slavic linguistics; Slavonic linguistics　指研究对象主要为俄语、波利语、保加利亚语、乌克兰语、斯洛伐克语、白俄罗斯语、塞尔维亚语、克罗地亚语等斯拉夫诸语言的语言学分支。

斯皮尔曼—布朗预测公式　Spearman-Brown prophecy formula　语言测试术语。经常用于当两个对半测试有相等的平均数和方差时，它们（如纠正或者向上调整对半信度时）的测验信度的一个公式。这个公式也可以用来估计比原测验较短的一次新测验的信度。例如，由于考试关联部门强加严格的时间限制，考试管理人员希望估计缩减了的测验信度会是如何，而把原来测验的长度从 100 题减为 50 题。

死海文书　Dead Sea Scrolls　历史语言学术语。是一种古代文稿。1947 年在基尔巴昆兰发现时，15000 多篇文本碎片散见于死海附近的一个叫朱迪亚沙漠的 11 个洞穴中。文书大部分由希伯来语写成，其内容和其他证据表明，文书的作者是犹太教教徒，成书时间在公元前 3 世纪到公元 2 世纪之间。残留的文书包括两篇完整的《以赛亚书》抄本，以及其他一些有关于圣经书籍的残片。死海文书作为一个整体，记录了当时大部分犹太教徒的宗教信仰，对于研究基督教的产生和其他犹太宗教的传统具有积极的意义。

死语言　extinct language　教育语言学术语。亦称绝迹语言，或称灭绝语言、灭亡语言。与活语言（living language）相对。指一种不再有人以之作为母语学习和口头交流的语言。最后一个以之为母语而学习的人已经在过去的 50 年间过世。当一种语言不再有人运用时就变成了死语言，并逐渐成为没有人能够看懂或说出的语言及文字。死语言（含文字）包括拉丁语、佉卢文、粟特语、突厥语、于阗语、波斯语、叙利亚语、吐火罗语、古普鲁士语、峨特语、高卢语、奥斯干语、温布利安语、涅希特语、巴比伦语、古迦南语、腓尼基语、古希伯来语、古埃及语、科普特语、女真语等。对于一个语言死亡的民族来说，如果有充足的语言文献和强烈的动机，仍有可能复兴和挽救其死亡语言。许多民族地区或社区在只有极少数年长的母语者健在的时候即开始了振兴民族语言的努力，有的民族甚至在其母语消失了几代人后成功地复兴母语。越来越多的实例表明死语言是有能够复兴的可能性。参见"语言死亡"。

四步操练　four phase drill　语言教学术语。在语言实验室里使用语言教材的一种训练类型，也称四段练习，包括以下四个步骤：(1) 为学生播放录音，提供听力刺激；(2) 留出一段时间，以便生成听力反应；(3) 为学生提供正确的听力答案；(4) 空出一段时间让学生重复正确答案。

四段练习　four phase drill　参见"四步操练"。

四行诗　quatrain　诗歌体裁。是英诗中常见的一种体裁形式,每节诗含有四行,韵脚为 ABAB 或 AABB。但若四行诗中四音步和三音步交替出现,那么这四行诗就称为民谣四行诗。以英国诗人格雷(Thomas Gray,1716—1771)创作的《乡村墓园挽歌》(*Elegy Written in a Country Churchyard*)为例。

  The Curfew tolls the knell of parting day,
  The lowing herd wind slowly o'er the lea,
  The plowman homeward plods his weary way,
  And leaves the world to darkness and to me.

四声 four tones　音韵学用语。声调是汉语(以及某些其他语言)的特点。语音的音高高低、升降和长短构成了汉语的声调,而音高高低和升降则是主要因素。以普通话为例,共有四个声调:阴平声是高平调(不升不降叫平);阳平声是中升调(不高不低叫中);上声是低升调(有时是低平调);去声是高降调。古代汉语也有四个声调,但是与今天普通话的声调种类不完全一样。古代的四声是:(1)平声,后来分化为阴平和阳平;(2)上声,后来有一部分变为去声;(3)去声,到后代仍是去声;(4)入声,是一个短促的调子。四声之说,始于南北朝。《南史·陆厥传》说,"永明末,盛为文章。……汝南周颙善识声韵,为文皆用宫商,以平上去入为四声"。在《切韵》音系里,这四声未变,但调值现在已难以捉摸。

四字母词 four-letter words　指粗俗、下流骂人的话,由此衍生出四字母者 four-letter man(专喜欢使用粗俗的下流话的人)。英语中典型的四字母词包括"F-U-C-K""S-H-I-T"等。

松弛性 lax　参见"紧张性"。

松连构式 extensive construction　参见"紧连构式"。

松散同位语 loose apposition　语法学术语。指在说话时常常用持续连音(juncture)加上停顿或在书写时用逗号隔开的同位语。例如:His mother, the property agent, is taking her client in with her smooth sales pitch. (他母亲,那个房产中介,正在用她那巧舌如簧的推销辞令忽悠客户。)

松嗓音 slack voice; lax voice　语音学术语。嗓音的特性,为发音时舌、双唇与下颚移动最小;喉头不收缩;低压气流;低调域;声带振动缓慢;比正常发音或无意义的语气词的气流通过时位置要高一些。

松音 lax　❶语音学术语。指肌肉和运动放松发出的音,与紧音相对,更显短促而且模糊;发音时肌肉较放松,声道(vocal tract)各部位(如舌头)的动作较为轻柔,运动幅度较小。例如,英语 let 中的/e/和 put 中的/ʊ/是松元音;相对而言,led 和 wood 中的元音就更具紧元音的特征。❷音系学术语。指雅柯布逊-哈勒(Jakobson-Halle)特征系统中的语音区别性特征之一,用来描写发音方式的变异。松音用[-紧音]表示,以区别于紧音。松音即指"显示能量较低,在频谱上分布不太宽,时长有限的"语音,其声道相对静止位置的变化较小,即动程不大。

送气 aspiration　语音学和音系学术语。指的是一种区别性特征,通常在音段右上角用[ʰ]表示。例如,/pʰ/表示带有送气特征的双唇辅音。

送气的 aspirated　语音学和音系学术语。❶语音学术语。指音段的一种发音特征,即发音过程中有明显的送气过程,用上标符号[ʰ]表示;❷音系学术语。指一种区别性特征,用[±送气]表示。例如,辅音[pʰ]就是具有[+送气]特征的双唇清辅音,而[p]则不具有该特征,即[-送气]的。参见"送气"。

送气对立 aspiration contrast　音系学术语。指在[送气]特征上形成对立的音系现象。例如,[p]与[pʰ]、[t]与[tʰ]、[k]与[kʰ]之间就分别形成了送气对立。参见"送气"。

送气辅音 aspirated consonant　语音学和音系学术语。指发音过程中有明显送气过程的辅音。一般在辅音右上角加上区别特征符号[h]表示。例如,[pʰ]就是典型的送气辅音。参见"送气"和"送气的"。

送气塞音 aspirated stop　语音学和音系学术语。指发音过程中有明显送气过程的塞音。例如,[pʰ]、[tʰ]、[kʰ]就是典型的送气塞音。参见"送气"和"送气的"。

素 eme　参见"位"。

素体诗 blank verse　英语格律诗的一种,亦称无韵诗、无韵体诗。韵律学中指不押韵但仍有一定格律的诗行。一般为五音步抑扬格,因此无韵诗又被称为无韵五节拍诗。每行由五个长短格音步共十个音节组成,每首行数不拘,不押韵。多用于写剧诗、哲理诗、叙事诗、田园诗等。这种诗体是由萨里伯爵亨利·霍华德(Henry Howard, Earl of Surrey)于 16 世纪引入英国,因其节奏比较接近口语,因而被广泛地用在戏剧中。

速度测验 speeded test; speed test　语言测试术语。指一种追求完成速度的测验。由于允许完成测验的时间有限,不是每个人都可以完成。测试题目的难度通常比较低,但受试者在给予充分时间的情况下才可能做对所有题目。

速度性 speededness 语言测试术语。指测试的一种特性，与测试的时限相关。测试时考生有充分的时间完成一份试卷的所有测试项目。它使得分数与完成速度和正确率相关。

速记术 tachygraphy 指为了加快书写速度而使用速记符号或缩略法（abbreviated writing）的一种方法，是应解决语言发音速率与文字书写速度的矛盾而产生的。广泛应用在口译、会议记录、文稿整理等工作中。速记的基本符号有声符、韵符、介符、拼音符和略符等。速记术的技巧和方法有词语连写、词语缩写、简略写法以及翻译整理文稿等。

速示器 tachistoscope 指一种具有迅速开闭的快门或类似装置，可以在其短暂的时间内呈现印刷材料的机器。速示器可用于对感受（perception）和阅读的研究，也用于快速阅读（speed reading）课程以及语言测试中。

速语症 tachylogia; lalorrhea; polylogia 病理语言学术语，亦称多语症。指一种非正常语速的言语现象。表现为语量超多、语意空洞、语法杂乱、语境自闭等症状。

算法 algorithm 一种数学计算方法，以阿拉伯数学家阿尔·花剌子模（Al-Khwārizmī，约780—850）而命名。此方法由有序的基本操作系统和确保有限操作步骤的应用条件构成。只要在相关领域内输入任意的数据，都会自动产出输出数据。此术语主要应用于控制论和计算科学方面，现被借用于生成语法的研究和分析中，主要指人脑中主司语言的部分如何从离散的词项生成复杂的结构表达式的操作过程。

算式库 numeration 句法学术语。指为构建一个结构描写而从词库中提取的词项集合。计算系统从算式库中选择一些成分并将其组合成结构。

随机抽样 random sampling 统计学、语言测试术语。指根据随机原则，从统计总体单位中抽取样本进行调查，并依此推断总体的相关指标，是抽样调查的基本形式，也是其他抽样调查方法的基础。该抽样主要使用抽签法和随机数表，总体中每一个成员都有均等、独立的被选择机会。这样不仅可以增强调查的准确性，减少非样本误差，同时可以节省人力、物力和时间。但此方法只适用于总体单位不太多、各单位标志变异度不太大的研究对象，由此抽出的样本称为随机样本（random sample）。

随机存取 random access 计算机科学术语，亦称为直接存取、直接访问或随机访问。指一种定位或获得信息数据的方式。即将数据存入存储器或从存储器提取数据，所需时间与数据存储位置无关。该方法在访问或更新文件记录时，不考虑文件信息的排列次序或位置，可用于计算机辅助语言学习中（如将计算机与盒式录音带连接，可以直接存取预录程序的任一部分）。光碟和存储器（随机存取记忆体、唯读记忆体、可编程式唯读记忆体）是主要的随机存取设备。与序列存取相对，其指以序列先后顺序进行信息定位，如快速倒带或前进。

随机平行复本 random parallel forms 语言测试术语。一种与测试题随同使用的题型说明，从平行的测试内容中随机抽取题项构成。两份测试在内容、难度和长度方面存在可比性。

随机区组设计 randomized block design 统计学、语言测试术语，亦称配伍组设计。一种为控制个体差异因素，降低完全随机化实验误差而进行的设计，即将实验对象按一定标准划分为不同的区组，使每个区组接受同样的实验处理，且顺序随机决定。从而尽可能缩小区组内实验对象的个别差异，保证组内的同质性。

随机顺序规则应用 random sequential rule application 一种规则有序理论，认为虽然每次只应用一条规则，但任何结构描写被满足的规则可以在任何给定处应用，而且一条规则可以应用多次。

随机误差 random error 语言测试术语，亦称偶然误差、不定误差。指一种在测量或观察中所产生、原因不明确、一般呈正态分布的误差。随机误差与真实分值之间、随机误差彼此之间并不相关。

随机音系学 stochastic phonology 音系学术语。指一种音系学理论，即概率音系学。该理论认为，人生来就具有从大量语言数据中提取统计概率的能力，其中包括两个语音共现的概率。例如，英语的节首辅音丛一般以塞音（stop）开头，其后接的辅音只能是通音（approximant）/w j l r/中的一个，出现其他辅音的概率为零。持该理论的专家在儿童语言习得方面通常持"刺激充足论"（richness of stimulus），即认为儿童从环境中接触到的语言刺激丰富而充分，这一观点与乔姆斯基的"刺激贫乏论"（poverty of stimulus）截然相反。

随意变幻观 hocuspocus 特指假想的理论语言学家在描写语言数据时所持有的两种极端心理状态之一，与绝对真理观（God's truth）相对。随意变幻观从音位的定义出发，认为音位（phoneme）是按照一定的程序和规则从语料中得到的抽象虚构单位，暗指其他的语言单位和语言结构也是虚构的。根据这一观点，不同语言学家在描写同一批数据时，由于背景、语感、程序等差别，会作出各自不同的预期和描写,从而生成各种不同的语言结构。参见"绝对真理观"。

随意变幻论者 hocus-pocus 指描写语言数据时持"随意变幻观"的语言学家。他们不认为语言单位和词类具有现实世界的真实性,在描写语言数据时预期自己将对数据加以组织,以便显示各种结构类型。参见"随意变幻观"。

随意变体 optional variant 亦称自由变体。指具有自由变异功能的若干形式之一,如"room"的任选读音/rum/或/ru:m/。参见"自由变体"。

损耗语言 attriting language 教育语言学术语。指正在受到损耗的语言,包括第一语言或第二语言。由于学习者个体情况不同,第一语言或第二语言都有可能在一定程度上受损耗。学习者个体情况包括年龄、技能和占主导因素的第一语言环境等,这些是影响学习者使用语言和维持其语言使用活力的自变量。

缩减 reduction ❶音系学术语。指影响某些类型语音序列的简化过程,其中辅音丛缩减(consonant-cluster reduction),即由于辅音丢失而使辅音串简化。例如,/ð/从 clothes 中丢失,/k/从 knife 中丢失。这种现象常出现在幼儿语言中。❷语法学术语。通常指一类小句或短语由于缺乏一个或几个成分而不能用作完整、独立的构式。例如,"to read the novel""phone's ringing"等类型的小句亦称作缩略句、缩约句或省略句,而此类短语为缩略短语。英语中也常有缩减词现象,如"it's her"中的 it's。❸句法学术语。指把复杂句子结构简化到只包含必要成分的最小结构的句子分析方法。常用句子的简单成分取代复杂成分,如代词化。

缩减被动句 reduced passive 语法学术语。指完全被动句通过缩减而成为缺乏施事的被动句。例如:He was rescued by the police.(他被警察救了。)可缩减为:He was rescued.(他被救了。)

缩减策略 reduction strategies 参见"交际策略"。

缩减从句¹ reduced clause 语法学术语。指具有状语从句的分布和语义,但缺少做主语的名词短语和限定动词的序列,即通过省略从句中的主语、系动词和助动词而形成的句子,通常由关系副词和谓语性短语组成。例如:[1] While walking, we talked. [2] Do as the Romans do. 在例[1]中,"while walking"可认为是"while we were walking"的缩减;例[2]则可视为"When in Rome, do as the Romans do"的省略。

缩减从句² abridged clause 语法学术语。指起到从句作用但不包含限定动词的结构。具有这种语法特征的英语句子有:[1] *Enthusiastic about the place*, John decided to stay. [2] *A terrestrial globe in each hand and books under his arms*, the teacher went into the classroom. 两个例句中,其前半部分虽然不包含限定动词,但起到了从句的作用。

缩减关系从句 reduced relative clause 语法学术语。指不包含诸如 who、which、that 等关系代词或标句词的关系从句。例如:[1] This is the room *I live in*. 其中的从句"I live in"即为缩减关系从句,其中缩减成分为 which。具有关系从句的语法功能但缺少关系代词和限定动词不同成分的从句也可被称为缩减关系从句。例如:[2] The woman *wearing the blue skirt* is Lucy. 其中斜体部分 wearing the blue skirt 中缺失了关系代词 who 和限定动词 is。

缩略 abbreviation 参见"缩写"。

缩略法 shortening 形态学术语。指对原来完整的词进行加工,缩略其中一部分字母(通常只保留一个音节),或将一个短语中各个词的词首字母构成缩写词,进而构成新词的方法。例如,英语词 plane、pop、exam 分别来自 aeroplane、popular、examination。

缩略规约 abbreviatory convention 句法学术语。指在形式分析中将两条或更多条含有共同成分的规则合并为一条的手段。在生成语法对形容词短语结构的描写中,短语结构中的 Ā 节点的构成规则包括两个:一个是"Ā→A+Comp",即 Ā 节点可以两叉分支为中心语 A 和补足语,另一个是"Ā→A",即 Ā 节点只由中心语 A 构成。由于两条规则中含有共同成分,因此按照缩略规约,两条规则可以合并为一条:Ā→A(Comp),意即形容词短语结构中的 Ā 节点可以包括中心语和补足语两个成分,也可只包括中心语一个成分,而不带补足语。

缩略形式 contraction 语法学术语。指将完整的语言学形式略去部分语音并使之缩短后的形式,如英语中的 've (have)、n't (not)、e'er (ever)和俄语中的 здрасте (здравствуйте)等。

缩舌发音 retracted articulation 语音学术语。指舌面后部向软腭移动时发出的语音。缩舌音可以在软腭化或前元音的央化中听到。例如,英语中[i]/[ɪ]和[u]/[ʊ]的元音对中后者均为缩舌发音。缩舌音与舌根前伸产生的前伸音(Advanced Tongue Root, ATR)相对。亦称软腭化音(velarised)。

缩写　abbreviation　形态学术语。指以主要字母或音阶来代替单词或词组的简便拼写方法,其主要目的是减少单词的拼写量。英语的缩写词主要包括截短词(clipping)、首字母拼合词(initialism)和词首字母缩略词(acronym)三种形式。截短词的字母截取方式通常有三种:(1)截取单词开头的一个字母或几个字母,如把 noun 缩写为 n., incorporated 缩写为 Inc.;(2)抽取单词中最重要的几个字母,如把 Limited 缩写为 Ltd, kilogram 缩写为 kg;(3)截取单词首尾的两个字母,如把 road 缩写为 rd, hour 缩写为 hr。首字母拼合词,亦称首字母连写词,通常是抽取一个词组或专有名称中各单词或主要单词的第一个字母复合而成,读音按字母名称的读法逐个读出。例如,Voice of America(美国之音)缩略为 V.O.A.,读作/ˈviː ˈoʊ ˈeɪ/;International Monetary Fund(国际货币基金组织)缩略为 I. M. F.,读作/ˈaɪ ˈem ˈef/。首字母拼合词也包括由一个单词的各个音节或各个词素的首字母组成的缩略词,如由 trinitrotoluene 缩写成的 TNT,读作/ˈtiː ˈen ˈtiː/;还包括由音节首字母和单词首字母拼合而成的缩略词,如由 extrasensory perception 缩拼而来的 ESP,读作/ˈiː ˈes ˈpiː/。词首字母缩略词通常由词组或专有名称中各主要单词的首字母复合而成,或由词首若干个字母与部分首字母组合而成,读音按正常的单词发音规则读出。例如,North Atlantic Treaty Organization(北大西洋公约组织)缩写为 NATO,读作/ˈneɪtəʊ/;light amplification by stimulated emission of radiation(激光)缩写为 laser,读作/ˈleɪzə/;radio detecting and ranging 缩写为 radar,读作/ˈreɪdɑː/。

缩写定律　law of abbreviation　形态学术语,亦称简略定律。指语言中词汇使用频率越高,平均词长越短的规律。

缩写形式　contracted form　书写上经过缩略后形成的形式。可以是缩略形式附着于其相邻形式,如 I've (I have)、haven't (have not)等。也可以是某一形式上的序列,整合为某一单独的形式,如法语中的 du(de le)、des(de les),德语中的 im(in dem)、zur(zu der)等。

所有格　genitive case　语法学术语,亦称属格。指名词或代词与句中其他词语之间的语法关系和语义关系,表示名词或代词的领属关系。通常,所有格通过在单数名词和不以"s"结尾的复数名词尾加{'s}及在以"s"结尾的复数名词尾加{'}构成。所有格可作限定词及修饰语,可表示所有关系、主谓关系、动宾关系、来源关系、类别、时间、度量、价值等。例如:[1] Mr. Brown's book (表示所有关系) [2] the President's arrival (表示主谓关系) [3] the enemy's defeat (表示动宾关系) [4] Jack's letter (表示来源关系) [5] a summer's day (表示类别) [6] a minute's work, a pound's weight, one dollar's worth of meat (表示时间、度量、价值) 此外,所有格还有独立属格和双重属格之分。

所有格符号 's　apostrophe　语法学术语。置于名词之后,表示所有格关系的后缀-'s,但在由-s 或-es 结尾的名词复数形式之后只加省略符号 '(撇号),如 boy's、boys'、the children's 等。所有格符号起源于 17 世纪后半期的一种错误理解,认为-'s 是 his 的缩略(George his ＞ George's)。

所指[1]　designatum　语言哲学术语。指符号(sign)的一个方面。符号包含四个方面:(1)作为符号的客体,称为"符号载体"(sign vehicle);(2)符号代表的客体,称为"所指"(designatum);(3)符号的发出者,称为"解释者"(interpreter);(4)对一个符号的意义做出解释的符号,称为"解释项"(interpretant)。持此种观点的主要有美国哲学家莫里斯(Charles William Morris)。德国哲学家弗雷格(Friedrich Ludwig Gottlob Frege)区别了意义与指称,英国哲学家罗素(Bertrand Arthur William Russell)和旅美德国哲学家卡尔纳普(Rudolf Carnap)则拟构了一个理想的语言。莫里斯对符号现象作了更精细的区分,如区别所指谓(designatum)与所指示(denotatum),所指谓是指事物的层级或分类,所指示是指分类中的组成部分。

所指[2]　signified　构成语言符号的一部分。语言符号由能指(signifier)和所指构成,所指指语言所反映的事物的概念。例如,英语"bird"的发音就是其能指,而"鸟"这一概念为其所指。

所指[3]　referent　亦称所指事物、所指实物或所指对象。即用话语或书面符号予以命名的物质实体或抽象概念。索绪尔认为符号包括能指(signans)与所指(signatum)两方面。前者是符号的表现,即形式,后者为符号的内容,即语义。语义必须通过语言符号的能指——语音表示出来,两者互为依存、不可分割。例如,物质"水"可以用一系列语音/ˈwɔːtə/和单词 water 来表示,品质"好心"可以用一系列语音/ˈkaɪdnɪs/和单词 kindness 来表示。

所指表达　referring expression　指以某个具体实体作为所指对象的语言形式(如名词短语),能够使听众或读者识别某物。

所指等级　referential rank　语用学术语。指讲话人所说的内容,即对事件、行为的叙述和评论,由四个基本平面(相互关系、故事、事件和识别)组成,包括说话人的目的、态度、感情等。

所指等级体系 referential hierarchy　法位学术语。指一个所指与其所在的目的性行为结构之间的部分与整体的关系。在该体系中所指单位有可能属于不同层次，如一个语言单位说明另一个语言单位的目的、原因、结果等，而第二个语言单位有可能包括话语的内容、说话者和听话者的态度、前提、目的、解释等，构成一篇故事的背景、发展、高潮或结尾。对所指等级体系的分析包括：(1)轨位(slot)，即该法位在所指结构中占据核心地位还是外围地位；(2)类别(class)，即所指内容，包括事件、本体、位置及修饰关系等；(3)作用(role)，在本体层次和事件层次等所担当的角色或产生的作用；(4)衔接(cohesion)，所指结构内部的连接关系，如背景、事物、时间等在时间/场所等方面的联系等。该等级体系与音位等级体系、语法等级体系共同组成语言结构的三种等级体系。

所指对象 denotatum　语言哲学术语。指由词项所指称的外部世界的"物"。有时用作"指称对象"(referent)的替换词，指称(denotation)是指词项所指称或所能适用到的那些事物，在传统的哲学书上，指称有时又叫"外延"(extension)。词项所指称的事物称之该词项的所指对象(denotatum)，它们可能是具体的，也可能是抽象的，如爱与恨；另一方面，所指对象可能是单数，如"孔子"的所指只有一个；也可能是复数，如"中国人""自然数"等的所指。另外，一些词项的所指对象并非现存的事物，即"外部世界"包括虚构和幻想的世界，如"金山""飞马""独角兽""圣诞老人"等，我们称之为具有"零所指对象"。

所指反复 referent repetition　语用学术语。在语篇中多次重复所指，以便于强调主题或进行长距离语篇搜索，体现衔接性的现象。

所指关系 reference　指语言表达(如语言系列或符号系列的字、词等)同它所指事物(如具体实体或抽象概念)之间的关系。例如，"dog"与客观世界中的"狗"(即所指事物或所指对象)这种真实客观事物之间的关系。广义而言，所指关系等同于所指意义；狭义而言，所指关系仅用于表示语言表达与个别现象(如具体事物)之间的关系(亦作指称意义)。例如，"Mary's dog"这个短语与现实中"玛丽的狗"的关系，而不是用于表示泛指的类属关系，即不像"dog"作为普通名词表示"狗"这一类动物。

所指晦暗 referentially opaque; referential opacity　亦称所指模糊。❶语言哲学术语。指一种人们在模糊语境中不能代换指称等价描述的表达，与所指透明(referentially transparent)相对应。例如：Jim wanted to let that man come into his house. 这是一个涉及意图的句子。如果吉姆不知道那人是盗窃犯，也不知道他的名字叫比尔，那么以上句子中就不能用"盗窃犯""比尔"等来代替"那个人"，否则其真值可能受到影响。❷语用学术语。指由于话语引用者与原说话人所指的世界状况不同，而在引语中产生所指不明确现象，不得不采用内容表达法(content mode)来解释。

所指结构 referential structure　法位学术语。指某一语言材料所指称的内容、听话者对话语的理解、说话人和听话人的态度、信念、情感、文化背景等。所指结构和语音结构、语法结构等为语言的不同结构类型。

所指模糊 referential opacity　参见"所指晦暗"。

所指前移 referent fronting　语篇语言学术语。指把所指移至句首以突出所指的手段。例如："一个做老师的，第一要懂得如何教好，第二要懂得如何学好。这，你总该明白了。" 句中的"这"前移，以突出其重要性。

所指意义 referential meaning　亦称指称意义。指语义学所区分出来的一种意义类型，即一个词项所反映的客观事物或现象的意义，表明句中语言单位与外部实体之间的指称关系。例如：Tom saw him. 句中的 Tom 和 him 指"某人"，saw 指一项行为。此概念存在一定局限：语言中有些词没有指称意义，如虚词(如 the、since 等)；有时同一实体是不同词语的所指，指称不明。例如，指着自己的孩子说：This is my hope/my dream/ my responsibility/my shame.（这是我的希望/我的梦想/我的责任/我的耻辱。）

所指制约敬语 referent-controlled honorific　语用学术语。指礼貌用语的一种形式，其使用受所指事物的制约，与受话者制约敬语(addressee-controlled honorifics)相对。前者对所指事物表示敬意，后者不计言语内容而对听话者表示敬意。敬语在朝鲜语、日语中比较普遍。

索引性 indexicality　参见"指示性"。

索引性原则 principle of indexicality　参见"标示性原则"。

T

他语者英语 English for Speakers of Other Languages; ESOL　　参见"英语作为第二语言"。

他语者英语教学 Teaching English to Speakers of Other Languages; TESOL　　参见"英语作为第二语言的教学"。

他主语言 heteronomous language　　相对于自主语言（autonomous language）的非标准语言。该语言使用者在正式书面语中往往使用另一自主语言。例如，德语中的黑森语相对于标准德语（自主语言）而言则为他主语言。

塔尔斯基语义学 Tarskian Semantics　　参见"模型理论语义学"。

探测 probe　　句法学术语。指最简方案中探针探测目标（goal）完成一致性操作的过程。参见"探针"。

探测能力 detection　　参见"检测能力"。

探针 probe　　句法学术语。最简方案中指携带某些未赋值特征（unvalued features）的中心语，可向其成分统制区域寻找并吸引带有相同未核查特征的名词性目标（goal）而得到特征值，以完成一致性操作。

唐氏综合征 Down's syndrome　　病理语言学术语，亦称蒙古病（Mongolism）。是人类最常见的一种由染色体引起的智力障碍。此病症由英国医生约翰·兰登·唐（John Langdon Down）首先发现并作出评述，而且患者的外貌又酷似西方人心目中的东方人，故此得名。唐氏综合征是由于先天染色体异常引起，大部分患者的第 21 对染色体在遗传分裂时发生错误，引致细胞核含有额外染色体；小部分则因易位而引起。患唐氏综合征的儿童外貌以至体质上都有很多明显的症状。他们智能较正常儿童偏低，通常智商只有 40 至 60，但性格温驯。患此症的儿童发育迟缓，加上肌肉张力低，令他们学习坐立及走路也比正常儿童迟。他们也有很特殊的面貌，易于辨认。患此症的儿童通常双眼距离较远，眼睛向上斜，鼻梁骨平坦，嘴、牙齿及耳朵均细小，大部分患者手掌纹呈猿型（俗称断掌），手指呈特殊的蹄状纹，第一及第二双脚趾的距离特宽。患有唐氏综合征的不同个体在语言使用和语言交际技能上差异显著。对于中耳问题和听力丧失问题通常进行拍片处理；助听设备或放大装置有益于其语言学习。早期的交际干预能培养交际技能。语言评估能帮助诊断医治的力度和显示不足。

讨论法 discussion method　　语言教学术语。语言教学的一种方法，对话小组选择一个目标话题展开讨论。可以小组、甚至整个班级为单位，就某个主题进行师生之间互动的对话。一般有四类讨论程序，根据教师控制程度的不同而有所区分：（1）背诵：一种以教师为主导的、高度结构化的讨论，教师可以借此检查学生是否掌握了某些事实性知识；（2）制导性讨论：结构化程度较低的讨论，教师借此帮助学生对某些重要概念进行理解；（3）反思性讨论：结构化程度最低的讨论，学生可以进行批判的、创造性的思维活动，解决问题和考察其他问题；（4）组内讨论：教师将班级分为若干小组，由学生主导，进行讨论。

套话 routine; ready-made utterance　　语用学术语，亦称公式化语言（formula），预制语言（prefabricated language），套语、惯用语、常规用语等。指日常生活中用来表示寒暄、问候、致意等的现成说法。一般程式固定、不具针对性，由若干词素或单词组成的语言片段，通常作为一个独立的项目来学习和使用。在语篇中作为交际媒介、礼貌用语或者话语的起承转合的辅助性用语而出现，通常并不增加新信息。各种语言都有一定数量的套话，如汉语中的"吃了吗？""您好！"；英语中的"How are you？""Good morning！""Have a nice day！""See you。"等。

套套逻辑 tautology　　参见"同义反复"。

套语 formulaic language; formulaic speech; formulaic expression　　参见"公式化语言"。

特定问题 specific question　　参见"具体问题"。

特殊变格名词 heteroclite　　参见"孤独成分[1]"。

特殊会话隐涵 particularized conversational implicature　　参见"涵义"。

特殊先天论 special nativism　　亦称专门内在论。先天论的一种，与普通内在论（general nativism）相对立。前者认为语言概念（如句子、名词短语、动词等的概念）是内在知识的一部分；后者则认为语言范畴和原则由生物结构和性质上非语言专用的原则建构。两者相比较，普通内在论更加强调语言的生物性。

特殊言语损伤 specific language impairment; SLI　　语言病理学术语，亦称发展性言语失调（developmental disorder）、发展性言语障碍（developmental dysphasia）或发展性失语（developmental aphasia）。指在正常语言学习环境下，在没有听

力缺陷、智力迟钝、神经或精神损伤的情况下,言语能力得不到正常发展。有些病例可能与遗传有关,但具体产生原因和根本性质仍在探究中。例如,患特殊语言障碍儿童语言习得能力不断变化,可能出现发展性异常现象。约翰逊(J.R.Johnson,1998)认为语法的形式化特征特别容易受到影响,这种症状可以延续到成年期。

特殊用途英语 English for Special Purpose; ESP 亦称专门用途英语(English for Specific Purposes)。指为适应某一专门领域需要而有针对性地开设的英语课程,兴起于20世纪60年代。最初重要的领域是科技英语(English for Science and Technology),后来发展涉及许多领域,如学术英语(English for Academic Purposes)、行业英语(English for Occupational Purposes)和金融英语(Financial English)等。特殊用途英语根据特定学习者群体的明确需要,制定语言课程中的教学目标、教学内容、教学计划和教学方法,使学习者能运用英语在自己特定的工作环境中获取信息和进行交际。特殊用途英语与旨在教学一般语言能力的课程即通用英语(English for General Purposes)组成英语教学的两大主流。根据哈钦森(Tom Hutchinson)和沃特斯(Alan Waters)1987年的著述,专门用途英语教学研究的发展分为五个阶段:(1)语域分析阶段(concept of special language;register analysis),侧重研究不同语域的词汇和语法特征;(2)修辞与篇章分析阶段(rhetorical and discourse analysis),侧重于句子层面之上的修辞和篇章分析;(3)目标分析阶段(target situation analysis),将语言分析与学习目的相结合;(4)技能与策略阶段(skills and strategies),注重利用学习者的一般推理和理解能力,培养语言学习和使用的技能与策略,如分析和获取书面语篇和口头语篇的信息,通过上下文推测词义的能力等;(5)以语言学习为中心阶段(learning-centered approach),认为专门用途英语教学应以语言学习为中心,而不是语言应用。

特征 feature 语言研究中指语言项所带有的一个或几个具有区别性功能的范畴化的依据。特征可区分为"语言"(或"语言内")特征和"非语言"(即"语言外"或"元语言")特征,前者如语言单位的"区别性特征"或词项的"语义构成成分",后者如某些手势、声调或受语言限制的言语环境。语言特征包括语音特征、语义特征及句法成分特征。音系学的区别性特征是音系研究的最小单位。例如,英语音素/b/具有浊音特征,是浊塞音;这一特征可将其与清塞音/p/区分开来,或与/d/、/g/等其他浊塞音归为一类。语义特征也可采用二分法进行切分,如bachelor(单身汉)可分析成[+人类][+男性][+未婚][+成人],wife(妻子)则分析成[+人类][-男性][-未婚][+成人]。特征划分也存在非二分的单值或多值现象。在生成句法分析中,词库中所提取的词项携带由其范畴所决定的特征,如名词带有性、数、格等特征,动词带有时、式、体等特征。

特征方式 feature mode 指语言单位的构成或排列模式。美国语言学家肯尼思·派克(Kenneth Pike)于1967年提出,指世界上任何物体,包括语言现象,都可从粒子(particle)、波(wave)和场(field)三个方面加以审查。在语言中,粒子指音位、语素等抽象单位,用以揭示这些单位是由哪些特征构成的,因此称之为特征方式。从这一角度出发,语言则是由个别离散的粒子组成的序列。

特征复合体 feature complex 参见"特征束"。

特征共现限制 Feature Co-occurrence Restriction; FCR 音系学、句法学术语。指在任何一个单一语类内限制特征及其值的可能组合。例如,[-辅音性]特征蕴含[+响音性],[+鼻音性]蕴含[+响音性]特征。因此当[-辅音性]或[+鼻音性]特征出现时,[+响音性]特征就必然出现。再如,[TENSE]特征只有在包含特征[VERB]的语类里才能出现。即只有词汇语类中动词的投射才可能有时态的标记。

特征函数 characteristic function 特殊函数的一种。假设集合1为集合2的子集,则集合1的特征函数从只包含1、0或"真""假"两个元素的集合3中给集合2中的所有元素派以真值。例如:集合1为元音,集合2为音位,则相应的特征函数为确定该语言中元音音位的标准。

特征几何 feature geometry 参见"特征构架理论"。

特征几何理论 Feature Geometry Theory 参见"区别性特征"。

特征架构理论 feature geometry 音系学术语。将不同的音位特征加以分类研究的一种理论。其主张是:音位的各区别性特征存在层次差异,作用各不相同,可以将这些特征分门别类,组成一个树形的结构(tree diagram)。一些发音部位(place of articulation)特征便据此分类,如唇音(labial)、舌前音(coronal)和舌面音(dorsal)。参见"区别性特征"。

特征结构 feature structure 句法学术语。指某一语法中具有复杂值和指数的特征束。特征结构通常作如下表示:

$$\begin{bmatrix} \text{category} & \text{noun phrase} \\ \text{agreement} & \begin{bmatrix} \text{number} & \text{singular} \\ \text{person} & \text{third} \end{bmatrix} \end{bmatrix}$$

这里有两个特征：范畴（category）和一致（agreement），范畴具有名词词组（noun phrase）"值"，而一致"值"则由另外一个具有单数（singular）和第三人称（third person）的特征结构表示。

特征矩阵　feature matrix　音系学术语。指对音段语音特征的双维描述。每一个特征都有两个值：一是正值（如元音性），二是负值。如下表中标示了"pin"中每一个音项的各个值的情况。这样，第一栏中，对于元音性特征，/p/是负值；对于辅音性特征，是正值。英语音系中，除了/r/和/l/以外，所有的辅音都具有这个值。在第三行，/p/的集聚性特征呈现出负值。表格中空白处表示不具备这个特征。

	P	i	n
元音性	−	+	−
辅音性	+		+
集聚性	−	+	+
钝音性	+		
鼻音性			+
紧音性		+	

特征扩展　feature spreading　语音学术语。自主音段语音学用于表达特征延伸的用语，如一个音调特征延伸到不具备这种特征的邻近成分。

特征束　feature bundle　音系学、语义学术语，亦称特征复合体（feature complex）。结构语音学和语义成分分析方法中根据构成语言项的基本特征成指分描述语言项的一种方式。例如，/p/可以认为是包含以下特征束的一个语音单位：[+阻塞（+STOP），−浊音性的（−VOICED），+双唇（+BILABIAL），−鼻音（−NASAL）]。参见"**特征**"。

特征删除规则　feature-deletion rule　语义学术语。指能够减少词项特征的纵聚合（paradigmatic）规则。如果增加此项特征则称之为特征增加规则（feature-addition rule）。例如，种属概念词椅子减少特征使外延扩大而转为类概念词家具，反之亦然；"杀死"减去使动（causative）特征则变成"死"。

特征说明默认规则　feature specification default　句法学术语。广义短语结构语法（generalized phrase structure grammar）为了简化特征说明而采用的一些规则。例如，在一般情况下英语句子的主语与助动词不是倒装的，无须带特征说明[−INV]，但英文中的疑问句必须倒装，因此需要带特征说明[+INV]。

特征增加规则　feature-addition rule　参见"**特征减少规则**"。

特指　specific reference　参见"**类指²**"。

提高性输入　comprehensible input　参见"**可理解性输入**"。

提供者　provider　语言教学术语。指在语言教学过程中负责课程开发和教学的机构、组织或者学校。课程的计划和传授可分给两个不同的机构，如需要课程的投资机构或公司与进行课程开发和教学的语言学校。

提及次序　order of mention　亦称提述次序。语言的一种使用方法。指把外部世界发生的事件次序用对应的话语语义单位的次序加以表达。如：[1] After John shut the door, he spoke.（遵循提及次序。）　[2] Before John spoke, he shut the door.（不遵提及次序。）

提取　excerpting　心理语言学术语。指把一个没边界的物质客体（mass entity）通过"提取"（excerpt）部分物质而转变成一个有边界的可数客体（countable entity）的语法操作过程。例如：[1] We should drink milk every day.（我们应该每天喝牛奶。）　[2] We should drink some milk every day.（我们应该每天喝一些牛奶。）例[1]中的牛奶（milk）是没边界的物质客体，但在例[2]中通过量词some 帮助提取了部分无边界物质名词，让牛奶经历了一个提取语法操作过程。提取与语法操作过程"去边界化"（debounding）相对。

提升　raising　句法学术语。有广义和狭义之分，广义指句子成分向左移动的过程；狭义指在提升结构中，内嵌句的主语被提升到主句的主语或宾语位置，句子的其余部分被标为"不定式"。在主语提升（subject-raising）规则中，一个补语小句的主语被"提升"为主要小句的主语。例如：[1] It seems that the man is very happy. [2] The man seems (to be) very happy.　句[2]助主语提升规则将"the man"从句[1]的内嵌句主语位置提升到主句动词"seems"的主语位置，得出新的语言表达式：[3] [the man][seems][to be very happy]　在宾语提升（object-raising）规则中，嵌套句的主语经过"提升"变为主句的宾语。例如：[4] He believes that Kevin is honest. [5] He believes Kevin to be honest.　句[4]中内嵌句主语"Kevin"根据宾语提升规则变为句[5]中主句动词"believe"的宾语，原嵌套句以不定式的形式存在。对于该规则的形式化、适用范围等问题（如有学者认为该规则只适用于一小类动词）存在一定争议。一般说来，经典转换语法中的主语提升构式用 NP 移位来分析，宾语构式用特殊格标记来分析。提升构式有时被称作兼动词构式。另见"**谓词提升**""**量**

词提升"和"否定词提升"。

提升动词　raising verb　句法学术语。指主语位置上的实义名词是由下属分句的主语提升而来的动词。英语中常见的提升动词包括 seem、appear、happen、turn out 等。波斯特尔(Paul Postal)在其《论提升》(*On Raising*,1974)一书中所举的例词包括:fail、stop、get、prove、strike、tend、resume、keep (on)等,由这些谓词构成的结构称为提升结构。由于提升动词无法分配外论元及赋内在格,其补语小句的主语为获得格位只能以两种形式存在:一为嵌套句主语,即通过嵌套句的主谓一致关系获得主格,如"It turned out that *he* was the CEO here";二是提升到主句的主语位置,并通过一致关系获得格位,如"*He* turned out to be the CEO here"。

提升形容词　raising adjective　句法学术语。指出现于提升结构中的某些形容词。因形容词既无法为主语授予题元角色,也无法为其内在补充成分的主语授宾格,其后非限制补充成分的主语无法得到格位,必须提升到主句主语位置获得主格,如"the mouse$_i$ is *unlikely* [t_i to have survived]"。如不提升,则留在内小句的主语位置上获得主格,主句的主语位置为了满足 EPP 条件由虚主语"it"填充,如"it is *unlikely* [that the mouse survived]"。

提示　cue　语言教学术语,亦称线索。指语言教学中所提供的一种信号,如导词(call-word),以启发学生做出相应的反应。除导词外,提示也可是具有某一暗示作用的词或句子。例如,教师给出提示词"时间",学生做出反应:"现在几点了?"在转换练习(transformation drill)中,教师提示"I bought a book.",学生反应"Did you buy a book?"或"What did you buy?"等。提示的方式也可以是手势、动作或其他信号。在练习表示方位的副词时,教师将手臂抬高,学生则做出反应——站起;教师手臂放低,学生反应——坐下。

提示效度　cue validity　认知语言学术语,亦称线索有效性。指一个统计测量手段,用来预测提示的效度:某一具体提示(particular cue)或属性(attribute)越经常与一个范畴的成员联系在一起,就越对那个既定范畴有效。它是一个与原型理论(prototype theory)有关的、表示可能性的概念。属性使用的频率越高,其与既定范畴成员间固化的程度越强,提示越有效;提示使用越多,越与其他范畴成员之间发生联系,就越无效。例如,"用来喝的"对于范畴"饮品"具有很高的提示效度,而"餐馆里可以找到的"则提示效度不高,因为餐馆里除了"饮品"外,还可以找到其他吃的、用的物品。提示效度的实质是认知经济性(cognitive economy)在起作用。提示效

度在基本层次范畴(basic level category)层面是最大化的,因为这一层次的范畴共享最多可能的属性,而与其他范畴成员共享属性的可能性则最小。

提示性音调　referring tone　音系学术语。表示所谈内容是说话者与听话者之间共知信息的音调模式,一般为升调或者先降再升,缩写为 r。此音调与阐明性音调(proclaiming tone)相对,后者往往为降调,缩写为 p,表明说话者所谈内容对听话者而言是新信息。

提述次序　order of mention　参见"提及次序"。

提问技巧　question technique　语言教学术语。指教学中老师提问时所使用的步骤和提问策略。鉴于提问是最常用的教学技巧之一,对老师所提问题和提问行为所进行的研究成为一语、二语课堂研究的重要话题。已研究的因素包括:关于低级问题和高级问题使用的频率、鼓励学生提问的程度、提问后留给学生思考的时间、对趋同或趋异问题的选用和教师自问自答的频率。

提喻　synecdoche　认知语言学术语。一种修辞格(figure of speech),指用某事物的部分指称整体,或者是以整体指称部分。例如,"雇用的人手"指"工人";在"They share the same roof."中,"roof"指代整个住所。伯克(Boeke)对提喻的定义是:"……部分代整体,整体代部分,容器代内容,能指代所指,材料代物品,原因代结果,结果代原因,属代种,种代属,等等"。他认为,可以用提喻来代替"代表(representation)"的概念;譬如,选出的个人代表一个党派,就是一种政治上的提喻关系。提喻和转喻(metonymy)关系密切。一种观点认为,提喻是转喻的一个亚类(subclass);另一种观点认为提喻和转喻的共同点是"相邻联想"(association of contiguity),但转喻属非包含性关联,提喻包含性关联。

题内关键词索引　Keyword in Context; KWIC　语料库语言学术语,亦称上下文关键词索引。机编索引方式的一种,可显示或打印输出语料库检索结果。即计算机根据用户要求检索语料库并生成所需语料时,以将检索的关键词放在语料行正中的方式来显示,这种索引方式对研究英语词语的搭配和语料库研究有很大帮助。KWIC 首先由 IBM 的卢恩(Hans Luhn)研究发明而成,最早应用于 1960 年美国化学文摘社创办的《化学题录》。该索引以文献篇名为基本素材,以篇名中的关键词做索引款目,以关键词的上下文做说明语。排列方式是将作为索引款目的关键字置于中间,前后衔接其余文字。上下文的长度可以根据需要调整设定,如+6 表示左右各有6 个词。排序法有三种:(1)在关键词的右边,按字母

顺序排列各同现行的下文。这种排法突出了中心词引起的词组。(2)将关键词左边的上文按最末一个字母的顺序排列。当中心词是动词时,这种排序法通常能迅速找出动词的主语,从而为了解主谓搭配和篇章的主题提供有用的线索。(3)上下文也可以按照出现的频率从高到低排列,把与关键词最常出现的词形首先集中同现。题内关键词索引的设计依据是:(1)文献篇名一般能概括或反映文献的主题内容;(2)从篇名中抽取的关键词有可能指引读者找到相关主题的文献;(3)关键词的上下文有助于定义或解释该词的含义,可用作限定标目含义的说明语。通过题内关键词索引进行检索时,先在索引款目中部找到与检索课题有关的关键词,再查看其左右的上下文,查找切题的文献。

题外关键词索引 Keyword out of Context; KWOC 语料库语言学术语。机编索引方式的之一,是对题内关键词索引(KWIC)的改进形式。与KWIC相比,其排列方式是将作为索引款目的关键字的位置从中部移到左端或左上方,标目下完整列举文献篇名。编制索引时,将款目轮流置于篇名中的每个关键词之下,且整个款目按关键词的字顺排列。KWIC索引便于计算机编排,但由于关键词仅限于篇名之中,反映文献主题的能力受到限制。KWOC其关键词可以从文献全文中选取,并将关键词轮排,从而可由多条途径查到同一标目,以及将有关同一事物的多个标目集中排列在一处,可读性比KWIC强,符合用户的检索习惯,接受度也较高。其不足之处是,所占篇幅比KWIC大,且易造成复合主题的文献在字顺序列中被分散多处。

题项 item 语言测试术语。指在教学测试中构成测验的单个项目,要求学生做出回答。项目为一个测量工具的基本构成单位。

题项分析 item analysis 语言测试术语。指对在预测或实测中的试题反应进行评估,并对得到的数据进行分析。其目的是了解试卷题项的有效程度和它们能否显示出高能力受试者和低能力受试者的差别,并以此来确定试题质量,如难度、区分度是否恰当,从而保证测试的效度和信度。

题项难易度 item difficulty; item facility 语言测试术语。表示试题难易程度的一个量数,是某一题目做出正确答案的学生数占学生总数的比值,可以用题目难易度公式计算。计算公式如下:Item Facility (IF) = R/N。其中R代表作出正确答案的学生数,N代表学生总数。R和N的比值越大,说明试题越容易;比值越低,说明试题越难。一般题目难易度为0.5左右适中。

题型说明书 item specification 语言测试术语。指题目编写指南,具体包括:(1)对题目所考察技能的简短说明;(2)对题目相关材料的描述,即提示;(3)对做题方式的要求(例如:多项选择题中从四个选择项挑选一个答案)和评估方式的说明(例如:作文所用的一套评分标准);(4)符合出题规范的一道样题。

题元层级 thematic hierarchy 句法学术语。指关系语法(Relational Grammar)中特定题元关系和题元角色与句子中的特定位置存在一定的对应关系,并具有位置先后的层级性。例如,未标记情况下施事总是对应句子主语位置,客体总是对应宾语位置,目标总是对应间接宾语位置。据此,关系语法认为题元关系按照"施事＜处所、来源、目标＜客体＜感受者＜其他"的题元层级映射到句子的论元位置(＜表示"先于"),称为普遍联系假说(Universal Alignment Hypothesis,简称UAH)。马克·贝克(Mark Baker)于1988年将其引入管辖与约束理论,提出了题元指派一致性假说(Uniformity of Theta Assignment Hypothesis,简称UTAH),认为特定谓语授予的每种题元角色都与特定的句法位置相联系,譬如占据Spec-vP位置的成分应该拥有"施事"的题元角色。

题元关系 thematic relation 句法学术语,亦作词汇关系(lexical relation)、语义角色(semanic role)。指格鲁巴(Jeffre Gruber)在1967年提出的类似于格的语义关系,菲尔默(Charles J. Fillmore)在格语法(Case Grammar)中称作"深层格(deep case)",后来杰肯道夫(Ray Jackendoff)重新使用"题元关系"的说法。例如:[1] Linda is checking a book out from the library. [2] Jenny will give Karen the dictionary. [3] Karen will get the dictionary from Jenny. 句[1]中的NPs被分派了以下主位关系:"Linda"为施事(agent),"from the library"为方位和源点(location and source),"a book"为题元(theme)。由于在很多句法模型中,每个NP只能分派一个题元关系,因此可以消除歧义结构。题元关系也可以描写成对动词(如sell/buy、give/get)的关系。在例[2]和例[3]中,主语NP分别是"Karen"和"Jenny",两者都是施事,但例[2]的主语是"源点"(source),例[3]的主语是目标(goal)。按照"(1)agent→(2)location/source/goal→(3)theme"的顺序形成层级题元关系,可以简化句子结构形成过程中的例外现象,如进行被动(passive)转换时反身代词和动词行为的分布。杰肯道夫试图表明题元结构是词汇关系中固有的,人们正是借助题元结构来表达他们的经历;他比较重视空间域(spatial field),因为这比较容易感觉到。

题元化　thematization　❶指把句子中的一个成分前置，移到句首充当主题。❷语篇语言学术语。根据韩礼德在1967年对句子信息成分排列的观点，句子线性排列，最左边的那个成分称为"主（题）位（theme）"，即话题的起点，其余为"述位（rheme）"，即对题元所做的陈述。

题元角色　thematic role; theta role; θ role　句法学术语。指施事、受事、处所、源点、目标之类的语义角色。在其他理论中常称作语义格、语义关系、格范畴等。题元角色由谓词指派，谓词与题元角色之间的关系是谓词与谓词表达的事件或活动的参与者之间的关系。

题元理论　thematic theory　对自然语言的句子进行主题解析的理论。参见"**题元关系**"。

题元网格　theta grid　句法学术语。指谓语（主要为动词）中储存词语的具体题元结构。例如，动词give允许出现三个论元，域外论元的题元角色是施事，两个域内论元的题元角色分别为客体和目标，动词give的题元网格因此可以写作："give：＜施事,客体,目标＞"。"施事"下的画线用以标记其域外论元的属性。题元网格也可用表格的形式表现，将题元角色和子语类化标记在一起。例如：

[1] place 的题元网格

施事 DP	客体 DP	目标 PP
i	j	k

[2] [s [NP John]i placed [NP the flute]j [PP on the table]k].

例[1]所示的题元网格表中，i,j,k 标记其在句子中的位置。具体运用到语例[2]中，John 标 i，表示"John"被授予施事的域外题元角色；"the flute"标 j，表示被授予客体的题元角色；"on the table"标 k 表示被授予目标的题元角色。

题元性　thematicity　句法学术语。指在管辖与约束理论中，句子的每个论元（主语或宾语）都必须胜任动词分派的一个特定的题元角色（thematic role）的特性。

题元指派一致性假说　Uniformity of Theta Assignment Hypothesis; UTAH　参见"**题元层级**"。

题元准则　theta criterion　句法学术语。指乔姆斯基提出的要求每个论元必须充当一个题元角色、每个题元角色都必须被分配一个论元的准则（Chomsky 1981）。有此准则，可保证谓语（主要为动词）题元网格中的题元角色不会悬空，未获得题元角色的 NP 也不会留在句中。

体　aspect　语法学术语。用来表达动词所描述活动的状态，表明该活动是正在进行还是已经完成等不同情况。体可以分为词汇体（lexical aspect）和语法体（grammatical aspect）。词汇体作为内在的语义特征，体现在状态、过程、持续动作、非持续动作等四类范畴。语法体则指语言提供的一种手段，可以编码（encode）说话者对活动、事件和状态的不同视角，如情态动词、前缀、后缀等。语言为实现不同的语法体提供了不同选择。英语有进行（progressive）和完成（perfect）两种语法体。

体裁　genre　亦称语体。指出现在具体场景中的篇章类别，具有不同的、可识别的结构（pattern）和模式（mode），而且有不同的具体交际功能，如商业报告、祈祷、布道、新闻广播、会话、演讲、信函、广告、诗歌、小说等。每一种体裁的话语都有不同于其他体裁话语的系统特征。内容上有联系的体裁组成一个复合体裁（complex genre）。例如，圣歌、圣诗、祈祷、布道组成了宗教服务复合体裁。体裁是构成话语语境的重要参数之一。在构建篇章时，作者必须利用通常和他所写的篇章相联系的某些体裁特征；在阅读篇章时，读者通常有类似的基于篇章特征的预期（expectation）。指文学作品中的不同范畴，如小说（fiction）、喜剧、悲剧、诗歌等。

体裁法　genre approach　语言教学术语，亦称基于体裁的方法（genre-based approach）。写作教学方法的一种，特别指母语写作教学法。该方法把学生们在学校经常遇见的而且对学习成功起关键作用的不同体裁抽出来，并以此为基础设立不同的写作课程。主要研究者有韩礼德和马丁（James R. Martin）等功能语言学家。学校作文经常遇见的体裁包括观察（observation）、评论（comment）、讲述（recount）、叙述（narrative）、报告（report）等。例如，一个报告的结构包括一般性的分类陈述、描写和最终评论。体裁法的拥护者认为掌握各种写作的体裁对完全参与各种社会过程（social process）是必要的。在成人第二语言的教学中，体裁法一般从认识学习者身处其中的篇章使用的言语社团开始，如宾馆、工厂、图书馆、医院等。对目标语言语社区篇章的研究一般从篇章的类型和它们充当的篇章角色的视角进行。

体裁分析　genre analysis　从语篇体裁角度解析特定语篇所具有的特定认知结构的过程。体裁分析既涉及文体分析，也涉及语篇分析。前者既包括传统意义上的对语言描写、语音词汇及语法等语篇内部结构的分析，也包括对该语篇所选择的语言得体性的分析。体裁分析不仅包含表层语篇结构，即对语篇语言特征的分析，更涉及深层语篇结构，即对隐藏在语篇结构背后的文化因素、交际环境和读者认知结构等社会因素的分析，从而进一步揭示交际背景的特殊方式和语篇结构的规范性。

体裁格局　genre-scheme; genre structure　语篇语言学术语，亦称体裁结构、体裁类型或语篇结构（discourse structure）。指篇章语言学（text linguistics）和话语篇章分析中说明语篇组织的深层结构。各种语篇，如故事、新闻、诗歌、报告、信函、备忘录、描写等，具有把话题、命题与其他信息组合成一个连贯单位的不同方法。这种深层结构被称为"格局"或"宏观结构"。例如，"故事"这一体裁的格局由背景和情节组成，而背景又由表示时间、地点、人物的不同情形组成，情节又由事件和事件引起的反应组成。参见"修辞结构"。

体裁结构　genre structure　参见"体裁格局"。

体裁类型　genre-scheme　参见"体裁格局"。

体对偶　aspectual pair　表现出"体对立"的一对具有特定"体范畴"意义的动词。例如，俄语 наводить（引导）和 навести、писать（写）和 иаписать 这两组动词，每一对中的前一个动词与后一个动词意义相同，但前一个是未完成体，而后一个是完成体。

体假设　aspect hypothesis　语言习得术语。指在习得时体标记的初始阶段，一语和二语学习者都会受到谓语动词本身所固有的语义的影响，由安德森（Roger Andersen）于20世纪90年代初提出。例如，语言学习者习得英语进行体词缀-ing时，首先通过与具有内在持续性的单词，如 work、write 等，而不是与具有突然性或非延续性动作的单词，如 die、break 等相结合。根据这种观点，在语言学习早期阶段，时态的习得更可能反映体的编码。

体距学　proxemics　指研究交际时交际者之间诸如人体间距、姿势、是否身体有接触等这类对空间的处理和利用问题的学科。体距学研究不同的交际空间距离对交际者产生的不同感觉和交际效果，并解释在不同文化对同一交际行为的影响。交际者相互之间的看法和态度以及他们的思想心理状况都会对说话者之间的物理位置产生影响，因而人类交际过程中的这些因素与人们的性别、年龄和文化背景、社会角色也是体距学研究的焦点。

体时性　aspectual-temporal　语法学术语。指动词的体（aspect）和时（time）两个范畴往往同时存在，或是"时"的形态依附于"体"，或是"体"依附于"时"，体时性即表示这种"结合"。例如，俄语 читать（读）是未完体，其现在时是 читаю、читаешь 等，过去时是 читал 等，将来时是 буду читать 等；而 is reading 是持续体依附于现在进行时，has read 是完成体依附于现在时，had read 是完成体依附于过去时。

体特征　aspectual character　语法学术语。指某种体（aspect）具有的特性。例如，英语 walk、watch 等表示进行体的动词，所具有的体特征是持续性，而不是瞬时性。

体投射　aspectual projection　句法学术语。指管辖与约束理论中存在于动词短语 VP 上层以体标记为中心语的短语。一般记作 AspP。

体验　embodiment　认知语言学术语。认知科学或心智哲学（philosophy of mind）中的一个重要术语，指人类的行为产生于大脑、身体和居住世界之间的相互作用（interplay）。身体在塑造人类的心智方面起重要作用。人类的身体与我们特有的生理结构（physiology）和解剖学结构（anatomy）有关，生理结构决定人类的生物外表特征是人而不是动物，解剖结构决定身体内部结构包括大脑和神经系统。体验对于认知语言学研究非常重要，如概念结构的形成、对意义的建构等。

体验构式语法　Embodied Construction Grammar; ECG　认知语言学术语。指由伯根（Benjamin Bergen）和张（Nancy Chang）以及其他合作者提出的一种构式语法理论。这个理论模型认为构式是语言知识的基础，强调语言处理，特别是语言的在线理解（on-line comprehension）。体验构式语法主要关注一个给定语言的构式在语言理解的过程中如何和体验认知（embodied cognition）联系在一起，语言构式如何引起模拟（simulation）的。因此，到目前为止体验构式语法的研究大部分都聚焦在发展一种形式手段，来描写语言的构式；同时这些形式手段也需要能够描写在动态的语言理解过程中，这些构式引起的体验概念（embodied concept）。

体验认知　embodied cognition　认知语言学术语。体验认知观认为我们思维（mind）的本质大部分都是由我们身体的形式决定的。人类的思维和概念组织是人类的身体与我们居住的环境互动方式的体现，换句话说，概念的本质和概念的结构与组织方式受到我们体验经验（embodied experience）的限制。认知语言学家认为，语言反映概念结构，因此语言反映体验经验。威尔逊（Margaret Wilson）提出了关于体验认知的六个观点：（1）认知发生于具体情景（situated），如在一个房间里摆放家具；（2）认知有时间压力（time-pressure），有没有真实的时间压力，人做出的决定是不同的;(3)利用环境减轻部分认知工作量,如台历、议程、备忘录等;(4)环境是认知系统的一部分,大脑、我们的环境及其互动构成了认知系统,如思维、决定和未来都受环境的影响;(5)认知是为了行动(for action),感知和认知的目的都是为了在恰当情景中的行为;(6)离线认知(off-line)是基于身体的(body-based),即使我们离开了环境,我们的大脑机制也是根植于与环境的互动发展。雷考夫(George Lakoff)和他的合作者约翰逊(Mark Johnson)、特纳(Mark Turner)出版了著作,基于认知科学的发现深入探讨了体验认知,如概念隐喻、意象图式等。兰艾克(Ronald Langacker)和泰尔米(Leonard Talmy)也研究了语言是如何编码概念结构的。

体验哲学 embodied philosophy 认知语言学术语。在哲学领域,体验的思维观(embodied mind thesis)认为,思维的本质很大程度上是由人体的形式决定的。研究体验认知(embodied cognition)和体验思维(embodied mind)的哲学家、心理学家、认知科学家和人工智能研究者都认为,认知的各个方面都是由人体的诸方面塑造的。认知的各个方面包括高级心智表征结构如概念和范畴,以及履行各种认知任务如推理和判断等。身体的诸方面包括运动系统、感知系统、人体与环境的互动以及关于世界的本体假设等。长期以来,外部现实主义(External Realism)在客体和主体之间创造了一个无法逾越的本体论上的鸿沟。其要点就是有一个独立于我们的理解而存在的客观世界,有关思维的概念和形式特点不是由我们的身体和大脑决定的,而是由大脑中那个至高无上的"外部世界"所决定的。普特南(Hilary Putnam)提出了内部现实主义(Internal Realism),认为应当从人的主观视角来研究现实主义。

认知科学的诸多成果已经揭示思维是体验的,这对于理解思维和世界之间的"适配性(fit)"提供了全新的视角。雷考夫(George Lakoff)和约翰逊(Mark Johnson)把这种观点称为"体验现实主义"(embodied realism),并指出"我们在一个情景中认为真实的东西取决于我们对那个情景的体验理解"。雷考夫和约翰逊基于体验认知观建立了"体验哲学",体验现实主义(embodied realism)、认知下意识(cognitive unconscious)、体验的思维(embodied mind)和隐喻性思想(metaphorical thought)构成了体验哲学的核心内容。体验哲学是对普特南内部现实主义的发展,与西方传统分析哲学和自动心智的观点相反,是认知语言学的哲学基础。

体助动词 aspectual auxiliary 语法学术语。指以标记体(aspect)的助动词,如英语中"have"和"be"作时态助动词之同时表示出"体"的附加意义。例如:[1] He *has* read a book. [2] He *is* reading. 例[1]表示出过去至现在时、完成体;而例[2]则表示现在时、持续体、未完成体等。

体转移 aspectual shift 语法学术语。指句子结构转变时发生的体的变化。例如:[1] The letter is written. [2] Someone has written the letter. 例[1]是现在一般时态,改成例[2]则变成现在完成时态。 [3] *Someone write the letter. 例[3]不能成立,原因在于英语中表示一次性行为的动态动词不使用"现在一般时态"。

替代 paraplasm; paraplastic form 形态学术语。指以新词替代旧词,也是词语随着科技发展而产生更替。例如,用 radio 替代 wireless;用 record player 替代 gramophone。

替代理论 substitution theory 认知语言学术语。指有关隐喻研究的一种早期理论。亚里士多德在其《诗学》和《修辞学》著作中多次提到隐喻的构成方式和修辞功能。他认为,隐喻是用一个词替代另一个词来表达同一意义的语言手段,两者属于对比关系,主要功能是语言修饰,属于正常语言规则的偏离。到公元一世纪,罗马修辞学家昆体良(Quintillian)提出了替代理论,他认为,隐喻就是用一个词去替代另一个词的修辞现象。后来,关于隐喻的研究又有了进一步的发展,先后提出了互动理论(Theory of Interaction)和概念隐喻理论(Conceptual Metaphor Theory)。

替代形素 replacive morph 参见"替换形素"。

替换 substitution 亦称替代。❶韩礼德等提出的保持语篇衔接的五种类型之一。指一种语言形式或语法特征,在一定的语言结构中替换某一词类(form class)中的任何一个形式;或者说在保持结构一致的基础上用一种表达式去代替另一种表达式。例如,在句子"He loves strawberry ice creams, and he has one every day."中,后半句中的"one"替代了前半句中的"strawberry"。❷句法学术语。指 wh 短语的移位过程,即移位的 wh 短语按照结构保持制约替代一个空语类的过程。❸语言习得术语。指学习者用一种语言形式去代替句子中某种语言形式的错误。例如,学习者在表达句子"Where is my tennis racquet?"时,句中的"racquet"可能被替换为"bat",即"Where is my tennis bat?"。

替换表 substitution table 参见"替换操练"。

替换操练 substitution drill 语言教学术语。语言教学中学生练习句型时的常用方法之一。在进行替换操练时,教师通常首先提供一个词或句子作为提示语,再由学生通过替换的手法对该句型进行

T 替 tì　　（语言学术语）

操练。例如：
示例：The man has caught the ball.
教师提示语：The woman …
学生反应：The woman has caught the ball.
教师提示语：… the cat.
学生反应：The woman has caught the cat.
（以此类推）

在进行替换操练时，一些词或短语等语言成分通常可以替换句子中不同位置上的成分，将这些项目和原句组合，构成"替换表"（如下表）。学习者在进行操练时，可利用表中的替换项目，与原句型一一组合，以构成很多结构相同但语义不同的新句子。

The hospital		besides	the post office
The university	is	behind	the city hall.
The police station		opposite to	the theater.

替换规则　alternation rule　　语用学术语，亦称选用规则。指影响或决定社区成员选择使用某种语言风格或语体进行交流的规则。语言从口语化到正式体有着多种风格和语体，说话者随场合、身份等交流语境的不同会有不同的选择。一个人的语言风格与其所采用的同现规则（co-occurrence rules）和替换规则（alternation rules）有关。同现规则决定了哪一种语体特征的表达先出现，哪一种后出现。在整个对话中，不同风格的语体都会出现，在不同的话轮中可以先后使用。但是，替换规则决定只有一种语体可以采用，而排除其他语体特征的表达，如讲话者只能从"Good morning!""Hello!""Hi!"这三种从正式、半正式到口语体中，选择一种打招呼的方式。

替换框架　substitution frame　　参见"框架"。

替换形素　replacive; replace morph　　形态学术语，亦称内部替换形素或替代形素。指词内部屈折变化中另一个代替原有形素（morph）、表示一定语法范畴的形素。常用来解释一个词（如动词或名词）不规则的内部词形变化。例如，英语 man 变为复数 men，这里/e/可以认为是替换语子，表示词的复数形态。又如，动词 swim 变为过去时形式 swam，其中的/æ/也是替换语子，表示动词过去时。此观点最初由美国结构主义流派学者提出，最近的形态学理论对此一般持怀疑态度。

天城体　Devanagari　　印度的一种文字，亦称梵文字母（Sanskrit letter）。用于书写梵语（Sanskrit）、普拉克里特语（Prakrit）、印地语以及马拉塔语（Marathi）。由最初的婆罗米文（Brahmi）手写体，经过长期演变，在 7 世纪时形成。婆罗米手写体的许多分支之一是叫做古普塔（Gupta）手写体，从 4 世纪到 6 世纪的大古普塔帝国一直采用该手写体。天城体字母是古普塔手写体的变体——7 世纪出现的最早的碑文——发展起来的。梵语从左至右书写，字母表由四十八个符号组成。其中，三十四个是辅音，十四个是元音或双元音。书写以音节为最小单位。元音分开头和辅音后两式。辅音字母单用时，本身带有短音的 a 元音。身体就是神明居所，印度人称之为"天城"（诸神之城"Devanagari"，即 City of the Gods）。梵文使用的字母，即取名为"天城体"。

天赋　innateness　　❶ 哲学术语。指个体天生就具有的某种生理特点。在中国古代，人们用"神资壮烈，天赋机谋"（《旧唐书·傅宗纪》）来形容特别聪明或具有才智之士；也有学者用"君既天赋，相亦天锡"（贯休《尧铭》）来描述"天赋"，即个体的那种独特才能是天生的而非后天学成。在欧洲哲学史上，笛卡儿（Rene Descartes）认为感性认识不可靠，理性认识并非来源于感性认识，从而提出"天赋"观念。认为人对于神灵的认识和对逻辑学、数学等基本原理的认知都是"天赋的"。这种唯心主义观念受到英国哲学家洛克（John Locke）等经验主义者的反对，后者承认个体大脑中的生理结构确实存在差异，但这只是个体的才智在后天得以发展的物质基础，个人在聪明才智上的差异的形成主要取决于后天的经验和社会实践。❷ 语言习得术语。指母语学习者尤其是儿童天生具有一种学习语言的先天机制。根据天赋假说（innateness hypothesis），儿童天生具有，至少部分具有关于人类语言普遍语法（universal grammar）的知识，也就是说，这种与生俱来的语言习得机制使儿童在接触到有限的语言素材之后，能迅速建立这种语言的语法，从而掌握这种语言。这一假说尽管很大程度上得到生成语言学的支持，但也存在不少争议。争议点集中在儿童早期习得语言和语言知识的性质如何，这种语言和语言知识的性质是否不依赖于其他因素（如认知因素）就能确立，等等。

天赋假说　innateness hypothesis　　部分哲学家和语言学家主张的一种理论，认为人类的认知来自头脑中生来就有（即天生的）结构、过程和理念，而不是来自环境。这种先天能力是语言基本结构的基础，也是人们学习语言能力的基础。这一假说已被用来解释儿童如何能够学会语言。语言天赋说相反的一种观点，即经验主义观（empiricism），其观点是人类的一切知识都来自经验。

天气动词　weather verb　　语法学术语。指类似英语中 rain, snow 等表示天气的一类零价（zero-valent）动词。根据配价（valency）理论，动词 love 为二价动词，因为其语义结构包含两个参与者（participant）或称两个论元（argument），如"*He loves her*"中的 he 和 her；动词 give 为三价动词，包含三个参与者，如"*He gave her a present*"；而"rain"不包含任何参与者，如"It is raining"中主语位置的 it，它没有实际所指，只用来填补句法位置，是一个假位（dummy），这是因为英语句法要求主语位置不能空缺。捷克语、俄语、意大利语等语种在这种情况下句子则没有主语，主语位置空缺。例如，捷克语中"下雨了"一句话只用动词单数第三人称 Prší 表示就已足够。

添加指大后缀　augmentative　参见"增义附加词缀"。

田野试验　field testing; field trial　亦称先导测试（pilot testing; pilot experiment）。指对研究课题开展全方位研究之前，初步对该课题进行小规模先导性试验和研究。开展田野试验的目的在于对该项目课题的可行性、时间、研究成本、不良因素、效应大小等进行评估，进而预测出该项目适当的研究范围，改进课题设计等。在语言教学实践中，田野试验是指出版教学材料或对该材料进一步修订之前，为了检验其适用性而进行的小范围试用。

田野调查　field research　亦称实地调查。指在尽可能自然的场景里（通常在其故乡环境）从语言调查受访人处获取语言数据的方法，包括对操母语者的讲话实录、在双语或多语社团内进行的采访和问卷调查以及对第二语言或外语学习者进行的口头或书面测试。

田野调查法　field research; field work　亦称实地调查法。通过观察或在尽可能自然的场景里录音而进行的资料收集的方法。收集资料有不同的方法，如录音、访谈、观察或录像等。田野调查法是许多应用语言学家和社会学家首选的资料收集方法。按照研究目的，可以进行综合性的调查，如调查某一方言或语言的地理分布，描写其语音、词汇、语法系统。也可以进行单向性的调查，如调查某一方言或语言的辅音系统或声调系统等。

田野语言学　field linguistics　语言学的一个分支，亦称实地语言学。旨在观察、描写、研究第一手语料。通常是收集自然环境中的话语语料，并在此基础上进行分析和描写，研究对象往往是鲜为人知的语言。其研究目的在于创造对语言描写的成果，而且往往是第一手的描写成果。此概念由帕米拉·孟罗（Pamela Munro）于 2001 年提出，虽是语言学的一个分支，但并不是一门理论学科，在某种意义上又可视为描写语言学的一种研究方法。

填补型移位结构　dislocation structure with filler element　参见"左向移位结构"。

填补虚词　expletive; dummy　参见"漂浮成分"。

填充词　filler　亦称语言填项（language filler）。指在话语结构中的某一空位可以填入的、起功能作用的语言形式。常见于说话人在结束话语之前停顿片刻进行思考时。不同语言具有不同特点的填充词，英语中最为常见的填充词有：uh、um、like、you know、so、actually、well、I mean、you see、er、mm 等。填充词在某些不同场合具有不同的含义，特别在话语的连贯性、缓和说话人的语气、说话人对听者的态度、对非正式对话情景的估计等方面的使用，更可能起到语言上的节奏性和表达性的作用。填充词也可理解为能占据话语某一空位的所有形式，如"She loves dancing"中的填充宾语位的动名词 dancing。

填充词缺位结构　filler-gap construction　句法学术语。指某一显性句法成分能与句中缺位成分形成互相诠释的依存关系的结构。例如：[1] $Mathematics_i$ I really like$_{ti}$. [2] Who$_j$ do you think John loves$_{tj}$? 例[1]是话题化结构，mathematics 作为话题移至句首，动词 like 后面出现缺位，此缺位可由 mathematics 进行诠释。例[2]为 wh 移位，wh 成分移位后，可以对其留下的语迹（即缺位）进行诠释。

填充虚词　expletive　参见"漂浮成分"。

条件反应　conditioned response　心理语言学术语，亦称制约作用（conditioning）。指通过条件的联系形成的对刺激物的非条件反应，不同于一般的自动反应（automatic response）。俄国心理学家巴甫洛夫（Ivan Pavlov）的经典条件反应实验发现，当狗见到食物或闻到食物香味时产生唾液，属于非条件反应。但当经过一段时间训练后，狗听到铃声，即使食物没有出现，也会产生唾液，则属于条件反应。按照该理论，通过训练或制约作用，人们可以学习各种各样的行为，包括语言。学习过程中存在刺激—反应（stimulus-response）的关系。通过制约，学习者得到一个结果或达到一个目的，这一过程称为操作性制约（operant）。如果学习者对结果满意，便会反复进行操作，操作就得到强化；反之，如果学习者对结果不满意，则可能避免再次进行操作。前者称为正向强化（positive reinforcement），后者为负向强化（negative reinforcement）。这就是英国行为主义心理学家斯金纳（Burrbus Frederick Skinner）的操作制约（operant conditioning）理论。斯金纳认为，儿童语言习得过程是按照操作制约的规律进行的。

条件分句　conditional clause　语法学术语。指复合句中作为主句条件出现的分句。英语中条件分句一般由 if、unless 等从属连词引导。其中一个分句(主句)里的状态取决于另一分句(条件分句)所描述的可能或将要发生的事。例如:[1] If it is fine tomorrow, we will go sightseeing. [2] Pubs won't be allowed to sell alcohol unless they have a license. 例[1]中的"明天天晴"就是"我们去观光"的前提条件。例[2]中"获得营业执照"是"出售酒精饮料"的前提。需要注意的是条件分子句与条件语气(conditional)在语法上是不同的概念。前者所说的条件是真实而可能发生的,后者的条件则是虚构或假设的。

条件语气 conditional mood 语法学术语,亦称条件式。指用于表达有效性不确定或假设的命题的一种语法形式。条件语气一般出现在条件句的主句中用以表达这个条件可能引起的结果而不是这个条件本身。英语中的条件语气通常以过去式或虚拟语气的形式表达。例如:[1] If I had enough time, I *would read* more linguistics. [2] Had I enough time, I *would read* more linguistics. 在例[1]和例[2]两个句子中,"would read"就是一种条件语气的表达方式,而条件分句中"had enough time"则表达与事实相反的虚拟语气。但并非所有条件句中都出现条件语气,在某些语言中则根本不存在条件语气。例如:[3] If I have time, I will read more linguistics. 此句中就无条件语气。与英语不同,有的语言通过给动词加词缀表达条件语气,如法语的条件式是在其简单将来时的词根基础上依据不同人称增加相应的词缀。

条目 entry 亦称词条。指在语法描写中正式列入词库或词典中的关于一个词项的信息。

调节性规则 regulative rule 语用学术语,亦称制约规则。言语行为理论中制约人们社会活动和行为的相关规则(如礼仪规则、交通规则等),用于调节先前存在的、独立于规则之外的行为活动。就文字表达而言,这类规则常用祈使句形式来表示,如"要做……""不要做……"。调节性规则与规定行为形式的构成性规则(constitutive rule)相对。后者构成一种活动,这种活动逻辑上依赖构成性规则而存在。例如,乒乓球比赛规则是乒乓球运动的构成要素。

调适 accommodation 社会语言学术语。指会话者在交谈过程中调整自己的话语风格以接近或异同于听话人的风格。这种调整的目的,或是为了提高交际效率,或是为了获得听话者的认同,亦或是为了标记社会地位。

调音动作 regulation 语音学术语。腔室内形成不同形状、大小,或者形成不同阻碍,使发音得以修正和产生不同形式共鸣的动作。该动作为言语生成(speech production)的基本动作之一。

调整模式 adjustment model 形态学术语。词项与配列语法(Item-and-Arrangement grammar)理论下的一种词形分析模式。

跳读 skimming; skim-reading 参见"略读"。

跳跃式接合 skip-connecting 话语分析术语。指说话人可能把要说的话语和早先说的话语进行跳跃式的结合以便畅所欲言,由库特哈德(Malcolm Coulthard)于 1977 年提出。

铁砧 anvil 语音学中的一个比喻,常以"锤子和铁砧"(hammer and anvil)的形式表述。指语音学中把活跃发音器官"舌"比作锤,把不活动的发音器官(immovable speech organ)比作铁砧,将舌与齿、齿龈或硬腭成阻的动作比作锤子敲击铁砧。

听话者推论 recipient's corollary 语用学术语。指在分析会话含义时,与说话者准则(Speakers' Maxim)相对应的准则。该准则由列文森(Stephen Levinson)提出,他将格赖斯(Paul Grice)的合作原则发展为数量原则(Q-principle)、信息原则(I-principle)和方式原则(M-principle)。其中,每一部分都包括说话者准则和听话者推论。譬如数量原则中的说话者准则为:所陈述信息不能少于说话者所知的量,除非陈述与信息原则相抵触;而听话者推论为:相信说话者的陈述已为所知范围内的最强陈述。信息原则的说话者准则为极少量准则,而听话者推论为扩展规则。方式原则中的说话者准则为:不要无故使用冗长的、隐晦的或者有标记的表达式;听话者推论为:如果说话者使用了这种表达式,意思有别于常规含义。当数量原则、信息原则和方式原则相矛盾时,数量原则先于方式原则,方式原则先于信息原则(Q>M>I)。

听觉辨音 auditory discrimination 参见"听觉鉴别"。

听觉处理 auditory processing 语音学术语。指大脑感知和接受语音符码及解码的过程。根据 1988 年认知心理学家埃利斯(Andrew Ellis)和安德鲁·扬(Andrew Young)通过实验提出的听觉认知模式,听觉认知处理过程包括:(1)听觉分析系统(auditory analysis system),从语流中吸取及分辨音位及其他声音。良好的听力应能分辨并吸取有意义及有意义变化的音位,且能分辨没有意义的其他声音。(2)听觉输入词库(auditory input lexicon)贮存听者已知字词信息,通过被激活的字词单位,识别类似的词。(3)语义系统(semantic system)贮存词义并随时准备语义记忆被激活。(4)言语输出词库(speech output lexicon)提供话语说出的词。(5)音位反应缓冲机制(phoneme response buffer)负责选择、区分语流中的声音。实际处理过程中,以上五个组成部分可以有不同的组合,因而有三个不同路线:路线一是正常人程序,路线二适用于词义失聪症(word meaning deafness)患者,路线三适用于听觉音位失聪症(auditory phonological agnosia)患者。

听觉刺激　auditory stimulation　行为主义心理语言学家认为语言习得是刺激—反应(stimulus-response)的过程。主要指语音对听觉器官的刺激,也指条件反射时的声音刺激。语音通过听觉区到达大脑的深层部分,神经回路打开,通过振动音,发挥耳朵的全部能力,让大脑充满能量,打开一直封闭着的右脑大门,调动听觉潜意识语言。处于大脑的深层部分的间脑(丘脑和下丘脑)集中了所有的神经,并控制着所有内分泌腺,当我们朗读时,间脑就集中能量变得很宽大,产生新的突触并打开新的回路,同时也就打开了最深层的间脑记忆回路。听觉刺激促进右脑活性化的原理是:耳朵除了具有"听"这种集音功能以外,还能够将大脑必需的能量转化并生成为声音的振动能量。内耳中一个旋涡状的部分,叫耳蜗,上述能量的生成和增幅都要在耳蜗部分完成。潜意识语言在耳蜗中呈螺旋状传送时会转变成活化大脑的能量并直接将积极正面的潜意识语言进入右脑记忆库。

听觉反馈　auditory feedback　参见"振动反馈"。

听觉反馈　auditory feedback　语音学术语。指说话人通过自己的耳朵感知自己说话声音的过程;人们说话时能够听到自己说的话,并能运用这种信息监检自己的言语以及时纠正所出现的错误。例如,人们在日常言语交际场合随时调整自己的言语:
　　—Why not go for a walk in the country?
　　—I mean it would be a good idea to go for a walk in the country.
反馈是指业已产出的行为返回行为来源的信息,可以指任何干扰和反干扰的反馈系统,比如听觉反馈延迟(delayed auditory feedback)的研究表明说话离不开听觉反馈,研究听觉反馈延迟时,由说话人戴上耳机,通过耳机听到自己说话的声音,但是要经过短暂延迟,导致说话难以正常进行,这个方法可以用来研究矫正口吃。

听觉分析系统　auditory analysis system
参见"听觉处理"。

听觉感知　auditory perception　语音学术语,指对由耳朵收到的信息和刺激进行感知,要求说话人能够觉察出不同的声音信号,并能根据声学特征(如频率、振幅、持续时间、出现顺序和速度等)加以辨别。参见"听觉鉴别"。

听觉共振理论　resonance theory of hearing　一种听觉理论假设,认为耳蜗包含一排整齐、如同琴弦一样调谐的纤维,每条纤维在不同的特殊频率下发生共振。该假设由赫尔曼·赫姆霍兹(Hermann von Helmholtz)提出,目前已经被证明是错误的。

听觉鉴别　auditory discrimination　语音学术语,指觉察、听取、辨明和区分出语言中不同语音的能力,尤其指能够分辨不同音位(phoneme)、重音(stress)、语调(intonation)模式的能力,可替换的术语是 aural discrimination。相比听觉感知(auditory perception),听觉鉴别特指对由耳朵收到的信息和刺激进行感知,并同时要求听话人能够觉察出不同的声音信号加以辨别。进行听觉鉴别的训练方法是最小对立体(minimal pair)的语音获取,比如英语中的 "/bet/-/bɪd/" "/hɪt/-/hɪd/" "Can you move aside?" "Can you move aside!"等。

听觉理解　aural comprehension　亦称听力理解。声学语音学术语。指人耳接收声波,大脑加工出其意义的过程。

听觉判断　auditory judgment　语音学术语,泛指一切用耳感知外界(包括自身的)声音刺激并加以鉴别的过程,如听读音判断、听诊以及凭听觉判断机器中的运行问题,等等。听觉判断要求有耳朵接收的听觉事实支持,除非有充分的事实做基础,否则无法形成对此判断的否定。例如,听见有人英语发音有明显的儿化音,以此做出"北美人或美式英语"的判断;听到汉语普通话中有明显的卷舌音,以此做出"中国北方人或操北方官话"的判断。即使有人反驳说尽管条件具备,也不一定是美国英语或中国北方官话,可是如果不能拿出事实来,就无法推翻已经形成的判断。

听觉区　auditory area　心理语言学术语,亦称听觉中心(auditory center)。指大脑中心控制听觉的区域。大脑的初级听皮层位于大脑的布罗德曼分区系统的41和42区,初级体内个皮层主要呈紫红色,与突出的类神经图所有分区相互作用,从内侧漆状体获取听觉数据的大脑皮层区域称作听觉区域。初级听皮层是负责处理听觉(声音)信息的大脑区域,声音感觉只有通过这一大脑皮层的接收和处理才能被感知。听觉皮层不仅从较低级的中心区域和通过耳朵接收信息,还提供信息,是人脑中高度有序的声音处理器,是听力、(人类)语言和音乐的神经中枢。分为三个相互独立的部分,第一、第二和第三听

听 tīng　（语言学术语）

力皮层，这些皮层区域呈同心排列，相互环绕，其中第一听觉皮层位于中心二第三皮层区域位于最外层。声音处理过程中，声波从外耳传入，作用于耳鼓膜，使其震动，进而通过中耳听小骨的震动引起耳蜗内感觉细胞的兴奋，再经听神经传入听觉区后方产生听觉。

听觉输入词库　auditory input lexicon　参见"听觉处理"。

听觉性失语症　auditory aphasia　属于感觉性失语症的一种。听觉性失语症是由颞上回后部两侧损伤或者大脑的额叶和颞叶连接部分受损造成的。其外在表现是患者不能理解言语的意思，但是在绝大多数情况下，依然能够听说读写。潜在的问题是理解言语需要能够区别时间间隔比较近的具体声音。例如，对时间相隔较近的非言语现象（狗叫声、电话声、雷电声等）的研究表明，听觉性失语症患者在绝大多数情况下都不能区分这些声音。另外需要说明的是，这些听觉性失语症患者并没有耳聋，他们在其他脑区不受损的情况下可以听到声音，因此听觉性失语与听不听到话语没有关系。如此看来，单纯性辨语聋就是一种误称，单纯辨语本意指只有话语受到影响（很多情况下是不准确的），耳聋是用来特指那些不能听到声响的病人（亦不准确）。听觉性失语症通常与左颞上回后部机能受损有关，但连接颞上回后部两侧的脑白质不受损或者颞上回后部两侧不同时受损而由于单侧受损所造成的听觉性失语症在文献中还没有记载。这些事实结合脑白质受损但通过脑皮层观察不到的及听觉性失语症会导致第三脑室的扩张这两种情况，足以表明听觉性失语是由于左右两侧颞上回后部都受损造成的，而不是其中一侧受损。

听觉学　audiology　指专门研究听力、平衡能力以及相关能力失灵的分支学科。研究听力失灵和预防相关功能失调的从业人员称作听力学家（audiologists）。听觉学采用听力测试、耳声发射（otoacoustic emission）测试、视频眼震电图（videonystagmography）和电生理学（electrophysiologic）测试等各种测试策略，以确定受试者在正常范围内的听力能力，以及在不能达到正常标准时，听力能力（高、中、低频）的受损程度。如果听力学家诊断确有听力失灵或前庭畸变发生，就会向病人建议选择介入帮助，如助听器、耳蜗植入物、外科手术、适当医学推介等。

听觉训练　ear-training　语言教学术语。听说教学法及视听教学法中的一个重要环节，以训练学习者的听觉适应并理解当地说话人的说话方式、音调、节奏和速度。

听觉掩盖　auditory masking　语音学术语。指对一个语音的听觉感知由于其他语音的出现而受损害，鉴于不同语音重叠相扰，听不清原来的语音，这好像语音被蒙上了一层遮蔽，变得模糊不清了。听觉掩盖分为同时掩盖（simultaneous masking）和非同时掩盖（non-simultaneous masking）。同时掩盖指当语音被掩盖而听不到时，干扰音与原始音同时发生并存在。未掩盖阈值是指没有任何现存掩盖音的情况下被感知的听觉信号的最轻度水平，掩盖阈值指混杂干扰音的被感知听觉信号的最轻水平。听觉掩盖量等于掩盖与未掩盖的差额。基本的掩盖测试包括测定对象的未被掩盖阈值，同时引介掩盖噪音，测得新的阈值之前听觉信号水平发生变化。例如，猫爪挠竿的声音首先被听觉感知，假定测得10分贝，是未掩盖阈值，原始音不变的情况下，引入另外听觉信息，比如让吸尘器同时工作。当吸尘器的声音超过26分贝时，猫挠的声音就听不到了，这就是掩盖阈值，两种声音水平的差值就是听觉掩盖量——16分贝。非同时掩盖又称暂时掩盖（temporal masking），指听觉信号与掩盖音并不同时发生，而是一种听觉刺激信号被发生在该信号之前或之后的其他语音信息所掩盖，称为前掩盖和后掩盖，其中前掩盖指掩盖音先出现，后掩盖指原始听觉信号先出现。注意区分暂时掩盖与听觉反射，后者指为保护耳软组织不受外来强大声音的伤害而发生在中耳的偶然反应。

听觉语言　auditory language; audible language　语言学术语，指通过听觉器官来感知语音的人类交际语言，既不同于书面语言，也不同于其他符号语言，也不同于身势语或手语。

听觉语音学　auditory phonetics　语音学的一个分支，与发音语音学（articulatory phonetics）和声学语音学（acoustic phonetics）相对。听觉语音学研究人对话语的听觉与感知，即人对于通过耳、听觉神经及大脑感受的语音的反应。由于人接收语音刺激时的心理反应及神经反应难以测定，研究听觉时必然涉及大脑处理语音的一系列解码机制，故亦称心理语音学（psychological phonetics）。听觉语音学研究话语是如何被听话者接收的。例如，听话者是否可以辨别出：(1) 送气和不送气的区别，如英语 peak 和 beak 中的 /p/ 的区别；touch 和 dutch 中的 /t/ 的区别；(2) 其他的音质方面的区别，如 nose 中的 n 是清晰的，而 widen 中的 n 则是暗含的。

听觉中心　auditory center　参见"听觉区"。

听力　listening　语言教学术语。基本的语言技能之一，指依靠听觉分辨和理解话语的能力。

听力策略 listening strategy 语言教学术语。指听力理解中处理输入语言时,特别是当听者不完全理解所遇到问题时,所采用的有意识的行事计划,如要求对方予以澄清或重复。

听力辅导语言实验室 audio-tutorial laboratory 语言教学术语,亦称自主学习实验室(self-teaching lab)。指具有特殊自学辅导器械装置的实验室。教学单元被编制成一定程序,学习者可利用教室里配置的录、放音设备、音效处理设备、电脑设备、投影仪、幻灯机、挂表等工具对教学内容进行学习或复习。

听力理解 listening comprehension 语言教学术语。言语理解最普遍的形式。根据所使用语言的不同,可分为母语听力理解和外语听力理解;根据交际方式的不同,可分为交互式听力理解和传达式听力理解。语言学家特别是心理语言学家把言语理解的过程看作一个信息处理的过程,对这一过程的解释倾向于把其看成一个复杂心理对意义的构建、一个积极地对声学信号进行分辨、筛选、组合、记忆、释义、储存、预测的过程。听力理解活动通常涉及许多听力功能,如听辨(集中于代码本身某方面)、定位(确认文本的基本事实,如参与者、情景或者语境、一般性话题、情绪和类型)、主要意思的理解、细节的理解和记忆。第二语言学习听力理解的研究重点是单个语言单位(如音位、单词、语法结构)的作用以及听者期待、情景和上下文、背景知识和话题的作用,包括从上到下处理(top-down)和从下到上(bottom-up)处理模式。传统语言教学法总是不够重视听力理解教学的重要性,近来一些教学法很重视听力对于培养语言能力的作用,并认为在第二语言或外语学习的最初阶段应该加强听力教学。

听力米表 audiometer 参见"测听计"。

听力图 audiogram 语音学术语。指听力所显示的听觉失灵图形。听觉失灵的程度以分贝计算。听力图是由分贝和频率所组成的:图的横轴是声音的频率,纵轴是分贝。使用听力图来显示人的听力水平是标准方法。许多听力图标示有100Hz到8000Hz的限制区域,这是能够清楚分辨和理解言语的重要区域,它们绘出在dBHL能够代表正常听力水平的标准曲线的听力极限。听力图不同于等响曲线,后者是一组代表不同水平的等响,并用绝对术语来标示dB声音压力水平(SPL)。听力图是以水平轴上的赫一般是对数标度上显示的赫兹的频度,以及垂直轴上的线性dBHL尺度。正常的听力水平划分在10dBHL到15dBHL之间。听力失灵程度以25~40dB列为0级,41~55dB为Ⅰ级耳聋,56~70dB为Ⅱ级耳聋、71~90dB为Ⅲ级耳聋、>90dB为Ⅳ级耳聋。

听区 audible area 语音学术语。指人耳可能感受到的全部声音范围,叫做"听觉区域",简称"听区"。在听区内能引起人耳听觉反应的最小声音刺激量,称为听阈。将各频率的听阈以线段连接,形成听阈曲线。若继续增加声音刺激强度,刚能引起人耳不适或疼痛的最小刺激量,称为痛阈。将各频率的痛阈以线段连接,形成痛阈曲线。而听阈曲线和痛阈曲线之间的范围即为听觉区域。

听说法技巧 A-L M technique 参见"听说法原则"。

听说法原则 A-L M principle; Audio-Lingual Method Principle 语言教学术语。根据美国普林斯顿大学语言学与日耳曼语言文学教授摩尔登(William Gamwell Moulton)的总结:语言是口头的,语言是习惯的,教语言不是教有关语言的知识,语言是当地人实际怎么说,语言是各不相同的。因而听说法技巧(A-L M techniques)包括系列环节:(1)情景对话;(2)日常交际;(3)模仿记忆;(4)句型操练;(5)起巩固作用的读和写;(6)熟悉拼法的差异;(7)从时间归纳出规则。

听说积极参与 aural-oral active participation 语言教学术语。教学法中关于语言技能训练方式的一个概念,与学生的参与度有关。一般感觉听力是一种被动技能,但实际上也可以是积极的行为,因为听力训练活动可以通过学生对所听内容的意义解码来进行。以行为主义心理学为基础的听说教学法特别强调听说训练先于读写训练,课堂上采用各种教学手段鼓励积极听说练习。积极听力练习技术是指学习者用另外的语词重复说话人说过的话,以表现自己对原句的理解力,这种方式可以用来代替直接纠正学生错误的做法。积极口头训练包括对话训练、句型训练、习惯法训练、通过大量重复以达到自动使用语言、课堂内不用母语而只使用目标语等做法。

听说教学法 audiolingual method; aural-oral approach 语言教学术语,亦称听说法、模仿记忆法。指进行外语或第二语言教学的一种教学方法,兴起于20世纪五六十年代的美国,并被其他国家和地区广泛采用。听说教学法的主要特色有四点:(1)主张听说为主,强调先教听说,后教读写;(2)通过口头对话和句型操练强化语言知识;(3)不主张课堂教学使用母语或翻译;(4)教学采用对比分析。听说教学法的理论基础是美国结构主义语言学和行为主义心理学关于语言学习过程即一系列刺激—反应过程的语言观。听说法的基础是听说法理论,该理论对于语言和语言教学的观点包括:(1)听说是最基本的语言技能;(2)每门语言都有其独特的结构和规则;(3)语言通过形成习惯而得。听说法在第二次世界大战中应培训军事翻译的需要而生,后受语言学家和外语教师的普遍关注并开始运用于课堂教学。教学听说法往往借助语言试验室进行教学,不进行词汇意义的讨论,忽视语言形式和意义之间的关系。

听说习惯理论　audiolingual habit theory　语言教学术语。国外的外语学习理论主要有三种:听说习惯形成论、认知符号学习论和自觉实践学习论。听说习惯形成论来自行为主义心理学,认为语言是一种习惯,语言习惯的获得过程是刺激—反应—强化,主张学习外语要通过持久的模仿、大量的口头机械训练,让学生学会不自觉地运用所学外语结构,把所学外语变成新的语言习惯。

听说主义　audio-lingualism　语言教学术语。一种外语教学方法,其特点是重视语法结构和语音结构学习,重点进行听说训练。该教学法的理论基础是结构主义语言学,强调对语言形式的依赖,主张在外语教学中安排大量操练和机械重复、模仿。比如课堂中,老师花大量时间对学生进行语法、语音句型操练,错误纠正被视作课堂教学活动的重要环节。听说主义教学法源自20世纪五六十年代的美国,当时由于培训军事翻译的需要,引起听说法语言教学活动的盛行。在现代语言教学活动中,这种教学法的实际地位已逐渐让位于由认知视角语言教学和语言交际观催生的其他各种语言教学方法,如交际教学法。

听写　dictation　语言教学术语。在语言教学与测试中使用的一种方法。教师向学生或者应试者大声朗读一些单词或段落篇章,期间作出适当的停顿,以便学生或应试者能够尽量准确地将教师所念的材料记录下来。

听写作文　dicto-comp　语言教学术语。一种在语言课堂上练习写作的方法。教师向全班朗读一段文章,然后学生必须根据其所理解和记住的内容写出文章大意,并尽量与原文内容接近,但是在必要的地方可以使用自己的措辞。

听众　audience　亦称受众。指参与接受演出或文学、艺术作品、戏剧、音乐或任何媒体传播的学术报告的言语或行为接收者。听众以不同方式参与不同形式的言语或艺术活动,有些活动需要听众实际参与,另一些活动则只需要略微鼓掌示意,表示对接收内容的批评或赞同。在媒体听众研究领域,媒体受众是学术研究的主题,受众理论提供有关受众研究的学术论点,并解释相关现象普遍规律。

停顿　pause; pausing　用于语言学、语音学和心理语言学,自然语言的常见特征之一。一般指讲话人在词与词、句子与句子及段落与段落之间的短暂停歇。一般区分为无声停顿(silent pause)和有声停顿(filled pause)。无声停顿指无声的话语中断,即词语之间出现的间歇的沉默。有声停顿,亦称插声停顿。指人们说话时为了思考、斟酌或由于拿不定主意而发出的诸如 er、erm、um、mm 等声音,这些词语称为填充词(fillers)。主要指部分词和音节的重复,一般包含三种特征明显的停顿方式,即(1)延长中元音;(2)鼻音低吟;(3)中元音在先,鼻音低吟在后。说话慢的人常常比说话快的人使用更多的停顿。会话过程中,停顿时长约占整个会话时长的百分之五十。停顿的功能包括换气、标志语法界限、组织新话语等。停顿现象的研究对提出言语产生的理论尤为重要,如语法中的潜在停顿(potential pause)概念有时用来确定语言单位—词的边界。

停顿单位　pause-defined unit　话语分析术语。在话语信息组织的界定中,单纯依赖语音特征有时不能分辨出语调组,所以人们借助话语中的"停顿"来界定话语语块。话语分析根据停顿的时间,区分出"短停(short pauses,停顿0.1—0.6秒)""长停(long pauses,停顿1—1.9秒)"和"加长停(extended pauses,停顿3.2—16秒)"三种停顿。一般认为"长停"和"加长停"属于可分界的停顿,短停则不能界定话语语块。

停顿填充词语　pause-filler　语用学术语。指在会话中,说话者为了填补话语停顿期间的空白期而发出的一些音或说出的一些话语。不同的语言具有不同的停顿填充词语,英语中比较典型的停顿填充词语有 uh、er、um、like、you know、basically 等。

停顿音　checked　语音学术语。指以在短时间内迅速释放能量的方式发出的音。停顿音与不停顿音(unchecked)相对应。停顿音通常包括搭嘴辅音(ejective consonant)、顿音(stop)和吸气音(click)。

通感　synaesthesia　修辞学术语,亦称移觉。修辞格的一种。指描述客观事物时,用形象的语言使感觉转移,将人的听觉、视觉、嗅觉、味觉、触觉等不同感觉互相沟通、交错,彼此挪移转换,使意象更为活泼、新奇。例如:微风过处,送来缕缕清香,仿佛远处高楼上渺茫的歌声似的。

通格　absolute case; absolutive　语法学术语,亦称绝对格。指在作格语言(ergative language)中及物动词的宾语与不及物动词的主语在形式上没有格标记的区别,都使用名词格的零形式,即以词根的形式出现,如在英语、爱斯基摩语、格鲁吉亚语等语言中,出现在及物动词的宾语与不及物动词的主语位置的名词都以通格形式出现。

通名　generic term　语法学术语,亦称类属词。表示名词或名词短语所指的通名,而不是某一类别的具体成员。例如,"家具"是茶几、床、沙发、椅子、橱柜等的通名。

通俗词　popular word　与学者词汇(learned formation)相对,指日常交际中常使用的词汇。例如,peak 是一个通俗词,但与之意思相近的 crescendo 则是一个学者词汇。

通俗词源学　popular etymology　参见"民间词源学"。

通俗分类法　folk taxonomy　词条之间意义关系不是十分清晰的分类方法,与科学的分类方法不同。例如,科学术语对"土豆"的定义是一种水果,而英语中 potato(土豆)却属于蔬菜而不是水果。也就是说,民间分类与科学分类有差异。

通俗拉丁语　vulgar Latin　指口头拉丁语,区别于古罗马时期及现代作为研究使用的古典拉丁语,是古典拉丁语在民间的通俗变体。通俗拉丁语的语法比古典拉丁语简单得多,在语言学上体现了古典拉丁语作为一种综合语到今日的法语、意大利语、西班牙语、葡萄牙语、罗马尼亚语等语言作为一种分析语的过渡。经过各个时期的连续发展,通俗拉丁语演变成了今日的罗曼语族诸语言。

通俗体文字　demotic script　历史语言学术语,亦称世俗体文字。埃及象形文字的草写体,流行于通俗埃及语时期,散见于从公元前 7 世纪早期到公元 5 世纪的手抄本中。这种文字从较早的象形文字铭文和僧侣体文字衍生而来,并在萨姆提克一世(公元前 663—前 609)统治期间开始代替僧侣体。第二十六王朝(公元前 664—前 525)以后,僧侣体文字主要用于抄写纸莎草纸的宗教文献及其他传统文献,而通俗体文字作为一种形式更为简单的文字,适用于每日的纪录。与僧侣体不同的是,这种书写近乎现代英文的草写体,几乎找不到任何图像符号的遗迹,是完全用类似字母的符号取代图像化的字,并一直遵循着由左到右的书写习惯,不像象形文字可以左起也可以右起,甚至从上往下书写也可以。

通性　common gender　语法学术语。指语言中不区分男、女、雌、雄性别性质,表示此类性质的名词,即所指包括所有性别的名词,称为通性名词,其与具有特定性别的词相对应。例如,相对于 father 和 mother,有 parent 一词;又如 teacher、driver 等,在一些有性标记(gender marked)的语言中(如德语),也存在着一些通性词。德语中的 der Professor(教授)、der Gast(客人)等,虽然标记为阳性(der),但却可指阴性(女教授,女客人)。

通性词　epicene　语法学术语。指在不改变语法性(grammatical gender)的情况下,既可以指雄性(male)又可以指雌性(female)生物的名词。在名词无语法性范畴的语言中指既可用于男性(male),又可用于女性(female)的通用名词,如 teacher、doctor、professor 等。

通用美国英语　General American English　指美国的标准英语(standard English)。美国英语经历了殖民地时期(the Colonial Period)、建国时期(the National Period)和国际化时期(the International Period)三个阶段。美国英语在语音、语法和词汇三个方面有明显的特点。语音方面的特点主要包括:(1)除了南部各州、东新苏格兰和纽约市外,元音后的发 r 音的[r]在诸如 door、part、floor、guard 的词中要发音;(2)当拼写中有 t 或 tt 时,如 latter、atom、metal,它们发典型的[r]音,与 ladder、Adam、medal 构成同音异义词;(3)[-nt-]中的[t]通常不发音,如在 winter、anti(尽管当第二个元音重读时保留)中,它们的发音如"winner"和"annie",但在 eaten 中的[t]往往喉音化且后面有一个划分音节的[ŋ],要发音;(4)位于词尾的和元音之间的[ɫ]是典型的暗音,发音时舌后部抬起趋向软腭;(5)次重音一般在词的倒数第二个音节上,如 laboratory、secretary,它们听起来像 Tory、Terry;(6)词中语音失落(syncope)也很见,如 fam'ly、fed'ral、happ'ning 等。词汇方面,美国英语的词汇吸收了许多其他语言中的词语。其主要特点包括:(1)旧词获得新的用法,如 creek 现在指"小溪"而不是英国英语中的"河口湾"(estuary);(2)旧的构词来源组成新词,如 lengthy 由 length 和-y 构成以表达 long 的有标记意义;(3)有来自美洲印第安语言中的借词,如 pecan、squash、wigwam 等等(4)有来自其他殖民地语言的借词,如法语的 prairie,荷兰语的 boss、cookie,西班牙语的 corral、ranch 等;(5)有来自后来移民语言的借词,如来自非洲的 goober、juke,德语的 noodle、dumb,汉语的 chop suey,意大利语的 pizza,等等;(6)少数典型美国英语词汇具有复杂历史,如 lagniappe,原指商人给他的顾客的小礼物,现在指任何额外的小恩小惠。究其词源,可见 lagniappe,来自路易斯安娜法语,刘易斯安娜法语又借自西班牙语 la napa,而西班牙语又借自克丘亚语(Quechua)的 yapa。语法方面的特点主要包括:(1)动词以 get 为例,旧的过去分词 gotten 和较新的 got 并存。美国人两种形式都使用,但涵义不同:

T 通 tōng （语言学术语）

gotten 指过程而不是状态，"I've gotten it"的涵义是"获得"，而"I've got it"的涵义是"占有"；"I've gotten to go"表示"获得允许或机会"，"I've got to go"表示"被迫"。(2) "I will" "you will" "he will"等结构中 will 比 shall 更常用。在美国英语中很少用 shall，只严格限制使用于"正式邀请"和"强调"，如"Shall we dance?" "I shall return"等。(3) 对于一些持续到现在的动作使用简单过去时而不是一般现在时，甚至有时和副词一起使用，如"Did you ever hear that?" "I already did it"等。(4) 在正式的命令结构中，跟在表示"要求"的动词、形容词或名词后的从句使用现在虚拟形式，如"He insisted that she go with him"。(5) 当从句的主语是一个集合名词时，通常用单数动词和词形而非主语的意义保持一致，如"The government says ..."。(6) 有些介词的用法和英国英语不同，如"walk *on* a street（BrE *in*）" "go camping *on* weekend（BrE *at*）"等等。

通用书写符号　pasigraphy　一种国际通用的书写符号或人工语言。指采用几具有普遍意义的、而不限于某种语言使用的书写符号来表意（就像阿拉伯数字 1、2、3 那样）。其目的就是让世界上所有语言使用者都能理解。

通用英语　English for General Purposes; EGP　语言教学术语。指一般通用课程中的英语，教授一般用途或非专门性用途的英语。与特殊用途英语(ESP,亦称专门用途英语)相对。两者属同一种语言，具有共同的语言共核，只是由于"语域"(register)和"语境"(context)理论的出现，人们认识到交际目的、交际情景的差异对语言使用的影响，才使得通用英语和特殊用途英语的观念逐渐形成。与特殊用途英语相比，通用英语不拘泥于特定的交际语境，交际目的和交际对象具有广泛性与普遍性。在教学中，通用英语与特殊用途英语的教学目的和实施目的的方法不同。通用英语的目的侧重宽基础的语言使用的一般能力，如长期的"英语作为外语"课程(EFL)和"英语作为第二语言"课程(ESL)；特殊用途英语侧重于具体的实际使用以达到职业和学术目的，如商务英语、医学英语等。

通用语　lingua franca　社会语言学术语，亦称交际语、共通语。原为意大利语，意为"法兰克语"，起源于中世纪地中海地区的十字军和具有不同语言背景的商人。指在语言接触频繁的地区，不同语言集团的人用来作为共同的交际工具的语言。此语言既可以是国际上通用的一种标准语言，如在外交领域使用的英语或法语，以及在东非使用的斯瓦希里语(Swahili)，也可以是某个语言社团的母语，还可以是一种混合而成的语言，如在南太平洋群岛广泛使用的美拉尼西亚混合语(Melanesian Pidgin)。辅助语(auxiliary language)有时与此术语同义。

同……　iso-　方言学术语。在方言学中，亦称"等……"。该前缀可表示在方言地图上展示的各种语言信息的名称。其中使用最广的一个名称是同言线或等语线(isogloss; isograph; isoglottic line)，指在方言地图中标出的具有区别性语言特征或表现形式的方言地区的地理界限。通常情况下，根据一组或一束同言线的重叠位置来决定主要方言的区域分界线。同言线根据语言特征可分为同音线、同调线、同形态线、同词线、同句法线、同义线和同文化线等。同音线(isophone)指划定某一音系特征使用范围的同言线；同调线即同声调线(isotonic line)指在方言地图上标志某一声调特征的同言线；同形态线(isomorphic line)是用以标志某一形态特征的同言线；同词线(isolexic line)，指方言地图上标志某一词项特征及使用范围的同言线；同句法线(isosyntacmatic line)用以标志某一句法特征的同言线；同义线(isosemic line)用以标志某一语义特征使用范围的同言线。同文化线(isopleth)，又称同文线，指用于标志与社会人文因素有关的语言特征的同言线。

同伴辅导　peer tutoring　语言习得术语。指学生在学习中互相帮助，轮流辅导或相互操练。参见"合作学习法"。

同伴监控　peer monitoring　语言教学术语。在课堂教学学习活动中，由班上其他同学对课堂学习情况进行观察和评估的一种教学方法。

同伴教学　peer teaching　语言教学术语。指一个学生教另一个学生的课堂教学活动，该教学活动常见于以学生为中心的教学法中，也是个体化教学方法(individualized approach to teaching)中常用的教学方法。例如，当学生学会了某样东西，就教授给其他学生或考问其他学生。在微型教学中(microteaching)，这一术语指参加教师培训的学员举行的一种练习活动，其中一名学员作教师，其他学员假装学生进行教学。

同伴评估　peer assessment　语言教学术语。指学习者之间的相互评估活动。

同伴评阅　peer review　语言教学术语，亦称同伴校正(peer editing)。指一种在作文教学过程中（特别是用分步法的作文教学中）所使用的写作修改过程(composing processes)的教学方法与活动。在该活动中学生从其他学生那里得到反馈再对自己的写作修正提高。一般学生成对或分小组作业，相互阅读对方的作文，并对之进行提问、评论或提出建议。

同伴群体　peer group　语言教学术语，亦称同年龄群体。指与一个人年龄相仿、教育背景类似和社会地位相同的一群人，如同学、社区同伴、同一运动队的队员等。

同标　coindexation　句法学术语。指句法结构中两个或两个以上成分具有相同的指称标记（referential index）。在移位发生后，移位成分与其语迹之间同标；NP 间若所指相同也可同标。特别在代词、指称语、照应语作为约束变项（bound variable）时，需要根据其同标指称进行句法分析。同标一般采用下标格式的 i、j、k 等加以标识。例如：[1] Who$_i$ do you think t_i John loves t_i? [2] John$_i$ believes that Tom$_j$ loves the picture of himself$_{i/j}$。句[1]中的 wh 疑问词 who 移位后的语迹 t 用 i 表示同标；句[2]中的指称语 himself 可以与 John 或 Tom 同标。

同步翻译　simultaneous interpretation　参见"同声传译"。

同部位音素　homorganic phoneme　参见"同部位音位"。

同部位音位　homorganic phoneme；homorganic sounds　语音学术语，亦称同部位音素。指（两个或两个以上的语音）发音器官部位相同的音素，如 p、b、m 等双唇音组。其数量约在 20 至 60 之间，不同语言数量各异。

同词异译法　diverse rendering of the identical word　翻译学术语。指翻译时为避免用词重复或牵强附会，对同一个句子中意义相关、相似或出于同一个语义场的词采用不同的译法。例如：【原文】Lomax, a *young man about town*, is like many other *young men about town*. 【译文】劳迈克斯，一位镇上游手好闲的青年，与许多没事干的大少爷一模一样。译文把句中出现两次的"young man about town"分别译成"游手好闲的青年"和"没事干的大少爷"。这种同词异译处理，避免了因重复而造成的译文单调，语言搭配也更加符合汉语的习惯。

同发音部位音　homorganic　语音学术语。泛指同一发音器官的同一发音部位发出的音，如 /p/ 及 /m/ 都是双唇音，/t/ 和 /n/ 属舌尖齿龈音，/k/ 和 /ŋ/ 都是舌后软腭音。各有其不同发音部位的音可称作异发音部位音（heterorganic）。发音部位邻近因而互有联系的音被归为临近部位音（contiguous）。

同感实证　consensual validation；convalidation　语言教学理论。由美国心理学家、耶稣会牧师柯伦（Charles Curran）提出，被社区语言学习法（community language learning）广泛接受。该理论认为在教学过程中，教师与学生之间的互相理解与信任，教师对学生表现的积极评价有助于学生语言能力的发展。在此基础上，柯伦提出了成功学习过程所需具备的心理因素，简称 SARD。其中，S 代表安全感（Security），即学习者只有在感觉安全的情况下才能进行成功的学习；A 代表注意（Attention）和主动性（Aggression），即教师应提供多样化的练习以吸引学生的注意力，并提供充足的机会给学生以自我展示（self-assertion）；R 代表记忆（Retention）和思考（Reflection），即当学生完全投入到学习过程中去时，记忆的内容便会内化为其关于第二语言或外语的运用技能，同时教师应提供时间给学习者进行思考；D 代表识别（Discrimination），即学习者将所学知识运用于实际，并将课堂材料准确运用于交际的过程。

同根词　paronym　形态学术语，亦称形似词。表示源于同一词干的派生词，即由相同的词基派生而来的一组词，如源于 happy 一词的 happily 和 happiness；也指与另一语言中的某个同源词（cognate word）同形的词，如英语的 summer 和德语的 sommer。以上这种同源关系称为同根词关系。

同构　isomorphism　两个或多个结构的组构成分在某一抽象层次上互相对应，可指同一语言中不同结构层次组成部分之间的抽象对应关系。例如，句法层次上句法项目的排列"主语＋谓语＋宾语"和语义层次上语义项目的排列"动作者＋动作＋目标"之间具有对应关系。同构现象也存在于语言或方言之间，如在汉语和英语句法结构中，句法项目的排列"主语＋谓语＋宾语"相同，具有对应关系。

同化　assimilation　音系学术语。指某一音段的发音受到前后音段的影响，从而使两个音段的发音相同或相似的现象。在语言交际中，为了提高语言交际的效率，人们在频繁快速的言语行为中往往会尽可能减少语言活动中力量的消耗，减少部分发音动作以利于流畅而省力地发音。通常，发音器官在发某一音段时已事先准备好发后面一音段的位势，以方便较好地过渡到后一音段，因而造成前一音段的发音受到后一音段的影响。例如，否定前缀 /in/ 在 impossible 中受到双唇音 /p/ 的影响同化为 /im/，在 incredible 中受到软腭音 /k/ 的影响同化为 /iŋ/。常见的同化类型有：(1) 邻接同化（contiguous / juxtapositional assimilation）；(2) 非邻近同化（incontiguous / distant / dilation assimilation）；(3) 逆同化（regressive / retrogressive assimilation）；(4) 顺同化（progressive assimilation），或称移后同化（lag）；(5) 互相同化（reciprocal assimilation）。此外还有完全同化与部分同化之区别。

同化音　affection　历史语音学术语。指某个

同 tóng （语言学术语）

语音引起出现在其前或其后的另一语音发生变化的现象，如同化、异化、协同发音等，主要用于凯尔特诸语言。例如，威尔士语历史演变中既有 i 化音（在/i/前舌位提高），也有 a 化音（在/a/前舌位降低）。

同理心 empathy 参见"移情"。

同期效能 concurrent validity 语言测试术语，亦称并存效度。指两个测验之间的相关程度，尤其是指某个测试与另一个旨在测量学生同一技能的测试之间的相关，或者某个测试与旨在测量该技能的其他方法之间的相关。要检验某次阅读考试的同期效能，可以将本次测验部分学生的得分与另一次有效性可靠化阅读测试的分数比较并计算相关系数，若相关系数高则说明该次考试同期效度高。

同情准则 sympathy maxim 礼貌原则的六大准则之一：尽量减少对他人的反感；尽量增加对他人的同情。准则的作用在于解释为什么有的话语比较礼貌，有的不那么礼貌，还有的则不礼貌到了语用上异常的地步。

同声传译 simultaneous interpretation 翻译学术语，亦称同步翻译或即时翻译。一种翻译与源语发言同时进行的口译方式，与交替传译（consecutive interpretation）相对。大型国际会议中，口译员利用专门的同声传译设备，一面通过耳机收听源语，一面几乎同步地将信息准确、完整地传译成目的语并通过传译设备送出。

同时效度 concurrent validity 参见"经验效度"。

同时性双语 simultaneous bilingualism 参见"双语同时现象"。

同位并列 appositional coordination 语法学术语。由相同指称的两个或两个以上单位构成，并用 and 连接的序列，如"The dean and editor-in-chief comes every day"（主任兼总编）；否则指称不同则为非同位并列（non-appositional coordination），如"The dean and the editor-in-chief come every day"（主任和总编）。

同位分句 apposed clause 语法学术语。指充当形式主语或宾语的先行代词 it 所代替的真正主语或宾语，通常以不定式、动名词或分句的形式出现。例如：[1] *It is necessary for him to solve the problem / that he solve the problem.* [2] *It is no good reading without understanding.* [3] *I find it useful for him to buy a big dictionary.* [4] *She took it for granted that I would accept her invitation.*

同位关系 apposition 语法学术语。指在同一语法层面（grammatical level）上由相同或相似指称的两个或两个以上单位构成的序列，这些单位之间的关系为同位关系，这种结构称为同位结构（appositive construction）。同位语通常表现为名词、名词词组或分句等，可以表示复述、举例、解释或限定等含义。同位语内部单位之间的关系可以比较密切，其间没有逗号隔开，如"my friend Tony"也可以比较松散，其间由逗号隔开，如"my friend, Tony""my friend Tony, an American professor""some metals, such as copper and silver"；也可以由从句充当同位语，如"the fact that the earthquake really killed many people"。有时同位语会由连接词（connectives）明确表示，如 namely, i.e., that is (to say), or rather 等。

同位结构 appositive construction 参见"同位关系"。

同位属格 appositive genitive 语法学术语。指以所有格形式或其同等结构形式出现的同位语，如英语中包含同位所有格的常见短语有：the art of painting, the title of Duke, the city of London, the cry of "Help, help!", Dublin's fair city, life's journey 其中，"-'s 所有格"为古体，多用于诗歌。

同位素现象 isotopy 语篇语言学术语。从化学借用来的，指一个篇章中同一个意义场词语的重复现象，如学校、教师、教室、图书馆等。其根据是语义特征的重复，是一类特殊的重现现象（recurrence），也是篇章衔接（cohesion）和篇章连贯（coherence）的手段。同位素现象的程度折射出篇章语义的复杂程度。广义上的同位素现象泛指篇章中句法结构和语音的重复。

同位语 apposition 参见"同位关系"。

同位语从句 appositive clause 语法学术语。指充当同位语的分句，一般跟在某些语义表达比较笼统抽象的名词之后，用以解释说明它们的具体内容，如 fact、belief、doubt idea、news、hope、question、problem、message、order、promise、truth 等。引导同位语从句的关联词有从属连词（that、whether）、连接代词（who、what）或连接副词（where、when、why、how）。特别要注意与同位语从句形式上较相像的定语分句之间的区别：同位语从句与之前的中心词（head word）在逻辑上是"主语＋be＋表语"关系，但定语从句与之前的先行词（antecedent）在逻辑上是修饰与被修饰关系。试比较：[1] *The news that was spreading proved to be incorrect.* [2] *The news that he was ill proved to* be incorrect. 例[1]中 that 在定语分句中做主语，是关系代词；例[2]中 that 在同位语从句中不作任何成分，只引导从句，是从属连词。另外，任何名词都可以做定语从句中关系代词的先行词，而同位语分句的中心词仅限于以上列举的或类似的词语。

同现限制 co-occurrence restriction 句法学术语。指在某些句法分析模式中对一些句子成分的限制。即限制某些句法成分只能与某些成分一同出现而不能与其他成分一同出现，用以判断句子是否符合语法。例如：*Don't laugh me. 此句不符合语法是因为按同现限制规则，laugh 后加宾语一定要有介词 at，换句话说，laugh 不能与宾语 me 同现，因为它是不及物动词。再如：*Because it's late so I should go home. 此句也不合语法，因为按照限制，because 与 so 不能同时出现。

同形异序词 anagram 参见"**换音词**"。

同形异义词 homograph 形态学术语。指写法相同而意义不同的词，如 bank、ball、lead 等。其中，bank 意为"银行"或"堤岸"，ball 意为"舞会"或"球"，lead 意为"领导"或"铅"；前两例为同形同音异义词，后一例为单纯的同形异义词。

同形异音异义词 heteronymy 语义学术语。指拼写形式相同但发音和语义不同的两个（或两个以上的）词。例如，lead（领导）的发音是 /li:d/，lead（铅）的发音是 /led/；tear（眼泪）的发音是 /tɪə/，tear（撕扯）的发音是 /tɛə/。

同言线 isoglottic line; isograph 亦称等语线。参见"**同……**"。

同言语 isolect 在社会言语学中，用来描述方言间细微的差异；也可用来指使用同一语体的个人的言语。

同一性 identity 用以语法分析的术语。在共时平面上指把话语中复现的语言项目归并为同一个语言项目。把复现的音素或音位变体归并为一个音位，叫音位的同一性；把复现的词形式归并为一个词，叫做词的同一性。同一性可以从共时的角度进行研究，根据其功能、形态、分布、对立来确定语言项目是否同一。例如：[1]他用锯锯过木头了。[2]请你把你的锯借给我锯一下。[3]这把锯锯起来真爽利。如上各句内重复出现的"锯"可归并标记为"锯1"和"锯2"。"锯1"表示某种事物，可以用数量或形容词作修饰语，可以与介词连用，是名词；"锯2"表示某种动作，可以加"了""着""过"，可以带名词作宾语，是动词。从历史的角度加以研究，即根据其历史上的联系来确定语言项目是否同一。例

如，"北"和"背"在现代汉语中不同一，但在古代汉语中却是同一的。因为按照我国古代的习惯，平时居处（特别是坐），一般面南背北，因之"北"在发音过程中由"脊背"的意义派生出"北方"的意义，后来才逐渐发展成为两个词。在现代汉语中，"北"和"背"不仅在书写形式上不同，而且语音形式上也不一致：北(běi)、背(bèi)。

同义词 synonym 语义学术语。通常意义上的同义词，指在一种语言体系中，语音和拼写不同，但意义上与另一个相同或相近的词。根据语义学义素分析法，同义词指具有相同义素的词，如汉语中的"母亲"和"妈妈"，尽管前者为书面语，后者为口语，但构成两者的义素都是相同的，即都由义素[＋女性，＋直系关系，＋长辈]构成。另外，从上下义关系角度，同义词即指具有对称的下义关系的词。例如：taxi 和 cab 则属于具有对称下义关系的同义词。事实上，语言中意义完全相同的同义词是相当少的。所谓同义仅是指它们的核心意义相同或相近，但在其他方面如褒义、贬义、正式、非正式等语法、语义上几乎都有所差别。例如：[1] He hid the money under the bed. [2] He concealed the money under the bed. 通常在特定场合一个词可能比另一个词更恰当，因为 conceal 比 hide 正式。有时两个词只是在某些句子里才具有相同意义。例如：[3] I must buy some more stamps at the post office. [4] I must get some more stamps at the post office. 两句中 buy 和 get 是同义词，因为一般认为第二句中 get 的意思是"买"而不是"偷"。同义词按照意义程度的不同可基本划分为两大类：绝对同义词（absolute Synonym）和相对同义词（relative Synonym；near synonym）。绝对同义词亦称完全同义词或等义词（perfect synonym），这类同义词的意义完全相同，在任何语境下都可互换使用，但数量稀少，如英语 motherland 和 fatherland 以及汉语"计算机"和"电脑"等。相对同义词又称部分同义词（partial synonym），指双方具有共同的基本意义，但在使用时存在细微差异的同义词。这类同义词又可分为：意念同义词或表意同义词（ideographic synonym，semantic field synonym）、语体同义词或风格同义词（stylistic synonym）、修辞同义词或言语同义词（rhetoric synonym）以及同素同义词（in-component synonym）。意念同义词指词汇意义相近的词，如"gorgeous"和"magnificent"。语体同义词指词汇意义相同或相近但语体风格有所不同的词，如上例[1]中的"hide"（口语体）和例[2]中的"conceal"（书面体）。修辞同义词指语法意义相同但本意不同，在一定语境中由于修辞需要可以暂时相互替换使用的词，如英语中的"country"和"motherland"等。同素同义

同 tóng （语言学术语）指语法意义相同，词汇意义相同或相近，构词语素相同但顺序不同的词，如英语中的"setout"和"outset"以及汉语中的"离别"和"别离"都属于同素同义词。

同义关系 synonymy 语义学术语。指词语具有相同或类似的意义，如"硕—大""厕所—茅房"。

同义反复 tautology ❶逻辑学、哲学术语，亦称套套逻辑或永真式。指任何情况下都不可能被证伪的言论，即不管组成该言论的部件是否为真，该陈述本身总为真陈述。之所以如此，是因为陈述完全没有表达任何内容。例如，"四足动物有四只脚。"句子内的后半部分重述了前半部分的意思，故该句永远为真，但无任何实际意义，未传达任何内容也未使听者明白任何原先不知道的事情。❷语义学术语，亦称重言或类语叠用。指使用赘词或冗语，即字面不同但语义相同的词语或句子重复使用的情况，例如"helping assistance"（有帮助的协助）、"new innovation"（新的创新）等。❸修辞学术语。用于强调所要表述的内容、抒发强烈的情感和紧迫的呼吁、加强语气、产生优美的节奏等。例如：中国领土一定要统一，非统一不可。 句中"一定要统一"和"非统一不可"构成同义反复，表达了强烈的爱国情感。

同音反复 tautophony 指连续地使用两个同韵词，如"a day play""a black cat"等。

同音节形式 tautosyllabic form 音系学术语。指可分析为属于同一音节的音段形式。例如，pig /pɪɡ/一词中/p/、/ɪ/、/ɡ/就是同音节的音段。

同音同形异义词 homonym 语义学术语。指书写形态及发音相同而语义不同的单词。例如，英语 stalk 作名词时意为"（植物的）茎、秆"，作动词时意为"跟踪骚扰"；left 用作形容词时意为"左边"，用作动词时是"leave"的过去式。同音同形异义词常用于表达双关等修辞手法。例如：The lawyer lies still. 句中"lie"有"撒谎"和"躺着"二意，"still"也有"仍然"和"静静地"二意，因此整句可译为"这个律师仍然在撒谎"和"这个律师静静地躺着"两个句子，从而产生双关效果。同音同形异义词需与一词多义现象相区别，前者来源于不同词源，后者属于同源词。

同音形抵触 homonymic clash 参见"同音异形异义词"。

同音异形词 heterograph 语义学术语。指音同而拼写不同的词。例如，英语中的 heir /ɛə/ 意为"继承人"，而 air /ɛə/ 意为"空气"。

同音异义词 homophone 语义学术语。指发音相同而书写形态及语义不同的单词。例如，no 与 know，days 与 daze 发音相同，意义不同。在语义分析中，理论上如何区别同音形词和多义词（一个形式多种意义）一直引起诸多争议。当不同单词只有一方面相同时，称为部分同音形或准同音形，如语音相同的是同音词（homophone），字形相同的是同形词（homograph）。由同音形引起的歧义称作同音形抵触（homonymic clash）或"冲突"。

同音异义双关 homophonic pun 修辞学术语。指由同音异义词构成的双关语，常见于演说和口头交际。例如：[1] Seven days without water makes one *weak*. [2] Seven days without water makes one *week*. [3] On Sunday they *pray* for you and on Monday they *prey* on you. 在英语口语中，weak 与 week 同音异形异义，使得例[1]与例[2]在听者心中产生截然不同的感受；例[3]巧借 pray 与 prey 谐音构成双关，讽刺了西方一些人貌似虔诚信教，实则掠夺他人的丑恶灵魂。

同语化 koineization 参见"方言整平"。

同源词 analogue; cognate 历史语言学术语。指在具有亲属关系的语言中，一种语言的一个词在形式和意义方面与另一语言的一个词相似，如英语 mother、father 和 friend 分别是德语 Mutter、Vater 和 Freund 的同源词，根据比较重建它们可能拥有一个共同的起源。同源词的研究对历史比较语言学意义重大。

同源范畴 homologous category 认知语言学术语。指看起来好像拥有共同的结构特征并显示出概念互换性（conceptual alternativity）的认知域。例如，空间域（SPACE）和时间域（TIME）都是从数量的角度考察的，有时可进行概念的互换。在回答一个关于路程的问题时，既可以回答空间域的公里数，也可以回答时间域的小时数。

同源格 paregmenon 修辞学术语。指两个或两个以上来源相同或相似的同源词在同一句子中叠用的修辞手法，用以取得重复强调或反衬对照的效果，是一种特殊的重复修辞手法，与常见的重复（repetition）修辞手法有着明显区别：后者以重复同词性、同词形的词语为特征。同源词的叠用往往是作者精心安排的表达艺术，使用的同源词在语音上或有同音或有叠韵等关联，在语义上有同义、近义或反义等关联。同源修辞格被广泛运用于各种不同的英语语体，如诗歌、戏剧、小说、议论文、说明文、广告、谚语等等。例如：[1] Power tends to corrupt, *absolute* power corrupts *absolutely*. [2] Money often *unmakes* the men who *make* it. 恰当使用同源修辞格，可以在视觉上相映成趣，唤起读者的注意；听觉上循环往复，音韵和谐，易于吟诵；语义上相互照应，产生意境美；遣词上亦不落俗套。

同源语言演变史学　Glottochronology　指研究语言间年代顺序关系的学科，是词汇统计学的一部分。斯沃德什（Morris Swadesh）基于下述两个设想，发展了同源语言演变史学：(1) 世界上所有的语言都存在一些相对稳定的"基本词汇"（亦称为斯沃德什词表 Swadesh lists）；(2) 这些基本词汇随着时间的推移以稳定的比率似放射性衰变的形式更替。基于斯沃德什研究方法，后人发展起了多种多样的研究方法。目前采纳的方法主要基于基因替换的生物学假设（the biological assumptions of replacements in genes）。

同韵　identical rhyme　参见"全韵"和"押韵"。

同指　coreference　句法学术语。指同一结构中两个指称成分（如 NP）所指相同。例如：John says that he has been here before. 句中的 John 和 he 所指的对象都是同一个人，因此两者在句中同指。同指一般使用同标的方法标示：$John_i$ says that he_i has been here before.

同指原则　rule of coreference　参见"语境冗余规则"。

统计共性　statistical universal　语言类型学术语，亦称趋向共性（universal tendencies）。在语言共性分析中，指符合统计规律但不一定符合每一种语言共性的特征。例如，"绝大部分语言都有鼻辅音"即属统计共性。与之相对的语言共性称作绝对共性，指所有语言都存在的共性特征，如"每种语言都有代词"。

统计假设　statistical hypothesis　统计学术语。指能以定量方法加以鉴定某一推测或假设的陈述，是在研究中使用数量方法和统计方法分析资料而得到关于现象之间观察到或预计到的关系的推测。例如，有人提出"教学方法 A 优于教学方法 B"。出于研究目的，如果要把这一推测转化成可以用数量方法测试的陈述，则需通过对方法 A 和方法 B 教出的不同学生成绩进行分析比较而加以鉴定。

统计性研究　statistical research　参见"描述性研究"。

统计语言学　statistical linguistics　数理语言学的一个分支。指应用统计数学的方法来研究语言现象的语言学科。统计语言学大致可分为语音统计学、词汇统计学、语法统计学和语义统计学，分别研究语言的语音、词汇、语法和语义的统计特征。从描写的角度出发，词汇统计学又可以分为年代统计学、风格统计学和分类统计学三个分支，分别根据时代的变化、作者写作风格的不同和语言的类属或起源对词汇特征进行统计分析。统计语言学的研究领域目前主要包括：(1) 统计语言单位的出现频率，如对词汇和音位、语素出现的频率进行统计研究。(2) 统计作家的用词频率、词长分布和句长分布，以了解、确定作家运用语言的风格；用这种方法还可判定匿名文章的作者。(3) 计算语言存在的绝对年代以及亲属语言从共同原始语分化出来的年代，这方面的研究叫做语言年代学，又称为词源统计分析法。此外，可对亲属语言的语法、语音体系进行统计、比较。(4) 采用信息论方法研究语言的熵和羡余度。(5) 探讨语言的一般统计规律。例如，在按频率递减顺序排列的频率词典中，词的序号越大，词的频率越小，序号与频率之间的关系可以用数学公式描述为一定的统计规律，这个统计规律叫做"齐普夫定律"，因其研究者之一、美国语文学家齐普夫（George Kingsley Zipf）而得名。(6) 运用随机过程论来研究语言，把语言看成彼此联系的字母序列，前一个字母决定后一个字母的出现，于是形成一条字母链，叫做"马尔科夫链"，因其最早的研究者俄国数学家马尔科夫（Andrey Andreyevich Markov）而得名。(7) 研究文章中两个词之间、两个语法范畴之间、两个语义类之间或两个句法类型之间的间距，以揭示文章在句法或语义上的特征。(8) 研究语言的词汇与文章长度的关系，以揭示文章中词汇的丰富程度和差异程度。近 30 年来，计算机在语言统计中日益广泛地使用，逐渐改变了传统的手工查频、统计的办法，提高了统计的效率和精度。统计语言学的许多研究成果，对于通信技术、语言教学和自然语言的信息处理都很有价值。

头脑风暴　brainstorming　语言教学术语。❶ 语言教学中的一种小组活动，学习者对指定话题展开自由讨论，以形成多样化的观点。这种情况往往能激发讨论者一些比较新颖的想法。头脑风暴通常用作其他活动的准备工作。❷ 写作教学中写作前构思的一种形式。指一个或一组学生对某一话题写下尽可能多的观点，同时无须注意其组织、句子结构或拼写问题。头脑风暴用于收集有关某一写作主题的各种想法和观点，有助于作者形成思路。头脑风暴有时还包括其他写作活动。

头韵　alliteration　修辞学术语。指一个句子中两个或更多的单词首字母具有相同读音的押韵方法。头韵法是古英语诗歌中最常见的语音修辞手段之一，其作用为增强语言的节奏感，达到音美和形美的统一。例如，莎士比亚十四行诗第 30 首的开头：When to the *s*essions of *s*weet *s*ilent thought … 头韵法在现代英语中的口语和书面语中，均得以延续，如"*f*irst and *f*oremost""with *m*ight and *m*ain" "*p*ride and *p*rejudice"等。

投射　projection　句法学术语。在 X 阶标理论中，任何 $X^n (n>0)$ 都是 X^0 的投射。其中 X^0 是中心语，称为零投射（zero projection），XP 是最大投射（maximal projection），中间的 X'（可能存在多重）为中间投射（intermediate projection）。例如，中心语 N^0 可以投射为 N'，继而投射为 NP。

投射规则　projection rule　语义学术语。指解释语义学（interpretational semantics）代表人物、当代美国著名哲学家及语言学家卡茨（Jerrold Katz）和美国著名哲学家及认知心理学家福多（Jerry Fodor）于 1963 年提出的一套用以提供语义描写和说明的规则。投射规则通过对句子各层次的组成成分从低至高的逐层投射，以达到解释整个句子意义的语义解释方法。因此，投射规则是按照深层结构中组成成分的等级结构关系来运作的。在卡茨和福多看来，投射规则反映并模拟了人的认知过程，即说话者和听者借助自己的词汇知识（即句子各个独立成分的意义）和句法结构知识来理解整个句子的含义，因此，投射规则亦称"合并原则"（amalgamation rule）。另外，投射规则的作用还试图把一种语言中所有听到过的句子所构成的有限集合，投射到该种语言中的所有句子（包括没有听到过的句子）所构成的无限集合中去，从而把至少是一种语义解释与每个在语义上合适的句子联系起来。简言之，投射规则是一套把语义解释赋予句法结构的规则，其功能是对句法部分生成的每个构形成分语符列做出语义分析和解释。

投射假设　Projection Hypothesis　语言习得术语，亦称投射模型（projection model）。指一种以普遍语法为基础的二语习得理论，由措博（Helmut Zobl）于 1983 年提出。投射假设认为语言是一个非常复杂的系统，不可能仅在输入的条件下就可以习得，学习者需具备投射能力（projection capacity），即在习得一个参数的基础上可能会同时习得另一个相关的参数。如果一个语言特征 z，相对其他的 v、w、x、y 是非标记性的，那么在习得上述几个特征的基础上，即使没有见过 z，学习者也有可能推理出这一特征，从而习得该特征。

投射原则　projection principle　句法学术语。在管辖与约束理论中，指一个谓语在深层结构、表层结构和逻辑式（logical form）中具有相同的"次范畴化属性（subcategorization property）"，由此决定谓语的"论元（argument）"的语义"题元角色（theta-role）"；一个移位转移（movement transformation）必定导致产生一个"空语类（empty category）"，因为深层结构中被转移后的位置必须与表层结构中的位置

（即空语类）相对应。管辖与约束理论的投射原则还借助词汇项（lexical entry）连接句法结构，在词库（lexicon）中确立的谓语"逻辑价（logical valence）"必须在所有句法表现层次上体现出来。由于投射原则的作用，语义中隐含的动词变元虽无语音方面的表示，但在句法中表示为空语类。扩充的投射原则（extended projection principle；EPP）进一步要求每一个小句都投射一个主语位置，即使该位置不属于谓语"逻辑价"。参见"空语类原则"和"语迹理论"。

透明词　transparent word　指可以从词的构成上对其意义做出判断的词，如哗、喵、吽、轰隆隆、叮叮当当。

透明性　transparency　亦称透明度。语言学研究中，指一个比较抽象的表达对应于一个不太抽象的表达的程度。换言之，透明性也可以被理解为用一种直接明了的表达方式去表述一个事实。透明性在不同的语言学分支领域研究中的涵义不同。例如，在生成音系学中的透明性是指某一条抽象的规则对应于某一个客观具体形式的程度，也就是说，这条抽象规则在那个形式中的运用，可以从最终的语言输出中体现出来。语义学中的透明性，是指一个词或一个表达式的意义对应于该词或该表达式组成部分的意义。透明度原则是由莱特富特（David Lightfoot）作为解释句法快速演变的因素于 20 世纪 70 年代末提出的。在乔姆斯基（1981）的管约论（GB Theory）中，此术语指不能发挥语障（barrier）作用的节点特征。

透视域　perspective　格语法术语。美国语言学家菲尔默（Charles Fillmore）从普通语义学的理论重新审视格语法时认为，意义和场景相关，他所提出的新语境概念使用了场景（scene）、透视域（perspective）和突显（salience）三个概念。透视域是由所选的动词所决定考虑的一个"场景"（scene）角度。例如 buy 一词，它决定了在买卖的场景下，考虑的中心是商品，而不是其他。

凸显信息　salient information　指说话者在说话时假想的听者/众的意识或知识中存在的一些信息。是已知信息（given information）的一部分。

凸显性　salience　亦称突出性。指突出的状态或条件。在语言感知与学习以及信息处理方面，突出性指某一个语言点被感知和认识的容易程度。在语言学习方面，人们对语言的感知和信息的处理将影响语言学习者习得语言项目的顺序。语言项目的凸显程度越高，即越是易于被感知，习得者就越容易习得该语言项目。语言信息的选择和安排取决于信息的凸显程度，这一特征被称为"感知突显性

(perceptual saliency)"。人们对语言点的凸显性进行了研究,探讨这一特点对学习的难易以及学习顺序的影响。在口语中,一个单词凸显性的决定因素包括:(1)某一因素在该词中的位置;(2)该单词在句中的位置;(3)说话时对该词的强调程度。

突出 prominence; prominent 音系学术语。在超音段特征(suprasegmental features)的研究中,指包含重音(stress)、时长(duration)、音调(tone)等要素的研究。这些要素在任何一类言语中都在某种程度上有所显现,因此某个语言单位是否突出是相对于其他语言单位而言的。在语篇中,说话者总是根据自己说话的核心或目的将重音放在想要强调的词或音节上。另外,根据交际目的和另一位说话者的话,可以借助这些元素突出特定的词和重要音节(prominent syllabus)。例如:[1] She may come toMORRow. [2] She MAY come tomorrow. 两句用词相同,但凸显的音节(用大写字母表示)不同,因此分别对应如下两个不同问句的提问:[1′] When is Mary Jones coming? [2′] Is Mary Jones likely to come tomorrow?

突出峰 peak of prominence; crest of sonority 参见"响音峰"。

突出性 salience 参见"凸显性"。

突发除阻 abrupt release 音系学术语,亦称瞬时除阻(instantaneous release)。区别性特征理论中的一项重要特征,指发音时能量在无继发性摩擦的情况下突然迸发。突发除阻的特征在特征理论中与延缓除阻特征(continuant release)相对立,后者的主要机制是收缩,收缩造成的狭窄尚未达到气流在收缩点被完全阻塞。所有的爆破音、破擦音和鼻(塞)音,如/b/、/p/、/t/等,都带有[+ABRREL]突发除阻的特征,像/r/这样的卷舌音也具有突发除阻的特点,除此外其他音段都是[-ABRREL]音段。特征理论的这个观点并非完全正确,边音、颤音等的延续性特征([+CONT])的值有时正好与特征给予的值相反。

突发音 abrupt 语音学术语。指在发音方式上具有突发除阻特征的音。具体而言,即发音时发音通道首先迅速关闭以积蓄强大的阻力,然后再突然打开,使阻力在瞬间得到突然的释放。所有的塞音,如/b/、/p/、/t/等,都属于突发音。突发音在放音特征方面与延续音(continuant)相对立,延续音指发音时口腔通道没有完全封闭发出的音段,如擦音和元音。

突降 bathos 修辞学术语。指在使用语言时将话语的分量一步步减弱(由重要到次要,由庄重到平庸或甚而轻浮),以求得幽默诙谐或讽刺嘲弄的效果。与层进(climax)相反,突降指以重要性的递进顺序来提出论点,将高潮部分放到最后。

突降法 anti-climax; bathos 修辞学术语。与层递式(climax)相反的一种修辞方法,指在使用语言时将话语的分量一步步减弱(由重要到次要,由庄重到平庸或甚而荒谬)以达到幽默诙谐或讽刺嘲弄的效果,如耶鲁大学校训"For God, for America, and for Yale"。在列举事物时,表达者有时故意把一个卑微低俗的词语安排在一系列庄严肃穆的词语之后,好似从一个高潮突然降下,以形成强烈的反差。例如:As a serious young man, I loved Beethoven, Keats, and hot dogs.

突生论 emergentism 参见"涌现论"。

图标 icon 参见"图形字"。

图标字 iconograph 通过单词或文字的不规则变形,组合成特殊形体的图标,以达到某种艺术追求。有的美国诗人把诗句或若干诗行设计成蝴蝶或葫芦形状,表达自己文学创作的生态理念。

图表法¹ chart 句法学术语。指在通过计算机进行句法分析时将所有可能的符合语法的语符串用图表表示的方法。例如,在图表中列入句子中所有可能语符串的树形图,不同树形图的相同成分在表中只允许出现一次,运用此方法以避免重复运算。

图表法² diagramming 指运用草图、图表、大纲等手段,对整体中诸多部分间的关系进行解释说明的方法,包括树形图、图表、矩阵、网络图、流程图、集合等。例如:

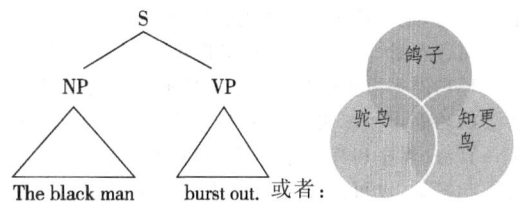

图表分析 chart parser 计算语言学中指用图表的特殊数据结构记录运算状态的方法。

图表重写 chart rewrite 指语言处理中分析自然语言的计算机系统的基本框架,包括"扩充转移网络(augmented transition networks;ANT)""匹配模式(pattern matching)""转换语法(transformational grammar)"等。

图画文字 pictography 指使用图形字(pictogram)的文字系统。其书写体系采用表征图、示意图等图画形式,与楔形文字和象形文字具有某种程度的相似,后者也采用某些图形作为语音字母或限定性韵律符。史前艺术中的图形字指画在岩石表面的图形符号,与镂刻在岩石上的岩石画(petroglyph)截然不同,后者是否属于图形字尚存争议。现代社会使用的图画文字有交通标志、公共设施标识、化学品分类标签符号(GHS hazard pictogram)以及形式语言的部分组成元素。一些美国诗人甚至将图画文字的特征演绎成现代主义诗歌技法,运用于诗歌意象的创造中。

图画字　pictogram　参见"图形字"。

图解句子　diagramming sentence　句法学术语。一种在美国学校常用的分析句子的方法,用一套竖线和斜线来表征句子成分之间的不同关系。经过图解之后所得到的句子表征一般称为"Reed & Kellogg 图解",用以纪念两位图解方法发明者,同时也是英语教材的编者。其中,长的竖线用以分割主谓语,短的竖线用以分割动词和直接宾语,而短的斜线用以分割补语,其他的成分则划分在句子主要部分的下方。

The old man called him a nice guy.

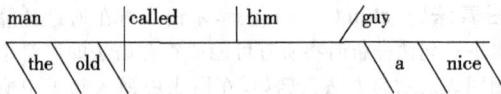

这种图解句子的方法能够将词之间的关系显示得非常清晰,但是无法处理语序的变化。例如,tear the paper apart 和 tear apart the paper 的图解表征是相同的。

图灵机　Turing machine　由英国数学家阿兰·图灵(Alan Turing)于 1936 年设计并以其名字命名的机器,是一种通用计算机的概念模型,具有无限大的储存容量。图灵机并非实物,但是对诸如算法和循环功能等重要的基本概念的精确定义方面起着重要的功能作用。它可用来定义计算机函数,也能表示算法、程序和符号行的变换,可用作电子计算机的数学模型,也可用作控制算法的数学模型。图灵机能生成无限个循环的语符列,相当于形式语法,能对应于无限制改写系统,因而在形式语言理论中还可以研究短语结构,即递归枚举语言。1990 年美国语言学家帕蒂(Barbara Partee)、默伦(Alice Meulen)和华尔(Robert Wall)在《语言学的数学方法》(*Mathematical Methods in Linguistics*)一书中对图灵机有详细介绍。

图片名词　picture noun　语法学术语。英语中以 picture、poem 等为代表的一小部分名词,这些名词的特点是在其作中心词的介词短语里可以使用反身代词。例如:[1] John sent me this *picture of himself*. [2] John wrote me a *poem about himself*.

其他图片名词有 story、photograph 以及 song 等。

图式　schema　指代表个人对事物、人或环境知识的心理表征结构,包括对认识对象的特点和特点之间关系的认知,是组织人类感知世界的内在结构,即一种认知构架,可以使信息有条不紊地储存在长期记忆中。因而其是一种记忆结构,包括语言知识、社会文化知识和其他知识,也包括已形成的神经反应模式。图式的特征之一就是对通过感官接收的任何信号作出反应,并能产生信息弥补信号的不足。图式是对一个整体的抽象,侧重于许多事例的相似之处,可帮助人们简化现实。更重要的是,可以指导人们如何处理新信息。图式会建立对新信息的期待,帮助人们把外在刺激的细节与一个总体概念相联系,同时过滤掉不一致的信息。图式具有一般性、知识性、结构性和综合性等特点,同时又具有包含关系,构成一个等级结构。图式的特点决定了图式的功能,如建构与新事物之间的联系,推论隐含信息,搜索大脑中可解决面临问题的相关信息,整合图式不断变化的动态结构等。康德(Immanuel Kant)最早在哲学领域提出了图式。瑞士儿童心理学家皮亚杰(Jean Piaget)在 1926 年把图式引入到儿童心理发展的研究中。图式概念有助于解释复杂的社会认知现象,现被广泛运用到语言学、社会心理学和跨文化交际等研究领域。参见"图式理论"。

图式化　schematization　认知语言学术语。指把实际话语(actual utterance)抽象成一种知识表征的过程。实际话语包含有关细节,经过抽象后产生一个没有细节信息的图式(schema)。图式化过程忽略实际话语差异,只留存共有特点。例如:[1] He reaches his hand out of the window.(他把手伸出窗外。)[2] The children are playing out of the house.(孩子们正在屋子外面玩。)[3] Many Chinese are now living out of China.(很多中国人现在生活在中国之外。)例[1]—[3]中都有介词"out"(外),但因"窗外""屋子外""中国之外"语境差异,意义稍有不同,但共同点是"离开一个明确边界",正是这一共同点建立了介词"out"的图式。"Out"图式并没有告诉它所涉及空间关系的图形(figure)和参照物(reference object),如例句[1]中的"他"和"窗"。这一部分信息被抽象化为图式的一部分,只有当图形和参照物存在并符合"离开一个明确边界"的空间关系时才适用。

图式理论　schema theory　主要观点是人们在理解新事物时,需要将新事物与已知的概念、过去的经历(即背景知识),联系起来。对新事物的理解和解释取决于头脑中已经存在的图式,输入的信息必须与这些图式吻合。图式理论的形成与图式概念密不可分，现代图式理论是认知心理学兴起之后，在20世纪70年代中期产生的。其首先由英国心理学家巴特里特（Frederic Bartlett）把图式概念引入到心理学和教育学领域，教育心理学家安德森（Roger Anderson）把图式扩展为图式理论。鲁梅尔哈特（David Rumelhart）推动了图式理论的进一步发展，特别是在理解记叙文和故事方面。鲁梅尔哈特把图式称为以等级层次形式储存于长期记忆中的一组"相互作用的知识结构"或"构成认知能力的建筑砖块"。他的研究证明长时记忆既不是固定的（fixed），也不是一成不变的（immutable），而是随着图式因经验的发展不断动态调整的。图式理论现已被广泛地用于语言和阅读研究中。在阅读理解研究中，图式常常被分为形式图式和内容图式。形式图式指有关各种文章类型、修辞结构之间差别的背景知识。例如，如果在阅读前知道将要读的是一篇议论文，并对这类文章结构有所了解，读者就能更好地理解这篇文章。内容图式是有关文章内容所涉及的背景知识，如读者对于英美国家历史概况、政治经济状况、文化传统和风俗习惯等有所了解，在阅读英美作家的作品中涉及这些知识时就不会感到困难。参见"图式"。

图式意义　schematic meaning　认知语言学术语，亦称结构意义、建构功能。指与概念结构系统（conceptual structuring system）成分有关但编码在封闭词类中的一种意义。这种意义本质上并不丰富，与概念结构系统成分有关但编码在开放词类中的实词意义形成对照。封闭词类包括冠词、介词、代词和屈折词素等，开放词类包括名词、动词、形容词和副词。图式意义与表示数、时间、新旧信息或说话者提供还是获取信息等概念有关。因此，它只是提供一种语义"脚手架（scaffolding）"来支持和架构开放词类的实词意义。例如：The dog ran into his house.（那只狗跑进了他的家。）其中的"the"（那只）和"his"（他的）两个封闭词类只有图式意义，为实词意义提供支持背景信息。

图像符号　iconic sign　参见"象似符号"。

图像文字　iconography　参见"图像学"。

图像学　iconography　艺术史和符号学术语，亦称图像文字。指关于图像内容的鉴定、描述和诠释的研究，着眼于图像所刻画的主题、作品的特定成分和细节以及艺术风格以外的诸多元素。图像学起初主要聚焦于宗教题材的艺术作品，后来转向西方世俗画作。近年来逐渐为符号学和传媒研究者所关注，将研究对象扩展到流行文化领域，通过引入符号学的概念，对意象进行批评性解读，揭示图像的社会文化价值。在影视研究中，图像学被用以描述影视作品的视觉语言（visual language），开展体裁和片种方面的批评。在互联网时代，图像或媒介型的视觉产品范畴不断拓宽。

图形　figure　认知语法术语。指图形—背景结构（figure-ground organization）中最凸显（most salient）的成分。心理学术语后被应用到认知语言学。特别是泰尔米（Leonard Talmy）在概念的结构系统方法（Conceptual Structuring System Approach）中详细阐述并发展了认知语言学中的图形概念。泰尔米指出较小的、运动特性明显的物体往往是典型的图形。例如：The *car* is opposite to the building. 其中"汽车（car）"就是图形。兰艾克（Ronald Langacker）在其认知语法理论中把图形称为射体（trajectory）。

图形-背景结构　figure-ground organization　认知语言学术语。指人类感知自动地把任何给定的空间场景分成两个凸显程度不同的结构。具有支配性形状、明确轮廓或突出颜色的客体称为图形，起衬托作用的场景其他部分称为背景。1915年，丹麦心理学家鲁宾（Edgar Rubin）首次提出了图形—背景结构。他认为，图形看起来像物体，离观察者更近，位于背景之前，处于支配地位而且便于记忆；相反背景看起来像物质，离观察者较远，位于背景之后，处于被支配地位且不易记忆。经过泰尔米（Leonard Talmy）和兰艾克（Ronald Langacker）的研究和推动，图形—背景结构在认知语言学中影响深远。语言中空间场景（spatial scenes）的语码化反映了图形—背景结构。一般来讲，主语位置对应图形，宾语位置对应背景。例如：[1] 别墅在湖的旁边。[2] * 湖在别墅的旁边。句[1]可以接受，因为它符合人类对空间场景语码化的规律，别墅较小，形状轮廓清晰，是结构中的图形，充当主语；湖较大，形状不清是背景，作宾语。句[2]语义异常，不能接受，就是因为它不符合我们对空间场景语码化的规律，背景充当了主语，图形作了宾语。

图形字　pictogram; pictograph; picto　亦称象形符号、象形图或图形字。用在电脑中，亦称图标（icon）。指常见于书写和图形系统表示意义的各种图形符号，通过摹拟与现实世界各种物体的相似度来达到表意的目的。参见"图画文字"。

徒劳量化　vacuous quantification　参见"空量化"。

土腔方言　broad dialect　社会语言学术语。指具有典型的方言发音特征和用词造句特色的方言。区别于向高变体或标准语转变的雅致方言（refined dialect）。

土语 patois 社会语言学术语。指语言的地区性使用变体,与标准语(standard language)相对,包括皮钦语、克里奥耳语和方言等非标准语,但不包括行话和俚语。

吐气音 egressive 参见"外挤音"。

吐气重音 expiratory accent 参见"动力重音"。

推导 derivation 句法学术语。指乔姆斯基在其《句法理论面面观》(1965)中提出的应用一系列语法规则后得到输出的过程,也可指得到的结构本身(即推导式)。例如,表层结构可由深层结构推导出来;短语可通过合并、移位等操作推导出来,等等。

推导经济性 economy of derivation; derivational economy 句法学术语。指最简方案中经济原则(economy conditions)的具体体现之一。乔姆斯基认为,生成有声音、有意义的句子要经过语法系统的层层加工,一步一步推导出来,而推导过程应该尽可能经济。如果有更经济的方法而不使用,生成的句子也不合法。徐烈炯(2009)将推导的经济性通俗地解释为:能小做不大做;能少做不多做;能不做则不做;能迟做则不早做。推导的经济性与表征的经济性(economy of representation; representational economy)共同构成了最简方案的经济原则。

推断 inferencing 语言习得术语。指在学习和理解过程中,根据已知知识、观点或判断得出假设、观点,或形成新的知识、观点,或作出判断。推断是人们学习语言时一种学习策略,是语言学习中归纳出语法规则或其他规则的重要手段。在书面文本和口语文本的理解过程中,往往认为有几种不同的推理发挥了作用:(1)命题性推理,指从一给定陈述进行逻辑和必然推理;(2)使然推理,指根据事件或者概念之间的因果关系推理;(3)语用推理,指为理解文本提供额外信息,扩展对文章的理解;(4)连接推理,指要连贯理解文本所需要的推理;(5)精心推理,对理解文本事实上没有必要。

推断统计方法 inferential statistics 参见"定量方法"。

推断性理解 inferential comprehension 语言教学术语。指阅读时运用自身的经验、直觉和推论,从字面上琢磨出含蓄的言外之意,是阅读的目的之一。读者根据字里行间所暗示的逻辑关系合理地推断出作者的写作意图、作者的态度、文章的主题思想等非字面的内容。也是客观性阅读理解测试的试题类型之一,要求应试者运用推理过程把原文中多种信息与作者对客观世界事物的知识进行组合、分析、推理,从而推断出答案。例如:I am very careless with my books. I can't find the book I was reading yesterday. 根据上下文的逻辑关系,"找不到书"的直接原因是由前句表达的内容所造成的。读者一般不会理解为"Someone has stolen my book."。推断性理解的水平依赖于作者对字里行间所透露出的信息进行逻辑推理的准确度。推断性理解同主观理解、评价性理解、欣赏性理解均属阅读理解的高层阶段,这几种理解有时相互交叉、相互渗透,或由一个逐步过渡到另一个,对一部作品的理解常需要同时兼用。

推理 inference 指演绎、推敲和表达未曾说出或未曾写出的内容的过程。指通过使用蕴涵和前提(即通过隐涵不明确表达的但对理解是必需的内容)和使用一个说话人/听话人以图示储存在脑中的有关篇章内容的知识,来填充或扩展篇章的语义表征的认知过程。这一过程包括逻辑上推理的内容,或者在特定语境下隐含的内容,如会话含义(conversational implicature),对于理解别人的谈话和理解语篇的连贯性起着重要的作用。例如:Are you doing anything this evening? 在打电话的语境里,这句话通常不会被推断成询问信息,而是作为一种邀请,因为利用背景知识或情景语境,可以推断出那些貌似间接或似乎违反会话合作原则的语句的确切的施为作用。

推理论 inference theory 强调语境对话语理解的不可分离性,认为交际中的话语仅仅是与说话人交际意图有关的显性依据,而非言语交际(比如用手指点、模仿以及其他形式的明示或展现)都涉及推理。

推理语法 speculative grammar 指中世纪时受哲学影响的一种语言学理论,认为语言的结构是宇宙的本质,是反映物质世界现实的镜子。英语中speculative一词源自拉丁语speculum,意为镜子。持这一观点的语法学家试图找到一种适用于所有语言的"普遍语法"(universal grammar)。

推理语义学 inferential semantics 逻辑学和语义学的一个集合术语。指运用推理理论(Inferential Theory)的方法通过对命题进行逻辑推理和直观推理的方式研究语义的学科。例如,从"Lucia is a woman."中"woman"的语义特征(即[+FEMALE]、[+ADULT]和[+HUMAN BEING]等)可以推理出"Lucia is female""Lucia is an adult"以及"Lucia is a human being"等语义。

推链式音变 push chain shift 参见"链式音变"。

推论格 illative case 语言类型学术语,亦称入格。表示一个物体移至某个方位的屈折形态的语法描写概念。这是乌拉尔语系芬兰—乌戈尔语族中具有与英语介词"into"相同所指意义的格。见于芬兰语和其他一些语言,在芬兰语中与向格、离格以及其他几个表示"局部"时空意义的格并存。

推论统计　inferential statistics　统计学术语。指用于根据一套数据对总体做出推论或归纳的统计方法。推论统计的基础是概率理论。对于样本或一套数据所选自的总体所作的归纳,其大概的精确度可以用多种不同的统计方法来确定。

推演分数　derived score　统计学术语,亦称导出分数。将考试的原始分数按一定规则转化为另一种规格的分数,使之成为具有可解释意义的结果分数。例如,将考试的正确答案数转换为百分数或者 A—F 这种等级分数。

退保值　surrender value　语言教学术语。借自人寿保险行业。指学习者在语言课程中任何一个时间所获得的一些功能性技巧,即使过了这一段时间不再继续学习,仍然能使用这些技能。

退化　degeneration　❶语义学术语。指词义退化。参见流派"词义转贬"。❷语言习得术语,亦称退行、逆行。指语言学习者到了一定年龄阶段,其语法生成能力不再增强反而减弱的逆行现象。

退位关系符　retirement R-sign　语法学术语。在关系语法中四类名词性关系符之一,用以表示名词所担任的四种语法关系。其他三种是项关系符(term R-sign)、旁格关系符(oblique R-sign)和边缘关系符(overlay R-sign)。参见流派"**关系语法**"。

退行　degeneration　参见"退化❷"。

托福考试　TOEFL　参见"**英语作为外语的考试**"。

托业考试　TOEIC　参见"**国际交流英语考试**"。

拖延原则　Procrastination Principle　参见"延迟原则"。

脱落　elision　语音学、音系学和格律学术语,亦称省音。源自拉丁语。语音学和音系学中用来指连续话语中语音的省略现象。话语过程中,有时一个音或几个音(如元音、辅音或整个音节)在一定条件下会完全消失或被省略,因此语音的脱落是一种常见的以发音语音学为理据的语音变化。这种语音变化使某些非强调的语音被省略,而导致词汇的缩短和发音简化。例如,说英语语速快时,"directo-ry"容易发成[daɪˈrektrɪ];有些非重读语法词如"and"和"of"等在会话时也经常脱落,如"bread and butter"中的"and"被省去"a"和"d",常读作"bread 'n' butter"。再如:"I'm"中消失了[e]读作/aɪm/;"give him"中省去了[h]读作/ɡɪvɪm/。也有为减少发音困难而发生的脱落,如 castle/kɑːsl/"城堡"(脱去[t])。此外,还有构成复合词后的脱落,如 blackguard 中的[k];借用词中的脱落,如 psychology 中脱去[p]等。在诗歌中,两个音节一起读时,有时为调整格律,有些语音可能消失。如"over"一词用于诗歌时,常被读作"o'er"。

脱体法　disembodiment　翻译学术语。指在文学,特别是诗歌翻译中,不遵守目标语的结构特征,而是忠实再现源语形式的一种翻译方法。庞德(Ezra Pound)在翻译中国诗歌时即采用了这一手法。中国诗歌有隐而不露的特点,庞德沿用了这一中国传统,不遵循英语的规范,拒绝使用任何连词来表明诗句中各个意象之间的关系,而只是尽量贴近中文,不做任何更改,把中国诗歌原原本本地移植到西方。以李白《送友人》中的名句及其英译为例:

[1] 浮云游子意,落日故人情。

[2] a. Your heart was full of wandering thought;
　　For me-my sun has set indeed;
　　　　　　(*Version by* Wade-Giles)
　 b. Mind like floating wide cloud,
　　Sunset like the parting of old acquaintances
　　　　　　(*Version by* Pound)

比较可看出,庞德的译文中不用冠词、没有主语的结构直接借自中文诗歌的手法,在实现译文与源语形式对应的同时,赋予了诗歌意象更广泛的一般性。美国当代文论家劳伦斯·奇索姆(Lawrence Chisolm)用脱体理论来阐释诗歌语言中因省掉句子成分而产生的非特指效果,这与托马斯·艾略特(Thomas Stearns Eliot,1888—1965)所提出的诗歌应当"非个人化"相通。

脱字号　Caret　语音学的变音符号,标示为[‸]。脱字符号用以表示插入成分或次重音等。

妥协词　compromiser　语气减弱词(downtoner)的一种,指用于略微降低动词作用力的一类副词或副词词组。例如:[1] He kind of likes her, but she more or less dislikes him. [2] I quite enjoy the film, but I've seen better. 汉语中也有相应的妥协词。例如:[3] 我不太爱吃鸡,但还算喜欢鸭子。 使用妥协词一般出于礼貌,避免表达太过直接而致人不快或难堪等后果。

瓦格　wug　用于复数形式习得实验的一个生造的无意义词。美国波士顿大学心理系教授、心理语言学家格利森（Jean Berko Gleason）于1958年设计出这项语言学测试。由实验者向儿童出示一张虚构的动物的图片，告诉他这是一个wug。然后出示另一张这样的画，间接受实验的儿童现在有两个什么。如果接受实验的儿童已掌握这种复数词尾，他就会说wugs /wʌgz/，在响辅音后准确地用/z/这种复数词尾。测试结果表明，4—5岁的学龄前儿童可以完全掌握响辅音后的这种复数词尾。

瓦克纳格尔定律　Wackernagel's law　印欧语系句法定律，亦称瓦克纳格尔位置。指一些小词及附着语素倾向于出现在句首第一个重读的成分之后的一个固定规律，由印欧语系专家、希腊语教授、梵文学者瓦克纳格尔（Jacob Wackernagel）于1892年提出。此定律认为，附着语素如同词缀类黏着词素不能在句中独立出现；而区别于词缀的是，它们附着于经过屈折变化的词。例如，古希腊语 nûn dè pôs légeis（逐字英译为 now but how you-say）一句中相当于"but"的词就遵循瓦克纳格尔定律。相应地，句中第二个位置称为瓦克纳格尔位置。

瓦克纳格尔位置　Wackernagel's position　参见"瓦克纳格尔定律"。

瓦苏　Washoe　世界上第一只能通过手语与人类交谈的雌性黑猩猩。瓦苏1965年生于非洲，1966年被内华达大学的心理学家加德纳夫妇收养，并以内华达州瓦苏县的名字命名。经过5年训练，瓦苏掌握了160个美国手语单词，还能够把它们组成245个句子。在此之前，研究者试图让黑猩猩学说人类语言，但未获得成功，因为它们的喉部构造与人类存在巨大差异，不宜学习吐字发音。1980年，加德纳教授的学生罗格·福茨与妻子在中央华盛顿大学建立了黑猩猩与人类交流研究所。瓦苏和其他几只黑猩猩从此就在这里安家落户。福茨夫妇继续教授瓦苏学习语言，它已经掌握了250多个手势语单词。不仅如此，瓦苏还把它学到的手语传授给了另外3只年纪在30岁左右的黑猩猩，它们也学会了用比划的方式相互以及与人类交流。瓦苏于2007年10月30日晚去世，终年42岁。

外部分布　external distribution　句法学术语。指句法范畴在更大句法层面所呈现的分布关系。例如：[Brown's deftly painting his daughter] is a delight to watch. 句中的"[Brown's deftly painting his daughter]"这一语类范畴在内部结构中呈现VP特点，但在外部分布中呈现NP特点。

外部合并　external merge　句法学术语。指从词库中选出的词同其他句法成分合并的操作。与之相对的是内部合并（internal merge）。乔姆斯基（2001）将结构中的移位操作（movement）看作是合并操作的一种，称之为内部合并。

外部连读音变　external sandhi　参见"连读音变"。

外部形式　outer form　指某种语言容易受到其他语言影响的表现形式，如语音系统；与语言的内部形式（inner form）相对。语言的语法结构和语义结构为其特有的内部形式。

外部言语　external speech　参见"内部语言[2]"。

外部语言　exoglossia　社会语言学术语，亦称"外族语"或"外围语言"，与内部语言（endoglossia）相对。指一个地理区域内大多数（或所有）人口所用的非本族语语言。参见"内部语言[1]"。

外部语言学　exolinguistics　参见"宏观语言学"。

外部照应　exophora　参见"内部照应"。

外封闭　outer closure　语音学术语。封闭指暂时把气流封闭在声道的某一部位上，内封闭区离唇部最远，外封闭区离肺部最远。外封闭可以在唇部发生，也可以在齿部、齿龈部、硬腭、软腭、咽头、喉头或任何中间部分发生。参见"闭塞"。

外国腔　foreign flavor　指借词保留的外国读法。英语中 rouge [ruː3]、bijou [ˈbiːʒʊ]、restaurant [ˈrestərɒnt] 等借词。均保留了法国腔。

外国人语风　foreigner talk　亦称非地道话语或非本族语者间交谈。当本族语者使用本族语与不精通该语言的非本族语者进行交谈时，说话方式和风格通常会发生变化，譬如简化语言句式和用词，从而使对方更易理解。这种改变通常不会在与本族语者之间使用该言语交谈的过程中出现。本族语者对不精通该语言的外国人说话时用的一种言语与所谓的"保姆式言语"（caretaker speech）有如下类似特征：(1) 语速放慢，音量大，发音夸张；(2) 词汇简单，省略冠词、功能词和屈折变化，或以简单动词取代复杂动词，如将"Do not cross the road."简化为"No cross road."；(3) 多用重复性解释，或将话题移至句子前面，如"Your bag? Where you leave your bag?"；(4) 很少用俚语和习语等。

外国语 foreign language 参见"外语"。

外化语言 externalized language 亦称E语言（E-language），与内化语言（internalized language）相对。指语言被理解为一个事件或言语系统，是操同一种语言的人们所产生的、独立于人的心灵特性之外的语句集，或指被说话者外在化的其他外在的信息传递单位。乔姆斯基在20世纪80年代中期提出此概念，但又认为这样一个概念对研究内在的语言知识（competence，即"能力"）并无太大帮助；研究"能力"仍需把语言视为心灵的产物（mental objects）。参见"内化语言"。

外挤音 egressive 语音学术语，亦称吐气音或挤气音。指所有用移动的气流机制发出的音，发这种音时气流从声道中逸出。与之对立的音类是内吸音（ingressive）。大多数语言的绝大多数语音都是由肺部的空气外呼而发出这种音。正常条件下，英语的全部语音的发音情况都是如此。

外加语 disjunct 语法学术语，亦称句子副词（sentential adverb）。副词可以分为附加语、连接语和外加语。附加语是从句或句子基本结构的一部分，用来修饰动词。有关时间、地点、频率、程度和方式的副词都属于附加语。例如：[1] He studies *at* Oxford. [2] He *almost* finished his work. 连接语不是从句或句子基本结构的一部分，而是表示一句句子中所说内容如何与另一句句子所说内容相连接。例如：[3] *Altogether* it was a total failure,… [4] *However* it is fine, … 外加语亦称为句子副词，指表达说话人对其所说内容的态度以及看法的副词。例如：[5] *Naturally*, I go to school every day. [6] I had failed to go to school, *unfortunately*.

外借词 foreignism; foreign word 指一种语言从其他语言中"借入"或引进的词。每种语言都有数量不等的借词。借词根据借用方式可分为两种：(1)音译词，指音义一起引进的词。例如：斯里兰卡（Sri Lanka）、纽约（New York）、斯大林（Сталин）、沙发（sofa）、弥撒（拉丁语 missa）、冬不拉（哈萨克语 dombra）、布尔什维克（俄语 большевик）等。(2)仿译词，指不仅引进词的意义，而且仿造其构词方式构成的词。例如，汉语"蜜月"仿自英语"honey moon"；汉语中还有一些从日语中引进的词，书写形式和意义都相同，但读音有差异，如经济、客观等。对外借词的定义学界有争议，有些人认为只有音译词属外借词。

外来词 alien word; peregrinism 参见"借词"。

外来混合词 loan blend 形态学术语，亦称混借词。指把本族语的形式与从另一种语言借来的成分组合在一起而构成的复合词或短语，即单词的一部分借自另一语言形式，另一部分属说话者的本族语。例如：部分澳大利亚人说的德语中有 gumbaum 一词，意为 gumtree（桉树）。参见"借词"。

外来语复数 foreign plural 指英语中来源于拉丁语、希腊语、法兰西语和意大利语等语言的词所保留的复数词尾形式（许多词同时有英语形式及外语来源语形式两种，外语形式多用于科技方面），如 basis→bases（希腊语）、formulas→formulae、focuses→foci、mediums→media、indexes→indices、stimulus→stimuli（拉丁语）等。

外围 periphery 指乔姆斯基普遍语法理论所认为的外围语法（periphery grammar）。语言中除了核心语法（core grammar）之外，还有一些是不受普遍语法支配和限制的，或普遍语法无法预测的规则。核心语法是无标记的，其规则与普遍语法中的原则保持一致；外围语法是有标记的，其规则是普遍语法中的例外形式，需要用学习的方式而不是习得的方式去获得。

外围成员 peripheral member 认知语言学术语，亦称边缘成员。指在原型范畴理论中不典型或不突出的成员。例如，在"椅子"这一范畴中，四条腿供单人坐的椅子，如学生椅，是原型成员，而供幼童坐的高脚凳或就餐椅则是外围成员。

外围角色 circumstantial role 指在及物性语义组合关系中，体词（包括名词、代名词、量词）或以体词为中心的短语（包括名词短语和介词短语）所担任的角色。

外围失调 peripheral disorder 病理语言学术语。指由言语器官等损伤而引起的语言失调，如因视觉受损而影响阅读、因空间视觉受损而影响写作、因感觉运动系统受损而影响言语实践等。参见"语言失调"。

外围语法 peripheral grammar 参见"外围"。

外显式学习 explicit learning 参见"内隐式学习"。

外显知识 explicit knowledge 参见"内在知识"。

外向气流 egressive air-flow 语音学术语，亦称肺气流。指由肺部出来经过口腔和/或鼻腔逸出体外的气流，即正常的呼气流。

外延 denotation 参见"指示意义"。

外延动词 extensional verb 蒙塔古语法概念,用来描述事件而不是可及性关系。例如,英语中的"find"(发现)必定表示有所指,因此是外延动词,而"seek"(寻找)则不是,因为它可以表示无所指,即现实世界中不存在的客体。

外延逻辑 extension logic 亦称传统逻辑、形式逻辑,与内涵逻辑(亦称辩证逻辑)相对。概念包括内涵和外延两方面,内涵表达的是事物的本质属性,而外延表达的是具备这一属性的事物。外延逻辑的特点在于舍弃概念内涵,而只是把概念的外延作为对象进行形式推理。亚里士多德创立的形式逻辑,其核心推理形式是根据概念的外延关系而定的,在这个意义上,形式逻辑等于外延逻辑。

外延缩小 underextension 语言习得术语。指同一词汇项在被幼儿使用时,其外延义小于成人使用时的外延义,指称范围减小。例如,"猫"一词在成人语言中,既可指身边的一只具体的猫,也可以指现实存在中所有符合其内涵意义的一种动物,但在幼儿语用中的"猫"可能只指幼儿身边一只具体的猫(白猫、花猫或狮子猫),而不是指所有的猫。

外延意义 denotative meaning; denotation 语义学术语,亦称所指意义或明指意义。外延意义与内涵意义(connotation,或称伴随意义、隐含色彩、隐含意义)相对。外延意义指词或词组与现实世界或虚构可能实现的世界里的现象联系在一起的那部分意义,它以客观外界为基础,是人们意识中约定俗成的一种意义。外延意义一般具有稳定性、明确性和有效性。例如,"鸟"的外延意义指有两条腿、有翅膀、卵生脊椎动物、无齿、有羽毛、胸部有龙骨、会飞等。外延意义是语义学的核心概念,也是语义学研究的主要内容之一。

外语 foreign language 亦称外国语。指对一个国家的公民而言,不属于本族语,也不属于法定国语的任何一种语言。例如,对于生活在日本的英语本族语者来说,日语即外语。在多数情况下,"外语"与"第二语言"之间并无太大区别,尤其在北美应用语言学用法中,外国语和第二外语之间不存在本质区别;但在英国用法中,两者有别。持类似观点的学者如理查兹(I. A. Richards)和施密特(Johannes Schmidt),认为"外语"主要是指在学校里学习的语言,目的在于培养与外国人的交际能力或提高对该语言书面材料的阅读能力,它既不是学校的教学手段,也不在国内用于交际(如在政府、商业或工业等领域)。从这个角度看,英语在法国、日本和中国等国家都是外语;而"第二语言"指的是在一个国家或地区虽不是本族语但通常与其他语言同时作为交际媒介普遍使用(如用于教育或作为官方语言)且具有重要作用的语言,如在亚洲一些国家像印度、新加坡和菲律宾等,英语就是它们的第二语言,在教育、商贸等方面都起着重要作用。

外语教学法 foreign language pedagogy 语言教学术语。指研究有关外语教学的理论与实践方法,探索外语教学客观规律的科学。外语教学法的研究主要包括:(1)教学目标的确立;(2)语言教学条件的研究(包括学习动机、原有知识、学习者的条件、教学过程的组织等);(3)教学材料的研究与编写;(4)评估水平的诊断方法(如水平测试、测试过程等)和(5)教师资格培训等。目前受到广泛承认的外语教学法主要有:语法翻译法、直接法、听说法、新方法(20世纪60年代以来出现的试图改变传统的新外语教学法)、人文主义法等。

外语教学心理学 foreign language teaching psychology 教育心理学分支学科。外语教学心理学以普通心理学一般原理为基础,探讨教师和学生在外语教学中的心理状态、心理过程及其特点以及学生的个体差异,为建立外语教学的基本原则和教学方法体系并正确组织外语教学工作提供心理学依据。

外语事务协会口头面试 Foreign Service Institute (FSI) Oral Interview 美国外语事务协会制定的检测成人外语口语熟练程度的一套技术。口试时间为30分钟,口试主持人通常为两名。根据一组评分等级表对受试人在发音、语法、词汇和流畅度方面分别作出评定。

外语语言水平 foreign language proficiency 参见"语言能力[1]"。

外在效度 external validity 参见"效度检验"。

外展 abduction 语音学术语。指喉部两侧的两个声带在喉内肌带动下产生的分离运动,与声带内收的概念相对应。当声带外展时,声门裂会变大,人体可以吸入更多的空气。

外指性意义 sensus denotan 属于内涵意义的一种。指篇章形式所表现的某个假定环境中的物体性状。参见"表现性意义"。

外置 extraposition 句法学术语。一般指将CP和PP移至句子右侧边界的移位操作。例如:

[1] a. [NP Many paintings of young artists [CP which I like]] are on sale.
   b. [NP Many paintings of young artists t] are on sale [CP which I like].

[2] a. [NP Many books [PP about the Soviet Union]] will appear soon.

b. [NP Many books t] will appear soon [PP about the Soviet Union].
[3] a. [CP That John passed the exam] surprised me.
b. It surprised me [CP that John passed the exam].

例[1a]中的关系分句 which I like 可以外置到句子最右端,如例[1b]所示;例[2a]中的 PP 可以外置到句子最右端,例[2b]所示。有时外置操作需要虚主语 it,如例[3]所示。

完成 **accomplishment** 语法学术语。指动词词形体(lexical aspect)的一种。根据动词自身的语义特点,美国语言学家泽诺·万德勒(Zeno Vendler)于 1957 将动词的词形体分为四个类别:状态(state)、动作(activitiy)、完成(accomplishment)和成就(achievement)。完成词形体的动词表示动作可持续一段时间,然后在某一个时间终点终止,如 eat (an apple)、write (a poem) 等。

完成分词 **perfect participle** 参见"过去分词"。

完成进行时被动式 **perfect progressive passive** 语法学术语。指同时表达完成体、进行体和被动语态的动词形式。例如:My car has been being served for three days now. 句中的谓语动词部分即完成进行时被动式。但并非所有讲英语的人都认为其符合语法规范。

完成时 **perfect tense** 语法学术语。现在通常被称为一种体(aspect),而不是时态范畴,因为其指的是动作的类型和状态,而非动作发生的时间。在英语中,完成时传统上是对"have+过去分词"这样的形式的叫法。德语的完成时表示发生在过去、已经完成而且影响到现在的事件。

完成体 **perfective aspect; perfective** 语法学术语。指动词的一种形式,指一种时间或持续性质的对立,因此有时按"时"来描写(如"完成时""将来完成时""过去完成时"等),有时按"体"来描写(如"完成体""非完成体")。语言学家倾向于按"体"来分析,因为有持续、完结、时间等意义特征形成复杂的交互作用。然而传统语法只是提及"完成时"等,其含义因而显得过于简化。传统的"完成时"指具有过去情状的一个事件被视为与当前相关;"完成体"则把一个情状作为一个整体看待,不管其可能有的时间对立。完成体因此对立于未完成体(imperfective)或非完成体(non-perfective)。完成体可表示动作造成的结果,或者表示持续到一个时间的动作或状态,也可表示在一个时间期限内发生的事件或状态。例如:[1] I have written ten letters today. [2] I have lived here for 6 years. [3] By six o'clock he had reviewed the text three times. 在英语中,完成时和完成体的区分很模糊,常用后者取代前者。英语的完成体由助动词"have"和过去分词构成。如果助动词是现在时,这个动词组就称作现在完成体,如"They have gone.";如果助动词是过去式,这个动词组就叫过去完成体,如"They had gone."。还有一种比较少见的将来完成体。例如:They will have finished before noon tomorrow. 英语中的完成体一般指:(1)延续到某一时刻为止的状态或活动;(2)发生在一段时间内的一个事件;(3)产生的影响延续至某一时刻的事件。

完成体分词 **perfect participle** 语法学术语,亦称过去分词(past participle)或被动分词(passive participle)。指英语中的分词和助动词"have"连用构成的完成体分词。例如:Mary has *handed* in her paper.

完美翻译 **perfect translation** 翻译学术语。指英国语言学家和翻译学家西奥多·萨瓦里(Theodore Savory)对翻译进行分类的一个概念。他认为像广告、布告等纯粹传递信息的翻译,由于使用几种不同文字译出的译文内容相同,不带任何感情色彩,只向读者传递信息,译文语言可达完美程度,这一类翻译可以看作是完美翻译。他在 1957 年出版的《翻译的艺术》(*The Art of Translation*)一书中指出,翻译是一门艺术,翻译可分为四类,即完美翻译、充分翻译(adequate translation)、综合翻译(composite translation)和科技翻译(translation of learned, scientific, technical & practical matter)。

完全动词 **full verb** 参见"实义动词"。

完全短语范畴 **full phrasal category** 句法学术语。生成语法中指以某一个核心成分为中心并包含其最大投射(maximal projection)的句法结构。根据完全短语核心成分的词性划分,完全短语主要有四种基本类型,即动词短语(VP)、名词短语(NP)、形容词短语(AP)和介词短语(PP)。

完全解释原则 **principle of full interpretation; FI** 句法学术语。在语言的使用体系中,句法层面的逻辑表达式(LF representation)接口和语音表达式(PF representation)接口的所有成分都必须得到合理解释,即必须能够从其表达的意思上得到允许。因此,一个语言项的生成,决定其意义的所有语义特征都应包含在逻辑表达式中,而且逻辑表达式只包含这些语义特征;一个得以成立的逻辑表达式不能含有在这个接口上得不到解释的多余成分。同理,语音表达式也包含且只包含决定语言项发音的语音特征。参见"**逻辑式**"和"**音系表达**"。

完全句　full sentence　指包含一个主语和一个谓语并按一种语言中最典型、最常用的顺序排列的句子。对此，语言学界各家定义不尽相同。布龙菲尔德（Leonard Bloomfield）将其定义为"采用语言中惯用的句子形式"的句子，如英语中由施事—动作短语组成的句子"John ran away"，或由命令式组成的句子"Come!""Be Good!"等。赵元任将其定义为"有主语和谓语两部分"的句子，认为这种句型是连续话语中最常见的句型，如汉语的"他跑得快""这个人可笑极了"等。

完全可及说　full access hypothesis　语言习得术语。指普遍语法可及性假说中的一种。认为第一语言习得和第二语言习得的过程类似，学习者的大脑中不存在从母语到第二语言的迁移限制，也不存在通往普遍语法的限制，两者可以达到同样的语言能力。如果第二语言习得者显示出的二语水平不及母语者，是因为他们的语言表现不够好（performance-related），而非语言能力达不到（competence-related）。参见"普遍语法可及性"。

完全可解释性　total accountability　依据结构主义语言学的观点，任何一个在某个平面上做出的描述或说明都能在另一个平面上得到预测。这是 20 世纪 40 年代出现在结构主义语言学分析法中的一条原则。这一原则在音系学和形态学研究中运用比较多，即每个音子或音位一定可以由组成一个话段的语素和法位来决定。类似空语子和并合语子这类概念需根据这一原则进行特殊讨论。

完全失语症　total aphasia　病理语言学术语。指运动性失语症和感觉性失语症同时发生的情况。人类言语功能受一侧大脑半球支配，称为优势半球，而绝大多数人的优势半球位于右侧大脑皮质及其连接纤维。优势半球受损会引发失语症，而优势半球的不同部位受损则引起不同类型的失语症。其中第三颞回后部是口语中枢，受损会导致丧失口语表达能力，被称为运动性失语症。第一颞横回后部是听语中枢，受损会导致对别人语言理解能力的丧失，被称为感觉性失语症。当这两种损害同时发生，运动性失语症和感觉性失语症并发时被称为完全失语症。

完全同音异义词　full homonym　语义学术语。指读音、拼写和词性相同但意义不同的词，如 bank（n.银行/堤，岸）、ball（n.球/舞会）、match（n.火柴/比赛）等。

完全转换　complete conversion　形态学术语。词类转换法（conversion）中一种特殊现象。指形容词不改变形态就用作名词，同时获得名词的一切特征（如性、数、格等）。例如：[1]There is *a black* and *a white* in the picture. [2]They are looking for *moderns* as spokesmen for their products. 句[1]中的 black 和 white 分别指黑人和白人。句[2]中的 moderns 指现代派人物。其他的例子还包括 creative（具有创造性的人）、gay（同性恋者）、returnable（可回收物）、crazy（怪癖者）等。

完全转类　full conversion　形态学术语。指衍生词取得新词类一切特征的转类。例如，black 可以用作复数，可以与数词连用，并可执行名词的一切句法功能。与部分转类（partial conversion）相对。

完形风格　gestalt style　语言习得术语，亦称格式塔风格，或称整体学习。指一种学习风格，强调把多词言语（multiword utterance）作为一个单位或词块（chunk）来记忆和使用，很少分析内部语言结构。例如，学习者可以尽力去记住一个完整的外语句子而不是分别地记忆其中的各个单词和短语。完形风格与分析风格（analytic style）相对，后者是在应用原来习得的语言规则和理解言语成分结构的基础上生成的。

完形心理学　gestalt psychology　西方现代心理学的主要流派之一，亦称格式塔心理学或格式塔理论（gestalt theory）或柏林学派格式塔（Gestalt of the Berlin School）。由德国心理学家科勒（Wolfgang Kohler）等创立，提倡使用一种整体研究方法（holistic approach）来研究人对整体情景的反映。完形心理学是一个关于大脑和智力的理论，该理论认为智力的操作原则是整体的（holistic）、平行的（parallel）和类推的（analog），有自我组织趋势，或者说整体不同于部分之和。关于完形心理学的经典例子是肥皂泡。它们的球面形状不是由一个严格的样板（template）或数学公式来定义的，而是由表面上各个点的表面张力同时作用而现场形成的。这和数字计算机"原子分裂"型操作原则（'atomistic' principle of operation）相对立，依据这一原则，每一步计算都分解成简单步骤的序列，而每一个步骤又都是作为一个完整问题的独立计算。格式塔效果主要指我们的感觉器官形成图形的能力，特别是有关图形和整体形式的可视认识，而不是把它们看成简单的线条和凸面（curves）的集合。完形心理学对语言教学和语言测试有重要影响。

完形填空比频评分法　clozentropy　语言测试术语，亦称完形填空计分。指完形填空测验的一种评分法，其基础为"合理选词法"（acceptable word method），即根据上下文填入符合意义、语法连贯的词。具体方法为：首先选择一组本族语者进行测试，统计其答案出现的频率并按高低排列；然后用同一套题测试非本族语者,对其答案根据本族语者答案的频率打分。测试的评判结果以答案为高频率者的得分高于答案为低频率者的得分为标准。

完形填空测验　cloze; cloze procedure　语言测试术语。指语言测试常用的一种手段。通常检测读者的阅读理解能力。测试方法一般是先选定一篇文章,在一段"导入语"(lead-in)之后有规律地删去文章中的单词(即每隔五到十个单词删去一个,目前公认七个单词的间隔为最佳);然后要求读者阅读文章并补上所删单词。补词有两种标准,第一是要求读者必须补上与原文相同的单词;第二种是要求读者根据上下文补上合适的词,可与原文不同。前一种叫"确切选词法"(exact word method),后一种叫"合理选词法"(acceptable word method),也叫"合适选词法"(appropriate word method)、"可接受选词法"(acceptable alternative method)或"上下文合适法"(contextually appropriate method)。有研究表明,完形填空测验的结果与整体能力测试的结果有高相关性,如加州大学洛杉矶分校的英语作为第二语言的安置考试(English as a Second Language Placement Text;ESLPE)和剑桥英语水平考试(CPE)。因此也有人提出完形填空测验可反映出"整体语言能力"(global linguistic competence)。对这一说法目前仍无定论,如有人就提出完形填空难以测试口语能力。除了测试阅读理解能力外,完形填空还可用来检测文章的难度。一般如果学生对某一完形填空的平均分(总分 100 分)在 53 以上说明该文章学生可独立完成;若平均分在 44—53 之间则说明学生需要教师的指导才能完成该文章;若低于 44 分,那么即使有老师的帮助学生也无法理解文章。当然该分值在相应情况下会发生变化。

完整句　complete sentence　语法学术语。指包含应有成分或语义完整的句子。完整句有两层含义,第一指句法上包含应有成分的句子,第二种指语义上说话人想说出且已说完的句子。例如:[1]——How are you this morning? ——I'm very good! 与之相对应的是省略句,如上句的回答可改为"Very good!"[2] Oh, so beautiful! A chilly morning last winter. 与之相对应的是因某种原因未说完或说不完的句子,或出于感情激动或被他人打断的话语。对类似例[2]这样的第二种完整句的理解需借助语境因素。

玩具语法　toy grammar　指作为某种具体研究方法例证的小语法(small grammar),主要应用于形式句法的研究中。例如,短语结构的规则可用玩具语法表述为:S→ NP+VP;VP→V+NP;NP→D+N。其中,不同的句法范畴由各自的短语结构规则组成。若此种玩具语法只包含上式所示词类且每个词类仅有如下词项:

N	V	D
cat	chase	the
mouse	kiss	a
princess		
frog		

则可生成例[1]、例[2]等句子,但不能生成类似例[3]的句子:[1] The cat chases a mouse. [2] The princess kisses the frog. [3] *The beautiful princess kissed the frog. 据此,语言学者可再进一步修改短语结构规则。

晚插入　late insertion　句法学术语,亦称词汇晚插入(late lexical insertion)。指句法运算后在拼读(spell-out)过程中通过插入词项使终端节点带有语音特征,但不增加语义特征。例如,现代英语中的"do-支持"属于词汇晚插入的例子。

万国新语　Esperanto　参见"世界语"。

汪汪论　Bow-wow Theory　参见"摹声说"。

网络分析　network analysis　社会语言学术语,指社会关系网络分析(social network analysis)对语言变化的影响。网络分析基于对社会网络关系的研究,社会网络指的是各个层面社会体系成员之间形成的复杂的关系群,从个人之间到国与国之间不一而同。巴恩斯(John Barnes)于 1954 年开始系统使用此概念表示各种关系模型,既包括公众使用的传统的概念,也含有社会科学家使用的概念。例如:关系密切群体(bounded groups),如部落和家庭;社会范畴群体(social categories),如性别、种族等。社会关系网络分析科学家们关注的关系层面有:从整体到部分、从结构到关系再到个体、从行为到态度。通常研究整个网络关系(whole networks/complete networks),即目标人群所有关系中共有的特别关系;个体网络关系(personal networks/egocentric networks),即特定人群所拥有的关系。系统地应用网络分析研究对语言的影响始于 1998 年 9 月在曼彻斯特大学召开的第 10 届国际英语历史语言学大会。在大会上,专门讨论了莱斯利·米尔洛伊(Lesley Milroy)提出的社会关系网络对贝尔法斯特方言的影响模式。《欧洲英语研究杂志》2000 年第 3 期专刊刊登了部分研究成果。总体看来,密切的多元的社会关系网络(closed networks)对语言变化的影响所起的作用表现为:语言标准实施的机制是防止语言变化的保守力量。根据米尔洛伊的观点,这样的社会关系促使说话者坚持"不标准"的方言(不管是城市的还是乡村的),虽然教育体系和媒体让标准语言更加流行,大有市场。形成鲜明对比的是,开放性的社会关系网络给语言变化带来了很多便利的条件。

社会关系网络分析对历史语言学有很多可借鉴之处,能够帮助我们发现语言中为什么有些语言现象一直保持不变,为何一些语言现象发生了变化。

网络强度等级　network strength scale；NSS　社会语言学术语。指社会关系网络中社会关系的亲疏度对人际交往中语言使用和变化影响的程度。在语言变化中,社会网络关系中的成员可以分为三类：(1)新语言变体的革新者,位于社会关系网络的交集地带,首先提出新语言变体；(2)早期接受者,富有威望的社会关系网络成员先接受了新语言变体；(3)追随者,从早期接受者那里获得新的语言变体。

网状群体　network　社会语言学术语。指一个较大的社团所包含的具有一定关系的人的群体,如家庭、寝室、社区等。构成群体的成员之间的关系各式各样,相互交错：父母、父(母)子、父(母)女、兄弟姐妹等,但关系相对稳定,语言交际方式大体上可以预知。了解不同的网状群体和它们的结构对语言学习、语言差异和语言研究有帮助。

忘名性失语　anomia　病理语言学术语。失语症的一种,亦称名词性失语。指由于大脑受损而引起的获得性中枢语言障碍,其特征为：不能记忆和辨别名字,措词困难,语义错乱,偶尔出现句法和理解的轻度障碍,等等。

忘名症　anomia　参见"失语症"和"忘名性失语"。

威廉姆斯综合征　Williams syndrome　心理语言学术语。指一种非遗传性认知障碍综合性病征,由新西兰心脏病科医师威廉姆斯(John Cyprian Phipps Williams)发现并认定。用威廉姆斯综合征患者所做的实验证明,语言认知能力不是语言能力发展的必要条件。在出生的婴儿中,大约每两万人就有一个患有威廉姆斯综合征。所有患威廉姆斯综合征的人似乎都有心脏问题,最明显的迹象是威廉姆斯综合征儿童(以下简称"威廉儿童")普遍的面部特征,这些特征被称为"小精灵特征"。他们有很典型的宽大的嘴和大而松弛的下唇,鼻尖向上翻,稍稍凸出的脸颊和不规则的牙齿,牙缝很大。认知及动作也有一些困难,许多威廉儿童在进行幅度较大动作的活动时感到困难,畏惧高度,在攀爬或下楼梯方面产生问题。他们会显得笨拙,步态尴尬,并在手与眼的协调上有困难,在抛球和使用剪刀方面显得力不从心。然而,威廉儿童的语言能力基本未受太大影响。在学龄期,他们通常显得表达能力很强,掌握很大的词汇量,能用复杂的词组并善于引用,给人留下深刻的印象。不过,威廉儿童的谈吐中有一种过于追求华丽辞藻的倾向,因而别人认为他们是为了吸引他人的注意力,或是无聊。另外,威廉儿童还偏好使用过于复杂的语言,与他们实际要表达的意思并不相符。威廉儿童拥有很好的口语能力,其中包括对声音和词语有很好的记忆力以及很好的声音顺序技巧。

微观功能　microfunction　功能语言学术语。韩礼德把语言的功能分成三类：宏观功能(macro-function)、微观功能(microfunction)和纯理功能或元功能(metafunction)。微观功能指儿童语言所具有的七种功能：(1)工具功能(Instrumental)：运用语言获得物品以满足物质需要,如"要水"。(2)控制功能(Regulatory)：运用语言对他人进行控制,如"回来"。(3)交流功能(Interactional)：运用语言与他人进行交流并形成关系,如"爱你,爸爸"。(4)个人功能(Personal)：运用语言表示自己的身份、情感和对事物的看法,如"我,好孩子"。(5)启发功能(Heuristic)：运用语言获得关于周围世界的知识,如"卡车,干什么?"。(6)想象功能(Imaginative)：运用语言讲故事、笑话,创造某种想象的环境。(7)表达功能(Representational)：运用语言交流事实和信息。

微观社会语言学　micro-sociolinguistics　语言学分支。与宏观社会语言学(macro-sociolinguistics)相对。微观社会语言学研究影响语言及其使用的个人的、局部的社会因素,如某一社会阶层中产生的语音、语词、语法的变异,又如性别、年龄、行业、经济地位等对个人言语的影响等。其主要研究话题包括各类语言变体(language varieties),如语域(register)、地理方言(regional dialect)、社会方言(social dialect)、个人方言(idiolect)、语言与性别、语言与年龄、标准语(standard dialect)、皮钦语(pidgin)、克里奥耳语(creole)、双言现象(diglossia)和双语现象(bilingualism)等。比较而言,宏观社会语言学研究全局性、整体性问题,如语言规范化问题、主要民族语言和少数民族语言的互相影响问题、多语社会中产生的语言问题等。社会语言学的宏观和微观研究是互相贯通的。参见"宏观社会语言学"。

微观言语行为　micro-speech act　指个体言语行为的结构以及言语行为序列的线性结构。可以组合形成具有层级结构的宏观言语行为。例如,"能告诉我时间吗? 我忘记戴手表了。"此句中,说话人有两个微观言语行为,具有一个宏观言语行为目的,即说话人想知道时间,请求听话人告知。参见"宏观言语行为"。

微观语言学　microlinguistics　亦称专语语言学或内部语言学。指以某一语言为对象,对其材料进行具体的研究和分析,研究对象是语言本身的结构和体系,认为语言不仅是音义结合的词汇和语法的体系,而且是处于一定相互关系中的微观变体总和。因此，微观语言学研究语言的各类微观结构（微观变体），它以动态的、联系的方法考察语言体系的发展变化，对各类语言变体进行描写和研究，从而预示各类微观变体对整个语言宏观体系发展的作用和影响。同时，它也对各类微观变体做出功能上的分析，并将功能分析与定量描写结合起来，从而客观地描绘出语言发展的动态过程，包括语言及其变体与整个社会的关系。微观语言学的研究方法主要是调查—统计—归纳—演绎。通过调查掌握研究对象，统计分析掌握相应的数据，并在此基础上进行归纳总结，寻求相应的内在规律，并以此为基础做出演绎和推测。微观语言学着眼于语言内部系统的描写，按照研究对象的不同，涉及语音学（Phonetics）、音系学（Phonology）、形态学（Morphology）、句法学（Syntax）、语义学（Semantics）和语用学（Pragmatics）等体系。

微观语用学 micropragmatics 语言学分支，与音系学、形态学、句法学和语义学平行。其范围局限于英美语言哲学传统领域中的课题，如会话含义和言语行为、预设、指示以及会话结构等。参见"宏观语用学"。

微技能 micro-skills 参见"局部技能"。

韦尼克区 Wernicke's area 神经语言学术语。指人脑左半球后部支配言语接受、理解的一个部位，也可称为韦尼克中心（参见第30页插图）。在这个区域内有听觉性语言中枢和视觉性语言中枢，是与口语和书面语有关的感觉性语言中枢，其功能是在人的言语活动中储存和选择词语，并在需要运用视觉时，通过角回和第一视区的视皮质沟通。由德国精神病学家韦尼克（Carl Wernicke）于1874年发现，并以他的名字命名。韦尼克区常与布罗卡区（Broca's area）相对，布罗卡区控制言语的产生。

韦尼克失语症 Wernicke's aphasia 参见"流畅性失语症"。

违反 flout 语用学术语。指有意不遵守"话语原则"的行为。例如：A: Can you type? B: I have been using a computer for eleven years. 在上述对话中B的回答违反了会话原则中的相关原则，但是B的违反可以理解为夸张。

唯理语法 rational grammar 一种以法国哲学家笛卡儿（Rene Descartes）的哲学思想为依据的语法流派，亦称笛卡儿语言学。这一流派认为一切语言具有共同的特点和规律，其基础为统一的思维逻辑模式；强调从逻辑角度研究语法，重视语法与逻辑的一致关系，力图阐释语法的普遍原则，揭示一切语言中语法在表达思想上的一致性及其基本差别的成因。唯理语法形成于17世纪中期的法国，代表人物为阿尔诺（Antoine Arnauld, 1612－1694）和朗斯洛（Claude Lancelot, 1615－1695），代表作为其合著的《普遍唯理语法》（*Grammaire générale et raisonnée*）。因该语法著作在巴黎郊区的波尔-罗瓦雅尔（Port-Royal）修道院里编成，故亦称"波尔-罗瓦雅尔语法"。该著作于1660年4月2日在巴黎出版，共4万字，包括言语的物质成分和精神成分两部分。前者分析了符号的物质性，如元音、辅音、音节、重音、字母、字母读音的改革等；后者讨论了用符号进行表达的各种方式，即遣词造句表达思想的原则和道理。该著作以希腊语和拉丁语为基础建立语言的逻辑形式，认为概念、判断和九个词类（名词、冠词、代词、分词、前置词、副词、动词、连词、叹词）为一切语言的普遍形式。该书在词类划分上区分了实体和附属性质，并从结构上对词类功能进行独到分析，如认为副词相当于介词短语的缩写（carefully = with care），动词表示陈述、愿望、命令等。唯理语法在17至19世纪的逻辑学和语言学中比较普及，虽然历史比较语言学和结构主义语言学对其评价较低；但在20世纪60年代，这一理论在普遍语言现象说和生成语法中得以反映。

唯理主义 rationalism 参见"理性主义"。

唯名论 nominalism 语言哲学理论。其核心观点是人们用来表示事物的词的形式和词所指的事物之间并无内在联系，人们用词是习惯和惯例任意选择的结果。此理论源于中世纪经院哲学围绕殊相与共相的关系之争形成的，所形成的两个对立派别分别为唯名论和实在论（realism）。唯名论认为被归入同一普遍词之下的各个殊相所共同具有的唯一特征是它们都为这同一个词所指称。因此，共相只是名称，不是独自的存在物，尽管在知识中有共相的成分。而根据唯实论，共相是实在的实体，它们被用来说明普遍词如何应用不同的殊相。对于唯名论来说，语言并非独立的实在，而强调感知相似性，每一存在物都是殊相，共相是为谈论相似物而由心灵发明的词。也就是说，唯名论否认共相具有客观实在性，认为共相后于事物，只有个别的感性事物才是真实的存在。对性质和抽象实体的谈论，只有当它们可还原为对殊相的谈论时，才是合法的。唯名论遵循奥卡姆剃刀原理，即"如无必要，勿增实体"。其主要拥护者包括奥卡姆、洛克、卡尔纳普、奎因等人。唯名论有两种类型：（1）"极端唯名论"，认为不仅客观上不存在一般，而且人的思想中也没有一般的概念，一般不过是一个名词，甚至说只是一种声音；（2）"概念论"，认为一般不单是一个词，而且是人心中的一个概念，是人用来表示许多事物的相似性或共同性的概念。

唯位 emic 指"唯位的与非位的"或"区别性的与无区别性"特征对立,用来代表研究语言学数据的两条对立的途径之一。唯位(emic)一词实际是从音位(phoneme)、语素(morpheme)等术语派生而来,-eme指涉及的最小区别性单位,并从phonemic(音位的)、morphemic(形位的)、sememic(义位的)、graphemic(字位的)等一类词中抽出来的,用以表示具有区别性特征的(distinctive)这种性质,以构成区别性单位(emic unit)。唯位就是从最小区别性单位的角度来观察和分析语言现象的状况。譬如,尽管名词复数的词尾形式在不同情况下有不同的语音体现(/s/、/z/、/iz/),可是将它们概括抽象为具有区别单复数语法意义特征的{-s}单位,就是一种"唯位的"方法。"唯位"方法则是充分考虑各种功能关系,建立一个由抽象对立单位组成的封闭系统作为描写的基础。唯位与非位的区分是法位学(tagmemics)的一个重要特征,参见"非位"。

唯物主义语言理论 materialistic language theory 以辩证法和历史唯物主义为基础的唯物主义语言论,在马克思列宁主义语言观的框架内,从语言对劳动人民生产和社会活动的作用的角度来解释语言的本质和发展。可参阅马尔学说(Marrism)和反映论(reflection theory)。

维持性双语教育 maintenance bilingual education 教育语言学术语。指双语教育的一种形式。指在维持和强化学习者母语能力的同时,帮助其习得另一种语言的双语教育模式。在这一模式中,学习者的母语和第二语言的能力同时得到提高。维持性双语教育与过渡性双语教育(transitional bilingual education)不同,后者的目标在于尽快使学习者掌握使用第二语言,母语只在初始阶段充当翻译语言以帮助理解。一般而言在刚入学时,学校开设的课程用儿童在家里使用的语言,一般是其第一语言;但后期逐渐变成一部分科目用在家里使用的语言,而另一部分科目则使用学校规定的语言,一般是以第二语言开展教学。

维尔纳定律 Verner's law 历史语言学术语,亦称弗纳定律。指丹麦语言学家维尔纳(Karl Adolph Verner,1846—1896)发现的语音演变的一条规则模式,这条定律解释了格林定律(Grimm's law)所不能概括的例外情况。它首先证实了在日耳曼诸语言中重音在语言变化中起到了重要作用,为19世纪语言学家的语音定律无例外的重要理论提出了进一步的证据。根据格林定律原始印欧语的清塞音/p/、/t/、/k/在日耳曼语中变为清擦音/f/、/θ/、/h/,原始印欧语的浊塞音/b/、/d/、/g/在日耳曼语中变为清塞音/p/、/t/、/k/,原始印欧语的送气浊塞音/bʰ/、/dʰ/、/gʰ/在日耳曼语中变为不送气浊塞音/b/、/d/、/g/。而维尔纳指出还有一些格林没有发现的例外情况,即在后期原始日耳曼语中,只有位于词首或紧跟重读元音之后的原始印欧语清塞音/p/、/t/、/k/才变为清擦音/f/、/θ/、/h/,而在其他位置的清塞音/p/、/t/、/k/则变为浊塞音/b/、/d/、/g/。这条音变规则对格林定律的一些例外现象作了说明,被称为维尔纳定律。维尔纳定律是历史语言学研究的重大发现之一,在当时的历史比较语言学界引起了震动。参见"格林定律"。

伪同源词 false cognate 形态学术语,亦称假朋友(faux amis)虚假同源词,假同根词。指不同语言或不同语系中词形或读音相同或非常相似,但词根或词义完全不同的词。由于形态相似,很容易被第二语言学习者误用。例如,澳大利亚土著语言姆巴巴拉姆语(Mbabaram)中的"dog"一词,尽管与英语中的"dog"在词形和发音上非常接近,含义却截然不同;法语中的"experience"(实验),尽管形态上类似于英语中的"experience"(经验、经历),但两者意义不同。在二语习得过程中,两个伪同源词的意思易相互混淆。英语中的 cold 与德语中的 kalt 都表示"冷",因此,反映在语言习得中,就会造成语言误用现象。二语学习者在学习意大利语或西班牙语时容易将这两种语言中 caldo(热)的词义误解为"冷"。再如:Yesterday we performed an interesting experience in the laboratory. 这是一个学英语的法国人很容易说出的句子,此类问题,可通过对比分析伪同源词而得以辨认来巩固学习。

尾部 final 亦称末位。❶常用来指出现在语言单位尾部的成分,如词尾、句子尾部等。❷音系学术语。如音位/t/位于 bat 一词的尾部;list 的/st/是尾音缀;复数/-s/出现在词的尾位等。位于尾位之前的位置分别称为首位(initial)和中间位(medial)。

尾词重复 epistrophe 修辞学术语,亦称词尾重复。指词在连续几个句子或从句的末尾的重复。例如:This house is *mine*; this car is *mine*; you are *mine*.

尾句 tag 语法学术语。指附加在一个句子之后的、有一定分离性的词、短语或分句,与前面的句子之间有短暂的停顿,书写上用逗号表示。尾句又可分为反义疑问句(tag question)和附加陈述句(tag statement),用来表示强调或形成反问。附加疑问句一般由一个助动词加一个代名词组成,附加在一个陈述句的结尾,其极性对立一般与前面小句相反,即肯定小句带否定尾句,否定小句带肯定尾句,但有时也能见到前后两个小句都用肯定式或者都用否定式的情况。附加疑问句说出时的语调决定其功能,用升调表示"提问",降调表示"告诉"。例如,"He is a kind man, is Mr. Smith."的附加陈述句(tag statement),便是一种"增强"构式。

尾流　final-glide　语音学术语,亦称脱流或后流。指发音时,在一个语音发音结束后,发音器官恢复到中立状态或回复到准备发下一个音的状态。

尾音节非重读的词　baritone　音系学术语,指希腊语法中最后一个音节为非重音的词。

尾音脱落　apocopation; apocope　历史语言学术语,亦称尾字母脱落,与首音或首字母脱落(aphaeresis)和词中省音(syncope)相对。指一个词词末的一个或几个音的脱落,脱落的可以是元音,可以是辅音,也可以是音节,如在"snakes and ladders"中 and 读作/ən/, do you 读作/dju/;再如 name 和 love 在古英语分别读作/nɑːmɑ/和/luvu/,在中古英语读为/nɑːmə/和/lʌvə/,但演变为现代英语成为/neɪm/和/lʌv/。尾音脱落也影响着某些单词的拼写,随着词尾音的脱落,相应的拼写字母可能也随之消失,如 though 和 chapman 在网络语言中常常分别变为 tho 和 chap。

尾重音词　oxytone　音系学术语,亦称末音节重读词。指重音落在最后一个音节上的词,如 represent、suggest、understand 等。

尾重音语言　oxytonic language　大部分词的重音固定地落在最后一个音节上的语言,如法语、维吾尔语等。

委婉语　euphemism　语用学、修辞学术语。指用含蓄但能使人感到愉快的方式或含糊的言辞来代替令人不悦的、不够尊重的、甚至粗俗的措辞的一种表达方式。例如,英语 die(死亡)有"be no more""pass away""join the silent majority"等委婉说法。委婉语是一种语言现象,是人们在交际过程中的一种重要交际手段,人们常常会利用委婉语来避免使用一些可能会引起对方不悦的语言;委婉语也是一种社会文化现象,反映了广泛的社会现象和民族心理,如避讳、禁忌和礼貌问题等。

未归化外语词　foreign words not naturalized　指未被借入语言收入其公认词汇范围的外语借出词。这些多半是个人(如作家、政治家)在自己的口头语言或书面语言中偶然使用或在言语接壤地区混杂使用而出现的词语。一般仍保留其来源语原有的拼法和读音,如英语中经常出现的法语词"a lordinaire (in the ordinary way)""a propos (with reference to)"等。

未来先期行为　future anterior　语法学语。指未来某一时刻前或另一行为前已经完成的行为,用将来完成时表示。

未完成过去时　imperfect tense　语法学术语。指传统上与过去的持续性行为或习惯性行为相联系的时态形式,既表示未完成体又表示过去的时间指称。例如:[1] She was visiting the library all day long. [2] The man read in the library every day except Sunday.

未完成体[1]　imperfective aspect　语法学术语。指动词的一种形式,用来标记对一个情状内部时间结构的观察方式。表示过去、现在或将来持续或重复发生的动作,不确指行为动作是否完成,强调动作的持续性。未完成体与完成体对立,后者将情状视作一个整体,不管其内部的时间对立。这两种体的对立常见于斯拉夫诸语言的语法。

未完成体[2]　infectum　指包括现在时、过去时和简单将来时的一种体范畴。由古罗马语法学家马库斯·特伦提乌斯·瓦罗(Marcus Terrentius Varro, 公元前116—前27)于公元前一世纪提出。

未完成体分词　imperfective participle; present participle　语法学术语。指表达未完成体的动词形式。英语一般在动词词干后加-ing 后缀形成。例如:[1] Ann is *ironing* my shirts. 未完成体分词可作定语,如"a *smiling* girl"。可与 be 构成进行时态,或以非限定短语形式作状语。例如:[2] The lexicon is *being* compiled. [3] *Sitting* in the back, she couldn't hear distinctly.

位　eme　从希腊语中借用的构词后缀,亦称素。用于表明语言系统(langue)任何层面的功能单位,是语言中各种最小区别性单位的统称,如语素(morpheme)、音位(phoneme)、义位(sememe)、字位(grapheme)等。由此类推,除了那些"位"之外,运用后缀-eme 可以构成有手语的"势位"(chereme)、表示说话者间距离的"距位"(proxeme)、文学作品中对叙述进行分析的"叙位"(narreme)等。

位移　displacement　语用学术语,亦称置换。指语言具有能够超出说话人当下的语境进行指称的功能,作为人类语言区别于其他动物交际系统的十三种特征之一,由美国语言学家霍凯特(Charles Hockett)首先提出。例如:[1] I was very sad *yesterday*. [2] John had been asking for his books *for the past three weeks*. [3] He bought a cake outside his factory *last month*. 其他十二种特征分别是:(1)听力和言语通道;(2)传播与定向接收;(3)瞬间消逝;(4)互换性;(5)全部反馈;(6)专业化;(7)语义性;(8)随机性;(9)分割性;(10)产出性;(11)传承性;(12)规则双重性。

位移言语 displaced speech 指远离当前说话情景的言谈,即说话人可使用语言来指称远离当前语境的情形,表述非当前事物或人物的话语,如谈论过去、未来或不在对话现场的某事或某人。例如,某人说"我昨天在街上看到小王了",并不代表"小王"此时正出现在当前的语境中。位移性(displacement)与任意性、双重性、能产性等同为人类语言区别于动物交际的特性之一。另外,布龙菲尔德(Leonard Bloomfield,1933)把只由个人才感受到的刺激(private stimulus)叫做位移言语。此外,婴幼儿对位移言语的理解和使用是语言习得领域的热点之一。

位置 position ❶语言结构内部功能上相互对立的空位,如音节或词内的音位、词内的语素以及句子结构中的词。一般分为首位、中位和尾位。例如,英语句子"He plays basketball."中包含三个功能相互对立的位置,即首位"He"、中位"plays"和尾位"basketball"。"位置变体",亦称"随位变体",指一个语言单位(通常指音位或语素)由于在词或音节中的位置不同或因其与重音距离的远近不同而产生的音位变体。❷语音学术语。指一个音的发音过程中各发音器官的配置,即各种发音器(唇、舌等)根据其发音部位和发音方式的不同都处于各自不同的位置。

位置场 positional field 亦称句子结构场。德语句法中的概念,指语小句中由动词的限定和非限定成分特征所形成的句子结构段中,带有第二位限定动词的命题小句,限定动词前的结构称作前结构场(Vorfeld [front field, prefield]);句子结构结束成分(brace-closing element)之后的位置称作后位置场(Nachfeld [endfield, final, field, postfield]);限定动词和句子结构结束成分之间的位置称作内位置场(Mittelfeld [inner field])。例如:[1] Niemand (front field) hat (brace-opening element) den Aufruf (inner field) [2] gehort (brace-closing element) heute macht (end field). (= Nobody heard the summons tonight.)

位置格 locative case 指表示地点的格形式。许多语言如俄语、亚美尼亚语、土耳其语等,均使用位置格。一些语言也使用位置格来表示时间。

谓词逻辑 predicate logic 形式逻辑(formal logic)术语,亦称逻辑演算(predicate calculus)。指运用一套形式化符号来系统地建立语法和语义分析框架,亦指用以描述多个命题内部结构的理论体系。命题逻辑(propositional logic)仅分析在具备真值功能的命题从句中的逻辑连接项(logical connective)的涵义,而谓词逻辑则分析命题的内部构成,并通过泛化的命题(generalized/existential/universal proposition)来拓展各项命题的内部构成。从逻辑意义上来看,谓词赋予个体以特性。简单的命题由个体名称和谓词构成,但应当区分"单位谓词(one-place predicate)"和"多位谓词(multi-place predicate)"。例如:[1] Mark is napping. [2] Mark is giving Catherine a bunch of flowers. 其中,例[1]为单位谓词结构,例[2]则为多位谓词结构(包含三位)。简单命题可以被综合为复杂命题(complex propositions),这些复杂命题将显示简单命题中的谓词与多少个体形成关联。在这样的情形中,简单命题的名称被各种变项(variable)所替换,而这些变项具有各种量性(quantifiers,又作operators)。例如,句[1]可以读作"$[x(x \text{ is napping})]$",即至少有一个"$x$",而且"x is napping."具备真值。这种量化(quantification)通过存在性量性(existential quantifier)或广义量性(universal quantifier)而得以实现。自然语言中的句子在进行量性分析时常会变得含糊不清,这是由于量性的不同范畴(the different scope of the quantifier)所致。这样一种含混状态在命题逻辑中转述为较为清晰的解读(unambiguous readings)。例如:[3] Everybody hates somebody. 此句可以解读为:"x is a person and y hates x",或者"y hates x and x is a person"。由于谓词逻辑整个体系的前提是谓词逻辑体系与自然语言句子中内在的逻辑结构相一致,而这一"语义深层结构(semantic deep structure)"也与命题逻辑体系相符,谓词逻辑可被看作一个"基本的元语言(fundamental metalanguage)",适用于当今各种语义模型的分析,参见"范畴语法""生成语义学""蒙塔古语法"和"自然生成语法"。

谓词演算 predicate calculus 参见"谓词逻辑"。

谓体 predicator 亦称"谓词"。动词与形容词的合称,指小句中的一个成分,主要功能是作谓语,同时也能作主语或宾语。谓体整体或部分地决定其结构可以或必须具有其他成分。在英语中,动词的特点是充当谓体。例如,在句子"John made a toy car for Paul."中,动词"made"必须具有主语"John"和直接宾语"a toy car",并可以拥有受益格(benefactive)成分"for Paul"。有些形容词也属于谓词性形容词,如句子"She was mad about being fooled"中的"mad"。

谓语 predicate 语法学术语,亦称述语、谓词。与"主语(subject)"相对的句法成分之一。在语法理论中,关于谓语有两种相互对立的观念。第一种观念源自传统语法,认为谓语是句子的两个主要成分之一(另一个成分是主语),即主语后陈述的内容部分,谓语的功能是对主语加以陈述或描写,即说明主语是什么,正在做什么以及怎么样等。例如,在句子"Jack is playing football."中,除了主语 Jack 之外的部分都是谓语。有不少词类可以充当句子的谓语,如动词、形容词、代词、数词、名词及各种词组。根据构成谓语的成分的词类,谓语主要包含四种基本类型即名词性谓语(说明或判断)、动词性谓语(叙述或描写)、形容词性谓语(描写)和主谓谓语(说明或判断)。分别如下:[1]The building *is the new library*.(名词性谓语) [2]John *kicked the ball*.(动词性谓语) [3]The girl *is quite pretty*.(形容词性谓语) [4]Mary *considers Mike intelligent*.(主谓谓语) 在传统语法看来,谓语源自古代命题逻辑,用来描述主语的特征,因此谓语反映的是一种客观事实,如谓语"is flying"所描述的主语事实上确实"正在飞"。传统语法还认为,谓语必须包含一个动词,这个动词对句子的其他成分实施要求、准许或阻止等行为。第二种关于谓语的观念源自现代句法学和语法分析中的谓词演算(predicate calculus),即谓词逻辑(predicate logic)或一阶逻辑(first order logic)。在谓词演算中,一个句子的谓语(常被称作谓词)包括主要动词以及助动词,而谓词的论元(包括句子的主语和动词的宾语)则不属于句子的谓词。例如,在句子"Sam *helped* him."中,谓词部分是"helped",句子的主语 Sam 和动词的宾语 him 都是 help 的论元。根据句子内包含论元的数目,谓词有"一元谓词"和"二元谓词"等,如上句中的 help 即为二元谓词,而句子"John laughed."中的"laugh"即为一元谓词。谓词的上述阐释被应用于多种现代句法理论如"格语法"和"依存语法"。

谓语从句 predicate clause 语法学术语。谓语的功能之一是陈述主语是什么,正在做什么或怎么样等(参见"谓语"),即谓语可以在句中承担名词的功能,承担谓语名词功能的从句即为谓语从句,如"They are just *what they used to be*."中的"what they used to be"。

谓语性成分 predicative 语法学术语。指出现在谓语内的成分。例如,在句子"This package is too small."中,形容词短语"too small"即属于谓语性成分。

谓语性结构 predicative construction 参见"述谓结构"。

谓语性名词 predicate nominal 语法学术语。指在含有系动词的句子中位于系动词之后出现在谓语位置上,通过对主语重新命名的一种主语补足语,通常是名词或名词短语(NP)。例如,在"Mary is *an actress*."中,"an actress"即为谓语性名词;句子"The lake was a tranquil pool."中的"a tranquil pool"作主语补足语,也是谓语性名词。

谓语性形容词 predicative adjective 语法学术语。指充当谓语补足语的形容词或对等的词。例如,在句子"Her scarf is blue."中,blue 即属于谓语性形容词。用于描述这一成分的其他术语还有:形容词谓语(adjective predicate)、谓语形容词(predicate adjective)和谓语形容词性结构(predicate adjectival)。

谓语性修饰语 predicative attribute 语法学术语,亦称谓语性定语。指用来修饰谓语的形容词或对等的词,或在谓语中起修饰作用的定语,如句子"He is an *intelligent* man."中的 intelligent。

谓语性主格 predicate nominative 语法学术语。指名词短语作为句中动词,尤其是系动词的主格,如"That is *quite another issue*."中的"quite another issue"。

文档更新语义学 file change semantics 亦称文本更新语义学。属于动态语义学的一种指派更新的理论,认为一个句子的作用在于更新某一特定的话语表达结构,并形成另一个更为详细的话语表达结构。其学科地位存在争议,认为可以作为语用纲领,但不应算作语言学主体研究的一部分。

文化 culture 指某一特定社会群体所拥有的信仰、思想、风俗习惯、行为方式和社会习惯等的总和。在语言研究中,文化占有重要地位。在文化背景中研究语言可以极大地促进我们对语言变化的动因和方向性的理解。例如,英语中现已成为后缀的"-gate"之所以带有隐含丑闻的意思,是最早来自 Watergate,即"水门事件"。继而-gate 或"……门"的用法对相应文化的理解和接受而被固定下来。此外,文化在语言教学中也起着重要作用。在语言课堂上讲授文化可以做到让学生熟悉文化之间的差异;帮助学生从自身文化中走出来,从目标文化的角度考虑问题;通过各种课堂练习,强调理解语言和理解文化的不可分离性。因此,对于语言学习者来说,想要更好地理解语言结构就必须先有意识地理解目标语言的文化。

文化冲击 culture shock 亦称"文化震惊"或"文化休克"。指个人或一个组织在进入一个与其自身文化截然不同的另一个文化时所产生的焦虑、恐惧等情绪,并表现为无法在一个非本族语的环境中进行交流。例如,移民到达移入地或移入国后,在熟悉新文化前都会经历一段时期的文化冲击。

文化传递性　cultural transmission　语言的最基本特征(design features)之一。指语言是通过文化的教与学而非基因来传递的特征。一方面人类有语言的基因基础，即人类与生俱来有学习语言的能力。而另一方面，语言系统并非通过基因传递，而是需要教与学。一个操英语的说话者和一个操汉语的说话者都有使用语言的能力，然而互相却无法理解。这一点说明语言是文化传递的。相反，动物的交际系统依赖于基因传递，所使用的动作或声音具有固定模式，且仅限于特定物种。

文化定势　cultural stereotype　跨文化传播学术语，亦称文化定型或刻板印象。指在跨文化交际过程中，人们对不同文化背景的民族和国家成员的笼统、简单的看法，将具有相同特征的一群人或者任何民族、种族塑造成一定的形象。比如，有人常认为法国人比较浪漫，美国人都有钱、坦率、过分热情、容易交到朋友，意大利人容易冲动、情绪外露，英国人含蓄、傲慢，等等。在不同的社会文化背景和历史条件下，人们对事物的认识会发生变化，有的认识与真实情况可能完全相悖。

文化公平　cultural fair　语言测试术语。指不偏袒某一文化群体的测试，因为对所有参加测试群体而言，测试内容都是建立在所有被试的共同意识、信念或知识之上，即测试内容都是以一般的假设、信仰、知识为基础的，这样的测试可称为文化公平。这样的测试内容不会偏向任何特定文化背景的学生。例如：Dragons are _____ .A) great　B) evil　C) either harmful or helpful　这一题显然带有文化偏见(culture bias)，因为对于东方人，尤其是中国人来说，龙是庄严、吉祥的象征，而对西方人来说龙可能代表着邪恶，对于某些文化中没有龙这一概念的被试来说，这一题可能无从选择。如果该题只有一个答案，比如 A)，那么它就有利于来自中国的考生，即对某一特定文化群体有利，因而达不到文化公平。

文化匮乏　cultural deprivation　参见"文化贫乏"。

文化模型　cultural model　认知语言学术语。指属于同一文化群体(cultural group)的人们所共有的认知模型(cognitive model)。与一般认知模型强调单个认知主体的心理差异不同，文化模型更注重群体共有的认知，并与社会学和人类学有着密不可分的联系。不同文化背景的人们对同一概念的文化模型也是不同的。以吃早餐这一文化模型为例：法国人早餐(petit dejeuner)的文化模型包括咖啡、三明治，在床上或去当地的咖啡馆或酒吧吃等；而英国人对早餐(breakfast)的文化模型则丰富得多，包括麦片(cereal)、牛奶、茶、咖啡、橙汁、土司、黄油、果酱、熏肉、鸡蛋、香肠、番茄等，在餐厅用餐等。文化背景不同，法国人和英国人的早餐的模型也有差异，法国人认为早餐较午餐而言较不重要，而英国人则认为早餐很重要，因为他们的午餐很随意，量也很少，故而造成了上述文化模型的差异。然而文化模型也不是静态的，而是不断变化的。例如，许多法国旅馆如今也提供英国式的"宴会早餐"(buffet breakfast)，从某种程度上丰富了法国人原先关于早餐的文化模型。

文化贫乏　cultural disadvantage　教育语言学术语，亦称文化匮乏、文化缺陷。指学习者因某种原因，主要来自家庭背景，如出生于社会地位较低的家庭、家庭经济条件较差或缺乏某种家庭经验等，而导致其在学校学习平平或学习困难。从具体角度来看，若某个学生在家里缺乏具有教育意义的书籍、游戏或其他活动来刺激其思想和语言发展，其在学校的表现便会较差。然而，还有许多其他因素也能对家庭背景不如意的儿童在学校表现不好的现象做出解释，因而上述理论对学生学习能力差异的解释并不够充分。

文化缺陷　cultural deprivation　参见"文化贫乏"。

文化适应　acculturation　指两种或以上不同文化在接触过程中产生的此消彼长的变化，尤其是原始文化与发达社会接触后发生的变化。文化适应在语言方面主要表现为借用词汇或语法结构，甚至出现双语现象。例如，北美的土著居民在与来自欧洲的移民接触后，在语言、文化等方面都发生了明显的适应现象。

文化适应法　acculturation method　语言教学术语。美国外语教学法之一。强调学习语言的同时要关注这种语言所承载的文化，吸收语言国家的历史、地理、人文等方面的知识。文化适应中有两个因素影响到语言习得的效果：社会距离(social distance)和心理距离(psychological distance)。

文化适应模式　acculturation model　一种着眼于社会文化因素与个人心理视角的教学理论，由约翰·舒曼(John Schumann)于 20 世纪 70 年代末提出。该理论主要从社会环境因素和学习者个人的心理因素等视角对第二语言习得的动力机制及学习者语言的洋泾浜化现象作出分析和解释。主要观点认为第二语言学习者目的语的水平取决于他对目的语社团的社会距离和心理距离，不同水平的第二语言学习者在社会距离和心理距离构成的连续体中不同的位置上。因此，为有效促进学习者的语言习得水平，文化适应模式认为教学中除了要注重学习者对语言知识的习得外,加强学习者对目的语国家的历史、地理、风土人情等文化知识的了解也至关重要。

文化相对论 cultural relativism 指一种文化只能按其本身实际情况来理解。因各个文化自身差异较大,所以不能用某种文化的标准、态度、信息、价值观等来描述甚至研究另一种文化。按照文化相对论,不存在所谓的普遍文化信仰或价值观念。看似相似的东西内涵有区别,且在研究中算不上是重要因素。文化相对论是语言相对论和跨文化交际等研究所关心的问题之一。

文化语言学 cultural linguistics 语言学分支学科之一。从广义角度看,文化语言学是研究语言与文化之间关系的学科。从狭义角度看,对文化语言学的阐释通常有三种:(1)指语言人类学和人类文化语言学通过民族的语言系统来研究该民族文化系统的学科,如20世纪上半叶美国语言学家爱德华·萨丕尔(Edward Sapir,1884－1939)对美洲印第安民族及其语言的研究;(2)指中国文化语言学,即20世纪80年代在中国兴起的研究汉语及汉语文化内涵、特征和文化功能的具有中国特色的语言学科(有人称其为"国俗语义学");(3)指以美国人类学家加利·帕尔默(Gary Palmer)为代表的将美国语言与文化研究中的三大传统(博厄斯派语言学、民族语义学和会话民俗学)与认知语言学相结合,并用系统的认知方法与文化维度共同构建的学科。

文盲 illiteracy; illiterate ❶教育语言学术语。指不能阅读和书写语言,即不具备读写能力的状况。读写能力指能读和写某种语言的能力。读写能力可以用来指能自如地运用读写技能来进行成年人所要求的文化活动。如不能达到读写技能的最低标准,则称为无实用读写能力。一个人如果两种语言都能读写,可以称为有双语读写能力。近年来,教育学和应用语言学中发展了几种研究读写能力的方法:一种强调知觉和阅读、写作、理解过程的认知方法;一种把读写能力当作社会行为、研究如读写能力社会化、读写能力的社会化背景和书面话语权威的社会文化方法。❷指不具备读写能力的人。

文体 style 参见"风格"。

文体检验程式 style checker 计算机辅助语言学习中的一种文体检验工具或通过计算机软件对文本写作文体进行检验的一种程序,主要分析文本中可能出现的各种问题,如多用了某个词或是否使用了性别歧视的语言。

文体学 stylistics 指对语言风格变异的研究。语言风格变异取决于使用语言的场合,以及作者或说话者希望对读者或听者造成的影响。文体学虽然有时也研究口头语言,但通常指对书面语的研究,包括对文学作品的研究。文体学探讨可供写作者选择的各种表达方式,企图弄清为什么采用某些语言形式和表达方法而不用其他。

文献 literature ❶指通过一定的方式和手段,通过运用多种意义表达方式和记录体系记录在一定载体上的具有历史价值和研究价值的知识。❷亦称文学作品。通常意义上的文献指文学作品、图书、期刊和典章等记载的知识总和。"文献"一词最早起源于《论语·八佾》,南宋朱熹在《四书章句集注》中认为"文,典籍也;献,贤也";宋代马端临在《文献通考》中将文与献,作为叙事与论事的依据;直至今日,广义的文献定义演变为记录知识的一切载体。狭义的文献即指文学或文学作品,作为文学的文献在很大程度上涉及散文、诗歌和戏剧等体裁。口头文学(oral literature)指口头上世代流传下来的故事、诗歌、寓言等。

文献分析 document analysis; documentary analysis 话语分析术语。建构主义理论的步骤之一,在研究中对各种文献材料进行搜集和分析的过程。所搜集到的材料可能属于公开的或私密的、主要的(如信件、日记、报告等)或次要的(如修改编辑过的日记、诱发性材料或非诱发性材料)。文献分析能够使研究者获取大量的文本信息,系统地对其特性(如文本中关键词的使用频率等)进行统计和判断。当然,这些文本信息必须依据特定的理论框架加以归类,否则就无法成为数据分析中有价值的材料,影响对文献的解读。

文献分析法 document analysis 社会科学研究的分析方法之一。是一种通过搜集、鉴别、整理文献,探明研究对象的性质和状况,形成对事实的科学认识,从中引出自己观点的分析方法。作为一种非接触性的研究方法,文献分析法不与文献中记载的人或事直接接触,但可以帮助研究者形成关于研究对象的一般印象,有利于形成对研究对象的历史动态把握。

文献目录 bibliography 一般是指在各种专著中以辅文形式出现的、表示在某项学术研究过程中参考或借鉴过的若干或诸多主要文献资料(包括期刊、论文等)的一览表。

文献手迹 documentary hand 历史语言学术语。一种书写形式。古时官员和普通民众用来进行日常活动的一部分。一般认为,这种书写形式是一种能够快速书写的草体形式,但由于其形态缺乏规则而常常难以辨读。

文学风格学 post-structuralism　　参见"后结构主义"。

文学作品 literature　　参见"文献❷"。

文艺复兴时期语言学 Renaissance Linguistics　　中世纪语言学(Mediaeval Linguistics)之后的文艺复兴时期的语言学研究。该时期的研究视野从希腊语、拉丁语扩展到西班牙语、波兰语、印欧语等。美洲、亚洲等非印欧语言的发现提出了新的概念范畴,对罗曼语及拉丁语历史关系的研究深化了对语言变化的理解,印刷术的发明和拼写法的改进促进了语音学的研究。该时期后期以倡导实用的经验主义者(empiricist)和倡导规约的理性主义者(rationalist)之间的争论为标志。其中前者在速记学、密码学、语音学等方面研究颇丰,后者[代表人物为波尔—罗瓦雅尔(Port-Royal)语法学家]在确定语言文学标准、创造人工语言等方面很有造诣。

文语转换 text-to-speech　　人工智能术语。指基于计算机系统的言语合成系统,能将语言约定俗成的文字表征转换成对应的语音表征。该系统的运作过程是先对输入文本做形态和音系分析,分析时考虑规则和不规则形式等问题,然后通过字母—语音转换规则和其他一些专门特征生成词平面上的音系表征式,后者再转换成语音表征式,即容纳连接言语的特征,包括句子韵律。合成的实现依靠一个基于规则的系统,而输出由一个终端模拟合成器提供。

文字 script; character　　❶指文字系统,即对言语交流给予约定俗成的可视呈现的各种书写符号,包括象形、表意、表音等类型。参见"书写系统"。❷指文字系统单个书写单位的写法。譬如,中国汉字是意音文字(logosyllabic),英语是罗马字母文字(Roman alphabetic);汉字还区分篆书(seal)、隶书(clerical)、行书(semi-cursive)、草书(cursive)、楷书(regular)等形体。❸指用文字记录下来的书面材料,或付诸笔头的文本,包括文学作品和应用文。

文字前期 preliteracy　　指文字产生以前的语言发展阶段。

文字实体 graphic substance　　与语言的语音特征和手势特征相对,指不同语言在书写时用来表示言语的视觉标记和视觉符号。某种文字系统的文字成分和有关形状是字位学(graphemics)的研究内容,而正字法(orthography)是指字母语言的拼写惯例。

文字系统 writing system　　参见"书写系统"。

文字学 grammatology; the science of writing system　　指对语言书写系统的科学研究,包括文字类型测定、文字结构属性分析、书写形式与口头形式关系的探究等。与中国传统语文学(即"小学")中的文字学以及音韵、训诂、文字三者分立后的近现代中国文字学不同,西方的文字学还延伸到识字教育以及书写形式对哲学、宗教、科学、行政管理等社会机构的各方面的影响,将其与文化演进相关联。

文字游戏 play on words　　亦称辞藻游戏。指故意改变文字的常规用法,以达到出其不意和令人吃惊的效果。时尚的文学作品和广告用语中经常使用这种游戏文字的手段,运用比喻等手法来增强修辞效果。辞藻游戏可通过改变词义(通常借助同形异义词和一词多义词等实现)和词形,重排音节、语素,紧缩构词(blending)等方式得以实现,如关于啤酒的一则广告词:"克利策啤酒,真的很德国。"

紊乱 disturbance　　语言教学术语。主要指发音机制以及接受理解(听觉理解和阅读理解)中的紊乱和障碍。

稳定化 stabilization　　语言习得术语。指第二语言习得发展到一个阶段不再有改观的现象,通常被视为僵化(fossilization)的前奏。如果第二语言水平维持这个状态不再进步的话,就被视为僵化。第二语言研究者对僵化现象总是采取审慎的态度,认为不会产生完全的语言系统僵化,尽管有些语言特征会保持稳定不变的状态,但是语言表现一直还会有变化,学习者语法系统会不断接近目的语。

问号 question mark　　用于表示疑问的标点符号,通常只置于直接问句之末。例如:[1] What is this?　[2] Are you a teacher?　也用于对某一事项或数据表示怀疑、估计或讽刺等,如在作者生殁不详时,可用"(？—1755?)"表示。

问句 question　　问句通常用来诱导信息或回答,是给句子功能分类的术语。与问句相对立的其他三种主要的句子功能是陈述、命令和感叹。问句的定义可以从语法、语义和句法的层面出发:在语法层面通常称问句为疑问(interrogative)形式;在语义层面,问句通常表达想获取更多信息的愿望,要求听者做出回答(反问句例外,如"Isn't it nice?");在句法层面,英语问句的主语与动词短语的第一个动词倒置,构成是非问句,如"Are you a teacher?"以提问词开头的问句,即WH问句,如"What are you doing?"或以疑问尾句结尾的问句,如"It is fine, isn't it?"

问卷 questionnaire　　语言测试术语,亦称调查表。指就某一话(问)题要求受试作出回答的一系列问题所构成的试卷或量表,如检核表(check list)和等级量表(rating scale)。保证问卷的信度、效度和试题的无争议是非常重要的。在应用语言学中经常会用到问卷,如语言调查、态度和动机研究、需求分析等。

问题代名词化　problominalization　指美国语言学家埃蒙·巴赫于1970年创造性地提出的概念,由"问题(probl(em))"和"代名词化((pron)ominalization)"两个词合成而来。参见"巴赫-皮特斯悖论"。

我向语言　egocentric speech　参见"自我中心言语"。

沃尔夫假说　Whorfian hypothesis　参见"萨丕尔—沃尔夫假说"。

沃拉普克语　Volapük　德国巴登牧师德施莱尔(Johann Martin Schleyer)发明的世界辅助语,发表于1879年。作为较成功的第一个人工语言,它是世界语(Esperanto)的先驱。沃拉普克语的语音—音系系统较为简单,其形态结构是以土耳其语的黏着语结构为基础的,词汇主要基于英语词根。但变格很多,语法和词形系统过于复杂,构词法过于任意。所以,在19世纪末20世纪初,沃拉普克语很快被世界语所取代。

沃特金法则　Wartkin's Law　指动词词性变化中,凡指"其他人"的动词形式均趋向变为"第三人称单数"动词形式。因此,"第三人称单数"动词形式堪为动词形态的类推性变化。由卡尔弗特·沃特金(Calvert Watkins)于1962年概括提出。

无标记　unmarked　由布拉格学派首先提出,指最简单、最基本、不具备区别对立成分的形式特征,与"有标记(marked)"相对。无标记和有标记这样一对概念在语言分析的全部层次上都有所体现。在语音层面,对立的音位可以是有标记的和无标记的。例如,/t/和/d/这一对音位中,/t/则是无标记的,不具有浊音性,而/d/是有标记的,具有浊音性。在语法层面也是如此。例如,pen/pens,前者是无标记的,是基本形式,后者是有标记的,增加了复数词尾-s,再如pleasant/unpleasant,前者是无标记的基本形式,后者是有标记的,增加了否定前缀-un。语义层面也有相同情况,如在old/young、wide/narrow、big/small这三组词中,第一项都是无标记的,第二项则是有标记的。因为第一项的词可以用于中性意义,试比较:

[1] a. How old is he?
　　b. How young is he?
[2] a. How wide is the river?
　　b. How narrow is the river?
[3] a. How big is the room?
　　b. How small is the room?

三组问句中,a句均为中性问句,一般提问时都可选用,且提问者没有特别含义。而b句则都带有特别含义,[1]b表示这个人很年轻,只是想知道到底有多年轻,[2]b表示这条河很窄,只是想知道确切有多窄,[3]b也一样表示这个房间很小。

无标记成分　unmarked member　指一对成分中不带有区别性特征的,更简单、更基本的那个成分,与"有标记成分"(marked member)相对。这一对术语最早见于布拉格学派特鲁别茨柯依(Nikolay Sergeyevich Trubetzkoy)的《音位学原理》,用来说明一组对立音位中具有相应区别性特征的音位。例如,英语中的/b/和/p/两个音位,前者具有浊音性,是有标记成分;后者不具有浊音性,是无标记成分。这些音位学的概念和方法,经布拉格学派推广,用到语法学和语义学中去。在语法分析中,chairs有复数后缀-s作为标记,是有标记成分;单数chair无此标记,则是无标记成分。动词过去式jumped有屈折后缀-ed作为标记,是有标记成分,原型动词jump无此标记,则是无标记成分。在语义分析中,man与woman对立,woman是有标记成分,只表示女性;而man是无标记成分,可以指称两性。例如,"the origins of man"表示人类的起源,而非男性的起源。

无擦延续音　frictionless continuant; frictionless　语音学术语,亦称无摩擦延续音(frictionless continuant)。按发音方式给语音分类,指作用像辅音但气流通过口腔和/或鼻腔时却没有大多数辅音所受到的摩擦或闭塞。从语音学的观点来看,所有的元音都属于这一类,包括像/r/、/w/之类的半元音以及/h/等类型的辅音,但是此概念通常限于指起辅音作用的音。因此,除了/r/的多种变体外,所有鼻音和边音也都归入此类音。

无除阻的　unreleased　语音学术语。指无闭塞除阻声的一类音。例如,古汉语及现代汉语方言中入声韵尾的辅音/p t k/就是无除阻塞音(unreleased stops)。

无词尾副词　flat adverb　语法学术语。指那些没有后缀-ly仍可作副词的副词,如hard、high、cheap等。

无词形变化　inflexiblilty; indecline　形态学术语。只具备一种形式而不能通过屈折变化来表示不同语法功能的词。汉语的名词、形容词、代词和英语的形容词、数词都属于无词形变化词。

无定　indefiniteness　名词短语的一种特征。指一个无法具体识别的实体或一类实体。

无定性　indefinite；indefiniteness　亦称泛指(性)。名词的语法性质之一，在语法和语义学中用来不确定地或泛泛而指一类实体中的一个，与"有定的"或"特指(definite(ness))"相对。例如：一只猫／一条鱼。英语中无定性通常用不定冠词 a 和 an 或不定代词来表达。不定冠词是指所指代的名词是一般性的事物或说话者没有明确指定的事物；不定代词指代没有确定或不具体的事物，如 everybody、everyone、everything 及其否定形式 nobody、no one、nothing，还有 somebody、something 等泛指形式，以及意为"普通的人"的类属代词 one 等。例如：One should never underestimate an elephant's intelligence. "非有定"常作"无定"的同义词用，但有的语言学家将"非有定"和"无定"区分为两种指称。参见"有定"。

无动词句　verbless sentence　语法学术语。指不具备动词(有时甚至主语也一起略去)的一类分句。无动词句有的仅是一些省略句，例如：[1] A: When did you come back? B: An hour ago. 另有一些句子并非省略了何种成分，而是依赖于特定的语境，能够独立使用并具有一定的交际功能。例如：[2] No admittance!

无缝形态学　seamless morphology　形态学术语。对无缝形态学的起源有多个说法，最早可追溯到古印度语法学家婆利睹梨诃利(Bhartrihari)。对无缝形态学的研究主要有两个方向。一个是由夏威夷大学的斯塔罗斯塔(Stanley Starosta)及其学生和同事提出的以依存语法(dependency grammar)为基础的词格语法版本。该版本的无缝形态学实际上只是提出者在研究如何限制乔姆斯基句法生成能力的过程中产生的一个副产品。词格语法认为句法依存表征仅在词汇层面而不能再更小层面上运作。词汇仅包含单词，对词形及其句法分布相关性的语法陈述是通过各种运算的形式进行的。另一个则是由蒙特利尔大学辛格(Rajendra Singh)等人提出的称为"全词形态学(Whole Word Morphology)"的蒙特利尔版本。该版本的无缝形态学以音系学为基础，主要研究音系和词汇结构的边界问题以及形态音位学(morphonology)的语法理论地位等。

无格屈折名词　aptote　语法学术语。指一种没有格的屈折变化名词，虽然该名词所属的语言中的多数名词通常有格的屈折变化。

无喉塞辅音　unchecked consonant　语音学和音系学术语。指发音时无附加喉塞(glottalization)动作的辅音，其声学特征为"在较长时间内低能释放的"。与喉塞辅音(checked consonant)相对。除了挤喉音(ejective consonant)、内爆音(implosive)和吸气音(click)以外，其他辅音都是无喉塞辅音。

无界名词　unbounded noun　语法学术语。与有界名词(bounded noun)相对应，是由布龙菲尔德(Leonard Bloomfield)于1933年提出的一对概念。无界名词的定义是"事物种属出现在一个以上的标本中，而这样的标本是能够再分或合并的"，无界名词在使用中需要一个只为表明明确范围的规定词，如 milk／the milk。而有界名词所指称的"事物种属出现在一个以上的标本中，而这样的标本是不能再分或合并的"，有界名词的单数形式需要一个规定词，如 horse／a horse／the horse。布龙菲尔德对于有界和无界概念的区分与一般语法书中的可数和不可数名词基本一致。

无界移位　unbounded movement　句法学术语。指越过界限节点(bounding node)的移位。例如：[1] [$_{CP}$ you think [$_{CP}$ that Mary bought what]]? [2] [$_{CP}$ What$_i$ do you think [$_{CP}$ t'$_i$ that Mary bought t$_i$]]? 例[1]中的 wh 疑问词 what 越过嵌套从句中的 IP 节点移位到了句首，成为例[2]。乔姆斯基称其为"连续层级 Comp 到 Comp 移位(successive cyclic comp-to-comp movement)"。

无理据习语　demotivated idiom　❶语义学术语。指意义完全无法从成分词项的意义合成中获得，似乎每个词项成分已丧失本身原有的词义的习语。例如，习语"far cry"的意思是"差别很大"，而原有词项中的"far"是一个表示空间距离的形容词，"cry"是个表示声音的名词，两个词似乎很难搭配在一起。语言学界传统的观点认为英语习语的两大主要特征是语义的整体性和结构的稳定性，即习语是一种无理据的死喻，是独立于人类思维之外的固定语言现象。但以美国认知语言学家雷蒙德·吉布斯(Raymond W. Gibbs, Jr.)为代表的现代语言学观点认为，大多数英语习语都是可以分析，是有理据的。吉布斯认为只有少数习语不可分析，如"kick the bucket"。加拿大语言学家山姆·格卢克斯贝格(Sam Glucksberg)也认为习语都是可以分析的，不存在不可分析的习语，习语之间仅存在着分析的难易程度。格鲁兹堡提出了从历时的角度予以分析不可分析的习语。例如，"kick the bucket"从历史语言学的角度分析就有两种解释：一是指人上吊时用绳子套上脖子，把垫脚的木桶踢开就会被吊死；二是特指在英国诺福克郡，宰猪时将猪的双脚绑起来倒悬在横杆(bucket)上，猪蹄一上横杆就表明猪要蹬腿儿了，即面临死亡。❷语法学术语。指整个习语意义已经不能从构成该习语的各个词的意义中得出的一类习语。在这类习语中，各个词丧失了本身的含义，因而也与习语的意义失去了联系。例如：His laugh really gets under my skin.

无理据现象　non-motivation　语义学术语。指语言发展过程中某些词丧失理据后的状况。表现形式有二：(1)由于形态变化，可分析的复合词变为不可分析的单根词(前者叫做显性词，后者叫做隐性词)，并同时有语音和拼写的变化，致使无法分析其理据。例如，古英语中的 half-weard (loaf + ward) 意为"赡养家属者"，"loaf keeper"变成了现代英语中的 lord (贵族)，形态和结构都发生了变化，理据则无法分析；(2)由于词义发生的变化太大，无法分析其理据。例如，"result"的原意是"跳回"，现在的意思是"发生"。

无摩擦延续音　frictionless continuant　参见"无擦音延续音"。

无屈折拉丁语　Latino sine flexion　参见"国际语❷"。

无人称被动式　impersonal passive　一般指不及物动词以被动形式出现的不包含主语的动词语态。但是动词主语的位置却可以被其他句法成分(syntactic placeholder)所占据。例如，英语句子"There has been placed three books on the table."中的"there has been placed"即为无人称被动式结构。这种结构最为典型的是由不及物动词派生得来。德语"Es wurde getanzt"(英语字面意思为"There was dancing")中 wurde getanzt 是被动形式，es 是虚义主语。无人称被动式还可以指动词有类似被动用法的结构。在西班牙语"Se venden casas"(英语字面意思为"Houses for sale")中，尽管 venden 是主动形式，但是它与 casas 的关系可以看作类似于被动式与主语的关系。某些语言(如俄语)甚至允许在无人称被动式句子中出现直接宾语。

无人称动词　impersonal verb　语法学术语。指无关行为主体，只表示动作或状态，并总是以第三人称单数形式(过去时为中性)出现的动词。一般分为两类：(1)表示自然现象或不以人的意志为转移的生理和心理感受；(2)表示必然性或者是否缺乏某种东西。有些语言在句子形式上必须有主语，于是对无人称动词就用一个中性人称代词(有的语言已经废弃了中性，就用第三人称阳性单数代词作主语)。例如：It has been raining from the morning.

无人称结构　impersonal construction　语法学术语，亦称非人称结构。指一种只表明行为状况但不提出施事的句子类型。指某些语言中动词处于不变的第三人称形式的一种结构，该结构中的动词称为无人称动词。例如：[1] It's cold.　[2] It's raining.

无人称谓语词　impersonal predicate word　俄语词类名，即"状态词"，亦称"谓语副词"。这类词表示状态，不变格，不变位，在无人称句(无主语)中作主要成分，不从属于任何词。也可以视为副词的一个特殊小类。

无人称主语　impersonal subject　语法学术语。指不是人称主语，而是抽象名词或实物名词作主语。例如：[1]什么风把你吹来的？　在汉语中这种句式要比英语中少得多。非人称主语句是英语中一种优美的句式，往往带有拟人化修辞色彩，语气委婉、含蓄，结构严密、紧凑，言简意赅，令人回味。从语法上看，英语含非人称主语的句子，常常是简单句，但却隐含着一定的逻辑关系，有时还表达并列句或复合句的内容。例如：[2] From the moment we stepped into the People's Republic of China, care and kindness surrounded us on every side.　[3] His weariness and the increasing heat determined him to sit down in the first convenient shade.

无生性　inanimacy　语义学术语。指无生命物体、植物、抽象概念等名词或名词短语所具备的特性，与"有生性"相区分。例如，可以说"brand-new fridges"，但不能说"brand-new husbands"(除非为了达到幽默的效果)；"creaky""clatter"令人联想到无生命主语，而"laugh""chatter"令人联想起有生命主语。这些规则在比喻语言中常常被打破。例如，在拟人说法中无生命的物体被赋予了生命：[1] Tables groan with food.　[2] Whistles blow forlornly.　人们的日常话语中也充满了这种比喻用法，如"the leg of the table""hand of the clock""foot of the bed"等。

无生性名词　inanimate noun　语义学术语。表示人及动物以外的其他事物的名词。这种划分对某些语言的变格系统有区分作用。

无声停顿　silent pause　参见"停顿"。

无声语言　endophasia; internal speech　亦称体内语言或内在语言。没有声带振动音(vocalization)的、自觉或半自觉的语言，如默读(silent reading)和完全无声的自言自语等均为无声语言。与有声语言(exophasia)相对。

无声阅读　subvocalization; subvocal reading　识读或认读的一种。指脑海中形成字词、尤其未伴随发声的认读活动，有时还伴有舌头、嘴唇和声带的轻微动作。读的可以是书，也可以是其他文字材料或非文字系统的认读。有些学者认为这是读者共有的做法,但另一些学者则认为这只是能力较弱的读者特有的方式。

无施式 **non-agentive** 语法学术语。指语法描写中用来指一类形式或构式,它用以表明句子中某一行动得以产生的"施事"或手段没有必要提及,或无法提及。例如,在被动句"The window was broken."中,打破窗户的施事未被提及。

无实用读写能力 **functional illiteracy** 教育语言学术语。指不能够用一种语言阅读和/或写作技能完成正常人的基本生存活动的状况。

无条件音变 **unconditional sound change; unconditioned sound change** 音系学术语,指在所有环境中都会发生的音变。与条件音变(conditional sound change)相对。参见"独立音变"。

无谓性 **gratuitousness** 语义学术语。非限制性前置修饰语(Non-restrictive Modifiers,NMRs)的三大语义特征之一,艾普斯坦(E. Epstein)于1980年提出。指非限制性前置修饰语的存在与否对句子结构或句子意义并无多大影响。比如,his big nose＝his nose。也就是说,即使将短语中的修饰语 big 去掉,也不会对短语的结构和意义造成多大影响,因此可以说 big 是可有可无的非限制性前置修饰语。非限制性前置修饰语的另外两大语义特征是价值标志(value-sign)和感情负荷(affect-bearing)。所谓感情负荷,是指非限制性前置修饰语往往反映了说者的感情,如"the dirty city""the noisy campus"等,修饰语 dirty 和 noisy 表现出一定的主观感情色彩。当然,感情色彩也可以是客观的,如"the blue sky""the vast ocean"中的 blue、vast,本身就是天空和海洋的客观属性。价值标志则指非限制性前置修饰语的重要性。有价值的非限制性前置修饰语一般都直接放在名称短语之前,而不是之后。比如,在描写人物时,作者为了突出某性格特点,加强语气色彩,往往采用"poor, hearty, honest, little Miss La Greevy (Dickens)"的语序形式,而不是"Miss La Greevy, who is poor, hearty, honest, little"。

无文字群体 **non-literate** 教育语言学术语。指没有文字语言的文化或群体,他们只有口头文化。

无效假设 **null hypothesis** 参见"零假设"。

无形连接 **asyndeton** 修辞学术语。指并列的分句间省略所有的并列连词后形成的一种修辞现象,一般称为无形连接现象(asyndetism),如拉丁语中的"veni, vidi, vici."('I came, I saw, I conquered.'"我来了,我看见了,我征服了"),即是使用无形连接修辞格的结构。参见"有形连接"。

无形连接现象 **asyndetism** 参见"无形连接"。

无形手理论 **"invisible hand" theory** 语言变化的一种模式。指语言向某种方向变化时,好像是受"看不见的手"所指引。这一理论是由德国语言学家凯勒(Rudi Keller)借用经济学家斯密(Adam Smith)有关学说中的概念而提出。

无形态语言 **formless language** 亦称无形式语言。❶指缺乏语法精确性的言语或方言。然而,所有的语言,无论是标准语还是方言,都具有井然有序的形态结构和句法结构。❷孤立语的别称。指用不变的根词和不同的语序表示语法关系,而不用词尾屈折变化表示语法关系的一类语言。例如,汉语属于词根—孤立语。

无意识记忆 **implicit memory** 参见"内在记忆"。

无意识语言知识 **unconscious knowledge** 参见"有意识语言知识"。

无意义词语 **nonsense** 与日常理解的涵义不同,用以在语言学、语音学和语法学中使用的一个概念。❶指在语音和语法方面符合惯例但内容方面无意义可言或语义上不可接受的语言单位、语音序列或句子。例如,"Colorless green ideas sleep furiously."这个句子合乎语法,但是语义异常。❷在一般用法中,"无意义词语"通常是"荒诞语言"的代名词。尤其在文学作品中,不少诗人、小说家和歌曲作者等为了达到某种纯粹娱乐或嘲弄讽刺的效果会在其作品中刻意使用无意义词语。❸在语音学中,"无意义词语"指为变音训练设计的一些语音系列。在语法学中,指为识别能产语法单位而专门使用的词语,常见例子是路易斯·卡罗尔(Lewis Carroll)的《胡言乱语》(Jabberwocky)一诗中的无意义话语,如 all mimsy were the borogoves. 其中无意义词的词类身份很明确,如 mimsy 是形容词,borogoves 是名词。该方法也用于语言习得研究,如用于要求儿童完成某一语言产生任务的实验,看他们是否已习得某一语法单位(如蛙狗实验)。

无意义形式 **nonsense form; meaningless** 某些句子在语音和语法方面符合规范,但不具有任何语义的语音流或语音形式。例如:[1] Colorless green ideas sleep furiously. [2] 这块石头正在大口大口地吃饭。尽管组成句子的词都是有意义的,句子也合乎各自的语法规范,但整个句子仍是无意义的。在语言教学和心理语言学中,有时也采用无意义形式进行识别性练习和实验手段。

无意义重复 **battology** 指在语言使用过程

中不自觉地重复说或写某一词语现象。

无语用功能习语　idioms without pragmatic point　语用学术语。指语用功能中性（pragmatically neutral）、可用在任何语用环境的习语表达式。例如，习语"简言之"（in a nutshell）、"换言之"（put it another way），等等，都属于无语用功能习语。无语用功能习语和语用功能习语（idiom with pragmatic point）相对。

无韵体诗　blank verse　参见"素体诗"。

无择约束　unselective binding　句法学术语。指用以解释驴句（donkey sentence）中代词 it 指向"a donkey"时所呈现句法和语义特征的概念，由英国语言学家刘易斯（Henry Lewis）于 1975 年提出。例如：[1] Most farmers who own a donkey beat it. [2] $\exists x(farmer(x) \land \exists y(donkey(y) \land own(x,y))) \rightarrow beat(x,y)$ 例[1]中的 a donkey 作为全称量词不构成与 it 共指的单一个体，代词 it 可看作是 every 无选择的约束变项（unselectively bound variable），由此得到例[2]的解读：对所有 x 和 y，x 拥有驴子 y，x 鞭打 y。这种分析方法称为无择约束法。

无证明断言　allegation　由西加尔（Petr Sgall）等人于 1973 年提出的一种特殊推理关系形式，其定义为：如果 S，那么 A；如果非 S，则既非 A，又非非 A。在推理关系中，断言的意义因否定而相反，预设的意义在否定中仍保持不变，而无证明断言所表现的语义关系则介于断言和预设之间。在语言学研究中，无证明断言主要应用于篇章语言学的研究中。

无制约关系　unboundedness　参见"制约关系"。

无中心的　non-headed　与"带中心的"（headed）相对。指对某些短语类型作语法描写时用来指在分布上不等同于整个短语的那个中心成分，这类构式有时称作"无中心"构式。

无中心语关系从句　headless relative　参见"自由关系小句"。

无终体　atelic　参见"词汇体"。

无主语参数　null subject parameter　亦称省略参数（pro-drop parameter）。在乔姆斯基（Noam Chomsky,1981）普遍语法的原则和参数理论中，指用以区别动词必须有一个明显主语的语言与动词不一定有一个明显主语的语言的参数。在不同的语言中，相应参数是不一样的。汉语中回答"你什么时候到"的问题时，可以说"到了，到了"，无需用主语"我"。相同的问题用英语回答，则必须说"I'm coming."，即必须有一个明显的主语。像在意大利语、俄语或阿拉伯语这些语言中，陈述句也可以没有主语。

五只钟理论　five clocks　文体学术语。指美国文体学家马丁•约斯（Martin Joos）在其《五只钟》（The five clocks, 1962）一书中提出的理论，即语体可分为亲昵（intimate）、随意（casual）、商洽（consultative）、正式（formal）和冷淡（frozen）五种。

舞台发音　Buhnenaussprache〔德〕　语音学术语，指没有地区和口语特征的德语发音，其发音规则是由日耳曼语文学者西布思（Theodor Siebs）与舞台导演和语言学家共同合作制定的，并于 1898 年首次编辑成"德语舞台发音"。它是一个理想化的规范，遵循尽量接近书面语言和语音清晰的原则，一直到 20 世纪 40 年代都被视为具有约束力的标准，特别是对古典诗体剧。

舞台言语　theatrical speech　参见"戏剧方言"。

物化¹　reification　❶认知语言学术语。指一种概念转换（conceptual conversion）的操作方式，如概念化时把时间转换成空间，动作转换成事物，活动转换成物质等等。例如：[1] Alice washed the baby. [2] Alice gave the baby a wash. [3] Tom helped me. [4] Tom gave me some help. 例[1]中的 wash 是动词，表示一个动作，例句[2]中的 wash 是名词，有冠词修饰，表示一个物体。例句[3]中的 help 是动词，表示活动，例[4]中的 help 是名词，有不定代词修饰，表示物质。wash 在例[1]和[2]之间进行了转换，由动作转换成了事物；help 在例句[3]和[4]之间进行了转换，活动转换成了物质。❷语义学术语。指一种词素的抽象含义与其派生的具体含义之间的语义关系。例如：[5] Her thesis analyzes Shakespeare's fools. [6] Her thesis has more than 300 pages. 其中，例[1]中的 thesis 指一个抽象概念，而例[6]中的 thesis 为该概念的物质实现。

物化²　reify　语言哲学中用具体事物来说明抽象概念。在早期现代哲学中语言为表象观念的工具，语言本身被观念化。在后期现代哲学中，语言除具有表象功能还具有诗意性，表现出观念性与物质性的双重存在，体现了灵性和物性之间的某种张力。在后现代哲学中，语言越来越走向物化，开始展示其强劲的物质性力量。例如，人们常说"历史将有定论"，而不是说"历史学家们将有定论"。

物理语境　physical context　指话语或语篇发生时的客观物理环境，如时间、地点、场景等。物理语境影响听众或读者对话语或篇章的理解。例如：Andy passed. 根据物理语境不同，这句话可理解为"安迪传了球""安迪没叫牌"和"安迪及格了"等不同的意思。

物体文字 object writing　　指用具体物体作为表意符号的原始书写系统。譬如，一些北美印第安部族至今仍在绳子上打结记事。

物性结构 qualia structure　　词汇语义学术语。物性（quale，复数为 qualia）指对事物特性的指示方式。物性结构是一种表征方式，建立在涵义与涵义之间的逻辑联系之上，由此得出名词和形容词的较丰富的语义表征。这种研究路向可以解释为什么录音机可以是一种机器。录音机"sound recorder" def:{machine|机器; telic={voice recording|录音；instrument={～}}}。在这种联系的图示中，使用了上义词、下义词（有时候还有近义词、反义词和部分—整体词义关系）。机器是录音机的上义词，物性"telic"指出"录音机"的功能和目的是"sound recording"（录音）。"～"用来表示"录音机"定义的中心概念（即"machine|机器"）。因此，录音机可以定义为"录音机是用于录音活动的一种机器（a sound recorder is a machine which functions as the instrument of sound-recording activity）"。

物质名词 material noun; mass noun　　指语义学中对名词的语义划分中用以指称物质的名词。物质名词是集合名词，而与集合名词类似的概念还有不可数名词、数量名词、无界限名词等。物质名词在语义上表示物质或不具备大小和形状的个体事物的名词，指没有复数形式的名词，一般无法用数目来计算，为不可数名词，如 wood、metal、salt 等。或者当物质名词以复数形式出现时，其复数形式不指物质本身而是另有所指，即复数形式所表达的意义与该名词的单数形式的意义不同，如 wood — woods、metal — metals、salt — salts 等。与物质名词相对应的是单位名词（unit noun），后者为可数名词，有复数形式，如 desk、chair、computer 等。少数物质名词只有复数形式，如 oats、means、species、series 等。

误差分析 error analysis　　参见"错误分析"。

误读分析 miscue analysis　　语言习得术语。指儿童在母语阅读中所得出的错误理解或意外反应，是对阅读过程进行研究的一个诊断性工具，最初由语言教育界国际知名学者、美国亚利桑那大学荣誉退休教授古德曼（Ken Goodman）提出。误读分析通过对阅读中所出现的差异进行分析，从而达到研究阅读过程的目的。误读一般分为两类：插入式误读（insertion miscue）和颠倒式误读（reversal miscue）。前者指读者的理解中额外添加了阅读材料中不存在的概念。例如，把"一本故事书"理解为"一本儿童故事书"；后者则指理解的语序颠倒，如把"这是一张又大又圆的桌子"读成"这是一张又圆又大的桌子"。误读分析的主要步骤包括对基于复述的单个且完整的朗读经历的收集和检查。与阅读的实验室研究方法不同，差异分析为了保证阅读的自然性，朗读者所用材料都是其以前从未接触过的完整的阅读原本，以便从自然的（naturalistic）角度对阅读过程进行质化和量化分析。

X

西方语 Occidental; Interlingue　　参见"国际语❸"。

西韦斯-埃杰顿定律 Sievers-Edgerton's Law　参见"西韦斯定律"。

西韦斯定律 Sievers' Law　　历史语言学术语。印欧语言的一种音变规律，分为西韦斯第一定律(Sievers' Law I)和西韦斯第二定律(Sievers' Law II)。西韦斯第一定律亦称西韦斯-埃杰顿定律(Sievers-Edgerton's Law)，与元音前的滑音(glide)有关，半元音/y/和/w/与长元音后的/i/(iy)和/u/(uw)交替出现现象。西韦斯第二定律与圆唇软腭音(labiovelar)有关。印欧语的圆唇软腭音在维尔纳定律(Verner's Law)的情况下保留唇音，而在其他情况下保留软腭音的成分。与元音交替现象(ablaut)不同，西韦斯定律的交替不会有词形的变化，而仅仅是一种受语境制约的语音变化。

吸气 inhalation; inspiration　　语音学术语。指产生内吸气流(ingressive air-flow)的动作及过程。与吐气音(exhalation)相对立。

吸气气流 ingressive air-flow　　语音学术语。亦称"内吸气流"。指由外部向发音通道内移动的气流。某些非洲语言中的吸气音(click)及表示厌烦或惊奇的咂嘴声(tut-tut)就是用软腭内吸气流形成的。

吸气塞音 ingressive stop　　语音学、音系学术语。亦称内吸塞音。指利用内吸气流(ingressive air-flow)除阻的塞音。通常是浊音，在信德语(Sindhi)和伊博语(Igbo)中有这种音位。

吸收 intake　　语言习得术语。指输入(input)语言中可以真正被学习者学到手的部分。有些理论家相信吸收性语言是第二语言学习者在处理输入时被一直关注的部分。可区分两种不同的吸收语言：(1)初步吸收，即粗略注意到输入语言的一些特征；(2)最后吸收，即在中介语中对该项目进行知识的整合。吸收与输入(input)的区别在于是否对学习者掌握知识与能力有帮助，如因第二语言或外语的话语说得过快、过难，无法被理解和学习，只能认为是输入而非吸入，也不能应用于语言学习中。

吸引变化 attraction　　指因语言成分间的相互影响而发生的变化现象。❶在音系学中指语流中一个成分将另一成分"吸引"而产生变化，导致语音音变，包括同化和异化现象。❷在语法学中，语言成分间相互吸引型的影响也表现为因邻近原则(proximity principle)形成的语法类推(analogy)现象。例如：There is a bag and two books on the desk. 句中虽然完整的主语"a bag and two books"是复数概念，但与系动词邻近的名词成分"a book"是单数，因而系动词选用单数。

希伯来语法 Hebraism　　具有区别特征的希伯来语(Hebrew)的词汇表达式或结构规则。语音上，希伯来语具有闪语(Semitics)的典型特征，如语音上具有三辅音根(包含三个由元音相隔的辅音)，元音的变化或省略导致词根意义的改变；组词上词根附加的前缀与后缀亦改变词根意义。动词及名词形式的屈折变化与男女性别有关。现代希伯来语在语音、句法和词法等方面经历了一些变化。例如，古希伯来语将动词前置于句中的主语，而现代希伯来语将主语置于动词之前。

希求式 optative mood　　参见"祈求语气"。

希望之语 language of hope　　指波兰医生柴门霍夫创造的国际辅助语——世界语(Esperanto)。参见"世界语"。

析取关系 disjunction　　❶语法学术语。指句子中结构之间的比较、转折或选择等关系，一般以连接词"or"(或者)、"but"(但是)、"either ... or ..."(或是……或是……)等分隔。例如：[1] Start early *or else* you'll be late. (尽早出发，否则会迟到。) [2] Caroline is *either* sad *or* tired. (卡洛琳或是悲伤或是累了。) ❷逻辑学术语。指一个析取式的两个命题有一个或两个同时为真，则析取式为真。在逻辑学中析取关系可以相容(inclusion)，也可以不相容(exclusion)。按照相容析取，"正在发生的或为X或为Y"这个析取式容许X和Y同时发生，即两者相容。相容析取的基础在于两个概念的外延至少有一部分是重合的，根据外延重合的多少，相容析取关系又可以分为同一关系、真包含关系、真包含于关系和交叉关系四种。不相容析取为：当且仅当两个命题中有一个为真时析取式为真。就"现在正在发生的或为X或为Y"而言，X和Y不可能正同时发生。

析取式顺序 disjunctive ordering　　指转换生成语法中表示"可有可无，任凭选择"的成分的结构公式，通常用圆括号加在该成分上表示。例如：X→Y/Z(P)Q　其意思是：(1) X→Y/ZPQ 或 (2) X→Y/ZQ。此序列即一个析取词块，意为"如果(1)适用，(2)就不适用"。析取式顺序有别于合取式顺序(conjunctive ordering)。

习得 acquisition　　语言习得术语。❶在儿童母语发展的研究中，习得指儿童学会母语的某一方

习 xí （语言学术语）

面或最终掌握母语的过程或结果。在这个意义上，习得也常被称为儿童语言习得。❷在外语或第二语言研究领域，"习得"有时被看作是"学得"(learning)的对立概念，前者主要指下意识的、自然的学习过程，而后者通常指有意识的或监测下的学习过程。但外语或第二语言研究领域有时并不区分习得和学习，习得被广泛地用来指学习者学习或学会外语或第二语言的过程或结果。

习得顺序　order of acquisition　语言习得术语。指学习第一语言（或第二语言）时对语言形式、规则、项目等的习得顺序。有假设认为第二语言和外语的学习中，虽然与第一语言的习得顺序并不完全相同，但语法规律的学习像儿童习得第一语言时一样有个自然的顺序。例如，杜雷(Heidi Dulay)和布特(Marina Burt)于1973通过对学习英语的西班牙语儿童的观察研究，得出二语学习者对英语语法形位(morphemes)的学习有个共同的从易到难的顺序：名词复数-s(books)，进行时-ing(John going)→系动词 be(John is here)→助动词 be(John is going)→冠词(the books)→不规则过去时(John went)→第三人称单数-s (John likes books)→所有格(John's book)。其中名词复数形位最容易掌握，而所有格形位最难。

习得—学习区别假说　acquisition-learning hypothesis　语言习得术语。美国应用语言学家克拉申(Stephen Krashen)在20世纪80年代提出的语言习得理论的五个基本假说之一。该假说的出发点和核心是他对"习得"和"学习"的区分，以及对它们各自在习得者第二语言能力形成过程中所起的作用的认识。根据克拉申的观点，语言习得是一种潜意识的自然过程，儿童习得母语过程便属于习得。主司习得的语言系统处于大脑左半球语言区，是自发语言运用的根本。与语言习得相对的是语言的学得，后者是有意识的学习过程，如通过课堂讲授、有意识的练习、记忆等活动进行有控制的语言学习活动。主司学得的语言系统虽然也在大脑左半球，但不一定在语言区。克拉申还认为，只有习得才能直接促进第二语言能力的发展，而对语言结构有意的学得行为只能在语言运用中起监控作用，而不能视为语言能力本身的一部分。

习惯　habit　行为主义语言理论范畴的术语。经不断重复成有规律的下意识的自动行为模式。不同语言学理论对之有不同的观点。行为主义语言观认为语言学习的过程即是形成行为习惯的过程。例如："He studies English"中的动词第三人称单数现在时形式"studies"，在学习动词时态时须经过不断操练，才不会遗漏相应变化，并形成脱口而出的习惯。对于习惯的形成在语言学习中占多少因素，认知心理学及语言习得理论所持的观点与行为主义观点相反，前者强调人的心灵状态包含意识、观念等，并认为心灵状态能影响肢体行为。

习俗化场景　institutional setting　语用学术语。指交际活动中具有社会规约性、日常习俗性或高度习惯性的情景或场合，其中交际参与者的角色关系、互动模式乃至交际结果都是社会共同体成员共知共享和约定俗成的，交际参与者个人的选择和改动余地不大。典型的习俗化场景包括庆典、婚礼以及节庆礼仪等。

习俗派　nómas　古希腊研究词源学说的一个流派，认为名称和其代表的事物之间的关系具有任意性和约定俗成性，其名称源于习惯。代表人物为亚里士多德。

习语[1]　idiom　作为一个单位使用的、不能从其单个组成部分得出其整体意义的一种表达法。在语言中起词的作用，整个短语构成一个句子成分。从语义上看，成语的涵义通常并不等于单个词义的总和，一般也不能直译成另一种语言；从句法上看，这些词通常不能有在其他语境中有的变化。例如：[1] It's raining cats and dogs. [2]"It's raining a cat and a dog/dogs and cats. 句[1]不能换说成句[2]。因此习语有语义统一、结构定型的特征。有些习语的组成词完全失去独立性，如汉语中的"纵横捭阖""茅塞顿开"和英语中的"cry for the moon"（痴心妄想）；有些习语的组成词保留一定程度的独立性，如汉语中的"一丘之貉""浑水摸鱼"和英语中的"pour oil on the fire"（火上浇油）；有些习语的组成词基本上保持独立性，如汉语中的"骄傲自满""厚今薄古"和英语中的"to make allowance"（留出余地）。有些习语容许一定程度的内部变化，跟其他成语相比可部分按字面理解。例如：[3] It's worth her while/the job will be worth my while. 汉语的习语多数由四个字组成。习语来自民间口语、文学作品、历史事件或历史故事以及宗教经典。其特点是言简意赅，富有形象性，使用习语可以增强说话和写作的表现力。

习语[2]　idiomatics　成语、短语、习语、片语、固定词组等的总称；也指一种语言中总的成语语库的编撰、描写和分类。斯里兰卡女学者费尔南多(Chitra Fernando)和英国学者弗拉维尔(Roger Flavell)于1981年基于语法结构、个体成分的置换性(permutability)、表达式的稳定性、分布，区分出了多种成语类型。

习语化　idiomatization　语义学术语。指词汇由于与其他词汇的共现而引发语义延伸，形成一定构式的形义结合，并固定化为习语化的过程。习语化后的词汇形成一个新的语义单位，其意义理据和词源有关,但是具有与其组成成分简单叠加在一起不同的、自身完整的词义。例如,"dark horse"(黑马)的意义不能视为为其组成成分 dark(黑)和 horse(马)的意义的简单叠加,在英语中往往指"黑马"候选人,常因各方妥协或其他原因而意外获得提名或当选,在汉语中常指出人意料获胜的人。

习语块 idiom chunk 习语的一部分,由于句法处理过程而同其他部分分开。例如:The beans were by then pretty well spilled. 此句中 the beans 就是来自 spill the beans 的习语块。

习语理论 Idiom Theory 语用学术语。解释间接言语行为的一种理论,用来解释一些形式较为凝固、功能较为固定的言语行为,如导语、问候语等理论。习语论者认为间接地用于行使某些功能的话语可以被看作是用于行使这些功能的习惯用法或语言形式,这些话语只能被视为整体,而不能对它们的构成成分进行分析。例如,为了实施"请人开门"这一功能,除了采用"I (hereby) request you to open the door"和"Please open the door"两种直接的请求形式外,还常用如下间接的请求形式:[1] Can you open the door? [2] Would you please open the door? [3] Would you mind opening the door? 习语论者认为这些形式的句子都可以被看作是用于请求别人做某事的习语。习语论者试图通过习惯用法在某些语言形式与他们间接实施的功能之间建立起联系,以此来解释语言的间接用法。

习语完整规则 idiom-complete rule 心理语言学术语。横组合规则之一,指一条从左到右的联想规则,由一个词的刺激引起另一个词的反应。例如,由 dog 引出 dog days(三伏天)、dog cart(二轮单马车)、dog collar(硬白领)等等。

习语性 idiomaticity 自然语言使用习语和惯用语的特性。习语性是自然语言的普遍特征。与组合性(compositionality)相对。习语是作为一个单位使用的、不能从组成它的单个部分得出意义的一种表达法。在语言中起词的作用,整个短语构成一个句子成分。从语义上看,习语的涵义通常并不等于单个词义的总和,一般也不能直译成另一种语言;从句法上看,这些词通常不能有在其他语境中有的变化。

习语修辞手段 rhetorical devices of idiom 修辞学术语。指习语中所运用的具体修辞手段,主要包括:(1)两个交替项的对比(contrast of two alternatives),如 sink or swim(不论好歹)、hit or miss(不论成败);(2)重复(repetition),如 side by side(肩并肩的)、by leaps and bounds(飞跃地);(3)头韵(alliteration),如 as dry as dust(枯燥无味)、as proud as a peacock(得意洋洋),等等。

习语学 phraseology 亦称成语学、熟语学。主要是研究习语、短语动词、成语、片语以及其他多词项词汇单位等固定表达方式的特征和用法的学科。目前对 phraseology 这个英语词目的译法存在一定的争议,有人也译为词组学或短语理论。汉语语言学界通常把这一类似语言单位称作"熟语"。胡裕树认为熟语的范围相当广,包括惯用语、成语、歇后语、谚语、格言等。在造句功能上,惯用语、歇后语和成语在实际语言中一般作为语言建筑的材料充当句子里的成分,不成为独立的句子。熟语中,成为独立的句子来说明一种意思的,就是谚语和格言。惯用语是一般人所熟悉和经常使用的词组,常常作为完整的意义单位来运用。

戏剧反讽 dramatic irony; irony of fate 修辞学术语,亦称戏剧性反语。其内涵与情景反讽(circumstantial irony)相似。《布鲁尔短语与寓言词典》(百年纪念版)(*Brewer's Dictionary of Phrase and Fable*, Centenary Edition)将戏剧反讽定义为:有观众领会舞台上某个场景或某句台词的含义而剧中人却没有领会。《美国百科全书》(国际版)(*Encyclopedia Americana*)认为:"戏剧反讽使一出戏的观众或读者比剧中人物知道更多的东西,是剧中人的认识与某一行为实际上表现出的结果之间的一种对照;误会的一种形式是悲剧,处于这种场合的剧中人物说的话,对自己是一种意思,对那些比他们更清楚地了解当前处境的人又是另一种意思。"《牛津简明文学术语词典》(*Oxford Concise Dictionary of Literary Terms*)给戏剧反讽所下的定义是"观众比剧中人更了解剧中人的处境,其预见的结果与剧中人所期望的结果形成对照。"虽然上面对戏剧反讽所下的定义在某些方面有不同之处,但它们都体现了戏剧反讽的最基本的特点:观众知道了,但剧中人却不知道。

戏剧方言 dramatic dialect 亦称舞台言语。指演员在舞台上表演时模仿的某种地区方言或社会方言。演员通常模仿或夸张使用该方言语音、语法、词汇上的某些特点。

戏剧性反语 dramatic irony 参见"戏剧反讽"。

系动词 copula 语法学术语,亦称连系动词(linking verb)。系动词没有多少独立意义,在句中的主要功能是连接小句结构的其他成分,特别是主语和补语。英语中最常见的系动词为"be"。例如

[1] She is sad. [2] We are delighted. 除 "be 动词" 之外，英语表示感观的一些词，如：look（看上去）、sound（听起来）、smell（闻上去）、taste（吃起来）、feel（感觉上）等也可作系词。例如：[3] It *looks* nice. [4] It *feels* terrible! 此外，其他诸如 prove、remain、resemble、get、grow、go、come、turn、become、stay、keep 等也能作系词，但具有真正的语义内容，也称为半系动词（quasi-copula）。例如：[5] It *came* true! [6] She *looks* very happy.

系列动作 action series 语言教学术语。指通过让学习者在语言学习过程中边做边说的一种语言教学辅助活动。例如，在学习关于早晨起床的场景时，教师可以要求学生在语言学习的同时做一连串的程序性动作，如闹钟声中惊醒、揉眼睛、打哈欠、起床、穿衣、梳洗等，动作伴随语言同时进行。系列动作的学习方式特别适用于对各类语言场景的语言描述训练。

系列音 series 语音学、音系学术语。指至少具有一个共同语音特征，并可根据发音部位的不同而区别的一组辅音，如浊破裂音系列[b]、[d]、[g]等，但它们的发音部位并不相同。

系统法 system approach 语言教学术语。指基于系统论（研究系统的一般模式、结构和规律的学问，研究各种系统的共同特征）基础上在教育、语言教学和课程设计中分析、构想和编制计划的方法，强调各种因素之间的相互作用以及预定目标的可实现性。

系统性 systematicity 语言习得术语。指语言学习者早期，始终如一地使用某种形式或结构的行为，这种形式并不一定符合语法规范。例如，学习者总是使用 no+V 的形式，尽管语法错误，也被视作是系统性的语言习得行为。系统性和可变性（variability / variation）相对，后者指使用某种形式或结构的不一致性。

系统语法 systematic grammar 指系统功能语法的一个重要组成部分或者说发展阶段。1966 年韩礼德发表的《"深层"语法札记》通常被认为是系统语法的宣言书，级阶（rank scale）和范畴语法（categorical grammar）已被系统语法所代替。系统语法着重说明的是语言作为系统的内部底层关系，与意义相关联的、可供人们不断选择的若干个子系统组成的系统网络（system network）或意义潜势（meaning potential）。韩礼德在 20 世纪 60 年代中期认识到阶和范畴语法所描述的仅仅是语言结构的表层形式，从而提出通过代表深层纵聚合关系的"系统"这种较为抽象的机制来达到描述语言的目的。系统中包含着特定功能环境中可供选择的选项，对系统的描述实际上暗示着对深层横组合关系的表述，而系统网络被看作代表着语言中深层的纵聚合关系。用系统语法理论作基础而编写的英语语法书有谬尔（Muir，1972）的《现代英语语法研究方法——系统语法入门》（*A Modern Approach to English Grammar: An Introduction to Systemic Grammar*）和扬（Young，1980）的《英语小句结构》（*The Structure of English Clauses*）以及贝里（Berry，1975）的《系统语言学入门》（*An Introduction to Systemic Linguistics*）等。

系统语言学 systemic linguistics 参见"系统语法"。

狭缝擦音 slit fricative 语音学术语。指低位发音器官发音发出的擦音，如/θ/，发音时双唇变成狭缝状，气流通路宽而平。

辖域 scope 句法学术语。指句子中受算子（operator）作用而产生意义影响的片段。譬如量词或否定词都会影响句子的某一部分。英语的否定辖域一般是从否定词开始一直延伸至句末。例如：[1] I deliberately *didn't* ask her. [2] I *didn't* deliberately ask her. 两句话的意义不同，原因在于否定词 not 的辖域不同。句[1]中状语 deliberately 出现在否定辖域外，句[2]中则出现在否定辖域内。量词结构中有时会产生辖域歧义（scope ambiguity）。例如：[3] He does *not* beat his wife because he loves her. 此句为歧义句，因为否定量词"not"的辖域可以不同，有宽窄之别，据此可分别理解为：[4] He does *not* [beat his wife because he loves her]. [5] He does *not* beat his wife [because he loves her]. 参见"隐形移位"。

辖域歧义 scope ambiguity 参见"辖域"。

下标规则 indexing rule 参见"加标规则"。

下层方言 basilect 参见"低势语"。

下降次序 descending order 修辞学术语。指组织意义表达的一种方式，即按重要性由大到小降序排列，形成意义的重要性逐步降低的次序。一般用词汇手段表现出来，如："最重要的是""其次""再次""还有"……"最后"。与"上升次序"（ascending order）相对。

下降音阶 falling scale; descending scale 音系学术语。指核心音节前逐步下降，即第一个重读音节最高，其后的重读音节一个比一个降低的语调。例如：[1] Which of these movies have you watched? [2] Finish reading these materials as soon as you can.

下降连音 fading juncture 参见"下降音渡"。

下降音渡 falling juncture 语音学术语,亦称下降连音。一个意群或语调群结束时音高随声音减弱而下降(到消失)的音渡方式。它表示后接停顿并且这个意群的信息已经完全表达。因多见于句子末端,成下降音调而得名。常用符号为↘或↓。

下降语调 falling intonation; falling tone 语音学术语,英语主要语调之一。指句子的音高从句首至句尾逐渐下降的形式。英语下降语调通常表示肯定、坚决、果断、终结和直率,但有时也表示严峻、无礼和唐突等语气。一般用于陈述句、特殊疑问句、感叹句和命令句中。

下棋心理研究 chess psychology study 心理语言学术语。指对棋手下棋时的思考及做出判断进程的心理研究。通过研究发现,在下棋时高水平与低水平棋手相比在下一步的选择上并不作更多搜索;但高水平棋手可以回忆数十步之前见过的棋路,而低水平者只能回忆起一半。对下棋者的心理研究在认知心理学上占有重要地位,其中五个研究方面尤为重要,即感知和模型认知(perception and pattern cognition)、短时记忆与长时记忆的相对关系、模块(chunk)作用、高层次知识的作用、以及搜索范围。其中发现模块可刺激某一个或一系列相应的步骤,因而使搜索更具选择性,使高水平棋手能进行更深层次的搜索。

下推自动机 push-down automaton; stack automaton 自动机理论中定义的一种抽象的计算模型,亦称为先进后出自动机(push-down stack automation),缩写为 PDA。这种自动机相比有限状态的自动机,还包括一个长度不受限制的栈。下推自动机的状态迁移不但要参考有限状态部分,也要参照栈当前的状态;状态迁移不但包括有限状态的变迁,还包括一个栈的出栈或入栈过程,即最近存储的信息必须首先被检索出。乔姆斯基(1957)曾证明 PDA 相当于语境自由语法(context-free grammar)。参见"形式语言理论"。

下位比较 inferior comparison; downward comparison 语法学术语。形容词或副词的一种比较形式,表示一方比另一方具有较小程度的某种品质,英语用 less ... than 或 not so ... as 来表示,与上位比较(superior comparison)相对立。例如:[1] She is *less* diligent *than* Jane. [2] She is *not so* diligent *as* Jane. [3] She is *more* diligent *than* Jane. 例[1]、[2]为下位比较,例[3]为上位比较。

下位层干扰 substratum interference 参见"接加层干扰"。

下位层语言 substrate language; substratum language 参见"基础语言"。

下咽壁音 infer-pharyngeal 语音学术语。后咽壁前缩与后缩的舌根形成气流通道阻碍发出噪音而形成的辅音叫做"咽音",可分成两类:(1)上咽壁音,如中亚和西亚诸语言(如阿拉伯语)的咽壁擦音。(2)下咽壁音即传统上称为喉擦音的[h]。

下一言语者选择 next-speaker selection 语用学术语。指话语交谈中通过一个言语者的话语选择另外一个将要言说的话语者。因此,如果有人问"Can you come, John?",这就意味着一个名为"John"的人要回答此问题。

下义词 hyponym 语义学术语。语义学意义关系中相对于上义词的那类词。参见"意义关系"。

下指 cataphora 参见"预指"。

先标定 prespecify 参见"预赋值"。

先创语言 a priori language 亦称哲学语言(philosophical languages)或分类型语言(taxonomic language)。指称人造语言单词来源的术语。指其词汇构建不依赖于任何先前存在的语言,音节一般都有意义,第一个音节显示词性,而第二个可能表示词的部分意思,理论上可以从每个独立音节的意义推理出整个词的意思,如索来索语(Solresol)、米拉德语(Mirad)和克林贡语(Klingon)。先创语言与非先创语言(a posteriori language)相对立,后者指其单词主要基于已存在的语言,可以是一种语言的变体,如无屈折拉丁语(Latino sine Flexione),也可以是多种语言的混合。国际辅助语通常基于一些先创语言设计,因为若以非先创语言作为来源语言,则该来源语言的母语使用者在学习借此所造出的语言时,可能会因此具有学习上的优势而出现不公平。此外,一些先创语言借由分类其词汇,以表达某种哲学理念,或让使用者较容易记忆新词汇。

先导测试 pilot testing; pilot experiment 参见"田野试验"。

先过去时 past anterior 语法学术语。表示一个动作先于另外一个动作发生的时态。是法语正式书面语和其他罗曼语言的一种复合时态,主要用在文学作品和历史作品中。法语中前过去时通常由 après que、aussitôt que、dès que、lorsque、quand 等连词引导。例如:Quand nous eûmes fini, nous mangeâmes.(When we had finished, we ate.) 这一时态在英语中无直接对应,但相当于过去完成时。

先进后出自动机 push-down stack automation　参见"下推自动机"。

先天主义假说 nativist hypothesis　心理学家认为，人们在出生时就具有了某些技能或者能力。就语言学习而言，先天主义假说认为语言是人类特有的禀赋。这方面的提倡者主要有乔姆斯基。他认为所有孩童都具有语言习得机制(LAD，即 language acquisition device)———一种内在的习得机制，允许孩童一旦学习了词汇，就能产出连贯的句子。乔姆斯基的先天主义假说建立在刺激贫乏论的基础上。参见"刺激贫乏论"。

先行词 antecedent　❶在语法学中，指位于后续分句之前、作为其中的关系代词所指代对象的词、词组或分句。例如：[1] *The house* where he was born. [2] *I love singing* and will make it my career. [3] *Hans is cycling from Athens to Beijing for 2008 Olympics*, which is a marvelous surprise to many people. ❷在语言学研究中，指被一个前照应成分回指的语言成分(anaphoric referent)。例如：[4] *Susan*, who he falls in love with at the first sight. [5] *Bill* promised he would come.

先行共同发音 anticipatory co-articulation　参见"先行同化"。

先行同化 anticipatory assimilation　音系学术语，亦称逆向同化(retrogressive assimilation)或先行共同发音(anticipatory co-articulation)。指发音器官在发一语音时事先准备好发后面一语音的位势，以方便较好地过渡到后一语音，这样就造成了一语音的发音会受到后一语音的影响，从而使这两个语音的发音相同或相似，但这并不改变前一语音代表的音位，如发 on 的元音时，软腭提前下降(发鼻音的动作)，使元音带有鼻音色彩；发 soon 的/s/时，由于受到其后/u/的影响，/s/会带有圆唇特征。与心理性的预先音变(anticipation)不同，先行同化是机械性的；前者是口误，后者是正常现象。

先行异化 anticipatory dissimilation　音系学术语，亦称逆向异化(retrogressive; retrogressive dissimilation)。指在发音过程中，一个语音受到后一语音的影响而产生差别，如拉丁语"peregrinus"在英语里变为"pilgrim"的过程中，前面的-r 受其后的-r 影响而被异化为-l。

先行引导词 anticipatory word　语法学术语。指英语语法中置于句首的形式主语(formal subject)，用以引起注意、造成悬念，或保持句子平衡、避免结构头重脚轻。常见的英语先行引导词有"it"和"there"两种，分别组成如下例句：[1] *It* is necessary that you exert yourself. [2] *There* is a tree near the house.

先行语管辖 antecedent-government　句法学术语，管辖关系的一种。假设一个语链 Chain 由 n 个语迹构成，即 C={t_n... t_i... t_0}，链首 t_n 和中间语迹 t_i 同原位语迹 t_0 之间的管辖关系称为先行语管辖关系，t_n 和 t_i 都是 t_0 的先行语。

先行主语 anticipatory subject　语法学术语。当用 it 作形式主语位于句首时，其引导的真正主语(real subject)常被放在句子的后部，此时 it 并不起指代作用，而只是一个引导性虚词，称为先行主语。先行主语引导的可以是非限定词组，也可以是一个整的句子。例如：[1] *It* is difficult to find a solution for this problem. [2] *It* is no use crying over split milk. [3] *It* doesn't matter whether he will come.

先行组织者 advance organizer　参见"课前组织教学"。

先验 a priori　哲学术语。指"先天的"、"天生的"或"天赋的"，无需经验或先于经验获得的。通常与后验(a posteriori)相对，后者意指"在经验之后"，需要经验。这一区分来自于中世纪逻辑所区分的两种论证，从原因到结果的论证称为"先验的"，而从结果到原因的论证称为"后验的"。究竟是否存在任何重要的先验知识是认识论的基本问题之一。通常来说，理性主义者相信存在先验知识，而经验主义者认为所有知识根本上源于某种外部经验，即便有先验知识在某种意义上也不重要。还有些经验主义者认为先验知识只是对语词意义的分析，而与世界无关。古希腊哲学家柏拉图在其心理学中提出的"回忆说"论述了灵魂的先天存在。中世纪基督教经院哲学家阿奎纳(Thomas Aquinas)关于灵魂不死的论证，就是柏拉图的"回忆说"的先天论的翻版。近代欧洲以笛卡儿为代表的理性主义思想家给予使用先验这个术语合适的立足点，笛卡儿(Rene Descartes)认为关于自我的知识，或者说我思故我在，是先验的，因为他认为一个人无需诉诸过去的经验就能确认自我的存在。莱布尼茨(Gottfried Wilhelm von Leibniz)分了先验真理，即理性真理，与后验真理，即由经验确立的真理。以洛克(John Locke)为代表的经验论以"白板说"反对"天赋观念"说。洛克认为反思只是经验的一部分，提出先验这整个观念应被抛弃的纲领。18 世纪的德国哲学家康德(Immanuel Kant)提出了一种混合了理性主义和经验主义的理论。与经验主义者们不同，康德认为先验知识独立于经验而存在，并以它的纯粹形式存在，并不混杂有任何经验内容的"先验"知识是对经验可能性的条件的推理。这种

"先验"，或者超验的条件，是在人类认知器官中先天具备的，不可能由任何经验得到。如果没有这些"先验"知识对人类个体认知的建构，人类个体就不具备经验的能力。

先验性教学大纲　a priori syllabus　语言教学术语。教学大纲的一种，指课程前事先准备好的教学大纲，并以此作为所要教的课程内容及要进行的课堂活动形式的基础。与经验性教学大纲（a posteriori syllabus）相对，后者亦称追溯性教学大纲（retrospective syllabus），指课程内容及课堂活动形式在事后被记录下来，并整理制定而成的大纲。

先置　anticipation　参见"预先音变"。

衔接　cohesion　语篇语言学术语，亦称连结。与"连贯（coherence）"构成语篇研究的两个重要概念。指语篇中结构成分之间的词汇或语法关系，也指将语篇中语法上完全不同的成分联系起来的语言手段（包括语法手段、词汇手段、语音手段）。在语篇分析中，连结的语篇语义可以是不连贯的，而无连结的语篇在语义上可以是连贯的。因此，连结既不是保证语篇连贯（coherence）的必要条件也不是其充分条件。韩礼德和韩茹凯（Ruqaiya Hasan）在《英语的衔接》（Cohesion in English，1976）一书中将连结纽带（cohesive ties）细分为照应（reference）、替代（substitution）、省略（ellipsis）、连接词语（conjunction）和词汇衔接（lexical cohesion）等。除语法及词汇关系外，连结在诗歌等语篇中的音系层面上（phonological level）也有一定体现。语篇分析中的连结及其相关概念对应用语言学及语言教师很有启发。它被广泛应用于基于语篇的外语教学大纲（discourse-based EFL syllabus）的编写及教材开发。

衔接模式　mode of cohesion　语篇语言学术语。指篇章中意义连接的方式，包括叙述式、关联式。

显贵方言　prestige dialect　社会语言学术语。指语言的一种社会使用变体，或区域文化使用变体，它被某一个言语集团内的人认为是有声望和尊贵的。

显型　phenotype　参见"表型"。

显性声望　overt prestige　社会语言学术语。指语言形式因符合社会中有权势的群体或机构所建议的规范而被看重。这种声望之所以是显性的，是因为这种形式被公众认为是合乎社会愿望的，如与标准英语相关的形式。与之相对的是隐性声望（covert prestige）。例如，本地话方言被看重，为的是强调本地的共聚和认同感。

显性优势　overt prestige　参见"隐性优势"。

显性知识　explicit knowledge　认知心理学术语。与隐性知识（implicit knowledge）相对，指人们可以意识到并且可以用来描述语言的知识。在二语习得领域，学者们关注的是显性和隐性语言知识的相互关系。例如，究竟是显性知识后期转化成了隐性知识，还是隐性知识就是无意识语言加工的结果以及这两种知识是否有共同界面（interface）等。

显著特色腔调　broad accent　社会语言学术语。指与标准发音显著不同的发音腔。例如，broad Indian accent、broad American accent，在英国就是不符合标准发音的发音；带有浓重方言音的普通话，也属于显著特色腔调。

现代语言学　modern linguistics　语言学术语。现代语言学肇始于 20 世纪初，不同于传统的以书面文献资料为主的语文研究和追溯语言渊源的历史研究，现代语言学注重语言的共时研究和语言系统的研究。瑞士语言学家索绪尔被誉为"现代语言学的奠基人"和"使语言学科走向现代的大师"。索绪尔所开创的结构主义语言学构成早期现代语言学的主流，随着学科的发展，现代语言学逐渐演变出如生成转换语法、功能语法、话语语言学等语言学分支学科。

现实情态　realis　话语分析术语。表明命题的真实性，说话人能够运用相关论据支持这一命题。一般而言，现实动词形式包括过去时（如 did，即 sb. did sth.）；现实副词包括 sadly 和 fortunately 等。与此相对立的是非现实（irrealis）情态，命题的真实性不强，说话人并不准备提供证据予以支持。非现实动词形式包括某些情态动词（如 may，即 sb. may do sth.）；非现实副词包括 hopefully 和 maybe 等。

现实语法　realistic grammar　亦称实体语法。指一种追求心理现实性的语法系统，用于形式化地描述复杂系统的组成单位、组织方式、变化规律等。乔姆斯基的理论语法（简单定义为人脑中的一种规则系统）即为一种现实语法，这是因为其首先是客观存在的实体，具备一切物质客体的物质属性；其次它具有形式性，体现在一定的规则系统、内存和结构上。该语法有别于只凭直觉的形式语法描写，强调通过明确的实现过程，将语法规则和范畴映现在心理模型中，从而更加深刻地揭示语言能力的性质，解释理解和记忆等语言行为。

现实主义　realism　哲学术语，亦称写实主义。这一理论断言一种似有似无实体的存在，可被应用于不同理论，具体包括两个层面的含义：（1）西欧中世纪经院哲学派别之一，亦称逻辑实在论（logic realism),与唯名论(nominalism)相对。该理论主张抽象实体或共相(universal)先于个别事物而存在;共相是独立于个别事物的客观实在,是个别事物的本质,而个别事物不过是共相派生出来的例外或偶然现象,并不真实存在。例如,绿色不只是代表所有绿色物体(个别事物)的一种概念,而是一种真正的客观实体。该学说早期以柏拉图的理念论(idealism)为基础,主张作为形式的共相可能拥有相关个别事物,但又独立于个别而存在;后期主要以亚里士多德的形式论(formalism)为依据,主张从个别事物中抽象出来的共性所形成的概念存在于人们的思想之中,而形式一定包含个别事物,并作为具体事物的体现而存在。该派别的代表人物包括托马斯·阿奎那(Thomas Aquinas)和约翰·邓斯·司各脱(John Duns Scotus)等。(2)在现代哲学中与观念论(idealism)相对立,认为事物在发现之前就已独立存在。譬如,数学原理或命题等并不依赖于人们的意识而存在。其代表人物有摩尔(George Edward Moore)。

现在分词　present participle　语法学术语。未完成体分词(imperfective participle)的传统名称,如"Jane is reading a newspaper."中的"reading"。

现在将来时　present future　参见"一般将来时"。

现在时　present tense　语法学术语。(1)表示说话时某一动作或状态正在持续。英语中的"现在时"表示以下几种时间状态和功能:指现时存在而且经常反复发生的事件。例如:People go to work every day.(2)指格言、数学或逻辑定律等不受时间限制的事件和状态。例如:Three plus three is six.(3)发生于过去但对现在继续产生影响的事件。例如:Confucius teaches us that ... 虽然孔子(Confucius)为古人,但他的思想却一直影响着当代人,因而用现在时描述他的教导。

限定成分　specifier　参见"限定词"。

限定词¹　qualifier　语法学术语。指一个语法单位与另一个语法单位之间某种结构依存关系。例如表示数量修饰名词的词 some、any、no、few 等。在传统语法中,不仅这些表示数量的词是限定词,名词(短语)中的依附语项(形容词、介词短语等)都是名词的限定语,它们一起构成了名词短语。但是在韩礼德的语法中,限定词只用于指名词短语中中心语后的结构。例如:"the woman in white"为 M-H-Q 结构(修饰语—中心语—限定语结构)。

限定词²　Bestimmungswort〔德〕　语法学术语。指在名词词组中对名词中心词起特指或泛指、定量或不定量等限定作用的一类词,通常位于基本词之前,为词重音所在。一般包括:冠词、形容词性的代词物主限定词、数词以及量词。

限定词³　determiner　句法学术语。指与名词连用、对名词进行限定的词。在英语中,这类词包括冠词(如 a book / the book / an apple)、指代词(如 this book / that book / those books)、所有格(如 her book / my book / their book(s))、数量词(如 some books / many books / much milk)、数词(如 the third book / twenty books)。传统上,限定词被视为名词短语的组成部分,但是在管辖理论中则视为功能词类 D 的实现,D 以其限定短语为最大的投射,作为限定短语语法特征的承受者。

限定词短语　determiner phrase; DP　句法学术语。限定词短语这一概念最早由阿布尼(Steven Paul Abney)于 1987 提出,在生成语法理论中限定词被视作中心语,与名词组合得出一个限定词短语。例如英语中的限定词可以是冠词 a、an、the;可以是指代词 this、that、these 和 those;也可以是量词如 every、each、all 等。根据生成语法,由这些限定词与其他名词构成的词组称为限定词短语,如 the woman 等。参见"限定词短语假说"。

限定词短语假说　DP Hypothesis; Determiner Phrase Hypothesis　句法学术语。指生成语法的一种理论观点,认为所有的名物性成分都是以限定词 D 为中心语的最大投射——限定词短语结构。其中,限定词被视为中心语,与名词组合得出一个限定词短语;名词短语充当 D 的补足语成分。此假说能将名词短语与动词短语的投射有机统一起来,其扩展投射分别是 DP 和 IP。限定词短语假说最先由史蒂文·阿布尼(Steven Paul Abney)于 1987 年在其博士学位论文中提出,之后发展为最简方案中的重要概念。

限定词量化　Determiner-quantification　参见"D 量化"。

限定词漂移　qualifier floating　句法学术语,亦称修饰词漂移(modifier floating)。指限定词远离了其修饰的名词短语的其他部分的现象。但限定词(语)在语义上是名词短语的组成部分。例如:The teachers have all finished the task. 例句中 all 是从名词短语"all the teachers"漂移出来的。

限定动词　finite verb; finite form　语法学术语,亦称谓语动词或定式动词。在句中充当谓语,在人称和数上必须和主语保持一致,同时还表现出时态、语态和语气的变化。与非限定动词(infinite verb)相对应,非限定动词不因主语人称或数的不同而发生变化,没有时态,不能独立充当谓语。动词的限定形式与非限定形式的对立和区分在印欧语系语言以及在某种程度上在闪语（Semitic）和芬兰—乌戈尔诸语言中很重要。例如，在以下各句中限定动词 play 在数和时态上有变化：[1] Felix plays basketball.　[2] Felix and Linda play basketball.　[3] Linda is playing basketball.　[4] Felix played basketball.

限定符号　**determinative**　语义学术语，亦称表意符号。指象形文字中用来标示词类的表意符号。表意符号经常但不总是作为单个的词出现。在楔形文字中，名词之前由一个闪语词作为其表意符号。通过直译法，这些表意符号可以由大写字母表示。例如：[1]GIŠ 代表树木和其他一切木头做的东西。[2]KUR 代表国家。[3]URU 代表城市。[4]LU 代表人或工作。[5]LU.MEŠ 代表种族或种族混杂人群。[6]LUGAL 代表国王。[7]DINGIR 代表神。[8]É 代表建筑和神庙。大多数汉字属于表意与表音符号的合成词，其表意和表音的部分被视为汉字不可分割的部分。表意和表音合成词的词根通常属于表意部分，尽管也存在例外。

限定复合词[1]　**determinative compound**　形态学术语。复合词的一种，其中的一部分限定或修饰另一部分，如 doorknob、dance hall。限定复合词是最常用的一类复合词，各个部分的次序就可以决定意义。例如，a piano player 是指一个 player，而 a player piano 是指 a piano。在理解两个部分的语义关系时，外表、尺寸、功能、组成等千支范畴起着决定性作用，如 Gold Coast（地点）、gold sand（成分）、gold chain（组成）、gold scale（功能）、gold finch（比较）。

限定复合词[2]　**tatpurusha**　语法学术语。指梵语中用于表示限定复合词的术语，如 *tatpurusha* ="his-man"，*jaya-prepsu* ="victory-desiring"。

限定状态马尔可夫过程　**finite state Markov process**　数理语言学术语。指有限状态语法的一类生成模型。马尔可夫过程是一种重要的随机过程。从一类经验过程抽象而得，这类过程相应的一些系统状态按下述统计规律进行变化：系统在某一给定时刻具有给定状态，其到达下一个时刻的另一个状态的概率仅与给定时刻的给定状态有关。在语言学的这种模型中，从一种状态过渡到另一种状态，可以沿着这一状态引导的任何一条途径前进，而与以前的状态无关。

限定状态转换器　**finite state transducer; FST**　与有限状态自动机相似，但有限状态转换器中的过渡是由成对的相应信号组成。在操作过程中，转换器根据转换信号认读并写出下一组。限定状态转换器可以用来建立音系学模型，并进行音系生成和分析。

限定状态自动机　**finite state automaton; FSA**　亦称有限自动机。一种识别有限状态语言的自动机。有限状态语法生成的语言仅仅能够被有限自动机接受，有限自动机接受的语言必为有限状态语言。有限状态自动机是为研究有限内存的计算过程和某些语言类而抽象出的一种计算模型。有限状态自动机拥有有限数量的状态，每个状态可以迁移到零个或多个状态，输入字串决定执行哪个状态的迁移。有限状态自动机可以表示为一个有向图。有限状态自动机是自动机理论的研究对象。有多种类型的有限状态自动机：接收器判断是否接受输入；转换器对给定输入产生一个输出。常见的转换器有 Moore 机与 Mealy 机。Moore 机对每一个状态都附加有输出动作，Mealy 机对每一个转移都附加有输出动作。

限制性代码　**restricted code**　参见"局限语码"。

限制性关系从句　**restrictive relative clause; defining relative clause**　语法学术语。指为句子中某一名词或名词词组提供附加信息或意义的从句，通常以 who、which、whom、whose、where、when、why 或者 that 先行。在书面英语中，这些词与其所修饰的名词之间没有逗号。例如：[1] The man whom you met is my uncle.　[2] The woman that you want to speak to has left. 限制性关系从句与非限制性关系（non-restrictive）从句相对应，后者提供附加信息，与其先行项之间只有比较松散的联系，不是先行项不可或缺的部分。在书面英语中，从句与被修饰名词之间用逗号隔开。例如：[3] The man, who is 67, is my uncle.

限制性结构　**restrictive construction**　语法学术语。句子中修饰说明前一结构，对于说明句子意义必不可少的一种结构。例如：The girl who was reading the novel came from China. 此例句中，关系从句"who was reading the novel"为限制性结构。此类结构一般不用语调或逗号把它和句子其余部分分开。

限制性修饰　**restrictive modification**　语法学术语。指修饰结构与其中心语之间的一种语义关系，与非限定性修饰（nonrestrictive modification）相对立。前者指一个短语或句子的中心语身份取决于其修饰语的修饰，修饰语对于识别该短语或句子的所指对象是必要的；后者与其相反，修饰语是不必要的。例如："cheap wine"中 cheap 为限制性修饰，强调"廉价的酒"而不是"所有的酒"。又如：Give me your red pencil。此例句有两种意义：(1)强调"pencil"时，含义是你只有一支铅笔，碰巧是红色的(即为非限制性修饰)；(2)如果强调"red"，含义是你有几支铅笔，但我只要红色的(即红色对于识别这支铅笔很重要，为限制性修饰)。

限制性语言 restricted language 计算语言学术语，亦称受限语言。指在词汇、句法、语义、语用等方面受到限制的自然语言子集。一般有特殊的信递目的，应用在特定情境中，使用面比较狭窄，如医生之间、船员之间、飞机驾驶员与机场控制塔之间等所使用的特殊代码。

限制性作文 controlled composition 作文的一种形式。指学生写作受各种形式限制，如要求回答问题、完成句子或描述单词或图片。参见"作文"。

线索 cue 参见"提示"。

线索词 call-word 参见"导词"。

线索有效性 cue validity 参见"提示效度"。

线性程序 linear programme 语言教学术语。指程序化教学(programmed instruction)中的一种课程类型。在这种课程中，学生必须依照一套固定的练习或格式进行学习，即按照规定的流程一学步(step)一学步地学习，只有结束前一学步后才允许转入下一学步学习。这种程序和分支程序(branching programme)相对，后者是根据学生已有的成绩安排几种学习进程，供学生选择。

线性大纲 linear syllabus 语言教学术语。教学大纲的一种，在此大纲中各教学项目(teaching item)只出现一次。线性大纲与螺旋式大纲(spiral syllabus)或循环式大纲(cyclical syllabus)相对。

线性对应公理 linear correspondence axiom; LCA 句法学术语。指美国语言学家理查德·凯恩(Richard Kayne)于1994年提出以图解决语言层级结构线性化语序问题的理论阐述，认为层次结构决定线性结构。其具体内容为：对任意非终端节点对<X, Y>，如果X非对称成分统制Y，则X支配的每一个终端节点都居前于Y支配的终端节点。并且，所有这样的对应关系在最终节点上形成正确语序。终端节点的线性语序必须符合传递性(transitivity)、总括性(totality)和非对称性(asymmetry)三个规定性特征：(1)传递性(Transitivity)：xLy & yLz → xLz；(2)总括性(Totality)：对于所有不同的x或y来说，或者xLy或者yLx；(3)反对称性(Asymmetry)：并非(xLy & yLx)。例如：

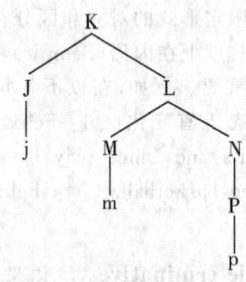

凯恩以此例说明线性对应公理的运作。图中J、M、N、P为非终结成分，按照非对称成分统制关系得到的非终端节点对包括<J, M>、<J, N>、<J, P>和<M, P>；J、M、N、P对应的终结成分分别为j、m、p。根据LCA，得到终端节点对为<j, m>、<j, p>和<m, p>。此处j居前于m，j居前于p，m居前于p，因此得到最终的线性语序为{j, m, p}。该有序节点对具有传递性、总括性和反对称性，是可接受的短语标记。巴西语言学者雅伊罗·努内斯(Jairo Nunes)和美国语言学者胡安·乌里亚杰里卡(Juan Uriagereka)于2000年在最简方案中的光杆短语结构(bare phrase structure)设想下简化了LCA，将线性对应公理定义为：当且仅当词项α非对称成分统制词项β，α居前于β。摩洛(Andrea Moro)将线性对应公理进一步发展，在其专著《动态反对称》(Dynamic Antisymmetry, 2000)中提出了动态反对称观点，认为句法结构合并时允许生成与线性对应公理不兼容的对称结构，线性顺序只与语音界面有关，因此只要在拼读之前它们能够通过移位的方式生成反对称的结构即可。换言之，移位不是由形态特征驱动，而是为了破解对称。

线性化 linearization 句法学术语。指将二维层级结构中的词汇或短语按照一定顺序排成一维序列的句法操作。线性化是"发音—识别"接口的产物，由于生理限制，人们无法同时说出几个词，词项必须按顺序分别发音。

线性文字 linear script 指使用抽象符号(例如字母等)的书写形式，与早期的图画文字相对，后者使用可以辨认的图画或草图。

线性音位 linear phoneme 参见"音位"。

羡余规则 redundancy rule 句法学、形态学术语，亦称冗余规则。指某种特征或行为完全可从其他特征中预测出来的规则。例如，英语规则[+VOI浊音性]→[−ASP送气性]表明从浊音音段可预测出不送气特征，而规则[+GERMANIC 日耳曼语]→[−VELAR SOFTENING 软腭音软化]表明英语的本土单词或语素从不形成软腭音软化；英语中一个以r开始的单词，r后必为元音。在形态学中，存在诸如"没有一个英语单词由超过三个以上连续的辅音开头"的词汇羡余规则。在生成句法学中,词汇羡余规则适用于次语类化(以简化一个句法语类的特征赋值)和构词(使一个词类派生自另一词类)变化。在语义分析中,一些义素的出现必然伴随另一种义素。例如,woman 的语义特征[＋FEMALE]必然伴随[＋HUMAN]的语义特征。

羡余特征　redundant feature; concomitant feature　音系学术语。指任何可根据其他区别性特征预测的特征。既包括可以通过某一音段自身的其他特征预测的特征,也包括可以通过音段所处的环境预测的特征,羡余特征无区别意义。例如,特征[NASAL 鼻音性]对于英语鼻元音来说是羡余的;特征[VOICE 浊音性]对于/b/而言是羡余的,因为/b/没有清音。

羡余现象　redundancy　参见"语法悖理"。

羡余性　redundancy　亦称冗余性。指语言总是提供多于理解所需最少信息量的一种固有特征。一般而言,正常语言约有 50% 是冗余信息。语言作为一种包含大量冗余信息的交际手段,如果一些信息被丢掉或听错,剩余部分仍可使这条信息得到正确理解,无损交际。例如,英语中的复数可以由指代词、名词和动词来体现。在"These books are quite interesting"中 these、books 和 are 均表现为复数形式,体现复数特征;事实上,即使省去"books"一词中的"s",该句意义仍可被理解。英语词汇中也有冗余现象,如"it was terrible, dreadful, awful"中的 3 个形容词重复。英语语音中常运用该特征识别语音单位。例如,英语/p/和/b/的音位对立(如/pɪn/和/bɪn/)可用是否声带振动、紧肌、送气三个特征来定义,但实际只需要其中一个特征(如送气)来定义区别,因此相对而言其余两个特征就是羡余的。该特征同时应用在生成语义学和句法学中。

相　phase　语法学术语。由动词的词汇意义决定,表现自然语言所反映的事件或行为本身的时间特性。例如事件的完成或未完成,行为的完整或不完整,而不表示说话时间或另一参照时间,并且其与自然语言所述事件或行为的发生时间的先后关系无关。在言语交际中,相与时(tense)和体(aspect)结合,共同表达语言的时间性。

相对共性　relative universal　亦称相对普遍性。指体现语言一般倾向,允许有例外的一类语言共相。换言之,一种性质或观点可能适用于大多数语言但不是所有语言,与绝对共性对立。

相对年代学　relative chronology　历史语言学术语。指一系列语言演变之间时间关系的一种方式,即根据相关证据,推断某一个演变发生在另一个演变之前,将语言发展变化按时间顺序排列,但没有具体日期。此概念与绝对年代学(absolute chronology)相对,后者可明确说明演变发生的特定年代。

相对同义词　relative synonyms　语义学术语。指具有细微词义或程度差别的同义词。如字面意义和隐含意义即为此类同义词。例如,英语单词"amaze"与"astound"都表示惊异,但后者吃惊程度更大。其中的差别可用如下例句得以反映:[1] We were *amazed* to find that the lazybone got up so early yesterday.(我们很吃惊这个懒骨头昨天起得如此之早。)　[2] We were *astounded* to hear the news that the president was murdered.(我们听到总统被暗杀的消息很震惊。)

相对性　relativity　用来指有关语言和思维关系的有影响的观点,一般称作语言相关性。最初是德国人类学家洪堡特提出,后来美国人类学家萨丕尔、沃尔夫等人进一步发展了该理论。相对性理论的观点认为人们看待世界的方法部分或全部取决于其本族语的结构。换言之,语言塑造了人们的思维模式,而不同语言表达决定了人们认识世界的不同方式。该观点与普遍语法原则相对立,后者强调语法特征对所有语言来说是共同的。目前,学者们普遍认为这一假说具有强式说和弱式说。前者强调语言在塑造我们思维方式的过程中起到决定作用,后者认为语言、文化和思维之间有相关性,但产生不同思维方式的跨文化差异只是相对的。相对而言,多数学者支持其弱式观,即不同语言在一定程度上影响了人的思维方式及世界观等。

相对最高级　relative superlative　语法学术语。一种表明个体在一个集合中的相对最高级形式。例如,在"我所知道的最聪明的人"这一表达中,"最聪明的"表示该人在说话者所知道的人中是最聪明的。参见"最高级"。

相对最小限度　relativized minimality　句法学术语。一种认为管辖语成分与受管辖语成分相关的观点,即如果没有离该语迹更近的、其他典型的潜在管辖语,一个成分最小限度地管辖其语迹。

相关　correlation　语言统计学术语。指衡量两组数据之间关系强度(strength of relationship)的一种方法。常见的计算相关系数(r)的公式为皮尔逊积矩相关系数(Pearson Product Moment Coefficient)(见决定系数,coefficient of determination)。相关系数的值从 -1.00 到 +1.00 不等。当该值为正时,表示两组数据之间正相关(positive correlation),相反为负时呈负相关(negative correlation),而当其为 0 时则表示两组数据不相关（absence of correlation）。对于两个相关系数之间的大小可通过以下公式来比较：

$$\frac{1}{2}\log_e\left(\left(\frac{1+r_1}{1-r_1}-\log_e\left(\frac{1+r_2}{1-r_2}\right)\right)\sqrt{\frac{(n_1-3)(n_2-3)}{n_1+n_2-6}}\right.$$

上述比较的前提是 r1 和 r2 取自两个独立的样本。一般认为取自同样大小样本的两个相关系数是无效的(invalid)。但当有三个度量(x,y,w)共同参与时可通过以下公式将其中的两个变量与第三个变量进行比较：

$$t=\frac{\sqrt{(r_{xw}-r_{yw})(n-3)(1+r_{xy})}}{\sqrt{2(1-r_{xw}^2-r_{yw}^2-r_{xy}^2+2r_{xw}r_{yw}r_{xy})}}$$

相关成分　Bezugselement〔德〕　指复合句法结构中与先行或后跟的语言成分处于某种关系的语言成分。这种关系既可以在形态上体现出来，表示指称相同，也可以表现为语义限定。

相关特征　relevant feature　音系学术语。指一种在语言中引起意义变化的区别性音位特征。例如，英语中的 VOICED/VOICELESS（浊音/清音）特征区分了/ｂｄｇ/和/ｐｔｋ/，因此［浊音性］就是英语中的相关特征。

相关系数　correlation coefficient　参见"相关性研究"。

相关性研究　correlation research　语言测试术语。指为了考察两个自然出现的变量之间的关系本质而进行的研究，如研究一组学生英语考试和汉语考试得分之间的关系。相关程度用相关系数（correlation coefficient）r 表示：$-1 \leqslant r \leqslant 1$。r 的绝对值越大，变量之间的相关程度越高，$-1.00$（完全不相关）到 0.00（零相关）再到 $+1.00$（完全相关）。相关系数既表明关系的方向（即正或负），也可表明关系的强度（即大、小或量级）。r 为负数时，表示一个变量的增加可能引起另一个变量的减少，此时就叫做负相关（negative correlation），即变量之间的关系相反；若 r 大于 0 时，则为正相关（positive correlation）；当 r 等于 1 时，则表明变量间的关系完全相同。相关系数绝对值越接近 1.00，不管方向如何，两个变量之间的联系越紧密。

相互代词　reciprocal pronoun　语法学术语，亦称交互代词。表示人们（两人或更多人）之间、各方面（两方或多方）之间相互作用的代词。在英语中使用 each other、one another 等表示交互。例如：Mary and Tom looked at each other / one another.（玛丽与汤姆对视。）例句表示的是"Mary looked at Tom（玛丽看着汤姆）"和"Tom looked at Mary（汤姆看着玛丽）"两件事同时发生。

相互动词　reciprocal verb　语法学术语，亦称交互动词。表示句中主语（包括所涉及的人或物）相互间行为的动词，在形式上可以附加相互代词。例如：John and Mark were fighting. 例句中的"fight"即为相互动词。相互动词往往可以通过加上相互代词（如 one another, each other 等）来验证。

相互关系[1]　reciprocity　句法学术语。指两个或两个以上成分之间的关系，可以由相互代词来表示，如英语"one another"、"each other"等。在乔姆斯基的约束理论中，相互代词和反身代词都属于照应语，必须有一个与之同标且对其成分统制的先行语。

相互关系[2]　reference　在文字系统中由字素代表的那部分语言结构。例如在某些拼音文字中，字母代表音素（音素关系）；在字符文字中字代表词（词素关系）。

相互可理解性　mutual intelligibility　亦称互通程度或互懂程度。指某种语言的使用者在从未接触另一种语言（包括听或学习）之前，能通过听力或阅读理解另一种语言的程度。这一数据常被用作区分语言与方言的根据，但这一标准是否恰当，有许多人持不同意见。互通常发生在地理上毗邻的语言或方言之间，特别是方言连续体中。语言互通有时是不对等的，即语言 A 与语言 B 的使用者在交谈时，语言 A 可能更易被语言 B 的使用者理解，反之则不成立。互通本身是个很主观的概念，能听懂多少实质上与听者的语音辨别能力有很大关系，而且互通程度多高才算作可互通，有时使用的标准也比较随意。丹麦语与瑞典语和挪威语之间的书面语和听力均互通；波斯语与塔吉克语仅仅听力互通（波斯语与达利语用波斯阿拉伯字母书写，塔吉克语用西里尔字母书写）；法罗语与冰岛语之间仅书面语互通。

相邻语对　adjacency pair　话语分析术语。参见"话语转换序列模式"。

相容　inclusion　逻辑学术语。指相容析取关系，即一个析取式的两个命题有一个或两个同时为真，则析取式为真。按照相容析取，"正在发生的或为 X 或为 Y"这个析取式容许 X 和 Y 同时发生，即两者相容。相容析取的基础在于两个概念的外延至少有一部分是重合的关系，根据外延重合的多少，相容析取关系又可以分为同一关系、真包含关系、真包含于关系和交叉关系四种。参见"析取关系"。

相似联想　association by similarity　指由于意义相似或接近而引起的联想。例如，从"硬的"联想起"强硬的"，从"纤弱的"联想起"脆弱的"，从"来"联想起"到达"等。

详论段落 amplifying paragraphs　语言教学术语。指论说文的主要段落部分,其作用是对文章第一部分(导论)提出的主题思想加以阐释、论证,并为第三部分(结束)的结论做准备。

响度 sonority　语音学术语。指在相同音高、重音和时长的情况下,一个语音的响度。语音的响度顺序:元音响于辅音,浊音响于清音,擦音响于破音,鼻音和边音响于擦音;在元音中,低元音响于高元音,非圆唇音响于圆唇音。

响度层级 sonority hierarchy　音系学术语。指根据响度(sonority)特征对不同音段类型进行的层级排列。决定某一类型音段响度大小的主要依据包括两个方面:一是发音时声道的阻塞程度,二是发音时声带是否振动。阻塞程度越大,响度越小;阻塞程度相同,声带振动的(voiced)比声带不振动的(voiceless)响度大。据此,音段响度层级由高到低的总体排列如下:元音＞滑音＞流音＞鼻音＞擦音＞口腔塞音。

响度特征 sonority features　音系学术语。指元音性与非元音性、鼻音与非鼻音、辅音性与非辅音性、浊音与清音、糙音与润音、聚音与分散音和突发音与延续音等方面的特征。

响音 sonorant　语音学、音系学术语。生成音系学区别特征之一,指发音通道畅通或比较畅通(无阻塞及较大的狭窄化)的音,可以产生自发浊音(spontaneous voicing),主要包括有鼻音、边音、半元音和元音四种。参见"共鸣音"。

响音峰 peak of sonority;syllable peak　语音学术语,亦称突出峰。指音节中由最高音调和最强重音造成的突出部分。响音峰一般是音节的核心,其前后是辅音或辅音组合。

想象功能 imaginative function　功能语法术语。根据韩礼德的理论,幼儿发展期首要语言功能的一种。韩礼德认为,幼儿在语言发展的早期阶段能够掌握一些语言的基本功能,各种功能具有一定的意义。他区分了七种首要功能。想象性功能即用于创造自己想象中的世界的功能。例如,"Let's pretend."一句揭示了幼儿在想象这一特点。其他六种发展期的语言功能为:工具性功能(instrumental)、控制性功能(regulatory)、应对性功能(interactional)、自指性功能(personal)、探究性功能(heuristic)和告知性功能(informative)。幼儿长到半岁时就开始掌握成人的交际系统,包括语法、词汇和意义等分系统。参见"语言性发展功能"。

向格 allative case　名词语法格中方位格的一种形式,主要见于芬兰语、爱斯基摩语等语言中,通过名词词尾的形态变化表达移动方向的朝向。在芬兰语中,向格的实现形式为-lle,其作用相当于英语中的"toward"。例如,芬兰语中"stadionille"的意思就是"朝着体育场方向"。

向前附着词 enclisis　语法学术语,亦称后附着语素。说话或书写时,将一个词或形式附着于前一个词,并且与前面有重音的词连读,如"all right → alright""I am → I'm"。一般附着的词非重读。

向前附着否定词 enclitic negation　指诸如英语中 not 的简缩式-n't 和 cannot 一词中 not 的词汇形式。参见"向前附着形式"。

向前附着形式 enclitic　语法学术语。指"依附"在前面重读词的弱读成分,其形式常常被略写。例如,意大利语、西班牙语均存在必须附于动词形态末尾的某些代词,英语有 don't(＝do＋n't)等类似形式。

向上蕴涵 upward entailing　在包含事物概念的文本中,一个含有子集概念的文本蕴涵相应的包含上集概念的文本。例如,"他有一只小狗"向上蕴涵"他有一只宠物"。参见"向下蕴涵"。

向下蕴涵 downward entailing　在包含事物概念的文本中,一个含有上集概念的文本蕴涵相应的包含子集概念的文本。例如,"他没有宠物"向下蕴涵"他没有小狗"。参见"向上蕴涵"。

向心结构 endocentric construction　句法学术语,亦称向心构式。指一些句法上相联系的词的组合,其中一个词的功能相当于整个组合的功能,句法功能相当于其中所含的一个或几个词的词序列。英语中主要有两类内向结构:(1)并列向心结构(coordination construction),通常用 and、or 构成,如"boys and girls""here or there"等;也可用同位语构成,如"Mr. Smith""Peter the Great"等。(2)定语结构或主从结构(attributive or subordinate construction),其中心成分(head/center)被一个或多个其他成分修饰,如"the tall man""green cheese""the man in black""incredibly beautiful"等。以布龙菲尔德为代表的结构主义语言学在语法分析中按分布标准将句法结构分为向心结构和离心结构(exocentric construction)。

向心理论 centering theory　语篇语言学术语。指 20 世纪 80 年代初由美国语言学家和认知科学家格罗斯(Barbara J. Grosz)、乔什(Aravind Joshi)、温斯坦(Scott Weinstein)、布伦南(Susan Brennan)、弗里德曼(Marilyn Friedman)和波拉德

(Carl Pollard)等在语篇焦点理论和语篇向心模式理论的基础上发展起来的语篇局部连贯理论,用以描述语篇的注意焦点、指称方式的选择与语篇连贯性之间关系。作为关于语篇处理和语篇局部结构的理论,其主要关注并试图解决的问题包括:(1)语篇主题(aboutness)如何在语段(utterance)序列中产生变化;(2)人们如何理解回指成分;(3)主题如何制约推理;(4)在使用代词时有哪些语篇语境的制约条件;(5)语篇如何被划分为更小的单位。根据向心理论,在语言交际的互动过程中,交际双方共同构建一个语篇模型(discourse model)或语篇世界(discourse world),这个语篇模型由语篇实体及其之间的联系和属性构成。语篇实体指语篇谈论的对象,即名词、代词等各种指代成分,在语篇模型中充当"中心(center)"角色;语篇中的任何一个语篇实体,都可以与上文出现过的语篇实体发生联系,充当回指中心(backward-looking center,简称 Cp),同时该语篇实体又可与下文涉及的语篇实体发生联系,充当下指中心(forwarding-looking center,简称 Cf)。以此为基础,向心理论在语篇中的具体操作模式可归纳为三项制约条件和两条规则。三项制约条件包括:在一个语篇中的每个语句中,(1)只能有一个回指中心 Cp;(2)在下指中心集合中的每一个下指中心都必须在相应的语句中实现;(3)回指中心是在上一个语句中所实现的下指中心 Cf 中显著度最高的一个成分。两条规则包括:在一个语篇中的每个语句中,(1)如果下指中心集合中的一个下指中心在下文语句中以代词形式出现,那么该语句中的回指中心也应以代词形式出现;(2)过渡状态遵循一定顺序:延续(continue)过渡优于保持(retain)过渡,保持过渡优于流畅转换(smooth-shift)过渡,流畅转换过渡优于非流畅转换(rough-shift)过渡。

项 term 语法学术语。在关系语法中指句子中承担项关系(term relation)成分如主语、直接宾语和间接宾语,三者以外的其他名词短语如方位、工具以及受益者等则为非项(non-term)。主语、直接宾语和间接宾语三个句法功能单位分别由项关系符(Term R-sign)1、2 和 3 表示,其中 1 和 2,即主语和直接宾语,又是核心项关系符(Nuclear Term R-sign),如下图所示:

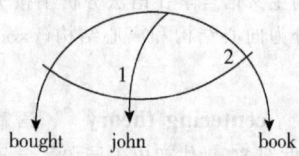

项目差异功能 differential item functioning; DIF 心理语言学术语。指具有相同潜在特点(相同能力或技能)的不同人(比如母语是汉语的人,或者母语是英语的人)可能会对某一相同问卷和测试做出不同的回答或回应。通过项目功能差异分析,人们可以测算并确定测试中每一个项目的差异量。如果不同的人在做出某个回应的时候存在不同的可能,那么这个项目就无法显示项目功能差异,但是如果具有相同潜在能力的不同人在做出某个回应的时候存在不同的可能,那么这个项目就显示出项目的差异功能。

项目反映理论 item response theory; IRT; latent trait theory; latent trait models 语言测试术语。一种把对一个项目的正确反映概率和考生潜在能力联系起来的心理计量学理论,即以具有某种潜在能力的受试者答对或答错某个题目的概率来表示。项目反映理论尝试从测试数据上概化估计出受试能力和试题特征之间的关系。从估计参数的数量角度可以区分三种主要的 IRT 模式理论:单参数模式只评估题目的难易度(b 参数);双参数模式考虑题目的难易度和题目区分度(a 参数)。三参数模式除了难易度和题目区分度之外,还考虑猜测因素(c 参数)。IRT 模式考虑的参数越多,所需样本容量就越大。IRT 还被用来检查测试偏差(亦即区分题目功能)和开发计算机顺应性测试等。由于这一理论假设过于理想化,而且技术操作复杂,因此主要适用于 0—1 计分的选择题。

项目区分度 item discrimination 参见"d-指数"和"试题鉴别度"。

项目与过程 item and process 形态学术语。指用来分析词的一种描写模型,与"项目与配列"相对。该分析法把语言中词与词之间的关系看作派生、变化的结果。例如,项目 took 由项目 take 通过一个元音变化的过程派生而来。该方法主要从动态方面来分析语言,最初用于词的形态分析,后来成为一切以派生、变化为依据的语言分析方法的基础。

项目与配列 item and arrangement; IA 形态学术语。指用来分析词的一个描写模型(有时亦用句法分析较大的语法单位)。此分析法把词语视为由若干语子("项目")按线性排成序列("配")的结果,如"The boys kicked the ball",可分析为"the+boy+s+kick+ed+the+ball"。此分析法从静态方面描写语言,通常把一个项目及其形态变化列入一个项目表(词形变化表),通过这些项目的对立来揭示词的形态变化关系。但学界对该方法是否能解释一些通过语音变化来体现形态变化的词尚有争议(如 mice 是否可描写为 mouse+复数)。其他描写模型主要有"项目与变化模型"和"词与词形变化模型"。

象声词 mimetic word　　参见"拟声词"。

象似符号 iconic sign　　亦称约定俗成符号、图象符号。指特定文字系统的基本书写单位，表现为约定俗成的图形，通常有四种类型：(1)代表一定的意思，如％(百分比)、&(和)、＋(加)等；(2)代表词或形素，如汉字；(3)代表音节，如日语假名；(4)代表语音，如拉丁字母或音标。

象似性 iconicity　　功能认知语言学、符号学术语。指符号（语言符号以及其他符号）的形式与其意义之间的相似或类推特征，即语言符号的能指和所指之间的自然关系，与任意性（arbitrariness）相对。任意性是语言的基本属性，象似性是语言理据性研究的核心议题。相似性原则有以下三个：数量原则（quantity principle）、就近原则（proximity principle）以及先后顺序原则（sequential order principle）（参见"象似性原则"）。象似性是对"语言任意性"的最大挑战。早在1902年，符号学家皮尔士把符号分为象似符（icon）、标记符（index）和象征符（symbol）。其中，象似符又分为映象符、拟象符和隐喻符三类。这种区分构成了象似性研究的符号学基础。20世纪50年代后，语言学研究的重点逐渐从语言结构本身转向语言形式背后的认知系统，象似性便是其中的焦点。象似性研究揭示了语言结构与人类经验结构之间存在许多象似关系，对全方位揭示语言的本质属性及其功能具有重要意义。

象似性原则 principle of iconicity　　认知语言学术语。指语言的使用者在语言形式和它所代表的事物之间想象出的一种相似性。语言的象似性原则具体可表现为三个子原则，即与顺序、距离、和数量有关的语词的原则：(1)根据图像的先后顺序原则（principle of sequential order），小句的线性排列顺序不能更改。例如，凯撒大帝的历史性话语"Veni, vidi, vici（即 I came, I saw, I conquered）"的各个小句的排列顺序不能更改。(2)按照图像的距离原则（principle of distance），亦称就近原则（proximity principle），指概念上相同或相似的事物在语言表达上通常放在一起，而概念上不同的事物则不能在语言表达中放在一起而且需要保持一定距离。这一项原则常被用来解释成对句子在语法上的对立。例如，在"A singing group is preparing for the performance."和"A group of singers are preparing for the performance."两个句子中，第一句中的单数名词与紧跟其后的单数动词相一致；在第二句中，名词"group"与句中动词"are"相距较远，这是因为动词需与邻近它的复数名词"singers"形成一致。(3)图像的数量原则（iconic principle of quantity）试图解释一种倾向，即应当把更多形式与更多意义联系起来；相反，较少形式与较少意义应当相互联系。例如，在"What a booooooring book!"中，将"boring"这个词的"o"音故意拉长，目的就是在图像上表达一个"extremely, persistently boring"的意念。

象形符号 pictogram　　参见"图形字"。

象形图 pictogram　　参见"图形字"。

象形文字 hieroglyphic writing　　指一种用图形表示词语意义的文字系统，其中图形与词义关系密切。古埃及的圣书体、中国古代的甲骨文和金文均为象形文字。类似象形文字在克里特岛、小亚细亚、美洲中部、墨西哥等地曾被使用。目前中国西南部纳西族所采用的东巴文和水族的水书，是世上唯一仍在使用的象形文字系统。

象形字 hieroglyph　　亦称表形符或表形文字。源自图画文字，但其图画性质减弱，象征性质增强，是一种最原始的造字方法。鉴于有些实体事物和抽象事物难以画出，因此象形字局限性很大。目前，最广为人知的象形文字是约五千年前古埃及的象形文字——圣书体。汉字最初亦为象形字，后以此作基础，拼合、减省或增删象征性符号而演化成表意为主的意音文字。

象音词 ideophone　　亦称拟态词。指用来对没有内在声学特征的物体或者形象提供生动描写的声音符号，常由重复的音组成，如英语 zigzag（之字形）、shilly-shally（犹豫不决）、或 topsy-turvy（乱七八糟的）等。

象征型用法 symbolic usage　　语用学术语。指示词语（deixis item）的两种用法之一。与手势型用法不同，象征型用法在使用中不一定要伴随手势或眼色等，对指示语象征型用法的理解也不须依靠真实的交际场景，所需要的往往只是包括交际参与者以及交际活动发生的时间和地点。例如："我热爱这座城市。"如果我们知道说话者是在北京说的这句话，那么不论说话的地点是在长安大街或是在颐和园，"这座城市"一定指北京。

象征性论点 symbolic thesis　　参见"象征性论断"。

象征性论断 symbolic thesis　　认知语言学术语。从认知路径研究语法的两个指导原则之一，认为语法的基本语言单位（linguistic unit）是一个象征组配（symbolic assembly），实质上是一个形式—意义的配对体（form-meaning pairing）。象征组配包括简单象征组配（simplex）和复杂象征组配（complex）。所谓简单象征组配指不包括有意义的亚成分的结构，如 book 和 -s，就是两个简单象征组配，近似于语素(morpheme);而复杂象征组配则指包含有意义亚成分的结构,如包含两个或以上词素的词、短语、句子,像 trees(树+s)、a picture on the wall(墙上的一幅画)、The boy is playing basketball(这个孩子在打篮球)等,是三个长度和抽象程度不同的复杂象征组配。认知路径研究语法,秉持象征性论断,但并不仅仅调查语言的结构层面置意义不顾,相反认知路径研究语法,其对象包括作为形式—意义配对体的全部语言单位库藏。具体包括作为骨骼的语法结构,如存在结构、条件结构、单宾语结构等,还包括作为血肉的习语、词和黏着词素。在认知路径研究语法范式中,认知语义学(cognitive semantics)和认知语法(cognitive grammar)没有严格的界线,语义和语法被看成相互依赖、相互补充,两者之间存在着互动界面。

象征性原则 principle of symbolicity 指语言形式和意义之间符合传统规律的配对(conventional pairing),尤其体现在特定事物与各种语言在词汇方面的配对。例如,"交通工具"在英语中的对应表达法为"vehicle",而在其他语言中则有不同的约定俗成的表达方式。语言作为一种象征符号与其代表的意义关系是任意的(arbitrary)。"任意性(arbitrariness)"这一概念对于各种语言中的大多数简单词是适用的,但语言中的复合词并不具有任意性,这是由于复合词通常在已有的语言材料上构建。例如,复合词"software"即源自"soft"和"ware"两个简单词。在语言发展过程中,"soft"和"ware"所代表的事物或意义可能都是任意性的,但复合词"software"却丧失了其任意性,其意义因"soft"和"ware"两个简单词的组合而获得其既定含义,从而丧失了任意性。

象征指示 symbolic deixis 与其所指代的物之间有一种及物关系的指示语。其理解多取决于语言语境和认知语境,需了解话语之前与说话人有关的语境信息。

消极词汇 passive vocabulary 参见积极词汇。

消极礼貌策略 negative politeness strategy 语用学术语,亦称负面礼貌策略、否定礼貌策略。是布朗(Penelope Brown)和列文森(Stephen Levinson)的礼貌策略分类之一,他们将礼貌策略分为积极礼貌策略和消极礼貌策略,后者指照顾到听话人的消极面子,强调对加诸于听话人之上要求的规避,相较于积极礼貌策略,更有可能引起尴尬或窘迫。例如:[1]能把盐传过来吗?(使用问句) [2]对不起,我知道这很过分,但你能不能借给我十万块钱。(使用道歉) 消极礼貌策略主要是以"回避为基础的(avoidance-based)"的标示双方社会距离的礼貌策略,说话人承认并尊敬听话人的消极面子的需要,对听话人的行动自由不进行干预,从而满足听话人的消极面子需要,如英语中的"Your Excellency"和"If you please"等冷漠但彬彬有礼的表达用语。参见"积极礼貌策略"。

消极面子 negative face 语用学术语。语用学家布朗(Penelope Brown)和列文森(Stephen Levinson)在面子理论中将面子划分为积极面子(positive face)和消极面子(negative face)。消极面子强调人们的自我行为不受他人意志左右的面子需要或欲望,或指自己行动的自由不受别人干涉的愿望(Brown & Levinson, 1978, 1987)。参见"积极面子"。

消解性双语现象 subtractive bilingualism 参见"附加性双语现象"。

消去同一 identity erasure 句法学术语。一种分析句子深层结构的方法,指句子深层结构出现相同成分时,可以允许删除第二个重复成分。例如,在分析"醉把茱萸仔细看"这个诗句时,认为不能把"把"(V1)和"看"(V2)简单地看作连动,这一句式的深层语序关系是:把(V1)茱萸(NP)看(V2)茱萸(NP2)。这样,可以根据"消去同一成分"的原则,消去第二个"茱萸"。因此,这类句子的更深层结构可由下式表示:NP1+V1+NP2+V2(NP2)式中 NP 为名词短语,V 为动词,圆括号内的 NP 表示"任意"。

消失 fading 语音学术语。音流末尾强度及高度逐渐减弱,最后转入无声(silence)状态的过程。正常话语的结束基本都是这种类型。

消音处理 acoustic treatment 语义学术语,亦称声学处理。指对某一室内空间实施的以减轻背景噪音为目的的处理措施。任何室内空间中都存在一定的背景噪音,对室内空间背景噪音的消音处理措施主要包括对墙面、天花板、地面等吸音界面作表面吸声处理。例如,在全消音室中,全部吸音界面的垂直入射能量吸收系数都要求等于或大于 0.99,而在半消音室中,地面必须是坚硬光滑的平面,其垂直入射能量吸收系数应不大于 0.66。除对吸音界面的表面吸声处理外,消音处理还包括对消音室中温度、湿度、传声器位置等其他方面的处理和限制。

小代语 pro 句法学术语,亦称空语类 pro。指在某些语言中,在空主语位置上存在一个空语类 pro。"空语类 pro"可通过句子中出现的形态特征来进行识别。参见"大代语"。

小动词短语 small verbal phrase 语法学术语。小词组的一种。有四种结构:V'[中心词(+补语)];V'{V'[中心词(+补语)](+附加语)};V'

[V'中心词(+附加语)];V'中心词。

小短语 small phrase 语法学术语。词和词组之间的语言单位。有四种结构:(1)中心词+补语;(2)(中心词+补语构成的)小词组+附加语;(3)中心词+附加语;(4)中心词。

小分句 small clause 语法学术语。指类似分句但缺少一个限定动词的各种成分,尤指关系从句、状语性分词或动名词。例如:[1] The man [wearing glasses] opened the door. [2] Tom decided to go to New York.? [3] His [being impolite] irritated his teacher. 有些分句也可以由宾语和宾语补足语构成。例如:[4] I found it interesting. 其中的"it interesting"就是小分句。

小副词短语 small adverbial phrase 语法学术语。属于小词组。有四种结构:(1) Adv'[中心词(+补语)],如 fairly [independently (of his mother)]。(2) Adv'{[Adv'[中心词(+补语)]+附加语)]},如 fairly {[independently (of his mother)](now)}。(3) Adv'[Adv'中心词(+附加语)],如 very [safe (now)]。(4) Adv'中心词,如 very safe。

小骨 ossicle 语音学术语。指中耳中的小骨片。中耳的主要功能是将耳鼓处的声音振动转化为机械运动,然后传入内耳,这种转化是通过耳内由三块小骨组成的系统完成的。这是人体内最小的骨头,而且在出生时就已经发育成型。

小名词性词组 small nominal phrase 语法学术语。属于小词组,有如下四种结构:N'[中心词(+补语)],如 a [teacher (of English)];N'{[N'[中心词(+补语)]+附加语)]},如 a {[teacher (of English)] with gray hair};N'[N'中心词+附加语)],如 a [teacher (with gray hair)];N'中心词,如 a teacher。

小品词 particle; PRT 语法学术语。(1)具有语法功能的不变形式词项,特别指那些不容易归入词类标准分类的词,常缩写为 PRT 或 part.。英语里面不定式标记 to 常称作小品词,因为虽然在形式上像介词,但实际上跟介词没有共同之处。同样,not 的独特性也使有些人将它称作"否定小词"。短语动词中的动词后面的附加单位也常称作"动词性小词",如"turn off the light"中的"off";"cut down on expenses"中的"down"等。(2)广义的小品词还包括其他所有的无词形变化词类的词,如副词、连词、介词,以及其他一些小品词类,如量级小品词类(scalar particles,如 more、than 等)和话语标记词类(discourse markers,如 well、however、therefore 等)。

小品词移动 particle movement 句法学术语。转换生成语法术语转换规则之一,指短语动词中的小品词可以在句内移位这样一条公认的规则。例如,"Mary put on her coat."可转换为"Mary put her coat on."。

小舌音 uvular 语音学术语。指小舌(uvula)参与发音动作的一种语音。发音时用舌根抬起与小舌接触或形成缝隙,从而构成对呼出气流的阻碍。例如,法语单词 Paris[pɑːRI]"巴黎"中的[R]就是典型的小舌音。

小体大写字母 small capitals 亦称小型大写字母。通常有三种用途:(1)表示语调核心,标记核心音节或语调。例如,You CHEATed! (2)表示词位,可以区别词位和词形。例如,DRINK 是词汇单位,有别于 drink 和 drank。(3)缩写表示语法范畴。例如,用 ABL 来代替 ablative。

小写 c 文化 small c culture 跨文化交际术语。文化分类的一种,指普通的社会习惯、态度、价值观、信念和生活方式等等,小写"c"指英语中的"culture"(文化)。参见"大写 C 文化"。

小形容词短语 small adjectival phrase 语法学术语。属于小词组,有以下四种结构:A'[中心词(+补语)],如 quite certain;A'{[A'[中心词(+补语)]+附加语)]},如 quite {[certain (of success)] (in the following years)};A'[A'中心词(+附加语)],如 very [hot (in the summer)];A'中心词,如 very hot。

小众化翻译 minoritizing translation 参见"异化翻译"。

小组 group 语言教学术语。指教学中把学生分成几个小组以帮助他们学得更好的一种教学方法。不同的学习任务要和不同的分组安排相匹配,此外还要考虑小组的规模和小组成员的能力。参见"分组"。

小组活动 group work 语言教学术语。指语言教学中一组学习者共同参与合作的学习活动。小组活动既可以针对单项学习任务,又可以针对一项大学习任务的不同部分。小组成员的不同任务往往由小组成员自己挑选。小组活动的规模既包括两人一组的双人活动,如双人对话、双人朗读等,又包括两个学习者以上的较大组活动(larger group work),如角色扮演、小组讨论等。

小组讨论 group discussion 语言教学术语。指语言教学(language teaching)中的一种教学活动。小组讨论具有下列特点:(1)一小组学生,四到十二个,聚集到一起;(2)选择一个共同的话题,并选择自己要达到的目的,也可以由老师提供一个共同的话题和要达到的目的;(3)交换并评估关于该话题的信息和想法。

小组推动力 group dynamics　语言教学术语。指教学中,发生在一个小组之内的各种互动和对诸如领导、互动和做出决定之类的因素对小组结构的影响的研究。在进行课堂教学分组、设计学习任务和编写教学材料时,小组推动力是需要考虑的重要因素。

效度 validity　语言测试术语,亦称有效性。指一项测验能够测出要测试的内容的程度,或达到测试的预定目的的程度。效度是衡量考试质量的一个重要指标,是针对某一个测试目的而言,这是效度的一个基本属性。效度包括:内容效度(content validity),即测试内容对要测试内容的有效性的程度;结构效度(construct validity),即测试是否以有效的语言观(包括语言学习观和语言运用观)为依据,能否明确体现出要测的能力的有效程度;卷面效度(face validity),即一个测试在表面上使被测试者及相关人员凭直觉就能感觉到的效度(指卷面清洁、整齐、有无错误等)。效度可以使用多种不同的统计方法来评定,这些方法通常用来确定要测试的内容是什么以及测试的效果如何。

效度检验 validation　统计学术语。一项可靠的实证研究,其测量工具需要具备两个特征:信度(reliability)和效度(validity)。效度检验分为内在的和外在的:内在效度(internal validity)检验旨在测量工具本身的效度,包括对内容效度(content validity)和结构效度(construct validity)的检验;外在效度(external validity)检验旨在利用测量工具以外的标准来测定效度,包括对共时效度(concurrent validity)和预测效度(predicative validity)的检验。内容效度的检测主要靠逻辑分析来保证研究的问题与研究目的之间的联系,以及所测量对象覆盖范围的合理性。但是结构效度的确立有赖于统计方法,它由每一结构对观测对象的整个方差的贡献来决定。这些结构解释的方差越大,说明测量工具的效度就越高。常常用到的统计方法有:相关分析法(correlation analysis)、因子分析法(factor analysis)和多维量表法(multidimensional scaling)等。共时效度的检验是根据一种测量工具与另外测量工具同时使用时进行的比较,而预测效度的检验是检测测量工具能在多大程度上预示测量的效果。

楔号 haček　音系学术语。指一种附加区别符号ˇ,加在元音上面表示升调,加在辅音上面表示齿槽硬腭音。例如,/č/、/š/、/ǰ/、/ž/就是用普通辅音上附加楔号表示的齿槽硬腭音。

楔形文字 cuneiform　美索不达米亚的苏美尔人在公元前3200年左右所发明的一种文字。苏美尔人用削成三角形尖头的芦苇秆或骨棒、木棒当笔,在潮湿的黏土制作的泥版上写字,字形自然形成楔形,故称为楔形文字,也叫"钉头字"或"箭头字"。起初楔形文字从上而下直写,后从左向右横写,字形也从直坐变为横卧,旋转90度。楔形文字在不同时代书写不同的语言。最早书写苏美尔语言,长达1000多年。随后,书写阿卡得语言也长达1000多年。后来又传播到四周的民族,如阿拉米人、加西人、赫梯人、米当人、呼尔人、乌拉土人以及波斯人。尽管这些民族语言彼此不同,但都采用楔形文字。为适合各自语言特点和实用需求,都曾对楔形文字作了改造。楔形文字对西亚许多民族语言文字的形成和发展产生了重要影响,但其起源一直是人类文化史上的未解之谜,已争论了近两个世纪。长期以来有两种观点盛行:(1)西方的各种百科全书认为,楔形文字起源于美索不达米亚特殊的渔猎生活方式;(2)苏联科学院编的《世界通史》认为,楔形文字的起源与古代苏美尔地区发达的社会组织需要有条理的通讯密切相关。20世纪70年代起出现了第三种观点,考古天文学家米查诺斯基(George Michanowsky)等人认为楔形文字起源与6000年前的一次天文事件——船帆座X号超新星的爆发(supernova explosion on a constellation named Vela X)有关。

协方差分析 analysis of covariance　语言测试术语,缩略为"ancova"。统计学中类似方差分析的一种方法,用以控制一个或更多变量的效应以使统计中的几个小组等同起来,如比较某一教学法对教学内容不同的三个对照组的效果时,其中一组的平均智商高于其他两组,则可按此方法调整智商的效应,以使各组等同。

协商 negotiation　语用学术语。会话分析中指交谈双方为使交谈顺利进行、促进彼此理解,以期达到圆满交际效果而进行的如下努力:(1)时时表明对方是否理解,要求继续对话;(2)彼此配合,意思表达清楚;(3)必要时对谈话内容和方式进行修正。

协商口吻 consultative key　语用学术语,亦称协商语言。指介于正式语体(formal style)和日常语体(casual style)之间的谈话方式。相对于正式语体来说,协商语气较委婉和柔和,在说话人与听话人之间存在较多的感情气氛,语音形式不那么刻板,且包含较多的习语及口头用法。相对于日常语体来说,协商语气更为礼貌,语言形式更为完整,较少使用俚语或使用范围窄的方言词,也较少使用感情色彩强烈的词或昵称。例如:[1] Would you please sit during the ceremony?（协商语气）［2］Participants are required to be seated throughout the ceremony.（正式语体）［3］Don't get up!（日常语体）

协商性　negotiability　　语用学术语。语言顺应理论概念,由耶夫·维尔舒伦（Jef Verschueren）于1999年提出。指语言形式和功能之间没有一对一的固定的对应关系,实际交际中的语言形式的功能是言者与听者协商的结果。协商性为语言使用者进行灵活的选择提供了可能,一方面语言具有协商性,可供协商,另一方面选择的过程是交际者灵活的、策略性的协商过程。维尔舒伦认为使用语言就是进行选择的过程,而语言使用者能够做出选择是因为语言具有处于三个不同层次而又相互联系的特性:变化性（variability）、协商性（negotiability）与适应性（adaptability）。参见"顺应理论"。

协商言语　consultative speech　　参见"协商口吻"。

协调障碍　dyspraxia; apraxia　　病理语言学术语。指身体部位能够在不自觉的状态下做出运动,但是却无法主动做出动作的病症。其成因可能是由于中风或其他脑部损伤所引发,或者与病人神经发展异常和迟缓有关。普遍见于言语、书写或手势等动作中,其特征是错误多变,替换无常。动作协调障碍症会对儿童的第一语言习得造成影响。

协同发音效果　co-articulation effects　　语音学术语。指口语中前后音几乎同时发出的现象。英语中的协同发音主要有两类,即同化（assimilation）和省略（elision）。同化指一个音位的某个特征被另一个音位复制或吸收的现象。如pin和pan中的/ɪ/和/æ/两个音因其后/n/的关系会被鼻化（nasalize）为[pĩn]和[pæ̃n]。所以在英语语音规则中,若某个元音出现在鼻音前,该元音就会被鼻化。省略则指在快速语流中某些音的消失。例如,friendship一般发成/'frendʃɪp/,其中/ɪ/被省略了。英语中如果音节尾（coda）中有/t/的音,则其一般会被省略。如/'æspekt/（aspect）、/hɪˈmʌsbiː/（he must be）等。不但辅音可省略,元音有时也被省略。如,/'evrɪ/（every）、/'ɪntrɪst/（interest）、/'kæbɪnɪt/（cabinet）等。在某些语言中,协同发音现象甚至会被固定下来成为独立的一个音,如非洲西部语言中的并列爆破音（coordinate stops）,即/p̂k/、/b̂g/、/p̂t/、/b̂d/等。

协同学习法　collaborative learning　　参见"合作学习法"。

协同作用　conspiracy　　音系学术语。指两条或以上独立且形式不同的规则共同起作用,或者相互协作,产生某种特定音系形式的过程。例如,在瑞典语（Swedish）中,名词复数形式的后缀为-or,但是当一个以元音结尾的名词（如flicka）变为复数时,必须首先应用一条去掉词尾元音的规则,然后应用名词复数后缀的规则,才能得到正确的表层形式"flickor"。

斜杠　slash　　❶音系学术语,用来标记规则应用的条件。在生成音系学中,s→z/ V_V这条规则的意思是,当s出现在两个元音中间时,s变为z。❷语音学中用来标出音位,如/n/、/p/、/a/等。斜杠也可表示选择。例如：He saw him/himself.

斜格　oblique case　　句法学术语。参见"抽象格"。

谐波　harmonic; overtone　　语音学术语,亦称陪音。指声波和谐的频率,是复杂振动中除去频率最小的基音以外的其他振动。一个物体间歇性的振动发出的不仅仅是简单的正弦声波,其振动所产生的能量和正弦波形成和谐,它们和基本频率复合。谐波经常用于对元音、某些辅音和语调的分析研究。

谐意双关　pun　　参见"双关语"。

写作档案袋　writing portfolios　　语言教学术语,亦称写作文件包。指写作方面的情况记录,记录学生在写作方面所作的努力、取得的进步与成绩。这既是一个学习工具,又是一个评估工具。其特征为:(1)学生一起参与决定记录的内容;(2)学生可以根据老师及他人的反馈意见修改记录内容;(3)学生要对记录的内容做出评价与反思,以了解自己的学业的进展情况;(4)记录提供学生知识掌握情况的证据;(5)记录涵盖方方面面的情况。

写作过程　composing process　　语言教学术语。指作者在写作时采取的不同步骤。一般写作进程包括以下几个步骤:(1)构思阶段（rehearsing）:作者主要确定主题,寻找与主题相关的线索及语言措辞;(2)写作阶段（writing）:作者将构思所得的思考大致记录下来;(3)修改阶段（revising）:作者对已经写完的内容进行检查和修改,甚至对某些部分进行重写。这些阶段或步骤并非依次出现,而可能颠倒,也不是在写作过程中只能出现一次,而是取决于作者,可能反复出现。过程教学法（process approach）的写作教学鼓励学生通过以上步骤进行写作。

写作会议　writing conference　　语言教学术语。外语作文教学中,教师与学生一对一碰面讨论学生的作文以及写作过程的各个方面。通过定期的这种形式的讨论,可以使学生更加有意识地运用写作技巧,并教学生个性化写作,使学生对写作更加有信心。

写作模式教学法　writing-modes approach　　语言教学术语。指一种写作教学法,用于外语作文

写作日志 writing log　　语言教学术语。指外语写作教学方法之一,学生用笔记本对自己校内外写作学习经历的记录。写作日志帮助学生反思自己学习情况,老师也可以及时了解学生的进展情况。老师定期检查学生的学习日志但不打分,这种学习日志其实也是一种练习写作的过程,可以帮助学生提高写作的流畅性。另外,写作日志也是师生之间交流的一种方式。

写作系统 authoring system　　语言教学术语,亦称编辑系统。计算机辅助教学中为教师设计的一套程序,使教师在不需要掌握任何计算机编写程序技术的情况下,可以利用计算机编写课文,因而可以由编写系统处理练习格式、审阅答案等工作,教师得以集中精力准备课堂材料。

写作艺术 art of writing　　亦称写作技巧。指写作过程中为达到某种效果而应用的各种方法和技巧。写作艺术往往能使文章条理清晰、引人入胜,令读者耳目一新、出其不意。

心理表征 mental representation　　认知语言学术语。指本族语者大脑中感知的、内在的、隐性的,有关语言形式的抽象系统。心理表征不同于显性知识和元语言知识。这些信息和语言能力有关,是判定在自身语言体系内哪些语言意象可以接受,哪些不可以接受的依据。例如,英语本族语者会认为陈述句中没有主语是不正常的现象,而西班牙语本族语者则认为这很正常。对同一个现象的不同判定,来自于不同的语言心理表征。

心理测量学 psychometrics　　心理学术语。有关测量的心理学分支,指数学和统计学原理在数据分析中的应用。

心理词库 mental lexicon; internal lexicon　　心理语言学术语。指存在于人类心智思维里词的知识的心理表征,也就是心理学假定的说话人头脑中所表征的词汇。一般认为,该心理表征包括词形知识、词义知识和词的发音知识。词汇心理表征具有二重性的特点:形式、信号的外部世界与意义、释义的内部世界相结合。心理词汇的每个条目都具体指向词语意义、句法范畴、论元结构、形态形式和语音段。研究词是怎样储存在记忆里和如何被提取是心理词汇的任务。在输入方式上,心理词汇在一定程度上是特定的,如听觉的或视觉的输入方法。心理词汇的提取与辨认是统一的认知系统中的有机组成部分,和学习、记忆、范畴化和其他许多认知活动相关。对词汇提取的研究往往需展开实验,卡朋特(Gail Carpenter)与格罗斯伯格(Stephen Grossberg)提出的适应性共振理论(adaptive resonance theory,简称 ART)即是采取实验的方法观察语义启动和判断词汇。关于心理词汇的主要理论包括双语码理论(Dual-Coding Theory)、天生论(Nativist Theory)、语义网络理论(Semantic Network Theory)等等。

心理动词 psych verb　　句法学术语。指描绘心理状态或过程的动词,如英语的 amuse、frighten 等。心理动词描绘的状态或过程通常与感受者(experiencer)有关,因此也称作"感受者动词(experiencer verb)"。在句子中,感受者可以是心理动词的主语,也可以不是。例如:[1] We *feared* the storm. [2] The storm *frightened* us. 例[1]中的 we 是心理动词 fear 的感受者,句中充当主语;例[2]中的 us 仍为感受者,但并不充当主语。

心理可及性 mental accessibility　　指从大脑系统检索语言或记忆单位相对容易或方便的心理现象。斯伯波(Dan Sperber)和威尔逊(Deirdre Wilson)认为,在语篇的不同阶段语境对读者的心理可及性程度不同,心理可及性程度不同的信息处理时需要的努力程度不同。

心理空间 mental space　　认知语言学术语。指在理解句子或其他非语言信息的过程中在线(on-line)形成的概念包(conceptual packet)。在理解过程中,尽管心理空间和概念域都用到,都属于概念结构,但两者亦有不同。心理空间是在某一具体情景下为了理解的需要而临时形成的,比概念域小且具体;而概念域相对稳定、抽象,如温度。

心理空间格框 mental space lattice　　认知语言学术语。指心理空间相连形成的框架系统。一旦一个心理空间构建起来,它就与篇章中建立的其他心理空间联系起来。随着篇章的展开,心理空间不断增加并联系起来,形成一个心理空间格框。格框中第一个形成的心理空间称为基体空间(base space),以某种方式和随后形成的心理空间相连。心理空间和心理空间格框构成了概念合成理论(Conceptual Blending Theroy)的基础。

心理空间理论 Mental Space Theory　　认知语言学术语。指福柯涅(Gilles Fauconnier)提出的一个有关意义构建的动态过程的理论,以虚拟的心理空间(mental space)来解释词际、句际语义关系。这里的虚拟的心理空间,并不是语言形式结构本身或语义结构本身的一部分,而是语言结构中相关信息的"临时性容器",或者说,是语言使用者分派和处理指称关系的概念框架理论。心理空间理论构成了概念合成理论(Conceptual Blending Theory)的基础,其要点是当我们思考和说话时,我们建立心理空间。心理空间的功能是通过一个图式引入(schema induction)的过程从局部篇章语境和长时记忆中吸纳临时知识结构。当我们的思维和谈话展开时,心理空间不断增加,形成相关的新心理空间,这样就产生了一个心理空间格框(mental space lattice)。语言为心理空间的形成提供常规提示词(conventional prompts),但是心理空间的构建和心理空间格框的形成都受制于非语言认知原则,如可及原则(access Principle)和最优原则(optimisation principle)。心理空间的各种连接或映现可使人们使用词语作为触发词去指称其他心理空间中的另一目标实体,因此是建立在类比、递归、心理模式化、概念类聚、知识框架等心理活动基础上的一般认知操作过程,是认知活动中的一种普遍形式,能够有效地解释动态、随机、模糊的思维认知活动。譬如,作者名字可与该作者所著的书对应起来,因而作者的名字可用来指称其著作。例如:*Plato* takes up half of the top shelf of that bookcase.(柏拉图的书籍占了书架顶层的一半。) 心理空间理论对尝试解决语言哲学领域长期存在的问题颇有助益,特别是有语言指称(linguistic reference)有关的各种问题。通过提出篇章可以分为不同的心理空间,心理空间包含有对应项(counterparts)和它们之间的连接关系(connectors),这样就为此前看起来难以解决的问题提供了巧妙的解决方案。

心理语言学　psycholinguistics　语言学的一个分支。研究语言行为和假设为这种行为基础的心理过程之间的联系,探讨"语言发生→语言理解→语言习得"过程的跨学科科学,与神经语言学、话语分析、社会语言学、认知心理学、认知科学、和人工智能密切相关。语言习得和语言使用是心理语言学两个最核心的问题。心理语言学的基本问题已经在19世纪末和20世纪初由德国心理学家哈曼·斯泰因塔尔(Heymann Steinthal)、威廉·冯特(Wilhelm Wundt)、比勒(Karl Bühler)予以论述。"心理语言学(psycholinguistics)"作为学科名称的术语由美国心理学家坎特(Jacob Kantor)在其著作《语法客观心理学》(*An Objective Psychology of Grammar*,1936)中首先使用。1954年,美国的奥斯古德(Charles Osgood)和西比奥克(Thomas Sebeok)出版《心理语言学:理论和研究问题概览》(*Psycholinguistics: A survey of theory and research problems*)一书,标志着心理语言学的正式诞生。1953年,美国心理学家和语言学家在印第安纳大学语言学学院举行了一次研讨,会上提出了心理语言学的名称、概念和研究纲领。他们认为,应该以实验心理学的方法和理论为工具来研究语言学家所揭示的语言结构。根据对语言和认知之间关系的不同理解,心理语言学研究可分为两种:(1)以新的语言学理论为基础(特别是受乔姆斯基20世纪60年代和80年代转换生成语法的影响),认为语法是一个独立的认知系统,注重对语言学结构的心理现实进行论证;(2)以认知心理学模式为基础,认为各个语言学描写层面之间以及认知体系之间有着密切的互动关系。20世纪80年代,人们提出了新的模式,认为各个认知系统互相联系,并平行地对信息进行处理。在应用语言学领域,心理语言学的主要研究包括以下两方面的内容:人们在说话并试图理解别人语言时的心理过程;人们是如何进行语言学习的。心理语言学包括对言语知觉的研究,对记忆、概念及其他过程在语言运用中的作用的研究,心理语言学还对社会和心理因素如何影响语言运用感兴趣。心理语言学发展最充分的分支是儿童语言习得研究,其他备受关注的与心理语言学密切相关的领域还有:语言复杂性的概念,语言共相与认知共相的关系,阅读研究等。常用的研究方法是科学实验法和自然观察法,两者相辅相成。语言、心理和认知之间的关系是心理语言学不懈的追求。心理语言学研究对认知科学、心理学和语言学有着重要意义,在语言教学、言语矫治、机器翻译和人工智能等领域都有应用价值。心理语言学与语言心理学(psychology of language)有时交叉使用。

心理主语　psychological subject　语法学术语。与语法主语和逻辑主语相对。指一个句子的陈述对象。例如,在英语句子"This morning I had four classes."中,"this morning"是整个句子的心理主语,整个句子是关于"今天上午"发生的一切。语言学家一般把"主题"(topic)叫作心理主语。系统功能语言学家韩礼德把"主位"(theme)也看作是心理主语。另见语法主语(grammatical subject)、主题(topic)、主位(theme)。

心灵哲学　philosophy of mind　哲学分支。指对心灵本质及其与身的关系的哲学考察,目标是通过阐明心灵概念的潜在内容来对心灵现象的必要本质进行先验研究。哲学发展史上,如柏拉图和亚里士多德以及近代哲学家如笛卡儿、洛克、休谟和康德等人,都曾提出过关于心灵的理论。心理学在19世纪末成为一个独立的学科,心灵的理论旨在加深对心灵本身的理解,而不是在一个传统的形而上的或认识论的框架中置入一个关于心灵的说明。直至此时,心灵哲学才成为哲学的独立分支。当代心灵哲学随着赖尔(Gilbert Ryle)《心的概念》(*The Concept of Mind*,1949)一书的出版而确立了新的研究问题。赖尔试图通过分析心灵的概念的逻辑结构和关系来理解心灵的状态,这与通过实验方法来研究心灵的实际操作的心理学本身不同,也不同于研究心理学成果与方法的哲学意义的心理学哲学,心灵哲学的主要论题包括心身问题、心灵的本质、意识、心灵的因果性、意向性、命题态度与心灵的内容、知识与信念、表征、知觉、情感、感觉、思维与语言、意愿以及情绪等。心灵哲学对心灵提供了多种多样的研究方法,如二元论、现象论、行为主义、唯物论、功能主义等。近年来,心灵哲学成为哲学中最为活跃的部分;有的哲学家试图弱化心灵哲学与经验研究之间的区分,并将心灵哲学与诸如计算机模拟和认知心理学之类的领域相联系。

心智理论 Theory of the Mind　认知科学、心理学术语。指关于理解自己以及周围人类心理状态的能力的研究。这些心理状态包括情绪、信仰、意图、欲望、假装与知识等,通过这些信息可以预测和解释他人行为。这一理论源自哲学,进入心理学领域后,逐渐成为认知心理学与神经心理学的研究重心之一。这一能力通常被认为是人类所特有。心智理论假设人类先天能够以类推方式,假定其他人拥有与自己类似的心智,并根据这个假设来观察周围,做出合乎社会期待的反应与行动。行为科学家通常把意向性(intentionality)当作心智理论的度量标准。大部分哺乳类动物,可以表现出自身的想法、信念与意向,被称为一级意向。拥有二级意向的物种,可以揣测其他个体的意向;拥有二级意向代表着拥有心智理论的基本能力,几乎大多数健康人类都拥有这个能力,部分灵长动物,如黑猩猩,也拥有一至二级意向。揣测某人对第三者的想法,被称为三级意向。有人说:"我觉得乔治认为小李想吃他的香蕉",这就属于三级意向。人类正常社交活动中经常使用这个能力。如此递回式增长,创作文学作品需要拥有至少四级意向的能力。根据实验,某些人可以拥有六级至七级意向。

乔姆斯基的普遍语言学说把语言研究与心智和大脑的研究联系在一起,因而被称作是一种心智学说,或可称为第一代认知语言学。乔姆斯基试图使用形式化的语言来解释大脑中的语言机制,其理论以句法研究为核心,提出深层结构、表层结构以及通过句法结构分析大脑中语言机制的运行原理。这些理论都给人们对于人脑机制的运作以巨大启示。他的理论被借鉴使用于计算机语言,把自然语言与机器语言巧妙地联系起来。乔姆斯基向人们提出了一个理念:语言是一种天生的能力,只要有极小的语言环境的影响下,任何一个发育正常的人都能够获得语言。在语言学领域,心智理论的应用主要表现在语言的本质、语言获得的机制、语言丧失问题、自然语言的处理过程和语言相对性假设等领域。研究者通常借助有志愿者加入的实验,借助计算机模型和对因脑损伤而语言功能受损的病人的观察、随访,追踪研究语言能力在成长过程中的演变,并对不同语言进行比较研究。

心智语言 mentalese　加拿大语言学家平克(Stephen Pinker)创造的一个术语,把外部环境的观察和大脑的语言知识联系起来并转化成书面或口头语言的心理操作。心智语言与大脑的语言区有关,大脑将其翻译成书面的或口头的语言的操作都发生在大脑语言区。根据平克的观点,了解语言就是了解如何把心智语言翻译成一串词语或者相反。

心智主义 mentalism　亦称心智说。指一种以乔姆斯基为代表人物的重要的语言观。乔姆斯基从笛卡儿的理论中借用了"心智"的概念并赋予其全新含义。乔姆斯基认为,人的大脑机制有其复杂而独特的功能,而能够表明"心智"存在的最直接证据就是语言。由此语言不再被当作人的思想所使用的工具,而是被提到了思想本身一部分的地位,把语言看作人脑中的心理客体。乔姆斯基的"心智主义"是生成语法的认识论基础,贯穿于乔姆斯基语言学理论中的主要哲学思想。心智主义认为语言是人类所独具的一种属性,人之所以会说话是因为人在刚出生时,人脑就呈现为一种特定的物质状态。语言是后天经验作用于人脑遗传属性的结果。基于这种心智主义的认识论思想,生成语法研究的兴趣不只是语言事实本身,而是人脑的遗传属性,是语言的共性,是关于什么可成为人类可能语言的限制,进而从这些限制中找出人脑究竟有着什么样的特殊结构使人具有学会任何一种语言的可能。心智主义认为,人的行为背后还有心理活动。心智主义的基本特征被乔姆斯基概括成三个基本问题:(1)语言知识由什么构成?(What constitutes language?)(2)语言知识是如何被习得的?(How is knowledge of language acquired?)(3)语言知识是如何被应用的?(How is knowledge put to use?)这三个问题所关注的分别是语言知识的本质、习得和运用。其中第二个问题最为重要,乔姆斯基认为它是生成语法的根本问题。

欣赏性理解 appreciative comprehension　语言教学术语。阅读目的之一,与字面理解(literal comprehension)、推论性理解(inferential comprehension)以及批判性理解(critical or evaluative comprehension)对应。指阅读时读者从文章的思想内容和作者的写作技巧等方面做出鉴别、理解和领会,从中获得某种感情上或其他方面的共鸣。

新布龙菲尔德学派 Neo-Bloomfieldian　亦称后布龙菲尔德学派(post-Bloomfieldian)。20世纪40—50年代主宰美国语言学的理论主义学派:主要成员有泽林格·哈里斯(Zellig Harris)、霍凯特(Charles Hockett)和特拉格(George Trager)。该学派以极端方式发展了布龙菲尔德的观点,尤其是对语言形式分布(distributions of forms)的独立分析。他们还提出对语言的描述可以通过严格层级顺序进行合理化。乔姆斯基后来赋予该顺序"发现顺序"的特征。乔氏早期作品在其哲学及语言研究方面受到哈里斯和其他布龙菲尔德学派人物的影响。但自20世纪60年代以后,乔氏认为新布龙菲尔德是结构(类型)语言学的代表。此后几年,该学派及其影响力趋于淡化。

新词 new word; neologism; 形态学术语。指新造出来、尚未为全民语言接受的词语或表达式。

新戴维森分析法 Neo-Davidsonian 语义学术语。指美国哲学家戴维森(Donald Davidson)于1967年对其语义分析的逻辑表达式所做的修正。例如:[1] a. Jones buttered the toast. b. Jones buttered the toast in the bathroom. [2] a. (∃e)(BUTTER (JONES, THE TOAST, e))   b. (∃e)(BUTTER (JONES, THE TOAST, e)) ∧ IN (THE BATHROOM, e)   [3] a. ∃e (BUTTER (e) ∧ AGT (JONES, e) ∧ TH (THE TOAST, e))   b. ∃e (BUTTER(e) ∧ AGT (JONES, e) ∧ TH (THE TOAST, e) ∧ IN (THE BATHROOM, e))   戴维森早期分析法将句子[1a]和[1b]的逻辑式分别写为[2a]和[2b],即将BUTTER(涂黄油)看作是带有固定数量论元的谓词,用合取关系体现修饰性信息的递增。在修正的逻辑表达式中增加了一个表示事件的论元,即分别写作[3a]和[3b]。由此可见,两者的区别在于增加了题元角色的描写,即合取关系中的命题是以某一题元角色作为谓词,如[3a]中的AGT(施事)和TH(客体);与动词相对应的谓词只带一个事件论元e,语句中的客体分别在独立的命题形式中出现。

新方言 New Dialect 一部汇集汉语方言词语、探求它们的本字和语源的著作,共收录方言词语800余条,由章炳麟撰。全书共分11卷:《释词》《释言》《释亲属》《释形体》《释宫》《释器》《释天》《释地》《释植物》《释动物》和《音表》。其中,前10卷收录的是方言词语,根据不同的词语的词义进行分卷;最后一卷是《音表》,包括了古音韵母23部表和古音声母21纽表。《新方言》吸取传统训诂学的研究成果,根据文献资料和实际语言相结合的原则,参考了《尔雅》《方言》《说文解字》等古代辞书,同时运用声韵演变的规律来考查字音的发展,以期达到"以古语证今语,以今语通古语"的目的。此外,《新方言》还使古籍中的一部分难字跟现代的活方言实现了互相印证。《新方言》卷末附岭外三州语60余条,记录惠州、嘉应州、潮州的客话,考释了其中部分词语的来源。

新弗斯学派 Neo-Firthians 由韩礼德等人创立的语言学派,继承了英国语言学家弗斯(John Firth)的功能主义思想,同时参考和兼收欧洲功能主义学派的思想和理论,特别注重语言的功能和在人类社会交际中的作用。韩礼德以人文主义思想为基础,形成和发展了他自己的一些语言学思想和观点。新弗斯学派语言学采用了语义—社会语言学方法,将语言看成是在社交中被用来执行各种功能的工具;认为学语言就是学运用,为了能运用,人们必须掌握与语言形式有直接联系的概念功能(ideational function)、人际功能(interpersonal function)和语篇功能(textual function)等,在语言教学领域促进了意念—功能法(functional-notional approach)的发展,受到教学界的关注。根据功能语言学的观点,语言是一种社会现象,是人们日常交际、交流思想的工具。研究语言不仅要重视它的结构意义,而且要重视情景意义。所以,当我们准确了解该段文章的语篇意义及其体现情况之后,便能理解作者所要表达的准确意义和含义,可以通过语言的使用情况加深对语篇的认识。新弗斯学派语言学理论跳出了以往"字词句"式的语言教育模式。

新格赖斯会话含义理论 neo-Gricean conversational implicature theory 语用学术语。在对美国语言学家格赖斯(Paul Grice)提出的会话含义理论的批判、修正的基础上发展起来的语用理论,新格赖斯会话含义理论经过十多年对古典会话含义理论修正并由列文森(Stephen Levinson)概括后提出。列文森的"三原则"就是概括后的体现。这三原则是:数量原则(Q-principle)、信息原则(I-principle)和方式原则(M-principle)。列文森将此三原则称为"新格赖斯语用学机制"(neo-Gricean pragmatic apparatus),参见"列文森会话含义三原则"。新格赖斯会话含义理论还包括利奇(Geoffrey Leech)的"礼貌原则(politeness principle)"、丹·斯珀伯(Dan Sperber)和戴尔德丽·威尔逊(Deirdre Wilson)的"关联理论(relevance theory)"、荷恩(Lawrence Horn)等提出的修正意见和各自的推导机制。新理论开拓了规约性会话含意的推导,这既能同古典格赖斯会话含意理论互补,又能使会话含意以至语用学的研究有新的拓展。参见"会话含义"和"荷恩等级关系"。

新格赖斯语用学 Neo-Gricean pragmatics 指对格赖斯(Paul Grice)交际四准则(量、质、关系和方式)的发展和改造,包括列文森(Stephen Levinson)的数量、信息和方式三原则,荷恩的量和关系二原则,以及斯珀博和威尔逊的关联单一原则等。

新格赖斯语用学机制 neo-Gricean pragmatic apparatus 参见"新格赖斯会话含义理论"。

新古典复合词 neoclassical compound 形

态学术语,亦称古典合成词。之所以称之为新古典构词,是因为在现代英语中,构词中的词缀多源于古罗马和古希腊语中的词汇。古典希腊语中,"名词＋名词"构成的形容词模式例证如下:

单词	词汇	释义
Anemo-mulos	wind-mill	windmill
Melisso-ke:pos	honey-grove	apiary
Psukho-paidi	soul-child	adopted child
Nutki-koraks	night-crow	owl

模式中表明该类合成词的构成顺序是"修饰语＋中心词"。合成词的意义由中心词的词汇和语义来决定,构成合成词的成分之间关系范围广。新古典合成词也是按照这样的方式构成的具有现代意义出现于现代英语中的合成词,如 geology(地质学)、neuroglia(神经胶)、photograph(照片)、phytochrome(植物色素)等。现代形态学将新古典合成词作为形态学领域中一特殊的分类。鲍尔(Laurie Bauer)于 1998 年提出一个三维概念空间模型并对其进行了分析。它们分别是:本族语 vs 外语、简单 vs 复杂和全称形式 vs 缩略形式。每一维度都被认为能体现词汇变化趋势,从而可以看出单个合成词是否为典型的新古典合成词。

新行为主义　new behaviourism　心理学术语。指 20 世纪 30 年代后在美国发展起来的后行为主义心理学理论体系,由华生(John Broadus Watson)开拓的行为主义心理学演变和发展而来的,还包括托尔曼(Edward Chace Tolman)的目的行为主义(purposive behaviourism)、赫尔(Clark Leonard Hull)的假设—演绎行为主义(hypothetic-deductive behaviourism)、斯金纳(Burrhus Frederic Skinner)的操作行为主义(operant behaviourism)。新行为主义有三个显著特征:(1)主张整体行为观,更多地使用块状概念分析多种动作的构成,以改变华生局部性的分子行为观,把行为归结为肌肉运动的简单组合。(2)提出了"中介变量"(intervening variables)的概念,以"刺激—中介变量—反应(S-O-R)"取代了华生的"刺激—反应(S-R)"公式。(3)强调用科学的操作使心理学术语客观化,摆脱那些不能进行客观观察或科学论证的问题,有助于把心理科学体系建立在客观的实验操作的基础上。托尔曼是新行为主义的创始人,以中介变量(指介于刺激和反应之间因外在刺激而引起的内在变化过程)以弥补华生的"刺激—反应"的不足。他提出自变量(independent variable)和因变量(dependant variable)概念来规定行为的最初原因和行为本身,并将行为分为两种:(1)分子行为(molecular behaviour),指个体所表现的局部性动作(2)整体行为(molar behaviour),指个体所表现的大单元的整体性行为。在此基础上,他指出心理学研究的对象应是整体行为而不是分子行为。托尔曼认为有机体习得的是关于周围环境、目标位置以及达到目标的手段和途径的指示,也就是"认知地图"的过程,而不是简单机械的反应。赫尔的假设—演绎行为主义以有机体对环境的适应性行为作为出发点,认为适应性行为最终是根据物质世界的原理起作用的,心理只是一种用来指导和控制适应性行为的假设的实体,在神经生理学达到高度成熟时,这些过程就可以归结为物理化学的因子。其行为原理也就是学习理论,并认为学习就是有机体本身去自动获得那些具有适应作用的感受器—效应器联结的能力,学习进行的基本条件就是在强化情况下刺激与反应的接近。习惯强度和反应势能是赫尔学习理论的两个中心概念。斯金纳提出了有别于巴甫洛夫的条件反射的另一种条件反射行为,并将两者做了区分,并在此基础上提出了操作性条件反射理论,主张把反射看成刺激和反应的结果。他通过观察刺激和反应的共同变化,建立了刺激—反应的函数关系,公式为:R＝f(SoA)　其中 R 为反应,S 为刺激,A 为实验者在研究中所控制的实验变因。

新洪堡特学派　Neo-Humboldtians　两次世界大战期间在德国建立的语言理论学派,该学派尤其强调语言是塑造社会或民族生活的动力以及现实性感知的概念,代表人物是魏斯格贝尔(Leo Weisgerber)。新洪堡特学派发展了洪堡特的著名观点:"语言的差异不在于语音外壳的符号的差异,而在于世界观本身的差异"的思想,提出研究语言不能仅仅以语音形态研究为目的,必须研究语言的精神方面,即语言内容的结构。该学派还在洪堡特的基础上重新阐释了语言世界观理论,认为语言作为一种世界观不再只是客体化、对象化的认识框架式或思维格局,而是具有主体能动性的精神世界和文化历史世界的塑造力量,语言在把现实世界改造为精神财富的转换工作中发挥着建构民族文化、民族精神的角色。语言的这一转变原则即是语言的内在形式,只有在把世界转变为精神财富力量的这层含义上语言才是"工具"。立足于语言对人的精神世界的塑造力,新洪堡特学派明确提出了"语言中间世界"论,该理论认为正是由于语言体现了民族的精神力量,把周围的世界变成了思想,即把世界"语词化",所以语言处在主、客体之间,人与外界之间的一个特殊世界,发挥一个中间环节的作用。

新-旧信息契约　given-new contract；known-new contract　语篇语言学术语。指用来描写作者如何在句子和段落之间为读者保持"思维的连贯"(cohesion of thought)的一个语言学概念。写作中的"思维的连贯"和我们为读者建立的预期有关。读者会会心地要求那些预期兑现,这样就在作者和读者之间建立了一种"契约"(contract)。它要求新信息与读者的旧信息联系起来。新—旧信息契约假定如果一个句子从篇章中的旧信息开始,逐步推进到他们不知道的新信息,读者会更容易理解。根据美国语言学家克拉克(Herbert Clark)等的观察研究,在言语行为如命令、陈述等中也存在着说话人和听话人之间的信息"契约"。

新书简介　blurb　一段简明醒目、提示主要内容的文字,或是对该著作取得的创造性成果的赞美之词,多印在一本书的背面护封上,或单页的广告招贴上,旨在介绍新出版物以引起读者的注意和兴趣。

新索绪尔语言学　neo-Saussurean linguistics　亦称语符学派。在20世纪30—40年代由叶尔姆斯列夫(Louis Hjelmslev)提出的语言学结构理论。该学派认为语言是由纯粹抽象的关系联结起来的符号系统,语言之间的相互关系是语言研究的主要对象。语言符号可以分为表现和内容。可以用组合(syntagmatic)和聚合(paradigmatic)的方法来确定语言中的关系,可以用数学方法来分析语言形式。

新闻文体　journalese　文体学术语。指包含新闻报道这一语域特有的语言特征的语言风格。英语journalese一词源于19世纪,当时新闻报道已形成一种特殊的、相当"正规"的文体。如今,这个词通常用来描述通俗小报的文体特征。这些文体特征主要衍生于二战以后著名的美国杂志《时代》(Time)。为了醒目和节省版面,新闻文体的一个重要特征是作主语的名词短语含有大量的前置修饰语和同位语,比如说话者的特征(年龄、性别、职业等)被紧凑地排列在一起。另外还有主语与动词的倒装。例如:Declared the shapely blonde divorced, mother of three. 新闻语言同时也具有明显的程式。譬如,运用一些简短的词汇来应付所有的情形(如drama、dash、bid、shock等),或使用陈词滥调和固定搭配,如"the smile that says it all""battling granny""love-nest"等)。

新闻语言　news language　文体学术语。指报刊新闻用语,跟新词新语的密切关系。新闻语言包含多种类型、多种语体色彩。例如:社论、评论之类大多使用书面语言,风格庄重典雅;通讯、消息之类经常使用通俗语言、口语词汇,甚至为了体现人物身份、地域色彩,使用一些方言俗语。新闻语言的特点有:(1)客观、具体。新闻用事实说话,而事实不是抽象的,它由时间、地点、人物、事件经过、事件原因、结果等因素构成,因而新闻语言必须具体,应当少用抽象的概念。这就要求如实地记叙具体人、具体事、具体时间、具体地点、具体经过,也要求具体形象的现场描写、细节描写等。(2)准确。新闻是反映客观事实的,不能含糊其辞,不能模棱两可,不能夸大也不能缩小。因为语言运用不准确而造成新闻失真或歧义的例子在报道中是经常发生的。(3)简练。新闻要求快,要求迅速及时,这就决定了新闻语言要简明扼要、开门见山、直截了当。(4)通俗。新闻是人们普遍关心的事实,有群众性。不论是知识分子,还是识字不多的人,都要通过媒体了解国内外大事。要用最接近口语形式的书面语写报道,尤其是广播、电视新闻所用的语言,更应该接近口语,怎么说就怎么写。在可能的情况下,要尽量少用或避免使用只有少数人或部分人才看得懂、听得懂的字眼或话语。

新信息　new information　❶功能语言学术语。指说写者在言语或者行文中要突出和表达的信息。与述位(rheme)关系密切。新信息一般体现于述位中。例如:The problem is that it is so hot in SUMMER. ❷语用学术语。相对于已知信息的未知信息。如果父母中一方问"Where are the children?",另外一方回答说"Jane's gone to the hairdresser.",那么在后一句中,Jane是已知信息,句子其余部分(has gone to the hairdresser.)是新信息。

新修辞学　new rhetoric　指20世纪30年代在欧洲大陆及美国产生并于60年代盛行的修辞哲学,从古典修辞学发展而来的,弥补了传统修辞学的不足,可以将其定义为对可利用的明智地处理社会问题的话语手段的寻求。新修辞学有如下几个主要特点:(1)最明显的是,修辞学的范围扩大了。传统的修辞学的研究范围主要是演说和辞格,即精心设计的劝说,而"新修辞学"所关注的是几乎无所不包的人类交际行为。(2)它不仅是修辞的学说,而且也是人类行为阐释性的学说。它不仅运用心理学、逻辑学,而且还运用语言学、人类学、伦理学、社会学等学科理论,其结果是研究范围扩大到人类交际的所有方面,因此它实际上已成为阐释人类行为中语言所起作用的理论集合。(3)在修辞功能上,传统的修辞学认为修辞学是演讲劝说的学问。这种劝说是演讲者个人对听众的作用。而"新修辞学"认为,修辞的功能是调节社会关系,劝说只是修辞的一种目的。(4)在交际参与者的关系方面,"新修辞学"也有一个重要特点。在传统修辞学中,修辞者与听众的关系是对抗性的关系,或至少是一种劝与被劝的主动与被动之关系,而在"新修辞学"中,他们之间的关系是一种合作的关系。(5)在对写作及其教学的看法上,"新修辞学"也显露出其与传统修辞学不同之处。写作是对修辞理论的具体运用,因此对写作及其教学的看法往往能折射出修辞学观点。传统修辞学认为,写作过程是表达已有观点及论辩材料的过程,因此写作教学主要是教学生掌握各种语篇、语体的规约或范式。而"新修辞学"则认为,写作在很大程度上是一个发现过程,也就是说,写作材料不少是在写作过程中发现的,因此写作教学不仅要教语篇、语体的各种规约或范式,还要培养学生的创造能力和修辞的敏感性,使其在写作过程中知道如何发现和探讨思想。

新语[1]　neologism　　形态学术语。不管是通过什么过程、在什么时代引入语言的新词新语。例如:"Eurocracy"在英语中是一新词,源于"Eurocrat"或直接的词汇混合,表示欧盟的官僚作风(机构)。

新语[2]　newspeak　　英国作家乔治·奥威尔(George Orwell)在其作品《1984》中提及的一种假想语言,是大洋国的官方语言,每年其词汇量都在缩减。作者在小说的附录处列出了一短文,解释了该语言的基本规则。新语基于英语,但词汇和语法非常简化,这样利于大洋国政党极权统治——通过消除任何表示自由、民主和反叛的词汇来阻止"异类"思想。例如,"好"是指"喜欢老大哥",而"坏"则已被"不好"取代,无法说出"老大哥是坏的",只能说"老大哥是不好的"。结果,表达自由、革命等概念的词语被删除,与政府不一致的思想或言论(犯罪思想)不复存在,就能削弱人们使用不同方式及语句表达意见的能力。在小说中,相对于新语,原有的英语称为"旧语(old speak)";依照计划,旧语会在2050年之前被完全取代。

新语法学派　Neogrammarians　　源于19世纪70年代莱比锡(Leipzig)的语言学派。认为语言变化都有严格的规律原则,强调在历史比较语言学中应承认不同语言间词的语音对应的严格规律性。强调研究活的语言和方言,重视收集语言材料并对其进行分析。但过高估计心理联想作用,甚至错误地将个人心理活动看成语言发展的原因。"规律原则"分别由奥格斯特·莱斯金(August Leskien)于1876年和卡尔·布鲁格曼(Karl Brugmann)于1878年阐释。新语法学派总的思想观点集中在保罗(Hermann Paul)所著,最初于1880发表的《语言历史的原则》(Prinzipien der Sprachgeschichte)。20世纪很多人见证了该语言学运动作为科学语言学的发端。学派代表人物还有丹麦的维尔纳(Karl Verner,1846—1896)、汤姆逊(Vilhelm Thomsen,1842—1927)等。参见"莱比锡学派"。

新语言点呈现　presentation of new language　　指传统语言教学三阶段(presentation-practice-production)中的第一阶段。这一阶段的特点是介绍新的语言点。这些新的语言点可以是一项语法内容,可以是一项语言功能,也可以是与语言学习相关的其他知识。在如何呈现语言项目或知识方面存在着对归纳(induction)和演绎(deduction)两种模式的不同看法。按照归纳法,应当先呈现例子,然后再根据例子总结规则,即"EGRUL—example→rule"模式。按照演绎法,则先呈现规则,然后再举例说明,即"RRULEG—rule→example"模式。演绎法和归纳法在语言教学领域一直是热门话题,按照里弗斯(Wilga Rivers)(1964)的论述,归纳法是一种类推(analogy),即根据例子进行总结;而演绎法是一种分析(analysis),即对规则的分析和理解。里弗斯还讨论了这两种方法各自的优点和缺陷。听说法(audio-lingualism)学派推崇归纳法,如波利策(Robert Politzer)认为,规则应当是对行为的一种总结。但是里弗斯认为归纳法的潜在危险是概括过于笼统(over-generalization)。例如,在"She's going to the park.→She's going there."的转换中,学习者可能会简单地认为任何"to+noun phrase"都可转化为"there",因而可能会出现"She is speaking to her father.→She is speaking there."这样的任意转换。而演绎法的潜在弱点则是不能较好地处理"teaching about"和"teaching how to"之间的关系,即可能会错误地认为学习者一旦理解了规则,就能自然而然地将规则运用于实践,但往往事实并非如此。

新语言学派　Neo-linguistics　　该学派产生于20世纪前半叶的意大利,代表人物是巴尔托利(Matteo Bartoli),学派主要由德国和意大利的语言学家构成,深受格赖斯(Paul Grice)语言哲学思想的影响,反对新语法学派关于语音规律无例外的思想,强调说话者个人的作用、说话人的社会联系以及说话人的创新能力。其主要影响在语言变体区域分布领域(geographical distributions of variables):认为语义相近的不同单词分布在区域较大的相关语言中,分布在地域边缘的词语较古老,区域中间的词语则较新。

信达雅　faithfulness, expressiveness and elegance　　"信达雅"是个完整的原则体系,在中国长期以来被认为是翻译的标准,由严复于1898年在《天演论·译例言》中提出。严复称:"译事三难:信、达、雅。其信,已大难矣!顾信矣不达,虽译犹不译也,则达尚焉。海通以来,象寄之才,随地多有;而任取一书,责其能与于斯二者,则已寡矣。其故在浅尝,一也;偏至,二也;辨之者少,三也。""信达雅"中的"信"指忠于原文,在翻译过程中译文从内容、形式等方面尽量与原作保持一致,译者必须把原作内容完整准确地表达出来,不能随意篡改、歪曲或删减。"达"指译文通达达意,在译文准确的基础上通顺流畅,能够流畅地向读者表达原作者的意思。"雅"指文笔优美,富有文采,从字面与音调上均有美感。也有一说认为"雅"是对译文质量的要求,译文要做到文雅、古雅。"信达雅"是中国古代翻译理论探索的浓缩,也是近现代翻译研究争议的焦点。

信度　reliability　　语言测试术语,亦称可靠性。

指对一项测试结果一致性程度的测量,即一个测试结果的准确与可靠程度。如果一项测验在不同场合多次进行或由不同被测试者参加都能得出同种结果的话,该测验就是可靠的。一项测验的信度主要表现为各项目间得分的基本相符,以及两次测验分数的前后一致性程度。信度可以分为重测(test-retest)信度、分半(split-half)信度、内部一致性(internal consistency)信度等。一般说来,信度受外在因素,如测试者和被测试者、测试环境等的影响,也会受内在因素如测试本身的稳定性等的影响。信度高低一般用信度系数来表示,系数值越大,信度越高。系数值(reliability coefficient)一般在 0 至 1 之间,大于等于0.7,且小于等于0.9为好。

信号 signal 信息论(information theory)概念之一。指一种信息流,即信息从传递工具发出后在传送渠道上流动的载体(如携带信息的电流、无线电报和光等)。对信号的解释依赖已有的信号系统,诸如声学的、电磁的或是生物化学的物质系统。

信号语音学 signal phonetics 声学语音学(acoustic phonetics)的一个分支,研究语音信号。参见"声学语音学"。

信念系统 belief system 语言教学术语。指在语言教学或学习中教师和学习者对自身的教或学持有的观念和理论。教师的"信念系统"影响着教育实践和学生的身心发展,是教师对教与学现象的某种理论、观点和见解的判断,包括对教与学的过程的信念、教师角色的信念、学科与自我学习的信念、学习环境与教学模式的信念。这些信念直接影响教师的教学决策与信心。

信息 information 现代科学最基本的概念之一,与能量和物质一起构成物理世界的三大要素。广义的信息包罗万象,指人类在适应外部世界并使这种适应反作用于外部世界的过程中,跟外部世界交换的内容,与原料、能源一样都是科学技术和生产的重要资源。凡有序的符号序列都是信息载体,信息语言学家从若干方面利用这一基本概念,既按其一般涵义,又按源自传递的数学理论和统计学上阐释的意义。

信息差距 information gap 语言教学术语。指两个或更多的人进行语言交际时只有部分人知道某方面信息,由此造成"认识差距"的情况。交际语言教学法认为,只有在学生间或师生间形成"信息差",才有可能展开真正的语言交际,否则课堂活动或练习将变得机械并且不自然。

信息处理 information processing 心理学、心理语言学术语。指信息和意义在记忆中储存、组织和检索的过程,以及阅读和倾听时的各种解码法。信息处理研究包括对记忆、解码和假设验证(hypothesis testing)的研究,以及对学习者理解目的语意义时所运用的过程和策略的研究。

信息传递性 information transmitivity 翻译学术语。指译文使目标语言读者获得原作信息的程度,即对原文信息的包含程度,与译文的信息等价性(information equivalency)一起构成翻译的二元基本标准,反映翻译的本质,简称信息传递性。两者体现了翻译中译文与原作(著者)之间、译文与目标语言读者之间两种根本关系,两者相辅相成。好的译文既有较高的信息等价性,又有较强的信息传递性。只有译文把原作的全部信息等价地转化在目标语言的言语中,才能将这些信息完整、准确地传递给目标语言读者;反之,只有目标语言读者通过译文的传递获得了原作较多的信息,才能体现出译文具有较高的信息等价性。

信息传送 information transfer 语言教学术语。指与交际教学法相联系的一种活动类型。学生把信息从一种形式传送到另一种形式。例如,学生从一篇阅读文本或者听力文本选择意义,然后以不同的形式(如以图、表的形式或者反过来)重新表述。在活动中,强调对相关信息进行选择以及发展实时处理的技巧。

信息单位 information unit 话语分析术语。指表现句子内容的句法结构单位,在音位上以语调来实现。该单位的具体名称是"组块"。把语言组织成信息单位,就构成了语言的信息结构。韩礼德认为在每一个信息单位中都必须有一个新信息,没有新信息的信息单位是不完整的,也往往是不能成立的;而已知信息则是可以取舍的。"已知信息+新信息"是最常见的信息单位结构,韩礼德称之为"非标记性结构"。

信息等价性 information equivalency 翻译学术语。翻译的二元标准之一,指译文对原文信息的包含程度。参见"信息传递性"。

信息基础 grounding of information 参见"信息着陆"。

信息技术 Information Technology 与信息相关的、能够扩展人的信息功能的技术,一般缩写为IT。在教育界主要指电脑等多媒体、网络技术的应用,目前语言教育中IT辅助教育的应用范围越来越广,包括远程写作、文字处理器辅助作文、超媒介支持语言学习、模拟刺激口头话语等。

信息检索 information retrieval 计算机效用之一。从人的记忆或存储在计算机内其他资源中提取信息的过程。语言学家与有关专家合作，首先编出系索表（thesaurus），所有文献按系索表作出索引，输入计算机。使用时按系索表检索。

信息交织 informational hybrids 认知语用学术语。在语篇中，以已知信息加新信息的形式来连贯话语，呈现命题和句子的有效连接的现象称为信息交织。信息交织既连接上下文，又传输新信息，仅有旧信息的话语不会引起听者的注意，而有新信息的话语没有信息着落点就容易给听者的理解造成障碍。只有新旧信息交织，才能形成有效的信息连续体。

信息焦点 Information focus 指句中通过语调或其他方式受到强调的成分，是信息传递中听话人或阅读者需要特别关注的信息。例如：[1] It was in 1983 that I met John. [2] Who did you meet in 1983? [3] When did you meet John? 例[1]中1983是信息焦点，是考察句子间关系的一个重要方面，例[1]只能作为例[3]而不是例[2]的回答。

信息接收者 receiver 指交际活动中一个或多个信息接收对象。在一个交际过程中通常至少有一个发送信息者（sender），一个或多个接受信息者。根据交际方式、年龄、性别、身份、民族等，信息接收者可以分成不同类别，譬如口头交际时信息接收者为听者，书面交际时为读者。

信息结构 information structure 指通过语序、语调、重音及其他方式来组织、表达和理解语言中信息的体系。信息结构主要研究如何利用主述结构（topic-comment structures）来突显句子中的信息。例如，口语中声调和重音的变化，以及书面语中句子在语法形式上的变化都会改变信息结构。有的语言学家根据"信息"的涵义，认为言语就是一个信息结构，表达出一个信息的相对显著程度。由于构成信息结构的信息单位具有层次性，因此语言的信息结构也具有层次性。例如，在一句话中，从最小的语音单位到句子的主述结构，甚至到更高层次上的超音段音位即语调，都承载着大大小小的信息单位，构成不同层次的信息结构。信息结构可以通过表明以下内容的方式来实现：(1)句子的哪部分传达已知信息和新信息；(2)对比或言外之意，如"I broke MY pen" "I broke my PEN" "I BROKE my pen"等。

信息句 informative 信息句的作用是提供信息，对信息句的恰当回答可使用承诺句，承诺句的使用标志着听者的注意和理解。例如：A：I think I'll go to town. B：OK.

信息科学 information science 研究信息的产生、组织、交流及运用的学科。信息科学是一门跨学科的科学，借鉴了语言学、工程学、计算机科学、物理学、通讯等学科的成果。

信息量 information content 表达特定符号载荷的离散信息的数值量度。符号由于被选择使用而扬弃了不确定性，信息量说明接收到这个符号时不确定性减少的量，这与同符号本身的出现概率有关。例如：We are going away. 句中 away 的出现概率较小，are 的概率则很大，因此"away"的信息量比"are"大。

信息论 information theory; communication theory 运用数学方法研究信息的计量、发送、传递、接收、加工和储存的学科。香农（Claude Shannon）和韦弗（Warren Weaver）提出一个通讯是一个过程的著名模式，由以下要素组成：信息源（如说话者）从可用的一组信息中选出所要用的信息；发送者将这些信息变成信号，由通讯渠道（如电话线）传递给接收者（如电话或耳机），然后再还原为信息送至终点（如聆听话者）。在传递过程中，可能会出现一些不需要的东西，不属于信息的内容（如因电话线不好而受到干扰），这些不需要的东西称为噪音。一个语言单位（如一个词或一个句子）的信息内容根据其在特定交际中出现的可能性来计算，信息单位的可预测性越大，其传递的信息就越少。信息单位采用"二进制"，或称比特。相关的一个概念是冗余度，指为保证理解包含的信息多于所需要的程度。现代语言学广泛应用信息论的思想和方法，对语言的信息结构进行探索和解释，如语音学中对各种声波特征的信息载荷量研究；语法学中对句子所含信息单位配置关系的研究；语义学中对语义信息结构和多余度的研究等。信息论和语言学、心理学等学科结合，形成了很多边缘学科。

信息内容 information content 指一定语境下的一个单位（词或句）的信息量。用二进制数字（binary digits）表示的信息内容跟多余度（redundancy）和出现概率（probability of occurrence）成反比。一个单位在一定的语境下出现的可能性越大，所传达的信息量也就越小。例如：We are analyzing. 句中的"are"最有可能预测到在"we"和"analyzing"之间出现，而相比之下，"analyzing"在"are"后出现的概率就小得多，因此它比"are"有更多的信息量。

信息性 informativity 指文本中已知内容和意料值相较于其未知内容和意外值的程度。由于存在不可预测的变异性，一个文本在某种程度上通常都具有某种信息性。

信息性功能 informative function ❶指语言用以传递信息的作用，是语言最基本的功能之一。❷体现在翻译中，指译者首要的任务是克服语言和文化上的差异，准确地传达出原文的信息。例如：

[1] His greatness is attributed by his biographers and critics not alone to his profound medical knowledge and insight but to his broad general education, for he was a very cultured man. 译为：他的传记作家和评论家认为，他的伟大不仅在于医学造诣深、洞察力强，而且在于博学，因为他是一个很有文化素养的人。例[1]中"general education"不译作"普通教育"。语言传递信息的方式多种多样，有的明确，有的隐晦。对于以传递原文信息为首要任务的译者来说，无论其表达方式如何，都要尽可能地予以体现。例如：[2] Last night an uninvited guest turned up to make five for bridge. I had the kind of paper book at hand to make being the fifth at bridge a joy. 译为：昨天晚上来了一位不速之客。桥牌桌上多了一人。手边正好有一本简装书，我没打成桥牌，却也读得愉快。译文对"to make being the fifth at bridge a joy"所传达的信息，透过字面明确地表达了出来。

信息性摘要　informative abstract　语篇语言学术语，亦称全面性摘要。指读者点明主题、扼要地介绍文章的要点以及各要点的主要内容的一种摘要形式，与指示性摘要（indicative abstract）一起构成摘要的两大类别。信息性摘要的语篇特征是统一性、连贯性和衔接性，这三个特征分别通过如下手段获得：（1）统一性通过紧紧围绕方法与结果这两个核心语义概念获得；（2）连贯性通过"方法"与"结果"交错出现构成语义链来表达；（3）衔接性通过"方法"与"结果"在句内多种衔接方式以及适量使用照应、连接、重复等句间衔接手段获得。

信息原则　I-principle　语用学术语。新格赖斯会话含意推导机制三原则中的第二条原则：（1）说话人准则：最小化准则。说得尽可能少，只提供实现交际目的所需的最小语言信息（同时遵循数量原则）。（2）听话人推理：强化规则。通过寻找最具体的解释（直到认定说话人的意图所在为止）方法，充实说话人陈述的信息内容。参见"列文森会话含义三原则"。

信息着陆　grounding of information　语用学术语。指说话者利用不同的连贯手段来实现新信息（new information）在听话者旧信息（given information）的基础上展开，使听话者能够有效地接受新信息。句子信息结构的一个方面，从信息论的角度看，交际中的言语行为包含为理解新信息而需要的信息，即背景信息（background information），以及比背景信息更重要的信息，即前景信息（foreground information）。例如：When I entered the office this morning I found the vase broken on the floor. 例句中"When I entered the office"是背景信息（旧信息），"this morning"和"I found the vase broken on the floor"是前景信息（新信息），新信息在旧信息的基础上展开，然后变成旧信息，成为更新的信息的基础，如此循环。这样说话人就可以把新信息建立在听话人旧信息的基础上，保证交际的正常进行。前景信息一般包含在句子的主句中，而背景信息往往包含在从句中。

信息组块　information chunking　认知语用学术语。指一种有效的组织记忆策略，涉及将信息分组或"打包"成"高阶"单元，以作为独立单元加以记忆，构成连续话语信息的、经过有效序列化的信息功能单位。组块的作用是使大量信息易于管理及更具有意义。基于信息组块理论，语言教学研究者通过实证提出了一些提高学习效率的方法。例如图示法和子目标法。

行动研究　action research　指有计划有步骤地在实践中实施、验证、修正得到研究结果的一种研究方法，由美国社会工作者柯立尔（John Collier）、著名社会心理学家勒温（Kurt Lewin）等人于20世纪40年代基于对传统社会科学研究的反思而提出。其基本思路是研究课题必须来自实际工作者的需要，研究应在实际工作中进行，由实际工作者和研究人员共同参与完成，努力做到"没有无行动的研究，也没有无研究的行动"。随后行动研究于50年代开始广泛应用到教育研究之中，70年代以后逐渐成为教育技术研究的主要方式。在教育技术领域中，行动研究关注的不是某种理论研究者认定的"理论问题"，而是教育技术决策者、学校校长、教师们日常遇到和亟待解决的"实践问题"，如如何选择合适的多媒体教学软件，如何提高某一学科课堂教学的质量和效率等。

行事动词　performative verb　参见"言语行为理论"。

行事性语句　performative utterance　参见"施为句"。

行为被动语态　actional passive　语法学术语，亦称动作被动。根据被动语态的性质特征，英语的被动语态可以分为行为被动语态和状态被动语态（state passive）两种类型，前者亦称为变化被动语态（passive of becoming），形式上通常由被动语态助词 get, be 或 become 与动词的过去分词联合构成，在意义上偏重于动作的执行。例如：Anthony got slapped by Charlotte.

行为词　action word　参见"操作词"。

行为动词　activity verb　参加"活动动词"。

行为方式　manner of action　亦称词汇体

(lexical aspect)。指与时间相关的结构而成的动词方式的一部分。在语言学领域,有语法体(grammatical aspect)和词汇体(lexical aspect)的区分,前者指与事件的时间流有关的动词共轭的一个成分,后者指不同动词之间因其与时间的关系不同而有所不同。词汇体与语法体的不同还在于,词汇体是一种可能性的内在属性,而语法体是具体的动词形式的属性;词汇体是不变的,而语法体则随说话人的思绪进展发生变化。例如,"吃苹果"不同于"坐下"在于"吃苹果"有一个自然末端,即无论如何总有一个时段代表吃的动作完成;相反,除非我们给予更多细节,否则"坐"只能停止,这就是两个动词之间的词汇体的区别。

行为规范　behavioural norm　指人们受思想支配从而使外在的活动必须合乎一定的标准。语言学框架下的行为规范指人们在说话言谈中,使用语言所需要遵守的规则和标准。其特征包括:行为规范的原型性、行为规范必须以行为情景为前提、规范情境的四维度。行为规范可分为八大类:相互影响之行为规范、生活保障之行为规范、交际规范、责任规范、检查规范、现实规范、安全规范、理智规范。

行为过程　behavioural process　功能语法术语。指与语言的经验功能相联系并且相互作用的行为活动的过程类型之一。此过程的参与人称为行为者。

行为结果名词　deverabal noun　语法学术语。德国语言学家布斯曼(Hadumod Bussmann)1996提出的概念,指从动词派生出来的名词,表示动作产生的结果,如 establishment、examination、constitution、concernment 等。

行为评估　performance-based assessment　语言测试术语。一种评估方法,根据学生在完成某一具体任务(如写短文的能力或者进行一个短对话的能力)时的表现来评估学生的学习情况。这种评估方法被认为比传统测试(如多项选择)好。

行为型话语　behavitive　语用学术语。奥斯丁(John Austin)所区分的人们说话方式之一。奥斯丁将人们的说话方式分为五类(参见"**言外行为**")。行为型指人们说出这类声言的目的在于对别人的行为作出反应或表态,如道歉、感谢、同情、祝贺、欢迎、祝福等。

行为蕴藏　behavioural potential　功能语法术语。指由语言学家韩礼德分别于1985年和1994年提出的由行为、语义和词汇—语法这三个层次组成的语言系统中第一个层次所蕴涵的选择内容。韩礼德认为在这三个层次中每个层次都有可供语言使用者来支配的选择网络,即蕴藏,相应地就有"行为蕴藏""语义蕴藏"和"词汇—语法蕴藏"。它们三者之间的关系是语义蕴藏是连接行为蕴藏和词汇—语法蕴藏的桥梁,行为决定语义,语义通过词汇—语法形式来体现。

行为者　behaver　参见"**行为过程**"。

行为主义　behaviourism; behaviourist theory　20世纪初起源于美国的心理学流派,创始人为美国心理学家华生(John Watson),是现代美国心理学主要流派之一。该学派主张心理学应该研究可以被观察和直接测量的行为,而非没有科学根据的意识。行为主义心理学认为只有行为,没有精神。一切心理、意识等精神因素都应该归结为行为;一切行为的发生都有其物理原因,又是有机体对环境所造成的刺激所做的反应,因此人类和动物的行为可以也应当从物理过程这一角度进行研究。由此行为主义认为环境决定一切,而遗传不起作用。部分语言学家,特别是布龙菲尔德(Leonard Bloomfield)学派语言学家的研究深受该理论影响,把语言看作是一种行为,语言是一种刺激—反应的结果。斯金纳(Burrhus Frederic Skinner)和奥斯古德(Charles Osgood)曾用行为主义的"刺激—反应"观点来解释第一语言的习得。其指导下的学习理论认为,人类的思维是与外界环境相互作用的结果,即"刺激—反应",两者之间的联结叫做强化;通过对环境的"操作"和对行为的"积极/消极强化",任何行为都能被设计、塑造和改变。行为主义相关研究有助于促进对人类说话技能和学话过程的了解。但这些解释不为生成语法学者和其他很多学者接受。行为主义对语言解释的局限性在20世纪50年代受到乔姆斯基等心智主义语言学家的批评,这些批评见于认知语言学领域里心智主义思想发展的著作中。

行为主义方法　behaviouristic approach　参见"**刺激—反应理论**"。

行为主义心理学　behaviourist psychology　亦称行为心理学(behavioural psychology)。指20世纪初起源于美国的一个心理学流派,其创建人为美国心理学家华生(John Waston)。行为主义观点认为人的心理意识,精神活动是不可捉摸的,是不可接近的,心理学应该研究人的行为。行为是有机体适应环境变化的身体反应的组合,这些反应不外是肌肉的收缩和腺体的分泌。心理学研究行为在于查明刺激与反应的关系,以便根据刺激推知反应,根据反应推知刺激,达到预测和控制人的行为的目的。该学派的主要代表人物是华生和斯金纳(Burrbus Frederick Skinner)。行为心理学的基本理论包括经典的条件作用和操作性条件作用理论。经典的条件作用又叫应答条件作用或巴甫洛夫条件作用,它是以无条件反射为基础而形成的。一个中性刺激通过与无条件刺激的配对,最后能引起原来只有无条件的刺激才能引起的反应,这就是初级条件反应的形成。在初级条件反射的基础上又可以引入一个新的中性刺激建立次级条件反射。由于人具有概念和词语能力,可以用概念和语词替代任何具体的刺激物,所以人能够以语词建立极其复杂的条件反射系统。华生曾经认为,经典性条件作用是一切行为的基本单位,意思是一切行为都可以通过分析还原为一个个(巴甫洛夫)条件反射。虽然经典的条件学习的确是许多行为的获得途径,但这一看法后来由于对操作性条件作用和其他学习形式的发现被推翻。人们普遍认为,人类更大范围的行为类型是通过操作性条件作用过程获得的。操作性条件作用又叫工具性条件作用。它的关键之处是有机体(动物或人)做出一个特定的行为反应,这个行为反应导致环境发生某种变化,即发生了一个由有机体引起的事件。这个事件对有机体可能是积极的,有适应价值的,也可能是消极的,有非适应价值的。不管是哪一种,这个事件都会对有机体继后的反应有影响,如果事件具有积极价值的话,有机体会更倾向于做出同样的行为,如果具有消极价值的话,则会抑制该行为。这自然是一种学习,通过这种过程,有机体"知道"了行为与后效的关系,并能根据行为后效来调节行为。既然人们的行为是由行为的后效来塑造的,那么,有意识地设置一些环境条件,使特定的行为产生特定的后效,就可以人为地控制、塑造行为。

星号[*] **asterisk** 语言学常用标识,在不同分支学科中涵义有所不同。例如,在优选论中,左上角加星号的制约为标记性制约(markedness constraint);在句法学中,星号表示不能接受或不符合语法的结构。例如:*the man do been go 在历史比较语言学中,星号表示构拟形式(reconstructed form),如原始印欧语的音素*S和词*penkWe'五'。

形变 modification 形态学术语。指构词过程中,通过借用、同化、添加派生词缀、重音移位等方法改变词义、而词类不变的现象。

形成性测验 formative test 语言测试术语。指教学课程中进行的向学生和教师说明学生学习进展的测试,只测试被教的内容,旨在说明学生是否需要增加学习量或注意力。形成性测试通常以及格或不及格表示。如果不及格,学生就必须加量学习并重新参加考试。参见"**终结性测验**"。

形成性评价 formative evaluation 语言测试术语。指强调以调节教育过程、保证更好地实现教育目标为目的的评价活动。形成性评价方式不仅注重学生对知识的掌握情况,更注重对他们在日常学习过程中的表现、所取得的成绩以及所反映出来的情感、态度、学习策略等方面进行评价。形成性评价的终极目的不是检测学生学了多少知识,而是旨在帮助学生增强自信,获得成就感,使其有效地调控自己的学习过程,培养合作精神。与终结性评价相对。参见"**终结性评价**"。

形符 ceneme 语符学术语。指文字系统中表示语言形式的符号。与字符(plereme)相对。

形名词 adnoun 词类范畴之一,指那些在多数语境下为形容词,但可以直接转化为名词的词类。例如,"guide-dogs for the blind"中的 blind,其意义相当于名词短语"blind people"。

形容词 adjective 词类范畴之一。指规定名词属性的一大词类,主要对名词起到修饰、描绘作用。在句中主要用作定语、表语、复合宾语的一部分及状语,以英语为例,如:[1] a *hungry* boy.(定语)[2] He's *hungry*.(表语) [3] He found himself *hungry*.(复合宾语的一部分) [4] He spent several days in the wind and snow, *cold* and *hungry*.(状语)英语大部分形容词除原形外还有比较级和最高级,通常由添加词尾-(e)r 和-(e)st 或用 more、most、less 或 least 构成。根据词形构成,形容词可以分为单词形容词和复合形容词,前者在形式上以一个单词的形式出现,如 good、round、lovely 等;后者的形式多为两个或两个以上单词共同构成的复合词,如 easy-going、grass-green、kind-hearted 等。根据词汇的意义,形容词又可以分为静态形容词和动态形容词。静态形容词描绘人或物的静态特征,如 shallow、beautiful、solid 等;动态形容词带有动作含义,如 suspicious、generous、hasty 等。

形容词被动句 adjectival passive 句法学术语。指倾向于对状态进行描述的一种被动句式,与倾向于对事件加以描述的动词被动句(verbal passive)相对,主要存在于英语等一些语言中。在构成上,两者都需要有系动词和动词的过去分词。例如:
[1] a. She was worried about the interview.(形容词被动句)
   b. He was arrested by the police.(动词被动句)
[2] a. She was very worried about the interview.
   b. *He was very arrested by the police.
[1a]描述担心的状态,而[1b]描述被逮捕的事件。此外,形容词被动句可以被程度副词或状语修饰,如例[2a];而动词被动句则不行,如例[2b]。很多学者在管辖与约束理论框架下对形容词被动句进行了系统研究,比较有代表性的是博雷尔(Hagit Borer)、列文(Beth Levin)和莱波伯特·霍瓦夫(Malka Rapap-

port Hovav)等(见 Borer 1984；Levin & Rapapport Hovav 1986)。

形容词词组　adjective group　语法学术语。指包含至少一个形容词和一个或更多修饰成分(adjunct)的形容词性结构。从句法单位的角度来看，形容词词组比形容词大，比形容词性从句小。例如，句子 The film is not very interesting 中的"not very interesting"即为形容词词组。

形容词短语　adjective phrase　短语范畴之一。指以形容词为中心词的短语。形容词短语可以由单一的形容词构成，也可以形容词为中心词加上修饰语或补足成分构成。形容词的补足成分可以是介词短语，如"absent from the meeting""blind to the beauties of nature"等；可以是不定式分句，如"nice to see you""impossible to teach"等；也可以是 that-分句，如下述例句中的斜体部分：[1] I'm glad (*that*) *you like it*.　[2] He is confident (*that*) *he will be able to pass the exam*.

形容词化　adjectivisation　语法学术语。指把一个非形容词性的词或短语作为形容词来使用的语法现象。例如：It's the up-and-coming thing. 在这个句子中，up-and-coming 是 up、and 和 come 三个词是形容词化的结果。

形容词式　adjective form　语法学术语。指没有-ly 形态的形容词和副词的兼用式，如 hard、round 等。

形容词式副词　adjectival adverb　语法学术语。亦称副词化形容词。指英语中只有形容词形态，不具有相应副词形态，但可以在句子中用作状语的词，如"They are running fast."和"They are working late."中的 fast 和 late。形容词式副词具有与形容词相同的比较级和最高级形式。例如，"Caroline reads fast."中的 fast 是原级形式，而"Caroline reads the fastest of all."中则使用了最高级形式 fastest。

形容词式名词　adjectival noun　语法学术语。指名词化了的形容词，可用作主语、宾语等。在英语中，将形容词转化为名词时最常见的语法手段是在形容词前面加定冠词。有些形容词前面加了定冠词可以表示一类人。例如：[1] In these countries, *the poor* get poorer and *the rich* get richer.（在这些国家，穷人越来越穷，富人越来越富。）　在表示国家的形容词前加定冠词可以表示该国家的人。例如：[2] *The French* like to eat well.（法国人饮食很讲究。）　有些形容词的前面加定冠词后可表示抽象事物。例如：[3] Don't expect them to do *the impossible*.（不要指望他们做不可能的事。）

形容词性被动结构　adjectival passive　指在句子结构中起形容词作用的动词被动分词形式，既可以充当名词的修饰语，也可以充当主语的补语，如"a newly discovered land"中的 discovered 和"the thrill is gone"中的 gone。

形容词性成语　adjectival idiom　与形容词作用相同的成语，如 cut and dried（呆板的）、on the go（活跃着）、out of sorts（不舒服）、wide of mark（远未射中）、as cool as a cucumber（泰然自若）等。

形容词性从句　adjectival clause；adjective clause　语法学术语，亦称关系从句(relative clause)。指对名词或代词起修饰作用的从句，一般置于所修饰词的后面。例如：I enjoyed the movie *we saw yesterday*. 其中的"we saw yesterday"就属于形容词性从句，作名词"movie"的修饰语。

形容词性结构　adjectival　语法学术语。指具有形容修饰作用的结构。该结构与形容词不同，不具有形容词通常所有的如-(e)r 和-(e)st 类型的词尾变化。形容词性结构可以置于名词前，也可以置于名词后，作修饰语，如下列短语中的斜体部分"the *above* statement"和"a girl *spoiled by her mother*"。

形容词性数词　adjective numeral　语法学术语。指具有形容词作用的数词，主要包括确定数量和不确定数量的数词。表示确定数量的形容词性数词包括基数词和序数词，如 one、two、first、second 等；表示不确定数量的形容词性数词则包括 some、all、many、few、several、most 等。

形声词语　onomatopoeia　参见"拟声词"。

形式　form　❶指对语言的音系和或语法所作的抽象描写，即语言单位的音系、语法、词汇特点，常与意义或功能相对，如常用于"语言形式"、"语法形式"等，再如对名词短语这一单位可以从形式和功能两个角度进行研究，形式指其内部句法结构，功能指其在小句中充当主语、宾语等角色。❷索绪尔用语。指语言中抽象的关系结构，与实体(substance)相对，后者指语言的物理实现即语音和字形。❸语符学用语。与实体相对。分为内容形式和表现形式。前者指整理和组合思想的方式、方法，即语言单位所具有的结构功能，后者指组成符号的因素所具有的功能。

形式词　form word　指具有语法意义，几乎不具有词汇意义的词项。一般包含连词、介词、冠词等。与内容词(content word)相对立。参见"功能词"。

形式的　formal　❶基于形式而非内容或功能的，与功能语义相对。指在语言分析中，在确定词形、语音模式和语序时可作为依据的语言标准或特征。例如,对词类的"形式上"的定义指某类词的分布情况,而语义上的词类定义指其所指的一类过程和实体;❷指运用数学方法对语言形式所做的研究,如形式语法、形式语言等。

形式对等　formal correspondence　翻译学术语。指翻译时原文的形式特征被一成不变地复制到目的语文本中。奈达(Eugene Nida)于1964年提出此概念,指出翻译首先要译意,用可接受的语言复制出与原语最切近的自然对等,即意义对等,其次才是文体对等。奈达强调"意义为主,形式为次"的理念,认为形式也表达意义,改变形式也就改变了意义。

形式符　formator　指没有实际内涵,也没有独立的语义价值,在现实世界中没有确切所指的符号。相当于功能词。波兰裔美国语言学家尤里埃尔·魏恩赖希(Uriel Weinreich, 1963)区分了四种类型的形式符:(1)语用形式符,表达话语命令或实施提问功能;(2)指示形式符(如 here、there、tomorrow、I、you 等):表示话语的空间或时间(相当于指示语 deixis);(3)逻辑常量(如 and、or 等连词):连接话语并确定话语真值(相当于谓词逻辑);(4)量词(如 several、all、some、only 等):表明集的质量(相当于量词)。

形式共性　formal universal　句法学术语,亦称形式普遍性。与实体共性相对。指对自然语言语法规则中的普遍限制以及规则形式条件的说明。语音部分、语法部分和语义部分各有形式普遍现象。如音位表达规则的应用,须从句法有关的较小单位开始,有序而循环地使用规则,以得到较大的单位;句法部分必须包括转换规则,把深层结构映射成表层结构;语义部分必须包括投射规则,以在句法关系的基础上进行语义解释等。

形式合成　formal blend　认知语言学术语,与概念合成理论(Conceptual Blending Theory)有关。指概念整合网络中,具体词汇项的结构形式向合成空间的选择性投射(selective projection)。例如,XYZ 构式就涉及形式合成,提供了一个模板(template)指导形式合成过程,指导哪些成分,按什么顺序进行概念整合,从而在合成空间形成一个XYZ 构式的具体例示,如"Failure is the mother of success."等。

形式化　formalization　指运用规则、原则、条件等精确严格地分析语言材料的方法,具有术语准确、描写精确和论证简洁等特点。任何一种形式化最终都应能够运用逻辑或数学术语对一种语言分析做出形式解释并制定演算方法。

形式类　form class　布龙菲尔德(Leonard Bloomfield)用语,亦称形态类。指具有相同语音、形态和句法特征的语言学单位。例如,talking、reading、writing 等属于 -ing 分类词,反映出同一语法范畴的特点。再如,具有相同句法分布的形式,如"She""Lisa""The girl in blue"等词项均可在"___ can speak English"的主语形式类空位中出现。

形式逻辑　formal logic　亦称普通逻辑。指研究思维的形式(逻辑形式)及其规律的科学,以系统介绍传统逻辑的基本知识为主。形式逻辑学认为思维是人脑对客观世界间接地概括的反映过程,并借助语言来实现,而思维形式则包括概念、判断和推理。形式逻辑的研究对象并非是思维所反映的具体内容,而以所有概念、判断(命题)、推理(不管是什么具体内容的概念、判断和推理)的共同逻辑结构为研究对象,找到并深入研究在思维形式(逻辑形式)中起作用的一系列逻辑规律和规则等,如同一律、矛盾律和排中律等。在逻辑形式中,推理形式是最主要的研究对象。形式逻辑的创始人是亚里士多德,他建立了第一个逻辑系统,即三段论推理的逻辑形式。参见"**数理逻辑**"。

形式能力　formal competence　参见"**语法能力**"。

形式普遍性　formal universal　参见"**形式共性**"。

形式图式　formal schemata　语言教学术语。图式的一种,指与某一个情景的底层结构相关的知识,即不同类型的背景知识,如形式的、修辞的、篇章结构的,等等。其认知概括性高于内容图式(content schemata)。形式图式有助于话语情景语境的建构,在阅读中也有助于学生掌握中心思想。

形式习语　formal idiom　认知语言学术语。指为不同词汇嵌入提供了句法框架(syntactic frame)或模板(template)的一种习语,如英语中的"let alone construction"(更不用说……)形式习语。这个习语提供的句法模板可以嵌入各种各样的词汇,换句话说,形式习语具有能产性(productivity)。形式习语和真实习语(substantive idiom)相对。

形式意义　formal meaning　亦称语法意义、功能意义、结构意义。指词进入组合之后由结构所赋予的词义之外的意义。词典的释义说明的一般都是词的词汇意义,而词组合成结构以后,整个结构形式的意义总是大于个别词的意义总和,增加了形式意义。例如,"客人来了"是主谓结构,"来客人了"是述宾结构。前一句的"客人"是有定的,对话双方都知道客人是谁,相当于英语的 the guest(s);后一句的"客人"是无定的,相当于英语的 a guest 或者 guests。这是语法结构所赋予的比较细微的意义差别。

形式音位聚合体　phonotagm　音系学术语,音位组合的研究单位,是表达形式层面上不同的、具有语素学意义但没有语义相关意义的音位组合。例如辅音在清辅音后面容易清音化,如/fɪʃt/fished。

形式语法　formal grammar　指以观察到的语言行为特征为依据,建立起来的一套描写语言的规则。与"概念语法(ideational grammar)"(亦称观念语法 notional grammar 或哲学语法 philosophical grammar)相对,集中研究语言形式(如结构和分布),并在语言分析中运用逻辑和数学等形式化技巧的语法。形式语法的规则集合数量有限,却可生成合格的句子,并排除不合格的句子,每一条单个规则都能自动地在整套规则系统中确定自己的位置。美国语言学家乔姆斯基(Noam Chomsky)将形式语法分成四种类型:0 型语法(unrestricted grammar,即非限制语法)、1 型语法(context-sensitive grammar,即语境敏感语法)、2 型语法(context-free grammar,即语境自由语法)和 3 型语法(regular grammar,即规则语法)。详见"乔姆斯基层级"。形式语法理论是当代计算机科学的基础理论之一,在算法分析、图像识别及人工智能等领域得到广泛应用。

形式语言　formal language　由形式语法生成的语言。按一定规律构成句子或符号串的有限或无限集合。具有抽象化、明晰化可验证性等特点,与自然语言相对。形式语言可以与自然语言相似,也可以不相似。在数理语言学中,形式语言指可用严格的数学方法表达的语言,具有以下特点:(1) 高度的抽象化,采用形式化的手段(如专用符号或数学公式)来描述语言的结构关系,这种结构关系是抽象的;(2) 作为演绎系统,形式语言本身的目的是要用有限的规则来推导语言中无限的句子,提出形式语言的哲学基础也是试图用演绎的方法来研究自然语言;(3) 能够进行运算,比如句法分析中采用不同的算法来构造句子的句法推导树。

形式语言理论　formal language theory　用数学方法研究自然语言(如汉语)和人工语言(如程序设计语言)语法的理论。在自然语言的理解和翻译、计算机语言的描述和编译、社会和自然现象的模拟、语法制导的模式识别等方面有广泛的应用。这一理论重要的成果之一是,乔姆斯基根据四类形式语法把语言分成规则语言、语境自由语言、语境敏感语言和非限制语言。

形式语言学　formal linguistics　参见"代数语言学"。

形式语义学　formal semantics　亦称逻辑语义学。介于语言学和逻辑学之间的交叉学科。将语言学作为语言研究的理论依据,将数理逻辑的方法作为语言研究的工具,目标是对自然语言的语义进行形式化描述,实现机器对自然语言的自动理解。发端于 20 世纪 70 年代理查德·蒙塔古(Richard Montague)所创立的蒙塔古语法。分为指称语义学(强调语言的执行结果而非过程)、操作语义学(强调描述语言的过程)和公理语义学(包括谓词变换语义学和代数语义学)。主要论题包括广义量词、句法—语义接口、照应语、情态、焦点、预设、否定、时体、疑问句、复数、词汇语义和语义计算等。

形式语用学　formal pragmatics　亦称纯语用学(pure pragmatics)。语用学研究方法之一,研究语用学的形式和范畴,是语言哲学领域的重要研究内容之一,也是研究语用学形式化的最佳方法。

形式运作期　formal operational stage　亦称正式运作期、成型心智作用阶段。指儿童心智发展的最后一个阶段,约从 11 岁开始。此时,儿童已经具有进行抽象思维、形成命题、并作出假设、推论及演绎的能力。

形似词　paronym　参见"同根词"。

形素　morph　形态学术语,亦称语子。指语素(morpheme)的具体语音或拼写体现。语素作为最小的语法单位,最小的音义结合体,是一个抽象概念。其中义的部分被称为义素(semanteme)。一般来说,一个语素由一个形素表现,如英语中表示桌子这一概念的语素 table,其形素就是 table。但在不同的语音环境下,同一语素会出现不同变体,有不同的语音和拼写体现,被称为语素变体(allomorph)。如英语中表示否定的前缀-un,在不同语音环境下可以变体为-in、-im、-il、-ir 等。

形态变化节点　INFL node; inflection node　句法学术语。指树形图中用一致关系表示主语的形态变化特征,用时态表示谓语形态变化特征的节点。这是乔姆斯基在管辖与约束理论中提出的可以涵盖多种语法特征的一个抽象成分,表示包括人称、数及性别等的一致关系和动词时态等特征。早期生成语法用助词表示这些特征。短语结构规则(phrase structure rule)"IP→ NP INFL VP"把 IP 短语(即句子)作为 INFL node 的最大投射,即 INFL 是 IP 短语(即句子)的中心语,这符合 X 阶标理论。

形态分析法　morphological analysis　语法学术语,亦称形态分析。由美国结构主义语言学家哈里斯(Zellig Harris)于1942年提出的一套分析语素和语素变体的方法。类似于音素分析法,形态分析法在具体操作时有三个步骤:(1)将语言中的每一段话语切分为最小的、有意义的音素序列和剩余部分,所有这些成分都叫做语素的交替形式;(2)把这些语素交替形式归为语素单位或语素;(3)把各交替形式之间具有相同差别的语素归为一类,如 indecent、impossible 等英语单词中分别有一个语素变体,即 in-和 im-,两个语素变体为否定前缀 in-的语素交替形式。形态分析的另外一种方式是确立一些形态变化或操作过程,将词形之间的变化视为一种替换关系,如用 broke 中的[oʊ]替换 break 中的[eɪ]等。

形态格　morphological case　　句法学术语。参见"抽象格"。

形态化　morphologization　　音位学术语,亦称词位化、词素化。指音系规则由于失去原来存在的语音学理据而改变为形态规则,最典型的例子是由元音变音演变成名词复数的构词法,比如 foot("脚",单数)→feet("脚",复数)。再比如,德语史上的变音(Umlaut)在从古高地德语到中古高地德语的发展过程中,由于尾音节减弱而失去语音学意义上的变音条件,元音变音可直接与复数范畴相关联。例如,德语中 hand("手",单数)→ hande("手",复数)。英语中,元音变音发生形态化的例子为数不多,除上面提到的 foot—feet 外,还有 mouse("老鼠",单数)→mice("老鼠",复数)等。

形态句法学　morphosyntax　　指用形态学的方法来描写句法特征,比如在分析句法特征时使用黏着语素(bound morpheme),如屈折成分或附着成分来表征句法特征。这种方法不同于单纯组合的方法,后者是指通过词素在句中的位置或通过与介词、副词等自由词素的结合来描写一个语言表达式的句法特征。形态句法学也指语言分析时,同时以形态学(由词素组成单词)和句法学(用单词构成句子并发挥功能)的标准来进行。例如,英语 books 中的-s,likes 中的-s,passed 中的-ed 和 working 中的-ing 都是词素,但它们只有与前面的词素结合时自己才有意义,称作屈折词素。同时,运用形态学和句法学的标准可更好地分析语言表达式。例如,books 表示所讨论的不止一本书,其意义在句子"The books are on the desk."中更为明显。同理,likes、passed、working 也分别表示"主语为单数第三人称""动作发生在过去或已经过去""动作正在发生"等意义,可以说只有在句子中这些词素的意义才更加清楚。例如:[1] Beth *likes* ice-cream. [2] Time *passed* by. [3] The clerks *are working*.

形态类　form class　　参见"形式类"。

形态类型学　morphological typology　　语言类型学术语。语言类型学研究的主要分支,将形态学与语言类型学相结合,根据语言共同的形态结构研究如何对世界上的语言进行形态分类。在19世纪初的形态类型学研究中,人类语言被分为四类:(1)附加语(affixal language),亦称黏着语(agglutinative language);(2)屈折语(inflectional language);(3)无结构语(no-structure language),或称孤立语(isolating language);(4)多式综合语(incorporating language)。附加语(或黏着语)的主要特点是没有内部屈折,语言中的所有词缀(或多数词缀)都只表达一种意思或只具有一种语法功能,该语法功能是通过在名词、动词等词缀黏着不同的词尾来实现,如日语和朝鲜语等。屈折语指有标记语法范畴的词形变化,词与词之间的关系主要靠形态变化来体现,语序较随意,如拉丁语等。无结构语(或孤立语)是指利用语序(或词序)和虚词作为语法表达的手段,其特点是缺乏词形变化,语序较固定且不能随意变动的语言,如现代汉语和越南语等。多式综合语与孤立语相对,其主要特点在于这种语言类型中的强制性黏着词素很多,从语义上说比其他语言类型的词缀(甚至是派生词缀)更重要,如爱斯基摩语。随着研究的发展和观点的更新,当前主流的划分法是:先区分分析型(analytic)、孤立型(isolating)和综合型(synthetic)三类语言,然后进一步将综合型语言(简称综合语)划分为屈折语(fusional)、黏着语(agglutinative)、多式综合语(polysynthetic)和寡式综合语(oligosynthetic)四类。

形态理据　morphological motivation　　参见"理据"。

形态融合　morphological fusion　　形态学术语。指一个语素(通常是屈折词缀)表达多种意义或语法功能的现象。例如,表示"第三人称所有"和"第三人称复数"的语素全都融合在 their 之中;俄语 nov-aja mašina(新—单数—阴性汽车)中,语素-aja 融合了表示单数和名词阴性的两个功能。

形态学　morphology　　亦称词法学。是一门借助语素的概念研究来考察词的结构、形式及其形成方式的语言学分支学科。主要研究和分析词的结构、形式和类别。其研究基本单位为语素(morpheme),是最小的音义结合体。除语素和语素变体(allomorph)之外,研究对象还包括词的构成(word formation)、屈折与派生(inflection and derivation)和语言类型(typology)等。在传统意义上,形态学不同于研究如何组词成句的句法学,其研究一般包括两个领域:(1)屈折形态学(inflectional morphology),主要研究词的屈折形式;(2)派生形态学(derivational morphology)，或称词汇形态学(lexical morphology)，主要研究构词。根据研究对象的不同，形态学又可分为狭义形态学和广义形态学，前者主要研究同一词根的形态变化，如英语动词中过去分词的形态变化等，后者主要研究词与词之间的结构关系。形态学根据研究方法不同又可分为词素形态学(morpheme-based morphology)、词根形态学(lexeme-based morphology)和词汇形态学(word-based morphology)等。

形态学分析法　morphological analysis　形态学术语。形态学研究的基础，其特点是把研究对象或问题，分为一些基本组成部分，然后对某一基本组成部分单独进行处理，分别提供各种解决问题的办法或方案，最后形成解决整个问题的总方案。在语言研究方面，体现为对一个语言的最小语法成分的形态、功能和变体的分析，同时对于它们在更大单位中的分布及相互关系进行分析。

形态音位学　morphophonemics　参见"语素音系学"。

形态再分析　morphological reanalysis　历史语言学术语。指构词法中与类推结合而产生新词的一种方法。类推是其主要构词机制，通过语言的共时和历时演变过程，使概念相关的语言单位在形式上相似或相同，尤其在过去语音变化造成各种不同形式存在的情况下，这个过程使语言分析成为可能。类推常常是追求形式的简洁性或便于语言形态形式习得的结果，主要有两种类型。其一，类比调整(analogical leveling)：指语义不发生改变的情况下，在一个形态范式内音位交替减少。其二，比例类推(proportional analogy)：指根据公式 A:A'＝B:X，不规则性发展至规则性。例如，"cow"的复数形式在古英语中为"kine"，后来被类推后的形式 cows 所取代，这是根据 stone:stone-s＝cow:X(＝cow-s)这一模式得到。受比例类推影响的方面主要有：(1)形态学(morphology)，如上例；(2)拼字法(orthography)，如中古英语中的 wolde，coude 分别演变成了现代英语中的 would，could；(3)构词法(word formation)，如 Xeroxing。

形式—功能关系　form-function relation　指事物的物理特性与其作用或功能之间的关系。研究语言运用时，经常提到这一差异，因为语言形式可以完成诸多不同的功能。例如，祈使句可以承担邀请、警告、指示、请求等很多功能：[1] Come and have a look.(邀请)　[2] Watch your steps.(警告)　[3] Turn left at the first cross.(指示)　[4] Pass the salt.(请求)

型符　token　语料库语言学术语。指语料中被实际观察到的语言单位，如连续文本中一个由前后空格所分隔的字符串、一个语音标写式等。

杏仁体　amygdala；amygdaloid body　大脑颞叶内侧左右对称分布的两个形似杏仁的神经元聚集组织，位于侧脑室下角前端的上方，海马旁回沟的深面，与尾状核的末端相连(见图)。杏仁体是大脑边缘系统的皮质下中枢，有调节内脏活动和产生情绪的功能。心理学家认为杏仁体能够定向注意力，常称其为情绪的发动机和计算机。

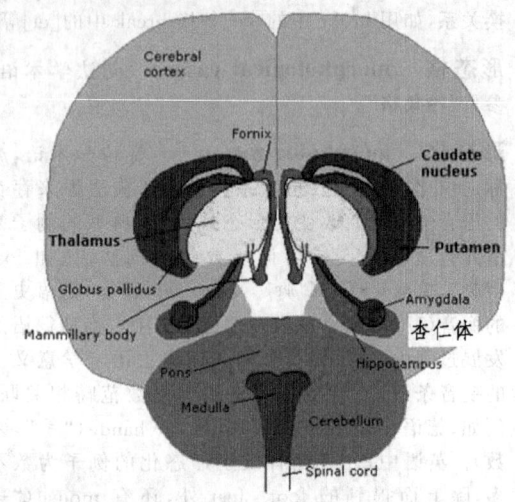

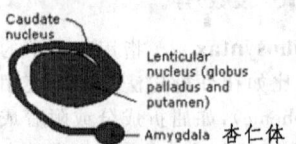

国际脑科学界普遍认为，大脑杏仁体是恐惧记忆建立的神经中枢。杏仁体在人的愤怒、焦躁、惊恐等各种情绪反应中充当指挥所的角色。研究表明，杏仁体与脑中的感知和认知系统具有广泛的联系，可以通过投射到不同的激励系统，间接地影响知觉皮层对信息的处理，因此对人的气质倾向和学习习惯具有影响和调节的作用。

性别　gender　❶生物学或社会学意义上构建的性别范畴。❷语法学术语。指名词、代词、形容词、冠词等所具有的一种语法范畴，与自然性(natural gender)相对，语法研究基本参照自然性把名词分成不同类的语法范畴，表示雄性概念的名词一般归为阳性(masculine)，表示雌性概念的归为阴性(feminine)，既非雄性又非雌性的为中性(neuter)。语言中语法性往往和自然性别(natural gender)不一致。例如，女孩的自然性是阴性，但在德语中女孩(Madchen)的语法性却是中性。在有些语言中，语法性对语言表达形式的影响很大。例如，法语中的名词有阳性、阴性之分，并要求冠词相应形式来搭配；德语中的名词有阳性、阴性和中性三种语法性别，也要求相应的冠词搭配；西班牙语中大多数以-a结尾的名词是阴性，大多数以-o结尾的名词是阳性，修饰的冠词和形容词要与名词的性一致。英语中语法性别不具有重要作用。除少数人称代词，如he、she、him、her和少数名词所指的人的性别，如salesman（男推销员）、saleswoman（女推销员）、waiter（侍应生）、waitress（侍应小姐）外，其他方面的语法性别并不明显。20世纪末期，随着女权运动的开展，在口头交际中，许多性别明显的英语词都被中性名词取代，如salesperson（销售员）包括salesman（男销售员）和saleswoman（女销售员），server（侍者）包括waiter（男侍者）和waitress（女侍者）。除上述三个性以外，还有另外一些性的类型，如通性（common gender）。

性别名词　gender noun　指以自然性（natural gender）为依据而划分的名词，如boy（男孩），girl（女孩），niece（侄女），nephew（侄儿），prince（王子），princess（公主）等。

性别歧视性语言　sexist language　社会语言学术语。指贬低、忽视或模式化描写任何一种性别的语言，也指不必要地唤起性别注意的语言。虽然语言的性别歧视性在理论上不拘泥于任何一种性别，但是在现实语言习惯上，性别歧视通常是指语言对女性的歧视。语言中的性别歧视性是一种普遍现象。例如：After the nursing student graduates, she must face a difficult state board examination. [Not all nursing students are women.]　此句中用代词"she"指代先行词"the nursing student graduates"。事实上，护理专业毕业生并非都是女性，这就是典型的性别偏见在语言中的体现。

性别语言　genderlect　社会语言学术语。指可以用来指男性或女性的言语。在同性恋社区，也可以延伸指诸如同性恋语域（homosexual register）的语言变体。参见"性别"。

性格变量　personality variables　一个人在行为、态度、信仰、思想、动作和情感等方面的典型特征。在二语习得研究中，性格因素（如自尊、压抑、焦虑、冒险和外向等）被认为是影响语言习得或语言学习的因素之一，因为学习者的性格能影响其学习动机和学习策略选择。

性状复合词　Bahuvrihi〔德〕　源于古印度语语法概念，该类词既是术语，本身又是一个性状复合词。德语词Bahuvrihi源自古印度语，本意为"有许多大米"，后来表示"有许多稻田的农夫"，属于表示所有关系的复合词。例如，white throat不是"白色的喉咙"，而是"长着白色喉咙的某物"。

胸搏　chest pulse　指胸肌的搏动。胸肌搏动数次产生一次呼吸，但只需搏动一次就能产生一个音节。若胸搏时增加能量则产生重读搏动（stressed pulse），即一次加强性的搏动产生一个重读音节。

雄辩术　elocution　亦称演说术。❶指雄辩术、演说术等语言艺术，即用语言正确地、清楚地、有说服力地宣讲一件事情，从而有效实现语言的鼓动作用。形式有宣传讲话、法庭辩护、学术报告、命题辩论等。参见"演讲术"。❷朗诵法。语言教学和语言训练的一种手段，要求用正确优美的语音语调、合适的感情、清楚响亮地宣读或背诵一个语篇。朗诵是演说术的技术基础，可用于语言训练或舞台演出。

休眠关系　Chômeur　亦称无业者。关系语法中指受谓语动词支配的名词丧失语法关系的过程，丧失原来身份后的名词就叫"无业者"。

修辞格　figure of speech; rhetorical figure　一种在诗歌、散文、日常用语、口头文学等中用来传递意义、增强文学效果的语言表达形式。最常见的修辞手段为明喻、直喻、暗喻和隐喻等。例如：[1] Her smile is as warm as spring sunshine.（明喻；她的微笑如春日阳光般温暖。）　[2] Life is a journey.（暗喻；生活是旅途。）其他修辞格还包括类比、拟人化、夸张法、含蓄、委婉语、换喻、提喻、换称、双关、轭式修辞法（zeugma）、反讽、讥讽（innuendo）、讽刺、悖论、对偶（antithesis）、警句、层进、反高潮、转喻、头韵、拟声法等。

修辞结构　rhetorical structure　语篇语言学、话语分析术语，亦称体裁类型（genre-scheme）、话语结构（discourse structure）和宏观结构（macro-structure）。指篇章或语段的组织结构背后潜在的深层结构。不同种类（如信札、报告、诗歌、故事、说明文等）的文章或话语之所以有区别，在于话题、命题以及其他内容以不同方式连接在一起构成一个单位。例如，故事的宏观结构为：故事＝背景（＝状态＋状态＋……）＋情节（事件＋反应），最终导致某种效果。其中，背景说明时间、地点和人物，以及随后一系列事件和反应。一个有条理的、连贯性强的篇章或话语，其宏观结构安排得当，符合篇章或话语要求。

修辞结构分析　rhetorical structure analysis　美国功能语言学派对篇章的一种认知处理模型，即先把篇章划分成小单位（如独立短句），然后把篇章功能分配给这些小单位，从核心（nucleus；N）和附属（satellite；S）角度分析小句，从而将篇章的各部分连接在一起。

修辞色彩　rhetorical colouring　指语言由于运用领域或场合不同而产生的不同色调，一般指词语字面意义下所隐含的说话人的感情态度、风格特色或语域性质等。包括感情色彩（emotive overtone），如褒义、贬义、中性等；语体色彩（stylistic overtone），如俚语的口语色彩、方言的地方色彩、古词语的典雅色彩等。

修辞性问句　rhetorical question　亦称反问句。❶广义上指说话者以疑问形式提出，但不需要从听者那里得到答案的疑问句，旨在引起关注或表达说话者的观点。例如，英国诗人雪莱（Shelly）在《西风颂》中的名句：If winter comes, can spring be far behind?（冬天来了，春天还会远吗？）❷狭义上指引导听者理解其反面意义的一种语气较强的疑问句，如"What difference does it make?"的实际意义是"It makes no difference"；"How can I climb that mountain?"实际上指"I can't climb that mountain"；"Isn't that terrible?"的实际意义是"It's terrible"。该问句多用于说服性的演说中，有助于吸引听众、表达感情，有时还能起到转换话题的作用。

修辞学　rhetoric　指研究如何根据题旨情境，调动、运用各种语词材料和表现方法，来恰当地表达思想和感情，以求得最佳表达效果的学科分支，包括语音修辞学、文艺修辞学、功能修辞学、比较修辞学等学科分支。修辞学的研究对象为各类修辞现象所展现的条理和规律，并在此基础上指导人们运用和创造各种修辞方法，以适应繁复的社会交际需要。比较是修辞学的一条重要方法。该学科理论源自以亚里士多德为代表的古希腊时期的古典修辞学。古典修辞学强调修辞学思维的目的型特征，以语言的使用作为手段来影响读者或听者，并分析手段和目的之间的关系。修辞、逻辑和语法共同构成了中世纪学校的三门基本学科。西方古典修辞学传统在20世纪西方新修辞学中体现为相辅相成的两大分支：(1)语体文体修辞学：语体部分研究语言在不同交际领域中所形成的功能分化，如科技语体、公文语体、新闻语体、法律语体、口语语体等；文体部分则研究文学语言与风格，包括个人风格与时代、流派风格等。(2)人文修辞学：重点研究控制读者或听者反应的技巧，包括语言符号在各种交际活动中的影响力，深化认识和影响感情的手段，劝说的各种论辩技巧，表达内容与表达方式之间的关系等。该分支主要在北美学院或大学的修辞或"修辞性交际"之类的课程中得到讲授和传播。此类课程着眼于如何根据写作或演讲的题目、交际对象（读者或听众）、交际目的等来正确和有效地表达自己。

修改　revising; editing; postwriting　写作中一个对已经写好的内容进行检查、修改和重写的步骤，一般在构思和撰写之后。该环节为文章的完善阶段，也是最后一个重要步骤。也有学者认为该环节贯穿整个写作过程。

修饰　modification　语法学术语，亦称限定。指短语结构中修饰语或附加语（adjunct）和中心语之间的关系，修饰语对中心语进行更详细的说明和限定，表示更多信息。参见"修饰语"。

修饰词　modifier　句法学术语。指不作为论元或谓词出现的语法成分，可修饰其他成分或短语。例如，副词very在句子"He is very tall"中是形容词tall的修饰词。

修饰词漂移　modifier floating　参见"限定词漂移"。

修饰短语　adjunctival　指在句子结构中充当修饰成分（adjunct）的短语结构。该类短语结构不属于句子的主要结构成分，而是那些对句子的主要结构成分起到扩展或修饰作用的成分。例如：[1] The man walked down the street. 本句中修饰动词的介词短语"down the street"为修饰短语。[2] The girl coming to learn music is only six years old. 本句中修饰主语的分词短语"coming to learn music"为修饰短语。

修饰名词的分句　adnominal clause　指在语义上对名词起修饰作用的分句结构，包括从属性定语分句和同位语分句两类。例如：[1] He has a friend whose father is a doctor. [2] They were worried over the fact that you were sick. 例[1]中的定语分句对名词"friend"起到修饰限制作用，而例[2]中的分句则是同位语分句，用以说明名词"fact"的具体内容。

修饰性词语　attributive　语法学术语。指可以作为修饰语或定语的词语，如修饰性形容词（attributive adjective）、修饰性名词（attributive noun）、修饰性动词（attributive verb）等。修饰性形容词指在名词短语中修饰名词的形容词，如"her new hat"中的new。在英语中，此类修饰性形容词通常置于所修饰名词前。在某些语言中，则可置于所修饰名词后，如法语。修饰性名词指对其他名词起修饰作用的名词。例如，"chicken soup"中的名词修饰语chicken修饰soup。修饰性动词指的是修饰名词的动词，而不是表达独立意思的谓词。英语中动词的分词和不定式可以作为修饰语，如"the walking man""a walked dog""uneaten food""a place to eat"等。然而，许多其他语言允许规则动词性修饰语的存在,如在日语中,谓语动词出现在句子的末尾、名词之后,而修饰性动词出现在名词之前。

修饰性副词 **adjunctive adverb; adverb as adjunct** 语法学术语。副词在句子中可用作状语、表语、定语、复合宾语等,其中作状语的副词即修饰性副词。修饰性副词可对动词、形容词、副词或整个句子进行时间、地点、方式、程度等方面的限定。例如,时间副词 daily、then;地点副词 below、locally;方式副词 briefly、happily 等都属于修饰性副词。

修饰性功能 **attributive function** 语法学术语。指具有定语或属性内涵的词用来修饰中心词的功能,通常是形容词或与形容词具有同等功能的名词、代词、分词、副词、短语等修饰中心词。在英语中,形容词修饰中心词最为常见,如"white snow""red rose"等。此外,还有其他可以用来修饰中心词且具有形容词同等句法功能的情况。例如,"key point"为名词 key 修饰中心词 point,"my address"为代词 my 修饰中心词 address,"running dog"为现在分词 running 修饰中心词 dog,"very important"副词 very 修饰中心词 important,"in-patients"为介词 in 修饰中心词 patients。

修饰性连词 **qualifying conjunction; subordinator; subordinative conjunction** 语法学术语。可用来引导从句或把从句和主句连接起来的连接词,如 because、when、if、though 等。

修饰性生格 **attributive genitive** 参见"修饰性属格"。

修饰性属格 **attributive genitive** 语法学术语,亦称修饰性生格。指从属于并修饰名词的所有格。例如:[1] the teacher's laptop [2] mother's handbag

修饰性向心结构 **attributive endocentric construction** 参见"向心结构"。

修饰性形容词 **attributive adjective** 语法学术语,亦称定语形容词或属性形容词。指做定语的形容词,如"a main road"中的 main 和"a nice boy"中的 nice 等,在一些语言中常置于名词的前面,在另一些语言中则常置于名词的后面;还有一些语言,修饰性形容词的位置取决于形容词和所修饰名词的关系。在简单的英语名词性短语中,修饰性形容词常位于被修饰的名词之前,而在一些较复杂的句型中,如形容词被短语修饰或限定充当副词,这时修饰性形容词的位置就在名词之后。例如:[1] I saw three kids happy enough to jump and down with glee. 修饰性形容词不同于表语形容词或叙述形容词(predicative adjective),后者跟在联系动词 be、become、seem、fall 等后面,如"The boy is nice."中的 nice。英语中很多形容词既可作修饰性形容词,又可作表语形容词,如 nice、happy、strong 等;有些形容词,如 main、total 等只能作修饰性形容词;另一些形容词如 awake、asleep、afraid 只能作表语形容词。例如:[2] The boy fell asleep. 英语中许多名词也作修饰性形容词用。例如:[3] I've bought a pair of new leather shoes. 句中 leather 是名词,充当形容词的修饰性语法功能。

修饰语 **modifier** ❶句法学术语,亦称附加语(adjunct)。指短语结构中对中心语(head)更进一步表示出有关其信息的附属词项。例如,"an expensive""house"中的 expensive,"run quickly"中的 quickly,"extremely large"中的 extremely 都是中心语的修饰语。修饰语不属于短语结构中的三个基本成分之一,只是对中心语进行更详细的描述,表示更多细节,其位置可以在中心语左边,也可以在中心语右边。但在一些动词与形容词短语中,修饰语和指代词的区分存在争议。❷语法学术语,亦称修饰成分。指非句子中的主要结构成分,而是仅用来扩展或修饰另一个词或短语的词或短语。根据其相对于被修饰语的位置,修饰语可分为前置修饰语(premodifier)和后置修饰语(postmodifier)。前置修饰语位于被修饰语之前,而后置修饰语位于被修饰语之后,如"The tired man walked down the street."中,tired 和 down the street 都是句子的修饰成分。tired 修饰主语 man,并位于其前,便是 man 的前置修饰语,而 down the street 则位于 walk 之后并修饰该动词,因此是 walk 的后置修饰语。

修饰语量化 **Adverbial-Quantification** 参见"A-量化"。

修正 **repair** ❶话语分析术语,亦称纠正。指参与对话者在正常会话中试图改正一个实际(如表达错误、措辞问题)的或想象中的差错(如误听、误解等),从而使交际流畅。修正分为自我修正(self-repair)和他人修正(other repair)两种。前者无需听者提示,由说话者本人的自发性(self-initiated)产生。例如:[1] I bought a, uhm ... what do you call it ... a printer.(我买了一个……那东西叫什么来者……打印机。) 后者由听者促成或者由听者做出,属于他发性(other-initiated)。例如:[2] A: What have you bought?(你买了什么?)B: Hmm? A: What have you you bought in the supermarket?(你在超市里买了什么?) 例[2]中 B 的回答表明 A 的第一句话需要修正。由于修正对话语序列次序容易产生干扰,因此说话者多选择在同一话轮中主动修正。❷

修正的交替条件 revised alternation condition 音系学术语。指改变一个表征式，并使其符合一个模型的结构原则。例如，节律音系学使用各种方法保证弱化音步得到延长、重新分解等，从而得以修正。

修正的交替条件 revised alternation condition 音系学术语。指为限制抽象分析和禁止使用绝对中和而制定的原则。据此原则，强制性中和原则只适用于重新表述一个推导出来的环境中的早期交替条件，有助于词汇音系学研究。

修正的扩展标准理论 Revised Extended Standard Theory; REST 句法学术语。为乔姆斯基（Noam Chomsky）于20世纪70年代中期提出的扩展的标准理论的修正版，即以《关于形式和解释的论文集》（1977年）为代表的转换生成语法第四阶段。该理论尝试把语义解释放到表层结构中而得出"逻辑形式表现"，同时进行修正的部分包括：语法的基础部分和转化部分。其中，语法的基础部分包含词汇假设（词汇包括词汇入构项[lexical entry]和多余规则[redundancy rule]）和X—阶标理论（X-bar theory），即短语范畴为词汇范畴的阶标投射，词汇范畴被分析为一组特征；转换部分归纳为移位α规则（包括名词移位和WH—词移位），以及语迹理论（trace theory）、限制规则、省略规则、过滤规则。REST主张表层结构的概念以浅层结构概念为补充（该结构为语义规则提供输入）；提出两个语义部分和语义表征平面（逻辑形式[logical form]和完整语义表征式）。该理论很快被管辖与约束理论代替。

虚词 empty word 语法学术语。与"实词"（full word）相对。指语言中没有完整的词汇意义，但有语法或功能意义的词，如介词、冠词等。虚词通常在形态上是不变化的。虚词之所以称为虚词是由于没有或几乎没有指称事物、性质、状况或行为的作用，即没有表达出词的实质意义。但虚词与实词的分类受到批评，因为部分虚词并非完全没有词汇意义。如the（定冠词，这个）、to（向）、for（因为）、since（自从，由于）等。

虚构字 vox nihili 参见"错别字"。

虚幻语类 phantom category 句法学术语。亦称虚幻范畴。指存在于某一语言的语法中，但从未出现在句子的树形图里的句法成分类，是对某些句法进行概括的基础。例如，在威尔士语的VSO语序中，句子并未出现过VP。在分析句法时，需要假设VP存在，然后才能进行分析和归类，但在树形图上不会出现VP这一节点。

虚假设 null hypothesis 参见"零假设"。

虚论元 null argument 句法学术语。指形式上不出现的论元，但在句子中隐含存在，或者说，是其他因素的存在暗示此虚论元的存在。例如，在"He is eating / reading / writing / playing / driving / smoking /…"中，其中的及物动词通常要跟名词，但事实上并没有出现相应的名词。被动句式中没有出现的施事方也是虚论元的表现形式。

虚拟条件句 subjunctive conditional 参见"反事实条件句"。

虚拟语气 subjunctive mood 语法学术语。指一种特殊的动词形式，用以表示说话人所说的话并不是事实，而是一种假设、愿望、怀疑或推测。不同语言的虚拟语气有不同的用法。例如法语中的某些连词后面要求使用虚拟语气；德语在表示间接引语时要求使用虚拟语气。在英语中，虚拟语气表示从属关系，且表示说话人的主观愿望、假想或与事实相反的条件，即不表示客观存在的事实。虚拟语气通过谓语动词的特殊形式来表示。

虚语子 empty morph 亦称空语子。指词汇结构中不能归属于任何形位的形素。例如，children中的child是词根，-en是复数后缀，而-r这个形素无从归属，即称为虚语子。虚语子不能指派给任何语素的形式特征，但脱离它整个词在形态层面上便无法穷尽分析。

需求等级 needs hierarchy 心理学术语。心理学家马斯洛提出的个体发起、引导和维持活动，以满足某些需求的理论。这些需求从低级（生理需求）向高级需求（心理需求）共分为五个层次：生理需求（physiological）、安全需求（safety and security）、归属和爱的需求（belongings and love）、受人尊重的需求（esteem）和自我实现的需求（self-actualization）。需求等级理论可用于语言学习研究，因为学习者的需求层级不同，动机也可能各不相同。

需求分析 needs analysis 语言教学术语。指教学中针对某个（组）学习者的语言需要，并按需要的迫切程度进行排序。需求分析利用主观或客观方法（如调查表、测试、面谈或观察）获取如下几个方面的信息：（1）语言即将使用的场合（包含语言使用的对象）；（2）使用语言的目的和作用；（3）语言交际的类型：口头还是书面、正式还是非正式；（4）预期达到的语言水平。需求分析是语言课程设计的重要组成部分，之后就是课程教学大纲的编写。

需求评估 needs assessment 语言教学术语。指对需求进行判断、确定、评价的过程，以期找出目前进展和理想状况之间的差距。常应用于改善教育/培训、组织机构或社区项目，涉及识别项目中存在的问题（缺陷、弱点）和优势（计划和优点），并评估可能解决这些问题的方案。

需求特点 demand characteristics 参见"霍桑效应"。

序次 order ❶句法学术语。指语法规则发生作用的次序。例如，在短语结构规则中"NP→D＋N"表示一个名词短语由"限定词＋名词性词"构成，该规则按与其他语法规则依照一定的序次发生作用，生成合乎语法的句子。具体步骤可以是：首先 S→NP＋VP（句子由"名词短语＋动词短语"构成），其次 VP→V＋NP（动词短语由"动词＋名词短语"构成），然后 NP→D＋N（名词短语由"限定词＋名词性词"构成）。❷指成分的次序。例如，在句子"Mary left."中，"Mary"出现在"left"前。在结构语言学中，序次指抽象结构的关系。例如，英语中的"a red box"和法语"une boîte rouge"线性序次（linear order）不同，但"red"和"rouge"都是形容词分别修饰名词"box"和"boîte"。因此，其结构序次（structural order）是相同的。转换语法认为，同一个抽象的底层成分序次（如主语—动词—宾语）可表现为不同的表层序次。例如：[1] She took off her hat. [2] She took her hat off. [3] Her hat she took off.

序列 sequence ❶指语段或语篇中可观察到的语言单位的连续体，包括线性关系和非线性关系。依存关系存在于连续邻接的语言单位中，称为线性序列。不相邻词项之间的一致关系则是非线性序列。❷心理学术语。指把相关的语言成分组成连续的结构体，以研究语言产生的心理过程。❸语言教学术语。指把语言项目按程度分级，使之排列成便于向学习者传授的顺序。

序列化 sequencing 参见"分级"。

序偶合并 pair merge 句法学术语。指乔姆斯基在其最简方案中提出的生成附加结构（adjoined structure）的非对称合并操作（Chomsky, 2001）。两个成分 α 和 β，如果 α 附加到 β 上，则形成有序偶 <α, β>，可以记作 P(α, β) = <α, β>

序数词 ordinal number 指表示顺序的数词，如 first、second、third 等。常与基数词相对应。在英语中，一般由与之对应的基数词加词尾 th 构成，如 fourth。序数词主要用作定语，前面一般要加定冠词或物主代词。

叙实性 factivity 动词分类术语。指由动词或名词和形容词构成的谓语，表明所叙述事实是真实的这一现象，是产生事实性预设的表达方法。动词 know（知道）、agree（同意）、realize（意识到）等都是叙实性动词。例如：[1] She *realizes* that she's made a mistake. [2] It's *interesting* that he left. [1]中的"realizes"说话人预设"她犯错了"。形容词和名词同样具有"叙实性"，如例[2]中的"interesting"。

叙实性动词 factive verb 动词的一种，与非叙实性（non-factive）动词、反叙实性（countrafactive）动词相对。叙实性动词后跟说话者或作者认为表示真实事实的子句，是交谈双方都承认的事实，如 know、agree、realize、remember、regret、deplore 等。非叙实性动词带有说话者的某种猜测或个人看法，如 believe, think 等。反叙实性动词所陈述的内容是非真实的，如 wish, hope, pretend 等。例如：[1] The teacher knows that the students are reading the materials. [2] The teacher believes that the students are reading the materials. [3] The teacher wishes that the students were reading the materials. 例[1]表示老师承认学生在阅读，例[2]表示老师相信学生在阅读，而例[3]表示老师认为学生不在阅读。参见"非叙实动词"。

叙实性谓词 factive predicator; factive predicate; factive 指表达叙事性预设（factive presupposition）的一类谓词，表明所叙述的内容是真实情况，通常由"系动词＋名词短语或形容词短语"构成。例如：[1] It is true that he failed the exam. [2] It is interesting that he failed the exam. [3] It's a shame that he failed. 例[1]中 true 表示后面从句表达的是真实情况，例[2]中 interesting 和例[3]中 shame 暗示后面所叙述内容是真实的。依据谓词对从属述谓结构所规定的性质，可将谓词分为叙实性（factive）、非叙实性（non-factive）和反叙实性（counter-factive）三类，但这三类并非界限分明，有些谓词可同属两类。例如，句子"Mary knows that Lucy has a bike."中 know 为叙实性谓词。只有当"Lucy has a bike."是真实的，整句才是真实的。对比：[4] Mary thinks that Lucy has a bike. [5] Mary pretends that she has a bike. 例[4]中 think 为非叙实性谓词，"Lucy has a bike"的真实性与整句的真实性无关；例[5]中 pretend 为反叙实性动词，只有当"she has a bike"不是真实的，整句才是真实的。

叙实性预设 factive presupposition 语义学、语用学术语。预设的一种，指在陈述事实的性质时用表态性谓词加以限定。一般预设所谈对象是事实，如"她为丈夫生意惨淡而苦恼"预设"她的丈夫生意不好"。

叙事 narrative 亦称叙述。指书面的或口头的对真实事件或杜撰事件的描述，也指故事的文体

叙 xù　（语言学术语）结构。英文术语源于拉丁语 narrare。在广义上，叙事指对发生的事件进行描述；在狭义上，叙事指以故事形式对发生的事件进行描述。叙事并非故事本身，而是对故事的描述或详细叙述。最简单的叙事由两个按事件发生的时间顺序前后首尾相连的语句构成。叙事的形式既可以是口头的（如歌曲、演讲等），也可以是文字的（如诗歌、散文等），甚至是视觉化的（如动画、电脑游戏、舞台表演、电影、滑稽剧等）。叙事研究历史悠久，古希腊哲学家柏拉图对叙事作了较完整的论述，提出著名的模仿/叙事二分说，把叙述者分为两种：一种是用自己的声音说话，另一种则是借用人物的声音说话。

叙事分析　**narrative analysis**　叙事学术语。指对不同种类的文本进行解读的操作。其方法主要有主题分析（thematic analysis）、结构分析（structural analysis）、互动分析（interactional analysis）、表演性分析（performative analysis）等。叙事分析源于俄罗斯形式主义（Russian formalism），代表人物是弗拉基米尔·普洛普（Vladimir Propp）其代表作是《民间传说形态学》（Morphology of the Folktale）。

叙事功能　**narrative function**　叙事学术语。叙事的一个基本成分，指对叙事展开起作用的有意义角色的行为。对叙事功能研究最为典型的例子是弗拉基米尔·普洛普（Vladimir Propp）在《民间传说形态学》（Morphology of the Folktale，1928）中归纳出的俄罗斯童话故事的 31 种叙述功能。普罗普打破了传统上按人物和主题对童话进行分类的方法，认为故事中的基本单位不是人物，而是人物在故事中的"叙事功能"。他将事件的叙事功能分类如下：(1) 主人公的功能是故事永久性和固定性的因素；(2) 神奇故事所具有的功能数目是有限的；(3) 各功能排序一致；(4) 神奇故事在结构上都属同一类型。他指出尽管不是每个功能都要出现于同一个故事中，但它们出现的顺序总是不变的。例如，第 11 个功能，"英雄离家"必定先于第 18 功能"恶徒败北"和第 20 个功能"英雄返家"。

叙事结构　**narrative structure**　叙事学术语。指小说叙事方式的构成主体，决定着小说叙事时间与叙事视角的选取，常见于记叙文的具体结构。与其他类型的篇章（如说明文或论说文）不同，叙事结构由一组按时间先后顺序或因果关系排列的情节和事件组成。叙事结构由以下基本叙事范畴组成：这些叙事范畴把一个篇章主题（text theme）和一件有趣的事情按层级连接而成：(1) 纠葛（complication），即情节结构；(2) 冲突解开（resolution），即理清纠葛关系；(3) 评价（evaluation），即叙事者的立场。

叙事学　**narratology**　亦称叙述学。作为研究叙事和叙事结构的学科，研究对象是各种被叙述的文本（narrated text），包括虚构文体（如诗歌、虚构小说）和纪实文体（如史学），也包括戏剧结构、情节发展手段、角色描写、场景、类型等文学技巧。叙事学"narratology"源于法语"narratologie"，由托多罗夫（Tzvetan Todorov）于 1969 年提出并使用。其理论上可以回溯到柏拉图对叙事所划分的模仿（mimesis）与叙事（diegesis）的著名二分说，但现代结构主义叙事学发端于俄罗斯形式主义，尤其是弗拉基米尔·普洛普（Vladimir Propp）提出的结构主义叙事理论，其代表作为 1928 年《民间故事形态学》（Morphology of the Folktale）。叙事学在发展历程上分为经典叙事学（亦称结构主义叙事学）与后经典叙事学（后结构主义叙事学）。前者包括三种研究类型：(1) 直接受俄国形式主义学者普洛普影响的叙事学，聚焦于叙述的故事，注重建构故事语法，探讨事件的功能、结构规律、发展逻辑等，致力于用形式化体系描述叙事内容，即借用语言学中的关键术语，对最小叙事单元、序列和文本进行系统描述；(2) 以热奈特（Gérard Genette）为代表，主张叙事理论区分"故事"（语篇中一系列行动和事件的集合体）和"语篇"（对事件的表征和叙述），集中对叙述话语展开研究，并将话语分成三个范畴：时态范畴（即话语与故事的时间关系）、语式范畴（含叙述距离和叙事角度这两种对叙事信息进行调节的形态）、语态范畴（涉及叙述情景以及叙述者与接受者的不同表现形式）；(3) 以普林斯（Gerald Prince）和查特曼（Seymour Chatman）等人为代表，认为故事结构和话语技巧都很重要，在研究中需兼顾两者。20 世纪 80 年代以来，经典叙事学研究势头逐渐回落。后经典叙事学这一概念由赫尔曼首先于 1997 年提出，包括两大类研究类型：(1) 旨在探讨（不同体裁的）叙事作品的共有特征；(2) 以阐释具体作品的意义为主要目的，其特点是承认叙事结构的稳定性和叙事规约的有效性，采用经典叙事学的模式和概念来分析作品（有时结合分析加以修正和补充）。同时注重读者和社会历史语境，注重跨学科研究，有意识地从其他派别吸取有益的理论概念、批评视角和分析模式。一般而言，经典叙事学以文本为中心，后经典叙事学以语境为中心。

叙事语法　**narrative grammar**　叙事学术语。由俄国形式主义者弗拉基米尔·普洛普（Vladimir Propp, 1928）创立。通过对叙事结构和情节安排的研究，建立一套叙事共同模式下的规则和符号系统，该规则与符号系统被称为叙事语法。叙事语法致力于从叙事的微观结构来讨论其宏观结构，框架类似于句子的语法结构。例如，普洛普从人物的角色和功能出发，将童话加以压缩，称作由一套核心句组成的叙事语法结构。其中,主语对应于情节中动作的发出者(actant),谓语对应于事件或动作,宾语对应于动作的接受者。

叙述　narrative　　参见"叙事"。

叙述功能　narrative function　　参见"叙事功能"。

叙述式　narrative　　指某些语言如班图语(Bantu)中动词的区别性形式,用来叙述过去的事件或故事。

宣告型话语　declaration　　语用学术语。美国哲学家约翰·罗杰斯·塞尔(John Rogers Searle)于1969年提出言语行为的五种分类中的一种。指可以改变事物或人的状态,或赋予其新状态的话语,如洗礼命名、宣布结为夫妇、声明辞职等。宣告类的言外之意是使客观现实与所表达的命题内容一致。用于宣告类的行事动词有宣告(declare)、命名(name)、任命(appoint)等。宣告类言语行为的特点是行为几乎在说话人说话的同时发生。例如:Chairperson: I now declare this meeting open. 大会主席:我现在宣布会议开幕。

宣告性言语行为　declarative　　语用学术语。形式上的一种陈述句,属于言语行为的一种,具有以言行事,即通过使用语言来改变人或事物的状态的功能。例如:[1]我跟你赌十块钱,明天会下雨。[2]我在此宣布这艘船叫烟台号。[3]我判处你十年苦役。这些都属于说话人通过言语而赋予事物动作和状态的以言行事行为。宣告性言语行为不以做出有关"真"或"假"的事实陈述为目的,其本身无所谓存在真假对错之分。参见"言语行为分类"。

悬垂修饰语　dangling modifier; misplaced modifier　　语法学术语。指语法中的某一类错置的修饰成分,尤指某一类词组或从句由于在句子中的位置错误或搭配不当,所以实际上并不修饰句中任何成分,或者指称了句中错误的成分。例如:*Walking home from school, the fire engine came screeching around the corner. 句中"walking home from school"不能修饰"fire engine",即找不到它的逻辑主语,因此处于一种"悬垂"状态,所以句子不合语法。

悬挂话题　hanging topic　　指将句子中某成分置于句子左侧开端,并借助共指代词、下义词、上义词或其他词语将被前置成分在下一句重现的现象。悬挂话题是经常出现在文学作品中的一种文学技巧,被悬置成分的语调与句子其他成分有所不同。

选集　anthology　　指由不同作家的短篇作品或文摘汇编而成的诗文集。最早的选集是公元前1世纪初由当时部分希腊化的北巴勒斯坦地区加大拉的诗人墨勒阿格罗斯(Meléagros of Gadara)编写的《花环集》(Στέφανος "the Garland"),这是后来《希腊诗选》(Anthologia Graeca)的核心基础。《花环集》以诗的第一句第一个字母为准,按照字母顺序排列。公元6世纪后期由希腊诗人、历史学家阿加西亚斯(Agathias Scholasticus)所编《组诗》(Daphniaca)是第一部按照题材排列的选集。19世纪以英语出版的选集按照年代排列,以表明历史的范畴和文学的发展,这种选集还包括一些评论性或历史性文章。现在,选集泛指各种诗文选集,即一个时代、一个民族、一种文学体裁或一个作家的代表作汇集。

选择并列连词　alternative coordinator　　语法学术语。指表达选择意义的连词。例如,英语比较典型的选择并列连词包括"or""whether ... or ...""either ... or ..."等。

选择对照提问　alternative interrogation　　语法学术语。指用意义对照的选择问句对句中某部分进行提问的方式。其主要目的通常在于强调或突出所提问的部分。例如:Was it London or Paris where you first met Maxim?

选择规则　selectional rule　　参见"选择特征"。

选择特征　selectional feature　　句法学、语义学术语。指为解决同现限制而提出的一种分析手段。它规定了在一定的语法语境中词项互相结合的限制要求。例如,动词"吃"要求其主语必须是"有生命的"的名词。

选择问句　alternative question　　语法学术语。指期待回答者在提供的两个及以上可能答案中选取一个作为回答的问句。例如:Would you like vanilla chocolate or strawberry ice cream?

选择限制　selectional restriction　　参见"选择特征"。

选择性注意　selective attention　　❶心理语言学术语。指人们对外界刺激的一种反应。人们受到各种各样的声音和视觉刺激的冲击,但是仍然能够保持冷静,是由于人有内置的过滤器可以使我们排除不必要的刺激而关注所从事的工作。同样的,在人们关注一项工作时,由于各种原因,实际上也只选择了和工作相关的部分信息而非全部。❷语言习得术语。指选择性注意在语言加工过程中的作用。这一心理活动对第二语言习得的启示是,学习者不可能关注所输入的全部语料,而是根据任务、要求、前期的语言知识及其他一些因素而只注意到部分信息。研究表明，第二语言的初学者早期较多关注的是词汇和词块，这有利于其快速理解意义。但后期的习得中，学习者的注意选择了语言的哪些方面还没有结论。选择性注意在课堂上被用来干预语法习得，以使学生们关注语言的形式规则。

学究辞藻　inkhorn term　修辞学术语。指书面语中过多使用生僻、华美的辞藻。此概念首现于16世纪40年代，流行于整个16世纪后半叶。托马斯·威尔逊（Thomas Wilson）在《修辞术》（Art of Rhetoric）中举例说："Ponderyng, expendyng, and reuolutyng with myself your ingent affabilitee, and ingenious capacitee, for mundane affaires, I cannot but celebrate and extolle your magnificall dexteritee, above all other."此句中多数词是较为生僻的书面语，如"ingent"意为巨大的、广袤的，现已废弃不用；"revolutyng"的词根来源于拉丁语"revolveĕre"，现在很少使用，但也有部分此类词语保留了下来，成为语言中的规范词语，如 irrevocable、compatible、depopulation 等。

学舌症　echolalia　病理语言学术语。言语病症或失语症的一种。指大部分或全部言语无意义地重复他人言词或话语的病理现象。说话者无意义地机械重复，大部分话语或全部由简单重复其听到的词或片语构成。最近对自闭症患儿的研究发现，他们的言语模仿实际上有一定的交际和非交际功能。言语模仿症有别于更笼统的"模仿（imitation）"，因为后者就功能而言，没有任何含义。

学术词汇　academic vocabulary　文体学术语。指经常出现在学术文本中用以描述学术研究活动和研究成果的词汇。学术词汇，尤其是核心学术词汇，是各个学术研究领域中的共同词汇。在英语中，出现频率较高的核心学术词汇大约有 600 个，如 illustrate、estimate、feasibility 等。在语言教学中，学术词汇教学是学术英语教学的重要组成部分。

学术语言　academic language　文体学术语。泛指正式学校教育中学习学术科目所涉及的专门语域和语体。其重要作用是维持学术活动者之间的相互交流，如数学语言、物理语言、化学语言等。学术语言不仅是学术研究和交流活动的重要载体，在一定程度上还决定着学术研究体系的构建。学术语言如果不完善，学术研究便会受到影响。

学习便利化　facilitation　心理语言学术语。心理语言学研究表明，新旧学习材料之间的相似性越大，学习过程越容易，学习效果越好；规则的、系统的材料较不规则的、没有联系的材料更易掌握；学习不规则的材料容易产生类推错误；同一个刺激产生的反应，也容易同类似的刺激产生联系。因此，教学中应该充分考虑学习过程的便利性特点，注重新旧知识的联系、学习材料的循序渐进以及知识传授的逻辑性。

学习策略　learning strategy　语言习得术语。指学习者在语言学习中运用的某些方法或手段，是学习者获取、储存、提取和处理信息的方法和步骤。语言学习者为弄懂词的意义、用法、语法规则以及语言其他方面的知识会使用的诸如概括（generalization）、推理（inference）等方法或技巧，统称为学习策略。学习策略的使用可以是无意识的，也可以是有意识的。儿童在学习第一语言时，往往无意识地运用学习策略。例如，儿童可能很少注意句中的语法功能词，为了理解一句话的意思，他们采取的学习策略可能是："句中首先提到的名词一定是动作的发出者"。于是他们会错误地认为"The cat was chased by the dog"和"The cat chased the dog"具有同样的意义。在第二语言习得中，由于学习者学习语言的目的性较强，因此往往有意识地运用语言学习策略。因视角不同，目前尚未有一个统一的学习策略分类。奥马利（James O'Malley）和查莫特（Anna Chamot）1990年根据认知理论，提出将语言学习策略划分为元认知策略、认知策略和社会/情感策略三类。奥克斯福德（Rebecca Oxford）1990年根据策略对外语学习产生的作用，将策略分为直接学习策略（direct learning strategy）和间接学习策略（direct learning strategy）两大类。直接策略能对语言学习产生直接影响，而间接策略对语言学习只有间接作用。直接策略包括记忆、认知和补偿策略，而间接策略包括元认知、情感和社会策略。温登（Anita Wenden）1998年基于信息加工和认知理论，根据人类学习的选择、理解、储存、提取四阶段，把外语学习策略分为认知策略和自我管理策略两大类。文秋芳（1995）结合中国外语学习环境特点将外语学习策略划分为管理策略和语言学习策略两大类。虽然由于理论基础不同，学习策略的分类也不尽相同，但可以归纳为六类：(1)元认知策略，包括组织、关注和评估自身的学习。这是高层次的行为，对语言习得产生间接的影响；(2)情感策略，指对情绪和态度的把握；(3)社会策略，指在学习过程中与他人有效合作的方法；(4)认知策略，指把新旧信息结合起来分析和归纳的方法，对语言学习产生直接的影响，包括推理、演绎、组织和总结等；(5)记忆策略，包括存储信息和检索旧信息的策略；(6)资源管理策略，如为学习安排固定的时间和场所。第二语言习得研究中的学习策略有以下几个特征：(1)学习者除了在学习第二语言时采用整体性学习策略来指导宏观的学习行为，还有指导微观层面学习行为的具体方法或手段；(2)

语言学习策略具有解决学习问题的倾向性;(3)学习者一般是有意识地运用学习策略,并且能够阐述他们所使用的方法;(4)学习策略包括语言行为和非语言行为;(5)既可以运用到母语习得,也可以运用到学习外语上;(6)有些策略是行为性的、外在的,可以通过观察了解;还有一些则是内在的,思维性的,无法通过观察来了解;(7)大部分策略间接地影响语言学习,有些则可能直接影响语言学习,如词汇和语法项目的背记策略等;(8)由于学习者的语言任务和学习者个人的选择不同,学习策略在使用上也存在很大的差异。学习策略和语言学习的关系体现在下列五点:(1)学习策略随着学习者语言水平的提高而改变;(2)成功的语言学习者更善于采用语言策略;(3)成功的语言学习者同时关注语言的形式和意义;(4)不同的策略对语言水平的不同方面产生的影响不同;(5)成人和孩子使用的语言策略不同;孩子们倾向使用社会策略,而成人更倾向使用认知策略。

学习风格　learning style　语言习得术语,亦称认知方式。指学习者感知、吸收、加工和回忆信息及技能的不同方式。第二语言习得中的学习风格研究主要在教室环境下展开,关注教师风格是否和学生的学习风格相兼容,否则会影响学习效果。

学习技巧　study skill　语言教学术语。指用于以学习为目的的听、说、读、写等能力、方法和策略。例如,大学生阅读英语教科书时,所使用的技能包括:按阅读材料的类型调整阅读速度;使用词典;根据上下文猜测词义;看懂各种图表和符号;做笔记、写概要等。

学习气氛　learning climate　语言教学术语。指在课堂教学中对课堂气氛(learning atmosphere)产生积极或消极作用的情感因素,包括教师的情绪、学生的情绪、教学双方对某一主题的看法和态度,以及课堂气氛本身等等。有效教育(effective schooling)观提倡教师通过积极地影响学生的态度及洞察力(perception)来创造适宜的学习氛围。为达到此目的,教师应通过三种方法建立良好的学习气氛:(1)建立一个强调学术目标的氛围,借以提高学生标准,关注学生所取得的成就;(2)适时地对学生所取得的成就和进步进行奖励;(3)保持学习环境的有序性来帮助学生实现成功预期。

学习日志　learning log; learning journal　语言教学术语。指学生对校内外学习及相关活动的记录。它不是一项正式的学术工作,也不是日记,只是对所做事情的记录,更没有对错之分。教师通常定期翻阅,以此掌握学生的学习进度。学习日志使学生有机会回顾学习,帮助学生更好地意识到应该怎样学习、甄别喜欢或不喜欢什么样的学习任务、了解自身的情感和认知(思想)过程。学习日志帮助学生记录、组织、思考、回顾、计划、发展并证明自己的学习。学习日志不仅包括学生的经历、思想、感情和反省,最重要的还包括所学知识是怎样与学习者相联系,学习者在将来的学习中将怎样使用新的信息、知识、技能的结论。在写作课上,学习日志可用作写作前的构思活动,通过自选题的定期写作,作为鼓励学生发展写作流畅性的一种方式。当用以建立师生之间对话时,有时也称作对话日志(dialogue journal)或日记。

学习者个体差异　individual learner difference　语言习得术语。指学习者的个体特别因素,包括性别、年龄、学习天赋、性格特点等,可以用来解释第二语言学习者如何学习第二语言、学习者的学习速度和学习成就等方面的差异。虽然很多二语习得理论都假设所有的二语学习者都有相似的学习发展过程和阶段,但有更多的实证研究表明学习者个体之间存在差异。这些差异被类化为三种,即认知变量、情感变量和个性变量。目前的研究主要关注这些变量差异与第二语言习得成就之间的相关性,但研究趋势是确定这三类变量之间的关联模型,以及与其他变量之间的关系。

学者词汇　learned formation　文学语体中使用的词汇,与通俗词汇相对。相对于当代构词法中的派生过程,学者词汇的词源来自其更早期的语言形式,或者是来自另一种古典语言。例如:"break"用当代构词法可以形成"breakable"这个形容词,但是人们通常使用"fragile"来替代"breakable",这个"fragile"就是来自拉丁语的学者词汇。再如,epistle(书简)属于学者词汇,与通俗词汇 letter(信)相对。

训练迁移　transfer of training　语言教学术语。泛指在一个有限场景下学到的技巧被应用到另一个类似场景的迁移。但这也是诱发语言学习错误的原因之一,称为诱发错误(induced error),通常是由于教师的讲解或者练习方法的不当所导致的。参见"诱发性错误"。

训喻　allocution　指具有忠告或劝解作用的正式或权威性致辞,尤指罗马教皇所做的训示或颁布的诏书。

Y

丫 yā （语言学术语）

丫杈结构　chiasmus　修辞学用语。指两个及以上的短语或句子通过结构或语序的倒置，以达到使文本中语序平衡的目的。此结构常见于希腊语及拉丁语文学作品。莎士比亚作品和《圣经》的希腊语和希伯来语版本也经常使用丫杈结构。现代语篇中也常使用这一结构以达到修辞效果。例如：[1] Ask not what *your country* can do for *you*. [2] Ask what *you* can do for *your country*. 以上两句话即形成一个丫杈结构。丫杈结构包括"显性丫杈结构"（marked chiasmus）和"隐性丫杈结构"（unmarked chiasmus）两类。

压制　coercion　认知语言学术语。语法语境（grammatical context）使语言使用者重新阐释出现在一个词位中的所有或部分的语义和（或）形式特征。

押韵　rhyme　音韵学术语。指两个或两个以上的词的重读音节具有相同的音节核和后随音段系列的现象，如英语中的 bear/care, utter/butter, vision/collision 等。押韵按其结尾可分为开韵和闭韵，如果以元音结尾则为开韵，以辅音结尾则为闭韵。按音节数量可分为阳韵、阴韵，其中阳韵指两个词的最后音节为相同的元音（如 night/delight）；阴韵指两个词在最后的重音节和其后音节上有类似发音（如 joviality/morality）。在诗歌中按其在诗行中的位置可分为头韵、腹韵、尾韵；按其在诗段中的位置分为随韵、交叉韵、抱韵。按其脚韵的安排可分为单韵（指全诗或一段诗之内所有的脚韵押同一个韵）和复韵（是指分押不同韵的脚韵交替出现）。一般而言，诗的押韵以给每个韵分配一个字母来表示。例如，韵词为 house/cat/mouse/rat 的诗的押韵格式为 abab。

押韵俚语　rhyming slang　一种用一个同韵短语替代一个词的语音手段，为伦敦东区口音所特有，故称押韵俚语。该同韵短语在许多情况下又被简缩到只剩下起首的（非同韵）部分。例如，head 由 "loaf of bread"替代，然后又简缩为 loaf，由此衍生出短语"use your loaf"。

牙牙学语　babbling　指语言习得最初阶段儿童的牙牙学语。参见"婴幼儿话语理论"。

哑重音　silent stress　语音学术语。当一个重读音节在口语或快速谈话中省略时，重音可以保持一段时间沉默，并伴有点头或其他手势。

雅思　International English Language Testing System; IELTS　由英国文化协会（The British Council，即英国驻华大使馆/总领事馆文化教育处）、剑桥大学考试委员会（CESOL）和澳大利亚教育国际开发署（IDP Australia）共同举办的、为留学生或技术移民准备的一种英语水平测试系统。雅思考试分为学术类（Academic，简称 A 类）和普通类（General Training，简称 G 类）两大类。雅思考试包括四个部分，依次为听力、阅读、写作和口语，考试时间共 2 小时 45 分钟。考试实行满分 9 分制，每一部分都独立评分，四部分得分的平均分作为考生的雅思综合得分（小数部分取舍到最近的一分或半分，即如果平均分为 6.125 分，雅思得分算作 6 分）。成绩单上将列出考生每一部分的得分，同时给出考生的综合得分。考试成绩在考试后十个工作日后通知考生。成绩有效期为两年。此测试系统被广泛用于考察非英语本族语学生的英语水平。外国留学生出示有效的雅思考试（A 类）成绩为澳大利亚、加拿大、新西兰、英国、韩国、新加坡等国家的高等学校和培训机构普遍认可。美国 3000 多所高校中约有 700 所承认雅思考试。雅思考试普通类（G 类）考试成绩也被加拿大、澳大利亚、新西兰等国的移民局作为衡量技术移民及其他类型移民英语能力的唯一标准。

亚历山大体诗　Alexandrine　修辞学术语。法语诗中常见的一种诗体，其格律要求每个诗行由 12 个音节构成抑扬六步格。亚历山大诗体始于 12 世纪法国，得名于歌颂亚历山大大帝的骑士传奇诗《亚历山大传奇》。亚历山大诗体于 16 世纪发展为法国格律诗的标准诗体，17 世纪在拉辛（Jean Racine）等诗人推动下达到鼎盛。

亚美尼亚语字母表　Armenian alphabet　指由公元 5 世纪亚美尼亚启蒙学者密斯罗普（Mesrop）创制的记录亚美尼亚语的字母。

亚族　subgroup　亦称亚科、子族或分支。指同语族内较之其他语言关系更密切的一组语言。

咽侧壁音　faucal　语音学术语。指在咽腔或软腭喉咽腔区域发出的音。发此类音时带动咽柱互相靠拢，常伴随有喉位升高。

咽喉　fauces　言语器官之一。亦称软腭喉咽腔。指口腔后部起至喉头的发音腔道。

咽喉化　faucalization　语音学术语，亦称喉音化。发音动作的一种次特征，非主要语音特征。发音时因咽门开放程度的缩小而产生的"沙喉咙"样的刺耳音质。

咽腔　pharyngeal cavity; pharynx　发声器

官之一。指喉咙中声带至口腔后部软腭之间的那部分。发音时形状和容积可通过各种方法加以改变，如收紧咽壁的肌肉、移动舌后部、抬起或降下软腭等。咽的形状改变会影响音质。咽腔中最重要的发音器官为声带

咽音　pharyngeal　语音学术语。指按发音部位给语音分类的术语,指在咽腔(pharynx)发出的音,发音时主要收紧点在咽部。咽音多见于阿拉伯语和其他一些语言。英语语音中没有咽音,但类似的效果见于演员对观众的高声耳语,如说"Hey"时带有粗声粗气的咽音。

咽音化　pharyngealization　❶语音学术语,一种发音现象。指一个音段由发音器官某处发出,发音时舌根收缩,咽腔变狭窄,从而构成次要发音的现象。如阿拉伯语中的一些所谓"强势"辅音就是这样发音的。❷音系学术语,指一个非咽音音段获得咽音音段这个特征的音系过程。

延迟爆破　delayed explosion　音系学术语。指两个同部位的爆破音,在前后两词尾首相连,第一个成阻,其持阻时间延长一倍才形成爆破的情况,如"that time""big gun"等。单一的词中的两个相同辅音字母连缀,并不表示两个爆破音,如 stopping、stagger 等。

延迟回忆　delayed recall　心理语言学术语。指在某次经历或者学习之后的某段时间内,能够对所经历之事或者学习的内容进行回忆的能力。对"延时回忆"能力的测试程序如下:(1)短时间内提供一组刺激,比如一组数字或是字母;(2)出示一个数字或者字母,要求被试者判断这个数字或字母是否属于早先提供的那组数字或字母。例如,可以将 1—5—2—7—9—3 这组数字在屏幕上显示数秒,比如 5 秒。然后显示 3,要求被试者判断 3 是否出现在早先显示的那组数字之中。测试者可以改变刺激量或提供刺激与测试之间的时间间隔,以获取受试者的记忆保有能力。

延迟原则　Principle of Procrastination　句法学术语,亦称拖延原则。最简方案中的经济原则之一。由于逻辑式之前的句法操作属于显性操作,进入逻辑式后为隐性操作;而隐性操作比显性操作代价小,更加经济。因此,乔姆斯基提出运算系统要遵守能迟做不早做的原则,凡是可以推迟到逻辑式 LF 层面进行的运算不要提早进行(Chomsky 1993)。这条原则认为,隐性句法操作比显性句法操作付出的代价小,显得更加经济。

延宕持续时　protracted duration　认知语言学术语。指现象学方面的一种真实经历,参与者"感觉"时间好像比平时要"慢"很多。埃文斯(Vyvyan Evans)对认知语言学领域的延宕持续时进行了详细的研究。他认为,在情景识解中,有时会有时间"缓慢"或"停滞"的感觉。这种感觉也体现在语言表达中,如"一日不见,如隔三秋""这两天感觉像两年一样难熬"等等。

延缓听觉反馈器　delayed auditory feedback; DAF　心理语言学术语。指一种配备有扬声器与耳机的装置,可以将说话者的声音进行延迟之后,再通过耳机传递给说话者。延缓听觉反馈是一种行之有效的治疗口吃的技术。当声音延缓间隔较短(25—75 毫秒,或者 1/20 秒)的时候,能使口吃发生率减少 70%,但其机理至今不明。同时,由于其体形庞大,相关配套设备诸多,而且价格高昂,所以除医疗单位之外少有配备。也有报道称,延缓听觉反馈器有助于回波症的治疗,能够有效减少回波的速率,从而减少回波不流利的症状。不过有证据显示,延缓听觉反馈器会引发精神性应激方面的相关病症。

延续体　durative　语法学术语。表示动词的式或体(aspect)的基本子范畴,与非延续体(non-durative)相对应。前者指描述的动作过程在时间上是持续性的,如 work、read、play 等,而后者的词汇意义在时间上有界限设定,指一次动作的完成或一个过程的改变,如"work out"等。两者之间的区别可以决定表示动作持续性的时间修饰词的选择。持续性动词可以与某些特定修饰词一起使用,如"for three days""since last night"等。但是不能与诸如"in two hours"或"two hours ago"这样的修饰词一起使用。例如:[1] He has been working for three days. [2] *He has been working two hours ago. [3] He worked out the puzzle two hours ago. [4] *He worked out the puzzle since last night. 另外,非持续性动词表示未完成的情况,但不表示完成的情况。持续性动词还包括很多子范畴:(1)互动性动词(interactive verb),表示过程的重复性(如 breathe、flutter);(2)指小动词(diminutive verb),指动词所表达的过程很轻微。非持续性动词包括下列范畴:(1)始点动词(ingressive verb; inchoative verb),表示动作开始发生(如 fall ill);(2)终点动词(resultative verb; accomplishment verb),表示动作或过程的终止(如 break down);(3)时点动词(punctual verb; achievement verb),表示情况突然发生改变(如 explode)。持续性动词和非持续性动词的区分与未完成式动词和完成式动词(imperfective verb vs. perfective verb)的情况类似。

延续性　continuant　音系学术语。参见"**突发除阻**"。

延 yán （语言学术语）

延续音 continuant 音系学术语,亦称延续性。音系学区别性特征理论中指可任意延续发音的语音。英语中,除塞音(stop)和塞擦音(affricate)以外,其他的辅音和全部元音均为持续音。表示为[+CONTINUANT],或缩写为[+CONT]。

严格管辖 proper government 句法学术语。指由词汇语类进行的管辖。

严式标音 narrow notation; narrow transcription 语音学术语。指一种理想化的标音方法。用严式音标(narrow phonetic symbol)严格而又详尽地描述人的发音器官可能发出的、存在于语流中的音段及其组合序列。严式音标可以描述因为的不同变体。例如,[biːn]—词中的元音/iː/在实际发音中会被其后的鼻音同化,出现鼻音化;在严式标音法中,这一现象可通过添加鼻音符号表示,即[bĩːn]。类似还有清塞音不同变体的表示,如[tʰɒpʰ],上标h表示这是两个送气塞音,而在[stɒpʰ]中,由于被浊化,/t/音不再送气,因而没有送气标志。严式音标与宽式音标相对,后者只描述音位。严式音标通常用于语音的详细描写、语言调查的语音记录或其他语音研究工作。

严式罗米克音标 narrow Romic 语音学术语。指《语言学手册》中斯威特(Henry Sweet)做出区分的"严式标"和"宽式标",被称为"严式罗米克音标"。前者旨在表征所有可能的音,包括语音的最细微区别(the most minute shades of pronunciation),后者旨在表示某一语言中能够区分单词的音。

严式音核 narrow nuclei 语音学和音系学术语。指一种复合元音,如/yw/。

言后行为 perlocutionary act 语用学术语。奥斯汀言语行为理论中言语行为三分模式之一,指说话者通过话语达到的效果。言后行为是话语产生的后果或引起的变化,即通过完成一定的说话者行为,在听话者身上产生效果。例如,说话者说"你干了一件好事!",听话者听到后很高兴,这就是言后行为。说话者对言后行为无法控制,具有高度不确定性。

言内行为 locutionary act 语用学术语。奥斯汀言语行为理论中的言语行为三分模式之一,指"说话"这一行为本身,即通过句法、词汇和音位来表达字面意义的行为。其本身不足以构成语言交际,但却是言外行为和言后行为得以实现的基础。言内行为包括发音行为、语法行为和表意行为。塞尔(John Searle)把言内行为划分为话语行为(utterance act)和命题行为(propositional act)。

言说意义 locutionary meaning 语用学术语。词语成分之间、句子成分之间和语篇之间关系所反映的意义。其往往预设了存在一种语言规约,以及能够引发语言规约的意图方式。

言说之力 locutionary force 语用学术语。指声言的涵义和指称,即语义。例如,"牛要冲过来了"仅仅是对一只动物将要发生什么事情作出预测。

言谈照应词 logophor 语篇语用学术语。带有篇章照应词的一个反身代词。例如,先行词不出现在其所在句子中的反身代词"自己"。

言外行为 illocutionary act 语用学术语。奥斯汀的言语行为理论中言语行为三分模式之一。指通过"说话"这一动作所实施的一种行为。人们通过说话表达说话意图的行为,如传递信息、发出命令、问候致意、宣布开会等。言外行为基于言内行动之中,而判断一个话语实施了何种言外行为与其分类有很大关系。奥斯汀和塞尔对言外行为的划分方式不同,具体可参见"**言语行为理论**"和"**言语行为分类**"。

言外之的 illocutionary point 语用学术语,亦称言外目的。塞尔(John Searle)在对言外行为分类时认定的不同言语行为相互区别的12个侧面之一,指一类言外行为所具有的共同目的。例如,广义上,命令、请求、威胁、忠告等都具有共同目的,即说话者设法使听话者去做某事;许诺、起誓这一类言外行为的目的则是说话者承担义务做某事。言外之的与言外之力(illocutionary force)本质上相同,都是指说话者通过说话想要达到的目的。两者的区别在于,言外之的侧重于说话者的主观目的,言外之力侧重于所说的话在一定语境中客观上所具有的交际价值。一般而言,言外之的与言外之力一致。此外,言外之的比言外之力更具有概括性,符合同一根本条件的言外行为都具有同样的言外之的,如命令、规劝、警告、请求、恫吓等,但它们具有各自不同的言外之力。具有相同言外之的的言外行为会有不同的强度和力度。例如,"我发誓张三偷了钱"与"我猜张三偷了钱"具有相同的言外之的,即陈述说话者认为这是真实的情况,但前者表达的说话者信度要比后者强烈得多。

言外之力 illocutionary force 语用学术语。言语行为理论中"以言行事"的行为用意就是言外之力。人们说任何一句话时,除了言有所述之外都通过言外之力而有所为,语句的字面意义可以给听话人造成说话人预期的效用。塞尔和奥斯汀在句义(sentence meaning)和言外之力关系的认识上存在重大区别,奥斯汀认为句义(或字面意义)和言外之力有根本性区别,而塞尔认为不存在不带言外之力特征的句子,并指出句义在合适的语境里确定言语行为,同时也基本界定言外之力。塞尔认为,言内和言外的区分会使得句子的意义不具有言外之力,但事实上不同的声言可以用来表达同一个命题,并具有不同的言外之力。每个句子都具有一定的潜在的言外之力,这种潜在的言外之力是句子意义的组成部分,每个有意义的句子借助于它所具有的意义都可被用来实施一个特定的言语行为。例如:[1] Sam smokes habitually. [2] Does Sam smoke habitually? [3] Sam, smoke habitually! [4] Would that Sam smoked habitually. 这四句话的命题都是:吸烟(萨姆)(萨姆为指谓,吸烟为表述),但言外之力却分别是:断言、提问、命令、祝愿。

言有所述 constative 亦称陈述语句。参见"言语行为理论"。

言有所为 performative 亦称行事语句。参见"言语行为理论"。

言语¹ parole 源自法语。语言学家索绪尔(Ferdinand de Saussure)在《普通语言学教程》(Cours de linguistique générale)中指语言(langue)在现实生活中的实现,旨在区分作为符号和规则的抽象系统的"语言"(langue)和应用中具体体现的言语(parole)。参见"语言¹"。

言语² speech 一个人通过发音器官的运动,形成四周空气的振动,这种振动在有限的距离内可使他人耳鼓的震动作用于大脑,产生相关的印象。听者如属于同一言语社团,就能作出反应,接受这些声响所代表的意义,这就是言语的本质。

言语变体 speech variety 社会语言学术语。指语言使用者所使用的具有一定区别性特征的变体。这些不同的特征主要反映在发音、句法规则或词汇上。言语变体作为中性词语,可以指标准语(standard language)、方言(dialect)、洋泾浜语(pidgin)、克里奥耳语(creole)等,可以指同一语言的地域性或民族性变体,如英语中的澳大利亚英语、黑人英语等,也可以指同属一种语言的功能性言语变体,如法律语体等。

言语标记 speech marker 社会语言学术语。表明说话者年龄、性别、种族和社会团体的语言学特征。一个言语标记可以是语音层面的,即一个特定的音,如澳大利亚人把 today 发成"todie",少数新西兰人把 set 发成"sit"。言语标记还可以是句法结构层面的。例如,英美人表达"It is between you and I"时,会把 I 替换为 me。

言语病理学 speech pathology 指研究儿童和成人语言发展及运用中异常现象(如口吃或失语症)的一门学科,主要研究妨碍人类进行有效交际的缺陷和干扰。言语病理学的目的是探索言语失调的原因,如是否因为言语器官的损伤、神经肌和感觉系统的缺陷(包括是否丧失听力)或心理紊乱等。言语病理学包括对上述障碍的诊断及治疗方法(包括临床方法)的研究。由于研究对象因发音器官伤残、运动神经紊乱等不同原因(包括先天的和后天的),言语病理学在学科上常分为言语缺陷矫治和言语失常恢复两大类。前者偏重于生理解剖,后者着重于神经心理。两者本属于医学范畴,但都以恢复正常言语为目的,同时涉及许多工作,如器官缺陷在手术后的发音矫正,言语失常在治疗中的说话锻炼等,都需要用到语言学和实验语音学的知识,因此这门学科常被列为现代语言学研究项目,研究者需要对声学和发音过程有全面的了解,也要有心理学、解剖学和语言学等基础知识。

言语不清 glossolalia 源于希腊语,"glossa"表示"语言","lalein"表示"含糊不清地说"。指重复的、无意义的言语,特指在昏睡状态或宗教的心醉神迷状态下发出的无法理解的声音。

言语产生 speech production 语言习得术语。指人们利用语言表达思想的心理过程,即利用发音器官发出指代某种意义的声音,包括从思想代码转换成语言代码,再转换成生理的、运动的代码。言语产生过程包括:(1)言语计划,指说什么;(2)句子合成,组词成句;(3)说出句子和监控输出。话语中出现的犹豫、停顿、言语错误以及自我修复都包含在言语产生的过程中。

言语处理 speech processing 语言习得和人工智能术语。指说话者的言语生成(speech production)和听话者的言语识别(speech recognition)过程。其研究对象是言语信号及其处理方式。

言语错误 speech error 常称作"口误"(slip of the tongue)。指说话人有意识或无意识地用发音相似的词代替原本想说的词,常在说话人精神紧张、疲倦、压力过大的时候出现。卡罗尔(David Carroll, 2000)总结了八种类型的言语错误:(1)移位(shift):一个语言单位从原本出现的位置移到另一个位置,如"He *help to fixed the car*"(应该是 helped to fix the car);(2)换位(exchange):两个语言单位互换位置,如"Fancy *getting your model renosed*"(应该是 getting your nose remodelled);(3)前移(anticipation):之后出现的一个语言单位替换了之前出现的语言单位,如"He *b*akes my bike to school"(应该是 takes my bike to school.);(4)后移(preservation):前面的一个语言单位替换了后面的一个语言单位,如

"He pulled a *p*antrum"(应该是 tantrum);(5)添加(addition):在原来话语或词中添加了其他语言单位,如"She makes the room clear*en*"(应是 clean);(6)遗漏(deletion):漏掉了原来某些语言单位,如"He gets sick and feels *comfortable* now"(应该是 uncomfortable);(7)替换(substitution):与前移和后移不同,指用一个新的语言单位替换话语中原先存在的一个语言单位,如"The pine tree is so *short*"(应该是 tall);(8)合并(blend):两个语言单位被融合或合并成一个语言单位,如"The bell is *sprinkling*"(应该是 sparkling and tinkling)。言语错误并不是随意出现,而是有一定的规律可循。一般来说,涉及的两个语言单位均来自相似的语境,而且两个语言单位之间也比较相似。此外,言语错误产生的新的语言单位符合语言的语言规则,重音形式也一致。

言语岛 speech island　　社会语言学术语。指被一个更占优势的言语包围起来,像处于一片汪洋大海中的小岛似的小言语社团,如美国的外来移民居住区中所通行的非英语语言。

言语反馈示意 back channel cue　　语用学术语。由央乎(V. Yangve)提出的概念。指听话者在会话时为了向说话者表示他在注意倾听讲话,而使用的各种语言表达和相应的非语言表达,如点头摇手等示意性动作或"嗯""是的"等简短言语。言语反馈示意在会话中不可或缺,否则说话人无法知道自己想要传递的信息是否已被听话人所接收。

言语方式 manner of speech　　社会语言学术语。指研究语言变体的时候,言语的风格特点、社会特点或情景特点。

言语感知 speech perception　　语音学、心理语言学术语。指听者把一连串变化的言语声音刺激信号映合到一系列离散的语言范畴的过程,是话语理解的认知运作过程。这一过程涉及听者如何将连续的语音信号映合到离散的词汇表征上,将声学信号转换成由元音、辅音组成的语音链,以及人如何将声学信号投射到词汇表征上。研究的基本问题有语流的切分、音位与单词的辨认、声学信号与表征单位映合的内在机制、语音范畴的内在结构、声学信号与语音范畴之间映合的因素、跨语言言语感知、言语加工过程中语境的信息等。言语感知的评估匹配过程既受语音的物理特性制约,也受言语环境影响。

言语感知运动理论 motor theory of speech perception　　认知语言学术语。20世纪60年代由哈斯金斯实验室(Haskins Laboratory)的利伯曼(Alvin Liberman)和库珀(Franklin Cooper)首先提出的有关言语感知的一个理论假设。其核心观点是,人们是通过识别发音时的声带姿势(vocal tract gestures)而不是言语产生的语音模式来感知言语的。这一假设首次指出,言语感知是通过一个天生的、人类特有的特殊模块来完成的。人类的言语运动系统具有发音和识别语音的双重角色。这一理论假设在言语感知领域外比领域内引起更大的兴趣,特别是在发现连接产生和感知运动的镜像神经元(mirror neurons)之后,包括声带的镜像神经元。

言语连续体 speech continuum　　社会语言学术语。指由一门语言分化出来的各种程度差异不同的区域方言或社会方言的连续体。虽然普遍认为一种语言可分为若干独立的地区方言或社会方言,但它们之间往往没有明确界限,而是一种方言与另一种方言之间构成一个连续体。言语连续体尤指第二语言水平不同的人所说的言语变体,如新加坡英语等。受过以英语授课的高层次教育的人所使用的次变体常称作高层语。低层语是指受教育程度很低的人所使用的言语变体,中层语则指介于两者之间的言语变体。不过,这些变体之间没有明确界限。受过比较正式的高层次教育的说话者在比较正式的场合可能使用高层语或上中层语,而在非正式情景中使用接近于低层的语言。

言语行为分类 speech act classification　　语用学术语。作为语用学的核心理论,言语行为理论把言语行为分为两个大类。第一类认为说话人实施三种行为:言内行为(locutionary act)、言外行为(illocutionary act)和言后行为(perlocutionary act)。言内行为是说话行为本身,言外行为是通过说话这一动作所实施的一种行为,言后行为是说话带来的后果。言后行为包括裁决型(verdictives)、行使型(exercitives)、承诺型(commisives)、行为型(behavitices)和阐述型(expositives),其中裁决型的言语行为用以陈述某种发现,这类言语行为可以被验证;行使型行为包括行使权力或施加影响;承诺型行为是说话者对未来行为的许诺和承担;行为型行为用于表明说话人所采取的态度;阐述型行为的目的在于说明所说的话语在整个交际中的作用。第二类认为言语行为是语言交际的最小单位,语言交际研究包括两方面:(1)说话人如何根据一定的规则实施自己的言语行为;(2)一个接一个的言语行为如何构成连贯有意义的语言交际。该观点把言语行为分为五种类型:阐述型(representative)、指令型(directive)、承诺型(commissive)、表达型(expressive)、宣告型(declaration)等五大类。宣告型包含阐述性的宣告(representative declaration)。每一种类型都有一个共同的基本目的:(1)阐述型:指说话进行陈述或描写,说自己相信是真实的话,如"我发誓从来没见过这个人";(2)指令型:说话时突然让听话人做某一件事情,如"能帮我开一下门吗?"(3)承诺型:说话人使自己对某一未来的行为做出许诺,如"我明天把参考书带给你。"(4)表达型:说话人对现存事态表明自己的感受或态度,如"给我带了生日礼物,你真太客气了。"(5)宣告型:说话人通过说话使现有的事态马上发生变化,宣告类的言外之意是使客观现实与所表达的命题内容一致。用于宣告类的行事动词有宣告、命名、任命等功能,如(大会主席)"我现在宣布会议开幕"。

言语行为规则 speech act rule 语用学术语。塞尔(John Searle)在1969把言语行为分为四项规则:(1)命题内容规则:由话语命题部分表达的意义,说话者预言听话者将来的某个行为;(2)预备规则:确定言语行为发出的先决条件,听话者能做到某事;(3)真诚规则:说话者希望听话者做某事,言语行为必须发自说话者内心;(4)基本规则:行为符合惯例。

言语行为集 speech act set 语用学术语。指某一特定言语行为的语言使用实现方式。现实的言语交际过程比较复杂,为了实现交际目的或达到自己想要的言外之力,说话人通常使用不止一种言语行为来完成整个交际过程。例如:I'm so sorry. I can't go to your birthday party. I have to go to Beijing for a conference.(对不起,你的生日聚会我去不了,我得去北京参加会议。) 这是一个表达拒绝的言语行为,其中包含三个独立的言语行为:首先致歉,然后拒绝,最后说明理由。言语行为组合与言语事件类似,包含交际双方的言语行为。以"询问时间"的言语事件为例,可以包括四种言语行为。首先,发话人使用"抱歉""打扰了""对不起"等致歉式言语行为发起对话,然后再询问时间。受话人听到后,告知发话人时间。最后发话人表示感谢。

言语行为理论 speech act theory 语用学的重要理论之一。指解释语言意义的一种理论,旨在回答语言是怎样之于"行",而不是用之于"指",体现了"言"则"行"这样的语言观。言语行为理论在20世纪50年代后期由英国哲学家奥斯汀(John Austin)提出。1955年,奥斯汀在哈佛大学做了题为"论言有所为"的系列讲座,提出了基本的理论观点,其核心思想是"言即行(Saying is doing)"。这一理论的代表人物还有塞尔(John Searle)。代表著作有奥斯汀的《如何以言行事》(*How to Do Things with Words*)、塞尔的《言语行为》(*Speech Acts*)等。言语行为理论最初源于奥斯汀对传统观点的质疑。传统上,哲学家们所关注的只限于陈述的可验证性(verifiability),即如何验证某一陈述是真实的或错误的,以及成真条件是什么。奥斯汀对此提出质疑,认为许多陈述之言只是伪陈述,人们所说的许多话语貌似陈述,但根本不以坦直地记叙或传递有关事实的信息为目的,或仅是部分地以此为目的,语言除了表述作用之外还有很多非表述作用,语言并非总能分出真假,而是在实施某一种行为。言语行为的发展过程分为两个阶段。在第一阶段,奥斯汀把话语区分为言有所述(constative)和言有所为(performative)。前者可以验证,非真即假,后者不能被验证,不涉及真假,用来实施某一种行为。提出上述区分后,奥斯汀提出言有所为的两种句法形式。第一种以第一人称单数为主语,现在时态、陈述语气、主动语态为谓语的话语,句法形式可用I+VP来概括,其中的动词称为行事动词(performative verb),包括诸如promise、object、agree、swear等。奥斯汀认为这些动词本身的词义表明话语所实施的行为。第二种是"I+VP"相对应的被动形式,第二人称作句子的主语,加上现在时态、陈述语气、被动语态的谓语动词。要使"言"成功地有所"为",奥斯汀认为必须满足三个恰当条件(happiness conditions):(1)说话者必须具备实施某一行为的条件;(2)说话人对自己实施的行为必须保有诚意;(3)说话人对自己所说的话不能反悔。在大量研究之后,奥斯汀发现"言有所述"归根到底也是"言有所为",于是建立了言语行为的新模式。这种新模式认为一个人说话时同时实施了三种行为,分别是言内行为(locutionary act)、言外行为(illocutionar act)和言后行为(perlocutionary act),奥斯汀又对言外行为进一步分类,分为裁决型(verdictives)、行使型(exercitives)、承诺型(commissives)、行为型(behavitives)和阐述型(expositives)等五大类。后来的研究者认为这样的分类缺乏科学性和系统性。在言语行为第二阶段,塞尔发展了奥斯汀的理论,把言语行为理论从孤立的话语意义研究提高为解释人类语言交际的一种理论。他认为语言是受规则制约的社会行为,必须有其应该遵守的条件和规则,语言这一社会活动所遵守的是构成性规则(constitutive rules)。他将言语行为的合适条件(felicity conditions)归纳为四个基本类别:命题内容条件(propositional content condition)、准备条件(preparatory condition)、诚意条件(sincerity condition)和根本条件(essential condition)。塞尔在分类前,规定了言语行为相互区别的12个方面,最主要的三个方面是言外之的(illocutionary point)、适从性(direction of fit)和所表达的心理状态(expressed psychological state)。他把言内行为区分为话语行为(utterance act)和命题行为(propositional act),并把言外行为划分为五大类。参见"**言语行为分类**"。

言语行为条件句 speech act conditional 条件句的一种。这类条件句的结构特点是if引导的从句与主句的命题内容无关,而与说出主句时实施的言外行为有关。从言语行为理论的角度看,言语行为条件句是隐性施为句,这种间接言语行为是言语行为条件句的语用功能。

言语行为移情等级 speech act empathy hierarchy; SAEH 功能句法学术语,亦称人称移情等级体系(Person Empathy Hierarchy)。指说话人本身始终比其他人更容易获得较高的移情值,说话人与自己的关系始终比与别人的关系更密切,公式表示为:说话人>其他人。此原则可直接得出 SAEH 的直接含义:第一人称>第二人称>第三人称(1st>2nd>3rd)。SAEH 是日本语言学家久野暲(Susumu Kuno)在其《功能句法学》中提出的移情原则之一。

言语行为因素 performance factor 语用学术语。指影响人们言语行为的因素,包括外部因素和心理因素。如在口语表达中,外部因素包括讲话者与听话者的关系、听众数量、讲话内容、话语长短以及讲话方式等重要的语境因素(contextual factor);而讲话时的兴奋度、疲劳度、紧张度和注意力的集中度等是重要的心理因素。

言语合成 speech synthesis 人工智能和计算语言学术语。指通过机械手段由文本输入而产生的言语。言语合成是当今非常普遍的一门技术。计算机运用言语合成器或语音合成器自动合成类似言语的声音。合成言语的设备应包括人工喉或振动源,以及像人类发音器官共鸣器一样改变音质的电子发音通道。例如计算机输入打印文本,产生口语形式,就像电话里听到的许多录下的信息不是自然语言,而是语音合成器发出的声音。

言语合成器 speech synthesizer 人工智能和计算语言学术语,亦称语音合成器(voice synthesizer)。指将人类语音用人工方式进行合成的电脑系统等工具。语音合成器可用软件或硬件来实现。语音合成一般利用数据库内已录好的许多语音系统连接。语音系统则因为储存的语音单元大小不同而有所差异。在特定的使用领域上,储存整字或整句的方式可以达到高品质的语音合成输出效果。另外,包含了声道模型以及其他的人类声音特征参数的合成器则可以创造出完整的合成声音输出。语音合成器的品质通常决定于人声的相似度以及语意是否能够被了解。清晰的文字转语音程式能为人类在视觉受到伤害或患有失读症时提供听觉信息,帮助患者在个人电脑上完成工作。

言语机制 speech mechanism 言语形成涉及的所有发音器官(口、舌、鼻、声带等)、脑部主管语的中心和有关功能(视、听、说)部分和它们全部活动过程及相互关系的总体。

言语矫治 speech therapy 病理语言学术语。指消除、减轻或治疗言语缺陷(如口吃),或使一个因病(如中风)而丧失言语能力的人恢复说话的种种措施和锻炼。言语矫治工作一般由言语矫治医生、心理学家及语言学家一起合作完成。

言语教法 oralism 指通过唇读和说话来教授耳聋者交际的教学方法,不同于手势教法(manualism)。对聋哑人进行手势教法还是言语教法一直存在争议。支持手势教法者认为,手势语言使聋哑人群体可以自由交流,享受社会生活。反对者认为,手势语言将聋哑人分割出去,形成自己的小团体,成为与有声世界不同的一个群体。支持言语教法者认为在儿童早期创造自然的语言环境是有效的,而反对者认为这种教法不是很成功,聋哑人仍然无法与有声世界沟通,且聋哑人之间的交流也变得有限和困难。第三种观点近年来开始流行,认为应该结合言语教法和手势教法,两者同时进行。

言语接受 speech reception 指对音节或词明确无误的识别和确认,即解码过程的开始阶段。也指使用机械装置或电子设备模仿人的言语,以及对其进行机械化处理阶段。参见"言语识别"。

言语节奏 speech rhythm 指人们在说话时胸部肌肉收缩和放松产生的节奏,是人们感知为响亮高峰音或节拍的重音所形成的模式。言语节奏主要表现为语速和一口气说出的单词数量。说话时的节奏(或韵律),音调变化,以及重音都是非常个性化的。言语节奏的急促与舒缓属于言语的心理范畴,它完全受言语内容与言语者说话习惯的主宰,其调节是能动的而不是机械的。语言学家将言语节奏分为音节定时节奏和重音定时节奏两大类:每个音节出现时间间隔相等的为音节定时节奏,重读音节等时重复出现的为重音定时节奏。法语通常被认为属音节定时节奏语言,汉语的普通话也具有按音节定时的趋势。英语则通常被称为按重音定时的语言。英语话语的重读规律是:重读与非重读音节相间出现。重读音节与紧跟其后的非重读音节一起组成重音组。在不受迟疑(可使人说话速度放慢)或激动(可使人说话速度加快)等因素影响的情况下,话语中重音之间的间隔时间大致相等。也就是说,根据英语的节奏规律,话语说起来所需的时间不决定于它有多少个词,多少个音节,而决定于它有多少个句子重音。假如句子重音之间的非重读音节数多,结果必然是说起来要快一些,含糊一些。同时,为了求得这种"大致相等",话语中单词的发音也可能由于受到语言环境的影响而产生不同程度的变化。例如:[1] Do you think you would be able to finish it in a month? [2] John is here now. [3] John will be at home tonight. [4] The professor is in Hong Kong this evening. 例[1]中共有重读音节四个,这些重读音节之间所含的非重读音节数分别为:两个、三个、四个。但是,在话语中,人们的感觉是:重读音节出现的间隔是大致相等的。例[2]—[4]的音节数不同,但所含重读音节数相同,因此,在说话速度相同的情况下,完成句子所需的时间亦大致相等。

言语库　repertoire　参见"语库"。

言语困难　dyslogia　病理语言学术语,亦称难语症。指由于推理能力受损而不能将思想形成词语的现象,属于患者语言表达能力的一种缺陷。言语困难可能是脑部病变的一种表现,突然发生且短期内加重者应详查颅脑疾患。言语困难病人应与癔症、神经官能症等功能性疾病引起的语言失常、语无伦次等相区别。

言语理解　speech comprehension　人工智能和计算语言学术语,亦称言语感知、语言感知或语言理解。指理解口语、书面语或手势语或将信息进行解码的过程。传统上来说,言语感知和语言感知(或理解)是两个不同的领域,前者侧重诸如音素和音节等的感知,后者侧重对短语和句子的感知。但是近年来,两者的研究范围不断融合,言语感知的研究对象开始涉及话语的语音现象,言语理解方面的研究把语调和语音信息考虑在内。言语理解主要涉及三种知识:社会知识、语言知识和认知知识。社会知识主要涉及说话人与听话人的关系、言语产生的语境等非认知和非语言知识;语言知识指一种语言的语音、词汇和语法知识,而认知知识涉及语用推论,以及交际参与者利用社会知识、语言知识等其他知识做出的推论。言语理解涉及诸多认知过程,目前主要有两种认知处理模式:自主式和交互式。前者指所有认知方式的运用都按照一定的顺序或层阶进行,如自下而上和自上而下的处理方式;后者指在对所有语言层面的处理中,认知方式都处于平行或交互状态,如自下而上和自上而下的交互模式。

言语连续体　continuum　参见"连续体¹"。

言语门槛　gatekeeper　社会语言学术语,亦称守门者。指在描写一个社会内部的权利关系时,任何控制或者限制部分人群得到某种身份认证的言语标识。能说标准英语或某种上流英语变体就起到守门者的作用,因为不具备说这种上流英语变体的人可能会发现某些职业或服务对他们存在限制。

言语模仿症　echolalia　参见"学舌症"。

言语器官　speech organ　语音学术语。指人体的发音器官,包括有鼻腔、咽腔、声带、硬腭、软腭、齿龈、小舌、口腔、肺、喉、唇等。人体从肺到口腔或鼻腔出口处为止的全部通道上的、能不同程度上参与语音形成的各解剖学部位。

言语情景　speech situation　语用学术语。指发生言语活动的情景。通常指和讲话有关的情景,如一次课堂教学、一次晚会等。可以由一个言语活动组成(如两人在街上遇见时的片刻交谈),也可以包含不止一个活动(同时进行、连续进行或交错进行)。

言语缺陷　speech defect; speech impediment　病理语言学术语。言语中妨碍交际的异常现象。一个人在心理或生理上受损,以致其言语变得异常(如失语症或口吃),以至于其言语变得奇异,这些缺陷使病人不能和别人通话,交际难以进行,如失语症、口吃等。

言语社团　speech community　社会语言学术语。通常指同一地区、说一种语言的同一变体或同一标准的一群人,形成一个社会单位(如城市、地区、移民区、部落、民族、国家等),并且至少具有一种共同言语变体的人的群体。语言社团不受地区、国家以及该地区或国家人是否讲双语或者单语的影响。例如,澳大利亚人、加拿大人、英国人、美国人、新西兰人等都说英语,他们可以组成一个言语社团。即便在英国本土,不同地区的人讲的英语也有差别。英国的伦敦人、伯明翰人、利物浦人、格拉斯哥人等都有自己的口音。

言语社团正式成员　full member　社会语言学术语。指能够完全适应一个言语社团一切交际场合(包括正式和非正式、专业和非专业等)的言语社团成员。学外语的人很难达到言语社团正式成员的语言程度,一般只能达到非正式成员(只需要适应书面语交际或专业性交际)的水平。

言语识别　recognition of speech; speech recognition　人工智能和计算语言学术语。指将语言符号和结构通过电子通道进行识别转换,与言语合成组成语言信号的处理过程。比如,麦克风或电话获得的信号转换成一系列单词。再如,研究人员借助频谱分析仪、运算器等对语言信号进行处理,对单词和连续言语进行识别,分析其音高、音质和音长,了解言语特点、韵律特征等。目前该研究已经从对孤立单词的识别发展到对连续话语的识别,从对特定说话者和特定方言的识别发展到对不同说话人和不同方言的识别。

言语事件　speech event　语用学术语。对完整言语行为中的语言和超语言成分的统称。相关因素可以借助交际模式来进行分析。交际模式详细说明说话人和听话人的个人特点,以及传达信息的形式(语言的、身体姿势的、说明信息的主题和内容。)

言语适应理论　accommodation theory; speech accommodation theory　社会语言学术语。社会语言学研究的一种理论,其研究宗旨在于解释人们为什么使自己说话的风格变得跟听话者的说话风格比较接近或差别更大。这项理论由贾尔斯(Howard Giles)、库普朗(Justine Coupland)等社会语言学家于20世纪70年代末提出,内容包括如果说话者与听话者交际时说话者为适应听话人的言语而对自己的言语作出某些调整,称为言语趋同适应;如果说话者为了区别于听话者的言语而对自己的言语作出修正,则称为言语趋异适应。当人们使自己的说话模式跟听话者的说话模式更接近时,原因可能有三:(1)说话者可能想以此方式使自己得到听话者的认同;(2)说话者想以此方式获得某一社会阶层的支持或赞同;(3)说话者只有通过这种方式才能有效提高信息的传递效率。当然,说话者有时也会故意夸大或改变自己的口音,以取得相反的效果。

言语输出词库　speech output lexicon　参见"听觉处理"。

言语速度　rate of speech; speech rate; rate of utterance　人们说话的速度取决于较多因素,如所谈论话题、听众人数、谈话目的、说话人的个性、说话者与听众之间的关系、说话人对所使用语言或方言的熟悉程度等。言语速度按每分钟所讲的音节数来计算,与发音速度(rate of articulation)的计算有所不同。一般而言,停顿时间越长,停顿越频繁,言语速度就越慢。

言语特征学　characterology of speech　指研究语言及言语特点的学科。其研究对象包括个人方言(idiolect)等。

言语完善　speech improvement　与演说术有关,也涉及一般意义上的言语的提高和完善。主要包括口音修正、音质改善和语言技能提高。口音修正是指通过学习一种语言或方言的语音系统来减少说话人自身的外国腔或地方口音,或者学得一种新的口音。音质改善是通过学习发音技巧改善自身的音质,使自己的声音能够反映个人的性格或使信息得到合理的传达。语言技能提高是指提高言语理解和产出的能力,掌握语用技巧。演说是提高个人形象的有力工具,通过言语完善练习可以帮助说话人提高自身在各行业中的发展潜力。

言语学　glossology　参见"语义学"。

言语延迟　delayed speech　心理语言学术语,亦称迟语症。指一些儿童在第一语言习得阶段,由于发育缓慢或心理/生理失调而造成的从语言前阶段到语言阶段推迟的现象。

言语延音器　speech stretcher　语音学研究中使用的,可将录下的话语放慢但不改变其音高或形成任何其他失真现象的一种装置,以达到某种信号分析的目的。

言语—语言病理学　speech-language pathology　亦称语言病理学,涉及语言学、语音学、声学、心理学、耳鼻喉眼科学、神经科学、精神科学、口腔矫形学等多个学科,属于多学科交叉边缘学科。言语—语言病理学的研究领域包括言语障碍、语言障碍、听力言语障碍、儿童学习障碍和吞咽障碍。言语障碍是指口头语言中的发声、发音及言语节律性的障碍,可分为发声障碍、发音障碍和口吃。语言障碍指个体不能达到与预期正常标准相当的语言学知识系统状态,根据障碍发生的阶段分为儿童语言发育迟缓和失语症。听力言语障碍是指因听力受损而引起不同程度的言语障碍。儿童学习障碍是指智力和听觉正常或基本正常的儿童,出于某些不能明确的原因,在听、说、读、写、推理、计算等一个或多个方面存在学习困难,学习水平明显低于同龄儿童。吞咽障碍是指由于神经病变和(或)解剖结构缺损,致使喉在吞咽时保护呼吸道的功能减弱或丧失,使唾液、食物等被吸入呼吸道引起吸入性肺炎甚至危及生命。言语—语言病理学在西方已有半个多世纪的历史,在中国仍是一门新兴学科。

言语韵律学　agogics of speech　指对言语中韵律节奏系统进行专门研究的学科。主要以言语为研究对象,研究内容主要包括重音结构、协同发音、音段延长、语速节奏及变化等现象。

言语障碍　dyslalia　病理语言学术语。指构音障碍和声音障碍,其物理发生学机理至今不明。构音障碍指说话时音素出现替代、歪曲、遗漏和添加的言语异常症状。例如,在汉语中,存在构音障碍的儿童往往会在一些音素(/s/和/z/、/f/和/h/)上存在困难,将/daɪ/念成/da/,将/shu/念成/shi/,将/feɪ/念成/hueɪ/。声音障碍涉及声音的音值、音调和音量等方面的异常。例如,嗓音高低不恰当,语流不顺畅,因此给人以机械感。病人还会重复过去听到的词或短语,而这种重复通常是无意义的。

言语中心　speech center　社会语言学术语。可以指城镇、社团或其他较小区域,该区域内的方言是附近较大区域通行语言的变体。

言语中心区　focal area　社会语言学术语。指在语音、语法或词汇等方面具有典型类型特征的言语社区中心。通常这些语言特点以此中心开始,通过模仿向四邻区域扩散，并影响社团内绝大多数人的说话习惯，这种扩散有助于形成标准方言。例如，在英语发展史上，伦敦就曾经是一个言语中心区。

言语重复错误　perseveration error　参见"后滞"。

岩符　petrograph　❶亦称岩石铭文。指镌刻在石头等硬物表面上的文字。❷亦称岩石艺术（rock art）或岩艺。指自然岩石上的人工印记。与考古学所说岩壁艺术（parietal art）大致相同，后者指在洞穴壁上或大型石壁上完成的艺术作品。岩艺主要呈现为三种形式：(1)图形字（pictograph），即表示意义的各种图形符号；(2)岩刻（petroglyph），即刻在岩石上的图画；(3)地面图案（earth figure），即在石块地表创作的大型图形样式和场景。

岩画　petrogram　参见"岩石字画"。

岩刻　petroglyph　参见"岩石雕刻"。

岩石雕刻　petroglyph　亦称岩刻。指史前人类刻在岩石上的图画。一般通过切割、凿挖、雕刻、研磨的方式，将岩石表面削除一层，留下画作。世界各地均有发现此类遗迹的报道。对于岩刻的解读主要基于其地点、年代和图像类型。一些岩刻被认为是天文记号、地图以及人际交流符号，包括史前文字。有的岩刻地图显示了路径、时间和距离的交流符号以及当地河流、地形等地理地貌信息。研究发现，大约7000—9000年前，诸如图形字、会意字等早期文字开始出现。

岩石记述学　petrography　参见"岩相学"。

岩石铭文　petrograph　参见"岩符"。

岩石艺术　rock art　参见"岩符"。

岩石字画　petrogram　亦称岩画或岩符。指史前洞穴中绘于岩石上的图画，也指镌刻在岩石上的远古铭文。

岩相学　petrography　亦称岩石记述学。岩石学（petrology）的一个分支。指通过相关技术手段，观察和分析岩石的成分和纹理，对岩石的细节特征进行描述。研究方法包括肉眼观察、显微镜探察、成分分解探测、化学分析和比重试验等。在考古研究中，运用岩相学方法对岩刻、岩画等文字符号或艺术形式进行分析考证，推定其类属、渊源、历史演变和发展脉络等，对于古文字和古文明的研究具有重要的促进作用。

岩艺　rock art; petrograph　参见"岩符"。

研究　research　在对一些问题、现象、事件等进行科学调查、验证、讨论等基础上，对其进行推论、分析和综合来获得客观事实及规则理论的过程。其程序一般包括选择研究课题、研究设计、搜集资料、整理分析资料（包括质化和量化分析）、得出结果等。

衍生　derivation　参见"派生"。

衍生基　derivational base　形态学术语，亦称派生基。衍生词的前一级形式。例如，"lucky"是"unlucky"的基础式，"unfit"是"unfitness"的基础式等。

掩蔽式模式　sheltered model　语言教学术语。指学生通过某学科的学习，既能学到学科知识，又能学到语言知识的教学模式。在这种教学模式中，语言学习主要是心理过程，学生同时进行有意识学习和无意识学习，并在有意识学习中无意识地习得学习内容。

眼动记录法　eye-tracking method　参见"在线任务"。

演变　drift　历史语言学术语，亦称流变。指语言在发展过程中所形成的一系列渐进的、相关联的变化，包括音变（sound shift）、借用（borrowing）及其他变化，如英语的元音大转移（great English vowel shift）、日耳曼语族诸语言词末音节的脱落等现象。雅各布·格林（Jacob Grimm）在1822年注意到，在梵语、拉丁语或希腊语中以/p/起首的单词，在日耳曼语中往往以/f/起首。例如，拉丁语的 pater 和 piscis，对应的英语是 father 和 fish。与此相似，以/t/起首的单词往往在日耳曼语中以/T/起首。例如，拉丁语 tres，英语的对应形式是 there。这表明日耳曼诸语种是从印欧语系中流变发展而来。虽然无法确定这种流变确切的完成时间，但是可以确定在最早的日耳曼文本出现时（4世纪），这种流变就已完成。萨丕尔（Edward Sapir）在《语言论：言语研究导论》（*Language: An introduction to the study of speech*，1921）一书中首次将"drift"用作术语，表示语言内部演变的共同趋势，在此基础上预测语言变化的方向。萨丕尔注意到英语中三个互为依存的语法变化趋势：(1)格标记的消失；(2)语序的稳定化；(3)词形的不变性。这些演变不仅是英语变化特征，也是日耳曼语词的末尾音节脱落的结果。

演化稳定策略　evolution stable strategy; ESS　若某一物种成员轻易共享了一个有利优势生存条件，那么在生存竞争中其他物种亦可获得此生存条件并编码入基因遗传给后代。这意味着一种策略一旦固定下来，自然选择就可足够防止其他策略(突变)入侵成功。这一理论广泛使用在人类学、演化心理学、哲学与政治学中。

演讲术　oratory　修辞学术语,亦称雄辩术。指使用演说性言语的能力和水平。在有公众倾听的场合,组织说话的内容,用确切的言辞表达,并阐述自己的观点,用以驳斥、击败其他论点,从而使听众折服的说话方式、技巧或说话艺术。参见"**雄辩术**"。

演说语　oratorical speech　文体学术语。指在较为隆重的场合下和某些公众场所使用的语言,就问题和事件向受众表达意见、传递信息、论证观点、宣告决定、抒发感情等,属于一系列语言风格中的一种。约斯(Martin Joos)根据不同的语言环境,将谈话方式分为五类:(1)冷淡的或演说性的(frozen or oratorical),如"Participants should remains seated through the ceremony.";(2)正式的或慎重的(formal or deliberate),如"Those taking part should sit during the proceedings.";(3)商量的(consultative),如"Would you please stay in your seats?";(4)随意的(casual),如"Don't get up.";(5)亲密的(intimate),如"Sit tight."。林肯的《葛底斯堡演说》、马丁·路德·金的《我有一个梦想》等均属于演说语言。演说者常常事先准备好并熟记演说稿以备脱稿演说,有时也可准备便签卡记录要点。

演绎法　deduction　逻辑学中一种合法的推理或论证方法。所谓合法就是如果前提真实,那么结论也真实。例如:一切人都会死;苏格拉底是人;因此苏格拉底会死。但是,合法的"演绎法"有时候其前提是错误的。而不合法的演绎法有时包含形式上的错误,即在论证的过程中基于命题结构上的推理错误。

演绎学习法　learning by deduction; deductive learning　语言教学术语。一种教授语言学习者语言规则和有关语言具体知识的语言教学方法,可以使语言学习者在使用语言的时候运用所教授过的规则。强调学习语法规则的语言教学方法通常使用这种方法指导语言教学。演绎法学习与归纳学习法(inductive learning)相对应,后者主张不直接教授语言学习者语法或其他的语言规则,而是由其自身从使用语言的经验中发现或归纳语言规则。演绎学习法要求学生在掌握了语言规则和具体的语言知识后,在使用语言时灵活运用这些规则。

扬扬格　spondee　音步的一种。根据重读音节、非重读音节或长音节、短音节的排列情况,音步分为抑扬格、扬抑格、抑扬扬格、扬抑抑格。扬扬格是由一个重音节后跟两个轻读音节组成。这种音步令语气听来像命令或者宣言,多用在格言、警句、谚语中。例如:[1] Yesterday, happily, thoroughly, merrily. [2] What is now | proved was once | only im|agined. | [3] Think in the | morning. | Act in the | noon. | Eat in the | evening. | Sleep in the | night.

阳性　masculine　语法学术语。屈折语言中名词语法性别(grammatical gender)范畴之一。阳性并非必须与男性语义相关。与之相对应的是阴性(feminine)和中性(neuter)。代词、形容词、冠词等与可数名词搭配使用的词项也会根据所限定的名词的性发生屈折变化。参见"**性别**"。

洋泾浜语　pidgin　参见"**皮钦语**"。

洋泾浜语化　pidginization　❶指洋泾浜语的形成过程。❷指二语习得和外语学习中目标语语法简化形式的形成。一般是语言学习的临时阶段,学习者的中介语可能只有少量助动词,往往会简化疑问句式和否定句式,以及时、数及其他语法范畴的规则。学习者如果停留在这一阶段,其结果可能会成为目标语的洋泾浜语化形式。

洋泾浜语化假说　pidginization hypothesis　语言习得术语。第二语言习得理论的一种假说,认为如具备下列条件就会产生洋泾浜语:(1)学习者认为自己与讲目的语的人相比在社会地位上相对孤立;(2)一种语言用于极其有限的范围。

洋泾浜语化理论　pidginization theory　语言习得术语。指研究特定的社会环境下二语学习者过渡语(interlanguage)发展过程的理论。该理论认为,二语学习者与目标语之间的社会距离和心理距离会影响学习者的语言习得程度。如果距离过大,学习者的语言就会停留在洋泾浜语的水平,并且导致"石化"现象的发生。

洋泾浜语言形式　pidginized form of a language　语言的一种变体。在这种变体中,句子结构和词汇在很大程度上得到简化。洋泾浜语往往在词汇形式和句子组成方式上吸收了另一种语言的成分。例如,巴哈萨马来语属于马来语的一种洋泾浜语言形式,其使用者是居住在马来西亚和新加坡的华人以及其他非马来人。

样本　sample　统计学术语。指为了调查总体的性质而从总体中抽出的部分个体。样本不可脱离总体(population)而独立存在。总体是由研究任务决定的研究事物或人的全体。个体(individual)则是构成总体的每一个单位,总体的性质由其中各个个体的性质决定。但是如果总体数量很大时,不可能为了了解总体而对每个个体展开调查研究,通常会从总体中抽出一部分样本进行考察。样本中所包含的个体数称为样本容量(sample size)。统计研究的任务就是根据样本做出对总体的种种假设,再进行检验,从而对总体做出推断。选取样本的原则一般有两个:一是选取的样本必须具有代表性;二是要尽可能使用较大的样本。样本量在30以上(n ≥ 30)称为大样本,在30以下(n < 30)称为小样本。根据抽样方法的不同,样本一般被分为五类:(1)总体中的个体若有同等机会被选为样本,即构成随机样本(random sample);(2)若把总体分成若干层次(高、中、低),从中抽样,则为分层样本(stratified sample);(3)总体中抽取的样本若有充分的代表性,则称为代表性样本(representative sample);(4)用随机方法有意识地挑选的样本,则为预期样本(prospective sample);(5)只为方便而从适用对象中挑选的样本,则称作便利样本(convenience sample),属于非概率抽样。

样本语料库　**sample corpus**　语料库语言学术语。由于版权原因或者需付费使用,一些语料库有选择地免费或低价发放一部分语料,这种语料称为样本语料库。

要略模式　**Aspects Model**　句法学术语。标准理论(Standard Theory)的别称。美国语言学家乔姆斯基于1957年提出,后又与其他语言学家共同研究发展而形成的一种语法理论。乔姆斯基试图提供一种描写一切语言的模式。转换生成语法用一套规则来表明本族语说话人形成语法句的能力。他多年来致力于修正自己的理论,最著名的是"标准理论"(Standard Theory),包括四个主要部分:(1)基础部分(base component);(2)转换部分(transformational component);(3)语音部分(phonological component);(4)语义部分(semantic component)。

叶斯柏森周期　**Jespersen's cycle**　亦称叶氏周期。指丹麦语言学家叶斯柏森(Otto Jespersen)在1917年出版的《英语和其他语言中的否定》一书中提出一个关于否定用语演变的重要假设。该假设认为否定用语有三大演变周期:第一阶段是单一否定词位于动词之前;第二阶段是两个否定词置于动词前后同时使用;第三阶段是单一否定词置于动词之后。他认为:当单一的否定词不足以表达否定意义时,常用强调词来强化;随着语言的演变,强调词逐渐取代否定词,最终在句子中独立起否定作用。英国语言学家威利斯(David Willis)领导的研究小组花了五年时间,对过去1000年间欧洲和地中海沿岸语言中否定词的演变过程进行追溯,证实了"叶氏周期"。例如,在古法语中,"ne"在动词之前单独使用,表达否定意义;800年前,"ne ... pas"的否定形式出现且沿用至今,成为表达否定的标准用法;当前的口语中,"ne"常被省略,直接用"pas"表达否定意义。威尔士语的否定词同样遵循这一演变周期:最初的否定词是"ni";13世纪末"dim"或"ddim"开始出现,起强化否定的作用;16—17世纪,"ni ... dim/ddim"的用法成为固定形式并保留了两百多年;1820年前后,"ni"不再出现,"dim/ddim"单独表达否定意义。叶斯柏森周期是语言学研究的热点和难点之一。

一般过去时　**simple past tense**　语法学术语。英语中表示过去发生的非持续性或经常发生的/习惯性动作或存在的状态。例如:[1] He went to the theatre last night.(非持续性动作) [2] I called parents twice a week when I was in college.(经常性动作) [3] They were busy, so they weren't able to come.(存在的状态) 一般过去时由规则动词或不规则动词的过去式表示,常和表示过去的时间状语连用,如 yesterday, in the 19th century, two days ago 等。动词 be 的过去式有人称和数的变化,具体为第一人称和第三人称单数用 was,复数用 were,第二人称单复数均用 were。除 be 外,其余动词的过去式不需考虑人称和数的变化。例如动词 have 的过去式为 had,run 的过去式为 ran。

一般会话隐涵　**general conversational implicature**　参见"涵义"。

一般将来时　**simple future tense; future indefinite tense**　语法学术语。一般将来时表示将来要发生的非持续性动作或要经常发生的动作或存在的状态,常与表示将来的时间状语连用,如 tomorrow, next week, in the future 等。英语中没有将来时的屈折形式,而是使用多种不同的动词形式表示将来时间。例如:[1] The train leaves at ten this afternoon. [2] I am leaving tomorrow. [3] I will leave tomorrow. [4] I am going to leave tomorrow. [5] I am about to leave. 例[1]—[5]分别使用一般现在时、现在进行体、"will+动词原形""be going to+动词原形"和"be about to+动词原形"形式,表示将来时间。

一般性承诺　**generalisation commitment**　认知语言学术语。认知语言学的两个基本承诺或原则之一,认为一般认知原则的特点应该适用于人类语言的各个方面,这也是由认知承诺所决定的。因此,基于一般性承诺,认知语言学家致力于寻找适用于语言各个系统或层面的共同组织原则,如音系学、句法学、语义学等等。概念结构方面,这样的共同组织原则有概念隐喻、概念合成和一词多义等。在这一点上与形式语言学的模块方法(modular approach)不同,也是与形式语言学的另一分野。认知语言学的另一个基本承诺是认知承诺(cognitive commitment)。

一般疑问句　yes-no question　语法学术语,亦称是否问句。与特殊疑问句(wh-question)相对立。指英语中要求用"是"或"否"回答的疑问句,句法结构形式是陈述句的语序倒置形式,助动词或情态动词位于句首。例如:Do you speak Chinese?

一般意义　general meaning　参见"种属意义"。

一般语义学　general semantics　参见"普通语义学"。

一般增强词　booster　指程度加强但没有达到极限的副词或其同等词语,如 badly、bitterly、deeply、terribly、violently、well、a great deal、a good deal、a lot、by far 等。例如:[1] I'm fond of it badly. [2] It annoyed me a great deal.

一词单义　monosemy　语义学术语。与词汇语义学有关,指词汇项(lexical entries)的意义不确定,只有当填充语境,或者是使用某种具体的词汇生成手段后,抽象而又缺乏细节的意义方能确定。根据这一观点,一词多义(polysemy)产生于单义性词汇项的偶发现象(epiphenomenon)。从一词单义的视角看,在概念层面的语言单位如词,只有单一的、相对抽象的意义,是其他意义派生的基础。例如英语单词 dispatch,就有"派遣"、"匆匆做完"或者"消息"等意义。形式词汇语义学早就认识到一词多义现象的存在,但一般把它看作表面现象。然而认知词汇语义学(cognitive lexical semantics)基于大量研究,对一词单义现象进行驳斥,认为一词多义表面现象才反映了概念结构的现实。

一次体　semelfactive　参见"词汇体"。

一次性词语　hapax legomenon　在语言书面记载(如一部著作或单一篇章)中只出现过一次的词语,来自希腊语ἅπαξ λεγόμενον(被说过一次的事情)。英语的 said once(说过一次的)在希腊语中经常缩写成 hapax。如果一个词语出现过两次,其相应的名称是 dis legomenon,出现过三次为 tri legomenon,出现过四次为 tetrakis legomenon,出现四次以上的无对应词。一次性词语有一些实例,如在莎士比亚作品中出现的 Honorificabilitudinitatibus 和乔叟(Geoffrey Chaucer)作品中出现的 Nortelrye(教育)均属只出现过一次的词;Flother(雪花)一词只出现在 1275 年发现的一个手稿中,是 1900 年前英语中只出现过一次的词。

一符多音　polyphony　语音学术语。指相同的书写符号代表几个不同音位的拼写法,如 sit 和 site 中的 i 分别读成/ɪ/和/aɪ/。

一级汉字　first-level Chinese characters　指中国国家标准 GB2312—80 的第一级汉字,共 3755 个,是最常用的汉字。GB2312—80(简称 GB2312 或 GB80)的全称为《信息交换用汉字编码字符集——基本集》,由中国国家标准总局发布,于 1981 年 5 月实施。这一标准字库收录的汉字已经覆盖 99.75% 的使用频率,基本满足了汉字的计算机处理需要。目前,通行于中国大陆和新加坡。GB2312 收录简化汉字及一般符号、序号、数字、拉丁字母、日文假名、希腊字母、俄文字母、汉语拼音符号、汉语注音字母,共 7445 个图形字符。其中包括 6763 个汉字,其中一级汉字 3755 个,二级汉字 3008 个;包括拉丁字母、希腊字母、日文平假名及片假名字母、俄语西里尔字母在内的 682 个全角字符。

一价动词　monovalent　参见"价"。

一元论　monism　哲学术语。主张世界只有一个统一本原的哲学学说,与二元论(dualism)相对。一元论分物质一元论和观念一元论。物质主义一元论肯定世界的本原是物质,万物由物质派生,精神也是物质的产物,认为物质第一性,精神第二性;观念主义一元论认为世界的本原是精神,万物由精神派生,认为精神第一性,物质第二性。无论是物质主义一元论还是观念主义一元论,都主张世界只有一个本原,即坚持一元论。

一致词　AGR　句法学术语。指乔姆斯基采纳波洛克(Jean-Yves Pollock)1989 年在其《动词位移、普遍语法及 IP 结构》(Verb Movement, Universal Grammar and the Structure of IP)一文中提出的屈折词分裂假设(Split INFL Hypothesis),后对 INFL 进行重新划分而产生的一个新的功能投射词(Chomsky,1991)。一致词是生成语法的短语投射结构的功能类中心语之一。作为功能词,一致词可以有完整的投射形式 AgrP,其自身可以触发动词的中心语移位,而其指示语位置则触发名词性短语的移位,由一致词为处于其指示语位置的名词性短语指派结构格。根据对语言中动词与名词性短语一致关系解释的需求,乔姆斯基还把一致词进一步划分为主语一致词(Agr S)和宾语一致词(Agr O),分别用来解释主语和宾语的赋格现象。

一致格　identic case　语法学术语。某些非印欧(non-Indo-European language)表示一致性或同一性(sameness)的格。

一致关系　agreement　指句法关系中两个及以上的范畴在语法形式上的照应关系。这种一致关系主要表现为主语、动词、宾语之间或形容词与所修饰名词之间在性、数、格等语法形式方面的照应关系。不同语言对一致关系的要求不尽相同，如汉语一类的孤立语几乎不存在语法上的一致关系；俄语、法语、德语等较典型的屈折型语言，其句法对一致关系的要求则非常严格，造句时必须兼顾主语、动词、宾语之间或形容词与所修饰名词之间的性、数、格一致关系；而屈折程度较低的语言，其句法只是要求局部的一致关系。以英语为例，英语句法只表现主语和动词间数的一致关系。例如：Terry likes the new movie.

一致性 solidarity 指过程或系统中存在的一种关系，有些为系统和过程共有，有些属于系统或过程，可以用不同术语加以表示。例如：(1)互依关系(interdependence)：两个关系项的关系是双向的，A项和B项互相依赖，互为前提，如元音和辅音的关系等；(2)偏依关系(determination)：两个关系项的关系是单向的，A项依赖B项，以B项为前提，反之则不然，如前缀或后缀依赖词根才构成词；(3)相容关系(constellation)：两个关系项的关系是自由的，A项和B项互不依赖，互不以另一方为前提，如并列成分等。关系项之间的互依关系在过程中称为一致(solidarity)，在系统中称为互补(complementarity)；关系项之间的偏依关系在过程中称为选择(selection)，在系统中称为规定(specification)；关系项之间的相容关系在过程中称为组配(combination)，在系统中称为自主(autonomy)。

医患交互 doctor-patient interaction 话语分析术语。医患话语属于一种机构话语，对话的医患双方之间存在着信息和权势两方面的不对称，同时也指以医患双方对话为研究重点的话语分析。一般而言，医患话语分析主张将医患之间的口头互动看作指向一个共同目标的、有目的的动态的"社会过程"。这个过程关键或本质的产品就是即席诊疗话语，而病人对目的的追求过程则构成了医患话语分析和研究的主线。医患话语的研究成果能够为建立平等、合作和互动的新型医患关系提供参考、指导和规范。

依从 dependency 参见"子项从属"。

依存树 dependency tree 参见"依存语法"。

依存音系学 Dependency Phonology 音系学术语，亦称从属音系学。指由安德森(John Anderson)提出的一种以中心成分依存关系(head-dependent relation)为核心的理论框架，主张使用元素(element)而非偶值特征(binary feature)来描述音段特征。其间的依存关系有三种：(1)存在于组成音段的元素之间；(2)存在于组成音节的成分(constituent) 之间；(3)存在于组成音步的音节之间。这种依存关系可以使用从属图(dependency graph)来表示，中心成分为零级，从属成分为"一级""二级"……。例如，单词dog的元音是中心成分，为零级，而辅音/d/、/g/是从属成分，为一级：

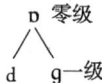

依存语法 dependency grammar 一种建立在词汇关系上的语法，将动词视为最重要的中心单位，主张动词必须依据其所需名词短语的数目而进行归类，这种数目就是所谓动词的"价"。例如，英语的sing是单价：

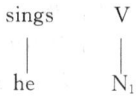

句子"He gave mary a red rose."中的动词give则是三价：

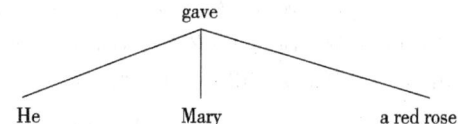

这一理论可追溯至语言学家赫利亚斯(Petrus Helias) 12世纪提出的"动词中心说"，指出动词对句子成分的要求，当时已经暗含了"依存"的理念。现代语言学一般认为依存语法的创始人是法国语言学家泰尼埃(Lucien Tesnière)。泰尼埃从1939年起开始撰写关于依存语法的巨著《结构句法基础》(*Éléments de Syntaxe Structurale*)。1954年逝世后，他的朋友们，特别是法国语言学家富尔凯(Jean Fourquet)，整理了他的遗稿，并于1959年出版了《结构句法基础》，标志着依存语法的诞生。依存语法强调以动词为句子中心，动词支配句中其他成分，而本身不受其他任何成分支配。泰尼埃使用图式(stemma)表示依存关系，其中包括动词、行动元(actant)和状态元(circonstant)。行动元由名词词组组成，状态元由副词词组组成，两者直接处于动词节点之下，行动元位于动词左边，状态元位于动词右边。行动元的数目不得超过三个：主语、宾语1和宾语2。依存语法中使用依存树(dependency tree)来标示一群互相连接的节点(node)之间的句法关系，依存树结构是依存语法的核心。每棵树包含一个支配语(governor)和一组依附语(dependents)，支配语和各依附语之间有特定的关系。例如，在句子"Boys run quickly"中，动词支配名词和副词。这里的支配语是动词，依附语有两个，名词boys作行动元，副词quickly作状态元，如下左图。依存树和短语结构树(如下右图)都是句子结构的一种表示方式，区别在于依存树上的节点都是词语,而不是句法范畴,依存语法不使用词类和短语类等语法标记。

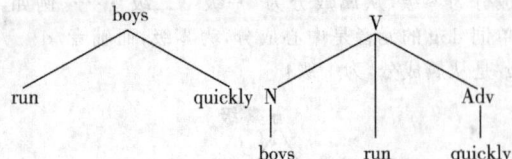

这一理论盛行于法国和德国,与其他诸多句法理论有区别。例如,与短语结构语法不同,依存语法分析中缺少短语节点,主张句法结构由(中心)词及其从属成分之间的关系决定。因为依存语法不受制于具体语序,所以能较好地解释语序比较灵活的语言,比如捷克语。代数句法和扩充依存语法都属于依存语法。连接语法与依存语法相似,但是主张词与词之间存在定向性,而不存在中心语—补语的关系。算符语法属于语义理论,所以不同于依存语法。

依附性　dependent　语法学术语,亦称从属性(subordinate)。一个成分的形式或功能取决于句子中的另一个成分的现象。例如,在"the pretty girl"中,冠词 the 和形容词 pretty 依附于名词 girl。而在句子中,从句一般就会依附于主句。例如,

　　When I was at school, I loved history.
　　　依附的　　　　　　独立的

　　He announced the news that he was going to Hawaii for his holidays.
　　独立的　　　　　　　　依附的

　　She came in and he helped her take her coat off.
　　独立的　　　独立的

　　Did she leave a message before she went?
　　独立的　　　　　　　依附的

咿呀学语阶段　cooing　儿童语言习得前语言阶段(pre-language stages)的第一个阶段。一般出现在婴儿三个月大左右。婴儿发出的最早可辨认的声音称为咿呀声(cooing)。其特征以/k/、/g/等软腭辅音(velar consonant)为音节头(onset),以/i:/、/u:/等高元音(high vowel)为音节核(nucleus),组成音节发音。

仪器语音学　instrumental phonetics; experimental phonetics　语音学术语,指通过仪表、器材对语音的生理发音和物理音响特性的纪录、测试而进行语音研究的学科。它的产生和发展使语音和语言的研究趋向精密化。采用的器材随着物理学的发展,从早期的音叉、假腭、浪纹计、喉镜、摄影,发展到 20 世纪的 X 光摄影、电影以及 40 年代以来的各种电声设备,如录音机、示波仪、声谱仪、电假腭、光导纤维等。

仪式语　ritual language　文体学术语。一种形式比较严格、必须使用特定句式的、话语一般有特定顺序的言语活动,多用于宗教仪式、入会仪式、结婚仪式等。例如,主持基督教婚礼的牧师都会问新人:"你愿真心诚意与(某姊妹或某弟兄)结为夫妇,遵行上帝在圣经中的诫命,与他(她)一生一世敬虔度日;无论安乐、困苦、贫穷、或顺或逆、或康健或软弱,你都尊重他(她),帮助他(她),关怀他(她),一心爱他(她);终身忠诚地与他(她)共建基督化的家庭,荣神益人!你愿意吗?"新人们则会回答:"我愿意!"

移动窗口技术　the moving-window technique　参见"在线任务"。

移后同化　lag　音系学术语,亦称顺向同化(progressive assimilation)。发音同化(assimilation)若干现象的一种,英文常写作 LAG。指语流中的前一个音同化后一个音,使其发音变得相同或相似的现象。例如,dogs 中的 s 由于受到前面浊音/g/的影响,同化为/z/音。与之相似的是,在 Jack's fine /ʤæksfaɪn/和 Joey's fine /ʤʊɪzfaɪn/中,'s 有清浊两种发音,均是移后同化的结果。

移觉　synaesthesia　参见"通感"。

移民本族语　immigrant language　社会语言学术语。某一语言集团内少数移民的母语,如英国境内巴基斯坦人使用的乌尔都语(Urdu),美国建国前英国移民的英语等。与土著语言(indigenous language)相对立。

移情　empathy　❶语言教学术语,亦称同理心。指一种能设想和体会他人思想、感情和见解,并能与之共享的心理素质,对别人的思想、情感和观点能够想象并产生共鸣。在语言习得领域,移情能改善对语言和文化与自己不同的个人或群体的态度,有助于建立一个人与语言文化不同的他人或群体之间的精神和谐关系,因此能提高一个人学习另一种语言的成效。❷功能句法学术语。指说话人与句中所描写的时间或状态的其他参与者或物的关系的密切程度,如果关系密切,两者之间的移情值(empathy value)高,反之,则移情值低。❸语用学术语。指语用移情(pragmatic empathy),言语交际双方情感相通,可以理解或设想对方用意。涉及说话人如何刻意理解听话人的意思,吐露心声、表达用意,也涉及听话人如何设身处地来理解说话人的言谈心态和意图。主要体现的是交际双方之间的情感及心理趋同。

移位 α　move α; alpha movement　句法学

术语,亦称阿尔法移位。由乔姆斯基最初于20世纪70年代末提出,转换生成语法修正的扩展标准理论时期用来表征结构成分及其语迹之间的关系。20世纪80年代在"管辖与约束理论"框架下成为所有具体移位规则的总称,被认为是唯一一条普遍的移位规则。抽象符号α用来表示任何结构成分,移位α允许任何短语或词汇语类从句子的一部分移动到另一部分,即任何结构成分都可以移位。但在具体应用过程中需受到次毗邻原则、空语类原则等限制。20世纪90年代初的"最简方案"时期,移位α和"合并"(merge)一起成为句法结构构造的基本操作。

移情焦点不冲突原则　ban on conflicting empathy foci　指同一个句子里,不能在移情关系中出现逻辑矛盾。例如,若给出两个描述者,"Lily"和"Lily's/Her classmate",说话者与"Lily"的移情关系比与"Her classmate"的移情关系深,即可把"Lily"作为主语成分,以 hit 为谓词,从而造出句子:Lily hit her classmate。

移位复制理论　The Copy Theory of Movement　句法学术语。指乔姆斯基在其最简方案中提出、用以取代之前的移位语迹理论的移位操作理论。按此理论,一个句法成分在移位后会留下一个与自身相同的拷贝,该拷贝在语音式中删除(即在 PF 层面上对原始移位成分"零拼读"),但可在逻辑式中获得诠释。移位的具体操作分三个阶段进行。首先,移位的成分复制为自身的拷贝;其次,该拷贝与原有结构进行合并操作;然后,原始移位成分删除,完成移位操作。例如:

[1] *John* was arrested.
[2] a. 移位前：　　[was arrested *John*]
　　b. 复制：　**John** [was arrested *John*]
　　c. 合并：　　[*John* was arrested *John*]
　　d. 删除：　　[*John* was arrested ~~*John*~~]

表达式[2]所示的四个步骤即按照移位复制理论完成的句[1]中 John 的移位过程。

移位转换　movement transformation　句法学术语。指转换生成语法中将结构中的成分从短语标记(P-marker)的一个部分移位至另一个部分的转换规则。移位通常一次移位一个成分,移位的终点称为着陆点。已使用的移位规则分两大类:wh 移位和 NP 移位。例如:
[1] a. The cup was put on the table.
　　b. ____ was put *the cup* on the table.
[2] NP₁-Aux-V-NP₂ →
　　NP₂- Aux ＋ *be* ＋ *en* -V-*by* ＋ NP₁
由此可见,被动句可以通过 NP 移位推导出来,例[1a]中的被动句可以从例[1b]通过移位 the cup 推导出来。转换规则表述为表达式[2]。

移植词　domesticated word　指以原有形式借用外语词的术语,如英语中的法语 coup d'etat。

遗传型　genotype　亦称属模标本。原为遗传学术语,指遗传属性的总和,与表现型(phenotype)概念相对,后者指生物的外在表现形式。借用到符号学领域后,遗传型代表抽象的语言模型,即所有语言的普遍符号系统;表现型代表具体的语言模型,即各种语言的具体符号系统。遗传型语言模型通过对应规则和表现型语言模型相联系。语言分析的任务就是在描写遗传型模型的基础上进而描写表现型模型。

遗忘症　amnesia　参见"记忆缺失"。

疑问陈述句　queclarative　语法学术语。指具有疑问的形式但表达陈述语义的话语,这样的话语常常表达强调或讽刺。例如:[1] Who speaks Polish around here? [2] Is he clever? [3] Isn't this nice? 其中,句[1]言外之意是"周围没有人说波兰语";句[2]意思是说"他不聪明";句[3]可能有两种解释"这非常好"或"这一点都不好"。

疑问词　interrogative word; question word　语法学术语。出现在句子或小句句首,表明该句(小句)为疑问句的词。英语中疑问词一般以 wh-开头,包括:(1)which、what 等疑问形容词,它们是名词短语的一部分;(2)who、which、what 等疑问代词,这些词可以独立使用;(3)where、why、how 等疑问副词。例如:[1] Which book did you prefer? [2] Why didn't you go there? [3] I don't know when he is coming.

疑问代词　interrogative pronoun　语法学语。用于构成疑问句的"wh 代词",如 who、which、what、whose、who 等。例如:[1] *Which* is your book? [2] *What* is your name?

疑问副词　interrogative adverb　语法学语。指充当副词的疑问词,如 when,where 等。例如:When and where will you go? 你什么时候去? 去哪里?

疑问句　interrogative sentence　语法学术语。指以问句形式出现的句子,如"Did you open the window?"英语中的疑问句主要有两种形式:(1) yes-no 疑问句,常用 yes 或 no 回答,语序部分倒装,如"Do you want to buy the book?"。(2)由疑问代词和其他形式(如 who,which,where,when,how 等)构成的 wh-问句。除非 wh-形式作主语时语序与陈述句一致，否则句子使用部分倒装形式，如"Where have all the flowers gone?"。陈述句有时也可具有疑问句的作用，只要将其语调变成升调即可(在书面上用问号表示)，如"You are getting bored?"。有的疑问句不一定具有问句功能，如"Could you shut the window?"可能是对某人关窗的请求，而不是对这个人是否具有此能力的询问。另外，修辞问句虽然在句法上是疑问句形式，但在语义上则是一种陈述，如"What business is it of yours?"。

疑问形容词　interrogative adjective　语法学术语。指充当形容词的疑问词，如 which、what 等，一般用于修饰名词。例如：[1] Which coat will you put on?（句中的 which 修饰 coat。）　[2] What tree is it?（句中的 what 修饰名词 tree。）

疑问转换　interrogative transformation　句法学术语。指调换深层结构中主语与助动词的位置，以形成疑问句的转换操作。例如，英语句子"Can anyone solve this problem?"的深层结构可大致表示为：[sQuestion [[NP anyone] [[VP[AUX can] [V solve] [NP this problem]]]]]　由于 Question 这一成分的存在，须强制进行疑问转换，对换主语 anyone 和助动词 can 的位置，再通过省略规则删除 Question 成分，生成上述疑问句。

已知信息　given information　功能语法术语，亦称旧信息。功能语言学对句子进行分析时，主要研究信息在句中的分布情况。句子的信息包括已知信息和新信息(new information)两种。已知信息是指听话者或读者已经知道的、作为话语背景的信息。已知信息是话语扩展的基础，往往与功能句子观(Functional Sentence Perspective)提出的主位(theme)一致。主位通常是已知信息，述位(rheme)则是新信息。

已知—新信息　given-new information　功能语言学术语。已知信息指听话者或读者已经知道的、作为话语背景的信息，新信息是跟已知信息有关但读者或听话者不知道的信息。马泰休斯(Vilém Mathesius)提出的功能句子观(Functional Sentence Perspective)术语。功能句子分析主要研究信息在句中的分布情况，特别是语篇中已知信息和新信息分布产生的影响。已知信息是话语扩展的基础，往往和功能句子观(Functional Sentence Perspective)提出的主位(theme)概念一致。新信息则和述位(rheme)概念一致。主位不同于主语，有时和主语一致，有时不一致。主位是话语的出发点、谈论的对象，是已知信息，至少在特定语境中是十分明显的信息，而述位是话语的核心，是说话人对主位讲的话或与主位有关的话。

以学生为中心的教学法　student-centered teaching method　语言教学术语。指具有如下特点的教学法：(1)注重学生在学习中的积极作用；(2)尽量让学生自己控制学习内容和学习方法；(3)鼓励学生自主学习，更多地负责自己的学习。在这种教学法中，教师不再是课堂的主宰者，也不仅仅是知识的传授者。教师在教学过程中扮演引导者、信息资源提供者和顾问的角色，在教学过程中发挥帮助者、建议者或协调者的作用。同时，以学生为中心的教学法不能忽视教师自身的主导作用和调控监督作用，教师也要做好课堂的监督者和监督者，这样才能真正体现以学生为中心的教学理念。这种教学方法与传统的以教师为中心的教学法(teacher-centered teaching method)不同，后者由教师给予控制，教师掌握课堂的支配权和控制权，忽视了师生间的互动。

以言行事　illocution　语用学术语。言语行为理论术语，言语行为中的一种。20世纪50年代中期，英国牛津学派学者约翰·奥斯汀(John Austin)提出了言语行为理论，认为人们在说话时并不总是在陈述或描述什么，而往往是在完成某种行为，如许诺、抱怨或劝诱等。该理论还认为人们每说一句话即同时完成三种行为：言内行为(locutionary act)、言外行为(illocutionary act)和言后行为(perlocutionary act)。也有学者称上述三种行为分别为话语行为，即以言指事；语现行动，即以言行事；以及语导行动，即以言成事。以言行事就是指言外行为或语现行动，即使用语言来完成某种行为。根据言语行为理论，以言行事主要通过施为句实现。例如，"我宣布放假两周。"就是通过言语来实施"宣布放假"的行为，即所谓的以言行事。

椅子博物馆　chair museum　认知语言学术语。最早是由哲学家布莱克(Max Black)提出的，用以论证原型范畴理论。在椅子博物馆概念中，所有展出的椅子各不相同，一端陈列着所谓典型的椅子，而另一端则陈列着形状大小不一的木块。布莱克认为这种情况下很难找到一条清晰的界线(boundary)来区分椅子和非椅子(non-chair)。事实上这里并不是作为椅子的实体互相渗透，而是相应实体的范畴(categories of entities)互相融合以至于难以找出区分的界线，而这正是认知分类的结果，认知语言学上称之为模糊范畴界限(fuzzy category boundaries; fuzziness)，以便与含糊实体(vague entity; vagueness)相区分。

义符　semon　语法学术语。参见(流派)"层次语法"。

义素　sememe　语义学术语。指最小的意义单位。义素不是自然语言的单位，而是理论上分析出来的语义单位，当这些义素集合在一起，才能体现自然语言的意义。语义成分分析法把义素定义为"区别性特征"或"切分"单位，指对词的本质性的语义特征进行分析后得到的最小语义单位，如 woman 包含三个义素：[＋HUMAN　－MALE　＋ADULT]。

义素变体　alloseme　参见"义位变体"。

义素层　sememic stratum　语义学术语，亦称义子结构。指语言信息系统或其他各种模态的最高层次。其包含的要素由词位层的要素加以实现。例如，"红"这个词的意义是"红"这个概念，属于义素层的一个要素，它与义素系统的其他概念（比如各种类型的"红"）相关，而当人们产生"红"的视觉形象时又与视觉系统中特定的点直接相关。

义素分析法　sememe analysis　语义学术语，亦称成分分析法。认为一个词可以分解为一组微观的语义构成成分，是结构主义语言学分析词义的一种重要方法。

义位　glosseme　指自由的、能够和语音结合的、最小的语义单位。它包括一个词的所有义项，这些义项有本义、基本意义、引申意义和比喻意义四类。一般情况下基本意义即为本义，有时是引申义。可以将本义称作义位的本体，引申意义和比喻意义都是在本义的基础上变化而来的，可以称为义位的变体，引申意义、比喻意义分别称为引申体和比喻体。根据言语场的标准，义位本体可分为静态义位本体与动态义位本体。静态义位本体指不考虑言语场时的义位本体，由静态理性义（也称基义）和静态附加义（也叫陪义）两部分组成。义位本体的静态理性义指不考虑言语场时义位本体的概念意义，可以用义位本体结构式来描述。例如，"头"的本义为"人体最上部分或动物最前部"，义位本体结构式可表述为＜＋人体的＋最＋上面的＋部分＞/＜＋动物的＋最＋前面的＋部分＞。义位本体的静态附加义指不考虑言语场时义位本体的附属、补充义，包括静态形象附加义（指言语交际双方听到或看到某个词语时能通过感官凭借经验联想到的某种形象）、静态情感附加义（指语言使用者群体在造词和长期用词的过程中赋予词的情感）。有两种情况，一种是造词过程中产生的情感附加义，这主要是指专用名词；另一种则是在使用过程中产生的情感义，即静态风格附加义（指某种交际场合、某种文体赋予义位本体的附加义，包括口语附加义和书面语附加义两种）、静态理性附加义（指附加在静态理性义之上的理性义）。义位本体有指称意义，同时还有造词时反映出来的理性意义。例如"爱人"的理性义指配偶，理性附加义则指对配偶有很深的感情。参见"语符"。

义位变体　alloseme　亦称义素变体。由尤金·奈达（Eugene Nida）于 1946 年提出，指语言中最小语义单位的非区别性实现形式。例如，表示"行为者"的抽象义素单位是[＋ACTOR]，但在 revolutionary 和 revolutionist 这两个词中，则分别以义位变体-ary 和-ist 两种形式出现。再如，英语单词 mouth 的基本释义可以总结为：[x 的一部分，x＝＋LIVING]但在具体运用中，如在短语"the mouth of the river"中，mouth 的语义还存在一个[x 的一部分，x＝－LIVING]的变体形式。

义位意义　noeme　指义位（glosseme）所含的意义。布龙菲尔德（Leonard Bloomfield）于 1933 年根据词汇和语法的基本要素对词语进行分类的意义最小单位。参见"义位"。

义务逻辑　deontic logic　参见"道义逻辑"。

义子　seme　语义学术语。指作用于特定语义场最小的区别性语义特征。例如，"有腿"或"有靠背"等是 chair（椅子）的特征。这一术语与类子（classeme）相对。"类子"是一般性语义特征，如 male（男性），animate（有生命的）等。

义子结构　sememic stratum　参见"义素层"。

忆痕　engram　心理语言学术语，亦称语言形记。指语音、词汇或语法规则存储和刻画在脑海中的记忆痕迹。

议会篇章　parliamentary discourse　语言学研究中的新兴跨学科研究领域。自 20 世纪 50 年代以来，议会篇章和修辞主要是政治学和社会学的研究对象，重点是解读重大问题、重大政治事件和社会政治进程。受此影响，语言学研究开始研究议会语篇中语言的变化、制度化语言的多层次使用、机构间的交际行为、议会对话和参与者的思维过程等，具体包括议会篇章的体裁和亚体裁、行为框架和交际框架等。

议论文　argumentation; argumentative writing　亦称论说文。指作者通过事实材料和逻辑推理来阐明自己的观点，表明赞成什么或反对什么。完整的议论文含有论点、论据和论证三个要素。论点是作者对议论文中的论题所持的主张和看法，分为中心论点和分论点。中心论点是对论题的基本观点，分论点是围绕着中心论点的几个从属观点。论据是作者用来证明论点的理由和根据，可以是事例、理论，也可以是数据。论证是用论据证明论点的推理过程和方法。

异常变化成分　aberrant　指语言中词类的屈折变化不符合典型语法模式的语言成分。例如，在英语名词的复数屈折形态中，-s 和-es 是典型的语法模式，而 oxen 和 children 中的-en 和-ren 则不符合该典型模式，因而属于异常变化成分。

异常值　outlier　统计学术语，亦称离群值。指极端的分数。通常把处于平均数正负 3 个标准差之外的分值称为异常值。

异发音部位音　heterorganic phoneme　参见"同部位音位"。

异干词　heteroclite　亦称特殊变格名词，不规则名词。不规则屈折形态变化的词，该类变化的屈折形态有不同词干(stem)，如英语中形容词和副词的比较级和最高级的一般形态是在其词尾加上 er 和 est 的屈折形态变化。例如：quick → quicker → quickest；但某些特殊的形容词和副词有不规则的词形，其屈折变化不共有同一词干，如 good → better → best。

异干词　foreign element; suppletive; forlorn element　参见"孤独成分[1]"。

异干互补　suppletion　形态学术语。指词的各种屈折形式与原词词形完全不同的不规则变化。例如，英语 good → better → best 不像 tall → taller → tallest 那样遵循一般的变化规则，而是使用与原词词形完全不同的比较级和最高级。

异化[1]　alienation　翻译学术语。指语言翻译中刻意使译文冲破目标语的常规，保留原文原意的一种翻译策略。美国翻译理论家劳伦斯·韦努蒂(Lawrence Venuti)于 1995 年研究翻译策略时提出这个概念，与归化(domestication)概念相对。异化翻译法最显著的特点在于处理带有明显文化特征的原文时，打破目标语的语言规范，转而选择能够反映异国情调的不通顺或艰涩难懂的文体。例如，把英语的 Internet 翻译为汉语的"因特网"，gene 翻译为"基因"，"the Garden of Eden"翻译为"伊甸园"；把来自汉语的"气功"译为英语的"qigong"，"豆腐"译为"toufu"，"道"译为"tao"等。此种翻译策略被称为异化。有些异化翻译会慢慢被目标语社会所接受，成为目标语词汇的新成员。

异化[2]　dissimilation　音系学术语。与同化(assimilation)相反的过程，在音系学(特别是历史音系学)中，指单词中相似的辅音变得不相似的过程。在任何一个个案中，异化与同化一样，都可能涉及受到影响的、毗邻的那个音段的发音变化，也可能涉及之前或之后的那个音段的发音变化。与归化相似，先行异化较之延迟异化更为普遍，但与同化不同，大多数异化都与非配制音段有关。同时，许多种类的同化具有规则明晰的特点，而异化却鲜有规则可循，大多数都是随机形成。例如，古希腊语允许音节首音出现两个相似的擦音，后逐渐演变为擦音后接塞音的组合。典型的例子是古希腊语 φθηνός 中的[fthinós]变为现代希腊语 φτηνός 的[ftinós]。

异化翻译　foreignizing translation; foreignization　翻译学术语，亦称小众化翻译(minoritizing translation)。指产出目标语时保留原语中的某些异国情调，刻意打破目标语惯例而以原语风格和文化为归宿的翻译方法。韦努蒂(Lawrence Venuti)称异化翻译为"一种背离民族的压力"，其作用是把外国文本中的语言文化差异注入目标语之中，使读者置身国外(Venuti, 1995)。具体而言，异化翻译包括四个特点：(1)不完全遵循目标语语言与语篇规范；(2)在适当的时候选择不通顺、艰涩难懂的文体；(3)保留原语中的独有特征或采用目标语的古词语；(4)为目标语读者提供前所未有的阅读经验。采用异化翻译的典型例子包括庞德(Ezra Pound)的许多译作、纳博科夫(Nabokov, 1964/1975)翻译的名著、普希金诗体小说《尤金·奥涅金》(*Eugene Onegin*)等。异化的效果可以通过选择不同的原语文本和目标语词汇达到，包括选择不同于目标语文学规范的外语文本来翻译和在目标语中运用一系列非标准的语言形式。此译法与归化翻译(或归化法)(domesticating translation / domestication)相对。

异相动词　deponent verb　拉丁语法术语。指具有被动语态形式，但有主动语态意义的动词，如拉丁语 loquor(我讲)。异相动词是中动语态(middle voice)的残余，希腊语中仍然保留中动语态。新约希腊文圣经内大部分的中动语态是异相动词。异相动词有时也用来指某种语言的动词词类，该语言中词的结构与句法行为不一致，如在属于主动格类型的巴斯克语中，某类不及物动词表现出的及物动词形态。

异形同义表达式　heterogram　语文学(philology)中研究古文本的术语。指包含外来语文字书写形式的一种特殊简写形式。例如，英语"for example"和"that is"的缩写形式"e.g."和"i.e."实为拉丁语"*exempli gratia*""*id est*"；其读音可按拉丁语原音或英语字母读出。

异源特点　heterological characteristic　语义学术语。词义不指其本义的词。有些词义指其自身的意义。例如，英语 short 的词义为"短"，common 的词义是"一般"等；但诸如 long 表示"希望"，banana 用作美国俚语表示"白人政府机构中工作的东方人"时，就不再指词的本身意义。语义学将具有异源特点的词归入自相矛盾的族类(family of semantic paradoxes)。

异指　disjoint reference　句法学术语，亦称

非互指。指复杂句中对代词性质的一种表达，其所指与句中出现的名词或所指不一致。例如：*Tanya proudly showed the picture she drew. 这是一个歧义句，Tanya 和 she 通过异指，可以指代两个不同的人，即 Tanya 展示的不是 Tanya 而是别人画的画。法墨（Ann Farmer）和哈尼什（Robert Harnish）在 1987 年提出谓词论元异指假设（disjoint reference presumption；DRP）。他们提出在无标记情况下，一个谓词的不同论元一般是异指的。根据 DRP，除非谓词的一个论元为反身代词，否则谓词的论元要异指。

抑扬格　iamb；iambic foot　节律学传统术语。指仅由一对"非重读＋重读"音节组成的诗行节奏单位。在节律音系学中，用作表现右统治限长音步。抑扬格是文艺复兴时期从古典韵律引入英语的。在英语诗歌传统中，最常见的包含抑扬格的诗行格式是五音步，称为五音步抑扬格。这种诗行格式由乔叟（Geoffrey Chaucer）随韵脚一起引入。萨里伯爵亨利·霍华德（Henry Howard, Earl of Surrey）在翻译维吉尔（Virgil）的史诗《埃涅伊德》（*The Aeneid*）时使用了这种五音步抑扬格。之后，这种格律开始广泛应用于伊丽莎白时期的诗歌和戏剧素体诗中，在 18 世纪的英雄双韵体中达到全盛。到了 20 世纪，五音步抑扬格才受到其他格律形式尤其是自由诗体的猛烈挑战。

抑扬格五音步四行诗节　Rubaiyat stanza　指诗歌中的抑扬格五音步（iambic pentameter）四行诗节，其韵律为 aaba。

抑抑扬格　anapest；anapaest　诗歌的一种格律，最早出现在早期斯巴达进行曲中，后来为希腊和罗马的诗剧广泛采用。每一音步三个音节，前两个音节为短音节或非重音音节，后一个为长音节或重音节，如 introduce 的读音 /ɪntrəˈdjuːs/ 以及雪莱的诗句：Like a 'child | from the 'womb, | like a 'ghost | from the 'tomb. | (—Shelley: *The Cloud*)

抑抑扬格的　anapestic　修辞学术语。表示诗句具有抑抑扬格的特点，如 anapestic trimeter（抑抑扬格三音步诗句）等。

抑音　remiss　指诗歌格律中的一个音步（foot）的轻读。音步有轻读和重读之分，一般而言，轻读是"抑"，重读是"扬"。根据重读与轻读搭配方式的不同，音步类型包括抑扬格（iamb，一个音步中的两个音节，前者为轻，后者为重）、扬抑格（trochee，一个音步中的两个音节，前者为重，后者为轻）、抑抑扬格（anapaest，一个音步中的三个音节，为"轻—轻—重"）和扬抑抑格（dactyl，一个音步中的三个音节，为"重—轻—轻"）。

译借词　loan translation　参见"借词"。

译前编辑　pre-editing　指在机器翻译中为了减少原文自动分析的困难，由人在机器翻译前对原文做必要的编辑加工，包括将长句切短、添加标志符等，目的均为减少歧义。

译者　translator　亦称译员或笔译人员。指从事翻译（translation）工作的人。

易度值　facility value　语言测试术语，亦称试题难度。指测试中分析试题难度的方法，即测试中答对某道题考生人数所占的比例，其数值分布在 0 和 1 之间。易度值为 1 表示所有考生都答对了此题。因此，易度值高的试题难度小，易度值低的试题难度大。易度值是评估试卷的科学依据之一，也是衡量试卷预测与现实结果差异的权威数据。易度值的计算公式如下：ItemFacility（IF）＝R/N　即易度值（IF）＝R/N。其中 R 指作出正确答案的学生数，N 指作答案的学生总数。

易联想性　availability　指某些词在上下文中容易引起联想或一个人准备谈论某一题目时所需词汇从脑中迅速涌出的程度，比如提到服装（clothes）时，人们马上联想到衬衣（shirt）、外套（jacket）、裤子（pants）等。在语言教学中，当要求学生说出有关某一话题的单词时，首先想到的和最容易记忆的单词就是具有高联想性（high availability）的词。例如，当受试者被要求说出有关汽车（vehicle）的单词时，最有可能想到的是客车（bus）、轿车（car）、卡车（truck）、面包车（minibus）等。再如，要求一组受试学生列出身体部位的名称时，手（hand）、腿（leg）、眼（eye）、鼻（nose）、耳（ear）等词是最容易联想出来的词。虽然易联想词汇并非都是该语言中出现最频繁的，但易联想词汇表已经开始应用于语言教学。

易位　dislocation　句法学术语。指句子结构中某个成分（无论是论元还是附加成分）出现在分句边界之外的现象。此现象如果出现在分句边界左侧，即称为左易位（left dislocation）；出现在分句边界右侧，则称为右易位（right dislocation）。通常情况下易位成分在口语中会有轻微停顿，书面语常用逗号分隔。例如：[1] *This little girl*, the dog bit *her*.（左易位）　[2] *They* went to the store, *John and Mary*.（右易位）

意大利"语言问题"大讨论　questione della lingua　亦称蒯斯庭得拉通用语。指试图为意大利语建立统一语言标准的行动。15 和 16 世纪，有语法学家试图将源于 14 世纪的托斯卡纳语（Tuscan）的发音、词汇和语法等确立为标准意大利语。这一

意 yì （语言学术语）

行动源于但丁发起的针对意大利文学语言的真实本质和来源的一场讨论，讨论的焦点在于该语言是基于单一纯正的语言，还是源自由意大利北部、南部和中部不同方言融合的结果。

意符 ideograph; ideogram ❶指汉字形声字的表意部分，亦称形旁，与声符/声旁相对。意符源于象形文字或图画文字（pictogram），从表示实在的事物发展到表示抽象的意义。例如，"粮"字左边的"米"、"袄"字左边的"衣"和"竿"字上面的"竹"等。❷指表示信息的视觉形象，如交通信号中的红、黄、绿交通灯，卫生间门上的男女头像等。❸修辞学术语，亦称会意词。参见"会意词"。

意符系统 ideography 亦称意符学。研究表意文字的一门学科。在意符系统中，最初的象形字已经不再与现实世界的事物有直接联系，而是代表一种抽象的观念，这种抽象观念与意符的形状没有明显关系。例如，"月亮"可能用于表示阴暗，也可能用于表示邪恶。

意符学 ideography 参见"意符系统"。

意借词 semantic borrowing 参见"借词"。

意念 notion 指学习者在言语交际中通过语言表达的意义。从广义上说，意念指抽象的概念，如地点、时间、空间、数量、质量等。人们使用语言表达与这些概念有关的想法和情感。从狭义上说，意念指情景或情境。例如，个人介绍就是一个具体的意念或话题。在这个意念中，说话人使用具体的语言形式讲述自己的姓名、住址、电话号码及其他个人信息。

意念法 Notional Approach 参见"功能教学法"。

意念范畴 notional category 语言教学术语。英国语言学家威尔金斯（David A. Wilkins）在20世纪70年代发表《意念大纲》（*Notional Syllabuses: A taxonomy and its relevance to foreign language curriculum development*，1977）时使用的关键概念之一。书中定义语言时使用的是意念和功能范畴，而不是传统的语法和词汇范畴。意念范畴包括语义、语法概念，如时间、地点、频度、数量等，还包括语气。功能范畴（functional category）包括交际行为（communicative act），如提供、抱怨、拒绝和要求等；认为交际是语言的功能而不是语言行为的结果。

意念功能课程大纲 notional-functional syllabus 参见"意念教学大纲"。

意念教学大纲 notional syllabus 语言教学术语。指语言教学中按学习者需要，通过语言表达的意义和使用语言所起的作用，安排语言内容的课程大纲。主要包括：(1)学习者需要用于交际的意义和观念（如时间、数量、持续期、处所等）及其语言表达形式；(2)表达不同功能的言语行为，如请求、建议、道歉、表扬、允诺等。

意念语法 notional grammar 指以人们需要通过语言来表达的意思或概念（如时间、数量、方向、持续、地点等）以及表达这些意思或概念所需语言项目和结构概念为基础的语法。

意念语法 philosophical grammar; notional grammar 参见"哲学语法"。

意念语调 intellective intonation 语音学术语，亦称逻辑语调。与感情语调相对，除使口语中的句子成形，成为陈述句、祈使句或疑问句外，意念语调还表示说话人强调意念的语调。例如，说"明天你休息！"时，按语境和心理的需要可以在意念上分别侧重于"明天""你"或"休息"上，以解答"何时""谁""干什么"的问题，从而使全句带有意念语调。较多地使用逻辑重音，但有时为了突出句中的逻辑谓词或述位而涉及句内的语音段划分，需要使用音调和语段重音乃至停顿。

意识形态翻译论 determinism of ideology; ideology-governed translation 翻译学术语。指翻译过程中译者不仅翻译字句，也翻译意识，他们对译与不译的选择更多地基于对意识形态的考虑之上，意识形态决定译者的基本翻译策略，也决定他对原文中语言和"文化万象"有关问题（属于原作者的事物、概念、风俗习惯等）的处理方法。这一观点由美国当代翻译理论家安德烈·勒菲弗尔（André Alphons Lefevere）于1992年在《翻译、历史与文化论集》中提出。勒菲弗尔认为，翻译并非在两种语言的真空中进行，而在两种文学传统的语境下进行，在特定时间和特定文化中运作。由译者对自身以及自身文化的理解，也是影响他们翻译方法的诸多因素之一。意识形态往往是赞助人、翻译委托人和出版机构强加给译者。译者必须在译入语的意识形态和自身作为职业工作者的地位之间找到平衡点。一方面，他要使其他译者相信，自己无愧于翻译家的职业；另一方面，其译作必须遵从自己的意识形态。此外，勒菲弗尔认为翻译实践是与一定的历史现实相联系的实践，是在新的历史环境下遵照某一社会群体的利益对原文进行重新阐释的实践（"Translating is rewriting"），其本质上是文化政治的实践。意识形态决定论就是政治立场决定论。勒菲弗尔的观点虽然夸大了意识形态（ideology）在翻译过程中的作用，但无疑为研究翻译标准和各种翻译现象提供了新的文化参照系。

意识增进法　consciousness raising　语言教学术语。指教学中鼓励学习者注意语言形式的教学技巧,在教学过程中有意识地将学生的注意力引向目标语(target language)。其理念是形式的知识可以间接地帮助语言习得。具体方法包括让学生从例子中推出语法规则、比较事物或事件的两种或多种说法之间的差异、让学习者观察自己对语法项目的使用和本族语者使用之间的差异来增强对语言的意识与感悟。

意释　rephrase　亦称改述。指语言教学中用另一种方式表达同一意义,即用不同的词或结构重新说或重新写,如"A tree stands behind the house."可以被意释为"There is a tree behind the house."

意图中的接受者　intended recipient　由介词 for 引出的接受者。"意图中的"是就 for 的含义而言,for sb 表明一种意向"为……的缘故",句中行为并没有真正涉及"接受者"。例如:[1] He made a beautiful doll for his daughter.(他给女儿做了一个美丽的玩偶。)　[2] He laid a trap for his enemies.(他给敌人设下了陷阱。)

意向性　intentionality　语言哲学术语。指心智现象和心智性质,是心灵状态或事件的属性。意向性使心理状态或事件直指相关外部世界的事物或状态,具有针对性属性与表征性属性。针对性属性使人们借助于意向性,使得心灵状态指向、涉及、关联或针对外在世界的诸多客体和事态,如有一种恐惧,那它一定是害怕什么将要发生。可以成为意向性状态的心理状态有:畏惧、爱慕、厌恶、信念、希望、失望、欲望、愿望、仇恨、喜欢、兴奋、压抑、骄傲、悲伤等。表征属性即指其有命题内容和心理方式,指意向性状态及其针对或关于的世界事物或状态的关系中,意向性状态是如何表征世界或状态的。言语行为表达世界上的对象和事件的能力是心智或大脑通过信念、愿望等心理状态把有机体与世界联系起来的一种能力的延伸,因此语言的表征能力并不是内在的,而是来自心智所施加在语言上的意向性。

意象　imagery　语言习得术语。指由词或句子或随同句子产生的类似图像的心理图像或印象。能够产生如意象图景的词语易于记忆,因而在语言学习中,有视觉意象的语词和句子越容易掌握,越抽象的语词越难掌握。第二语言学习中,意象可作为一种学习策略。例如,学生在阅读一篇关于农业机械的文章时,可能会想象到一个农场的场景,人们正在使用不同类型的机器;之后,试图回忆他所读的文章时,就会联想起这一图像或图片,由此来回忆文章的信息。

意象图式　image schema　认知语言学术语。指一个相对抽象的概念表征(conceptual representation),来自我们每日与世界的互动和对周围世界的观察。意象图式来源于感觉和知觉经验,因此它们来自体验经验(embodied experience)。因为意象图式是从日常经验中抽象出来的,所以具有高度的抽象性。例如,因为地球引力的关系,我们弯腰捡落下的物品,抬头看上升的物体,低头看下落的物体,就逐步形成了上一下意象图式。意象图式是我们的身体和外部世界互动的产物,在儿童早期通过一个叫做感知意义分析(perceptual meaning analysis)的过程产生的。意象图式为含有丰富细节内容的词汇概念提供基础,如运动意象图式(locomotion)为"开始""停止""移动""终点"等词汇概念提供基础。意象图式还在隐喻的跨域映射中,作为源域为理解抽象事物提供基础,如在"爱情是旅程"隐喻中,意象图式"起源—路径—终点"被投射到"爱情"上,为从具体的视角理解抽象事物提供了基础。常见的意象图式有:空间(SPACE)、容器(CONTAINER)、运动(LOCOMOTION)、平衡(BALANCE)、力(FORCE)、身份(IDENTITY)和存在(EXISTENCE)等等。

意象图式转换　image schema transformation　认知语言学术语。因为意象图式产生于体验经验(embodied experience),而体验经验是持续不断的,所以意象图式有时会经历从一个图式向另外一个图式的转换。雷考夫(George Lakoff)在《女人、火与危险事物——范畴对于心智揭示了什么》中指出,意象图式"起源—路径—目标"(source-path-goal)实际上就是一个图式转换的例子,反映了一个有生命的客体从起源,经路径,到目标的运动轨迹转换。他认为,介词"over"(经过……上,在……之上)的意义变化就是图式转化的结果。例如:[1] Jack is walking over the hill.　[2] Jack lives over the hill.　例[1]中的介词 over 是"经过……上"的意思,反映了路径图式,而例[2]中的介词 over 则是"在……之上"的意思,反映的是目标图式,连续的运动轨迹中经历了从路径到路标图式的转换。这一意象图式的转换可能就是引起同一介词意义变化的原因。

意义　meaning　语义学术语。指语言表达的意思。但对于意义的定义在语言学领域内外都引起了很多的争论。比较重要的意义理论包括:(1)命名论(naming theory),古希腊哲学家柏拉图提出的一种原始质朴的意义观。认为意义就是语言对客观世界的命名和标记。但这一理论不能够解释除具体名词之外的语言意义,如抽象名词、动词、副词、介词、短语、句子等。(2)概念论(Conceptualist View),语言使用者的思维作为语言与客观世界之间的中介,认为语言的意义存在于思维概念中。针对这一理论,语言学家和哲学家提出了很多值得思考的问题,如语言和概念的关系,是先有语言,还是先有概念等。(3)语境论(Contextualism),弗斯(John Firth)在马林洛夫斯基(Bronisław Malinovski)和维特根斯坦(Ludwig Wittgenstein)的影响下,提出了语境的概念。认为语言的意义由语境决定,特别受到情景语境的影响。(4)行为主义理论(Behaviorism),布龙菲尔德(Leonard Bloomfield)受行为主义心理学影响,把意义定义为"说话人说话语的情景和话语在听话人头脑中引起的反应"(《语言论》p.166)。在这一理论中,客观刺激会引起说话者的反应,即产生言语。言语会刺激听话者产生反应,产生某种行动。产生这一切的情景,包括听话人的反应就是语言意义。语言学家通常会区别不同类型的意义,如词汇意义对语法意义(lexical meaning vs. grammatical meaning)、外延意义对内涵意义(denotation vs. connotation)、意义对指称意义(sense vs. reference)等。

意义单位　plereme　亦称义素。❶在结构语义学中,义素是词汇(lexicon)的基本语义单位,通过最小语义成分义子(seme)进行描写。某些语言学家用来表示语义成分分析法中最小意义单位的术语,即通常所说的"语义特征"或"语义成分",如pup(幼犬)、kitten(小猫)、child(幼童)等词都具有"幼小类别"的特点和成分。❷在语符学中,指有意义词语的最小单位。丹麦语言学家耶姆斯列夫(1939,1943)在其创立的语符学(glossematics)中用"plereme"表示有意义内容的最小单位,与表达单位(ceneme)相对。美国当代著名语言学家霍凯特(Charles Hockett,1958)则认为前者相当于语素,后者相当于音素。

意义发生学　semogenesis　语义学术语。指语言系统中正在进行的一种语义差别形式,这种差别的形成基于先前整体的语义特征在不同语境中进行分裂,然后变成独立的语义再组合。

意义法位　episememe　法位学术语,亦称法位意义(tagmeme)。指最小的有意义的语法单位,即法位(tagmeme)意义。此概念由布龙菲尔德于1933年提出。

意义公设　meaning postulate　语义学术语。指词项的意义可借助蕴含关系来说明。由卡尔纳普(Rudolf Carnap)于1952年提出,用来描述形式逻辑的人工语言述谓之间的语义关系。应用于自然语言,意义公设建立了不同表达式之间的语义约束,这些表达式可以将词项之间的意义关联公式化。蕴含关系包括下义(hyponymy)、同义(synonymy)、反义(antonymy)等词义关系。其中,"下义"是单项蕴含,因此是基本的蕴含关系;"同义"是两个命题之间的相互蕴含;"反义"则是肯定命题蕴含否定命题。在生成语义学(generative semantics)框架内,意义公设用来描述语义基原,比如描述基本语义表达式之间的语义关系;在蒙塔古语法(Montague grammar)框架内,意义公设用来限制意义阐释的概念,即只有那些至少在一个可能世界里使所有的意义公设为真的解释才得以允许。

意义关系　sense relations　语义学术语。指语言内部系统中语法成分之间的语义关系。约翰·莱昂斯(John Lyons)于1977年在其两卷本《语义学》(Semantics)中提出词与词之间的意义关系可概括为四种:同义/近义关系(synonymy)、反义关系(antonymy)、上下义关系(hyponymy)和部分—整体关系(part-whole relationship, metonymy)。同义或近义关系指意义相同或相近,如英语中的rich与wealthy、obvious与apparent之间的关系;反义关系是指意义相对或相反,如dead和alive;上下义关系是一种语义内包关系,一般认为表示属概念的词在意义上包含或涵盖表示种概念的词,包含其他词的称为上义词(upper term, super-ordinate term),被包含的称为下义词(lower term, hyponym)。例如,animal是sheep、tiger、wolf、dog等的上义词;反之,sheep是animal的下义词。部分—整体关系也基本可看作是语义包含的语义关系。例如,house是由room组成,那么room与house之间可视为部分—整体的意义关系。句子之间的意义关系由莱昂斯、帕尔默(Farah Palmer)和利奇(Geoffrey Leech)概括为三种,即前提关系(presupposition)、蕴含关系(entailment)和涵义关系(implicature)。例如:[1] A car accident happened. [2] He was killed in the car accident. [3] Mary is a good mother. [4] Mary has children. [5] Chinese food is his favorite. [6] He likes Chinese food more than any other food. 句[1]是句[2]的前提,两句之间的意义关系为前提关系;句[3]蕴含句[4],两句之间的意义关系为蕴含关系;句[6]是句[5]的涵义,两句之间为涵义关系。句子之间的意义关系除上述三种外,还有其他如同义关系、反义关系和上下义关系等。例如:[7] John sits next to Mary. [8] Mary sits next to John. [9] Jack likes music. [10] Jack doesn't like music. [11] John is walking in the park. [12] John is walking. [13] John is in the park. 句[7]与句[8]之间为同义关系;句[9]与句[10]之间是通过语法手段实现的反义关系;句[11]与句[12]以及句[13]之间是上下义关系。

意义类型　sense type　指在对意义概念延伸

的基础上所做的意义分类,即对一个义素的基本意义和非基本意义的区分。主要包括三种类型:基本义(primary meaning)、次要意义(secondary meaning)和比喻义(figurative meaning)。

意义模糊 vagueness 指语言单位的意义和范畴界限不确定的现象。语言中不少词语表达的概念属于"模糊概念",没有明确边缘的概念,只有相对而言,没有确切的标准。例如,汉语中的"高"和"矮";"胖"和"瘦";"大"和"小";"宽"和"窄";"热"和"冷"等。

意义牵连 implication 指两个或更多的句子在意义上的关联,如果能判定其中一个句子的真伪,就能判定其他所有句子的真伪,即"if a then b"。例如,如果"张三是鳏夫"是真的,则"张三的妻子已经去世"也是真的,"张三一直没结过婚"是假的。

意义潜势 meaning potential 认知语言学术语。词的意义是百科知识和这个词过去是如何使用的知识的函数(function)。根据瑞典语言学家奥尔伍德(Jens Allwood)的观点,词没有固定的意义,只有一种潜势可以在不同语境中被激活,产生不同的意义,因此他称之为"意义潜势"。例如:[1] Tom made *over* twenty errors in his letter. [2] The helicopter is flying *over* the building. 介词over的意义并不固定,只有在具体的语境中才能确定。例1中"over"的意义是"超过",而在例句2中则变成了"在……之上"。所以,意义是依据不同语境做出的可能选择。

意义三元论 triadic theory of meaning 参见"语义三角"。

意义缩小 restriction of meaning 参见"意义限制"。

意义限制 restriction of meaning 语义学术语,亦称意义缩小。指一个单词的意义通过增加一个或多个特点而被缩小的变化。例如,meat在古英语中指食物,而在现代英语中一般指肉类。"妻子"在古汉语中指"妻和子",在现代汉语中则仅指"妻"。意义限制与词义扩展(extension)对应。

意义协商 negotiation of meaning 参见"互动假设"。

意义演变 Bedeutungswandel〔德〕 指语言表达的意义在历史发展过程中的变化进程。导致意义演变产生及流传的因素有:(1)意义收缩、意义扩展和意义转移;(2)语言外部世界的变化和社会对表达所指的主观态度发生变化;(3)社会对所指的价值观的变化导致意义在褒贬方面的变化;(4)因语言接触而产生的意义借用;(5)语言内部的原因,意义变化和语音及语法的变化之间存在联系。

意译 free translation 翻译学术语。指在意义表达、语体、风格和修辞色彩等方面尽量与原语保持一致,但又不拘泥于语法关系及句子结构形式的类同性翻译。意译主要应用于原语与译语文化差异较大的情况。从跨文化语言交际角度看,意译强调的是译语文化体系和原语文化体系的相对独立性。意译的使用体现了不同语言民族在生态文化、语言文化、宗教文化、物质文化、社会文化等诸多方面的差异性,因此更能体现出民族的语言特征。例如,汉语典故成语"塞翁失马,焉知非福"可意译为"A blessing in disguise"。

意元学 rhematics;rhematology 亦称哲学语义学(philosophical semantics)。指从哲学角度对语言意义进行研究的各种方法的总称。意元学强调利用组合原则来解释句中承载句意的部分和整个句子之间的关系。所谓组合原则就是人们对句子意义的理解是基于对句子成分(即词和语素)和句子结构(即句法和逻辑)的理解。

意愿 desiderative 语法学术语。❶表示"想要"的语气范畴。很多欧洲语言用词汇表达"想要"的意愿,而另一些语言则通过语法结构,尤其是动词的屈折变化来表达"想要"的意愿。❷表达不可能实现的意愿的语气范畴,如"If I were you, …"。

意愿语气 desiderative 语法学术语。指表示想要采取某个行动意愿的语气。传统的分类只有陈述语气、祈使语气和虚拟语气三种,现代部分语言学家认为还有希求语气、疑问语气和强制语气(obligatory)等。可使用表示愿望的句子类型或词汇来体现,如"I want to do sth""I want sb. to do sth""to hunger ＝ to want to eat"。许多欧洲语言用词汇表达"想要"的意愿,而另一些语言则通过语法结构,尤其是动词的屈折形式表达"想要"的意愿。意愿动词通常是由一个更基本的动词经过形态变化而派生出来的,如拉丁语esurire(想吃东西)就是由esse(吃)派生的意愿动词。韩礼德和马希森(Christian Matthiessen)在1999年的《通过意义识解经验:一种基于语言的认知方法》中把心理动词由《功能语法导论》中表示知觉的(perceptive)、认知的(cognitive)、和情感的(emotive)三类扩充到包括表示愿望的(desiderative)动词在内的四类。

意指关系 signification 语义学术语。指概念或事物和用来表示概念或事物的语言符号之间的关系。概念、事物及其意义称为"所指"(signified),而表达概念、事物及其意义的言语或文字则称为"能指"(signifier)。

因 yīn　　（语言学术语）

因变量　dependent variable; criterion variable　统计学术语。指根据一个或多个自变量的变化而变化的变量。在实证研究中，通常选取一个或多个（自）变量，假设其作为动因或预报值能够对其他（因）变量产生影响，并对此进行研究。例如，如果我们试图研究态度和动机对语言流利程度的影响，那么态度和动机就是自变量，而语言流利程度就是因变量。

因果法　cause and effect method　语言教学术语。指通过对原因和结果的描述对一种段落或文章展开写作的方法。因果法常用来描述或分析某一现象、问题和影响存在或发生的原因。在英语写作中，因果法有以下五种：(1)分步法（process method）；(2)定义法（definition method）；(3)归类法（classification method）；(4)比较对比法（comparision contrast method）；(5)前因后果法（cause-effect method）。这些方法可以单独使用也可几个并用。因果法写作的语篇中常包含诸如 thanks to、to be due to、to be caused by、to be precisely why 等表示原因的连词，以及 … is the result、the effect is evident、to bring about、to lead to 等表示结果的连词，来保持语篇的通畅及逻辑的连贯。

因果副词　adverb as cause and result　语法学术语。连接性副词（conjunctive adverb）的一个子类，在形式上不属于句子基本结构的一部分，但在功能上表示分句间因果关系的副词，如 thus、therefore、accordingly、hence 等。

因素分析　factor analysis　统计学术语。指统计中用来测定那些尚未观察到的内在变项（即因素）可引起被观察的不同变项之间的相互关系，主要有两种类型：解释性因素分析与证实性因素分析。例如，让一组学生进行几何、代数、算术、阅读和写作测验，运用因素分析法可以发现在所有测验中普遍存在的两个因素：数学能力和语言能力。在对妇女的一组研究中，用因素分析方法将她们的身高、体重、爱好、活动和兴趣等特点归类为身材（身高、体重）和生活方式（兴趣、活动和爱好的总和）等，将五个变量被压缩为两个独立的因素。

因子分解　factorization　句法学术语，亦称因式分解。指将大的连续体分解成部分连续体。在生成语法中，指将树形图末位节点按照转换规则进行分解的过程。如果节点可以根据结构分析规则再进行分解，使每一个因素都有相应的词语对应，那么这个句子就可以进行适当的分析。

阴性化　feminization　语法学术语。通过加上阴性词尾或变换词尾的方法将一个阳性形式变成阴性的过程。例如：俄语阳性形容词 новый（新的）通过阴性化，成为 новая；动词过去时阳性单数 читал（我曾读）经过阴性化，成为与阴性名词连用的阴性单数 читала。

阴韵　female rhyme; feminine rhyme　参见"女韵"。

音变　sound change　历时语言学术语。指语言在历史发展过程中，一种语言或一组语言的语音系统从一个发展阶段到另一个发展阶段所发生的一系列规则变化。如果音变改变音位的数目或分布，这种音变叫做音位音变。如果音变只影响音位变体的分布，这种音变则被称为音位变体音变。同化、异化等音素可以引起音变，这些音变可以影响到部分语音系统或整个语音系统。例如，中世纪英语的 /aː/ 变为现代英语的 /eɪ/。历时变化是不停顿的，在任何言语社团的老一代及新一代之间都能发现语音的差异。

音变汇合　converging sound development; phonetic convergence　指两个或多个词源不同，语音形式不同的词汇合成相同语音形式的现象。可以都是本族词，如 I "我"（古英语 ic）、eye "眼睛"（古英语 eage）、yard "院子"（古英语 geard）、yard "码"（古英语 gierd）等；也可以是本族词和外来词，如 fair "美丽"（古英语 faeger）、fair "集市"（拉丁语 feria）等；也可以都是外来词，如 race "赛跑"（古斯堪的纳维亚语 rās）、race "种族"（拉丁语 razza）等。音变汇合是同音异义词出现的主要原因。

音标　phonetic transcription　语音学术语，指用不同的书写符号和附加符号（diacritic mark）表示连续语音的系统。例如，国际语音学协会（International Phonetic Association）在拉丁字母基础上设计和制定的国际音标。由于使用目的不同（如进行语音教学或研究语言的语音），语音学家设计了不同类型的音标。音素/语音音标分为"宽式音标（broad transcription）"和"严式（或称窄式）音标（narrow transcription）"。前者是音位音标（phonemic transcription），即每个符号标注一个音位；后者即"严/窄式音标"或"比较音标"（comparative transcription），用一个以上的符号标注一个音位，并用特殊的字母和变音符号表示话语的非区别性特征，书写在方括号内。

音步　foot　音系学术语。语言中根据重读音节模式标示均长节律的节奏单位。英语中的音步常常由一个重读音节和下一个重读音节前的非重读音节组成。这个术语原用于诗行节律结构的传统研究，对重读/非重读音节序列的多种有规律的模式有详细的分类（如抑扬格是非重读＋重读模式；扬抑格是重读+非重读模式;扬扬格是连续两个重读的模式)。在一般的音系学意义上,音步用来描述重音合拍语言的任何话段,不仅仅是诗行。按照音系学理论,一个话段的节奏首先按语调单位分析,语调单位再作音步分析。例如,/the ″man is ″walking in the ″garden/是由三个音步组成的一个音调单位。在几种非线性音系学模型中音步特别重要。例如,在节律音系学中音步指节律结构的一个底层单位(即重音音步;stress-foot),由若干音节韵基组成,组配成音韵词的组构成分。

音步特征原则　foot feature principle　音系学术语,亦称次特征原则、足特征原则。是广义短语结构语法(GPSG)中的术语。是一条支配音步特征分布的原则,表达某些组构成分缺失或必须受某个成分约束的信息,用来描写长距离回指现象。音步特征有三个:空位特征(SLASH)、疑问词和关系词特征(WH)和反身词和相互代词特征(RE)。其中,空位特征表示某个语法范畴空缺,用来解释不连续从属关系。音步特征具有渗透性,可在树形结构中自下而上地渗透。

音长　duration　音系学术语。指发音段音位时持续时间的长短。它是在任何语言的发音中都会与音段共生的一种超音段成分,但每一种语言对音长的敏感度或利用率却因语言而异。在有的语言中,音长是一种发音的羡余成分;有的语言把音长作为标准发音的组成部分,成为表达该语言的重要成分;而有的语言把音长看成和音段里的元/辅音位一样重要,在不少元/辅音组合的音段均相同的环境下,仅靠音长的不同来区别意义,音长成为该语言中最小的能够区别词义的语音单位,即和音段音位并列的超音段音位。

音长变体　allochrone　音系学术语。指语音长度的非区别性变化形式。例如,英语 room 一词中的元音虽然存在/ruːm/和/rʊm/两种变体形式,但变体的选择并不影响词义。

音长特征　chroneme　音系学术语,指音长的区别特征,通常指长元音和短元音,即元音音长。音长特征对词义产生影响。不影响词义的非区别性音长特征称为音长变体(allochrone)。

音层　tier　音系学术语。用来表示一个音系表征层面,一个音层可以根据在该层出现的特征来命名,如音位层、骨架层和 X 音层。不同的层级模型拥有的音层数量也有不同。例如,自主音段音系学有两个平行的音系音段层,每一层是若干音位组成的语符列,代表音姿或音学过渡组成的序列。在声调语言中,有声调音层和非声调音层。其中,声调音层只介绍声调的特征,其他非声调特征在另一个音层上进行表征。在粒子音系学中,有音节层、核心层、时标层、根层和粒子层等五个音层。此外,不同层级模型使用的术语名称多样。例如,处理发音信息的音层可称为特征层、音姿层、节律层、音段层、发音层等。

音丛缩略　cluster reduction　音系学术语。指说话者在发音时省略辅音丛(consonant cluster)中的一个或几个辅音的现象。这种情况可能出现在词首、词中和词尾的任何地方。例如英语短语 best man(伴郎)的完整发音应该是[ˈbestmən],但是在口语中通常省略词中辅音丛中的[t],变成[ˈbesmən]。

音调　tone　语音学、音系学术语。指能够改变语气、言语意义以及说话人态度或口气的音高变化。例如,在说英语 bed/bed/这个音节的时候,音高可以逐渐下降,表陈述语气;音高也可以逐渐上升,表疑问语气。英语中一般有五种基本音调,即降调(fall)、升调(rise)、降升调(fall-rise)、升降调(rise-fall)和平调(level)。以 yes 这个单词为例,降调表示确定、完成等;升调表示疑问、继续、犹豫不决等;降升调表示保留、让步或部分同意等;升降调表示强烈的情感,如赞同、反对或惊讶;平调表现出例行公事的感觉,甚至是无聊或厌烦的情感。

音调的　tonic　音系学术语。指语调中(尤其是在英国的传统分析中)具有主要音高变化的语调单位中具有最大显著度的音节。

音调重音[1]　chromatic accent　音系学术语,亦称音高重音(pitch accent)。指语流中某一部分的音高与其周围的音高不同,从而形成了音调重音。

音调重音[2]　pitch accent　参见"声调重音"。

音渡　juncture　语音学、音系学术语。指任何音系序列的边界或过渡,包括音节之间、音步之间、词素之间和词与词之间的过渡。这种边界在某些音系研究中起着重要的作用。例如,在苏格兰英语单词 brewed 中,词根 brew 和后缀-ed 之间的音渡会引起词根元音的延长,但是在单词 brood"窝"中的元音则不会延长,因为元音/u/和词尾/d/之间没有音渡。音渡有长短之分,或者说强弱之分。例如,在英语短语 couldn't 和 could go 中,could 和 not 之间的音渡就比 could 和 go 之间的音渡短,因为前者的 not 变成了 could 的附着语素,而后者则是两个独立的单词。长音渡被称为开音渡(open juncture),短音渡被称为闭音渡(closed juncture),亦称过渡(transition)。

音段　segment　语音学术语。指在语言的语音系统中任何可以从物理或听觉方面定义的最小的可

音 yīn （语言学术语）

分离单位，一般分为元音和辅音。这一术语同样应用在书面文字系统的研究中。在生成音系学里，音段指音系组织的一个抽象单位。音段音系学（segmental phonology）将言语分析成传统上称为音段音位（segmental phonemes）的对比单位。

音段抽取　abstraction from sound continuum　音系学术语。指语言学中对语言单位不是进行孤立的研究而是进行放在音境中研究的做法。所抽取的音段可以是音素、音节、词的语音形式、语调群等。

音段音位　segmental phoneme　语音学术语。由一个语言的元音和辅音组成，音段音位与超音段音位不同。超音段音位指重音和语调这些语音特点。

音段音系学　segmental phonology　音系学术语。指一种音系学研究范式，即将话语作为线性串列，串列中的最小单位是可以辨识的独立的音段或音位的音系分析法。参见"音段"和"自主音段音系学"。

音符　phonogram　语符学术语。❶指书写系统中用来表示语音成分的文字符号，如拼音文字中的字母，字符文字系统中的语音成分（phonetic component）以及音标系统（phonetic transcription）中使用的各种符号。音符与词符（logogram）相对，词符表示一个词义单位。❷亦称音符组。指不同词中语音相同的文字符号或字母组合，诸如 night、light、fight 等词中的"ight"。

音符组　phonogram　参见"音符❷"。

音高　pitch　语音学、音系学术语。语音的生理属性（主观性）之一，与音色、音强和音长构成了语音的四要素。音高是一个在声学语音学、听觉语音学和音系学三个领域都普遍使用的术语，用来表示声音高低。在声学语音学里，音高对应于基频（F_0）物理属性（客观性），表示声带每秒振动的次数，单位是 Hz（赫兹）或 cps（cycles per second，周/秒）。在听觉语音学里，音高表示不同的振动次数相对应的听觉特征，单位是 Mel（"美"）或 Bark（"吧"）。

音高等级　pitch level　语音学术语，指听话者所觉察到的说话人声音音高的相对高度。一般认为，英语中有三个音高等级，即正常音高、较高音高和较低音高。有些语音学家用低音调（low pitch）、中音调（middle pitch）、高音调（high pitch）和超高音调（superhigh pitch）四个等级来区别英语的语调模式（intonation pattern）。由于一个人的音高不可能等同于另一个人的音高，所以音高等级的差别不是绝对的，而是相对的。

音高上调　upstep　音系学术语。指声调语言中由于词汇或语法的原因导致声调音高的整体上升。在音标表中一般用倒置的惊叹号或者向上的箭头表示，如[á¡pá] = [á¡pá]。与之相对的概念为音高下调（downstep）。

音高下调　downstep　音系学术语。指声调语言中由于词汇或语法原因导致声调音高的整体下降。在音标表中一般用惊叹号或者向下的箭头表示，如[á¡pá] = [á¡pá]。

音高韵律　pitch movement　语音学术语，指影响话语的意义及功能的音调变化。在一个语调单位里，语调首先在一个音节里开始变化，这个音节称作语调音节。语调音节往往是语调单位中位置最后的突出音节。

音高重音　pitch accent; musical accent　语音学术语。通过音高变化体现差异的一种单词重音形式。这种变化一般分布在多个音节上。在音高重音的语言中，音调的变化可以是词的结构的一部分，用以区分不同的词义，塞尔维亚和瑞典语中就是如此。例如，瑞典语中的 tanken 一词，如果第一音节读成降调锐重音时，则为英语 tank 的意思；如果第一音节读成降升调钝重音时，则为英语 thought 的意思。参见"声调重音"。

音谷　trough　语音学术语。指重音或语调显著低的点，与**音峰**（peak）相对。

音节　syllable　语音学与音系学术语。指一个语言单位，常常比一个音段长，但比一个单词短。例如，terminology 一词包含五个音节：ter-mi-no-lo-gy。在语音学上，音节通常被认为与胸搏有关。胸搏是指某些胸肌的收缩，每一次胸搏都增大气压，这股气压在音节的中心部分，即"音节峰（peak）"上最为明显。听者能辨别出那里是音节的中心部分，因为其音质比周围的语音突出得多。但是一个音节结束时，另一个便开始，如 bi-tter。在音系学里，音节的定义是根据元音和辅音如何组成序列来加以说明的。元音或者单独成为音节，或者成为音节的"中心"，如 bed /bed/中的/e/。辅音位于音节的开头或结尾，通常不能单独成为音节，只有少数例外。音节根据其结尾时元音还是辅音可分为开音节（open syllables）（以元音结尾）和闭音节（closed syllables）（以子音结尾）。例如，英语中 to、try 和 show 都是开音节，bet、ask 和 snap 都是闭音节。一个音节可分为三个部分：(1)开头，叫音节首（onset）；(2)中间部分，叫音节核（nucleus）或音节峰（peak）；(3)结尾，叫音节尾（coda）。例如，英语单词 bed/bed/中，/b/是音节头，/e/是音节核，/d/是音节尾。可以成为音节核的语音叫做音节音(syllabic)或[+SYLLABIC],不能成为音节核的语音叫做非音节音(asyllabic)或[-SYLLABIC]。

音节重复[1]　dittology　音系学术语。指话语中由于疏忽或惯例而造成的词或音节的重复。例如,将 dittology 读作 dittolology,或将 preventive 读作 preventative。相反的过程称作语音漏读(haplology),指本应读出的连续的类似的音或音组的被遗漏,如 temporary/ˈtempərərɪ/读成/ˈtempərɪ/。

音节重复[2]　echo　修辞学术语。指在一诗行之首重复前一诗行末的数个音节的韵律手法。

音节重组　resyllabification　音系学术语。指改变音节界限,重新划分音节。例如,"say it"/seɪ.ɪt/重组为/se.jɪt/、"hit it"/hɪt.ɪt/重组为/hɪ.tɪt/的分析,是一种用于推导式中将音段从一个音节移到另一个音节的过程。

音节定时节奏　syllable-timed rhythm　语音学术语。指一种言语节奏,通常指每个音节出现的时间间隔相等。一般认为法语是音节定时的,但是,通过对说法语的话语录音表明,法语只是趋向于按音节定时,但通常并不是很严格。

音节峰　peak of a syllable　音系学术语。指一个音节的核心部分。在音系学中,一个音节可分为三个部分,开头叫音节首,中间叫音节峰或音节核,结尾叫音节尾。

音节核　nucleus　语音学术语。一组音节中气流压力最强,发音时肌肉最紧张,听觉印象最响亮最清晰的中心部分,如 bake /beɪk/中的/eɪ/部分。

音节坡　slope　语音学术语。音节核从紧张度和响亮度说是峰,于是音节边缘就成为向下减弱的"音节坡"。

音节首　onset　语音学术语。指音节的开头部分,与音节核(nucleus)和音节尾(coda)共同构成一个音节。音节首通常由辅音充当,如英语 people 中的/p/和 steam 中的/st/。音节首在部分语言中是必有成分,而在另一些语言中则是可能出现或是限制出现的成分。

音节完整诗行　acatalectic　修辞学术语。有完整的音步及音节的诗行,尤其是最后的音步中要有完整的音节。

音节尾　coda　音系学术语。参见"音节"。

音节文字　syllabary　表音文字的一种,指以音节为单位的文字,是一套表征构成词的音节和音拍的书写符号。音节是语音结构的基本单位,是听觉上能够自然辨别出的最小的语音片断,一般音节文字的一个音节对应一个书写符号。这个与音节对应的符号被称为音节符("syllabogram",代表一个音节的书写符号),一般是由一个辅音(不是必须有)加上一个在后的元音组合而成,比如音节 CV 或 V。在有些表音文字中可以看到 CVC 的组合和代表 CV 发音的字。日语的假名是最典型的音节文字。使用音节文字的语言还有迈锡尼希腊语(即线形文字 B)、北美切罗基人的切罗基语、非洲的瓦伊语、中国彝族的凉山规范彝文和湖南永州的江永"女书"。还未破译的线形文字 A 可能使用音节文字。汉语、苏美尔语、阿卡得语、玛雅象形文字等虽然是基于语素文字(logogram)的,但也大量使用音节文字,因此有时被称为"意音文字"(logosyllabic)"。

音量　quantity　音系学术语。在音系学中与音质相对立的概念,指语言学上有对立意义的音和音节的相对长短,常用于元音和音节长度的历时研究,但也用来指辅音,如有"长"辅音、"短"辅音、叠音等概念。

音量　volume　语音学术语,语音声波的频率(frequency)和振幅(amplitude)相结合而形成的被听到的声音强度。音量是一种主观印象,不能用测定功率或振幅那样的方法来客观地测定。但是,其相对等级可以用分贝来表示。参见"音长"。

音量符号　quantity mark　语音学术语。指附加在元音后面、表示读得长或短的符号[ː]。

音律单位　phonematic unit　弗斯式韵律音系学的分析范畴之一,用于韵律分析法。指通过韵律分析(prosodic analysis)抽出所有的韵律后剩下的音段成分,可以出现在某些给定位置的最小特定音段。音律单位不像音位是用来将全部语音分析成各种音韵对立构成的一个系统,尽管这个系统对结构各部分都有效,而某些纳入音位分析的特征也不在音律特征的分析范围之内,如圆唇。

音区　register　参见"音域[2]"。

音色　timbre　语音学术语,一种听觉特性,听者可以凭此判断两个在音高、响度和音长上都相同的音之间的差别。声学上讲,对音色的感觉来自产生一个音调时涉及的一组谐波。最好的例子是不同的管弦乐器特有的音色或"音调音质";但个别音(如元音、擦音等),或个别说话人的频率特点也可靠一组类似的音色来区别,音色也是嗓音音质特征之一。

音势重音　intensity stress　参见"动力重音"。

音素　phone　参见"音元"。

音 yīn （语言学术语）

音素标音 allophonic transcription　音系学术语，对语言的语音体系进行转写和标注的方式之一。只要一个音素在语音实现中有别于其他音素，即属于同一音位的不同变体形式，在标注中就使用不同的符号，通常称作严式标音（narrow transcription）。例如，英语的 person 和 spring 中的字母 p 在两个单词中虽然都实现为音位/p/，但两者存在细微差异，如前者为送气音而后者则为不送气音，因此，在音素标音法中，要分别使用不同的符号 [pʰ] 和 [p] 来标记。

音速 tempo (of speech); rate of articulation　语音学术语。指发音的速度，测定单位通常是音节/秒。

音位 phoneme　音系学术语。有时亦称音段音位（segmental phoneme）和线性音位（linear phoneme）。19 世纪末提出的概念，表示言语音流中最小的、抽象出来的声音切分段，具有区别语义的功能。一种语言的音位可以由以下几个方面决定：(1) 组成最小对立元。如果两个词之间由于一个最小语音成分的不同而存在语义区别，那么这两个词即可组成最小对，以便进行语音对比分析，如 cap 和 gap 中的/k/和/g/，tap 和 map 中的/t/和/m/。(2) 运用对比替换将各词横向切分，从而把词首辅音/k/、/g/、/t/、/m/孤立出来，作为词首语音成分，然后根据相同语境中可替换项原则予以纵向分类，即可得出音位，上述四例相互语义不同的原因仅在于词首语音的不同。(3) 音位不是语音描写的最小单位，因为每一个音位代表一类语音变体，即音位变体（allophone），这些变体在具体语言里不可互相替换，换言之，他们不构成区别语义的对立。这些音位变体的出现可以是自由的、不受语音环境制约，具有个别或偶然的特点。如果一个音位的不同变体由于语音环境构成互补分布，那么，他们就是排他性音位变体，互相之间不能自由替换。(4) 音位是各种区别性（具有音系学意义）特征的总和，如/p/是[＋塞音＋双唇音＋浊音＋鼻音]的总和。发音或声音特征的总和在理论上归纳为区别性特征，它们因语言而异。由于语言理论的不同，各学派对音位的定义也不同。例如，布拉格学派强调音位的区别语义的功能，而美国结构主义则强调音位的分布条件和划分音位的操作方法。近年来在科技文献里出现了一种非语言学音位观，人们在人工语言的生成过程中使用"音位操作仪"来生成语音，而每个音的细小变化（如在音频和音的强度上）的结果都被视为一个音位，但实际上，这种技术上的音位往往不能与发音语音学的音位相提并论。语言和语言之间音位的数目不同，通常认为英语有 44 个音位，其中 24 个为辅音，20 个为元音。

音位编码能力 phonemic coding ability　参见"语言学能"。

音位变化 phonological change　亦称音系变化或语音变化。参见"音位音变"。

音位变体 allophone; allophonic variant　音系学术语。指音系学中抽象音位的具体语音实现形式。同一音位在具体的语音环境中由于受到与其相邻的其他音的影响，具体的语音实现形式可能会有所不同，这些处于典型互补分布的不同变体形式就是该音位的音位变体。以英语的音位/t/为例，由于相邻语音的影响，其在 star、tail 和 twelve 中的具体实现形式就分别表现为音位变体[t]、[tʰ]和[tʷ]。

音位变体音变 allophonic change; sound change by allophones; phonetic sound change　音系学术语。指一个音位的某个音位变体在具体语音环境中受到其相邻音素影响而发生的不改变其音位性质的同化或异化改变。例如，英语中的送气音如果在/s/音后实现就会发生音位变体音变，实现为相应的不送气音。

音位标写法 phonography　实验语音学术语。指用唱片和录音带等对口头语言进行记录和存储的方法。

音位表达 phonological representation　有时亦称音位表达式。参见"音系表达"。

音位层 phonemic stratum　层次语法（stratificational grammar）术语。指分析语言结构的若干个层次之一。音位层下面又识别出下音位层，音位层和下音位层之间存在着语音系统。

音位层 phonological level　参见"音系层"。

音位单位 phonemic unit　韵律分析的组成部分之一。音位单位是抽取所有的韵律成分后留下来的音段成分，如辅音和元音。

音位等级体系 phonological hierarchy　参见"音系等级体系"。

音位对立 phonemic contrast　音系学术语。指音位之间的关系。如果两个音位出现在同样的位置，而且它们可以区分不同的词及其意义，这两个音位就构成音位对立。例如，pin 和 bin 这两个词中的/pʰ/和/p/两个音位就构成音位对立。

音位法位 phonotagmeme　参见"语义音位聚合体"。

音位反应缓冲机制 phoneme response buffer　参见"听觉处理"。

音位分布 distribution　音系学术语。语言中特定单位（比如音素或词）的一系列分布位置。例如，在英语中，音素/ŋ/通常写作 ng，不能出现在词首，而只能出现在词尾。但是在其他一些语言中，/ŋ/却可以出现在词首，比如广东话中的 ngoh［我］。

音位分析 phoneme analysis; phonemic analysis　音系学术语。根据具体的语言理论，划分一种语言的音位并分析其性质、关系和组合规则的方法。布拉格学派着眼于音位区别语义的功能，注重分析音位的区别性对立；美国结构主义则强调音位出现的环境。尽管理论上存在某些区别，但不论哪种结构主义音位分析都运用下列基本手段：通过对语音的切分和替代来确定最小的具有语义区别意义的语音单位，再根据分布环境和语音相似性把它们划归为不同的音位。替换检验在最小对立元中进行。那些在同一语音环境中可以互相替换且具有语义区别功能的语音单位即被称为音位。再进一步对一种语言的语音进行切分和分类，可以区分主要的（即具有区别意义的）和非主要的（即多余的）音位特征，研究音位出现的位置（如词中、词首、词尾等）及其组合规则。

音位符 ceneme　语符学术语。在语符学里指音位(phonemics)的最小单位，相当于传统音系学中的音位。

音位化 phonologization　历史音系学术语。指原先是音位变体的音，由于失去其条件作用环境而发展成具有对立性语音特征（即音位）的变化过程。

音位结构 phonemic structure　音系学术语。指一种语言的全部音位和存在于音位与音位之间的关系总和，以及音位变体的语音描写。音位结构的研究对象包括音位变体(allophone)、音位分布(phoneme distribution)、音节(syllable)、重音(stress)、语调(intonation)等。每种语言的音位结构都是独特的，音位数量也是不同的（通常在 30—50 个之间），并且有不同的变体的配列。另外，变体的语音描写以及音位之间的关系也是不同的。

音位结构学 phonotactics　参见"音位组合学"。

音位库藏 phonemic inventory　参见"音位总藏"。

音位类型学 phonological typology　❶指根据语言系统的音系特征进行分类的研究。音位类型学的分类主要有四种：(1)地域性或族性分类(areal or genetic typology)；(2)表层音位特征分类；(3)深层音位特征分类；(4)参数分类(parametric typology)。❷指对构成音系的所有语音成分的分类，如软腭音(velar)、唇音(labial)等。

音位内同化 allophonic assimilation　音系学术语。指在语音同化作用下，被同化音虽然发生了某些特征上的变化，但这种变化并未超越其音位内部特征所允许的变化范围。例如，在英语单词 stand 和 tell 中，辅音字母 t 的发音分别为[t]和[tʰ]。即在 stand 中，/t/音的发音方式受到前面/s/的同化，由送气音变为不送气音，但这种变化都是/t/的音位内部变化。

音位配列法 phonotactics　参见"音位组合学"。

音位亲疏关系 phoneme distance　音系学术语。指两个或多个音位之间根据相同和不同的区别性特征的多少而体现的亲疏关系。每一个音位至少由于一个特征而区别于其他音位。

音位实现 allophonic realization　音系学术语，亦称音位体现。指抽象的音位单位在具体的语音环境中以变体的形式出现。例如，英语的抽象音位单位[t]在具体的语言环境 star、tail 和 twelve 等词中出现时，由于受到相邻语音的影响，其具体的实现形式分别为音位变体[t]、[tʰ]和[tʷ]。

音位体现 allophonic realization　参见"音位实现"。

音位系统 phoneme system　音系学术语。是一种语言音位总数的基础，是一个表现音位的特点和关系的系统。任何一种语言都依靠有限数量的音位运作，有的语言只有十几个音位，有的多达七十多个，而且没有音位系统完全相同的语言。音位及其变体的音系学特点通过发音或声音的特征表现出来，音位之间的亲疏关系则通过对立体现出来。

音位项 phonological item　音系学术语，指语音系统中的一个成分，如 gun 中的三个音位项：/g/、/ʌ/和/n/。

音位性语言错乱症 phonemic paraphasia　是失语症患者（尤其是韦尔尼科失语症患者）和患有语言发展障碍儿童的言语特征之一，表现为音素或字符错乱，如简化辅音丛（把 spaghetti 读成 paghetti 等）以及语音错位（把 slipper 读成 lisper 等）。

音位学 phonemics; phonematics; phonemic theory　音系学术语。历史上，青年语法学派在其共时和历时研究中将现在惯称的音系学(phonology)称为"phonemics"。美国语言学家，特别是美国结构主义语言学家曾用它表示共时的音系学。这一称谓同时也曾是美国结构主义区别于欧洲结构主义（如布拉格学派）的标志。参见"**音系学**"。

音位音变 phonological change; phonemic sound change　历史语言学术语,亦称音位变化或音系变化,指的是影响音位的数量或分布的音变。例如,英语的音位/f/的变体曾是/f/和/v/,而现在/f/和/v/则是两个独立的音位;/ʒ/音位的形成也是音位音变的结果,由于从法语中借用大量的词并经历了腭化的过程,/z/最终发展成/ʒ/这个音位。参见"音变"。

音位音变 phonemic sound change　参见"功能性音变"。

音位音标 phonemic transcription　音系学术语,亦称音系音标(phonological transcription)。指仅用符号标示音位而不标示其音位变体(allophone)的一种标音方法,即宽式音标(broad transcription)。它只标明具有语言意义的音位区别,书写于两条斜线之间,如/pɪn/、/pen/、/pæn/。一个音位音标符号代表其自由变体和互补性变体。

音位原理 phonemic principle　音系学术语。指以音段音位或超音段音位为单位对言语进行分析的理论,其基本理念在于,任何一种语言都存在一定数量的专属与该语言的声音单位即音素或音位,而该语言的所有声音都可以通过这些音素或音位以及它们的组合单位来加以描述和分析。

音位障碍 phonological disorder; phonological impairment　心理语言学术语,一种语言发展障碍。指儿童在学习语言过程中,对于同龄人所应掌握的某一类语音所存在的发音困难,但能够发其他的一些重要语音。这种障碍并不一定伴随其他语言能力的畸形发展。音位障碍有轻有重,轻者表现为对有些音发音不准确,重者则表现为儿童的发音难以理解,即便家人也辨别不清。最近,人们将这一概念与一些由于(发音器官)结构或神经缺陷所引起的不标准的发音模式(non-standard pronunciation)区别开来。

音位制约的 phonologically conditioned　形态学术语。指形态学中音位环境决定某些语素变体的出现。例如,英语复数标记-s 或-es 的出现可以根据其前面的音位环境而预知。

音位重音 phonemic stress　音系学术语。指在单词中由于位置的改变而导致词义或词类改变的重音,如 'increase(名词)和 in'crease(动词)。

音位注音法 phonemic notation　音系学术语。注音方法的一种。仅注出语言中的区别性特征(即音位),不显示发音的细节。音位注音法使用两条斜线。音位注音法可以用于记录尚无书写系统的语言,可以用于教学目的,显示不同的发音。音位注音有时称作宽式注音。

音位总藏 phonemic inventory　音系学术语,亦称音位库藏。根据音位分析而得出的一种语言所包含音位总量。任何语言的发音特征是无限的,但从这些发音特征中所分析出的音位数量是有限的。各种语言所包含音位总数的语音特点一般表现为若干发音或声音特征,可排列成特征矩阵表。雅柯布逊(Roman Jakobson)和哈勒(Morris Halle)在 1956 年曾提出一个具有普遍意义的音位库藏表。

音位组合学 phonotactics　音系学术语,亦称音位结构学或音位配列法。指研究具体语言语音组合或音位组合的规则。每一种语言的音位都有其特殊的组合规则,音位组合就是描写在不同位置上(如词首、词中和词尾)音位的配列。例如,英语中爆破音加塞音组合/gz/只能出现在词中或词尾,但不能出现在词首;/h/只能出现在元音前,不能出现在元音后。音位组合的限制条件有些是某些语言特有的,而有些则是具有普遍意义的。最近的音系学理论中,"生成音位组配法"的观点是,任何音系原则不得参照形态结构;任何对形态(如添加词缀)敏感的音系形式都只在语法的形态部分表征,不在音系部分表征。

音系表达 phonological representation　生成音系学术语,有时亦称音系表达式。指在语音描写和分析层次上对一种形式赋予的结构,与语音表达式(phonetic representation)同属于语法音位部分的不同层次。音位表达式侧重于描述构成区别性特征的音段特征和序列,是音位规则应用之前一个词的基本形式,而语音表达式则是把言语描述为一种物理现象,仅指一个词说出和听到的形式。音位可以用不同的表达层次来描写。例如,apples 和 cups 包含词汇元素(lexical formative)apple 和 cup 以及表示复数的语法元素(grammar formative)"s",用 PL 代表复数,这两个词的音位部分的最初表达式是词项表达式(lexical representation),即[[apple]PL]和[[cup]PL],运用再调整原则(readjustment rule)可以对语法元素具体化,即[[apple]s]和[[cup]s],而这可以进一步用音位表达式来表达,即/æplz/和/kʌpz/,其中语法元素 PL 都用符号/z/来表达,由于其具体发音实际上是不同的,因此根据音系规则(phonological rule),可以最终形成语音表达式(phonetic representation)[æplz]和[kʌps]。

音系层 phonological level　音系学术语。指一种语言中功能不会混淆、具有区别意义音位的有规律排列组合、音位规则及其读音。音位、音调、重音、连音等都是音系学的主要研究对象。

音系成分　phonological component　转换语法中对一个句子的发音提供规则的部分。

音系重组　rephonologization　亦称再音化(rephonemicization)。指一种音位之间的关系发生变化、而音位的数量或分布不发生变化的过程。此时音位原本的区别性特征被其他特征所替代。例如,在巴斯克语中,[j]被以前所不存在的[x]所代替,而每个单词中的相应发音也发生变化。再如,中古英语的[y:]在现代英语中全部变为[aɪ]。日耳曼语(Germanic)辅音第一次转移是再音系化的一个复杂实例。

音系等级体系　phonological hierarchy　法位学术语,亦称音位等级体系。指一个音与其所在结构之间存在的部分对整体的关系,是构成法位学等级体系之一,另两个体系分别为语法等级体系(grammatical hierarchy)和所指等级体系(referential hierarchy)。要完整地描写语音等级体系,至少应区分音段(位)、音节、语音短语、语音小句、语音句子、语音段落和话语这七个层次,因此语音等级体系包括由低到高的音位、音节、重音群、节奏群、修辞停顿、升降调等层次。同语法等级体系和所指等级体系一样,语音等级体系也采用空位(slot)、类别(class)、作用(role)和衔接(cohesion)来分析。其中空位指法位在其所在的语音结构中占据的是核心地位(nucleus)还是边缘地位(margin),每个语音结构中一定有一个核心地位,在其前或后还有边缘地位;类别指一个语音结构中适合占据法位空位的项目类别,如元辅音组合类、重读音节类、语音短语类、语音段落类等;作用表示法位在语音结构中的功能和意义;衔接则表示法位与其所在语音结构或所包括成分的一致关系。语言的语音等级体系是不依赖其意义的独立体系。

音系分析　phonological analysis　音系学术语。音系分析指对某一语言或方言的语音系统(包括元音系统和辅音系统)及其变化所作的分析。既可以是共时研究,也可以是历时研究。音系分析方法包括经典音位分析法(Classical Phonemic Analysis)和非线性方法(Non-linear Generative Model)等。

音系共性　phonological universals　语音学术语。指所有语言都共有的语音特征。例如所有语言都有元音和辅音,所有语言都有以辅音开头的音节等等。语音共性的研究方法有抽象的生成法(generative approach),也有具体的格林伯格方法(Greenbergian approach)等。

音系规则　phonological rule　音系学术语。在生成音系学中,用来进行具体的语音描述的规则。音系规则因语言的不同而不同,适用于一种语言的音系规则未必适用于另一种语言。音系规则的形式为 A→B/X ____ Y,即,在 X 后 Y 前的情况下,用 A 代替 B。例如,英语中有一个省略规则:当一个单词以鼻音结尾,而在这个鼻音前存在一个[g],那么这个[g]不发音,如 sign、design、paradigm 等。英语中众多不同的音系规则大都拥有一些共同特点:语境敏感性和对各种音位变化程序的公式化和概括化。在具体运用中,音系规则一方面吸收合并区别性特征分析和音位配列,使得音位变化的描述更显精炼简洁,更具概括性;另一方面具体说明各种音位变体的出现、同根词的发音变化和超音段特征分析这些语音现象。

音系晦暗性　phonological opacity　参见"晦暗性"。

音系空间　phonological space　音系学术语。指一个理论空间,可想象一个音系对立的系统在其中运作。例如,影响一个元音系统的各种变化(如英语的元音大转移)可视为发生在一个空间里,其中像"上""下""前""后"这类方位关系具有音系学的意义。

音系衔接　phonological cohesion　音系学术语。一种通过语音手段把结构上互无关联的成分联系起来的手段,用以体现语言的意义潜势。语音衔接主要反映在音位和超音段音位的各种特征上,根据不同的语篇类型和语域而具有不同的模式。语音衔接方式主要包括元音、辅音、发音特征、音强、音高、音长、重音、节奏、停顿、速度、语调等衔接,不同衔接方式的结合可以构成头韵(alliteration)、谐元韵(assonance)、谐辅韵(consonance)和押韵(rhyme)等由于相同或相似音的重复而创造的篇章模式。例如:

I am the enemy you killed, my friend.
I knew you in this dark; for so you frowned
Yesterday, through me as you jabbed and killed.
I parried, but my hands were loath and cold.
Let us sleep now …

在这首诗歌中,前四行由于行末辅音/d/的重复而形成谐辅韵,增强诗歌乐感的同时,也实现了诗句句法上和语义上的衔接性。

音系学　Phonology　用共时观研究具有语义区别功能的语音单位(即音位)及其主要特点、关系和系统的学科。结构主义音系学认为,音系学是语音学里一个独立的描写层面,这与生成音系学形成区别。音系学是结构主义语言分析的基础学科,尤其是它的区别性功能原则、切分和分类等认为音位是诸区别性特征的集合体的理论以及关于适合于所有语言的普遍的音位特征总表的假设。与结构主音系学认为音系学是独立的描写层面相反,生成音系学以转换生成语法为指导,研究语音、音位及句法和语素的规律(即系统音系学),以具有普遍意义的区别性特征代替音位成为音系学描写的基本单位,并以抽象的、固定的基本形式为基础,运用内在和外在规则演绎出表层结构的语音变化。在对传统的转换语法理论进行批判的过程中,产生了新的音位观,提出了很多音系学模型,如"自然音系学"和"自然生成音系学",它们将音系学和语素学严格地分别予以研究。受生成音系学对超切分段特征描写方法的启发,人们近来提出了一种基于纵向替换法的非线性音系学。对于其相关学科(如心理语言学、语言习得、对比语言学、正字法等)来说,音系学理论及其研究方法和研究结果既有启发作用又有挑战意义。其他的音系学模型还有粒子音系学、节律音系学、韵律音系学、自主音段音系学等。

音系子系统 phonological subsystem 指构成语言系统的三个子系统之一,其他两个子系统为概念子系统、词汇—语法子系统。

音形结合编码法 phonological and calligraphical synthesizing coding 计算语言学术语。指一种汉字处理方法,即同时使用音码和形码的方法组成的编码方式,综合采用汉字的语音、字形的属性作为码元,特点是重码少,这有利于区别同音字,但缺点在于规则较为繁琐。

音义联觉 phon(a)esthesia 参见"音组"。

音义内联观 intrinsic correspondence between sound and sense 语音学术语,指语言研究历史上对音与义(形式与内容)之间关系的自然主义观点,认为音与义之间存在着固有的内在联系。

音域[1] pitch range 语音学术语。指一个人说话时或一组人交流中使用的音高变化幅度。每个说话者之间的音高差异和他们的声带大小及声道结构有关。言语社团中一个人使用的音域是宽是窄,常常取决于社会习惯和文化习惯,且可能是整个社团的习惯。例如,一般的澳大利亚人讲英语时其音域要比英国本土人窄些。人们带着感情说话时,会扩大其正常的音域,借以表达愤怒、激动等情感;也会收窄音域,借以表示厌烦、哀伤等情感。

音域[2] register 语音学术语。❶亦称音区、声域(voice register)。指说话者或歌唱者所能达到的任何一个不同的音高范围。声带的大小、长度、厚度和紧度相结合就会产生女高音、女低音、男高音、男低音等嗓音,并在同一人身上产生"头"声(假声)和"胸"声区别。有的语音学家从功能角度认为音域是说话人可控制变化的发声类型。例如,发浊音时,如果只让少量气流通过声带,就会产生紧音(tight phonation);如果让大量气流通过声带,就会发出气音(breathy phonation);如果缓慢震动声门的一部分,而让声门的其余部分正常振动,则构成吱嘎音(creaky voice)或喉音(laryngalized voicing)。有些语言利用音域的对比,如古吉拉特语(Gujerati)中就有紧音和呼气音的对比,某些非洲语言和高加索语言将吱嘎音作为区别性特征。❷在新弗斯语言学中,指语言使用中一种有规律的、受环境制约且有特色类型的音域,如"上层阶级""正式的""科学的"音域等。有些语言中,音域受说话者对听话者的情感态度影响,并在一定意义上构成了某种发声态。譬如,对某些发英语标准音的说话者而言,其典型声调为嘎咧音的发声态。

音域声调语言 register tone language 语言学术语,指使用音域声调的声调语言,如约鲁巴语。美国语言学家派克(Kenneth Lee Pike,1912—2000)首先提出这一概念,用来给声调语言分类。在这类语言中,平调起中心作用,以音节的相对音高为特征。如果语言利用音高变化,降调或升调的终止点等同于几个平调中的一个。此类语言与曲拱声调语言(如汉语普通话)相对应,后者以声调滑动为特征。

音元 phone 语音学、音系学术语,亦称音素。用来指语流(连续音流或语音实体)中可感知的最小离散音段。从音段音系学的观点看,音元是音位的物理实现;一个音位的变体称作音位变体。

音韵词组 phonological phrase 亦称韵律短语。指韵律分析中韵律单位层级模型(prosodic hierarchy model)内高于韵律词(prosodic word)、低于语调短语(intonational phrase)的一个层级。

音韵分析 phonological analysis 参见"音系分析"。

音障 blocker; barrier 音系学术语。任何在音系形式中能够阻断正常的音系过程的音段或界限符号。参见"不透明元音"。

音质 voice quality 语音学术语。指个人言语中非语言背景特征的统称,是听话人从说话人话语中得到的总体声音印象,是响度、声调、音长、音色等因素的综合呈现。每个人的音质各不相同,因而能被鉴别。这种差别来自上述因素中某部分或某几部分的差异。造成音质差别的根源有生理性的、习惯性的、病理性的和文化背景方面的,包括性别、年龄、解剖(如身高、体重、肌肉发达度、喉部结构的几何构形、呼吸容量等)、感情状态(如害怕、愤怒、兴奋等)、健康状态(如喉炎、肺气肿、帕金森氏症、中毒等)以及个体对声带的习惯性调节方式(如刺耳音、叽叽嘎嘎等声音)和其他与特定语言、方言和特定语言的社会变体相联系的独特发音环境。

音子 phonon 层次语法术语。层次语法(Stratification Grammar)认为音子是指构成音位的成分。

引导副词 introductory adverb; conjunctive adverb; adverbial conjunction 语法学术语。指连接句或引出语义相邻或相关的分句或并列的副词,如英语中的 consequently、however、hence、furthermore 等。引导副词位置比较灵活,并不一定在句首。例如:The discussion, however, continued.

引导副词 introductory adverb 参见"状语连词"。

引发程式 elicitation procedure 语言教学术语,亦称诱导式或启发技巧。语言学及第二语言习得研究中常使用的方法。为了获取一个人是如何使用某一特定语言项目的相关资料,可要求"语言调查被咨询人"(informant)描述图片、说一个故事或完成不完全句。用这种方法研究自然发生的言语或写作,能更完整地了解语言知识。

引发模仿 elicited imitation 语言教学术语,亦称诱发模仿。引发式的一种,即令一人重复他所听见或看见过的句子。人们在重复使用一个本身不会使用或不使用的语言规则的句子时,往往会在句中做出变化(使之更接近本身的话语)。此法可用来了解一个人的语言知识。例如:[1] Why can't the man climb over the fence?(起刺激作用) [2] Why the man can't climb over the fence?(引发模仿句)

引发式 elicitation 参见"诱发式"。

引号 quotation mark 标点符号之一。一般用来引出直接陈述、其他人或文献上的话语、文章著述的标题和其他需要特别说明的词语。引号叠用时,需区分单引号与双引号,通常先用双引号后用单引号。英语中,也常见先单后双,但必须文内统一。

引申义 transferred meaning 语义学术语,亦称转义。指由词的原始意义或本义派生发展而来的意义,分为引申义(transferred meaning)和比喻义(figurative meaning)两种类型。例如,"宽"的引申用法有"宽心""宽裕"等,而"革命的摇篮"则是"摇篮"一词的比喻用法。

引文 citation 指将口语或书面语逐字引出的结果。把引文做成引条供编写词典的词条使用时称为引文条(citation list)。

引用语 quotative 话语分析术语。指说话人引用他人的话即一段直接言语,来报道自己没有亲眼看到而是他人描述的事情,如"she said he goes"。零式引用语(zero quotative)指在报导直接言语时既不用报导动词也不提及报导人。

引喻 allusion 亦称用典、典故。指在说话或写作中把古代历史典故或文艺典籍中的人物、地点、事件等在以不注明出处、只援引关键词或词组的方式将其融入自己所编织语境的一种修辞手法。一般情况下,说话人或作者所引用的典故都是听话人或读者所熟知的,因而无需花费精力作出额外解释;但也有诸如埃兹拉·庞德(Ezra Pound)和托马斯·艾略特(Thomas Eliot)等人,在其作品中大量引用读者所不熟悉的神话、典故等。

隐藏与突出 hiding and highlighting 认知语言学术语。与概念隐喻理论(Conceptual Metaphor Theory)有关,指当选定一个源域(source domain)来映射一个目标域(target domain)时,这种选择一方面突出了目标域的某些方面,同时也隐藏了它的其他方面。例如,隐喻"时间就是金钱"突出了时间的稀缺、可创造财富的一面;却隐藏了时间过得快、不可阻挡的另一面。相反,再看隐喻"时间治愈了她心灵的创伤"突出了时间漫长、可帮助逐步淡化伤痛的一面,但同时却隐藏了光阴似箭、时不再来的一面。

隐含行事句 implicit performative 参见"含蓄行为句"。

隐含意义 connotative meaning 参见"内涵意义"。

隐形句法 covert syntax 句法学术语。指最简方案中拼读(Spell-Out)之后形成的已消除语迹的有序语音结构部分的句法。

隐性移位 covert movement 句法学术语。一般指逻辑式(LF)层面上的移位,用以分析解读在 D 结构和 S 结构均难以区别的歧义句。例如:
[1] Every boy loves some girl.
[2] a. [every boy$_i$ [some girl$_j$ [t_i loves t_j]]]
  b. [some girl$_j$ [every boy$_i$ [t_i loves t_j]]]
例[1]有歧义,若全称量词 every 占宽域(wide scope),存在量词 some 占窄域(narrow scope),则句意可解读为"每个男孩都爱一个女孩,每个人所爱的是不同的女孩";若 some 占宽域,every 占窄域,则解读变为"有一个女孩,每个男孩都爱她,所有的男孩都爱同一个女孩"。由于两种解读无法在 D 结构和 S 结构层面区别出来,因而只能在逻辑式层面将同一句法结构经过不同的移位派生出不同的结构式。表达式[2a]和[2b]即运用隐性移位规则而形成的结构式。

隐性优势　covert prestige　社会语言学术语。指社会语言学中某一社会方言(social dialect)给说话者带来的在某一语言社区(speech community)或亚群体(sub-groups)中身份确认方面的积极价值(positive value)。语言使用往往与社会价值观相关。用大多数人所接受的"更好的(better)"方式说话被认为具有显性优势(overt prestige)。隐性优势较显性优势所覆盖的范围要小得多,通常出现在亚文化群体中。这些群体中的成员往往倾向于用某些非标准语言形式和表达来标示其团结稳定或抱团意识,隐性优势便依附在这些形式上。许多具有隐性优势的语言往往不被社会大多数群体认可,如中学生有时候使用的不文明词语(swear 或 "tough" talk)等。

隐性语境　opaque context　亦称间接语境(indirect context)。指未被揭示出来的或潜在的语言或非语言环境,包括前文话语所产生的语境暗示含义以及与言语交际相关的百科知识等。语境真实性受具有相同外延的表达自由替换影响的即是所指晦暗(referentially opaque/oblique)。例如:[1] It is necessarily the case that 9 is greater than 7. [2] It is necessarily the case that the number of planets is greater than 7. 奎因(Quine)指出例[1]和例[2]中的情态副词"necessarily"造成隐性语境。例[1]是真实的,而例[2]则是不真实的,虽然两个陈述句中"9"和"the number of planets"表达的外延含义相同,也即数字9。另外,两种表述具有相同的外延意义但其内涵意义不能自由替换的隐性语境是关于知识和信念的语境,由 know、believe、fear 等动词构成。"It is true that S"这样的例子属于透明语境(transparent context)。

隐语　jargon　亦称黑话或行话。指秘密团体或某一行业内使用的用语,不为外人了解的秘密词语,也可指某些团体的专业术语。一般而言,只有属于某一特定群体的个体才能理解行话。德裔美国人马丁·约斯(Martin Joos)在《五只钟》(The Five Clocks, 1962)的语体论名著中将英语体裁分成五级:冷冻体、正式体、商洽体、随意体和亲切体。亲切体的典型用途是在夫妇之间,其"系统特征"之一是使用隐语。约斯认为,隐语指使用亲切语体的人之间历来使用而且一成不变的词语。亲切体中的隐语时常仅取词、语法、语调(如 Coffee's cold)三者之一,如 cold。

隐喻　metaphor　❶修辞学术语。指用来描写基于某种相似点的两个无关物体的修辞格。隐喻是一种通过联想、比较或相似来达到修辞效果的类比(analogy)。它和其他修辞格如寓言(allegory)、夸张(hyperbole)或明喻(simile)密切相连。简而言之,隐喻就是不用"像""似"等标志语,对两物体或事物进行的比较,如"婚姻是围城"。❷认知语言学术语,亦称认知隐喻或概念隐喻。指不同概念域(conceptual domain)之间涉及映射(mapping)的一种概念投射方式。概念隐喻通常由与两个不同概念域有关的一系列常规映射(conventional mapping)组成。映射的目的就是把源域(source domain)的经验结构投射到目标域(target domain),这样就可以使用源域的推论来理解目标域。映射是单向的,是以具体的、可感知的经验来理解抽象的、不可感知的经验。雷考夫(George Lakoff)和约翰逊(Mark Johnson)在《我们赖以生存的隐喻》(Metaphors We Live By)中指出,隐喻在过去仅仅被看成语言的特点,只和词语有关,与思维和行动无关。相反,他们发现隐喻遍布日常生活,不仅仅在语言中,还存在于思维和行动中。我们的一般概念系统本质上是隐喻的。例如,概念隐喻"论辩是战争"(AUGUMENT IS WAR),就是把源域"战争"有关的经验结构投射到目标域"论辩"上,让人们从"战争"的角度来思考和谈论"论辩"。这种隐喻由许多储存在长时记忆的常规映射组成,如"士兵"被映射到"争论者";"敌对关系"被映射到"论辩关系";"武器"被映射到"话语";"阵地"被映射到"观点";"胜利"被映射到"说服"等等。这种隐喻也反映在许多日常语言表达式。例如:[1] Our claims are indefensible. [2] I attacked every weak point in his argument. [3] Their criticisms were right on target. [4] He demolished my argument. [5] She shot down all of his arguments. 从例[1]—[5],我们看到尽管没有一场真实的战争,但却有一场唇枪舌剑的战争。正是在这个意义上,我们说概念隐喻"争论是战争"是这种文化中的生活方式,它架构了我们争论的实际行动。概念隐喻理论强调各种隐喻描写的经验基础。雷考夫和约翰逊强调,人类的思维过程很大程度上是隐喻性的。

隐喻系统　metaphor system　认知语言学术语。雷考夫(George Lakoff)和约翰逊(Mark Johnson)认为,隐喻性语言似乎都和一个内在的"思想系统(system of thought)"相连,特别是概念隐喻理论(conceptual metaphor theory)中提出的概念系统都是由众多个体隐喻构成的一个系统所架构的。这些个体隐喻共同作用,互相补充。例如,事件结构隐喻(event structure metaphor)就是由许多个体隐喻组成的隐喻系统,具体包括:状态是地点(states are locations),变化是运动(change is motion),原因是力(causes are forces),目的是终点(purposes are destinations),手段是路径(means are paths),事件是运动的物体(events are moving objects),等等。

隐喻语 kenning 参见"迂说"。

印度日耳曼语言学 Indo-Germanic linguistics 参见"印欧语系语言学"。

印度语支语言学 Indic linguistics 印度语支语言(如梵语、印地语、孟加拉语、乌尔都语等)的描写和分析研究的总称。

印欧语喉塞音理论 Indo-European Glottalic Theory 参见"声门塞音理论"。

印欧语系语言学 Indo-European linguistics 广义上指对印欧语系诸语言(Indo-European Languages)描写和分析研究的统称,如日耳曼语语言学、拉丁语语言学、俄语语言学等;狭义上指有关印欧诸语言的语音、语法、词汇及其谱系关系的历史研究和比较研究。自从琼斯(William Jones,1746—1794)、拉斯克(C. Rask Rusmas,1787—1832)、格林(Jacob Grimm,1785—1863)等学者在古梵语、希腊语、拉丁语和其他欧洲语言之间建立起若干种对应关系以来,这种历时研究已经取得了相当大的进展,欧洲许多主要大学都开设印欧语言学和普通语言学讲座。自19世纪以来,考虑到地理和社会对语言的影响,对构拟这一语系的共同母语的学说作以修改,而且这种研究部分被对当代语言的描写研究和共时研究所取代。最近的研究成果包括:辨认出古代文字,如迈锡尼"线性B"文字;对中欧和地中海的古代语言(伊利里安语、安纳托利亚语等)作重新分类。

印刷体字母 block letters 拼音文字通常分印刷体和手写体两种。印刷体一般用于书写、印刷和打字,字形固定、标准,便于辨认。在活字印刷时代,为了适应书刊的特殊需要,印刷体字母还有各种不同的模字,如正体、斜体、黑体等,各体模字分有不同的大小型号。现代电脑印刷技术沿用了这一理念。

印象标音法 impressionistic transcription 语音学术语。对一个语言的语音体系一无所知时所作的标音,即把听到的内容用需要的符号标音。对一个不熟悉的语音首先采用印象标音法。此后,可采用系统标音法,并在了解音段的切分法后可以用数量有限的符号描写这些音段。

英国手语 British Sign Language;BSL 一种特殊的英国符号语言系统,使用者一般为有听力障碍和言语障碍的人。也指任何使用肢体语言代替口头语言进行交流的方式,尤其指用手或手臂进行语言交流的方式。手语交流方式在很早以前就被相互之间语言不通的人(如19世纪北美各个不同的大平原印第安人部落间)和聋哑人之间使用。不同国家的手语大致都表达某些概念,而不是表达语素,因此比各国书面语具有更多共同点。英国手语词汇的大部分是依据词语本身的意思模仿动作或特征产生的。词汇表达的方法以模仿为主,形象、生动。即使不懂手语的人也能猜出一些词的意思。例如,英国手语中"doll"打法是双手伸直僵硬,上下移动模仿玩偶的动作。

英国英语 British English;BrE 属印欧语系日耳曼语族西日耳曼语支,即英国本土所使用的英语,主要指居住在不列颠群岛上的英格兰人的英语规则,为英国本土及英联邦国家的官方标准语言;也指在不列颠群岛英语的其他不同变体,如苏格兰英语、威尔士英语甚至爱尔兰英语等。典型的英国英语以英国南方受过教育的说话人的发音特点为标准,最有代表性和影响力的英国英语为英语标准发音(Received Pronunciation,缩称RP)。英国英语与美国英语、澳大利亚英语、南非英语等同属于英语的语言变体,其中美国英语由于美国文化大众传播媒介的迅速发展而成为英国英语的主要竞争对手。英国英语与美国英语在语音、拼写、词汇、语法等方面都有不同。英国英语大致可以分为四个历史阶段:公元5世纪至1050年为古英语(Old English)时期,1050—1500年为中古英语(Middle English)时期,15世纪末起至17世纪中后期为近代英语(Early Modern English)时期,从18世纪开始至今为现代英语(Modern English)时期。从14世纪中后期开始至1550年前后为止发生的元音大推移,为现代英语的确立打好了基础。

英美语 Anglo-American 现代英语的别称,为许多现代语言学家和作家所使用,指具有世界性交际工具意义的英语。

英美语际误解 Anglo-American misunderstanding 美国英语是英语在美国使用的一种变体。从17世纪起,英语就成为美国殖民地的语言,在过去三百多年的历史发展中,英国英语和美国英语之间逐渐形成一些语言学方面的差异,并由此产生一些误解,具体表现在语音、音位、拼写、词汇、语法等各个层面。例如,garage在英国英语中读为/ˈgæraː3/,在美国英语中读为/gəˈraː3/;英国英语中的-our在美国英语中拼写为-or;billion在英国英语是万亿,在美国英语是十亿;英国英语多用have got to,而美国英语常用缩合形式have gotta。

英诗音步类型 foot types of English poetry 指英语诗歌抑扬顿挫的节奏类型,如抑扬格(iamb)、扬抑格(trochee)、抑抑扬格(anapaest)和扬抑抑格(dactyl)。此外,还有抑抑格(pyrrhic)和扬扬格(spondee)。

英式英语 Briticism;British English 指

英国式英语的语言现象(如英式英语表达式、语句结构等),尤其是在英语口语中所特有的单词、短语或习惯用语。例如,用 lift 而不是 elevator(美式英语)来表示电梯。

英印词　Anglo-Indian word　英国在印度殖民统治期间,英语从当地印度诸语言中借用的词汇。

英语非母语变体　non-native varieties of English　社会语言学术语,亦称英语族外变体。指所处语言社区往往是英语作为第二语言的国家英语变体,如新加坡英语、尼日利亚英语、印度英语等。

英语化形式　anglicized form　形态学术语。英语词汇中借词的一种。指从其他语言中借来并被英语同化,符合英语发音和拼写规范的形式。这类词多是早期从拉丁语、希腊语、法语和斯堪的纳维亚语借来,如 port 来源于 portus(拉丁语)、pork 来源于 porc(法语)、skirt 来源于 skyrta(古挪威语)等。

英语教学语言学校　English medium school　参见"英语媒介学校"。

英语口语水平测试包　speaking proficiency English assessment kit　由美国加利福尼亚大学欧文分校(University of California, Irvine)的人文学科教学资源中心(Humanities Instructional Resource Center)开发的一种用来评估非英语本族语人的英语口头交际能力的测试。要求受试者在磁带上口头回答一套磁带录制的问题和基于文本的问题,时间约为 20 分钟。非英语本族语的人如果申请助教职位可能被要求参照英语口语测试(Test of Spoken English; TSE)或者英语口语水平测试包进行测试。一般由两个人来评估录音带,然后把两个评估人给受试的成绩相加平均而得到的分数就是受试的成绩。如果两个评估人给受试的成绩都是 50 分,受试的平均分就是 50 分;如果两个评估人给受试的成绩分别为 50 分和 40 分,受试的分数则为 45 分;如果两个人所给的分数相差 20 分以上,则需要第三个人来评分。

英语盲　non-English proficient　教育语言学术语。指在双语教育或英语作为二语教学中先前没有学过英语,进校时只说母语的人。

英语媒介学校　English-medium school　教育语言学术语,亦称英语教学语言学校。以英语为主要教学手段的学校。这一说法通常在英语作为第二语言的国家使用。例如,在新加坡、菲律宾等以英语作为第二语言的国家中,学校主要使用英语进行教学。

英语水平有限者　limited English speaker　教育语言学术语。指在双语教育或英语作为第二语言的教学中,虽掌握一些英语知识和技能,但尚不能完全有效地参与以英语作为唯一教学语言的课堂活动的人。这类人的英语水平叫有限英语水平(limited English proficiency)。

英语语篇中的叙事　narrative in English discourse　语篇语言学术语。英语语篇中的叙事对象可以是现实发生的、想象的或者是杜撰的。叙事篇章的基本特点是:篇章中叙述的各个事件发生的时间顺序就是这些事件实际发生的时间顺序,所用的动词时态通常为过去时;当叙事话语采用一般过去时以外的时态时,通常是用来完成某种交际功能,而不是因为叙事本身要求这样做。以美国作家西奥多·德莱塞(Theodore Dreiser)的《嘉莉妹妹》(*Sister Carrie*)中两个选段为例:[1] When a girl leaves her home at eighteen, she does one of two things. Either she falls into saving hands and becomes better, or she rapidly assumes the cosmopolitan standard of virtue and becomes worse. Of an intermediate balance, under the circumstances, there is no possibility. The city has its cunning wiles, no less than the infinitely smaller and more human tempter. There are large forces which allure with all the soulfulness of expression possible in the most cultured human. The gleam of a thousand lights is often as effective as the persuasive light in a wooing and fascinating eye. Half the undoing of the unsophisticated and natural mind is accomplished by forces wholly superhuman. A blare of sound, a roar of life, a vast array of human hives, appeal to the astonished senses in equivocal terms. Without a counselor at hand to whisper cautious interpretations, what falsehoods may not these things breathe into the unguarded ear! Unrecognized for what they are, their beauty, like music, too often relaxes, then weakens, then perverts the simpler human perceptions. [2] A woman should some day write the complete philosophy of clothes. No matter how young, it is one of the things she wholly comprehends. There is an indescribably faint line in the matter of man's apparel which somehow divides for her those who are worth glancing at and those who are not. Once an individual has passed this faint line on the way downward he will get no glance from her. There is another line at which the dress of a man will cause her to study her own. 其中转换时态的目的是来表达叙事事件与叙述者密切相关或者让受众感觉到真实性。当叙事话语以一般现在时形式出现时,按事件发生的时间顺序进行的叙事句就用一般现在时的时态,而为事件提供背景材料的句子和对事件进行评价的句子就可采用进行

时态"be+ing"或完成时态"have+ed"的形式。叙事语篇的结构特点可以是典型的"时间—地点—人物",也可以是"人物—地点—时间"的公式构成,或按"时间—人物—地点"的顺序。

英语语言教学 English Language Teaching; ELT 语言教学术语。指英语为手段或对象的教学,随着英语成为国际通用语,英语语言教学已经成为一个产业,拥有复杂的分支体系。例如,按照授课对象的不同,英语语言教学可以分为英语作为母语的英语教学(Teaching English as a Mother Tongue,简称TEMT)、英语作为二语的英语教学(Teaching English as a Second Language,简称TESL)和英语作为外语的英语教学(Teaching English as a Foreign Language,简称TEFL);而按照授课目的,英语语言教学又可以分为通用英语教学(Teaching English for General Purposes,简称TEGP)和专门英语教学(Teaching English for Specific Purposes,简称TESP)等。

英语语言认证教学机构联合会 Association of Recognized English Language Schools; ARELS 指英国政府承认的英语语言学校联合组织,旨在提高英语语言教学质量和教学水平。该会成立于1960年,是"英国英语教学"的评估机构之一,也是各成员学校一切教学活动的信息中心。在英国,ARELS、BASELT和英国文化教育协会(British Council)三家机构联合主持英语教学评估,通过评审获得认可的学校才可以开设商业和交际英语培训班。目前,英国超过370所学校获得该评审机构的认可。其中208所是该联合会(ARELS)的会员。ARELS有自己的一套行规,包括:持有认可证书;教学专业化;设有学生投诉机制;宿舍条件好;有专职人员负责学生福利,并提供24小时热线电话服务;健康和安全水准高;合理收费;安排广泛的社会活动等。

英语语音模式 The Sound Pattern of English; SPE ❶指乔姆斯基与哈勒(Morris Halle)于1968年合作出版的专著《英语语音模式》(*The Sound Pattern of English*),是经典生成音系学(Generative Phonology)正式成为学科分支的标志。SPE首次使用形式化的分析手段来分析语音,通过借助数量有限的规则对音系现象进行解释。SPE中的音系描写主要包括三个方面:层面、音系表征(representation)和音系规则。具体说来,音系有底层和表层两个层面,这些层面是由特征矩阵组成的线性结构表征形式。音系规则是一种语境制约的改写规则(rewrite rule),它们通过有序的推导(derivation)把不同层面的结构表征形式联结起来。音系研究的重点主要在将底层与表层音系结构联系起来的音系规则上。❷音系学术语。指乔姆斯基与哈勒采用形式化手段对英语语音所做的分析和解释。譬如,认为英语词音节的重读可分为三类:主重音(primary stress)、次重音(secondary stress)和无重音(unstressed),而英语单词可以有一个或一个以上重读音节(stressed syllable),其中一个为主重音。

英语作为第二方言 English as a Second Dialect; ESD 指操其他英语发言的说话人使用的一种英语变体形式,往往是作为较有声望的方言,在正式场合如学校或工作中使用,属于一种标准语体。

英语作为第二语言 English as a Second Language; ESL ❶指把英语当作英语国家(英国、美国、澳大利亚、新西兰等)中外来移民及其他少数民族群体之第二语言,这些人可能在家人、朋友或同民族人之间使用母语,但在学校或上班时使用英语。有时也叫"他语者英语"(English for Speakers of Other Languages,简称为ESOL),包括作为第二语言和外语的英语。❷英语作为一些国家的通用交际语言在政府中、学校教育中、商业活动中和在日常交际中使用,但非其人民(如新加坡、菲律宾、印度、尼日利亚等国人民)的第一语言。❸美语中指不是在第一语言的国家中,作为学校课程学习的英语,也指英语不是作为第一语言的国家(如德国、日本等)使用的英语,而在英国英语中则称为"外国语英语"。

英语作为第二语言课程 English as a second language program; ESL program 教育语言学术语。在英语国家为操其他语言者(即非英语居民、移民、少数民族等)所开设的英语课程。英语作为第二语言课程,教学的重点是说、写、读和理解的语言技能,对适龄在校学生开设,也可对社区的成人开设。其形式可以是双语制教育的一个部分,也可以是常规的学校课程。

英语作为第二语言的教学 Teaching English as a Second language; TESL 指针对将英语用作第二语言的教学对象而开展的英语教学。在中国内地,通常用于泛指作为外语(即TEFL)的英语教学,或者笼统地指称为他语者英语教学(TESOL)。

英语作为国际语言 English as an International Language 指英语作为国际交际用语的功能。英语是国际政治事务和国际商业活动中最通用的媒介语。例如,巴西和日本的商人使用英语洽谈商业合同。在这种场合下英语作为国际语言,不一定以英语本民族的语言为基础或绝对标准,使用的英语不一定要以某种英语变体为标准(如美国英语或英国英语),可以因使用人的母语或使用的特殊目的而产生变化。

Y 英 yīng （语言学术语）

英语作为外语 English as a Foreign Language; EFL 指英语在一个国家或地区不作为政府、商业或工业使用的工作和交际语言，不作为学校教学语言，只是作为学校开设的一门课程。

英语作为外语的教学 Teaching English as a Foreign language; TEFL 指英语作为外语的教学。参见"英语语言教学"和"英语作为第二语言的教学"。

英语作为外语的考试 Test of English as a Foreign Language; TOEFL 语言测试术语，亦称托福考试。指由美国教育考试服务中心（ETS）于1964年开发并开始实施、如今被广泛接受的一种英语标准化水平测试。应试者是申请英语国家特别是北美地区大学的母语非英语者，其测试成绩也被其他国家和地区的教育机构、政府和企业等其他部门所接受。托福考试是标准化常模参照性测试（norm-referenced test），有网基考试（internet-based test）和纸质考试（paper-based test）等形式，由听、说、读、写四部分构成；为确保测试安全性，每次测试都采用新版本。为确保不管具体测试版本的难度或是应试者所得的原始分，相同测试分数代表相同能力水平，测试的每部分成绩的原始分都需经过分数等值换算，转换为量表化分数（scaled score），这一转化过程通过项目反映理论（IRT）分析得出。托福考试满分120分，一般以80分为及格分数，不同机构自行决定可接受的及格成绩。

婴儿语 babbling 语言习得术语。指婴儿言语习得最早阶段（出生后3～6个月）发出的咿呀之声。此时婴儿略懂大人的面部表情，能用发音器官试练声音，发出的类似于言语的声音，如/da/、/ma/、/na/、/ba/等一类的声音，但不能说出有意义的连贯话语。

婴幼儿话语理论 baby talk theory 语言习得术语。幼儿语从本质上来说同父母跟幼小的子女说话时使用的幼儿语相似。布龙菲尔德（Leonard Bloomfield）是第一个把"幼儿话语"作为一个理论机制提出来的语言学家。幼儿语基本上属于洋泾浜语式简化了的高层语，洋泾浜语的一些主要特征，如不用联系动词、缺少词的形态变化、很少使用复杂的句法结构等，都可以在幼儿语里找到。这类用语一般称为保姆语（caretaker speech）、妈妈语（motherese）、爸爸语（fatherese）、幼儿语（baby talk）等，专指大人与婴儿之间语音、词汇、句法等非常简单的话，以便婴幼儿有效地理解，使交流更为流畅。其主要特点是：语句长度短，句法简单，词汇多用具体、形象的实词，尽量避免抽象甚至艰涩的词语；话语中句子较多，发音清晰，说话语调较夸张，问句或其他陈述较多重复等都是婴儿语的特征。婴儿语似乎从另一个方面证明了普遍语法的存在，因为婴儿即使起初大量接触了与成人语言特征完全不同的语言，却仍能毫无障碍地在长大后习得成人语言。

鹦鹉学舌式的问句 parrot question 指模仿前一句句型格式的问句。在问句中只是将第一人称和第二人称对调，同时把说话人有疑问的那一部分用 wh-词类来代替。例如，根据"I told you he was an American."提问就是"You told me what?"

影子练习法 shadowing 语言教学术语、翻译学术语。指一种用在语言教学和同声翻译培训中的技巧，即用同一种语言几乎同步地跟读源语发言人的讲话，旨在训练听说同步技巧和注意力的分配。训练之始可以和源语同步，待操练一段时间后，可迟于源语片刻跟读。跟读时充分运用耳朵（听）、嘴巴（说）、大脑（记）等器官。该练习要求学习者精力非常集中。在高语速条件下，学习者很难一边跟读一边完全理解语义，但这是提高他们的语速、理解速度以及提升语音语调的最好方法，能为口译打下扎实基础。

应用 application 一些语言学家用来表达语言和语境之间的总体关系，指一个语言单位根据其内涵和外延加以应用的具体场合，即该语言单位在一定语境中的恰当应用。例如，"语言"一词除指"人类的自然语言"之外，还指花卉的语言、动物的语言等。一个词项可应用于不同的语境中，表面等同的词项不一定有相同的适用范围。

应用性生成模型 applicational generative model 俗称应用性语法（applicational grammar）。苏联语言学家绍米扬（Sebastian Saumjan）于1965年在复杂的数学和形式逻辑的基础之上建立的语法模型。此语法由隐性和显性语言层两个层面构成。隐性语言层显得抽象，是所有自然语言的基础，是理想的、普遍的语言系统；显性语言层表现具体，是隐性语言层形成的逻辑结构在具体语言中的实现。隐性语言层各语言符号之间不存在空间关系，但显性语言层则按线性秩序排列。与乔姆斯基的生成转换语法不同，绍米扬的生成机制主要生成语言普遍特征（universals），即高度抽象的语言符号，而不只是生成表层结构。应用性生成模型既描写句子结构又关注构词过程，提出两类生成规则：短语生成规则（phrase generator）和词类生成规则（word class generator）。英国语言学家特拉斯克（Larry Trask）认为，应用性语法主要是格语法的形式化组成，通过运算的应用把可能是普遍的深层意义结构直接映射到表层句法结构上。目前为止，此模型仅在俄语中得以应用。

应用性语法 applicational grammar　参见"应用性生成模型"。

应用语言学 applied linguistics　一门多边缘的交叉学科,建立于20世纪40年代,最初由波兰语言学家博杜恩·德·库尔德内(Baudouin de Courtenay)在1870年提出。学科研究对象为语言,但注重与其他学科的结合,强调用语言学的研究成果解决其他学科的问题,也运用语言学研究的理论、方法和成果来阐释和解决其他经验领域的语言问题;必须结合其他学科,如社会学、心理学、数学、心理学、信息论、控制论、计算机科学、教育学、术语学等,从实际的需要,对语言进行多角度、多方位的研究,具有跨越于多个学科之上的性质。其应用领域有外语教学、失语症矫正治疗、词典编纂、翻译、文体研究、母语教学、人工智能、通信工程等,涵盖众多与语言学相关的跨学科领域,如社会语言学、人类语言学、心理语言学、数理语言学、计算语言学、神经语言学、病理语言学、语料库语言学、词典学(lexicography)、文体学、机器翻译、信息理论等。从狭义角度看应用语言学常指语言教学与习得理论和方法,其他分支学科成为都是独立的和语言研究相关的研究领域。因而发展最充分的表现在外语教学领域,人们一般把应用语言学理解为语言教学方面的理论和方法,如语言习得、课程设计、测试、对比分析、错误分析、语言运用分析、语篇分析、学习和交际策略、图式理论等。

应用运算 application　指语言理论的基础,绍米扬(Sebastian Saumjan)于1965年从卡瑞(Haskell Curry)的数理逻辑学中引进的概念。应用运算指生成语言符号的形式化操作,使语言单位和其他语言单位连接而生成新的语言单位。其表达公式为,如果X和Y是最常见Ob(ject)类的语言单位,那么X和Y的组合体也是Ob(ject)类的语言单位。应用运算是所有范畴语法的基础。

映射¹ mapping　认知语言学术语。存在于概念系统中不同区域的客体间的对应。映射分为长时记忆映射(long-term mapping)和临时映射(temporary mapping)。长时记忆映射相对稳定,持续存在于长时记忆中,如跨域映射,通常和概念隐喻理论(Conceptual Metaphor Theory)有关。临时映射本质上是暂时的,其功能是因理解临时语境需要把处于不同概念空间的区域联系起来,是因意义构建的动态需要而建立的,多和心理空间理论(Mental Spaces Theory)中的概念投射有关。

映射² mapping　句法学术语。乔姆斯基将句子的深层结构(deep structure)通过转换规则(transformational rule)得出表层结构(surface structure)过程称为映射(mapping)。

映射原则 mapping principle　句法学术语。指美国语言学家马兰茨(Alec Marantz)于1984年提出的将表征层面互相联系起来的原则。马兰茨认为存在三种表征层面,即逻辑语义结构(logico-semantic structure)、句法结构(syntactic structure)和表层结构(surface structure),词库里的词汇包含了论元结构、及物性、语义角色等信息。映射原则确保结构中的重要方面(尤其是同语法关系有关的内容)可自动从一个层面保全至另一个层面。

映象意义 eidetic sense　符号学认知理论中的概念。从指称功能上看,一个符号的映象意义可来自符号与现实世界事物的意义关系,也可以来自这个符号与其他符号的意义关系;而一个符号的操作意义(operative sense),则是来自语言符号的使用规则。

硬腭 hard palate　被动发音器官之一。指发硬腭音(如/j/、/c/等)及齿龈硬腭音(如汉语中/tʂ/、/tʂʰ/、/ʂ/等)的区域,位于腭的前三分之二处,紧挨齿龈隆骨后面的不动的多骨区,其骨性基础是上颌骨的腭突及腭骨的水平板,表面覆盖黏膜。黏膜厚而致密,与骨膜紧密相贴(见第104页图1)。

硬腭齿龈音 palato-alveolar　参见"后齿龈音"。

硬腭音 palatal　语音学、音系学术语,亦称舌面中音。❶指舌面抬起接触或接近硬腭时发出的语音。根据发音方式,腭音主要可区分为腭鼻音、清腭塞音、浊腭塞音、清腭擦音、浊腭擦音、腭近音、腭边近音、浊腭内爆音和咂嘴腭音(palatal click),分别如ɲ、c、ɟ、ç、ʝ、j、ʎ、ʄ、ʞ;根据发音部位,可区分舌面前音(alveolo-palatal,亦称齿龈硬腭音或前腭音[pre-palatal])、舌面中音、后齿龈音(post-alveolar)等。斯拉夫语言中普遍存在一系列腭音。英语中只在有限的语境中作为音位变体听到。例如,/k/通常被描述为软腭音,但当k出现在keep这类词中时,由于受到后面前元音的影响,发音时常带较重的腭音。在cute [kʲ-]这类词中还能听到腭滑音。❷指在硬腭区发出的元音或半元音(前闭塞元音),如seat中的元音或yes中的第一个音。

硬辅音 hard consonant　语音学、音系学术语。某些语言(尤其是俄语)中的非(硬)腭化辅音,与软辅音相对,发音时舌面中部不向硬腭抬高,包括软辅音(舌中辅音和腭化辅音)以外的各种发音部位的辅音。发音带硬辅音的英语单词(如含/k/、/d/、/ð/等音),听上去较强和尖锐;而发软辅音的单词(即带/m/、/n/、/l/的单词),听上去有情绪舒缓和安慰的效果。婴儿最先模仿的是软辅音，因为成人多用软辅音和长元音，如/m/、/oo/等。

硬移位　tough movement　句法学术语。通常指由形容词 tough、easy 等一类词为谓语构成的句子中的移位类型。例如：[1] John is tough to please. [2] John$_i$ is [tough $_{CP}$ OP$_i$[PRO to please t_i]]]例[1]是生成语法经常研究的句式。在管辖与约束理论盛行时期，乔姆斯基认为其属于非论元移位的一种，空算子与 John 同标。在例[2]中，空算子从 please 的宾语移至 CP 的标志语处，靠近形容词谓语 tough，空算子与 tough 一起构成复合谓词。主语从该复合谓词中得到题元角色。

哟嗨呼说　Yo-He-Ho Theory　参见"劳动号子说"。

永恒现在时　gnomic present tense　参见"永恒真理时态"。

永恒真理时态　gnomic tense　指表示一种永恒的或普遍的真理的时态。这样的句子在英语中往往用一般现在时，被称为永恒现在时。例如：[1] The earth goes around the sun. [2] Water freezes at 0 degree. 以当前人类的认知水平和科学知识，以上两例表达的都是永恒真理。

永真式　tautology　参见"同义反复"。

涌现论　emergentism　亦称突现论、突生论。指和先天论(nativism)相反的一种一语习得理论。该理论由贝慈(Elizabeth Bates)和托马萨罗(Michael Tomasello)提出，认为儿童习得语言实际上是习得语言结构，即长度不同而抽象程度不断增加的语言单位。随着语言单位的长度和抽象程度不断增加，语言的创造性开始出现。根据这种观点，儿童在早期语言习得中显示出的创造性是因为他们从已经掌握的结构中构建语言，这种方式促进了不同情境中围绕不同交际目的的语言表达。从这个角度看，语言习得的过程是涌现的，涉及大量的语言学习活动，而不是来自天生的普遍语法。

用典　allusion　参见"引喻"。

用法标记　usage label　词典编纂中用以标注词语的语义、用法、特征或使用范围的记号。用法标记往往以略写形式出现，用来指明：(1)词项所属的语言变体。例如：fig 即 figurative(比喻语)、infml 即 informal(非正式语)、dial 即 dialect(方言)、sl 即 slang(俚语)等。(2)与词的某个特定用法相关的专业部门。例如：naut 即 nautical(航海)、med 即 medical(医学)等。(3)词的语法特征。例如：n 即 noun (名词)、v 即 verb(动词)、adj 即 adjective(形容词)、adv 即 adverb(副词)等。

惯用法翻译　idiomatic translation　亦称地道翻译。指使译文符合译入语(target language)习惯用法的翻译。自然语言中的成语符合惯用语的特性，在翻译过程中可根据译语的习惯表达方式在词汇和短语层次上做些适当的调整，但并不改变原文的内容，使译文读起来更接近源语的风格。

用意　force　语用学用语。指语篇在特定场合的意义。

用语失范现象　barbarismus〔德〕　原意为"有悖于希腊语的措辞"，指对外来词的不合规范的用法，后亦指在书写、发音、屈折变化中的错误。古希腊辩术称用词错误为用语失范，此类现象影响雄辩术文体的质量。

优势话语　dominant discourse　话语分析术语。一种固化的思考和谈话的方式。

优势语言　dominant language　社会语言学术语。指使用频率最高而且最具有竞争力的语言。通常表现为：(1)在翻译与口译中，优势语言意味着能更好地表现出翻译者或口译者的语言能力，而并不必然是译者的第一语言或母语。(2)对个人而言，优势语言意味着个人必定要操若干种不同的语言，而只频繁使用其中某种语言，并且其流利程度超过其他语言。当然，这种优势语言可能是母语，也可能是其在读书或工作时所习得的第二语言。(3)对于使用多种语言或方言的国家或地区而言，优势语言意味着某一种语言或方言相对更为重要，可能更具权威，或属于政府所提倡使用的语言，或操这种语言的人口众多。

优位关系　primacy relation　句法学术语。指树形图中节点之间的一种关系。由认知语法的创立者兰艾克(Ronald Langacker)在 1966 年提出。处于首位关系的两个节点 A 和 B 必须满足两个条件：(1)线性链中 A 先于 B；(2)A 统制 B。

优先出现权　privilege of occurrence　句法学术语。指一个语项在句中能占据的句法位置，即其可以使用的形式环境。享有同样"优先出现权"的语项属于同一类。例如：pretty、charming、attractive、beautiful 等语项均能在"the ＿＿＿ girl"这一形式环境中出现，因而它们享有同样的"优先出现权"。

优先效应　superiority effect　句法学术语，亦称优先原则。在早期转换生成语法中，指当转换操作可以作用于结构中的两个成分时，必须应用于优先的一个成分。此原则由乔姆斯基在其《转换条件》(Conditions on Transformations，1973)中提出。例如：
[1] a. (I wonder) [S′ who_i [S t_i saw what]]
　　b.* (I wonder) [S′ what_i [S who saw t_i]]
[2]

```
            S′
           /  \
        COMP   S
              / \
             NP  VP
             |  /  \
            who V   NP
                |   |
               saw what
```

例[1a]中存在两个 wh 疑问词，what 不可以移位至句首。根据优先的定义(如例[2]所示)，who 优先于 what，因此移到句首的操作只能落实在 who 上，而不能落实在 what 上。

优先选择　preference　话语分析术语，在话语分析中用作描述某些选项的结构标记显著度(structurally markedness of options)。例如，在相邻语对(adjacency pairs)中，与"提供(offer)"相匹配和对应的是"接受或拒绝(acceptance / rejection)"：[1] A：Would you like some more sandwiches? B：Sure. [2] A：Would you like some more sandwiches? B：Thank you, (pause) but I am really full, just some tea please … 相比较而言，未标记的优先选项(the unmarked preferred option，如例子中的"接受")在结构和语义上均不如有标记的次要选项(the marked, non-preferred option，如例子中的"拒绝")那么复杂，导致其复杂的因素包括感谢(Thank you)、拖延(pause，又称作 interruption)、解释(but I am really full)以及建议(just some tea please)等。另外，优先及非优先选项在话轮转换中的位置也不一样，优先选项通常在一开始就得以实现或表述，而非优先选项通常要到结束时才得到表述和实现。

优选论　Optimality Theory; OT　指 20 世纪 90 年代兴起的一种生成音系学理论。优选论承认普遍语法的存在，承认人脑的语言官能，承认语言有底层形式和表层形式的区别，但是与经典生成音系学理论不同的是，优选论摒弃了抽象的音系规则(rule)，引入制约条件(constraint)的概念。制约条件分为两大类：忠实性制约条件(faithful constraint)和标记性制约条件(markedness constraint)。所有的制约条件都是普遍的(universal)，也是可违反的(violable)。语言的表层形式，即"最优"的语言表达形式，是两大类制约条件共同作用的结果。具体语言的不同来源于制约条件的层级排列不同。例如，在荷兰语(Dutch)中，*词尾无浊音(* NO VOICED CODA)这条标记性制约在层级排列上高于"表层形式与底层形式一致(IDENT-IO)"这条忠实性制约，因此荷兰语中所有的词尾浊音都会清化；但在不存在词尾浊音清化的语言中，"表层形式与底层形式一致(IDENT-IO)"这条忠实性制约在层级排列上就高于*词尾无浊音(* NO VOICED CODA)这条标记性制约。优选论是 21 世纪初最有影响力的生成音系学理论之一，其创始人和代表人物是普林斯(Alan Prince)和斯莫伦斯基(Paul Smolensky)。

游戏　game　❶指语言教学中有组织的活动。游戏通常具有如下四个特点：(1)有特定的人物和任务；(2)有一套规则；(3)参与者之间有竞争；(4)参与者之间通过口头或书面手段交际。交际教学法和人本主义教学法(humanistic method)通常使用游戏活动来培养学习者的语言流利性。指计算机辅助语言教学中基于一定规则的竞争性活动，通常具有时间限制和/或仅有视觉显示特征。为了成功，参与者必须获得和/或仅操纵知识。❷语言哲学术语。指维特根斯坦(Wittgenstein)提出的语言游戏(language game)论。他认为说话就是用语词做游戏，正如游戏没有一种统一的本质，只有"家族相似"一样，语言也不存在一种共同的本质，不同形式的语言游戏之间也只存在着"家族相似"关系。语言游戏论为语用学的意义理论奠定了哲学基础。

有标记　marked　参见"标记"和"标记性"。

有定　definiteness　名词短语的一种特征。指一个具体的可识别的实体或一类实体，如"那只猫""这条鱼"。参见"无定"。

有界　boundedness　认知语言学术语。构型系统(configurational system)中的一个图式范畴(schematic category)，指一个量是否被理解成具有内在的边界，如果有就是有界的(bounded)；如果无就是无界的(unbounded)。兰艾克(Ronald Langacker)在《认知语法基础 II》中提出，名词指明一个事物，而事物的特点体现为某一个认知域的区域(region)。可数名词有明确的边界，是具有原型效果的特例。有界在空间、时间等基本认知域中非常重要。在空间认知域，有界是划分可数名词(count noun)和物质名词(mass noun)的基础。例如，可数名词如冰箱、桌子是有界结构，其概念所指明的客体具有内在边界，因此可以个体化，可数；而物质名词如面粉、沙子没有内在的边界，不可以个体化，不可数。在时间认知域，有界是语法上区分完成体(perfect)和非完成体(imperfect)事件的基础。例如：[1] 他已经离开了机场。[2] 他正在离开机场。例[1]中的"已经"说明事件已经完成,属于完成体,完成体主要用来语码化一个已经完成的事件,因此可以理解成有界的;例[2]中的"正在"说明事件尚未完成,属于非完成体,这里具体讲是进行体,进行体主要用来语码化正在进行的事件,因而可以理解成无界的。

有界名词 bounded noun　　参见"无界名词"。

有生名词 animate noun　　表示人或动物的名词,如人、马、鱼等。与这类词的搭配存在着选择限制(selectional restriction),应注意其"生命性"。例如,elderly、antique、old 三个同义词,第一个修饰有生命物,第二个修饰无生命物,第三个是中性的。再如,可以说 A boy/dog eats,但不可以说* A chair/tree/kindness eats。

有生性 animacy　　语义学术语。指区分名词类属的一种方法,表示有生命的事物如人类和动物及其所具有的特性。相反,表示没有生命的事物的名词所具有的特性被称为无生性(inanimacy)。有生性与无生性这个区别存在许多语言中,如德语的疑问词 wer(谁)与 was(什么)之分、斯拉夫语(Slavic)名词的屈折变化、非洲中南部班图语(Bantu)名词的种类划分以及许多作格语言表现作格的不同句法结构等。英语也存在这种区分,如在疑问句中的疑问代词或定语从句中的关系代词 who 和 which 之分,以及人称代词 he、she 与非人称代词 it 之分。在句法组合过程中,人们会选择 stale 与 bread、air 等词搭配,而选择 mischievous 与 kid、imp 等词搭配。

有声停顿 filled pause　　亦称插声停顿。指人们说话时为了思考、斟酌或由于拿不定主意而发出的诸如 er、erm、um、mm 等声音,这些词语称为填充词(fillers)。与无声停顿(silent pause)相对。

有限相关性 Bedingte relevanz〔德〕　　由美国语言学家谢格洛夫(Emanuel Schegloff)提出的有关会话分析的概念,其定义为:A 类型话语的出现将预示着 B 类型话语在下一个话轮的出现,如 A 和 B 在会话中组成一个序列对进行的提问和回答。

有限英语水平者 limited English proficiency; LEP　　教育语言学术语。在美国语言教学界,用以指英语欠流利的人们,通常因为他们的母语不是英语。其缩略式 LEP 与 ELL(英语学习者)是美国教育当局常用的词汇,两类人在美国总人口中占不小的比重。

有限语言 finite language　　计算机科学和形式语言学术语,亦称规则语言(regular language),指的是可以通过一系列规则表达的形式化语言,其中包含有限的合乎规范的句子。自然语言具有循环性特征,从理论上说可以产生无限量合乎规范的句子,因而一般被认为都是无限语言。

有限状态语法 finite state grammar; finite state model　　指乔姆斯基于 1957 年在《句法结构》中提到的一种最简单的生成模式。与短语结构语法(phrase structure grammar)和生成语法(TG grammar)相比,有限状态语法生成能力最弱。其基本思想是:句子是由左至右所选择的一系列词组组成,也就是在第一个或最左边的一个成分被选定之后,以后的每次选择都由前面已出现的成分决定。例如,"the policeman caught the thief"这个句子,首先从所有能够出现在英语句首的词中选出 the 放在第一个位置上,然后选择 policeman 作为可能跟在 the 后面的一个词,以此类推,直到生成句子的最后状态。这种语法可以看成是一种装置。生成句子时,生成装置从最初状态经过有限数目的中间状态,达到最终状态。由某个状态过渡到另一个状态时,仅仅与这个状态有关,而与系统以前的任何状态无关。这种生成过程又被称之为有限状态马尔可夫过程。用这种装置生成出来的语言就是有限状态语言。乔姆斯基认为,这种模式无法说明自然语言中的许多构句过程(如"the boys who saw John are coming"中的非连续过程),所以用这种语法来描写自然语言是不充分的,因为所有自然语言都能产生无限数量的句子。有限状态语法又称作"单向线性语法""正则语法"或"三类语法"。

有限自动机 finite automaton　　参见"限定状态自动机"。

有效性 validity　　参见"效度"。

有形连接 syndeton　　语法学术语,亦称连接结构。指并列的两个分句之间用连词连接的语法现象。如果有两个以上的并列分句,则除了最后两句之间有并列连接词外,其他分句之间的连接词均省略。例如:The wind roared, the lightning flashed, and the sky was suddenly as dark as night. 此例句即为典型的有形连接。参见"无形连接"。

有序理论 ordering theory　　句法学术语。生成语法中的一个规则,指为了生成一个句子需要使用多条规则时,需要考虑优先选用哪条规则。规则的选用不是任意的,而是有一定的顺序。

有意识语言知识 conscious knowledge　　语言习得术语。指语言知识中可接触(accessible)的显性知识(explicit knowledge),如词汇或体裁。有意识语言知识相对于无意识语言知识(unconscious knowledge),后者指语言知识中不易被接触的隐性(implicit)知识,如语音等。

有意义　meaningfulness　指发出方能够向接收方或第三方表达、交流和传递信息,以及接收方能够从当下语境中做出推断。

有意义形式　meaningful form　语义学术语。为听者或读者提供信息的那些词或话语,它们甚至在没有上下文的情况下使用也具有信息。一些社会约定的短语,如"How do you do?"只在它们出现的一定语境中才有意义。

右半球　right hemisphere　指大脑的右半球。大脑右半球主要负责非语言声音的感知、综合推理、视觉和空间能力、图案识别能力、音乐感知能力等功能。

右耳优势　right-ear advantage　亦称右耳有利听觉,即右耳接受语言的能力优于左耳的现象;换言之,右耳在辨认具有语言学性质信号的准确性方面优于左耳。该现象是运用"两耳分听法"发现的。实验方法是让实验对象戴着耳机,在同一时间内让左右两耳分别听到不同的语音信号,并要求他复述所听到的音,以研究大脑如何控制听觉和语言。如果实验对象发现右耳的语言感觉比左耳强,即复述右耳听到的音比左耳容易,即为右耳优势,反之则相反。并非一切语言信号都有右耳优势。研究表明,普通话的声调没有明显的右耳优势。

右分叉　right-branching　句法学术语。修饰成分或分句位于中心词或中心句的右边,即修饰成分先于中心词或中心句出现的语法结构或现象。例如,在短语"people living in Shanghai"中,最后一个成分 Shanghai 是 in 的修饰成分,因此附属于 living,而 living 又附属于 people。该结构可用于短语动词构成名词过程中,即短语中的动词加小品词(如位于动词右面的介词、副词等)合成名词,如 take off→take-off, break down→break-down 等。如果修饰成分出现在中心词/句的左边,也就是先于中心词/句出现,则为左分支结构。转换生成语法将左、右分支结构用于推导过程以表现树形图左边或右边的复杂性。

右分枝语言　right-branching language　右分枝结构(即关系从句主要位于中心名词之后)在数量上大大超过左分枝结构(即修饰性从句主要位于中心名词之前)的语言。大部分 SVO(主语+动词+宾语)或者 VSO(动词+主语+宾语)的语言均是右分枝语言,如英语、汉语等。

右节点提升　right node raising　句法学术语,亦称共享成分并列(shared constituent coordination)。即把一些具有共同句子成分(如宾语、主语等)的结构并列的语法现象,在一些语法理论中被称作省略。例如:[1] Kevin likes, and Tom hates, writing letters. 在例句[1]的并列构式中,"Tom hates"从"writing letters"的右侧转换(提升)到这一短语的左侧。转换生成语法把该现象称为节点提升。例如:[2] I wrote and I posted a letter. 此句被认为源于并列结构"I posted a letter and I emailed a letter",可以表示为[[I posted and I emailed] a letter],此时"a letter"在短语结构树中被提升,形成一个新的分叉。

右偏置　right dislocation　亦称右位错。语法分析中指某种语言形式出现在正常位置右面的现象(一般移至句尾位置),而其正常位置则由一同指的代词填充。例如,"Mary made the pie."为正常主谓宾(SVO)语序,Mary 出现在正常位置上,但是在"She made the pie, Mary did."中,Mary 出现在正常位置之右。再如,"It's far too small, the coat you bought."也属于右位错现象。

右弯钩　right-facing hook　语音学术语。附连在内吸塞音(ingressive stop)音标上部的符号。一般内吸塞音与非内吸气流的塞音(如/g/、/d/、/b/等)相对。

右位错　right dislocation　参见"右偏置"。

右线性语法　right-linear grammar　语法学术语。在只描写语符列的线性或非层级方面的线性语法中,规则的非终端符号是规则右手方最右边符号的语法为右线性语法。其规则形式为 A→αB 或者 A→α,其中 A,B ∈ N,α ∈ T,即 A 和 B 均为单个非终结符,α 是终结符的组合。该语法与左线性语法(left-linear grammars)相对,左线性语法的规则为 A→Bα 或者 A→α。

右向分支　right branching direction　句法学术语。关系从句主要位于中心名词之后的现象。例如,英语中关系从句紧跟在它们所修饰的名词之后,为右向分支。在"where is the girl who talked with you(跟你说话的女孩在哪里)"中,从句"who talked with you"即紧跟在"girl"后面。不同语言中的关系从句遵循特定次序修饰名词的方向不一致。例如,日语为左向分支,其修饰性从句主要位于中心名词之前。学习者第一语言和目的语分支方向的异同性可能会影响到目的语关系从句学习的难易度。

右向移位　rightward movement　句法学术语。指把语句中较重要或核心的成分向句子右侧移动的倾向。英语中介词短语往往置于名词短语右侧,而副词往往置于代词右边。例如:[1] I gave the pen to the girl. [2] He looked it up. 例[1]中介词短语"to the girl"置于"the pen"之后;而例[2]的副词

up 置于代词 it 右边。

右易位　right dislocation　句法学术语。参见"易位"。

右中心音步　right-headed foot　音系学术语。指一种音步类型，此类音步中的最重要成分(中心成分)在最后出现，即重音在该音步最右边的音节上。

幼儿语　lallation　亦称幼儿语期。语言习得(language acquisition)的第二阶段，此时六个月左右的幼儿能发出清晰的元音。亦指幼儿在学习掌握母语时，在六个月左右发出的一系列清晰的音。幼儿语不同于婴儿语(babbling)。参见"婴幼儿话语理论"。

诱导程式　elicitation procedure　参见"引发程式"。

诱发模仿　elicited imitation　参见"引发模仿"。

诱发式　elicitation　语言教学术语，亦称引发式。指教学过程中教师用来引导学生积极进行说和写的方法。

诱发性错误　induced error　语言教学术语。指语言学习中由于讲授或练习某一语言项目而造成的在其他语境中的错用，包括不当的教学方法或过分强调某一语法规则的结构操练等诱发学生犯的一些语言错误。例如，如果教师一再地强调句子中出现的虚拟语气，就会使学生过分紧张而将一般的句子错误说成虚拟语气。此外，在实际的语言运用中，由于受到精神疲劳、注意力不集中、心情激动等其他因素的影响，人们也会出现口误、笔误、词不达意等一类的语用失误。参见"训练迁移"。

诱发性推理　invited inference　语用学术语。指语用推理的一种，最早是由盖斯(Michael Geis)和兹维基(Arnold Zwicky)于 1971 提出的一种双条件(biconditional)逻辑推理方式，即从 'q if p' 到 'q if and only if p'。这种逻辑推理方式与估推(abduction)(即从已知事实中推出最合理的解释或假设)有许多相似之处。例如：已知的事实是后缀-teen 构成基数词 13~19，表示"十"(p)，那么在 the beginning of teen-period(少年时期的开始)这一语言环境中 teen 最合理的解释应该是"十几岁的、13 岁到 19 岁之间的"(q)，即 q 这一合理的解释(结论)只有以 p 为条件。

诱因　causation　指两事物存在状态之间的理论上不可被分析的基本关系。在阐释两事物之间是否存在诱因关系时往往通过统计信息(statistical information)来判断，其中的两条重要判断原则包括：(1)筛选原则(the screening off principle)：如果 A 仅通过 B 诱导 C，那么通过 B，A 和 C 在统计上独立；(2)普通诱导原则(the common cause principle)：如果 A 和 B 在统计上独立，属互不诱导，那么 A 和 B 之间存在普遍诱因。诱因的哲学研究分为两种：(1)形而上学法(metaphysical)：研究因果律(causal laws)以及何种因素导致两事物间互相诱导等问题；(2)认识论(epistemology)：研究因果律是否存在、如何建立以及诱因关系能否被直接观察等问题。在实际操作中这两种方法互相补充、不可分割。

迂说　kenning　一种修辞手法，亦称代称比喻或隐喻语。源自古挪威修辞学，多用于古英语和古代北欧诗歌。用隐喻和间接方式表述人物、事物和事件，多采用复合表达方法，即诗化迂回词(periphrasis)或描写性隐喻复合词，如用"storm of swords"指战争，"battle adder"指长矛，"wave floater"指船等。其特点是生动形象，且对诗歌的押韵很有用处，因此常被普通诗人和宗教诗人使用。

迂说法　periphrasis　❶语法分析用来指用单独的词而不是屈折形态来表达同一语法关系。例如，有些英语形容词的比较形式既用屈折法(如 happier)又用迂说法(如 more happy)，尽管大多数形容词只用其中的一种(如用 bigger，而不用 more big；用 more interesting，而不用 interestinger)。❷亦称绕语。一种修辞性比喻。最常见的形式是将一个词用另一个(一般为扩展的、形象的)表达体予以替代。其形式和功能各异，或是为了使语言表达形式多样化，或是为了修饰、强调、解释和具体化等目的，如称 Ireland 为"the Emerald Isle"。下定义就是一种特殊的迂说法。

娱乐功能　recreational function　语言功能之一，一般用于娱乐行为，如儿童进行语言游戏、诗人吟诗、青年对歌等。

与格　dative case　名词或名词词组的一种语法格形式，可与介词和其他意义上相当于英语的 of 或 for 的功能词连用，通常用作动词的间接宾语，意义上指称被给予某物的人或动物的名词或名词词组。但是，如果主动词已经带有直接宾语，那么宾格(accusative)形式的代词亦可在主动词后用作与格。例如：He gave that to *me* / He gave *me* that. 或者：He built a snowman for *me* / He built [for] *me* a snowman. 这两组句子中，*me* 虽然在形式上是全称宾语代词，但实际上却是一个与格代词；这与其他仍旧区分宾格和与格语法形式的语言有所不同。在现代英语中，因为介词 to 既可以表示间接宾语(give to)，又可以表示动作的方向(go to)，所以，所谓的"与格"有时在其他语言中又会被称作"方向格"(lative)。

与格转换[1] **dative alternation** 语法学术语。指双宾结构(double object)与介宾结构(prepositional object)或者逻辑上包含直接宾语(direct object)和间接宾语(indirect object)两种表达形式之间的转换：(1)V + NP + to/for + NP；(2) V + NP + NP。例如：[1] He threw the ball to his son. [2] He cut a piece of cake for her. [3] He threw his son the ball. [4] He cut her a piece of cake. 其中例[1]和[2]为第(1)种表达形式；例[3]和[4]为第(2)种。但是并非所有的动词都具有这两种转换形式。

与格转换[2] **dative shift** 句法学术语。指动词子语类化(subcategorization)后接续成分的形式变化，而且能够发生这种变换的动词必须允许与格形式。例如：[1] a. John gave a book to Mary. b. John gave Mary a book. [2] a. John washed the dishes for Mary. b. *John washed Mary the dishes. 例[1a]中，动词gave后接 a book (NP)和 to Mary (PP)，只有NP是论元；但gave后面可变为双宾语结构，即例[1b]，此时Mary和a book都成了论元。但是并非所有的动词都可以如此变换，如[2b]，因为give是与格动词，而wash不是。

语步变化 **footing** 参见"立足点"。

语词变体 **allolog** 亦称词尾变体。指同一个词在语音或形态上表现出的若干个非区别性实现形式。例如：/ma:m/和/ˈmædm/分别是英语中madam一词的快速形式变体和慢速形式变体；dialogue 和 dialog虽然在形态上有所差异，但它们所表达的意义是无区别性的，所以是同一个词语的两个变体形式。

语词表达 **verbalization** 用语词来表达思想和意义的过程或结果。包含着选择恰当及正确的表达形式。对于一个熟练掌握某一语言的人来说，这种选择过程具有自动而迅速的特性。它有别于其他诸如手势、绘画、音乐、符号等表达方式。

语调 **intonation** 语音学术语。狭义上指句子的音高变化，广义上认为语调不仅与句子的音高变化有关，而且和声音的强弱、高低、快慢、长短等相关。语调用来传达句子中词语所不能表达的信息，其研究为语调学(intonology)。语言学家们已经设计出不同方法来分析和书面记录语调，但各流派所用术语不尽相同。有的将音高形式描写为曲拱(contour)，作为音高音位和语素的音高度来分析；有的将音高形式描写为语调单位或调群(包括基调和调核)，区分语调的三个变项(音高范围、高度和方向)，分析核心调、调性等。其中，基调为处于不同声调层面上的重读音节，调核处于调峰，承载声调的高低等，同焦点信息值最高的话语成分相重合。有的采用语调短语划分(intonational phrasing，即对会话中语调组成成分作结构层级的分析)，确认语调短语(intonational phrase)的形式范畴。语调主要的功能有：(1)充当语法结构的信号，标记句子、小句和其他成分的边界，以及一些语法结构之间的对立(如提问和陈述的对立)。例如，"你是在问我还是告诉我？"这种意义的变化通常用升调和降调来表示。(2)可用音高的对立及其他韵律和副语言特征来表示讽刺、疑惑、愤怒等态度，如"He's going, isn't he?" "He's going, isn't he!"等。(3)可作为社会背景的标志之一。语调型式是一个不同音高度或"音调"组成的序列，与声调语言中的声调有别，后者指在词层面上用音高来表示意义对立。

语调单位 **tone unit** 亦作调群(tone group)。指语言中语调(intonation)的基本单位。例如，"I will go, but wait a minute."此句中一般情况下有"I will go"和"but wait a minute"两个语调群。通常一个调群由四个部分组成，即非重读音节、第一个重读音节、语调音节部分和结束部分，其中最重要的就是音调开始发生变化的那个音节—语调音节(tonic, tonic syllable)。根据《朗文语言教学与应用语言学词典》，语言学家们在划分调群的方法上以及给每个部分所起的名称都有所不同，具体如下简图所示：

	Unstressed syllables 非重读音节	Onset (first stressed syllable) 第一个重读音节	Tonic syllable where major pitch movement begins 音调变化开始的音节	Continuation and completion of pitch movement 音调继续变化直至结束
Crystal 1969	(prehead)（调帽）	Head 调头	Nucleus 调核	(tail)（调尾）
Halliday 1967, 1970		Pretonic 先声	Tonic 语调音节	
Brazil et al, 1980	(proclitic segment)（先导部分）	Tonic segment 语调部分		(enclitic segment)（后续部分）
	That's a	VERY TALL	STO	ry
	(那个故事令人难以置信)			

语调段 **intonational phrase** 语音学术语，语调系统中确定声调模式范围的语音单位，通常由停顿隔开。每个语调段中只能有一种声调模式，如升调、降调、平调等。

语调共振峰 **intonation formant** 参见"语调形位"。

语调列　paratone　音系学术语。指一个连贯的语调单位的形式序列，与篇章中的"段落"类似。

语调模式[1]　intonation contour　参见"语调升降曲线"。

语调模式[2]　intonation pattern　语音学术语，指每一种语调类型所具有的，结合重音（声强变化）、音节长度（音长变化）和节奏（重轻音的分配）音高变化的格式。语调模式因语言（或其变体）、年龄、性别等的变化而变化，但它与句型或句法结构模式并非一一对应。一方面，不同的句法结构模式可以有相同或大致相同的语调形式，如陈述句和特殊疑问句，未完成句、句内语音段和一般疑问句等；另一方面，具有相同词汇和句法结构的句子因语调模式不同而分属不同句型，如"你的证件？""是你的吗？""你的证件！"和"请出示！"等。语调模式的区别性特征表现在两个方面：(1)句首、句末和带语句重音的中心词的中心音节（有些语句不止一个中心词）上音调的升降变化以及由中心音节划分的语句各段的音高差别；(2)中心音节的重读方式（如声强、音色、音长等）。语调模式有相对独立性（故又称语调单位），各语言都有一定数量的语调模式组成聚合体。

语调曲线　intonational curve　音系学术语。书面纪录语调形的曲线形式，通过依次连接音节序列嗓音变化的音高而成。其中纵向表示音高高低，横向表示时间顺序。语调曲线是描绘语调图的基础。

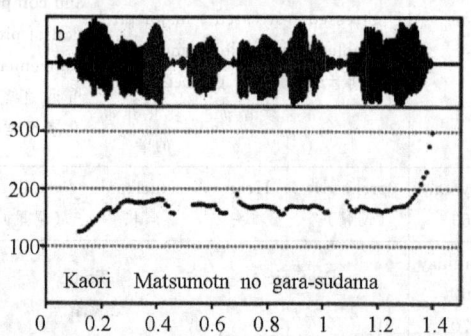

图为日语句子"Kaori Matsumoto no garasudama"的疑问式发音（引自 Gussenhoven 2004）。

语调升降曲线　intonation contour　亦称语调模式。指话语间音高变化的模式，通常随音量和言语节奏变化而变化。语调模式可产生语法功能。例如，ready 一词用升调说表示疑问，而用降调说则表示陈述。语调也可表明说话人对于所谈事件的态度。例如，在"I TOLD you so."一句中将重音放在 told 上，且升高音调，然后在句子结尾部分用降调，这样可以表达生气、懊恼等情感。有些语调模式与特定的句子类型相关。例如：[1] Language is a social phenomenon.　[2] Language is a social phenomenon?　[3] What kind of phenomenon is language?　[4] Is language a social, psychological, or biological phenomenon?　[5] Language is a social phenomenon, isn't it?　一般而言，降调表示肯定而升调则与不确定有关。陈述句通常在句子的最后一个重读单词陡然升高然后降下来。句[1]的语调模式是在 social 的第一个音节用升调，然后在句子其余音节中逐渐降下来。是非问句中音高逐渐升高，如问句，句[2]从开始到结束，音高逐步升高。Wh-问句通常与陈述句的语调模式一样。句[3]在单词 language 的第一个音节发生音高陡升。封闭性选择问句中通常显示列表语调。句[4]中除最后选择项（biological）之外，其余每个选择项（social 或 psychological）都有一个简短的上升音调。最后选择项与结尾部分一起用升降调。附加疑问句中主句通常用陈述句语调，而结束部分可用升调或降调。例如句[5]中，如果说话人向他人求证，则用升调；如果说话人请求他人同意，则用降调。不同语言的语调模式不同，甚至同一种语言的各种变体也有不同的语调模式。例如，在是非问句中用陈述句语调被广泛认为是年轻一代人的言语特点。

语调形位　intonation morpheme　语音学术语，亦称语调共振峰（intonation formant）。指本身就可以区别句子类型的语调模式。英语中的非疑问句序的话语如果用升调说出就是疑问句。例如：You're writing ↗ something?

语调音节　tonic syllable；tonic　音系学术语，亦称主音音节（tonic syllable）。指语调单位中最先开始发生音高变化的音节，通常是语调单位里位置最突出音节。

语调音节起点　tonicity　音系学术语。指一句话或其中某个部分被选为音高，即语调开始发生变化的起点。说话人所希望强调的部分通常会成为语调变化的开始。例如：[1] I was here last SUNday" [2] A：You never come on Sundays. B：But I was here LAST Sunday. 例[1]中，语调变化从 Sunday 中的 SUN 开始，但在例[2]中，音高变化从 LAST 开始，因为说话人要强调"上星期天"来过对话中说的地点。

语调语言　intonation language　语言类型学术语。指音高变化模式是一个意群（分句、短语、句等）的语音特征，而不是词的语音特征的语言。与声调语言（tone language）相对。

语段[1]　phase　句法学术语。指最简方案中的句法层级域（syntactic cyclic domain）的表征。乔姆斯基认为：语言机制在其活动记忆中只能处理有限数量的结构,句子结构的构建总是分段进行的,一次建立一个语段。语段包括标句词短语 CP 和轻动词短语 vP;其本质是命题性质的大语类,CP 表征含有语势在内的完整的分句复合体,而 vP 表征完整的论元复合体。在句法推导过程中,每当语段建立,其中心语的补足语部分就被移交(transfer)到语音式 PF 和逻辑式 LF 层面,不能再次进入句法运算。鉴于 DP 和 CP 具有结构相似性,DP 也通常被认为是一个语段。

语段²　syntagm; syntagma　　参见"语言组合体"。

语段无渗透条件　phase impenetrability condition; PIC　　句法学术语。指语段的推导过程中为确保推导的层级性而需遵守的条件。其内容为:中心语短语之外的操作无法触及中心语 H 范围内的成分,但能触及中心语 H 及其边缘。语段一旦形成,其补足语必须立即进行移交(transfer);整个推导结束时,所有剩余部分进行移交(如图)。

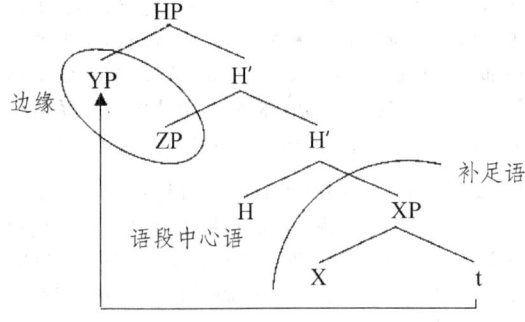

例如,"What has he done?"有两个语段,v*P 和 CP。由于 v*P 是一个语段,what 必须在其补足语拼读之前移到 v*P 的标志语位置,才能为下一语段的操作所及,否则该成分无法外移。最简方案假设定 v 具有类似 T 所具有的 EPP 特征,乔姆斯基将该特征称为边缘特征(edge feature)。

语段制约　discourse constraint　　心理语言学术语。制约一切语言的一个方面。其他两个方面是思维方法和处理制约,由斯洛宾(Dan Slobin)于 1979 年提出。

语法　grammar　　作为语言学的一个分支,狭义的语法指的是对语言结构和语言中诸如词、短语等语项组合成句的方法描述,或者说是语言中词、短语和句子等语言单位的结构规律。广义的语法定义除了可以指关于一种自然语言的形态和句法规律性的知识和研究,根据不同的研究取向还可以指语言生成和理解过程中的结构规则系统、语言能力的一种语言生成模型或者是对一种自然语言的语义潜势的系统体现。语法有两个含义:一指语法系统本身,即语法事实和语法规律,在这个意义上,语法是各种规则交织的整体,自成体系,其中语法单位和结构规则相互联系、相互制约,形成一个系统网络;一指语法学体系,指的是探索并描写语法结构和语法规律的科学,是语法学者对客观存在的语法体系的认识和说明。语法学又可分为词法和句法两个部分,其中词法主要是指词的分类、词的构成及形态变化规律的研究,而句法主要是指短语和句子等语法单位的构成和变化规则的研究。语法的主要特征有:(1)抽象性,即语法是从语法单位中抽象出共同的组合方式或类型对语义进行表达的规则体系;(2)稳固性,即语法是构成语言的基础,其变化相比语音和词汇要更为缓慢,往往不会受到外来因素的影响而改变;(3)民族性,即语言带有明显的民族特点,不同语言的语言有同有异,共性和个性并存;(4)生成性,即根据有限的语法规则可以生成无限的合格句子。语法种类繁多,依据不同的方法可以有不同的分类。例如,根据用途,语法可分为教学语法和解释语法;根据研究方法,可分为历时语法、共时语法、描写语法、规定语法等;根据研究角度,可分为结构语法、生成语法、功能语法、认知语法、构式语法等。

语法悖理　solecism　　指表示语言中不合语法逻辑限制而造成语法错误的现象,语言学家赵元任先生在其论文《汉语结构各层次间形态与意义的脱节现象》(Formal and Semantic Discrepancies between Different Levels of Chinese Structure)中使用了该术语。solecism 由田砥先生译作"语法悖理",论文的中译本收录于《赵元任语言学论文集》。文章指出,语法悖理虽反映了形态与意义的不一致或脱节,但使用现代汉语的人对这种杂乱和不协调却感觉不出来。例如,有一类及物动词,多由动词加上宾语构成,让人觉得应作不及物动词来用。例如"抱怨"、"随便"等。但在实际语言使用中,它们却能带宾语,如"抱怨他"、"随便你"。这些短语在语法和逻辑上看似错误,但在语义上却十分清楚。其他脱节现象还包括羡余现象(redundancy)、措辞矛盾(contradiction in terms)、混杂隐喻(mixed metaphor)、语义短路(semantic short-circuiting)和悖语义分析(asemantic analysis)。赵元任先生并没有给这些现象下定义,而采用举例的方式加以说明。与羡余现象有关的一个例子是句法词"虽然"。"虽然"中的"然",原意是"如此",但现在只作为后缀,因而有了"虽然这样","虽然如此"这样的羡余形式。措辞矛盾是羡余现象的另一方面,一个典型的表现就是使用反义词,如"老小孩儿"、"早晚饭"(时间早的晚饭)、"冷静的慌"等。与混杂隐喻有关的一个例子是"闻见味儿了"。这是一个三重混杂隐喻:"闻"是"听","见"是"看","味"是"气味"。虽然这是个隐喻,但人们并没有特别的感觉,因为主要动词"闻"在口语中是"用鼻子嗅","见"是正式的补动词,表示五官知觉的完成("闻见""看见""听见"),因此,"闻见味儿了"也无不可。赵先生用"起头儿"来说明语义短路。如果把"起头儿"理解成"抬起头来"而不是"开始",便会造成语义短路。悖语义分析是指使用某一复杂形式的人,并不把该形式分析成原来的成分,而是用类推法把它分析成跟原来的意义或功能截然不同的成分。这种分析典型的例子是"骂了几个钟头的人",虽然"几个钟头"在这里作"人"的修饰语,但其实是做动词的修饰语,指骂人骂了几个钟头。

语法变化 grammatical change 亦称句法变化(syntactic change)。指语言由于词源上相关的词之间的类推(analogy)、借用(borrowing)等动因而产生的形态和句法变化。语法变化具有渐进性(gradual)。

语法不通 grammatically ill-formed 语言教学术语。指口头或笔头的语言输入或输出与某一语言的标准语法不符,与语法通顺(grammatically well-formed)相对。例如:[1] He often tell the kids a short story before they goes to sleep. [2] He often tells the kids a short story before they go to sleep. 例[1]即属语法不通,经修改后的例[2]则语法通顺。语法不通句和用词不恰当语项(lexically inappropriate items)是外语和第二语言学习中常见的两类负面语言输出。

语法词 grammatical word 亦称功能词(function word)或结构词(structural word)。指只有语法意义(grammatical meaning)而没有词汇意义(lexical meaning)的词,如冠词、介词和连词等。语法词和实词(content word)相对,后者指单独使用时仍有词汇意义的词,往往表示事物、性质、状态或动作,主要包括名词、动词、形容词、副词等。参见"**功能词**"。

语法—词汇连续体 grammar-lexicon continuum 参见"词汇—语法连续体"。

语法丛 grammar clusters 指写作中在某个具体的文章体裁(genre of writing)内某些语法形式的同时出现(co-occurrence),如时间衔接词(chronological transitions)和人称代词的使用、一般现在时、一般过去时和过去进行时等形式的具体使用等同时出现在叙述性文章(narrative writing)中。

语法错乱 paragrammatism 参见"语法缺失症"。

语法单位 grammatical unit 语法学术语。指语言的结构单位,一般包括词素、词、短语、句子、句群。词素是最小的语法单位,词和词组是一般语法结构分析的重要单位,句子是交际的基本表达单位,句群是最大的语法单位。小的语法单位按照一定的语法规则组成大的语法单位,大的语法单位可以分析为不同级别的小语法单位,分析各语法单位之间的关系和组合规则是语法研究的主要任务之一。

语法等级体系 grammatical hierarchy 法位学术语。根据美国语言学家肯尼思·派克(Kenneth Pike)的观点,概念与其所在的结构之间存在的部分对整体的关系称为语法等级体系。法位学中的主要语法单位,按照从小到大的顺序,依次为语素、语素群、词、短语、小句、句子、段落、独白、问答、会话。以上不同的语法单位分别代表不同的语法分析层次,高层次上的语法单位一般比低层次上的单位要长。一个语言单位可能用来说明另一个语言单位的原因、目的、结果等,而第二个语言单位又可能构成一篇故事的背景、发展、高潮和结尾。法位学认为任何语言都具有三种语言体系:音位等级体系、语法等级体系和所指等级体系。这三个等级体系中的法位都可以从位置、类别、功能、接合这四个方面来描写。目前,在这三个等级体系中,语法等级体系研究取得的成绩较大,其他两个等级体系还处在探索中。

语法对等词 grammatical equivalent 语法学术语。指在某一特定语法环境下可以相互替代而意义保持不变的词。例如,英语中的"will"和"shall"在句中主语是第一人称代词的时候可以相互替换,构成一对语法对等词。

语法翻译法 Grammar-Translation Method 语言教学术语。指利用翻译和语法学习作为主要教学活动的外语或第二语言教学的一种方法,也称古典法、传统法、阅读法。语法翻译法是欧洲在过去教拉丁语和希腊语时使用的传统方法,产生于17世纪,盛行于18世纪。19世纪时,语法翻译法开始被用于教授诸如法语、德语和英语之类的"现代"语言,目前有些国家仍在使用这种教学方法。语法翻译法的出现标志着外语教学开始成为一门科学。其典型课堂教学活动包括介绍语法规则、学习词汇表中的词汇、做翻译练习。语法翻译法的主要特点可以归纳为:(1)着重训练逻辑思维能力而不是语言能力;(2)视语言为学问而不是交际工具;(3)侧重句子层面的操练;(4)用演绎法讲授语法,课堂语言为母语;(5)缺乏完善的学习理论基础。因为语法翻译法强调阅读而不是语言交际能力,19世纪时便有人反对它,提出更加注重交际能力的教学方法,如自然法(natural approach)、直接法(direct method)等。

语法范畴 grammatical category 语法学术语。指某一特定语言中履行相同或类似功能的一类或一组语言项目的归类。广义语法范畴包括词法范畴和句法范畴。词法范畴包括词类,如名词、动词、形容词和性、数、格、时、体等。句法范畴指结构关系意义的分类,如主语、谓语、宾语等。狭义的语法范畴仅指词形内部表示语法意义的变化归类,如性、格、数、时、体等。语言的表达形式是确定其语法范畴的重要根据,一种语言如果某种语法意义只用词汇手段来表示,那么其相应的语法范畴就不存在。例如,"数"这一概念是所有语言共有的,但汉语是用词汇手段表示"数"的语法意义,所以说汉语没有"数"的语法范畴。辨别两个词是否属于同一范畴具有不同方法。例如,要辨别 boy 和 girl 是否均属于名词,一方面可以观察其屈折词尾是否相同,如其复数均以结尾处加上-s;另一方面其是否能出现在某一句子的同一位置。由于分类标准不同,有些词可能具有跨类特征(cross-categorial property)。例如,one 可能属于数词类,也可属于代词类等。

语法分析 grammatical analysis 语法学术语。指对语法现象所进行的分析,包括词法分析和句法分析两大类。词法分析分为词性分析和内部结构分析;句法分析又分为广义和狭义两种分析。广义分析包括句子分析和句型分析,狭义分析包括短语的结构成分和类型、词与词之间的结合方式和语法关系,以及其他句法和语法范畴的分析,如屈折、性、格、数、时态、体、语态等。常用的句子分析方法有句子成分分析法和直接成分分析法(immediate constituent analysis)。分析手段有竖线法、树形图法、表解法等。

语法干扰期 interference phase 参见"阶段"。

语法格律学 grammetrics 指分析、描述诗歌中诗句的句法、短语结构与格律单位的关系的研究。此术语由英国语言学家维克西尔(Peter Jacob Wexler)提出,20 世纪 60 年代出现在文体学中,是语法(grammar)和格律学(metrics)二词的混合。例如,对古诗歌进行的语法格律学研究就是根据前半行(A VERSE)和后半行(B VERSE)的形式结构讨论其语法模式和韵律模式。

语法功能 grammatical function 语法学术语。指句子内一个成分与其他成分之间的语法关系。例如,英语句子"Michael fed the cat."中 Michael 的语法功能是动词 fed 的主语,而 cat 的语法功能是充当动词 fed 的宾语。

语法构成成分 grammatical formative 语法学术语。指表示不同语法意义的表征(representation)形式。例如,英语复数的语法构成成分是"-s",进行体的语法构成成分是"-ing",比较级的一般构成成分是"-er",最高级的一般构成成分是"-est"等。

语法关系 grammatical relation 语法学术语。与语义关系相对。指语言单位通过一定的语法方式构成的关系。语法关系可以从不同角度来考察,因此可以分成不同类别。例如,从词的组合来看,有修饰关系、支配关系;从句的组合来看,有并列关系和从属关系等。

语法规则 grammatical rule 语法学术语。指词的构成、变化规则和词组合成短语、短语组合成句子的规则总称。

语法化 grammaticalization 认知语言学术语。指带有语义意义(semantic meaning)的自由语素变成基本上带有语法意义(grammatical meaning)的黏着语素,如"moneywise"中的"wise"。此概念由梅耶(Antoine Meillet)于 1912 年提出,中国传统的语言学称之为"实词虚化"。相较而言"语法化"一词偏重于语法范畴和语法成分的产生和形成。例如主语和宾语这样的语法范畴,以及主格和宾格标记这样的语法成分是如何产生的。语法化的程度由低到高构成一个"群体连续体"(cline):实词＞虚词＞附着形式＞屈折形式。群体连续体范畴与范畴之间是模糊的。新、旧形式之间总是存在两者共存的阶段。语法化主要通过"重新分析"(reanalysis)和"类推"(analogy)来实现。一般认为,语法化具有儿童语言习得、语言接触、语用推理等几个动因。语法化受"单向性"(unidirectionality)限制,即总是由实变虚,虚的变得更虚。语法化最大的优势在于把共时研究和历时研究结合起来,有利于解释共时平面上的语言变异现象。

语法检查程序 grammar checker 指一种用来检查写作中语法和技术方面的计算机程序。语法方面主要包括被动形式的使用、一致(concord)、标点符号等,写作技术方面主要包括拼写、撇号的使用、连字符、大小写、缩写、数字等。尽管对本族语者很有用,但对第二语言使用者并非有用,因为语法检查程序提供的选择太多,让使用者感到困惑。

语法交替 grammatical alteration 德国语言学家格林(Jacob Grimm)提出的历史语言学术语。指日耳曼语言里词源相关的词中清音和浊音的共时交替,如英语的"freeze"与德语的"frieren"交替。格里姆指出,在印欧语、梵语、希腊语、拉丁语和日耳曼语之间存在浊音系统中存在规则的对应关系,如 *p-f 的对应关系。但是格里姆定律并不能解释例外的情况。后来另一位德国语言学家维尔纳(Karl Verner)发现音变的一条规则,规则的主要内容就是在一定的条件下日耳曼语的部分清音变成浊音,用来解释格里姆定律中的例外情况。

语法码　grammatical tag　语料库语言学术语。为使语料库中的语料在语言研究中发挥更大的作用，语料库中的每个词都需要根据其在具体语境中的语法作用标注不同的码，称为语法码。不同语料库的语法码集不完全相同，但通常由词类码、标点码、超级语法码、其他单位码如公式、外来词等组成。

语法敏感度　grammatical sensitivity　语言教学术语。指识别句子中不同词语的不同语法功能的能力，如识记学习能力（rote-learning ability）、推断语言规则的能力等。与音位编码能力、语言归纳能力、语言强记能力同属语言学能（language aptitude）的主要组成部分。在其他因素相同的情况下，语言学能高的学习者比低的学得更快更容易。参见"语言学能"。

语法能力　grammatical competence　亦称形式能力（formal competence）。指语言主体正确地运用语法遣词造句，以及准确理解和表达语言字面意义所需的知识和技能，如一种语言的语法、词汇、音系和语义知识等。在生成语法中，语法能力指构成一个人关于某一种语言知识的潜在（implicit）规则系统。语法能力包括三个方面：(1)一个人创造和理解句子的能力，包括以前从未听过的新句子；(2)判断是不是某一具体语言句子的知识；(3)识别歧义句（ambiguity）和偏离句（deviant）的能力。例如，会说英语的人认为"They want to go picnicking."是正确的英语句子，但认为"They want going picnicking."是不能接受的。

语法判断　grammaticality judgement　语言习得术语。指要求第二语言学习者判断句子语法正误，从而获取他们学习状况信息的方法。可以用判断正误的方法，也可以是判断句子可能性的方法，甚至可以采用利克特量表（Likert Scale）来判定所给句子的可接受度（acceptability）。研究者使用这种方法的目的是了解学习者的语法习得进展，从而为他们制订程度适合的内在教学法（internalized approach）。

语法偏离症　paragrammatism　病理语言学术语。一种后天的语言障碍。在英语中，其主要特征是功能词的错误使用。这一提法首先由克莱斯特（Karl Kleist）于 1914 年提出。人们过去认为语法偏离症是韦尼克失语症（Wernicke's Aphasia）的一个特征，与布罗卡失语症（Broca's Aphasia）语法错乱形成对比。曾经有人还一度将语法偏离症看作是韦尼克失语症的同义词。但是现在这种说法并不成立，人们在研究中发现，在自然状态下表现为语法错乱病症的病人，可能在实验情境下出现语法偏离症状。

语法歧义　grammatical ambiguity　语义学术语，亦称句法歧义（syntactic ambiguity）。指因句法结构引起的句子有一种以上的解释现象，而这些不同解释又往往导致对句子意义的不同理解。例如：[1] He likes good food and beer. 例[1]可以又以下两种解读：[2] He likes good food and good beer. [3] He likes good food and any beer. 再如，"学习文件"即可以是述宾结构，又可以是定中结构。语言学家认为歧义是句子和意义之间一对多之比的关系，而同义则是意义和句子之间一与多之比的关系。

语法缺失症　dysgrammatism; agrammatism　病理语言学术语。失语症的一种。指由于心理、生理缺陷或脑部损伤所引起的语法理解障碍。语法缺失症患者不能理解或无法说出合乎语法的话语，他们说出的话语由于缺失功能词和词的形态变化而显得七零八落、杂乱无章，有些近似于电报语的结构。语法缺失症患者的主要错误常见于性、数、格等语法手段的缺失，句子中重要词语的遗漏、无意义或自创短语的使用等。语法障碍是失语症患者共有的言语现象。据已有研究显示，语法障碍一般分为两类：语法缺失和语法错乱（paragrammatism）。语法缺失一说最早由约瑟夫·德勒（Joseph Deleuze）在 1819 年提出，是对失语症病人主要言语特征的统称，哈曼·斯塔恩塔尔（Heymann Steinthal）在 1871 称之为"造句不能"（德语 akataphasie）。直到 1916 年，卡尔·克莱斯特（Karl Kleist，1879—1960）才将语法缺失和语法错乱区分开：前者是指妨碍语句形成的任何障碍，即语句形式的简化，主要包括功能词和屈折词尾的省略；后者是指不能生成正确的语句形式，表现为语句构成成分的错用。现在，多数学者都还沿用这种区分，并把传统的布罗卡失语（Broca's aphasia）和韦尼克失语（Wernicke's aphasia）视为语法缺失和语法错乱的典型代表，但也有部分学者认为将两者合二为一，坚持其间的差异在上位层次上具有极大的一致性。参见"失语症"。

语法特征　grammatical feature　语法学术语。指语言单位可拆分成不同要素。语法特征包括数、格、性、人称、时态、情态、体、语序、屈折变化等。语法特征对描述和分析语言具有很大价值。

语法体　grammatical aspect　参见"体"。

语法项　grammatical item　语法学术语。指可以分离出来并表示一定句法功能的形式成分或句法成分，如名词复数词位"-s"、动词进行体词尾"-ing"、形容词比较级词尾"-er"、形容词最高级词尾"-est"，等。

语法性别　grammatical gender　语法学术语。区别于自然性(natural gender)。语法中通常简称为"性",指主要存在于印欧语系与闪含语系当中的名词或代词的类别,以及形容词、冠词或动词在与名词或代词搭配时发生的屈折变化的一种语法范畴。有些语言有三个性,即阳性(masculine gender)、阴性(feminine gender)或中性(neutral),如德语、拉丁语和俄语;有些语言则只有两个性,如法语只有阳性和阴性,瑞典语只有通性和中性。并非所有的语言都有性别这一语法范畴。一般表示人或生物的名词的性与其生物学意义上的性别划分一致。例如,俄语的отец(父亲)是阳性名词;мать(母亲)是阴性名词,但也有例外,如德语中 Maidchen(姑娘)的语法性别是中性,而其指称的事物的自然性别是女性(阴性)的。表示物体的名词语法性别也不一定是中性,如太阳在法语中是阳性,在德语中是阴性,在俄语中却是中性。在俄语中,名词的性由词形加以区别;但在其他语言如德语中,名词的性与词形常常没有联系,只能靠机械地记忆。需要说明的是,语法性别对于名词或代词来说是一种分类,而对于形容词、冠词或动词来说是一种屈折,两者意义不同。

语法性等级　graded grammaticality　语法学术语。和话语(utterance)有关的特征,指自发话语(spontaneous utterance)经常显示出一定程度的语法结构正确性(grammatical well-formedness)。不同于句子,语法结构正确性对于话语不是一个有关标准的判断特征,不是一个或正确或错误的事情(all-or-nothing affair),而只是一个程度问题(a matter of degree)。从结构的角度看,一个话语可以是一个单词、短语或者不完整句,甚至是包含有发音错误或语法错误的句子,因为说话者可能疲劳、受到干扰或太激动等个人或情境原因。这样的话语并不是语法结构完美,但具有一定程度的可接受性。例如:[1] This viewpoint was accepted by Philip. [2] ? A viewpoint was accepted by Philip. [3] ?? Viewpoints were accepted by Philip. 从例[1]到例[3],可接受性越来越小,问号越多,可接受性越低。因为英语的被动态用法要求主语特指,随着三个句子中的主语从特指逐步到泛指,其可接受性程度也愈来愈低。

语法学家　grammarian　指专门从事语法(grammar)和句法(syntax)研究、力求研究语言的语法规律,并尝试建立语言语法体系的语言学家。

语法意义　grammatical meaning　参见"形式意义"。

语法隐喻　grammatical metaphor　功能语言学术语。指不同的语法结构意义可以用不同的方式来识解(construe)。功能语法把潜词跟事件状况性质一致的称为一致式(congruent form),而把潜词跟事件状况性质不一致的称为隐喻式(metaphorical form)。功能语言学派代表人物韩礼德把发生在语法层次上并与词汇隐喻一起构成隐喻的现象称为语法隐喻。语法隐喻主要包括概念隐喻(ideational metaphor)和人际隐喻(interpersonal metaphor)。概念隐喻主要通过及物性隐喻(metaphor of transitivity)来体现,具体过程体现为:一个过程可以隐喻成另一个过程,过程的变化导致过程中的参与者、环境等功能角色发生相应的变化;功能角色的变化又导致词汇语法层的变化。语法隐喻的主要手段是名物化(nominalization)。例如,一个单句(过程和参与者＋环境)可以编码为一个短语,如英语"Jock drove the car over-rapidly downhill"可以名物化为"Jock's over-rapid downhill driving of the car"。同样,"The brake failed"可以名物化为"brake failure",复合句"Jock drove the car over-rapidaly downhill and the brake failed"的隐喻式就是"Jock's over-rapid downhill driving of the car caused brake failure."。

语法语素　grammatical morpheme　语素的一种。作为最小的有意义的语言单位,语素又可分为词汇语素(lexical morpheme)和语法语素。后者指没有或很少有语义内容的、主要用作语法要素的语素,如英语中的-ing、-s、-er、-est等。

语法主语　grammatical subject　语法学术语。指通常意义上的主语,即谓语所陈述的对象或基本及物结构中的施事。语法主语和逻辑主语(logical subject)及心理主语(psychological subject)相对。例如,在"Yesterday I was delayed by fog,"中,语法主语是"I",因为它是和谓语部分一致的成分;但是心理主语是"yesterday",因为整个句子是关于昨天发生的一切;逻辑主语是"fog",因为"雾"应该为昨天发生的一切负责。

语符　glosseme　❶亦称义位。指各种语言分析方法中建立的最基本的意义单位,如语素(morpheme)、法素(taxeme)等。❷表达层面上的最小语言单位。参见"语符学"。

语符学　glossematics　哥本哈根学派(Copenhagen School)的代表人物叶尔姆斯列夫(Louis Trolle Hjelmslev)创立的结构语言学理论。叶尔姆斯莱夫区分符号表达和符号内容,将表达(expression)和内容(content)描写为语言的两个研究平面,即可用相同程序进行分析并产生类推范畴的两个平行实体。语符学认为语言学家应从语料出发,研究篇章,其对篇章的分析一般采用下列程序:(1)通过插入手段(interpolation)将篇章中不同类型的省略句恢复完整;(2)区分表达平面和内容平面,并在两个平面上都区分"形式"

和"实体",如在内容平面上,客观存在的颜色频谱是实体,各种语言对颜色词的划分是形式;(3)在上述两个平面的基础上连续切分直到单个词素;(4)将词素的能指和所指切分成表达平面和内容平面的元素单位。通过这种程序得到的元素单位就是语符。语符学对后来兰姆(Sydney Lamb)的"层次语法"(Stratificational Grammar)和乔姆斯基的"转换生成语法"(Transformational Generative Grammar)都有一定的影响。参见"哥本哈根学派"(流派)。

语符学派　Glossematics　参见"新索绪尔语言学"。

语感　Sprachgefühl　源自德语,指语言学家对语言的一种直觉,即对遵循或背离某一语言既定用法的敏感性。例如,对动词单数第三人称现在时不加"s"感到不对劲,而这种对语言上有效性或合适性的感觉属于语感的一种表现。

语汇索引　concordance　语料库语言学术语。指显示某一特定语汇可能出现的所有情况及其相关上下文的词语表。语汇索引通常来自语料库,并已用于研究词汇出现的频率、语法、语篇和文体学领域中。语汇索引还用于分析文本、写作样本及不同文体或范围的文章。二语教学中,语汇索引得到广泛应用,用以促进教学。例如,二语学习者可利用语汇索引更好地了解某一特定语汇所出现的环境及其使用方法。此外,语汇索引便于在大范围的上下文中研究词语的用法。辞典编撰人员也广泛使用语汇索引来开展辞典编写工作。

语际表征　interlingual representation　机器翻译术语,亦称机译中介语。指为加速从一种语言自动翻译成另一种语言而为源语言构建的一个中介表征式。此表征式高度抽象,囊括所有译成几种目标语所需的句法和语义信息。一般而言,中介语为专门构建的形式语言,但理论上自然语言也可用作中介语,亦有学者建议用其他人造语(如世界语)作为形式语言。由于制定一个句法或语义共相的模型存在一定困难,此方法的适用性受到一定限制。

语际错误　interlingual error　语言习得术语。指学习者在母语特征发生负迁移时,因受到母语干扰而产生的一种错误。例如,某些学习英语的中国学习者受汉语的影响,将"你身体怎么样?"译成"How is your body?"。意大利语言学家伦佐·狄东尼(Renzo Titone)在 1985 年出版的《应用心理语言学》(*Applied psycholinguistics*)中认为,过渡语是由语际错误和语内错误(intralingual error)构成的系统。语内错误是在学习过程中对目的语做出错误推断造成的错误,如过度类推、简化等。

语际翻译　interlingual translation　翻译学术语。美国语言学家雅柯布逊(Roman Jakobson)划分的翻译三种类型之一,指语言与语言之间的翻译,即通过另一种语言的语言符号来解释一种语言的语言符号。语际翻译通常指严格意义上的翻译。另两种翻译类型为"符际翻译"和"语内翻译"。符际翻译指通过非语言的符号系统解释语言符号。语内翻译指某一语言内部为着某种目的进行的词句意义的转换。而语际翻译则意味着两种(或多种)语言在它们共同构成的跨语言语境中进行的意义交流。语际翻译是在跨文化领域实现异质语言的相互转换,即以意义为标尺,以交流为目的语符转换。

语际识别　interlingual identification　语言习得术语。指在语言习得中学习者对两种语言相同或相似结构的判别,是形成语言迁移的两个条件之一。在学习者眼里,不同的语言现象也可以彼此相同,如形体相似,这使得学习者跨越两种语言的限制去进行比较和识别,自觉或不自觉地运用母语规则来处理目的语信息。例如,法国人说英语时把英语的卷舌音发成法语的小舌音/r/,英国人说法语则常把这个小舌音发成英语的卷舌音/r/。另外一个条件是"跨语言情境"(interlingual situation),由母语和目的语相互作用构成,这是产生语言迁移的前提。

语际语言学　interlinguistics　指研究国际辅助语言的学科,其研究对象范围尚未完全确定。狭义上指对国际辅助语的设计及其作用的研究,广义上包括各民族语言间的相互关系、族际语、区域语、世界性语言、双语现象以及语言对比研究(对比不同语言,找出它们的共同点或相似点的研究)。具体而言,既可用于设计人工国际通用语或翻译及语言教学中的等同模式(equivalent pattern)和/或对比模式(contrasting pattern),也可指对第二语言或外语学习过程中学习者语言的研究。通过对比分析和对学习者所产生错误的分析,探索第二语言或外语学习过程的本质及其规律性。

语迹　trace　句法学术语。指诸如 NP 结构、VP 结构等任何句法成分,在每一次转换中,从某位置移到另一个位置后,会在原来位置上留下痕迹。此痕迹在句子的表层结构中可以得到体现,称为语迹,通常用字母 t 表示。例如:The men$_i$ seem [t_i to be satisfied with the service here.]　在此句中,用 t 表示主语"the men"原来生成在内嵌不定小句的主语位置上,在"seem"提升结构中为了获得格位移到主句的主语位置上,在原位留下语迹,用 t 表示且和先行词同标。

语迹理论　trace theory　句法学术语。为了解决语义解释的问题,乔姆斯基在扩充式标准理论

(Extended Standard Theory)中提出语迹概念,即 NP 成分在句子中每次移动(后发展为所有的转换移位)都会在原来的位置留下痕迹。语迹只存在于句子的表层结构,受被移动成分的约束,继承其所有相关特性,但在语音上无法体现,属于空语类节点。乔姆斯基后来的管约论(Government and Binding Theory)还识别了 NP 语迹和 WH 语迹。

语境[1] **context** 语用学术语。语境可以理解为交际双方所共有的知识。对语境有狭义和广义两种理解。狭义的理解把语境看作话语的上下文,即语言内语境(co-text);广义的语境指除具体上下文之外的其他语言外知识,包括背景知识、情景知识和交际双方的相互了解(context of situation)等诸多因素。语境的各个因素可大致归纳为:

```
                  ┌ 对所使用语言的掌握
       ┌ 语言知识 ┤
       │          └ 对语言交际上下文的了解
语境背景知识 ┤          ┌ 百科知识
       │          ┌ 特定文化的社会规范
       │          │  特定文化的会话规则
       └ 语言外知识┤          ┌ 交际的时间、地点
                  │  情景知识 ┤ 交际的主题
                  └ 相互知识 │  交际的正式程度
                             └ 交际参与者的相互关系
```

语境不是一个静态固定的概念,而是动态发展的。交际进程自身也是一种语境的构建过程。此术语由波兰籍人类语言学家马林诺夫斯基(Bronislaw Malinowski)在 1923 年提出并分为文化语境(context of culture)和情景语境(context of situation)。文化语境是指说话人的生活及其社会文化背景;情景语境指言语行为发生时的具体情境。"伦敦学派"的创始人弗斯(John Firth)发展了马林诺夫斯基的概念,在 1944 年创立了比较完整的语境理论。弗斯认为语境包括上下文(context)和情景语境(context of situation)。上下文由语言因素构成;情景语境由非语言因素构成,包括参与者的特征(人物、个性、言语行为、非言语行为等)、有关事物和言语行为的效果三部分。韩礼德从弗斯的"情景语境"得到启示,在 1964 年提出"语域"(register)这个术语,包括语场(field)、语式(mode)和语旨(tenor)。美国社会语言学家海姆斯(Dell Hymes)于 1968 年进一步发展了语境学说。他用 SPEAKING 这个单词的字母拼写概括了语境的基本构成因素,即情景(Situation)、参与者(Participants)、结局(Ends)、行为特点(Act sequence)、基调(Key manner)、媒介(Instrumentalities)、交际规则(Norms of interaction)和风格(Genres)。情景指话语发生的时间和地点;参与者指话语参与者及他们的关系;结局指目的和结果;行为特点指方式,有关背景、说了什么以及怎么说的;基调指动过程的声调、行为或精神状态;媒介指语言传播的媒体;交际规则指特定的行为和伴随言语行为的特点;风格指言语行为风格的种类,如祝福、祈求、正式、非正式等。

语境[2] **co-text** 英国苏格兰语言学家卡特福德(John "Ian" Catford)在 1965 年提出的概念。指话语的情景语境(situational context),与语言学语境(linguistic context)相对。

语境得体法 **contextually appropriate method** 参见"合适选词法"。

语境分析 **contextual analysis** ❶语篇分析的一种方法,与修辞学、语用学、文体学等有密切联系。指依据篇章自身特点与历史文化情境对任何形式的文本(口头、书面、多模态等)进行的分析。语境分析把文本的语法形式与文本所包含的其他特征结合起来。这些特征包括文本创作的社会、政治、经济、哲学、宗教、美学等因素。语境分析可以用来揭示文本的文体风格特点、语篇的受众或交际对方、作者的写作意图和语篇创作的社会文化历史背景。❷语言教学术语。语篇分析在教学中的运用方法之一。由美国加州大学洛杉矶分校应用语言学教授玛丽安·塞尔斯-莫西亚(Marianne Celce-Murcia)在她的论文《语境分析及其在英语作为第二语言教学中的应用》(Contextual analysis of English: Application to TESL, 1980)中提出。语境分析法是指通过语境来选择使用何种语言形式。语言形式是个广义概念,既包括句子和语篇中使用的单个单词和短语,又包括短语、句子的不同形式。语境分析的具体方法是首先找出需要研究的语言形式,然后在语料中找出与这一(些)语言形式使用有关的信息,如意义、功能、使用频率等,最后总结规律,根据语言事实来教学。所以语境分析法是基于语料进行的实证研究。例如:[1] I threw the stuff away. I threw away the stuff. [2] Joe turned the porch light on. Joe turned on the porch light.(Celce-Murcia,1980:42) 非代词性直接宾语可以放在短语动词中的小品词之前或之后,研究者可以提出疑问:非代词性直接宾语放在小品词之前和之后的使用频率如何?哪一个语序用得较多?为什么?诸如此类。然后研究者可以通过查找语料来寻找语言事实。另外,语言形式的选择受到多种因素的交叉影响,如语言内部的语音、语义、词汇和句法,以及社会情境、语域、语式、交际双方的关系等。如果二语学习者不了解语言本族语者在什么语境中使用某种语法结构,便无法正确习得这一结构。因此在外语教学中,教师应结合具体语境来教授外语。

语境化 **contextualization** 社会语言学术语。指使用语言和话语来标识互动和交际场景的相关方面。约翰·甘柏兹(John Gumperz)提出语境化

就是交际参与者不断构建、利用和破译语境的过程。通过对这个过程的构建，可能揭示各种相关知识或语境参数在特定交际中是如何作用于话语理解或影响话语理解的。语境化过程将语境与背景知识相联系，包括对词汇和句法结构的选择、语码转换等。语境化具有两个特点：(1) 强调语境的动态多向性，即语境诸因子随时不断重组，不断变化；(2) 强调语境与语篇之间的反呈关系，即语言不仅是一个由语境决定其实际用法的符号系统，该符号系统本身也关系到这个语境的可得性。

语境化提示 contextualization cues 社会语言学术语。指意义推理过程中各种不同的指示符号，交际参与者基于对这些符号与意义之间的解释而理解其他参与者的交际行为，属于约翰·甘柏兹(John Gumperz)语境化理论的核心概念。语境化提示符包括词汇、句法选择、表达形式选择、回话起始、结束和序次策略选择，以及编码、方言和语体上的转换过程及韵律现象等。由于这些符号承载社会文化意义的量有所不同，因而在推理过程中的作用也不同。

语境基本要素 SPEAKING 参见"语境¹"。

语境论 contextualism 语用学术语。指行为和话语不能在真空中发生，而是存在于一定的语境中。话语的意义只能根据情景和语境来理解。使用语言的语境除了语言语境外，还包括非语言语境，如社会、文化、自然、语体环境等。

语境敏感规则 context-sensitive rule 句法学术语，亦称语境制约短语结构规则(context-sensitive phrase structure rule)。指在使用过程中必须受到语境制约的规则。语境制约规则用公式表示为"A→Z/X-Y"。其中，A 表示规则左面的范畴，如 S、NP、VP 等；Z 是规则右面的非空语符列，如"NP+VP"等；X 和 Y 也是语符列。"A→Z/X-Y"指 A 在 X-Y 的语境中（左边为 X，右边为 Y）可改写为 Z。语境制约规则则与语境自由规则(context-free rule)相对。

语境敏感语法 context-sensitive grammar 亦称语境敏感短语结构语法(context-sensitive phrase structure grammar)、1 型语法(type 1 grammar)。指既具有语境敏感规则的形式又有语境自由规则的形式语法。由语境敏感语法生成的形式语言称为语境敏感语言(context-sensitive language)，或由相应形式语法充分表述的自然语言。参见"乔姆斯基层级"。

语境敏感语言 context-sensitive language 参见"语境敏感语法"。

语境内语用 impractical use of language 语用学术语。指在语言共为场里，存在许多在已经清楚确定的实际联系中使用孤立的语言符号作为区别单位。例如，客人对侍者说：Beer, please！；乘客在售票口说：San Francisco and back；空乘在飞机上送餐时问问：Beef or chicken？

语境配置 contextual configuration；CC 功能语法术语。指实现语场(field)、语旨(tenor)和式式(mode)的一组具体的值。比如，教师甲口头表扬学生甲或教师乙写信告诫学生乙均有一定的语境配置。前者的语场是表扬某人，语旨是老师和学生的关系，语式是口语。后者的语场是告诫某人，语旨是老师和学生的关系，语式是书面语。在两种语境配置中，实现语旨的值相同，而实现语场和语式的值不同。语境配置的主要作用是使语篇结构保持统一。

语境冗余规则 contextual redundancy rule 亦称同指原则(rule of coreference)。❶句法学术语。指如果两个论元 a 和 b 的所指相同，可以把其中一个成分的特征转移到另一个成分上的规则。❷语言哲学术语。根据语境冗余规则，如果两个命题除同指论元外其他成分均相同，那么这两个命题的真值也相同。

语境特征 context feature 句法学术语。指转换生成语法中，词库(lexicon)所包含的表明某个词项可以且应处于相应深层结构的某一位置的两分法特征。例如，hit 的语境特征为 [＋NP]，即 hit 应出现在宾语前，feel 的语境特征为 [＋ADJECTIVE] 等。

语境效应 contextual effect 亦称语境效果。❶语境因素可以影响人们对言语刺激的感知。作为重要的语用学概念，这一术语由斯珀伯(Dan Sperber)和威尔逊(Deirdre Wilson)提出。语境效应指人们在交际中获取对方的交际意图，取得交际效果的程度。根据新信息与已经存在的语境假设之间的关系，语境效果包括四种形式：(1) 语境暗含(contextual implication)；(2) 现时语境假设的加强(strenghtening of existing assumptions)；(3) 现时语境假设的相互矛盾与否定(contradiction and elimination of existing assumptions)；(4) 现时语境假设的削弱(weakening of existing assumptions)。当新信息在已存在的语境假设中产生效果时，新信息在这个语境中才具有关联性。❷在认知心理学中，指相关语境有助于词汇提取的现象。最典型的语境效应与歧义词汇的认知和加工相关，语境有对歧义进行辨别和消除的作用。研究表明，语境在词汇习得中具有关键作用。

语境因素 contextual factor 语用学术语。指话语在一定语境中表达特定意义时所依赖的各种主客观环境因素,包括语言上下文、互文性等语篇内部环境因素和话语情景,话语参与者和话语方式以及话语情景语境、社会文化语境等非语言的环境因素。确定语境因素应遵循局部理解原则(principle of local interpretation)和类推原则(principle of analogy),前者指所涉及的语境因素不应多于为理解某一语篇所需的语境因素,后者则是指可按过去的经验事实来理解现有的语篇。

语境制约短语结构规则 context sensitive phrase structure rule 参见"语境敏感规则"。

语境自由 context free 句法学术语。指某些句法规则不受语境制约的现象。例如,N[＋N,＋Common]指普通名词或非普通名词;这一规则在英语中所有语境下都成立。

语境自由短语结构规则 context free phrase structure rule 参见"语境自由规则"。

语境自由规则 context-free rule 句法学术语,亦称作语境自由短语结构规则(context free phrase structure rule)。指在使用过程中不受语境制约的规则,如 S→NP＋VP, NP→Det＋N, VP→V＋NP 等。事实上,所有改写规则均为语境自由规则。语境自由规则用公式表示为 A→Z。其中,A 表示规则左面的范畴,如 S、NP、VP 等;Z 是规则右面的非空语符列,如"NP＋VP"等。语境自由规则与语境制约规则(context-sensitive rule)相对。

语境自由语法 context free grammar 亦称语境自由短语结构语法(context-free phrase structure grammar)。在形式语言理论中,指不考虑上下文,每项规则都用于一个具体范畴的短语结构语法的一种形式。一般来说,一项规则应具有"XAY>XZY"的形式,若式中的 X 和 Y 为虚值,则可用 Z 来代替 A 而不考虑上下文,即其语法形式不受语境制约。由自由语境语法产出的句子叫语境自由语言(CFL),不同的语境自由语法可以生成相同的语境自由语言。在计算语言学中,语境自由语言被称为二型语言(type 2 grammar)。

语境自由语言 context free language 参见"语境自由语法"。

语句间隔反复 epanalepsis 参见"首尾重复"。

语库 repertoire 亦称言语库。社会语言学中指一个言语社区内的各种语言变体,也指一个人所掌握的、用于日常交际的各种语言或一种语言的各种变体。每一种语言或变体有其适用的日常活动范围,使说话人承担一种特定的社会角色。例如,某些加拿大人的言语库可能包括加拿大法语口语体和英语的各种变体。

语类特指规则 category-specific rules 参见"语类中性规则"。

语类中性规则 category-neutral rule 指普遍适用于多种语类,甚至是任何语类的短语规则。与语类特指规则(category-specific rules)相对,后者标明具体的语类名称,如名词短语(NP)、动词短语(VP)、形容词短语(AP)等。例如:[1] X′→ X, YP*[2] X→ X Conj X(X＝任何语类) 在生成语法的 X 阶标理论中,用变量 X、Y、Z 等形式来表示各个句法范畴。规则[1]表示一阶语类可以由一个词汇中心语和任何数量的最大投射(maximal projection)组成。语类中性规则也同样适用于其他句法结构。并列结构规则可写为规则[2],所有的 X 的赋值相同。此规则意思是并列结构 X 是由连词连接的与 X 属于同一语类的另外两个 X 组成。

语链 catena 句法学术语。与依存句法有关,指在依存关系的垂直维度(Y 轴)中任何成分或任何相邻成分的组合。最早由加拿大语言学家威廉·奥格雷迪(William O'Grady)于 1998 年提出,比短语结构语法中的结构成分更适合句法和形态分析。例如:

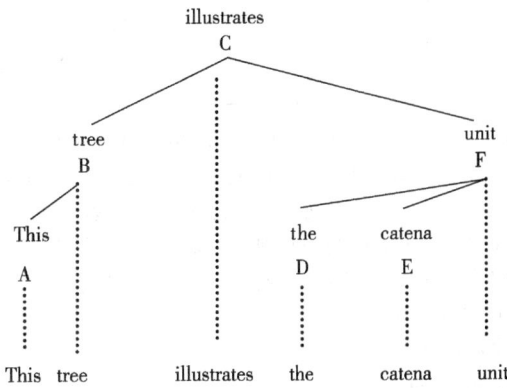

图中有 24 个不同的语链,即 A、B、C、D、E、F、AB、BC、CF、DF、EF、ABC、BCF、CDF、CEF、DEF、ABCF、BCDF、BCEF、CDEF、ABCDF、ABCEF、BCDEF 和 ABCDEF。依存关系水平维度(X 轴)中的任何成分或任何相邻成分的组合称为语符列(string)。上图有 21 个不同的语符列,即 A、B、C、D、E、F、AB、BC、CD、DE、EF、ABC、BCD、CDE、DEF、ABCD、BCDE、CDEF、ABCDE、BCDEF 和 ABCDEF。

语链统一原则 chain uniformity principle 句法学术语,亦称语链统一条件(chain uniformity condition)。在普遍语法中,指组成短语或句子的一组语法成分及其相关语迹所构成的句法语链,按其短语结构地位(phrase structure status)必须统一或一致。例如:

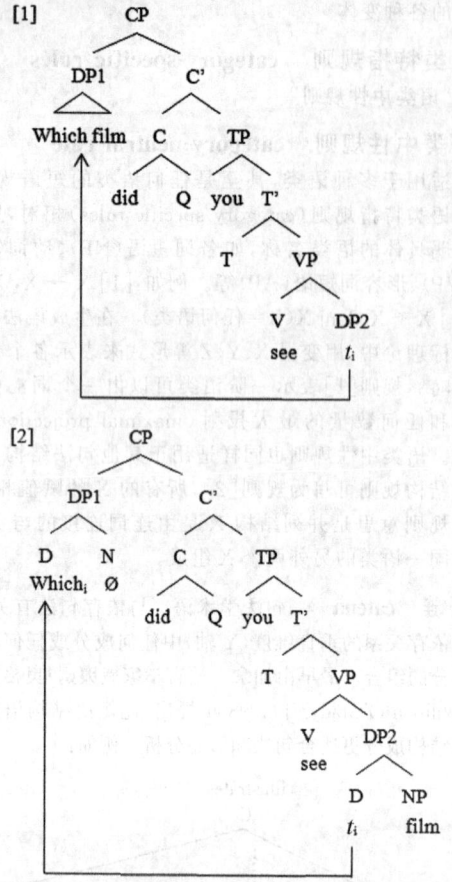

图[1]中处在 DP_1 位置的 which film 由 DP_2 的位置移位而来,其在 t_2 位置上的 DP_2 是一个最大投射(maximal project),而现在的 DP_1 也为最大投射,故而该移位遵守了语链统一原则,所以符合语法。若上句的移位变为"Which did you see film?",即如图[2]所示,将 DP_2 中的 D 移至 DP_1 的位置,则该句违反上述原则,不符合语法。

语链线性化　linearization of chains 句法学术语。指在管辖与约束理论中,当某一句法成分移位后,会在原来位置上留下一个语迹 t;虽然 t 在语音式中不可见,但在逻辑式中对语义诠释发挥着重要作用。例如:[1] a. What did John buy? b. [What] did John buy [t]。 例[1]中语迹所具有的句法特征,由其先行词所处的位置决定,并遵守空语类原则。在最简方案中,语迹的概念被认为是违背了包容性条件(the inclusiveness condition)。因此乔姆斯基建议取消"语迹",转而采用"复制"的概念。具体而言,当某一语类移位之后,在原位置留下了与先行语一致的句法特征,两者形成一条语链。例如:[2] a. 逻辑式:[What] did John buy [what] b. 语音式:[What] did John buy。 What 前后出现两次,较高的复制成分非对称性统治较低的复制成分,根据线性对应公理,处于高处的 what 线性化时居于低处 what 之前,但由于它们是同一个成分,因而无法线性化。为避免此情形,在语音式中,语链中的一个成分且通常是链尾必须删除。语链线性化只在语音式中起作用。逻辑式只涉及语义诠释,与线性化无关,因此较高的复制和较低的复制都得以保留,较低的复制与论元结构有关,较高的复制则与信息结构有关。

语料库语言学　corpus linguistics 以语料作为语言描写的基础或以语料作为语言假设验证的语言学分支学科。语料库语言学不是语言本体研究,而是一种以语料库为基础的语言研究方法。语料库语言学包括两个方面:自然语料的标注和对已标注的语料进行利用和研究。语料是通过计算机收集的具有特定目的的语言材料,一般是基于现实生活的语言运用实例,可以是口语材料,也可以是书面材料,如一套用来分析和比较的教材或用来分析某一语言特征的句子或话语,或者某一语言特征的出现频率、不同阶段的学习者所出现的错误等。计算机化之前早期语料库的主要功能包括词典编纂、语法研究收集的引语库、为教学目的收集的文章库和为语言调查收集的方言库。自20世纪80年代以来,计算机普及化之后语料库的飞速发展,经历了三个阶段,即未加标注的语料库、标有词类附码的语料库和标有句法附码的语料库,广泛应用于言语研究、词汇研究、句法研究、语义研究和社会语言学研究等多个领域。目前著名的语料库包括英国目录语料库(British National Corpus,约10亿词)和朗文/兰卡斯特语料库(Longman/Lancaster Corpus,约3亿词)。

语流　flow of speech 参见"**言语连续体**"。

语码　code 社会语言学术语。指某一特定群体内使用的一种或多种语言或语体。社会语言学中常用语码来代替语言、语体(speech variety)或方言(dialect)等术语。语码可指一种语言如英语、汉语,也可指某一语言变体如美国英语、澳大利亚英语,亦可指同属一种语言的方言,如北京话、上海话。需要注意的是某一群语体内肯定存在不止一种语码,根据场合的不同,其语码会转换使用。例如北京人在纽约时,上班可能选择一种语码(英语),而到家里与家人对话时会选择另一种语码(汉语),参见"**混合代码**"。

语码选择　code selection 社会语言学术语。指说话者在某一特定场合下使用某种语言或语言变体的现象。如果在与他人交际时所使用的语码不止一种,那么说话者通常对于某些目的使用一种语码,对于另一目的使用另一种语码。或简单地说,在某些地方对某些人说一种语言,在另一些地方对另一些人说另一种语言。语码选择不是任意的,而是有规则的。例如新加坡华人在市场上讲市场马来语(Bazaar

Malay)。说话者具体选择何种语码通常视其本人及听话者的种族、性别、年龄、教育程度等因素而定。

语码转换　code switching；CS　通常指双语能力者(bilingual speaker)交流时不同语言之间的交替使用。比如两个英汉双语能力者在美国唐人街谈生意,当话题从生意转向私人时,语言可能从英语突然转换成汉语。语码转换也可能发生在谈话一方使用一种语言而另一方使用另一种语言,或说话者开始使用某种语言中途换成另一种语言,甚至一句话用两种语言等情况。语码转换不是任意的,需遵循一定的规则,主要包括"自由词素限制"(free morpheme constraint),即在词干和词素之间不作转换;"对等限制"(equivalence constraint),即在句子中进行语码转换时,必须保证同时符合转换前后语言的语法;"管辖模型"(the government model),即在"最大短语"(maximal phrase)内不能进行转换;"矩阵语言框架模型"(matrix language framework model),即在矩阵语言结构的句子中插入开放类实义语素(open class content morpheme)。语码转换除了指不同语言之间的转换,还可指不同语言变体(language variety)之间的转换。

语内错误　intralingual error　语言习得术语。错误分析中指学习者因对目的语做出错误推断而造成的错误,与语言迁移无关。语内错误包括过度类推、简化、交际策略等。过度类推(overgeneralization)指学习者把语法规则的运用推广到不应有的范围,如将 man 的复数形式根据复数变化规则类推为 mans。简化(simplification)旨在减少冗余,是儿童电报式语的主要特征。交际策略(communicative strategy)指学习者有意识地使用一些语言或非语言手段达到交际目的,如运用耸肩、摊手、摇头等身体语言表示不知道等。

语内翻译　intralingual translation　翻译学术语,亦称"改变说法"(rewording),指雅柯布逊(Roman Jakobson)划分的三种翻译类型之一。指在同一语言系统内部,为某种目的用某种语言符号去解释或转换另一种语言符号,以实现词句意义的转换,如将古代汉语的《论语》转换为现代汉语。丹麦翻译学家亨利·戈特利布(Henry Gottlieb)又进一步把语内翻译分为四类,即历时性翻译(diachronic translation)、方言性翻译(dialectal translation)、语言模式转变的翻译(diamesic translation)和音译(transliteration)。

语内语境　intralingual context；intralinguistic context　指语言的各级单位如词、词组、句子、句段、语段和篇章等在表达特定意义时所依赖的语言内部环境,包括话语所在的语篇上下文,以及与话语意义相关的语篇,即互文性文本等。语内语境和语外语境(extralingual context)相对,后者是指话语情景,话语参与者和话语方式,以及话语情景语境、社会文化语境等非语言环境因素。

语篇[1]　discourse　参见"话语[1]"。

语篇[2]　text；discourse　参见"**篇章**"。

语篇层　discourse level　语法研究的对象之一。考察从句子结构输入到语篇结构输出时,这两种结构之间的对应和错配关系的规则。

语篇处理　discourse processing　一种新兴的跨学科研究范式。其研究基于心理语言学及语篇语言学发展,注重过程研究,大致分为语篇产生和语篇理解两个层面。1978 年出版的期刊《语篇处理》(Discourse Processes)标志着这一新的研究领域的出现。现阶段语篇处理的七种主要研究方法为:语篇心理学(discourse psychology)、语料分析(corpus analysis)、计算语篇(computational discourse)、语篇技术(discourse technology)、会话分析(conversation analysis)、混合定性定量(hybrid qualitative and quantitative approaches)、文化与语篇(culture and discourse)。在可见的未来,语篇处理的主要发展方向是整合神经科学、计算机技术、多学科和跨学科研究。

语篇分析　discourse analysis　亦称话语分析、语篇研究(discourse studies)或语篇语言学。语篇分析通常是指对比句子、话段(utterance)更大的语言单位(如书面语篇、口语语篇、手势语或任何符号文本等)所做的语言分析,目的在于解释人们如何建构和理解各种连贯的语篇。语篇分析研究的是交际中的语言,涉及语言与它的使用情景(即语境)之间的关系。语篇研究者一致认为,这一术语是由美国结构主义语言学家泽林格·哈里斯(Zellig Harris)于 1952 年在其论文"话语分析"(Discourse Analysis, *Language* 28)中首次提出。参见"**话语分析**"。

语篇结构　discourse structure　参见"**体裁格局**"。

语篇历时分析模式　discourse-historical approach　批评话语分析的一种形式,此研究形式受到韩礼德的系统功能语法、批评语言学、批评理论、论辩理论、德国政治语言学以及费尔克劳(Fairclough)、范列文(van Leeuwen)和霍奇、克莱斯的等语言学家的各种形式的批评话语分析的影响。语篇历时分析模式还采用了三角剖分法,将多种方法和数据综合起来,以便于从语篇中获得更多信息。在典型的语篇历时分析模式中,研究者首先将语篇的内容和话题简要列出,然后研究语篇所使用的话语策略,最后研究语篇中特定的构式是如何从语言学角度达到的。

语篇能力　discourse competence　（1）连贯表达自己思想或全面理解语言含义的能力。（2）理解相应的言内（illocutionary）行为的能力。（3）分析组成文章的字句、理清文章或段落脉络、抓住主题思想的逻辑思维能力。

语篇修正　discourse repair　参见"会话修正"。

语篇研究　discourse study　参见"语篇分析"。

语篇语法　discourse grammar　语篇语言学术语,亦称篇章语法。是篇章语言学的研究领域,以语篇为中心的语法,注重说话人或作者在语流或作品中通常所使用的语法选项,使信息上下连贯、互有联系、安排合理,更好地传递给听话人或读者。涉及语篇或篇章中句子之间语法关系的研究,主要研究衔接现象。唐宁·安杰拉（Downing Angela,1992）和洛克·菲利普（Locke Philip,1992）认为语篇语法注重过程和个体的交互作用因素,这个因素可以影响上下文中的语法选项的瞬间性。而丽贝卡·休斯（Rebecca Hughes,1998）和迈克尔·麦卡锡（Michael McCarthy,1998）则认为语篇语法是相对于以句子为中心的语法（sentence-based grammar）而言。语篇语法主要突显说话者或作者在语流或作品中如何最有效地传递所建构的信息,使得信息连贯、互有联系。语篇语法考虑真实上下文中所产生的信息与信息之间的内在关系和文化差异等诸多因素。

语篇语言学　text linguistics　亦称篇章语言学或话语语言学。产生于20世纪60年代,以法位学（tagmemics）、篇章分析（text analysis）和布拉格学派的语言理论为基础的语言学分支,现已成为文体学和修辞学的研究基础,是语言学和应用语言学领域的一个研究方向。它运用理论语言学、社会学、心理学、人类学、哲学研究中各种有关的原则,建立自己的理论与方法。着眼于语言本体,篇章语言学具有自身特征的研究方法,强调语言的交际功能,注重把语言置于色彩斑斓的现实生活之中来研究,着眼于实际使用的语言,研究人们如何运用真实的语言而不是杜撰的句子。任何形式的交流,口头的或书面的、或者有意义的事件都能被认为是一个篇章,因此都能作为篇章语言学的研究对象。篇章语言学研究文本或语篇的内部组织结构及各组成部分的相互关系。与之相仿,话语语言学的理论基础于20世纪初在欧洲得以奠定。以马泰休斯（Vilem Mathesius）为首的捷克语言学派认为语言是一个功能体系,研究语言必须同人们交际的具体语言环境联系起来,同社会与文化联系起来,彻底摆脱赤裸裸的形式逻辑的窠臼。马泰休斯用来进行话语分析的基本方法叫"句子实际切分法",即根据词语在句中不同的交际功能,把句子切分为两个表意部分：一是叙述的出发点,二是叙述的核心。句子实际切分法是一种功能—意义分析法。根据研究视角和研究重点的不同,篇章语言学可分为三个分支,即篇章语法学、篇章语义学和篇章语用学。尽管各流派的理论和方法不同,篇章语言学都致力于回答以下问题：（1）篇章类型多种多样,它们共同的基本特征是什么。（2）不同篇章类型之间的区别是什么。（3）一段话语成为篇章需要满足那些条件。（4）篇章的产生和接受过程是什么。（5）篇章的形式和功能之间的关系如何。

语篇语旨　tenor of discourse　功能语言学术语。指功能语言学范畴下的构成社会语境概念即语域的三个方面之一。根据韩礼德的观点,社会语境可以从三方面分析,即"语场"（field）、"语旨"（tenor）、和"语式"（mode）。"语旨"指的是参与交际的人与人之间的关系,即"角色关系"（role of relationship）。"语旨"决定"人际意义"（interpersonal meaning）的选择。而"语场"和"语式"分别决定"概念意义"（ideational meaning）和"语篇意义"（textual meaning）的选择。

语篇照应　discourse anaphora　韩礼德在其与韩茹凯于1976合著的《英语的衔接》（Cohesion in English）中提出把语篇照应视为指代成分与语篇上下文中的所指对象之间在语义上的相互解释关系。在语篇中,如果对于一个词语的解释不能从词语本身获得而必须从该词语所指的对象中寻求答案,这就产生了照应关系；照应是一种语义关系,它指的是语篇中一个成分做另一个成分的参照点,即语篇中一个语言成分与另一语言成分可以相互解释的成分之间的关系。

语气　mood　❶句法学术语。指以句子中动词形态的屈折变化为语法形式来反映说话人对句子判断的心理态度这一语法意义的形态句法范畴。其语法意义是说话者表述话语的一种方式,其语法形式则表现为对句子动词形态变化方式的选择。❷语法学术语,亦称式。以动词形式表现出来的语法特征,表示说话人对所说事物的态度。通常由两个方面构成：一是一定的思想感情,二是一定的具体声音形式。语气作为动词的四种屈折范畴之一,与时态、体貌和情态相对,用以描述句子（或分句）的类型。可依据屈折变化,如法语、德语等语言中特殊的虚拟式,也可依据使用的助动词如英语中的情态动词（modal auxiliary verb）来区别语气。语法上"没有标记出"语气的简单陈述句称为陈述式、共同式或现实式（indicative, declarative, fact mood）。例如：[1]

He didn't come back until mid-night. 祈使式、命令式(imperative)用来表示命令或禁止。例如:[2] Come back as soon as you see him! 值得注意的是,并非所有命令都用命令式表示。一些语言学家认为疑问句也是一种语气,因此使用疑问式(interrogative)。但也要注意,并非所有疑问都是疑问式。虚拟式(subjunctive)表示怀疑或不肯定,特别在从属句里是这样。在一些语言中,虚拟式总是出现在某些连词之后。如下法语例句:[3] Je parle lentement *pur que vous me compreniez*,(我慢慢地说,是想让你能听懂我的话。) 或者在某些句法条件下(如德语的间接引语中)出现:[4] Seine Mutter sagte, er ware krank.(他母亲说他病了。) 虚拟式也可用来表示传统语法所说的第三人称命令式(third person imperative)。例如:[5] God save you.(愿上帝保佑您。) 虚拟式在英语中常用情态助动词表示。❸在汉语中,指陈述、疑问、祈使、感叹等不同的语法范畴,现代汉语用语气助词"的、了、吗、呢"等和语调表示各种语气。

语气减弱语　downtoner　语法学术语。指可以在不同程度上减轻动词作用力的一类副词和副词性短语。它们与可以在程度上分化的动词连用,如"I admire his courage to some extent." "I partly agree with you." 等。一般分为妥协词(compromiser)、弱意词(diminisher)、最低限度词(minimizer)和近似词(approximator)四类:(1)妥协词指语气减弱词中微微降低动词作用力的一类副词及短语副词,如"I kind of like him"中的"kind of";(2)弱意词指语气减弱词中在相当程度上降低动词作用力的一类副词及短语副词,如"I partly agree with you." "I admired his courage to some extent."中的"partly"和"to some extent";(3)最低限度词指语气减弱词中与否定词连用的表示压缩到最低程度的一类词项,如 a bit、at all、in the least、in the slightest;(4)近似词指语气减弱词中表示近似概念的一类词,如 seemingly、comparably 等。

语素¹　lexeme　参见"词位"。

语素²　moneme　形态学术语,亦称形素、符素。语素是音义结合的最小单位,也是最小的表义单位。一些语言学家用来表示语素(morpheme)的术语。

语素³　morpheme　形态学术语,亦称词素、形态素。指语法的最小区别单位,通常起区分语义或语法功能的作用。例如,英语 disagreement 由三个语素构成:(1)表示否定的前缀 dis-;(2)表示"同意"意思的基础语素 agree(也称"自由形式");(3)表示抽象名词的后缀-ment。语素通常分为自由语素(free morpheme)和黏着语素(bound morpheme),前者可以单独成词,后者主要用作词缀。

语素变体　allomorph　形态学术语,亦称词素变体。指同一语素在不同环境下表现出的两个或多个表层形式。例如,表达英语名词复数意义的语素-(e)s,在语音上有[s]、[z]和[ɪz]等三种不同的实现形式,如 books, beds 和 houses 等;表示否定的语素 in-也有[ɪn]、[ɪm]、[ɪl]、[ɪr]等不同变体,如 incorrect, impossible, illegal, irregular 等。

语素词　morphemic word　指根据语素构成而区分的词。按照构成词的语素结构,词可以分为单语素词和多语素词。

语素结构规则　morpheme structure rule　生成音系学术语,亦称条件(condition)。指一种语言中组成语素的各音段之间的语音配列规则和条件,这些规则和条件使音段底层表征中的某些区别性特征成为羡余。例如,在北美通卡瓦语(Tonkawa)里,动词词根不加前缀时,第二个辅音和第三个辅音之间的元音被删除,如 picno"他切";加上 CV-前缀后,词根首辅音与第二个辅音之间的元音被删除,如 we-pceno?。由此可以推定该词的底层形式为/piceno/。这里的语素结构规则为:V → Ø ǂ CVC ___。其中元音的[+音节性]特征为羡余特征。

语素配列学　morphotactics　亦称形态配列学或形态配律学。指语素(morpheme)序列中特有的排列方式和配律特点的系统及其研究。如英语中的 's 可以跟在名词之后但是 'z 就不可以跟在名词之后。这就是语素配列学的两条规则。

语素学　morphemics　亦称词素学。把语言分解为词素的方法,它包括对词素形态和词素配列的描写。词素学通常为共时性的。构词的历史方面包括在形态学(morphology)的范畴之内。

语素音系学　morphophonology　音系学的一个分支,亦称形态音位学(morphophonemics)或语素音位学。指系统研究影响音位形式的形态因素的科学。例如,在马来语中,当一个以辅音结尾的单词加上一个以元音开头的后缀时,该辅音尾音会发生叠加。例如,单词/lətop/加上后缀/an/后变成/ləppan/"爆炸"。这就是词素形态过程引发音系过程的一个典型例子。

语速　rate; tempo　亦称语音传递的速率。在语音学中指说话的速度。不同语言和不同人发音的总体语速不同(用每秒多少个音节、词或停顿的发生率来测量)。个人语速可为取得特殊语义或社会效果而改变。例如,作沉思状的"嗯——"语速较慢。

语态　voice　简称"态",是一种表示句中主语

语 yǔ （语言学术语）

和谓语动词之间关系模式的语法范畴。英语动词有两种语态：主动语态（active voice）和被动语态（passive voice）。在主动语态中，动词的语法主语是动作的施事，而在被动语态中，动词的语法主语则是动作的承受者即受动者。例如：[1] Millions of people play baseball in the United States. [2] Baseball is played by millions of people in the United States. 在被动语态句中，由介词 by 引导的名词或名词短语作为施事。上述这对例子表示的是同一事实，但是在风格结构和着重点上有明显区别。英语动词的主动态没有语法标记，而被动态是有标记的，通常由助动词 be 的一定形式加及物动词的-ed 分词构成。例如：[3] The boy is regarded as smart. [4] The book was published in 2000. [5] The new road has been opened to traffic. [6] This will be done immediately.

语体 genre 参见"体裁"。

语体变异 stylistic variation 文体学术语。指个人或群体因情景、话题、说话对象和地点等不同而改变其口语或书面语。可以从不同语音、词语或句子结构的运用来观察语体的变异。

语体倒装 stylistic inversion 语法学、文体学术语。指英语、法语等语言中因语体需要而产生的倒装现象。语体倒装不产生任何意义上的改变，旨在表示强调或为描写增色等作用，在一些正式文体或诗歌文体中经常出现。英语中常见的语体倒装包括：介词短语前置、谓语部分前置、完全倒装、否定词倒装、副词及其短语或从句前置倒装等。例如：[1] *With fingers* he pulled the car moving.（介词短语前置） [2] *A good generous prayer* it was.（谓语部分前置） [3] In went Mr. Pickwick.（完全倒装） [4] *No sooner* had the plane taken off than the engine trouble started.（否定词倒装） [5] *Only when we got home* did we find out why the car was making such a strange noise.（副词性从句倒装）

语图 sonogram 参见"声波图"。

语外语境 extralingual context 参见"语内语境"。

语文学 philology 指在 19 世纪的比较语言学和历史语言学范围内，通过比较不同的语言来揭示其共性的语言比较研究。在欧洲大陆，语文学指与文学作品，尤其是古希腊—罗马时代的文学作品有关的学术研究，也包括以文学文献为基础的文化研究。

语文学方法 philological approach 翻译学术语。翻译理论的四种方法之一，亦称文艺学方法，即停留在文艺学或文学研究层面，通过"形而上"模式和"主观观照"范式研究翻译活动，与美学理论结合紧密。另外三种方法是语言学方法（linguistic approach）、交际理论方法（communicative approach）和社会符号方法（sociosemiotic approach）。语文学方法大体仍旧属于前语言学时代的范畴，但至今仍具有强大的生命力。

语系 family of languages; language family 历史语言学研究用来描写语言关系的术语，指将语言关系比作和家族关系相似的谱系关系。一个语系就是一组派生自同一祖先或亲本的语言。例如，印欧语系由梵语、希腊语、拉丁语等"子"语言组成，它们都是从原始欧语衍生而来。一个语系内不同的语群可称作语族（如意大利语系的罗曼语族）。这种模式的进一步发展即为德国语言学家施莱赫尔（August Schleicher）提出的谱系树（family tree），即将一个语群的语言间关系比作树枝。

语项 item 指语言中可以孤立出来分成各个等级、并按某种次序表示出来的个体形式。例如，词典中所列词汇可以视为一批词项（词典中的词目）的集合。语法单位和音系单位也能以语音项列出，但不太常见，因为这些单位更倾向于做类的分析。语音项（如 seat 中的 /s/、/iː/ 和 /t/）和语法项（如名词复数形位〈-s〉）称为形式项，并在词典中作为词或词素列出。

语序 word order 指词或词组在句中的线性排列次序。不同的语言词序会有所不同。例如，过去分词在德语中出现在主句末，而在英语中却出现在助动词后。英语、汉语中词序一般以"主语（S）—动词（V）—宾语（O）"的形式出现，在日语中动词则出现在句末，为 SOV 词序，而爱尔兰语为 VSO 词序。SVO、SOV 和 VSO 三种词序比较常见。此外，还存在 VOS、OVS、OSV 三种词序，虽然比较少见。VO 词序的语言常将介词置于名词之前，所有格及定语从句置于名词之后，状语置于动词之后，助动词置于动词之前等，而 OV 词序的语言则正好相反。另外，不同的语言词序的自由度也不同。在汉语这样的非屈折语中，词序表示句法关系，因而相对固定。英语词序的变化也会改变句子的语义。例如：[1] Mary saw Lisa. [2] Lisa saw Mary. 在词形屈折变化丰富的拉丁语、斯拉夫语等语言中，句法关系通过屈折变化来表示，词序则相对自由，词序的变化不会改变句子的语意内容。例如，在俄语中，无论 Мария（Mary 主格）、увидела（saw）和 Лизу（Lisa 宾格）三个词如何自由组合，句意不变。因此，词序常用来组织句中信息。作为交际单位的句子，往往以交际双方共知的信息开始，与上文保持连贯，在句中起基础与铺垫作用,而需要传达给对方的新信息作为交际的最终目的则置于句末,是句子的核心。

语言¹ language 人类交际最重要的工具,是按照一定的结构排列语音和书写标记来组成更大单位的人类交际系统,如语素(morpheme)、词(word)、句子(sentence)等。语言随着人类社会的产生而产生,随着人类社会的发展而发展。从语言内部结构看,它是由语音和语义结合而成、由词汇和语法所构成的符号系统。语言符号与客观事物之间的关系是任意的、约定俗成的。语言具有生成性,即语言规则的数量是有限的,但在使用中,语言却能产生无限多的话语,很多话语是过去从来没有听到过的。语言是语言学研究的基本对象,语言学家从不同角度探索这一概念。美国人类语言学家萨丕尔(Edward Sapir,1884—1939)给语言定义如下:"语言是人类独有的、用任意创造出来的符号系统进行交流思想、感情和愿望的非本能的方法。"这一定义强调了语言的人类独有性、任意性、符号性、交际性和习得性。虽然有些动物也有与人类语言有某些类似的交际系统,但语言是人类才有的活动。人类使用语言与同一语言群体的其他成员发生联系。然而,语言不仅用来进行交际,也可以作为个人表达思想的手段。语言不是生来就会的,它必须被当作一个任意的、约定俗成的符号系统来学习。语言学家索绪尔指出,应把语言和言语区别开来,前者是语言集团言语的总模式,后者是在某种情况下个人的说话活动(参见"**语言²**"和"**言语¹**")。乔姆斯基等另一些语言学家则认为语言是说母语的人理解和构成合乎语法的句子的先天能力,不是在某一时期说出的实际话语(参见"**语言能力²**")。不同学科对语言本质也有不同的理解。例如,人类学家认为语言是文化行为的形式;社会学家认为语言是一种社会现象,是社会集团成员之间的互相作用;文学家认为语言是艺术媒介;哲学家认为语言是解释人类经验的工具;语言教师认为语言是一套技能等。在同一个国家内,地区之间的语言也可能不同;不同的人在讲同一种语言时会出现地域变异或社会变异。在某些情况下,一种语言与另一种语言组成一个连续体(continuum)。如果甲语言与乙语言有联系,处于边界两边的甲语言的X方言与乙语言的Y方言可能非常相似。瑞典与挪威、德国与荷兰之间均存在此种情况。

语言² langue 意为"语言",法语词汇。指语言学家索绪尔在《普通语言学教程》(*Cours de linguistique générale*)中表示一个言语集团所有成员共享的抽象语言系统,是语言的"理想"形式,与"言语"(parole)相对。语言和言语具有不同的特点,前者是所有语言使用者都要遵守的一套习惯和规则,是抽象的、相对稳定的;而后者是习惯和规则的具体运用,是具体的、因人因情景而异。它们的不同在于,语言是代码(code),而言语是信息(message)。索绪尔对语言和言语的区分与乔姆斯基对语言能力(competence)和语言行为(performance)的区分相似。但是索绪尔的"langue"寓于语言社团(speech community),而乔姆斯基的"语言能力"(competence)着眼于"理想的说话人或听话人"。因此,索绪尔的区分是以社会语言学为基础,而乔姆斯基的区分是以心理语言学为基础。

语言保持 language maintenance 社会语言学术语,亦称语言维护。指在双语、多语地区或移民团体中,个人或群体继续使用其母语的程度。影响语言保持的因素包括:(1)这种语言是否是官方语言(official language);(2)它是否被用于宣传媒介或作为宗教和教学工作语言;(3)同一地区讲这种语言的人数。

语言变化 language change 指语言随着时间的推移而发生的变化,包括在语音、形态、句法、词汇、语义等各个层面的变化。其中,词汇是语言中最活跃的因素。词汇变化主要体现在新词的增加和旧词的消亡,而新词的增加主要依靠复合法、派生法、缩略法、混合法、逆构法等方法实现。相对来说,语音变化较慢,主要表现在音位的增减、元音的鼻音化、语音形态的变化等。语法变化最慢,主要包括语法规则的增加与简化等。语义变化主要指语言词汇意义的演变,如意义的扬升或下降、意义由褒到贬或由贬到褒的变化等。这些不同范畴的变化之间可以相互影响。譬如,英语历史上由于词尾语音的变化导致表示格位的词缀的丢失;这一形态上的变化又导致英语名词格检验的方式转变为语序检验,英语的语序由SOV逐渐稳定为SVO。语言变化的原因可以是语法规范和语言标准化政策、社会因素(社会环境的变化、语言规划和语言标准化政策、侵略战争和殖民化政策等)以及语言接触和文化传播等。但还有一些更复杂的原因值得探讨。譬如,语言习得中每个人所形成的语言特点汇集起来对语音、形态和语法变化的影响;语言使用中"经济原则"所导致的类推变化也是语言变迁的重要原因。由于新事物、新观念不断涌现,必然需要创造新词来表达。所有活的语言都发生过变化而且还在继续发生变化。例如,近年英语发生的变化包括:(1)类似what和Watt这样的词在发音上的区别正在消失;(2)可用hopefully代替"I hope""we hope"或"it is to be hoped";(3)新词和新的表达方式不断进入英语,如metrosexual(都市美男)等。语言变化是语言具有生命力的一种表现,是语言得以延续和发展的必然体现,也是每一种语言所具有的普遍现象。

(语言学术语)

语言变体　variety in language; language variety　亦称语言品种、语言使用变体。指一种与其他形式有系统性差别的语言形式。任何实际使用的语言都会因时间、地点、环境等的变化而变化。语言变体可从使用者和使用语境两个角度进行分析。着眼于使用者,语言变体被称为方言(dialect),包括地理、社会、性别、个人等方言;着眼于使用语境,语言变体被称为语域。所有变体可分为语言的地域变体、语言的社会变体和语言的功能变体三类。语言的地域变体是一种语言在广泛地区使用而产生的地域变体。现代英语被几十个国家作为第一语言使用,产生了若干英语变体。例如,英国英语和美国英语在词汇、语法、语音、语义等方面都有所分化。此外,一种民族语言在一个国家内部的不同地域使用,也可能产生地域变体,这就是方言。例如,汉语诸方言在语音、语义、词汇、语法各方面都有差异。语言的社会变体表现为社会习惯语,是指各种社会集团采用的语言变体。社会习惯语的种类很多,主要分为行业语、集团语、隐语(即秘密社团的暗语)、阶级习惯语。语言的功能变体指在不同社会活动领域交际时,由于不同的言语环境而各自形成一系列言语特点,这些特点的综合就是语言的功能变体。区分语言变体有三条重要标准:(1)讲话者的地区背景和社会背景,以及发生言语行为的实际情景,如方言(dialect)、语域(register)或话语方式(manner of discourse);(2)语言表达的手段或"方式",如书面语(written language)、口语(spoken language)和副语言特征(paralinguistic features);(3)讨论的话题(topic)。

语言变体库　linguistic repertoire　语用学术语。指语言使用者所掌握的所有变体。这是韩礼德所定义的"语言能力,"交际者可根据交际情景正确判断哪些合乎语法的句子可以被接受、哪些句子显得得体。

语言变异　language variation　社会语言学术语。指某种语言中发音、语法、词汇选择的差异。参见"社会语言学"。

语言标准化　language standardization　亦称语言规范化。指发音、语法、拼字法、词汇等规则为某一语言集团内的大多数人正式接受的过程。书写或拼写系统的标准化通常由政府机构批准实施。

语言不安全感　linguistic insecurity　指说话人或书写者对其语言使用的某个方面,或所讲的某种语言变体所具有的一种不安全感。这种感觉可以引起矫饰言语(modified speech),即说话人试图通过改变其说话方式和特征,使自己听上去更像在使用一种有声望的语言变体。书写者亦如此,会刻意使他的书面语看上去更像是使用权威语言变体的人所写。

语言测试　language testing　教育测试的一个分支。目前语言测试已成为一门学科,研究测试理论、方法、标准、试题项目、测试评估等。

语言差异假说　language difference hypothesis　心理语言学、语言教学术语。一种语言学假说,主张尽管某些儿童(比如少数民族儿童)的语言可能与家庭背景是中产阶级的儿童的语言有所不同,但是所有的方言都是同样地复杂,而儿童仍旧能够使用这些方言来表达复杂的思想,并最终形成接受学校教育的能力。语言差异假说与语言缺陷假说相似。参见"语言缺陷假说"。

语言产出　language production　指语言产出的过程,特别是口语产出中涉及的认知过程。这些过程包括准备话语内容、检索词汇词组成句、说出句子和输出监察等,而在语言产出中会出现停顿、言语错误、不连贯、自我修正等现象。荷兰心理学家莱沃尔特(Willem Levelt)在 1989 年提出言语产出的模式,即由观念形成器、构成器、发音器和自我监察器四个信息处理成分组成,一个部分的输出是下一个部分的输入。观念形成器主要是选择完成交际目标的信息;构成器主要是将观念形成器选择完成的信息转变为语音计划,形成内部言语;发音器的输入是内部言语,输出是显露的言语;自我监察器是指说话者在进行言语输出的同时,可以自我监察内部言语和显露的言语。

语言成就　language achievement　语言习得术语。指经过一段时间的教育和学习后,学习者在运用第二语言或外语方面所达到的水平。语言成就可以与在课程开始前所测定的语言学能(language aptitude)相对比。

语言处理　language processing　可以指语言理解,亦可指语言生成和理解的全过程。一般将语言理解和语言生成看作语言处理的两个过程。语言理解包括系列/自主模式(series/autonomous model)和平行互动模式(parallel-interactive model)。语言处理涉及语法知识、词汇知识、百科知识、语境知识等各种信息的处理,以及涉及如何组织并协调这些信息处理的过程。

语言处置　language treatment　指各类机构对有关语言问题所采取的任何措施,既包括政府或政府机构制定的语言规划(language planning),也包括公司对雇员的语言要求、公司对商业信函文体的规定、商标名称的拼法、出版商的印刷体裁、词典中对语言的解释等。

语言串理论 linguistic string theory 指用结构主义观点描述语言的自动句法分析方法。在语言串分析法中，每一个句子都可以看作由若干个基本串通过附加、连接和替换等方式组合而成。在组成句子的这些基本串中至少有一个是中心串(center string)，中心串代表句子的基干。每一个句子都由一个中心串加上零个或多个基本附加成分(elementary adjuncts)组成，从中心串出发，通过逐渐扩展的方式，可以生成语言中无限多的、任意复杂的句子。

语言错乱 paraphasia 病理语言学术语。指失语症患者(尤其是韦尼克失语症)和语言发展障碍儿童的言语特点。传统上分为以下几种：(1)音素或字符错乱，如简化辅音链(如把 spaghetti 读成 paghetti)和语音错位(如把 slipper 读成 lisper)；(2)语义或语词错乱，选词错误的一种，即该词与应选词句法范畴相同且语义相近(如用 cup 代替 kettle)。这类语言错乱可源于视觉联想(如把"香蕉"说成"香肠")；(3)新词语错乱，即说话者根据某种语言特有的音位配列结构规则而造出来的实词，而这些词在该语言的词汇中并不存在，且无法确定与被替代词语之间的关系(如用 lorch 代替 microphone)。然而在有些情况下，这种新词的创造过程很明显，如用 picture box 代替 television set。

语言代码 dez 人工语言术语。手语单位的一种，用手做出动作来指称事物。例如，5：伸出手掌；G：食指指向拳头；H：伸出并拢的食指和中指；I：紧握拳头，伸出小指；K：食指指向拳头，大拇指接触食指中部；L：握紧拳头，伸出大拇指和食指，呈直角；O：手指弯曲，紧握大拇指；V：食指和中指伸展成 V 型；W：大拇指和小指接触，伸出其他手指。

语言单位 linguistic unit 语法学术语。指一种语言体系的构成成分。可以是一种语言中具有区别性特征的语音，即音位(phomeme)、词素、词汇、短语或句子；也可以是比较大的单位，如某段对话中的话语(utterance)、段落、对话、语篇等。

语言的表达能力 expressive power of language 指语言的修辞功能。语言的修辞功能是语言主观性、主观化的具体表现。语言不仅客观地表达命题式的思想，还表达言语主体即说话人的观点、感情、态度等。

语言的发展性功能 developmental functions of language 功能语言学术语。指幼儿在语言发展的早期阶段能够掌握一些语言的基本功能，由韩礼德于 1973 年提出。语言的发展功能主要有七种：(1)工具功能(instrumental)：用来满足物质需求，如"I want"；(2)控制功能(regulatory)：用来控制他人的行为，如"Do as I tell you"；(3)应对功能(interactional)：用来与人相处，如"Me and you"；(4)自指功能(personal)：用来表明身份或表达自我，如"Here I come"；(5)探究功能(heuristic)：用来探索外在世界和内心世界，如"Tell me why"；(6)想象功能(imaginative)：用来创造一个想象中的自我世界，如"Let's pretend"；(7)告知功能(informative)：用来交流新信息，如"I've got something to tell you"。到 18 个月大时，儿童已经开始掌握成年人的交际体系，包括词汇、语法和意义成分。

语言的工具模型 organon model of language 指德国语言学家比勒(Karl Bühler, 1934)在《语言哲学》一书中设计的语言和符号模型。柏拉图最早提出"语言即工具"的定义，指出语言的交际作用。比勒在此基础上设计了一个模型，用来描述语言的三种交际功能：表达功能(expressive function)、呼吁功能(appellative function)和表征功能(representational function)。交际包括传递方(sender)和接收方(receiver)以及第三方(objects and states of affairs)，根据关注焦点的不同，产生三种不同的功能，即语言的"表达功能"(涉及符号和说话者的关系)、语言的"呼吁功能"(涉及符号与受话者的关系)和语言的"表征功能"(涉及符号与世界的关系)(见下图)。图中间的圆代表声音，指实际使用的话语；三角形代表语言符号，圆与三角有重叠和交叉的部分，说明语言符号和实际应用的关系特征。

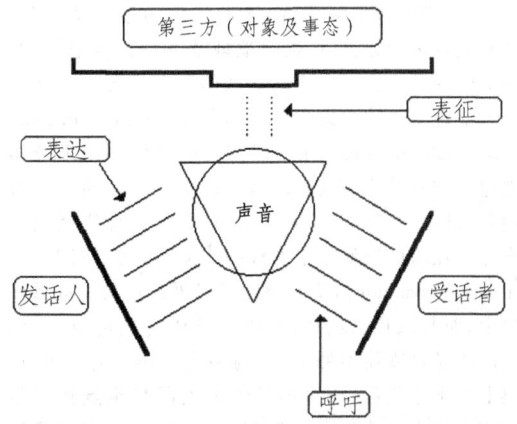

语言的甄别性特征 design feature of language 亦称语言的结构性特征、语言的设计特征。指人类语言的共同的本质性特征，其中可将人类语言和其他动物交际系统区别开来。这一概念由美国语言学家霍凯特(Charles Hockett)提出，列举了人类语言的 12 个甄别性特征，如任意性(arbitrariness)、二重性(duality)、能产性/创造性(productivity/creativity)、位移性(displacement)、文化传递(cultural transmission)和互换性(interchangeability)等。任意性指语言的语音和意义之间没有必然的联系。例如,我们无法解释为何英语中"猫"被读作[kæt];"钢笔"被读作[pen]。语言的任意性在很大程度上来讲是个相对的概念,并不代表语言完全是任意的,部分语词在语音和意义之间存在逻辑联系(参见"**理据**"),特别是拟声词和部分复合词,但这在语言体系中所占的比例很小,因而不能否定整体语言的任意性本质特征。二重性的前提是语言符号主要指语音系统。语音系统具有双层结构:低级结构里包括不能表意的单个发音,高级结构里包括在音系规则指导下单个发音所组成的可表意的音串。二重性的存在使得人类可以利用语言在其知识范围内表达任何想要表达的意思。能产性,亦称创造性,指语言具有让其使用者生成和理解新句子的特性。位移性,即不受时空限制性,指语言使用者可以用语言来表达不在交际现场(时间和空间上)的物体、事件、概念等的特性。文化传递指一方面人的语言能力具有遗传基础,天生具有习得母语的潜力,但另一方面任何语言系统的细节都不是随基因传递的,而是必须要一点一点地习得(acquire)或学得(learn)。互换性指任何人既可以是语言信息的发出者,也可以是语言信息的接受者。

语言地理学 linguistic geography 语言学与人文地理学的跨学科分支。主要研究语言的地理变异和语言变体的空间分布,探讨特定语言内部的区域语言变体,包括语言母体与谱系继承性、历史比较语言、语汇词汇多样性、语形变化的地理特征等。当研究目标为方言时,语言地理学亦称方言地理学,主要研究某一方言在不同地区的分布情况。广义的语言地理学亦称为地理语言学(geographical linguistics;geolinguistics),主要研究语言接触的地理分布规律与空间结构情况。语言地理学一般都涉及语言接触效应研究(language contact effect),即研究语言或方言在跨区域使用中形成的所谓"界限扩张"(territorial expansion),从而导致不同语言在某一区域内共生,而非取代。比如,在中古英语时期的英格兰,古法语是贵族使用的语言,与中古英语并存。20世纪七八十年代后,语言地理学相关研究重点转移至对相应语言变化模式的解释而非描写上,更注重语言的社会使用以及与社会地位或职业相关的语言内方言间的变体研究。

语言帝国主义 linguistic imperialism;language imperialism 教育语言学术语。指一种强势语言对其他相对弱势民族的传输。这种传输本质上是权力的传输,传统上是军事力量的传输,现代社会中往往是经济力量的传输,强势文化的方方面面随着强势语言传输到弱势语言民族。20世纪90年代初,应用语言学家开始关注语言帝国主义话题,其中的代表人物为丹麦语言学家罗伯特·菲利普森(Robert Phillipson)。他于1992年在其著作《语言领域的帝国主义》(*Linguistic Imperialism*)中对语言帝国主义,尤其是英语语言帝国主义作了详细的研究和论述,指出英语语言帝国主义就是英语的支配地位通过英语和其他语言之间的物质和文化不平等关系的确立,并不断重新建构而得到维护和巩固。物质结构不平等是指广义的物质财富。例如,教育和宗教机构、资金分配意义上的物质财产;而文化不平等指非物质和意识形态财富,如态度、方法、原则等。

语言调查 language survey 社会语言学术语。指对某个国家或地区的语言(还包括语言变体及方言等)使用情况的调查。这类调查可以确定:(1)在这个国家或地区讲哪几种语言;(2)使用这些语言的目的;(3)不同年龄范围的人运用这些语言的熟练程度。通过语言调查也可了解某些区域的语言政策和语言使用情况。

语言对 language pair 语言处理和翻译学术语。一组语言对包含了一种源语和一种目标语,如英语和汉语在一定条件下可以成为一组语言对。语言对具有方向性(directionality),有单向性和双向性之分,前者仅指源语与目标语之间的单向语言处理,后者则包括源语与目标语之间的双向语言处理。

语言发生学 glossogenetics 语言学的一个分支。研究语言的起源和发展,涉及语言学、生物学和心理学等诸多学科。该术语源于希腊语,glossa表示"语言",genesis表示"产生"或"发展"。语言的发生有三种含义:(1)人类语言的发生;(2)个体语言的发生;(3)种系语言的发生,即某一种系语言的形成及内部要素的更替。

语言飞地 enclave 教育语言学术语,亦称语言孤岛(speech island)、语言残余地区或区域(relic area)。指一些小团体(如农夫、手工劳动者、矿工、宗教团体等)在某一地区聚居时,使用其原有语言,不同于该地区已经确立好的语言,从而形成一个相对孤立的语言社区(speech community)。与其语源国所讲的语言相比,这些团体所讲的语言具有相对保守的特点。在语言飞地所处的语言环境进行调查研究,尤其适合于重新构建所研究语言的前早期阶段,以弄清语言发展的年代。例如,美国中西部的阿米细语(Mennoite的一支)来源于德语。这种阿巴拉契亚山脉地区的语言,表现出较早时期的德语和英语各自不同的特点。从更宽泛的意义上来说,语言飞地可以指任何一种以地理位置描述的语言变体。这种语言变体的形式偏离包围其周围的语言,但却表现出与语言边界另一边的语言有相关性的特点。这种语言飞地不参与其相关方言的语言变化过程,无论是出于何种原因,常表现为语言变化的残余地区或区域。

语言分工　division of linguistic labour　语言哲学术语。指当代美国著名哲学家希拉里·普特南(Hilary Putnam,1926—2016)对语词的划分。普特南将语词分为自然类用语(natural kind terms)和名目类用语(nominal kind terms)。自然类用语用来标示"自然发生的事物",如基因等。名目类用语用来标示为标准归类的事物,如单身汉、三角形等。自然类用语指涉的事物正是科学家或其他专家研究的对象,而这些专家研究的目的之一在于理清这些事物的性质。因此使用自然类用语时,存在一种"语言分工",人们使用这些语词来指涉某些东西,至于那是什么东西,则取决于专家的说法。例如,人们常用"水"这个语词来指称某种液体,至于水是怎样的液体,它的化学成分与物理性质如何,说话人未必清楚。在这种情况下,说话者对于水的概念可能只是一个简单的信念:它是某些专家了解的一种物质。普特南的想法虽然是从哲学分析出发,但这种想法促发了心理学的许多新观点与新研究。

语言分化　language divergence　社会语言学术语,亦称语言趋异。指两种或多种语言变体之间的区别性特征加剧的过程。例如,如果操一种特定语言的人迁徙到另一个地方,那么他们所操的这种语言变体就有可能逐渐变得不同于那些没有迁徙的人所操的语言变体,即发生语言分化现象。英国英语与其在美国、加拿大、澳大利亚和新西兰的各种变体就属于这种语言分化的现象。

语言分析　linguistic analysis　指对某一特定语言或语言变体(或作为人类交际系统的语言)的结构与功能进行的研究。语言学家在实地调查或文献收集的基础上,对所得语言材料的结构、功能和作用进行调查和分析,往往有多种分析处理方法,如可以把各语言单位分解为最小成分(切分分析法),然后再确定这些成分的组合方法(成分分析法),找出它们的特征和彼此的关系(分布分析法),也可以运用话语分析法、直接成分分析法、功能分析法等。语言分析还可具体到语音、音位、形态、句法、语义、语用等各个层面。

语言风格　speech style　指一个社团中的各种说话方式,范围从比较口语化的风格到比较正式的风格程度不等,可分为亲切体(intimate)、随意体(casual)、商洽体(consultative)、正式体(formal)和冷冻体(frozen)。通常情况下,一个人的口语风格因其社会背景和言语社团的类型而有所差异。特定风格的选择具有社会含义。例如,随意场合下选择正式风格的语言会让人听上去滑稽可笑,而在正式场合,如葬礼或布道中,采用随意的语言风格就会冒犯别人。一般而言,讲本族语的人知道在适当的场合采用适当的语言风格。

语言风格学　linguostylistics　亦称语言修辞学,参见"文体学"。

语言符号　linguistic sign　指某个语言系统中恒定的形式和意义结合的词、语素或其他语言系统的单位。语言中的词语是约定俗成的符号,代表事物。例如,英语中的book(书)一词代表现实世界中的某种事物。

语言复兴　revitalization　社会语言学术语。指某种语言恢复生机活力的现象,如1890—1914年希伯来语(Hebrew)在巴勒斯坦地区的复兴。

语言复兴方案　language revitalization programme　教育语言学术语,亦称语言复兴计划。指旨在复兴或强化濒临灭绝的语言而制定的一种方案或计划,如在爱尔兰教授爱尔兰语的方案、在美国教授印第安语的方案等。

语言个体发生　ontogeny　指在儿童语言习得研究中对个人言语发展的研究,即对单个说话人的个人言语特点(idiolect),即个别说话者使用的语言变体(包括发音、词汇、语法等方面的特点)发展的研究。语言学家感兴趣的是儿童个人语言发展所经历的各个阶段是否重现语言系统发展过程。一直以来,学者很关注儿童如何学说和理解第一语言,但是详细、系统的研究直到20世纪中期才成为可能,因为录音机的广泛使用使研究者可以对所录的语言材料反复听,从而做出详实、精确的描述。从那时起,众多跨学科的学者对此进行了研究,包括语言学家和心理学家,他们用各种观察和实验手段对语言习得过程进行深层次研究。这种研究与语言群体发生(phylogeny)相对。换言之,个人语言发展是否就是群体语言发展的再现是语言学界很感兴趣的话题。

语言个体发生再现语言群体发生　ontogeny recapitulating phylogeny　群体发生学或种系发生(phylogeny)是生物学概念,指在地球历史发展过程中生物种系的发生和发展。个体发生学研究的是生物个体的起源和发展。在生物学中,种系发生学与个体发生学构成对应关系。19世纪德国生物学家海克尔(Ernst Haeckel,1843—1919)曾提出一个著名的生物发生学基本定律——"个体发育史重现种族发展史"(Ontogeny Recapitulates Phylogeny), 即个体的成长要经历种族成长的所有阶段, 顺序相同, 只是所经历的时间缩短。依照这个生物学定律, 语言学家提出了儿童个体言语发展历经与整个人类群体语言发展阶段相类似的性质的假说。这一假说, 是语言学研究的一个著名论题。也有学者对此表示质疑。例如, 中国学者伍铁平曾认为儿童语言发生与人类语言发生两者性质迥异, 不可类同。

语言公理学 axiomatics of linguistics 德国语言学家比勒(Karl Bühler)于1934年根据数学和逻辑学理论提出的解释语言交际的基本原则。主要观点是所有语言表达式可以通过演绎推理得出和解释。语言公理学的基本内容包括:(1)语言的基本功能是表征(representation)、表达(expression)和命名(appellation);(2)语言是一个符号系统, 符号的使用遵循抽象关联原则(principles of abstractive relevance);(3)语言研究的对象是语言活动(language work)和语言形式(language form);(4)语言由相互作用的语义和句法两个层次构成。

语言孤岛 speech island 参见"语言飞地"。

语言古生物学 linguistic paleontology 历史语言学术语。指运用语言学数据来推导出某一特定语言的人的历史起源、地理位置, 从而获取人类史前时代的物质和精神文化信息的历史语言学分支。语言古生物学由瑞士语言学家阿多菲·皮克特(Adolphe Pictet)在其著作《印欧语或原始雅利安语的起源:语言古生物学论文集》(*Les Origines indo-européennes ou les Aryas primitifs: Essai de paléontologie linguistique*, vols. 1—2, 1859—63)中提出。语言古生物学使用三种语言材料:(1)用词源学和历史比较语言学方法重构原始语或有文字出现前语言的单词或词根。这些重构的词和词根的语义可以提供有关一个语言族群的文化和自然环境信息。例如, 原始印欧语中出现的发达完善的牲畜饲养术语、农耕术语以及各种容器名称, 但几乎无一个金属材料名称的事实表明, 印欧通用语属于新时期时代的语言。(2)对有文字出现之前的诸语言中"借词"(borrowing)的研究表明, 有不同的古族群同时并存的事实, 也表现他们之间的文化联系和地理距离的临近。例如, 原始印欧语系中有几十个闪族语借词, 这表明这些民族是同时并存、地理位置接近的同种同文化的民族。从印欧—闪族语—卡特维利语之间的文化纽带判断, 最古老的印欧群落应该首先出现在小亚细亚地区, 后来在中欧和东南欧洲重新安居;(芬兰)乌戈尔族和印度—伊朗族之间的同时代性和地理邻近性也得以确立。(3)对地名学的语言学研究透露出族群间散落的信息。印欧语系的语言古生物学在19世纪末20世纪初取得显著进展。主要成果有德尔布吕克(Berthold Delbrück)的《印度日耳曼语的亲属称谓语》(*Die indogermanischen Verwandtschaftsnamen*, 即 *Indo-Germanic Kinship Terms*, 1889)和施拉德(Otto Schrader)的《比较语言学语史前史》(*Sprachvergleichung und Urgeschichte*, 即 *Comparative Linguistics and Prehistory*, 1883)。20世纪30年代和40年代, 语言古生物学作为历史比较语言学分支科学因其研究方法上的不成熟而颇受质疑。近年来, 古生物语言学开始采用精确的系统语义重构取代独立的单词语义重构方法, 并且将历史文化的和人种比较学的研究成果纳入其考量。古生物语言学目前在印欧语、闪族语、乌拉尔语以及其他一些语言的研究上很成功;在对近期一些的语言, 如原始斯拉夫语和古日耳曼语的研究更具可靠性。

语言官能 language faculty 人类生成语言和理解语言的能力, 被认为是人类特有的能力, 具有神经和生物学基础。关于语言官能, 主要有两种观点:天赋论和建构论。天赋论由乔姆斯基提出, 主张语言能力是天生的, 受遗传因素决定, 就像儿童从一个阶段成长到下一个阶段时, 都会成熟到遗传所决定的目标阶段上。建构论由皮亚杰提出, 主张语言能力是建构的。通过人与环境的相互作用, 儿童发展了感觉运动的构造, 这给语言提供了基础。语言是在环境过程中获得发展, 在任何阶段都只是反映独立的心智构造。

语言观哲学 linguistic philosophy 亦称语言概念哲学、语言分析。主张哲学问题能够通过改革语言(reform the language)或更精确地理解当前使用的语言来解决或消解意义, 前者是理想语言哲学的立场;后者是日常语言哲学学派(ordinary language philosophy)的观点。美国语言哲学家塞尔(John Searle)将其看作是解决哲学问题的技术或方法的名称。就研究内容而言, 可以通过检验我们用于讨论(以怀疑论为例)疑惑、肯定、知识等普通用语的逻辑, 达到解决某些传统的哲学问题, 如怀疑论的问题的目的;分析诸如知道、疑惑、相信、猜想、肯定等概念的普通用法;厘清诸如"知识"和"肯定"究竟是什么的基本方式。总体而言, 语言观哲学是对特定语言中特定词语用法的研究, 回答某些特定的问题;而语言哲学(philosophy of language)是哲学分支, 是哲学中一个研究课题的名称而非一种技术名称, 关心的问题包括语言与现实的关系、意义的性质、真理、参照因素、逻辑必然性、言语行为等。参见"**语言哲学**"。

语言归纳能力 language induction ability

指学习者从一些语言的实例中推断或总结语言规则甚至能够举一反三的能力。与音位编码能力、语法敏感能力、语言强记能力同属语言学能（language aptitude）的主要组成部分。语言归纳能力较强的学习者往往不太依赖于教师或书本所讲授的规则。参见"语言学能"。

语言规范　linguistic norms　教育语言学术语。是进行经济而有效的语言交流的前提，是人为选择与规定的结果，和语言规划（language planning）密切相关。语言规划和语言政策的制定有四个阶段：选择（selection）、制定（codification）、实施（implementation）和完善（elaboration），而语言规范是前两个阶段的产物和后两个阶段实施的基础。语言规范设定了一个社会中某种语言或方言作为官方语言的地位，设定了一个特定社会的正常行为规则，涉及语言的质量和谈话的准则，具体包括：发音的规范、文字的确定、词汇的选择、语法的确立和社会交往规则（如长幼尊卑有序、电话礼貌礼仪等），遵从这些语言规范在社交中往往更有面子。制定规范是社会控制人们话语的一种方式，社会不同往往语言规范也不同。

语言规划　language planning　教育语言学术语，亦称语言计划、语言工程（language engineering）、语言处理（language treatment）。指由政府或政府机构所制定的规划，涉及国家语言或官方语言的选择、推广使用某种语言的方法、文字或拼字法的改革、语言中新词的纳入、专门术语的研究与规范化、设计混合的语言和文字系统以及其他语言问题。官方语言政策通过语言规划得到贯彻和落实。广义上说，语言规划是指为了规范或影响所使用的语言或语言变体，以及语言使用的目的，所进行的语言政策的制定和实施等。狭义上说，语言规划指在一个语言社团中通过研究所使用的语言或方言，制定有关语言选择和使用的政策，以理论为指导，有计划地、系统地解决社会集团交流问题。例如，在印度尼西亚，马来语被选作国语，取名 Bahasa Indonesia（印度尼西亚语），成为主要教学语言。

语言合成　language synthesis　计算机语言学术语。指运用计算机技术来合成人类语言的研究方法和研究结果，其主要原理是通过依靠语言学的理论对自然语言进行形式化的分析，进而运用计算机技术把形式化的语言分析结果在机器中进行表达和反映。

语言呼唤功能　appellative function of language; vocative function of language　语言的功能之一。德国语言学家比勒（Karl Bühler）在柏拉图关于语言工具说的基础上提出语言的工具模式，认为语言有三种功能：表达功能（expressive function）、表现功能（representational function）和呼唤功能。作为语言功能的一种，呼唤功能指为了引起听话人的注意，并使之作出回答或采取行动而使用语言，表达的是语言符号和听话人之间的关系，即语言符号对听话人所产生的心理导向作用。

语言互动处理功能　interactional and transactional functions of language　用来区分语言用途的术语，主要用于说话者之间的社会互动和满足亲善、移情、兴趣、社会和谐等的交流需要（互动功能），以及进行信息沟通和完成现实世界的各种事务处理（事务处理功能）。语言用来表达社会关系和个人态度的功能就是互动功能，用来表达内容的功能就是交往功能。互动交际主要面向个人，而事务处理交际则集中在信息方面。

语言环境制约　environmental condition　语境中足以影响一个具体语言单位的选择，从而限制其出现或分布的特征。例如，邻近语音对某个语音的影响：fivepence [faɪvpens] 中 [v] 的清化即受辅音 [p] 的制约；[n] 在 in the environment 中变为双唇音 [m]。"有无声带振动音"是影响复数形位 {-s}/-s/（在清辅音后）或 /-z/（在浊辅音及元音后）的条件。一个辅音音位是否是圆唇的，这取决于在其语音环境中是否存在一个圆唇元音。这些都说明语音受其环境的制约。

语言混合　language mixing　社会语言学术语。指在各种语言频繁接触的地区，不同语言的语音、语法、词汇成分的混合。例如，洋泾浜语（pidgin）和克里奥耳语（creole）就是语言混合的典型例子。

语言基因　language gene　生物语言学术语，亦称"FOXP2"基因。指 21 世纪科学家们发现的人类众多基因中与人类普遍语言能力有关的基因。这个基因发生突变会影响语言能力，同时它也是一个孤独症易感基因。Foxp2 基因定位于人类第七染色体上，它与语言能力的联系是在 20 世纪 90 年代通过研究一个称作"KE"的家族史语言障碍病例而发现。该家族三代人中存在的语言缺陷使科学家们相信他们身体中的某个基因出了问题。直到 1998 年，牛津大学的遗传学家安东尼·摩纳哥（Anthony Monaco）和他的研究小组将范围缩小到 7 号染色体的区域内，而在这个区域内存在约 70 个基因。2011 年 11 月，一个被叫做"CS"的英国男孩儿的出现，使得研究者们最终发现，一个被称为"FOXP2"的基因在这个男孩儿和"KE 家族"的身上同样地遭到了破坏，这也是他们患病的症结所在。"KE"家族的机能缺失现象表明了人类普遍语言能力的重要意义。牛津大学研究小组的科学家们遂将"FOXP2"基因称为

"语言基因"。据研究，人类的每一个基因都有两个副本，"FOXP2"基因当中的一个副本出现了问题，就能造成大脑发育不完全的严重后果。调查显示，4%的学龄儿童都会患有一定程度的、不太严重的语言缺陷症。此后，科学家们进一步研究了语言基因"FOXP2"并得出结论：语言源于"FOXP2"基因的变异，人类会说话是个意外。目前科学家对"FOXP2"基因变异的原理和它对人类进化的有利作用基本认识一致，但就它对语言能力的作用颇有争论。"FOXP2"基因是目前发现的第一个与语言有关的基因，研究人员现在还不知道其他基因在语言发展中所起的作用，更不清楚基因之间的相互作用。研究人员认为，类似"FOXP2"这样与人类语言能力相关的基因，可能还有10个到1000个之多，尚待继续深入研究。最终，我们需要懂得语言基因是如何可导致脑结构的诞生，脑结构如何导致语言的产生。要完全把握这一过程要花费50到100年的时间。

语言技能　language skills
语言教学术语。指使用语言的能力和技巧。常说的四种语言技能是指听、说、读、写。其中，说和写有时被称为主动/产生性技能(productive skills)，而读和听被称为被动/接受性技能(receptive skills)。这些技能常常进一步被分解为若干次技能。例如，在连贯的语言中区别语音的技能、理解句子相互关系的技能，即属于次技能。某些语言学理论试图分析"理想化的"语言知识或语言能力，但语言的实际使用情况却因人而异。在语言习得过程中，习得一套极为复杂的技能，并使之完善，才能做到运用自如。

语言加工的脑成像　brain imaging of language processing
指运用 ERP 和功能成像技术等确定语言加工的脑定位研究。近年来，随着各种脑成像技术的发展和逐渐成熟，越来越多的研究开始关注语言加工的精确脑定位问题。语言是人类区别于动物最重要的特点之一，是人类日常所从事的重要认知活动。人类语言系统是一个复杂的系统，具有层次结构，从简单到复杂依次有音位、语素、单词、短语和句子等不同层次。各个不同层次以一定的规则组织起来，构成可以接受的话语。对于脑与语言关系的研究始于一个多世纪前，布罗卡(Paul Broca)和韦尼克(Carl Wernicke)首先发现特定脑区的损伤会导致特定的语言障碍，即失语症。用 ERP 技术研究语言加工开始于库塔斯(Marta Kutas)和希利亚德(Steven Hillyard)等他们发现反映了语义整合的 N400 成分。近年来，很多研究发现与句法加工有关的其他 ERP 成分，其中包括词类违反所导致的左前负波(Left Anterior Negativity, LAN)。例如，弗里德里西(Angela Friederici)等人发现当语境要求出现某种句法类型的单词时，如在一个冠词和形容词之后应该出现一个名词，而实际上出现了另一类型的单词(如动词)时，那么在这个不应出现动词的位置就会出现早期的左前负波，即 LAN，这表明 LAN 效应是对词类约束的违反。语言加工的脑成像对于考察语言加工的认知神经机制(特别是语言加工的脑机制)和建立起完整的语言加工理论具有重要意义。

语言家园　linguistic homeland
语言迁移理论中的一个重要概念，涉及语族或语系尤其是印欧语系的研究。通过研究语言使用者所处的地理位置，如果在某一语言区域存在相当多的语言多样性，而在另一个区域则存在较多的语言一致性，那么存在较多语言多样性的区域一般被认为是整个语族的语言家园。

语言间接性　indirectness
指人类语言交际中，出于某种原因或意图，说话者不是直接地而是拐弯抹角地表达自己的意思。语言间接性是交际中的一种普遍现象。传统上间接语言可以用语言形式和语言功能的不一致来作为解释。陈述句、祈使句和疑问句这三种句式并不总是同其三种典型功能相对应，陈述句可用来提出问题或作出请求，疑问句可用来提出请求，或用来强调性地陈述事实。例如：[1] I wonder when the next train leaves. (=when does the next train leave?)　[2] The window is still open. (=Please close the door.)　[3] Who doesn't know that the earth is round? (=Everyone knows that the earth is round.)　间接语言也可用语言的字面意义和话语意义的不一致来作为解释。当这两种意义不一致时，语言便是间接地使用，也就是说人们通过言外之意来含蓄、婉转地表示自己的意思和意图。在这个意义上，反语、隐喻、夸张等修辞手法都是表达间接的语言。语言的间接性也可以用格赖斯(Paul Grice)的会话含义和言语行为理论来作为解释：说话人如何能使用字面之意来表达言外之意，听话人如何从字面之意推导出言外之意。对此，塞尔(John Searle)提出下列基本点来对语言间接性作出解释：(1)言语行为理论，尤其是以言行事或言外行为理论；(2)语用含蓄理论，尤其是违反合作原则各项准则而导致的会话含蓄；(3)说话人的知识及听话人理解间接语言的语境；(4)听话人的知识和推理能力。根据关联理论，语言间接性的理解过程实际就是听话人运用与说话人共同的认知环境进行推理，在推理过程中寻找话语与语境假设之间的最佳关联过程。无论是形式与功能之间的不一致，还是字面意义与话语意义之间的不一致导致的语言间接性，都可通过让听话人去推理、联想以求得话语和语境之间的最佳关联，从而理解说话人间接而婉转地表达出来的意义。语言间接性时时刻刻存在于日常交际之中,只有充分理解其意义,恰当地运用之,交流才能更加顺利地进行。教师如果能得体地运用语言的间接性,不仅能处理好与学生的关系,建立和谐的课堂气氛,还能培养学生的跨文化意识和促进不同文化间的交流。

语言僵化形式　fossil form　参见"石化现象"。

语言教学　language teaching　语言教学术语。指关于教授母语和外语的全部理论和实践。在外语或第二语言教学中,传统上是通过语法—翻译法(grammar-translation method)和阅读文学作品来教授语言。当代的方法更注重理解、说、读等实际技巧的训练,采用的教学方法包括视听法、情景法、功能法、交际法等。

语言教学法[1]　language didactic　语言教学术语。指麦基(William Mackey)于1973年提出的概念,与斯波斯基(Bernard Spolsky)1978年提出的教学语言学(pedagogical linguistics)内涵一致,都为研究语言教学以提高教学效率为目的的理论。参见**教育语言学**。

语言教学法[2]　language pedagogy　关于语言学习和教授的科学,与语言学、心理学、教育学和哲学等领域相关,是一门综合性边缘学科。语言教学法旨在研究语言教学的整体过程以及各个具体环节的理论、原则和方法问题,研究目的在于探索和阐明贯穿于各个环节的客观规律。该学科研究往往从教学理论(approach)、教学方法(method)和教学技巧(technique)三个层次展开。具体而言,教学理论研究教与学的普遍原则,教学方法研究教学过程,教学技巧则是研究具体步骤和手段,需要与教学方法及教学理论相吻合。

语言教学阶段　presentation-practice-production; PPP　语言教学术语。指语言教学的三个环节过程。在语言教学的三个基本阶段中,第一阶段的目的是呈现新的语言知识(presentation of new language);第二阶段是通过反复操练(drill-like activities)来掌握新知识;第三阶段指在真实或半真实的交际场中创造性地运用所学知识。第一阶段通常被称为呈现(presentation);第二阶段包括练习(practice)、模仿(manipulation)和重复(repetition);第三阶段作为产出(production)阶段,包括迁移(transfer)、自由练习(free practice)、理解(comprehension)、发展(development)等。显然,三阶段的教学模式不仅可用来描述语言学习,也可运用于其他技能性学习(如学习驾驶)。该学习模式主要反映了视听法的理论思想。但近年来,这一理论受到了越来越多的挑战,特别在交际语言教学法(communicative language teaching)领域。前者过分强调传授和操练,而对第三产出阶段相对较忽视。交际教学法强调要使所学知识真正成为语言学习者知识体系的一部分,应当加强自由产出的范畴和数量,而不应因惧怕犯错(errors)而弱化自由创造和产出。在这一思想的影响下,语言学界出现了许多对自由操练教学方法(free practice techniques)的介绍,而PPP三阶段教学模式也在不断地被修正。

语言接触　language contact　指不同语言(两种或多种语言)之间的相互接触,这种接触常会影响其中至少一种语言。如果同一地区或邻近地区使用不同语言,或讲不同语言的人之间交往频繁,那么这种语言间的影响会比较明显。这种影响可能会使语音、句法、语义发生变化,还会使称谓形式(address form)及某些交际策略发生变化。语言接触不仅发生在两种语言交界的地区,也发生在移民较多的地区,如美国、拉丁美洲、澳大利亚和非洲部分地区。参见"**接触语言学**"(流派)。

语言结构　language structure　指构成语言的语法规则系统。在语言系统复杂结构中有聚合(paradigmatic relation)和组合(syntagmatic relation)两个基本语言学关系。索绪尔指出,语言各要素的关系和差别都是在聚合关系和组合关系内展开,语言的运用须通过运用这两种关系来实现。结构主义语言学家布龙菲尔德对聚合关系和组合关系做了进一步扩展研究,提出"选择法位"的概念,把聚合和组合两种关系有机地结合起来解释语言系统。他认为"选择法位"包含两个要素:"位置"和"形类"。"位置"相当于"组合关系","形类"相当于"聚合关系"。布龙菲尔德的"位置"和"形类"发展了索绪尔的"组合关系"和"聚合关系",即在组合中确定聚合关系,聚合关系又反过来体现组合关系。另见聚合关系(paradigmatic relations)。

语言界线　language boundary　指在不同语言集团间划出来的界线。不同语言(或方言)往往存在汇合、交融的现象。在某些情况下,很难确定一种语言使用的地区到哪里为止,另一种语言从哪里开始使用,特别是在那些不同、但彼此间又有联系的语言或方言混合使用的地区,更难确定其语言界线。

语言经济学　linguistic economics; economics of language　语言学一分支学科。涉及语言学、经济学、跨文化交际、人力资源学和教育经济学的一门新兴交叉学科,由美国加州大学洛杉矶分校经济学教授雅各布·马尔沙克(Jacob Marschak)于1965年提出。语言经济学认为语言是一种人力资本,语言本身是一种经济投入,着重从价值、效用、费用、效益等经济学要素来考察语言的经济价值,如语言对个人收入的影响以及语言规划、少数民族语言的保护等选择带来的经济影响等,与语言政策分析有较强的相关性。外语学习的经济学研究表现为对与语言有关的产品、服务的市场研究。

语言经验教学法 language experience approach　　语言教学术语。一种教授第一语言阅读的方法,强调用儿童新近的经验作为学习的基础,并根据儿童自己的语言编写阅读材料。例如,让儿童谈论最近发生的事或最近的经历,把他们用的词或句子写在黑板上,这些经历和词句成为应用句子教学法(sentence method)或整词教学法(whole word method)进行阅读训练的基础。

语言决定论 determinism; linguistic determinism; linguistic relativity　　人类语言学术语。关于语言结构决定思维的一种假设,尤其指萨丕尔—沃尔夫假说,主张人们的经验基于自身具有的语词。例如:操不同语言的人可能会看到由不同色带组成的彩虹。由于彩虹实际上是由连续的色彩组成,本身不存在经验可观察到的色条或色带,但是操不同语言的人所依赖的描述彩虹色彩的词汇却存在不同,因此不同的语言决定着人类不同的经验。

语言控制 language manipulation　　指语言监管(language regulation)、广告语言以及宣传语言的使用情况。亦指在语言规划(language planning)和双语教育中,采用少数语种和主体语言并存的教学实践,通过学校教育促进民族多样性、强化文化身份和树立心理优越感等。

语言口头形式 spoken language　　语言交际的一种方式。口语的特点有重复、犹豫、停顿、发音上的变化、口头错误、词汇和语法上的差异等。目前还包括人工器械合成的语言。

语言类型学[1] language typology　　根据语言的结构特点对语言进行的分类研究。参见"**谱系树理论**"。

语言类型学[2] linguistic typology　　语言学的一个分支。主要研究各种语言的特征并进行分类,从而建立人类语言的类型体系,找出人类语言的共性,如语言之间的结构相似性或句法或语素特征之间的相似性。与此持相同观点的有洪堡特(Wilhelm von Humboldt)、萨丕尔(Edward Sapir)、雅柯布逊(Roman Jakobson)、格林伯格(Joseph Greenberg)、乌尔曼(Stephen Ullman)等。分类的标准不同,分类的结果也就不同。例如,有些语言学家根据音系特征将语言分为声调语言和非声调语言、吸气音语言和非吸气音语言等类型。再如洪堡特根据形态屈折变化的类型将语言分为三大类——孤立语、黏着语和溶合语,后又加上第四类——多重综合型。但这种划分只是大体上的划分,并不十分严密和准确,形态类型分类在19世纪末和20世纪初占支配地位。目前的语言类型研究主要是从语法的参项进行,包括形态类型和语序类型。依据语序进行类型研究近些年在类型学研究中较为常见,其主要根据句子的基本语序,对语言进行分类,可以分为SOV、SVO、VSO、VOS、OVS、OSV等六种类型。从语音、语义或其他语法特征方面也可以对其进行分类。分支共包括三个方向:(1)定性类:处理跨语言和语言内的变化问题。(2)定量类:涉及世界各种语言结构性范式的分布。(3)理论类:试图解释这些分布的深层原因。研究语言类型的目的是发现语言演变的趋势,揭示人类语言的本质特点,进而揭示人类的思维与历史文化的关系。

语言理解 language comprehension　　指对口语、书面语和符号语言的理解。一般而言,语言理解至少包括言语感知(speech perception)和语言感知(language perception)两个方面。言语感知指对音位、音节等单位的感知,而语言感知研究对短语、句子等单位的感知。

语言历史 language history　　指语言的演变和发展进程,包括语言起源、语言分支、语言接触、语言进化等。语言的演变和发展离不开外界因素的影响,如政治、文化、经济、人类交流与接触等。

语言隶属关系 affiliation　　参见"**谱系关系**"。

语言联盟 Sprachbund〔德〕　　指语言之间还没有被证明具有确切的起源关系,但由于地理位置相近或者居民迁徙和说不同语言者之间的交流,而在词汇、语音和语法上存在一系列共同特征的现象。例如,东亚语言联盟中的很多东南亚语言(如泰语、越语等)具备单音节单词和区别性声调,与汉语之间存在相似之处。而泰语和越语已不被认为与汉藏语系之间存在关联。在巴尔干半岛,被划归为不同语系的保加利亚语、罗马尼亚语、阿尔巴尼亚语、希腊语等拥有共同的句法结构特征,如不使用不定式、将来时态等。

语言劣势 linguistically disadvantaged　　指对某国占优势(或统治)地位的语言掌握得不够好。语言学家并不认同这种说法,因为这种说法暗示一个人的母语毫无用处或无关紧要,并可能造成对非官方语言、非标准语或方言的歧视。

语言逻辑 logic of language　　"自然语言逻辑"的简称,亦称"自然逻辑"。指研究自然语言中逻辑问题的科学,是逻辑学、现代哲学与现代语言学相结合的产物。"语言逻辑"一词最早出现在维特根斯坦的前期代作《逻辑哲学论》中,其所说的语言主要指理想语言。后期维特根斯坦思想发生了根本的转变,他在其遗著《哲学研究》中提出"语言游戏说",即用普通语言或自然语言代替理想语言。这一思想被后来的日常语言哲学学派继承和发展,其主要代表人物斯特劳森(Peter Strawson)正式提出"语言逻辑"的概念,认为日常语言没有严密的逻辑结构,语言逻辑应该研究日常语言中比较广泛和概况的问题。但是,作为人们日常交际、生活中使用的语言,日常语言具有表达不够精确、有歧义、模糊等缺陷,因而不适合进行科学的、哲学的概括。要克服这一不足,必须使用严格规定的具有确切意义、无歧义的人工语言来分析自然语言。在逻辑史上明确提出自然语言逻辑设想的是美国逻辑学家兼语言学家雷考夫(George Lakoff),他使逻辑与语言两门学科得到更广泛的结合。他认为自然逻辑的目的是为自然语言建立逻辑,其最高理想是表现所有可以表现于自然语言的概念,说明所有可以用自然语言作出的推理,并结合这些对所有的自然语言作适当的语言学描写。

语言磨蚀 language attrition 参见"**语言损耗**"。

语言磨蚀者 attriter 指第一语言或第二语言发生损耗的个体。参见"**语言损耗**"。

语言内部特征 intralinguistic feature ❶指话语作为本身物质性方面(如声音方面)或作为负载的内容方面(如语义方面)的语言学研究对象的特征。如音位的区别性特征(distinctive feature)、词汇的语义成分(semantic component)等。❷与超语言特征(extralinguistic feature)相对立,指某些手势、声调,乃至受文化制约的言语环境。

语言能力 competence 转换生成语法中的重要概念,由语言学家乔姆斯基提出,与语言运用(performance)的概念相对。指理想的说话人(ideal speaker,即母语使用者)所掌握的所有内化的语法知识(internalized grammar)。根据乔姆斯基的语言习得理论,此处的语法知识指的是经历了参数化的语言器官。通过语言能力人们可以理解并产生符合语法的句子,包括从未听过的句子。同时语言能力也包括判断某一句子是否属于特定语言知识,即是否符合语法的能力。例如,说英语的人能判断句子"I would like to have a cup of coffee."是符合语法的,但却不会接受"I would like have a cup of coffee."之类的说法。不过,语言能力不能等同于语言运用;即便是母语使用者,在语言运用中会出现各种错误。

语言能力量表 language proficiency scale 教育语言学术语,亦称语言能力标准。指对运用某种语言能力的测量尺度或标准,由对外语能力的一系列描述算子(descriptor)构成,通常每个量表分为由低到高几个不同级别,用来描述语言能力发展的不同阶段。世界各国的语言能力量表通常用来描述学生语言学习目标、考试级别或定级尺度,以及评定不同人员的语言水平等。最早出现的语言能力量表是美国政府部门——外语事务协会(Foreign Service Institute)在 1955 年制定的 FSI 量表。美国外语教学委员会(American Council on the Teaching of Foreign Languages)的"暂定能力指南"(provisional proficiency guidelines)于 1982 年获得推广。

语言年代学 glottochronology 亦称词汇统计学(lexicostatistics)。历史语言学的一个分支。语言年代学就语言的基本词根语素在发展中的消亡速度,用统计的方法测算语言发展的年代。创始人斯瓦迪士(Morris Swadesh)受到放射性碳的年代推算启发,于 20 世纪五六十年代开始语言年代学的研究。语言年代学的计算以下列四条假设为依据:(1)语言的某些基本词根语素比较固定、不易变化;(2)基本词根语素的保留率在任何时候都是一个常数;(3)这种保留率在所有语言中都一样;(4)已知任何两种有亲属关系的语言保留率,即可推算出它们从原始母语中分化出来的年代。这种推算语言发展年代的方法是对历史语言学的一种重要补充。尽管其精确性可疑,但语言年代学得出的参数在历史比较法不能使用的领域具有一定的参考价值。语言年代学的弱点表现在两个方面:(1)只根据基本词根语素的保留率进行计算;(2)基本词根语素表的选定具有主观性和跨语言的不对等性。

语言评估 language assessment;language testing 语言测试学的一个分支。主要关注课堂环境中、工作环境中以及移民、市民和难民情境下的第一、第二语言的测试与评估。测试包括听力、口语、阅读、文化理解等。例如,美国大规模的语言测试评估是由普林斯顿大学考试中心 1961 年开始实施的托福考试(TOEFL)。

语言普遍性 language universal 亦称语言普遍现象。指所有已知语言所共有的普遍语言模式或现象。已经发现的语言普遍现象包括:(1)如果一种语言有用来指两个相同事物的双数(dual)形式,那么它还会有用来指两个以上的复数(plural)形式,这种普遍性有时被称为蕴涵普遍性(implicational universal);(2)表示"母亲"的单词一般以鼻辅音开头,如英语 mother、德语 Mutter、斯瓦希里语 mama、汉语"母亲"等都以鼻辅音/m/开头。美国语言学家乔姆斯基赋予"语言普遍现象"一种特殊意义。他区分了形式普遍现象（一切语言语法必备的规则）和实体普遍现象（语言的实际成分和结构）。虽然不是每一种语言都有这些特征，但每种语言都或多或少具有其中某些特征，如有一组具有普遍性语音，而每种语言只使用其中的某些音等。

语言起源　origin of language　指探讨人类语言最初来自何处，以及怎样发展起来这类问题的学问。关于语言起源的学说仅仅是推测，几乎没有事实证据，因为人类语言有书面记录的材料只可追溯到大约5000年到6000年以前。因此巴黎语言学协会曾在1866年禁止研讨会论文探讨语言起源问题。语言起源的尝试和探讨一般从动物交际的某些形式、儿童学习和掌握语言的过程和"原始"语言（proto-language）等进行类推。语言进化研究中的关键问题是大脑结构到底发生了怎样的变化从而促成语言的产生，又是怎样的结构因素和生态因素使这些变化成为可能。在语言起源说中有以下假说：缪勒（Max Müller, 1823—1900）提出"本能论"（Ding-Dong Theory 或 Nativistic Theory），认为声音和意义之间有着神秘的联系，人类语言是从原始人用声音来表示他所遇到的事物这一过程中发展起来。叶斯柏森（Otto Jespersen, 1860—1943）认为语言是从原始仪式不清晰的赞歌中发展起来的"唱歌说"（Sing-Song Theory）。格雷（Louis Gray, 1875—1955）提出"感叹说"（Pooh-Pooh 或 Exclamation, Interjectional Theory），把语言的起源归结为表达感情的种种感叹语词。诺瓦雷（Ludwig Noiré, 1847—1889）提出"劳动喊声说"（Yo-He-Ho Theory），用在繁重劳动中发出的喊声来解释语言的起源。帕杰特（Richard Paget, 1869—1955）认为语言是从某些手势和舌头动作的结合中发展起来，即"达—达说（Ta-Ta Theory）"。此外还有各种各样其他的解释，如"动物叫声说"（Animal Cry Theory，认为语言的起源是对动物叫声的模仿）、"摹声说"（Bow-Wow, Cuckoo, Animal Cry Onomatopoeic, Hey-Nonny-Nonny Theory）等。

语言迁移　language transfer　语言习得术语，亦称语际影响。指任何已经习得或尚未完全习得的语言与目标语之间的异同所产生的影响。自20世纪四、五十年代以来，语言迁移一直是第二语言习得研究中的重要话题。语言迁移一般可分为正迁移（positive transfer）和负迁移（negative transfer）。正迁移是指母语对外语学习的有利因素。当母语和目标语的形式相同或相似时，可能出现正迁移现象。如在句法方面，汉语和英语大都是主谓宾SVO语序，中国学习者在学习"I often read books""Mike and Tom are good friends"这类和汉语结构相同的句子时，一般不会出错。负迁移是外语学习的不利因素，可以阻碍学习者掌握正确的外语规则，使其表达出现错误。语言错误是负迁移最明显的表现形式，其他还包括生成不足（underproduction）、生成过剩（overproduction）和错误理解（misinterpretation）。生成不足是指当外语学习者没有掌握目的语中的某一结构，他可能选择回避使用这一结构，犯的错误也会相对较少。生成过剩一方面是生成不足导致的结果，学习者过多使用自己已经掌握的结构，而回避使用尚未完全掌握的结构；另一方面是由语言差异造成。例如，道歉在美国英语中的使用频率远大于在汉语中的使用频率，以致美国留学生在学习汉语时遵循了母语的使用规则，过多使用道歉语。错误理解是指母语结构影响对目的语信息的理解，甚至导致与原意完全背离的情况出现。语言迁移还可按照迁移的方向分为三类：正向迁移（forward transfer）、反向迁移（reverse transfer）和侧向迁移（lateral transfer）。正向迁移是从母语到目标语的迁移；反向迁移又称逆向迁移，是从目标语向母语的迁移；侧向迁移是指二语对三语、三语对四语等过渡语的迁移。

语言强化课程　intensive language programme　为国际学生或其他学生在大学里学习正规的学术知识性课程而开设的语言课程。

语言强记能力　rote learning ability　参见"语言学能"。

语言区域　language area　神经语言学术语。指人脑中负责语言处理的专门区域。人类对大脑中语言区域的认识与对失语症的研究密不可分。目前，最为人所指的语言区域包括布罗卡区（Broca's area）和韦尼克区（Wernicke's area）。如果布罗卡区受损，就会出现布罗卡失语症，患者通常表现为长时间沉默，即使开口说话，也会发音走样，出现许多语法错误。如果韦尼克区受损，就会出现韦尼克失语症，患者虽言语流畅且无发音困难，但言语内容空乏、没有意义且丧失理解能力。

语言趋同　language convergence　社会语言学术语。指两种或两种以上的语言变得越来越相似的过程。从社会语言学的角度来说，若某一语言或语言变体取得某种社会地位后，如标准语（standard language），操其他语言或语言变体的人在语音、词汇、语法结构上可能会变得与标准语更为接近。如果两种语言或语言变体混合使用，如双语社区（bilingual community），社会地位较低的语言或语言变体会越来越接近社会地位较高的语言或语言变体。此外，语言趋同还指在某些特定场合下说话者通过改变说话方式使之听起来更像听话者一方的现象。例如，幼儿园老师会使用较简单的词和句子，以及更多夸张的语音语调。

语言趋异 language divergence　　参见"语言分化"。

语言缺陷假说 deficit hypothesis; verbal deficit hypothesis　　句法学术语。指某些儿童在词汇、语法或表达复杂思想的能力上存在语言缺失，由此可能导致无法正常接受学校教育的理论。应用语言学家大多对此假说持批评立场，并将其与"语言差异假说"进行对比。参见"语言差异假说"。

语言人类学 linguistic anthropology　　语言人类学是一门边缘学科，处于语言学、人类学和社会学之间，研究人类学、社会学、语言学、哲学等多学科问题，其研究方法兼顾田野材料和理论对话，注意推陈出新；研究对象是真实的社会人，是他们的历史和社会记忆；研究内容是现场话语和情感，是对话活动及其社会意义和社会分类。

语言丧失 language loss　　社会语言学术语。指语言运用能力的逐渐衰退和遗忘，其原因通常是缺乏使用该语言的机会。例如，移居到其他国家的移民，因没有机会使用自己的母语，最后可能丧失部分运用母语的能力。有时疾病，如失语症（aphasia）等，也会引起语言的突然丧失。

语言熵 linguistic entropy　　指语言模型不确定性的定量描述。语言模型的不确定性越大，熵值越高，正确估计语言现象的可能性就越小。

语言少数群体 language minority group　　社会语言学术语。指在一个国家或社会集团中不使用该国或该集团内占主导地位的语言的某一群体，他们的语言不同于所属国家或社会集团的优势语言。

语言社会心理学 social psychology of language　　指研究社会及其结构如何影响个体语言行为的学科。如研究人们对待不同语言和语言变体以及操这些语言和语言变体的人的态度。

语言社会学 sociology of language　　指联系社会语言来研究社会的一门学科，属于社会学的分支学科。与社会语言学（sociolinguistics）联系紧密，但分属不同学科。前者关注语言对社会的影响，联系和运用社会语言现象、语言事实研究社会，研究对象是社会；而后者更关注社会对语言的影响，研究对象是语言，属于语言学学科。语言社会学的研究范围包括：(1)语言的社会功能；(2)语言、文字对社会发展的影响；(3)因语言差异、冲突、混乱而引发的各类社会现象或问题；(4)语言、文字如何适应现代社会的发展；(5)语言政策、语言规划和语言保持等问题；(6)语言分化和统一的社会因素；(7)双语和双言现象等方面的研究。研究方法包括观察法、统计法、社会调查法和文献法等。美国学者费什曼（Joshua Fishman）等创办的《国际语言社会学杂志》（*International Journal of the Sociology of Language*）是该学科最早创办的期刊。

语言社区 linguistic community　　社会语言学术语。言语社区的另一种表达方式，指在某种语言运用上持有某些共同社会准则的人员的集合体。这是社会语言学研究的一个重要基本概念。参见"言语社区"。

语言神经理论 Neural Theory of Language　　认知语言学术语。一个涉及大脑研究的方案，语言学家和认知科学家企图使用计算方法（computational techniques）来给大脑引起语言组织和处理过程的方式建立模型。这个方案接受认知语言学（cognitive linguistics）提出的语言观，和雷考夫（George Lakoff）、兰艾克（Ronald Langacker）、费尔德曼（Jerome Feldman）以及他们的合作者的观点有关。

语言生态学 ecology of language　　参见"生态语言学"。

语言失调 language disorder　　病理语言学术语。指语言使用能力的失衡或损伤，可能是先天，也可能是后天造成的。可以分为中央失调（central disorder）和外围失调（peripheral disorder）。中央失调由脑损伤引起，外围失调则由言语器官的损伤引起。语言失调会在说话、写字以及对口/笔语篇的理解中得以反映。

语言失用症 apraxia　　病理语言学术语。指按照意愿进行活动的能力受到损害的病症，患者尽管有做动作的欲望和身体能力，但往往不能正确执行语言指令。这种后天运动规划紊乱，不是由于动作不协调、感官消失或不理解简单运动指令造成，而是因大脑的一些特定区域受到破坏。此病症一般不影响身体无意识的活动，症状常见于发音、书写字母、做手势或肢体语言。语言失用症的特征是讲话和书写中出现相互矛盾的错误和各种替代现象。若是轻微的干扰，常被称为运用障碍（dyspraxia）。如果出现在童年并且影响到语言习得，语言失用症则被称为"发展性语言失用症"（developmental apraxia）。

语言实验室 language laboratory　　指为了训练听说能力而设置的电化设施和装置，如听音间（一种隔音的小房间）、视听室等，语言实验室在听说教学中有着重要的作用。传统的听音间配置有可供学生使用的电脑显示器、录音装置和耳机。录音装置通常有录音、听音和放音功能。教师可以在控制台或控制室中通过耳机听到每个学生的操练情况，也可以中断学生个人或小组的学习活动,并对学生听音间中的设备进行遥控。学生可以根据语言课程安排单独或分组操练所录制的练习。如今数字化的语言实验室还有电脑、录像机、投影仪和高清视频播放机等多媒体设备。

语言史前史 linguistic prehistory 指利用历史语言学的成果所做的人类文化和历史推断。语言史前史试图从历史语言学知识与考古学、人种历史学、历史、名族志类比法、人类生物学以及有关人类历史的其他知识之间的相互印证中获取人类历史的全貌。来自历史比较法、语言家园和语言迁移理论、重构的原始语的文化信息、外来词、地名、语言谱系分类、语言内部重构、方言分布等诸领域的知识都能为语言史前史提供有价值的信息。

语言输入 input 语言习得术语。指语言学习者接收到的目的语。外语语言充分而有效的输入是外语语言能力发展的前提和保证。有效输入体现在语言材料的真实性、完整性和可理解性上。有些语言输入可能语速太快或难度太高或生词太多而使习得者无法理解,就不能用于语言学习中。要产生语言习得就需要真实而全面的输入,而这种输入是由学习者积极参与的交际环境所提供的。

语言输入不足性 insufficiency of language input 语言习得术语。指作为母语学习者,儿童所接触到的语言输入充满各种噪音、口误和重复,或者常有不完整、不完全而且包含使用错误的语句,而且到了一定年龄阶段其语法生成能力存在逆行或退化(degenerate)现象,因而其语言输入并非总是充分、充足的。参见"刺激贫乏论"。

语言水平 language proficiency; linguistic proficiency 语言习得术语,亦称语言熟练程度。指熟练运用语言的能力,包括流利程度、精确程度以及各种话语策略能力。语言能力可分为母语语言能力和外语语言水平(foreign language proficiency)。前者主要指先天的、在母语环境中习得第一语言,后者指在特定的外语环境下学习、获得外语和运用外语的能力,包括掌握抽象的语言系统知识体系的能力、实际的语用知识运用能力和语言的实际运用能力。运用外语的能力指在实际的言语交际中运用已经获得的外语知识和技能的能力,属于交际能力的范畴。语言水平可用语言水平测试(language proficiency test)的方式来衡量。在概念上,语言水平与语言成就(language achievement)形成对比。

语言死亡 language death; language obsolescence 社会语言学术语,亦称语言消亡或语言灭绝。指几种语言互相接触后,其中一种语言由于某种原因不复存在。语言消亡或灭绝最常见的原因是某种语言的使用者群体消失。语言群体的消失包括群体灭绝和群体失散两种情况。语言群体的消失往往由自然灾害、疾病、战争等灾难性突变引起,而语言群体失散既可以由自然灾难性突变引发,也可能由于外族入侵或大批外来者的迁入导致语言群体混合而产生。语言消亡的另一种原因与语言群体的安全没有直接的关系,而是语言群体的全体或部分成员被迫或自觉自愿地转用另外一种交际功能更强的语言,以至于逐渐乃至最终放弃本族语,即发生语言转用。

语言损耗 language attrition 社会语言学、语言习得术语,亦称语言磨蚀。主要指个体或群体双语或多语使用者因某语言使用的减少或停止,其运用该语言的能力随着时间的推移而逐步减退或丧失的现象。语言损耗既可指少数民裔群体中因政治或社会原因一种语言逐步取代另一种语言的现象,也可以指在双语环境中母语使用减少的情况。前者在社会语言学范畴受到广泛关注,后者属于语言习得的研究范畴。在二语习得中,语言损耗过程往往是语言习得的逆向过程和伴生产物。此外,语言损耗还可以指神经系统衰弱患者语言技能的衰退和老年人降低使用某语言类型的频率,属于神经语言学的研究范畴。影响语言损耗的因素很多,而语言受损耗的类型和速度取决于个体的年龄和语言运用水平,对于同样的第二语言语种,语言损耗的情况取决于占主导因素的第一语言环境。很多情况下,语言学习者凭强烈的学习动机同时保持第一和第二语言,以防止语言损耗的产生,这样就要求学习者长期学习、坚持使用语言。

语言态度 language attitude 社会语言学术语。指语言个人或群体对一种语言或文字的价值评定及其行为倾向。价值评定时完全以使用者个人或群体的主观意志和自我需要为依据,不同于语言的客观价值。语言态度是一种十分复杂的社会心理现象,是由情感、认识、意向等因素组成的有机综合体。其中,情感因素指对语言的喜欢或厌恶,尊重或轻视等感情状态;认识因素指对某种语言理解或否定、赞成或反对的理性态度;意向因素指在学习、掌握、使用语言上的行为倾向。社会价值观不同的人,因其动机模式不同,产生的语言态度也往往不同。在语言习得中,语言态度会影响语言学习者第二语言或外语的学习。语言态度的衡量可为语言教学和语言规划提供有用的参考依据。

语言天赋论[1] innatist hypothesis 参见"理性主义观点"。

语言天赋论[2] nativism 亦称先天论。指以乔姆斯基等语言学家为代表的先天论者认为的、人类天生具有习得语言的能力的观点。乔姆斯基认为儿童的语言发展源于普遍语法原则的基因遗传，即幼儿从一出生就具备先天的语言习得机制（language acquisition device，简称 LAD）。目前，还没有足够的实验手段来证明这种机制的存在。勒纳伯格（Eric Lenneberg）在《语言生物学基础》（*Biological Foundation of Language*）中认为人脑的左半球主管语言和抽象思维，语言是人类所固有的，并可遗传。语言天赋论包括两种类型：(1)特定论，即认为语言概念如句子、名词短语、动词是大脑内的内化知识；(2)一般论，即认为语言类别和语言规则是由大脑生物结构所决定的。与语言天赋论相对的是经验论（empiricism）。

语言填项　language filler　参见"填充词"。

语言维护　language maintenance　参见"语言保持"。

语言文化移入　linguistic acculturation　人类语言学术语。指语言文化上有差别的群体之间持续而广泛的直接接触所导致的语言文化变迁。语言文化移入的研究始于20世纪30年代，曾经成为美国人类学家研究工作的一个重要焦点。当时，语言文化移入主要研究占优势地位的西方文化对居于从属地位的不发达文化的影响。例如，以儒释道为根基的中华语言文化正在经受异质文化的压力和冲击。

语言习得　language acquisition　指人类语言发展（学习与掌握）的进程。一般可涵盖四个方面：(1)某人第一语言的自然习得；(2)第二语言或多语言的自然习得；(3)在正规学习环境中的第二语言习得；(4)为治疗语言失调而对第一语言进行的重新学习。一般来说，语言习得可分为第一语言习得和第二语言习得。参见"第一语言习得"和"第二语言习得"。

语言习得机制　language acquisition device；LAD　语言习得术语。指语言天赋论者所假想的习得第一语言的能力。在20世纪五六十年代，乔姆斯基和其他一些学者在研究中发现，尽管儿童智力还不十分发达，但他们到五、六岁时都能很容易地掌握母语。儿童接触的语言材料十分有限，并且相当部分是不标准、不合语法的语言材料；然而，儿童学成的句子是无限的，他们会用有限的手段表达无限的思想。考虑到儿童既未接受过正规的语言教学，也无明显证据可以看作本族语者语言直觉的来源，乔姆斯基因此声称儿童天生具有一个"语言习得机制（LAD）"，使得他们只要稍许接触语言材料就能在很短的时间内掌握自己的母语。先天论者认为，语言习得机制由两个部分构成，即包含有关人类语言本质和结构的基本知识和评价程序。学习语言的内在机制使他们能对语言结构形成假设，并对这些假设加以验证和评价。用以解析这种普遍特征的一套原则和规则系统就构成了生成语言学家所指的普遍语法。先天论者用来描述语言发展方式的LAD模型如下图所示：

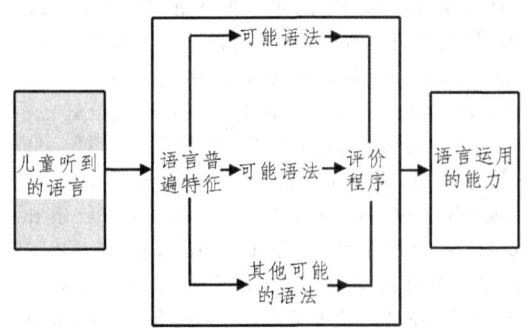

语言习得机制假说旨在解释语言习得的逻辑问题，即为什么儿童仅靠接触有限的第一语言就能在比较短的时间内获得语言能力。语言学家和心理学家常常通过比较儿童接触到的语言和儿童自己说出的语言来研究语言学习的过程。

语言系统　language system　指语言元素的内部次序和元素在所有语法层的功能关系，并与社会、方言等其他子系统有关。

语言系统研究　phylogeny　参见"种系发生"。

语言相对性　linguistic relativity　参见"相对性"。

语言心理学　psychology of language　认知科学的一部分，指通过观察和研究人的感觉、认识和知觉等现象来揭示人类语言的发育、发展和成熟规律的跨学科研究。简而言之，即语言的心理研究。其研究范围主要涉及语言习得、语言使用（理解和产出）的心理过程。语言心理学家的兴趣在于揭示人们从言语和文本中提取意义时所使用的理解策略，同时描述语言理解的实际过程。美国心理学家卡罗尔（David Carroll）在他的著作《语言心理学》（*Psychology of Language*）中着重探讨了人们习得和使用语言的心理过程，包括语言的感知、心理词汇、句子的理解和记忆、语篇理解与记忆，语言和文化与认知的关系等等。语言心理学与心理语言学（psycholinguistics）有时交叉使用。

语言信息处理　language information processing　指利用计算机对自然语言的音、形、义等信息进行处理，对字、词、句、篇章的输入、输出、识别、分析、理解、生成等程序进行操作和运行。

语言行为失误 performance errors

心理语言学术语,亦称言语行为失误。指人们在口语或书面语中,由于粗心或要表达的句子太长而记不住等原因而造成的语言运用错误。疲劳、紧张、惶恐、不安等心理因素也会导致语言运用错误的产生。这类失误通常有口误与笔误之分。语言运用的差错可以体现在语音、词汇、语法等各个语言层次上,其出现的情况各异。例如,口误方面有:(1)重复,如"*Alice *looked* carefully *looked* at the picture";(2)纠正+重复,如"*Eddie visited he said he visited London his grandma yesterday";(3)提前,如将"*She will show you how to put your cat in the cupboard"说成"She will show you how to put your hat in the cupboard";(4)保留,如将"the President of France"说成"*the President of Prance";(5)颠倒,如将"we use knife and fork."说成"*we use fife and knork"等。语言行为失误并不能代表说话者或作者的真实语言能力,而且这些失误一般都容易被说话者或作者自行矫正。口头语言行为失误还被心理语言学家用来研究人们如何在长时记忆中存储语言以及如何在说话时选择语言。

语言学 linguistics

指系统、科学地研究人类语言的一门学科。研究范围包括语言的产生、发展、结构、功能以及语言与人类社会的关系等方面的问题。中国、印度、希腊—罗马具有悠久的历史文化传统,是语言学的三大发源地。早期的语言研究对象仅局限于记载典籍的书面语言,研究目的是解释典籍或进行哲学探讨,不研究语言本身的特性,因此还处于附属地位,并没有发展为独立的学科(这一类研究通常被称为文字学或文学学)。19世纪初,欧洲学者发现印度的梵语和欧洲的希腊语、拉丁语等有很多相似之处,提出存在印欧语系的假设并对它们进行比较研究,历史比较语言学应运而生,使语言学成为一门独立的学科。19世纪以前的语文学和19世纪以来的历史比较语言学通常被划归为传统语言学。20世纪初,瑞士语言学家索绪尔区分了语言和言语、共时和历时,提出语言是符号系统的理论,强调从共时角度研究语言符号系统,从此引导语言学走上了系统研究的道路。以1916年索绪尔《普通语言学教程》的出版为标志,语言学的发展进入现代语言学时期,索绪尔被认为是"现代语言学之父"和结构主义的鼻祖。在他的影响下,结构主义语言学蓬勃发展,在欧洲产生了法兰西学派、布拉格学派、哥本哈根学派、伦敦学派,在美国则产生了美国描写语言学派。20世纪50年代末以来,语言学进一步发展,产生了"生成语法""格语法"等新的学派和理论。现代语言学的主要分支包括语音学、音系学、形态学、句法学、语义学、语用学等,研究范围还包括语言习得、语言与文化、语言变异、语言演变、文字及文字系统等。此外,将语言学知识和理论应用在各个领域,就产生了应用语言学(applied linguistics),可以解决语言教学和语言处理领域的诸多实际问题,如教学大纲和课程设计、教学和教材评估、教学方法、语言测试、母语习得、第二语言习得、对比分析、错误分析、机器翻译、人机对话等。在当代科学思潮的影响下,语言学借鉴其他学科的研究成果,产生了人类语言学、社会语言学、心理语言学、计算机语言学、语料库语言学等众多交叉学科。

语言学定律 law in linguistics

指语言学家们在对规律性的语言现象进行经验观察的基础上,用简短叙述的形式概括出来的有关语言规则、模式的规律,通常以第一个概括这些定律的人物的姓名命名。例如,达姆斯特德定律(Darmesteter's law)、格拉斯曼定律(Grassman's law)、格里姆定律(Grimm's law)和维尔纳定律(Verner's law)等是关于语言发展中的音变的语音规律;齐普夫定律(Zipf's law)则是确定词项的长度和频率之间的关系的定律。

语言学公理 axiomatics of linguistics

德国语言学家比勒(Karl Bühler)于1934年根据数学和逻辑学理论而提出的解释语言交际的基本原则。其主要观点是所有语言表达式可以通过演绎推理得出和解释。语言公理学的基本内容包括:(1)语言的基本功能是表征(representation)、表达(expression)和命名(appellation);(2)语言是一个符号系统,符号的使用遵循抽象关联原则(principles of abstractive relevance);(3)语言研究的对象是语言活动(language work)和语言形式(language form);(4)语言由相互作用的语义和句法两个层次构成。

语言学教学法 linguistic method

广义上指以语言学原理为基础指导第一语言阅读教学的几种方法的统称。狭义上通常指反映美国语言学家布龙菲尔德(Leonard Bloomfield)和弗里斯(Charles Fries)等人提倡的教学方法。这种教学观认为,既然书面语以口语为基础,那么阅读教学应该强调口语和书面语之间的关系。因此,在编写阅读材料时应选用发音与拼写相一致的规则词,并且系统介绍规则和不规则的拼写方式。几十年来,语言学教学法已逐渐失去应用语言学家的广泛认同。

语言学能 language aptitude; aptitude

语言习得术语。指天生的语言学习的能力,不包括智力、动机、兴趣等。语言学能被认为是有助于学习语言的各种能力的综合,是影响二语习得的最重要的学习者个体差异因素之一。在其他条件相同的情况下,语言能力倾向强的人,较之语言能力倾向弱的人,学得快而且容易。语言学能研究起始于19世纪20年代。杰出代表当数哈佛大学的卡罗尔(John Carroll)教授,从20世纪50年代初他就开始对语言学能进行研究,认为语言学能是整体智力(general intelligence)中负责语言学习的一个特殊部分,由以下四种认知能力构成:(1)音位编码能力(phonemic coding ability),即分辨不同声音的能力,能够将那些声音与代表他们的符号联系起来,并且记住这种联系;(2)语法敏感度(grammatical sensitivity),即识别单词在句子中的语法功能的能力;(3)语言归纳能力(inductive language learning),即从一些语言的实例推断或归纳语言规则,并能举一反三的能力;(4)联想记忆能力(associative memory)或语言强记能力(rote learning ability),即建立并记住母语中的单词词组与第二语言中的单词词组之间相对应的联系的能力。

语言学能测试　**language aptitude test**　语言测试术语,亦称语言潜能测试。在语言测试中,学能测试被用来衡量一个人第二语言或外语学习能力倾向的一种考试,用以确定最有可能成功的学习者,如美国的GRE考试。语言学能测试对象通常包括学习者的音素编解码能力、语法敏感性、语言习得归纳能力、语言的强记能力等。卡罗尔(John Carroll)和皮姆斯勒(Paul Pimsleur)在学能测试方面贡献突出,所开发的一系列测试至今仍被广泛采用。各类语言学能测试中,影响最大、使用范围最广的要数卡罗尔和萨蓬(Stanley Sapon)在1959年设计的"现代语言学能测试(Modern Language Aptitude Test,简称MLAT)"和皮姆斯勒带领的科研团队历时8年(1958—1966)研究开发的主要针对中学生的相类似的语言学能测试题即"皮姆斯勒语言学能成套测试(Pimsleur Language Aptitude Test,简称PLAB)"。另外,美国国防部也研究设计了"军队语言学能测试(ALAT)"和"国防部语言学能测试(DLAB)"两种考试,现已被许多不同机构采用,用于外语人才的选拔和教学班级的编排。

语言学习　**language learning**　指人们对一种语言进行正式、系统的学习的过程。学习的内容包括语音、语法、词汇、语义、语用等方面的知识及其应用等。一般认为,系统的语言教学可以加快语言学习的进程。在系统的语言教学中,全部语音项目、语法项目和词汇项目都被选择、归类并被系统性地呈现出来。目前,学者们已经提出了若干种语言学习的理论和模型,但语言学习作为一种心理活动和社会活动尚未被充分认识。

语言学哲学　**philosophy of linguistics**　参见"语言哲学"。

语言演变内因　**internal cause of linguistic change**　指由语言系统本身各结构要素之间互相影响而引起语言变化的原因。语言是一个符号系统,内部的各要素经常处于对立统一的关系之中,相互间保持一种平衡状态。如果其中一个要素因社会条件发生了变化,平衡受到破坏,其他各要素就得随之做出调整,达到新的平衡。例如,古英语中原有复杂的变格变位系统,后来由于词末尾音的弱化和脱落,词形发生简化甚至消失。由于言语习惯世代相传,一些变化趋势在不同时期和地域反复出现,如元音间破裂音的浊化,从屈折变化表示句法关系演变为用词序表示等等。内因与语言演变的外因(如同相邻语言的接触)相对。

语言演化途径　**pathway of change**　指语言中普遍存在的典型演化方向,或指语言演化成最终形式所必经的典型中间阶段顺序。例如,许多语言中 s＞h＞Ø 的演化途径,而非直接的 s＞Ø 途径。在语法化中,演化途径指不同语言中经常出现的语法化演变,如英语中具有实词意义的词汇"come""go""have"等演化为将来时的语法标记。参见"单向性"。

语言意识　**language awareness**　指语言学习者对语言的功能和形式予以强化了的一种认识和敏感性,对本人或者他人语言能做出明白、敏感或者批判性的反应,或者具有元语言意识。语言意识是大脑进行形象意识和抽象意识的认知、综合、分析、理解、记忆和组织的活动过程,这一过程和意识主体接受刺激、进行反馈。语言意识涵盖的领域很广。例如,探索发展良好语言知识的益处、语言如何运作、人们如何学习语言和使用语言的有意识理解等。在社会交际中,人们的社会意识(social awareness)和文化意识(cultural awareness)等都离不开语言意识。提高语言意识的方法在外语、二语以及母语学习的背景下发展起来,最初应用于对教师的语言意识的培养,现在广泛运用于课堂教学。20世纪80年代英国开始把这一意识应用在教学上,90年代在其他几个国家开始推广。这种教学旨在激发学生对语言的好奇心,又为有不同语言体验的儿童在学校建立联系。语言意识的传播有口对耳的声像传播、手对眼的文字传播和电波对意识的传播等三条途径。

语言意识形态　**language ideology; linguistic ideology**　指一套有关社会语言的本质及运用的共享看法、信念、态度。此概念主要运用于人类学、社会语言学和跨文化研究领域。其研究揭示语言使用者的语言信念、态度与社会文化体系之间的关系,即语言使用者的语言信念如何植根于社会文化体系,以及社会文化体系如何反映使用者的语言信念。

因此，语言意识形态将语言使用者显性的或隐性的语言的观念与其社会经验、政治和经济利益相联系起来。

语言影响　linguistic influence　教育语言学术语，亦称跨语言影响（cross-linguistic influence）。指语言借用（borrowing）、干扰（interference）和迁移（language transfer）的一个统称，泛指一种语言对另一种语言产生的影响。因其可避免和行为主义的关联意义，有时用其来替代"迁移"尤其是"干扰"。

语言应用领域　domain　社会语言学术语。人类活动的某一特定领域。人们在其中广泛而频繁地使用某一语言变体或者若干语言变体的组合。语言应用领域可以被视为一组相关联的言语情景。比如家庭成员之间对话的情景，母子、父母、父子或者兄弟姐妹之间的对话都属于家庭语言的应用领域。在双语或多语社区中，人们在某些领域往往会使用某种语言，而在其他的领域可能会使用另外一种语言。例如，在美国的汉语家庭成员之间可能会使用汉语，但是在社交场合则可能会使用英语。

语言优势　language dominance　社会语言学术语，亦称语言强势。指对使用一种以上语言或方言的个体而言，运用其中一种语言或方言的能力超过其他语言或方言，对该种语言或方言更精通，使用更频繁，运用更自如。优势语言（dominant language）可以是使用者的母语，也可能是其后来在学校或工作中学到的语言。在某个使用一种以上语言或方言的国家或地区，语言优势指其中一种语言或方言比其他的语言或方言更重要的现象。一种语言成为优势语言可能是因为有较高的声望，被政府所提倡使用，用作教学使用语言或使用人数超过其他语言等。

语言游戏　language game　语言哲学术语。指维特根斯坦于1953年提出用以表达语言与世界关系的概念。语言游戏最初指儿童刚开始使用语词的语言方式，包括学习母语的各种游戏；后来用以更广泛地指一切人类使用语言进行的活动。维特根斯坦认为语言融入我们的生活，不再是世界的反映或图象，而首先是一种活动。因此，谈论语言意义就是谈论语言在不同情况下的使用；符号、词和句子作为语言的工具本身没有意义，意义是在这些语言单位在具体语言行为的语境中才获得的；理解是一个自然、直接的过程，日常语言的话语和理解之间不需要什么中介，因而在确定语言意义的时候不再是通过逻辑分析到达所谓的"原子命题"或"简单对象"，而是达到"自然理解"。

语言语义学　linguistic semantics　参见"语义学"。

语言语用失误　pragmalinguistic failure　参见"语用失误"。

语言运用　linguistic performance　指人在实际的语言生成和理解中对语言知识的运用，即说话人所说出的具体语言。此概念与索绪尔的"言语（parole）"概念基本相当，由乔姆斯基于1965年提出，是与"语言能力（linguistic competence）相对的理想化的语言概念"。在第二语言和外语学习中，学习者对一种语言的运用常被认为间接表明他们的语言能力，虽然有时其他一些指标（如语法判断等）被认为更直接地衡量一个人的语言能力。语言运用的话段包含各种与抽象规则系统无关的特征，如支吾和半句话结构等，它们由各种心理和社会因素对说话人造成的困难引起（如记忆跨度、生理局限等）。这些特征必须排除在语言的语法之外，后者只管句子构式的系统变化。与语言运用语法（performance grammar）有关的因素现在已经引起很大注意，尤其是在心理语言学领域。

语言运用分析　performance analysis; PA　语言习得术语。指第二语言习得中研究学习者语言能力的方法，其关注对象为学习者的总体语言行为，即学习者能用该语言说什么、做什么，而不只是学习者的错误。因此，语言运用分析不同于错误分析（error analysis）。在实际研究工作中，语言运用分析经常使用的设计模式有两种：（1）对一个人或几个人进行纵向调查研究，通过自然方式收集资料；（2）对一个组或几个组进行横向研究调查，通过实验方式收集资料。在实际的研究工作中这两种设计模式可以组合起来使用。

语言运用失误　performance errors　参见"语言行为失误"。

语言运用语法　performance grammar　指对人们产生及理解语句时所采用的规则或策略的一种描述。语言运用语法与语言能力语法相对应，后者描写说话者和听话者的语言知识，而不是解释他们在说和听时如何运用这种知识。

语言障碍　language barrier　指说不同语言的人进行交际时遇到的困难。解决这一问题的方法包括增加和改进语言教学，促进不同语言者之间的交流；提供更多更好的翻译，以减少或避免语言障碍的发生。

语言哲学　philosophy of language　哲学分支。研究语言学与哲学共同规律的一门交叉学科，关心普遍的哲学问题。在广义上，语言哲学几乎是分析哲学(analytic philosophy)的同义词(参见"**分析哲学**"),逻辑实证主义、牛津日常语言学和前后期的维特根斯坦都是用不同的语言哲学方法讨论哲学问题。从狭义上,语言哲学与语言学或语言学科相关,关心内在的语言实在及其哲学意义符号,传统上被分为句法学、语义学和语用学。语言哲学关注句法学与语义学之间的区分,以及诸如言语行为理论和会话含义等语用学课题。目前,对语言哲学的定义还存有不同看法,但其核心大致围绕诸如意义、真理、指称、谓词、量化和命题限制等语义学问题。

一般认为语言哲学的中心议题涉及两大方面:其一,语言和世界的关系;其二,语言或语词的意义。美国学者马蒂尼奇(Aloysius Martinich)编写的《语言哲学》(*Philosophy of Language*)一书将语言哲学研究课题辑录为:(1)真值与意义;(2)言语行为;(3)指称与摹状;(4)名称与指示词;(5)命题态度;(6)隐喻与假装(pretense);(7)释意与翻译;(7)语言的本质。语言哲学重在研究语言的本质与起源、语言与世界、语言与思想、语言与人、语言与社会等内容。就语言与世界的关系而言,包括语言的规则与变化、语言的指称与涵义、语言的能指、所指与物的关系等问题。由于逻辑与语言以及语言与思想之间具有不可分离的关系,语言哲学与哲学逻辑和心智哲学(philosophy of mind)存在许多共同关注的话题。当前一种较为有影响的语言哲学源自乔姆斯基的生成语法,它试图通过分析揭示隐藏在各种不规则和变化背后的语言结构揭示概念知识的结构。

当代语言哲学产生于哲学中的语言转向,基于如下假设:一切哲学分析都可以还原为对语言的分析。从语言学的角度看,从"可以认识什么"问题向现代哲学"言说什么"问题的转换,使得几乎所有现代西方哲学都和语言学结下了不解之缘,如结构主义的结构学说的产生有赖于索绪尔的共时性的语言学之助,解释学中视域交融的观点得益于语言中问答逻辑的发现。从早期罗素的"摹状词"理论和维特根斯坦的"语言图像说",到后期分析哲学中维特根斯坦的"语言游戏说"理论,从西方现代人本主义哲学奠基者胡塞尔《逻辑研究》中语言意义问题的深入探索,再到海德格尔的诗化存在论学说的推出,无一例外。总之,语言学是研究语言及其发展规律的科学,哲学是系统化的世界观与方法论,二者的结合同时也产生了"philosophy of linguistics""linguistic philosophy"等术语。美国语言哲学家万德勒(Zeno Vendler)在《哲学中的语言学》(*Linguistics in Philosophy*)一书中将相关概念阐释区分如下:语言学哲学(philosophy of linguistics)对意义、同义词、同义语(paraphrase)、句法、翻译等语言学共相(linguistic universals)进行哲学思考,并对语言学理论的逻辑地位和验证方式进行研究;语言观哲学(linguistic philosophy)包括基于自然语言或人工语言的结构和功能的任何一种概念的研究;语言哲学(philosophy of language)包括关于语言的本质、语言与现实的关系等内容的或多或少具有哲学性质的研究。参见"**语言转向**"和"**语言观哲学**"。

语言政策 language policy 教育语言学术语。指国家权力机构、人类社会群体以及国际组织在言语交际过程中,根据对某种或者某些语言所采取的立场、观点而制定的相关法律、条例、规定、措施等,其中包括官方语言的确定、国际组织中工作语言的确定以及外语教学中语言的规定等。语言政策是语言冲突和矛盾的产物,表明一个国家对本国多元文化、多个语言种类并存所持的态度和所做的规划。

语言政治学 glottopolitics 指关于在多文化、多语言并存的国家里,各决策层如何制定语言规划,促进和推广民族标准语的使用的研究。语言规划通常是某种语言政策的体现,主要特点包括:(1)有组织的、有意识的活动;(2)涉及个人和官方的努力,但政府的优势在于它控制了教育和其他机构;(3)旨在发展和解决交际问题,既有语言学的,也有非语言学的;(4)要解决的问题是全国性的,需要评估并在社会中解决;(5)需要指导性的理论框架。就性质而言,语言规划可分语言本体规划(corpus planning),主要处理语言的编码问题;地位规划(status planning),主要研究语言规划的目的、原则、方法和策略以及语言习得规划(acquisition planning),即语言文字的教育实施。语言规划过程按决策系统可分为中央级和非中央级。语言规划是一个长时间的复杂过程,包括实际调查、确定规划目标、预测可能结果、制订相应策略、实施和评估。语言规划的主要任务是建立全国共同语和制定文字规范。我国语言规划目前的任务是推广普通话,规范使用以及术语的标准化问题。

语言支架 scaffolding ❶语言习得术语。指第一语言本族语者和第二语言学习者之间常规的交流方式。在学习者表达不完全时,本族语者的支持、提供必要的词汇和信息的方式就是语言支架。例如:NNS: Look. NS: Look? At what? NNS: That. NS: It's a bug. NNS: Bug. 学习者通过互动学习得到了想要表达的内容和方式。对其效用有人认为其辅助了二语习得,也有相反观点认为依此而形成的依赖反而会阻碍语言习得的进展。❷语言教学术语。指一种教学策略,教师和学生合作参与一项活动,教师提供例子、支持、指导和输入,随着学生的逐步独立,教师逐步退出。语言支架理论强调语言学习中合作的作用。心理学家布鲁纳(Jerome Bruner)

认为语言学习需要社会互动的支持,方式有三种:(1)竖向支架(vertical scaffolding),指成年人通过问题来扩展儿童语言的方式。(2)连续支架(sequential scaffolding),指通过游戏来发展语言的方式。(3)指导支架(instructional scaffolding),指正规教学的一个重要方面。这一理论认为学习是一个在社会文化背景下不断内化规则和程序的过程。为促进语言学习,在教学中安排语言技能好的人辅助学习者完成一项任务,通过这种示范作用指导语言学习者。

语言知识库 language knowledge base 指计算机所存贮的语言知识的集合,是计算机从语音、文字、词汇、句法、语义、语用等角度对语言进行信息处理的基础。对人机对话、人工智研究而言,语言知识库是最基本、最重要的应用基础研究,涉及多语言知识的整理、发现、形式化、规范化等工作。

语言指示场 deictic field of language 心理语言学术语。在德国心理语言学家比勒(Karl Bühler)1934年提出的二场理论(two-field theory)中,指交际者在具体交际情景中使用"我—这里—现在(人称—空间—时间)"主体定位系统("I-now-here" system of subjective orientation)表明话语角色。通常,可以使用以下不同指称手段:(1)在交际现场使用视觉手段(visual presentation),如手势、指代词、人称代词等;(2)上下文中使用照应词(anaphor);(3)在记忆和想象中使用想象指称词(deixis of the fantasm)。比勒使用下图表示指示场,其中两条相交的直线代表一个坐标系统(a coordinate system);"O"是原点(origin),是坐标系的源极(the co-ordinate source)。

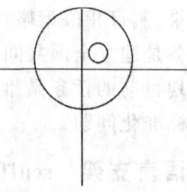

原点O处必须有三个指示词语:"这里""现在"和"我"。指示场(或指示坐标)以说话人"我"、说话时刻"现在"及说话地点"这里"为中心(或原点),指语的意义便是在这样一个指示场中获得填充的。只有当"我"确定后,才能确定"你"和"他";只有当"现在"确定之后,才能确定"过去"和"将来";只有当"这里"确定后,才能确定"那里"。

语言指纹 linguistic fingerprinting 指任何一个使用语言的人都有区别于其他语言使用者的语言特征。这些特征如同人的指纹一样具有独特性。凭借那些独特的语言指纹,就能对语言使用者进行区分和辨认。以作家为例。作家不同,其性格、经历、文化背景、日常习惯也不同。同一作者的不同作品往往包含许多类似的行文习惯、修辞句式,而不同作者的作品则缺乏或不完全具有这种习惯和特征,就像作者在作品中留下"指纹"一样。因此,通过分析语言指纹能帮助辨析文章的原作者。

语言中立性 language neutral 语义学术语。指语义成分分析(componential analysis)的命题之一。语义成分是独立于任何个别语言且具有语言中立性质的一些抽象概念。当语言学家在描写一种特定的语言时,这些成分可以用该语言中的词汇来表示,也可以用某种特定的符号来表示。

语言忠诚 language loyalty 社会语言学术语。通常指某一国家的少数种族在另外一种语言为优势语言的情况下,尽力保持使用本民族语言的现象。例如,移民美国的爱沙尼亚社群对其母语爱沙尼亚语保持着很高的忠诚度。

语言转换 language switching 指一种语言被翻译成另一种语言的过程,亦可指双语者或多语者从一种语言转换为另一种语言的过程。

语言转向 the Linguistic Turn 哲学术语。亦称语言学转向、语言的转向。西方哲学家认为,哲学的发展经历了三个阶段,即本体论阶段、认识论阶段和语言哲学阶段。古希腊时期,哲学家们侧重于研究形而上学的本体论,探讨世界由此形成的最终成分。近代开始,哲学研究的中心从本体论转向认识论,即从研究世界的本源或本体转向研究认识的起源、人的认识能力以及认识方法等等。现代哲学研究的中心又从认识转向语言哲学,主张不论研究存在还是研究认识,都需要首先弄清语言的意义,而对语言意义的研究正是语言哲学的首要任务。这种自19世纪末至20世纪初发生的从认识论研究到语言哲学研究的转变,学界称为语言转向(亦称语言学转向),并把这一转向看作哲学中的一场革命。这一转向标志着哲学主题的变化和哲学思维方式的革命,近代哲学的"主体—客体"思维模式让位于意义辨析、语言表达的分析以及言语行为。从"可以认识什么"的问题转向现代哲学"言说什么"的问题,这一转换直接催生了语言哲学作为一门学科的诞生。参见"语言哲学"。

语言转用 language shift 社会语言学术语。指从使用一种语言转而使用另一种语言的现象。语言转用现象通常发生在语言使用者或某语言族群移居到优势语言与其母语不同的地区时,或某地区族群遭受政治、经济、文化力量更强大的族群的迁入或入侵时,弱小、落后族群也常常发生语言转用,以有利于生存。例如,非英语国家的人移居到英国、美国、加拿大或澳大利亚后,往往发生语言转换,转而使用英语。通过限定媒体和教学所用语言的种类，政府的政策可以积极促进语言转用。此外，为了就业和进行更广泛、更顺畅的交际而需要使用另一种语言（通常是所在地区的优势语言）时，也可能发生语言转用。

语言自我 language ego　语言习得术语。指人们在学习第二语言或外语的过程中对自己的身份、特质以及价值的看法（即他者自我）与其第一语言某些方面的关系。有学者认为，一个人是在学习第一语言时发展他的自我身份感。语言的某些方面，特别是发音，与一个人的自我有着密切关系，这种关系会妨碍学习第二语言或外语。

语言组合体 syntagm; syntagma　亦称结构体或语段。指两个或两个以上的语言单位所组成的整体，具有结构上的作用。例如，组合体可以由下列两种方式之一组成：(1)两个或两个以上的语素组成一个单词，如 re－ ＋ write ＝ rewrite；(2)由单词组成短语、分句和句子，如"The ＋ train ＋ is ＋ leaving ＋ now"。

语言最低量 language minimum　语言教学术语。指可以满足最低限度交际需要的语言系统，涉及语言用于教学目的时对词汇和语法的选择。选择的标准包括词汇出现的频率、词汇和语法在达到交际目的的过程中的使用等。

语义悖论 semantic antinomy; semantic paradox　指真值不能确定的矛盾的命题。当悖论所赖以产生的公认的背景知识是指"真""假""意义""指称"等语义概念时，这样的悖论就成为"语义悖论"。语义悖论的解决对逻辑学基础的完善以及进一步地发展具有重大的意义。同时，对哲学、语言学、计算机与人工智能科学的研究也具有重要的促进意义。说谎者悖论、罗素的理发师悖论、理查德悖论、格里林的他谓悖论等都是经典的语义悖论。

语义变化 semantic change; semantic shift　语义学术语。指语言随着时间的推移会发生变化，一个词的意义偏离原来的词义的现象。主要有五种类型的语义变化：语义扩展、语义缩小、语义升格、语义降格和语义隐喻的语义转变。

语义标记 semantic marker　语义学术语。根据一对对立的语言成分的语义特征进行定义的方法。一个语义有标记词在词义上比语义无标记词较具体。例如，在 lion/lioness 中，lion 是无标记项，既可以是狮子范畴的全称，也可以指雄狮，而 lioness 在语义上比 lion 更具体，仅指母狮。参见"**语义特征**"。

语义表征 semantic representation　语义学术语。意义可以在其中得到表达的一种形式（语义特征的结构或逻辑系统的算法）的语言。可以是语义特征结构的形式或逻辑系统的公式，也可以是句法深层结构。

语义部分 semantic component　句法学术语，亦称语义组分。指生成语法理论中构成语法的三个组成部分之一。根据生成语法的标准理论（Standard Theory），普遍语法由句法部分（syntactic component）、语义部分和语音部分（phonetic component）组成。语法的作用是把语义表达和语音表达联系起来，以说明句子如何得到解释。到扩充的标准理论（Extended Standard Theory）阶段，乔姆斯基认为语法只能解决部分语义问题，语义解释必须与其他认知结构相联系。到 20 世纪 80 年代，乔姆斯基提出的语法模式是基础部分生成称为 D 结构（深层结构）的句法结构，D 结构经过转换规则生成 S 结构（表层结构）。语音输入赋予 S 结构语音表达，语义部分处理句子的语义。

语义层 semantic level　语义学术语。意群聚合体平面的一个范畴。指句子里词义所形成的意群内部的层次关系。

语义场 semantic field　语义学术语，亦称词汇场（lexical field）。指将相关的词汇及其表达方式归为一体以显示它们之间关系的系统。例如：父母、兄弟、姐妹、叔叔、婶婶等表示亲属关系的词同属一个词汇场，该词汇场的有关特征包括辈分、性别、父系、母系等。参见"**语义场理论**"。

语义场理论 field theory　语义学用语。指将词汇按语义范畴划分归类的理论。语义场亦称词汇场（lexical field），是一个把相互关联的词汇和短语组织起来显示其间的相互关系的一个集合体系。词汇场的集合又构成某一语言的词汇总和。利奇（Geoffrey N. Leech）划分了 7 种语义场：(1)分类语义场，包括同类事物（如现象、性质、运动、行为等）的各种对象；(2)顺序语义场，包括数目、时序关系等词语；(3)关系义场，表示人与人、人与事物及事物及事物之间的关系；(4)反义义场，包括意义相反的词语；(5)两极义场，同反义义场相同，两极义场都是二元的，意义上彼此相反，但两个义位之间有过渡地带，如大与小，富与穷形成两极；(6)部分否定义场，指不完全相反的否定，如必然性（inevitability）与可能性（possibility），全体与部分两组词中两者在意义上不完全相反，多元部分否定的例子如"hot, warm, cool, cold""进攻—防御—退却"等等；(7)同义义场，这种义场同传统语言学所讲的狭义同义词大体相当，即两个概念意义（conceptual meaning）相同，但附加意义不同的义位构成的义场。参见"语义场"。

语义成分 semantic component 参见"语义特征"。

语义词 semantic word 亦称义位。语义结构的最小单位。

语义单位 sememe 语义结构的要素之一。最小的语义单位是词语的义征。

语义淡化 bleaching 参见"语义泛化"。

语义短路 semantic short-circuiting 参见"语法悖理"。

语义对立体 semantic oppositions 语义学术语。指所有的词项都可分解为一些最终的对立成分,这种对立通常可以用"+""-"来表示。例如,可以将"美国总统"的意义分析为"+"表示的下列语义成分:[+人]、[+成人]、[+美国人],也可以分析为用"-"表示的另外一些语义成分:[-动物]、[-孩子]、[-中国人]。

语义对子 semantic pair 语义学术语。语义学中意义相关的两个词项。例如:问—答、来—去、买—卖。

语义泛化 bleaching 语义学术语,亦称语义淡化。指一个词由于语义演变而导致语义的弱化或虚化。如"you see"不再用于传递其词汇本义,而已成为语用标记词。从另一方面讲,一个词的词义可通过不同的词汇搭配而改变,每一种搭配都突出了该词的某一语义特征,同时也淡化或隐去了其他的语义特征。

语义分裂 semantic split 语义学术语。与语义合并(semantic merger)相对,指一种产生新词汇以区分表达现有词的多种意义的语义变化现象。当一个词包含的两种或多种意义需要各自独立的词汇表达时,语义分裂即产生。语义限制(semantic restriction)就是语义分裂的一种形式。如英语中"loft"一词原泛指"房屋或谷仓的上层",后语义缩小,仅具有"attic"(阁楼)的意思。

语义分析 semantic analysis ❶语义学术语。对语言的所指、能指、含义和意义进行的抽象的、纯理论的分析方法。❷句法学术语。从词语、从句、句子、段落层面到作为整体的写作层面,以及到语言独立(language-independent)的意义,将句法结构关联起来的过程,包括移除特定语言的和文化语境的特征,并转换为相对恒定的意义。

语义关系 semantic relation 语义学术语。指自然语言表达式(单词、句子等)意义之间所有的关系。最重要的语义关系有同义关系(synonymy)、反义关系(antonymy)、上下义关系(hyponymy)、不相容关系(incompatibility)、互补关系(complementarity)、对立关系(conversion)、释义关系(paraphrase)和推理关系(inference)等。

语义核心 semantic head 约束句法核心的一个短语其最大的非组合性部分。通常以单个名词或非组合性名词短语的形式出现,如"黑洞"是"不寻常的黑洞"的语义核心。

语义记忆 semantic memory 认知心理学术语。指对各种有组织知识的记忆。具体指个体拥有的关于词语和其他符号的意义和指称,以及词语或符号之间的关系,还包括有关运用这些符号、概念和关系的规则、公式和算法的记忆系统。

语义角色 semantic roles; thematic roles 语义学术语。指论元在谓词所指事件中担任的角色。语义角色反映句子中主动词和论元之间的内在关系。人们通常根据谓词和论元之间不同的语义关系来把论元分为若干个类型,这种论元的类型被称为语义角色。语义角色主要分为施事(agent)、受事(patient)、客体(theme)、经验者(experiencer)、受益者(beneficiary)、工具(instrument)、处所(location)、目标(goal)、来源(source)等类型。例如:[1] John hit Bill. [2] Bill was hit by John. 在这两个句子中,John 具有施事的语义角色,Bill 是"打"这个事件的受事,Bill 的语义角色在两句中相同。

语义结构 semantic structure 认知语言学术语。指与词或其他语言单位常规联系在一起的意义单位,可等同于概念结构(conceptual structure)。语义结构和语言形式一起构成一个语言单位(linguistic unit),一个语言单位就是一个意义—形式配对体。意义可以被编码,并被语言外在化(externalized)。语义结构的单位有时被称为词汇概念(lexical concept),因为概念受认知经验调节,因此不直接等同于客观语义学(objectivist semantics)所认为的真实外部世界的客体。

语义结构理论 semantic structure theory 语义学术语。认为语言有线性和垂直两个维度,线性维度对应句子构造法、词的前后顺序,而垂直维度对应潜在的语义结构,揭示不同的词之间的语义关联,如同义关系、反义关系、上下义关系等,并从一组事物中抽象出共性的特征。

语义结构学 semontactics 语义学分支。研究语符列中义素的排列特点,即将各个词项的词义同各个词在句子中的结构结合起来的研究。

语义空间 semantic space　　认知心理学术语。指由概念与概念、概念与其特征之间的关系所构成的心理上的网络或区域,来源于柯林斯(Alan Collins)与奎林(Ross Quillian)在1969年合著的文章《语义记忆中的检索时间》(Retrieval Time from Semantic Memory)中提出的关于语义记忆的层次网络模型(Hierarchical Network Model)。该模型组织语义网络的基本原则是用语义距离(semantic distance)代替概念的层次结构,语义距离的远近反映概念之间的联系程度或紧密程度。语义空间也是语言意义的世界,信息是意义和符号的统一体,语言内在意义只有通过一定的外在形式如动作、表情、文字、声音、图画、影像等符号才能得以表达。因此,每一个符号体系都可看作是传达意义的语言,它们所表达的意义构成特定的语义空间。信息的传播既是在社会空间进行,也是在语义空间实现。要实现信息的有效传播,前提条件之一在于传受双方必须处于同一个语义空间内,或者说两者的语义空间是相通的。传受双方对符号意义要有共通的理解、相同的文化背景,否则信息将无法传播,甚至造成误解。因此,语义空间也是传播学研究的概念之一。

语义扩展[1]　irradiation　　亦作词义扩展(radiation)。指词义向不同方向扩展。例如,organ一词有"器官""机关""风琴"等意义。词的多义结构反映了语义扩展的方式与归类依据。

语义扩展[2]　semantic broadening　　语义学术语。指词义从特定扩大到普遍、从个别扩大到一般意义。例如,汉语中"公子"一词在中国春秋战国时期指"诸侯的儿子",现在词义扩展到泛指尊称别人家的儿子。又如,英语holiday一词原指宗教意义上的节日,现在词义扩展到泛指一切节假日或休息日。参见"语义演变"。

语义理据　semantic motivation　　词的意义理据,是建立在心理联想基础上的一种构词理据,通常指词义的引申和比喻。如果把英语中许多表示事物的词的词义引申,就可用来喻指其他事物。例如,bonnet, coat和jacket表示衣饰的一类词用在短语"a bonnet of car""a coat of paint""potatoes cooked in their jackets"中,就分别表示"车篷""一层漆"和"土豆不削皮烧煮"。英语词汇的语义理据有隐喻(metaphor)、借代(metonymy)、提喻(synecdoche)、类比(analogy)等类型。参见"理据"。

语义描写　semantic description　　关于词语性质的描述。如今多用于网络服务。

语义内包　semantic inclusion　　语义学术语。一种语言中某个词的语义成分多于另一种语言的对应词所形成的语义关系。例如,"汤"的语义成分多于"soup"。

语义前提　semantic presupposition　　语义学术语,亦称语义预设。句子B是句子A的语义前提,当且仅当:(1)A为全真时,B为真;(2)A为全假时,B为真。例如,不论"他还在打老婆吗?"这句话为真还是为假,"他打过老婆"或者"他有老婆"始终为真。

语义区分法　semantic differential　　让被试者将自己对某一词的联想意义标在划分为七段级的语义轴上,然后对不同被试者的联想意义进行具体对比分析的方法。

语义三角　semantic triangle　　语义学术语,亦称语义三元论(triadic theory of meaning)。是英国学者奥格登(Charles Kay Ogden)和理查兹(Ivor Armstrong Richards)在1923年出版的语义学重要著作《意义的意义》(The Meaning of Meaning)中提出的一种意义模式,代表了传统语义学的典型观点。语义三角模式理论认为意义本质上是语言形式(linguistic form)、指称(reference)、和所指(referent)之间的三重关系。该理论指三者之间处于一种相互制约、相互作用的关系之中,强调语言形式是对事物的指代,指称过程就是语言形式、意义和事物发生关系的过程。语义三角关系如下图:

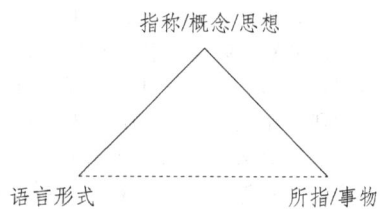

语义三角形的含义主要包括:(1)指称/概念/思想(reference/concept/thought)和客观事物(referent/thing)之间是直接的联系。概念是在客观事物的基础上概括而成的,是客观事物在头脑中的反映。二者用直线连接,表示概念反映客观事物。(2)指称/概念/思想(reference/concept/thought)与语言形式(linguistic form)之间也是直接联系。概念是通过语言形式/符号表达出来的,二者用实线连接,表明语言符号表达概念。(3)符号或语言形式与所指/事物(referent/thing)之间没有直接的、必然的联系。虚线表示符号与所指之间的非直接联系。符号与所指之间没有内在的必然联系,真正的联系存在于人的头脑之中。

语义双边论　dualist theory of meaning; dyadic theory of meaning　　语义学术语。一种研

究语义的方法，该方法假定符号和其所指物体或概念之间存在双边关系。语义双边论与语义三元论(semantic triangle)对立。语义三元论认为符号、所指语义和所指物体存在三边关系。

语义特征　semantic feature　语义学术语，亦称语义成分(semantic component)或义素(sememe)。指描写语言表达及其语义关系的最小语义单位。此术语名称由音位分析中的"区别性特征"(distinctive features)类比而来。一个词的意义是由一些抽象的、可区别于其他词的意义或类别的特征组成，这些抽象的特征即语义特征，其用来描写不同语言中的语义内容。语义特征通常表现为成对的、意义相反的语义单位，通过对比的方法用符号"＋"和"－"来表示有或无。此分析法亦称成分分析法(componential analysis)。例如男人：[＋人类 ＋男性 ＋成年]；女人：[＋人类 －男性 ＋成年]；boy：[＋HUMAN ＋MALE －ADULT]；girl：[＋HUMAN －MALE －ADULT]。

语义同义场　semantically synonymous field　语义学术语。指受核心词制约的语义场。例如，get, acquire, attain, obtain, procure, gain 这些词构成以 get 为核心词的语义同义场。

语义图　semantic map　语言类型学术语。近20年来在语言类型学研究中兴起的一个描写工具，采用几何图形来表征语法形式的多功能性，以此揭示人类语言中语法形式多功能模式的系统性和规律性。语义地图的概念最早由罗伊德·安德森(Lloyd B. Anderson)于1982年在一篇关于完成时态的类型学研究中提出，他认为可以通过引用"地图"的方式，来解决语法形式与语义在多语言比较中遭遇的不一致情况，具言之，若一种语言形式可以固定地表达两种意义，那么这两种意义可假定为相似，那便可绘制出一副适用于跨语言研究的大语义地图。语义地图基于语义地图连续假说理论(semantic map connectivity hypothesis)。克罗夫特(William Croft, 2003)将这一假说表述为："与特定语言(或)特定构造相关的任何范畴必须映射到概念空间的一个连续区域。在跨语言比较基础之上的语义地图模型能够有效地从类型学角度区分多异性与同音异义性，由而可以揭示多义性的变异模式及普遍特征。

语义图连续假说理论　semantic map connectivity hypothesis　参见"语义图"。

语义图示　semantic mapping　语言教学术语，亦称语义映射。指一种用示意图来表示语义或概念之间关系的一种方法。使用这种方法，能够帮助学生在学习一个新的概念时，促使他们在这一新概念和他们以往的经验之间建立关系。这种方法通常包括以下三个步骤：(1)选择一个目标概念，通常为一个关键词，作为示意图的焦点；(2)将目标概念分为若干组下属概念；(3)为每组下属概念提供相关的支持性信息。在英语词汇教学中，教师可以利用这种方法扩大学生的词汇量。例如，在讲授单词"transportation"时，可用如下语义图式表示：

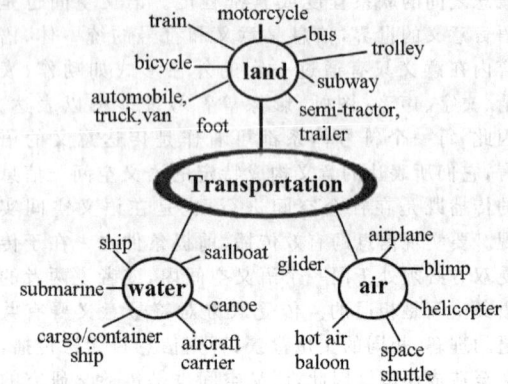

语义网络理论　semantic network　指用于表示词与词之间语义关系的一种网络理论。是人工智能研究中一个重要的知识表征形式。1973年由美国人工智能专家司马贺(Herbert Alexander Simon)提出。其原理是以句中词的概念为网络的结点，以沟通结点之间的有向弧来表示概念与概念之间的语义关系，构成一个彼此相连的网络，以理解自然语言句子的语义。语义网络可以用于多种类型的知识描述，如表达概念之间的层次关系、几何蕴含关系、多元关系等。在自然语言处理技术中，应用语义网络来分析词与词之间的关系，以便进行自然语言句子语义的分析和理解。

语义组分　semantic component　参见"语义部分"。

语义位移　semantic displacement　指一种伴随语言文化植入出现的现象，即由于语言接触，一种语言可能需要用一个本土词汇来指称一个新引进的、外来的指称对象，由此必须创造一个新名词指称原有的本土指称对象。这个新名词可以从原有的本土词汇派生而来，即语义位移。例如，墨西哥下加利福尼亚州尤马语系(Yuman)的基利瓦语(Kiliwa)中，"xpiip"一词原意为"麻黄类植物"，与欧洲人或科罗拉多河流域的园艺部落因贸易发生语言接触后，该词意义发生改变，指农作物"豆类"。原来的指称对象"麻黄类植物"则变为一个描述性的关系句"pi-yl-t-kʷ-yaq"来指称。

语义限定 semantic specification 为实现多源多目标二进制翻译器而设计的机器指令语义描述方法。

语义学 semantics; semasiology 研究语言意义的一门语言学分支学科。现代意义上的"语义学"由法国语文学家布雷亚尔（Michel Bréal）于 1897 年在其著作《语义学探索》一书中提出。该书对语义学的研究对象和方法作了系统的阐述，这标志着语义学作为一门独立学科的诞生。在传统意义上，语义学既可以指对自然语言中不同单位的语义的研究，也可以指对数理逻辑形式系统中符号意义的研究，前一类研究历来在哲学和语言学两个领域中交叉进行，后一类研究（亦称"纯语义学"，是符号学的一个分支）主要在数理逻辑领域中进行。当前，来自后者的大量概念和方法都已引入自然语言语义研究。狭义上的语义学研究语言表达的意义，但不包含语用学因素，如情境特征、语言使用常规、说话者的用意等对语言表达所造成的效果或影响。根据所研究的不同单位的自然语言，语义学研究可大致分为三个层面：(1) 词汇语义研究，主要集中在词义问题、义素分析、词的聚合问题、词汇场、同形异义词和多义词、成语的语义等方面；(2) 句子语义研究，主要以真值条件语义理论、配价理论、生成理论、言语行为理论、含工理论等为基础来研究句义关系、句法结构和语序等问题；(3) 话语语义研究，针对句子以上层次结构的意义方面的研究，包括话语的标准、话语的衔接、话语的连贯及照应等。根据研究侧重点的不同，语义学产生了不同的分支，如普通语义学、结构语义学、词汇语义学、句子语义学、认知语义学、形式语义学、逻辑语义学、共时语义学、历史语义学等。语义学的研究方法也多具有多样性，包括语音方法、语法方法、逻辑方法、哲学方法、人类学方法、认知方法、功能方法、语体方法、符号学方法等。语义学的发展大致经历了四个阶段：(1) 准备阶段（约 1825—1880），历史比较语言学的兴起和浪漫主义诗人对词语的兴趣，催生了语义学的产生。(2) 词源学阶段（约 1880—1930），语义学家对于语义变化的类型、方式和原因进行深入研究。(3) 结构主义阶段（约 1930—1970），语义学家们将索绪尔结构主义语言学的理论和方法应用到语义研究领域，德国语言学家特尔（Jost Trier）提出了著名的语义场理论，乔姆斯基也不断修正自己的转换生成语法，将语义解释涵盖其中。著名学者如乌尔曼（Stephen Ullmann）、帕尔默（F. R. Palmer）、利奇（Geoffrey Leech）和莱昂斯（John Lyons）等也纷纷出版有关语义学的专著。(4) 多元化阶段（约 1970—至今），语义学研究突破了传统语义学在研究层次和方法上的单一性，朝着跨学科、多维和多层次的方向发展，研究者们运用语言哲学、心理学等学科的方法，从不同的角度和层次对语义进行研究。

语义演变 semantic change; shift of meaning 形态学术语。指单词意义的改变。词义的演变方式有扩展或扩大、缩小、降格、升格和转移。在这些方式中词义的扩大和缩小是最普遍的。词义扩大亦称普遍化，指某些词的词义延伸，范围扩大，从原来的特殊意义变成普遍意义的过程。例如，holiday 现在意指"节日"，和宗教无关。而在过去，holiday 指 holy day，有宗教含义。词义的缩小与词义的扩大相反，即把词义范围缩小，表示特指。当 garage 一词最初从法语借入时，指"任何安全的地方"，现在仅指"车库"。词义的升格指词由贬义或中性转变为褒义。有些词在历史上有"卑微、下贱"之义，但随着时间的推移词义有了变化。例如，knight 原来的意思是"仆人"，现在升格为"爵士、骑士"。词义的降格和词义的升格相反，即原来的褒义词或中性词降格，表示贬义。例如，boor 原来指"农民"，现在降格为"粗野无礼的人"。参见"**意义演变**"。

语义异常 semantic anomaly 语义学术语。指脱离语言常规的语言形式。主要表现在：(1) 句子内部（词与词之间）意义的冲突。例如：圆的方；(2) 句子意义和现实世界的冲突。例如：无色的绿色的思想在愤怒地沉睡。

语义因子 semantic factors 亦称语义基元或义素。最基本的语义单位。美国学者佩里（James Whitney Perry）和肯特（Allen Kent）以及英国威尔克斯（Yorick Wilks）都从不同的角度研究过语义因子。威尔克斯认为应该从五个方面来选择语义因子：(1) 有限性，即语义因子的数目应该是有限的，应少于它所表示的复合概念的数目；(2) 全面性，即适合于表达各种复合概念的语义；(3) 独立性，即彼此独立；(4) 不循环性，即不能互为定义而造成循环；(5) 基元性，即不能再作进一步的分解。佩里和肯特采用三字母组合来代表语义因子，第一个字母之后留下一个空白来表明语义因子与它所表示的复合概念的关系。例如，M-CH 表示仪器，L-CT 表示电，M-SR 表示测量，R-HT 表示温度，A 表示所指语义因子与复合概念是属与种的关系，因此，MACH 表示某种仪器；Q 表示复合概念借助于所指语义因子进行活动，因此，MACH LQCT 表示借助于电来工作的仪器；U 表示复合概念所进行的活动为所指语义因子所确定，因此，MACH LQCT MUSR 表示借助于电来进行测量的仪器；W 表示复合概念作用于所指语义因子，因此，MACH LQCT MUSR RWHT 表示借助于电来测量温度的仪器，这就是"温差电偶"这个词。给每一个词记上一个作用指标可指出相应

Y 语 yǔ　　（语言学术语）

的词在句子中的功能。例如，作用指标 KQJ 表示"在什么帮助下"，这样，KQJ — MACH LQCT MUSR RWHT 便可表示"温度借助于温差电偶来确定"这个句子。

语义音位聚合体　phonotagmeme　亦称音位法位，指音位组合的研究单位。在表达形式层面上具有语素学意义的音位组合。与形式音位聚合体不同，语义音位聚合体在语义层面上对应于不同的语义。例如：英语 sing 和 song 两词间的换音。

语义语法　semantic grammar　指语法研究中引入的语义分析方法，如义素分析，语义特征分析，语义逻辑式分析，语义结构分析，语义场分析，语义命题、预设、蕴含分析等。

语义原素词　semantic primes　亦称语义原始词（semantic primitives）。指对基本概念进行语义分析的基本词，是进行语义分析和概念分析的工具。语言学认为大致有 60 个左右的语义原素词，一起可以构成成千上万的复杂意义。德尔文（René Dirven）和费斯波尔（Marjolijn Verspoor）（1998）认为，语义原素词在不同的情境下可以用不同的词来表达，这些被称之为词汇变体（allolexes）。例如，在英语中，else 和 don't 分别是 other 和 not 的词汇变体。

语义韵　semantic prosody　亦称语义协调。语料库研究的一个分支。指某些词语由于经常同具有某种语义特征的语言单位共现而产生的一种语义特征。当词项的搭配行为显示一定语义趋向：一定的词项会习惯地吸引某一类具有相同语义特点的词项，构成搭配。由于这些具有相同语义特点的词项与关键词项在文本中高频出现，后者就也有了有关的语义特点，整个语境内因此弥漫了某种语义氛围，这就是语义韵。语义研究的三种常用方法分别为：数据驱动的方法、基于数据的方法和基于数据与数据驱动相结合的折中方法。数据驱动的语义韵研究方法指依靠计算机程序进行自动统计测量、检索和提取搭配词，根据显著搭配词语义特征归纳语义韵，而基于数据的语义韵研究方法指首先利用统计抽样手段从语料库中提取足够量的索引行，然后通过考察索引行语境信息，确定短语意义单位的构成要素并参照各要素的特征归纳语义韵。

语义窄化　reduction; restriction; narrowing of meaning; semantic narrowing　形态学术语。指词义从泛指缩小到特指、从一般缩小到指个别、从指"类"的概念缩小到指"种"的概念。例如，英语中"girl"一词原指"不论性别的年轻人"，现在缩小到仅指"女孩子""少女"。英语"meat"原词义笼统指"食物"，现在仅指"肉"。

语义甄别法　semantic differential method　心理学家设计出的一种实验方法，用来测定说话人对不同词汇项的情感反应，从而了解语言概念组织中的主要情感因素。此方法使用一种含有词义相反或相对的成对词汇评估表，评估表中含有成对的意义对立的形容词，即双极形容词（bi-polar adjective），以评估人们对词义的不同的主观印象。例如，对"democracy"这个词，量表上列出：

　　good—bad　　　rough—smooth
　　weak—strong　　active—passive

然后要求被调查人在对立的形容词词项中选择评估，随后记录调查人对这些词项产生的反应。

语义值　semantic value　语义学术语。指表示语言实体和客观实体之间的真值关系。一切基础词语都有语义值，而表示客体与客体关系的词（如介词和连词）则没有语义值。

语义转贬　deterioration; pejoration　语义学术语。指随着时间的变化，词的语义发生转变，起初带有褒义的一面发生弱化的现象，如 awful 这个词原先的含义与现在的 awesome 相近，但是现在的意思正好相反。egregious 来源于拉丁语 egregius[outstanding]，一开始用来描述某物非常好，但现在意义转贬，用来形容某物非常不好。notorious 原先的含义是 widely known，但是经历意义转变之后，现在的含义是 widely and unfavorably known。silly 在古英语中意味着神圣，在中世纪英语中词义发生转变，指无辜或者天真，而在现代英语中，其含义转而表示愚蠢。

语义子　semon　语义学术语。通过分析确定的语义的最小单位。不是自然语言中现成的单位，而是在语义分析中得出的理论虚构物。

语义组分　semantic component　参见"语义部分"。

语音变化　phonetic sound change　音系学术语，亦称音位变体音变（sound change by allophones; allophonic change）。指音位变体所发生的音变。这种音变不影响语言的音位结构的语音变化。例如，英语的 talk 一词中的 /t/ 这个音，舌尖位置不同，就会发出不同的声音，但这并不影响 talk 的意义，即不改变其音位特征。

语音变体　phonetic variant　亦称音位变体。参见"音位变体"。

语音标记　phonetic symbol　语音学术语。指书面描述实际话语语音的特殊字母或其他印刷符号。用这些符号进行的标音被称作语音注释（phonetic notation），或称语音文字（phonetic script）。

语音表征　phonetic representation　❶音系学术语。运用生成规则时应区分系统语音表达（systematic phonetic representation）和系统音位表达（systematic phonological representation; systematic phonemic representation）。音位表达的两个层次（即底层表达层次和语音表达层次）是生成音系学的重要研究内容。底层表达（underlying representation）是音位规则应用之前一个词的基本形式。❷语音学术语，亦称标音法（phonetic transcription）。指为语言学研究或语音学习的需要，用音标字母表中的音标表达自然语言语音的方法。目前国际上使用最广泛、最受认同的音标体系是国际音标字母表（International Phonetic Alphabet；IPA），国际上大部分语言学类的书籍和词典都采用这一表音体系。

语音层　phonetic level　语音学术语。指人类自然语言中所包含的各种语音。语音的形成和发音的方法、语音的分类、语音的物理属性、听觉和语音感知、语音的标音等均是语音学的研究对象。

语音词　phonological word　在语音—音系层次上所定义的词，即口语中介于两个停顿之间的词，由词重音和界限标记如停顿、吸气音等在理论上可分离的最小的音的切分组成。

语音定律　phonetic law; sound law　参见"语音规律"。

语音定式　phonetic setting　语音学术语，亦称发音定式（articulatory setting）。指发音时调整声道，使说话人在整个发音时间里保持着一种衡定姿态。

语音发展非连续性假说　discontinuity hypothesis　参见"语音发展连续性假说"。

语音发展连续性假说　continuity hypothesis　语言习得术语。指语言习得理论中认为婴儿在语言习得后期逐渐从"牙牙学语期"（babbling）内选取声音以发展语音体系的学说。语音发展连续性假说与语言学家雅柯布逊（Roman Jakobson）提出的语音发展非连续性假说（discontinuity hypothesis）相对应，该假说认为牙牙学语期内的声音与以后的音系发展无直接联系。

语音符号　phonetic sign　语音学术语。指标注音标时使用的文字符号。语音符号是某个语言系统中恒定的形式和意义相结合的字母、音素、单词或其他语言系统的单位，是一组用来标示各种人类所能发出来的声音，作为统一标示所有语言中语音的标准符号。语音符号是约定俗成的符号，代表事物或事件。例如，英语中的"book"一词就代表现实世界中的一种事物。

语音感知　phonetic perception　参见"语音移情"。

语音规律　sound law　历史语言学术语。青年语法学派历史语言描写的核心术语。在历史语言学和比较语言学中，语音定律指用于解释某一语言的语音系统在各个历史阶段发生的一系列规律性变化的定律，也可指不同语言间的语音对应关系的定律。著名的语音定律有格林定律（Grimm's Law）、格拉斯曼定律（Grassman's Law）、维尔纳定理（Verner's law）等。例如，格里姆定律是有关印欧诸语言辅音规则音变的描述，该定律指出日耳曼诸语言和欧洲、西亚印欧语言之间有显著的对应关系。古希腊语和古拉丁语中的/p/音来自原始印欧语，后来在日耳曼各语种中变成了[f]音；如拉丁语的 pis-cis（鱼）、pes（脚）和 pater（父亲）在德语中变成了 Fisch、Fuss 和 Vater，在英语中则变成了 fish、foot 和 father。维尔纳定律是对格里姆定律所不能概括的例外情况所作的语言学解释，证实了在日耳曼诸语言中重音在语言变化中起重要作用，为 19 世纪语言学家的语音定律提出了进一步的证据。这种"语音规律"是历史语言学的新语法学派提出的一种假说。他们假设语音演变规律没有例外，即在以给定的时间内、在一特定语言环境中包含某一音的词都以同样方式演变，而任何不这样演变的音都可以用其他规律来解释。一些初看是这些规律例外的情形，最终任用基于这一假说的考察得以解释。

语音行为　phonetic act　语用学术语。在奥斯汀（John Langshaw Austin）的言语行为理论中指表示语音及完整的语音段的生成行为，与语法行为（phatic act）和表意行为（rhetic act）一起构成言内行为（locution）。

语音合成器　voice synthesizer　参见"言语合成器"。

语音环境　phonetic context　语音学术语。指相邻的语音和重音、语调、连音等韵律特征。

语音环路　articulatory loop　心理语言学术语。指工作记忆中与记忆容量相关的一个概念，最初由巴德利（Alan Baddeley）和希契（Graham Hitch）于 1974 年提出。巴德利等人发现长度较短的单词更容易被记住，原因是单位时间内长度较短的单词能够被重复记忆的频率高于长度较长的单词，这种"词长效应"被认为与工作记忆中专门负责音系存储部分的运作机制有关，这种运作机制被称为"语音环路"。后来，此概念也被用于解释"词频效应"和"词类效应",前者指出现频率高的单词比出现频率低的单词更容易被回忆,后者指功能词类比名词、形容词等其他词类更容易被回忆。

语音教学　pronunciation teaching　语言教学术语。语言教学的内容之一,包含多个范畴的内容,诸如选择合适的方言或口音、在上下文中判断发音是否清晰、母语的影响、教学环境是否有利等因素。

语音结合　phonetic blend　语音学术语。是指按照语音学的读音规则,在某些特定条件下,将某些词与词间的音连读起来读的现象,如将"look at this"读成/ˈluke(t)ˈðis/等。

语音类别　sound class　语音学术语。指语音相似的一类语音变体,能够根据相似的声学和发音特征在语音测试的基础上加以描写。

语音类型　sound type　亦称声音类型。指说话时声带振动引起声波,声波在空气中传播的频率不同,不同频率的简单声波组合成各种类型的复杂声波,即产生不同的语音(或声音)类型。

语音理据　phonetic motivation　参见"理据"。

语音量子理论　Quantal Theory of Speech　语音学术语。由美国语音学家史蒂文斯(Kenneth N. Stevens)1972年提出。该理论认为,发音过程中有些发音器官位置相对大的变化只会对发音信号造成细微的影响,而其他一些发音器官位置的细小变化则会导致重大发音信号的变化。因此,发音参数与发音输出并不具有线性关系。发音变化的幅度与声道产生的特定区域有关。这些特定的关键区域称为量子区(quantum)。区域内细小的发音位置的变化会导致声音产生量子变化。

语音漏读　haplology　参见"音节重复[1]"。

语音美学　phon(a)esthetics　参见"联觉音组"。

语音拼写　phonetic spelling　语音学术语,指一种字母拼写法,每一个音位由一个字母表示,而一个字母也只表示一个音位,亦称音位拼写(phonemic spelling)。这种拼写法被认为是字母拼写语言的基础,但没有一种人类语言的拼写系统取得了这样的理想状态,也有学者认为芬兰语和巴斯克最接近这一理想状态。

语音拼写系统　phonetic spelling system　语音学术语。指用于标出实际语音的拼写系统,亦称音位标记(phonetic transcription)。在一套特定的书写符号中,每个符号(或符号串)都有一个对应语音的拼写系统。以英语为例,其书写体系不属于典型的语音拼写系统,因为英语中有很多同形异音词,同样的字母(或组合)可能表示不同的语音,如"lead paint""lead astray"。又如,西班牙语使用的语音拼写系统完全根据单词拼写就可以判断出单词的读音(尽管反之未必可行,因为西班牙语中有很多同音异形字)。语音拼写特征并不一定是一种拼写系统或有或缺的一个特征。即使两种语言的语音拼写特征都不是非常明显,但一种语言可能会比另一种语言的拼写更具有语音拼写特征。而在语音拼写特征非常明显的语言中也有一些例外,如西班牙语中的jeep,来源于英语,其发音保持了英语发音,而未按西班牙语的发音规则去发音。

语音关系　phonetic relationship; phonetic similarity　语音学术语,亦称语音相似性。指同一个音位的语音变体之间存在的语音关系。语音关系很难精确地进行定义,往往只能凭直觉判断。通常,确定两个语音变体是否属于同一音位的标准是这种关系是否构成互补分布。

语音实体　phonic substance　语音学术语。指言语中可从物理学上界定的一系列声学、发音或听觉特征,是各种语言理论参考的实验数据,语音实体是概括这种物理层面研究的一个方便的名称。语音实体与书面语言的可视实体,即文字实体相对。

语音式　phonetic form; PF　生成语法术语。指语法的音系部分输出,或指音系部分本身。语音形式成分(PF component)和逻辑形式成分(logical form component)把表层结构转换成一个表层句子。语音式给句法结构的表征之一的表层结构,即S-结构赋予语音内容。逻辑式则对S-结构进行逻辑—语义解释。

语音替代　sound substitution　语音学和音系学术语。❶指外来词被吸收到本族语的过程中发生的语音同化现象。本族语系统中没有的外来音一般被最相似的音所替代。❷某一特定语言群体吸收一种优势语言变体时常发生语音替代。如用标准英式音代替标准美式音的现象。

语音同化失音　absorption　音系学术语。指相邻的两个音素在发音过程中由于相互影响而使得两个音在发音方式或发音部位等方面变得相同或相似的语音现象。语音同化失音现象在各种语言中都非常普遍。英语中表示否定的前缀in-经常受其后音段的影响而发生语音同化失音现象。例如,in-加在legal前面时会被同化为il-,实现为illegal;加在regular前面会被同化为ir-,实现为irregular。

语音文字　phonetic script　参见"语音标记"。

语音稳固形式 phonetically consistent form; PCF　语言习得术语,亦称语音一致形式。指儿童语言习得中一些可识别的、反复出现的、听上去有意义的发声但又不完全等同于成人语言的词。语音稳固形式的发音有稳定性,但又不如词那样在语音上受控制。其意义也可能不是指称意义,而与社会活动或情感状态有关。这类词包括原始词(proto-word)和纯音词(vocal)。

语音系统 sound system; phonological system　语音学和音位学术语。指记录某一语言的音位、音位变体及其相互关系的系统。例如,布拉格学派将语音系统分为元音系统和辅音系统。元音系统由元音音素构成,而辅音系统由辅音音素构成。又如,南部英语中的六个短元音在音系空间(phonological space)分为前元音、中元音和后元音。

语音象征 sound symbolism　❶指某些词的语音或语音的组合所具有的象征作用。通常被称为拟声和联觉。感叹词、象声词和象音词体现了单词的声音与意义之间的非任意关系。这一系列现象包括:(1)拟声现象(onomatopoeia),通过对声音的模仿而表示具有这种声响的行为或动作的现象。例如,cock=a-doodle-do是鸡鸣声;(2)词的一部分音带有象征性意义的联觉(synaesthesia)也属于声音象征这种现象。例如,由 fl-而联想到 flare、flicker、flame 等。❷指一种用语音表达非语言世界视觉、听觉客观事实的假设。拟声构词,如 cuckoo、bang 等,从语言心理学观点提出了用象声法表达非语言事实而产生声词的问题。这种关系虽然不是普遍的,但许多实验的结果表明,在语音和感官印象之间存在着某种相像的关系。所以,许多不同语言的使用者都分别把 malume 和 takete 这两个名词和两个毫无意义的线条图形相联系,将 malume 与圆型图相配,将 takete 与尖型图相配,如图:

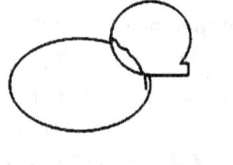 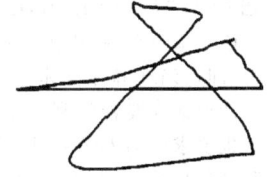

在另一次实验中,当受试被告知 mal 和 mil 都表示桌子时,80%的人认为 mal 表示大桌子,mil 表示小桌子。因此,这似乎说明,在许多语言里高频率的音表示小的物体,而低频率的音表示大的物体。国际上所做的比较试验让很多研究者,如奥斯古德(Charles Egerton Osgood)相信普遍语音象征的存在。

语音信息处理 phonetic information processing; speech information processing　指利用语音编码技术和语音数字信号处理技术,由计算机系统实现语音的输入、输出、理解以及语言和文字相互转换等操作的过程。

语音形式成分 phonetic form component　参见"语音式"。

语音修辞学 phonostylistics　修辞学的一个分支。主要研究发音和音调的文体表达功能,如研究说话过程中音调的转换,诗歌中拟声法(onomatopoeia)的运用等。

语音修饰特征 vocal qualifier; voice qualifier　语音学术语。指语音用来传达说话者状态信息的副语言特征(paralinguistic features),一般包括在音质(voice quality)的范围之内。例如,每个人的发音器官所特有的或用不同的声音效果来表达各种情感状态的特征,如凭借"紧绷声"或"尖刺声"这类音质的发声效应来表达讽刺或愤怒的感情。有时,这些效应是个别语言所特有的。

语音学 phonetics　语言学的一个分支学科。指研究人类语言声音的性质、产生、分类、传送和感知的一门学科。主要研究语言的发音机制、语音特性和语音在言谈中的变化规律。由于研究内容关系到发音动作(生理现象)、语声特性(物理现象)以及听感(心理作用),而人类的不同语言集体各有自己的语音特点,因此现代语音学的研究以自然科学和社会科学的知识作为基础。语音学一般包括三个分支:(1)发音语音学(articulatory phonetics),研究发音器官如何产生语音。通常按照唇形、舌位、张口大小、声带是否振动等来划分语音类别;(2)声学语音学(acoustic phonetics),研究口耳之间传递语音的物理属性。语音发出时会引起空气的轻微振动(声波),人们用许多不同的仪器来探测这些声波的特点;(3)听觉语音学(auditory phonetics),研究人通过耳、听觉神经和大脑对语音的知觉反应。语音学的研究建立在解剖学、心理学、神经学和物理学的基础之上。语音学的研究对象传统上一般只限于元音、辅音、声调、重音以及节奏、音变等,这些都属于定性研究。近来由于分析手段的进步和语音信息处理的迫切需要,又加强了语音韵律特征的综合研究和定量研究。语音学的应用方面,近年来除教学和语言学研究外,已遍及与人的语言有关的各个学科,主要如:言语矫治、通信工程、自动控制以及人工智能等方面。随着第五代计算机的开发以及人工智能和人机对话的探索,传统语音学的理论和成果已不能适应要求,所以最近又提出了第五代语音学或言语工程学。它综合上述生理、声学、感知和语言学等领域的知识来探求人类言语的变量和不变量,以便为技术革命服务。

语音演变　sound change　　历史语言学术语。指用来描写一种语言的语音系统在某一历史阶段内的有规律的变化。参见"语音规律"和"语音转变"。

语音一致形式　phonetically consistent form　参见"语音稳固形式"。

语音移情　phonetic empathy　　亦称语音感知(phonetic perception)。指听话人在听语音的过程中能够"感受到"说话者的发音动作,并把它看作自己知觉活动的一部分。语音感知有助于对话语的理解。通常情况下,听话者和说话者都应该是同一母语使用者,否则很难实现语音感知(受过训练者除外)。语音感知也表明听话人听语音和听其他声音的过程是不同的。

语音移位　metathesis　　参见"词内语音变位"。

语音意识　phonological awareness　　语言习得术语。指儿童辨别和控制单词中的成分音(如音节或押韵等)的心理语言能力。儿童在习得语言时,一般都会对他们语言的语音模式有所意识,而且能利用这些语音模式的规律作为组织心理词汇(mental lexicon)的一种手段。语音意识一般从音节(syllable)意识、首音—韵脚(onset-rime)意识和音位(phoneme)意识三个方面来测量。研究表明语音意识和阅读能力之间的正相关关系显著。

语音障碍　phonological impairment　　参见"音位障碍"。

语音注释　phonetic notation　　参见"语音标记"。

语音转变　sound shift　　指在语言发展的某一历史阶段发生的某些音段系统的变成在语音上有实质不同的另一音段的过程,也称语音演变(sound change)。如果语音转变只涉及元音,叫做元音转变,如发生在14至16世纪的"元音大转移"(the Great Vowel Shift),把中古英语的长元音变成现代英语的短元音。如果语音转变只影响到辅音,则叫辅音转变,如拉丁语和英语之间的几种辅音转变。

语音转写　phonetic transcription　　参见"语音表征"。

语音桌　carrel　　语言教学术语,亦称听音桌(audio booth)。指语言教学中在语音实验室或录像室里学生使用的录音机、耳机或电视监测及视频装置。以上装置通常是供学生单独使用的。语音桌可以依据教师的教学理念和所教课程的要求有不同的排列方式,可以成排组或以其他方式布置。

语音字母表　phonetic alphabet　　语音学术语,亦称音标表。指用于标音的一套字母系统,如汉语拼音字母,国际音标(International Phonetic Alphabet)。另外,北约语音字母(The NATO Phonetic Alphabet)虽然也称语音字母表(Phonetic Alphabet),但实际只是分配了一批代码字给A到Z共26个拉丁字母和0—9十个阿拉伯数字。

语用变体　diatype　　亦称变体语。语言学家迈克尔·格里高里(Michael Gregory)首先提出的概念,指按用途或目的区分的语言变体。格里高里将语言变体划分为方言(dialect)和语用变体两个范畴,前者按地域或社会群体区分,如非洲裔美国黑人英语(African American Vernacular English);后者如用于祈祷、礼拜或其他宗教活动的宗教体语言,以及用于报刊、电视报道等的新闻体语言。

语用功能习语　idioms with pragmatic point　指带有非常明显的语用功能(pragmatic function)或者一个特定态度的习语表达式。例如:问候语"你好"带有明显的语用功能,希望与身边的人维持和谐的人际关系;再如"你怎么坐我的位子了?"有一个明显的特定态度,表达对对方的不满。带语用功能习语和无语用功能习语(idioms without pragmatic point)相对。

语用行为　pragmatic act　　宏观语用学、语用行为理论术语。指一种个人与社会的用语行为,也是一种自己适应语境或使语境适应自己的交际活动,即人们如何在交际自由和交际制约的双重作用下,为实现交际目的而使用语言的交际活动。语用行为是语用学的主要研究对象之一。

语用力　pragmatic force　　语用学术语。指交际行为中能够体现说话人意图的语用因素。包括言外之力(illocutionary force)、言外之的(illocutionary point)和语势(force)。

语用能力　pragmatic competence　　语用学术语。指有效利用语言实现交际目的或意图的能力,即正确理解并得体使用语言的能力。语用能力强调说话人要善于利用语境表达多种语言功能,同时要求听话人必须根据语境理解对方的真实意图和交际目的,能够准确表达自己的真实意图和交际目的。语用能力主要包括三种:(1)说话人能够根据语境正确使用语言规则遣词造句,并能够遵循语言使用的社会规则得体使用语言;(2)听话人能够在语境中理解说话人的字面含义以及超出字面含义理解说话人的真实意图;(3)双方均能使用一定规则将话语连接起来,如话语轮换、合作、粘连等。

语用强化　pragmatic strengthening　　认知

语言学术语。与语义变化有关的一个概念，指一个词基于语境的推论意义（context-dependent inference）被重新分析，并作为"新"的不同意义逐步储存在语义记忆中，这一过程称为语用强化。特拉格特（Elizabeth Closs Traugott）在语义研究中使用语用强化来解释词义在语义网络（semantic network）中的链条式变化（chaining），并发展了这一概念。埃文斯（Vyvyan Evans）和泰勒（Andrea Tyler）在英语介词意义的研究中也指出，语用强化导致了介词新意义的产生。例如：The bed sheet is over the bed.（床单覆盖在床上。） 句中介词"over"在这个语境的推论意义是"覆盖"，经过重新分析和强化，这一语境推论意义就作为语符"over"的不同意义储存在长时记忆中。正是由于语用强化，甚至 over 有时没有"在……之上"的意思，也可以在覆盖的意义上使用。例如：The clouds are over the moon.（云彩覆盖了月亮。） 这里的"云彩"并没有和月亮接触，也不在月亮之上，仍在"覆盖"的意义上使用，就是语用强化的结果。

语用失误 pragmatic failure 语用学术语。英国语言学家珍妮·托马斯（Jenny Thomas）于 1983 年在其论文《跨文化语用失误》(Cross-cultural Pragmatic Failure)中提出了语用失误的概念，意指不能理解对方话语的含义（the inability to understand "what is meant by what is said"）。她认为语用失误是跨文化交际失误的一个方面，可分为语言语用失误和社会语用失误。语言语用失误指由于交际一方没有完全掌握交际对方的语言知识而用词不当或误用惯用语，或者不知道正确的表达方式直接套用自己母语的词义或结构，从而造成交际对方不理解话语含义，如将"干丝"（食品）说成"dry silk"（干的蚕丝）。社会语用失误常指由于不了解或不注意文化差异，用不同的社交准则去理解交际情景和交际双方之间的关系而出现判断失误。出现社会语用失误的根源在于不同文化对什么是得体的言语行为看法不同。例如：A：You must have been tired; let me carry the bag for you. B：No, I'm not tired. 此对话背景是一位中国大学生 A 在外籍教师 B 下课时按中国人的方式提供帮助。学生的本意是出于关心，但外教误解了该学生的用意。因为英语中学生提供帮助的言外之意是教师力不从心，没有能力提自己的包。通常中国学生在跨文化交际中出现社会语用失误的主要原因在于不了解谈话双方文化背景的差异而影响了语言形式的选择，它涉及谈话双方的身份、语域、话题熟悉程度及人们的观念和思想，在交际中很难察觉和捕捉。

语用学 pragmatics 指综合吸收各种语言学、哲学和社会学传统而发展起来的语言学分支，研究自然语言话语与其特定运用语境之间的关系的学科。语用学概念首先由美国哲学家莫里斯（Charles Morris）和卡尔纳普（Rudolf Carnap）在 20 世纪 30 年代前后提出。20 世纪 60 年代，英国哲学家奥斯汀（John Langshaw Austin）和塞尔（John Rogers Searle）先后提出了"言语行为"理论，美国语用学家格赖斯则提出了"会话合作原则"理论，这些学者的语言学贡献使语用学从概念发展成为一门独立学科。说话人使用语言时往往不是单纯表达语言成分的静态意义，听话人往往也需要通过一系列心理推断去理解说话人的言语意图。因此，要做到真正理解和使用一门语言，仅懂得语言的发音、词汇、语法等方面的知识还远远不够。语用学研究语言和语境的关系，这种关系以语法结构体现出来，并编码在语言结构之中。语用学所研究的意义不同于形式语义学所研究的意义。语义学研究语词字面的、脱离语境的意义，以及命题或句子不依赖于语境的真实条件；语用学则研究语言在一定语境中使用时体现出来的具体意义语言表达的功能，以及它们所表达的命题与其特定语境的关系。语用学中的语境包括交际场合（时间、地点等），交际性质（话题），交际参与者（相互间的关系、对客观世界的认识和信念、过去的经验、当时的情绪等）、上下文等内容。20 世纪 70 年代初期，语用学几乎成了言语行为理论的代词。近年来的探讨焦点包括经验性的会话分析、语用学与语义学的归类等问题。

语用移情 pragmatic empathy 参见"移情"。

语用映射 pragmatic mapping 语言学、计算机、认知心理学等学科术语。指一个给定的抽象谓词通过动作（动态索引）与一个特定的逻辑对象发生关联的过程。例如，一个专名与其约定的指称之间规约化的关联。

语用语言学 pragmalinguistics ❶接近于语言学一端的语用学。从语言中可供利用的结构资源角度研究有关问题，具体来说，指篇章语言学（text-linguistics）和/或社会语言学（sociolinguistics）中以语用为导向的研究。❷社会语用学中以交际为取向的一个学科分支。该分支引入行为概念，描写语言交际过程中的语言符号及其组合。在这一意义层面上，语用语言学属于心理语言学和社会语言学，而语言学的语用学则属于句法学和语义学的范畴。

语用预设 pragmatic presupposition 语用学术语，亦称语用前提。语用学界对于语用前提的定义和本质问题大致有三种看法。第一种看法由菲尔默（Charles Fillmore）于 1971 年在其文章《判断动词：语义描述的一种运动》(Verbs of Judging: An Exercise of Semantics Description)中提出，认为语用前提是有效实施言语行为所必须满足的恰当性条件,这种恰当性条件可以是语境式物质条件。基南(Edward Keenan)于 1971 年在《自然语言的两种预设》(Two Kinds of Presupposition of Nature Language)中持类似观点,认为语用前提是社会文化的适切条件。第二种看法由何自然在 1988 年的《语用学概论》中提出,认为语用前提是指交际双方共有的知识。这种共有的知识包括交际双方与一般人都共有的,且和一定语境相联系的知识、在特殊语境中只为交际双方所共有的知识以及和一定事理相联系的知识。第三种看法由何自然在 1997 年的《语用学与英语学习》中提出,认为语用前提是一种语用推理,指那些对语境敏感的,与说话人(有时也对听话人)的信念、态度和意图等有关的前提关系。何兆熊在 1999 年的《新编语用学概要》中持类似观点,认为语用前提是说话人对语言环境所做的设想。这三种对语用前提的看法从不同角度表明,语用前提是指说话人假定听话人事先知道的、能促成言语行为顺利实施的适切条件或知识。

语域 register 文体学及社会语言学术语。指根据社会交际领域(如共同行业、共同兴趣)而区分的特定的某一群体所使用的言语变体。语域可以根据题材,如话语范围(field of discourse)区分为行话、各种专业语言等;根据传递中介,如话语表现形式(mode of discourse)区分为印刷材料、书信体、录音带上的信息等;根据正式的程度,如交谈方式(manner of discourse)区分为庄重体、正式体、随意体、亲密体等。各语域的不同主要表现在词汇方面(或使用特定的词,或使用词的特定意义)。例如,宗教方面常用 evangel(福音)、Providence(上帝)等;在网球运动中常用 deuce(平分)、love(零分)等。有的语域区别还表现在语法结构方面(如法律用语)。在韩礼德的语言学理论中,本术语与按使用者特点定义的语言变体(即地域或阶级方言)相对立,并进一步划分为语场(field)、语式(mode)、语旨(tenor)等。

语域变异 register variation 指一种文体中借用其他文体或语域的表达方式,包括语音变异、书写变异、语法变异、词汇变异、语法变异、语义变异、方言变异、语域变异等。当我们处在一定的社会文化情景中时,我们会无意识地选择适合这个情景的言语行为,任何从既定的语言行为模式的变异都会带来迷惑抑或惊奇的效果。

语域分析 register analysis 文体学、社会语言学术语。指对某一语域及其组成部分进行分析的过程,旨在识别这些语域的词汇特征和语法特征。参见"语域"。

语源语言学 glottogonic linguistics 语言学的一个分支。研究人类语言起源和发展的时间、地点、方式等问题的学科。关于语言起源问题,语言学家、哲学家和人类学家均给出了各种不同的理论和看法,如单源说、多源说、神创论、人造论、进化论等。近年来有人提出语言的产生是基因突变的结果。2011 年 11 月 12—16 日于美国华盛顿举行的神经科学学会年会上,德国马普进化人类学研究所(Max Planck Institute for Evolutionary Anthropology)的神经生物学家薛韦斯(Christiane Schreiweis)报道了他的实验室对语言进化的最新研究结果,称人类开口说话源于基因突变。

语障 barriers 句法学术语。指把不同语言成分之间的依附关系限制在局部范围内、阻止句子成分非法移位从而形成不合法句子的语类。具体来说,语障是短语结构中既隔断支配关系又阻碍移位的节点;任何节点均不能固有地成为语障,而是要具备一定的条件。乔姆斯基在其 1986 年出版的《语障》(Barriers)一书专门加以论述,其定义为: γ 是 β 的语障,当且仅当(a) 或者(b) 时:(a)γ 直接支配 δ,并且 δ 是 β 的障碍语类(blocking category);(b)γ 是 β 的一个障碍语类,并且 γ 不是 IP。 其第二种定义为:设有结构如 ... α ... [γ... δ ... β ...],如果 δ 是一个中心成分,γ 是它的一个投射,而 δ 与 β 又不相同,则 γ 是 β 的语障。 根据语障理论,支配不能越过一个语障;移位不跨越语障句子合乎语法,越过一个语障句子尚可以接受;移位跨越一个以上的语障,生成的结构则不合格。例如:*[Which book]$_i$ did John meet [$_{NP}$ a child [$_{CP}$ who read t_i]] 句中"which book"是从 t 位移出来,跨越了 CP、NP 两个语障,因此不合语法。NP 本身虽被 meet 词汇标记,不属障碍范畴,但按第一种的 a)定义,从 CP 那里承继了语障。语障理论初步统一了转换生成语法中的两个分支理论——管辖论和约束论;但因转换生成语法理论是一个互相牵制的整体,语障理论也必然给其他原则系统和规则系统带来影响。

语支 branch 语系下某一语族的分支。例如,英语属印欧语系日耳曼语族的分支,俄语属同系斯拉夫语族的东语支等。

语轴 axis ❶语言学分析中涉及纵和横两个维度(即历时和共时)的问题时所用的概念,如组合轴(syntagmatic axis)、聚合轴(paradigmatic axis)、同时轴(axis of simultaneities)、连续轴(axis of succession)等。❷轴心词。指某些语法分类的模式中表示整体功能的离心结构(exocentric construction)中的第二成分,即介词短语中的介词宾语,如"in the building"中的 building 和"hear the news"中的 news,两者均为语轴,而其中的第一个成分为定向词(directive),即其中的介词 in 和动词 hear。参见"**被指引成分**"。

预测效度　predicative validity　参见"经验效度"和"效度检验"。

预定式教学大纲　a priori syllabus　参见"先验性教学大纲"。

预赋值　prespecification; prespecify　音系学术语。在韵律复写(melodic overwriting)中用来指节律层的一个成分与模板位置之间的一种特殊关系,即节律层上一个成分被恒定地连接到一个模板位置,不再需要使用规则将这个成分连接到同一位置,这个成分就已被"预(先)赋值"。

预期样本　a prospective sample　参见"样本"。

预设　presupposition; presuppose　分析哲学、语义学术语。指某一事态成立所必需满足的条件,或指一个话语得以成立的内在前提条件。预设也可分析为两个陈述(statement)之间的特定的逻辑关系,与衍推(entailment)相对。有些语言学家近来使用这一术语的狭义意义,在对句子作二分分析时将说话人认定的信息与其在信息传递中最关心的中心信息相对立。这种意义上的"预设"与焦点对立,类似旧信息与新信息的对立。例如,按照"预设"的一种涵义,"报纸在哪儿?"预设报纸不在说话人跟前,说话人认为有人可能知道报纸在哪儿。这种对信息传递环境影响语句意义的各种因素的研究近年来越来越受到语义学家和语用学家的重视。但用这类术语分析语言,可以引起许多争议,尤其是预设的概念在多大程度上可以或应该受限于某些逻辑或行为上可证明的因素。在语言的分析逻辑领域,对"预设"的定义至关重要,即:如果陈述1(S1)包含或暗指陈述2(S2),则S1就是S2存在的"预设"前提。按照这一定义,"预设"具有以下特征:要使一句陈述具备真值,其"预设"前提必须得到实现;"预设"在否定状态下依旧保持恒定;"预设"是针对"断言"(assertions,即declarative sentences)而言的。"预设"这一概念从逻辑领域转移至语言学领域,主要是受到了斯特劳森(Peter Frederick Strawson)、奥斯汀(John Langshaw Austin)和塞尔(John Rogers Searle)的"言语行为理论(speech act theory)"的影响,由此也引起了争议。例如:(1)"预设"究竟是指句子之间的关系,还是指话语之间的关系,或是指说话者和听话者态度之间的关系?(2)"预设"是脱离语境的、仅存在于语言层面的真值的逻辑和功能关系,还是受制于语境且符合语用功能的语言行为和语言传统?在日常交际中,对"预设"的误用可能产生对语言的操控。例如,否决一项显而易见的"预设"通常要难于对一项直截了当的陈述提出质疑。尽管存在争议,但针对"预设"的研究在语言学领域依旧占据着极为重要的地位,在语言学的各个分支,如语义学、语用学、篇章语言学等中得以展开。

预设测试　presupposition test　亦作前提测试。一种被用于研究独白、对白、或两者混合体的语用学测试。运用预设测试可以将预设与断言(assertion)、会话含义(implicature)、会话准则(maxims of conversation)、和言语行为(speech acts)等区别开来,具体包括:(1)借助否定测试来区分断言和预设(前提)。按照"预设"的定义,"预设"在强否定(heavy negation)情形下保持恒定,但是断言和会话含义正好相反,转向反义。然而,"预设"的恒定性也仅仅在局部范畴内成立,这是因为自然语言的否定仅仅和断言的逻辑否定一致。另外,句子中存在的各项在句子被否定时可能会造成对否定对象的歧义解释。例如:在"小王擦了黑板→小王没有擦黑板"的转换中,说话者究竟是要否定小王,即他没干活(擦黑板)这件事,还是要否定黑板,即黑板没被擦干净这件事,需取决于语境和说话者的语调等多种因素。此外,含有语助词(particles)的否定句的解读也较难以正确把握,即很难确定其究竟是强否定、弱否定、还是对比性否定(contrastive negation)。(2)用不变命题(non-variation proposition)可以改变言语行为来对命题的"预设"进行确定。例如,"Is the present prince of England married?"预设了"There is presently a prince of England"。(3)借助连接词"and"进行连接测试(conjunction test),这项测试基于如下事实:合乎语法习惯的预设可置于"and"之前,会话含义位于"and"之后,而对断言而言,前后位置均可。(4)借助"but"进行矛盾测试(contradiction test),用"but"对话语的前一句所含的"预设"进行否定性的转义,可产生语法上不成立的句子。

预示模式　prediction model　指一种对书面语段进行分析的方法,由英国学者塔德洛斯(Angela Tadros)于1980年提出。1994年塔德洛斯在《说明文本中的预设类型》(Predictive Categories in Expository Text)一文中,将"对(pair)"这个概念引入预示模式。在书面语篇中有许多"对",而每个"对"都有两个成员(members)。第一成员(first member)表示作者要执行的一项交际行为,即确立预示(prediction),塔德洛斯将这一成员称作预示者(predictive member),简称 V-member;第二成员(second member)用来完成或实现这一预示或交际行为,因而塔德洛斯把它称作被预示者(predicted member),简称 D-member。第一成员表达作者实施某项话语行为(discoursal act)的意图,而第二成员则是用来实施这项话语行为,因此,V-member 对 D-member 具有约束力,而 D-member 则起到完成预示的功能。

预示效度　predictive validity　语言测试术语。指考试对所测量的语言能力能够预测到的程度。例如,语言学能考试应当具有预测效度,因为考试结果应该可以帮助预测考生学习语言(尤指第二语言或外语)的能力。

预述法　prolepsis　指一种论辩性比喻(an argumentative figure of speech),通常以修辞性问答(a rhetorical question and answer)的形式对论点进行预测(anticipation of an argument)。还指在句法构造中,一个元素(通常是主语)被预见(anticipated)并被置于句首,独立于句子之外,并以代词形式(pro-form)(通常是代词)表示出来。例如:Now my dear, I wouldn't put up with that sort of thing. 另外,预述法还指一个修饰语只有通过动词的行为才成为恰当的用法。例如:paint the wall white.

预先测试　pilot testing　语言测试术语。指对新近已经编好但尚未完全确定的试题加以试用的一种考试。根据试测结果进行项目分析,可把有待确定的试题再加修改。

预先教学　pre-teaching　语言教学术语。课堂教学的一个环节,指在展开设定的课堂活动前,先挑选出活动中可能遇到的难点予以讲解,以便于该活动的顺利进行。例如,在做听力练习前,老师先给学生讲解单词。

预先音变　anticipation　心理语言学术语,亦称先置。某些心理语言学家所指的一类口误现象。指发音器官由于心理联想而使某个音段或特征在它应当出现之前被预先发出,由此造成的音变,如把"bed and breakfast"说成"bread and breakfast"。

预先音变错误　anticipation error　心理语言学术语。言语错误(speech errors)的一种。指由于预先音变(anticipation)而导致的音变错误。例如,将"put your hat in the cupboard"读成"put your cat in the cupboard"。参见**预先音变**和**言语错误**。

预指　anticipatory anaphora　亦称后指、下指(cataphora)或后照应(backward anaphora)。篇章语言学中指用一个语言成分来指代下文即将出现的另一语言成分,两者产生照应关系,与前照应或回指(anaphora)相对。例如:[1] If *she*'s thinking of applying for the job, Kate had better apply quickly. [2] *This is* what I want you to do now: Go back to your room, put away the toys, wash your hands and back to dinner. [3] My reasons are *as follows*: One, ... Two, ...

预制表达　formulaic expression　参见"**公式化语言**"。

预制语　prefabricated language　亦作例行套话(prefabricated speech routine)。参见"**套话**"。

预制语块　prefabricated lexical chunks　参见"**公式化语言**"。

域　domain　认知语言学术语。兰艾克(Ronald Langacker)认为,体现一个语义单位特点的语境就是域,如"手指"就直接体现了"关节"的特点,"关节"的域就是"手指";"手指"的域就是"手","手"的域是"胳膊","胳膊"的域就是"人体",而"人体"的域就是三维空间的形状,又可以细分成很多相互联系的基本域,如时间、空间和视觉等。

域扩展　domain extension　句法学术语。在管辖与约束理论(Government and Binding Theory)中,扬·科斯特(Jan Koster)提出了"域扩展"的概念,指在语言特有的或词汇因素的基础上把原型局部域加以扩充,以便使原型局部域外的语法关系成立(Koster, 1986)。桥梁动词(bridge verbs)是移位转换(movement transformations)中的域扩充词,如在"Who$_i$ do you think Handel saw t_i"中,所问宾语可能指内嵌从句之外的对象。

域内论元　internal argument　语义学、句法学术语。指处于中心语动词所属结构体之内的客体论元。与该动词最近的论元为直接域内论元,其他为间接域内论元。该论元与域外论元相对,后者通过主-述关系与动词和其他论元联系在一起。例如,在"Peter opened the door with the key"中,动词 open 包括一个域外论元(施事)和两个域内论元(客体和工具)。其中,the door 为直接域内论元,with his key 为间接域内论元。参见**域外论元**。

域外论元　external argument　句法学术语。指不包含在谓语 X 最大投射之内的论元,通常是谓语的主语;在 X 阶理论中,则常指动词短语的中间投射 V′ 之外的论元。例如:[1] John [$_{VP}$ buys books] [2] [$_{vP}$ 域外论元 [$_{v'}$ v^0 [$_{VP}$ [$_{V'}$ V^0 域内论元]]]]　在例[1]中,动词 buy 的域外论元为 John,因为 John 的位置在 V′ 之外。与之相对,包含在谓语 X 最大投射之内的论元称为域内论元(internal argument),即 VP 中 V 的补充语部分,如[1]中的 books 是域内论元。在轻动词理论框架下,域外论元和域内论元的位置通常如例[2]所示。

喻化　yodization; yoticization　指半元音的字母 y 的[j]音化。

喻体　vehicle　认知语言学术语。根据理查兹

(I. A. Richards)的观点,隐喻分为本体(tenor)和喻体(vehicle)两部分。本体指属性归结到的物体,喻体指属性来自的物体,类似于概念隐喻理论中的目标域(target domain)和来源域(source domain)。例如,斯巴达人是猛虎,"斯巴达人"是本体,"猛虎"是喻体。这里的喻体"猛虎"易懂,通过映射到本体"斯巴达人",生动形象地刻画了斯巴达人的勇猛善战。

元规则　metarules　指语法规则的规则,即可以派生出语法规则的规则。元规则根据语法中早已存在的其他规则的特性来定义某些规则。在广义短语结构语法(Generalized Phrase Structure Grammar,缩称GPSG)中,引进元规则是从其他短语结构即直接支配规则派生出另一些短语结构规则,以便有可能描述不同规则组之间的关系形成的句法不规则性,从而有效扩大短语结构规则的概括范围。在GPSG框架内,元规则从其他ID规则派生出ID规则,故而能做出原先转换语法借助转换规则才能做出的概括。譬如,主动句与被动句之间的联系可用一条元规则说明,它从主动VP的规则派生出被动VP的规则。一个元规则包含一个输入和输出图式,输入图式必须包含一些变量,使元规则能够应用于一类规则。由于元规则是从适应于当时条件的公理发展而来,因此所构建的规则就不是不可变的。有人认为元规则实际上提供了一部语法,即元语法,用来生成另一部语法。

元交际　metacommunication　指关于交际的交际,亦称元信息传递。即语言使用者关于语言能力(langue/competence)或言语行为(parole/speech acts)的交际。元交际一般通过比较直观的方式传递信息,如人类使用身势语、猴子等动物通过视听刺激传递信息等。元交际可分为两种类型:科学元交际(包括各种形式的语言学考察)与日常元交际。人类使用元交际来理解语言交际话语的内容和意图的能力是交际能力(communicative competence)的一个重要部分。对涉及语用学和心理语言学的元交际科学考察可分为下面两种情况:(1)显性元交际,指说话人指向一个直接话语且通过纠正错误来对其进行充实和修饰,使其更加准确、地位更加重要、补充说明及类似情况;(2)隐性元交际,这与瓦茨拉维克(Paul Watzlawick,1921—2007)的模拟交际(analogue communication)相吻合,指交际关系主要发生在使用身势语言等非言语交际形式的交际伙伴之间。过多的元交际被认为是对交际伙伴异常的表现,因此不能正确使用元交际对于治疗交际障碍成为一个非常不利的因素。对于语言功能进行科学考察和对元交际的方法进行探讨成为语言学家和心理学家共同关注的话题。元信息传递学是研究元信息传递原理的学科。

元认知策略　metacognitive strategy　语言习得术语。学习策略的一种,间接影响着语言学习,涉及对学习过程的思考、策划、监控和评估。元认知策略具有执行功能,具体包括自我管理、自我监控、自我评估、定向注意、选择性注意以及提前准备等策略。参见"认知策略"。

元音　vowel　语音学、音系学术语。元音指发音时从肺部呼出的气流通过各共鸣器作用的口腔,阻力极小并无摩擦声音,发音器官均衡地保持紧张并伴有声带振动的语音,与辅音(consonant)相对。元音一般是充当音节"中心"的单位。元音一般能自成音节或作为音节与辅音组成音节。元音的主要特征在于:在生理方面,发元音时气流弱并无阻碍地通过喉上腔道,整个发音器官的肌肉紧张度均匀,无明显的部位感;在物理方面,元音基本上只由声带振动产生的嗓音,即乐音构成,而不含噪音;元音间的差别在于共鸣音色的不同,这是各发音器官所调节成的声道共鸣腔的容积、形状和出口的差异造成的,特别是唇、舌调节的共鸣音色对元音的基本音质起决定作用。

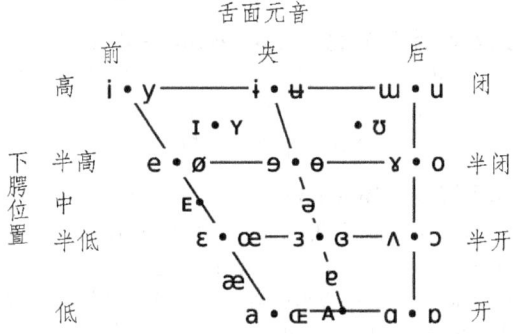

注:当符号成对出现时,左边的代表非圆唇音,右边的代表圆唇音。另外九个在汉语语言学中经常使用的符号:ɿ、ʅ、A、E、ʯ、ʮ、ȶ、ȡ、ɳ

元音变换　ablaut　参见"元音交替"。

元音变音符　diaeresis;dieresis　语音学术语,亦称分音符。通常用¨标示,用于拉丁语、希腊语或西里尔字母中,表示元音交替(umlaut)的一种变音符(diacritic mark),如德语词 die Mutter(单数)—die Mütter(复数)"母亲",die Tochter(单数)—die Töchter(复数)"女儿"。德语中置于元音字母 u、o 和 a 之上,表示发音部位向前移的变音符 ü、ö 和 ä。德语的变音符<¨>不仅表示 u、o 和 a 的发音部位前移,还涉及舌位高低、圆唇程度等变化,这类音常常是受历时元音音变影响而产生的。

元音丛　vowel cluster　语音学术语,亦称"元音组合",指语流中若干个相连的元音,即由两个以

元 yuán （语言学术语）

上元音结合而成的音丛。例如，vowel /vauəl/中就包含了/au/音与/ə/音的结合。

元音大转移　great vowel shift　历史语言学术语。指中古英语的语音系统中元音发生的一系列音变，音变的结果造成长元音的上移和不能再上移的两个最高元音变成二合元音。这种变化可图示为：[a]→[e]→[ɪ]→[aɪ]；[a]→[o]→[ʊ]→[aʊ]。例如：grene→green [griːn]，spon→spoon [spuːn]，hus→house [haʊs]等。

元音割裂　breaking　语音学术语，亦称双元音化。指英语的一些单元音变成双元音的过程。例如，/e/和/o/在很多英语方言中变成双元音[eɪ]和[əʊ]。

元音化　vocalization　亦称嗓音化。❶语音术语。指通过声带振动而产生声带乐音的现象。是可听语言(audible language)形成的必要条件之一。❷音系学术语。指在生成音系学的音系规则操作过程中，某些辅音音段变为元音音段的过程。例如，在伦敦土话中(Cockney)，音节尾的/l/音段会出现元音化的现象：/wel/→[weʊ]。参见"浊音化"。

元音间辅音浊化　intervocalic voicing　音系学术语。指位于元音之间的清辅音浊化的过程。例如，朝鲜语单词/pap/"烧熟的米饭"加上后缀/ɪ/变成[pabɪ]，第二个辅音/p/浊化为[b]。

元音降变　Brechung[德]　历史比较语言学术语，亦称 a 元音变化(a-umlaut)、低元音化(lowering)、元音变化(voice mutation)。德国语言学家格林(Jakob Grimm)提出的概念，在比较语言学的传统术语中指由于同化作用而产生的一系列元音变化，如在哥特语中后接字母为/r/和/h/时，受此辅音低舌位的影响，前面的/ɪ/或/u/下降为[e]或[o]；在古冰岛语中，后面的音节中有/a/或/u/时，它前面的/e/变成双元音[ɪa]或[ɪo]；在古英语中，后面的音节中有/u/时，前面的/e/和/ɪ/变成双元音[eo]和[ɪo]，在/r/、/l/和/h/加辅音或单一的/h/之前的/a/变成双元音[ea]；在古高地德语中，高元音由于后面音节中的非高元音的同化作用而发生舌位下降。现在，元音降变一般只理解为双元音化。

元音交替　ablaut　音系学术语，亦称元音变换、转音。通常指由词素—语法过程引起的词素中元音变化的现象。例如，动词 come 变成过去式 came 时，词中元音[ʌ]变成[eɪ]就是元音交替。

元音裂变　vowel breaking; vowel fracture　音系学术语。指元音在后邻音影响下变成双元音的现象，双元音中的前一个音与原有元音保持特征一致，后一个元音则会受后邻音影响。如在中古英语中，元音在/h/前会发生裂变，但具体裂变结果不同。如果是前元音则会多加一个前元音/ɪ/，因为前元音后的/ɪ/发腭音[ç]，即前辅音；如果是后元音则会加一个后元音/u/，因为后元音后的/h/发软腭音后[x]，即后辅音。因此元音裂变也是语音同化的结果。

元音长度　vowel length　语音学术语。指元音发音的持续时间。标注语音时，长元音通常在元音后加/ː/。很多语言里有成对相似的元音，其区别在于长度不同，音质通常也不同。例如，英语中，lead /liːd/中/iː/的时值比 lid /lɪd/中的/ɪ/长，音调也比/ɪ/高一些、紧一些，并且可能具有双元音(diphthong)的音质。

元音组合　vowel cluster　参见"元音丛"。

元语法　metagrammar　亦称同元规则(metarule)。指包含一组元规则的语法，用来生成另一组语法。

元语篇　metadiscourse　指表达者用来表明态度、吸引注意、组织基本信息的词、短语和句子，具有连接、组织、诠释和评价话语命题内容的功能，目的是引导读者或听话者有效地理解话语的基本信息。元语篇是人类交际学、符号学、功能语言学、语篇语言学以及语用学等领域的研究焦点。常见的研究问题有：情态标记语（如"perhaps""I guess"）、态度标记语（如"frankly""I regret"）、话语标记语或语用标记语（如"well""you know""I believe that"）等。

元语言　metalanguage　亦称纯理语言或第二级语言，与对象语言(object language)相对。指讨论或研究语言本身时所使用的语言或符号。在逻辑学和语言学里，元语言是用来对其他语言（对象语言）的句子形成另一个句子的语言，通常会用斜体字、引号或写在单独一行里来和对象语言相区别。元语言包括"内嵌""有序"和"巢状"三种类型。内嵌元语言是一个形式地、自然地、牢固地固定在一个对象语言之中的语言。例如，"white swan"中的形容词"white"即是英语的内嵌元语言中的一个词，名词"swan"则是对象语言中的一个词。有序元语言可类比于有序逻辑。例如，有序元语言是建构一个元语言来讨论一个对象语言，接着再生成另一个元语言来讨论前者。与有序元语言相似，巢状元语言的每一阶层都代表更大程度的抽象化。不同的是，后者的上层元语言包括下层元语言。例如，在生物分类法的系统中，每一层都由下一层所组成。用于讨论属的语言可以用来讨论物种，用来讨论科的语言也可以用来讨论属，以此类推，一直到界和域。

元语言功能 metafunction ❶功能语言学术语,亦称纯理功能。在系统功能语言学(systemic functional linguistics)中指概念功能(ideational function)、人际功能(interpersonal function)和语篇功能(textual function)。韩礼德认为,语法和语法使用的特定语言形式都应该从相关语言履行的功能角度来解释。在不同的文化环境中,人类使用语言的形式和功能不同,使用语言做事的方式也不同,但所有语言都应该从元语言功能的角度来考量语言是如何被塑造和组织的。元语言功能是所有人类语言的特征。根据韩礼德的观点,概念功能指用来建立和维持经验理论的系统,又可细分为经验功能(experiential function)和逻辑功能(logical function)。经验功能指能使说话者表达关于我们的外部世界和内心世界意义的语法选择,是人类从相关语言经验表达意义的过程。逻辑功能指在一个子句单位和另一个之间建立起逻辑—语义关系的系统。人际功能指使说话者能够制定复杂和多样人际关系的语法选择。语言不仅仅识解经验,但同时也把对于生存至关重要的人际相遇付诸行动。概念功能和人际功能紧密交织在一起,但这种意义的表达却受制于语篇功能。语篇功能指负责管理各种话语流(flow of discourse)的语法系统,包括结构性的如语序和非结构性的如意义之间的一致。总的来说,语篇功能系统一般包括主位(theme)、新旧信息(given and new information)和各种衔接(cohesion)手段。元语言功能是一个系统的集束,三个功能同时起作用。它是语言本身的特征,是一套必需的、解释语言工作机制的原则,对于解释语言语义系统的结构也是必不可少的。❷当语言被用来谈论和研究语言本身时,语言行使元语言功能。例如,我们研究语义时,常用的语义成分分析法(Component Analysis)中的语义特征(semantic feature)如"ANIMATE""HUMAN""ADULT""MALE"和句法研究中的下标符号i、j等都是元语言,它们不同于自然语言,是用来研究语言的语言。

元语言学 metalinguistics 研究元语言(metalanguage)的学科。在语言分析中,把被语言学家观察的语言(目的语)和语言学家用来进行观察的语言(元语言)区分开十分重要。参见(流派)"元语言学"。

元语言知识 metalinguistic knowledge 语言习得术语。一种显性的语言知识,表现为学习者知道一些有关语言的形式、结构或其他知识的术语,如名词、语序、复数、开放词类等。这些有可能是学习者通过自身的思考和分析得出,也可能是从教师或课本中学来的。在一些语言分析中,研究人员把本族语者的元语言知识作为语言信息的一个来源来使用。

元语用学 metapragmatics 语用学的分支学科。研究领域包括语用学研究的前提、方法论、理论体系、对象和范围,以及语言使用中的元指称、元语用功能、元语用意识等各种元语用现象。

原级 positive 语法学术语。语法描写中指无标记项,不存在比较含义的词,比如形容词和副词的级分为三种,即原级、比较级和最高级。

原假设 null hypothesis 参见"零假设"。

原始…… proto- 历史语言学术语。指经证明或假设为最早的语言形式或状态,如原始印欧语、原始罗曼语等。近年来在语言习得研究中也开始仿用这一术语,指幼儿最初的语言系统,如"原始会话""原始句"等名称。参见"语音一致形式"。

原始材料 protocol material 语言教学术语。指就某一现象进行观察所得结果的样本。比如,如果研究者就教学中的某一问题对不同受试者进行录音访谈,而对录音访谈音频进行转写所得的资料就是基础材料。此外,完成后的测验答卷、受试者对实验的反应、研究者日常工作中对自我反思的记录以及采访前所准备的一系列采访问题等都可称作基础材料。基础材料对心理语言学和认知过程等方面的研究同样具有重要价值。

原始材料研究 protocol research 语言教学术语。指在写作研究中,通过原始材料,对包含作者进行创造时的思路及思想过程进行的研究。

原始词 semantic primitives 参见"语义原素词"。

原始分数 raw score 语言测试术语,亦称原始值。指用原来的数值表示的,未经转换成某种别的数值或处理的分数。原始分数可以是一次测试中做对题目的数量,或者在某些情况下是做错题目的数量。为了更清楚地解释这些分数,一般应将原始分数转换为百分数、百分位数、标准分或其他形式。根据测验目的,试卷的原始分数可以通过绝对标准或相对标准来确定。绝对标准为测试前就确定的通过分数标准。例如,试卷满分为100分,60分为及格通过标准,一般学校里各学科的学业成就测试采用此标准。相对标准为考生测试后才确定的通过分数标准,一般根据应通过(或应录取)考生比例而定。例如,如果100个考生中录取10个考生,把100个考生的测验分数从高到低或从低到高排列,从而定出通过分数。此类标准多用于选拔性测试等。

原始派生词 primary derivative 形态学术

原 yuán （语言学术语）

语。指由两个黏着语素构成的词，如 perceive、derive 等。参见"派生首位词"。

原始性内驱力　primary drives　参见"内驱力降低理论"。

原始意义成分　primitive meaning element　指生成语义学所提出的更为复杂的底部语义结构，即把句子分解成底部命题和原始意义成分。

原始印欧语　proto-Indo-European　指后世语言学家根据现代印欧语系诸语的特点，通过比较语言学的方法推导而重构的一种语言或语系的早期形式。这种假想语言被认为是现代印欧语系诸语的共同祖先。虽然原始印欧语未得到直接验证，但其基本的发音和词汇都通过比照法重构了出来。标准惯例是将未证实的形式用星号标记出来：*uódōr（"水"，比较英语的 water）、*kuon（"狗"，比较英语的 canine）、*treies（"三"，阳性，比较今日英语没有词性的 three）等。现代印欧语的很多词都是从这些"原始词"经过诸如"格林定律"等有规律的语音变化发展而来。

原始语　ancestor language; parent language; protolanguage　历史语言学术语。指若干有亲缘关系的语言的语系中的一种语言，它是所有其他语言共同的始源语。这种始源语并未经历史验证而是通过比较法重构的一门语言或一种语系的早期形式。历史比较语言学的使命之一就是通过历史的、比较的方法对现代各语系中相关语言进行甄别，挖掘和解释语言之间的亲缘关系，并把相关语言划分为语系，勾勒其家族谱系树，从而重新构建各语系的共同起源——原始语，如原始印欧语（proto-Indo-European language）。

原始值　raw score　参见"原始分数"。

原文语言　source language; source　亦称原语、源语、源语言。翻译学术语。指翻译中原文所用的语言或源语。例如，如果把一部小说从英语翻译成为汉语，英语就是源语言，而汉语就是目的语（target language）。语言习得术语。在第二语言习得中，源语言是用来教授外语的本民族语言。

原形复合词　primary compound; base compound　亦称词根复合词。指由两个简单词基构成的复合词，如 homework、blackboard 等。

原型　prototype　认知语言学术语。指具有类似于给定范畴最佳成员关键属性的一个相对抽象的心理表征（mental representation）。因此，原型被看作与该范畴成员有关的最凸显或最重要特征的抽象表征（schematic representation）。根据原型理论（Prototype Theory），原型为给定范畴提供结构并帮助组织该范畴，因此不同的范畴成员体现出不同的典型效应（typicality effect），即在多大程度上能够代表这一给定范畴。

原型范畴理论　prototype category theory　认知语言学术语，亦称原型理论（prototype theory）。指以美国心理学家罗施（Eleanor Rosch）为代表的一批学者于 20 世纪 70 年代根据维特根斯坦的"家族相似性"而提出的一种范畴理论。亚里士多德基于二值逻辑所创立的经典范畴论流传了两千三百多年，成为形而上学的根基，一直处于学界主导地位（参见"**经典范畴理论**"）。维特根斯坦于 1953 年提出"家族相似论"（family resemblance），对经典范畴论提出尖锐的批判，其后以罗施等人通过颜色实验证明维氏的"家族相似性"原理适用于描述自然界中的许多范畴，进一步丰富了该理论的内容，并提出范畴划分与人类突显感知之间的密切关系。原型范畴理论认为有两个基本原则指导人类的大脑形成范畴：认知经济性原则（principle of cognitive economy）和世界结构感知原则（principle of perceived world structure）。这两个原则一起促进了人类范畴化系统的产生。罗施把具有"家族相似性"的自然范畴称为"原型范畴"（prototype category），即具有典型成员的范畴（参见"**原型范畴**"），将处于范畴边缘的非典型成员称为边缘成员（参见"**外围成员**"）。原型范畴观认为范畴不是通过充分必要条件，而是通过原型特征建立的；范畴成员的地位是不平等的，有典型成员和非典型成员之分，范畴的边界是模糊的。典型范畴成员具有特殊的地位，拥有共同的范畴特点最多，相似性越多的成员就越典型；非典型成员的地位取决于与典型成员的相似程度，这种相似程度的差异也是范畴边界模糊性的成因。原型理论为推动认知语义学的发展起了重要作用，为解释一词多义现象、语法范畴的模糊性以及概念隐喻等提供了理论基础。参见"**认知范畴**"。

原型理论　Prototype Theory　参见"**原型范畴理论**"。

原型语义学　prototype semantics　语言学分支。指旨在制定一些标准来界定原型意义，特别关注"辐射集"中互有交叠的意义相关联的方式以及范畴成员资格和范畴边界性质的研究。参见"**原型理论**"。

原因从句　causal clause　语法术语。由原因状语连词连接（如 because、as、for、since、now that 等），表示原因的状语从句。例如：I study linguistics because I love it.

原因链事件框架 causal-chain event-frame
认知语言学术语。指认知注意观中事件框架的一种。传统上认为语言要么是表原因的(causative)，如kill、drop等；要么是不表原因的(non-causative)，如die、fall等。表原因的事件可分为事件原因(event-causation)，即某一事件由另一事件引起，如The vase broke；主体原因(author-causation)，即某一事件由某人引起，但并非故意，如He broke the vase by mistake；施事原因(agent-causation)，即某一事件由某人故意引起，如"He broke the vase to irritate his wife"。根据原因链事件框架，某一事件或结果均由一系列原因为框架致使。例如，"约翰用石头砸了窗"这句话按原因链事件框架就包含了以下步骤：(1)实施者下决心要砸窗；(2)他蹲下去，从地上捡起一块石头，站起身，手里拿着石头，挥动手臂将石头砸向窗户；(3)石头在空中划过；(4)石头与窗户猛烈地接触；(5)窗碎了。在这个框架下，我们发现在语言层面得以突出的实际上是第一步和第五步，因为这两步回答了两个重要的问题，即"发生了什么事？"和"谁导致了事情的发生？"通过原因链事件框架的分析，可以使我们更好地认识现实事件是如何在认知过程中进行加工并反映在语言层面上的。

原因推理 causal reasoning 指将一系列相同或相似的事件作为原因来对相同或相似事件做出推理(inference)或判断的方法。例如，已知业已放入某人口袋里的钱币均为金币，则不能推断出下一枚放入该口袋的镍币也将会变成金币。就上述问题的解释包括：(1)原因推理是由原因(cause)与结果(effect)之间的时间和空间的相对性(spatial and temporal contiguity)连成；(2)两事物之间之所以有因果关系是因为存在于两者间的语义系统中的诱发机制(causal mechanism)和诱导力(causal power)得到了认识；(3)原因推理的心理过程中存在一个关于诱发力的前期概念(prior notion)，该概念是一个一般(general)概念而非具体(specific)概念，即假设存在一种不确定的力量可以致使或阻止某一特定结果的发生。事实上无论哪种解释都认为对两个陈述之间的原因推理不仅依赖于对语言句法或语义的理解和判断，还涉及许多语外因素，包括复杂的心理和认知过程。

原语 source language; source 参见"原文语言"。

原则 principle 句法学术语。当代语法用这一术语指范围比普通规则要宽泛得多的语法陈述。例如管辖与约束理论(Governing and Binding Theory)的投射原则(projection)，概化短语结构语法的音步特征原则。"原则"这一概念在"管约论"中特别重要，这一理论的最新发展认为根本不存在传统意义上的规则，而只有在不同语言中形式可稍有变化的原则。对一条原则可有多少种变化形式的规定被称作"参项"。整个理论现被称作"普遍语法"的"原则和参数(principles and parameters)"理论。参见"投射原则"。

原则与参数 principles and parameters
句法学术语。生成语法用来描述自然语言句法的理论框架。其核心思想认为，人们头脑中的句法知识受到原则和参数两套机制的共同作用：(1)人类语言中存在一些普遍的基本原则，这些基本原则数量有限，是人类语言共有的特性。其实质是一组约束句子组合的限制条件，如"格条件"、"毗邻条件"等，这些原则既可以生成句子，又可以限制句子成分的任意移位。(2)每种语言的句法受到一些参数的取值影响显现出句法差异。例如"中心语参数"有两种取值：中心语居前和中心语居后，两者反映了人类语言中短语结构的差异。参数的设置及运作使得人类的语言多样化。从语言获得的角度看，儿童获得母语的过程中不需要学习普遍的语法原则，因为它们是语言机制(language faculty)的一部分，是与生俱来的；儿童获得语言的过程实际上是参数设置的过程，一旦参数设定，核心语法(core grammar)就立即形成，语言获得大体完成。

原则制约性 principle-governed 语用学术语。利奇(Geoffrey Leech, 1983)等语用学家认为，语用学的范畴基本上是由原则制约的。利奇(1983)在其《语用学原则》(Principles of Pragmatics)中指出："语义学本质上是规则制约的(指语法范畴的概念)，而普通语用学本质上是原则制约的(指修辞范畴的概念)"。

圆唇 rounding 语音学术语。指发音时双唇突起或者水平压缩，从而两唇之间间隙收窄，呈圆唇外观而发出的音，如英语中的/u/(发音时为闭圆唇)。与之相对立的是非圆唇(non-rounded)音(双唇不这么收窄而发出的音)，如英语中的前元音[i:]、[ɪ]等。唇位在分析元音和半元音音质时非常重要，基本元音图上的每个元音位置都有圆唇和不圆唇两个形式，如[ɪ]和[y]。

圆唇化 labialization; lip rounding 语音学术语，亦称唇音化。指发音时伴随唇部的动作，即嘴唇向前伸，两唇之间构成圆形缝隙的过程，如发英语单词two中的音/u:/的过程。参见"圆唇"。

圆唇软腭音 labiovelar 语音学术语。指双唇呈圆形而发出的软腭音(velar)，如英语quiet中的词首辅音[kʷ]。

圆唇元音　round vowel　语音学术语。发音时双唇在不同程度上收圆，双唇间隙收窄而发出的元音。例如，英语中的 room[ruːm] 中的 [uː]，root [rut] 中的 [u]，pork[pɔːk] 中的 [ɔː]，dock[dɒk] 中的 [ɒ] 等。与之相对的是非圆唇（unrounded）元音。

圆括号　round bracket　一种标点符号。主要用于表示补充说明的成分，如例子、定义、数据等。从语法角度而言，相当于插入语，独立于句子之外且与句子无直接关系；从内容角度而言，为句子的附加性组成部分。

源点格　source case　由动词确定的动作所作用到的事物的来源或发生位置变化过程中的起始位置。例如：He bought a book from Mary. 例句中的"Mary"即为源点格。

源语　source language; source　参见"**原文语言**"。

源域　source domain　认知语言学术语，亦称来源域。指在概念隐喻理论（Conceptual Metaphor Theory）中，我们用来理解目标域（target domain）的一个概念域（conceptual domain）。来源域的典型特点是比目标域容易理解，更具体。例如：在隐喻"时间就是金钱"中，"金钱"的概念结构被投射到目标域"时间"上，金钱是来源域。

远程学习法　distance learning; distance education　语言教学术语。通过对电话、电视广播、卫星、电脑或其他学习载体的运用，使处于不同时空的师生实现实时连接的一种学习方法。许多英语作为外语教学证书的课程现在至少都部分地采用远程学习法的模式进行教学。远程学习法的类型主要包括：(1) 通过定期的邮件进行教学；(2) 通过因特网进行实时的或非实时的教学；(3) 电话、电视教学或者广播教学；(4) 光盘教学，通过光盘进行教学；(5) 移动网络教学，通过移动设备或者无线服务器进行教学。

远缘谱系关系　distant relationship　历史语言学术语。指某些历史比较语言学家将比较法的研究范围与领域无限扩大，竭力探索跨语系的洲际语言的亲属关系。

远指　distal　语义学术语。指直指系统（deictic system）中表达与参照点距离较远的位置概念。用以表示远指概念的指示代词就是指远指词，如汉语"那""那些"和法语"la"。语义上的距离远近也往往体现在语音上，呈现为意义上的远近与语音形式之间的象似性。一般而言，近指指示词包含一个高元音，其发音部位较高更靠前，而远指指示词则相反。参见"**直指系统**"和"**联觉音组**"。

约定俗成　convention　指说同一种语言的人，在某些具体环境中遵循相同的运用语言的规则。语言用法上的改变取决于共同的交际系统取得一致的需要，或进一步完善这个系统的需要。参见"**任意性**"。

约束变量　bound variable　句法学术语，亦称约束变项。指乔姆斯基的管辖与约束理论中受到量词约束的变项。

约束理论　binding theory　句法学术语。指由照应语（anaphor）、代词（pronominal）和指称语（R-expression）的约束原则构成的理论框架，是生成语法的核心理论之一。约束理论包括三原则，分别称为第一原则（Principle A）、第二原则（Principle B）和第三原则（Principle C）。其中，第一原则指照应语在管辖范围内必须受到约束；第二原则指代词在管辖范围内必须是自由的（即不得受到任何约束）；第三原则是指称语在任何范围内都必须是自由的（即不得受到任何约束）。通常人们使用[±ANAPHOR]和[±PRONOMINAL]两个特征来描述照应语、代词、指称语和PRO，[+]表示具有该特征，[−]表示不具有该特征：

(1) [+ANAPHOR, −PRONOMINAL] = 照应语
(2) [+ANAPHOR, +PRONOMINAL] = PRO
(3) [−ANAPHOR, −PRONOMINAL] = 指称语
(4) [−ANAPHOR, +PRONOMINAL] = 代词

由此可见，照应语和代词没有共同特征，在相同的管辖范围内呈互补分布。因此，约束理论第一原则和第二原则经常运用这些特征来加以定义。约束理论第一原则：[+ANAPHOR]类名词短语在管辖范围内必须受到约束。第二原则：[+PRONOMINAL]类名词短语在管辖范围内必须是自由的。因为指称语既不具有[+ANAPHOR]特征，也不具有[+PRONOMINAL]特征，在句中不受任何约束，故将其在理论描述中予以省略。

阅读　reading　指通过视觉转向大脑，辨认和理解书面语言（表现为一系列文字符号），并将书面语言转换为有意义言语的综合分析性学习活动和心理过程。此过程有不同的分类方式，如按阅读目的可分为学习性阅读、欣赏性阅读、研究性阅读、消遣性阅读等；按阅读速度可分为慢读和快读；按阅读的细致程度可分为略读、寻读和细读；按阅读方式可分为默读和朗读（诵读）；按目光扫视范围可分为有序读（按行文顺序从头至尾地读）、跳读、掠读、回读等。

阅读词汇　reading vocabulary　指一个人在阅读中可以理解的词的数量。阅读词汇可分为消极词汇（passive vocabulary）和积极词汇（active vocabulary）。一般而言，学习者的消极词汇（在阅读中所能理解的词汇）量远大于其积极词汇量（所能运用的词

汇量)。阅读词汇与听力词汇、口语词汇和写作词汇共同构成学习者的总藏词汇(即有效交流所需要的单词)。

阅读法 reading approach; reading method
语言教学术语。指在外语或第二语言教学中以阅读理解为主要目标的教学方法,包括分析法、整体法、综合法、折衷法等。阅读法是20世纪初英国教学法专家韦斯特(Michael West)在进行英语教学试验中创造的一种教学法。其主要特点是:(1)以短文作为阅读材料介绍外语,一般语法结构较简单,词汇受一定限制;(2)通过翻译和语法分析使学生理解课文;(3)如果教授口语,多限于朗读课文,用以增强阅读能力。具体的实践方法包括用较简单的词汇和句子结构阐释较为复杂的词汇和句子结构,通过上下文来猜测词义,找出主题句以分析文章的主题思想,分析句子功能以加深理解等。

阅读理解 reading comprehension 语言教学术语。指在阅读感知的基础上获取文字意义的过程,为阅读心理过程的高级阶段。其影响因素既包括阅读目的、阅读要求、材料性质等外部因素,也包括言语能力、阅读态度、阅读准备等内部因素。根据阅读目的和使用阅读材料的不同,阅读理解可以包括:(1)字面理解(literal comprehension),旨在理解、记忆或回忆文字中明确表述的信息;(2)推论理解(inferential comprehension),旨在借助读者的经验和直觉,通过推理寻找文字中隐含的信息;(3)评论性或评价性理解(critical or evaluative comprehension),旨在将语篇文字所提供的信息与读者个人的知识和价值观念进行比较;(4)欣赏性理解(appreciative comprehension),旨在从文字中获得感情上或者其他某种价值方面的共鸣。

阅读理解测试 reading comprehension test 语言教学术语。外语教学中的一种以多项选择题为主、考查篇章理解力的理解性练习或试题,涉及略读、猜测、推理、判断等能力,既包括文章主旨大意、作者观点态度,又包括具体时间、地点、事件等内容。鉴于目前学界对多项选择题型的效度有所质疑,已尝试增加了判断、开放性问答、完形填空等题型。

阅读年龄 reading age 语言习得术语。指儿童具备开始学习阅读的条件或能从阅读辅导中受益的一般年龄;亦指一个儿童与同龄儿童平均阅读熟练程度的比较结果。一般认为,儿童学习阅读至关重要的时期为2—7岁,期间,关键目标是通过悉听语言的口语形式培养儿童的词汇技能。

阅读视幅 reading span; visual span; eye span 亦称视幅(visual span; eye span)。指眼睛每停留一次所能清晰感知文字的横向视幅,一般认为有7到10个字母的占位。科学实验表明,在0.1秒时间内,成人一般能够感知6—8个黑色圆点或4—6个彼此不相联系的外文字母。阅读视幅对阅读的影响主要表现在两方面:一是每看一眼所能看清字数的多少;二是眼睛定位的次数与时间的关系。

阅读速度 reading speed; rate of reading 语言教学术语。指阅读的快慢程度,一般用单位时间内完成的阅读量表示,为阅读能力高低的重要标志之一。相关实验研究表明影响阅读速度的主要因素包括阅读目的、阅读技巧、阅读材料的类型(包括文体正式程度和难易程度等方面的区别)、要求达到的理解程度等。阅读速度在阅读过程中会发生变化,当速度达到一定限度时,会影响理解和记忆,产生"眼中所有,心中所无"的现象。所以,阅读速度训练同阅读理解能力培养互为统一,协调发展。以下为几种典型的阅读速度:

速度	目的	理想的读者
慢速	细读,当材料难度很大并且/或者需要高度的理解时运用的方法	200—300词/每分钟 理解率为80—90%
中速	用于日常阅读期刊、报纸等	250—500词/每分钟,理解率为70%
快速	略读,用于要求最高速度时有意识地降低理解程度	800词以上/每分钟 理解率为50%

阅读准备状态 reading readiness 语言教学术语。亦称阅读预备状态。指儿童已准备好接受阅读教学的状态,是学习阅读所需具备的基本条件。影响阅读准备状态的因素主要包括:(1)生理因素,如大脑、神经组织、视觉、听觉、言语等器官的机能等;(2)文化环境因素,如社会文化背景、家庭教育条件等;(3)智力因素,如视知觉能力、心理能力、理解能力、思维能力等;(4)情感、动机因素,如人格、焦虑、学习动机等。一般认为儿童6岁左右进入阅读准备状态,但该状态并不总是与儿童的年龄直接相关,教育者可通过不同途径进行训练。

允准条件 licensing condition 句法学术语。指句法结构中某一成分的出现必须以某种方式获得批准的条件。例如,修改后的格检验式要求任何论元名词必须有格。因此,格就成了论元出现在句中的允准条件。若出现在句中的论元没有格,则违反允准条件,句子便不符合语法。

运动性失语症 motor aphasia 参见"词哑"。

运用标准 performance standard 教育语言学、语言测试术语。指测试和课程开发中规定学生如何展示其语言知识和技能,以及为了达到预期目标而必须具备的运用能力水平的陈述。

运用测试　performance test　语言测试术语。指一种基于样本或实际技能的测试,主要通过对行为或活动进行评估的方式实施。例如,通过要求学生写一篇作文,来考查其写作能力。

运用障碍　dyspraxia　参见"语言失用症"。

韵律　prosody　❶语音学、音系学术语。指音高、响度、语速及言语节奏变化的统称。有时用作"超音段"特征的同义语,但按狭义理解只指上面提及的变项,其余的超音段特征被称作副语言特征。在近期的一些音系学理论中,句子韵律(sentence prosody)的名称被用来统指语调、短语节奏型式和较一般的韵律短语切分特征。在弗斯(J. R. Firth)提出的音系学理论——韵律音系学(prosodic phonology)中,韵律与音律单位相对立,后者是音段单位,如辅音或元音,而韵律素(prosodies)则是延伸语段的特征(如谈及"句子韵律素""音节韵律素"等)。最新的理论思考中,韵律这一概念不仅包括音高、音重、音渡形式等,还包括如圆唇或鼻音等各种次发音动作特征,这些特征可用来说明音位组配限制或描写语法结构的特点(如"元音和谐"的概念)。❷指诗歌韵律(poetic metre),亦称诗歌格律,或简称格律。语音特点不同的语言,其诗歌韵律也各不相同。汉语诗词的韵律指平仄格式和押韵规则。一般有四大要素:用韵、平仄、对仗、字数。中国古代近体诗在格律上要求严格,唐朝以前除了"齐梁体"和楚辞以外的古体诗以及现代诗歌、欧化诗歌等没有确定、严格的格律要求。律诗的格律要求最为严格,必须满足全部要素;近体诗中的绝句以及词、散曲一般不需要对仗。平仄主要指字词的搭配要讲究平声和仄声的协调,形成声调上的抑扬顿挫。押韵指同韵的字在适当地方(一般是停顿之处)有规律地重复出现。古体诗的押韵,可把临近的韵部的韵混在一起通用,称作通韵;近体诗的押韵,严格限用同一韵部的字,称作窄韵;若掺杂其他韵部的字,则称之为出韵,属近体诗大忌。对仗亦称对偶,指在韵文特别是格律诗中,对句子或段落工巧的严格要求,诗词中一般是句对,在赋和八股文中还有多句对和段对。汉语韵律四大要素均基于汉语语音的自身特点,即单音节语素占优势、有声调。中国经典的韵书有《切韵》《唐韵》《广韵》《平水韵》《佩文诗韵》等。英诗的韵律(metre)主要依据音步(foot)包含音节的数量以及重读音节的位置而加以区分。传统英诗的韵律有七种音步,即抑扬格(iamb)、扬抑格(trochee)、抑抑扬格(anapaest)、扬抑抑格(dactyl)、抑扬抑格(amphibrach)、扬扬格(spondee)和抑抑格(pyrrhic);根据每行诗句包含音步的数量,又区分为单步格(monometer)、双步格(dimeter)、三步格(trimeter)、四步格(tetrameter)、五步格(pentameter)、六步格(hexameter)、七步格(heptameter)、八步格(octameter)等,每句包含五个音步的抑扬格的诗,则称之为五步抑扬格诗(iambic pentameter)。英诗的诗行还常见节律停顿(caesura)、跨行连续(enjambment)、节律异变(metric variation)和半行转行(half-line)等现象。其他语种各有其符合自身特点的韵律规则。

韵律短语　prosodic phrase　参见"音韵词组"。

韵律特征　prosodic feature　语音学和音系学术语,亦称节律特征。韵律特征指不局限于话语一个音段的语音特征,这些特征包括声调(tone)、停顿(pause)、重音(stress)、语调(intonation)、音渡或连音(juncture)等。韵律特征具有表义和辨义的功能。参见"韵律"。

韵律学　prosodics; prosody　广义上指语言学中对包括音节或更大语言单位的语调、声调、重音、节奏等音高、音重、音渡形式以及各种发音动作特征的韵律特征进行研究一门学问。狭义上指对诗行结构的特点和规律(即诗词格律)进行研究分析的学问。参见"韵律"和"韵律特征"。

韵律音位　prosodeme　音系学术语。指重音、连音、语调等区别性韵律特征(prosodic feature)。

韵律音系学　prosodic phonology　❶语音学、音系学术语。指由伦敦学派创始人及主要代表人物弗斯(J. R. Firth)提出的音系学理论。弗斯区分语音的组合与聚合关系,即具有聚合关系的单位是"系统单位"(systematic unit),具有组合关系的单位是"结构单位"(structural unit);在实际言语中,构成聚合关系的是音位单位(phonematic unit),而不是音位。相对于音位中的特征,音位单位中的特征要少些,因为有些特征是一个音节、短语或句子所共有。当在组合关系中考虑这些特征时,都被称作韵律单位(prosodic unit)。韵律成分包括重音、音长、鼻化、硬腭化和送气等特征。这些特征不单独在一个准韵律单位中存在。❷生成语言学术语。指生成音系学的一个分支,是研究人类语言韵律结构单位以及这些单位之间关系的学问,也是关于音系与语法如何交互作用的理论,旨在阐释语言的重音和节律现象中的内在联系及规律。韵律音系学兴起于20世纪80年代,主要代表人物有塞尔扣克(Elisabeth O. Selkirk)、内斯珀(Marina Nespor)和沃格尔(Irene Vogel)等。塞尔扣克系统分析了句法结构如何通过一系列语法规则映射为语音表达式的整个过程(Selkirk, 1984)。内斯珀和沃格尔系统阐述了理论和假设,提出了构拟韵律成分所需的具体标准(Nespor & Vogel, 1986, 2007)。韵律音系学认为,自然话语可切分为一组有限、有层级结构的韵律单位,从小到大依次为:韵素(mora"莫拉")→音节(syllable)→音步(foot)→韵律词/音系词(prosodic / phonological word)→黏附组(clitic group)→音系短语(phonological phrase)→语调短语(intonational phrase)→韵律话语/音系话语(prosodic/phonological utterance)。任何一种特定语言的韵律层级单位都具有这种普遍性。韵律音系学的早期研究在以规则为基础的理论框架下进行,主要以X杠杆理论为依据;后期研究深受优选论的影响,以制约条件为基础。韵律层级的构成遵守严格分层假设(Strict Layer Hypothesis),但这一假设在前期与后期呈现为不同的表述。

韵母 final (of a Chinese syllable); rhyme; simple or compound vowel 音韵学术语。指汉语中处于音节末尾的元音或"元音+收尾辅音"组合。韵母的必要成分是韵腹(核心元音),非必要成分是韵头(介音)和韵尾。如"官"(guān)这个拼音音节中,g是声母,uān是韵母。韵母 uān 中,ā 是韵腹,u 是韵头,n 是韵尾。

韵素 mora 参见"莫拉"和"韵律音系学❷"。

韵位 prosodeme 音系学术语。指语言学上形成对立的韵律特征。参见"韵律"。

蕴含 implication ❶语用学术语,亦称蕴涵、含义。内涵意义在某种意义上是不稳定、不明确、潜在的附加意义,它通常因个人的体验或情感上的体验不同而异。例如:Rita was on time this morning. 如果有人说这句话,可能暗示着Rita经常迟到。一般听话者能理解说话者在话语中的暗示并作出适当的反应,但当然也会有误会和误解。例如:A: I am rather short of cash at the moment. B: Oh, I'm sure they accept credit cards here. A的本意是要B付乎餐钱,B未解其意,反说餐馆一定可以信用卡结算。❷逻辑学术语。指一种逻辑关系。即指:当且仅当在A为真的任何情况下B也为真时,A在语义上蕴含B。例如:[A]张三打了李四。[B]张三打了人。

蕴含规律 implication rule 语言类型学术语,亦称蕴含普遍性、蕴含普遍现象或含义普遍现象(implicational universal)。指在语言类型模式中,由于一定因素牵连而形成的某一语言模式或现象的普遍化。进行语言的类型比较有两种做法。一种是对各个层次的语言单位进行比较,把某种具体语言归入某一类型,如孤立语、黏着语、屈折语等。另一种是总结一切语言或部分语言的类型模式,这类模式既是普遍现象,也是蕴含规律,即甲现象与乙现象之间的关系是逻辑上的蕴含关系。例如在语音方面,如果某种语言有塞音和塞擦音的对立,就必定会有擦音;如果某种语言有浊音,就必然有清音,反之则不然。在词法方面,有格和性范畴的语言,必然有数的范畴;有双数范畴的语言,必然有复数范畴等。在句法方面,陈述句的语序是"主—动—宾"的语言,一般都使用前置词而不使用后置词;反之,语序是"主—宾—动"的语言,一般都使用后置词而不使用前置词。

蕴含普遍性 implicational universal 参见"蕴含规律"。

蕴涵 entailment 语义学术语,亦称内包。源于形式逻辑,指两个命题之间的关系,一个命题包含在另一个命题内,其中一个命题必然可以从另一个中衍推出来。由此可得,第一个句子为真,则第二个句子必真。例如:[1] I can see a dog. [2] I can see an animal. 句[2]是句[1]的内包。蕴含所涉及的是句子本身的意义,不必依赖上下文。因此,所谓同义(synonymy)即蕴涵相同,亦称背景蕴涵(background entailment)。

蕴涵关系 implicational relation 音系学术语。指某种语言的音系特征之间的一种关系,即一个音系特征的存在是另一个音系特征存在的前提条件。例如英语中的[+边音性]([+LATERAL])特征蕴涵[+舌冠音]([+CORONAL])特征,因为英语中只有舌冠边音。

蕴涵性动词 implicative verb 指带不定式补语的一类动词。与叙实性谓词(factive predicate)相对。即主体句(matrix sentence)与补语从句(constituent sentence)之间存在蕴涵关系:M蕴涵C,且非M(-M)蕴涵非C(-C)。例如:"The professor took the time to read my paper"蕴涵"The professor read my paper";而否定句"The professor didn't take the time to read my paper"蕴涵"The professor didn't read my paper"。蕴涵性动词还包括"bring about" "take the trouble" "lower oneself";带有否定意义的蕴涵性动词有 miss、neglect 等。

Z

杂合语时期 jargon period 语言习得术语。指幼儿语言习得的第四个阶段。儿童学习本族语的发展过程在时间上可以分为下列六个阶段：3—6个月时的婴儿语期、6—9个月时的幼儿语期、12个月时的模仿期、15个月时的杂合语期、两岁时的说话期和四岁时的多话期。在杂合语期，幼儿能说莫名其妙的话，把外界谈话的成分变成随便的言语，词汇量增加到二十多个，能用双词短语进行交谈。

杂乱性失语症 jargon aphasia 病理语言学术语，失语症的一种。指患者言语表达流利而不吃力，句法和语法完整无缺，但包含大量错语或混有新词，言语表达缺乏实质性内涵的语词，以至于说出的话难以理解。杂乱性失语症患者名词的选择上存在困难，他们用一个听起来或看起来像、或有相关联系的词来代替所期望用的词，或者用相似的发音替代。因此杂乱性失语症患者经常使用新语，在试图用声音代替找不到的词时他们可能患持续言语症。通常的代替方法有：用与原词的开头发音一样的词代替，如：clocktower—colander；用与原词语义有关联的词代替，如：letter—scroll；或者用发音相似的词代替意指的词，如：lane—late。

载体 carrier 功能语法术语。功能语法中指涉及关系过程的修饰类型之一，与"属性"（attribute）相对应。

再产出语言 reproductive language 语言教学术语。指学习者在模仿或操练由教师、教材或音频、视频所提供语言材料范例的过程中形成的一种语言。设置再造性语言任务主要为学习者提供基本的语言模式，使学习者在此基础上重新组合，完成创造性的学习任务。

再调整规则 re-adjustment rule; re-adjustment component 句法学术语，亦称新调整规则。指在任何音系规则应用到句法表达式之前，对句法的表层结构进行调整，从而使音系规则可用，并产生正确的输出规则。一般而言，此规则会调整对某种必要音系过程有所妨碍的句法边界（如把某些代词或小品词变为附着语素），或对某些构形成分进行修改（如针对构形成分"过去"一般用-ed来取代，但遇到 drink 这样的成分，将予以特殊赋值，确保其中的字母 i 变成 a，构成表示过去的 drank）。此规则多与经典生成音系学相关，但随着音系学、句法学层面理论（如韵律层级）的发展，现渐趋罕用。

再习得 reacquisition 病理语言学术语。指失语症（往往由于头颅损伤而引起）或者遗忘症患者重新习得语言的过程。一般而言，失语症患者的年龄越大，再习得语言越困难。

再循环 recycling 语言教学术语。指课程设计或教学中对某一个教学要点的频繁重复。在教学实践中每一次再循环都应当聚焦于教学点的不同层面。

再音系化 rephonemicization 参见"音系重组"。

在内格 inessive 指一类表达位于某一处所之内意义的屈折形态，是语法中语素形态上"位置格"的一种。常见于芬兰语、匈牙利语、爱沙尼亚语、立陶宛语、拉特加莱语（Latgalian）等语言，与近处格、向格及其他几个表示"局部"时空含义的格并存。芬兰语中，在内格为六大位置格（locative case）中的第一个，其他五个依次为从格（elative case）、推理格（illative case）、近处格（adessive case）、离格（ablative case）、向格（allative case）。

在线任务 on-line tasks 语言教学术语。与离线任务相对，指测试学习者分分秒秒（moment-by-moment measures）使用语言的实验方法。其目的在于观察学生大脑实时加工语法的情况。经典的方法有：(1) 移动窗口技术（the moving-window technique），一种通过计算机阅读的方法，受试者每读完一个单词或词块就敲击一下确认键。其阅读进程通过键盘确认来记录，以便于了解他们对句子中每部分的理解情况；(2) 眼动记录法（eye-tracking method），记录受试者在电脑上阅读时的眼动轨迹。上述两种方法中，测试者处理语块信息的时间都是研究人员的兴趣所在。受试者所用的时间越长，说明信息加工的时间则越长，可能会是其阅读时的困难所在。

赞同 approval 语言教学术语。指帮助巩固所学内容的一种激励性辅助手段，如教师的言语夸奖和表扬等。

赞同准则 agreement maxim 语用学术语。英国语言学家利奇（Geoffrey Leech）1983 年在《语用学原理》一书中提出的礼貌原则诸准则之一。赞同准则强调言语交际行为中要尽量减少与对方的分歧，在非原则问题上尽量靠拢对方的观点，以增加一致性。

赞扬准则 approbation maxim 语用学术语。语用学中礼貌原则的准则之一，由利奇（Geoffrey Leech）于 1983 年提出。赞扬准则强调尽力缩小对他人的贬损，尽力夸大对他人的赞扬。此准则侧重对他人的评价,用于表情类(expressive)和表述类(assertive)言语行为。

增大词缀 augmentative　参见"增义附加词缀"。

增加性修饰语 additive adjunct　语法学术语,亦称补充附加语。指非句子主要结构成分,仅用来扩展或修饰句子中其他词或短语且在意义上表示"数量的增加""对已有内容的补充"等意义的修饰语,如 as well、in addition、also、again 等。

增强 fortition　音系学术语。指在历时或共时意义上语音强度总体上的增强。典型的例子有擦音变为塞音,近音变为擦音,浊音变为清音。

增强词 amplifying intensifier; amplifier　语法学术语。强调成分(intensifier)的一种,通常指与动词、形容词、副词和名词等连用,表示程度递增的修饰,对被修饰词所含的状态、性质或量的意义加以强化或扩大的形容词或副词。增强词主要包括两种:(1)最大增强词(maximizer),如 absolute(ly)、altogether、complete(ly)、entire(ly)、extreme(ly)、full(y)、most、perfect(ly)、thorough(ly)、total(ly)、utter(ly)等;(2)一般增强词(booster),如 badly、bitterly、deeply、enormously、far、great(ly)、heartily、highly、much、so、strong(ly)、terribly、well、a great deal、a lot、by far 等。

增强性构词 amplification　亦称强大性构词。❶亦称增义词(amplificative)、巨称词(augmentative),与指小词(diminutive)相对。指借助添加巨称后缀(augmentative suffix)的方法以增强词义,特别是南罗曼语族南支诸语言中的名词或形容词添加后缀派生新词,表示比原词所表达对象更大的东西,如意大利语中 naso(鼻子)→nasone(大鼻子),西班牙语中 hombre(男人)→hombrote(大男人)。❷指任何使词义加强的前缀构词法,也指由此构词法形成的新词,如英语中的 archbishop、extraordinary、macroeconomics、megapixel、superstar 等。

增义词 amplificative　参见"增强性构词"。

增义附加词缀 augmentative　亦称添加指大后缀、增大词缀。❶指用添加派生词缀的方法来使一个词具有指大或巨称的概念。通过增加指大后缀(augmentative suffix)所衍生的指大概念,有时还带有过多、过大、使用不便、不合意甚至令人讨厌的色彩,如西班牙语的派生后缀-on、-azo、-ote 等。❷指添加这种增大后缀的词,如西班牙语中的 rico(富)、加上指大后缀后变成 ricachon(非常富有的);意大利语的 naso(鼻子)加上指大后缀变成 nasone(大鼻子);

casa(房子),加上指大后缀变成 casone(大房子)。与指小词(diminutive)相对。参见"增强性构词"。

增益分数 gain score　语言测试术语。指前测试与后测试之间的分数差异。原则上两次测试试题的水平应该是相同或相当的但最后一次的分数比前一次有增高。增益分数一般被解释为学习进步的标志。

增意转用网络语法 augmented transition network grammar; ATN grammar　亦称增扩转移网络语法或增加变迁网路语法。指美国学者威廉·伍兹(William A. Woods)在 20 世纪 60 年代末设计的一套能在计算机上实施分析、生成句子的形式语法模型,用于替代转换语法。理论上,一个 ATN 可以分析任何复杂的句型结构。该模式建立在有限状态机器(马可夫模型)的构想上进行句型分析。伍兹在其研究"自然语言分析的转换语法"中提出在有限状态模型上增加一个循环机制使句型分析更有效。任何语法正确的句子的分析可以通过在何状态图上达到最后状态而完成。图表间的转换就是对网络中任何一个图表上的任何一个状态到初始状态的子程序调用。如果句子的最后一个单词达到最终状态,则该句就是语法正确的句子。ATN 由于抓住自然语言的规律性因而达到分析自然语言的诸多目标,ATN 语法是人工智能领域内分析自然语言的常用方法。

增音 epenthesis　参见"插音[1]"。

扎根理论 grounded theory　指定性研究(qualitative research)中的一般分析方法。使用这种分析方法时,第一步是系统收集语料;第二步把语料按照操作定义分成不同范畴,把它们的特征也分成不同范畴;第三步是归纳理论,通常把语料中的典型例子作为证明材料。

窄化意 narrowed meaning　参见"专义"。

窄化意义 narrowed meaning; specialized meaning　亦称狭义。指狭窄的意义或定义。主要体现同一个事物很多意义中范围相对狭小的一个。例如,广义的现代汉语包括普通话和方言,狭义的现代汉语只指普通话。

窄焦点 narrow focus　指一个个体专注于相关的语言部分而忽略其他无关部分的注意方式。例如:"谁买的书?""张三买的书。" 一问一答中,"张三"就是窄焦点。

窄口音 flat　音系学术语。指雅柯布逊—哈勒确立的区别特征理论中的语音特征之一。用来描写圆唇音,与宽口音相对。指发音时开口较窄,伴随软腭化,声学频谱中的高频部分减弱的音。

窄双元音　narrow diphthong; diphthong of narrow gliding　语音学术语。两个元音的组合叫二合元音或双元音(diphthong)。有的双元音动程短，如[ɪj]、[uw]，起始元音到结尾元音舌位变化很小，就称为窄双元音。

窄域　narrow scope　语义学术语。对句子中的量词进行解读的一种方式。用来处理自然语言中含有不同辖域结构的句子。例如：[1] 每个人都喜欢某个人。[2] a. 对于每个人 x, 有某个人 y, 因此 x 喜欢 y。b. 有某个人 y, 因此每个人 x, x 喜欢 y。在[2a]中，"每个人"取宽域，"某个人"取窄域，句义是每个人都喜欢某个不同的人；在[2b]中，"每个人"取窄域，"某个人"取宽域，句义是所有的人都喜欢某个相同的人。参见"宽域"。

窄元音[1]　narrow vowel　语音学术语，亦称闭元音(close vowel)。指嘴唇开合度较小的元音，如 /i/、/ɪ/ 等。元音是气流由肺部送出，在口腔和喉部不受任何阻碍，通常声带振动而发出的音。元音的类型主要是靠舌位来区分。其中窄元音舌位最高。

窄元音[2]　slender vowel　语音学术语，亦称细元音。该术语特指爱尔兰语音系中的 /ɪ/ 和 /e/。

展唇化　lip spreading　语音学术语。指发音时双唇不呈圆形的状态。亦称非唇化(delabialisation)或非圆唇化(unrounding)。

展示性问题　display question　语言教学术语。指并非真正为了获取答案来消解疑问而提出的问题，即教师并非通过提问来寻求相关未知的信息，而是借此起到训练语言的作用，如"—Is it a pen? —Yes, it is a pen." 但是有关研究表明，如果试图培养学生的语言交际能力，教师就应该尽量少问展示性问题，而多问指称性问题。

展元音　unrounded vowel; spread vowel　语音学术语，亦称非圆唇元音。指发音时双唇展开、嘴唇松弛并向后延展而形成的元音。例如，英语"meet"中的"ee"的发音。一般而言，前元音倾向于是非圆唇元音，后元音是圆唇元音。德语和法语区分同一发音高度的圆唇前元音和非圆唇前元音。越南语区分同一发音高度的圆唇后元音和非圆唇后元音。参见"非圆唇元音"。

占位成分　placeholder　一种语言成分，指在某些句法结构中填补未占的语法空位并将此作为唯一功能的语言。占位成分的词汇和语素性质不定，而其与所指成分没有一致关系，如果发生换位，则被省略。

张力　tension　❶修辞学术语。指诗歌的内容与形式、整体结构与局部肌理、感性与理性、语言的字面意义(外延)与深层意义(内涵)、一般与特殊、抽象与具体等对立因素之间的冲突与统一，是一个由部分构成整体的有机组织。❷指在语言政策与语言规划领域中，文本政策与政策实施、调整之间所产生的矛盾与统一。

张音　fortis　语音学术语，亦称强(辅)音、强音。语言学按发音方式给辅音分类的术语，指肌肉和呼吸相对紧张而发出的辅音，相对较弱的称作弛音(lentis)。英语里清(voiceless)辅音(如[p]、[t]、[k]等)一般用较强的发音动作发出(而对应的带声辅音相对较弱)；当清浊音区别减弱时，辅音间的对立通常只有靠发音强度维持。

障碍理论　barrieren theorie〔德〕　参见"语障"。

照应孤岛　anaphoric island　句法学术语。美国语言学家波斯特尔(Paul M. Postal)1969 年提出的有关指示语(deixis)的概念，指一种表示关系的语词：其部分语义是隐含的，但不能为另一个照应成分所指代。就像被隔离开来的语言"岛屿"，不为照应成分所"进入"，表达那层关系的语义仍存在，但不能把它通过照应成分表露在外。例如：[1] Tom's parents are dead; he misses them very much. [2] Tom is an orphan; he misses his parents very much. 句[1]在逻辑语义上无可挑剔，但句[2]就显得不恰当，尽管两句的逻辑主语都是没有父母的孩子 Tom。在不符合语法的句子中常常有照应孤岛这种现象的出现。

照应控制　anaphoric control　指代词成分和其先行词之间的一种照应关系，即复指关系。

照应限定词　anaphoric determiner　在照应词或前指词中起限定作用的定冠词、指示代词等。例如：[1] Here came an old man, *the man was a priest*. [2] 1927 年 4 月 28 日，我永远忘不了那一天。那是父亲的被难日，离现在已经 16 年了。

照应语　anaphor　❶亦称照应词、前指词，或称照应成分、前指成分(anaphoric element)。在前照应(anaphora)中用来代替上文中提及的另一语言成分的词语，如"He did it there."句中每个词都是与上文"Danny painted the picture in Shangri-La."句中相应部分建立关联的照应成分。❷在管辖与约束理论中，指一类没有独立的指称，只能指称句子的某个其他成分，即要求句中有一个词语充当其先行语的语言成分，包括反身代词(reflective pronoun)、相互代词(reciprocal pronoun)和名词短语语迹(NP-trace)。例如"They helped themselves/each other."根据管辖与约束理论,照应语必须在它的管辖语类内受约束。

照应约束 anaphoric binding 句法学术语。乔姆斯基约束理论的内容之一。约束理论是乔姆斯基以英语代词为语料来研究自然语言代词的句法行为而产生的一套原则,属于管辖与约束理论的子理论。乔姆斯基将自然语言中的代词区分为照应语(anaphor)和称代语(pronominal)两种。照应语指必须上指某个论元(argument)的词语。照应语作为句法中词语单位之间内在关系的重要表征方式,历来是各种语言学派关注的焦点。约束(binding)是指一词语被另一词语制约而建立起来的一种约束关系(binding relation),并因而取得释义。约束关系分照应关系(anaphoric relation)和共指关系(coreference relation)。语言学文献中常用下标来表征词语间的语义关系。例如,在"John$_i$ thinks that she$_j$ hates herself$_j$/him$_i$"中,j 和 i 为下标,she 与 herself 同标,表示照应关系;John 与 him 同标,则表示共指关系。为了解释句子中的指代关系,约束理论提出了三条基本原则:A 原则,即照应语在管辖语域内受到约束;B 原则,称代语在管辖范围内不得受到约束;C 原则,指称语在任何范围内都不得受到约束。

遮蔽性 non-covered 音系学术语。区别性特征理论中确立的语音特征之一,用来描写发音部位的变异,指发音时咽腔壁变窄,咽腔壁肌肉紧张,喉位提高而发出的音。专门为处理某些非洲语言里特殊的元音和谐系统而设立的,是一种权宜的分类,该分类逐步被取代。

折衷法 eclectic method 语言教学术语。指语言教学中糅合几种不同教学方法的优点和特点于一体,以适应特定的教学环境,满足教学对象需求的教学实践方法。例如,外语教学中同时利用听说法(audio-visual approach)和交际法(communicative language teaching)的技巧进行语言教学。

折衷语 compromise language 参见"共通语"。

折衷主义 eclecticism 语言学中指博采多种语言学理论的特征,并将其糅合成一种描写模式的做法。例如,夸克(Randolph Quirk)等人的《英语语法大全》(*A Comprehensive Grammar of the English Language*)即综合了结构主义语言学、转换生成语言学和其他一些语言学流派的概念和程序的一本著作。折中理论的长处是兼收并蓄众家之长,为语言提供多角度的精辟见解;其弱点是难以建立一个前后一致的理论框架将各个描写部分有机地联系起来,无法形成自身严密的理论体系。

哲学语法 philosophical grammar;notional grammar 亦称概念语法、意念语法。指在哲学原则的基础上,研究所有语言所共有的基本原则的语法,而并不考虑个别语言的惯用法。这种语法是哲学意义上的语法,它研究的是规范和定式,不是语法规则。

哲学语言 philosophical languages 参见"先创语言"。

哲学语言学 philosophical linguistics 指语言学和哲学相结合而形成的一门学科,从哲学的视角对语言进行研究。哲学语言学以语言为本体,以哲学为方法,对语言的各个层面,如语音、形态、句法、语义和语用等进行研究,旨在对语言和语言学问题进行哲学性的探索与思考,强调思索的过程,而非结论。其研究主要分为两类:(1)用某个哲学流派或某种哲学理论来研究和解释语言和语言学的问题;(2)对语言进行一般性的哲学思考。哲学语言学与语言哲学两个学科有所不同:前者从哲学的角度研究语言学,要解决的是语言学的问题,语言在其中具有本体论的意义,研究者通常是语言学家;后者则从语言的角度研究哲学,关心的是哲学,解决的是西方哲学中的本体问题,语言只具有方法论的意义,研究者通常是哲学家而非语言学家。英国语言学家克里斯托尔(David Crystal)在《剑桥语言百科全书》(1997年第2版)中将其视为十五个跨学科语言学分支之一,并认为:"哲学语言学研究语言在解释哲学概念中的作用,以及哲学在语言理论、语言研究方法和语言观察中的地位。"参见"语言哲学"。

哲学语义学 philosophical semantics 亦称意元学(rhematics;rhematology)。指对自然语言语义的哲学研究。哲学家常把语义和命名事物的性质联系在一起,在词和词所指的事物的联系中来研究意义。但是哲学家们并没有对什么是意义达成一致,有人认为词的意义和命题有关,有人认为和语言的用法有关。参见"意元学"。

真诚条件 sincerity conditions 语用学术语,亦称诚意条件。指语行为要达到其目的所必须需要满足的一个适宜条件,即言语行为必须真诚(如不说假话)。例如,如果教师告诉学生他的讲座将于下星期一上午十点举行,那么,其中的真诚条件就是教师自己对讲座开始的时间深信不疑。

真概括条件 true generalization condition 音系学术语。自然生成音系学(natural generative phonology)的重要区别性特征之一,指每一条概括性规则必须能够说明所有的表层语音形式。参见"自然生成音系学"。

真理现在时 truth present 参见"格言现在时"。

真 zhēn （语言学术语）

真实材料　authentic materials　❶亦称地道材料。指人们在现实生活中为达到一定的交际目的而进行听、说、读、写的语言材料——本族语使用者用这些材料来交流信息，表达情感。❷亦指真实的语料或语言素材。现代的语言教学特别重视真实的语料，注重教材和学生的生活经验的相关性，在教材的设计上重视语体的多样性及其社会文化功能。有人认为外语教学和教材在内容上应提倡实用语言素材作为教学主要内容，提倡教学以各种尽可能采用真实语言材料的沟通方法为主，比如从原版书籍中节选、简化或改写的教学材料、书面课文及录音磁带等，还可以利用原版电影、网络、录音带、录影带及书面资料等与实际生活息息相关的教材，来协助学生培养文化意识及语言素养。

真实定义　real definition　语义学术语，亦作实质定义。即揭示概念所反映对象的本质属性或固有属性的定义，一般通过指出一个事物或概念所属的类，或者与其他事物或概念的区别性特征来定义该事物或概念。根据其定义角度，真实定义可分为性质定义、功用定义、关系定义等。例如，"词是最小的能够独立运用的语言单位"即说明了词的性质。在语义学中，真实定义主要表现在用切分语义成分的方法来说明词的意义。例如，bachelor（单身汉）一词可以用［+ ANIMATE］、［+ HUMAN］、［+ ADULT］、［+ MALE］、［- MARRIED］等特征的真伪来定义。

真实性　authenticity　亦作地道性。指应用于语言教学材料符合自然的口头语或书面语真实可信的程度。真实的语言材料包括来自广播、电视、原版书籍、报刊杂志及录自一般电台或电视节目的录音录像材料，也包括一些从原版书籍中节选、简化或改写的教学材料等真实教材。通过结合真实材料，创造实际情景，并鼓励学生参加各种有助于培养学生的交际技能和策略的活动是教学策略之一。

真实性原则　reality principle　语用学术语，亦称现实原则。言语行为理论（speech act theory）中的一种会话原则，指会话双方所谈事物是现实中存在的或可能存在的，除非有证据表明这些事情不真实或不存在。例如：A：How are you going to Shanghai? B：I'm flying. 对话中，A自然而然地理解为B准备坐飞机去，而不是字面意义的在空中飞。

真势情态　alethic modality　借自模态逻辑术语。指主要涉及对命题属于必然真还是偶然真的分析，与认识情态、义务情态等概念相照应。在语言学研究中，情态被用作分析语言的情态动词及其相关结构的真实性。例如，在"The car must be ready"这个含有情态动词的句子中，根据真势情态，其表达意义是"汽车已经准备好了，而且有事实可以证明，如车发动或已停在门口等待了"。参见"道义情态"。

真值　truth value　亦称逻辑值。在逻辑学和数学中表示命题与真理关系的值，可以为真（1或T/⊤），也可以为假（0或F/⊥）。

真值表　truth table　语义学术语。逻辑学中使用的一类数学表格，用来计算逻辑表达式在每一种论证上的值，可以判断一个命题表达式是否对所有允许的输入值皆为真。一般认为，真值表是维特根斯坦在《逻辑哲学论》（*Tractatus Logico-Philosophicus* 1921）中首次使用，但在此一年之前已出现在波兰裔美国数学家及逻辑学家珀斯特（Emil Post）的论文中。如图：

	p q	真真	真假	假真	假假
否定	¬p	假	假	真	真
析取	p∨q	真	真	真	假
合取	p∧q	真	假	假	假
蕴含	p→q	真	假	真	真
等价	p↔q	真	假	假	真
反价	p⊁q	假	真	真	假
同义反复	p→(q→p)	真	真	真	真
对立	p∧(q∧¬q)	假	假	假	假

以析取式为例，要使得p∨q为真，只需要保证其中的一个析取支为真就可以，而只有两个析取支都为假时，析取式才为假。

真值条件语义学　truth-conditional semantics　语义学理论之一，其核心原理是将意义定义为一个句子或句子所表达的命题为真时所必须满足的一系列条件。这一理论在研究意义时最关心的是命题的真值是否成立。例如，在"He is a student"中，只有当"He"真的是学生时，这句话才为真。但自然语言中很多语句无法判定真或假，如疑问句和祈使句等。

诊断性测试　diagnostic test　语言教学术语。指一种以提供有关第二语言学习者优劣势信息为目的的测试。这是对语言测试的比喻，如同医生对病人诊断是为了发现问题，对症下药，而教师对学生的语言诊断则是测试。诊断性测试旨在了解学生对语言知识或技巧的掌握情况以及优劣势，以便更好地、有的放矢地安排课堂教学。例如，诊断性发音测试能够用以诊断英语学习者的发音，显示哪些发音学习者能够或不能够掌握，或者其发音是否清晰明了。通过诊断性测试，教师可以在开始教授一门课程之前对学生的知识和技能进行事前了解，以便今后能够为积极有效地开展教学活动提供指导。

诊断性问卷　diagnostic questionnaire　语言教学术语。指一种发放给学习者的问卷，用以发现学生在使用第二语言的过程中所存在的问题，包括发音、语法、写作等方面。通常在一门课程开课之初发放，用作"需求分析"的一部分，以便今后开展教学时，教师可以对学生的相关知识和技能进行事前了解，从而有针对性地开展积极而有效的教学活动。

振动反馈　vibratory feedback　语音学术语。说话人通过达到内耳的声音振动而感知自己言语产生的现象。与之相应的反馈包括动觉反馈（kinaesthetic feedback），即通过说话人自身发音器官运动的反馈）和听觉反馈（auditory feedback），指在通过说话人听到自己的声音的反馈。

振动音　vibrant　语音学术语。指通过可移动的发音器官和不可移动的发音器官之间持续振动而发出的一种语音。例如，下唇与上齿间的振动音/v/。发该音时，下唇是可移动的发音器官，上齿是不可移动的发音器官。

振幅　amplitude　原为物理声学术语，现用于声学语音学中。指声波中的空气粒子相对一静止点来回运动的幅度，是人耳感知的声音强度的主要物理属性。在等同条件下，振幅越大，表明声音的音量或响度越大。

整词教学法　whole-word method；word method；sight method　语言教学术语，亦称全词法。指一种强调从完整的单词而非字母或语音拼读入手教授儿童用母语进行阅读的方法。此方法的理论基础是认为儿童学习阅读应该学会辨认整个单词而不是按字母名称拼读或按元音值拼读，儿童在掌握整词阅读的基础上，下一步会自然上升到整句阅读。

整合教学法　integrated approach　参见"整体教学法"。

整合性大纲　integrated syllabus　语言教学术语。指语言教学中，着眼于语言不同单位之间（如语法、功能、技能）的紧密关系，试图使课程大纲的各个部分之间有机整合、相互强化的大纲。

整合语言学　integrational linguistics　参见"综合语言学"。

整句　full sentence　与散句（loose sentence）相对。由两个或两个以上的结构相同相似的短语、句子连接组合而成的语句体式。排比句、对偶句都为整句。整句由于形式匀称，富有形式美和韵律美，

适当运用有助于调和音节，增强语势。如《庄子·人世间》："山木，自寇业；膏火，自煎也。桂可食，故伐之；漆可用，故割之。人皆知有用之用，而莫知无用之用也。"整句主要是一种修辞方式，或称为一种辅助形态，它除了在格律诗、快板诗、对口词等少数文艺形式中起主导作用外，一般都要与散句结合使用。参见"散句"。

整群抽样　cluster sampling　统计学术语，亦称集团抽样（group sampling）。指在抽样过程中将样本总体划分为若干互不交叉、互不重复的初级单元（群），每个初级单元包含若干次级单元，然后按照某种方式从总体中抽取若干初级单元，对其中所有次级单元全部进行调查的一种抽样方法。整群抽样的研究对象不是以个体为单位，而是以群为单位。例如，要调查某年某市英语学科的高考成绩，可以以学校为单位进行抽样，然后结合分层抽样，即按一定的标准把全市的中学分成省级重点中学、市级重点中学、区级重点中学和普通中学四类，然后根据样本总量和总体中个体的比例，从四类学校中抽取若干学校，组成整群样本。在整群抽样中，因为调查的样本相对集中，故可节省调查的时间和费用，抽样的效率相对较高；但由于调查单位只能集中在若干群上，而非均匀地分布在总体的各个部分，所以其精度比简单随机抽样要低。因此，为了使整群抽样的样本具有一定的代表性，应使群与群之间的差异尽量缩小，而群内次级单元之间的差异尽量扩大，使每个群均具有足够的代表性。

整体表象　global representation　参见"整体表征"。

整体表征　global representation　亦称整体表象。❶认知语言学术语。指一种代表外在现实的、假设的"内在"认知符号，与局部表征（local representation）相对。❷心理语言学术语。长期记忆中意义是以命题为单位储存的，研究表明命题储存于"整体表象"之中。

整体错误　global error　参见"全局性错误"。

整体动机　global motivation　语言习得术语。指在第二语言习得中学生对语言学习的完整动机。动机指在第二语言习得中，学生学习第二语言的刺激、需要或愿望。一般认为，第二语言学习的动机可以分为工具性动机（instrumental motivation）和融入性动机（integrative motivation）。工具性动机指的是为通过某项考试、阅读外文资料，为谋求一份好的职业等功能性目的；融入性动机指关注目标语国家文化并参加社团活动，为更好地进行跨文化交流等社会性目的。这两种动机并不互相排斥，有时可

以相互转化。动机还可以分为内在动机（intrinsic motivation）和外在动机（extrinsic motivation），前者指学生的个人兴趣和内在需要；后者指来自外部的刺激，如物质奖励、老师和同学的夸奖等。对于一个学生而言，在不同的阶段可能有不同的动机，但最终起作用的可能是对目标语国家文化的态度及其学习第二语言的需要。

整体教学法　integrated approach　语言教学术语，亦称融合教学法、整合教学法。指语言教学中读、写、听、说等各种语言技能相互结合、无一偏废的教学方法，如一堂课中有听、说和读、写相联系的各项活动。

整体歧义　global ambiguity　指整个句子有超过一种以上的解读（interpretation）的现象。整体歧义和局部歧义（local ambiguity）相对，局部歧义指句子的某一部分有超过一种以上的解读。例如：[1] I know more beautiful women than Pamelia Anderson. [2] The dog that I had really loved bones. 句[1]的句意存在整体歧义，既可理解为"I know women more beautiful than Pamelia Anderson"，也可理解为"I know more beautiful women than Pamelia Anderson does"。句[2]中的"had"有局部歧义，既可以理解为"构成过去完成时的助动词"也可以理解为"拥有"。事实上，这个句子的正确理解应该是"The dog that I had(as a pet) really loved bones"。局部歧义与花园幽径句（garden path sentence）有关。

整体问题　global question　参见"全局性问题"。

整体学习　global learning　指外语学习中的一种认知风格（cognitive style），即学习者力图把学习内容作为一个整体来加以记忆。这种记忆法符合格式塔心理学（Gestalt Psychology），所以整体学习有时亦称格式塔风格或完形风格（gestalt style）。例如，在学习外语时学习者记住完整的句子，而不是分成更小的单位来记忆。如果学习者把内容或素材分成几个部分记忆，如词或短语，这种方法就叫做分析风格（analytic style）或部分学习（part learning）。参见"完形风格"。

整体语言教学法　whole language approach　语言教学术语。指强调语言的各个技能为统一整体的英语教学法。语言教学中，语言往往被分成"听、说、读、写"四个技能部分，整体语言教学法认为语言是包含这四个部分的不可分割的整体。学习语言的目的是为了满足学生现实生活中的真实需要，为了能够进行有意义的人际交流，解决生活中的实际问题，不是为了学习语言而学习语言。整体语言教学法的基本原则包括：(1)把语言看作一个整体而非孤立的几个部分，在真实的上下文情景中教学语言，强调语言的交际目的。(2)学习活动从整体到部分进行。比如要求学生阅读整篇文章而非节选或改写版本。(3)课堂教学综合训练听、说、读、写四项技能而非某一单项技能。(4)语言教学通过人际互动，因此学习采用两人一组或小组的形式而非个人单独学习。整体语言教学法的优势在于：能使一个主题概念多角度、多层次地反复重现，使学生有机会把过去的知识和经验与今天的学习任务结合起来，使新旧知识在头脑里形成网状记忆、网状联想，使英语学习的质量发生飞跃。

正规教育　formal instruction　亦称形式教学。❶教育语言学术语。指在正规的教育机构里，由师生构成的课堂教学，与非教师引导的自然语言习得不同。❷语言教学术语。指教学活动或大纲目的在于教授语言形式本身的活动。这里的形式指语言的有形特征。例如词形、句法以及音系等方面的知识。但研究表明很难展开纯粹的交际教学或形式教学。一般情况下，这两种理念和方法同时存在，有机融合在整体的语言课堂教学活动中。

正规文法　regular grammar　参见"常规语法"。

正极项　positive polarity item　语义学术语。指只出现在非否定的语篇中的语法项或词汇。例如，语法通常认为"They have some juice"是对的，而"They don't have some juice"是错误的。与此相对的是负极项（negative polarity item），指只能出现在一个否定语项范畴和问句范畴中的语项，如英语中的 any、ever、at all 等。英语中通常只能说"They don't have any juice"或"Do they have any juice?"，而"They have any juice"则被认为是错误的。

正面礼貌策略　positive politeness strategies　参见"积极礼貌策略"。

正面证据　positive evidence　语言习得术语，亦称积极证据。与负面证据（negative evidence）相对，指所学习的语言中出现的某些可能性存在的证据，即语言素材。对学习英语的人来说，看到或听到的句子通常都有主语，那就是英语句法要求有主语的正面证据；而对于学习西班牙语的人来说，输入的句子中没有出现主语，这也就是西班牙语不要求主语必须出现的正面证据。之所以称为正面，是由于输入的语言素材中，不需要做出反面的反馈，比如更正错误的信息，反之则为负面证据。心灵主义（mentalism）学习观认为，只有正面证据才对语言习得机制和普遍语法的形成产生作用。

正迁移　positive transfer　参见"语言迁移"。

正式交谈　formal speech　　参见"正式言语"。

正式口气　formal key　指正式场合使用的话语风格。具体表现为说话时态度认真，用词严肃正规，说话速度较慢，发音清晰，语气肯定，很少使用简缩式。例如：In the long run, we expect China to further liberalize its economy by cutting tariffs and opening up the services and finance sectors to foreigners, as well as to reduce its presence in state-owned banks and enterprises.（从长远的观点来看，我们期望中国通过减低关税、对外开放服务业和金融业使经济进一步得到解放，同时减少国有银行和企业的参与程度）。

正式言语　formal speech　文体学术语，亦称正式交谈。指在正式场合，如官方重大集会、辩论或庆典等场合发表谈话、演讲或致辞时使用的言语形式或话语体裁。例如，《人民日报》的新闻通讯、官方发言、学术话语等通常采用正式言语。这是美国语言学家约斯（Martin Joos）1967 年提出的五种文体之一，其他四种为：刻板言语/体（frozen speech/style）、商洽言语/体（consultative speech/style）、随意言语/体（casual speech/style）和亲切言语/体（intimate speech/style）。

正式英语　formal English　文体学术语。指在庄重正式场合使用的一种语体，语音、词汇和语法均符合规范，篇章紧凑，一般用于学术课本、商业合同、政府官方报告、公函等一类正规文件中或大学毕业典礼等场合。根据谈话人关系和场合等可大体做出正式英语和非正式英语的区分。两者之间虽没有明显界限，但还是存在一般性差异的，主要表现在语音、词汇、语法和篇章结构方面。

正式语　formal language; formal style　参见"非正式语"。

正态分布　normal distribution　语言测试术语。测试统计中指样本中经常出现的一种数值分布，数值从单一峰值逐渐上升和下降，形成对称的钟形曲线。在该分布中，平均数、中数和众数都相重合。平均数与标准差是用以描述这分布的必要资料。正态分布常常被运用于语言测试成绩分析中，作为检测成绩分布合理性的直观参数。

正态化标准分数　normalized standard score　语言测试术语。测试统计学中指通过统计方法已转换成正态分布的标准分数。例如百分位等级即正态化标准分数。

正文　body　指书或文章、书信的主要部分。就书信而言，即除去目录、前言部分——包括序言、版次说明、编者言、体例等等以及附录以外的正文部分；就辞书而言，即词条部分；就书信而言，指除去起始称呼、末尾致意和落款等以外的部分。

正弦波　sine wave　语音学术语。指声波的一种最简单的可能形式，产生这种形式声波的声音是纯音。自然语音中没有纯音，但是复杂语音的声波可以分解为两个或两个以上正弦波的复合。

正相关　positive correlation　参见"相关性研究"和"相关"。

正向强化　positive reinforcement　参见"条件反应"、"刺激—反应理论"和"强化"。

正音法　orthoepy　指对标准化发音的研究和指导正确发音的规则，即使发音合乎标准的方法。17、18 世纪用此概念来表述正确发音。正音原则影响了当时的一些有关发音的词典，如肯里克（William Kenrick）编写、1773 年出版的《新英语词典》（*A New Dictionary of the English Language*）。正音法对后来语音学发展和语言教学有很大影响，如琼斯（Daniel Jones）1917 年出版的《英语发音词典》（*English Pronouncing Dictionary*），面世后成为学校语音教学的权威参考书，深受英语教学与研究专家的推崇，一再重版，至今已有第 18 版。

正字法　orthography　指导标准或正确拼写的规则系统。正字法用于字母书写而不是音节书写，也不能用于表意文字（ideography）的书写。正字法一般遵循约定俗成的习惯规则，但有些语言（如瑞典语）是由官方或半官方机构（如文字改革委员会等）予以规定的。一种语言的正字规则有时是不同的、有争论的，甚至是几个不同原则重叠的结果。例如，英语正字法是由于诸多原则的部分重叠或互不协调而产生的：(1)语音原则。一个语音应该有一个书写字母与其匹配，而自然语言通常并非如此，如英语书写符号 c 在单词 circle 中，分别发 /s/ 和 /k/ 音。(2)音位原则。每个音位对应一个书写符号，而英语中有音位变体，如音位 /t/ 有送气 /ˈteɪbl/，也有不送气 /stænd/。(3)词源原则。同源词有近似的写法，如 19 世纪拼写改革者把 dette 和 receit 分别改为 debt 和 receipt，以反映它们的词源。(4)历史原则。正字法应该保持一致，所以虽然不发音，但是 bought 一词中，还是保留了 gh 的拼写。(5)同音异义原则。同音词用不同的拼写加以区别，所以有 plane 和 plain，虽然两词来自于共同的拉丁词源 plānus。(6)经济原则。要求书写简洁，多余字母应该去掉，所以有 judge 和 judgment 的区别。(7)美学表义原则。如词尾的重叠书写形式：bet 和 bettor。(8)语用原则。如人称 I 要大写。由于这些原则各有倾向性，因而出现大量偶发的、无法系统把握的偏差现象,给语言学习带来一定的困难。在语言学中,通常用字系学(graphology)来表示对语言书写体系的研究,与音系学(phonology)相对。对正字法改革的讨论和研究不仅关乎语言学家的研究兴趣,更涉及教育政策的制定和决策。

正字法分节　orthographic syllabification　指按正字法,即正确拼写的原则来分析音节的做法。正字法分节的一般原则包括:(1)照顾构词成分的完整性,如 ex-as-per-ate、le-gal-ize 等;(2)不发音的辅音字母与相邻辅音分属两节,如 fit-ting、shep-herd 等;(3)表示一个元音的字母组合不分开,如:chair-man、beau-ty 等;(4)表示不同元音的字母组合要分开,如 bi-ol-o-gy、cha-me-le-on 等;(5)成音节的辅音不算独立的音节,如 plasm 等。

支撑词　prop word　语法学术语,亦称代替词。❶指语法描写中引入某种语义上缺乏独立意义的结构以保证其语法性的无意义成分,如"It's a lovely day."中的"it"。这类词有时也称作"空成分"。❷指结构中用以替换前面出现过的成分的词,如"He throws away the new dictionary instead of the old one."中的 one 和"Yes, I do."中的"do"等。

支撑句　supporting sentences　语言教学术语。指(作文段落中)围绕主题句展开、解释说明、分析、论证主题句的句子。

支点语法　pivot grammar　参见"枢轴语法"。

支配　dominance　句法学术语。指树形图中各成分间存在的阶层关系的表征。图中的每一条线所相交的位置称为节点。每个节点都存在一个语法类别标记。支配的定义为:若节点 A 的位置高于节点 B,且只有沿着树枝向下才能从 A 到达 B,则节点 A 支配节点 B。支配关系满足一些逻辑属性,如非自反性(irreflexivity):节点不能支配自己;不对称性(asymmetry):节点 A 支配 B,但 B 不能支配 A;及物性(transitivity):若 A 支配 B,且 B 支配 C,则 A 支配 C。例如:

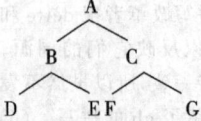

图中节点 A 支配除自己以外的所有节点;C 支配 F 和 G,但 F 和 G 不支配 C。同样,C 不支配 B、D 和 E,也不被它们支配。另外,A 直接支配 B 和 C,因为中间没有阻碍节点。A 是 B 和 C 的母亲节点(mother node),B 和 C 是 A 的女儿节点(daughter node),D 和 E 互为姊妹节点(sister node)。

支配范围　domain　句法学术语。在生成语法中,句子成分的支配范围被视为其最大的投射范围。例如,动词 drove 在"John drove her to the school"中的支配范围是整个动词短语,包括 her to the school;介词 to 的支配范围是整个介词短语,包括 the school。最大投射和支配范围都属于管辖和约束理论中的重要概念。

支气管　bronchus　分布在肺脏内,由气管分出的各级分支,是发音器官系统中动力部门的一部分。

支吾　hesitation; pausing　指自然语言中常见的说话结巴、停顿的特征。形式通常有沉默停顿(silent pausing)和有声停顿(filled pausing)。话语开始或说话过程中的停顿带有一连串的断断续续的中性元音(如 er … mhm … er …, mhm …, er … mhe)、音节延长(如 o-k、w-e-ll、好——吧)、重复(如"这——这——这""怎——怎——么是好?")等。支吾往往是发话人准备开始新话段的信号。由于支吾与语法、语义等成分之间的分界有多种不同程度的重合,因此言语产生过程可能有不止一个计划层次。

知觉　perception　参见"感知"。

知识表征　knowledge representation　认知心理学术语。指知识或信息在人脑中记载和贮存的方式,或者说是知识在人脑中的呈现方式。与此相对应的是人脑的各种记忆模型。根据对知识的分类,知识表征可以分为陈述性知识表征和程序性知识表征(如图):

知识表征 {陈述性知识 {事物特征与名称的表征 {表象表征 / 言语表征}, 事件表征 {框架 / 语义表征}, 语义知识表征:语义网络}, 程度性知识:产生式}

表征方式既包括感觉、知觉、表象等形式,又包括概念、命题、图式等形式,它们分别标志着人们对事物反映的不同广度和深度。对于不同的知识内容,可以采用不同的表征方式,就同一种知识内容而言,也可以采用不同的表征方式进行标识,以提高个体对知识的掌握程度与应用能力。

知识的社会建构　social construction of knowledge　参见"社会建构主义"。

知识性学科　content area; content field　指学校课程中除语言课程以外的科目。对于本族语学生,其学校正规课程以知识性学科为主,如数学、自然科学、社会研究、地理等。对于非本族语者,如移民在学习知识性学科前一般需要进行知识性辅导

(content based instruction),即以教学正规课堂上所需技能为主的课程,为学习知识性学科做准备。对含有学习知识性学科所需知识的书本或印刷材料的阅读称为知识性阅读(content reading)。为非本族语学生开设的教学知识性学科写作技巧的课程称作专业写作(writing in the content area)。

知识性阅读　content reading　参见"知识性学科"。

直观教具　realia　参见"实物教具"。

直觉　intuition　指个人对话语形式音义方面的直觉反应,如判断所听到的话是否正确、是否有歧义等。直觉因个人所受教育程度、文化水平、专业和职业等活动领域而异。本族语者的直觉是语言分析的重要佐证之一。乔姆斯基在其后期生成语法论著中亦将直觉视为语法需说明的数据。语言分析中,有必要区分本族语者的直觉和语言学家的直觉,前者关心意义的异同和联系,后者在分析其精确性和精致性时常将两者混淆。

直接被动句　direct passive　句法学术语。参见"间接被动句"。

直接宾语　direct object　语法学术语。指动词短语(VP)中与动词发生直接语法关系的名词短语(NP),是必须伴随及物动词出现的论元之一,句中的题元角色通常是受事(patient)。直接宾语的出现与否是区分及物动词和不及物动词的条件。例如:[1] John baked *a cake*.(作为被创造的对象) [2] John baked *a potato*.(作为被改变的对象) [3] John saw *the cake*.(作为施事的认知对象) [4] John liked *the cake*.(作为施事评估的对象) [5] John bought *the cake*.(作为受事占有的对象) 另外,直接宾语的形式多样。例如:[6] I remembered *her advice*.(作为名词或名词短语) [7] I remembered *to eat*.(作为不定式或不定式从句) [8] I remembered *being there*.(作为动名词或动名词短语) [9] I remembered *that he was blond*.(作为宣告式内容的从句) [10] I remembered *why she had left*.(作为疑问式内容的从句) [11] I remembered *what she wanted me to*.(作为融合的关系从句) 在英语中,当主动句转换为被动句时,直接宾语可以随之成为主语。例如:[12] The cake was baked by John. [13] The cake was seen by John. [14] The cake was bought by John. 管辖与约束理论中不使用"间接宾语(indirect object)"的概念,文献中提到的"宾语"通常指直接宾语。

直接宾语关系从句　direct object relative clause　语法学术语。关系从句的一种。一切语言都存在不同类型的关系从句,包括:(1)直接宾语关系从句;(2)间接宾语关系从句;(3)主语关系从句;(4)介宾关系从句;(5)从属关系从句;(6)比较关系从句。例如:[1] He took his cake to the girl *who he likes best*.(who 指关系从句的直接宾语) [2] I know *who you brought the cake to*.(who 指关系从句的间接宾语) [3] She thanked the boy *who brought her the cake*.(who 指关系从句的主语) [4] I took the cover (*that*) *you hid the cake under*.(that 指的是 under 的补语) [5] I know the girl *whose cake was bought by the boy*.(whose 指 cake 的所有者) [6] I know someone (*who*) *you are smarter than*.(who 指的是 smarter 的补语。)

直接测试学　direct testing　语言测试术语。指一种直接测试能力的考试方法。此方法要求设计与模拟一个与目标语相近的使用环境,要求受试者完成相关的一些语言任务。例如,写作的直接测试可以要求学生临场写一篇作文,口语的直接测试则可以要求在采访人与被采访人之间直接进行口语面试。

直接成分　immediate constituent；IC　指直接位于结构体层面之下的成分。美国语言学家布龙菲尔德在其1933年的《语言论》中提出,用以表述语言结构层次分析中各层级的相互关系。从理论上讲,结构体可能是句子,也可能是短语,甚至是一个单词。例如:[1] The girl is running. [2] the girl [3] wonderful　例[1]是句子,其直接成分是"The girl"和"is running"两个形式;两者分别是复合形式,其各自的直接成分是 the、girl 和 is、running。可以如此再进一步分析下去,直至最终成分(ultimate constituent)。一个单词也可以分析出其直接成分——语素,如 wonderful 即由{wonder}和{ful}两个最终成分(即语素)构成。整个分析的操作程序称作直接成分分析法(immediate constituent analysis)或组构成分分析法,是布龙菲尔德结构主义语言学的一个重要特征。

直接成分分析　immediate constituent analysis　语法分析术语,亦称层次分析。指由布龙菲尔德提出的结构主义语言学分析句子结构的方法,即将全句按直接成分一级级分析到终端成分的做法。一般按二分法原则分出两个组成部分,叫作直接成分。例如,英语句子"The student reads newspapers"的直接成分是"the student"和"reads newspapers"。前者的直接成分是 the＋student,后者的直接成分是 reads＋newspapers。把复杂成分(一般是句子)层层加以切分,直至不能再分为止,得出的最小单位(语素)叫最终成分。这样,在上述句子中

the、student、read、-s、news、paper、-s 都是最终成分。通过直接成分的分析能展示句子的层次关系,如"他上夜班"由 a、b、c、d 四个成分组成,可图解为

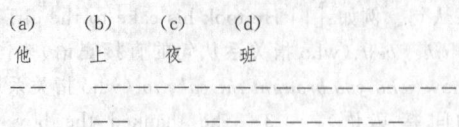

直接存取　direct access　参见"随机存取"。

直接法　direct approach　计算机语言学术语。实现机译研究的策略之一。其原文分析严格地面向译文,分析规则仅以满足译文生成的需要为限,并给出直接生成的指令。

直接负面证据　direct negative evidence　语言习得术语。二语习得中有两种证据对学习者非常重要,即正面证据和负面证据。前者是指语言学习中可能的语言事实。例如,如果学习西班牙语的人遇到主语缺失的句子,他就能够得出正面证据,即西班牙语中的主语通常可以缺失。负面证据是指语言学习中不可能的语言事实。例如:[1] He sometimes goes there. [2] Sometimes he goes there. [3] *He goes there sometimes. 前两句是正确的,而第三句是错误的。直接负面证据亦指教师或者交谈者做出的纠正。但是,不符合语法的句子在语言输入过程中的缺失亦能对学习者构成间接负面证据,即他们会认为,虽然没有看见过这种句子,但是这种句子可能会是符合语法的。一些二语习得理论家认为,仅仅是正面证据,而不是直接或者间接负面证据,参与了语言的习得过程。

直接格　direct case　语法学术语。指主格(nominative)或呼格(vocative)。直接格亦称主格,但某些语言学家把此概念保留给支配其他角色或角色组合的格。直接格与间接格(oblique case)相对。

直接后照应　direct anaphoric reference　功能语言学术语。指被照应的对象在上下文中直接出现的现象。

直接教学　direct teaching　语言教学术语,亦称主动教学(active teaching)。指一种旨在提高教学成效的语言教学方法。其中,教师着重于完成具体的、分析的和学术的教学目标,并对需要进行测试的教学内容进行讲解,而学生则积极参与课堂的教学活动,并对课堂教学目标完成程度提供反馈。直接教学主张以教师为主导,教师提供一个适宜的语言学习环境,来提升学生的语言学习效率和效果。

直接教学法　direct teaching method　语言教学术语。外语或二语的一种教学方法。出现于19世纪60年代,20世纪初盛行于法国和德国,是对当时"语法翻译"的回应,也是第一种被广泛采纳的、以口语为基础的教学法。"直接教学法"具有以下特点:(1)课堂上只允许使用目标语;(2)通过将语言形式和动作、物体、摹仿、手势和情景联系的方式,进行意义的"直接"交流;(3)对于说的训练必须先行于读和写的训练;(4)必须以诱导的方式来教授语法,即不直接教授学生语法。这些特点在后来的一些教学法(比如情景语言教学法)中得以部分保留。

直接可及　direct access　亦称直接存取。❶语言教学术语。指在计算机辅助语言学习中把查找和获取信息称为存取。有三种类型:顺序存取(sequential access)、直接存取(direct access)和随机存取(random access)。顺序存取指按照次序获得信息,如通过录音带获取信息的方式。后两者都表示直接定位信息,与存取信息的时间和位置无关。❷形态学术语。指词汇研究双轨模型(the dual-route model)中的直接可及(direct access)和间接可及(indirect access)。非词汇的路径被视作间接可及,因为对词汇意义的分析与词汇的语音表现特征以及字母和相应的音相关。另一条路径,与前者不同,因整个词的拼写是用来检索词汇意义和了解发音的途径,所以直接采用词汇的方法,称之为直接可及。

直接情景　immediate situation　根据贝里(Margaret Berry)1981年提出的观点,指情景的三个组成部分之一。直接情景是说话者说话时所处的时间、地点及说话的目的和意图。情景的另外两个组成部分是主题所指和广泛情景。

直接问句　direct question　语法学术语。直接引语(direct speech)的一种。与 say、ask、utter 等言说动词连用,相当于叙述内容的宾语从句,但以简单疑问句形式出现,而不受主句动词时态约束的问句。例如:"Is he coming?" Alice asked. 直接问句与间接问句对立,两者是区分个人言语表达的主要方式。间接问句指在间接引语中引用的问句,如"Alice asked if he was coming."

直接选择　direct selection　人工语言术语。残障人士的交际系统中所采用的两种技术之一。使用者可以通过移动任何可以移动的身体部位,在各种键盘、开关、操纵杆和指向设备(固定于头部)上进行打字、触摸或指向等活动来传递信息。另一种技术,也就是声控系统,则适用于那些没有完全失去言语能力的残障人士。一般而言,经过相关的操作之后,相应的信息就会显示在仪器的显示屏上,可以打印出来,或者通过语音合成器播放出来。

直接学习策略 direct learning strategy　参见"学习策略"。

直接言语行为 direct speech act　语用学术语,言语行为的一种。20世纪50年代,英国哲学家奥斯汀(John Austin,1911-1960)最早提出言语行为理论(Speech Act Theory)。根据交际意图和目的的不同实现方式,言语行为可分为直接言语行为和间接言语行为(indirect speech act)。相对于间接言语行为,直接言语行为是指说话者采用以言行事的言语方式(实施行为句)来直接表达其交际意图或交际目的的一种言语行为。直接言语行为通常利用"告知、请求、建议、道歉、警告"等施为性动词来以言行事,通过祈使句表达请求的意图或用疑问句表示询问等。例如:[1]请把盐递给我。(请求)　[2]那是真的吗?(询问)　[3]我道歉。(道歉)　[4]我劝你赶快去上班。(劝告)

直接以言行事 direct illocution　语用学术语。按照塞尔(John Searle,1975)的观点,直接以言行事和间接以言行事(indirect illocution)都属于语用学领域。直接以言行事是对于同一命题用最直接的方式表达的话语,而间接以言行事则利用另一种表达式来间接地表达意思。选择直接以言行事还是间接以言行事取决于交际双方的角色关系。交际双方熟知度高、说话者地位或辈分高于听话者时,就采用较直接的表达方式,反之则用间接表达方式。

直接引语 direct quotation; direct speech; direct discourse　语法学术语。指用于写作中转述说话人的内容时不作任何语法变化、直接使用的话段。与言说动词连用,相当于宾语从句,但不受主句动词时态约束,不改变语法形式的原讲话语句,包括陈述句、疑问句和感叹句。直接引语通常用语调或标点隔开,说话人所表述的内容应置于双引号之内。例如:[1] He said, "Yes, I'll go."　[2] "What a day!" he exclaimed. 直接引语与间接引语形成对比,在间接引语中,说话人的话语不是原话转述,而通常以连接代词 that 引导的形式叙述。由直接引语变为间接引语常常伴随着指示成分(如代词、副词)的变化,有些语言还要涉及语气或时态的变化。例如:[3] He said, "I will come tomorrow."(直接引语)　[4](Yesterday) he said he would come today.(间接引语)

直接语境 immediate context　语用学术语,亦称即时语境。指语篇传递交际意义有关的时间、地点、谈话内容、谈话双方的关系等因素;在功能语言学中成为情景语境。狭义的语文学意义上的直接语境指话语理解中为核心成分提供信息支持的前行或后续话语信息。参见"情景语境"。

直接支配 immediate dominance　句法学术语。指树形图上中间没有阻隔节点的支配关系。支配是句子成分间的层级关系之一。在树形图上,句子的层级关系可以用支配来定义:若节点 A 的位置高于节点 B,且只有沿着树枝下行才能从 A 到达 B,则节点 A 支配节点 B;中间没有阻隔节点,则称作直接支配。支配是一个单一方向的概念,只有高层的成分支配底层的成分,而底层的成分不支配高层的成分。参见"支配"。

直接支配规则 immediate dominance rule　句法学术语。指广义短语结构语法的一类形式为"X→Y,Z"的规则。它规定 X 可以支配 Y 和 Z,但不规定 Y 和 Z 的相对次序。直接支配规则与线性居前规则及各种一般原则一起构成经典类型的短语标记。

直指系统 deictic system　语用学术语。在指示语境中,以讲话人或某种相关的特征为原点(origo,即参照点),在人称、时间和空间的概念上与参照点形成距离远近的对立,通过指代词对相应的指示域作出表达。有的语言表现为"近-中-远"的三分体系,即包含近指(proximate)、中指(medial)和远指(distal),如如纳地语(Nandi),近指用/nɪ/,远指用/na:/,中指用/ni:n/;有的则是"近－中－较远－远"四分体系,如豪萨语(Hausa)"nân-nan-cân-can"。参见"指示性"和"指示语[1]"。

植物符号学 phytosemiotics　生物符号学(biosemiotics)的三个分支之一,研究植物的符号性。由德国著名符号学家克兰佩恩(Martin Krampen)提出并创立,后来发展成生物符号学的一个重要分支。其他两个分支为动物符号学(zoosemiotics)和人类符号学(anthrosemiotics)。

指称 designation; denotation　语义学术语。指词或短语的概念意义或认知意义,即将词和短语同现实世界或虚构(可能)世界里的现象联系起来的那部分意义。它可以观察到的"外部世界"某一特定部分明确所指为对象,又以某种约定俗成的意义(如词典上的定义)为基础。因此,"女孩"这个词指某种"实际存在"的东西,并且很容易和"生物""女性""年龄""举止"等其他概念联系起来,虽然在某一具体的上下文中,"女孩"这个词除了"原有的"或"字面的"意义以外,还可能有感情色彩或附加意义。

指称标引 referential index; index　句法学术语。指加在句中一组项目上表明指称异同的标记,一般为附加在名词短语右下角的下标。指称标引相同为同指项,不同为非同指项。例如:The cat$_i$ saw the cat$_{i/j}$. 其中主语"the cat"和宾语"the cat"

若加上相同的指称标记 i,则句子不合法(违背了约束原则 III);若两者加上不同的指称标记,分别记作 i 和 j,表示两个 cat 不相同,则句子合法。

指称的连续性　referential continuity　话语分析术语。指语篇中存在于反复出现的指称之间的一种相互关系。尤其常见于目前指称和其上次出现的先行话语之间。

指称功能　referential function　亦称信息功能。指使用言语或非言语符号,以指称客观世界或特定领域的事物现象;是语言与主题对应的、传递信息的功能,为雅柯布逊所分析的六种语言功能之一。其他五种功能分别是呼吁功能(conative function)、元语功能(metalinguistic function)、寒暄功能(phatic function)、诗歌功能(poetic function)和表情功能(emotive function)。

指称关系　reference　参见"所指关系"。

指称晦暗性　referential opacity　参见"晦暗性"。

指称距离　referential distance　语用学术语。指话语中当前出现的所指与上次出现的所指之间的间隙。叙述语篇中的指称选择主要受到三个因素的影响:(1)指称距离;(2)指称表达是否引起歧义;(3)指称对象与话题焦点的关系。

指称可及性　referential accessibility　话语分析术语。指基于情景、文化知识、先行词等语境因素而理解话语指称的可能性。

指称理论　referential theory　泛指研究语词及其所指称的东西的理论。许多相关学者均做出重大贡献而且秉持各自学术观点。弗雷格把词的含义与指称区别开来。罗素发展了弗雷格的观点,与维特根斯坦等人均主张摹状词指称理论。20 世纪 60 年代后,美国分析哲学界普特南和克里普克等人认为人类命名事物时依据的是我们对有关历史事件及其因果联系的了解,即指称通过因果关系来理解,并且认为意义由指称决定。

指称连贯　referential coherence　语用学术语。指存在于语篇多个命题中相似或相关的指称之间的关系。

指称论　referential theory of meaning　语义学术语。意义的指称理论,简称"指称论",是一种特定的意义理论。其关注核心是如何确定语词意义的一种主张。指称论认为意义即语词的指称,该理论建立了语言与现实的关系,即语词的意义就是所指的客观事物。例如,"张三"指那个叫做"张三"的人,"干将""莫邪"分别指叫作"干将""莫邪"的宝剑。"那个人"和"那两把宝剑"分别是"张三"和"干将""莫邪"的意义。指称论不同于"指称理论",后者泛指研究语词及其所指称的事物的理论。参见"指称理论"。

指称模糊　referential vagueness　语义学术语。指一个词项的意义基本清楚,但可能存在难以确定能否将其应用于某些客体的情况。模糊性是描写词语的一种普遍特征,与种种形式的不确定性(indeterminacy)密切相关。肯普森(Ruth Kempson)在《语义理论》一书将词的模糊性分为四类,即指称模糊(referential vagueness)、词义的不确定性(indeterminacy of meaning)、词项意义缺乏确指(lack of specification)和词项确指意义的析取(disjunction)。

指称声调　referring tone　参见"提示性音调"。

指称依存　referential dependency　句法学术语。指具有指称作用的代词与先行词存在依存关系的现象。例如:John$_i$ said that Mary criticized him$_i$. 句中的指称代词 him 与 John 存在依存关系,因而称作指称依存代词(referentially dependent pronoun)。

指称意义　referential meaning　参见"所指意义"。

指称语　referring expression　句法学术语,亦称 R 词语(R-expression)。指有独立的指称意义,其所指不需要依赖句中的约束关系来确定的名词短语。管辖和约束理论区分了三类名词短语,即指称语、照应语和代名语。按照管辖与约束理论的约束原则,指称语在任何范围内都不得受到约束,或者说总是保持自由。

指称语义学　reference semantics　亦称标志语义学。形式语义学的分支。着眼于语言的外部意义,主要研究和描写运用语言手段对语言外世界指称的条件和规则的学科。即以程序设计语言成分的指称物作为语言成分的语义,旨在探讨特殊的指称手段,如说话人如何表达话语情境中的空间、时间结构,如何指称对象或概念等。在定义语义之前,先确定指称物,给出语言成分指称物的语义映像,这种映像呈层次结构,若语言成分 a 由一些子成分 a^1、a^2、a^3……a^n 复合而成,则 a 的指称可完全用 a^1、a^2、a^3……a^n 的指称表示出来。运用该方法已成功定义了 CHILL[CCITT(国际电报电话咨询委员会) High Level Language]、ADA 程序设计语言等大型语言以及数据库、操作系统等。该学科在未来的程序设计语言中将发挥更大作用。

指称转移 reference transfer 语义学术语。语言在实际使用过程中由于特殊语境而发生词语指称转变。例如，饭店中一位服务员对另一位服务员说：The hamburger near the window wants some more coffee.（窗户旁点汉堡包的人想多要点咖啡。）此处"the hamburger"（汉堡包）改变了通常的指称，特指"the person who ordered the hamburger"（点汉堡包的人）。

指代词 demonstrative 语用学、语义学术语，亦称指示词。指示语（deixis）的一种，用来指称某物距离说话人的远近、标明说话人所指的实体，并与其他实体相区分的一类词。可用于空间指示或语篇指示，如这、那、这些、那些等。英语中的指代词通常分为指示代词和指示限定词，其前指照应在篇章中往往起到避免重复和衔接上下文的作用。

指导型讨论 guided discussion 语言教学术语。指语言教学中采用的教学讨论活动的一种。指导型讨论是一种不那么严格按照既有结构进行的讨论，教师借此促进学生对某些重要概念的理解。教学讨论活动根据教师控制的程度不同可以分为四种：(1)复述（recitation），指教师指导和高度结构化的讨论，教师检查学生是否已经掌握了一些重要的事实；(2)指导型讨论（guided discussion）；(3)思考型讨论（reflective discussion），思考型讨论是结构不严密的一种讨论形式，学生参加一些思辨和创造性的思维活动，解决难题和探索问题；(4)小组讨论（small group discussion），全班分成若干小组，每个小组的学生自己组织讨论。

指导型写作 guided writing 语言教学术语。指有教师指导的写作模式，也称控制型写作（controlled writing）。指导型写作和自由写作（free writing）相对，自由写作往往只给出一个题目或自命题，而指导型写作除解题说明外还有一定的指导性材料，如提供参考材料（报刊文章、漫画等）、限制写作内容、段落、体裁、长度等。常用的控制方式很多。例如，先讲故事，然后让学生变换人称写故事；给出一篇文章的一段和下面段落的前一至两句，然后让学生完成篇章；根据给出的材料写综述性质或小结性质的作文，等等。指导的方式和程度视测试的对象、性质和目的而不同。指导型写作的优势是使参加测试者具有更好的可比性。

指导型学习 guided learning 语言习得术语。指克拉申（Stephen D. Krashen）在其首创的第二语言习得监控模式（Monitor Model）概念中提到的一种学习方式。克拉申的监控模式包括五个假说，第一个是"习得与学习假说"（Acquisition vs. Learning Hypothesis）。他区分了"习得"（acquisition）与"学习"（learning）两个概念，认为前者是自然交际环境下、下意识的语言能力发展；而后者是在课堂环境下、有意识的通过传授而获得的语言能力发展。克拉申注意到了"自发学习"（spontaneous learning）和"指导型学习"（guided learning）之间的关系，他认为下意识的自发学习为习得，而有意识的指导学习为学习，学习不能自然导致习得。成年的第二语言学习者既需要下意识的自发学习，又需要有意识的指导学习。下意识的自发学习获得的知识负责"启动"（initiate）语言输出，有意识的指导学习获得的知识只能起"监控"（monitor）作用。所谓"监控"，就是对语言输出作出语言规则上的自我调节、控制或纠正。不同的学生对其语言"监控"的程度不同，大致可分为监控过度者（monitor-over user）、监控不足者（monitor-under user）和最佳监控者（optimal monitor user）三种。

指导型阅读 guided reading 语言教学术语。指语言教学中一种教师指导的（teacher-directed）阅读教学模式。在这种模式中，教师指导阅读活动的目的、结构和反应，带领阅读者完成阅读某一个篇章。这种模式可以用来示范阅读行为和策略。

指导性访谈 guided interview 指访谈人利用一套提前准备好的问题来指导和组织完成整个访谈活动的一种访谈形式。访谈人所使用的问题清单被称为访谈计划（interview schedule）或访谈草案（interview protocol）。在访谈的过程中访谈人通常记录下访谈问题的答案。访谈人如果认为某一个问题的某个侧面重要或感兴趣还可进行焦点性访谈（focused interview）。

指近代词 proximative 语法学术语。第三人称代词的一种形式，用以指称最近被提到的一个言谈交际的第三方。如果不指最近提到的语项，则为指远代词（obviative）。参见"指远代词"。

指令型言语行为 directive 参见"言语行为分类"。

指派 assign 句法学术语。指规则的运作，规则给句子指派结构。通过重写规则，一个成分语符列展现为一系列阶段，每个阶段对应一对加标括号。例如：

S→NP+VP　　　[NP+VP]$_S$
VP→V+NP　　　[NP+[V+NP]$_{VP}$]$_S$
NP→D+N　　　[[D+N]$_{NP}$+[V+[D+N]$_{NP}$]$_{VP}$]$_S$

通过这种方式，可以将名词短语、动词短语等结构指派给任何适用这些规则的句子。例如：

[[the boy][bought[the book]]]
[[那个男孩][买了[那本书]]]。

指示变项　indicator　社会语言学术语。指可以反映出说话者社会经济地位等社会背景的语言变项。这种语言特征不随环境的变化而改变,是社会集团中比较稳定的语言特征。

指示代词　demonstrative pronoun　亦称独立指代词。用作名词的指代词。例如:这真好。参见"指示词"。

指示功能　deictic function　语用学术语。在言语活动中,把对参与者谈及的人、事、过程和活动的理解与语境要素联系起来的功能。

指示内容　significatum; signified　亦称所指。指用语音或文字符号来指代的事物或概念。索绪尔提出了能指和所指两个语言学术语,认为任何语言符号都是概念和音响形象的结合。他将音响形象称为能指(signifier),将其指代的概念称为所指(signified),即被表示成分。人类不仅通过语音的方式而且也通过文字符号的形式来进行沟通和交流。因此,能指也包括文字符号。被表示成分或所指即指用语音或文字符号表现的事物和概念。例如,就单词"cat"而言,指代的事物或概念是被表示成分,其发音或拼写用来表示这种动物或概念。

指示特征　indexical feature　某些语言学者用来指体现语言使用者个体特点的言语或书写特征;一般用来指辨识某一群体成员的社会地位、职业、教育程度等诸方面的特征。

指示限定词　demonstrative determiner　参见"指代词"。

指示性　indexicality　哲学术语,亦称索引性。语言学有时将其单用或用于短语指示词语(indexical expression),指语言中词类直指某一话段的情景特点的那些特征;词类词语的意义因而取决于相应的情景。语言学家更倾向于将这些特征称为直指特征。

指示意义　denotative meaning　逻辑学、语言学和符号学中,指词或词组中与现实世界或可能世界中的现象相连接的那部分意义。例如,英语中bird这个词的指示意义是有两条腿的、有翅膀的、产卵的、有喙的热血禽类。在意义系统中,可视指示意义为词义项的中心意义或核心意义,相当于指称意义、认知意义或概念意义。需要加以区别的概念主要有:(1)指示意义与内涵意义:指示意义指独立于语境的、不变的、抽象的和基本的表达意义,与内涵意义相对,后者指意义在主观上的变异与情感成分。因此,"夜"的指示意义是指"从日落到日出的那段时间",而其内涵则可能包括诸如害怕、孤独等成分。(2)指示意义与指称:当一个词汇单位指示某一客体或事件的时候,它就是在进行外延指称;所谓的含义是指客体的特征或特点,区别于外延意义,即扩展意义。(3)指示意义与指派:前者指称单个成分(如鲤鱼、花雕),而后者指称类别(如鱼、酒);在指称独一无二的客体(如上帝、太阳)时,两者区别不大。

指示语¹　deixis　语用学术语,亦称直指表达。指语言与语境之间的关系在语言本身结构中得以反映的方式,是语言中的普遍现象。英语"deixis"源于古希腊语 δειξι,意为"指点或指明"。古希腊语法学家(主要指斯多葛学派)将词分为称谓事物和指示事物的两类,后者在当时主要指指示代词。直到19世纪末20世纪初,指示语才被视为一种特殊的语言现象来进行专门研究。1904年,德国学者布鲁格曼(Karl Brugmann)首先把指示语的概念范围扩大到人称代词"我""你"和副词"这里""那里",并把指示语分为四种类型:(1)*Dé*-Deixis,包括"这""这个"等具有手势指示意义的词汇;(2)*Ich*-Deixis,包括"我""这个""这里"等表示说话人及其近处事物的词汇;(3)*Du*-Deixis,包括"你""你这个""这个""这里"等表示以听话人及其近处事物的词汇;(4)*Jener*-Deixis,包括"那个""那里"等表示远处事物的词汇。布鲁格曼之后,瑞典学者诺林(Nolin)、丹麦语言学家叶斯柏森(Otto Jespersen)、德国哲学家胡塞尔(Edmund Husserl)和英国哲学家罗素(Bertrand Russell)等都对指示语进行过研究。其中,在指示语研究史上影响最为深远的当数德国心理学家比勒(Karl Bühler)。1934年,比勒出版了《语言理论》(*Sprachtheorie*,即 *Theory of Language*)一书,提出了指示场理论,确立了指示语的基本范畴,将指示语正式纳入语言学研究的轨道。在20世纪七八十年代,英国语言学家莱昂斯(John Lyons)和美国语言学家菲尔默(Charles Fillmore)分别提出了较为完整的指示语定义和比较全面的分类体系,并且两人都提出了社交指示语。总体而言,指示语一般区分为五类,即人称指示语、时间指示语、地点指示语、话语指示语和社交指示语。前三种是最基本、最普遍的指示语,后两种是在20世纪七八十年代增加的指示语。指示语在语法与词义上都要根据上下文才能确定它所指代的人、时间、地点或者所指代的事物,其意义通常具有相对性和不确定性,只有在语境中才能被充分理解。指示语已成为语言哲学、语义学、语用学、符号学心理语言学等领域共同关注的话题。

指示语²　specifier　句法学术语,亦称限定成分。指X阶标系统中最大投射在顶层投射出的非X′节点。由于是在顶层分出,指示语通常被视为最大投射的界限标志,即一个新短语结构的开始。一般来说,名词短语的指示语由限定词充当,动词短语中由助动词充当,形容词短语中由程度修饰词充当。

指示语境 deictic context　　语用学术语。在言语事件中,以说话人为中心角色,以说话人说话时的时间参照为原点,以此来确定时空的指示域。

指数 index　　语言类型学术语。指用来测定某一语言特征的各成分间的比率。这种比率可用来作为测定某一特征的依据,因此,词和较小的语法单位之间的数量关系,如每个词的词素或词缀的数量,可用来进行比较,并将语言归入不同的类型。格林伯格(Joseph Greenberg)等语言学家主张利用词缀指数(affixing index)、黏着指数(agglutinative index)、核心指数(nexus index)和综合指数(synthetic index)以区分和分析附着型语言(affixing language)、黏着型语言(agglutinative language)、屈折语(inflecting language)和综合型语言(synthetic language)的特点。

指谓赋值函项 denotation assignment function　　指在量化逻辑式的语义解释中对常量的赋值。量化逻辑式的语义解释涉及对变量和量词的解释,逻辑式的解释通过模型 M 进行的,而 M 可进一步分为论域 D 和赋值函项 F。其中 F 对逻辑式的个体常量和谓词赋值,指派给它们 D 中的个体或个体的集合。就模型 M 而言,由 F 赋予的值恒定不变。如果 F 赋予常量"小花"的值是个体"猫 k",那么在解释所有含常量"小花"的语句时都要以这个赋值为准绳,不会考虑任何其他的赋值可能,如不会把常量"小花"的赋值假设为"狗 j";但是在解释含有变量的结构时,却需要对它进行多次赋值,以检测各种可能性。对变数的赋值机制与对常量的赋值机制大相径庭。后者是一次性确定的,是不容更改的,然而前者不但可以更改,而且必须多次更改。对常量的赋值称作指谓赋值函项,对变数的赋值称作变数赋值函项(variable assignment function)。指谓赋值函项是模型的一个组成部分,而变数赋值函项则不属于模型自身规定的内容,是模型之外的机制。

指向性原则 principle of directionality　　句法学术语。指并列结构(coordinating structures)的句法原则。在树形图中的两个共指构成项(coreferential constituents)中,如果第一项出现在树形图节点的右边枝节处,它就可以省略,而第二项只能当其出现在左边枝节处方可省略。例如:[1] The teacher looks for the student and the teacher finds the student. [2] The teacher looks for and finds the students. 句[2]即属句[1]的左边枝节处省略形式。

指小词缀 diminutive　　形态学术语。一种带有表示"小"的词缀形式,通常带有一种亲近和钟爱的感情色彩。在许多语言中,指小词一般可以译为"小",多用于与儿童对话中;成人有时也使用指小词,特别是表现得像个孩子,并试图以此表示温顺和亲近的时候。例如:[1] -ey/-ie/-y: dear*ie*, dogg*y*, kit*ty*, cook*ie*, Pet*ey*, Doug*ie*, John*ny*, Robb*ie*　[2] -ling: duck*ling*, gos*ling*　[3] -ette: disk*ette*, cigar*ette*, kitchen*ette*　[4] -let: pig*let*, eye*let*, gaunt*let*, tab*let*, book*let*　[5] -kin: lamb*kin*　[6] -et: nymph*et*　澳大利亚英语中,常在人名之后添加-za 来表示"小"。例如,-za: Barry→Bazza; Gary→Gazza; Sharon→Shazza; Marion→Mazza。

指小动词 diminutive verb　　参见"延续体"。

指小后缀 diminutive suffix　　语法学术语。构词手段之一,指表示小意义的后缀,如英语中的-el(如 parcel"小包")、-ing(如 catling"小猫")、-let(如 booklet"小册子"、piglet"小猪")、-ie(如 boodie"小鸟"、bookie"小书")等。

指引符号 index　　亦称标示符号,符号学尤其是皮尔斯(Charles Sanders Pierce)理论中的三大主要符号之一。指引符号以相近或相似或因果性的关系与所指对象相联系。自然现象中最明显的例子是雷电、烟雾和斑点。人的特征常常用指引的方式来理解:摇摇晃晃地走路的姿态标示着醉酒或者精疲力竭,口吃标示着紧张等。在观看舞台上表演的戏剧时,我们对这类指引符号很敏感,往往根据手势、姿态、音质、声调等来理解人物的特点、感情和戏剧情节。在语言学上,指代词中的 this 和 that 有时被当成是指引性表达方式或次指引,直指(如用手指直接指)语境中的某一事务。

指引格 instructive case　　指芬兰—乌戈尔语族(Finno-Ugric Languages)诸语言中具有如英语"by means of"的意义的格。

指引性信息 indexical information　　语用学术语。指交际中关于说话者或写作者的社会阶层、年龄、性别、国籍、民族等或者他或她的感情状态(如是否激动、愤怒、惊奇、无聊、厌烦)等通常被间接传递的信息。

指语 finger language　　聋哑人之间交流思想和聋哑学校进行教学的一种手语。用手指做出种种姿势,代表字母形状,进行拼音并表达思想的语言。指语又分双手语和单手语。中国聋哑学校试行的汉语拼音指语为单手语。指语的手势交流系统总称为手语,都是聋哑人互相交际和交流思想的方式方法。

指语术 dactylology; finger spelling　　一种为帮助聋哑人进行交际而建立的符号系统,具有一套专门的字母,可以通过使用手指和手势拼写出单

Z 指 zhǐ （语言学术语）

词。对聋哑人而言，手语实际上就是母语。由于国际聋哑人协会对手语形式进行了统一规范，使手语具有了超方言甚至超语种的性质，也使手语在聋哑人的语言交际中占有了优先地位。使用拼音文字的民族，利用几十个字母的指式连续动作，就构成文字。中国有统一的手势动作。

指远代词 obviative 语法学术语，亦称另指代词。在爱斯基摩语(Eskimo)和阿尔冈昆语系(Algonquian)诸语言里使用的第三人称代词的一种形式，也称作"第四人称(fourth person)"。在克里语(Cree)中，第三人称代词区分为指近代词(proximative)和指远代词，前者指离说话者较近、较重要的人，后者指较远、不太重要的人；当先提到一个人，然后又提到另一个人时，表达方式就有所区别，一个是/ˈnaːpeːw/，而另一个是/ˈnaːpewa/。

制图理论 cartographic approach 句法学术语。指原则与参数理论框架下的一个研究方案。其主要目标是将句法结构描绘得尽可能精确、详细，以更好解决句法—语义接口问题。与最简方案一样，制图计划赋予句法特征以中心地位。最早的制图理论的研究是意大利语言学家里齐(Luigi Rizzi)对小句左向边界(left periphery)的探讨。

制约关系 boundedness 句法学术语。指句法成分或句法规则之间因为其他结构或规则的影响而受到制约的关系，受制约的(bounded)成分和规则的从属地位和应用范围受到制约成分的约束。与之相对的无制约关系(unboundedness)是指句法成分或句法规则不受插入结构或规则限制的情况。

制约条件 constraint 音系学术语。指对触发和阻止语言变化各种力量的具体陈述。例如，表层语音配列制约条件(phonotactic constraint)就是对具体语言的音节中可能出现的音段排列顺序的陈述，诸如[pn]这样的音段排列就违反了英语首音配列制约条件，因而不合法。20世纪90年代，生成音系学发生了重要转变：从传统的同时使用规则(rule)和制约条件描述普遍音系规律的"英语语音模式(Sound Pattern of English)"过渡到仅使用制约条件的优选论(optimality theory)模式。

制约作用 conditioning 参见"条件反应"。

质量保证 quality assurance 教育语言学术语。指语言教学组织或机构中确保该机构(组织)正常运行的一套体系，包括保证教学质量的政策，对质量标准构成的描述(教师及其聘用条件、宣传、材料、课程大纲和评估等)、保证定期评估质量所设定的步骤、质量是否达标的确认以及改善质量的技术支持和资源等。

质量准则 quality maxim 语用学术语。格赖斯会话合作原则中的会话准则之一，要求说话人在会话中不要说自己认为是不真实的话，不要说自己缺乏足够证据的话语。

质重音 qualitative accent 语音学术语。指包括对音质有影响的重音(stress)和音高(pitch)的语音特征。与量重音(quantitative accent)相对。

致使型词缀 causative affix 形态学术语。指动词上附着的表示致使意义的词缀。不同语言中存在不同类型的致使型词缀。埃塞俄比亚的阿姆哈拉语(Amharic)动词加前缀表示致使，如 gəbba(进入)加上"a-"后得到 a-gəbba，意为"插入，使进入"；危地马拉的基切语动词加后缀表示致使，如-kam-(死)加上后缀"-isa-"后得到-kam-isa-，意为"杀死"；格鲁吉亚语则使用框式词缀，如动词-čʼam-(吃)加上框缀"-a … -ev"后得到-a-čʼm-ev-，意为"喂食"。

智能模拟 intelligence analogy 参见"人工智能"。

置换 displacement 参见"位移"。

中层方言 mesolect 社会语言学术语。指一种介于权威的上层方言和非正式性的下层方言之间的口头语言。不同于上层方言的是，中层方言是最广泛被运用的方言形式，普遍的被中产阶级使用。

中插词缀 interfix 指因读音连接或语法连接的需要而在词干和后缀之间出现却无意义的形素，如英语 agriculture 中的-i-，biography 中的-o-，editor-in-chief 中的-in-，等等。

中插元音 anaptyctic vowel 音系学术语，亦称中插元音现象或加音现象(anaptyxis)，寄生元音(parasite vowel)。指为了方便读音，在一个词的两个或两个以上辅音中间插入一个短元音，使音节结构发生变化的现象，如在英语 athlete 中插进/ə/，读为/ˈæθəliːt/，同样 go that way 读为/ˈgəʊ ðæt əweɪ/。中插元音也常被视为增音现象(epenthesis)。

中动词 middle verb 语法学术语。指功能和意义与被动语态有关的一些动词。包括两种情况：其一，中动词本身不能用于被动语态，也不能与情态副词(表说话人对事件状态主观评价的词，如 probably、hopefully、luckily 等)结合使用，如 weigh、fit、cost、resemble 等。其二，指本身具有被动意义的动词，如 open、close 等。例如：[1] The dress *fits* her perfectly. [2] *She *is fitted* by the dress. [3] He *resembles* his father very much in character. [4] *His father *is resembled* by him in character. [5] The shop *closed* at seven in the evening. [6]

* The shop *wasclosed* at seven in the evening.

中动结构　middle construction　语法学术语。亦称中间结构。指自然语言中存在的一类特殊结构。其共同特征是:动词一般为及物动词,主语是动作的受事,动词形式主动时主动语,表示被动意义。一些语法学家认为这类结构处于主动和被动结构之间,称为中动结构。中动结构是一类以"N＋V＋A"为原型的结构,其中 N 是名词(受事),句中的主语;V 是动词;A 为修饰成分,有时是形容词,有时是副词。例如:[1]这酒喝着像水。 [2]这个垫子踩上去软绵绵的。 [3] This book reads easily.　参见"**中动语态**"。

中动语态　middle voice　语法学术语。介于"主动"和"被动"之间的结构,通常叫做中动语态或中动结构,表示所进行的动作施及他本人,或这个动作是为他本人进行的。对中动结构有两种解释。一种是指古希腊语中动词的一种形式,表达广义的反身意义,即动词所示的行为作用于主语本身,或出于主语自身的利益。例如,古希腊语 loúomai(我洗澡)和后缀-mai 就是中动标记。另一种是语义上的概念,指影响动词主语的行为或状态。例如:[1] I am getting shaved. [2] He hurt himself.

中断　interruption　话语分析术语。指话轮(turn-taking)交替受到阻碍的现象。当两个或两个以上的说话人同时发话或者一个或多个话语参与者话轮停止时就会产生话语中断现象。另外,话语中断还出现在所有话语交际者保持长时间沉默或该说话者不愿发话的情况下。

中断音　interrupted　音系学中的区别性特征(distinctive feature)之一,与延续(音)(continuant)相对立,用以区分塞音(stop)和擦音(fricative),前者为中断音,后者为延续音。

中古英语　Middle English;ME　历史语言学术语。约公元 1150—1500 年间的英语。与现代英语(Modern English)和古英语(Old English)相区别。

中国盒　Chinese box　指表示句子成分结构的一种方法,用于句子结构成分的分析,与非标记括号法相似。此结构分析法目前已很少使用。其表征形式大致如下图:

中国式英语　Chinglish; Chinese English　参见"**中式英语**"。

中国文字学　The Science of Chinese Characters　指对中国文字(汉字)所做的研究,约始于纪元前 10 世纪,在西汉时期被称作"小学",唐宋时期曾被称作"字学",清末章太炎称其为"文字学"。

中国古代的文字学属于"小学"的一个分支,研究汉字的形体以及形体与声音、语义之间的关系,与训诂学、音韵学不可分割。秦汉之际是汉字理论的创建期。东汉许慎(约 58～约 147 年)撰写的《说文解字》是我国第一部字典。该书收字 9353 个,另有 1163 个重文,首创 540 个部首;保存了小篆古字形,为识读甲骨文建起沟通津梁。历代对这部书的研究,形成了中国文字学中的"《说文》学"。唐末五代时期南唐徐铉、徐锴治《说文》,徐铉校订《说文》,使之流传至今,如今见到的《说文》本,一般称作"大徐本";徐锴作《说文解字系传》,博引古书以证古义,并从文字的谐声偏旁和字音上推求本源,有不少创见。魏晋南北朝时期,随着音韵学的兴起,音义书逐渐多见。隋唐之际,由于科举制度的确立,正字之学兴盛;影响最大的是唐代颜元孙《干禄字书》。宋元明是文字学拓展期。其间最重要的文字学理论,是北宋王圣美创立的"右文说",认为"其类在左,其义在右",意思是形声字的意符(左文)仅仅表示事物的类别范畴,它的声符(右文)才是"意"所在。清代是文字学的兴盛期。清代人认为不懂《说文》的人,学问无根基。因此,这一时期"《说文》学"声势大盛。其中段玉裁《说文解字注》阐发许慎、说解术语,廓清古今字概念,纠正许慎说解之误,辨析同义词,梳理词义演变等诸多方面做出了突出成就;王筠《说文释例》在六书体例和解释《说文》说解体例方面,有很多创获;朱骏声《说文通训定声》所有例字依韵排列,利于同源词研究,在阐发词义引申上多有建树;桂馥《说文义证》博采众书,证明《说文》词义,对研究词义演变有重要参考价值。

在古文字研究方面,宋代开金石学之先河。欧阳修、赵明诚、洪适并称"三大家",皆有专著。清代古文字研究兴盛,孙诒让《古籀拾遗》《古籀余论》是他研究金文的成果,利用比较法和偏旁分析法,考释精当。清末民初的崇恩、罗振玉、王国维等在金石学领域成就斐然,令人瞩目。

近代文字学与音韵学、训诂学三者分立,研究范围大大缩减:专门研究汉字的形体,主要涉及文字的结构;形体的变迁;文字的发展、传播;字形的规范化、标准化、简化及文字改革问题。当代汉字的信息化处理取得很好的成绩,关于汉字落后于纯拼音文字的谬论不攻自破。汉字不直接表音的优点,使之成为汉民族各方言区以及其他各族人民的交际辅助工具。历史上,日本、朝鲜、韩国、越南等国家都是"汉字文化圈"成员,其古代史籍大多用汉语写成。

中国训诂学　Chinese Exegetics　指在解释典籍的实践性工作——训诂基础上发展起来的以语

义为主要研究内容的学科,属于中国传统语文学"小学"的一个分支。中国训诂学在具体的训诂实践上形成,以古代文献的训诂为研究对象,以语义为主要研究内容,全面探究释义的方法、原则和规律。"意义来源于何处"是训诂学家思考的重要理论问题。西方的训诂学主要研究对象是宗教典籍的文本,因而称作"释经学"或"解经学"。

训诂学研究大致有三种派别:(一)形训派,着眼于汉字字形与意义之间的关系,通过对汉字形体结构的分析来寻求解释词义。典型代表是东汉许慎《说文解字》。(二)声训派,着眼于字与字之间语音与意义的相关性,用音同音近的字来解释字义,以词的声音推求词义的来源,说明其命名缘由。典型代表是东汉刘熙《释名》。(三)方言派,着眼于空间分布的词义与历史传承的关系,典型代表是西汉扬雄《輶轩使者绝代语释别国方言》(简称《方言》)。训诂学萌芽于春秋时期,形成于战国时期,兴盛于两汉时期。训诂的发展与文化历史典籍整理紧密相连。由于秦代奉行法家思想,激化了社会矛盾,发生了焚书坑儒事件。汉朝建立以后,奉行主张"和谐"文化的儒家思想。秦朝以前六国的许多典籍,由于那次事件而失传,随着整理经籍的进程,训诂的流派就与经学乃至政治流派产生了不可分割的关系,分为今文学派与古文学派。前者通经为了"致用";后者更主要是出于纯学术的兴趣。魏晋隋唐五代时期为训诂学的发展期。其间,训诂范围突破了儒家经典,延伸到史学领域、诸子百家思想以及文学典籍。两宋时期为训诂学之变革期,训诂学家力图摆脱两汉以来的传统思想,疑古与创新是这一时期的思想特色。元明时期,训诂学转入衰落期;但到了清代,训诂学又进入鼎盛期。清王朝的满族统治者为了笼络人心,对传统儒家经典非常重视,训诂学遂成大观,形成以戴震为首,包括段玉裁、王念孙、孔广森等在内的乾嘉学派。

当今训诂学基本上以词义发展为视角,以词语考证为核心内容。未来训诂学可望大量借鉴词汇学、历史语义学的成果,建立全新的语义演变理论。

中国音韵学　Chinese Phonology　　指以汉语方言及其反切系统为基础,研究历代汉语音系及其发展过程的学科,属于中国传统语文学"小学"的一个分支,常简称为"音韵学"或"声韵学"。大致包括两个方面的研究内容:(一)研究一组历史上的材料,推求其所代表的语音系统;(二)就某一个音或一组音,将其从某个历史时期演变到现代语音的历史描写清楚。两个方面互相补充、互相交叉。音韵学研究所需要的材料一般是:汉语韵文(各类古代诗歌押韵作品)、汉字谐声偏旁(汉字形声字的声旁)、异文(同一句话各种版本使用的不同汉字,可能代表相同的语音)、读若读如等(古书注解文字读音,在未发明反切之前,描述语音往往使用语音相同或相近的汉字)、声训(古书注解中用声音相近的字解释另一个汉字的意义)、对音(利用外族表音体系的文字借词构拟历史语音,如中古梵汉对音、近代八思巴文对音、清代满语对音)、直音(古书注解同音字注音资料)、少数民族借词(比如蒙古语借词 gin,即汉语"斤";baγsi,即"博士")、方言(现代方言绝大部分是从南北朝时期演变下来的)、反切(古书注音方式,用两个汉字为一个汉字注音,上字取声母,下字取韵母和声调)、韵书(历代为了科举考试或作诗押韵都很注意编订韵书)等,这些材料均可用以研究汉语历史语音。

汉语音韵学的发展史可以分作四期:(一)从汉代到宋代的萌芽期。其间,产生了汉字注音方法——反切法;出现了中古音韵书代表作《切韵》;形成了等韵学思想,分析汉字的音节。(二)宋代至清代的发展期。其间,产生了语音发展的历史观点;废弃了叶音说。(三)从清代陈澧《切韵考》到20世纪50年代的兴盛期。其间,产生了审音派研究方法,利用反切系联法,从《切韵》本身证明有多少声类、韵类,声类能否区分清与浊,字属于几等,开口还是合口等。(四)从20世纪30年代高本汉发表《中国音韵学》开始的全新期。其间,产生了历史语音比较的研究方法,从各个方言现在的读音出发,加上外国译音,如日本的吴音、汉音,越南、朝鲜的汉字音等,构拟出中国语音的历史面貌。

中国英语　China English　　指以标准英语为核心,中国人在中国本土使用、具有典型中国特色或独特中华文化色彩的英语,如 *Four Books*(《四书》)、kowtow(叩头)、xiucai(秀才)、Three Represents(三个代表)等。其"身份标志"包括:属于汉语与英语语言文化交流过程中所产生的一种语言接触现象;以规范英语为基础,能够不受母语干扰,通过音译、译借或语义再生等手段进入英语交际;表达中国社会诸领域的特有事物,具有中国特点。

"中国英语"的概念由复旦大学教授葛传椝于1980年首次提出,其后近十年并未引起学术界应有的关注。直到20世纪90年代,汪榕培、李文中、贾冠杰等学者再次开始对"中国英语"从英语语音、词汇、语篇层面进行描写和解释。对于"中国英语"是否存在,学界持有两种观点:其一是肯定、乐观的态度,认为中国英语作为英语的一种地域性变体,虽未被广泛认同和接受,但已呈现出不可阻挡的发展趋势,是世界英语(world Englishes)的重要组成部分,在传播中国文化的过程中应该充分给予重视,推进中国英语的发展。其二是怀疑、否定的态度,认为中国英语作为一种国别变体或制度化变体缺乏政治和社会基础,理论依据不足,英语在中国本土化既不切实际也无必要,而且会影响标准英语的传播和使用。中国英语属于国别变体还是干扰性变体存有争议。有人认为中国英语既是一个客观存在的事实，也是一种国别变体或制度性变体，与美国英语或加拿大英语等类似；也有人认为中国英语受到汉语以及中国文化影响，因而只能是干扰性变体。不争的事实是，"中国英语"随着英语在中国的普及和应用而产生，浸润着中国特色而成形并逐渐显得丰满，在一定程度上说是对英语语言和世界文化的丰富和发展，对中国文化在世界范围内传播起到了助推作用。因此，"中国英语"不同于"中式英语"（Chinese English）。参见"中式英语"。

中国诸民族语言 languages of ethnic groups in China　指在中国境内已经识别和正在使用的语言，涉及汉藏、阿尔泰、南岛、南亚、印欧等五大语系，还有尚难界定语系、语族语支或被称作"混合语"的若干种语言，共约130个语种（不包括各语种下属的方言），其中大多数是少数民族使用的语言，少数是汉族使用的少数民族语言，普遍存在一个民族使用多种语言的情况。

孙宏开等所著《中国的语言》（2007）表明：汉藏语系包括汉语、藏缅、侗台和苗瑶四个语族，其中汉语包括八大方言；藏缅语族在中国有46种语言，侗台语族（亦称壮侗语族）有22种，苗瑶语族有7种。阿尔泰语系包括蒙古、突厥、满—通古斯三个语族，分别有7种、9种和6种语言。南岛语系主要指中国台湾的少数民族语言，共16种。南亚语系在中国境内的语言都属于孟—高棉语族，共9种。中国境内的印欧语系语言有属于印度—伊朗语族的塔吉克语和属于斯拉夫语族的俄语。此外，还有五种因语言接触而形成的混合语。

中和 neutralization　音系学术语。指某语言中具有区别性的语音（音位 phonemes）变得不再具有区别性或对立性消失的过程和现象。这种现象通常在词内特定位置出现，如德语中/t/和/d/出现在词尾时对立消失。例如英语 bean/biːn/中的高元音和 bin/bɪn/中的松元音通常形成对比，但当它们出现在软腭鼻音（如/-ŋ/）前时，这种对立消失。在形态学中，也有类似现象，如名词复数 cat 和 cats 形成对比，但是 sheep（sheep）和 deer（deer）的单复数形态的对比就消失了。

中和对立 neutralizable opposition　音系学术语。特鲁别茨柯依提出的概念。指一对音段的音位对立体在特定语音环境中会消失或中和的现象。英语中比较常见的有清、浊音段（或清送气与清不送气）对立体，如/t/与/d/的对立（bat vs. bad），但这一对立体在清辅音前会发生中和现象，不再对立。例如，在词组"bad cat"中，bad 的/d/音段清化，使得 bat 与 bad 的对立不复存在。再如，德语中的浊辅音在词尾位置上通常变为清辅音，Rat（劝告）和 Rad（轮子）书写形式不同，但发音完全一样。

中间投射 intermediate projection　句法学术语。指 X 阶标理论中大于词汇语类（零投射）而小于最大投射（通常为 X″双杠，或 XP）的一个"小"短语，用于分析各种短语和句子结构，通常用 X′表示。

中间语 interlanguage　参见"中介语"。

中间语言法 interlingual approach　翻译学术语。亦称语际法。指实现机译研究的策略之一，用于设计多种语言互译的机器翻译系统。它采用中间语言来表示源语言的分析结果，即把源语言经过分析转换成对所有语言都适合的一种句法—语义表征，该表征可生成任何一种目标语言。

中间元音 intermediate　语音学术语，亦称中性元音（neutral vowel）。指语音学用来给元音音质分类，介于两个邻近基本元音之间的元音。亦指在元音和谐现象（vowel harmony）中具有模糊性和不确定性的元音。中间元音在词根中不起支配作用，如果一个词中既有后元音又有中间元音，则词缀中的元音应为后元音。如果一个词中既有前元音又有中间元音，则词缀中的元音应为前元音。

中介量值 intermediate degree　功能语言学术语。指情态表达的一种特性。韩礼德1994年在《功能语法导论》（*An Introduction to Functional Grammar*）提出把表达情态的中间量值特性分为最高值（如表情态的 certain 或 always）、中量值（如表意态的 should 或 have to）和低量值（如表情态的 possible 或 sometimes）三级。中介量值指无论选择了概率、意愿等中的哪一种或几种情态表达，其含义均为规定与禁止或断言与否定两极之间的不同量值。

中介语 interlanguage；IL　❶语言习得术语，亦称中间语、过渡语。指第二语言和外语学习者在语言学习过程中产生的一种介乎母语与第二语言之间的独立的语言系统。此概念由塞林克（Larry Selinker）1972年在其著作《中介语》（*Interlanguage*）中正式提出。中介语假设认为学习者的语言受到若干不同过程的影响，诸如：(1)借用母语的模式；(2)沿用母语的模式，如类推；(3)运用已学会的词和语法表达意义等等。语言学习者在这一过程中产生的语言有别于学习者的第一语言和目的语，为介于两者之间的一种过渡性语言，反映了学习者正在发展的规则系统。学习者在学习过程中不断从所犯错误中得到反馈，其中介语逐渐向目的语规范靠拢。如汉族人在学习英语过程中会出现"*He go"之类的错误，此为其中介语的组成部分。中介语理论初提出时只

中 zhōng （语言学术语）

是一种假设,之后逐渐有研究外语和二语学习(习得者)过程的语言学家、语言学者提出实证。❷族际语,人工混合语。指相对于自然语言的人工语言。

中介语假说　interlanguage hypothesis　参见"中介语"。

中括号　bracket notation　参见"方括号"。

中立性　neutral　语义学术语。指语言中词项不具有感情色彩或修辞色彩的,属于共核部分的、可用于一切场合的这样一种性质。

中立元音　indifferent vowel　语音学、音系学术语。指在阿尔泰语系、乌拉尔语系芬兰-乌戈尔语族等有元音和谐的语言中,不受元音和谐律约束且能与各类元音在同一词中出现的元音。

中世纪语言学　medieval linguistics　指中世纪的一些语法著作的总称。中世纪语言研究中的语音学和音位学只限于设计文字系统,词源学(Etymology)没有取得什么进展。被称为"七艺"(即逻辑、语法、修辞、音乐、数学、几何和天文)之一的语法理论在经院(Scholastic)哲学的影响下产生。经院哲学是欧洲中世纪特有的、占统治地位的哲学思想流派,是探索所有学科共同起因的基础。13—14世纪的经院语法学家被称为"摩迪斯泰学派(Modistae)"。对他们来说,"意义的方式"是通过词类("代表"事物)描写现实。这些普遍思辨语法(speculative grammar)中的新内涵,也不是词汇(或形式意义)和语音(或声音实体)之间的区别,而是句子分析中的细心推敲,如介词的功能、语法可接受性的形式标准、从属、支配和及物性等概念。拉丁语是那时欧洲教堂和受过教育的人的共同语。当时的语言研究与拉丁语紧密相关联,并且首先仿效拉丁语语法(Latinate grammar)。拉丁语法既用作规定的语言教学的工具,又用作描述古英语和古爱尔兰语等语言的基础。十字军东征和传教活动造成了与阿拉伯等非拉丁文化、非拉丁语言的接触,为文艺复兴时期语言学(Renaissance linguistics)的产生奠定了基础。

中式英语　Chinglish; Chinese English　亦称中国式英语。指在词法、句法或语义上明显受到汉语影响的英语表达方式。某些中式英语可能符合英语语法,但却不符合英语本族语者表达习惯。中国英语学习者在"否定前提"结构上出现的错误就属于典型的例子,如说"I think not …",而不说"I don't think …"。从社会语言学角度看,中式英语是一种洋泾浜语言,在语言的历史发展中,某些中式英语逐渐沉淀,已经成为了标准英语的一部分,如"Long time no see"等。近年来,中式英语(Chinglish)的内涵在不断地被拓展,人们对中式英语的态度变得宽容、客观。例如,据美国"全球语言监测机构(GLM)"的评价,从2005年开始起,Chinglish就被其评为影响全球的十大词汇之一;GLM认为中式英语正在促使英语产生深刻的变革,成为英语新词汇最主要的来源,比率可达20%。例如,中国人自创的新词汇"Smilence"(笑而不语)、"Emotionormal"(情绪稳定)、"Chinsumer"(到国外旅行疯狂购物的中国人)、"Vegeteal"(开心网上的"偷菜")已在网络媒体流行。有学者认为"物竞天择,适者生存"这一生存法则对中式英语同样适用。学生应学习使用现行的标准英语;有关部门应协助规范中式英语的运用。

中位　mid　❶语音学术语。指元音发音时舌体处于中间状态,既不处于高位(high)也不处于低位(low)。❷音系学术语。指元音的一个区别性特征,用符号[±中(MIDDLE)]表示,如/e/、/o/就是[＋中(MIDDLE)]。但一般用[－高(HIGH),－低(LOW)]来表示。

中位数　median　统计学术语。指分析分布集中趋势的一个量数,只适用于顺序量表(ordinal scale)中可以按序排列的数据(ordered series)。在分数可以从低到高排列的样本中,中间项的值或中间分数就是中位数。如果样本数为奇数,那么中间项的值就是中位数;样本数为偶数,按从小到大的顺序,取中间两个数的平均数。例如:数字序列2、3、4、5、6、7,中位数为4.5。

中心内嵌　self-embedding　参见"自嵌结构"。

中心图式　central schema　认知语言学术语。突显观中指具有代表性的图式,包含三个基本要素,即射体、路径和路标。它们之间的关系是射体沿着路径移动,路径与路标相连。例如,关于介词over的意象图式(如图)即是一个典型例子。图中tr指射体(trajector),lm指路标(landmark),st指阶段(stage),vsa指垂直空间轴(vertical space axis),hsa指水平空间轴(horizontal space axis)。此图式中清楚地显示射体是如何沿着路径(path)在路标上方从一端移动到另一端。

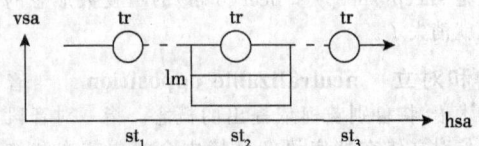

The balloon is flying over the house

中心语　head　❶指20世纪70年代后以杰肯道夫(Ray Jackendoff)为代表的语言学派提出的广义中心语定义,即处在一个词组(结构)中的能决定该词组所能承担的句法功能范围的成分。例如,英语短语

"the man wearing a black suit",名词 man 决定该短语在构句中承担主语、宾语或同位语的句法功能,因此是中心语。再如,介词词组"on the table"所能进入的语法位置是由介词 on 所决定的,因此介词 on 是该短语结构的中心语。同样,英语句子"I feel cold"中的动词词组"feel cold"由于有动词 feel 在句中作谓语,因而是该动词词组(动核)的中心语。中心语还决定短语或句子中其他成分之间的各种一致关系或支配关系。例如,名词短语"a red car"的中心语是 car,这个词项的单数形式决定同现的动词单数形式,如 is、runs 等。又如,动词短语"has read(已经读过)"的中心语是 read,这个动词决定句子后面出现的宾语和状语,如"read the book in the library"。第二种中心语的定义是 X 阶标句法分析的中心内容。❷指布龙菲尔德的狭义中心语定义,即处在一个词组(结构)中的、能单独承担该词组所承担句法功能的成分。例如,英语词组"very cold"在任何句子结构中可以被 cold 替代,即"very cold water"变为"cold water","I feel very cold"变为"I feel cold",因此形容词 cold 被认定为中心语,所有这些结构可认定为形容词短语。

中心语标记 head marking 语言类型学术语。指一种句法关系标记(表明一短语不同构成成分之间关系)落在该短语中心语(而不是从属或依附成分)上的语法现象。例如,希伯来语中的所有格结构是由中心语名词形式决定的。如果该句法关系标记落在从属成分上,则为从属语标注(dependent marking)。拉丁语所有格结构的标记也是依附于中心语的名词所有格。

中心语参数 head parameter 句法学术语,亦称中心成分(位置)参数。指原则与参数理论中区分句法单位次序排列的一个参数,用以规定每一个短语中心语的位置,具有区分中心语在前和在后的句法结构排列次序的作用。参见"**参数**"。

中心语驱动短语结构语法 head-driven phrase-structure grammar; HPSG 指在 20 世纪 80 年代由波拉德(Carl Pollard)和萨格(Ivan Sag)提出的形式句法模型,属于生成短语结构语法的偏差(deviant)模型的一种,认为作为中心语的词汇单位的特性(词性)直接或间接制约句法单位的结构。例如:Bill hates silence. 其中的中心语是 hates;词汇 hates 中心语特性决定其与紧随其后的名词短语相连接,通过一个合一过程(unification)产生动词短语;由于 hates 是第三人称单数形式,此动词短语作为一个非词汇中心语(non-lexical head)的短语,再经过一个合一过程与单数第三人称主语连接构成句子句法单位。

中心语移位 head movement 句法学术语。指中心语从一个位置移动到另一个位置的移位操作。属于阿尔法移位(α 移位)的一种情形,其中 α 的值为 Y^0,移位必须遵守特拉维斯(Lisa Travis)1984 年提出的中心语移位限制(head movement constraint; HMC)规则。英语的是非问句中助动词的移位属于中心语移位。例如:[1] $[_{CP}[_{C^0}$ Will$_i]$ $[_{IP}$ John $[_{I^0} t_i]$ buy a book]]? [2] a. $[_{CP}[_{C^0}$ Must$_i]$ $[_{IP}$ John $[_{I^0} t_i]$ $[_{I^0}$ have $[_{VP}$ bought a book]]]]]? b. *$[_{CP}[_{C^0}$ Have$_i]$ $[_{IP}$ John $[_{I^0}$ must $[_{I^0} t_i]$ $[_{VP}$ bought a book]]]]]? 例[1]中的 will 从原来的 I^0 位置移位到 C^0 位置。例[2]所示的句子中助动词有两个,即 must 和 have。但只有 must 能够移位到 C^0 位,若 have 移位,则越过了严格管辖它的中心语 must,从而违反中心语移位限制,句子不合语法。

中心语移位限制 head movement constraint; HMC 句法学术语。指特拉维斯(Lisa Travis)1984 年在其博士学位论文中提出的句子结构中中心语位移的规则,认为中心语成分可从一个中心语位置移到结构中的另一个中心语位置,但必须受到一定的限制,即移位不能跨越另一个成分统制该成分的中心语。中心语位移属于阿尔法移位(α 移位)的一种情形,其中 α 的值为 Y^0,中心语 X^0 只能移位到严格管辖它的中心语 Y^0 处。如图:

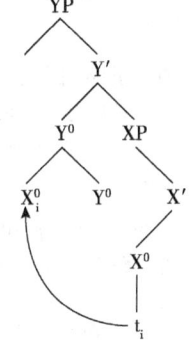

引自 Ian Roberts "Head Movement", p. 114. In Baltin & Collins, 2001. Blackwell.

此规则实质上制约了移位的距离,不允许越过其他中心语移位。例如,管辖与约束理论规定,屈折短语(IP)与动词短语(VP)中心语移位的落脚点须是直接包含该成分上一级短语结构内的中心语对应的位置。

中心语语法 Head Grammar 波拉德(Carl Pollard)1984 年提出的语法理论。参见"**中心语驱动短语结构语法**"。

中性 neuter 语法学术语。源于拉丁语中表示"两者都不"(既不是阳性也不是阴性)的词汇,语言学中指某些语言中名词的一种语法属性。在这样的语言中,替代、修饰这些名词的代词、形容词也具有同样的语法属性。例如,德语的名词分为阳性、阴性、中性,名词的语法属性与其自然性别属性没有必然的关联。例如,德语名词"Mädchen"意思为"姑娘",但其语法属性为中性名词。

中性词 neutral word 指体现中性感情色彩的词语,即褒义、贬义之外不体现情感倾向的词,介乎褒义词与贬义词之间。中性词是一种通用词,主要依据具体语境判断其感情色彩,以中性词"骄傲"的应用为例:[1]奥运健儿在赛场上取得佳绩,他们是祖国和人民的骄傲。(褒义)[2]如果他在工作上有一点儿成绩,就骄傲得不得了。(贬义) 部分中性词进入某一语境中后,常与某些特定的词语或格式搭配,语义可能偏向积极(褒义)或消极(贬义)的一端,形成中性词的语义偏移现象。例如:"眼力"一词是中性词,与"有"搭配,进入到"有+名词"的格式中,组成"有眼力",就体现出积极意义。

中性动词　neutral verb　语法学术语。指形式上有主动形式而无相应被动形式的动词,英语 appear 在传统意义上就是中性动词。

中性句式特点　neustic　黑尔(Richard Mervyn Hare)在哲学中引入了术语 phrastic,指句中任何介于祈使句和陈述句间的方面。例如,"your shutting the door in the immediate future"既具有"shut the door",也具有"you are going to shut the door"层面。区分这类句子的层面称之为"中性句式特点"。

中性期待回答　neutral expectation　指说话人对反意问句陈述部分的设想没有把握,而要求对方给予肯定或否定的回答,此时问句部分用升调。

中性元音　neutral vowel; schwa　语音学术语。❶指当舌尖处于中间部位发出的非重读元音,用音标/ə/ 表示。例如单词 matter 第二个音节中的/ə/。❷指在有元音和谐现象的语言里不参加元音和谐的元音。

中央失调　central disorder　参见"语言失调"。

中指　medial　参见"直指系统"。

中缀　infixing, infixaction　形态学术语。指加在一个词根或词干内的词缀。添加中缀不常见于欧洲语言,但在亚洲语言、美洲印第安语和非洲语言中很常见,如阿拉伯语。在他加禄语(Tagolog)中,动词词根 sulat(写)为一单个语素,它有如下屈折形式:sumulat 和 simulat,其中-um-和-in-是中缀。有人认为汉语"糊里糊涂"中的"里","看一看"中的"一",也是中缀。

忠实度　faithfulness; fidelity　翻译学术语。忠实度指译作与原作内容与形式上保持一致的程度。忠实度要求译者在内容上完整而准确地表达原作内容,包括准确描述原作中描述的事实、场景以及作品的思想、观点等;在形式上要尽量保持原作的体裁和风格,原文是散文就应译成散文,原文是诗歌就应译成诗歌。一般来说,译文的民族化越浓,就越难以体现原文的风貌,也越难以忠实于原文。例如,将 God of heaven 译为"观音菩萨"显然对原作的忠实度不够。此外,在翻译实践中,忠实度必须顾及与原文的形似,同时还需显现源语和译语之间的差异,以达到在两种文化中进行交流的目的。"求同"并"显异"才能更好地体现"忠实度"。在机器翻译中,忠实度常用作判断机器译文是否正确反映其源语意义程度的指数。

忠实性制约　faithfulness constraint　优选论中的一个重要的概念,与标记性制约(markedness constraint)相对。指规定输出形式(output)必须忠实于输入形式(input)的一类制约。例如,IDENT-IO(voice)就是一条典型的忠实性制约,它规定输出形式必须保留输入形式中的[浊音]特征。

终点动词　accomplishment verb　参见"延续体"。

终端　terminal　句法学术语。用来指语法的句法部分输出的某些特点。终端成分(terminal element)或终端符号(terminal symbol)指应用所有规则后句子的句法表征式所采用的符号,即语素、构形成分、特征等,如 the(定冠词)、-en(后缀)、in-(前缀)等。终端符号区别于非终端(non-terminal)或辅助成分,后者用于规则的阐述。前者一般呈现为词汇项,后者是一个范畴如 NP、VP、S 等。不统制其他语类的节点是终端节点(terminal node)。由终端成分组成的语符列称作终端语符列(terminal string),即短语结构语法生成的最终语符列。

终端成分　ultimate constituent　结构主义语言学术语,亦称最终成分。结构主义语言学(structural linguistics)用直接成分分析法(immediate constituent analysis)不能再行切分的句子结构成分的最小单位。在句子的语法分析中,终端成分是词素和词,如"The-love-ly-child-ren-sang(={SING}+{PAST})-a-song",所以,the、love、-ly、child、ren、sang、a 和 song 都是终端成分。

终端符号　terminal symbol　指在结构表达式中使用的符号,表示所派生的语言结构式只能出现在箭头右边,而且不能再分解为其他(非终端)符号。终端符号在句法层是单词,在音系学中是音位(phoneme)或音位特征。

终端合成器　terminal synthesizer　人工智能术语,亦称共振峰合成器。语言合成器的主要类型之一,指多以共振峰为控制参数,用滤波器组来模拟语音的频谱特征,使得最终合成出的语音谱包络逼近自然语音的谱包络。

终端音　termination　语音学术语。指词的最末音或音节。参见"附加音"。

终端音渡　terminal juncture　语音学术语。指语调群结束时音高变化所反映的语音过渡的形式。一个终端音渡单位往往代表一个意群。例如，"He is out."的读音"/hɪz 'aʊt/"的末尾的音高随着声音的减弱（到消失）而下降（↘）。这种终结性音渡意味着停顿（pause）的到来。终端音渡根据音调类型分为降调终端音渡（falling terminal juncture）、升调终端音渡（rising terminal juncture）和平调终端音渡（sustained terminal juncture）三种。

终端语符列　terminal string　句法学术语，亦称前终端语符列或前词汇结构。指运用转换生成语法中恰当的短语结构规则（phrasal structure rules）生成由语法成分和复杂符号所构成的语符列（string），如 Det＋N＋Vt＋Det＋N。应用词汇插入规则（lexical-insertion rule）插入词汇，就生成了终端语符列，如：The girl sang a song.

终结性测试　summative test　语言测试术语。指在课程结束时衡量或总结学生从课程中学得多少的测试。终结性测试一般是等级测试，即根据量表或等级表来评分。与形成性测试（formative test）相对。

终结性评价　summative evaluation　与形成性评价（formative evaluation）相对。指课程结束后向决策者提供关于课程是否有效和成功的信息。

种属意义　generic meaning　语义学术语，亦称全称意义或一般意义。指词语或句子表达的一类事物的通有概念意义，与语境无关。例如：[1] *Dolphins are smart animals*. [2] *A leopard is a flesh-eating animal*. 例[1]中的"dolphins"和例[2]中的"a leopard"都表示通有概念意义。

种系发生　phylogeny　亦称群体语言发展或语言系统研究。语言学中一般指言语社会中的一个语言社团的语言历史发展。种系发生与个体发生/个人语言研究（ontogeny）相对立，后者研究个人语言的发展，如语言的习得。

种族学　ethnography　亦称人种志、民族志、族志学。指对各民族的经济文化、社会生活、风俗习惯、宗教信仰进行描述和记录的学科门类。研究者对某一社群可察觉到的和习得的行为模式、风俗和生活方式进行考察，并分析其与文化中的人、事、时、地、物各因素之交互影响的过程。20世纪40年代以前，西方"种族学"研究特指对欧洲以外的不发达民族进行的考察和记述。

众数　mode　❶统计学术语。指在一个样本中出现次数最多的,表示分布集中趋势的一个变量值,代表样本中数据的一般水平（众数可以不存在或多于一个）。以一个50人的学生样本为例，如果数学科目的期中考试成绩出现频率最多的是75分，那么75就是这个样本中学生数学成绩的众数。❷法位学（tagmemics）术语。语言、语法和词汇这三个连锁层次之一。

重读　accent　语音学术语，亦称重音。一种语音现象，指在语流中对某些语音或语段以明显的偏高音调、较大音量和较长发音时间的方式进行强调。重读既可指单词发音中的重读音节。例如，英语名词 import 的重音音节落在第一音节上，读作 /ˈɪmpɔːt/，而动词 import 的重音音节落在第二音节上，读作 /ɪmˈpɔːt/；也可以指一个句子中被突出强调的词，即句重音。例如：She was waving a yellow handkerchief. 此句中，重音落在不同的词上会对句子语义产生一定的影响，如果重音落在 yellow 上，说明她所挥动的是一块黄色而非其他颜色的手帕；如果重音落在 handkerchief 上，则说明她挥动的是一块手帕而不是其他东西。重音也经常用于节律学中对重读度的描写。例如，在对政治家的演说进行相关分析时可以发现其重读度较一般话语强。

重读后词　enclitic　❶指黏附在一个重读词后的非重读词。这些附加词在语法及语义上都是独立的，但本身不具有重音，必须与前面的重读词构成一个音拍。例如：I ˈhaven't time to ˈdo it. 句中的 time 及 it 都是重读后词。❷后附着形式。指词后的添加成分，如 shouldn't 中的 -n't。

重读力　accentual force　语音学术语。指发音时形成重读音节的空气动力。

重块头名词短语转移　heavy NP shift　参见"重心名词短语转移"。

重量　weight　音系学术语，亦称音节重量。指节律音系学根据音节是否有重音而对音节属性进行描述一个概念：重读音节为重音节，非重读音节为轻音节。重音节有两个莫拉，而轻音节只有一个莫拉。有些语言中有超重音节，即三个莫拉的音节。音节重量的承载单位是韵母。现代音系学认为音节重量与时长也有关系，即复杂韵母发音时所需时间长，相应的音节就重；反之，简单韵母发音时所需时间短，相应的音节就轻。但是重量和时长不能完全等同，前者是音系学的概念，而后者属于语音学的范畴；前者是一个相对的概念，而后者是一个绝对的概念。

重心靠后原则　weight principle　语法学术语，亦称末尾重心原则（end-weight principle）。指在句子成分排列上，较长较重成分倾向于靠后，而较短较轻成分倾向于在前。例如：[1] They wouldn't allow to enter the room *those who don't have the tickets they published*. [2] They wouldn't allow *those who don't have the tickets they published* to enter the room. 与例[1]相比，例[2]在结构上更为合理。末尾重心原则由德国语言学家贝哈格尔（Otto Behaghel）于1932年提出，揭示了德语的语序规则。功能语法认为这是一条普遍的语序规则。然而有些学者认为较短成分位于较长成分之前的原则仅适用于某些语言。而在日语、朝鲜语等语言中，较长成分反而位于较短成分之前。

重心名词短语　heavy NP　句法学术语，亦称重块头名词短语。指组成成分相对较长或较复杂（因而称其"重块头"）的一类名词短语。例如：[1] John considered Tom [who wore that kind of costume on the occasion] stupid. [2] John considered Tom stupid [who wore that kind of costume on the occasion]. 在经典转换语法中，与例[1]相比较而言，例[2]的"重块头"位置更有可能被认可为正常位置。

重心名词短语转移　heavy NP shift　句法学术语，亦称重块头名词短语转移。指在某些情况下，相对较长或较复杂的名词短语（NP）可移位到其固有位置的右侧。此规则由美国语言学家罗斯（John Robert Ross）于1967年提出。由于"重块头"名词短语"块头大"或较长，在句中容易对处于其后位置句子成分的理解造成困难，因此一般都后移。例如：[1] Lucy ate t_i with a fork [the extremely delicious, bright green broccoli]$_i$. [2] * Lucy ate t_i with a fork [peas]$_i$. 两例相比较，例[1]中的 NP 比[2]中的 NP 要复杂，可以移位至其原始位置的右侧；例[2]中的 NP 不如例[1]复杂，移位后句子则不符合语法。

重心在尾　end-weight　参见"句末重心"。

重音　stress　语音学术语。指相连的音节中某个音节发音突出的现象。重音有通过增加音强来表示的力重音和通过音高的变化来表示的乐调重音。重音还可以分为词重音和句重音。❶词重音，指具有区别词汇意义的重音。多音节词中各音节的轻重往往确定不变。例如，英语 begin [bɪˈɡɪn]中，第二音节必须读重音；英语中，ˈrecord 表示名词义，reˈcord 表示动词义。轻重音有时候和语法也有关，在以多音节为主的语言中，重音的作用较为明显，可以分为固定重音和自由重音。固定重音指有的语言中重音总落在词的同一位置上，如捷克语重音总在词的第一个音节上，波兰语总在倒数第二个音节上，法语和维吾尔语的大多数词则在最末一个音节上。自由重音指有的语言中重音不限定于落在词的某一个音节上，不同的词重音位置各不相同，称为自由重音，如英语中的词重音。根据词重音的突显程度，词重音可以分出主重音和次重音。主重音的突显程度最高，次重音低于主重音但高于非重读音节。英语次重音一般只在词单说或在句尾才比较明显，在语流中和非重读音节差别不大。❷句重音，指在一个语句中突显程度最高的重音。句重音的分类在研究界没有统一意见，但一般至少有语法重音和逻辑重音两种。语法重音是指由句法结构和语义特点决定的重音，即不表现特殊的思想感情的自然重读。常念语法重音的如一般短句的谓语，名、动词、形容词的修饰语，动词后由形容词或其他动词充当的补语，表示指代、询问或任指的代词等。逻辑重音是表现特殊的思想感情的强调重读。逻辑重音重于语法重音。有的学者认为逻辑重音是对比重音，有的学者认为逻辑重音是强调重音，有的则认为逻辑重音包括对比重音、强调重音等。参见"**音高重音**"。

重音渐变　accentual gradation　音系学术语。指词重音的移动，主要表现在两个方面：(1)是作为区别词性或词义的手段。例如：suspect 动词词性和名词词性之间就存在重音变换，动词读/səˈspekt/或/sʌˈspekt/，重音在第二音节上，而名词读作/ˈsʌspekt/，重音转换到第一音节；(2)是英语词在派生同族词时的重要语音表现。例如：动词 transform 的重音落在第二音节，读/trænsˈfɔːm/，而由它派生的名词 transformation 则发生了重音转换，重音转移到第三音节，读作/trænsfəˈmeɪʃən/。

重音定时节奏　stress-timed rhythm　音系学术语，亦称重音时域节奏。指一种言语节奏，重读音节等时重复出现的现象。英语常被称为是重音定时节奏语言。例如：
ˈAnderson haven't/　ˈfinished his /　ˈreport.
　　　　1　　　　　　　2　　　　　　3
尽管这三段切分成分（标有1、2、3）各段音节数目不相同，但每段所用的时间相当，听起来的效果就是这些重读音节（标有ˈ）在时间上按相等的间隔出现。英语的节奏趋向于以重音定时，但并非绝对。

重音法　accentuation　语音学术语，亦称重读法。指在短语或话语中为特别突出某些音节或单词而采取的以明显的偏高音调、较大音量和较长时长等方式对其进行强调的方法。

重音格律诗　accentual verse　亦称重音诗或重读诗，该类诗歌对每行或每段的音节数量不限，可多可少，但对重音或重读音节却有严格的规定。重音格律诗主要见于古英语和古挪威语中等日耳曼语族成员中。例如，盎格鲁撒克逊人的古英文诗歌中，每行所含音节的数量往往都不等，但他们所含重音数量却必须相同。现代英语文学作品中也存在一些重音格律诗,在这方面比较有影响的是美国诗人卡明斯(Edward Estlin Cummings),他的标题为"what if a much of a which of a wind"的诗歌是最具代表性的一首,以其前四行为例:

  what if a much of a which of a wind
  gives the truth to summer's lie;
  bloodies with dizzying leaves the sun
  and yanks immortal stars awry?

在这四行诗中,每行的音节总数虽不相同,但重音都是四个。

重音节 heavy syllable 音系学术语。指一个带有分支核心(nucleus)的音节。分支核心一般指音节有一个长元音或双元音(diphthong),这种重音节的缩写是 CVV(consonant＋vowel＋vowel)。没有分支核心的重音节是闭音节,即该音节有一个音节尾音(coda),在音节尾部有一个或两个辅音,缩写为 CVC(consonant＋vowel＋consonant)。有些语言的这两种音节(CVV 和 CVC)都是重音节,而用短元音作为音节核心的或不带音节尾音的音节(CV syllable)是轻音节。此外,有一些语言还区分出第三种类型的音节,即同时带有分支音节核心和音节尾音(CVVC),或音节尾音中有两个或以上辅音(CVCC)的超级重音节(superheavy syllables)。

重音模式 accentual pattern; accentuation 音系学术语。指一个语段中轻重读的结构型。有语言学意义的重音级别一般有三级:主重音、次重音、弱音。在英语单词的发音中,单音节的词无重音标记,含有两个音节的词会有重音,含有三个音节的词会有主重音,含有三个以上音节的词可能会有次重音。例如,work 是单音节词,其读音中无需重音标记;begin 和 apple 是双音节词,重音模式分别为"轻—重"和"重—轻";超过三个音节的词一般会涉及次重音。例如,transformation 和 nationality 的重音模式都为"次重—轻—重—轻"。

重音系统 accentual system 音系学术语。指一种语言中有关重读的全部体系,包括重音级别、重音模式和重音的语义功能等。因重音在大多数情况下与语调结合而起作用,故亦称"重音语调系统"。

重音学 accentology 指以人类语言或某一具体语言的重音系统为研究对象,在重音系统、重音模式、重音变换、重音音位等方面进行深入、系统研究的学科分支。

重音移位 stress shift 参见"节奏规则"。

重音音位 accentual phoneme 音系学术语。超音段音位的一种。当重音成为区别词义的唯一手段时,重音模式就成为语义上的区别性特征,即起到音位的作用。例如,suspect 一词,当重音在第一音节上,其为名词,意即"嫌疑人",而当重音在第二音节上,其为动词,意思是"怀疑""猜想"。

重音转移 reverse stress; stress shift 语音学、音系学术语。指某些单词或合成词在用于连续话语时所发生的重音变化,这一变化取决于该单词或合成词后是否紧跟有重读名词。一般而言,此类单词和合成词都有一个次重音(secondary)和一个主重音。例如,inde'pendent。在连续性话语中,如果该单词或合成词带有语调重音,则该单词或合成词保持其原有的重音模式。例如:[1] Frank was 'very independent. [2] This window is 'plate-glass. 如果 independent 和 plate-glass 后面的名词带有主重音,或者带有语调重音,那么 independent 第三个音节上的主重音和 plate-glass 上的主重音就会失去,第一个音节上的次重音就会变成主重音。例如:[3] Frank has 'independent means. [4] It's a plate-glass 'window (↘)。

周期(的) period(ic) 语音学术语。指声波中一个压力变化周重复一次所需的时间。周期越短,给定单位时间内的周数越多,频率就越高。振动呈反复型式的波形是周期波;不呈反复型式的波形是非周期波。言语中同时存在这两种波:元音利用周期波;擦音和其他一些音利用非周期波。

周期波 periodic 语音学术语。指一个物理声音反复出现的波形。

周期性 periodicity 音系学术语。指一个节律栅中成分的反复出现。例如,在 the car returned 的节律栅中,最底下的一个层面成分出现四次(the-car-re-turned),比最底层高一个层面上,成分出现两次(car-turned)。此概念有助于说明说话人对一个话段节奏结构的感觉。

逐步接近法 gradual approximation 语言教学术语。指由应用语言学家威多森(Henry G. Widdowson)提出的一种教材编写方法。其核心主张是每一个教学单元都安排一系列由易到难、由语句、语段和图示所构成的陈述。其中,语句提供用法基础,图示表示交际环境。具体的教学操作步骤为:首先列出一组句子,代表从图示中所获得的一组命题,要求学生辨别对错,并为学生提供交际环境;然后把选出的正确命题句连成一段语句;然后再给出一个更加详尽的陈述,依据交际环境,逐步接近完整真实的语段,循序渐进,最终达到提高学生运用语言能力的目的。

逐词翻译 word-for-word translation 将

原文一个词对一个词地翻译成译文,丝毫不考虑这些词在语法或词义方面的不同。例如,将英语 It's pouring 词对词翻译成德语 Es ist gießend。

逐词阅读 word-by-word reading　心理语言学术语。指把注意力放在次一级语言单位的一种阅读方法,表现为默读和朗读两种方式:(1)在默读时,阅读速度很慢,过分注意单个的词,不能把重点放在更大的语言单位如句子、语篇上,有时伴有唇动;(2)在朗读中,一字一顿缓慢地读,对所读内容不甚理解。

主宾语不对称 subject-object asymmetry　句法学术语,亦称 that 语迹效应(that-trace effect)。指关系从句中的主语和宾语在移出时出现的不对称现象称为主宾语不对称。例如:

[1] a. *Qui crois-tu [$_{RC}$ que t_{qui} va gagner]?
　　　 谁知道—你 关系代词　 将要赢
　　　（你觉得谁会赢?）
　 b. Qui crois-tu [$_{RC}$ que　Paul va　aider t_{qui}]?
　　　 谁知道—你 关系代词 保罗 将要帮助
　　　（你觉得保罗会帮助谁?）

[2] a. *Who$_i$ do you think [$_{CP}$ that [$_{IP}$ t_i met Mary]]?
　 b. *Who$_i$ do you think [$_{CP}$ that [$_{IP}$ John met t_i]]?

在关系代词 que(相当于英语的 that)出现的情况下,例[1a]所示的法语关系从句(用 RC 表示)中的主语 qui(谁)不能移至句首,而例[1b]所示的关系从句中做宾语的 qui 可以移至句首。根据空语类原则(Empty Category Principle,缩称 ECP),空成分必须受到管辖。例[1a]中的语迹 t 无法得到有效管辖,而例[1b]中的语迹 t 可以受到动词的管辖。例[2]中的情况与例[1]相同。另有一种主宾语不对称现象,参见"优先效应"。

主词 principal　语法学术语。指被同位语修饰的词或短语。例如,在"our headmaster David Henry"中,"our headmaster"为主词,"David Henry"是同位语,回指"our headmaster"。

主从关系 hypotaxis　语法学术语,亦称从属型或形合法。指句子内分句与主句存在从属关系。主从关系与并列关系(或称意合型)相对。后者指一系列相关的从句或短语之间不用连词,只用标点或语调的并列,呈平行状态、以语义黏合。例如:[1] I said that he came in.　[2]她生病了,今天没来上课,我们去看她了。 例[1]中的"he came in"从属于"I said";而例[2]呈并列关系。因此一些学者认为英语以"形合"为主,而汉语则以"意合"为主。

主从向心结构 subordinate endocentric construction　参见"向心结构"。

主动宾语言 SVO language　语言类型学术语,亦称施动受语言。指依据句子的基本语序对语言进行分类的方法而确定的语言类型。如果在句子中,主语(S)、宾语(O)、动词(V)按照"主—动—宾"的顺序排列,这种语序就被称为主动宾语序。主要语序为 SVO 的语言主要集中于包括中国直至印尼南岛语系语言分布区的东南亚地区、撒哈拉沙漠以南的许多非洲地区,以及欧洲和地中海周边的地区。在其他地区此种语序不普遍。语序为 SVO 的语言数量不及 SOV 的语言数量,SVO 语序为第二常用语序。许多克里奥耳语的主要语序皆为 SVO,现代英语和现代汉语属于 SVO 语言;日语是典型的 SOV 语言。

主动词汇 active vocabulary　参见"被动词汇"。

主动发音器官 active articulator　语音学、音系学术语。指声道中那些在发音时主动收缩或主动向其他被动发音器官靠拢的发音器官或部位。在发音器官中,主动发音器官通常包括上唇、下唇、舌尖、舌叶、舌前部、舌后部、舌根和声带。例如,在双唇音和喉音的发音过程中,唇和喉就是主动发音器官。

主动教学 active teaching　参见"直接教学"。

主动式被动语态 active passive voice　语法学术语。指在语法形式上使用主动语态但在意义上表示被动行为的一种语态形式。在该类语态中,语法上的主语是逻辑上的宾语。例如:[1] The house is to let.　[2] A lot remains to do.

主动式语言 active language　语言类型学术语,亦作施事式语言(agentive language)。指语言类型学研究中名词在不及物结构中以主格形式出现的语言。在不及物结构中,名词可能承担的语义角色有两种,一种是在不及物结构中充当施事,另一种是在不及物结构中充当受事。在主动式语言中,无论名词在不及物结构中充当施事还是受事,都使用主格来标记。例如:[1] John left.　[2] The tree fell. 两句中的 John 和 the tree 虽然分别为施事和受事,但在语法格上都表现为主格。

主动态 active voice　语法学术语,亦称主动语态。指表达句子主语与动词之间语法和语义关系的动词语态形式之一,与被动态相对立。在主动态的句子或小句中,主语相对动词而言是动作执行者。例如:[1] The boy chased the duck.　[2] The duck was chased by the boy. 句[1]为主动态,其中主语"the boy"是句子动词动作的发出者。主动态与被动态虽然在概念上相对立,但在形式上可以互相转换,句[1]在形式上就可以转换为被动态,变为句[2]。

主动语言知识　active language knowledge　亦称能产性语言知识(productive language knowledge),指语言使用者运用某种语言进行说和写的语言能力,与被动语言知识(passive language knowledge)或接受性语言知识的概念相对。一个人所拥有的可自如应用于说和写的积极词汇就属于主动语言知识;而不能自如应用于说和写,但可以应用于听和读的消极词汇就属于被动语言知识。参见"**被动语言知识**"。

主格[1]　casus rectus　❶指名词或代词的语法格,通常标记为动词的主语,与动词的宾格或动词的其他论元(谓词表述的对象)相对。❷句法学中指与间接格(casus obliquus)相对应的格。

主格[2]　nominative; NOM; nominative case　❶语法学术语。指常用单个名词或代词(名词短语)充当动词的主语时所采取的形式,经常用在用屈折形态表示语法关系的语言里。例如:[1] miles portas claudit(A soldier is closing the gates.) [2] miles venit (A soldier has come.) [3] Der Tisch ist sehr groß.(The table is very big.) 拉丁语例[1]中的动词是及物动词,而例[2]中的动词是不及物的;在例[3]德语句中,冠词以-er结尾表示该名词为主格。主格通常是名词变格系统中的第一格,在句子中做主语,通常是语法词形变化表或词典中首先列出的形式,常为无标记形式。❷句法学术语。指在定式小句中指派给主语的那个格。在乔姆斯基1981年提出的管辖和约束理论中,主格是指派给由抽象语类管辖的主语NP的抽象格。

主格岛条件　nominative island condition; NIC　句法学术语。指生成语法中的一类制约,限制语项在包含一个主格主语的小句中自由移位。

主格性失语症　nominal aphasia; anomia; anomic aphasia　病理语言学术语。指丧失了称指事物名称的能力,或这种能力受到损伤的失语症。

主格语言　nominative language　语言类型学术语。指关系类型学框架下的一种语言类型,与作格语言(ergative language)类型相对。除巴斯克语和高加索语言外,欧洲所有语言都属于主格语言。定义主格语言的先决条件是假定简单及物性和非及物性句子中的施事和受事的主题关系是最基本的关系。由此可将其定义为这种类型语言中的名词,即非标记性格,既表达一般意义上非及物动词的唯一论元,也表达及物动词的施事,而宾格(accusative)的作用是表示及物动词的受事。这种关系可以用下图来表示:

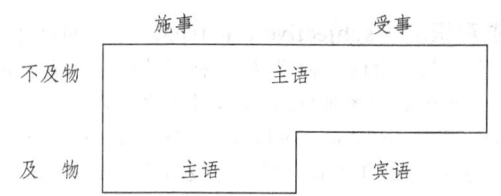

主观化　subjectivisation　认知语言学术语。指语言为表现主观性而采用相应的结构形式或经历相应的演变过程。特拉格特(Elizabeth Traugott)认为主观化是一种语义—语用的演变,即意义变得越来越依赖于说话人对命题内容的主观信念和态度。主观化和语法化同样都是一个逐步演变的过程。语用推理(pragmatic inference)的反复运用和最终凝固化结果就形成了主观性表达成分,因为说话人总倾向于用有限的词语传递尽可能多的信息,包括说话人的态度和感情。她指出很可能所有的语法化都涉及主观化,主观化可以说是无处不在。特拉格特认为,语法化中的主观化主要表现在如下几个方面:(1)由命题功能变成话语(discourse)功能;(2)由客观意义变成主观意义;(3)由非认识情态变成认识情态(epistemic modality);(4)由非句子主语变成句子主语;(5)由句子主语变成言者主语;(6)由自由形式变成黏着形式。兰艾克(Ronald Langacker)在其认知语法理论中把主观性定义为将客体与客体之间的关系从客观轴调整到主观轴。他解释说,如果把戴着的眼镜取下来拿在手里观察,眼镜的客观性就强,如果戴着它看东西,眼镜就变成了观察者的一部分,眼镜的主观性就强。为了进一步帮助理解,兰艾克又用舞台打比方,作为观察对象的眼镜是在舞台上,是台下观察者注意的中心;而作为观察者一部分的眼镜就不是注意的中心了,此时的眼镜是在"舞台下(off stage)",不是"舞台上(on stage)"。对语句表达的客观情景,说话者作为感知主体对其中某一客体的识解可以是客观的,意识到知觉客体的存在;也可以是主观的,未意识到知觉客体的存在,因为它已经成为知觉主体的一部分。例如:[1] Alice is sitting across the table from Anna. [2] Alice is sitting across the table from me. [3] Alice is sitting across the table. 句[1]是客观描述,因为参照点是Anna,不涉及自我。例句[2]也是客观描述,虽然以自我为参照点,但自我以me的形式出现在句中,自我还在"舞台上"。例句[3]是以自我为参照点,但没有相应的语言形式出现在句子中,也就是说,自我已经成为观察主体说话者的一部分,自我在"舞台下",句子由客观描述变成了主观识解。根据兰艾克的观点,主观化的程度跟语言编码形式的多少成反比关系,主观化程度越高,观察对象越脱离舞台,在语句中出现的语言形式就越少,如从例句[1]到例句[3],

主 zhǔ （语言学术语）

主观化程度逐步提高。

主观识解　subjective construal　认知语言学术语。指识解的一种形式，这种形式依赖于含蓄的（implicit）言语场景（ground），因此话语的语境（context of the utterance）包括言语事件（speech event）的参与者、言语事件的时间等都没有明确提及。说话者和听话者位于"舞台下（off stage）"，属于主观识解。例如：An earthquake is going to destroy the small town.（一场地震将要摧毁这个小镇。）例句中不是主语"An earthquake"（地震）要通过一个路径去摧毁这个小镇，而是说话者心理上穿越一个路径，涉及认识情态"be going to"（将要），句子的主语变成了言者主语，属于主观识解。

主观性　subjectivity　认知语言学术语。指语言的一种特性，说话人在话语中一定程度上含有自我表现成分，即说话人在说出一段话的同时表明自己对这段话的立场、态度和感情，从而在话语中留下自我的印记。在结构语言学和形式语言学占主导地位的情况下，语言的主观性长期不受重视，因为他们认为语言的功能就是客观地表达命题，不承认话语中还有表现自我的主观成分。近年来，语言学家对语言的"主观性"和"主观化"（subjectivisation）给予充分关注，这与语言学人文主义传统复苏有关，特别是功能语言学、语用学和认知语言学的兴起，使长期占主导地位的形式语言学所主张的科学主义受到了挑战。如认知语言学所强调，语言不仅仅客观地表达命题式的思想，还表达说话人的观点、情感和态度。主观性研究目前主要集中在三个方面：视角（perspective），情感（affect）和认识情态（epistemic modality）。例如：[1] Tom is gone.　[2] Tom has gone. 例[2]的主观性程度高于例[1]，因为例[2]的完成体显示，它涉及说话人的视角是现在，还强调对说话者的某种潜在影响，说话者被作为参照物，与主语的关系处于主观轴。例[1]只是客观地报道发生的动作，汤姆不在这儿了，自我并不是参照物。

主观性测验　subjective test　语言测试术语。指按照评卷人个人判断而评分的测验，如作文考试。与此相对的是客观性测验（objective test），即无需阅卷人个人作出主观判断即能评分，如是非题测验和多项选择题测验。

主价语　actant　配价语法术语。指由动词的配价决定的功能单位。例如，主语和宾语都是由动词配价决定的，因而都属于主价语。其他不由动词配价决定的功能单位则称为旁价语，与主价语相对立。

主句　matrix clause; matrix sentence　语法学术语，亦称母句或包孕句。指某些语法成分被句子替代或嵌套的上一层句子。例如，在英语句子"I don't trust the boy who laughed at me."中，"I don't trust the boy."是主句（或母句），"the boy laughed at me"为分句（或称"子句""嵌套句"）。参见"根句""从句"。

主句原则　penthouse principle　句法学术语，亦称"屋顶原则"。系语言学家罗斯（John Robert Ross）提出的一个推定（putative）句法原则，认为句法程序只适用于主句，而不适用于从句。

主题　topic; theme　参见"话题"。

主题访谈法　focused interview　是收集信息和资料的一种重要方法，指通过召集与研究主题有相似经验的一组人员对某一研究议题进行讨论，得出深入结论的定性研究（qualitative research）方法。例如，在课程评估中，可以对一组教师或学生进行焦点访谈，以了解他们对新教材的反应。与个别访谈法（individual interview）不同，焦点访谈法的优势在于可以根据小组形成的共识构建评价指标，充分体现小组成员的共同意见，从而避免研究方法的片面性。

主位　theme　功能语言学术语。主位和述位（rheme）的概念最早由布拉格学派的马泰休斯（Vilem Mathesius）于1939年提出，后来英国语言学家韩礼德将"主位—述位"概念纳入系统功能语法的理论框架中。在其《功能语法导论》（An Introduction to Functional Grammar, 1994）一书中指出，任何句子或话语从交际功能角度出发均可分为主位和述位，主位是小句的第一个成分，是小句表达信息的起点。小句除主位以外的剩余部分（remainder），即围绕主位加以叙述发展的部分，统称为述位。主位的"起点"功能决定在主位述位结构中，主位总是在述位前面出现。按照这种理论，主位被定义为句子中对推进信息过程贡献最小的那个部分。换言之，主位除了表达已经传递的意义外几乎不表达新的意义。相反，述位所起的信递动力最大。"主位"和"述位"之间有各种不同的过渡性词语。主位（theme）与主题（topic）和主语（suject）是三个不同范畴中的概念：主题（topic）是一个语用概念，表明命题论及的实体。非主语成分（如宾语、状语等）都可以成为句子的主题，句子的主题要出现在句首，也可以出现在句子谓语动词之后，亦可出现在句尾。主语（subject）是传统语法概念，指的是句子中与谓语（predicate）相对存在的成分。它在句中一般位于动词之前，要求谓语动词与之保持一致，并需要谓语对它有所陈述。

主位同一型推进　parallel progression　功能语言学术语。主位推进的基本模式之一，即主位相同,述位不同。参见"主位推进模式"。

主位推进模式　pattern of thematic progression　功能语言学术语。主位推进(thematic progression)指语篇中句子之间的主位与主位、述位与述位、主位与述位之间必然发生的某种联系和变化;同时,语篇的题材、话题、体裁结构、篇幅、难度等因素也影响充当主位的成分的选用,由此而产生主位变化的基本模式就是主位推进模式。简单地说,主位推进就是主位衔接(thematic cohesion)。主位推进模式主要包括:(1)主位同一型或平行型(parallel progression),即主位相同,述位不同;(2)述位同一型或恒定型(constant progression),即主位不同,述位相同;(3)分裂型(split progression),即前一句的主位是后一句的述位;(4)交替型(alternating progression),即奇数标记的所有句子主位与第一句相同,偶数标记的所有句子的主位与第二句相同;(5)交叉型(crossing progression),即前面每个句子的主位均变成下面每个句子的述位。但由于语言是动态的,上述这些类型远远不能覆盖主位推进模式,而且语言中可能出现众多的自由的或不定的主位推进模式。

主要变形部分　principal parts　语法学术语。指决定一个动词属于哪个动词变形组的哪些形式,包括屈折式中根据规则推演出的动词变化(conjugation)的形式。这一概念是拉丁语法的一个重要概念。例如:拉丁语中表示"爱"的动词"amo"的主要变形部分有第一人称现在时直陈式(amo"我爱")、不定式(amare)、第一人称完成时直陈式(amavi"我已爱")以及动名词形式(amatum)等,这些不同的变形即为动词"amo"的主要变形部分。英语动词的主要变形部分有不定式、过去时、完成体分词(过去分词),如 see—saw—seen、sing—sang—sung 等。

主要词类　major word class　指可以通过组合、派生、仿造和借用等过程来接受新项的词类。词类亦称词属(lexical category)、词类(lexical class)或传统语法中的词性(part of speech),是词语的语言学范畴,更精确一些可称作词项(lexical item),由词项的句法或形态行为所规定。词类分为主要词类(major word class)和次要词类(minor word class),前者指可以带有词缀的基本词或词根,后者亦称虚词(particle),不能带词缀。因主要词类具有从普通词汇里被改变、被取代或去除的特性,所以,它不是核心语言的一部分。次要词类则相反,它们很少发生变化,比如说英语的年轻人所使用的介词和代词与其祖父母辈相同,虽然他们所用的名词和动词很可能不一样。在英语中,主要词类指名词、主要动词(非助动词)、形态词、副词和感叹词。感叹词可由表示声音的新词组成,新项的增添不是出自技术背景,而是出自诸如漫画、电影等,因此具有不断更新的特点,如 vroom!、va-va-voom、zonk!、grrh! 等。不同的语言同一词类可能关联不同的属性。例如,日语中有多达三类形容词,而英语中则只有一类形容词;汉语、朝鲜语和日语中都有量词,而欧洲语言中则没有类似词类。有些语言中不区分形容词和副词、也没有形容词和名词的区别。南美圣地亚哥 Kaqchike 语有六种主要词类,包括名词(noun)、形容词(adjective)、副词(adverb)、不及物动词(intransitive verb)、及物动词(transitive verb)和置词(positional)。在该语言中,置词是不能作为独立作用词的词根,因此需要与其他用来描述地点和位置的词缀结合,而在英语中,这些词则成为其他词类,如形容词、副词、不及物动词和及物动词。许多语言学家主张在一个具体的语言或语系内部区分不同词性。

主要单位　primary unit　指语言中基本和主要的成分。在传统语法中,词和句子被看作主要单位;在结构主义语法中,音位和语素被看作主要单位。

主要动词　principal verb　亦称为"实义动词"或"完全动词"。参见"实义动词"和"完全动词"。

主要音类特征　major class features　音系学术语,亦称主类特征。指乔姆斯基和哈勒提出的音系学区别性特征(distinctive feature)理论。区别性特征指根据他们所描述的音段的自然类别分为不同的分类维度,主要音类特征是五大分类维度之一,表示由声道可开可闭的不同变化而发出的主要音类的特征。区别性特征的语音分析指语音特征传统地按照其对立性特征进行区分,以此表示被其本身拥有的语音特征或不拥有的语音特征所描述的音段,因此,用[+]表示拥有该语音特征,用[—]表示不拥有该语音特征。主要音类特征共有三个,均用对立的方式进行定义:响音性和非响音性(阻塞音)[+/−SONORANT]、元音性和非元音性[+/−SYLLABIC]、辅音性和非辅音性[+/−CONSONANTAL]。用这三对特征可区分一些主要音类,如元音、辅音、阻塞音、响音、滑音和流音。在区别性特征理论的最近发展中,有一些语音学家提出存在一些单独价值的特征,称作单价特征,这些特征只描写拥有这些特征的音段类型。除主要音类特征外,区别性特征的另四个分类维度是腔特征(laryngeal feature)、发音方式特征(manner feature)、声源特征(place feature)和韵律特征(prosodic feature)。

主音音节　tonic syllable　参见"语调音节"。

主语　subject　语法学术语。在英语语法中,一般指具有下列特征的名词、代词或名词短语:(1)在句

主 zhǔ （语言学术语）

子中一般位于主要动词前，并与它的关系最密切；(2)决定主谓一致；(3)指句子其他部分所陈述的事。

主语补语　subject complement　语法学术语，亦称谓语性名词（predicate noun）、谓语补语（predicate complement）、谓语性主格（predicate nominative）。指由 be 动词或连系动词与主词连接的补语。例如，在"She is *a doctor*."中，"a doctor"即主语补语。

主语孤岛　subject island　句法学术语。孤岛的一种，指由主语从句（subject clauses）或作主语的复杂短语构成的孤岛，其中的成分无法移出，原因是留在原位的语迹不能得到有效管辖。例如：

[1] a. That **John** went home *is likely*.
　　b. * **Who**$_i$ is that t_i went home likely?
[2] a. *The story about* **Susan** *was funny*.
　　b. ?? **Who**$_i$ was the story about t_i funny?

例[1a]中如果对 John 提问并将 who 移出主语从句（如例[1b]所示），则句子不合语法。因为这里的语迹未能被中心语管辖，就必须被先行词 who$_i$管辖，但 who$_i$无法一次穿越两个界限节点管辖 t_i。例[2a]中的主语是个复杂短语，如果对 Susan 提问并将 who 移出（如例[2b]所示），则句子可接受程度不高。与例[1]不同的是，这里的先行词只需穿过一个界限节点管辖语迹，因此合法性略高于例[1]。

主语控制　subject control　句法学术语。指动词后接 NP 和动词不定式成分（infinitival complement）并要求根句主语控制动词不定式成分的主语 PRO 的控制形式。这种动词称为主语控制动词（subject control verb）。例如：John$_i$ promised Susan$_j$ [PRO$_{i/j}$ to leave]. 句中非时制成分"to leave"的主语 PRO 受主语 John 控制而不受 Susan 控制。

主语命令句　command with a subject　语法学术语。指带主语的命令句，即明确表示谁该做什么的话语。例如：[1] The man over there come here!　[2] The boy in the back row read the text! 一般以第二人称为主语的命令句，形式上 you 不出现，通常称为祈使句（imperative）；但有时祈使句仍可采取保留主语（retained subject）的形式。例如：[3] Be quiet!　[4] You be quiet! 像例[4]这样保留主语的命令句往往带有告诫的口气。此外，主语命令句还可通过反义疑问句（tag-question）的形式出现。例如：[5] Be quiet, will you? 反义疑问句形式的主语命令句的好处在于，对一些相同结构的命令句能更明确地确定主语，即命令的对象。例如：[6] Let's go, shall we?　[7] Let us go, will you?

主语提升　subject raising　句法学术语。指提升动词补足语部分的主语，将其上移至根句主语位置。例如：[1] John$_i$ seems [t_i to have won]. [2] John$_i$ is considered [t_i to have won]. 例[1]中的 John 从"to have won"的主语位置移位至整个句子主语位置。主语提升一般由格位驱动，即名词为了获得格位而移动。例[1]、[2]中的主语 John 若留在原位便无法获得格位，因为不定式短语不具备赋主格能力，而提升动词 seem 和被动式 be considered 也不具备赋宾格能力，故此主语 John 必须提前到主句主语的位置获得主格，才能合法。

主语突出性语言　subject-prominent language　亦称 SP 语言。指主语和谓语是句子结构中最基本的语法单位，而且句子一般都用"主语—谓语"的语法关系进行描述的语言。英语是一种主语突出性语言，如下例句是最普遍的一类：

I　　have already seen Peter.
（主语）　（谓语）

主语一致　subject agreement　语法学术语。指主语成分与动词或屈折成分进行的人称、性、数等一致性操作。主语一致性原则存在于很多语言中。以英语为例，其中的系动词 be 需要与主语保持人称和数的一致，如"I *am*""you *are*""he/she/it *is*""we *are*""you *are*""they *are*"等。

主旨翻译　gisting　指在翻译实践中，首先将某一文本大致翻译出来或进行提纲式翻译（outline translation）。其目的主要是为了确定某一文本的完整翻译是否有用或称心如意（desirable）。

助词　auxiliary; AUX　语法学术语。指与主要动词在语义和句法上相区别的动词次分类。助词本身没有独立的功能意义和词汇意义，只能和其他词结合在一起使用。在汉语语法上，助词是一种特殊的虚词；而在英语语法中，助词指助动词、介词、连词等表达语法意义的词。有时情态动词（modal verb）和连接动词（copular verb）都被看作助词范畴的分支。助词弱化词义（如 have, will, be），它们以主动词为主要论元而不选择名词性论元，因而不同于主动词的价（valence）。助词在句中一般作为形态范畴，主要以时态（tense）、语气（mood）、语态（voice）、数（number）和人称（person）等成分出现，分为基本助词（primary auxiliary）、情态助词（modal auxiliary）、边缘助词（periphrastic auxiliary）、体态助词（aspectual auxiliary）、被动助词（passive auxiliary）和半助词（semi-auxiliary）等。英语语法允许在特定结构发生所谓主语—助词倒置的情况，如"Peter has arrived?"和"Has Peter arrived?"。在早期转换语法中，助词被描述为具有助动词特征的动词；而在近期的生成语法模式中，动词的屈折变化表现被看作一个单独的节点（node），称为 INFL（INFL Node 形态变化节点）。

助词移位 auxiliary movement; AUX movement 句法学术语。指句法移位中的助词位置的移动。在英语中，一般疑问句的句法移位表现为助动词 be、have、do、will、can、should 移至句首。例如：
[1] a. She *is* an English professor. →
 b. *Is* she an English professor?
[2] a. He said he would resign if nothing changed. →
 b. *Did* he say he would resign if nothing changed?
[3] a. John *will* resign if Mary stays on the job. →
 b. *Will* John resign if Mary stays on the job?

在上述三例中，分别将助动词 is、did 和 will 移至句首，以完成句式从陈述句到一般疑问句的转换。助词移位不同于中心语移位，助词总是从内在 IP 的 I 位置移到外层 CP 的 C 位置。

助动词 auxiliary verb; helper verb; accessory verb 语法学术语。指本身没有独立的词汇意义，不能单独作为句中成分，只能与实义动词连用，在动词短语中作为另一个动词的修饰语的词，用来表示人称、性、数、时态、语态、语气、体等语法意义。与完全动词（full verb）或词汇动词（lexical verb）相对。英语中助动词常用来构成完成动词的语气（Mood）、时态（Tense）或者体（Aspect）。英语中的助动词主要包括 have、be、do 和情态助动词。例如：[1] I *am* writing. [2] Peter *has* come. [3] *Do* you have a pen. 情态助动词包括 can/could（能/会）、may/might（可以/可能）、shall/should（将/应该）、will/would（将/愿意）、must（必须）、ought to（必定）、used to（过去经常）等意义。例如：[4] Could you pass me the salt? [5] May I go now? [6] Will you go with me? [7] You must pay. [8] School dormitory ought to be searched in time. [9] She used to live here. 这些例句中与情态动词位置最近的动词是词汇动词（lexical verb）或实义动词（full verb）。Be、have 和 do 有时也可作词汇动词。例如：[10] She is pretty. [11] I have a sister. [12] You do a good job. 例[10]-[12]三例中的 is、have 和 do 均为词汇动词。和词汇动词的主要区别如下：(1)助动词有特殊的否定形式（如 isn't、hasn't、can't、won't 等）；(2)助动词可以"主—助倒置"（如 do you、are they、has he、will you、should we、could you 等）；(3)有边缘或半助动词，如 need（需要）、dare（敢）等，指具有助动词的一部分特性，但非全部特性

的动词。

注解 annotation 对一篇文章中的较难理解的语言点、背景知识、引用的典故以及作者的情况进行解释或说明的部分，多见于外语类文章和古典文献的介绍性写作中。主要有两种形式：(1)音译附加注释或说明性译文。例如，汉语"汤圆 *tangyuan*"的说明性注释为 rice。(2)直译加注。例如，Halloween 译成"万圣节"（注：美国风俗，每年 11 月 1 号）。

注解者 glossographer 参见"注释者"。

注视停留 fixation pause 参见"视停"。

注释 gloss 指关于一个词或表达方式的意义的任何解释，特别是为篇章加注的解释。例如，法语文稿下空白处的中文翻译。注释一般归入注释词汇表或词典中的词条。参见"注解"。

注释词表 glossary 亦称术语汇编或词语注释表。指某一专门知识领域的术语和定义的注释性汇编。传统上，注释词汇表一般附在出版书籍的后面，包括该书中出现的新术语或不常见的术语。例如，法律注释词表（legal glossary）、金融注释词表（financial glossary）、放射注释词表（radiation glossary）等。注释词表可分为双语注释词表（bilingual glossary）和核心注释词表（core glossary）。双语注释词表指用另外一种语言定义或另外一种语言的同义词注释的词表，核心注释词表指为某一领域的入门者准备的简单注释词表，一般包括少量的常用动词和该领域的常用概念。

注释者 glossographer 亦称注解者。指注释词汇表的作者、评论员（commentator）或页边上的评注作者（scholiast）。

注意观 attentional view 认知语言学术语。认知语言学的三大观点之一。注意观认为，我们真正表达的事件是吸引我们注意力的部分。认知语言学有三大主要研究路径：经验观（experiential view）、凸显观（prominence view）和注意观。注意系统管辖注意对物质（matter）和行动（action），包括场景和参与者的分配，主要受三个因素的支配：注意力度（strength）、句子类型（pattern）和映射（mapping）。例如，"书商卖给迈克一本书"，注意的焦点在卖者上，体现了一种主动句子类型，结果导致例句中的"书商"接受了更强的注意力度。当然，如果换成"迈克从书商那儿买了一本书"，注意力的焦点就变成买书者，例句中的"迈克"接受了更强的注意力度。例句选择的买书这一事件，只是可能出现在我们脑海中的一小部分，之前和之后的许多细节都没有提及，因为我们注意的就是付钱拿书这一个关键场面。通

过注意观解释句子,可以解释为什么一个事件的部分场景被表征而其他部分被忽略的语言事实。

注意假设 noticing hypothesis 语言习得术语。指语言输入只有在学习者有意识地注意到或记录到(consciously registered)时才能变成学习者的语言输入的假说。

注意力焦点 focus of attention 认知语言学术语。指在注意系统(attentional system)中用来管辖注意力分布的一种模式(one of the kinds of pattern)。这种模式从注意力视角看有一定的区别。例如:[1]书商卖给了他一本书。[2]他从书商那儿买了一本书。例[1]中,卖者"书商"是注意力焦点,而例句[2]中,买者"他"是注意力焦点。这种差别是通过场景中注意力映射到不同的具体客体而造成的。概念架构系统(conceptual structuring system)对注意力焦点语码化时一般采用两种方法:选择和商业事件框架(commercial event frame)有关的诸多动词中的一个作为侧画,如卖或者买;通过选择有关的语序,来侧画施事或受事以达到凸显注意力焦点之目的。

注意力视窗 windowing of attention 认知语言学术语,亦称注意窗。指对事件框架中某些部分作前景化处理的认知过程。比如,运动事件框架包含图形、背景、运动、路径、方式和原因六种基本认知意义成分,其中"路径"是一个完整的概念,包括"始点窗"、"途中窗"和"终点窗"。但在实际语言表达中不一定全说出来,在认知上被注意并用语言表达出来的部分就是路径的注意窗,路径有哪几个部分被注意到,就可以说成是开启了几个注意窗。例如:[1]走进来。(开启了全部三个注意窗) [2] John came out of the room. (仅开启了"始点"注意窗) [3] John came through the corridor. (开启了"途中"注意窗) [4] John came into the garden. (仅开启了"终点"注意窗) [5] John came out of the room through the corridor. (开启了"始点"和"途中"两个注意窗) [6] John came out of the room into the garden. (开启了"始点"和"终点"两个注意窗) [7] John came through the corridor into the garden. (开启了"途中"和"终点"两个注意窗) [8] John came out of the room through the corridor into the garden. (开启了全部三个注意窗)

注音 notation 亦称标音法、标写、标记。指用书面符号形式对语音或语音组合进行标记的方法。语音符号系统各异,注音系统不同。标音法分为拼音文字法(alphabetic writing)、非字母标音法或类字母标音(analphabetic notation)和音位转写法(transcription)。最常见的注/标音法是国际音标协会制定的国际音标标音法。

注重形式 form-focus 语言习得术语。指强调学习者输出的语言结构而非信息的练习,如涉及语法项目的填空题就是注重形式的练习。形式与信息的区分对二语习得中的可变性(variability)研究意义重大。有研究表明,在注重形式的教学中可以促进学习者取得更大的准确性,从而有利于语言的学习。

专门术语 nomenclature ❶指用以表达艺术、科学等特定领域的物体、概念、成分、类别等的名称体系,如音乐术语、生物学术语、解剖学术语、语言学术语等,以便形成和维护各领域术语的标准化和稳定性。❷指专门术语列表或专用名称汇集,如语法书或烹饪教程后的术语表(英语中也作 glossary)。参见"术语命名法"。

专门用途语言 language for special purposes; LSP 指用于特殊领域及有限交流范围里(如医学、法律、机械、商务等)的语言。专门用途语言是一个教学概念,即指使用于特殊语境下的第二语言和外语的教学项目。专门用途语言在词汇(technical lexis)、体裁(genre)和文体(style)上表现其自身的特点。

专名学 onomastics; onamatology 语义学的一个分支,指研究名称的意义和起源、结构和变化以及地理分布的学科。包括地名学(toponymy)和人名学(anthroponymy)两个分支。但这种分类也有不妥之处,因为有时地名来自人名,如 Washington(华盛顿),反之亦然。其他类名词也应包括在内,如船、火车、家庭宠物、商业产品等。但绝大部分名称研究分属上列两类。人名、地名等专有名称作为历史悠久的语言材料,能为研究语言历史和语言亲缘关系等提供重要启示。近年来,社会语言学、心理语言学、语用学等都对专名学的研究很重视,通过对专名的研究还可以了解历史的发展过程,以及地理和自然史。

专心行为 on-task behavior 参见"专注行为"。

专业和语言评估委员会考试 PLAB Test 英国医学总会(General Medical Council)为保护、促进和维护公众健康和生命安全,确保正确的行医标准,规定海外来的医生和医学院毕业生到英国行医必须通过专业和语言评估委员会考试。"专业和语言评估委员会"的英文全称为 Professional and Linguistic Assessment Board,简称 PLAB。考试分为两部分:第一部分在英国或其他国家(如澳大利亚、新西兰、印度、斯里兰卡、巴基斯坦、南非、尼日利亚、俄罗斯、保加利亚等)举行。第二部分则在英国举行。考生只有通过第一部分的考试才能参加第二部分的考试。在参加 PLAB 之前,考生需要通过国际英语(IELTS)考试,最低分为 7.0 分。

专业写作　writing in the content areas　参见"知识性学科"。

专义　specialized meaning　亦作窄化意(narrowed meaning)。指一个词语在一定范围和领域中仅有的词义。例如,die 在机械行业中被称为"模具"。

专用语言　special languages　指具有某些特定使用范围的语言变体的统称。语言学家感到难以在"共同核心"或"一般"语言与专用语言之间划一条界线,前者是大部分人都懂得的语言,后者是各个专业和行业使用的语言。专用语言的特点通常是通过专业词汇的运用或者某种特有符号序列得以体现。例如,在机械领域中,die 是"模具"的意思,有别于日常英语的含义。

专有名称　proper name　参见"专有名词"。

专有名词　proper noun　语法学术语。与普通名词相对。专指某一特定人、事物、地方的特有名词。字母文字的专有名词起始字母要大写,如Chloe、Kimberly、London、X-ray 等。专有名词与普通名词的区别是:前者指特定的人、事物和地方,而后者所表示的事物是它所属的那类事物中的任何一项。英语专有名词不能像普通名词那样与限定词同用。专有名词是否具有意义、它们与属名(generic name)和限定摹状词(definite description)之间如何区别一直广受争议。

专职人员助手　paraprofessional　指在课堂里帮助教师的成年人。这一群人往往来自学生家乡的语言社团,他们没有执教从业证书,在一些英语作为第二语言的课堂上担任助教。

专注行为　on-task behavior　语言教学术语,亦称专心行为。学习者针对某堂课或学习活动所进行的行为。例如,老师要求学生在课上阅读课文,就所阅读内容进行讨论,并根据讨论内容写一段话,学生根据老师要求进行学习。有时候学生可能并未全身心投入学习,会出现一些与学习任务无关的行为,即不专注行为(off-task behaviour),包括走神、查看手机短信、不参与讨论、信手涂鸦等。有效率的教师,其教学目标应尽量延长学生的专注行为,使学生的学习机会最大化。参见"任务内行为"。

转变格　factive case　日语、芬兰—乌戈尔语(Finno-Ugric)等语言以及其他一些语言中表示变化和事物转换的格。

转换　transformation　指将一种语言结构转换为另一种的过程,如将陈述句转换为疑问句。在转换生成语法中,指根据转换规则将深层结构(deep structure)转换为表层结构(surface structure)的过程。参见"转换部分"。

转换部分　transformational component　句法学术语。指转换生成语法中语言所包含转换规则的那部分内容。转换生成语法的标准理论(The Standard Theory)认为语言包括四个部分:语义部分、基础部分、转换部分和音系部分。转换部分的转换规则将一个基础句法结构(base component)转换成一个句子的表层结构。

转换法　conversion　形态学术语,亦称类型转换(category change)或功能转换(functional shift)。指改变一个词的词性以构成新词的构词方法。转换法一般包括将名词变为动词,如 vacation(假期)→vacation(度假);将动词变为名词,如 must(必须)→must(必须做的事);或将形容词变为名词或动词,如white(白色的)→white(白人),wet(湿的)→wet(弄湿)等。单词转换后通常语言特征会发生变化,如house(n.)/haus/→house(v.)/hauz/,'extract(n.)→ex'tract(v.)等。此外,词组有时也转换成新的单词,如 to print out→a printout(n.),want to be→wannabe(n.),stand up→standup(a.)等。

转换分析　transformational analysis　句法学术语。指转换生成语法理论中在结构表征的两个平面间建立对应关系的操作。通过转换规则(transformational rule)的应用,对输入结构做出变换,形式上反映为按照某种规则将一个符号序列重写为另一个符号序列。转换分析包含有多种,如移位转换、插入转换、删除转换等等。移位转换涉及成分间的重新排列,插入转换是在输入结构中增加新的成分,删除转换则从输入成分中消除成分。转换分析的一个典型示例是被动句的生成。参见"移位转换"。

转换规则　transformational rule　句法学术语。指在转换生成语法中用来规定把一个语法模式变成另一个语法模式的程序的规则。通过转换规则,可以把一类句子变成另一类句子,也可增减某些成分、改变成分的次序,或用一个成分去代替另一个成分等。转换规则对结果句,即短语结构规则(phrase structure rule)的终端符符列,进行加工。例如,运用转换规则"NP+Pas+be+X ==>Pas+be+NP+X"可把陈述句变成疑问句。早期转换生成语法的转换规则包括代名化(pronominalization)、被动化(passivization)、关系化(relativization)、与格移位(dative movement)、同语删略(equi-deletion)、小品词移位(particle movement)等。在管辖与约束理论中，这些规则被分解、合并成一条规则，即"阿尔法移位(move α)"规则，表示任何成分可以移位到任何位置。为防止"阿尔法移位"规则过于强大，又有很多条件被规定出来对移位加以限制和制约。

转换假说　transformationalist hypothesis　句法学术语。指早期转换生成语法理论中与词汇特征有关的短语结构假说，认为动形词名物化(gerundive nominalization)是从类似句子的底层结构通过语法转换而得到。转换假说强调转换，在标准理论形成之前并无"词库(lexicon)"的概念，只有短语结构转换规则。例如：[1] *a*. John is eager to please.　*b*. John's being eager to please.　*c*. John's eagerness to please.　[2] *a*. John criticized the book.　*b*. John's criticizing the book.　*c*. John's criticism of the book.　乔姆斯基在其《生成语法的语义学研究》(*Studies on Semantics in Generative Grammar*, 1972)中认为两例中的 b 句和 c 句均由 a 句的深层结构转化而来。例[1b]称为动形性名词形式(gerundive nominal)，例[1c]称为派生性名词形式(derivational nominal)。

转换句　transformed sentence　句法学术语，亦称派生句(derived sentence)。指应用转换生成语法中的转换规则后产生出来的句子。

转换歧义　transformational ambiguity　句法学术语。指同一个表层结构因可被不同的深层结构所描述而产生的歧义。例如：[1] *a*. the love of God　*b*. God loves somebody.　*c*. Somebody loves God. 短语[1a]实际上有两种深层结构，即句子[1b]和[1c]。通过名物化、宾语删略、主语删略等转换规则，使得两个深层结构转换到表层结构时形式相同。又如：[2] The shooting of the hunters was terrible. [3] Flying planes can be dangerous. 两者的歧义均因拥有两个不同的深层结构而产生。

转换生成语法　Transformational Generative Grammar　指根据美国语言学家乔姆斯基的研究成果提出的一种语言理论。乔姆斯基批评传统语言学、结构语言学的大部分流派，称其仅属"分类"之学，只会列举语音、语法和其他单位之后贴上标签，而忽视了人类语言的基础过程。按照乔姆斯基的观点，语言分析的目的必须是发现人的内在能力中普遍性和规律性的东西；这种内在能力即理解和生成新的、合乎语法的句子的能力，尽管以前可能从未听说过这些句子。这种意义上的语法，必须说明一种语言中可能有的所有句子，必须说明操本族语的人凭语言直观判断是"正确"的句子；把句子概念作为基本单位，句子结构项目间的关系可用短语结构规则(phrase structure rule)、转换规则(transformational rule)等抽象的语言来描写；短语结构规则描写该语言的基本结构，而转换规则描写更复杂的结构，把这些结构描写成基本结构的转换式。在早期类型的转换生成语法中，规则本身通常包括三部分：(1)短语结构部分，包括单语结构规则；(2)转换部分；(3)形态—音位部分。之后，乔姆斯基对更全面的理论作说明时，补充了语义部分(semantic component)，认为语义与句法一样，也应从形式上对其加以处理，语义学从而被包括进来，并视作语言的语法分析不可分割的部分。转换生成语法的重点，在于建立起一种逻辑上前后一致的理论，以完善地解释句子的深层结构，并用公式把这种深层结构清楚明白地表示出来。

转换史　transformational history　句法学术语，亦称转换过程。指一个句子从深层结构的短语标记(phrase-maker)开始，经过一系列转换改写，最终形成表层结构的全过程。

转换推导　transformational derivation　句法学术语。指通过短语结构规则和转换而生成句子的过程和结果。例如：

```
            S
NP       Aux    VP
Det N    Aux    VP
Det N    Aux    V       NP
Det N    Aux    V       Det N
The N    Aux    Adv V   Det N
The man  Aux    Adv V   Det N
The man  will   Adv V   Det N
The man  will   not V   Det N
The man  will   not believe Det N
The man  will   not believe the N
The man  will   not believe the story
```

这一推导过程还可以通过树形图来表示。例如：

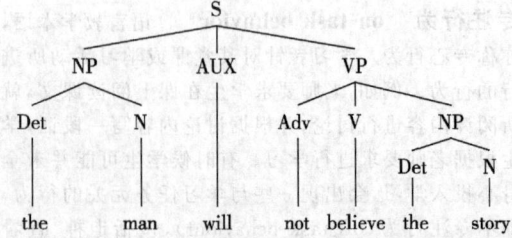

转换形式　transform　句法学术语。指根据转换或省略规则由基本句或核心句派生出来的句子。譬如，被动句是主动句的转换形式，疑问句是陈述句的转换形式，否定句是肯定句的转换形式，等等。

转换循环　transformational cycle　句法学术语。转换生成语法中指转换规则可以用尽的域。例如，S¹ 是一个转换循环，因为 wh 移位可以在其中完成。

转换语法　transformational grammar　句法学术语。指运用转换规则描写语言中不同句子结构的生成过程的各种语法理论。其中，最完善的是乔姆斯基及其合作者创立的转换生成语法。

转换制约　transformational constraint　句法学术语。指在生成语法中用来限制语法规则的应用范围的各种条件和限定。具体常指限制短语结构规则和转换规则的应用，尤其是各个成分在句子结构中的移位，以便只生成自然语言的句子结构。从罗斯(John R. Ross)于1967年提出禁区制约条件(island constraints)开始，生成语言学家提出了包括层级规则运用原则(the principle of cyclic rule application)、命题禁区制约条件(propositional island constraint)、规定的主语条件(specified subject condition)、领属条件(subjacency condition)和结构保留制约条件(structure-preserving constraint)等制约理论。另有包括语迹理论(Trace Theory)、约束理论(Binding Theory)、X阶标理论(X-bar Theory)和规则鉴别条件(constraintson rule filters)等都属于转换制约。

转述　paraphrase　参见"释义❷"。

转述疑问句　reported question　参见"间接问句"。

转写　transliteration　用一种文字符号来表示另一种文字系统的文字符号的过程或结果。这种转写在国际上有一套标准规则，如西里尔文字变成罗马字母的规则。

转移网络语法　transition network grammar　系网络语法的一种类型，是一种使用转移网络来表示可能的表层结构范围的语法。

转义　transfer　语义学术语。指同一词语被用来指称不同类事物的语义变化。转义包括多种修辞手段，如隐喻等。参见"引申义"。

转音　ablaut　参见"元音交替"。

转喻　metonymy　❶语义学术语，亦称换喻。用一种事物的名称代替另一种事物名称的修辞格——被代物实质上是代用物的属性或与其有密切联系。转喻属于语义变化(semantic change)的一种类型，在转喻或换喻中或词组的意义因用该词来代表与之有关联的词而发生变化。如 The pen(代 knowledge)is mightier than the sword(代 force)(笔比剑更有力量)。❷认知语言学术语，亦称概念转喻。指人们经常选择一个容易理解的事物或事物的一个容易感知的方面来代替另一个事物或这个事物的其他方面。雷考夫(George Lakoff)在《女人、火与危险事物——范畴对于心智揭示了什么》中指出，转喻是人类认知的基本特点之一。在不同语言中，转喻使用的原则不同。英语中一个常用的原则就是用地点代替位于该地的机构，如白宫代替美国政府、克里姆林宫代替俄罗斯政府等。转喻有不同的目的，其中用部分代替整体就是要达到推断或判断之目的。

转喻和隐喻起作用的方式不同，转喻体现的概念关系是"X 代替 Y"，而隐喻体现的概念关系则是"从 Y 的角度理解 X"。两者更大的不同在于，隐喻涉及跨域映射，而转喻只涉及单一认知域或认知域束(domain matrix)的映射。认知语义学家巴塞罗那(Antonio Barcelona)指出，转喻可能比隐喻更基本，并且为隐喻提供理据。常见的概念转喻包括：(1)生产者代替产品，如"把书架最上面的巴金递给我"；(2)地点代替事物，如"别让萨尔瓦多变成另一个越南"；(3)部分代替整体，如"这次你们要多给我几个人手"；(4)整体代替部分，如"在亚洲篮球锦标赛上，中国打败了日本"；(5)结果代替原因，如"他今天步伐轻快，容光焕发"。

转折从句　adversative clause　语法学术语。指由转折连词引导的状语从句，强调从句内容在语义上与主句所述内容形成对比关系。分为直接转折句和假言转折句两大复句类。例如：[1] Though he was brave, he was prudent. [2] 野外宿营前请做好充分的准备，否则遇到突发情况，后果不堪设想。

转折连词　adversative conjunction　语法学术语。根据语义对连词进行分类的一个类别，指连接两个表示对比关系的句子的连词，如英语中的 but、yet 以及汉语中的"可是""然而"等。

转折语　adversative　在语法和语义学研究中指表达含有对照或对立情状等转折意义的词或短语。转折语通常由连词、介词、副词等词类或介词词组来充当，如英语中的 but、however、nevertheless、in spite of、apart from 等。

庄重交谈　frozen speech　亦称严肃交谈、刻板言谈。一种非常正式的交谈方式，用于各种典礼，如大会主持人的讲话风格。

状态动词　stative verb　指英语中不表示动作而表示状态的一类动词，如感受、状况等。此类动词有着与其他动词不同的特点，一般没有进行时。其中最典型的是表感情的动词。这类动词多表示喜怒哀乐等心理感受,其主语或宾语为引导心理感应的人或物,这种用法使句子描述更加充满感情色彩。英语中的这类动词主要有 like、love、enjoy、dislike、hate、envy、fear、regret 等。例如:In the evenings I like to see friends or listen to music.

状语 **adverbial; adverbial adjunct** 语法学术语。指传统语法描写对句子成分进行语法功能划分的一个类别。状语的主要语义功能是在时间、地点、程度、方式等语义方面对句中的动词、形容词、副词或其他结构进行限定和修饰。英语中的状语通常由副词、副词短语、介词短语、名词短语或从句等语言单位充当。例如:[1] John speaks fluently. [2] He didn't have breakfast this morning. [3] James answered in English because he had a foreign visitor. 例[1]中由副词 fluently 充当的状语在方式上限定动词的动作;例[2]中由名词短语"this morning"充当的状语标明句子谓语发生的时间;例[3]中由从句"because he had a foreign visitor"充当的状语补充说明主句发生的原因。

状语宾格 **adverbial accusative** 指处于宾格状态的名词或名词短语在句子中用作状语的语法现象。这种语法现象多见于屈折程度较高的语言中,但屈折程度较低的英语中也存在很多名词性短语无需介词支持用作状语的现象,这被一些学者称为状语宾格用法。例如:[1] I stayed there all the summer. [2] She used to laugh a good deal. [3] Don't look at me that way. 例[1]中的时间状语"all the summer"、例[2]中的度量状语"a good deal"和例[3]中的方式状语"that way"均可称为状语宾格。

状语从句 **adverbial clause; adverb clause** 语法学术语,亦称状语分句、间接分句(oblique clause)。指在句子中起副词作用的分句结构。根据它们在句中的句法功能,状语从句可以分为三大类:修饰性状语从句、评注性状语从句和连接性状语从句。修饰性状语从句与主句之间存在紧密的修饰关系,根据所承载的意义,修饰性状语从句还可以进一步分为时间状语从句、地点状语从句、方式状语从句、原因状语从句、结果状语从句、目的状语从句、条件状语从句、让步状语从句和比较状语从句等九个子类。例如:[1] When you think you know nothing, then you begin to know something.(时间状语从句) [2]Where there is no rain, farming is difficult or impossible.(地点状语从句) [3] She treated the boy as if he were/was her own child.(方式状语从句) [4] I sent for the doctor because I was too ill to go to the hospital myself.(原因状语从句) [5] They got so excited that they cried out.(结果状语从句) [6] Most students go to college so that they can be engineers, teachers or chemists.(目的状语从句) [7] If it hadn't rained so heavily, they would have arrived there on time.(条件状语从句) [8] However late he is, his family will wait for him to have dinner together.(让步状语从句) [9] He works as hard as his brother (does).(比较状语从句) 修饰性状语从句可位于主句之前或之后,前置时通常用逗号与主句分隔,后置时可以与主句连成一体。例[7]中的条件状语从句前置,而例[4]中的原因状语从句后置。评注性状语从句的作用是修饰整个主句,表达说话人对话语的看法或态度,其与主句的修饰关系比较松散,像插入语一样,可以置于句首、句中或句尾,但必须用逗号与主句分开。例如:[10] As you probably know, the Smiths are weird in the neighborhood. 连接性状语从句与主句不存在修饰关系,只在句子之间起到承接的作用,而且通常只位于句首。例如:[11] On their way back the tourists all got exhausted. What was worse, they had lost all their belongings and could not find rooms for the night.

状语分词 **adverbial participle** 指以分词为中心语的状语,用于修饰同一句子内的动词,在功能上相当于一个状语从句的动词分词形式。在希腊语、俄语、波兰语、匈牙利语、立陶宛语、法语、西班牙语等语言的语法研究中,该类分词被称为"副动词"。在传统的英语语法研究中,中国的语法学家基本上不使用"副动词"这一名称,而更倾向于"状语分词"的译法。英语的状语分词主要包括"(while) doing"和"having done"两种表达方式。例如:[1] *Whistling* tunefully, he went upstairs. [2] *Having seen* the film before, I decided not to see it again.

状语分词分句 **adverbial participle clause** 语法学术语。以状语分词为中心语来修饰另一个分句的无主语分句结构。该类结构虽然常被称为"分句",但实质上并不包含形式上的主语,动词也处于非限定状态,所以按照严格的语法意义来讲,该类分句实质上是状语分词短语,其在句子中的作用相当于一个分句。例如:*Being a decent pianist*, he soon found work. 句中的"being a decent pianist",在意义完全不发生改变的前提下可以转化为原因状语分句"Because he was a decent pianist"。

状语孤岛 **adjunct island** 句法学术语。指由状语分句(adjunct clause)构成的孤岛结构。例如:[1] You went home because you needed to do *that*. [2] *What*, did you go home because you needed to do t_i? 关系从句[1]中如果对 that 提问,

wh 疑问词 what 不能跨越 because 引导的状语从句移至句首,如[2]所示,因为留下的语迹不能被有效管辖。

状语连词 adverbial conjunction 语法学术语,亦称连接副词(conjunctive adverb)、引导副词(introductory adverb)。指可以连接状语从句的副词,如 consequently、nevertheless、indeed、hence、furthermore 等。

追溯性教学大纲 retrospective syllabus 参见"先验性教学大纲"。

缀合词 blend 形态学术语,亦称紧缩词(telescoped word;portmanteau word)。指由两个以上的自由语素结合、取一个词的尾部与另一个词的首部紧缩而构成的新词。如此形成的新词的意义通常是它的组成成分的意义的总和。例如:"binary + digit → bit" "television + broadcast → telecast"等。缀合词产生很快,但多数使用期不长,仅有少数得以沉淀下来,为全民语言吸收。

缀合句 syntactic blend; blend 语法学术语。指彼此间无语法关系并且不符合语法规则而连缀起来的语句。例如,"It's his job"和"His job is the problem"缀合成:It's his job is the problem. 缀合句通常在不严谨的谈话中出现。

赘代词 pleonastic pronoun 指使用没有名词之称的代名词,如"*It* seems that Jack has decided to go abroad."和"*It*'s raining cats and dogs."中的"it"。这一概念源自修辞批评的传统名称赘语(pleonasm),即同义反复——为表达某一意义使用实际不必要的词。

赘言 tautology 参见"同义反复"。

准备词 it preparatory *it* 参见"先行引导词"。

准备规则 preparatory rule 语用学术语。塞尔(John Rogers Searle)于 1969 年在分析"承诺(promise)"的标准形式"I promise X"时提出的规则。准备规则规定诺言必须符合被承诺者的要求,否则就会被当作警告;所承诺的内容一定不是在任何情况下都应当做的事,否则就会引起误会。

准被动 quasi-passive 指由心理动词构成的具有被动语态形式的语法结构。这类句子只具有被动语态形式,其谓语动词往往是动词和形容词的混合体,大部分动词实际上是具有习惯用语性质的短语,如"be allowed for""be interested in""be concerned with""be determined to"等。例如:[1] Jack is interested in Chinese and English. [2] Many countries are concerned with the situation in Africa.

准类型的 quasi-typological 特鲁别茨科依(Nikolay Sergeyevich Trubetzkoy)在 1939 年提出的概念,指语言学家在语言分类上有时运用一个以上的分类体系的标准,把一个体系的术语纳入另一个体系所用,然后作出新的解释的方法。特鲁别茨科伊由此得出印欧语的"准类型"。

准论元 quasi-argument 句法学术语。指命题(proposition)中的谓词(predicate)在特殊语境中表达特殊语义而赋予论元(argument)的特殊题元角色,或因句法规则为保证生成合法句子而增加的论元。基于逻辑学,生成语法把表达一个完整的语义概念的命题看成由谓词和论元构成;谓词和论元构成论元结构(argument structure),其中题元角色指谓词和论元之间固有的语义和概念逻辑关系,即参与者在事件中所承担的语义角色,一般在谓词的题元角色结构或题元栅(theta-role grid)中体现。只有由谓词分派一定的题元角色的才能成为论元。例如:[1] to kick the bucket [2] It sometimes rains after snowing. [3] * sometimes rains after snowing. 在俚语[1]中,bucket 的意义特殊,在具体的语境中被赋予了特殊的题元角色,即准论元。例句[2]中 rain 的域外论元 it 是句法规则作用下添加的,因为规定英语时态句的主语不能为空,否则会生成如[3]那样不合语法的句子。

准确顺序 accuracy order 语言习得术语。指在二语习得研究领域,研究者基于学习者生成语言项目、形式或者规则时所表现出的准确程度对语言习得顺序做出的一种判断。语言学习者对某些语言项目、形式或规则的习得往往比另一些更加准确,这种表现似乎使不同语言项目的习得可以根据难易程度进行排序,最后得到一个具有相对普遍性的准确顺序。

准确性 accuracy 亦称准确度。指在语言使用中能够在语音、词汇、语法等语言项目的使用方面合乎语言的使用规范。在修辞学中,准确性指的是用词合乎选词标准,不会造成误解或歧义;在生成语法研究中,准确性则强调说话者所生成的句子合乎语法规范,从这个意义上考虑,准确性不关注语言使用者生成句子时所表现出的流畅程度。在测试学中,准确度是测量口语任务的一个指标,指正确无误的 s-node 的比率。

准人类文化学 quasi-ethnography 人类学的分支。人类文化学主张使用长期直接观察的研究方法,特别是参与者观察,但实际上大部分此类研究没有达到长期观察和细致描写的要求,因而称为准人类文化学性质的研究。人类文化学是人类学研究领域两大分科之一,从文化角度研究人类的历史、现状和发展,广义上包含考古学、语言学和民族学三个分支学科。其中,语言学部分把语言当作社会文化的一个重要组成部分,考察其起源、发展和演变规律,并研究语言与社会环境、人们的思维方式、民族心理和宗教信仰的关系等。

准系动词 quasi-copula 语法学术语。指句子结构中把主语(NP)和由名词性语项或形容词语项充当的表语连接起来的动词。这些动词不像 be 动词有真实的语义,只是在体、情态和知觉(perceptual)方面有意义。例如:[1] She *remained* healthy. [2] She *stood* firm. [3] It *went* wrong. [4] She *seemed* happy. [5] It *proved* a failure. [6] It *tastes* good. [7] It *looks* a simple task. 以上例句中的斜体部分均为准系动词。

浊辅音 voiced consonant 语音学术语。发音时既有声带振动,又有发音器官持阻或除阻时的摩擦声的辅音,与"清辅音"(voiceless consonant)相对。一般说来,几乎任何浊辅音都有各自相对应的清辅音。例如:/b/-/p/、/d/-/t/、/v/-/f/、/z/-/s/(前者是浊辅音,后者是清辅音)。从语音学角度看,浊辅音发音较松弛,即呼气量和肌肉紧张度比对应的清辅音小些,这是因为声带振动减弱了声门上方空气的压力,也相应减弱了声门上方发音动作的力量。

浊音的 vocalized; voiced 语音学术语。发音时伴有声带振动的性质。例如:box 中的 /b/,dark 中的 /d/,van 中的 /v/,size 中的 /z/。它与清音的(voiceless)相对。例如,与上述词的语音相对应的清辅音分别为:pet 中的 /p/,test 中的 /t/,five 中的 /f/ 和 bus 中的 /s/。

浊音对清音 voiced vs. voiceless 语音学术语。以频谱(spectrogram)分析为基础的区别性特征(distinctive features),是语音学中基本的对立概念之一。从发音学的角度看,浊音表示发音时声带振动,清音则表示发音时声带不振动。发浊音时声带有周期性的振动,发清音时则没有这一特征。例如:英语中 /b/、/d/、/g/、/v/、/z/ 等辅音具有浊音(浊音特征,处于元音间时,尤其明显)的特征,而 /p/、/t/、/k/、/f/、/s/ 等辅音则具有清音的特征。

浊音符 nigori mark 语音学术语,亦称"浊音符号"。指日语中放在假名(kana)右上角的符号,表示音节以浊辅音开头,用浊音符号"ˇ"表示。

浊音化 voicing 音系学术语,亦称元音化(vocalization)、嗓音化。❶指形成浊音或转变成浊音的过程或现象。清辅音可以在一定的语音条件下不同程度地浊音化。❷指辅音变为元音或滑音的过程。

咨询式 advisory 丹麦语言学家叶斯伯森(Otto Jespersen)在进行语气和语态研究时提出的意念性语气(notional moods)的一种。咨询类语气表达方式往往含有表示意愿的情态动词,表达说话者的意愿。例如:[1] You should go. [2] You need a car. 与咨询式相呼应的语气包括命令式(Jussive)、强制式(Compulsive)、责成式(Obligative)、恳请式(Precative)、劝勉式(Hortative)、许可式(Permissive)、允诺式(Promissive)、祈愿式(Optative)、存欲式(Desirative)、意向式(Intentional)等。

姿态 setting 语音学术语。指构成说话者的发音或发声行为基础的发音器官的总体位置。发音姿态(articulatory setting)在趋于习惯上的发音姿势的倾向中得到反映,如明显的圆唇或低舌体位置。发声姿态(phonatory setting)包括习惯上对沙沙声或吱嘎声发声方式的仿用。

资料提供人 informant 亦称调查合作人,相当于传统意义上的"受访人"。指语言或语音的田野调查中向研究人员提供可供分析的资料和数据的人。资料提供人通常为一种语言的本族语者,资料或数据可以通过录制合作人的话语,或者对他或她进行关于语言运用的提问等途径获得。语言学家也可以充当资料提供人,但常见的做法是借助一批调查合作人为正在调查的语言提供有代表性的样本来证实自己的理论假设。20 世纪 80 年代以来,有的语言学家倾向于用"consultant"(接受语言调查的合作人)来称呼资料提供人,以强调体现调查工作的合作性质。

子测验 subtest 指由若干部分组成的较长的测验的一个部分,如语言水平测试可能包括语法测试、写作测试及会话测试等若干子测试。

子句对等词语 clause equivalent 参见"孤立成分"。

子名 teknonymic 亦称亲从子名制、因子女得名制。指以孩子之名为基础来称呼父母,如"某某的父亲",或"某某的母亲"来命名的方式。

子项从属 daughter dependency 句法学术语,亦称依从。在某些句法分析中,如果两项句子成分处于相同结构层面上,那么这两项句子成分就称为子依从项。例如:*Syntax* is a difficult subject. 句中名词"syntax"即谓词"is a difficult subject"的子项,而且两者互为依从,受辖于同一节点。其树形图可表述为：

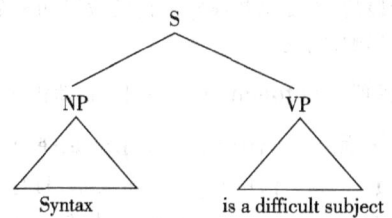

其中，S 直接统辖 NP 和 VP，且 NP 和 VP 都是 S 的子项，意味着 NP 和 VP 都是以 S 为节点的从属子项。

子语类化 subcategorization 参见"次范畴化"。

子语言 daughter language 历史语言学术语。指一种从其他语言演化而来的语言。例如，法语和西班牙语由拉丁语演化而来，那么法语和西班牙语就是拉丁语的子语言，拉丁语就是法语和西班牙语的父语言，而法语和西班牙语则互为姐妹语。子语言产生后，父语言一般就不复存在，但并非突然消失，就像子语言并非突然产生一样。

自闭症 autism 指儿童和青少年时期的一种心理异常综合征。英文名称出自希腊语词源 autos，意为自己的（self）、独自的（by oneself；alone）。临床表现为患者的社会行为能力严重失调、交际能力发展异常、发音障碍且举止行为孤僻怪异、明显的刻板行为以及对感官刺激反应异常等。在语言技能方面，自闭症患者表现出如下特征：病理性言语模仿（echolalia），即不断重复对方所说的话；节律异常（abnormal prosody），即无法把握大于音素的言语单位如重音、语调、停顿以及节奏和韵律的使用；对词句的理解仅限于字面意义，无法判断和选择语用含义，因而丧失正确解读话语的能力，其中常见的错误有违背主题；应答或应答迟钝或失误；无法判断并做到适合不同场合的言语行为（即语域失误）；指称不清，对于语言功能的开发和使用受限，等等。早期的行为和认知干预可以帮助儿童获得一定的自我关爱和社交能力，但是目前尚未发现有效的治愈办法。

自动变体 automatic variant 亦称条件变体（conditioned variant）、语境变体（contextual variant）、位置变体（positional variant）或结合变体（combinatory variant）。指受到周围成分制约的语音变体或语法变体。以语音变体为例：在 star 中，/t/ 的音位因受到它前面 /s/ 的制约而发不送气的 /t/ 音；在 "flat roof" 中，/t/ 的音位受到其后的 /r/ 的制约，失去送气。

自动处理程序 automatic processing 认知心理学术语。指没有经过有意识的处理而执行的一项任务。在认知心理学领域，执行一项任务涉及两种不同的处理方式：受控处理（controlled process）和自动处理（automatic process）。自动处理指学习者在执行一项任务时无需特别或专门注意，一般采用长时记忆的信息即可。当执行任务使用自动处理时则说明相关技能已经掌握了。在语言学习领域，受控处理和自动处理的区别可以用来解释为什么在执行相同任务时，学习者在不同的情况下有不同的表现。一个学习者在外语口语表达的流利程度上也有不同的表现，在一些场合下使用自动处理，如与朋友聊天时，学习者口语表达流畅且很少出现语法错误；而同一位学习者在另一些情况下，如面对公众的演讲中，不仅口语表达受阻而且经常犯语法错误，这是因为当众多观众在场或在正式场合中，说话人的流利程度和正确率受到干扰。

自动翻译 automatic translation 参见"机器翻译"。

自动化教学 auto-instruction 语言教学术语，亦称程序化教学（programmed instruction）。根据刺激反应理论，将课程内容分成许多学步（step），并严格组织在一起，从而可在程序教学机或计算机上实现。自动化教学的一个类型是分支程序（branching program），即根据学生的学习情况选择不同的流程，供学生进行下一个学步的学习。如将所学的科目内容设计成一定的程序，按次序分成一系列的问题序列，要求学生回答每一个项目，比如用填充、选择或确定是非的方法作出反应并与所提供的正确答案进行比较、对照，就是利用程序化教学辅助学生学习的一种方式，即以学生为中心的程序学习。

自动化语言学习 automated language learning 语言教学术语。指主要依靠机器完成其全部或大部分教学程序的学习方式。例如，对于听、模仿、操练、重复、观察情景等教学程序，包括成绩测试（testing of attainment），都可以实现自动化。

自动机 automaton 参见"自动机理论"。

自动机理论 automata theory; automaton theory; theory of automaton 亦称自动化理论。数理语言学中研究抽象自动机的理论。抽象自动机是一种能够识别语言的抽象装置，它不是具有物理实体的机器，而是表示计算机运算方式的抽象的逻辑关系系统，这样的抽象自动机可以用来检验输入的符号串是不是语言中合格的句子，如果是合格的句子，自动机（automaton）就接收它；如果不是，就不接收它。如图所示：

Z 自 zì （语言学术语）

自动机可分为有限自动机、后进先出自动机、线性有界自动机、图灵机等几种。它们对语言的识别能力各不相同。美国语言学家乔姆斯基等人把形式语言语法分成四种类型，即 0 型、1 型、2 型和 3 型，并建立了形式语言语法和自动机之间的联系，证明语言的形式语法与自动机之间存在着如下的对应关系：(1)若某一语言能用图灵机来识别，则它就能用 0 型语法(亦称短语文法)生成，反之亦然；(2)若某一语言能用线性有界自动机来识别，则它就能用 1 型语法(亦称上下文敏感语法)生成，反之亦然；(3)若某一语言能用后进先出自动机来识别，则它就能用 2 型语法(上下文自由语法)生成，反之亦然；(4)若某一语言能用有限自动机来识别，则它就能用 3 型语法(亦称有限状态语法)生成，反之亦然。这种关于形式语法与自动机的关系，反映了语言的生成过程与识别过程的内在联系，已成为计算机科学的基石之一。这是语言学对于现代自然科学发生影响的一个明证。

自动联想 autoassociative 亦作自动联想记忆(autoassociation memory)、自动联想网络(autossociation network)。一般用来指自动联想记忆(autoassociative memory)，是倒传递类(backpropagation)神经网络或其他神经网络的一种形式。它根据一个极小的取样来检索整个记忆活动。例如，为了获取整个记忆，如下片段即合理回忆整体信息所必需：[1] A day that will live in ____. [2] To be, or not to be. [3] I came, I saw, I conquered. 例[1]通过让读者联想到富兰克林·罗斯福，从而得以在空格中填入 infamy；例[2]是莎士比亚名剧哈姆雷特中的一句台词，使读者联想到整个剧情；对于例[3]，绝大多数人都可迅速联想到凯撒大帝的豪放名言"Veni, Vidi, Vici"。联想式可以帮助我们从极少的片段重新构建相关事件的记忆整体。

自动联想记忆 autoassociative memory 参见"自动联想"。

自动联想网络 autoassociation network 参见"自动联想"。

自动性 automaticity 语言习得术语。指二语习得中的自动化能力，即利用自动处理程序(automatic processing)使用语言的能力。参见"自动处理程序"。

自动音变 spontaneous sound change; unconditioned sound change; sporadic sound change 音系学术语。自动音变指发生在语言中某一片段的、不受该片段在单词的位置和相邻片段的品质影响的音变。

自动装置 automaton 参见"自动机理论"。

自读作品 writer-based prose; egocentric writing 指写给作者自己看的文章，与写给别的读者看的文章(reader-based prose)相对。初学写作者一般写一些只给自己看、而不是为他人提供信息的东西来练笔。但文学作品的自读性与他读性不是一个两极化的概念，而是一个有不同中间等级的连续体，并且对其等级的判别因文化背景而异。

自发学习 spontaneous learning 语言习得术语。指语言学家克拉申(Stephen Krashen)于1982年提出学习概念分类中的一种，是下意识习得语言的方法，与有意识的指导学习(guided learning)相对。克拉申认为只有下意识的学习才能产生语言的习得，而学习不能导致习得。参见"监控理论"。

自发音变 autonomous sound change 参见"无条件音变"。

自发噪音 spontaneous voicing 音系学术语。指声带处于中性位置时自动发出的声音。由乔姆斯基和哈勒提出，用来区分响音和塞音中的不同发声机制，是一种没有充分根据的假设。自发噪音假设，响音在发声过程中声带处于中性位置自动发声，而塞音的发声机制则有所不同。

自反关系 reflexive relation 逻辑学术语。指形式逻辑中集合 S 中的二元(two-place)关系 R。当集合 S 中所有元素 x 和集合 S 本身存在某种 R 关系时，其值为真，其逻辑表达式为：$R(x, x)$。对于同一关系，这一命题为真，即每一个元素与它本身相同。这种关系在自然语言中常通过反身代词来表达。例如：Kevin likes himself. 用形式逻辑的语言，"凯文"与"他自己"的自反关系可表达为 $like(k, k)$。

自反性 reflexivity; reflexiveness; reflectiveness ❶指句法结构式的特征，即同一个谓词(predicate)的两个论元(arguments)所指相同。反身性可以用反身代词或反身词缀表示。❷人类语言的一个定义特性，即语言可被用来谈论语言自身，如词引证。例如："The dog" is a noun phrase. 此时"the dog"被用作引用形式。

自利原则 Greed Principle 句法学术语，亦称自顾原则。生成语法最简方案(Minimalist Program)中的术语。根据乔姆斯基的最简方案，普遍语法的核心包括"自利原则"、"经济原则(Principle of

Economy)"和"拖延原则(Procrastination Principle)"。在最简方案框架下,移动是为了满足核查的需要,即移动受特征核查的驱动。只有当成分的某一特征需要被核查时,这一成分才会被核查探头吸引,向上移动到核查域。由此可见,移动是出自成分自身的需要才会发生,故而被称作自利原则。又因出于推导经济性的原则,移动会被尽量延滞到逻辑式层面,采用代价更小的隐性移动方式。因此,自利原则又被称为"利己的拖延原则"。

自律音位 autonomous phoneme 参见"自主音位"。

自嵌结构 self-embedding 句法学术语,亦称中心内嵌。指短语结构语法中把句子的一个成分包含到与它同一类型的成分中的结构类型。此构式可通过一系列的"X→Y(+X)+Z"形式加以衍生。以关系从句为例:[1] Who said he was a linguist. [2] Mary talked to Tom, who admired the man *who said he was a linguist*. 分句[1]被嵌入到句[2]中与其属性和类型相同的分句之中,成为后者的组成成分。

自然的学习环境 naturalistic learning environment 语言习得术语。指一种语言习得环境,在此环境中,语言知识的积累并非有意识的,相反这种环境可以为语言习得者提供较多的语言输入和日常交际场景,从而使语言习得者逐渐潜移默化地发展语言能力。与之相对的是形式化学习环境(formal learning environment)。形式化的学习环境鼓励学习者注重语言的形式,学习者经常受到纠正,输入是选择性的,学习时间也是有限的。在自然学习环境中,学习者只是像母语者那样在日常生活中接触到语言材料进行学习。

自然等值 natural equivalent 奈达(Eugene Nida)在1975年论述翻译等值时所提及的术语。指翻译时在目的语中找出与源语等同的字代。"自然"强调翻译时要注重语言意义上的等值,而不是文化上的迁移,以保证原作者内涵的语义内容不流失。避免出现翻译式语言,而且翻译只应该是语言上的翻译。

自然度 naturalness 参见"自然性"。

自然法 Natural Approach; Natural Method 语言教学术语。❶指19世纪形成、与语法翻译法(Grammar Translation Method)相对的几种语言教学法的总称。自然教学法强调如下教学理念:(1)要使用口头语言;(2)使用实物或动作教词汇和语法结构;(3)语言教学务必遵循第一语言学习的自然规律。自然法导致了直接教学法(Direct Method)的产生。❷指由特泰雷尔(Tracy Terrell)提出的教学方法,其教学原理是:(1)强调自然交际,而非语法学习;(2)允许学习者犯错误;(3)强调非正式地习得语言规则。

自然格 natural case 句法学术语。指普遍语法概念所基于的未标记的核心句法(Core Grammar)所描述的对象,被视为语言能力的组成部分。

自然开始 natural beginning 修辞学术语。指要求在句首不使用语气强烈的词和重读音,以免听话人感觉突然、难以理解或不好接受。是修辞学中为了达到句子语音和谐条件之一。从心理学的角度说,自然的语气和音强的变化在说话之初应呈现出渐升的曲线。应将语气较强或意义重要的词放在适当的第2、3、4音节处开始。例如:While bitter weeping may endure for a night, but joy comes in the morning.

自然类 natural class 音系学术语。指由一组特定的区别性特征定义的音段的集合。例如,英语中[−浊音]定义的是所有清辅音的集合,[+音节性]、[+高位]、[−后位]则定义的是所有高前元音的集合。一个自然类中的所有音段作为一个集合参与音系规则的过程。

自然类术语 natural kind term 标识自然种类的语言形式及专门术语。在哲学上,自然类是按事物自然规律或性质而非人为的方法对事物进行的分类。换言之,它指的是一组事物(如物体、事件和存在)共性。借助这种共性,能将一自然类与另一自然类区分开来。"自然类"概念由语言哲学家蒯因通过其论文《自然类》(*Natural Kinds*)介绍到当代哲学里,它能让我们通过部分事物的特性推断出同自然类事物中其他事物的性质。

自然派 naturalist 指支持认为事物的名称和事物本身有一种本质联系观点的人。自然派的主要证据是拟声词,即使用事物本身发出的声音或事物有关的声音来指称事物的词,比如汉语用[miao⁵⁵]指称"猫",可能与猫的叫声有关。自然派的观点或许可以解释某些具体名词的起源,但不能说明抽象名词以及虚词等如何能通过拟声产生。

自然生成音系学 natural generative phonology; NGP 生成音系学理论。最早于20世纪70年代初由加州大学的维尼曼(Theo Vennemann)提出,随后胡珀(Joan Bybee Hooper)在1976年出版的《自然生成音系学导论》(*An Introduction to Natural Generative Phonology*)中对该理论做了全面详细的阐述。该理论是对哈勒(Morris Halle)提出的生成音系学的反应,其特点有:(1)严格区分了音系学和词汇音系学;(2)试图限制音系规则和这些规则运作的形式。这些规则作用时受条件约束,如"固有有序条件(rules are ordered only intrinsically)",但不含"抽象表征条件(abstract representations)"。该理论反对过于抽象的底层表达,强调底层表达式(underlying representation)的自然性,认为底层形式应与表层形式(surface form)甚或实际的语音形式基本一致。该理论主张尽可能使用表层制约和普遍的(universal)音系原则来描述和解释音系过程,从而减少音系推导规则和规则使用的先后顺序条件(no order rule),避免出现过于抽象的底层形式。

自然生成语法 natural generative grammar
指巴奇(Karen Bartsch)与维尼曼(Theo Vennemann)于1972年基于范畴语法发展起来的语言学理论。其许多原则是在反对生成转换语法的过程中产生,所主张的基本内容是:(1)旨在描述的不是具有语言能力的潜在的语言知识,而是语义、句法和语音表征相互关联的语法过程。这样的假设可以通过观察语言习得、使用和变化中的规律得到实践证明。(2)句法是基于谓词逻辑以范畴化形式形成,并扩展到包括内包谓词和语用句子算子(逻辑连接词)。这样,句法结构不是偶然性的句子成分的汇集,而是由直接进行语义解释的算子——运算对象逻辑关系式来体现。(3)经过修改的范畴语法是发展通用词序语法的基础。通用词序语法遵循的原则是自然序列,即展示世界上所有的语言词序或是算子—运算对象,或是运算对象—算子,或至少倾向于两者之一。(4)区分了基于词的语义学和基于句的语义学。前者建立在意义公设(meaning postulate)基础上。后者与句法同构。逻辑语义表征与人类认知结构保持一致。人类认知结构是人们感知、识别、归类、言语和理解的基础。(5)对形态学和音系学进行了严格的区分,与转换语法形成了鲜明对比。音系描写遵循公认有效的或语音上可行的准则,如鼻音和谐原则(明示标记原则和自然音系学原则)。(6)不仅包括了共时的语言学理论也包括了补充性的历时语言学理论,即语言变化理论。后者的普遍性和预示性特征有助于描写词序和音变。(7)"强势自然准则条件(strong naturalness condition)"要求,所有音系表征通过表层形式的音系特点来表征,语义表征基础的逻辑算子—运算与人们的基本认知(语言)能力相关,句法派生过程中不允许出现语义上不能解释的中间步骤。

自然顺序假说 The Natural Order Hypothesis 语言习得术语。克拉申(Stephen Krashen)在1977年提出的监控理论(Monitor Theory)中的五大假设之一。这个假说认为,人们对语言结构的习得是可以预见的,所有的语言学习者的习得过程都遵循一个大致相同的顺序。某些结构可以早些习得,有些则晚一些习得。例如,布朗(Robert Brown)、杜莱(Heidi Dulay)和博特(Marina Burt)等语言学家的实证研究表明,在儿童和成人将英语作为第二语言学习时,掌握进行时先于掌握过去时,掌握名词复数先于掌握名词所有格's等;还有一些语言学家的实证研究表明成人习得某些语法语素的自然顺序是相同的。克拉申认为,自然顺序假说并不要求人们按这种顺序来制定教学大纲。实际上,如果我们的目的是要习得某种语言的语言能力,就不一定按照某种语法顺序来教学。

自然习得 natural acquisition 语言习得术语。指第二语言或外语习得者在目的语的环境中习得语言的过程和结果,与通过课堂教学而学得二语或外语的概念相对。自然习得的特征包括:(1)自然的交际互动语境让习得者能够接触到各式各样的词汇和结构;(2)几乎没有人去改正习得者所犯的错误;(3)习得者遇到的交际对象是熟练的话语者以及各式各样的语言事件;(4)在很多一对一的谈话中,习得者能够接触到修改而适应习得者的语言输入。

自然形态学 natural morphology 指一种广义的词形学研究方法,于20世纪80年代早期的德国和奥地利发展而来,认为语言总体结构趋势和个体语言特定的变化过程皆可部分地由假设的语言自然性普遍规律来解释。因此,词形结构越明显则词汇理解越容易,对于词范畴(category)是通过词缀变化(如英语中的 bake-d 或 hen-s)而不是通过元音变化(如英语中的 took 或 men)实现的词汇尤其如此。总体上说,词缀是更自然的词形学法则,也是语言变化中最常见的过程;在其他条件相同的前提下,特定语言发生变化的趋势就是词缀范围不断扩大的趋势。例如,在英语史中,有词缀的复数形式(如 cows)往往会取代词形不明显的形态(如 kine)。根据自然词形学其他相应的规律,作为与单数形式相区别的复数形式的标记,通过显性的词缀而非隐性的词缀方式来实现更加自然,如英语中 hen-s 是 hen 的复数形式。这种规律广泛地体现在许多语言中,也是语言的特定变化的趋势。此类规律最终归结于象似性(iconicity)原则的解释。

自然性 naturalness 亦称"自然度"。❶指语言中某种程度上有语言外或语言体系范畴外因素解释的规则、关系、准则的特性。因此,表示小鸟名字的 chiffchaff 或 peewit 是自然的,因其折射出鸟自身的叫(歌)声。❷指前元音间的软腭辅音发音时的腭音化过程,就舌的运动来看也是自然的。❸指(生成音位学中)某些(类)或者某些音系规则在语言中出现的概率。例如,元音[i]和[u]被认为比元音[y](即圆唇的[i])更经常出现,因此也更自然。❹指语义相关次序相连的词语相邻的句法规则自然性使句子容易生成和理解。

自然意义与非自然意义　**natural meaning and non-natural meaning**　语用学术语。由格赖斯(Paul Grice)于1957年提出。自然意义是自然地指向或显示某事,被指的事态与被传递的信息之间存在自然的联系,不涉及交际者的说话意图;反之,非自然意义与说话人的交际意图关系密切,与说话人所处的交际语境息息相关。例如:[1]树叶变黄意味着秋天到来了。[2]门铃响了,这意味着男主人回家来了。例[1]中"树叶变黄"与"秋天到来"两个事实之间有自然的必然联系,即"物"与"形"之间存在自然联系,这与说话者的意图无关。例[2]中"门铃响"与"男主人回家"这两事实并非有自然的联系,完全是说话者的主观意图的表达,因为门铃响完全可能指向别的事态的发生。交际者话语意图是区别自然意义和非自然意义的关键所在,它能帮助推导出交际者话语的隐含意义,弥补了真值条件语义学和言语行为理论无法解释某些语言现象意义的缺陷。

自然音变　**autonomous sound change**　音系学术语,亦称自发音变、无条件音变。指不取决于语音环境而在所有的位置上都发生的音变。如原始印欧语的/o/和/a/合并成原始日耳曼语的/a/。汉语语音史的无条件音变,包括辅音的变化、元音的变化、声调的变化三大类。辅音的变化如中古汉语的浊塞音在今北京语音系统中都变成了清音。元音的变化如中古的"沃"韵([uok])到现代汉语中全部变成[u]。声调的变化如中古汉语的入声在今北京语音系统中的消失。

自然音系学　**natural phonology**　音系学的一个分支学科。指20世纪70年代末和80年代初由斯坦普(David Stampe)和德雷斯勒(Wolfgang U. Dressler)确立的音系学理论模型。该理论模型区分了过程和规则,认为由音位引起的变化是过程,而由语素引起的变化则是规则,只有第一种才被视为自然音系学研究的对象。自然音系即一组支配音系的普遍的、强制的、不可违背的语音规则。自然音系学与生成音系学(generative phonology)相对,认为音系学的基本单位是"自然"音系过程,强调音系规则的自然变化过程。之所以称为"自然",因为它在语音学上符合人类声道等发音器官的属性。自然音系变化过程被认为是天赋的,任何儿童都会遗传继承这些过程,是儿童在学习一种语言时必须遵守的制约。这些制约在发展的初期阶段只允许产生对简单的发音形式,随着儿童学会产生较高级的形式,这些制约必须加以修改或抑制。自然制约与"习得"的规则相区别,后者是后天学会的具体语言里的规则。

自然言语理解系统　**natural speech understanding system**　计算语言学术语。指人和计算机之间用自然语言口语语音对话的通信系统。自然语言语音理解系统从20世纪60年代初开始研究,开发出了一系列英语语音理解的实验系统,其中有代表性的如HEARSAY系统、HARPY系统和HWIM系统,能在有限的词汇、句法和特定的主题范围内理解英语口语句子。这些系统的设计在总的方法上是一致的,即语音、词汇、句法、语义、语用的分析同时进行,互为补充,以确定输入句的内容。一般的处理程序是:分析输入语音信号的声学物理特征,根据音系规则归纳音位、音位变体、连续音变和语音省略以切分音节;根据构词规则作出可能的单词假设,称为"底端分析"。同时应用句法、语义、语用规则和主题知识,根据上下文预测输入句的内容,称为"顶端分析"。底端无需识别每一个语音信号,模糊不清的可以跳过;只要能提出句中某几个单词的假设,就能由顶端根据词的搭配、句法组合和主题知识前后左右加以推断,建立句中单词序列的一种或几种假设,再用底端的语音数据核实,择优选用。自然语言语音理解系统目前面临的问题是:能理解的词汇、句句局限性过大,更不能区别语音近似的句子。HARPY被认为是最成功的系统,也只能理解特定的有限态语句,句中不能替换任何单词。

自然语言　**natural language**　❶与人工语言相对,指人类社会自然形成的、人们用它进行各种交际活动的语言。如汉语、英语、法语等都属于自然语言。❷指一种想象或发明的大致与语言相似的体系(该体系形式与意义的关系是自然的而非任意的。例如:所有表示动物的词语都以 b 开头,所有表示哺乳动物的名词都以 ba 开头,所有表示灵长类动物的名词都以 bac 开头。这种自然语言的特征见于17世纪中期开始的"普遍语言运动"(Universal Language Movement)。

自然语言处理　**natural language processing**　计算语言学术语。指利用电子计算机等工具对人类所特有的语言信息(包括口语信息和文字信息)进行计算处理,并建立各种类型的人—机—人系统。自然语言理解是自然语言处理的核心,其中包括语音和语符的自动识别以及语音的自动合成。语言之间的自动翻译是另一种高级的人工智能,涉及两种或多种自然语言的理解和处理问题。有关项目目前都还处于研究实验或初步应用阶段。自然语言处理中智能较低的工作,如语料的统计、分类、检索、分析等,早已付诸应用。参见"计算机情报检索""频率词典"和"统计语言学"。

自然语言分析　natural language analysis
计算语言学术语。指利用计算机程序对人类自然语言进行分析所遵循的原理、执行的步骤以及所取得的结果。自然语言分析的目的是为计算机对自然语言的进一步处理创造条件。分析自然语言的方法有两大类:一类是基于规则的方法,一类是基于统计的方法。基于规则的句法分析理论和方法主要有短语结构语法、乔姆斯基语法、递归转移网络和扩充转移网络、词汇功能语法。通过自然语言分析,有助于实现机器执行某些语言功能,其中包括:(1)使计算机正确理解人们用自然语言输入的信息,并能正确回答输入信息中的有关问题。(2)摘要生成:对于输入的文本信息,计算机能够产生相应的摘要;(3)文本释义:能用不同词语和句型对输入的信息进行复述或解释;(4)不同语言间的翻译:计算机能把用一种自然语言表示的信息自动翻译为另一种自然语言。

自然语言界面　natural language interface
计算语言学术语。指计算机的一种用户界面形式,能让用户使用诸如英语这样的人类语言进行互动和交流。自然语言界面与计算机语言界面、命令行界面或画面用户界面相对。其设计目的在于理解书面或口头文本。典型的做法是用自然语言查询取代命令行或数据库查询,以及尝试使用自然语言句法来对语言进行编程(如Cobol和HyperTalk)。自然语言界面最常见的问题是模糊性问题,即自然语言命令因其意义多样性常会有不可预料的解释。相比之下,计算机语言因其代码意义的明晰性和一致性突出而更受专业用户的青睐。

自然语言理解　natural language understanding
计算语言学术语,亦称人机对话,属于人工智能的分支学科。研究电子计算机模拟人的语言交际过程,使计算机能理解和运用人类社会的自然语言如汉语、英语等,实现人机之间的自然语言通信,以代替人的部分脑力劳动,包括查询资料、解答问题、摘录文献、汇编资料以及一切有关自然语言信息的加工处理。自然语言理解是以语言学为基础的边缘学科,内容涉及语言学、心理学、逻辑学、声学、数学和计算机科学,其研究综合应用了现代语音学、音系学、语法学、语义学、语用学的知识,同时也向现代语言学提出了一系列的问题和要求。自然语言理解需要解决的中心问题包括:(1)语言究竟怎样组织起来传输信息。(2)人如何从一连串的语言符号中获取信息的。自然语言理解研究从20世纪60年代初开始,由于乔姆斯基在语言学理论上的突破和此后各家理论的发展以及计算机功能的不断提高,目前在语音理解和书面理解两个方面已经取得了一定的成果。

自然语言生成　natural language generation; NLG　计算语言学术语。指计算机系统通过给定的语法规则和语义知识自动生成自然语言的句子或篇章。语言生成系统是基于语言信息处理的计算机模型,其工作过程与自然语言分析相反,是从抽象的概念层次开始,通过选择并执行一定的语义知识和语法规则来生成自然语言文本。通常开发运用NLG系统主要有两个目的:(1)作为人们生活中的交际工具;(2)作为检验特定语言理论的一种技术手段。研究自然语言生成与研究自然语言本身有着紧密的联系,涉及语言理论诸多方面的内容。自然语言生成是一个知识密集的问题,可以从语言学、认知科学和社会学的角度来探讨。可以把自然语言生成看成一个映射问题,也可以把它看成一个选择问题,还可以把它看成一个规划问题。自然语言生成可以分为四个层面问题,即宏观规划(macroplanning)、微观规划(microplanning)、表层实现(surface realization)、物理表达(physical presentation)。

自然主义[1]　naturalism　语言哲学术语。❶哲学语义学(philosophical semantics)中的一种观点,认为词义和词所表示的事物之间存在着一种根本的联系,词只是人们给客观世界的物体或事物起的自然名称而已。自然主义与唯名论(nominalism)相对,后者认为词的开头是人的习惯和惯例约定俗成的。❷指以德国的施莱歇尔(August Schleicher)为代表的19世纪初在欧洲流行的一种语言观:认为语言是自然界的一种有机体,有其生长和衰老的过程,主张把达尔文的物种起源和发展的学说应用于语言研究。

自然主义[2]　naturalistic　语言习得术语。与课堂相对,指与语言学习者没有通过课堂教学而习得外语这种现象相关的一个术语。有些移民即使没有经过课堂语言学习,但是在生活或工作中也习得了他们所移民国家的语言,这些人被称为自然主义的语言学习者(naturalistic learners)。相对应于课堂教学,这个词通常和非课堂教学(nonclassroom)替换使用,因为一些学者反对把课堂教学标签为非自然的(unnatural)。

自上而下过程　top-down process　认知科学术语。指一种人类在理解和学习语言时所采取的分析和处理语言的方法。具体过程为人们利用自己的背景知识、预测、已有经验、事物的摹本和图式等上层知识(high-level knowledge)来分析和处理所接收到的信息,如单词、句子等。与自下而上过程(bottom-up process)相对应。后者是指通过分析语言材料本身包含的单词、句子等信息来进行理解和学习。

自我导向学习　self-directed learning　参见"自主学习"。

自我概念　self-concept　指学习者或个体的自我认识，即所具有的自我形象。在语言习得研究中，自我概念是可以影响学习者语言学习的众多因素之一，通常被纳入语言学习中的情感变量（如态度、个性、动机等）的范畴加以考量。

自我监控　self-monitor　语言习得术语。语言学习的一种策略。指为了更好地了解和控制自己的行为而对自我行为所作的观察和记录，并以此作为日后调整行为的依据之一。这经常用作检查学习任务执行情况的一种手段。

自我界定　ego boundary　指学习者把个人的体验进行分门别类的一种心理倾向。自我界定分为明确的自我界定（thick ego boundary）和不明确的自我界定（thin ego boundary）。自我界定与自我渗透密切相关。参见"**自我渗透性**"。

自我评定　self-rating; self-reporting　参见"自我评级"。

自我评估　self-evaluation　语言习得术语。在语言习得中，指学习者在完成一项任务后检查自己的实施情况，如检查自己语言使用时是否成功的行为和过程。自我评估是语言学习中的一个认知策略。

自我评级　self-rating; self-reporting　语言测试术语，亦称自我评定。指语言测试中，学习者个人对自身语言能力的自我评定。一般依据其对某种语言技能的掌握程度、在不同场景或领域中语言的使用能力以及对语言各种语体的应用能力。自我评级是了解一个人语言水平的一种方法。

自我渗透性　ego permeability　语言习得术语。源于临床心理学，心理学上指能够突破自我性格的局限，接受新的经历、感知异域民族和异域文化的轻松程度。语言研究者借用此概念来解释、描述外语或二语学习者对外语或异国文化的开放接受度。自我渗透性与自我界定密切相关。一般认为，自我界定清晰者渗透性弱，反之，自我界定模糊者渗透性强。自我渗透性的强弱直接影响外语或二语学习者对外语或第二语言及其文化的接受程度。

自我修正　self-repair　语篇语言学术语。指说话人对自己讲的话进行自发性的补充说明或解释的行为。自我修正一般分三个阶段：(1)说话人意识到自己话语出现错误或故障，决定中断说话；(2)说话人中断语流，产生停顿；(3)对有问题的话语进行修正或改正。例如：A: I need a new bolt for my oil filter. B: A BOLT? A: I mean ... er ... for my oil PAN. 此列对话中的最后一句即为自我修正。

自我中心性　egocentrism　语言运用中不自觉、下意识呈现出的一种内在特征。说话人的"我"（拉丁语为 ego），所说的语言表现出诸如"此时""此地"等以我为中心的特点。

自我中心言语　egocentric speech　指幼儿学习第一语言过程中所观察到、并非起交流作用的自我言语。儿童自我中心言语是瑞士语言学家皮亚杰（Jean Paul Piaget）在其1923年的著作《儿童的语言与思维》中提出并加以论述的。皮亚杰从正在学习第一语言的儿童的语言中观察发现，儿童的言语分为两大类，即自我中心的（egocentric）和社会化的（socialized）言语。自我中心言语是指讲话者不考虑在与谁讲话，也不在乎对方是否在听，其作用是幼儿表达思想、自我娱乐和练习开口说话。因此，与对他人言讲的交际使用的社会化言语（socialized speech）不相同，自我中心言语不具有社交性质；言语的机能只是用来刺激、伴随、加强、补充行动，而不是一种沟通思想的手段。在三岁之前的儿童的语言主要是自我中心言语。儿童到七、八岁开始试图改进交流思想的方法和增进相互间理解时，自我中心言语逐渐开始萎缩。

自我中心语言　egocentric language　亦称我向语言。根据皮亚杰的观点，以自我为中心是一种语言特征。从逻辑思维的发展的角度来讲，儿童的自我中心状态是他的认识活动的一个特点；或者说是一种认识现象。因而，儿童的语言发展中就出现"以自我为中心"的状态。儿童的自我中心语言只是儿童认识上的自我中心状态的一种表现，由儿童思维上的自我中心所决定。

自下而上　bottom-up　❶心理学术语。指语言处理中的分析策略的假设。参见"**自下而上处理**"。❷在语言教学中，指以语法为中心的教学模式，表现为单词—短语—句子—段落—篇章的一种信息处理过程。

自下而上处理　bottom-up processing　心理学术语，亦称数据驱动加工（data-driven processing）。指知觉者从环境中一个个细小的感觉信息开始，将它们以各种方式加以组合便形成了知觉。在语言处理和话语分析中，指通过所给的新的知识来认识和了解事物的过程。在阅读时，即指从分析文章本身的词和结构再到理解句子的过程。与自上而下处理（top-down processing）相对。

自下而上法与自上而下法 Bottom-up vs. Top-down　　指语言处理过程中假设的分析方法。在自下而上的程序中,语言理解以识别单个单词而始,分析这些单词可能的语义、句法功能和范畴,并以此为基础来构成可能的命题结构。对于多义的表达,则可以通过自上而下程序予以解决,其依据是听者或读者对一个表达在其直接语境中的语法功能有一个期望,比如在语序为主—动—宾(SOV)的语言中,在句首的名词短语之后期望出现一个动词;其前提是,有关的词在字典中表现为动词,而且它的其他语法属性都不予考虑。

自下而上过程 bottom-up process　　心理语言学、认知心理学和信息处理中指主要利用资料中提供的信息本身,通过分析语段本身的词和句来进行理解的过程。与自上而下过程(top-down process)相对。参见"自上而下过程"。

自由变体 free variant; free variation　　音系学术语,亦称自由替换成分(free alternant)、随意变体(optional variant)、非功能变体(facultative variant)或非对比性变体(non-contrastive variant)。指具有自由变异功能的若干形式之一,如两个或更多的语言项出现在同一位置而其意义无任何明显改变;或者在特定环境中一个音和另一个音之间的可替换性。例如,英语词 either 可以选择发/ˈaɪðə/或/ˈiːðə/;在"The man ＿＿ we saw"中,who 和 whom 都可以。who/whom 任选以及 either 的两个读音都属于自由变异。现在通常认为这种变异为社会变异或文体变异。参见"随意变体"。

自由变项 free variable　　句法学术语。在管辖和约束理论中指不受量词约束的变项。

自由变异说 free variation hypothesis　　参见"方言混合说"。

自由词组 free word combination　　与固定词组相对。根据交际的需要按照语法规则临时组织的词组。其中词与词之间的组合并非约定俗成,也并非固定不变。参见"固定词组"。

自由的 free　　音系学术语。指音系或语法特征缺乏某类形式制约。主要用在自由语素、自由语序、自由重音、自由话语和自由变异等词组中。

自由反应题项 free response item　　参见"开放式回答"。

自由反应项 free response item　　语言测试术语,亦称开放式回答项(open-ended response item)。语言测试项中分类的一种。指应试人可以对问题作自由回答而不受规定模式约束(如提供选项供学生挑选)的测验题项,如问答题。

自由关系小句 free relative clause; free relative　　语法学术语。❶亦称无中心语关系从句(headless relative)或名词性关系小句(nominal relative clause)。指没有中心语并且它本身就是一个名词短语的关系从句,在句法结构中起名词作用。例如:[1] Whatever she wants she gets. [2] Who dares wins. ❷指由 whenever 或 wherever 引导的状语从句。例如:[3] Nora will laugh whenever Linda laughs.

自由间接文体 free indirect style　　指将人物直接话语的语法等特征与叙述者的直接表述特征糅合以展开人物思想或话语的表现方法。例如:Plainly she was going to ask him tomorrow. 此句中,过去时 was 和第三人称 him 对叙事的现在时和第一人称叙事者来说是恰当的,但副词 tomorrow 则是从人物角度所表达的时间。

自由句 free sentence　　与黏着句(bound sentence)相对立。指不需要补充上下文而其意义就明确的句法结构。例如:[1] Beijing is the capital of China. [2] Mount Everest is the highest mountain in the world.

自由联结 free adjunct　　一种句子修饰语。指不需要动词的价(valence)但可以在句子中自由地添加的成分。例如:He was reading a book (under a tree). 此句中,"under a tree"为自由联结,相当于补语(complement)。

自由实践方法 free practice technique　　语言教学术语。指语言课堂教学中最后实践阶段所实施的教学活动。涉及对参与者的不同安排,虽然不排除全班性的活动,但是更强调小组或结对活动、角色表演、模仿、和戏剧等活动形式。

自由实践阶段 free practice stage　　语言教学术语。指语言教学课堂步骤中的最后环节,即传统的"呈现—实践—产出"(Presentation—Practice—Production)模式中的语项自由生成步骤。据此,学生自由地生成新的语言项,教师此时的控制可有可无。

自由体诗 free verse　　一种不受格律、韵脚或音律节奏约束的诗歌形式。诗的段数、行数和诗行长度不限,不按音步形成节奏,而是以更大的词群和短句作为节奏单位。其节奏成为韵律(cadence),与格律诗的节奏(meter)相区别。

自由替换成分 free alternant; free variant; facultative variant　　参见"自由变体"。

自由推衍 free ride　　参见"免费搭车"。

自由写作 free writing　　指一种写作的构思技巧。一个人连续书写一段文字，而不在乎拼字、文法或者主题。自由写作通常不够完美，但帮助作者克服冷漠与自我批评的障碍。主要被一些散文作家写作时使用。有些作者应用这个技巧收集最初的想法、和主题相关的概念，通常是正式写作的准备。自由写作基于一种假设，当每个人都有话想说且可以说出口时，心灵可能会因冷漠、自我批评、愤慨、截稿日的焦虑、失败与责备的害怕或其他形式而遭受阻碍。自由写作概念可以帮助作者化解上述写作中的心理难关。

自由形式 free form　　指可以独立成词或成句、无须形态修饰的最小语法单位，如 table、quick、pen。与黏着形式（bound morpheme）相对。语言中的句子、短语和词都是自由形式，而词则是最小的自由形式。

自由音节 free syllable; open syllable　　音系学术语，亦称开音节。通常指以元音结尾的音节。有些音节没有辅音或者含有多个元音，因而以音节音（包括成音节的元音或辅音）结尾的音节也被看成是开音节；还有的把以非音节元音（下降二合元音或三合元音的后一个成分，相当于汉语的韵尾）结尾的音节看成是半开音节。例如，汉语"都"du[tʊ]和"鱼"yu [jy]都是开音节，而"白"bai [paɪ]和"膘"biao [pɪaʊ]是半开音节。

自由语素 free morpheme　　与"黏着语素"相对。指可以独立成词或成句的语素，如英语中的 over、go、super、under 等。在某种语言环境中，带上语调便可成为句子，如："谁？——我。"

自由语序 free word order　　与固定语序（fixed word order）相对。指屈折语中语序的改变不影响语法结构或改变命题意义的词序。自由语序特别常见于屈折语言，如拉丁语，因其常用词缀表示语法关系。在自由语序语言中，句法成分的次序根据说话者的语境以及为了取得某种修辞效果而发生变化。

自由语言形式 free linguistic form　　与"自由形式"同义。参见"自由形式"。

自由元音 free vowel　　音系学术语。指开音节中的元音。如英语 cite /saɪt/中的/aɪ/、rope /rəʊp/中的/əʊ/等。

自由重音 free stress; free accent; moveable stress　　音系学术语。指某些语言的词的重音不总是落在同一位置上的现象，如英语中的自由重音的主重音可能落在第一音节（如 interval /ˈɪntəvəl/、terrible /ˈterəbl/）、第二音节（如 interrogate /ɪnˈterəgeɪt/、begin /bɪˈɡɪn/）或第三音节（如 interference /ɪntəˈfɪərəns/、composition /kɒmpəˈzɪʃn/）。参见"传统重音"。

自由作文 free composition　　指无任何规定或限制的写作。学生可自由发挥并写成文章。与限制性作文（controlled composition）相对立。参见"作文"。

自指 self-reference　　参见"内部照应"。

自主词 autonomous word　　语法学术语，亦称实词（content word）或词汇词（lexical word），相对于功能词（functional word）而言。指有实在意义、在句中能独立承担句子成分且有词形变化的词，包括名词、形容词、数词、动词以及大多数副词（有些副词也属于功能词，如 then 和 why）。在独立词中，名词（n.）表示人、事物、地点或抽象概念的名称，如 boy、morning、bag、ball、class、orange 等；形容词（adj.）表示人或事物的性质或特征，如 good、right、white、orange 等；数词（num.）表示数目或事物的顺序，如 one、two、three、four、first、second、third、fourth 等；动词（v.）表示动作或状态，如 am、is、are、have、see 等；副词（adv.）修饰动词、形容词或其他副词，用来说明时间、地点、程度等，如 now、very、here、often、quietly、slowly 等。独立词属于开放词类，有词缀、屈折变化等。

自主的 autonomous　　讨论语言学作为一门独立的学科内的分支时使用的形容词，如自主音位（autonomous phoneme）、自主句法（autonomous syntax）、自主言语（autonomous speech）等，用以表示语言学已有自己学科的目标、理论和方法，不再依赖其他学科（如文学批评、逻辑学、历史学等）的偶发兴趣。如自主音位属于音系学，自主音位指不涉及语法（词法）结构的音位，与形态音位（morphologic phoneme）或生成语言学的系统音位（systematic phoneme）对立，后两者的分析都允许参照严格的音位因素以外的其他因素。

自主句法 autonomous syntax　　来自生成语法的标准理论的一个观点，主要观点是语法的句法部分独立于语义学，决定句子合法性的因素独立于决定句子意义的因素，这一观点后来遭到生成语义学的批判。

自主性 autonomy　　❶语符学（Glossmatics）术语。指构象（constellation）的一种形式，即两个自由元素结合在一起的聚合关系，两个元素的共同表象彼此独立，与决定性和相互独立性对应。❷在教学领域，指学生学习的自主性，只要学生学习语言的自主性得到激发,学习的信息就会增加,学习的效率就会提高。就词源而言,autonomy 来自希腊文 autonomos,其中 nomos 意为律法(law),指制定自己的律法,原泛指自治、自主的权利。

自主学习 autonomous learning 亦称独立学习(independent learning)、自我导向学习(self-directed learning)等,指学习者通过个人努力发展思辨和批评性价值评估而习得知识的过程、方法和教育理念。自主学习将学习者看作是可以而且应该自动为自己的学习环境负责的个体。自主学习帮助学习者发展其自我意识、拓宽视野、增强应用能力和讨论的自由,后者反过来促进学习者的个人独立学习能力。与学习者自主性相关的因素有:自主思维和行为,具有从学习者角度正确评价自身的不足的能力、作为学习者的有效的自我管理方法。自主学习既是目标也是过程,涉及学习的方法和学习者在不同阶段表现的不同特性。在学校教育环境下,自主学习的教育理念不仅与学生有关,也与老师有关。就学生而言,自主学习包括:(1)制定自身的学习目标,选择学习模式,计划和安排学习进程;(2)决定何时独处学习、何时合作学习、何时寻求帮助;(3)通过体验而学习,善于创造性思维、发现并解决问题;(4)根据所定目标评价自己的进步。就教师而言,自主学习包括:(1)鼓励保证个人独立发展空间;(2)随着学习者成熟和自信的逐步提高,教师逐步减少对其指导与帮助。鼓励学生发展自主学习可以从以下几个方面进行:(1)通过信息检索(特别是使用图书资料);(2)制定平衡的生活计划(比如学习、娱乐和其他压力分配);发现自己的学习目的和学习方式;(3)学习从知道和记忆过渡到分析和研究(比如如何适应从中学的依赖性学习过渡到大学的独立性学习);(4)学习如何提出问题;(5)学习如何在正统教育下发现与探索问题等。

自主音变 autonomous sound change 参见"独立音变"。

自主音段 autosegment 音系学术语。指自主的、在独立的音层上表征的音段。声调被认为是有独立地位的音段,独立于骨架层上的辅音和元音音段。参见"自主音段音系学"。

自主音段音系学 Autosegmental Phonology 音系学术语。当代音系学理论,与此前主张单一音段(segment)音层的线性排列理论对立,主张两个或者多个平行音层(tier)的并存,每个音层上排列着被称为自主音段(autosegment)的成分,音层与音层之间由连接线连接,表明协同发音的方式,因此属于非线性音系学理论的一种。由美国语言学家戈德史密斯(John Goldsmith)于 1976 年提出,最初作为处理声调现象的理论,后迅速发展成为一种主要的音系学理论。现在所有的区别特征都被认为处于独立的音层,元音和辅音和谐等现象就是用自主音段的延展(spreading)来解释的。连接规约和联接线无交叉制约是该理论中最重要的两个制约条件。

自主音位 autonomous phoneme 音系学术语,亦称纯音位、自律音位、自立音位。指不涉及语法(特别是词及形位的结构)的音位。如/k/、/g/、/s/、/z/等。自主音位与形态音位(morphologic phoneme)或生成语言学的系统音位(systematic phoneme)对立,后两者的分析都允许参照严格的音位因素以外的其他因素。

自主音位学 autonomous phonemics 指研究纯音位的、不与语法结构相联系的音位学。

自主语言 autonomous language 指具有自创规约的标准语言,与层级语(heteronomous variety)相对。社会语言学中指按自身的规律发展,并且子、母语分化以来已有一定的自身发展史的语言。自主性表示其在很大程度上是一种社会政治构体,并非表示来自语言学意义上的区别。自主语言通常有属于自己的语法书、词典和文献,如同属日耳曼语系的英、德、荷兰、丹麦、冰岛、瑞典和挪威等语言。过去曾经的自主语言经过演化可以变成层级语,而过去曾经的层级语经过演化也可以变成自主语。前者如苏格兰语(Scots),现在是英语的一个方言变体;西坦语(Occitan),有人认为曾是法语的一个方言变体;而低撒克逊语普遍认为是德语的方言变体。相反地,另外一些语言则在历史的演变过程中逐渐变成了自主语,如塞尔维亚克罗地亚语的分支塞尔维亚语(Serbian)、克罗地亚语(Croatian)、波斯尼亚语(Bosnian)以及原认为是荷兰语一支方言的南非荷兰语。

自主语言学 autonomous linguistics 指现代语言学摆脱了历史上依附于如逻辑学、历史学、文学评论等其他学科,脱离了过去只是作为其他学科的附带研究客体的状态,在一定程度上获得了学科自主性,而成为专门独立研究语言的学科。

自助学习中心 self-access learning center 指教育机构所设的教室或场所,里面配有各种学习设备,学生可以在教师指导下对其进行利用。这些设备中有供单个学生使用的计算机、电视机、视频监视器听音设备及其他学习设备。学生可以在这些设备上使用某些学习材料(如语法复习材料)学习,以补充语言课程中正常的教学活动。常见的自助学习中心管理系统有菜单驱动式系统、超市系统、控制式系统、开放式系统。

字 character 指用来表示语言中词或语素的书写符号。字的出现是在表意文字(ideograph)基础上符号和符号所代表的事物或概念之间关系进一步抽象后的结果。因此,字往往用以代表意义或概念,而不直接代表某一语言的发音。现代字系统的代表语言是汉字(Chinese characters)。汉语有八大方言体系,但却拥有相同的汉字书写形式。

字法学 graphonomy 亦称书写学。西方语言学界指对文字符号的书写规则的研究,包括对字位、字形、笔迹、字音及其相互之间关系和规律的分析和解释,为不同书写系统间的相互转写提供科学依据。

字符[1] graph 指在对连续语言材料或篇章(text)分析中,作为一个单位反复出现的单个字母或书写符号。按照音素(phone)/音位(phoneme)和形素(morph)/形位(morpheme)这种对应类推,将作为文字符号的字符和作为书写系统最小单位的字位(grapheme)区别开来。

字符[2] plereme 文字系统研究中一个同时表示意义和形式的符号,与表示语音的形符(ceneme)对立,如埃及圣书字和汉字。

字符的 pleremic 参见"字符[2]"。

字汇 signary 书写系统文字符号的总称,如字母表、音节表、日语的假名表等。

字面意义 literal meaning 不偏离其定义的意义。可能指默认意义,或者派生出其他意义的源意义,或者具体而非抽象的、熟悉而非陌生的、感觉而非概念的意义。参见"比喻义"。

字母[1] Buchestabe〔德〕 一种文字符号,单独或与其他同类符号一起代表语音或语音链或代表数字。如<n>在德语词 Bein 中仅代表[n]或/n/,而在德语词 Enge 中和后面的<g>一起构成一个语音[o],它既是一个音节也是一个形态单位。在其他正字法体系中(如拉丁语),基本字母表的两个字母各自独立也可以组成或融合为一个字母,如在古希腊语中,<π>表示[p],加变音符为<π'>表示字母数字80。

字母[2] letter 指一种用来表示人类语言语音的文字符号。是字母系统中的字位,书写时的最小单位,如希腊字母、英文字母等。一个字母系统基本会有二十至三十多个字母,如英文字母系统有26个字母。字母通常指的是拼音文字的单个字母以及它的书写体或印刷体,而不是音节文字系统(如日语中的每个符号表示一个音节)或语素文字系统(如汉语中的每个符号表示一个字,或多个符号表示一个字)的字和词符。在许多语言中,字母和语音间的对应关系往往是任意的,因为拼写规则是约定俗成的,而语音的变化较大,所以拼写变化跟不上语音的变化。

字母(音节)重复 dittography 文字学术语。指重复书写一个字母或音节的拼写错误。其相反情况为"字母漏写/掉字(haplography)"。

字母表 alphabet 指语言中被称作字母的书写符号的有序汇集。字母表中的每个字母都代表一个或一个以上的音。但由于拼写的历史发展,有些语言中单个字母与语音之间的对应关系已经模糊了。现今世界各国语言所使用的字母表多源于拉丁字母、西里尔字母和阿拉伯字母等。例如,英语字母表中的26个字母源于拉丁字母,俄语字母表中的31个字母源于西里尔字母,阿拉伯字母表中的29个字母源于阿拉伯字母。

字母离合诗 abecedarius 欧美诗歌形式之离合诗(acrostic)中最常见的一种。其主要原则为每行诗的每一个单词和诗节依字首字母顺序来排序。如下为一首典型的英文字母离合诗诗文:

    A Bear Climbed Down
    East From Great Height
    In Jest Killing Lame
    Millipedes Never Offending
    Pretty Queens Realizing
    Somewhere That Umbrellas
    Visit Well-tuned Xylophones
    Yearly Zimmerman

参见"离合诗"。

字母配列法 graphotactics 指字母语言中对字母可容许存在的排列顺序加以限制的规则。字母配列规则可用于光学字符识别(optical character recognition)系统中的错误预测(error detection)。参见"字位学"。

字母启蒙教学法 alphabetic method 语言教学术语,亦称字母阅读教学法。指在母语教学中用以教会儿童阅读的一种教学方法。在运用字母启蒙教学法的教学中,学生的首要学习任务是认读字母表中字母的名称,如/eɪ/、/biː/、/siː/等,然后是在遇到生词时,如 bad,学生就反复拼读这个单词的字母名称——/biː/、/eɪ/、/diː/。字母拼音法教学理论认为这样的拼读有助于儿童辨识单词。

字母文字 alphabetic writing 亦称拼音文字。指以音位(phoneme)为基本书写单位的语言。在拼音文字书写系统中,每个书写符号都代表一个或一个以上的音,采用拉丁字母、希腊字母、西里尔字母等为书写系统的语言基本都属于采用字母文字的语言。例如,芬兰语的字母与音位之间具有很严格的对应关系。由于语言是开放的系统，很多语言中字母与音位之间的对应关系已经逐渐随着语言的不断发展变化而变得含糊。以英语为例，虽然英语的主要书写方式仍是每个字母代表一个音位，如 rat /ræt/、trim /trɪm/、spend /spend/等，但由于语言的历史发展等原因，英语中这种一对一的表达系统已经不再严密了，语言中也存在大量以字母组合的方式表示一个音位的情况，如 ship /ʃɪp/中的字母组合"sh"，bread /bred/中的字母组合"ea"等；英语中还使用其他更为复杂的音位书写手段，如当字母 e 出现在一个辅音后面时，其作用是表示该辅音前面的元音出现音质的改变，如 fat /fæt/一词在 t 后加上 e 即拼读为 fate /feɪt/。由于语言的历史发展等原因，英语中还存在一些背离拼音原则的不规则拼读现象，如字母 gh 在 rough /rʌf/和 bough /baʊ/中表示不同的音位。

字母下伸部分　descender 指印刷术中拉丁语字母书写时延伸到底线的那部分。例如，字母 g、p、q、y 的下伸部分就是所谓的字尾。相应地，拉丁书写时字母延伸到顶线的那部分称为"字母上伸部分"。如图四线格最下面一格所示：

字母学　alphabetology；alphabetography 亦称拼音文字学。指以拼音文字为研究对象的语言学分支学科。拼音文字学的研究内容主要包括对字母文字的起源、进化、发展、分类等具体内容的研究。例如，在关于字母文字起源的研究中，有学者认为是古埃及人发明了最早的字母，也有学者认为字母是腓尼基人的发明。

字频　character frequency 统计语言学术语。指在一定规模的语料中某一个字或词所出现的次数或频率。

字素　grapheme 参见"字位"。

字素变体　allograph 参见"字位变体"。

字位　grapheme 亦称字素。指某种语言文字系统中最小的区别性单位。正如音位（phoneme）和形位（morpheme）的概念一样，字位没有物质特性，是一种抽象单位，是书写符号的形状及其在系统中分布情况的抽象化。例如，<m>是一个字位，M、m 等不同的字体就是其字位变体（allograph）。在字母书写系统中，字位与语言的语音体系有关，有时一个字位指一个音位。例如，英语单词 six 就由<s><i><x>三个字位组成，字位<s>指音位/s/，字位<i>指音位/ɪ/，而字位<x>则指/k/和/s/两个音位。有时一个字位可指整个单词，如英语短语中的符号"&"即字位〈&〉指单词"and"。

字位变体　allograph 亦称字素变体。指同一个字位（grapheme）在书写系统中的区别性实现形式。在多数西欧语言所采用的拉丁文字书写系统中，同一字母或标点符号往往会因大写、小写、手写体、印刷体等具体实现环境的区别而采用不同的变体形式，如英语字母 a 和 A。此外，当不同的字母或字母组合用来表示同一音位（phoneme）时，也被称为字位变体。例如，英语中的字母 f 和字母组合 gh、ph 在表示相同的音位/f/时就属于同一字位的不同变体。

字位学　graphemics；graphematics 指对书写系统及其基本书写单位（字素 grapheme）的研究，考察某种语言书面文本的细节特征及其与口语的关联，曾被称作文字学（grammatology）和字系学（graphology）。其重要任务之一是对书面词语和文本的内在规则性（即字母配组法）进行描写性分析，为正字法构建明确的规则，服务于语法规范和语音合成。字位学不同于字形学（graphetics），后者研究一般书写系统中经常使用的形状和实体，不限于某种特定语言。

字系学　graphology；graphemics ❶亦称字相学或笔迹学。参见"笔迹学"。❷曾用作字位学的别称。参见"字位学"。

字形编码法　calligraphical coding 指汉语计算机处理时将汉字形体拆分成若干笔画或部件并加以编码的输入法。其研发过程是：通过研究汉字的组字方式和规律，分析部件在字中各部位的出现频率，确定组成汉字的基本字根和编码符。传统的部首查字法和四角号码查字法都是字形编码法的研发基础。字形编码法有时可辅以字音编码，或充当字音编码法的辅助方式，以简化规则，缩短码长。钱伟长曾于 1985 年独创了宏观字形编码法，俗称"钱码"。"钱码"以高速易学闻名于世，为 IBM 所采用，并获得同年上海科技发明奖。

字元　character element 指语言输入中表示字形的基本组成单元，如汉字的部首、笔画等。

综合分析论　analysis by synthesis 指 20 世纪 60 年代提出的一种有关语言理解的理论。其核心观点是认为听话人在语言理解输入过程中有一种内在的特定机制，该机制根据选择的某些声学线索（acoustic cues）进行综合处理。这一观点有助于解释听话人是如何分辨由说话人和语境等因素的差异导致的言语信号上的声学变异。

综合教学法 synthetic approach　　语言教学术语。指制定教学大纲、实施语言课程教学所用的综合型方法。用这种方法，所要教的语言首先被分成最基本的几个部分（即把语法分解成词类和语法结构），并分开讲授；学生的任务是把各个部分组合在一起（即把它们综合起来）。由一系列语法项目组成并把它们按难度进行排列的教学大纲是综合教学法的一个组成部分，从这个意义上说许多传统的教学大纲都可以称为综合性教学大纲。综合教学法与分析教学法（analytic approach）相对。

综合句 synthetic sentence　　语义学术语，源自逻辑学和哲学。指只在某种语境中才成真的句子，其真值不仅取决于其句法和语义结构，还取决于语言以外的、经验的因素。例如：All bachelors are happy。

综合能力测试 integrative test　　语言测试术语。指要求受测试者同时运用几种语言技能的测试。目的在于全面测试学生综合运用第二语言的能力。例如，听写测试，它需要学习者运用语法、词汇和听力理解等技能；完形填空测试也是一种综合能力测试。综合能力测试与分立式测试（考试）相对。分立式测试是指考察单项语言知识掌握情况的一种语言测试，如考查学生对时态、介词等掌握情况的测试。

综合式 synthetic form　　一种屈折或派生形式，语法意义通过附加在单个词汇形式上的屈折变化或词尾来实现。例如，俄语中的 domami 是"房屋"（dom）的复数第五格；五格也被称为工具格。domik 是 dom 的指小用法，表示小房子。综合式是典型的屈折与黏着语言形式，与分析式（analytic form）相对。后者用不同的部分表示语言的语法意义和词汇意义，如英语形容词的原级之前加 more 和 most，就属于分析形式。两者可以同时出现在同一种语言中。

综合型语言 synthetic language　　❶黏着型语言或屈折型语言的统称。❷指以屈折（inflecting）为句法特征的语言的统称，如拉丁语、阿拉伯语、土耳其语等。综合型语言与分析型语言相对。

综合语言学 integrational linguistics　　亦称整合语言学。指 20 世纪 60 年代后由德国语言学家里布（Hans-Heinrich Lieb）等研究提出的一种语言学理论。"integrational linguistics"作为术语最早见于 1977 年出版的里布的专著《综合语言学概述》（Outline of Integrational Linguistics: Preliminary Version）。对综合语言学最全面地描述介绍的著作是 1983 年里布的《综合语言学（第一卷）：概要》（Integrational Linguistics. Vol. I: General Outline），该著对综合语言学的语法和语言理论的各个方面做了全面的总结和描述。归纳而言，综合语言学的三原则是：(1)语言符号具有整合特性；(2)语言形式具有不确定性；(3)语言意义具有不确定性。这三个原则源自综合符号学的两条基本准则：组成符号的东西依赖于所发生的环境及其在该环境中的物质表现；符号的价值是一种功能，即符号的辨别与阐释所预先假定的整合熟练度之功能。综合语言学有四个假设：(1)语言的语法和描述它们的术语可以定义为一种普通语言理论的综合成分。(2)综合语言学的研究对象包括人语言特点以及方言、社会方言或个体语言。(3)句法描写主要采用传统句法关系，如主语、宾语以及三种表达句法关系的重要方式：句序、形态标记和句子语调。(4)表层句法，即句法—语义解释从表层结构开始分析。

总体 population　　统计学术语。指包含所研究的全部个体（元素）的集合，从中可以取出任何样本的一组个体或一组项目作为样本。在语言测试中可以通过从全体考生中抽取的样本分数作相互成绩对比。

纵深研究 longitudinal study　　参见"横断研究"。

奏效行为 operant　　参见"操作行为"。

族际语言 international language　　亦称族际语。指多民族（多语）的国家或地区，不同民族或言语社团之间用于交际的语言。是一种超越民族的共同语。例如，俄语是前苏联加盟共和国不同民族间的族际语言；汉语既是目前汉族的民族语言，也是我国各民族间的族际语言。

诅咒语 imprecative　　指用以冒犯某人的污秽或辱骂的话语，尤其表现为由单个词或短语构成的零碎句（minor sentence）。例如：[1] Piss off!　[2] Damn it!

阻断顺序 bleeding order　　音系学术语。音系学中，如果对规则排序，使一个规则的使用损坏另一规则的输入，这就叫阻断顺序。阻断顺序与馈给次序相对，根据该次序，一条规则的输出是另一条规则的输入。例如，英语中既有复数形成规则，形成如单词 tests 和 dogs 中的辅音丛，也有辅音丛简化规则，其在不同变体中的应用稍有不同。如果一个人把单词 tests 读成"tess"，那么这意味着复数形成规则先用，把输出提供（创造了环境）给辅音简化规则。然而，如果一个人把 tests 读成"tesses"音，则意味着辅音简化规则先用，为复数形成规则创造了环境。

阻尼 damping　　语音学术语，亦称减幅。指波振幅的减弱。在频谱上可以看出,具有高阻尼的音,其能量在较宽的频率范围分布。

阻塞音　obstruent　音系学术语。辅音的一类,指肺部送出的气流受到某种阻塞而发出的语音,包括塞音(stop)、擦音(fricative)和塞擦音(affricate)。在发这些音的时候,气流的通过被限制在某一部位上。但不包括/m/、/n/等鼻音,因为发鼻音时,虽然气流在口腔受到阻塞,鼻腔有畅通的逸出气流。

组并　incorporation; incorporate　形态学术语。指两个或多个词干或屈折语素组成单个屈折词语的语法过程。也指一个词干(通常为名词词干)和一个动词组合成复合动词。组并是一种常见的语言现象。本术语以指名词组并(noun incorporation)为主,即一个名词词干组并到一个动词内构成一个复杂动词。组并能承担几种不同的功能,如缩小动词的语义范围、改变句子的信息结构等。

组合　plexus　指法国语言学家泰尼埃(Lucien Valerius Tesnière)于20世纪50年代提出的依存语法(dependency grammar)的句法过程(syntactic process)中的概念。组合是指句子成分交替重叠衔接的结果,即当由连接引起的句子部分受到不同成分连接的制约时,组合便成了这种重叠连接的结果。例如:Jane and Mary read and write.

组合测试　battery of tests　语言测试术语。指一个或一组学生参加的一组考试,即测试不只包含一种内容,而是包括几种不同内容的试卷。

组合式　junction　丹麦语言学家叶斯柏森(Otto Jespersen)在《语法哲学》(*The Philosophy of Grammar*)中使用的术语。指由两个词语相对偶然结合在一起所表达的主题或单个概念,与连系式(nexus)相对应。后者正好相反,总包含两个概念且保持必需的独立性,第二个概念为第一个提供新信息。例如:[1] a barking dog(组合式)　[2] a dog barks(连系式)　按叶斯柏森的分析,组合式呈封闭式,修饰语和中心语相加只表示一个概念,例[1]中"barking"是修饰语,而"dog"是首品中心词;连系式则属于开放式,因而充满生命和韧性,具有延续性。

组合形式　combining form　形态学术语,亦称组合语素。指能与其他组合语素、单词、词缀等结合在一起并能构成新词的黏着语素(bound morpheme)。组合语素可以是词缀,如"im-"表示否定,与polite、perfect组合构成impolite、imperfect;也可以是单词,如"warm"与hearted、blooded构成warm-hearted、warm-blooded。与派生词缀(derivational affixes)最大的区别在于,组合语素还可以是词根(root),如"astr(o)-"表示"星星",与-(o)logy组合构成astrology(占星学),与physics组成astrophysics(天体物理学),与-al构成astral(星的)等。

组合语素　combining morpheme　参见"组合形式"。

组合原则　Principle of Compositionality　亦称弗雷格原则(Frege's Principle)或弗雷格意义原则(Frege's Meaning Principle)。指德国数学家、语言哲学家弗雷格(Friedrich Ludwig Gottlob Frege, 1848-1925)提出的意义原则,其本质是一个函数合成原则。按照组合原则,一个复合命题的意义由其基本命题的意义和合成方式决定,即一个句子的整体意义是这个句子各部分意义和其内在句法关系(syntactic relationship)的一个函数。根据美国逻辑学家蒙塔古(Richard Montague, 1930-1971)的进一步论述,一个句子的整体结构是它的部分结构和组合方式的一个函数。组合原则的具体运用在句法分析中,便产生了句子意义(sentence meanings)而不是言语意义(utterance meaning)。范畴语法(categorial grammar)和蒙塔古语法(Montague grammar)是基于组合原则的。然而,在分析习语(idiom)、隐喻(metaphor)和内涵(intensionality)等语言现象时,组合原则却存在很多问题。参见"形式语义学"。

最大节首辅音原则　Maximal Onset Principle　音系学术语。指音节划分的一条普遍原则,即如果某具体语言的语音配列制约(phonotactic constraint)允许一个辅音既可以作为上一音节的音节尾,又可以作为下一音节的首音,那么在音节划分时该辅音为下一音节的首音。例如,根据英语的语音配列制约,单词appraise"评估"有两种可能的音节划分方式:[əp.reɪz]或[ə.preɪz],但是只有[ə.preɪz]符合最大节首辅音原则,因此选择后者为该词的音节划分方式。

最大投射　maximal projection　句法学术语。指乔姆斯基于1981年提出的X阶标理论中表示一些成分(即短语语类)向最高阶层投射的概念。X阶标理论的主要方法是把最低层次的语类标写为X,而最高层次的语类标写为XP,或X̄。中间所有层级的语类都标写为X̄。XP以下整个树形结构就是XP所属的最大投射。例如,名词短语"the expressway from Beijing to Shanghai"是词汇项expressway的最大投射;类似地,"from Beijing"是介词from的最大投射;"to Shanghai"是介词to的最大投射。

最短距离原则　minimal distance principle; MDP　句法学术语。最早由罗森鲍姆(Peter S.

Rosenbaum)于20世纪70年代初提出,用以认定某些动词所带复合宾语中不定式动词的逻辑主语。例如:[1] John persuaded Mary to leave. [2] John$_i$ persuaded Mary$_j$ [PRO$_{*i/j}$ to leave]. 对于例[1]中动词leave的主语为何只能是Mary而不能是John,罗森鲍姆认为原因是动词不定式的主语PRO距离Mary最近。作为控制理论的一个原则,这能解释为什么受控PRO的先行词是距离其最近的名词性成分的原则,如例[2]中PRO只能同Mary同指(因为PRO距离Mary最近),不能与John同指。

最短连接条件 minimal link condition; MLC 句法学术语,亦称最短连接(shortest link)或最短移位(shortest move)。指乔姆斯基在《最简方案》(*The Minimalist Program*, 1995)中解释"吸引(attract)"的概念时提出的限制条件。其具体表述为:在不存在比α距离K更近的β的条件下,K吸引α;如果存在那样的β,则K吸引β。乔姆斯基还进一步定义了"更近"的概念:如果β成分统制α,则β比α更靠近K。最短连接条件的实质是句法操作的距离越短越好。在最简方案中,最短连接条件与wh孤岛、超级提升(super raising)等都有关系。

最短移位 shortest move 参见"最短连接条件"。

最高级 superlative 语法学术语。描写形容词和副词三种比较程度及其适用范围的术语之一。最高级与比较级相对,用于描写两个以上实体之间的比较,指表示性质、数量、强度和程度最大或最小的形容词或副词形式。英语中形容词或副词最高级的典型表达式为词尾添加后缀"-est"的屈折形式,如happiest、wealthiest等,另外一种最高级的表达方式是与"the most"连用,如"the most interesting""the most common"等。从语义角度看,最高级可分为相对最高级(relative superlative)和绝对最高级(absolute superlative)。比较三个或以上实体时的最高级为相对最高级;当描述一个实体的程度较高且不存在与其他实体比较时,对该实体的最高级描述则为绝对最高级。例如:[1] The book is the most valuable of the five books.(相对最高级) [2] The book is most valuable.(绝对最高级)

最佳年龄段假说 optimum age hypothesis 语言习得术语。指学习语言有一个最佳或最理想的年龄的假说。一般认为语言学习的最佳年龄段为青春发育期以前。该假说认为在理想的或最佳年龄期间语言学习相对容易,一旦过了这个时期,语言学习变得较为困难。这一假设的依据是对学习第二外语或外语学习者所作的观察。观察表明儿童学习第二语言或外语比成人容易些,但此假说尚无其他直接证据证实。

最简方案 Minimalist Program 句法学术语。指管辖与约束理论之后进一步发展的生成语法理论。其中心观点认为:人类语言的计算系统C_{HL}是最优化、最简洁的解决方案,是自然选择的进化过程中接近完美无缺的产品。乔姆斯基提出的"最简(minimalism)"的概念包括方法论上的最简(methodological minimalism)和实质上的最简(substantive minimalism)。其目的在于消除语言学理论中冗余的部分,即缺乏经验证据或无必要的理论假设均不再保留。例如,在最简方案中不再保留"D结构"和"S结构"的概念,而保留了"语音式PF"和"逻辑式LF"的概念。具体指的是:在推导过程的某一点,拼读(spell-out)将语音特征送往语音式,其余特征继续运算,通往逻辑式。拼读可以在运算的任何时候进行,拼读前的部分称为显性句法,同时与π和λ发生联系;拼读后的部分称为隐性句法,只与λ发生联系。最简方案设想,除了语音式的选择和词汇的任意性之外,语言变体只局限于词库中那些非实体性的部分和词汇项目的一般性特征。句法运算可以导致表达式收敛(converge)和崩溃(crash)两种结果。如果表达式π符合语音系统的要求,该表达式就收敛于语音式,反之则崩溃。对于表达式λ,情况亦然。一个合法的表达式必须同时收敛于逻辑式和语音式。

生成语法最简方案理论的基本观点包括:(1)语言表达式是一个由π和λ组成的派对(π,λ),由满足交互界面条件的最优推导式生成;(2)交互层面是语言表达的仅有层面;(3)所有条件都要表达反映解释性需求的交互层面的属性;(4)普遍语法提供一个特有的运算系统,语言的句法差异限制在驱动推导的形态特征;(5)使用充分诠释原则、推导长度、连接长度、迟延原则和自私原则,可以对经济性做出狭义的诠释。

最小对立元 minimal pair 音系学术语。指只在一个音段上相互区别的两个意义不同的词,这两个不同的音段所处的环境(environment)也必须相同,即音位数量和排列顺序也相同。例如,英语中big和pig就是一对最小对立元,从中可以找出两个音位/p/和/b/。最小对立元是找出音位的基本手段。如果这两个不同的音段呈对立分布,则它们是两个不同的音位;如果呈互补分布,则它们是同一音位的两个变体。最小对立元测试由结构主义音系学创立,是确立一种语言音系系统的重要分析手段。

最小对立元测试 pair test 音系学术语。音位分析的一种方式,指通过比较一对结构相似(即语音数量和排列顺序一致)但意义不同的语音组合,以确定意义的不同是否由处于一个(并只有一个)相同位置的语音变化导致。如果是,则引起意义变化的两个不同语音互为对立关系,这一对语音组合为最小对立元,如/bɪt/和/pɪt/,/bɪn/和/tɪn/。参见"最小对立元"。

最小极限单位 minimal terminable unit
亦称"T-unit"。由凯洛格·亨特(Kellogg Hunt)1965年提出,指语法上所允许的、书写上可被分解成最短句子单位。最小极限单位通常(并非绝对)为一个句子。更严格地说,一个最小极限单位包含一个主句及其从句。最小极限单位常常被应用于第二语言习得写作中的错误分析。最小极限单位包括单个子句、一个主句连同其从属子句、同位语中的两个或两个以上的短语、以残片句型式出现的省略句等等。反向提示语"mhm""yeah"等以及"okay""thanks""good"等话语边界标识语不属最小极限单位之列。

最小投射 minimal projection 句法学术语,亦称中心语(head)。X阶标理论中包含三级投射;最底层是中心语X^0;其上是中间投射(intermediate projection)X';最上层是最大投射(maximal projection)XP。

最小自由形式 minimal free form 美国语言学家布龙菲尔德(Leonard Bloomfield)引入的语言学术语,用来给词进行定义,表示能独立形成一段话的最小语言形式。布龙菲尔德在1926年《语言科学假说》(*A Set of Postulates for the Science of Language*)中将词定义为最小自由形式,后人对于这个定义评论不一,他本人后来也意识到其缺陷,因为这样会将 the,my 和其他类似的通常认为是词的形式排除在外。

最终习得状态 ultimate attainment 语言习得术语。指语言发展的一个停滞点,这时语法体系不再有进展。对于正常的母语习得者而言,这是一个内在的机制,但对于第二语言习得者来说,这个状态在于应该达到本族语者语言水平的程度还是保持和目的语总是略有不同的状况。和此密切相关的另一个概念是语言的石化现象(fossilization)。

左半球 left hemisphere 现代脑科学研究表明,大脑左半球主要是语言中心,并负责分析推理、时间排序、读写、计算、联想等功能。人脑左半球后部的布罗克斯(Broca's Area)和邻近的45区通常被称作言语中心,专司语言功能。左半球的另一区域韦尼克区(Wernicke's Area)则负责语义,这两个区域通过神经纤维相联系。

左耳优势 left-ear advantage; LEA 在两耳分听(dichotic listening)试验中,受试者戴上耳机,左右耳接受不同的语音,左耳接受语言的能力优于右耳的现象称为左耳优势。参见"右耳优势"。

左分支 left branching 句法学术语。在转换生成语法中,扩展树形图中的左侧节点称为左分支结构;反之,扩展右侧节点称为右分支(right-branching)结构。可图示为:

1)左分支 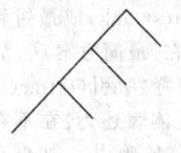 2)右分支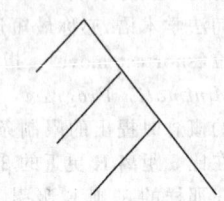

英语中的左分支结构主要是所有格"-'s"结构。例如:

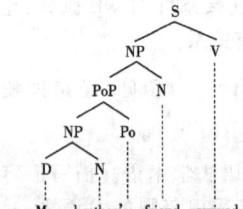 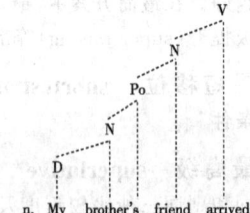
a. My brother's friend arrived.   n. My brother's friend arrived.

左分支条件 left branching condition 句法学术语,亦称左分支限制。指罗斯(John Robert "Haj" Ross)于1967年在其博士学位论文《句法变量之限制》(*Constraints on variables in syntax*)中提出的句法成分提取限制,即名词短语NP左分支上的另一个名词短语NP不能移出。例如:

[1]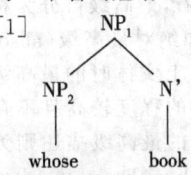

[2] *[[$_{NP2}$ whose] did you like [$_{NP1}$ t book]?
树形图[1]中的 whose 位于 whose book 的左分支,按左分支条件,whose 不能如例[2]那样移出整个NP。

左向边界 left periphery 句法学术语。参见"标句词层"。

左向移位结构 left dislocation 句法学术语。由罗斯(John Robert "Haj" Ross)于1967年在其论文《句法变量限制》(*Constraints on Variables in Syntax*)中提出,指将底层结构中的某一成分移至句

首而形成的违反"常规"的语法结构。在英语中，可以左向移位的成分通常有主语、谓语、宾语、补语以及某些与谓语在语义上有密切联系的状语。左向移位结构的语序在结构上有明显标记，属于有标记语序。左向移位结构根据自身的结构特征可分为填补型移位结构（dislocation structure with filler element）和空节型移位结构（dislocation structure with empty node）。填补型移位结构指的是将底层结构中的某一成分移位至句首变成有标记主位，移位后所留下的空节由一代词或与原词有语义联系的词语来填补所形成的语法结构。移位成分和填补成分之间呈照应或解释、说明关系。空节型移位结构指的是底层结构中某一成分左向移位至句首后，其原来位置没有任何填补成分，从而形成真正的空节，移位成分和空节互为照应。在空节型移位结构中，谓语动词、宾语、补语和那些与谓语在意义上有密切联系的状语都可左移，而简单句中的主语反而无法左移。

左易位 left dislocation　句法学术语。易位句的一种，参见"易位"。

作格 ergative case　在作通格语言中标记及物动词与主语间关系的一种语法格。如高加索语系（Caucasian languages）、玛雅语系（Mayan languages）、米塞—佐基语系（Mixe-Zoque languages）、澳大利亚一些土著语言以及巴斯克语（Basque）、藏语等就有通格—作格之分。参见"作通格语言"。以巴斯克语为例：

句子	Gizona etorri da.		Gizonak mutila ikusi du		
词	gizon-a	etorri da	gizon-ak	Multil-a	Ikusi du
注释	男人（通格）	已经回来了	男人（作格）	男孩（通格）	看见
功能	主语	不及物动词	施事	宾语	及物动词
翻译	The man has arrived. 这个男人已经回来了。		The man saw the boy. 这个男人看见了那个男孩。		

在巴斯克语中，gizon 指男人，mutil 是男孩，依据是否有及物与不及物动词的论元，Gizon 有不同的格标记：通格加后缀 -a，作格加后缀 -ak。相反不及物动词的核心论元和及物动词的宾语有相同的通格。

作格动词 ergative verb　参见"非宾格动词"。

作格性 ergativity　语义学术语。指不及物动词的主语和及物动词的宾语在语法或形态上相同的语言。在英语中，作格结构虽然并不是普遍存在的，但是正因为它在中动句等小句中的出现，使得英语句法语义关系的识解更增加了一层复杂性。韩礼德从语义关系的视角出发，认为作格小句分析与及物小句分析并不一样。作格小句所关心的是小句有没有致使语义，而及物小句关心的是过程类型，以及过程涉及的参与者和所在的环境。韩礼德将及物性分析和作格分析看作是两种互相补充的分析方法。作格小句的分析重点是某实体属于某动作或状态的外部原因是否存在。但是对于同一个小句，韩礼德也用及物和作格同时进行分析。例如：
　　The lion chased the tourist.
　　及物性分析：动作者（Actor）/ 目标（Goal）
　　作格性分析：施事者（Agent）/ 中介（Medium）

作格语言 absolutive language; ergative language　语言类型学术语。指不及物动词的主语和及物动词的宾语在语法形态上被赋予相同的一种语言类型，与主格语言（nominative language）相对。属于作格语言的语言主要来自高加索语系、南岛语系、澳大利亚语系等，玛雅语也属于典型的作格语言。英语虽然并不是典型的作格语言，但也存在作格结构，主要出现在中动句中。例如，在"He broke the window"和"The window broke"这两个句子中，后者属于作格用法。

作通格语言 ergative-absolutive language　语言类型学术语。简称作格语言。指一个不及物动词的单个论元（主语）类似于一个及物动词的宾语，而不同于一个及物动词的主语的一种语言。参见"作格"。

作文 composition　语言教学术语。❶指旨在提高一个人写作技巧或水平的一种活动。语言教学的写作活动包括两类。一类称为自由作文（free composition），即学生的写作不受任何形式或体裁的限制，如回答问题，或要求学生就某一话题发表感想，形式不限。第二类称为限制性作文（controlled composition），即学生的写作形式受到这样或那样的限制，如看图作文。此外就作文体裁和字数也有限制。例如有"就上述材料写一篇不少于800字的议论文"等这样的要求。❷指学校开设的写作课。❸为练习写作技巧或显示某人写作能力而写的作品。语言教学中有时分两类写作活动，即自由作文和限制性作文。

作者身份识别 authorship identification　指根据一个作者爱好使用的特异语言现象（singularity）来判断一个作品是否为其真正手笔的做法。在信息化时代，它也用于国际互联网信息安全研究领域，如网络安全专家奥瑞鲍（Angela Orebaugh）曾于1973年研究通过字符频度分析进行作者身份的识别，以确定网络外来入侵信息的来源。

字母与符号起首

/a/音化 akanje; a-pronunciation 语音学术语。指斯拉夫语族中的一种元音弱化现象，俄语南部方言是该现象的典型例子。在该地区中存在的与北部方言发音完全不同的一种显著语音差异。在北部方言中，凡是发音为/o/的音素在南部方言中都发音为/a/，这就称为/a/音化。相对于南部方言，俄语北部方言所表现的语音发音特点也可以称为/o/音化(okanje; o-pronunciation)即 okanje 或 o-pronunciation。

/l/音化 lateralization 参见"边音化"。

/o/音化 okanje; o-pronunciation 参见"/a/音化"。

's复数式 apostrophe s 指接在某个数字、字母以及任何单词后面表示其本身数量的复数形式。与名词复数表示概念内涵上的数量不同，数字、字母以外的任何单词的's复数式仅表示该词作为"字眼"在某个语境或语篇中的复现次数。例如：[1] two *t*'s and three 7's.（两个 t 和三个 7） [2] a. There are 5 *boy*'s and 4 *girl*'s in this passage.（这个段落里有5处 boy 和4处 girl。） b. There are five boys and four girls in the team.（队伍中有5个男生和4个女生。） [3] With too many *up*s and *down*s, *go*'s and *come*'s, he no longer takes anything for granted. 例[2a]与[2b]可说明字眼式复数与内涵复数的区别。's复数式中的撇号有时可省略。

……化 -ise; -ize ❶语音学术语。一个表示次要发音动作的后缀，包括圆唇化(labialized)、软腭化(velarized)等。例如，[tʲ]可被描写为"腭化 t"。对"……化"可作动态和静态两种解释。一个音"唇化"，既指唇化过程，也指唇化结果。❷历史语言学、社会语言学术语。表示一个音从一个发音部位变为另一发音部位的后缀。例如，从[k]变为[c]或从[t]变为[c]可描写为"腭化"过程。这种涵义的"……化"应与语音学意义上的"……化"明确区分，因为[t]腭化为[tʲ]与[t]腭化为[c]大相径庭。

A′位置 A′-position 句法学术语，亦称非论元位置。指一个不能指派题元角色的位置。A′位置可以容纳论元，也可以容纳非论元。例如：[1] [$_{CP}$ Which car [$_{c'}$ [$_c$ did] [he fix]]]? [2] [$_{CP}$ When [$_{c'}$ [$_c$ did] [he fix the car]]]? 标句词短语(CP)中标志语(specifier)的位置是一个A′位置。例[1]中占据CP标志语位置的 which car 是论元，例[2]中的 when 则是非论元。

A′移位 A′-movement 句法学术语，亦称非论元移位。与论元移位相对，指诸如论元或附加语(adjunct)的一个成分经过转换操作移入至非论元位置。例如：[1] [$_{CP}$ Which car [$_{c'}$ [$_c$ did] [he fix]]]? [2] [$_{CP}$ When [$_{c'}$ [$_c$ did] [he fix the car]]]? 两例中的移位都是A′-移位。wh-移位属于A′移位，例[1]中"which car"从 VP 的补足语(complement)位置移至 CP 的标志语(specifier)位置，即论元最终移位至非论元位置；例[2]中"when"从 VP 的附加语(adjunct)位置移位至 CP 的标志语(specifier)位置，即非论元最终移位至非论元位置。

A′语链 A′-chain 句法学术语，亦称非论元语链。论元或非论元最终移位至A′位置后，先行词与其语迹(trace)形成A′语链，移位终端的语迹称为链首(head)；移位始端的语迹称为链尾(tail)。例如：Who$_i$ t_i^1 seems t_i^2 to have been hit t_i^3 by the car? 句中"who"由初始位置t_i^3经t_i^2移入t_i^1，最终移至标句词短语(complementizer phrase; CP)的标志语(specifier)位置。"Who"移位的终点是A′位置，形成的语链(who$_i$, t_i^1, t_i^2, t_i^3)即为A′语链。

A′约束 A′-binding 句法学术语，亦称非论元约束。A′移位后，语迹(trace)形成非论元语链(A′-chain)，链首先行词对语迹的约束关系称为A′约束。

ABX听辨测试 ABX discrimination test 语言测试术语。指语言学实验测试经常采用的一种任务类型。每个测试任务呈现三个刺激信息，分别为 A 刺激、B 刺激和 X 刺激，实验中被测试者的任务是在 A 和 B 两个刺激中选出哪一个与最后一个刺激 X 相匹配。例如，被测试者在语音实验中被要求听三个声音片断，并就前两个中哪一个更像最后一个做出选择。

ACT认知模型 adaptive control of thought 参见"思维适应性控制理论"。

at型介词 at-type preposition 语法学术语。地点介词的一种。指不强调地点在空间上的长、宽、高时所用的介词。例如：He lives on campus. 句中的"on"即指校园的笼统空间。

a-副词 a-adverb 语法学术语。指英语中以字母 a-开头的副词。在语法学家对词汇进行范畴分类的研究中，对于以 a-开头的词属于形容词还是副词存在一定的争议，夸克(Randolph Quirk)等人(1972)将 abroad、aloud、away 等归入副词范畴，称为 a-副词。a-副词主要的语法功能是在句子中修饰运动动词(verbs of motion),在线性结构上置于动词的后面。例如:[1] He looked *away*. [2] The baby cried *aloud*. 此外,a-副词还能够在句子中与系动词 be 联合使用作谓语。例如:[3] Peter is *abroad*. [4] A wolf is *around*. 在能够充当句子谓语这一点上,a-副词的用法与 a-形容词的用法很相似,但区别在于 a-副词只能与系动词 be 联合作谓语,不像 a-形容词那样还可与半系动词(quasi-copular)"seem"等联合用作谓语。

A 冠 A 条件 **A-over-A condition** 句法学术语,亦称 A 冠 A 原则(A-over-A principle)或 A 冠 A 限制(A-over-A constraint)。乔姆斯基20世纪60年代提出的概念,指用来限制某些句法转换(transformation)操作的一个条件。该条件规定,如果一种句法转换适用于形式为[S...[A...]A...]S的结构,那么对于任何一种语类 A,这种转换必须适用于 A 语类的最大词组。例如:[1] Mary burned many books about linguistics. [2] How many books about linguistics did Mary burn? [3] *How many books did Mary burn about linguistics? 若把句[1]转化为疑问句,可将转换规则用于外层名词词组以构成句[2],但不能将其用于内层名词词组以构成句[3]。

A 冠 A 限制 **A-over-A constraint** 参见"A 冠 A 条件"。

A 量化 **A-quantification** 语义学术语,亦称修饰语量化。A 量化现象与句子结构有关,也与"焦点—背景结构"有关。例如,"学生通常能说两种不同的语言"可以表述为:
a. 通常,x 是一个学生,x 能说两种不同的语言。
b.
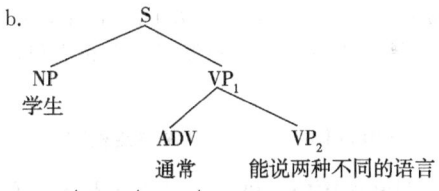
c. ADV′(NP$_1$′, VP$_2$′)

其中,量化算子由副词"通常"给出。修饰语量化对焦点敏感,会随着焦点位置的不同得出不同的意义。参见"D 量化"。

A 位置 **A-position** 句法学术语,亦称论元位置。与 A′位置(非论元位置)相对。成分在 A 位置可以获得题元角色。例如,英语句子"John eats apples"中的 John 和 apples 都处在 A 位置,分别获得施事和受事的题元角色。

a-形容词 **a-adjective** 语法学术语。指英语中以字母 a-开头的形容词。在语法学家对词汇进行范畴分类的研究中,对于以 a-开头的词属于形容词还是副词存在一定的争议,夸克(Randolph Quirk)等人(1972)将 ablaze、afloat、afraid、aghast、alert、alike、alive、alone、aloof、ashamed、asleep、awake、aware等归入形容词范畴,称为 a-形容词。在语法功能方面,a-形容词在句子中主要与系动词 be 及其他半系动词如 seem 等联合用作谓语。例如:[1] Their house is *ablaze*. [2] The patient seemed *asleep*. [3] They looked *ashamed*. 只有少数 a-形容词能够在句子中用作定语修饰名词,如"an *alert* mind""an *aloof* character"等;有些 a-形容词在自身受到修饰的情况下也可用作定语修饰名词,如"the *half-a-sleep* children""the fully *awake* patient""a very *a-shamed* girl"等;还有些 a-形容词能够以节缩分句的形式后置修饰名词。例如:[4] The house *ablaze* is next door to mine. [5] The boats *afloat* were not seen by the bandits.

A 约束 **A-binding** 句法学术语,亦称论元约束。在乔姆斯基(1981)的"管辖与约束理论"中,论元约束(argument binding 或 A-binding)指处于论元位置的名词语类对其管辖范围中的名词语类的约束关系。论元约束适用于反身代词、相互代词和名词语迹。

BBC 英语 **BBC English** 英国广播公司广播员及电视主持人所使用的英语,其发音被认为是能被广泛听懂的、非区域性的英语标准发音(Received Pronunciation;RP)。参见"英国英语"。

be 型被动结构 **be-passive structure** 语法学术语。英语被动语态的一种类型。由"助动词 be +及物动词的过去分词"构成。该结构还可以分出表达动作执行者和不表达动作执行者两类。通常包括六种时态,即一般现在时、一般过去时、现在进行时、过去进行时、现在完成时、过去完成时,分别如下例所示:[1] He is considered as the best student in the class.(一般现在时) [2] The glass was broken by the cat.(一般过去时) [3] My bike is being repaired now.(现在进行时) [4] The rules were being amended at that time.(过去进行时) [5] These books have never been borrowed.(现在完成时) [6] The room had been cleaned up.(过去完成时)

be 型虚拟语气 **be-subjunctive mood** 语法学术语。虚拟语气表示动作或状态不是客观存在的事实,而是说话人的主观愿望、假设或推测等。Be 型虚拟语气是指不管主语是什么人称和数,也不管用什么时间关系,从句动词一律用原形即 should(not) do/be done 形式,should 可省略。

by 短语　*by*-phrase　　语法学术语。❶指被动语态句子中的可选成分,即以 by 引导且包含句子逻辑主语的语言单位。例如:[1] The thief was caught *by the policeman*. [2] The house was set on fire *by the bandits*. 句[1]中的"the policeman"和句[2]中的"the bandits"是逻辑主语或施事,不是表层主语。❷指以 by 为首词的表示地点、方式、手段的介词短语。例如:[1] John went for a walk *by the lake*. [2] This time they decided to travel *by train*, not *by airplane*. [3] The police caught the thief *by the arm*. 有些语言,如阿拉伯语,不允许 by 短语出现。

CYK 算法　CYK algorithm; Cocke-Younger-Kasami algorithm　　计算语言学、自然语言处理术语。全称为科克—扬格—嵩算法,指以立方时间表示的用以分析上下文自由语法的一种标准算法。CYK 算法先后由日本信息论学家嵩忠雄(Kasami Tadao)和美国计算机科学家扬格(Daniel Younger)、科克(John Cocke)分别于 1965 年、1967 年、1970 年提出,在句法分析中是基于规则的方法,属于一种典型的动态规划方法。CYK 算法的实现必须基于乔姆斯基范式(Chomsky normal form; CNF),正由于其具有此性质,才决定其为基于规则的方法。

C 测试　C-test　　语言测试术语,亦称首字母完形填空法。完形填空的一种,指测试单词的首字母(或前几个字母)已给出,要求被试将单词补充完整的测试方法。例如:There are usually five men in the crew of a fire engine. One o____ them dri____ the eng____. The l____ sits bes____ the dri____. The ot____ fireman s____ inside t____ cab o____ the f____ engine … 一般认为 C 测试比传统完形填空测试更具优势,在于其可以在较短的篇幅内就相对广泛的题进行测试。并且有研究显示,C 测试甚至可以被用来大致推测被试的整体外语能力(overall ability in a foreign language)。然而 C 测试的不足在于,较之一般的完形填空测试,其正确答案往往可以在上下文中找到。

C 结构　C-structure　　句法学术语,亦称成分结构。指词汇功能语法(Lexical Functional Grammar)中通过短语结构规则表征句法成分的结构。词汇功能语法认为语言由多重结构维度构成,每重结构维度都通过特定的规则、概念和形式表征。其中最基本的两种结构是:(1)成分结构(constituent structure),简称 C 结构;(2)功能结构(functional structure),简称 F 结构,表征语法功能。例如,在句子"Lions live in the forest"中,C 结构分析句子的成分,即这个句子由 NP 和 VP 构成,而 VP 又由 V 和 PP 构成,PP 由 P 和 NP 构成。而 F 结构分析则将整个句子看作是一系列属性的集合,这些属性包括单复数和时态等特征,也包括主语、谓语、宾语等功能单位。如图:

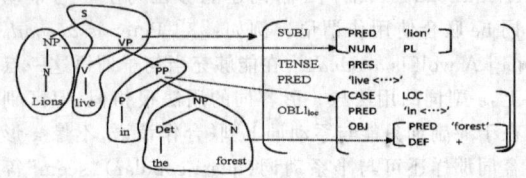

图示可反映上述例句的 C 结构和 F 结构以及两种结构中的对应关系。

C 统制　C-command　　句法学术语,亦称成分统制(constituent-command)。指两组语法范畴之间的关系。节点 A 统制节点 B,当且仅当(a)节点 A、B 互不支配;(b)支配 A 的第一个分支节点也支配 B。例如:

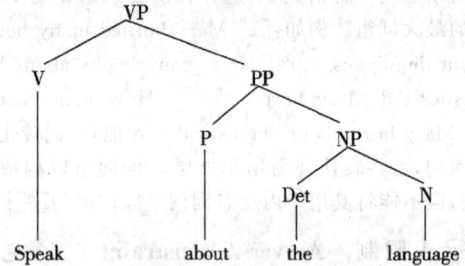

树形图中的 V 节点成分统制其姐妹节点 PP 及 PP 以下所有节点;P 节点成分统制 NP 及 NP 以下的所有节点;Det 节点统制 N 节点。与 M 统制相比,C 统制是一种更严格的统制关系。

do 支持　*do*-support　　语法学术语。指在英语中使用冗余辅助词 *do* 来构成问句或否定句的方式。例如:*Do* you like the music? 或者 He *does* not like music. 世界上的多数语言一般不存在相类似的结构。

D 结构　D-structure　　参见"深层结构"。

D 量化　D-quantification　　语义学术语,亦称限定词量化。D 量化现象与句子结构有关,也与"焦点—背景结构"有关。例如,在"大多数学生会说两种不同的语言"中,量化算子由限定词"大多数"给出:

a.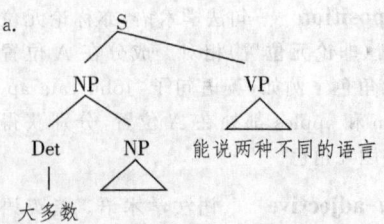

b.[Det′(NP′)](VP′)
c.Det′(NP′,VP′)

在语义层面上 D-量化和 A-量化具有共同点,可以用同样的方法来处理,可以用三分结构将其统一起来,即算子、限定部分和核心部分:

限定词量化中总是谓语部分被映射到核心部分,即限定词量化通常不受焦点的影响。参见"A 量化"。

d 指数 *d*-index 语言教学与测试学术语,亦称项目分度(item discrimination)。指对被测试者能力差异的测试敏感程度的测量。如果高分者和低分者对于某一测试项目的总体得分相差不明显,那么这项测试项目的区分度就相对较低。参见"**试题鉴别度**"。

ECG Embodied Construction Grammar 参见"**体验构式语法**"。

en 形态 *en* form 语法学术语,亦称 en 形式。指动词的过去分词形式。例如 taken /broken。用-en 表示只是为了帮助记忆,便于简明地书写规则,实际并不限于以-en 结尾的形式,也可指一些不规则动词的过去分词形式,如 run,bought,sold。以-ed 结尾的也很常见,因此过去分词形式也可称为-ed 形式。参见"**完成体分词**"。

fis 现象 fis phenomenon 语言习得术语。指儿童拒绝认可对其错误发音的模仿。20 世纪 60 年代初,美国第二语言习得研究先驱吉恩·伯科(Jean Berko)和罗杰·布朗(Roger Brown)在研究一段成人与儿童交谈的语料时,发现儿童把他的充气塑料鱼叫做'fis'(fish),而当成人模仿该儿童的错误发音问"Is this your fis?"时,该儿童却说"No, my fis.";接着,成人继续模仿,而儿童一直坚持纠正成年人的模仿。后来,当成年人问"Is this your fish?"时,儿童才说"Yes, my fis."。一段时间之后,该儿童能正确地说出"my fish"。这一事例表明,儿童对于自己的语言错误并无意识,但对他人的语言错误则能有意识地加以分辨;儿童对语音的学习是感知性的,而不是认知性的学习;即使成人清楚地让儿童认知到自己的语音错误,儿童仍然可能不会马上纠正。有些研究还由此得出结论说,儿童大脑中存储的音系形式其实与成人无异,只是口头表征时或许因为经验不足以及发音器官的成熟程度制约而显得不同。

F 结构 F-structure 即功能结构(functional structure),与表示句子表层结构的 C 结构(即组成成分结构)相对立。指一系列的功能描述,即词汇和句法结构的复杂特征集,通过附加在句法规则和词条定义上的功能方程式的求解来实现,描写句子主语、谓语和宾语之间的关系。参见"**C 结构**"。

G 理论 G-Theory 参见"**概化理论**"。

i+1 输入 i+1 input 语言习得术语。由克拉申(Stephen Krashen)提出,指成功的二语习得所需的可理解性输入。"i"表示习得者目前的二语水平,而"i+1"表示比"i"略高的水平,是最优的输入模式。二语习得者通过接触略高于他们现有水平的语言输入,即"i+1",从而逐渐提高他们的语言水平。二语习得者要想从"i"进步到 i+1",不一定要完全掌握"i+1"的语言形式,而是要通过成功的语言交际,理解相关语言材料所表达的意思。

IDC 统制 IDC-command 句法学术语。句法学统制关系的一种。一个 A 节点 IDC 统制另一个节点 B,当且仅当,A 的母节点支配 B 节点。IDC 统制是所有统制关系中最受到限制和"最小的"统制关系。

KK 音标 Kenyon and Knott system; KK system 语音学术语,指于 1944 年首次出版的《美式英语发音辞典》(*A Pronouncing Dictionary of American English*)所使用的音标体系。由于该词典两位编者——美国语言学家肯杨(John Samuel Kenyon)和诺特(Thomas A. Knott)的姓氏均以字母 K 开头,美式读音的此种标识方式被俗称为 KK 音标。早在 1888 年,国际语音协会(International Phonetic Association)的语言学家们已制定出一套国际通用的语音符号体系,称作国际音标符号(International Phonetic Alphabet,缩称 IPA),规定用一个符号代表一个音素,以期消除多套不同标音符号体系共存所产生的不便。KK 音标所使用的符号均从国际音标符号而来,肯杨与诺特仅选取了其中适用于标示美式英语的符号。中国内地的英语词典最常见的音标有两种,一种是源自 1917 年出版的英国语音学家琼斯(Daniel Jones)的《英语发音词典》(*English Pronouncing Dictionary*)的英式国际音标,另一种即美式 KK 音标。

K 类语言 Centum Languages 语言类型学术语。与 S 类语言相对而言,是印欧语系根据地理分布产生的两大分类之一。K 类语言得名于拉丁语中表示"一百"的词 centum,其特点是保留了原始印欧语的/k/音;S 类语言得名于阿维斯陀语(Avestan)中表示"一百"的词"satum",其特点是把原始印欧语中的软腭塞音/k/变为齿龈清擦音/s/。K 类语言包括意大利诸语言、日耳曼诸语言、凯尔特诸语言、希腊语、拉丁语等。长期以来 K 类语言被看作构成西部语群,而 S 类语言构成东部语群。但是,随着 20 世纪初在中国新疆一带的洞窟中发现吐火罗语文献,学者们发现吐火罗语"一百"读 kant 或 kante 两种音,尽管吐火罗语在地理上是最东边的印欧语,但它不属东部的 S 类语言,却属于西部的 K 类语言,进而意识到 K 类语言和 S 类语言的地理分布不再像早先想象的那样简单。

K 统制 K-command 句法学术语,亦称循环式统制(cyclic command)。由美国语言学家拉斯尼克(Howard Lasnik)在其刊载于 1976 年第 2 期《语言分析》(*Linguistic Analysis*)的《论共指》一文中提出,当时记作 kommand,其读音为 K-command,定义为"当且仅当支配 A 的第一个句子节点 S 或 NP 节点也支配 B 时,A 便 K 统制 B"。拉斯尼克将兰艾克(Ronald Langacker)的统制(command)概念从句子节点 S 扩展到了 S 和 NP。内容包括:(1)如果支配 A 的最小循环节同样支配 B,则 A 循环式统制 B,其中最小循环节包括 NP 和 S;(2)如果 NP1 居于 NP2 之前,NP1 循环式统制 NP2,且 NP2 不是代词,则 NP1 和 NP2 不能共指。循环式统制原则是乔姆斯基提出的约束原则的第三原则"指称语在任何范围内都不得受到约束"的基础。乔姆斯基的学生、以色列语言学家莱因哈特(Tanya Reinhart)在其 1976 年的博士学位论文中将 K 统制扩展后定义为成分统制(c-command)。

M 统制 m-command 句法学术语。指一个树形结构的两个元素之间的句法关联,是 C 统制的广义定义。美国语言学家奥恩(Joseph Aoun)和斯波蒂什(Dominique Sportiche)于 1983 年在《论管辖的形式理论》(On the formal theory of government)一文中对 C 统制作了解释说明,指出 C 统制的概念实际上与 M 统制一致。乔姆斯基于 1986 年创立 M 统制的标准定义,即当且仅当节点 A、B 互不支配,而且支配 A 的第一个最大投射也支配 B,节点 A 就 M 统制节点 B("最大投射"的概念取自 X 阶标理论)。C 统制与 M 统制的区别在于,X 可以 M 统制它所 C 统制的一切,并且 X 还 M 统制在其引导的短语的具体位置的元素。M 统制用于句法关系统制的公式化描写。

NP 移位 NP movement 句法学术语。参见"移位转换"。

NP 语迹 NP-trace 句法学术语。乔姆斯基于 1981—1982 年间所提出的四种空语类之一(其他三类分别是 WH 语迹、大代语 PRO 和小代语 pro)。NP 语迹具有照应性(anaphoric)和指代性(pronominal)的特征,与照应语(anaphor)相似,因此受约束原则第一条的制约,即必须在管辖语域中受到约束。英语中主语提升和主动一被动转换留下的语迹均属此种。例如:[1] John$_i$ seems [NP$_{ei}$] to be drinking a tin of beer。[2] John$_i$ was told [NP$_{ei}$] that he had passed the exam。

N 单阶标 N single bar;N′ 句法学术语。对成分进行详细而有序地分析时采用的一种符号。例如,在对名词短语"the students of Shanghai"进行成分分析时,可将各级元素标注如下:N—students;N′—students of Shanghai(称之为 N 单阶标);N″—the students of Shanghai(称之为 N 双阶标) 用树形图则可标示如下:

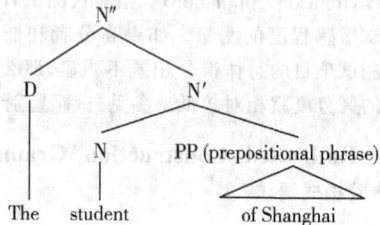

of 插入 *of*-insertion 句法学术语。指插入介词 of 以使名词短语获得斜格(Oblique Case)的操作。例如:[NP the destruction of [NP the city]]其中 of 插入的目的是为了给[NP the city]赋格。

OSV 语言 OSV language 语言类型学术语。指句子基本成分的排列顺序为"宾语—主语—动词"的语言,如巴西西部阿克里州(Acre)和亚马逊州等地土著人的杰玛玛迪语(Jamamadi)、阿普日那语(Apurina)等。日语通常是 SOV 结构,但 OSV 也常见。

OVS 语言 OVS language 语言类型学术语。指句子基本成分的排列顺序为"宾语—动词—主语"的语言,如郝克斯卡雅那语(Hixkaryana)、阿帕来语(Apalai)、巴凯瑞语(Bacairi)、马库斯语(Makusi)等,这些宾语起始的语言基本上都位于亚马逊河流域,属于加勒比语族(Carib)。

PF 结构 PF-Structure 句法学术语。指句子的语音形式(phonetic form)。根据乔姆斯基 20 世纪 80 年代初期的观点,一个句子具有四个结构层次,即 D 结构(D-structure)、S 结构(S-structure)、PF 结构和 LF 结构(代表逻辑形式)。

PLATO 系统 PLATO 一种名为"自动教学操作程序化逻辑"的计算机辅助教学系统,其英文全称为"Programmed Logic for Automatic Teaching Operation"。于 1959 年在美国伊利诺伊大学创建,后经多次改进。作为一个大型的自动教学系统,其终端遍布美国各州,可在各个终端上调用各类科目的上千个课件。

PRO 定律　PRO theorem　　句法学术语。根据约束理论,具有[+ANAPHOR]特征的名词短语在管辖范围内必须受到约束;具有[+PRONOMINAL]特征的名词短语在管辖范围内必须是自由的。因 PRO 同时具备[+ANAPHOR,+PRONOMINAL]的特征而与约束理论冲突。为解决这一问题,乔姆斯基提出了 PRO 定律,即 PRO 不能被管辖,说明了 PRO 在句中的允准条件——PRO 只能出现在不受管辖的位置上。

P 标记　P-marker　　句法学术语。短语标记(phrase marker)的简称,指由语法规则指派的用标加括号法表示的句子的结构表征。参见"T 标记"。

P 型凯尔特语　P-Celtic　　语言类型学术语。对印欧语系凯尔特语族中诸语支进行分门别类的方案主要有两种,一种被称为"P 型凯尔特语和 Q 型凯尔特语假说"(P-Celtic/Q-Celtic hypothesis),另一种被称作"岛民凯尔特语和大陆凯尔特语"(Insular Celtic vs. Continental Celtic)。根据"P 型凯尔特语和 Q 型凯尔特语假说",凯尔特语族中的高卢语支(Gallic)、普里田语支(Pritennic)和布立吞语支(Brythonic)均存在着原始凯尔特语(Proto-Celtic)中的 *k^w 音演变为 *p 音的现象,而戈益德尔语支(Goidelic)和凯尔特伊比利亚语支(Celtiberian)均存在 *k^w 音演变为 *k 音的现象。因此,前一组语言被称作"P 型凯尔特语",而后一组语言被称作"Q 型凯尔特语"。例如,英语 head 和 son 两个词在布立吞语中分别是 pen 和 mab(早先拼作 map),而在戈益德尔语中则分别是 ceann 和 mac(早先拼作 maqq)。岛民凯尔特语和大陆凯尔特语的分法约于 20 世纪 90 年代出现,通常将戈益德尔语和布立吞语归为岛民凯尔特语,将高卢语和凯尔特伊比利亚语归为大陆凯尔特语。

PROLOG 语言　PROLOG　　指实现逻辑编程的程序语言,即某个程序的应用被看作实施一种核实(carrying out a proof)。来自法语"programmation en logique",对应的英语为"programming in logic"。人们普遍认为,解决问题可以被分析为证明能够实现某些既定的条件。自 20 世纪 70 年代起,PROLOG 就在法国马赛和英国爱丁堡获得开发,自 80 年代中期起在计算语言学中发挥日益重要的作用。

Q 型凯尔特语　Q-Celtic　　指印欧语系凯尔特语族中的戈益德尔语支(Goidelic)。这类语言的共同特点是原始印欧语的圆唇软腭音[k^w]演变为[k]。参见"P 型凯尔特语"。

r 插入　r-insertion　　语音学术语。指添加性音位 r 在连续发音时不脱落的用法。一般说来,单词中元音后的[r]大都发生蜕化:或者被前面的元音所吸收,或者发生元音化,成为双元音的一个组成部分。但如果是在连续发音的语流中,其后面相随的词以元音开头,那么该词结尾的 r 读音时就不宜脱落。

R 词语　R-expression　　参见"指称语"。

R 符　R　　音系学术语,亦称舌根收缩符。在某些从属音系学流派中,一种用来表示咽化(pharyngealized)辅音舌根收缩特性的组元。

r 类音　rhotic; rhotacized; retroflexed　　语音学术语。指一组独特的、在语音上异质的音段(俗称 r-音类),包括齿龈和后齿龈的轻拍音、颤音和无擦通音,以及各种卷舌音和小舌音段,美语的臼齿 r 音等。英语中指某些方言或口音中元音后头的/r/或者由舌根后缩卷舌发出,或者由"隆起的"舌位发出,如 car 和 cart 中的 r。此类元音为"r 音化"(rhotacized)元音,可作为语音系统的区别特征,用来处理元音的 r-音色区别,以区分具有强 r 音化的、r 音化的、弱 r 音色的和平音的等值。

r 色彩　r-colouring　　社会语言学术语。发元音时舌尖向后卷曲,触到或几乎触到口腔上部的硬腭而产生的发音效果,即在元音发音还未结束时舌就开始向卷舌位置移动。英国西南部地区许多人说的/r/及通用美语的许多变体中的/r/都是此类 r 色彩的元音,如 door、car、floor 等单词中的元音。从社会语言学角度来看,r 音化的发音在通用美语中常被视为身份地位的象征。

r 音化　rhotacism　　语音学术语。指一个音段发展为一个 r 类音的音系过程,即用 r 类音代替其他语音(特别是/l/、/s/、/z/等音)。例如,意大利方言中 l 音发生 r 音化,拉丁语历史中一个 s(如在不定式后缀-se 中)在元音之间发生 r 音化;又如,古日耳曼语的/z/在中间时突变为西日耳曼语的/r/(如哥特语的 maiza 和古高地德语的 mero[更多])。或指 r 音发音不准或者 r 音滥用的现象(defective r),即过分、过多地使用卷舌的现象。r 音化的程度在不同地区有所不同。例如,在加拿大和美国东部沿海地区以及英格兰东南部等地,元音之后的 r 不发音;而在美国中西部地区所说的英语大部分都带 r 音,英国西南部所说的方言亦带 r 音(如 tower、turn 等单词中保持 r 音),苏格兰、爱尔兰口音中所有位置的 r 都发卷舌音。

SARD　　参见"同感实证"。

SOV 语言　SOV language　　语言类型学术语。指句子基本成分的排列顺序是"主语+宾语+动词"

的语言,如现代拉丁语和现代土耳其语。

SPEAKING　　参见"语境¹"。

SQ3R 方法　**SQ3R method**　　语言教学术语。指美国爱荷华大学心理学教授弗朗西斯·罗宾逊(Francis Pleasant Robinson,1906—1983)所设计,在英美等国广为推行的一套行之有效的综合性的读书方法,通常认为由五部分组成:(1)浏览(survey):先快速浏览整篇文章的内容,包括主题、分支、图画,帮助建立整体概念及提高阅读的兴趣。然后阅读开头与结尾的段落。(2)提问(question):把题目、标题、副标题转换成问题。学习者可使用 5W1H(What、When、Who、Why、Where 和 How)的视角考查自己对刚浏览的文章的了解程度,判定有何不明或不解之处,或有何疑问,帮助建立吸收知识的学习心态。(3)阅读(read):阅读文章时留意重点和关键字之间的关系,尝试寻找问题的答案。(4)背诵(recall):读完文章的其中一部分后,尝试不看文章回想整个部分的内容。重复背诵,直到自己能够完全背诵整个重要内容后才继续接下来的内容。问自己刚学过了什么并使用自己的词句为所获得的资料作摘要。(5)复习(review):阅读和背诵完所有文章的内容后,重新快速复习整篇文章,确保理解所有内容。也可尝试跟同学讨论或向他人教授文章内容。

S 类语言　**Satem languages**　　语言类型学术语。指印欧语系东支各语言,主要包括波罗的斯拉夫语诸语言。这些语言中的原始印欧语中,有软腭塞音(velar stop)/k/演变成齿龈清擦音/s/,故称为 S 类语言。参见"**K 类语言**"。

that 语迹制约现象　***that*-trace constraint phenomenon**　　句法学术语,亦称 that 语迹过滤现象(*that*-trace filter phenomenon)。指如果语迹出现在一个显性标句词之后为不合法,就是因为标句词阻碍了先行词对语迹的管辖。例如:[1] Who do you think will arrive first?　[2] *Who do you think *that* will arrive first?

that 从句　**that-clause**　　语法学术语。指由 that 引出的依附陈述从句,如主语从句、宾语从句、同位语从句、主语补语从句等,有时 that 可以省略。

that 语迹过滤现象　***that*-trace filter phenomenon**　　参见"that 语迹制约现象"。

that 语迹连用效应　***that*-trace effect**　　参见"主宾语不对称"。

there 插入　***there*-insertion**　　句法学术语。指通过插入一个 there 作为句子成分将地点句(locative sentence)转化为存在句(existential sentence)的组合规则。例如:A book is on the desk. → There is a book on the desk. 根据阿克马让(Adrian Akmajian)和亨尼(Frank W. Heny)1975 年和 1980 年出版的《转换句法原理概论》(*An Introduction to the Principles of Transformational Syntax*),这一插入转换现象可用结构描写(structural description;SD)和结构变换(structural change;SC)表达式表述如下:

SD: NP　　—　　Aux — be
　　 1　　　　　　2　　 3
SC: there 2　　　　3+1

由于这一转换规则要求地点句中的 NP 必须是不定的名词短语,可用[-Def]标识,因此,there 插入规则的结构描写和结构变换表达式需调整为:

SD: NP　　—　　Aux — be
　　[-Def]
　　 1　　　　　　2　　 3
SC: there 2　　　　3+1

T 标记　**T-marker**　　句法学术语。转换标记(transformation marker)的简称。指早期转换生成语法中标记句子转换过程的表征。例如:[1] The airplane will not fly.　[2] The airplane will fly. 句[1]即通过句[2]的否定转换而得到。底层结构的短语标记(即 P 标记)如例[2′]所示。经过否定转换 T-NEG,句子变为例[1]的样子,[1′]即该句子的 T 标记。其表达式如下:[1′] ⇒T-NEG [$_S$ The airplanes [$_{IP}$ will not [$_{VP}$ fly]]] [2′] [$_S$ The airplanes [$_{IP}$ will [$_{VP}$ fly]]]

T 形式　**T form**　　语用学术语,亦称熟近形式。用于指各种语言的称呼语中与正式形式相对的一种语用形式。根据法语第二人称代词的两个不同形式"tu"(你)和"vous"(您)的对立以及其他语言中类似的对立,可以推断第二人称动词和代名词形式可以有熟近式(T)和正式体(V)的对立,并可据此提出有关各种语言使用的正式性系统的一些假设。

U 型行为　**U-shaped behavior**　　参见"U 型习得"。

U 型习得　**U-shaped acquisition**　　语言习得术语,亦称 U 型行为(U-shaped behavior)。特指由埃里克·凯勒曼(Eric Kellerman)和皮特·乔登斯(Peter Jordens)于 1983 年首次提出的一种语言认知发展规律。语言学习者在初级阶段成功习得语言的一些特征后,在中期会经历能力或知识下滑的过程,之后再次成功习得这些能力或知识。例如:英语不规则过去式的习得,不论母语还是二语习得者,不论孩子还是成人,早期都能成功习得诸如"go""eat"等高频动词的不规则动词变位"went""ate",但在学习了"-ed"过去式这一变形规则后,会出现误用现象,如使用"goed""eated"等形式;随着时间的推移,后期又会重新习得这些词正确的过去时形式,并能够正确使用。从时间的发展轨迹来看,这一习得过程就如同英文字母"U",故而名曰"U型习得"。

VSO型语言　　VSO language　语言类型学术语。指句子的正常语序为"动词(V)—主语(S)—宾语(O)(SVO, Verb—Subject—Object)"的语言。如圣经希伯来语(现代希伯来语除了 VSO 顺序外,亦用 SVO 的语序)、古典阿拉伯语(现代阿拉伯语较多使用 SVO 的语序)、多数南岛语系语言(包括中国台湾岛内土著语言和马来—波利尼西亚语族的多数语言在内)、许多玛雅语族语言和凯尔特语族海岛凯尔特语支语言(如威尔士语)使用此种语序。德语句法有时也会有VSO语序,尤其是表示时间的词置于首位或疑问句时。例如:Gestern sah ich das Mädchen. (昨天看到了那女孩)　例句中,"ich"为主语(S),"sah"(sehen 的过去式)为谓语(V),"Mädchen"为宾语(O)。根据格林伯格(J. H. Greenberg)1963 年提出的观点,VSO 语言具有前置词、没有格系统、没有修饰语置于中心词后的有分枝结构等类型学特征。

wanna式缩略　　*wanna*-contraction　语法学术语。北美地区英语中"want to""going to"的缩略式,用于口语等非正式语体。例如:[1] I wanna know. = I want to know.　　[2] I gonna do it. = I am going to do it.　在生成语法中,wanna 式缩略常用来检验移位后留下的语迹以及空语类 PRO 的存在。例如:[3] Who do you want to visit?　如果句中"want to"可以缩略为 wanna,即句子可以读作"Who do you wanna visit?",则说明 who 是从 visit 后面移出,意为"你想去拜访谁?"如果"want to"不能缩略为 wanna,则说明 who 从 want 后面移出,意为"你想要谁去拜访?"又如:[4] I want to help you.　如果句中"want to"可以缩略为"wanna",则说明作为 help 主语的空语类 PRO 不在"want"和"to"之间;换言之,只有当"want"和 to 之间没有语迹或空语类时才使用缩略形式。再如:[5] Titanic is the movie I want to see.　[6] Titanic is the movie I want to win the prize.　按规则,句[5]中的"want to"可以缩略为 wanna,而[6]则不能。

whiz省略　　*whiz*-deletion　句法学术语。指从定语从句中省去关系代词及相关动词、将定语从句变为后置修饰性短语的构句方法。例如:[1] a man who is sick with envy → a man sick with envy [2] the man who was in the street → the man in the street　美国语言学界倾向于对这种构句法持消极态度,认为应该尽量少用,因为这种省略可能造成语义模糊或误解。例如:[3] the man accused. [4] How many times did you approach the man on the ground?　在缺乏更多信息的前提下,例[3]可以理解为"那人提出了指控",也可以是"被指控人";例[4]中"on the ground"既可理解为 the man 的修饰语,也可理解为 approach 的修饰语。另外,生成语法将 whiz 省略作为有问题的过渡性生成环节,从而限制其应用,因为从类似"a man who is sick"的结构中通过 whiz 省略得出的"the man sick"不符合语法规范。

wh参数　　*wh*-parameter　句法学术语。指 wh 移位在不同语言中呈参数变化的事实。生成语法的"原则与参数理论"将普遍语法中与语言的特有现象有关的那一部分称为参数。wh 移位现象因语种而异,有的语言(如英语、德语、法语),把 wh 成分移位至句首构成疑问句。例如:[1] *Where* does he live?　[2] *Why* is he so happy?　[3] *When* shall we leave?　[4] *Which* house will he buy?　而有的语言(如汉语、日语等),则将 wh 成分留在原位不动。例如:[5] 你在做什么?　[6] 你什么时候走?　[7] 今年准备去哪里度假?　这种跨语言间 wh 疑问句构成上的差异称为 wh 参数,具有 wh 成分移位特征的语言称为 wh 移位语言(*wh*-movement language),wh 成分无需移位的语言成为 wh 非移位语言(*wh*-in-situ language)。参见"**wh移位**"。

wh岛　　*wh*-island　句法学术语,亦称 wh 孤岛。指由 wh 词引导的嵌套从句(embedded clause)形成的孤岛结构,wh 成分不能移位这一结构。例如:[1] [CP Who$_i$ do [IP you think [CP that [IP Susan said [CP that [IP Mary thought ... [CP that [IP John kissed t_i]]]]]]]?　[2] *Who$_i$ did Mary think that t_i saw Bill?　[3] *Who$_i$ did Mary see the man who knows t_i?　[4] He wondered where John put *what*.　在例[1]中,句首的 who 从最后一个分句中动词 kiss 后移出;理论上说,这似乎表明 wh 成分(疑问代词、疑问副词及定语从句中的关系代词、关系副词)可以无限制地远距离移位,但是有些分句禁止 wh 成分移出分句。由 that 引导的宾语从句中主语位置上的 wh 成分就不能移出分句,诸如例[2]这样的句子不合语法。另外,定语从句中作动词宾语的 wh 成分也不能移出分句,如例句[3]也不符合语法。乔姆斯基早在 1962 年就注意到,例[4]中 what 不可以移出分句,也不可移至句首。又如:[5] a. John wonders where Eric went to buy *a gift*.　b. *What$_i$ does John wonder where Eric went to buy t_i?　例[5a]中对 a gift 提问,疑问词 what 不能跨越 where 引导的 wh 孤岛移到句首,例[5b]所示。

wh 非移位疑问句 *wh*-in-situ question　句法学术语。Wh 成分位于句中而非常见的 wh 成分移至句首的疑问句。例如：[1] What did George give to whom?　[2] When did George say what? 在这两个疑问句中都只有一个 wh 词移至句首，另有一个 wh 词留在原位。其原因是英语的参数不允许显性的多重移动，即只有一个 wh 词可以显性地移至句首，而另一个 wh 词经历了 LF 层面上的隐性移动，即 wh 算子经历了移动。这种移动被称为 wh 提升。参见"wh 提升"。

wh 分裂句 *wh*-cleft　句法学术语，亦称假拟分裂句（pseudo-cleft）。英语中一种特殊句式，信息与主位结构的主要构成手段之一。一般情况下 wh 分裂句将句中已知信息组织集中于 wh 分句，置于句首主语位置，为主位；句中的未知信息后置于主语补语位置，为述位；中间用系动词连接，系动词相当于等于号，韩礼德称这种句式为主位等式句（thematic equative）。例如：[1] What the duke gave to my aunt was the teapot.　[2] What the duke did with the teapot was gave it to my aunt. wh 分裂句主要表现为 what 引导的分句，其他 wh-词组引导的 wh-分裂句也有，但不多见，也不典型。例如：[3] The one who gave my aunt that teapot was the duke.　[4] How my aunt came by that teapot was she was given it by the duke.　[5] The place where the accident happened is here.　[6] The time when the countryside is most beautiful is in autumn.

wh 孤岛 *wh*-island　参见"wh 岛"。

wh 提升 *wh*-raising　句法学术语。指逻辑式中的 wh 移位。除了 D 结构和 S 结构，生成语法系统还有两个组成部分，即语音式（Phonetic Form; PF）和逻辑式（Logical Form; LF）。其中逻辑式对 S 结构进行逻辑语义解释。有些语言（如英语、德语）存在 wh 移位现象，而有些语言（如汉语、日语）wh 成分留在原位。生成语法认为，汉语和英语的 wh 问句都发生 wh 移位，其区别是，英语移位发生在 S 结构中，汉语移位在逻辑式中，即存在着 wh 提升。例如：[1] 张三知道王小姐买了什么。此句在逻辑式中可以理解为：[2] [$_{CP}$ 什么$_i$ [$_{IP}$ 张三知道 [$_{CP}$ [$_{IP}$ 王小姐买了 t_i]]]]，或 [3] [$_{CP}$ [$_{IP}$ 张三知道 [$_{CP}$ 什么$_i$ [$_{IP}$ 王小姐买了 t_i]]]]。句[2]和句[3]分别对应于：[4] [$_{CP}$ What$_i$ does [$_{IP}$ John know [$_{CP}$ [$_{IP}$ Mary bought t_i]]]] 和 [5] [$_{CP}$ [$_{IP}$ John knows [$_{CP}$ what$_i$ [$_{IP}$ Mary bought t_i]]]]。其实，英语中也存在 wh 提升现象，发生在如句 [6] Who bought what? 中的多元 wh 问句，这里的"what"在逻辑式中提升到句首，如：[7] [$_{CP}$ What$_k$ who$_i$ [$_{IP}$ t_i bought t_k]]?

wh 吸引 *wh*-attraction　句法学术语。指 wh 成分被 C 节点的 wh 特征吸引向上提升到 CP 短语 Spec 位置进行特征核查的句法操作过程。核查理论认为，一方面，进入算法操作的 wh 成分所携带的 [wh] 特征需要得到核查方可合法；另一方面，CP 短语的中心语 C 节点所具有的 [+wh] 特征形成探头（probe），向下吸引未被核查的 [wh] 特征。因此，携带 [wh] 特征的 wh 成分被探头吸引，移动到 C 节点的核查域内，即 CP 结构的 Spec 位置进行 [wh] 特征核查。通过核查，wh 成分在移动后的位置获得合法的句法地位，C 节点的 [+wh] 特征探头也失去吸引力，稳定下来。由于 wh 特征属于强特征，移动核查发生在拼出（spell out）之前，因此是显性核查，wh 成分的移动也属显性移动。

wh 形式 *wh*-form; *wh*-item; *wh*-word; *wh*-phrase　句法学术语。指英语中以 wh 开头的一组疑问词，如 what、which、who、whom、whose、when、where、why 和 how；还包括含有这些词的词组，如 which book、whose house、what question、how many people、how old、how often 等。这些词与词组主要用于英语特殊疑问句句首，因此英语特殊疑问句也叫 wh 疑问句。另外，还有一系列 wh 开头的概念如 wh 分裂句、wh 岛、wh 移位、wh 提升、wh 语迹等也与这一组疑问词有关。以英语为母语的语言学家还用这组词指其他语言中类似的疑问词和疑问词组。

wh 移位 *wh*-movement　句法学术语，亦称 wh 前置（*wh*-fronting; *wh*-preposing）。指 wh 成分（疑问代词、疑问副词及定语从句中的关系代词、关系副词）的移位。转换生成语法认为，句法结构分两个层面：D 结构和 S 结构。D 结构经过移位 α 等句法操作推导出 S 结构。例如：[1] [$_{CP}$ Who$_i$ did$_k$ [$_{IP}$ John [$_{I'}$ t_k [$_{VP}$ meet t_i]]]]? 在此英语 wh 问句中，wh 成分"who"从动词"meet"的补足语位置，通过 wh 移位移至句首。又如 [2] I know the girl [$_{CP}$ whom$_i$ [$_{IP}$ John loved t_i]]，在关系分句中，wh 成分"whom"从动词"love"的补足语位置移至句首。Wh 移位不仅应用于 wh 疑问句，而且也应用于关系从句。

wh 移位语言 *wh*-movement language　句法学术语。指句中生成的 wh 成分需要移位至句首的语言，与 wh 非移位语言相对立。wh 移位语言在构成疑问句时要把 wh 成分移至句首。英语、德语、法语都属于 wh 移位语言。参见"wh 参数"。

wh 疑问句 *wh*-question; *wh*-interrogative　语法学术语。指以 wh 形式疑问词开始的疑问句。英语中的疑问词除 how（如何）以外都以字母 wh 开头,如 who(谁)、whom(谁[宾格])、what(什么)、where(哪里)、when(什么时候)、why(为什么)、which(哪一个)、whose(谁的),故以此类疑问词开头的疑问句称 wh 疑问句,亦称特殊疑问句。英语特殊疑问句除了疑问词作主语的情形,一般结构是:疑问词+系动词/助动词/情态动词等+主语+谓语其他部分。例如:[1] Whom did you meet at the airport today? [2] What does he do for a living? [3] When will he arrive? [4] Where do you live? 疑问词作主语时其后直接跟谓语及其他成分。例如:[5] Who lives in this house? 印欧语系其他常见语种如德语、法语、俄语的特殊疑问句也以疑问词开头,而汉语、日语特殊疑问句中的疑问词则保留在句中。

wh 语迹 *wh-trace* 句法学术语。在转换生成语法中指 wh 成分(疑问代词、疑问副词及定语从句中的关系代词、关系副词)移位时在原来位置留下的语迹。转换生成语法认为,在 D 结构向 S 结构转换的过程中发生移位的成分在其移出的位置留下一个空的、无形的痕迹,称为语迹。例如:[1] Should we have called the police? [2] Who might you want to win? 句[1]中"we"和"have"不能缩写为"we've";句[2]中"want"和"to"不能缩写为"wanna"都说明两个词之间存在一个空成分(即语迹)阻碍了前后两个词的缩写。若该语迹为 wh 词所遗留,则称其为 wh 语迹。例如:[3] [CP Who_i did [IP John [I' [VP meet t_i]]]]? 在此句中 Who 从 meet 的补足语位置移位至句首,在原位存有一个 wh 语迹。

XYZ 构式 *XYZ construction* 认知语言学术语。指复杂结构隐喻的典型代表,这种隐喻结构中至少三个或三个以上语义体参与隐喻映射的过程,三个语义体分别由 X、Y、Z 代表。例如"围棋是智慧的体操"。XYZ 构式的句法认知结构中具有的识别性、错位性以及双重映射性等特征。与二元结构的隐喻,即 XY 构式相比较而言。

X 光测量术 *radiography* 亦称放射线照相术。指利用 X-光取得言语生成期间声道照片的技术,是 X-光在语音研究中的具体运用,为实验语音学的建立和发展提供了客观条件。X 光又名"X 射线"或"伦琴射线",是德国物理学家伦琴(Wilhelm Konrad von Roentgen)于 1895 年发现。伦琴将其命名为 X-strahlen,译成英文为 X-ray。"X"指此射线性质尚是一个未知数。X 光照相仪器等有助于言语生理研究,并在一定程度上为实验语音学的建立和发展提供了客观条件。

X 规约 *X convention; iksokodo; iksa-sistemo* 世界语书写系统的一种替换形式,与 ASCII 系统兼容,适用于电子邮件书写。由于世界语中没有字母 X,所以使用者用字母 X 代替 ASCII 中没有的变音符号,这样就可以应用 Unicode 程序了。例如:Ĉar la aŭtoro de la lingvo Esperanto tuj en la komenco rifuzis unu fojon por ĉiam ĉiujnpersonajn rajtojn kaj privilegiojn rilate tiun lingvon, tial Esperanto estas nenies proprajo. 这是《布伦宣言》(*Declaration of Boulogne*)世界语文本的一个片断。根据 X 规约,在电子邮件中改写为:Cxar la auxtoro de la lingvo Esperanto tuj en la komenco rifuzis unu fojon por cxiam cxiujnpersonajn rajtojn kaj privilegiojn rilate tiun lingvon, tial Esperanto estas nenies proprajxo. 目前,语言学界对 X 规约仍存有争议。

X 阶标理论 *X-bar theory* 句法学术语。指乔姆斯基于 1970 年提出的句法结构规则,后由美国语言学家杰肯道夫(Ray Jackendoff)在其 1977 年出版的《X 阶标理论:短语结构研究》一书中做了详细论述,成为具有普遍意义的生成语言学的句法结构理论。X 阶标理论是对短语结构规则的形成化改进。所有不同范畴的中心词都用 X 表示,短语规则改写为:XP→(Spec) X (Comp*)。为了体现短语结构的层级性,采用阶标符号" "(如 $\bar{X}$、$\bar{\bar{X}}$)或"'"进行书写,形成 X 阶标理论:X″→Spec X′, X′→X Comp。

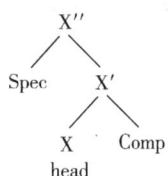

根据这一理论,任何一个短语结构都可以用如下树形图表示:

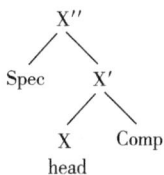

图中 X″(或写作 $\bar{\bar{X}}$)是短语结构中心成分 X 的最大投射,X 是个变项,它可以是 N(名词)、V(动词)、A(形容词)、P(介词)等语类中的任意一个变项,Spec 为标志语,Comp 为补足语。

X 音层 *X-tier* 音系学术语。指音段特征消除后的骨架音层,是 CV 音层模型的进一步发展,两者都发源于韵律层的音段音位理论,其基本原理在于:话语中韵律单位的数量与韵律单位所含的音段音位相一致。X 音层的各成分以不同的含调核的音节组成方式相区分。X 音层与 CV 音层的对比如下：

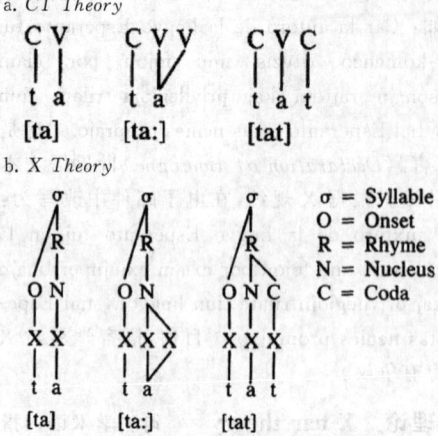

Z 分数　Z score　语言测试术语。指以标准差为单位的标准分数,是原始分数与平均数的差再除以标准差的过程,其计算公式为:$z=(x-\mu)/\sigma$,其中 x 为原始分数,μ 为平均数,σ 为标准差。z 分数的作用在于以标准差为单位表示一个原始分数距离平均数的相对标准距离或者说离差,在这一原始分数低于平均值时 Z 为负数,反之为正数。在呈正态分布的数据中的原始分数转换为 z 分数后,通过计算平均数与 z 分数之间的面积,可以得到原始分数在数据集合中的百分等级。一个数列的各 z 分数的平方和等于该数列数据的个数,且 z 分数的标准差和方差都为 1,平均数为 0。

α 标记　alpha notation　❶句法学术语。指用字母 α 为变项以简化某一规则的做法。例如,在生成语法研究的管辖与约束理论中,因句子生成过程中很多成分都需要移位操作,发生动词提升、主语提升、疑问词移位等,所以把移位的规则总结为带有变项的形式规则移位 α(Move α),这条规则涵盖了所有的具体移位规则,既具简捷性又具概括性。❷音系学术语。当清音/浊音和非圆唇音/圆唇音这两组特征之间存在必然联系时,为避免对每个特征出现的条件做单独的表述,也使用 α 标记为变项描述其中的相关性,把规则简化为"[α voice]→[α round]"。

Φ 相关　phi correlation　语言测试术语。衡量两个自然二分变量之间联系的一种方法,由卡尔·皮尔森(Karl Pearson)发明,以 Φ 相关系数为测量单位,描述 2×2 列联表数据的相关程度,其数值在 0—1 之间。Φ 相关的基本原理为:两个二元变量 X 和 Y 的观察值若大多落在 2×2 列联表的主对角线,即大多是(X,Y)=(1,1),(0,0)这两种组合,则这两个变量呈正相关。反之,若两个二元变量的观察值大多落在非对角线栏位,即大多为(X,Y)=(0,1),(1,0)这两种组合,则这两个变量呈负相关。

语言学理论与流派

Major Linguistic Theories and Schools of Linguistics

词目首字音序分区速查表
（语言学理论与流派）

	分 区	页码区间
A		
B	【巴士拉学派】【病理语言学】【布拉格学派】	719 ～ 722
C	【层次语法】【词汇功能语法】【词语法】【德国浪漫主义学派——新洪堡特学说】【德国唯美主义语言学派】【德国新语法学派】	722 ～ 727
D	【德国自然主义语言学派】【第二语言习得】【对比语言学】	727 ～ 737
E		
F	【法国功能语言学（法国学派）】【法兰西学派】【法位学】【范畴语法】【方言学】	737 ～ 744
G	【哥本哈根学派】【格式塔语言学】【格语法】【工程语言学】【功能语篇语法】【构式语法】【古罗马的语言研究】【古希腊的语言研究】【古印度的语言研究】【关系语法】【广义短语结构语法】	744 ～ 762
H	【汉语音韵学】	762 ～ 763
I		
J	【计算语言学】【教育语言学】【接触语言学】【结构主义语言学】【角色与参照语法】	763 ～ 772
K	【喀山语言学派】【库法学派】	772 ～ 773
L	【历史比较语言学】【临床语言学】【伦敦学派】	773 ～ 777
M	【美国描写语言学派】【蒙塔古语法】【模糊语言学】【莫斯科语言学派】	777 ～ 781
N		
O	【欧洲中世纪的语言研究】	781 ～ 783
P	【配价语法】【批评话语分析】【普遍语法理论】【普通语义学】	783 ～ 789
Q	【情报语言学】	789 ～ 789
R	【人类文化语言学】【人类语言学】【认知语言学】【日内瓦学派】	789 ～ 797
S	【少数民族语言学】【社会语言学】【神经语言学】【生成音系学】【生成语法】【生成语义学】【生态语言学】【生物语言学】【树邻接语法】【司法语言学】	797 ～ 815
T	【统计语言学】	815 ～ 816
U		
V		
W	【文献记录语言学】【文艺复兴至18世纪欧洲的语言研究】	816 ～ 820
X	【系统功能语言学】【心理语言学】【修辞学】【训诂学】	820 ～ 827
Y	【演化语言学】【医学语言学】【依存语法】【意义文本理论】【优选论】【语料库语言学】【语篇分析】【语篇语言学】【语言测试学】【语言发生学】【语言符号学】【语言类型学】【元语言学】	827 ～ 852
Z	【中心词驱动的短语结构语法】【综合语言学】【中国文字学】	852 ～ 856

B

巴士拉学派　Basra School　阿拉伯语法学的主要流派之一，产生于公元8世纪中叶伊拉克南方的历史文化名城巴士拉，创始人为阿拉伯倭马亚王朝（Umayyad Dynasty）和阿拔斯王朝（Abbāsid Dynasty）的语言学家海利勒（Al-Khalil ibn Ahmad al-Farahidi，约719—791）及其学生西伯维（Sibawayh，约757—796，亦译西巴韦赫）。

海利勒编写了阿拉伯语的第一部词典，名为《阿因书》；还参照亚里士多德的逻辑学原理，采用惯用法、分析法和类比法等，讲授了一套比较完整的阿拉伯语法大纲，虽未写成书稿，但演讲中关于"施事""事"等的格位学说为他的学生西伯维写作《书》奠定了理论基础。根据海利勒的讲授，博采众家之长，西伯维编写了第一部阿拉伯语法教科书，即著名的语法名著《书》。《书》的篇幅长达千页，分上下两卷，上卷及下卷前一部分讲句法，下卷后一部分讲词法。书中以格位学说为纲，把词分为名词、动词、虚词三类，概括出了阿拉伯语的词法和句法。巴士拉的语言学家们在《书》的基础上，以阿拉伯半岛中央地带和红海西岸若干部族较规范的阿拉伯语以及古代史话、古诗、谚语等为材料，继续探索阿拉伯语的一般规律，建立起一个比较完整的阿拉伯语体系，形成了巴士拉学派。

巴士拉学派强调语言的普遍性和阿拉伯语的一般规律。此学派的创立不仅奠定了阿拉伯语法学坚实的基本理论，而且在很大程度上维护了阿拉伯语言的纯洁性。在巴士拉学派形成后不久，伊拉克的库法城就出现了以凯萨依和法拉为代表的库法学派。与巴士拉学派理论观点截然不同的是，库法学派强调语言的特殊性和阿拉伯语中的特异现象。巴士拉学派与库法学派的争论和对峙持续了百年之久，但其基本论点却一直未被动摇。直到一百年后，巴格达的语言学家分别吸收了库法学派和巴士拉学派的长处，把两派观点糅合在一起，形成了第三学派——巴格达学派（The Baghdad School）。

病理语言学　Patholinguistics　以语言障碍为研究对象的语言学分支学科。也有人从不同的角度命名为语言病理学、语言治疗学、语言矫治学或语言康复医学等。病理语言学是一门新兴的交叉学科，与神经语言学、心理语言学、病理学、心理学、精神病学、儿童语言发展学、神经心理学等有十分密切的关系。对于病理语言学，长期以来国内外做了大量的研究，但所发表的文献却一直是围绕着该学科的某一方面或某些方面，如对于失语症、口吃、语言发展障碍、发音障碍等方面的研究，研究成果比较零散。20世纪50年代以来，病理语言学愈来愈重视医学和语言学家的合作研究。1998年，我国学者哈平安和刘艳红出版《病理语言学》，系统地介绍了病理语言学的地位、任务和研究方法，成为此领域的先驱之作。

自从语言产生以来，国内外古代文献中对于语言病理的问题早有记载。我国古代医学书籍如《汉书》《黄帝内经》《伤寒论》《梦溪笔谈》中就记载了一些语言病理现象及治疗方法，特别是有关聋哑的问题；2013年发表于《美国自然人类学杂志》上的研究报告还记载了古代秘鲁用一种特制的手术器械给患者做开颅术以治疗失语症和其他疾病。但病理语言学作为一门语言学分支学科是最近几十年的事情。即使到了现代，病理语言学依然带有深深的医学烙印。20世纪20年代，西肖尔（Carl Emil Seashore，1866—1949）首先创立了言语病理学（Speech Pathology）。随着时间的推移，学科的名称也渐渐变为病理语言学，美国和德国部分高校都普遍设立病理语言学专业。在我国，医学界专家和教育界特别是从事特殊教育的工作者和语言学家都致力于病理语言学的研究，但我国的研究现状是从病理学的视角入手进行研究的更多，从语言学视角入手进行研究的则较少。

病理语言学的研究主要包括两个方面：一是对言语障碍本身及其治疗和预防的研究，二是言语障碍对语言理论研究所具有的意义。

对言语障碍本身的研究可分为三个方面：描写异常言语行为、探查言语障碍形成的原因、研究康复训练方法。病理语言学最重要的任务之一是研究言语障碍的康复，除此之外，病理语言学研究还应该为语言理论的发展做出贡献。

病理语言学与神经语言学在研究领域、研究方法上有许多交叉的地方，但又有别于神经语言学，研究范围不同为主要特点。一般认为病理语言学的研究范围较宽，包括对大脑局部病变、先天性器官残缺、精神疾病等引起的各类语言障碍，如口吃、失语症、声音障碍等；儿童语言发展过程中产生的语言障碍或失调，如儿童语言发育迟缓、听障儿童语言异常等的诊断和治疗，还包括用语言作为对某些疾病进行心理治疗的手段问题。

找寻言语障碍的康复训练方法是病理语言学重要的研究目标之一，虽然目前在康复训练的研究方面已经取得很多成果，还有很多尚未有效解决的难点需要进一步研究，如失语症和口吃等言语障碍的发生机制、语言障碍的分类等。

尽管现代医学已非常发达，各种治疗手段层出不穷，但医学家和病理语言学家还是非常强调心理疗法（亦称精神疗法）的重要意义。心理疗法或精神疗法主要是通过"词"这样的条件刺激物对高级神经活动产生作用，使机体趋利避害，以达到治疗疾病的目的。对于治疗疾病的精神疗法，很早以前人们就已经相当重视。《黄帝内经》中就强调了对于有关疾病的治疗"必先治神"。在古代伊朗，医学家治疗的三种手段就包括"语言"。语言在治疗疾病的过程中作用重大，运用得当可以减轻病情，如语言开导疗法就是针对患者的病情及其心理状态、情感障碍等，采用语言交谈方式进行疏导，以消除其致病心因，纠正其不良情绪和情感活动等的一种心理治疗。劝说开导疗法应用范围极广，是中医心理治疗的重要方式之一。

在借助研究言语障碍促进语言理论的研究方面，病理语言学通过对言语纠正和失语症的治疗，探究说与写之间、语言变体的选择之间、语言单位的分类和发音机制之间、语法和语义之间的关系。

病理语言学不仅具有很强的实验性，还具备很大的应用价值。随着医学水平的提高和社会的发展，语言障碍的治疗越来越被人们所重视。20 世纪 70 年代末，中国科学院对失语症和语言障碍的临床分类、失语类型和大脑结构的对应关系、不同言语障碍、汉语的失语症特点展开了一系列的研究并取得了可观的研究成果。目前中国医学科学院、华西医科大学、山东大学医学院、北京医科大学等都开展了相关的研究。随着科技和社会经济发展步伐的加快，病理语言学的前景也日益广阔，语言学提供了整个语言系统的理论模式，医学各个领域的临床经验和知识为人们提供了许多诊断的手段和依据。各种类型的语言障碍的描写、诊断和治疗都可以得到可靠的依据。

布拉格学派 **Prague School** 语言学界所认为的继索绪尔之后结构主义语言学的主要流派之一，其活动中心是布拉格语言学会（The Linguistic Circle of Prague），该学会于 1926 年 10 月 6 日召开第一次大会，即被认为是布拉格学派的创立。当时，布拉格查理大学（Charles University）教授马泰休斯（Vilem Mathesius, 1882—1945）领导召开了该学会的第一次会议，并担任第一届主席。1929 年，学会向第一次国际斯拉夫学者代表大会提交一份《提纲》，全面阐述了自己的理论原则。《提纲》强调语言是一种功能体系，评价任何语言现象都应从其所达到的目的、所发挥的功能着眼。学会自 1929—1939 年出版的 8 卷刊物《布拉格语言学会会论丛》（*Travaux du Cercle Linguistique de Prague*，即 *Prague Linguistic Circle Papers*），发表了大量具有国际影响力的著作。此外，自 1935 年起还创办了期刊《语言学与语文》（*Slovo a Slovesnost*）。

布拉格学派主要代表人物是马泰休斯、特鲁别茨柯依（Nikolay Trubetzkoy, 1890—1938）和雅柯布逊（Roman Jakobson, 1896—1982），主要成员包括哈夫朗内克（Bohuslav Havránek, 1893—1978）、特拉恩卡（Bohumil Trnka, 1895—1984）、梵依克（Josef Vachek, 1909—1997）和卡尔采夫斯基（Sergei Karcevskiy, 1884—1955）等人。

1939 年 3 月德军占领捷克后，学会成员流散，活动中断，1948 年恢复，并存在至 1952 年。后来，特拉恩卡、梵依克等人以及一些年轻的捷克学者继承了布拉格学派的传统，在捷克斯洛伐克科学院以现代语文学部功能语言学小组的形式从事研究工作。1956 年，布拉格语言学会与斯拉夫语言学会等团体合并，成立了捷克斯洛伐克语言学会。1964 年，捷克斯洛伐克语言学会出版会刊《布拉格语言学论丛》，继续布拉格学派的传统。1976 年，法国成立了以马蒂内（André Martinet, 1908—1999）为首的国际功能语言学协会，旨在发展布拉格学派的基本思想。学界也把 20 世纪 50 年代后的学者称为"新一代布拉格学派"，但其主要思想仍是对老一辈学者的传承与发展。

布拉格学派最重要的贡献是从功能角度看待语言，把语言的结构与功能结合起来研究，认为语言的基本功能是作为一种交际工具来使用。语言是一个由多种表达手段构成的、为特定目的服务的功能系统，因此要用功能的观点去研究语言，因此布拉格学派常被称为功能主义或结构—功能语法学派。美国语言学家鲍林格（Dwight Bolinger, 1907—1992）作过这样的评价："在欧洲语言学团体中，影响最大的莫过于布拉格语言学会，美国语言学的每一项重要发展都与这一学派的学说有关。"

布拉格学派的主要理论与观点包括：(一) 音位理论。布拉格学派最杰出的贡献在于其音位理论，他们区分了语音学（phonetics）和音位学（phonology）。根据索绪尔（Ferdinand de Saussure, 1857—1913）对语言（langue）和言语（parole）的区分，他们认为语音学属于言语，音位学属于语言。在此基础上，他们提出把"音位（phoneme）"概念当作语音系统中的一个抽象单位以区别于实际发出的音。特鲁别茨柯依于 1939 年出版的《音位学原理》（*Principles of Phonology*）集中体现了布拉格学派对于音位理论的贡献。特鲁别茨柯依指出了语音的区别性功能并且给音位做出了准确的定义——音位就是语音区别性特征的总和，并指出音位有三个特征：(1) 有区分功能；(2) 是最小的语音单位，不能再分成具有区分功能的更小的语言段；(3) 只能通过区别性特征来确定。他认为语音本身没有意义，其功能首先是区别本身带有意义的语言单位。

此后,雅柯布逊又通过实验和对历时音位学的研究对音位理论进行了补充和发展,集中体现在1956年出版的《音位学与语音学》一书中。该书着重描述了区别性特征(distinctive features)理论,把这些特征本身(而非不可分割的音位)当作音位学的基本单位,并进一步拓展了相关理论。雅柯布逊把最小音位特征的概念看做与现代物理学中取得的成果相似,即物质是由基本位理组成的,区别性特征理论揭示了构成语言音位的最基本特点。他以声学频谱为基础分析语音,说明语音描述可根据发音部位(point of articulation)和发音方式(manner of articulation)对待和研究语音,也可根据其发明的"双分法"(binarism),即以偶值特征来表现音位的区别,这为语音学与音位学都做出了重大贡献。

(二)语言的系统性与功能性。布拉格学派继承并发展了索绪尔关于语言的系统性(systemic)的观点。雅柯布逊指出,语言系统中的任何成分,如果从孤立的观点去研究,都不会得到正确的分析和评价。要做出正确的评价,就必须明确该成分与同一语言中相共存的其他成分之间的关系。20世纪50年代后期的新一代布拉格学派语言学家强调,语言不是一个封闭系统,而是一个开放的、包含着相互依存的子系统的系统。其中任何子系统的变化都会导致同一语言中另一个或多个其他子系统发生变化。语言系统不平衡的动态性是因为客观世界不断变化,语言就要不断打破自己的平衡以适应这种复杂性和交际功能的需要。

布拉格学派的观点主要是功能语言观。马泰休斯认为,语言成分彼此在功能上的对比或对立是它们存在的前提。他在《提纲》中明确提出:从功能观点出发,语言为一定目的服务的表达手段,语言的功能可区分为交际功能和表达功能,前者针对表达对象,后者针对表达本身。德国语言学家比勒(Karl Bühler,1879—1963)在1934年提出语言有三种功能:即表达(expressive)、意动(conative)和指称(referential)。布拉格学派提出了第四种功能,即美学(aesthetic)功能,即语言可以为艺术服务。在比勒三分法基础上,雅柯布逊1960年发表著名论文《语言学和诗学》(Closing Statement: Linguistics and Poetics),又根据比勒的三功能说发展成为六分法功能框架:所指(referential)、表情(emotive)、呼吁(conative)、寒暄(phatic)、元语言(metalinguistic)及诗学(poetic)功能。

(三)共时(synchronic)研究风格。布拉格学派认为共时研究可以得到全面、可控制的语言材料以供参考,所以格外注重共时研究,并形成了独特的研究风格,但不赞成把共时研究与历时研究割裂。由于语言永远处在运动变化之中,而这种运动又触及语音、词汇和语法各方面,所以共时研究不能绝对地排除历时演化的概念,而历时研究也不能完全抛开系统和功能等概念。

(四)"语盟"的概念(language union)。布拉格学派针对语系的概念,提出"语盟"的概念,认为有些语言虽不一定有谱系关系,但在地理上相毗邻,在音系和语法结构上有近似特征,如巴尔干诸语言就可以算是语言联盟。

(五)标记(markedness)。《音位学原理》从各个不同的角度把对立关系分为许多类型,其中最重要、后来用得最广的是正负对立。在这种对立的双方中,一方有某一区别特征,另一方没有,成为有无对立,如浊音对非浊音、鼻化音对非鼻化音、唇化音对非唇化音等等。具有特征的一方称为有标记项(marked),而对方则称为无标记项(unmarked)。一般规律是无标记项的使用频率高于有标记项。后来,这些音系学概念和方法又被布拉格学派推广应用到语法和语义领域中。例如,在词法学中,有标记项表示有某一特征,无标记项则既不表示有,也不表示无——没有信号。如英语名词的复数形式 birds 是有标记项,单数形式 bird 则是无标记项,动词过去式 worked 是有标记项,现在式 work 则是无标记项。在语义研究中也作了类似的分析,如英语 bitch 是有标记项,只表示雌性,dog 则是无标记项,既可表示雄性,又可表示雌性。

(六)标准语言(standard language)。布拉格学派最先提出了完善的有关标准语言的功能理论。这个理论以"灵活稳定性"(elastic stability)的假设为依据。其灵活性特征是充分尊重语言系统的动态本质,其稳定性特征是强调语言的系统性本质。书面语言标准是某种稳定的规范,不仅保证人能互相理解,而且还能保证整个语言社团里有统一的美学价值。

(七)句子功能前景理论(Functional Sentence Perspective)。这是一套语言学分析的理论,指用信息论的原理来分析话语或篇章。其基本原则就是评价话语中每一个部分对全句的意义。马泰休斯对于该理论的贡献就是探索了它所发挥的作用。他于1939年正式发表了关于实际切分的理论。与成分分析(componential analysis)不同,实际切分的理论根据话语在具体上下文或语境中的交际目的(要表达的实际意思)把句子分为两部分:(1)主位(theme),叙述的出发点;(2)述位(rheme),叙述的核心。前者是说话人要叙述的对象,在绝大多数情况下表示已知的或不言而喻的信息;后者则说明前者做什么或怎么样,表示新的信息(new information)。例如:在"she prefers coffee"中,she 是主位,prefers coffee 是述位,句子的主语与主位相对应。但在"on the platform stands Sally"中,主语是 Sally,主位是 on the platform。不同的语言使用不同的句法结构,但是表达思想的次序基本相同。主位和述位的区分描述了信息如何分布在句子中,对各种语言变体和不同语言的结构分析都有用处。

布拉格学派的主要贡献是首次系统地阐明了音位学的任务、原理和研究方法,使其在结构主义语言学诸领域中居于领先地位。音位学中的理论原则、基本概念和研究方法对语法学、词汇学、语义学都产生了深远影响。布拉格学派的主位和述位理论为话语语言学奠定了基础。布拉格学派的分析比较法对类型语言学和语言普遍现象的研究起了推动作用,对语言结构的研究则是机器翻译产生的重要前提之一。布拉格学派的理论体现结构主义思想,使其原则更具有普遍意义,为20世纪上半叶的语言学做出了贡献。

层次语法　Stratificational Grammar 由美国语言学家兰姆(Sydney Lamb)于20世纪50年代末创立的层次语法是一种语法分析体系;它将语言看成是诸种关系的网状系统,将语言结构看成由若干层次组成。层次语法部分来自语符学(Glossematics),部分来自美国结构主义语言学(American Structuralist Linguistics)。在美国,层次语法是作为转换语法(transformational grammar)的主要替代形式被提出来的,但对其他地方的语言理论和语言实践影响甚微。层次语法的主要代表人物除了兰姆之外,还有格里森(Henry Gleason, Jr.)、洛克伍德(David Lockwood)和麦凯伊(Valerie Makkai)。

层次语言学家设想在语言代码中存在着若干层次。其中,有一层次与非线性的意象或概念关系密切,另一层次与线性的实际语音关系最为紧密,在这两个层次之间还有一个或若干个层次。根据这一假说,层次语法学家指出,分析语言结构必须采用层次分析的方法,即必须在关系网络中识别出并建立起若干个结构平面来。

层次语法的发展大致分为四个阶段:(1)第一阶段始自1957年兰姆在美国伯克利语言学学会(Berkeley Linguistics Society)上提出的将语言看作是一个由音位(phoneme)、语素(morpheme)、语素音位(morphemic phoneme)三个平面组成的模式的思想,其奠定了层次语法的基础。(2)20世纪60年代初为第二阶段,层次语法的研究进入迅速发展时期,在这一阶段,兰姆明确提出了层次语法的理论和思想,并开始使用"层次的"(stratal)、"层次语法"(stratificational grammar)等术语。(3)1964年至1966年为第三阶段,这是层次语法发展的主要时期。在这一阶段,兰姆提出了一套完整的层次语法理论和层次语法的分析方法。根据这一阶段的模式,层次语法识别出四个层次:义位层(sememic stratum)、词位层(lexemic stratum)、形位层(morphemic stratum)和音位层(phonemic stratum)。(4)1966年至60年代末为第四阶段。在这一阶段,语法模式被认为由六个层次构成,即在义位层上面又识别出超义位层(hypersememic stratum),在音位层下面识别出下音位层(hypophonemic stratum)。但是20世纪70年代以后,兰姆对自己的理论又做了修改,取消了超义位层和下音位层,语法模式基本上回到了第三阶段时的情况,整个语言理论基本上接近于第三阶段。因而,兰姆称层次语法的发展为环形发展。

由此可见,兰姆对于语言结构中应建立多少层次并没有一个固定的模型,其他层次语法学家对层次的数目也没有一致的看法。一般说来,我们可以认为语言的层次有四个。

层次语法理论认为语言中的各种关系通过三类模式在关系网络中得到表现。这三类模式分别是交替模式(alternation pattern)、配列模式(tactic pattern)和符号模式(sign pattern)。其中交替模式又包括上交替模式和下交替模式。这些模式将语言有机地联系在一起,从而使语言在关系网络中以整体的面貌出现。

层次语法学家为了明确地表示语言中的各种关系,将层次之间和每一层次中的种种关系通过结(node)和线(line)加以连接,从而把语言分析为一个由结和线交织的关系网络。层次语法理论认为语言是一个连接关系和语音的纯关系网络,其间有两种最基本的关系:体现关系(realization relations)和配列关系(tactical relations)。连接概念和语音二者的各层次之间的关系称为体现关系。换句话说,体现关系代表高一层次语言成分在低一层次上的表现形式。每一层次上各语言成分之间在组合上的关系称为配列关系,即配列关系代表语言成分在某一具体层次中的排列次序,相当于传统语法中的句法,体现与配列之间的关系可用图标示如下(图1):

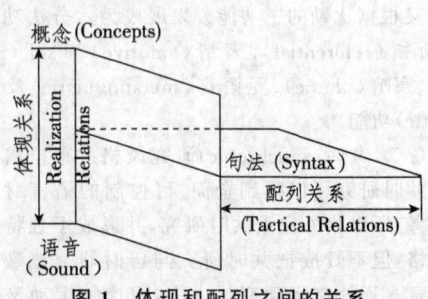

图1　体现和配列之间的关系

层次语法认为概念和语音之间没有直接的联系,它们之间存在着若干层次,构成若干个层次系统(stratal systems)。其间最主要的有四个层次,从高到低有义位层、词位层、形位层和音位层。每一层次的基本单位称作"位(-eme)",因而义位层上的基本单位是义位(sememe,亦称义素),词位层上的基本单位是词位(lexeme),形位层上的基本单位是形位(morpheme,亦称语素),音位层上的基本单位是音位。每一层次上"位"单位的组合必须遵循一定的规律,称为配列规则。配列规则规定该层次上的"位"单位必须怎样进行组合才算合格。比如,英语中音位层配列规则规定音位/d/和/r/的组合/dr/可以作为音丛的开头,如dram、drug、drain等;但是不允许/d/和/l/的组合/dl/作为音丛的开头。配列规则反映了语言中的配列关系。每个层次上的位单位由一个或几个小单位组成,这些小单位称为"子(-on)"。这样,义位由义子(semon)组成,词位由词子(lexon)组成,形位由形子(morphon)组成,音位由音子(phonon)组成。

体现关系连接相邻的两个层次,高层次的单位由低层次的单位体现;反过来说,低层次的单位体现高层次的单位。这样,高层次的单位称为体现物(realizate),低层次的单位称为高层次相应单位的体现(realization)。在许多情况下,高层次的单位只由低层次的一个单位体现。但在更多情况下,体现与体现物之间关系复杂。体现关系主要有两大类:简单体现(simple realization)和差位体现(discrepant realization)。当一个层次上的单位总是与邻近另一个层次上的单位对应,即低层次上的一个单位只体现高层次上的一个单位,而高层次上的这个单位永远只由低层次的那个单位体现,这种体现和体现物之间严格的一对一关系就是简单体现。当两临近层次上相应单位之间不呈现严格的一对一关系时,这种情况称为差位体现。

层次语法将语言的四个层次、层次的体现关系及各层次的单位通过下图(图2)直观地表现出来。其中,垂直线条代表体现关系:

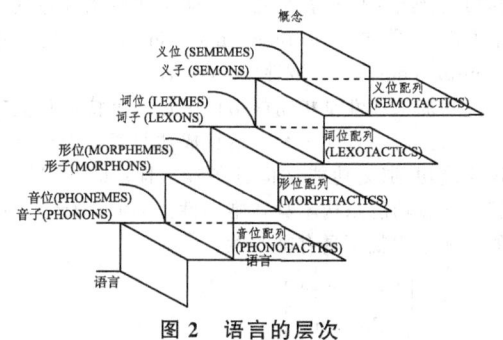

图 2 语言的层次

如前所述,层次语法的影响并不是很大,对其层次的分析也褒贬不一。反对者的意见主要集中在"语言的层次"的观点上。语言究竟有没有层次可分?有多少层次?他们认为兰姆不断变换语言层次的数目,本身就说明他的层次观点站不住脚。持赞同观点的人认为层次语法优点在于其"层次分析"的方法。语言作为人类的交际工具,联系着客观世界的两个实体:语音和语义。语言的层次观很好地解释了音义之间的关系。他们指出虽然兰姆提出过不同数目的层次,但其主要层次的数目却始终不变。

词汇功能语法 Lexical-Functional Grammar

由布里斯南(Joan Bresnan,1945—)和卡普兰(Ronald Kaplan,1946—)在20世纪70年代早期发展起来的一个语法流派,于1982年在《词汇功能语法——一个语法表征的形式系统》(Lexical-functional Grammar:A Formal System for Grammatical Representation)一文中首次提出。顾名思义,词汇功能语法相对其他语法流派其主要特色首先是词汇在研究中的中心位置。研究语言表达形式间的关系即是对词库(lexicon)中结构的研究。其中的词汇一体原则(Lexical Integrity Principle)指出,词是构成句子结构的原子(atom),句法树形结构的最终节点都落实到一个个独立的词。

词汇功能语法是一个旨在提供语言的计算准确性和心理现实性表达的句法框架。它是一个应用多层次表达式的语法框架,包含结构层次、词汇和约束条件。这些层次不像乔姆斯基的生成语法那样彼此生成,而是通过由对应原则约束的映射,互相平行和相互链接。这就保证了不同层次上信息的一致性。所以,词汇功能语法同其他短语结构语法一样是非转换(non-derivational)和基于约束的(constraint-based)。词汇功能语法是生成语法(Generative Grammar)的一个分支,但是不同于转换语法(Falk,2001:2)。后者摒弃了生成语法中的深层结构(deep structure)假设,并且不涉及任何移位(movement)。

词汇功能语法理论的坚持者认为乔姆斯基的转换语法不能反映语言的心理现实性,而且他们一直坚持该理论以类型学为基础。许多句法学理论基于过于相近语言间的比较结果,这使他们可能展开详尽的比较,但是在寻求普遍语法的深层特征方面却不是一个好的基础。通过比较相近语言得出的普遍原则又被错误地应用到其他不同的语言以寻求支持。因此,普遍性和相异性都是词汇功能语法的研究内容,它既包含跨语言间不同的特征,也有面向普遍性的普遍特征。

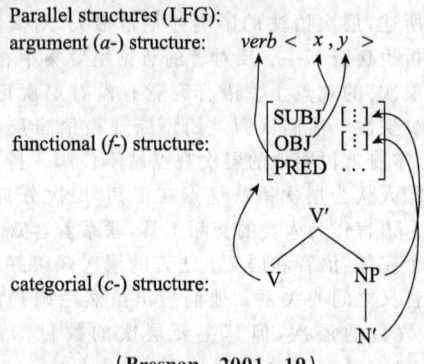

(Bresnan, 2001: 19)

词汇功能语法对句子的描述体系包括两个部分：成分结构（constituent structure，简称 c-structure）和功能结构（functional structure，简称 f-structure）。两者都建立在词汇结构（lexical structure）的基础上。此外，词汇还有论元结构（argument structure，简称 a-structure）。每个层面之间都有影射关系。词项（lexical entry）包含了词的意义、论元结构和语法功能（如：主语、宾语）等信息。比如，"取"的谓词论元结构包含和主语位置相关的表施动的论元和宾语位置上表受动的论元，如下图所示：

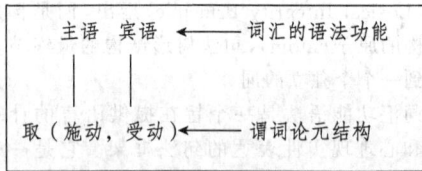

词项的表达由词的句法范畴标记和功能方程式（Functional Schemata）组成，如下表：

词项	句法范畴	功能方程式
Mary	N	(↑PRED)={"Mary"的意义} (↑GEND)=FEM (↑NUM)=SIG
gave	V	(↑TENSE) = PAST (↑PRED) = "HAND<(SUBJ)(OBJ2)(OBJ1)"

其中符号"↑"和"↓"称为元变量（metavariables）。"↑"指规则左侧的节点，即母节点。"↓"指当前节点。词项"Mary"的第一个功能方程式表示传送词义"Mary"给母节点，第二个表示母节点的性为阴性，第三个表示母节点的数为单数。Give 的第一个功能方程式表示母节点的时态为过去时，第二个表示该动词有三个论元，分别作为母节点的主语和两个不同宾语。通过这样的功能方程式，词汇功能语法通过功能方程式在句法结构中传递和组合复杂特征。

成分结构是语言的外部结构。它表示句子成分的先后顺序，是由一组短语结构规则映射成的树形结

构。语法功能通过句法编码进入短语结构规则，然后进入树形结构的相应位置。该层次代表句子的句法排列和语音表达。例如下面所列的短语结构规则：

S→   HP   VP
      (↑SUB)=↓   ↑=↓

VP→ V   NP
      ↑=↓   (↑OBJ)=↓

"↑=↓"表示该节点的特征与母节点的特征相同。这两个规则还可以用树形图的形式表示为：

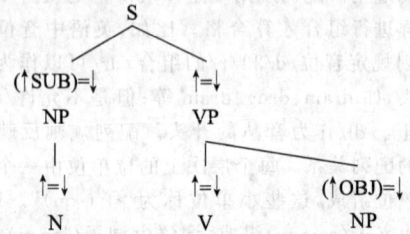

把具体的词项及其功能方程式代入这样的树图可以产生具有 SVO 基本结构的句子，如"张三喜欢李四"。

成分结构可以通过功能描写（functional description）向功能结构转换。功能描写由一组等式构成，从成分结构的功能方程式推导出来，可以很容易地进行计算机编码。成分结构描述了语言的表层结构，其中的词项承载了大多数语法信息，功能等式规定了这些语法信息的组合方法，经过有穷步骤的运算后，得到这些语法信息的最终组合结果——功能结构。

功能结构是语言的内部结构，表述语言成分间的关系，代表句子的语义。由于不同的语言内部结构在表达方式上大体上一致，所以功能结构具有普遍性。但是不同语言的外部结构却相差很大，所以成分结构具有相异性。功能结构和成分结构是两个具有不同形式的独立体系，词汇功能语法把它们明确区别开来，一部分一部分地分别进行描述，然后又把它们合在一起。在这之前，还要首先保证通过功能描写得出的句子的功能结构是合法的（well-formed）。确定功能结构是否合法，要通过合一运算（unification）和功能合法条件检查决定。功能合法性条件包括三个方面：功能唯一性（functional uniqueness）、完整性（completeness）和一致性（coherence）。

功能唯一性是指功能结构中每一个特征只能有一个值。这一点决定合一运算成功与否。如果合一运算成功，那么功能结构具备唯一性；如果失败，也就意味着功能结构不具备唯一性。例如，图示（1）中的功能结构就不具有唯一性：

[1] $\begin{bmatrix} \text{PER} & \text{3rd} \\ \text{PER} & \text{2nd} \end{bmatrix}$

因为同一个人称特征有两个不同的值。完整性

是指功能结构中缺少了谓词包含的子语类语法功能的值,如英语中的无主句:

[2] * Talks.

例[2]的功能结构中缺少了有关主语的值,所以不完整。一致性要求每一个有意义的语义形式必须具有一个句中谓词论元结构包含的语法功能。这保证了不会产生冗余的词或词组。

功能合法性条件理论由布里斯南(Joan Bresnan)和卡纳瓦(Jonni Kanerva)在1989年提出,是词汇功能语法的新发展。20世纪90年代初,布里斯南等人发表了一系列词汇功能语法方面的文章,他们的这些研究成果发展成为"词汇映射理论"(Lexical Mapping Theory)。该理论认为论元结构(argument structure,简称"A结构")是连接词汇义和句法结构的纽带,其作用就是通过把A结构上的题元角色映射到句法结构上的语法关系中,把论元和语法功能联系起来。这在一定程度上还减少了词汇部分的一些冗余的规定,简化了理论。

词汇功能语法和其他短语结构语法和乔姆斯基语法一样,目的都是要建立一个包括普遍特征的语言结构理论。只不过他们的关注点不同。广义短语结构语法、中心语驱动的短语结构语法和乔姆斯基语法把语言看作是说话者心智中的知识体系,并不关注其心理过程。而词汇功能语法与此相反,十分关注心理过程和语言的心理现实性。

理论间的区别还表现在它们为实现各自目标所采取的研究方法。一方面,词汇功能语法分析达到了数学般的精确,但另一方面却导致了它比乔姆斯基理论的发展更缓慢和保守。而乔氏理论正好相反,它以精确换得了更强的解释充分性。词汇功能语法同大多短语结构语法一样都是应用合一运算操作,基于约束和非转换的方法,而乔姆斯基理论采用的是通过如移动—a的操作从一个结构衍生另一个结构的方法。

词汇功能语法为自然语言的描述和语法知识的表达提供了一个有效的模式。它不仅可以解释幼儿的语言习得机制,还可以解释人类处理自然语言的行为。它把句子分析的可计算性作为它的一个基本目标,从而满足了自然语言计算机处理的需要,在机器翻译和自然语言处理中得到了广泛的应用。

词语法 Word Grammar 关于语言结构的一种理论,最早由赫德森(Richard Hudson)于20世纪80年代初创立,其标志为1984年专著《词语法》的出版。目前虽然该理论的细节仍在发展、变化之中,但其中心思想却相对一致。据赫德森本人介绍,词语法来源是韩礼德(Michael Halliday)的系统功能语法(systemic-functional grammar)和他本人早期创建的子项—依存语法(daughter-dependency grammar)。但70年代后期,他将主要精力转向了社会语言学的研究,从而放弃了子项—依存语法的研究。80年代初,他试图探索一个连贯的语言学理论来解释语言的复杂现象,这就是词语法。

词语法本质上属于认知语言学,该语法将语言视为概念的网络,语言网络与其他网络的区别在于前者涉及的基本概念是词,与词无关的概念不能被当作语言网络概念。词与词和其他概念之间通过不同的连接来界定不同的语言层次。通过"词根"和"形态"连结与形态相连,通过"意义"与"所指"连结与语义相连,通过依赖关系和词类与句法相连。

词语法研究的重点是词如何通过"是"(is-a/is A)关系建立语言标签,如何利用语言标签建立词与词之间的依存关系,如何通过依存关系建立句法结构,通过句法结构反映语义并建立语境,从而构建语言网络,使得语言与外部世界融为一体。语言是相对独立的子网,其基本逻辑为多元的"默认承接"(default inheritance),规则形式和不规则形式都存储于同样的网络,这是一个"承接网络",普遍形式和特殊形式通过"默认承接"相关联,这表明普遍规则之外允许例外,但该例外并不影响规则的普遍适用性。"默认承接"是词语法一个十分重要的概念。

传统的语言层次在词语法中也得到了重视,但词语法区分实体和关系,而不是将语言拆分为离散的成分,如下图表示:

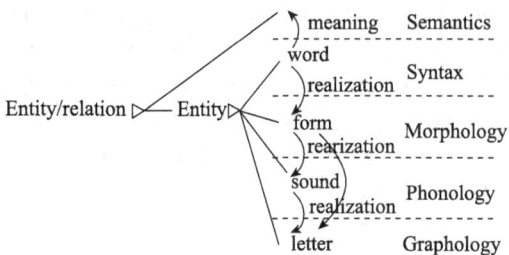

词语法开始时作为一种句法模式,后来拓展到许多其他领域的研究,如:词汇语义学(Gisborne, 1993, 1996, 2000, 2001; Hudson & Holmes, 2003; Hudson, 1992, 1995, 2003a; Sugayama, 1993, 1996, 1998)、形态学(Creider, 1999, Creider & Hudson, 1999)、历史语言学(Hudson, 1997a, b)、社会语言学(Hudson, 1996a; 1997b)和语言处理(Hudson, 1993a, b, 1996b; Hiranuma, 1999, 2001)。

(一) 形态学

词语法区分两种词:词素(Lexemes)和屈折形式(Inflections),前者如 DOG,后者如 PLURAL。由于默认承接,无标记的屈折形式可以仅仅处理为默认形式,DOG 的默认值便是单数,相对于其复数。只有有标形式才需要在形态中提及。词素和屈折形式的差别允准两种不同实现关系的差别：词基（base）和完全屈折形式（fully-inflected form）。根据默认，词基与完全屈折形式相同，但是有标的屈折变化对此作出区分，这就是屈折形态学的范围，而推导形态学处理的是不同词素的词基之间的关系，如 farm 与 farmer 的关系。

由于默认承接，例外现象很容易处理。通常有两种不规则现象：(1)异干法，即整个词基形式改变，如 person－people,come－go；(2)元音改变法，即只有元音发生变化，如 foot－feet,goose－geese。当 foot 变为 feet 时，这两种形式的关联度可以从词形辨认，因此可以说 feet 是 foot 的不规则变体，即 s 变体。people 是完全不规则变化，只能说 people 是'PERSON, PLURAL'的具体实现，不将其与词干 person 相关联。

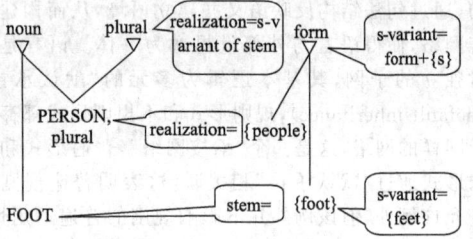

（二）句法学

句法是词语法中发展得最完善的部分，研究的范围十分广泛，包括词序、语法功能、依存关系、并列关系、一致关系，约束关系等。词语法是依存语法的一种，认为句法结构由词与词之间的依存关系组成，短语结构没有存在的地位。词语法中两个词汇之间的句法依存关系由句法规则连接，词与词之间依存关系构成的链最终使得每一个词与短语或句子的中心语相连接，他们构成一种复杂的网络关系。主要的依存关系如下：

依存关系	缩略形式	范例
前附加语	a+	big book
后附加语	+a	book about linguistics
主语	s	he slept
补足成分	c	about linguistics, the book
（直接）宾语	o	wrote it
间接宾语	i	gave her (some)
谓语	p	is big, make angry

"Big books about linguistics are expensive."的句法分析的依存关系如下：

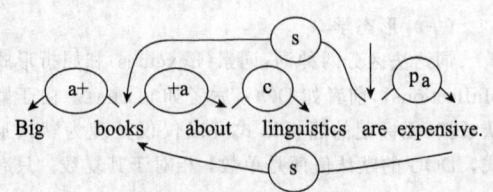

句法分析遇到结构共享和并列关系时情况便比较复杂。有时一个词同两个或两个以上的词保持依存关系，它就是结构中共享的依存成分。这个概念也使用于某些短语结构分析中，如中心语驱动短语结构语法。结构共享是词语法中允许非连续短语存在的一个主要运作机制。对于并列关系，词语法采用"词串"进行分析。

（1）提取结构

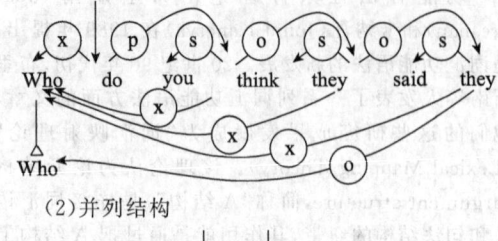

（2）并列结构

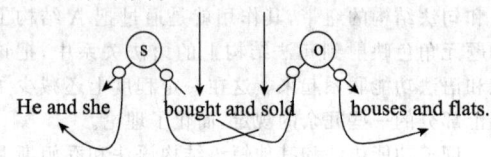

（三）语义学与社会语言学

词语法把意义看作是通过与其他概念相连的联结网络所界定的概念，并联结到普遍知识网络中的已知特征。这意味着在纯粹语言意义和百科意义之间没有明显界限。要给概念下定义，就要用与其紧密相连的其他概念来解释。这种意义观与菲尔默（Charles Fillmore, 1929—2014）的以概念框架定义词汇意义的框架语义学十分相似。

语义学和社会语言学的相似性和他们的差异性一样明显。语义学处理的是词语的指称意义，如 apples 和 bananas 的差别或单数与复数的差别；社会语言学处理的是词语的社会意义。然而正如术语所表明的，这两种情况中，我们都在关注一种意义——由词的选择而导致的关于世界的信息。若能意识到词汇与思想之间存在关联，便可推断出这种信息。从扩散激活（spreading activation）的角度来看，词汇激活思想。词语法通过关系区别这两种意义。指称意义是所指的人或事物的属性；而社会意义通常属于说话者或受话人。不论哪一种情况，特定个体都是通过总的范畴分类。例如，当说话者和受话人的关系比较亲密时，通常会直接使用名而省略姓。

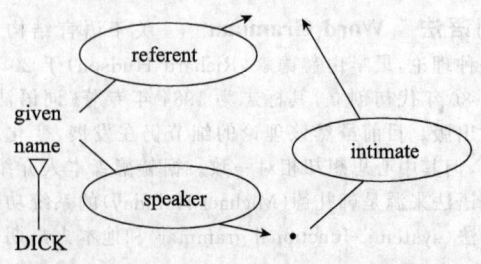

与许多其他语言理论一样,词语法倡导组合语义学(compositional semantics),句子的意义由其组成部分的意义构成。句子中的意义连接方式体现到句法中,但是语义连接是由意义自身导向的。下图中给出了"Dogs barked"的语义结构,词语意义之间的连接由动词 bark 提供,bark 与其主语所指的连接关系是 agent(通常缩略为 er)。若将 barking 这个行为称为"事件 e"(event-e),语义结构必须显示事件-e 的施事者是集合-s。动词的过去时屈折变化表明事件的发生时间先于说话时间,即 t1<t2。

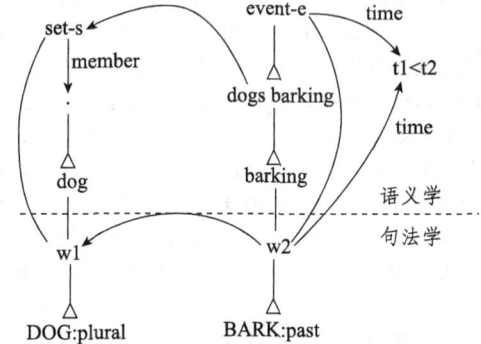

目前该理论除了应用于英语之外,也应用于其他语言的研究,如突尼斯阿拉伯语(Chekili, 1982)、希腊语(Tsanidaki, 1995, 1996a, b)、意大利语(Volino, 1990)、日语(Sugayama, 1991, 1992, 1993, 1996; Hiranuma, 1999, 2001)和波兰语(Gorayska, 1985)。

D

德国浪漫主义学派——新洪堡特学说
Romantic School of Thought in Germany — Neo-Humboldtism   20 世纪 20 至 30 年代出现的语言学新学说,是对德国语言学家洪堡特(Wilhelm Humboldt,1767—1835)学说的继承和发展。因洪堡特被视为当年浪漫主义运动的一员,持新洪堡特学说的语言学家,即新洪堡特学派,也被称为"新浪漫主义学派"。其主要代表人物有欧洲的魏斯格贝尔(Leo Weisgerber, 1899—1985)、特里尔(Jost Trier, 1894—1970)、美国的萨丕尔(Edward Sapir, 1884—1939)、沃尔夫(Benjamin Whorf, 1897—1941)等。

洪堡特是 19 世纪德国杰出的语言学家、哲学家、政治家、外交家和教育理论家,其学术研究涉及政治学、美学、人类学和语言学等多个领域。自 1820 年开始,他对大量不同语言的资料进行比较分析,深入探究人类语言的本质和人类精神发展的奥秘。1820 年 6 月 19 日,他在柏林科学院宣读论文"论语言发展阶段的比较语言学研究",探讨了语言学研究的基本问题,提出了相关研究工作计划,阐述了语言学研究内容和界限。五年后,在"概论语法形成的本质及专论汉语的特性"(1825—1826 年)一文中,他第一次阐明了对语言的形成、发展和本质的看法。洪堡特语言学理论的经典代表作是身后由其胞弟整理出版的三卷本巨著《论爪哇岛上的卡维语》的导文(1836—1839 年),导文题为"论人类语言结构的差异及其对人类精神发展的影响",长达 350 页,高度总结了他在该领域的全部工作,完整阐述了他对语言的看法。洪堡特走在同时代人的前面,基于语言比较,从语言哲学、人类学和语言学的视角深入探讨了语言的本质和功能、语言活动的机制、语言结构和人脑思维的关系、语言的结构类型、语言的文化内涵等一系列重要的理论问题,提出了独特的语言理论,为普通语言学的创立奠定了基础。

洪堡特认为,语言是一种创造性的精神活动,是正在进行的活动(Energeria),而不是已经完成的产物(Ergon)。语言活动是人类精神的一种基本特征,体现了说话人对其所掌握的有限语言手段进行无限运用的创造能力。每一种语言都有其特定的认知形式——"语言内蕴形式",语言形式主要不是外部语音形式,而是内蕴于其中的语义结构。语言是一种精神格局,反映了使用该语言的民族的思维特征和和世界观。民族的语言即民族的精神,民族的精神即民族语言的高度升华,语言是民族与其客观环境之间的"中间世界",民族的主要差异表现在语言上。语言与思维二者不可分割并相互作用,语言自一开始就参与了思想的形成,语言是构成思想的器官,思维不仅取决于语言本身,而且在某种程度上也取决于各种个别的语言,不同语言之间的差异即世界观的差异。

洪堡特语言学说内涵深广、生命力强,在当代得到了许多语言学家、哲学家的继承和发展,其中最引人注目的是新洪堡特学说。

新洪堡特学派最突出的代表人物是原西德著名语言学家魏斯格贝尔。在洪堡特学说的各种思想被承继近百年之后,他对洪堡特思想进行了全新阐释,把欧洲语言学人文主义传统推向一个新的高峰。魏斯格贝尔语言理论承袭了洪堡特的语言思想和索绪尔语言学说,并对前者加以发展。首先,从语言的认识论来看,直接接受了洪堡特的三个观点:语言是一种作用力(wirkende kraft);语言包含有某种世界观(weltansicht);语言表达了一种内在形式(innere form)。在此基础上,魏斯格贝尔提出人类的精神活动决定了由现实转变为意识的过程,外在世界和意识之间存在着一个精神中间世界,其本质是语言,因而也可视为语言中间世界,该世界由一个语言集团而产生,是母语的中间世界,只有当它被看成是产品的时候,才是语言世界观。"母语中间世界"是魏斯格贝尔对洪堡特语言世界观学说的推陈出新。第二,发展了洪堡特关于"语言差异在于世界观本身的差异而非语音外壳符号"的思想,提出语言研究的目的不能停留在研究语音形态上,还要认识语言内容的结构并把握语言的精神构造。为此,他始创了内容相关语法(inhaltbezogene grammatik),依据语义场来对语言范畴进行确认和分析。第三,对洪堡特的"内蕴语言形式"进行了新的理解和阐释,提出"内蕴形式"(innere form)的概念,强调语言内蕴形式对形成人类精神世界格局的作用力或塑造力,赋予语言世界观充分的活力。

特里尔也是新洪堡特学派的代表人物,他毕生致力于语言研究,在词汇学方面的成就尤为显著。特里尔在洪堡特、索绪尔以及魏斯格贝尔的语言思想基础上,提出了与个别词的研究方法所不同的、适合语言整体研究的方法,创立了语义"场学说"。场学说认为,一个语言的词汇不是一个以单一的词的形式来储存这个民族在历史过程中所习得的经验和认识的仓库。语言中的所有词都互相关联、互为依存,它们在语言符号这一系统中构成一个井然有序、编排齐截的整体。正如砖瓦梁椽不能随意堆砌成一座建筑,而是在建筑的整体中各得其所、各获其能一样,词也在语言词汇的整体中各占其位、各表其义。由是,研究词汇的具体步骤应从词汇的各个领域,即他所称的"场"入手。

此外,美国两位语言学家萨丕尔和沃尔夫也深受洪堡特思想的影响,在看待语言与思维的关系问题上,观点与魏斯格贝尔相似,通过"语言相对论"(linguistic relativity)得到体现,一般称作"萨丕尔—沃尔夫假说"(Sapir-Whorf Hypothesis 或 Whorfianism)。语言相对论认为语言结构影响不同说话人概念化世界的方式如世界观,或影响其认知过程。一般认为该原则有两种解释:强假设和弱假设。前者认为语言决定了说话者的感知和生活方式,也称作"语言决定论"(linguistic determinism);后者认为只有语言范畴和用法影响思维及诸如此类的非语言行为。该假说从另一角度阐述了语言和思维的关系:人类的思考模式受其所用语言的影响,即在不同文化下,不同语言所具有的结构、意义和使用等方面的差异,在很大程度上影响了使用者的思维方式。既然思维必须通过语言进行,那么所使用语言的固定模式必定留下思维的烙印,语言固定模式反映一个民族的心理特征和世界观,因此,分析一个民族词汇和语法特征就能了解该民族的思维方式和心理特征。在当代,对语言的解读已经成为探求社会心理的一种有效方式。

新洪堡特学派的著作主要有:魏斯格贝尔的《语义学——语言学的歧途?》(1927),该书明确指出传统语义学的不足,并在此基础上创建了一套研究词汇的新方法;《母语和精神构成》(1929)是魏斯格贝尔的一部纲领性著作,包含了他的整个语言理论框架。四卷本《论德语的力量》(1949/1950)则是魏斯格贝尔最重要的著作,该书集中体现了其语言思想与理论基础,其中第一卷是其语言学理论核心部分;《语言规则作为语言研究的基础》(1951)、《语言研究中的四个阶段》(1963)、《语言的精神方面及其研究》(1971年)等是魏斯格贝尔的其他代表作。特里尔最有代表性的著作是1931年出版的《智能义域中的德语词汇》,该书为词汇研究开辟了一条新的途径,被视为词汇研究经典之作。萨丕尔主要代表作是1921年出版的《语言论》(Language),该书主要论述语言是什么,以及它跟思维、种族、文化以及艺术等方面的关系等。沃尔夫的代表作《论语言、思维和现实——沃尔夫文集》则阐述了语言、思维和现实之间的关系。

以魏斯格贝尔为代表的当代新洪堡特主义承袭和发展了洪堡特的语言和哲学思想,对语言世界观理论作了全新的阐释和发展,认为语言不仅是一种可以对象化、客体化的认识框架和思维模式,更重要的是一种精神、文化、历史世界的塑造力量,语言积极参与民族文化、民族精神的建构,在现实世界改造转化为精神财富的过程中发挥不可或缺的作用。

德国唯美主义语言学派 The Aestheticist Linguistic School in Germany 亦称"新语文学派",形成于20世纪初的语言学流派之一。创立者是德国的浮士勒(Karl Vossler, 1872—1949),其他语文学家有列尔赫(Eugen Lerch, 1889—1952)、斯皮策(Leo Spitzei)、洛尔赫(Etienne Lorch)和别尔多尼(Giulis Bertoni)等。

唯美主义语言学派的理论本质是唯心主义语言学体系,与新语法学派相对抗,认为语言是个人的精神创造和表现,强调人类语言能力个体性和创造性的一面。他们认为一切语言变化都是心理的直觉和个人的精神创造,这些变化是个人有意识的作为,也反映出民族感情、文学因素和美学因素在刺激创新成分方面起着支配作用,因此有创造能力的个人在语言发展中的重要性不容低估。

浮士勒是德国语言学家、罗曼语文研究者和文艺理论家。1872年9月6日生于霍恩海姆,1949年9月19日卒于慕尼黑。先后在海德堡、维尔茨堡和慕尼黑等大学任教授,1947年退休。浮士勒的主要著作是关于罗曼语族各国人民的精神文化的。他研究了意大利、法兰西、西班牙的文学和语言;晚年还研究了葡萄牙和南美洲的文学。主要著作有《语言学中的实证主义和唯心主义》(1904)、《语言的创造和发展》(1905)、《语言哲学论文集》(1923)、《语言中的精神和文化》(1925)和《法国的文化和语言》(1929)等。

在语言学方面，浮士勒是一个彻底的唯心主义学者。他自认为他的语言学观点实质上是一种彻头彻尾唯心主义语言学体系。在他的纲领性著作《语言学中的实证主义和唯心主义》(1904)中，浮士勒认为新语法学家所走的是实证主义道路，只看到语言中那些机械的、死板的东西。他指出"语言是精神的表现"，语言的发展变化导源于个人对美的追求以及有意识的审美创造，而不是"盲目的必然性"所驱使。在对新语法学派的实证主义的批判中，他斥责新语法学家为"只关心琐碎问题的实证主义者"。在他看来，新语法学家只知道积累事实，就事论事，这只能导致人类思维的死亡和科学的灭亡；他认为应该强调从精神方面去探求语言现象之间的因果关系。他倡导的"新语文学"把一个语言集团的地理位置和历史发展放在一块来研究，与当时德国新语法学派片面强调语音，不考虑其他问题的做法不同。新语法学家认为，人们发音是不自觉的，语音规律不允许有例外，浮士勒则强调个人在语言中的创造作用。新语法学家认为音素构成音节，音节构成词，词构成句子，句子构成言语。但浮士勒认为这一顺序并不符合实际，而应该相反："是存在于言语中的精神构成了所有这一切——句子、句子成分、词和音素"，因此他认为文体学是语言学中的最重要的部分，并可藉此解释跟各种低一级的学科——语音学、形态学、构词法以及语法有关的一切现象。风格学的研究能使人们较易地发现语言变化和社会文化史的关系，确定语言和民族精神的相互制约性，揭示个人的创造对语言发展的影响。

浮士勒的语言观深受意大利哲学家、美学家、文学理论家贝克罗齐(Benedetto Croce, 1866—1952)和德国语言学家、政治家洪堡特(Wilhelm Humboldt, 1767—1835)的影响。他的语言研究是从哲学出发，而不是从语言史出发。他吸收了洪堡特语言学观，语言是思想的创造器，语言是民族精神的不断活动的思想，因此他认为"语言是民族性的外部表现，民族的语言就是民族的灵魂，民族的灵魂就是民族的语言"。他也采纳了克罗齐的说法，语言就是表达，而且是"心灵最原始的表达"，因此语言和艺术、语言和美学是相通的，都是运用一定的物质表达直觉的，"语言就是精神的表现"。在此基础上，浮士勒进行了唯心主义的发挥，认为任何一种语言变化的动因都来自作为集体灵魂组成部分的个人灵魂的创造，来自与风格有着直接关系的美学因素。至于个人创造的语言表达方式能否转变为共同的规则，浮士勒认为，那要看是否适合民族精神的需要，因为"句法规则是以民族的占主导地位的精神特点作基础的"。浮士勒还说，语言反映民族文化，语言发展与各时代的思想和艺术密切相关，研究语言要注意思想、文化与语言的相互作用，尤其要注意个人的艺术创造，而不应从声音和符号入手。

总之，以浮士勒为代表的唯美主义语言学派指出了新语法学派的缺点，并且强调考察语言变化中的美学因素和创造因素，重视语言风格学，注意研究语言和思维的关系、语言和文化的相互作用等等，这些都有着积极的意义。但该派别把语言的一切都归结为心理的直觉、个人的精神创造，这种观点否定了语言的社会本质；该派别过分强调语言的文学和美学方面，而轻视语音学、形态学以及句法学等研究的科学性，认为它们是实证主义者建造的坟墓，最终把语言研究带入唯心主义的死巷。

德国新语法学派 The Neogrammarians in Germany 亦称"青年语法学派"(The Young Grammarians)"莱比锡学派"(Leipzig School)"个人心理主义语言学派"。其主要代表人物是德国学者，其中有布鲁格曼(Karl Brugmann, 1849—1919)、奥斯特霍夫(Hermann Osthoff, 1847—1907)、莱斯金(August Leskien, 1840—1916)、保罗(Hermann Paul, 1846—1921)、德尔布吕克(Berthold Delbrück, 1842—1922)等，丹麦的维尔纳(Karl Adolph Verner, 1846—1896)、汤姆森(Vilhelm Ludvig Peter Thomsen, 1842—1927)。俄国的弗尔图纳托夫(Фнлипп Федорович Фортунатов, Filipp Fedorovich Fortunatov 1848—1914)等也持有相近的观点。代表刊物为《形态学研究》。代表青年语法学派观点的作品有：布鲁格曼和奥斯特霍夫为《形态学研究》杂志第一卷(1878)所写的发刊词(一般被认为是青年语法学派的宣言)、保罗的《语言历史的原则》(1880)和布鲁格曼和德尔布吕克合著的五卷本《印度—日耳曼诸语言比较语法纲要》(1893)等。

新语法学派(Neogrammarians)形成于19世纪70、80年代。1870年前后一批青年学者在语音研究方面取得新的进展，并逐渐清理了混乱的印欧语言元辅音发展，反映了对语言本质和研究方法的新认识。由于当时莱比锡大学的奥斯特霍夫和布鲁格曼等年轻学者对梵语与古希腊语的关系提出了新看法，老一辈语言学家如库尔蒂乌斯等深为不满，揶揄他们为"青年语法学派"(德语称为 Junggrammatiker)。1878年布鲁格曼和奥斯特霍夫在库尔蒂乌斯停办杂志《希腊拉丁语法研究》之后创办了另外一份刊物《形态学研究》。他们在发刊词中对老一辈语言学家的观点进行了激烈抨击，全面阐述了青年学者的观点和行动纲领,并正式使用了"青年语法学派"这一名称,这标志着青年语法学派的成立。1885年意大利语言学家阿斯科里(Graziadio Isaia Ascoli, 1829—1907)把这一名称译为Neo-grammatici(新语法学派),后来很多人都照此译称。

新语法学派的观点基于对19世纪初期的历史语言学家格林(Jacob Ludwig Carl Grimm, 1785—1863)和中期的施莱歇尔(August Schleicher, 1821—1868)等人的思想批判继承。新语法学派与以往的比较语言学家的根本分歧就在于对语言本质和语言的发展过程有着不同的看法。他们认为施莱歇尔等对语言变化的哲学解释是靠不住的猜想,语言并不是什么有机物,也没有成长、发展、衰败的过程,从而坚决摒弃"语言有机论",并认为应该彻底转变语言研究的目标和重点。以往的比较语言学家注重从书面材料追根溯源,企图确定语言的最古形式,重建印欧原始语;布鲁格曼和奥斯特霍夫提出把研究视线从古代的语言转向现代语言,从故纸堆中静态的死的语言转向身边各种活的方言,不在重建"原始语"上耗费精力。1878年布鲁格曼和奥斯特霍夫在《形态学研究》发刊词中宣称,一般语言学家所从事的只限于语言的研究,而很少注意到说话者个人方面的研究。他们认为比较语言学的首要研究任务就是要弄清语言机制活动的性质。实际上人类言语机制的发展变化拥有两面性,即个体的心理特性和生理特性。比如语音方面通常会发生一些由nb变成mb, bn变成mn,或ar变成ra的变化。如果语言学家仅仅从语音生理学角度研究,有些现象很难进行解释。倘若运用心理因素进行考察,一些现象的理解也许就变得容易。"类推作用"要求研究活的语言或方言,因为这比古代死的语言更易于观察,并且更易于得到更多揭示语言发展律的素材。学派创始人之一莱斯金(August Leskien)说:"在一定时期存在的种种语言形式可用两个要素(有规律的语言变化和类推的影响)来解释,而且只需要会这两个要素"。可见,新语法学派在语言变化方面强调两点:语音变化无例外和类推作用。布鲁格曼和奥斯特霍夫认为,只有一方面研究语言最近的发展状态和活的方言,一方面具体观察语言活动的心理和生理的机制,才获得语言的本质认识。

在长期的语言研究探索中,拉斯克(Rasmus Christian Rask, 1787—1832)、葆朴(Franz Bopp, 1791—1867)和格林等历史比较语言学家发现了一系列语音规律的存在,但并没有力图证明这些规律绝对性。施莱歇尔主张"严格遵守语言规律",同时也认为规律经常带有例外。直至1870年前后,历史比较语言学家把语音规律看作是语音变化过程中确实存在着的规律性现象,但同时也有许多明显的无规律的情况。19世纪70、80年代,一些学者取得许多重大发现:阿斯科里(Graziadio Isaia Ascoli, 1829—1907)对印欧语k问题的新解释;维尔纳(Karl Verner)在格林定律基础上提出了补充说明并确立了维尔纳定律;布鲁格曼和索绪尔等对印欧语元音原始体系的新阐述。通过这些持续不断的发现,人们开始形成新的认识:原来似乎无法解释的一些例外也很有规律可循。维尔纳在1872年建议把"没有一个规律是没有例外的"改为"没有一个例外是没有规律的",并认为"曾支配一个语言的规律倘有任何例外的话,这例外一定另有原因"。以"格林定律"为例,虽然这些规律与事实大致相符,但也有不少例外。例如,该定律规定拉丁语的t在日耳曼语中的对应形式应是/θ/,但实际上却有时是/t/,有时是/d/,类似例外使语言学家很困惑。维尔纳后来发现这种例外音变与重音的位置有关:在后期原始日耳曼语中,只有位于词首或紧跟重读元音之后的原始印欧语清塞音/p/、/t/、/k/才变为清擦音/f/、/θ/、/h/,而在其他位置的清塞音/p/、/t/、/k/则变为浊塞音/b/、/d/、/g/。"维尔纳定律"(Verner's law)揭示了日耳曼语言辅音系统的变化和重音的关系,类似新的发现使人们意识到语言规律的例外也存在规律。1876年莱斯金发表论文《斯拉夫—立陶宛语和日耳曼语的名词属格》,第一次提出"语音规律无例外"的概念。布鲁格曼和奥斯特霍夫在《形态学研究》发刊词中同样指出:"任何一个语音变化,由于它是机械地发生的,因此都是按照没有例外的规律实现的,也就是说,如果不把方言的分歧计算在内,那么同一个语言集体的所有成员的语音变化总会有相同的方向,并且一切含有在相同条件下易受变化的语音的词一定要起变化,没有例外"。

新语法学派在研究中发现,产生语言变化之例外现象的原因复杂:其外在因素包括隐蔽规律的作用、外来借词的引入或同化、避免词汇同音或与禁忌语词发音相似、对词源理解有误等;其内在因素主要是类推作用的影响。所谓的类推作用是指说话人无意识地以某些词的形式为标准改变另一些词的形式或创造新词。例如,在由拉丁语发展为古代法语的过程中,依照语音变化的规律,a音应有两种新发展:非重音的a保留原状,如由拉丁语amare(爱,不定式)变为古法语amer;但在m或n之前的重音a都变成ai,如拉丁语amo(我爱)变成古法语aim,拉丁语amas(你爱)变成古法语aimes。由此看来,拉丁语的同一语音a在古法语中就演变为am-和aim-两种形式。后来法语以aim-为标准进行类推,结果变成现代法语的amer也变为aimer,以至于最后am-消失。类推作用因此可以解释许多音变现象。新语法学派认为类推有其心理根源。在人的意识中每个词或形式并不孤立存在,而总是跟别的词和形式相联系。保罗在他的《语言史原理》中更是从个人心理方面解释语言的发展。他认为类推作用是最重要的因素。类推不仅在语音方面起作用,而且在任何有意义的地方都可以看到其影响,而类推作用和说话者个人有关。

后人对新语法学派的批评主要体现在以下方面:第一,个人心理主义的语言观。过分强调心理联想的作用,认为语言是个人心理活动的结果,把个人心理活动当作语言发展变化的主要原因;忽视对语言的社会特性的理解,没有认识到语言演变是社会历史现象;第二,"原子主义"的研究方法。仅注重分析个别的语音和语法形式,把语言演变分解为彼此孤立的个体现象来处理;以经验主义的眼光审视语言,缺乏理论的概括,不利于对语言总体的研究;第三,狭隘的研究范围。拘泥于语音,很少涉及形态和句法等方面;虽然竭力号召研究现代语言和各种方言,却依然没有摆脱原始印欧语书面材料的束缚。

新语法学派在语言学历史上的贡献也不可忽视。他们汲取了19世纪历史比较语言学的研究成果,摒弃了荒谬的猜想和假设,进行了科学的总结并提出一些新的观点。首先,他们抛弃了"语言有机论"和"语言生命的两个时期"的假设,提出了"语音规律无例外"和"类推作用"这两个具有方法论意义的研究原则。特别是对语音变化规律性的深入认识使历史比较语言学获得可靠的理论基础;其次,他们主张研究现代活的语言及其方言,重视语言材料的搜集和分析,提出语言演变的模式,对语言的演化做出了新的理论解释,改变了历史语言学的研究方向,预示着20世纪初结构主义语法的诞生。再次,他们用新的观点阐述语言的分化和方言的形成,改进了对原始印欧语的看法,从而认识到历史比较法只是一种研究手段,通过这些手段可确立亲属语言的对应关系。新语法学派的贡献对当时欧洲的历史比较语言学起了很大的推动作用,促进了语言学的发展。

德国自然主义语言学派 **The Naturalist Linguistic School in Germany** 形成和发展于19世纪50年代到60年代的一个语言学流派。其主要代表人物是德国语言学家施莱歇尔(August Schleicher,1821—1868)和德裔英籍语言学家缪勒(Friedrich Max Müller,1823—1900)。

德国自然主义语言学派的观点跟施泰因塔尔(Heymann Steinthal,1823—1899)等人的心理主义相对。自然主义语言学派把语言看作一种自然的机构,要采用自然科学的方法去研究语言。在19世纪初,许多语言学家如拉斯克(Rasmus Christian Rask,1787—1832)、葆朴(Franz Bopp,1791—1867)、施莱格尔(Friedrich von Schlegel,1772—1829)就有过这样的说法:"语言是一种机构","语言是一种自然的有机体"。但真正系统地提出"语言有机体"理论并用自然科学的方法去研究语言的应该是施莱歇尔和缪勒。

施莱歇尔1821年生于德国波恩,早年曾准备攻读神学,后转变从事语文学研究。1846年起,先后在波恩、布拉格和耶拿等地大学任教,1855年起兼任彼得堡科学院通讯院士。1868年去世。一生著书颇丰,影响很大。其中有《教堂斯拉夫语的形态学》、《立陶宛语手册》、《语言比较的研究》(1848)、《论语言的形态学》(1859)、《德语》(1860)、《印欧语比较语法纲要》(1861)、《达尔文学说和语言学》(1863)、《论语言对于人类自然历史的意义》(1865)、《名词和动词》等。

施莱歇尔从小就很注意对各种方言、民歌的搜集和语言的学习,通晓多种语言,主要研究日耳曼语、斯拉夫语和立陶宛语。他对哲学和植物学很感兴趣,早期就接受了黑格尔(Georg Wilhelm Friedrich Hegel,1770—1831)的哲学思想和达尔文(Charles Robert Darwin,1809—1882)的进化论观点。在许多前辈如施莱格尔、葆朴、格林等学说的基础之上,施莱歇尔提出了自然主义语言观,开创了自然主义语言学派,从而成为19世纪中期最重要的历史语言学家。

施莱歇尔认为语言学同自然科学有不可分割的联系,语言学家与语言的关系如同植物学家与植物的关系一样。在许多书中他都把语言看作一种机构,认为语言的生命和动植物的生命并没有什么本质的区别,语言按照自然的规律存在并发展,并且可把语言的发展分为成长和衰老两阶段。语言在成长时期由简单结构变成更复杂的形式,在衰老时期由它所能达到的最高发展阶段逐渐衰退,它的形式也因此受到损害。施莱歇尔据此把语言的生命分成两个完全不同的时期:语言发展的历史和语言衰败的历史。语言发展的上升阶段是在人类的史前时期;从有史时期开始,语言的历史就是一部衰落史。在史前时期,语言一切高级的形式都是由较简单的形式变成的,如由孤立形式变为粘着形式,由粘着形式变为屈折形式;在有史时期,由于语言形式的衰败,句子的功能和结构等方面会有很大变化。

根据"两个时期"的假说,语言发展只是史前时期的事。在洪堡特语言分类基础上,施莱歇尔把世界语言分为孤立语、黏着语和屈折语三类,形成了他的语言进化的三个阶段。"一切比较复杂的语言形式都源自比较简单的语言形式,语言的黏着形式产生于孤立形式,而屈折形式产生于黏着形式"。在施莱歇尔看来,所有语言都起源于词根语,然后通过辅助词的黏着,最后发展到高级阶段,也就是印欧语开始衰落时的屈折结构形式。

根据植物学中的谱系理论，施莱歇尔建立了展示印欧语分化的谱系树模式。他认为每个语系都有它的一种原始语，就像树根。所有同系的语言都是由这树根长出来的枝条，如由印欧系原始语分叉为亚细亚—南欧语族和北欧语族，然后由其中的亚细亚—南欧语族分叉为印度—伊朗语支和南欧语支，再然后由其中的印度—伊朗语支分叉为印度语和伊朗语等。他采用生物学中植物分类的方法来研究语言的历史亲属关系，把当时存在的语言按其共有特点分成语系、语族、语支等。施莱歇尔在《达尔文学说和语言学》一书中更是把达尔文关于物种起源和发展的学说运用在语言领域，例如自然科学中"属——种——亚种——变种——个体"的分类，在语言学中相应的就是"语系——同一语系的语言——方言——次方言——个人的语言"。动植物界中看到的物种分化和生存竞争的现象也发生在语言领域。施莱歇尔的"语言有机体"理论和语言谱系图清晰地揭示了语言演变的历史。

施莱歇尔创造了重构方法（reconstruction），推进了语言的历史比较研究。重构是指以留存语言成分的比较为基础，推断共同母语的原始形式的一种方法。在《印欧语比较语法纲要》里，施莱歇尔用这种方法重构了印欧原始语的元音、辅音、词根、词干结构、名词变格、动词变位等。这种方法促使研究者注意语音演变的细节，并把研究结果归纳到重构的形式中去，并有利于说明语言历史演变的情况。

缪勒是施莱歇尔自然主义语言学观的拥护者。他在《语言科学讲话》（1861）一书中宣传语言的生物学观点，把语言学与语文学对立起来。他认为语言学和语文学不同，语文学以语言为手段去研究人类社会的道德、智慧、宗教和文学，属于历史科学；而语言学以语言为研究对象，应该属于自然科学。这一理论把语言及其历史同社会及社会发展过程割裂开来，离开具体历史条件研究语言，忽视语言解体过程中相互交错的分化现象和统一现象。缪勒的观点曾受到美国语言学家惠特尼（William Dwight Whitney，1827—1894）的坚决反对。但他的通俗生动的讲义宣传使"语言是有机体"等观念广泛流行。

以施莱歇尔和缪勒为代表的自然主义语言学派错误地认为语言是自然现象，将语言学归入自然科学，并按自然科学的原则去研究语言，这样就从根本上抹杀了语言的社会性，从而导致对语言性质及其变化缺乏正确的理解以及可靠的理论基础的缺失。由于受到语言生命的"两个时期"假说的影响，当时的语言学家把目标集中在印欧原始语的研究和重建上，各种现代语言和方言被视为"退化的语言"，活的口语的考察被忽视，语言的历史比较研究范围受到极大限制。但自然主义语言学派的语言亲属关系和谱系树理论、重建原始语的比较方法、对语言的分类以及语文学与语言学的分化等，都体现了19世纪上半叶历史语言学研究的显著成绩。

第二语言习得 **Second language Acquisition；SLA** 指关于学习者学会母语之后对另一门乃至多门语言的学习或习得的研究，简称二语习得。

一般认为，二语习得研究始于20世纪60年代末至70年代初，分别以科德（Stephen Pit Corder）1967年在《应用语言学国际评论》（*International Review of Applied Linguistics*）杂志发表的《学习者错误之重要性》（The significance of learner's errors）和塞林格（Larry Selinker）1972年在同一份杂志上发表的《中介语》（Interlanguage）两篇文章为发端。1975年元月在美国密西根大学应用语言学第六届年会期间，召开了二语习得研究会议，二语习得研究作为一门新学科宣告诞生。随后，二语习得作为一个独立的学科，其主要目标是建构可以描述二语习得过程并解释二语习得特征的理论体系。

二语习得研究经历了以下几个具有不同取向的时期：第一个阶段是发端于20世纪40年代并盛行至60年代的语言对比分析时期。这一分析方法是基于行为主义心理学和结构主义语言学的理论，以美国语言学家拉多（Robert Lado，1915—1995）为主要代表。拉多进行语言对比分析旨在为语言教学提供参照。语言对比分析通过比较外语和母语的差异，预测二语学习者可能会遇到的难点。

第二个阶段为错误分析时期。由于对比分析难以预测二语习得过程中学习者可能犯的错误，20世纪60年代后期，以二语学习者在二语学习中所犯错误成为研究的重点。根据这一研究，错误分析可分为两大类，一是受母语影响而导致的错误，二是不受母语影响所犯错误，即偶然性错误、随机性错误和反映学习者过渡性语言能力但具有规律性的错误。科德在1974年发表的题为"错误分析"的一文中提出错误分析的四个过程，即选择语料、识别语料中的错误、对错误进行分类以及解释错误。

第三阶段为中介语分析时期。由于错误分析中的不足，研究者的研究重心又转向了语言学习者的语言，即中介语（interlanguage）分析时期。"interlanguage"一词是塞林格在1972年在其文章中首次使用。中介语是指每个二语学习者在某个阶段所形成的一种有结构的语言，既非母语也非第二语言。对它的研究旨在为二语习得提供解释的理论。

第四阶段为普遍语法时期。20世纪80年代，美国语言学家乔姆斯基提出了普遍语法理论（Universal Grammar）。该理论认为，普遍语法是存在于每个人大脑里的一套高度抽象、高度概括的原则和未定值的参数,是"初始的语言状态"(initial state),体现了每个人大脑中的语言机制。普遍语法理论虽然是针对儿童母语习得提出来的,但由于该理论的原则——参数模式基本观念认为普遍语法原则反映了人类语言的共同属性,各语言之间的差异表现为参数值的变化,因而仍被广泛地应用于二语习得的研究。20世纪80至90年代的二语习得研究大都是在普遍语法的框架内进行的。

与此同时,在欧美具有较大影响力的二语习得的理论框架为语言类型学(linguistic typology)。这一理论由美国当代描写语言学派学者格林伯格(Joseph Greenberg)在20世纪60年代提出。它以多语种语料为基础,通过对尽可能多的语言进行研究,发现不同语言的特征。通过这些特征对其进行分类并归纳出经过高度概括的语言共性和发展倾向。它的目的是弄清不同语言所具有的普遍性特征和标记性以便对语言习得的规律做出预测。

20世纪90年代初,二语习得研究体现出了与语料库语言学(Corpus linguistics)相结合的特点。以格兰杰(Sylviane Granger)为首建立的国际英语学习者语料库(International Corpus of Learner English)开辟了中介语对比分析(Contrastive Interlanguage Analysis,简称CIA)的二语习得研究新领域。语料库语言学采用定量或定性的方法研究语言的应用,描写语言的普遍性。建立外语学习者语料库能直接服务于二语习得研究,如可用于研究学生的中介语、语言石化、获得语言的程度等。进入21世纪后,基于学习者语料库的二语习得研究呈现多元化发展态势,涉及本族语和非本族语学习者的多角度研究,写作语料库和口语语料库计算机软件开发,和语料库的教材设计。

21世纪开始以来,二语习得研究还以语言动态变化性为新视角,结合复杂理论(Complex Theory)、微变化研究方法(Microgenetic Method)和事件相关电位技术(Event-Related Potentials,简称为ERPs)探究学习者微小动态的二语认知观念变化和习得过程。这一领域得到了一系列理论实证研究的推动,例如:贝尔茨(Julie Belz)和金津杰(Celeste Kinginger)于2002年对信息技术环境下的二语学习者语用能力的微变化进行的研究;普拉特(Elizabeth Platt)和布鲁克斯(Frank B. Brooks)于2002年对语言活动参与的变化过程的研究,拉森—弗里曼(Diane Larsen-Freeman)和卡梅伦(Lynne Cameron)于2008年结合二语习得的课堂话语进行的复杂性研究,以及斯坦豪尔(Anja Steinhauer)于2009对二语学习者习得过程中的脑反应机制进行的ERP相关研究。

近年来,二语习得的语言动态变化性研究,从另一个角度,将二语习得研究的领域由学习情境拓展至学习者的内心世界。佐尔坦(Zoltán Dörnyei)(2005,2009)根据心理学动机理论提出了二语动机自我系统,从三个层面,即理想二语自我(Ideal L2 self)、应该二语自我(ought to L2 self)和二语学习经验(L2 learning experience),来研究二语学习者的主观能动性,协调个人与社会之间的能力和心理适应的动态性。

二语习得理论是研究人们在掌握母语后习得第二语言的过程和规律。二语习得的研究内容可归纳为四个主要方面:第二语言学习者学到了什么,语言学习者如何习得第二语言,学习者个人习得第二语言有哪些差异以及课堂教学对二语习得有什么影响(Ellis,1994)。二语习得具体包括以下一些问题:

(一)母语在二语习得中的作用。如语言迁移的问题,即学习者母语语言体系的语音、词汇、语法、篇章等在二语习得中产生的影响。这种影响可能是正面的,即正迁移,也可能是负面的,即负迁移。

(二)学习者研究。指针对学习者的年龄、潜能、动机、态度、认知风格、学习策略及学习动机等方面及其与二语习得关系的研究。

(三)课堂教学的作用。指正式的课堂教学对二语学习者在学习路径和效果上的影响。它的重要性还在于发现环境因素在二语习得中的起到的作用有哪些。

(四)输入与互动的研究。输入是指二语学习者所接触的目标语语言材料,是二语习得发生的条件之一。输入既可以在自然环境下,也可在课堂教学环境下;既可以在双向的交际环境中,也可以在单向的非交际环境中。互动是发生在课堂上的二语习得的途径之一。课堂为学习者提供了学习二语的机会和环境,使他们通过参与课堂互动进行交际和意义的协商,从而促进习得。研究者通过研究课堂互动了解学习是如何发生的。

二语习得理论经过几十年的发展已经形成了多种观点各异的理论、假设或模式等。不同的研究者对它们有不同的划分。对第二语言习得研究影响较大的理论或模式包括:

(一)普遍语法理论(The Universal Hypothesis)

普遍语法理论由乔姆斯基于1981年提出。这一理论认为人的语言能力的认知结构是先天的。婴儿出生时就已有一部分语法知识以大脑物质和结构的形式固定下来。这部分知识是一些高度概括和抽象的语法原则和尚未定值的语言参数,是人类所共有的普遍语法。人之所以能掌握语言是由于人脑固有的这一生物属性与后天语言习得经历相互作用的结果。以普遍语法为基础的二语习得研究一般认为,二语习得与儿童母语习得一样受制于普遍语法,第二语言的习得是一种建立语言参数值的过程。

（二）中介语理论(The Interlanguage Theory)

中介语理论由塞林格(Larry Selinker)于1972年提出。根据这一理论，中介语是指第二语言学习者的一种独立的语言系统，这种语言系统在结构上处于母语与目标语之间的状态，所以这是二语学习者在到达目标语前必经过的。对二语学习者中介语的研究可以揭示学习者在第二语言习得过程中认知发生和发展的特征。

（三）监察模式(The Monitor Model)

监察模式是20世纪70年代美国语言学家克拉申(Stephen Krashen)提出的一种第二语言习得模式。克拉申认为学习者拥有两个独立的知识系统：潜在意识系统和有意识系统。使用语言时，学习者用潜意识系统进行输出，而用有意识系统对输出的语言进行监察。克拉申的监察模式共包括五个假说：(1)习得—学得假说。习得是指二语学习者在没有意识的情况下掌握语言知识，是一种自然习得的过程；而学得是指二语学习者有意识地通过学习语言规则和形式而掌握语言知识，是一种有意识的过程。(2)自然顺序假说。它强调大多数学习者遵循一定的习得顺序习得语言知识，语法结构也是按一定的顺序习得的。(3)监察假说。这一假说认为，人人都有一套语言监察系统，对自己产出的语言进行监控和调整。(4)语言输入假说。根据这一假说，语言习得是在理解了输入信息的条件下产生的。学习者需要获得可理解的目标语言形式的语言范例，才能自然地学会其中的句子结构和语法规则。有助于二语习得发生的可理解输入的必要条件是学习者听到或读到的语言材料难度应略高于学习者目前已经掌握的语言知识。这就是语言输入假说的i+1理论。(5)情感过滤假说。克拉申认为，包括焦虑、自信心和动机等因素的不同的情感状态影响二语习得。情感的变化会促进或阻碍所输入的语言与二语习得机制之间的传递。这对教学的启示是，我们在教学中应当营造一种情感过滤较低的环境。

（四）神经功能理论(The Neurofunctional Theory)

神经功能理论由拉门德拉(John Lamendella)于1977年提出。拉门德拉区分语言习得的两个基本类型：初级语言习得和第二级语言习得。初级语言习得指2～5岁儿童对一门或多门语言的习得；后者是指人在5岁以后正式的课堂环境的二语习得和自然环境的二语习得。与这两种语言习得相关的是不同的神经功能系统。每个系统都由各种功能的层级体系组成，并起着不同的信息加工作用。拉门德拉提出语言功能的两个层级系统：(1)交际层级体系(communication hierarchy)，负责语言和其他形式的交际；(2)认知层级体系(cognitive hierarchy)，控制各种认知信息加工活动，这也是语言使用的一部分。

（五）文化适应模式(The Acculturation Model)

文化适应模式是由舒曼(John Schumann)于1978年提出。文化适应模式的提出源于对二语习得的重新认识，即二语习得仅仅是文化适应的一个方面，学习者对目标语社团文化适应的程度将控制其二语习得的程度。因此，文化适应下的二语习得取决于学习者与目标语言的社会和心理距离。距离越小，习得越容易。

（六）多元发展模式(The Multidimensional Model)

多元发展模式是由皮埃耐曼(Manfred Pienemann)于1998年提出。多元发展模式的提出为语言加工性理论(Processibility Theory)的研究奠定了基础。皮埃耐曼认为二语习得的过程遵循某种规律，具有内在的发展轨迹和特征，学习者的二语发展依照语言加工机制接收，处理，产出相关语言表述形式(1998，2003)。这一理论得以进一步探究二语发展的语言认知过程和论证与母语迁移之间的关联和制约因素。

其他具有一定影响的二语习得理论或模式包括：兰伯特(Wallace Lambert)于1967年提出的"社会心理模式"(The Social Psychological Model)、翟理斯(Howard Giles)等在20世纪70年代后期提出的"适应理论"(Accommodation Theory)、埃利斯(Rod Ellis)和威多森(Henry Widdowson)等人在20世纪80年代提出的"多种语言能力模式"(Variable Competence Model)、哈奇(Evelyn Hatch)于1978年提出的"话语理论"(Discourse Theory)、约翰·安德森(John Robert Anderson)于1983年提出的"ACT模式"(the Adaptive Character of Thought)、麦克劳林(Barry McLaughlin)1983年提出的"信息加工模式"(Information Processing Model)等。

对比语言学　Contrastive Linguistics　亦称对比分析(Contrastive Analysis，CA)或对比研究(Contrastive Studies)。作为语言学的一个分支，对比语言学的主要任务是对两种或两种以上语言进行共时的对比研究，描述并解释它们之间的相同和不同之处，尤其是不同之处，并将研究成果应用于语言和其他相关的研究领域。

"对比语言学"这个名称最早是美国人类语言学家沃尔夫(Benjamin Lee Whorf，1897—1941)1941年在他的《语言与逻辑》(Language and Logic)一文中提出的。对比语言学作为现代语言学的一个分支主要有两个源头，分别在欧洲和美国。在19世纪末20世纪初，欧洲语言学兴趣逐渐从历史研究转向共时研究，大多以理论研究为主，但应用研究也未被忽略。20世纪20年代末，捷克的马泰修斯(Vilem Mathesius，1882—1945)等布拉格学派的语言学家继承了这一对比研究传统,一直延续到60年代。50—60年代除了布拉格学派,在欧洲,英国的伦敦学派以及其他一些国家的语言学家也对理论对比研究作出了贡献。60年代中期,欧洲许多对比研究项目相继开展起来,主要以转换生成语法作为对比描述的语言学框架,将英语与其他欧洲语言进行对比。这些项目的开展,大大促进了对比语言学的发展。美国传统的对比语言学起源于第二次世界大战期间,由当时外语教学的需要、行为主义心理学对外语教学理论的影响和美国结构主义语言学的发展而催生。当时,对比分析被认为是最经济、最有效的外语教学法。弗里斯(Charles Carpenter Fries,1887—1967)的《作为外语教学的英语教学》(*Teaching and Learning English as a Foreign Language*,1945)、拉多(Robert Lado,1915—1995)的《跨文化语言学》(*Linguistics across Cultures*,1957)奠定了对比语言学作为独立学科的基础。弗里斯认为:"对目的语进行科学的描写,并将其与对学生的母语所做的类似描述作细致的比较后所编成的教材是教学效果最好的教材。"同欧洲相比,美国的对比研究一开始便以应用性为主。除了为外语教学服务外,早期的萨丕尔(Edward Sapir,1844—1939)和沃尔夫运用语言对比的方法研究语言与文化的关系;魏恩赖希(Uriel Weinreich,1953)和豪根(Einar Haugen,1958)运用语言对比的方法进行语言接触和双语现象研究等的理论探索。以后的对比语言学研究主要是与外语教学相联系,被认为是外语教学的一个重要理论基础。20世纪60年代以后,以外语教学为目的的对比分析的两个理论基础——行为主义心理学和结构主义语言学受到批评,1968年在乔治敦大学(Georgetown University)召开的对比语言学及其教学意义的讨论会标志着这种批评达到了高潮,对比语言学从此在美国一蹶不振。一直到1980年才又开始重振,以这一年为标志是因为这一年出版了3本重要的著作:詹姆斯(Carl James)的《对比分析》(*Contrastive Analysis*,1980),该书呼吁不能单从为教学服务的目的进行对比语言学研究,既要进行从句法扩展到语用"横向"研究,还要进行从句子扩展到语篇的"纵向"研究;哈特曼(Reinhard Hartmann)的《对比篇章学》(*Contrastive Textology*,1980)对语言教学、翻译、双语辞典编纂这3个对比语言学的应用领域进行了明确而又具体的论述;菲齐亚克(Jacek Fisiak)主编出版的《对比语言学的理论问题》(*Theoretical Issues in Contrastive Linguistics*,1980)是第一部对比语言学论文集,首次呼吁要加强理论对比语言学的研究力度,大大推动了对比语言学的学科建设。与此同时,对比语言学在日本、韩国、新加坡等国也得到了较大规模的开展。其后,西方出版的重要对比语言学著作有霍恩比(Mary Snell Hornby)的《德英语描写性动词语义场对比研究》(*Verb-descriptivity in German and English: A Contrastive Study in Semantic Fields*,1983)、克尔采斯佐斯基(Tomasz Pawel Krzeszowski)的《对比语言学的范围》(*Contrasting Languages: The Scope of Contrastive Linguistics*,1990)、孔纳(Ulla Connor)的《对比修辞学》(*Contrastive Rhetoric*,1996)、切斯特曼(Andrew Chesterman)的《对比功能分析》(*Contrastive Functional Analysis*,1998)等等。80年代初以来,对比语言学的发展趋势是:理论对比语言学研究增多,并且着重从语言内部结构关系、语言类型学、语言的发展和演变、认知思维模式等方面对语言的异同作出解释;应用对比语言学研究注重与其他应用语言学的研究相结合,如外语习得、错误分析和中介语研究(interlanguage study)等,深入探讨对外语教学、翻译研究和双语词典编纂的关系和指导意义;研究呈现多样化趋势,从传统的语音、词汇、语法对比扩展到语用、语篇对比,并与社会、文化等宏观对比研究相结合;在研究方法上,定量对比研究增多,定性与定量相结合;对比语言学的理论建设受到重视,对比语言学本身的一些理论、方法问题得到深入探讨。

中国的对比研究最早可追溯到1898年的《马氏文通》。赵元任先生(1892—1982)在1933年就发表了关于汉英语调对比的论文。在20世纪上半叶,中国的对比研究主要表现为对"汉语特点"的发掘和建立汉语自身的语法体系。1977年,吕叔湘先生(1904—1998)发表了著名的演讲《通过对比研究语法》并于1978年开始招收我国英汉对比语法专业硕士研究生,标志着对比语言学作为一个学科在中国正式诞生。80年代,由于对外交流扩大,出现学外语热和对外汉语教学的不断发展。在这种形势下,外语与汉语之间的对比研究受到重视。20世纪90年代开始,中国对比语言学研究有了长足发展,出版了大批英汉语对比方面的论文、专著,代表作有杨自俭、李瑞华主编的《英汉对比研究论文集》(1990),杨自俭等在文中引用了赵元任的话:"所谓语言学理论,实际上就是语言的比较,就是世界各民族语言综合比较研究得出的科学结论。"这两段话成了中国学者此后从事对比研究的根本指导方针,从而使中国的研究出现了与西方不同的局面和成就。其后出版的重要著作有刘宓庆的《汉英对比研究与翻译》(1991)、许余龙的《对比语言学概论》(1992)、连淑能的《英汉对比研究》(1993)、潘文国的《汉英语对比纲要》(1997)、赵世开主编的《汉英对比语法论集》(1999)、王逢鑫的《英汉比较语义学》(2001)等等。1994年"中国英汉语比较研究会"正式成立,刘重德出任会长。学会的成立推动了中国对比语言学的发展。学会自成立以来,连续出版了5本《英汉语比较与翻译》、1本《翻译与对比研究》论文集(英文版)和3本《汉英对比研究论文集》,是中国对比研究的一个集中检阅。潘文国在"汉英对比研究一百年"(2002)一文中总结了这一时期中国对比研究的八大趋势:(1)学科的自觉意识越来越强;(2)学科的理论自觉意识越来越高;(3)从微观走向宏观;(4)微观研究的深入化;(5)积极引进和运用国外的理论和研究方法;(6)理论与方法的多元化;(7)对研究者的知识结构的关注;(8)汉语主体意识的觉醒。2006年,潘文国与新加坡学者谭慧敏合作出版的《对比语言学:历史与哲学思考》,首次详细叙述了对比语言学发生发展的历史并从哲学层面进行了理论探索。

对比语言学属共时(synchronic study)的研究,所要研究的对象是语言在其某一发展阶段的状态,而不是语言的演变。这将对比语言学与历史比较语言学和语言发展史的研究区别开来。对比语言学分为理论对比语言学和应用对比语言学。根据波兰学者菲齐亚克,理论对比语言学探索对比研究的合理模式和理论框架,深入细致地分析和描述两种或两种以上的语言之间的异同,从而确定语言之间的等同、相仿和对应等概念。应用对比语言学利用理论对比语言学的研究成果,对外语教学、双语分析、翻译、双语词典编纂等进行为应用服务的对比分析,并探讨应用中的一些理论和方法问题。根据波兰扎布洛奇(Ludwig Zabrocki)的观点,理论对比语言学还可进一步分为一般理论对比语言学、具体理论对比语言学,而应用对比语言学分还可分为一般应用对比语言学和具体应用对比语言学。虽然都是语言学的一个分支,但对比语言学与语音学、词汇学、语法学等通常所说的语言学分支不同,这些语言学分支是一组相对独立、横向平行的语言学分支,而对比语言学则既是横向又是纵向的一个语言学分支。

语言对比的共同基础的建立首先需要确定可比性的各个层面(levels of comparability),看看所选的语言材料是否处于同一层面上。其次还需要确定所对比的东西是否具有对应性(equivalence)。确定语言可比性的层面可以从语言的宏观和微观两方面考虑。宏观方面主要着眼于语言的外部因素对语言的影响,即从语言变体来看各个层面上的可比性;微观方面主要着眼于从语言的内部结构来看各个层面上的可比性。

对比语言学中进行对比研究需要对比描述的基础,而对比描述的基础又可以作为对比描述的内容,大致可以分为:(1)从大类上来说,可以将语外的物质实体(语音、文字)、语言环境、交际情景作为对比基础,对比语言的组织形式以及对应语言单位在各自语言中的功能;也可以将对应的语言形式作为对比基础,对比这种语言形式的所指意义(与物质实体有关)、它的社会意义(与语言环境有关)以及在实际话语中可能表达的语用意义(与交际情景有关)。(2)从语言内部的形式与功能之间的关系上来说,既可以将语言形式作为对比基础,对比两种语言中相似语言形式的语言功能;也可以将语言功能作为对比基础,对比表达这些功能的语言形式在两种语言中有什么不同。(3)从语言形式与功能内部的几个小类之间的关系来说,可以将两种语言中相似的系统作为对比基础,对比这两个系统中各语言项目的结构特点、语法功能、篇章功能和功能负荷量等;也可以将语法功能作为对比基础,对比两种语言中表达这一功能的语言系统结构特征及功能负荷量等。一项具体的语言对比,通常要选用几种不同类型的对比基础,从几个不同的角度对两种语言中的某一语言现象进比较。

对比研究过程通常按照以下六个步骤进行:

(一)确定对比范围。包括对比的语言层面、对比的语言单位以及对比的语言学内容等。就对比的语言层面的确定来说,对比可在语言、词汇、语法、篇章、语用等语言层面上进行。对比语言层面的选择也往往反映了整个语言学研究在某一阶段的重点、兴趣和发展趋势。对比的语言单位是在确定了对比层面之后,需要进一步确定这一层面上的具体对比描述对象。对比的语言学内容指的是对这一具体描述对象进行的语言学对比描述内容。

(二)文献搜集与研究。这里的文献包括两部分:一部分是某一具体对比研究范围内已有的对比研究,另一部分是在这个研究范围内对两种语言分别所作的分析研究。第一部分文献告诉我们在某一具体领域里已经做了哪些对比研究,研究这部分文献可以使我们自己的对比研究具有一定的新意和深度;第二部分文献一方面可以作为对比研究的一类特殊对比语言材料,另一方面,研究这部分文献也可以给我们一些启示,使我们知道某一领域里有哪些对比研究可做。

(三)确定理论框架。对比研究的理论框架是指以某一种语言分析研究的理论或模式为基础的对比描述方法。在语言研究中,对同一语言现象的分析可以用不同的方法来进行。因此,我们要根据对比研究的目的、对比研究的范围,确定采用哪一种语言研究方法,作为对两种语言进行分析的统一分析模式。

(四)搜集语言材料。对比语言材料按性质可分为实例语料(corpus-based data)和内省语料(intuition-based data)。由于对比语言学涉及两种语言的分析,因此对比语言材料除了具有一般语言分析所采用的语言材料的特点外,还有其本身的一些特点。

首先从实例语料方面来说,对比分析需要建立一个分别反映两种语言实际使用情况的(L_1和L_2)对比语料库,而且还要保证这个对比语料库中的L_1、L_2语言材料的可比性。其次,从内省语料的使用方面来说,以内省语料为主的对比研究,一般需要同时采用自我内省语料和实验内省语料,也可以采用一种特殊的双语翻译对应内省语料。最后,除了实例语料和内省语料这两种原始语言材料之外,对比分析研究还可以采用第三类辅助对比语言材料,这类对比语言材料不是原始语言材料,而是经过加工整理的语言材料以及对这些材料的描述分析。对比语言材料的选择标准主要需要考虑三个方面的因素:(1)对比研究的性质和目的;(2)对比研究的理论框架;(3)对比研究的描述内容。这三个方面的因素是互相联系、互相影响的。

(五)分析对比。以上四个步骤亦可说是一项具体对比研究的一些必要准备,而分析对比是整个过程中最核心的一个步骤。分析对比是指在前人研究的基础上,用前面确定的理论框架对搜集的语言材料的某一方面进行分析和对比。必要时,需要对分析框架进行某些修正和补充。

(六)总结。分析对比以后,可以总结这一对比研究的成果,讨论其理论意义以及应用价值等。同时也可指出这一对比研究的局限性,提出今后对这方面研究的进一步设想和建议。

对比语言学的功用主要表现在:(1)对语言理论的贡献。作为普通语言学的分支,对比语言学研究的成果,有助于语言普遍现象的,并以两种语言的相似性实例来充实普通语言学内容,特别是汉语特点的探索,可以充实西方普通语言学中之不足。(2)对外语教学的应用。学外语,母语干扰是不可避免的,把这种外语学习中的消极因素转化为推动外语学习的积极因素,最有效的办法是对两种语言的同异进行细致的对比。通过对比分析,我们既可以增加外语学习的积极因素,又可克服它的消极因素。(3)对翻译工作理论和实践的指导作用。翻译者要获得两种语言的信息近似值、语境风格上的对应和不同文化背景下语义近似,就不得不进行两种语言的精密对比,异中求同,同中求异,达到"信""达""雅"的标准。

F

法国功能语言学 Functional Linguistics in France 亦称法国学派,在继承和发展哥本哈根学派和布拉格学派理论精神的基础上发展而成,其重要的代表人物是梅耶(Antoine Meillet,1866—1936)的学生——法国的马蒂内(André Martinet,1908—1999)。

虽然深受索绪尔(Ferdinand de Saussure,1857—1913)结构主义的影响,学术观点也与哥本哈根学派和布拉格学派一脉相承,但是马蒂内创造性地继承和发展了前人的观点,并未将自己定位于结构主义的代表,而是功能主义语言学的代表。在他的引领下,法国功能语言学派成为欧洲最有影响的语言学派之一。

马蒂内的语言功能观点主要包括:

(一)语言是人们共同使用的一种工具,交际功能才是语言的最基本功能。其他如表达功能、审美功能、思维推理功能等都是语言第二位的功能。因此,在语言研究的各个方面都应该贯彻功能主义的思想。语言事实的确定、语言单位的划分、对语言结构的分析乃至语言演变的描述都应该以功能为中心展开。意识到语言功能超越一切的重要性会更加尊重事实。

(二)语言具有双重切分特征。马蒂内认为语言结构是语言功能的一个方面。他把语言看作是一种具有"双重切分"特征的交际工具。第一切分是将某特定语言所有成员的共同经验切分为一个个声音和意义结合的最小单位"符素"(moneme),也就是通常所谓的语素。符素承担着表意功能,所以也叫做"表意性单位"。第二切分是把符素的语音形式进一步分解成音位(phoneme)。音位没有意义,只是具有区别符素意义这一功能的最小单位,所以也叫"区别性单位"。

马蒂内关于"双重切分"的区分揭示出语言具有两个不同层次的特征。尽管人类的语言千变万化,但都可以简化为若干符素,这些符素又可以通过若干音位加以区别。该理论的提出极大促进了音位学的发展。

(三)马蒂内认为,语言"运转的基本原理"是语言的"经济原则"。即人们在交际过程中一方面有采用更多、更新、更复杂、更精确语言来表达思想的需要,另一方面,人们往往表现出来一种自然的惰性,倾向于在言语活动中尽可能减少力量的消耗,使用那些简单省力的,惯用普通的表达形式,如重叠辅音的简化等。这两方面的因素相互冲突,其矛盾推动着语言的发展。经济原则使人们能够在保证语言完成交际功能的前提下,有意识或无意识地对言语活动中的力量消耗做出合乎经济要求的安排。无论从语音还是词汇的层面上,经济原则都可以对语言演变的特点和原因做出解释。

(四)现实主义原则。马蒂内认为人类的"言语活动"才是语言研究的主要对象。"言语活动"不仅应包括索绪尔的"语言"(langue),还应该包含他提出的"言语"(parole)。语言学家应该对言语进行功能分析,归纳出语言系统;必须根据语言事实,而不是根据某种假设或者事先确定的条框来研究语言的特性,即语言理论应该符合语言实际,而不是强迫语言去服从缺乏根据的想象。语言事实不能局限于语言的结构系统中来加以研究,而是应该放在言语活动中以及语言功能系统的运转中来加以研究。

(五)语言研究要历时与共时并重。与索绪尔的共时与历时是绝对对立的观点不同,马蒂内认为语言的共时状态和历时状态难以分开。作为交际工具的语言尽管从职能上说是共时的,但也包含了语言的历时发展,不能把二者绝对对立起来。

(六)每种语言都有其特殊性。语言研究中,要对不同语言的不同语言现象进行分析,不能把其他语言的研究原则和分析结果生搬硬套过来。

克里斯蒂娃(Julia Kristeva)是马蒂内之外的另一位法国功能学的代表人物。1967年她首先提出"互文性"(intertextuality)概念。互文性指不同语篇之间的内部成分之间的相互联系性。具体来说,克里斯特瓦把互文性分成三种类型:(1)物质(具体化)互文性,即对符号的反复使用;(2)结构(抽象化)互文性,即对规则的反复使用;(3)物质—结构(具体化和抽象化并存的)互文性,即符号和规则在两个或两个以上的语篇中被重复使用。在现实中被应用最广泛的互文形式是引语。互文的概念对于语篇生成和理解都具有重要的作用。1969年,克里斯蒂娃出版了《符号学》(*Semeiotikè*),提出了有别于索绪尔的符号学理论,着重于情感领域,与本能相结合,与象征性符号相对立,从更为严格的数理逻辑意境上挖掘深藏在语言沟纹和韵律中的词汇意义。

法兰西学派 French School 19世纪70年代,历史比较语言学的研究领域中以个人心理主义语言观为指导的新语法学派从德国逐渐崛起。该学派认为,人类语言变化的因素不外乎心理、生理两种,语言的一切变化都可以从这两个方面找到依据。由于未能充分考虑社会和文化对于语言变化的影响,其片面性受到了以索绪尔为代表的社会心理学派的批判。索绪尔去世后,该学派分为两支,一支是注重语言静态研究的"日内瓦学派",另一支就是"法兰西学派"。

法兰西学派也被称作语言学的法国社会学派或法国社会心理学派,形成于19世纪末20世纪初的法国。其创始人是索绪尔的学生梅耶(Antoine Meillet, 1866—1936)和格拉蒙(Maurice Grammont, 1866—1946)。这个学派秉承了历史比较语言学的原则,认为语言是社会心理系统的表现并深入探讨语言现象的社会本质;语言与社会、文化二者有密不可分的关系,语言既是社会事实又是文化的一部分。此外,法兰西学派还主张语言的演变有心理、生理因素等。继梅耶和格拉蒙之后,房德里耶斯(Joseph Vendryes,1875—1960)进一步发展了法兰西学派的理论。

格拉蒙和梅耶都是索绪尔的学生,他们的学说与流行于19世纪下半叶的新语法学派的观点有许多不同。

1895年,格拉蒙著文指出,语言演变的生理、心理原因不可忽视。梅耶进一步认为,词义演变是心理过程,但原因是社会性的。他把词义变化分为具体三种:一是因为社会生活不同,一个词所指的事物有所改变;二是一个小范围内的专用语变为全社会的通用语,使用的对象和地点不再受到限制;三是由于词语搭配的原因,某些词义发生变化。梅耶认为,语言是社会行为,是"社会事实"。语言是文化的一部分,有什么样的文化,就有什么样的语言。梅耶注意语言的社会性,自然对各种语言的外部社会历史感兴趣。他专心研究语言作为社会事实在社会中起什么作用。他所著的希腊语史和拉丁语史可以作为这种研究的典范。

法兰西学派还致力于说明历史比较语言学的原则。梅耶是一位杰出的历史比较语言学家。他认为,应该通过形态、语音、词汇三个方面的比较研究才能确定语言之间的共性。此外,梅耶善于将彼此对立的内容结合起来进行系统研究,如谱系树与波浪论、历史比较语言学与方言地理学相结合,避开其直接的对立,寻找其合理成分,用联系的观点做出合理解释,从而将历史语言学的研究方法加以改善。

继梅耶之后,房德里耶斯进一步发展了法兰西学派的理论学说。在法国社会学家涂尔干(Émile Durkheim,1858—1917)社会学说的影响下,房德里耶斯主张社会现象属于意识现象,应该同心理和生理现象进行区分,并且要用实证的态度对待社会现象。他把语言区分为一般语言和个别语言,并对两者的起源、本质与发展进行了分别研究。他认为一般语言是属于社会现象的一部分,是社会交流的结果,是维系社会的最有力的纽带,其发展又依赖于社会。个别语言是一定社会集体的语言,是联系集体成员之间关系最有力的纽带。

综合而言,法兰西学派研究的主要特点有:

(一)认为语言是社会行为,是社会心理系统的表现,语言与社会、文化二者有密不可分的关系,语言既是社会事实,又是文化的一部分。主张将语言的心理、生理因素与社会文化因素进行区分,认为语言与思维密切联系，但存在于人的意识之外。语言与传统风俗一样属于一种社会制度。

（二）提出了语言分化假设。在梅耶的《印欧语比较研究导论》中，他认为从同一语言分化出来的各个语言离原始母语的语源中心越远，其受到语源中心变化的影响就越小。

（三）秉承了历史比较语言学的原则，致力于语言之间尤其是同源语言之间比较研究的理论、方法和原则。主张从形态、语音和词汇三个方面进行比较研究来确定语言之间的共性。其比较的客观基础是语言符号音义结合的任意性和亲属语言之间语音对应的规律性。如果任意的语言符号之间出现有规律的语音对应关系，那么就应认为是同源成分分化的结果。比较方法是建立语言史极其重要的方法。其代表人物梅耶的代表作《历史语言学中的比较方法》是对历史比较语言学科学方法的总结。

（四）善于从对立的学说内容结合起来进行系统研究，如谱系树与波浪论、历史比较语言学与方言地理学相结合，语音规律无例外（青年语言学派）的观点与每一个词都有自己的历史（方言地理学派）的观点，避开其直接的对立，寻找其合理成分，加以提炼熔合，用联系的观点做出合理解释，从而将历史语言学研究方法加以改善。

（五）把语言区分为一般语言和个别语言，并对两者的起源、本质与发展进行了分别研究。认为一般语言是属于社会现象的一部分，是社会交流的结果，是维系社会的最有力的纽带，其发展又依赖于社会。个别语言是一定社会集体的语言，是联系集体成员之间关系的最有力的纽带。

（六）将语言成分分为义素（表达概念的成分）和形素（表达概念之间关系的成分）。

（七）从语音、形态和词汇三方面研究了语言的历时演变规律。语音的演变有自发演变和联合演变；形态演变受到划一与表达两种要求的支配；词汇取决于环境，词语替换受到心理和社会条件的影响。

法位学　Tagmemics　由美国语言学家派克（Kenneth Pike，1912—2000）创立的语言理论体系，以其出版于1954—1960年的三卷本《语言与人类行为结构合一理论》(*Language in Relation to a Unified Theory of the Structure of Human Behavior*)为标志。

法位（Tagmeme）的概念源自布龙菲尔德的论述，但派克用它所表示的意义和功能有所不同。派克从语音学开始进行对语言的学习和研究。1948年，派克提出了语法体系里有没有类似于"音位"的概念这一问题。他曾经从对比、变量和分布等角度对语音单位进行研究。后来，他把这一体系运用到语法领域，分别命名为特色模式（features mode）、表现模式（manifestation mode）和分布模式（distribution mode）。比如，一个小句中的施事主语可以被看作是一个结构（structure）中的一个"位置"（slot/position），该位置由某种类别的语言单位来填充。这种把位置和类别相结合的概念叫做"两元法位"（two-cell tagmeme）。后来"位置"和"施事"分别被标称为"轨位"（slot）和"作用"（role）；再加上"类别"（class）和"接应"（cohesion），组成了一个"四元法位"（four-cell tagmeme）。由四个特征所构成的法位概念强调了语言环境的重要性，任何一个语言项目必须在特定的语言环境中进行分析。

法位学认为，语言从整体上应该被看作构建在特定社会或特定文化中，而这个特定的社会或文化也可以用法位学理论来进行分析。这是因为人类行为所具有的普遍现象或准则也是一切语言所具有的。人类的行为，包括语言行为，都离不开结构单位或概念，离不开特定的环境，离不开观察者的角度，离不开部分与整体的关系。

法位学认为，人类语言行为的单位包括音位、词、短语、句子等。语言单位可以从形式和意义两方面来分析。语言单位的形式指的是可以感觉到的物质部分或成分序列的排列，而意义则是指说话者使用该语言单位时的意图或该单位对听者的理解或行为所起到的作用或影响。观察者对事物的分析有静态分析、动态分析和功能分析。从静态分析来说，语言是由个别离散的单位组成的序列。从动态分析来说，语言是由开始、中间和结尾组成的运动着的波浪所组成的序列。从功能分析来说，语言是一个模式系统，每个语言单位在这个系统中都处于一定关系之中，并具有一定的功能。

法位学理论的基本原则是等级关系，即小单位组成大单位，而大单位组成更大的单位。小单位同其所在的大单位之间形成部分对整体的关系。语言具有语法等级、所指等级和语音等级三个体系。四元法位是所有这些等级体系中的基本单位，它可以用于分析语法等级体系，也可以运用到对语音等级体系和所指等级体系的分析中。

语法等级体系指的是词汇单位与其所在的语法结构之间的部分与整体的关系。比如，一个语素存在于一个单词中，该语素和其所在的单词构成部分与整体的关系。该单词又可以存在于一个短语中并与其构成部分与整体的关系。语法等级体系从低到高依次为：语素、语素群、词、短语、小句、句子、段落、独白、问答、会话等。从结构上说，语素是最小的词汇单位，语素群是最小的语法结构。词是对话中的最小单位，其内部不能再切分成几个独立部分。词有语法词和语音词之分。语法词是指内部不能分成几个独立部分，能够对问题作出最简单回答的词。语音词指一个重读群，由一个或几个音节构成，其中一个音节重读，其他音节附在重读音节之前或之后。一个词的核心可以有单个或几个语素构成，词的各种词缀是词的外围。短语是非命题性的一串词，其中一个或几个连接着的词构成短语核心，其他词是修饰核心的外围。短语中的核心成分和外围成分之间常常有一些接应关系，比如，名词短语的核心和外围通常要有"性"和"数"的一致。小句是表述命题的最小单位。小句的核心是表示陈述、祈使、疑问等的小句根（clause root），小句的外围是表示时间、方式、处所、工具、受事者、否定等的短语或词。句子是一个命题单位，其核心是表示叙事、命令和提问等的句根或句干，或各类独立的小句。句子的外围常常是表示话题、说者态度、时间、地点、目的等修饰成分。段落是主题展开的最小单位。独白是同一个人对一个或几个主题的连贯阐述。问答是用语言进行社会交际的最小单位，会话是指两个或两个以上的人所进行的语言交际。

所指等级体系指的是一个概念与其所在的意义结构之间部分与整体的关系。一个语言单位可以用来说明另一个语言单位的原因、条件、目的、结果等，而该语言单位本身又可能构成另一语言单位（比如一篇故事、一则新闻报道等）的背景、高潮或结尾等。所指等级体系包括说话者话语的内容结构、听者对所听话语的理解、说者与听者的态度、情感、信念、话语前提、真假、指称、目的、释义等层次。

语音等级体系指的是一个语音单位与其所在的语音结构之间部分与整体的关系，包括音位、音节、重音群、节奏群等层次。在语音等级体系中，音位是最小的区别性单位，元音丛或辅音丛是最小的语音结构。

在等级体系中，每个层次的语言单位都具备轨位、类别、作用和接应这四个特征，都可以用法位来进行分析。高一层次的法位由低一层次的法位组成，二者之间是包含与被包含的关系。法位学理论用"法位段"（syntagmeme）这一概念来表示不同层次法位之间的关系。任何一个成分相对于比它高一层次的法位来说是法位；相对于比它低一层次的法位来说是法位段。比如，一个句子是构成段落的法位，同时又是由短语构成的法位段。在由若干法位组成的法位段中，其中的一个或几个是核心法位，其余的是外围法位。核心法位具有较强的独立性，往往可以占据较多的轨位并具备主要的语义内容。

法位学试图从静态、动态和功能角度去考察语言，认为语言行为只是整个人类行为的一部分。该理论主要运用于语言描写、翻译等研究。

范畴语法　Categorial Grammar；CG　指植根于逻辑、代数和语言哲学的一种描述自然语言的形式化工具。最早表述由波兰逻辑学家雷尼乌斯基（Stanisław Leśniewski，1886—1939）提出，其哲学基础源于19世纪德国数学家、逻辑学家和语言学家弗雷格（Friedrich Ludwig Gottlob Frege，1848—1925）提出的语言哲学思想。在20世纪30年代，波兰逻辑学家爱裘凯维茨（Kazimierz Ajdukiewicz，1890—1963）在技术上进一步发展和完善了范畴语法系统中的逻辑处理。1953年，数理逻辑学家巴尔—希列尔（Yehoshua Bar-Hillel，1915—1975）提出用数学的方法描写自然语言的句法理论。1958年，数学家兰贝克（Joachim Lambek，1922—2014）在其论文《句子结构的数学》（The mathematics of sentence structure）中提出了句法类型演算的理论，大大发展了古典的范畴语法。1964年，巴尔—希列尔正式提出了"范畴语法"这一名称。由于当时乔姆斯基的句法理论已经确立并开始呈现一统天下的局面，范畴语法没有引起人们的关注。直到20世纪60年代末70年代初，美国逻辑学家蒙塔古（Richard Montague，1930—1971）利用数理逻辑建立了自然语言语义学，其中的句法学部分使用了范畴句法学（Categorial Syntax），这使范畴语法重新引起了语言学家的兴趣和重视。

范畴语法属于词汇句法学（Lexical Syntax），词库中的词条包含了丰富的句法信息，所以不需要短语结构规则（phrase structure rules）。范畴语法把句子结构处理为函数—论元结构，从数学上来看，属于类型代数。范畴语法主要有三个基本范畴：N（名词）、S（句子）和NP（名词短语），这得到了各种范畴语法的认同。基于这三个基本范畴，通过以下这条规则，可以派生出自然语言中需要的所有范畴：(i) N、S、NP是基本范畴；(ii)如果X、Y是范畴，那么X/Y和Y\X也是范畴；(iii)除由(i)和(ii)生成的范畴之外，其他的都不是范畴。

在这条规则中，X和Y是变元（variable），它们的值可以取(i)中的任何一个基本范畴。X/Y是函数，斜线右侧的Y是函数的论元（argument），左侧的是值（或称输出）（value）。这个函数中的斜线叫顺向斜线，指函数应用的是右边的论元得出左侧的值。与此相反，在Y\X中的斜线叫作逆向斜线，指函数应用的是左边的论元得出右侧的值。这可以归纳为下面两条函数应用规则，规则a称为顺向函数应用规则，规则b称为逆向函数应用规则。

函数应用规则

a. X/Y　　Y → X
b. Y　　　Y\X → X

例如：

a. Linda   smiles.
   N   N\S
   ─────────────→ 逆向函数应用
        S

b. Felix   likes   Linda.
   N   (N\S)/N   N
           ─────────────→ 顺向函数应用
   ─────────────────────→ 逆向函数应用
            S

箭头表示范畴进行组合时所应用的规则以及所涉及的函数和论元。在句 a 中，*smiles* 属于函数范畴 N\S，左侧的 *Linda* 属于 N，是论元，因此属于函数范畴的 *smiles* 可以应用到 *Linda*，从而得到属于 S 的 *Linda smiles*，这是 *smiles* 的值或输出。句 b 中的 *likes* 属于函数范畴(N\S)/N，该函数说明先把 *likes* 应用到右侧、属于 N 的 *Linda*，得到一个属于 (N\S) 的 *likes Linda*。*likes Linda* 本身还是一个函数，它应用到左侧的 *Felix*，得到属于 S 的 *Felix likes Linda*。第二步的分析跟句 a 一致，运用的是逆向函数应用规则。

巴尔·希列尔的范畴语法是在爱裘凯维茨的范畴语法的基础上发展而来。两者都只有函数应用一条组合规则，但是爱氏语法对函数采用单向标注，用于生成形式语法；巴氏语法对函数采用双向标注，用于生成自然语言。这两种范畴语法常被称为 AB 范畴语法。作为自然语言的理论来说，AB 范畴语法是没有价值的。兰贝克的代数演算（亦称 Lambek 演算）发展了巴氏范畴语法，其中除了函数应用这条规则外，还包括结合规则、函数复合规则、范畴提升规则和除法规则。

（1）结合规则

a. (X\Y)/Z → X\(Y/Z)
b. (X\Y)/Z → X\(Y/Z)
c. X\(Y/Z) → (X\Y)/Z

这里的结合规则相当于数学中的结合律。a 是等价式，b 和 c 都是蕴涵式。a 指前提蕴涵结论（即 b），并且结论蕴涵前提（即 c）。例如，句子 *Felix likes Linda* 在 Lambek 演算中有两种办法可以生成：

a. Felix   likes   Linda.
   N   (N\S)/N N
           ─────────────→ 顺向函数应用
               N\S
   ─────────────────────→ 逆向函数应用
            S

b. Felix   likes   Linda.
   N   N\(S/N)   N
                   ─────────────→ 逆向函数应用
           S/N
   ─────────────────────→ 顺向函数应用
            S

句 a 运用规则 b 生成了句子，而句 b 运用的是规则 c。

（2）函数复合规则

a. X/Y   Y/Z   → X/Z
b. Z\Y   Y\X   → Z\X

函数复合也称作复合函数。函数复合可以看作数学中的乘法，按照乘法运算，X/Y 和 Y/Z 相乘时可约去乘数 X/Y 中的分母 Y 和被乘数 Y/Z 中的分子 Y，得到 X/Z。即：X/Y × Y/Z = X/Z。利用这一规则生成句子 *Felix likes Linda* 的方法有：

a. Felix   likes   Linda.
   S/(N\S)   (N\S)/N   N
   ─────────────────→ 函数复合
         S/N
   ─────────────────────→ 顺向函数应用
              S

b. Felix   likes   Linda.
   S/(N\S)   (N\S)/N   N
              ─────────────→ 顺向函数应用
                  N\S
   ─────────────────────→ 顺向函数应用
              S

（3）提升规则

a. X → Y/(X\Y)
b. X → (Y/X)\Y

下面用提升规则来生成句子"Felix and Linda smiled"：

Felix   and   Linda   smiled
NP   (NP\NP)/NP   NP   (NP\S)
─────────────────────────────────────→ 提升
S/(NP\S)   ((S/(NP\S))\(S/(NP\S)))/(S/(NP\S))   S/(NP\S)
                                                  ─────────────→ 顺向函数应用
            (S/(NP\S))/(S/(NP\S))
   ─────────────────────────→ 逆向函数应用
            S/(NP\S)
   ─────────────────────────────────────→ 顺向函数应用
              S

（4）除法规则

a. X/Y → (X/Z)/(Y/Z)
b. X\Y → (Z\X)\(Z\Y)

下面利用除法规则来生成句子"Felix works here"：

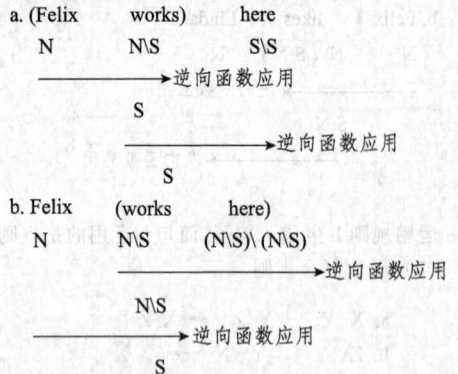

除了以上四种规则外，兰贝克演算还利用其他方法来丰富范畴语法的生成能力，如广义函数复合规则、内包规则和合一规则等。

范畴语法对其他语言理论的发展有着重要的影响，如词汇—功能语法（Lexical-Functional Grammar; LFG）、广义短语结构语法（Generalised Phrase Structure Grammar; GPSG）、中心语驱动短语结构语法（Head-Driven Phrase Structure Grammar; HPSG）。从产生至今的几十年的时间里，范畴语法一直是计算语言学关注的焦点。计算语言学的进步促进了范畴语法的发展，产生了统一范畴语法（Unification Categorial Grammar; UCG）和范畴统一语法（Categorial Unification Grammar; CUG）。到了20世纪90年代初，在范畴语法框架下进行研究的语种已涉及英语、法语、德语、意大利语、西班牙语、荷兰语、芬兰语、冰岛语、俄语、土耳其语、日语、朝鲜语、霍皮语、马达加斯加语、毛利语等（Wood, 1993: 77）。范畴语法在数学上的简洁性受到了逻辑学家、语言哲学家及一些语言学家的青睐，始终保持着强大的生命力，有着广阔的发展前途。

方言学 Dialectology 指对方言（linguistic dialect）进行语言学的科学研究，是社会语言学（sociolinguistics）的一个分支。方言学主要研究基于地理分布（geographic distribution）而形成的语言变体（variation）以及各变体之间的关联特征。方言学分为方言地理学，即传统的方言学和社会方言学，即狭义的社会语言学。前者研究语言的地域性差异，后者研究语言的社会性差异。美国的库拉特（Hans Kurath, 1891—1992）和拉博夫（William Labov, 1927— ）是方言学研究最为重要的两个代表人物。

正式、科学、有规模的方言学研究始于19世纪的欧洲。早在1821年，德国慕尼黑大学的施梅勒（Johann Andreas Schmeller, 1785—1852）就出版了第一部比较方言研究著作《巴伐利亚方言研究》（德 *Die Mundarten Bayerns*，英 *The Dialects of Bavaria*）。之后在1876年，温克尔（Georg Wenker, 1852—1911）又通过邮寄问卷的方式有规模地调查了北部德语之间的方言差异。进入20世纪，在1905年，英国的赖特（Joseph Wright, 1855—1930）第一次出版了六卷本系统的《英语方言词典》（*English Dialect Dictionary*），而随着《美国语言地图集》（*Linguistic Atlas of the United States*, 1930s）的出版和20世纪50年代利兹大学（University of Leeds）的"英语方言调查"的展开，方言研究越来越与社会学研究相结合。库拉特致力于美国方言的系统研究，以出版第一本语言地图集三卷本的《新英格兰语言地图集》（*Linguistic Atlas of New England*, 1939—43）而著名，并监督《美国语言地图集》的出版工作。20世纪60年代初期，拉博夫运用社会学者通常使用的调查方法，以口头询问的方式对纽约市区各社会阶层的语言变异作了富有独创性的调查统计，用比较可信的材料说明了语言变异和社会经济地位之间的有机联系和规律性变化。他使用的方法后来也为其他许多语言学家所仿效，如英国的特鲁吉尔（Peter Trudgill, 1943— ）研究诺威奇言语（Norwich speech）和佩蒂特（Keith Malcolm Petyt）研究西约克郡言语（West Yorkshire speech）均采用了拉博夫的方法。拉博夫的代表作之一为《纽约英语的社会分层》（*The Social Stratification of English in New York City*, 1966）。方言测量学（dialectometry）是20世纪70年代发展起来的一种方言分析的统计方法，用来测量一个方言区内若干个方言点之间的语言学上的"距离"，具体是在大量的语言特征取样中计算对立的数目。

方言学研究的主要问题包括变体之间的可交流性（mutual intelligibility）、双言现象（diglossia）、方言连续体（dialect continua）和多元中心现象（pluricentrism）等。变体之间的可交流性被认为是方言区别于语言的一个重要标准，即方言之间是互通的，而语言之间是不可互通的。不过事实并非如此，比如说西班牙语的人和说意大利语的人之间的交流会比说温州方言的人和说汕头方言的人之间的交流要容易得多。可见，可交流性是一个相对的概念。方言学家研究方言之间的可交流性更多的是从相似方言之间的语音和音系规则、形态变化、句法规则和词汇组成等形式的角度出发进行比较。双言现象指的是同一个方言在不同环境下使用形式不同的现象。这时，往往其中一个为较为正式的"高层变体"（H-Variety），另一个则是口语化非正式的"低层变体"（L-Variety）。比如在印度，梵语（Sanskrit）被认为是上层社会所使用的"正确"的说话方式，而"原质语"（Prakrit）则是普通人日常生活中所使用的"土话"。不过，需要指出的是，在社会学和政治学的框架下，"高层变体"与"低层变体"之间是有地位和重要性的区别的，但仅从语言学角度来看，所有语言及其变体之间都是"平等"的。至于方言连续体,一般来说,在地理上相邻的两个(或多个)方言之间存在一定的可交流性并且相应的可交流性随着方言之间地理距离的加大而逐渐减小。这些在地理上接壤又互相之间具有可交流性的方言就像组成了一张网,这张网就是方言连续体。方言连续体更多地受到地理接触的影响,而不是国界的约束。比如,意大利的博洛尼亚方言与西班牙语之间的可交流性要高于本国的那波利斯方言。"多元中心"现象指的是一个语言内同时存在两个或多个标准变体的现象。比如印度斯坦语(即印度语,Hindustani)就同时将乌尔都语(Urdu)和印地语(Hindi)用作标准语。又如伯克马尔语(挪 Bokmål)和尼诺斯克语(挪 Nynorsk)同时被用作挪威语的标准语。

方言学的重要科学价值在于方言是研究大众文化的珍贵资料来源,它们不仅反映一种语言的历史,而且在较大程度上反映一个民族的伦理、文化及政治等方面的历史。社会语言学不仅可对个人的语言稳定性及语言特征做出主观的评价,而且也适用于社会整体,其所提供的资料有助于解决与社会低层言语有关的一些极其复杂的问题。虽然方言研究的历史不短,但方言学作为一门独立学科的时间并不长。对于方言学的学科地位,则存在着一定的争议。比如,钱伯斯(Jack Chambers, 1938—)和特鲁吉尔就认为虽然从事方言研究的人都不同程度受到了语言学研究的训练,但强调地理学因素以及对于社会学和政治学的倾向性使得方言学研究至少不是一个"纯"的语言学研究。

中国由于其悠长的历史和广阔的国土,全国的方言分布多样,使用活跃,因此具有丰富的方言研究历史。中国方言分区主要依据语言特征,包括语音、词汇、语法,其中最重要的是语音依据。除此之外还要考虑社会历史背景。比如说,客家方言,首先根据语言特征确定粤东客话、粤北客话、闽西客话、赣南客话、台湾客话,以及湖南、广西、四川等省境内的客话,同属于一个方言区;其次根据客家移民史资料,对散落各地的客家方言加以认同。依照这些标准,将全国的方言分为七大方言区:吴、湘、赣、客、粤、闽(又分为闽南和闽北方言)、官话方言(又称为北方言区)。秦汉以前的上古时代,吴方言、粤方言、湘方言已经在东南地区形成。客家方言、闽方言、赣方言的形成与中古以后发生的人口大迁徙相关。据历史记载,客家方言是中原官话移民在三次集体大迁徙的基础上形成:第一次发生在西晋永嘉之乱,他们从河南迁徙到江西中部;第二次发生在唐末黄巢起义和五代十国时期,他们自河南、安徽迁徙至闽西以及赣南;第三次发生在蒙古人南下,宋室濒临灭亡之际,他们随抗元军队到达粤东、粤北一带。闽方言也是中原汉人在南北朝"五胡乱华"时代,大批迁入福建,定居在以建瓯为中心的建溪、富屯溪流域,以福州为中心闽江下游地带以及以泉州为中心的晋江流域。限于史料,赣方言的形成较难判断,但是魏晋之后,汉人大批南下,江西是必经之地,应该也是南上的北方话与当地语言接触的结果。汉语存在方言差别的同时,也一直存在共同语,这种共同语的书面形式全国是统一的,也就是成熟于汉代的"文言文"。口语形式,各个历史时期有差异。共同语在春秋时期称为"雅言"、扬雄称作"通语"、元代周德清称作"天下通语"、明代称作"官话"、辛亥革命以后称作"国语",现在称作"普通话"。共同语的基础方言及核心地带是不断变迁的。上古时期,秦晋方言影响较大;魏晋之后东移至洛阳、南京;辽金以来,基本中心在北京。元代、清代都是少数民族统治的时期,因此虽然明代汉族人在南京建都时间不长,但是南京话的地位很重要。直到清代后期仍然存在南北两支官话系统。

汉语学界方言研究主要有两个流派:一是以古代汉语为学术背景,承袭传统训诂学、音韵学而作的历时研究学派,主要以文献考察为主,有些兼及语言调查事实。一是以现代汉语为学术背景,依现代语言学思想指导而行的共时研究学派,主要以语言事实调查为主,有些兼及汉语文献。为了论述方便,简称前者为方言历时研究;后者为方言共时研究。

方言历时研究,先秦时期古籍中已经有方言著录,但比较零散,西汉扬雄(公元前53—18)《方言》(全名《輶轩使者绝代语释别国方言》)是中国第一部专谈各地方言词汇比较的著作。东晋郭璞(276—324)利用晋代方言为扬雄的书做了注解,使这本书的价值更大。清代又有多位学者校勘疏证,如戴震《方言疏证》、卢文弨《重校方言》、刘台拱《方言补校》、钱绎《方言笺疏》、王念孙《方言疏证补》。清代是传统小学发达的时期,有不少学者还做了辑录、考证方言俗语及续扬雄《方言》的著作,如钱大昕《恒言录》、孙锦标《通俗常言疏证》及《南通方言疏证》、翟灏《通俗编》、张慎仪《方言别录》及《蜀方言》、钱大昭《迩言》、梁章钜《称谓录》、胡文英《吴下方言考》、罗振玉《俗说》、章太炎《新方言》、杭世骏《续方言》、程际盛《续方言补》等种类繁多。当代承袭这一研究思路的著作很多,比较有名的如李申《金瓶梅方言俗语汇释》(1992)等。

魏晋南北朝时期,产生了很多带有方音特点的韵书,隋代陆法言(约562—?)通语性质的《切韵》面世,使得方音类韵书就被忽视而亡佚。为了科举正音而作的《唐韵》、《广韵》、《集韵》等,逐渐失去时音性质,变得保守。元代周德清(1277—1365)《中原音韵》一改其风。清代反映方音的韵书再次兴盛,如徐州《十三韵》、河北《五元方音》、山东《十五音》、福州《戚林八音》等。清代不少学者研究音韵学很重视各地方音,如顾炎武《日知录》、江永《音韵阐微》、李汝珍《李氏音鉴》、钱大昕《十驾斋养新录》、胡垣《古今中外音韵通例》、陈澧《广州音说》等。当代承袭这一研究思路的学者,比较有名的如鲁国尧"'颜之推谜题'及其半解"(2003)从文献和现实方言两个方面说明:江淮官话有南染吴越特点。潘悟云除了关注现实方言,还关注少数民族语言以及域外汉语译音,利用历史语言学理论,据亲属语言比较,构拟古音音值。

方言共时研究,1924年北京大学成立方言调查会,宣告现代语言学思想指导下的方言学正式起步。20世纪20—40年代,主要的成果如赵元任(1892—1982)《现代吴语的研究》(1928)、《钟祥方言记》(1939)、《湖北方言调查报告》(1948);罗常培(1899—1958)《厦门音系》(1931)、《临川音系》(1941)等。1956年教育部发出了《关于汉语方言普查工作的指示》,接着中国社会科学院语言研究所编著了《方言调查字表》(1955)、《汉语方言调查简表》(1956)、《方言词汇调查手册》(1956),李荣(1920—2002)编著了《汉语方言调查手册》(1957),为全国方言普查提供了依据。据有关部门统计,全国除西藏外共有县、市2298个,普查方言点达到1849个。一些较好的调查报告,如《江苏省和上海市方言概况》(1960)正式出版。五六十年代之后,海外汉语方言学也很兴盛,主要集中于中国台湾、中国香港、美国、日本等地。台湾客家、闽方言研究成绩突出,如杨时逢《台湾桃园客家方言》(1957)、《台湾美浓客家方言》(1971),董同龢《四个闽南方言》(1959)、《记台湾的一种闽南话》(1967,与人合作),丁邦新《台湾语言源流》(1979)等。中国香港及美国粤方言成果突出,如张洪年《香港粤语语法研究》(1972)、余霭芹《粤语研究》(第1卷,1972)、《广东开平方言的"的"字结构:从"者"、"之"分工到语法类型分布》(1995)等,《汉语方言语法比较》(Comparative Chinese Dialectal Grammar)(1993)是一部全国方言语法比较的专著,主要包括粤、闽、客、湘、赣、吴、徽语、晋语、江淮官话、西南官话等众多语言。日本也在南方方言研究上成果显著,如桥本万太郎《客家方言》(1973)、《海南文昌方言》(1976)、《临高方言》(1980)、中岛干起《吴语的研究》(1984),村上嘉英《现代闽南语辞典》(1981),平田昌司等《徽州方言研究》(1998)等。

1981年全国方言学会正式成立,推动了方言学向纵深处发展。突出表现在涌现了一批以分区方言及省方言为研究重点的学者:如粤方言李新魁、詹伯慧、张日升等,闽方言李如龙、张振兴、马重奇等,客家方言黄雪贞、谢留文、项梦冰等,湘方言鲍厚星、伍云姬等,赣方言熊正辉、陈昌仪、颜森、刘纶鑫等,吴方言许宝华、汤珍珠、叶祥苓、游汝杰、张惠英、李小凡等,晋语侯精一、温端政、乔全生等,江苏方言刘丹青、鲍明炜、顾黔等,山东方言钱曾怡等,陕西方言邢向东等,还有一些单点方言研究贡献突出的专家,此不一一列举。方言学与地理学进一步结合,突出成果有:以中国社会科学院为主编写的《中国语言地图集》于1987年正式出版,2013年修订完善,由商务印书馆再版;曹志耘主持编修的《汉语方言地图集》(含语音、词汇、语法三卷),2008年于商务印书馆出版。近年来方言学与语言类型学进一步结合,也与地理信息系统、计算机数据挖掘等技术相结合,未来方言学的主要任务将不再是描写语言事实,而是分析语言事实。

G

哥本哈根学派　Copenhagen School　亦称语符学派(Glossematics),是语言学界所公认的继索绪尔之后,最具影响力的结构主义语言学流派之一;诞生于20世纪30年代,主要创始人是丹麦哥本哈根大学的罗曼语语言文学教授布龙达尔(Viggo Brondal, 1887—1942)和语言学教授叶尔姆斯列夫(Louis Trolle Hjelmslev, 1899—1965)。学派代表人物还有乌尔达尔(Hans-Jorgen Uldall, 1907—1957)。该学派成员大多是丹麦语言学家,规模较小,活动地区以哥本哈根为主,学派的机关刊物是创刊于1939年的《语言学文献》。

叶尔姆斯列夫是该学派的主要代表人物。在《语言理论导论》(*Prolegomena to a Theory of Language*, 1943)和《语言学论集》两本著述中,他提出了"语符学"理论,为后来的结构语义学的建立奠定了认识论基础。语言学界后来将哥本哈根学派的理论称为语符学。

叶尔姆斯列夫的语言理论偏重纯理论研究,其中有对索绪尔语言理论的片面解释,但也不乏其本人独到的见解。在《语言理论导论》中,他明确提出语言的符号性质,这成为了哥本哈根学派的理论纲领。叶尔姆斯列夫在《语言理论导论》一书中提到:"语言,即人的话语,是永不枯竭的巨大宝库。语言不可与人分割开来,语言伴随着人的一切活动。语言是人们用来构造思想、感情、情绪、抱负、意志和行为的工具,是用来影响别人和受别人影响的工具,是人类社会最根本、最深刻的基础"(刘润清,1995:115—120)。叶尔姆斯列夫把语言看成是符号系统,目的是研究人的思维和心理;把语言看成一种社会制度,目的是研究一个民族的特征;把语言看作一种不断变化的现象,目的是研究个人语体变化和人类的变迁。语言是一个独立配套的自足体系,因而也是语言研究的重点。他希望通过一系列形式化的过程发现语言的具体结构。其语言理论主要包括:

(一)语言的本质。叶尔姆斯列夫"将索绪尔关于语言和言语的区分、关于语言是形式而不是实体、关于语言是价值系统、关于语言是一个符号系统的论点发挥到极端,形成了语符学理论体系"(林玉山,2000:41),他还主张把语言从物理方面的声音和心理方面的语义中抽象出来,并且撇开语言的社会属性和历史演变等因素,排除了索绪尔理论中与语言现实有联系的组成部分,得出了一个在逻辑上前后连贯的语言理论体系,以便集中研究语言的内在结构,力求用一套形式化的定义和符号来描写语言。其方法论的基础是卡尔纳普(Rudolf Carnap,1891—1970)的符号逻辑。他要建立"语言的代数",用一套形式的定义来描写语言。

(二)语言的内在结构。叶尔姆斯列夫认为,语言的内在结构是由各级要素共同构成的关系网络。为确定语言的基本要素,语言成分被分为"内容(content)"和"表达(expression)"两个平面,二者组织结构相似,可用相似的关系来定义内容和表达的具体分类,并在这两个平面上都强调"形式"和"实体"的区分。"形式"被定义为语言成分之间的关系,"实体"是外在的东西。在《语言结构分析》一文中,他指出要研究语言的形式,必须把各形式单位的组合关系(他称为分配关系)详尽记录下来,而聚合关系往往涉及语言实体。他强调形式与实体的绝对对立以及形式的绝对独立性,这也是哥本哈根学派区别于布拉格结构主义学派的一个主要方面。"形式"是语言研究的对象,包括"内容形式"和"表达形式",并各有自己的最小要素,叫做"成素"。"表达形式"的成素是音位特征,"内容形式"的成素是语义特征。例如,"母亲"这个词的语义特征包括"动物""人""女性""亲属""上代"等。成素与符号不同。符号是内容和表达相结合的双面体,成素却是单面体,它为数有限,但能构成无数的组合。通过"接换",内容形式和表达形式的成素能结合成为既有内容又有表达的符号。语言归根到底是一套成素。

(三)语言学研究的对象。叶尔姆斯列夫反对索绪尔关于语言的社会本质的论点,认为传统语言学是一种超验语言学,是以语言学外的语言材料为基础的。他认为应以一种内在的语言学取而代之。他明确表明,"只有以这种结构分析的方法,把语言看作是相互关系的模式来进行研究才是科学领域的主要任务。"因此,语符学把语言看作一种纯符号系统,专门研究其关系与模式。语言符号系统中存在三种主要关系:决定关系、依存关系、并列关系。决定关系即一个常数与一个变量之间的功能,依存关系即两个常数之间的功能,并列关系即两个变量之间的功能。

(四)语言学研究的任务和方法。叶尔姆斯列夫认为,语言学理论要发现一种常量(constant),使之投射于现实。在任何过程中,必然有一个系统;在任何变动中,必然有一个常量。语言学的任务就是通过演绎建立这个系统,以预见语言单位的各种可能的组合。哥本哈根学派把语言理论看作一个"纯理论系统",认为理论应该独立于经验。传统语言学所采纳的归纳法只能指出不同语言的差异,而不能引导研究者们得出他们所要追求的常量,因而不能建立语言学理论。所以真正的语言学应该采用由一般到个别的演绎分析方法。语言学理论研究的是篇章,但理论所提供的不仅仅是理解某个篇章的程序,而是理解一切篇章的程序,既包括现存的篇章,也包括潜在的可能篇章,并且适合于一切语言篇章的分析。语言学研究的目的就是提供一个始终一致的、恰当的描述程序。

(五)格式塔语言学。叶尔姆斯列夫提到的"格式塔语言学"是按照格式塔心理学建立的语言学。他认为,结构语言学实质上就是格式塔语言学。格式塔是针对任何一种被分离的整体而言的,反对元素分析,强调整体组织的语言学。叶尔姆斯列夫认为,这种语言学是真正体现了结构主义精神的结构语言学。在他看来,语言现象是一种格式塔,是一个"被分离的整体",整体并不等于部分的总和,并不是由若干部分组合而成的,整体乃是先于部分而存在的,并且制约着部分的性质和意义。

哥本哈根学派继承并发展了索绪尔的思想和理论,主要功绩是在语言理论的形式化方面,把整个语言学问题归结为结构问题。他们的语言理论主要着眼于解决语言研究对象以及语言研究的精确化问题,把语言学和数理逻辑紧密结合起来,对兰姆(Sydney Lamb, 1929—   )的"层次语法"(Stratificational Grammar)和乔姆斯基的"转换生成语法"(Transformational Generative Grammar)都有一定的影响。但同时,语符学派也存在一些问题:对实体的绝对排斥,使语言研究失去立足点;过分强调抽象、概括,使语符学理论很少有实际使用价值。20世纪50年代初语符学理论曾被用来分析法语和西班牙语,并未成功。但是,这种理论把许多学者的想法综合为统一的、一贯的理论,代表着人文科学和精密科学相结合的趋势。

格式塔语言学　Gestalt Linguistics　"格式塔"(德文Gestalt)是20世纪初发源于德国的一种重要心理学理论。它强调经验和行为的整体性,与当时流行的构造主义元素学说和行为主义"刺激—反应"论对立,在心理学中格式塔派用这个词表示的是任何一种被分离的整体。格式塔理论为各种心理现象、心理过程以及心理研究的应用提供了一个理论架构,可以应用于心理学、语言学等研究领域。格式塔原理广泛运用于认知语言学和学习理论中,亦成为现代隐喻和转喻研究的认知心理基础,故而产生了以格式塔心理学为基础的语言学研究。美国认知语义学家泰尔米(Leonard Talmy)在2000年出版的《走近认知语义学》(Towards a Cognitive Semantics)一书中将格式塔心理学关于人类感知的规律引入了认知语言学。之后,美国认知语法学家兰艾克(Ronald Langacker)将此发展成为比较完整的理论框架。

格式塔心理学诞生于1912年,后来在美国广泛传播,是现代西方心理学的主要流派之一,由韦特海默(Max Wertheimer,1880—1943)、考夫卡(Kurt Koffka,1887—1967)和科勒(Wolfgang Kohler,1886—1941)三位德国心理学家在研究似动现象实验的基础上创立。考夫卡1922年发表了关于格式塔的研究论文,题为《知觉:格式塔理论导言》(Perception, an Introduction to Gestalt Theory),提出了行为环境的理论,认为心理学的研究对象是行为,行为与物理场有着因果关系。韦特海默认为,人的心理意识活动是先验的"完形",强调经验和行为的整体性。他反对构造主义的元素学说,认为整体并不等于所有构成它的各部分要素之和,而是由感知原有构成成分中显现出的全新整体,整体大于部分之和。考夫卡1935年出版的《格式塔心理学原理》(The Principle of Gestalt Psychology)一书,系统阐述了格式塔理论的要点。考夫卡把物理学概念引入心理学,提出心物场(psycho-physical field)的概念,认为世界是心物的,经验世界与物理世界不一样,并将其普遍应用于生理过程、行为过程和意识过程。他还提出生理过程与心理过程在结构形式方面完全等同,即"同形论"(isomorphism)。他认为生理过程是"意识的相关物",用"场"解释神经系统的组织作用。他以"心物场"和"同型论"作为格式塔的总纲,进而派生出若干亚原则,即组织原则。

"格式塔"起源于对视觉的研究,明确提出眼脑作用是一个不断组织、简化、统一的过程,正是通过这一过程,才产生出易于理解、协调的整体;心理现象是在意识经验中所显现的整体性。它强调思维活动的整体结构即完形结构。根据这个概念的功能定义,"格式塔"的研究范围可以包括学习、思维、回忆等过程。其应用范围远远超越了视觉领域,甚至超出了整个感觉领域经验的范围。

基于"格式塔"的"完形法则"是心理学家在认知领域中的研究成果,它使心理学研究人员不再囿于构造主义的元素学说,而是从另一角度去研究意识经验,为后来的认知心理学研究打下了基础。完形心理学着重研究思维,并开始研究儿童思维,对当代心理学和认知科学,如皮亚杰学派、认知心理学派等有一定的影响。认知语言研究表明,完形心理学提出的整体大于部分之和的观点对认知语言学的研究具有一定的意义。原型、范畴、意象图式、图形—背景感知等都具有完形结构,都是对事物整体知觉的结果,在完形组织原则基础上,研究认知对语言整体句义和篇章理解的综合作用成为认知语言学的心理学基础。无论是塔尔米的认知语义学,还是兰艾克的意象图示假说都汲取了很多格式塔心理学原则。格式塔理论也被应用于阐释隐喻认知过程和隐喻意义构建的理论中。格式塔心理学中的完形组织原则不仅体现在语言概念(原型和基本范畴认知)和语言机制方面,而且对人的隐喻和转喻认知模式也起着重要作用。完形组织原则中的相似原则和顺接原则是隐喻的认知原则,接近原则和突显原则是转喻的认知原则。它们是隐喻和转喻认知的完形心理基础。雷考夫(George Lakoff)和约翰逊(Mark Johnson)的理想化认知模式认为,思维是与人体有关的,把人类的概念系统联系在一起的结构来源于身体的经验。概念系统的核心直接根植于感知,身体的活动存在于物体和社会经验之中。思维具有格式塔结构,即是在人类经验中反复出现的有组织和统一的整体。约翰逊的意象图式认为,外部世界是由千变万化的事物及事物的相互关系组成的。人们通过完形感知、动觉和意象,既获得了对事物认知的能力,又获得了认识事物相互关系的能力,从而构建了意象图式(image schema)。图式的概念即来源于格式塔心理学,它们是不同层次、不同抽象程度上对事物、事件认知的完形,实验已经证明图式是认知的表现形式,具有心理现实性,在记忆和推理中具有组织作用。

格式塔理论是多学科广泛交叉研究的结果,它为各种心理现象、心理过程以及心理研究的应用提供一个理论架构,可以应用于心理学、语言学、哲学、美学和科学研究的各个领域。虽然如今格式塔方法已渗入许多领域的研究方法,但学说内部仍有很多关于结构的基本问题没有彻底解决,因此学说现仍在不断修正改进之中。由此,我们在引入格式塔理论进行语言学研究中,还需去粗取精、去伪存真,吸收其合理部分。

格语法　Case Grammar　生成语法学派中分裂出来的一种语言学理论,着重研究句子成分之间关系的分析手段。美国语言学家菲尔默(Charles Fillmore,1929—2014)于20世纪60年代末发表了一系列论文,形成了格语法理论。可以说格语法从句法语义关系方面对乔姆斯基的标准理论做了修正,也是对转换生成语法不足之处的弥补。

菲尔默的主要著作如《格语法若干问题》(*Some Problems for Case Grammar*,1977)、《〈"格"辨〉再议》(*The Case for Case Reopened*,1977)、《"格"辨》(*The Case for Case*,1968)和《关于现代的格理论》(*Toward a Modern Theory of Case*,1966)等构成了格语法理论的主要内容。

格语法的理论要点包括:

(一)格。格语法强调句子中成分的相互关系,认为动词是最重要的成分,和各个名词词组发生联系,这些相互关系被称为"格",表现"格"的方式主要有词序、附加成分、介词等。根据菲尔默的定义,"格"指底层的句法—语义关系;而不论是通过何种方式,如词缀、异干法(suppletion)、附加助词或词序制约等,所谓"格的形式"(Case Form)指特定语言中某种格的关系的表现形式。菲尔默的格概念和拉丁语中的词形变化在功能上非常相似。

格取决于底层结构中名词与动词之间的句法—语义关系,一旦确定了这些关系,不论如何转换、处于表层结构中的何种位置或者与动词之间的语法关系如何,格都保持固定。底层结构中的格与任何表层结构中的语法概念如主语、宾语等之间没有对应关系。例如:The door opened. "The door"虽然处于句子主语的位置,但逻辑上,"门"不能自己打开,而是被打开,因此在句子的底层属客体格。

(二)第一阶段格语法。这一阶段的格语法包括基础部分、词汇部分和转换部分。基础部分通过基础规则生成前底层结构,前底层结构在词汇部分,经过词汇插入规则从词库中选取合适的词语,得到后底层结构,后底层结构经过转换规则产生表层结构。整个语法模式大致如下:

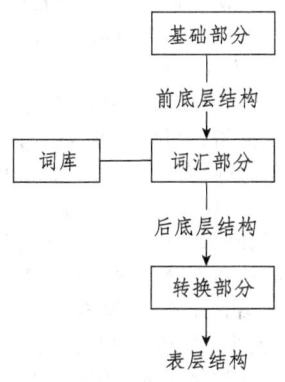

基础部分由一系列基本规则组成,其中有三条最基本的规则:a. S→M+P;b. p→V+C1+C2+……+Cn;c. C→K+NP。规则 a 表示一个句子 S 可改写成情态(modality)和命题(proposition)两大部分。

规则 b 表示任何一个命题 p 都可改写为一个广义动词 V 和若干个格 C。这里的广义动词"V"不仅包括通常意义上的动词,也可以是形容词,还可以是名词、副词或连词,格 C 的角色不仅可由 NP 担任,也可由某些内嵌小句 S 来充当。规则 C 中的 K 是每个格范畴在底层结构中的标志,简称为"格标"。菲尔默认为,尽管每个格范畴在表层结构中可以有诸如前置词、后置词、词缀、零形式等不同的标记形式,但在底层结构中,它们是同一成分 K。

底层格是格语法解释语义和句法现象的基本工具,然而格语法学家却列出了各不相同的格清单。菲尔默从不曾明确地给出格清单,文章的不同不仅导致格的数目不一,分合有别,连名称也经常变动,而且总还有"及其他"之类的话。1966 年到 1977 年间,菲尔默一共提出了 13 个格:(1)施事格(agentive);事件或行为的执行者、行动者、表现者。(2)与格(dative):某种行为后果的承受者或接受者。(3)客体格(objective):动作对象或考虑对象。(4)工具格(instrumental):导致某事件的物理手段或精神刺激。(5)来源格(source):事物的来源(地)。(6)目的格(goal):事物的目的地。(7)方位格(locative):动作所处、场所或空间方位。(8)时间格(time)。(9)受益格(benefactive):一个动作或状态的受益方。(10)伴随格(comitative)。(11)感受格(experiencer)。(12)路径格(path)。(13)永存格/转变格(essive/translative)。在实际语言运用中究竟应设置多少格,完全取决于情况需要和运用是否方便。例如:

The student solved problems with a calculator in the classroom this morning.

(学生今天早上在教室里用计算器做习题。)

这一句子的格语法用语义网络形式表示如下图:

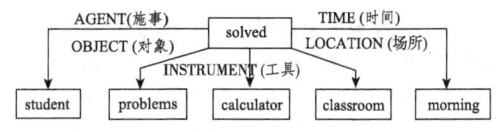

用语义网络表示的格语法

词汇插入主要是指名词和动词的选择问题,这是词汇部分的主要问题。对于名词的词汇插入,是将词库中每个名词的特征与格范畴进行联系。当某个名词具有+locative 的特征时,这一特征可与 L 格范畴相联系,规定具有+locative 特征的名词可插入 L 的位置;即不具有+locative 特征的名词不可插入 L 的位置。动词插入取决于全句提供的特定的格框架。当底层结构表达式所提供的格框架与词库中动词词条下标明的框架特征相符时,即可将该动词插入前底层结构并得到后底层结构表达式。

经过转换规则的运用,后底层结构表达式通过转换得到表层结构表达式。格语法中的转换操作与转换生成语法大同小异,大致采用移动(movement)、删除(deletion)、插入(insertion)复制(copying)等方法。转换部分主要处理诸如选择显性的格的形式,即处理底层结构中的 K 成分,确定主语成分,解决词序问题以及插入特定成分,如在动词上插入"passive"成分等问题。在对有关格的形式和主语确定的转换规则进行研究之后,菲尔默认为尽管语言的不同会导致表层结构的表现形式各不相同,但深层格所体现的语义关系却是一个固定而统一的概念。在表层结构的体现形式上,有些语言主要通过介词来表现其表层结构,有些语言是利用屈折变化或词缀变化来体现,有些则主要采用词序的方式,还有些综合采用上述各种形式。然而,不管语言中的表层结构如何体现,实际上它们的底层成分同为一个 K,都是这一个底层成分在不同语言表层结构中的体现形式。

（三）第二阶段格语法。70 年代以来,许多学者采用主语和宾语等概念来解释句子的语义和句法问题。菲尔默对这些研究成果加以思考后,认识到把前一阶段主语、宾语等语法关系一概视作表层结构上的概念,把底层结构看成是由格角色组成的语义平面,而在语义平面与表层结构平面之间缺少一个相当于转换生成语法中深层结构的中间平面,这种处理方法是有欠缺的。鉴于此,第二阶段的格语法模式主要做出如下修改：由格角色构成的底层结构,在转换之前还必须经过深层主语和深层宾语等语法关系的分配,从而得到深层结构。深层结构再进入转换部分,经过转换得到表层结构。这样,每个句子就有格角色和语法关系两个分析平面,这两个平面把句子和句子所描述的事件相联系,解释句子的语义和句法现象。

第二阶段理论需要解决的主要问题是深层语法关系的分配。菲尔默的设想是：句子描述的是场景(scene),场景中的各参与者承担格角色,构成句子的底层结构。底层结构通过透视域(perspective)的选择,一部分参与者进入透视域,成为句子的核心(nucleus)成分,每一核心成分根据突出的等级体系(saliency hierarchy)来确定其语法关系；其他参与者不一定能进入句子,即使出现在句子中,也只能成为句子的外围(periphery)成分。

格语法理论自从 60 年代末提出以后,在语言学界引起过强烈的反响,曾与乔姆斯基的扩充标准理论、生成语义学一起形成三足鼎立的局面。但到后来,很少有人专门从事这一理论的研究。但是格语法中许多合理的内容,已被其他语言理论所吸收。继菲尔默之后,语言学家普遍重视动词在句子中的作用。还有那些与语义相关联的概念,如施事、原因、地点等。这些概念在语言中极易证明,而且已经被心理学家视为儿童语言习得研究中的重要部分加以运用。

工程语言学　Engineering Linguistics　属于人文科学、数学和技术科学的交叉学科,主要采用建模方法模拟自然语言客体,建立严密的形式语言学模型,解释和预示不同语言现象,对理论语言学的假设和构造进行检验。相关研究具有技术化取向,与符号学、信息学、人工智能、计算机技术密切相关。成果广泛应用到人机对话和自然语言信息处理领域,包括机器翻译、信息自动检索、语种识别、程序教学、书报自动编排系统、自动控制系统、国际通讯网络等。

工程语言学兴起于 20 世纪 50 年代。当时随着科技进步和信息产业的发展,语言研究领域得以拓展深化,符号学和系统论方法的引入有助于运用建模和人工智能系统模拟人类言语活动,而物理学、数理逻辑、信息论、控制论等领域也导入语言研究。该领域的主要研究内容包括语法形式化、语义形式化、语言之间的媒介语等。就语法形式化而言,与传统语法根据形态、句法功能和意义标准来划分词类不同,工程语言学采用结构语言学理论,根据语法配置判定词类。如果两词出现于某类典型环境,则属于同一词类,无需考虑意义,且通过机器可以识别。就语义形式化而言,通过转换分析、义素分析、逻辑语义分析等,将语义代码化,以计算机使用(0,1)的思维区分语义,进而为机器所区分,达到意义—形式—意义的自由转化。就媒介语研究而言,工程语言学尝试将媒介语作为中转平台,以迅速提高不同语言之间的转化速度,减少转化算法。媒介语建立在各自然语言的词汇和语法基础上,但只包括最典型、最常用的语法规则和词。工程语言学研究者认为语言是一种由有限要素组成的装置,可产生无限的话语。他们尝试将语言模式化,借助规则把一种语言的话语改造成另一种语言的等值话语,并寻找语言间的对应规律,揭示语言事实的本质。

工程语言学重视话语合成的研究。与传统语言学研究话语的变格、变位、句型分类、词义和因素描写等不同,该领域侧重于进行话语综合机器翻译、自动情报检索等方面的语言合成。同时工程语言学研究运用直接成分法、替换分析法、转换分析法、实验方法、机器词典、频率分析数学方法等,以便于精确分析语言和话语。此外,工程语言学不仅对比亲属语言,而且对比非亲属语言,以建立各相关语言的对应规律。该领域的研究从具体语言特点出发,尝试建立抽象符号体系的假设,并确定假设结果同现实语言的关系。

工程语言学研究中所不可避免的难题是计算机的局限性。计算机一般遵循严格的顺序、传递信息的单路性和信息单个存贮的原则，远不及人脑信息储存传递那样复杂。语言自身的创造性（如汉语修辞中的通感）很难通过计算机有所体现。此外，语法语义形式化的可行性也尚需探讨。这些问题在一定程度上阻碍了工程语言学的发展。但研究者可以加工语言中容易形式化和运算的部分，让系统对语音、手写、打印文本等进行正确识别与合成，以服务于电子商务、网络通讯等领域。

国内该领域研究相对较少。除了零星的介绍类文章外，2007年由上海外语教育出版社出版的《工程语言学》（易绵竹著）着重分析了圣彼得堡工程语言学学术中心和计算机语言学创始人皮奥特罗夫斯基（Пиотровский，即Piotrovskii）在语言学、符号学、信息学、心理语言学、人工智能、言语的统计组合、描写与文本的自动处理、机器翻译和语言教学的计算机优化等方面所取得的成就，介绍了莫斯科学术中心梅里丘克（И.А.Мельчук），倡导建立的"意思一文本"语言学模型理论及其学术思想。该著作有助于推动我国词典编纂、机器翻译、语料库语言学、语料库建设等。

功能语篇语法 Functional Discourse Grammar
亦称功能篇章语法或功能话语语法（Functional Discourse Grammar；FDG），是一种结合语用和认知，采用自上而下分析模式（Top-Down Model），以言语行为（Speech Act）作为分析单位，涵盖人际、表征、形态和语音四个层次，包括概念成分（Conceptual Component）、语境成分（Contextual Component）、输出成分（Output Component）和语法成分（Grammatical Component）四个组成部分的功能语法理论。功能话语语法始源于20世纪80年代初期以迪克（Simon Cornelis Dik，1940—1995）等为代表的荷兰功能语法学派。80年代后期，阿姆斯特丹大学西班牙语系的亨格维尔德（Kees Hengeveld）等接受了荷兰功能语法学派的理念，修正了迪克的功能语法框架，并融合韩礼德（Michael Halliday）的系统功能语法（Systemic Functional Grammar）和范瓦林（Robert Van Valin, Jr.）的角色与指称语法（Role and Reference Grammar）的思想和成果得以创建而成。《功能话语语法》（*Functional Discourse Grammar*）（2008）一书是功能话语语法的集大成者，代表着该理论的最新发展动态。

功能语言学以言语行为作为研究的切入点，融合了语用学、语义学和话语分析等多门学科，旨在通过对话语的多维度分析，从语言与使用者以及社会与文化的关系入手来探究涉及语言的问题；此外，功能语言学关注语言整体，强调语言使用由于不同社会文化的影响而呈现出的多样变异性特征，力求从功能的角度为语言的个性与共性寻求动因和解释。

作为功能主义语言学的最新发展，功能话语语法正是集中体现了言语交际（speech act）和语言类型（language type）这两大功能主义语言学的支柱和本质特征。功能话语语法既避免了完全否定语言结构和认知心理而仅仅强调言语交际和使用的局限，又避免了忽视言语交际而仅仅突出形式特征和心理结构的缺陷，试图在韩礼德的系统功能语法和范瓦林的角色与指称语法之间寻找一个平衡点。

功能话语语法遵循了荷兰功能学派所秉承的形态中立性和形式严格性的宗旨，发展了功能主义语言学的语言充分性和心理充分性的原则。在功能话语语法框架中，语法起源于说话者的交际意图，形成于话语语音的最终表达，不仅仅涵盖着对系统工具性引发和维持交际意图作用的解释，还制约着话语的分析和解释与已知认知理论的结合与互动。功能话语语法借助形式化的手段，能够对话语使用者语言潜能（Language Potential）和语言知识细致地进行描写。功能话语语法的核心部分是语法成分，其中又分为四个层次，即人际层（interpersonal level）、表征层（representational level）、形态句法层（morphosyntactic level）以及语音层（phonological level）。其中，人际层主要是指表现交际双方角色的语言单位中的形式部分，表征层关注的是语言单位中的语义部分，而形态句法层则旨在将前两个层面中的输入结合成为一种结构表征，并在语音层中形成输出。

作为功能语言学的新发展和新动向，功能话语语法在思想上和方法上既有着与其他的功能语法学派相似的共性，也有着自身独特的区别。概括来说，功能话语语法有以下四个特点：（1）功能话语语法的基本研究单位是言语行为，由于言语行为直接映射成为不同类型的形态句法单位，因而功能话语语法的研究对象就不再局限于小句，其研究对象既可以小于小句（如省略句），也可以大于小句（如复句或语篇）；（2）功能话语语法的分析模式是自上而下的，从发话人的交际意图开始直到语言发音和表达的完成，这种自上而下的组织模式是基于对话语而不是对小句的描写，而且这也是与人类交际的思维和心理认知模式相吻合的；（3）功能话语语法的四个模块（语法成分、概念成分、语境成分和输出成分）相互作用，映射言语交际的完整模式，语法成分实现对话语的描写，概念成分体现为语法成分的驱动力，语境成分旨在描述语域（Register），而输出成分则最终通过语言动态实现的方法由语法成分的结构转化而成；（4）功能话语语法从四个独立的层次（人际层、表征层、形态句法层和语音层）来考察话语，前两者反映语法的构建过程，后两者体现语法的编码过程，各个层次都是对话语结构的描写，不同层次的相互作用最终形成语言输出。

作为一种融合语用、心理和类型的更新意义上的功能语法，功能话语语法的研究范围涵盖了形态学、句法学以及语义和语用上的类型学研究。功能话语语法理论的主要学者有荷兰语言学家迪克(Simon Dik)、亨格维尔德(Kees Hengevel)，以及美国语言学家麦肯齐(Lachlan Mackenzie)等。早期的荷兰功能学派成果主要是迪克的著作如《功能语法研究》(Studies in Functional Grammar)(1980)和《功能语法理论》(The Theory of Functional Grammar)(1997)等，功能话语语法其他著作主要有：《单词句的句法基础》(The Basis of Syntax in the Holophrase)(1998)、《结构与功能：三种主要结构——功能语法理论入门》(Structure and Function: A Guide to Three Major Structural-Functional Theories)(2003)以及《功能话语语法框架》(The Architecture of Functional Discourse Grammar)(2004)等，目前功能话语语法的最新进展集中体现为亨格维尔德与麦肯齐合作的《功能话语语法》(Functional Discourse Grammar)(2008)一书。

构式语法　Construction Grammar 亦称"构块式语法""句式语法"等，根据戈德堡(Adele Goldberg, 1963—)的定义，"C 是一个构式，当且仅当 C 是一个形式(F)和意义(S)的配对体时，而无论是形式或意义的某些特征，都不能严格地从这个构式的组成成分或其他先前已建立的构式预测出来"(C is a construction if C is a form-meaning pair ＜F, S＞such that some aspect of F or some aspect of S is not strictly predictable from C's component parts or from other previously established constructions.)(Goldberg, 1995: 4)。构式语法创立至今虽然只有近 20 年时间，但是在国际语言学界已经产生了很大的影响，也引起了中国语言学界的极大兴趣和高度重视。

与构式语法创建有关的主要代表人物包括菲尔默(Charles Fillmore, 1929—2014)、凯(Paul Kay, 1934—)、雷考夫(George Lakoff, 1941—)、戈德堡、兰艾克(Ronald Langacker, 1942—)、克罗夫特(William Croft, 1956—)等。其中，戈德堡于 1995 年出版的《构式：论元结构的构式语法方法》(Constructions: A Construction Grammar Approach to Argument Structure)、菲尔默于 2003 年出版的《构式语法》(Construction Grammar)和克罗夫特在 2001 年出版的《激进构式语法：类型学视角的句法理论》(Radical Construction Grammar: Syntactic Theory in Typological Perspective)，这三本著作对构式语法的形成和发展做出了重要贡献。构式语法的主要理论观点散见于以上主要代表人物的论文和著作中。

构式语法是在认知语言学的大背景下产生的，通常被视为认知语言学的一个分支。构式语法的产生与生成语义学、格语法、框架语义学、认知语义学和认知语法等密切相关，是一大批认知语言学家，特别是以加利福尼亚大学伯克莱校区为核心的美国认知语言学家，如菲尔墨、凯、莱柯夫、兰艾克、泰勒(John Taylor)和戈德堡等等，在 20 世纪 70 到 90 年代对乔姆斯基创立的转换生成语法(Tansformational-Genenrative Grammar)，又称形式语法进行反思的过程中逐步形成的一种语法流派。

认知语言学的哲学观与以乔姆斯基为代表的转换生成语法学派的哲学观完全不同。乔姆斯基的形式语法认为语言知识是自主的、提出了语言的天赋论、普遍语法(Universal Grammar)和语言知识模块论；认为语法是多层的，具有表层结构和深层结构，词库利用各种规则生成表层结构，不同的语法结构之间可以互相转换等等。形式语法把研究的对象仅局限于句法上，对语义和语用重视不够。而认知语言学则秉承语言知识是人类基本认知经验的一部分，提出了体验哲学观、基于用法论断(usage-based thesis)，认为语法是单层的，不同的语法结构具有不同的语义和语用功能，二者不存在转换关系；语法和语义密不可分，研究语法还要重视语法形式背后的语义问题等完全不同的主张。菲尔默的"格语法"(Case Grammar)、"框架语义学"(Frame Semantics)对构式语法的产生起着重要影响。

各种用认知方法研究语法的理论体系都可被称为构式语法，它们都认为构式是语法研究的基本单位。目前有几种不同版本的构式语法，包括菲尔墨和凯提出的构式语法 1(Construction Grammar 1)、戈德堡提出的构式语法 2(Construction Grammar 2)、伯根(Benjamin Bergen)和张(Nancy Chang)提出的体验构式语法(Embodied Construction Grammar)、克罗夫特的激进构式语法(Radical Construction Grammar)以及斯蒂尔斯(Luc Steels)提出的流体构式语法(Fluid Construction Grammar)等等。

构式语法几个不同版本的理论构成一个理论家族，不是一个统一的理论。最早的是伯克利构式语法(Berkeley Construction Grammar)，其代表人物是菲尔墨和凯，主要集中研究构式的形式方面，企图寻求一个统一的单层(monostratal)句法表征来描写句法。其研究大体上还是生成方向的，但是菲尔墨和凯的观点还是被接受了，把语法看成构式，而不是单词加上规则。菲尔默和凯提出了象征论断(symbolic thesis)，并把符号的象征论断作为语法理论研究的基础。他们认为构式语法是以一些复杂句法构式为理据的，特别是习语表达式，如 to bury the hatchet(和解), to spill the beans(泄露秘密), to rain cats and dogs（下倾盆大雨），to make a mountain out of a mole-hill（小题大做），the salt of the earth（社会中坚），Easy come, easy go（来得容易，去得容易）等等。它们的意义无法从构成成分预测出来，很可能作为一个整体储存在大脑中，既含有句法信息，也含有与论元结构（argument structure）相关的语义和语用信息，而不是像形式语法所声称的是转换生成而来的。

戈德堡提出的构式语法中的语言单位指常规的形式—意义配对体，形式和语音在特定的语言中是约定俗成地联系在一起的，意义与概念结构（conceptual structure）有关。例如，horse 是一个形式—意义的配对体，在英语中有自己常规的读音，其意义是一种家养的大型牲畜，善奔跑，在构式语法中就是一个语言单位。戈德堡认为，除了完整的词之外，构式还包括一个词中有意义的从属部分（sub-part）如词素（morpheme），以及句法构式，如双及物构式（ditransitive construction）。句法构式不是由具体词构成的结构，而是一种抽象的图式结构，例如，双及物构式的图式为：名词短语$_1$＋动词＋名词短语$_2$＋名词短语$_3$（NP$_1$＋VERB＋NP$_2$＋NP$_3$），其图式意义为"X 导致 Y 接受 Z"（X CAUSE Y TO RECEIVE Z）。双及物句法构式可以用具体的词例示，如"汤姆给我一条领带"（Tom gave me a tie.），其语义值为"汤姆导致我接受一条领带"（TOM CAUSE ME TO RECEIVE A TIE），可以表征为 CAUSE- RECEIVE ＜agt rec pat＞。这一构式的语义值不仅来自组成成分的词义和语法关系，而且还和构式的整体有关。再如：She baked him a cake. 句中的 bake 也是一个普通行为动词，通常带两个论元，但在此句中作为三元谓词使用，其"给予"义项是由整个双宾构式赋予的。换句话说，构式组成成分的词义、构式成分之间的语法关系所赋予的意义和构式本身的意义，即构式意义（constructional meaning）三者共同构成了双及物构式的意义。

常见的句法构式还包括致使构式（caused motion construction）、不及物构式（intransitive motion construction）、结果构式（resultative construction）、意动构式（conative construction）、"更不用说…"构式（let alone construction）、"X 对 Y 做什么？"构式（What's X doing Y construction）等等。

根据戈德堡（1995，2003，2006）的观点，构式本身具有独立的形式和意义，因此一个构式的意义并不能只根据其组成成分的意义、成分之间的语法结构所赋予的意义来推导，也不能从其他已经建立的结构来预测，构式本身也表达一定的意义，并将影响整个构式的总体意义。

戈德堡把构式从"不规则"的习语表达式扩展到"规则"的构式，如词、词素等。这样，就可以利用构式研究普通的句子，如单及物或双及物结构，以建立一个构式语法理论来解释她发现的论元结构模式（argument structure pattern）。虽然她在其专著中只集中探讨了跟基本论元结构有关的构式，但是她在书中也说道"论元结构构式只是能构提供句子表达基本手段的诸多构式中的一个特殊子类"（Goldberg，1995：3）。她还把一词多义、隐喻等认知语义学的成果吸收进她的构式语法理论，提出了词汇—语法连续体，词汇和语法不可分，只是象征结构的复杂程度不同而已。当然，戈德堡把构式的定义扩大到词素，也引起了学界的诸多争议。

克罗夫特主要是为了类型学的研究目的，同时考虑跨语言因素，提出了激进构式语法理论（RCG）。激进构式语法认为，构式不是来自它们的构成部分，相反构成部分来自它们出现的构式。因此，在激进构式语法中，构式类似于格式塔（Gestalt）。激进构式语法反对句法范畴、句法角色和句法关系的普遍观，认为它们不仅只适用于具体语言（language-specific），而且只适用于具体构式（construction-specific）。既然形式范畴因语言和构式的不同而不同，就没有关于形式范畴的普遍语法。语言模式中唯一存在的普遍性就是从意义到形式的映射（mapping）。激进构式语法同时反对各种句法关系，使用语义关系取代句法关系，持类似于认知语言学的形式功能观，语言形式是受语义驱动的。

体验构式语法（ECG）是由位于加利福尼亚大学伯克利分校的国际计算机科学研究所（International Computer Science Institute，ICSI）和夏威夷大学的研究者，特别是伯根和张，根据语言神经理论提出的语法理论框架。该理论接受了语法构式（grammatical construction）中的基本构式定义，但是着重强调构式语义内容与体验（embodiment）以及感知运动经验（sensorimotorexperiences）之间的关系。ECG 的中心论点是所有语言符号的内容都涉及心智模拟（mental simulation），并且最终都依赖于认知语言学家如约翰逊和雷考夫所提出的那种基本意象图式（image schema）。

流体构式语法（FCG）是由斯蒂尔斯和他的合作者为了用实验来研究语言的起源和发展而设计的语法理论。该理论之所以被称为"流体"（fluid）是因为它承认这样一个前提：语言使用者总是不断地变化和更新他们的语法知识体系。流体构式语法是一个完全由操作定义和计算来执行的形式主义的构式语法，提出了一个用于句法分析（parsing）和解释语言产出的统一机制。在这个理论中，构式是双向的，因此可用于句法分析和解释语言产出。该理论提出的语言处理机制是灵活的，甚至可以用来解释不符合语法或者不完整的句子。此外,机器人实验(robotic experiments)已经证明流体构式语法可以根植于体验和感知运动经验。

戈德堡(Goldberg,1995:9)自己在其专著中也指出了构式语法的优势。

第一,避免不合理的动词意义(implausible verb senses)。例如:He sneezed the napkin off the table. 其中 sneeze 是不及物动词,但在此句中带了宾语 the napkin,这一用法是整个动补结构决定的。

第二,避免循环论证(circularity)。例如:[1] Pat kicked the wall. [2] Pat kicked Bob black and blue. [3] Pat kicked at the football. [4] Pat kicked Bob the football. [5] Pat kicked his foot against the chair. [6] Pat kicked the football into the stadium. [7] Pat kicked his way out of the operating room.

上述例句中的动词 kick 可以带不同数目的论元,如果用形式语法的管约论(GB Theory)分析方法,结论就是有多个不同论元结构的 kick,不同的句式是不同 kick 投射的结果,kick 具有 n 个论元的意义是基于它和 n 个补语一起出现的语言事实,kick 可以和 n 个补语一起出现是因为它具有 n 个论元意义,就会陷入循环论证。根据构式语法,动词 kick 只有一个,其论元数目的和意义的变化是不同的句式决定的。

第三,语义的经济性(parsimony)。例如:[1] She slid Susan / * the door the present. [2] She slid the present to Susan/ to the door. 比较例句[1]和[2],观察到动词 slide 允许带的论元不同,从形式语法的视角分析,就会得出 slide 具有不同的义项。其实从构式语法来看,动词 slide 只有一个,意义的差别是由不同的句式决定的。

第四,保留复合性(compositionality)。例如:The hikers clawed their way to the top. 句中的 claw 一般用作非宾格动词,其后不带宾语,但在本句子中 claw 的意义是由词项意义和构式的意义复合而成的。

第五,具有句子处理的支持证据。实验表明,和词汇歧义相比,同一动词在不同构式中的意义识别时间短,认为有意义(make sense)的比例高。

第六,具有儿童语言习得的支持证据。儿童语言习得的实验表明,构式意义的确存在;在语言习得过程中允许大量使用语法构式可帮助儿童习得动词意义。

构式语法在国内语言学领域也产生了广泛的影响。国内学者除了运用构式语法的基本原理和基本方法研究语言问题之外,也对构式语法理论本身的理论优势和局限性进行了思考。沈家煊(2002,2003,2004)研究了"把"字句的主观性、汉语"动补结构"的类型学问题以及动结式"追累"的语法和语义问题。张伯江(1999)论述了现代汉语的双及物结构式。徐盛桓(2007)从相邻关系视角研究了双及物句。陆俭明(2004)从五个方面探讨了构式语法对汉语研究的理论贡献,认为构式语法可以帮助解释一些先前不好解释或先前想不到去解释的汉语语法现象;扩大语法研究的视野,引起我们对以往语言理论新的反思和思考等。石毓智等(2007)探讨了构式语法理论的进步与局限。

构式语法具有自己的理论优势,对语言研究做出了很大的贡献,但同时也有一定的局限性。首先,对"构式"定义的扩大带来了诸多的争议和一定程度的混乱,也没有明显的研究实效。无论是美国结构主义的代表布隆菲尔德对构式的定义(Bloomfield,1933),还是认知语法的杰出代表兰盖克(Langacker)的构式定义,都是指两个或两个以上的元素构成的结构体。戈德堡(Goldberg,2003)把构式定义扩展为语言中任何意义和形式的对应体,包括词素、词、复合词、惯用语和语法结构。她事实上把构式等同于语言单位,掩盖了本质上不同的词和语法结构之间的区别。其次,构式语法一般研究比较偏的、不太常用的语法格式,对于很多常见的、一般的语法格式很少涉及,如 SV、SVO、SVA 等等。因为较偏的语法格式容易归纳其独立的构式意义,而越常见的语法结构越难归纳出其构式意义。最后,构式语法的哲学观交代不清。戈德堡(Goldberg,1995:7)声称"构式语法是生成的,尝试解释为什么语法允许无限合法的句子而排除无限不合法的句子……但构式语法不是转换的"。"生成"和原子主义的语言哲学观密切联系在一起,采取的是自下而上的宏观思路,而构式语法的概念类似于"格式塔",实际采用的是自上而下的宏观思路,二者似乎矛盾。

虽然构式语法具有一定的局限性,但其理论贡献是显而易见的,已经并将继续对世界语言学研究产生重要影响。

古罗马的语言研究 Language Studies in Ancient Rome 受古希腊文化的深刻影响,古罗马的语言研究无论在基本思想上还是在具体技术上都是对古希腊语言研究的继承。

自公元前 7 世纪古罗马建城至公元前 3 世纪罗马共和国统一意大利半岛,古希腊的文化传统就已通过希腊和埃特鲁里亚(英 Etruria)移民而在罗马产生广泛影响。古希腊的语言研究成果是古罗马人学习的重点之一。在从埃特鲁里亚人那里学到的西希腊字母的基础上,罗马人还发明了拉丁字母。

公元前 2 世纪,罗马占领希腊,自此至罗马成为帝国(公元前 1 世纪)、东西分裂(公元 4 世纪末)再至西、东两个帝国分别灭亡（公元5世纪和15世纪），希腊一直处在罗马的疆域内，对罗马文化的影响更为直接和彻底。在学术、教育等诸方面，罗马人处处以希腊为师。在语言研究上，他们用从希腊人那里学来的方法研究拉丁语，并不时对希腊、拉丁两种语言进行比较，取得了丰富成果。

古罗马的语言研究成果集中体现在语法方面。瓦罗（Marcus Terentius Varro，公元前116—前27）、多纳图斯（Aelius Donatus，公元4世纪）和普利西安（拉 Priscianus Caesariensis，英 Priscian，公元6世纪）是古罗马最具代表性的三位语法学家。

瓦罗是罗马共和国末期至帝国早期的著名学者，其语言研究继承了古希腊斯多葛派和亚历山大里亚学派的成果，同时也不乏独立探索，被认为"也许是所有拉丁语学者中最有创见的人"（Robins，1997：58）。瓦罗将语言研究分为词源学、形态学和句法学三部分，其巨著《论拉丁语》（拉 De Lingua Latina，英 On the Latin Language）共25卷，现仅存六卷，涉及形态学和词源学。在形态学方面，瓦罗善于总结前人观点，并有不少独到见解。首先，他调和了源自希腊学者的"规则论"（英 analogism）和"不规则论"（英 anomalism），指出在实际语言中两者各有其存在的合理性。其次，在深入观察的基础上，他提出将词形变化区分为"自然变化"（拉 declinatio naturalis，英 natural word form variation）和"任意变化"（拉 declinatio voluntaria，英 spontaneous word form variation），这两种变化分别相当于后人熟知的"屈折变化"（英 inflexion）和"派生变化"（英 derivation），这是瓦罗对语法研究的一个独立贡献。在屈折变化上，瓦罗还注意到拉丁语不同于希腊语的"第六格"（即夺格），并在斯多葛派思想的启迪下强调了被许多人忽略的体范畴在动词变化中的地位。瓦罗的词类划分较为独特，他以格和时态变化为依据，区分了名词（有格变化）、动词（有时态变化）、分词（两种变化都有）和副词（两种变化都没有），他的副词都是与前几类词有关联的派生词，除此之外的所有词他称作"非能产"（拉 sterile，英 sterile）词。这种词类划分虽然总体上不够全面，但强调了前四类词的衍生关系。在词源学方面，瓦罗从斯多葛派的语言观出发，致力于透过历史的衍生和变异，返溯语言产生之初数量有限的原始词。

多纳图斯在语言研究上以其著作《语法术》（拉 Ars Grammatica，英 Art of Grammar）闻名。该书分"简编"（拉 Ars Minor，英 The Smaller Art）和"详编"（拉 Ars Major，英 The Greater Art）两部分，前者只是简述词类，后者则从字母到修辞展开讨论。

与多纳图斯类似，普利西安在语法研究中也无太多创见，然而，在将古希腊的研究成果应用于拉丁语研究，并为拉丁语建立详尽的描写和教学语法方面，后者却是真正的集大成者。事实上，普利西安是古罗马语法学家中最负盛名者，其巨著《语法原理》（或译《语法基础》，拉 Institutiones Grammaticae，英 Grammatical Foundations）是将古希腊语文学家狄奥尼修斯·特拉克斯（Dionysius Thrax，前170～前90）和阿波罗尼俄斯·底斯科洛斯（Apollonius Dyscolus，公元2世纪）的研究成果全面运用于古典文学拉丁语描写的最丰富、最详尽的著作，直接奠定了其后八百年内欧洲语法理论的基础，在教学语法中的影响持续至今。

《语法原理》共分十八卷，系统论述了拉丁语的语音、形态和句法，其中形态部分占据了十六卷篇幅。其论述无论在整体结构还是细节上都基本效仿狄奥尼修斯和阿波罗尼俄斯的语法体系。在语音方面，书中采用古希腊学者的框架和术语描写拉丁语的单音和音节，并和他们一样将字母等同于语音单位。在形态方面，书中共列出八种词类："名词"（拉 nomen，英 noun，包括现在所说的形容词）"动词"（拉 verbum，英 verb）"分词"（拉 participium，英 participle）"代词"（拉 pronomen，英 pronoun）"副词"（拉 adverbium，英 adverb）"前置词"（拉 praepositio，英 preposition）"叹词"（拉 interiectio，英 interjection）和"连词"（拉 coniunctio，英 conjunction），并为每一类词确定了基本语义。这一分类同样是对狄奥尼修斯和阿波罗尼俄斯语法体系的套用，但是从副词中分出了感叹词，并删去了拉丁语没有的冠词。在形态分析的细节上，过分的套用有时难免产生龃龉，例如将古希腊语动词独有的"祈愿式"（optative mood，或译"希求式"）强加于拉丁语动词。另外，与瓦罗相比，普利西安也和他所继承的古希腊语法学家一样忽视了派生变化和屈折变化的区别以及体范畴在动词变化中的地位。在句法方面，《语法原理》基本套用希腊学者的体系。虽然它对一些重要的语言现象如异相动词（英 deponent verb）、夺格的独立结构（英 ablative absolute construction）和关系代词等作出了有价值的论述，但总体而言，书中举例说明多，系统的理论建树较少。

古罗马人在文化教育上以希腊为师的大背景，加之拉丁语与古希腊语在多方面的高度一致性，都决定了古罗马的语言研究以传承为主、原创性较弱的特点。即使瓦罗这位最富创见的语法学大师，其创新与其传承相比，也是微乎其微。然而，由于历史的原因，正是罗马的传承才使得希腊人原创的语言研究传统得以广为欧洲各民族所了解和接受。在西方历史上，普利西安的《语法原理》"是流传最广的语法书，抄本多达数百种，成为中世纪拉丁语语法以及中世纪语言哲学的基础"（罗宾斯，1997：75）。正是古罗马学者的这些著作,将欧洲语言研究的源头与后世的发展连接了起来。今天西方各民族所熟知的许多基本语言学概念都译自拉丁语而非希腊语,西方各主要语言的教学语法也都直接体现出古罗马学者所撰写的拉丁语语法的深刻影响。在很大程度上,古罗马的语言研究赋予了古代欧洲的语言学传统以后世所熟知的面貌。

古希腊的语言研究　Language Studies in Ancient Greece　指古希腊源自对语言的哲学思辨和进行文献考释及语言教学的实际需要的语言研究。

对语言的哲学思辨贯穿于古典时期(公元前 5 世纪—前 4 世纪)至希腊化时期(公元前 4 世纪—前 2 世纪)古希腊各主要哲学流派的讨论中。在古典时期,著名哲学家苏格拉底(希 Σωκράτης Sōkrátēs,英 Socrates,公元前 469—前 399)、柏拉图(Plato,公元前 427—前 347)和亚里士多德(Aristotle,公元前 384—前 322)都曾对语言问题做出过论述。苏格拉底本人没有留下著作,其观点部分反映在学生柏拉图的作品中。柏拉图在哲学上持"理念论",认为理念是独立于可感事物的存在,其关于语言的思想则集中体现在作品《克拉底鲁篇》(Cratylus)中。在这部作品里,柏拉图以描写克拉底鲁(Cratylus)、赫尔摩根尼斯(Hermogenes)和苏格拉底三人对话为形式,讨论了词语的形式与意义之间的关系是基于事物的天然本质还是人为约定的问题。这些讨论反映了当时人们对于语言的不同观点。讨论没有得出明确的结论,但借主要发言人苏格拉底之口,柏拉图表达了自己在总体上倾向于"本质论"的思想。他认为词语的形式与意义之间有着必然的联系,这种联系是普遍的,而不仅仅体现在某些较为明显的象声词中。

柏拉图关于语言的"本质论"与其"理念论"的哲学思想有着密切关联。他的学生亚里士多德反对"理念论"而倾向于经验主义,在语言观上则持"约定论"的立场,认为词语的形式并非本质使然,而是约定俗成。亚里士多德的语言观集中体现在《解释篇》(*On Interpretation*,通常以拉丁语称为 *De Interpretatione*)、《修辞学》(*Rhetoric*)和《诗学》(*Poetics*)等几部作品中。其中《解释篇》开篇一段常被视作其语言观的精髓而为后世学者广泛引用:"口语是心灵的经验的符号,而文字则是口语的符号。正如所有的人的书法并不相同,所有的人也并不可能呈现相同的说话声音;但这些声音所直接表示的心灵的经验,则对于一切人都是一样的,正如我们的经验所反映的那些东西对于一切人也是一样的"(亚里士多德,1959:55)。除论述"约定论"外,亚里士多德还从不同角度讨论了词类划分等问题,他将希腊语词分为"名词""动词"和"句法成分"(syndesmos)三类,为后人的进一步研究打下了基础。

古典时期之后的希腊化时期,出现了一些新的哲学派别,其中斯多葛派(the Stoics)对语言讨论最多。斯多葛派在语言观上倾向于"本质论",认为词语的形式在产生之初都来源于其表达的事物的天然本质,只是这种联系因为后来的各种变化而被遮蔽。因此,他们强调词源研究,希望以此接近词语的"原始形式"(original forms),揭示词语的真实意义。此外,斯多葛派还对希腊语的语音和语法进行了研究。在语音方面,他们意识到语音单位的组合有些是不允许的,有些是无意义的;在语法方面,他们明确区分了之前被混为一谈的逻辑研究和语法研究,提出了一系列语法范畴和术语,在亚里士多德词类划分的基础上进一步将希腊语词分为"专有名词""普通名词""副词""动词""无格变化句法成分"和"有格变化句法成分",并明确了亚里士多德曾使用过的"格"的概念。另外,他们还对动词变化中的"时"和"体"两种范畴作了区分。

在希腊化时期,学术研究逐渐专业化,出现了一些基于实际需要而产生的新学科。在语言研究方面,随着对古代文献进行考释以及对外族人进行希腊语教学等需要的不断扩大,人们对语言的兴趣也不再限于哲学思辨的范围。在文献考释方面,当时的文化中心亚历山大里亚(Alexandria)因古籍丰富、学者云集最为著名,产生了颇具影响的亚历山大里亚学派。该学派在语言观上持"规则论"(英 analogism,或译"类比论"),认为语言形式间的相似性表明语言中存在着普遍规律,可以对其进行观察和总结,这一观点和当时另一文化中心帕加马(英 Pergamon 或 Pergamum)的帕加马学派所持的"不规则论"(英 anomalism)形成对峙,后者认为语言基本上没有系统规律可言。"规则论"和"不规则论"的对峙基本上是古典时期"本质论"和"约定论"之争的延续,持"不规则论"的帕加马学派多为倾向于"本质论"的斯多葛派信徒,而持"不规则论"的亚历山大里亚学派多为推崇"约定论"的亚里士多德的学生。然而,这场对峙中的学者(尤其是注重文学研究的亚历山大里亚学派)多为语文学家,他们已不再将主要精力集中在哲学思辨上,而是不断地回到具体语言现象,搜集材料以证明自己的观点。这种研究兴趣的变化,加上校订、注释古代文献的实际需要和对异族人(尤其是罗马人)希腊语教学的广泛展开,使得对语言本身的经验研究在希腊化时期得到了极大的促进。

作为希腊化时期亚历山大里亚学派的集大成者,特拉克斯(Dionysius Thrax,公元前 170 至公元前 90)编写了现存的第一部希腊语语法著作《读写技巧》(*Art of Grammar*)。存世的《读写技巧》文本是否为狄奥尼修斯原作,历来有学者表示怀疑,但对于狄奥尼修斯本人作为第一位希腊语语法书作者的真实性,人们并无质疑。作为亚历山大里亚学派著名学者亚里斯塔尔库斯(Aristarchus of Samothrace)的学生,狄奥尼修斯曾赴罗马教授希腊语,他的《读写技巧》既继承了前辈的研究成果,又结合自身的教学经验和思考,为希腊语建立了较为完整的语法体系,这一体系在其后的十多个世纪里一直是西方学者进行语法描写的基础,对后世的语言研究产生了深远的影响。

按其现存形式,《读写技巧》篇幅很短,共分二十小节,分别为:一、论语法(On Grammar);二、论朗读(On Reading);三、论重音(On Accent);四、论标点(On Punctuation);五、论史诗颂段(On Rhapsody);六、论基本成分(即字母和单音)(On Component Element);七、论音节(On Syllable);八、论长音节(On Long Syllable);九、论短音节(On Short Syllable);十、论通用音节(On Common Syllable);十一、论词(On Word);十二、论名词(On Noun);十三、论动词(On Verb);十四、论变位(On Conjugation);十五、论分词(On Participle);十六、论冠词(On Article);十七、论代词(On Pronoun);十八、论前置词(On Preposition);十九、论副词(On Adverb);二十、论连词(On Conjunction)。在第一小节,作者提出了"语法"(grammar)作为"实践知识"(experience)所包含的六大内容:"一、准确的朗读,充分注意韵律;二、解释作品中的文学语词;三、讲解熟语和作品内容;四、探讨词源;五、总结出类比规则;六、评价文学作品,这是语法研究中最高尚的部分。"罗宾斯(Robins, 1997:40)这一宽泛的定义使语法研究成为了一种与关于语言的思辨研究相对立的为探讨古典作品服务的语言研究,具有强烈的古典语文学色彩。不过,《读写技巧》全书所讨论的,几乎都是上述第五部分的内容。在书中,狄奥尼修斯对希腊语的单音和音节进行了分类,然后将希腊语词分为八类,分别为:"名词"(noun)、"动词"(verb)、"分词"(participle)、"冠词"(article)、"代词"(pronoun)、"前置词"(preposition)、"副词"(adverb)和"连词"(conjunction)。这一分类是对斯多葛学派研究成果的改进,直到中世纪末一直被希腊语和拉丁语语法学家所采用。在讨论各个词类时,狄奥尼修斯还详细分析了它们的各种属性和小类。

一般认为,希腊化时期是古希腊史的最后一个阶段,但鉴于问题的延续性,对古希腊语言研究的讨论还可下延至罗马占领(公元前2世纪)之后乃至拜占庭时代结束(公元15世纪)。这一漫长阶段里,希腊文化所在的主要区域在语言研究方面基本延续了狄奥尼修斯《读写技巧》所确定的范式,研究工作集中在注疏前人作品和词典编纂等方面。在学术创新上,这期间比较重要的学者包括公元2世纪生活在亚历山大里亚的阿波罗尼俄斯·底斯科洛斯(Apollonius Dyscolus)和13世纪末、14世纪初的拜占庭思想家马克西莫斯·普拉努德斯(Maximus Planudes, 公元1260至1330)。前者对狄奥尼修斯在《读写技巧》中提到却未展开讨论的"句法"(syntax)进行了较为全面和详细的论述,被公元6世纪的罗马语法学家普利西安(Priscian)称为"语法家之王"(Prince of Grammarians);后者则被20世纪结构主义语言学家叶尔姆斯列夫(Louis Trolle Hjelmslev, 1899—1965)视作"格"的"方位主义理论"(localist theory)的第一个完整阐述者。

古希腊是西方语言研究的发源地,古希腊学者的语言观、研究方法和具体研究成果对于后世学者都有极为深远的影响。在语言观上,古希腊曾发生过"本质论"同"约定论"、"规则论"同"不规则论"的两次大争论,这些争论背后所体现出的本质主义、经验主义等不同的基本哲学观,直到今天仍然隐藏在各种语言学理论和方法的思想底层。可以说,是古希腊人以自身的理性奠定了西方人在语言研究方面的基本局面,因此,后世学者或者直接继承其衣钵(如罗马时期的语法学家),或者不断返回其问题域,以求理清思路,获得新的启示(如现代语言学家乔姆斯基)。在哲学思辨之外,古希腊人在希腊化时期又逐渐将经验的语言研究独立出来,发展为以分析、考释、探讨和传授古典作品为核心的语文学。这一发展使得以具体语言现象为对象的经验的语言研究得以广泛展开。在古希腊之后两千年的时间内,西方的语言研究一直在哲学思辨和语文学两种传统中不断深入,即便在19世纪语言学发展为独立的学科以至20世纪现代语言学出现之后,这两种传统曾经取得的成就仍然在语言学中占据着十分重要的基础地位,值得人们反复地回顾和探讨。

古希腊人在语言研究中所取得的具体成果,与后世所熟知的语言的经验研究最直接相关的,主要体现在语音、词源和语法三方面。在语音方面,对希腊语单音的发音部位和发音方法的描述从柏拉图和亚里士多德便已开始,狄奥尼修斯在《读写技巧》中的语音描写已比较详细。另外,斯多葛学派关于不合法和无意义的语音序列的研究从现代音系学的角度来看也有重要的理论意义,不过古希腊人一直将单音和字母相混同,他们对语音描写的细致程度和理论水平是远远没有达到古印度学者的高度。在词源研究方面,倾向于"本质论"的古希腊学者从柏拉图开始便非常重视寻找词语原初的真实含义,这种一直持续到中世纪的研究在阐释词源时有时过于随意,在趣味和方法上都与后来的历史语言学截然不同。古希腊人在语言研究上的成果以语法研究最为突出。古希腊语法学家的研究通过古罗马语法学家的传承奠定了其后上千年里西方语法描写的基础,其中以词类划分和形态描述为核心的基本框架对传统的教学语法有着深刻影响,而这一框架所涉及的众多范畴和术语(如各种词类的名称,名词的性、数、格,动词的时、态、式等)则早已融入了现代语言科学的基本话语之中。不过,句法研究在古希腊语法研究中一直非常薄弱。另外,由于古希腊学者对希腊语之外的语言几乎没有兴趣,因此他们的著作往往缺乏后世研究所具有的普遍性。

古印度的语言研究　Language Studies in Ancient India
指古印度源自对婆罗门教典籍的保存和解释而进行的语言研究。

作为最早出现的婆罗门教经典,"四吠陀经"(梵 वेद véda,英 The Vedas)一方面长期依靠口耳相传,另一方面则对唱颂方法有严格的要求。因此,为保持吠陀经典的完整性,达到对吠陀经典的准确理解和唱颂,早在吠陀时代(约公元前 1500—前 600)后期,古印度人便编写了各种"梵书"(梵 ब्राह्मण brāhmaṇa,英 the Brahmanas),对吠陀经文的含义、祭祀时唱颂经文的方法等进行详尽的说明。

随着时间的推移,尤其是随着梵语历时衍变所造成的经典语言和当下口语间距离的加大,古印度学者进一步发展了所谓"吠陀研究六分支"(梵 वेदाङ्ग vedāṅga,英 the Vedangas),公元 1 至 8 世纪,"六分支"成为婆罗门教教育的核心内容。这些分支中,有四种与语言研究直接相关,分别为:语音研究(梵 शिक्षा śikṣā,英 Shiksha)、韵律研究(梵 छन्दस chandas,英 Chandas)、语法研究(梵 व्याकरण vyākaraṇa,英 Vyakarana)和词源研究(梵 निरुक्त nirukta,英 Nirukta)。它们分别以吠陀经文中诗句和咒语等的正确读法、吠陀韵文部分的格律、吠陀语言变化的结构规则和吠陀中各种词的来源及生成方法为研究对象,各有颇具代表性的名家名作,只是随着时间流逝,不少作品早已失传。

在语音研究方面,现存最早的作品是四本专论吠陀唱诵的课本(梵语称 प्रातिशाख्य prātiśākhya,意为"分支"),据传为圣哲娑乌那迦(梵 शौनक śaunaka,英 Shaunaka,年代不详)和其弟子迦旃延那(梵 कात्यायन kātyāyana,英 Katyayana,公元前 3 世纪)所作。

在韵律研究方面,现存最早的作品是学者宾迦罗(梵 पिङ्गल piṅgala,英 Pingala,年代不详)所作《韵律经》(梵 छन्दःशास्त्र chandaḥ-śāstra 或 छन्दःसूत्र chandaḥ-sūtra,英 The Chandas Shastra 或 The Chandas Sutra)。该书共分八章,书中对梵诗格律的讨论结合了很多数学思想。

在语法研究方面,已知最早的研究者为娑迦咤衍(शाकटायन śākaṭāyana,英 Shakatayana,约公元前 8 世纪),其著作久已不存,但其观点仍见于后世学者的引述,其中尤以"所有名词皆衍生自动词词根"的观点最具影响力,也最引起争议。除娑迦咤衍外,已知的早期语法学者还有阿因德罗(梵 ऐन्द्र aindra,英 Aindra,年代不详)、伽罗伽(梵 पिङ्गल gargya,英 Gargya,年代不详)等,他们的著作基本都已失传,但他们的名字都曾被后世学者提及,可见曾有一定的影响。

在词源研究方面,现存最早的也是最具代表性的词源研究著作是公元前 7 世纪学者耶斯迦(梵 यास्क yāska,英 Yaska)的《尼录多》(梵 निरुक्त nirukta,即"词源研究",英 Nirukta)。这本书以当时已成为经典的《吠陀词汇集》(梵 निघण्टु nighaṇṭu,英 Nighantu)为研究对象,共十二章。除第一章综述外,其余可分为三部分:第二章和三章探讨《吠陀词汇集》中各种同义词的来源(梵语合称 नैघण्टुक naighaṇṭuka,英 Naighantuka),第四至六章对《吠陀词汇集》中所收的各种难词进行说明(梵语合称 नैगम naigama,英 Naigama),第七至十二章解释吠陀中的各种神名以及一些与祭祀有关的词语(梵语合称 दैवत daivata,英 Daivata)。在对词源的探讨中,耶斯迦继承了语法学者娑迦咤衍的观点,认为梵语中几乎所有的名词都是由动词词根变化衍生而成。此外,他还进一步将梵语中的词分为四类。耶斯迦的观点多为后世学者所继承。

婆罗门教"吠陀研究六分支"下的古代印度语言研究有着深厚的传统,取得了丰硕的成果。事实上,这些研究一直在宗教内部传承,从未停止过,而且各个分支都陆续有后人的著作问世,比如语音研究,后来的很多教派就都有自创的指导吠陀吟诵的教本。然而,公元前 5 至 4 世纪,在早期"吠陀研究六分支"基础上产生的《波尼尼经》(梵 अष्टाध्यायी aṣṭādhyāyī,英 Ashtadhyayi,意译为《八章经》或《八章书》)却逐渐改变了古印度语言研究以解吠陀经典为唯一目的的局面。虽然在传统上,《波尼尼经》仍被划入"吠陀研究六分支"中的"语法研究"分支,但一方面,它所研究的语言已不限于早期的吠陀梵语(实际上它主要研究吠陀梵语和古典梵语之间的过渡形态),另一方面,它所研究的范围也不再限于对吠陀经典的解读,而是涉及各种一般的语言理论和语言描写方法。《波尼尼经》的这些内容深刻影响了其后的古代印度学者,使得传统的"语法研究"内容更为丰富,再加上婆罗门教以外的学者(如佛教学者)逐渐加入研究的行列,《波尼尼经》及其后的古代印度语言研究实际上已经不能再用婆罗门教"吠陀研究六分支"的体系进行概括了。

《波尼尼经》后世或称《波尼尼语法》,因正文包括八章,又称《八章经》或《八章书》。根据中国唐代僧人玄奘的记载和后世的考证,其作者波尼尼(梵 पाणिनि pāṇini,英 Panini)于公元前 5 或 4 世纪诞生于今巴基斯坦白沙瓦附近。《波尼尼经》系由"经"(梵 सूत्र sūtra,本义为"线",英 sutra)体写成,意在尽量简短,以便口授和记诵。全书以波尼尼时的过渡梵语为描述对象(因此既涉及吠陀梵语,又涉及古典梵语),除正文外,还包括三个附件:(1)"湿婆经"(梵 शिवसूत्र śivasūtra,英 Shiva Sutra),传说为大自在天湿婆所创,共 14 句,类似简明的字母表,但其排列却体现了很高的语音研究水平;(2)"界读"(梵 धातुपाठ dhātupāṭha,英 Dhatupatha),"界"(धातु dhātu)即词根,此即一动词词根表,共列词根 10 类 1943 个;(3)"群读"(梵 गणपाठ gaṇapāṭha,英 Ganapatha),"群"(गण gaṇa)意为"种类",这是一个按照词的变化特征分类的词汇表,包括 264 类,其中有一些由"界读"词根无法衍生出的词。由于不同学者对"湿婆经"等经文是否应算入正文以及断句标准等的理解不同,关于《波尼尼经》经文的确切数目有 3996 句、3983 句、3959 句等多种说法。

除附件外的《波尼尼经》共分八章,每章四节,各章主要内容如下:

第一章:说明术语及其运用,论词根("界"),说明 इत् it(符号),论动词"自句",论动词"他句",论名词的八格("啭"),论"投词",说明动词、名词的数、格等;

第二章:论复合词,论"不变"复合词,论"依主"复合词,论"持业"复合词,论"带数"复合词,论"有财"复合词,论"相违"复合词,论复合词的成分先后、论名词各格用法、论复合词的性、论"半界",论若干后缀("缘");

第三章:论直接后缀("作"),论 सन् san 等后缀,论介于词根与动词词尾中间的后缀,论 कृत्य kṛtya 类的词尾(分词等的词尾),论表示过去的后缀,论表示现在的后缀,论"温那地"后缀(उण् uṇ 等不规则后缀),论表示过去和将来的后缀,论动词各式("罗")用法;

第四章:论阴性名词,论间接后缀("加"),论后缀 अण् aṇ,论后缀 ठक् thak,论后缀 यत् yat;

第五章:续论间接后缀,论后缀 छ cha,论后缀 ठञ् thañ、ठक् thak 等,论后缀 यति vati,论含"有"(性质)与"业"(行为)意义的后缀,论比较级后缀,论 तद्राज tadrāja 类后缀;

第六章:论"音变"与"音增",论词的音调,论复合词的音调,论复合词成分的变化,论词干("身")的"音变",论"半界"前的词干变化,论"一切界"前的词干变化,词干中 भ bha 类的变化;

第七章:续论词干的"音变",论"音增" नुम् num,论

词干在后缀前的变化,续论词干的变化,论词干在间接后缀前的变化;

第八章:论词的重叠,论"低调",论"连声"及音的变化。

《波尼尼经》是印度古代语言研究,尤其是语法学研究的集大成者,体现了古代印度人对自身语言的认识。它并不是一部以直接指导实践为目的的教学参考书,而是一部严谨而独特的学术著作,吸收了前人的许多研究成果,加上作者自身的探索和总结,形成了一个完整的、极具解释力的语言分析体系。该体系还有一套自身的术语,其中很多是作者自己的发明。运用这些术语,波尼尼对梵语进行了极为精炼的描述。

首先,波尼尼继承了耶斯迦的观点,将词分为四类:名词、动词、介词、不变词,这些词中只有前两类有丰富的形态变化。和婆迦咤衍以及耶斯迦一样,波尼尼也认为,不仅动词,而且几乎每一个名词都可以通过对其衍生方法的分析还原为一个动词词根。梵语称词根为 धातु dhātu,传统上译作"界","界"与各种"缘"(梵 प्रत्यय pratyaya)即词缀通过一定的规则相结合,便可构成在语句中实际使用的词。《波尼尼经》中的绝大部分,便是对这些句法形态规则的描述。

《波尼尼经》中没有很多关于语音的直接描写,但是波尼尼对梵语句法形态的论述中包含了大量的语音知识,这些知识汇总起来是极为系统而又极其精细的。此外,《波尼尼经》所隐含的基本语言观还启迪了后来的语言学者对于普通语言理论的大量探讨。

《波尼尼经》问世并流行之后,很多早期的语言研究著作便逐渐湮灭,学者们的主要工作转为对《波尼尼经》的讨论和注疏。在众多的注疏者中,公元前 3 世纪的迦旃延那和公元前 2 世纪的波颠阇利(梵 पतञ्जलि patañjali,英 Patanjali)尤为重要,后人将他们同波尼尼一道尊为"语法研究三圣人"(梵 त्रिमुनि-व्याकरण trimuni-vyākaraṇa)。其他一些重要的语言学者则有婆利睹梨诃利(梵 भर्तृहरि bhartṛhari,英 Bhartṛ(i)hari,公元 6 至 7 世纪)、阇耶昳底(梵 जयादित्य jayāditya,英 Jayaditya,公元 7 世纪)、伐摩那(梵 वामन vāmana,英 Vamana,公元 7 世纪)等。此外,一些学者离开《波尼尼经》另立语法体系,他们构成了所谓的"非波尼尼学派"(英 non-Paninian schools)。

迦旃延那又称婆罗流支(梵 महाभाष्य vararuci,英 Vararuci),古印度语言学家和数学家,其所作《释补》(梵 वार्तिक vārttika,英 Varttika)对《波尼尼经》进行了补充和修订,其中的很多观点对后来的研究者如波颠阇利、婆利睹梨诃利等都颇有影响。

波颠阇利以创作《大疏》(梵महाभाष्य mahābhāṣya，英 Mahabhashya，或 The Great Commentary)而闻名。该书以师生对话的形式，结合大量例证，对迦旃延那的《释补》以及《波尼尼经》原文进行了详细的解说和深入的探讨。全文共分 85 章，篇幅宏大，论题广泛，共涉及《波尼尼经》经文 1713 条。这些虽然不是《波尼尼经》的全部，但是，如果说《波尼尼经》关于语言及其描写的基本思想主要是隐含在经文中的，那么《大疏》的作者则结合自身所处的时代状况对其进行了充分的挖掘，并且融入了大量的独立思考。《大疏》中的老师及其助手，对学生所提的所有问题都是有问必答，排疑解难；而思维活跃的学生们提出的各种问题，不仅涉及微观的分析技术，还关系到宏观的语言甚至哲学理论，比如：为什么要学习自己语言的语法？《波尼尼经》是只研究吠陀语言，还是也研究生活中的语言？什么是词？等等。波颠阇利笔下的老师对这些问题的回答既为我们阐明了前人的语言思想，也充分体现了作者自身的思考，是印度古代语言研究的最高成果之一。

波颠阇利之后，公元 6 至 7 世纪的学者婆利睹梨诃又对《大疏》进行了全面评述，创作了《词学》(वाक्यपदीय vākyapadīya，英 Vakyapadiya)一书，该书除一般的解析外，进一步探讨了各种语言哲学问题，是一部极富思想性的作品。全书共分三部分，讨论语言的主要是第二部分。在讨论中，婆利睹梨诃总结并发展了所谓的语言符号"恒体"(梵स्फोट sphoṭa)理论，并在此基础上将言语行为分为三个阶段，分别为："构想"(梵पश्यन्ति paśyanti，意为"思想""观念")"表达"(梵मध्यमा madhyamā，意为"中介")和"理解"(梵वैखरी vaikharī，意为"完成话语")。婆利睹梨诃的著作是古代印度语言哲学思想的集大成者。

除以上学者外，一些婆罗门教(以及后来的印度教)学派也对宏观的语言问题有很多独到的见解，其中的代表有正理派(梵न्याय nyāya，英 Nyaya)、胜论派(梵वैशेषिक vaiśeṣika，英 Vaisheshika)、弥曼差派(梵मीमांसा mīmāmsā，英 Mimamsa)等。正理派主要研究逻辑，胜论派原由正理派分出，后又并入正理派，他们对"恒体"理论持反对意见，而弥曼差派则对"恒体"理论有所贡献。

到婆利睹梨诃为止，都还没有一部书对《波尼尼经》的所有经文进行过逐条解释。历史上第一个完成此项任务的是公元 7 世纪的学者阇耶昳底和伐摩那。他们合作的《迦湿伽》(梵काशिका kā कौमुदी ikā，英 Kashika)共分八卷，论述简明，多参《大疏》，是学习和研究《波尼尼经》的必备书。

后世对《波尼尼经》的注疏中，有一类名为"月光"(梵कौमुदी kaumudī)的作品，这些作品将《波尼尼经》的经文重新编排后再加以解释，使经文更易为人所接受，其中较著名的有公元 15 世纪罗摩占陀罗(梵रामचन्द्र rāmacandra，英 Ramacandra)所作的《方法月光疏》(梵प्रक्रियाकौमुदी prakriyākaumudī，英 Prakriyakaumudi)和他的学生婆托吉(梵भट्टोजिदीक्षित bhaṭṭoji dikṣīta，英 Bhattoji Dikshita)所作的《本经月光疏》(梵सिद्धान्तकौमुदी siddhāntakaumudī，英 Siddantakaumudi)。17 世纪末，婆托吉的学生瓦拉德罗阇(梵वरदराज varadarāja，英 Varadaraja)还为《本经月光疏》编写了各种简写本。

在所谓的"非波尼尼学派"中，最主要的代表是公元 7 世纪的佛教高僧月官(梵चन्द्रगोमिन् Candragomin，英 Candragomin)，他本是佛教大乘瑜伽行派的重要人物，但在中国西藏，他主要是作为一名语法学家而得到后人称颂。

由吠陀研究所开启的梵语文研究传统也深刻影响了雅利安社会以外的古代印度世界，这一影响的代表便是古泰米尔语语法著作《陀尔伽匹亚姆》(泰米尔தொல்காப்பியம் tolkāppiyam，英 Tolkappiyam，或译《古语文纂》)，广义上说，它也属于古印度语言研究的成果。

古印度的非雅利安语言以南方达罗毗荼(英 Dravidian)语系的泰米尔语文化传统最为悠久，文献也最丰富。在其众多的古代文献中，语法著作《陀尔伽匹亚姆》是现存最早的作品。这部书的作者和具体成书年代已不可考(有人认为在公元前 1 世纪，有人认为要晚得多)，但从其内容可以看出梵语语言研究传统的深刻影响。现代的研究表明，这一影响不仅可以追溯到波尼尼、波颠阇利等人的著作，而且还在一定程度上涉及波尼尼之前的阿因德罗等学派，这些学派的思想保留在了后来的一些"非波尼尼学派"的作品中，后者的很多特点则在《陀尔伽匹亚姆》中有直接的体现。

《陀尔伽匹亚姆》共分三卷，每卷九章。第一卷主要探讨文字和语音，第二卷描写词法，第三卷前几章类似分类辞典，其他部分则涉及诗律等内容。和许多古代印度作品一样，这部书也得到了后人的反复注疏，形成了一个注疏书系。

古代印度的语言研究成就斐然，影响深远。直到今天，印度本土的传统语言研究就总体而言也一直没有超出过《波尼尼经》所代表的体系范围。不仅如此，印度古代周边民族(尤其是藏族)的语言研究，很多也是取法印度的；甚至中国传统小学中音韵学的发展，也直接得益于佛教传入后梵文悉昙析字的启示。最后，18 世纪末至整个 19 世纪，由于梵语和梵文文献逐渐为欧洲人所知并受到重视，古代印度的语言研究成果还直接推动了西方语言学，尤其是语音学和历史比较语言学的发展。

从现代语言学的视角来看，古印度语言研究的成果主要体现在三个方面：普通语言理论、语音描写和语法分析。

古代印度的普通语言理论中最重要的就是所谓"恒体"理论，这一理论主导了许多具体的讨论，也成为学者们争论的焦点。从现代语言学的视角来看，它很像法位学派所说的与"非位"（英 etic）相对的"位"（英 emic），其特点也可以借助索绪尔所说的和"言语"（法 parole）相区别的"语言"（法 langue）以及乔姆斯基所说的和"语言运用"（英 performance）相区别的"语言能力"（英 competence）来理解。简而言之，"恒体"就是和具体的语言表现形式相对立的语言实体，古印度学者曾经把它用在语言分析的各个层面上，因此有"语音恒体"、"词恒体"、"句恒体"等各种不同的"恒体"，不同的学者往往侧重于讨论其中的某一种，而对于这些"恒体"中哪一个更为根本，他们也都各有主张。据说"恒体"的说法最初是由婆迦咤衍提出的，用在具有某种普遍意义范畴的词的层面上。到了波颠阇利那里，它则主要是指和具体的"声音"（梵ध्वनि dhvani）相区别的恒定的语音结构单位及其组合，这就和现代语言学中的"音位"（英 phoneme）概念有一定的相似之处。与这些学者不同，婆利睹梨诃认为"句恒体"才是最根本的"恒体"，因为语言使用者首先注意到的最自然的语言单位是句子（梵文书写传统上也是以句子为单位的，一句当中与词之间往往根据各种规则连写），更小的单位则是后来的切分所造成的，这些单位的存在以及对他们的理解必须首先依靠对整个句子的把握，这种观点类似于一种和意义的"原子论"相对立的"语境论"。此外，婆利睹梨诃关于人的言语行为分为"构想""表达"和"理解"三阶段的理论也是基于"恒体"思想而提出的。

也有一些学者反对"恒体"理论，如"正理派"和"胜论派"认为，表达各种意义的语言形式之所以如其所是，完全是最初的语言使用者约定俗成的，并不存在什么恒定不变的语言实体。

古代印度人对于语音的描写尤其受到西方学者的称赞。从现有的文献来看，古印度人对于各种发音部位和发音方法、音节的构成以及音调等都有非常精确的认识，其精确程度远远超过古希腊、罗马和古代阿拉伯人的语音研究，几乎就是现代发音语音学的雏形。古印度人发现，元音与辅音之间按照发音部位和发音方法存在非常细致的对应规律，而这些规律又与构词法以及词的形态变化密切相关，对于语法研究有着重要的意义。另一方面，按照梵文的书写传统，两词相遇时所引起的哪怕非常细小的语流音变也必须在文字中如实体现。由于这些原因，古印度学者对于各种音素的特征以及它们在梵语中的替换规律进行了大量研究，现代语言学中的

sandhi（"语流音变"）这一术语便源于梵语 संधि saṃdhi（本义为"连接"）。另外，19世纪西方历史比较语言学家对于所谓"元音交替"（德 Ablaut，英 ablaut）现象的研究也是得自古印度传统语音学中梵语元音升级音变规律的启示，这套广泛存在的音变规律对原始印欧语构拟中对元音的处理也有所启示。

除单音外，古印度人还研究了和诗律密切相关的音节的构成（尤其是音节的长短）以及音调。现代印欧语的重音多为所谓"力度重音"（英 force accent），但古希腊文对重音的标注却表明，原始印欧语所使用的可能是另一种所谓"乐调重音"（英 pitch accent），这一点在古印度人对吠陀梵语音调的描述中得到了证实。显然，这些描述可以为原始印欧语语音系统的研究提供宝贵的参考。

在古印度语言研究的众多领域中，学者们涉及最多的还是语法分析。在古印度学者眼中，语法分析对于梵语来说主要就是词法分析。早在波尼尼之前，耶斯迦便将梵语中的词分为四类："名词"（梵नाम nāma）、"动词"（梵आख्यात ākhyāta）、"投词"（梵उपसर्ग upasarga，或译"近置词"）和"助词"（梵निपात nipāta，或译"小品词"）。他认为，动词是以"行为"或者说"过程"（梵भाव bhāva）为核心的词，而名词则是以"存在"或者说"实体"（梵सत्त्व sattva）为核心的。至于另两类词，则都不具有独立的意义（比如投词的作用便是加在动词词根前限制或改变其意义），也没有形态变化的问题，因而不是研究的重点。耶斯迦（梵यास्क yāska，英 Yaska）的观点为波尼尼所继承，此外，波尼尼还接受了耶斯迦承自婆迦咤衍的思想，认为梵语中几乎所有的名词都是由动词词根演变而来。这是一种非常特别却也非常重要的思想，按照这种思想，表面上静止的或者确定的状态都源自变动不居的过程，因此动词是比名词（或者说一切静词）更加根本的词类，后者只是在过程的完成、动作的固定化或者说对过程进行抽象的基础上才得以形成的。这种语言思想贯穿于古代印度的各种语法分析作品中，是古印度人世界观的反映；但另一方面，由于古印度的语言学家在具体的语法分析中有时过于强调这种思想的统领性，力求为一切静词都找到一个动词的来源，不允许有任何例外，因此不免会出现一些牵强附会的解释。

关系语法　Relational Grammar　由美国语言学家帕尔穆特（David Perlmutter，1938—　）和波斯特尔（Paul Martin Postal，1936—　）等人于20世纪70年代提出的一种以语法关系（grammatical relations）为自然语言句法关系核心的语法。与乔姆斯基在20世纪50年代末提出的转换生成语法（TG）相对应，关系语法注重研究语法中某些句子成分关

系的普遍语法模式。关系语法理论把语法关系作为给定的原始概念,关注语法关系在关系网络中不同层次上的变化,并在此基础上进行句法结构描述。这一理论一经提出,立即受到语言学界的高度重视,众多语言学家转而来研究关系语法,使得这一理论在20世纪70年代中期的盛况仅次于巅峰时期的转换生成语法。

关系语法理论认为,语法关系是最基本的原始关系,这种关系不能由其他关系来定义。语法研究要以解决这些原始关系在句法上的转换问题为中心。鉴于语法关系在自然语言中具有普遍意义,关系语法的研究目标是一部可以对任何自然语言进行客观描写的普遍句法。对于在很多语法结构中起到重要作用的词序问题,关系语法认为语法关系在句子结构中出现的次序因语言而异,并无普遍性可言,所以并不以词序为它的主要研究对象。

关系语法理论认为一个句子的语法关系可以在几个层次中表现出来,故而主张通过对语法关系的多层次分析来描写语言结构。位于底层的是深层语法关系(deep grammatical relations),这类语法关系是由语义来决定的。经过一系列的转换规则及关系网络构建,最终形成了表层语法关系(surface grammatical relations)。

关系语法理论的主要内容在于描写从句法第一层次到最后层次的各种语法关系的密切联系,并且通过关系网络或层次图把这种联系明确地表达出来。语法一方面通过各种规则容许不同的语法关系进行转换,另一方面又运用各种定律对这种关系的转换进行制约,从而达到描写语言的目的。

对于各语言特殊的语法现象,如:词序、格以及某语法关系由什么词性来表达等问题,关系语法认为这些特殊现象应由所谓的副效应(side effects)来解释。当普遍语法运用于特定的语言时,就会产生这种"副效应"。

关系语法理论的模式可以表示如下:

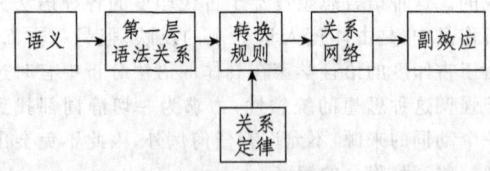

关系语法模式图

语法关系和句法的多层次分析是关系语法理论进行句法描写的两个不可缺少的基本条件。语法关系可以对个别语言的语法进行描写,它不仅可以描写语言的普遍规律,而且还可以描写自然语言中各种可能的语法结构。这些描写都是以对句法作多层次分析为前提的。

关系语法理论中决定语法关系的语义反过来又要通过语法关系来表示,这与格语法(Case Grammar)用深层格来表示语义一样。关系语法理论主要是以描写名词(包括代词)的语法关系转换为主体,因此关系语法学家可以被称作是名词中心论者。

一般来说,表施动主体的语法关系为主语,表施动对象的语法关系为直接宾语,表受施动结果影响的客体为间接宾语。语法关系在句法分析中由关系符(R-sign)表示,语法主要描写它们的转换情况。语法关系可以用范畴(category)来加以描述,不同范畴的关系具有不同的句法表现。关系语法理论将名词所表示的语法关系分成四种不同的类型,因此有四类名词性关系符:(1)在句中担任主语、直接宾语和间接宾语等主要语法成分,这些语法关系分别由项关系符(Term R-sign)1、2和3表示,其中主语1和直接宾语2被认为是核心项关系符(Nuclear Term R-sign);(2)在句中担任状语的语法关系则通过副效应由旁格关系符(Oblique R-sign)表示,如受益(Ben.)、工具(Inst.)、时间(Temp.)和方位(Loc.)等;(3)退位关系符(Retirement R-sign)用来表示由于其他关系的变化而引起变化的语法关系,包括休免(Cho.)关系和名誉(Em.)关系;(4)边缘关系符(Overlay R-sign)用来表示某些担任句法特征的语法关系,包括疑问关系、定语小句关系、主题关系等。动词在句子中担任谓语关系。

关系语法不但把语法关系划分四种不同的类型,并且还把它们划归四个不同的等级。主语为最高等,直接宾语为二等,间接宾语为三等,非项关系(如旁格关系、休免关系等)为最低等。这种等级关系可图示如下:

1>2>3>非项关系

20世纪70年代中期以后,关系语法开始往形式化方向发展,波斯特尔(Paul Postal)采用代数式及弧线等几何图形来反映语法关系,并在此基础上衍生出弧对语法(Arc Pair Grammar)。值得一提的是,虽然弧对语法有其独特性,但从事弧对语法研究的学者却为数不多。

广义短语结构语法 Generalized Phrase Structure Grammar;GPSG 这是一种语境自由的短语结构语法,是短语结构语法(Phrase Structure Grammar)自20世纪70年代后期的进一步发展。盖士达(Gerald Gazdar,1950—)于1981年提出了早期的广义短语结构语法理论框架。1985年由盖士达、萨格(Ivan Sag,1949—2013)和克莱因(Ewan Klein)和美国语言学家普勒姆(Geoffrey Pullum,1945—)合著出版的《广义短语结构语法》(Generalized Phrase Structure Grammar)全面阐述了这一理论的性质、框架和具体内容,标志GPSG理论已经形成。

生成语法阵营在20世纪70年代经历了一次分化,一部分人继续坚持采用转换的分析方法,而另一部分则在80年代前完全放弃了转换语法,转而创立基于约束条件的新语法体系。前者在今日仍占主导地位,后者则发展成多种语法理论流派,广义短语结构语法就是其中较早的一支。其他还有中心词驱动的短语结构语法(Head-driven Phrase Structure Grammar,简称 HPSG)、词汇功能语法(Lexical Functional Grammar,简称 LFG)和关系语法(Relational Grammar,简称 RG)等。

广义短语结构语法理论本质上是一个句法理论,但也包含语义表达,并说明语句与它们的意义之间的关系,所以这一理论包括句法和语义两个部分。句法部分主要是指句法规则约束条件系统,这些规则可以投射到句法树图,语义主要是指基于蒙太古语法基础上的语义解释。语义解释系统采用内涵逻辑的方法。一个词语的意义(Meaning)等于涵义(Sense)加上指称(Reference),即内涵(Intension)和外延(Extension)。虽然广义短语结构语法本质上还是属于生成句法理论,但它也具有其鲜明的特点。例如,广义短语结构语法十分注重表层形式表达,有完善的语义表达体系,使用单一层次的结构描述语言等等。这些都为后来的短语结构理论奠定了基础。

广义短语结构语法通过对特征(feature)赋以不同的值(value)来区分不同的范畴(category),从而进一步描写语句。特征主要分为三类:

(1)中心词特征(head feature):描写主语、助动词、谓语等的特征。

(2)尾端特征(foot feature):描写疑问代词和关系代词的特征、反身代词等的特征。

(3)一般特征(normal feature):描写动名词、否定等的特征。

例如,通过表1中所列的特征,我们可以得出"非限定的动词词组形式"的范畴特征的表达是[V+,N−,VFORM INF,BAR 2]。

表1 描述范畴"非限定的动词词组形式"的特征及赋值

说明1		特征值	说明2
动词性	V	{+,−}	动词、非动词
名词性	N	{+,−}	名词、非名词
动词形式	VFORM	{FIIN,INF,PSP}	限定、非限定、过去分词等
标杆层次	BAR	{0,1,2}	词汇层、中间层、词组层

在使用特征组合表达范畴时,要注意每个特征的取值只能是唯一的,而且特征间不能出现互相矛盾的值。例如在[n+,n−]中出现了同一个特征的两个不同的值,在[v−,n+,vform pas]中出现了非动词性和动词形式两个矛盾的特征值。

此外,在词汇层面上,需要进一步描写词汇的具体特征才能在语境中体现词汇的具体用法。广义短语结构语法采用的是次语类化(subcategorization)的方法,即对一个句法范畴的进一步分类。例如汉语中动词"取"的及物动词用法要求后面需要跟一个名词短语做直接宾语。要描述这样的句法特征,需要增加一个subcat的特征并赋予它一系列对应不同语境的值,如{1(一元谓词),2(二元谓词),3(三元谓词)…}。那么"取"的及物用法可以用特征表达为[subcat 2]。

在短语结构层面上,广义短语结构语法采用了和其他主要生成语法相同的类似X-阶标(X-bar)的处理方法。仍以"取"的及物用法为例,如果要表达动词词组"取了书",那么短语结构可以用特征表达为如树形图:

取了书
[V+,N-,VFORM FIN,BAR 2]

[V+,N-,VFORM FIN,BAR 0, SUBCAT 2] [V-,N+,BAR 2]
  取了   书

GPSG 中特征表达的树形图示例

这条规则也可写为如下表达式:

[v+,n−,vform fin,bar 2] → h[subcat 2],[v−,n+,bar 2]

其中 H 并不是一个特征,而仅仅表明子节点 V 是中心子节点。根据广义短语结构语法理论中的"中心词特征规约(Head Feature Convention)",母节点和中心词子节点具有相同的中心词特征。换言之,中心词子节点要继承母节点的许多特征。

在句法结构层面上,广义短语结构语法包含了一系列规则,以引入句法范畴。这些规则主要包括直接支配规则(Immediate Dominance rules,简称 ID 规则)、线性顺序说明(Linear Precedence statements,简称 LP 说明)和元规则(metarules)。ID 规则规定了母节点和子节点的关系,即母节点直接支配子节点。例如:

[1] VP → H,NP 如"开灯"

[2] NP → NP[+poss],H 如"张三的书"

例[1]表示动词词组直接支配一个作为中心子节点的V和名词词组;例[2]表示名词短语直接支配所属的名词短语和中心词子节点N。需要指出的是,和其他一些生成语法的表达不同,例[1]和例[2]中的逗号表示NP和中心词H没有先后之分,而仅仅表达支配关系。如果体现线性顺序,就得需要另外一

种称为 LP 说明的规则,如例[3]:

[3] V<NP

LP 说明例[3]表达的意思是动词,即[1]和[2]中的中心词,在做宾语的名词词组之前。按照之前所论的中心词一般在它的姐妹节点词组的前面,而且只有中心词具有 SUBCAT 特征,所以规则[3]也可以写成如下形式:

[4] [SUBCAT] < ~ [SUBCAT]

其中"~"表示"逻辑非"。此规则表达的意思是,具有子语类特征的范畴的位置在线性顺序上总是先于不具有子语类特征的范畴的位置。所以,ID 规则和 LP 说明共同描写一般的语言形式的合法结构和线性顺序。

元规则可以把一组 ID 规则投射到另一组中,或者说元规则是产生新规则的规则。GPSG 中共有 6 种元规则,即被动元规则、主语—助动词插入元规则、附加位置元规则、补足语省略元规则、不连续终止元规则(一)和不连续终止元规则(二)。以被动元规则为例,盖士达等规定为如下(1985:59):

[5] VP → W, NP
⇩
VP [PAS] → W, (PP[by])

其中"→"表示转变,W 表示除了规则涉及的词组(即转变前的 VP 和 NP 及转变后的 VP 和 PP[by])以外的范畴。此规则表达的意思是任何符合"VP → W, NP"规则的语句,如果 VP 具有中心词特征[PAS]时,可以转换为"VP [PAS] → W,(PP[by])"规则的语句,即 NP 由可选的介词词组 PP[by]替代。下例体现了此规则的作用:

[6] a. A man *hit* Tom.(一个男人打了汤姆)
b. Tom *was hit* (by a man).(汤姆被一个男人打了)

元规则把原有的有限规则转化成对应不同语言现象的许多新规则,更准确地描述语言形式,提高了广义短语结构语法理论的生成力和概括力。

除了以上的句法规则,广义短语结构语法中还包括一系列决定什么样的句子形式是合格和可以接受的形式(well-formed)的规约或原则。它们包括中心词特征规约(Head Feature Convention)、尾端特征规约(Foot Feature Principle)、一致性控制原则(Control Agreement Principle)、特征说明默认规则(Feature Specification Defaults)等。

广义短语结构语法属于解释性的语言学理论,既重视具体的语言特征又重视理论框架的建立。该理论中的元规则概念也说明从本质上讲它还是属于生成语法理论的一种。但是它和乔姆斯基的管约论还是有诸多不同之处。首先,管约论的核心是一系列相互关联,互相制约的普遍原则体系,追求发现语言的共性;而广义短语结构语法虽然也研究语言的普遍性,但是它更注重通过数学、逻辑等形式化的方法,运用复杂的技术性的公式、定理和标注等运算,对自然语言进行精确描写。其次,同其他短语结构语法一样,广义短语结构语法也是非转换的(non-derivational),即不会涉及从另外的表达式而产生出一个结构,例如管约论中的"移动-a"和转换式的操作。

广义短语结构语法是当代生成语法理论中影响最大的理论之一,提高了理论的解释范围和预见性,并采用了数学模型建立自然语言理论,为今后该理论研究成果的计算实现等相关研究提供了有力支持。

H

汉语音韵学 **Chinese Phonology** 中国传统语文学"小学"的一个分支,指在汉语方言以及反切系统的基础上,研究历代汉语音系及其发展过程的学科。汉语音韵学常简称为"音韵学"或"声韵学"。

汉末及魏晋时代,佛教传入中国,佛经翻译事业蓬勃发展。一些学者用所掌握的梵文拼音原理分析汉字的音韵,并结合汉语中的"二合"发音现象,发明了"反切注音法"。反切是我国古代字典辞书中运用最普遍最重要的注音方式,兴起于汉末。唐代以前称"某某反",唐代以后称"某某切",是用两个汉字给一个汉字注音,前一个称为反切上字,后一个称为反切下字,被切字的读音取上字的声母,下字的韵母和声调,拼合而成。如《广韵·麻韵》诖,苦瓜切。这一范式的发现非常重要,可把汉语音节切分为"声""韵"两部分。传统音韵学认为,非音质音位"调值"附加在"韵母"上面。

魏晋之后各种韵书层出不穷,目前可见最早的韵书是隋代陆法言的《切韵》,共 193 韵,成书于公元 601 年,是当时规模最大、影响深远的一部韵书。该书注释简单,有些常见字没有注释;不正字形。唐代孙愐(生卒年份不详)对其增补,共 195 韵,称《唐韵》,增加注释,注意字形。北宋陈彭年(961—1017)等奉敕重修《切韵》,第一次修订在真宗景德四年(1007 年),第二次在大中祥符元年(公元 1008 年),取名《大宋重修广韵》,简称《广韵》,共 206 韵,收字 26194 个,同音字列为一小韵,共 3700 多个小韵。《广韵》是研究中古音最重要的依据。对《切韵》一系韵书研究的学问称为"今音学"。明代陈澧(1810—1882),是我国第一个明确宣称依据《广韵》反切考证《广韵》声韵系统的人。他写作《切韵考》,依据系联方法,将《广韵》反切上字分为40声类。经当代学者曾运乾(1884—1945)、陆志韦(1894—1970)、周祖谟(1914—1995)等从审音角度得出《广韵》51声类,35声母。《切韵》韵类研究也始于陈澧,将反切下字归纳为311个韵类。现当代学者钱玄同(1887—1939)、黄侃(1886—1935)、高本汉(Klas Karlgren,1889—1978)、白涤洲(1900—1934)、周祖谟、陆志韦,也从审音角度分别做了研究,根据如何看待重纽问题、如何处理开合问题等切入点,各家的处理数据也不同,但大致意见一致(何九盈,2000b:335)。

唐代末年僧人守温(生卒年份不详),根据印度梵文音理,制定了30个字母。到了宋代,这套字母发展为36个。与此同时,随着对音节切分意识的加深,还产生了等韵学。根据声韵配合的规律将音节代表字排进图表,称作韵图。《韵镜》是迄今我国发现的保存最早的韵图,将《广韵》206韵分列于43张图内。每图横列七音(36字母),纵列四声。韵图中标示"开""合",分别指"开口呼""合口呼"。韵图的基本内容是四等。四等也是介音与主元音的分类,如东韵有一等、三等之别,就是介音不同;豪肴宵萧分四等,是主要元音高低有别。

元代周德清(1277—1365)的《中原音韵》反映了北方语音,收字5866个(有的版本为5869个),既不注反切,也不标字母,也没有释义。它在19韵部之下分阴平、阳平、上、去四个声调,同音字聚在一起。各同音字组之间用圆圈隔开。对《中原音韵》一系韵书研究的学问称"北音学"。最早考订《中原音韵》声母的是罗常培(1899—1958),其后赵荫棠(1893—1970)、陆志韦(1894—1970)颇为用心,详细研究了《中原音韵》的声、韵、调系统。前者善于考证,后者善于审音。

宋代古音学(专指研究《诗经》为代表的上古音系)开始萌芽,吴棫(约1100—1154)的研究"取206韵的架子,用'通''转'的方法,集'叶音'说之大成"(何九盈,2000a:167)。明代陈第开始具有明确的历史语音观,他作《毛诗古音考》,首次反对"叶音说",认为"时有古今,地有南北,字有更革,音有转移,亦势所必至。"顾炎武是清代古音学的首创者,在语音学上的最大贡献有二:一是离析《唐韵》,二是以入声配阴声(王力,2006:118)。随着古音学研究的深入,音韵学两大主要流派也日趋明显:一派为审音派,即利用等韵学、今音学知识分析上古音;一派为考古派,即利用《诗经》《楚辞》韵文,以及古文献通假字、汉字谐声等材料研究上古音。其中江永(1681—1762)、戴震(1724—1777)、孔广森(1753—1787)、江有诰(?—1851)为审音派,段玉裁(1735—1815)、王念孙(1744—1832)、钱大昕(1728—1804)属考古派。江永的贡献是第一次按照音理,将古韵17部分作6大类;戴震进一步明确了上古韵部阴阳入三分的系统;孔广森在上古韵部内提出"阴阳对转"。这些思想对上古音的构拟都起到了非常重要的作用。段玉裁的《古十七部谐声表》,收声符1521个,提出"同声必同部",即凡同一谐声偏旁的字,一定同属于一个韵部,也一定和《诗经》的韵脚相符。如《诗经·七月》六章"瓜"字和"壶、苴、樗、夫"押韵,"瓜"字应该念得像"孤、狐、弧"一样从"瓜"得声的字。有了谐声偏旁的有力佐证,先秦的韵部研究更显严密。对上古声母的研究,钱大昕贡献卓著。他在《十驾斋养新录》中提出"古无轻唇音""古无舌上音",这是从异文、谐声、声训、读若、反切、方音等大量语音材料中发现的两个定理。

一般认为,汉语的整个语音体系大致经历了由简到繁,再由繁到简的过程。从早期的夏商周时期到隋唐时代是由简到繁的过程,隋唐时期汉语音系繁杂至顶峰,宋代以后至今汉语音系则已接近简化的顶峰(陈振寰,1986:289)。

清朝末年,随着中西交流的加强,西方传教士为了传播教义的需要,对汉语方言和汉语古音做了大量研究。20世纪初,以瑞典汉学家高本汉和法国汉学家马伯乐(Henri Maspero,1882—1945)为代表的西方语言学家运用现代语音学理论和历史比较法来研究汉语音韵,他们的理论和方法影响了赵元任(1892—1982)、王力(1900—1986)、周祖谟(1914—1995)等中国语言学家。当代中国音韵学家不仅研究古代的音类,还探究古人说话的实际音值,把汉语音韵学纳入了历史语言学的范畴并推进到了新的高度。对古音音值的拟测主要依靠对一般语言的音变规律、某一类字的音变倾向、现代汉语方言中的古音遗迹、汉字的域外译音、汉藏语系的历史演变等进行总结和比较。

汉语音韵学的研究有助于阅读古代的文献,尤其是帮助辨认辨析古书中的通假字和讹误字。音韵学对现代汉语的研究,对于汉语方言以及中国各少数民族语言的研究也有重要意义。并可以为历史学、考古学、文学史等学科的研究提供可靠的资料。

J

计算语言学 **Computational Linguistics**

指从计算的角度对语言进行的科学研究。作为术语,最早出现于美国科学院下属的语言自动处理咨询委员会(Automatic Language Processing Advisory Committee,简称 ALPAC)在1966年公布的一个题为《语言与机器》的报告中。该报告主要指出了当时机器翻译质量不尽如人意的情况,机器翻译碰到了"语义障碍"。到了 20 世纪 80 年代,计算语言学的研究转向了自然语言理解之后,又经历了一个发展繁荣期。计算原理和技术与相关的语言学、认知科学、逻辑学和统计学等学科结合,分别产生了新的研究领域。袁毓林(2001)从工程主义、工具主义、认知主义、实证主义和逻辑主义等五个不同取向介绍了多种不同的计算语言学的定义。

工程主义取向的定义着眼于计算机系统的建立。例如,格里什姆(Grishman,1986:4)对计算语言学的定义是"对能理解和生成自然语言的计算机系统的研究";冯志伟(1992:84)的定义是"采用计算机技术来研究和处理自然语言的一门新兴学科"。

逻辑主义取向的计算语言学则着眼于语言学知识的自动发现。例如,翁富良、王野翎(1998:1,9)提出,"现代计算语言学是通过建立形式化的计算模型来分析、理解和处理语言的学科。……广义地讲,计算语言学是研究字符串的结构以及结构和意义的关系的学科。"

计算语言学是一门新兴的边缘学科。其研究内容、理论和方法涉及语言学、计算机科学和应用数学等不同领域。俞士汶(2003:2)的定义反映了这种跨学科的性质:"计算语言学指的是这样一门学科,它通过建立形式化的数学模型来分析、处理自然语言,并在计算机上用程序来实现分析和处理的过程,从而达到以机器来模拟人的全部或者部分语言能力的目的。这种跨学科的性质和研究目标决定了其研究方法和过程。一般来说,通过计算机处理自然语言经历四个阶段:首先,要有研究对象的语言学基础,通过语言学理论和方法发现问题并找到规律和解决办法。例如,在对基本词汇单位进行标记时,计算机就只能对有限符号集上的有限长度的符号序列进行形式变换(即计算)。第二,要把研究对象和规律进行形式化处理,对句法规律进行归纳,形成计算机可演算的规则,添加形式化的语义规则等,使之尽可能与下一步进行对接。第三,把得出的形式子体系共同组合,转化为计算形式化的算法(algorithm)。最后,根据算法编写程序,最终实现计算实现(computational implementation)。"

计算语言学产生的原动力是试图在生成语言学领域应用计算机科学,所以它和乔姆斯基的语言学理论有不可分割的关系。计算语言学的目的之一也是通过建立一套可以标志自然语言的普遍规则和描述某一特定语言的方法,来探究人类的语言能力。

对于语言是否能够实现形式化,语言学界存在两种截然相反的观点:一种是认为语言不能完全形式化,因为特定语言中的语句并不能形成可以循环的体系。譬如马丁·凯(Martin Kay)等学者认为,目前的语言形式化体系并不适当,需要对其进行修改甚至替代。相反,另外一些学者认为使机器运作符合系统设计者意图的最简单的途径是对语义解释实行形式化定义,然后把定义应用到计算机程序中。从本质上说,计算语言学家关心的主要问题是计算机技术在语言学中的应用,即如何使用计算机知识框架来定义和建立一个正确处理自然语言的系统;他们注重的是计算机工作时的输出结果应该与输入的语言片段精确对应。但是计算语言学家们在实践中发现很难编制出一套精确的语义程序;在转而求助于形式语义学的研究成果之前,曾经把其他的语义系统应用于计算语言,结果在做比较复杂的程序时就出现了在一致性和连贯性方面的错误。

较早的形式语义学主要致力于研究语句的真值和真值条件,这制约了它在计算语言学中的应用。人们很难设想一部机器的翻译系统是以真值条件为支持来进行工作的。但是计算语言学家们或许把寻求符合真实世界作为运用计算机分析自然语言的动力之一,至于外部真实世界的情况,则并非研究中问题的核心。逻辑学家和语言学家都不愿运用高阶内涵逻辑,而且总是竭力避开这个话题。这给计算语言学带来了难题。尽管蒙塔古(Richard Montague)在形式语义学系统中加入了可能世界语义学,但是计算语言学家并不能从这个理论中找出带有普遍性的内容。针对这个问题,巴怀斯(Kenneth Jon Barwise)和佩里(John Perry)等学者运用形式语义学中的集合论提出了情景语义学(situation semantics),将"情景"视为一个抽象概念,源于对作为情景集合中个体的无数真实情景的分类。情景概念的一部分有其对应的真实世界中的情景,其余的则并无真实可见的对应。尽管人们并不能看到这些情景,不了解它们,甚至不相信它们的存在,但语义学者可以根据它们对语句和人们精神状态所在的真实情景进行分类并研究意义的性质。

要能真正解决语言形式化存在的问题而使后者能够应用于计算机科学,它本身尚需不断完善,最为关键的是如何正确地结合实用性和形式化。一个形式化的系统必须在计算机术语、机器或人工术语的输入和输出间有严格的对应规范。此程序的结果必须是可复制的,如果同样的输入信息在不同情况下产生不同的输出结果,那么这种关系便不能称为"严格的对应关系"。而且由于语言本身的复杂性,在计算时如果存在冗余步骤,可能会导致计算机指数爆炸(exponential explosion),语言学家的任务不仅要对语言进行规律的形式化总结,还要使形式化的规则尽量简洁。

虽然自然语言的计算机处理可以在许多方面和

层次上相对独立的完成,如分词、词性标注、句法分析及歧义注销等,但是如果研究者同时具备语言学和计算机科学的专业知识,那么他就可以充分借鉴利用两个领域中相通的科学理论、概念和方法,使研究更有针对性,更好地使计算语言学理论发挥在理论语言学和计算机科学间的桥梁纽带作用。

从20世纪80年代末开始,许多计算语言学的研究都是基于大规模自然语料的文本分析。从计算层面来看,计算语言学家是在为计算机寻求合适的规则以便对语言进行计算。当代计算机储量大,运算快,可靠性强,这些都使大规模的定量研究成为可能。比如,语料库语言学研究机器可读的自然语言文本的采集、存储、检索、统计、语法标注(grammatical tagging)、句法语义分析以及具有上述功能的语料库在语言作品风格和作者考证研究、词典编纂、自然语言理解和机器翻译等领域中的运用。实践证明,以语料库为基础的统计模型不仅可以用来解决语法标注的任务,还可运用到更高的句法、语义的层面上,通过分析等多的自然语料,不断进行参数调整和优化,为理论的进一步完善提供直观有力的支持。

教育语言学　Educational Linguistics　指致力于研究语言与教育相关的诸多问题的一个新兴学科分支。具体而言,教育语言学研究教育中的语言发展和语言使用问题,受教育者的语言权利和文化身份问题,语言教学的方法、手段和评价问题,语言学习的认知心理问题,双语及多语教育的社会公平问题,以及国家语言规划政策与语言生态多样性保护及传承问题。教育语言学以人为本,立足人的全面发展,基于人的语言权利,以问题为导向,关切具体主题和具体情景,以跨学科的广阔视野,取跨学科的研究方法,使用各种可支配的教育资源,解决教育的语言问题和语言的教育问题。

从学科源头来说,教育语言学产生于应用语言学发展的"身份危机",即语言学家对应用语言学学科属性和研究范围的长期以来的争议。教育语言学发源于20世纪60年代的美国,当时教育界遇到了一系列涉及语言教育的具有普遍意义的问题。例如,成人的扫盲教育、教育中的语言障碍、多语交际的表达策略、弱势语言及方言的地位、母语为弱势语言者的社会身份、国家语言教育政策、言语社区与学校的关系、语言习得与语言发展等。由于应用语言学对上述问题显得针对性不够,教育语言学作为独立学科应运而生。

教育语言学的开创者是一批关注并研究"教育中的语言"的语言学家和语言教育家,其中最杰出的教育语言学思想家和实践者为长期从事语言学、双语教育、人类学等研究的美国语言学教授斯波斯基(Bernard Spolsky),其他代表人物有贝拉克(Allen Bellack)(1966)、韩礼德(Micheal Halliday)(1969,1982)、麦金托什(Angus McIntosh)、斯特雷文思(Peter Strevens)(1964)、海姆斯(Dell Hymes)(1974)、威尔金森(Ray Wilkinson)(1975)、辛克莱(John MacHardy Sinclair)、库尔撒德(Malcolm Coulthard)(1975)、威多森(Widdowson)(1979)、加努恩(Petter Gannon)(1980)、斯塔布斯(Michael Stubbs)(1980,1982,1986)、古德曼(Kenneth Goodman)(1982)、卡特(Ronald Carter)(1982)、里德尔(Mike Riddle)(1982)、赫德森(Richard Hudson)(1982)、佩雷拉(Katharine Perera)(1982)等。

教育语言学的英文术语 educational linguistics 由斯波斯基在1972年于哥本哈根举办的第二届应用语言学年会上宣读论文时首次提出来。在此论文中,斯波斯基将教育语言学描述为以教育心理学和教育社会学为模型、语言学与教育学相结合的一个学术新领域。几年后,斯波斯基发表了专著《教育语言学导论》(*Educational Linguistics: An Introduction*,1978),对教育语言学作了较全面的阐述。斯波斯基认为,教育语言学隶属语言学,系语言学的一个分支。他认为,一切涉及语言与教育的问题都是教育语言学的研究对象。在讨论教育语言学与应用语言学的关系时,斯波斯基认为,教育语言学覆盖了更多的涉及语言的具体问题和实际问题。

教育语言学的发展不仅促进了学理探索和方法研究的发展,同时也呼唤专业人才培养机制的建立。20世纪70年代,斯波斯基和海姆斯(Dell Hymes)率先在美国新墨西哥大学和宾夕法尼亚大学设立了教育语言学研究生学位专业,开设了教育语言学博士学位课程。随后世界各地诸多高校也纷纷推出了教育语言学研究生学位计划、研究方向计划或学位课程,如美国亚利桑那州立大学、斯坦福大学、科罗拉多大学和蒙特雷学院,英国伯明翰大学、曼彻斯特大学、兰卡斯特大学、纽卡斯尔大学和沃里克大学。此外,澳大利亚、加拿大、新西兰、德国、沙特阿拉伯、泰国也纷纷设立教育语言学学位项目。国内外更多的大学则将教育语言学的学习融入研究生TESOL/TEFL专业的学位计划或语言政策学的课程体系,如我国华东师范大学外语学院和上海外国语大学语言研究院;美国宾夕法尼亚大学的教育语言学学科则成了引领教育语言学研究及学科发展的国际中心。

教育语言学的人才培养和科学研究也促进了教材开发和学术著述,其中斯波斯基(Bernard Spolsky,1978)撰写的《教育语言学导论》(*Educational Linguistics: An Introduction*,1978)和斯塔布斯(Michael Stubbs)撰写的《教育语言学》(*Educational Linguistics*,1986)被公认为该领域的经典之作。近年来各国学者发表的其他重要著作还包括斯波斯基主编的《教育语言学简明百科全书》(Concise Encyclopedia of Educational Linguistics, 1999)、霍恩伯格(Nancy Hornberger)撰写的《教育语言学的研究领域》(Educational Linguistics as a Field: A View from Penn's Program on the Occasion of Its 25th Anniversary, 2001)、范莱尔(Van Lier)与霍尔特(Francis Hult)合编的15卷本《教育语言学丛书》(Educational Linguistics Book Series, 2003—2012)、斯波斯基与霍尔特主编的《教育语言学手册》The Handbook of Educational Linguistics, 2008)、霍尔特主编的《教育语言学的走向与愿景》(Directions and Prospect for Educational Linguistics, 2010)、霍尔特与肯达尔·金(kendall King)合编的《教育语言学的实际应用：区域全球化与全球区域化》(Educational Linguistics in Practice: Applying the Local Globally and the Global Locally, 2011)、霍恩伯格撰写的《教育语言学：语言学要旨》(Educational Linguistics: Critical Concepts in Linguistics, 2011)等。

教育语言采用"问题导向"或"实践导向"的研究范式，其核心课题是受教育者的语言权利和语言发展，教育语言学研究的根本问题是人的教育问题和人的发展问题。因而，教育语言学始终是以人为本，以受教育者为本，即使研究语言问题，也必须以人的发展为出发点和落脚点。形式上是研究语言问题，实质上是研究受教育者的发展问题。教育语言学的研究以解决实际问题为导向，而实际问题的解决反过来又可促进问题的研究，课题研究和解决问题互为条件，呈现了一种互为因果、反哺共进的双向互动关系。教育语言学的研究不仅仅是为了解决理论问题或增加学术知识，更是为了解决实际问题。实际问题的解决需要理论指导，而理论研究可以也应该用以指导实践。教育语言学研究者不是在书斋中闭门思过，闭门造车，主观臆想，自说自话。教育语言学研究的问题基于实际，源自实践，不仅具有理论意义，更具有实际意义。

在教育语言学研究范畴的问题上，斯波斯基认为"任何研究教育中的语言问题的学科或领域均归于教育语言学范畴之下，其中，宏观地来看，语言学起核心作用。"教育语言学发端于应用语言学，其学科基础主要是语言学与教育学。同时，教育语言学将理论语言学、社会语言学、心理语言学乃至人类语言学、神经语言学、临床医学语言学、语用学以及话语分析等学科整合在一起。教育语言学的边界是与其接缘学科的相关课题，如社会学、心理学、人类学、民族学、区域学、经济学、传播学、法学等。教育语言学的主要课题为三大类：(1)基于教育的语言发展和语言使用问题；(2)学校环境中的语言教学(含外语教学)问题；(3)语言教育政策的制定与实施问题。

教育语言学的研究领域颇为宽广，研究问题也有相当的深度，其广度是由教育语言学的工作范畴决定的，其深度是由教育语言学与各相关接缘学科的专业知识及其应用决定的。教育语言学家在各自的研究工作中采用不同的方法，有的关注宏观问题，有的关注微观问题，也有的关注介于两者之间的中观问题。无论是宏观、微观还是中观，关注的出发点、立足点和聚焦点始终是学生的语言发展问题，始终是教师的语言教育问题，始终是人的语言与教育的问题，归根结底也是人与社会的发展问题。

语言学理论层出不穷，学术流派众多，从功能派到生成派，不同的理论对教育和教师产生了不同的影响，但有一个共同点，即对语言和语言学的了解可以使教师从理论和实际两方面意识到并充分利用学生、家庭、社会带到学校的各种语言资源和文化资源，更好地将所知的语言学、教育学等知识付诸教学实践。

霍恩伯格(Nancy Hornberger, 2001)认为，教育语言学的研究领域有三大特点：一是教育与语言的融合，探讨语言学对于教育的意义以及教育对于语言学的意义；二是以问题为导向，以教育实际为出发点；三是聚焦语言教学与语言学习。霍恩伯格把教育语言学的研究范围分为三大类：一是研究语言行为与社会网络、文化身份之间的关系；二是研究课堂二语、外语、双语的学习以及交际环境；三是研究双语和多语社区与学校。

教育语言学是研究"教育中语言"及"与语言相关的教育"的学科，教育语言学的学科内涵决定了"语言教育"必定成为其主要研究领域。这些领域包括(1)语言教育政策，如国家语言政策与规划、语言发展战略等；(2)语言教育与个人发展，如受教育者的社会文化身份认同、学科知识学习和应用等；(3)语言教育与文化传承，如多民族国家的语言多样性发展、濒危语言和方言保护等；(4)语言教育与教师发展，如教师的语言意识、元语言知识、语言教育观、语言教学能力和运用能力等；(5)语言教育与课程建设，如学校的教育理念、培养目标、教学原则、课程设置、课程方案、教学方法、评价手段等。

教育语言学的研究课题涉及(1)语言生态系统与语言多模态体现；(2)少数民族儿童的教育平等和均衡发展；(3)语言多样性发展与弱势语言保护；(4)国家语言政策与课堂教学体现；(5)受教育者的语言身份与语言权利；(6)双语或多语教育与课程设置；(7)语言习得与语言教学和评估；(8)教育过程中的话语分析与教学应用；(9)受教育者表达能力发展与读写能力发展。这些研究领域及课题所涉及的问题是多样性的，例如：(1)双语教育所涉及的课堂的语言意识、课堂教学用语的确定、语言测试和评估方法等;(2)国家语言政策所涉及的语言教育政策和通用语言使用政策、少数民族的母语权利、双语及多语教育中的意识形态、教师的语言决策权及其使用规范等;(3)语言生态所涉及的多语地区的弱势语言保护和发展、濒危土著语言的复兴、通用语言与本地语言之间的冲突、移民语言的弱势地位、双语及多语间的翻译等;(4)语言身份所涉及的受教育者的社会身份和交际风格、双语者的语言社区归属感和双重语言及文化身份的冲突、侨民及其子女的母语保护和使用、双语社区的语码混用与语言转换困难等问题。当代教育语言学的研究课题还有诸多展望:(1)全球化背景下教育国际化以及国际化人才培养过程中的外语教育政策和课程指导;(2)多民族国家语言教育政策的实施与语言以及文化多样性的维护;(3)濒危语言、方言以及相关非物质遗产的拯救和传承;(5)教育工作者的语言意识、语言心智、语言能力、语言学知识、教学语言技能等。

接触语言学　Contact Linguistics　指研究语言接触(language contact)的语言学分支学科。语言接触指使用两种或多种不同语言或变体的个人或群体,在直接或间接接触过程中所发生的各种语言使用现象及其结果所产生的各种变化情况。语言学史上洪堡特、萨皮尔、布龙菲尔德等人都对语言交融、相互影响做过相应研究,语言接触首先在19世纪20年代克里奥耳语与洋泾浜语的研究中受到关注,但接触作为一门独立的学科分支则从1953年魏恩赖希(Uriel Weinreich,1926—1967)出版的专著《语言接触:已发现与待解决的问题》(*Language in Contact: Findings and Problems*)为起点。同一时期的拉博夫(William Labov,1927—　)、豪根(Einar Haugen,1906—1994)、菲什曼(Joshua Fishman,1926—2015)等学者共同构筑了语言接触的基本理论框架。此后,随着20世纪七八十年代生成语言学与社会语言学的兴起与昌盛,语言接触仅仅作为边缘学科而存在,接触语言学这一名称也直到1979年6月比利时首都布鲁塞尔举行的第一次国际语言接触和语言冲突大会上才开始正式使用。20世纪80年代起接触语言学发展迅速,从社会语言学中脱离,研究范围不断扩大,逐渐形成了各种语言接触理论及流派。托马森(Sarah Thomason)与考夫曼(Terrence Kaufman)于1988年出版的专著《语言接触、克里奥耳语和基因语言学》(*Language Contact, Creolization, and Genetic Linguistics*)是继瓦茵莱赫的《语言接触》之后的重要著作,间接或直接地影响了此后十余年语言接触方面的研究。剑桥大学出版社自21世纪初起便推出了"语言接触"系列丛书,注重语言接触在当前语言学及其分支学科的前沿研究与语言接触理论的交叉研究,在内容和研究范畴方面突破了传统接触语言学的理论框架,聚焦语言接触与方言研究,论题包括洋泾浜语以及克里奥耳语的发展、语言进化与变化、世界诸英语、语码转换及语码混杂(code-mixing)、双语主义、二语习得、语言借用以及语言干预(language interference)等课题的研究,为语言接触研究开辟了新局面。2010年威利—布莱维尔(Wiley-Blackwell)出版公司出版的《语言接触手册》(*The Handbook of Language Contact*)则分别从语言接触与语言学、语言接触与语言变化、语言接触与社会以及语言接触个案研究四个板块综合论述了接触语言学的各个研究维度。

传统接触语言学研究侧重对两种语言及以上的语言接触环境的深度考察,长期以来是历史比较语言学研究语言演变的重要途径之一。研究往往在分析描写语料的基础上探明语言的亲属关系、借词和原词的对应规律,讨论语言接触如何影响语言结构、两种语言接触时其语法形式与结构如何演化以及引发语言间语法结构转变的机制等问题。现代语言接触事实和早期文献、考古是其研究的基础。历史语言学侧重对语言接触的规律性的探讨、语言接触深度的无界性与有界性的探讨、借词和原词的语音对应规律以及探究语言进化的同源性与异源性的探讨,这也引起语言演化的横向传递与纵向传递的争论。

传统的语言接触研究在借用现象方面的研究并不局限于历史语言学范畴内的讨论,语言成分的借用在详细的语言描写基础上得到深入细致的研究,成为二语习得、双语(多语)主义、克里奥耳语等接触语言学研究课题的基础。首先,从语言内部角度看,语言借用研究在大规模调查接触语言的基础上,描写借词的语音、语法、音位、音节、构词特点,推论句法借用的规则,研究语法借用(grammatical borrowings)、语义转用(calques)、形态结构借用(borrowing of morphological material)等概念;其次,从语言接触的过程与环境角度看,语言接触对语言形式的影响有强有弱,语言借用等级(borrowing hierarchies)即研究何种语言成分最易被借用,接触的情景类型的研究,诸如语言区域(linguistic areas)、一对一借用情景(one to one borrowing situations)、低层语影响论(substrate influence)、双语及多语现象(bilingualism/multilingualism)等,也是语言借用现象研究的焦点。

语言接触促使语言结构和语言使用功能发生变化的同时,在接触过程中往往会产生各种语言现象,如语言影响(language influence)、语言混用(language mixture)和语言转用(language shift)。语言影响可以是单向的也可以是双向影响(mutual/non-mutual influence)。例如,古汉语对日语发生了重大影响,而日语对当时的汉语没产生任何接触影响;进入现当代,借入日语后混合的汉语又对现代汉语造成了接触影响,即相互影响。语言之间相互影响的方式有词汇借用、形态与语法等在内的语言吸收(adoption of other language features)、分层影响(stratal influence)、创造新语言等,如各类混合语(mixed languages)。语言混用亦称语码混用,指在两种语言接触的地方里,以一种语言作为主导语言,同时夹用另一种语言成分的现象,可以是双语混用,也可以是三语甚至多语混用。语言转用亦称为语言融合(language mergence)、语言交替、语言同化等,指在两种语言接触的社会中,个人或民族被迫或自愿地放弃使用本民族语言,而换用别的民族语言的现象。语言融合是随着不同民族的接触或融合而发生的不同语言系统的排挤和替代,是不同语言统一为一种语言的途径。融合的结果与政治地位的高低关系不大,往往是经济文化地位高的一方排挤低的一方。

语言接触产生的一种特殊语言现象,即洋泾浜语与克里奥耳语,长期以来是接触语言学研究的重点。洋泾浜语是外来殖民者或新移民简化自己的语言,夹入一些当地语法的成分而形成的特殊语言。洋泾浜语的特点是语音经当地语言音系的大幅改造;语法规则减少到最低限度且带有本地语法的痕迹;词汇量很少,绝大多数取自当地词汇,常常用迂回曲折的方法来指称事物。克里奥耳语亦称混合语,指在语言接触中出现的一种可能被社会采用为主要的交际工具,并由孩子们作为母语来学习的语言现象。洋泾浜语一旦升格为混合语,在一个社会成员中扎下根,就会扩大词汇,严密语法,迅速地丰富起来,最后也可能变得和其他语言一样完备。

语言接触影响至少一种语言,对诸如语音、词汇、语法、语义等各语言要素产生影响。不同群体之间的语言接触会出现三种后果:(1)和谐:相接触的不同群体语言,在语言结构上相互融合、渗透、扩散,在此过程中各自语言功能、结构得到丰富发展,语言生命力由而得以增强,从而促进了语言的和谐;(2)替换:某个群体语言基本结构受到冲击后使用功能逐步萎缩,出现濒危现象,最终甚至被彻底替换;(3)质变:相接触的语言在结构上发生混合或融合,最终因渗透的深入而产生一种质变语言。

语言接触涵盖语言内外部诸多因素,传统的接触语言学理论注重语言描写基础上对语言接触过程、现象与结果的分析描述,往往从微观层面展开,着重从语言的角度去研究语言接触问题,从时间性与空间性角度模拟语言接触的模式,从已有语言的句法结构中不完美的地方去预测该语言可能接受的外来影响,或者描述语言冲突的程度、方向或性质,等等;而语言之外(extralinguistic)的要素(如心理层面或者社会层面的因素)对语言接触后所产生的结果进行描写、分析和归纳也在进入20世纪80年代后得到充分的重视。

从宏观层面来看,由于语言接触涉及面很广,需从语言与语言竞争力、语言本质及语言选择、语言与社会、语言与文化、语言与教育、语言与民族发展、语言与国家政治等多重角度去认识。语言接触研究发展的新趋势即是注重多学科交叉,力求多功能、多维度的分析路径。"社会语言学角度的语言接触研究侧重研究在社会变迁的宏观背景下透过社会文化现象分析言语行为,通过语言使用现象来说明社会结构及其内在机制问题,研究课题有语言结构与功能的变化与变异、双语及言语社区的语言接触研究,以及语言结构和社会语境之间的交互作用。方言学、民族语言学聚焦于语音、词汇、语法的相互渗透、融合以及变迁,重在探讨语言接触与其历史演变的关系、语言濒危、民族地区的双语教育等问题,方法则多采用字本位调查法、词汇密度考察法、借词观照法、共时背景分析法、语言谱系分类法等等"(邹晓玲,2012:138)。人类语言学侧重语言接触的意义,重视接触脉络辨析、文化解读,从语言角度对社会变迁进行探讨,旨在通过社会变迁背景下语言接触的状况及其后的社会力量的变化来解析语言接触和社会变迁的复杂互动,研究方法以田野调查、语言民族志法为主。心理语言学在研究语言接触时,侧重于语言认知心理的研究,在研究方法上主要采用实验心理学的方法,如变语配对测试法。语言政策规划学关注濒危语言研究,如濒危语言的概念、界定标准、形成因素、研究方法、演变规律以及趋势等,研究过程一般在充分描写并分析各种语言现象的基础上,针对问题提出解决方案,如制定语言政策、规划语言、处理语言资源等。

语言接触是人类语言发展过程中的普遍现象。从语言接触来审视不同语言的相互影响、冲突、变异、融合、衰变与消亡,无疑给语言研究提供了一个全新视角。接触语言学是研究语言演变的重要途径和研究人类文化演变过程的方法,同时作为一个多维度的分析路径,语言接触研究有助于语言学及与语言学相关的学科向纵深方向发展。语言接触也具有诸多现实意义:有助于正确地理解语言演变的历史性与连续性,掌握并把握语言的发展脉络,构拟原始语言与底层语言,预测语言未来走向,明晰语言亲属关系,规范语言使用,合理利用语言资源从而全面促进语言和谐。

结构主义语言学 Structuralist Linguistics

亦称"结构语言学"(Structural Linguistics)。从广义上说,指语言学研究领域中把语言看作是由语音、语法和词汇等要素构成的独立系统的任何语言研究；从狭义上说，指20世纪上半叶以瑞士语言学家索绪尔的语言理论为基础，但在具体研究中又各有侧重的各语言学流派的总称。作为结构主义语言学公认的创始人，索绪尔的重要思想体现在1916年由其学生巴利(Charles Bally，1865—1947)和薛施蔼(Albert Sechehaye，1870—1946)等整理出版的《普通语言学教程》中。该书的出版不仅标志着结构主义语言学思想的确立，更标志着现代语言学的开端。在这个意义上，索绪尔被尊为"现代语言学之父"。

结构主义的语言观（或称索绪尔语言理论）的指导思想，产生于19世纪末20世纪初。这与当时的社会思潮，尤其是与法国社会学家兼哲学家迪尔凯姆(Émile Durkheim，1858—1917)、奥地利心理学家弗洛伊德(Sigmund Freud，1856—1939)、美国语言学家惠特尼(William Dwight Whitney，1827—1894)等人的影响是分不开的。在迪尔凯姆创建的社会学理论中，"社会事实"被定义为对每个人都产生"外部制约"的物质存在，不受历史发展阶段的约束和限制。索绪尔很可能受到这种新兴社会学思想的影响，认为语言也是一种"社会事实"，语言行为的外部制约机制是抽象的语言系统；而且，语言也如同社会事实，不受历史发展的限制。因此，对于任何时期的语言，都可以抛开其历史状况而独立地进行描写和分析。弗洛伊德的心理分析观点对结构主义语言学思想的形成影响也很大。弗洛伊德认为，行为受制于源于"集体心智"的规范。与此相呼应，索绪尔认为语言也应该如此，一个人虽然无法说明自己的语言知识，但其语言行为却无不受到语言规则的制约。在语言学理论的建构方面，索绪尔主要受到美国语言学家惠特尼的影响。索绪尔认为惠特尼在语言研究中提出的符号问题把语言学引上了正确的轨道，因为符号任意性的概念不仅可以区分人类交流与动物的本能交流，而且最终把语言定位为建立在社会规约上的一种制度、一个系统。

索绪尔的主要语言理论观点都体现在《普通语言学教程》一书中，要点包括：(一)在语言研究中区分语言和言语，语言指社会全体说话人所共享的语音、词汇和语法系统，具有社会性和同质性，言语则指个人在实际情景中的具体话语表达，具有个体性和异质性；语言学的研究要以语言为研究对象，但由于语言和言语间的相互制约，对语言对象的描写必须建立在对具体言语表达的分析上。(二)把语言看作是一个符号系统，符号是由物质性的能指和概念性的所指结合所产生的，其中能指是发音时的声音形象，即声音的心理印记，所指是概念。能指与所指的结合，具有任意性。(三)由于语言符号的任意性，语言系统中每个语言单位的价值都必须取决于它在系统中与其他单位的相互关系，对于索绪尔来说，某个概念之所以能够存在，完全是因为它与其他概念之间存在差异，而不是源于其自身的价值。(四)索绪尔还主张在语言研究中必须排除历史，强调语言的共时研究。

索绪尔的这些关于语言理论的基本思想形成了结构主义语言学研究的最基本的语言观和研究方法，同时也把语言学的研究推进到了一个崭新的时期，奠定了现代语言学作为一个独立学科的地位。索绪尔语言理论的影响极其广泛，不仅在20世纪上半叶一统欧美大陆的语言学研究，而且还渗透到与语言研究相关的各个领域之中，如哲学、人类学、社会学、文学等领域。

在索绪尔之后，结构主义语言学继续迅猛发展，20世纪30年代和50年代分别分化出诸多颇具影响力的学派。30年代分化出的比较重要的学派包括盛行于捷克斯洛伐克的布拉格学派、盛行于丹麦的哥本哈根学派和在美洲大陆盛极一时的美国学派，50年代产生的学派中最具影响的是伦敦学派和莫斯科学派。结构主义语言学的这些诸多学派虽然在理论体系上都独具特色，但在语言观上都以索绪尔的语言理论为指导思想，主张任何语言成分都必须和该语言系统内的其他成分联系起来进行分析。在这一共同理论前提的基础上，结构主义语言学几乎主宰了整个20世纪的语言学研究。

角色与参照语法 Role and Reference Grammar；RRG　20世纪70年代末逐渐发展起来的一种新型的结构功能语法，是功能语法领域的主要理论之一，以范瓦林(Robert Van Valin)和福莱(William Foley)等学者为代表，兼有形式研究和功能研究的诸多特点。该语法最早研究的是非印欧语系的语言，如拉霍它语(Lakhota)、他加禄语(Tagalog)和迪尔巴尔语(Dyirbal)等。这些语言的结构与印欧语系的语言有明显的差异，无法套用现成的各种语法模型来进行分析和描写。鉴于此，一种新的语法分析模型便设计出来，可以有效比较这些语言结构中的句法、语义和语用之间的互动关系。

角色与参照语法认为，语法分析主要目的是分析语言的基本单位在系统中的功能角色、形式和结构特征。该语法将语言看作一种社会交际的行为系统，句法结构不是一个独立的模块，而受到语义因素和语用因素的严格制约。RRG主要研究语言形式和语言功能之间的配对关系，即一种形式为什么有不同的功能，一种功能如何用不同的形式来表示。角色与参照语法试图回答的两个核心问题为：(1)一种语法理论，如果不是基于英语，而是基于拉霍它语、他加禄语和迪尔巴尔语等语言的分析，将会具有什么样的形式？(2)一种语法理论如何最佳地描述不同类型的语法系统中,句法、语义和语用的互动关系?

鉴于此,角色与参照语法在语言描述上提出了三个表征层面,即句法结构表征、语义结构表征和信息(焦点)结构表征。句法结构和语义结构表征之间由一组规则系统连接起来,在连接过程中,篇章语用因素至关重要。

（一）句法结构表征

角色与参照语法认为每个句子只有单一的句法表征,没有类似词汇功能语法的 f-结构或转换生成语法的底层结构,句法表征和语义表征直接相互映射。它也没有采纳 X-阶标结构来描述语言结构,因为核心标注语言的结构、不连续成分以及语序自由的语言无法得到合理描述。尽管人类语言具有表面多样性,但小句都具有共同的特征。所有的语言都区分谓词和非谓词,非谓词又区分论元和非论元成分。

谓词+论元	非论元

包含谓词的句法单元称为小核心(nucleus),包含小核心和谓词论元的句法单元称为大核心(core),非论元成分则为小聚的边缘成分(periphery)。他们构成句子的层级结构(layered structure)。句法和语义的对应关系如下表:

语义成分	句法单位
谓词	小核心
谓词语义表征中的论元	核心论元
非论元	边缘成分
谓词+论元	大核心
谓词+论元+非论元	小句(大核心+边缘成分)

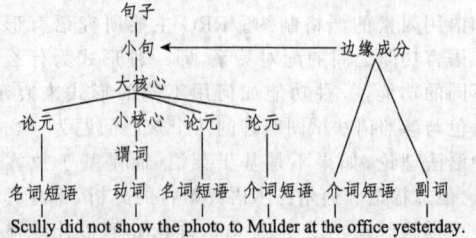
Scully did not show the photo to Mulder at the office yesterday.

例句中,Scully、the photo 与 Mulder 是核心论元,at the office 和 yesterday 是附加的边缘成分。边缘成分与大核心成分连接的箭头标明边缘成分是大核心成分的非必要修饰语。结构中的 did 和 not 没有与任何成分连接,角色与参照语法将他们称为算子(operator),投射在小句的其他位置。算子包括体(完成体、未完成体、进行体)、否定、时态、言外之力等,可修饰不同的阶层以获得其辖域。

scully did not show the photo to Mulder at the office yesterday.

除了一些普遍性的语言成分外,各种语言还具有一些自身特殊的位置,如前大核心位置(pre-core slot,简称 PrCS),可以描写英语或冰岛语中的 wh 疑问词的位置。角色与参照语法采用的是句法模板(syntactic template)来记录不同语言的阶层结构,这些目标存贮在每种语言所特有的句法库藏中(syntactic inventory)。

（二）语义结构表征

角色与参照语法中,语义关系十分重要,分析主要采取的是动词的词汇分解(Lexical Decomposition),其理论基础是道蒂(David Dowty, 1979)和文德勒(Zeno Vendler, 1967)以词汇体为依据的动词分类系统。根据词汇体的特征,动词可以分为四个类别:状态动词(state)、活动动词(activity)、成就动词(accomplishment)和起止类动词(achievement)。每种动词类型都有其相对应的逻辑结构(logical structure),由一个表示静态或动态的原子谓词与一个表示逻辑关系的原子谓词组成。不同的类型在句子中表现为不同的句法和语义关系,在逻辑结构表达式中表现为不同的语义角色关系(如下页图表)。

需要注意的是,逻辑结构中使用的是由英语来表示的元语言(metalanguage),并不是指英语本身。

在动词的逻辑结构中,除了谓词之外,还有论元及其语义角色。角色与参照语法将语义角色分为两种,第一种是一般句法理论所探讨的题元角色(thematic roles)。自菲尔默(Charles Fillmore)(1968)和格鲁伯(Jeffrey Gruber)(1965)以后,经常讨论的题元角色有施事、受事、感事、主题等。他们不是原始的角色概念,第二个层面上的两个语义宏角色(macroroles)才是语义角色的原始概念。语义宏角色是动

词汇	逻辑结构	范例
a. broken	broken'(y)	The glass is broken.
a'. break	BECOME broken'(y)	The glass broke.
a". break	[do'(x,φ)] CAUSE [BECOME broken'(y)]	The boy broke the glass.
b. dead	dead'(y)	He was dead.
b'. die	BECOME dead'(y)	He died suddenly.
b". kill	[do'(x,φ)] CAUSE [BECOME dead'(y)]	He drug killed him.
c. cool	cool'(y)	The soup is cool.
c'. cool	BECOME cool'(y)	The soup cooled.
c". cool	[do'(x,φ)] CAUSE [BECOME cool'(y)]	The breeze cooled the soup.
d. sing	[do'(x,[sing'(x,y)]	He can sing many songs.
e. run	[do'(x,[run'(x)]	He ran all the way.

词的逻辑结构与句法表征层面互动的主要界面，在整个理论体系中扮演着极其重要的重用。语义宏角色有两种，即行动者（actor）和承受者（undergoer），它们对应于典型的及物关系中两个最重要的题元。语义宏角色和动词的逻辑结构中论元位置的对应遵循以下的等级：

| Arg of DO | 1st arg of do'(x,… | 1st arg of pred'(x,y) | 2nd arg of pred'(x,y) | Arg of state pred'(x) |

[⟶ =论元实现为宏角色的递增标记性]

对应原则如下：

数量：语义宏角色的数量等于或小于逻辑结构中论元的数量。(1)若某个动词逻辑结构中包含两个或两个以上的论元，该动词有两个语义宏角色；(2)若某个动词逻辑结构中只包含一个论元，该动词有一个语义宏角色。

当动词只有一个语义宏角色时，存在两种情形：(1)若该动词的逻辑结构中含有活动动词，该语义角色是行动者；(2)若该动词的逻辑结构中没有活动动词，该语义角色是承受者。

（三）信息（焦点）结构表征

角色与参照语法的信息结构采用的是兰布雷希特（Knud Lambrecht）1994年所提出的信息结构理论。兰布雷希特将话题和焦点认为是所有指称语的基本信息功能。关于焦点的位置和范围，角色与参照语法提出了潜在焦点域（potential focus domain）和实际焦点域（actual focus domain）。前者指句子中焦点可能出现的位置；后者指焦点实际出现的位置。焦点出现的位置具有跨语言的差异。例如，英语中潜在焦点域是整个句子，而汉语的潜在焦点域只能在动词之后（包括动词）。下图中，虚线代表的是潜在焦点域，而三角形表示实际焦点域。

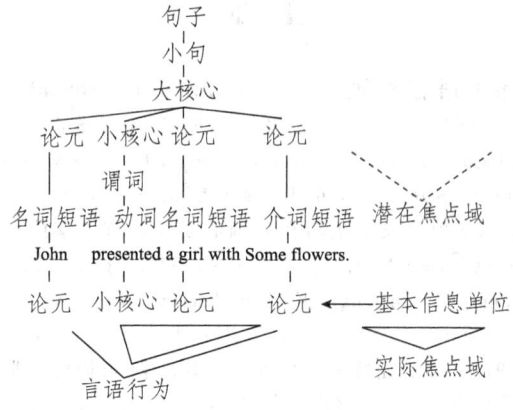

角色与参照语法中有时将算子投射、成分投射和焦点结构投射在一个属性图中表征出来。例如，"What did Dana give Chris yesterday?"的结构如图可表示如下：

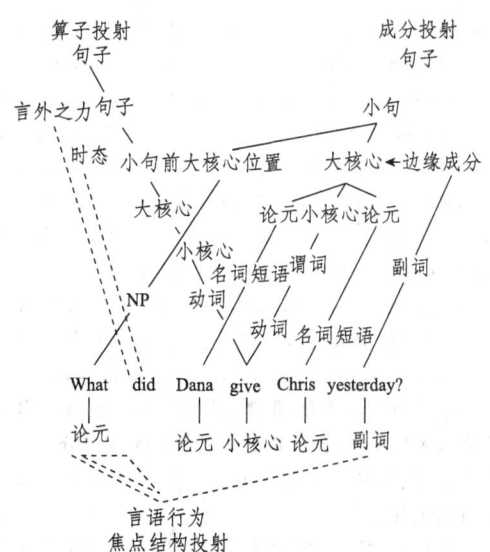

角色与参照语法形式语法和功能语法的许多优点，不仅重视描写和分析的实用性，而且也非常重视描写和分析的形式化。对语法结构普遍性和特殊性的研究，引起了形式语法、类型学和功能语法等领域研究者的广泛关注。此外，角色与参照语法的研究成果也广泛应用于心理语言学甚至是神经语言学的领域。这也是角色与参照语法理论所追求的目标,不仅能充分揭示跨语言类型的语料,而且能够有效解释语言习得、语言产出、语言处理等相关现象。这些相关现象并不需要所谓的天生的内在于大脑中的语言习得机制(language acquisition device)来解释。

K

喀山语言学派　Kazan Linguistic School

19世纪末至20世纪初与莫斯科语言学派(俄 Московская лингвистическая школа,英 Moscow Linguistic School)齐名的俄罗斯两大语言学流派之一,代表人物是长期生活在俄国的波兰语言学家博杜恩·德·库尔特内(波兰 Jan Niecisław Ignacy Baudouin de Courtenay,俄 Иван Александрович Бодуэн де Куртенэ,1845—1929)。库尔特内于1875年至1918年先后任教于俄罗斯的喀山大学、彼得堡大学等五所大学。在喀山大学,他与门生兼同事克鲁舍夫斯基(俄 Николай Вячеславович Крушевский,波兰 Mikołaj Habdank Kruszewski,1851—1887)以及拉德洛夫(俄 Василий Васильевич Радлов,德 Friedrich Wilhelm Radloff,1837—1918)、阿纳斯塔西耶夫(俄 Андрей Иванович Анастасиев,英 Andrei Ivanovich Anastasiev,1852—1914)、弗拉基米洛夫(俄 Пётр Владимирович Владимиров,英 Peter Vladimirovich Vladimirov,1854—1902)、鲍格罗季茨基(俄 Василий Алексеевич Богородицкий,英 Vasily Alekseevich Bogoroditsky,1857—1941)、布里奇(俄 Сергей Константинович Булич,英 Sergei Konstantinovich Bulich,1859—1921)、亚历山大洛夫(俄 Александр Иванович Александров,英 Alexander Ivanovich Alexandrov,1861—1918)等学者形成了一个活跃的研究群体,经常聚会交流,被称作喀山语言学派(俄 Казанская лингвистическая школа)。

喀山语言学派的研究范围颇为广泛,涉及各种语言以及历史语言学和普通语言学的各个分支。总体而言,他们对语言理论的关注远胜于对语言材料本身的关注。

在历史语言学理论方面,喀山语言学派与德国的新语法学派(德 Junggrammatiker,英 Neogrammarians,俄 младограмматики,又译"青年语法学派")比较接近,它认为语言的存在和发展在根本上是受心理规律制约的。但是,喀山语言学派不赞同新语法学派完全从个人心理的角度解释心理规律的做法,而是试图结合民族和社会心理学的理论对心理规律进行阐释,因此他们的心理主义是一种客观心理主义。另外,喀山语言学派也不认同新语法学派机械解释历史音变、甚至宣称"语音规则无例外"的做法,而是强调语音变化原因复杂,是多种因素相互作用的结果。

事实上,喀山语言学派只将19世纪盛行的历史语言学研究视为其语言研究的一个部分。他们认为,对语言的静态分析也同样重要,应该为这一方面的研究开辟一个专门的领域。在这一点上,他们与奉行历史主义的新语法学派大相径庭,却与索绪尔的观点颇为接近。不仅如此,喀山学派的很多研究还与索绪尔对语言和言语的区别、聚合关系和组合关系的区别以及语言符号体系的特征等的探讨有相似之处,只是他们的论述不如索绪尔的明确,有时也不够体系化。

喀山语言学派在语言理论方面最突出的贡献在于建立了音位理论。博杜恩·德·库尔特内被后人视为最早对音素和音位进行明确区别的音位学先驱。他非常强调语言的纯物质形式和心理形式的不同。最初,他将音位理解为对词中某一语音部分在发音生理特征上的总括,但后来,他明确地将这种生理特征的总括与心理概念联系了起来,并将音位学称作心理语音学。他认为,音位与词的语义表象和形态表象都有联系,而且不同音位的交替就是实现各种形态和语义表象的手段。因此,他又将音位学与形态学相结合,为形态音位学的产生奠定了基础。

喀山语言学派对19世纪末至20世纪的西方语言学产生过深远的影响。在俄罗斯国内,博杜恩·德·库尔特内的后继者在共时研究、社会心理学、音位学等不同方面继承并发展了他的理论。他在彼得堡任教期间培养的学生谢尔巴(俄 Лев Владимирович Щерба,英 Lev Vladimirovich Shcherba,1880—1944)后来创立了列宁格勒音位学派(俄 Ленинградская фонологическая школа(ЛФШ),英 the Leningrad school of phonology),该学派和同样受库尔特内思想启示而发展起来的莫斯科音位学派(俄 Московская фонологическая школа(МФШ),英 the Moscow school of phonology)是苏联时期的两个重要语言学派别。在国外,喀山学派的影响首先体现在它对布拉格学派(英 the Prague school)思想形成的促进作用。后者的代表人物特鲁别茨柯依(俄 Николай Сергеевич Трубецкой,英 Nikolay Sergeyevich Trubetzkoy,1890—1938)被认为是形态音位学的创立者,他在形态音位学方面的观点直接来自库尔特内的启示。此外,博杜恩·德·库尔特内与丹麦学者叶斯柏森(Otto Jespersen,1860—1943)、法国学者梅耶(Antoine Meillet,1866—1936)等都有交往。尤其值得注意的是,他曾在巴黎语言学会(法

Société de Linguistique de Paris)与索绪尔有过接触，并且可能对后者产生过影响，这或许可以部分解释喀山语言学派与索绪尔在语言学思想上有诸多的相似性的原因。

库法学派　Kufa School　阿拉伯语法学主要流派之一，产生于8世纪末叶伊拉克的库法城，创始人为凯萨依（Al-Kisa'i，731—806）和他的学生法拉（761—822）。凯萨依为《古兰经》训读学的七大名家之一，曾担任过阿拔斯王朝三代哈里发的国师。为了改变库法的阿拉伯语法学研究落后于巴士拉的状态，他曾前往巴士拉求教于巴士拉学派的创始人海利勒，并游历了阿拉伯半岛的游牧部落，学习他们的语言，努力发展自己的语法体系。

作为库法学派的主要代表人物，法拉对库法学派语言体系的确立也做出了巨大的贡献，其花费十六年时间才完成的语法著作《界限》主要以句法为研究对象，提出了很多不同于巴士拉学派的新的语法规则。以凯萨依和法拉的研究基础，库法城的语言学家发展出一个与巴士拉学派完全不同的语法学体系——库法学派。库法学派自形成之初便处于与巴士拉学派争论、对峙的局面中，这种争论和对峙持续了长达百年之久，直至巴格达学派的形成。与巴士拉学派强调语言普遍性和阿拉伯语基本规律的出发点相反，库法学派尤其强调语言的特殊性和阿拉伯语中的特异现象。为此，他们扩大了语言的研究范围，认为凡阿拉伯人使用的语言，包括部族的语言、史话、诗歌以及《古兰经》中的特异词句，都应该纳入研究的对象。

库法学派在词的格位学说、词的分类及其派生关系等许多根本问题上都提出了与巴士拉学派不同的观点，阿拉伯语言学家伊本·安巴里（1119—1181）曾在其著作《异议公判》中列举了这样的分歧达121处之多。与巴士拉学派相比，库法学派理论的明显的局限性在于其逻辑不甚严密，但由于库法学派的研究一度得到阿拔斯王朝哈里发的支持与推广，它在阿拉伯语法研究中影响颇为深远。一百年以后，巴格达的语言学家分别吸收了库法学派和巴士拉学派的长处，把两派观点糅合在一起，形成了第三学派——巴格达学派。

L

历史比较语言学　Historical Comparative Linguistics　亦称比较语言学。研究不同语言的亲属关系或某种具体语言历时演变的语言学分支，其研究目的主要是找出语言之间的谱系关系，或构拟原始源语。历史比较语言学诞生于18世纪，是历史语言学的重要组成部分，为现代语言学的建立奠定了坚实的基础。历史比较语言学的主要研究方法—历史比较法（the comparative method）—对现代语言学研究产生了深远的影响，促成语言学发展成为独立的学科。

1786年，琼斯（Sir William Jones，1746—1794）提出了著名的"琼斯构想"（Jones's Formulation），也称为"印欧语假说"，即认为梵语与希腊语、拉丁语同源，有一个共同的源语言。继琼斯之后，丹麦语言学家拉斯克（Rasmus Christian Rask，1787—1832）、德国语言学家弗葆朴（Franz Bopp，1791—1867）、格林（Jacob Grimm，1785—1863）对欧洲语言进行了大量的比较研究，发现了系统的对应关系，推测出原始印欧语的存在以及原始印欧语与现代语言的关系。拉斯克、葆朴和格林通常被认为是历史比较语言学的奠基人，也是19世纪上半叶历史比较语言学家的代表人物。拉斯克的第一部著作是《冰岛语入门》。他写于1814年、出版于1818年的《古代北欧语或冰岛语起源研究》是第一部印欧语言比较研究的著作，书中提出古冰岛语属于日耳曼语系，并与波斯语、印度语同源。格林是德国语言学家和童话作家，他的《德语语法》（或译《日耳曼语语法》）（1819年）一书确定了"格林定律"（Grimm's Law），即语音对应规律是建立印欧语系和其他语系的基础，亲属语言的语音之间存在着有规律的对应关系。葆朴提出建立"比较语法学"学科。他在1816年发表《论梵语的动词变位系统》，对梵语和几种亲属语言的动词屈折形式作了系统的语音和语法形态的比较研究；1833—1852年，他撰写了《梵语、禅德语、亚美尼亚语、希腊语、拉丁语、立陶宛语、古斯拉夫语、哥特语和德语的比较语法》，这是第一部系统的印欧语比较语法著作。

经历了上述早期发展之后，19世纪中期，历史比较语言学进入关注理论与研究方法的阶段。这一时期重要的历史比较语言学家有波特（August Pott，1802—1887）、施莱歇尔（August Schleicher，1821—1868）、施密特（Johannes Schmidt，1843—1901）及库恩（Adalbert Kuhn，1812—1881）。德国语言学家波特所著《印度—日耳曼语系领域内的近代词源学研究》对印欧系语言从整体上作语音比较研究，并将语音和词义结合，探求印欧系语言的词源。他认为，词源研究不仅要在该语言中找到较古形式，还应依赖亲属语言之间严格的语音对应关系找到亲属语言中的较古形式。波特创立了近代词源学，同时也深化了印欧语的比较语音学。德国语言学家施莱歇尔是19世纪中期最有影响的历史比较语言学家之一，他系统整理了前期历史比较语言学成果，见诸于《印度日耳曼系语言比较语法纲要》（1861—1862）等著作。

施莱歇尔研究亲属语言的历史演变过程,并创造性地使用谱系图来呈现语言之间的亲属关系,这是历史比较语言学的一大进展。德国语言学家施密特提出了"波浪理论"(wave theory)。1877年,施密特在《印度日耳曼人的亲属关系》一书中提出"波浪理论",认为当原始印欧语还是一个整体的时候,就存在着方言分歧,各个方言的特点像波浪一样扩散开去,从而使后来形成的不同语族和语支有互相交叉的现象。如果遇到另一个地位和影响同样重要的方言的扩散波,这一语言扩散的波浪就会停止。波浪理论结合人群迁徙和社会环境的改变来研究语言的演变发展。库恩从古生物学的角度扩展了历史比较语言学。他利用文献语言材料来探索古代民族的历史和文化,建立了作为历史比较语言学分支的语言古生物学和比较神话学,扩展了历史比较语言学的领域。库恩主编的《比较语言学杂志》,于1852年创刊,致力于日耳曼、希腊、拉丁诸语言的比较研究。至19世纪70年代,历史比较语言学在语言的微观研究方面积累了很多材料,在研究方法上也取得了重要的进展。

一般认为,19世纪70年代是历史比较语言学发展的转折点。此后,历史比较语言学家的贡献主要体现在三个方面。其一,开始提出完整的理论体系和方法;其二,开始深入研究语音的性质和构成,在印欧语系语言的语音状况和演变规律方面成就巨大;其三,研究对象逐步从印欧语系扩展到其他语系,如汉藏语系、南亚语系、班图语系及非洲诸语言。19世纪后期的历史比较语言学通常被称为"新语法学派"(The Neogrammarians,亦称"青年语法学派")时期,代表人物是德国莱比锡大学的一批学者,如奥斯特霍夫(Hermann Osthoff)、布鲁克曼(Karl Brugmann, 1849—1919)、莱斯金(August Leskien, 1840—1916)、德尔布吕克(Berthold Delbrück, 1842—1922)、奥斯特霍夫(Hermann Osthoff, 1847—1909)以及维尔纳(Karl Verner, 1846—1896)。"新语法学派"提出了著名的"维尔纳定律",也称为"语音规律无例外论"。这个学派的代表著作有布鲁克曼和德尔布吕克合著的《印度日耳曼语比较语法纲要》,保罗的《语言史原理》(1880)等。新语法学派正式为历史比较语言学提出系统的理论原则和方法。奥斯特霍夫的代表作有《印度日耳曼语名词词干结构领域内的研究》(1875)、《名词合成词中的动词》(1878)。布鲁克曼的《印度—日耳曼基础语的鼻音领音》(1876)、《希腊语语法》(1876年)、《比较语法纲要》(1866)和《比较语法简编》(1904),都是历史比较语言学中的重要著作。布鲁克曼、奥斯特霍夫的《形态学研究》序言(1878年)被公认为新语法学派的理论纲领。维尔纳于1875年写了《第一次语音变化的一个例外》一文,证明日耳曼族语音变化中有许多腭化的现象。他的主要贡献是解决了"格林定律"中的例外现象问题,认识到一切语音的演变都是有规律的。这就是"维尔纳定律"。另外,"新语法学派"的主要贡献是指出了类推在语言演变中的重要作用。这一时期,值得一提的还有索绪尔,他也是一位杰出的历史比较语言学家,著有《论印欧系语元音的原始系统》(1878)。索绪尔继承了历史比较学的研究方法,但是将语言学研究由历时转为共时,从而奠定了结构主义语言学的基础。

20世纪,结构主义语言学形成并发展,语言的共时研究逐渐居于主导地位。但是,这一时期的历史比较语言学仍取得了一定的成就,其研究范围得到扩大,特别是对汉藏语系的研究;研究方法更加多样,除了历史比较法外,还吸收了语言共时分析的理论和方法,如内部构拟法(the method of internal reconstruction)、地域语言学方法和语言类型学方法等。20世纪作出了突出贡献的历史比较语言学家有法国的梅耶(Antoine Meillet, 1866—1936)和瑞典的高本汉(Klas Bernhard Johannes Karlgren, 1889—1978)。梅耶关于历史比较语言学的重要著作有《印欧系语言比较研究导论》(1903)、《印欧语方言》(1908)、《希腊语史概要》(1913)、《日耳曼语系各语言的共同特征》(1917)、《共同斯拉夫语》(1923)、《历史语言学中的比较方法》(1925)等。其中,《历史语言学中的比较方法》被认为是关于历史比较法的优秀著作。高本汉是用历史比较法研究切韵音系的首创者,他的代表作有《中国音韵学研究》。该书用历史比较法拟测了汉语中古音系的面貌,提供了从中古到现代方言语音演变的线索。用现代语言学方法来研究中国语音史,可以说是从高本汉开始的。高本汉1928年的讲演稿《上古中国音当中的几个问题》以切韵音系为基础,采用共时分析的内部构拟法等对汉语的上古音进行构拟研究。他有关上古音系研究的主要著作还有《诗经研究》(1932)、《汉语词族》(1933)、《中国的文字》(1940)、《古汉语语音构拟》(1922)、《中国汉字形声论》等。1954年他对以前的研究成果进一步修订,总结性地发表了《中古汉语和上古汉语语言学简编》。

历史比较语言学的主要研究方法包括历史比较法、内部构拟法、地域语言学方法和语言类型学方法。历史比较法自19世纪以来一直是该领域最主要的研究方法,它研究语言的亲属关系和发展规律,它的依据是:亲属语言必然会在语言要素或语言成分里保留一些规律性的对应关系,找出这些对应关系以后,就能够重建原始形式。内部构拟法利用同一语言系统共时结构的差异来进行历时研究,对某种语言或方言系统共时的事实进行比较,从而找出它较早的状态。

中国的历史比较语言学也有悠久的历史。汉语的古今比较研究发端于明朝的陈第。现代语言学家罗常培(1899—1958)、陆志韦(1894—1970)、王力(1900—1986)、李方桂(1902—1987)、李荣(1920—2002)等人运用历史比较语言学的方法,构拟了上古和中古的汉语语音系统,初步制定了汉语和有关语言的亲属关系,为汉语音韵学研究作出了贡献。20世纪以后中国学者引进了历史比较语言学的方法,运用现代汉语方言材料、译音材料等,在《切韵》音系的音值确定方面作了深入研究,80年代前后这方面的研究进入了一个高峰期。王力的《汉语语音史》、陆志韦的《古音说略》、李方桂的《上古音研究》是历史比较语言学领域的重要著作。李方桂于1973年在美国的《中国语言学报》创刊号上发表《中国的语言和方言》一文,对中国境内的汉藏语言进行分类研究,为汉藏语系划出了基本框架。徐通锵的《历史语言学》(1991)是国内第一部历史比较语言学的理论专著。

临床语言学　Clinical Linguistics　应用语言学的一个分支学科,它是言语与语言治疗专业(Speech and Language Therapy)的重要科目,旨在将语言学的理论和方法应用于研究各种语言障碍(language disability),因此也称病理语言学。临床语言学对于应用层面比较注重,在语言治疗研究方面做出了重要贡献,在西方,要成为语言治疗医师,它是培训的必修科目。为临床语言学服务的各种专业杂志和协会也应运而生。卡明斯(Louise Cummings)出版了《临床语言学》一书,为二语习得的学生提供了一个理想的关于交流障碍研究的出发点。进入21世纪,有些学者向国内重点介绍了失语症,同时提供语言障碍的评估工具,进而介绍最新研究发现与治疗方法,并将神经语言学应用于临床上。

临床语言学的研究可以追溯到1885年。这一年,现代语言学的先驱库尔德内(Baudouin de Courtenay,1845—1929)曾著文章论述失语症症。1861年法国医生布罗卡(Pierre Paul Broca)发现,一旦大脑左前部的某一区域受损,说话机能障碍就会形成。由于这一脑区控制着说话功能,又是布罗卡发现的,因此被命名为布罗卡区(Broca's area)。十多年后,德国神经心理学家韦尼克(Carl Wernicke)发现,当人脑的左颞的后部受损后尽管病人能讲话,却不能恰当地理解话语。由于这一脑区控制着理解功能,于是被称为韦尼克区。在以后的医学实践中,失忆、失名(不能命名事物)、错语(言语错乱)等各种失语症,以及失读症、失写症等都被发现与一定的脑区的损伤有关。语言功能在人脑中的定位倾向于单侧化,除了少数左撇子,大多数人的语言功能位于左半球。这种侧化的过程约始于两岁,在五岁左右完成,不过在这之后,即使左脑受损,右脑也能接替其发展起语言功能。这一事实至少说明了两点:第一,大脑在运作时可能是遵循流体力学的原则,而不是循守机械分工的原理;第二,对于语言机能的形成,后天生长与先天基础一样重要。对于布罗卡的发现,著名语言学家索绪尔写过一篇评述,对失语症的研究发表了独到的见解。20世纪50年代以来,临床语言学越来越重视医学家和语言学家的合作研究。目前,国内有的大学正式成立将语言学研究与临床医学研究密切结合的学术研究机构,并与相关临床医院建立合作共建关系或设立研究基地,共同致力于语言学与医学交叉领域的研究及临床应用。

临床语言学主要研究失语症的描述、失语症的分类、各种言语失调的病因分析和言语矫治等内容。稍具体说来就是失语症损坏的不仅是语音,还有患者的语法能力;失语症可分为"遗忘性失语症"和"感觉性失语症"等类型;病人大脑的损伤程度导致了各种言语失调;对于各种失语症如失读症、失写症和口吃等的诊治,最近一些年来创制的医疗器械能从纵横两方面扫描和显示大脑的损伤部位,使失语症的研究和治疗有了更为科学的手段。但是大脑不同的损伤部位跟语言结构不同层次障碍的关系仍需根据临床资料进行系统分析。

临床语言学所开展的研究具有重要的理论意义、实际价值及应用前景。临床语言学将开拓语言学与临床医学的跨学科研究的新途径,培育新的交叉学科,为科学研究及临床实践提供崭新的视角;该学科将大大拓展并丰富传统语言学的研究范围、研究方法,将语言学从本体研究扩展到医学诊断的前沿领域,使语言学研究跟科学研究相融合,从而进一步推动语言学的发展;该学科还将进一步推动或深化医学理论的发展和创新,促进各相关学科的发展和融合,为进一步揭示大脑与语言的奥秘提供新的途径;该学科的研究对于实际的医学诊疗具有非常重要的意义和实际价值,研究成果能够直接应用于临床诊疗和疾病康复,具有重要的应用前景。

伦敦学派　London School　通常指英国的语言学研究,是现代语言学重要学派之一,创始人是弗斯(John Rupert Firth,1890—1960)。弗斯是第一个研究普通语言学理论的英国人,也是英国第一位语言学教授,大多数英国语言学教师都接受过弗斯的指导或深受其作品影响。他熟悉琼斯(Daniel Jones,1881—1967)的语音学研究,又注重吸收人类学家马林诺夫斯基(Bronislaw Malinowski,1884—1942)的理论。在20世纪30年代的伦敦大学东方和非洲研究院语言学系,弗斯联合其一些同事和学生(其中包括其学生韩礼德)建立伦敦学派。伦敦学派强调"语言环境"和"语言系统"的重要性,因此也被称为系统语言学和功能语言学。

人类学家马林诺夫斯基有关语言功能(function)的观点对弗斯影响极大。根据马林诺夫斯基的理论,语言并不是一种人与人之间传递思想的手段,也不与思维相对应,而是一种行为模式;话语意义并不取决于组成话语的词语意义,而是由话语与其语境之间的关系决定。

此外,马林诺夫斯基强调"语言环境"(context of situation)的重要性。他认为话语和周围环境密不可分,而语言环境是理解话语意义不可或缺的因素之一,人们不能仅仅依赖语言内部因素去分辨和确定话语意义,因为口头话语的意义取决于语境。马林诺夫斯基还区分了三种语言环境:"(1)言语与当时的身体活动有直接关系的环境;(2)叙述环境;(3)言语仅仅被用来填补空白的环境——寒暄交谈(phatic communion)。"

弗斯继承并发扬了索绪尔和马林诺夫斯基的传统观点并在此基础上推陈出新,提出了自己的见解,他的主要理论可以概括为以下几点:

(一)语言社会性。弗斯特别强调语言的"社会性成分",这点正与索绪尔学派侧重语言结构的观点相左。他认为语言并不是一些强制规定的符号或标记,而是作为人类的生活形式而存在。他在具体研究和观察中发现交际场合不同,人们使用的词语、结构和格式等也不相同。弗斯把语言看作社会过程,是人类社会生活的一种方式。人类必须为了生存去学习,而要参与社会生活,就要掌握语言这一手段。语言本身不仅是一种行事手段、一种使他人行事的手段,也是一种行为手段和生活手段。

(二)系统(system)和结构(structure)。弗斯认为语言有两个组成部分,即系统和结构。他对"系统"和"结构"这两个术语赋予了新的概念。他认为"结构"就是语法序列,即组合(syntagmatic)关系,如"李强卖菜""王丽扫地""张斌洗衣服"等都是由主语+动词+宾语组成的"结构";而"系统"则指出现在一个结构中同一位置上的词的聚合。例如,在"Mary loved him." "Mary dated him." "Mary helped him."中,"loved" "dated" "helped"这三个动词就构成一个系统,即聚合(paradigmatic)关系。"系统"是纵向的,而"结构"是横向的。"loved" "dated" "helped"都能与"him"一起搭配使用,弗斯称这种同现关系为"搭配"(collocation)。在弗斯看来,搭配并非仅存在于语法体系,在语音中也有搭配。例如英语语音中有 lint[lɪnt]、link[lɪŋk],却没有[lɪŋp],那是因为[ŋ]和[p]这两个音在这个位置上不存在搭配关系。

(三)语言学研究的对象。对于索绪尔对语言系统和言语行为的区分,弗斯不完全同意,也不认同将言语看作是语言学研究对象的观点。弗斯坚持认为在实际中使用的语言才应被看作是语言学研究的对象,进行语言研究的目的就是要分析语言中具有意义的成分,并在语言因素和非语言因素之间建立对应关系。

(四)对意义的研究。弗斯认为对意义的研究在整个语言研究过程中是非常重要的。在他看来,"'意义'有其独特内涵,它不但包括词汇意义、语法意义和音系意义,还包括具体语境中的意义。"另外,与马林诺夫斯基的观点相似,弗斯也认为意义源自"情境的衬托",并将这种衬托分为两种:来自语言之外即产生言语活动的时间、地点、背景、说话人与听话人的关系等的衬托和来自语言之内即言语上下文的衬托。"词汇意义"代表言语所指的客观事物;"语法意义"是某一语言结构(词、词组或子句)与另一语言结构之间的语法关系;"音系意义"则指音与音之间的关系;而意义是词汇、语法、音系不同层面的成分和该层面上成分与情景语境之间的关系。

(五)语言环境。弗斯认为语言研究的重点之一还有语言环境。他认为语言环境应包括整个言语的文化背景和个人历史,而不应仅仅局限于人们在语言环境中所从事的活动。弗斯还提出了"典型情景语境"(typical context of situation)的概念。他认为社会情景语境决定了人们必须扮演的社会角色;由人们遇到的典型情景语境是有限的,因此社会角色的总数也很有限。因此,与大多数人们想象中的不同,交谈更像一种事先约定好的仪式,一旦双方之间发生交谈,那么双方则置身于一个规定好的环境,就不能不顾规矩地畅所欲言了。

(六)语音研究。关于音系研究,弗斯有两个独特主张:一是"多系统性"(polysystemic)与"单系统性"(monosystemic)相对应,二是提出了韵律音系学(prosodic phonology)的概念。例如,英语 pin、tint、kin 中有/p t k/,而在 spin、stint、skin 中也有/p t k/。一般认为这些特征可以合并为/p/、/t/、/k/三个音位;但弗斯不以为然,认为 pin、tint、kin 中的吐气音/p t k/ 与 spin、stint、skin 中的非吐气音/p t k/ 不能合二为一,因此主张建立两个"系统"即 pin、tint、kin 的词首系统[pʰ tʰ kʰ]和 spin、stint、skin 的 s-后系统[p t k]。

关于韵律音位学(prosodic phonology)的研究,弗斯首先区分了组合与聚合关系。他认为,具有聚合关系的单位是"系统单位"(systematic unit),具有组合关系的单位是"结构单位"(structural unit),这是一种首创性的见解。弗斯指出,在实际言语中,构成聚合关系的是音位单位(phonematic unit),而不是音位。相对于音位中的特征,音位单位中的特征要少些,因为有些特征是一个音节、短语或句子所共有的。当在组合关系中考虑这些特征时,都被称作韵律单位(prosodic unit)。韵律成分包括重音、音长、鼻化、硬腭化和送气等特征。这些特征不单独在一个准韵律单位中存在。

弗斯的研究注重言语的背景,可谓是社会语言学的先驱。他的"搭配"说也颇具价值;提出"情境的衬托"的见解更使后人受益。但也有人提出了弗斯研究的局限性:其一,所用语言晦涩难懂,阐释含糊不清,有时论点牵强;其二,有时走极端,仿佛词和句子没有相对独立性;其三,探究了语音和语义,却未涉及语法。

伦敦学派研究语音、语义、社会方言和地方方言,在深入探究语言心理的基础上建立语法系统,结合文学批评研究的同时不忘重视语言教学。该学派对于以语言实用性为目标的研究者和学习者而言无疑具有积极的意义。

M

美国描写语言学派　American Descriptivism
亦称美国结构语言学派(American Structuralism 或 American Structural Linguistics),与布拉格学派(The Prague School)和哥本哈根学派(The Copenhagen School)一起并称为结构主义三大流派,其中美国描写语言学派的影响力最大。相对于与语言有关的心理因素和社会因素而言,描写学派强调的是对语言本身的研究和对语言结构形式的以及语言间差异的描写,对语言能力的解释和语言的普遍性不予重视,因而其语言学理论体系也称为结构语法(Structural Grammar)。

描写语言学派起源于20世纪20年代,形成的实践基础是美国语言学家和人类学家对美洲的本土语言—印第安语长期的调查和研究,并以20世纪20—30年代中期逻辑实证主义和行为主义(刺激—反应论)为哲学背景。在对语言研究过程中,有一套严密的描写和分析方法,在20世纪50年代,是美国语言学界的主流。但描写主义把注意力放在庞杂繁复的语言表面事实上,不重视在总体上更新语言理论,工作缺乏创造性,理论缺乏对语言现象和人的语言能力进行解释的能力。这使得描写语言学派逐渐失去了主导地位。50年代以后,随着乔姆斯基生成语法学派的逐渐兴起,逐渐被转换生成语法所取代。

美国描写语言学派的创始人是博厄斯(Franz Boas,1858—1942)和萨丕尔(Edward Sapir,18441—939)。博厄斯是人类学家兼语言学家,1911年曾为《美洲印第安语手册》(A Handbook of American Indian Languages)撰写序言,其中特别强调应当为了描写不同结构的语言而创立新的概念和方法:即描写每一种语言都要根据其自身的语音、形式和意义的结构做客观的描写,而不应该带着其他语言的或者传统语法的框架去描写,这后来成为描写语言学重要的指导原则。该序言凝聚了美国人类语言学家对北美印第安语调查和研究的初步理论总结,可被视为美国描写语言学开始的"宣言书"。萨丕尔是人类学家兼语言学家,他于1921年出版《语言论:言语研究导论》(Language, An introduction to the study of speech),提出语言研究应该与人类的心理、社会和文化联系在一起。萨丕尔与其学生沃尔夫(Benjamin Whorf,1897—1941)一同提出了著名的萨丕尔一沃尔夫假说(Sapir–Whorf Hypothesis),基本观点是:语言形式决定着语言使用者对世界的看法;语言怎样描写世界,我们就怎样观察世界;不同的语言模式影响人们的思维,从而对世界产生不同的认识。博厄斯和萨丕尔二人都强调尊重语言事实,从而做出客观的共时系统的描写。这一理念成为后来的美国结构主义研究的基本原则。

美国描写语言学最有影响力的核心代表人物是布龙菲尔德(Leonard Bloomfield)。他凭借1933年出版的专著《语言论》(Language),为美国结构主义奠定了描写方法的基础,宣告了美国描写主义(结构主义学派)正式诞生。他受到索绪尔语言观的影响,不仅对博厄斯和萨丕尔的语言结构共时描写的理论和方法进行了传承和发展,而且在历史语言学方面接受了欧洲新语法学派的传统,不再把语言看做是与心理和生理相关联的表达方式,而主张应该依据行为主义的"刺激—反应"理论来阐释人类的言语行为。在分析语言结构时,他强调根据形式结构的差别来分析语言,反对用非语言因素(特别是心理因素)作为标准。这些论点在当时产生了巨大影响,甚至成为了以后二三十年语言学发展的理论指南。由于布龙菲尔德的巨大贡献,20世纪30—40年代的美国结构主义被称为"布龙菲尔德时期"。

在布龙菲尔德之后,哈里斯(Zellig Harris)于1951年出版《结构语言学的方法》(Method in Structural Linguistics)一书,提出了结构语言学研究的理论和方法,主张要将话语里的单位(如语素)切分出来并根据语言单位的分布特征进行归类。该著作在语言学领域引发巨大反响,也标志着该学派的理论和方法进入了一个新时期。这一时期的另一位重要人物霍凯特(Charles Hockett)忠实地继承了布龙菲尔德的学术思想,他的《现代语言学教程》(A Course in Modern Linguistics)是一本著名的结构主义语言学教材,对传播结构主义语言学起到了良好的作用。作为结构主义学派在布龙菲尔德之后的代表人物,哈里斯和霍凯特等人的理论被人称为"后布龙菲尔德语言学"。

美国描写语言学的基本方法有：

(1) 替换分析法：主要观察某一语言语段中的某一"断片"（冯志伟，2013）可否在替换另一语言语段中的另一断片后形成现实语言中的具体存在事实。如果得出肯定的结果，则说明这些彼此可以替换的断片都是语言中同一现象或单位的变体。

(2) 对比分析法：通过比较两个或两个以上的语言片段来寻找其相同和相异的成分，进而确定该成分的性质。

(3) 分布分析法：是最重要、最关键的方法，即依据分布（某个单位或特征在话语里出现的各种不同位置的总和）从一堆语言素材中切分出独立的单位（如音素、语素等）并加以归类。这种对分布相同的语言单位进行归类的方法实际是一种以寻找同类环境为原则的归类方法。

(4) 直接成分分析法：简称 IC 分析法（Immediate Constituent Analysis），可以充分显示句子的层次结构。认为句子是由若干个直接成分的层级构成，每个较低层级的成分是较高层级成分的一部分。用一系列替换把整段的话语层层分析，从而发展出直接成分分析法。

此外，该学派还建立了语素音位系统，以特征分析为主要分析手段。语素音位是把语法和语音结合而成的单位，包括出现在若干语素变体里的几个音位。例如，建立起表示复数的语素{s}，而/s/、/z/、/iz/就是这个语素的变体。语素归纳出来之后，各语素变体间音位交替的条件逐步显现了，这就是语素音位系统。语素音位有助于语素的鉴别，能够起到用一个概念涵盖诸种变化的作用。

美国描写语言学的层次分析体现为结构语法。结构语法的分析通常在三个层次上进行：音系学（phonology）、形态学（morphology）和句法学（syntax）。概括说来，结构语法学家首先将收集到的语流切分成尽可能小的单位，然后对之进行分类，最后再研究这些单位的结合方式，即研究它们形成各种有意义的组合的不同方式。音系学研究语言的语音系统，形态学研究语言中语素的结构，句法学研究语素的组合方式，即研究由语素组合而成的词、短语、句子等较大语言单位的句法结构。这三个层次必须严格遵循从语音到语素再到句法的先后分析次序，因此结构语法的模式可粗略地表示如下：

美国描写主义的主要特点包括：

(1) 注重语言行为的描写，而不注重语言能力的解释，关注语言本身，而不考虑语言有关的心理因素和社会因素，也不谈社会和历史等因素。在形式和意义的关系上，注重形式分析，避开意义因素，认为意义带有很大的主观性，而形式的对立能决定意义的不同。结构语法学家认为语言中主要的形式手段有以下五种：词序（word order）、功能词（function words）、屈折（inflexion）、派生（derivation）以及语调（intonation），这五种形式手段通常不是各自独立使用的，任何一段话语常常同时使用其中几种手段。但这带来的缺陷也显而易见，即由于忽视意义，对一些同形异构的歧义现象难以解释。

(2) 注重口语和共时描写，重视记录实际语言。这一点显著区别于欧洲学者侧重书面文献及以历时研究为主的语言学研究方法。这主要是因为早期的研究对象印第安语大多没有文字和历史的材料，因此这一学派不得不一开始就只能从口语着手进行共时的形式分析。

(3) 强调验证。认为语言研究必须根据话语的素材来进行，必须采用严格规定的步骤对这些素材进行形式上的分类，而且分析的结果也必须经受验证。因此，它也被称为"操作主义"和"分类主义"。

作为索绪尔开创的结构主义语言学的一个重要流派，美国描写语言学派（结构语法）对当代世界语言学的发展产生如下巨大影响：

(1) 语言学研究中心的转移。在其兴起之前，世界语言学的中心一直在欧洲，但美国结构语法的兴盛使得世界语言学的中心转移到了美国。

(2) 对语言学研究范式的影响。描写语言学派揭示出来的一些语言结构现象，所提出的分布和替换的分析方法、直接成分分析法，以及将语音和语法相结合的语素音位的概念，在当时都得到广泛应用并都已被后人继承和发展，其严密的分析方法对哲学、人类学、心理学等其他人文社科领域的发展都产生了深刻的影响。

(3) 教学领域。结构主义的理念广泛应用在语言教学领域，听说教学法就在此理论的指导下产生。这种教学方法重视听说，轻视读写，主张大量的机械操练，将教学过程看作是刺激—反应—强化过程，在当时的环境下取得了巨大的成功。

(4) 对汉语研究的影响。在中国，他们的学术观点和方法对汉语构词法的认识、语素的确立与划分、词类的归并，以及汉语句法分析中短语的地位的确立和句法分析方法也都产生了巨大的影响。

蒙塔古语法　Montague Grammar　美国数学家、逻辑学家和语言哲学家蒙塔古（Richard Montague, 1930—1971）于 1970 年提出了一系列关于如何使用形式逻辑描述自然语言的理论，彻底颠覆了当时的逻辑学家和语言学家对他们所处的领域之间的关系的看法。蒙塔古运用形式逻辑和模态理论的观点,创造了一个新的体系,使自然语言的句法结构和语义结构更好地联系起来,从而更易于句子的语义理解。这些理论被统称为蒙塔古语法。

蒙塔古师从波兰逻辑学家、数学家和语言哲学家塔尔斯基(Alfred Tarski,1902—1983)。1993年,塔尔斯基发表的论文"形式语言中的真实概念"首次提出了模态理论,该理论是蒙塔古在语义学方面所做的许多研究工作的基础。

1970年,蒙塔古在瑞典哲学季刊《理论界》(Theoria)发表了《普遍语法》(Universal Grammar)一文,介绍了他的形式句法和形式语义学理论在形式语言及自然语言中的运用。因其首次提出将形式语义学运用于自然语言,该文的出版意义重大。蒙塔古之前的逻辑学家大多认为,自然语言太模糊、太不规则,无法与之进行形式逻辑分析,而语言学家则认为,形式语言无法抓住自然语言的结构。同年,蒙塔古在《英语作为形式语言》(English as a Formal Language,1970)一文中更清晰地阐述了自然语言和形式语言之间的相似之处。

1973年,蒙塔古在芬兰逻辑学家、语言哲学家亨迪卡(Jaakko Hintikka)等主编的文集《自然语言研究方法》(Approaches to Natural Language)中发表了《普通英语中量词的特定处理》(The Proper Treatment of Quantification in Ordinary English)一文,对英语句法和语义下了新的定义,英语词组被翻译成以意逻辑为基础的逻辑语言,然后再用塔尔斯基的模态理论进行诠释,该文影响深远,常被简称为PTQ。蒙塔古语法一般指的是在《普遍语法》、《英语作为一门形式语言》和《普通英语中量词的特定处理》三篇论文中所描述的理论,而且由于蒙塔古的理论大部分是在PTQ中得到详尽阐述,因此,蒙塔古语法又常被称作PTQ。

就内容而言,蒙塔古语法是一种形式语言理论,是在一阶逻辑的基础上,通过对语句的结构和赋值增加了某些强有力的形式工具而形成的。形式语言包括:一阶谓词逻辑、模态算子、时态算子、兰姆达抽象和形成谓词内涵和外延的算子。蒙塔古提供了一个类型论的结构,这种结构允许对每种表达式加以量化。蒙塔古的形式语言又可称作内涵语言。他依据个体、真值、可能世界和时间坐标以及所有这些的函项概念给出了内涵语言的一个模型。内涵语言使我们能给出对自然语言语句的间接解释。其方法是,首先将语句映射为内涵逻辑中的翻译语言,然后给出这种语言的解释。

蒙塔古语法彻底颠覆了传统的有关句法和语义的许多语言学概念,使语言学家和逻辑学家长期持有的形式逻辑与自然语言无法兼容的观念发生了动摇,促使原本互不相干的两个领域开始了合作。

蒙塔古将逻辑语义学引入了语言学领域,从而开辟了语义学研究的新途径。他的理论带动了计算语义学的革新,如模糊语的处理方式等。尽管蒙塔古理论的影响主要在语义领域,但也影响了句法领域。蒙塔古提出的在语法中分类词汇的理论对波拉德(Carl Pollard,1947—)、萨格(Ivan Sag,1949—2013)和沃叟(Thomas Wasow)的中心语驱动的短语结构语法的发展产生了极大的影响。

在蒙塔古语法的影响之下,许多研究进一步开拓了原有理论的范畴,例如逻辑方面的量词限定和首语重复的研究逐步扩展到了蒙塔古语法的所有领域;模态理论还在继续延伸和发展。显然,蒙塔古语法的作用和影响是深远的,因为新的理论依然受到并还将受到其研究的影响。

模糊语言学 Fuzzy Linguistics 随着当代科学技术和语言学理论的发展,模糊语言学逐渐产生。《社会科学大词典》(1989)将其视为语言学的新兴分支,主要运用模糊数学的理论和方法研究自然语言现象。《语言学百科词典》(1993)将其定义为运用模糊理论研究语言现象的学科,主要运用模糊数学的原理对语言中语音、语法、语义存在的不确定现象进行定量定性的分析和研究。《中国百科大辞典》(2005)提出模糊语言学为研究语言现象模糊性的语言学分支。由此可见,模糊语言学是模糊集合论与现代语言学相结合形成的一门新兴分支学科,尝试用模糊数学的方法研究自然语言或人工语言,对语言进行抽象的形式描述和精确的理论分析,从而使之更具有客观性、科学性和准确性;同时,使电子计算机接受一部分语言的模糊表述,为计算机科学、人工智能和语言学的发展研究开辟了新途径。

模糊语言学的研究对象是语言变量中的模糊性。模糊是自然语言的特点,也是人类思维的属性之一。虽然现代语言学致力于对语言系统进行精确的、形式化的描写和解释,但人类语言在不同层面上都存在着不确定性。罗素(Bertrand Arthur William Russell,1872—1970)曾于1923年在其论文《论模糊性》中断言:"整个语言或多或少是模糊的。"英国语音学家琼斯(Daniel Jones,1881—1967)曾于1957年指出:"我们大家(包括那些追求'精确无误'的人)在说话和写作时常常使用不精确的、含糊的、难于下定义的术语和原则。"这种不确定的、具有模糊性的话语称为模糊语言。

模糊语言主要是指由模糊词或模糊词组引起的,既包括所表示概念的内涵、外延难于明确确定或精确确定的语言,也包括一些约定俗成、语义能为人们理解的语言。模糊语言主要是相对于精确语言而言的。其主要特点是:界限"模糊不清"(如中国人理解的"早晨"一般到八九点钟;欧洲人一直到上午11

点都还可称作早晨)、含义"部分重叠"(如中国人理解的"中年"既包括50岁的人,也包括40岁上下的人)、偏重"定量分析"(如汉语中的"稍微""渐渐"等表示的都是定量概念)、具有相对性质(如"我们班有35人"和"我们班有30余人"相比,前者比后者要精确;而"我们班有30余人"与"我们班有几十人"相比,"我们班有30余人"更"精确")等。

模糊语言主要表现在语音、语义、词汇、句法、语用等方面,其中词汇语义的模糊性比较典型。一般说来,同音词和多义词之间,形似词之间,各种语体之间,可数名词和不可数名词之间界限比较模糊,很难明确区分。譬如,颜色词(如"红""粉红")、时间词(如"早晨""上午")、方位词(如"上""下")、性质形容词(如"好""较好""不太好""坏")、程度词(如"非常""比较")等词难以从数学角度精确定义。诚如美国计算机科学家札德(Zadeh, 1965)所言:"'美人'或'高个子'这些概念并不能构成一般数学意义上的类或集合"。举"高个子"为例,人们很难断定究竟是1.90米、1.85米还是1.80米为高个子。语言的模糊性质主要由两方面因素形成:一是客观事物具有具体性和无穷无尽性,而语言是抽象概括的,其单位不能无限增加,所以允许有一些比较笼统的概念;二是各种感觉虽然界限分明,但彼此相互关联,这是"语言模糊"的客观基础。

模糊语言学主要以札德(Lotfali Askar Zadeh, 1921—)的模糊集合论为基础进行研究。学者们发现,在处理语言变量时,很难用精密的数值表示。如"年纪"这一语言变量,其对应值是自然语言中的词或者句子,包括"年轻、很年轻、不年轻、老、大、很老、很大、不大、不老"等,而不是精确的数字"20、21……70、80"等。为解决这一问题,1965年札德在《信息与控制》(*Information and Control*)第8期上发表了著名的《模糊集合论》(Fuzzy Sets),指出"模糊集合是其成员隶属度构成一个连续集的所有成员组成的一个类。"所谓"隶属度",即用"1"表示隶属于某个集合,"0"不属于这个集合,"1"和"0"之间的小数表示接近该集合的程度。在传统集合论中,每一个集合的成员要么属于它(隶属度为1),要么不属于它(隶属度为0)。札德认为可以用模糊集合的方法来处理这些模糊现象,建议给予所处理词语适当的隶属度函数,然后运用电子计算机进行处理,从而对之进行比较科学和充分地解释。后来札德就模糊理论发表了几十篇文章,探讨该理论的实际应用问题,产生巨大反响。

模糊语言学具有学科边缘性,国内外相关研究内容比较广泛。这主要是由于一方面模糊语言的界限受地理、时代、政治、经济、民族、文化、语言、性别、受教育程度等不同因素制约,另一方面语言模糊性的研究与词汇学、词源学、词典学和修辞学等学科都密切相关。学者们既可以运用模糊集合论从不同层次、不同角度来研究语言模糊性,又可以针对语言的某一种模糊性来探讨模糊集合论的应用方法。具体说来,模糊语言学研究应包括基本概念和术语定义研究,人类自然语言诸层次中的模糊性研究(如语音、词汇、语法等);语言模糊性的来源、特点、规律及影响因素研究(如语言模糊性与精确性的辩证关系研究);语言模糊性的定量描述研究;模糊语言学与语言学其他分支学科(如句法学、修辞学等)的关系研究;模糊语言学的应用研究(如在新闻报道中的应用)等。模糊语言学重视研究"模糊语言"的"精确"和"精确语言"的"模糊";"边缘区域"的模糊含义和"中心区域"的确定概念;语言与思维的不可分割性和语言变量的灵活性等。目前,语言学家不仅在语音、语义和语法的描写上,而且在方言分区的研究和词典编纂中也应用了模糊数学的理论和方法。

模糊语言学虽然在中国语言学诸分支学科中起步较晚(起步于20世纪70年代末),但发展相对较快。伍铁平的《模糊语言初探》(1979)是国内最早运用模糊理论对语言模糊性进行研究的论文。其后,诸多学者从不同角度对模糊语言进行研究。20年后,伍铁平又出版了著作《模糊语言学》(1999),尝试运用多种语言比较的方法来研究语义模糊问题。该书主要包括模糊语言通论,模糊语言和词汇学、词典学、词源学,模糊语言和修辞学、语用学等三大部分。其中第一部分涵盖模糊词、模糊概念、模糊限制词、模糊性影响因素、模糊理论的产生与研究对象、模糊的定义、模糊手段、语言中精确和模糊的转化、词义的反面转化等方面。第二部分讨论了实词、虚词、颜色词、味觉词、温度词等的模糊性。第三部分探讨了模糊与修辞、模糊词的感情色彩、委婉语与模糊理论的解释力等方面。该书的出版在一定程度上推动了学界研究模糊语言的发展。目前,国内相关著作或文章多为基于汉语的对比研究(包括跨语系对比及词源对比研究)或者跨学科定性研究(如结合文艺理论、心理学、逻辑学、美学等)。其中在汉语对比分析方面发展比较成熟,已经引起国内外不同领域学者的普遍关注。相对而言,该领域在吸纳最新研究成果,采用数学分析(如运用数理逻辑运算和实验统计测定)和哲学分析以提高研究的系统性和理论性等方面尚需进一步发展。

自札德提出模糊集合论以来,已经形成了一系列新学科,如模糊逻辑、模糊数学、模糊语言学等。其中模糊语言研究在语言模糊性与词汇学、修辞学、词源学等相关研究方面有较大发展。但就整体而言,有许多根源性问题,如模糊的定义、语言模糊性的根源、模糊语言的研究范围等方面尚需进一步明晰；在多学科和多语系理论研究、学科体系建构等方面尚需深入系统地发展。

莫斯科语言学派 Moscow Linguistic School
19世纪末至20世纪初与喀山语言学派（俄 Казанская лингвистическая школа，英 Kazan linguistic school）齐名的两大俄罗斯语言学流派之一。莫斯科语言学派（Московская лингвистическая школа）的创始人是福尔图纳托夫（俄 Филипп Фёдорович Фортунатов，英 Filip Fedorovich Fortunatov，1848—1914），自1875年至1902年任莫斯科大学教授，开设各种普通语言学和历史语言学课程，培养了许多优秀的学者，同时也创立了以他为核心的莫斯科语言学派。该派的其他代表人物包括托姆松（俄 Александр Иванович Томсон，英 Alexander Ivanovich Tomson，1860—1935）、沙赫马托夫（俄 Алексей Александрович Шахматов，英 Aleksey Aleksandrovich Shakhmatov，1864—1920）、波克罗夫斯基（俄 Михаил Михайлович Покровский，英 Michail Michailovich Pokrovsky，1868—1942）、波尔热津斯基（俄 Виктор Карлович Поржезинский，波兰 Jan Wiktor Porzeziński，1870—1929）、乌沙科夫（俄 Дмитрий Николаевич Ушаков，英 Dmitry Nikolayevich Ushakov，1873—1942）等。

莫斯科语言学派的研究主要涉及历史语言学和普通语言学理论两个领域。在历史语言学方面，该学派与德国新语法学派（德 Junggrammatiker，英 Neogrammarians，俄 младограмматики，又译"青年语法学派"）相似，重视语音变化的规律性，认为应该尽量用确定的规律来阐释语音的历时变化。福尔图纳托夫曾独立发现两条音变规律，其中一条与梵语卷舌音的出现条件有关，被称作"福尔图纳托夫定律"（俄 закон Фортунатова，英 Fortunatov's Law），另一条则与波罗的—斯拉夫语中词首重音在特定条件下移至词末的现象有关，这一规律因与著名语言学家索绪尔（Ferdinand de Saussure，1857—1913）在立陶宛语中的相关发现相同，而被称作"福尔图纳托夫—德·索绪尔定律"（俄 закон Фортунатова-де Соссюра，英 the Fortunatov-de Saussure Law）。在强调音变规律性的同时，莫斯科语言学派也有明显不同于新语法学派之处。这表现在：莫斯科学派并没有将对语言本质及其历时变化的理解局限在个人心理学的范围内，而是对语言的社会性和语言历史与社会历史的联系给予了充分的重视。

在普通语言学理论方面，莫斯科语言学派表现出对形式标记的特别关注，其观点常被称为"形式主义"（俄 формализм，英 formalism）。福尔图纳托夫认为，词语在意义上包括词汇意义和语法意义两类，在形式上则包括基本部分（词干）和形式部分（词尾）两部分，正是形式部分的变化赋予了词语各种语法意义，因此，语法研究必须以语言形式为对象，词类划分必须以形式标志为依据。有些词没有词尾，不能被分解为基本部分和形式部分，因此被视作没有形式的词。福尔图纳托夫认为，语言中的词都可以分为有形式的词和没有形式的词。不过，在他对语言的类型分类中，以汉语为代表的词根语中的单词都是没有形式的，形式存在于黏着语、屈折—黏着语、屈折语和多式综合语中。在句法层面，福尔图纳托夫以词组为基础，认为句子只是一种完整词组，它可以包含其他的不完整词组，对句子的语法分析不能与逻辑混为一谈。

莫斯科语言学派处于19世纪历史语言学向20世纪现代语言学过渡的时期，他们不仅在历史语言学方面有着深厚的功力，而且也在普通语言学领域颇有建树。在对词法和句法的研究中，他们的一些观点显得过于狭隘（比如对形式的过分强调），但也正因为如此，他们对语言研究取得独立于哲学、逻辑等传统研究的地位起到了推动作用，也促进了语法理论的发展。在俄罗斯，他们的影响很大，后来成为布拉格学派（英 the Prague school）代表人物的特鲁别茨柯依（俄 Николай Сергеевич Трубецкой，英 Nikolay Sergeyevich Trubetzkoy，1890—1938）在莫斯科大学读书时，也曾受过他们的教育。但在十月革命（1917）以后，他们的学术影响在苏联被清洗。在俄罗斯以外，莫斯科语言学派和同时代的许多学者如德国的贝尔内克（Erich Berneker，1874—1937）、丹麦的佩德森（Holger Pedersen，1867—1953）等都有密切联系。20世纪，哥本哈根学派的代表人物叶尔姆斯列夫（Louis Hjelmslev，1899—1965）对莫斯科学派对语言纯形式范畴的重视给予了相当肯定的评价，并认为该学派促进了语言研究获得区别于心理学和逻辑学的独立地位。

欧洲中世纪的语言研究 Language Studies in the Middle Ages in Europe 欧洲中世纪（公元476年至15世纪）的语言研究是对古希腊和古罗马语言研究的继承与发展。总的来说，它包括以具体语言为对象的实用语言研究和对语言进行的哲学思辨两方面内容。

随着基督教的传播，拉丁语教学在中世纪的欧洲一直很受重视。以拉丁语读写知识为主要内容的语法学在中世纪早期即被列为"三才"（拉 trivium，包括语法学、逻辑学和修辞学）之首，并与"四技"（拉

quadrivium，包括几何、算术、音乐和天文）并称"七艺"（拉 septem artes liberales，英 the Seven Liberal Arts），是中世纪教育的基础。蓬勃的拉丁语教学使古罗马的拉丁语研究成果在欧洲广为传播，古罗马语法学家多纳图斯（Aelius Donatus，公元4世纪）的《语法术》（拉 Ars Grammatica，英 Art of Grammar）和普利西安（拉 Priscianus Caesariensis，英 Priscian，公元6世纪）的《语法原理》（拉 Institutiones Grammaticae，英 Grammatical Foundations，或译《语法基础》）成为当时最重要的两部教学语法，针对这些著作，学者们还撰写了大量的注释和评论，服务于语言教学和规范等实用目的。

在拉丁语语法著作的启示下，一些学者开始用类似的方法研究拉丁语以外的欧洲语言。英国的一位修道院院长埃尔弗里克（Ælfric，约955—约1010）以多纳图斯和普利西安的著作为基础，为母语为（古）英语的学习者编写了一本语法手册，他认为这本语法手册既可以用来学习拉丁语，也适用于对（古）英语语法的学习，这是英语语法受拉丁语语法影响的最早例证之一。此外，爱尔兰、威尔士、普罗旺斯等地方语言的实用研究也在拉丁语语法著作的影响下取得了一些成果。这些成果中，最突出的是12世纪一位冰岛的佚名学者撰写的《第一篇语法论文》（冰 Fyrsta málfræiritgerðin，英 First Grammatical Treatise），因其位于一部包含四篇语法论文的手稿之首而得名。这部作品讨论的主要问题是冰岛语的拼写法，作者认为当时记录冰岛语的方法存在缺陷，需要改革。为了证明自己的观点，他详细描述了当时冰岛语的语音，并提出了更合理的正字法。他的描述为我们留下了12世纪冰岛语语音的宝贵资料，而更为可贵的是，他的论述虽然体现出传统拉丁语语法的影响，但其中采用的一些方法竟与20世纪的音位分析十分类似。例如：他提出，由语境所造成的语音变体不必在拼写上进行区别；为了确定哪些语音对词义有影响因而在书写上必须进行区别（即现代的"音位"[phoneme]），他还采用了现代语言学家所熟悉的"最小对立体"（minimal pair）进行测试。这些都表明，作者具有超出时代的独创性。然而，这部非凡的作品由于诞生在远离欧洲大陆的冰岛，数百年来一直湮没无闻，直到20世纪才引起结构主义语言学家的重视。

与实用的语言研究同样受到中世纪学者重视的，是在经院哲学（scholastic philosophy）影响下产生的思辨语法（speculative grammar 或 Modism）。经院哲学诞生于11世纪蛮族入侵结束后的文化复苏时期，是基督教神学与亚里士多德哲学和逻辑相结合的产物，其影响一直贯穿于中世纪后期。经院哲学要求对神学中的各种内容进行语义辨析和推理论证，因此非常重视语言问题，其内部持续了三百余年之久的唯名论（nominalism）和实在论（realism）之争便与语言直接相关。唯名论者认为，只有个别的感性事物才是真实存在，所谓"共相"（universals）——即一般概念——是在事物之后产生的，不具有客观实在性，最多只能说存在于心灵之中。实在论者则认为，只有"共相"才是真实的存在，它不仅仅是人们心中的概念，而且是存在于个别事物中的一般本质，甚至可以说是高于个别事物的理念实体。因此，在唯名论者看来，词语只是事物的名称或者符号，和事物本身没有关系，而实在论者则认为，词语和概念以及事物的本质有内在的联系。

唯名论和实在论之争在思想根源上同古希腊的"约定论"与"本质论"之争、"规则论"与"不规则论"之争一脉相承。这一争论对中世纪语言研究的直接影响，是思辨语法学家对语言理论普遍性问题的关注。由于重视对语言本质的思辨胜于对具体语言材料的观察，思辨语法学家持一种温和的实在论。不过一般来说，他们并不直接探讨唯名论者和实在论者所关注的"共相"问题。就整体而言，经院哲学对思辨语法的主要影响，是对一般语言理论的强调和对语义及句法问题的探索。

思辨语法学家认为，普利西安和多纳图斯虽然善于观察具体的语言现象，却疏于在更高的层面上思考关于语言的一般理论，因此其语法缺乏最终的解释力。他们将普利西安和多纳图斯的描写成果与经院哲学的理论体系相结合，提出了各种关于语言普遍性的主张。

首先，在思辨语法学家看来，语法研究应该抓住深入语言基础的普适理论。英国学者培根（Roger Bacon，1214—1292）在一部思辨语法著作中指出，学者们应该重视欧洲古典语言以外的阿拉伯语和希伯来语的研究，各种语言的语法在本质上是相通的，其差异只是表面现象。

从哲学思考出发，思辨语法学家非常重视对语义问题的探讨。13世纪学者佩特鲁斯（Petrus Hispanus，1215—1277，后为教皇约翰二十一世（Pope John XXI））区分了词语的"词义"（拉 significatio）和"替代意义"（拉 suppositio），这两者分别类似于现代语言哲学中"意义"（德 Sinn，英 meaning）和"指称"（德 Bedeutung，英 reference）。后来又有学者将"替代意义"进一步分为"形式替代"（拉 suppositio formalis，英 formal supposition）和"物质替代"（拉 suppositio materialis，英 material supposition），这一区分相当于后世逻辑学对"对象语言"（object language）和"元语言"（meta-language）的区分。

对语义的关注，最终使思辨语法学家在对词类和句法的理解上取得了前所未有的突破。他们认为,具有各种存在方式(拉 modi essendi,英 modes of being)的事物具有被理解和被表达的可能性,分别称作"被动理解方式"(拉 modi intelligendi passivi,英 passive modes of understanding)和"被动表意方式"(拉 modi significandi passivi,英 passive modes signification);与之对应,人的心智具有主动理解和表达事物的能力,分别称作"主动理解方式"(拉 modi intelligendi activi,英 active modes of understanding)和"主动表意方式"(拉 modi significandi activi,英 active modes of signification)。据此,他们对前辈学者所区分出的各种词类按照表意方式的不同进行了重新阐释。例如,埃尔福的托马斯(Thomas of Erfurt,约13—14世纪)认为,名词通过恒久存在物或特征集合体的方式来表意,动词通过独立于其所陈述实体的时间过程来表意,等等。由于思辨语法学家的大量著作都以"论表意方式"(拉 de modis significandi,英 on the modes of signifying)命名,他们又被称作"摩迪斯泰学派"(拉 Modistae,来自 modus"方式",英 the Modistae 或 Modists)。

思辨语法学家所取得的最突出的成就在句法方面。首先,他们指出,一个句子要得以成立,必须在物质上有词作为材料,在形式上将词相结合,在效力上通过屈折变化明确语法关系,在语义上表达完整的思想,同时,句中的词必须能够组成一个句法结构,带上正确的屈折变化,并在语义上相互搭配。其次,他们在句法结构的层面上首次提出了主语(拉 suppositum)和谓语(拉 appositum)的概念,并在较深的语义层面上研究了句子中各成分间的依从关系,这种依从关系还被推广到从句与主句的研究上。此外,他们还注意到一些句子成分之间(如介词与间接格名词间)的支配关系,并对及物和不及物现象进行了研究。他们对及物和不及物的理解也是从更深的逻辑语义层面上展开的,因此并不仅仅局限于动词结构。另外,思辨语法学家还将词的形态范畴根据其与句法的关联分为"相关方式"(拉 modi respectivi)和"独立方式"(拉 modi absoluti),前者与句法有直接关联,是句子结构的基础,类似于今天所说的屈折变化(英 inflexion),后者与句法没有直接关联,类似于今天所说的派生变化(英 derivation)。根据句法特征,他们还对各种词类进行了更明确的区分。

思辨语法学家的语言研究使人们对于句子结构的理解比以前深入了许多,对于后世的句法学颇有影响。此外,他们对于语言理论普遍性的强调,虽然由于时代的局限而存在许多具体的问题(尤其是他们的材料基本上还局限于拉丁文),但他们对于片面强调材料而忽视一般理论的批判以及对普遍主义的追求则留给了后世语言学家许多启示。

思辨语法学家之所以能够将前人的语言描写与经院哲学的理论体系顺利结合,并取得前所未有的成果,一方面是由于他们自身的努力和创见,另一方面也是由于前人的语言描写在其思想根基上与经院哲学所推崇的亚里士多德主义颇有相通之处。然而,思辨语法学家与他们所继承的古典语文学家在研究目的和方法上都有很大的不同。古典语文学家的研究在很多方面都更接近实用的语言研究,强调传统和实践,用经典语言对人进行教化,而思辨语法学家的研究则没有什么实用目的,他们关心的是各种抽象的概念、范畴和论证的逻辑性,因此他们经常自己编造例句,其语言不仅失之典雅,而且往往陷入枯燥的程式,甚至无法在真实语境中使用。在中世纪的语言研究中,思辨语法和古典语文的这种矛盾一直存在。这从一个侧面反映了思辨语法过于哲学化、以逻辑替代语法、忽视语言经验的弊端。

P

配价语法 **Valency Grammar** "配价"这一概念最早由荷兰语言学家戈鲁特(Albert Willem de Groot,1892—1963)在1949年出版的《结构句法》(*Structurele Syntaxis*)一书中提出;配价语法(valency grammar)的诞生则以1959年法国语言学家泰尼埃(Lucien Valerius Tesniére,1893—1945)《结构句法基础》(*Elements de Syntaxe Structurale*)的问世为标志。作为从属关系语法的创始人,泰尼埃在语法学中引进"价"的概念,是为了说明一个动词能支配多少个名词词组,因此从属关系语法又被称为"配价语法"。

"价",亦称"配价"(Valency)、"向"(velenz),是一个借自化学的术语。化学中的"价"的概念主要表明在分子结构中各元素原子数目间的比例关系。取氢原子为一价,某种元素的一个原子能和多少个氢原子相结合,那么该元素就是几价。例如,水分子式(H_2O)中一个氧原子总是跟两个氢原子化合,所以氧的原子价为二价。与此类似,一个动词能支配多少个名词词组,这个动词的价的数目就是多少。随着国外语言学界对配价理论研究的深入,配价不再局限于动词,现在已扩展到名词和形容词。当初泰尼埃实际探讨的是句法配价,现在已经广泛涉及语义配价、逻辑配价和语用配价等问题。现在,配价理论不仅已经深入到各主要语言的语法研究中,而且已经被广泛应用于语法教学与词典编撰领域。此外,由于这种语法便于计算机对自然语言进行自动处理,在信息时代颇受欢迎,成为计算机语言学和数理语言学基础理论研究的重要方面。

配价理论涉及两个重要的概念："关联"(connexion)和"转位"(translation)。泰尼埃提出,关联是句子的"生命线"(Tesnière 1959)。例如法语句子Alfred parle(阿尔弗列德讲话)不仅由Alfred和parle(说话)两个词组成,还包括"关联"使两者连成一个整体。这种情况类似化学中的情况:氯和纳合成化合物氯化钠,氯化钠既不同于氯也不同于纳,而是一种新的产物,其中的化合起了决定性的作用。句法关联建立起了句子中词与词之间的从属关系,这种从属关系由支配词(régissant)和从属词(subordonné)联结而成。泰尼埃提出,动词是句子的中心,它支配着其他成分,而它本身却不受任何其他成分的支配。以"Alfred parle"为例,parle就是支配词,Alfred就是从属词,parle支配Alfred。支配词与从属词之间的关系可以通过"图示"(stemma)来表示。例句"Alfred connaît mon cousin"(艾尔弗雷德认识我的表弟)可用下图表示:

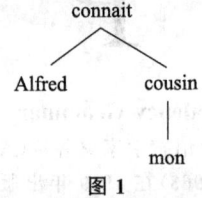

图1

其中,动词connaît是句子的"结"(noeud),cousin从属于动词connaît,mon从属于名词cousin。泰尼埃还认为,直接受动词支配的有名词词组和副词词组,名词词组构成"行动元"(actant),副词词组构成"状态元"(circonstants)。行动元的数目决定了动词的价的数目,它的数目不能超过三个,即主语、宾语1和宾语2,一个动词如果不支配任何名词则被认为是零价动词。从理论上来讲,状态元的数量可以是无限的。至于转位,它涉及转位者(translateur)和被转位者(translaté),两者合起来构成一个转位。例如,le cousin de Alfred(阿尔弗雷德的表弟),Alfred本是一个名词,介词de将之转化为话语中的形容词,因此Alfred为被转位者,de为转位者。根据转位所涉及的词类,泰尼埃将转位区分为一度转位和二度转位(冯志伟,2004:167)。如果被转位者是名词、形容词和副词,该转位为一度转位;如果被转位者是动词,该转位为二度转位。此外,转位还分为简单转位和复杂转位。简单转位只涉及一个成分转位到另一个成分;但是如果转位连续发生,它就是复杂转位。

泰尼埃提出"配价语法"以来的几十年间,该理论在世界范围内得到了迅速的发展。另外,随着语言科学的不断探索、修正、积累和发展,配价语法逐渐形成了多元化的局面。目前在法国语言学界,对于以语义为基础的"概念依存理论"的认同和应用已日渐式微。取而代之的是强调句法配价形式的"词汇—语法"理论。"词汇—语法"理论由法国巴黎第七大学语言资料自动化实验中心主任格罗斯(Maurice Gross,1934—2001)于1975年在《句法分析论》(Methodes en syntaxe)中提出,其特点包括:(1)以矩阵作为表达语法信息的媒介,即以表面形态为基准(surface-based);(2)以直觉为本(intuition-based);(3)以词汇驱动(lexicon-driven);(4)以符合足句条件的核心句为基本观念(郑定欧,1995)。

在德国,配价语法研究获得了非凡的成就。20世纪60年代初期,德国语法学界引进了配价语法理论,解决了德语语法分析和语法教学中的许多问题。"掀起了德国配价语法研究的高潮,产生了一批卓著的配价语法学者,如比因克曼(Hennig Byinkmann)、埃尔本(Johanne Erben)、赫尔比希(Gerhard Helbig)、邦德齐奥(Wilhelm Bondzio)以及恩格尔(Ulrich Engel)、舒马赫(Helmut Schumacher)等等,取得了丰硕的研究成果,以至在国际语言学界有'配价语法理论产生在法国,发展在德国'的说法"(陆俭明,1997:5)。

中国配价语法的研究发端于吕叔湘的《中国文法要略》,而真正把配价语法理论导入现代汉语语法研究的则是朱德熙。自80年代起,配价语法成为汉语语法研究的一个热点。继朱德熙之后,范晓、袁毓林、刘丹青、张国宪、沈阳、陆俭明等学者先后发表大量文章,深入探讨配价理论及其在汉语语法研究中的应用,涉及广泛的领域,探讨的问题包括:(1)配价的性质问题,即配价是一种语法范畴还是一种语义范畴?配价是语义平面的概念还是句法平面的概念?配价的基础是什么?(2)配价的确定问题,即词汇的意义是否能用来确定配价?在何种句式中确定配价成分?还有哪些可能的新的确定方法?(3)配价的类别问题,即根据动词、形容词所联系的配价成分(补足语)的数量、性质等因素,可以将配价分为怎样的类别?(4)配价与配价形式的问题,即稳定的语义配价和可变的句法配价形式之间有怎样的关系?(周国光、张国宪,1994)。对于这些问题,汉语语言学界尚未形成统一的认识,因此近些年来仍然是讨论的焦点。

在自然语言计算机处理方面,配价语法省略了词组的层次,减少了节点的数量,体现了简明清晰的优势。在泰尼埃的配价语法基础上,美国语言学家海斯(David Hays)于1960年根据机器翻译的特点提出了从属分析法(dependency analysis),比前者更加形式化。美国计算机语言学家罗宾逊(John Robinson)于1970年提出了从属关系语法的四条公理。美国计算机语言学家克劳斯·舒伯特(Klaus Schubert)于1987年从计算语言学的角度出发,提出了用于计算机语言学的从属关系语法12条原则。与从属分析法相比,这12条原则不仅包含了前者的四条公理,还扩展到了语素和语篇领域,可计算性和可操作性更好,更加适合于自然语言的处理要求(冯志伟,2004:179)。我国学者冯志伟根据机器翻译研究的实践,深入研究了体现从属关系的"从属树"(dependency tree)中的节点之间的关系,并提出了从属树应该满足的五个条件。冯志伟的五个条件与罗宾逊的四个公理和舒伯特的12条原则相比,更加直观地体现了从属树的各个节点之间的联系,更加适用于机器翻译和自然语言的计算机处理。

批评话语分析 Critical Discourse Analysis; CDA 亦称批评语言学(critical linguistics),是20世纪70年代末期出现的一种话语分析方法,旨在通过对语言的词汇语法特征等表现形式的分析来挖掘话语的社会文化背景和揭示隐含的社会意识形态,并最终尝试去阐释语言、社会关系甚至意识形态之间相互影响的关系。作为一种语言研究方法,批评话语分析最早由福勒(Roger Fowler, 1858—1933)、霍奇(Bob Hodge, 1940—)和克雷斯(Gunther Kress, 1940—)等英国语言学家在《语言和控制》(Language and Control)(1979)中提出。经过20年的发展,进入21世纪以来,批评话语分析已经成为一门研究和解释社会问题的跨学科语言研究,所涉及的领域包括社会学、政治学、传播学、管理学、教育学等,其影响仍在不断扩大。

批评话语分析是当代西方人文科学中普遍存在的反唯科学主义和反唯理主义思潮在语言研究中的一种反映。社会的文化作用得以不断地突出,社会关系被认为主要是靠文化意识形态来确立和维持,日常生活结构和习俗与社会结构的关系也得到重视,因此,意识形态的作用得到了凸显,意识形态不再被认为是一种纯粹的观念,而是被视为与社会机构的具体实践密切相关。批评话语分析要求科学家重视自省,应当认识到分析研究的社会规则和社会场景有其历史的渊源,关注语言和社会交往的历史生活场景,考虑到自身行为的社会重要性,并将自身行为置于其历史的发展中去领会和理解。以福勒(Roger Fowler, 1938—1999)等为代表的学者继承了批评社会科学的思想,开创了批评语言学的学科领域,这在很大程度上是对长期处于主导地位的结构主义语言学的反叛和补充。他们认为,以往语言学研究的主要缺陷,在于把语言和社会完全分离,语言只能以其自身的条件孤立地加以描写,而不参照包括文化传统和现象在内的任何外部事实;相反地,他们认为语言不应被视为一个自给自足和自我调节的抽象体系,语言学也不再是单纯的经验科学。因此,批评话语分析将语言形式在交际语境中的功能作为根本议题,旨在阐释语言所反映出的社会不平等现象以及以话语分析为研究方法来探究和理解表现权力和意识形态的方法。

批评话语分析的主要研究目的在于系统地分析话语实践、事件和语篇与社会结构、关系和过程以及文化意识形态之间的密切关联,致力于探析语言实践和话语权力之间乃至话语与社会之间的关系在社会秩序和社会结构构建中的作用。批评话语分析的主要原则有:(1)语言反映社会问题,剖析语言或其他符号体系反映的社会发展和矛盾,而不是单纯的语言研究和语言分析;(2)话语反映权力关系,权力关系通过话语得以巩固或变更,话语和权力关系之间并不是一成不变的对应关系,话语的改变也会导致权力关系的相应变化;(3)话语是社会和文化的组成部分,二者互为蕴含且互相影响,语言运用对社会和文化的表现和变化产生直接影响,而话语又是构建社会文化的重要成分,话语能够对世界进行映射和摹画,同时又对社会关系和身份进行构建;(4)话语是意识形态的工具,通过特殊的方法描写和建构社会,再现权力关系;(5)话语具有历史关联性,话语只有在一定的社会历史背景下才能得以正确和恰当的解读;(6)语篇与社会之间的关系是间接而非直接的,社会结构与语篇之间通过与特定场合或情境相关的话语实践规则即话语秩序产生一定的关联;(7)批评话语分析是一种解释性的话语分析方法,完全相同的语篇由于种族、性别、年龄、文化信仰以及社会地位的不同会引发不同的阐释和解读,语篇的解释并不是绝对的,随着新的背景资料的更新可以加以修正和调整;(8)作为一种社会行为,批评话语分析的本质在于展示社会关系和社会结构,并对人的社会地位和社会身份的构建有一定的启示作用。

作为批评语言学领域中最具影响力的一个分支,批评话语分析对语篇这一社会文化产物的分析和解读,揭示出社会文化和意识形态对语篇的影响,以及语篇对社会文化和意识形态的反作用。不同学者以不同的理论作为出发点对批评话语分析的诠释不尽相同,而批评话语分析也可以进一步分为不同的分支与流派:以费尔克拉夫(Norman Fairclough)为代表的英国学派批评话语分析以社会学、社会符号学和系统功能语言学为其理论依据,范戴克(Teun Adrianus van Dijk)的荷兰学派批评话语分析是在社会认知的框架下侧重篇章语言学和认知语言学视角的话语分析,沃达克(Ruth Wodak)的奥地利学派则从历史角度出发将批评话语分析置于历史语境中来进行,而奇尔顿(Paul Chilton)的批评话语分析方法则更加倾向于认知科学和发展心理学。

作为一种植根社会文化、映射意识形态的语言分析方法,批评话语分析探究的是语言所反映的社会关系以及意识形态过程。与主流语篇分析相比，批评话语分析更加侧重从社会关系和社会结构出发来探究和解读话语产生的原因，而在关注社会对话语产生影响的同时，也强调话语对社会的反作用。作为一种语言分析的方法，批评话语分析已经为社会学、传播学以及政治学等社会科学领域所广泛采用。

普遍语法理论 Theory of Universal Grammar 20世纪50年代到70年代随着乔姆斯基和蒙塔古（Richard Montague, 1930—1971）的研究而声名鹊起的一套语言学理论，在过去的六七十年中是乔姆斯基生成语法的基石。一般认为普遍语法指乔姆斯基所提出的、生成语法学派语言学研究的核心理念。其核心观点是普遍语法是人类与生俱来的一套语言知识，用来限制人类语法的可能范围的一系列规则，即一套有关语言的句法、语音、语义的抽象原则；具有生物遗传规定的属性（genetically endowed properties），是生物进化的产物，因而是人类这个物种区别于所有其他生物物种的生物属性。普遍语法的理念引发了20世纪世界语言学界最深刻的变革，语言学研究的重点也由语言描写转向了语言本质探究。

然而普遍语法的提法与研究并非乔姆斯基所独创，对语言的本质与普遍性问题的探讨可追溯到13世纪思辨语法（speculative grammar）与17世纪唯理语法的研究。在语言学研究史上，在不同时期普遍语法有不同的含义，但都有如下共同点：(1)不满足于语言的表层描写与分析，力图从人类心智方面对语言能力做出合理解释；(2)用程式化语言来表示人类语言能力。普遍语法的概念及名称的缘起可追溯到罗格·培根（Roger Bacon, 1214—1292/94）。在1270出版的《希腊语法》（Greek Grammar）一书中，培根认为尽管各种语言都有不同的形式变化，但所有语言都建立在一个共同的语法基础之上，且在本质上所有语言都一样。13世纪的思辨语法追随培根，假设所有的语法后面都有一些普遍的规则（rational grammar）。

（一）13世纪的思辨语法

思辨语法实质上是哲学语法，深受经院哲学影响，把语言看成是思辨的对象而非观察的对象，注重探索语言内部的原因和规律，不研究也不描写任何具体语言，也不触及语音；而用普遍、抽象的认识论来解释拉丁语与其他一切语言的结构，力图从哲学角度对语言进行"思辨"。其核心思想是人类语言反映了物质世界的现实结构，而语法则给人类提供了理解现实结构的线索。所有语言结构的底层都有一种共同的，或可称作普遍的语法，这种语法以理性的法则为基础，而不以语言形式为基础。思辨语法学家认为，他们的任务就是确定这种语法的形式，进而对语言提出合理的解释原则。思辨语法学家所指的普遍语法就是指各种语言所共有的语法范畴，可从所有语言中总结出的共同性东西。思辨语法重新定义了"语法"（grammatica）这一概念，却没有提出普遍语法这一名称。在思辨语法学家眼中，"语法"指称所有人类语言。概言之，13世纪的思辨语法学家从逻辑角度出发研究语法，努力在外部世界中找到普遍语法的基础，而现代生成语法学家则力图在人类心理中发掘普遍原则。

（二）17到18世纪唯理（逻辑）语法或普遍语法的建立

思辨语法对"语法"（grammatica）的研究范式在其后的几个世纪遭到舍弃，并在文艺复兴时期遭到诸如赫吉亚斯（Alexander Hegius, 1433/1439/1440?—1498）以及伊拉斯谟（Desiderius Erasmus, 1466—1536）等学者的严厉批判。主要原因是思辨语法发展了大量分析技术手段但缺乏新的洞察力，而且评论家也反对将思想和语言等同起来，对语法具有普遍性这一核心思想进行了抨击。17世纪初期，普遍语法的研究再次兴起，普遍语法这一概念的名称经由唯理语法得到确立。唯理语法亦称哲理语法，代表作是法国哲学家阿尔诺（Antoine Arnauld, 1612—1694）和语言学家兰斯洛（Claude Lancelot, 1616—1695）的《普遍唯理语法》（Grammaire générale et raisonnée）。该书以法国笛卡尔学派对于良知（bonsens）和理性的理解为出发点，相信人类的理性和思维规律是一致的，语言是思想的表现，语言与思想之间有一种内在的联系，思想是普遍的，不可变易的，因此语法也是普遍的，不可变易的。唯理语法学家希望建立起普适于所有语言的一般原则，揭示隐藏在不同语言语法背后的共同东西。反映在语言研究上，该学派认为语言的结构由理性决定，由此所有语言结构的规律本质上也应相同，表面形式的差异仅仅是同一体系的变体。

17、18世纪的普遍语法研究有如下特点：(1)语法学家分辨了不同名称下的"普遍语法"与"具体语法"的特征（即各个体语言的语法）。譬如，拉特克（Wolfgang Ratke, 1571—1635）与赫尔维格（Christoph Helwig, 1581—1617）都认为外语教学从语言整体特性的角度来教授效果最优，外语学习应该从普遍到个别，二人同时从个别语法（grammars of individual languages）中分辨了普遍语法的存在，认为语言学习应该根植于所有语言的共同特征。(2)普遍语法高于个别语法。这种优先权表现在各个方面，比如先给外语学习者灌输普遍语法再讲授目的语的个别语法。(3)17、18世纪的普遍语法名称与定义繁多，不同的学者用了诸如"普遍"（universal）、"普通"(general)、"理性语法"(rational grammar)等名目。例如,在英国,佛朗西斯·培根(Francis Bacon,1561—1626)将语法分为哲学语法(philosophical grammar)和文学语法(literary grammar);威尔金斯(John Wilkins,1614—1672)使用了自然语法(natural grammar)和设置语法(instituted grammar),前者与"理性语法"和"哲学语法"类似,指由人类之力以外的力量所塑造的语言特征,后者指任何一个特定语言的合适而特殊的规则。这样以普遍语法为核心概念的名称便有了唯理、哲学与自然语法之称,而个别语法则有诸如"特殊"(particular)、"特别"(special)、"文学"(literary)、"简单"(simple)和"设置"(instituted)等术语名称。从名称上看这些术语均承认所有语言皆具有共性,该共性正是通过人类的理性才得以存在。

(三) 20世纪普遍语法的研究

普遍语法研究在17、18世纪研究较为广泛,然而在19世纪,语言研究中占主导地位的是历史比较方法,普遍语法研究遭到冷遇。19、20世纪之交,洪堡特(Wilhelm Freiherr Von Humboldt,1767—1835)在历史比较语言学的基础上阐述了对语言本质研究的观点,认为语言既有实在具体的一面,又具概括抽象的一面,研究时语言的这两方面都应考虑进来。洪堡特花了大量精力来研究个别语言的特征,但也强调普遍语法的存在,认为语言实际上只有一种,也只有这种语言才是人类的语言,这种语言在无数具体语言中体现不同。他指出以往研究者对语言哲学的认识往往局限于"普遍语法"的领域,但该领域与其名号并不相符,其依据仅是一些纯理性的、脱离经验的论条,所利用的材料不全面,取材方式偶然性大。为克服以上偏颇与贫乏,洪堡特建议充分挖掘更多未知语料,开展"普遍比较语法"研究,只有在广阔意义上进行比较的语法,方可称之为"普遍"的语法。丹麦著名语言学家叶斯柏森(Otto Jespersen,1860—1943)的普遍语法概念建立在探讨全人类所共有的每一个基本概念在各种语言里是如何表达的基础之上,其研究为达到深刻理解人类语言和人类思维的最内在本质,旨在探寻语法现象背后的基本意念和相关原理,以及这些意念和原理在不同语言里是如何被表达出来。他在《语法哲学》中宣称在详细研究所了解的语言的同时,要研究指导一切语言语法的共同原则。

20世纪六七十年代蒙塔古(Richard Montague,1930—1971)建立了著名的蒙塔古语义学(蒙塔古语法),将人工语言与自然语言结合起来且在其基础之上拟构了普遍语法的理论框架,建立了一套内涵逻辑体系更加贴近自然语言的表现形式,也为内涵语义学提供了很多新思路。其普遍语法思想集中体现其1970年出版的《普遍语法》(Universal Grammar)一文中,认为自然语言与形式语言在本质上并没有区别,都可以作精确的数学描述而且两者有着同样的规律,可统一在一个普遍语法(或译通用语法)的模式中。在该书中,蒙塔古指出自然语言和逻辑人工语言的句法和语义可在同一个自然的、精确的数学理论框架中得以解释理解,并明确表示赞成乔姆斯基及其生成语言学的形式推导方法。与乔姆斯基(Noam Chomsky)同时代的格林伯格(Joseph Greenberg,1915—2001)也从语言类型学角度展开了对语言普遍性(language universals)的研究,与乔姆斯基不同的是,格林伯格使用"语言"而非"语法",并在不同著作中使用以其类型学研究为核心的狭义范畴意义上的"语言中的普遍性"(universals of language)。

乔姆斯基所提倡的普遍语法几经变革,将语言研究从传统的语言自身研究转移到了语言背后的人脑研究,堪称语言学界的一场革命,影响力巨大。他认为普遍语法与生俱来,是人类所特有的语言知识体系,存在于正常人的大脑中,与消化系统、呼吸系统等一样均为人体的器官。在原则与参数理论时期,普遍语法假设包括一套所有语言共有的普遍原则和有限的参数。原则是由一系列组合构件构成的模块理论(modular theory),主要由题元理论(theta theory)、X阶标理论(X-bar theory)、格理论(case theory)、约束理论(binding theory)、控制理论(control theory)、管辖理论(government theory)、界限理论(boundary theory)等组成,还一些广泛适用的一般原则,例如经济原则。参数是一组设置在普遍语法广义原则上的句法选项,使得语言呈现出多样性。尽管多年来生成语法几经变革,普遍语法这一概念变化不大。在原则与参数理论和最简方案框架下是一脉相承的。最简方案的主要创新没有背离原则与参数的基本概念,简化了原方法的理论框架,以解释语言的简洁、经济、对称等作为核心的句法理论思想,强调运算的经济性。在最简方案中,乔姆斯基认为普遍语法只提供一个固定的原则系统和经过一定评价的、有限序列的参数,语言个性化的规则仅仅是对这些参数不同价值的选择,个性化的规则被取消了。

在普遍语法的假设基础上,语言习得就是将初始状态看成是把经验(具体的语言数据)映射到语言上的一种涵项。儿童习得语言是在可以允许的范围内为某个系统确定普遍语法的参数。儿童出生时大脑构造已经决定了人有一定的语言能力,即儿童接触后天环境之前所呈现出来的由遗传规定的状态(称作初始态)。大脑从出生后的初始状态 S_0 出发,经过 S_1,S_2,S_3…一系列状态,最终到达一个相对稳固的状态 S_s。即,S_0 是普遍语法,S_s 中扣除 S_0 余下的便是个别语法,由此以大脑中的普遍语法为内因基础,所处的语言环境为外因条件,人类便获得完整的语法知识。可以用函数式 $y=f(x)$ 来模拟语言获得过程,$x=$经验,$y=$经验,$y=S_s$,函数 f 就是普遍语法 S_0。乔姆斯基断定每个儿童的大脑语言习得机制(Language Acquisition Device),通过上述假设刺激贫乏现象,即柏拉图问题(人类和世界的接触短暂又有限,然而人类又怎样能因此而懂得这么多)得到了解释。

从20世纪50年代至今,乔姆斯基的普遍语法理论从主张语言是一个演绎的形式系统发展到唯递归假说,对语言中生物决定的属性进行研究是自然科学的一部分,这对传统的语言学研究是极大的挑战。对于这一变革,世界各地的学者众说纷纭,可谓是毁誉参半。各国学者对普遍语法中的核心概念及假设如原则与参数理论的句法推导、刺激贫乏说、语言习得机制、唯递归假说等都从经验的、实证的角度提出挑战与质疑。然而,数千年来语言学家对普遍语法的研究对人类进一步理解人类语言本质意义重大,而乔姆斯基所提供的全新视角更具有一定的启发意义,而这种天赋论假设的科学性程度,仍有待于科学发展去进一步验证。

普通语义学 **General Semantics** 指美国语言哲学领域中的一个重要派别,以柯日布斯基(Alfred Korzybski, 1879—1950)、切斯(Stuart Chase, 1888—1985)和早川一荣(Samuel Ichiye Hayakawa, 1906—1992)为代表人物。柯日布斯基的《科学与健全的精神——非亚里士多德体系和普通语义学入门》,系统地阐述了语义学的基本思想。切斯的《词的暴政》(1938)推动了该学派在美国的传播;对普通语义学的基本观点进行通俗介绍的书籍为1939年早川一荣所著的《行动中的语言》。

普通语义学产生于20世纪20年代的美国,它的产生不是偶然的,而是与20世纪初中叶现代科学的发展、与哲学领域的"语言学转向",以及心理学领域的新思想、新实践密切相关的(周静芳,2006)。1923年,奥格登(Charles Kay Ogden, 1889—1957)和理查兹(Ivor Armstrong Richards, 1893—1979)合写了《意义的意义》一书,标志着普通语义学的正式诞生。普通语义学兴盛于50年代、衰落自70年代,现在已差不多被学术界遗弃了。

切斯认为普通语义学研究说话人、语言和现实之间的关系,研究具有使人从语言的专横中解放出来的概念。普通语义学家们认为,搞清人对语言和其他符号的反应是不可缺少的,因为语言刺激对人的行为的影响以及语言与文化的关联至关重要,如果滥用语言,就可能导致对人类社会的危害,比如某些"政治咒语"对于人们的蛊惑(王小东,1993)。

普通语义学的主要学术主张是重外延轻内涵,强调面向外延的原则是力求建立起语言与实在的统一,反对语言脱离实际。对于普通语义学影响极大的是操作主义(Operant Behaviorism)。例如,如果一个人说:"这个小姑娘真漂亮",这个陈述用可操作的方法来进行检验是不能的;但如果一个人说:"这个小姑娘身高140厘米",这个陈述就可以用可操作的方法来进行检验。普通语义学家认为,任何语词都有内涵,即使是像"牛头马面"这类虚假概念,也有内涵,即"长着牛头和马头的人形怪物"。在普通语义学家眼里,虚假概念没有外延,即无指称对象,因为在外界中,无法找到这样的实物。例如"白龙马护送唐僧去西天取经"这句话就无外延意义,因为白龙马既看不见、又摸不着,无法用科学方法进行检验和证实。他们指出,如果争论此类虚假概念,将会没有休止。人类的争论就起源于这类无外延词语,要想清除这些争论,就需要对人们进行"外延法"教育。但是普通语义学家混淆了"科学的抽象"与"荒唐的抽象"之间的界限,比如说,他们认为所谓的各种主义如抽象主义、自然主义、浪漫主义、社会主义、资本主义、帝国主义等等,就属于"无外延的虚构",他们认为这类语词造成了人类社会的痛苦、冲突,甚至是战争,要求政府颁布命令,禁止使用这些没有外延的词语。

邓耘(2004:87)指出:"普通语义学的基本语言观点是语义抽象论。他们认为语言在反映客观事物的过程中有一个抽象的过程。因此,柯日布斯基提出了两级抽象模式:前语言和语言抽象;切斯更是提出了五级抽象模式,分别为:前语言、命名(给事物一个名称)、组句(把名称组成句子)、推理和结论。语言总是有所指的,作为表层语言形式的深层结构,语义本身就是抽象的概念。因此,我们可以说,语义过程是一个抽象过程。"普通语义学主张语义分析法(Semantic Analysis),并且提出了五种语义外延法:(1)在此后附加上"等等";(2)将词编码以标示事物之间的区别;(3)为加强表达的准确性而标上日期;(4)使用连字符标示某事物与其他事物的联系;(5)为引人注目,将词(尤其是抽象名词)加上引号。这些语义外延法与普通语义学者们所主张的所谓"好的语言"的观点一样,显得有失偏颇,让人觉得虽然可以理解但在现实中却难以接受。普通语义学者们对于所谓"好的语言"也有自己独到的标准,他们认为"好的语言"是自然科学所使用的语言,准确客观、简洁平实。他们的学术主张有严重的缺陷,忽视了若干现实因素:一是尽管人们离不开科学,但科学不是万能的,绝非人们生活的唯一和全部;二是语言的模糊性是语言的重要特点之一,语言的模糊性有其存在的合理性,如人际交往的需要,另外语言的模糊性也是人类认识相对性所致的;三是在语义抽象化的过程中,错误难以避免。世界是不断变化的,语言是相对停滞的,相对停滞的东西是无法全部反映变化着的事物的全貌的。

普通语义学派在普通群众中影响广泛,充分表明了普通语义学派的思想主张及其方法,具有强烈鲜明的实践意义。它研究语言对思想、行动的关系和作用,含有一定的合理因素。普通语义学研究使人们加深了对于言词滥用的辨别能力和语言对于社会影响的认识(王小东,1993)。

在特定的历史时期,普通语义学有积极的一面,但是其消极因素也是不容忽视的,如它过分夸大了语言对社会所起的作用,因为其视语言为社会生活中的决定力量。另外,它还否定科学抽象,贬低理性认识,落入狭隘的经验主义的窠臼。在语言观点上,又犯了比较片面的错误(韩玲,2011)。

情报语言学　Intelligence Linguistics　指研究情报语言的一门分支学科。所谓情报语言,就是以一定的语音系统、词汇系统和语法体系作为手段,以情报内容表达或情报存贮和检索为目的所使用的符号系统。

情报语言可划分为两类:情报描写语言和情报检索语言。第一类用陈述描写情报的具体内容,全面、详细地表达情报的内涵,使人们了解、掌握情报,为己所用;它是情报与用户之间的桥梁,贯穿于情报产生到使用的全过程。简而言之,情报描写语言就是以情报内容表达为目的所使用的符号系统,它包括自然语言和密码语言等。第二类用于记录情报的特征,能高度概括地表达情报的外显或内在特征,方便人们存贮与检索情报,提高情报的传递和交流时效;它是情报系统与用户之间的桥梁,仅出现在情报系统的存贮与检索过程之中。简而言之,情报检索语言就是以情报存贮与检索为目的所使用的符号系统,它包括各种类型的检索语言:体系分类法、组配分类法、标题法、单元词法、叙词法、关键词法以及各种代码体系和引证关系追溯法等,同时也包括应用于情报存贮与检索的自然语言等。情报检索语言实质上是表达一系列概括文献情报内容的概念及其相互关系的概念标识系统,而自然语言则是指人们在日常交流中所使用的口头形式或书面形式的语言,与情报检索语言相比,具有标引速度快和难度低、标识专指度高、易为读者掌握使用以及词汇无滞后等优点。

情报描写语言与情报检索语言之间的区别表现在语法、功能和目的等方面,但由于两者都是作用于情报的语言,可以把它们统称为情报语言;而图书情报学界所谈及的情报语言往往只指情报检索语言。根据其实际所含范畴的大小,情报语言因此可分为广义情报语言和狭义情报语言:广义情报语言包括情报描写语言和情报检索语言两大语言系统;狭义情报语言则仅包含情报检索语言系统,其实质就是情报检索语言。

所以情报语言学便可以划分为广义情报语言学和狭义情报语言学。广义情报语言学,就是研究情报检索与使用过程中语言规律的学科。它是一门综合性语言科学,其研究对象既包括情报描写语言,又含有情报检索语言等。而狭义情报语言学,就是研究情报存贮与检索过程中语言规律的学科。它是一门专科性语言科学,其研究对象仅包括情报检索语言以及应用在情报检索的自然语言等,它是图书情报学界情报检索学的一个分支。情报语言学是一门为情报检索提供语言保障的应用性学科。其研究范围基本包括:情报检索语言保证理论的研究;情报检索语言基本原理的研究;各种类型情案检索中语言构成原理、性能、编制法、使用法的研究;自然语言在情报检索中应用的研究;文献主题特征的研究;情报特征的研究;检索方式和检索设备的研究;电子计算机对情报检索语言影响的研究。其研究方法包括:结构功能分析法、历史演进研究法、调查整理法、比较研究法、归纳法和演绎法、原理或方法的移植法、理想语言设计法、现用语言改进法、数学和统计方法、实验法等。其相关学科主要有:情报检索学、图书分类学、语言学、逻辑学、统计学、计算机科学等。

20世纪80年代初,张琪玉开拓性地对各种情报检索语言进行系统和整体的研究,著就《情报检索语言》(增补修订版改为《情报语言学基础》)一书,标志着情报语言学在我国的诞生。随着计算机和网络技术的迅猛发展,大数据库数量增长,信息资源类型复杂多样化,广大网络终端用户直接使用检索语言,这些都要求情报语言学突破传统的束缚,吸收国内外情报语言学以及其他学科的先进方法和技术,开拓研究思路,快速发展情报语言学。

R

人类文化语言学　Ethno-linguistics　亦称民族语言学,指语言学与民族志(ethnology)有机结合而产生的语言学分支学科。隶属于人类语言学(anthropological linguistics),从人类社会(human societies)与文化影响(cultural influences)的角度考察语言,并采纳人类学(anthropology)与民族志研究的特点,研究语言与文化的关系,以及不同种族(ethnic groups)如何感知世界等问题,其特点是综合性极强,既涵盖民族文化史研究,也在民族学调查研究中发挥作用。特别是沃尔夫(Benjamin Whorf, 1897—1941)等学者在研究习惯行为、思维与语言的关系时也将其研究归入到人类文化语言学,因而其与文化语言学(cultural linguistics)在研究目的、对象、方法等方面有颇多相通或相似之处。在中国,民族语言学往往指研究少数民族语言的语言学学科,包括对除汉语外的少数民族语言的研究,英文名称可翻译为"minority linguistics"或"ethnic linguistics"(参见流派"**少数民族语言学**")。西方语言学界也有将少数民族语言与语言学结合的研究,但更多从语言、社会、政治视角综合出发,描写少数民族语言结构特点,考察少数民族(minority)语言消亡(language death)、语言维持(language maintenance)、双语研究(bilingualism)、语言政策(language policy)与语言权利(language rights)等问题。

人类文化语言学的产生与历史比较语言学密不可分。在整个19世纪,历史比较语言学占统治地位,历史比较语言学家一直把语言当作研究民族及其史前史研究的文献资料。19世纪初,丹麦的拉斯科(Rasmus Rask, 1787—1832)、德国的格林(Jacob Grimm, 1785—1863)认为语言是了解民族起源、探明其远古历史和亲缘关系的最重要工具。格林认为语言就是历史,与考古研究相比较,语言更能证明民族的历史,是民族历史文化的碑铭。在此思想的影响下,19世纪下半叶语言古生物学(Paleo-linguistics)诞生,以库恩(Adalbert Kuhn, 1812—1881)为代表的语言学家取得了卓越成就。例如:库恩利用语言的历史比较重建了原始印欧人的神话和宗教;希尔特(Hermann Hirt, 1865—1936)通过原始印欧语中的同源词,推断出印欧人的原始生息地以及生态环境和社会生活。

此后,以施莱歇尔(August Schleicher, 1821—1868)为代表的自然生物主义学派将达尔文对于物种起源的进化论应用于语言的发生学研究,根据植物分类法则创立语言谱系树理论。根据其创立的谱系树理论,通过分析研究语言之间词汇的一致性、是否符合音变规律等研究语言的历史亲属关系,从而为世界民族的分类奠定了坚实基础。美国民族学之父博厄斯(Franz Boas, 1858—1942)及其学生萨皮尔(Edward Sapir, 1884—1939)以及同时代的马林诺夫斯基(Bronislaw Malinowski, 1884—1942),既是著名的人类学家,又是极有造诣的语言学家,他们的学术成果奠定了人类文化语言学的坚实基础。博厄斯将语言学看作是人类学的一部分,强调每种语言都有其自身的语音、形式和意义的结构,描写一种语言要根据其自身结构做客观的描写,不可套用其他语言或者传统语法的条框,强调语言与本民族文化之间的关系。萨皮尔在其代表作《语言论》(*Language: An Introduction to the Study of Speech*, 1921)中提出语言是思想的符号表达,强调语言对思维有深刻影响,并鼓励其他学者突破形式语言学和纯人种志学研究的束缚,进行个体性格和行为差异的心理学研究。马林诺夫斯基认为,词的功能必须根据一定的文化来分析,因为语言所要表达的全部事物随着文化水平、地理、社会和经济的情况而变化,并特别强调研究"语言环境"(包括语言使用的上下文语境、文化水平和可能影响语义的一切因素)的重要性,在其观点中话语和语言环境是密切地交织在一起的,要理解词义语言环境必不可少。进入20世纪后,法国学者列维—施特劳斯(Claude Lévi-Strauss, 1908—2009)将语言学家雅柯布逊(Roman Jakobson, 1896—1982)的音位结构理论和分析方法应用于民族志研究,从而创立了民族学结构主义学派。人类学中的文化符号学理论,以索绪尔的语言符号学理论和雅可布逊的音位结构理论为模式,把一切文化现象作为符号蓝本来理解,使符号论从语言学理论扩大为适用于一切文化领域的共同理论(刘宝俊1993)。经过2个世纪的发展,人类文化语言学有如下研究课题:

(一)感知(perception)与概念化(conceptualization)的方式对语言结构产生的影响,以及不同文化与社团如何通过语言互相联系。举例来说,空间方向在不同的语言有不同的表达,在很多社团中,坐标方向"东"与"西"从"日出"或"日落"的词汇中派生而来,而在格陵兰(Greenland)的因纽特(Inuit)人,他们的坐标方向基于诸如河道系统或在海岸的位置等地理标志(geographical landmarks)。同样Yurok也缺乏坐标方向,以周边主要的地理特质来判断方向。

(二)民族心理在语言中的体现。在民族文化传承过程中,语言积极参与其中,是形成民族共同心理素质的重要条件。通过语言可洞察人类心智、民族心理状态、认知方式和思维轨迹。大到一个民族的社会文化、历史传统、生存环境、生活方式、宗教信仰,小到该民族的兴趣、气质、能力、性格、情操都可通过语言表现出来。例如,不同民族文化中的语言禁忌语、委婉语、敬语,各民族认知事物时的隐喻方式,都体现出该民族的心理特征。昂德希尔(James William Underhill)在其著作《人类文化语言学与文化概念:爱情、真理、憎恨与战争》(*Ethno-linguistics and Cultural Concepts: Love, Truth, Hate & War*, 2012)中论述了诸如真理、爱情、憎恨与战争等抽象概念在不同文化和种族中如何表述,也考察了意义如何受到政治与文化的影响,探究了语言在多大程度上塑造了民族思想(the thought of ethnic groups)以及其思想多大程度上影响了语言、在巩固文化概念上个人所起的作用。

(三)民族语言接触。语言接触在民族语言学研究中占据重要地位,民族间的交流接触在彼此的语言中留下痕迹,对语言产生重大影响(参见"接触语言学")。除了语言文字上的影响,各民族的文化生态与非言语交际的民族特色也受到影响。语言是文化的载体,各族文化构成一个复杂的生态系,每一个民族的文化都是这个生态系统中的一个生态位,抽掉任何一个,人类文化都会出现不可替补的破绽,研究民族的语言和文化对于净化、调节、补偿、代谢人类文化必不可缺。

近年来,国外民族语言学的研究广泛地与社会语言学、话语分析、语义学和语用学相接缘,产生了大量卓越的著作。例如,昂德希尔的《创造世界观——隐喻、观念与语言》(Creating Worldviews: Metaphor, ideology and language,2011)以及《人类文化语言学与文化概念》,韦尔茨别希卡(Anna Wierzbicka)的《透过关键词理解文化》(Understanding Cultures Through Their Key Words,1997)和《跨越语言与文化的情感》(Emotions across Languages and Cultures,1999)。研究内容也在探讨、论证沃尔夫假设的基础上,大力探究民族文化特征、民族心理、民族身份认同、不同民族社团中的双语教育等问题,与语言学、文化学、人类学起到互补互促的作用。

人类语言学　　Anthropological Linguistics

指用人类学的理论和方法对文化和社会中的语言进行研究的语言学分支学科。它通过文化的视角来解析语言在应用的过程中所出现的各种不同语言形式、语域和风格的意义。人类语言学与语言人类学(linguistic anthropology)都属于人类学与语言学的交叉学科。具体区别在于,人类语言学本质上属于语言学的分支,主要是从人类学观点出发来研究语言,力图发现语言使用、风格、形式和语域后面的意义,即研究人类是为了了解语言;而语言人类学则隶属于人类学分支,是从语言的本质特征和社会功能的变化上来研究人类群体的特征及发展变化的过程及特点,即研究语言是为了了解人类。而欧美派学术观点倾向于认为二者之间的关系难以绝对区分,可以将二者等同对待。

人类语言学的研究始于20世纪初期。其奠基人为美国的人类学家博厄斯(Franz Boas,1858—1942)、人类学家兼语言学家萨丕尔(Edward Sapir,1884—1939)和语言学家沃尔夫(Benjamin Whorf,1897—1941)。这些早期的人类语言学家都曾经实地调查过北美印第安人的社会文化和语言。他们在调查实践中,渐渐认识到文化与语言之间关系的重要性,即不论调查研究的是何种语言,都应当了解被调查对象的社会文化、经济结构、地理环境以及他们的宗教信仰和风俗习惯;人类学调查也必须要以对当地语言的了解为前提。

人类语言学前期研究的代表人物还有波兰人类学家、民族学家马林诺夫斯基(Bronislaw Malinowski,1884—1942),他在《原始语言中意义的问题》一文中强调了研究"语言环境"的重要性,认为话语和语言环境是紧密交织在一起的,因此,语言环境对了解词义是至关重要的。

20世纪50年代之后,人类语言学获得了极大的发展。人类语言学家就文化类型和语言类型都进行了比较研究。这一时期的代表人物有法国结构主义人类学家列维-施特劳斯(Claude Levi-Strauss,1908—2009)。他认为语言学和人类学的关系有三个层次。第一种是存在于一种语言和一种文化之间的关系层次,第二种是语言和文化的一般性关系层次,第三个层次就是语言学和人类学的关系,并且指出三者之中语言学和人类学的关系是最重要的层次。1945年,施特劳斯在他的《语言学和人类学中的结构分析》一文中首先提出要把音位学中的结构分析法运用到人类学研究中去。此后他更是凭借其结构主义理论和发表的大量成果,跨越了人类语言学和语言人类学的分界线,对多门相关人文社会学科都产生了深远的影响。

具体说来,人类语言学主要研究和关注的内容有以下几个方面:

(一)人类语言学的语言观:从人类语言学的角度,语言被看作一种文化资源,是社会符码(符码指依据一套组织规则编排并为特定文化共同成员所认同的符号系统,此处建议保留该用法,下同)。语言反映的不仅是群体和个人的分类方式和思维特征,而且也反映他们的情感和价值观,以及他们的行为方式和生活方式。语言既是社会存在的一部分,也是人类能动作用的一种体现。现代人类学从一开始就非常重视语言对社会的解释和表现作用。此外,法国社会学家布尔迪厄(Pierre Bourdieu,1930—2002)的"社会习性"(habitus)概念和实践观点,对人类语言学有特殊的价值:语言,作为一种社会习惯,本身就是一种社会实践;语言习惯是无意识、无主体的,是嵌入文化生活和生产活动的习性。在社会中,人虽然有自己的意愿,但并不能够对自己的言行全部真正负责,而要受制于一种无形的社会力量的牵制,这种社会力量也在某种程度上控制着历史结局和社会后果。英国的吉登斯(Anthony Giddens,1938—)指出,社会结构的本质在于:它既是话语

实践的工具(媒介),也是结果(产品)。这就是结构双重性。(纳日,2003)

(二)语言的进化:人类学的语言进化观认为,不仅人类,灵长类动物也具有大脑左右半球的分工,与人类的不同只表现在程度上而非本质上;人类语言不是突变的产物,而是渐变的结果,也是生物体与环境之间相互作用的结果。

(三)结构人类学:深受索绪尔结构语言学理论的影响,结构人类学在文化材料中使用象征手法寻求结构性二元对立,推导转换生成的形式。俄国语言学家雅柯布逊(Roman Jakobson, 1896—1982)提出了语言坐标,区分了横轴与纵轴、相似性与邻近性以及隐喻与转喻。列维—施特劳斯提出了纵组合与横组合的概念。英国社会人类学家埃德蒙·利奇(Edmund Leach, 1910—1989)也用音乐术语进行了类似的比喻:乐谱上,一个个音符构成音乐的旋律,即横组合;而书写乐谱、手指演奏的动作及其与音波的关系,属于纵组合。他还提出符号和代号的相对概念,前者指两个因素之间不存在内在关系,后者指存在内在关系。综上所述,所提到的二元对立关系之间关系如下:

符号/代号=隐喻/转喻=纵组合关系/横组合关系=交响乐/主调(利奇,1990:14)

(四)对心理和认知的研究以及对文化的本质的研究:人类学领域始终都存在对心理和认知的研究意识和取向。比如普里查德(Evans Prichard)认为,要彻底理解人类社会,就要把它作为符号系统来研究。克拉克洪(Clyde Kluckhohn, 1905—1960)对那伐鹤人(Navajos,亦作 Navahos)的研究,起初是关注社会制度,而后研究重点转为它的象征体系。象征人类学和认知人类学深受索绪尔结构语言学理论的影响,而雅各布逊的音位理论更是对莱维—施特劳斯的结构人类学产生了重要影响。关于文化的本质,以古迪纳夫(Ward Goodenough, 1919—2013)为代表的普遍主义(认知人类学)和以格尔茨(Clifford Geertz, 1926—2006)为代表的相对主义(象征人类学)存在不同的观点。象征人类学认为文化是一种公共现象,存在于建立在社会行动之上的共有意义的符码当中,这些符码就是社会成员用以交流思想、维系社会关系的工具;而认知人类学则认为文化是符号系统和规则系统,是存在于人脑中的个人现象(W.A. Foley, 2001)。

(五)从语言的角度关注社会文化人类学中的问题:人类语言学对许多人类学主题进行了创新研究,如族群、国民国家、社会性别、权力、体化实践,以及象征表现的政治性、权力的合法化、权威的构成、社会化过程、种族主义和族群冲突的文化根据、情感的政治性、人(自我)的文化构建、选定范畴的知识与认知、仪式表演与社会控制形式的关系、艺术表演与审美政治等,都在人类语言学中得到创新研究。

总而言之,人类语言学是综合运用语言学和文化人类学的理论和方法来研究语言结构、语言变化和社会文化结构的关系的科学,其研究内容与社会语言学和人类语言学都有许多重合之处。

认知语言学 Cognitive Linguistics 指在认知科学的基础上建立起来的一系列语言学研究方法和理论。认知语言学的基本问题是语言与心智的关系问题(Pinker, 1994),涉及人工智能、语言学、心理学、系统论等多种学科。认知语言学的研究范围较为广泛,涵盖音系学、语义学、语法学、语用学等语言学分支。在国外,认知语言学自诞生以来一直是语言学研究的热点,其代表人物其有:雷考夫(George Lakoff)、约翰逊(Mark Johnson)、塔尔米(Leonard Talmy)、菲尔默(Charles Fillmore)、福科尼耶(Gilles Fauconnier)、兰艾克(Ronald Langacker)、特纳(Mark Turner)等。

认知语言学诞生于 20 世纪 80 年代,1980 年雷考夫与约翰逊所著的《我们赖以生存的隐喻》(*Metaphors We Live By*)一书的出版标志着认知语言学的诞生。认知语言学研究的核心是人类语言与心智的关系。心理学、语言学、人类学、哲学和计算机科学都有关于心智的研究,这些研究都关注什么是推理、经验的作用、人类是否具有相同的概念系统及其该系统的运作机制等。其中人们对经验起作用的方式达成了统一的观点,即范畴化是经验发挥作用的主要方式。传统的观点认为理性思维包括抽象符号和意义之间的运算,而意义客观地对应和阐释外部世界,它独立于人的认识机制之外。认知语言学的研究表明:思维是具体的,是想象和抽象的结果;思维具有完型性,不是原子主义的;思维具有生态结构,概念结构可以用认知模型来刻画(Lakoff, 1987)。

在中国,20 世纪八九十年代开始出现一些理论介绍和研究,如 1988 年,黄河和叶蜚声分别翻译了戴浩一的《时间顺序和汉语的语序》和《以认知为基础的汉语功能语法刍议》,介绍了认知功能语法的哲学观、语言观和诸多原则等。而后,沈家煊、石毓智、赵艳芳、林书武等学者发表了许多评介认知语法的文章。90 年代中期以后,认知语言学逐渐成为研究热点。张伯江、赵艳芳、石毓智、沈家煊、袁毓林、张敏等一些学者借鉴认知语言学的理论和方法来研究汉语的具体问题,如汉语里多项定语的排列次序、词的重叠、词类的本质特点、肯定与否定的对称与不对称以及名词配价的原因,取得了许多成果。与此同时,出现了几本系统地介绍认知语言学的论著,如沈家煊的《不对称和标记论》(1999)、石毓智的《语法的认知语义基础》(2000)、赵艳芳的《认知语言学概论》

(2001),张敏的《认知语言学与汉语名词词组》(1994)等学术专著。另外,外语学界也进行了大量的评介与研究工作,如胡壮麟、林书武、束定芳等关于隐喻的研究,王寅、文旭等关于语言符号象似性的讨论,等等。认知语言学在中国的兴起与以往的理论引进有所不同。以往语言学理论的引进,基本上是以吸收、消化为主,中国学者较少参与理论的建设和发展。而这次中国学者不光是被动地借鉴和吸收,还积极地参与运用认知规则和理论来解释汉语语言现象,并取得了一些引人注目的成果。这是由于认知语言学的兴起逢中国语言学变革的关键时期,而且认知语言学的许多学术主张与中国语言学的长期学术传统具有很高的亲和度。认知语言学是目前对中国语言学界产生较大影响的一种语言学派,必将对未来中国语言学的发展产生深远的影响。

认知语言学有三种主要研究路径(approaches),亦称为认知语言学的"三观",即认知观(experiential view)、凸显观(prominence view)和注意观(attentional view)。认知语言学的理论基础是经验主义认知观,亦称为经验现实主义(experiential realism)。经验主义不回避客观存在的现实性,但认为对客观世界的认识来自对现实世界的经验概括,而不是来自与现实中外在实体的机械对应。语言是人类一般认知活动的结果,虽然它与客观世界之间并没有直接的对应关系,但它与客观现实间的中介是基于人类经验所建立的人类概念。因此语言能力不是独立于其他认知能力和知识的一个自主的形式系统,而是人类认知机制的一个组成部分。概念隐喻就是以一个认知域的经验来理解另一个认知域的经验,是思维的基本特征(Lakoff & Johnson, 1980; Lakoff, 1999)。经验观的实验和访谈主要集中于范畴这一概念。认知范畴不仅仅依赖于它所在的语境,而是与它有联系的整个语境网络即认知模式相关联;凸显观认为语言结构中信息的选择与主次安排是由信息的突出程度决定的。它是基于图形/背景分离理论(figure/ground segregation theory)提出的,主要用于研究语言中介词词义的分析和句法结构的分析。格式塔心理学家认为图形有形状、结构、连续性等特殊的属性,并处于背景的前面;背景没有形状、无结构、具有均质性(uniform),处于图形后面,因此在感知上图形比背景更突出。在语言表达上,突显的办法是将选中的成分放在主语位置。主语是图形,比其他成分即背景更为突显。例如,在"The map is on the wall"这个句子中,map是图形,wall是背景;注意观认为人们用语言所表达的实际上只反映了事件中引起他们注意的那些部分。认知主体在组织信息时注意力的分配是不同的,框架即"认知结构"是"作为词语概念的先决条件的知识"(Fillmore & Atkins, 1992)。例如,在[商业事件]框架中,所涉及的基本方面有买方、卖方、货币、货物等。计算机科学家沙恩克(Roger Schank)和社会心理学家埃布尔森(Robert Abelson)将事件发展中的动态性引入框架理论,提出了"图样"(script)这一术语,即"专门为经常出现的时间序列设计的知识结构"(Ungerer & Schmid, 2001)。这样,人们根据语境和经验形成的图样,可以预测事件的各个方面。经验观、注意观和突显观在本质上是一个存在内在一致性的整体。

认知语言学的主要理论模型包括:

(一)范畴化与原型理论

范畴化(categorization)是人类认识世界的基本思维方式。大脑对纷繁复杂的客观世界进行划分与归类,经过人类大脑思维加工后的世界是认知世界,是主客观相互作用的产物,这一过程即范畴化,它形成认知范畴。原型(prototype)理论最早于20世纪70年代由罗施(Eleanor Rosch)提出,她通过试验证明在某一范畴中范畴成员的地位并不平等,处于中心或显著位置、最能代表该范畴成员的便是该范畴的原型。比如在"鸟"这一范畴中,"知更鸟"和"麻雀"处于非常中心的位置,"企鹅"和"鸵鸟"的位置则趋于边缘化。因此,"知更鸟"和"麻雀"可以称为鸟类的原型(prototype)。换言之,范畴是围绕原型(即范畴的中心成员)构成的,要判断某个物体是否属于某个范畴,依据是看它和原型之间是否有足够的家族相似性(family resemblance);同一范畴的各个成员之间的地位并不相同,典型成员具有特殊的地位,被视为该范畴的原型。非典型成员则根据其与典型成员的相似程度而被赋予不同程度的非典型成员地位。范畴的边界是模糊的、开放的。(Ungerer and Schmid, 1996: 14—19)

(二)隐喻与转喻

隐喻(metaphor)对人类认知体系和语言的形成有至关重要的作用,人的理性本质上是想象的、隐喻的。据统计普通语言学中大约70%的表达方式源于隐喻概念(张娟,2007:47)。隐喻是一种概念化的过程,具有系统性,表现为从源认知域(source domain)到目标认知域(target domain)的映射(mapping)。雷考夫与约翰逊(1980)把隐喻分为三类(赵艳芳,2001;Kövecses, 2002):结构隐喻(Structural Metaphor)、方位隐喻(Orientational Metaphor)和实体隐喻(Ontological Metaphor)。

转喻(metonymy)所涉及的是一种"接近"和"突显"的关系。某一概念有很多属性,而人的认知往往更多的注意到最突出的、最容易记忆和理解的属性,即突显(prominence)属性。隐喻是不同认知域之间的投射,而转喻是相接近或关联的不同认知域中,一个突显事物替代另一事物,如部分与整体、容器与其功能之间的替代关系。

(三)意象图式

意象图式(image schema)包括意象和图式。其中,意象在认知语言学中指大脑从外部世界获得的意义和现象。为了描写语义结构以及与语义相关的句法结构,兰艾克使用意象这个概念,区分了不同层次,把意象与人的认知能力结合在一起。人类的大脑通过意象建立起关于外部世界的投射世界,形成系统的概念,并在概念之间形成逻辑联系,这就是我们的认知能力。

图式与意象紧密相连,是用来表征储存在记忆中的一般概念,它是一种框架、方案或者脚本。也可以说图式就是结构化了的意象。约翰逊(1987:XIV)认为,意象图式是在我们感知互动和运动程序中产生的一种反复出现的、动态性图式,并为我们的经验提供连贯性和结构性。

(四)家族相似性

家族相似(family resemblance)指在某一个范畴中成员与成员之间有关系,它们靠某种相似的属性成为这个范畴中的成员,但可能该范畴中的所有成员并不拥有任何共同的属性,尽管这个范畴是用这些共同的属性来定义的(Lakoff,1987)。

(五)象似性

象似性(iconicity)也称临摹性,指语言的能指和所指之间的必然联系。象似性体现于人的认知过程中,又作用于人对客观世界自然、真实的描绘。它可以分为以下几种类型:

(1)顺序象似性(Sequence Iconicity),即事件发生的时间顺序以及概念时间顺序与语言描述的线性顺序相对应。例如,我们通常会这样描述"那个学生进了教室,然后落座,"而不会颠倒这两个动作的顺序:"那个学生落座后,进了教室。"

(2)接近象似性(Proximity Iconicity),亦称距离象似性(Distance Iconicity),即认知上相近的概念在语言形式的时间和空间上也接近。多个修饰中心词的形容词排列原则之一为:与中心词概念上越接近的修饰语置于与中心词更接近的位置上。例如:一块美味的意大利匹萨。

(3)数量象似性(Quantity Iconicity),即在概念上信息量大,更重要、更难预测的信息,其语言表达就更长、更复杂。例如,《傲慢与偏见》开头的一个长句子:It is a truth universally acknowledged, that a single in possession of a good fortune must be in want of a wife 比 it is true a single man must want a wife 所表达的信息量要大。

(4)对称象似性(Symmetry Iconicity)指在概念上具有同等重要性的信息在表达上具有对称性。例如,"英语越说越好"比"如果说得多,英语进步会更大"的表达更平衡对称。

(5)非对称象似性(Asymmetry Iconicity),在认知上突显的信息往往处于话题(theme)的位置,其他信息则处于述题(reheme)的位置,这与认知上"图形"与"背景"的关系是一致的。例如,在"房子旁边的汽车"这个表述中,汽车是个可变的因子,在认知上称为"图形",而房子则是"背景"。如果反过来说"汽车旁边的房子"就是不对称的。

(六)心理空间理论

美国语言学家福科尼耶的心理空间理论是认知语言学的重要组成部分,它旨在解释语言即时或实时的产生与理解的过程,是关于意义建构的理论。福科尼耶在其《心理空间》一书中首次提到了心理空间理论,并在他其后的著作《思想与语言中的映射》和他与特纳合著的《我们思维的方式》一书中进一步发展和完善了该理论。福科尼耶和特纳(1988)指出心理空间是指人们在进行思考、交谈时为了达到局部与行动的目的而建构的小概念包(conceptual packet)。心理空间理论认为,语言结构的基本功能是利用和描写认知视角的不同的信息辨认度(accessibility),考察语言的用法是进行认知研究的重要工具。心理空间的各种连接或映现可使我们使用词语作为触发词(trigger)去指称其他心理空间中的另一目标实体,这些连接或映现包括语用功能(pragmatic function)、转喻、隐喻和类比等(王德春、张辉,2005)。随着心理空间理论的发展,福科尼耶和特纳发现了反映许多语言现象中一条重要的心理空间的认知操作——概念整合(conceptual blending)。心理空间是随着交流的进展,由言语表达刺激而动态地建构起来的。它一部分由已给出句子所形成的元素和关系构成,另一部分则由人们的背景知识建构而成。"概念整合是指在日常交流和思维中发生在语言形式背后的各种语义、语用和文化等信息相互作用和整合的过程"(王瑞昀,2014:131)。

概念合成的四个空间网络包括两个输入空间即输入空间1(input space I)和输入空间2(input space II)、一个类属空间(generic space)和一个整合空间(blending space)。两个输入空间包含说话者所感受到的、想象的、记住的或者理解的任何所给场景中与实体有关的表征结构。两个输入空间的跨空间映射创造了或反映了它们所共享的更抽象的类属空间(generic space),其所包含的元素是两个输入空间共享的元素,是跨空间映射的核心内容。合成空间是两个输入空间内的元素和结构有选择地进行投射,形成一个在某种程度上区别于原输入空间的概念结构。合成空间并不是两输入空间元素的简单相加,而是通过动态的认知活动合成的一个具有自身特性的新结构。整合会衍生一个在输入空间中并不存在的层创结构（emergent structure），在这里那些来自各个输入空间的要素使得原本在孤立的输入空间中并不存在的关系在整合空间中进行意义整合成为可能。这一概念合成过程如图所示：

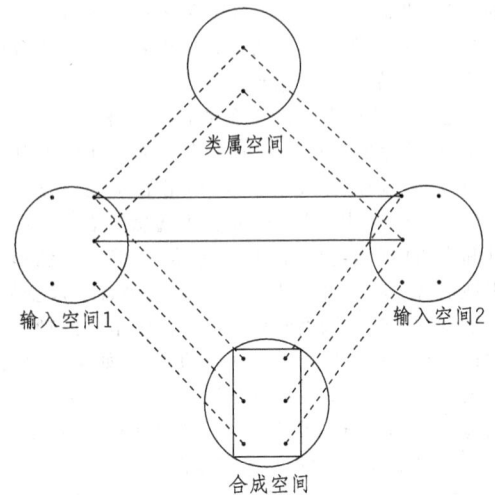

例如，在"政府加强了贷款政策的实施，鼓励银行向企业扔救生圈"这句话中，两个输入空间因为框架到价值的这种联系相配对，进行跨空间映射，将"营救者""救生圈"和"溺水者"与"银行""银行贷款"和"企业"连接对应起来。输入空间1的框架及其角色激活了我们大脑中关于水上营救的文化模式和相关背景知识，即溺水者在水里进行垂死挣扎时，在生命即将被水淹没时，营救者的救生圈就起到了营救他的关键作用。而输入空间2的元素，则令我们想到了金融危机期间，受金融危机影响的濒临倒闭的企业在苦苦挣扎着存活时，如果银行给它提供贷款，注入新的资金，那么企业就能避免破产的结局。层创结构随后建立起来，即银行扔的救生圈就是银行提供的贷款。合成空间再依据层创结构及其逻辑进行运作，从而得出隐喻的意义，就完成了概念合成。

（七）认知语法

认知语法（Cognitive Grammar）是认知语言学的重要组成部分。美国认知语言学家兰艾克（Ronald Langacker）是认知语言学最主要的创始人之一，其主要贡献在于创立了认知语法。他于1987年和1991年分别出版了《认知语法基础》（*Foundations of Cognitive Grammar*）第一卷和第二卷，奠定了认知语法的基本理论框架。认知语法与目前正统的观念相对，其核心理念是语法与词汇构成一个连续体，由象征单位（形式与意义配对）加以描述；语法不能脱离语义独立存在，它构成概念内容，并且表达象征关系。兰艾克的认知语法引入了与以往完全不同的语言结构和语言学概念，以描述语言的心理认知规律为目标，在所有的认知语法理论研究中体系最完备，影响也最大。认知语法建立在以下三个基本假设之上：（1）语言不是一个自足的认知系统；对语言的描写必须参照人的一般认知规律。（2）句法不是一个自足的形式系统；句法（和词法）在本质上跟词汇一样是一个约定俗成的象征系统；句法分析不能脱离语义。（3）基于真值条件的形式逻辑用来描写语义是不够用的，因为语义描写必须参照开放的，无限度的知识系统。一个词语的意义不仅是这个词语在人脑中形成的一个"情景"（situation），而且是这一情景形成的具体方式，称为意象（miagery）（沈家煊，1994:12）。

（八）构式语法

构式语法（Construction Grammar）是20世纪80年代后期兴起的一种语法理论。它源于认知语法，与形式语法相悖，不赞成靠有限的基本原则和参数推导出适用于所有现实语言的普遍语法，而是强调语法知识的非规则性（irregularity）和特异性（idiosyncrasy）方面，重视语言单元使用的高频性（high frequency）对语言形式和意义的不可预知性所产生的影响。构式语法的主要代表人物戈德堡（Adele Goldberg）给"构式"（construction）的定义为：当且仅当C是一个形式—意义的配对<Fi, Si>，且形式Fi的某些方面或意义Si的某些方面不能从C的构成成分或从其他已有的构式中得到严格意义上的预测，C便是一个构式（Goldberg, 1995:4）。后来戈德堡在1995年定义的基础上对构式进行了重新定义："任何格式，只要其形式或功能的某一方面不能通过其构成成分或其他已确认存在的构式预知，就被确认为一个构式。"（Goldberg, 2006:5）构式语法理论强调构式是形式和意义的配对，认为一个句子的意义不能只根据该句子构成成分的词语意义、词语间的结构关系或其他先前已有的句式推知，句式本身也表示独立的意义，并将影响句子的意义。

构式语法主要来源于菲尔默的格语法（Case Grammar）和后来的框架语义学（frame semantics）、雷考夫的格式塔语法（Gestalt Grammar）、兰艾克（Ronald Langacker）的认知语法（Cognitive Grammar）等。构式语法发展迅速，它现在已形成四个比较成熟的流派，分别是：菲尔默和凯（Paul Kay）的构式语法（Construction Grammar）、雷考夫和戈德堡的构式语法（construction grammar）、兰艾克的认知语法（Cognitive Grammar）以及克罗夫特（William Croft）的激进构式语法（Radical Construction Grammar）（Croft & Cruse, 2004）。

构式语法在我国的研究历程虽然只有十多年，但影响日渐增长。中国学者已经对构式语法的理论内涵、研究范围、研究方法方面进行了一些探索，例如张伯江(1999)运用构式语法对现代汉语的双及物结构式进行探讨,这是国内最早运用构式语法思想对汉语进行研究的文献。近年来中国学者对构式语法的研究已成相当的规模,对引介国外构式语法理论倾力较多的学者有张伯江、沈家煊、王寅、陆俭明等。但从整体上来说还未形成一个很完善、系统性的理论。对于构式语法的应用研究,还处于起步阶段,需要做更多实践性研究。

认知语言学研究的终极目标是探索隐藏在人类大脑中的具有普遍性的人类语言机制,解释引起语言行为的心理结构和心理过程,解释语言行为现象背后的内在深层规律。认知语言学以全新的视角和观点研究语言,为我们理解、分析语言提供了新的方法论和世界观,成为人们认识世界和自身的一个新窗口。

日内瓦学派　Geneva School　❶语言学中指欧洲结构主义的主要流派之一。主要开创者为瑞士语言学家索绪尔,以其弟子巴利(Charles Bally, 1865—1947)及薛施霭(Albert Sechehaye, 1870—1946)为代表。索绪尔曾在日内瓦大学任教。

索绪尔去世后,巴利和薛施霭根据听课笔记1916年整理出版了《普通语言学教程》(*Cours de Linguistique Générale*),对20世纪的现代语言学研究产生了深远的影响,成为结构主义的重要思想来源。该派于1941年出版《索绪尔杂志》(*Cahiers Ferdinand de Saussure*),1956年成立"索绪尔"小组。1957年巴利的学生歌德尔(Robert Godel, 1902—1984)出版《索绪尔〈普通语言学〉稿本溯源》(*Les Sources Manuscrites du Cours de Linguistique Générale de F. de Saussure*)。该派的其他主要代表著作有:巴利的《普通语言学和法语语言学》(*Linguistique générale et linguistique française*)、《语言与生活》(*Le langage et la vie*)、《法语文体论》(*Trait de Stylistique Francaise*);薛施霭的《理论语言学纲要及方法:言语活动心理学》(*Programme et Méthodes de La Linguistique Théorique*)、《普通语言学的日内瓦学派》(*École Genève de Linguistique Générale*)等。

日内瓦学派的研究重点有:首先,语言学研究可分为历时研究和共时研究。历时语言学研究语言的历史演变,而共时语言学则研究语言在时间长河中某一点上的状态。历时研究必须以共时研究为基础。这一主张使语言研究的重点从对语言的历史研究转移到了对语言共时系统的描写,语言系统本身的性质开始成研究的热点。

同时,日内瓦学派重点阐明了以下几对概念:语言和言语、形式和实体、表达与内容、横向连锁关系与纵向选择关系。语言是言语活动中的社会部分,不受个人意志的支配,为社会成员所共有,是一种社会心理现象。言语是言语活动中受个人意志支配的部分,带有个人发音、用词、造句的特点。语言是一个由符号组织起来的形式系统,符号由表达与内容两个方面组成。这两方面的关系是任意的、约定俗成的。语言成分的意义由它在该系统内与其他成分的关系,即横向连锁关系与纵向选择关系确定。语言学研究的对象主要是语言系统内各个结构成分的性质以及它们之间的相互关系。

巴利及薛施霭等人几乎完全排斥语言中的历史因素,把精力集中在语言的静态方面。他们尤其重视语言的心理成分和社会成分,潜心研究语言的表情(affective)作用,注意区分表达概念的语言手段常规和带语体色彩的语言手段变异、不带语体色彩的中性语言手段常规和带语体色彩的语言手段变异,在语言文体学领域里取得了成就。索绪尔的理论得到进一步解释后运用于一些新的领域,如文学语言。日内瓦学派的创造性见解开拓了语言学研究的广大园地,以后又形成了结构主义语言学的布拉格学派、哥本哈根学派、美国描写语言学派。

❷ 语言习得研究中指发展了瑞士心理学家皮亚杰(Jean Paul Piaget, 1896—1980)的学说的理论流派。皮亚杰及其追随者长期在日内瓦大学工作,该学派因此而得名。该派认为,儿童具有某些先天的、不变的认知功能,在这类功能与环境相互作用的基础上形成了语言能力。

皮亚杰早期以研究儿童思维和语言而著名。1950年发表《发生认识论导论》(*L'épistémologie Génétique*)三卷,建立了"发生认识论(Genetic Epistemology)"。1955年在日内瓦建立了"发生认识论国际研究中心",心理学家、逻辑学家和语言学家在此研究儿童认识的发生发展问题,设计一些实验方法把皮亚杰对儿童语言发展的观察结果扩展到多种语言的、范围更广泛的数据和环境。

皮亚杰基于他的认知发展理论建立了关于儿童语言发展的理论。皮亚杰认为智力的本质是适应,适应的本质在于主体能取得自身与环境之间的平衡,自身与环境达到平衡的具体途径是同化(assimilation)与顺应(accommodation)。这是皮亚杰认知理论的核心:发生认识论。当遇到外界新的事物时,儿童总是试图运用其现有的图式去进行同化,如果获得成功,儿童就会满足自己现有的认知图式,处于暂时的平衡状态;如果外界信息不能与儿童现有的认知图式相匹配,儿童就会做出顺应,即调节自己的认知图式或创立新的图示,去同化新的事物,从而达到一种新的平衡。适应依赖于主体对客体所产生的动作,动作是儿童感知的源泉和思维发生的基础。知识是主体和客体相互作用的产物,认识的发展可以导致主体对客体认识的逐渐固定。

皮亚杰从发生学的角度来研究人类认识的发展和结构,强调认识的个体心理起源和历史发展,认为个体发展具有阶段性,提出了儿童认知发展的以下四个阶段:第一,感知运动时期:从出生到 2 岁,儿童的认知系统局限于出生时的运动反射。第二,前运算时期:从 2 岁到 7 岁,儿童获得表达能力,特别是语言能力。第三,具体运算时期:从 6、7 岁到 11、12岁,儿童能够理解具体问题并从多个角度考虑问题。第四,形式运算时期:从 11、12 岁到成年,在这一阶段的儿童能够进行逻辑、理论和抽象的认知运算。在不同的发展阶段,儿童的认知具有不同特点,阶段之间的关系具有非连续性。在同一发展阶段内,各种认知能力的发展水平是平衡的。阶段间的发展顺序不能改变,由低到高的发展顺序不能逾越或互换。任何个体都按照固定的次序经历相同的发展阶段。

日内瓦学派关于儿童语言习得的观点最初并不为人们重视,直到 20 世纪 50 年代末,乔姆斯基对行为主义学说开展批评之后,对日内瓦学派理论的价值才逐渐得到重新认识。与此同时,日内瓦心理学派也开始对儿童语言习得研究给予关注,他们用自己的理论与乔姆斯基的内在天赋说展开激烈的争论,导致了 1975 年在巴黎圆桌会议上皮亚杰(Jean Paul Piaget)和乔姆斯基两位大师面对面的争论。

日内瓦学派对乔姆斯基的理论进行了批判的吸收。皮亚杰认为乔姆斯基关于语言先天固定格局的假设是完全不必要的。因为在语言出现之前,感知运动水平的智慧就早已存在,而智慧的连续不断的建构将为天赋固定格局的产生提供充分条件。皮亚杰认为概念、范畴、认识结构以及一切唯理者所推崇的理性认识,都是主体的后天动作建构的产物。如果把这些认作是先验性的,就会把它们的最初来源神秘化,或者把它们在人类中的稳定存在归之于遗传因素。皮亚杰认为遗传与成熟的作用只能决定后天成就的不可能性或可能性的范围有多大。但是成就的实现需要由经验、环境所给予的外界条件,以及由自我调节引起的逐步的内部组织化来决定。

皮亚杰关于儿童语言习得的主要观点有:其一,关于语言是否具有普遍性。他认为儿童并不具备特殊的语言学习能力,语言是个体认知发展到一定阶段的产物,是感知运动技能发展的自然结果。语法的规则和表达式只是更普遍的基本认知过程的一些副现象。认知发展先于语言发展,语言的发展以最初的认知发展为前提,认知发展的顺序和普遍性决定了语言发展的顺序和普遍性。语言的普遍性并不是人类与生具有的普遍语法,而只是认知普遍性的一部分。

其二,关于语言是否具有天赋性。皮亚杰主张不能把儿童的语言发展能力简单概括为"先天就具有"或者"后天学习得来"。儿童语言是通过认知主体当前的认知机能与现实的环境相互作用发展起来的,是通过同化和顺应达到阶段性的平衡,并逐步达到更高阶段的发展过程。

其三,关于语言和思维的关系。皮亚杰通过临床法的研究,发现儿童的言语和思维具有自我中心的特点。儿童在 6、7 岁以前说话的对象有时只是自己,自言自语以及集体独白目的不在于与他人交流,只是儿童活动中的一种伴随现象。皮亚杰认为语言来源于思维;语言是认知结构发展到一定阶段的产物,是认知发展的标志之一。不成熟的思维形式表现为自我中心言语,更高阶的思维形式表现为社会化语言。

皮亚杰反对忽视人类学习的社会性和主动性的传统学习理论,因为传统的学习理论把人类的学习与动物的学习等同起来。皮亚杰把社会因素、物理环境因素和个人内部的动力因素有机地结合起来考虑,认为先天图式和后天活动对学习都会产生作用。皮亚杰的理论对心理学、认识论、逻辑学、语言学和教育学等都产生了很大的影响。

S

少数民族语言学　Minority Linguistics; Ethnic Linguistics　亦称民族语言学,在中国民族语言学即指少数民族语言学(参见流派"**人类文化语言学**"),通常指研究少数民族语言的语言学学科,包括对除汉语外的少数民族语言的研究,和汉语语言学一样,也是中国语言学的组成部分。我国是一个多民族多语种的国家,语言种类、语言文字丰富多样,有汉藏语系(Sino-Tibetan)、阿尔泰语系、南亚语系(Austro-Asiatic)、南岛语系、印欧语系等五个语系,涵盖近百种语言。其中 23 个民族是跨境民族,其语言也属跨境语言,因受到跨国度的影响而产生变异,如泰国的阿卡语也就是中国的哈尼语;也有部分语言在历史上已消亡但文字依然存在,如西夏语等。从语言文字看,有 25 个民族有自己的文字,种类有 33 种;还有一些古文字,如西夏文、女真文、突厥文、蒙古八思巴文等。文字类型有拼音文字(如藏文)、图画文字(如东巴文)、象形文字(如西夏文)、音节文字(如彝族文字)等。部分民族语言文字历史悠久,如藏文与西夏文分别在公元 7 世纪、12 世纪出现,而哈尼文、傈僳文则是新中国成立后在新创建的文字。这些丰富的语言文字与语言变体及其变异规律等都是民族语言学研究考证研究的对象。少数民族语言学研究范畴广阔,"从结构—语义的角度看,可分为语音学、语法学、词汇学、语义学等分支学科；从跨学科的角度看，可有社会语言学、文化语言学、语言民族学等独立的分支学科和边缘学科"（王远新，1994：36）。

我国民族语言学研究历史悠久，发端很早，自从周秦时代始便有了民族语言调查，历代学者都对当时的少数民族语言做了辑录或考证。但真正意义上的民族语言研究起始于20世纪20年代，诸多随校西迁至云南等地的民族语言学家深入西南少数民族地区，实地调查研究云南等地的少数民族语言和汉语方言，并取得了丰硕的调查研究成果，特别是李方桂把美国研究民族语言的方法介绍到中国后，民族语言学研究有了长足发展，为中国少数民族语言学的发展起到拓荒和奠基的作用。新中国成立以后民族语言学取得了全面、长足的发展，在少数民族语言的分布、使用、语言结构的特点等方面积累了大量一手材料。在五六十年代，少数民族语言学家研究的目的是服务于民族识别、解决少数民族文字及书面语等问题；七八十年代，研究重心逐步转移到语言结构的全面描写与考察并展开了历史比较研究，中国民族语言学会也于1979年成立；80年代中后期，在语言学理论、方法以及边缘学科的研究方面取得重大进展，如80年代中后期的"中国少数民族语言使用情况和文字问题调查研究"课题，在社会语言学理论与方法的指导下全面调查民族语言的语言功能问题；进入21世纪后，民族语言学在深入考察研究民族语言的基础上，考察语言使用、语言态度（language attitude）、语言关系、语言影响（language influence）等问题，并取得丰硕成果，其中民族语言转用的类型、社会历史条件、对语言的影响等方面是考察的重点，特别是如下问题日益受到重视：民族地区双语的基本类型、多民族杂居区语言使用的特点及双语发展的趋势、双语使用问题、制约双语形成与发展的社会文化因素、双语人的双语教学、语言态度、双语环境中的语言影响等。

我国的民族语言学家从长期、广泛、深入的田野调查实践中已获得了不少成果，在研究方法方面取得了突破，在编制调查大纲、记录语言、分析音位系统、搜集语法/词汇材料、分析构词法和词汇系统、为无文字的民族语言创造文字、设计文字方案、进行拼音教学等方面积累了丰富的方法，研究内容涵盖以下几个方面（王远新，1994；孙宏开，1998）：

（一）语言描写。详细描写并记录民族语言的结构特点，编写民族语言简志。民族出版社从1978年到1987年期间，出版了《中国少数民族语言简志丛书》近60本，详细介绍了59种少数民族语言，涉及语音、词类、语法等。语音层面的描写侧重了少数民族语言中的特殊语音现象，如羌语中的长辅音、阿昌语中的清鼻音、朝鲜语中的紧辅音、蒙古语中的弱化辅音、弱化元音、裕固语中的带擦元音、藏缅语中的卷舌元音、阿尔泰语系语言中的元音和谐、景颇语、独龙语中的弱化音节。随着语音学、音系学分析手段的多样化与科学化，语音的音高、音强、音色、音长的描写研究日益得到重视。词类描写涉及对某一词类特征以及各词类语法范畴的特点、内容等。少数民族语言语法范畴的构成和语法意义、语法形式颇具多样性。一般而言，北方少数民族语言形态较为丰富，粘附性词缀较为发达，屈折形态、重叠形式等都是重要的语法形式；而南方少数民族语言的语法意义主要表现形式为虚词。

（二）少数民族语言历史比较研究。扎实的描写语言与详细的语言分布调查为民族语言结构的分析、语言史、历史比较、语言对比等研究提供了基础与前提。民族语言的比较研究不仅涉及共时与历时平面的汉藏语比较研究，探讨汉语史，也全方位地研究少数民族语言的谱系分类。通过比较研究，尝试建立少数民族语言的谱系分类表，我国的民族语言学家在传统的谱系分类——语系、语族、语支、语言的框架上，在语族与语支之间增加了语群的层次，在语支和语言之间增加语组或语团的层次。历史比较研究的课题纷繁多样，如"原始共同语的构拟方法""同源词比较""借词历史渊源久远的同源关系"等。

（三）语言政策与规划。根据国家语言规划的需要，民族语言学语言规划研究围绕以下方面展开研究：（1）创制和改进民族文字。"根据国家政策对没有文字或没有通用文字的民族，根据自愿自择，在调查研究基础上，帮助逐步制定一种拼音文字，或帮助选择一种现有的适用的文字。新中国成立至今，已为壮、黎、布依、苗、侗、彝、纳西、傈僳、哈尼、佤等10个民族创制了14种拉丁字母形式的拼音文字，为土、白、独龙、土家、羌等5个民族设计了拼音文字方案"（孙宏开，1998：19）。（2）规范少数民族语言文字，扩大使用范围。在新闻出版、影视广播等领域扩大各民族语言文字的学习和使用，并规范民族语言词典，推进各科各级学校课本的编写。（3）少数民族语言教学研究，包括母语教学、双语教学以及对少数民族的汉语文教学研究。

（四）少数民族语言信息处理。信息处理研究包括计算机排版系统与语料库建设研究。我国少数民族语言复杂，文字形式多种多样，有拉丁字母、阿拉伯字母、回鹘文字母、梵文字母等，还有彝文音节文字、方块式拼音的朝鲜文。因而汉文、西文与某一种少数民族文字混合编辑、排版系统以及多种少数民族文字计算机排版系统是研究重点。为服务于语言描写、语言比较以及词典编纂等方面的深入研究，语料库研究日益受到重视。少数民族语言词汇语音数据库、声学参数数据库、大规模真实文本语料库陆续展开研究并建成，进行语音合成和开发少数民族语言学习系统的工作平台的研究工作也已起步并日益完备。

（五）少数民族语言社会语言学研究。主要研究语言与社会的相互关系。如社会因素对语言结构、语言功能的影响引起的变异，语言与社会文化的关系等。

（六）少数民族语言的翻译研究。翻译研究是语言应用研究的一个重要方面，研究包括汉语与少数民族语言的互译，内容涉及翻译学基础知识、翻译史、翻译理论、翻译方法、具体语言互译等。

（七）少数民族古文字古文献研究。文字是社会的产物，我国少数民族语言文字历史悠久，如藏文、突厥文、回鹘文、契丹字、西夏文等均有千年以上历史。其余如彝文、傣文察合台文、八思巴字、女真大字、女真小字、东巴文、哥巴文、尔苏文、白文、满文、方块壮字、水书等都有长短不等的历史。"民族古文字的研究亦历史悠久，如王静如、罗福成、罗福苌等对西夏文和契丹文的研究，季羡林等对吐火罗文的研究，罗常培、蔡美彪等对八思巴字的研究，傅懋勣、方国瑜等对纳西东巴文的研究，冯家升等对回鹘文的研究，马学良、闻有等对彝文的研究，张怡荪、于道泉、金鹏等对古藏文的研究，罗常培、邢公畹等对古傣文的研究等等，都取得了一定的成绩"（孙宏开，1998:20）。

少数民族语言学在我国发展迅速，为加强民族团结、促进民族交流、提高少数民族地区的语言文化水平发展起到重大作用。长期的语言描写与田野调查，为跨语言比较积累了丰富的资料，对汉语言学、类型学研究意义重大，而且也为我国的少数民族语言与西方语言、语系的比较研究的提供了广阔的发展前景。

社会语言学 Sociolinguistics　语言学的一门边缘性分支学科，注重语言与社会的关系，强调从社会角度探索语言的本质和差异。《朗文语言教学及应用语言学辞典》（2000）将其阐释为一门联系社会因素，即社会阶级、教育水平、教育类型、年龄、性别、种族等来研究语言的学科。斯波斯基（Spolsky，2000）提出社会语言学主要研究语言与社会、语言使用及其使用者所居住的社会结构之间的关系。沃德霍（Wardhaugh，2000）指出社会语言学关注语言与社会之间的关系，旨在更好地理解语言结构，了解语言在交流中如何发挥作用。

社会语言学兴起于20世纪60年代的美国，是对传统形式语言学研究的一种挑战，其出现与发展有语言学、历史、社会、技术等方面的原因。就语言学研究而言，传统的结构主义和以乔姆斯基为首的转换生成语法侧重于研究语言的形式、共性特征等，对语言的社会功能、差异等有所忽略；而就社会发展趋势而言，需要从社会角度研究语言。譬如第二次世界大战后亚非新兴国家的语言规划问题，欧美国家由于移民等原因造成的双语、多语混杂等问题急需解决。

"社会语言学"的英文术语Sociolinguistics最早见于美国学者柯里（Haver Currie）1952年发表的论文《社会语言学的设计：语言和社会阶层的关系》（A Projection of Sociolinguistics: The Relationship of Speech to Social Status）中。该学科的产生以美国语言学家海姆斯（Dell Hathaway Hymes）于1964年编辑出版的文集《文化与社会中的语言：语言学和人类学读本》（Language in Culture and Society: A Reader in Linguistics and Anthropology）为标志。该文集收录了著名社会语言学家甘帕兹（John Joseph Gumperz）、拉博夫（William Labov）等的论文。同年5月，布莱特（William Bright）主持召开首次社会语言学研讨会；同时，在弗格森（Charles Albert Ferguson）主持的美国语言学会讲习班上，学者们一致赞同以社会语言学命名这一交叉学科；同年秋季，美国社会科学研究院成立社会语言学委员会。

目前英语国家的社会语言学研究大致可以分为五种类型：(1)语言学的社会语言学，其研究对象为言语，核心问题是语言变异，以拉博夫和特鲁吉尔（Peter Trudgill）为代表；(2)民族学的社会语言学，旨在从民族文化的角度去考察语言的使用情况以及语言在人类交际活动中的作用；(3)社会学的社会语言学或语言的社会学，其研究重点是语言和社会之间的全局性的相互作用；(4)社会心理学的社会语言学，其研究重点是全社会或某个社会集团对使用某种语言变体的评价和态度；(5)语用学的社会语言学，其主要研究对象为会话，认为日常会话中存在着支配交谈的自然规则（祝畹瑾，1992）。无论哪一方面的研究，都会涉及定性分析和定量分析两种研究方法，也都存在一定局限性。杨永林（2001）指出早期社会语言学研究多为有感而发的议论，有明显的"内省"色彩，缺乏实证材料的支持。90年代以来随着学科发展的多元化，其研究方法也有显著变化，主要体现在：注重研究内容与不同方法之间的有机结合；加强课题设计的科学性论证；适当引入计量分析手段，强调跨学科整合式研究等。目前社会语言学通常采用实地调查（field work）的方法，主要研究语言变量和社会变量的相关性，通过定量分析语言材料得出概率性的结论。赫德森（Richard Hudson，2000）指出社会语言学研究可以分为五步进行：(1)选择受试、语境和语言变量；(2)搜集语料；(3)明确语料中的语言变量和变式；(4)处理数据；(5)阐释结果。研究一般按照这一顺序进行，但在进行预测（pilot test）时，也存在一定循环。

社会语言学研究也可以分为宏观和微观两个层面。宏观社会语言学（macrosociolinguistics）侧重于研究整个国家或地区语言的使用状况和问题,以及语言和社会发展的相互关系和作用。微观社会语言学(microsociolinguistics)主要研究人际交往中的语言状况和问题,说话人的社会、心理特征与其言语之间的相互关系和作用。就总体研究内容而言,社会语言学一方面把"社会"作为研究起点,把语言作为一种社会问题或社会资源来研究;另一方面把"语言"作为研究内容,探索社会对语言的影响,揭示语言的本质。

社会语言学研究的典型领域包括:

(一)语言变异。语言的变异(variation)、言语交际等研究属于微观社会语言学范畴;而社会中的语言问题,如双语、双方言,语言接触、语言规划等问题,属于宏观社会语言学范畴。其中语言变异主要探讨某一语言的语音、语法系统之内的社会分化,研究阶级、阶层、性别、年龄、社会网络等与语言差异之间的关系。虽然早期变异研究的成果多集中在语音方面,但目前已逐渐扩展到语法、语义、话语分析等各方面。言语交际研究包括言语行为和会话分析两方面,前者注重说话者的社会特征、谈话的场合、情景等;后者强调会话者如何运用相应知识理解对方、表达自己、完成交际。双语现象(bilingualism)指个人或群体使用至少两种语言,如加拿大的魁北克省以英语和法语为官方语言;芬兰以芬兰语和瑞典语为官方语言。该现象主要源于人口迁移、民族主义和政治上的联合,教育文化等方面。例如,美国是一个移民国家,来自他国的移民都成为操双语者。双言制(diglossia)指一个社团中同时存在两种语言或语言的两种变体,即高标准变体(high variety)和低标准变体(low variety)。前者地位较高,用于政府、新闻媒介、教育和宗教活动,是正规教育用语,保存了语言社区高度推崇的文献;后者由儿童作为母语自然习得,一般用于家庭或朋友之间。这一区别的实例有中国五四运动前的文言与白话、瑞士的高地德语和瑞士土德语等。

(二)语言接触。语言接触产生皮钦语、克里奥耳语、黑人英语、国际通用语、族际通用语和人工语言等。皮钦语(Pidgin)指不同语言的群体在经常交际的过程中作为碰头语言(Contact Language,也译作"接触性语言")而发展起来的一种语言。如外国商人与当地人,种植园中或工厂中不同语言背景的工人通话,就会产生皮钦语。皮钦语一般词汇量小、句法结构简单。当皮钦语成为某一群体的本族语,用于该群体部分或全部的日常交际之后,就发生了克里奥耳化现象(creolization),成为克里奥尔语,其句子结构和词汇量要比皮钦语复杂得多。譬如,黑人英语(Black English)是美国(特别是纽约、芝加哥和底特律等地区中心贫民区)的黑人所说的一种英语变体,有学者认为这是由克里奥耳语发展而来的。国际语言作为一些国际机构和活动的通用语(如英语),具备使用人数多、应用地区广、发挥作用大等特点。所谓族际通用语是各自说不同语言的人群进行交际所使用的语言。它可以是一种国际通用语,可以是其中一个族群的本族语,也可能是由两种或更多语言组合,满足交际需要的皮钦语。至于人工语言,大部分利用各种现存语言的字母和结构成分构成,有的也由数字构成。其中影响最大的是由波兰人柴门霍夫(Ludwik Lazarus Zamenhof)所发明的人工语言——世界语(Esperanto,此词寓"希望者"之意)。

(三)语言规划。语言规划(Language Planning)指有计划地管理与改进现有语言文字的活动,如国语或官方语言的选择、语言推广、文字改革、文字创制等。语言规划可以分为语言地位规划(Status Planning)和语言本体规划(Corpus Planning)。地位规划主要确定语言变体之间的地位,通过制定语言政策选择官方语言,并采取一定措施进行推广。以印度尼西亚为例,马来语被选为国语,称为印度尼西亚国语(Bahasa Indonesia)。本体规划主要确定语言变体的内部结构,如字母和拼写法改革、词符改变、术语的规范化等。我国国务院于1956年正式通过并颁布了《汉字简化方案》,以进一步规范汉字。

在一定意义上,语言规划属于应用社会语言学,包括语言在政治、经济、教育等方面的应用。语言与政治的关系可以区分为"语言的政治"(the politics of language)和"政治的语言"(the language of politics),前者从政治角度考察和研究语言问题,后者侧重于研究政治活动中使用语言的情况,如外交辞令、竞选演说等。语言与经济的关系主要表现在语言产业(Language Industry,如出版发行教科书、光碟等)和语言服务(Language Service,如提供翻译、培训等)等方面。在教育方面,双语教育(Bilingual Education)目前已经成为多民族国家所面临的重要问题,尤其是美国或加拿大等移民国家。它包括不同类型的教学,如沉浸式强化训练教学(在学校里使用不同于家中所用的语言)、维持性双语教学(学童上学之初使用家里所用语言,而后渐渐转为部分科目采用学校语言进行教学,而其他科目则采用家中所用语言)和过渡性双语教学(学生上学之初部分或完全使用母语,后一阶段转换到只使用学校语言)等。

社会语言学作为人类文化语言学和人类语言学的重叠,不仅打破了自索绪尔以来只研究语言内部同质系统的局限,丰富了语言研究,而且对语言进行定量分析,通过语言变异研究解决了共时、历时研究的矛盾。同时,社会语言学在法律界、广告界、医学界等诸多应用研究领域都发挥了重要作用,有助于解决实际语言问题。

神经语言学　Neurolinguistics　指以语言学、神经科学和心理学为基础的一门边缘性交叉学科,广泛运用神经科学、语言学、认知科学、神经生物学、神经心理学、计算机科学等学科领域的研究手段和方法,研究人脑控制语言理解、生成、交际及习得的神经机制,以及人脑产生、接收、存储、加工和提取信息的生理机制和心理机制,从而全方位探讨大脑功能的不同方面与语言交际之间的关系。神经语言学作为语言学的一个分支学科,与其他语言学研究有相同的目的,即揭示语言的本体特征和本质规律,但神经语言学更加侧重研究语言生成和理解的神经机制。

神经语言学的研究对象是人类大脑神经系统与语言、言语之间的关系。具体而言,即研究语言习得、言语理解、言语生成、言语交际、言语掌握以及与语言和言语相关的其他神经机制,研究正常言语的神经生理机制和产生言语障碍的神经病理机制。

人类注意到大脑与语言的关系可追溯到古埃及,曾有记载由于脑部损伤而丧失语言功能的病症,亦即现代所说的失语症(aphasia)。真正科学意义上的研究则始于19世纪中期。1836年,法国神经学家戴克斯(Marc Dax,1771—1837)发现人脑左半球受到损害会导致言语障碍。1861年,法国外科医生布罗卡(Paul Broca,1824—1880)发现大脑皮层的一个专门区域(位于左半球额下回后部)与言语构音能力有关。如果该区域受到损伤,患者的发音会出现断断续续的现象,即使说话能继续下去,构成的话语也不能表达一定意义。这种失语症后来被称为"布罗卡失语症"或表达性失语症,受损的脑区被称为"布罗卡区"(Broca's area)或"言语运动区"(motor area of speech)(沈家煊,1989:24)。事实上,布罗卡医生是"失语症"(aphasia)这一名词的始创者,也被认为是神经语言学的创始人。1874年,德国生理学家韦尼克(Carl Wernicke,1848—1905)发现,言语的接收、理解受大脑皮层的另一个区域——左半球颞叶后部的控制。这个区域如果受到损伤,会导致患者出现听觉性言语理解障碍,即无法理解别人的话语,甚至连辨音能力也完全消失。这种失语症后来被称为"韦尼克失语症"或感觉性失语症,受损的脑区被称为"韦尼克区"(Wernicke's area)或言语感觉区(sensory area of speech)(沈家煊,1989:24)。1892年,法国神经学家戴杰林(Joseph Dejerine)发现还有一个区域(左半球角回)是控制阅读理解的中枢部位。

这一时期的研究仅限于运用当时的心理学理论阐述医学临床观察产生的现象,没有完整的形态学和生理学的资料对言语生成和各类活动进行深入的心理学分析。到了20世纪初,英国神经学家黑德(Henry Head,1861—1940)首次运用语言学分析手段对言语障碍进行研究,为这一领域的研究开辟了一个新局面。他对脑局部损伤导致的失语症做了语言学分析,提出了"命名性失语症""句法失语症""语义失语症"等说法。在神经语言学发展的早期阶段,从事研究的学者多数是神经学家或心理学家,虽然研究具备了语言学研究的目的,但是因为缺乏语言学理论的指导而不具备真正意义上的语言学研究特征。直到20世纪40年代,雅柯布逊(Roman Jakobson,1896—1982)提出"不仅语言学能对理解脑损伤引起的语言故障的性质作出贡献,而且这种'自然实验'能使我们获得独到的见识"后,语言学界才意识到:病理语言学既能为各种理论语言学的假设提供验证基础,又能丰富语言理论(沈家煊,1992:10)。雅柯布逊在其论著《儿童语言、失语症和普遍语音规律》(*Child Language, Aphasia and Phonological Universals*)(1968)中,率先借用索绪尔组合关系和聚合关系的理论框架,描述了失语症患者的两类表现"相似性失序"和"毗邻性失序"。雅柯布逊是第一位将语言理论运用到失语症研究的语言学家,使得神经语言学研究具备真正意义上的语言学研究特征,对于神经语言学的发展具有划时代的意义(倪传斌,2013:71—72)。

20世纪中期,随着心理语言学、神经心理学的产生和发展,各国心理学家、语言学家对言语活动的脑机制问题进行了广泛研究;同时,随着认知心理语言学的发展和计算机的广泛应用,自然语言的生成和理解成为亟待探究和诠释的问题。20世纪60年代,乔姆斯基的"转换生成理论"问世,进而提出"区别语言运用和语言能力"的学说和"深层结构"理论,语言学研究开始部分涉及言语生成和理解的神经内部机制。其间,对失语症病人进行积极治疗的需要也促使神经学家对大脑机制和语言关系进行深入研究。苏联心理语言学家卢利亚(Alexander Luria,1902—1977)等将神经科学提供的方法运用于心理语言学的研究,对言语活动进行了神经心理分析。卢利亚提出了第一个影响最大的神经语言学处理过程模式:通过定位来联系语言的次成分和脑,每一个次成分都是由脑中的特定区域运行。此后,神经语言学就逐渐从心理语言学分化出来,致力于揭示语言和大脑关系的奥秘。至70年代,"神经语言学"成为正式术语被广泛运用,标志着神经语言学成为一门独立的边缘学科。

大脑和语言之间的关系一直是神经语言学研究的核心问题之一,对于这一问题曾经出现许多不同的观点,并且这些观点依然存在。其中比较有影响的包括:(1)定位论,认为不同的"高级功能"位于大脑皮层的不同中心,某个脑区的障碍会引起某种与之联系的语言功能的丧失,失语症被认为是一个语言中心受损所致;持这种观点的代表人物包括高尔(Franz Gall)和布罗卡。(2)联接论,认为高级功能依赖于皮层不同中心之间的联接,语言能力被看作是图像与词语之间的联系,失语症是执行语言功能所需的中心之间的通路连结受损所致;代表人物有韦尼克、利希海姆(Ludwig Lichtheim)和盖施温德(Norman Geschwind)。(3)动态定位论,认为不同的下属功能定位于大脑不同的部分,这些功能需通过各种组合才能执行更复杂的功能;卢利亚是这一观点的代表人物。(4)层次说,从内部/更低的、更原始的结构到后来发达的、上面的大脑皮层以及所有这些层面在语言与交际中的角色来强调大脑的分层结构;代表人物包括布朗(John Brown)。(5)整体说(Holism),认为大脑是整体运作的,每个语言心理过程的完成是多个脑区协同作用的结果,高级认知功能、符号思维、智力或抽象是由大脑皮层处理的,而失语症是一般认知丧失而非特定语言机能丧失的标志;这种观点曾经被称为"认知观",代表人物有马利(Pierre Marie)、戈德斯坦(Kurt Goldstein)等。

神经语言学作为一门较新的边缘学科,具有强烈的跨学科性,体现在许多学科为神经语言学这一领域提供了灵感和活力,为研究提供了各种各样的研究数据、理论和模型。神经语言学必须考虑的、最重要的一些学科领域包括:语言学、神经解剖学、神经学、神经生理学、生理学、心理学、精神病学、言语病理学以及计算机科学。还有一些非常相关的学科包括:神经生物学、人类学、化学、认知科学和人工智能。可以说,神经语言学跨越了人文科学、医学、自然科学、社会科学以及工程技术等学科和领域。

神经语言学在研究方法上具有很强的可操作性,其结论通过临床或实验得出,追求实证,科学性突出。神经语言学可以直接吸收心理科学、神经科学的最新成果,尤其是这些学科在技术手段上的革新往往使神经语言学的研究方法和手段不断得到补充,促进了神经语言学的发展。神经语言学主要传统研究方法包括临床—解剖学方法和心理实验方法。

临床解剖学方法是指临床观察和病人死后所做的验尸解剖,这是神经语言学最初研究所依赖的主要手段。通过解剖死者的大脑,发现脑病变或损伤区与病人生前表现出的语言障碍之间的联系。使用这一方法的最著名的例子就是19世纪"布罗卡区"的发现者——法国医生布罗卡。1861年,一位只会发"tan"音的病人去世后,布罗卡立即通过解剖对他的大脑进行研究。解剖结果显示,病人在左半球额下回后部有严重损伤。布罗卡由此推断这一区域正常情况下负责语言生成。心理实验方法通过对病人进行心理实验,关注不同的脑损伤病人在不同的实验条件下执行不同的语言任务时所具有的不同表现。采用这种方法的研究者通常根据病人语言障碍的表现对其进行分类,根据已经建立的语言心理加工模式,推断正常的语言处理过程。

随着科技的发展,一些新的研究方法开始出现,大致分为两类:一类是研究与大脑相关的行为,另一类是研究大脑本身。前者如双耳分听技术(Dichotic listening)和裂脑试验(Split brain studies),后者包括异戊巴比妥钠试验(Sodium Amytal Test,即SAT)、计算机化轴向层面X射线摄影法(Computerized Axial Tomography,即CT扫描)、正电子发射断层扫描术(Positron Emission Tomograph,即PET)等。

双耳分听技术通过被试的左耳和右耳同时接受语言或非语言的刺激来确定各种认知功能的侧化(lateralization)。试验中,让被试戴上耳机,并给其两耳同时分别呈现一对单词或声音,要求被试报告听到的内容。实验结果证实了大脑左半球在处理语言信息方面(如单词、数字、摩斯码等)的加工优势。而右半球在处理旋律、环境声音(如鸟叫)方面更出色。裂脑试验通过手术切断两半球间的胼胝体(corpus callosum)来研究大脑两半球的认知功能。结果表明大脑两边对接收的信息有不同反应,左半球负责语言生成和理解,而右半球基本上没有说的能力。SAT实验通过将异戊巴比妥钠注射入病人右颈内动脉或左颈内动脉的方式使大脑半球的短时麻醉,根据在注射时病人能否持续数数来判断病人的语言优势半脑在右侧还是左侧。该技术有效,但有一定的风险。CT扫描利用X射线使大脑成像,研究者就可以看见活人大脑的内部。虽然CT扫描提供的图像是静止的,但对于识别脑损伤和肿瘤非常有用。PET扫描始于20世纪70年代,它使研究者可以对工作中的大脑进行研究。发现当被试说话时,大量血液流向左半球大脑皮层,尤其是布罗卡区。被试阅读时,大量血液流向枕叶、角脑回以及左半球其他区域。这些观察到的结果支持左半球主要负责语言以及该半球存在特定语言区域的观点。

此外,脑磁图(megnetochcephalograph,即MEG)、脑电图(electroencephalogram,即EEG)、事件相关电位(event-related potential,即ERP)和功能性磁共振成像(functional magnet resonance imaging,即fMRI)等技术手段越来越多地被用于神经语言学研究,提高了研究的准确性和效率。

ERP技术是通过计算机叠加技术记录刺激事件诱发的脑电变化来研究大脑活动,是刺激事件引起的脑电真实的实时波形。由某一刺激引起的神经细胞的电活动称作"事件相关电位"(ERP)。测量ERP是神经心理学和神经语言学的一项重要进展(沈家煊,

1989:28)。ERP技术可以正常人为被试,时间分辨率极高。fMRI技术通过记录人脑中磁性物质的增减来反映相关脑区的激活状态。因为人脑在内外刺激的作用下,神经活动兴奋水平增强,局部脑组织血流、血容积和血氧消耗就会增加。fMRI技术不需要放射性示踪物质,应用更为方便、安全,可直接用于正常被试(梁丹丹、顾介鑫,2003:22)。fMRI和ERP在空间分辨率和时间分辨率上具有互补性,因此,同时记录被试脑活动的ERP和fMRI信号,使两者的优势同时得到发挥,已成为人类心理活动脑机制研究的一个重要选择方向。

神经语言学的代表作品包括瑞士语言学家皮亚杰(Jean Paul Piaget,1896—1980)1970年出版的《发生认识论原理》(*The Principles of Genetic Epistemology*)和苏联心理学家维果茨基(Lev Vygotsky,1896—1934)1934年出版的《思维与语言》(*Thought and Language*)。这是现代心理语言学的一个重要理论根源,是神经语言学形成的奠基石。苏联心理学家、神经语言学家卢利亚于1975年出版的专著《神经语言学的基本问题》(*Basic Problems of Neurolinguistics*,又译《神经语言学》)是神经语言学开创性作品之一,是应用神经语言学的方法探索言语编码和译码过程的初步尝试。书中以实际病例为据,做了详尽分析,有的病例跟踪观察26年之久,对神经语言学的形成起了决定作用。1981年,罗马尼亚裔德国神经心理学家维格尔(Egon Weigl,1901—1979)的英译版文集《神经心理学和神经语言学》(*Neuropsychology and Neurolinguistic*s)问世,促进了神经语言学的发展。

与国外神经语言学的研究历史相比,中国的神经语言学研究起步较晚。最早介入此领域的是临床神经科学家和心理学家,他们关注的主要是语言障碍的诊治和语言的心理表征加工,其目标不是为了揭示语言的神经机制,更不是神经语言学的研究(杨亦鸣,2012:556)。赵吉生、卫志强(1987)、桂诗春(1992)、沈家煊(1992)等学者对国外神经语言学著作的翻译使读者对神经语言学有了一定的了解和认识,对于推动神经语言学在我国的发展起到了重要作用。王德春等(1997)编著的《神经语言学》是一部系统介绍神经语言学的著作,为读者提供了神经语言学的理论框架。20世纪90年代中后期,陆续有中国的语言学家以当代先进的语言学理论为背景探索语言的神经机制问题,以汉语为语料的神经语言学研究逐渐增多。我国的神经语言学研究主要集中在汉语神经语言学的具体问题上,研究内容包括:中文大脑词库研究、语法研究、语音研究、语义研究、篇章语用研究、儿童语言发展以及失语症研究。汉语神经语言学在某些领域的研究尚未充分和成熟,仍有极为广阔的发展空间。

经过一个多世纪的发展,神经语言学不断拓展研究的广度和深度,取得了许多令人瞩目的成就,对言语脑机制的研究获得了一些突破。随着计算机技术和医学技术的不断发展,神经语言学研究技术日益先进,研究方法和手段变得更加丰富,为揭示语言的内在本质,探索言语活动的内在原理,为语言教学、二语习得、失语症治疗、聋哑人语言教学、言语功能恢复、犯罪言语特点分析提供了更多的理论和实践依据,有着广阔的发展前景。

生成音系学　Generative Phonology　指在生成语法框架内研究语音系统的语言学分支。由于早期的音系学理论主要研究音位(phoneme),因此一度被称为音位学(Phonemics)。1968年乔姆斯基和哈勒(Morris Halle)合著的《英语语音模式》(*The Sound Pattern of English*,简称SPE)的出版,标志着生成音系学的诞生,也标志着发展到今天的现代音系学主流学派的诞生。就具体研究对象而言,生成音系学在不同时期的研究重点有所不同,在分析方法方面,不同流派又有各自的特点。但是,在认识论、理论目标以及方法论方面,生成音系学有着其显著的特征。

生成音系学秉承了生成语法将语法概括为人脑所具有的语言知识这一理论出发点,认为人类语言的语音虽然丰富多彩,但语音系统却具有共同的本质属性。音系就是人类语言知识中关于语音的那一部分,而形式各样的语音数据则是这种共同属性的外部表征形式。生成音系学认为音系知识是抽象的,是人脑中语音的底层形式表征,人类无法直接观察到,只能通过观察外部表征,即语音数据来建立假说,进行理论建构。

与形态—句法结构一样,音系结构同样具有层次性和递归性的特点。音系学研究的三个主要内容是:(1)音位对立;(2)音段配列;(3)交替。虽然人类不同的语言在音位系统、音段配列和交替方面具有差异,但也表现出许多共性。音系学的主要任务在于确定音系共性以及具体音系的变异范围。

生成音系学的理论目标决定了它的方法论。概括起来说,它的方法论具有以下特点:(1)强调理论的核心地位;(2)分析框架是由一套具有形式演绎性质的公理系统构成的;这套公理系统具有自足性,使得分析不必借助系统以外的任何概念或手段即可完成;(3)生成音系学理论表述的主要方式是元语言和形式化表达;(4)强调演绎法、假说和假设在理论发展中的作用。

根据具体研究方法的不同,生成音系学可以分为如下主要理论流派:经典生成音系学、词汇音系学、非线性理论、CV音系学、特征几何理论、韵律音系学及优选论等。

经典生成音系学的代表作是SPE,因此经典生成音系学理论通常称作 SPE 模式。SPE 系统地提出了生成音系学的认识论、理论目标和方法论,是生成音系学的奠基之作。SPE 模式的分析框架主要由音系和语音两部分构成。音系部分包括语素的音系表达和语音表达两个主要层面以及连接两个层面的音系规则,音系表达处于底层,语音表达处于表层。二者之间的表达是线性的,以区别特征作为基本单位。

音系规则是 SPE 模式形式系统的核心,它们以特定的方式作用于音系表达,推导出语音表达。在有些情况下,从音系表达到语音表达的推导过程涉及若干个按一定顺序应用的音系规则。在这种情况下,在音系表达和语音表达之间可以有若干个中间层面。作为音系部分的输出项,语音表达进入语音部分,在具有普遍意义语音实施规则的作用下,语音表达自动获得物质形式。

词汇音系学作为最接近 SPE 模式的线性理论,在音系规则研究方面有了更深的进展。词汇音系学把音系推导过程分成几个具有不同特点的层面,规定特定的规则必须在特定的层面上应用。词汇音系学的最大贡献在于将规则分为词汇规则和词汇后规则,将词汇规则引入音系生成过程中,并把构词过程和音系过程置于一个统一的框架内考察。词汇规则和词汇后规则具有不同的特点,词汇规则可以循环应用,但只能在词库内应用;而词汇后规则则是以非循环方式作用于词汇规则作用以后。

在音系表达方面有着重大进展的代表性理论有非线性理论和不充分赋值理论。非线性理论提出了音系结构的非线性表达,简单说来,就是多音层的表达方式,以自主音段音系学和节律音系学为代表性理论,使用连接线来建立不同音层上各种音系成分之间的联系,克服了 SPE 模式音系结构中用线性表达无法解释具有特定性质的音系成分(如声调等)的不足。不充分赋值理论也突破了 SPE 模式中充分赋值的特征限制,通过缺省的方式,排除掉羡余特征,从而使音系表达仅包含语素必要的音系信息,突显出语素的音系结构特点,从而减少了音系规则的数量。

在 SPE 模式中,音系规则的作用域是由语素界限符号界定的。然而,人们观察到某些音系过程的作用域可以大于词。韵律音系学提出了音系过程的作用域是由句段的韵律结构决定的假设,把对音系过程的分析扩展到比词更大的辖域范围之中,从而将音系分析同句法范畴和句法结构联系起来。

20 世纪 90 年代初,生成音系学研究者提出了优选论(Prince & Smolensky, 1993)。优选论是生成音系学最重要的理论发展。优选论突破了传统生成音系学中对音系表达的描述,也不再通过音系规则来进行音系模式的推导。优选论认为,可以通过制约条件对语音表达的限制来对每一种具体语言做出区别和描述。在优选论理论体系中,制约条件具有普遍性,也就是说,每一种具体语言都包含一组具有普遍意义的制约条件。语言之间的差别就在于制约条件在具体语法中层级排列的不同。语音表达的多样性是由制约条件相互冲突并通过制约条件的层级排列解决冲突的结果。值得一提的是,制约条件还具有可违反性,优选论允许符合语法的语音表达违反制约条件。事实上,任何一个制约条件都是可以违反的,但是符合语法的形式应当最大限度地满足制约条件层级体系提出的对各种范畴的要求或限制。优选论建立了一套简单但严密的分析框架。如下图所示:

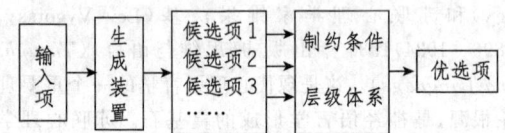

图中的生成装置是普遍语法的组成部分,其作用是为特定的输入项(底层表达)生成无限数量的候选项。所有的候选项必须经过同一制约条件层级体系的评估,能够最大限度地满足制约条件层级体系的候选项被确定为优选项,也就是符合语法的语音表达形式。

随着优选论的出现,生成音系学在对音系本质的理解方面产生了重大分歧,出现了两种对立的假设:推导论和制约条件论。两种假设对立的焦点在于是否承认推导过程的存在。推导论坚持传统生成音系学的观点,认为音系的实质性内容主要是音系规则和根据规则推导出来的中间层次;推导论不否认制约条件的存在,认为制约条件在一定情况下对推导过程和音段配列起到限制作用。而制约条件论则完全否定音系规则和中间层次的存在,仅仅依靠制约条件的层级排列解释表层形式上的差异。这两种理论互为补充,从不同的角度对同一音系现象进行分析和解释,成为当代音系研究的主要分析模式。

生成语法　Generative Grammar　由美国语言学家乔姆斯基在 20 世纪 50 年代创立。所谓"语法"指能够准确描述语言内部成分组合关系的一系列规则;所谓"生成"指的这些语法规则可以生成所有正确的组合,排除所有错误的组合。生成语法学家认为,句子是人类潜意识中下通过一系列步骤而生成的(如同计算机程序),这些步骤是人类认知系统的一部分。句法理论的目标就是为这些步骤建立模型,从而了解人类在句法方面的潜意识知识。因此,生成语法不同于教学语法,其目标不在于教会人们如何正确使用某种语言,它更像是计算机程序中的操作命令,按步骤分层次地将词语组合成为完整的句子。

生成语法非常强调"普遍性"在语言描写中的重要作用。乔姆斯基认为,人脑与生俱来便有一套普遍语法(Universal Grammar)存在于语言机制中,它是人类所有语言共有的语法特征,包含了限制人类语法的可能范围的一系列条件。普遍语法是乔姆斯基"语言天赋论"的理论基础。乔姆斯基认为,儿童生下来就有一种适宜学习语言的、人类独有的知识,即普遍语法,这种知识体现在"语言习得机制"(Language Acquisition Device)里。新生儿在出生后所接触的语言素材使他将"语法参数"调整到母语的"特殊语法"方向,并在此基础上创造性地使用被普遍语法以及母语的"特殊语法"允许的众多表达。在乔姆斯基看来,正是由于人类天生具备一些世代遗传的普遍语言知识,才使得他们迅速地学会了母语。

生成语法采用由上至下(top-down)的演绎法,强调普遍语法的经济性、生成性和简洁性。一种语法理论越简洁,它的生成能力和解释能力就越强。生成语法理论所遵循的最简主义包括方法论的最简主义(methodological minimalism)和实体性的最简主义(substantive minimalism)。前者要求人们在科学研究中创建最简的理论模式和最具解释性的理论,而后者是探索研究对象本身在设计和结构方面是否具备简单性、优化性和完美性。

在认识论上,乔姆斯基的理性主义思想贯穿了他的学说。理性主义认为,人的知识除了经验成分之外还有先验成分。乔姆斯基认为,语言反映了心理,语言能力包含着天赋的成分。在对大脑认知系统的总体认识上,乔姆斯基指出人脑的认知系统主管包括视觉、听觉和记忆在内的感知系统,语言系统的工作原理和方式与视觉等系统的工作原理和方式不同,它是既独立于这些系统又和这些系统相关的认知子系统,所以人脑的认知系统具有模块属性。

乔姆斯基的生成语法理论发展到今天,可以粗略划分为五个阶段。

1957年,乔姆斯基在《句法结构》一书中提出转换生成语法的概念。他把句法结构(Syntactic Structure)分为短语结构规则(Phrase Structure Rules)和转换规则(Transformational Rules)。短语结构规则生成句子的基础结构,而转换规则则把基础结构转化为各种句式,如被动句、疑问句。短语结构规则和转换规则被应用产生了句子在形态层面的表现形式,而在此基础上形态音位规则(Morphophonemic Rules)被应用则生成了句子的语音表现形式,即有实际音位值的句子。

1965年,乔姆斯基出版了《句法理论面面观》一书,这本书所提出的句法模式被称为"标准理论"(Standard Theory)。乔姆斯基在该书中提出了两组影响深远的概念,一是语言能力(Language Competence)和语言运用(Language Performance);语言能力是人们头脑中内在的语法知识;语言运用是说话、写文章等语言使用的具体行为。二是深层结构(D-structure)和表层结构(S-structure):深层结构通过转换规则(Transformational Rules)生成表层结构。此外,乔姆斯基还阐述了语言学理论研究的两种目标追求,即描写充分性(Descriptive Adequacy)和解释充分性(Explanatory Adequacy)。与《句法结构》相比,这个时期的句法理论在理论框架和技术细节方面作了一些改进:首先,乔姆斯基取消了广义转换规则(Generalized Transformation);其次,乔姆斯基将短语结构规则同词汇的插入分开处理,词库(Lexicon)成为独立的生成转换过程中的组成部分;第三,乔姆斯基取消了核心句的概念,而影响最为深远的变动则是——在这一阶段,语义被赋予了一定的句法地位,成为语法结构模式中的一个组成部分。

标准理论在70年代进一步扩展,形成了扩展的标准理论(Extended Standard Theory;EST),其中增加了X阶标理论(X-bar Theory)、词库理论(Lexicon)和移动α理论(Move-α theory)。乔姆斯基在此期间的代表论著包括:《关于动词名物化的一些看法》(1970)、《深层结构,表层结构和语义解释》(1971)、《转换的必要条件》(1973)、《论WH-移动》(1977)以及与拉斯尼克(Howard Lasnik)合作完成的《过滤器及控制》(1977)等。与标准理论相比,扩展的标准理论加强和充实了与词汇特征有关的短语结构规则部分,削弱了语法的转换规则部分。此外,在扩展的标准理论中,深层结构和表层结构共同参与对语义的解释,前者决定语义表现,主要是由词汇特征所决定的语法功能关系,如施事(Agent),即受事(Patient),即工具(Instrument)等;其他语义表现,如逻辑成分及量词的辖域,信息表达的焦点等则由表层结构予以解释。另外,到了70年代末,移动α理论提出之后,转换规则变得更加抽象,其功能也由对移动本身的限制转向对移动的结果进行筛查并加以限制,其中包括"时态句条件"(Tensed Sentence Condition)、领属条件(Subjacency Condition)、标志语和中心语同时占用限制(Doubly-Filled Comp Filter Constraint)以及格过滤器(Case Filter)等。

1986年出版的《语言知识:其性质、来源及使用》是乔姆斯基理论的进一步发展。该书系统阐释了乔姆斯基的管辖与约束理论(Government and Binding Theory)(简称"管约论")、普遍语法(UG)及原则参数(Principle and Parameters)的思想。乔姆斯基此期间的代表论著还包括《管辖和约束论文集》

(1981)、《管辖与约束理论的一些概念和影响》(1982)和《语障》(1986)。乔姆斯基提出,普遍语法是一个由原则和参数所构成的系统,而原则中的内容都与必须通过经验来设定的参数有联系。在原则和参数理论研究的初期阶段,语法理论在整体上沿袭了扩展的标准理论模式,所不同的是语法中的规则系统被赋予了普遍语法的意义,语法规则是普遍语法的规则;同时增加了有若干子系统组成的原则系统,以此构建了普遍语法的原则系统。其子系统以模块的方式存在,彼此相互联系、相互作用,涵盖了句法的各个方面,其中包括X阶标理论、管辖理论(Government Theory)、格理论(Case Theory)、题元理论(Thematic Theory)、移动α理论(Move α)、边界理论(Bounding Theory)、约束理论(Binding Theory)和控制理论(Control Theory)。除此之外,普遍语法模式中还有一些独立的、一般性的原则,如投射原则(Projection Principle)、允准条件(Licensing Condition)以及充分诠释原则(Principle of Full Interpretation)等。

90年代早期,乔姆斯基又对自己的理论提出一次新的修正,统称为最简方案(the Minimalist Program),乔姆斯基关于最简方案的代表论著包括《最简方案》(1995)、《光杆短语结构理论》(1995)、《最简方案探索》(2000)、《语段推导》(2001)、《超越解释充分性》(2004)等。《最简方案》一书包含四章,即《原则与参数理论》《关于推导和表征中的经济性的一些看法》《语言学理论的最简方案》和《语类与转换》。这四章分别在不同时期正式发表,连同《光杆短语结构理论》一文共同构成最简方案中早期的基本理论框架。在此期间,乔姆斯基提出了光杆短语结构理论(Bare Phrase Structure,即BPS),以及包括自利原则(Principle of Greed)、迫不得已原则(Last Resort)、最小连接条件(Minimal Link Condition,即MLC)等原则的经济条件。其后,包括《最简方案探索》在内的几篇文章则体现了最简方案的发展及最新动向,虽然这一时期的最简方案与中期相比在理论框架的基本精神上没有太大变化,但在技术手段上却有一定的调整。例如就移动而言,尽管目的还是要满足形态方面的需要,但是满足这种要求的细节安排有了不少变化。在这一阶段,乔姆斯基提出了核心功能语类(Core Functional Categories)、语段推导(Derivation by Phase)、多次拼读(Multiple Spell-Out)等理论思想,以及有关特征核查(checking)的探测器(Probe)、目标(Goal)、一致(Agree)、赋值(Value)等新的理论概念。

生成语义学 Generative Semantics 指哈里斯(Randy Harris)、乔姆斯基、利斯(Robert Lees)、克利马(Edward Klima)、波斯特尔(Paul Martin Postal)等人发展的由转换语法而来的语言学分支。通过后来许多学者,如麦考利(James McCawley)、巴赫(Emmon Bach)、雷考夫(Robin Tolmach Lakoff)、帕尔穆特(David Perlmutter)、雷考夫(George Lakoff)等人不断运用转换语法的方法分析语料,逐渐形成了生成语义学的基本观点。虽然生成语义学内部的看法也不完全一致,但是有个共同看法是句法依赖语义。本质上说,生成语义学家认为句法和语义是不可分的,转换原则的作用就是把语义表达和表层结构联系起来。生成语法中的"生成"应被理解为"完整和精确"(Lakoff,1971:232)。可见该理论和后来的乔姆斯基生成句法还是有一定的渊源关系。但是随着后者的发展,两者渐渐地走向了对立。最初主要是麻省理工学院和哈佛的几位语言学家,包括两位雷考夫、麦考利、波斯特尔(Paul Postal)和罗斯(John Ross)等人,坚持认为在语义表达和语音表达之间加入一个深层结构是多余的,更好的处理应该去除深层结构,通过一系列的有序转换直接把意义和声音联系起来。这些人的观点得到了许多学者的响应,尤其是麻省理工学院之外的学者。作为对这些观点的回应,乔姆斯基没有坚持标准理论,而是将其理论发展为扩充标准理论。这个理论模型明显代表了解释性语义学(interpretive semantics),其中不仅深层结构,而且表层结构也影响语义解释。他的观点影响也十分深远,在麻省理工学院语言学专业的学生中尤其如此。卡茨(Jerrold Katz)、福多(Jerry Fodor)和波斯特尔认为语义理论必须是解释性的而不是生成的,应该寻找一个能够告诉我们语言中句子意义的机制。生成语义学认为要去寻找能生成意义,并能把这些意义投射到句法结构上去的机制。

语义和句法部分是不可分的,一些词汇本身也包含像句法结构一样的内部结构。例如,weaken的含义是"使虚弱或更弱"(其中包含了词根weak的含义)。因为该词包括weak和-en两个部分,所以它的内部也有结构划分。又如remind、deprive等词的意义本身就包含非常严密的结构,很大程度上讲话者可以通过这些词预判其涉及的复杂语义关系。例如:

[1] John strikes me as being like a gorilla with no teeth.

[2] John reminds me of a gorilla with no teeth.

因为下面的句子明显是矛盾的:

[3] John reminds me of a gorilla with no teeth, though I don't perceive any similarity between John and a gorilla with no teeth.

所以波斯特尔认为例[1]和例[2]两个句子表达了相同的意思,即"我"感到John与没有牙齿的大猩猩之间存在相像之处。

由此,波斯特尔认为如果要对 remind 做出准确地语义表述,至少需要两个基本的谓词投射——"感知(perception)"和"相像(similarity)"。用符号表示[1]、[2]两个句子:

[4] SU strikes IO as being like O.

[5] SU reminds IO of O.

则可得出其共性的表达式:

[6] IO [perceive] (SU [similar] O)

其中[perceive]是一个连接 IO 和(SU [similar] O)的二阶谓词,[similar]是连接 S 和 O 的二阶谓词。用树形图表示为:

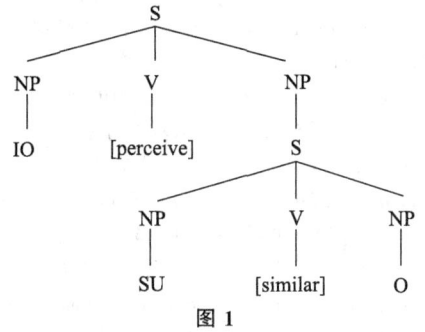

图 1

博斯塔建议语义表达可以通过所需要的独立的主语提升以及 psych-位移转换规则等手段和表层结构联系起来。麦考利也提出一个谓词抬升(predicate-lifting)的规则。分别表示如下:

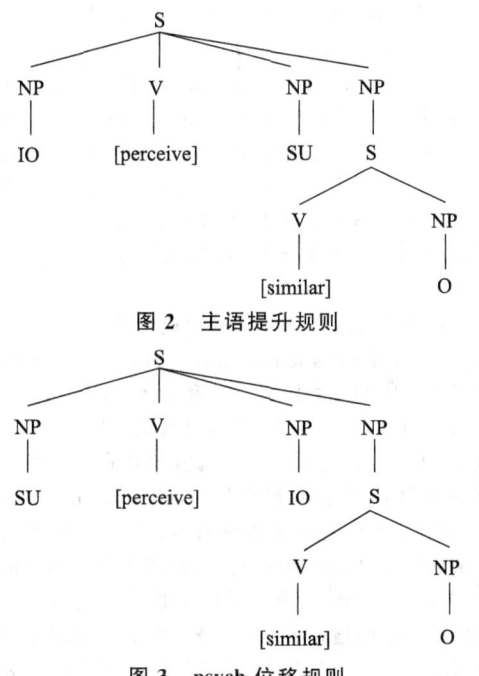

图 2 主语提升规则

图 3 psych-位移规则

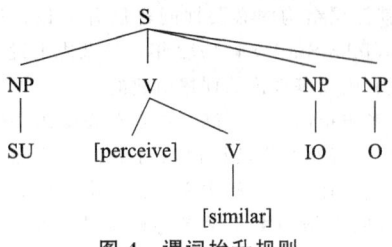

图 4 谓词抬升规则

remind 代替[[perceive] [similar] V]。建议语义表达可以通过所需要的独立的主语提升还总结出了这种派生所适应的转换规则(详见 G. Lakoff,1971)。雷考夫认为如果没有这些派生转换规则,那么乔姆斯基的理论需要专门制定规则解释如下句子:

[7] Shaving himself reminds John of torturing himself.

[8] * Shaving herself reminds John of torturing herself.

[9] * Mary says that shaving herself reminds Bill of torturing herself.

波斯特尔的理论证明,在经过了前文所讨论的向上到表层的循环规则(cyclic rules)后,还需要词汇插入(lexical-insertion)的操作,才能准确表达和描述 remind。深层结构的存在就意味着不得不放弃重要的概括性语言规则。

类似的许多例子证明了生成语义学的基本观点,即语义和句法成分之间没有明显的界线。转换原则连接句子的表层结构和它的语义表达(或称逻辑式)。而词既可能包含一个根词含义也可能包含语义表达中的整个结构。生成语义学派认为在语义、句法和语音三者之间,除了在后两者之间有些区分外,前两者不应被清晰分离。

关于生成语义学的衰落,哈里斯于 1993 年撰文认为:各种各样对生成语义学的攻击,加上该理论又没及时实现它的研究目标,造成了其最终的分崩离析。该理论主要的创立和支持者后来几乎都转向了其他理论的研究,如波斯特尔创立的非转换的多层次句法理论——弧对语法(arc pair grammar),罗斯转而研究语言中黏糊(squishes)和模糊现象,雷考夫成为"认知语法"的创立者之一,认为语义与语用之间没有根本上的区别。

简言之,生成语义学认为句子结构部分由它所表达的意义所决定。它与乔姆斯基学说的根本区别是前者认为句法和语义间有复杂的交互关系;而乔姆斯基认为句法是自足的(autonomous),是一个与生俱来的抽象的形式系统,而语义是在语言实际运用中才加入的。

1973 年,雷考夫和麦考利两人在《纽约时报书评周刊》(The New York Review of Books)上分别发表文章，就深层结构的必要性问题展开讨论。讨论是由塞尔（John Searle）于1972年在该杂志上发表的一篇围绕乔姆斯基理论的评述引起的。

雷考夫指出乔姆斯基并不是首先提出并研究语言普遍现象的学者，转换语法对语言普遍现象的研究就是建立在一些结构主义语言学家的研究基础之上的，如欧洲结构主义学者特鲁别茨柯依（Nikolay Trubetzkoy）和雅柯布逊（Roman Jakobson，1896—1982）对语音学的研究以及格林伯格（Joseph Greenberg）对美国结构主义句法研究等。在语言交际功能领域，生成语义学关注的问题在很多方面都和非行为主义的、非分类的结构主义相同。而且，生成语义学的概念框架很多是源于转换语法之外的理论，如塔尔斯基（Alfred Tarski）和卡尔纳普（Rudolf Carnap）创立的模型论语义学（Model-Theoretical Semantics），维特根斯坦（Ludwig Josef Johann Wittgenstein）、奥斯汀（John Austin）、格赖斯（Herbert Grice）和塞尔（John Searle）等学者在语言用法方面的理论，拉博夫（William Labov）、海姆斯（Dell Hathaway Hymes）等在社会语言学中的成果等。最后，雷考夫指出生成语义学家的目的是建立一个基于人类思想和文化的语言学理论，而这恰恰与乔姆斯基所阐释的狭义的转换语法相对立。

乔姆斯基认为，雷考夫对塞尔的回应实际很大程度上是针对自己的批评，他在同一刊物上也发表了一篇回应。他首先指出这场理论争辩不是结构主义和理性主义（rationalism）之争，而是要区分语言习得研究的两种方法。其中一种方法结合了结构主义和行为主义心理学的各种见解；而另外一种则在基础方面有所不同。两种方法都分别表达了经验主义和理性主义的一些前沿的观点。雷考夫所说乔姆斯基的基本观点是"句法是独立于人类思想和推理能力之外的"看法实际上是对乔氏理论的一种曲解。事实上，乔姆斯基于1965年曾提出"在句法和语义之间界限（如果有的话）方面做出决定并不是对句法和语义规则进行描述和理论研究的前提条件。相反，在我们能比今天更好地了解这些领域之前，划界问题明显将一直是个开放性的问题"。在1957年还曾指出"在句法与……某些特定的语义功能之间有明显的对应关系。……这些对应关系应该通过一个更加宽泛的，包括语言学形式理论和语言使用理论两部分的语言理论来研究"。

生成语义学在提出初期曾经鼎盛一时，影响力广泛。但是到了20世纪70年代，其影响力已经非常有限。虽然它不是一套完整的语义理论，内部也存在分歧，但是其核心内容都是强调语义在语法中起主要作用。生成语义学家首先通过对转换规则不能形式化的现象展开深入探讨，从语义角度提出了许多建设性见解，并被后来许多生成语法学家采纳。从这个方面看，在生成语法的发展过程中，生成语义学占有十分重要的地位。

生态语言学　Ecolinguistics　亦称语言生态学（ecology of language），是将语言学和生态学结合形成的一门新兴交叉学科。生态语言学是一门研究语言与环境之间的相互作用关系的科学。主要代表人物有美国语言学家豪根（Einar Haugen），英国语言学家韩礼德、克里斯托尔（David Crystal），奥地利语言学家亚历山大（R. J. Alexandar）、菲尔（Alwin Fill），澳大利亚语言学家米尔豪斯勒（Peter Mühlhausler），丹麦语言学家班（Jorgen Chr. Bang）、道尔（Jorgen Door），西班牙语言学家巴斯塔达斯博阿达（Albert Bastardas-Boada），中国香港的戈特莱（Andrew Goatly）以及日本语言学家津田幸雄（Yukio Tsuda）等。

在众多关于生态语言学方面的专著、书的章节和论文中，影响较大的是菲尔和米尔豪斯勒（2001）编著的《生态语言学读者：语言、生态学和环境》（*The Ecological Reader: Language, Ecology and Environment*，2001）一书，该书共四部分，收集了韩礼德和豪根等知名语言学家的一系列语言生态学文章27篇，内容涵盖了生态语言学研究的方方面面，早期生态语言学研究的一些重要论文基本都收录于其中。第一部分是"生态语言学之根源"；第二部分是"作为隐喻的生态学"；第三部分是"语言和环境"；第四部分是"批评生态语言学"。关于生态语言学研究的另一重要事件是，2007年克里斯（Angela Creese）、马丁（Peter Martin）和霍恩伯格（Nancy Hornberger）编辑的《语言与教育百科全书》（*Encyclopedia of Language and Education*）（第二版）中第九卷为新增的《语言生态学》（*Ecology of Language*），较全面地反映了语言生态学的历史演变、理论渊源及最新的发展动态。全书共分五部分，24章，是27位来自不同国家的语言学者集体智慧的结晶。该书能被收入《语言与教育百科全书》也反映了其重要的学术地位。

虽然生态语言学学科概念提出的时间不长，但以有机生命的生态观看待语言及语言生活的传统由来已久。19世纪德国语言学家洪堡特（Wilhelm von Humboldt，1997）认为，语言是人的天赋属物，是有机体，所以语言自然具有一切有机生命的本性。德国历史语言学家施莱歇尔（August Schleicher）于1863年发表了《达尔文理论与语言学》一文，指出达尔文研究动物和植物的方法亦可用于语言历史的研究（刘润清，1995）。他还采用生物分类的方法描绘出印欧语系的谱系树形图，揭示出语言发展中的生态规律。1912年，美国语言学家萨丕尔（Edward

Sapir，1884—1939)在《语言论》中,讨论了语言和环境的关系,指出"从人们随意使用的语言中我们可以推导出他们所处的自然环境特征和社区文化特点。"他不仅提出了语言与自然和环境的关系、语言与文化之间的关系,更进一步意识到了"文化语法相互作用的广泛多样性"。时至今日,生态语言学的核心思想仍然是"相互作用和多样性"。1959 年,特里姆(John Trim)发表了题为《历史的、描述的与能动的语言学》(Historical, Descriptive and Dynamic Linguistics)一文,首次从生态学的角度探讨了语言发展的历史与变化。但其观点并未受到学界应有的重视。

"语言生态(linguistic ecology)"的概念是由美国斯坦福大学的语言学家豪根在 1970 年的一次语言学会议上正式提出的,他明确地把语言和生态学联系到一起。1972 年,豪根在其《语言生态学》专著中提出,要研究"任何特定语言与环境之间的相互作用关系",并将语言环境与生物环境进行隐喻类比;他认为语言和生态学之间存在很多可以类比的东西,语言学者可借鉴生态学基因的观点找到语言之间的父系和子系关系。豪根的语言生态隐喻论奠定了语言生态学的主流研究范式。

20 世纪 80 年代,一批德国学者将生态学原理和方法进一步应用于语言研究。芬克(Peter Finke)根据生态系统观提出了"语言世界系统"(language world systems)概念;特兰佩(Wilhelm Trampe)指出,语言、语言使用以及与之相互依存和作用的环境构成了语言的生态系统(Fill, 2001)。这一时期以"生态语言学"或"语言生态学"为题的著述大量涌现,生态语言学的学科理论框架因此基本确立。

20 世纪 90 年代,生态语言学开始真正成为语言学的分支。1990 年,韩礼德在国际应用语言学协会(AILA)会刊上发表了《新的定义方式:对应用语言学的挑战》(New Ways of Meaning: The Challenge to Applied Linguistics)一文,提出语言学的研究不能忽视其研究对象在不断增多的环境问题中所起到的作用和产生的影响,主张把语言和语言研究看作生态问题的组成部分。这一观点后来成为生态语言学的另一研究范式。也是在这次会议上正式确定了"ecolinguistics"这一术语。

1993 年,奥地利格拉茨大学教授菲尔出版的《生态语言学引论》和麦凯(Adam Makkai)的《生态语言学:迈向语言科学的新范式》(Ecolinguistics: Towards a New Paradigm for the Science of Language)专著对生态语言学的理论、方法和问题以及这种新的研究范式作了较系统的阐述。同年,国际应用语言学协会(AILA)年会上举行了"生态语言学:问题、理论与方法"的专题讨论。1995 年,菲尔在奥地利克拉根福市召集了"语言、生态学与生态语言学"国际学术研讨会。1996 年,AILA 成立生态语言学分会。此后,菲尔、亚历山大、戈特莱、道尔、班、米尔豪斯勒等大批学者成为这一新兴学科的活跃人物,互联网上也出现了一批生态语言学网站和论坛,相关成果纷纷涌现,一系列研究生态语言学的著作也相继问世。从 2001 年起,应用语言学学会每年都举办一次生态语言学学术会议,加强了学者们的相互交流,促进了该学科的快速发展。至此,进入 21 世纪,生态语言学也跨入了全新的发展阶段,在构建和谐的语言生态环境方面也发挥着越来越重要的作用。

生态语言学研究的内容非常广泛,主要包括语言多样性、濒危语言保护、语言活力、语言进化、语言习得、语言政策、语言批评、语言与生态危机、语言人权等方面。但学界普遍遵循或认同的是豪根和韩礼德奠定的两大研究范式,或者说两大研究领域:(1)语言的生态学(linguistic ecology),基于豪根的"生态隐喻观",主要研究环境对语言的影响作用;(2)生态批评话语分析(eco-critical discourse analysis),从生物学层面重新界定"生态",研究在生态环境问题中语言所起到的作用和影响,亦被叫做"生态批评语言学"。与语言的生态学不同,"生态批评语言学"取"生态"一词的实意,探索语言对生态的直接影响;而"语言的生态学"则偏重于研究语言随社会环境变化而产生的变化,"生态"一词变为隐喻。

语言多样性与生物多样性非常地相似,是生态语言学的重要立论基础。为了阐明语言与生态的关系,语言学家米尔豪斯勒(2001)曾对澳大利亚、新西兰及太平洋地区语言系统的生态特征做过大量的研究。他得出了"小语种的衰退与消亡并非自身原因,而是与语言的生态特征有极大联系"这一结论。奥维亚多(Gonzales Oviedo)和马菲(Luisa Maffi)研究了全球数百个生态区的土著族群、传统民族的语言状况和生物生态状况,结果表明,生物多样性程度高的地区,语言多样化程度也高,两者存在地理相关性(Oviedo & Maffi, 2000)。内特尔(Dainiel Nettle)对西非地区的语言分布进行了研究,发现越接近赤道地区,语言的数量就越多;格劳西斯(Josie Glausisz)的研究还发现,雨季的长短与语言数量直接相关(Glausisz, 1997)。在人类发展历史上,语言、认知和环境紧密联系。这种关系在少数民族地区和地方社会群体中表现得更为明显。对这些地区而言,语言的消亡不仅会导致该地区文化认同的消失,还会剥夺对其自然环境和人文发展的认知能力。因此,支持语言多样性,就等同于保护文化多样性。由此可见,语言多样性是生态语言学研究的核心问题。

近几十年来,语言学者们一直关注生态学、文化和语言多样性之间存在的密切联系。斯密斯(E. A.

Smith)对墨西哥北部土著美洲族群进行了相关研究,研究表明语言和文化的多样性与生物多样性存在一定相关性(Smith,1998)。巴斯塔达斯—博阿达着重从社会文化视角,探究了语言生态、语言多样性和语言可持续发展的问题(Bastardas-Boada,1996,2002,2005)。

菲什曼(Joshua Fishman)是较早关注濒危语言保护的语言学家之一,其专著《逆向语言转换:对濒危语言支持的理论实践基础》(*Reversing Language Shift: Theoretical and Empirical Foundation of Assistant to Threatened Language*),把那些即将消亡的语言称为"受到威胁的语言"(threatened language),开创了一个新的研究领域,他希望通过人为参与的方式改变语言不断消亡的局势(Fishman,1991)。克里斯托尔着重强调濒危语言研究的应用属性,并提议创立应用保护语言学(applied preventive linguistics),希望通过这门新的分支学科将濒危语言理论、描写以及方法等方面的成果用于保护和拯救每一种具体的濒危语言;失去一种语言就意味着埋葬一种文明,意味着它所储存的社会、文化、历史知识的消亡,是人类不可挽回的损失,会破坏人类整体文化生态的稳定与平衡(Crystal,2000,2002,2011)。因此,从生态语言学的发展角度,找到合适的方式拯救濒危语言是生态语言学的重要研究内容之一。

豪根的"生态学"隐喻研究范式在20世纪80年代比较流行,但自从90年代以来,韩礼德的"生态批评话语分析"研究范式开始受到越来越多生态语言学研究者的关注。韩礼德认为,应当在生物学范畴内理解"生态"的涵义,探索在生态环境问题中,语言所起到的作用和影响,他倡导将语言学研究作为一种可行的方法,用以生态环境问题的解决。为了探求语言对生态环境问题的影响和作用,"生态批评话语分析"强调对话语或语篇的微观研究,以及对语言系统和语言使用中的非生态因素的批评分析。根据研究的内容,生态批评语言学通常可分为两大分支:(1)生态批评话语分析,即对与生态有关的话语方式进行批评话语分析以揭露潜在意识状态,包括对有关环境和环境主义的文本及其他相关方式进行分析;(2)语言系统的生态批评,就是批评语言系统中非生态的意识形态和语法表达。所谓非生态特征,是指语言中与当代生态世界观相背离的、内化的语义、语法范畴和其结构表现形式。

生态批评话语分析是当今研究中迅速发展的领域,政治演讲、绿色广告和环境等是大部分生态批评学者致力研究的方向,如亚历山大(2009,2014)、斯蒂布(Arran Stibbe)(2012)和哈艾(Rom Harré)(1999)等。语言系统的生态批评主要研究语言系统的生态和非生态特征,韩礼德是主要代表人物,他在"New Ways of Meaning: The Challenge to Applied Linguistics"(1990)一文中,提到物种、等级和生长也存在于我们的语言中,人类的特殊地位也在语言系统中,也有其固有结构。米尔豪斯勒在《语言生态学:太平洋沿岸地区语言的变化和语言的帝国主义》(1996)中,指出语言变化的真正原因是社会历史文化因素,而语言生态就是造成语言变化的社会历史文化因素。

通过分析研究语言的生态因素,生态批评语言学揭示了语言与环境的相互作用;通过在语言和言语两个层面分析批评非生态的语言使用和语言系统中的人类中心主义现象,探讨语言在调整生态系统中可能带来的影响,以及在生态破坏或生态协调过程中所起的作用。

生态语言学(语言生态学)作为一门新兴的语言学分支学科,虽然学界对其进行了多年的探索,但其完整的学科体系还没有真正建立起来。对这门学科的基本理论、基本概念、研究内容、研究方法等缺乏明确的、统一的认识。但是,人类历史上从来不曾有过学科建设在前、科学研究在后的先例。恰恰相反,随着开创性探索的持续开展,随着研究工作的不断深入,研究领域的不断拓展,以及研究成果的不断涌现,其独立学科体系的建立也就水到渠成了(梅德明,2014)。

生物语言学 Biolinguistic 指生物学与语言学结合的交叉边缘学科,同时涉及人类学、心理学和神经科学等相关学科和领域,近年来开始受到越来越多的关注。其渊源可追溯到14世纪和15世纪,其间达·芬奇曾提到生物语言学的概念,但未曾对其进行明确的学科性定名。19世纪达尔文提出了进化论,之后,许多学者开始从进化论的角度分析语言问题,试图找出语言的演化痕迹。其中较有影响的有施莱歇尔(August Schleicher,1821—1868)、弗洛伊德(Sigmund Freud,1856—1939)、列尼伯格(Eric Lenneberg,1921—1975)、利伯曼(Philip Lieberman,1934—)等等。这些学者均提出了生物学和语言学间的联系。1950年,米德尔(Clarence Meader)和迈斯肯斯(John Muyskens)出版了《生物语言学手册》(*Handbook of Biolinguistics*),这一学科的英文名称"biolinguistics"才首次出现。

早期对于心智的研究被称作"第一次认知革命",以笛卡儿的身心理论为中心,迄今也有不少学者着手语言和心智的研究;而生物语言学的研究则被称为"第二次认知革命"。生物语言学的成形基础为乔姆斯基提出的五个问题(Jenkins,2000)

(1) 语言知识是由什么组成的(洪堡特问题);
(2) 语言知识是如何习得的(柏拉图问题);

(3) 语言知识是如何运用的（笛卡儿问题）；
(4) 语言的大脑机制是什么（布罗卡问题）；
(5) 语言系统是如何进化的（达尔文问题）。

其中前三个问题都已在乔姆斯基的著作《语言学理论的逻辑结构》中有所说明，而第四、第五个问题则可从列尼伯格 1967 年出版的著作《语言的生物基础》一书中一窥究竟。列尼伯格具有先见性地提出了备受关注的议题，如语言习得和语言异常的基因学、聋童语言、双胞胎研究、关键期、狼童、失语症、家族血统、语言和语言演化，等等。因此，当语言学不能解释语言能力之时，便是转向生物学寻求解答之际。

帕尔马里尼（Massimo Piattelli Palmarini）在 1974 年麻省理工学院举行的生物语言学国际研讨会上倡导使用"biolinguistics"这一术语。詹金斯（Lyle Jenkins）2000 年把生物语言学的五个基本问题归纳为语言知识的组成、习得、使用、相关机制及发展进化等，认为语言具有生物性，语言学最终是生物学的一个分支。乔姆斯基自上世纪 50 年代一直采用生物语言学的研究方法研究内在语言，近年来比较系统地提出了语言设计思想，为语言的生物属性研究指明了方向。

生成语法不同于传统的语言学理论，尝试通过语言表征探索人心智的运行机制，近而又提出语言与实现语言底层机制的大脑物质之间的关系问题，语言学成为兼具理论性与解释性的自然科学。进入 21 世纪后，生成语法框架的语言研究不再关注语言产品的收集与分类，以及语言单位的本位之争，而转为生物学背景下人类大脑语言机能的自然科学的研究，因而被认为是"生物语言学"的组成部分。詹金斯的《生物语言学》（2000）是具有代表性的全面叙述语言学的生物学属性的著作。乔姆斯基 2002 年出版了著作《论自然和语言》，并且这一年他合作撰写了题为《语言机能：它是什么，谁拥有它，它又是如何进化而来的？》的文章发表在《科学》上，但是正式使用"生物语言学"一词的是 2005 年发表的《语言设计的三个要素》。这标志着以不同于传统语言学研究的理论和方法，采取基于现代自然科学、生物技术和脑科学的研究视角的语言学发展的新阶段，生物语言学作为语言学研究的重要新领域受到了学界的高度关注。2007 年以生物语言学为主题的国际研讨会于 2 月和 6 月分别在多米尼加和意大利威尼斯召开，吸引了多国数百名语言学、生物学和神经科学等领域的知名学者参加。生物语言学已成为国外语言学的研究热点。此外，为了更好地促进生物语言学的发展，《生物语言学》的电子杂志于 2007 年底发行了第一期，专门报道生物语言学领域研究最新进展和动态。生物语言学开始成为国外语言学的研究热点。

乔姆斯基曾多次强调语言学是心理学而且最终是生物学的一个分支，生物语言学是利用生物学来探索大脑结构和语言之间的关系，其体现了介于语言学和生物学间的跨学科特征。生物语言学研究的基本问题主要包括语言知识的构建、语言习得、语言使用以及与语言知识相关的人脑机制和语言的进化等方面。在生物语言学中，语言学被视为自然科学，并可以运用生物学的研究成果来探讨其根本，即语言的天赋性。根据生物语言学目前的研究进展，人类语言的生物性主要表现在三个方面：语言的器官性、语言的模块性和语言的基因遗传性。

当前，生物语言学主要围绕以下五个方面进行讨论（唐玉柱，2004）：

（一）学科属性问题。生物语言学是从表面上熟悉而简单的语言数据中，探索"大脑/心智"（brain/mind）的奥秘。生物语言学属于自然科学的范畴，因此自然科学的研究方法可以完全合理地应用在生物语言学的研究之中，可以把心智科学和自然科学的研究统一起来。

（二）语言知识及其使用问题。"内在语言"组成了语言知识。语言知识的内容是语言生物学中的核心问题。把心智/大脑看作一个模块化系统，这些模块包括语言官能、数字官能、视觉系统等等，各模块之间相互作用。通过失语症、大脑受损以及染色体异常等患者的病例，证明语言官能可能部分受损而其他部分却保持完整。语言知识的使用则涉及很多其他因素，包括处理、言语行为、语用等等。

（三）语言习得问题。"原则—参数理论"是语言学家转向语法的基因基础解释的第一步。"原则"是人类生物天赋的一部分，而"参数"则是有待设定的变量，反映了人类语言的多样性。语言学"原则—参数理论"的研究，类似生物学中发展生物学家试图找到基因控制的机制的研究。儿童习得那些特征是通过内在化的原则即语言的基因程序来完成的。"刺激贫乏论"为我们解释"柏拉图问题"指明了方向。所以，儿童习得语言的过程不是"学习""指导"的过程，而应该被描述为语言器官的"生长""选择"过程，是人类的一种本能。

（四）语言机制问题。普遍语法原则和大脑神经系统的关系正如遗传学中孟德尔法则与遗传基因的关系，它们都是物质机制的抽象表征，反映基因指定的神经结构。例如，带言语缺陷的双胞胎，生长的环境如果不同，就可能显示出普遍语法不同的参数信息。此外，言语障碍症，以及诵读困难等方面的研究对于阐明语言的生物基础至关重要。微小的基因变异都可能引起语言变异。

（五）语言进化问题。涉及两个方面：其一，人类语言是如何设计的；其二，这些设计特征是如何在我们人类的大脑进化的。生物语言学的观点是：人类的语言设计是完美的，遵循自然界中其他物理规律，如对称、经济、守恒等。乔姆斯基称之为语言进化的"最简—内在主义"。之所以称为"内在主义"，是因为"原则—参数理论"等类似理论模型证明自然选择在语言进化过程中所起的作用十分有限。机体的诸如对称性之类的属性，根植于自然之中。

生物语言学研究的语法知识从某种程度上是人的心理状态的体现。因而，语言学属于心理学，而人的心理又是以大脑为物质基础的。基于此，生物语言学研究人类大脑一种机能，是对大脑物质进行的一种高度抽象的研究。因此生物语言学在学科归属上可以被定位于经验科学中的自然科学（徐烈炯，2010）（如图所示）。

```
                        ┌─非经验科学─┐哲学
             ┌─社会科学─┤            │
             │         └─经验科学───┘科学
生物语言学──┤心理学  生物学
             │         ┌─自然科学
             └─────────┤
                       └─
```

生物语言学的产生、发展及其基本观点的形成，是语言学及生成语法理论发展的最新阶段，它受到当代哲学思想的深刻影响，在方法论和认识论上体现了现代科学发展的新趋势；而且，生物语言学的研究同时与心理学、生物学等相关学科发展息息相关。

（一）哲学基础

生物语言学的主要倡导者乔姆斯基在哲学上是一位理性主义者。在认识论上，如果把笛卡儿的心物二元论看作形而上学的二元论，则乔姆斯基是某种"开放"的唯物主义者，拒斥形而上学的二元论，普遍语法是大脑中真正的实在物，并不是柏拉图理论中的抽象实体。生物语言学的研究对象是人的语言机能。语言机能使人脑能够实现语言能力、语言习得和语言运用的能力，是神秘的人类大脑"黑匣子"的组成部分，也被称为"语言器官"。人们已经关注并对于这个语言器官的生物进化、大脑定位、物质实现等问题开展了许多积极的探索。因此，生物语言学在认识论中是典型的唯物观一元论的哲学视角。传统的二元论认为物理、化学、生物等科学用自然主义的方法研究理所当然，但并不适用于思维的研究，应当改用其他方法探索。乔姆斯基认为人类语言是一种心理客体，同时也是一种生物客体，自然科学的方法同样适用于语言的研究，这被称为"方法论上的一元论"。既然生物语言学在学科归属上是心理学，心理现象以大脑为物质基础，属于生物学，则生物语言学最终是生物学的分支科学，那么以自然科学的方法研究生物语言学便理所当然了。生物语言学是乔姆斯基尝试用自然主义的方法探索语言发展的必然。

（二）心理学基础

乔姆斯基认为语言在本质上是一种心理现象，是就语言的创造性使用角度来理解的，因此，语言学的理论必须呈现能够反映语言的心理特征，即"心理现实性"；同时，心理学和生理学也有很大一部分是针对语言的研究，其共同点是研究语言中与人体有关的因素，不同之处则在于抽象的层次上。行为水平层次上的研究属于心理学是机能，关注的重点包括感知、注意、记忆、智力、概念等。心理学与语言学的结合导致了心理语言学的产生。生物语言学的观点认为，作为人类大脑的一个相对独立的组成部分，语言机能是由遗传基因决定。普遍语法便是可以说明人类语言机能初始状态的心理机制及其结构。若把语言机能看作是一种与生俱来的"语言习得机置"，则可以通过一些具体语言经验的触发与交互，获得某一语言（如英语、法语、汉语等）的知识。

语言系统是大脑的一种独特的认知系统，它不同于其他心理系统，是生物遗传和进化的结果。因此，可以认为语言是心理的镜子，而心理却最终是依附于大脑的物质属性。大脑贮存语言的语音系统、结构层次和排列等的规则，以及词和词义。人们可以根据这些规则和词去生成和理解无限多的符合语法的句子。这被称为"内在性语言"，是一种心理客体。生物语言学的研究对象就是内在性的语言，不是外表化的语言。因此，这种研究内在性语言的语言学便是一种心理学，最终是研究人脑的生物学。

（三）生物学基础

语言的生物属性使语言研究和主流的自然科学渐趋融合。在日新月异的新技术的推动下，生物学自上个世纪以来以惊人的速度发展。语言学的生物属性使得生物学的这些进步推动着语言学的发展，生物科学的每一次重要发现都促使语言学家以该学科的新视角重新分析和理解语言问题。基于此，生物语言学研究的基本思想经历了三个阶段的演变：(1)基因决定语言的差异性、多样性；(2)深层的共同基因决定统一性；(3)语言三要素（遗传因素、经验、并非语言机能特有的原则和法则）共同决定个体语言的发展。

目前，普遍语法在语言机能的生物遗传与生物进化方面的研究取得了很大的进展。尽管人类的语言千差万别，种类多样，但已有基因研究证明，语言拥有共同的遗传物质基础。乔姆斯基（1980）指出：人类的某些生物属性是由遗传决定的，即生物属性具有遗传基因的一致性。生物属性确定了人具有的各种认知系统，语言是其中的一个认知系统。普遍语法就是这些生物禀性的属性，具有生物的必然属性。当前，豪泽、乔姆斯基和菲奇（2002）提出了语言机能的进化起源的唯递归性假设。这一假设生物进化的语境下对语言机能的又一次科学假设，引起了学界的广泛关注。然而,乔姆斯基并不承认语言是自然选择形成的;他认为语言进化是突变的,基因的突变是语言进化的原因,是一种功能变异。

生物语言学是 21 世纪语言学发展的新阶段,代表着语言学与生物学融合的发展趋势,已经成为国外语言学研究的热点,在国内也将掀起研究的热潮,在未来的发展可能呈现的趋势和特点包括:

(一)生物语言学的研究队伍将渐趋壮大。

生物语言学研究者的学科背景将更为多样化,将有更多来自生物学、心理学、脑科学、神经科学等专业的学者加入到这一语言学研究的领域中,可以发挥各个学科专业知识和分析问题的优势,有助于加强语言学研究中相关学科的融合和不同方法的理解,推动生物语言学的发展,在更为广阔的视野下揭开人类语言机能的秘密。特别是进化与分子生物学和认知科学的最新进展和研究成果将对人类与动物认知的理解提供更多的帮助,因此,各个学科研究的纵深合作是生物语言学的发展基础。

(二)生物语言学的研究方法和技术必将迎来新的突破。

语言学的研究对象"语言机制"是一种客观实在,这种客观实在在生物学和神经生理学上得到充分的证明。生物语言学认为语言在学科归属上属于典型的自然科学—生物学,是一门实证科学。过去长久以来将语言学归入人文类学科的观点制约了语言学的发展。因此,生物语言学在研究方法上较传统语言学将有新的突破。在逻辑论中,除已得到认可的人文科学常用的归纳法外,演绎也将成为构建生物语言学理论系统的重要方法;而且,以解释对象为目标的溯因推理法也将被运用于生物语言学的研究中。此外,来自生物学、心理学、神经科学和脑科学等相关学科的技术和方法的引入,也会极大地丰富生物语言学的研究方法和技术。

(三)生物语言学将形成一套较为完善和系统的理论,在解释基本的语言机制、演变和现象;形成具有广泛的、普遍意义的理论和观点。

当前,生物语言学已经引起了国外学者的广泛关注,在国内业界也已初露端倪。然而,一则由于提出的时间较短,二则出于探求语言机制问题本身的复杂性,生物语言学还没有形成一套较为完善和系统的理论,在解释基本的语言机制、演变过程和现象时仍显得力不从心。因此,生物语言学在未来的一段时间的重要的任务就是构建较为完整的理论体系,形成具有广泛的、普遍意义的理论和观点。使生物语言学的基本观点将得到的广泛认可,生物语言学成为研究人类语言习得及其规律的重要依据,对于哲学范畴的思辨问题也是一个重要的发展阶段。

树邻接语法　Tree Adjoining Grammar　最早由乔斯(Aravind Joshi)等学者于 1975 年提出的一种以句法树而不是符号串为操作对象的形式化语法,可以识别和生成树邻接语言(Tree Adjoining Language)。树邻接语法经常被描述为"适度语境敏感的(mildly context-sensitive)",这意味着它们有(在弱生成能力方面上)特定性质使其具有比语境自由语法更强,但比附标文法或语境敏感语法(indexed or context-sensitive grammars)更弱的能力。由于它们的形式特性,树邻接语法经常被用于计算语言学和自然语言处理。树邻接语法对句法理论的重要性体现在 Joshi 和 Kroch 发表的系列论文中。

(一)树邻接语法的基本要素及操作手段

树邻接语法是树改写系统,由五元组 $G=(\Sigma, NT, I, A, S)$ 构成,其中,

(1) Σ 是终端符号的有限集合;
(2) NT 是非终端符号的有限集合,$\Sigma \cap NT = \phi$;
(3) S 是一个特殊的非终端符号,即初始符,$S \in NT$;
(4) I 是初始树中的有限集合;
(5) A 是辅助树中的有限集合。

初始树和辅助树合称基本树,为了从基本树(elementary tree)中生成推导树(derived tree),树邻接语法提供两种句法推导操作,即替换操作(substitution)和邻接操作(adjoining)。

替换操作(substitution)是指一个根节点标记为 X 的基本树 β 瞄准另外一个基本树 α 中标记为 X 的非终端节点。操作之后 β 插入到 α 中标记为 X 的节点。

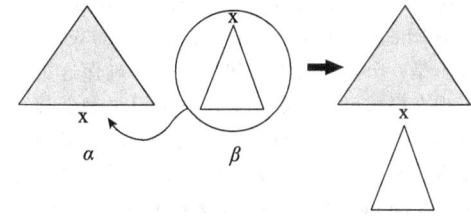

邻接操作需要其中的一棵树具有特殊的性质,其足节点(foot node)必须与根节点的标记一致,这种树称为辅助树(auxiliary tree)。邻接操作的步骤如下:

——将 β 的一个根节点为 X 的子树移去;
——原来 X 的位置插入辅助树 α;
——辅助树上的足节点用子树 X 替换。

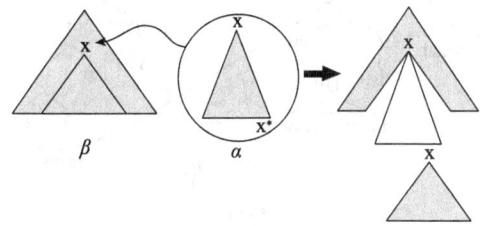

(二)树邻接语法和句法依存

树邻接语法为句法结构的依存关系提供了一个新的视角。句法理论中,一旦通过合并生成层次结构之后,便可通过移位和一致等操作来建立句法树中成分的非局部依存关系。树邻接语法否认长距离的依存关系,句法依存关系必须是局部性的。这种观点弗兰克(Robert Frank, 2002)称为"树邻接语法根本性假设"(Fundamental TAG Hypothesis),即每种句法依存关系都在基本句法树中局部建立。

当然,自然语言中存在看起来非局部的句法依存关系,提升和疑问词移位就是两个明显的例子。例如:

The professor appears to have finished the lecture. What do you think the professor said?

树邻接语法不依靠连续层级移位,而是通过递归的辅助树提供了这类句式的生成方式。若存在一个 T' 递归的辅助树,然后将该树嫁接到基本树中的主语和核心语 T 之间,生成的结构就是提升结构。

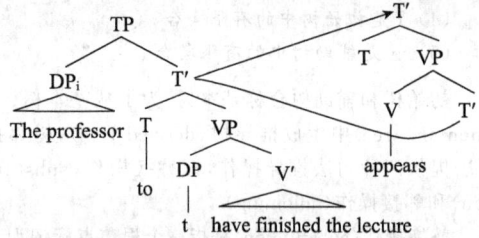

可以看出基本树 TP 包含填充词——空位依存关系。这种依存关系之所以是必要的,是因为使用树邻接语法的形式化操作手段无法达到这一目的。基本树"the professor to have finished the lecture"本身并不是一个合乎语法的句子。为了确保这类形式不出现在根式句中,树邻接语法使用强制邻接(obligatory adjoining,缩称 OA)的手段,使得辅助树必须出现在某个节点上。另外两种邻接手段是空邻接(null adjoining,缩称 NA)和选择邻接(selective adjoining,缩称 SA)。空邻接指在某个指定节点上不能插入任何成分;选择邻接指辅助树可以出现在某个节点上,但这种邻接不是强制性的。

疑问句的生成方式与提升句类似,差别在于辅助树是递归的 C'。

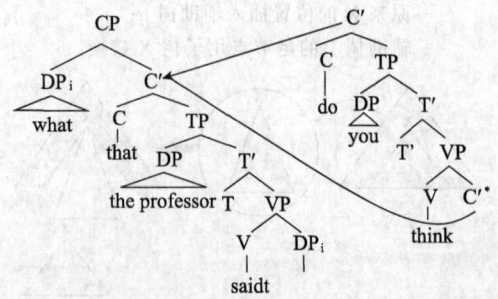

(三)树邻接语法的推导模式

Frank(2002)认为句子的生成经历两个不同的阶段。第一阶段通过合并和移位的方式动态生成基本树。这个阶段的生成方式类似于最简方案的操作手段。第二阶段使用替换和邻接的操作手段连接这些基本树。树邻接语法总的构架如下:

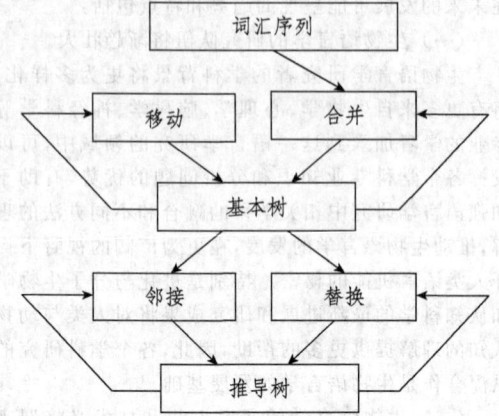

从图中可以看出基本树可以通过替换、邻接手段生成推导树(Derived tree),推导树也可以继续进行替换或邻接操作。然而,推导的树不能直接表征该树的生成方式。为了显示推导过程,树邻接语法使用推导关系树(derivation tree),其作用类似于乔姆斯基句法理论中的转换标记(T-marker)。推导关系树中,每个节点 N 对应一棵基本树 T,节点 N 的子女是在推导过程中替换或邻接到 T 上的基本树,基本树通过根语类的标记表示。通常替换操作用虚线表示,邻接操作用实线表示。例如,"The professor is expected to appear to have finished the lecture"的推导关系树可以表示为:

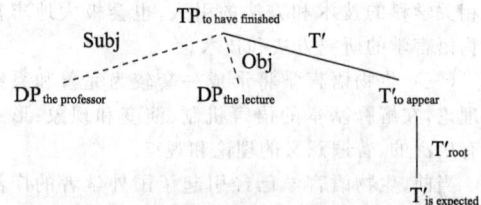

对该推导关系树的解读是:首先,T' 递归辅助树 is expected 邻接到另一个辅助树 to appear 的根节点处;然后,生成的复杂辅助树邻接到以动词 finished 为中心语的不定式小句的 T' 处;最后,生成的结构再进行两次替换操作,使得主语和宾语出现在相应的位置。

(四)词汇化树邻接语法

最近树邻接语法又进一步发展,将词汇信息引入到其语法规则中,提出"词汇化树邻接语法"(Lexicalized Tree Adjoining Grammar,缩称 LTAG)。和树邻接语法相比,LTAG 将基本树与某个具体的单词联系起来，带有该词的节点叫做这个树的锚点（anchor），显然由于在树结构中引入了单词信息，词汇化树邻接语法与树邻接语法相比又进一步限制了短语结构语法的生成能力，从而提高了自然语言处理的精确度运算效率。

司法语言学　Forensic Linguistics　亦称法律语言学（Legal Linguistics）、语言与法律研究（Language and Law）。指对司法语境下书面语篇或口头话语交际进行语言学评估的学科或方法，属于应用语言学的范畴，重点关注司法语境、司法语言、犯罪调查、司法审判和司法程序中对语言学相关知识、研究方法以及研究观点的具体应用。《布莱克法律词典》（Black's Law Dictionary）认为最常见的司法话语研究类型是证明和版权。司法语境下的语言学研究主要涉及三个方面：其一，对于法律条款所用语言的理解；其二，对于司法审判中所用语言的理解；其三，语言学证据的相关规定。

从范畴分类而言，有学者建议做广义和狭义之分，前者指一切与语言和法律交叉地带有关的交叉研究或应用研究，属于交叉学科学术研究范畴，研究对象是语言，应用领域是司法界；后者指语言学在法律界的应用研究，研究对象是语言在法律语境中的具体应用，特点是所有语言分析都与某个案例相关；或将其按照宏观和微观范畴进行分类，以迎合目前语言学研究的发展趋势（吴伟平，2002；宋雷，2010）。

"司法语言学"的概念最早出现在 1968 年。伦敦大学学院的斯瓦特维克（Jan Svartvik）教授在对当时著名的埃文斯案（Timothy J Evans Case）中埃文斯的陈述词进行语言学分析中首次使用了术语"Forensic Linguistics"（Olsson，2008）。

早期英国司法语言学研究重点在于对警方案件陈述的真实性上。主要原因在于，当时英国警察对罪案嫌疑人的口供笔录有规定的格式，这种格式使得相应的记录呈现出一种凌乱的状态，很容易导致重要细节的丢失。此外，笔录中难免夹杂记录者的主观推测。与此同时，美国的相关研究特点也比较鲜明：一方面，侧重嫌疑人在审问过程中对于著名的米兰达权利（Miranda Rights）的理解；另一方面，关注商标语言的使用问题，比较著名的例子是麦当劳对于其商标前缀"Mc~"的保护。20 世纪 80 年代，澳大利亚的语言学家从社会语言学的角度出发，关注司法语言中的陈述性语言。当时比较引人注目的是关于所谓原告与被告使用"相同语言"（The Same Language）的例子，因为在澳大利亚，原住民所使用的英语无论是在用词还是在句法上都与占主导地位的所谓"白人英语"（White English）有很大不同。一味强调两者之间的相似性则会导致不公正审判。

司法语言学的研究主题主要集中在两点：一是对法律文书语言的研究（包括政府出台的法案，个人遗嘱，法庭传票和判决书等等），二是司法诉讼所涉语言的研究（包括证据提交、法官的指示、警方的陈述、证人的证词、陪审团的召集等）。随着研究的推进，对于报警电话求助、威胁恐吓、要求赎金和自杀信等语言的研究成为新的研究热点（Olsson，2004）。

近年来，在司法语言学的大框架下，诸如"作者辨认"（Author Identification）、"司法文体学"（Forensic Stylistics）、"司法方言学"（Forensic Dialectology）和"司法语音学"（Forensic Phonetics）等更是成为了独立的研究分支。作者辨认主要指通过对"个体变体"（Idiolect）的分析和辨认（即对语言使用（如词汇、搭配、发音、拼写、语法等的使用）中的特定模式的分析）来确定相关（口语—书写）语篇的说话者或作者。司法文体学则是对口头或书面文本中的内容和作者的意图等进行分析的研究，主要用于判别抄袭（Plagiarism）。司法方言学指的是基于人类学研究的对于方言特征的系统研究。主要用于判断嫌疑人来源。司法语音学家则更关注于如何正确将口语文本（如证词等）记录为文字。

T

统计语言学　Statistic Linguistics　亦称计量语言学，即运用数理统计、概率论和信息论等方法处理语言资料、研究语言现象的交叉性学科，是数理语言学的一个分支。《社会科学大词典》（1989）认为该学科是研究统计学的算法和程序等技术如何应用于语言理论及语言描写的学科。《社会科学交叉科学学科辞典》（1999）将其定义为运用数理统计和概率论等方法处理语言资料的学科。

统计语言学的研究主要涉及以下内容：借助数理统计方法研究语言结构与语言单位、语言变化与语言差异，以及语言类型之间的系列规则，统计语言单位（如音素、音位、字母、语素、词素或词）的出现频率；借助概率论的方法对字、词出现频率分析研究，通过对作家用词频率的统计来研究不同作家的词汇运用、修辞手法、语言风格等；运用信息论的方法研究语言的熵（信息的不确定性）和羡余度（语言中超过传递最少需要量的信息量的比例）；计算语言存在的绝对年代以及亲属语言从共同原始语分化的年代，统计比较亲属语言的语法、语音体系；探讨语言的一般统计规律、建构语言模型等。该领域的研究成果可用于教材编写、辞书编纂、频率词典编写、作品文体分析、军事密码破译等，对于通讯技术和自然语言的信息处理也很有价值。如基于统计的语言模型广泛应用于各种自然语言处理过程中,包括语音识别、机器翻译、词性标注、句法分析等方面。常用的统计语言模型(亦称概率性语言模型)包括 N 元文法模型(N-Gram Model)、隐性马尔科夫模型(Hidden Markov Model,简称 HMM)、最大熵模型(Maximum Entropy Model)等等。

统计语言学的研究历史比较悠久。古印度语法学家在研究《吠陀》时,曾进行过单词和音节数目的统计。近代统计学方法主要运用在文体学研究中,如通过寻找某一作家文章中的统计学特征(包括平均字数,句子长度或者某些特定词语的频率等)来解决有署名争议的作品。1851 年,英国数学家兼逻辑学家摩尔根(Augustus De Morgan)把词长作为文章风格的一个特征加以统计研究。1867 年,苏格兰古典学者坎贝尔(Lewis Campbell)运用统计方法来确定柏拉图著作的执笔时期。1881 年,德国学者迪丁贝尔格(Wilhelm Dittenberger)进一步用统计方法将柏拉图著作的执笔时期分为前期、中期和后期三个阶段。1887 年,美国学者门登荷尔(George E. Mendenhall)统计分析了不同时期的英国文学著作,特别是莎士比亚的作品。1898 年,德国学者凯丁(Friedrich Wilhelm Kaeding)使用大规模的语言材料来统计德语单词在文本中的出现频率,编制了世界上第一部频度词典《德语频度词典》,以改进速记方法。20 世纪初美国教育学家桑代克(Edward Lee Thorndike)致力于大量英语词汇的频率统计工作,其词频统计著作《教师的 20000 词词汇书》、《教师的 30000 词词汇书》标注了词汇使用频率,划分了词汇等级。1913 年,俄国数学家马尔科夫(Andrey Markov)采用概率论方法研究了普希金叙事长诗《欧根·奥涅金》中俄语元音和辅音字母序列的生成问题,提出马尔科夫随机过程论(该理论成为数学的一个独立分支,对现代数学产生深远影响)。1935 年,美国语言学家齐普夫(George Kingsley Zipf)提出齐普夫定律(Zipf's Law),采用数学方法描述频度词典中单词的序号分布规律,指出在按频率递减顺序排列的频率词典中,词的序号越大,词的频率越小,序号与频率之间的乘积对于所有词来说基本相等。1941 年,英国数学家尤勒(George Udny Yule)发表了《文学词语的统计分布》一书,大规模地运用概率和统计方法来研究语言。20 世纪 80 年代末计算机的逐渐普及进一步促进了统计语言学的发展。计算机对大量语料进行存储、统计与分析,提高了统计的效率和精度。在语料库基础上的统计研究着重从描述的角度分析语言。

1928 年,商务印书馆出版了我国第一部汉字频率统计著作《语体文应用字汇》(陈鹤琴著)。1985 年,上海知识出版社出版了冯志伟撰写的《数理语言学》。该著作是国内第一部用数学方法系统研究语言的专著,包括代数语言学、统计语言学和应用数理语言学三部分。2000 年,外语教学与研究出版社引进了英国伍兹(Anthony Woods)等的著作《语言研究中的统计学》(Statistics in Language Studies)。这是一本全面讨论统计学原理、方法及其在语言研究中应用的专著,涉及描述性统计学、统计推理、概率分布、推论性统计学、变量研究等领域,具有较强的科学性、系统性、理论性及知识性。随着国外对统计语言学研究的发展,国内学者也对汉语语言模型进行了深入研究,并将成果应用到音字转换、输入法、机器翻译等方面。

文献记录语言学　　Documentary Linguistics
是一个相对独立的研究领域,包括语言调查、收集、编目、储存等活动,旨在全方位记录和永久保存语言资料,为语言学各分支学科的研究积累丰富的资料,为历史学、社会学、文化人类学等学科提供语言社团独特的历史与文化信息。德国学者希默尔曼(Nikolaus Himmelmann)1998 年首次提出"Documentary Linguistics"这一术语,并将其定位为不同于传统语言学研究的新兴交叉学科,涉及描写语言学、认知语言学、应用语言学、人类学、民俗学等领域,同时还综合运用民族志方法、计算机技术、多媒体技术、音频与视频的录摄制及其编辑技术等。

文献记录语言学主要以原始具体的语言材料(如某一语言或者方言)为研究对象,让当地族群用母语(涵盖不同语域与语言变体)叙述自己的语言和文化,从而以语言为载体全方位展示民族文化(包括物质与非物质文化),达到语言与文化的活态保护与传承,并通过各种渠道和平台共享资源。语言材料具体包括语音、词汇、语法、口传长篇语料,以及语言的社会信息、使用现状、母语程度、双语程度、母语教学与非母语教学等。文化信息包括服饰、生产生活用具、建筑、交通、地理以及生产生活方式、歌舞娱乐、宗教礼俗、风俗习惯等。

早在 19 世纪末 20 世纪初,人类学者就尝试通过听写、抽样、翻译、田野笔记和记录长篇语料等手段记录语言。美国结构语言学派提出的发现程序为语言记录提供了基本的方法论。目前对原始语言数据的搜集已从纸质记录与磁带录制向电子计算机和数字设备转变。记录语言的常用设备包括固态录音机、便携式数码录音机、专业录音话筒、便携式数码录像机、数码相机、笔记本电脑、Praat/CoolEdit 录音软件、标音工具等。

目前语言文献记录包括系统的录制、文字转录及翻译分析各种不同变体的口语、书面语材料等工作,其核心问题是原始数据的收集和录制。澳大利亚语言学家、伦敦大学教授奥斯汀(Peter Austin)认为,语言文献记录可分为五个过程:(1)录制(Recording):包括媒体(音频、视频、图片)和文字;(2)捕捉(Capture):把同类资料移入电脑数字化域名中;(3)分析(Analysis):标音、翻译、注释及对元数据进行标注;(4)归档(Archiving):创建数字化档案,指定获取与使用的权限;(5)流动(Mobilization):对资料进行各种形式(如出版、影印、在线网络等)的发布(Austin,2006)。建立在语言记录数据基础上的语料库应具备多样性(包括不同体裁以及不同社会文化语境下的语料)、开放性(新语料得以不断添加)和可保存性(语料可以长期保存)。

文献记录语言学与描写语言学有所不同。文献记录语言学关注原始材料的搜集,涉及如何启发说话者谈话、录制、文字转录、文本翻译等工作,重视原始数据,不会因为某些数据不符合分析框架或研究目的而有所舍弃,也没有固定的研究理论模式或者结构来约束数据的处理和使用。研究成果主要是同步标音、多层级注解、建立视听材料的语料库等,强调数据的可证性和长期保存性。描写语言学则把语言看作是一个抽象的结构和规则系统,关注对语言原始材料的语音、音系、词法、句法及语义的分析,研究成果主要为语法、词典、长篇语料以及学术论文等静态文献。虽然文献记录语言学与描写语言学不同,但两者密切相关。一方面,语言记录依赖于描写语言学的知识和方法,如标音、注解,以及对语言的体裁、词汇、语法特点和句子结构的分析等。另一方面,语言描写有赖于语言记录材料的支持,否则其分析是难以理解的,或不可检验和验证的。

文献记录语言学应用范围广泛。如多媒体语言资料库可应用在以下领域:语言学本体研究(为语言学各分支学科提供真实的音频和文本材料)、语言教学(推动双语教学、辅助教学、在线语言学习等的发展)、语言的保护传承(有助于对濒危语言的记录保护)、人类学研究(为语言、文化研究提供全面可靠的一手资料)、民俗学研究(提供民间美术、民间饮食、民俗服饰、民间建筑等资料)、语言战略研究(为国家语言能力、语言认同、语言信息化、语言生活、民族地区双语教育、国家语言安全等提供数字化多媒体支持)等。总之,相关研究成果可应用到语言学、人类学、民族学、宗教学、社会学、民俗学、文学、音乐学、认知科学、心理学、生物学、史学、地理学等领域。

我国的语言田野调查在 1950 年前注重音位系统和长篇语料的记录,但并无录音材料。20 世纪 50 年代至 90 年代注重词汇和语法例句的记录,也无较系统的录音材料。20 世纪 90 年代后,开始使用录音机并记录长篇语料,但数量较少。20 世纪末以来,学者在民族语言记录和研究方面广泛应用数字技术,为少数民族语言的全方位记录奠定了基础。国内对文献记录语言学的研究多为述介类成果,关注具体记录模式、少数民族语言研究等,相关理论体系建构尚待进一步发展。

文献记录语言学在濒危语言的抢救和保护中发挥着重要作用。联合国教科文组织(UNESCO)将 1993 年确定为抢救濒危语言年,并确定从 2000 年起,每年的 2 月 21 日为"国际母语日"。2010 年成立的世界语言记录与保护协会(Consortium on Training in Language Documentation and Conservation)的宗旨即进行语言记录,促进各种语言的使用。在世界语言和文化生态多样性的趋势下,文献记录语言学有着广阔的发展前景。

文艺复兴至 18 世纪欧洲的语言研究 Language Studies in Europe — From Renaissance to the 18th Century 从文艺复兴(14—17 世纪)到 18 世纪的四五百年,是欧洲文明从古代走向现代的过渡时期,这一时期对于欧洲的语言研究而言,也是承上启下的关键阶段。一方面,由于欧洲人视野的急剧扩展和思想的大胆解放,这一时期的语言研究呈现出与古代完全不同的异彩纷呈、充满活力的局面;另一方面,在过渡时期特有的新旧冲撞下产生的各种独特风格和奇思异想,又使它在许多方面有别于后来的语言研究。

自文艺复兴以来,欧洲语言研究中的首要变化是研究材料以至整个研究视野的极大拓展。14 世纪发源于意大利的文艺复兴运动、16 世纪席卷西欧的宗教改革和 15—17 世纪的地理大发现,使欧洲各民族对古典世界的价值、宗教的作用、民族国家的地位以及欧洲以外的世界图景等问题的认识发生了巨大的变化。古典世界作为基督教之前的伟大文明得到了重新认识,教会的束缚逐步放松,意大利语、法语等民族语言的地位显著提高,希伯来语、阿拉伯语、汉语、日语等各种东方语言以及多种美洲印第安语,伴随着它们所代表的独特文明,引起了越来越多欧洲人的兴趣,而这些语言自身的研究传统也进入了欧洲学者的视野。总之,与文艺复兴之前围绕希腊语、拉丁语两大古典语言的语文学和思辨研究截然不同,自文艺复兴以来,欧洲的语言研究在材料上开始全面涉及当下的各种欧洲民族语言以及欧洲以外的语言,这必然大大拓宽研究者的思路。

随着宗教禁锢的松动,在中世纪时就已得到欧洲学者一定研究的阿拉伯语和希伯来语首先开始受到越来越多的重视。这两种语言的语法著作不断问世,使欧洲人逐渐了解了一类与他们所熟悉的古典语言大相径庭的语言体系以及一种与希腊罗马传统截然有别的语言研究传统。后来,主要由于天主教在世界各地的传播,欧洲人得以接触到更多独特的语言。美洲的塔拉斯坎语(Tarascan)、克丘亚语(Quechua)、纳瓦特尔语(Nahuatl)、瓜拉尼语(Guarani)等印第安语言的语法在16—17世纪相继出版,亚洲的日语、波斯语等语言也先后有了欧洲人撰写的语法。长期旅居中国的意大利传教士利玛窦(Matteo Ricci,1552—1610)在著述中介绍了汉语的特点,西班牙传教士瓦罗(Francisco Varo,1627—1687)的《华语官话文法》(西 Arte de la Lengua Mandarina,1703)和法国传教士马若瑟(Joseph de Prémare,1666～1736)的《汉语札记》(拉 Notitia Linguae Sinicae,1731)作为最早由欧洲人撰写的汉语语法也于18世纪初出版。此外,一些传教士为了将《圣经》译成传教地的语言,还为一些原本没有文字的语言设计了拉丁化的拼音文字。

在了解欧洲以外的语言的同时,学者们也认真研究了一些以前一直被忽视的欧洲本地的民族语言。在这方面,意大利佛罗伦萨的诗人但丁(Dante Alighieri,1265—1321)常被后人视作先驱。早在14世纪初,他就撰写了著名的《论俗语》(拉 De Vulgari Eloquentia,英 On the Eloquence in the Vernacular),对"俗语"(即当时的意大利语)和拉丁语之间的关系进行了讨论,并赞扬前者的优点。15世纪以来,西班牙语、意大利语、法语、波兰语、古代教会斯拉夫语和英语等语言的语法著作相继出版,欧洲各民族对自己所使用的语言有了更加深入的认识。例如,学者们注意到了西班牙语、意大利语和法语等罗曼语言与拉丁语的历史关联,并从宏观与微观的角度作出了许多正确的解释,这可以说是19世纪在更为广阔的平台上展开的历史语言学的先声。在文艺复兴时期的语法学家中,法国学者拉穆斯(拉 Petrus Ramus,法 Pierre de la Ramée,1515—1572)最为著名。他编写过希腊语、拉丁语和法语的语法,但他并不认为法语语法必须以古典语言的语法为楷模。他试图按照每种语言的实际情况,以形式作为标准进行描写,譬如他降低了"格"(当时已逐渐从许多罗曼语言中消失)在语法分类中的地位,而代之以"数",因此他被一些后世学者视为现代结构主义的先驱。

希腊语和拉丁语在文艺复兴时期仍然是语言教学和研究的重中之重,但是研究的局面与中世纪截然不同。曾经因异教色彩而备受思辨语法排挤的古典文献研究,作为重新揭示基督教之前那个辉煌时代的重要手段而备受推崇。思辨语法的许多研究成果在技术层面上仍然被保留,但其宗教和哲学诉求则在古典语文学的猛烈攻势下逐渐暗哑无声。这一时期古典语文学在欧洲教育中所确立的基础地位以及教学模式,一直持续到20世纪初。荷兰学者德西德里乌斯·伊拉斯谟(Desiderius Erasmus,约1466—1536)在此时为古希腊语和拉丁语拟定的发音,至今通行于西方学术界。

研究材料和视野的极大拓展,很快就和文艺复兴以来新兴的哲学思想相结合,为语言研究开拓了崭新的局面。从文艺复兴至18世纪,欧洲哲学思想最突出的特点便是经验论(empiricism,又译"经验主义")与唯理论(rationalism,又译"理性主义")之争。这两种观点其实都是中世纪经院哲学崩溃之后,以自然科学的兴起为标志的理性时代的产物。两者的区别主要在于,经验论者强调感觉经验作为知识来源的重要性,并倾向于否定知识的先验成分;唯理论者则认为外在的感觉经验不够可靠,人类内在的理性才是知识的保证,因此,人的头脑中必然存在"天赋观念"(innate ideas)。事实上,这种区别最初可以说是两者分别强调了自然科学中的观察实验和逻辑推理两个方面而造成的。无论如何,就其语言观而言,它们都试图从自身的理解出发来把握乃至改造语言,而文艺复兴以来语言研究在材料和视野上的不断拓展,则为此提供了充足的条件。

经验论对语言研究的贡献,主要在于推动了语音和语法描写的进步。由于经验论的影响主要在英国,因此英国的语音学和语法学都得到了发展。英国的语言学者将语言研究与自然科学研究相类比,他们中有些人本身就是自然科学家,这些都说明当时的科学精神其实是经验论指导下的语言研究的思想渊源。在语音描写方面,霍德(William Holder,1616—1698)的成就最高。作为一位乐理家兼语音学家,他对辅音和元音的发音原理,尤其是辅音清浊现象的阐述,在当时的西方学术界最为精确。为了准确记录发音,学者们还制定了一些新的符号,有的学者甚至提出了适用于多种语言的国际字母表,这些努力是19世纪末制定国际音标表的先声。在语法研究方面,吉尔(Alexander Gill, the elder,1564—1635)、威尔金斯(John Wilkins,1614—1672)、库柏(Christopher Cooper,1646—1698)、沃里斯(John Wallis,1616—1703)等学者都编写出了有自身特色的语法,这些语法都对原来的拉丁语语法体系有所改动。

除语音和语法描写以外,经验论还促使培根(Francis Bacon,1561—1626)、达尔加诺(George Dalgarno,1626—1687)、威尔金斯等学者设想创造一种世界通用的理想语言,以消除自然语言中的各种含糊不清和逻辑混乱,而在这一点上,经验论和唯理论是一致的。唯理论者梅尔塞纳(法 Marin

Mersenne，拉 Marin Mersennus，1588—1648)、莱布尼茨(Gottfried Wilhelm Leibniz，1646—1716)等人也曾试图发明一种具有自然语言所不具备的逻辑清晰性的世界通用思想符号体系。这是因为，无论经验论还是唯理论，其实都是新出现的科学时代的产物，都有强烈的工具理性诉求，而文艺复兴以来语言研究的进展，又使学者们不再将语言(尤其是曾经通用的古典语言)看得过于神圣以至敬畏。当然，这种对人类理性的过分自信，使发明理想语言的尝试最终没有成功，但学者们的努力仍然给后世留下了一些积极的启示。比如，为了发明理想语言，莱布尼茨、威尔金斯等学者曾尝试对人类知识和经验进行分类，而他们的研究成果则启发了后来著名的《罗热分类词典》(Roget's Thesaurus)的编纂，这本词典从19世纪诞生至今一直广受欢迎；另一方面，理想语言探索者对人类知识进行全面图示的努力，包含着意义原子主义的色彩，而类似的思想在许多后世的语义研究中都有所体现。

唯理论者除了和经验论者一样尝试过理想语言的设计外，也曾致力于语法研究，但他们的研究风格与经验论者完全不同。他们虽然重视具体语言材料的丰富性，但他们研究的最终目的是要找出语言中的普遍共性。不过，他们的研究又与中世纪的思辨语法有所区别(虽然两者存在一定的继承关系)，因为他们并不忽视拉丁语以外的其他语言，而且更为根本的是，他们的研究是以弘扬人类理性的笛卡儿哲学为基础的，因此他们所寻找的普遍共性只可能建立在人类理性之上，这与思辨语法的亚里士多德主义和神学立场截然不同。

唯理论者的语法研究以法国波尔－罗瓦雅尔(Port Royal)学派的哲理语法著作为代表，其中阿尔诺(Antoine Arnauld，1612—1694)和朗斯洛(Claude Lancelot，1615—1965)合作的《普遍唯理语法》(法 La grammaire générale et raisonnée，英 General and Rational Grammar，1660)最为著名。在具体研究中，波尔－罗瓦雅尔学派常常采取一些独特的思路，试图揭示出句子表面下各种更基本的句法结构和成分。例如，他们认为动词都可以分解出一些形容性成分，含有关系代词的句子可以还原为一些呈嵌入关系的底层句。这种思维方式引起了20世纪关注语言普遍性问题的一些语言学家，尤其是乔姆斯基等形式派学者的共鸣。

唯理论语法研究的另一个代表是18世纪法国百科全书派学者博泽(Nicolas Beauzée，1717—1789)。他的《普遍语法》(法 Grammaire générale，1767)表达了与波尔－罗瓦雅尔学派类似的观点，但在具体论述中，他对后者的一些不合理做法提出了批评。

唯理论与经验论在语言研究领域的争执，在18世纪仍然在英国的语法学界继续开展，其代表人物是哈里斯(James Harris，1709—1780)、伯内特(James Burnett，1714—1799)和图克(John Horne Tooke，1736—1812)。哈里斯是一位唯理论者，捍卫"天赋观念"，他的代表作是《赫尔墨斯或关于语言和普遍语法的哲学研究》(英 Hermes or a Philosophical Inquiry Concerning Language and Universal Grammar，1751)。和欧洲大陆的唯理论者不同，他对语言普遍性的研究不是以笛卡儿哲学，而是以亚里士多德哲学为基础的。他认为，语言里有两类"主要词"(英 principals，包括名词和动词)和两类"辅助词"(英 accessories)，这一词类划分和亚里士多德的划分基本吻合。从唯理论出发，他认为"主要词"首先是一般概念的符号，然后才成为特定概念的符号，并认为人类的语言能力与对重复和相似性的辨识以及抽象能力有关。哈里斯虽然是一位普遍主义的语法学家，但也很重视语言的个性特征。针对哈里斯的著作，经验论者图克提出了尖锐的批判，他指出了哈里斯在论证过程中的许多不严谨之处，并提出了自己的语法理论。例如，他批判了哈里斯关于语法性别来自对自然性别进行类比的观点，并对语法性别做了纯形式的阐释。

图克很重视对语言历史演变的研究，在这一点上他和哈里斯的支持者伯内特相似。图克认为语言是从孤立的喊叫开始的，真正的词类只有名词和动词，其他词全部来自对这两类词的缩略，其作用是使语言流畅，而一些独立的词进一步被缩略，形成了各种词尾的形态标记。图克的观点有一定的道理，但是过于简单和绝对，更不可能达到后来历史语言学的高度。同样，伯内特的语言历史观也存在一定的问题，他认为概念先于语言，人类社会在没有语言时就早已存在。另外，伯内特还相信原始部落的语言可以反映语言起源的状况，这一观点后来被证明是毫无根据的，伯内特的一些例证也是错误的。

对语言历史演变的兴趣，实际上是18世纪欧洲语言研究的一个主要特点。18世纪是公认的"理性的时代"(the Age of Reason)，在以科学观念认识人类理性的同时，人们开始突破以前的宗教解释，从新的视角探讨语言起源的问题。对这个问题，英国学者亚当·斯密(Adam Smith，1723—1790)、斯图尔特(Dugald Stewart，1753—1828)、法国学者孔狄亚克(Étienne Bonnot de Condillac，1715—1780)、卢梭(Jean-Jacques Rousseau，1712—1778)和德国学者赫尔德(Johann Gottfried Herder，1744—1803)等都做出过回答。亚当·斯密和斯图尔特都认为，人类最初只能靠身势和表情进行交流，后来才创造了语言，亚当·斯密认为最早出现的词是动词,而斯图尔特则认为是名词。孔狄亚克对语言起源问题的论述出现在其著作《论人类知识的起源》(法 *Essai sur l'origine des connaissances humaines*,1746)中,他的观点和卢梭在《论人类不平等的起源》(法 *Discours sur l'origine de l'inegalité*,英 *Discourse on the Origin of Inequality*,1755)以及《论语言的起源》(法 *Essai sur l'origine des langues*,英 *Essay on the Origin of Language*,1781)等著作里提出的语言起源观有许多类似之处。他们都认为,语言是作为对身势进行补充的自然喊叫而发展起来的,从早期的具体词语发展出后来的抽象词语,并形成了复杂的语法。与孔狄亚克不同的是,卢梭的语言观一方面具有社会契约论的性质(比如认为语言符号的确定是通过使用者相互协商实现的),另一方面则表现出后来浪漫主义思想的许多特点(比如认为语言在早期充满生气,后来逐渐走向清晰化和标准化而失去了活力)。

赫尔德的语言观主要体现在其著作《论语言的起源》(德 *Abhandlung über den Ursprung der Sprache*,英 *Essay on the Origin of Language*,1772)中,这篇作品是普鲁士皇家科学院举办的一次关于语言起源问题的征文中唯一获奖出版的一篇,至今被学术界视为经典。赫尔德的语言观既有唯理论的基础,又受到后来兴起的浪漫主义思想的影响。首先,他反对神授语言说,认为语言是人类自发产生的,与思维同源,人类创造语言的能力来源于其独有的"悟性"(德 Besonnenheit)。"悟性"并不是某种确定的先验范畴,而是一种自然禀赋,并且不可能存在于感觉经验之外。由此,赫尔德非常强调听觉的重要性,认为听觉是人类分辨出事物特征并对其命名的重要依据,所以他的语言起源观又被称作"摹声说"。在如何考察早期语言的问题上,赫尔德赞同伯内特关于原始部落的语言可以反映语言起源状况的错误观点。由于认为语言与思维同源,赫尔德不承认存在先于语言的抽象观念,并断言各民族的思维模式只能通过其语言去了解。这种观点促进了19世纪的浪漫主义学者对民族语言的重视,也和后来的相对主义语言观有一定的联系。

文艺复兴至18世纪的欧洲语言研究处在古代与现代的转折点上,在各方面都呈现出前所未有的新意。虽然从根基上说,它不可能脱离西方自古希腊以来形成的思想传统,但古典世界的没落、神权体系的崩摧、人类理性的凸显以及现代秩序的建立,毕竟使这一时期的语言研究无论在视野上还是方法上都经历了一次巨大的解放。从语言学的历史来看,它为后来的语言学大发展提供了材料和思想上的充分准备。

系统功能语言学 Systemic Functional Linguistics 亦称系统功能语法,是一种建立在对自然语言系统描写的基础上,将语言的功能与语言的结构相联系,具有社会学倾向的功能主义语言学处理方法。系统功能语法由韩礼德(Michael A. K. Halliday)在对伦敦学派(London School)的继承和发展基础上于20世纪50年代初到60年代中期创建而成,包括系统语法(Systemic Grammar)和功能语法(Functional Grammar)两大组成部分,在语言处理中采用的是非形式化的功能性解释,致力于对语言句法结构、篇章类型、信息结构等进行人类认知、社会交际以及语境上的阐释。系统功能语言学根植于特色鲜明的语言观,具有完整的理论体系和完善的研究方法,研究重点是语言的社会功能和意义系统及其相互关系,将功能与结构相联系,将概念功能(ideational function)、人际功能(interpersonal function)、篇章功能(textual function)与及物性系统(transitivity)、语气系统(mood)以及主位系统(theme)相联系。语言使用者一旦在概念、交际和语篇三大功能系统中选择了合适的项目,就要在词汇语法部分选择相应的项目并把它们排成一定的序列。作为20世纪最有影响力的语言学理论之一,系统功能语言学在理论语言学以及社会语言学、符号学、文体学、话语分析和语言教学等多个与语言相关的不同领域发挥着重要的作用。

系统功能语言学核心概念中最主要的是:(1)意义潜势(meaning potential):语言是系统的系统,或者说,语言是系统网络(system network)。意义表达就是在系统中有目的地进行项目的选择(choice)。系统功能语言学认为,选择即意义。各个项目构成的整体是潜在的可供选择的意义,即"意义潜势"。(2)纯理功能(metafunctions):纯理功能,亦称元功能,是构成语义层的三大部分,可以归纳为三个方面:"概念功能"(ideational function)、"人际功能"(interpersonal function)和"语篇功能"(textual function)。语言的概念功能是指语言能够反映存在于主客观世界的过程和事物,包括三个子系统,即"及物性"(transitivity)、"语态"(voice)和"归一度"(polarity)。语言的人际功能是指语言具有表达讲话者的身份、地位、态度、动机和对事物的推断等功能,包括三个子系统,即语气(mood)、情态(modality)和语调(key)。语篇功能是指语言成分具有组织成为篇章的功能,包括三个子系统,即主位结构(thematic structure)、信息结构(information structure)和衔接

(cohesion)。

系统功能语言学对20世纪60年代以后的语言研究影响深远,主要变现在:(1)对语言根本属性的认识。系统功能语言学认为,语言的根本属性是社会属性。韩礼德提出,语言本质上是一个社会意义(social semiotic)系统,意义存在于语言的所有层面。系统功能语言学的语言观基础之一就是语言的社会属性。(2)对儿童语言发展(language development)的认识。系统功能语言学从功能的角度研究儿童语言发展,研究重点是儿童在社会环境中如何学习语言的意义系统。研究发现,儿童不是无任何动机地学习语言,而是用语言为自己服务。儿童也不是只通过模仿成人的语言来学习,而有其内在的发展过程。儿童能够创造语言,调节他/她与周围世界的关系,所以,韩礼德将儿童的语言称为"原语言"(proto-language),其功能是满足儿童在某个情境下的某些直接需要。(3)对语域的认识。语域理论是系统功能语言学的重要理论之一。系统功能语言学将语域分为语场(field)、语旨(tenor)和语式(mode)。语域理论被广泛应用于语言教学、文体学和翻译理论。(4)对语篇的认识。语篇分析研究的基本单位是语篇(text)。系统功能语言学认为,语篇是一个意义单位,是意义系统(或"意义潜势")的一个实例。语篇分析的主要目的是指出它是怎样从系统中作出选择的。(5)对语言教学的认识。系统功能语言学的概念、理论和方法对母语和外语教学都有实际的指导意义。它关注语言使用者,关注语言的交际功能,关注情境对语言选择的影响。根据系统功能语言学的思想,无论是母语学习,还是外语学习,本质上就是不断丰富意义潜势的过程。

系统功能语言学经历了几个侧重点不同但思想连续的发展阶段:

第一阶段是阶和范畴语法(Scale and Category Grammar):阶和范畴语法建立于20世纪50年代中后期,代表作是韩礼德的博士学位论文《元朝秘史》汉译本的语言》(1959)、研究论文"现代汉语的语法范畴"(1956)和"类与语言中的链接轴和选择轴的关系"(1963)。阶和范畴语法用三个"阶"和四个"范畴"来描写语言。三个阶为级阶(rank)、说明阶(exponence)和精密度阶(delicacy)。"级"(rank)表示各个范畴自上而下的不同层次关系;"说明"(exponence)表示抽象的理论范畴与具体的语言资料的关系;"精密度"(delicacy)表明语言描写的深入细分的程度。四个范畴为单位(unit)、类(class)、结构(structure)和系统(system)。"单位"范畴是指体现一定模式的语段;"类"范畴是指具有在一定结构位置上出现的共同特征的词项;"结构"范畴是指各个成分按一定顺序的排列;"系统"范畴是指对若干语言形式中应该出现某一项目而不是另一项目的选择。以上阶和范畴的相互作用构成了对语言结构的描写。阶和范畴语法认为语言可以分为实体(substance)、形式(form)和情境(situation)三个基本平面(levels)以及由音系(phonology)和形系(graphology)构成的两个中间平面。

第二阶段是系统语法(Systemic Grammar):系统语法建立于20世纪60年代,是一种建立在选择概念上的语法理论。系统语法的代表作是韩礼德的《语法理论的范畴》(1961)和《论英语中的及物性和主题性》(1967—8)。系统语法的核心思想认为语言是一个多项选择构成的系统网络(system network),又称"意义潜势"。使用语言进行交际的过程实际上就是不断从语言系统的意义潜势中做出的选择的过程。1966年,韩礼德发表了《深层语法札记》一文,正式提出了语言的深层应当是可进行语义选择的系统的观点。

第三阶段是功能语法(Functional Grammar):功能语法实际上不是一个单一的理论,而是指一种包括不少流派在内的学术思想,这些流派大致分为两类:一类以语言的交际功能为基础,区分语言的三种功能:语义功能、句法功能和语用功能。代表人物有韩礼德、荷兰的迪科(Simon Dik)和日本语言学家久野暲(Susumu Kuno)。他们认为语言是社会交往的工具,主张从社会的角度研究语言,解释语言的社会功能。韩礼德在这方面的主要论文和专著有《英语及物性和主位札记》(1967—8)、《英语小句主位组织的某些方面》(1967)、《英语小句的选择与功能》(1969)、《语言结构与语言功能》(1970)、《从英语情态和语气角度看语言的功能多样性》(1970)、《语言功能探索》(1973)等。

另一类研究范围是语言内部,以语言成分在结构中的功能关系为基础,研究它们在话语中的作用。关系语法(Relational Grammar)和词汇—功能语法(Lexical-functional Grammar)属于这一类。关系语法形成于20世纪70年代初,由美国柏穆特(David Permutter)和博斯塔(Paul Postal)创立。柏穆特等人编辑出版的《关系语法研究论集》第1、第2卷(1983—1984)为其代表作。词汇—功能语法形成于20世纪80年代初,由美国的布里斯南(Joan Bresnan)和卡普兰(Ronald Kaplan)创立。以布莱斯南的《语法关系的心理表达》(1982)为代表作。

第四阶段是系统功能语法(Systemic Functional Grammar):系统功能语法是系统语法和功能语法作为一个完整的语言理论框架的组合,既重视系统概念,又重视功能概念。代表人物是韩礼德,代表作为《语言功能探索》(1973)、《语言的系统和功能》(1976)、《作为社会符号的语言》(1978)和《功能语法导论》(1985)。

系统功能语法是一种通过描写语言用途或功能来说明语言系统的语法。韩礼德将语言视为一种社会符号,符号与其所代表的意义不可分离,意义存在与语言的各个层面,社会关系决定了人类的认知方式,语言结构是人类认知在语言上的反映形式。系统功能语法的核心思想主要有:

(一)语言的纯理功能思想。系统功能语言学认为语言是社会活动的产物。作为人类交际的工具,语言承担着各种各样的功能(韩礼德,1970,1973,1985)。语言的纯理功能是指所有的文化都会在语言中反映出来的普遍的功能,是高度抽象的、高度概括的。

(二)语言的社会性思想。系统功能语言学认为语言是社会制度的一部分,语言具有符号性和社会性。为了揭示语言的社会属性,主张从社会的角度而不是心理的角度研究语言,从"生物体之间"(inter-organism)的角度而不是"生物体内部"(intra-organism)的角度研究语言。系统功能语言学通过对语言的描写,试图解释语言使用者是如何通过语言建立或维系其社会关系的。系统功能语言学认为语言参与了构建人类社会的结构,以及确定个人的社会角色或社会地位。

(三)语境的思想。系统功能语言学认为,如果把语言系统当作整体考虑,就必须从外部来确定对语义系统进行区别的标准。韩礼德指出"任何语篇都是在一定语境下作用的。"语义是语言和语言之外的某种东西的交叉,即语境。

(四)盖然(probabilistic)的思想。系统功能语言学认为,语言固有的特征之一是盖然的。源于信息理论的盖然原则可以类推到对语法系统的描写上。盖然率可以解释语言的标记性(markedness)和无标记性(unmarkedness)。

(五)层次的思想。系统功能语法认为,语言是有层次的,包括语义层、词汇语法层和音系层,各个层次之间,从上层到下层,存在着体现(realisation)关系。体现的概念用来说明各层次之间的关系和每一层次内不同范畴之间的关系。

(六)意义进化的思想。韩礼德在其发表于戴维斯(Martin Davies)和拉韦利(Louise Ravelli)1992年主编的《系统语言学最新发展:理论与实践》(Recent Advances in Systemic Linguistics: Theory and practice)的论文《你如何表达意义》(How do you mean?)中,提出了意义进化理论(the evolutionary theory of meaning)。他认为,人类经验由两个层面构成,其一是人类为了满足生存需要与大自然接触或抗争的物质层面,另一个是人类认识世界的意识层面。韩礼德指出,人类在第一种经验中创造出来的语言也是一种原语言(protolanguage),与儿童在掌握成年人语言之前所自创的语言相类似。

(七)语法隐喻的思想。韩礼德提出了语法隐喻的概念(Halliday, 1985),并在之后十余年间不断修正与语法隐喻有关的概念和分类方法。韩礼德指出词汇隐喻与语法隐喻的根本区别在于词汇隐喻的本质是"能指相同,所指不同",而语法隐喻则是"所指相同,能指不同"。他提出范畴与意义的两种模式,即"一致式"(congruent model)和"隐喻式"(metaphorical mode)。

韩礼德作为系统功能语言学学派的奠基人和最具代表性的人物,其著作颇丰,主要有《学习如何表达意义》(Learning How to Mean, 1975)、《作为社会符号的语言:从社会角度诠释语言与意义》(Language as Social Semiotic. The social interpretation of language and meaning, 1978)、《功能语法导论》(An Introduction to Functional Grammar, 1985)等。哈桑(Ruqaiya Hasan,汉名韩茹凯)在语篇分析研究方面成果卓著,她与韩礼德合著的 Cohesion in English(1976)是语篇分析领域的重要著作。另一位重要学者是福塞特(Robin Fawcett),其代表作为《认知语言学与社会交往》(Cognitive Linguistics and Social Interaction: Towards an integrated model of a systemic functional grammar and the other components of a communicating mind, 1980)。福塞特将"系统"与"生成"思想结合,提出了"加的夫语法"(the Cardiff Grammar),这种词汇语法研究模式从80年代出现,至21世纪以后,逐渐产生了较大的影响力。马丁(James Martin)也是系统功能语言学重要的学者。他的主要研究领域是语篇分析和批评语篇分析。"评价理论"(或"评价分析框架",appraisal framework)是马丁最重要的贡献,代表性著作有 English Text(1992)。

自20世纪80年代以后,马蒂森(Christian Matthiessen)继承并发展了语言学的理论体系。其代表作为 Lexicogrammatical Cartography: English systems(1995),以及与韩礼德合著的 Systemic Functional Grammar: A first step into the theory(2009)。值得一提的还有赫德逊(Richard Hudson),其代表作为《英语复杂句:系统语法入门》(English Complex Sentences: An introduction to systemic grammar, 1971);赫德尔斯顿(Rodney Huddleston),其代表作为发表在《语言》(Language)上的论文《级与深度》(Rank and Depth);贝利(Margaret Berry),其代表作为《系统语言学入门》(An Introduction to Systemic Linguistics. Vol. 1 & 2, 1975/1977);伯特勒(Christopher Butler),其代表作为出版于1987年的《系统语言学》(Systemic Linguistics)和

发表于《语用学》(Journal of Pragmatics)的《语用学与系统语言学》(Pragmatics and Systemic Linguistics)一文。

心理语言学 Psycholinguistics 作为语言学的一个分支,诞生于20世纪50年代,是语言学与心理学相结合的交叉学科。心理语言学研究语言活动,如语言理解、语言生产、语言习得等所涉及的整个心理过程,以及对于这些过程有影响的心理或神经生物学因素;同时,也关注与语言有关的认知过程。目前心理语言学的研究方法主要包括自然观察法、心理语言学实验和计算机模拟等研究方法。

早在古希腊时期,哲学家亚里士多德和柏拉图对语言与思维的关系进行了思考。此后,欧洲一些近现代学者,如笛卡儿(René Descartes, 1596—1650)、洛克(John Locke, 1632—1704)、洪堡特(Wilhelm Freiherr Von Humboldt, 1767—1835)、达尔文(Charles Darwin, 1809—1882)、冯特(Wilhelm Wundt, 1832—1920)、布罗卡(Paul Broca, 1824—1880)、韦尼克(Carl Wernicke, 1848—1905)等,也对语言与行为以及心理的关系进行过探讨、研究。他们的研究和发现为心理语言学的诞生和发展奠定了哲学、心理学、语言学以及神经生理学基础。

"心理语言学"这一术语最早出现在美国心理学家坎特(Jacob Kantor, 1888—1984)1936年的著作《语法的客观心理学》(An Objective Psychology of Grammar)中,但真正意义上的心理语言学产生于20世纪50年代。当时,美国举行了几次关于心理学和语言学的跨学科研讨会,1952年,美国的专家学者们成立了语言学和心理学委员会,心理学家和语言学家开始有机会相互熟悉对方的理论、概念和方法。心理语言学开端的真正标志是1954年奥斯古德(Charles Osgood)(1916—1991)和西比奥克(Thomas Seboek)合编了《心理语言学——理论和研究问题概述》(Psycholinguistics: A survey of theory and research problems),也确立了"心理语言学"(psycholinguistics)一词作为这一学科的正式名称。在行为主义理论、结构主义语言学理论、信息论三大理论的影响下,心理语言学得到初步发展。

由美国著名心理学家华生(John Watson)提出的"客观功能主义"认为,人的大多数行为都是通过条件反射建立新刺激—反应(S-R)联接而形成的。在这一研究基础之上,斯金纳(Burrhus Frederic Skinner, 1904—1990)提出了"可操作性条件反射"的理论。他于1957年出版的《言语行为》(Verbal Behavior, 1957)一书系统地论述了行为主义语言观。他对言语活动的任何内部事件持完全否定态度,认为言语行为是对客观环境刺激所作的反应。尽管斯金纳《言语行为》后来受到乔姆斯基的严厉批判,但他的心理学理论为心理语言学的研究提供了部分理论基础。

以布龙菲尔德(Leonard Bloomfield)和哈里斯(Roy Harris)为代表的结构主义语言学理论也采取了行为主义的立场,遵循行为主义原则研究意义,并主张将研究重点放在语言系统本身。它使用分布主义研究方法分析语言表面结构,重点关注语言形式和使用频率而非心理过程。心理语言学研究"句子加工"的重要方法之一就来源于结构主义语言学的研究方法。心理语言学在这个时期的发展在很大程度上还受到以香农(Claude Shannon)和韦弗(Warren Weaver)为代表的信息理论的影响。该理论认为,语言输出表现为一系列的信息符号,依次地从一种状态向另一种状态转换。该理论提出的信息处理模型以及信息的计量、传递、交换、处理和储存等术语乃至研究方法都大量地被用于心理语言学研究,特别是对语言的"编码"和"解码"等研究都采用了信息论的研究方法。信息论为语言信息分布的分析提供了重要的参考和仿照的依据,同时也在学习理论研究方面提供了一个实用框架。

20世纪60年代至70年代是心理语言学发展的重要时期。语言学领域中乔姆斯基转换生成语法(Transformational-Generative Grammar)理论的产生和盛行为心理语言学的调查研究提供了新的主导理论,极大地推动了心理语言学的进程。乔姆斯基的前期思想对心理语言学的影响最大,主要体现在他的《句法结构》(Syntactic Structure, 1957)和《句法理论的若干问题》(Aspects of the Theory of Syntax, 1965)中。乔氏理论指导了现代实验心理语言学头十年的研究,他的普遍语法理论丰富和推动了语言习得理论的发展。心理语言学在60年代发生了根本性的变化,乔氏的语言理论取代行为主义和结构主义,成为主要理论框架和方法,人们转向对言语行为的内部活动和机制进行研究,重新考察心理语言学中的一系列问题。由于转换生成语法的核心是句法,因此句子平面上的心理语言学分析开始引起许多心理语言学家的重视。同时,语义问题也逐渐成为心理语言学研究的一个热点。

70年代以来,心理语言学逐渐割断了与语言学的联系,被吸引到认知心理学的主流里面。研究重点从表面结构和言语行为转移到底层结构和认知结构的研究方向。心理学家逐渐认识到心理语言学的研究不能局限于验证某一语法模式是否正确,而应建立自己的独立体系,应该强调在语言环境中进行实验,借以深入了解并分析思维和交际的过程。此外,心理语言学家也开始重视语用研究,重视言语过程中的语境作用。

在80年代后,受到认知科学、认知心理学,特别是人工智能的影响,心理语言学,经常与哲学、计算机科学、神经科学以及其他相邻学科进行交叉研究。心理语言学家再度重视语言理论、语法规则、语言分析。由于透彻了解人的智能语言形式化处理是实现智能型人机对话的前提,句法结构在言语处理中的作用重新受到重视。在言语听辨研究方面,采用连接主义模型来解释语言理解过程及其神经心理基础将心理语言学研究导向纵深发展。

心理语言学研究的主要内容包括语言习得、言语理解、言语生成、语言—思维—文化三者的关联、语言产生的生理基础等方面,分别简介如下:

(一)语言习得研究主要包括:(1)语言发展的研究方法;(2)言语感知的发展;(3)儿童语言词汇;(4)句子的学习及理解;(5)语言的交际用途;(6)儿童语言习得理论。语言习得有多种理论,最早的有行为主义理论,如"强化论"(Reinforcement Theory)或刺激—反应论(Stimulus Response Theory,简称 S-R),观察语言和环境的规律性,找出话语和做出反应的话语的规律性。通俗地说,儿童是通过模仿学习语言的。乔姆斯基提出了心灵主义"内在论"(Innate Theory),认为人生下来就有一种语言习得机制,并非单纯的儿童语言习得会影响认知和社会的发展。交互作用论(Interaction Theory)有三种不同形式:一是皮亚杰(Jean Paul Piaget)的发展认知论(Developmental Cognitive Theory),考察语言在儿童认知能力发展中的作用,认为语言只能反映认知能力的发展而不能决定认知能力的发展;二是信息处理认知模型(Information Processing Cognitive Model)对人类记忆、知觉和问题求解做实验性研究;三是社会交互作用模型,认为语言有结构,相信客观环境对语言结构产生的作用。

(二)言语理解就是研究人们是如何理解言语的,包括四个方面的研究:(1)言语感知;(2)词汇提取;(3)句子加工;(4)语篇理解。言语感知研究最为重要的领域当属"言语感知模型"的研究。利博曼(Alvin Liberman,1967,1970)及其同事提出的"机动模型理论"(Motor Theory)、史蒂文斯(Kenneth Stevens)于 1960 年提出的"合成分析模型"(Analysis-by-Synthesis)、马塞罗(Hassaro,1987,1989)提出的"模糊逻辑模型"(Fuzzy Logical Model)、马斯伦—威尔森(William Marslen-Wilson)提出的"交股模型"(Cohort Model)和爱尔曼(Jeffrey Elman)(1984,1986)提出的"轨迹模型"(Trace Model)成为言语感知研究的五大模型,是影响心理语言学在语言理解方面研究的五个重要的"模型"理论。

(三)言语生成研究主要包括:(1)通过对语言行为中"言语失误""言语障碍""言语停顿"等数据分析,研究言语的生成过程以及影响言语生成的因素;(2)对言语生成过程中的言语失误进行研究,包括言语计划、词汇组织、口误和言语失误的特征和起因四个方面;(3)对言语生成以及言语加工模型的研究,主要根据弗洛姆金(Victoria Fromkin)1971 年提出的"话语生成器模型"(Utterance Generator Model)、戴尔(Gary Dell)1986 年提出的"扩散激活模型"(Spreading Activation Model)和莱沃尔特(Willem Levelt)(1989)年提出的"信息构成器"(Information Formulator)分别代表的"串行模型"(Serial Processing Model)、"并行模型"(Parallel Processing Model)和"信息构成模型"(Information Formulation Model)对言语生成的过程进行探讨并研究影响言语生成的各种因素。

(四)对语言与思维、文化之间关系的研究。从心理语言学的长期研究来看,对语言、思维和文化之间关系的认识经历了若干演变进程:(1)语言表达是思维的基础;(2)语言是思维的基础;(3)语言决定和塑造我们对客观世界的认识;(4)语言决定和塑造我们的世界观。斯金纳是语言是思维的基础这一行为主义观点的代表性人物,他认为思想源于语言表达。萨丕尔(Edward Sapir,1884—1939)、沃尔夫(Benjamin Lee Whorf,1897—1941)和维果茨基(Lev Semyonovich Vygotsky,1896—1934)对语言与思维文化的关系形成了更宽泛的观点。萨丕尔—沃尔夫假设(Sapir-Whorf Hypothesis),暨语言相对论(Linguistic Relativity)认为,一种特定的语言系统,包括语言结构和词汇规则等因素,会影响该种语言使用者的思维模式和对客观世界的认知,如对事物的理解、记忆和范畴化等。根据语言相对论,语言习得过程决定使用者的认知过程和思维模式,操不同语言的人有不同类型的思维模式,而不同的词汇和句法知识影响个体对自然界的感知和理解。持该观点的更极端的版本则认为语言系统决定了使用者的思维模式和世界观,称为语言决定论(Linguistic Determinism),但这一激进的论点不为大多数学者所接收。研究表明,语言中某类词汇的缺乏并不表示概念理解的缺乏,人的认知可以超越词的字面意义,感知、兴趣和需求决定词汇量,而不是相反。一些学者还认为,语言在某种程度上有别于思想,但是对一种语言的掌握可以设定和影响个人的文化、社会信条和世界观。

(五)对语言产生的生理基础的研究。从生物学的观点来看,语言在人类进化史上是新近演变形成的一种现象,研究认为有可能与人类脑结构的演变有关。因此,对脑结构的研究是了解生物基础的关键。近 40 年来,技术手段不断革新,如计算机 X 射线断层造影术(CT)、计算机造影技术(CAT)、核磁共振(MRI)等技术介入是的人类对对大脑结构的研究得以深入。大脑分两个半球，由胼胝体（corpus callosum）连接，每个半球分为额叶、颞叶、顶叶和枕叶四个叶。研究发现，语言功能主要位于大脑左侧外侧裂周围区，包括额下回布罗卡区（Broca's area）、颞上回的韦尼克区（Wernicke's area）以及角回、枕叶等区域。布罗卡区由法国医生布罗卡发现，是位于大脑左半球第三额叶回后部、靠近大脑外侧裂处的一个小区，参与语言的产出，协调发音程序，提供语言的语法结构。韦尼克区（Wernicke's area）由德国生理学家韦尼克发现，是另一个位于大脑左半球的区域，包括颞上回、颞中回后部、缘上回以及角回，这个区域内有听觉性语言中枢和视觉性语言中枢，主要功能是理解单词的意义。这个区域受损的患者造成听觉性言语理解障碍。大部分语言功能由左半球负责，右半球也参与语言处理过程。左半球出现问题时，右半球也可以担当部分功能。对于语言的生理和神经基础的研究已经分化成为一门独立的交叉学科——神经语言学（Neurolinguistics），单独进行更深层次的探究。

心理语言学在理论和应用两方面都有重大贡献。理论上，心理语言学有助于大脑功能和机理的研究，帮助了解语言习得的先天性因素和大脑的作用；有助于人类认知能力的研究，包括以抽象思维为核心的多种认知能力的综合；也有助于认知论、逻辑学、心理学、人类学和计算机科学等相关学科的发展。心理语言学研究成果还在医学领域（如对失语症和神经官能症的诊治）、通讯技术领域如对意念信息传递和感知的研究）和人工智能等领域得到应用。心理语言学在语言教学方面的作用尤其突出，它能够帮助教师根据掌握语言学习的心理学规律，从而采用适当的教学方法。

修辞学　Rhetoric　指关于提高语言表达效果的规律的研究，即如何根据题旨情景，运用各种语文材料和各种表现手法，来恰当地表达思想和感情。

在我国，"修辞"二字早在先秦就出现了。《周易》中有"君子以言有物"和"修辞立其诚"等话语，表明语言不仅要表达一定的思想内容，而且要确立真实的思想感情。这里的"修辞"二字一般理解为修饰文辞。修辞的目的就是表达"诚"及思想感情。除此之外，先秦的其他典籍中也有一些关于修辞、风格的零星片段的言论，反映了古人对修辞的不同认识。如老子《道德经》中的"信言不美，美言不信"，其中的"美"指的就是对语言的修饰。《论语·学而》中的"巧言令色，鲜矣仁"，其中的"巧言"即是经过虚饰的话语。也有古代学者尝试运用一些修辞方法。庄子重视"寓言""重言"的修辞方式。所谓"寓言"，就是引证神话式的幻想故事，或寓言；所谓"重言"，就是引证历史故事和古人的话语。在庄子同时代的惠施十分重视比喻手法对提高语言表达效果的作用。他曾经讨论过比喻，并对比喻进行了定义："譬"，即比喻，是"以其所知喻其所不知"。

在西方，Rhetoric 这个词是指以论辩和演讲来达到劝导的目的的活动。最早的修辞艺术可追溯到公元前5世纪，由古希腊西西里岛的锡拉丘兹（Syracuse）地区的科拉克斯（Corax，公元前539—前433）及其学生提西阿斯（Tisias）创立。科拉克斯的题为《修辞艺术》的文章是西方关于修辞学的最早的论著之一。古希腊哲学家柏拉图（Plato，公元前427—前347）和亚里士多德（Aristotle，公元前384—前322）发展了修辞学。柏拉图在《费德鲁斯》（*Phaedrus*）一书中阐述了他对理想的修辞学的观点。他认为，修辞学应是完善人的思想的艺术，而不是违反事实，以华美的言辞去迷惑听众的"诡辩术"。亚里士多德把修辞学定义为"劝导的艺术"，他在《修辞学》（*Rhetoric*）一书中首次对修辞学进行了系统化的论述，并使之成为一个统一的体系。该书被认为是西方修辞学的奠基之作。

由于修辞学起源于"演说术"，它旨在提高法庭或政治辩论中的说服力。在古希腊时期，它常常受到谴责，被视为"谎言之母"和"诡辩之术"，一提到修辞学，人们就会想到思想表达中语言使用的虚饰和失实。柏拉图就是对修辞学持否定和批评态度的古典哲学家之一。他对修辞学持反对的看法，给予负面的评价，认为它有碍于人们对真理的追求。然而，其学生亚里士多德对修辞学持正面的看法。他在《修辞学》中明确提出"修辞学是辩证术的对应物"，两者都是采用三段论法，所不同的是，修辞术更加面向贫民和各样的听众。他认为修辞学主要是关于论辩说服技巧的学说，是可以用来帮助人们传播真理，维持正义的工具，关键的问题在于使用这一工具的人的人格和品德修养。

修辞学的研究内容始终是在发展和变化中。科拉克斯和亚里士多德时代的修辞学主要是为了增强辩论和劝说的力度，其研究范围主要是劝导及其手段。亚里士多德以及后来古罗马时期的辩论学者西塞罗（Cicero）将一次劝导性演说分为五个需要考虑的部分或项目：一是选题（invention），即辩论的问题与论点的陈述；二是布局谋篇（disposition），指对论述部分的组织结构安排；三是文体风格（style），或措辞，也就是语言的使用符合论题和论述内容；四是记忆（memory），即对演说内容的熟悉程度；五是演讲（delivery），相当于文辞以外的一些演讲技巧，如手势、姿态和语气语调等。这五个部分组成的构思过程并成为修辞学研究的基本问题。

在这五项中，记忆和演讲因为与演说内容的文辞无关渐渐失去其重要性。于是，仅存的选题、布局谋篇和文体风格成为了修辞学研究的主要内容,其中文体风格及其措辞方式形成了一个相对独立的研究范围,即修辞格(figure of speech)。修辞格在中古时期和20世纪都是中外修辞学研究关注的核心内容。随着对修辞格的研究不断深入,这种研究越来越具有语言和文化的相对性,因而,在经典的修辞格基础上,辞格种类不断增加,新的修辞格不断涌现。传统的修辞格主要包括:

比喻:即用熟悉和形象具体的事物来比拟相对陌生和抽象的事物。比喻又包括明喻、隐喻、借喻、借代、博喻等。

拟人:把物拟作人,或把人拟作物的手法。

夸张:运用丰富的想象,夸大事实的特征,以增强表达的效果。

反复:反复说同一句话,以表达强烈的感情。

排比:用结构相似的平行句构成的一组小句或者句子。

双关:利用语言文字上同音或同义,使一句话关涉到两件事。

顶真:前句的结尾部分用作下句的起头,使语句链连接紧凑。

倒装:在表达中故意颠倒词句的语序,以达到加强语势、调和音节或错综句法等修辞效果。

矛盾修辞法:把通常相互矛盾甚至截然相反的两个词语放在一起,以揭示一件事物的矛盾性。

反语:运用与本意相反的语句来表达本意,以表达嘲弄、讽刺的效果。

除了对辞格的研究,修辞学还研究语言各层面的修辞,包括词汇修辞、句法修辞、段落修辞和语篇修辞。词汇修辞指词汇的使用要适合交际情景的要求,即话题、目的、听众等因素的要求,遣词要符合自己的交际需要。句法修辞是讨论句子的清晰性、统一性、连贯性、强调性和多样性。段落修辞是指段落的统一性、段落的连贯性和段落展开的程度。语篇修辞是对五个基本要素的考虑:目的、内容、统一、连贯和强调。索尔加尼克(Солганик)2001年发表的《篇章修辞学》论述了俄语篇章修辞学的总体框架,成为篇章修辞学研究领域的重要论著。

现代语言学理论的发展,尤其是20世纪初瑞士语言学家索绪尔对"语言"和"言语"的区分,促进了现代修辞学的发展。现代语言学以言语环境为基础,从语言和言语两个不同的角度来阐述修辞的性质和作用。现代修辞学改变了传统修辞法重视演讲术、论辩术、诗论、文论和锤词炼句的传统,不再以静态的方式研究文学作品等文本的辞藻和谋篇的修辞手段,而是走出文本,审视言语产生的背景因素所触发的修辞行为和规则。现代修辞学把重点放在从语境、语体、风格、文风、语用、话语修辞、信息修辞、言语修养等方面探讨言语规律。

王德春在1989年初版和2001再版的《现代修辞学》中按照语言和言语的划分把现代修辞学归入两个大类:语言修辞学和言语修辞学。语言修辞学是指针对语言体系中的语音、语义、词汇、语法等语言单位的修辞,具体包括"语音修辞学""词汇修辞学""语法修辞学""辞格学""语言语体学"等。而言语修辞强调从功能的角度来研究语言材料的使用,强调从语境出发来研究语言的修辞,也就是研究言语活动的规律以及语言材料在具体的言语活动中的使用规律。言语修辞学具体包括语体、风格、文风和言语修养的规律,各种同义手段的选用规律,话语结构规律和修辞方法的使用规律。

如今的修辞学已经远远超过经典修辞学的研究范围。它不再是一个封闭的学科,而是一个可从多学科、多层面、多视角进行综合研究的学科。人们从不同的视角对其进行研究,从而衍生了语用修辞学、话语修辞学、信息修辞学、接受修辞学、社会心理修辞学等修辞学分支学科。与不同的语言结合而产生具有该语言文化特色的修辞学,如汉语修辞学、英语修辞学等。总之,修辞学会随着语言学及其相关科学的发展而发展。

训诂学　Exegetics　中国传统的语文学"小学"的一个分支。是在解释典籍的实践性工作(即训诂)基础上发展起来,以语义为主要研究内容的学科。

"训""诂"二字来源于《尔雅》,其前三篇为《释诂》、《释言》、《释训》,其中这里"训"和"诂"都是名词。两字连用肇事于汉代毛亨《毛诗诂训传》,其中"诂、训、传"三词同义。"训"与"诂"原是并列词组,可倒过来说"诂训"。唐代训诂学家孔颖达在《诗经·周南·关雎》中解释说:"诂"即释"异言"。所谓"异言",即因地域或时代的不同而对同一事物有不同称谓。用当时的今语去解释因时而异的古语,或用当时的标准语(雅言)去解释因地而异的方言,均称作"诂"。"训"即释"形貌",就是对文献语言的具体含义的形象的描绘和说明。孔颖达将"训诂"综合起来定义为:诂训者,通古今之异辞,辩物之形貌,则解释之义尽归于此。当今一般认为,"训诂"是一个动宾型词语,即运用任何方式对古书上的任何语言事实加以解释说明。训诂的工作内容主要包括:诠释词义;疏通文义;阐释语法;分析篇章结构;阐明修辞表达方式;说明历史背景、典章制度等。其中核心工作是诠释词义。

春秋时期为训诂学之萌芽期,战国时期为训诂学之成形期,两汉时期为训诂学之兴盛期。训诂的发展与文化历史典籍整理紧密相连。由于秦代奉行法家思想,激化了社会矛盾,发生了焚书坑儒事件。汉朝建立以后,奉行主张"和谐"文化的儒家思想,秦以前的许多典籍因焚书坑儒而失传,随着整理经籍的进程,训诂的流派就与经学的流派产生了不可分割的关系,分为今文学派与古文学派。所谓"今文经学派",关注的是用汉代通行的隶书(即当时今文)写成的经籍。今文经学家重视经籍中的所谓"微言大义",主张"通经致用",与现实政治关系密切。代表人物有刘向(约公元前77—前6)、刘歆(约公元前53—公元23)和董仲舒(公元前179—前104)。董仲舒所撰《春秋繁露》是一部治国方略,主要思想讲述"三纲五常"。所谓"古文经学派",关注的是用战国时东方六国的文字写成的经籍。古文经学家注重经籍的整理、考订和训释,与现实政治关系相对疏远。代表人物包括许慎(58—147)、毛亨、孔安国(约公元前156—前74)、郑玄(127—200)等人。两个流派在学术思想上的斗争,迫使古文经学家古今兼通,创造了训诂学的兴盛。郑玄是东汉时期最著名的训诂学家,他立足古文,兼采今文,遍注群经,著有《毛诗笺》《三礼注》等。

魏晋隋唐五代时期为训诂学之发展期,其间,训诂的范围突破了儒家经典,延伸到史学领域、诸子百家思想以及文学典籍。主要史学训诂作品如:《史记》三家注,即南朝刘宋裴骃集解,唐司马贞索隐,唐张守节正义;唐颜师古,著名学者颜之推之孙、人称"小颜",著有《匡谬正俗》《汉书注》。主要诸子训诂作品如:魏王弼《老子注》、西晋郭象《庄子注》、唐杨倞《荀子注》。集部训诂作品如:唐李善《昭明文选注》。隋唐之际由于科举制度的产生,儒家经典仍是训诂学家主要的关注对象。孔颖达著有《五经正义》,再次对两汉以来训诂学家的注解进行再注解,五部典籍为《诗经》《尚书》《礼记》《周易》和《春秋左氏传》。

两宋时期为训诂学之变革期,其间训诂学家力图摆脱两汉以来的传统思想,他们从出土的钟鼎文上判断,原本奉为圭臬的经书,并不一定是典籍原来的面貌。疑古与创新是这一时期的思想特色。朱熹既继承汉儒传统,又保持宋儒创新,成为当时最杰出的训诂学家。其作品《四书集注》,主张以训诂说经,强调前人的注释不可废弃;又以经书阐释义理,强调对经书的理解不必拘泥于古。

元明时期为训诂学之衰落期,清代转而成为训诂学之鼎盛期。清代满族统治者为了笼络人心,对传统儒家经典非常重视,训诂学遂成大观,形成以戴震为首,包括段玉裁、王念孙、孔广森等在内的乾嘉学派。其中段玉裁的《说文解字注》强调形、音、义三者互求的方法,融通文字、音韵、训诂、校勘为一体,成为清代训诂学的典范作品。他在训诂学上的突出贡献是:第一,揭示了词汇演变规律,以具体例子梳理了本义与引申义及假借义的关系;第二,具有了历史语言学的视角,分析古今词义演变。王念孙的《广雅疏证》也是一部重要的训诂学著作,其突出贡献是:突破了汉字字形的束缚,通过古音,求取意义;通过分析音义的近、同、通、转等关系,梳理同义词族的孳乳规律;在同源词考证上,做出了杰出的贡献。

训诂学形成于具体的训诂实践,以古代文献的训诂为研究对象,以语义为主要研究内容,全面研究释义的方法、原则和规律。意义来源于何处是训诂学家思考的重要理论问题。总体而言,大致有三种派别:(一)形训派,看到的汉字字形与意义之间的关系,他们通过对汉字形体结构的分析来寻求解释词义。典型代表是东汉许慎《说文解字》。(二)声训派,着眼于字与字之间语音与意义的相关性,用音同音近的字来解释字义,以词的声音推求词义的来源,说明其命名缘由。典型代表是东汉刘熙《释名》。(三)方言派,着眼于空间分布的词义与历史传承的关系,典型代表是西汉扬雄《輶轩使者绝代语释别国方言》(简称《方言》)。释义如何表述,也是训诂学家关心的问题。从训释词与被训词意义的对应关系,分为直训和义界两种(王宁,1996:62)。直训就是单字相训,如:探,取也(《尔雅·释话上》)。义界,就是用一个短语或句子解释一个词,如:探,摸取也(郭璞《尔雅注》)。此外,"互训"即两个近义词之间互相解释,如:考,老也;老,考也(《说文》)。"义训"即采用描述的方式解释一个词,如:璧,瑞玉环也(《说文·玉部》);菜,草之可食者(《说文·艹部》)。

王力指出:"语义学的范围,大致也和旧说的训诂学相当"(1980:315)。当今训诂学基本上以词义发展为视角,以词语考证为核心内容。未来训诂学应大量借鉴词汇学、历史语义学的成果,建立全新的语义演变理论。

演化语言学 **Evolutionary Linguistics; Evolingo**　亦称进化语言学,是系统科学地研究语言起源、语言以及语言文化发展演化的一门综合性很强的学科。从古至今,哲学家、思想家们便在思索人类语言起源演化的问题:(1)人类语言到底来自何方(天赐神赋还是人类智慧创造);(2)语言产生于何时;(3)是否有原始母语;(4)原始语为何种语言(希伯来语、梵语,还是拉丁语)以及如何演化;(5)人类如何习得语言。数千年来,哲学、神学和科学领域的无数学者都在追寻上述问题的答案。

18世纪之前,语言神授说占主导地位,但部分学者如卢梭(Jean-Jacques Rousseau, 1712—1778)、孔狄亚克(Etienne Bonnot de Condillac,1715—1780)、赫尔德(Johann Gottfried von Herder,1744—1803)等对此发出疑问。孔狄亚克的《人类知识起源论》(1746),卢梭的《论人类不平等的起源》(1775)及其《论语言的起源》中都对《圣经》的神授说提出了质疑。除了上述思辨研究外,19世纪末以前,语言起源进化研究还有推测法,往往辅之以所谓的想象试验(Gedanken Experiment),如让儿童在没有语言影响的岛上生长。当语言进化研究在欧洲大陆逐步兴起之时,1866年3月8日法国巴黎语言学会(Société Linguistique de Paris)发表声明拒绝发表任何与语言进化相关的论文,理由是语言进化研究在理论上天马行空,实践上缺乏经验数据。

历经百年之后,美国人类学协会和纽约科学院于1972年和1975年召开了"语言与言语的起源和进化"等讨论会。在20世纪80年代后期,随着心理语言学、神经语言学、进化心理学以及认知科学的发展,语言进化研究逐步复苏,90年代平克(Steven Pinker)和布鲁姆(Paul Bloom)合著的论文《自然语言与自然选择》(Natural Language and Natural Selection,1990)在《行为与脑科学》上发表,二人提出了语言起源的适应观(adaptationist approach to language origins),揭开了语言进化研究的序幕。1996年国际演化语言学大会(International Conference on Evolution of Language)召开,随后该研讨会每两年召开一次,汇集来自世界各地的基因学、生物学、考古学、计算机科学、认知科学、神经科学、语言学等领域的学家共同探讨这些难解之谜,会议论文编辑成册公开出版。牛津出版社也自2001年起推出语言进化系列丛书,语言起源与演化研究最终成为21世纪语言学界关注的焦点。

现代演化语言学,研究课题集中在对语言演化系统发生学模式、言语演化模式、语言演化观以及语言演化研究方法的探讨与争论上。

(一)语言演化系统发生学模式

1. 达尔文乐源性原始母语理论(Darwin's Musical Protolanguage Theory)

在大量的生物数据比较的基础上,达尔文(Charles Darwin,1809—1882)提出我们祖先(或说直立人)原始语的较早阶段是乐源的而非语言的,即我们的祖先在现代语言的词汇与复杂句法结构产生之前经历了一个音乐阶段,其具有整体意义(holistic meanings)。达尔文在《人类的由来及性别选择》(The Descent of Man, and Selection in Relation to Sex,1871)一文中认为原始人类以歌唱的方式发出具有乐感的音节,特别是在求偶期间用来表达不同的情感,如爱意、嫉妒、胜利等,也用来挑战对手。因此有音节的声音去模仿乐曲般的呼喊可能会带来表达复杂情绪的单字的发生。费奇(Tecumseh Fitch,2010:476)评论说"达尔文乐源性语言进化理论兼收了拟声词语言起源假说、手势语原型语言理论的合理成分"。"随着后期语言进化论者如叶斯伯森(Otto Jespersen,1860—1943)、费奇等人的补充、完善,乐源性语言进化理论这个尘封了150年的理论终将受到语言学界的重视,成为语言进化研究的科学指导理论之一"(吴文,2013:47)。

2. 谱系树学说(family tree theory)

18世纪后期在达尔文《物种起源》的影响下,施莱歇尔(August Schleicher,1821—1868)引入了生物学中描绘生物进化类别的树形图语言,形成了语言谱系树,成功地将进化理论引入到语言学研究。他在描述印欧语系时将整个印欧语系比为一株树,树干便是其构拟的原始印欧语,干支是各种印欧语,分支便是各种印欧语的现代方言,树图中分支的长度或许可表示时间深度。谱系树证明在比较语言学(comparative linguistics)中解释力非常强大,成为分析、表现语言间谱系关系的重要方法,但无法解决语言起源(origin of language)问题。德国语言学家施密特(Johannes Schmidt,1843—1901)提出的波浪学说(wave theory),认为语言有特征地域性扩散的特征,弥补了谱系树模型在描述语言横向传递方面的欠缺。近年来,结合各边缘学科研究,在语言演化研究方面亦取得重要成果,如英国雷丁大学的帕吉尔(Mark Pagel)使用统计学方法对主要语系分析后得出语言是以跳跃性的方式演化而非渐进演化,该成果发表在2008年的《科学》(Science)杂志上。

3. 词汇原型语言假说(Lexical Protolanguage)

其基本观点是"语言起源于有意义的词汇,从严格意义上讲,原始母语是语言家族最近的共同祖先,其特点是有大量的词汇却无句法特征,没有化合到复杂的句法结构中,现代句法则是语言演化的最后阶段"(Fitch,2010:401)。该假说基于对儿童个体发育的观察以及克里奥耳语形成的研究而提出,认为词汇在句法尚未出现、成型之前就成为人类交流的重要组成部分,由此可推知,语言起源于词汇。持此观点的代表学者有毕克顿(Derek Bickerton)和杰肯道夫(Ray Jakendoff),但二人观点不尽相同。毕克顿认为概念结构(conceptual structure)先于语言,语言本质上是概念表征系统,相较而言交际功能是次要的,而且人类语言也并非是动物交际体系(animal communication system;ACS)演化连续体的一环,因而毕克顿坚持句法突变论,认为现代复杂的句法是语言演化过程中最后一次、也是最重要的一步,而位移性(displacement)是语言产生至关重要的一步。"杰肯道夫同样认为在语言产生之前,人类已拥有丰富的概念结构和基本符号能力。但他坚持句法渐变论,认为语言的交际功能是贯穿整个演化过程的选择压力"(杨烈祥 2012:312)。二人都重视了信息分析,却忽视了演化稳定策略(evolution stable strategy;ESS),即:若某一物种成员轻易共享了一有利优势生存条件,那么在生存竞争中其他物种亦可获得此生存条件并编码入基因遗传给后代。

4. 手势语原型语言理论(gestural protolanguage theories)

手势语原型语言理论认为人类语言从用于简单沟通交际的身体语言或手势语发展而来。这一理论得到以下两方面证据的支持:(1)手势语言和有声语言(vocal language)都依靠相似的神经系统,该区域在大脑皮层,负责口腔动作与手势动作的区域相互毗邻。(2)非人灵长类动物可以用手势或符号(symbols)进行最基础的交际,其中部分手势类似于人类手势,比如人类和大猩猩的祈求手势类似。也有证据显示手势与语言相互关联。人类往往在言谈时用手势辅助言语,而灵长类动物使用手势时用口型作为辅助。

18世纪的(Étienne Condilla)是最早研究灵长类动物手势的学者。20世纪诸如手势能力和符号能力等相关研究强化了手势论。除了现代人类手势交际研究、大脑侧化、符号语言和有关灵长目动物的生物比较证据等证据外,镜像神经(mirror neuron),特别是扩展镜像神经,成为支撑手势论新的证据。FOXP2基因也为手势论间接提供了神经证据。与词汇原型语言观一样,手势原型语言观可以解释符号的、开放的交际系统,但手势语为何最终被口头表达所替代,如何从手势向音系和句法转变,是该假说遇到的困境。

(二)言语演化(evolution of speech)模式

语言的产生离不开适切的语言器官,语言产生的生理基础研究以考古学为基础,基于化石证据进行研究。例如,声道构拟、胸椎管(thoracic vertebral canal)的扩大,喉头下降(the decent of the larynx)以及脑容量的增大等生物、神经学等研究为演化语言学,特别是发音体系进化的模式提供了充分而必要的辅证。费奇(Fitch,2010)认为人类语言起源的核心是神经而非生理或解剖结构的演化,喉头下降也并非人类所独有。同样的,曾经认为共振峰感知(formant perception)、音系组合(combinatorial phonology)以及语义合成(compositional semantics)等能力为人类所独有,而现在则发现至少部分其他动物也具有这些能力。在这些考古证据与生理学、神经学等交叉研究的基础上言语演化模式主要有以下几种:

1. 利伯曼的言语进化模式:超越布罗卡区(Lieberman's model: beyond Broca's area)

利伯曼(Philip Lieberman)"从解剖学的角度分析头盖骨底部的弯曲和喉头位置的关系,提出颅底角度和语音能力具有相关性"(邓小华,2014:73)。在探讨与传统脑皮质区相互运作的脑皮层下深层构造及布罗卡区和维尼克区时,将语言延伸至皮层下机制的基底神经节(basal ganglia),他认为基底神经节在人类语言中发挥着至关重要的作用,语言还与大脑中的其他神经系统相联系,甚至比布罗卡区和韦尼克区更为重要。

2. 麦克尼利奇发音进化框架/内容模型(MacNeilage's frame/content model of vocal evolution)

麦克尼利奇(Peter MacNeilage)以非人类动物的下颚运动与人类语声发生有同源特征为基础,提出框架/内容理论(frame /content theory)假设。他认为话语发音依靠两种运动:(1)下巴运动,可带动口部的张开与闭合而发出元音和辅音;(2)口部张开与闭合时舌头和嘴唇的运动而清楚的讲话。正是通过这两种运动人类才可以发出了独有的声音——言语。语声始于最初摄食运动,上下腭循环开合形成类似于槽的系列框架,然后在框架之上附加了唇、舌等发音器官的运动,形成"内容",两种运动组合形成音节。

3. 迪肯的杠杆双管模式(Deacon's "leveraged takeover" model)

迪肯(Terrence Deacon)以胚胎渐成过程为基础,认为语声是人类大脑容量扩展后的拱肩拱(spandrel)。"拱肩拱是两个圆形拱门交叉处的三角区域,虽然拱肩看起来如此和谐,像是一开始就设计好的,然而其实并非是专门为建筑结构而设计的,而只是拱门设计的副产品"(邓小华,2014:74)。换言之,语言也相当于拱肩并不是选择适应的结果,而只是在大脑等其他组件的发展过程中偶然产生的副产品。

4. 卡斯泰尔斯—麦卡锡模型(Carstairs-McCarthy Model)

卡斯泰尔斯—麦卡锡(Andrew Carstairs-McCarthy)提出了从言语到音节再到句法(from speech to syllables to syntax)的发展模式,即从言语到音节再到句法的言语进化模式,但其合理性尚缺足够证据。

(三)研究视角与方法

1. 计算机建模(computational modeling)

语言没有化石,无迹可循,其形式甚至其出现(presence)都很难甚至无法从其实物证据(physical evidence)推导得出。计算机建模这一方法可确保语言演化情景介绍的内在一致性,慢慢为学界普遍接受。2010年语言演化学国际研讨会上近三分之一的论文或多或少借助于计算机模拟。上世纪60年代诺依曼(Von Neumann)的自复制模型可谓是最早计算机模拟的尝试,而首次将计算机模型引入演化语言学研究的学者是英国爱丁堡大学的赫尔福德(James Hurford)教授,他验证了词汇系统可通过索绪尔学习机制和反复交流逐步产生。计算机模拟最为典型的例证之一便是由斯蒂尔斯(Luc Steels)所作的研究,他提出的流体构式语法(FCG)即是为了用实验来研究语言的起源和发展而设计的语法理论(参见流派"构式语法")。计算机模拟方法能有效克服已有手段的难点与局限,目前在演化语言学界发展迅速。

2. 动物认知与沟通

动物沟通与认知研究是演化语言学的重要实证研究之一。其理论假设是除人以外,动物也可进行交流,动物的手舞足蹈、鸟儿的歌唱等沟通交流方式则很有可能就是语言的前奏,就是最终形成人类"前语言"的一部分。这一实证性的研究领域以比较心理学的科学家教授猿猴英语口语及其他人类符号系统的尝试为起点,也有研究小组展开实验研究借以揭示猩猩及海豚获得与人类的手势语和口语非常对应的视觉符号系统的可能性。生物形态学家们则从广泛的对比角度展开对动物的自然交际的探讨,其中的代表包括奥地利生物学家弗里施(Karl von Frisch)有关蜜蜂的舞蹈语言的研究,还有美国心理学家加德纳夫妇(Allen and Beatrix Gardner)教授黑猩猩沃舒(Washoe)美式手语动作等的尝试。

动物认知与沟通的研究旨在确定动物自发产生的交际信号是否具有与人类语言一样的特点。若猩猩能够获得与人类词语有同样表现力的符号系统,那么人类作为高等动物以区别于其他动物的独特性将受到挑战。同样,如果其他动物也具有人类语言的某些区别性特征,那么对语言的起源理解就需重新建构。动物认知研究的重要性日益增强,2012年的第八届语言演化国际研讨会就由研究鸟脑的专家在日本京都主持召开。也有如学者如费奇(Fitch, 2010)认为动物除可言语外,也具有思维,从而彻底否定了语言决定思维的观点;但其同时表示动物思维能力相较人而言很有限的,且动物思想不能通过语言进行,而人类则可借助语言以达到思想共鸣与交流。

3. 生物学视角

从生物角度对演化语言学开展研究的代表人物有豪瑟(Marc Hauser)、乔姆斯基和费奇(Tecumseh Fitch),学界普遍将三人名字的首字母缩合为HCF。在三人2002年合作发表于《科学》(Science)杂志的《语言能力:何种存在,何人拥有,何以进化?》(The Faculty of Language: What Is It, Who Has It, and How Did It Evolve?)和2005年合作发表于《认知》(Cognition)杂志的《语言能力进化:明言与内涵》(The evolution of the language faculty: Clarifications and implications)两篇论文中,三位来自不同领域的学者对"演化语言学"的总体研究目标作了描述。在其观点中,进化语言学研究的显著特征是将语言的大脑内在运算能力(language qua internal computational capacity of the mind)和交际(language qua communication)这两种过程独立进行研究,这便于探讨人类语言所采用的运算可以被动物用于空间导航、社会交往等一些非语言领域的可能性。例如,尽管昆虫、鱼、鸟及哺乳动物彼此不同,但都可依赖航位推算和地标来导航,而这些不同类的动物(昆虫、蜜蜂除外)在此过程中并不向同类传达从何而来又去向何方的信息。由此便产生了内部表示与交际表达的分离。内部表示是抽象的且常为适应性的问题提供最佳的解决方案,对此研究至关重要。基于内在运算和交际的不同,HCF提出了广义语言机能(faculty of language in the broad sense; FLB)和狭义语言机能(faculty of language in the narrow sense; FLN)之别。前者能为支持语言提供所必需和足够的大脑活动,如注意等;后者只包括实现语言递归的机制——合并(merge)。人类与动物共同具有广义语言机能,而狭义语言机能则为人类所特有。

4. 遗传学视角

遗传学以比较研究为方法,通过对比正常与疾病案例,研究发现了诸多因人类染色体的基因缺陷或基因冲突而诱发的遗传性疾病,从而为语言演化研究提供了人类生理构造和行为的基因基础证据,如唐氏综合征和威廉姆斯综合征(参见术语部分)。语言的特征在多大程度上由基因决定,这是语言学界争论激烈的一个观点,而近期由于FOXP2基因的发现而出现转机。研究表明白鼠体内相关基因突变后,导致体形缩小,声音(vocalization rate)降低。另外,鸣禽的FOXP2基因与歌唱变化也有关联。对FOXP2基因的研究不仅使动物行为学的研究者不得不再次评估语言是否为人类所独有这一论断,而且也产生了人类语言是人类独有的还是处于动物交际系统演化的连续体上这一争议话题。总体而言,蛋白质对神经可塑性至关重要,但FOXP2基因即为"语法基因"说或与句法浮现相关的论点存有争议。近年,遗传学与考古学相结合,亦为演化语言学的研究开启了一扇新窗,如波尔多大学的埃里克(Francesco d'Errico)建议采用大规模比较法,从考古学角度研究语言起源。他认为语言等人类文明的基因和认知先决条件在古人类时期就已存在,此观点与最近认为穴居人基因组中存在语言产生的关键基因FOXP2,而且该基因在大约距今30万至40万年前就已出现,这与考古发现相一致。

5. 语言学视角的研究

语言学各分支学科都为语言演化研究提供抽象理论或具体语言事实与数据极大促进了演化语言学的发展。2014年4月在维也纳召开的演化语言学国际研讨会特设了"语法化过程如何创造语法：从历史语言库数据到基于主体的模型"专题讨论,这使得语法化研究作为人类语言重塑的重要工具手段日益受到学界重视。语言学其他各分支学科都以研究语言本质为己任,为演化语言学提供了语言事实、数据等方面的支持,例如历史语言学研究得出人类语言在实际演化过程中的数据和洞察力;认知语言学和构式语法有助于研究人类语言丰富的语义语用功能及其如何通过语法手段表达出来;计算语言学为句法切分、产出与语言习得提供了具体模型;发展语言学记录了儿童或二语习得者习得语言的路径;而神经语言学就语言的神经基础提出具体提议,包括语言进化可能需要的认知功能。除此外,斯瓦迪士（Morris Swadesh）的词汇统计学（lexicostatistics）,则是最早引入语言学中的一个距离算法（参见术语板块）,而近年来儿童习得语言的方式为人类习得早期语言提供了可能的类比,很多学者也认为儿童在语言变化中起到至关重要的作用。麦克沃特（John McWhorter）等分析了诸如洋泾浜和克里奥耳语等基本沟通方式的演化与构建,从交际进化的角度探讨语言演化问题。

近年来,我国演化语言学的研究逐步萌芽兴起,学界汇集了自然学科与人文学科的强大力量共同探究人类语言之谜,就语言起源、演化、形成与习得机制展开多学科多角度的综合研究。自2009年起演化语言学国际研讨会相继在广州、天津、上海、北京、香港等地召开。除介绍语言演化的国外理论与普遍性研究外,各届研讨会与学者们也聚焦于中国各地方言、语言接触、文化融合对语言演化研究的作用与启示,特别在汉字、声调及中国语言的演化规律等方面研究突出,对推进理解语言演化的普遍模式具有积极作用。

演化语言学具有很强的跨学科性质,包罗万象,集自然科学与人文科学于一身,既有严谨有序的科学实验也有周严细致的逻辑推理,但如何将零碎信息与多种研究方法融合为明晰整一的理论框架,依然是一亟待解决的问题。鉴于语言本身与演化研究的复杂性,各学科的学者很难依据自身学科优势对语言演化做出合理的理论假设或解释。只有各相关领域学者通力合作的情况下方可从个体发育学（ontogeny）、种群发育学（phylogeny）和历时发育学（glossogeny）等角度,对语言的起源与演化作一相对全面的解释。

医学语言学　Medical linguistics　指以普通语言学为基础发展起来的边缘学科,它结合医学专业特征,对语言的本质做出阐释。美国语言学家拉博夫（William Labov）和范舍尔（David Fanshel）从1977年开始研究医生和病人的谈话,但是由于种种原因,他们没有做出系统的研究。近年来,不少学者和医务工作者从社会学、医学、语言学、心理学等方面做出了巨大的努力,在这方面的研究取得了相当程度的进展。进入21世纪以来,有些学者撰写相关论文和著作对医学语言的基本原理和概念,作用和特性等方面作了全面系统而又深入浅出的阐述。

医学语言学是临床医学和语言学相结合的产物,与此同时又与心理学、社会学、语用学、修辞学等有密切的联系。它不仅从医学的视角来研究人类的语言问题,还从语言学的角度来探讨医学同语言的关系,考察语言在医学实践中的作用,并将其研究成果应用于医学实践中。因此,可以说医学语言学是语言学的一个分支学科,它与人类语言学、心理语言学、社会语言学和神经语言学等一起被列入宏观语言学的范畴。

曾孔生（2003）指出,目前在医学语言学的学科名称下,存在着两大范畴的研究,其中一种医学语言学研究植根在在医学中而枝叶生长在语言学的空间,对于自己学科的概念使用的是医学界定法;另一种医学语言学植根在语言学中而枝叶生长在医学空间,对自己学科的概念使用的是人文界定法。这是因为来自不同专业的学者,在不同的领域中均遇到了医学与语言交叉的问题,各自从本专业的观察视角,潜心研究,形成了自己的学科并取得丰硕成果以后,经过反思后使得原来同名异构的两个学科都悄然地兴起了。对于前一种医学语言学,曾孔生（2003）认为使用的实验方法是医学的方法,如神经语言学就是我们所说的这样一种以医学定位的医学语言学,它常常将自己的研究范畴规定在由于脑损伤而引起的语言障碍方面,它的实验方法就有神经病理诊断、外科手段和失语症分析等。对于后一种医学语言学,李定钧（2004）等认为从体现其语言结构的三个层次——语义学、语形学、和语用学上进行研究。语义学研究语言符号和其所指称的外在事物之间的关系及其指称意义;语形学研究语言符号的形态及其内部意义;语用学则研究语言符号和其使用者之间的关系及其语用意义。这三个层次都可以结合医学语言学进行研究。

针对医学语言学广阔的研究前景和深远的研究意义,李定钧等（2004：7）指出："医学语言学上的研究不仅为确立医学术语的精确性奠定基础,而且直接影响医学双语词典的编纂、医学语言的翻译、测试及其文体学的研究,同时为进一步编写医学专业英语教材提供理论依据,尤其是以上各方面的语言学研究成果确保教材设置的先进性、科学性和可用性,从而带动医学英语学习模式的改变。它的研究必将为医学文化研究提供一种新的视野。而医学语言学更为广阔的研究前景还在于其与医学哲学、医学社会学、医学人类学、医学心理学等方面的对比综合研究。"

医学语言学还具有深远的文化意义,在最为明显的层面上,它决定了临床实践的价值,奠定了医学科学的发展根基,拓展了语言和文学的覆盖面,推动了哲学反思的终极化,体现着自然科学的美学意蕴,打通了医学与军事兵法的思想渊源。

依存语法 Dependency Grammar 当语言学家建构语法理论时,一个根本性的问题是:理论该基于成分关系还是基于依存关系?如果选择成分关系,就是成分语法,即短语结构语法;如果选择依存关系,就是依存语法。依存语法包括词语法(word grammar)、文本—意义理论(Meaning-Text theory)、词格理论(Lexicase)、和功能生成描述理论(Functional Generative Description)等。成分语法包括范畴语法(Categorial Grammar)、词汇—功能语法(Lexical Functional Grammar)、管辖与约束理论(Government and Binding Theory)、中心语驱动短语结构语法(Head-Driven Phrase Structure Grammar)和最简方案(the Minimalist Program)等。从历史角度看,每种语法类型都与一个语言学家的开创性的著作相关。依存语法与法国语言学家泰尼埃(Lucien Tesnière)1959年的遗著《句法结构成分》(*Éléments de Syntaxe Structurale*)有关;成分语法与乔姆斯基的著作《句法结构》(*Syntactic Structures*)有关。

依存关系的研究可以追溯到最早记录的语法中,可以从帕尼尼(Panini)的语法中得到体现。但一致公认,现代意义上的依存语法肇始于泰尼埃(Lucien Tesniere)的著作;他1959年的《句法结构成分》奠定了以依存关系为语法研究的基础。但泰尼埃本人并非使用"依存语法"术语的最先使用者,而是最早由哈伊斯(David Hays)于1964年使用。依存语法一直处于主流语法研究的边缘地位。然而,在欧洲大陆,特别是德国和东欧,对依存语法研究的兴趣一直有增无减,主要原因是由于依存语法特别适合对自由语序语言的研究。最近,对依存语法的兴趣不是来自理论著作,而是来自计算语言学领域。在计算语言学的运用方面得到了广泛的应用,如标注(tagging)、句法分析(parsing)和生成树库(generating tree banks)等。

(一)依存关系

依存关系中,句子中的每个成分对应于句法结构中的唯一一个节点,其严格的一一对应关系与短语结构语法中成分关系形成鲜明的对比。成分关系中,一个句法成分对应于句法结构中的一个或多个节点。简单地说,依存语法与短语结构语法的区别在于:前者所体现的是中心语依存的关系(head-dependent relations),后者体现的是短语之间的关系;前者将小句成分主要按功能分类,而后者则主要把小句成分按结构分类。这种差别的结果是依存关系结构总是"最简的"(minimal)。例如:The point of the tree is to show the minimalism of dependency trees. 这句话共有13个单词,在依存树中就有13个节点与之对应。如果将该依存树转换成成分树则有20个节点。依存关系是严格的母女关系,而成分关系是整体—部分关系。

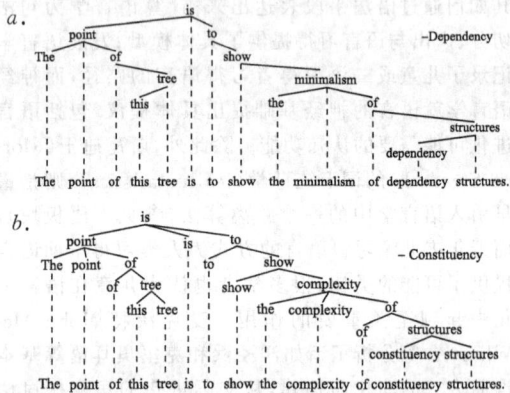

在依存关系语法中,两个成分的依存是二元的非对称关系。换言之,两个成分中,一个成分是中心语,另一个成分依附于中心语而存在。因此,依存关系具有方向性,它们总是从中心语成分指向依存成分。依存关系的表征方式多种多样,如"drink milk"的表征方式可图示如下:

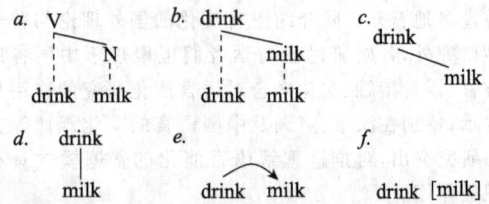

图示的六种结构中,虽然表达方式不同,但表达的关系是相同的:drink是中心语,milk是依存成分。

(二)依存关系的种类

依存语法区别不同类型的依存关系,除了句法依存外,还有语义依存和形态依存。语义依存是最基本的关系,更加接近于思维,通常用谓词论元结构(predicate-argument structure)来刻画;形态依存是独立于句法依存的表层显示,通常用形式决定(form determination)来刻画;句法依存是依存语法的研究重点和核心所在,通常用分布(distribution)来刻画。此外,还有韵律依存和音系依存等。

(1) 语义依存

语义依存涉及谓词和及其论元,一个给定的谓词通常选择特定的论元。如果一个谓词的论元语义上取决于它们的谓词,经常会出现语义依存和句法依存关系正好相反的情况。例如,"the pandering politician promising pork"的语义依存关系可图示如下:

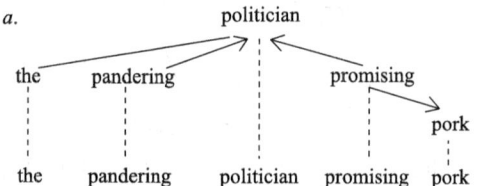

分词 pandering 和 promising 是实意动词,可以选择自己的论元成分。谓词 pander 选择 the politician 作为其论元;谓词 promise 选择 the politician 和 pork 作为其论元。箭头表示语义依存的方向。可以看出,有两种语义依存关系与句法依存关系正好相反。从句法角度来看,分词 pandering 和 promising 修饰名词,因此句法上依赖名词。但是从语义角度来看,名词是分词的论元,因此语义上依赖分词。

(2) 形态依存

形式决定是形态依存的基础,体现在一致关系上。当一个单词决定另一个单词的形式时,后者在形态上取决于前者。形态依存可以完全独立于句法依存,许多词语间的形态依存没有通过句法依存将它们直接连接在一起。

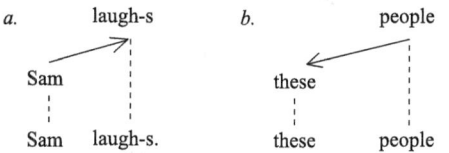

树形图中的箭头表明形态依存的方向。图 a 中,第一人称单数形式的主语 Sam 决定限定动词 laughs 的形式,需要在动词后添加第一人称单数形式的屈折词缀-s。图 b 中箭头正好相反,复数形式的 people 需要复数形式的限定词 these,而不是 this。

(3) 句法依存

句法依存是当代依存语法研究的核心,提出一个标准来识别句法依存的方向特别困难。这在兹维基(Zwiky, 1985)和哈德森(Hudson, 1987)关于核心词的争论中得到了很好的体现。为了识别核心词,他们探讨了论元、一致、分布、管辖、次范畴化等概念。在这些概念中,分布似乎可以为句法依存提供最好的概念基础。

(三)语序

泰尼埃(1959)强调,句法成分的组成具有两个维度:居前维度(线性顺序)和支配维度(层次顺序)。居前维度是显而易见的,因为话语的单词总是按照时间的维度先后出现的,说话者不可能一次同时说出两个单词。支配维度虽然存在,但不像居前维度那么明显。支配关系将词语组合成句法成分的组织原则。依存语法将这两个排序维度分离,认为支配维度比居前维度更加重要。句子在大脑中具有层次结构,当说话者说出一个句子时,该句子就转变成线性顺序。听话者将听到的线性顺序结构赋予层次顺序,以得出正确的语义解读。

a. works / idea → That idea works. –Speaker's perspective / that

b. That idea works. → works / idea -Listener's perspective / that

依存语法探索语序现象的原则成为投射性原则(projectivity),指具体的句法树及其包含的依存关系。依存层级中,每个依存成分与其中心语或姐妹成分相邻,该依存层级便是投射性的;如果依存成分的相邻成分使其与中心语分离并且支配其中心语,则违反投射性原则。

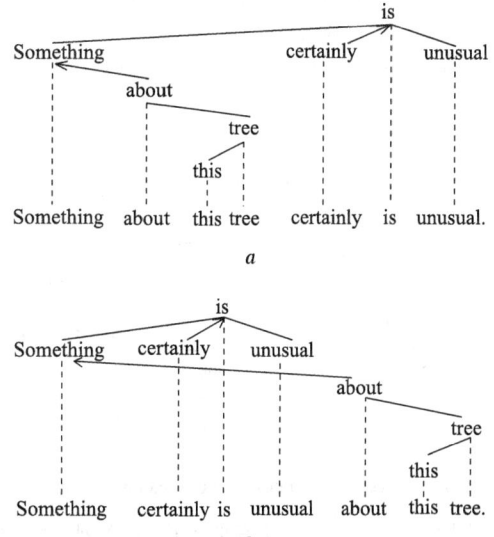

树形图 a 中没有任何两线交叉,因此是透射性的;树形图 b 中,成分"about this tree"与其中心词不相邻,此时存在交叉线。这些交叉线的存在说明该树形图违反了透射性。连系词 is 将外置成分 about this tree 和其中心成分 something 分开,导致非连续性(discontinuity)。依存语法通常将这种现象称为远距离依存(long-distance dependencies)。

有些依存语法中,允许移走成分依附于一个非其管辖成分作为其中心语。换言之,该移走的成分向上爬升，依附到一个支配其管辖语的成分，相关文献将这种操作称为上升(rising)虚线依存关系和下表用来表示上升现象的存在。上述 b 图可以表示如下：

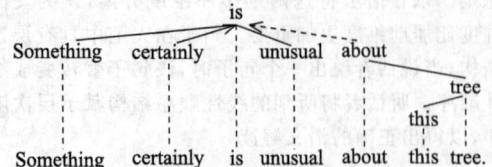

这种分析还可以拓展到疑问词移位、附着成分爬升、有挪移等现象的分析。

（四）最新进展

依存语法最近的一个进展就是提出系列(catena)的句法概念。系列指在依存关系的垂直维度(y 轴)中任何成分或任何相邻成分的组合。系列比成分概念更加灵活，更适合句法分析和形态分析。还有三个与系列相似但不同的概念是：语符列(string)、部分(component)和成分(constituent)。具体含义是：

语符列：依存关系水平维度(X 轴)中的任何成分或任何相邻成分的组合。

系列：依存关系的垂直维度(Y 轴)中任何成分或任何相邻成分的组合。

部分：既是语符列又是系列的任何成分或成分组合。

成分：一个完整的部分。

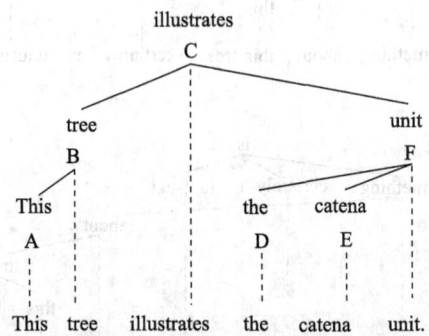

以上图所示为例，其中所有的语符列、系列、部分和成分可表示如下：

21 个不同的语符列：A, B, C, D, E, F, AB, BC, CD, DE, EF, ABC, BCD, CDE, DEF, ABCD, BCDE, CDEF, ABCDE, BCDEF, ABCDEF.

24 个不同的系列：A, B, C, D, E, F, AB, BC, CF, DF, EF, ABC, BCF, CDF, CEF, DEF, ABCF, BCDF, BCEF, CDEF, ABCDF, ABCEF, BCDEF, ABCDEF.

14 不同的部分：A, B, C, D, E, F, AB, BC, EF, ABC, DEF, CDEF, BCDEF, ABCDEF

6 个不同的成分：A, D, E, AB, DEF, ABCDEF

语符列、系列、部分和成分之间的关系可以用下图表示：

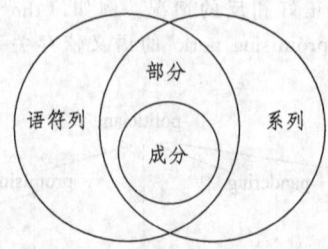

由此可见，系列比成分更加灵活，同时也具有限制性。一方面，系列足够灵活，可以认可许多现象中许多词汇组合作为句法成分。另一方面，系列也具有限制性，可以排除同样现象中许多不能作为句法成分的词汇组合。系列成分用于分析固定搭配、俗语和省略等现象。

短语动词能够很好地体现系列的适用性。例如，take 的本意是：抓、拿或拥有。但它与介词或小品词搭配时意思会发生变化，如"take after""take in""take over""take up"等短语的意思都不能通过 take 获得；作为整体，它们的意思不能通过组合性原则从组成部分推导而来。这种非组合性的意思便可通过系列来描述。动词和介词或小品词构成一个系列，这个系列在词库中作为一个单元存贮。它们不是一个成分，因此短语结构语法不能很好描述这一特征。

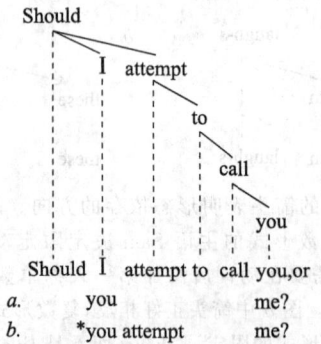

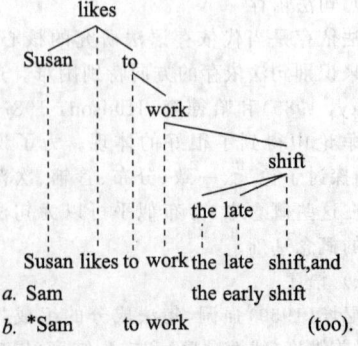

省略是自然语言的普遍现象，包括空缺（gapping）、剥除（stripping）、VP-ellipsis（动词省略）、假空缺（pseudogapping）、回答片段（answer fragments）、截省（sluicing）、比较删除（comparative deletion）等。当代句法学认为省略的成分必须是一个成分，有些表面上看起来不是一个成分的省略必须通过移位的手段达到这一目的，这样会使句法结构复杂化。使用系列的概念可以避免不必要的移位操作，因为省略的成分构成一个系列。以空缺为例（见上两图）：句 a 可以接受，因为空缺构成可以一个系列；句 b 中的空缺成分不是一个系列，所以构成的空缺句不合语法。

从依存语法的介绍可以看出，该分析具有的一个突出优势就是基于依存系统的简洁性。依存语法中的节点数一般只有短语结构语法的一半左右，这就大大地简化了句法结构。从某种意义上说也是遵循最简方案所倡导的基本原则：同等条件下，理论越简单越好。

意义文本理论　Meaning-Text Theory；MTT

意义文本理论（Meaning-Text Theory；简称 MTT），亦称意思文本理论或意义语篇理论，是一种研究意义与其表达形式之间对应关系的语言学理论，由莫斯科语义学派的主要代表人物梅里丘克（俄 Игорь Александрович Мельчук，英 Igor Aleksandrovic Melčuk）在他的同事卓尔科夫斯基（俄 А. К. Жолковский，英 A. K. Žolkowskij）和阿普列祥（俄 Ю. Д. Апресян，英 Jurij D. Apresjan）的合作和支持下，于 20 世纪 60 年代末提出的。1977 年梅里丘克移居加拿大后，在蒙特利尔大学翻译和语言学系组建了"意义文本语言学观察站"（Observatoire de Linguistique Sens-Texte），潜心于 MTT 的理论研究和实际应用。

MTT 的研究对象是人类的言语活动，认为语言可以被看作意义和形式之间的相互对应关系系统。其中，"意义"相当于索绪尔提出的"所指"（signified），是指人们所要表达的一个确定的思想或一个语句中所包含的内容；"文本"相当于索绪尔提出的"能指"（signifier），指包含一个确定内容的语音片段或书面的文字符号片段。该理论旨在为机器翻译和自然语言处理提供一种从意义到形式或从形式到意义的转换机制，建立模拟人类言语活动的动态语言模式。主要模拟两种人类言语活动，分别涉及两种语言能力：说话人使用不同的方式表达同一意义的能力和听话人识别同一意义的各种不同的表达方式的能力。MTT 强调语言模式的转换性和确定性，但与乔姆斯基的生成语法不同：它认为语言不是一个生成系统，句法服务于语义，句法没有自治性。

MTT 由输入（input）、输出（output）和加工（mapping）三部分组成。加工部分将输入端带有确定意义的形式结构加工或转换成具有相同意义的另一种形式结构并送往输出端。与三个组成部分相对应的是三个描写对象，分别为：(1)意义元素单位，以及将它们组合成复杂意义单位的规则；(2)文本元素单位，以及将它们组合成复杂文本单位（如单词、词组、句子）的规则；(3)意义元素单位和文本元素单位的对应转换规则，即在语义表征和语音表征的基础上提取、构建的由语义到表层形式，或由表层形式到语义之间的转换规则。这种转换规则可能将一个确定的意义单位"<X>"转换成一个文本单位"[X]"，即<X>⇒[X]；或将文本单位转换成意义单位，即[X]⇒<X>。此外，转换可以是"一对多"模式，即一个意义单位（<X>）可以转换成多个文本单位（[X]1,[X]2,……[X]n）；也可以是"多对一"模式，即多个文本单位（[X]1,[X]2,……[X]n）对应一个意义单位（<X>）。在这里，意义和文本是两个集合，而语言是意义与文本之间的转换规则系统，可用下面的表达式来表示：

{意义 i}⇐语言⇒{文本 j} | 0< i, j <∞

自然语言由多个层次构成，实现从意义到形式的转换是一个非常复杂的过程。因此，把意义转换为文本需要连续的几个步骤，经过不同层次的转换规则来实现。MTT 中的转换规则有四个基本描写单元，即语义单元、句法单元、形态单元和语音单元，其表达式为：{语义 i}⇔{句法 m}⇔{形态 n}⇔{语音 j} | 0< i, m, n, j <∞。其中，除了语义单元外，其他的每一单元均有"深层描写"和"表层描写"两个层次，即转换规则中共有七个描写层次。每两个相邻层次 n 和 n+1 之间构成 n→n+1 的对应关系 C。各层次首先对层次内部的各个元素及其相互关系进行描写，形成层次关系集 Rn 和 Rn+1。Rn 是 n 层次的信息编码规则，Rn+1 是 n+1 层次的信息编码规则。由 Rn 转换到 Rn+1 是通过 Rn 与 Rn+1 之间的对应转换规则集 C 来完成的，即 Rn Rn+1 | C。这里的对应转换规则集 C 是 MTT 中各层次之间的转换规则集，是构成相应的规则描写单元或称元素单元。可以看出，从意义到文本的转换要经历五个中间过渡层次（深层句法、表层句法、深层形态、表层形态、深层语音/音位），这使 MTT 成为由七个描写层次和六个转换规则描写单元构成的多层次、多步骤的框架结构系统。

在早期研究中，MTT 对语义层次并没有作深层与表层的区分。直到 20 世纪 80 年代后期，阿普列祥在多年研究的基础上提出了"深层语义"（deep semantic representation）的概念。他认为，"我们在自然语言语句的意义中发现两个不同层次的语义特征：民族语义特征（national semantic features）和普遍语义特征(universal semantic features)。要使描写达到最底层的普遍语义,在一定的情况下,必须删除自然语言中一些捆绑式表达的、具有民族特征的义素。出于这一考虑,意义文本理论对意义的描写应区分表层的民族语义和深层的普遍语义。表层语义反映的是相应句子所表达的全部意义,包括与主题报道不相关的意义,而深层语义只反映语句所报道的本质性意义"(转引自薛恩奎,2007:319—320)。

经过多年的研究,MTT 逐渐趋于成熟,越来越受到学术界的重视,在句法、人工智能和机器翻译中得到了比较广泛的应用。此外,这一理论也应用于双语"详解组配"词典(Explanatory and Combinatorial Dictionary,缩称 ECD)的研究和编纂中。1984 年,《现代俄语详解组配词典》在维也纳出版。之后,一套四卷本的《当代法语详解组配词典》也已问世,许多国家,如英、俄、德、日、韩、西班牙等国,也以本国语为目标语尝试编纂双语词典,并取得了良好的成果。

优选论 Optimality Theory;OT 生成音系学领域的重要理论之一,诞生于上世纪 90 年代。该理论最早由著名音系学家普林斯(Alan Sanford Prince)和认知科学家斯莫伦斯基(Paul Smolensky)提出来,奠基之作是《优选论:生成语法中的制约交互作用》(*Optimality Theory: Constraint Interaction in Generative Grammar*)(马秋武,2008)。

优选论是经典生成音系学发展到一定阶段之后产生的结果。以英语语音模式(SPE)(Chomsky & Halle, 1968)为代表的经典生成音系学继承了乔姆斯基形式主义的语法观,其基本假设是,音系系统由音系符号系统和以音系符号为计算对象的音系规则计算系统构成(李兵,2008)。因此,建立具有普遍意义的音系形式语法是其理论的核心内容。音系形式语法的主要内容包括:音系成分,音系表达式,以及音系规则和原则。在以英语语音模式为代表的经典生成音系学至非线性音系理论期间,音系学的研究主要围绕音系形式语法的主要内容而开展。随着研究的深入,研究者逐渐发现音系形式语法存在许多不足,主要表现为三个方面:

(1)音系计算系统存在过度生成问题,即计算系统会导致推导出不符合语法的语音形式。

(2)深入的研究实践对以具有普遍意义的音系形式语法概念不断质疑甚至是否定。直至非线性音系理论时期,其提出的对音系表达结构起制约作用的一些普遍原则,如自主音段的合格性条件(Goldsmith, 1976)、强制性曲折原则(Leben, 1973; McCarthy, 1981, 1986)等,都遇到了以下几个问题:其一,普遍制约条件的作用程度因语言不同而不同;其二,即使在同一中语言中,其作用程度也因语境的不同而不同;其三,非线性音系学中的普遍原则需要同时具有阻断和触发功能,但实际上这两种功能协调起来很困难(McCarthy, 2002)。

(3)音系形式语法片面追求音系符号系统的形式语法,低估了类型学事实的价值(McCarthy, 2002)。

针对以上以及其他问题,普林斯和斯莫伦斯基提出了优选论。

优选论起源于和谐语法理论(Legendre et al., 1990)和连接主义(Smolensky & Legendre, 2006),它摒弃了经典生成音系学关于音系规则作用的假设,主张语言是一个由普遍存在并相互竞争的制约条件所构成的系统。优选论与和谐语法理论一样,都认为普遍的制约条件是可以违反的,其理论核心是:语言的最佳输出形式是由数量有限并且允许违反的表层制约条件共同作用决定的,这些制约条件具有普遍意义,但制约条件的等级排列顺序因语言而异。可见语言的特殊性和普遍性在优选论中都得到了体现(马秋武,2008)。

优选论理论的基本原则可以归纳如下(McCarthy & Prince, 1993):

(1)制约的普遍性(Universality)。这一点体现在两个方面:首先,制约条件应具有普遍意义;其次,制约条件普遍存在于所有语言中。

(2)制约的可违反性(Violability)。制约条件可以违反,但违反的程度是最低的。

(3)制约的等级排列(Hierarchical ranking)。制约条件是基于特定语言进行等级排列的;"最低限度违反"这一概念是根据特定语言制约条件的等级排列所界定的。语法体现在一种制约条件集合的等级排列。

(4)包含原则(Principle of Containment)。制约条件等级体系对所有可能的广义上合符结构的候选语言形式集合进行评估。

(5)并行处理(Parallel processing)。整个制约条件等级体系针对所有候选项同时进行运算,不允许串行推导。

优选论语法的操作是从输入到输出的映射过程,该过程分为两个步骤:首先,生成器(Generator)根据输入项生成无数个候选项。其次,评估器(Evaluator)从这些候选项中为该输入项选取一个最和谐的输出项。在生成候选项的过程中,生成器必须遵循三条原则(McCarthy & Prince, 1993):

(1)分析自由原则(Freedom of analysis);

(2)包含原则(Containment);

(3)语素信息一致原则(Consistence of exponence)。

分析自由原则的目的在于保证有足够的候选项

供制约条件层级体系评估和选择，否则制约条件层级体系将由于候选项集合不包括潜在的优选项而失去作用。包含原则要求输入项的成分必须包含在每个候选项中，禁止生成器删除输入项中的成分。语素信息一致性原则指的是生成器仅仅具有音系功能，禁止生成器改变语素的语义信息(李兵,1998)。

评估器是优选论语法的核心，也是优选论语法操作过程中的关键。评估器由制约条件等级体系构成，主要功能是对所有的候选项一次性进行筛选，最终选出最低限度违反制约条件等级体系的候选项，即最和谐的候选项，作为最终的输出项。

优选论的基本理论框架可用表达式表述如下(McCarthy,2002:10)：

输入→生成器→候选项$_1$,候选项$_2$…候选项$_n$→评估器→输出

优选论认为表层语言形式是两种相互竞争的制约条件交互作用的结果，它们分别是标记性制约条件(markedness constraints)和忠实性制约条件(faithfulness constraints)。标记性制约条件使语法生成结构合格的输出形式；忠实性制约条件要求输出项和输入项保持一致。两类制约条件相互作用的最终结果是产生最优表层形式。标记性制约条件是基于对人类语言普遍现象考察的基础上提出来的，反映的是语言的不同倾向性。举例而言，基于对世界众多语言的考察，我们发现 CV 音节结构是被世界上多数语言所采用的音节结构，因此我们可以设立以下标记性制约条件(Kager,2001)：

* COMPLEX^{ONS}：不允许复杂音节首
* COMPLEX^{COD}：不允许复杂音节尾
ONSET：音节必须有首音
NO-CODA：音节不可以有尾音

优选论的标记性制约条件根据所针对的现象可以分为两类，即一般标记性制约条件和特定标记性制约条件。一般标记性制约条件主要是针对一种语言中倾向采用的音段特征提出来，比如汉语普通话音系中不允许圆唇前中元音，因此可以设立以下制约条件(马秋武,2008)：

* ø：不允许有圆唇前中元音

特定标记性制约条件主要针对音段的组合方式提出来，比如元音后接鼻辅音常常会发声鼻化，因此可以设立以下制约条件(马秋武,2008)：

* V$_{ORAL}$N：不允许出现口元音和鼻音的组合

优选论的忠实性制约条件在音段的数量、特征和排列顺序等方面要求输入和输出要保持一致(McCarthy and Prince,1995,1999)。常见的忠实性制约条件包括以下三种(Kager,2001)：

MAX-IO：输入项的每个音段在输出项中必须有相对应的音段(反删音)
DEP-IO：输出项的每个音段在输入项中必须有相对应的音段(反增音)
IDENT-IO(F)：输入项音段的特征为[αF]，输出的音段特征也应为[αF]
LINEARITY-IO：输出项的音段排列顺序必须和输入项一致，反之亦然

优选论框架下不同语言的表层形式是由等级排列不同的制约条件等级体系决定的，因此发现并建立特定语言制约条件等级排列体系非常重要。不同制约条件等级排列体系可以反映出可能存在的语言类型。举例而言，存在三个制约条件：音节标记性制约条件 ONSET，反删音的忠实性制约条件 MAX-IO 和反插音的忠实性制约条件 DEP-IO。若 ONSET 和 MAX-IO 的等级排列先于 DEP-IO，即 ONSET, MAXIO>>DEP-IO，那么这种语言中就会出现元音开头的音节前增加辅音的语音变化。若 ONSET, DEP-IO>>MAX-IO，那么这种语言中就会出现元音开头的音节被删除的结果。若 MAX-IO, DEP-IO >>ONSET，那么这种语言中就会出现元音开头的音节。这三种情况可用 OT 通常采用的竞选表(tableau)展示(Kager,2001)。

(1) ONSET, MAX-IO>>DEP-IO

输入项:V.CV	ONSET	MAX-IO	DEP-IO
a.V.CV	*!		
☞ b.CV.CV			*
c.CV		*!	

(2) ONSET, DEP-IO>>MAX-IO

输入项:V.CV	ONSET	DEP-IO	MAX-IO
a.V.CV	*!		
b.CV.CV		*!	
☞ c.CV			*

(3) MAX-IO, DEP-IO>>ONSET

输入项:V.CV	MAX-IO	DEP-IO	ONSET
☞ a.V.CV			*
b.CV.CV		*!	
c.CV	*!		

在上述候选项竞选表中，最上面一行是按照等级高低从左到右排列的制约条件。左边制约条件等级一般高于右边。如果制约条件等级明晰则用实线表示，反之则用虚线表示。上述表中最左边一列是候选项。"*"号表示该候选项违反了等级体系中的制

约条件。非优选项的候选项一定违反了比优选项违反的制约条件等级更高的制约条件,违反的排列等级最高的制约条件用"＊!"表示,表示该候选项因此被淘汰。阴影部分表示候选项是否违反该部分制约条件无关紧要。在对所有候选项评估过程中,最低限度违反制约条件等级体系的候选项即是最优的候选项,用"☞"表示。

优选论诞生 20 多年以来,不断改进、发展,取得了许多进展,主要表现在三个方面:制约条件设立理据的功能化,对语言现象中自由变体的研究,以及候选项链理论的诞生(马秋武,2008)。在对音系是以语法为基础还是以语音—功能为基础的问题上,优选论逐渐倾向后者(李兵,2008)。传统优选论设立制约条件以语言类型变化作为前提,而功能主义倾向的优选论将功能性作为设立制约条件的前提。基于功能主义理念,优选论在研究实践中出现一些以发音机制、听觉感知、声学特征等以语音因素(非语法因素)为基础的制约条件。伯尔斯马(Paul Boersma)提出的功能音系学(1998,2000)是功能主义优选论的典型代表。他认为传统优选论对标记性制约条件的设立可以从两条功能性原则推导出来:最小发音气力原则(minimization of articulatory effort)和最低感知混淆原则(minimization of perceptual confusion)。其次,在传统优选论框架中,从输入到输出的映射过程是一个和谐提升的过程,不会出现诸如 A>>B/B>>A 的自由变异情况。而事实上,自然语言中存在大量的自由变异。对此,优选论的研究者相继提出不同的解决方案。基帕尔斯基(Paul Kiparsky)(1993)、哈蒙德(Michael Hammond)(1994)等人提出采用制约条件部分等级排列(亦称"不完全等级体系")来解释产生多个输出项的映射过程。伯尔斯马(1997)等人基于语法可学性的研究提出"概率性优选论"(Probalilistic OT)。该理论认为制约条件是在一个区间取值,这一假定可以产生制约条件的分合现象,即部分重合的制约条件之间,可以出现有限的前后等级倒置。库切(Andries Coetee)(2004)提出"评估器的等级体系排序模式"(ranking-ordering model of EVAL),该模式认为优选论的评估器具有对彼此没有关联的候选项进行比较的功能,对不同候选项的比较可以用于说明语言内非范畴性的变异现象。最后,为解决音系学研究中出现的不透明现象(Opacity),优选论的研究者们相继提出"和应理论"(Sympathy Theory)(McCarthy,1999,2003a)、"比较标记理论"(Comparative Markedness Theory)(McCarthy,2003c,d)以及"优选论的候选项链理论"(OT with Candidate Chains;OT-CC)(McCarthy,2007)等理论。其中,候选项链理论是目前最值得关注的优选论理论之一。在候选项链理论中,候选项已经不是一个简单的语言形式,而是一个包括输入项、输出项以及说明输入到输出的不忠实性映射的组合体(马秋武,2008)。候选项链理论将和谐性提升引入生成器生成的候选项中,每个候选项形成一个语言形式序列。在这一序列中,形式根据特定语言所具有的制约条件等级体系发生局部性的优化。候选项链理论把制约条件交互作用引入生成器,使生成器与评估器发生交互作用。其理论框架如下:

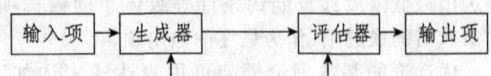

优选论起初应用于韵律形态学(Prosodic Morphology)的研究,但目前其发展迅猛,影响力巨大,除应于音系分析之外,也广泛地应用于形态、句法、语义、语用、儿童语言习得等语言研究方面,已成为普遍的语言学理论。

语料库语言学　Corpus Linguistics 　计算机在各个研究领域的普遍运用为语言学提供了新的研究途径。语料库语言学是基于计算机辅助研究手段,与计算机语言学、认知语言学和应用语言学交叉而兴起的独具特色的语言学研究学科。

语料库语言学以大量真实的语言使用数据为研究样本,运用计算机进行深入的长期的分析研究,对数据的量化分布,基本特征和变化趋势做密切观察和描述,并进一步审视语言使用的真实环境,语言本身所蕴含的意义和功能特性,由此概括和阐释自然语言的规律和复杂性。语料库语言学还根据语言频数(frequency-based)或概率驱动(probability-driven)的方法对或然语法进行透彻的语法分析,揭示语言系统的内在属性。

语料库语言学迄今为止历经 50 余年的发展,秉承对真实语言事实进行研究的优秀传统。受美国结构主义语言学的影响,早在 1959 年由夸克(Randolph Quirk)领衔建立了第一个系统的英语语料库"英语用法调查"(The Survey of English Usage),这项艰巨的任务当时是手工完成的。此后,夸克学术研究团队基于这一语料库完成了《现代英语语法》(A Grammar of Contemporary English)(1972)和《英语语法大全》(A Comprehensive Grammar of the English Language)(1985),全面系统地描写现代英语语法,开辟了"描写语法"(descriptive grammar)研究和口语语法研究的新时代,对英语语言学界产生了广泛深远的影响。20 世纪 60 年代初,弗朗西斯(Nelson Francis)和库切拉(Henry Kucera)携手建立了第一个计算机电子语料库"BROWN 布朗美国英语语料库",这一创举引领现代语料库语言学的发端,并标志语料库语言学进入了电子语料库研究时代。布朗语料库共计约有100万词次的容量,收集了60年代美国书面英语具有代表性的出版读物,并随机选取不同体裁的文本。与此同时,60年代初乔姆斯基的语言学新理论"转换生成语法"对语料库语言学的发展有一定的制约作用。乔姆斯基认为语言学应致力于研究人类大脑中的语言机制,即存在于理想的本族语者头脑中的语言能力(competence),语言学除了要回答何谓语言的问题,还要回答人类(主要指母语)为何具有生成和理解无限数量合乎语法的句子,并且有能力识别不合乎语法句子的能力。因此,乔姆斯基反对研究具体的语料,他认为语言运用(performance)受各种因素干扰,无法揭示语言本质。由于乔氏理论在60年代的语言学界占主流地位,语料库语言学的发展自此在美国进入低谷期。

然而,在70年代和80年代,语料库语言学研究在英国、瑞典、挪威、芬兰等欧洲国家迅速发展,出现了新的高潮。继BROWN布朗美国英语语料库以后,1970年由英国兰卡斯特(Lancaster)大学、挪威奥斯陆大学(Oslo)大学和卑尔根大学(Bergen)大学的学者利奇(Geoffrey Leech)和约翰逊(Stig Johansson)等合作建立了"LOB英国英语语料库",收录了约500篇英国出版物的文本,每篇约2000词,与"布朗美国英语语料库"相似,包含约100万词次。"LOB英国英语语料库"对英国书面英语的词频,语法和语义等方面进行深入研究,同时对比英美两种英语变体。此语料库的建设充分运用科技先进手段,不但将语料存录于光盘上制成缩微胶片和只读光盘,而且在文本上添加语法标注编制成上下文一体化的关键词检索系统,从而提升了语料库的应用研究价值。

此后伯明翰大学辛克莱(John Sinclair)主持编制的COBUILD语料库、兰卡斯特大学利奇(Geoffrey Leech)负责编制的英语国家语料库(The British National Corpus)以及众多国家参与编写的国际英语语料库(International Corpus of English),相继在80年代和90年代应运而生,容量均达到了上亿英语词的大型英语语料库。其他语言的语料库以及各种专门用途语料库也相继建立,各种研究工具也不断开发。20世纪末,语料库语言学的发展进入了一个新的高潮。

语料库语言学长期存在两种研究方法:一种是语料库驱动(corpus-driven),另一种是基于语料库(corpus-based)。语料库驱动方法的核心思想是摈弃语言事实之外的理论预设,遵循真实数据提取—观察—概括—解释的研究过程。也就是,在大规模的真实语料的文本收集基础之上,观察高频出现的数据,探索分析概括交际过程中语言表现形式,体现语言意义和揭示语言功能,并根据频数信息变化解释语言动态变化分布,词汇,语法,惯用语等相关要素的变化信息,从而发现建立新的意义和新的概念。基于语料库方法的核心思想是使用原有的理论框架或研究步骤,通过语料库提取语料数据来进行语言学理论研究。其特点是对语料库文本进行广泛的词语信息和语义标注,这一赋码的过程属于传统的语言学研究范畴。

语料库语言学研究涉及众多领域,包括词典编纂、各类语言教学、计算机翻译、人机互译、人机互动查询、自动检索文摘等。根据语料库的不同使用性质,语料库的建立大致分为以下几大类型:

(1) 通用语料库:如BROWN布朗语料库、LOB英国英语语料库、COBUILD语料库、英语国家语料库(The British National Corpus),和国际英语语料库(International Corpus of English)等。

(2) 专用语料库:如Helsinki Corpus of Historical English,用于研究古英语;JDEST学术英语语料库,用于研究学术英语。

(3) 监控语料库:称为Monitor corpus,用于观察现代英语的变迁,如COBUILD语料库。

(4) 口语语料库:如the London-Lund Corpus和the Corpus of Spoken American English。口语语料库是研究口语特征的重要工具,如语音语调的规律,其研究成果在语声合成中有重要应用。口语语料库的建设涉及口语真实语料的采集及语音转录,工作量极大。目前上海交通大学的大学英语口语语料库即属于这一类型。

(5) 学习者语料库(学生英语语料库):如中国学习者英语语料库(Chinese Learner English Corpus),将各种程度的学生在英语学习过程中的语言输出合理科学地收集起来,建立学习者语料库。在二语习得中,一般认为学习一门外语是一个渐进的过程,学习者的语言输出会从接近自己的母语到逐渐接近目的语,称为中介语。学习者语料库对于研究中介语的性质、发展、提高路径及基本规律和特征具有重大意义,对提高英语教学、学习者学习效率、对二语习得理论的建构、研究和发展均具有重大意义。除上述学习者语料库,不同语种的学习者语料库已逾10余个,其中最具盛名的是国际学习者英语语料库(ICLE)。目前国内的学习者语料库还有《英语专业学习者语料库》,此外《英语专业的口笔语语料库》也是学习者语料库。

(6) 平行语料库:称为parallel corpora,把两种语言中完全对应的文本(如法律文件)输入计算机,通过分析对比找出两者对应关系,也可用于计算机翻译研究。目前中国社会科学院的中英对比研究即属于此类语料库。

语篇分析 Discourse Analysis 亦称"篇章分析"或"话语分析",相近的术语亦有"语篇/篇章语言学"(text linguistics),或"话语语言学"(discourse linguistics)。国内外学者对 text 和 discourse 两个术语的使用范围没有一致的看法。语言学家库特哈德(Malcolm Coulthard)等认为,text 仅指书面语言,不包括口头语言,而 discourse 是口头语言(Coulthard et al.,1992);语言学家利奇(Geoffrey Leech)等采用术语 discourse 指书面语言和口头语言(Leech,1983);而语言学家韩礼德(Michael A. K. Halliday)、夸克(Randolph Quirk)等认为术语 text 既指书面语言,又指口头语言(Halliday,1994;Quirk,1985)。根据不同的理解和目的,语言学家们运用了不同的术语,迄今为止没有统一的定论。

语篇分析从语ား角度来阐释句法现象,打破了长期以来占统治地位的以句子为最大分析单位的语言研究格局。哈里斯于 1952 年《语言》(*Language*)杂志刊发题为《语篇分析》(Discourse Analysis)一文,指出"语言不是在零散的词或句子中发生的,而是发生在连贯的话语中"。这篇文章通常被认为是现代话语分析的开端。语篇的对象是语篇。理论不同,目的不同,语篇的定义也不同。美国结构主义语言学家哈里斯(Zellig Harris)把语篇看成是连接的言语(speech)(Harris,1952)。派克(Kenneth Lee Pike)提出话语是社会文化语境下互动过程的产物(Pike,1954)。布朗(Gillian Brown)和尤尔(George Yule)把话语看作过程(process),语篇是话语的具体表现形式(Brown & Yule,1983)。范戴克(Teun Adrianus van Dijk)认为不能简单地把话语视为一种语言使用形式,指出话语包括三个方面:语言使用、思想传递和社会情景中的交际。范戴克还区分出简单话语和复合话语(van Dijk,1997)。希费林(Deborah Schiffrin)从语言学角度出发,对 discourse 的三个定义进行解释:①discourse 是大于句子的语言单位(a particular unit of language above the sentence);②discourse 是语言使用(language use);③discourse 是"话段"(utterance)(Schiffrin,1994)。吉(James Paul Gee)对"小话语"和"大话语"进行了区分,用首字母小写的"小话语"(discourse)指具体的语言使用如会话、故事等等,而首字母大写的"大话语"(Discourse)则指建立在其他非语言材料如肢体语言、交际事件、物质环境、思想意识等社会文化因素基础之上的话语(Gee,1999)。

语篇分析作为一门新的学科从 20 世纪 70 年代开始起步。在该阶段,随着理论语言学和社会语言学的飞速前进和计算机语言学的方兴未艾,语言哲学家逐渐开始对言语行为和会话蕴涵侧目。这一转向推动人们在传统的语法分析中嫁接了语境(context)、语域(register)、照应(reference)、指示(deixis)、回指(anaphora)、替代(substitution)、衔接(cohesion)、连贯(coherence)、宏观结构(macro-structure)和微观结构(micro-structure)等领域的成果,从而使语言研究大大突破了句子的藩篱。20 世纪 80 年代是语篇分析的发展阶段,其中 1981 年,《语篇》(*Text*)杂志在荷兰创刊(后移至德国),现任主编是荷兰阿姆斯特丹大学范戴克教授,其编委都是世界各地一流的语篇分析专家。而且,这个时期有关语篇的专著不断出现,其中有两部影响较大。一部是布朗和尤尔合写的《话语分析》(*Discourse Analysis*,1983),对前人的研究作了很好的概括。另一部是范戴克主编的四卷本《话语分析手册》(*Handbook of Discourse Analysis*,1985),全面系统展示了话语领域的研究成果,其中第一卷涉及话语的各个学科领域(Disciplines of Discourse);第二卷涉及话语的各个方面(Dimensions of Discourse);第三卷涉及话语和对话(Discourse and Dialogue);第四卷涉及社会中的话语(Discourse Analysis in Society)。这部手册的出版,被范戴克看作是"这门新的跨学科独立和自我体系形成的标志"。

语篇分析在 20 世纪后期得到了极大的发展,研究范围不断扩大和深化。关于话语的对象,最初语言学家围绕口头话语和书面话语应该以谁为确定对象的问题上争论不休,但目前学界较为一致地认为语篇分析的范围理应囊括以各种形式出现的语言使用,关键是确保研究的对象发生于人们在真实的语境中具体使用。因此就研究对象而言,包括文学语篇、日常会话、广告、访谈、新闻、学术语篇、电子语篇等各种语类。话语分析的任务主要涵盖如下类别:句子之间的语义联系、语篇的衔接与连贯、话语与语境之间的关系、会话原则、话语的语义结构与意识形态之间的关系、话语活动与思维模式之间的关系、话语的体裁结构与社会文化传统之间的关系等。基于语篇结构的研究有:微观结构与宏观结构、线性结构与层次结构、表层结构与深层结构等;基于语篇与社会的研究有:课堂语篇、政治语篇、机构语篇、性别与语篇、种族歧视语篇、跨文化交际语篇等;基于语篇加工或语篇的产生和理解的研究有:语篇的认知表征、认知模式、语篇阅读与记忆推理的定向、定量分析等;基于认知科学理论的语篇研究有:关联、可及性理论、话语心理学、向心理论等。特别是近年来,语篇分析同时从语篇结构研究转向语篇功能和应用研究,把语篇置于广阔的社会文化语境中,批评语篇分析(critical discourse analysis,简称 CDA)由此应运而生。批评语篇分析源于批评语言学,是语篇分析的一个独立分支,是国外近年来逐渐兴起的一种话语分析新方法,旨在透过表面的语言形式来揭露意识形态对话语的影响、话语对意识形态的反作用以及两者是如何源于社会结构和权势关系,又是如何反过来为之服务的。相对于其他传统的话语分析理论,批评话语分析不仅研究语言是何物,而且关注语言为何如此;不仅重视话语的意义,而且对话语如何产生所指意义感兴趣,注意从社会制度和社会构成的视野来探求话语的来龙去脉。

语篇分析的特点主要涵盖:(1)从语料上来看,语篇分析一般要求分析对象是从书本材料或录音材料等自然素材中挑选、非孤立和改编的实际发生的用语;(2)语篇分析在方法论上最重要的特征是紧密联系语句的使用环境,脱离语境而单纯地研究词语和句子毫无价值。脱离了话语环境,语篇分析便成为一纸空谈。语篇分析中的语境一般可以分为三种:(1)局部的上下文环境(分析对象前后毗连的语句);(2)话语的微观使用环境(整段话的主题、目的、即时即地的情景、对话双方的关系);(3)话语的宏观使用环境(范畴更为宽泛的社会和文化背景)。

语篇分析的研究方法多种多样,还未形成一个统一的理论框架,比较有影响的包括希费林(1994)、吉(2001)以及韩礼德(1994)等的语篇研究理论。希费林提出了六种研究语篇的方法:言语行为理论(speech act theory)、互动社会语言学(interactional sociolinguitics)、交际文化学(the ethnography of communication)、语用学(pragmatics)、会话分析(conversational analysis)和变异分析(variation analysis)。吉(2001)认为话语分析应遵循以下原则:把话语看作社会成员的社会活动,重视语义、上下文、社会文化语境以及话语各个成分和层次的联系,研究话语中的语法规则、语篇规则、交际规则和策略,重视认知的作用;从方法上总结出结构分析法、认知分析法、社会文化分析法、批评分析法和综合分析法五大类。以韩礼德为代表的系统功能语法(Systemic Functional Grammar)强调语法在语篇研究中的重要性,倡导小句是语篇的一种隐喻。韩礼德强调语篇分析应该建立在对语言系统的研究基础之上,可从以下四个层次进行:意识形态(ideology);文化语境(context of culture);情景语境(context of situation);上下文语境(context of co-text)。语篇分析既可以是自上而下的,也可以是自下而上的。关于语篇分析的研究方法,约翰斯顿(Barbara Johnstone)则于2002年开辟出话语与世界、话语与语言、话语与话语使用者、话语与话语传统、话语与话语媒介和话语与交际动机等六个研究角度。

随着近年来语言研究重方法、重宏观分析、重跨学科研究的发展趋势,语篇分析发展日益迅速的领域,被广泛应用于认知心理学、社会心理学、社会学、文化学、人类学、传播学、文学、翻译学、文体学、符号学、计算语言学、人工智能、教学大纲设计、教学法等方面的研究,包括多模态话语分析(multimodal discourse analysis)的兴起和发展。此外,随着语料库语言学的兴起和发展,随着计算机技术的日新月异,基于大型语料库的语篇研究备受关注,越来越多的学者也已利用语料库研究语篇。

语篇语言学　Text Linguistics　语篇,亦称篇章或话语,英语称作"text"或"discourse",韩礼德和哈桑(Ruqaiya Hasan,汉名韩茹凯)在1989年出版的《语言、语境和语篇:从社会符号学角度审视语言》(*Language, Context, and Text: Aspects of language in a social-semiotic perspective*)称其为"在某个语境中起作用的语言"。有些学者也用"语篇分析"(text analysis)或"话语分析"(discourse analysis)来指称"语篇语言学"这一学科。一般来说,英美国家的学者喜用discourse analysis,而欧洲大陆的学者则喜用text analysis。胡壮麟则认为"语篇语言学"和"语篇分析"两种说法基本同义。

语言单位涉及音位、词素、词、词组、句子和语篇。传统语言学把单句及句内小句作为研究的基本对象。随着语篇语言学的兴起,人们逐渐摆脱了传统语言学和语法学的束缚,将语言研究的中心由句子转为语篇。对于语篇的界定,目前有两种不同的观点。形式结构派认为语篇是大于句子的语言单位,语篇由句子组成;功能派则认为,语篇是一个语义单位,它与句子之间是体现关系,语篇由句子来体现。无论语篇与句子之间存在何种关系,语篇都不是句子的任意堆砌。语篇中的句子在结构和意义上都是相关的,通过一定的手段联系起来。语篇是一个相对的概念,其长短不一,一个句子、短语甚至一个单词都可以构成语篇。

作为一门20世纪60年代才兴起的年轻的学科,语篇语言学吸纳了包括语言学、符号学、心理学、人类学、社会学、文学等在内的诸多相邻学科的研究成果,逐步形成了一个以语言交际为中心的综合性学科,很多学者为其发展作出了贡献。譬如,海姆斯(Dell Hathaway Hymes)从社会学角度分析了言语使用的社会环境,奥斯汀(John Langshaw Austin)、塞尔(John Searle)、格赖斯(Herbert Paul Grice)等人探讨了言语行为理论和会话含义,拉博夫(William Labov)对语言变异做了开创性的剖析,甘柏兹(John Joseph Gumperz)和海姆斯依据社会文化环境中的不同言语行为(如讲故事、问候语等)探索了语篇分析的新模式,辛克莱(John Sinclair)和库特哈德(Malcolm Coulthard)通过对课堂上教师与学生的对话模式的研究揭示了话段与语篇之间的内在联系。美国语言学家博格兰德(Robert-Alain de

Beaugrande,1946—2008)和奥地利语言学家德雷斯勒(Wolfgang U.Dressler)在1981年合作出版的《语篇语言学入门》(Introduction to Text Linguistics)一书中提出,语篇作为一种交际形式,必须具备七项标准:衔接性(cohesion)、连贯性(coherence)、意向性(intentionality)、可接受性(acceptability)、语境性(situationality)、信息性(informativity)和互文性(intertextuality)。只要其中任何一项标准没有达到,语篇就会失去交际性。具体说来,它们要回答的是这样七个问题:(1)语篇内的小句如何相接;(2)语篇内的话题如何发展;(3)作者/说话者为什么要制作此语篇;(4)读者/听话者对该语篇的反应如何;(5)该语篇要告诉读者什么;(6)该语篇的功能是什么;(7)该语篇和其他语篇有什么联系。人们在用语言交流信息、传情达意时,要从整个语篇出发,注意上下文的呼应,使语篇保持一致和连贯。

不过,在语篇研究领域,影响最大的当属韩礼德。他根据自己的功能语法理论,建立了一种可用于分析英语中任何口头和书面语篇的分析模式。该模式把意义看成是作者的选择,意义就是选择,并把这种选择和广阔的社会文化框架系统联系起来。在该模式中,文本类型由社会文化语境决定,而社会文化语境则决定该系统框架中的其他成分,即语域(包括语场、语旨和语式)以及语篇的三大纯理功能(包括概念功能、人际功能和语篇功能)。这三种功能通过词汇语法的建构来实现。韩礼德认为,语篇特征(即语篇的本质)主要由两方面决定:一是衔接特点,一是主位结构特点。他指出,"句子是句号之间包含的字母拼写单位",句子构成和识别句子的基本标准至少包括:(1)结构标准,即一个句子包括单位间的各种结构关系,如独立分句中的主语和谓语;(2)形式标准,即一个句子符合"形式语法"所规定的各种形式标志;(3)逻辑标准,即一个句子通过基本公理的逻辑体系规则衍生出来的表达式;(4)哲学标准,即一个句子对"真实或可能的世界"的事物形态所作的"正确或错误的陈述";(5)认知标准,即一个句子带有"谓词"和一个或多个"论点"的命题;(6)信息标准,即一个句子将传达已知或预测信息的主位(或话题)与传达新的或无法预测信息的述位相联的模式;(7)语调标准,即一个句子对应作为韵律单位发出的带有升、降调等音高特点的语调群;(8)语用标准,即一个句子作为陈述性或行事性言语行为的表达式;(9)行为标准,即一个句子言语流中独立的小节;(10)拼写标准,即一个句子作为书面语言的拼写单位,其外部界限以及至少某些内部模式在很多写作体系中由标点符号标出;(11)文体标准,即一个句子识别一个人或一个群体,尤其是在文学语篇中的风格的一个关键单位;(12)修辞标准,即一个句子实现精练或雄辩、轻快或松弛、激动或平静等修辞效果的一个关键单位;(13)语域标准,即一个句子使形式和组织适应不同的"语域",如官方商务信函和随意便笺的单位;(14)社交标准,即一个句子对于某些社会角色或地位的人比其他人,如英国广播公司的播音员与乡村酒馆的招待,更为重要的单位。

韩礼德和哈桑在1976年合作出版的《英语的衔接》(Cohesion in English)一书中,把衔接描述为指代语篇中存在的意义关系的语义概念,并把衔接分为两大类:语法类衔接和词汇类衔接。语法类衔接包括替代、省略、连接和照应,词汇类衔接包括重申和搭配。例如:

(一) 替代和省略

替代指"用一个语言项代替另一个语言项"。省略也是一种替代,指"不用任何其他语言项代替该语言项",也即零替代。

替代有三种类型:名词型替代、动词型替代和小句型替代。

名词型替代:

[1] a. These biscuits are stale. Get some fresh ones.
    b. These biscuits are stale. Those are fresh.

动词型替代——在英语中,动词性替代是用"do"这个词项代替一个动词表达式:

[2] a. A: Have you called the doctor?
    B: I haven't done it yet, but I will do it.
    A: Though actually. I think you should do it.
  b. He participated in the debate, but you didn't.

小句型替代由so和not这些词项来完成:

[3] A: Are they still arguing in there?
    B: No, it just seems so.

(二) 词汇类衔接

词汇类衔接不涉及语法或语义连接,而是在所用词语的基础上进行连接,是通过选择词汇、使用语义相近的词项实现的。因为词汇衔接手段本身不能表明其衔接功能,所以必须参考语篇和其他词汇项才能正确理解。

词汇衔接有两种形式:重申和搭配。其中重申包括:(1)重复(常常包含照应);(2)同义词(常常包含照应);(3)下义词(上义和下义概念);(4)转喻(部分和整体);(5)反义。分别举例如下:

[4] A conference will be held on national environmental policy.
    At this conference the issue of salination

will play an important role.

[5] A conference will be held on national environment policy.
This environmental symposium will be primarily a conference dealing with water.

[6] We were in town today shopping for furniture. We saw a lovely table.

[7] At its six-month check-up, the brakes had to be repaired. In general, however, the car was in good condition.

[8] The old movies just don't do it anymore. The new ones are more appealing.

搭配指任何一对词汇项的彼此之间存在某种可识别的词汇—词义关系,如 sheep 与 wool、congress 与 politician 以及 college 与 study。例如:

[9] a. Red Cross helicopters were in the air continuously. The blood bank will soon be desperately in need of donors.
b. The hedgehog scurried across the road. Its speed surprised me.

与同义照应一样,搭配关系也不存在与另一词项的明显照应。但不同于同义照应,搭配关系是间接的,更难确定,必须依赖读者头脑中的联想。例如:

[10] I looked into the room. The ceiling was very high.

理解这种关系完全基于对主题内容的了解。

韩礼德在其 1985 年出版的《功能语法导论》(*An Introduction to Functional Grammar*)中阐发了语篇信息结构和语篇功能的思想。信息结构分为旧信息和新信息两种类型。通常旧信息先于新信息,新信息的最高点或曰信息中心往往位于信息单位的末尾,但为了强调某个成分或出于其他目的,可以把新信息置于讲话的起首。语篇功能包括三个子系统,即主位系统、信息系统和衔接系统,小句体现各个系统的意义。系统功能语言学认为,语言不仅是一种社会符号系统,更是一种特殊的符号系统,人类的交际活动和思维活动,不是通过语句来表征,而是经由语篇来实现的。语篇语言学根据其产物和过程两大特征,对语篇进行内部与外部的双重分析。内部特征涵盖语言的及物性、语气和情态、主位、信息和衔接;而外部特征则包括语篇与语篇之间、语篇与语境之间的关系、语域理论等。其中语域(register)是指语言随着使用场合环境不同而有所区分的变体。决定语域的三大社会变项是:语场(field)、语旨(tenor)和语式(mode)。语域涉及情景变体、功能变体、社会变体、口语体和书面体。约斯(Martin Joos)将语言的使用分成五个级别:亲密体(intimate style)、随便体(casual style)、商榷体(consultative style)、正式体(formal style)和凝固体(frozen style)。这些均属于语篇语言学研究的核心问题。

语言测试学　Language Testing　语言测试学是应用语言学的一个重要分支,涉及二语教学、二语习得理论、认知科学和教育统计学等多门学科。语言测试研究测试类型(categories of tests)、测试标准(criteria of tests)、测试的真实性(authenticity of tests)、测试设计(test design)与测试得分的解释(interpretation of test scores)等问题。语言测试研究可用于评价学习者的语言水平,评估教学的实际效果,也可为第二语言习得研究提供有效的方法和手段。

语言测试理论经历了四个发展阶段:前三个阶段分别是 20 世纪初至 50 年代初的前科学阶段(Pre-scientific period)、50 年代末 60 年代初至 70 年代的心理测量—结构主义阶段(psychometric-structuralist period)、70 年代至 80 年代初的心理语言学—社会语言学阶段(psycholinguistic-sociolinguistic period)。第四阶段是 80 年代初开始至今的以测试交际能力为宗旨的交际法语言测试阶段(communicative period)。

在前科学阶段,由于语言教学主要采取语法—翻译法(grammar-translation approach),所以测试方法主要包括翻译和短文写作,主观性较强,测试相对缺乏科学性和系统性,是语言测试发展的雏形时期。第二阶段是心理测量—结构主义时期(以 1961 年拉多(Robert Lado)发表"语言测试—外语测试的开发与使用"一文为转折标志),测试方法上汲取了心理测量学的科学方法,是测试科学化的开端。该阶段的外语教学受结构主义语言学影响,主要采用直接法(direct method)、听说法(audiolingual method)和认知法(cognitive approach),因此语言测试出现分离式测试(discrete test),即把语言分解成语音、语法、词汇等不同的语言点对学习者加以测试。在这一时期的语言测试中,多项选择题(multiple choice question)是使用得最广泛的题型,语言测试逐渐发展成为一个独立的学科。自 20 世纪 70 年代中期起,受美国功能主义学派和社会语言学派的影响,语言测试界开始重视总体综合法(global integrative approach)的研究,这一阶段称为心理语言学—社会语言学时期,代表人物为奥勒(John Oller)。这一时期采用得比较多的是综合题,如完形填空、综合改错、听写、口试、作文等,是这一时期采用得比较多的题型。

自 20 世纪 80 年代以来,随着交际教学法的发展,交际法语言测试(communicative testing)受到重视。交际教学法认为掌握一门语言是指在一定的语境中能够使用所学的语言进行有效的交际,交流思想感情,达到相互沟通的目的。20世纪90年代初,美国应用语言学家巴赫曼(Lyle Bachman)借鉴和发展了海姆斯(Dell Hymes)(1972)、韩礼德(Michael Halliday)(1973)以及卡纳奈尔(Michael Canale)和斯温(Merrill Swain, 1980)等的研究成果,提出了交际语言能力测试模式(communicative language ability, CLA)模型。CLA模型认为交际能力由语言能力(language competence)、策略能力(strategy competence)和心理生理运动机制(psycho-physiological mechanisms)三部分组成 (Bachman, 1990; Bachman, 1999; Bachman & Palmer, 1996)。在90年代交际法语言测试发展时期,主要的相关出版物包括巴赫曼(1990)的《语言测试要略》(*Fundamental Consideration in Language Testing*)、戴维斯(*Alan Davies*)(1990)的《语言测试原理》(*Principle of Language Testing*),以及韦尔(Cyril Weir)(1991)的《交际语言测试》(*Communicative Language Testing*),对后来的语言测试研究和发展起了非常重要的作用。

交际法语言测试是从交际法教学方法(communicative approach)发展起来的,根据韦尔(1993:167),"交际语言测试的主要特征包括:(1)重点是意义;(2)语境化;(3)语言活动带有可接受的目的性;(4)同真实情况一样的语言;(5)使用真实的语言材料;(6)文本处理有真实性;(7)反应结果不可预见性;(8)以互动为基础;(9)考生在真实心理状态下展示语言能力;(10)根据交际结果判断成绩。"总而言之,交际法语言测试有别于其他语言测试方法的显著之处在于:它不仅测试语言知识,并把测试的重点放于语言运用上,即了解受测者用目标语进行交际的能力。

巴赫曼(1990:5)把交际语言能力分为三部分:语言能力、策略能力和心理生理机制。语言能力包括一整套在语言交际中使用的具体知识成分;策略能力指具体语言交际时,运用各种语言知识的心理能力,是语言知识运用于交际目的的手段;心理生理机制指运用语言交际时所牵涉的神经和心理过程,是把语言交际看作一种物理现象。

交际法语言测试理论揭示了语言学习的真正内涵,但也存在一定的不足:(1)交际语言能力测试考查语言运用能力,所以必须尽可能提供真实的交际场景,但是在大规模考试中难以保证情景的真实性;(2)考试的实施与评分造成的信度问题。交际语言测试往往采用主观题型,评分采用标准参照法,因而难以制定精确的评分标准,很难对测试结果进行量化分析,会影响测试的信度

近十年来,语言测试的研究主要集中在以下方面:交际语言测试;信度和效度;语言测试的社会作用;影响语言学习者发挥的因素;计算机化测试;测试与二语习得的关系等。其中,信度和效度是语言测试研究的热门话题。信度是指测量结果可靠性、一致性和稳定性程度。效度是指测量的有效性和准确性。20世纪60年代以来,语言测试与评估研究主要围绕效度展开。进行效度研究的学者主要包括:拉多(Lado, 1961)、巴赫曼(Bachman, 1999, 2000, 2004)、巴赫曼和帕尔默(Bachman & Palmer, 1996)、戴维斯(Davies, 1990, 2003)、美斯克(Messick, 1996)、夏佩尔(Chapelle, 1999)、库南(Kunnan, 1998, 2000)、韦尔(Weir, 2005)等。在测试界,有的学者认为信度和效度是相互矛盾的,或者认为不可能兼顾真实性和信度。针对这些观点,巴克曼(1996)强调,要尽量找到信度和效度的平衡点,根据具体情况有所侧重,以取得某一测试在整体上的有用性。例如,大规模测试通常对被试做出某种决策,因而注重测试的信度和效度,而一般的随堂测试则更加注重测试的真实性、交互性和影响。

关于如何设计或开发语言测试,巴赫曼和帕尔默(1996)指出,设计或开发一项新考试时,应遵循两条原则:一致性和有用性。语言测试行为要与语言的实际使用情况相一致,而且测试工作者要对测试有用性(test usefulness)的性质有一个正确清晰的定义。而"有用性则包括六个方面的特性:信度、效度、真实性、交互性、影响和可实践性"(巴赫曼、帕尔默1996:18)。

语言测试的研究方法趋于复杂化和多样化。除了20世纪80年代常用的常模参照信度系数(norm-referenced reliability coefficient)和因素分析(factor analysis)等方法外,90年代出现了准则参照测量(criterion-referenced measurement)、概化理论(generalizability theory)、项目反应理论(item response theory)以及结构平衡模式(structural equation modeling)等等。定性研究方法也广泛用于语言测试的研究中。

语言测试的社会作用近来也引起语言测试者的注意。其中研究最多的是语言测试中的伦理道德和公平性的批评语言测试(critical language testing)。巴克曼(2000)把语言测试中的伦理分为三个主要方面:反拨作用(washback)、测试使用中的伦理(ethics of test use)以及测试领域的专业化(professionalization of the field)。

随着语言测试和其他学科的结合,跨学科研究会越来越多地引起研究者的兴趣。随着计算机技术的发展,计算机测试技术的发展也将成为研究者们关注的课题之一。

语言发生学 **Glossogenetics** 研究语言的起

源和发展、强调语言的物理和生物属性的一个学科分支。

语言是人类跟其他动物最根本的区别。关于语言的起源,哲学家、人类学家、生物学家、心理学家和语言学家提出了各种各样的假设,包括"感叹说"(interjectional theory)、"劳动喊声说"(yo-he-ho theory)、"摹声说"(animal cry theory)、"达达说"(ta-ta theory)等等。但这些假说缺乏令人信服的实证资料,使得语言发生学在长达一个世纪的时间里成了科学的禁区。但是随着科学的不断发展,研究手段的不断更新,研究视野的不断扩大以及关于宇宙起源、生命起源、人类起源等研究结果的大量涌现,语言起源问题的研究重新启动。1972年第一届语言起源和发展北美会议在多伦多召开,标志着禁区从此打破。

语言发生学已从语言是怎样产生的转变到人类的祖先在什么时候具备了产生语言的必要和充分条件。人的语言能力要受到三个生物学因素的制约:输入系统(主要是听觉和视觉,特别是听觉)、中央处理系统(神经中枢)和输出系统(主要是发音器官)。因此,有关语言起源的研究就主要集中在古人类大脑和发音器官的进化与语言能力的关系上,所依据的证据主要是古人类的化石。有关语言起源的科学研究,主要集中在以下三个方面:考古学的研究、生物学的研究以及儿童语言研究。

学者们研究与人类同源的现代类人猿,试图通过了解现代类人猿是怎样交际的,推测出古代类人猿的交际手段,再根据进化论原理大致推测古代猿人的交际手段,进而揭示语言产生的奥秘。大量研究表明:类人猿已经具备了产生语言的思维能力和产生语言的社会需要,但是不具备产生人类语言的发音能力。一旦它们的发音器官发展到能发出人类语言的程度,它们就可能产生有声语言。因此人类有声语言产生的关键是发音器官的发音能力。换言之,人类语言何时产生,取决于其发音器官何时进化到能发出其他灵长类动物发不出的语音。

语言发生学坚持语言具有生物属性,所以将语言的演变与人类器官进化中的选择和变异对应起来进行研究。古代类人猿由于在树上攀爬使得前肢得以发展,进化为双手,实现直立行走,进而用双手完成搬运东西和进行搏斗等原本用嘴完成的事情,这是语言的产生和演化的一个基本因素。直立行走使得不同的身体部位作出大量机械式反应,其中包括喉部下降。从比较解剖学研究之中可知,人类的喉部位置明显低于其他灵长类动物,因此口腔变大,扩展了人类发音的声学范围。喉部的下降被认为是对语言发音的一种适应性变化。

莱特曼和莱森伯格(Laitman & Reidenberg, 1988)以及利伯曼(Lieberman, 1991)认为,人类之所以能发出其他灵长类动物发不出的[i]、[a]、[u]这三个关键元音,主要原因是,现代成年人的喉在喉管中的相对位置比任何其他灵长类动物的喉都低得多,这样声道也就长得多。尽管喉本身是软组织,形不成化石,头骨却为研究者提供了一个重要线索。人类颅底的形状和喉的位置密切相关:成年人颅底弯曲,喉的位置低;新生儿和其他灵长类动物颅底平,喉的位置高。通过研究古人类颅底的形状,可以推断其喉的位置,从而确定其声道是否能发出人类语言普遍使用的那三个关键元音。根据上面三个学者的分析,直到30万年前左右,古智人颅底的弯曲度才达到现代人的水平,意味着其声道结构已能发出全范围的人类语音。根据基因学和考古学的一些发现,人类进化过程经历了手巧的人、直立的人和智慧的人三个阶段,到了距今5万年的时候,人已进化到拥有语言器官和语言本能的程度。这与人类发展史上的一些发现吻合。

依据达尔文生物进化论的基础,即动物个体的历史与种系的历史相吻合,研究儿童语言习得的过程因而有可能发现人类创造语言的过程;而且对一个孩童如何获得语言能力了解得越多,就越能对人类语言之起源提出更精确的假设。这一课题目前已经成为语言学家、心理学家及脑研究学者所致力研究的目标。

关于语言的起源,已经不只是语言学家的事了,它带有鲜明的多学科参与的性质。之所以能够取得以上一些初步的研究成果,是人类学、语言学、民族学、遗传学、分子生物学、考古学、解剖学、文化学、认知科学、神经生理学等众多学科的通力合作下完成的。但目前成果还是非常有限的,常常停留在假设的基础上,可验证程度很低。语言发生学要取得满意的进展,还需要科学为我们提供更加强有力的手段。但是我们有理由相信随着科学的发展,我们会越来越接近真相。

语言符号学　Linguistic Semiotics　指以研究语言符号为根本,结合符号学理论来阐释语言学核心问题的交叉学科。语言学与符号学联系紧密,但学界对彼此的关系尚无定论。目前,较为主流的观点有如下三类。首先,以瑞士语言学家索绪尔为代表的学者认为应视符号学为母学科,语言学从属于符号学。索绪尔认为:"语言学不过是这门一般科学(符号学)的一部分,符号学发现的规律也可以应用于语言学,所以后者属于全部人文事实中一个非常确定的领域。"(1999:38)其次,以法国著名语言学家、符号学家巴特(Roland Barthes, 1915—1980)为代表的另一派学者认为应视语言学为母学科。话语是人类文明的基础。除人类自然语言以外,我们尚未发现任何复杂的符号系统。并且,研究非语言成分符号的意义时,我们无可避免地需要借助语言系统。因此,符号学是语言学的一部分。第三种观点介于前两种观点之间,认为语言学与符号学独立存在,各有其独立的研究范围。

虽然学界对符号学本体论的研究尚未达成共识,但符号学却在语言学研究的方法论和认识论上彰显出独特的魅力。语言本身是阐释符号学的元语言工具;另一方面,由于语言学在符号系统中的特殊地位,因此语言本身的性质与特点又可以体现符号学的学科内涵和科学价值。符号学因而也促成了语言学从边缘学科向主导学科的转变。如今,语言学与符号学未来交叉发展已成必然趋势,两者可通过跨学科结合迅速推动自身的发展。

尽管人类对符号现象的关注和研究已拥有悠久的历史,但现代真正意义上的符号学直到20世纪60年代才正式创立。1964年,巴特《符号学原理》(Elements de Semiologie)的问世,标志着符号学正式成为一门学科。现代符号学思想的渊源主要来自于两位大家:一是现代语言学奠基人索绪尔;二是皮尔斯(Charles Peirce,1839—1914),被认为是美国著名的自然科学家、逻辑学家和哲学家。之后的符号学家,无论继承还是批判,大都建立在这两位大家的研究理论基础之上发展其符号学研究理论。时至今日,美国、法国和俄罗斯已成为现代符号学研究的三大中心国。

从现代语言学角度研究符号学的索绪尔认为,语言是一种符号现象,是一种表达观念的符号系统。在《普通语言学教程》(Cours de Linguistique Generale)中,他把语言符号定义为一个由音响形象和概念结合的心理实体(索绪尔,1999:102)。两者密不可分,相辅相成,犹如一张纸的正面和反面,共同构成符号。为避免语义上的歧义,索绪尔将这两部分称作"能指"(signifier)和"所指"(signified)。

索绪尔提出,语言符号有两大特点。首先,语言符号具有任意性。例如,人体的顶端部位,既可以用英语中的"head"表示,也可以用汉语的语音组合"tóu"来表示,其中概念和语音组合之间并不存在任何内在联系。然而,索绪尔提出的任意性和以往学者提出的任意性不太相同。卡勒(Jonathan Culler)就索氏任意性特征的特殊意义做了如下解释:"语言不是简单地给独立存在的概念任意命名。它一方面在自己选择的能指之间建立起某种任意关系,另一方面又在自己选择的所指之间建立起某种任意关系。不同的语言不仅仅产生不同的能指组合,以独特的方式分割声音连续体,而且每一种语言都产生不同的所指组合;它以独特的因而也是'任意的'方式将世界分成概念或范畴"(1976:15)。在索绪尔看来,不同语言对世界的不同区分,是由不同社会团体的内部需要所决定。而任意性的实质就是语言现象的社会规约性、惯例性。因此,索绪尔认为语言首先是一个完整的系统。语言成分本身的物理特征并不重要,重要的是它们与其他成分之间的关系,因为任何一个语言符号都是通过它与其他符号的"不重合"(noncoincidence)来获得自身价值(丁尔苏,2000:25)。

其次,语言符号具有线条性(linear nature),即语言表示一个时间跨度。索绪尔认为"能指属听觉性质,只在时间上展开,而且具有借自时间的特征:其一,它体现一个长度;其二,这长度只能在一个向度上测定。它是一条线"(索绪尔,1999:106)。意义需要通过能指之间的区别体现出来,这种区别包括组合关系(syntagmatic relations)与聚合关系(paradigmatic relation)。组合关系指在具体意指过程中符号之间的关系,主要表现为话语成分之间相互的连接和呼应。聚合关系指符号在能指或所指层面上的形、义类似。在能指层面上,语言符号的类似现象包括带有共同词缀的词语、同音异义等;在所指层面上,包括同义词和反义词。所有符号都处在这两种结构关系之中,它们的意义一方面由共处于相同系统中的其他成分所规定,另一方面由具体话语中其他相邻的符号所规定(索绪尔,1999)。索绪尔认为我们不能孤立地考虑某一具体声音系列与概念的结合,相反,我们应该从有连带关系的整体出发。

索绪尔区分能指和所指的基本符号学思想,明确了语言符号的本质,对现代语言学做出了开拓性贡献。法国符号学家巴特十分重视索绪尔的语言学理论,在发展了索绪尔观点的同时,对其不完善、不合理的部分加以适当修改。例如对索绪尔预料的符号学内容进行补充,丰富了索绪尔所指和能指的观点等。美国语言学家、符号学家雅柯布逊(Roman Jakobson,1896—1982)同样受到索绪尔的影响,提出了两个具有普遍意义的语言学概念——极性概念和等值概念(polarities and equivalence),并对隐喻和转喻进行了符号学分析。在其著名的《语言学与诗学》(Linguistics and Poetics)一文中,他还提出了著名的六面及其对应的六功能模式。可以说,索绪尔的理论对现代语言学各流派乃至现代个学科的影响都颇为显著。后来,在不同哲学观点的指引下,索氏理论发展为结构主义语言学各流派的基本观点。

与索绪尔流派不同,作为美国著名的哲学家、逻辑学家和实用主义的创始人,皮尔斯的符号学建立在实证主义哲学、生物行为主义理论和逻辑学基础之上。实用主义所要解释的是思想如何通过符号意义的产生而产生。他的符号学理论建立在其提出的三个"普遍范畴"(universal category)基础之上:一级存在(firstness)、二级存在(secondness)和三级存在(thirdness)。一级存在指自我独立的存在。不论是否被人感知，都是存在的，没有时间、地点的规定。二级存在是个别的时间和空间上的经验，牵涉到主体与被感知事物的关系。三级存在属于抽象范畴，通过符号使具体的时空经验获得新的形态。皮尔斯运用这三个范畴分析符号现象，并提出著名的三分法。他根据符号自身特征将符号分为三类：状态符号(qualisign)，即事物的状态或形式；个例符号(sinsign)，即状态符号的具体体现；规则符号(legisign)，即符号的抽象范式或法规，所有约定俗成的符号都属于这一范畴。因此，语言中每一个词都是规则符号，在具体使用中，又同时是个例符号。根据符号与指称对象之间的不同关系，皮尔斯又区分了三种符号类型：类象符号(icon)，通过写实或模仿来表现对象本身具有的某种特征，如照片、雕塑等；指示符号(index)，指与指称对象构成某种因果或者时空的连接关系，它总是与某种具体的或个别的地点和时间相关联；抽象符号(symbol)，这类符号与指称对象之间的联系完全是约定俗成的，通常通过一般观念的联想，使该抽象符号被解释为指称的那个对象。皮尔斯的符号学理论强调了语言符号象似性，认为语言与外界事物是紧密相联的，只有人类与周围环境的相互作用才是符号意义的来源。

皮尔斯的符号定义明确提出了符号的三部分内容，从而向索绪尔的二元结构发起了挑战。符号具备三要素，代表项(representation)、解释项(interpretant)和对象(object)。代表项，先在人的头脑里激起一个相应的符号。这个新产生的符号即为第一个符号的解释项，所代表的即是它的对象。因此，代表项是通过指称某种观念来代表那个对象的。也就是说，符号这一"三位一体"特性的核心就是主客观世界：一方是有思想的主体，另一方是具有存在性的客体。

皮尔斯的符号理论体现出外部世界在他的理论中占据的重要地位，也体现出他的理论与索绪尔理论的差别所在。索绪尔语言符号学以先验论哲学和结构主义思想为基础，属社会心理学范畴(索绪尔，1999：38)，它研究的范围是语言符号，认为语言的意义来自于语言系统自身任意区分的结果，并进而应用到其他社会人文科学，它突出的特点是强调语言的社会性和结构性。皮尔斯则注重分析人们认识事物意义的逻辑结构，把符号学范畴建立在思维和判断的关系逻辑上，注重符号自身的逻辑结构研究(王铭玉，2005：19)。皮尔斯认为外部世界是符号意义的主要来源。他肯定外部世界的存在，认为符号就是外部世界与认知主体相互作用的结果。符号的意义即是认知和交往主体对外部世界的再现。只有将符号放置于具体的交际和指称背景中，意义才能被准确把握。此外，符号与世界之间并没有自然或内在的联系，但两者确实存在互相依赖关系，使语言可以在某一特定时期超越对使用者的限制。语言对世界作分类，但词语和世界的联系是双向的，这些分类又通过解释和再现而得到改造，即生活的世界既是再现的对象，又是理解再现的基础。

皮尔斯符号学思想在当时并未得到同代人的赏识，直到半个世纪后，才被重新重视，成为许多人文领域里的研究热点。其中美国著名哲学家和逻辑学家莫里斯(Charles Morris)就汲取了皮尔斯的符号学研究成果，正式提出符号学理论系统，极大地推动了符号学在美国的发展。"语言是在结合方式上受到限制的多情境共符号的一个集合"是莫里斯语言下的符号学定义(1989：43)，而他最具影响力的思想是他所提出的符号学三分野——语构学(syntactics)、语义学(semantics)和语用学(pragmatics)。在《指号、语言和行为》(*Symbol, Language and Action*)一书中，莫里斯(1989)指出，符号涉及三方面的关系，即"符号对符号的关系、符号对对象的关系、符号对人类的关系"。这一分类法至今仍是普遍采纳的符号学研究分类法。

索绪尔语言符号学和皮尔斯符号学从两个不同的角度来研究符号和语言，是当代两大符号学和语言学理论系统，有各自的优势和局限性，它们之间的关系不是排斥而是互补，需要我们通过批评和讨论来促进它们的进一步发展。

在西方，符号学研究开展较早，目前已形成不同的理论体系及流派。与之相比，符号学在国内起步较晚，发展滞后。但符号学思想并非西方文化所独有。我国的符号学思想发展源头，可追溯至先秦时期。当时，社会处于大变革时期，旧有之名不能容纳新的现实，于是产生了名实之辩。而名与实即语言符号与客观对象之间的对应关系，早已为中国古代先哲印证——孔子的"正名"、墨子的"以名举实"以及荀子的"制名以指实"。公孙龙则在其著作《名实论》中给出了"名"的定义："天地与其所产焉，物也。物以物其所物而不过焉，实也。夫名，实谓也。"就是说，"实"为客观存在，"名"是对实的称谓或指谓，所以，"名"就是符号。公孙龙名实关系的讨论纯属语义学范围的名实关系，因此可以说《名实论》是一篇纯粹的语义学著作，公孙龙是纯粹意义上的符号学家。

两汉时期，先哲们对汉字的研究也达到了空前的繁荣，产生了《说文解字》这部解释古汉语文字的不朽之作。这部著作同样闪烁着灿烂的符号学思想，解释了汉字符号的来源和演变，明确指出符号的来源是客观之物。从汉代至20世纪中叶，中国学者也一直遵循许慎《说文解字》中的说法从符号学角度对汉字进行归类。

随后，与西方类似，中国对符号的研究总是依附于哲学、神学、语言学等学科，直到20世纪初，才摆脱其他学科的桎梏，逐渐以"符号学"独立呈现。赵元任于1926年在一篇题为"符号学大纲"的长文中首次提出"符号学"一词，但对中国学界的影响可谓微乎其微。直到20世纪70年代末，"符号学"一词才再次通过译作出现在中文出版物中。中国学界对符号学真正的讨论始于20世纪80年代早期，大量研究者将目光主要集中在索绪尔、皮尔斯、巴特等著名符号学家的思想理论上。80年代后期，研究重心从基本理论的总体研究转向对符号学具体理论更细致深入的分析研究。90年代中期开始，符号学进一步发展，学科化趋势显著增强，跨学科趋势愈发明显，对语言符号学的研究进入一个更高的层次。近来，中国符号学家也开始尝试建立自己的符号理论体系，出现了一系列符号学理论著作，包括李幼蒸的《理论符号学导论》，丁尔苏的《语言的符号学》、《符号学与跨文化研究》，王铭玉的《符号学研究》、《语言符号学》等著作，都在总体介绍的名义下，从不同的方位对符号学进行开拓发展。

语言类型学　Linguistic Typology　指研究各种语言的特征并对其进行分类的语言学分支学科，通过比较不同语言相同或相异的特点，从复杂、无限的语言现象中，归纳出少量、有限的类型，寻找人类语言的普遍现象（即语言共性），以深化对语言本质和语言特点的认识。其发展大致经历了两个阶段，即较早的或传统的语言类型学阶段和当代语言类型学阶段。

传统的语言类型学研究是对世界语言进行分类的广义类型学，发端于19世纪初期的欧洲，尤其是德国，其明显特点是只把词法结构作为参数对世界上的语言进行形态上的分类，因此通常被称为"形态类型学"。德国语言学家弗里德里希·施莱格尔（Friedrich von Schlegel, 1772—1829）按语言的形态特征，把世界上的语言分为加缀语（affixal）和屈折语（inflectional）两大类型。其兄弟奥古斯特·施莱格尔（August von Schlegel, 1767—1845）在此基础上增加了第三种语言类型，即无结构语（no-structure）。德国语言学家洪堡特又增加了第四种语言类型，即多式综合语（incorporating），这类语言的一个显著特征是其词根上可以黏着多个语素，分别用以表示时、体、态、式、人称、数量等。形态类型学中的经典分类法当属施莱歇尔（August Schleicher）的分类法。他把世界上的语言分为三类：屈折语（inflectional）、黏着语（agglutinative）和孤立语（isolating）。屈折语包括拉丁语、希腊语、阿拉伯语等，这些语言的共同特征是用词形变化表示意义改变或语法功能改变，而且往往一个词尾表示几个语法意义。孤立语包括汉语、越南语等，这类语言的特征是词形不发生变化，即单词无法再分割成词根或发生曲折变化，因此，句中的语法关系只能通过词序表示，如汉语主要通过词序和功能词来表示语法意义。黏着语的特点是词内有专门表示语法意义的附加成分。一个附加成分表达一个语法意义，一种语法意义也只用一个附加成分来表示，黏着语的词根和词尾具有很大的独立性，词尾只是黏着在词根上，土耳其语是黏着语的代表。

19世纪的传统语言类型学与当今的语言类型学有两个最基本的区别性特征：(1)这个时期的类型学只着眼于一个参数；(2)传统类型学是确定一种语言的整体类型，而不是对语言的各个组成部分的分类。这两个特征显然受到了新洪堡特语言观的影响，即每种语言是个具有"内在形式"的有机体。

20世纪上半叶美国语言学家萨丕尔（Edward Sapir, 1884—1939）认识到类型划分是个复杂过程，分类参数不应是唯一的。他提出，一种语言可以根据不同的参数归入不同的类型。起初，他根据构成词的语素多少将语言分为三类：(1)分析语（analytic），一个语素对应一个词；(2)综合语（synthetic），少量的语素构成一个词；(3)多式综合语（polysynthetic），数量上较多的语素、一些特定词根一起构成一个词。后来，他根据词形的变化将语言分成四种类型：(1)孤立语（isolating），无任何词缀；(2)黏着语（agglutinative），有简单词缀；(3)溶合语（fusional），有较多语素变化；(4)符号语（symbolic），通过词的异根来变化。其后，他又根据不同语言表达概念的不同方法来对语言进行分类。为此，他先把概念分为四类：(1)具体型（concrete），表示基本词项；(2)派生型（derivational），表示派生词项；(3)纯关系型（relational），表示语法关系；(4)具体关系型（concrete relational），也表示语法关系，但仍保留了具体的意义，如语言中的"中、阴、阳"三性。这四种类型从具体到抽象依次排列。萨丕尔认为，所有语言都有"具体型"和"纯关系型"两种概念，但"派生型"和"具体关系型"则可有可无。这样，就产生了新的四种语言类型：(1)简单纯关系型语言，这类语言只有"具体型"和"纯关系型"两种概念；(2)复杂纯关系型语言，这类语言有"具体型""纯关系型"和"派生型"三种概念；(3)简单混合关系型语言，这类语言有"具体型""纯关系型"和"具体关系型"三种概念；(4)复杂混合关系型语言，这类语言具备所有四种概念。

由此可见，传统意义上的语言类型学注重语法化的研究，但较少考虑音系、形态和句法标准的相互依存。直到1963年，美国当代描写语言学派学者格林伯格(Joseph Greenberg)发表论文《某些主要与词序有关的语法普遍现象》(Some universals of grammar with particular reference to the order of meaningful elements),成为语言类型学发展史上划时代的标志,确立了他的语序类型学理论,即通过句法途径研究语言类型,以句法属性、语法关系为基础,着眼于发现和解释跨语言的形态句法特征间的联系,语言类型学的研究从此步入了当代类型学阶段。事实上,当代类型学的萌芽是结构主义语言学中布拉格学派的特鲁别茨柯依(Nikolay Sergeyevich Trubetzkoy,1890—1938)和雅柯布逊(Roman Jakobson,1896—1982)等人对具体语言中标记现象的考察。特鲁别茨柯依最先将有标记(markedness)和无标记(unmarkedness)的对立运用于音位学,他认为音位有三种对立:(1)有无对立,或称有标记对立和无标记对立,指A、B两个音位的唯一区别在于某一特征为A有而B无,如/b/－/p/对立,/b/有[带声](voiced)这一特征,而/p/则无这一特征;(2)程度对立,指几个音位之间的对立在于具有某一特征的程度不等,如英语中的许多元音存在开口度的大小不等的对立;(3)均等对立,指相对立的音位具有各自的区别性特征,如/p/－/t/－/k/的对立在于分别为唇音、齿音和腭音。雅克布逊只主张二分对立,一个成分要么是有标记的,要么是无标记的。他把标记理论的运用从音位学扩展到形态学。

以格林伯格的研究为代表,当代类型学逐渐形成了自己的研究目的和方法,他把布拉格学派的标记对立现象应用到对句法的分析,其中最重要的当推"语言的蕴涵共性"(implicational universals)理论。事实上,蕴涵共性理论已经成了当今语言类型学中最重要的一个概念,它能说明语言类型的个性变异所受的共同限制,其基本表达方式是:如果一种语言有P现象,则必有Q现象;反过来,有Q现象必有P现象不一定成立。例如,如果一种语言的第一/第二人称有反身代词的话,那么它的第三人称也有反身形式。这样,世界上的语言在"反身代词"上有三种可能的组合:(1)三个人称都有反身形式;(2)三个人称都没有反身形式;(3)第一/第二人称没有反身形式,第三人称有反身形式。而第四种组合,即第一/第二人称有反身形式而第三人称没有反身形式,就不可能存在。这种"四缺一"的格局反映了两个因素相互作用的普遍模式,这种模式不同于形态分类学的整体分类,而是对语言中普遍存在的反身形式这一现象的局部分类,它对语言的个性变异做出了限制,这种限制就是一种语言共性。蕴含共性所描写的不是表面上一目了然的共性,而是比较隐藏的相关性,从而扩大了共性研究的范围。

语言类型学中另一个重要的概念是标记理论。如前所述,标记理论最先是由布拉各学派的特鲁别茨柯依和雅柯布逊等人提出的,习惯上我们称其为经典标记理论(Classical Markedness Theory)。在此标记理论下,标记只有下列一种模式:一个语法范畴的二元值之间存在绝对的关系,如果一个值是无标记的,则另外一个值必定有标记,如英语中的"数"这一范畴,单数是无标记的,而复数是有标记的。与经典的标记理论不同,类型学的新标记理论认为许多语法范畴实际上不止两个值,同样是"数"这一语法范畴,有些语言除了单复数,还有双数(dual)和三数(trial),因此,标记性是一个相对的而不是绝对的概念。例如,复数相对于单数是有标记的,而相对于双数是无标记的。标记模式的另外一个特征是其关联性,即语法值的标记性依赖于与之相关的其他范畴。在许多语言中,名词有个体名词和集体名词之分,单复数的标记性与名词的性质有关;对个体名词而言,单数是无标记的,而复数是有标记的;对集合名词而言,复数是无标记的,而单数却是有标记的。这种关联现象被称作标记颠倒。

标记理论与蕴含共性并不是两个独立的概念,它们之间有着内在的联系。以单复数为例,它们之间的标记关系可以表述为这样一个蕴含共性:如果复数是以添加零词素来表示,单数也是以添加零词素来表示。推而广之,我们可以把这一蕴含共性表述为:如果一个标记范畴值不加标记,那么无标记范畴值也不加标记。反过来说就是,如果一个无标记范畴值加标记,那么有标记范畴值也加标记。

蕴含共性与标记性都体现了语言的共性,这些共性可用语言使用中的两个普遍原则或动因(motivation)加以解释:其一,经济性动因(economy motivation)。这一动因要求用尽量少的形式来表示尽量多的意义,表达要尽可能地简单化。以语言中的标记模式为例,相对于有标记项,无标记项形式更加简短(或用零形式),从而更具经济性,因此,标记模式中无标记项使用频率高于有标记项。其二,象似性动因(iconicity motivation),即语言结构和概念结构之间存在"象似"或"对应"关系,语言结构在一定程度上直接映照概念结构。但是绝对的一一对应或映照将使符号数量过于庞大,从而影响语言交际的有效性。因此,语言的积极性动因和象似性动因总是相互作用,相互竞争的,其竞争的结构就构成了语言的差异性。以单复数为例,动因竞争的结果是语言结构要么遵循经济原则,单数作为无标记项不加标记,要么遵循像似原则,单数和复数都加各自的标记或者都不加标记,但没有一种语言会不遵循任何一个原则,即复数不加标记而单数反而加标记。

历经几十年,当代语言类型学得到了很大的发展,已经拥有自己的专业协会——语言类型学协会(the Association of Linguistic Typology),并有了由该协会编辑、出版的专业性期刊——《语言类型学》(*Linguistic Typology*);同时,协会还定期举办"语言的类型学研究"(Typological Studies in Language)等专门的学术会议。语言类型学有了自己的语言学理念、特有的研究对象、研究方法和目的,其根本理念就是通过语言比较探求人类语言的共性。类型学因此而成为"语言共性与语言类型学"的简称。进入21世纪后,类型学研究发展迅猛,马丁·哈斯佩尔马思(Martin Haspelmath)、马修·德赖尔(Matthew Dryer)等类型学学者著成《世界语言结构图册》(*The World Atlas of Languages Structures*,2005/2013),首次以地图集的可视化方式展现各种重要语言结构在全球的分布情况。这是语言类型学研究在新世纪取得的最重要的集成性成果。

语言类型学的蓬勃发展也引起了中国学者的注意。中国早期的类型学研究以20世纪80年代的译介文章和著作为主。《国外语言学》1984年第2期发表陆丙甫、陆极致翻译的格林伯格的经典论文《某些主要与词序有关的语法普遍现象》,同年第4期发表廖秋忠对科姆里(Bernard Comrie)《语言的共性和语言类型》的译介文章。这一时期还有两部重要译著面世,一是余志鸿译、桥本万太郎著的《语言地理类型学》,二是沈家煊译、科姆里著的《语言的共性和语言类型》。随后,沈家煊在《不对称与标记论》(1999)一书中运用语言类型学的理论和方法对汉语语法问题作了探讨。到了21世纪,中国的类型学研究取得了长足的发展,涌现了大量专著和论文,有的将国外类型学理论应用于汉语和中国境内方言的研究,有的致力于汉语语法、音系、句法、语义等角度的研究,在探讨汉语语序、语音和谐、方言类型、句法结构、语法形式等问题上成就斐然,丰富和充实了世界语言类型学研究的成果库。刘丹青的《语序类型学与介词理论》(2003)是国内第一部语言类型学领域的专题性论著;吴福祥从历史角度出发,发表了一系列历时共性方面的论文;石毓智在《汉语研究的类型学视野》(2004)一书中对汉语的语法现象作了深入观察和研究。在借鉴性研究的基础上,创新型学科分支开始在中国出现。2011年,刘丹青倡议建立语言类型学的新分支——语言库藏类型学。语言库藏(linguistic inventory)指"特定语言系统或某一层级子系统所拥有的语言手段的总和,包括语音及韵律要素、词库、形态手段、句法手段,包括虚词、句法位置等。语言库藏因语言而异,并且会导致语种之间形义关系的显著差异,不但深刻影响到语义范畴的形式表达,而且深刻影响语义范畴的存在状况和显赫性(mightiness)"(刘丹青 2011:289)。语言库藏类型学旨在跨语言学考察的基础上,总结人类语言在语言库藏方面的共性、类型差异以及各种范畴所用库藏手段的显赫度。库藏类型学研究近年已取得不少显著成就。

当代语言类型学已不仅仅是对世界上的语言进行简单的分类,而是力图发现语言变异的规律,指出这种变异的限制,从而建立语言间的共性。通过语言类型学研究,可以发现人类语言的特点及其演变的趋势,并进一步揭示语言与文化、语言与思维之间的关系。我国有着丰富的少数民族语言资源,还有大量的地域方言,这些都是类型学研究的宝藏,语言类型学在我国有着十分广阔的发展前景。

元语言学 **Metalinguistics** 元语言是有关语言的语言,元语言学就是一般涵义上的对元语言的研究。元语言的概念源自20世纪20年代左右德国数学家希尔伯特(David Hilbert,1862—1943)造出的元数学(metamathematics)一词。此后,产生了带有词素"元"(meta-)的诸多术语,如元理论(metatheory)、元哲学(metaphilosophy)等也随之出现。元语言(metalanguage)来自现代逻辑学。1933年,波兰逻辑学家塔尔斯基(Alfred Tarski,1901—1983)在《演绎科学语言中的真理概念》中明确提出了对象语言(object language)和元语言(metalanguage)的术语及其区分,以试图解决"说谎者悖论",从而创立了逻辑哲学上的元语言理论。几乎与此同时,1934年,维也纳学派的卡尔纳普(Rudolf Carnap,1891—1970)在《语言的逻辑句法》中也区分了对象语言(object language)和语形语言(syntax-language,即元语言),极大地丰富了元语言的内容。

从塔尔斯基最初提出的这个概念看,元语言不是一种确指的独立的语言,其只具有相对意义,即相对于对象语言而存在,其有如下特性:(1)相对性。表现为以下两个方面:一与对象语言相伴而生;二没有什么固定内容一定是充当元语言的,在一定条件下,元语言与对象语言甚至可相互转化,并不是比对象语言更高级的语言,如可构建形式语言来分析描写自然语言,而形式语言最终也要依赖自然语言来解释。(2)层次性。若把相对关系再次应用到产生出来的元语言上,则原先的元语言就自动变为新的对象语言,而新的元语言也产生了。依此类推,新的元语言又会变为对象语言。但一般仍以第一级的对象语言为视点看待新的元语言,那么它就是元元语言、元元元语言……n元语言。(3)反身自称性(self-reflexivity),即"语言符号的意义和所指是语言符号本身"(封宗信,2005:404)。用同一种语言来谈论语言,必然会表现出这种特性,即便分别用两种不同语言充当元语言和对象语言,然而作为抽象的语言体系是同一个,元语言仍具有自称性。在真实的语言交际中,元语言对个人话语有自我注释功能,可使信息得以清楚传达、避免误解语义。因此,元语言是人类语言的一个普遍现象。

哲学上对元语言的解释倾向于其综合性和一般性,指用来研究和讲述对象语言的语言,与对象语言相对。例如,用汉语研究和讲述英语时,英语是对象语言,汉语就是元语言。在数理逻辑中,被讨论的形式系统或逻辑演算是对象语言,而讨论逻辑演算时作用的语言是元语言。语言学的元语言概念有很显著的对哲学元语言的移植痕迹,语言学只是增加了这个概念的一些外延。元语言与对象语言的区分亦是哲学和逻辑学领域的一种自觉意识。塞尔(John Searle)区分过语言符号的使用(use)和提及(mention)。"使用语言时,该语言为常规语言或第一级/对象语言,意义指向语言系统之外;而提及语言时,该语言不再是常规的对象语言,而是元语言,指向语言本身"(Searle,1969:73)。

由于学科不同,语言学的元语言研究有其自身独特性。语言学家认为元语言具有独立性,在任何情况下都是一种语言,且元语言是语言学研究中极其重要的描写手段或语言学家的"行话"。不同于逻辑学的元语言观,语言学的元语言观认为,自然语言而非人工语言才是语言的本原,没有理由而轻视自然语言,应当而且能够通过设计缜密的技术方案从中提炼元语言系统和理论。此外,语言学的元语言观认为元语言除可用于探讨真理问题,还可用于日常交际、语言教学、词典释义和词义分析等。总体而言,现代语言学的巨大发展离不开索绪尔等人创建并使用技术性的元语言作为描写语言和语言系统的手段。索绪尔理论的核心是语言符号的重要性不仅在于它是一个声音或图形的物质,而在于其会产生意义。伦敦语言学派的弗斯(John Firth,1957:169)曾说"每个科学领域都应该开发出适用于其性质的一套特殊语言,这个过程代表着科学工作的最基本组成部分"。叶尔姆斯列夫(1961:119—120)认为"我们发现了一个其表达层面是符号的一种符号……这就是所谓的元语言",并认为元语言才是语言学的真谛。归纳阐述,语言学的元语言理论研究沿着以下三个方向在发展:

(一)沿着雅柯布逊(Roman Jakobson,1896—1982)的方向,走功能主义的路子。雅柯布逊在1956年提出的元语言功能说在语言学的元语言理论发展史上具有分水岭意义。其后研究对自然语言自身产生的元语言进行更深入的描述,特别是在探讨儿童的元语言意识如何发展方面取得较多成果,如莱特格布(Hannes Leitgeb)发表的论文《儿童的元语言意识:在发育中进展》(见《心理语言学研究月刊》1999年第1期);龚伯特(Jean-Émile Gombert)的著作《元语言学发展》则是这方面的代表作,勾勒出了自然语言的元语言总貌。元语言研究走向与心理学的合作,不仅要区分元语言能力(metalingual competence)、元语言运作(metalingual operation)、元语言功能(metalingual function),还要区分元语言意识(metalingual awareness)、元语言行为(metalinguistic behavior)、元语言态度(metalinguistic attitude)等。

(二)沿着叶尔姆斯列夫(Louis Hjelmslev,1899—1965)的元符号学方向,走形式主义的路子。叶尔姆斯列夫认为元语言在语言学研究中的重要地位并认为语言首先作为符号来界定,语言学理论要告诉人们何谓符号、何谓符号系统,因而各语言学流派的语言理论作为科学的元语言色彩加浓了,此即郝根所谓的元语言学。由于叶尔姆斯列夫受现代逻辑哲学影响很深,这种影响一直影响到后来者,语言学理论都强调构建科学的元语言,注重提高形式化程度。例如,在语义研究方面,格雷马斯(Algirdas Greimas)继承并发展了塔斯基的语言分层说,致力于语义学元语言的构建,其著作《结构语义学:方法研究》一书起到了规范语义学元语言的作用,成为"巴黎学派"的奠基之作。语法学元语言高度发达,其代表是乔姆斯基的普遍语法,乔姆斯基受到叶尔姆斯列夫的元符号学启发,其普遍语法与元符号学存在理论上的上下承接关联,转换生成语法主要把语言规范作为研究对象。

(三)元语言理论的应用性研究。自然语言计算机处理和语言教学都需要建立元语言理论。现代汉语元语言理论即出于此类实用目的,如基于自然语言处理,从元语言所处语言层面和应用功能做出分类,把元语言分为词汇元语言、释义元语言,语义元语言。或先分词汇元语言和语义元语言,前者包括辞书释义元语言(指给词目释义时所使用的一套基本词汇集)和语言教学元语言(指对外汉语教学中最低限度词汇的研究),后者包括语义分析元语言和信息处理元语言。有关语言的反身指称现象和元语言意识的研究和讨论散见于教育学、认知科学、计算机科学、人工智能、叙事学、文学理论等学科领域(封宗信,2005:406)。譬如格利森(Jean Gleason)发现,具有元语言知识和意识的孩子有"思考自己的语言、理解词汇的意义,甚至给这些词汇下定义"的能力(Gleason,1993:5)。

元语言概念自诞生以来,已成为逻辑学、哲学、符号学、语言学等的共同研究对象。但语言学家,尤其是"正统语言学家",对自己的描述工具和"行话"仍旧重视不够;现有的一些语言学专著,如马修斯(Peter Matthews)于1997年出版的《简明牛津语言学词典》(*The Concise Oxford Dictionary of Linguis-*

tics),对元语言的定义和释例在概念上仍较模糊;语言学的元语言研究仍存在亟待解决的问题,如在元语言的符号系统性质、元语言的类别和等级描述、元语言的属性与功能等问题方面仍存在较多疑问和争议。

Z

中心词驱动的短语结构语法 **Head-driven Phrase Structure Grammar;HPSG** 与乔姆斯基开创的以管约论、原则参数理论和最简方案为代表的生成语法相同,中心语驱动的短语结构语法认为说话者心智中存在着使语言成为可能的知识体系,也同样致力于构建一个关于这个知识体系的科学理论。它们之间有着很多共同点,如中心语驱动的短语结构语法的合一运算和最简方案中特征核查(feature checking)概念。本质上中心语驱动的短语结构语法也是一种生成语法。

中心语驱动的短语结构语法的理论框架最初形成于波拉德(Carl Pollard)和萨格(Ivan Sag)1987年的著作中,后来他们又以《中心语驱动的短语结构语法》(1994)为题写了一部专著,对其理论进行了修改和完善。韩国学者金正福(Jong-Bok Kim)形容该理论是非转换的(non-derivational)、基于约束的(constraint-based)和表层导向的(surface-oriented)句法结构(Kim,2000)。"非转换"是指中心语驱动的短语结构语法中不会涉及从另外的表达式而产生出一个结构,例如类似原则参数理论中的"移动-a"和转换式的操作。中心语驱动的短语结构语法把不同的表达式全放进一个更大的单一的结构里,通过约束把他们联系起来。由此,可以说它是"基于约束的"。人类的语言的语法应该是一个通过约束组合而成的描述体系。"表层导向"是指该理论提供了一个对句子表层成分顺序的直接特性化描述。含有丰富句法语义信息的词项通过词汇规则组合就能直接决定产生的句子是否合法。中心语驱动的短语结构语法的一个显著特点是它具有一个十分庞大而复杂的词库。可以说词库是中心语驱动的短语结构语法的基础,是其功能的主要载体。

中心语驱动的短语结构语法把符号看作含有音系、句法、语义、话语、及短语结构信息的结构性复合体,包括分类等级和一系列原则。前者中的分类性特征结构(sorted feature structures)是用来描写语句的形式。特征结构中包括特征(feature)及其特征值(feature value)。譬如,下图表示的是动词"放"在词组"放在桌子上"的特征结构:

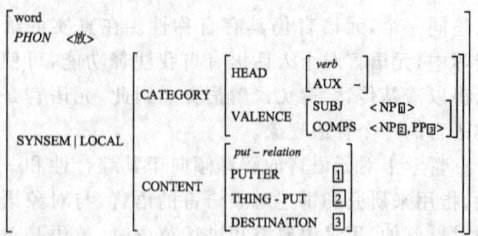

每个特征结构都有一个分类(sort),表明该特征结构所描写的语言客体的类型。特征结构的分类和语言范畴是一一对应的关系,每个语言范畴都属于一个特定的分类。所有的特征必须是合法的(well-typed),即一个特征结构里可以出现什么样的特征取决于该特征结构的分类,特征必须适合特征结构的分类。而且特征的值也必须适合该特征和该特征所属特征结构的分类。该理论还要求适合一个特征结构的所有特征都必须出现在该特征结构里,这被称为特征完整性(totally well-typed)。

中心语驱动的短语结构语法还包括对特征结构进行约束的一些原则,主要包括:词汇规定(lexical specifications)、语法普遍原则(universal principles)和直接支配格式(immediate dominance schemata)。

中心语驱动的短语结构语法深受广义词组结构语法(Generalized Phrase Structure Grammar,缩称GPSG)的影响,有很多相同点,如:两者都是基于合一运算的(Unification-based)语法分析法;两种理论也都认为句子只有一个句法层面。中心语驱动的短语结构语法通常被认为是广义词组结构语法的后期发展。但是前者比后者有更加复杂的范畴,比后者在描述统一性和变异性规律方面更加详细。

合一运算是把两种描写合并,得出一种更具体的而又与两种描写都一致的描写。这种方法允许语法制定对语言的各项制约而无需说明应用这些制约的序次,这些统一操作可以以任何序次进行。这种方法有利于计算机分解,因为它允许一个分解器先从部分描写开始,随着处理中的词库中词条的增加逐渐积累有关某个语法范畴的信息。中心语驱动的短语结构语法对属性值矩阵(attribute-value matrix,缩称AVM)进行合一运算来表示句法和语义信息,把两个属性值矩阵合成为一个新的矩阵。如下图所示:

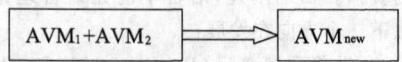

为了能够成功地进行合一运算,两个属性值矩阵中属性的信息必须是相兼容的,才能得出具有更丰富信息的合法的新矩阵。例如,对[1]与[2]进行合一运算可以得出[3]:

[1][PER　3rd]
[2][NUM　pl]

[3] $\begin{bmatrix} \text{PER} & \text{3rd} \\ \text{NUM} & \text{pl} \end{bmatrix}$

如果两个属性值矩阵的信息是不兼容的,那么合一运算就会失败,如[4]与[5]:

[4] [PER 3rd]
[5] [PER 2nd]

在对已标注的(tagged)属性值矩阵进行合一运算时,有必要对两种情况作出区分:一种是两个特征的值共享;另外一种是两个特征的值相同。例如,在[6]中,A 和 D 的值不尽相同,而且这些值是由两个特征所共享。

[6] $\begin{bmatrix} A & \boxed{1}[B\ a] \\ C & [D\ \boxed{1}] \end{bmatrix}$ & [C[D[E b]]] = $\begin{bmatrix} A & \boxed{1} \begin{bmatrix} B & a \\ E & b \end{bmatrix} \\ C & [D & \boxed{1}] \end{bmatrix}$

(Riehemann,1995:5)

因此在合一运算时,D 的第二个特征及其值被加载到 A 中,D 的值仍旧标志为和 A 共享。然而在[7]中,A 和 D 的值在合一运算前相同但不共享,因此合一运算的结果只能是把第二项属性值矩阵中关于 D 的值载到 D 上,而非 A。

[7] $\begin{bmatrix} A & [B\ a] \\ C & [D\ [B\ C]] \end{bmatrix}$ & [C[D[E b]]] = $\begin{bmatrix} A & [B\ a] \\ C & \begin{bmatrix} D & \begin{bmatrix} B & a \\ E & b \end{bmatrix} \end{bmatrix} \end{bmatrix}$

(Riehemann,1995:5)

可以看出,中心语驱动的短语结构语法采用的这种对复杂特征进行的合一运算类似最简方案中的特征核查的操作。

在对特征结构进行合一的基础上,还要进行将词连接成词组或句子的操作,这就需要句法规则。中心语驱动的短语结构语法中的短语规则与其他生成语法的规则类似。例如,基于规则[8]和词库词项[9]与[10],可以得出句子[11]:

[8] S → NP + VP
VP → (D) (A) N (PP)
PP → V (NP) (PP)

[9] fish
$\begin{bmatrix} word \\ HEAD & \boxed{1} \\ VAL & itr \end{bmatrix}$

[10] swim
$\begin{bmatrix} word \\ HEAD & \boxed{2} \\ VAL & itr \end{bmatrix}$

[11]
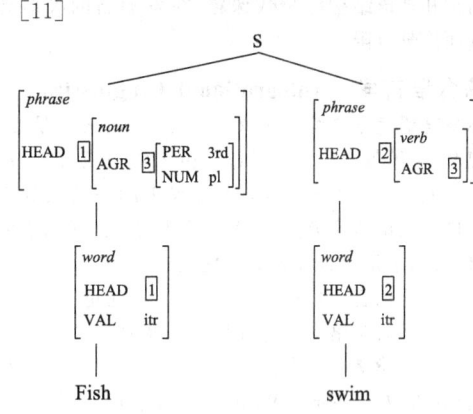

中心语驱动的短语结构语法特别强调语言单位的精确的数学模型(modelling),因为它关注精确,许多计算机执行程序都是基于中心语驱动的短语结构语法的,所以计算机科学及相关领域,如逻辑学,图论等都受其影响,而在这些领域工作的许多学者们为使他们的分析更精确,也都曾借助于该理论。再次以量词为例看一下该理论的具体运用。

但是中心语驱动的短语结构语法与乔姆斯基的生成语法也有很多不同点。其中一个最显著的不同点是中心语驱动的短语结构语法是非转换的,表现出来的是一个平面的单树结构(flat-structure),不存在抽象的深层结构;而乔姆斯基的生成语法存在大量的移位、转换现象,表现出来的是一个多层面的多树结构。也正是由于这一点,计算语言学界更青睐中心语驱动的短语结构语法。

此外,在中心语驱动的短语结构语法中没有终结点(terminal nodes)和非终结点的区别,当分析成分变得更小时,所有的语义、句法和语音信息的编码方式都是相同的。同时,中心语驱动的短语结构语法还尽量避免使用移动和空语类成分。

中心语驱动的短语结构语法采取的是一种从自下而上的研究方法,旨在通过建立精确的假设,寻求之后在实证中发现的问题。该学派的学者认为乔姆斯基的生成语法太模糊,不能用实证检验。相反,乔姆斯基的拥护者认为过分强调精确性的理论的代价必然是对其理论解释性的削弱,不能解释语言为什么会表现出这样的现象。

中心语驱动的短语结构语法理论已经成功应用到日语、韩语等东方语言中并验证了其有效性。国内的一些知名学者呼吁重视该理论对汉语语言学研究的特殊作用。HPSG 理论的显著特点不仅提供了与约束条件体系的接口,而且能更符合汉语的一些特点,如词(组)的重要地位,曲折变化少,语序灵活多变等。

运用中心语驱动的短语结构语法理论研究汉语始于 1993 年,但是研究范围、内容、成果及研究者人数相对都十分有限。据统计,仅有约 2% 的研究成果针对汉语研究,而且这些成果大多也限于汉语论元结构和补语结构等少数课题,在发掘新的汉语规律方面贡献有限。

综合语言学 Integrational Linguistics 亦称整合语言学或综合主义(Integrationism),是20世纪80年代英国牛津大学以罗伊·哈里斯(Roy Harris)为首的一批语言学家发展起来的一套服务于交际理论的语言研究方法,其显著特点是:强调语境的重要性,拒绝语言模式的唯规则论。

综合语言学以哈里斯的著作为理论基础,以南非开普敦大学洛夫(Nigel Love)、毕业于牛津大学的美国语言学者塔尔博特·泰勒(Talbot Taylor)和乔治·沃尔夫(George Wolf)、英国伯明翰大学图兰(Michael Toolan)、香港大学的瑞士籍语言学者巴勃勒(Adrian Pablé)等学者的著作为代表,从20世纪80年代中期以来,在西方尤其是英国语言学界产生了相当大的影响。1992年和1997年分别在加拿大魁北克和巴黎举行的第15和16届国际语言学大会都包含了综合语言学小组会议。1998年"国际语言与交际综合研究协会"(International Association for the Integrational Study of Language and Communication)成立,每两年举行一次大型会议。

哈里斯过去25年的主要研究重点是有关符号或符号系统以及所有人类交际的综合研究。其中包括如何看待目前的教育实践,以及从柏拉图以来的全部语言学思想史。他采取的方法与传统权威所持有的正统观点相去甚远。综合主义对于我们理解人际关系、现代社会以及包括整个人文和科学领域的交际来源来说,有着非常重要的意义。

综合语言学反对诸如"语法规则""词项"等支撑正统语言学的内容成分,也反对正统语言学对语言概念的二分法,即区分系统与使用、语言能力与语言运用、语言与言语、共时与历时等。这种区分造成一种曲解,以为语言学所面临的重要课题似乎就是强调这些二分概念不被重视的一面,或坚持这些概念同等重要。综合语言学坚持主张:交际不可能脱离语境而进行。人们不可能区分"学习语言"和"学习使用语言",因为此种区分就预设了使用者和语言系统一分为二。综合语言学的观点是,人类不是语言的使用者,而是语言的创造者,而且是连续不断的创造,再创造。他们通过在各种交际中操练并扩展综合能力。正是人类这种创造性能力对人类的语言成就起到关键的作用。语言符号综合人类过去、现在和未来的经验,这是其基本交际功能。由此产生了"共时原则"(principle of contemporality)。这一原则使得语言学家意识到符号的基本特性在于它存在于时间中。

(一)语言是一种综合的官能

综合语言学认为语言是一种官能。语言是口头和书面语的内在官能,且被认为是一个更加综合的官能的一部分:符号的生成。通过使用"符号",能比让人比较清楚地理解,对于综合主义者来说,一个符号不是一个意义恒久不变的形式,只有在具体的语境中才能获得意义。

"综合"的概念表明单独的语言符号不能成为独立、自足的交际形式的基石,但为了使表达更加有效,则需与许多不同种类的非语言行为相结合。这些包括不依靠话语进行表达的行为,如吃、喝、身体运动、站立、躺下、行走、拿东西、搬东西、躲避障碍、使用简单的工具、注意直接环境中的物体和发生的事件等。这些前语言的行为无所不在,其底层是所有形式的语言交际出现与维持的前提。尽管与任何非语言的人类行为完全无关,在单词或短语系统中从未发现一个有用或者有意义的例子。

语言和非语言行为的综合特征与人类生活息息相关,因此,很难将其中的语言成分分离出来。无论采取何种手段解决问题,人们在语言和非语言之间无法找到一个明显的界限。在掌握了前语言的声音活动以外的"第一组单词"以后,儿童在父母的指导下,不会马上停止使用这些早期非语言符号。相反,在儿童的生活中,其他一些符号和行为逐渐变得重要,它们与语言更加复杂地结合在一起。

(二)语言的综合方法

综合语言学以综合交际法为基础。所有形式的交际,如果从综合角度来看,都离不开不断监测的创造性活动;甚至最细小的交际行为都务必符合这一要求。换言之,交际不是一个将既定符号和信息从一个人的大脑自动传递到另一个人的大脑的闭合过程,而是一个建立允许所有交际成员根据上下文,对可能的解释进行自由建构的过程。

综合语言学对于基本综合功能的认知为所有交际系统的比较和分析提供了语言的和非语言的基础,并与传统符号学形成鲜明对比。处于支配地位的假设是必须已经存在既定的符号系统(例如:语言)。脱离了这个符号系统,交际注定会失败。因此,综合主义主张:任何一个假设交际系统均独立于它们的潜在使用者或者独立于它们能够在其中操作的语境,与"隔离主义"相对。否定存在脱离语境的符号。包括语言在内的符号系统,都是交际过程的结果,而非前提。

综合主义者并非企图建立诸如综合语音学、综合形态学、综合句法学或者综合语义学等研究。所有这些分支学科,如语音学、形态学、句法学和语义学,并不与日常交际中真正语言经历的事情一一对应。

语言的综合方法企图把语言思想从教室用语中解放出来,为那些对自己的交际经历寻求更加清晰的分析方法的人们提供了一种研究方法。交际片段,无论多么细微,都与参与人员的创造性活动密切相关,包括对于交际发生的情境所做的解释。每个话语尽管以前有许多人说过，但只要再说出来，都是新的话语。单词不是时间常量，但是词典编纂者对语言行为和物质世界之间的各种关系进行了一定的约束。

（三）综合的时间观

假定交际的不确定性，是人类智慧的开始，而不是终结。原因之一是，所有的交际都受到时间限制。其基本的时间功能是将目前的经历（T1）与过去的经历（T-1）和可预见的将来的经历（T+1）联系起来。在一个永恒的世界里，时间的整合是不可能的，因为可能出现不存在符号和语言的情况。交际参与者一定是一些能够抓住综合过程和时间顺序的生物，这是任何一个依靠符号熟练程度的社会的首要先决条件。综合主义理论承认在时间连续体上存在有关符号认同的三个变量：第一、生物力学；第二、宏观社会；第三、环境。第一个变量与交际参与者的物理和心理能力有关。第二个变量与社区或社区的某一团体内已经确立的习惯有关。第三个变量与在特定交际情境中取得的具体条件有关。

（四）更加注重语境

语言是人类交际的能力。人类将符号与一系列的活动综合在一起，其中一些是口语或者书面语，还有一些既是口语又是书面语。就传统意义而言，只有口头和书面的符号才算"语言"符号，但这种假设在强调语境中符号交际功能的综合研究中受到了挑战。

因此，综合主义比语言的任何其他方法更加注意语境化。没有哪一个语言学话题能够比关于语境的话题更富有天真和单纯的想法。语境化是一个现在仍常被忽视的复杂活动，理论基础很薄弱。它不仅仅具有直接情境的功能，而且还有关于交际参与者全部交际经历的功能。没有语境化便没有符号，是综合语言学最基本的假设。

语境通常并非既定的：语境是人们在特定的交际情境中建构出来的。语境到底是怎样建构的呢，如何划分有关和无关的界限，目前尚无定论。综合主义的研究旨在解决这一问题。语境化的复杂性是人类交际中经常出现误解的原因之一。不同的人们根据处理既定情境所施加的个人经历不同，构建出不同的语境；甚至双胞胎都不能分享共同的交际经历。

（五）语言的动态变化性

综合主义对这种建立在规则基础上的人类交际静态模式提出了质疑，认为只有通过拒绝静态模式，才能解释人类历史上日新月异的交际模式的语言变化和发展。例如，符号独特的书写形式和史无前例的电视媒体，却依赖于所获得的生物力学、宏观社会、语境等条件。语言的综合主义方法否认几个世纪以来在这个问题上一直统治西方思想的"语言神话"。现代语言学的正统观点是：假定存在一个理想化的语言社区，它与已知规则和意义的共享系统密切相关。综合主义是一种与我们日常的交际经历更加相似的、解除神话的语言学。

从综合主义视角来看，既没有语法规则，也没有标准的语言，因为这些概念都是教育学上的虚构术语，主要是为了满足教育或者政治上的目的，用来掩盖人类日常交际中被发现的无数的综合形式；语言使用总是处在不断改革和实验之中（新的词语、新的结构、新的运用）。

综合语言学反对正统语言学把语言当作"有规则的体系"。哈里斯认为，语言学家期望用单一的规则囊括这些功能，实际上就否认了普通人对语言的不可同化的异质性的理解，一个离开语境的独立地与"语言"相对应的现象并不存在。

由于认识上的差异，正统语言学与综合语言学是否能找到共识似乎尚不可知。如果综合语言学者的观点是正确的，那么正统语言学关于语言结构的很多论述只不过是人为地对语言施加规定的产品，而其施加的过程通常被用来"描述"语言。

中国文字学　Chinese graphology　最初属于中国传统语文学"小学"的一个分支，是研究汉字的形体和形体与声音、语义之间的关系的一门学科。传统文字学与训诂学、音韵学不可分割。自近代三者分立以来，文字学的研究范围大大缩减：专门研究汉字的形体，主要涉及文字的结构；形体的变迁；文字的发展、传播；字形的规范化、标准化、简化及文字改革问题。

汉字的起源可追溯到新石器时代早期，演化至今已有六千年的历史。从殷商甲骨文算起，汉字也已不间断地发展了三千六百多年。关于汉字的起源大致有五种说法，即仓颉造字说、结绳说、契刻说、八卦说和图画说。汉字发展的历史如此悠久，不可能是单个人的创造，因此仓颉说可以排除。至于结绳、契刻和八卦，可能与汉字起源有少许关系，但难以承担描摹复杂概念的系统功能。现在普遍被学术界认可的是第五种——图画说。文字画（尚不能与语言中的特定声音联系）通过画面表达画者的思想意图，具有辅助记事和交际的作用；文字画进一步发展，经过相当长的时间，形成图画文字（与语言中的特定声音联系）。图画文字是文字的雏形，或称作原始文字。最初的原始文字为象形字，形体携带语义内容。语言中有些词的语义比较抽象，用假借字的情况便在所难免。因而人们注意到语音的标识作用。形声字是一半使用形符，一半依靠声符，达到表意兼表音作用。到《说文解字》成书的东汉时期，已有82％的汉字是形声字。但声符仅反映造字时代的读音，随着语音的历史变化，很多声符完全失去了表音作用。据专家统计，现代汉字声符的有效表音率为39％。与世界文字比较，汉字是一种意音文字，相对合理。

秦汉之际，是汉字理论的创建期。远在春秋战国时期就有了学童识字的字书;成书可能更早的《史籀篇》是最早的汉字教科书,现已亡佚,只在《说文解字》中保留二百二十多个形体。籀文也称大篆。秦始皇灭六国统一天下之后,李斯等省改大篆为小篆,字形追求美观,笔画俭省,偏旁写法规整。此为第一次大规模的汉字整理工作,使汉字进一步定型化、规范化。流传至今保存完好的最早识字课本是西汉史游所撰《急就篇》。

汉代通行的汉字形体为隶书。汉字从篆书到隶书的演变称作"隶变"。隶变对汉字字形结构产生了简化、讹变等方面的重大影响,使隶书成为古文字与今文字的分水岭。两汉整理典籍蔚然成风,以弥补秦代焚书坑儒之祸。依据遵从的典籍是古文字还是今文隶书书写,学术界分作古文经学派和今文经学派。两派长期斗争,迫使古文经学家融通古今,东汉许慎博采众长首次全面总结了六书理论。

《说文解字·序》云:"一曰指事,指事者,视而可识,察而见意,上下是也。二曰象形,象形者,画成其物,随体诘诎,日月是也。三曰形声,形声者,以事为名,取譬相成,江河是也。四曰会意,会意者,比类合谊,以见指撝,武信是也。五曰转注,转注者,建类一首,同意相受,考老是也。六曰假借,假借者,本无其字,依声托事,令长是也。"清代戴震认为:象形、指事、会意、形声四种是造字法,转注和假借是用字法,将六书理论概括为"四体二用"。这基本上反映了汉字造字规律。许慎所举的例字,基本上与其对造字法的定义相符。由于下定义限于四字格,使其"转注"难以理解,自从研究《说文解字》以来,不同说法竟有两百多种。许慎举"令、长"二字来做假借之例,从我们今天的认识来看,有失恰当。"令"的本义是发号施令,"长"的本义是生长,引申为年长的人。"令"当"县令"讲、"长"当"官长"讲,都是词义的引申,而按照定义,假借只是两字之间语音偶同,意义则不相关。关于此,宋末元初戴侗在《六书故》中已经指出。"六书说"抓住汉字"表意"这一根本特征,基本反映汉字构造方式的客观实际,为中国文字学奠定了基础。

《说文解字》收字9353个,另有1163个重文,首创540个部首;保存了小篆古字形,为识读甲骨文建起沟通津梁。对这部书的研究,在文字学中称"《说文》学"。唐末五代时期南唐徐铉、徐锴治《说文》。徐铉校订《说文》,使之流传至今。当今所见《说文》本,一般称作"大徐本"。徐锴作《说文解字系传》,引证古书以证古义,并从文字的谐声偏旁和字音上推求本源,有不少创见。

魏晋南北朝时期,随着音韵学的兴起,音义书渐趋多见。隋唐之际,由于科举制度的产生,正字之学日显兴盛。影响最大的是唐代颜元孙所撰《干禄字书》。全书以平、上、去、入四声为纲,以二百零六韵为序,每字之下罗列异体,然后标明何为"俗"(源于民间)、"通"(承袭久远)、"正"(源于《说文》)。

宋元明时代是文字学拓展期。其间最重要的文字学理论是北宋王圣美创立的"右文说",认为"其类在左,其义在右",意思是形声字的意符(左文)仅仅表示事物的类别范畴,其声符(右文)才是"意"所在。因"声"求"义"之说,使人们看到形声字的声符不仅标音,还可为字义的解释和来源作出提示。"右文说"揭示了汉字声符的表意作用,显示了汉字同源词依靠同声符孳乳发展的现象,但其理论缺陷是:第一,囿于字形,尚不是对语言中的词进行研究,不适用于研究非同声符的同源词;第二,"右文说"的推理方式是归纳而不是演绎,即便清代学者也有时有人提出"凡从某声者必有某义"之类过了头的说法。

清代是文字学的兴盛期。清代学者认为,不懂《说文》的人,其学问便无根基。因此,其间"《说文》学"大盛。整个清代研究《说文》的著述有二百多种,著名的学说有十多家(何九盈,2000a;386)。其中段玉裁撰《说文解字注》阐发许慎说解术语,廓清古今字概念,纠正许慎说解之误,辨析同义词,梳理词义演变等诸多方面做出了突出成就。王筠著《说文释例》,在六书体例和解释《说文》说解体例方面有很多创获。朱骏声的《说文通训定声》将所有例字依韵排列,利于同源词研究;并在阐发词义引申上多有建树。桂馥的《说文义证》博采众书,证明《说文》词义,对研究词义演变有重要参考价值。

宋代开古文字研究先河。欧阳修、赵明诚皆有专著,其中尤以薛尚功所撰《历代钟鼎彝器款识》影响为大。原书以石刻刊印,据钟鼎等原器物款识依样录描,每篇铭文均作释文,并就铭文中所涉及的人物加以考述。赵九成著《考古图释文》,正编收字908个,是我国第一部金文字典。清代古文字研究兴盛,孙诒让的《古籀拾遗》、《古籀余论》汇集其研究金文的成果,利用比较法和偏旁分析法,考释精当;《名原》利用甲骨文、金文对汉字形体演变作了理论阐述。现代文字学界沿着孙诒让开创的道路,古文字学成为显学。清末至今,罗振玉、王国维、刘鹗、郭沫若、唐兰、裘锡圭、于省吾、李学勤等都做出了杰出的贡献。

当代汉字的信息化处理取得了骄人成绩,致使汉字落后于纯拼音文字的谬论不攻自破。汉字不直接表音的优点,使其成为汉民族各方言区乃至各少数民族人民的交际辅助工具。一个福建人说话,也许山东人听不懂,但用汉字写下来,皆可顺畅沟通。也正因为如此,汉语的典籍保存几千年,仍可以阅读。汉字在维护民族统一、保存民族文化上,起到了重要作用。中国文字学坚持形、音、义统一研究的做法,便于认识语言与文字之间的关系,解读语言中词语之间孳乳派生的关系。这些思想,对于当今的文字学研究,特别是古文字辨读仍有巨大的价值。

语言学人物

Prominent Linguists and Scholars with Special Contributions to Linguistics

词目首字音序分区速查表
（语言学人物）

分区	页码区间	
	中国语言学者	外国语言学者
A		912～927
B	859～860	927～950
C	860～863	950～952
D	862～864	952～963
E		
F	864～866	963～979
G	866～868	979～988
H	868～872	988～1009
I		
J	872～874	1009～1017
K	874～874	1017～1041
L	874～883	1041～1078
M	883～885	1078～1103
N	885～885	1104～1109
O		
P	885～885	1109～1120
Q	885～887	1121～1126
R	887～887	
S	887～889	1126～1152
T	889～889	1152～1163
U		
V		
W	889～896	1163～1181
X	896～899	1181～1187
Y	899～905	1187～1197
Z	905～911	1197～1202

一、中国语言学者

B

八思巴洛哲坚赞（1235～1280） 元代文字学家。本名罗古罗思坚赞，八思巴是尊称，意为圣者。吐蕃萨斯迦（今西藏萨迦）人。1235年生于款氏贵族之家，自幼随伯父习佛典，精通经学。1243年，继承藏传佛教第四代祖师萨迦班智达的法位，成为萨迦派第五代祖师。1244年，奉蒙古阔端太子之召北上凉州，代表乌思藏各僧俗首领表示归顺。1260年，忽必烈即帝位，被封为国师，统领全国释教。1264年，忽必烈迁都大都，任命八思巴洛哲坚赞掌管总制院。1269年，奉忽必烈之命以吐蕃文字为基础创制蒙古新文字。1270年，忽必烈晋升八思巴为"普天之下，大地之上，西天子，化身佛陀，创制文字，护持国政，精通五明班智达八思巴帝师"，简称帝师。1274年，八思巴返回萨斯迦，统治吐蕃。

在创制蒙古新文字时，八思巴以吐蕃文字为基础，结合少数梵文字母，创制字母41个，后陆续增至57个，以音素为表音单位，区分元音与辅音。按照忽必烈提出的译写一切文字的预想，该文字曾用于书写蒙古、汉、藏、梵、回鹘等多种语言。但在拼写汉语时，因为不标声调，在无汉字原文对照的情况下，往往难以断定其所代表的准确汉字。该文字书写单位是音节，不是词，因此阅读时需要依据上下文确定词的界限以及句子的界限。这一文字体系被忽必烈钦定为官方文字，称作八思巴字或方体字；元朝灭亡后，在明朝境内被废止。

除了文字学上的贡献，八思巴洛哲坚赞的其他主要著作还包括《道果传承·礼供》《密续修证·幼树》《续部目录》《帝王教授集·明饰》《菩提道藏》《萨迦五祖文集目录·幻钥》等。

白涤洲（1900～1934） 语言学家。名镇瀛，字涤洲，蒙古族，北京人。1930年毕业于北京大学国文系，1933年任北京大学研究院文史部语音乐律实验室助教。在学习及工作期间，主要从事《广韵》研究，并积极参与国语推广工作，曾任国语统一筹备委员会常务委员、中国大辞典编纂处主任、《国语周刊》主编等职。

在《广韵》研究方面成就斐然。他最著名的作品为《〈广韵〉声纽韵类之统计》（1931），提出《广韵》有47个声纽，290个韵类，成为中古音研究的重要成果。他还编写有油印本的《广韵入声今读表》（1930）、《广韵通检》（1931）和《广韵切音谱》（1931），并撰写有《北音入声演变考》（1931）、《〈集韵〉声类考》（1931）等论文。

在国语推广方面，他与黎锦熙合作编写《注音字母无师自通》（1929），以助国人自学注音符号；出版《标准国音国语留声片课本》（1932），推广国语国音。遗著《关中方言调查报告》由后人整理，共绘制方言地图22幅，于1954年出版。调查报告综合了地图资料，得出关中方言分两个大区，即东区和西区，并就关中声、韵、调系统与古音做了对比。

鲍鼎（1898～1973） 汉语古文字学家。字扶九，号默庵，江苏镇江人。父亲早逝，从小在母亲的教导下读书，18岁时即对甲骨文、金文研究有独到的见解，23岁时为近代学术界泰斗王国维的《国朝金文著录表》续作《补遗》。1941年，42岁的鲍鼎任大夏大学兼无锡国专教员。汪精卫伪政权在南京成立后，他拒绝出任伪职，辗转到上海新亚药厂工作，1958年退休回到镇江，1973年去世。

他的主要著作有《目录学小史》《金文略例》《铁云藏龟释文》《铁云藏龟之余释文》《国朝金文著录表补遗》等。

鲍明炜（1919～2007） 汉语方言学家、音韵学家。山东省鄄城县人。1946年毕业于国立中央大学文学院，历任中央大学、南京大学文学院中文系助教、讲师、副教授、教授。曾兼任江苏省语言学会会长、名誉会长，南京大学语言与语言工程研究中心主任，中国语言学会、汉语方言研究会、汉语音韵学研究会会员等学术和社会职务。

主要致力于汉语方言学、音韵学、现代汉语普通话等领域的研究。著有《初唐诗文的韵系》（1984）和《唐代诗文韵部研究》（1990），认为唐代的律诗并不完全都切合官韵，也有方音的成分；并将唐代用韵分为三个阶段：初唐一百年、盛唐至元白、元白至唐末。

在江苏方言研究上用力堪勤，著有《南京方言中几个问题的调查》（1961）、《〈类字汇编〉与盐城方言》（1979）、《六十年来南京方音向普通话靠拢情况的考察》（1980）、《六朝金陵吴语辩》（1982）、《江淮方言的特点》（1993）、《江苏省志·方言志》（主编，1998）等，研究涉及共时和历时两个层面，是中国方言学界较早研究地理边界的著作。在《苏北江淮话与北方话的分界》（1983）中，他划定的方言分界线细致入微，甚至到了村镇一级。

卞觉非（1933~2011） 汉语语法学家、应用语言学家。江苏扬州人。1961年毕业于南京大学中文系。毕业后,先后任职于中国社会科学院语言研究所、南京大学中文系和南京大学海外教育学院。曾兼任江苏省语言学会会长、世界汉语教学学会常务理事、中国对外汉语教学学会常务理事等职。多次赴美国俄亥俄州立大学、印第安纳大学、杨百翰大学等校任教及开展合作研究。

主要从事汉语语法及对外汉语教学研究。20世纪80年代,主要探讨汉语语法分析方法和汉语句型结构,发表《汉语语法分析方法初议》(1981)、《谈直接成分分析法》(1984)、《语言学的发展与汉语语法分析方法的演进》(1986)等多篇文章;90年代初提出交际语法、文化导入等新理念,刊发《"汉语·文化圈"与对外汉语教学》(1992)、《"汉语交际语法"的构想》(1992)、《句子的分析与理解及其相关问题》(1995)等文章;21世纪初,仍笔耕不止,发表《理论性和应用性:理论语法与教学语法的分野》(2004)、《解释性:当代方言学的目标》(2007)等文章。

曹伯韩（1897~1959） 汉语语言文字学家。笔名蔷薇园主,湖南长沙人。新中国成立前,曾是中国共产党领导下的上海读书生活出版社的主要撰稿人之一。五四运动爆发时,正就读于湖南高等师范学校,不仅积极参加学生救国运动,并主编《岳麓》周刊宣传革命。建国后,曾任中国文字改革委员会研究员、汉字整理部副主任、《中国语文》编委等职。

主要研究汉语文字和语法。在文字研究方面,著有《中国文字的演变》(1947),探讨汉字的造字法、读音与形义的变迁、汉字特征同其他语言的关系、汉字改革问题等;刊发《关于汉字整理和简化的各种意见》(1952)等论文,介绍汉字简化的各种意见及其流弊,主张"述而不作"原则,采用社会上已通行的简体字。在语法研究方面,著有《语法初步》(1952),以识字不多的工人为读者对象,在普及语法知识上贡献卓著;《关于汉语语法研究的几点意见》(1953)提出划分词类的标准"必须根据词在句子中的功能,同时结合词的意义来看;功能是由形态表现出来的,但形态可以包括词和词的关系"。

其他著作还包括《通俗文化与语文》(1946)、《国学常识》(1947)等。

岑麒祥（1903~1989） 语言学家。字时甫,广西合浦人。1924年进入中山大学学习英语。1928年赴法国攻读普通语言学,1933年获得硕士学位。回国后,先后执教于中山大学、北京大学,并兼任《语文文学专刊》主编。

主要从事普通语言学的研究,在语言学史和少数民族语言调查方面也有一定成就。他的《语音学概论》(1939)不仅介绍国外语音学的历史发展,而且从普通语言学研究角度尝试阐述中国古老的音韵研究;《方言调查方法》(1956)是国内最早关于方言调查方法的专著,详细介绍语言调查的语音标记方法,并对汉语方言的分布以及少数民族语言的系属归类等做出阐述,对中国方言地理学的发展具有积极作用;《语言学史概要》(1957)是中国第一部语言学史方面的著作,阐述从历史比较语言学到普通语言学研究的发展历程,并介绍国外语言学研究各流派的观点。

其他重要语言学著作还包括《国际音标用法说明》(1937)、《语法理论基本知识》(1956)、《普通语言学》(1956)、《历史比较语言学讲话》(1981)、《普通语言学人物志》(1989)等。在词典编纂方面,编纂有《汉语外来语词典》(1990),同时也是《古汉语常用字字典》(1979)的主要编纂者之一。在国外语言学著作翻译方面,1937年翻译梅耶的《历史语言学中的比较方法》,1956年与人合译《格拉乌尔院士在华学术讲演集》,1992年与叶蜚声合译房德里耶斯(即旺德里)的《语言论》。

此外,他还刊发过《方言调查方法概论》《历史语言学中之分化作用与统一作用》《印欧系语言历史比较语言学》《关于语言亲属关系的问题》等诸多语言学研究论文。

陈承泽（1885~1922） 汉语语法学家。字慎侯,福建省闽侯县人。曾游学日本,归国后历任商务印书馆编译员,《民主报》《时事新报》《独立周报》《东方》《学艺》等杂志编辑。

致力于汉语语法研究。他最重要的著作是《国文法草创》(1922),该书五万多字,讨论词类的转化与活用,首创"致动"、"意动"的概念,是研究古汉语语法的重要著作。此外,还刊发《国语改进商榷》《字义研究法及字之训诂法》《国文法概论》《国文和国语的解剖》《词性概论》等诸多文章。

陈 第（1541~1617） 明代音韵学家。字季立,号一斋,晚号温麻山农,连江(今福建连江)人。万历时秀才,曾任蓟镇游击将军,后辞官归乡,专心研究古音。

在音韵研究中,他反对宋代盛行的叶韵说,认为古音考证应以《诗经》《楚辞》的韵例作为本证,以周秦汉魏韵文、谐声、读若、直音、异文、又读等材料作为旁证,二者交相考辨。著有《毛诗古音考》四卷,考证《诗经》韵例400多个,并指出《说文解字》谐声与

《诗经》韵之间具有统一关系。

其他著述包括《读诗拙言》《屈宋古音义》《伏羲图赞》《尚书疏衍》等,均被收入《四库全书总目》。

陈奂 (1786～1863) 清代训诂学家。字硕甫,号师竹,晚自号南园老人。江苏长州(今苏州)人。咸丰元年举孝廉方正,一生专攻经学,以《毛诗》研究见长,著有《毛诗传疏》《毛诗说》《毛诗九谷考》《毛诗传义类》《郑氏笺考证》《公羊逸礼考证》等。

陈骙 (1128～1203) 宋代学者。字叔进,台州临海人。绍兴二十四年(1154年)进士,官至吏部侍郎、知枢密院事兼参知政事。著有辞章学研究方面的名著《文则》两卷,论及文章体裁、行文章法等问题。另有《南宋馆阁录》10卷。

陈澧 (1810～1882) 清代音韵学家。字兰甫,也作兰浦,别号止斋,自号江南倦客,世人尊为东塾先生。番禺(今广州)人。道光十二年举人,曾任河源县学训导,后为海棠学长,主讲菊坡精舍。

精研文字音韵,在治学中善于博采众家之长,不囿于门户之见,精于考据。他在《切韵考》一书中首次提出的"反切系联法",此后该方法一直是研究反切的重要方法。其他重要著作包括《汉儒通义》《东塾读书记》《声律通考》《汉书水道图说》《说文声统》《水经注提纲》《读诗日录》《孟子注》《摹印述》等。

陈立 (1809～1869) 清代训诂学家。字卓人,号默斋,江苏句容人。道光十四年(1834年)举人,道光二十一年进士,曾官任刑部主事、江西司郎中、曲靖知府等职。通经晓史,尤其潜心《春秋公羊传》研究,通过搜集整理历代对《春秋公羊传》的阐释,最后著成《公羊义疏》76卷。其他著作还包括《白虎通疏证》12卷,《尔雅旧注》两卷,《句溪杂著》五卷及其续编一卷。

陈梦家 (1911～1966) 汉语古文字学家。笔名陈慢哉江,江苏南京人。1927年考入南京国立第四中山大学(后改名中央大学),师从闻一多、徐志摩。曾执教于清华大学、美国芝加哥大学,并兼任过中国科学院考古研究所研究员、考古所学术委员会委员、《考古学报》编委、《考古通讯》副主编等职。

在甲骨文研究方面,著有《殷墟卜辞综述》(1956),概述历代甲骨学家对甲骨文的考释方法,对汉字的起源、发展和构造规律等提出独到的观点,成为甲骨学研究的重要综合性著述。在铜器研究方面,著有《西周铜器断代》(1955),详细记述各个时代的各类铜器达98件,所涉及的文字考据资料对上古汉语及汉语史的研究很有参考价值。在汉简研究方面,著有《武威汉简》(1964)和《汉简缀述》(1980)等。

其他重要著作包括《老子今释》、《海外中国铜器图录考释》第一集、《尚书通论》、《美帝国主义劫掠的我国殷周铜器集录》等。

陈乃雄 (1933～2002) 少数民族语言学家。上海人,祖籍浙江吴兴。曾就读于圣约翰大学土木工程系、沪江大学国际贸易系、清华大学社会系和北京大学东语系,1956年毕业于中央民族学院(北京大学东语系代培)东语系蒙古语言文学专业。大学毕业后进入中国科学院少数民族研究所工作,1959年调到内蒙古大学任教。曾兼任过内蒙古语言学会会长、中国语言学会理事、内蒙古文学翻译家协会名誉主席、中国蒙古语文学会副会长、中国民族语言学会理事和《蒙古学百科全书》副总编等职。

主要致力于保安语、蒙古语、五屯话等少数民族语言的研究。1956年,他参加了全国少数民族语言普查工作,与布和合作完成第一份有关保安语使用状况的《保安语调查报告》(1957)。1979年,他负责编制的《蒙古语方言和亲属语言调查大纲》被《中国蒙古语方言丛书》和《中国蒙古语方言地图》所采用。1985年,与清格尔泰等合作出版《契丹小字研究》,获全国首届高等学校人文社会科学优秀成果一等奖。出于教学和研究的目的,他还编纂出三部蒙古语词典,分别为与新特克等合作的《蒙汉词典》(1976)、与孙竹等合作的《蒙古语族语言词典》(1990)和《中世纪蒙古语词典》(1996)。

其他著作还包括《蒙文初程》(1965)、《蒙文入门》(1974)、《蒙文同形词》(1982)、《保安语词汇》(1986)等,以及近40篇有关少数民族语言研究的论文。

陈彭年 (961～1017) 宋代文学家、音韵学家。字永年,抚州南城县(今属江西)人。雍熙二年(985年)进士,曾官任江陵府司理参军、秘书丞、知州等职。他学识广博,宋真年间与丘雍等奉诏修订《切韵》,修订后更名为《大宋重修广韵》,成为汉语中古语音研究的重要典籍。他还曾参与编纂史书《册府元龟》,并撰有《江南别录》《唐纪》等。

陈士元 (1516～1596) 明代训诂学家。字心叔,号养吾,湖广应城(今湖北应城)人。嘉靖二十三年(1544年)进士,曾官任滦州知州。嘉靖二十八年(1549年),遭奸臣严嵩陷害被罢官,从此归隐著述。他的研究以经史为主,注重考据,著有《五经异文》《论语类考》《古俗字略》《孟子杂记》《裔语音义》等。

陈廷敬 (1639～1712) 清代辞书编纂家。原名敬,字子端,号说岩,晚号午亭,泽州(今山西晋城)人。顺治十五年(1658年)进士,曾长期担任康熙帝侍读、侍讲学士,并历任内阁学士、礼部侍郎、工部尚书、户部尚书、刑部尚书、吏部尚书等职。康熙四十九年(公元1711年),他被封为文渊阁大学士,与张玉书共同受命主持修编《康熙字典》,从此为之呕心沥血,在字典成书前的康熙五十一年(公元1712年)病逝。《康熙字典》成书于康熙五十五年(1716年),共收47000余字,是我国古代历史上收字最丰富的字典。

陈望道(1891~1977) 教育家、语法修辞学家。原名参一,曾使用陈佛突、陈雪帆、南山、张华、一介、焦风、晓风、龙贡公等笔名,浙江义乌人。曾在日本的东洋大学、早稻田大学和中央大学留学。回国后,先后在上海大学、复旦大学、安徽大学、广西大学等校执教。建国后,任复旦大学校长,后调上海大学执教。

主要从事语文活动、修辞学研究和语法研究。在《标点之革新》(1918)中,他倡导在中国使用新式标点符号;在《这一次文言和白话的论战》(1934)中,提出白话必须接近活的语言。他突出贡献在于构建中国修辞学的研究体系,《修辞学发凡》(1932)首次提出"积极修辞"和"消极修辞"两大分野,将修辞格归纳为38格,每格还有若干式。此外,还著有《文法简论》(1978),总结他在语法研究中的思想,对汉语词类系统的划分和句法问题进行讨论。

陈新雄(1935~2012) 音韵训诂学家。字伯元,江西赣县人,因战乱随家人迁居台湾。曾就读于台湾师范大学国文系,先后获学士、硕士和博士学位。曾在多所高校任教,包括东吴大学、中国文化大学、政治大学、高雄师范大学和台湾师范大学等。他对古音学尤其是上古音研究颇有心得,对训诂学也有显著贡献。著作主要包括《春秋异文考》(1964)、《古音学发微》(1972)、《等韵述要》(1974)、《中原音韵概要》(1976)、《古音研究》(1999)等。

陈 原(1918~2004) 社会语言学家。广东新会人。1938年毕业于中山大学。建国后,曾历任中国国际书店副经理、三联书店编辑室主任、人民出版社副总编辑等职,1957年起任文化部出版局副局长,次年任商务印书馆总编辑兼总经理。1984年退休后,继续任商务印书馆顾问,并担任过国家语言文字工作委员会副主任、中国社会科学院语言文字应用研究所所长、中华全国世界语协会副理事长、国家语言文字工作委员会主任等职。

主要研究领域为社会语言学。1979年,他出版《语言与社会生活》一书,开始对社会语言学领域的探索。1983年,他再出版《社会语言学》,以现代汉语为分析材料,系统研究语言与社会现象、社会发展之间的关系,该书成为国内第一部系统论述社会语言学的著作。

其他著述包括《辞书和信息》(1985)、《汉语定量分析》(1989)、《语言和人》(1994)、《汉语语言文字信息处理》(1998)和《陈原语言学论著》(1998)等。

陈 鳣(1753~1817) 清代训诂学家、经学家。字仲鱼,号简庄,又号河庄,海宁硖石人。嘉庆元年(1796年)举孝廉方正,嘉庆三年(1799年)举人。在《说文解字》研究方面,著有《说文正义》和《说文声系》;在经学研究方面,著有《论语注》《孝经注》《六艺论》等。其他著作还包括《恒言广证》《声类拾存》《论语古训》等。

程际盛(生卒年份不详) 清代训诂学家、经学家。字免若,号东冶,江苏长洲人。乾隆年间进士,曾任内阁中书、湖广道监察御史等职,奉职30余年,退隐后潜心研究经文、训诂。著有《骈字分笺》两卷、《续方言补》两卷、《说文古语考》两卷、《说文引经考》20卷、《古韵异同》一卷、《骈字分笺》两卷等小学类著作,另著有《清河偶抄》《稻香楼集》等杂著。

程 邈(生卒年份不详) 秦代文字学家。字元岑,东海郡下邳(今江苏邳州)人。

据传程邈是隶书的初创者。关于他造字的说法有两种,一种说法是他得罪了秦始皇被关狱中十年,看到当时狱官用篆体书写公文非常不方便,于是在简化大小篆方圆笔法的基础上创立出一种新字体,共整理出三千余字,秦始皇为此赦免其罪,并封为御史,因程邈出身于徒隶,始皇起初又规定所创字体专供胥吏所用,故而新字被称为隶书。另一说法似乎更切实际,即隶书原本已流行于民间并为胥吏所用,程邈只是对这些字进行搜集和整理后,使之更为系统化且便于推广。

程瑶田(1725~1814) 清代音韵训诂学家。字易田,一字易畴,号让堂,安徽歙县人。学识渊博,但科举之路不顺,曾九次参加乡试,直到乾隆三十五年(1770年)才终于中举。中举后官任仓州学正,乾隆五十三年(1788年)任嘉定县教谕,嘉庆元年(1796)举孝廉方正。

在文字训诂和音韵研究中注重理据考证,提倡声训,是徽派朴学重要代表人物之一。著有《解字小记》、《声律小记》和《螺蠃转语记》,推断了某些双声叠韵复音词的产生规律,对清代以戴震为首的徽派学术流派的建立起了积极作用。在天文、地理、农业、水利等领域也均有研究,著有《通艺录》《释草小记》《释虫小记》《水地小记》等。

戴 侗(1200~1285) 宋末元初文字学家字仲达,浙江永嘉人。淳祐元年中进士,曾任国子监主簿,后外赴台州为官。德祐年初,由秘书郎迁军器少监时称病辞官,归乡后潜心文字研究。

他继承父兄对"六书"和《说文解字》的研究,最终撰成《六书故》33卷。在内容编排上,《六书故》摒弃许慎《说文解字》的按部首排列的540部,而是重新分为479目,且按照一数、二天、三地、四人、五动物、六植物、七工事、八杂、九疑的方法把将479目再分为九类,每类之下再采用指示、形象、会意、转注、谐声、假借等"六书"进行排列;在文字考证上,他认为钟鼎文才是文字之本形,因而《六书故》摒弃小篆,大量采用钟鼎文来补校《说文解字》。

其他著作还包括《易书家说》和《四书家说》。

戴 震（1724～1777）　　清代音韵学家、训诂学家。字慎修,又字东原,号杲溪,安徽休宁人。乾隆年间被召为纂修官,参与纂修《四库全书》,后经殿试赐同进士,任翰林院庶吉士,任职五年后病故。

对经学、天文、历算、地理、音韵、训诂等都有深入研究,是徽派朴学的重要代表人物之一。在训诂研究方面,提出六书"四体二用"说和声转说。在音韵学研究方面,创立古音九类二十五部之说以及阴、阳、入对转的理论。在哲学上,提出物质的气是宇宙本原,阴阳、五行、道都是物质性的气,又提倡致知格物。一生著述甚多,包括《声韵考》《声类表》《方言疏证》《大学补注》《尔雅文字考》《经考》《水经注》《屈原赋注》《孟子字义疏证》《中庸补注》等。

丁 度（990～1053）　　北宋训诂学家。字公雅,开封祥符(今河南开封)人。真宗大中祥符四年(1011年)进士,曾任翰林学士、枢密副使、参知政事、观文殿学士、尚书左丞等职。为人不重仪表,性情朴实,经常上书议论国事。

仁宗景祐四年(1037年),他奉诏与李淑等刊修《韵略》,修订后改称《礼部韵略》。此后,又依例刊修《广韵》,刊定窄韵13处,改称《集韵》,比照《广韵》调整了字序,尽量按照音类远近排列,增加了方言俗语词;更改了反切,更符合宋代实际语音体系;更改了释义,更突出本义。他还非常关注当时军事形势,著有《备边要览》《庆历兵录》《赡边录》等,并奉诏与诸儒集体编撰《武经总要》四十卷,成为中国古代著名的军事著作之一。

丁福保（1874～1952）　　训诂学家字仲祜,号畴隐居士,一号济阳破衲,江苏无锡人。1895年入读江阴南菁书院,前两年攻读经史,后来又攻读算学。1898年受聘为无锡俟实学堂算学教习,1901年赴上海学习西医知识,1910年赴日本做医学考察,回国后在上海行医,并著述刊印医学、文字学、诗歌、数学、佛学等各领域的书籍,被誉为"百科全书式的学者"。

在文字学领域以训诂研究见长。最重要的著述为《说文解字诂林》,该书在其学生的协助下于1928年完成,历时30多年,采辑历代有关《说文解字》研究的书籍182种共1036卷,以每个字为一条目,每个条目之下罗列各家说法,共成书66卷。1932年,再编成《说文解字诂林补遗》82卷,完成《说文解字》训诂研究的汇总编辑。此后,在训诂研究中继续辑成《尔雅诂林》《群雅诂林》《释雅诂林》和《方言诂林》。

其他重要著述还包括编纂《一切经音义汇编》《佛学大辞典》《佛学精要辞典》《古钱大辞典》等。

丁声树（1909～1989）　　语言学家。河南邓县(今邓州市)人。1932年毕业于北京大学中国文学系,同年进入中央研究院历史语言研究所。1944年赴美国考察。1949年后任中国社会科学语言研究所研究员、中国社会科学院哲学社会科学部委员、语言研究所学术委员会委员,还兼任过中央推广普通话工作委员会委员、中国社会科学院普通话审音委员会委员、语言研究所方言组组长、《中国语文》杂志主编、《语言研究》杂志编委等职。

在音韵、训诂、方言、语法研究和词典编撰方面均有造诣。所著《汉语音韵讲义》(1948)和《古今字音对照手册》(1958)是汉语音韵学的重要文献。所编《方言调查词汇手册》(1956)和《方言调查词汇表》(1958)在方言研究领域具有重要的参考价值。在语法研究领域,与吕叔湘、李荣等合著的《现代汉语语法讲话》(1961),主张尽量通过语言事实阐明现代汉语书面语和口语的重要语法现象,并参考美国结构主义学派以及其他学派的语法理论,用层次分析法分析汉语句子。在词典编撰方面,曾主持编写《现代汉语词典》。此外,还刊发《释否定词"弗"、"不"》(1935)、《诗经"式"字说》(1936)、《论诗经中"何""曷""胡"》(1948)等论文。

董同龢（1911～1963）　　汉语音韵学家、方言学家。云南昆明人。1932年考入清华大学,师从王力主修音韵学。1937年大学毕业后,进入中央研究院历史语言研究所工作,期间获得李方桂、罗常培、赵元任等名师指点,继续音韵学的学习与研究。1949年,随历史语言研究所迁至台湾,并在台湾大学任教。

在音韵学研究领域,不仅探讨古汉语音韵,而且研究现代汉语及方言的音韵。个人著述包括《上古音韵表稿》(1944)、《华阳凉水井客家话记音》(1948)、《广韵重纽试释》(1948)、《湖北方言调查报告》(与赵元任等合著)(1948)、《等韵门法通释》(1949)、《四个闽南方言》(1949)、《记台湾的一种闽南话》(与赵荣琅等合撰)(1953)、《中国语音史》(1954)、《厦门方言的音韵》。遗著包括《邹语研究》(1964)、《语言学大纲》(1964)和《汉语音韵学》

(1968)。

董作宾 (1895～1963)　汉语古文字学家。号平庐,字彦堂,河南省南阳市人。少年时便博览群书,对古文字和篆刻艺术产生兴趣。1917 年初步接触甲骨文,开始研究中国考古学。1923 年入北京大学研究所国学系攻读研究生,学习语言学、考古学、人种学和历史学,同时担任《民谣周刊》编辑;1925 年获北京大学研究所史学硕士学位,之后任教于福州协和大学、河南中州大学和广州中山大学。1928 年,赴安阳考察期间发现当地村民在殷墟挖掘并出售甲骨,即建议由中央研究院主持系统发掘,由此发现龙山文化。1948 年随中央研究院迁往台湾岛,任教于台湾大学。1950 年,与友人共同创办《大陆杂志》,并任"中央研究院"历史语言研究所所长。1955 年,赴香港大学东方文化研究所任研究员,从事中国年历编写工作。1956 年任香港大学历史系名誉教授。

在甲骨文研究领域影响重大。他多次参加殷墟的发掘,采用现代考古学的方法对出土的甲骨文及文献记载进行综合研究,最早提出甲骨断代的十个标准;曾主持殷代帝王世系年谱、殷先王称号、殷帝姓氏、出土物墓葬地段、异域地名、铭文所述人物、铭文语法结构、铭文表意标准、铭文书写形态等重大课题的研究。1945 年,他编著出版《殷历谱》,被誉为甲骨文研究领域纪念碑式的著作。

其他主要著作还包括《卜辞中所见之殷历》(1931)、《甲骨文断代研究例》(1933)、《殷墟文字甲编》(1937)、《殷历谱》(1945)、《西周年历谱》(1952)、《甲骨学五十年》(1955)、《中国年历总谱》(1959)等。

杜　林 (?～47)　东汉文字学家、经学家。字伯山,扶风茂陵(今陕西兴平)人。曾官任御史、大司空等职。自幼好学,博学多才,时称通儒,尤善古文,更被后世誉为"小学之宗"。著有《仓颉训纂》《仓颉故》,但已佚。另著有《后汉书本传》《汉书艺文志》等。

杜台卿 (?～597)　北齐音韵学家。字少山,博陵曲阳(今河北定县)人。曾任北齐空西阁祭酒、司徒户曹、中书黄门侍郎兼尚书左丞等职,齐灭亡后归授徒著书归里。隋开国后,入朝官拜著作郎,主修国史。杜台卿著有《韵略》,是陆法言所撰的《切韵》的重要参考字书之一,但已佚。另著有《玉烛宝典》12 卷、《隋书本传·齐记》20 卷、《文集》15 卷。

杜　预 (222～284)　西晋训诂学家。字元凯,京兆杜陵(今陕西西安)人。曾历任曹魏尚书郎、河南尹、度支尚书、镇南大将军、当阳县侯、官至司隶校尉等官职。精于典籍研究,所撰《春秋左传集解》三十卷,是较早对《左传》进行注解的著作,且注释精当简练,对语法的理解准确到位,对后世研究具有深刻影响。

段玉裁 (1735～1815)　清代音韵学家、训诂学家。字若膺,号茂堂,晚年又号砚北居士、长塘湖居士、侨吴老人,今江苏金坛市人。乾隆二十五年(公元 1760 年)中乡试。1763 年,在北京结识著名思想家戴震并拜其为师。后结识时享盛名的学者钱大昕、邵晋涵、姚鼐、刘台拱、汪中、金榜等,经常商讨训诂、音韵,交往颇深。乾隆三十五年(1770 年),被封为贵州玉屏县知县,后又任四川富顺、南溪和巫山知县。10 年后回到故里,后来移居苏州。

毕生研究东汉许慎编撰的《说文解字》。历经 30 年写成《说文解字注》,详尽解说 9000 汉字的音、形、义,订正许慎的误说,与当时学者桂馥、朱骏声、王筠并称《说文》四大家。其他著作还包括《六书音韵表》《古文尚书撰异》《仪礼汉读考》《经韵楼集》《周礼汉读考》《毛诗小学》等。

樊腾凤 (1601～1644)　明末清初音韵学家。字凌虚,河北邢台隆尧县人。明朝灭亡后,积极组织反清复明活动,据说失败后曾在家里的地窖中躲藏三年,期间著成《五方元音》2 卷。《五方元音》是一部字典,采用反切法标注文字,首创 12 个韵母、20 个声母的拼音体系,该体系在清代和民国初曾一度被广泛采用。

范继淹 (1925～1985)　计算语言学家。笔名巴南,重庆人。曾就读于南京大学,1949 年获法学学士学位。毕业后在重庆人民银行工作,1953 年进入文化部任翻译编辑,1956 年起调入中国科学院语言研究所。曾兼任过中国人工智能学会自然语言理解学会副理事长。

他将西方的语言理论与汉语的语义、句法、篇章研究相结合,并在此基础上开展人机对话系统的研究,成为中国人机对话研究的先锋人物。1980 年,他与徐志敏合撰《人工智能与语言学》一文,开始关注人机对话研究,此后两人继续合作撰写《RJD-80 型汉语人机对话系统的语法分析》(1982)一文,介绍他们合作建成的 RJD-80 汉语人机对话模型。1985 年,范继淹在《语文战线》刊物上连续 4 期发表《人机对话系列讲座》,介绍计算机的句法分析、逻辑推理、生成语句和排除非法输入等功能。

其他论文还包括《自然语言理解和现代语言学研究》(1980)、《关于汉语理解的若干句法、语义问题》(1981)、《人机对话和文字改革》(1982)、《多项 NP 句》(1984)、《汉语句段结构》(1985)等。他所撰写的近 30 篇论文最后集为《范继淹语言学文集》,于

1986年由语文出版社出版。

方光焘（1898～1964）　汉语语法学家。原名曙先，浙江省衢县人。1918年赴日本留学，1919年进入东京高等师范学校。1924年回国，先后任教于上海大学、上海学艺大学、上海立达学园、上海劳动大学，讲授英语、日语和语言学。1929年，赴法国里昂大学攻读语言学，1931年回国，先后在上海中国公学、安徽大学、复旦大学、暨南大学、国立中山大学等校任教。新中国成立后，执教于南京大学，并先后兼任江苏省人民委员会委员、省文化局局长、江苏省文联主席、全国文联委员、中国科学院哲学社会科学部学术委员等职。

他终生从事语言教学和研究工作，极为推崇索绪尔关于语言体系、语言符号性、语言与言语、历时与共时等理论，并尝试应用于对汉语的分析。在1938年至1942年由陈望道发起的中国文法革新问题的讨论中，先后刊发《体系与方法》《再谈体系与方法》《问题的简单化与复杂化》《建设与破坏》等论文，强调汉语研究中语言体系和研究方法的重要性。1965年，在南京大学做《汉语词类研究问题的几个根本问题》的学术报告时，针对汉语词类划分问题提出广义形态说，为现代汉语的词类划分建构了理论框架。20世纪60年代初，在关于"语言是否有阶级性"的讨论中，先后刊发《语言与言语问题讨论的现阶段》《漫谈语言和言语问题》《分歧的根源究竟在哪里？》等论文，在理论上区分语言与言语，在实践上确定语言学的研究对象。他的论文后来集为《语言与言语问题讨论集》和《方光焘语言学论文集》。

方立（1942～2010）　语言学家。浙江嘉善人。1960年考入华东师范法学外语系，1965执教于北京语言大学，1982年和1990年两次赴美国俄亥俄州立大学进修语言学，1995年获香港柏宁顿（中国）教育基金会首届孺子牛金球奖，2008年退休。

以理论语言学为主要研究领域，早期汉语水平考试（HSK）核心研发成员之一。1974年，他偶然读到一本英文原版《转换生成语法导论》，从此进入在国内处于空白状态的理论语言学研究领域。1978年，与胡壮麟和徐克容合作撰写《谈转换生成语法》一文，首次向国人介绍乔姆斯基的转换生成语法理论。1984年，刊发《乔姆斯基的早期句法理论与当前语言学界的争鸣》一文，探讨转换生成语法理论中的两种生成语法模式。1986年，发表《再谈乔姆斯基的早期理论与当前语言学界的争论》，着重探讨生成语法的句法表达层次和转换问题。随着对国外语言学最新理论发展的了解和研究，他的相关的著作也不断出版，代表性著作包括《美国理论语言学研究》（1993）、《数理语言学》（1997）和《逻辑语义学》（2000）。

方孝岳（1897～1973）　汉语音韵学家。原名时乔，又名乘，字孝岳，安徽桐城人。1918年毕业于上海圣约翰大学法律系，1919年执教于北京大学，1920年任上海印书馆编辑，1922年赴日本东京大学进修，1924年回国，先后执教于华北大学、东北大学师范学院、中山大学、上海圣约翰大学等高校，1948年重回中山大学执教。

致力于音韵学的教学和研究，主要著作均在去世后出版。《汉语语音史概要》（1979）在介绍不同时期汉语音韵研究典籍的同时，还系统论述汉语语音在各时期的结构特点及历时演变；《广韵韵图》（1988）由中华书局影印其手稿出版，以图解方式呈现对《广韵》反切音系的研究成果，图中注明每个小韵的音韵地位和反切，并对《广韵》中的讹误之处进行勘正；《广韵研究》（1988）是由罗伟豪整理增补其讲义出版而成。另有十余篇论文存世，包括《关于先秦韵部的"合韵"问题》《论谐声音系的研究和"之"部韵读》《略论汉语历史上共同语语音和方音的关系》《广韵研究怎样为今天服务》《跋陈澧〈切韵考〉原稿残卷》等。

其他著述包括《尚书今语》《广韵声类》《广韵便览》《广韵又音谱》《集韵说文音》等。

方以智（1611～1671）　明末清初训诂学家。字密之，号曼公，又号鹿起、龙眠愚者等，安徽桐城人。崇祯十三年（1640年）进士，曾任翰林院检讨，明灭后出家为僧。自幼习儒，精研天文、地理、韵律、历史。《通雅》是其代表作，释列举大量书证，收词突破经史子集的范围，开创清代考据训诂的风气，对后世学者颇有影响。另撰有《切韵源流》《学易纲宗》《诸子燔痏》《四韵定本》等。

冯桂芬（1809～1874）　清代训诂学家。字林一，号景亭，江苏吴县人。师从林则徐，道光二十年（1840年）进士，授翰林院编修，官至詹事府府右春坊右中允。曾在南京惜阴、上海敬业、苏州紫阳等书院主讲20余年，经史、文字、水利、农田等无所不通。著有《说文解字段注考证》，全面论述文字形、音、义的相互关系，是研究段注《说文》的经典之作。

傅懋勣（1911～1988）　少数民族语言学家。山东聊城人。1935年考入北京大学，毕业后在华中大学和华西协合大学任教。1948年赴英国剑桥大学留学，1950年获剑桥大学博士学位。归国后，先后在中国科学院语言研究所、少数民族语言研究所、民族研究所、中国人民政治协商会议全国委员会和中国文字改革委员会、中国民族语言学会、中国语言学会等机构任职，曾担任《民族语文》杂志主编。

主要从事中国少数民族语言文字的研究工作。他的《维西么些语研究》是国内较早系统记录和研究纳西语的专著,该作品的语音和语法部分别于 1940 年和 1941 年刊载于华西大学的《中国文化研究所集刊》,词汇部分 1943 年刊载于华西大学、齐鲁大学和金陵大学联合编辑的《中国文化研究汇刊》,该作品详细描述了维西地区纳西语。《丽江麼些象形文〈古事记〉研究》(1948)是对纳西族古老经书《古事记》的第一部解读和研究专著。《纳西族图画文字〈白蝙蝠取经记〉研究》上册和下册分别于 1981 年和 1984 出版,是对纳西族另一部经书《白蝙蝠取经记》中图画文字的研究。

此外,还与他人合编国内第一本彝语课本《凉山彝语课本》,并刊发《拼音文字中的声调问题》(1955)、《云南省西双版纳允景洪傣语的音位系统》(1956)、《从音和义的矛盾看现代维吾尔语的发展》(1965)、《永宁纳西族的母系家庭和亲属称谓》(1980)等论文。

傅子东 (1893~1972) 汉语语法学家。又名振烈,四川江油市人。曾就读于北京大学经济学,毕业后赴美国加利福尼亚研究院继续学习,1922 年归国。归国后曾在四川成都高等师范学堂(今四川大学)、武汉大学、中山大学等校任教。1933 年赴上海经商,次年因病先在上海和北京两地休养。1948 年任江油县修志局总纂,1950 年任川北教育厅副厅长,1952 年再赴北京任文字改革委员会研究员,1953 年任陕西师范大学教授。

研究兴趣主要在于汉语语法研究,既包括对古汉语和现代汉语语料的语法分析,也包括对汉语语法理论体系的建构。在语法规则的研究方面,著有《傅氏文典》(1946)和《傅氏白话文法》(1949),分别以先秦时期古文和现代汉语为分析材料。在语法理论建构方面,著有《语法理论》(1954),在词类划分、词类的句法功能等方面提出"位次论"和"述性词"等独成一家的理论,根据"位次论",词的位次可以分为主位、述位、宾位、补位、偏位和从位等六种,凡出现在述位的词都能在句子中凭借一定的位次形态转化为具有不同性质的述性词,如述性名词、述性形容词、述性副词等。

其他著述包括《古代汉语语法大纲》(1957)、《现代汉语语法大纲》(1957),以及《虚字的训诂》(1946)、《词的职务和位次》(1953)、《词类的区分和辨认》(1956)、《汉语词类区别的标准(与高名凯先生商榷)》(1956)等文章。

G

高华年 (1916~2011) 少数民族语言学家。福建省南平市人。1941 年入西南联合大学攻读研究生,1943 年获得北京大学硕士学位。毕业后任教于西南联大,1946 年任教于南开大学,1950 年调至岭南大学,1951 年以后任教于中山大学。曾兼任过少数民族语言调查研究教研室主任、广东语言学会会长、中国语言学会理事、中国对外汉语教学学会顾问等职。

主要研究领域为少数民族语言调查与研究。在西南联大读书和工作期间,他调查过纳苏语、哈尼语、青苗语、白彝语等少数民族语言,尤其系统调查过昆明周边的一种黑彝语,最后写成《昆明黑彝语研究》《昆明核桃箐村土语研究》《黑夷语中汉语借词研究》《黑彝语法》《鲁魁山诺苏语言与文字》等调查报告。1951 年,他跟随中央少数民族访问团调查粤北过山瑶语和海南俘黎语,积累了大量资料。1958 年,出版《彝语语法研究》(1958)一书,系统介绍彝语的语言特点和语法规律,成为彝语研究的重要文献。

其他重要著作包括《广州方言研究》(1980)、《语言学概论》(与植符兰合著)(1983)、《普通语音学》(与植符兰合著)(1986)、《少数民族语言调查研究教程》(与宋长栋、庄益群合著)(1990)、《汉藏系语言概要》(1992)、《广东省方言志》(2004)等,另有三十多篇论文存世,很多文章后来收于《高年华文集》(2013)。

高名凯 (1911~1965) 语言学家。曾用名苏旋,福建省平潭县人。1931 年考入燕京大学哲学系,毕业后升入燕京大学研究院。1936 年赴法国巴黎大学攻读语言学,1940 年获博士学位。1941 年回国,在燕京大学国文系任助教,次年任北平中法汉学研究所研究员。新中国成立后,一直在燕京大学(后改名北京大学)任教。曾兼任中国科学院语言研究所学术委员会委员、《中国语文》编委等职。

致力于把西方语言学理论介绍到中国,同时注重汉语语法的研究。代表著作包括《汉语语法论》(1948)、《普通语言学(上)》(1954)、《普通语言学(下)》(1955)、《语言学概论》(与人合著,1955)、《语法理论》(1960)、《语言论》(1963)等。在《汉语语法论》中,他指出汉语不像英语句子必须有主词和表词,汉语是着重主题或话题的语言,汉语的动词不存在时体态式的语法范畴,动词本身也无施动与受动的区别。他坚决反对汉语没有语法的主张,认为汉语语法表现为句子的结构关系和词汇的功能,反对汉语语法研究照搬拉丁语和英语语法研究的套路。在介绍国外语言学理论方面,把瑞士语言学家索绪尔的经典性著作《普通语言学教程》、苏联学者契科巴瓦的《语言学概论》引入中国,还撰写过很多研究汉语语法的文章,如《中国语法结构之内在关系》《汉语规定词"的"》《汉语语法研究中的词类问题》《论言及言语》等。

高诱（生卒年份不详）　东汉训诂学家。涿郡涿县（今河北涿州）人。据《淮南子·序》的记载，他大约生活在汉灵帝与汉献帝期间，建安十年（205年）曾官任司空掾，后再历任东郡濮阳令和河东令。

他曾为多部典籍做注，并将训诂的领域扩展到杂史研究。由于历史战乱原因，他所撰的《孟子章句》、《孝经解》均已失传，《战国策注》已残，《淮南子注》与许慎注相杂，唯《吕氏春秋注》尚存。《吕氏春秋注》纠正了原《吕氏春秋》引证失误之处，广引《诗经》、《尔雅》等著述训释词义，注重语法及词语音读，其注音对考证汉代读音有重要参考价值。

戈载（1786～1856）　清代音韵学家。字宝士，一字孟博，号顺卿，又号弢翁，江苏吴县（今苏州）人。嘉庆十二年（1807年）县学生，选贡士，官任大学典簿。潜心于宋人宫调声律之学，著有《词林正韵》三卷，归纳整理前人诗词创作中的韵类，成为词韵研究的集大成之作。另著有《宋七家词选》《翠薇花馆词》等。

顾蔼吉（生卒年份不详）　清代文字学家。字畹先、南原，号天山，江苏吴县人。为补宋娄机《汉隶字源》之不足，他编撰《隶辨》八卷，书中隶字全部采自汉碑，且每字之下均注出碑名并引碑语，考据详细。

顾炎武（1613～1682）　明末音韵训诂学家。原名绛，字忠清，明朝亡后改名炎武，字宁人，亦自署蒋山佣，学者尊为亭林先生，江苏昆山人。曾参加抗清斗争，后来致力于学术研究。晚年侧重经学的考证，考订古音。在研究中强调客观调查，反对空泛说教，开创清代朴学风气。

研究成果集中反映在《音学五书》中，该书包括《音论》《诗本音》《易音》《唐韵正》《古音表》等若干部分，共38卷。对古音学的最大贡献是对上古韵部首次进行划分，他主要根据《诗经》的押韵，结合谐声系统，将《广韵》中的支、麻、庚、尤和入声中的沃、觉、药、铎、麦、昔、锡等韵分为两支，屋韵分为三支，然后再加以合并，得出古韵十部，既考虑到语音的系统性，又兼顾语音的历史发展；对古音学的另一项重要贡献是给入声配阴声，《诗经》常常有入声字跟阴声字押韵，以及一个字有去入两读的现象，他认为，除收唇音的入声缉、合等韵没有相应的阴声韵以外，其余的入声都应该配有阴声。

其他主要著作还包括《韵补正》《金石文字记》《石经考》《日知录》等。

顾野王（519～581）　南朝文字学家。字希冯，吴郡（今江苏吴县人）。自幼通读经史，12岁随父迁至梁都建安，写成《建安地记》。538年，拜太学博士。梁亡后入陈，曾任金威将军、国子监博士、太子率更令、黄门侍郎、光禄卿等职。

精研训诂之学。他悉心考证汉魏齐梁以来古今文字形体和训诂，仿东汉许慎《说文解字》的体例，著成《玉篇》30卷，收字比《说文解字》多出6000字，成为继《说文解字》后又一部重要字典。《玉篇》也是我国现存最早的一部楷书字典，为后代楷书字典品编写奠定了基础。

管燮初（1914～2001）　古汉语语法学家。江苏无锡人。1947年毕业于上海光华大学中国文学系，1950年获浙江大学中国文学研究所研究生学历。毕业后进入中国社会科学院语言研究所工作，1988年退休。

主要从事汉语语法研究。1953年，他研究生毕业论文《殷墟甲骨刻辞的语法研究》改写并由中国科学院出版，该书对中国当时十六部重要的甲骨文著录中已有定论的文句进行整理和分析，成为建国后第一部对甲骨文语法进行全面系统研究的著作。1981年，他通过商务印书馆出版《西周金文语法研究》，共分析金文二百零八篇，系统研究西周金文的语法特点。1995年，他的《左传句法研究》由安徽教育出版社出版，该书对《左传》所涉及重要语法现象和用法，如构词方式和句子结构类型等，均做了大量精细的数据统计，对先秦语法研究具有重要的意义。

其他著作还包括参与编写《汉语的构词法》（1957）和《现代汉语语法讲话》（1961）；重要论文包括《甲骨文金文中"唯"字用法的分析》（1962）、《商周甲骨和铜器上的卦爻辨识》（1981）、《从〈说文〉中的谐声字看上古汉语声类》（1982）、《上古汉语序数词组结合方式的历史演变》（1983）、《殷墟甲骨刻辞中的双宾语问题》（1986）和《甲骨文首字的用法分析》（1992）等。

桂馥（1736～1805）　清代训诂学家。字未谷，又字东卉、天香，号零门，晚称老苔、渎井，祖籍江西贵溪，生于山东曲阜。乾隆五十五年（1790年）进士，曾官任云南永平知县。家学深厚，对金石、六史有独到研究，历40年心血著成《说文解字义证》五十卷。《说文解字义证》将小学研究与经史研究相结合，旁征博引，考订《说文解字》传本中的误讹。其他著作还包括《札朴》15卷、《历代石经略》两卷、《缪篆分韵》五卷、《晚学集》八卷、《后四声猿》和《续三十五举》等。

郭沫若（1892～1978）　汉语古文字学家。原名郭开贞，字鼎堂，号莫若，四川乐山人。1914年赴日本留学，曾就读于九州帝国大学，学习医学，后弃医从文。1923年回国与郁达夫等人组织创造社，创编《创造季刊》。1926年参加北伐，次年参加南昌起义被国民党政府通缉,并于 1928 年被迫流亡日本。1937 年抗日战争爆发后回国,积极从事抗日救亡运动。新中国成立后,曾任政务院副总理、中国科学院院长、全国人大常务委员会委员长等职。

在甲骨文研究方面贡献突出,是中国甲骨文研究领域"甲骨四堂"之一。1931 年,他出版《殷周青铜器铭文研究》,收录研究殷周铜器铭文的论文 16 篇。1932 年,出版《金文余释之余》,收录文章近 20 篇。1933 年,选录甲骨 129 片编辑成《卜辞通纂》。1934 年,出版《殷契余论》。1935 年,著成《两周金文辞大系考释》,将 162 件西周器按照王世和国别排序汇编,属国内首次对金文进行有序整理。1937 年,出版《殷契粹编》,对所选的 1955 片精品甲骨篇一一做出考释。1972 年发表了《安阳新出土的牛胛骨及其刻辞》。1978~1982 年间,负责主编《甲骨文合集》,共 13 卷。

其他古文字研究方面的著述还包括《金文丛考》(1932)、《古代铭刻汇考》(1933)等,另有《商周古文字类纂》于 1944 年完成,1991 年出版。

郭　璞（276~324）　东晋训诂学家。字景纯,河东闻喜(今山西闻喜县)人。东晋建立后,郭璞在都城建康(今南京市)元帝宫中任著作佐郎、尚书郎。晋明帝初年(317 年),郭璞辞官,不久被将军王敦起用,任记室参军。324 年,因劝阻王敦谋反而被杀。

曾为《周易》《尔雅》《三仓》《方言》《穆天子传》《山海经》《楚辞》《子虚赋》《上林赋》等书做注。《尔雅注》《方言注》为其代表作,注释保留了大量晋代的日常词语,包括各种一般词语以及地域方言词和社会方言词,使原文的单音节词显示为注释语言的双音节词,注音兼用直音和反切两种方法。

郭绍虞（1893~1984）　语言学家、修辞学家。原名希汾,别号照隅,江苏苏州人。幼时因家境贫寒只在苏州工业中学就读两年,期间与同学合办文学刊物《嘤鸣》。1913 年,在上海商务印书馆所办尚公小学任教,期间利用商务印书馆的藏书刻苦研修。1920 年,到北京担任《晨报副刊》的特约撰稿员,同时在北京大学哲学系旁听大学课程,次年开始先后在济南第一师范学校、福州协和大学、开封中州大学、武昌中山大学、燕京大学、同济大学、复旦大学等校任教。

郭绍虞的语言文字研究多与古典文学和书法等方面的研究相关。在语法研究领域,他撰写了标题为《试论汉语助词和一般虚词的关系》的系列论文三篇,1959 年分三期刊登于《复旦》,从修辞角度和从语言演变角度揭示语气词的特征;著有《汉语语法修辞新探》(1979)一书,分为上下两册,上册以语法修辞理论描写为主,下册则侧重语言事实分析,首次提出汉语的构词法和词组成词组以及词组成句子结构形式基本一致。在文字研究领域,刊发《草体在字体演变上的关系》(1961)系列论文两篇,分为两期刊载于《学术月刊》。

其他重要语言研究相关的著作包括《语文通论》(1947)和《语文通论续编》(1948),文章包括《中国语词之弹性作用》(1938)、《中国语词的声音美》(1947)、《论中国文学中的音节问题》(1947)、《中国文字型和语言型文学之演变》(1949)等。

郭在贻（1939~1989）　训诂学家。山东邹平县人。1957 考入杭州大学中文系,1961 毕业后留校任教,历任助教、讲师、副教授、教授。曾兼任中国语言学会理事、中国训诂学会副会长、中国敦煌吐鲁番学会理事等职。

研究领域主要涉及训诂学。主要著作包括《训诂丛稿》(1985)和《训诂学》(1986),这两部著作将他六十到八十年代的研究成果进行了系统的整理和加工,不仅继承传统训诂学的考据治学,而且将词语考释与汉语词汇史的研究相结合,尤其是将汉魏六朝以来的方言俗语纳考释范围,大大增强了对训诂学实用性的把握。他一生共撰写论文近百篇,主要收录在《郭在贻语言文学论稿》(1991)、《郭在贻敦煌学论稿》(1993)和《郭在贻文集》(2002)中。

郭忠恕（?~977）　五代末宋代初画家、文字学家。字恕先,又字国宝,河南洛阳人。曾做过五代时期汉的从事,后周时人宗正丞兼国子书学博士,宋太祖时期由博士贬为乾州司户参军,再被削籍配隶灵武,宋太宗时期授国子监主簿,但因故再次被贬流邓州,途中病亡。

在文字学方面,他撰有《汗简》七卷,模仿《说文解字》体例,以"古文科斗字"为收字对象,共收古文字近 3000 个,引书达 71 种,兼有碑铭和古籍,扩大了古文字学的影响。另著有《佩觿》三卷,阐述文字变迁并考证传写错误,是一部指导文字规范的实用性著作。在绘画方面,他的传世作品有《雪霁江行图》和《明皇避暑宫图》。

H

韩道昭（生卒年份不详）　金代音韵学家。字伯晖,号昌黎子,真定松水(今河北灵寿)人。

所著《四声篇海》是我国第一部按笔画排列的字典,全书 15 卷;收单字 54959 个,比后代《康熙字典》还要多;分 444 部,按唇舌齿牙喉五音及三十六字母排列,但因部首字与部属字未按同一原则排列,仍然显得杂乱无章。明代释真空《新编篇韵贯珠集》中的《检五音篇海捷法总目》将 444 部按笔画数序重新排过。此外，他还著有《五音集韵》，分韵160部，记录的并非时音，而是作者的音韵框架；但其等韵学思想对后代《四声等子》有重要影响。

杭世骏（1695～1773） 清代训诂学家。字大宗，一字堇浦，别号智光居士、秦亭老民、春水老人、阿骏，浙江仁和（今杭州）人。雍正二年（1724年）举人，曾任翰林院编修。乾隆八年，因参加御史试所作《时务策》得罪朝廷，获罪革职回乡，从此居家著书讲学。

精于经史训诂，著有《史记考证》《两汉书疏证》《三国志补注》《晋书补传赞》《北史搴稂》等著作。《续方言》是其语言学代表作，对一些方言俗语词做了深入考证。

郝懿行（1757～1823） 清代训诂学家。字恂九，号兰皋，山东栖霞人。乾隆五十一年（1786年）入国子监，乾隆五十三年举人，嘉庆四年（1799年）进士，曾官任户部主事和江南司主事。精于经学和训诂，对《尔雅》尤有研究，以毕生精力著成《尔雅义疏》19卷，强调以音训诂和根据实际观察考释名物。其他著述包括《易说》12卷、《书说》三卷、《诗经拾遗》、《郑氏礼记笺》、《荀子补注》、《山海经笺疏》等。

何乐士（1930～2007） 古汉语语法学家。河南郏县人。1961年毕业于北京大学中文系，同年起在中国社会科学院语言研究所古汉语研究室从事古汉语语法研究。1989年到意大利拿波利东方大学东亚系任教。1991年任瑞士苏黎世大学东亚研究所客座教授。曾赴挪威、英国、法国、俄罗斯、荷兰、德国、日本、美国等国及香港、台湾地区多所大学和研究所进行学术访问、讲学或参加学术会议。1994年，与苏黎世大学东亚研究所所长高斯曼共同发起第一届国际先秦语法研讨会。

主要研究领域为古汉语语法研究，尤以《左传》语法研究见长。专著包括《文言虚词浅释》（合著，1979）、《古汉语虚词通释》（与人合著，1985）、《左传虚词研究》（1989）、《古汉语语法及其发展》（合著，1992）、《左传的范围副词》（1994）等，相关文章包括《论"谓之"句和"之谓"句》（1980）、《左传单复句初探》（1981）、《左传的第一人称代词》（1984）、《左传、史记语法特点的比较》（1985）等。

其他著作包括《实用古代汉语》（合著，1991）、《古汉语语法研究论文集》（2000）、《史记语法特点研究》（2005）、《汉语语法史断代专书比较研究》（2007）等。

洪诚（1910～1980） 训诂学家。字自明，安徽青阳县人。1935年毕业于南京中央大学国文系，曾先后在安徽合肥女子中学、浙江大学附属中学、中央大学和安徽大学任教。新中国成立后，曾在南京第一中学任教，然后调入南京大学任教，历任讲师、副教授、教授，兼任南大中文系写作教研室、语言教研室主任；曾任《辞海》编辑委员及汉语分科主编、《汉语大词典》副主编等职务。

毕生献身于古汉语的教学和研究。在《语言研究》、《中国语文》等杂志刊发多篇论文，《论南北朝以前汉语中的系词》（1957）支持王力关于"是"来源于指示词的观点，《论古汉语的被动式》（1958）论述各种被动句的发生发展过程及与现代汉语"被"字的关系，《关于上古人称代词形态问题的讨论》（1962）提出"吾""我"是方言差异。1964年，在《王力〈汉语史稿〉语法部分商榷》一文中，他提出了32条精辟中肯的修正意见。1979年前后，他创作完成了《中国历代文字学选注》《训诂学》等长篇著作。《训诂学》是其代表作，对传统训诂体例、训诂理论作了重要梳理，为新时期的中国训诂学学科建设作出了贡献。

洪亮吉（1746～1809） 清代训诂学家。原名礼吉，字君直，一字稚存，号北江，晚号更生居士，江苏阳湖（今常州）人。自幼喜爱读书，乾隆五十五年（1790年）中榜眼，曾任翰林院编修、国史馆编纂官、贵州学政等官职，嘉庆元年（1795年）回京供职，三年后因上书直陈朝政被贬放伊犁，后赦还返家，从此潜心著述至终。著有《春秋左传诂》《比雅》《六书转注录》《汉魏音》等。

洪焱祖（1262～1330） 元代音韵学家。字潜夫，号杏亭，歙县（今属安徽）人。曾官任遂昌县主簿。著有《尔雅翼音释》，采用反切和直音方式为《尔雅翼》注音。

胡厚宣（1911～1995） 汉语古文字学家、史学家。1911年12月20日出生在河北省望都县。他从小学习成绩优异，1930年考入北京大学史学系，1934年进入中研院考古组工作并多次参与河南安阳殷墟的发掘，1940年调到齐鲁大学任教，1947年再调至复旦大学教授，1956年进入中国科学院历史研究所。

在60年的学术生涯中，胡厚宣在甲骨文和殷商史研究领域孜孜以求，著述丰富。1955年，他出版《殷墟发掘》一书，对殷墟每次发掘的具体情况都进行了详尽的描述和评价，为今后殷墟研究提供了宝贵的资料。进入中国科学院工作后，他历经数年收集和整理国内外未经著录的甲骨拓片，从1978年开始出版《甲骨文合集》，到1983年共出版十三卷，收录甲骨四万余片。

其他主要著作包括《战后南北所见甲骨录》（1951）、《战后宁沪新获甲骨集》（1951）、《战后京津新获甲骨集》（1954）、《甲骨续存》（1955）、《苏德美日所见甲骨集》（1988）和《甲骨续存补编》（1996），以及《甲骨学商史论丛初集》（1944）、《甲骨学商史论丛二集》（1945）、《甲骨学商史论丛三集》（1945）和《甲骨学商史论丛四集》(1946)等论文合集。

胡明扬 （1925～2011） 语言学家。浙江海盐人。1948年毕业于上海圣约翰大学英文系。1949年至1952年先后在南京军管会、外交部等处从事外事、外交工作,1952年调入中国人民大学。1980年起相继担任北京市语言学会常务副会长、会长、名誉会长,1993年至1996年任中国语言学会副会长,1991年至1998年任国家语言文字工作委员会委员。

研究涵盖语法、方言、语言理论、词典编纂等多个领域。在语法的研究方面,他撰写有《语法形式和语法意义》(1958年)一文,提出语法形式和意义不可分割的句法语义范畴理论;著有《语法和语法体系》(1990)一书,主编论文集《词类问题考察》(1996)。在方言研究方面,著有《北京话初探》(1987)和《海盐方言志》(1992),主编国内第一部方言语法论集《汉语方言体貌论文集》(1996),并发表一系列文章,包括《海盐通园方言的代词》(1957年)、《海盐通园方言中变调群的语法意义》(1958)、《上海话一百年来的若干变化》(1978)、《三百五十年前苏州一带吴语的一斑》(1981)、《北京话的语气助词和叹词》(1981)等。在词典编纂方面,著有《词典学概论》(合著)(1982),成为国内第一部词典学理论专著。

其他重要文章还包括《关于汉语词类》(1956)、《海盐通园方言中变调群的语法意义》(1958)、《〈老乞大谚解〉和〈朴通事谚解〉中所见的汉语、朝鲜语对音》(1963)、《〈老乞大谚解〉和〈朴通事谚解〉中所见的〈通考〉对音》(1980)、《关于北京话语音、词汇的五项调查》(1983)等。此外,还有很多译著,如菲尔墨的《格辩》(1980)。

胡朴安 （1878～1947） 训诂学家。原名韫玉,字仲明、仲民、颂明,号朴安、半边翁,安徽泾县人。他从小熟读经史,1908年来到上海谋生,期间加入刘师培主持的国学保存会,1911年任《国粹学报》编辑,对文字学研究兴趣更加浓厚。他还曾先后任教于上海大学、持志大学、国民大学和群治大学,在教学的同时从事文字训诂研究。

胡朴安的文字训诂研究历经几十年。1929年,他将大学任教的讲义整理出版为《文字学ABC》一书,深入浅出地介绍文字学的基础知识和研究方法。1937年,他出版《中国文字学史》两卷,该书历时三十年著成,参考书籍近千部,系统全面地介绍文字学的性质以及历代发展。其他重要著作包括《俗语典》(1922)和《中国训诂学史》(1939)以及关于文字和训诂研究的论文十余篇。

胡　适 （1891～1962） 汉语文字改革家。原名嗣穈、洪骍,字希疆、适之,笔名天风、藏晖等,生于上海,祖籍安徽绩溪县。他幼年在家乡私塾读书,1904年来到上海学习西方文化,1910年赴美国康奈尔大学学习农业,后转攻政治和经济,1915年转入哥伦比亚大学攻读哲学,两年后获博士学位。1917年回国后,他受聘到北京大学任教,1919年被选为教育部"国语统一筹备委员会"委员,同年接办《每周评论》,1922年创办《努力周报》,1924年创办《现代评论》,1932年创办《独立评论》;还曾先后于1938—1943年间任中华民国驻美大使,于1946年7月至1948年12月任北京大学校长,1949年被聘为"总统府"资政,于1957年出任台湾地区"中央研究院"院长等职。

胡适是五四白话文运动的发起者之一。1918年,他出版用白话文编写的《中国哲学史大纲》(上卷)一书,将白话主张付诸实践。此外,他在《新青年》《教育杂志》《独立评论》等刊物上发表近三十篇文章,提倡国语统一,探讨汉字用罗马字母拼写的可能性和语法研究方法等问题,包括《论句读符号》(1918)、《国语的进化》(1920)、《国语文法的研究法》(1921)、《汉字改造论》(1922)、《国语与汉字》等。

胡以鲁 （1888～1917） 语言学家。字仰曾,浙江宁波人。清末留学日本,在日本大学获法学士学位,在帝国大学获文学士学位。归国后潜心语言学研究,曾任北京大学教授、朝阳大学教务长等职。

胡以鲁是最早向国内系统引进西方语言学理论的学者。在北京大学讲授语言学课程期间,他著成《国语学草创》(1923)一书,是国内第一部普通语言学著作,首次尝试将汉语研究置于普通语言学框架内。全书内容共分为十编,在语音部分,以现代语音学的方法描写汉语中元音和辅音的发音原理,并阐释中国传统音韵学的一些术语;在句法研究方面,强调汉语的独特性,对虚词、次序、主语等语法现象均有独到见解;在论及汉语在世界语言中的地位时,把世界语言分为综合型语言和分析型语言,将汉语归入分析型语言;在汉语方言和标准语的关系论述中,呼吁制定全国统一的国语标准,并认为湖北方言比北京话更适合用作汉民族的共同语。总之,胡以鲁不仅最早向国内系统引进西方语言学理论,而且能够批判地介绍并应用于汉语研究。

胡裕树 （1918～2001） 汉语语法学家。笔名胡附,安徽绩溪人。1945年毕业于暨南大学中文系,毕业后留校任教,1949年调入复旦大学。曾任中国语言学会常务理事、上海市语文学会副会长,在中国修辞学会、华东修辞学会和中国教育学会对外汉语教学研究会担任过顾问。

长期从事现代汉语语法的教学和研究。1955年,他与张斌合作出版《现代汉语语法探索》,系统阐述现代汉语语法理论。在词类划分方面,他们继承并发展了方光焘提出的广义形态学,制定了汉语主要词类划分的形态标准；在句法分析方面，提出以归纳句型为目的的分析法，主张区分句型（结构类型）、句类（语气类型）和句式（特征类型），弥补了汉语传统成分分析法和层次分析法的不足。1981年，他主编出版《现代汉语》，该书借鉴符号学三个组成部分的理论，主张语法研究应由语义分析、语用分析和语法分析三个平面构成。1989年，他再与张斌合作出版《汉语语法研究》，继续发展广义形态学说、句型分析法和三个平面理论。

此外，还曾任《辞海·语言学分册》(1978)主编之一、《中国大百科全书·语言文字卷》(1988)汉语语法修辞分支的主编、《中国学术名著提要·语言文字卷》(1988)的主编。其他著作包括《数词和量词》(1957)、《大学写作》(1985)和《今日汉语》(1986—1990)14册，包括有关汉语语法研究方面的论文十余篇。

黄淬伯（1899~1970）　汉语音韵学家、训诂学家。字脆白、垂伯，江苏南通人。曾就读于清华大学国学研究院，师承王国维、梁启超、赵元任等。毕业后，先后在中央研究院、大夏大学、南京政治学校、中央大学等校从教，1952年起在南京大学执教。

学术研究以音韵训诂等见长。生前撰有《论〈切韵〉音系本质并批评高本汉的观点》(1957)、《关于〈切韵〉音系基础的问题》(1962)、《〈切韵〉音系的本质特征》(1964)等论文，认为《切韵》音系不是一时一地的语音记录，更不是所谓"长安方音"，而是具有综合性理论意义的作品。著有《慧琳一切经音义反切声类考》(1931)专著一部，研究唐代慧琳《一切经音义》的声类和韵类系统。去世后，由其子主持出版的遗著有《唐代关中方言音系》(1998)和《诗经覈诂》(2012)。

黄典诚（1914~1994）　语言学家。字伯虔，笔名黄乾，福建漳州人。1933年，他考入厦门大学文学院攻读语言学，1937年毕业后到龙溪师范学校担任国文教员，1939年受聘于厦门大学，此后在厦门大学执教五十多年，曾任厦门大学社会科学技术委员会委员、福建省语言学会会长、中国训诂学会顾问、中国音韵学会学术委员、中国语言学会和汉语方言学会理事等职。

一生致力于语言学的教学和著述。在文字改革方面，他提倡普通话拼音化，撰有《从闽南的"白话字"看出拼音文字的优点》(1953)、《越南采用拼音文字的经验》(1953)、《试论中文拼音字母的拟定》(1954)、《从方块汉字到拼音文字》(1981)等文章。在汉语方言研究方面，他参与编写《福建省汉语方言概况》(1962)和《普通话闽南方言词典》(1980)，并撰有《客家话》(1954)、《闽南话》(1954)、《建瓯方言初探》(1957)和《福建方言研究中的几个问题》(1980)等文章。在音韵和训诂方面，他著有《汉语音韵发展史纲要》(1979)和《切韵系统韵书研究》(1980)。

其他著作包括《诗经语译》(1978)、《古汉语概论》(1980)以及几十篇语言研究方面的文章。

黄公绍（生卒年份不详）　宋末元初音韵训诂学家。字直翁，邵武（今属福建）人。宋咸淳年间进士，曾任架阁馆事之职。宋亡后弃官返籍，从此潜心钻研诗文经术，远离仕途。

精通"六书"。以《说文解字》以及其他宋、元以前的字书、韵书为参考，经浩繁考据引证，著成《古今韵会》一书，成为字韵训诂集大成的著作，不过已遗失。因《古今韵会》内容浩繁，不便查阅，后来他与熊忠再合编《古今韵会举要》三十卷，后人只能通过这部作品大概推测《古今韵会》的内容。除音韵训诂，黄公绍其他方面的著作也很多，但除《在轩集》和收入《四库全书》中的一些作品，多已遗失。

黄家教（1921~1998）　汉语方言学家。广东澄海人。1947年毕业于中山大学语言学系，之后一直在中山大学任教，曾兼任中国音韵学研究会学术委员会委员、全国汉语方言学会理事、广东省中国语言学会学术委员会委员、广东省中国语言学会顾问、汕头市中国语言学会顾问等职。

主要从事汉语方言学研究，主要著作包括与人合作编写的《汉语方言及方言调查》(1991)和《广州方言研究》(1995)，包括语言研究相关的论文几十篇，如《潮州方音概说》(1958)、《广州话无介音说》(1964)、《一个粤语化的闽方言—中山隆都话》(1985)和《广州市东郊乡音特点》(1991)等。

黄　侃（1886~1935）　汉语音韵学家、训诂学家。原名乔鼐，先改为馨，再改为侃，字季刚，号量守居士，湖北蕲春人。1905年留学日本，师从章太炎学习经学。1910年回国创立孝义会，宣讲民族大义。1911年，创办《民声日报》。辛亥革命后，隐居上海研究古籍。1914年起先后任教于北京大学、武昌高等师范学校、北京师范大学、东北大学、金陵大学等学府。

在音韵和训诂方面成就突出。在音韵方面，将古声分为十九组，古韵分为二十八部，建立起比较系统的上古声韵体系。在训诂研究方面，重视系统和条理，主张以《说文解字》和《广韵》两书为基础，以音韵贯穿文字训诂。主要著作包括《音略》(1920)、《声韵通例》(1920)、《声韵略说》(1936)、《集韵声类表》(1936)等。

黄　生（1622~?）　明末清初训诂学家。字扶孟。别号白山，安徽歙县人。在明代为诸生，入清不仕。所撰《字诂》利用声音以通训诂。其《义府》力图古音古训考据的精确，不为无稽臆度之谈，所循之法开清代训诂学风之先。

黄以周（1828～1899） 清代训诂学家。字元同，号儆季，又号哉生，浙江定海人。同治九年(1870年)举人。曾官任浙江分水训导、内阁中书，并在江阴南菁书院讲学十五年。

精通文字训诂。他积十九年之功搜集汉至清代典章制度，终撰成《礼书通故》100卷，勘正旧注不少谬误，在名物考证上成绩突出。其他著作还包括《子思子辑解》七卷、《军礼司马法》两卷、《经训比义》三卷，以及《儆季杂著》《读书小识》《军礼司马法考证》《集注》等。

惠　栋（1697～1758） 清代训诂学家。字定宇，号松崖，苏州府吴县（今江苏吴县）人。其祖父、父亲均精于《易》学，到惠栋已是三世传经。

作为吴派经学的创始人之一，惠栋的治学方法主要是信家法、尚古训。主要著作包括《易汉学》《易例》《周易述》《后汉书补注》《九经古义》《明堂大道录》《松文钞》等，其《伪古文尚书考》考证了相关伪作者乃晋人。

慧　琳（737～820） 唐代音韵训诂学家。慧琳是其法号，俗姓裴，西域疏勒国（今新疆喀什）人。大约13岁起师从印度不空法师学习并参与译经，大约在50岁时开始撰写《大藏经音义》，前后历时20余年完成，84岁时于长安西明寺圆寂。

《大藏经音义》亦称《一切经音义》或《慧琳音义》，不仅是一部重要的佛学经典，也是一部重要的音韵训诂文献。该书引用的古代韵书、经注等多达250多部，用以标注和解说佛典中词语。

J

季羡林（1911～2009） 语言学家、翻译家。山东省清平县（现临清市）人。1930年，考入清华大学攻读德文。1935年，赴德国哥廷根大学主修印度学，期间学习了梵语、巴利语、吠陀语、佛教混合梵语、南斯拉夫语、阿拉伯语等多种语言。1941年获得博士学位，因战争无法回国，留在哥廷根大学汉学研究所任教，继续梵文研究，并学习吐火罗语。1945年归国，在北京大学创建东方语言文学系，1978年任北京大学副校长。

对印度佛典语言和吐火罗语的研究成就尤为突出。其成果把印度中世纪语言的变化规律的研究与印度佛教史的研究在某一方面结合起来，从中探索一些重要佛教经典的产生、流传的过程。在德国留学期间，所撰论文《〈大事〉偈颂中限定动词的变化》(1941)、《〈福力太子因缘经〉的吐火罗语本的诸异本》(1943年)和《中世印度语言中语尾-am向-o和-u的转化》(1944)在当时产生重要影响。《论梵文的 td 的音译》(1948)指出许多中译佛典的原文不是梵文，而是俗语，或中亚古代语言，因此利用梵汉对勘时要小心。《吐火罗语的发现与考释及其在中印文化交流中的作用》(1956)认为汉语里最早的借字不是直接从梵文译过来的，而是经过了中亚古代语言，特别是吐火罗语的媒介。20世纪80年代在中国新疆发现了吐火罗语写作的《弥勒会见记》残卷，季羡林终于有机会再次开始其在吐火罗语上的研究。其论文《吐火罗文 A 中的三十二相》(1982)和著作《敦煌吐鲁番吐火罗语研究导论》(1993)弥补了中国作为吐火罗语发现国的研究空白，1998年完成的《弥勒会见记》更是震撼国际学术界。

贾昌朝（998～1065） 宋代音韵学家。字子明，开封（今属河南）人。天禧元年（公元1017年）赐同进士出身，在真宗、仁宗、英宗在位时，曾出任过晋陵主簿、国子监说书、权御史中丞、枢密使、左仆健射等职，最后官封魏国公。所著《群经音辨》专释群经之中同形异音异义词的音义，成为重要的正音工具书。

江　藩（1761～1830） 清代训诂学家。原名帆，字子屏，一作国屏，号郑堂，晚号节甫，署江水松竹西词客、辟支迦罗居士、炳烛老人等，江苏甘泉人。通读群经，擅长训诂。著有《隶经文》四卷，《汉学师承记》八卷，《宋学渊源记》三卷。

江　声（1721～1799） 清代训诂学家、文字学家。字涛，后改字叔瀛，号艮庭，江苏元和（今吴县）人。嘉庆元年（1796年）举孝廉方正，但布衣而终。师承"吴派"大师惠栋，长于经史、训诂之学，推崇汉儒之说。著有《尚书集注音疏》《论语质》《恒星说》《艮庭小慧》《六书说》等。其中《六书说》是一部文字学著作，根据文字孳乳衍生的原理，将"六书"进行分类；对"转注"字，提出从形、义两个方面理解。

江　式（？～523） 北魏文字学家、训诂学家。字法安，陈留济阳（今河南兰考）人。自幼承袭家学，擅长篆书。曾官至骁骑将军兼著作郎。延昌三年（514年），上书宣武帝《论书表》一卷，奏请撰写《古今文字》。《论书表》中对文字的源流、演变以及历代文字研究的著述成果等均有详细阐述，是文字学研究的重要文献之一。其《古今文字》以许慎《说文解字》为基础，荟萃古今群书，上篆下隶，兼收并蓄，最终撰成40卷，但最终未完而卒。

江　永（1681～1762） 清代音韵学家。字慎修，又字慎斋，徽州婺源县（今属江西省）人。康熙年间秀才，居家开馆授徒。精通古音学、等韵学、今音学，治学兼通考古和审音。所著《古韵标准》《四声初韵表》《律吕阐微》《音韵辨微》《周礼疑义举要》《礼记训义择言》等共27部著作被收入《四库全书》。

江有诰（1773～1851）　　清代音韵学家。字晋三，号古愚，安徽歙县人。读书不为科举功名，喜读顾炎武的《音学五书》和江永的《古韵标准》，致力于古音韵学的研究。一生著述颇丰，有《诗经韵读》《群经韵读》《楚辞韵读》《先秦韵读》《汉魏韵读》《唐韵四声正》《谐声表》《入声表》《二十一部韵谱》《唐韵再正》《唐韵更定部分》等著述，总名《江氏音学十书》。在古音学上的突出贡献是分上古韵部为21部，将入声分配入相应的阴声韵。另著有《经典正字》和《隶书纠谬》。

江　沅（1767～1838）　　清代训诂学家。字子兰，江苏元和（今苏州吴县）人。祖父是清代音韵学家江声，家学深厚，在学业上师从段玉裁。

精研《说文解字》。他先著成《说文释例》两卷，上卷释字例，下卷释音例。后再著成《说文解字音均表》，认为《易》《诗》《书》等与《说文解字》相表里，可以藉以古音审校；但他过于推崇许慎，而忘记形声字时代远早于《诗经》时代，许慎所在时代的东汉读音又远远晚于《诗经》，因此他不同意段玉裁分立之脂支三部，也不同意把真文一分为二；在疏解词义时，他善于使用方言证古。

姜亮夫（1902～1995）　　汉语古文字学家、音韵训诂学家。原名寅清，字亮夫，晚号成均老人，云南昭通县人。1921年考入成都高等师范学校国文部，1926年考入北京师范大学国文研究班，后转入清华大学国学研究院，得王国维、梁启超、赵元任等国学大师的指导。1928年起在南通、无锡、上海、郑州等地教学。1935年赴法国巴黎大学进修，期间抄录流落西方的敦煌经卷共3000多张。1937年回国，先后在东北大学、西北大学、云南大学、昆明师范学院、浙江英士大学等校任教。1949年5月起任云南省教育厅厅长，新中国成立后任云南省文教处长。1950年进入云南革命大学高级研究班学习，1952年进云南博物馆工作，1953年调到浙江师范学院（杭州大学前身）。曾兼任浙江省语言学会会长、中国屈原学会会长、中国训诂学会顾问、中国韵文学会顾问、中国吐鲁番学会语言分会会长等职。

研究兴趣广泛，涉及古文字学、音韵训诂、楚辞学和敦煌学等领域。《中国声韵学》（1933）乃根据其复旦大学任教期间的音韵学讲义整理而成，全面概述中国传统音韵学的历时发展和研究成果；《文字朴识》（1946）是基于其在大学讲授甲骨文和金文的讲义，在综述前辈学者的古文字研究成果的基础上，进一步考察文字的演变轨迹；《楚辞通故》（1986）则是对从事楚辞研究五十多年后的总结性著作，书中考释详尽，分类明晰，观点深邃。

其他重要著作包括：《诗骚联绵字考》（1932）、《甲骨吉金篆籀文字统编》（1934）、《屈原赋校注》（1957）、《古文字学》（1984）、《楚辞通故》（1986）、《瀛涯敦煌韵书卷子考释》（1990）、《敦煌碎金》（1992）等。

蒋礼鸿（1916～1995）　　训诂学家。字云从，浙江嘉兴人。他曾在之江大学攻读国文专业，1938年获文学学士学位。毕业后，先后在之江大学、湖南安化国立师范学院、中央大学师范学院等校任教，1951年调入浙江师范学院（该校1958年更名为杭州大学），1978年晋升为教授。曾任《辞海》词语分册主编和《汉语大词典》副主编，先后担任过中国敦煌吐鲁番学会语言文学研究会副会长、浙江省语言学会会长、浙江省敦煌学会副会长等职。

精于训诂学，尤其在敦煌语言学和近代汉语词汇的研究中颇有建树。他于1945年撰写了《商君书锥指》，在语言文字研究方面崭露头角；1959年出版《敦煌变文字义通释》，考释敦煌变文中的词语，该书后来经过六次补订，从最初的5.7万字增补到42万字，成为训诂学和敦煌学研究的经典文献。《义府续貂》（1981）是其另一部考释文字音义的专著，全书242个条目，收语词337个，被公认为汉语词义学和语源学领域的重要著作。

其他重要著作包括：《咬文嚼字》（1982）、《古汉语通论》（与任铭善合著，1984）、《商君书锥指》（1986）、《敦煌文献语言词典》（主编，1994）、《类篇考索》（1996）等，以及语言文字研究相关的论文数十篇。

蒋善国（1898～1986）　　汉语文字学家。黑龙江庆安县人。1921年进入南开大学，同年取得北京大学研究所国学门研究生入学资格，大学三年级时获北京大学研究所研究生学历证书，1925年获天津南开大学学士学位，毕业后在清华大学研究院任助教，两年后辞职专心著述；1929年通过河北省县长考试，1931年任河北省立女子师范学院教授，1932年任满城县长，再调任房山县长；1936年再次闭门著书，1947年任国民政府考试院编辑科长；1953年起，任职于东北人民大学（今吉林大学）中文系。

研究主要以文字学领域为主。其《中国文字之原始及其构造》（1930）首开比较文字学之先河，将中国的金甲文与古老的埃及和克里特象形文字进行比较；《汉字形体学》（1959）研究汉字形体的演变，并以大量书法作品为例，探寻每种字体发展背后的谱系渊源；《汉字学》（1987）探讨文字的起源，并阐述音化和简化在汉字形体演变中的作用。

其他著作包括《汉字的组成和性质》（1960）和文

字研究相关的论文近 20 篇。

焦　循（1763～1820）　清代学者。字理堂（或作里堂），晚号里堂老人，江苏甘泉（今扬州）人。嘉庆六年的（1801 年）举人，博学多识，对易学、算学、医理、经史、音韵、训诂等都有研究。著有《论语通释》《孟子正义》《六经补疏》《古文尚书辨》《雕菰楼文集》等。

金兆梓（1889～1975）　汉语语法学、修辞学家。字子敦，号芚厂，浙江金华人。曾就读于京师大学堂预科，后考入天津北洋大学矿冶系，但中途因母病辍学。肄业后，先后执教于浙江省立第七中学和北京高等师范学校。1922 年起，先后在上海中华书局、重庆中华书局、上海市文史馆等机构工作，1964 年因病离职休养。

擅长语法和历史研究。所著《国文法之研究》（1922）主张汉语语法研究应注重汉语自身的特点，力图阐明逻辑与语法的关系，是中国革新派语法学早期代表性著作之一。其他著作包括《实用国文修辞学》《芚厂治学类稿》等。

K

孔广森（1753～1787）　清代音韵学家。字众仲，一字撝约，号顨轩，山东曲阜人。乾隆三十六年（1771 年）进士，官拜翰林院检讨，但不喜仕途，辞官归乡，潜心著书立说。著有《春秋公羊通义》《大戴礼记补注》《礼学卮言》《经学卮言》《诗声类》等。其中《诗声类》集中反映了他在古音研究上的贡献，他将古韵分为 18 部，提出"阴阳对转"，即同类的阴声韵和阳声韵之间有通转关系，如"之""蒸"对转；阴阳对转可以解释谐声偏旁，也可以解释词与词之间的派生关系，并解释通假、合韵等现象。

孔颖达（574～648）　隋唐时期训诂学家。达字冲远，生于北周武帝建德六年（574 年），冀州衡水（今属河北）人。曾师从当时大儒刘焯，隋炀帝时授任河内郡学博士、太学助教，唐代历任国子博士、国子司业、国子祭酒等职。唐太宗年间奉诏编纂《五经正义》，共成书一百八十卷，成为后人研习五经、考据注疏的范本。

L

兰　茂（1397～1476）　明代音韵学家。字廷秀，号止庵，别号和光道人、洞天风月子、玄壶子等，云南杨林（今属嵩明）人。博学多才，但不屑科举仕途，终身隐居乡里，开馆授徒，采药行医，潜心著述，时人誉为"小圣"。著有《玄壶集》《鉴例折衷》《经史余论》《韵略易通》《声律发蒙》等，其中《韵略易通》合并韵部为 20 个，并在卷首创 20 个字的《早梅诗》，这就是北京普通话 21 声母的前身。

劳乃宣（1843～1921）　音韵学家。字季瑄，号玉初，又号矩斋、韧叟，浙江桐乡人。同治十年（1871 年）进士，曾在直隶的临榆、南皮县、蠡县、吴桥、清苑等县任知县。1900 年因义和团起事归乡避乱，先后任南洋公学和浙江大学堂总理。光绪三十四年（1908 年）奉诏进京，任宪政编查馆参议和政务处提调。宣统三年（1911 年），任京师大学堂总监督，后又任袁世凯内阁学部副大臣。1912 年清帝退位，劳乃宣归隐崂山。1917 年张勋复辟，他被任命为法部尚书，但以年老为由辞任。

在清末学者盛行古音学研究的背景下，劳乃宣致力于等韵学研究，历经三十多年的研究，著成《等韵一得》（1983）一书。该书是一部专门论述音理的著作，不仅整理古音，而且研究当时的各地方音，一览清代语音系统概貌。全书分内篇和外篇两个部分，内篇包括十个韵谱，分别为字母谱、字母简谱、字母分配古母谱、韵摄谱、韵摄简谱、韵摄分配韵部谱、母韵合谱、四声谱、四声分配韵部谱和四声清浊举隅谱，外篇主要是音理论述，分八项展开，包括字母、韵谱、四声、双声叠韵、反切、射字、读法以及杂论。

劳乃宣也是汉语简字拼音的首倡者和推行者。他认为文字的难易关乎国民教育的普及，主张通过简字推行实现汉语的言文一致，进而实现国语统一。1906 年，他出版《增订合声简字谱》和《重订合声简字谱》，在王照提倡的官话字母基础上，增加宁音谱和吴音谱，用以拼写下江官话和吴语。1907 年，他再出版《京音简字述略》和《简字全谱》，前者介绍王照的官话字母，后者介绍其本人研究的京音谱、宁音谱、吴音谱和闽广音谱。

其他著作包括《简字丛录》（1906）、《京音简字述略》（1907）、《简字谱录》（1908）、《简字丛录续编》（1911）和《读音简字通谱》（1917）。

黎锦熙（1890～1978）　语言学家。字劭西，号鹏庵，湖南省湘潭市人。1911 年毕业于湖南优级师范学堂，毕业后在湖南第一师范学校任教，1915 年赴北京教育部任教科书特邀编审员，1917 年协助蔡元培建立"国语研究会"，1920 年起先后在北京大学和北京高等师范学校任教，主办第一届国语讲习所，并在北京高等师范学校首次开设《国语文学》课程。1949 年，他与吴玉章、马叙伦、郭沫若等共同组织成立中国文字改革协会，并任理事会副主席。1955 年，任中国科学院哲学社会科学部委员。

在文字改革、词典编纂和汉语语法研究等方面均有研究。在文字改革方面，提倡汉语规范化，致力于汉语拼音方案的制订和简化字推行，1926年在全国国语运动大会上发表题为"全国国语运动宣言"的长篇演讲，同年，与钱玄同、赵元任等制定《国语罗马字拼音方式》，1934年著成《国语运动史纲》，记述清末以来汉语在语言文字方面的发展。为了加强国语统一化和规范化的进程，1928年与钱玄同等组建中国大辞典编纂处，参与编写《国语辞典》《新部首索引国音字典》《增注国音常用字汇》《中华新韵》《汉语辞典》《学习辞典》《同音字典》《学文化字典》等多部工具书。在语法研究方面，致力于创建汉语白话文语法研究体系，1924年出版《新著国语文法》，在《马氏文通》语法体系的基础上，进一步借鉴英国语法学家纳斯菲尔德（J.C.Nesfield）的《现代英语语法》，依据意义标注划分实词，凭借施事受事确定主语和宾语；在句子分析方面，采用"中心词分析法"，首创了"句本位"语法体系。该书成为现代汉语语法研究的奠基之作。此外，还与学生刘世儒合著十几部语法教学和研究方面的书籍，如《怎样教学中国语法》《中国语法教材》《汉语语法教材》《论现代汉语中的量词》《汉语释词文集》《文字改革论丛》等。

其他著作主要包括《比较文法》（1933）、《中国文字与语言》（1951）、《字母与注音论丛》（1958）、《汉语言规范化论丛》（1963）等。

李从周（生卒年份不详）　宋代文字学家。字肩吾，一字子我，号滨洲，四川彭山（今彭县）人。善诗词、精六书之学。著有《字通》，共收601字。

李　登（生卒年份不详）　三国时期魏国音韵学家。生平已不可考，曾官任佐校令。所著《声类》是目前有记载的最早古代韵书。该书早已不传，只有史书中有零星记载。据载《声类》共10卷，按照宫、商、角、徵、羽五音编排，不分韵部，收字11520个，比许慎的《说文解字》还多2167字。

李方桂（1902～1987）　语言学家、方言学家。广东广州人。1921年考入清华学堂医学预科，1924年赴美国密执安大学学习医学，后改为语言学，师从美国著名语言学家萨丕尔，后再转至芝加哥大学攻读语言学，1927年获得硕士学位，1928年获得博士学位，1929年回国任中央研究院历史语言研究所研究员。1948年当选中央研究院第一届院士，并被聘为美国耶鲁大学和哈佛大学的客座教授。1949年再赴美国，先后在华盛顿大学、夏威夷大学任教，并曾任美国语言学会副会长、美国语言学国际杂志副主编等职。1987年8月卒于美国加利福尼亚州。

李方桂不仅具有掌握系统的语言学理论和研究方法，善于做实地考察，而且通晓多种语言。在追随萨丕尔对印第安语进行调研后，著成《马朵尔——一种阿塔巴斯堪语》（1930）、《萨尔西语的动词词干研究》（1930）等八部关于印第安语的专著，均为印第安言研究的重要文献。在任中国中央研究院历史语言研究所研究员期间，调查了云南、广西、贵州等地20多种侗台语的方言，并到泰国调查泰语，著有《龙州土语》（1940）、《武鸣土语》（1956）、《莫话记略》（1943）、《水语研究》（1977）和《台语比较手册》（1977）等专著和几十篇相关论文。此外，还著有《上古音研究》（1971）、《敦煌汉藏词汇》（1963）等在汉语和藏语研究方面的著作。

李赋宁（1917～2004）　应用语言学家。江苏南京人。1934年入读南开大学经济系，1935年转到清华大学土木工程系，随后又转入外文系，曾随清华南迁在西南联大学习，1939年考入清华大学研究生院，1941年毕业后任教西南联大外语系。1946年赴美国耶鲁大学研究院留学，1948年获语言文学硕士学位。1950年回国执教于清华大学，1952年调入北京大学工作至1987年退休。曾兼任过中国外语教学研究会副会长、中国中美比较文化研究会顾问、中国莎士比亚学会副会长、《国外文学》副主编等职。

致力于中国的英语教学与研究。在英语教学方面，开设过专业英语、专业法语、拉丁语、古英语、英国文学、法国文学、西方文学批评、英汉互译等各种课程。在英语研究方面，所著《英语史》（1991）是国内英语教学研究的重要文献，全书分为两个部分，第一部分介绍英语的起源和历时演变，第二部分收录十七篇选文展示古英语、中古英语和现代英语的特点。

其他重要著作包括《漫谈英语学习》（1981）、《李赋宁论英语学习和西方文学》（1985）、《英语学习指南》（1986）和《英语学习经验谈》（1993）。

李光地（1642～1718）　清代音韵学家。字晋卿，号厚庵，别号榕村，福建安溪人。康熙九年（公元1670年）进士，历任掌院学士、直隶巡抚、文渊阁大学士、吏部尚书等职，为官期间平定台湾，治理漳河、子牙河和永定河，辅助康熙皇帝完成清初社会政治和经济的整治。

不仅政绩显著，而且学识渊博。著有《榕树全集》数百卷，其中关于音韵学的著述颇丰。《音韵阐微》是其代表作，运用等韵学原理划分韵类，改革韵书体例，使用新的反切，为研究近代音提供了宝贵资料。

李　荣（1920～2002）　汉语音韵学家、方言学家。曾用名李昌厚，笔名董少文、宋元嘉、昌厚等，浙江温岭人。1939年考入西南联合大学中文系，1943年进入北京大学攻读研究生。1946年在北京大学文学院任助教,1949年调入山东大学文学院执教,1950年进入中国科学院语言研究所工作。1979年,创办《方言》杂志,1981年参与创立全国汉语方言学会并长期担任会长。

主要以音韵学和汉语方言研究见长。在音韵学研究领域,他于1952年著成《切韵音系》,该书主要考察《切韵》的中古音韵反切系统,通过分析上下字的作用,提出切韵音中存在俟母;1957年与丁声树合作出版《汉语音韵讲义》,作为教育部和语言研究所合办的普通话语音研究班的教材;1982年,出版《音韵存稿》,收录音韵学的论文共十四篇。在方言研究领域,1987至1989年,中国社会科学院和澳大利亚人文科学院合作编纂《中国语言地图集》,李荣任中国方言部分的主编之一,该项目最终把汉语方言的分布划分为十个区,分为为官话区、晋语区、吴语区、徽语区、赣语区、湘语区、闽语区、粤语区、平话区、客家话区,而且对各方言区的特点进行了比较清楚的描述。2002年,他主持编写的《现代汉语方言大词典》出版,共包括41卷分地方言词典,每个方言区均有方言入选词典,比较全面地反映了现代汉语各方言间词汇异同和语法虚词用法等方面的基本情况。

此外,在《中国语文》和《方言》杂志发表论文近三十篇,包括《方言语音对应关系的例外》(1965)、《三个单字调的方言的调类》(1985)、《温岭方言里的轻声》(1992)等。

李汝珍 (约1763～约1830) 清代音韵学家。字松石,号松石道人,直隶大兴(今属北京市)人。因不屑八股,仕途不达,只官至河南县丞。学问渊博,精通音韵。其《李氏音鉴》为儿童蒙学而作,内容不仅包括音节图表,而且涉及音韵学的基本理论和方法,是一部通俗的音韵学教科书。该书认为反切古今方言有差别,不能一律;其音韵框架被指不是一个具体音系,而是兼赅南北的综合音系。

李 善 (？～689) 唐代训诂学家。扬州江都(今扬州市)人。先后任录事参军、秘书郎、崇贤馆直学士兼沛王侍读、泾城(今安徽泾县)县令。因事被流放,后遇赦,寓居在今河南开封、郑州一带,以讲授《文选》为业。

著有《文选注》,该书的主要特点是审音辨义、释事考典。由于该书训释散文,故而对文章修辞方面也多有卓见;再因其所引诸书后世多已亡佚,因此其类书功能也堪称甚佳。

李树俨 (1945～2007) 汉语方言学家。宁夏中宁人。1985年至1999年任教于宁夏大学,1999年起任教于韶关学院。

长期从事汉语方言、普通话、地域文化等方面的教学和研究工作。1989年,主编出版《中宁县方言志》。1996年,与李荣、张安生共同编纂完成《现代汉语方言大词典》分卷之一《银川方言词典》。2001年,与李倩合编《宁夏方言研究论集》。2003年,出版《字本位与汉语方言研究》,进一步发展徐通锵提出的"字本位"理论。

其他著作包括《汉语方言调查讲义》(1991)和《普通话口语训练》(1993),以及《银川方言人称代词复数的两种形式及词缀"都"》(2001)、《银川方言人称代词复数的两种形式及词缀"都"》(2004)等文章。

李 斯 (公元前280～前208) 秦代文字学家。字通古,楚国上蔡(今河南上蔡)人。战国末年入秦,协助秦始皇统一六国,官至丞相,秦始皇死后被赵高所害。反对分封制,主张全国统一车轨、文字及度量衡制度。为统一文字,李斯著有《仓颉篇》,此书可谓我国最早的字书,流行至东汉,终因文字古体太多而失传。

李新魁 (1935～1997) 汉语音韵学家、方言学家。字星桥,广东澄海人。1955年考入中山大学中文系,1959年毕业分配到广东师范学院任教,1962年调入暨南大学,1970年转到华南师范学院,1973年再调到中山大学。曾担任中国音韵学研究会副会长、中国语言学会常务理事、中国民族语言学会理事、广东省中国语言学会副会长、广州国学研究社社长等职。

在音韵学领域,对古音和近代音均有较深入的研究。1980年出版《古音概说》一书,系统阐述古音的基本知识,全书包括古音与今音、古代的注音方法、古音的分析、上古音、中古音、近代音、古音的运用等共七章。1983年,其《汉语等韵学》和《〈中原音韵〉音系研究》出版,前者在学理上系统阐明等韵学研究所涉的基本概念,并对搜集到的约120种韵图的内容进行了整理和介绍;后者对《中华音韵》所代表的近代汉语语音进行了声母系统、韵母系统、声调系统和音节结构等多角度的研究。1986年,《汉语音韵学》出版,在大量考察历代等韵研究资料的基础上,对汉语的等韵学史进行整理和研究。其他音韵学研究的专著包括《中国声韵学概论》(1990)和《中古音》(1991)。

在方言学领域,对闽、粤、吴三大方言均有研究,尤以广东潮州方言研究见长。为方便潮汕方言的学习和使用,他编纂出版《普通话潮汕方言常用字典》(1958)和《新编潮汕方言十八音》(1979),并与林伦伦合作编纂《潮汕方言词考释》(1992)和《潮汕话大词典》(1999)。1994年,他出版《广东的方言》一书,系统介绍广东方言的总体特征和历史研究情况,并从语音、词汇和语法诸角度详细介绍广东的三大方言——粤方言、潮汕方言和客家方言。

其他著作包括《汉语文言语法》(1983)、《香港方言与普通话》(1988)、《类别词汇释》(1989)、《实用诗词格律辞典》(1991)等。

李亚农（1906~1962） 汉语古文字学家。原名李祚贞，又名李旦丘，四川江津人。1916年留学日本京都帝国大学。1932年归国后执教于北京中法大学，1937年南下上海中法孔德研究所工作。1941年赴苏北参加新四军并任敌工部副部长，负责日本战俘管理等工作。1949年新中国成立后，先后在中国科学院华东办事处、上海市文物管理委员会、上海社科院、重庆科学院等、华中建设大学、华东研究院等机构任职。

主要专注于甲骨文、金文的研究。著有《铁云藏龟零拾》(1939)、《金文研究》(1941)、《殷契摭佚》(1941)、《殷契摭佚续编》(1950)等四部著作，另著有《殷代社会生活》《西周与东周》等多部历史研究著作。

李因笃（1632~1692） 清代音韵学家。字子德，一字孔德，号天生，陕西富平人。精通音韵、诗词，著有《古今韵考》《汉诗音注》《受祺堂诗文集》《增校清朝进士题名碑录》等。

李 舟（生卒年份不详） 唐代音韵学家。字公受，甘肃陇西人。官至虔州刺史。在孙愐《唐韵》基础上重加订正，撰《切韵》十卷，为《广韵》的206韵部次序奠定基础，不过该书已经失传。另著《柳河东集》《金石录》《唐书宰相世系表》等。

力捷三（生卒年份不详） 清代拼音文字学家。字子薇，福建永福（今永泰）人。光绪年间举人，擅长八分隶。清末倡导切音字运动，采用速记符构建切音体系。光绪二十二年（1896年）出版拼福州音的《闽腔快字》，1902年出版《无师自通切音官话字书》。

梁僧宝（生卒年份不详） 清代音韵学家。原名思问，字伯乞，号寒白退士，广东顺德人。咸丰己末年（1859年）考中进士，官至鸿胪寺少卿。后因病引退，潜心学问。著有《切韵求蒙》《古易义》《尚书泾渭录》《古术今则》等著作。

梁同书（1723~1815） 清代训诂学家。字元颖，号山舟，晚号石翁，钱塘人。乾隆十二年（1747年）举人，乾隆十七年（1752年）殿试特赐进士，曾官任翰林院侍讲。乾隆二十三年，因父去世，在家守孝三年，以后托病不出。自幼聪颖，书法、诗文、训诂等均有颇深造诣，著有《频罗庵遗集》《频罗庵论书》《直语补正》《日贯斋涂说》《笔史》等著作。

梁玉绳（1744~1819） 清代训诂学家。字曜北，号谏庵，又号清白士，浙江钱塘（今杭州）人。乾隆年间的增贡生，后连续八次乡试不中，从此放弃科举仕途，专心治学。著有《瞥记》七卷，为释经之经典；《史记志疑》三十六卷，文字考据注解详尽；《人表考》旁征博引，尤为精深。其他著作有《吕子校补》《元号略》《志铭广例》等，合为《清白士集》。

廖序东（1915~2006） 语言学家。湖北汉口人。1937年考入北平师范大学国系，1941年完成学业。毕业后，先后执教于陕西汉中师范学校、四川江北国立女子师范学校、重庆女中、万县女中、湖北第二女子师范学校、湖北第一女子师范学校等六所学校。自1947年起，开始在高等学校任教，执教过的高校包括苏州国立社会教育学院、苏南文化教育学院、江苏师范学院、南京师范学院、江苏师范专科学校和徐州师范学院。在徐州师范学院执教期间，参与创建中文系和汉语言文字学专业。

研究领域主要包括语法研究和方言研究。在现代汉语语法方面，突出贡献是使用加线法分析句子成分，著有《文章的语法分析》（与张拱贵合著）(1955)、《现代汉语》（与黄伯荣合著）(1979)、《文言语法分析》(1979)等专著，刊发《复句的分析》、《单句的分析》、《论句子结构的分析法》、《论句子的图解》、《论句本位语法》等文章。在古汉语语法方面，著有《楚辞语法研究》(1995)专著一部，刊发《〈离骚〉中的重言、联绵词及并列复合词》、《〈马氏文通〉所揭示的古汉语语法规律》和《〈马氏文通〉所采用的研究方法》等文章。在方言研究方面，著有《汉口语音》和《苏州语音》(1958)两部专著，刊发《城固"重言"记》和《苏州音和北京音的异同》等文章。

此外，他还仿照清末张之洞《书目答问》的宗旨和体例，编写《汉语语言学书目答问》一书，成为汉语语言研究的重要文献。及至晚年，还组织翻译叶斯泊森的《语法哲学》，推动汉语语法研究。

林汉达（1900~1972） 应用语言学家、文字改革家。笔名林迭肯、林奋，浙江慈溪人。1921年考入杭州之江大学，毕业后在宁波四明中学任教。1928年进入上海世界书局工作，主要担任英文编辑工作。1937年，考入美国科罗拉多州立大学研究生院，两年内获得硕士和博士学位，1939年归国。回国后，先是执教于搬迁至上海租界办学的之江大学，1941年调至华东大学，1945年为避开国民党当局的迫害远赴辽宁工作，1949年调至燕京大学，1956年任教育部副部长，曾兼任《中国语文》主编、中国文字改革委员会研究员等职。

早期主要致力于英语教育方面的教材的编写，尤其是在上海世界书局工作的十年间，编写二十余部有关英语教学和研究的著作，如《英语》、《初级中学英语标准读本》、《初中新英语》、《高中标准英语读本》、《英文文法 ABC》等课本，编注《初学必读英文丛刊》、《英文文学基础丛刊》等系列丛书。后来研究兴趣明显转向汉语文字改革，与人合著的《中国拼音文字的整理》(1933)出版后，相继著成《中国拼音文字的出路》(1942)、《连写、定型、注调、分部、国语拼音词汇》(1944)、《新文字写法手册》(1947)、《定型化新文字》(1949)、《新文字手册》(1950)、《注音扫盲拼音识字课本》(1959)、《汉语拼音自修课本》(1962)等十几部书。其他著作包括《向传统教育挑战》(1949)、《西洋教育史》(1934)等。

林　焘（1921～2006）　　语言学家。字左田，福建长乐县人。1939年考入燕京大学国文系，1944年在燕京大学师从李方桂继续研究生学习。1946年起在燕京大学任教，1952年燕京大学并入北京大学，继续在北京大学中文系任教至1999年。兼任过汉字现代化研究会副会长、中国语言学会理事、世界汉语教学学会理事会顾问、中国语言学会语音学分会主任，《语言学论丛》主编和《世界汉语教学》代理主编等职。

　　五六十年代的研究主要以音韵学和语音学为主，刊发《〈经典释文〉异文之分析》(1950)、《现代汉语补语轻音现象反映的语法和语义问题》(1957)、《现代汉语轻音和句法结构的关系》(1962)、《北京话连读音变》(1963)等文章，重视语音与语法关系的研究。"文化大革命"期间，主要从事《古代汉语》教材和《古汉语常用字字典》的编写和审订工作。"文革"结束后，研究方向转向实验语音学，在北京大学创建国内第一个现代化语音实验室，刊发《北京官话溯源》(1987)、《北京官话区的划分》(1987)、《"入派三声"补释》(1992)、《日母音值考》(1996)等文章，主编《20世纪中国学术大典·语言学卷》(2002)。

林杏光（1937～2000）　　语言学家。广东兴宁人。曾就读于中山大学中文系，1959年毕业后分配到北京外国语学院任教，1979年调到中国人民大学继续教学和研究工作。1971至1978年间任《汉英词典》(1978)的汉语编辑组长，并曾任北京市语言学会常务理事、《语文论集》丛刊编委、香港《普通话》杂志编委等职。

　　林杏光注重语言学和计算机科学的跨学科研究，尤其在词语义类方面提倡研究成果人机两用的主张。他历时十几年的研究，编纂多部汉语义类词典，包括《简明汉语义类词典》(与菲白合作，1987)、《汉语多用词典》(1990)、《现代汉语实词搭配词典》(1992)、《现代汉语动词大词典》(1994)以及与清华大学计算机系联合编纂的《现代汉语述语动词机器词典》(1996)等。此外，他在《语言教学与研究》《语言文字应用》等杂志发表论文三十余篇，在汉语词义分类、词语搭配、动词格关系、句型研究等发面提出见解，如《论现代汉语句型的研究》(1984)、《积极发展人机两用的语言学》(1995)、《中文信息界的语义

研究谭要》(1998)等文章。

　　其他著作包括《汉语句型》(1990)和《词汇语义和计算语言学》(1999)等。

林语堂（1895～1976）　　语言学家。原名和乐，后改玉堂，又改语堂，笔名毛驴、宰予、岂青等，福建龙溪人。1912年考入上海圣约翰大学，1919年考入美国哈佛大学，1921年获文学硕士学位。同年，赴德国学习文学，不久转入莱比锡大学攻读语言学，1923年获博士学位。归国后，先后在北京大学、北京女子师范大学、厦门大学等校任教。1936年移居美国，1945年赴新加坡筹建南洋大学，1966年定居台湾，1967年赴香港中文大学任教。1976年3月26日在香港去世，后移灵台湾。

　　林语堂的音韵学研究始于在莱比锡大学学习期间，其博士学位论文即以《中国古代音韵学》为题。一直到移居美国之前，他的学术主要以语言学研究为重心，著有《语言学论丛》(1933)一部，收录《周礼方言考》《汉代方言考》《闽粤方言之来源》《方言字母与国语罗马字》等论文共32篇。移居美国后，创作主要转向文学领域。

刘宝楠（1791～1855）　　清代训诂学家。字楚桢，号念楼，江苏宝应人。道光二十年（公元1840年）进士，曾历任文安、元氏、三河、宝坻知县。自幼受教于长兄刘宝树和堂叔刘台拱，主张治经应以文字训诂为基础。著有《论语正义》二十四卷，对宋代邢昺《论语正义》补足订正，成为《论语》研究的重要典籍。另著有《释谷》《殉扬录》《宝应图经》等。

刘殿爵（1921～2010）　　语言学家、翻译家、哲学家。香港人。曾就读于香港大学中文系，1946年赴英国拉斯哥大学攻读哲学。1950年任教于英国伦敦大学亚飞学院，1978年任教于香港中文大学。曾兼任《中国文化研究所学报》主编、吴多泰中国语文研究中心主任等职。

　　语言学研究领域主要涉及粤语方言正音和古汉语音韵训诂研究。参与发起粤语正音运动，1981年在《明报月刊》上发表《论粤语"时间"一词的读音》一文，主张正音。1978年，审阅香港中文大学出版的《广雅疏证·新式标点》。其他著述包括《老子》《孟子》《论语》等典籍英译本，并参与主编《先秦两汉古籍逐字索引丛刊》《魏晋南北朝古籍逐字索引丛刊》等系列丛书。

刘　鹗（1857～1909）　　清代古文字学家。原名孟鹏，字云抟，后更名鹗，字铁云，又字公约，别号鸿都百炼生，江苏六合人。出生于官宦之家，自幼得名师授业，博览经史，喜欢书画碑帖、金石甲骨，并对数学、医学、水利学等均有研究。在金石文字方面著有《铁云藏龟》《铁云藏陶》《铁云泥封》等，其中《铁云

藏龟》是我国最早著录甲骨卜辞的著作。另著中国四大讽刺小说之一的《老残游记》，以及其他一些诗歌、数学、医学和水利等方面的著作。

刘逢禄（1776～1829）　清代训诂学家。字申受，号申甫，又号思误居士，江苏武进人。自幼学于外祖父、舅父，尤善公羊学。嘉庆年间进士，曾官任礼部主事、仪制司主事。著有《春秋公羊何氏释例》和《公羊何氏解诂笺》，以新的方式阐释《春秋公羊传》。另著有《尚书今古文集解》《左氏春秋考证》《谷梁废疾申何》《论语述何》《四书是训》等经学著作。

刘复（1891～1934）　语言学家。原名寿彭，字半农，号曲庵，笔名寒星，江苏省江阴县人。曾留学法国巴黎大学，1925年以《汉语字声实验录》获得博士学位。归国后，先后在北京大学、中法大学、辅仁大学、北平大学等校执教，并兼任过《中华新报》特约编译员、《世界日报》副刊编辑、中华书局编辑、《新青年》编辑等职。

研究主要涉及语文新文化运动、实验语音学和汉语语法等方面。在语文新文化运动中，拟订了《国语统一进行方法》（1919）和《国语罗马字拼音法式》（1928），主张废止旧韵，改用新韵，使用新式标点符号。在实验语音学的研究中，组织建设我国第一个语音实验室，用实验语音学的仪器和方法研究汉语的四声，著成《四声实验录》（1924），厘清汉语的调类和调值之间的关系，在我国音韵学史上具有划时代的意义。在汉语语法研究方面，著成《中国文法通论》（1920）和《中国文法讲话》（1932），对当时机械模仿西洋语法的研究方法进行革新性探索。

其他著作包括《字学十书通检》、《标准国音中小字典》，与李家瑞合著《宋元以来俗字谱》，与罗常培合著《十韵汇编》。

刘鉴（生卒年份不详）　元代音韵学家。字士明，关中（今陕西）人。顺帝元至二年（1336年），在宋代司马光所著《切韵指掌图》基础上，参考《四声等子》，著成《经史正音切韵指南》一卷，简称《切韵指南》。

刘淇（生卒年份不详）　清代训诂学家。字武仲，一字龙田，号南泉，汉军镶白旗人。世宗雍正年间举人，著有《周易通说》《禹贡说》《助字辨略》《堂邑志》等，其中《助字辨略》是专解古籍虚词的重要著述，所收录的例句上至先秦两汉古书，下及唐诗宋词，范围广泛。

刘师培（1884～1919）　训诂学家。字申叔，号左盦，江苏仪征人。自幼承袭家学，光绪年间举人。1917年执教于北京大学，讲授经史和训诂学，同时兼职北京大学附设国史编纂处，并兼《国故月刊》总编。通晓经史，研究既植根于中国传统文化，同时又结合西方社会科学的研究方法。著有《国学发微》《春秋左氏传古例诠征》《周礼古注集疏》《礼经旧说考略》《逸礼考》《古书疑义举例补》《论文札记》等。其《左盦集》《左盦外集》两部论文集收录其关于文字、音韵、训诂的重要论文，其中《古同部之字义多相近说》一文认为，古代同义的字，右边的声符不一定相同，只要字音相近，彼此意义也可相符。在古文校勘上亦成绩卓著，尤善《老子》。

刘世儒（1922～1980）　汉语语言文字学家、语法学家。河北沙河人。曾就读于北京师范学院，师承黎锦熙，毕业后留校任教。

在建国初期的文字改革运动中，提倡现代汉语读音和语法的规范化。他与黎锦熙合著出版《注意符号与简体字》（1937）、《同音字典》（1953）、《中国语法教材》（1953）、《怎样教学中国语法》（1953）、《汉语语法教材》（1957）、《汉语释词论文集》（1957）、《联合词组和联合复句》（1958）、《文字改革论丛》（1957）等书籍，独立著成《现代汉语语法讲义》（1963）。

在汉语语法领域有深入研究。1965年著成《魏晋南北朝量词研究》专著一部，认为汉语的量词在魏晋南北朝时期已经基本上走向成熟，量词的出现使汉语语法体系发生了新变化；与黎锦熙合著《论现代汉语中的量词》（1978），认为量词就是表示数量单位的词，可以区分为名量词和动量词两大类，其中名量词属形容词性，动量词属副词性；刊发的论文包括《汉语动量词的起源》（1959）、《魏晋南北朝称量词研究》（1962）、《魏晋南北朝动量词研究》（1962）等；与黎锦熙合作撰写的包括《中国语法中的"词法"研讨》（1953）、《词类大系》（1955）、《从汉语的发展过程说到汉语规范化》（1955）、《汉语复句学说的流和解决问题的方法》（1957）、《汉语语法的科学体系和学科体系》（1957）、《汉语拼音字母的科学体系》（1958）、《汉字构词法和词素研究》（1959）、《语法再研讨—代词和代名词问题》（1960）、《语法术语通释》（1962）等。

刘台拱（1751～1805）　清代训诂学家。字端临，一字江岭，江苏宝应人。乾隆三十七年（1772年）举人，后会试礼部不第，开馆授徒。擅长训诂研究，校勘尤精，著有《论语骈枝》《经传小记》《荀子补注》《淮南子补校》《汉学拾遗》《国语补校》《方言补校》《文集》等八部著作，《文集》中《转注假借说》一文对转注和假借理解深邃。

刘熙（生卒年份不详）　东汉训诂学家。字成国，大约生于公元160年左右，北海（今山东昌乐）人。曾官任南安太守。著有《释名》八卷和《孟子注》七卷，其中《释名》从读音的角度解说事物名称的缘由，开声训词典之先河，对后世的音韵训诂、词源等研究有很大影响。

刘熙载（1813～1881） 清代音韵学家。字伯简，号融斋，晚号寤崖子，江苏兴化人。道光二十四年（1844年）进士，曾官任国子监司业、左春坊左中允、广东学政等职，但不屑仕途，喜好开馆授徒，潜心治经，曾在武昌江汉书院、上海龙门书院等主讲。著有《四音定切》《说文双声》《说文叠韵》等三部音韵学著作，《四音定切》按照开、齐、合、撮对《佩文韵府》进行重新整理，后两部著述则整理《说文解字》中的形声字，对上古音研究很有价值。

刘又辛（1913～2010） 汉语语言文字学家、训诂学家。原名锡铭，字又新，山东省临清人。1934年考入北京大学，后因战乱休学，1944年到西南联大复学，次年毕业。曾先后任教于昆明师范学院、私立乡村建设学院、川东教育学院和西南师范大学，兼任过中国语言学会理事、四川省语言学会副会长、《汉语大字典》编委等职。

研究领域主要涉及文字训诂和汉语词源学的探索。主要著作有《古代汉语通论》（与林序达合著，1984）、《通假概说》（1988）、《训诂学新论》（1989）、《文字训诂论集》（1993）和《治学纪事》（2002）。另著有《汉语汉字答问》（1997）、《汉字发展史纲要》（与方有国合著，2000）。重要文章包括《从汉字演变的历史看文字改革》（1957）和《"右文说"说》（1982）。前者认为汉字演变分为三个阶段，其中第一个阶段是形意字阶段，以象形、指事、会意为主，下限在商代甲骨文以前；第二个阶段是假借字阶段，时间跨度为从甲骨文到秦代统一；第三个阶段是形声字阶段，从秦汉时期起至今。后者认为形声字特别是相同声符的字形成有历史层次上的差异，因此不能得到"从某皆有某义"的结论。80年代起与学生张博合撰多篇文章，主张从汉藏语系的角度研究词源学。

刘泽荣（1892～1970） 辞书编纂家。原名绍周，广东高要人。自幼随父母迁居俄国，曾就读于彼得堡大学。1920年回国在哈尔滨的铁路局工作，1930年以后先后执教于北京大学和西南联大，1940年赴苏担任使馆参赞，1945年回国担任外交部驻新疆特派员，新中国成立后任外交部条约委员会的法律顾问、全国政协委员。

精通俄语，主要贡献在于俄汉词典编纂。他主编的《俄汉新辞典》上下卷分别于1956和1958年出版，共收词6.9万余条。在《俄汉新辞典》的基础上，他再主编《俄汉大辞典》，1960年由商务印书馆出版，收词约10.5万个，成为国内第一部大型俄汉词典。另著有《俄文文法》（1936）。

卢戆章（1854～1928） 清代拼音文字学家。字雪樵，福建同安人。曾留学新加坡学习三年英文，归国后以语言教学为业。

潜心于汉字和拼音的研究。1892年，他著成《一目了然新阶》，提出汉字改革拼音化的观点，主张以拉丁字母为拼音，由此拉开中国"切音字运动"的序幕。后受到日文启发，再著成《中国切音新字》，推出以日本假名符号为基础的第二套拼音方案，包括声母25个，韵母102个。1915年，出版《中国新字》，提出以汉字笔画式的第三套汉语拼音方案。他所倡的汉字拼音方案，采用的不是音素制，而是声韵配合制，既借鉴西方拼音文字的便捷，又保持汉字反切的传统。

其他著作包括《北京切音教科书》《中华新字国语通俗教科书》《中华新字漳泉语通俗教科书》《闽南语注音字母、卢戆章中华新字字母、罗马字字母对照表》等。

卢文弨（1717～1796） 清代训诂学家。字召弓，一作绍弓，号矶渔，又号抱经，晚号弓父，浙江仁和（今杭州）人，也有说余姚人。乾隆十七年（1752年）进士，授翰林院编修，曾官任左春坊左允、翰林院侍读学士、广东乡试正考官、提督湖南学政等职。告老还乡后，继续在江浙各地书院主讲20余年。

潜心训诂。他校勘的经义注疏多达210多种，汇成《抱经堂丛书》15卷。注疏经史子集38种，撰成《群书拾补》。另著有《抱经堂集》《礼仪注疏详校》《广雅释天以下注》等。

卢以纬（生卒年份不详） 元代训诂学家。字允武，永嘉（今属浙江）人。著有《语助》，亦称《助语辞》，收录于《奚囊广要丛书》，是我国第一部研究文言虚词的专著。

陆德明（约550～630） 唐代训诂学家。原名元朗，以字行，苏州吴县（今属江苏）人。隋炀帝时官任秘书学士、国子助教，唐初任国子博士。精通经史，著有《经典释文》30卷，包括《序录》一卷、《周易音义》一卷、《尚书音义》二卷、《毛诗音义》三卷、《周礼音义》二卷、《仪礼音义》一卷、《礼记音义》四卷、《春秋左氏音义》六卷、《春秋公羊音义》一卷、《春秋谷梁音义》一卷、《孝经音义》一卷、《论语音义》一卷、《尔雅音义》二卷、《老子道德经音义》一卷、《庄子音义》三卷。该套书收罗广博，保留了大量古人训诂的重要成果，其反切体系可供研究六世纪的汉语语音系统。另著有《周易注》《周易兼义》《易释文》等。

陆佃（1042～1102） 宋代训诂学家。字农师，号陶山，越州山阴人。师承王安石，熙宁三年（1070年）进士，曾任蔡州推官、国子监直讲、中书舍人、礼部侍郎、尚书右丞、尚书左丞等职。

精通经书，学问渊博。所著《埤雅》一书创造了解释名物的新体例，是一部动植物专科词典，但存在将一些形声字或象形字任意解说为会意字的缺点；《尔雅新义》是一部对《尔雅》的注释之作，其释义注重与当时的社会文化相结合。其他著作包括《礼象》《春秋后传》《陶山集》等。

陆法言（约562～?） 隋代音韵学家。名词，字法言，魏郡临漳（今河北临漳）人。曾官任奉郎。

隋文帝开皇年间，他与刘臻、颜之推、卢思道、李若、辛德源、薛道衡、魏彦渊等八人对当时汉语的语音体系进行归纳，并确定一些系统的定韵标准，后由陆法言在仁寿元年（601年）最终著成《切韵》五卷。全书共包括193个韵目，每个韵目又按照平、上、去、入分为四个声部，收录的字以反切方式注音，并带有释义。《切韵》是中国可考的最早韵书，也是研究古汉语音韵的重要文献。唐代对此书的增订之作有20余部，主要包括长孙讷言的笺注、王仁昫的《刊谬补缺切韵》、孙愐《唐韵》。宋代《广韵》、《集韵》、《礼部韵略》均属与此同一体系的韵书。关于此书代表的语音体系，主要有三派说法：高本汉等认为是隋代的长安音；陈寅恪、李荣等认为是洛阳音；王力、周祖谟等认为是当时的读书音。

陆谷孙（1940～2016） 词典编纂家、翻译家和散文家。祖籍浙江余姚，1940年2月24日生于上海。1957年考入复旦大学外文系，1962年获学士学位，1965年获硕士学位。毕业后留校任教，1984年，作为富布莱特访问学者赴美国加州大学伯克利分校和马里兰大学研修，次年晋升为教授，1990年起担任博士生导师。1996—1999年任复旦大学外文系主任，2003—2006年出任复旦大学外文学院首任院长。曾任亚洲辞书学会副会长、中国莎士比亚研究会副会长、上海翻译家协会副会长。

毕生从事英语语言文学的教学、研究和翻译工作，在双语词典编纂领域尤其成就斐然，影响深远。1970年加入《新英汉词典》编写组，成为主要编纂者之一，于1975年完成这部新中国成立后出版的第一部英汉词典。1976年参加《英汉大词典》的筹备和编写工作，1986年起担任该词典主编，与来自国内多所高校的学者协同努力，潜心于编纂和研究，1989年完成《英汉大词典》上卷，1991年出版《英汉大词典》下卷。《英汉大词典》以独立研编而非译为指导方针和最大特色，收词量达20万条，篇幅约2000万字，并设附录14种，其篇幅和权威性在中国语文词典编纂史上均属空前。在该词典出版后的十几年中，他一直坚持搜集最新语料，对词典进行修订和增订，1999年出版《英汉大词典补编》；2007年《英汉大词典》第二版面世，勘正第一版中的差错和偏误，改进释义和用法，收词量增加到22万余条。2000年开始主持《中华汉英大辞典》的编写，2015年该辞典上卷出版，收词秉承古今兼顾、中国内地与海外兼顾的原则，收单字条目2万余，复字条目30万余，释义达50万项。

作为我国著名莎士比亚研究专家，其论文《逾越时空的汉姆雷特》被收入英国剑桥大学出版社的《莎士比亚概览》。其他相关研究论文和著作包括《博能返约，杂能归粹——试论莎士比亚戏剧容量》（1982）、《帷幕落下以后的思考——评第一届中国莎士比亚戏剧节》（1982）、《外国文学：莎士比亚专辑》（1983）和《莎士比亚研究十讲》（2005）等。

另有《非寻常童话》（1979）、《钱商》（1981）、《幼狮》（1987）、《一江流过水悠悠》（2011）、《生活曾经这样》（2012）等译著以及《余墨集》（2004）、《余墨二集》（2009）等散文集。

陆志韦（1894～1970） 汉语音韵学家、文字改革家。别名陆保琦，浙江湖州人。1913年毕业于东吴大学，1915年赴美国芝加哥大学攻读心理学，1920年获哲学博士学位。同年归国，先在南京高等师范学校（1949年更名为南京大学）任教。1927年转至燕京大学任教，1938年研究兴趣由心理学转向语言学，1952年调到中国科学院语言研究所工作。兼任过中国心理学会会长、中国文字改革委员会委员、汉语拼音方案委员会委员等职。

在古汉语音韵学领域成就突出。《证广韵五十一声类》（1939）和《说文广韵中间声类转变的大势》（1940）是国内首次采用语言数理统计方法研究音韵学的文章，在音韵学研究方法上作出重要突破。随后出版的《古音说略》（1947）和《诗韵谱》（1948）两部专著更是音韵研究的集大成之作。《古音说略》充分肯定高本汉在音韵学研究上的贡献，但也对其不合理处提出批评，对古音构拟提出很多建设性意见。《诗韵谱》在《古音说略》的基础上，对《诗经》韵脚字深入考证。《国语入声演变小注》（1948）开启了近代官话史研究新篇章。

在新中国成立初期的文字改革运动中亦有所建树。著有《北京话单音词词汇》（1951）和《汉语的构词法》（1957），前者提出词的鉴定方法，即同形替代；后者在前者基础上提出"扩展法"，对建立汉语构词学体系作出突出贡献。

其他重要著述包括《陆志韦近代汉语音韵论集》（1988）及一些语法研究类文章。

陆宗达（1905～1988） 音韵学家、训诂学家。字颖民，一作颖明，浙江慈溪人。1922年考入北京大学国文系预科班，1926年起追随黄侃学习音韵训诂学，1928年毕业并留在北京大学任教。1937年，由于北京大学随西南联大南迁，转到中国大学任教，1947年再转到北京师范大学。曾兼任中国社会科学院语言研究所学术委员会委员、《中国语文》编委会委员等职。

研究领域以古汉语文字的音韵训诂为主,尤擅训诂。早期主要从事古音学研究,著成专著《音韵学概论》(1935),并刊发《王石臞先生韵谱合韵谱遗稿跋》(1932)和《王石臞先生韵谱合韵谱稿后记》(1935)两篇文章。新中国成立后,研究更多转向训诂方向,著成《训诂浅谈》(1964)、《训诂简论》(1980),对训诂学深入浅出地进行系统介绍,加快了训诂学普及的步伐;1981年,他完成《说文解字通论》的手稿,宏观系统地阐述《说文解字》内容和体例,既承袭前人的研究成果,又不囿于成见;训诂研究方面刊发的文章主要包括相关《介绍许慎的〈说文解字〉》(1961)、《〈说文解字〉的价值和功用》(1979)。

其他著作包括与王宁合著的《训诂方法论》(1984)、《训诂与训诂学》(1994)以及与俞敏合著的《现代汉语语法》(1954)等。

罗常培 (1899~1958)　　汉语音韵学家。字莘田,号恬庵,北京人。1916年考入北京大学学习中文和哲学,1921年毕业,先后在北京和天津的中学任教,1926年起先后任教于西北大学、厦门大学和中山大学,1929年进入中国研究院工作,1934年任北京大学教授,1937年因抗日战争爆发,随北京大学迁往长沙,次年再迁往云南昆明西南联合大学。1944年赴美国讲学,1948年回国继续在北京大学任教,1950年参与筹建中国科学院语言研究所并任第一任所长。曾兼任《中国语文》总编辑、中国文字改革委员会委员、普通话审音委员会委员、《语言研究》常务编委等职。

主要研究领域为音韵学,涉及理论研究及对古汉语、现代汉语、方言的音韵分析。著有《厦门音系》(1930)和《临川音系》(1940年),阐述现代方言音系;其《唐五代西北方音》(1933)及与蔡美彪合著的《八思巴字与元代汉语》(1959),研究古代方言音系;与赵元任、李方桂合译高本汉的《中国音韵学研究》(1937),共同拉开中国现代音韵学研究的序幕;与刘复、魏建功等合编《十韵汇编》(1936),将历代十种《切韵》系韵书按韵和部首索引汇编在一起,并附《广韵》校勘记;著有《汉语音韵学导论》(1949),系统介绍音韵学的基础理论和研究方法,清晰阐声、韵、调、切等传统音韵学术语;与周祖谟合著《汉魏晋南北朝韵部演变研究(第一分册)》(1958),在汇编整理历代音韵研究资料的基础上介绍两汉时期诗文用韵的特点。

其他方面的主要著作还包括《国音字母演进史》(1934)、《语言与文化》(1950),与邢公畹合著的《莲山摆彝语文初探》(1950)、《贡山俅语初探》(1952)、《国内少数民族的语言系属和文字情况》(1951)以及与王钧合著的《普通语音学纲要》(1957)。还有很多重要语言研究方面的论文于1963年收入《罗常培语言学论文选集》。

罗　愿 (1136~1184)　　宋代训诂学家。字端良,号存斋,徽州歙县(今属安徽黄山市)人。乾道二年(1166年)进士,曾任鄱阳知县、赣州通判、鄂州知事等官职。博学多闻,精于训诂。著有《新安志》10卷、《尔雅翼》20卷、《鄂州小集》七卷。《尔雅翼》是专门探寻动植物命名语源的辞书,其探源有两种方法,一从物理属性上寻源,二从字形文字上求源。

罗振玉 (1866~1940)　　汉语古文字学家。字式如、叔蕴、叔言,号雪堂,晚号贞松老人,祖籍浙江上虞,出生于江苏山阳(今淮安)。十五岁中秀才,但此后两次乡试均未中举,1890年在家乡开私塾课。1896年赴上海,先与蒋黼等创办农学社翻译日本农业方面的文献,后又创办东文学社教授日文,再办《教育世界》杂志。1900年后,辗转湖北、上海、两广、江苏、北京等地任职。1911年辛亥革命爆发,逃亡日本,期间研究古文字学,1919年归国。1924年入职清逊帝溥仪的小朝廷,曾帮助溥仪由皇宫逃亡天津的日本租界,并于1932年起在伪满洲国任参议府参议、都察院院长等职。

在甲骨文、金文研究等方面成就显著。在甲骨学的奠基研究中,他最早提出甲骨文所出之地为殷墟,率先大量考释甲骨文单字,开创性地将殷墟文字按内容分作八类,被称为中国"甲骨四堂"之一,著有《殷商贞卜文字考》(1910)、《殷墟书契前编》(1913)、《殷墟书契菁华》(1914年)、《殷虚书契后编》(1916年)、《殷文存》(1917)等,其中《前编》、《后编》是治甲骨学的必读书籍;在金文研究中,他的贡献主要在于影印出版《三代吉金文存》(1937),该书收录商周铭文4831字,几乎穷尽当时全部铭文,成为商周金文集大成之作;对战国文字研究,他著有《秦金石刻辞》(1914)和《石鼓文考释》(1916);在汉魏晋竹简研究中,他著有《流沙坠简考证》(1934),并与王国维合著《流沙坠简》(1914);在抢救敦煌文献方面,著有《鸣沙石室佚书》(1912)、《佚书续编》(1914)。

吕　忱 (生卒年份不详)　　晋代文字学家。字伯雍,任城(今山东济宁)人。曾任义阳王典祠令。著有《字林》一书,以补《说文解字》的漏略,共收字一万两千八百多个,比《说文解字》多出近四千字,仍按《说文解字》的540个部首排列。《字林》上承《说文解字》,下启《玉篇》,是中国古代重要的字书之一,但至元朝已散佚。

吕大临 (1040~1092)　　北宋文字学家。字与叔,京兆蓝田(今陕西蓝田)人。出身于一个世代书香的官宦之家,曾先后师承张载和"洛学派"的程颢、程颐兄弟,与谢良佐、游酢、杨时被誉为"程门四先生"。

学识渊博,却无心科举仕途,一生追求学术研究,著述颇丰。所撰《考古图》和《考古图释文》为金石文字研究的重要文献,纠正了人们对青铜器古文字形音义的传统看法,奠定了中国古文字学发展的基础。另著有《大学解》、《吕氏家礼》、《大学说》、《论语解》、《老子注》等。

吕　静　（生卒年份不详）　晋代音韵学家。大约生活在西晋末年,训诂学家吕忱之弟。曾官任安复令。仿照三国时期李登《声类》著有《韵集》五卷,编制体例按宫、商、角、徵、羽五音编排,每卷中将同音字都归纳在一起,是仅晚于《声类》的早期古代韵书,由于当时可以利用的资料很少,吕静关于同音字的归纳主要依据读书音,有时也兼及方言土语。书中所用的反切法注音,保留了东汉至西晋的语音资料。该书已佚。

吕　坤　（1536～1618）　明代音韵学家。字叔简,一字心吾或新吾,号抱独居士,河南宁陵人。万历二年(1574年)进士,历任襄垣知县、户部主事、郎中、山东参政、山西按察使、陕西右布政使、右佥都御史、山西巡抚、左佥都御史、左刑部侍郎、右刑部侍郎等职。为官清廉,政绩显著,与沈鲤、郭正域被誉为万历年间天下"三大贤"。学识渊博,曾潜心音韵学研究,主张以"交泰"为理念改革反切注音法,建树独到,著成《交泰韵》。

吕叔湘　（1904～1998）　汉语语法学家。江苏丹阳人。1922年考入国立东南大学外国语言文学系,1926年毕业后曾在丹阳中学和苏州中学任教。1936年赴英国留学,先后在牛津大学和伦敦大学学习。1938年回国,先后在云南大学、华西协合大学、金陵大学、清华大学和中国科学院工作。曾担任《中国语文》杂志主编、中国文字改革委员会副主任委员、中国语言学会会长、美国语言学会荣誉会员等职。1987年,香港中文大学授予其荣誉文学博士学位。1994年,俄罗斯科学院聘其为外籍院士。

主要致力于汉语语法研究,是现代汉语语法研究的先驱学者。1942至1944年,他先后出版三卷本《中国文法要略》,在借鉴西方语言理论的同时,结合汉语语言的实际情况,从词句和表达两个方面构建汉语语法研究的理论体系和研究方法。1955年,他将过去十余年间所撰的近代汉语语法研究的论文合集出版为《汉语语法论文集》,填补了近代汉语语法研究的空白。1979年,他再出版《汉语语法分析问题》一书,对汉语语法研究中涉及的一些重要理论问题和具体语法现象进行详细阐述,提出动态和静态语法单位划分、汉语小句、动词小类、非谓形容词等诸多独到观点。

其他重要著作包括《文言虚字》(1944)、《中国人学英文》(1947)、《现代汉语八百词》(1980)、《近代汉语指代词》(1985)、《吕叔湘语文论集》六卷(1990—1993)等。

吕维祺　（1587～1641）　明代音韵训诂学家。字介儒,号豫石,河南新安人。万历四十一年(1613年)进士,曾官任吏部主事、郎中南京兵部尚书等职。著有韵学典籍《音韵日月灯》,包括《韵母》5卷、《同文铎》30卷、《韵钥》35卷。在这部著作中,他采用106韵的韵系框架,但由于完全照搬《洪武正韵》的切韵方法,所以有些"切法"不符合他的韵系框架,导致"混切"。另著有《明德堂文集》26卷、《节孝义忠集》以及《存古约言》《四礼约言》《日月灯》《孝经本义》《孝经翼》等。

M

马汉麟　（1919～1978）　古汉语语法学家。江苏省泰州县(今泰州市)人。曾就读于昆明西南联合大学外文系,后转到中文系,1944年毕业后在清华大学任教,1952年调至中央马列学院(1955年改称"中共中央直属高级党校"),1954年调入南开大学。

在古汉语教材编写和古代汉语语法研究方面有突出贡献。著有《语法讲义》(1955)和《语法概要》(1957),主编《古代汉语读本》(1963)。遗著《古汉语语法提要》于1980年出版,书中深入浅出地介绍了古代汉语主要句型、句子语气、常见词类活用、介宾结构、指代和称代等问题。他的语法研究文章后来也结集出版为《马汉麟语言文字论集》(1993)。

马建忠　（1845～1900）　清代语法学家。别名干,学名斯才,字眉叔,江苏丹徒(今镇江)人。通晓英语、法语等语言。1870年成为李鸿章的幕僚,1876年赴巴黎学习国际法,1879年获得巴黎自由政治学堂的法学学位。回国后,继续跟随李鸿章开展洋务运动。甲午战争失败后,开始致力于汉语语法研究。

经十几年对经史典籍的钻研选例,参考拉丁语法体系,他于1898年著成中国第一部系统的汉语语法著作《文通》,后世称为《马氏文通》。全书共分十卷,按照实词、虚词和句读等分卷论述,分析引用的古汉语例句达七八千句。该书是中国第一部"词本位"的语法著作,将词分为实词和虚词两大类,前者包括名词(含量词)、代词、动词、形容词(含数词)、副词,后者包括介词、连词、助词、叹词,并认为介词和助词是汉语中很有特色的词类。后世学者对《马氏文通》所构建的语法体系褒贬不一,有称赞其中西合璧,也有批评其生搬硬套西方语法模式。正是在这样的研究和批评中,中国的汉语语法研究才正式拉开序幕。

马瑞辰 （1782~1853） 清代训诂学家。安徽桐城人,字元伯。嘉庆十年乙丑科进士。历官工部都水司郎中。长于训诂,著有《毛诗传笺通释》32卷。该书先列毛亨传,次列郑玄笺,然后说明作者所持的观点,说解集文字、音韵、训诂为一炉,善依声释义,通过古音明通假,说明字义和语法。

马叙伦 （1885~1970） 汉语语言文字学家。字彝初,更字夷初,号石翁、寒香,晚号石屋老人,浙江杭县（今余杭）人。少年时入读杭州养正书塾,接触到新式西学。1901年,在上海从事报刊编辑工作,开始民族和民权主义宣传。1906年到广州的学堂任教,两年后返回杭州。1911年加入同盟会,后协助章太炎在上海创办《大共和日报》并任总编。1913年在北京医学专科学校任教,1915年因反对袁世凯复辟回到上海,1917年到北京大学任教,1937年因抗日爆发再回上海。1949年新中国成立后,先后任教育部部长和高等教育部部长。

学识渊博,尤以"说文学"为精。他的代表作是《说文解字六书疏证》,该书的创作历时三十余年,引书百十种,不仅依照六书分析《说文解字》,而且引入甲骨文等古文字资料纠正许慎小篆形义解释之误,成为"说文学"的集大成之作。其他文字研究之作还包括《中国文字之构造法》（1927）、《说文解字研究法》（1929）和《六书解例》（1931）。此外,他在古籍整理、校勘、注疏、训诂等领域也成果卓著,著述多收入《天马山房丛著》,其中《老子校诂》（1956）在1924年成果基础上再版,《庄子义证》（1930）对道家经典用心颇多。

马学良 （1913~1999） 少数民族语言学家。字蜀原,山东荣成人。1938年毕业于北京大学国文系,在西南联合大学任一年助教后,1939年考入北京大学文科研究所,1941年研究生毕业。他曾在中央研究院、北京大学、中央民族学院、中国社会科学院等单位工作,并曾任全国民族院校汉语教学研究会会长、中国民族语言学会会长、中国民俗学会副会长、世界宗教研究所研究员等职。

长期从事少数民族语言的教学和研究,尤以彝语研究见长。1951年,他出版《撒尼彝语研究》一书,首次对彝语进行语音、词汇、语法的系统研究。1998年,他将毕生所学著成《彝文经籍文化辞典》,不仅从语言文字,也从宗教、历史和民俗的角度,对彝语文化进行全方位的研究。除彝语研究,他对汉藏语系的壮侗语族和满—通古斯语族的语音均有研究,发表《我国汉藏语系语言元音的长短》（与罗季光合作,1962）、《满语支语言中的送气清擦音》（与乌拉熙春合作,1993）等文章。

其他著作包括《语言学概论》（1981）、《汉藏语概论》（1991）和《普通语言学》（1997）等。

马宗霍 （1897~1976） 音韵训诂学家。名承堃,字宗霍,号霋岳楼,晚号霋岳老人,湖南衡阳人。曾就读于湖南省立第三师范学校,1951年毕业从教,任教过的学校包括金陵女子大学、厦门大学、中国公学、交通大学、同济大学、济南大学、中央大学、湖南国立师范学院、湖南大学和湖南师范学院,并曾任中央文史馆馆员、中华书局编审等职。

研究以音韵和文字训诂研究为主。1931年,所著《音韵学通论》一书由商务印书馆出版,内容涉及元音、变音、古音、反切、四声等音韵学诸多研究方面。1935年,出版《文字学发凡》,系统阐述文字学的研究历史、基本概念和理论体系。此后,开始潜心《说文解字》研究,著成《说文解字引经考》（1958）、《说文解字引礼考》（1959）、《说文解字引通人说考》（1959）、《说文解字引群书考》（1959）和《说文解字引方言考》（1959）。

其他著作包括《文学概论》（1925）、《中国经学史》（1936）、《淮南旧注参正》（1984）、《墨子闲诂参正》（1984）等。

毛 亨 （生卒年份不详） 西汉训诂学家。赵（今河北邯郸一带）人,一说河间（今属河北沧州）人。

古文"毛诗"开创者。古时有四家为《诗经》作注,齐、鲁、韩三家均为当时今文诗,"齐诗"出自齐人辕固,"鲁诗"出自鲁人申培,"韩诗"出自燕人韩婴,三家注从西晋到宋先后失传,现仅存《韩诗外传》六卷;唯独毛亨及其传人毛苌所注"毛诗"为古文诗,后经东汉郑玄做笺,唐代孔颖达做疏,得以流传至今。

《诗故训传》本传于毛氏之家,未被朝廷所知,因此司马迁《史记》中未见著录。毛亨解释《诗经》,涉及词义、句意、诗经章句、诗旨、诗经比兴手法、诗经背景等。河间献王刘德（汉景帝子）偶得书稿,献之于朝廷,毛亨被立为博士。

毛 晃 （1804~？） 宋代音韵训诂学家。浙江江山人,字明权。宋徽宗建中靖国元年（1101年）进士,累官主簿、中书省郎中、枢密院断事、礼部尚书、户部尚书等。宋室南迁后,归隐衢州乡间,专心文字音韵训诂研究。

毛晃认为当时通行的《礼部韵略》在注音释义方面存在诸多疏漏,于是决定重新勘修,并题名为《增修互注礼部韵略》。为修订此书,夜以继日,磨穿案砚,赢得"铁砚先生"之誉。修订本不仅订正《礼部韵略》注音和解释方面的疏漏近500处,增收2600多字,而且把原来的108韵合并为93韵,在注音方面有所改进。

毛居正 （生卒年份不详） 宋代音韵学家、训诂学家。浙江江山人,字义夫,也作谊父。音韵训诂学家毛晃之子,南宋绍兴二十一年(1151年)父子同榜进士。为人淡泊名利仕途,终身埋头学术,人称"通儒"。由于将父亲撰写《增修互注礼部韵略》时磨穿的铁砚视为传家之宝,时人也将曾盛赞其父的美誉"铁砚先生"来称呼他。其父去世后,对《增修互注礼部韵略》进行了进一步的增删,将"麻韵"一分为二,增字1420个。近代"车"、"遮"韵分裂可由此看得更为清楚。毛氏父子的成果多为《洪武正韵》所吸收。嘉定十六年(1223年),他受聘进入国子监,负责校正经籍,撰有《六经正误》,也曾为《资治通鉴》作注。

毛奇龄 (1623～1716) 　　清代音韵学家。浙江萧山人,字大可,又字于一,号西河,又号河右、初晴、晚晴。康熙十八年(1679年)举博学鸿儒科,曾任翰林院检讨、国史馆纂修等职。

治经史,通音韵音律,好诗词歌赋,擅书法,杭州著名"西泠十子"之一。撰有《古今通韵》、《韵学要指》、《四书改错》等,作品由后人编为《西河全集》。学界一般认为《古今通韵》是反对顾炎武《音学五书》而作,有以今音律古音的思想,在音韵学上属于逆流。

毛先舒 (1620～1688) 　　清代音韵学家。浙江仁和(今杭州)人,原名骙,字驰黄,后更名先舒,字稚黄。曾随学者刘宗周讲学,能诗善文。因与柴绍炳、孙治、张丹、吴百朋、沈谦、虞黄昊等共十人常于杭州西泠结社吟诗,世称'西泠十子'。通音韵训诂之学,与萧山毛奇龄、遂安毛际可并称"浙中三毛,文中三豪"。著有《声韵丛说》《韵问》《南曲入声客问》《南曲正韵》等,专门论述南方方言戏曲押韵问题。

梅膺祚 (生卒年不详) 　　明代文字学家。字诞生,南直隶宣城(今安徽)人。精通文字训诂,将《说文解字》中用文字法原则编辑的部首压缩到以检字法为原则的214个部首,撰成《字汇》14卷,共选收汉字33179个,极大地方便了文字检索,后来的清代的《康熙字典》与旧《辞海》都仿照《字汇》的部首检字法编写。该书注音先列反切,然后直音,没有完全同音的,则注以声调;释义以常用义居先,所列字形,在正字法上提出了从古、尊时、古今通用三条原则。

莫友芝 (1811～1871) 　　清代音韵训诂学家。字子偲,号郘亭、紫泉、眲叟,贵州独山人。道光十一年(1831年)举人。曾与郑珍共同撰成《遵义府志》四十八卷,二人也因此被人并称为"西南巨儒"。道光二十七年(1847年),结识曾国藩,自此客居曾国藩幕府,为其收购江南遗书、校勘经史,并督领江南官书局。同治九年(1870年),任扬州书局主校刊,次年病逝。

精通音韵训诂和版本目录学,擅长篆书。著有《韵学源流》,是中国第一部简明音韵学史书籍,在结果上区分古韵、今韵和反切研究。其他著作包括《宋元旧本书经眼录》《唐写本说文木部笺异》《知见传本书目》《恃静斋藏纪要》等。

N

年希尧 (1671～1739) 　　清代音韵学家。字允恭,广宁(辽宁北镇)人。曾任工部侍郎、江宁布政使、广东巡抚、内务府总管、左都御史等职。兴趣广泛,尤其精于音韵、绘画和数学,虽忙于仕途但不辍笔耕。著有《重校增补五方元音全书》,增补明末清初音韵学家樊腾凤的《五方元音》,使该书广为流布。其他著述包括《测算刀圭》《面体比例便览》《视学》等。

P

潘耒 (1646～1708) 　　清代音韵学家。字次耕,又字稼堂,晚号止止居士,江苏吴江人。自幼聪慧,师承顾炎武,清康熙十八年中举,曾参与纂修《明史》。著有《类音》,将传统36字母增为50字母,按开、齐、合、撮四呼,平、上、去、入四声排列,在等韵学上自成一家。

濮阳涞 (生卒年份不详) 　　明代音韵训诂学家。字真庵,明代广德人。嘉靖年间的举人,曾官任南昌府通判,为官时尽心治理地方,仕途结束后则潜心读书。著有《四书贞义》、《韵学大成》(承接《中原音韵》)、《图书性理订疑》等,但俱已失传。

Q

戚学标 (1742～1824) 　　清代音韵学家。字翰芳,号鹤泉,浙江太平(今温岭)人。乾隆三十年(1765年)中拔贡,曾在鹤鸣书院及曲阜孔府任教。乾隆四十六年中进士,官任河南涉县知县十三年,因罪罢官,以后在宁波府学、杭州紫阳书院、杭州崇文诸书院等开课讲学。

擅长声韵训诂,著述颇多。他著成《汉学谐声》24卷,以谐声偏旁证古音,成为研究《说文解字》研究的重要著作之一。另有《毛诗证读》五卷、《读诗或问》、《诗声辨定阴阳谱》四卷。

戚雨村 (1928～2011) 　　语言学家。浙江余姚人。1949年考入华东人民革命大学附设上海俄文学校(上海外国语大学前身),1951年毕业后留校任教。曾兼任外国语言文学研究所副所长、名誉所长,上海市语文学会副会长等职。

主持编写的《语言学引论》(1957)是新中国成立编成的第一部普通高校语言学教材。著有《现代语言学的特点和发展趋势》(1997)一书,介绍西方现代语言学的主要流派和代表人物,对现代语言学的有关问题进行探讨。主持编写《语言学百科词典》(1993);参与编写《中国大百科全书·语言文字卷》(1988);两次参与修订《辞海》,任1999和2009两版语言学分科主编之一。撰有《索绪尔符号价值理论》(2001)和《外语学习与语言学习》(2003)等论文。

钱大昕(1728～1804) 清代音韵学家、训诂学家。字晓徵,一字及之,号辛楣,又号竹汀,晚号潜研老人,江苏嘉定(今属上海)人。乾隆十九年(1754年)进士,曾任翰林院侍讲学士、詹事府少詹事、提督广东学政等职,乾隆四十年后抱病归乡,从此专心著书授徒。

在音韵训诂研究方面,创立古无轻唇音和古无舌上音之说,并著有《十驾斋养新录》和《潜研堂文集》。此外,曾参与编修《热河志》《音韵述微》《续文献通考》《续通志》等书,著有《宋辽金元四史朔闰考》《三史拾遗》《诸史拾遗》《潜研堂金石文跋尾》等。

钱大昭(1744～1813) 清代训诂学家。字晦之,江苏嘉定(今属上海)人,训诂学家钱大昕之弟。人品学问俱佳,嘉庆元年被举孝廉方正,赐六品官职。精通经史训诂,曾参加校录四库全书,并著有《尔雅释文补》三卷、《广雅疏义》二十卷、《说文统释》六十卷、《两汉书辨疑》四十卷、《三国志辨疑》三卷、《诗古训》十二卷、《迩言》二卷等。《广雅疏义》所依据为《说文》,以声音通训诂,但与同时代王念孙的《广雅疏证》尚有不小差距,这或许是其最终未曾刊布之原因。《说文统释》对汉字隶变之后,不合《说文》的情况进行总结归纳,目的是整理一部精当的《说文》,以便人们作为用字标准。《迩言》收词596条,所收词语出自两汉至宋元间的典籍,有的属于方言、谚语、口语,有的属于被后代人沿用的成语典故。

钱 坫(1741～1806) 清代训诂学家。钱坫字献之,号十兰,江苏嘉定(今属上海)人。乾隆三十九年(1774年)举人,曾官任乾州州判兼署武功县。精通训诂,工于小篆,著有《十经文字通正书》《汉书十表注》《圣贤冢墓志》《十六长乐堂古器款识考》等。

钱东坦(生卒年份不详) 清代训诂学家。清代训诂学家钱大昭之长子,江苏嘉定(今属上海)人。嘉庆年间的举人,曾官任浙江松阳、上虞知县。与其弟钱绎、钱侗均通晓经史金文,人称"三凤"。著有

《孟子解谊》《小尔雅校证》《补经义考》等。

钱玄同(1887～1939) 汉语音韵学家、文字学家。原名夏,字中季,少号德潜,后更为掇献,又号疑古、逸谷,笔名浑然,浙江吴兴人。1906年赴日本早稻田大学留学,1908年师从章炳麟学习国学,1910年回国后在浙江海宁、嘉兴、湖州、北京等地的中学任教,以后转到北京高等师范、北京大学、北平师范大学等高校任教。曾兼任《新青年》编辑、国语推行委员会常务委员等职。

主要研究领域为音韵学和推行国语文字改革。在音韵学方面,著有《文字学音篇》(1918),该书是国内第一部系统介绍传统音韵学的著作,不仅按照历时研究的方法阐述从秦汉到清朝各个时期的古音韵特点,而且首次把近代音韵列入音韵学的研究范畴。在国语文字改革方面,持废除方块字的观点,为国语文字改革提出二十多个议案,参与《国语罗马字拼音法式》的制定,起草第一批两千三百多个简体字,其中324个于1935年被中华民国教育部公布为《第一批简体字表》。

其他著述包括《中国文字学说略》(1910)、《说文部首今语解》(1911)、《中国文字形体变迁新论》(1919)、《〈广韵〉四十六字母标音》(1929)、《古音无"邪"纽证》(1932)等。

钱 绎(1770～1855) 清代训诂学家。原名东埔,字以成,子乐,号小庐,江苏嘉定(今属上海市)人。与其兄钱东坦、弟钱侗均通晓经史金文,人称"三凤"。著有《尔雅疏证》《训诂类纂》《十三经断句考》《方言笺疏》等。《方言笺疏》是其倾注多年心血至晚年完成的一部著作,在戴震《方言疏证》基础上进一步阐释和发挥了《方言》,从读音入手解释词义,但由于未见到《方言》宋代刻本,因此校勘中也还存在些缺憾之处,后由周祖谟弥补。

清格尔泰(1924～2013) 蒙古语语言学家。蒙古族,1924年6月出生于内蒙古昭乌达盟喀喇沁中旗(今赤峰市宁城县)。1940年毕业于呼和浩特蒙古学院。1941至1945年间赴日本留学,曾在东京善邻高等商业学校、东京工业大学和仙台东北帝国大学学习。1946至1949年,先后在赤峰内蒙古自治学院和齐齐哈尔内蒙古军政大学任教。1949至1957年,任内蒙古党委办公厅秘书、宣传部编译科长、内蒙古自治区文改会副主任等职。1957年,调入新成立的内蒙古大学,创办蒙古语言文学系。曾任国际蒙古学协会副主席、中国民族语言学会副会长、内蒙古国际文化交流中心副理事长等职务。

研究主要以蒙古语为核心,尤以语法研究见长。1949年,以蒙文著成《蒙文文法》,该书以现代语言学理论为基础,论述蒙文语音、正音法、正字发和语法,

是中国第一部简明蒙古语语法教材。1980年,他再用蒙文著成《现代蒙古语语法》,展示其在过去三十几年中对蒙古语语法的研究成果。1991年,出版汉语版的《蒙古语语法》。

在内蒙古大学创办蒙古语言文学系后,清格尔泰很快成为该领域的领军人物。1957年和1958年,在《蒙古语文》杂志连续发表长篇论文《中国蒙古族语言及其方言概述》,介绍他的团队在调研中国境内蒙古语族语言及方言使用项目中取得的成果,该成果也标志着中国在蒙古语言研究领域初具影响。在蒙古语研究的基础上,他还与中国社会科学院的刘凤翥、陈乃雄、于宝林等学者合作,开展对契丹文字的研究,并于1985年联合著成《契丹小字研究》。20世纪80年代,他带领内蒙古大学蒙古语文研究所的师生对蒙古语族的期中语言和方言进行全面调查,1988年著成《土族语话语材料》和《土族语和蒙古语》两部著作。

其他重要学术成就包括负责主持编写《现代蒙古语》(1964)、《蒙汉词典》(1977)和《蒙古学百科全书·语言文字卷》(2004)等工具书和教材。

R

容 庚(1894～1983) 汉语古文字学家。字希白,号颂斋,广东东莞人。1922年,被破格录取为北京大学研究所国学部研究生。1926年毕业后,先后任教于北京大学、燕京大学和岭南大学,主编过《燕京学报》。1934年,倡议成立考古学社,出版《考古社刊》。新中国建立后,任教于中山大学中文系。

主要研究领域为金石文字。他编著的《金文编》(1925)是继清朝吴大澂的《说文古籀补》之后的第一部金文大字典。1935年,《金文续编》出版,共收录秦汉时期金文951字,每字均注明出自何器。1939年,根据历代出土的三千多件青铜器的铭文,他再次出版增订本的《金文编》,考释殷周金文1804字,附录1165字,该书由科学出版社于1959年再版,再次增订版于1985年由中华书局再版,是治金文的必备工具书。

其他著作还包括《宝蕴楼彝器图录》(1929)、《秦汉金文录》(1931)、《颂斋吉金图录》(1933)、《武英殿彝器图录》(1934)、《海外吉金图录》(1935)、《商周彝器通考》(1941)等。

阮 元(1764～1849) 清代训诂学家。字伯元,号云台、雷塘庵主,晚号怡性老人,扬州仪征人。乾隆五十四年(1789年)进士,三朝老臣。乾隆年间曾任翰林院编修、詹事等职,嘉庆年间历任浙江学政、户部左侍郎、浙江巡抚、江西巡抚湖广总督、两广总督等职,道光年间任粤海关监督、云贵总督、体仁阁大学士等职。

学识广博,在经史、训诂、金石等方面均有造诣。主持校刻《十三经注疏》,成为诸本中的善本,流传很广。主编《经籍籑诂》,全面搜集整理唐以前经史故训,依韵归字,共成书106卷。汇刻《皇清经解》,集清初至道光以前的经学名著180余种,成书1400卷,亦名《学海堂经解》。另著《积古斋钟鼎彝器款识》十卷、《文言说》、《畴人传》等。

商承祚(1902～1991) 汉语古文字学家。字锡永,号契斋,广东省番禺县人。曾师从罗振玉研习甲骨文及金文,1923年进入北京大学攻读研究生。1925年任东南大学讲师,1927年任中山大学教授,此后先后在北平女子师范大学、清华大学、北京大学、金陵大学、齐鲁大学、重庆大学、重庆女子师范大学等校任教授,1948年回到中山大学任教。

古文字研究方面成绩斐然。在甲骨文研究方面,他不仅对已有资料进行研究与诠释,还积极对甲骨文新资料作整理与考释,《殷墟文字类编》(1923)是中国最早也是当时最全面的甲骨文工具书,《殷契佚存》(1933)再收录甲骨一千余片,亦为甲骨考释的重要参考文献。在金文研究方面,他致力于青铜器铭文编录,《十二家吉金图录》(1935)收录海内外十二位藏家的铜器169件,尤其受到学术界的推崇。在战国文字和秦汉文字领域,著有《长沙古物闻见记》(1939)和《长沙出土楚漆器图录》(1957)等。在石刻篆文的整理方面,《石刻篆文编》(1957)收集了自商周至于魏晋的石刻篆文,对研究汉字形体流变有重要参考价值。

其他论著主要包括《甲骨及钟鼎文字研究》(1930)、《福氏所藏甲骨文字》(1933)、《古代彝器伪字研究》(1933)、《说文中之古文考》(1934)、《浑源彝器图》(1936)等。

邵晋涵(1743～1796) 清代训诂学家。字与桐,号二云,又号南江,浙江余姚人。乾隆三十六年(1771年)进士,历任翰林院侍读、侍讲学士等职。精通训诂经学,曾入四库馆任编修,并参加纂修《续三通》、《八旗通志》等书。著有《尔雅正义》20卷,全书三十余万言,第一次全面详尽解释了《尔雅》各词条含义,结束了《尔雅》郭注过简、邢疏芜陋的局面,开创清人注释十三经之先河。另著有《旧五代史考异》《南江札记》《孟子述义》《谷梁正义》《方舆金石编目》等。

邵长蘅 （1637~1704）　清代音韵学家。又名衡，字子湘，江苏武进（今属常州市）人。通音韵，攻诗文，一生布衣。著有《古今韵略》五卷和《青门全集》。

沈兼士 （1887~1947）　汉语语言文字学家。名叚，生于陕西省汉阴县，原籍浙江吴兴县（今湖州）。1905 年东渡日本留学，期间加入章太炎组织的同盟会。回国后先在嘉兴、杭州等地教书，1912 年到北京大学任教，1922 年在阻止溥仪将文溯阁《四库全书》盗售给日本人的行动中功不可没，1925 年在故宫博物院工作，1926 赴厦门大学与鲁迅等筹建国学研究院，1929 回到北京的辅仁大学任教，1942 年由于受日本宪兵追捕而被迫远赴重庆，1945 年回到北京任国民政府教育部平津区特派员，接收日伪的文化教育机关，1946 年再回北京大学和辅仁大学任教。曾任国语推行委员会常委等职。

在文字起源研究方面，著有《文字形义学讲义》，该书由 20 年代他在北京大学授课用讲义扩编而成，提出文字起源的二元说理论，认为语言和文字之间不存在相生关系，语言表达思想和图画表达思想在文字产生之前存在的并行阶段，提出"文字画"的概念。在训诂学研究方面，论文《"鬼"字原始意义之试探》（1935）奠定中国字族学的基础，《右文说在训诂学上之沿革及其推阐》（1933）从汉字字形研究同源字，《声训论》（1941）以声训研究同源。1945 年，他著成《广韵声系》，以《广韵》为蓝本，以语根为线索，探寻汉字同源关系，将汉字形音义在研究中结合起来。

遗著包括《段砚斋杂文》和《沈兼士学术论文集》两部，均由其学生整理出版。

沈　谦 （1620~1670）　明末清初音韵学家。字去矜，号东江，余杭临平人。自幼笃学诗文，博览经史百家，但无意仕途，只隐居临平东乡，与陆景宜、柴虎臣、吴锦雯、陈继叔、孙宇台、丁飞涛、虞蔶铭等合称"西泠十子"。著有《东江草堂集》《词韵略》等。《词韵略》依附于诗韵，结合对唐宋名家词作韵脚的抽样调查而折衷取用，开创此词韵编纂方法之先。该书对清代的词韵制作产生了广泛而深入的影响，其韵部分合原则和编纂方法成为后世词韵取资沿袭的渊薮。

沈　学 （1871~1900）　清代文字改革家。字菊庄，一字曲庄，江苏吴县人。曾就读于上海梵皇渡圣约翰书院医科。他认为中国文字拙劣，但反对废汉字用字母，于 1890 年开始研究"新字"，积极投身切音字运动。1895 年，他出版《天下公字》，以吴音为语音标准，采用 18 种速记符号作字母，被称作"天下公字"。1896 年，在《申报》和《时务报》上刊发《盛世元音》，进一步完善其速记字母。

史梦兰 （1813~1898）　清代训诂学家。字香崖，直隶乐亭（今属河北）人。道光二十年（1840 年）举人，谢绝仕途，居家奉母读书，广藏经史子集及各家疏注。他著有《叠雅》13 卷，对语言中的叠字进行汇辑疏证中以音求义，不限形体。其他著述包括《全史宫韵》20 卷、《舆地韵编》200 卷，以及《异号类编》、《古今谣谚补注》、《古今风谣拾遗》等。

释行均 （生卒年份不详）　辽代文字学家。字广济，俗姓于。所撰《龙龛手镜》是为僧俗研读佛经而编的一部字书。宋代重刻时，曾用名《龙龛手鉴》。该书收 26430 余字，分平上去入四声排列。每字详列各种异体，分别注明正、俗、古、今、同、通、或体、变体等，因每个字的标注分类不在同一个层面上，所以字的归类随意性较强。虽然内容体系缺乏严密性，但该书仍为研究汉字字形的演变和字体的变革提供了丰富的材料。书中的反切为研究辽代语音体系提供了大量的依据，然因部分反切有抄录前代书籍之嫌，使用中尚需注意甄别。

守　温 （生卒年份不详）　唐末五代时期僧人。后汉梁县（今河南临汝县）人。关于传统汉语韵学中"三十六字母"的创制者，历代学者一直众说纷纭。二十世纪末，中国学者刘半农在法国巴黎国家图书馆发现署有"南梁汉比丘守温述"的韵学写本残卷，其中讲述守温仿照梵文创制了"三十字母"，其字母与后世通行的三十六字母大部分相同，学界因此认为守温为韵学字母的创制人。此外，残卷还载有"四等轻重例"，其各等的划分与等韵图《韵镜》完全一致，守温也因此被誉为中国等韵学的创始人。守温还著有《清浊韵钤》一卷，但已佚。

舒新城 （1893~1960）　辞书编纂家。原名玉山，学名维周，字心怡，号畅吾庐，曾用名舒建勋，湖南溆浦人。1914 年考入湖南高等师范学校，1917 毕业后相继在长沙和南京等地的一些中学任教，1924 年赴四川教育学院任教，次年返回南京。1925 年在南京开办私立学校并开始辞典编纂工作，1930 年赴上海出任中华书局编辑所长。

主要学术领域为辞典编纂。1928 年，他开始主持《辞海》研编工作，历尽十年之功于 1936 年和 1937 年出版上下两册。此后，继续主持《辞海》缩印合订本的编辑，于 1947 年出版。1958 年，新中国成立中华书局辞海编辑所（1978 年改名为上海辞书出版社），舒新城任主任并再次主持《辞海》的修订，直至去世前，仍带病审稿。

孙经世 （1783~1832）　清代音韵学、训诂学家。字济侯，号惕斋，福建惠安人。自幼喜读经学，一生潜心音韵训诂研究,著述甚丰。著有《说文会通》《尔雅音疏》《释文辨正》《韵学溯源》《十三经正读定本》《春秋例辨》《四书集解》《惕斋经说》等。

孙 恪（生卒年份不详） 唐代音韵学家。玄宗天宝年间曾官任陈州司马。精通音韵,认为《切韵》收字有遗漏,解注有欠缺,因此增订《切韵》,再增3500字,编成《唐韵》五卷,已散佚。

孙星衍（1753～1818） 清代训诂学家。字伯渊,一字季述,号渊如,江苏阳湖（今常州）人。乾隆五十二年（1787年）进士,曾任山东兖沂曹济道、山东督粮道、山东布政使等职。

精通经史训诂之学,著述颇丰。所著《尚书今古文注疏》最负盛名,是治《尚书》最重要的参考书。其他著述包括《寰宇访碑录》《周易集解》《考注春秋别典》《尔雅广雅训诂韵编》《晏子春秋音义》《金石萃编》《续古文苑》《平津馆文稿》《仓颉篇》等。此外,他还主持校刻《岱南阁丛书》和《平津馆丛书》。

孙 炎（生卒年份不详） 三国时期魏国训诂学家。字叔然,乐安（今山东博兴）人。师承郑玄,人称"东州大儒"。著有《尔雅音义》,首创反切注音。另著《周易春秋例》,并为《毛诗》《礼记》《春秋三传》《国语》《尔雅》《尚书》等作过注。

孙诒让（1848～1908） 清代训诂学家。又名德涵,字仲容,别号籀庼,浙江瑞安人。同治年间举人,曾任刑部主事。博览群经,多有著述,与俞樾、章太炎并称"清末三学者"。善于校勘之学,著有《札迻》12卷,凡校周秦汉魏以及齐梁间书七十八种,是校勘训诂的名著;《墨子间诂》是注释《墨子》的权威之作,其他《周礼正义》、《周礼三家佚注》都是其校勘成果。最大成就为古文字学,所著《契文举例》是考释甲骨文的开山之作,《名原》提出从文字发展演变中推求文字源流的主张;《古籀拾遗》是考证金文的著作,以金文证经典,以经典说金文。

T

唐 兰（1901～1979） 汉语古文字学家。曾用名唐佩兰、唐景兰,字立厂,又作立庵,笔名曾鸣,浙江嘉兴人。1920年入无锡国学专修馆学习,以优异成绩毕业。毕业后做过家庭教师,在天津主办过《商报》、《文学周报》和《将来月刊》等刊物,任过辽宁省教育厅的编辑,并曾在北京大学、清华大学、辅仁大学、中国大学、西南联合大学等校任教。1954年起,兼任中国科学院历史研究所学术委员和北京故宫博物院副院长等职。

所著《古文字学导论》(1935)提出了考释古文字的四种方法:对照法、推勘法、偏旁分析、历史考证。在汉字构造上提出"三书说":象形、象意、形声,在其《中国文字学》(1949)中进一步阐述。其《从大汶口文化的陶器文字看我国最早文化的时代》(1977)认为,大汶口陶器文字距今约六七千年,是少昊时期国家通行文字,与后来的殷商文字同承一脉。其《殷墟文字记》(1934)和《天壤阁甲骨文存》(1939)是考释甲骨文的重要著述。

汪荣宝（1878～1933） 音韵学家。字衮父,号太玄,江苏吴县人。早年留学日本早稻田大学,回国后曾任京师译学馆教习、民政部右参议、简字研究会会员、资政院议员、读音统一会会员等职。著有《歌戈鱼虞模古读考》《法言义证》《法言疏证》等。其中《歌戈鱼虞模古读考》(1923)利用梵汉对音、日文假名中的汉音、古代西欧人游记中的汉字音读,发现歌戈鱼虞模上古主元音皆为 a。该文将汉语音韵学研究从音类推向音值构拟,但就如何认识对音资料在古音构拟中的作用而言,则显得尚欠谨慎。

汪 怡（约1875～约1960） 汉语语言文字学家。字一庵,浙江省杭州市人。曾就读于湖北的两湖书院,毕业后在先地中学任教,后转到辽宁营口商业学校任教。1912年来到北京,任《新中国报》总编。1928年,进入教育部组建的国语统一会任常务委员,并任中国大辞典编纂处国音普通词典组主任、增修国音字典委员会起草委员等职。1947年迁居台湾。

在速记学、国语改革和词典编纂方面贡献杰出。在速记学领域,著有《中华新式速记术》(1919)、《中华国语最新速记学》(1928)、《汪怡国语速记学》(1931)和《汪怡简式速记学》(1933),其中《汪怡国语速记学》理论阐述系统和速记方法实用,在国内速记学领域具有重要影响。在国语改革运动中,著有《新著国语发音学》(1924)和《注音符号讲义》(与徐世荣等合著)(1943),其中《新著国语发音学》系统讲解发音器官的构造与功能,介绍国际标准音的发音位置与方法,分析国语拼音的声母、韵母以及声调等,成为国音学的重要的专业性教材,而《注音符号讲义》是为国语统一等备会举办国音字母讲习班所著的教材,在推广国语注音符号方面作用巨大。在字典编纂方面,参与编写《国语辞典》(1943),并主稿黎锦熙主编的《新部首索引国音字典》。

王 昶（1725～1806） 清代古文字学家。字德甫,号述庵,又号兰泉,江苏青浦（今上海市青浦区）人。乾隆十九年进士，官至刑部右侍郎。工诗善文，早年与王鸣盛、吴泰来、钱大昕、赵升之、曹仁虎、王文莲并称"吴中七子"，作品主要收于《春融堂集》。好金石考古之学，收罗商周青铜器及历代碑刻拓本1500余件，编成《金石萃编》160卷。

王德春（1934～2011） 语言学家、修辞学家、辞书编纂家。江苏南京人。1952年考入上海外国语大学，1954年毕业并留校任教。在教学中，他一边工作一边学习，在"文化大革命"的动荡年代，仍坚持对语言学科文献的阅读和研究。1978年，成为上海外国语大学首位语言学硕士研究生导师。1986年，成为国内首批语言学方向博士研究生导师之一。在学术研究领域，王德春还兼任过中国修辞学会会长、中外语言文化比较学会副会长、上海语文学会副会长等职务，创办《修辞学习》（现更名《当代修辞学》）杂志，并参编《大辞海·语言学卷》(2003)。

在语言学的理论研究和实践应用方面均成绩斐然。在理论语言学研究领域，主要著作包括《现代语言学研究》(1983)、《词汇学研究》(1983)、《语言学教程》(1987)、《语言学通论》(1987)、《语言学概论》(1997)、《多角度研究语言》(2002)、《语言学通论》(2006)、《语言学新视角》(2011)。在修辞研究领域，代表作品为《修辞学探索》(1983)、《现代修辞学》(1989)、《语体学》(2000)、《现代修辞学》(2001)等。在词典编纂领域，主编各类词典二十多部，如《修辞学词典》(1987)、《汉语国俗词典》(1990)、《汉语修辞词典》(1993)等。

其他重要著作包括《社会心理语言学》(1995)和《神经语言学》(1997)。

王辅世（1919～2001） 苗语语言学家。河北省滦南县人。1940年毕业于北京大学经济系，同年考入辅仁大学人类学研究所攻读语言学，中途休学，1947年复学，1950年获硕士学位。其间，他于1949年考入北京大学中文系研究部，师从罗常培，并曾到贵州省威宁县的苗族地区实习一年。1952年从北大毕业后到中国科学院语言研究所开始苗语研究工作。1966年"文革"爆发后被下放五七干校，1978年再回中国科学院工作。

主要致力于少数民族语言的调查研究，尤以苗语语音研究见长。其代表性著作包括《苗语古音构拟》(1994)和与毛宗武合著的《苗瑶语古音构拟》(1995)，前者从历史语言学的角度研究苗语的130个声类和30个韵类，探索苗语语音的演变历史；后者根据调研的大量语料，将苗瑶语族分为苗语支、勉语支和畲语支，构拟出包括263个声类和210个韵类的音系框架。

其他著作包括《语言调查常识》（与马学良等合著，1956）、《苗语简志》(1985)、《宣化方言地图》(1994)，以及三十余篇发表在《中国语文》、《民族语文》等刊物的论文。

王 构（1245～1310） 元代学者。字肯堂，号安野，东平（今属山东）人。元世祖十一年（1274年）任翰林国史院编修管，成宗年间升翰林学士，武宗即位后拜翰林学士承旨。著有《修辞鉴衡》两卷，上卷论诗，主张立意生境，写景状物；下卷论文，主张以意为上。

王国维（1877～1927） 国学大师、古文字学家。字伯隅、静安，号观堂、永观，浙江海宁人。1894年入读杭州崇文书院，1898年在上海《时务报》谋到职位，业余去罗振玉所办的东文学社学习日语和西学，1901年受罗振玉资助赴日留学，次年因病回国，1906年赴北京在清政府学部任职，1911年因辛亥革命爆发流亡日本，旅日期间开始治学古文字，1916年返回上海从教，1922年前往北京大学任教，次年在清逊帝溥仪的南书房任职，1925年受聘任清华研究院导师，1927年殁于北京颐和园昆明湖。

在古文字学领域治学严谨、成就卓著。在甲骨文字研究方面，他突破文字考释的局限，将甲骨学与历史、礼制的研究相结合，著有《殷墟卜辞中所见地名考》(1915)、《殷礼征文》(1916)、《殷卜辞中所见先公先王考》(1917)、《殷卜辞中所见先公先王续考》(1917)、《殷周制度论》(1917)及《古史新证》(1927)等。在金石文字研究方面，他于1914年编制的《宋代金文著录表》和《国朝金文著录表》影响重大，为以后学者编录金文提供了可借鉴的体例基础，还著有《两周金石文韵读》和《两汉金文韵读》，专门研究两周和两汉时期的有韵的文字。在简牍方面，与罗振玉合著《流沙坠简》，编录考订敦煌出土的汉晋木简。他将自己的治学方法称为"二重证据法"，即以地下出土的实物资料来验证传世的文献资料，使古器物、古文字之学与经学相表里。

其他著作包括《观堂集林》《静安文集》《人间词话》以及《王忠悫公遗著》（罗福颐辑）等。

王嘉龄（1934～2008） 语言学家。浙江慈溪人。曾就读于南开大学，1954年毕业后在天津第二十八中学任教，1960年起执教天津师范大学。曾为《当代语言学》、《外语教学与研究》、《现代外语》等刊物编委，兼任过天津语言学会顾问、天津师范大学语言学研究所名誉所长、中国语言学会语音学分会理事等职务。

中国当代音系学研究领域的领军人物。在21世纪伊始，为原版引进国内的音系学著作《英语语音学与音系学实用教程》、《优选论》和《汉语方言的连续变调模式》做长篇导读，将国外生成音系学理论介绍到国内，并刊发《生成音系学的历程与特点》

(1998)、《优选论与功能主义》(2002)、《三种方言轻声的优选论分析》(2002)、《轻声与时长》(2003)、《关于轻声的界定》(2005)、《聚合轻声及其优选论分析》(2008)等论文,将生成音系学理论应用于汉语音系研究。其他著作还包括与王占梅合著《英语非谓语动词》(1981)一书,详细阐述英语非谓语的词的各种语法功能。

王静如 （1903~1990） 汉语古文字学家。曾用名振宇,号净之,笔名斐烈,河北深泽县人。1923年考入北平民国学院语文系,1927年考入清华大学研究院,1929年毕业后进入中央研究院历史语言研究所工作。1933年赴欧洲留学,到法国、英国和德国等国家的大学学习语言学和艺术史等课程,1936年回国继续在中央研究院工作,并在辅仁大学、燕京大学、中国大学和中法大学担任过教职。1950年,任职中国科学院考古研究所。"文革"期间,因受到迫害下放干校劳动,1970年再度回到北京,1978年入选中国科学院研究员、学术委员,曾任中国民族研究会常务理事、中国语言学会理事、中国音韵学研究会顾问等职。

致力于少数民族历史、语言和文字的研究,尤其在西夏历史和语言文字的研究方面成就突出。20世纪30年代,中央研究院历史语言研究所单刊出版《西夏研究》的第一辑(1932)和第二、第三辑(1933),在这三部专辑中,他辨识出四千多个西夏文字,对西夏语的语音和语法也均有探索和论述。除西夏语言文字,他在中国其他少数民族的语言文字研究方面也有很多开创性见解,有影响的论文包括《辽道宗及宣懿皇后契丹国字哀册初释》(1933)、《契丹国字再释》(1935)、《突厥文回纥英武威远毗伽可汗碑译释》(1938)、《女真文晏台进士题名碑文初释》(1937)、《论吐火罗及吐火罗语》(1943)等。

在汉语音韵学研究方面,于1937年翻译出版瑞典语言学家高本汉所著《中国古音（切韵）之系统及其演变》,并发表论文《论开合口》(1941)和《论古汉语之腭介音》(1948)等。

王均 （1922~2006） 语言学家。江苏南通人。毕业于西南联合大学中文系,1949年任教于南通师范学校,1950年进入中国科学院语言研究工作,1983年开始招收博士研究生。曾任《语文建设》、《文字改革》杂志主编、《民族语文》杂志副主编,并兼任过中国民族语言学会副会长、《中国语言学报》常务理事、北京市语言学会副会长、国家语委委员、中国民族语言学会顾问等职务。此外,还曾任《中国大百科全书》之《少数民族语言文字卷》的副主编、《中国少数民族语言简志》的副主编、《当代中国的文字改革》的主编,以及《中国语言地图集》的中方主编之一。

主要研究领域为汉语规范化和少数民族语言研究。在汉语拼音文字规范化研究方面,撰写有《对汉字改革问题的几点体会》(1954)、《语言中的并存并用和规范化问题》(1962)、《语言的发展和语言的规范化》(1979)、《文字改革与新技术革命》(1984)、《新时期与推广普通话》(1985)、《推广普通话的战略要求和测试标准》(1986)、《汉语拼音的扩大使用范围和完善化》(1987)、《出版物上数字用法的规定》(1995)等文章。在少数民族语言研究方面,调查过十几个省的少数民族语言,其中仫佬语、毛南语的调查在国内属首次开展,撰写《侗族的语言情况和文字问题》(1959年)、《中国少数民族语言研究情况》(1980)、《民族文字工作中的若干问题》(1980)、《壮文创制和修订中的若干问题》(1982)、《壮文创制30年的回顾》(1987年)等文章。

其他研究领域还包括语言学,与罗常培合著国内第一部语音学专著《普通语音学纲要》(1957),这是第一本从汉语含普通话、方言和少数民族语言的实际出发讲解语音的教科书。

王筠 （1784~1854） 清代训诂学家。字贯山,号箓友,山东省安丘县人。道光元年(1821年)举人,曾任山西宁乡知县。博涉经史,深研《说文解字》,与段玉裁、桂馥、朱骏声并称"说文四大家"。《说文韵谱校》、《说文系传校录》、《说文新附考校正》是他整理校勘《说文》的成果;《说文释例》20卷、《说文句读》30卷重在阐发《说文》体例,并利用甲骨文以纠正《说文》训释。

王鵕 （生卒年份不详） 清代音韵学家。字履青,江苏昆山人。因觉范善溱的《中州全韵》存在注切未明、重复、舛误,以及应备之字尚未尽收等问题,因此著《中州音韵辑要》,于乾隆四十六年(1781年)成书,被后人视为一部重要的曲韵专论之作,共立21韵部,收字11178个,计1860个小韵。

王兰生 （1679~1737） 清代音韵学家。字振声,号坦斋,直隶交河(今属河北)人。康熙六十年(1751年)赐进士,改庶吉士。雍正初,授翰林院编修,提督浙江学政,又提升为侍读学士、安徽学政、充江南分试主考官。乾隆初,官至刑部右侍郎。精音韵、音乐和数学,著有《律吕正义》《数理精蕴》以及《音韵阐微》(协助其师李光地所撰)等。

王力 （1900~1986） 语言学家。又名了一,广西博白人。1926年进入清华大学学习中国古文法,师从赵元任和梁启超。1927年赴法国巴黎学习语言学,以探讨博白方言声调的论文获得巴黎大学博士学位。1932年回国,在清华大学任教。1939年至1940年,赴越南学习越南语。1946年转到中山大学任教,1948赴岭南大学任教,1954年调入北京大学任教。

在语言学研究方面专著有四十多部,论文近两百篇,内容几乎涉及语言学的各个领域。在音韵研究领域,所著《中国音韵学》(1936)用现代语音学理论解释传统音韵学的概念和基本内容,《汉语诗律学》(1958)则是对中国古代诗词的格律和语言特点的实践研究。在词汇学领域,代表性著作为《同源字典》(1982)。在汉语历时研究中,《汉语史稿(上、中、下)》(1957—1958)对汉语语音、语法、词汇都做出描写和研究,70年代末重新修订后分为《汉语语音史》、《汉语语法史》和《汉语词汇史》三部书。在汉语语法研究领域,《中国现代语法》(1943)和《中国语法理论》(1944)两部著作与吕叔湘《中国文法要略》(1942)、高名凯《汉语语法论》(1948)同属当时中国语法学摆脱简单模仿西方语法、运用现代语言学理论、揭示汉语语法特点的重要成果。在学术研究史方面,《中国语言学史》(1981)第一次全面总结了汉语文字、音韵、训诂等方面研究的成绩,将鸦片战争之前的语言学分为四个时期:(1)以训诂为主的经学时期;(2)以韵书为主的佛学和理学时期;(3)文字、音韵、训诂全面发展的经学复兴时期;(4)西学东渐时期。

其他重要著作包括《中国古典文论中谈到的语言形式美》(1962)、《古代汉语》(1964)等;其毕生作品可见于《王力文集》(共20卷)和《王力全集》(共25卷36册)。

王念孙 (1744～1832) 清代音韵训诂学家。字怀祖,号石臞,江苏高邮人。自幼在父亲王安国教诲下广读经史,后又在文字、声韵、训诂方面深得戴震之传,与其子王引之并称"高邮二王"。乾隆四十年(1775年)得中进士,官历翰林院庶吉士、工部主事、工部郎中、陕西道御史、吏科给事中、山东运河道、直隶永定河道等。

徽派朴学的重要代表人物。在考据方面突破中国古代文字学重形不重音的传统,花费十年的时间,对《广雅》详加考证,改正原书错字、漏字、衍字等讹误,著成《广雅疏证》。《读书杂志》八十二卷是他读十种书的笔记,其中用力最勤者为《淮南子》,将其错讹之处归纳为两类,这些经验对整理古籍都很有帮助。另著有《道河议》《河源纪略》《释大》等,所著短文后世辑为《王石臞先生遗文》。

王仁昫 (生卒年份不详) 唐代音韵学家。字德温。曾官任衢州信安县尉。著有《刊谬补缺切韵》,大概成书于唐中宗年间,对隋代陆法言《切韵》一书进行增补和刊谬,是现存影响最大的《切韵》增订本。《刊谬补缺切韵》在保留《切韵》原有的韵类基础上,再增加上声"广"和去声"严"两个韵类,以及其他一些《切韵》缺失的音和义训,体例也略有改变。

根据敦煌本、宋濂跋本计算,王仁昫共增五千余字。

王绍兰 (1760～1835) 清代训诂学家。字畹馨,号南陔,自号思维居士,浙江萧山城厢镇人。乾隆进士,官至福建巡抚,嘉庆二十二年(1817年)罢职回乡,此后专心著述,尤喜钻研礼仪与《说文解字》。著有《周人说经》《周人礼堂集义》《说文段注订补》。其他如《汉书地理志校注》《管子地员篇注》《董仲舒说笺》《古文尚书逸文考》《思维居士存稿》等。

王维贤 (1922～2009) 语言学家。北京昌平人。1946年毕业于北平中国大学哲学教育系,此后曾先后在燕京大学、清华大学、北京大学等校进修学习。1956年起先后在浙江师范学院、杭州大学和浙江大学任教。曾兼任中国逻辑与语言研究会理事长、浙江省语言学会会长、浙江逻辑研究会会长、《思维与智慧》杂志社社长等职。

长期从事语言学理论、汉语语法以及语言逻辑理论等方面的研究。1981年,他与卢曼云合著出版《现代汉语语法》一书,尝试运用结构主义语言理论阐释汉语语法。1989年,与李先焜、陈宗明合著《语言逻辑引论》,有力推动了国内语言逻辑研究的发展。1992年,编纂《语法学词典》一部。1994年,与张学成、卢曼云和程怀友合著《现代汉语复句新解》一书,应用功能语法的三个平面理论分析汉语复句,探讨复句句法、语义和语用层面的关系。在语言研究领域,王维贤发表的学术文章达70余篇,很多发表过的文章后来整理收录于他的三部论文集:《现代汉语语法理论研究》(1997)、《认知、交际和语法》(2007)和《王维贤语言学论文集》(2007)。

此外,他还参与翻译瑞典语言学家奥尔伍德等的专著《语言学中的逻辑》和美国语言学家麦考莱的专著《语言逻辑分析:语言学家关注的一切逻辑问题》。

王文郁 (生卒年份不详) 金代音韵学家。平水(今山西临汾)人。

金王朝的科举考试用书《韵略》,虽然该书广为流传,却无善本。王文郁广泛考察,在金哀宗正大六年(1229年)完成此项工作。新修本定名为《新刊韵略》,收单字9106个,分106韵。他校订了旧本,增添了韵藻。增添韵藻是王文郁的创举。目的是为诗词歌赋提供最大限度的韵脚字。金元明清,所有诗歌,都以此为准,称作"平水韵"。在汉语诗律史上影响巨大。但是由于它不是实际语音的代表,在音韵学上意义了了。

王先谦 (1842～1917) 清代训诂学家。字益吾,号葵园,湖南长沙人。同治年间进士,授国史馆编修、翰林院侍读、国子监祭酒等职,光绪十五年(1889年)辞官回归故里。任教岳麓书院长达十年,博览古今图籍。

治学重考据、校勘,在史学、文字学等方面造诣深厚。他著有《汉书补注》和《后汉书集解》,这两部作品在学术价值已超颜师古、李贤等前辈;另著《释名疏证补》,结合清代其他学者的研究,对清代初年毕沅《释名疏证》的做了补证,该书资料宏富,是研究《释名》的集大成之作。其他著述包括《水经注合笺》《荀子集解》《庄子集解》《诗三家义集疏》《十朝东华录》《续古文辞类纂》等。

王奕清（？～1737）　清代音韵学家。字幼芬,号拙园,江苏太仓人。康熙年间进士,官詹事府詹事。根据康熙皇帝旨意,与陈廷敬等一起校正并增订万树的《词律》20卷,详尽校订平仄音韵,收盛唐以来到元代词作660调,共1180个体例。因该书的修编为皇帝所钦定,故名《钦定词谱》。

王懿荣（1845～1900）　清代金石学家、收藏家、书法家和甲骨文的首位发现者。字正儒,一字廉生,原籍云南,生于山东省福山县（今烟台市福山区）古现村。光绪六年进士,授翰林编修,三为国子监祭酒。卒于八国联军进攻北京时的守卫战中。

善书法,楷、行、篆书皆有成就,为清末书法四家之一。泛涉书史,潜心于金石之学。1899年发现甲骨刻辞,并断定是古代文字,成为我国第一代甲骨学家。因其对我国古代文物有着精深的研究,殷墟甲骨文经其手后,从"龙骨"变成了珍贵的古代文化研究资料,避免了被继续当作"药材"而遭毁灭的厄运。国际上将其首先发现"龙骨"刻辞的1899年视为甲骨文研究的起始年。

其主要著作有《汉石存目》《古泉选》《六朝石存目》《南北朝存石目》《福山金石志》《王文敏公遗集》（八卷）等。《天壤阁丛书》是其与父亲历时几十年共同编辑刊行的一套大型训诂学丛书,共二十函四十余卷百余万字。

王引之（1766～1834）　清代训诂学家。字伯申,号曼卿,江苏高邮人。乾隆六十年（1795年）举人,嘉庆四年（1799年）进士。历官翰林院编修、礼部左侍郎、工部尚书等。精文字训诂,与其父王念孙并称"高邮二王"。

他进一步发展其父王念孙的虚词学、文法学和辞章学,明确提出虚实两大词类的分野,指出虚词的作用是"足句",并运用因声求义、比例而知、依文作解等方法对进行训诂研究。著有《经义述闻》32卷,对《周易》《诗经》《尚书》等古代经籍进行经学、训诂和勘误等多方面研究,因书中很多内容源于其父王念孙的论说,故命名为《经义述闻》。曾奉旨勘订《康熙字典》讹误,辑为《考证》12册。另著有《经传释词》10卷,这是一部着重研究先秦和汉代经传中虚词用法的著作,收虚词160条,以古汉语声母类别为纲排序。

王照（1859～1933）　文字改革家。字小航,号芦中穷士,别号水东,直隶宁河县（今属天津市）人。光绪年间进士,曾任礼部主事,并在芦台创办小学堂。维新变法失败后流亡日本,回国后曾任"读音统一会"会员、副议长等职,创办"官话拼音书报社",出版拼音官话报—《人人能看书》。

为使汉字拼音方案便于学习和书写,他仿照日文的假名,采取汉字偏旁比划制订出我国第一套汉字笔画式的拼音文字方案,命名为"官话合声字母"。这套拼音方案包括声母、韵母共62个,采用曾盛行于北方诸省多年的声韵双拼的方法。其他著述包括《官话合声字母》（1900）、《官话字母义塾丛刊》（1903）、《拼音对文百家姓》（1903）、《拼音对文三字经》（1903）、《拼音对文千字文》（1903）、《官话字母字汇》（1906）、《官话字母读物》（1957）等。

王洙（997～1057）　北宋音韵训诂学家。字原叔、源叔、尚汶,应天宋城（今河南商丘）人。仁宗天圣二年（1034年）进士,历官国子监说书、史馆检讨、天章阁侍讲、工部员外郎、翰林学士等。博学多才,精通经史、音律、训诂。景祐四年（1037年）,与丁度等人刊修《广韵》,更名为《集韵》。康定元年（1040年）,与欧阳修等人一起校勘宫中藏书,编纂《崇文总目》。庆历三年（1043年）,再与欧阳修等共同编修《祖宗故事》20卷。此外,还著有《易传》10卷、《昌元集》10卷,编《杜工部集》20卷、《国朝会要》、《三朝经武要略》等,与司马光合编《类编》45卷,又据张仲景著《伤寒杂病论》之节略本《金匮玉函要略方》,与林亿共同校订编纂《金匮要略》。

王宗炎（1913～2011）　语言学家。广西合浦县人。1934年毕业于中山大学外语系,此后从事过报社编辑、中学教师等工作,1946年进入中山大学外语系任教,1970年调至广州外国语学院,1978年再回到中山大学,2000年退休。曾兼任《中国大百科全书·语言文字卷》编委会委员、中国语言学会第一届和第二届学术委员会委员等职。

早期研究中主要关注英语语法教学,著有《英语动词》（1959）、《英语语法入门》（1960）、《英语语法图解》（1962）等书籍,在中国20世纪六七十年代的英语教学中起到重要的作用。80年代,开始关注语言理论研究,撰有《美国学者对语言学中若干问题的探索》（1979）、《伦敦学派奠基人弗斯的语言理论》（1980）、《评哈利迪的〈现代汉语语法范畴〉》（1981）等文章介绍国外语言学理论,并出版《回春楼谈英语》（1983）和《语言问题探索》（1984）两部论文集。另主编《英汉应用语言学词典》（1988）一部,主编湖南教育出版社的《外国语言与文化丛书》，与许国璋共同主编上海外语教育出版社的《现代语言学丛书》。

韦悫（1896～1976）　汉语文字改革家。原名乃坤，别号捧丹，笔名普天，广东香山县（今属珠海市）人。1914年考入英国格拉斯哥大学，后因战争原因转赴美国留学，1920年获芝加哥大学哲学博士学位。1921年回国，辗转在广州、上海、南京、武汉等多地的大学、国民政府部门和出版社等机构任职。1949年新中国成立后，任教育部副部长，并曾任中国文字改革委员会副主任、《中国语文》杂志社社长等职。

在拼音文字改革运动中，他积极参与制定汉语拼音方案，倡导简化汉字。刊发《文字改革和汉字简化》（1955）、《拥护第一次文字改革的方针和步骤，积极推选简化字和以北京话为标准的普通话》（1955）、《关于汉字简化的几个原则性问题》（1955）、《关于修改汉语拼音方案（草案）的几个问题》（1956）等文章。

韦昭（204～273）　三国时期吴国训诂学家。别名曜，字弘嗣，吴郡云阳（今江苏丹阳）人。孙权在位时历任西安令、尚书郎、太子中庶子、黄门侍郎等职；孙亮在位时任太史令，负责编写《吴书》；孙休在位时历任中书和博士祭酒，负责校阅经传典籍；孙皓在位时，拜为高陵亭候，官任中书仆射、侍中和领左国史等职。他为人耿直，坚持认为孙皓父亲没有做过吴王，在史书中不能入"纪"只能入"传"，因而得罪孙皓，最终被下狱并处死。

韦昭擅长考据，著述丰富。他曾为《孝经》《论语》《国语》做过注，其中《国语注》是现存的最早《国语》注本，成为《国语》研究的必备书籍，而且注释语言也成为研究三国时期汉语的重要素材。其他重要著作包括《辩释名》《汉书音义》《孝经解赞》以及《春秋外传国语》22卷，另有与周昭、薛莹等人共同编写的《吴书》55卷。

魏建功（1901～1980）　语言文字学家。字天行，笔名包括天行、健攻、山鬼、文狸等，江苏如皋人。1919年考入北京大学预科，两年后升入中文系，1925年毕业。先后在北京大学、中法大学、朝鲜京城帝国大学、西南联合大学、四川白沙女子师范学院等院校任教。1945年台湾光复以后，他赴台湾担任国语推行委员会主任，并在台湾大学中文系兼课。1948年回到北京大学任教，次年在北京大学创办古典文献专业。曾任北京大学副校长、新华辞书社社长、《中国语文》杂志常务编委等职。

早期研究方向以音韵学为主。代表作为《古音系研究》（1935），全书三十多万字，共分六个部分阐述古音系的分期、内容、研究方法、材料、条件以及研究中的问题，旁征博引且不乏独创性观点，成为当代系统研究音韵学的重要文献。其他音韵学方面的著述还包括与刘复、罗常培罗常培合编《十韵汇编》（1937），以及刊发《古阴阳入三声考》（1929）、《唐宋两系韵书体制之演变》（1932）、《论切韵系的韵书》（1935）等文章。

新中国成立后开始关注汉语文字改革运动，积极推广国语、拼音方案和简化字。最具代表性的成就为主持编纂第一部规范的现代汉语字典——《新华字典》，该字典自1953年面世已历经十余次修订，累计发行高达四亿册，影响极其深远，是学生语文学习和学者文字研究的最权威工具书之一。还主编出版《汉语成语小词典》（1959）一部，并刊发《汉字发展史上简化字的地位》（1952）、《对文字改革的提法和看法的问题》（1955）、《汉字简化的历史意义和汉字简化的历史基础》等文章。

遗著《汉字形体变迁史》（2013）由后人辑录其在西南联大期间的讲义整理而成。

吴承仕（1884～1939）　音韵学家。字检斋，安徽歙县人。清末最后一位钦点状元，曾任大理院主事。1912年中华民国成立后，出任司法部佥事。1915年拜师章炳麟学习经学，与钱玄同、黄侃并称"章门三大弟子"。1927年后，先后在北京师范大学、中国大学、东北大学、北京大学、国民大学等高校任教，创办《盍旦》《文史》《时代文化》等刊物。

在文字、训诂、音韵方面均有精深研究。他历时十余年，把从汉末到唐初学者对各种典籍所做语音方面的注文整理出来，按照各家音系编成《经籍旧音》共二十五卷，因刊印工程浩大，只在1924年将其中已有辩证的条目发表为七卷本的《经籍旧音辨证》，其余书稿则在"文革"中遗失。

其他著作包括《经学通论》（1925）、《经典释文序录疏证》（1933）以及由其学生整理出版的《检斋读书提要》（1986）等。

吴大澂（1835～1902）　清代文字学家。初名大淳，字止敬，又字清卿，号恒轩，晚号愙斋，江苏省吴县（今苏州）人。同治年间进士，曾任太仆寺卿、通政使、左都御史、广东巡抚、湖南巡抚等官职。精于古文字考释，是研究战国文字的先驱者。著有《说文古籀补》所收之字，以金文为主，兼及石鼓文、玺印、货币、陶器文字；《字说》包括十二篇考释古文字的短文，考证古文字与古器物相印证。

其他著作包括《愙斋集古录》《吉林勘界记》《十六金符斋印存》《愙斋诗文集》等。

吴为章（1934～2009）　语言学家。福建南安人。1957年考入复旦大学中文系，1961年进入南京大学中文系攻读研究生，师从方光焘，1965年完成学业。其后一直在北京广播学院任教,1999年退休。

生平致力于汉语的教学与研究。在汉语句群研究领域,著有《句群与表达》(1988)、与田小琳合著《句群》(1984)和《汉语句群》(2000);在语法修辞学领域,著有《主谓短语主谓句》(1990)、《实用语法修辞》(1992);在汉语配价语法研究中,主要发表《单向动词及其句型》(1982)、《"X得"及其句型——兼谈动词的"向"》(1987)、《动词的"向"札记》(1993)等文章。此外,还著有《广播电视话语研究选集》(1997)、《新编普通语言学教程》(1999),并与他人合著《写作知识基础》(1978)、《语言学习百问》(1984)、《广播电视语言应用》(1990)等。

吴玉搢 (1698~1773) 清代训诂学家。字籍五,号山夫,江苏山阳人(今淮安人)。自幼喜爱古文字,通读经史,乾隆十年(1745年)贡生,曾任凤阳县训导。

擅长六书训诂考证。所著《说文引经考》严格考订《说文解字》的引经出处及其他讹误之处,是研究《说文解字》的重要典籍之一;另著《别字》五卷,后更名为《别雅》,主要训解异体字、古今字和通假字,每一条一般先列别体,再以常见、常用的形体解释,然后广征博引,各证其出,并说明它们同词异形的关系。

其他著作包括《金石存》《六书述部叙考证》《山阳遗志》等。

吴玉章 (1878~1966) 汉语文字改革家。原名永珊,字树人,四川荣县人。1903年赴日本东京留学,1906年加入同盟会。1911年归国,曾领导保路运动。1912年,参加中华民国临时政府的成立工作,任参议院议员和大总统府秘书,同年,由于袁世凯篡国被迫流亡法国。1917年归国,在北京创办留法勤工俭学预备学校。1922年,任成都高等师范学校校长。1927年,参加南昌起义,起义失败后赴苏联学习考察,并与林伯渠等人一起探讨中国文字改革问题。1938年归国,在陕甘宁边区和敌后抗日根据地领导文化教育工作。抗日战争胜利后,担任中共四川省委书记。1948年参与创建华北大学并任校长,1949年华北大学更名为中国人民大学。兼任过全国文字改革委员会主任、中国科学院哲学社会科学部委员等职。

作为汉语拼音文字改革运动的先驱人物之一,主要在汉语拼音文字研究领域贡献非凡。1927至1938年旅居苏联期间,开始大力投入汉语拼音和文字改革研究,著有《拉丁化中国字初学教本》、《中国汉字发展史》、《中国文字的源流及其改革的方案》、《中国新文字的新文法》等著作,并在海参崴组织召开两次中国新文字代表大会,制定《中国新文字方案》。在陕甘宁边区和敌后抗日根据地工作期间,积极推行文字改革,创办《新文字报》,主编《新文字丛书》和《小字典》,并著有《新文字与新文化运动》,该书分为三部分:前言、中国旧文字的源流、中国新文字的创造。建国后,继续不遗余力从事拼音文字改革工作,由其主持制定的《汉语拼音方案》于1958年获得全国人大批准并颁行全国实施,因此被誉为"汉语拼音之父"。

吴 棫 (约1100~1154) 宋代音韵学家。字才老,建安(今福建建瓯县)人。宣和六年(1124年)考取进士,曾担任太常丞,后因得罪秦桧被贬为泉州通判。

他对古音的研究为古音学成为一门学科奠定了良好的基础。著成《韵补》5卷,首创依照韵文、声训、古读、谐声、异文等五种资料探求古韵。把古韵分为九部,分别为一东二支三鱼四真五先六萧七歌八阳九尤。虽然他所定的古韵部还很粗疏,内部一致性还不强,但他的研究方法对后世的古音研究影响很大。在他之前,人们遇到古诗文不能押韵之处,往往改读他音,称作协韵或者叶句。自吴棫起,音韵学研究才有了汉字读音发展的观点,认可先秦古音与今音不同。

其他著作包括《毛诗叶韵补音》10卷、《书裨传》13卷、《论语续解》10卷、《论语说例》、《字学补韵》和《楚辞释音》等,但均已佚。

吴元满 (生卒年份不详) 明代音韵学家。字敬甫,南直隶歙县(今属安徽)人。生活在万历年间,通晓音韵。著有《六书正义》12卷、《六书总要》五卷、《六书溯原直音》两卷、《谐声指南》一卷。

吴宗济 (1909~2010) 方言学家、语音学家。吴宗济,字稚川,生于山东济宁,祖籍浙江吴兴。1928年考入清华大学市政工程系,一年后因病休学,1932年复学并改学中文,1934年获文学学士学位。1935年进入南京中央研究院历史语言研究所工作,与罗常培、王力、赵元任、李方桂等共事,曾赴多省进行方言调查。1940年离开研究所,主要以经营进口科学和医疗仪器为生。1956年应罗常培之邀加入中国科学院语言研究所,1957年先后赴捷克、瑞典和丹麦开展实验语音学研究方面的考察,经过十个月的考察,回国建成国内首个实验语音学实验室,由此开创中国实验语音学研究之路。1966年后的"文革"期间,研究工作停顿。1978年到北京大学任兼职教授,开始实验语音学课程,并指导建设北京大学的语音实验室。

学术研究主要包括方言研究和实验语音学研究。在方言研究领域,三十年代调查过多省方言,与赵元任、丁声树、杨时逢、董同龢等人共同编著两部专著。一部是《湖北方言调查报告》(1948),对湖北方言进行系统描写,并绘制成湖北省方言地图,这在国内方言研究领域属于首创。另一部是《湖南方言调查报告》,书稿由杨时逢带至台湾,并于1974年在台湾整理出版。此外,在方言研究方面还刊发《调查西南民族语言管见》(1938)、《武鸣壮语中汉语借字的音韵系统》(1958)等文章。

在实验语音学研究领域,享有中国实验语音学的奠基人的荣誉。1963年,与周殿福合著出版《普通话发音图谱》,开创性地使用各种声学仪器分析普通话的发声原理,并附全部辅音和元音的腭位和口形图。1986年,主编《普通话单音节语图册》,使用当时最先进的语图仪做实验分析,做出普通话单音节语图约三千幅,阐述汉语语音的声学特性。1989年,与林茂灿主编出版《实验语音学概要》,系统阐述实验语音学的原理和研究方法,该书1991年获国家教委直属出版系统学术著作优秀奖。1992年,与赵金铭等共同主编《现代汉语语音概要》,系统介绍语音学理论、现代汉语的语音系统,以及汉语声调变化的规律,书中附有很多X光及电子仪器显示的音调动态图,是语音学习和研究的重要参考书籍。在实验语音研究领域刊发的重要文章包括《谈谈现代语音实验方法》(1961)、《一种分析语音的重要仪器——语图仪综述》(1963)、《普通话元音和辅音的频谱分析及共振峰的测算》(1964)、《实验语音学与语言学》(1981)、《普通话语调的实验研究——兼论现代汉语语调规则问题》(1981年)等。

其他著作包括《吴宗济语言学论文集》,主要收录吴宗济后期有关普通话语音信息处理及语音合成自然度相关的实验研究成果。

伍铁平 (1928~2013)　　语言学家。原名黄定淼,湖南湘潭人。1945年考入昆明西南联大,1946年转入清华大学,1947年赴冀察热辽解放区的联合大学参加革命,1948年被派往哈尔滨外国语专门学校(黑龙江大学前身)学习俄语,1950年毕业后留校任教;1962年调入中国科学院语言研究所工作,1985年转调北京师范大学中文系任教。曾任《俄语教学与研究》和《国外语言学》杂志主编以及国家教委高校"八五""九五"计划语言学规划咨询组负责人、国家教委高等学校社会科学研究"八五"规划语言学课题评审组召集人等职。

在语言研究方面的重要贡献在于将美国的模糊理论引入中国,并开创中国的模糊语言学研究。自《模糊语言学初探》(1979)一文发表后,他先后发表三十多篇模糊语言学研究的相关论文,后经修改整理结集为《模糊语言学》,1999年由上海外语教育出版社出版。此外,他还著有《语言与思维关系新探》(1986,1990)、《语言和文化评论集》(1997),探讨语言与思维、文化的关系。晚年倾注了巨大精力从事学术批评与学术规范工作。

其他著作包括《普通语言学概要》(1993)、《语言是一门领先的科学》(1994)和《比较词源研究》(2011);还包括很多涉及词源学、语言类型学等领域的论文,如《从词源角度比较俄英德语词汇》(1981)、《语言的类型对比》(1984)、《语言所反映的民族隔阂、歧视和奴役》(1985)等。

X

夏　炘 (1789~1871)　　清代音韵学家。字心伯,安徽当涂人。道光五年(1825年)举人,曾官至内阁中书。饱读历代经书,精通音韵之学,一生著述颇丰。著有《诗古韵表二十二部集说》两卷,将上古韵部分作22部分别阐述;上卷卷首叙述撰作之由,可以视作对清代古音研究的总结,其他著作还包括《述朱质疑》《朱子诗集传校勘记》《诗章句考》《檀弓辨诬》、《六书转注说》等。

邢　昺 (932~1010)　　宋代训诂学家。字叔明,曹州济阴(今山东定陶)人。曾任国子监丞、尚书博士、国子博士、工部郎中、两浙巡抚使、刑部待郎、礼部尚书等职。学识渊博,著有《论语正义》和《孝经正义》,后《孝经正义》分为《孝经注疏》和《尔雅注疏》两部,均收入《十三经注疏》。

邢公畹 (1914~2004)　　语言学家。原名邢庆兰,安徽安庆人。1937年毕业于安徽大学,同年考入中央研究院历史语言研究所,但因抗日战争爆发延迟到1940年才得以入学,师从李方桂学习语言学,1942年毕业后到南开大学任教,后随南开大学迁往昆明在西南联合大学任教,1946年再随南开大学回迁天津。1953年,赴苏联莫斯科大学任教,1956年归国,继续在南开大学任教。曾任中国语言学会副会长、中国民族语言学会理事、中国音韵学会顾问等职。

长期致力于少数民族语言的研究。在昆明西南联合大学工作期间,他编写并油印发行《远羊寨仲歌记音》(1942),该书成为国内较早的布依语研究资料。他与罗常培合作著有《莲山摆彝语文初探》(1950),另著有《三江侗语》(1985)、《江河上游傣雅语》(1989)和《汉台语比较手册》(1999)。1991年,他在《中国语文》连续发表文章,在其师李方桂提出汉藏语是一个独立语系的基础上,结合法国学者沙加儿(Laurent Sagart,1951—　)关于汉语和南岛语同源的观点,进一步提出汉藏语系应包括汉语、侗台语、苗瑶、藏缅和南岛五个语族,并在相关方面展开语言比较研究,发表《汉台语比较研究中的深层对应》(1993)、《汉藏语系研究和中国考古学》(1996)、《汉藏语系上古音侵谈两部同源字考》(1998)等论文。2000年，他将过去五十年所撰的研究论文结集出版为《邢公畹论文集》。

熊 忠 （生卒年份不详） 元代音韵训诂学家。字子中，生卒年不详，元代邵武（今福建）人。他因黄公邵编写的《古今韵会》在内容上过于浩繁，而于大德元年（1297年）重新编写《古今韵会举要》30卷。《古今韵会举要》不仅在当时被认定为一部权威的大字典，在当代中国音韵学史和汉语语音史研究方面仍然很有影响。

徐承庆 （生卒年份不详） 清代训诂学家。字梦祥，江苏元和（今苏州）人。乾隆五十一年（1786年）举人，曾官至山西汾州府知府。为订正清代知名学者段玉裁所著《说文解字注》中的不足，著《说文解字注匡谬》15卷，以专著的形式进行勘误。

徐 复 （1912～2006） 训诂学家。字士复，汉生，号鸣谦，江苏武进县人。1929年考入金陵大学，师从黄侃学习音韵训诂。1935年考入金陵大学国学研究班，1936年离开金陵大学来到章炳麟在苏州所办的章氏国学讲习会求学。1937年抗日战争爆发后，来到四川巴县任教于国立边疆学校。1949年，回到金陵大学任教，后转到南京师范大学。曾任中国训诂学研究会会长、中国语言学会理事、中国音韵学研究会顾问、江苏省语言学会会长等职。

作为章黄学派传人，擅长训诂学、校勘学和语源学的研究。在黄侃的指导下，他对汉代学者刘熙的《释名》一书做过大量研究，1935年著成《释名》音证（上编）》。他还为清代学者孙楷的所著的《秦会要》做出18万字的增补，于1959年出版为《〈秦会要〉订补（修订本）》。1995年，其训诂论集《后读书杂志》出版，收录《荀子正诂》、《文心雕龙校记》等15篇训诂之作。自1975年起，他开始为章炳麟的佶屈聱牙之作《訄书》做注释，历时二十余年成稿80万字，于1999年出版为《〈訄书〉详注》。

其他著作包括《徐复语言文字学丛稿》(1990)、《徐复序跋集》(1995)、《徐复语言文字学论稿》(1995)、《徐复语言文字学晚稿》(2007)等。

徐 锴 （920～974） 宋代文字学家。字楚金，扬州广陵（今江苏扬州）人。曾任集贤殿学士、内史舍人等官职。因与其兄徐铉同为侍臣，故人称"小徐"，兄弟二人合称"大小二徐"。

精通文字训诂学，平生著述甚多，但很多已遗失。著《说文解字系传》40卷，亦称小徐本，是自汉魏以后最早系统注解《说文解字》的著作。另著《说文解字韵谱》五卷。

徐仁甫 （1901～1988） 语言学家。名永孝，字仁甫，晚年自号乾惕翁，四川大竹人。1927年毕业于国立成都高等师范学校。1928年在成都宾萌公学任教，1942年转到成都建国中学，期间创办国学杂志《志学月刊》，1943年调任大竹私立漣山中学。1945年，进入四川大学任教，1949年起在四川师范学院任教。曾任四川省语言学会理事、四川省文史研究馆馆员等职。

主要致力于古代汉语研究。他所著的《杜诗注解商榷》(1979)和《广释词》(1981)非常注重词用法的研究；《左传疏证》(1981)则论证《左传》的撰写者并非春秋末年史官左丘明，而是汉代学者刘歆；《古诗别解》(1984)共八卷，主要纠正前人对古诗的误解和误读。在毕生孜孜不倦的研究中，徐仁甫累积了大量的文稿，遗著均由中华书局出版，包括1990年出版的《广古书疑义举例》以及2014年出版的《史记注解辨正》《古书引语研究》《诸子辨正》《乾惕居论学文集》《杜诗注解商榷续编》等。

徐世荣 （1912～1997） 拼音文字学家。北京人。曾就读于北京师范大学中文系，1935年毕业后任中国大辞典编纂处编纂员，1952年调到北京师范大学任教。曾任教育部"普通话教学指导处"副处长、中国文字改革委员会副研究员、中国文字改革委员会副研究员、普通话审音委员会副主任、中国语言学会理事等职。

长期从事语言教学，主要致力于推广普通话和汉语拼音方案，在标点符号使用、语法研究和词典编纂方面也有建树。其著作简明通俗，面向大众读者，主要著作有《标点符号讲话》(1952)、《普通话语音基本知识》(1958)、《常用多音多义字》(1963)、《普通话语音发音示意图解》(1979)、《普通话语音知识》(1980)等，并在《文字改革》、《中国语文》等杂志发表几十篇文章，研讨普通话教学中的问题。此外，他还参加过多部词典的编写，如《新部首索引国音字典》(1940)、《国语辞典》(1943)、《学文化词典》(1952)、《同音词典》(1956)和《北京土语词典》(1990)等。

徐通锵 （1931～2006） 语言学家。浙江宁海人。1952年考入北京大学中文系，1956年毕业后留校任教。1982年赴美国加利福尼亚大学伯克利分校访学，次年回国，此后一直在北京大学任教。曾兼任教育部人文社会科学研究专家咨询委员会委员、商务印书馆语言学出版基金评议委员等职。

主要从事语言理论的教学与研究工作。1981年，与叶蜚声合著《语言学纲要》，阐明语言学的基本理论和基本概念，并采用瑞士语言学家索绪尔所阐述的组合关系和聚合关系为全书的语言结构总框架，联系汉语的实际进行语言学的描写和分析。

1991年著成《历史语言学》，重点调查了浙江的宁波方言和山西的闻喜、祁县两处的方言，把历史语言学的一般理论、方法和原则与汉语的具体研究结合起来。1997年著成《语言论——语义型语言的结构原理和研究方法》，首次在汉语研究中提出"字本位"思想，认为汉语的基本结构单位是字，汉语研究要重视"字"的重要性。另著有教育部"九·五"规划教材《基础语言学教程》(2001)。

其他著述包括在教学和研究领域还发表过多篇重要论文，如《山西平定方言的"儿化"和晋中的所谓"嵌L词"》(1981)、《近百年来宁波音系的演变》(1991)、《"字"和汉语的句法结构》(1994)、《核心字和汉语的语义构辞法》(1997)、《自动和使动——汉语语义句法的两种基本句式》(1998)等。他1991年以前的主要论文已收录入《徐通锵自选集》(1993)。

徐 孝（生卒年份不详） 明代音韵学家。所著《合并字学集韵》根据时音删除传统韵类，以新四声为纲统领25个韵部，全书共100韵，韵目以及韵次都呈现了新的特色。反切更合时音，首次反映知、照系二等和三等读音混同，\-m\尾与\-n\尾合流，明确无声。另有韵图《重订司马温公等韵图经》，是对旧韵图的改革。全书分为13韵摄，另标开口篇、合口篇、独韵篇。20世纪40年代陆志韦抄录了这本书的二十五图，以便于后人研究。

徐 铉（917~992） 宋代文字学家。字鼎臣，扬州广陵（今江苏扬州）人。五代时期仕于南唐，官至吏部尚书。南唐亡，随李煜归宋，太宗时官至右散骑常侍，又迁左常侍。世称"大徐""徐骑省"，与弟徐锴合称"大小二徐"。

精于文字学。宋太宗时奉昭与句中正、葛湍、王惟恭等校订《说文解字》，一方面驳正唐代李阳冰勘定《说文解字》的谬误，另一方面略加解说，订正传写讹误，辨正别体俗字。《说文解字》传本旧有注音颇不一致，徐铉据《唐韵》为每个篆字加注反切，并增益四百零二个经典用字，列于每部之末，称为"新附字"，另补十九字入正文。徐铉等人修订的《说文解字》世称"大徐本"，现在通常应用的有影印宋刻本和覆宋刻本，为文字学和小篆学习的必读之书。

徐仲华（1919~2004） 汉语语法学家。北京人。1938年考入燕京大学文学院新闻系，后转入北京大学中国文学系，1945年再回燕京大学新闻系，1946年获文学学士学位。曾任天津《益世报》驻北京记者、经济版编辑兼采访部系主任。1954年起在北京师范学院（今首都师范大学）任教。曾兼任中国语言学会理事、北京市语言学会常任理事、北京市中学语文教学研究会会长等职。

主要致力于现代汉语语法研究。1957年，他出版《词类》一书，系统介绍汉语的词类知识和词类划分方法。1958年，再著成《主语和谓语》(1958)，分析和说明的主语和谓语的定义、位置、特点，阐述了"判断合成谓语"、"能愿合成谓语"的结构关系以及"谓语的连续"、"谓语的延伸"等复杂情况。在古汉语研究方面也有探讨。他与吕叔湘合著《文言虚词例解》(1965)，选受了常用的文言虚词132个，每词释义，选取古书例句，附带现代汉语译文。在汉字与汉字教学方面，著有《容易写错的字》(1964)，着重介绍如何对待简化字和异体字，指出写错字的原因及纠正的方法，共收录450个易错字。

在语法研究方面还发表过大量的研究论文，包括《分析句子应该从语法标志出发》(1955)、《论划分词类的标准》(1957)、《单句的复杂情况》(1959)、《汉语书面语歧义现象举例》(1979)、《古汉语动词的为动用法》(1980)等。

许国璋（1915~1994） 语言学家。浙江海宁人。1934年入上海交通大学学习，1936年上海交通大学肄业，同年9月转入清华大学西方语文系，1939年毕业于西南联合大学外文系。后曾任英文《中国年鉴》编辑，复旦大学、大同大学教员。1947年赴英国留学，相继在伦敦大学和牛津大学攻读英国文学及欧洲历史，1949年回国后在北京外国语学院执教，曾兼任中国英语教学研究会会长、中国语言学会常务理事、全国高等教育自学考试英语专业指导委员会主任、《外语教学与研究》主编以及《中国大百科全书·语言文字卷》副主编等职。

主要从事英语教学与研究、文学与文化研究及语言学研究。在英语教学方面，他主编的《英语》（共4册，商务印书馆）教材，成为中国发行量最大的英语教科书之一，在英语教学方面影响巨大；《新编许国璋英语》1993年由外研社出版，同样在英语教学领域产生显著影响。在语言学研究方面，他著有《结构主义语言学述评》(1958)，并发表了《论索绪尔的突破精神》(1981)、《从两本书看索绪尔的语言哲学》(1983)、《从〈说文解字〉的前序看许慎的语言哲学》(1985)、《〈马氏文通〉及其语言哲学》(1991)等论文，后均收入《许国璋论语言》(1991)和《许国璋语言论集》(1999)。

其他重要语言学著作包括与王宗炎、桂诗春共同主编《现代语言学丛书》(1982)，发表《论语法》(1986)等语言研究论文。

许 瀚（1797~1867） 清代音韵学家、古文字学家。字印林，山东日照人。1835年中举，1852年任滕县训导。致力于考据之学，著有《攀古小庐文》，其中所收《求古韵八例》阐述了求索古韵的各种途径，《转注举例》和《说文字答问》是将古韵与古文字综合研究的文章。他对金文的研究成就在当时亦首屈一指,文稿主要收在《攀古小庐杂著》中。

许　慎（58?～147?）　汉代文字学家。字叔重,东汉汝南召陵（今河南漯河市）人。师从经学大师贾逵,通读经籍。二十岁时即担任汝南郡功曹职务,掌管一郡政务和人事,后担任太尉府祭酒。

有"字圣"之称。为订正秦汉以来经籍中用字错乱现象以及当时很多说字解经的谬误,历时二十一年,于和帝永元十二年（公元100年）著成中国首部字典——《说文解字》。该书保存大部分先秦小篆字体,也收录籀文和六国古文,收单字9353个,异体字1163个,按540个部首排列,对汉代及以前文字训诂详加考据,以六书理论系统分析每字的原始形体结构,考究字源,解释字义,指明读音。《说文解字》不但对当时汉字的研究产生巨大影响,也对后世的汉字研究具有重大意义,是中国第一部研究汉字的经典著作。

许世瑛（1910～1972）　语言学家。字诗英,别名世英,浙江绍兴人。许寿裳长子,以鲁迅为启蒙师。1930年秋考入清华大学中文系,毕业后考入研究院,继续从名师赵元任、陈寅恪研究语言声韵学和历史。之后曾任教于燕京大学、辅仁大学和北京大学。1946年去台湾,先后任台湾师范学院、台湾师范大学教授,并兼任台湾大学、辅仁大学教授。1962年,被台湾地区教育主管部门聘为博士生导师。

主要从事汉语语法、汉语音韵研究。他根据古汉语语法教学的需要,结合自己的教学实践,把吕叔湘《中国文法要略》（初版）的内容、观点乃至研究方法加以融会贯通,补充材料后重新编定,写出《国语文法讲话》一书。其书虽未能全部体现《中国文法要略》的特色,但却对吕书有不少补充或修正,尤其是在某些枝节问题上见解独到,编排得当,便于教学,语法知识亦很充实,因此自1954年出版至1977年,先后印刷13次,为古汉语语法的普及做出较大的贡献。他还主张对古代文献,尤其是先秦文献作专书专题的全面研究,从而为汉语语法史的研究打下坚实可靠的基础。其他主要论著有:《中国目录学史》（1954）、《中国文法讲话》（1962）、《论语二十篇句法研究》（1973）、《常用虚字用法浅释》（1981）等,单篇论文身后被结集为三卷本《许世瑛先生论文集》（1974）。

薛尚功（生卒年份不详）　宋代古文字学家。字用敏,临安钱塘人。南宋绍兴年间曾官任通直郎,喜爱古文字研究,尤其热衷于古器铭文的辑录和考释。著有《历代钟鼎彝器款识法帖》20卷,书中汇集铭文511件,以商周铜器铭文为主,但该书目前仅存一些宋拓本石刻残卷、残叶。此外,著有《重广钟鼎篆韵》七卷,但已遗失。

荀　况（约公元前313～前238）　战国末期文学家和政治家。字卿,后人尊为荀子,赵国猗氏（今山西安泽县）人。荀子思想的代表作品为《荀子》,西汉刘向整理时收文32篇,其中22篇为荀子本人所写,五篇为其弟子所记录的荀子言行,另五篇为荀子及弟子所引用的材料。在《正名篇》中,荀子对语言与现实、语言与思维、语言的约定成俗本质和语言的发展等方面均有论述,反映了战国时期中国学者对语言理论的初步认识。

Y

严可均（1762～1843）　清代训诂学家。字景文,号铁桥,浙江乌程（今吴兴）人。嘉庆五年（1800年）举人,曾任浙江建德县教谕,精考据之学。著有《说文校义》30卷,专正徐弦所订《说文解字》之谬,与姚文田共撰《说文长编》,分为天文、算术、地理类,草木虫鱼类,声类等45册。另著有《说文翼说》《文声类》《铁桥漫稿》等。另辑《全上古三代秦汉三国六朝文》,使之与《全唐文》相接。

严学宭（1910～1992）　音韵学家。号子君,江西省分宜县人。1930年考入湖北武汉大学中文系,1934年考入北京大学研究院,师从罗常培研习汉语音韵学。1937年到江西宜春师范学校任教,1940年调到中山大学师范,1954调到中南民族学院,1970年再调至华中师范学院,1980年回到中南民族学院。曾兼任《汉语大字典》副主编、《语言研究》主编、《中国大百科全书·民族卷》编委、中国语言学会副会长、中国音韵学研究会会长、中国民族语言学会常务理事等职。

主要从事音韵研究方面的研究。早年著有《记分宜方音》（1934）和《分宜方音述略》（1943）,详细描写分宜音系及分宜音韵与北京音、中古音的差异比较。晚年著有《广韵导读》（1990）,总结他多年来对中古音研究的成果。

在汉语音韵学研究中,发表几十篇重要的研究论文。在《大徐本说文反切的音系》（1936）和《小徐本说文反切之音系》（1943）两篇文章中,他认为大徐本所依据的孙愐音与《唐韵》不合,可能是依据的本子不同,而小徐本则有洛阳方音。在《汉语声调的产生和发展》（1959）、《上古汉语声母结构体系初探》（1962）和《上古汉语韵母结构体系初探》（1963）中,他主要阐述了对上古音系统的分析与构拟。《原始汉语复辅音声母的痕迹》（1978）考订原始汉语的二合、三合、四合复辅音,阐述它们消失简化产生新音素的途径。《周秦古音结构体系》（1980）详细构拟了

Y 阎 yán （语言学人物）

周秦古音的声母(单辅音声母和复辅音声母)和韵母系统。

其他论文包括《"转注"与"假借"为义训之本说》(1947)、《释汉儒音读用本字例》(1948)、《黎语构词规律和创立新词术语的原则》(1957)、《汉语中的训读研究》(1979)、《周秦古音研究的进程和展望》(1986)等。另著有《中国对比语言学浅说》(1985)。

阎若璩 （1636～1704） 清代训诂学家。字百诗，号潜丘，山西太原人。从二十岁起就研究《古文尚书》，历经三十年的潜心考证，著成《古文尚书疏证》8卷，共列举了128条证据，证明伪古文《尚书》是近代梅赜的作品。康熙十七年(公元1678年)，应邀参与修纂《大清一统志》，并协助徐乾学完成《资治通鉴后编》184卷。此外，还有《潜丘札记》《闲学纪闻笺》《四书释地》《眷西堂诗集》等十几种数十卷著作。

颜师古 （581～645） 隋末唐初训诂学家。字籀，京兆万年(今陕西西安)人，颜之推之孙。自幼受到父亲和祖父的严格教诲，博览群书。隋仁寿年间曾任安养县尉，唐高祖时曾任朝散大夫、起居舍人、中书舍人等职。唐太宗李世民即位后，曾任中书侍郎、琅琊县男之职。贞观十九年(公元645年)，随太宗远征辽东时病逝。

对文字训诂、声韵、校勘、经史等方面均有研究，曾奉诏参与修订《五经正义》百余篇。《汉书注》是他对学术界的最大贡献，他遍采服虔、应劭、晋灼、臣瓒、蔡谟等所集诸说，又增荀悦《汉纪》、崔浩《汉纪音义》、郭璞《司马相如传注》，融合了他叔父颜游秦的《汉书决疑》，使该书集众人之长，又加颜师古一家之言，成为《汉书》注解中解释词义、注释音读最为详尽的一部。另著有《匡谬正俗》8卷，前四卷论述诸经的训诂和音释，后四卷博及诸书的字义和字音考据。

其他著述包括《急就章注》和《颜师古集》。

颜元孙 （？～714） 唐代文字学家。字聿修，京兆万年(今陕西西安)人。出身颜氏名门之家，高祖父颜之推、伯祖父颜师古和侄子颜真卿皆为著名士人。颜元孙于垂拱年间(685～688年)得中进士，曾任长安尉、太子舍人、滁州刺史、沂州刺史和豪三州刺史等官职，唐玄宗年间被罢官而回乡隐居。著有《干禄字书》，其中所收的文字按平上去入四声编排，文字为俗、通、正三体，成为当时为官语应试写字的参考。

颜之推 （531～约595） 南北朝音韵训诂学家。字介，琅琊临沂(今山东临沂)人。由于才华出众，十九岁时得到梁湘东王的赏识，官任国左常侍。以后因朝代的不断更迭而先后在北齐、北周和隋初为官。

对音韵训诂颇有研究，曾著有《书证篇》《音辞篇》《训俗文字略》等作品，并对陆法言编写的《切韵》有所贡献。此外，还著有《颜氏家训》20篇。

扬雄 （公元前53～18） 西汉语言文字学家。字子云，蜀郡成都(今四川成都)人。自幼好学，博览辞赋。曾做过大司马王音召的门下史，成帝时曾任给事黄门郎，王莽称帝后，于天禄阁校书，后官至大夫。

他历时二十七年调查西汉时代各地方言，冲破传统的文字研究藩篱而记录语言，最终著成《輶轩使者绝代语释别国方言》15卷，简称《方言》，成为中国乃至世界语言学史上第一部以活的语言作为研究对象的比较方言专著，是研究西汉语言的重要资料。另外还著有《训纂篇》《别字》《仓颉传》等。

阳休之 （509～582） 北魏音韵学家。字子烈，右北平无终(今河北蓟县)人。曾在北魏、齐、周、隋三朝为官。著有《韵略》，后来成为陆法言所撰《切韵》的重要参考字书之一。另著有《幽州古今人物志》30卷、《文集》30卷。

杨伯峻（1909～1992） 语言学家、注释家。原名杨德崇，湖南长沙人。青年时期就读于北京大学，从学于钱玄同、吴承仕、余嘉锡、黄节、陈垣诸师，获益良多。1931年又正式拜在黄侃先生门下，成为"黄门弟子"。1932年毕业于北京大学中文系，至著名将领冯玉祥军中供职多年，其后投身教育事业，先后在中山大学、北京大学、兰州大学执教。1960年调入中华书局，从事古籍的整理研究和编辑业务。曾任中华书局编审、北京大学历史系兼职教授、中国语言学会理事、国家文物局咨询委员、孔子研究会理事、国务院古籍整理出版规划小组顾问等职。

主要从事古籍的研究、整理和古汉语的教学与研究工作，在古汉语语法和虚词的研究上有突出的成就，在古籍的整理和译注方面影响较大。在古汉语语法方面的重要著作有《中国文法语文通解》(1936)、《文言语法》(1956)、《文言文法》(1963)、《古汉语虚词》(1965)，其中《中国文法语文通解》以音韵为纲，描述古今虚词的衍变，促进了古汉语语法和现代汉语语法分别的研究，同时也给古汉语和现代汉语的语法研究者提供了很多基础资料。在古书注释和译注方面，著有《列子集释》(1958)、《论语译注》(1958)、《孟子译注》(1961)、《春秋左传注》(1981)，其中尤以《论语译注》一书影响最大，曾被香港、台湾翻印，被日本的两所大学用做教材。《春秋左传注》全书200万字，从开始到全书完成经历20余年，征引书籍达400种，着重史实、制度、名物考订和难字难句的训释。书后附有词典，可以做古汉语词汇史研究之用。另外附有各种地图、器物图。另发表论文多篇，其中《破音考略》(1948)、《从上古汉语几组同义词的考察试探在词汇方面的古今分和现象的规律》(1956)、《论"所以"的上古用法》(1957)分别刊于《国文周刊》、《北京大学学报学报》和《中国语文》。1984年3月岳麓书社出版的《杨伯峻学术论文集》，收录了他从1948年到1982年撰写的30篇论文。

杨桓（1233～1299） 元代文字学家。字武子，号辛泉，兖州（今属山东）人。曾官任太史院校书郎、秘书监丞、监察御史、秘书少监等职。好六书只学，著有《六书统》，专收《说文解字》未载之字，但有后世学者认为其所收文字存在任意增损改易，价值不大。其他著作包括《六书溯源》和《书学正韵》等。

杨慎（1488～1559） 明代音韵学家。字用修，号升庵，四川新都（今成都）人。自幼聪颖，善诗文。正德六年（1511）状元，授翰林院修撰，世宗年间任经筵讲官，嘉靖被谪戍云南，终死于戍地。对经史书画、音韵训诂等均有研究，在古音学上的贡献是批判了朱熹的"叶音"说，为后来焦竑、陈第彻底否定"叶音"说做了铺垫。著有《古音复字》《古音丛目》《古音猎要》《古音略例》《古音余》等。

杨树达（1885～1956） 语言学家。字遇夫，号积微，湖南长沙人。曾就读于梁启超等创办的湖南时务学堂，1905年赴日本留学，辛亥革命后回国。归国后，先后在湖南省立第一女子师范学校、北京高等师范学校（今北京师范大学）、清华大学、湖南大学、湖南师范学院等校任教。

早期研究主要针对古汉语语法、修辞，后期研究主要针对音韵、训诂等文字学研究，并兼及方言研究，晚年则专治金文和甲骨文。他参考日语和英语语法著有《中国语法纲要》(1928)，这是一本白话文语法书，目的是为教学的需要而分析白话文的语法结构；他认为《马氏文通》有误解古书之处，因作《马氏文通刊误》(1931)；后又成《高等国文法》一书，着重虚词和句读，揭示文言语法的一些规律，是20世纪30年代重要的古汉语语法著作；《词诠》(1928)是《高等国文法》的姊妹篇，该书仿《经传释词》的体例，以词为纲，以注音符号为次序，解释虚词472个，是《马氏文通》以来虚词研究之大成；晚年治甲骨文和金文，著有《积微居甲文说·卜辞琐记》(1954)、《积微居金文说》(1952)。

其他著作包括《汉书补注补正》(1925)、《中国修辞学》(1933)、《积微居小学金石论丛》(1937)、《卜辞琐记》(1954)、《卜辞求义》(1954)、《积微居小学述林》(1954)、《汉书窥管》(1955)、《论语疏证》(1955)等。

杨倓（？～1181） 宋代音韵学家。字和义，一字子靖，代州崞县（今山西原平）人。淳熙年间曾任太府知州，后迁枢密院事。著有《韵谱》一书，被载入《永乐大典》。

杨欣安（1909～1987） 语言学家。原名杨树芳，河北省平山县人。1935年毕业于北京师范大学国文系，后在陕西、河北等地任教。1937年抗日战争爆发后，在河南国立第一中学、四川国立第四中学任教。抗日战争胜利后，在重庆中央工业专科学校和国立女子师范学院任教，1952年调入西南师范学院任教。曾兼任中国语言学会理事、四川省语言学会副会长、《汉语大字典》编辑委员等职。

主要致力于现代汉语的教学和研究。著有《现代汉语》(1956—1958)四册、《现代汉语及习作》(1962)、《现代汉语基础知识》(1973)(与翟时雨等合著)等，发表论文10余篇。他主编的《现代汉语》在语法上主张把副词归入半实词，提出"形容词名化"和"形容词动化"的概念，在句子的分析方面重视有直观性的图解法。其论文《关于量词的几个问题》(1956)主张量词、副名词、单位名词、辅名词、陪伴词等名称应统一起来叫"量词"，而且量词应独立为一类词，而不应作为名词的附类或形容词的附类，并赞成"准量词"的提法。《说"给"》(1960)一文采用变换句式的方法，从三个方面论证"给"的词性：(1)"给"是动词还是介词；(2)"给"同后面的名词、代词在动词后面，是介词结构作补语，还是动宾结构作复杂谓语句的谓语；(3)"给"作介绍所表示的意义和用法。1975年后，主要从事《汉语大字典》的编写工作。

此外，曾发表《四川话里的一些语法现象》(1959)、《"什么"的用法》(1959)、《成语和谚语的区别》(1961)、《谈谈惯用》(1979)、《谈谈大型字典建立义项的问题》(1980)、《关于介词的几个问题》(1982)、《漫谈"饼"字》(1982)和《四川方言初探》(1983)等论文。

姚文田（1758～1827） 清代音韵训诂学家。字秋农，号海漪，浙江省归安（今湖州市）人。嘉庆四年（1796年）状元，曾官至礼部尚书。一生奔波官场，但仍不懈博览群书，坚持音韵训诂研究。著有《邃雅堂学古录》、《说文考异》、《说文声系》、《古音谐》、《四声易知录》等，主要著作后来收入《邃雅堂集》。《说文声系》打破以形系联的原则，对《说解字文》同谐声的字重新归并。从段玉裁伊始，清代对《说文》谐声研究的书籍达50多种。一方面，他认可段玉裁"同声必同部"，另一方面他也积极探索同声不同部的现象。

姚孝遂（1926～1996） 语言学家。湖北省武汉市人。1950年毕业于武昌华中大学中文系，1961年在吉林大学甲骨文、金文专业研究生毕业，后留校任教，历任古文研究室及考古教研室副主任、古籍研究所所长等行政职务。曾兼任全国高等院校古籍研究整理工作委员会委员、中国古文字研究会理事、中国殷商文化学会理事、吉林大学哲学社会科学学术委员会副主任、吉林大学学位委员会历史学分会主席等职。1983年受香港中文大学之邀前往讲学,同时受聘为香港中文大学中华文化研究所荣誉高级研究员。主要致力于中国古文字的教学及研究工作。主要著述包括《许慎与说文解字》(1983)、《小屯南地甲骨考释》(1984)、《殷墟甲骨刻辞摹释总集》(1987)、《殷墟甲骨刻辞类纂》(1988);其中《小屯南地甲骨考释》获吉林省1985年优秀成果奖,《殷墟甲骨刻辞摹释总集》获全国古籍整理出版社一等奖,《殷墟甲骨刻辞类纂》获吉林省1992年优秀成果一等奖。

此外,曾发表多篇论文,包括《关于〈殷代甲骨刻辞中菱方地理释证〉一文的商榷》(1956)、《人牲与人殉》(1961)、《匆鼎铭文研究》(1962)、《论甲骨刻辞文学》(1963)、《商代的俘虏》(《古文字研究》第一辑)、《殷墟卜辞综类简评》(《古文字研究》第三辑)、《古文字的形体结构及其发展阶段》(《古文字研究》第四辑)、《殷墟卜辞狩猎考》(《古文字研究》第六辑)、《御鼎铭文辨伪》(《古文字研究》第九辑)、《读小屯南地甲骨札记》《古文字研究》第十三辑)、《殷契粹编校读》(《古文字研究》第十三辑)。

叶秉敬(1562～1627) 明代音韵训诂学家。字敬君,号寅阳,衢州府西安县(今衢县)人。万历二十九年(1601年)进士,历任工部都水司主事、河南学政、江西布政使司、大中大夫、右参政、荆西道布政司参议等职。学识广博,著有《字孪》《千字说文》《韵表》《字学疑似》《诗韵纲目》等。

叶蜚声(1926～1998) 语言学家。1948年毕业于上海交通大学财务管理系。1949年至1953年在中国人民银行华东区行工作,1954年至1957年在中国人民银行总行顾问室做翻译工作。1957年考取北京大学中文系理论语言学研究生。1961年毕业后留校任教。1980年以来,先后在美国加州大学柏克莱分校访问一年,在荷兰马克斯·普朗克心理语言学研究所访问半年,还任西柏林自由大学客座教授一年。曾担任全国自然科学名词审定委员会委员、全国标准化术语委员会委员、湖北大学荣誉教授、北京大学《语言学论丛》编委。

主要从事语言理论课的教学工作。主要著作包括《语言学基础》(1959)、《语言学名词解释》(1960)、《语言学概论》(1963)和《语言学纲要》(1981),其中和徐通锵合著的《语言学纲要》阐明了语言学的基本理论和基本概念,为学生学习各门语言课程提供必要的理论知识,同时也注意联系外语和外语教学的实际。合译的重要著作有索绪尔的《普通语言学教程》(校注)(1982)、霍凯特的《现代语言学教程》(与索振宇合译,1987)和房德里耶斯的《语言》(1992)。

发表过很多具有重要影响的论文。《房德里耶斯的语言理论》(1963)除了简单介绍房德里耶斯语言理论的历史来源和哲学背景外,还将他的著作归纳为三个部分:语言的本质、起源、发展,语言的共时系统,语言系统的历时演变。他与徐通锵合作撰写了《五四以来汉语语法研究述评》(1979)一文,用普通语言学的理论和方法对"五四"以来中国语法研究的历史概况、方法变革、各个不同发展阶段的代表著作等做了科学的分析、总结和客观地评价。在《语法理论的范畴》(1980)一文中,他将韩礼德所确立的四个范畴译作"单位""结构""类""系统",将三个阶译作"级""幂""细度"。其《雷柯夫、菲尔摩教授谈美国语言学》(1982)根据两次谈话内容记录整理而成,为国内同行了解美国语言学理论提供了第一手资料。他还与徐通锵合写了《译音对勘和汉语音韵的研究》(1980)、《历史比较法和切韵音系的研究》(1980)、《内部拟测法和汉语上古音的研究》(1981)等文章,从现代语言学方法论的角度回顾我国音韵学研究的历史,并对各个发展阶段的有代表性的语言学家的研究方法、所取得的成就及做出的贡献都作了介绍和评价。

叶籁士(1911～1994) 汉语拼音文字学家。原名包叔元,笔名叶籁士,江苏省吴县人。1930年赴日本高等师范学校留学,1931年回国。同年,在上海与胡愈之、楼适夷、张企程等人共同发起中国左翼世界语者联盟,并历任负责人,主编协会会刊《世界》。1939年创刊《中国报导》,通过世界语作抗日宣传和抗日斗争。1951年当选为中华全国世界语协会理事。1953年任人民出版社第一副社长兼第一副主编。1954年在中央宣传部任职,曾兼任中国科学院语言研究所副所长。1955年调入中国文字改革委员会,曾任秘书长。

致力于推行汉字拉丁化的文字改革。著有《中国话写法拉丁化——理论·原则·方案》(1935),这是国内第一本系统介绍拉丁化新文字的书。《拉丁化概论》(1935)共两编,第一编"理论",主要探讨方块汉字的缺点,论述汉语从方言到统一语的发展过程;第二编"写法",阐述词、音段、字母、标点等基本概念。《拉丁化课本》(1935年)共三部分,"字母"、"文选"、"课外讲话"。在宣传和推行《汉语拼音方案》方面,著有《汉语拼音方案草案问答》(1958),是最早讲解汉语拼音方案基本理论的书。《汉语拼音入门》(1964)是一本帮助读者自学汉语拼音的课本,内容编写以音节为学习的重点。另有遗作《叶籁士文集》。

其他论著包括《世界语文选》(1941)、《大众语·土话·拉丁化》(1934)、《大众语运动和拉丁化》(1934)、《语言·文字和大众化》(1937)、《"合体字"行不通

(1954)、《关于文字改革的几个问题》(1981)等。

叶祥苓 (1927～2002) 汉语方言学家。江苏吴江人。1950年毕业于前国立社会教育学院新闻学系,同年执教于苏州翠英中学。1956年2月参加教育部和中国科学院语言研究所联合举办的普通话语音研究班第一期学习,结业后执教于南京师范学院,讲授现代汉语、古汉语、汉语方言学、音韵学等课程。担任过《现代汉语方言大辞典》副主编、中国语言学会理事、全国方言学会理事。

长期从事吴方言的研究,重点是吴江方言和苏州方言。主要代表作有《江苏省和上海市方言概况》(1960)、《吴江人怎样学习普通话》(1958)、《江苏人怎样学习普通话》(1960)、《句容人怎样学习普通话》(1960)、《苏州人怎样学习普通话》(1960)、《汉语拼音字母讲话》(1958)、《语音问答》(1961)、《汉语拼音课本》(1975)、《苏州方言地图集》(1981)、《苏浙皖三省交界处的方言》(1984)、《苏州方言志》(1988)、《苏州方言词典》(1993)。其中《苏州方言地图集》共调查了苏州263个点,近200条调查项目,绘制了50幅方言地图,其中10幅语法,40幅词汇;《苏浙皖三省交界处的方言》认为皖南官话区域有大大小小的吴语方言岛。

此外,曾发表《吴江方言研究》(1958)、《靖江县内吴语与官话的分界》(1984)、《苏浙皖三省交界处的方言》(1984)、《吴江方言的声调》(1958)、《集体比较语音在方言调查工作中的重要性》(1960)、《苏州方言的连读变调》(1979)、《类音〈五十母考释〉(上)》(1979)、《类音五十母考释(下)》(1979)、《再论苏州方言上声和阴去的连读变调》(1979)、《苏州方言中\ts ts's z\和\ts ts sz\的分合》(1980)、《关于吴江声调的两点说明》(1980)、《吴江方言声调再调查》1983)、《关于苏州方言的调类》(1984)、《苏州方言形容词的"级"》(1982)、《也谈语文教学问题》(1978)、《长篇叙事吴歌〈五姑娘〉的语言》(1983)等诸多语言学学术论文。其中,《〈类音〉五十母考释》(1979)认为清初潘耒所作《类音》是调和南北古今的产物,剔除这些因素,清初吴江声母仅25个;《苏州方言连读变调》(1979)讨论了苏州方言不包括轻声双音词、三音节词、四音节词的连读变调问题;《吴江方言声调再调查》(1983)认为松陵、同里、平望为12个调,黎里、震泽为11个调,芦墟、盛泽为10个调。另有译著《喻母古音值》(1981)。

叶玉森 (1880～1933) 汉语古文字学家。字荭渔,号中冷,江苏镇江人。光绪二十二年(1896年)秀才,曾留学早稻田大学、明治大学学习法律,历任镇江县立议会议员、苏州高等法院推事兼检察庭长、滁县县知事、芜湖市政筹备处秘书长、上海交通银行总管理处秘书长等职。1925年开始甲骨研究,著有《殷契钩沉》《殷墟书契前编集释》《铁云藏龟拾遗》等。

殷焕先 (1913～1994) 语言学家、教育家。江苏省六合县人。字孟非,笔名齐中、徐兹。1936年考入重庆中央大学,师从赵少咸教授学习语言文字学,1940年毕业,获学士学位。同年考入昆明北京大学文科研究所语言学部攻读研究生,1942年获硕士学位,后任西南联大、北京大学研究所任助教。1943年任云南大学文史系讲师。1945年任四川大学中文系讲师。1946年任山东大学中文系副教授。1951年兼山东大学学术评议会委员,山东大学学报编委,次年晋升为教授,兼语言教研室主任,《中国语文》杂志编委。1953年兼中文系副主任。为《文史哲》杂志创办人之一。1956年任中国科学院语言研究所研究员,《语言研究》杂志编委、上海《学术月刊》特邀编委、山东省方言研究会理事长。1980年任山东省语言学会副理事长。此外,曾任中国音韵学会理事、山东省语言学会副理事长和全国高等学校文字改革学会顾问。

在音韵、文字方面有不少独到的见解,积极从事学术活动,在文字改革、方言调查、推广普通话和语言教学等方面作出了很大的成绩。在音韵学方面著有《古韵学讲义》(1948)、《音韵学讲义》(1956)、《字调和语调》(1957)、《破读的语言性质及其审音》(1963)、《释"古今通塞"》(1978)、《〈切韵序〉〈音辞篇〉注释》(1978)、《上古去声质疑》(1980)、《方言与音韵》(1980)等。他认为探求"支、脂、之"三韵有别的原因,可从"语言避忌"的角度来考虑,重视《切韵》本身组织考证的内证,对学术界所构拟的上古音(周秦音)"声调系统"大胆地提出质疑,认为"(上)古无去声说"与古文献所反映的事实是格格不入的。《反切释要》(1979)一书是他为了将作为"绝学"的音韵学变成"通学",使之通俗化所做的一大贡献,该书运用语音演变的规律,以北京语音为基础,对反切进行解释,受到学术界的重视和广大读者的欢迎。《联绵字简论》(1980)及《联绵字的性质、分类及上下两字的分合(联绵字简论之一)》(1979)、《联绵字简论之二》(1980)是他多年对古文献中的联绵字进行研究的成果。

在方言调查、文字改革等方面,发表《推广普通话运动中的方言调查工作》(1956)一文,对方言调查在普通话推广与教学中的意义做了说明,并提出了一些简易可行的调查方法。其《汉字的组形和汉字的简化》(1963)、《谈词语书面形式的规范》(1962)、《汉字改革和汉字规范化》(1956)、《汉字简化中的"系统"和"类推"问题》(1955)、《汉字平议》(1980)等文章对汉字简化提出了很多建设性意见。此外,还为推行"暂拟系统"而撰写了《谈连动式》(1954)、《句子形式做谓语》(1954)、《复杂的谓语》(1956)等文章，认为研究语法应该"从精微到概括"。

于道泉 (1901~1992)　藏学家、语言学家。字伯源，山东省临淄县人。1917—1920年就读于山东省立甲种工业学校；1920年入齐鲁大学，主攻数学、社会学和欧美史；后到国立北平大学，任汉学家、梵文教授钢和泰男爵(Alexander von Stael-Holstein, 1877—1937)的课堂翻译，师从其学习梵文、藏文、蒙文；1927年入历史语言研究所，1934年赴法国巴黎大学现代东方语言学院学习土耳其语、藏文文法、蒙文文法和民俗学；1938年赴英国伦敦大学亚非洲学院讲授汉语、藏语和蒙语，曾将100多首藏族民歌译成德文；1949年回国后任北京大学文学院藏文教授；后随专业调整合并，转入中央民族学院语文系。1992年4月12日卒于北京。

通晓汉、藏、蒙、英、法、梵、德、俄、日、土耳其、世界语等十多种语言，主要从事藏学研究和人才培养，在北大首创藏语专业，为中央民院奠定藏学专业的基础，为北京图书馆(今国家图书馆)收集少数民族语文图书，帮助中央人民广播电台筹备开播藏语节目；在教学的同时，积极组织编纂适合学习和研究之用的专业词典，对弘扬和发展藏族文化事业做出重大贡献。1951年，他根据拉萨话的语音系统，设计了一套藏语拉丁化拼音方案，用来转写藏语，只使用26个拉丁字母，不用附加符号。20世纪60年代后期，他思考出一套可以在电脑上使用的汉文和藏文的软件系统，发明了一套"数码代音字"，可供翻译机械化使用；1982年8月在北京召开的第十五届国际汉藏语言学会上，以论文《数码字简表：数码字与罗马字对照表》(Numerical Script for plain Texts Numerilised Script Versus Romanised Script)的形式，列举了所设计的数码代音字用来拼读汉字和拼读藏文的规则。

主要著作包括《第六代达赖喇嘛仓央嘉措情歌》(中央研究院历史语言研究所单刊甲种之五，1930)、《乾隆御译衍教经》(国立北平图书馆馆刊第五卷，1931)、《译注明成祖遣使召宗喀巴纪事及宗喀巴覆成祖书——庆祝蔡元培先生65岁论文集》(1935)、《藏汉对照拉萨口语词典》(民族出版社，1983)。

于省吾 (1896~1984)　古文字学家、训诂学家。字思泊，号双剑主人、泽螺居士、夙兴叟，辽宁海城人。1919年毕业于沈阳国立高等师范。1928年任沈阳萃升书院院监。1931年移居北京，曾在辅仁、燕京、北京等大学讲授古文字学。1955年调入东北人民大学(1958年改名为吉林大学)任教。曾兼任中国古文字研究会理事、中国考古学会名誉理事、中国语言学会顾问兼学术委员、中国训诂学会顾问、国务院古籍整理出版规划小组顾问等职。

研究领域主要集中于古文字的考释和古典籍的考证。在古文字研究方面，著有《双剑誃殷契骈枝》(1940)、《双剑誃殷契骈枝续编》(1941)和《双剑誃殷契骈枝三编》(1943)；50年代以后，发表很多考释甲骨文的文章，汇集为《甲骨文字释林》(1979)，共考释前人未识或已释而不知其造字本义的甲骨文约300字，是他在古文字研究方面的代表作，也是罗振玉、王国维考证甲骨文以来最重要的著作。在金文研究方面，著有《双剑誃吉金文选》(1933)。在典籍考证方面，因常常根据甲骨、金文等订正诠释先秦古籍的文字，所以他研究古籍的著作都以"新证"为名，包括《双剑誃尚书新证》(1934)、《双剑誃诗经新证》(1935)、《双剑誃易经新证》(1936)、《双剑誃诸子新证》(1940，新版1962)、《论语新证》(1941)、《泽螺居楚辞新证》(1979)和《泽螺居诗经新证》(1982)等。

其他论著包括《商周金文录遗》(1957)、《甲骨文字释林》(1979)、《泽螺居诗经新证》(1982)等。

俞樾 (1821~1907)　清末训诂学家。字荫甫，号曲园，浙江德清人。清道光三十年(1850年)进士，咸丰二年(1852年)授翰林院编修，咸丰五年任河南学政，咸丰七年被罢官，此后潜心治学，并开诂经精舍授业，被尊为朴学大师。光绪二十八年(1902年)，官复翰林院编修，赴任四年后病逝。

重要的著述为《古书疑义举例》七卷。书中广泛引用先秦两汉时期的典籍，辨明古人与"今人"在用字、句读等方面的差异，并考订古书在后世不断传抄中产生的谬误。凡古书中涉及的音韵、文字、训诂、语法、修辞等方面的特殊现象以及窜衍脱误现象，一律给予规律性总结，对后人阅读和整理古籍有很大帮助。

其他著述包括《群经平议》《诸子平议》《春秋外传国语平议》《尔雅平议》《墨子平议》《茶香室经说》等。其一生之作后被集成《春在堂全书》，约500卷。

喻世长 (1916~1995)　少数民族语言学家。天津宝坻县人。1943年毕业于辅仁大学中文系。曾在中学及专科学校任教，1948年进入北京大学执教，1950年调入中国社会科学院语言研究所工作。曾兼任中国语言学会理事、中国民族语言学会常务理事、中国音韵学研究会理事、中国蒙古语文学会常务理事、《中国少数民族语言简志丛书》分编委员会委员等职。

主要从事中国少数民族语言研究。1954年，出版《关中方言调查报告》一书，对中国社会科学院语言研究所学者白涤洲的山西方言调查材料进行方言地理学的分析和研究。1956年，著成《布依语语法研究》，对布依语的形态、句法等方面进行描写和分析，是国内较早的少数民族语言语法研究专著。1956

年,再出版《布依语调查报告》,整理近四十个调查点的语音和词汇资料,附方言地图85幅,提出布依语不分方言,仅分三个土语。1984年,出版《论蒙古语族的形成和发展》,从比较语言学的角度对蒙古语族做了深入分析,提出蒙古语族共9种语言,都是由原始蒙古语发展而来。

其他著述包括发表论文二十余篇,如《谈谈声调问题》(1955)、《关于"汉语对我国少数民族语言影响"研究中的几个问题》(1961)、《拼音文字中的同音词问题》(1980)、《蒙古秘史中圆唇元音的汉字表示法》(1984)、《用谐声关系拟测上古声母系统》(1983)、《切韵韵母拟音的新尝试》(1989)等。

袁家骅（1903~1980）　方言学家、少数民族语言学家。江苏沙洲人。1932年毕业于北京大学,之后任上海北新书局编辑,次年回到北京大学任助教。1937年赴英国牛津大学默顿攻读古英语和日耳曼语言学,1940年获得硕士学位,同年归国,在昆明西南联合大学任教。1948年再次赴英国牛津大学考察,次年回北京大学任教。

学术成就主要集中在少数民族语言和汉语方言的研究方面。在西南联大工作期间,曾参与调查云南少数民族语言,撰成论文两篇——《窝尼语音系》(1947)和《峨山窝尼语初探》(1947),专著一部——《阿细民歌及其语言》(1953),为窝尼语和阿细语的调查研究奠定了一定的基础。尤其是《阿细民歌及其语言》一书,记录了三首云南阿细彝族的古老民歌,系统地分析和阐述了阿细语的语音和语法特点,成为阿细语研究的重要材料。建国后,曾多次参与广西壮语的调查研究,撰成论文《广西壮语方言分析概况和创制文字的途径》(1952)、《壮族语文问题》(1954)、《壮语/r/音的方音对应》(1963),并与张元生合著出版《武鸣壮语语法初步研究》(1958)一书,对壮语语法进行系统描写,并于汉语语法进行对比研究。在汉语方言研究方面,重要的代表作为《汉语方言概要》(1960),该书是国内第一部全面系统介绍汉语方言的概论性专著。

其他论文包括《汉壮语的体词向心结构》(1979)、《英语中的汉语借词》(1980)、《关于方言调查》(1985)。此外,还与赵世开、甘世福合译美国语言学家布龙菲尔德的名著《语言论》。

袁子让（生卒年份不详）　明代音韵学家。字仔肩,号七十一峰主人,湖广郴州(今属湖南)人。万历二十九年(1601年)进士,曾官至嘉定知州。著有《字学元元》十卷,大约成书于万历三十一年(1603年),既有音理阐释,也配以韵图分析,从多角度分析字音,是保留三十六字母,整合古今音的等韵学著作。

Z

曾运乾（1884~1945）　音韵学家。字星笠,晚年自号枣园、牛潭河,湖南益阳人。曾就读于湖南优级师范学堂,先后于东北大学、中山大学和湖南大学任教。

通过对《切韵》的深入研究,提出不仅韵类可以有开合、洪细之分,声类也可以进一步划分,在参考陈澧《切韵考》中确定的中古41声类的基础上,再增10类,著成《切韵五声五十一纽考》。此外,进一步对古韵进行研究,著《喻母古读考》,提出喻三归匣说和喻四归定说。另著有《尚书正读》。

翟灏（1736~1788）　清代训诂学家。字笠山,山东淄川人。乾隆年间的进士,乾隆在位时曾任台湾府淡水厅新庄县丞、金华府学教授,嘉庆年间曾任嘉义县知县。酷爱诗文,长于训诂。著有《通俗编》《台阳笔记》《说文称经证》《周书考证》《尔雅补郭》等,其中《通俗编》属百科著作,对考查词语解释、故事出典以及民间风俗等方面的研究颇有助益。

詹人凤（1929—2009）　语言学家。湖南龙山人。1954年毕业于北京大学中文系,曾任哈尔滨师范大学中文系教授和语言研究室主任。

主要从事语言理论及现代汉语的教学与研究。主要论著包括《现代汉语》(1975)、《词义辨析》(1978)、《标点符号》(1979)、《词义辨析(二)》(1980)、《现代汉语》(1981)、《语言学导论》(1981)、《中学语文词义辨析》(1983)、《语言学概论》(1984)、《语言学概论》(1988)、《现代汉语》(1989)、《普通语言学概要》(1993)、《现代汉语语义学》(1997);其中《现代汉语语义学》是我国语义研究领域开创性的著作,认为语义是有层次的,语义可以分化为不同的单位,语义跟语义之间既可以有组合关系,也可以有聚合关系,该书分作通论篇、组合篇和聚合篇,分析语义借鉴了西方的语义成分分析法和语义场理论。

此外,曾发表《毛主席著作的论辩艺术》(1961)、《毛主席著作中新兴辞格的研究》(1961)、《试论现代汉语的"于"》(1979)、《论词的词汇意义》(1980)、《反义词聚的共性、分类及不均衡性》(1983)、《有关"多"和"少"的对立和不均衡性的若干考察》(1985)、《语境、歧义、语法体系》(1986)、《句群初探》(1986)、《动结式短语的表述问题》(1989)、《受事主语句(名—动式)的识别》(1992)、《试论隐性语法关系》(1994)等论文。

张成孙（生卒年份不详）　清代音韵学家、训诂学家。字彦惟，江苏武进人。其父张惠言专攻《说文解字》，令张成孙按六书体例编成《象形》二卷。张惠言还欲著《说文谐声谱》，但未成而逝，张成孙继承父志，从《毛诗》中选取先出之字为建首，按照"中、僮、甍、林、岩、筐、荣、蓁、诜、千、姜、肆、揖、支、皮、丝、鸠、芒、菱、岨"共二十部，辅以易韵、屈韵等，最终成书五十卷，成为研究古音的依据之一。

张涤华（1909～1992） 语言学家。笔名攸沐、徽凤、张多，安徽省凤台县人。1937年毕业于武汉大学中文系。先后在国立安徽大学、安徽师范学院、合肥师范学院、安徽师范大学等校任教。曾兼任中国语言学会常务理事、安徽省语言学会会长、安徽省哲学社会科学联合会副主席、《学语文》杂志主编等职。

研究主要涉及现代汉语的教学与研究、词典编纂、文字学等领域。在现代汉语教学与研究方面，著有《现代汉语（上）》(1958)和《现代汉语》(1979)，这两部书均属于国内较早的现代汉语教材。在词典编纂方面，1975年开始担任《汉语大词典》(1986)的副主编，此后一直主持该词典的编纂工作，全书13卷，共收词目37万多条，五千余万字；1983至1988年间，与胡裕树、张斌等共同主持《汉语语法修辞词典》(1988)的编纂工作，全面介绍汉语研究方面的理论、方法、流派等术语概念。在文字学方面，发表《论〈康熙字典〉》(1962)，对《康熙字典》做了全面的分析和论述。

其他著述包括论文近二十篇，如《驳胡适关于标点符号起源的谬说》(1959)、《从字数上看汉字的演变》(1960)、《论秦始皇的书同文》(1974)、《古籍里一些值得注意的特殊现象》(1978)、《古籍词例举要》(1979)、《互文和变文》(1979)、《读新版〈辞海〉偶识》(1981)、《〈全唐诗大辞典〉序》(1990)等。

张 弓（1899～1983） 汉语修辞学家。笔名綮铭，江苏灌云人。1924年毕业于武昌师范大学，曾先后任教于南开大学、北京中国大学、中法大学、北京师范学院、河北大学等，曾兼任高等学校文字改革学会顾问、中国语言学会理事、中国修辞学会名誉会长等职。

一生从事言教学和研究工作，代表作有《中国修辞学》(1926)、《现代汉语修辞学》(1963)、《古汉语修辞学讲纲》(1964)等，其中《中国修辞学》属于国内比较早的一部修辞学专著，《现代汉语修辞学》中阐述了很多作者对修辞研究的独到见解，提出汉语修辞学与"语音""词汇""语法"一样，是语言学的一部分。

张行孚（生卒年份不详） 清代音韵训诂学家。字子中，号乳伯，浙江安吉人。同治九年（公元1870年）举人，长于《说文》、秦篆，毕生研究文字音韵训诂。著有《说文审音》十六卷、《说文发疑》七卷、《汲古阁说文解字校记》、《说文揭原》、《说文考异》等，试图在汉语历史演变和汉字历史演变中，研究《说文解字》，有一定的科学性。

张 琨（1917～ ） 少数民族语语言学家。字次瑶，河南开封人。1934年考入清华大学中文系，1938年获文学学士学位。1947年赴美国耶鲁大学留学，1949年获硕士学位，1955年获博士学位。曾任教于中国西南联合大学、美国西雅图华盛顿大学和加州大学伯克利分校；1972年起任中国台湾"中央研究院"院士。

对苗傜语、梵语、藏语、汉语音韵学和汉语方言学研究都有重要贡献。1944年，与李霖灿合编《纳西象形文字字典》，成为纳西语文研究的重要工具书。1947年，发表《苗瑶语声调问题》一文，奠定苗瑶语声调比较研究的基础。截至1981年，编写出版《藏语口语读本》四册，成为研究藏语拉萨方言的重要资料。

其他著述包括《中古汉语音韵与切韵》(1974)、《古汉语韵母系统与切韵》(1976)、《藏语在汉藏语比较语言学中的地位》(1978)、《藏语口语中的时与体》(1981)等。

张清常（1915～1998） 语言学家。贵州省安顺县人。1930年考入北京师范大学中文系，1934年考入清华大学研究院中文系。1938年到浙江大学任教，1940年执教于西南联合大学，1946调入南开大学，1957年借调到内蒙古大学，1973年返回南开大学，1981年调入北京语言学院（后更名北京语言大学）。曾兼任天津语言文字学会副理事长、中国语言学会理事、中国音韵学研究会顾问等职。

致力于音韵学、汉语史、方言等诸多领域的研究。著有《中国上古音乐史论丛》(1944)，其中有专章论述中国音韵学的兴起以及所用术语与音乐的关系；《胡同及其他——社会语言学的探索》(1990)和《北京街巷名称史话——社会语言学的再探索》(1997)是两部集结其社会语言学角度研究北京胡同街巷语言的论文集；《语文学论集》(1993)和《语言学论文集（续集）》(2001)是其另外两部论文集。

重要论文包括《中国声韵学里的宫商角徵羽》(1942)、《中国上古*-b韵尾的遗迹》(1948)、《内蒙古萨拉齐汉语方言词汇一瞥》(1963)、《汉语词汇中的蒙语借词》(1978)、《古音无轻唇舌上八纽再证》(1980)、《音义关系在汉语汉字中的特殊组合》(1989)、《北京街巷名称中的十四个方位词》(1996)等。

张世禄（1902～1991） 语言学家。字福崇，浙江浦江人。1926年毕业于南京国立东南大学，获文学士学位。曾任商务印书馆编译员，上海暨南大学、复旦大学、光华大学、云南大学、中山大学、南京大学等校教授,后为复旦大学教授。

无论是古汉语的文字、音韵、训诂,还是现代汉语的语音、语法、词汇、修辞,甚至是普通语言学方面,均有很深造诣。早期的研究以普通语言学和中国音韵学为主,认为中国的语言学需要接受西方语言学理论的指导才能成为一门真正独立的科学,因而着力以现代西方语言学理论和研究方法来研究中国传统的音韵学。出版于1938年的《中国音韵学史》是其音韵学方面最有影响的一部著作,也是20世纪30年代继王力的《中国音韵学》(1936)之后利用现代语言学理论系统地分析、研究中国音韵学的又一部力作。《广韵研究》(1931)认为《广韵》同字不同韵的现象是因为包罗了"古今南北之方音"。此外,著有《中国声韵学概要》(1929)、《中国古音学》(1930)、《音韵学》(1933)等,都对音韵学知识的普及及前人研究成果的介绍起到了很大的作用;在普通语言学方面,著有《语言学原理》(1930)、《语言学概论》(1934)、《语音学纲要》(1935)等;译有《语言学通论》(1937)。

后期的研究试图用唯物辩证的观点与方法来解决汉语中的一些问题,研究工作集中在汉语的词汇上,兼及语法、修辞与汉字改革等。著有《小学词汇教学基本知识讲话》(1956)、《普通话词汇》(1957)、《汉字改革的理论和实践》(1958)、《小学语法修辞》(1959)等。其中《小学词汇教学基本知识讲话》《普通话词汇》和《小学语法修辞》是为中等文化程度的读者而写的,均以简明的笔触、细致的讲解、丰富而生动的实例介绍了词汇学的理论和规律以及语法修辞知识。另有十多篇词汇方面的论文,如《词汇讲话》《词义和词性的关系》《汉语历史上的词汇变化》《基本词汇的性质》等。在《汉字改革的理论和实践》一书中,指出汉字本身不可能发展成为拼音文字,必须采用国际化的拉丁字母来实现我国文字的拼音化,澄清了当时人们对文字改革问题中的一些模糊认识。在《关于汉语的语法体系》一文中,认为"建立自己的语法体系"是我国语言学界当时所面临的主要任务。另有《张世禄语言学论文集》(1984)。

张寿康(1925~1991) 语文教育家。号经绶,北京人。1946年从北平师范大学国文系毕业后,到北平第一女子中学任教,1954年调到北京师范学院中文系。曾兼任中国语言学会理事、中国修辞学会会长、中国文章学研究会会长、《中学语文教学》名誉主编、《文字改革》杂志顾问、《演讲与口才》杂志顾问等职。

主要从事汉语语法学、修辞学、文章学等方面的研究。著有《构词法和构形法》(1981),总结现代汉语构词法研究的简史,阐述构词法与语音、词汇、造字法、拼写法的关系。1983年,他主编出版《文章学概论》一书,随后著成《文章学导论》(1986)和《文章学饰论》(1994),提出文章学的概念。一生发表的各类文章有200多篇,多已收入文集。《文章学丛谈》(1982)是一部文章学论文集,汇集他20世纪50年代后的论文和讲话共19篇;《语文和语文教学》(1981)、《汉语学习丛论》(1983)、《语文学习与教学》(1984)、《说语谈文》(1988)等论文集汇集他在语文教学方面的论文,涉及语文教学与学习的各个方面;《修辞写作丛谈》(1987)收录他修辞研究的文章28篇。

其他论著包括《标点符号使用手册》(1951)和《现代汉语答问》(1988)。

张廷玉(1672~1755) 清代字书编纂家。字衡臣,号研斋,安徽桐城人。康熙三十九年(1700年)进士,康熙年间曾官任内阁学士、刑部侍郎、吏部侍郎等职。雍正年间官至晋文渊阁大学士、户部尚书、参赞军务等职,为人处世谨慎,深得雍正宠信。乾隆初年,任总理大臣,作为清朝的三朝元老,是汉臣中唯一配享太庙者。

康熙三十九年,张廷玉领命著成曾编纂《骈字类编》,历史七年完成,收单字1200多,典故十多万。此外,还曾参与《康熙字典》的编纂,主持编纂《康熙实录》《雍正实录》《明史》《国史馆》和《清会典》。

张 相(1877~1945) 训诂学家。原名廷相,字献之,浙江杭州人。早年曾在杭州各学堂执教,1914年以后在上海中华书局任职,负责编审教科书。1917年,中华书局因资金等问题业务停顿,张相重回学堂执教,1920年再回中华书局任职。

传统训诂学的研究一直沿袭《尔雅》《方言》《说文解字》《释名》所采用的研究方法和内容,局限于先秦两汉时期雅诂旧义的有限研究范围。张相主要研究唐宋元明时期的诗词曲中在过去字书中没有解释且意义难懂的词语五百多条,如"须、且、怎生、则个"等,详细考证这些词语的词源、意义演变和语法用法,在训诂学方面做出重大突破。其遗稿由后人整理为《诗词曲语辞汇释》一书,由中华书局于1953年出版。

此外,与舒新城、沈颐、徐元诰等人主编《辞海》(1936),并著有《古今文综》10卷。

张 揖(生卒年份不详) 三国时期训诂学家。字稚让,清河(今属河北)人,一说河间人。精于文字训诂,著有《埤仓》《广雅》《古今字诂》等,但《埤仓》和《古今字诂》宋代以后失传,只有《广雅》存世。《广雅》依照《尔雅》体例,分19篇,收词2343条。书中保存了大量的古词古义,为解读古籍,研究词汇史提供了宝贵的资料。

张 有(1054~?) 宋代训诂学家。张有字谦中,浙江吴兴(今湖州)人。通文字训诂,精篆书,著有《复古编》两卷,有匡正王安石《字说》谬误,维护许慎《说文解字》正统之功。

张玉书（1642～1711） 清代训诂学家。字素存,号润甫,江苏丹徒(今镇江)人。顺治十八年(公元1661年)进士,曾官任翰林院编修、国子监司业、侍讲学士、刑部尚书、兵部尚书、文华殿大学士兼户部尚书等职,为官五十年。精训诂,善文辞。康熙年间曾主持修《明史》,并先后出任过《平定朔漠方略》《佩文韵府》和《康熙字典》的总裁官,另著有《文贞集》12卷和《清史列传》。

张志公（1918～1997） 语言学家、语文教育家。河北省南皮县人,生于北京。1937年考入前中央大学工学院,一年后转读外语系,1940年辍学在中学任教,后转入金陵大学外语系,1945年毕业。毕业后留在金陵大学任教,1948年调到海南大学。1950年任北京开明书店编辑,1955年调入人民教育出版社。曾任《语文学习》月刊主编、《中国语文》编委、《中国大百科全书·语言文字卷》编委。曾任中国语言学会常务理事、中国修辞学会会长、北京市语言学会会长、世界汉语教学学会顾问等职。

主要从事现代汉语语法学、修辞学和语文教育方面的研究。在语语法方面,1953年出版的《汉语语法常识》(1959修订)在统一语法术语和研究体系方面做具有重要影响;1956年,草拟的《暂拟汉语教学语法系统》在1956年7月在青岛举行的全国语言学家语法座谈会上得到一致认可,成为编写中学语文教科书的依据;1981年,再次受教育部的委托主持新教学语法体系的制订工作,在哈尔滨召开全国语法和语法教学讨论会,会后形成《中学教学语法系统提要(试用)》,用于指导国内语文教材的修订。在修辞学方面,著有《修辞学概要》(1954),提出修辞具有民族性、社会性和时代性,对开创中国现代修辞学体系具有重要的意义。在语文教育方面,著有《传统语文教育初探》(1962),总结建国后语文教育的整体经验,探讨语文教育的步骤和方法;发表大量的论文,汇成《漫谈语文教学》(1963)、《语文教学论集》(1981)、《张志公语文教学改革》(1987)、《张志公文集(第三卷)》(1991)、《张志公语文教育论集》(1994)等。

其他著作包括主编《汉语》(1956)共六册、《语法和语法教学》(1989)、《汉语知识》(1959)和《现代汉语》(1982)上中下三册。

张自烈（1597～1673） 明末清初音韵训诂学家。字尔公,号芑山,又号谁庐居士,江西宜春人。明末南京国子监生,博物洽闻,家中藏书三十六万余卷。明朝灭亡后,隐居著述,多次谢绝征出。一生著述颇丰,以字书《正字通》影响最为深远,该书主要为

了补正《字汇》的缺失,而清代的《康熙字典》就是在这两部书的基础上做起来的。另有儒学经注《四书大全辩》《诸家辩》《古今文辩》和文集《芑山文集》等传世。

章炳麟（1869～1936） 汉语古文字学家、训诂学家。初名学乘,字枚叔,后因敬慕明清之际的学者顾炎武,更名绛,号太炎,后又改炳麟,浙江余杭人。1897年因参加维新运动遭通缉而被迫逃到台湾,后又流亡日本。1899年回到上海,因继续参加革命运动而于1903年入狱,1906年出狱后再次东渡日本,1911年回国主编《大共和日报》,并任孙中山总统府枢密顾问。1913年,参与策动讨伐袁世凯活动失败,被袁禁锢。1917年参加护法军政府,任秘书长。1924年不再从政,在苏州设立章氏国学讲习会,以讲学为业。

在语言文字方面的研究成就主要涉及音韵训诂。他对古今音均有研究,著有《国故论衡》,提出"古音娘日二纽归泥说",认为先秦时期不存在"娘"和"日"两个声母,都归入"泥"声母;并首次用汉字描写古韵的音值,在书中附有纽目表,成为第一个对古纽有系统认识的学者。他还著有《新方言》十一卷,前十卷收录方言词汇共859条,根据古今声韵转变规律考证源,第十一卷是音表,包括古音韵母23部表和古音声母21纽表。在小学研究方面著有《小学答问》,为小学研究脱离经学附庸地位成为独立的语言科学起到促进作用。章炳麟一生著述颇丰,很多收入《章氏丛书》《章氏丛书续篇》和《章氏丛书三篇》。

章黼（1378～1469） 明代音韵学家。字道常,别号守道,直隶嘉定人,明世宗嘉靖十四年(公元1535年)武举会试第一名。博学多才,不满六经多讹谬,于是参考《洪武正韵》、《尔雅说》和《古今韵会举要》等例书,共集正韵三万余字,编成《韵学集成》13卷。《韵学集成》承袭了《古今韵会举要》中的释字体例、声类中"七音清浊"的标注和绝大多数韵字的对应关系;又对《古今韵会举要》的反切进行了较大的改易,另外韵字的排列次序、韵目的归部等方面也有参差。

赵世开（1926～2010） 语言学家。1926年生于浙江省宁波市。1946年至1950年就读于武汉大学外文系,主修英语,兼修法语、德语、日语和俄语,期间还自学世界语;1956年至1960年在北京大学中文系攻读研究生,师从高名凯先生学习普通语言学。1961年毕业后进入中国科学院语言研究所工作,曾任《国外语言学》主编。

以理论语言学方面的研究见长,尤其是在"文革"结束后百废待兴的状态下把国外的语言学理论引入中国,并凭借其深厚的中文基础开展英汉对比

研究。在"文革"期间,坚持阅读国外语言学著作以及《语言》(*Language*)、《语言学》(*Journal of Linguistics*)等刊物,1978年"文革"结束不久,就在中科院主办的《国外语言学》上刊发《美国语言学的10年》一文,介绍过去十年间美国结构主义转向、转换生成语法兴起等语言学的最新发展状况。此后,对国外语言学理论和语言学史介绍不断系统和深化,著有《现代语言学》(1983)和《美国语言学简史》(1989)两部专著,主编《国外语言学概述——流派和代表人物》(1990),翻译布洛克(B. Bloch)和特拉格(G. L. Trager)的《语言分析纲要》(1965)以及帕尔默(F. R. Palmer)的《语法》(1982),刊发《语言结构的虚范畴》(1986)等论文。在英汉比较研究方面,著有《汉英对比语法论集》(1999)。

赵元任 (1892～1982) 语言学家。字宣仲,又作宣重,江苏常州人。1907年入读南京江南高等学堂预科,接受新式学校教育。1910年考入美国康奈尔大学,1914年获理学学士学位。1915年考入哈佛大学,1918年获哲学博士学位。毕业后,先后执教于康奈尔大学、清华大学、哈佛大学、夏威夷大学、耶鲁大学、加州大学伯克利分校和台湾大学。40年代加入美国国籍,1965年从加州大学伯克利分校退休。曾当选为中国中央研究院第一届院士、美国文理科学院(AAAS)院士,担任过美国语言学会(LSA)会长、美国东方学会(AOS)会长等职。

在汉语方言和现代汉语语法研究方面均有重要建树,是中国现代语言学先驱人物,被誉为"中国现代语言学之父"。在汉语方言研究方面,著有《现代吴语的研究》(1928),全书共六章,分"吴音"和"吴语"两部分,用国际音标记录汉语方言,对语音、词汇和语法的分析系统细致,随书附有方言调查时所用的各种表格,该书是国内第一部应用现代语言学方法调查研究吴方言的著作。《湖北方言调查报告》(1948)是与清华大学四位同事合作完成的,对湖北省方言的调查材料进行系统分析整理,审音精细,描述详尽,配有比较清晰的音档,绘制了全省方言地图。其他方言著作包括《北京、苏州、常州语助词的研究》(1926)、《钟祥方言记》(1939)、《绩西岭北音系》(1962)、《湖南方言调查报告》(合作,1974)等。

在现代汉语语法方面,著有《国语入门》(1948),首次采用结构主义语言学的方法研究汉语语法,尝试确定汉语各级语法单位和各种句法结构类型;该书所采用的理论、方法和语法体系对汉语语法研究体系的构建具有重要的影响。《中国话的文法》(1968)也深受结构主义语言学理论的影响,他依句法功能将词分为体词、动词和其他词类等三个大类,每个词类均有严谨的定义并详尽描写功能和用法;以直接成分分析法分析汉语的语法结构,在汉语语法研究中引入语言结构层次的概念;引入"话题"的概念,提出汉语句子的主语和谓语之间的关系是话题和说明的关系;该书在汉语语法研究领域影响深远,1979年由吕叔湘翻译并定名为《汉语口语语法》在国内出版。

其他研究包括对语言学理论的探讨,著有《语言问题》(1972)和《中国社会语言学面面观》(1976)。

照那斯图 (1934～2010) 少数民族语言学家。1934年生于内蒙古兴安盟。1950年进入北京大学东语系蒙古语专业。1954年开始任教于内蒙古的蒙文专科学校,1957年调入中国科学院少数民族语言研究所工作。曾任中国社会科学院民族研究所所长、《民族语文》杂志社主编、中国民族研究团体联合会副理事长、中国民族语言学会副会长、中国语言学会常务理事等职。

主要从事蒙古语研究。20世纪50年代至70年代末,主要调查研究蒙古语族中土族语和东部裕固语的语音、语法和词汇体系,完成《土族语简志》(1981)和《东部裕固语简志》(1981)两部专著;1977年以后,转向蒙古语古老的八思巴文字研究,搜集整理大量文献,完成《八思巴字和蒙古语文献Ⅰ(研究文集)》(1990)、《八思巴字和蒙古语文献Ⅱ(文献汇集)》(1991)、《论八思巴字的文字类型》(2004)等专著,并刊发《八思巴字篆体字母研究》《南华寺藏元代八思巴字蒙古语圣旨的复原与考释》《元代纸币八思巴字官印文字考》《八思巴字蒙古语文献的语音系统》等二十多篇论文。

郑　樵 (1103～1162) 南宋语言学家。字渔仲,兴化军莆田(今福建莆田)人。一生不应科举,刻苦力学,人称夹漈先生。

史学造诣精深,对文字、训诂、音韵皆有研究。所著《六书略》以六书分析文字结构,探求造字用意,认为象形是文字的本形,其余五书是象形变体,并将假借细分为十二类,扩大了假借原有的覆盖范围。《尔雅注》注释文字简练,驳正旧文,出以新意,考辨精深。《七音略》是流传至今的最早的等韵图,该书与另一部早期韵图《韵镜》,在开合、内外、归等几个方面皆有出入,它所依据的韵书可能是王仁昫《刊谬补缺切韵》,但该韵图在一定程度上照顾到时音,对一些韵的位置作了适当调整。《六书略》与《七音略》都收入其所作《通志》中。

郑　玄 (127～200) 东汉训诂学家。字康成,北海高密(今山东高密)人。人称"后郑",有别于较早的经学家郑兴、郑众父子(先郑)。年轻时做过乡的啬夫(管听讼和税收的小官)。二十一岁入大学,通《京氏易》《公羊春秋》《三统历》《九章算术》,又从东郡张恭祖学《周官》《礼记》《左氏春秋》《韩诗》《古文尚书》。后又西入关,从马融学习古文经。

一生兼采今文经与古文经之长,注释整理儒家经典。著述 80 多部,现保存完整的是《周礼注》《仪礼注》《礼记注》和《毛诗笺》四部。《三礼注》在保存和流传礼学具有重要影响,因此礼学也被称作"郑学"。《毛诗笺》则是汉代训诂学发展的巅峰之作,使齐、鲁、韩三家《诗》相形见绌。

周德清 (1277～1365)　元代音韵学家。字曰湛,号挺斋,高安暇塘(今江西高安市)人。擅长乐府诗,精通音律,终身未做官。其代表作《中原音韵》一书在中国音韵学与戏曲史上均有非凡影响。该书是在当时词曲用韵混乱的背景下所著,以中原语音为正音,对词曲创作的语言和音律规范进行统一。该书分为《韵谱》和《正语作词起例》两个部分,《韵谱》共收常用韵脚近 6000 字,分为 19 个韵部;《起例》部分主要对词曲的创作方法、用字正音、韵部使用等进行规范和分类。由于《中原音韵》以当时北方中原语音为正音标准,所定之韵接近北京音,因而该书也是研究近代普通话语音的珍贵资料。

周有光 (1906～2017)　语言文字学家、经济学家。原名周耀平,"有光"先为其笔名,后为号。1906 年 1 月 13 日出生于江苏常州,后迁居苏州。1923 年入上海圣约翰大学,主修经济学;1925 年改入光华大学,1927 年毕业。1933 年赴日本留学,先后就读于东京大学和京都大学。1935 年中断留学回国,任教于光华大学,并在上海银行兼职;全面抗日战争爆发后,先后任职于新华银行和国民政府经济部农本局,抗战胜利后回新华银行工作,先后被派驻美国纽约和英国伦敦;1949 年后回国,任复旦大学经济研究所教授和上海财经学院教授,并在上海新华银行、中国人民银行华东区行兼职。1955 年奉调进入中国文字改革委员会,专职从事语言文字研究。2017 年 1 月 14 日卒于北京。

通晓汉、英、法、日、世界语等多种语言,是汉语拼音方案的主要制订者。大学一年级起对语言文字问题感兴趣,后参加由世界语协会引入中国的语言拉丁化运动,主张改革方案要加强跨界沟通并营造共同基础。1955 年 10 月参加全国文字改革会议后担任中国文字改革委员会和国家语言文字工作委员会研究员,参加制订汉语拼音方案,参与提出"拉丁化、音素化和口语化"三原则;主持汉语拼音正词法基本规则的制订,探究正词法的基本规则和内在矛盾。1958 年起,在北京大学和人民大学开讲汉字改革课程;参加制订 1963 年公布的聋人教育用汉语手指字母方案和汉语手指音节设计。1979—1982 年出席国际标准化组织(ISO)文献技术会议,经国际投票认定《汉语拼音方案》为拼写汉语的国际标准(ISO7098)。1980 年起,历任《汉语大词典》学术顾问、《简明不列颠百科全书》中美联合编审委员会委员、《不列颠百科全书》(国际中文版)顾问委员会委员。83 岁离休,85 岁以后转而专注于文化学研究,百岁后仍笔耕不辍。

先后出版专著 30 多部,发表论文 300 多篇,对中国语文现代化的理论和实践做了全面、科学的阐释;阐述语言生活的历史进程、人类的双语言生活、国家共同语和国际共同语的形成和发展;倡导研究现代汉字学,提出汉字效用递减率、汉字声旁的有效音率以及整理汉字的"四定"原则(定形、定音、定序、定量);提倡比较文字学的研究,在世界文字发展史中理解汉字的历史地位;认为"六书"有普遍适用性,提出文字三相分类法,对人类文字的发展规律进行新的探索;阐发按词定字的原理和拼音变换汉字的原理,提倡以语词、词组和语段为单位的双打全拼法,使拼音变换汉字技术代替字形编码。主要相关论著包括《中国拼音文字研究》(1952)、《字母的故事》(1954,1958 修订)、《汉语拼音词汇》(主编,1958,1964 增订,1989 重编)、《拼音字母基础知识》(1959)、《汉字改革概论》(1961,1979,1985)、《电报拼音化》(1965)、《汉语手指字母论集》(合著,1965)、《拼音化问题》(1980)、《汉字声旁读音便查》(1980)、《现代汉字学发凡》(1980)、《语文风云》(1981)、《汉语内在规律和中文输入技术》(1983)、《中国语文的现代化》(1986)、《世界字母简史》(1990)、《新语文的建设》(1992)、《中国语文纵横谈》(1992)、《语文闲谈》(初编上下,1995;续编上下,1997;三编上下,2000)、《世界文字发展史》(1997)、《中国语文的时代演进》(1997)、《比较文字学初探》(1998)、《新时代的新语文》(1999)、《汉字和文化问题》(2000)、《周有光语文论集》(四卷,苏培成选编,2004)等。

其他著述包括《新中国的金融问题》(1949)、《资本的原始积累》(1954)、《文化畅想曲》(1997)、《多情人不老》(与张允和合著,1998)、《现代文化的冲击波》(2000)、《周有光耄耋文存》(2001)、《百岁新稿》(2006)、《朝闻道集》(2010)、《拾贝集》(2011)、《周有光文集》(2014)、《逝年如水——周有光百年口述》(2016)等。

周祖谟 (1914～1995)　语言学家。字燕孙,北京人。1932 年考入北京大学中国语言文学系。毕业后曾先后在南京中央研究院、辅仁大学和北京大学任职,曾担任《国学季刊》《中国语文》和《语言研究》的编委,曾任普通话审音委员会委员、北京大学学术委员会委员、北京市语言学会副会长和中国音韵学研究会名誉会长等职。

在语言文字领域的成果主要表现在文字和音韵训诂方面。《问学集》(1966)一书是其代表作,其中收录 1934 年至 1962 年间撰写的论文 44 篇,陈述对汉语发展史、汉语研究史及历史方言研究等诸多方面的独特观点;《汉魏晋南北朝韵部演变研究》(1958)是汉语音韵学研究的重要著作,探讨自周秦音至《切韵》八百年间韵部演变的过程;《唐五代韵书集存》(1984)是他几十年搜集、整理和考释唐五代韵书的成果,涉及写本和刻本韵书共30种;《广韵四声韵字今音表》(1980)一书则列出《广韵》中206韵的各纽反切,用汉语拼音字母注出今音。

其他著作包括《广韵校本》(1937)、《方言校笺》(1956)、《洛阳伽蓝记校释》(1956)、《尔雅校笺》(1984)和《汉语词汇讲话》(1959)等。

朱德熙(1920~1992) 汉语语法学家、古文字学家。江苏苏州人。1945年毕业于昆明西南联合大学中文系,毕业后任教于清华大学中文系,1952年赴保加利亚索菲亚大学任教,1955年回国,此后一直在北京大学任教。兼任过中国语言学会会长、世界汉语教学学会会长、《世界汉语教学》主编、中国古文字研究会理事、《中国大百科全书》总编辑委员会委员等职。1992年病逝于美国。

在语言文字领域的贡献主要集中在汉语语法研究、古文字研究及语文教育方面。在汉语语法研究方面,《语法修辞讲话》(与吕叔湘合著,1952)介绍语法的基本知识,分析汉语的句子结构;《现代汉语形容词研究》(1956)一文根据形态和句法功能,将汉语形容词分作性质形容词和状态形容词两类;《说"的"》(1961)把汉语"的"划分为三种不同语素,该文涉及语法研究的方法问题,即如何确定语言单位的同一性问题;《论句法结构》(1962)一文则首次提出运用变换分析法,化解汉语同义句式。以上著述对于中国逐步确立现代汉语语法体系具有重要作用。

另著有《现代汉语语法研究》(1980)、《语法讲义》(1982)和《语法答问》(1985),进一步梳理汉语语法的基本概念和体系。

在古文字研究方面,在分析古文字的字形、意义之外,他还注重考察古文字的语法地位与作用。著有《寿县出土楚器铭文初步研究》(1954)、《战国记容铜器刻辞考释四篇》(1958)、《战国文字研究六种》(1972,与裘锡圭合作)、《信阳楚简考释》(1973)、《战国铭文中的私官》(1973)、《平山中山王墓铜器铭文初步研究》(1979)和《朱德熙古文字论集》(1995)。

在语文教育方面,著有《作文指导》(1951)和《文章评改》(1979)。

朱骏声(1788~1858) 清代音韵训诂学家。字丰芑,号允倩,晚号石隐山人,江苏吴县人。自幼通读四书五经,尤其喜读许慎的《说文解字》,曾师从清代朝著名学者钱大昕。嘉庆二十三年(公元1818年)乡试中举,后屡试不中,在各地书院授徒著述。道光年间曾任黟县训导,咸丰年间任国子监博士。

潜研训诂,对历代名家训诂学理论中的异同之处进行剖析溯源,按古韵部改编《说文解字》,对文字的转注、通假、定声做了大量的考证,并以其研究的上古音18部为纲,将《说文》重新排列,著成《说文通训定声》18卷。该书是一部从形音义角度探求汉字发展史的字族著作,一部《说文》谐声字典,也是一部研究词义引申的著作,是清代最为优秀的训诂学著作之一,作者因此跻身清代《说文》四大家之一。

其他著作包括《礼仪经注一隅》《小尔雅约注》《春秋左传识》《离骚补注》等。

二、外国语言学者

阿伯克龙比　Abercrombie, David　(1909—1992)　英国语音学家。1909年12月19日生于英国柴郡的伯肯黑德市(Birkenhead, Cheshire)。曾就读于伦敦大学学院(University College London)和巴黎索邦大学语音学学院(Institut de Phonétique, Sorbonne),师从英国语音学家丹尼尔·琼斯(Daniel Jones, 1890—1960),在学术上深受现代语言学伦敦学派创始人弗斯(John Rupert Firth)的影响。大学毕业后,他先在伦敦经济学院(London School of Economics)短暂任职,后在英国文化教育协会(British Council)谋得英语教师职位,二战期间曾赴希腊和埃及教授英语课程。战后回国,先在利兹大学(University of Leeds)短暂工作,后于1948年到爱丁堡大学(University of Edinburgh)任教,1980年以语音学教授身份退休。1992年7月4日卒于爱丁堡。

戴维·阿伯克龙比认为语音学不是语言教学的附属品,而是一门历史悠久的独立学科,与其他学科具有诸多联系并相互影响,在日常生活和工作中也广泛应用。他一到爱丁堡大学就担任了新建的语音学系主任,带领该系成为20世纪后半叶欧洲语音研究的重要中心之一。他还认为语言学方面的研究生仅仅掌握当时的语音学知识是远远不够的,有必要对他们进行历史语音学知识的传授。他所主持的语音学系对语音学和音位学的教学与研究一视同仁,这一做法在此后英国语音学的发展过程中得以保持。

阿伯克龙比虽然著述不多,但文笔简洁而清晰,反映了其广泛的研究兴趣。他在语音学方面的著作包括《英语语音读本》(*English Phonetic Texts*, 1964)、《语言学与语音学研究》(*Studies in Linguistics and Phonetics*, 1965)、《普通语音学基础》(*Elements of General Phonetics*, 1967)和《语音学五十年》(*Fifty Years in Phonetics*, 1991)等。

阿德隆　Adelung, Johann Christoph　(1732—1806)　德国词典编纂家和语法学家。1732年8月8日生于德国北部小城施潘特科(Spantekow)一个教区牧师家庭。1752—1756年在哈雷(Halle)学习神学。1758—1762年在德国中部城市埃尔富特(Erfurt)的一所高中任教,后因教派纷争被迫辞职,之后在莱比锡(Leipzig)担任过翻译和约十余家杂志和期刊的编辑。从1787年开始,担任德累斯顿(Dresden)图书馆馆长,直至1806年9月10日去世,任职期间对图书馆的组织和管理实施了很多改进措施。

约翰·克里斯托夫·阿德隆具有丰富的德语语言历史和语法知识,1766年受布赖特科普夫(Breitkopf)出版公司委托,接手续编约翰·戈特舍德(Johann Christoph Gottsched, 1700—1766)领衔启动的大型德语词典《详尽无遗的高德语方言词典》(*Versuch eines Vollständigen Wörterbuchs der Hochdeutschen Mundart*)。该词典于1774—1786年出版,共五卷,1793—1802年再版时更名为《高德语方言语法详解词典》(*Grammatisch-kritisches Wörterbuch der hochdeutschen Mundart*),是当时收录标准德语及其方言词汇最广泛的词典。他还受普鲁士公共教育大臣策特利茨(Baron von Zedlitz)编写德语语法词典的委托,于1781年出版《德语语法》(*Deutsche Grammatik*);同年,出版其简化版《德语学校语法》(*Deutsche Sprachlehre für Schulen*)以供小学生使用。1782年,他出版《德语语言学繁琐框架及正字法基本原理》(*Umständliches Lehrgebäude and Grundsätze der Deutschen Orthographie*)两卷本,主要用作德语语法教学的教科书。1788年,他出版《德文正字法大全》(*Vollständige Anweisung zur Deutschen Orthographie*),以歌德(Johann Wolfgang von Goethe)、维兰德(Christoph Martin Wieland)等文学大家的经典著作中的语法现象为标准,系统规定德语的拼写规则,包括单词大小写、分写、合写、分隔等规则及标点符号的使用。

阿德隆不仅在词典编纂和语法学方面著述颇丰,在语言起源、文体学、正字学、语音学等方面也成就斐然。他临终前仍在编写三卷本《米特里达梯,或普通语言学》(*Mithridates, Oder Allgemeine Sprachenkunde*, 1806—1817),弥留之际向出版社递交了内容为亚洲诸语言的第一卷书稿,在其去世后不久面世,后两卷由德国语言学家约翰·泽韦林·法特(Johann Severin Vater, 1771—1826)整理、续写后交稿出版。本书得名于16世纪瑞士博物学者兼古典语言学家康拉德·格斯纳(Conrad Gessner, 1516—1565)一部出版于1555年,记录了约130种语言的同名论,但阿隆德的写作计划拟包含的语种远多于格斯纳之作。阿隆德的其他重要作品还包括《德语杂志》(*Magazin für die deutsche Sprache*, 1782—1784)和《得体辞令指南:现存上萨克森官方文牍史料编年精选集》(*Directorium Diplomaticum; oder, Chronologisch geordnete auszüge von sämmtlichen über die geschichte Obersachsens vorhandenen Urkunden*, 1802)。

阿尔科弗　Alcover, Antoni Maria　(1862—1932)　西班牙加泰罗尼亚语言学家和词典编纂家。1862年2月2日生于西班牙马纳科尔的圣西尔加(Santa Cirga, Manacor)。在家乡学习拉丁语和经典作品后,他于1877年赴巴利阿里群岛(Balearic Islands)首府马略卡岛的帕尔玛(Palma de Mallorca),进入神学院继续学习,以其固执和雄辩闻名于当地。1886年,他获得马纳科尔教区牧师职位,1888年成为帕尔玛神学院教会史教授,1898—1916年任马略卡主教教区副主教(Vicar General)。1932年1月8日卒于帕尔玛。

安东尼·马里亚·阿尔科弗一直致力于加泰罗尼亚语方言的整理和研究。他收集了大量马略卡岛的寓言和民间传说,于1880年出版了一部包含约430个作品的民间寓言故事集。他考察过几乎所有加泰罗尼亚语所覆盖的国家和地区,著有《加泰罗尼亚语—巴伦西亚语—巴利阿里语词典》(*Catalan-Valencian-Balearic Dictionary*, 1902)、《简报:加泰罗尼亚方言探微》(*Bolletí: Una Mica de Dialectologia Catalana*, 1914—1915)和《加泰罗尼亚语语言与文学问题》(*Questions de Llengua i Literatura Catalana*, 1902—1903)。1920年,西班牙政府资助编纂加泰罗尼亚语的词典,他担任项目主持,虽历经资金断流等周折,词典终于在1926年得以面世。此后,该词典再经两次修订和增补,到1932年阿尔科弗去世时,词典已收录来自300多个地区的加泰罗尼亚语词汇约16万。

阿尔诺　Arnauld, Antoine　(1612—1694)　法国神学家、哲学家和语言学家。1612年2月5日生于巴黎的一个律师家庭。曾在巴黎大学前身索邦神学院(La Sorbonne)学习,在家族影响下成为天主教詹森派(Jansenism,亦称"苒森派")成员,精通教父学(Patristics),并逐渐成为以波尔-罗瓦雅尔修道院为据点的詹森派小组的领导人物。1678年定居比利时。1694年8月8日卒于布鲁塞尔。

安托万·阿尔诺主张唯理论语言观。他认为人类语言的规则看似因民族而异,但实质上具有相同的结构规律,因为这些规律是由人类先天的内在理性所决定的,而人类理性思维的逻辑规律具有普遍性的特点。他的代表作是与法国修士、语法学家朗斯洛(Claude Lancelot,约1615—1695))合著的《普遍唯理语法》(*Grammaire Générale et Raisonnée*, 1660),该书包括两部分,第一部分介绍作者所了解的各种语言的发音和文字,第二部分详细讨论语言的各种形式所依赖的思想原则。在具体研究中,他与朗斯洛采取一些独特的思路,试图揭示句子表面之下的各种更基本的句法结构和成分。这种研究思路以及他们基于普遍主义思想的研究引起20世纪关注普遍性问题的一些语言学家的注意,尤其是乔姆斯基等形式学派学者的共鸣。虽然阿尔诺与朗斯洛在语言材料的广泛性上已经做出很大的努力,但他们所得出的语言的普遍共性基本上还只适用于以一些常见的印欧语为代表的屈折语言。

阿尔诺与另一位詹森派主要人物皮埃尔·尼科尔(Pierre Nicole)合著的《逻辑学——思维艺术之别解》(*La logique, ou l'art de penser*)最早于1662年匿名出版,此后多次重版。书中的形而上学和认识论思想体现了浓重的笛卡儿色彩,而其中关于理解(comprehension)与外延(extension)区别的讨论,后来被提炼成内涵(intension)与外延(extension)的区别。这部著作常被称作《波尔-罗瓦雅尔逻辑学》(*Port-Royal Logic*),直到20世纪仍是学校的基础教科书,被视为词项逻辑(term logic,亦称"传统逻辑")的经典范式之作。阿尔诺的全集于1775—1781年在巴黎出版,共37卷42册。

阿尔托　Aalto, Pentti　(1917—1998)　芬兰阿尔泰语言学家。1917年7月22日生于芬兰西部海岸城市波里(Pori)。曾就读于赫尔辛基大学,学习拉丁语、希腊语、梵语和阿尔泰语,1939年获硕士学位。二战期间从军,战后继续从事语言的学习和研究,1949年获赫尔辛基大学博士学位,后留校任教。1958—1980年一直担任赫尔辛基大学比较语言学副教授(Docent)。1998年11月30日卒于赫尔辛基。

彭蒂·阿尔托在语言学研究方面师承阿尔泰语言学的奠基人拉姆斯泰特(Gustaf J. Ramstedt),主要从事阿尔泰比较语言学研究,兼及拉丁语、希腊语以及突厥、蒙古和中亚的历史、文化、宗教、古文字等方面的研究。1952年,他发表《阿尔泰研究一:马内汉所获八思巴蒙古文残文书》(*Altaistica I: The Mannerheim Fragment of Mongolian Quadratic Script*)一文,对赫尔辛基残片进行考证,成功地证明该文书为《萨迦格言》蒙语译文的一部分。1950年拉姆斯泰去世后,阿尔托负责编辑其主要著作《阿尔泰语语言学导论》(*Einführung in Die Altaische Sprachwissenschaft*, 1952—1966),并整理其许多未曾出版的论文,为阿尔泰学派和拉姆斯泰特的学术思想传播作出重要贡献。1961年,阿尔托将藏语佛教读本《五护陀尼罗》(*Pancarakṣā*)译成蒙古语出版。此后,他又与自己的学生拉丁语学家图奥摩·佩坎南(Tuomo Pekkanen)整理东北亚诸多民族有关拉丁语起源方面的重要文献,编撰出版了两卷本《欧亚大陆东北部拉丁语考源》(Latin Sources on Northeastern Eurasia, 1975—1980)。

阿尔托的其他重要作品还包括《中亚游牧文化中的马》(The Horse in Central Asian Nomadic Cultures, 1975)和《成吉思汗的名号和印玺》(Der Name und das Siegel Cinggis-khans, 1963)等。芬兰东方学会于 1987 为阿尔托出版了文集《阿尔泰学和比较语文学研究》(Studies in Altaic and Comparative Philology),共收录其语言、历史、文化等方面的文献 22 篇。

阿尔瓦尔　Alvar, Manuel　(1923—2001)
西班牙语言学家。1923 年 7 月 8 日生于西班牙的贝尼卡洛(Benicarló)。1945 年从萨拉曼卡大学(University of Salamanca)罗曼语语文学专业毕业,获学士学位,1946 年获马德里孔普鲁腾塞大学(Universidad Complutense de Madrid,即"马德里大学")博士学位。1948 年被格拉纳达大学(Universidad de Granada)聘为西班牙语历史语法系主任。1967 年获"阿方索十世智者勋章(Orden de Alfonso X el Sabio)",1968 年被聘为马德里自治大学(Universidad Autónoma de Madrid)西班牙语教授,后又到马德里大学任教。1975 年成为西班牙皇家科学院(Real Academia Española)院士,1989—1991 年出任院长。1993 年获拉蒙·梅嫩德斯·皮达尔奖(Ramón Menéndez Pidal Award)。2001 年 8 月 13 日卒于马德里。

曼努埃尔·阿尔瓦尔少年出道,对待教学热情洋溢,研究和写作硕果累累。他在西班牙和南美洲的几乎全部大学讲过课,担任过 15 所非西班牙语国家大学的客座教授,获得 25 个以上世界各地大学颁发的荣誉博士学位。他开设了多门西班牙语语文学课程,其中包括"马拉加语文学高级课程(Curso Superior de Filología de Málaga)",每年夏季讲六周,从 1966 年起一直开设到 1997 年。他指导的博士学位论文达 250 多篇,共刊发 850 余篇(部)学术论著以及难以计数的报刊文章,另出版诗作 10 部。他的《阿拉贡:文学及其历史属性》(Aragón: Literatura y ser histórico, 1976)荣获当年"全国最佳论著奖"。

阿尔瓦尔的研究领域涵盖语音学、社会语言学、地名学、语言史、语源学、中世纪文学、民间诗歌等,而他最负盛名的领域是方言学,主要沿袭瑞士方言学家卡尔·雅贝格地理语言学的学术路线。他主持策划了西班牙以及南美多国的方言地图绘制,1961—1973 年完成西班牙安达卢西亚省的六卷本《安达卢西亚语言与民族地图》(Atlas Lingüístico y Etnográfico de Andalucía),1975—1978 年完成三卷本《加那利群岛语言与民族地图》(Atlas Lingüístico y Etnográfico de las Islas Canarias),1979—1983 年完成十二卷本《阿拉贡、纳瓦拉和里奥哈语言与民族地图》(Atlas Lingüístico y Etnográfico de Aragón, Navarra y Rioja),1985—1988 年完成四卷本覆盖地域更广的《半岛水手语汇地图》(Léxico de los Marineros Peninsulares),分别于 1995 年和 1999 年完成两卷本《坎塔布里亚语言与民族地图》Atlas Lingüístico y Etnográfico de Cantabria)和三卷本《卡斯蒂利亚和莱昂语言地图》(Atlas Lingüístico de Castilla y León),以及《桑坦德语言与民族地图》(Atlas Lingüístico y Etnográfico de Santander)、《西班牙与葡萄牙语言地图》(Atlas Lingüístico de España y Portugal)、《欧洲语言地图》(Atlas Linguarum Europae)、《拉丁美洲语言地图》(Atlas Lingüístico de Hispanoamérica)、《西班牙语方言手册:美洲西班牙语》(Manual de Dialectología Hispánica: el Español de América, 1996)和《西班牙语方言手册:本国西班牙语》(Manual de Dialectología Hispánica: el Español de España, 1996)等。其方言地图将方言本身的语言特征与使用者的心理思想、社会文化及宗教信仰等要素结合在一起,对方言地区所涉及的各方面生活特点都给予详细的描写和图解,具有很强的民族记录特征。他还对很多西班牙语变体做过细致研究,包括阿拉贡语(Aragonese)、安达卢西亚语以及南美的一些西班牙语变体。

阿格莱尔　Agrell, Sigurd　(1881—1937)
瑞典斯拉夫语言学家和如尼文字学家。1881 年 1 月 16 日生于瑞典中西部的韦姆兰(Värmland)。1898 年中学毕业后,进入乌普萨拉大学(Uppsala University)就读,1907 年获执业资格证书(Licentiate Degree)。随后进入隆德大学(Lund University)攻读博士学位,于 1908 年通过论文答辩,1909 年获得学位并被聘为隆德大学副教授,1921 年晋升为斯拉夫语言教授。1937 年 4 月 19 日卒于瑞典南部隆德。

西格德·阿格莱尔对语言学诸多基本问题都持有独创性见解,因而得以成名,也招致不少批评。1908 年,他完成答辩的博士学位论文题目是《关于"行为方式"和"体"概念在波兰语动词中的应用》(Aspektänderung und Aktionsartbildung Beim Polnischen Zeitworte: ein Beitrag zum Studium der Indogermanischen Präverbia und Cihrer Bedeutungsfunktionen),因评议分歧,次年才被授予学位。1917 年,出版《俄语动词重音移位探究》(Nabljudenija nad Kolebaniem Udarenija v Russkom Glagolě: Fonetiĉgesko-semasiologiĉeskoe Izslě-

dovanie / Sigurda Agrelja)一书,对俄语动词的重音变化进行阐述。此后几年,他潜心研究北欧古文字如尼字母(Runic)的使用和渊源,1928 年著成《如尼文字起源》(*Zur Frage nach dem Ursprung der Runennamen*),指出如尼文字最早用于巫术,与数字相联系,曾受到密特拉(Mithra)神秘宗教的控制。

阿格莱尔对文学也很有兴趣,写过十四行诗,出版过六本诗集,还翻译了法国诗人波德莱尔(Charles Pierre Beaudelaire)和俄国作家列夫・托尔斯泰(Lev Nikolayevich Tolstoy)、布宁(Ivan Bunin)的一些作品,是瑞典文学圈的重要成员。他翻译的《安娜・卡列尼娜》曾长期被视为该小说在瑞典的标准译本。

阿罕瓦德 Aikhenvald, Alexandra (Александра Юрьевна Айхенвальд,1957—) 俄国语言学家。1957 年 9 月 1 日生于莫斯科,有犹太血统。曾就读于莫斯科国立大学语言学院,1978 年获语言学学士学位,此后继续在苏联科学院攻读硕士和博士学位,1984 年毕业后留在苏联科学院任教,在东方学家季亚科诺夫(I. M. Diakonoff)的带领下从事亚非语言的语法比较研究。1989 年赴巴西,被聘成为圣卡塔琳娜州联邦大学(Universidade Federal de Santa Catarina)客座教授,1992 年成为终身教授,在巴西工作到 1994 年,其间在巴西坎皮纳斯州立大学(State University of Campinas)和澳大利亚国立大学(Australian National University)曾任客座教授。1994 年移居澳大利亚,成为澳大利亚研究委员会(ARC)高级研究员和澳大利亚国立大学语言类型学研究中心副主任,并先后在拉筹伯大学(La Trobe University)、澳大利亚语言学会(Australian Linguistic Society)冬季/夏季语言学院、美国语言学会(Linguistic Society of America)暑期语言学院等机构任职。

亚历山德拉・阿罕瓦德通晓多种语言,在语言学领域的研究非常广泛,尤其着重进行详尽的跨语言研究,并以此为基础对人类语言的一些范畴进行归纳和概括,研究语言范畴对人类认知的作用。70 时代,她主要研究巴尔托芬兰诸语言(Balto-Finnic languages),后来为了撰写硕士论文,转而研究赫梯语(Hittite)和安纳托利亚语语族(Anatolian family)的语言,1979 年撰成硕士论文,专门论述安纳托利亚语中的关系从句。80 年代,她的研究以柏柏尔语族语言为主,主要成果为《柏柏尔语的结构和类型分类》(*A Structural and Typological Classification of Berber*,1986—1987)。90 年代初,她开始倾向于对古典和现代希伯来语的研究,主要作品有《现代希伯来语语法》(*A Grammar of Modern Hebrew*,1990)和《古典希伯来语语法》(*A Grammar of Biblical Hebrew*)。90 年代中期至 21 世纪初,她开始转向对巴西北亚马孙地区的濒危语言进行语言类型学对比研究,并编写语法。

阿拉科斯・洛拉什 Alarcos Llorach, Emilio (1922—1998) 西班牙语言学家。1922 年 4 月 22 日生于西班牙萨拉曼卡(Salamanca)。曾就读于巴利亚多利德大学(University of Valladolid),后赴马德里师从阿隆索(Dámaso Alonso,1898—1990)继续学习,1944 年在阿维莱斯(Avilés)担任教职,1946—1947 年在伯尔尼(Bern)和巴塞尔(Basel)讲授西班牙语,从此走上语言学研究的道路。1950 年赴西班牙西北部的阿斯图里亚斯(Asturias)自治区,获奥维耶多大学(University of Oviedo)西班牙语历史语法研究教授席位,1972 年起在西班牙皇家学院(Real Academia Española)任教。1998 年 1 月 26 日卒于奥维耶多。

埃米利奥・阿拉科斯・洛拉什是西班牙与欧洲语言学界的桥梁式人物。其语言研究深受欧洲语言学的影响,很多著作为欧洲结构主义理论在西班牙的传播做出重要贡献。其中,《西班牙语音位学》(*Fonología Española*,1950)一书主要以布拉格学派的思想为指导,《语法结构》(*Gramática Estructural*,1951)主要借鉴哥本哈根学派叶尔姆斯列夫的语符理论,《西班牙语功能语法研究》(*Estudios de Gramática Functional del Español*,1970)则受到英国语法学家马蒂内特(André Martinet)的影响。同时,他也为西班牙语言学融入世界做出贡献,在其代表作《西班牙语语法》(*Gramática de la Lengua Española*,1994)中,他从西班牙学者的视角,对西班牙语语法中某些现象提出独到的描述和解释,涉及欧洲学者此前未曾有过的一些方法和观点。

此外,阿拉科斯・洛拉什还把语言和文学的研究结合起来,其作品《布拉斯・德・奥特罗的诗歌》(*La poesía de Blas de Otero*,1966)和《安赫尔冈萨雷的诗歌》(*Ángel González, Poeta*,1969)在文学批判领域都颇具影响。

阿隆索 Alonso, Amado (1896—1952) 西班牙语言学家。1896 年 9 月 13 日生于西班牙纳瓦拉自治区莱林镇(Lerín, Navarre),1917 年进入马德里历史研究中心,在纳瓦罗・托马斯(Tomás Navarro Tomás)的指导下研习语音学。1922—1924 年在德国进修期间,与汉堡大学教授潘康策利-卡尔兹亚(Giulio Panconcelli-Calzia)一同介绍其语音学研究心得;1924 年底回到马德里历史研究中心任教。因受梅嫩德斯・皮达尔(Ramón Menéndez Pidal)指派,1927 年移居阿根廷,任布宜诺斯艾利斯大学语文学研究所所长,并于 1939 年加入阿根廷国籍。其间,还曾任波多黎各大学(1927)、智利大学(1936—1941)、芝加哥大学(1942)等校客座教授,并被芝加哥大学授予人文学科荣誉博士学位。1946年应邀到哈佛大学讲授西班牙语言文学课程，之后定居美国。1952年5月26日卒于马萨诸塞州米德尔塞克斯县（Middlesex County）阿灵顿镇（Arlington）。

阿马多·阿隆索在20世纪的语言学界和文学批评界声名显赫，是文体学的创始人之一。他在梅嫩德斯·皮达尔门下学习时主攻语音学和地理语言学（方言学），后扩展到西班牙语语法、拉丁语族语言学、语言学理论、语言政治学以及文学语言风格、文学评论等研究领域，倡导结构主义方法论和当时主流的哲学思潮；他对母语西班牙的兴趣格外浓厚，对美洲西班牙语的比较研究情有独钟，并取得累累硕果，在欧洲、南美和美国均有文章和著作发表。1939—1946年，他在布宜诺斯艾利斯创办并主持《西班牙语文学评论》（*Revista de Filología Española*）；到了哈佛大学后，他又创办了《西班牙语文学新评论》（*Nueva Revista de Filología Española*）。

阿隆索的语言学论著主要包括《美洲的语言问题》（*El Problema de la Lengua en América*，1935）、《卡斯蒂利亚语语法》（*Gramática Castellana*，1938）、《卡斯蒂利亚语·西班牙语·国语——三个名称的精神史》（*Castellano, español, idioma nacional. Historia espiritual de tres nombres*，1938）、《西班牙语新实验》（*A New Proving Ground for the Spanish Language*，1941）、《语言学研究：西班牙语专辑》（*Estudios lingüísticos: Temas españoles*，1951）、《语言学研究：拉丁美洲专辑》（*Estudios lingüísticos: Temas hispanoamericanos*，1953）以及《从中世纪至现代的西班牙语发音》（*De la pronunciación medieval a la moderna en español*，1955）等；文体学及文学评论著作主要包括《巴列-因克兰十四行诗结构》（*Estructura de las sonatas de Valle Inclán*，1928）、《巴勃罗·聂鲁达的诗作与风格》（*Poesía y estilo de Pablo Neruda*，1940）、《历史小说论：现代主义》（*Ensayo sobre la novela histórica: El modernismo*，1942）、《诗歌的事件与形式》（*Materia y forma en poesía*，1955）等。

阿姆斯特朗（利利娅斯·伊芙琳·～） **Armstrong, Lilias Eveline** （1882—1937） 英国语音学家。1882年9月29日生于英国索尔福德（Salford）。1908年毕业于利兹大学，获法语和拉丁语学士学位，1918年到伦敦大学学院（University College London）在丹尼尔·琼斯（Daniel Jones）创建的语音学系担任临时讲师，1921年成为语音学高级讲师，1936年成为副教授（Reader）。在她与琼斯的共同努力下，伦敦大学学院的语音系一度成为欧洲乃至世界的语音研究中心。1926年与俄罗斯语言学家博亚努斯（Simeon K. Boyanus）结婚，但在学术研究领域一直沿用婚前姓氏。1937年12月9日卒于米德尔塞克斯。

利利娅斯·伊芙琳·阿姆斯特朗的学术观点和研究方法深受丹尼尔·琼斯的影响。1923年，她出版了《英语语音读本》（*English Phonetic Reader*）一书。1926年，与伦敦大学学院同事沃德（Ida Caroline Ward）一起完成了颇具影响力的教科书《英语语调手册》（*Handbook of English Intonation*），此作品大量借鉴了琼斯早期理论和音调标识系统。在法语语音研究方面，她编写了课本《法语语音学》（*Phonetics of French*，1932），该书部分借鉴了琼斯的演讲稿。1934年，她与同事库斯特诺布勒（Hélène Coustenoble）合作，编写了高级读本《法语语调研究》（*Studies in French Intonation*）。

阿姆斯特朗的研究兴趣亦延伸到非欧洲语言，尤其是缅甸语和一些非洲土著语言等音调语言（tone languages）。相关研究成果包括与佩茅丁（Pe Maung Tin）合著的《缅甸语读本》（*A Burmese Phonetic Reader*，1925）、《索马里语语音结构》（*The Phonetic Structure of Somali*，1934）、《基库尤语语音和语调结构》（*The Phonetic and Tonal Structure of Kikuyu*，1940）等。

阿姆斯特朗（罗伯特·盖尔斯顿·～） **Armstrong, Robert Gelston** （1917—1987） 美国人类学家和非洲语言学者。1917年生于美国印第安纳州丹维尔（Danville），在辛辛那提（Cincinnati）长大。1937年毕业于迈阿密大学，随后考入俄克拉荷马大学攻读研究生课程，1939年转入芝加哥大学；因二战应征入伍而中断学业，先在巴拿马担任密码员，1942—1945年在美国本土服役。1947—1948年在亚特兰大大学任教。1950年完成博士学位论文，1952年通过答辩审核；其间，曾赴尼日利亚对伊多马人（Idoma）和约鲁巴人（Yoruba）的语言文化进行实地考察。1953年到芝加哥大学谋求教职未果，1956年秋重回亚特兰大任教。1959年再赴尼日利亚，对伊多马语言文化继续进行考察和研究，1962年任尼日利亚伊巴丹大学（University of Ibadan）非洲研究院语言学研究员（Research Professor），1966—1975年和1976—1977年两度任研究院院长；1983年退休后，转任尼日利亚大学客座教授，曾兼任语言学系主任，1985年正式退休。1987年5月卒于尼日利亚东南部贝努埃州奥图克珀（Otukpo, Benue）。

罗伯特·盖尔斯顿·阿姆斯特朗的研究始于人类学，然后逐渐转向语言学。1950—1953年，他研究了尼日利亚伊多马人的语言与文化，1959—1960年重返尼日利亚研究约鲁巴语言和法律。1960年起，他负责西部非洲语言调查项目，创办期刊《西非语言》（*Journal of West African Languages*）；1965年在福特基金会支持下,以项目组为基础成立了西非语言学会,将《西非语言》定为会刊。在语言与文化的交互层面中,他主张保护传统文化,强调其中的独特性。他将伊多马传统法律视为社会机制和传统语言艺术的呈现形式,从中深受启发,对传统口头文学进行了日渐深入的探究,用翻译欧洲语言经典作品时所持的严谨和执著之心,转写了实景录制的语音资料。部分原始的录音资料和经过整理的伊多马—英语双语文本或译本已付诸出版。为了纪念阿姆斯特朗对尼日利亚伊多马文化的贡献,当地人在他逝世时按照当地丧葬礼仪举行了为期两天(1987年5月29—30日)的悼念活动。

阿姆斯特朗发表的论文和著作主要是对伊多马人、约鲁巴人以及其他西非语言的描写和比较研究。除了伊多马语法,他还对亚拉语(Yala,或称伊科姆语[Ikom])、阿克帕语(Akpa)、伊格德语(Igede)、埃洛伊语(Eloyi)等他称之为伊多马语族的语言进行描写和比较研究,并编制伊加拉语(Igala)、伊博语(Igbo)、弗尔弗尔德语(Fulfulde)、梯夫语(Tiv)与约鲁巴语方言的对照词表。其主要著作包括《黑人非洲社会的国家形成》(*State Formation in Negro Africa*,1950)及《西部非洲语言研究》(*The Study of West African Languages*,1964)等。

阿舍尔　Asher, Ronald E.　(1926—)

英国语言学家。1926年生于英国。从诺丁汉郡雷特福德的国王爱德华六世文法学校毕业后,进入伦敦大学学院学习,1950年获法语专业学士学位。毕业后留校在法语系任助教,同时研究文艺复兴时期的法语,1955年获博士学位。1953年起在伦敦大学亚非学院(School of Oriental and African Studies)任教,1965年离开伦敦赴爱丁堡大学普通语言学系任教,后成为该校文学院院长和大学副校长。

罗纳德·阿舍尔受伦敦学派创始人弗斯(John R. Firth)的影响,认为语言理论与语言描写并非互不相干的两个领域,理论建构离不开不断更新的现实体验,科学的描写应当基于适当的理论方法,脱离描写素材的理论构建必定空洞虚无。在攻读博士学位期间,为了迅速提高法语口语,他参加了伦敦大学学院的法语语音学证书考试培训,为此后毕生投身语音学与音系学研究打下了坚实的实践和经验基础。到了伦敦大学亚非学院后,参与了弗斯主持的语音学与语言学系主办的岗位培训,学习了达罗毗荼诸语言(Dravidian languages)的理论与描写方法以及泰米尔语(Tamil)实用课程。为了落实亚非学院提倡实地调查的传统作风,他亲赴印度南部地区考察泰米尔人的语言文学以及达罗毗荼诸语言,发现课堂上讲授的泰米尔书面语与当地人日常所讲的口语之间存在显著区别。泰米尔语的这一双言现象促使他从语言和文学两个角度,对泰米尔语和其他达罗毗荼诸语言的口语以及泰米尔古典和现代文学,同时进行深入研究。由此形成的成果包括:1971年与拉达克里希南(Sarvepalli Radhakrishnan)合编《当代泰米尔散文选》(*A Tamil Prose Reader: Selections from contemporary Tamil prose with notes and glossary*),1982年编著《泰米尔语描写语法》(*Tamil: A descriptive grammar*),1997年与库马里(T. C. Kumari)合作出版《马拉雅拉姆语描写语法》(*Malayalam: A descriptive grammar*),2002年与阿纳马莱(E. Annamalai)合作出版《泰米尔口语》(*Colloquial Tamil*)。

阿舍尔学术经历丰富,视野开阔,知识渊博,见解独到,因而被邀请出任十卷本《语言与语言学百科全书》(*The Encyclopedia of Language and Linguistics*)的主编。该书于1988年启动编纂工作,1994年出版第一版。全书共5780余页,2200余个条目,介绍语言学家500余人,提供语言地图100余幅和2万多种参考文献。阿舍尔还担任由此书衍生而来的一系列百科全书的顾问编审,包括《简明语言哲学百科全书》(*Concise Encyclopedia of Philosophy of Language*,1997)、《简明语用学百科全书》(*Concise Encyclopedia of Pragmatics*,1998)、《简明语言病理学百科全书》(*Concise Encyclopedia of Language Pathology*,1999)、《简明教育语言学百科全书》(*Concise Encyclopedia of Educational Linguistics*,1999)、《简明语法范畴百科全书》(*Concise Encyclopedia of Grammatical Categories*,1999)、《简明语言与宗教百科全书》(*Concise Encyclopedia of Language and Religion*,2001)和《简明社会语言学百科全书》(*Concise Encyclopedia of Sociolinguistics*,2001)。《语言与语言学百科全书》第二版于2006年面世,总篇幅扩展到约11000页,共14卷,主编改由牛津大学教授凯斯·布朗(Keith Brown)担任。

阿舍尔的其他学术成果包括:1981年与尤金妮娅·亨德森(Eugenie Henderson)合著《语音学发展史》(*Towards a History of Phonetics*);其博士学位论文《法国文艺复兴时期的民族神话》(*National Myths in Renaissance France*)几经修改后于1993年出版;与柯纳(E. F. K. Koerner)合编《简明语言科学史:从苏美尔人到认知论者》(*Concise History of the Language Sciences: From the Sumerians to the cognitivists*,1995)。

阿斯卡姆　Ascham, Roger　(1515—1568)

英国学者。1515年12月生于英国约克郡克比威斯克(Kirby Wiske)。1530年入剑桥圣约翰学院(St. John's College)学习希腊语,1534年获学士学位,

1537 年获硕士学位,毕业后留校教授希腊语,后因健康问题辞职。1548—1550 年成为亨利八世子女的家庭教师,讲授拉丁语和希腊语,学生包括后来继承王位的爱德华六世、玛丽一世和伊丽莎白一世。1550 年起,作为英国大使的拉丁语秘书出访欧洲宫廷,结识了梅兰希顿(Philip Melanchthon,1497—1560)和斯特姆(Johannes Sturm,1507—1589)等倡导欧洲古典教育的学者;1553 年回到剑桥,担任玛丽女王的拉丁语秘书。1558 年伊丽莎白女王继承王位后,被任命为约克郡的受俸牧师。1568 年 12 月 30 日因病卒于伦敦。

罗杰·阿斯科姆以其说教式的散文体、推广本地语言的作为和教育理论闻名于世。在他所处的时代,人们普遍将希腊语和拉丁语用作书面语。1545 年,他用英语发表关于英国长弓的短文《弓箭手》(Toxophilus:The Schole of Shootinge),敬献给酷爱弓箭的亨利八世国王,获得国王的赏识。伊丽莎白女王执政后,他着手撰写散文作品《男教师》(The Scholemaster),但直到去世仍未能完成写作;两年后其妻整理出版了该书,完成了他未竟的心愿。这本书后来成为英国教育史上的经典论著之一。阿斯科姆的《弓箭手》和《男教师》向世人证明,使用英语也可以写出优雅的文章,从而引领了使用英语进行写作的风尚,逐渐改变了英语的社会地位,对英国和欧洲的教育做出很大贡献。

阿斯科里 Ascoli, Graziadio Isaia (1829—1907) 意大利语言学家。1829 年 7 月 16 日生于意大利北部多种族聚居的小镇戈里齐亚(Gorizia,当时属于奥地利)。特殊的地理位置使其从小就有机会接触德语、弗留利语(Friulian)、斯洛文尼亚语(Slovene)、威尼斯语(Venetian)等多种完全不同的语言。虽未曾进入公立学校读书,但因善于自学,他从 16 岁即开始发表文章,25 岁时出版其第一部关于东方语言的著作,32 岁时开始担任米兰大学的语言学教授,为米兰大学的语言学研究引入对比语文学、罗曼语学和梵语等内容。1907 年 1 月 21 日卒于米兰。

格拉齐亚迪奥·以赛亚·阿斯科里对印欧语和闪米特语的关系研究作出了重要贡献,在意大利罗曼语和凯尔特语研究方面发挥了先驱作用。他不认同标准意大利语是由佛罗伦萨方言发展而来的观点,对意大利语方言进行了系统的重新分类,极力主张平等对待所有意大利语方言。为了推动意大利方言研究,引导将意大利方言与邻近方言以及拉丁语进行系统化比较,鼓励相关方面专著、论文和评论的发表,他于 1873 年创办期刊《意大利语研究档案》(Archivio glottologico italiano),担任编辑直至 1901 年。其间,他在该期刊上发表了大量论文和评论,其中不乏爱尔兰语和凯尔特语的研究成果。此外,他还是语言底层论(Substratum Theory)的倡导者,虽然"底层"概念早在 1821 年已经由丹麦语言学家布列兹托尔夫(Jakob Hornemann Bredsdorff)和其他一些学者提到过,但语言底层论最终得到同时代语言学家们的高度关注,应归功于他。他的重要著作有《梵语、希腊语、拉丁语比较语音演讲集》(Fonología comparada del sánscrito, el griego y el latín,1870)、《拉丁方言论文集》(Saggi ladini,1872)和《语言学书信集》(Lettere glottologiche,1881—1886)等。

阿瓦涅索夫 Avanesov, Ruben Ivanovich (Рубе́н Ива́нович Аванесо́в,1902—1982) 苏联语言学家。1902 年 2 月 14 日生于阿塞拜疆的舒沙(Shusha)。1925 年毕业于莫斯科大学,1937—1982 年任莫斯科大学教授,1944 年起任苏联科学院俄语研究所语言史与方言学部主任,1957 年起任共同斯拉夫语言地图国际委员会主席,1958 年成为苏联科学院通讯院士,1967 年起任国际语音协会(The International Phonetic Association,简称 IPA)副主席,1976 年起任欧洲语言地图国际委员会副主席。1982 年 3 月 1 日卒于莫斯科。

鲁本·伊万诺维奇·阿瓦涅索夫的研究主要涉及音系学、语音学、俄语史、俄语方言和语言地理学。在音位理论研究中,他认为音位变体的归属问题应由词素的同一性决定,如果词素内部存在依照现代语音规律而发生交替的音,仍应视为同一音位的变体。其主要著作包括《俄语方言概览》(Outline of Russian Dialectology,1949)、《现代俄语标准语语音学》(Fonetika sovremennogo russkogo literaturnogo iazyka,1956)、《莫斯科以东中部各州俄语常见方言地图》(Atlas of Russian Popular Dialects of the Central Oblasts East of Moscow,1957)、《现代俄语标准语重音》(Udarenie v sovremennom russkom literaturnom iazyke,1958)和《11—14 世纪古俄语词典》(The Dictionary of Old Russian of the 11th—14th Centuries,1966)等。

埃尔芬斯顿 Elphinston, James (1721—1809) 苏格兰语言学家。1721 年 12 月 6 日生于爱丁堡。曾就读于爱丁堡大学,1753 年在伦敦开办自己的学校。1792 年迁居埃尔斯特里(Elstree),1806 年定居哈默史密斯(Hammersmith)。1809 年 10 月 8 日卒于哈默史密斯。

詹姆斯·埃尔芬斯顿一生致力于苏格兰语的教学,极力推崇伦敦地区的发音,认为英语语法是普遍语法的基础,主张推行拼写改革,从拼写角度观察语法和构词。1753 年,他出版《法语和英语分析》(An Analysis of the French and English Languages)。

1760年起,开始收集苏格兰方言,研究苏格兰方言在发音和句子结构等方面的特性。1766年,出版《适用于学校教育的英语原则》(*The Principles of the English Language Digested for the Use of Schools*)。1787年,著成《图说正解释要领》(*Propriety Ascertained in Her Picture*),也称为《英语演说及拼写的共同指南》(*English Speech and Spelling Rendered Mutual Guides*),改进自己提出的拼写系统。1790—1797年,先后出版了《英语正字法概要》(*English Orthography Epitomized*)和《英语正字法简本》(*Miniature of English Orthography*)等有关简化拼写方案的专著,但由于当时学术圈更倾向于规定性语法,他的主张并没有得到重视。

埃尔弗里克 Ælfric （约955—约1010） 英国语法学家和古英语散文文体学家。学术活跃期大约为987—1010年。曾在温彻斯特学校受教于感化主教爱塞沃特(Aethelwold)。987年在多塞特郡(Dorset)塞耐尔修道院(Monastery of Cernel,现称Cerne Abbas)任院长,时年仅三十岁上下;1005年在牛津附近的恩斯罕修道院(Abbot of Eynsham)任院长。

埃尔弗里克专注于语言教育,研究涉及语法、术语汇编、职场讨论等方面。他用英语为拉丁语入门学习者编成一部拉丁语法书《英文语法举要》(*Excerptiones de Arte Grammatica Anglice*),以9世纪语法学家根据6世纪古罗马拉丁语法学家普里西安(Priscian)的《语法规则》(*Instituiones grammaticase*)编撰而成的《普里西安语法概要》(*Excerptiones de Prisciano*)为基础,把语法分析重心放在拉丁语的分音节法、笔迹学、音位学、形态学等方面。他还编纂有《术语汇编》(*Glossary*),收录了大量拉丁语单字和古英语注解。他的《职场讨论》(*Colloquy on the Occupations*)收录了教师和扮演不同职业角色学生间的虚拟拉丁语对话,描述各行各业的习惯和戒律。

埃尔弗里克还是公认的最伟大的古英语散文作家,他创作的《天主布道书》(*Catholic Homilies*)于990—995年间问世;其头韵体散文《圣徒传》(*Lives of Saints*)大约出现在997年左右。与同时代作家相比,他的散文显得更为清晰易懂,部分作品风格高雅,被称为韵律散文(rhythmic prose)。

埃利斯(弗朗西斯·怀特·～) Ellis, Francis Whyte （约1778—1819） 英国语言学家。大约1778年生于英国。1796年从英国赴印度港市马德拉斯(Madras)的东印度公司做文职人员,后任税务董事会秘书,1811年任马德拉斯税官。在印度工作期间,热衷于语言研究;1819年初,在语言调查过程中染上霍乱,同年3月10日卒于拉马纳塔普拉姆(Ramnad)。

弗朗西斯·怀特·埃利斯语言研究主要涉及泰米尔语和梵语。他是首个提出达罗毗荼诸语言(Dravidian languages)为独立语系的学者,认为该语系包括泰米尔语、泰卢固语和马来雅拉姆语等印度南部的语言;他还就每种语言撰写论文,引用充分的词汇和语法证据,开创达罗毗荼语比较语言学研究。埃利斯因霍乱去世后,大量书稿都被焚毁,只有部分语言学和政治方面的论文由朋友带回英国,由牛津的博德莱安图书馆(Bodleian Library)收藏。1816年,同为东印度公司职员的坎贝尔(Alexander Duncan Campbell)将他有关泰卢固语的论文编入《泰卢固语法》(*A Grammar of the Teloogoo Language*)一书中出版。

埃利斯(亚历山大·约翰·～) Ellis, Alexander John （1814—1890） 英国语言学家。1814年6月14日生于英国米德尔塞克斯的霍斯顿(Hoxton, Middlesex),原名亚历山大·约翰·夏普(Sharpe)。因一直依靠母亲家族的财产资助生活,1825年把父姓夏普改为母亲婚前姓氏埃利斯(Ellis)。曾先后就读于什鲁斯伯里学校(Shrewsbury)、伊顿公学(Eton)和剑桥大学的三一学院(Trinity College),1837年获剑桥大学学士学位,1864年入选英国皇家学会会员。1890年10月28日卒于大伦敦区的西肯辛顿(West Kensington)。

亚历山大·约翰·埃利斯研究兴趣广泛,对语音学、音乐、声学、数学、教育和文学等方面都有所涉猎。他对语言的音调(vocal pitch)和歌曲的音调(musical pitch)很感兴趣,为此翻译了德国科学家赫姆霍兹(Hermann Ludwig Ferdinand von Helmholtz)所著的《论乐音的感觉》(*On the Sensations of Tone*),并添加大量的注解,对音程中的"分(cents)"做了详细标注,对比较音乐学(Comparative Musicology)的发展颇有影响。埃利斯也是语音学和拼写改革的主要代表人物,代表作包括《语音学:原理详解》(*Phonetics: A familiar exposition of the principles of that science*, 1844)、《自然的字母》(*The Alphabet of Nature*, 1845)和《语音学基础》(*The Essentials of Phonetics*, 1848),在这些作品中,他提出新的标音方法,并倡导在学校推行拼写改革。1869—1889年,他出版了《论早期的英语发音》(*On Early English Pronunciation*)五卷本,介绍中世纪到19世纪晚期的英语发音,对英国进行方言调查,详细描述19世纪英语和方言的语音变体,区分出英格兰和苏格兰低地的42种方言。萧伯纳(George Bernard Shaw)曾将他作为小说《皮革马利翁》(*Pigmalion*)以及由此改编的音乐剧和电影《窈窕淑女》(*My Fair Lady*)中亨利·希金斯(Henry Higgins)教授的原型。

埃蒙　Hemon, Roparz　（1900—1978）法国语法学家、作家和词典编纂家。原名路易保罗·内莫（Louis-Paul Némo）。1900 年 11 月 18 日生于法国布雷斯特（Brest）。早年曾在英国学习英语，1922 年赴巴黎继续学习英语，1925 年获得学位。其后的二三十年一直活跃在法国的布列塔尼地区，使用笔名罗帕尔兹·埃蒙（Hemon Roparz），以布列塔尼语撰写文章，并创立布列塔尼语期刊《西风》（Gwalam）。二战期间曾参加法国军队，后因伤返回布列塔尼。1941—1945 年德国占领期间，与德国人合作创建"凯尔特学院"（Keltisches Institute）并担任院长，致力于布列塔尼语言和文化的重建。1945 年德国战败后，受到指控并获刑 10 年，被禁止进入布列塔尼地区，后来受邀到都柏林高级研究学院（Dublin Institute for Advanced Studies）从事学术研究。1978 年 6 月 29 日卒于都柏林。

罗帕尔兹·埃蒙一生致力于布列塔尼语言和文化研究，编纂了多部词典、语法书，创作了大量诗歌和短篇小说。他创立的布列塔尼语期刊《西风》（Gwalarn）大多发表原创性作品，提升了布列塔尼语的国际地位。他与德国人合作创建的"凯尔特学院"也为推动布列塔尼文化运动的发展作出一定贡献。他认为语言学最重要的研究是对社会语言学的研究，因而十分关注布列塔尼语消亡的历史原因，提出对布列塔尼语者进行研究。

埃蒙的重要代表作是他在柏林高级研究学院期间编纂的《布列塔尼语历史词典》（Historical Dictionary of Breton, 1979）和《布列塔尼语的历史形态与句法》（Historical Morphology and Syntax of Breton, 1975）。

埃文斯　Evans, Gareth　（1946—1980）英国哲学家。1946 年 5 月 12 日生于伦敦。1964 年考入牛津大学，师从著名哲学家斯特劳森（Peter Frederick Strawson）爵士，学习哲学、政治学、经济学等科目，1967 成为牛津大学基督教堂学院高级学者，1968—1969 年成为美国哈佛大学和加州大学（University of California）肯尼迪学者。1979 年担任牛津大学心灵哲学课程的讲师。1980 年 8 月 10 日因肺癌卒于牛津，年仅 34 岁。

加雷思·埃文斯生活的年代正处于分析哲学从语言哲学向思想哲学过渡的转型时期。他本人深受斯特劳森、戴维森（Donald Davidson）和达米特（Michael Dummett）等哲学家的影响，研究领域涉及语言哲学、思想哲学、逻辑语义学和认识论等多个方面。1973 年，他发表《指称因果论》（The Causal Theory of Names）一文，讨论名称的指称问题，成为新指称理论的代表人物。1976 年，他与哲学家麦克道威尔（John McDowell, 1942— ）合编《真值与意义》（Truth and Meaning）。1980 年，他在《语言学探索》（Linguistic Inquiry）杂志上发表《代词》（Pronouns）一文，对罗素、奎因（Willard van Ormand Quine）等人提出的限定摹状词具有指示功能的观点进行质疑，首次提出"E 类代词"（E-type pronouns）概念，并划分出四种代词的指称类型：一是直接代词，即代词所指为共有知觉环境中出现的彰显个体；二是回指代词，即代词所指是句中出现的一个指称表达式，后者为前者的先行词，代词与该词同指；三是受约变量回指代词，即代词的先行词是量化表达式，代词所取的值与量化式的值共变；四是 E 类代词，即代词的先行词也是量化表达式，但代词的指称对象不与量化式的值共变，即不受后者约束。

埃文斯的遗作《指称的多样性》（The Varieties of Reference）于 1982 年出版，主要介绍普遍性限制（generality constraint）和非概念性内容（non-conceptual content），讨论感知问题和空间概念。

艾蒂安（亨利·～）　Estienne, Henri　参见"斯特凡努斯（昂里克斯·～）"。

艾蒂安（罗贝尔·～）　Estienne, Robert　参见"斯特凡努斯（罗贝图斯·～）"。

艾尔　Iyer, L. Vishwanatha Ramaswami（1895—1948）印度语言学家。1895 年 10 月 25 日生于印度西南部喀拉拉邦的特里苏尔市（Thrissur, Kerala）。在家乡完成早期教育，然后在埃尔讷古勒姆的王公学院（Maharaja's College, Ernakulam）完成大学预科阶段的学习，1914 年获马德拉斯校长学院（Presidency College, Madras）地质学专业学士学位，1916 年再获法律专业学士学位，此后从事法律相关的工作和高中教学工作。1922 年获英语语言文学硕士学位，同年回王公学院任英语助理教授。1948 年 1 月 31 日卒于埃尔讷古勒姆。

拉马斯瓦米·艾尔凭借自己在语言方面的天资以及对语言学研究的热情，在没有接受过正规语言和语言学学教育的情况下，共掌握了包括达罗毗荼语（Dravidian）在内的 18 种语言。他读遍了当时所能找到的所有语言学书刊，并与当时著名语言学家贾德佳（Suniti Kumar Chatterji）等人交往，令其在语言学方面的知识日趋丰富。艾尔的研究领域主要包括语法学、语音学、音韵学和形态学，涉及马拉雅拉姆语（Malayalam）、达罗毗荼语、古代泰米尔语（Tamil）、土鲁语（Tulu）、库伊语（Kui）和库卢克语（Kurukh）等语言的内在特征及其演变研究。他热衷撰写精短的文章和专论，在印度国内期刊以及国际刊物上发表。据统计，仅有关达罗毗荼语的文章就接近 200 篇，内容涉及语言演变、词语派生、语言重组、语音学、音韵学、词语形态学、词源学、句法学和语义学等方面。作为唯一一位对达罗毗荼语做过如此全面研究的学者,他被公认为印度语言学界的绝对权威。

艾尔的著作主要有《马拉雅拉姆语语音学概述》(*A Brief Account of Malayalam Phonetics*, 1925)、《马拉雅拉姆语形态学的发展》(*The Evolution of Malayalam Morphology*, 1936)、《利拉提拉科语语法》(*Grammar in Lilatilakam*, 1944)等。此外,他还撰写了大量的书评,翻译过多部书籍和文章,包括把罗曼·罗兰(Romain Rolland)所著的《甘地传》(*Life of Gandhi*)由法语译成英语。

艾吉顿　Edgerton, Franklin　(1885—1963) 美国语言学家。1885年7月24日生于爱荷华州的勒马斯镇(Le Mars)。1905年获康奈尔大学的学士学位,1906年在慕尼黑大学和耶拿大学(University of Jena)学习印度学,后考入约翰·霍普金斯大学读研究生,其间学习了梵文、比较语言学、希腊语、拉丁语和日耳曼语,1909年获博士学位。毕业后先留在母校任教,讲授梵文和比较语言学,1913—1926年任宾夕法尼亚大学梵文教授;1926年以"索尔斯伯利学者"身份任耶鲁大学梵文教授,任职期间多次赴印度,任印度贝那勒斯印度教大学(Banaras Hindu University)印度学客座教授,1953年成为耶鲁大学荣誉退休教授。1963年12月7日卒于怀俄明州拉勒米镇(Laramie)。

富兰克林·艾吉顿的主要学术兴趣是语言与文本研究。但在其老师美国语文学家、梵文学者莫里斯·布龙菲尔德(Maurice Bloomfield,1855—1928)的影响下,他不仅对吠陀经的语言做了研究,协助老师完成了1—3卷《吠陀梵语变体》(*Vedic Variants*, 1930—1934)的宏大项目,对印度宗教和民间传说也进行了深入探讨。他对印度弥曼差(Mīmāmsā)学派的著作尤其感兴趣,曾在印度专门拜师研读逻辑学家阿帕提婆(Apadeva)的著作《弥曼差大法之光》(*Mīmāmsānyāyaprakāsa*),1929年回国出版该书的英译本。1938年,他在浦那参与印度两大著名梵文史诗之一《摩诃婆罗多》(*Mahābhārata*)精审本的编校工作,成为奥地利东方学家莫里兹·温特尼茨(Moriz Winternitz,1863—1937)之后唯一获准参与项目的外国人。借助这一项目,艾吉顿得以潜心研究佛教混合梵文,最终于1953年出版两卷本《佛教混合梵文语法和词典》(*Buddhist Hybrid Sanskrit Grammar and Dictionary*),革新了佛教梵文和文本批评的传统观念。其间,他于1944年出版印度教圣典《薄伽梵歌》(*Bhagavad-gita*)的英译本,作为"哈佛东方学丛书"第38—39辑,以其别具一格的直译闻名于世。

艾吉顿的其他相关著作包括《美国东方学丛书2—3:〈五卷书〉重构》(*American Oriental Series 2—3: The Pañcatantra reconstructed*, 1924)、《梵语历史音位学:初学者纲略》(*Sanskrit Historical Phonology: A simplified outline for the use of beginners in Sanskrit*, 1946)和《印度哲学之肇始》(*The Beginnings of Indian Philosophy*, 1965)等。

艾柯　Eco, Umberto　(1932—) 意大利符号学家、哲学家、作家和文学评论家。1932年1月5日生于意大利皮埃蒙特地区的亚历山德里亚(Alessandria, Piedmont)。曾就读于都灵大学(Università di Torino)哲学系,1954年获博士学位;毕业后进入新闻传媒界工作,成为意大利先锋运动团体"六三年集团(Gruppo 63)"的主要人物。曾在美国西北大学、耶鲁大学、哥伦比亚大学等高校授课,在意大利博洛尼亚大学(Università di Bologna)创立国际上第一个符号学讲席,担任该校人文学研究生院院长,组织第一届国际符号学会议;创建圣马力诺共和国大学传媒学系;参与创办符号学期刊《符号学研究札记》(*Versus: Quaderni di Studi Semiotici*),并为多家报纸撰写专栏,进行社会批评。2010年11月被选为意大利猞猁之眼国家科学院(Accademia dei Lincei)院士,现任牛津大学凯洛格学院(Kellogg College)荣誉研究员。目前定居米兰。

安伯托·艾柯的研究领域涉及中世纪神学、美学、文学、大众文化、符号学和阐释学等,尤其在开放文本和符号学方面论著颇丰。1962年,他发表文章《开放的作品》(The Open Work),提出文学文本应该是意义场而非意义串,可以理解为内部充满生机而且心理上情有所属的开放场所;文学若将人的理解潜能限制成一条单纯、明确的线,就是对人最无裨益的封闭文本;若能在心智与社会及生活之间显现活力,便是最生动、最佳的开放文本。艾柯强调,语词并无单纯词汇层面的意义,而要在言说语境中具体发挥作用。1964年发表《启示录派与综合派知识分子:大众传播与大众文化理论》(Apocalyptic and Integrated Intellectuals: Mass communications and theories of mass culture)一文,尝试使用符号学方法研究媒体文化问题。艾柯陆续出版《不存在的结构》(*La struttura assente*, 1962)、《符号学原理》(*Trattato di semiotica generale*, 1975;英译本:*A Theory of Semiotics*, 1976)、《读者的角色》(*Lector in fabula*, 1979)、《符号学与语言哲学》(*Semiotica e filosofia del linguaggio*, 1984)、《阐释的局限性》(*I limiti dell'interpretazione*, 1990)、《康德与鸭嘴兽——论语言与认知》(*Kant e l'ornitorinco*, 1997)等作品,建立了解释性符号学(Interpretative Semiotics)的理论体系,奠定其在符号学领域内的重要地位。他与人合作创办了期刊《对抗:符号学研究》(*Versus:*

Quaderni di studi semiotici),成为符号学论文发表的重要领地。出版于 1959 年的《中世纪美学的发展》(*Sviluppo dell'estetico Medievale*) 则奠定了艾柯在中世纪研究与文学界的地位。

艾柯的其他重要著作还包括《托马斯·阿奎那的美学问题》(*The Aesthetics of Thomas Aquinas*,1956)、《中世纪的艺术与美》(*Art and Beauty in the Middle Ages*, 1959)、《阐释与过度阐释》(*Interpretation and Overinterpretation*, 1992)、《寻找完美的语言》(*La ricerca della lingua perfetta nella cultura europea*, 1993)、《论翻译》(*Experiences in Translation*, 2000)、《大鼠还是小鼠?——翻译即磋商》(*Mouse or Rat?: Translation as negotiation*, 2003)、《美的历史》(*Storia della bellezza*, 2004)、《艾柯谈文学》(*Sulla letteratura*, 2003)、《论丑陋》(*Storia della bruttezza*, 2007)、《别想摆脱书》(*N'espérez pas vous débarrasser des livres*, 2009,合著)、《传说之地》(*Storia delle terre e dei luoghi leggendari*, 2013)等。此外,他还撰写了《玫瑰之名》(*Il nome della rosa*, 1980)等多部小说和儿童读物。

艾默诺　Emeneau, Murray Barnson（1904—2005）　美国语言学家。1904 年 2 月 28 日生于加拿大新斯科舍省鲁伦堡(Lunenburg, Nova Scotia)。高中时开始学习拉丁语、希腊语和德语,后获全额奖学金进入本省的达尔豪斯大学(Dalhousie University)继续攻读古典语言;毕业时获"罗德奖学金(Rhode Scholarship)"进入牛津大学贝利奥尔学院(Balliol College)学习。1926 年进入耶鲁大学任拉丁语教师,同时学习梵文和印欧比较语言学,先后在耶鲁大学获梵文和古典语言的硕士、博士学位。1936 年赴印度进行语言实地调查。1940 年回到美国并受聘于加州大学伯克利分校,讲授梵文和普通语言学,1949 年任美国语言学会会长,1953 年在加州大学伯克利分校创立语言学系并任系主任,1954 年任美国东方学会(American Orient Society)会长。曾被选为美国文理科学院院士、英国国家学术院(British Academy)院士以及印度语言学会的荣誉会员。

默里·巴恩逊·艾默诺在美国经济大萧条时期师从美国著名人类学家萨丕尔,学习"新语言学",即社会语言学;1936 年赴印度对托达(Toda)、巴达加(Badaga)、科拉米(Kolami)和科塔(Kota)等地进行首次语言实地调查。艾默诺一生撰写了 21 部有关达罗毗荼语系各语言语法的著作,主要包括《越南语法研究》(*Studies in Vietnamese Grammar*, 1951)、《语言与语言区域》(*Language and Linguistic Area*, 1980)和《托达语法与语篇》(*Toda Grammar and Texts*, 1984)等。他的语言研究论文也多达 100 多篇,在 1956 年发表的"作为语言区域的印度"(India as a Linguistic Area)一文中,他首次提出"语言区域(language area)"的概念,开创了区域语言学研究领域(areal linguistics)。此外,他还在加州大学伯克利分校创办了印第安语研究中心,该研究中心对很多濒临消失的印第安语进行了词汇、语法结构等方面的研究,为印第安语研究积累了宝贵的资料。

爱因斯坦　Einstein, Albert（1879—1955）　犹太裔理论物理学家和科学哲学家,语言先天论早期倡导者。1879 年 3 月 14 日生于德国南部乌尔姆市(Ulm)。1880 年随家人迁居慕尼黑,1888 年就读于路易波尔德高级中学,1896 年考入苏黎世联邦工业大学(Swiss Federal Institute of Technology Zurich)学习物理,1901 年加入瑞士国籍,1905 年获苏黎世大学博士学位。毕业后留在苏黎世大学任教,1908 年被聘为伯尔尼大学讲师,1909 年升任物理学副教授。1913 年返回德国任柏林威廉皇帝物理研究所所长和柏林洪堡大学教授,1914 年当选为普鲁士科学院院士,1921 年获"诺贝尔物理学奖"。1933 年初,因希特勒在德国当权而放弃德国国籍,赴美讲学;同年 10 月起,受聘于新泽西州普林斯顿高等研究院(Institute for Advanced Study)。1940 年 10 月加入美国国籍。1955 年 4 月 18 日卒于普林斯顿。

阿尔伯特·爱因斯坦是 20 世纪伟大的理论物理学家和科学哲学家,其学术贡献不仅是在现代物理学领域提出了狭义相对论和广义相对论,而且对现代哲学和逻辑理论均具有重大影响,并预见了现代语言学和语言哲学的发展。1941 年,他发表题为《科学的通用语言》(*The Common Language of Science*)的广播讲话,提出在语言习得过程中,人们靠"直觉"掌握语法规则,这一观点比乔姆斯基 1965 年提出的"语言直觉说"早 25 年。1944 年,他再发表《罗素知识理论评论》(*Remarks on Bertrand Russell's Theory of Knowledge*)一文,提出人类语言表达中产生的概念是思想的产物,不可能从感觉经验归纳获得,并认为在语言理解过程中,符号之间的关系是由某些规则制约的,语言符号与认知之间存在对应关系,儿童可以通过直觉掌握这些规则和关系,由此习得某种语言。

安曼　Amman, Johann Konrad（1669—1724）　瑞士医生和聋人语言治疗师。1669 年 2 月 7 日生于瑞士的沙夫豪森(Schaffhausen)。他曾在巴塞尔学习医学,1687 年毕业后移居荷兰,先后在阿姆斯特丹和哈勒姆(Haarlem)行医。1724 年 11 月卒于荷兰莱顿(Leiden)以北的瓦尔蒙德(Warmond)。

约翰·康拉德·安曼在行医期间曾对一些聋哑学生进行语言训练和指导,并将训练方法写成专著。他在书中描述了语言机制的解剖学生理基础,这在语言研究领域是开创性的进步。1692年,他著成《开口讲话的聋人》(The Talking Deafman)一书,说明口语也可以成为聋人交流的重要手段。1700年,他再出版《讲话集》(Dissertation on Speech)一书,修正《开口讲话的聋人》的部分内容,并增加了一些更为普遍的语音方面知识。他认为人类话语的产生可以归因于24个自然"字母",这些字母是人类所有语言所共有的。他详细阐述了这些字母的特征以及形成这些字母发音的各种模式,认为教师在教学时可以忽略各种方言变体而把重心放在字母的发音上。他还详细阐述了发音过程中唇、舌、喉等的位置,以方便教师教会学生把握这些位置,以达到训练他们开口说话的目的。

安纳杜莱　Annadurai, Conjeevaram Natarajan（1909—1969）　印度语言改革家。常称阿里纳尔·安纳(Ariñar Anna),意即"有学问的大哥"。1909年9月15日生于泰米尔纳德邦(Tamil Nadu)甘吉布勒姆(Kanchipuram,时称"甘吉布拉"Conjeevaram)。1934年毕业于金奈(Chennai,时称"马德拉斯"Madras)帕切雅帕学院(Pachaiyappa's Collge)经济学和政治学专业,继而取得经济学和政治学专业硕士学位;毕业后,先从事教学工作,后弃教从政。1949年组建自己的政党——达罗毗荼进步联盟(Federation for the Progress of Dravidians),1962—1966年任印度国会议员,反对在泰米尔地区强制推行印地语,提倡使用泰米尔语。1967年成为泰米尔纳德邦(时称"马德拉斯邦")的首席部长。1969年2月3日卒于金奈。

康吉瓦拉姆·纳塔拉杨·安纳杜莱是一位积极的语言实践主义者。在任马德拉斯邦首席部长的执政生涯中,他发起改革,极力推行泰米尔人的语言、文学和文化,并努力创造环境,使其不再屈从于印地语而能蓬勃发展,从而大大改变了印度和泰米尔纳德邦的语言蓝图。为培养泰米尔人的文化自豪感,他于1968年将英国殖民统治者所称的"马德拉斯邦"更名为"泰米尔纳德邦",并将泰米尔语和英语同时定位为泰米尔纳德邦的官方语言,使之拥有了与印地语一样的地位,并在邦内建立泰米尔语学习中心,鼓励年轻人学习和使用泰米尔语,这些措施不仅保护了泰米尔语的发展,而且使得英语在印度的使用得以延续。他身体力行地使用泰米尔语写过大量的信件、文章、故事、小说、戏剧和电影剧本,发表过很多支持泰米尔语的演讲。

为了表彰安纳杜莱的突出贡献,印度政府在1970年为他发行了一枚邮票,在2003年为他出版了传记《现代印度的缔造者》(Builders of Modern India)。泰米尔纳德邦更是为他建造了几千座雕像,很多桥梁、广场和街道都以他的名字命名。

安谢塔　Anchieta, José de（1534—1597）　西班牙传教士。1534年3月19日生于西班牙加纳利群岛(Canary Islands)拉古纳的圣克斯托瓦尔(San Cristóbal de La Laguna)。1548年赴葡萄牙求学,1551年进入科英布拉大学耶稣会学院(Jesuit College, University of Coimbra)。两年后赴巴西传教,在巴西勤勉不懈地工作44年,曾参与圣保罗(1554)和里约热内卢(1565)两大城市的规划与建设,被誉为"巴西使徒"(Apostle of Brazil)和"巴西文学之父"。1597年6月9日卒于巴西东南滨海的勒里地巴城(Reritiba)。

何塞·德·安谢塔是加纳利群岛走出来的第一位剧作家、语法学家和诗人。为了更好地传教,安谢塔到达巴西后便开始学习当地居民的图皮语(Tupi)。他编写了《巴西海岸最通用语言的语法》(Art of Grammar of the Most Spoken Language in the Brazilian Coast),成为其他传教士学习图皮语的重要工具书,40年后(即1595年)得以正式出版。从现代历史学的角度看,这本语法手册可以称为巴西的第一部语言学著作。此外,他还致力于用图皮语、葡萄牙语、西班牙语和拉丁语进行诗歌、书简和戏剧的创作。巴西人为了纪念这位伟大的神父,将他人生最后一站的驻留地——勒里地巴城——改名为安谢塔城。

奥敦道普　Oldendorp, Christian George Andreas（1721—1787）　德国语言学家。1721年3月8日生于德国北部下萨克森州希尔德斯海姆市近郊的格劳森拉费特(Grossenlafferte, Hildesheim)。自幼父母早逝,由其兄抚养长大,1736年就读希尔德斯海姆中学,1740年就读于耶拿大学神学专业,其间加入莫拉维亚弟兄会(Moravian Brethren),1743年毕业;先后在荷恩哈特(Hernnhut)、西里西亚(Silesia)、尼斯克(Niesky)、亨纳斯多夫(Hennersdorf)和马里恩博恩(Marienborn)等地任教。1766年2月,受莫拉维亚弟兄会委托,准备撰写丹麦属西印度群岛的传教史,经过六个月的艰苦海上旅行,9月到达西印度群岛圣瓜斯(St. Croix),遍访当地30个部落,收集到大量当地风俗的有关资料,记录岛上的动植物种群、人口状况等。1769年6月回到马里恩博恩,着手将收集的资料和积累的笔记整理成书。1787年3月9日卒于下萨克森州埃伯斯多夫(Ebersdorf)。

克里斯蒂安·乔治·安德烈亚斯·奥敦道普是克里奥耳语研究的奠基人之一。1777年,他整理而成描述丹麦属西印度群岛的两卷本《福音派教会兄弟加勒比群岛圣托马斯、圣瓜斯和圣约翰之行纪事》(Geschichte der Mission der evangelischen Brüder auf den caraibischen Inseln S. Thomas, S. Croix und S.

Jan)出版。西印度群岛上不同部落的人群讲不同的语言,但为了交际需要,他们使用一种共通的、基于荷兰语的克里奥耳语(Negerhollands)。奥敦道普对这种克里奥耳语作了细致的研究和描写,由于编辑严苛地删改,起初 3272 页的原稿出版时大幅压缩,其中描述克里奥耳语的 53 页内容仅剩 4 页。尽管如此,奥敦道普作为克里奥耳语言学开创者之一的地位依然毋庸置疑,因为他通过实地调查对语言在社会语境中的语法和用法进行了透彻描写,为后来者的克里奥耳语研究设立了典范。此后,他还编纂出版了包含德语释义的《克里奥耳语词典——有待增补和完善的首次尝试》(*Criolisches Wörterbuch. Erster zu vermehrender und wo nthig zu verbessernder Versuch*),为 18 世纪荷兰式克里奥耳语保存了重要的语言档案,被认为是该领域同类研究的标准典范。

奥顿 Orton, Harold(1898—1975) 英国方言学家。1898 年 10 月 23 日生于英国达勒姆郡的拜尔斯格林(Byers Green, Durham)。曾就读于牛津大学莫顿学院(Merton College),师从英国词典学家和语文学家怀尔德(Henry Cecil Kennedy Wyld, 1870—1945)和语文学家约瑟夫·赖特(Joseph Wright,1855—1930),1923 年获文学士学位。1939 年从纽卡斯尔(Newcastle)移居到谢菲尔德(Sheffield),1946 年任利兹大学英语语言与中世纪文学教授,1964 年退休。1975 年 3 月 7 日卒于利兹。

哈罗德·奥顿是英国 20 世纪颇具影响力的方言学家,他的研究为后来更区域性的方言学研究和英国社会学研究起到了促进作用。1930 年,发表自己的学士学位论文《达勒姆南部方言的音位学》(*The Phonology of a South Durham Dialect*),从传统音位学的角度论述乡村方言的语音现象。1946 年,与瑞士语言学家尤金·迪斯(Eugen Dieth)合作,筹划开展"英语方言调查(The Survey of English Dialects,简称 SED)"项目;该项目的正式实施是从 1950 年到 1961 年,在英格兰和苏格兰两地同时进行,主要以农村本地年长男性为考察对象。在考察中,他偏爱采用直接方法和历时方法研究古英语和中英语的语音,取得了调查成果,出版了以词汇地理布局为线索的《英格兰语言地图》(*The Linguistic Atlas of England*,1978)。

奥顿的其他主要著作包括《英语方言研究(上):引论》(*Survey of English Dialects(A): Introduction*, 1962)、《英语方言研究(下):基本素材》(*Survey of English Dialects(B): the Basic Material*, 1962—1971)和《英格兰词汇地理》(*A Word Geography of England*, 1974)。

奥尔 Orr, John(1885—1966) 英国语言学家。1885 年 6 月生于英国坎伯兰郡的艾格雷蒙特市(Egremont, Cumberland),爱尔兰人后裔,同年随父母移居澳大利亚。1902 年考入塔斯马尼亚大学(University of Tasmania),1905 年考入牛津大学,先后获学士和副博士学位,1910 年赴法国索邦神学院(La Sorbonne)、法兰西公学院(Collège de France)、东方语言学院(Ecole des Langues Orientales)、高等研究应用学院(Ecole Pratique des Hautes Etudes)求学。1913 年被聘为曼彻斯特大学法语助教,1919 年被聘为教授;1933 年转到苏格兰爱丁堡大学任法语教授兼法语与罗曼语语文学系主任,1951 年该系改名为法语与法语语言学。1938 年和 1945 年曾分别执教于英格兰曼彻斯特大学和法国卡昂(Caen)大学,1952 年当选为英国国家学术院(British Academy)院士并被授予荣誉军团勋章,1955 年获苏格兰圣安德鲁斯大学(University of St Andrews)授予的荣誉博士学位,同年从爱丁堡大学退休。1966 年 8 月 10 日卒于爱丁堡皇家医院。

约翰·奥尔的主要研究领域涉及罗曼语词汇学、词源学、句法学和文体学,学术观点深受吉叶龙(Jules Gilliéron)及语言地理学研究成果的影响。他反对新语法学派的观点,认为每个单词都有它自己的历史;不反对语言建构主义的观点,但强调语言表达的流畅性和艺术美;认为语言既具备生物机制也有物理机制;强调语言系统中不仅存在不同的语域,而且新旧语言层共存。

奥尔在教育和学术领域担任过多种职务。1948—1958 年任《现代语言评论》的罗曼语编辑。1954 年任现代人文研究协会主席。1963—1966 年任现代语言和文学国际联合会主席。1955—1957 年任法国国际关系研究协会主席。1965 年任罗曼语语言学会主席。主要著作包括《英语法语的词与音》(*Words and Sounds in English and French*, 1953)、《古法语和现代英语习语》(*Old French and Modern English Idiom*, 1962)和《法语词源学和文献学文集》(*Essais d'étymologie et de Philologie Françaises*, 1963)等。

奥尔胡斯 Aarhus, Jacob Madsen 参见"马德森·奥尔胡斯"。

奥尔伍德 Allwood, Jens(1947—) 瑞典语言学家。1947 年 8 月 20 日生于美国伊利诺伊州岩岛市(Rock Island),1972 年获哥德堡大学(University of Göteborg)文学学士学位,1976 年获博士学位并留校任教。1986 年成为哥德堡大学普通语言学系首位正教授,现任该校应用信息技术系教授、跨学科研究中心(SCCIIL)主任。其父马丁·奥尔伍德(Martin Samuel Allwood, 1916—1999)为瑞典语言教育家、作家、翻译家和社会学家,在国际学术界享有盛誉。

延斯·奥尔伍德主要从事语义学和语用学研究,曾任或在任《语用学杂志》(Journal of Pragmatics)、《语义学杂志》(Journal of Semantics)、《语言学》(Linguistics)、《系统研究》(Systems Research)、《语言与语境》(Language and Context)、《语用学与认知》(Pragmatics and Cognition)、《现代语言杂志》(Journal of Modern Languages)和《跨文化交际杂志》(Journal of Intercultural Communication)等国际学术期刊编委或主编。他从语料库语言学、计算机会话模型化、社会语言学、心理语言学和跨文化传通等多个角度研究口语交流,在口语现象语义学、多模态交际、传播中的文化变异以及社会活动对口语的影响等领域中成果颇丰。他首创"以活动为基础的交际分析"(Activity-based Communication Analysis; ACA),融合哲学、语言学、人类学、心理学和社会学的研究方法,对社会活动进行跨学科分析。

其主要论著(含合著)包括《作为行动和合作的语言交际》(Linguistic Communication as Action and Cooperation, 1976)、《语言学中的逻辑》(Logic in Linguistics, 1977)、《前景化的背景》(Foregrounding Background, 1985)、《认知语义学》(Cognitive Semantics, 1999)等以及诸多瑞典语论文。

奥格登 Ogden, Charles Kay (1889—1957) 英国语言学家。1889年6月1日生于英国兰开夏郡(Lancashire)的弗利特伍德(Fleetwood)。1908年考入剑桥大学莫德林学院(Magdalene College),1910年毕业留校任教,工作期间创办著名的《剑桥杂志》(Cambridge Magazine, 1912—1922),1915年再获剑桥大学文学硕士学位,1917年主持成立正统逻辑研究所(The Heretics Society)。1957年3月21日卒于伦敦。

查尔斯·凯伊·奥格登深信语言是维持社会关系的基本工具。为了有效地帮助外国人尽快学习英语并达到交流的目的,1930年,他创立了一种辅助性的国际交流用英语,命名为"基本英语(Basic English)",共包括850个基本词汇,其中名词600个、形容词150个、活用字100个,所有词汇只受7条简单语法规则的约束,足以满足表达基本思想的要求。在《基本英语与语法改革》(Basic English and Grammatical Reform)一书中,他阐明了创立基本英语的理论背景和主要内容;1934年,《基本英语体系》(The System of Basic English, 1934)一书分别以捷克文、丹麦文、拉脱维亚文、瑞典文、俄文、中文和日文等文字出版。1944年,英国政府正式接受基本英语方案中的主要部分,并且制订计划,把它作为辅助国际语言广为推广。

奥格登其他著作还包括与理查兹(Ivor Armstrong Richards)合著的《意义之意义》(The Meaning of Meaning, 1923)和《边沁的小说理论》(Bentham's Theory of Fictions, 1932),分别探讨文字符号的作用以及语言的交际工具作用。

奥拉希里 O'rahilly, Thomas Francis (1883—1953) 爱尔兰语言学家。1883年生于爱尔兰凯里郡的利斯托尔市(Listowel, Kerry)。1912年创办《盖尔语:现代爱尔兰研究》(Gadelica: A Journal of Modern Irish Studies)刊物,虽然只发行了一期,但发表文章者多为当时著名的爱尔兰语言家和文学家。1919—1947年先后在都柏林圣三一学院(Trinity College Dublin)、考克大学(University College Cork)、都柏林大学(University College Dublin)、都柏林高等研究学院(Dublin Institute for Advanced Studies)等校任教,1946年创办《凯尔特语》(Celtica)学术研究期刊。1953年卒于都柏林。

托马斯·弗朗西斯·奥拉希里的学术专长为历史语言学和爱尔兰语方言。他在教学和研究中注意到,从18世纪中叶开始爱尔兰语日渐丧失其作为人们日常用语的地位,面临消亡的危险,应尽快收集整理。在收集大量爱尔兰语各种口头和书面形式的资料的基础上,他将爱尔兰语分成南、北两个方言部分,每一部分又细分为两大副方言,并为爱尔兰皇家科学院(Royal Irish Academy)撰写了《爱尔兰语分类目录》(Catalogue of Irish)的手稿。1932年,他出版《爱尔兰方言:过去与现在》(Irish Dialects, Past and Present),为爱尔兰方言研究确立了学术研究方法。其他著作还包括《爱情诗歌选集》(Dánta Grádha, 1926)、《凯尔特族吟游诗人名诗选集》(Measgra Dánta, 1927)和《爱尔兰早期历史与神话》(Early Irish History and Mythology, 1946)。

奥尼恩斯 Onions, Charles Talbut (1873—1965) 英国词典编纂家。1873年9月10日生于英国伯明翰市的埃格巴斯顿(Edgbaston, Birmingham)。大学教育在伯明翰大学的前身梅森学院(Mason College)完成,1892年获学士学位,1895年获硕士学位,两个学位均由伦敦大学(University of London)通过梅森学院(Manson College)授予。毕业后,一直受聘于牛津大学,直到1945年退休。1929—1933年,曾兼任英国词源学学会主席。1965年1月8日卒于牛津。

查尔斯·塔尔伯特·奥尼恩斯擅长词源学研究和词典编纂。1911年,他主编出版《莎士比亚用语词典》(A Shakespeare Glossary),1914—1933年担任《牛津英语词典》(Oxford English Dictionary)主编,1933—1945年担任《简明牛津英语词典》(Shorter Oxford English Dictionary)主编,1966年主持完成《牛津英语词源学词典》(Oxford Dictionary of English Etymology)的编纂工作。

奥 ào （语言学人物）

奥森　Aasen, Ivar Andreas（1813—1896）挪威方言学家和辞书编纂家。1813年8月5日生于挪威西海岸厄什塔的阿森（Åsen, Ørsta）。13岁时丧父，自动从事田间劳动，闲暇专心阅读，喜爱植物学；18岁自办学校，招收小学生。1833年为挪威剧作家亨里克·易卜生（Henrik Johan Ibsen）的岳父、海略区（Herø）座堂主任牧师汉斯·康拉德·图热森（Hans Conrad Thoresen，1802—1858）担任管家，从此开始学习拉丁语，逐渐掌握多种语言，并着手对语言结构进行科学研究。1896年9月23日卒于克里斯蒂安尼亚（即今奥斯陆）。

伊瓦尔·安德烈亚斯·奥森未曾受过正规教育，但凭借自身的毅力和对语言研究的专注，多次获挪威科学院和政府资助研究挪威语，最终获学术界认可，成为文化史上里程碑式的人物。奥森对语言的研究始于1841年对当地萨摩尔方言（Sunnmøre dialect）的兴趣。1843年，他用萨摩尔方言创作出一部民歌集，受到人们的广泛关注，此后开始走遍全国各地研究挪威语。1848年，他编纂出版《挪威方言语法》（Det norske Folkesprogs Grammatik），1850年编纂出版《挪威方言词典》（Ordbog over det norske Folkesprog）。

经过对大量挪威语资料的整理和不断完善，奥森创立了一种新语言，称作"兰斯莫尔语（Landsmaal）"，意为"乡村语"。他用这种新语言创作诗歌和剧本，其中以1955年的剧本《继承者》（The Heir）最为有名。他还为这种新语言出版了《挪威语语法》（Norsk Grammatik，1864）和《挪威语词典——含丹麦语释义》（Norsk Ordbog med dansk Forklaring，1873）。1901年，兰斯莫尔语正式获得挪威政府的认可，与巴克摩语（Bokmål，亦称"丹麦挪威语"Dano-Norwegian）并列成为挪威的官方书面语。1928年，兰斯莫尔语更名为"新诺尔斯语（Nynorsk）"，亦称"新挪威语"。

2013年8月5日，奥森200年诞辰，挪威《卑尔根时报》（Bergens Tidende，平时以巴克摩语印刷）专门以"新挪威语"刊印当天的报纸，以纪念这位杰出的语言学家。

奥斯特霍夫　Osthoff, Hermann（1847—1909）德国语言学家。1847年4月18日生于德国维斯伐利亚（Westfalia）的一个小村庄。曾在柏林、蒂宾根（Tübingen）和波恩等地学习古典语文学、梵文和比较语言学，1869年获波恩大学博士学位。1870年到黑森州北部城市卡塞尔（Kassel），任教于卡塞尔大学。1875年到莱比锡大学从事博士后研究。1877年任海德堡大学比较语文学和梵文教授。1909年5月7日卒于海德堡。

赫尔曼·奥斯特霍夫主要致力于印欧语系诸语言的研究，是新语法学派代表人物之一。他重视实地考察，注重各种语言的历时研究和对比研究。1882—1883年，他赴意大利威尼斯考察亚美尼亚语，1905年赴北威尔士考察赛尔特语，1907年赴爱尔兰西海岸考察爱尔兰语。其主要著作包括《日耳曼语名词变格起源探究》（Zur Frage des Ursprungs der Germanischen N-declination，1876）、《德语弱变化形容词的历史》（Zur Geschichte des Schwachen Deutschen Adjectivums，1876）、《静词复合构词中的动词》（Das Verbum in der Nominalcomposition，1878）、《K系列软腭音的语法变换》（Zum grammatischen Wechsel der Velaren K-reihe，1882）、《完成时的历史》（Zur Geschichte des Perfects，1884）、《论印欧语异干交替法》（Vom Suppletivwesen der indogermanischen Sprachen，1900）、《亚美尼亚语语音与词汇研究》（Zur Armenischen Laut-und Wortforschung，1901）和《词汇学拾遗》（Etymologische Parerga，1901）。

奥斯特里茨　Austerlitz, Robert Paul（1923—1994）美国语言学家。1923年12月13日生于罗马尼亚布加勒斯特（Bucharest），父亲是奥地利人，母亲是美国人。由于受到复杂语言环境的影响，他从小就掌握了德语、匈牙利语和罗马尼亚语。1938年他随家人移居美国，后就读于纽约大学；二战时中断学业从军，战后继续学业，1950年获纽约大学学士学位和哥伦比亚大学硕士学位。1951年在加州大学伯克利分校学习朝鲜语；同年，转赴荷兰赫尔辛基大学（University of Helsinki）学习乌拉尔语和古西伯利亚语。1953年获福特基金会（Ford Foundation Fellowship）资助，赴日本东京学习通古斯满语（Tungusic）。1954年回国，1955年获哥伦比亚大学博士学位，毕业论文是关于乌拉尔阿尔泰语系中鄂毕乌戈尔语（Ob-Ugric）民间诗歌韵律结构的研究。1958年，担任哥伦比亚大学助理教授，讲授语言学和乌拉尔语研究课程，1993年退休。1994年9月9日卒于纽约。

罗伯特·保罗·奥斯特里茨在语言研究领域非常活跃，曾担任国际语研究会（The Interlingua Institute）理事、美国东方学会（American Oriental Society）会长、美国语言学会（Linguistic Society of America）会长、美国文理科学院（The American Academy of Arts and Sciences）院士，参加过芬兰-乌戈尔学会、匈牙利科学院（The Hungarian Academy of Sciences）、芬兰文学学会（The Finnish Literature Society）等众多学术组织，并在耶鲁大学、赫尔辛基大学、加利福尼亚大学、俄亥俄州立大学、华盛顿大学、夏威夷大学、科隆大学等知名学府做过客座教授。他对语言研究兴趣广泛，研究涉及语音学、音位学、形态学、历史语言学、语言内部结构、口语艺术、民间诗歌等多个方面，曾研究过乌拉尔阿尔泰语诸语言、古西伯利亚语（Paleosiberian）和其他一些鲜有人关注的语言，如尼夫赫语（Nivkh）和阿伊努语（Ainu）等，主要著作包括《鄂毕乌戈尔语韵律学：奥斯达克和佛格尔民间诗歌韵律结构》（Ob-Ugric Metrics: The Metrical Structure of Ostyak and Vogul Folkpoetry，1958）、《芬兰语读本和术语汇编》（Finnish Reader and Glossary，1963）以及与他人合编的《语言学读本（二）》（Readings in Linguistics II，1966）。

奥斯汀　Austin, John Langshaw　（1911—1960）　英国语言哲学家。1911年3月26日生于英国兰开斯特，1922年迁居苏格兰。曾就读于牛津大学，毕业后留校任教，二战期间曾在情报部门供职，战后仍回到牛津大学任教。1952年，被聘为道德哲学怀特讲席教授（White's Professor of Moral Philosophy）。1960年2月8日因肺癌卒于牛津。

约翰·兰肖·奥斯汀注重对日常语言的分析，创立了"言语行为理论（Speech Act Theory）"。言语行为理论最初源于他对陈述的可验证性这一传统哲学观点的质疑，他认为语言除了表述作用外还有多种多样的非表述作用，"言有所述（constative）"的真假可以验证，而用来实施行为的"言有所为（performative）"则无所谓真或假。此后，他曾试图寻找判断"言有所述"和"言有所为"的标准，但话语形式和语言行事的多样性和灵活性使他无法找到确定的标准，最终只能摒弃"言有所述"和"言有所为"的差异，提出"所有言语都是行为"的言语行为理论。

言语行为理论区分三种不同的言语行为，分别为"言内行为（locutionary act）"、"言外行为（illocutionary act）"和"言后行为（perlocutionary act）"。言内行为指"说话"这一行为本身，表达的是字面意义；言外行为指通过"说话"这一行为所实施的一种行为，表达的是说话人的意图；言后行为指说话带来的后果，说话人的意图一旦被听话人领会，就会产生后果或变化。在对言语行为进行区分的基础上，奥斯汀还进一步把言外行为分成五大类型：裁决型（verdictives）、行使型（exercitives）、承诺型（commissives）、行为型（behabitives）和阐述型（expositives）。言语行为理论的提出在语言学界引起巨大反响，之后很多学者不断充实和发展言语行为理论，其中最突出的是其学生——美国语言哲学家约翰·塞尔（John Rogers Searle）。

奥斯汀把个人精力都倾注在教学工作中，除了几篇短文之外，未发表任何专著。他去世后，学生把他的讲义进行整理，出版了《行事话语》（Performative Utterances，1961）、《如何言有所为》（How to Do Things with Words，1962）和《言有所述和言有所为》（Constatives and Performatives，1969）三部著作。

奥特弗瑞德　Otfried von Weissenburg　（约790—875）　德国修道士和圣经诠释者。学术活跃期大约在9世纪初。曾师从法兰克王国加洛林王朝的著名学者梅路斯（Rabanus Maurus），一生大部分时光在魏森堡大教堂（The Abbey of Weissenburg，现属于法国）修道，做过语法教师、图书馆管理员、抄写员及注释学者。

魏森堡的奥特弗瑞德于863—871年使用古高地德语编写了《福音》，并为其做了大量注释和评论，讲述耶稣基督的一生，诠释耶稣基督的救赎之奥秘。他将古高地德语称之为法兰克语，即法兰克族的语言，认为法兰克人是一个可以与古罗马人和古希腊人相媲美的民族，因而使用古高地德语写《福音》的意义在于用法兰克人自己的语言赞美上帝，以无愧这个民族的荣耀。在《福音》（Liber Evangelorium）的前言中，他讲解怎样将拉丁语译成古高地德语，写成还谈到连音变体现象和诗体韵律的技巧等内容。当时大多数的古英语圣经诗歌以及用古高地德语写作的诗歌都采用长韵律、押头韵的技法，在《福音》的编写中，他却史无前例地采用押尾韵和短韵律的方法。

B

巴彻勒　Batchelor, John　（1854—1944）　英国传教士。1854年3月20日生于英国苏塞克斯郡的阿克菲尔德（Uckfield）。1865年开始在教堂做园丁，19岁时立志外出传教。1875年如愿到了香港，但很快染上呼吸道疾病与疟疾；1877年，在医生建议下到气候凉爽的日本北海道，一边养病一边在当地阿伊努人中传教。在北海道与阿伊努人一起生活60年，学习当地的语言，记录当地人的传统文化和民俗。二战爆发后，由于日本反西方思潮日益高涨，被迫于1941年回国。1944年4月2日卒于英国。

约翰·巴彻勒到北海道后，不仅虔诚地向阿伊努人传播基督教福音，也热忱地向日本人和西方介绍阿伊努人的语言和文化。为此，巴彻勒把《新约圣经》译成阿伊努语，同时也用英文记录当地的传统文化，为西方学者了解和研究阿伊努文化提供了便利。1889年，他编纂完成《阿伊努语英语日语词典》（Ainu-English-Japanese Dictionary），但因其从未受过语言方面的训练，词典中收录的语言音标及语法知识存在很多不足之处，受到一些日本学者的批评。巴彻勒认为阿伊努语属于印欧语系，该语言在主要词汇和语法特点方面与印欧语系显著相关,与日语则截然不同,虽然罗列了一些词汇来支持其假设,但并未提出语法方面有何证据。巴彻勒的其他作品还包括《日本北部传教工作琐记》(*Glimpses of Missionary Work in North Japan*, 1902)、《阿伊努炉边故事》(*Ainu Fireside Stories*, 1924)等。

在当时日本歧视阿伊努人的社会背景下,巴彻勒坚持不懈地进行阿伊努语言文化的研究,对该语言文化的保护和传播做出重大贡献。1909年,日本天皇授予他四等瑞宝勋章,1933年再次授予他三等勋章。

巴达维 Badawi, El-Said Muhamed (1929—)

埃及语言学家。1929年7月5日生于埃及东部省(Sharqiyyah)的一个小村庄。曾就读于艾资哈尔大学附属扎加齐格学院(Institute of Al-Zaqaziq, Al-Azhar),学习阿拉伯语和古兰经学;后转到开罗的达尔艾尔乌卢姆大学(Dar Al-Ulum),专攻阿拉伯语语言文学及伊斯兰研究,1954年以优异成绩获学士学位,毕业后在开罗英语学校工作四年。1958年赴英国自费攻读普通语言学硕士学位,在伦敦大学拿到学位后获全额奖学金攻读语音学博士学位,通过实地调查研究,完成了关于沙特阿拉伯利雅得人阿拉伯语语调的学位论文。1966年到苏丹恩图曼大学(University of Omdurman)工作;1970年到开罗美国大学(American University in Cairo)任教,在此获终身教职,并曾任学校高层管理职务。自1989年起,担任阿拉伯语言学院(Arabic Language Institute)院长和海外阿拉伯语研究中心(Center for Arabic Study Abroad)联合主任。

艾尔萨伊德·穆罕默德·巴达维对开罗美国大学的阿拉伯语学科建设居功至伟。他开发了本科和研究生两个层面的阿拉伯语课程组合。在他的主持下,阿拉伯语言学院独立运营,招收各种层次语言能力的非母语学生学习阿拉伯语;首创硕士学位课程,培养阿拉伯语作为外语教学的合格教师,自1978年起开始授予学位;其后又开设了面向非母语学生的阿拉伯语学士学位课程。日常管理工作之余,他坚持为研究生讲授阿拉伯语句法学、语音学、方言学以及社会语言学等课程。

巴达维的主要研究兴趣是阿拉伯语方言。他最享盛名的两部代表作是《埃及当代阿拉伯语标准》(*On Levels of Contemporary Arabic in Egypt*, 1973)和《埃及阿拉伯语词典》(*Dictionary of Egyptian Arabic*, 1986)。前者反驳弗格森(Charles A. Ferguson)提出的一个语言社区存在两种语言变体的双向标准,提出同一语言社区也可以存在多种语言变体(multidiglossia)的观点。其他主要作品还包括《埃及阿拉伯语的比较研究》(*A Comparative Study of Egyptian Arabic*, 1978)、《阿拉伯语人名词典》(*Dictionary of Arab Names*, 1990)、《现代书面阿拉伯语综合语法》(*Modern Written Arabic, a Comprehensive Grammar*, 2004)等。

巴尔宾 Balbín, Bohuslav (1621—1688)

捷克学者。1621年12月3日生于捷克北部城市赫拉德茨·克拉洛韦(Hradec Králové)的一个贵族家庭。15岁时加入耶稣会,先后在波西米亚(Bohemia)和西里西亚(Silesia)的耶稣会学院(Jesuit College)学习,1649年取得牧师资格,此后在耶稣会学院任教。1661年放弃教学工作,成为耶稣会的史学研究者,研究捷克王国的历史和文化,尤其是搜集与天主教发展相关的历史资料。1688年11月28日卒于布拉格。

博乌斯拉夫·巴尔宾精于历史、地理和写作,被誉为"捷克的普林尼"。在从事教学工作期间,他编写过拉丁语法、书信写作、修辞学、诗学等方面的教材,因当时的宗教和教育语言均为拉丁语,所以他所有的作品都使用拉丁语完成。在《为斯拉夫语族之捷克语而辩》(*A Defense of Slavonic Language, Particularly Czech*, 1672)一文中,他指出尽管捷克语并非完美的语言,受重视的程度也不高,但它高雅而美丽,有着辉煌的过去,理应受到更高程度的重视,恢复其曾经有过的荣耀。他编写了《捷克历史概要》(*A Summary of Czech History*)一书,但因天主教对书中某些事件和历史人物的描写不接受,该书未获出版。他的另一部历史力作《捷克王国历史杂记》(*Miscellanea of the History of Czech Kingdom*)计划撰写30卷,但他生前只出版了10卷,不过仍是研究捷克历史的宝贵资料。

巴尔托利 Bartoli, Matteo Giulio (1873—1946)

意大利语言学家。1873年9月生于奥匈帝国的伊斯特拉(Istria),即今克罗地亚的拉宾(Labin)。曾在维也纳、斯特拉斯堡(Strasbourg)和巴黎等地学习古典与罗曼语语文学,师从语言地理学派创始人之一吉叶龙(Jules Gilliéron)和第二代新语法学家元老迈耶-吕卜克(Wilhelm Meyer-Lübke)等学者,获维也纳大学博士学位。1907年成为意大利都灵大学(University of Turin)古典与罗曼语语文学教授,讲授普通语言学、德国语言文学等课程。1929—1946年兼任国际语言学家常设委员会驻意大利代表。1946年1月20日卒于都灵。

马泰奥·朱利奥·巴尔托利的主要贡献在于对达尔马提亚语的记录和整理。1897年,他从当时唯一一位会讲达尔马提亚语的老人口中搜集到很多达尔马提亚语的资料,次年老人去世,达尔马提亚语灭绝。经分析整理,巴尔托利出版了《达尔马提亚语》(*Dalmatian Language*, 1906),该书成为已知的唯一完整描述罗曼语族中已灭绝的达尔马提亚语的作品。

巴尔托利还是意大利新语言学派（Neolinguistic School）的领军人物之一，著有《新语言学导论》（*Introduction in Neolinguistics*，1925），认为不能将人类创造的语言简化为与人相分离的实体，语言应受到除人们自己创造和实施的规则以外更大规则的支配。此外，他还在《地域语言学论文集》（*Essays of Spatial Linguistics*，1945）中提出区域语言学理论，强调语言特征的地理分布。

巴尔-希勒尔　Bar-Hillel, Yehoshua　（1915—1975）　以色列语言学家。1915年6月3日生于奥地利维也纳，童年在德国柏林度过，1933年迁居巴勒斯坦。曾就读于耶路撒冷的希伯来大学，1938年获哲学和数学硕士学位。毕业后，一边在高中讲授数学课程，一边继续攻读博士学位，1942—1945年参加英军的犹太军团而中断学习，1947年获希伯来大学博士学位。1949年成为希伯来大学的研究员，1950年到美国芝加哥大学跟随卡尔纳普（Rudolf Carnap）从事语言逻辑方向的博士后研究，1951年赴麻省理工学院（Massachusetts Institute Technology）研究机器翻译，成为全职从事机器翻译领域研究的第一位专业学者，1952年组织了首届国际机器翻译会议。1953年回到希伯来大学哲学系任教。1975年9月25日卒于耶路撒冷。

约书亚·巴尔希勒尔在机器翻译领域具有突出贡献。他的主要著作包括《论句法范畴》（*On Syntactical Categories*，1950）、与导师卡尔纳普合著的《语义信息理论概要》（*An Outline of the Theory of Semantic Information*，1952）、《一种句法描述的准算术符号》（*A Quasi-arithmetical Notation for Syntactic Description*，1953）、《逻辑句法和语义》（*Logical Syntax and Semantics*，1954）和《语言和信息》（*Language and Information*，1964）。他还把自己的很多研究论文整理为两部论文集出版，一部是《信息与语言》（*Information and Language*，1964），另一部是《语言面面观》（*Aspects of Language*，1970）。此外，他还编辑出版过若干关于逻辑学、语用学、集合论、科学哲学等方面的会议纪要。

巴赫金　Bakhtin, Mikhail Mikhailovich
（Михаил Михайлович Бахти́н，1895—1975）苏联语言学家。1895年11月17日生于俄罗斯奥廖尔市（Orel）的一个古老贵族家庭。1916年进入圣彼得堡大学（St. Petersburg University）学习古典文学和哲学，1918年在俄罗斯西部内维尔（Nevel）一所中学任教，1920年秋到维捷布斯克（Vitebsk）讲授文学和美学，1923年因病辞职治疗，1924年回到彼得格勒任职。自1920年起，常与一群年轻作家聚在一起探讨语言哲学问题，分享语言、政治、文学等方面的知识，形成了著名的"巴赫金学圈（Bakhtin Circle）"。1929年因宣讲德国哲学家康德（Immanuel Kant，1724—1804）的哲学思想而被捕，后被流放到哈萨克斯坦的一个小镇，1936年到萨兰斯克（Saransk, Mordovia）的摩尔多瓦师范学院讲授俄语和世界文学，一直工作到1961年退休。1975年3月7日卒于莫斯科。

米哈伊尔·米哈伊洛维奇·巴赫金在哲学、文学评论、符号学以及文学理论、伦理学和语言哲学等领域均有重大建树。他在语言理论上的贡献主要有两个方面：一是建立了以"超语言（translinguistic）"哲学为基础的历史诗学，秉承自索绪尔结构主义语言学以来将语言作为关注中心的传统，根据语言实践的社会基础和历史变化，解释语言符号系统在形式和意义上的统一；二是通过对陀思妥耶夫斯基和拉伯雷的小说的研究等具体艺术形式的分析和探讨，总结出对话主义（dialogism）、狂欢荒诞（carnivalesque）、众声喧哗（heteroglossia）和时空体（chronotope）等一系列独创性理论观点。

巴赫金在语言研究中强调对话是语言的核心现实，这一观点主要是受到古希腊哲学家苏格拉底的启发。在早期力作《陀思妥耶夫斯基艺术问题》（Проблемы творчества Достоевского，1929，即 *Problems in Dostoevsky's Art*）中，他非常欣赏陀思妥耶夫斯基（Fyodor Mikhailovich Dostoevsky）的"复调（Polyphony）"小说，认为这些小说成功地反映了存在于每个社会的竞争之音。对话理论在巴赫金的晚期作品中得到进一步发展，在《对话想象》（*The Dialogic Imagination*，1981）一书中，他确定了思想平面上的两个趋势：一是趋向同质，即某种核心力量把社会上的观点、话语或语言多样性加以集中，以减少语言变化的多样性和可能性，这种单一对话趋势会走向极端导致对话死亡；二是离心和异质趋势，这一趋势促进社会内部的多样性，提倡意义的相互交融，促进话语的竞争和语言的多样性。他为此提出了"众声喧哗（Heteroglossia）"的概念，即在多种话语齐声喧哗之中，竞争者对话向心力和离心力进入持续冲突。在《拉伯雷和他的世界》（*Rabelais and His World*，1965）一书中，他描绘了中世纪嘉年华会的生动图像，那里各种非官方话语和风格盛行，与官方的话语霸权展开激烈竞争。

巴赫金的作品还包括《陀思妥耶夫斯基诗学问题》（Проблемы поэтики Достоевского，1963，即 *Problems in Dostoevsky's Poetics*）等。他去世后，研究成果被汇编成《言语文体和其他晚期作品》（Литературно-критические статьи，1986，即 *Speech Genres and Other Late Essays*）和《通向行为哲学》（К философии поступка，1993，即 *Toward a Philosophy* of the Act)。

巴克　Buck, Carl Darling （1866—1955）　美国历史语言学家。1866 年 10 月生于美国缅因州的巴克斯波特(Bucksport)。1886 年，他从耶鲁大学毕业，1887—1892 年先后在希腊雅典大学和德国莱比锡大学学习古典语言。1892 年，芝加哥大学建立，巴克成为梵文和印欧比较语言学教授，一直工作至 1933 年退休。1955 年 2 月 8 日卒于芝加哥。

卡尔·达林·巴克的主要研究领域为印欧语系意大利语族诸语言以及希腊语方言。他于 1895 年著成《奥斯坎翁布里亚语的动词系统》(*The Oscan-Umbrian Verb-System*)，研究奥斯坎语和翁布里亚语的元音系统和口语表达形式；1903 年与威廉·加德纳·黑尔(William Gardner Hale)合作编写了一部拉丁语法；1904 年出版《奥斯坎语和翁布里亚语语法》(*Grammar of Oscan and Umbrian*)；1933 年出版《希腊语和拉丁语语法对比》(*Comparative Grammar of Greek and Latin*)。

退休后，巴克仍活跃在学术领域，1945 年与沃尔特·彼得森(Walter Petersen)合作编写《希腊名词和形容词的反向索引》(*A Reverse Index of Greek Nouns and Adjectives, Arranged by Terminations with Brief Historical Introductions*)，1949 年编纂完成《印欧语系主要语言的同义词精选词典》(*A Dictionary of Selected Synonyms in the Principal Indo-European Languages*)。

巴姆波兹　Bamgbose, Ayo （1932— ）　尼日利亚语言学家。1932 年 1 月生于尼日利亚。曾就读于圣安德鲁学院(St. Andrew's College)，1951 年毕业后在小学、中学和教师培训学院任教 6 年，1957 年进入尼日利亚的伊巴丹大学(University of Ibadan)深造，1960 年获学士学位，随后赴英国爱丁堡大学深造，1961 年获普通语言学硕士学位，1963 年获语言学博士学位。1963 年回到尼日利亚，在伊巴丹大学任教，1966 年成为副教授，1968 年晋升为教授，1994 年成为语言学及非洲语言系荣誉教授。曾到非洲和欧美很多大学讲学或担任客座教授，在尼日利亚兼任很多行政职务，入选许多语言学会和组织的成员，1991 年曾任国家尼日利亚语言研究所(The National Institute for Nigerian Languages)工作委员会主席职务。

阿约·巴姆波兹的研究兴趣涉及语言与语言学、语言与教育、课程开发、成人扫盲教育(adult literacy)、文学与文化等多个领域。在语言和教育方面，提倡使用非洲本土语言作为教学语言，大力推行母语教育。在课程建设方面，开发了不同课程的教材，并与其他非洲本土学者共同努力，为尼日利亚诸语言创造了很多可以适应现代数学、基础科学、语言、文学等课程的教学术语。在成人扫盲教育方面，努力设计行之有效的教材和灵活使用当地语言的教法。在文学与文化研究领域，研究过约鲁巴大背景下约鲁巴人的口头及书面文学。在世界全球化大背景下，对媒体如何把世界其他国家的观念转化为本土语言也做过不少研究。

巴姆波兹的博士学位论文《现代约鲁巴语语法的结构与类别研究》(*A Study of Structures and Classes in the Grammar of Modern Yoruba*)是第一部关于约鲁巴语语法的著作，其他著作还包括《约鲁巴语正字学》(*Yoruba Orthography*, 1965)、《约鲁巴语语法》(*A Grammar of Yoruba*, 1966)、《非洲语言教育术语指南》(*A Guide to Terminology for African Language Education*, 1987)等。

巴泰勒米　Barthélemy, Jean-Jacques (1716—1795)　法国作家和铭文学家。1716 年 1 月 20 日生于法国南部普罗旺斯的卡西斯(Cassis, Provence)。曾就读于马赛的礼拜堂学院(Collège de l'Oratoire à Marseille)，之后在耶稣会学院(Collège Jésuite)继续学习神学和哲学，最终成为天主教遣使会会员(Lazarists)。为方便成为牧师后传教，在求学期间学习了希伯来语、亚拉姆语(Aramaic)、阿拉伯语等东方语言，并在朋友影响下对古钱币等古代文物的研究产生兴趣。1747 年到法兰西铭文与美文学术院(Académie des Inscriptions et Belles-lettres)工作，开始做院长助理，1753 年继任院长。1755 年因陪同法国大使去到意大利，其间做了三年考古研究，回国后受到舒瓦瑟尔公爵(Étienne-François, duc de Choiseul)的赏识和资助。1789 年入选法兰西学术院，随后法国爆发大革命，因贵族身份被捕，虽在 16 小时后获释，但从此失去了职位和财产。1795 年 4 月 30 日在贫困中卒于巴黎。

让雅克·巴泰勒米博学多才，从事钱币学、印章学、古文书学、铭文、语言等领域的研究。在 1754—1764 年，他成功译解了业已消亡的古代东方语言帕尔迈拉文(Palmirene)和腓尼基铭文，成为闪米特语铭文研究和腓尼基语研究的鼻祖。他还用为数不多但令人信服的例子说明了科普特语和闪米特语的密切关系，为亚非语系语言比较研究奠定了基础。他著有四卷本《青年阿纳喀西斯的希腊之旅》(*Voyage du Jeune Anacharsis en Grèce*, 1788)，描述了古希腊的道德和礼仪；还有《卡里泰和波利多尔情史》(*Les Amours de Carité et Polydore, roman traduit du grec*, 1760)和四卷本《作品全集》(*Oeuvres complètes*, 1821)等。

巴特　Barthes, Roland （1915—1980）　法国文学理论家、哲学家、语言学家、评论家和符号学家。1915 年 11 月 12 日生于法国诺曼底的瑟堡

(Cherbourg)。1935年考入巴黎大学,虽因患肺结核而致学业断断续续,但仍于1939年获古典文学学位,1943年获语法学和语文学学位。1949—1952年,抱病辗转法国、罗马尼亚和埃及等地从事教学工作。1952—1959年在法国国家科学研究中心工作,1960—1976年在法国社会科学高等研究院任职,1967—1968年在美国约翰·霍普金斯大学任教。1971年任日内瓦大学客座教授。1977年在法兰西公学院(Collège de France)成为法国首位开始讲授文学符号学(literary semiology)的学者。1980年2月遭遇车祸伤及胸部,3月26日卒于巴黎。

罗兰·巴特是索绪尔语言理论的早期支持者,也是结构主义和符号学研究领域的领军人物。1953年,他出版《写作的零度》(*Le degré zéro de l'écriture*),其英文版 *Writing Degree Zero* 出版于1967年),将结构主义应用于文学研究,批评萨特的存在主义思想,提出文学如同所有交流形式一样,本质上是一个符号系统,不具有纯粹的创造性。1957年,他出版《神话学》(*Mythologies*),从语言的角度理解和观察文化现象,甚至认为人类所有的行为都可以看作是一系列的"语言(languages)"。1964年,在《符号学原理》(*Éléments de Sémiologie*),他再次强调"语言(langue)"和"言语(parole)"、"能指(signifier)"和"所指(signified)"、"组合(syntagmatic)"和"聚合(paradigmatic)"等符号学的基本概念,认为这些语言学的概念可以用于研究很多其他的文学和文化现象。

巴特的其他作品包括《批评与真实》(*Criticism and Truth*,1966)、文论《作者之死》(*La mort de l'auteur*,1967)和《文本的快乐》(*The Pleasure of the Text*,1973)等。

拜比 Bybee, Joan (1945—) 美国语言学家。1945年2月11日生于美国路易斯安那州新奥尔良市。1966年获德克萨斯大学西班牙语与英语专业学士学位,1970年获圣地亚哥州立大学(San Diego State University)语言学专业硕士学位,1973年获加利福尼亚大学洛杉矶分校语言学专业博士学位。1973年任纽约州立大学布法罗分校语言学助理教授,1978年任副教授,1985年晋升教授。1989年起供职于新墨西哥大学,1992—1993年任该校文理学院副院长,1998—2001年任语言学系主任,2005年起任荣誉退休教授。2004年任美国语言学会会长。现任或曾任《语言学》(*Linguistics*)、《语言研究》(*Studies in Language*)、《语言类型学》(*Linguistic Typology*)、西班牙《语言学》(*Lingüística*)等期刊、丛书的编委或顾问。

琼·拜比的研究领域广泛,包括音系学、形态学、类型学和心理语言学等。在音系学研究方面,她的博士学位论文写的是《自然生成音系学面面观》(*Aspects of Natural Generative Phonology*,1973);还根据导师芬内曼(Theo Vennemann)在一系列论文中提出的观点,著成《自然生成音系学导论》(*An Introduction to Natural Generative Phonology*,1976),首次对生成音系学理论进行全面系统的阐述和解释。2001年她出版《音系学与语言使用》(*Phonology and Language Use*,2001),调查、研究了说话人或听话人的语言使用经历对语音表达的影响,她在调研中没有根据音位来推断语音表达式,而是采用了样例模型,模型中储存有很多根据语境变体进行语音分类的具体使用标记,该模型不仅可以解释语音渐变引起的词汇变化,而且可以解释为何很多还原的语音变化往往首先影响高频词的原因。

拜比出版著作十余部,发表论文百余篇。其中论著还包括《形态学:意义和形式的关系研究》(*Morphology: A study of the relation between meaning and form*,1985)、《语法进化:世界语言的时体态》(*The Evolution of Grammar: Tense, aspect and modality in the languages of the world*,1994)、《语言的使用频率与组织》(*Frequency of Use and the Organization of Language*,2007)、《语言、运用与认知》(*Language, Usage and Cognition*,2010)等;论文包括《规则形态学与词汇》(*Regular Morphology and the Lexicon*,1995)、《从使用到语法:心智对重复的反应》(*From Usage to Grammar: The mind's response to repetition*,2006)、《范例模型中的音系与语法变体》(*Phonological and Grammatical Variation in Exemplar Models*,2008)等。

班达尔卡尔爵士 Bhandarkar, Ramakrishna Gopal, Sir (1837—1925) 印度学者和东方学家。1837年7月6日生于印度马哈拉施特拉邦的马尔文(Malvan, Maharashtra)。中学教育在勒德纳吉里(Ratnagiri)完成,后进入孟买大学埃尔芬斯通学院(Elphinstone College, University of Mumbai)学习梵语和印度学,1862年毕业,次年获硕士学位。毕业后留在母校勒德纳吉里英语学校(Ratnagiri English School)任教,1867年受聘进入孟买大学讲授梵语课程,1872年成为梵语助理教授,1881年成为梵语教授,1885年获得德国哥廷根大学(University of Göttingen)博士学位,后获孟买大学和加尔各答大学荣誉博士学位,1893年担任孟买大学副校长,1895年退休,1911年被封为爵士。1925年8月24日卒于印度。

罗摩克里希纳·戈帕尔·班达尔卡尔才华出众,作品涉及梵语、哲学、历史、语言学、教育等多个领域。在语言学领域,著有《梵语第一卷》(*The First Book of Sanskrit*,1864)和《梵语第二卷》(*The Sec-*

ond Book of Sanskrit, 1868), 介绍吠陀梵语 (Vedic) 语法。1877 年, 他做过 7 场关于梵语、巴利语 (Pali) 以及相关语言和方言的深度讲座, 内容涉及梵语、巴利语和古印度方言 (Prakrits) 的发展历程, 以及马拉地语 (Marathi)、印地语 (Hindi) 等印度雅利安诸语言的语言系统及亲缘关系, 为后来学者研究印度雅利安语支奠定了重要基础。1882—1891 年, 他发表了《关于搜寻梵语手抄本的研究报告》(Reports on the Search for Sanskrit Manuscripts), 该报告成为文学、哲学、宗教等领域的珍贵文献, 也是后来学者研究梵文的重要参考资料。他先后参加过在伦敦 (1874) 和维也纳 (1886) 举行的东方学大会, 在东方学研究方面做出了突出贡献。

保茨马 Poutsma, Hendrik (1856—1937) 荷兰著名英语语言学家。1856 年 12 月 7 日生于荷兰的霍勒代克 (Gorredijk)。先在小学从事教学工作, 后取得英语教师资格证书, 曾在众多中学执教。因对英语语言教学和研究作出了杰出贡献, 1932 年被阿姆斯特丹大学授予荣誉博士学位。

亨德里克·保茨马虽然没有在大学任教的经历, 但是他的语法理论水平极高, 而且研究很有深度。他的代表作是《近现代英语语法》(A Grammar of Late Modern English, 1904—1926), 这部长达 3200 页的多卷本英语语法巨著, 编撰时间长达 22 年, 系统地介绍了英语语法, 其读者群主要是欧洲大陆英语学习者, 尤其是荷兰英语学习者。在第一版序言中, 保茨马说该书研究以过去 200 年的英语语言分析为基础, 但事实上, 他引用的资料时间跨度要大得多, 从乔叟到当时的报刊, 以及当时的许多著名诗人和小说家。《你说英语吗?》(Do You Speak English?, 1893) 是他的另一部重要著作, 该书于 1893—1930 年再版五次, 其中的英语词汇都配有荷兰语翻译, 该作品还为卡雷尔·滕布鲁根卡特 (Karel ten Bruggencate) 的权威之作《荷英词典》(Dutch-English Dictionary) 提供了部分编纂素材。

保罗 Paul, Hermann (1846—1921) 德国语言学家和词典编纂家。1846 年 8 月 7 日生于德国萨克森安哈尔特州首府马格德堡 (Magdeburg)。1874 年任弗赖堡大学 (University of Freiburg) 德语语言文学教授, 1893—1913 年任慕尼黑大学 (University of Munich) 德语语文学教授, 对语言史和日耳曼语言的研究颇有建树, 是新语法学派的开创者之一。1921 年 12 月 29 日卒于慕尼黑。

赫尔曼·保罗认为句子是词语组合的集合, 句子的组成是单独成分通过有效衔接而成的线性形式。这一说法与冯特 (Wilhelm Wundt) 的主张相悖, 冯特认为句子的生成是即时的想法从而演变成线性的有规律的部分。保罗还认为语音变化有规律, 并指出类比在语言演变中的作用。对于词义的历史演变, 他主要讲词义扩大和词义淘汰两方面的问题。此外, 他还与布鲁格曼 (Karl Brugmann)、奥斯特霍夫 (Hermann Osthoff) 等致力于新语法学派的推广, 强调语音演变规律无例外, 并强调语音变化中的类推作用。

保罗的代表著作为《语言史原理》(Principien der Sprachgeschichte, 1880), 其他著作还包括《德语词典》(Deutsches Wörterbuch, 1897)、《德语语法》(Deutsche Grammatik, 1916—1920) 和《语言教学》(Über Sprachunterricht, 1921) 等。

葆朴 Bopp, Franz (1791—1867) 德国语言学家。1791 年 9 月 14 日生于德国莱茵兰普法尔茨州首府美茵兹市 (Mainz)。1812 年自费到巴黎学习梵语、阿拉伯语和波斯语, 1814 年得到巴伐利亚国王的资助, 1816 年发表关于梵语和欧洲语言对比研究的论文, 由此开创印欧历史比较语言学的研究。1818 年受到德国慕尼黑科学院的资助, 赴伦敦继续进行梵语研究, 1821 年回到德国柏林大学任教。1867 年 10 月 23 日卒于柏林。

弗朗茨·葆朴的主要贡献在于开创了比较语言学研究的先河, 与丹麦的拉斯克 (Rasmus Christian Rask)、德国的格林 (Jacob Ludwig Carl Grimm) 一起被认为是历史比较语言学的创始人。1816 年, 他撰写论文《梵语动词变位与希腊语、拉丁语、波斯语、日耳曼语动词变位的对比》(Über das Conjugationssystem der Sanskritsprache in Vergleichung mit Jenem der Griechischen, Lateinischen, Persischen und Germanischen Sparache), 根据动词的屈折形式, 将梵语与希腊语、拉丁语等欧洲语言进行对比, 指出这些语言之间的亲缘关系, 认为古代欧洲诸语言与印度的梵语同出一源。1820 年, 他发表《梵语、希腊语、拉丁语和日耳曼诸语言之分析性比较, 展现其语法结构之原本特征》(Analytical Comparison of the Sanskrit, Greek, Latin, and Teutonic Languages, Showing the Original Identity of Their Grammatical Structure) 一文, 研究范围不断扩大, 进而提出印欧语言中的相似并非个别现象, 而是存在完整语法系统的一致。

葆朴的其他著作包括《梵语综合教程》(Ausführliches Lehrgebäude der Sanskrita-Sprache, 1827)、《梵语和拉丁语词汇表》(Sanskrit and Latin Glossary, 1830) 以及 1833—1852 年陆续出版的《梵语·阿维斯陀语·希腊语·拉丁语·立陶宛语·古斯拉夫语·哥特语·德语语法对比》(Vergleichende Grammatik des Sanskrit, Zend, Griechischen, Lateinischen, Litthauischen, Altslawischen, Gotischen und Deutschen) 等。

鲍培 Poppe, Nikolai Nikolaevich （Nicholas Poppe / Nikolaus Poppe, 1897—1991） 俄罗斯语言学家。1897年7月生于中国山东省烟台市的一个德裔俄籍家庭，青少年时代饱经战乱，曾就读于彼得格勒大学（Petrograd University，今圣彼得堡国立大学），师从当时苏联著名东方语学家弗拉基米尔佐夫（Boris Iakovlevich Vladimirtsov）、萨莫伊洛维奇（Alexander Nikolaevich Samoylovich）等人。1923—1941年在彼得格勒大学任教，兼任苏联科学院研究员；二战期间在沦陷区为德军充当翻译，1943年随撤退德军移居德国柏林，1949年赴美国西雅图华盛顿大学任教，一直工作到1968年退休。1968年被德国波恩大学授予荣誉博士学位，被选为芬兰科学院外籍院士，1977年再次入选。1991年8月8日卒于美国西雅图，享年94岁。

尼古拉·尼古拉耶维奇·鲍培的早期研究主要以阿尔泰语系比较语言学为中心，涉及雅库特语（Yakut）、楚瓦什语（Chuvash）和通古斯语（Tungus）的研究。在20世纪20年代后半期，迫于当时苏联语言学界权威学者马尔（Mikolai Jakovlevich Marr）"语言新理论"的压力，他放弃比较语言学的研究，转而着重研究蒙古语口语。1926—1932年，他在蒙古国和苏联的亚洲地区开展广泛的实地调查，研究当地的语言及蒙古人的民俗，后来著成《蒙古语书面语语法》（Grammar of Written Mongolian, 1937）。他还研究过布利亚特（Buriat）方言，著成《布利亚特蒙古语语法》（Grammatika Buriat-Mongolskogo iazyka, 1938）。移居美国后，他继续从事蒙古语和阿尔泰诸语言的对比研究，著述颇丰。

鲍培是一位极为高产的学者，仅1949—1968年在华盛顿大学任教期间，就完成了217部作品，其中包括40余部书稿，如《喀尔喀蒙古语语法》（Khalkha-Mongolian Grammar: With bibliography, texts, and glossary, 1951）、《蒙古语比较研究概论》（Introduction to Mongolian Comparative Studies, 1954）、《布里亚特语语法》（Buriat Grammar, 1960）、《阿尔泰语比较语法·第一部分 比较音系学》（Comparative Grammar of the Altaic Languages. Part I: Comparative phonology, 1960）、《巴什基尔语手册》（Bashkir Manual, 1964）、《阿尔泰语言学导论》（Introduction to Altaic Linguistics, 1965）等，之后还有《蒙古语手册》（Mongolian Language Handbook, 1970）、《回忆录》（Reminiscences, 1983）等作品问世。

贝蒂 Beattie, James （1735—1803） 苏格兰学者和诗人。1735年10月生于苏格兰东海岸的劳伦斯柯克村（Laurencekirk）。1749—1753年在阿伯丁大学马修学院（Marischal College, Aberdeen University）就读，毕业后从事诗歌创作和哲学方面的写作，1760年受聘于马修学院，担任道德哲学和逻辑学教授。虽然在学术上成就斐然，家庭生活却颇为不幸，先后丧妻丧子，身心备受摧残。1803年8月18日卒于阿伯丁。

詹姆斯·贝蒂的主要成就在文学创作和哲学领域。1770年，他发表论文《论真理的不变性，反对诡辩和怀疑论》（Essay on the Nature of Immutability of Truth, in Opposition to Sophistry and Skepticism），在哲学领域赢得重要影响。1771年，他出版诗集《吟游诗人》（The Minstrel）第一部，1774年出版第二部，描写诗人的思想在大自然影响下的发展，这两部诗集使贝蒂成为英国文学界的重要人物，也使他成为英国最早的浪漫主义诗人。

贝蒂在语言学研究方面也颇有建树，他是一个绝对的语言神造主义者，认为人类的第一语言必定是完美的。他的《语言理论》（The Theory of Language）于1788年出版，该书分为两个部分：第一部分主要论述语音学，包括发音和各种不同口音；第二部分论述普遍语法（universal grammar），认为人类的思想具有相似性，而语言可以表现思想，因此人类的语言也具有相似性，至少在句法结构方面相似，并认为对普遍语法的探究有助于人类了解自身的心智结构（structure of the mind）。

贝蒂其他主要的作品包括诗集《不爱江山爱美人》（The Judgment of Paris, 1765）、《论诗歌文集》（Essays on Poetry, 1778）和《道德与批判论文》（Dissertations Moral and Critical, 1783）。

贝尔（亚历山大·格雷厄姆·～） Bell, Alexander Graham （1847—1922） 美国聋哑语教师、电话发明人。1847年3月3日生于英国苏格兰的爱丁堡，父亲是生理语音学家亚历山大·梅尔维尔·贝尔（Alexander Melville Bell）。少年时主要在家中接受教育，曾在爱丁堡大学和伦敦大学短期学习语音学和语言学课程，未获学位；之后在伦敦短期从事语言治疗。1864年到马里郡的斯金纳学校教儿童音乐和朗诵法，后成为威斯顿寄宿学院教师，开始研究发声学。1870年随家人移居加拿大，后定居美国，1872年创办聋人教师培训学校，1873年任波士顿大学的发声心理学教授。1882年正式加入美国籍，1898年任美国国家地理学会会长。1922年8月2日卒于加拿大新斯科舍省维多利亚县的本布雷（Beinn Breagh）。

亚历山大·格雷厄姆·贝尔一生致力于科学研究，1876年3月10日与同事成功试验了世界上第一台电话机，被誉为"电话之父"，1880年再发明留声机；20世纪初，研究兴趣扩展到飞行研究领域，发明了载人巨型风筝，为加拿大海军发明了水翼船，一战时用于与德国潜艇(U-Boat)抗衡。贝尔在语言研究领域也颇有建树。1866 年,他与父亲合作出版《可见语言》(*Visible Speech*),凭借独特的发音语音学原则和图像音标法,教导很多聋哑儿童和成人学会了说话。其他著作还包括《作为聋哑人交流发声方式的可见语言》(*Visible Speech as a Means of Communicating Articulation to Deaf Mutes*, 1872)、《关于语言机制的演讲》(*Lectures upon the Mechanism of Speech*, 1906)以及语音研究的论文《元音理论》(*Vowel Theories*, 1879)。

贝尔(亚历山大·梅尔维尔·~) Bell, Alexander Melville (1819—1905) 英国生理语音学家。1819 年 3 月 1 日生于苏格兰爱丁堡,是电话发明者亚历山大·格雷厄姆·贝尔(Alexander Graham Bell)的父亲。1843—1865 年在爱丁堡大学讲授语音发声法课程,1865—1870 年在伦敦大学任教。1870 年英国爆发大规模肺病,为躲避瘟疫,举家迁居加拿大,次年赴波士顿的洛厄尔学院(Lowell Institute)任教。1881 年到美国华盛顿特区,与儿子一起应用正音学的"可见语言法"教聋哑人说话,并发明了图像音标法,通过把字母的发音特征与唇、舌、嘴等各种位置和动作变化图像化,教会很多聋哑人说话。1905 年 8 月 7 日卒于华盛顿。

亚历山大·梅尔维尔·贝尔的主要成就在于发声生理学和语言障碍矫正方面的研究。他最重要的语言学著作是《标准朗诵者》(*The Standard Elocutionist*, 1860),该著作被认为是朗诵法和语言矫正方面的权威之作,在英国再版了 200 次左右。其另一部力作是《可见语言:普遍字母科学》(*Visible Speech: The Science of Universal Alphabetics*, 1867),该书引用多种语言和英语方言的例子阐述语音发声、吐字、声质等普通理论,设想了"可见语言"的一些具体应用,包括方言、外语的学习、语言治疗和聋哑人治疗,认为通过使用凸起的符号编码系统可以教授盲人学会阅读。

贝尔围绕"可见语言"的基本原则,出版了很多相关教材,其中主要包括《大学语音学讲座》(*University Lectures on Phonetics*, 1887)、《世界英语:通用语言》(*World-English: The Universal Language*, 1888)和《发声生理学和可见语言普及手册》(*Popular Manual of Vocal Physiology and Visible Speech*, 1892)。

贝格斯兰 Bergsland, Knut (1914—1998) 挪威语言学家。1914 年 3 月 7 日生于挪威克里斯蒂安尼亚(Kristiania,即今奥斯陆)。1932 年进入奥斯陆大学学习,1935—1936 年在巴黎大学和巴黎天主教学院(Catholic Institute of Paris)学习古典文献学以及希泰语、阿卡得语和古亚美尼亚语,1938 年到挪威北部学习萨米语(Sámi),1940 年完成文学硕士课程。二战期间,继续研究很少有人能懂的挪威中部山区的南萨米语(Southern Sámi),1946 年获博士学位。1947 年被聘为奥斯陆大学芬兰-乌戈尔语教授,一直工作到 1981 年退休。1949—1950 年任印第安纳大学布卢明顿分校客座教授,其间考察了阿留申群岛并将研究重心逐渐转向阿留申语。1998 年 7 月 9 日卒于奥斯陆。

克努特·贝格斯兰在芬兰-乌戈尔语族(尤其是萨米语)和爱斯基摩-阿留申语族研究方面具有突破性成就。他著述众多,其中完成于 1946 年的第一部专著《勒罗斯拉普语法》(*Røros-lappisk grammatikk*),以叶尔姆斯列夫(Louis Trolle Hjelmslev)语符学理论为框架,研究了南萨米语文本和语法。重要的有《阿留申语词典》(*Unangam Tunudgusii*, 1994,即 *Aleut Dictionary*)、《西格陵兰爱斯基摩语语法概要》(*A Grammatical Outline of the Eskimo Language of West Greenland*, 1955)、《阿留申语语法》(*Aleut Grammar*, 1997)和《古阿留申语人名》(*Ancient Aleut Personal Names*, 1998)等。

贝哈格尔 Behaghel, Otto (1854—1936) 德国语言学家。1854 年 5 月 3 日生于德国卡尔斯鲁厄(Karlsruhe),曾在德国海德堡(Heidelberg)、瑞士巴塞尔(Basel)和德国吉森(Gießen)等地的大学担任教授。1936 年 10 月 9 日卒于慕尼黑。

奥托·贝哈格尔主要从事当代德语和中古高地德语的理论研究。他创立了"贝哈格尔法则(Behaghel's Laws)",对 8—20 世纪的德语用法进行过系统的分析,认为语义关系密切的成分在语序上相邻,对交际不重要的成分位置靠前,表示特性的修饰成分位于被修饰成分之前。这一法则对于"话题述题(topic comment)"或"主位述位(theme rheme)"的研究,至今仍有重要的启示作用。

贝哈格尔主要论著有《德语研究》(*Die deutsche Sprache*, 1886)、《德语史》(*Geschichte der Deutschen Sprache*, 1891)、《救世主的句法》(*Syntax d. Heliand*, 1897)、《救世主与创世纪》(*Heliand und Genesis*, 1903)以及三卷本《德语句法》(*Deutsche Syntax*, 1923—1932)等。

贝克尔 Becker, Karl Ferdinand (1775—1849) 德国语法学家。1775 年 4 月 14 日生于德国摩泽尔河畔的利泽尔(Lieser, Mosel)。从小在"玫瑰之城"希尔德斯海姆(Hildesheim)接受教育,曾在哥廷根大学(University of Göttingen)学习医学,1801—1815 年在美因河畔奥芬巴赫(Offenbach am Main)行医,其间还做过军医;1820 年起兼职给以英语为母语的孩子上德语课,1823 年开设了一家小型私立学校。由于对阿德隆（Johann Christoph Adelung）修订的语法规则不满意，开始研究语言学，后成为法兰克福学者联谊会（Frankfurtischer Gelehrtenverein）会员。1849年9月4日卒于奥芬巴赫。

卡尔·贝克尔在句法学研究方面取得了巨大成就。他认为人类语言存在普遍语法，语法研究的目的就是演绎出人类语言的共有范畴，相当于亚里士多德的逻辑范畴。他将语法体系建构在自然语言经常使用的句子类型上，区分三种不同句法关系：主语关系（the subjective relation），如 The bird sings / is singing；宾语关系（the objective relation），如 The bird sings / is singing a song / beautifully；定语关系（the attributive relation），如 the singing / blue bird。此外，他还对语法形式（词类和曲折形式）和语法意义（句法功能）进行区分，并且描述了句法同义（即不同词类在句中功能相同）和句法同形异义（即相同语法形式在句中表示不同语法功能）的两种情况，从而划清了词类和句子成分之间的界限，用现代术语来说，即划清了范畴和功能之间的界限。

贝克尔的主要著作包括《语言之机理》（Organism der Sprache，1827；1841）、《德语语法》（Deutsche Grammatik，1829）和《学校用德语语法》（Schulgrammatik der deutschen Sprache，1931）等。

贝略 Bello, Andrés （1781—1865） 委内瑞拉语言学家。1781年11月29日生于委内瑞拉首都加拉加斯（Caracas）。曾就读于委内瑞拉大学（University of Venezuela），1800年获文学学士学位，毕业后从事家庭教师工作。1810年作为智利和哥伦比亚公使馆秘书到英国伦敦工作，1823年创办《美洲丛刊》（Biblioteca America），1826年又创办《美洲文集》（Repertorio Americano）。1829年移居智利的圣地亚哥，1842年为智利政府起草了《民法》（Civil Code of Chile），于1855年被智利议会通过生效，成为独立战争后拉丁美洲的第一部法典，1843年创办智利大学并出任校长，1851年获西班牙皇家语言研究院授予的名誉院士称号，1865年10月15日卒于智利圣地亚哥（Santiago）。

安德烈斯·贝略研究兴趣涉及法律、哲学、文学、语言学等多个领域。他曾发表不少的诗歌和散文，在委内瑞拉文学界赢得很高的声望。他的《西班牙语动词变位时态的意念分析》（Análisis Ideológico de los Tiempos de la Conjugación Castellana，1841）对时态研究见解独到；《拉丁美洲西班牙语语法》（Gramática de la Lengua Castellana Para uso de Hispano-americanos，1847）被认为是迄今为止拉丁美洲人写得最好的一部西班牙语语法，一直被拉丁美洲许多国家用作教材。

贝什 Beschi, Constanzo Guiseppe （1680—1747） 意大利语法学家。1680年11月8日生于意大利曼托瓦省的卡斯蒂廖内德莱斯蒂维耶雷（Castiglione delle Stiviere）。曾就读于耶稣会学校，1698年正式成为耶稣会士，1710年受命去印度南部城市马杜赖（Madurai）传教，先到达印度的果阿（Goa），次年5月到马杜赖（Madurai），此后一直在印度南部生活，其间不仅学会了泰米尔语，而且使用泰米尔语创作了许多诗歌、散文。1747年2月4日卒于印度喀拉拉邦（Kerala）。

康斯坦佐·圭塞佩·贝什潜心研究泰米尔语语文学，被誉为"泰米尔散文之父（Father of Tamil Prose）"，所著长篇叙事史诗《永不褪色的花环》（Thembavani）长达3615节，至今仍被奉为泰米尔文学经典。他按照传统泰米尔语语法模式编著了三部语法，分别是《拉丁泰米尔语法》（Grammatica Latino-tamulica，1728）、《泰米尔语共通方言语法》（A Grammar of the Common Dialect of the Tamil Language Called Kotuntamil，1728）和《上层泰米尔语语法》（A Grammar of High Tamil，1930）。此外，他还编纂了几部泰米尔语词典，包括《泰米尔语拉丁语词典》和《拉丁语泰米尔语葡萄牙语词典》。

1968年，印度泰米尔纳德邦（Tamil Nadu）为他在马德拉斯（Madras，今称"金奈[Chennai]"）树立了雕像。

贝特森 Bateson, Gregory （1904—1980） 英国人类学家。1904年5月9日生于英格兰的剑桥，父亲是现代遗传学创始人威廉·贝特森（William Bateson）。1925年获剑桥大学圣约翰学院（St. John's College，Cambridge）自然科学专业的学士学位，后留在剑桥大学工作并继续攻读人类学专业，1930年获硕士学位。毕业后，到新几内亚进行人类学研究，1936年与美国人类学家玛格丽特·米德（Margaret Mead）结婚，1948年赴美国加利福尼亚大学医学院任教，1964年到夏威夷海洋学院研究海豚的沟通交流系统，1972年到加利福尼亚大学圣克鲁兹分校（University of California，Santa Cruz）任教。1980年7月4日卒于美国旧金山。

格雷戈里·贝特森一生的研究涉及人类学、精神病学、动物行为学等诸多领域，虽非语言学家，但他的研究对社会语言学、人类语言学、语用学等语言学科都产生了重大影响。他与妻子在新几内亚岛进行人类学研究期间曾使用照相机、摄影机等辅助工具，他们合作出版的《巴厘岛居民的性格—图像解读》（Balinese Character: A Photographic Analysis，1942）首次在人类学研究与成果报告中使用影像资料。他与鲁斯（Juergen Ruesch）合著的《交流：精神病治疗的社会基础》（Communication: the Social Matrix of Psychiatry，1951），是精神病学研究领域的重要著作，提出并发展了双重约束（double bind）理论。

其他著作还包括《纳文：通过一个新几内部落文化的复合图像从三个观点提出的问题调查》（*Naven: A Survey of the Problems Suggested by a Composite Picture of the Culture of a New Guinea Tribe Drawn from Three Points of View*，1936）和《走向心灵生态之路》（*Steps to an Ecology of Mind*，1972）。

贝托尼 Bertoni, Giulio （1878—1942）
意大利语言学家。1878年8月26日生于意大利摩德纳（Modena），1897—1903年在意大利都灵大学求学，获博士学位后赴佛罗伦萨、巴黎和柏林继续深造，1905年到瑞士弗里堡大学（University of Fribourg）任教，被聘为罗曼语语文学系主任；1921年回到都灵大学，担任罗曼语语文学系主任至1928年；1932年当选为意大利皇家学术院（Reale Accademia d'Italia）院士。1942年5月28日卒于罗马。

朱利奥·贝托尼一生著述浩瀚似海，篇目达1400余种，但其学术成就主要在传统的语文学研究领域，严格意义上的语言学领域的成果次之。他于1917年创办《罗曼语档案》（*Archivum Romanicum*），刊物很快在文献评论界奠定了顶尖地位，1943年后改名为《新拉丁文化》（*Cultura Neolatina*）继续出版。在都灵大学任教期间，曾任《意大利百科全书》（*Enciclopedia Italiana*）编委，其晚年致力于编纂一部大型意大利语词典，遗憾的是未及完成字母C，便已与世长辞。贝托尼其主要作品包括《语言与文化》（*Lingua e Cultura*，1939）、《意大利语言概况》（*Profilo Linguistico d'Italia*，1940）等。

本菲 Benfey, Theodor （1809—1881）
德国语言学家。1809年1月28日生于德国哥廷根（Göttingen）附近的内尔滕镇（Nörten）。从小在父亲的教导下学习希伯来语，曾就读于哥廷根大学，受教于德国哲学家谢林（Friedrich Wilhelm Joseph Schelling）。1830年赴法兰克福做教师，利用业余时间翻译古罗马戏剧作家泰伦斯（Publius Terentius Afer）的作品。1834年赴哥廷根大学任教，讲授古典语言研究课程。在从事古典文学作品翻译的过程中，学习了梵语、俄语、闪语和波斯语等语言，1848年以后主要致力于梵语研究。1881年6月26日卒于哥廷根。

特奥多尔·本菲是德国民俗学最有影响的传播理论倡导者和流传学派的奠基人。他认为民间故事的研究应该从它的传播途径和方式入手，反对当时比较神话学从神名中推演神话起源的做法。1859年，他将印度古典文献《五卷书》（*Panchatantra*）译成德文出版，并为之创作长达五百多页的序言，详细描述这些印度故事经由阿拉伯世界流传到欧洲的过程，采用历史比较法分析古印度文献与其他东方古文献，指出古代印欧文化之间存在内在的联系，并由此创立民俗研究领域中重要的新学说——流传说。

本菲在古希腊语和梵语研究方面成就卓著。其重要著作包括《希腊语词根词典》（*Griechisches Wurzellexikon*，即 *Lexicon of Greek Roots*，1839—1842）、《楔形文字碑文》（*The Cuneiform Inscriptions*，1847）、《梵语手册》（*Manual of Sanskrit*，1852—1854）、《梵语英语词典》（*A Sanskrit-English Dictionary*，1866）和《初学者实用梵语语法》（*A Practical Grammar of the Sanskrit Language for the Use of Early Students*，1868）。

本居春庭 Motoori, Haruniwa （1763—1828）
日本国学家和语言学家。生于1763年3月17日，是日本著名国学家本居宣长（Norinaga Motoori）之长子，幼名健藏。自在孩提时代起，开始协助父亲誊稿和行医开方，在父亲的影响下学习日本国学；近30岁时，视力开始衰退，尽管得到最好的治疗，32岁时仍完全失明。其后，靠行医养家，讲授日本语言文学，在学生和家人的帮助下把讲座和研究写成文稿。1828年12月13日卒于家中。

本居春庭以日语形态学和句法学的创新研究见长，被誉为是日本动词变形研究的先驱。他继续父亲本居宣长对日本八世纪历史名著《古事记》（『古事記』）的研究，不仅编撰出版父亲的大量研究手稿，还继续动词变形的研究，出版了《词八衢》（『詞八衢』'Kotoba no Yachimata'，1806）和《词通路》（『詞通路』'Kotoba no Kayoiji'，1828）。《词八衢》对日语动词的变化做了大量系统的形态学研究，《词通路》对及物和不及物动词做了分类和比较，还对被动和使役动词的屈折变化做了研究，这些研究为日语教学奠定了重要的基础。另外，他还著有诗集《后铃屋集》（『後鈴屋集』'Nochi-Suzunoyasyū'，1832）。

本居宣长 Motoori, Norinaga （1730—1801）
日本语言学家。1730年6月21日生于伊势国的松坂（Matsusaka）。1752年，赴京都学习医学，并同时在堀景山（Keichu）门下学习日本国学，1757年回到故乡松坂，一边行医一边继续日本语言、文学和历史方面的研究，并为来自伊势各地的学生开讲座、著书。1801年11月5日卒于家中。

本居宣长的语言学贡献主要在分析日本古籍的基础上对形态学和语音学进行研究。他的《字音假名用格》（『字音仮字用格（じおんかなづかい）』，1776）主要研究日本古籍文献中被当作语音标记的假名用法，《词之玉绪》（『字音仮字用格（じおんかなづかい）』，1779）总结对后置小品词功能和动词屈折变化的看法，《字音假名三用法研究》（『字音仮字用

格(じおんかなづかい)』,1785)探讨日语假名音标用法及变化的历史过程。在日本国学方面,他的代表著作为 44 卷本的《古事记传》(『古事記伝』,1798)。他去世后,后人将其著作编为《本居宣长全集》(『本居宣長全集』全 20 卷别卷 3)于 1968—1977 年出版。

本维尼斯特　Benveniste, Émile　(1902—1976)　法国语言学家。1902 年 5 月生于叙利亚北部的阿勒颇(Aleppo)。自幼颇具语言天赋,对人文典籍也很感兴趣,1916 年被法兰西公学院(Collège de France)的梵文大师希尔文·列维(Sylvain Lévi, 1863—1935)推荐给索邦大学的语言学家旺德里(Joseph Vendryes),后又介绍给巴黎高等研究实践学院(École pratique des hautes études)和法兰西公学院的教授梅耶(Antoine Meillet)。1922 年通过语法科高级教师资格考试,同年获高等研究学院毕业文凭。1927 年接替导师梅耶主持高等研究学院的波斯伊朗语和比较语法教学,1935 年获博士学位,1937 年被聘为法兰西公学院教授,1969 年因病偏瘫;1969—1972 年任国际符号学协会(International Association for Semiotic Studies)第一任主席。1976 年 10 月 3 日卒于巴黎。

埃米尔·本维尼斯特的研究领域主要涉及语言分析,其中历时语言分析主要针对印欧语系诸语言,共时语言分析主要针对法语。1935 年,他完成题为《印欧语名词构成起源》(Origines de la formation des Noms en Indo-Européen)的博士学位论文,1948 年出版《印欧语的施动名词和行动名词》(Noms d'agent et Noms d'action en Indo-Européen),1969 年出版《印欧政制语汇》(Le Vocabulaire des Institutions Indo-Européennes)。此外,他还编辑出版了《普通语言学问题》(Problèmes de Linguistique Générale,1966),收录当时著名学者在普通语言学研究方面的文章。

本-耶胡达　Ben-Yehuda, Eliezer　(1858—1922)　犹太词典编纂家。1858 年 1 月 7 日生于沙俄时期卢日基(Luzhki,今白俄罗斯境内)的一个犹太家庭。从小进入犹太宗教学校学习希伯来语和《圣经》,知晓许多东欧的犹太习俗与文化,也学过法语、德语和俄罗斯语,曾在法国巴黎大学前身索邦大学(Sorbonne University)攻读中东历史和文化,1881 年移居巴勒斯坦耶路撒冷,自此积极支持犹太复国主义,复活犹太民族语言——希伯来语——则成为其终身目标。1922 年 12 月 16 日因肺结核卒于耶路撒冷。

埃利泽·本耶胡达是第一个支持并身体力行在日常生活中使用希伯来语的人,即使遭到巴勒斯坦正统犹太教徒的敌视和反对,甚至为此受到监禁和审判,也毫不动摇。他坚持使用希伯来语教育自己的儿子本锡安·本耶胡达(Ben-Zion Ben-Yehuda),使其成为第一个以现代希伯来语为母语的人,并积极帮助建立以希伯来语为教学语言的学校和幼儿园,扩大希伯来语的使用范围,不断从《圣经》及其他希伯来语典籍中寻找日常所需词汇,也创造一些新词以满足日常交际的需要。1884 年,他创办了第一份希伯来语报纸,1889 年参与创建希伯来语委员会(The Hebrew Language Council),该委员会在以色列建国后成为希伯来语言研究院。1904 年,在收集和创造数千新词汇基础上,他编纂了第一部现代希伯来语词典《希伯来语词汇大全》(Thesaurus Totius Hebraitatis)。1920 年,国际联盟委托英国管辖巴勒斯坦,英国政府将希伯来语、英语、阿拉伯语一同列为官方语言。由于本耶胡达为希伯来语的复兴奠定了坚实基础,后被称为"现代希伯来语之父"。

比克顿　Bickerton, Derek　(1926—　)　英国语言学家。1926 年 3 月 25 日生于英格兰柴郡(Cheshire)。曾就读于英国剑桥大学英国文学专业,1949 年获学士学位,毕业后在英国从事教学工作。1964 年赴加纳的海岸角大学(University of Cape Coast)担任现代英语讲师,1966 年回英国剑桥大学学习语言学硕士课程,1967 年获硕士学位,同年赴南美洲圭亚那大学(University of Guyana)担任高级讲师,讲授英语和语言学课程,并对当地克里奥耳语产生浓厚兴趣,1976 年获剑桥大学语言学博士学位。此后移居夏威夷,任夏威夷大学语言学教授长达 24 年之久,研究当地的克里奥耳英语。

德里克·比克顿早年写过诗歌、短篇故事、戏剧脚本和小说,语言学研究生涯大约开始于 20 世纪 70 年代。1975 年,他出版《克里奥耳语的动态系统》(Dynamics of a Creole System),展示他在圭亚那期间克里奥耳语的研究成果。1981 年,出版《语言根源》(Roots of Language),指出克里奥耳语是由皮钦语演变而来,而这一演变是在"语言生物程序假说(Language Bioprogramming Hypothesis)"的框架内进行的。他的语言生物程序假说认为,语言源于大脑中的神经生物学进化,是人脑的内在组成部分,这一观点在本质上与乔姆斯基提出的普遍语法观点有相似之处。1990 年,他出版《语言与物种》(Language and Species),继续解释导致人类语言习得的普遍生物进化过程,指出这一进化过程与动物的交流系统有着本质区别。2008 年,出版回忆录《混蛋方言》(Bastard Tongues),向读者讲述他调研的过程和理论研究成果。

比勒　Bühler, Karl　(1879—1963)　德国语言学家和心理学家。1879 年 5 月 27 日生于德国德国巴登符腾堡州梅克斯海姆镇(Meckesheim)。曾在德国斯特拉斯堡、柏林和波恩等大学学习医学和心理学。获哲学和医学博士学位后，在维尔茨堡大学为心理学家奥斯瓦尔德·屈尔佩（Oswald Külpe）做助理。1922—1938 年先后在德雷斯顿大学和维也纳大学任心理学教授。1940 年因逃避纳粹迫害，先后辗转到伦敦和奥斯陆，后移民至美国定居于洛杉矶。1959 年获德国心理学学会（German Society of Psychology）颁发的威廉·冯特奖章（Wilhelm-Wundt Medal）。1963 年 10 月 24 日卒于洛杉矶。

卡尔·比勒的研究领域涉及语言学和心理学。在语言学领域，主要以指示语和语言功能方面的研究而闻名，也涉足音位学、句法学、形态学和文体学方面的研究。他还提出了四个重要的语言学假设原理，分别是语言的"工具模型论"（organon model）、"符号论"（sign status）、"场结构论"（field structure），以及"语言是由语义和句法两个方面组成的系统"的假设。在这四个假设原理中，语言的符号论最具影响力。在心理学领域，他是德国匹兹堡学派的核心成员之一，对发展心理学、语言理解、人类认知等问题的研究均有独到见解。

比勒的代表作有《思维过程心理学的事实和问题》（*Tatsachen und Probleme zu einer Psychologie der Denkvorgänge*，1907—1908）、《儿童精神的发展》（*Die Geistige Entwicklung des Kindes*，1918）、《心理学危机》（*Die Krise der Psychologie*，1927）、《表达的理论》（*Ausdruckstheorie*，1933）和《语言的理论》（*Sprachtheorie*，1934）。

彼得勒斯　Petrus Hispanus　参见"佩特鲁斯"。

波埃修斯　Boethius of Dacia　丹麦哲学家。生于 13 世纪上半叶，早期生活大多已无从考证，学术活跃期大约在公元 1275 年左右。曾在巴黎大学讲授哲学和语法课程，著作涉及逻辑学、自然哲学、玄学、伦理学、语言等领域。作为亚里士多德和阿威罗伊（Averroes）的追随者，因激进的阿威罗伊主义（Averroism）思想而受到宗教迫害，被迫离开巴黎。晚年可能加入道明会（Dominican Order），并可能在罗马尼亚的达西亚谋生。

达契亚的波埃修斯的语言和语法理论主要承袭中世纪亚里士多德哲学的阿威罗伊主义传统，思考语法的本质如何反映真实世界。他认为，语法属于科学范畴，哲学和语法是互相交织、不可分离的。波埃修斯的很多著作已经遗失，尚存的三部著名作品包括《论至善》（*On the Supreme Good*）、《论世界的永恒》（*On the Eternity of the World*）和《论梦》（*On Dreams*）。

波颠阇利　Patañjali　古印度语言学家。亦译波檀阇利，生活在公元前 2 世纪。后人所了解的波颠阇利生平皆为传说，而且主要与其作为《瑜伽经》（*The Yoga Sutras*）作者的身份有关。但是，印度传统语言学家大多认为，作为语言学家的波颠阇利与《瑜伽经》的作者并非同一个人。

波颠阇利是波尼尼（Pāṇini）传世之作《八章经》（*Ashtadhyayi*）最重要的注疏者之一，与波尼尼和迦旃延（Kātyāyana）被印度学者并尊为"语法研究三圣人（Trimuni-Vyakarana）"。他还以《大疏》（*The Great Commentary*）而闻名，该书篇幅宏大，共八十五章，以师生对话的形式对《八章经》中言简意赅的经文进行详尽的解说和深入的探讨，讨论不仅涉及波尼尼的语法分析技术，还关系到许多宏观的语言和哲学问题，并且形式活泼，例证丰富，为后世学者展现出一幅与《八章经》的精简风格完全不同的研究图景。此外，他还在《大疏》中对先于自己一个世纪的《八章经》研究者迦旃延（Katyayana）的著作《释补》（*Varttika*）进行全面讨论，正是由于波颠阇利的引述，迦旃延的《释补》才得以为后世所了解。

波科尔尼　Pokorny, Julius　（1887—1970）奥地利语言学家。1887 年 6 月生于布拉格。曾就读于维也纳大学，先主修法律，后改习方向为语文学和语言学，1912 年获博士学位。1914 年成为母校维也纳大学的爱尔兰文学讲师。1920 年接替迈耶尔（Kuno Edward Meyer）担任柏林大学凯尔特语教授，因其犹太血统而遭到纳粹迫害被迫于 1935 年离职。1943 年逃离纳粹德国，定居于瑞士苏黎世，先后在苏黎世大学、伯尔尼大学（University of Bern）和弗里堡大学（University of Fribourg）任教，1959 年退休。因在学术方面取得巨大成就，曾被德国的柏林大学、英国的斯旺西大学（University of Swansea）和爱丁堡大学（University of Edinburgh）授予荣誉博士学位。1970 年 4 月 8 日卒于瑞士苏黎世。

朱利叶斯·波科尔尼以凯尔特语和古爱尔兰语研究而著名。在古爱尔兰语研究方面，他著有《古爱尔兰语历史读本》（*A Historical Reader of Old Irish*，1923）和《古爱尔兰语语法》（*Altirische Grammatik*，1925）；在凯尔特语研究方面，著有《凯尔特人和伊利里亚人史前考》（*Zur Urgeschichte der Kelten und Illyrier*，1938），从考古和人名地名学角度对凯尔特诸语言进行详实考证，提出在凯尔特人踏遍西欧之前，伊利里亚人曾兴盛一时，但这一提法目前尚未得到广泛认同。

波科尔尼的其他重要作品还包括两卷本《印欧词源词典》（*Indogermanisches Etymologisches Wörterbuch*，1959～1969），该词典在奥地利语言学家瓦尔德（Alois Walde，1869—1924）的《印欧诸语言比较词典》（*Vergleichendes Wörterbuch der indogermanischen Sprachen*，1927—1932）基础上提炼而成。

波拉德　Pollard, Carl Jesse　（1947— ）
美国语言学家。生于1947年6月28日。1970年毕业于普渡大学（Purdue University）数学专业，获理学学士学位。1973年布朗大学数学专业毕业，获理学硕士学位；1978年毕业于印第安纳大学东亚语言与文化专业，获文学硕士学位。1984年获斯坦福大学语言学博士学位，论文题为《广义短语结构语法、中心词语法与自然语言》(Generalized Phrase Structure Grammars, Head Grammars, and Natural Language)，此后在俄亥俄州立大学任语言学教授。

卡尔·杰西·波拉德的研究领域主要是形式句法和语义学。他是"中心词语法（Head Grammar）"和"高阶语法（Higher-Order grammar）"理论的创始人，并与萨格（Ivan A. Sag）等人一起创立"中心词驱动的短语结构语法（Head-driven Phrase Structure Grammar）"理论，简称 HPSG 理论。1987年，与萨格合著《基于信息的句法和语义》(Information-based Syntax and Semantics)，建立起中心语驱动的短语结构语法理论的基本框架。1994年，两人再次合作出版《中心语驱动的短语结构语法》(Head-driven Phrase Structure Grammar)，对理论进行修改和完善。本质上，中心语驱动的短语结构语法也是一种生成语法理论，认为语法结构和语义结构之间具有平行且互为制约的关系，并特别强调语言单位的精确数学模型（modeling），许多计算机执行程序都基于此理论而设计。中心语驱动的短语结构与乔姆斯基的生成语法理论中的短语结构不同，具有非派生（non-derivational）、基于约束（constraint-based）和表层导向的（surface-oriented）的特点。

波拉德的研究兴趣还包括语言哲学、语言逻辑、语言理论中的计算机科学、计算语言学、数理语言学、中国语言学和语用学。目前，他主要从事聚敛语法（Convergent Grammar，简称 CVG）的研究。

波洛克　Pollock, Jean-Yves　（1946— ）
法国语言学家。1946年2月18日生于法国巴黎。1971年获英语会士（Agrégé d'anglais）学位，取得大、中学任职资格；1985年起任巴黎第八大学（University of Paris VIII）普通语言学教授。

让伊夫·波洛克的研究方向为句法学与认知科学，尤以比较句法研究、动词移位和英语及法语的 IP 结构研究见长。1989年在《语言学探索》(Linguistic Inquiry)发表题为《动词移动、普遍语法与 IP 结构》(Verb Movement, Universal Grammar, and the Structure of IP)的文章，通过对英语和法语的句法结构差异研究，提出"屈折中心语分解假设（Split INFL Hypothesis）"，旨在解决原则与参数理论框架下的"单屈折中心语分析（single INFL analysis）"所带来的不足。按照该假设，屈折中心语 I 被分解为与它的[＋时态，＋体]（[＋TENSE, ＋ASP]）特征相对应的两个功能性中心语时态 T 和体 Asp。

波洛克的重要论文还有《关于从属名词结构附着形式的句法：附着代词与省略》(On the Syntax of Subnominal Clitics: Cliticization and Ellipsis, 1998)、《罗曼语中的主语倒装与普遍语法》(Subject Inversion in Romance and the Theory of Universal Grammar, 2001)和《关于罗曼语中 Wh-问句的左侧边缘理论》(On the Left Periphery of Some Romance Wh-questions, 2004)等；论著有《语言与认知》(Langage et Cognition, 1998)、《罗曼语中的主语倒装与普遍语法理论》(Subject Inversion in Romance and the Theory of Universal Grammar, 2001)等。

波尼尼　Pāṇini　古印度语法学家。亦译波你尼，生卒年份不详。根据中国唐代僧人玄奘的相关记载和现代的历史考证，一般认为，波尼尼诞生于印度西北健陀罗（Gandhara）地区的娑罗睹逻（Shalatula）城，即今巴基斯坦白沙瓦（Peshawar）附近，生活在大约公元前5世纪至公元前4世纪之间。

波尼尼是古印度语法学的集大成者。他的著作对古代南亚、东亚的语言研究和教学以及18世纪末至19世纪西方的语言学发展都产生过巨大影响。在结合前人成果和自身探索的基础上，他凭借自己创造的一套术语，对吠陀时期和古典时期之间的过渡梵语的语音和词法作了十分细致的分析。他将词分为名词、动词、介词和不变词四个类，有形态变化的是名词和动词。为了准确地描写形态变化，他还区分词的"界（dhatu，即词根）"和"缘（pratyaya，即词缀）"，认为动词词根是语言中最根本的成分，几乎所有的名词都是从动词词根演变而来。在分析"界"和"缘"两者的结合规则时，他还提出了许多系统而精细的语音知识，对元音、辅音的发音部位、发音方法以及语流音变等的分析都很科学。

波尼尼的语言研究成果保存在其传世名作《八章经》(Ashtadhyayi)中。该书因正文包括八章而得名，有时也被称为《波尼尼语法》或《八章书》。《八章经》以便于记诵的口诀式"经（sutra）"体创作而成，全文除正文外，还包括"湿婆经（Shiva Sutra）"、"界读（Dhatupatha）"和"群读（Ganapatha）"三个附件，其中"湿婆经"是一个介绍发音和书写的简明字符表，"界读"和"群读"则分别是一个动词词根表和一个按照词的变化特征分类的词汇表。

波你尼　Pāṇini　参见"波尼尼"。

波普　Pop, Sever　（1901—1961）　罗马尼亚语言学家。1901年7月27日生于罗马尼亚西北部比斯特里察讷瑟乌德县（Judetul Bistrita-Năsăud）的波亚纳依尔维（Poiana Ilvei）。1919年在克卢日大学(University of Cluj)研习罗曼语语言学，1925年获博士学位，并获奖学金赴巴黎高等研究实践学院深造，师从安托万·梅耶(Antoine Meillet)、阿尔伯特·托马斯(Albert Thomas)、奥斯卡·布洛赫(Oscar Bloch)和朱尔·吉叶龙(Jules Gilliéron)等。1929—1941年，先后在克卢日、切尔讷齐乌(Cernăuti)和布加勒斯特(Bucharest)等地担任方言学讲师和教授。二战期间，曾任罗马的罗马尼亚学院院长。1948年任鲁汶大学(University of Leuven)客座教授，1953年成为该校罗曼语语言学和方言学的功勋教授。1960年8月曾任在勒芬和布鲁塞尔举行的第一届普通方言学国际会议主席。1961年2月17日卒于鲁汶。

塞弗尔·波普的学术贡献主要在方言学领域。他创立了"普通方言学国际中心(Centre international de dialectologie générale，简称CIDG)"，创办了《地球》(*Orbis*)期刊，发表方言学、普通语言学和语言目录学(linguistic bibliography)的研究成果。他的研究涉及达科罗马尼亚语(Daco-Romanian)、亚美尼亚语、梅戈来诺罗马尼亚语(Megleno-Romanian)和伊斯特拉罗马尼亚语(Istro-Romanian)。1938年和1942年，他先后出版《罗曼语言地图集》(*Atlasul Lingvistic Roman*)的前两卷，这两部作品随后被重新整理为简明版的《小罗曼语言地图集》(*Micul Atlas Lingvistic Roman*)。1948年，出版《罗马尼亚语语法》(*Grammaire Roumaine*)。1950年出版的《方言》(*La Dialectologie*)详尽地综述他在罗曼语和其他一些语言方言领域的研究成果。

波斯特尔（保罗·马丁·～） Postal, Paul Martin （1936—） 美国语言学家。1936年11月10日生于美国新泽西的威霍肯(Weehawken)。1957年毕业于纽约哥伦比亚学院人类学与哲学专业，获文学士学位。1963年毕业于耶鲁大学人类学系，获博士学位，之后任教于麻省理工学院；1965年起任教于纽约城市大学，1967年起受聘于国际商用机器公司(IBM)从事研究工作。1994年起就职于纽约大学。

保罗·马丁·波斯特尔的主要研究范围是语法理论，尤其是关系语法理论。他不仅研究英语语法、法语语法、语言学基础理论，而且研究自然语言的心理与非心理特征等问题。虽然是"生成语法(generative grammar)"早期发展的重要贡献者之一，但他反对乔姆斯基推广其语言理论的方式，转而成为"生成语义学(generative semantics)"的提倡者。2004年，他和莱文(Robert M. Levine)合著《反乔姆斯基读本》(*Anti-Chomsky Reader*)一书，重新评估了乔姆斯基的语言学研究。

波斯特尔的主要论著包括《音系理论面面观》(*Aspects of phonological theory*，1968)、与戴维·约翰逊(David E. Johnson)合著的《对弧语法》(*Arc Pair Grammar*，1980)和《语言样本内容的管理》(*Policing the Content of Linguistic Examples*，2003)。

波斯特尔（纪尧姆·～） Postel, Guillaume （1510—1581） 法国语言学家。1510年3月25日生于诺曼底的巴朗通(Barenton)。最初从事希腊语、希伯来语和阿拉伯语的研究工作，后醉心于宗教活动，继而辗转到巴黎求学，并于1530年获得硕士学位。1536年进入法国驻君士坦丁堡大使馆，并在那里学习和研究阿拉伯语。1538年，回到巴黎皇家学院任数学和语文学教授。1542年由于卷入宫廷纠纷和阴谋而不得不离职，后转而从事传教活动。为找到合适的传教工作，曾去罗马加入耶稣会，但很快发现其见解难以被接受，1545年脱离耶稣会去到威尼斯，开始专注于创作和卡巴拉研究(Cabbalistic studies)。1549年赴巴勒斯坦和君士坦丁堡，后又返回巴黎传教。1581年9月6日卒于巴黎。

纪尧姆·波斯特尔是最早对希伯来语以外的东方语言持有浓厚兴趣的欧洲学者之一。他发现希伯来语与阿拉伯语颇有相似之处，这使他成为闪语比较语言学的先驱。他大力宣扬阿拉伯语研究对成功布道的推进作用，于1538年(一说1540年)出版首部阿拉伯语语法。1538年，他出版《十二种语言字母表入门》(*An Introduction to the Alphabetic Characters of Twelve Different Languages*)，并首次识别古犹太硬币上的文字。不过，波斯特尔的大部分创作与语言学并无关联。

波檀阇利 Patañjali 参见"波颠阇利"。

波特 Pott, August （1802—1887） 德国语言学家。1802年11月14日生于德国汉诺威。曾在哥廷根大学(University of Göttingen)学习神学，后对语言学产生兴趣，1827年完成博士学位论文《关于语言中由介词表示的关系》(*Concerning the Relations That Are Denoted in Languages by Prepositions*)。同年进入柏林大学，受教于第一个对印欧语进行深入研究的重要学者葆朴(Franz Bopp)。1830年成为柏林大学讲师，讲授普通语言学课程。1833年任哈雷大学(University of Halle)普通语言学教授。1887年7月5日卒于哈雷。

奥古斯特·波特通过研究印欧语中的亲属词，发现亲属词之间存在着语音对应关系，由此创立了近代词源学(modern etymological studies)。1833—1836年，他著成《印欧语系语言领域内的词源研究》(*Etymologische Forschungen auf dem Gebiete der indo-germanischen Sprachen*，1859)，成为历史比较语言学的重要作品。除了印欧语词源方面的研究，他的著作和论文还涉及南部非洲语言、爪哇语和日语等。

波铁布尼亚　Potebnja, Alexander

（Александр Афанасьевич Потебня，1835—1891）　俄国语言学家。1835 年 9 月 22 日生于乌克兰的波尔塔瓦州（Poltava oblast）。曾在乌克兰的哈尔科夫大学（Haerkof University）求学，1856 年毕业并留校任教，1875 年任教授，1877 年任彼得堡皇家科学院通讯院士。1891 年 12 月 11 日卒于哈尔科夫。

亚历山大·波铁布尼亚的研究深受德国学者洪堡特（Wilhelm Freiherr von Humboldt）的影响，主要从哲学与心理学的角度出发，重点关注语言与思维的关系，强调思想是借助语言并在语言的基础上形成的，并认为词具有概括思想和发展思想的功能。他的研究领域很广，包括语言学、语文学、民间文学、诗歌和人种史等。主要代表作为《思维与语言》（Мысль и язык，1862）和《俄语语法札记》（Из записок по русской грамматике，1874—1941）。《俄语语法札记》共四卷，详细阐述他对词、语法形式、语法范畴等基本问题的观点；《思维与语言》则探讨词的内部形式问题。

伯格斯特罗姆　Borgstrøm, Carl Hjalmar

（1909—1986）　挪威语言学家。1909 年 10 月 12 日生于当时的挪威首都克里斯蒂安尼亚（Christiania，1925 年复名"奥斯陆"）。1932—1935 年在都柏林的神学院讲授对比语言学课程；1936—1937 年，在土耳其的安卡拉（Ankara）担任梵语客座教授，其间学会土耳其语。二战期间，到瑞典南部斯科讷省隆德（Lund）讲授语言学课程。1947 年回到奥斯陆大学任印欧对比语言学教授。1986 年卒于奥斯陆。

卡尔·雅尔玛尔·伯格斯特罗姆一生从事教学和研究，主要研究兴趣是凯尔特语和普通语言学。发表著作不多，包括论文《挪威语音系学》（Zur Phonologie der Norwegischen Schriftsprache，1938）和在杂志专刊上发表的"苏格兰盖尔语方言的语言学调查（A Linguistic Survey of the Gaelic Dialects of Scotland）"项目成果《外赫布里底群岛方言》（The Dialects of the Outer Hebrides，1940）和《斯凯岛和罗斯郡的方言》（The Dialects of Skye and Rossshire，1941），还有主编的教材《普通语言学入门》（Innføring i Sprogvidenskap，1958）。《普通语言学入门》将欧美的结构主义观点与作者本人对语言分析的独到见解相结合，不仅成为挪威语言学界长达二十余年的基础教材，而且在北欧的其他一些国家也广泛使用。

伯内特　Burnett, Lord Monboddo, James

（1714—1799）　苏格兰语言学家。1714 年 10 月 25 日生于苏格兰的蒙博多（Monboddo）。曾在爱丁堡大学学过法律，毕业后成为法官。1767 年被授予蒙博多勋爵封号，1799 年 5 月 26 日卒于爱丁堡。

詹姆斯·伯内特是现代历史比较语言学奠基人之一，几乎在同一时期发表了两部重要著作，一部是六卷本《论语言的起源与演变》（Of the Origin and Progress of Language，1773—1792），另一部是六卷本《古代形而上学》（Ancient Metaphysics，1779—1792）。在《论语言的起源与演变》中，他指出语言并非人类与生俱来的，而是被创造出来的，认为只有当人类开始群居生活时，才逐渐由动物的叫声进化成具有特定意义的声音，而处于自然、原始阶段的人类是没有语言的。虽然这一观点的基础可能不够牢固，但提出语言演变进化的观点的时间要比达尔文更早。在《古代形而上学》中，他反对当时盛行的洛克（John Locke）经验主义思想，支持唯心主义的形而上学理论以及古希腊哲学家亚里士多德的权威性。

伯特林克　Böhtlingk, Otto Nikolaus

（1815—1904）　德国语言学家。1815 年 3 月生于俄国圣彼得堡的一个德国商人家庭。曾就读于当地大学，学习阿拉伯语、波斯语、梵语等东方语言。1835 年，到德国柏林深造。1839—1842 年期间，就读于德国波恩大学（University of Bonn），师从著名语言学家奥古斯特·威廉·范·施莱格尔（August Wilhelm von Schlegel）。1842 年，回到俄国，成为圣彼得堡帝国科学院的研究员。1904 年 4 月 1 日卒于德国莱比锡。

奥托·尼古劳斯·伯特林克的研究领域之一是属于突厥语族的雅库特语（Yakut）。曾对俄国探险家米德多甫（Alexander Theodor von Middendorff，1815—1894）率领的西伯利亚探险队带回的雅库特语资料进行系统整理，对其加以描述和汇编，被后人奉为阿尔泰语系研究领域的经典文献。由于雅库特语来自东西伯利亚，无书面语，鲜为人知，因此他在汇编中使用早期欧洲类型学理论对雅库特语进行分析，并使用比较和历史文献学的方法区分雅库特语中来自突厥语、蒙古语和其他语言的借词。

伯特林克的另一重要研究领域是梵语。早在波恩大学求学期间，就出版了印度梵语语法学家波尼尼（Pānini）的《波尼尼语法》（Pānini's Acht Bucher grammatischer Regeln，1839—1840），书中提供了大量的印度学者及他自己的评注，并于 1887 年修订再版。另外，在罗斯（Rudolf von Roth）等人帮助下，他编纂了《梵语词典》（Sanskrit Dictionary，1855—1875），该词典亦被称为《圣彼得堡词典》（St. Petersburg Dictionary），是欧洲第一部以印度文本为基础编纂的梵语词典，同时也是一部基于历史语言学原则的词典，反映了从吠陀赞美诗发展而来的梵语的后期几个阶段。

博杜恩·德·库尔特内 Baudouin de Courtenay, Jan Niecistaw Ignacy （1845—1929）

波兰语言学家。1845年3月13日生于波兰拉杰明（Radzymin）。1862年进入华沙高等学校历史语言系学习，1866年毕业，同年获俄国国民教育部奖学金赴布拉格、耶拿、柏林、莱比锡等地留学。1866—1868年赴彼得堡大学学习，两年后获硕士学位。1870年获德国莱比锡大学哲学博士学位。1875年获俄国圣彼得堡大学比较语言学博士学位。毕业后，先后在喀山（1874—1883）、多尔帕特（Dorpat今爱沙尼亚塔尔图，1883—1893）、克拉科夫（Kraków，1893—1899）和圣彼得堡（1900—1918）等地的大学任教。1918年回到波兰，受聘于波兰华沙大学。1929年11月3日卒于华沙。

扬·尼耶西斯洛夫·伊格纳西·博杜恩·德·库尔特内的研究范围涉及印欧语系的各种古今语言，以及历史语言学和普通语言学的各个领域。他认为当时盛行的历史语言学只是语言学研究的一个方面，并提出语言的静态研究应该成为语言学研究的一个专门领域。关于语言系统，他认为语言是一种各个成分间相互关联的符号体系，符号的确定具有偶然性，在实际研究中，应该区别作为符号系统综合体的语言和作为反复出现的过程的语言。博杜恩·德·库尔特内指出语言共时和历时研究的区别，并提出区分"纯粹语言学"和"应用语言学"研究。

在语言理论方面，博杜恩·德·库尔特内认为音位与词的语义表象和形态表象都有联系，而且不同音位的交替就是实现各种形态和语义表象的手段，并对于语音交替现象进行详细的阐释和分类，因此也被后人视作最早对音素和音位进行明确区别的音位学研究先驱。他在音位学研究领域具有重要贡献，被认为是现代音位学的创始人之一。他区分音素和音位，并且从形态学的角度对音素和音位进行分析，将音位学和形态学结合，为形态音位学的产生奠定了基础。他的研究对布拉格学派的基本观点的形成有重要影响。在喀山大学任教期间，库尔特内创立喀山学派。学派成员主要为他的学生和同事，他们经常聚会交流，对语言研究中的重要问题进行讨论和总结。音位、语言系统、言语现象、应用语言学等术语和基本观点都是在学派内各种讨论中逐渐形成的。

博杜恩·德·库尔特内精通波兰语、俄语、德语、法语、意大利语、斯洛文尼亚语等多种语言，发表过六百多篇（部）论文和著作，主要包括《对语言学和语言的若干原则看法》(Некоторые общие замечания о языковедении и языке, 1871) 和《语音交替理论探索》(Versuch einer Theorie phonetischer Alternationen, 1895) 等。

博厄斯 Boas, Franz （1858—1942）

美国人类学家。1858年7月9日生于德国北莱茵威斯特伐利亚州明登市（Minden, Westphalia）一个犹太人家庭。曾就读于德国的海德堡大学、波恩大学和基尔大学（University of Kiel），1881年获物理学和地理学博士学位。1883—1884年参与加拿大巴芬岛的实地考察，研究自然环境对当地因纽特人迁移生活的影响。1885年赴柏林的皇家民族学博物馆工作，其间对太平洋西北海岸的美洲土著文化产生兴趣。1887年赴美国任《科学》(Science) 杂志的助理编辑，次年在美国克拉克大学（Clark University）任人类学讲师。1892年加入美国国籍。1893年到芝加哥的哥伦布纪念博览会（World Columbian Exposition）任职。1899年被聘为哥伦比亚大学人类学教授。1901—1905年任美国自然历史博物馆民族学馆馆长。1907—1908年任美国人类学协会（American Anthropological Association）主席。1910年任纽约科学院（New York Academy of Sciences）主席。1931年任美国科学促进会主席。1942年12月21日卒于纽约。

弗朗茨·博厄斯是现代人类学的奠基人之一，享有"美国人类学之父"的美誉，对加拿大的因纽特人以及美洲印第安人的文化和语言研究都做出了巨大的贡献。1888年，出版《中央爱斯基摩人》(The Central Eskimo)，描写和总结他在加拿大巴芬岛的实地考察。1911年，出版《美洲印第安语手册》(A Handbook of American Indian Languages)，主张客观地描写印第安人的语言，摈弃种族主义。他把语言学看作是人类学的一部分，强调每种语言都有其自己的语音、形式和意义的结构，描写一种语言要根据其自身的结构做客观的描写，不可套用其他语言或者传统语法的框框。换言之，描写的本身就是目的。博厄斯的这条原则后来成为描写语言学最重要的指导原则，在这个意义上，博厄斯也被认为是美国描写语言学的早期奠基人，美国描写语言学的序幕由此揭开。

博厄斯其他的主要著作还包括《原始人的心理》(The Mind of Primitive Man, 1911)、《原始艺术》(Primitive Art, 1927)、《人类学和现代生活》(Anthropology & Modern Life, 1928—1938) 和《种族、语言和文化》(Race, Language and Culture, 1940)。

博金 Bergin, Osborn Joseph （1873—1950）

爱尔兰语言学家。1873年11月26日生于爱尔兰第二大城市科克（Cork）的一个新教徒家庭。曾就读于科克皇后学院（Queen's College Cork，现名"科克大学学院"University College Cork），对爱尔兰语兴趣盎然，其间曾加入盖尔民族联盟（Gaelic League）。大学毕业后，先在科克的一所中学任教，1897年成为科克皇后学院的爱尔兰语讲师。其间，分别于1896年、1897年和1901年出版了三部爱尔兰语教材。1903年进入爱尔兰语学习院（School of Irish Learning）学习古爱尔兰语，获格林夫人（Alice Stopford Green）奖学金赴德国柏林和弗赖堡学习凯尔特语。1906年在瑞士语言学家图尔内森（Rudolf Thurneysen）指导下完成题为《古爱尔兰语硬腭化历史的贡献》（Contributions to the History of Palatalisation in Old Irish）的博士学位论文。返回爱尔兰继续在爱尔兰语学习院任教，并于1908年接替斯特罗恩（John Strachan，1862—1907）担任该院教授。1909年被都柏林大学学院（University College Dublin）聘为古代及中世纪爱尔兰语教授。1940年赴当时正在筹建的都柏林高等研究院（Dublin Institute for Advanced Studies）任职，一年后辞去该院爱尔兰研究学校资深教授和校长职务。1950年10月6日卒于都柏林。

奥斯本·约瑟夫·博金主要研究古代和现代爱尔兰语，论文大多在《爱尔兰语》（Ériu）杂志上发表。关于古爱尔兰语，他提出著名的"博金定律（Bergin's Law）"，认为古爱尔兰语句子的正常语序是"动词＋主语＋宾语"，但当句子非独立时动词则可置于句末。1913—1976年，担任《主要基于古爱尔兰语和中世纪爱尔兰语资料的爱尔兰语词典》（The Dictionary of the Irish Language Based Mainly on Old and Middle Irish Materials）的主编。其代表著作是《爱尔兰语语法短论》（Irish Grammatical Tracts，1915—1928），汇编了大量对中世纪弹唱诗人的语法的论述。1938年，他与爱尔兰语言学家宾奇（Daniel Anthony Binchy，1899—1989）合作编译了取材于12世纪爱尔兰语写成的神话传说故事《爱黛恩情史》（Tochmarc Étaine）三部曲。其后，又与宾奇一起完成了他最重要的学术成果——把图尔内森的作品《古爱尔兰语手册》（Handbuch des Alt-Irischen，1909）译成英语，出版了两个译本，分别为《古爱尔兰语语法》（A Grammar of Old Irish）和《古爱尔兰语读本》（Old Irish Reader，1946—1949）。

博克斯霍恩　Boxhorn, Marcus Zuerius（1612—1653）　荷兰语言学家。1612年8月28日生于荷兰南部的贝亨奥普佐姆（Bergen op Zoom）。曾就读于莱顿大学（University of Leiden），毕业留校任教，任修辞学和历史学教授。1653年10月3日卒于莱顿。

马尔库斯·博克斯霍恩对欧洲语言进行了系统的比较研究，发现荷兰语、希腊语、凯尔特语、斯拉夫语、波斯语、德语、波罗的语族等印欧语系的语言在形态、语音等方面均存在一定的相似之处，因而指出这些语言很可能来自同一种古老的原始语言——西塞亚语（Scythian）。遗憾的是，他的研究逐渐被冷落，直到一个世纪之后的1786年，英国学者威廉·琼斯爵士（Sir William Jones）才在第三届孟加拉皇家亚洲学会的年度讲演会上再次提出关于"原始印欧语"的假设。

博韦的拉尔夫　Radulfus Bellovacensis/Belvacensis　参见"拉尔夫（博韦的～）"。

博泽　Beauzée, Nicolas（1717—1789）　法国语法学家。1717年5月9日生于法国默兹省的凡尔登（Verdun, Meuse）。曾在皇家军事学校（École royale militaire）任教，并任学校语法委员会会长职务。1772年接替杜克洛（Charles Pinot Duclos，1704—1772），成为法兰西学术院院士。1789年1月23日卒于巴黎。

尼古拉·博泽的研究兴趣为语法，认为语法是一门科学，语法规则具有普遍性，反对存在特定语言语法的观点，同时主张思想独立于语言，认为语言在反映思想的同时，又是一种分析问题的工具。研究成果体现在两个方面：一是接替法国语法学家、哲学家迪马尔赛（Du Marsais，1676—1756），为狄德罗（Denis Diderot）主编的《百科全书》的第8—17卷撰写了130余篇关于语法和语言的条目文章，二是著成《普通语法》（Grammaire Générale，1767）。博泽将著作的副书名称作"或称为"语言的必要成分制理性阐释"，供一切语言之用》（ou Exposition raisonnée des éléement nécessaires du langage, pour server de fondement à l'étude de toutes les langues）。在《普通语法》中，他根据《圣经》的传统教义认为语言是神赐的礼物，认为人是凭借神赐的普遍语法规则才习得具体语言。因为这部作品，他荣获奥地利女皇玛丽娅·特雷莎（Maria Theresia）颁发的金质奖章。

布尔　Boole, George（1815—1864）　英国数学家和逻辑学家。1815年11月2日生于英格兰林肯郡。从小喜爱数学，并在家庭教师的指导下学过拉丁语，十八九岁时自学了希腊语、法语和德语。由于父亲的商店生意清淡，他从16岁时开始从教帮助养家，20岁时开办寄宿学校，工作之余阅读数学杂志，刻苦钻研牛顿、拉普拉斯（Pierre-Simon Laplace，1749—1827）、拉格朗日（Joseph-Louis Lagrange，1736—1813）等人的经典之作。1844年在《皇家学会哲学学报》（The Philosophical Transactions）上发表重要论文，论述如何把代数方法与微积分方法结合在一起。1847年出版《逻辑学的数学分析》（The Mathematical Analysis of Logic），论证逻辑学与数学的密切联系，在英国逻辑学和数学界赢得了美誉。1849年在爱尔兰科克皇后学院（Queen's College Cork）获得数学教授职位，1851年起任科学学院院长。1864 年 12 月 8 日卒于爱尔兰科克郡巴林坦普尔(Ballintemple, County Cork)。

乔治·布尔一生热衷于数学和逻辑学研究,提出"布尔逻辑(Boolean logic)"。最著名的作品是 1854 年出版的《思维活动规律调查》(*An Investigation into the Laws of Thought*)。书中的基本假设是:人类语言和推理可以用代数来表示,命题的真实性可以不参照其组成部分的含义来检验。布尔逻辑是基于布尔代数,建立在集、变项和算子的概念基础之上。他认为如果一个公式的变项被命题替换,如果算子被诸如"和"、"或"等连接词替换,那么,命题真实性的评价方式是和代数陈述式真实性评价方式相同的,即命题要么对要么错。布尔逻辑在语言学领域是形式语义学的重要概念,据此可以无需参照命题意义就判断命题的真实性。

布尔还撰写过微分方程和差分方程的课本,这些课本在英国一直使用到 19 世纪末。由于布尔在符号逻辑运算中的特殊贡献,很多计算机语言将逻辑运算称为布尔运算,并将其结果称为布尔值。

布尔齐奥 Burzio, Luigi (1943—) 美国语言学家。1943 年 1 月 4 日生于意大利都灵省卡法塞镇(Cafasse, Torino)。1962 年从都灵的技术中学毕业,1965—1970 年在都灵私立学校学习英语,获剑桥英语证书;1970—1973 年在都灵大学外语系学习英美文学,1975 年以优异成绩获美国布兰迪斯大学(Brandeis University)英语专业学士学位。1981 年获麻省理工学院语言学与哲学博士学位,曾师从乔姆斯基,论文题目为《不及物动词与意大利语助动词》(*Intransitive Verbs and Italian Auxiliaries*)。1981 年起,先后任职于麻省理工学院和哈佛大学。1994 年起,任约翰霍普金斯大学(Johns Hopkins University)认知科学系教授。

路易吉·布尔齐奥致力于理论语言学,尤其是人类语言机能的研究,涵盖的领域包括音位学、形态学、句法学以及罗曼语语言学。他的早期研究成果主要集中于动词论元结构的研究,提出"布尔齐奥概化定律(Burzio's Generalization)"。布尔齐奥定律规定:第一,没有域外论元的动词不能赋格;第二,不能授宾格的动词没有域外论元。根据布尔齐奥定律,动词不能分派题元角色和不能授予宾格这两个特性是相互联系的。也就是说,一个动词必须能分派域外题元角色才能给补足语赋格,而不带域外论元的动词不能给补足语授格。此外,他还就控制代词同指的表达原则以及形态格(morphological case)的模式等进行深入研究。

布尔齐奥的论著主要包括《管约论视角下的意大利语句法学》(*Italian Syntax: A Government-Binding Approach*, 1986)、《英语重音的原则》(*Principles of English Stress*, 1994)以及数十篇论文等。

布莱尔 Braille, Louis 参见"布莱叶"。

布莱叶 Braille, Louis (1809—1852) 法国教育家和盲文发明人。1809 年 1 月 4 日生于法国巴黎附近的库普弗雷(Coupvray),父亲是马具制造商。三岁时在父亲的车间玩耍被利器刺伤一只眼睛,继而引起严重的并发症导致双目失明。1819 年十岁时,入巴黎国立盲童学校(Institution des Jeunes Aveugles)就读;在校期间,发明了一套触摸读写符号。成年后在盲童学校任教,继续研究、改进其触摸读写符号系统,经细化、扩展和完善而形成了如今广为接受和使用的布莱叶盲文。1852 年 1 月 6 日因肺结核卒于巴黎。

路易·布莱叶失明后,父亲用钉子在木块上做出字母教他阅读。在巴黎国立盲童学校就读期间,布莱叶发现该校所教的阅读方法不能令他满意,只比小时候在家里所用的阅读方法稍有进步——仍靠突起的罗马字母,只不过是将字母压印在纸上而已;15 岁时,他对军人巴尔比耶(Charles Barbier)发明的压印在硬纸板上用于军人夜间沟通的圆点符号进行改进,通过对组合编码体系进行修改,最终把 63 个字母、缩写和数字简化为六圆点编码法,非常适合盲人阅读使用。1826 年,布莱叶成为巴黎国立盲童学校教师,1829 年公开发表六圆点编码法,并在 1837 年再次进行改进。

布莱叶出版的作品包括 1829 年出版的《为盲人准备并供盲人使用,通过点来写字、谱曲、写简单的歌的方法》(*Method of Writing Words, Music, and Plain Songs by Means of Dots, for Use by the Blind and Arranged for Them*),1837 年经修订再次出版。此外,他还擅长演奏大提琴和风琴,但他最大的贡献在于为盲人发明了便于印刷、书写和阅读的系统,该系统后以他的名字命名,称为"布莱叶系统"或"布莱叶点字法"。

布朗 Brown, Roger William (1925—1997) 美国心理语言学家。1925 年 4 月 14 日生于美国底特律。曾就读于密歇根大学,1948 年获得学士学位,1952 年获得心理学博士学位。毕业后曾在哈佛大学任教,先后任讲师和副教授。1957 年到麻省理工学院任教,1960 年被聘为心理学教授。1962 年返回哈佛大学任教,直至 1995 年退休。1997 年 12 月 11 日卒于马萨诸塞州剑桥。

罗杰·威廉·布朗的学术成就主要在社会心理学和儿童语言发展领域。在长达 40 年的教学生涯中,布朗不仅培养了大批优秀的从事语言学和心理语言学研究的学术人才,而且还以独特的方式拓展了心理语言学的研究范围,为20世纪美国语言学的发展做出了重要贡献。他和他的研究生长期跟踪记录并分析了三名学龄前儿童的英语习得过程,开创了用语素计算儿童平均话语长度的技术,并通过把平均话语长度作为校准三个孩子语法产生的基础,发现儿童在表达语义关系及逐步构建复杂的形态和语法方面存在着共同点。他的发现对儿童语言习得领域的研究影响深远。

布朗的主要作品包括《词与物:语言概说》(*Words and Things: An introduction to language*, 1958)、《社会心理学》(*Social Psychology*, 1965)、《心理语言学》(*Psycholinguistics*, 1970)、《第一语言:早期阶段》(*A First Language: The early stages*, 1973,与赫恩斯坦(Richard J. Herrnstein)合著的《心理学》(*Psychology*, 1977)和《社会心理学(第二版)》(*Social Psychology*, 2nd Edition, 2003)。

布雷亚尔 **Bréal, Michel Jules Alfred** (1832—1915) 法国语言学家。1832年3月26日生于当时巴伐利亚王国普法尔茨地区兰道市(Landau in der Pfalz),父母是法国犹太人。他先在维桑堡(Weissenburg)、梅斯(Metz)和巴黎等地求学,1852年进入巴黎高等师范学校(École Normale Supérieure)学习;1857年到柏林大学师从弗朗茨·葆朴(Franz Bopp)和阿尔布雷希特·韦伯(Albrecht Weber)学习梵文,1863年获得博士学位。1864年任法兰西公学院(Collège de France)比较语法教授,1875年成为法兰西铭文与美文学术院(Académie des inscriptions et belles-lettres)院士,1879—1888年任法国公共教育部督学,1890年被授予法国四等荣誉军团勋章。1915年11月月25日卒于巴黎。

米歇尔·布雷亚尔主要从事三个方面的研究:(1)古代铭文和神话;(2)历史和比较语言学;(3)教学。在语言学研究方面,他被认为是现代语义学的创始人之一。在1897年出版的专著《论语义学》(*Essai de Sémantique*)中,他首次明确了 Sémantique 作为"语义学(Semantics)"的术语概念;提出语义学与词语的意义变化有关,语言研究不能局限于形式,还必须考虑意义。这一观点不同于当时的比较语言学家们的观点。他指出语言具有历史性和文化性特征,不是自然科学。他还提出了"一词多义(polysemy)"等语义学研究领域的重要概念。

布雷亚尔的重要作品还包括论文《论词的形式与功用》(De la forme et de la fonction des mots, 1866)、《语言的智力法则(语义学残稿)》(*Les lois intellectuelles du langage. Fragment de sémantique*, 1883),以及专著《神话学与语言学合集》(*Mélanges de mythologie et de linguistique*, 1882)、《词汇课堂》(*Leçons de mots*, 1882)、《拉丁语词源词典》(*Dictionnaire étymologique Latin*, 1885)和《拉丁语法》(*Grammaire latine*, 1890)等。

布里斯南 **Bresnan, Joan Wanda** (1945—) 美国语言学家。1945年8月22日出生。曾在麻省理工学院求学,师从乔姆斯基,1972年获得语言学博士学位。此后在斯坦福大学讲授语言学,现为该校萨迪·德恩汉姆·佩特克人文学科退休荣誉教授(Sadie Dernham Patek Professor in Humanities Emerita)。1999年任美国语言学会会长。

琼·旺达·布里斯南最引人瞩目的成就是与罗纳德·卡普兰(Ronald M. Kaplan)合作创建了词汇功能语法(Lexical-functional Grammar,简称LFG)。20世纪70年代早期和中期,她的研究领域主要是转换语法中的补足成分和Wh词移位结构问题,但80年代后,对转换语法体系产生一些不同的意见,于是转而开创一个新的研究领域——词汇功能语法。词汇功能语法的理论框架提出于1982年,她与卡普兰合作撰写论文《词汇功能语法:一个语法表征的形式系统》(Lexical-functional Grammar: A formal system for grammatical representation),载于她主编的《语法关系的心智表征》(*The Mental Representation of Grammatical Relations*)文集中第173—281页。相对于其他语法流派,词汇功能语法的主要特点是以词汇为研究中心,研究语言表达形式间的关系即是对词库(lexicon)中的结构的研究。

20世纪90年代初,她与卡普兰、卡内瓦(J. M. Kanerva)等人发表一系列词汇功能语法方面的文章,进一步提出"词汇映射理论(Lexical Mapping Theory)"。该观点认为每一个有意义的语义形式都必须具有"谓词论元结构(argument structure)",论元结构是连接词汇语义和句法结构的纽带,其作用就是通过把论元结构上的题元角色映射到句法结构上的语法关系中,把论元和语法功能联系起来,这在一定程度上还减少了词汇部分的一些冗余的规定。布里斯南主要对英语、班图语和澳大利亚诸语言的不同现象做了词汇功能语法分析。

布里斯南对语言类型学的研究兴趣浓厚,因其对LFG理论的发展产生过影响;她在优选论和语言学中的统计方法等方面也颇有建树。

布列克 **Bleek, Wilhelm Heinrich Immanuel** (1827—1875) 德国比较语言学家。1827年3月8日生于柏林,父亲弗里德里希·布列克(Friedrich Bleek)是波恩大学的神学教授。1845—1948年就读于波恩大学,学习古典文学和神学。毕业后,到柏林跟随考古学家、埃及学家累普济乌斯(Carl Richard Lepsius)学习埃及文化,1851年向波恩大学递交博士学位论文,获博士学位。大约1855年,他赴南非纳塔尔(Natal)研究科萨人(Xhosa)的语言和习俗,

1856年结识南非开普省英国殖民地总督乔治·格雷爵士(Sir George Grey),成为总督的南非语言和民族文化研究资料馆馆长和书志学家,1862年任开普敦南非公共图书馆馆长(该图书馆由乔治·格雷爵士1859年调任新西兰总督时捐赠其个人收藏而建)。1875年8月17日卒于开普敦莫布雷(Mowbray, Cape Colony)。

威廉·布列克曾对比研究了《圣经·旧约》文本中的闪米特语族,澄清其中的一些语言现象,后又研究了北非含米特语族。他与著名的博物学家彼得斯(Wilhelm Karl Hartwich Peters)合作,将主要由传教士带来的南部非洲诸语言手稿转录成莱普济乌斯拼音字母。在对非洲语言进行分类研究中,他创建了"班图语族"语言谱系分类法,从而赢得了"班图语语言学之父"的美誉。经过数年潜心研究,他认为从类型学和基因学方面看,霍屯督语(Hottentot language)与北非含米特语族关系紧密。布列克还做过大量书志方面的整理工作,比较有影响的是《乔治·格雷爵士图书馆:语言学(8卷本)》(*The Library of H. E. Sir George Grey, K. C. B. Philology*, 8 vols, 1857—1867)。他还撰写了《南非诸语言语法比较》(*A Comparative Grammar of South African Languages*, 1862—1869),书中不仅以进化论观点对南非的诸多语言进行了比较研究,而且还对造成语言文化差异的深层原因进行了探索。

布列克的其他主要作品还包括《南非布什曼语族分布》(*The Distribution of Bushman Languages in South Africa*, 1927)和《布什曼语词典》(*A Bushman Dictionary*, 1956)。

布列兹托尔夫 Bredsdorff, Jakob Hornemann

(1790—1841) 丹麦语言学家和如尼文字学家。1790年3月8日生于丹麦的菲英岛(Fyn),父母是路德派教会牧师。在接受了良好的家庭教育后,他于1807年进入尼克宾大教堂学校(Nykøbing Cathedral School)学习,1809年考入哥本哈根大学,1814年获神学学位,1817年获矿物学专业博士学位。此后大部分时间,他一直在声名显赫的私立学校索勒公学(Sorø Academy)担任地质学和植物学高级讲师。1841年6月16日卒于索勒。

雅各布·霍内曼·布列兹托尔夫的语言学成就主要体现在历史语言学和如尼文字学两个方面。在哥本哈根求学期间,他结识了语言学家拉斯穆斯·拉斯克(Rasmus Rask),此后两人交往甚密。1821年,他用丹麦文发表论文《论语言变化的原因》(Om Aarsagerne til Sprogenes Forandringer,即 On the Causes of Linguistic Change),提出了关于语言变化全新视角的理论,认为语言使用者是导致语言变化的中心原因。这一观点在根本上与当时拉斯克把语言变化归结为自然历史变化的观点完全不同。该文最初发表时并未引起语言学界关注,直到40多年后的1886年才被丹麦语言学家威廉·汤姆森(Vilhelm Thomsen)偶然发现,并再次予以发表。文章彰显高度的独创性和新颖性,足以为他在语言学史上赢得一席之地。

在斯堪的纳维亚学界漫长的如尼学史上,布列兹托尔夫于1839年第一次基本正确地诠释了加利胡斯金号角(Golden Horn of Gallehus)上的铭文,最终成就了如今路德维希·维默尔的标准音译文本。他还首次提出,24字母的如尼字母表比16字母的如尼字母表更古老。在对日耳曼诸语言之间关系的研究方法上,他引领现代学术观点之先河,注重数据分析,认为哥特语是日耳曼语的独立分支,而非高地德语或日耳曼诸语言的原始祖先。

布龙达尔 Brøndal, Rasmus Viggo

(1887—1942) 丹麦语言学家。1887年10月13日生于丹麦首都哥本哈根。曾就读于哥本哈根大学,主修罗曼语语言文学,1912—1913年在巴黎攻读硕士学位,师从贝迪耶(Joseph Bédier)和梅耶(Antoine Meillet),接受了前解构主义思想。1917年在哥本哈根获得博士学位,论文是关于罗曼语和日耳曼诸语中外来语和底层语的影响。毕业后,在地名委员会(Place-Name Committee)工作八年,后回到巴黎在索邦大学(Sorbonne University)教了三年丹麦语。1928年被聘为哥本哈根大学罗曼语文学教授,一直任职至1942年12月14日去世。

拉斯穆斯·维果·布龙达尔的主要贡献在于与叶尔姆斯列夫(Louis Trolle Hjelmslev)于1931年共同创建哥本哈根语言学会(the Linguistic Circle of Copenhagen),他们所代表的的团体被称为哥本哈根学派。1938年二人创办会刊《语言学学报》(*Acta Linguistica*,后更名为 *Acta Linguistica Hafniensia*)并共同担任主编。在1939年的创刊号上布龙达尔发表了他的论文《结构语言学》(Linguistique structurale),成为这个学派的纲领。

布龙达尔的语言学研究主要延续结构主义语言学传统,并结合古代希腊学者亚里士多德的范畴理论。他提出了四个基本的概念范畴:描写者(descriptor)、被描写者(descriptum)、关系者(relator)和被关系者(relatum),并应用这些范畴分析词法和句法关系。

布龙达尔去的大部分文章收录在《普通语言学论文集》(*Essais de Linguistique Générale*, 1943)中。

布龙菲尔德 Bloomfield, Leonard

(1887—1949) 美国语言学家。1887年4月1日生于美国芝加哥。1903年进入哈佛学院(Harvard College)就读,1906年获学士学位。后继续在威斯康星麦迪逊大学（University of Wisconsin-Madison）深造，1908年转入芝加哥大学，1909年获博士学位。1909—1913年，先后在辛辛那提大学（University of Cincinnati）和伊利诺伊大学教德语。1913—1914年在德国莱比锡大学和哥廷根大学深造语言学，其间结识新语法学派的代表人物莱斯金（August Leskien）、布鲁格曼（Karl Brugmann）等，受到较深的影响。1914—1949年在伊利诺伊大学、俄亥俄州立大学、芝加哥大学、耶鲁大学等校任教授。1924年与俄亥俄州立大学乔治·博林（George M. Bolling）、耶鲁大学埃德加·斯特蒂文特（Edgar Sturtevant）发起组建美国语言学会（Linguistic Society of America），1935年任会长；曾任国际语言学家常设委员会（IPCL）委员，国际语音协会（IPA）会员和丹麦皇家科学院院士。1949年4月18日卒于康涅狄格州纽黑文市（New Haven）。

伦纳德·布龙菲尔德是美国结构主义语言学的奠基人。他于1933年出版《语言论》（Language），提出美国结构语言学派研究的基本原则和总体框架，标志美国结构主义学派正式诞生。他在对语言结构的共时描写方面继承和发展博厄斯（Franz Boas）和萨丕尔（Edward Sapir）的理论和方法，而在历史语言学方面则接受欧洲新语法学派的传统。与心灵主义相反，他主张应该依据行为主义的"刺激—反应（stimulus-response）"理论来解释人类的言语行为；在语言结构的分析中，他主张以可以观摩到的语言素材为依据，反对用心理因素等非语言因素作为标准；在共时描写中，他完全排除历史因素，强调形式的分析和归类。这些论点对结构主义语言学具有巨大影响，以至于20世纪30到40年代的美国结构主义也被称为"布龙菲尔德时期"。

布龙菲尔德还致力于语言理论的应用，特别是在外语教学领域的应用。20世纪20年代初，他编写英语教科书和德语初级教科书。二战期间，他出版《外语实地调查简明指南》（Outline Guide for the Practical Study of Foreign Languages，1942）。1945年，他为美国国防部编纂《俄英词典》（Russian-English Dictionary）并撰写俄语语法的简介。

布龙菲尔德的其他语言学著述还包括《语言研究导论》（An Introduction to the Study of Language，1914）、《供语言科学使用的一套公设》（A Set of Postulates for the Science of Language，1926）和《科学的语言学诸方面》（Linguistics Aspects of Science，1939）等。

布鲁格曼 **Brugmann, Karl** （1849—1919） 德国语言学家。1849年3月16日生于德国的威斯巴登（Wiesbaden）。曾在哈雷（Halle）和莱比锡（Leipzig）求学。后在威斯巴登和莱比锡的中学任教。1877年成为莱比锡大学讲师，1882年担任比较语文学教授；1884年转任弗赖堡大学比较语文学教授，1887年起返回莱比锡大学担任梵文和比较语言学教授。1919年6月29日卒于莱比锡。

卡尔·布鲁格曼致力于印度梵文（Sanskrit）和历史比较语言学的研究。他与德尔布吕克（Berthold Delbrück）、奥斯特霍夫（Hermann Osthoff）、保罗（Hermann Paul）等人组成"新语法学派（Neogrammarian School）"，又称"青年语法学派（Young Grammarians）"或"莱比锡学派（Leipzig School）"。主张"语音规律无例外（the inviolability of phonetic laws）"，并且坚持严格的研究方法，重视数据材料的采集，轻视纯理论的研究。该学派认为历史语言学是解释性的，所以解释必须以语言事实为基础，调查研究的范围也应从历史上找到根据。他们认为语言变化的原因有两类：发音方法和心理因素。布鲁格曼认为语言学的规律不允许有例外。在数据提供方法方面，他注重实证介绍，不提供分散的论点，而是通过简单的数据罗列，让读者自行领会其意图。布鲁格曼的研究还体现在他认为一切音变都是机械性过程，在一种方言中遵照恒定的法则产生。由于历史演变，类推作用使词汇和语法形式改变，使得语言演变普遍存在。

布鲁格曼继承了19世纪初期和中期的历史比较语言学传统，在印欧语系诸语言的比较研究和原始印欧语的构拟工作方面成就显著。他著成《印度日耳曼诸语言比较语法概要》（Elements of the Comparative Grammar of the Indo-Germanic Languages，1886—1893）的前两卷，后由德尔布吕克在此基础上再续三卷。这部巨作是对语音学、词汇学和词汇生成的经典诠释，对施莱歇尔（August Schleicher）所构拟的原始印欧语语音系统作了重要修正。迄今为止，此部著作在原始印欧语言学研究领域仍是非常重要的宝典。

布鲁默 **Blumer, Herbert George** （1900—1987） 美国社会学家。1900年3月7日生于美国密苏里州的圣路易斯（St. Louis, Missouri）。1921年获得密苏里大学学士学位，次年获硕士学位，毕业后留校讲授社会学课程。1925年进入芝加哥大学社会学系担任教职并攻读博士学位，1928年获哲学博士学位，之后继续在芝加哥大学任教。1931年接替去世的米德（George Herbert Mead）讲授社会心理学课程，1931—1947年任该校副教授，1947—1952年担任教授。1930—1935年任美国社会学协会（American Sociological Association）财务秘书，1955年当选为该协会会长。曾任《美国社会学杂志》（American Journal of Sociology）编辑、国际社会学协会（International Sociological Association）副主席等职务。1952年到加州大学伯克利分校担任社会学系教授。1987年4月13日卒于加州丹维尔(Danville, California)。

赫伯特·布鲁默对美国社会学影响巨大，原因之一是建构了"符号互动论"这一独特的社会心理学理论。1937年，他第一次使用"符号互动"这一术语，随着《符号互动论：观点和方法》(*Symbolic Interactionism: Perspective and Method*, 1969)一书的完成，该理论也日趋系统。他热衷于经验法和流行文化的观察，认为研究符号互动论时，反省和参与观察比科学方法更重要，倡导用描述性的和自然的方法去研究人的经历、社会理论和社会本身，主张从人们互动个体的日常自然环境角度去研究人类的社会群体生活。他认为心灵、自我和社会是不可分离的结构，人类创造并使用符号来表示周围的世界，人与符号互动着创造、维持和改变着社会结构。

布鲁默一生写了大量文章、书评和专著，比较有名的著作有《电影和行为》(*Movies and Conduct*, 1933)、《行业关系中的社会学理论》(*Sociological Theory in Industrial Relations*, 1947)和《符号互动论：观点和方法》(*Symbolic Interactionism: Perspective and Method*, 1969)。

布鲁纳　Bruner, Jerome Seymour　(1915—　)
美国认知心理学家和教育心理学家。1915年10月1日生于美国纽约一个波兰移民家庭。1937年获杜克大学(Duke University)学士学位，1941年获哈佛大学心理学博士学位。二战期间在美国陆军情报处(US Army Intelligence Corps)从事收集和宣传民意的工作时开始对语言感兴趣。1952年起任哈佛大学心理学教授，主要从事动机感知依赖性的实验心理学研究。1960年创建并主持哈佛大学的认知研究中心，1972—1980年任英国牛津大学任实验心理学教授，1980年之后在纽约大学任教。

杰罗姆·西摩·布鲁纳不仅在认知心理学、发展心理学、教育心理学和法务心理学领域贡献卓著，在语言发展和现实叙事构建研究方面也有重要创见。在牛津任教期间，他专注于早期语言发展研究。他不赞同乔姆斯基的语言习得先天论观点，提出了语言发展的社会交互理论，强调语言的社交和人际语用功能。他依据维果茨基(Lev Vygotsky)的社会文化发展理论，认为社交互动对于认知发展具有根本性的影响作用，对于语言发展更是如此。他强调指出，儿童学习语言的目的是为了交流，同时也学习语言代码；有意义的语言必定在有意义的父母与婴孩互动中习得，学习过程由"语言习得支持系统(Language Acquisition Supporting System)"支撑。通过这一系统，说话者能参与到特定的语言交流或语言次交流中去。为此，他杜撰了术语"支架现象(Scaffolding)"，或称"鹰架现象"，将带有此类特征的教学活动称作"支架式教学(Scaffolding Instruction / Instructional Scaffolding)"。在牛津约10年的研究夯实了布鲁纳在语言发展交互论阵营中的领导地位。他继而转向了意义的社会构建论，研究语言形式习得中的"支架行为(scaffolding behavior)"，认为社会生活中有意义的参与以及对语言有意义地加以运用，都需要通过人际间、主体间的协作性过程，创造出共享的意义。

布鲁纳注意到，语言发展不仅受到文化影响，而且受到叙事结构(narrative structures)和叙事过程(narrative processes)的影响。他认为人们的心理会通过语言和其他符号体系等文化主体的调解，建构出对"心理真实"的理解，并从连贯的整体脉络中获取片断的经验。1991年，他在学术期刊《批评探索》(*Critical Inquiry*)发表题为《现实中的叙事建构》(The Narrative Construction of Reality)的文章，详细说明叙事研究的十种特征，成为叙事学领域的重要代表人物。此外，作为一名教师，他还提出许多有关心理和教育的重要观点，提出发现学习法，认为学校教育的主要目标应是最有效地促使学生的认知和智力发展。

布鲁纳一生著作颇丰，主要作品包括《思维研究》(*A Study of Think*, 1956)、《教育过程》(*The Process of Education*, 1960)、《认知论》(*On Knowing*, 1979)、《儿童谈话：学会使用语言》(*Child's Talk: Learning to Use Language*, 1983)和《教育文化》(*The Culture of Education*, 1996)。

布鲁诺　Brunot, Ferdinand　(1860—1938)
法国语言学家。1860年11月6日生于法国东北部孚日圣迪耶(Saint-Dié-des-Vosges)。先在里昂人文学院(Faculté des lettres de Lyon)工作。1891年获得博士学位后在索邦大学担任讲师，1900年担任索邦大学专门为他设置的法语史教授。在1914—1919年困难的战争时期，担任巴黎第14大区区长，1919—1928年在巴黎大学担任院长。1925年入选法兰西铭文与美文学术院，后成为该院院长；1933年被授予法国荣誉军团勋章第二等"大十字勋位(Grand-Croix)"。1938年1月30日卒于巴黎。

费迪南·布鲁诺开创了里程碑式的鸿篇巨制《法语史：从起源至1900年》(*Histoire de la langue française: des origines à 1900*, 1905—1968)一书的撰写。他本人撰写了共18卷的前10个部分，篇幅达一万多页。在提出社会词汇学研究初始步骤的同时，他强调语言是一种人类社会现象，着重论述历史语言学、语言的内在历史因素和外在地理因素。该书最后扩展到共26卷，其中涵盖1870—2000年间的内容由法国国家科学研究中心出版。布鲁诺另一巨著是《思想与语言》(*La Pensée et la Langue*, 1922),从独特的角度论述包括口语用法的法语语法,指出语法分类不仅要基于符号、形式和语法范畴,更要基于思想内容。

布鲁诺倡导文体学的教学,并倡导简化拼写改革,于1911年创建了巴黎大学语音学研究所和声音图书馆(Archives de la Parole),以记录和保存方言样本,他还记录和保存了巴黎普通人的口语以及政治家、诗人和演员的声音样本等。

布罗克尔曼 Brockelmann, Carl （1868—1956） 德国东方学家。1868年9月17日生于德国北部的罗斯托克(Rostock)。他自从幼年时期就对外国语言具有浓厚的兴趣,1886年进入罗斯托克大学学习古典文学,后又到布雷斯劳(Breslau)、斯特拉斯堡(Strasbourg)、君士坦丁堡(Constantinople,今土耳其伊斯坦布尔)等地的大学学习印欧语言学以及阿拉伯语、闪族语、土耳其语、亚美尼亚语、梵文和古埃及语等语言。曾任柏林大学、布雷斯劳大学教授,1903年开始担任哥尼斯堡大学(University of Königsberg)教授,1910年担任哈雷大学教授。1956年5月6日卒于萨勒河畔哈雷。

卡尔·布罗克尔曼精通多门东方语言,毕生搜集和整理了大量东方语言文献,研究领域涉及语法、句法和词典编纂等多方面。他的研究作品颇多,最著名的当属《阿拉伯文学史》(*History of Arabic Literature*, 1898—1902),该书涵盖了古代至1937年所有阿拉伯作家,是除基督教阿拉伯文本以外所有阿拉伯文学的基本参考书。其他作品还包括《闪语语言学》(*Semitische Sprachwissenschaft*, 1906)、《古叙利亚语词典》(*Lexicon Syriacum*, 1928)和《阿拉伯语语法》(*Arabische Grammatik*, 1941)。此外,他也是德国《伊斯兰教百科全书》(*The Encyclopedia of Islam*)和《伊斯兰教小百科全书》(*Shorter Encyclopedia of Islam*)的主要撰稿人之一。

布洛赫 Bloch, Jules （1880—1953） 法国语言学家。1880年5月1日生于法国巴黎。曾就读于巴黎大学,主修梵文、古典文学和文化,1906年发表了学位论文《梵文中的名词性短语》(*La Phrase Nominale en Sanscrit*)。后为了进一步研究梵文、印地语及泰米尔语,曾赴印度、越南等地考察。1914年完成并提交了博士学位论文《马拉地语的形成》(*La Formation de la Langue Marathe*),从历史角度探索马拉地语的发展历程,获得当年的法兰西学会(Institut de France)伏尔内奖(Le Prix Volney)。一战期间,因从军而中断语言学研究。1919年回巴黎任索邦大学梵文教授,1937年成为法兰西学院教授,一直工作到1951年退休。1920—1944年曾担任法国语言学协会秘书。1953年11月29日卒于巴黎西南郊的塞夫尔(Sèvres)。

朱尔·布洛赫精通并研究了许多古代和现代印度语言,包括梵语、巴利语(Pali)、吠陀梵语(Vedic)、印地语、马拉地语和泰米尔语。他的《达罗毗荼诸语言的语法结构》(*Structure Grammaticale des Langues Dravidiennes*, 1946)是最早对达罗毗荼语系进行现代语言学研究的著作之一。他人生最后一年所著的《茨冈语》(*Les Tsiganes*, 1953)是最早对吉普赛人的语言及文化进行系统学术研究的著作之一。《朱尔·布洛赫文集:1906—1955》(*Recueil d'articles de Jules Bloch, 1906—1955*)于1985年出版。

布洛卡 Bullokar, William （约1531—1609） 英国印刷家、英语语音符号发明人。大约于1531年生于英国萨塞克斯(Sussex)。1562年左右曾在军中服役,驻被英军占领的法国港市勒阿弗尔(Le Havre);之后做过教师,1570年娶奇切斯特(Chichester)市政要员之女为妻,四年后迁居该市。1609年3月3日卒于奇切斯特。

威廉·布洛卡大约从1574年开始对英语拼写方式进行修订和改革。他没有完全抛弃当时传统的拼写方式,而是通过在字母上下方加注变音符的办法对拼写系统进行改革。布洛卡在其《英语语音拼写法修订》(*Amendment of Orthographie for English Speech*, 1580)一书中设计了由37个字母构成的拼写系统,并使用该系统印刷他编撰的《伊索寓言》(*Aesops Fablz*, 1585)以及几篇语法论文。他在作品中使用的发音主要是伦敦中产阶级的发音,下层阶级很难适应。另外,他作品中还保留了许多方言词语和俚语词汇,其中的一部分于17世纪被纳入标准英语之中。布洛卡的另一语言学贡献在于他1586年编写出版了第一部英语语法书《英语简明语法》(*Brief Grammar for English*, 1586)。

布洛克 Bloch, Bernard （1907—1965） 美国语言学家。1907年6月18日生于美国纽约。曾就读于堪萨斯大学,学习英语和德语,1928年获学士学位,次年获硕士学位。1931年,赴美国西北大学学习语言学,同年入选《新英格兰语言地图集》(*Linguistic Atlas of New England*)项目组,成为语言实地考察工作者。1933年随项目组到布朗大学,一边编制地图集,一边继续学习语言学;1935年获布朗大学英语和语言学博士学位。后在布朗大学工作,教授英语和现代语言。1943年到耶鲁大学语言学系任教。1940年起任美国语言学会(Linguistic Society of America)会刊《语言》(*Language*)主编,1953年任美国语言学会会长。1965年11月26日卒于康涅狄格州纽黑文。

伯纳德·布洛克从编制《新英格兰语言地图集》起步,1934年在美国语言学会费城年会上结识特拉格(George Leonard Trager),从此成为长期的研究合作伙伴;1936 年参加哥本哈根国际语言学大会之后,1937 年和 1940 年在美国语言学会的暑期语言学院讲课,因驾驭课堂能力出众而受同期授课的斯特蒂文特(Edgar Howard Sturtevant)、艾吉顿(Franklin Edgerton)、布龙菲尔德(Leonard Bloomfield)等人关注,并结识了同辈语言学家豪根(Einar Haugen)、特沃德尔(William Freeman Twaddell)等人。通过共事、交流,布洛克深受布龙菲尔德结构主义语言学思想影响。他在《语言》期刊上发表许多文章,如在第 23 期上发表了《英语动词曲折变化》(English Verb Inflection,1947)。该文章例证了分布式的语言结构形态,并简洁明了地提供了完整而合理的解决方案。所著关于日语的一系列作品作为日语的基础课程得以刊发,后来他还出版了一系列描述音位学的文章,如其发表在《语言》第 26 期上的《日语俗语研究 IV:音位学》(Studies in Colloquial Japanese: IV. Phonemic, 1950)。

布吕克 Brücke, Ernst Wilhelm von (1819—1892) 德国语言学家和生理学家。1819 年 7 月 6 日生于德国柏林,从小受到经典教育,系统学习过希腊文、拉丁文以及广泛的人文历史知识。曾就读于柏林大学,追随德国生理学家约翰内斯·缪勒(Johannes Peter Müller)学习医学,1842 年毕业后成为缪勒的研究助手。1845 年与他人一起创建德国物理协会(Deutsche Physikalische Gesellschaft)。1848 年任哥尼斯堡大学(University of Königsberg)生理学教授,1849—1890 年任维也纳大学生理学教授。1892 年 1 月 7 日卒于维也纳。恩斯特·威廉·冯布吕克在语言生理学研究方面成就突出。他在语言学领域比较有影响的代表作包括《语音构成与语音自然系统探究》(Untersuchungen über die Lautbildung und das Natürliche System der Sprachlaute, 1849)和《语言学家和聋哑研究学者的语音生理学与系统学要旨》(Grundzüge der Physiologie und Systematik der Sprachlaute für Linguisten und Taubstummenlehrer, 1856)。在前一作品中,他描述了所有元音和辅音的不同发音,并根据遗传标准把他们编排成一个系统,首次引入齿龈音、齿音等术语;在后一作品中,他运用生理学知识研发了一套能够描述世界上所有语言的自然声音系统,该作品使他得以在语言学、尤其在语音学研究领域占有一席之地。他的教学和研究工作还对他的学生弗洛伊德(Sigmund Freud)产生了重要影响,使后者在语言病理研究方面取得很多突破性的研究成果。

布律诺 Bruneau, Charles (1883 1969) 法国方言学家。1883 年 11 月 19 日生于法国北部阿登省日韦镇(Givet, Ardennes)。曾就读于索邦大学,后跟随语言学家吉叶龙(Jules Gilliéron)学习方言学。1913 年开始在法国南锡大学(Université Nancy)任教,1933 年开始在索邦大学任职,次年被聘为法语史教授,随后在此岗位上一直工作到 1954 年。1969 年 8 月 3 日卒于巴黎。

夏尔·布律诺几乎把毕生精力都花在对出生地阿登的地方方言研究上。由于他对方言研究的热爱和执著,1912 年受邀参加了斐迪南·布鲁诺(Ferdinand Brunot)创建声音图书馆(Archives de la parole)的项目。他们采用帕西留声机收集录音,甚至动用车辆运输重达 500 公斤的设备,这在当时是一项创举。布律诺最初用问卷调查收集材料,要求方言使用者把词句译成地方方言,通过对比得到词汇和短语,这一方法获得了大量语言素材。后来他改变了研究策略,开始分析方言使用者的自然言语和口音。通过这些努力,他们不仅建成了声音图书馆,而且还绘制出了法国语言地图。

布律诺的著作主要集中在方言研究方面,包括《阿登方言的保护》(La Conservation des Patois Ardennais, 1912)、两卷本《阿登方言的语言学调查》(Enquête Linguistique sur les Patois d'Ardenne, 1914—1926)和两卷本《法语简史》(Petite Histoire de la Langue Française, 1955—1958)等。

查尔麦克 Czermak, Johann Nepomuk (1828—1873) 捷克生理学家。1828 年 6 月 17 日生于布拉格,曾在布拉格大学(the Universities of Prague)、维也纳的维尔茨堡大学(Universität Würzburg)等大学攻读医学。1851 年在布拉格的生理研究院担任著名实验生理学家扬·浦肯耶(Jan Evangelista Purkyně)的助手。1855 年,在格拉茨大学(University of Graz)任动物学教授。此后,在克拉科夫(Kraków)、耶拿(Jena)和佩斯(Pest,今布达佩斯)等地任教。曾被选为奥地利科学院(Österreichische Akademie der Wissenschaften)院士。1873 年 9 月 16 日卒于莱比锡。

约翰·涅波穆克·查尔麦克 1857 年起开始喉镜研究工作,并将其应用于语音学研究。在对喉镜的使用过程中,查尔麦克对光源部分进行了改造,由此使喉部的观察更加方便,首次通过透镜看到了声带和喉部的活动。喉镜的改进不仅让查尔麦克在解剖学和生理学领域做出重要贡献,而且激发起他对喉音发音研究的兴趣。他用喉镜观察一名阿拉伯语受试者的阿拉伯语喉音发音状况,并就辅音发音时嗓音的作用以及喉腔、口腔和鼻腔的声学条件做了大量的研究。1860年，在布拉格开设了私立神经生理学研究院，1861年在莱比锡开设了自己的研究院，进行神经和官能生理学方面的教学研究。

柴田武　Sibata, Takeshi　（1918—2007）
日本语言学家。1918年7月14日生于名古屋。曾就读于东京大学，1942年毕业并获文学硕士学位。1949—1964年在国立国语研究所任职。1964—1968年在东京外国语大学担任教授。1968年担任母校东京大学教授，1969年在该校获文学博士学位。1968—1978年任东京大学语言学系主任，1987年获得东京大学名誉教授称号。1966年起一直担任日本广播公司（NHK）日语广播委员会委员和日本政府的语言政策委员会委员。1979—1984年任埼玉大学教养系教授。1973—1974年任日本语言学会（Linguistic Society of Japan）会长。2007年7月12日卒于神奈川县横须贺市。

柴田武主要研究领域包括土耳其语、语言地理学、社会语言学、专有名词学（onomastics）和日语词汇学。在"国立国语研究所"任职期间，参与编纂六卷本的《日语地图集》（『日本言語地図（全6巻）』，1966—1975）。与此同时，他与人合作在中新潟县系鱼川地区进行大量语言地理学领域的实地调查，该调查的独特之处是对该地区的每一个居民进行微观调查。通过调查分析，他独创了一套语言地理学研究方法，发表在其著作《语言地理学方法》（『言語地理学の方法』，1969）一书中。在社会语言学领域，他调查研究人们日常生活中"口头生活"的各个方面，如人们何时和如何进行听、说、读和写以及保持沉默。此外，他与同事一起编纂了三卷本的日语基本词汇语义分析，而且还与人合编了几部日语词典，专门负责描述方言和外来词，促进了日语词汇学和词典编纂学的发展。

柴田武的作品还包括《日本方言》（『日本の方言』，1958）、《语言社会学》（『ことばの社会学』，1965）、《现代日本语》（『現代の日本語』，1977）、《社会语言学课题》（『社会言語学の課題』，1978）、三卷本《系鱼川语言地图》（『糸魚川言語地図 上、中、下巻』，1988、1990、1995）、《日语很有趣》（『日本語はおもしろい』，1995）、《类语大辞典》（『類語大辞典』，2002）、《找到了语言的故乡》（『ことばのふるさと見いつけた』，2005）等。

长田夏树　Osada, Natsuki　（長田夏樹，1920—）
日本语言学家。1920年生于日本神奈川县镰仓市。1942年毕业于东京外国语学院（日文：東京外国語学校。1949年改为东京外国语大学）蒙古语系。毕业后不久，就职于中国华北运输公司，在张家口站做铁路员工，同时兼任中国内蒙古临时政府雇员。在中国期间，他在满洲和内蒙古地区从契丹语、女真语、满语和蒙古语的碑文中收集碑帖，并陆续整理出版。1948年到神户市外国语大学（当时名为"神户市立外事専門学校"。1949年改为现名）教中文等科目，1986年退休。

长田夏树的学术活动主要涉及历史语言学、描述语言学、中亚及东亚语言的语文学。1953年，他与同事合著出版《苏州话发音字典》（『蘇州語發音字典』），在此之前，苏州方言尚未得到如此深入的研究。1961年，出版英文专著《兹尔尼手稿：波斯语—蒙古语词表与语法》（*The Zirni Manuscript: A Persian-Mongolian Glossary and Grammar*），描写阿富汗古莫卧儿地区鲜为人知的蒙古语语系语言。他还发表过很多研究日语、汉语、满洲语、蒙古语、女真语、侗族语、傣族语等的文章。其中关于女真语言文字的研究，至今仍具有重要的学术参考价值，如《女真文字的构造及其音值》（1949）、《满洲语和女真语》（1949）、《女真文字金石资料及其解读》（1950）、《女真语资料的语言学研究——阿尔泰诸语言史的比较语言学之一环》（1951）、《奴儿干永宁寺碑蒙古女真文释稿》（1958）、《女真文字及现存史料》（1970）等。其他著作还包括《原始日语研究》（『原始日本語研究——日本語系統論への試み』，1972）、《邪马台国语言》（『邪馬台国の言語』，1979）、《长田夏树论文选》（『長田夏樹論述集』上、下，2000—2001）等。

川本茂雄　Kawamoto, Shigeo　（1913—1983）
日本语言学家。1913年1月3日生于日本东京。1937年毕业于日本著名的早稻田大学文学院英语系，1937—1939年在巴黎学习普通语言学和古法语。学成后返回早稻田大学任教，1949年起任法语与语言学教授，1983年成为荣誉退休教授。1980年创立日本符号学协会（Semiotic Society of Japan），并于1980—1983年担任第一任会长。1981—1983年兼任日本语言学会会长。1983年8月1日卒于东京。

川本茂雄的研究领域包括法语和日语语言学、普通语言学、诗歌和符号学。他的学术生涯开始于对法语语言系统的分析，之后由于罗曼·雅柯布逊（Roman Jakobson）的影响，转而研究生成语法，诗歌和符号学。他翻译过乔姆斯基的《笛卡儿语言学》（*Cartesian Linguistics*，1970）、《语言与心智》（*Language and Mind*，1975）及《知识与自由问题》（*Problem of Knowledge and Freedom*，1975），编辑过雅柯布逊的《普通语言学文集》（*Essais de Linguistique Générale*，1973）和《雅柯布逊选集》（*Selected Writings of R. Jakobson*，1978）的第三卷。他运用自身出色的法语和英语知识，于1953年完成编纂《法日简明词典》（『コンサイス仏和辞典』），于1969年出版《新世界英日词典》（『ニューワールド英和辞典』)。

川本茂雄的其他重要著作还包括著作有:《高级法语日译演练》(『高等仏文和訳演習』,1952)、《语言学概论》(『言語学概説』,1954)、《句子结构》(『文の構造』,1956)、《法语日译研究》(『仏文和訳の研究』,1959)、《英语译成法语》(『英語からフランス語へ』,1963)、《语言与心智》(『ことばとこころ』,1976)、《语言的色彩》(『ことばの色彩』,1978)、《语言问题思考》(『ことばについて考える』,1979)、《英日词典》(英和辞典,1979)、《外译日词典》(『日本語になった』,1983)、《语言与意象——符号学探秘》(『ことばとイメージ ― 記号学への旅立ち』,1986)和《日本语言学》(日本の言語学,1987)等。

村山七郎　Murayama, Shichirô　(1908—1995)　日本语言学家。1908 年生于日本的茨城县。1931 年毕业于早稻田大学。曾任新闻记者和外交人员。1942—1945 年在德国柏林大学攻读研究生课程,师从 20 世纪著名蒙古语学者鲍培(Nicholas N. Poppe)研究阿尔泰诸语言比较语言学,主攻蒙古书面语。1948 年任东京顺天堂大学德语、拉丁语和语言学教授。1968 年任九州大学文学院教授,1972 年退休。其后至 1981 年,任京都产业大学外语系教授;其后再转任东京首都大学语言学教授,直到 1995 年去世。

村山七郎的语言研究主要以阿尔泰语系诸语言为主,也包括斯拉夫语系部分语言。他对日本北部千岛群岛居民们的阿伊努语来源做过专门研究,著有《北千岛群岛阿伊努语——文献学研究》(『北千島アイヌ語——文献学てき研究』,1971)和《阿伊努语的研究》(『アイヌ語の研究』,1993)。因受其导师波普的影响,他对蒙古语和通古斯语也有研究。18 世纪因沉船流落到俄国的日本船员所说的语言曾引起村山巨大的兴趣,他因此著成《船难流民的语言》(『漂流民の言語——ロシアへの漂流民の方言学的貢献』,1965),探索两百多年前日语的特点。在对各种语言的研究中,村山七郎最主要的兴趣还是在于研究日语和其他语言的内在联系,对这个极其复杂、历史语言学家们无法达成共识的话题不断探索,为日语找到了一些重要的语源学来源,并发现了日语—琉球语的一些重要内部规则。最初,他认为日语的来源是阿尔泰语,后来看法有所改变,提出混合语理论,认为日语是阿尔泰语和奥斯特罗尼西亚语的混合。这方面的著作主要有《日语系统探讨》(『日本語系統の探求』,1978)、《琉球语言之谜》(『琉球語の秘密』,1981)、《日语起源说批判》(『日本語起源説批判』,1982)、《日语起源》(『日本語の起源』,1982)等。此外,他还对日语语言学的研究方法进行批评和改善,著有《日语研究方法》(『日本語の研究方法』,1974)、《日

语言学的界限》(『国語学の限界』,1975)等。

村山七郎的其他著作还包括《原始日语与民族文化》(『原始日本語と民族文化』,1979)、《日语的起源和语源》(『日本語の起源と語源』,1988)等。

达尔格奴斯　Dalgarnus, Georgius　参见"达尔加诺"。

达尔加多　Dalgado, Sebastião Rodolpho
(1855—1922)　葡萄牙历史语言学家和词典编纂家。1855 年 5 月 8 日生于印度果阿邦(当时为葡萄牙殖民地)的阿萨高(Assagão)。学习过葡萄牙语、法语、拉丁语、哲学和神学。1881 年成为牧师,后赴罗马深造,获法学和神学博士学位。1884 年在里斯本被任命为皇家传教士,先后在果阿、斯里兰卡等地的神学院任职,并学会了僧伽罗语、当地葡萄牙土语和泰米尔语。此后曾赴南亚各地履行教士职责,其间掌握了梵语、贡根语(Konkani),并学习达罗毗荼语以及印度雅利安语支的多种南亚语言。自 1908 年起,任里斯本大学的梵文教授,但仍不辍语言学习,又陆续学习了阿拉伯语、波斯语、德语等,还在罗马等地还学习过希腊语、希伯来语、拉丁语和西班牙语等。1922 年 4 月 4 日卒于里斯本。

塞巴斯蒂昂·鲁道夫·达尔加多精通多种语言,印度语言的功底扎实,因此在历史语言学和词典编纂方面成就斐然。1893 年,他在孟买出版《贡根语葡萄牙语词典》(*Diccionário Konkannî-Portugêz*),1905 年在里斯本出版《葡萄牙语贡根语词典》(*Diccionário Portugêz-Konkanni*),这两本词典至今还在印度果阿地区使用。他坚持贡根语是一种单独的语言,而非葡萄牙语的方言。1922 年,出版《贡根语谚语集锦》(*Florilégio de Provérbios Concanis*),按主题排列谚语,附葡萄牙语解释,并与其他印度语言谚语进行对比。他的《贡根语法》的草稿本在其去世前交由印度果阿邦帕纳吉的中心图书馆保存。

达尔加多的其他著作包括《葡萄牙语词汇对亚洲语言的影响》(*Influência do Vocabulário Prtuguês em Linguas Asiáticas*, 1913)和两卷本《葡亚词汇》(*Glossário Luso-Asiático*, 1919—1921),并著有梵文语法学生读本以及梵文经典的葡萄牙语译本。

达尔加诺　Dalgarno, George　(约 1619—1687)　苏格兰语言学家。亦译作达尔加奴斯。大约 1619 年生于苏格兰阿伯丁(Aberdeen)。1631 年进入阿伯丁马歇尔学院(Marischal College)学习,学成后的有生之年大多在牛津从事教学工作。1657 年受德裔英

籍博学者萨缪尔·哈特利布(Samuel Hartlib,约1600—1662)鼓励,改进了当时的一套速记系统。1687年卒于牛津。

乔治·达尔加诺是17世纪西欧通用语言文字运动(Universal Language Schemes)的代表人物之一。他于1657年底出版了改进的速记系统,使其得到推广,并因此得以与英国皇家学会的前身之一"牛津哲学俱乐部(Oxford Philosophical Club)"的成员建立往来,期间提出应该创造一种通用的哲学型语言(philosophical language)的设想。他的语言规划思想影响了威尔金斯(John Wilkins)、沃德(Seth Ward)、波义耳(Robert Boyle)和沃里斯(John Wallis)等著名学者,尤其为威尔金斯创制通用语言文字提供了最初的设计思路。但对于创制哲学型语言所需的符号数量方面,达尔加诺和威尔金斯意见相左。达尔加诺倾向于文字符号最低数量原则,主张利用规定符号的组合形成新符号;威尔金斯则坚持文字符号的数量应与所需表达的元素数量相匹配。因此,达尔加诺认为需要成千上万个符号的汉字系统很不合时宜,而威尔金斯把汉字系统视为文字体系的样榜。1661年,达尔加诺出版了用拉丁文写成的《符号艺术》(*Ars Signorum, vulgo Character universalis et lingua philosophica*),主要阐释他的通用哲学型语言观点,并设计了一套以语音为基础的字母表。他的《聋哑人教学指南》(*Didascalocophus, or, the Deaf and Dumb Man's Tutor*,1680)是通用语言文字运动的原始文献,介绍了他从事聋哑人读写教学的经验和方法,提出了一套全新的语言体系。这一套体系至今仍在美国等地应用。

达梅特　Dummett, Michael Anthony Eardley
参见"达米特"。

达米特　Dummett, Michael Anthony Eardley
(1925—2011)　英国语言哲学家。1925年6月27日生于伦敦。曾就读于温彻斯特公学,1943年参军,1944年皈依天主教,1947年退伍并进入牛津大学基督教会学院攻读哲学,1950年毕业并任教于万灵学院(All Souls College)。1979年当选牛津大学威克汉姆逻辑学教授(Wykeham Professor of Logic),1992年退休。曾在伯明翰大学、加州大学伯克利分校、斯坦福大学、普林斯顿大学和哈佛大学讲学。1995年获瑞典皇家科学院(Royal Swedish Academy of Science)罗尔夫·朔克奖(Rolf Schock Prize)。1999年受封爵士。2011年12月27日卒于牛津。

迈克尔·达米特是20世纪七八十年代英国分析哲学的领军人物。他的"意义理论"是其哲学思想的核心和理论基础。其代表作之一《形而上学的逻辑基础》(*The Logical Basis of Metaphysics*,1991)最为系统地反映了达米特哲学思想的全貌,全面阐述了意义与真值条件理论、实在论与反实在论之争等问题。达米特是反实在论的代表人物,1963年发表《实在论》(Realism)一文,认为理想主义、唯名论和非实在论(Irrealism)都是反实在论的,实在论与反实在论的根本区别在于如何认识与之相连的"真"概念和二值原则,或者从本质上说,二者是什么使得语句为真的争论。达米特提出解决这一争论的新策略是:不直接探讨有关对象的存在问题,而是探讨有关对象的语句的意义问题,从而解决有关对象的本体论问题。他认为意义理论应该是对语言实践的系统刻画,其核心概念应该是对人们使用句子的语言实践的特征的抽象和概括。

达米特对德国哲学家弗雷格(Friedrich Ludwig Gottlob Frege)的思想颇有研究。1973年出版《弗雷格的语言哲学》(*Frege: Philosophy of Language*),全面阐述弗雷格意义理论的基本内涵并澄清重要概念,被公认为弗雷格思想研究的经典。1981年出版《弗雷格哲学的解释》(*The Interpretation of Frege's Philosophy*),继续深化其对弗雷格哲学思想的研究。

在分析哲学和逻辑哲学等方面,达米特的著作主要包括《形而上学的逻辑基础》(*The Logical Basis of Metaphysics*,1991)、《分析哲学的起源》(*Origins of Analytical Philosophy*,1993)等。语言和语言学方面著作包括《语言之海》(*The Sea of Language*,1993)和《语法与风格》(*Grammar and Style: for Examination Candidates and Others*,1993)等。

达奈什　Daneš, František　(1919—2015)
捷克语言学家。1919年7月23日生于捷克南波西米亚州(South Bohemia)的皮赛克镇(Pisek)。因受二战影响,中断大学学业;1945年恢复正常以后,进入布拉格的查理大学(Charles University)。毕业后,在捷克斯洛伐克国家科学院捷克语言研究所工作,1965—1970年任所长,1989—1994年再次担任该职,1992年任查理大学教授。2003年当选为在布拉格举办的世界语言学大会主席。2015年3月18日卒于布拉格。

弗朗蒂舍克·达奈什是布拉格学派的代表人物之一。在大学期间开始接触和了解布拉格语言学派的思想,此后对布拉格学派奠基人马泰休斯(Vilém Mathesius)提出的"功能句子观(Functional Sentence Perspective)"以及语篇主题理论进行了拓展性研究。1974年,他提出"主位推进(thematic progression)"的概念,用来解释主、述位在语篇中的动态分布以及语篇的组织方式,并归纳出五种主位推进模式,由此,语篇主题研究可以分成线性和等级两个层次展开。五种主位推进模式中最为典型的有三种:(1)单纯线性推进(simple linear progression):前一句评述中的一个成分,在随后一句中做主旨［Rh(x)；→ Th(x) + Rh (y) ...］；(2)持续推进(constant progression)：前一句主旨中的一个成分,在随后一句仍然选择为主旨［Th(x) + Rh(x)；Th (x) + Rh (y)...］；(3)衍生超级主旨推进(derived hyperthematic progression)：后来出现的特定主旨衍生于某个"超级主旨"［T = [Hypertheme]；Th(1) + Rh(1)；Th(2) + Rh(2)；Th(3) + Rh(3)...］。

达奈什的其他著作包括《现代标准捷克语的句子语调》(*Sentence-intonation in Present-day Standard Czech*, 1957)《捷克语句子类型》(*Sentence Patterns in Czech*, 1981)和《句子和语篇》(*Sentence and Text*, 1985)等。

达契亚的马丁   Martin of Dacia   参见"马丁(达契亚的～)"。

大野晋   Ohno, Susumu (1919—2008)   日本语言学家。1919年8月23日生于日本东京的一个商人家庭。1943年进入东京帝国大学(即今东京大学),师从桥本进吉(Hashimoto Shinkichi)学习日语语法。1947年任清泉女子学院高中部讲师,1950年任学习院大学非常任讲师,1952年升任副教授,1960年任正教授;1962年获文学博士学位,1966年担任国语审议会委员,1990年从学习院大学退休,转任名誉教授,兼东洋英和女学院大学教授。2008年7月14日卒于东京。

大野晋对日语的诸多研究领域都有建树。由于出身背景的关系,在思考日本文化的根本要素方面,他还注意商业闹市区和非商业区之间的差别。在中古时期的日本语研究方面,他系统研究710—794年奈良时期的古日语的发音,阅读过大量关于助词与动词词尾一致性的语言学著作,特别是日语语法学家本居宜长(Norinaga Motoori, 1730—1801)的论著,考察中古时期日语词之间在数、格、性、人称等方面的一致性问题。研究成果主要体现在1974年出版的论述中古时期日语的辞典《岩波古语辞典》(『岩波古語辞典』)中,该辞典多次重印,是最受欢迎的中古日语辞典之一。语法类著作还包括《日语语法思考》(『日本語の文法を考える』,1978)、《语法与词汇》(『文法と語彙』,1987)和《古典语法释疑》(『古典文法質問箱』,1998)等。

大野晋还探究日语的谱系问题。通过将日语与朝鲜语、阿伊努语等很多其他语言进行对比研究之后,他发现日语与达罗毗荼语系(Dravidian)中的古泰米尔语(Tamil)相似度较高,于是与人合作对古日语与古泰米尔语在词汇、形态、句法和韵律方面做广泛的对比研究,得出日本语和泰米尔语拥有共同的渊源的假说,轰动学术界内外。此类论著包括《追溯日语》(『日本語をさかのぼる』,1974)、《日语语泰米尔语》(『日本語とタミル語』,1981)、《日语与世界》(『日本語と世界』,1989)和《日语来自哪里?——思考语言与文明的关联》(『日本語はどこからきたのか ことばと文明のつながりを考える』,1999)等。

除了学术著作外,大野晋还出版了诸多普及性著作,话题涉及《源氏物语》新说、日语的起源、日语语言与日本文化之间的相互作用、日语语法等。他为大众学习操练日语所著的《日语练习册》(『日本語練習帳』,1999)尤其畅销,出版后五年内销售量近两百万册。

戴维森   Davidson, Donald (1917—2003)   美国哲学家。1917年3月6日生于美国马萨诸塞州的斯普林菲尔德(Springfield)。曾就读于哈佛大学,1939年获学士学位,1941年获哲学硕士学位。1942年参加美国海军,赴地中海地区服役。1945年二战结束后,重返哈佛大学学习古典哲学课程,1949年获博士学位。此后,曾先后任教于纽约皇后学院(Queens College,现属纽约市立大学)、普林斯顿大学、洛克菲勒大学、芝加哥大学和加州大学伯克利分校。2003年8月30日卒于加州伯克利。

唐纳德·戴维森是20世纪最著名的分析哲学家之一,研究涉及语言哲学、行动哲学、认识论和心灵哲学,主要哲学思想包括"真值条件语义学(truth conditional semantics)"、"彻底解释(radical interpretation)"和"变异一元论(anomalous monism)"等。语言哲学是戴维森最早关注的领域,也是他的主要工作领域之一。他在语言哲学中针对作为核心问题的"意义"和"真理"概念,提出一种全新的真值理论,认为真值理论可以像意义理论那样行使责任。在《真理与意义》(Truth and Meaning, 1967)一文中,戴维森借助塔尔斯基(Alfred Tarski)的真理定义模型,把"真"作为意义理论的原初概念,完全依据语句的真值条件给出语句的意义。这种全新的意义理论的构想被称为"戴维森纲领(Davidson's Program)"。戴维森把真理论用作意义理论,希望对真理论提出限制,描写复杂的表达式意义。他认为一个在外延上恰当的理论能够正确地提出语境语词的真值条件。此后,他进一步提出应当把自然语言的真理论看作是一种经验理论,而且必须符合说话者或语言共同体的要求。

在对意义理论的建构研究中,戴维森提出的另一重要思想是关于"彻底解释"的假设。他设想,在对一种异类语言做出解释时,解释者只能根据说话者在具体语境中的反应和行为来判断语词的意义并做出解释,并由此认为,解释理论对说话者的话语所做出的解释必定与说话者的语境和态度相关。在戴维森看来,真理、意义和心理态度等都是理解和解释中的基本概念,无法再用更为基本的概念去说明它们。只有在它们的相互作用中，特别是在确定说话者语言的真理论的语境中，说话者的话语才能得到彻底的解释。

戴维森在语言学和语言哲学领域的代表著作包括《真理与意义》(*Truth and Meaning*, 1967)、《论说"That"》(*On Saying 'That'*, 1968)、《彻底解释》(*Radical Interpretation*, 1973)、《自然语言语义》(*Semantics of Natural Languages*, 1973)、《隐喻的含义》(*What Metaphors Mean*, 1978)和《对真理和解释的探究》(*Inquiries into Truth and Interpretation*, 2002)等。

戴维斯 Davies, Anna Morpurgo 参见"莫尔普戈·戴维斯"。

戴伊 D'Ailly, Pierre （1350—1420） 法国神学家、占星家和红衣主教。其姓名常用拉丁文拼作 Petrus Aliacensis 或 Petrus de Alliaco。1350 年生于法国北部贡比涅（Compiègne），本姓玛格丽特（Marguerite），疑因祖籍是皮卡第地区努瓦河畔阿伊（Ailly-sur-Noye, Picardie）而改现名。1363 年入巴黎大学德纳瓦尔学院（Collège de Navarre）就读，1365 年获文学士学位，1368 年获文学硕士学位，1372 年获送经师（Baccalaureus Cursor）学位，1375 年获讲经师（Baccalaureus Sententiarius）学位，1381 年获神学博士学位；之后留在德纳瓦尔学院任教，1384—1389 年任院长。1389—1395 年担任巴黎大学校长。1409 年成为比萨议会议员，1411 年，在教会支持下担任罗马天主教堂红衣主教。1417 年回法国东南部城市阿维尼翁（Avignon）定居。1420 年 8 月 9 日卒于阿维尼翁。

皮埃尔·戴伊在早期教学生涯中，写下一些逻辑语法学和符号学方面的小册子，包括《论概念》(*Conceptus*)、《不解之谜》(*Insolubila*) 和《论逻辑》等作品。在这些著作中，他阐释了符号概念及心理语言学理论。此外，他在哲学心理学、神学、地理学、气象学、教会政治等方面也撰写过很多影响深远的著作。

德尔布吕克 Delbrück, Berthold （1842—1922） 德国语言学家。1842 年 7 月 26 日生于普鲁士的普达布斯（Putbus）。曾在哈雷大学（University of Halle）和柏林大学求学。毕业后一直在耶拿大学（University of Jena）任教，教授梵语和比较语言学。1869 年被聘为语言学教授，一直工作到 1912 年。1922 年 2 月 3 日卒于耶拿。

贝特霍尔·德尔布吕克是德国新语法学派的代表人物，致力于句法学的研究，为印欧语系对比句法学的研究奠定了基础。他的研究方法包括比较法、对照法和分类法，重点研究词的各类组合以及各类组合如何形成有意义的短语或句子。1871 年，他发表关于梵语和希腊语中虚拟语气和祈使语气研究的文章，首次在句法对比领域进行系统完整的研究。他最著名的句法著作是与布鲁格曼（Karl Brugmann）合著的《印度—日耳曼语系各语言的对比语法纲要》(*Grundriss der vergleichenden Grammatik der indogermanischen Sprachen*, 1893—1900, 即 Outline of the Comparative Grammar of the Indo-European Languages)，共三卷，其中两卷有关句法对比研究。

德尔布吕克的著作还包括五卷本《句法研究》(*Syntaktische Forschungen*, 1871—88)、《语言研究的基本问题》(*Grundfragen der Sprachforschung*, 1901)和完成于 1919 年的论文《沉默的起因》(*Einleitung in das Sprachstudium*)。

德拉特 Delattre, Pierre （1903—1969） 法裔美国语言学家。1903 年 10 月 21 日生于法国罗阿讷（Roanne）一个胡格诺教派牧师家庭，1924 年移居美国。1937 年获密歇根大学博士学位，后到底特律在韦恩州立大学（Wayne State University）教授法语课程，曾赴巴黎索邦大学语音学学院学习，后在密歇根大学和米德尔伯里学院（Middlebury College）任教。1941—1946 年任教于俄克拉荷马大学，开设实验法语课，运用"军队语言训练派方法"授课。1947—1952 年任宾夕法尼亚大学法语教授，接触到贝尔电话实验室和哈斯金实验室的工作方法，随后加入哈斯金实验室进行话语语音实验。1953—1963 年任科罗拉多大学教授。1964 年起转任加利福尼亚大学圣巴巴拉分校（University of California, Santa Barbara）教授，创立语音学研究实验室，主持语音合成项目。1969 年 7 月 11 日卒于加利福尼亚州圣巴巴拉市。

皮埃尔·德拉特是美国杰出的罗曼语言学家、语音学家和语言教学专家，主要成就在实验语音学、历史语音学和法语矫正语音学（French Renedial Phonetics）领域。主要著作有基于其博士论文著成的《法语元音音长——试论法国人发字母 E 的音长》(*La Durée des Voyelles en Français: Etude expérimentale sur la durée des E d'un Français*, 1939)、《法语语音学原理——英语国家学生用法研究》(*Principes de phonétique française à l'usage des étudiants anglo-saxons*, 1946)和《英语、法语、德语和西班牙语语音特征之比较》(*Comparing the Phonetic Features of English, French, German and Spanish*, 1965)。此外，他还发表过 40 多篇有关法语发声语音学和语音教学的文章。

德斯妮卡佳 Desnickaja, Agnia Vasil'evna （Агния Васильевна Десницкая, 1912—1992） 苏联语文学家和语言学家。1912 年 8 月 23 日生于沙俄

切尔尼戈夫省谢德涅夫市,其父为杰出的语文学家和著名的公众人物。中学毕业后,德斯妮卡佳进入苏联列宁格勒赫尔岑师范学院(Leningrad Pedagogical Hertzen Institute)学习日耳曼语文学。1950 年起在苏联科学院语言与思维研究院列宁格勒分院工作,1963—1976 年任研究院主任,1976—1988 年任院长。她积极鼓励在列宁格勒国立大学进行阿尔巴尼亚语教学,1957 年设立阿尔巴尼亚语语言文学系。1964 年起任苏联科学院院士。1992 年 4 月 18 日卒于俄罗斯圣彼得堡。

阿格妮娅·瓦西尔耶夫娜·德斯妮卡佳对俄罗斯的语言学研究和组织作出了贡献,研究涉及日耳曼语、印欧语、阿尔巴尼亚语和巴尔干语语言学、语言学历史、社会语言学等领域。她早期从事日耳曼语研究,后来转向印欧语研究。1946 年,她发表《关于印欧语系直接宾语范畴的发展》(On the Development of Direct Object Category in Indo-European Languages)一文,提出古印欧语原型语的主宾关系发展概念,重建了原语言的句法结构。她后来的研究都是关于阿尔巴尼亚语历史比较语法以及阿尔巴尼亚语、日耳曼语和巴尔干语之间的谱系关系。她还撰写了大量关于阿尔巴尼亚语历史、方言、词汇以及民间故事和文学的文章,为俄罗斯的阿尔巴尼亚语研究奠定了基础。

德斯妮卡佳的著作还包括《有关印欧语言研究的话题》(Research Topics in Indo-European Languages, 1955)、《阿尔巴尼亚语及其方言》(Albanian Language and its Dialects, 1968)、《对比语言学和语言的历史》(Comparative Linguistics and the History of Languages, 1984)等。

德沃托 Devoto, Giacomo (1879—1974)
意大利语言历史学家。1897 年 7 月 17 日生于意大利西北部城市热那亚。1920 年毕业于帕维亚大学(University of Pavia),学位论文是关于印度语音和罗马尼亚语音的对比研究。1920—1924 年在德国柏林、瑞士巴塞尔和法国巴黎等地学习,1924 年获大学教职,1926 年开始在意大利卡利亚里大学(University of Cagliari)任教,后到佛罗伦萨和帕多瓦(Padua)任职。1937 年回到佛罗伦萨讲授印欧语言、言语学(glottology)和梵文,1967 年退休。1974 年 12 月 25 日卒于佛罗伦萨。

贾科莫·德沃托是伊特鲁里亚学(Etruscology)的创始人。作为语言新历史主义创立者,他一直致力于拉丁语、希腊语和伊特鲁里亚语(Etruscan,是介于拉丁语和希腊语中间的语言)的研究。凭借对各种语言研究的方法,他于 1937 出版《伊库维牌铭》(Tabulae Iguvinae),此碑铭是意大利翁布里亚语(Umbrian)语法研究仅有的原始材料,是用类似拉丁文的萨图尔尼奥体(Saturnio)的一种诗文韵律写成,德沃托是最早对其进行研究的学者。德沃托的主要著作是《意大利语概要》(Profilio di Storia Linguistica Italiana, 1953)和《罗马的语言史》(Storia Della Lngua di Roma, 1940)。

德沃托生前还担任"秕糠学会"(Accademia della Crusca)会长,该学会旨在净化意大利文艺复兴时期的文学语言托斯卡纳语(Tuscan)。

狄奥尼修斯 Dionysius of Halicarnassus
(约公元前 60—约前 7) 古希腊史学家和修辞学家。约于公元前 30 年离开其家乡哈利卡纳苏斯(Halicarnassus)赴罗马,以教授修辞学为生;其间用了 20 年时间学习拉丁语和文学,为写作《古罗马史》(Ρωμαικὴ Αρχαιολογία,即 Roman Antiquities)做准备。生活于公元 2 世纪、著述颇丰而且擅长音乐的古希腊修辞学家埃里乌斯·狄奥尼修斯(Aelius Dionysius)据信为这位狄奥尼修斯的子孙。

哈利卡纳苏斯的狄奥尼修斯的学术活跃期处于盖乌斯·屋大维·图里努斯(Gaius Octavius Thurinus,前 63—14)统治期间。他反对当时修辞华丽的"亚洲式"风格,推崇古典阿提卡希腊语(Attic Greek)的言语风格。著有修辞学作品约十部,包括《修辞的艺术》(Τέχνη ῥητορική,即 The Art of Rhetoric),辑录其本人及当时其他修辞学家的论文;《遣词造句》(Περὶ συνθέσεως ὀνομάτων,即 The Arrangement of Words),论述不同演说风格中的词语组合和搭配艺术;《论模仿》(Περὶ μιμήσεως,即 On Imitation),评述不同种类文学作品的范本和模仿方法;《阿提卡演说家点评》(Περὶ τῶν Ἀττικῶν ῥητόρων,即 Commentaries on the Attic Orators),点评吕西亚斯(Lysias)、伊塞尤斯(Isaeus)、伊索克拉底(Isocrates)和狄纳尔科斯(Dinarchus)等雄辩家的演说风格;以及《论狄摩西尼的可敬风格》(Περὶ λεκτικῆς Δημοσθένος δεινότητος,即 On the Admirable Style of Demosthenes)、《论修昔底德的性格》(Περὶ Θουκυδίδου χαρακτῆρος,即 On the Character of Thucydides)等。

《古罗马史》是狄奥尼修斯的不朽巨作,共 20 卷,约于公元前 7 年面世,其中第 1—9 卷目前保存完整,第 10—11 卷基本完整,其余大部分仅存残页或完全遗失。全书记载了古罗马从神话时代到古罗马与古迦太基之间第一次布匿战争(First Punic War)历史。

狄奥尼修斯·特拉克斯 Dionysius Thrax
参见"特拉克斯"。

狄德罗 Diderot, Denis (1713—1784) 法国思想家、哲学家、文学家和百科全书编纂家。1713

年10月5日生于法国上马恩省朗格勒城的一个手工业者家庭。1732年获巴黎大学文学硕士学位。因精通意大利语和英语,开始从事一些文学、哲学作品的英译工作以及小说创作,尤以译述英国柏拉图主义者第三代沙夫茨伯里伯爵安东尼·阿什利-柯柏(Anthony Ashley-Cooper, 3rd Earl of Shaftesbury, 1671—1713)的《德性研究》而著称,创作的小说有《修女》、《拉摩的侄儿》、《宿命论者雅克和他的主人》和《泄露隐情的首饰》等。1733—1758年,他致力于编写钱伯斯出版社的《百科全书》(即《大英百科全书》的前身),同时还进行个人的写作和研究工作。1784年7月30日,狄德罗在巴黎逝世。

丹尼斯·狄德罗是当时学界公认的百科全书派。他把所掌握的科学、神学、哲学等全部知识汇编为以字母顺序排列的多卷本详解词典,成为世界上第一部现代意义的百科全书,《百科全书》主要反映了他的语言稳定性观点,但有时他也认为语言处在不断变化的过程中。他深受洛克(John Locke)等人思想的影响,强调持续性,即物质不断运动,永远处于变化和转化的过程,认为所有的事物都相互联系,这一思想与19世纪历史比较语言学的观点一致。

作为启蒙思想家与机械唯物主义者,狄德罗坚持唯物主义的哲学观,既反映形而上学的思维方式,又夹杂着同时代哲学家所缺乏的辩证法因素,因而被认为是过渡性的唯物主义。狄德罗于1749年发表的《论盲人书简》,充分表述其无神论思想。狄德罗依据唯物主义的观点,提出了"美在关系"说。认为"美"是一个存在物的名词,它标记着存在物的一种共性,这个共性就是"关系"。

迪邦索　Du Ponceau, Pierre Étienne

(1760—1844)　法裔美国语言学家、哲学家和法学家。1760年6月3日生于法国雷岛(Ile de Ré)圣马丁镇。曾就读于本笃会学院(Benedictine College),青少年时即凸显语言天赋,因英文流利被普鲁士男爵冯史特宾(Baron von Steuben)聘为秘书,于1777年随男爵到达北美。美国独立战争期间,于1778—1779年为晋升为美军少将的男爵担任副官,后由于健康原因离开军队。战后任美国国务卿罗伯特·利文斯顿(Robert Livingston)的秘书。1783—1785年学习法律,获执业资格后在费城开业,并加入美国国籍。1791年加入美国哲学学会(American Philosophical Society),1829年当选为学会会长。1820年入选美国文理科学院院士。1844年4月1日卒于费城。

皮埃尔·埃蒂恩涅·迪邦索以研究美国印第安人土著语言、推广汉字而享有盛名,著有《英语音位学》(English Phonology, 1817)、《北美部分印第安语的语法系统》(Grammatical System of Some of the Languages of the Indian Nations of North America, 1838)、《论汉语书写体系的本质和特征》(Dissertation on the Nature and Character of the Chinese System of Writing, 1838)等语言学著作。他极力推崇美国印第安语的语法结构,曾深入研究阿尔贡金语(Algonquian)、易洛魁语(Iroquoian)等印第安语。1819年创制"多式综合语(polysythesis)"这一语言学术语,用以形容美洲原住民的语言特点:把主语、宾语和其他语法项结合到动词词干上,以构成一个单独的词,但表达一个句子的意思。他是第一位认为汉字表音而非表意的西方语言学家,主张汉语书写体系的发明同字母文字一样是为了表达词汇或者发音。1834年发表文章呼吁美国人坚持使用美式英语的表达方式。

迪邦索后改名彼得·史蒂芬·杜邦索(Peter Stephen Du Ponceau),曾撰写出版有关历史、民法、国际法和美国宪法的文章,也出版一些记录美国著名政治人物和学者的回忆录。1939—1940年,他的自传发表于《宾夕法尼亚历史杂志》。

迪布瓦　Dubois, Jacques　(约1478—1555)

法国语法学家和解剖学家。约1478年生于法国北部城市亚眠(Amiens)附近的小镇勒伊(LCuilly)。他先在巴黎学习过希腊语、希伯来语和数学,后赴蒙彼利埃(Montpellier)学医,1529年获医学学位,1531年获巴黎大学学士学位。1550年成为法兰西公学院外科学教授。1555年1月13日卒于巴黎。

雅克·迪布瓦著有《法语概论及拉丁—法语语法——基于希伯来语、希腊语、拉丁语作者的作品》(In linguam gallicam isagōge, una cum eiusdem Grammatica latino-gallica, ex hebræis, græcis et latinis authoribus, 1531),这是法国出版的第一部法语语法。迪布瓦之所以采用拉丁语编写语法,是想便于其他国家的人能更好地理解法语,重现纯洁古代法语。通过对比古代法语和当时法语的字母发音,提醒法国人不要成为讲母语的外国人。虽然书中有时混淆字母和发音之间的区别,部分存在牵强的词源解释,但是迪布瓦真实地描述了16世纪早期法语的用法,也综合考虑到宗教和社会等因素对语法的影响。

迪布瓦博学多才,能言善辩。他学习了语言和数学后,曾跟随巴黎著名医师、巴黎大学医学院院长让·塔博(Jean Tabault)学习解剖学知识,同时在特雷吉耶学院(College de Tréguier)讲授古希腊医学家希波克拉底(Hippocrates of Kos)和盖伦(Aelius Galenus)的医学理论,深受听课者欢迎。因未曾取得任何大学学位,他在讲堂上的成功引起校内同行的抗议。他只得赴蒙彼利埃和巴黎大学攻读学位,在取得学士学位后得以继续从事解剖学教学。在教学和研究的同时,他撰写了大量医学专著,并翻译出版了盖伦的作品。1555 年,他在研究中发现中脑水管,并于当年以拉丁名雅克布斯·西耳维厄斯(Jacobus Sylvius)发表论文;后人把中脑水管命名为"西耳维厄斯氏导水管"(Sylvius s aqueduct)以示纪念。

迪茨 Diez, Friedrich Christian　(1794—1876) 德国语言学家。1794 年 3 月 15 日生于德国黑森州吉森市(Gießen)。1816—1818 年在哥廷根完成大学教育,学习了古典语文学、现代语言和文学,深受浪漫主义影响,热爱文学和诗歌,翻译过拜伦(George Gordon Byron)、司各特(Sir Walter Scott)和一些中世纪浪漫派的诗作。1818 年,他拜访了德国大诗人歌德(Johann Wolfgang von Goethe),之后的研究方向转向普罗旺斯文学。1821 年在吉森获博士学位。1822 年获"特许任教资格(Habilitation)"证书,任波恩大学中世纪和现代语言文学讲师,1830 年升任现代文学教授。1876 年 5 月 9 日卒于波恩。

弗里德里希·克里斯蒂安·迪茨通过研究罗曼斯文学,成为罗曼语语文学创始人。进入波恩大学不久,他撰写了两部早期的主要著作,一部发表于 1826 年,论行吟诗歌;另一部发表于 1829 年,论行吟诗人生平和作品。作为历史比较语言学的奠基人之一,他主要研究罗曼语和日耳曼语,还讲授哥特语、古高地德语、中世纪德语爱情诗歌等课程。迪茨也是罗曼语语言学的创立者,在这方面的主要成就是将历史比较的方法应用到罗曼语的研究中,系统地研究了包括法语、普罗旺斯语、西班牙语、意大利语、葡萄牙语和罗马尼亚语等六种罗曼语的语音和音韵,使历史比较语言学的地位得以真正确立。迪茨是第一部罗曼语语法的作者,其代表作包括三卷本的《罗曼族语语法》(Grammatik der Romanischen Sprachen, 1836—1844)和《罗曼族语词源词典》(Etymologisches Wöterbuch der Romanischen Sprachen, 1853)。

迪尔凯姆 Durkheim, Émile　(1858—1917) 法国社会学家和哲学家。旧译涂尔干。1858 年 4 月 15 日生于法国洛林埃皮纳尔(Epinal)犹太教教士家庭。幼年曾学习希伯来文和犹太教法典;青年时代放弃宗教信仰,立志从教。1879 年就读于巴黎高等师范学校,1882 年毕业。1882—1887 年任教于省立中学,其间赴德国一年,学习教育学、哲学、伦理学,接受冯特实验心理学思想。1887—1902 年任教于波尔多大学(University of Bordeaux)并创建法国第一个教育学和社会学系。1891 年被任命为法国第一位社会学教授。1898 年创建法国《社会学年鉴》杂志,形成法国社会学年鉴派。1902 年后执教于巴黎大学。1917 年 11 月 15 日卒于巴黎。

埃米尔·迪尔凯姆与卡尔·马克思和马克斯·韦伯(Max Weber)并称为社会学的三大奠基人。他的经典著作包括《社会分工论》(The Division of Labor, 1893)、《社会学方法的规则》(The Rules of Sociological Method, 1895)、《自杀论》(Suicide, 1897)和《宗教生活的基本形式》(The Elementary Forms of Religious Life, 1912)。其中,《社会分工论》是迪尔凯姆的博士学位论文,阐述并强调了社会成员间的团结和集体意识的重要性;《社会学方法的规则》认为社会事实的比较研究比单纯的理论阐述更有意义,从而奠定了社会科学采用比较研究的方法论基础;《自杀论》是其实证主义思想力作,通过调查分析的实证性研究手段,提出不能只从个人心理探讨自杀,而应将自杀视为客观的社会现实,着眼于概率调查,并从现象认清本质;《宗教生活的基本形式》为其晚年之作,试图从原始初民社会的基本互动方式建构并认识社会构成的最基本元素。以这些思想为基础,迪尔凯姆还对教育、犯罪与刑罚以及法律等制度建设和革新进行过深入的探讨。

迪尔凯姆的学术思想对社会科学诸学科以及各交叉或相关学科(包括语言学)的研究思路和方法论指导具有深远的影响。由于儿子和学生死于第一次世界大战的战场,迪尔凯姆受到极大刺激,其学术研究因而中断。

笛卡儿 Descartes, René　(1596—1650) 法国哲学家、数学家和自然科学家。亦译作笛卡尔。1596 年 3 月 31 日生于法国南部的拉艾(La Haye),父亲是布列塔尼地方议会议员。1606 年进入耶稣会学校,学习文学、语法、科学和数学。1614 年到普瓦捷(Poitier)大学攻读法律,同时学习哲学、神学和医学,1916 年获法律学士学位。此后参军,以图借机游历欧洲,开阔眼界,1621 年回国,时值法国内乱,于是到荷兰、瑞士、意大利等地旅行。1625 年返回巴黎。1628 年移居荷兰,之后长达 20 多年的时间里,对哲学、数学、天文学、物理学、化学和生理学等领域进行深入研究,完成主要著作。1649 年冬,应瑞典女王的邀请赴斯德哥尔摩任宫廷哲学家,但因无法适应当地气候而抱病不起。1650 年 2 月 11 日卒于斯德哥尔摩。

勒内·笛卡儿是解析几何的创始人,1937 年发表的《几何学》(La Géométrie)创立了解析几何,表明几何问题不仅可以归结为代数形式,而且可以通过代数变换来发现几何性质,证明几何性质。他的这一创见为微积分的创立奠定了基础。1634 年,笛卡儿写成了《论世界》(Le Monde),书中总结了他在哲学、数学和许多自然科学问题上的看法。1641 年出版了《形而上学的沉思》(Méditations Métaphysiques)。1644 年出版了《哲学原理》(Principia Philosophiae)。他在《哲学原理》中比较完整地表达了惯性定律,强调了伽利略没有明确表述的惯性运动的直线性。此外,他在《哲学原理》中第一次提出了动量守恒定律,指出物质和运动的总量保持不变。他反对经院哲学和神学,提出怀疑一切,但又提出"我思故我在",强调不能怀疑以思维为属性的精神实体的存在。他的自然哲学观同亚里士多德的学说是完全对立的。他认为,所有物质的东西,都是为同一机械规律所支配的机器,甚至人体也是如此。同时他又认为,除了机械世界外,还有一个精神世界存在,这种二元论的观点后来成为欧洲人的根本思想方法。此外,笛卡儿还提出了天体演化说、旋涡模型和近距作用观点,对自然科学家产生了深远影响。

笛卡儿对语言学的贡献在于他科学、系统和严谨的探索,影响了大批语法学家和语言哲学家,如波尔-罗瓦雅尔学派以及其他学者。另一方面,他的哲学关注人类本身和寻求知识、真理,强调科学的目的在于造福人类,使人成为自然界的主人和统治者。他认为人类理性是动物所缺乏的,而理性的官能包括创造性地使用语言,所以人类的表达符号系统无需通过某种刺激自动归属于某种情况。动物经过训练发出的声音不是语言,也不是有意义的符号系统,只是对输入信号出于机能或本能的再创造,不是被创造性地与一套规则系统相联系。虽然语言并不是笛卡儿思想的核心,但在其哲学作品和信件中可见诸多对语言问题发表的观点。

迪克松 Dixon, Robert M. W. （1939— ）
英国语言学家。1939年1月25日生于英格兰西部格洛斯特(Gloucester)。毕业于诺丁汉中学,后入牛津大学学习数学,1960年毕业获学士学位。1961—1963年在爱丁堡大学(University of Edinburgh)任英语统计语言学系研究人员;此后至1964年9月,到昆士兰东北部从事实地调查。返回英国后,任伦敦大学学院讲师。1968年赴哈佛大学任教。1970—1990年任澳大利亚国立大学语言学系主任;1996年与俄裔语言学家阿罕瓦德(Alexandra Aikhenvald)共同创建语言类型学研究中心,分别任正、副主任,2000年1月1日中心迁往墨尔本的拉筹伯大学(La Trobe University)。2009年初与阿罕瓦德在詹姆斯·库克大学凯恩斯校区(James Cook University, Cairns)创建语言文化研究小组,2011年改设为中心。

罗伯特·迪克松深受北美人类语言学派博厄斯和萨丕尔理论的影响,自1963—1964年为澳大利亚土著研究所(Australian Institute of Aboriginal and Torres Strait Islander Studies)首次进入昆士兰东北部雨林地区实地调查多种土著语言后,40余年坚持不懈地深入北昆士兰、斐济岛以及巴西亚马逊地区的丛林村落,开展实地调查和研究。他先后出版过关于迪尔巴尔语(Dyirbal)、伊帝尼语(Yidiny)和波乌马阿斐济语(Boumaa Fijian)、加拉瓦拉语(Jarawara)等澳洲土著语言的语法书尤其对迪尔巴尔语(Dyirbal)情有独钟。1997年,他出版《语言的兴衰》(The Rise and Fall of Languages)一书,认为用以描述语言变迁的谱系树模型理论不适用于所有语言现实,而生物进化的间断平衡论(Punctuated Equilibrium)更适合用来分析澳大利亚地区的语言。在2002年出版的《澳大利亚的语言:本质与发展》(Australian Languages: Their Nature and Development)中,他详细分析了澳大利亚的语言,并认为澳大利亚长期以来就是多种语言分布的地区。

迪克松的著作还包括《北昆士兰地区德伯尔语》(The Dyirbal Language of North Queensland, 1972)、《帝尼语语法》(A Grammar of Yidiny, 1977)、《斐济语语法》(A Grammar of Boumaa Fijian, 1988)、《南亚马逊河流域德加纳瓦纳语》(The Jarawara Language of Southern Amazonia, 2004)、《作格》(Ergativity, 1979)和《英语语法的语义视角》(A Semantic Approach to English Grammar, 2005)等。除了学术写作,他还出版了《找寻土著语言》(Searching for Aboriginal Languages),不但记录了当时从事的语言学实地调查情况,还记载了土著居民的情况。此外,他与约翰·戈德里奇(John Godrich)和霍华德·赖伊(Howard Rye)合写了《布鲁斯和福音音乐专辑:1890—1943》(Blues and Gospel Records: 1890—1943)。

迪孔日 Du Cange, Charles du Fresne, sieur （1610—1688）   法国语文学家和史学家。1610年12月8日生于法国北部亚眠(Amiens)。早年在奥尔良学习法律。1638年转攻历史。1668年起定居巴黎,与当时法国博学派史学家交往密切。1688年10月23日卒于巴黎。

夏尔·迪弗雷纳·迪孔日最重要的著作是其出版于1678年的《中世纪及晚期拉丁语词典》(Glossarium Mediae et Infimae Latinitatis)以及10年后出版的《中世纪及晚期希腊语经文词典》(Glossarium ad Scriptores Mediae et Infimae Graecitatis, 1688)。这两部著作对中世纪的拉丁语、希腊语与它们早期的古典形式做了对比阐释,首开语言历史发展研究之先河,为创立欧洲中世纪拉丁语言学做出重大贡献。两部辞书出版以后,历经无数次的重版和修订,至今仍为学界广为查阅。

迪孔日主要研究法国通史和区域史,尤其是中世纪和拜占庭史。作为博学家、史学家,他擅长搜集、整理、考证和编纂史料,充分利用史料进行历史著述。作为拜占庭学的奠基人,他参与法国第一部关于拜占庭帝国的大型历史著作丛书《拜占庭历史学家著作汇编》的编纂工作,具体负责编辑佐纳拉斯(Johannes Zonaras)等拜占庭历史学家的著作原文。他校注出版关于拜占庭历史的史料,如《法国诸皇帝统治下的君士坦丁堡帝国史》(Histoire de l'Empire de Constantinople sous les empereurs français, 1657)和《拜占庭史》(Histoire byzantine, 1680)等。他还从中世纪遗留下来的手稿中摘录各种难懂的词语和句子,并进行深入细致的研究和详尽的解释,为后人的研究工作奠定基础。

底克希多 Dīksita, Bhat toji （约 1550—约 1630） 印度梵文语法家。大约生活在 16 世纪后期至 17 世纪早期,出身于一个作家和语法学家世家,其父亲、兄弟、儿子、孙子都是著名的梵文语法学家。

婆窦吉·底克希多的代表作《梵文文法》(Siddhānta Kaumudī)是研究梵文的经典著作。公元前五世纪,印度古代语法学家波尼尼的《八章书》以精炼的文笔描述梵文语法,此后出现了许多对此书的解释性著作。底克希多的《梵文文法》也是对波尼尼书中的语法规则进行的解释,全书分成两个部分:第一部分讨论波尼尼原著第四、五章的合成词和词缀;第二部分讨论原著第三部分的词缀。底克希多在书中引用了很多传统经典做例子,列出不同语法学家的观点。底克希多的《梵文文法》被誉为"古代伟大梵文语法学家理论观点的百科全书"。

杜登 Duden, Konrad （1829—1911） 德国语言学家。1829 年 1 月 3 日生于德国铁路工人家庭。1846 年于韦瑟尔市通过大学入学考试,赴波恩学习历史、日耳曼语言文学和古典语言学。1848 年参加学生社团组织的政治活动,不久中断学业赴法兰克福、意大利热那亚等地担任家庭教师。1859 年返回德国,任教于索斯特镇(Soest)的中学,后升任副校长。1869 年任施莱茨市(Schleiz)中学校长。1876 年任巴赫斯菲德(Bad Hersfeld)皇家中学校长,其间出版《德语正字法词典》(Vollständiges Orthographisches Wörterbuch der Deutschen Sprache, 1880)。1905 年退休。1911 年 8 月 1 日卒于威斯巴登市索嫩贝格区(Wiesbaden-Sonnenberg)。

作为德语正字法推行者,杜登一生致力于规范德语书写,为统一德语正字法作出了历史性贡献。针对当时德语拼写规则的混乱,他提出简化德语拼写规则,便于人们更容易学习德语书写。他编纂的《德语正字法词典》为统一德语正字法奠定了基础,1900 年修订后的第六版成为权威性的德语正字法词典,该词典收录了 28 000 个单词,涉及语法、语音、修辞、外来词等。1902 年,德意志联邦议会指定杜登正字法为官方文件书写体例,奥匈帝国和瑞士也先后采纳杜登正字法。以杜登命名的"杜登出版社"出版了一系列《杜登词典》,享誉国际出版界。1996 年 7 月,维也纳通过《德语正字法改革书》,杜登出版社按新正字法修订了《杜登词典》,其第 21、22、23 版分别于 1996、2000、2004 年出版。

杜尔哥 Turgot, Anne Robert Jacques （1727—1781） 法国古典经济学家和语言学家。1727 年生于巴黎。1743 年起先后在路易学院、圣叙尔皮斯神学院、索邦神学院学习,1747 年获神学学士学位。1748 年曾任索邦神学院院士、名誉副院长。1751 年放弃神职从政,曾在路易十六在位时任海军大臣、财政大臣等职,但由于推行的改革措施引起宫廷和贵族的不满,1777 年被免职。

杜尔哥对语言问题的研究是由于受到孔狄亚克(Etienne Bonnot de Condillac)和莫佩尔蒂(Pierre-Louis Moreau de Maupertuis)的影响。他反对他们关于语言是通过哲学式思考被人发明的观点,提出词是从隐喻演化而来的,而隐喻中隐含着不同文化对世界的不同看法。杜尔哥也反对笛卡儿哲学关于思想主导性的观点,反对通过气候和国民心理学来解释语言多样性,他果断地将语言学视为独立的研究领域。他对当代语言学的主要贡献在于给狄德罗(Denis Diderot)的百科全书写的一篇关于"词源"的文章。杜尔哥将布尼兹连续性规则应用到自己的研究主题中,强调词源学在研究词根时也必须考虑语言的内部关系,应该根据事实依据尽可能重新建构语言的"变化的过程"。

杜克罗 Ducrot, Oswald （1930— ） 法国语义学家。1930 年 11 月 27 日生于巴黎。1949—1959 年在法国高等师范学院学习,主修哲学。毕业后先在法国国家科学研究中心(Centre national de la recherche scientifique,简称 CNRS)工作,晋升至教授和研究员。1973 年起任社会科学高等学院(École des hautes études en sciences sociales,简称 EHESS)教授。

奥斯瓦尔德·杜克罗早期受英国学者斯特劳森(Peter Frederick Strawson)和奥斯汀(John Langshaw Austin)哲学思想的影响,后转而强调"综合语用"。杜克罗认为,"语用"不是附加给处于某种语境中的语言,而是语言本身的一部分。杜克罗与让克劳德·安斯孔布尔(Jean-Claude Anscombre)发展了论证理论(Theory of Argumentation),致力于"论证语义学(argumentative semantics)"研究,主要讨论论述(énonciation)和论证(argumentation)两个主题。论述的目的在于语义,语言形式代表了某种语言目的。论证并不是语言和世界的关系,而是研究一个篇章里每套论述是怎样联系在一起成为结论的。为了说明论述和论证问题,杜克罗致力于研究隐含意义(implicit meaning),并将隐含意义区分为预设意义(presupposed)和暗示意义(implied)。杜克罗先后撰写《说与没说》(Dire et ne pas Dire, 1972)、《证据与叙述》(La Prevue et le Dire, 1973)和《说与所说》(Le Dire et le Dit, 1984)。

杜克罗的其他主要著作还包括《语言学的结构主义》(Le Structuralisme en linguistique, 1968),书中指出篇章研究对语义研究的重要性；1972年,杜克罗与托多洛夫(Tzvetan Todorov)合著《语言科学百科辞典》(Dictionnaire Encyclopédique des Sciences du Langage)。

渡部昇一　Watanabe, Shoichi　(1930—)
日本语文学家和文化批评家。1930年10月15日生于日本山形县鹤冈市。1949年毕业于鹤冈第一高中,进入东京上智大学(Sophia University)文学系英语专业学习；1953年在上智西方文化研究学院攻读硕士学位,1955年获硕士学位。之后赴德国明斯特大学(University of Münster)学习,在语言学家施奈德(Karl Schneider)的指导下继续研修英语语法,1958年获博士学位；之后赴牛津大学做博士后研究。1960年回到上智大学英语文学系担任讲师。1964年被聘为副教授,1971年晋升为教授。1968—1969年在六所美国高校访学并主持讲座。1994年被德国明斯特大学授予荣誉博士学位。2001年从上智大学退休,成为名誉教授。曾任日本语文学会会长和日本藏书家协会主席。

渡部昇一在英语语法研究上做出了重要贡献。在攻读博士学位期间,他深入探讨了早期现代英语语法,表明其更崇尚中世纪拉丁文语法。他的研究整理成专著《英语语法史》(『英文法史』)于1965年出版。他的《英语语言学史》(『英語学大系 第13卷 英語学史』,1975),对1800年以前的英语语法和正音理论做了非常详尽的阐述。其他著作还包括《关于语言和民族的起源》(『言語と民族の起源について』,1973)、《日语的精神》(『日本語のこころ』,1974)、《英语词源》(『英語の語源』,1977)、《语言·文化·教育——盎格鲁萨克森文明圈》(『ことば·文化·教育 アングロサクソン文明の周辺』,1982)、《英语词源探踪》(『英語語源の素描』,1989)、《英国国学史》(『イギリス国学史』,1990)、《抚摸英语语法》(『英文法を撫でる』,1996)、《你懂英语语法吗?》(『英文法を知ってますか』,2003)、《词源力——通过英语词源理解人类思想史》(『語源力 英語の語源でわかる人間の思想の歴史』,2009)和《英语早期教育和公司内部通用语有百害而无一利——渡部昇一追求的"英语观"》(『英語の早期教育·社内公用語は百害あって一利なし 渡部昇一の「英語知」の追求』,2014)。

多布罗夫斯基　Dobrovsky, Josef　(1735—1829)
捷克哲学家、语言学家和历史学家。1735年8月17日生于匈牙利。从小生长于德语环境,10岁开始学习捷克语；1768年入布拉格大学下属的耶稣会学院学习。1776—1787年为诺斯蒂克男爵(Count Nostic)的孩子做家庭教师,其间结识了很多捷克上层知识分子。1792年以捷克皇家学会的名义,遍游德国、瑞典、俄国、匈牙利、奥地利、意大利等国,研究历史、文学和斯拉夫语言；其间成为俄罗斯科学院通讯院士。次年又遍访匈牙利、奥地利、北部意大利和捷克各地,积累了很多实景素材,为斯拉夫研究奠定了基础。1829年1月5日卒于捷克东部的布尔诺市(Brno)。

约瑟夫·多布罗夫斯基对捷克古代史、捷克和斯洛伐克语言学、文学史及词典编纂学等都有深刻的研究。1792年,他用德语撰写了《旅瑞典、俄罗斯文学见闻录》(Literarische Nachrichten von einer Reise nach Schweden und Russland),详细介绍捷克古典文学。1809年出版了用德语写成的《捷克语语法详解》,这本著作基于人文主义和《克拉克圣经》的捷克语言,语法规则虽有别于日常惯用语,但被社会普遍接受,形成了今天捷克语的雏形。虽然多布罗夫斯基使用拉丁文和德语进行写作,但他认为语言和文学是一个民族文化和政治发展的基础。18世纪70年代至19世纪上半叶是捷克民族复兴时期,文学重新走向繁荣,多布罗夫斯基在努力提高捷克语地位、奠定现代捷克语语法基础和丰富捷克语词汇方面起了重要作用,完成了捷克现代书面语言规范化的任务,是捷克民族复兴初期的领军人物。

多布罗夫斯基的其他作品还有用拉丁文写成的《古斯拉夫语的词根》(Institutiones linguae Slavicae Dialecti Veteris, 1822)以及两部《德捷词典》(1802,1821)、《斯拉夫语》(Slavin, 1808)和《斯洛伐克语》(Slovanka, 1814—1815)等。

多布森　Dobson, Eric John　(1913—1984)
澳大利亚英语语言学家和文献学家。1913年8月16日生于澳大利亚新南威尔士。1934年获悉尼大学英语专业一等荣誉学士学位(First Class Degree)。1937年获牛津大学莫顿学院(Merton College)英语专业一等荣誉学位。1940年任英国雷丁大学讲师。1942—1945年在海军情报部门工作。1948年返回牛津大学,1954年任英语副教授(Reader),1964年任教授。1984年3月31日卒于牛津。

埃里克·约翰·多布森是中古英语和早期现代英语研究专家。他对中古英语所做的文本批评和文学研究主要基于英语散文作品《修女戒律》(Ancrene Riwle)。1947年,他发表了对17世纪语音学家罗宾逊(Robert Robinson)研究的文章。1951年的博士学位论文主题是16至18世纪的英语发音。1955年,他重新修订了15世纪的诗歌集《万福贞女圣咏》(The Hymn to the Virgin),该书是对现代英语音韵学的进一步研究。

多布森的其他著作还包括《英语发音》(English

Pronunciation, 1957)、《罗伯特·罗宾逊的语音学作品》(*The Phonetic Writings of Robert Robinson*, 1957)等。

多尔西　Dorsey, James Owen　(1848—1895)
美国语言学家和人类学家。1848年10月31日生于美国马里兰州的巴尔的摩。1871年被任命为圣公会的执事,赴达科他地区蓬卡(Ponca, Dakota)部落传教。因为精通古典语言学,很快掌握了蓬卡语,1873年因病返回巴尔的摩。1879年美国民族学局(Bureau of American Ethnology)建立,作为苏族印第安语言和部落的专家成为早期成员之一,也是其中唯一的传教士,参与撰写年度报告。1878年7月被派往内布拉斯加奥马哈(Omaha)部落从事研究。1883年赴加拿大学习苏族印第安人的另两种语言——图特洛语(Tutelo)和夸保语(Quapaw)。1895年2月4日卒于华盛顿特区。

詹姆斯·欧文·多尔西从未受过正式的人类学教育,但他擅长用描写的方式而非与西方语言对比的方式,记录由于年龄和周围环境而引起的语言学上的变化。他翻译了许多美洲土著居民的语言,努力从事苏族奥萨格(Osage)、坎萨(Kansa)、达科他(Dakota)等部落的研究工作,不仅对其语言而且对其文化都有浓厚的兴趣,甚至帮助居住在北部平原的土著民书写改善其保留地条件的要求。多尔西的研究成果为美国地质学家和民族学家鲍威尔(John Wesley Powell)发展美国印第安语的分类方案作出了贡献。

多尔西主要以苏族印第安人(Siouan Indians)的语言研究和人种志研究而著称,他的主要著作包括《奥马哈族社会学》(*Omaha Sociology*, 1884)、《奥萨格人传统》(*Osage Traditions*, 1888)和《苏族社会学》(*Siouan Sociology*, 1897)等。

多克　Doke, Clement Martyn　(1893—1980)
南非传教士和语言学家。1893年5月16日生于英国的布里斯托尔(Bristol),父亲是一名浸礼会牧师。1907年起在南非的约翰内斯堡和比勒陀利亚接受早期教育,1911年获比勒陀利亚的特兰斯瓦大学学院(Transvaal University College)学士学位。1913年随父到非洲中部传教,立志将一生奉献于传教事业。1921—1922年度在伦敦大学参加学术活动,追随丹尼尔·琼斯(Daniel Jones)等伦敦大学学院的老师学习英语、法语与普通语音学;还旁听了伦敦大学亚非学院的班图语语言学和伦敦经济学院的人类学课程,接受了一生仅有的正规语言学培训。1923年任教于南非金山大学(University of the Witwatersrand),1925年完成博士学位论文《祖鲁语语音学》(The phonetics of Zulu),并被擢升为高级讲师,1931年成为班图语教授,1953年退休。1949—1950年任南非浸礼会教堂联盟(The South African Baptist Union of Churches)主席,任《南非浸礼会》主编25年,并曾将圣经译成兰巴语。1980年2月24日卒于南非共和国东伦敦。

克莱门特·马丁·多克主要研究非洲语言,尤其是兰巴语(Lamba)、班图语和祖鲁语,曾全面、细致分析津巴布韦肖纳语(Shona)语音。他意识到班图族诸语言语法结构迥异于欧洲语言,是最早摒弃欧洲中心论理念而采取本地化语言描写方法的非洲语言学家之一。他在研究兰巴语时,注重结合当地的民间文学、社会结构、风俗习惯以及宗教信仰等因素。他把文本、调查对象及其家人的照片、地图、工具记录结合在一起来补充他的语音学分析;他的研究方法虽然显得标新立异,但无可否认造就了高质量的论作。他两次远赴喀拉哈里(Kalahari)沙漠探险,考察研究希曼族语言(Bushman)。在主持金山大学班图学系期间,他坚持聘任非洲族裔学者,合著《祖鲁语—英语词典》(*Zulu-English Dictionary*, 1948),至今仍是班图语族词典编纂的典范。中年阶段的多克否定了他早期缺乏语言学正规训练的研究,否定了当时运用欧洲语言学范式分析班图语的传统,并发展了适合于研究班图语的新模式,使正字法从分离性转变为结合性;他于1935年引入新术语"摹拟音(ideophone)"。

多克的其他著作包括《上帝之事——圣经初级读本》(*Ifintu Fyakwe Lesa*,即 *The Things of God, a Primer of Scripture Knowledge*)、《肖纳语语音的对比研究》(*A Comparative Study in Shona Phonetics*, 1931)、《北罗得西亚的兰巴人——风俗习惯与信仰之研究》(*The Lamba of Northern Rhodesia: A study of their customs and beliefs*, 1931)、《班图语语言学术语》(*Bantu Linguistic Terminology*, 1935)、《南部班图语》(*The Southern Bantu Languages*, 1954)和《踏寻中南非洲:1913—1919》(*Trekking in South Central Africa 1913—1919*, 1975)等。

多利安　Dorian, Nancy C.　(1936—　)
美国语言学家和人类学家。生于1936年。曾就读于美国康涅狄格女子学院德语专业,以优等生成绩毕业,获富布赖特奖学金资助赴德国波恩大学和柏林自由大学学习语言学和人类学。后入耶鲁大学和密歇根大学攻读语言学。1965年获密歇根大学博士学位。1963—1978年入布林莫尔学院(Bryn Mawr College)任德语和人类学系德语教师,陆续开展对萨瑟兰盖尔语(Sutherland Gaelic)的实地调查。1886—1983年任教于布林茅尔学院和哈弗福德学院(Haverford College)德语系。

南希·多利安主要研究小语种和消亡的语言。1973年,她在《语言》(*Language*)杂志上发表《一种濒亡语言的语法变迁》(*Grammatical Change in a Dying Language*),把对濒亡或已消亡语言的研究扩展到词汇、形态和句法等全方位的语言学现象上。她调查苏格兰盖尔语的东萨塞兰方言长达40多年,同时研究宾夕法尼亚地区的德语使用情况。1963年,在进行苏格兰语言学调查时,多利安克服困难找到200位能说盖尔语的当地人收集语料,并发现经过训练能够达到盖尔语口语表达的流利程度。多利安把能说、但不经常使用盖尔语的年轻人称作"语言不熟练的半语说话者(semi-speaker)"。20世纪90年代,多利安利用录音机等设备进行语料收集活动。2012年美国语言学会授予她"肯尼思·黑尔奖(Kenneth L. Hale Award)",表彰她对濒危或已消亡语言所做的研究和贡献。

多利安撰写许多著作和五十多篇文章,代表作主要有《东萨瑟兰盖尔语》(*East Sutherland Gaelic*, 1978)、《语言消亡——对盖尔语言语社区的个案研究》(*Language Death: A case study of a Gaelic-speaking community*, 1980)、《语言的消亡——苏格兰盖尔语方言的生命周期》(*Language Death: The life cycle of a Scottish Gaelic dialect*, 1981)、《差异调查——社会组织与社会环境影响》(*Investigating Variation: The effects of social organization and social setting*, 2010)等。

多纳图斯　Donatus, Aelius　古罗马语法学家。生平不可考,公元4世纪中叶曾在罗马教授修辞学,学生中包括《圣经》著名的拉丁文译者圣杰罗姆(Saint Jerome)。

埃里乌斯·多纳图斯是古罗马时期三大语法著作之一《语法术》(*Art of Grammar*)的作者。该书后来成为欧洲中世纪拉丁语教学的标准课本,影响极广,一直流传至文艺复兴时期。《语法术》分为"简编"(拉 Ars Minor,英 The Smaller Art)和"详编"(拉 Ars Major,英 The Greater Art)两部分,前者以问答的形式简要介绍拉丁语八大词类的划分,后者又分为三部分,分别详述拉丁语的语法成分、八大词类和修辞等。《语法术》一书在学术上主要重复前人,并无多少独到之处,但它作为拉丁语的教学课本在中世纪影响甚广,以至于作者多纳图斯的名字一度被简化为"donet",作为一切入门课本的代称。在15世纪印刷术在欧洲流行之初,该书也被广为印制,版本层出不穷。

除《语法术》外,多纳图斯的作品还有对罗马共和国时期剧作家泰伦提乌斯(Publius Terentius Afer,英语拼作 Terence)和奥古斯都时代的古罗马诗人维吉尔(Virgil)等拉丁语作家的述评。

多扎　Dauzat, Albert　(1877—1955)　法国语言学家。1877年7月4日生于法国克勒兹省盖雷市(Guéret)。多扎曾在巴黎学习法律和语言学,师从语言地理学创始人吉列龙(Jules Gilliéron)等著名语言学家。1921年在巴黎高等研究实践学院(École pratique des hautes études)教授方言学、法语史和专有名词学。1955年10月31日卒于阿尔及利亚首都阿尔及尔。

阿尔贝·多扎对法国方言进行了广泛的研究,主要涉及方言的语音和形态,其博士学位论文还讨论了语言地理学与普通语言学之间的关系。1900年,他发表《万泽勒方言形态》(*Morphologie du patois de Vinzelles*)。1906年发表《论罗曼语和方言的语言学方法》(*Essai de Methodologie Linguistique dans le Domaine des Langues et des Patois Romans*)和《下奥弗涅地区语音地理》(*Geographie Phonetique d'une Region de la Basse-Auvergne*),分别讨论语言研究的语言学方法论和下奥弗涅地区的语音模式。多扎后期致力于撰写语言学通俗读物。1938年和1951年,他分别编纂了词源学和名称学词典。30年代和40年代,他撰写了多部法语语法、欧洲语言和法国历史方面的通俗读物。

多扎论著颇丰,主要有《语言的生命》(*La vie du Langage*, 1910)、《语言哲学》(*La Philosophie du Langage*, 1912)、《语言地理学》(*La Geographie Linguistique*, 1922)、《方言》(*Les Patois*, 1927)、《行话》(*Les Argots*, 1928)和《法语历史》(*Histoire de la Langue Française*, 1930)等。

F

伐致诃利　Bhartṛhari（天城体 ）　参见"婆利睹梨诃利"。

法尔克安　Falc'hun, François　(1909—1991)　法国语言学家。1909年生于法国布列塔尼大区菲尼斯泰尔省(Finistère)布雷斯特(Brest)区布尔布朗克镇(Bourg-Blanc)。其母语为布列塔尼语,曾为天主教教士,后赴巴黎攻读语音学和凯尔特学。1944年到伊勒维莱讷省首府雷恩市(Rennes),担任雷恩大学讲师,1952年被聘为文学院凯尔特学教授;1967年赴布雷斯特大学任教,直至1978年退休。1991年1月13日卒于布雷斯特。

弗朗索瓦·法尔克安在法国语言学界颇受争议,其观点有别于主流语言学家的意见,被指责为宣扬民族主义意识。其主要观点有:(1)布列塔尼语不是来自凯尔特语的分支布立吞语(Brythonic),而是来自大陆凯尔特语支的高卢语;(2)布列塔尼的瓦恩语(Vannetais)是高卢语,反对语言学家洛特(Joseph

Loth)和福里欧(Léon Fleuriot)的观点。1981年,法尔克安出版《布列塔尼语历史的新视角》(*Perspectives Nouvelles Sur l'Histoire de la Langue Bretonne*),探讨布列塔尼语的历史,流露出民族主义意识。法尔克安曾创制一种布列塔尼语正字法,试图取代当时的拼写体系。

法尔克的论著主要是针对布列塔尼语的研究,包括《布列塔尼语辅音体系》(*Le Système Consonantique du Breton*, 1951)和《根据语言地理划分的布列塔尼语》(*L'Histoire de la Langue Bretonne d'Après la Gographie Linguistique*, 1963)。

范内姆　Van Name, Addison　(1835—1922)　美国语言学家。1835年11月15日生于纽约州宾厄姆顿市附近的希南戈(Chenango, Binghamton)。先后求学于宾厄姆顿学院和菲利普斯·安杜佛学院(Philips Andover Academy)。1854年考入耶鲁大学学习语文学,尤其擅长希伯来语。毕业后继续在欧洲游历和学习,若干年后回到耶鲁,曾担任神学院希伯来语教员。1865年担任耶鲁大学图书管理员,整改耶鲁大学图书馆,使之成为在组织结构与藏书数量均堪称世界上最伟大的图书馆之一。1904年退休。1922年5月7日卒于纽黑文。

艾迪生·范内姆在语言学领域中的重要贡献在于对克里奥耳语的研究。范内姆是最早意识到克里奥耳语与其他语言有本质区别的语言学家之一,同时他也发现不同的克里奥耳语之间在音系学、词形学、句法学和词汇学方面存在共同点。他注意到克里奥耳语的形成并不是非洲和欧洲语言简单的混合,承认非洲语言对克里奥耳语的形成也有贡献。

范内姆的代表作是《克里奥耳语法文献》(*Contributions to Creole Grammar*, 1869—1870),该作品主要是关于加勒比海地区的几种克里奥耳语的简短论述,研究主要基于法语克里奥耳语的书面语,采用了对比法和总结法。

范特　Fant, Carl Gunnar Michael　参见"方特"。

范瓦林　Van Valin, Robert, Jr.　(1952—　)　美国语言学家。1952年2月1日生。1973年获加州大学圣迭戈分校语言学专业学士学位,1977年获加州大学伯克利分校语言学博士学位,先后在亚利桑那大学、天普大学(Temple University)、加州大学戴维森分校和德国杜塞尔多夫海因里希·海涅大学(Heinrich-Heine-Universität Düsseldorf)任教,曾在斯坦福大学、加州大学伯克利分校、墨西哥索诺拉大学(University of Sonora)和克罗地亚萨格勒布大学(University of Zagreb)担任访问学者或访问教授。现任美国布法罗大学语言学教授。

罗伯特·范瓦林的研究兴趣主要在理论语言学领域,尤其关注句法理论、句法习得理论和句法理论在句子加工模型中的作用等方面的研究。他是角色指称语法(Role and Reference Grammar)的主要初创者和研究推动者。作为语法的一种功能性理论,角色指称语法将句法学、语义学与话语语用学理论熔为一炉,与西蒙·迪(Simon C. Dik, 1940—1995)的功能语法(Functional Grammar)、兰艾克为代表的认知语言学等功能性理论密切相关。1997年,他出版《句法学:结构、意义与功能》(*Syntax: Structure, meaning and function*),旨在提出一种新的句法分析方法,适用于对迪尔巴尔语(Dyirbal)和拉科塔语(Lakhota)的分析,如同以往为分析印欧语言而建构有关新方法一样。他认为一般意义上的述谓成分,即动词或形容词,是句子真正的内核;而论元,即一般意义上的名词短语,是句子所必须的部分。此外,他还认为动词短语不存在普遍性,这方面与乔姆斯基的句法理论有所差异。

范瓦林的重要著作还包括《功能句法学与普遍语法》(*Functional Syntax and Universal Grammar*, 1984))《角色指称语法的新发展》(*Advances in Role and Reference Grammar*, 1993)、《句法学导论》(*An Introduction to Syntax*, 2001)、《句法语义接口探索性研究》(*Exploring the Syntax-Semantics Interface*, 2005)、《句法语义语用接口调查研究》(*Investigations of the Syntax-Semantics-Pragmatics Interface*, 2008)和《牛津语言分析手册》(*The Oxford Handbook of Linguistic Analysis*, 2010)等。

梵依克　Vachek, Josef　(1909—1996)　捷克斯洛伐克语言学家。1909年3月1日生于布拉格。1927—1932年,他在布拉格查理大学学习英语和斯拉夫语族,其间曾任布拉格语言学派(Prague Linguistic Circle)秘书。1932—1945年任捷克斯洛伐克商学院的英语和捷克语教师,并任布拉格英语语法学校教师。1945年5月后在查理大学教英语。1947—1961年任布尔诺大学(Brno University)教授。1961—1971年在位于布拉格的捷克斯洛伐克科学院捷克研究所工作。1964年和1968—1969年分别担任布卢明顿(Bloomington)印第安纳大学和莱顿大学(Leiden University)客座教授。1971年起担任布拉迪斯拉发(Bratislava)夸美纽斯大学(Comenius University)和十一月十七日大学(University of November 17)教授;1976年2月底退休后,成为斯洛伐克普雷绍夫大学(University of Prešov)的外聘研究员,一直工作到1980年6月。1996年3月31日卒于布拉格。

约瑟夫·梵依克主要的学术兴趣为共时语言学、历时语音学、句法学以及社会语言学。1931年初,他在布拉格语言界的一次会议上宣读论文《论双元音的语音解释——尤以英语为例》(On the Phonological Interpretation of Diphthongs with Special Consideration of English)。在该文研究的基础上，梵依克1932年将其拓展成博士学位论文并在德国发表。在英语和捷克语的结构研究方面，他的研究方法以比较研究为主。在语音学方面，他专注于研究英语和捷克语语音体系的历史发展，以及标音法和正字法(graphemics and orthography)方面的研究。句法方面，他研究普遍否定结构以及当今英语的分析趋向。梵依克的另一个研究焦点是书面语与口语的二分法分析，他坚持自己独到的见解，提倡"书写语言"独立于"口语语言"之外。

梵依克最大的贡献之一是将布拉格语言学派的知识系统化，通过翻译捷克语的布拉格学派的学术论文，同时出版辅助读者理解的词典等工具书，推广了布拉格学派的思想。自1932年起，"布拉格语言学派(Prague School)"开始作为一个专有名词出现。此后，这个名称涵盖了包括语言学在内的一系列知识体系。

方特 Fant, Carl Gunnar Michael (1919—2009) 瑞典语音学家。亦译作范特。1919年10月8日生于瑞典尼雪平(Norrkoping)。1945年获瑞典皇家理工学院(The Royal Institute of Technology)电气工程硕士学位。1949—1951年在美国麻省理工学院声学实验室和物理系进修。1958年获瑞典皇家理工学院理学博士学位。1951—1966年主持皇家理工学院言语传输实验室，1966—1987年任言语通讯与音乐声学系主任兼教授。分别于1978、1988年获法国格勒诺布尔(Grenoble)大学和瑞典斯德哥尔摩大学的荣誉博士学位，入选瑞典皇家科学院和工程院院士。2009年6月6日卒于斯德哥尔摩。

卡尔·贡纳尔·迈克尔·方特是现代言语声学的创建者，提出了语音信号描述的声学理论，即声源滤波论(source-filter theory)，采用机械的方法模仿人的发音器官发明语音合成器。他制作的合成器"欧维"系列(OVE1，OVE2)可以与现代电脑语音合成效果媲美。1952年，侨居美国的布拉格学派代表人物之一雅柯布逊(Roman Jakobson)、美国语言学家哈勒(Morris Halle)与方特合著《言语分析初探，区别特征及其关联》(Preliminaries to Speech Analysis: The distinctive features and their correlates)，系统地提出了"区别特征"的概念。他们以当时言语声学研究成果为基础，从世界各种语言（主要是印欧语和非洲语）的语音中，选取不同音位，为"区别特征"提供了例证。方特晚年仍致力于语音合成，尤其专注对韵律的研究。

方特的其他主要著作包括《言语产生的声学理论》(Acoustic Theory of Speech Production，1960俄文版；1970英文版)和《言语声学与语音学：文献选辑》(Speech Acoustics and Phonetics: Selected writings，2006)等。

房德里耶斯 Vendryes, Joseph 参见"旺德里"。

菲尔莫尔 Fillmore, Charles J. 参见"菲尔默"。

菲尔墨 Fillmore, Charles J. 参见"菲尔默"。

菲尔默 Fillmore, Charles J. (1929—2014) 美国语言学家。1929年8月9日生于美国明尼苏达州圣保罗市。1961年获密歇根大学博士学位，此后曾在俄亥俄州立大学工作十年，在斯坦福大学工作一年。1971年加入加州大学伯克利分校的语言学系。1990年任美国语言学会会长。2014年2月13日卒于旧金山。

查尔斯·菲尔默是格语法的创始人，在句法、词汇、语义学等领域有重要的影响力。他以乔姆斯基的转换生成语法为基础，进一步提出句法层面和语义层面之外还存在另一个"格角色(case roles)"层面，由此开创格语法的研究。在格语法研究中，菲尔默的作品主要包括《构想格的现代理论》(Toward a Modern Theory of Case，1966)、《"格"辨》(The Case for Case，1968)、《〈"格"辨〉再议》(The Case for Case Reopened，1977)和《框架语法》(Frame Grammar，1982)。

除格语法的理论研究外，菲尔默对英语的描写性研究也颇感兴趣。他曾以英国国家语料库(British National Corpus)为工具，对英语的词汇进行句法语义描写。他认为每个词汇单位由三层信息构成，分别为语义格(semantic case)、语法功能和短语类型。语义格包括施事格(Agentive)、承受格(Dative)、客体格(Objective)、目的格(Goal)等，语法功能指主语、宾语、定语、状语等，而短语类型则包括名词短语、动词短语、形容词短语等。菲尔默这方面的论文包括《"语料库语言学"与"计算机辅助扶手椅语言学"》("Corpus Linguistics" vs "Computer-aided Armchair Linguistics，1992)和《通往以框架为基础的词汇：RISK案例》(Towards a frame-based lexicon: The case of RISK，1992)。

此外，他还与保罗·凯(Paul Kay)合著《伯克利构式语法》(Berkeley Construction Grammar，1995)。

菲舍尔 Fischer-Jørgensen, Eli (1911—2010) 丹麦语音学家。亦译作费歇尔-荣根森。1911年2月11日生于丹麦纳克斯考(Nakskov)。1929年就

读于哥本哈根大学，主修德语，辅修法语。1938年起师从法国语言学家马蒂内（André Martinet）、荷兰语言学家福歇（Joseph Fouché）等人学习音系学和实验语音学，攻读博士学位。1939—1981年任教于哥本哈根大学，其间被授予语言学荣誉教授。先后被丹麦奥胡斯大学（University of Aarhus）、瑞典隆德大学（Lund University）、丹麦哥本哈根大学和德国拜罗伊特（University of Bayreuth）大学授予荣誉博士学位。1968年成为第一位入选丹麦皇家科学院的女性研究员。1981年退休后主要从事绘画、移民的丹麦语教学等活动。2010年2月27日卒于哥本哈根北郊韦茹姆（Virum）。

艾丽·费歇尔-荣根森（菲舍尔）主要从事实验语音学研究，1934年出版硕士毕业论文《方言地理学对理解语音变化的重要性》（*The Importance of Dialect Geography for the Perception of Sound Changes*）。1933年起，菲舍尔参加以叶尔姆斯列夫（Louis Trolle Hjelmslev）为核心的哥本哈根学派，后转向语音学研究，提出在结构音韵学中重视语音实质，实际上批评叶尔姆斯列夫不重视语音实质的纯形式理论。1995年发表《音系理论的趋势》（*Trends in Phonological Theory*），在全面掌握各种理论的基础上对主要流派进行全面分析和评判。

菲舍尔的著作主要包括《论音素分析的原则》（*Remarques sur les Principes de l'Analyse Phonémique*，1949）、《从分布基础界定的音素类别》（*On the Definition of Phoneme Categories on a Distributional Basis*，1952）和《语符学中的形式与质料》（*Form and Substance in Glossematics*，1966）等。

菲什曼　Fishman, Joshua Aaron　（1926—2015）　美国语言社会学家。1926年7月18日生于美国费城讲依地语的犹太家庭，自幼体验少数族裔语言在英语环境中面临的困境。1948年获宾夕法尼亚大学历史学学士学位和心理学硕士学位，毕业后师从语言学家魏恩赖希（Uriel Weinreich）研读依地语。1951年任纽约犹太人教育委员会教育心理专家。1953年获哥伦比亚大学社会心理学博士学位，其后任教于纽约城市大学。1958年任宾夕法尼亚大学心理学和社会学副教授，后任纽约叶史瓦大学（Yeshiva University）教授；兼任全世界十多个大学和机构客座教授或研究员，是国际期刊《语言社会学》（*International Journal of Sociology of Language*）的创始人和主编。2015年3月1日卒于纽约布朗克斯（Bronx）。

乔舒亚·阿伦·菲什曼的主要研究领域是语言社会学、语言规划、语言与民族、双语教育等。他撰写千余篇论文，对社会语言学领域的研究产生了深远影响。菲什曼不仅研究依地语，而且关注美国西班牙裔的语言状况，发表相关论文探讨语言保持（language maintenance）问题，从历史、文化、政治和经济等多学科角度观察语言实践。

费弗　Pfeiffer, Rudolf　（1889—1979）　德国经典语文学家。1889年9月28日生于德国巴伐利亚西南部城市奥格斯堡（Augsburg），世代从事印刷业。中学时代曾阅读荷马及其他许多著名古希腊作家的作品。1908年到慕尼黑大学攻读古典文献学与德语语言文学，1913年获博士学位；其间开始在巴伐利亚州立图书馆供职，从事学术研究，逐渐对莎草纸学形成浓厚兴趣。1921年发表关于古希腊学者卡利马科斯（Callimachus）的莎草纸文献研究成果，因此获"特许任教资格（Habilitation）"。1923年被聘为柏林大学教授，后又在汉堡、弗赖堡和慕尼黑任职。1934年成为巴伐利亚科学院正式院士，三年后被纳粹政府解雇，后移居英国牛津。1949年入选英国国家学术院。1951年返回慕尼黑继续担任教职。后当选为奥地利和巴黎学术院院士，被牛津大学科珀斯圣体学院授予名誉博士等。1979年5月5日卒于德国南部城镇达豪（Dachau）。

鲁道夫·费弗的学术生涯始于古典文学研究。他的博士学位论文《奥格斯堡名歌手、荷马史诗译者约翰·施佩伦》（*Der Augsburger Meistersinger und Homerübersetzer Johannes Spreng*）是对16世纪一位从事荷马、奥维德作品翻译的著名译者的研究，作为专著出版于1919年。他渊博的语言学、文学和历史学知识，为解读古希腊文学巨匠卡利马科斯著作的纸莎草文学残片并对其加以复原和归类编目做出巨大贡献。他因此被公认为当时世界上卡利马科斯研究的权威学者。1923年，他出版《新近发现的卡利马科斯残篇》（*Callimachi Fragmenta Nuper Reperta*），展示了当时研究发现的全部成果。鉴于当时大部分卡利马科斯纸莎草残片和著作都存于牛津，费弗在移居牛津后如鱼得水，分别于1949和1953年出版《卡利马科斯卷一：残片》（*Callimachus, Vol. 1. Fragmenta*）和《卡利马科斯卷二：颂诗与警句诗》（*Callimachus, Vol. 2. Hymni et Epigrammata*）。这两部巨著汇集了当时已知的所有卡利马科斯残片资料，并附有残片和文本评论以及与其内容相关的拉丁语注释，不仅在当时为费弗奠定其在该领域的国际声誉，至今仍是卡利马科斯和古希腊研究领域的重要文献。

费弗的其他主要作品包括《古典学术史：从起源到希腊化时代》（*History of Classical Scholarship from the Beginnings to the Hellenistic Age*，1968）和《古典学术史：1300—1850》（*History of Classical Scholarship from 1300 to 1850*，1976）。另一部介乎前面两卷作品所涉时期之间的第三分卷未能在作者

生前脱稿。

费克　Fick, August Konrad Friedrich

(1833—1916)　德国历史比较语言学家。1833年5月5日生于普鲁士的彼得斯哈根(Petershagen)。曾师从德国梵文学者本菲(Theodor Benfey)学习比较语言学和其他东方语言。之后在中学任教，1876年任哥廷根大学比较文学教授，1887年获布雷斯劳大学(University of Breslau)教授职位，1891年退休。1916年3月24日卒于德国希尔德斯海姆(Hildesheim)或波兰布雷斯劳。

奥古斯特·康拉德·弗里德里希·费克是印欧语词源研究的开创者，是较早对印欧语言共同词汇进行综合比较研究的学者。他于1868年出版的《印欧语比较词典》(*Vergleichendes Wörterbuch der indogermanischen Sprachen*)，是第一部比较印欧语系语言的词典，旨在重建原始语词汇库。他试图重建原始语，强调对有历史记载的古代语言进行词汇比较。他主要研究希腊语中的姓氏，系统描述印欧人名及其结构。晚年转向史前希腊地名的研究，并发现古希腊和小亚细亚的地名特点。费克曾尝试重建《荷马史诗》(*Homeric Epics*)和公元前8世纪古希腊诗人赫西奥德(Hesiod)诗歌早期的伊奥利亚语原文。

费奇　Fitch, W. Tecumseh　(1963—)

美国进化语言学家。1963年生于马萨诸塞州波士顿。1981—1986年在布朗大学(Brown University)学习动物行为及进化生物学，获学士学位；1989年再入布朗大学攻读言语科学和认知神经科学，1994年获博士学位；1996—1999年在哈佛大学和麻省理工学院做博士后研究，专攻言语与听力科学，尝试将人类发声原则运用于对其他动物的研究。1999—2002年任哈佛大学讲师，从事生物学和心理学教学。2002年赴德国柏林任欧洲高等研究学院(The European Institute for Advanced Studies)研究员。2003—2009年先后任苏格兰圣安德鲁斯大学(University of St. Andrews)心理学院高级讲师、副教授；2005年12月至2006年3月在莱比锡的马克斯·普朗克进化人类学研究所(Max Planck Institute EVA)任莱布尼茨教授兼访问学者。2009年起任维也纳大学进化生物学教授。

费奇的全名是威廉·特库姆塞·谢尔曼·费奇三世(William Tecumseh Sherman Fitch III)，主要从事动物及人的认知和交际演化的研究，特别关注言语、音乐及语言的演变。他对于陆地脊椎动物声音交际的各个方面均感兴趣，尤其是与人类言语和音乐的进化相关的脊椎动物的声音产生。他是演化语言学研究的先驱，维也纳大学认知生物学系创办人之一。2005年他在《生物学与哲学》(*Biology and Philosophy*)第20期发表论文《语言进化——比较性综述》(The evolution of language: A comparative review)；2006年在《认知》(*Cognition*)第100期发表《音乐的生物学与演化——比较研究的视角》(The biology and evolution of music: A comparative perspective)。2010年出版专著《语言演化》(*The Evolution of Language*)，着眼于语言起源这一重大的历史谜案和科学难题，从浩渺的文献海洋中整理出语言演化的脉络和规律，呈现了这门崭新学科分支研究的基本思路和方法。

费奇的其他相关论文包括《喉的遗传非人类所独有》(The descended larynx is not uniquely human, 2001)、《何为语言能力，谁拥有它，它是如何进化的?》(The Language Faculty: What is it, who has it, and how did it evolve?, 2002. *Science* 298: 1569—1579)、《混沌中的呼叫：哺乳动物声音产生中非线性现象的适应性意义》(Calls out of chaos: The adaptive significance of nonlinear phenomena in mammalian vocal production, 2002)和《非人类灵长类动物句法处理的计算制约》(Computational constraints on syntactic processing in a nonhuman primate, 2004. *Cognition* 100: 173—215)等。

费斯波尔　Verspoor, Marjolijn Henriette

(1952—)　荷兰语言学家。1952年5月27日生。1973—1976年任教于美国路易斯安那州立大学德语系，1976—1989在东北路易斯安那大学外语系任德语、法语和英语讲师，后任英语系讲师；1989—1991年任密苏里大学英语系助理教授。1991年回荷兰，任格罗宁根大学(University of Groningen)英语系讲师，1994年任应用语言学专业高级讲师，1995—2005年任全国考试委员会主席；2005—2009年任硕士应用语言学课程的学习顾问兼协调人，2009年起担任应用语言学系(现名英语语言与文化系)教授兼系主任。

马乔林·亨丽埃特·费斯波尔的研究领域为英语与第二语言习得，目前主要关注心理语言学和语言发展。她率先将认知科学中的动态系统理论(Dynamic Systems Theory，简称DST)应用到第二语言习得和语言教学理论研究中，探究DST的运用技巧与语言发展过程中变异性分析的关系，强调对比教学法对语言能力的影响。例如，她曾对比分析荷兰普通高中与双语高中学生的英语语言能力发展，前者每周有两个小时的英语教学，后者则一半课程用英语讲授，每周有15个小时的英语教育。她注重认知语言学的研究，强调从认知语言学的角度探讨语言教学法；她认为词汇的核心意义可以帮助语言学习者掌握词汇的外围意义，并认为对认知语言学的了解有助于教师提高语法教学。

费斯波尔出版的重要著作包括《英语句法学》

(*English Syntax*, 1987)、《语言与语言学的认知学探索》(*A Cognitive Exploration of Language and Linguistics*, 1998)、《理解介词——二语介词习得中反复性与相似性的作用》(*Making Sense of Prepositions: The role of frequency and similarity in the acquisition of L2 prepositions*, 2001)、《领会多义词》(*Making Sense of Polysemous Words*, 2003)、《第二语言习得导论——高级资源手册》(*An Introduction to Second Language Acquisition: An advanced resource book*, 2006)、《认知语言学及其在二语教学中的应用》(*Cognitive Linguistics and Its Applications to Second Language Teaching*, 2007)、《双语：语言与认知》(*Bilingualism: Language and Cognition*, 2007)、《从动态系统角度看二语发展中的变异性》(*Variability in L2 Development from a Dynamic Systems Perspective*, 2008)、《二语习得新手册》(*The New Handbook of Second Language Acquisition*, 2009)、《二语发展的动态学视角——方法与技巧》(*A Dynamic Approach to Second Language Development: Methods and Techniques*, 2010)等。

费歇尔-荣根森　Fischer-Jørgensen, Eli
参见"菲舍尔"。

芬克　Finck, Franz Nikolaus （1867—1910）德国语言学家。1867年6月26日生于德国克雷费尔德(Krefeld)。曾在军中服役五年。先后就读于慕尼黑、巴黎和马尔堡(Marburg)等大学，1896年获马尔堡大学博士学位。1897—1901年任马尔堡大学比较文学讲师。1903年任教于柏林大学，后为普通语言学教授。1910年5月4日因心脏病卒于柏林。

弗朗茨·尼科拉斯·芬克掌握多种语言的知识和理论，对语言类型学的研究影响深远。在马尔堡大学学习期间，曾赴爱尔兰的阿伦群岛调查盖尔方言(Gaelic dialect)，并出版相关语法书。在马尔堡大学任教后，芬克开始学习各种非印欧语系的语言，如吉卜赛语、亚美尼亚语和其他高加索地区的语言，而且深入实地体验并出版相关著作。曾发表关于波利尼西亚语和班图语的文章。芬克认为词的形成是心理的一种分析活动，而句子的形成是心理的一种综合活动，前者先于后者。他甚至注意到汉语的组织特性，认为组成词的一个字是词根，另一个字充当其词缀——但此说有所失之偏颇。

芬克的主要著作包括《从德语结构看德国人的世界观》(*Der Deutsche Sprachbau als Ausdruck deutscher Weltanschauung*, 1899)、《话语的分类》(*Die Klassifikation der Sprachen*, 1901)、《世界上的语系》(*Die Sprachstämme des Erdkreises*, 1909)和《语言结构的主要类型》(*Die Haupt-Typen des Sprachbaues*, 1910)等。

风间喜代三　Kazama, Kiyozo（風間喜代三，1928— ）日本词源学教授。1928年12月8日生于日本东京传统的商业中心。曾就读于东京大学，在语言学家高津春繁的指导下学习印欧语比较语言学，1952年毕业后留校工作，次年到名古屋大学任助理教授，自1972年起再回母校东京大学讲授印欧比较语言学。1973—1974年获日本教育部资助在维也纳大学访学。1978年9月获东京大学文学博士学位，论文题目为《印欧亲属关系词语研究》(「印欧語の親族名称の研究」)，1984年出版了该论文的单行本，在整理和诠释新材料的基础上对印欧亲属关系词语提出了新的见解。1989年从东京大学退休，获该校荣誉退休教授头衔。随后获聘法政大学第一教养部教授，在此岗位上一直工作到1999年。

1978年，风间喜代三出版了关于语言学历史的《语言学的诞生》(「言語学の誕生 比較言語学小史」)，论述从威廉·琼斯爵士(Sir William Jones)到新语法学派(Neogrammarians)的语言学走向，介绍诸如拉斯克(Rasmus Christian Rask)、葆朴(Franz Bopp)、雅各布·格林(Jacob Ludwig Carl Grimm)、施莱歇尔(August Schleicher)、库尔提乌斯(Georg Curtius)、布鲁格曼(Karl Brugmann)、保罗(Hermann Paul)、奥斯特霍夫(Hermann Osthoff)、施密特(Johannes Schmidt)、舒哈特(Hugo Schuchardt)和索绪尔(Ferdinand de Saussure)等语言学家，对他们的立场或观点进行了简明扼要的描述。其最近的重要著作当推1993年出版的《寻找印欧语的发源地》(「印欧語の故郷を探る」)，追溯了印欧语的历史，包括其来源及当时的社会文化生活。另有两部作品从词汇的角度探究印欧语文化，即《从日常生活用语看印欧语文化》(「ことばの生活誌—インド・ヨーロッパ文化の原像へ」, 1987)、《从人体部位及其功能用语看印欧语文化》(「ことばの身体誌—インド・ヨーロッパ文化の原像へ」, 1990)。出版于1998年的《拉丁语和希腊语入门指南》(「ラテン語とギリシア語」)，对青年学者和语言学学生而言，均有很高的学术参考价值。风间喜代三在日本有名的语言学协会会刊《语言研究》(「言語研究」)上发表很多论文，其中包括《印欧语系喉音理论新动向》(*Recent Trends in Indo-European Laryngeal Theory*, 1964)。

风间喜代三的其他主要著作包括《语言的生活史》(「ことばの生活史」, 1987)、《拉丁语——其形与思》(「ラテン語・その形と心」, 2005)、《奥维德作品拉丁语阅读》(「オウィディウスでラテン語を読む」, 2013)，以及与上野善道等人合著的《语言学》(「言語学」, 1993)、与上村勝彦合著的《梵语——其形与思》(「サンスクリット語・その形と心」, 2010)等。

冯特　Wundt, Wilhelm（1832—1920）德

国心理学家、生理学家和哲学家。1832年8月16日生于德国曼海姆市内卡劳的一个路德派牧师家庭。1851—1856年求学于蒂宾根、海德堡和柏林的大学，主修医学，后改修生理学。1856年从海德堡大学毕业，获医学博士学位。在柏林大学短暂师从实验生理学之父、生理心理学创始人约翰内斯·彼得·缪勒（Johannes Peter Müller，1801—1858）后，于1858年受聘担任德国著名学者、物理学家赫姆霍兹（Hermann von Helmholtz，1820—1894）的助手。1875年任莱比锡大学哲学教授，随后在此工作45年。1920年8月31日卒于萨克森自由州（Saxony）莱比锡县的大博滕镇（Großbothen）。

威廉·冯特是构造心理学派创始人之一。他于1879年在莱比锡大学建立世界上第一个心理学实验室。19世纪中期的心理学实验大多在生理学实验室里进行，冯特实验室的出现是心理学史上的一个里程碑，标志着新的心理学科的诞生。在从事生理学研究的同时，冯特关于心理学属于独立的实验学科的概念开始形成。他对新心理学的建议最早见于《感官知觉理论文集》（Beiträge zur Theorie der Sinneswahrnehmung，即 Contributions on the Theory of Sensory Perception，1862）一书，书中记录了他最初的一些实验，并呼吁建立一门实验的和社会的心理学。该书与德国哲学家、物理学家兼实验心理学家古斯塔夫·费希纳（Gustav Theodor Fechner，1801—1887）的《心理物理学纲要》（Elemente der Psychophysik，即 Element of Psychophysics，1860）同被视为新兴心理学诞生的标志，冯特也因此被誉为第一位实验心理学家。冯特在理论和研究工作两方面的努力，最终使心理学既脱离哲学又与生理学分道扬镳，走向真正独立的道路。其《生理心理学基础》（Grundzüge der physiologischen Psychologie，1873—1874）是心理学史上第一部系统完善、自成体系的心理学专著，被美国心理学家卡特尔（Raymond B.Cattell，1905—1998）誉为"心理学的独立宣言书"。

冯特对语言的人类属性抱有浓厚兴趣。他主要通过实验心理学的研究方法探究语言学理论问题，力图揭示统觉（apperception）、思维与语言的关联性。他认为，言语的产生在本质上具有民族共通性，均源自个人意识的表现需求；语言中存在一种"内在心理构式"的心理语句（mental sentence），引领言语的发生——句子并非词汇与语音的简单串联，只有与潜在的心理句关联时，语音、词汇、语法规则等才具有意义。因此，冯特把心理句视为语言单位，认为语言的作用很特别，是理解社会文化行为的入口。在其十卷本巨著《民族心理学》（Völkerpsychologie，1900—1920）第一卷中，冯特揭示了人类言语发展的两种重要表现手段，即"手势言语"和"发音动作"。人们表现自己的手势有"指示手势"和"叙述手势"两种，与一切言语具有同等价值，称为"手势言语"。人类有发声器官，通过发声向他人传达自己的意志，称为"发音动作"。发音动作最初与身体动作密不可分，但发音动作相较身体动作更为方便且多变，可明确地向他人传达自己的意志。冯特由此断定，言语的发展是"分化"的结果。冯特的《民族心理学》从语言、艺术、神话、宗教、社会风尚、法律和道德等多个方面研究人类心理发展的各个阶段，深入细致地探索人类心理的发展过程，体现了冯特关于社会心理学的重要观点和核心思想。

冯特关于语言过程或言语机制的理论，与现代心理语言学家的研究结论有不少惊人的相似之处。他在1883年的《逻辑》（Logik）一书中提出了一套句法结构的表征模式，即树形图；在1911年的《论语言》（Die Sprache）中，则声称认知层面的语言操作应该遵循自上而下的方式。其1889年出版的著作《哲学的体系》（System der Philosophie）代表冯特哲学和心理学思想的精华。

冯特的其他重要著作包括《人类与动物心理学讲义》（Vorlesungen über die Menschen-und Thierseele，1863）、《心理学大纲》（Grundriss der Psychologie，1896）、《心理学导论》（Einführung in die Psychologie，1911）以及自传《经历与感想》（Erlebtes und Erkanntes，1920）等。

弗格森 Ferguson, Charles A. （1921—1998）
美国语言学家。1921年7月6日生于美国费城一个普通的工薪家庭。少年丧父但学习勤奋，依靠奖学金进入宾夕法尼亚大学，1942年毕业，获哲学专业学士学位；1943年获硕士学位，论文是关于摩洛哥阿拉伯语动词的研究；1945年获东方学博士学位，论文课题是孟加拉标准口语。1946—1955年间被美国国务院外事学院聘为中东语言专家，开办美国驻贝鲁特大使馆下属的外事学院和语言学校。曾先后任教于乔治敦大学、印度德干学院（Deccan College）和哈佛大学。1959—1966年出任华盛顿应用语言学中心首任主任。1967年被聘为加州斯坦福大学语言学教授和语言学学科委员会首任主席，后成为该校语言学系创始系主任；1988年成为该校退休荣誉教授。1998年9月2日卒于加州帕劳奥图（Palo Alto）。

查尔斯·弗格森不仅在应用语言学和社会语言学的学科建设中起到举足轻重的作用，还为多个学术机构的创立和发展作出了重大贡献。他早期研究始于阿拉伯语言学，包括现代阿拉伯语方言的历史与其共时性音位学、礼貌用语、节奏、谚语等。在华盛顿应用语言学中心任职期间，积极促进国际、国内和地区间的语言教学，开发并推广托福考试，与美国大学合作开展特殊语言（含土著语言）教学等。在他的领导下,华盛顿应用语言学中心从附属于美国现代语言协会的小机构,发展成为拥有约100名专职人员、在应用语言学多数领域享有公认地位的独立机构;同时,应用语言学也被世界语言学界列入重要议程,确立了其学科分支地位。弗格森不仅领导该中心重点从事语言教学、扫盲教育以及语言规划的研究,还于1959—1961年担任社会科学研究理事会语言学与心理学委员会委员,于1964—1970年任该理事会社会语言学委员会创始委员和首任主席,带领这一崭新的专业领域确立学科地位,在美国以及世界许多地区的语言学研究和教学界赢得一席之地。他是美国阿拉伯语教师协会、阿拉伯语语言学会和TESOL组织的创始成员;1970年任美国语言学会会长,1973—1975年担任儿童语言学研究国际协会首任主席,1986年参与创立阿拉伯语语言学学会,并于1991年任主席;1972年参与创办《社会中的语言》(Language in Society)杂志,亲任编委至1991年。他是古根海姆基金会会员、行为科学高级研究中心研究员和美国艺术与科学研究院院士。

作为社会语言学的先驱者,弗格森发表了大量论文,撰写、编辑或参编了大量论著。其1945—1985年作品完整目录可见于菲什曼(Joshua A. Fishman)主编的两卷本《弗格森式冲击力》(*The Fergusonian Impact: In honor of Charles A. Ferguson on the occasion of his 65th birthday*, 1986),其后10年(1985—1995)的作品目录可见于许布纳(Thom Huebner)主编、1996年出版的《社会语言学维度》(*Sociolinguistic Perspectives: Papers on language in society 1959—1994*)。他于1959年发表的《双言现象》(Diglossia)一文,讨论同一言语共同体中不同语言变体长期共存、广为接受、功能互补的现象(如古典阿拉伯语与地方阿拉伯语、高地德语与瑞士德语、古典泰米尔语与地方泰米尔语、海地克里奥耳语与法语、标准希腊语与通俗希腊语等),引发了世界各地无数学者在社会语言学、语言规划、双方言现象和双语现象等方面进行了声势浩大、广泛深入的探讨和研究。除了社会语言学的各领域,弗格森还对语言普遍性、第一语言和第二语言发展、语言变迁等领域均有开拓性研究。

弗拉齐热 Frajzyngier, Zygmunt (1938—) 波兰裔美国语言学家。1938年4月3日生于波兰中东部城市拉多姆(Radom)。1939年二战爆发时随全家迁往苏联,熟练掌握俄语和波兰语。成年后,弗拉齐热返回波兰,就读于华沙大学东方学学院,学习古埃塞俄比亚语、阿比西尼亚语、豪萨语和斯瓦希里语等。1963年获华沙大学东方语言专业硕士学位。1965年从加纳大学获第二个硕士学位,专业为非洲语言学。返回波兰后,从事埃塞俄比亚研究,师从多位该领域顶尖学者,1968年获华沙大学博士学位,获聘华沙大学闪米特语和非洲语言助理教授。后移民到美国,被科罗拉多大学语言学系聘为教授。2002年获洪堡特研究奖。

齐格蒙特·弗拉齐热主要研究非洲语言学。早期研究豪萨语(Hausa)和克瓦语(Kwa),随后很快转向乍得语族研究,试图揭开其中的未解之谜,将获得的启示应用于更广泛的语言学研究课题。1989年起,他开始撰写论文或专著介绍乍得语族各语种的语法。20世纪90年代,他提出系统交互方法(Systems Interaction Approach),采取分析和描述语言的方法探讨语言范畴和语言功能的本质及其实际存在,而无需借助基于原型或理论内部的假设。系统交互法以功能透明原则为基础,认为话语的每个组成成分在语言编码的功能范畴内,必定各居其位、各司其职;这意味着语言编码中可见的功能性相互关系呈现为:词库、形态、句法和音系。

弗拉齐热迄今已发表学术论文100余篇,编辑或撰写论著15部,其中包括《通过系统交互法解释语言结构》(*Explaining Language Structure through Systems Interaction*, 2003)。

弗莱 Fry, Dennis Butler (1907—1983) 英国实验语音学家。亦译作弗赖。1907年11月3日生于英格兰汉普郡斯托克布里奇(Stockbridge, Hampshire)。1929年起在文法学校任法语教师,1934年被聘为伦敦大学学院语音学系助理讲师,1938年任实验语音学讲师。二战期间,服务于皇家空军中心医疗机构的声学实验室,战后一直在伦敦大学学院工作。1947年获博士学位,1948年任实验语音学副教授,1949—1971年任系主任,1958年起任英国首位实验语音学教授,1975年退休。1961年起任语音科学国际大会常务理事会理事长。1983年3月21日卒于伦敦。

丹尼斯·巴特勒·弗莱的研究兴趣涉及实验语音学的多个领域,包括自动语音识别、词汇重音感知、儿童音位习得、范畴识别以及试验音学与语言学的相关性;二战期间的1941—1945年曾对飞行过程中出现的听力问题作过研究。他率先运用声学和语言学信号或线索开展自动语音识别器实验,认为理解话语过程不仅涉及语音,还要需进行心理、感知和语言学方面的分析。他通过实验数据证明:英语单词的重音不单靠声音大小来感知,而是通过音高、音长等特点判断。他才艺出众,爱好唱歌,对音乐和嗓音的基础分析也充满兴趣,1980年在期刊《声音振动》(*Journal of Sound Vibration*)发表论文《歌者与礼堂》(The Singer and the Auditorium)。1958年,弗莱创办学术期刊《语言与言语》(*Language and Speech*),担任主编至1978年;1975年邀请阿瑟·亚布莱姆逊(Arthur S. Abramson)任副主编,准备好接班人。

弗莱的著作主要有《失聪的孩子》(*The Deaf Child*,1964)、《听觉语音学基础读本》(*Acoustic Phonetics: A Course of Basic Readings*,1976)、《言语人》(*Homo Loquens*,1977)和《言语的物理机制》(*The Physics of Speech*,1979)等。

弗莱雷 Freire, Paulo (1921—1997) 巴西哲学家和教育学家。1921年9月19日生于巴西伯南布哥州累西腓(Recife, Pernambuco)的一个中产阶级家庭。1943年入累西腓大学法学院学习,同时攻读哲学和心理学。1946年任伯南布哥州(Pernambuco)社会服务社教育文化部的主任。1961年任累西腓大学文化扩展部主任,致力于劳工阶级扫盲和文化教育并得到巴西政府的肯定。1964年流亡至玻利维亚,开始长达十六年的海外流亡生活。1969年受邀赴哈佛大学任"发展和教育研究中心"教授及"发展和社会变革研究中心"会员,后任世界教会委员会教育部门的顾问。1980年返回巴西参加劳工党,后任圣保罗天主教大学和圣保罗公立大学教育系教授。1986年获联合国教科文组织和平教育奖。1989年任劳工党政府圣保罗市教育局局长。1997年5月2日因病卒于圣保罗。

保罗·弗莱雷是虔诚的基督徒,又是激进的马克思主义者。其主要观点包括:(1)教育是统治阶级镇压大众的工具,但也是抵抗压迫的方式。提倡"教育即解放",希望通过教育让人们认识自己与社会并从政治上获得解放。成人扫盲教育就是让处于弱势的边缘人群从文化上来解放自己。(2)通过教育培养人的批判性意识。人是知识的主体,应该通过与别人的对话来批判性地看待世界。在批判性意识的唤醒过程中,教育起着关键性的作用。(3)"解放教育",认为教师和学生都应该摆脱灌输式教育,进行"提问式教育"、师生对话和交流。弗莱雷是二十世纪后半期世界上最重要的教育家,被称为"拉丁美洲的杜威"。

弗莱雷的代表作主要有《教育:自由的实践》(*L'Éducation-Praxis de la Liberté*,1968)和《受压迫者教育学》(*Pedagogy of the Oppressed*,1970)。《受压迫者教育学》被称为"受压迫者的教育圣经"。其他作品包括《追求自由的文化行动》(*Cultural Action for Freedom*,1972)、《教育政治学——文化、权力和解放》(*The Politics of Education: Culture, power and liberation*,1987)和《批判意识教育》(*Education for Critical Consciousness*,1993)等。

弗赖 Fry, Dennis Butler 参见"弗莱"。

弗雷格 Frege, Friedrich Ludwig Gottlob (1848—1925) 德国数学家、逻辑学家和哲学家。1848年11月8日生于当时德意志联邦梅克伦堡什未林大公国(Mecklenburg-Schwerin)的维斯玛城(Wismar)。1869年进入耶拿大学(University of Jena)学习,1871年转入哥廷根大学(University of Göttingen),1873年获博士学位。此后,在耶拿大学数学系执教44年,直至1917年退休。1925年7月26日卒于巴德克莱茵(Bad Kleinen)。

弗里德里希·路德维希·戈特洛布·弗雷格是一位伟大的逻辑学家,致力于为数学研究提供可靠的逻辑基础,试图设计一种逻辑语言来取代自然语言,以保证演算过程如同逻辑推理一样完美无缺。他的《概念文字——模仿算术的纯思维的形式语言》(*Begriffsschrift, eine der arithmetischen nachgebildete Formelsprache des reinen Denkens*,1879)标志着逻辑学史的转折。他在书中设计出一套概念符号作为纯思维的形式语言,目标是由概念符号构成的表达式都有清晰明确、单一不变的意义,各表达式之间所有形式的连接都服从某种规则,从而可以清楚地了解命题的真值条件。弗雷格在数学与逻辑的交叉地带进行的开创性研究,最终促成数理逻辑(Mathematical Logic)这一新学科的诞生。

在研究数理逻辑的过程中,弗雷格最初想回答的问题是"数字是什么"和"数字的所指是什么"等问题,但由于触及"意义"这一哲学的中心问题之一,他提出的很多观点对后来的分析哲学和语言哲学影响颇为深远。从语言哲学角度来说,弗雷格最重要的理论包括意义指称论(Referential Theory)和命题函式理论(Proposition-Function Theory)。

弗雷格的意义指称论以其1892年发表的论文《意义与指称》(*Über Sinn und Bedeutung*,即 On Sense and Reference)为标志。文章对意义与指称两个概念加以区分。弗雷格认为,所有语法上正确的表达式都有意义,但并非所有的表达式都有指称。意义可以提供关于识别指称的某种标准,对表达式的理解就是理解意义并根据意义去寻找指称。因此,意义只是通向指称的途径。弗雷格还认为,命题的真值就是命题的指称,而语词的指称影响命题的真假。弗雷格对意义和指称的区分对语言理论的发展有重要影响。

弗雷格另一个重要语言哲学理论是命题函式理论,在其早期著作《概念文字》中加以论述。弗雷格使用数学里的函式概念来理解语言和命题,认为一个命题中必须有一个专名,这个命题才能饱和,才能判断其真假。例如,"(……)是老师"是一个不饱和的表达式,必须填入"张三"或"李四"等专名才能使之成为一个饱和命题。当"张三"或"李四"的确是老师时,这个命题为真,否则为假。在命题函式理论中，弗雷格用专名和概念词取代了传统逻辑对主词和谓词的区分，使命题分析有了全新的发展。

弗雷格还在《算术基础：对数概念的逻辑数学研究》(*Die Grundlagen der Arithmetik: eine logisch-mathematische Untersuchung über den Begriff der Zahl*, 1884)一书中提出三条著名的语言哲学原则：第一，始终把心理的东西和逻辑的东西、主观的东西和客观的东西区别开来。这一原则明确反对心理主义及意义的主观观念论。第二，绝不孤立地寻问一个词的意义，只在命题的上下文中寻问词的意义。这一原则被称为"语境原则"或"上下文原则"，被后来的语言哲学家广泛接受和引用。第三，决不忘记概念和对象的区别。

弗雷格的其他重要著述还包括《函项和概念》(*Function und Begriff*, 1891)、《概念和对象》(*Über Begriff und Gegenstand*, 1892)和《什么是函项》(*Was ist eine Funktion?*, 1904)等。

弗里施 Frisch, Karl von (1886—1982) 奥地利动物学家。1886年11月20日生于奥匈帝国维也纳。中学时即发表对自然现象进行观察和研究的文章，曾在维也纳大学攻读医学学位，后转入慕尼黑大学研究动物学。1910年在慕尼黑大学任助教，1921年被聘为罗斯托克大学(Rostock University)动物学教授，1925年回慕尼黑大学任教授。第二次世界大战期间迁居澳大利亚，战后在澳大利亚格拉茨大学(University of Graz)任教授，后回慕尼黑。1973年与廷贝亨(Niko Tinbergen)和罗伦兹(Konrad Zacharias Lorenz)共获诺贝尔生理学奖。1982年6月12日卒于德国慕尼黑。

卡尔·冯·弗里施是"舞蹈即语言(Dances as Language)"理论的提出者。他最早的研究是测定鱼对颜色的感受能力，通过给鱼提供报偿来训练鱼区别不同颜色的能力，首次证明鱼类不是色盲。他还用云斑鮰鱼(Amiurus nebulosus)做实验，证明鱼类具有听觉。他一生的大部分时间都在研究鱼和蜜蜂，最突出的成就是对蜜蜂行为和感觉能力的研究。20世纪20年代，他曾提出过蜜蜂的气味通讯理论，但40年代所作的一些实验使他对气味通讯理论产生了怀疑，并进一步发现了蜜蜂的舞蹈语言，是破解蜜蜂摇摆舞蹈含义的第一人。1967年他发表专著《蜜蜂的舞蹈语言和定向》(*The Dance Language and Orientation of Bees*)，阐述了理论要义。根据他的研究，当侦察蜂发现一处蜜源时，它飞回巢先释放出气味，然后在垂直的蜂巢表面上跳舞。舞步基本上分成圆舞(round dance)与摇摆舞(waggle dance)两种，圆舞是表达蜂蜜就在附近，摇摆舞则是传递蜜源与蜂窝距离的讯息，蜜源距离愈远，蜜蜂摆尾的时间愈长，而且在摆尾时发出的嗡嗡声愈大。巢内的蜜蜂确定蜜源的方向和距离后，就能省去摸索的时间和精力，很快找到蜜源，这是一种有效率的沟通方式。

弗里斯 Fries, Charles Carpenter (1887—1967) 美国语言学家。1887年11月29日生于美国宾夕法尼亚州的雷丁(Reading)。曾就读于巴克内尔大学(Bucknell University)，1909年毕业后留校任教，讲授修辞学和希腊语；1914年改教英语，1917年晋升为教授。1920年赴密歇根大学英语系任教，1922年获博士学位，论文研究文艺复兴时期英语中的shall和will。1927年任美国英语教师委员会(National Council of Teachers of English)主席；1928—1958年任《早期现代英语词典》(*Early Modern English Dictionary*)主编；1929—1937年任《大学英语》(*College English*)杂志主编；1939年任美国语言学会会长。1948年担任《语言学习》(*Language Learning*)杂志主编。1958年从密歇根大学退休，门下学生包括拉多(Robert Lado)和派克(Kenneth Lee Pike)等。1967年12月8日卒于密歇根州安阿伯(Ann Arbor)。

查尔斯·卡朋特·弗里斯主要从事结构主义语言学研究。他认为语言代码的意义通常是通过词汇项意义、语法结构意义和社会文化意义等三个层次体现出来。词汇项意义指区别不同词汇项目的信号，包括音素等；语法结构意义指表示结构意义的形式特征，包括语调、对比性顺序或位置、对比性词形、功能词等；社会文化意义指表示社会文化意义的信号，它源于语言使用者共同的社会经验，是语言社区对语句或语句串的共同反应。弗里斯认为词汇意义和语法结构意义只构成语言意义，语言意义与社会文化意义一起才能构建话语的全部意义。

弗里斯虽然被公认为美国结构主义语言学的代表人物，但他却持有诸多有别于其他结构主义语言学家的观点和研究方法。他认为，语言是交际的工具，在语言交际中有三个重要概念：言语行为(speech acts)、意义(meaning)和语言(language)。言语行为是连接对话双方A与B的一种物理手段，是由A发出B接受的声音序列，一个社区的言语行为的总和并不构成其语言；意义是A试图要传达给B的信息内容；语言既不是言语行为，也不是意义，而是一套抽象的信号代码。只有当言语行为(声音序列)符合这套代码所重现的模式并为人们所掌握和认识时，它才获得意义。语言是一个对比性模式的系统。通过这个系统，具体的言语行为序列能够充当构成信息的意义信号。

弗里斯的结构主义研究主要包括对英语的历时和共时研究，以及英语作为外语的教学研究。他的主要著作包括《美国英语语法》(*American English*

Grammar，1940)、《英语作为外语的教与学》(Teaching and Learning English as a Foreign Language，1947)、《语言学与阅读》(Linguistics and Reading，1962)和《英语的结构——英语句子构造导论》(The Structure of English: An introduction to the construction of English sentences，1969)等。

弗林斯　Frings, Theodor （1886—1968）
德国语言学家。1886年7月23日生于德国下莱茵地区附近的杜勒肯(Dülken)。曾在马尔堡大学学习日耳曼语言文学和拉丁语言文学，1911年获博士学位。1915年任教于波恩大学，后任低地德语与文学副教授、德语语言学教授。1927—1957年任莱比锡大学德语语言文学教授。1968年6月6日卒于莱比锡。

特奥多尔·弗林斯早期研究下莱茵河流域地区的方言，曾研究描述德语中外来的罗曼语族词汇以及词汇迁徙的历史途径，采用此种类似"外在"历史研究的方式可解释语音的变化和借词等现象。他在教学中将德语和其他相邻语言做对比，启发学生详细描述和调查德国东部方言。弗林斯的主要著作包括《杜塞尔多夫和亚琛之间的下莱茵河地区方言地理学研究》(Sudien sur Dialecktgeographie des Niederrheins zwischen Düsseldorf und Aachen，1913)、《莱茵语发音》(Die rheinische Akzentuierung，1916)、《从日耳曼语结构看荷兰的地位》(Die Stellung der Niederlande im Aufbau des Germanischen，1944)、《语言与历史》(Sprache und Geschichte，1956)和《古高地德语词典》(Althochedeutsches Wörterbuch，1952 合著)等。

弗罗姆金　Fromkin, Victoria （1923—2000）
美国语言学家。1923年5月16日生于美国新泽西州的帕塞伊克(Passaic)。曾就读于加州大学伯克利分校，主修经济学，1944年获学士学位。1948年与杰克·弗罗姆金(Jack Fromkin)结婚，定居洛杉矶。30岁时决定重回大学攻读语言学，1963年获加州大学洛杉矶分校硕士学位，1965年获博士学位，学位论文题目为《语言学单位的语音标准：肌电图描记调查研究》(Some Phonetic Specifications of Linguistic Units: An electromyographic investigation)。毕业后留在加州大学洛杉矶分校语言学系任教，其中1980—1989年任研究生院院长。曾任美国语言学会会长、失语症研究院理事会主席等职。2000年1月19日因病卒于洛杉矶。

维多利亚·弗罗姆金的研究领域主要为语言心理学。1970年，加利福尼亚州发现一个被父母虐待长达13年的女孩"吉尼(Genie)"，女孩自出生就被关在狭小的空间，从未听到过任何语言，不能站立，也不会讲话。1971年，弗罗姆金受邀参加对吉尼的语言、心理和智力的研究，项目后来由于缺乏资金而中止，共历时7年。在对吉尼的研究中，罗姆金与其他研究者共同认为，尽管吉尼的语言没有得到正常发展，但还是获得了一定程度的语言发展，并以此反驳勒纳伯格(Eric Heinz Lenneberg)于1967年提出的"语言关键期"理论。

弗罗姆金言语失误研究方面也颇有建树。在长期的研究中，她搜集到12000多个口误样例，建立了"弗罗姆金言语失误数据库"。她记录的各种言语失误主要包括九个类别，分别为词汇失误、形态失误、形态句法失误、音系失误、音系—词汇失误、音系—形态失误、短语失误、句法失误和舌尖现象。她认为口误也表现为不同形式，包括增音、删音、互换和替代，但口误基本发生在同一层面，如音素置换音素、词干置换词干、词素置换词素。

弗罗姆金的重要著作包括《语言运用中的失误：口误、耳误、笔误及手误》(Errors in Linguistic Performance: Slips of the tongue, ear, pen, and hand，1980)、《言语失误的语法面面观》(Grammatical Aspects of Speech Errors，1988)、《心理词汇》(The Mental Lexicon，1988)、《交流与大脑》(Communication and the Brain，1988)、《神经语言学的过去、现在和将来》(The Past, Present and Future of Neurolinguistics，1990)、《论乔姆斯基转向：早期生成语言学、哲学与数学》(On the Chomskyan Turn: Early Generative Linguistics, Philosophy and Mathematics，1991)、《心理语言学》(Psycholinguistics，1993)、《语言导论》(Introduction to Language，1997)和《语言概论》(An Introduction to Language，2011，第9版)等。

弗洛伊德　Freud, Sigmund （1856—1939）
奥地利精神病学家。1856年生于奥地利帝国摩拉维亚的弗赖堡，4岁时举家迁居维也纳。弗洛伊德在中学时代就显示出非凡的智力，17岁考入维也纳大学医学院，1881年获医学博士学位。1882年与精神病学家布罗伊尔(Joseph Breuer)合作，用催眠术医治并研究癔症。1885—1886年间，先后赴巴黎求学以及赴南锡参观催眠疗法。1938年迁居伦敦。1939年9月23日卒于伦敦。

西格蒙德·弗洛伊德是精神分析学派的创始人，用自己独创的精神分析或自由联想法，创立以潜意识为基本内容的精神分析理论。初期概念有防御、抗拒、压抑、发泄等，之后他不断修订和发展自己的理论，提出自恋、生和死的本能及本我、自我、超我的人格三分结构论等重要理论，使精神分析成为了解全人类动机和人格的方法。精神分析学是一门关于人的精神世界的学说，指出人的自我精神并不是一个完整统一的单元，即面对客观世界的并不是一个单一的主观思想，而是个有层次有结构的多元体，在这个复杂的结构中各个组成部分并非和谐一致地合作，相反，冲突和斗争是恒象，正是这种内在的冲突构成了人的精神生活。他开创了对语言与无意识关系的探讨，同时将人的精神世界加以分层，确立无意识在人的精神世界中的重要地位，并将无意识这一领域与语言的关系割裂开来。但他在分析无意识领域时，所凭借的仍然是语言。

弗洛伊德的主要著作有《梦的解析》(*The Interpretation of Dreams*, 1900)、《日常生活心理病理学》(*The Psychopathology of Everyday Life*, 1901)、《精神分析引论》(*Introductory Lectures on Psycho-Analysis*, 1916—1917)和《精神分析引论新编》(*New Introductory Lectures on Psycho-Analysis*, 1933)等。

弗斯　Firth, John Rupert　(1890—1960)　英国语言学家。1890年6月17日生于英国约克郡基斯利(Keighley)。曾在利兹大学攻读历史，1913年获硕士学位。1914年供职于英国印度教育司，先后在阿富汗、非洲、印度等地服务。1920年起任教于印度旁遮普大学(University of the Punjab)。1928—1938年在伦敦大学学院语音学系任教，业余在伦敦经济学院和牛津大学兼职，分别任语言社会学助教和印第安语语音学特聘讲师。1938—1956年任教于伦敦大学亚非学院，后任语言学系主任，1944年开设普通语言学课程，成为该专业第一任教授。曾任英国语文学会会长。1960年12月14日卒于西苏塞克斯郡林德菲尔德(Lindfield, West Sussex)。

约翰·鲁珀特·弗斯是现代语言学伦敦学派的创始人。他的语言学成就主要表现在语义学和语音学方面。在语义学方面，他提出了语境理论，即要根据言语背景(context of situation)和上下文来寻求意义，并且认为"意义"不仅包括词汇意义，还包括语法意义和音系意义。在语音学方面，他提出对音的组合进行音长和音质特征等方面的韵律分析，扩大了语音分析的范畴。他撇开音位原则，展开韵律研究，为创立自主音段音系学和韵律音系学准备了理论基础。1937年他赴印度调查研究古吉拉特语(Gujarati)和泰卢固语(Telugu)。他倡导语言理论研究的独立性，肯定语言研究与文学研究的不同；他以"聚合体系化(polysystematism)"语言分析思想为核心，构建了独具特色的"弗斯型(Firthian)"语言学理论体系。

弗斯的主要著述包括《言语》(*Speech*, 1930)、《语义学技巧》(*The Technique of Semantics*, 1935)、《人类语言》(*The Tongues of Men*, 1937)、《英语学派语音学》(*The English School of Phonetics*, 1946)、《1934—1951年语言学论文集》(*Papers in Linguistics 1934—1951*, 1957)以及论文《语音与韵律》(*Sounds and Prosodies*, 1948)、《语言学理论概要》(*A Synopsis of Linguistic Theory 1930—1955*, 1957)等，这些论述为伦敦学派的创立奠定了重要基础。

弗托　Fodor, Jerry　参见"福多"。

伏尔尼　Volney, Constantin François Chasseboeuf, Comte de　(1757—1820)　法国语言学家、哲学家和政治家。1757年2月3日生于法国西部安茹地区克朗县(Craon, Anjou)一个贵族家庭。最初对法律和医学感兴趣，后主修古典语言。1795年当选法兰西学院院士。1803年在法兰西学会(Institut de France)创立了伏尔尼奖(Prix Volney)，用来表彰比较语文学领域内的杰出人才。1820年4月25日卒于巴黎。

康斯坦丁·弗朗索瓦·伏尔尼是一位东方学家、历史学家。他的近东之旅为语言学研究丰富了阅历，开拓了思路，对其语言观和哲学观均有影响。1782年他启程赴近东访问，在埃及逗留七个月左右；之后在大叙利亚(现黎巴嫩)和以色列、巴勒斯坦逗留近两年，学习阿拉伯语。三年的旅行形成了对近东地理、社会、历史及种族差异的深刻了解。1785年回到法国，其后两年里把在东方的经历写成两部著作——《埃及和叙利亚之旅》(*Voyage en Egypte et en Syrie*, 1787)和《土耳其和俄罗斯战争的思考》(*Considérations sur la Guerre des Turcs et de la Russie*, 1788)。他在语言学领域以《关于语言哲学研究的思考》(*Discours sur L'Etude Philosophique des Langues*, 1819)著称，书中描述了语言的历史，解释了他所采用的比较方法并主张多源发生说(polygenesis)。他认为语言差异是文化现象，对通用语法准则持怀疑态度。伏尔尼在统一字母表、近东语言教学、汇集语法和词典等方面亦有贡献。他对现代民族志研究(ethnographic studies)进行阐述，对比较语言学的发展有直接或间接影响。

伏尔尼也是一位政治家和思想家。法国大革命期间，他成为法国人民代表大会(Estates-Général)和国民制宪会议成员(Les États-Généraux de 1789)。伏尔尼并非拿破仑称帝的拥护者，但作为一名温和的自由派，他被封为伯爵，在拿破仑王朝的参议院参政。1791年，伏尔尼发表他最具有影响力的文章《废墟：帝国革命的思考》(*Les Ruines, ou Méditations sur les Révolutions des Empires*, 1791)，阐述历史的哲学性，并预言所有宗教都会因认同共同拥有的真理而达到最终的统一。

服部四郎　Hattori, Shiro　(1908—1995)　日本语言学家。1908年5月29日生于日本三重县龟山市。1931年毕业于东京大学文学院语言学系，曾师从藤冈胜二、桥本进吉、金田一京助、小仓进平等名家，学习语言学、日语语言学、阿伊努语、朝鲜语、蒙古语、满语、土耳其语、汉语等。1933—1936年接受日本学术振兴会资助赴中国海拉尔等地对满语、蒙古语、布里亚特语(Buryat)、鞑靼语(Tatar)和阿尔泰语进行实地调查。1936年任东京大学讲师，1942年任副教授。1943年以论文《元朝秘史中的蒙语标音汉字研究》(『元朝秘史の蒙古語を表はす漢字の研究』)获文学博士学位。1949年任东京大学教授、语言学系学科负责人。1950年赴美国密歇根大学任交换教授，1955年起任琉球大学特聘教授。1966年创建东京语言研究所(Tokyo for Advanced Studies of Language)，任首任秘书长；其间还致力于创办设置于东京外国语大学的亚非语言文化研究所(Research Institute for Languages and Cultures of Asia and Africa)。1969年退休并任东京大学名誉教授。1972年当选为日本学士院(The Japan Academy)会员，1975—1976年任日本语言学会会长。1995年1月29日卒于东京。

服部四郎颇为多产，共发表和出版论文论著150余种，涉及8种语言，在语音学、音韵学、语义学、语法学、蒙古语等阿尔泰语研究、阿伊努语、日语系统论、日语声调等诸多领域均作出了重大贡献。二战结束后，服部四郎将研究重点转移到北海道，在其东京大学学生的协助下，完成了一部大型阿伊努语词典的编纂，以《阿依努语方言词典》(『アイヌ語方言辞典』)为名于1964年出版，1981年和1995年两次重印。这些助手成为日本和西方阿依努语研究的第二代主力，将服部四郎奉为现代阿伊努语言和语言学研究的鼻祖。从20世纪50年代开始，服部四郎着手语音学和音系学研究，于1951年出版《语音学》(『音声学』)，1984年出版与之配套的录音磁带；1958年与藤堂明保合作出版了《中原音韵研究校本编》(『中原音韻の研究 校本編』)。后来成为日本汉学界顶尖权威的藤堂明保将服部四郎敬为终身导师。1981年他与澳大利亚制图师史蒂芬·武尔姆(Stephen Wurm)合作出版《太平洋地区语言地图》(Language Atlas of the Pacific Area)。1986—1993年，他选编出版了《服部四郎论文集·1-4卷》(『服部四郎論文集』)，其最大特色是用独特的结构主义视角和精密的语言观察方法，对欧美的描写语言学和比较语言学批评性地加以吸收和发展。对外国的语言学理论和思想，他并不仅仅停留在吸收的层次，而是运用严密的实证主义和经验科学对自己的理论和学术加以修正，使之更精确。服部四郎改变了日本语言学的舶来性质，确立了日本语言学的科学地位。一般认为，他的语言理论既承袭索绪尔的思想，又受到日本语文学传统的影响。他极力扩大日本语言学界的视野，推动国际学术活动，主张既要吸收外来理论又应发扬本国传统。日本语言学界推崇他是真正的语言学者，而不再是传统意义上的语文学者。

服部四郎的其他主要论著包括：《声调与方言》(『アクセントと方言』,1933)、《现代语言研究与土耳其诸方言》(『現代語の研究と土耳古諸方言』,1941)、《蒙古及其语言》(『蒙古とその言語』,1943)、《蒙古文字入门》(『蒙古字入門』,1946)、《国语罗马字拼写法研究》(『国語ローマ字の綴字法の研究』,1947)、《音韵学与正字法》(『音韻論と正書法』,1951)、《基础词汇调查表》(『基礎語彙調査表』,1957)、《日语的系统》(『日本語の系統』,1959,1999)、《语言学方法》(『言語学の方法』,1960)、《英语基础词汇的研究》(『英語基礎語彙の研究』,1968)、《新版音韵学与正字法——新日本式拼写法的倡议》(『新版 音韻論と正書法——新日本式つづり方の提唱』,1979,1990)和《一个语言学者的随想》(『一言語学者の随想』,1992)等。

浮士勒 Vossler, Karl (1872—1949) 德国语言学家和文学家。1872年9月6日生于霍恩海姆(Hohenheim)。曾在蒂宾根、日内瓦、斯特拉堡(Strasbourg)、罗马和海德堡等地多所大学求学，之后先后在海德堡和维尔茨堡等大学任教。1937年因反对希特勒政权限制学术自由而被迫提前退休。1945年重返慕尼黑等大学任教，次年担任校长。1947年退休。1949年9月19日卒于慕尼黑。

卡尔·浮士勒的语言观深受意大利哲学家贝尼迪托·克罗齐(Benedetto Croce)和德国语言学家威廉·冯·洪堡特(Wilhelm Freiherr von Humboldt)的影响，是唯美主义学派的创始人。1904年，他出版《语言研究中的实证主义和唯心主义》(*Positivismus und Idealismus in der Sprachwissenschaft*)一书，宣扬唯心主义，指出语言是个人精神的创造和表现，语言的演变源于人类有意识的审美创造，因此应该从精神方面去探求语言现象之间的因果关系，加强修辞学和语言风格论方面的研究，探索语言和民族精神的相互制约关系。

浮士勒的主要著作还包括《语言的创造与发展》(*Sprache als Schöpfung und Entwicklung*, 1905)、《上帝的喜剧》(*Die Göttliche Komödie*, 1925)、《法国文化与语言》(*Frankreichs Kultur und Sprache*, 1929)和《罗曼语文化和德国精神》(*Die romanische Kulturen und derdeutsche Geist*, 1948)等。

福多 Fodor, Jerry (1935—) 美国哲学家和心理语言学家。亦译作弗托。1935年生于美国纽约犹太裔家庭。1956年获哥伦比亚大学学士学位。1960年获普林斯顿大学哲学博士学位。1959—1969年先后任麻省理工学院讲师及哲学、心理学副教授。1986—1988年任纽约城市大学教授。1988年起任新泽西州罗格斯大学(Rutgers University)哲学和认知科学教授。现任美国大学优等生学会(Phi Beta Kappa Society)会员和美国艺术与科学学院院士。

杰里·福多主攻心灵哲学、认知科学,提出心理模块性与思想语言假说,确立认知心理学关于心理的"表征理论"和"计算理论"的理论框架,开创新的心理学观念。他的心理模块思想属于功能主义,注重人的心理机制。以计算机的机器语言为媒介做类比推论,他认为心理表征以及对表征的推论操作离不开表征的媒介,即思维语言。他曾明确提出思维语言或心灵语言(mentalese)、大脑语言的概念,认为人类思维得以进行的是一种或更多种的机器语言,并进一步阐释和论证思维语言与思维的关系。1983年,他提出心理是由遗传上特化、独立的功能模块构成,并归纳心理模块的八个特征,即:"领域特殊性"、"强制性操作"、"受限制的中心存取"、"快速"、"信息封闭"、"表层输出"、"硬件化"(或硬接线)以及"特定的发展速度和顺序"。福多的哲学成就主要是"心理语义学",探讨心理表征的意义以及心理表征的语义性与行为的相关性。

福多的主要著作包括《语言结构》(The Structure of Language, 1964)、《心理解释》(Psychological Explanation, 1968)、《语言心理学》(The Psychology of Language, 1974)、《思维语言》(The Language of Thought, 1975)、《表征》(Representations, 1979)、《心理语义学》(Psychosemantics, 1987)、《心智模块性——论官能心理学》(The Modularity of Mind: An essay on faculty psychology, 1983)、《心理语义学——心灵哲学中的意义问题》(Psychosemantics: The problem of meaning in the philosophy of mind, 1987)、《内容理论及其他》(A Theory of Content and Other Essays, 1990)、《榆木与专家——心灵语言及其语义学》(The Elm and the Expert: Mentalese and its semantics, 1994)、《关键状态之下》(In Critical Condition, 1998)、《语义合成性论集》(The Compositionality Papers, 2002)、《达尔文之谬》(What Darwin Got Wrong, 2010)等。

福尔图纳托夫　Fortunatov, Filip Fedorovich
(Филипп Фёдорович Фортунатов, 1848—1914)
俄国语言学家。1848年1月14日生于俄罗斯沃洛格达(Vologda)。1864年考入莫斯科大学历史语言系,1868年毕业。1871年赴立陶宛进行学术旅行,开始其学术生涯;同年再次考入莫斯科大学攻读硕士,随后三年遍访德、法、英等国的语言学中心进行学术考察。回国后,撰写了以古印度吠陀语言及印欧语比较语法为研究对象的硕士论文。1876—1902年在莫斯科大学担任印欧比较语法学教授,开设梵语、立陶宛语、斯拉夫语、哥特语、印欧语比较语音学和比较形态学等印欧语研究课程以及普通语言学课程,领导创立莫斯科语言学派。1902年当选为俄国科学院院士,被派往圣彼得堡工作。1914年10月3日卒于俄国彼得罗扎沃茨克(Petrozavodsk)市郊的科萨尔米(Kossalmi)。

菲利普·费多洛维奇·福尔图纳托夫的研究以历史语言学和普通语言学两个领域为主。在历史语言学方面,受德国新语法学派(Neogrammarians)影响,强调语音变化的规律性,为音变寻求形式化的解释。他独立发现两条音变规律,其中一条与梵语卷舌音的出现条件有关,被称作"福尔图纳托夫定律"(Fortunatov's Law),另一条则与波罗的—斯拉夫语中词首重音在特定条件下移至词末的现象有关,这一规律因与索绪尔在立陶宛语中的相关发现相同,被称作"福尔图纳托夫索绪尔定律"(Fortunatov-de Saussure Law),此定律已成为印欧语历史比较语言学中一条重要的重音规律。他的语言观是新语法学派对语言本质及其历时变化的观察过于表面化,不能充分揭示语言与社会的密切联系,强调对语言现象的研究应该充分考虑到其社会历史性。在共同印欧语的元音研究方面,他认为共同印欧语的固有元音数量有三个,并揭示出古斯拉夫语和古俄语中存在鼻元音的事实。在普通语言学领域,福尔图纳托夫强调对语言形式标记的研究,被称作"形式主义"(formalism)语言学家,是莫斯科语言学派(Moscow linguistic school)的创始人及代表人物。

福尔图纳托夫的作品多为论文,主要包括《论波罗的诸语言的重音和长音》(Ударении и долготе в балтийских языках, 1895)、《论俄语动词的态》(Залогах русского глагола, 1903)和《论中学俄语语法教学》(Преподавании грамматики русского языка в средней школе, 1904)等。

福柯　Foucault, Michel　(1926—1984)
法国思想家、哲学家和历史学家。1926年10月15日生于法国维艾纳省省会普瓦捷(Poitier)。1946年入法国高等师范学院学习哲学。1951年获哲学教师资格证书,1952—1954年被聘为法国北部里尔大学(Université Lille Nord de France)助教。1954—1958年在瑞典乌普萨拉大学教法语。1958—1959年受聘于波兰华沙大学并任学校的法国文化中心主任,10月赴德国汉堡担任当地法国文化中心主任。1960年返回法国撰写其第二篇博士学位论文,后任克莱蒙费朗大学(Clermont-Ferrand)哲学系主任。1968年任巴黎第八大学教授。1970年受纽约大学邀请赴美国并在耶鲁大学演讲,4月被正式选为法兰西公学院思想系统史终身讲座教授。1984年6月25日因病卒于巴黎。

米歇尔·福柯的研究领域包括观念史、知识论、伦理学、政治哲学等,极大影响着文学评论、批评理论、历史学、科学史(尤其医学史)、批评教育学和知识社会学。福柯早年对心理学和精神病学颇感兴趣,其博士学位论文《疯癫与文明》(Madness and Civilization)全面考察文艺复兴以降的艺术、文学和哲学中所体现的疯癫对于现代人的意义,力图表明疯癫是社会空间中的一个知觉对象。他还给"话语"这个词赋予了政治文化分析的特殊含义,1970年当选法兰西院士时发表演讲"话语的秩序"(L'ordre du Discours),认为真理不是被发现而是被传播的,是由话语建构起来的,真实都只是话语的真实。

福柯的学术生涯可分为三个阶段。第一阶段是20世纪60年代对知识考古学的关注。他主要借助尼采实证主义的透视主义的认识论,偏重分析知识形式、知识的同一性和差异性。他对历史的思考改变了人们对历史的通常认识,也改变了法国人对马克思和弗洛伊德思想的历史意义的认识。第二阶段是20世纪70年代对权力性质的系谱学的关注。在《尼采、谱系学与历史》(Nietzsche, Genealogy and History)一书中,他以知识、权力和肉身作为思考的中心范畴,开始了权力类型的谱系学分析,知识、权力和肉身的关系成为直观历史本质的关键范畴。第三阶段是20世纪80年代对自我技术和自由的关注。福柯转向"关怀自身"问题的思考,当时正值其思想低落时期,思维创造力受到影响,但对古希腊罗马的知识构型的分析方面却显示出强有力的直观能力。

福柯积极投身政治活动。1971年2月成立"监狱情报团体"支持绝食抗议的政治犯,支持并参与由萨特等人所组织的"人民法庭"。1972年同其他著名学者参加静坐活动,抗议不合理的监狱制度。参与反对歧视残疾人、同性恋和边缘人群运动,支持反抗独裁统治的伊朗民主人士、越南难民等。

福柯的主要著作包括《古典时期疯狂史》(Histoire de la folie à l'âge classique-Folie et déraison, 1961)、《临床医学的诞生》(Naissance de la Clinique, 1963)、《规训与惩罚》(Surveiller et Punir, 1975)、《词与物》(Les Mots et les Choses, 1966)、《知识考古学》(L'Archéologie du Savoir, 1969)、三卷本《性史》(Histoire de la Sexualité, 1976—1984)等。

福柯涅　Fauconnier, Gills　(1944—)
法国认知语言学家。1944年8月19日生,1965年获巴黎综合理工学院(École polytechnique)数学与物理专业工学学位,1967年获巴黎大学数学专业高等深入研究文凭(Diplôme d'Études Approfondies),1971年获美国加州大学圣迭戈分校语言学博士学位。1973年获巴黎第八大学语言学博士学位;1976年获巴黎第七大学荣誉博士学位。1966—1978年任法国科学研究中心研究员,1978—1987年任巴黎第八大学语言科学系教授,1980—1981年任巴黎综合理工学院教授,1980—1989年任社会科学高等学院逻辑与句法学教授兼研究室主任;1988—2008任美国加州大学圣迭戈分校认知科学系教授,现任认知科学系研究教授。

吉勒·福柯涅的主要研究领域为认知心理学,最重要的成果为心理空间理论和空间整合理论。1985年出版《心理空间》(Mental Spaces),对概念整合理论进行了系统完整的阐释,成为概念整合理论的代表性著作。心理空间是指人们在进行思考、交谈时为达到局部理解与行动的目的而构建的小概念包(Conceptual Packet)。心理空间可建立起一系列的概念,如时间、信念、愿望、可能性、虚拟、位置、现实等。人们在思考和交谈时不断建立心理空间,心理空间的建立受到语法、语境和文化的制约。

福柯涅和马克·特纳(Mark Turner)等在心理空间理论的基础上不断探讨,1977年出版《思维与语言中的映射》(Mappings in Thought and Language),正式提出一种普遍的认知过程,即概念合成(Conceptual Blending)。概念合成是人们进行思维和活动,尤其是创造性思维和活动的一种认知过程。这一过程在日常生活中比比皆是,例如,"水上芭蕾"就是"游泳"和"芭蕾"这两个概念整合而成的。他认为,合成过程是在两个输入心理空间基础上产生的,首先形成类属空间(generic space),这一空间是两个输入空间共同部分的抽象反映,为形成整合空间开辟道路。两个输入空间动态地投射到第四空间,就构成认知所需要的整合空间。合成空间理论的灵活性和创新性使它一经面世,就备受关注,尤其为隐喻的研究提供了新的视角。

福柯涅的其他重要著作包括《我们思考的方式——概念整合和人类心智的隐匿复杂性》(The Way We Think: Conceptual Blending and the Mind's Hidden Complexities, 2002)和《空间、世界与语法》(Spaces, Worlds and Grammar, 1996)等。

福科尼耶　Fauconnier, Gilles　参见"福柯涅"。

福勒(亨利·沃森·～)　Fowler, Henry Watson
(1858—1933)　英国词典编纂家。1858年3月10日生于英国肯特郡汤布里奇(Tonbridge)。1871年先入拉格比(Rugby)公学,后入德国寄宿制学校学习。早年对拉丁文和希腊文较感兴趣,积极参与剧团和辩论等活动。1877年进入牛津大学贝利奥尔学院(Balliol College),1881年肄业,1886年获得学位。

1881—1882 年间,先任教于爱丁堡,后赴约克郡任拉丁语、希腊语和英语教师。1899 年移居伦敦,成为自由作家和新闻记者。1903 年与胞弟弗兰西斯·乔治·福勒(Francis George Fowler)合作翻译希腊学者琉善(Lucian of Samosata)的作品。1933 年 12 月 26 日卒于英格兰萨默塞特郡欣顿·圣乔治村(Hinton St. George)。

亨利·沃森·福勒出身于牧师家庭,但长期信奉无神论;尽管未曾公开宣称其信仰,却因神学科目考试不及格未能按期获得毕业文凭。由于在牛津大学求学期间表现出很好的从教天赋,得到其老师的肯定,福勒离开牛津后在中学任教近 20 年。在伦敦定居后,福勒主要与同胞兄弟合作编写词典和语法书籍。福勒兄弟合作出版两本词典:《钦定英语》或译《标准英语》(*The King's English*, 1906)和《当代牛津英语简明词典》(*The Concise Oxford Dictionary of Current English*, 1911)。《钦定英语》涉及英语的使用及一般性的词汇、句法和标点等问题,其中系统描述 shall 和 will 的使用。《简明牛津词典》更为流行,一直再版和修订。福勒在弟弟去世后独自完成《现代英语用法词典》(*A Dictionary of Modern English Usage*, 1926),该书被众多英语使用者当成参考和指南,是关于英语语法、句法、语体、发音和标点的经典著作。

福勒(罗杰·~) Fowler, Roger (1938—1999)

英国语言学家。1938 年 8 月 23 日生于英格兰中西部伍斯特郡(Worcestershire)。曾就读于蒂克斯伯里文法学校(Tewkesbury Grammar School),1962 年获伦敦大学学院英语硕士学位。1960—1964 年任教于赫尔大学(University of Hull),后任东安格利亚大学(University of East Anglia)英语与语言学教授。1999 年 6 月 20 日卒于诺福克郡诺域治市(Norwich, Norfolk)。

罗杰·福勒是文体学和批评语言学研究的先驱。自 20 世纪 60 年代中期起,他开始倡导用新的视角去看待英语研究中现代语言学与文学的关系;在某些技术层面上,倾向于把文学与语言学相结合的研究称作"语言学批评",而非"文体学"。他在 70 年代提出"批评语言学(Critical Linguistics)"概念,用以讨论语言使用中的意识形态。他主张在文学批评与教育中运用语言学来研究语言问题。福勒深受韩礼德理论以及社会语言学、语用学的影响,关注语言学中涉及的社会、情景或功能等因素。

福勒的主要著作包括《文体与语言论文集》(*Essays on Style and Language*, 1966)、《文学语言》(*The Languages of Literature*, 1971)、《语言学与小说》(*Linguistics and the Novel*, 1977)、《作为社会语篇的文学》(*Literature as Social Discourse*, 1981)和《新闻语言》(*Language in the News*, 1991)等。

福里欧 Fleuriot, Léon (1923—1987)

法国凯尔特语语言学家。1923 年 4 月 5 日生于法国布列塔尼地区莫尔莱(Morlaix)。自幼学习布列塔尼语。1950 年通过法国大学教师任职资格考试,其后在巴黎及其近郊一些初、高级中学和拉弗莱什少年军校(Prytanée National Militaire de La Flèche)讲授历史课,同时在法国高等研究实践学院学习和研究凯尔特语。1958 年进入国家科研中心,1964 年获索邦大学博士学位。1966 年任雷恩第二大学凯尔特学首席教授、法国高等研究实践学院研究主任。福里欧于 1987 年 3 月 15 日卒于巴黎。

莱昂·福里欧极大地推动了布列塔尼语在法国大学层面的教学。他关注布列塔尼语历史和文化,利用个人语言知识进行考证,撰写关于布列塔尼历史的文章。福里欧以其博士学位论文《古布列塔尼语基础语法》(*Old Breton, an Elementary Grammar*)为基础,不断收集语料,陆续增补布列塔尼语的词条,于 1964 年出版《古布列塔尼语词典》(*Dictionnaire des Gloses en Vieux-breton*)。他通过研究高卢语、大陆凯尔特语以及高卢罗马人时期的布列塔尼历史、中东历史,认为高卢语是大陆凯尔特语种最接近古布立吞语(Brittonic)的语言。

福里欧其他主要著作包括《古布列塔尼语基础语法》(*Le Vieux-breton, Eléments d'une Grammaire*, 1964)和《布列塔尼语的起源和迁移》(*Les Origines de la Bretagne, L'émigration*, 1980)等。

富士谷成章 Fujitani, Nariakira (1738—1779)

日本国学家和语法学家。1738 年生于日本京都医生家庭,本姓皆川,是日本著名儒家学者皆川淇园(皆川淇園,1735—1807)之弟,后成为当时日本柳河藩驻京都代表处长官("留守居")富士谷家的养子。1779 年去世,享年 42 岁。

富士谷成章是日本最早对日语语法范畴进行系统分类和最早研究日语非屈折音变格助词"て—に—を—は(*te-ni-o-ha*)"及其后置用法的传统语法学家之一,为日语语法研究奠定了基础。他不仅研究分析日语的诗歌语言,而且对日语进行时期分类,区分为上古、中古、中近古、近古、近代和现代(上つ世,中昔,中頃,近昔,をとつ世,今の世)六个时期。1767 年发表关于副词研究的专著《插头抄》(『插頭抄』),以穿戴要素作为类比,区分日语的三类词性:助词或连接词好比发簪(*kazashi*),动词犹如衣服(*yosōi*),助动词就像鞋带(*ayui*)。1778 年发表关于助词、助动词及其活用的专著《脚结抄》(『脚結抄』),书中进一步阐释三类词性,描述助词系统,并补充 na 类(名字和名词,即无词尾变化的词类),从而形成了词形四分法。这与日本儒家学者伊藤东涯

(1670—1736)在《操觚字诀》中提出的实词(実字)、虚词(虚字)、助词(助字)和语辞(語辞)遥相呼应。《脚结抄》把助词区分为两大类：第一类包括称作"tagui(属)"词尾助词和称作"ie(家)"的句中助词，具有名词性；第二类包括称作"tomo(伦)"的时态、语气助词、称作"tsura(队)"的屈折后缀和称作"mi(身)"的其他助词，不具有名词性。富士谷成章对日语语法最重要的贡献在于指出词序和句词关系。其词性分类深受兄长皆川淇园的影响。

富士谷成章去世后，学术研究成果逐渐得到关注，幕府末期学者安田光则(Yasuda Mitsunori, 1797—1870)和语法学家山田孝雄(Yamada Yoshio, 1873—1958)对其学说进行研究和发扬。

G

伽达默尔 Gadamer, Hans-Georg （1900—2002） 德国哲学家和美学家。亦译作加达默尔。1900年2月11日生于德国马尔堡(Marburg)。曾在布莱斯劳(Breslau)、马尔堡、弗赖堡、慕尼黑等大学学习哲学、历史和语言学。1922年在新康德主义哲学家纳特罗普(Paul Gerhard Natrop)指导下获哲学博士学位。大学期间，接触各种哲学思想并深受影响，同时兼修古典语言文学，为后来将古典语文学(语文解释学)和哲学研究的结合打下坚实的基础。后结识青年海德格尔(Martin Heidegger)，逐渐受其影响脱离早期新康德主义哲学思想。1949年起任海德堡大学教授，直至退休。曾担任莱比锡大学校长、德国哲学总会主席、国际黑格尔协会主席。2002年3月13日卒于海德堡。

汉斯-格奥尔格·伽达默尔是现代哲学解释学和解释学美学的创始人。他建立的哲学解释学的思想体系主要由三部分构成：柏拉图的对话理论、黑格尔的绝对观念辩证法和海德格尔的"人的存在"的本体论。他认为解释学具有一种哲学功能，以人的一般"世界经验"为对象；强调理解者和被理解的东西之间存在共同性，认为这种共同性在不断的理解和解释中发展。诠释学直接追溯到人们最原初的生活经验，而不是在纯粹的思辨领域中来构建自己的哲学体系。他选择以艺术经验为突破口，试图从艺术经验出发，来理解超越了我们的意愿和行为所发生的东西，理解超出方法论自我意识之外的真正的精神科学。他将审美经验抬高到哲学的高度，主张美学为解释学的有机部分。他还强调审美理解的语言性，审美理解的基本模式是对话和问答，审美主体与艺术主体之间的对话创造了共同的语言。

伽达默尔代表作是《真理与方法》(Truth and Method, 1960)，其他著作还包括《柏拉图的辩证法、伦理学及其他》(Veröffentlichung der Habilitationsschrift: Platos Dialektische Ethik, 1931)、《哲学解释学》(Philosophical Hermeneutics, 1976)、《黑格尔的辩证法》(Hegels Dialektik, 1971)和《科学时代的理性》(Reason in the Age of Science, 1976\1981)等。

盖勒卜 Gelb, Ignace J. （1907—1985） 波兰裔美国古历史学家。1907年10月14日生于奥匈帝国的塔尔努夫(Tarnów, 今波兰境内)。成年后离开波兰，赴意大利佛罗伦萨、罗马等地学习闪米特语言学。1929年获罗马大学博士学位。1929—1941年赴近东地区考古发现地开展实地调查。1939年加入美国国籍。1943年自愿参加美国军队赴英国、法国、德国等地从事军事情报工作。1947—1955年任《芝加哥亚述语词典》主编。1965—1966年任美国东方协会主席。1965年任芝加哥大学东方研究院亚述学教授，直至1978年退休。曾受聘为美国艺术与科学研究院和罗马国家科学院成员。1975年当选为美国哲学协会会员。盖勒卜卒于1985年12月22日。

伊格纳茨·盖勒卜是亚述文字研究专家。他率先对亚述文字书写系统进行科学研究和应用实践。他创制"grammatology"(文字学)等术语研究书写系统，不仅研究书写系统的基本理论，而且注重运用理论进行具体语料分析。1952年发表《书写研究》(A Study of Writing)，认为文字的演变是单方向的，即从表意、表音到字母形式。盖勒卜的主要贡献是把字位学(graphemics)同古文字学(paleography)区别开来，把语言学原则运用到两种最古老的闪米特语——阿卡得语(Akkadian)和亚摩利语(Amorite)的语法和词汇研究中。在研究专有名词学(onomastics)中，他发现人名是阿卡得语、亚摩利语和胡瑞安语(Hurrian)的主要来源，最终在1980年出版关于人名研究的著作《计算机辅助分析亚摩利语》(Computer Aided Analysis of Amorite)，为该学科第一本运用电子数据处理语料的书。此外，盖勒卜撰写关于美索不达米亚地区土地试用期和买卖、度量衡以及经济历史、社会历史方面的著作。

盖勒卜的著作主要包括《原型阿卡得语的序列重建》(Sequential Reconstruction of Proto-Akkadian, 1969)和《古阿卡得语辞典》(Glossary of Old Akkadian, 1973)等。

盖士达 Gazdar, Gerald （1950— ） 英国语言学家和计算机科学家。1950年2月24日生。青少年时就读于希思·芒特学校(Heath Mount School)和布莱菲尔公学(Bradfield College)。1970年获东安格利亚大学学士学位，1972年雷丁大学硕士学位,1976年获博士学位。1975年任苏塞克斯大学讲师,1985年起任计算语言学教授,2002年起任荣誉退休教授。

杰拉尔德·盖士达是线性附标语法(Linear Indexed Grammars)定义和"广义短语结构语法(Generalized Phrase Structure Grammar,简称 GPSG)"理论框架的提出者。1985年,他与同事克莱因(Ewan Klein)、萨格(Ivan Sag)和美国语言学家普勒姆(Geoffrey K. Pullum)合著出版《广义短语结构语法》(Generalized Phrase Structure Grammar),全面阐述了 GPSG 理论的性质、框架和具体内容,该书的出版标志着 GPSG 理论基本形成。GPSG 理论是一种与上下文无关的短语结构语法,与依存语法(Dependency Grammar)相对,是短语结构语法(Phrase Structure Grammar)理论的进一步发展。

盖士达的研究兴趣包括建立荷兰语、英语和德语等语言的计算机词库,然后从语言学和计算两种研究角度开展语言研究。从语言学的角度,他考察这些日耳曼语系语言在词汇方面的相关,研究可以同时适用于两种或多种语言间语言生成表述的形式手段,并考证语言的历史渊源对当代语言描述的影响。他从计算的角度,尝试扩展现有的单一语言词库表达技术,以适用于多语种的表达,同时也探讨多语种词汇表达技术在单语种词库中的适用性。

1996 年,盖士达与罗杰·埃文斯(Roger Evans)合作完成论文《DATR——词汇知识表征语言》(DATR: A Language for Lexical Knowledge Representation),设计出一种描述词汇知识的形式语言——DATR。它是一种陈述性的语言,描述受限的继承网络,允许多种和默认继承,应用于自然语言处理中词汇项目的描述中。

盖兹达尔　Gazdar, Gerald　参见"盖士达"。

甘柏兹　Gumperz, John Joseph　(1922—2013)　美国社会语言学家。1922 年 1 月 9 日生于德国德国北莱茵—威斯特法伦州哈廷根镇(Hattingen, Nordrhein-Westfalen)一个犹太人家庭,1939 年迁居美国。1947 年获辛辛纳提大学理学士学位。在密歇根大学化学专业进行研究生学习时,转而对语言学产生浓厚兴趣,1954 年获德语语言学博士学位。1952 年进入康奈尔大学任职,参加印地语课程培训;1954 年随本校社会科学研究团队赴北印度一个村庄进行语言调查研究。1956 年返回美国在加州大学伯克利分校任职,开设印地—乌尔都语课程。1963 年赴挪威,在奥斯陆大学社会学系研究社区语言差异。1965 年任加州大学伯克利分校人类学教授;1968—1971 年任南亚和东南亚研究中心主任。1968 年任巴基斯坦语言研究组终身成员。曾任国际期刊《社会语言》(Language in Society)编委会成员,2013 年 3 月 29 日卒于加州伯克利。

约翰·约瑟夫·甘柏兹是互动社会语言学的奠基人之一。他与海姆斯(Dell Hathaway Hymes)一起创设交际民族志学,形成一个新的社会互动语言学研究视角。他们强调在特定的言语社团中分析话语变异,并研究变异如何影响含义,以及情景和说话者的文化如何影响话语推断方式等。他们提出以语境暗示(contextual cues)和社会网络研究等作为语言研究重心,同时首次提出言语库(verbal repertoire)这一概念,认为言语总库包括语言、方言、文体等分系统,对于语码转换研究至关重要。

甘柏兹的著作主要包括语言与社会身份、交际民族志学、会话策略等方面。他与海姆斯合著的《交际民族学》(The Ethnography of Communication, 1964)是互动社会语言学领域的标志性著作。《话语策略》(Discourse Strategies, 1982)则充分体现了甘柏兹的社会互动思想。该书以不同交际场合和交际模式的语言交际案例为基础,进行具体的个案分析,注重不同语言层次所传达的各种信息,详细演示会话策略的分析方法,并进一步剖析言语交际的复杂性,以及相关移民社会的社会交际问题等。

甘柏兹的其他重要著作还包括《社会集团中的语言》(Language in Social Groups, 1971)、与海姆斯合著的《社会语言学导向》(Directions in Sociolinguistics, 1972)、《语言与社会身份》(Language and Social Identity, 1982)和《语言相对性反思》(Rethinking Linguistic Relativity, 1996)等。

高本汉　Karlgren, Klas Bernhard Johannes　(1889—1978)　瑞典语言学家和汉学家。1889 年 10 月 15 日生于瑞典斯莫兰地区荣彻平(Jönköping)。本名克拉斯·伯恩哈德·约翰内斯·卡尔格伦,后因热衷于汉语研究而取汉名"高本汉"。1907 年进入乌普萨拉大学(Uppsala University),主修俄语,1915 年获博士学位。1918 年被聘为瑞典哥特堡大学(Gothenburg University)东亚语言学与文化学系教授,1931—1936 年任该校校长。1939 年任远东古物博物馆馆长及东亚考古学教授。1945—1965 年任斯德哥尔摩大学(Stockholm University)教授并从事汉学研究。1978 年 10 月 20 日卒于斯德哥尔摩。

高本汉是第一位将历史比较语言学方法引入传统的汉语音韵研究的学者,在古汉语语音系统的建构上成就卓著,从而大大开拓了历史比较语言学的研究领域。高本汉之前,中国传统的音韵研究学者由于仅注重书面材料,只是整理出古音类系统,而无法对其进行具体的音值描写。而他利用韵书等大量书面材料定音类,比较现代方言的语音差异定音值,对汉语从《切韵》到现代各方言的语音变化做出了较为合理的解释,为汉语语音史的研究开辟了新的道路。在完成汉语中古音系的研究之后,他又以切韵音系为基础,采用共时分析的内部拟测法等对汉语的上古音进行构拟研究,是用历史比较法研究切韵音系的首创者。他还对《诗经》、《书经》、《左传》、《老子》进行翻译或注解,将历史比较语言学运用于汉语音韵的研究领域,成为中国历史声韵学研究的先驱人物。

高本汉的著述达百部之多,研究范围包括汉语音韵学、方言学、词典学、文献学、考古学、文学、艺术和宗教。《中国音韵学研究》(*Études sur la Phonologie Chinoise*, 1915—1926)是其构拟中古音的代表作,标志着中国现代音韵学史的开端;《中日汉字分析字典》(*Analytical Dictionary of Chinese and Sino-Japanese*, 1923),对上古汉语(约公元前800年—600年)的音韵提出了重要的假设。高本汉的重要著作还包括《古汉语字典》(*Grammata Serica*, 1940)和《古汉语字典(修订本)》(*Grammata Serica Recensa*, 1957),前者以字典的形式包含了其对古汉语的构拟,后者增加了对中国最古老典籍所作的注释,并增标字调。

高津春繁 Kodzu, Harushige　(1908—1973)
日本比较语言学家。1908年1月19日生于日本兵库县神户市。1930年毕业于东京帝国大学,1931—1934年在英国牛津大学学习比较语法,受业于印度学和藏学专家弗雷德里克·托马斯(Frederick William Thomas, 1867—1956)和罗曼语学者布朗霍尔茨(Eugen Braunholtz, 1859—1941)等知名教授。学成归国后,在东京大学研究生院继续其原有研究,1938年成为东京大学语言学系研究助理;同年,日本语言学会成立,成为其中主要成员。1942年成为东京大学语言学系讲师,1946年获该校文学博士学位,两年后被聘为副教授,1951年擢升为正教授,1968年任荣誉退休教授。次年受邀出任武藏大学文学系主任。1973年5月4日卒于东京。

作为古希腊语尤其是阿卡狄亚方言(Arcadian dialect)研究专家,高津春繁不仅仅从语言本体着手研究语言,而且着眼于古典世界的各个维度,追求从整体理解语言学。在试图重建史前希腊语时,他把从各种传奇、建筑物上的发现以及地名都综合考虑,以便提高体系的全面性和完善性。其主要作品被列在日本语言学会会刊《语言研究》(『言語研究』)1973年出版的第64卷上。在1946年的博士学位论文中谈到古希腊语阿卡狄亚方言研究时,他非常严谨地指明了石刻碑文以及该方言与其他方言间的语言学界限。在语言学领域对阿卡狄亚方言的石刻碑文进行了广泛、深入的调查,基于对阿卡狄亚方言与其他方言界限的详细研究,他逐渐接受了克雷奇默(Paul Kretschmer)的理论,即爱奥尼亚人(Ionians)是古希腊人的祖先;还考证出爱奥尼亚人是由小亚细亚(Asia Minor)的几个种族发展而来。

在日本古典语文学方面,高津春繁也做出了杰出贡献。他从1953年《西洋古典学研究》(*Journal of Classical Studies*)创刊开始,就担任其编委直至去世。他还把许多希腊古典语言文学作品译成日文,出版了与印欧语言学及希腊语有关的著作20余本,在日本真正创立了西方古典语文学的研究传统。

高津春繁的主要著作包括《比较语言学》(『比較言語學』(4版), 1942—1964)、《古文字的解读》(『古代文字の解読』(2版), 1964—1972)、《语言学概论》(『言語学概論』(5版), 1957—1967)、《古希腊学》(『古典ギリシア』(2版), 1946—1964)、《比较语言学入门》(『比較言語学入門』, 1992)、《印欧语比较语法》(『印欧語比較文法』(4版), 1954—2005)以及《希腊神话》(『ギリシア神話』, 1965)等。

戈德堡 Goldberg, Adele Eva　(1963—　)
美国语言学家。1963年11月9日出生。1985年获宾夕法尼亚大学数学与哲学专业学士学位;1989年获加州大学伯克利分校语言学硕士学位,1992年获语言学博士学位,师从乔治·雷可夫(George P. Lakoff)。1997—1998年任教于加州大学圣迭戈分校。1997—2004年受聘于伊利诺伊大学(University of Illinois)。2004年起任普林斯顿大学语言学教授,同时执教于该校心理学系。曾任期刊《认知语言学》(*Cognitive Linguistics*)主编、《语言》(*Language*)副主编以及《认知科学》(*Cognitive Science*)、《构式》(*Constructions*)编委。

阿黛尔·伊娃·戈德堡是构式语法(Construction Grammar)研究的代表人物。她的研究兴趣主要集中在语言的心理层面,包括语法理论及实践、形式与功能对应(form-function correspondences)及句法启动(syntactic priming),并试图将语言与其他认知过程进行比较。按照她的构式语法理论,句式本身也表示独立的意义,并影响句子的意思。她认定的构式范围比较广,包括一般所说的句式、成语、复合词、语素等。

戈德堡的专著《构式:论元结构的构式语法研究》(*Constructions: A Construction Grammar Approach to Argument Structure*, 1995)是根据其博士学位论文整理而成,该书已成为构式语法理论的代表性著作。她的其他主要著述还包括《论元结构构式语义的浮现》(*The Emergence of the Semantics of Argument Structure Constructions*, 1999)和《构式:论语言的新理论研究》(*Constructions: A New Theoretical Approach to Language*, 2003)等。

戈尔杜 Coeurdoux, Gaston-Laurent　(1691—

1779) 法国传教士和印度学研究者。1691 年 12 月 18 日生于法国中部布尔日(Bourges)。1715 年为耶稣会见习修道士，1725 年被任命为牧师，1731 年成为耶稣会会士；1732 年到达南印度马杜赖(Madurai)，在法属印度区域做传教士。1779 年 6 月 15 日卒于印度朋迪榭里(Pondicherry，现名"本地治里")。

加斯顿劳伦·戈尔杜是一位极具语言天赋的学者。在传教之余，他对比较语言学研究兴趣浓厚。他研究了印度当地包括泰米尔语和泰卢固语(Telugu)的达罗毗荼语族(Dravidian languages)，还学习了梵文。他最早发现了梵文与古希腊语、拉丁语和德语之间的相似性，远远早于威廉·琼斯爵士(Sir William Jones)等其他研究者对梵文与欧洲语言之间关系的解释。他把记录印度见闻的手稿寄给当时法国的印度文化学者安克蒂尔迪佩龙(Anquetil-Duperron，1731—1805)，请其交付出版，却被束之高阁，直到 19 世纪初才得以在巴黎面世。其中有关印度南部风俗的部分，尚未出版就遭他人剽窃，直到经过西尔维亚·穆尔(Sylvia Murr)于 1987 年出版了该作品的删节本，才得以正本清源。他未出版的手稿还包括一部泰卢固语梵语词典以及其他作品。

戈夫曼　Goffman, Erving （1922—1982） 加拿大社会学家和作家。1922 年 6 月 11 日生于加拿大艾伯塔省曼维尔(Mannville, Alberta)。1945 年获多伦多大学社会学和人类学学士学位。1949 年、1953 年先后获芝加哥大学硕士、博士学位；其间于 1949—1951 年间在设得兰岛(Shetland islands)从事实地调查研究，并据此写出博士学位论文。1962—1968 年任加州大学伯克利分校社会学教授。1968 年任宾夕法尼亚大学本杰明·富兰克林人类学和社会学教授。1981—1982 年任美国社会学协会主席。1982 年 11 月 19 日卒于宾州费城。

欧文·戈夫曼深受布鲁默(Herbert Blumer)等符号互动论者的影响，是符号互动论(芝加哥学派)的代表人物。作为社会学家，他以个人经验观察的结果为主要资料来源，充分研究社会互动、邂逅、聚集、小群体和异常行为等。戈夫曼于 1959 年发表第一部重要著作《日常生活中的自我表现》(*Presentation of Self in Everyday Life*)。他认为，社会秩序或某一特定行为是由人赋予它们以重要性而具有意义的。在互动中，社会行为就是社会戏剧表演。社会成员在社会舞台上小心翼翼地扮演自己的多种角色，从而使自身的形象能恰到好处地为自己欲达到的目的服务。他详细描述了"戏剧化影响"和人类的互动，并提出许多影响深远的理念。20 世纪 50 年代，戈夫曼从社会学角度提出"面子"(face)概念并加以界定，认为"面子"是人类行为准则之一，渗透于人际行为之中。"面子工作"要求人们在交际中使用礼貌语言并且相互配合。

戈夫曼的主要著作包括《避难所》(*Asylum*, 1961)、《邂逅》(*Encounters*, 1961)、《公共场所行为》(*Behavior in Public Places*, 1963)、《污记》(*Stigma*, 1963)、《互动仪式》(*Interactional Ritual*, 1967)、《框架分析》(*Frame Analysis*, 1974)和《交谈方式》(*Forms of Talk*, 1981)等。

戈沙　Gauchat, Louis （1866—1942） 瑞士语言学家。1866 年 1 月 12 日生于瑞士莱不勒内(Les Brenets)。曾先后赴伯尔尼、苏黎世、巴黎和罗马等地学习罗曼语语言学，1890 年获博士学位。1893—1897 年任伯尔尼无俸大学教师(privatdozent)。1897—1902 年任教于苏黎世大学。1902 年任伯尔尼大学罗曼语语言学教授。1926—1928 年任苏黎世大学校长。1942 年 8 月 22 日卒于瑞士伦策海德(Lenzerheide)。

路易·戈沙主要从事罗曼语和方言研究，擅长以人类学视角进行方言学研究。他从理论角度预测历史语言学和社会语言学研究的多样性，认为语言的功能是了解社会文化现实和表达世界观的向导。他把罗曼语语言学德国新语法学派主张与法国语言地理学、词典学、中世纪语言学融合起来，深深影响了后继的瑞士罗曼语研究学者。他的博士学位论文研究法国唐培里依地区的法兰克—普罗旺斯语(Francoprovençal)方言，该研究成果为瑞士境内法兰克—普罗旺斯语方言学研究奠定了基础。1890 年，他完成《瑞士法语区方言辞典》(*Glossaire des Patois de la Suisse Romande*)的编纂，对瑞士法语区的方言做了历时性研究，至今多次再版。

格拉蒙　Grammont, Maurice （1866—1946） 法国语音学家。1886 年 4 月 15 日生于法国杜省蒙贝利阿尔区(Montbéliard, Doubs)迈克县当普里沙尔镇(Damprichard, Maîche)。曾到弗莱堡和柏林学习印欧语言；到巴黎及附近学府听布雷亚尔(Michel Bréal)、达迈斯泰特(Arsène Darmesteter)、吉叶龙(Jules Gilliéron)、帕里斯(Gaston Paris)、索绪尔等名师讲课，学习语言学；师从卢赛洛(Jean-Pierre Rousselot)，学习语音学。1890 年在巴黎大学通过任教资格考试，1892 年任第戎大学文学院讲师。1895 年向巴黎大学提交有关印欧语言辅音异化的论文，1896 年获博士学位。1895—1936 年在蒙彼利埃大学(Université de Montpellier)文学院任教，1904—1905 年创办实验语音学实验室。1946 年 10 月 17 日卒于法国南部城市蒙彼利埃。

莫里斯·格拉蒙主要从事比较语言学和印欧语言学研究，尤以语音学和法国方言的研究见长。在 19 世纪与 20 世纪之交，他与梅耶(Antoine Meillet)一起创立法兰西学派。他们的核心主张是研究语言的演变必须同时注意语言使用者的心理过程及语言演变的社会性,这与当时流行于法国的新语法学派的观点有很大不同。格拉蒙在其1895年发表的一篇论文中曾以语音变化的异化为例,分析语言演变的生理心理原因,指出新语法学派的"定律"无法做出解释。此外,格拉蒙和梅耶共同创立的法兰西学派还秉承历史比较语言学的原则,认为语言是社会心理系统的表现并深入探讨语言现象的社会本质,提出语言与社会、文化二者有着密不可分的关系,语言既是社会事实,又是文化的一部分。在语音研究方面,格拉蒙以专著《罗曼诸语言评论》(*Revue des Langues Romanes*, 1903)闻名于世。他在该部作品中系统解释了语音的历史性演变,并因此成为研究语音现象功能的先驱学者。

拉格蒙的其他著作包括《法语诗体学概说》(*Petit traité de versification française*, 1908)、《法语发音实用指津》(*Traité pratique de prononciation française*, 1914)和《语音学概论》(*Traité de phonétique*, 1933)等。

格拉斯曼　Grassmann, Hermann Günther（1809—1877）　德国语言学家、数学家和社会活动家。1809年4月15日生于普鲁士波美拉尼亚省的海港城市斯德丁(Stettin,今什切青,属波兰)。早年曾在柏林大学研习神学、古典语文学,1830年开始研究数学和物理学。1876年入选美国东方学会,并获蒂宾根大学荣誉博士学位。1877年9月26日卒于斯德丁。

赫尔曼·京特·格拉斯曼是一位博学者。作为历史语言学家,他不仅学习梵语,研究印欧语和印度学,而且编纂词典和翻译印度《梨俱吠陀》(*Rigveda*),出版德语语法书和民歌集等;他设计印欧语的发音规则,称为格拉斯曼定律。1863年,他发表长篇论文,解释其创立的格拉斯曼定律(Grassman's Law),比如在两个送气音序列中第一个音不送气的问题。1877年出版早期梵文的佛经赞美诗的译本(两卷本)。

作为数学家,格拉斯曼于1832年提出新几何理论,从而简化了意大利启蒙时代数学家兼天文学家拉格朗日(Joseph-Louis Lagrange, 1736—1813)《分析力学》(*Mécanique analytique*, 1788)的数学论证,并以独特方式推导法国学者拉普拉斯(Pierre-Simon Laplace, 1749—1827)《天体力学》(*Mécanique céleste*, 1799—1825)的潮汐理论。设计格拉斯曼代数、格拉斯曼流形的结构和外微分形式的计算,而且发明一种"代数乘法"的运算,从而形成现在称为多项式环的结构。这些成就对后来的数学发展具有重大影响。

格赖斯　Grice, Herbert Paul（1913—1988）　英国语言哲学家。1913年3月13日生于英国伯明翰市郊哈伯恩(Harborne)。从克利夫顿学院(Clifton College)中学毕业后,他进入牛津大学基督圣体学院(Corpus Christi College), 1933年获考评一等奖, 1935年以优等生毕业。1935—1936年在罗塞尔学校(Rossall School)任教。1936年转到牛津大学圣约翰学院任教;1939年起曾在英国皇家海军服役近五年,战后仍回牛津。1967年起任加州大学伯克利分校教授。1988年8月28日卒于伯克利。

赫伯特·保罗·格赖斯(常称"保罗")对于语言与交流研究的两大突出贡献是对意义和会话含义的哲学思考。他注重研究日常语言的意义研究,他区分自然意义(natural meaning)和非自然意义(non-natural meaning),自然意义指自然联系的意义,而非自然意义指交际者的交际意向给予话语的意义,即语用学上常讲的"话语意义"或"非规约意义"(non-conventional meaning)。格赖斯认为意义即说话者意图,在说话人和听话人交流的过程中,他们之间存在着一种默契,即双方都应遵守的原则。他称之为"会话的合作原则(Cooperative Principle)",并借用康德提出的"量、质、关系、方式"四个范畴,来规范交际话语的四项基本准则,并要求人们在言语交际总保持互相合作;这些准测分别是量的准则(Quantity Maxim)、质的准则(Quality Maxim)、关系准则(Relevance Maxim)和方式准则(Manner Maxim)。

格赖斯在研究中发现,人们在日常会话活动中经常违背会话合作原则中的准则,而违背(violation)准则现象可以导致"会话含意"的产生。"会话含意"实质上就是"话中有话"或"言外之意",也可以称为说话人的"意向意义"。意向意义属于"非自然意义",它取决于说话人的说话意图。说话人可能出于礼貌或其他各种各样的原因选择用语言形式间接地传递交际意向,听话人则根据会话准则,经过语用推理得到会话含义。

格赖斯的意义理论和会话原则在语言学界产生了重要影响,对推动语用学发展成为一个独立的学科具有重要贡献。他的代表著作包括《意义》(*Meaning*, 1957)、《说话者意义、语句意义和词的意义》(*Utterer's Meaning, Sentence-meaning, and Word-meaning*, 1968)、《说话者意义和意图》(*Utterer's Meaning and Intentions*, 1969)、《逻辑与会话》(*Logic and Conversation*, 1975)和《言词用法研究》(*Studies in the Way of Words*, 1989)等。

格里姆　Grimm, Jacob Ludwig Carl　参见"格林"。

格林　Grimm, Jacob Ludwig Carl（1785—1863）　德国语言学家和民俗学家。亦译作格里姆。1785年1月4日生于黑森—卡塞尔领伯国哈瑙市(Hanau, Landgraviate of Hesse-Kassel)。1802 年进入马尔堡大学(University of Marburg)学习法律。1808 年任拿破仑之弟威斯特法伦(Westphalia)国王热罗姆-拿破仑·波拿巴(Jérôme-Napoléon Bonaparte)的私人图书馆管理员。1819 年获马尔堡大学名誉博士学位。1840 年在柏林任皇家科学院院士,并在大学执教。1848 年被选为法兰克福国民议会代表。1806 年起与胞弟威廉·格林(Wilhelm Grimm)携手合作,致力于民间童话和传说的搜集、整理和研究工作,编纂了《儿童和家庭童话集》(*Kinder und Hausmärchen*),俗称《格林童话》。1863 年 9 月 20 日卒于柏林。

雅各布·路德维希·卡尔·格林是历史比较语言学基础的奠定人。他提出印欧诸语言语音演变的规则,确定了"格林定律"(Grimm's Law),认为印欧语系语言具有共同的词汇和形态,且语音的变化很有规律。语音对应规律是建立印欧语系和其他语系的基础,语音之间有严密的对应关系。当不同语言中的几个单词显示出同样的对应规律时,这些语言之间有对应关系。历史语言学的任务是设想原始语的某种音演变成对应规律所表现出的不同音。他指出,在印欧语系的日耳曼语族历史中,辅音分组演变,在英语和低地德语(Plattdeutsch)中发生过一次变化,后来在高地德语(Hochdeutsch)中再变一次。格林定律后由丹麦语言学家维尔纳(Karl Adolph Verner)加以补充。

格林的代表作是四卷本巨著《德语语法》(*Deutsche Grammatik*, 1822—1840)。该书确定了格林定律,被誉为日耳曼语言学基石,具有深远的影响。格林的其他主要著作还包括《德国神话》(*Deutsche Mythologie*, 1854)、《德语词典》三卷(*Deutsches Wörterbuch*, 1854—1862)和《德国传说集》(*Deutsche Sagen*, 1865—1866)等。

格林伯格　Greenberg, Joseph H.　(1915—2001)　美国人类学家和语言学家。1915 年 5 月 28 日生于纽约。1932 年起就读于哥伦比亚大学,开始接触比较语言学和人类学。1936 年入美国西北大学,1937—1938 年间在耶鲁大学研读人类学和语言学,1940 年获西北大学博士学位。1940 年重返耶鲁大学做博士后研究。历任哥伦比亚大学和斯坦福大学人类学系主任。1976 年任美国语言学会会长。2001 年 5 月 7 日卒于加州斯坦福。

约瑟夫·格林伯格早期主要从事非洲语言和文化研究。1949—1954 年期间,他在《人类学南方杂志》(*Southern Journal Of Anthropology*)上发表关于非洲语言分类研究的系列文章。这些文章于 1955 年结集出版为《非洲语言分类研究》(*Studies in African Linguistic Classification*),经校订后于 1963 年以《非洲的语言》(*The Languages of Africa*)的书名出版。其中提出了现已被许多研究者广泛接受的假设,即非洲诸语言可分为四个语系——尼日尔科尔多凡语系(Niger-Kordofanian)、科伊桑语系(Khoisan)、阿非罗亚细亚语系(Afroasiatic)和尼罗撒哈拉语系(Nilo-Sahara)。

在语言学方面,格林伯格在类型学的研究方面贡献非凡,被誉为当代语言类型学的开创者。格林伯格之前的传统语言类型学研究是为世界语言分类的广义类型学,属于形态分类学。他将语言分类与语言的普遍性联系起来,于 1963 年发表语言类型学发展史上划时代的论文《某些主要与词序有关的语法普遍现象》(*Some Universals of Grammar with Particular Reference to the Order of Meaningful Elements*),由此确立他的语序类型学理论。1966 年,他出版专著《主要与特征等级有关的语言普遍性》(*Language Universals, with Special Reference to Feature Hierarchies*),提出"语言的蕴涵共性"理论。该理论已经发展为当今语言类型学中最重要的一个概念,它能说明语言类型变异所受的普遍限制,其基本表达方式是:如果一种语言有 P 现象,则必有 Q 现象,反过来有 Q 现象必有 P 现象不一定成立。例如,格林伯格的共性 25 规定:如果代词性宾语后置于动词,那么名词性宾语也同样后置于动词。用蕴涵共性四分表可以表达为:(1)前置代词宾语,前置名词宾语;(2)后置代词宾语,后置名词宾语;(3)* 后置代词宾语,前置名词宾语;(4)前置代词宾语,后置名词宾语。这样,世界上的语言有(1)、(2)、(4)三种可能的组合,而不可能有(3)这样的组合,这种限制就是一种语言共性或普遍性。

格林伯格提出两个基本的语序蕴涵共性原则:语序优势(dominance)和语序和谐(harmony)。语序优势指一种语序与其对应的成分相比具有优选权,如"前置代词宾语"优先于"后置代词宾语",因为"前置代词宾语"既可以与"前置名词宾语"搭配,也可以与"后置名词宾语"搭配,而"后置代词宾语"只能与"后置名词宾语"搭配,在蕴涵共性四分表中,优势项出现两次,而非优势项只出现一次。语序和谐指一种语序和另外一种语序之间的联系,如"动词+后置代词宾语"和"动词+后置名词宾语"是相和谐的,因为都是核心(动词)前置的结构。格林伯格认为,优势语序总是可以出现,但劣势语序(recessive order)只有在与其相和谐的结构出现的时候才出现。所以"前置代词宾语"总是可以出现,而"后置代词宾语"的出现要以"后置名词宾语"的出现为前提。

继语序类型的研究之后,格林伯格主要研究标记理论的普遍性和等级性。标记理论最先是由布拉格学派的特鲁别茨柯依(Nikolay Sergeyevich Trubetzkoy)和雅柯布逊(Roman Jakobson)等人提出的,但经典的布拉格标记理论是某一特定语言的语法范畴特征,只有一个模式,一个范畴只有两个值,一个值无标记,另外一个值有标记,语言结构的所有成分都必然地构成二元对立关系。他提出标记属于跨语言的范畴,即"概念范畴"具有普遍性,如"单数为无标记项而复数为有标记项"就是人类语言的一个共性。格林伯格共归纳出13种用类判别有标记和无标记的标准,其中有五种关于音系范畴,其余八种关于形态句法范畴。

格林伯格的其他重要著作包括《美洲的语言》(*Language in the Americas*, 1987)、《印欧语系及其近亲:欧亚语系(语法卷)》(*Indo-European and Its Closest Relatives: The Eurasiatic Language Family: Grammar*, 2000)和《印欧语系及其近亲:欧亚语系(词汇卷)》(*Indo-European and Its Closest Relatives: The Eurasiatic Language Family: Lexicon*, 2002)等。格林伯格在语言研究方面发表重要的论文包括《语言类型学的本质及用途》(*The Nature and Uses of Linguistic Typologies*, 1957)、《音位学中的共时与历时普遍性》(*Synchronic and Diachronic Universals in Phonology*, 1966)和《语言学历时再思考》(*Rethinking Linguistics Diachronically*, 1979)等。

格罗斯 Gross, Maurice (1934—2001) 法国语言学家。1934年6月21日生于法国色当。1955年入巴黎综合科技学院数学系就读;1960—1964年,作为计算机科学家加入军队实验室的计算局,从事法语、英语、德语、俄语的机器翻译工作;1961年获联合国教科文组织奖学金,赴哈佛大学和麻省理工学院,结识了乔姆斯基等美国语言学家,接触了生成语言学。返回巴黎后加入布莱兹帕斯卡大学(Blaise-Pascal)计算实验室,与舒岑贝热(Marcel-Paul Schützenberger)一起专攻形式语法。1967年获索邦大学博士学位。在普罗旺斯地区艾克斯大学城任副教授一年后,于1968年被聘为巴黎大学语言学教授,与让·迪布瓦(Jean Dubois)、尼古拉·路维特(Nicolas Ruwet)一起创建万森纳语言学系(后成为巴黎第八大学);同年,创立法国国家科学研究中心(CNRS)文献与语言自动化实验室(The Laboratoire d'Automatique Documentaire et Linguistique)。1969年获索邦大学"特许任教资格(Habilitation)"。1972年转入巴黎第七大学语言学系,1977年创办期刊《语言学研究:国际语言学与语言资源》(*Lingvisticae Investigationes: International Journal of Linguistics and Language Resources*)并担任主编。2001年12月8日因骨癌卒于巴黎。

莫里斯·格罗斯接受泽里克·哈里斯(Zellig S. Harris)的语法研究方法,并翻译哈里斯1976年在巴黎—凡森那大学的句法学讲座。1967年,他成立LADL(语言学和自动记录实验室),建成完整的、以实证为基础的法语"词汇—语法"库,现在仍然是最完整的基于句法的词汇库。经过对法语动词的大量广泛研究,建构述谓名词、形容词、副词和连词的"词汇—语法"。世界各国已经采纳gross描写模式,开展本国语言的类似研究(如罗曼语、马拉加斯语、希腊语、标准德语、英语、韩语、阿拉伯语、普通话—汉语等)。格罗斯的主要著作有《句法研究方法》(*Methodes En Syntaxe*, 1975)和《词汇—语法》(*Lexicon-Gramma*, 1996)等。出版和发表的论文、著作达200篇(部)。

格施温德 Geschwind, Norman (1926—1984) 美国行为神经学家。1926年1月8日生于纽约市。早年对人类行为研究表现出强烈兴趣,选修辛格尔(Marcus Singer)的神经解剖学课程。1951年毕业于哈佛医学院,任波士顿市立医院的神经学主治住院医师。1958年转入波士顿荣退军人管理医院,结识库阿德拉赛尔(Fred Quadfasel)博士获得诊断和治疗失语症病人的机会。1969年起任哈佛医学院神经学科主任。1984年11月4日卒于波士顿。

诺曼·格施温德对失语症的研究深受联结主义学家理论影响。他认为神经处理中心有选择的破坏和断层,能够解释很多失语现象。他曾预测右半脑为发言区的断层,后经尸体解剖得以证实。他研究中发现各种局限于陈述单一情态中的刺激物的反常状态,将这种疾病区别于"古典"的、整体性的反常状态。对于前一种疾病,格施温德提出发言区断层的假设。后一种疾病被认为是由左角质脑回的裂变引起的,该区被认为是与构成(具体)的单词所指相联系的感知属性存在的地方。

格施温德对大脑皮层失语症的研究涉及机动能力意义的和感官路径破坏的失语症形式(即"发言区的孤立")。20世纪60年代,他进一步发展韦尼克区和布罗卡区的连接模型,于1965年发表论文完整阐述其思想。70年代,创制"行为神经学"(behavioral neurology)一词。

格施温德关于联结主义的代表作是《动物和人类身上的断层症》(*Disconnection Syndromes in Animals and Man*, 1965),另有《大脑与语言论文集》(*Selected Papers on Language and the Brain*, 1974)等。

格泽纽斯 Gesenius, Wilhelm 参见"杰森尼亚斯"。

葛瑞尔森 Grierson, George Abraham, Sir (1851—1941) 英国印度语言学者。1851年1月

7日生于爱尔兰都柏林郡格伦纳基尔里（Glenageary）。先后求学于英格兰西北部坎布里亚郡圣比斯学校（St. Bees School）和都柏林三一学院，师从罗伯特·阿特金森（Robert Atkinson），对语言学产生浓厚兴趣。1871年通过驻印度高等文官考试，1873年到达英属印度孟加拉管辖区（Bengal Presidency）。1898年被任命为印度语言调查（Linguistic Survey of India）项目总监，并回到英国以便与欧洲图书馆和学者联系。1903年从印度高等文官职位上退休。1941年3月9日卒于英格兰东南部萨里郡坎伯利（Camberley, Surrey）。

乔治·亚伯拉罕·葛瑞尔森毕生从事印度语言学的研究。在都柏林三一学院实习期间，曾因梵语和印度斯坦语能力卓越而获奖。主管印度语言调查项目后，他带领团队对印度各地方言开展大规模实地调查；到1928年项目结束时，共获得364种印度语言和方言的信息。从驻印度的岗位上退休安居英国后，他用了30年时间，整理当时所收集到的不计其数的数据和资料；经过系统地整理归类，最终编成《印度语言纵览》（Linguistic Survey of India），全书分11卷共19册。他亲自执笔的第一卷《绪言》（Introductory）为全书的摘要与精髓，是研究印度语言与印度文化史的经典性基础。《印度语言纵览》收录大量取自现实生活的词汇和语句，提供原文和标准译文。在整理调查资料期间，他发表了大量有关印度语言和文化的学术论著，包括关于比哈尔市（Bihar）方言以及农民生活的描写，关于北印度语（Hindi）文学、虔诚宗教信仰的论述，以及关于语言学的思考和探讨；笔耕不辍，直至80多岁高龄。

葛瑞尔森的其他著作主要包括《凯士文字手册》（A Handbook of the Kaithi Character, 1889）两卷、《印度语言》（The Languages of India, 1904）和《克什米尔语词典》（A Dictionary of the Kashmiri Language, 1932）等。

贡德特 Gundert, Hermann （1814—1893） 德国传教士和达罗毗荼语言学先驱人物。1814年2月4日生于德国斯图加特一个商人家庭。先后求学于斯图加特和莫尔布龙大学研究班，从事神学研究并通过神学考试，1835年获博士学位。后跟随泰米尔学者卡尔·雷尼乌斯（Karl Rhenius）赴印度，参加英国布道团工作。在泰米尔纳德邦（时称"马德拉斯邦"）短暂停留后，于1838年迁居到马拉巴尔海岸（北喀拉拉邦）的贝斯乐布道团，在那里学会马来雅兰语（Malayalam，也译马拉雅拉姆语，印度西南部沿海居民的语言），并有很高造诣。1857年被任命为马拉巴尔和卡那拉政府委派的学督。1859年因病回到德国，自1860年起居住在南部小镇卡尔夫（Calf）。1893年4月25日卒于卡尔夫。

赫尔曼·贡德特是首批研究马来雅兰语的西方学者，他编写的语法和词典长期以来是该领域的权威著作。在广泛阅读（包括大量注释）和对口头语各种形式的丰富体验基础上，他发明了一种特殊的转写法，用以表达超出马来文字语料的机械音注的正确发音，有助于确定正确的词源。作为一名传教士学者，他不但将圣经译为马来雅兰语（1868年译了新约和部分旧约），而且用马来雅兰语著书传教。19世纪40和50年代，很多著作在芒格洛尔和塔勒斯等地出版发行小字版本。1882年贡德特发表纪念传教士朋友和著名科拉那学者默格林根（Hermann Friedrich Mögling）的传记。

贡德特的其他著作主要包括《梵文中的达罗毗荼语元素》（Die Dravidischen Elemente in Sanskrit, 1869）、《马拉雅拉姆语语法》（A Grammar of the Malayalam Language, 1968）、《马拉雅拉姆语英语词典》（A Malayalam-English Dictionary 1871, 1872）等。为了表彰他作出的贡献，南印度教会（CSI）的科拉那教区建成的纪念图书馆被命名为贡德特图书馆。

古德格拉斯 Goodglass, Harold （1920—2002） 美国神经学研究专家。1920年8月18日生于纽约市。1935年毕业于汤森哈里斯高中（Townsend Harris High School），1939年获纽约城市学院法语学士学位，1942—1946年在美国空军服役，1948年获纽约大学心理学硕士学位，1951年获辛辛那提大学临床心理学博士学位。其后，到波士顿大学失语症研究中心（Aphasia Research Center）和美国退伍军人失语症医院（National Veterans Aphasia Hospital）工作，1965年任医学院神经学副教授，1969—1996年任中心主任、神经学教授，参与组建"失语症学会和国际神经心理学研讨会"，设立美国心理协会的临床神经心理学分支，1979—1980年任第一任会长。1996年获美国心理学会（American Psychological Association）终身成就金奖。2002年3月18日卒于波士顿。

哈罗德·古德格拉斯是二战后到美国退伍军人失语症医院工作的首位心理学家。他率先将控制性心理语言学研究应用于失语症领域。1960年制定波士顿诊断性失语症测验（Boston Diagnostic Aphasia Examination，简称BDAE），目前已成为美国广泛使用的一种失语症诊断性测验，并译成多种文字。他与卡普兰（Edith F. Kaplan）合作，出版《失语症和相关疾病的评估》（Assessment of Aphasia and Related Disorders）以及与之配套的《波士顿失语诊断考试》（The Boston Diagnostic Aphasia Exam），使失语症研究从一系列个案分析向范畴化迈进，为失语症状和个案比较提供了理论基础。

古德格拉斯精通理论,撰写发表130多篇/部研究性论文和著作,涉及理解和生成话语、句法和不符合语法现象及命名困难等范畴问题。主要著作有与布鲁姆斯坦(Sheila Blumstein)合著的《心理语言学和失语症》(*Psycholinguistics and Aphasia*)和与温菲尔德(Arthur Wingfield)合著的《反常状态》(*Anomia*)等。为表彰古德格拉斯在这一领域取得的杰出成就,波士顿大学失语症研究中心现更名为哈罗德·古德格拉斯失语症研究中心(Harold Goodglass Aphasia Research Center)。

古特里　Guthrie, Malcolm (1903—1972) 英国比较语言学家和历史研究专家。1903年2月10日生于英格兰苏塞克斯郡霍夫镇(Hove, Sussex)。在伦敦帝国学院获冶金学理学士学位后,于1925年进入司布真学院(Spurgeon's College)接受牧师上岗培训,在希腊语、希伯来语、拉丁语课堂上凸显出超凡的语言能力。1935年师从伦敦大学亚非学院研究斯瓦希里语和卢甘达语的埃塞尔·阿仕顿(Ethel O. Ashton)。1940年辞去传教士工作,任亚非学院讲师,1942年任高级讲师。1945年获伦敦大学博士学位。1947年成为班图语副教授(Reader)。1950—1968年任亚非学院非洲语言文化系主任,1951—1970年任班图语教授。1957—1972年兼任剑桥大学唐宁学院(Downing College)院长。1968年当选英国国家学术院院士。1972年11月22日因心脏病卒于伦敦,马尔科姆·古特里主要从事奇本巴语(Chibemba)和林伽拉语(Lingala)等非洲语言的具体研究,同时也涉及200多种班图语族语言的比较性综合研究。1932年起,他赴今刚果民主共和国任大英浸信会(Baptist Missionary Society)传教士,对班图语言产生浓厚兴趣。1935年出版林伽拉语语法书和词典(后来用法语修订和重印)。1942年发表《新约全书》的林伽拉语译本。1942—1944年返回非洲,对各种班图语进行实地考察,收集到大量第一手语料;回到英格兰后,他发表题为《奇本巴语的音调结构》(*The Tonal Structure of Bemba*)的博士学位论文,1948年出版《班图语言的分类》(*The Classification of the Bantu Languages*)。他通过两阶段分类法,建立了班图语言之间的同族同源关系,于1967年发表该项实证性研究成果——《班图语比较研究》(*Comparative Bantu*);这部作品至今仍是非洲语言学研究领域的权威性参考文献。亚非学院的班图语学科在古特里的领导下发展迅猛。他去世后,留下了大量关于林格拉语、奇本巴语和泰凯语的语料未曾研究。

古特里的其他重要著作包括《林伽拉语语法与词典》(*Lingala Grammar and Dictionary*, 1935)、《西部赤道非洲的班图语言》(*The Bantu Languages of Western Equatorial Africa*, 1953)和《班图语的句子结构》(*Bantu Sentence Structure*, 1961)等。

龟井孝　Kamei, Takashi (龟井孝,1912—1995) 日本语言学家。1912年6月3日生于东京,是日本哲学家龟井裕、日语教学专家阪田雪子之兄长。1935年毕业于东京大学日本语言与文学系,随后进入东京商科大学(后更名一桥大学)担任暂聘讲师;二战结束后历任一桥大学语言学副教授、教授。1950—1953年和1975年分别在英国剑桥大学、德国柏林自由大学(Freie Universität Berlin)和美国亚利桑那大学从事学术研究和讲学。时常应邀在东京大学、庆应大学和国际基督教大学(International Christian University)等多所日本知名高校举办语言学讲座。1995年1月7日卒于东京。

龟井孝是日本著名出版机构三省堂出版的六卷本《语言学大词典》(『言語学大辞典』,1988—1996;英文译名为 *The Sanseido Encyclopedia of Linguistics*)主要编者之一。该词典对世界上超过3500种不同的语言、1500个重要的术语进行了描述。日本学界曾被"清浊音(seidaku)"的概念如何理解的问题曾困扰多年,龟井孝对其作了详尽阐述,为破解困局发挥了巨大作用。此外,他对日本语言的历史(特别是日语音韵学)也颇有研究,是七卷本《日语历史》(『日本語の歴史』,1963—1966)的主要编者之一。

他的其他主要作品包括《日语的面貌与精神》(『日本語のすがたとこころ』,1984)、《语言、语群与倭族语》(『言語 諸言語 倭族語』,1992)、《日本语言学构想》(『日本語学のために』,1971年)、《日语系统论之途径》(『日本語系統論のみち』,1973)、《语言文化面面观》(『言語文化くさぐさ』,1986)、《概说文言语法》(『概說文語文法』,1955)、《日本群岛的语言:语言学大辞典条目选辑》(『日本列島の言語:言語学大辞典セレクション』,1997)和《语言史研究导论》(『言語史研究入門』,2008)等。

国广哲弥　Kunihiro, Tetsuya (国広哲弥,1929—) 日本语言学家。1929年7月23日生于日本山口县宇部市。1954年从东京大学获得硕士学位,1979年从该校获文学博士学位。1954—1959年在山口县萩市高中讲授英语。1959年在岛根大学任英语语言学讲师,1964年成为副教授。1967年到茨城大学工作,次年到东京大学语言学系任教,并于1980年成为教授,1985—1988年担任过系主任和日本语言学学会主席职务。1990年退休时获荣誉教授称号。1995年起,担任东京语言高级研究所所长。

国广哲弥主要研究描写语义学,尤其专注于日语和英语的词汇和语法对比分析领域。他在日语和英语的语言对比领域作出了开创性的研究,并编辑了五卷本的《日英对比研究》(*Contrastive Studies of*

Japanese and English, 1980—1982)。他主编过一部优秀的英日辞典。作为一位词汇意义的认知分析家,他与同事合作编纂三卷本的日语基本词义著作《词语意义》(『ことばの意味』,1982)。国广哲弥还发展了他的老师服部四郎首创的语义学理论,建构了自己的理论和词义描述方法,并强调认知方面和言语活动的情境语境。

国广哲弥的主要著作有《结构语义学:日英对比研究》(『構造的意味論 日英両語対照研究』,1967)、《意义面面观》(『意味の諸相』,1970)、《日英对比研究》(五卷本)(Contrastive Studies of Japanese and English, 1980—1982)、《语义学方法》(『意味論の方法』,1982)、《日语误用·惯用小词典》(『日本語誤用·慣用小辞典』,1991)及其续编(1995)、《理想日语词典》『理想の国語辞典』,1997)、《日语多义动词——理想日语词典之二》(『日本語の多義動詞』,2006)、《新编日语误用·惯用小词典》(『新編日本語誤用·慣用小辞典』,2010)、《日本语言学剖析》(『日本語学を斬る』,2015)等;合作编著《重音·语调·节奏和停顿》(『アクセント·イントネーション·リズムとポーズ』,1997)、《小学馆进阶英日中词典》(『小学館プログレッシブ英和中辞典』,1980)和《进阶英语逆序词典》(『プログレッシブ英語逆引き辞典』,1999)。

H

哈贝马斯 **Habermas, Jürgen** (1929—) 德国社会理论家和政治哲学家。1929年6月18日生于杜塞尔多夫(Düsseldorf),成长于格马斯巴赫(Gummersbach)。1949年中学毕业后入哥廷根大学,并在苏黎世短暂学习后于1950年迁往波恩,师从埃里希·罗赛切(Erich Rothacker, 1888—1965)和奥斯卡·贝克(Oskar Becker, 1889—1964),学习哲学、历史、心理学、德国文学和经济学。1954年获波恩大学博士学位。1956—1959年任法兰克福社会研究院研究助理。1961年被聘为海德堡大学哲学副教授。1964年任法兰克福大学哲学和社会学教授,1994年退休。2004年获第20届日本京都奖"思想艺术奖",2007年名列为英国《泰晤士报》高等教育指南排名第七的人文学科(包括社会科学)作者,位列"组织理论之父"、德国社会学家马克斯·韦伯(Max Weber)之前和符号互动论的代表人物、美国社会学家欧文·戈夫曼(Erving Goffman)之后。

尤尔根·哈贝马斯的学说理论体系宏博,以哲学批判和思辨为基础,以社会理论为核心,涉及哲学、社会学、政治学、伦理学、语言哲学、语用学和文化理论等。他的主要贡献是提出和发展"交往理性"的概念和理论,以区别理性主义传统本身。他支持实证主义,反对理性批评主义,否认社会批评理论根本上有别于自然科学。1981年发表两卷本的《交际行为理论》(Theorie des kommunikativen Handelns),主要阐释"交往理性"的概念,提出关于社会构成两个层次的思想,用一种现代性理论来解释当下的社会弊病。他积极支持现代主义的解放思潮,发表反对后现代主义、解构主义思想家的言论,著有《现代性的哲学话语》(Der philosophische Diskurs der Moderne, 1985)。哈贝马斯提出并发展道德领域中交际行为理论,著有《正解与应用:话语伦理评述》(Justification and Application: Remarks on discourse ethics, 1991)和《在事实与规范之间:关于法律和民主法治国的商谈理论》(Faktizität und Geltung. Beiträge zur Diskurstheorie des Rechts und des demokratischen Rechtsstaates, 1992)。

哈贝马斯批判传统理论并构建个人思想体系,思考哲学还原法,认真深入研究语言理论。他尝试将日常语言实践研究的成果和认识置于合理行为和整个社会理论的核心,并提高到"话语伦理学"高度。他借鉴布勒、奥斯汀和塞尔的研究成果,用言语行为类型揭示交际行为潜在的理性特点。他认为,人们交际行为总是涉及三种交际行为,即规定性、调节性和表达性言语行为,每个言语行为都与三种效度有关,听话人可以接受或拒绝这些效度。因此,听话人可以拒绝一个言语行为,因为这个行为不符合常规(如命令行为在另一个语境中不能接受)、不真实(对说话人的意图有怀疑)、或真实性不能接受(如说话人假定某些条件可以满足而实际上无法满足)。

哈贝马斯著作等身,论集专著达数十种,主要有《公共领域的结构转型》(Strukturwandel der Öffentlichkeit, 1962)、《理论与实践:社会哲学研究》(Theorie und Praxis: Sozialphilosophische studien, 1963)、《认识与兴趣》(Erkenntnis und Interesse, 1968)、《技术与科学之"意识形态"》(Technik und Wissenschaft als "Ideologie", 1968)、《合法化危机》(Legitimationsprobleme im Spätkapitalismus, 1973)、《道德意识与交际行为》(Moralbewußtsein und kommunikatives Handeln, 1983)、《交际语用论》(On the Pragmatics of Communication, 1992)、《对他者之包容》(Die Einbeziehung des Anderen, 1996)、《后民族群相》(Die postnationale Konstellation, 1998)、《人性之未来》(The Future of Human Nature, 2003)、《四分五裂的西方》(Der gespaltene Westen, 2004)、《还俗之辩证法》(The Dialectics of Secularization, 2007)、《自然主义与宗教之间》(Zwischen Naturalismus und Religion,

2008)、《欧盟之危机》(*The Crisis of the European Union*, 2012)等,其演讲文稿和专栏文章更是不计其数。

哈登贝格　Hardenberg, Friedrich von (笔名 Novalis, 1772—1801)　德国哲学家、语言学家和诗人。笔名诺瓦利斯。1772年5月2日生于德国萨克森-安哈特州(Saxony-Anhalt)的贵族家庭。曾就读于埃斯莱本(Eisleben)的路德教派语法学校,学习修辞学和古典文学。1790—1794年在耶拿、莱比锡等地学习法律。1797年进入弗赖堡矿业学院(Freiberg Mining Academy)学习地质。1799年开始经营盐矿。1801年3月25日因肺结核卒于魏森费尔斯(Weißenfels)。

弗里德里希·冯·哈登贝格一直以笔名诺瓦利斯进行写作,生前默默无闻。在他去世后的第二年,施莱格尔(Karl Wilhelm Friedrich von Schlegel)和蒂克(Johann Ludwig Tieck)分别出版了他的两本文集,这些作品的出现使人们把诺瓦利斯看成是一位"无系统性"的思想家,但随着他的遗稿在1960年被最终发现,人们才对他的作品进行历史性和批评性的分析,存在于诗人诺瓦利斯和理论家诺瓦利斯之间的内在关系才得以揭示。他的代表作《费希特研究》(*Fitchte Studien*)创作于1795—1796年,这部作品不仅奠定了他哲学作品的基础,也奠定了他语言学和诗歌作品的基础。他的其他作品还有《文集》(*Schriften*)五卷。

哈恩　Hahn, Emma Adelaide (1893—1967)　美国古典语言研究专家。1893年4月1日生于纽约一个奥地利移民家庭,与纽约亨特学院(Hunter College)渊源颇深,其母为该校毕业生。13岁之前在家由母亲指导其学习,随后就读于亨特学院模范中学,之后升入亨特学院攻读拉丁语、希腊语和法语,1915年毕业并获学士学位;1917年在哥伦比亚大学获古典学硕士学位。其后在亨特学院任法语教师,1921年起改任拉丁语和希腊语教师。1929年在哥伦比亚大学完成题为《维吉尔作品中语言的并列与非并列因素》(*Coordinate and Non-coordinate Elements in Virgil*)博士学位论文。其后一直任教于亨特学院。1967年7月8日卒于纽约。

艾玛·阿德莱德·哈恩的学术生涯处于语言学从语言变化的历时研究向共时研究转向的时期,同时也是结构语言学向生成语言学转向的开始。1953年,她出版《虚拟式和祈愿式:将来式起源探微》(*Subjunctive and Optative: Their origin as futures*),采取了历时性而非结构性的古典语言研究方法,因而被批评"落伍";其实,她一直领先于时代,将语言研究融入古典学研究之中,涉足了之前女性未曾涉足的领域。同年,她在亨特学院开办语言学本科专业,为该院历史上的创举。她是1940年首批加入纽约东方俱乐部的女性,1952年被推选为该俱乐部110年历史上第一位女性副主席。她是美国语言学会(LSA)的创始成员,首位女性执委会委员(1930年和1934年),1940年被推选为副会长,1946年成为该会历史上首位女性会长。1951年在加州伯克利举办的美国语言学会语言学院担任赫赫有名的柯利茨夫妇讲席教授(Hermann and Clara H. Collitz professorship)。她积极参与美国语言学会的学术研讨或教学活动,每届年会几乎无不到场,学会举办的每届语言学院几乎都有她授课。

哈恩在获得博士学位后继续从事维吉尔研究,在《美国哲学协会会报》(*Transactions of the American Philological Association*)和期刊《美国语文学》(*The American Journal of Philology*)发表系列文章,探讨维吉尔的写作风格和人物处理的语言技巧等论题。其主要学术贡献在于被其本人视为第二专业的拉丁语语法和印欧语语言学,尤擅赫梯语(Hittite)研究,有关的论文包括《由赫梯语看拉丁语不定词》(*Light from Hittite on Latin Indefinites*)和《存在主格动名词吗?》(*Was There a Nominative Gerund?*)。其最后一部著作《某些印欧语言的命名结构》(*Naming Constructions in Some Indo-European Languages*)在其去世两年之后的1969年出版。

她尝试将语言学和古典学推介给大众读者,定期在《经典周刊》(*Classical Weekly*)上撰稿,继而为纽约多家大众报纸供稿,运用时下的现代文笔诠释古典文学中的典故,将经典作品的魅力展示在文坛的前台,吸引大众读者的注意。她在报刊上开辟"语言学家专栏",其形式和风格由诸如专栏作家、政治演说稿撰写人兼语言学者威廉·萨菲尔(William Safire, 1929—2009)等人传承至今,可见哈恩在学术理念和研究方法上的前卫性和前瞻性。

哈夫朗内克　Havránek, Bohuslav (1893—1978)　捷克语言学家。1893年1月30日生于捷克首都布拉格。1929—1945年在布尔诺的马萨里克大学(Masaryk University in Brno)任教。1945—1966年供职于布拉格查理大学(Charles University),主持捷克语言学院(The Institute for Czech Language)的工作。曾担任过一些斯拉法语语言学和哲学杂志的编审。1957年因学术上的杰出贡献被授予"捷克斯洛伐克社会主义共和国奖"。1968年主持第六次斯拉夫研究国际会议。1978年3月2日卒于布拉格。

博胡斯拉夫·哈夫朗内克是布拉格语言学派(Prague Linguistic Circle)和结构主义语言学界具有重要影响力的学者,致力于斯拉夫语法的对比研究、斯拉夫文学语言研究以及标准捷克语的书面语及其使用的研究。他主要的著述包括《捷克语语法》(*Czech Grammar*,1960)、《文学语言词典》(*Dictionary of the Literary Language*,1960—1971)和《古捷克语词典》(*Old Czech Dictionary*,1968)等。

哈勒 Halle, Morris (1923—) 美国语言学家。1923年7月23日生于拉脱维亚的利耶帕亚(Liepāja, Latvia),1940年移民到美国。精通德语、依地语、拉脱维亚语、俄语、希伯来语和英语等多种语言。1941年就读于纽约城市大学,1943年入伍服役,1946年入芝加哥大学学习语言学,1948年获学士学位;后入哥伦比亚大学和哈佛大学攻读语言学,师从雅柯布逊(Roman Jakobson),1955年获博士学位。毕业后任教于麻省理工学院,教授德语和俄语。1961年与乔姆斯基在麻省理工学院联合招收语言学博士生。1974年任美国语言学会会长。1996年退休,至今仍研究不辍。

莫里斯·哈勒是生成音系学的创始人之一,其主要成就在于与乔姆斯基一同创立生成音系学。1959年著《俄语的语音系统》(*The Sound Pattern of Russian*),运用转换语法的理论,提出一种新的语音理论思路——生成音系学。1968年与乔姆斯基合著《英语的语音系统》(*The Sound Pattern of English*),被奉为生成音系学的奠基之作。《英语的语音系统》继续以声学研究为基础,进一步发展区别特征理论,用区别特征表示语音的普遍性,共析解出区别特征三十多对,每对用"±"号表示其偶值性,如"+圆唇/-圆唇"、"+鼻音/-鼻音"等。

哈勒的其他重要著述还包括《从记忆到言语和从言语到记忆》(*From Memory to Speech and Back: Papers on phonetics and phonology, 1954—2002*, 2002)、《腭音化/软腭音软化》(*Palatalization/Velar Softening: What It Is and What It Tells Us about the Nature of Language*, 2005)等。

哈里斯 （泽里格·~） Harris, Zellig S. (1909—1992) 美国语言学家。1909年10月12日生于沙俄所辖乌克兰南部的巴尔塔城(Balta),1913年随父母移居美国费城。曾就读于宾夕法尼亚大学东方学系,1930年获学士学位,毕业后留校任教;1932年获硕士学位,两年后获博士学位。在宾夕法尼亚大学任教期间,1931年起,开始讲授语言学分析课程;1946—1947年创建语言学系。1992年5月22日卒于纽约。

泽里格·哈里斯是描写语言学重要代表人物之一,学术贡献主要体现在把"分布关系的逻辑"作为结构语言学的基本方法,并建立起一整套用于描写语言的严格技术。1951年,他出版《结构语言学的方法》(*Method in Structural Linguistics*),成为美国描写语言学派中理论和方法最严谨的代表作,对美国描写语言学作出重大的贡献,也标志着该学派的理论和方法进入一个新时期——"后布龙菲尔德时期"(Post-Bloomfieldian Era)。他给语言结构分析规定了两项基本任务,一是把话语里的基本单位切分出来,二是把有关的单位归类。哈里斯的工作方向是从语素到话语,先分析出语素,再分析语素组合的序列,最后得出语素序列组合的模式。哈里斯的这种根据分布特征、用替换方式鉴别语言单位的方法也被称为"分布主义"。在结构分析和描述中,他还采用抽象的数学方法,把语言单位转化成符号,然后按照公式进行运算。哈里斯的理论使得这一时期的美国描写语言学呈现出精密的分析手续和高度的形式化,"分布"成为其最重要的方法论原则。

1952年以前,哈里斯的研究重点是语言形态和语音结构的分析,主要成果是《结构语言学的方法》(*Method in Structural Linguistics*, 1951)。此后致力于对句法分析理论和方法的研究,观点主要集中在《话语分析范例》(*Discourse Analysis: A Sample Text*, 1952)、《分布结构》(*Distribution Structure*, 1954)、《句子结构的线性分析》(*String Analysis of Sentence Structure*, 1962)和《语言的数学结构》(*Mathematical Structures of Language*, 1968)等论著中。

哈里斯 （詹姆斯·~） Harris, James (1709—1780) 英国语法学家。1709年7月20日生于英格兰威尔特郡索尔兹伯里市(Salisbury, Wilts)。曾就读于索尔兹伯里文法学校和牛津大学瓦德汉学院(Wadham College),毕业后进入当时四大律师学院之一的林肯律师学院(Lincoln's Inn)研习法律。其后曾任索尔兹伯里的地方法官,也曾任英国海军大臣、财政大臣、御前审计官(Comptroller to the Queen)等政府要职。1780年12月22日卒于伦敦。

詹姆斯·哈里斯研究兴趣广泛,对于艺术、文学、音乐、哲学、诗歌、语言等领域都有独到的见解。他对语言的研究主要采用苏格拉底、柏拉图和亚里士多德等古代哲学家和17世纪经验主义的研究方法,研究成就主要体现在《赫尔墨斯——或,语言与普遍语法的哲学研究》(*Hermes: Or, a Philosophical Inquiry Concerning Language and Universal Grammar*)一书中。在这本书中提出语言与思想的不可分割性,认为语法的研究不应该关注具体语言中的习惯表达,而应该关注所有语言都共有的基本原则。基于"言语表达人的心灵"这一认识,他还对句子和词进行重新分类,认为句子可分表达感知的句子和表达意愿的句子两个基本类型,前者如判断句(assertive),后者如疑问句和祈使句等。他以"意义(significance)"为标准,将词分为"自身有意义的词

(significant by themselves)"和"在关系中有意义的词(significant by relation)",前者为"主要词(principals)",后者为"附属词(accessories)"。他融合了亚里士多德的自然哲学观和笛卡儿的科学方法,提出语言的源泉是思想,语言的发展与心智的发展密切相关。哈里斯对语法的观点建立在以哲学、逻辑和科学为基础的综合观点之上。

哈里斯的其他主要著作包括《哲学的安排》(*Philosophical Arrangement*)和《哲学研究》(*Philosophical Inquiry*)。1745 年还发表一部论文集,其中收录《论艺术》(On Art)、《论音乐、绘画与诗歌》(On Music, Painting and Poetry)和《论幸福》(On Happiness)等论文。

哈林顿 Harrington, John Peabody (1884—1961) 北美本土语言研究专家和民族学家。1884 年 4 月 29 日生于马萨诸塞州瓦尔特汉姆(Waltham),成长于加州。在中学时学习德语和俄语,在斯坦福大学主攻语文学和古典文学,1905 年获学士学位。后在斯坦福、赴德国莱比锡和柏林继续深造,研究语言学。回到美国后,开始钻研北美本土语言。1915 年 2 月被美国民族学局(Bureau of American Ethnology)任命为民族学顾问,1954 年退休。1961 年 10 月 21 日卒于加州圣迭戈市。

约翰·皮博迪·哈林顿是个天生的语言学家。他虽不擅长语言分析和语法理论,但实地调查能力堪称无人能及。在加州大学伯克利分校的一次暑期研讨活动中,他结识了博厄斯的学生克罗伯(Alfred Louis Kroeber)和戈达德(Plink Earle Goddard)。在他们的影响下,哈林顿开展的第一项实地调查是摩哈维族语(Mojave)、尤马语(Yuman)和丘马什语(Chumashan)。他对印第安人普韦布洛语(Pueblo)的实地调查笔记、信函、照片和个人资料铺开展示长达约 208 米,陈列在国家人类学档案馆中,加州圣巴巴拉自然历史博物馆中也有一些收藏,规模稍小但同样重要。哈林顿语料库中最大的比例是有关科斯塔诺语和丘马什语的比较集。在多年的实地调查中,他收集 100 多种美国本土语言的数据,"拯救"并记录了很多濒临灭亡的语言,对北美本土语言的研究和保留作出了巨大贡献。

哈林顿的主要著作是《哈林顿论文集》(9 卷)(*The Papers of John Peabody Harrington*, 9 volumes, 1907—1957)(1981—1991)。虽然他发表的作品不多,但是他的语料和笔记被其他学者引用于各类出版物和专著中,从他收集的资料中可以找寻到已经消失的本土语言中语言和文化的影子。

哈曼 Hamann, Johann Georg (1730—1788) 德国哲学家。1730 年 8 月 27 日生于普鲁士王国柯尼斯堡(Königsberg)一个外科医生之家。自幼学习法语、德语、绘画和音乐。16 岁起开始学习哲学和神学,后改学法律,但对文学、语文学、修辞学、数学和科学更感兴趣。经历了生活磨难后,潜心自省,虔诚信教,著书立说。1788 年 6 月 21 日卒于明斯特(Münster)。

约翰·格奥尔格·哈曼大半生在普鲁士海关任职,因此在学术界并不知名。他的著作结构故意杂乱无序、言辞嘲讽,主要讨论康德的批判性思想(关于理性、语言与人类生存的关系)和德国哲学家赫尔德(Johann Gottfried Herder, 1744—1803)关于语言起源的批判性言论。这些思想反映出哈曼对语言的认知,他始终相信不可能从概念上区别理性和语言,认为语言有极好的来源,能够证明创造者和被创造者之间必要的相互依赖关系。他因此被认为是后现代哲学以及维特根斯坦哲学中语言学转向的先驱者。哈曼与康德、赫尔德和德国数学家雅可比(Carl Gustav Jacob Jacobi, 1804—1851)私交很好,对德国文豪歌德(Johann Wolfgang von Goethe, 1749—1832)和哲学家谢林(Friedrich Wilhelm Joseph von Schelling)具有一定影响。后来,德国哲学家黑格尔(Georg Wilhelm Friedrich Hegel, 1770—1831)和丹麦哲学家索伦·奥贝·克尔凯郭尔(Søren Aabye Kierkegaard, 1813—1855)也从研究哈曼的作品中获益。

哈曼的主要论作包括《一个基督徒对圣经的思考》(*Biblische Betrachtungen*, 1758)、《纪念苏格拉底》(*Sokratische Denkwürdigkeiten*, 1759)、《语文学的十字军东征》(*Kreuzzüge des Philologen*, 1762)和《各各他与舍布利米尼:论荒野中哭泣之声》(*Golgatha und Scheblimini. Von einem Prediger in der Wüsten*, 1784)等。

哈齐扎基斯 Hatzidakis, Geōrgios N. (Γεώργιος N. Χατζιδάκις 1848—1941) 希腊语言学家。1848 年 11 月 12 日生于希腊克里特岛的米尔修斯村(Myrthios)。1866 年参与岛上战争,三年后移居雅典。1873 年入读雅典大学哲学学院,专攻希腊与拉丁语文学;1877 年毕业后赴德国莱比锡、耶拿和柏林等大学学习语言学。1880 年返回希腊,任教于雅典教育学院;次年获雅典大学博士学位,1885 年成为雅典大学副教授,1890—1923 年任雅典大学语言学与印度语文学首席教授,1906 年任校长。1926 年当选为雅典学术院(Academy of Athens)院士兼副院长,任新成立的塞萨洛尼基亚里士多德大学(Aristotle University of Thessaloniki)教授兼语言学系主任。1927 年任雅典学术院院长。1941 年 6 月 28 日卒于雅典。

乔治斯·哈齐扎基斯是现代希腊语言学的开创者和奠基人,也是雅典大学第一位语言学教授,被称为"希腊语言学之父"。他的研究主要涉及中世纪和现代希腊语,也涉及古希腊语。他博士学位论文《希腊语言史论稿》(Συμβολὴ εις τὴν Ιστορίαν της Ελληνικής Γλώσσης,即 Contribution to the history of the Greek language,1881),阐述了他基本的语言史观。他认为,现代希腊语的绝大多数方言都源自约公元前335年—公元565年的"共同希腊语(Koine)",而不是直接源自古风时期(the Archaic period)或古典时期(the classical period)的古希腊语。他认为当下的希腊语与荷马时代的希腊语同根同源,并无间断;语言不是一种人造产品,而是一种人性机制(human regime),随着需求的更新变化而代代相传。他反对希腊语区存在双言现象的观点,因为现代希腊语是统一希腊语在历史演变过程中的一个部分。

哈齐扎基斯著述丰富,共发表了约650篇(部)论文和专著,其中较重要的有《现代希腊语语法入门》(Introduction to Modern Greek Grammar,1892)、《中世纪希腊语和现代希腊语》(Medieval and Modern Greek,1905—1907)和《语言学研究》(Linguistic Research,(Volume 1)1937,(Volume 2)1977)等。

哈斯　Haas, Mary Rosamond　(1910—1996)　美国语言学家。1910年1月23日生于印第安纳州里士满。早年在家乡厄勒姆学院(Earlham College)主修音乐和古典文学,1930年毕业并进入芝加哥大学,师从巴克(Carl Darling Buck)学习历史比较语言学;后因受萨丕尔著作感染,于1931年转至耶鲁改随萨丕尔学习语言人类学,并选修多位著名语言学家的课程,1935年获博士学位。1931—1941年到北美各地实地调查各种濒亡语言;1941—1943年任教于密歇根大学。二战期间应征入伍,参与军队语言训练计划;战后受聘于加州大学伯克利分校,1946年成为东方语言系研究助理,1947年任泰语讲师,1948年任泰语和语言学系助理教授;1953年转至加州大学伯克利分校新建立的语言学系任副教授,1956—1957年任代理系主任,1958—1964年任系主任。1953年与艾默诺(Murray Barnson Emeneau)等学者创立加州印第安语考察基金,重点资助博士学位论文的研究。1957—1977年任伯克利语言学教授。1974年当选美国文理科学院(AAAS)院士,1978年当选美国国家科学院(NAS)院士。曾被聘为古根海姆基金会会员和行为科学高等研究中心研究员。1956年任美国语言学会副会长,1963年任会长;1970年任美国语言学会教授,1976年被评为美国人类学协会杰出教师。1977年退休并载入伯克利嘉奖榜。1996年5月17日卒于阿拉梅达县(County of Alameda)伯克利家中。

玛丽·罗莎蒙德·哈斯是萨丕尔语言学思想的忠实继承人和践行者。在1931—1941年对濒亡语言进行实地调查时,她及时对收集的资料加以整理研究,出版丘尼卡语(Tunica)、纳奇兹语(Natchez)、尼蒂纳特语(Nitinat)、科里克语(Creek)、夸萨蒂语(Koasati)、乔克托语(Choctaw)、阿拉巴马语(Alabama)、希切蒂语(Hichiti)以及马斯科吉语(Muskogean)等的语法书、词典和论集,试图重构原始马斯科吉语(Proto-Muskogean),成为马斯科吉语系的权威学者。在后续的语言调查和研究中,哈斯也为其他美国印第安语言的研究如阿尔冈昆语(Algonkian)和霍卡语(Hokan)等作出了贡献。

哈斯率先倡导语言学家应成为外语教师。在泰语和缅甸语方面的研究着重音调、语法分析、语言人类学、语际禁忌语等。其美国印第安语研究主要包括数词分类、男性/女性语言、伴侣语言等。1964—1965年,哈斯入选"学院研究讲师"榜单,以伯克利教师最感荣耀的名义讲课两年,并将授课内容著成《语言的史前史》(The Prehistory of Languages,1969)。她在四个研究领域享有盛誉:(1)开展实地语言调查,并编写语法和词典。研究各种美国印第安人语言,根据1931年在温哥华岛上的实地调查编写出尼蒂纳特语(第一本与斯沃德什[Morris Swadesh]合著)。1935年博士学位论文研究路易斯安那州的丘尼卡语。(2)1943—1953年研究应用语言学。(3)研究泰语和缅甸语。1945年与沙巴翰卡(Heng R. Subhanka)合著阅读教程,1946—1948年与沙巴翰卡合作编写教材,1964年编纂综合性词典,1956年分析泰语体系。(4)1966—1969年研究普通历史语言学理论和方法论。

哈斯的其他主要著作包括《突尼卡语篇》(Tunica Texts,1950)、《突尼卡语词典》(Tunica Dictionary,1953)、《语言学在语言教学中的应用》(The Application of Linguistics in Language Teaching,1953)、《泰语书写体系》(Thai Writing System,1956)、《泰语—英语学生词典》(Thai-English Students' Dictionary,1964)和《语言、文化和历史》(Language, Culture and History,1978)等。

哈特　Hart, John　(1501—1574)　英国语音学家、英语教育家和拼写改革者。1501年出生,父母来自米德尔塞克斯(Middlesex)。曾就读于宗谱纹章院(Heralds' College,亦称 College of Arms),大部分时间可能在政府部门供职,有可能去过法国,精通拉丁语和法语,研究过路易·梅格雷(Louis Meigret)和雅克·佩尔捷(Jacques Peletier du Mans)等人的拼写改革工作;对希腊语和希伯来语也有研究。哈特卒于1574年。

约翰·哈特的主要贡献是推动英语的拼写改革,实现拼写与发音体系和谐统一。为此,他撰写了三部重要著作。第一部为《揭秘我们英语的不合理书写》(*The Opening of the Unreasonable Writing of Our Inglish Toung*, 1551),仅以手稿存世。第二部为《正字法》(*An Orthographie*, 1569),力证拼写改革的必要性,详尽地描述当时标准英语的发音以及如何让拼写反映人的真实语音,并以此指导拼写。例如,含有送气双唇清塞音/p/的单词"pound""open"等被他呈现为"phound"和"ophen"。他的研究还涉及句子中的发音变化,如/s/在清辅音和浊辅音前的发音变化等。第三部为实用初级阅读课本《零起点轻松入门》(*A Method or Comfortable Beginning for All Unlearned*, 1570),介绍拼写和发音的基础知识。

哈特的拼写方案被认为是早期英语拼写史上首次与音系特征真正吻合的方案。他的三部作品如实地记录了当时英语拼写的乱象,反映了他在语音分析视角和方法上的先见之明以及追求语音原则的彻底性;尤其可贵的是,记载了"元音大推移"时期英语口语处于元音剧变中期的英语元音体系及其变化轨迹,对英语史研究意义重大。

哈尤 Hayyuj, Judah ben David (约940—1010) 摩洛哥希伯来语法学家。大约于940年生于摩洛哥非斯城(Fès)。960年离开摩洛哥赴西班牙哥多巴(Cordoba),师从当时的权威语法学家梅纳赫姆·萨拉克(Menahem ibn Jabob Ibn Saruq)。约1010年卒于西班牙南部科尔多瓦(Córdoba)。

朱达·本·戴维·哈尤的主要成就在于发展希伯来语语法理论。他精通阿拉伯语法理论,把阿拉伯语法学家的理论应用到对希伯来语语法的解释中,因而成为第一位对希伯来语语法进行系统研究的学者。哈尤首次证明希伯来语具有三辅音词根体系(triconsonantal roots),澄清了长期以来语法学家对希伯来语形位结构的困惑。

哈尤的著作主要涉及希伯来语的发音和语法问题。《发音方法》(*Kitab al-Tanqit or Kitab al-Nuqat*)研究名词添加后缀所引起的元音变化。《含有清音字母的动词》(*Kitab al-Af'al Dhawat Huruf al-lin*)探讨希伯来语中中间字母为"-w-"或"-y-"的动词。作为该书的补充,哈尤继而完成另一部著作《含有双字母的动词》(*Kitab al-Af'al Dhawat al-Mathalayn*),探讨希伯来语中第二和第三字母相同的动词,如"sbb"等。

海德格尔 Heidegger, Martin (1889—1976) 德国哲学家。1889年9月26日生于德国西南部梅斯基尔希(Messkirch)的一个天主教家庭。早年就读于教会学校。1909年进入弗赖堡大学学习神学和哲学,1913年完成博士学位论文《心理主义的判断学说》。1915年凭借《邓·司各脱关于范畴的学说和意义的理论》论文获"特许任教资格(Habilitation)"。1922年被聘为马尔堡大学哲学教授,次年当选为马尔堡大学杰出哲学教授。1928年接受弗赖堡大学的邀请,接替其老师——现象学创始人埃德蒙·胡塞尔(Edmund Husserl),任弗赖堡大学哲学讲座教授,终身留任;1933年5月出任校长。1933年加入"国家社会主义党",成为纳粹党的一员,成为其终身的污点。1976年5月26日卒于弗赖堡。

马丁·海德格尔是存在主义哲学的创始人,他的《存在与时间》(*Sein und Zeit*, 1927)的出版标志着这一学派的诞生。他试图对柏拉图、亚里士多德和康德的真理和逻辑模式进行彻底矫正。他认为,在人类过去两千多年的历史中,哲学一直关注现实世界中可以找到的存在,却忽略了何为"存在"这个根本问题,忽略的原因是西方哲学把"存在"当作一种显而易见的问题。《存在与时间》把存在纳入时间的视野,并把存在的意义赋予了时间,通过从生存论到存在论的分析,把时间规定为四维的空间,旨在探讨存在的意义问题。

海德格尔被视为现象学学派的发展者。胡塞尔认为,所有的哲学能够也应该描述经验,提倡"向着事物本身"(to the things themselves)的观点,而海德格尔对此的理解是对经验的理解,已经置入世界和存在方式的本身。海德格尔主张能恰当地描述经验意味着找到适合于该描述的存在,对存在(Dasein)的描述是"存在是之所以成为存在的理由(the being for whom being matters)"。

海德格尔的著作被翻译成多种语言文字。除了《存在与时间》外,其他关于哲学和语言的主要论著发表在他生前就开始编辑的《海德格尔大全》(*Gesamtausgabe*)丛书中,其中包括《康德与形而上学的问题》(*Kant und das Problem der Metaphysik*, 1929)、《行进在语言之途中》(*Unterwegs zur Sprache*, 1959)、《形而上学导论》(*Einführung in die Metaphysik*, 1953)、《对哲学的贡献》(*Beiträge zur Philosophie*, 1989)、《推理的原则》(*Der Satz vom Grund*, 1955—1956)、《同一与差异》(*Identität und Differenz*)和《思想的对话》(*Gelassenheit*, 1959)等。

海恩 Heine, Bernd (1939—) 德国语言学家。1939年5月25日生于奥地利东普鲁士的莫伦根(Mohrungen,今属波兰)。1944年为躲避战乱,随家人离开奥地利,1948年辗转到德国勒沃库森(Leverkusen)。曾就读于汉堡大学和科隆大学,1967年毕业于科隆大学,获博士学位并留校任教。1975—1978年任教于肯尼亚内罗毕大学。1978年起任科隆大学非洲研究系主任。曾任世界多所大学客座教授,同时也是英国国家学术院(British Academy)院士和非洲语言学家大会常设委员会主席。

贝恩德·海恩是非洲研究专家,也是语法化理论的奠基者之一。他在非洲多个国家做过语言实地考察,尤其重视对科伊桑语族(Khoisan languages)语言的研究。他非常关注非洲诸语言间的关系,从类型学、结构和社会语言学等角度奠定了非洲语言学的基础。在语法变化的问题上,他认为语法化是动态的过程,并不排斥语言间的接触,而是在语言的变化中互补。海恩对语言功能始终是持语义功能观,认为语言的功能是表达意义,所以语言的结构与这一功能密切相关,同时也与语言以外的因素以及人的概念化和交际过程相关。

海恩著有 30 多部专著,包括《语法化:概念框架》(Grammaticalization: Conception framework,1991)、《助动词:认知力与语法化》(Auxiliaries: Cognitive forces and grammaticalization,1993)、《控制:认知源、认知力与语法化》(Possession: Cognitive sources, forces, and grammaticalization,1997)、《语法的认知基础》(Cognitive Foundation of Grammar,1997)和《非洲语言简介》(African Languages: An introduction,2000)等。

海曼 Hyman, Larry （1947— ） 美国音系学家。1947 年 9 月 26 日生于洛杉矶。1969 年获加利福尼亚大学洛杉矶分校硕士学位,1972 年获博士学位,1973—1975 年在加州大学伯克利分校做博士后。1988 年起执教于加州大学伯克利分校语言学系,1991—2002 年任教授。兼任多家学术刊物的编委会成员,包括《语言探索》(Linguistic Inquiry)、《语言》(Language)、《自然语言与语言学理论》(Natural Language and Linguistic Theory)、《非洲语言与语言学杂志》(Journal of African Languages & Linguistics)和《语言类型学》(Linguistic Typology)等。

拉里·海曼的研究以音系学为主,也涉及形态学和语言史等方面的研究,他的研究经费主要来自美国国家科学基金(National Science Foundation)和一些个人奖金,包括 1979 年获得的约翰·西蒙·古根海姆奖金。在音系学领域,他著有《音系学:理论与分析》(Phonology: Theory and Analysis,1975),系统介绍音系学理论所涉及的音段、音节、音步和音系加工,而且简要介绍优选论、管辖音系学(Government Phonology)、依从音系学(Dependency Phonology)和陈述音系学(Declarative Phonology)等音系学理论的最新发展。1985 年,他出版《音系学重量理论》(A Theory of Phonological Weight),提出基本音层由重量单位构成,这些重量单位相当于传统历时和共时音系学中的莫拉(mora),而且通过对尼日利亚地区一种完全缺乏音节结构的戈卡纳语言(Gokana)的研究,他还认为重量表达式可以应用于很多与音节相关的现象而不必使用"音节"这一概念。在实践研究方面,他通过大量的田野调查,为非洲尼尔—刚果语族的一些语言建立了语言档案,描写这些语言音系特点及语言结构,尤其是重点研究了班图语的历史。

海曼的其他著作还包括《瓜里语法的本质》(Essentials of Gwari Grammar,1970),论文主要包括《论语言学重音的本质》(On the Nature of Linguistic Stress,1977)、《历史声调学》(Historical Tonology,1978)、《戈卡纳语言有音节吗?》(Are There Syllables in Gokana?,1983)、《论音系学中语音决定论的局限性》(On the Limits of Phonetic Determinism in Phonology,2001)、《为何描写非洲语言》(Why Describe African Languages?,2005)和《词汇韵律类型学》(Word-Prosodic Typology,2006)等。

海姆斯 Hymes, Dell Hathaway （1927— ） 美国语言学家。1927 年生于美国俄勒冈州的波特兰市(Portland)。曾就读于里德学院(Reed College),1950 年毕业后到印第安纳大学深造,1955 年获博士学位,博士学位论文是关于北美切努克人(Chinook)的语言的语法研究。1955 年任教于哈佛大学。1960 年任教于加州大学伯克利分校。1965 年任教于宾夕法尼亚大学的人类学系。1972 年转到民间文学和民俗学系。1975 年任研究生院主任,同时担任语言学研究所研究员。1987 年在弗吉尼亚大学人类学系任职,讲授语言人类学、美洲印第安神话、民族诗学、美洲印第安诗歌等课程,退休后被聘为荣誉教授。

戴尔·哈撒韦·海姆斯在民族志学、民俗学、语言人类学、美洲印第安文化等方面颇有造诣。他受博厄斯(Franz Boas)和萨丕尔(Edward Sapir)影响较大,认为语言和思维方式之间关系密切,而民间文学和叙事学有助于语言研究,是语言学、人类学和文学的重要组成部分。他也受文学批评家肯尼斯·伯克(Kenneth Duva Burke)的影响,主张将修辞批评应用到诗歌研究中。

海姆斯用 SPEAKING 一词描写言语交际活动框架。S 表示场所(Setting)和场面(Scene),场所指言语发生的时间和地点,场面则指抽象的心理或文化背景;P 表示参与者(Participants),包括说话者、听话者等;E 指目的(Ends),即交际结果或参与者目的;A 指行为序列(Act Sequence),即实际交际内容顺序;K 指基调(Key),即说话者的语调、方式等;I 指工具(Instrumentation),即言语形式和风格等;N 指交往规范和解释规范(Norms of Interaction and Interpretation),如对话中附加的沉默、目视等;G 指言语类型(Genre),如诗歌、谚语等。海姆斯的这一框架非常有助于理解言语行为。

海姆斯针对乔姆斯基的能力(Competence)概

念,提出"交际能力"一说。交际能力同时包括语言知识和使用语言的能力,具体来说,交际能力包括可能性、可行性、得体性和现实性。可能性指语法的正确性,即产生合乎语法句子的能力;可行性指产生可理解句子的能力,即某种说法是否或者在多大程度上可行;得体性指所用语言要适合不同场合、目的、身份、性别、年龄等社会因素;现实性指某种说法是否或者在多大程度上可以实际应用。在一定意义上,交际能力可以理解为语法能力、社会语言能力、语篇能力、策略能力等的结合。在这一理论影响下,教学研究中产生了交际教学法,倡导以交际能力为语言学习目标,强调运用语言与人们进行交际。

海姆斯的主要著述包括《论交际能力》(Vers la Competence de Communication, 1984)、《语言人类学历史研究》(Studies in the History of Linguistic Anthropology, 1983)、《社会语言学原理:民族志学研究方法》(Foundations in Sociolinguistics: An Ethnographic Approach, 1974)、《重塑人类学》(Reinventing Anthropology, 1972)和《文化与社会中的语言:语言学和人类学读本》(Language in Culture and Society: A Reader in Linguistics and Anthropology, 1964)等。

海斯 **Hays, David Glenn** (1928—1995) 美国语言学家、计算机科学家和社会科学家。1928年11月17日生于田纳西州孟菲斯市。1951年毕业于哈佛学院,获学士学位;1956年获哈佛大学社会学博士学位。1954—1955年在斯坦福行为科学高等研究中心进修,1955年入职兰德公司加州圣莫尼卡总部,工作到1968年;1969年加入布法罗纽约州立大学,创立该校语言学系,担任系主任和语言学、计算机科学、信息与图书馆学教授。1980年退休后移居纽约,担任私人顾问,从事文化演进及其艺术(尤其芭蕾)的独立研究。1995年7月26日因肺癌卒于纽约。

戴维·格伦·海斯是机器翻译和计算语言学的先驱。在兰德公司供职期间,他从事将俄语技术文献转为英语的机器翻译实践和计算语言学研究工作,首创"计算语言学(Computational Linguistics)"这一术语。兰德系统的句法成分均基于泰尼埃(Lucien Tesnière)的依存语法(dependency grammar),海斯是这一语法理论在美国的主要倡导者。在实现通过一般算法把动机理论语法应用于特定文本的语言处理研究中,海斯的贡献首屈一指。1967年他出版的计算语言学的第一部课本《计算语言学导论》。在他主导下,兰德系统建成了一个汇集100万词的俄语文本标注语料库,开创语料库语言学之先河。离开兰德公司赴布法罗从教后,海斯的研究兴趣转向了语言与认知,最终专注于人类文化的演进。海斯在计算语言学专业组织中担任举足轻重的关键角色。他发起成立计算语言学协会(Association for Computational Linguistics),于1964年出任第二届会长;1974—1978年间担任协会会刊《计算语言学》(当时名为《美国计算语言学杂志》[American Journal of Computational Linguistics])首席编辑。他是国际计算语言学委员会(International Committee on Computational Linguistics; ICCL)创始人之一,1965—1969年担任委员会主席,亲任1965年首届大会主席,自创始起被推举为终身荣誉会员;该委员会至今已举办26届大会。

海斯的其他论著包括《认知结构》(Cognitive Structures, 1982)、《技术演进》(The Evolution of Technology, 1992)、《文盲世界的文化演进测量》(The Measurement of Cultural Evolution in the Non-Literate World, 1994)等。

韩礼德 **Halliday, Michael Alexander Kirkwood** (M.A.K. Halliday, 1925—) 英国语言学家。1925年4月13日生于英格兰约克郡利兹。本名迈克尔·亚历山大·柯克伍德·哈利迪,学汉语后取汉名"韩礼德"。曾就读于伦敦大学中文系,获现代汉语文学学士学位,之后到中国留学,先后师承罗常培和王力。1955年以论文《分析中国元朝秘史的语言》(The Language of the Chinese Secret History of the Mongols)获剑桥大学语言学博士学位。曾任英国伦敦大学语言学系主任。1976年定居澳大利亚,任澳大利亚悉尼大学语言学系主任。1978年任悉尼大学及麦考瑞大学(Macquarie University)荣誉退休教授。

韩礼德研究过伦敦学派、布拉格学派和哥本哈根学派等各家学说,并吸收索绪尔、马林诺夫斯基(Bronislaw Malinowski)、沃尔夫(Benjamin Lee Whorf)、弗斯(John Rupert Firth)和伯恩斯坦(Basil Bernstein)等人的观点,于20世纪60年代提出功能语言观。他认为语言是一个社会过程,是一个系统,而且是功能系统。在1963年的论文《类与语言中的链接轴和选择轴的关系》(Class in Relation to the Axes of Chain and Choice in Language)中,韩礼德提出用三个"阶"(scale)和四个"范畴"(category)来描写语言,三个"阶"分别为"级阶"(rank)、"标示阶"(exponence)和"精密度阶"(delicacy),四个"范畴"为"单位"(unit)、"类"(class)、"结构"(structure)和"系统"(system)。之后,韩礼德又提出"系统语法(Systematic Grammar)",其核心思想认为语言是一个多项选择构成的系统网络(system network),又称"意义潜势"(meaning potential),被实际使用的语言表达形式都是语言使用者从语言系统的意义潜势中所做出的选择。韩礼德此后又提出功能语法(Functional Grammar)的思想,认为语言是社会交往的工具,主张从社会角度而不是从心理角度研究语言,旨在解释语言的社会功能。

韩礼德是系统功能语言学的创始人。他的系统功能语法(Systematic Functional Grammar)是系统语法和功能语法作为一个完整的语言理论框架的组合,其中提出一系列重要思想。首先是语言的纯理功能(metafunction)或元功能思想,指所有的文化都会在语言中反映出来,可以归纳为"概念功能(ideational function)"、"人际功能(interpersonal function)"和"语篇功能(textual function)"三个方面,构成语义层的三大部分。其次是语言的社会性思想,指语言是社会系统的一部分,具有符号性和社会性。为了揭示语言的社会属性,韩礼德主张从社会的角度而不是心理的角度研究语言,从"生物体之间(inter-organism)"的角度而不是"生物体内部(intra-organism)"的角度研究语言,致力于研究语言在构建人类社会的结构以及参与确定个人的社会角色(social roles)或社会地位时所起的作用。第三是语境的思想,韩礼德认为任何语篇都是在一定语境下作用的。第四是盖然的(probabilistic)思想,源于信息理论的盖然原则,可以类推到对语法系统的描写上解释语言的标记性(markedness)和未标记性(unmarkedness)。第五是层次的思想,认为语言包括语义层(semantics)、词汇语法层(lexicogrammar)和音系层(phonology),而且各个层次之间从上层到下层存在实现(realisation)的关系。此外,还有意义进化的思想和语法隐喻的思想,韩礼德于1985年提出了语法隐喻的概念,认为词汇隐喻是将某一词语用来指称另一与之相似的事物,而语法隐喻指的是用不同的表达形式(wording)表述客观世界中的同一现象或事物。

韩礼德最具影响力的代表作是《功能语法导论》(An Introduction to Functional Grammar, 1985),以功能主义为原则进行有关语言的使用、意义和成分的讨论,将系统的概念体现于对语篇的理解和评估。他的其他主要著作包括《语法理论分类》(Categories of the Theory of Grammar, 1961)、《语言结构和语言功能》(Language Structure and Language Function, 1970)、《语言功能探究》(Explorations in the Functions of Language, 1973)、《语言系统和功能》(System and Function in Language, 1976)、《作为社会符号的语言:语言和意义的社会阐释》(Language as Social Semiotic: The Social Interpretation of Language and Meaning, 1978)、《语言,语境和文本:社会符号角度下语言的方方面面》(Language, Context and Text: Aspects of Language in a Social-Semiotic Perspective, 1985)和《论语言和语言学》(On Language and Linguistics, 2003)等。

汉普 Hamp, Eric Pratt (1920—) 美国语言学家。1920年11月16日生于伦敦。1936年从托梅学校(Tome School)毕业后进入艾摩斯特学院(Amherst College),专业是拉丁语,辅修希腊语,1942年获学士学位,并自学荷兰语等多种其他语言。1943年赴哈佛大学攻读印欧语言和语言学,对凯尔特语、印度语和斯拉夫语等有深入研究,求学期间获得奖学金;后去巴黎对阿尔巴尼亚语进行研究,曾到意大利的科森扎省,对当地阿尔巴尼亚语方言做过实地调查,研究结果被写成1954年提交的博士学位论文。1950年起任教于芝加哥大学,一直到1990年退休。退休后仍活跃于学术界,经常参加学术会议并宣读历史语言学方面的论文。

埃里克·普拉特·汉普是当前美国印欧语语言学的顶尖权威,尤以凯尔特诸语言和阿尔巴尼亚语族的研究见长。与依赖书面文献进行研究的多数印欧语语言学家不同,他对许多鲜为人知的印欧语语种和方言进行了实地调查,其中包括阿尔巴尼亚语(Albanian)、阿比勒谢语(Arbëresh)、阿尔文尼蒂语(Arvanitika)和布列塔尼语(Breton)、威尔士语(Welsh)、爱尔兰语(Irish)以及苏格兰盖尔语(Scots Gaelic)。他对美洲印第安语也颇有研究,曾对魁利尤特语(Quileute)和奥吉布瓦语(Ojibwa)进行实地调查,多年任国际期刊《美国语言学》(International Journal of American Linguistics)主编;还曾对布莱叶文进行语言学分析。

汉普撰写过1000多篇学术论文,并激励很多学生从事各种语言学课题的研究。他的主要著作包括《探寻斯拉夫语学术史》(Toward the History of Slavic Scholarship, 1979)、《斯洛文尼亚语中的印欧零级动词派生主题性》(Indo-European Zero-grade Deverbal Thematics in Slovene, 1988)、《梵文中卷舌音的印欧语起源》(On the Indo-European Origins of the Retroflexes in Sanskrit, 1996)和《马比诺奇和古语》(Mabinogi and Archaism, 1999)。

豪根 Haugen, Einar Ingvald (1906—1994) 美国社会语言学家。1906年4月19日生于美国艾奥瓦州西奥克斯城(Sioux City)一个挪威人家庭。1928年获明尼苏达州北城的圣奥拉夫学院(St. Olaf College, Northfield)学士学位,后在伊利诺伊州大学学习英语和斯堪的纳维亚语,1931年获博士学位。1931—1962年就职于威斯康星—麦迪逊大学(University of Wisconsin-Madison)大学,1964年被哈佛大学聘为斯堪的纳维亚语和语言学维克多·托马斯教授(Victor S. Thomas Professor),工作到1975年。曾担任美国语言学会、美国方言学会(American Dialect Society)、斯堪的纳维亚研究促进会(The Society for the Advancement of Scandinavian Studies）的会长，兼任"挪威裔美国人历史协会（Norwaygian-American Historical Association）"编委成员。1994年6月20日卒于马萨诸塞州。

艾纳·英格瓦尔德·豪根被誉为社会语言学研究的先驱者和挪威籍美国人研究的权威学者。他为美国语言学研究和双语的社会性研究奠定了基础，推动社会语言学成为一个被认可的学科。豪根认为语言学不是抽象的领域，提倡对语言学的研究应始终建立在实验和经验的基础上。20世纪50年代，他开始进行所谓的"半交际（semicommunication）"研究，以语言间的相对结构差异为基础，探索双语者对两种语言上的相对能力（relative proficiency）。1966年在《社会学探索》（Sociological Inquiry）上发表论文《半交际：斯堪的纳维亚的语言空缺》（Semicommunication：The Language Gap in Scandinavia, 1966），探讨在"半交际"研究中的成果和经验。

豪根在双语研究领域成就显著。具有里程碑意义的著作是《挪威语言在美国：双语行为研究》（The Norwegian Language in America: A study in bilingual behavior, 1953），论述移民语言对社会主流语言产生的影响和作用；另一部主要著作是《南北美洲的双语现象：文献与研究指南》（Bilingualism in the Americas: A bibliography and research guide, 1956）。

豪根的研究领域还涉及斯堪的纳维亚语言文学及其历史发展和现状。主要著作有《斯堪的纳维亚语——语言史概论》（The Scandinavian Languages: An introduction to their history, 1976）和《斯堪的纳维亚语言结构》（Scandinavian Language Structures, 1982）等。此外，他还著有《语言生态学》（The Ecology of Language, 1972），后来被誉为"生态语言学"的先驱性研究。豪根还编写过一本《挪英词典：现代挪威语发音与翻译词典》（Norwegian-English Dictionary: A pronouncing and translating dictionary of modern Norwegian, 1974），收词六万多条，并配以详细的语法和惯用法信息，是挪威语、英语学习的重要工具书。

豪瑟 Hauser, Marc （1959— ） 美国语言学家。1959年10月25日出生。1987年获加利福尼亚大学博士学位，曾先后任密歇根大学（University of Michigan）研究员、洛克菲勒大学（Rockefeller University）研究员、加利福尼亚大学讲师。后转至哈佛大学工作，先任人类学及心理学系副教授，后任哈佛大学心理学系、有机及进化生物学系及生物人类学系教授，同时兼任该校认知进化实验室主任。因学术造假行为被媒体曝光，2011年8月1日被迫从哈佛大学辞职。

马克·豪瑟的主要研究领域为人脑的进化及发展基础，旨在理解人脑能力与其他非人类灵长动物的共性及差异，拟回答的中心问题包括：人类语言、数学、音乐及道德的进化模块是什么；是何种选择压力导致人类与其最后共同的灵长祖先分道扬镳；大脑的结构多大程度上是由区域各不相同的推理机制构成；以及该种机制如何引导生物体对世界的体验并使其达到语言的成熟状态。通过对人和其他灵长类动物的对比实验，豪瑟和他的助手试图探索认知表现以发现不同种类动物间共同的能力和某一物种所特有的能力。该研究具有跨学科性质，合作者包括神经科学家、语言学家和心理学家。豪瑟通过研究提出的观点是：人类言语感知的知觉机制以普遍的听觉机制为基础，而非人类言语演变所特有的体系；另一方面，语言习得的一些内在运算机制的核心在非人类动物身上显著缺失，两者间重要的差异在于语言等级结构中的运算体系，特别是将"声音—意义"进行无限重组以产生无穷的有意义的词语的能力。

豪瑟的主要著作包括《交流的进化》（The Evolution of Communication, 1996）、《动物交流的设计》（The Design of Animal Communication, 1999）、《野生动物的大脑：动物真实的思维》（Wild Minds: What animals really think, 2000）、《从猴脑到人脑》（From Monkey Brain to Human Brain, 2005）、《人、私产或宠物？》（People, Property or Pets?, 2006）和《道德思想：大自然如何设定人类普遍的对错感》（Moral Minds: How nature designed our universal sense of right and wrong, 2006）等。

豪斯霍尔德 Householder, Fred W. Jr. （1913—1994） 美国语言学家和古典学家。1913年2月1日生于德克萨斯州威奇托市。1933年进入哥伦比亚大学学习语言学，次年获文学硕士学位。1933—1936年在哥伦比亚大学学习古典学、梵文和语音学，获古典学研究员职位。1938年被聘为哥伦比亚大学讲师，1941年获哥伦比亚大学语言学博士学位，毕业后继续在哥伦比亚大学任教。1948年到阿勒格尼学院（Allegheny College）任教，两年后在印第安纳大学（Indiana University）获得教职，1965—1980年任语言学系主任。1965—1994年任印第安纳大学古典学和语言学荣誉教授级研究员。1977年当选美国文理科学院（American Academy of Arts and Sciences）院士。1980年担任美国语言学会（Linguistic Society of America）副会长，次年任会长。1994年2月4日卒于印第安纳州门罗县布鲁明顿镇（Bloomington）。

弗雷德·豪斯霍尔德在语言学方面的研究兴趣主要在于语音学。1952年在论文《哈里斯结构语言学方法评论》(Review of Methods in Structural Linguistics by Zellig Harris)中提出语言研究的二分法，区分"上帝真理语言学(God's Truth Linguistics)"和"巫师魔法语言学(Hocus-Pocus Linguistics)"。上帝真理语言学认为语言自身是有结构的，语言学家的研究目的即发现这种结构；巫师魔法语言学的研究前提是认为语言是散乱无结构的，语言学家的任务则是要安排和组织这些散乱的语言材料，并赋予它们以合适的结构。他认为真正的语言学研究要采用前一种方法、摒弃后一种方法。1965 年发表论文《关于音系理论的一些最新声明》(On Some Recent Claims in Phonological Theory)。他认为自然语言的大多数语法以开放的类推链形式存在，并对其延伸方向进行大体的说明。如果是理想的经济模式，一种语言的语法将包括规则和列举，这种分析语言资料的方法在他的《语言猜想》(Linguistic Speculations, 1971)中体现得十分清楚，他使用区别性特征这一概念来解释音位对立体，以分类和切分的步骤为基础讨论音位和区别性特征。豪斯霍尔德在哥伦比亚大学研习古典学、梵文和语音学期间，深受布拉格学派的影响，专注于结构主义研究。他认为研究应该建立在实证基础上，语言学家只能研究可以观察到的语言。他不同意乔姆斯基和哈勒(Morris Halle)提出的生成音系学理论，认为在区别性特征的标示方法上，特征矩阵标示法不如音位标示法简便。同时他还指出，基于矩阵进行的特征分类并非总是自然的。这一著名的论辩反映了语言学研究中不同的哲学观和方法论。他和乔姆斯基在解释语音和音位的关系上存在着明显的理论差异，乔姆斯基试图放弃音位理论(phonemic theory)以保证音系理论派生的经济性，但豪斯霍尔德认为特征标记并不比音位标记更经济。

豪斯霍尔德的其他主要作品还包括《希腊书面语的参考语法》(Reference Grammar of Literary Dhimotiki, 1964)和《阿波罗尼·狄斯考鲁的句法》(The Syntax of Apollonius Dyscolus, 1981)等。尽管豪斯霍尔德是位印欧语系语言学家，但他对土耳其语和阿塞拜疆语也颇有研究，1965 年出版了《阿塞拜疆语基础教程》(Basic Course in Azerbaijani)。他对语法研究也有涉猎，1986 年发表论文《关于 who 和 whom 的一些事实》(Some Facts About Who and Whom)，讨论英语中四种基本类型人称宾格从句出现的相对频率。

河野六郎　Kono, Rokuro　(1912—1998)　日本语言学家。1912 年 12 月 16 日生于日本神户。1937 年毕业于东京大学语言学系。在韩国首尔(日据期间称"京城")开始其学术生涯，后返回日本，1958—1976 年任东京教育大学语言学教授，1962 年以《朝鲜汉字读音研究》(『朝鮮漢字音の研究』)为论文获东京大学文学博士学位。1976—1983 年任大东文化大学教授。曾在日本东洋文库、东方图书馆、亚非语言与文化研究所担任各种要职。1979—1981 年曾任联合国教科文组织东亚文化研究中心主任。1998 年 10 月 7 日卒于东京。

河野六郎在语言学研究方面给后人留下了宝贵遗产。他的学术成就主要集中在朝鲜语研究以及汉语历史音位学和语法学研究上。他研究过 15、16 世纪至现代的朝鲜语语法及重音体系的发展情况，在埃及象形文字(Egyptian Hieroglyphs)、楔形文字(Cuneiform Characters)和汉字的比较研究上也成就卓越。他是东方语知名专家，同时在古希腊语、拉丁语、梵语和希伯来语上也具有渊博知识，更不用说诸如英语、德语、法语、俄语、汉语等现代语言及古汉语了。此外，他对语言类型学的研究别具一格且意义重大，对日本后世语言学家的影响深远。他提出的双支语言(double-branch languages)(即句型结构中主语不可缺的语言，如英语)和单支语言(single-branch languages)(即句型结构中主语可缺少的语言，如日语)之间类型差异的见解引人深思，对未来的语言类型学研究贡献很大。河野六郎被认为是日本本土提出语言类型学独特理论的第一人。

河野六郎是 1988—1996 年日本出版的六卷本《语言学大辞典》(『言語学大辞典』，英译名 The Sanseido Encyclopaedia of Linguistics)的主编之一。该辞书描述了世界上 3500 多种不同的语言以及大约 1500 个重要的语言学术语。其他论著包括《朝鲜方言学试考》(『朝鮮方言学試攷「鋏」語考』，1945)、三卷本《河野六郎著作集》(1979—1980)、《文字论》(『文字論』，1994)和《眷顾文字》(『文字晶眉 文字のエッセンスをめぐる3つの対話』，1995)等。

赫德森　Hudson, Richard　(1939—　)　英国语言学家。1939 年 9 月 18 日生于新西兰惠灵顿。1958—1961 年就读于剑桥大学基督圣体学院(Corpus Christi College)，1961—1964 年在伦敦大学亚非学院攻读博士学位。毕业后，留在伦敦大学工作，作为研究助理协助韩礼德完成两项重要的研究课题，一项是 1964—1967 年的科技英语语法研究课题，另一项是 1967—1970 年的语言学与英语教学研究课题。1970 年被聘为伦敦大学学院语音学及语言学系讲师，一直在该校工作至 2004 年退休。

理查德·赫德森的研究兴趣主要是词语法(Word Grammar)，涉及句法学、语义学、形态学和音系学等多个领域。词语法是他在《词语法》(Word Grammar, 1984)一书中提出的，该理论将语言看成是知识的网络，这个网络中不存在相互独立的词汇、语法和语义领域，词与词相互依存，词的意义、形式、语用等诸多信息相互联系。

赫德森的其他重要著作还包括《英语语法》(*English Grammar*, 1998)、《格、类型学与语法》(*Case, Typology and Grammar*, 1998)、《句法范畴的本质与功能》(*The Nature and Function of Syntactic Categories*, 2000)、《动词形态与结构的认知方法》(*A Cognitive Approach to the Verb Morphological and Constructional Perspectives*, 2000)、《语法教学与写作技巧——研究证据》(*Grammar Teaching and Writing Skills: The Research Evidence*, 2001)、《称名的语言》(*The Language of Names*, 2002)、《无短语结构的动名词》(*Gerunds Without Phrase Structure*, 2003)和《首届意义——篇章理论国际会议记录》(*Proceedings of the First International Conference on Meaning-Text Theory*, 2003)等。

赫尔德　Herder, Johann Gottfried　（1744—1803）　德国哲学家、神学家和文学评论家。1744年8月25日生于东普鲁士的莫伦根(Mohrungen,今波兰莫龙格 Morag)。1762年进入柯尼斯堡大学(University of Königsberg)学习哲学和神学,师从康德和哈曼(Johann Georg Hamann)。1764年到了里加(Riga),先在一所教会学校做教师,后成为当地牧师。1769年游历欧洲,在法国大量阅读启蒙运动时期作家的作品,结识年轻的歌德(Johann Wolfgang von Goethe),参与讨论德国科学院提出的语言起源问题。1771年在比克堡(Bückeburg)做传教士。1776年赴威玛(Weimar)主管路德教派的事务。1803年12月18日卒于威玛。

在语言起源问题上,约翰·戈特弗里德·赫尔德所持观点与洪堡特(Wilhelm Freiherr von Humboldt)相似。他认为语言不是上帝赋予的,而是人自己创造的。语言在起源上是人对自然做出反应的声音,之后发展而成为固定的话语,然后演变为诗歌。在他看来,神造就人类的心灵,而人类心灵则通过自身的作用不仅创造出语言,而且不断更新语言。神的崇高本质映现在人类心灵之中,使之借助理性而成为语言的创造者。

赫尔德的重要著作包括《当代德国文学之片稿》(*Fragmente über die Neuere Deutsche Literatur*, 1767)、《评论文集》(*Kritische Wälder*, 1769)、《我在1769年的游记》(*Journal Meiner Reise im Jahr*, 1769)、《论语言的起源》(*Über den Ursprung der Sprache*, 1772)、《关于人类教育的另一种历史哲学》(*Auch eine Philosophie der Geschichte zur Bildung der Menschheit*, 1774)等。

赫尔曼　Hermann, Eduard　（1869—1950）　德国语言学家。1869年12月19日生于巴伐利亚北部科堡(Coburg)。先后在基尔大学(Keele University)、法兰克福大学、哥廷根等大学担任教授,1869年2月14日卒于哥廷根。

爱德华·尔尔曼的研究领域为印欧语系语言的比较研究。他根据语言学观点对荷马作品的部分篇章作了详尽注解,是荷马研究领域中的典范。他还在瑞士沙尔梅村对语音规律的变化进行过深入研究。他发表的论文涉及语言学各个领域的问题,1914年发表《关于荷马若干篇章的语言学注释》(*Linguistic Commentary on Selected Passages from Homer*, 1914);1931年出版《语音定律和类推作用》(*Sound Law and Analogy*, 1931)一书,讨论儿童语言习得的问题;1943年出版《疑问代词起源》(*Origin of Our Interrogative Pronouns*, 1943)一书,为德国的历史语言学研究作出了杰出贡献。

赫尔曼茨　Hermansz, Lambert ten Kate
参见"卡特·赫尔曼茨"。

赫利亚斯　Helias, Peter　（约1100—约1166）　法国牧师、哲学家和语法学家。约公元1100年生于法国的普瓦捷(Poitiers)。12世纪30年代,曾师从巴黎哲学家沙特尔的蒂埃里(Thierry of Chartres),之后在巴黎从事教师工作,教授语法、修辞等课程。1155年前后回到普瓦捷,约于1166年在家乡去世。

彼得·赫利亚斯是著名的语法学家和修辞学家。在词汇研究方面,他的研究促成词性及词汇的性、数、格等语法范畴的产生,对推进语言二级语法范畴理论的出现和发展具有重要作用;在句法方面,赫利亚斯区分词汇层面的结构与解释性句子间的区别,对中世纪以来的依存语法、及物性与非及物性分类以及作为话语接收标准的语义正确性要求等方面都产生重大影响。

赫利亚斯著有《普利森学说概要》(*Summa Super Priscianum*, 1993)一书,对拉丁语学家普利森的语法理论进行总结。该书既是学术评论,又是一本结构清晰的教材;既对普利森的著作进行阐述,又系统探讨了语言学的诸多重要问题。

赫姆霍兹　Helmholtz, Hermann Ludwig Ferdinand von　（1821—1894）　德国物理学家、生理学家和声学家。1821年8月31日生于德国波茨坦(Potsdam)。早年对物理学习具有浓厚兴趣,但遵其父命到柏林皇家医学院(Medicinisch-chirurgisches Friedrich-Wilhelm-Institut in Berlin)学习医学,在此期间自修哲学,1842年获博士学位。1849年获得哥尼斯堡(Konigsberg)大学生理学教授职位。1855年在波恩获得生理学和解剖学教授职位,1858年转到海德尔堡的生理学院(Institute of Physiology)任教。在海德尔堡期间研究生理声学,发表了有关声音知觉和音乐理论的研究成果。1871年,获柏林物理工程院（Physikalisch-Technische Reichsanstalt in Berlin-Charlottenburg）物理学教授之职，1888年起任院长，直至退休。1894年9月8日卒于夏洛滕堡（Charlottenburg）。

赫尔曼·冯·赫姆霍兹被认为是19世纪最伟大的科学家之一，也是最重要的生理学家，他对语言研究的贡献主要有两个方面。首先是对音调感知的研究，著作《论声调的感知》（On the Sensations of Tone）是从生理学视角认识听觉的重要论著，在该书的一个章节（Über die Klangfarbe der Vocale）中讨论了听觉的各个方面，包括发音语音学和声学语音学等。他根据音乐和言语的可类比性，解释了人类喉咙所具有的乐器簧片和共鸣器的功能，因而发展了他的"语言综合"理论（the theory of speech synthesis）。其次，他对语言和知觉在表现形式和获得方式上做出了清晰的对比，强调知觉的形成与语言学习的相似性，声称自己研究的目的是要"寻找到感觉导致外部物体的心理意象的规律"，倡导知识来自知觉的观点。赫姆霍兹的贡献主要在物理学方面，因而没有直接涉及语言学方面的专著。

赫瑟林　Hesseling, Dirk Christiaan （1859—1941）

荷兰社会语言学家。1859年7月15日生于阿姆斯特丹。1878年考入莱顿大学（Universität Leiden）学习古典语言，1886年获博士学位。1889年到巴黎学习现代希腊语。1893年返回莱顿大学任现代希腊语讲师，1907年被聘为教授，1929年退休。1941年4月6日卒于莱顿。

迪尔克·克里斯蒂安·赫瑟林通晓多种语言，曾重点研究希腊共通语的形成，后来转向南非公用荷兰语和克里奥耳语的研究。1899年出版《南非的公用荷兰语》（Het Afrikaansch, 1899），探索南非公用荷兰语的起源问题。他认为马来—葡萄牙语，即马六甲克里奥耳语和混合语，是非洲好望角地区荷兰语语法急剧变化的潜在原因。在对17世纪好望角地区语言接触进行社会历史分析后，他认为，奴隶的克里奥耳葡萄牙语是促使南非公用荷兰语发展的主要因素。赫瑟林也关注语言政策和语言的标准化问题，是第一位提出对南非公用荷兰语进行标准化的语言学家，也是简化荷兰语书写形式的支持者，并发表过多篇相关领域的优秀论文。

赫瑟林毕生从事克里奥耳语的研究，发表的主要论著包括《迟疑现象与停顿》（Hesitation Phenomena and Pauses, 1939）和《论克里奥耳语的起源与形成》（On the Origin and Formation of Creoles: A Miscellany of Article, 1979）等。

赫瓦斯　Hervás y Panduro, Lorenzo （1735—1809）

西班牙语言学家。1735年5月1日生于西班牙昆卡（Cuenca）附近的一个村庄。曾就读于埃纳雷斯堡（Alcalá de Henares）的大学，学习神学和哲学，但对建筑学和语言学更有兴趣。1760年被任命为牧师，曾在马德里的皇家神学院和穆尔西亚（Murcia）的耶稣会学院任教，后赴美洲传教。1767年回到欧洲，客居意大利切塞纳（Cesena），1784年移居罗马。1799年返回故土，但五年后又离开西班牙，到罗马定居。1809年8月24日卒于罗马。

洛伦佐·赫瓦斯-潘杜罗是一位具有神职经历的语言学家。他主要的论著是完成于1778—1787年的《宇宙的观念》（Idea dell' Universo），全书共有21卷，其中最重要的是六卷本《已知民族语言编目——根据语言及方言差异分类并编号》（Catálogo de las lenguas de las naciones conocidas, y numeración división y clase de éstas según la diversidad de sus idiomas y dialectos, 1784）。《已知民族语言编目》收录世界各种已知的语言，资料来源采用世界各地的传教士所搜集的语言资料；全书以语言为基础讨论不同民族的起源与人种关系。赫瓦斯开展语言理论研究，只是寻求宗教教义与启蒙运动新文化、新哲学之间契合点所做努力的一部分。他赞同用经验主义的认知方法来讨论意识形态、语言与思维等方面的问题。在讨论语言的起源、语言与思维的关系和人类历史的问题时，他借鉴现代语言学理论的观点，认同语言的任意性，但同时认为语言符号的任意性和语言的多样化正是由于神力所致。在他看来，如果语言是人创造的，就不会产生语言的多样性，因为人类具有同样的感觉，应该导致同样的结果。基于这一认识，他认为收集世界语言正是收集上帝创造力的证据。对于语言的多样性问题，赫瓦斯认为语言的差异体现在词汇、语法结构和发音三个方面，每个方面都是区分语言和人种的标准，其中语法是区分语言的最可靠的标准。

《宇宙的观念》中其他语言研究类作品包括《语言的起源、形成、机制与和谐》（Origine, formazione, mecanismo ed armonia degl'idiomi, 1785）、《词汇与多语现象——附150余种语言概览》（Vocabolario, Poliglotto, con prolegomeni sopra più de CL lingue, 1787）、《智慧语言实践——附导言及300余种语言和方言主日祷文汇编》（Saggio practicco delle Lingue con prolegomeni e una raccolta di orazioni dominicali in più di trecento lingue e dialetti, 1787）。赫瓦斯还留下了一些未经编辑的手稿，包括《书写史》（Historia de la Escritura）、《通用古文字学》（Paleografía universal）和《孔子的道德》（Moral de Confucio）等。

黑尔（霍雷肖·～）　Hale, Horatio （1817—1896）

美国人类学家和语文学家。1817年5月3日生于美国新罕布什尔州的新港（Newport)。1833—1837年就读于哈佛大学。1838—1842年参加远途探险考察队,赴南美洲、大洋洲、中太平洋波利尼西亚以及西北美洲(俄勒冈)太平洋考察,进行人类学研究。之后,他继续在国外游学、考察;其间获得硕士学位,短暂返回欧洲学习法律。1855年在芝加哥获律师执业资格;1856年移居加拿大安大略省柯林顿市(Clinton, Ontario),从事律师职业长达20年。1896年12月28日卒于柯林顿。

霍雷肖·黑尔提出的人类语言与方言多样性来源的理论引起人们广泛关注。在哈佛求学期间,他对临时居住在大学工地上讲阿尔冈昆语(Algonquin Languages)的印第安人的语言进行研究;1860年代末,在安大略省布兰特福德(Brantford)的六民族保留地开始收集易洛魁(Iroquois)的传统文学,这些工作为他的北美印第安人的语言研究和民族学等方面的研究奠定了重要基础。1890年代初,他选拔博厄斯(Franz Boas)领导英国科学促进会,开展对西北沿海印第安人的实地调查工作,并提出考察研究上的方针和建议。博厄斯把黑尔的建议纳入到普通人类学实地调查的方法之中,取得了卓越成就,其人类学思想统治美国学术界五十年之久。他发表的研究成果显示出种族学背景下的语言学研究方向,为其以后的工作模式奠定了基础。他还提出语言可以衡量智力能力的高低,也是人类种群划分的标准,认为语言对于确定现有族群之间民族学关系来说,比种族资料更重要。在他的语言学研究成果中,曾提出怀恩多特语(Wyandotte)是易洛魁语言的最古老形式。

黑尔著有《易洛魁礼仪书》(The Iroquois Book of Rites, 1883)一书,综述多种研究成果并把六部落的史前后期历史重新构拟出来,是他最重要的著作。在太平洋考察期间,他在波利尼西亚(Polynesia)收集到大量语言资料,收录在所著的六卷本《民族学与语文学:美国探险远征记》(Ethnography and Philology, 1846)中。此外他还发表大量的文章,包括《语言佐证的印第安人迁徙》(Indian Migrations as Evidenced by Language, 1882)、《语言的起源和人类语言的古老性》(The Origin of Languages and the Antiquity of Speaking Man, 1886)和《语言的发展》(The Development of Language, 1888)等。

黑尔(肯尼斯·～)　Hale, Kenneth Locke(1934—2001)　美国语言学家。1934年8月15日生于伊利诺伊州埃文斯顿(Evanston),六岁时随家人移居亚利桑那州。少年时期结识两位土著人朋友,学习了他们的语言——霍皮语(Hopi)和杰米语(Jemez);在中学读书时,又接触到墨西哥语、波兰语等语言。在亚利桑那大学攻读人类学和美国土著语言,1955年获学士学位;1956年获印第安纳大学语言学硕士学位,1959年获博士学位。其后在伊利诺伊大学和亚利桑那大学任教,1981年被聘为麻省理工学院语言学系的教授。1990年入选国家科学院院士。1994—1995年当选美国语言学会会长。2001年10月8日卒于肯塔基州列克星敦市。

肯尼斯·黑尔一生从事北美洲、中美洲和澳洲等地濒危、濒亡语言的研究,包括美国西南部的各种语言以及尼加拉瓜的阿留申语、皮纳布斯语等,并编写这方面的词典和语法教材。他在麻省理工成立了第一个培训土著人士成为语言学家的项目,在研究者的队伍中增加25位土著语者,他们能够用别人不能做到的方法去发掘本土语言的复杂性。20世纪80年代主持瓦勒皮里语词典项目,为土著人编纂单语词典。1959年,黑尔接受国家科学基金会的资助到了澳大利亚,对100多种当地语言和方言进行实地考察,努力保留这些语言,并创建了这些语言的书写体系。

黑尔一生发表了60多篇论文和多部著作,主要包括《论元结构理论导论》(Prolegomena to a Theory of Argument Structure, 2002)和《语言复兴实践绿皮书——迈向可持续的世界》(The Green Book of Language Revitalization in Practice: Toward a sustainable world, 2001)等。

亨德森　Henderson, Eugénie Jane Andrina(1914—1989)　英国语音学家。1914年10月2日生于英格兰纽卡斯尔(Newcastle)。20世纪30年代中期在伦敦大学学院师从语音学家丹尼尔·琼斯学习研究生课程。1942年被聘为伦敦大学亚非学院语音学讲师,兼任弗斯教授助手;1946年任高级讲师,1952年任副教授(Reader),1964年任语音学教授。先后以访问学者的身份在缅甸和泰国工作,1954年成为哲学学会理事会理事,1977—1980年任大不列颠语言学协会主席。1989年7月27日卒于伦敦。

欧也妮·亨德森的学术成就主要表现在语音学方面。1964年获任伦敦大学历史上同时也是英国历史上首位女性语言学教授时,她发表重要演讲,把语音学界定为语言学的一个分支,与语言学各分支学科并存。这篇演讲稿于1965年以论文形式发表,篇名为《语音学的范畴》(The Domain of Phonetics)。她对韵律分析法(prosodic analysis)的发展也很有影响,摈弃了当时流行的音素切分法(segmental phonemic ananlysis),强调语音在形位、句子等语言各个层面上的分析,并对音节和短语等不同语言层级的语音特征进行说明。

亨德森的主要著作为《铁丁钦语》(Tiddim Chin, 1965)和《暹罗语的韵律》(Prosodies in Siamese, 1970),分别以缅甸北部钦语和泰国暹罗语为例阐述韵律分析法。此外,亨德森还发表两部论文集,一部是《必需的基础》(The Indispensable Foundation, 1971),另一部是《东南亚语言学》(South-East Asian Linguistics, 1989),该书在亨德森去世后几周后才正式出版。

亨迪卡　Hintikka, Jaakko　(1929—)
芬兰哲学家和语言学家。1929年1月12日生于赫尔辛基附近的万塔(Vantaa, Helsinki)。曾就读于赫尔辛基大学,1948—1949年作为交换生到美国马萨诸塞州的威廉姆斯学院学习,1956年获赫尔辛基大学博士学位。毕业后任哈佛大学的初级研究员,1959年任赫尔辛基大学哲学教授,1970年成为芬兰科学院(Academy of Finland)的全职研究教授,1981年退休。曾在很多其他大学做过讲座,如牛津大学、斯坦福大学、佛罗里达州立大学和波士顿大学等;曾任美国符号逻辑学会副会长、国际哲学学院副主席、国际哲学会副会长、世界哲学团体联合会副会长等职。

亚科·亨迪卡在逻辑学和语言学研究方面成就显著。他是认知逻辑和对话逻辑的创始人之一,创立了一阶逻辑中的分配范式,并在推广分配范式的语义基础上发展出"模型集"(现被称为"亨迪卡集")技术,进而形成归纳逻辑的芬兰学派。20世纪70年代以后,他在逻辑和语义研究方面不断进行新的探索,发展了博弈论语义学(Game-Theoretical Semantics)。除用于逻辑分析,他还把该理论应用于自然语言研究,分析英语中的照应指代词(anaphoric pronoun)和共指现象(coreference)。亨迪卡对语言学方法也有一定研究。

亨迪卡先后发表论著20多部,论文300多篇。他在语言学方面的重要著作有《照应与限定摹状词——博弈论语义学的两个应用》(Anaphora and Definite Descriptions: Two Applications of Game-Theoretical Semantics, 1985)、《语言学方法论》(On the Methodology of Linguistics, 1991)、《语言理论范式及其他论文》(Paradigms for Language Theory and Other Essays, 1998)、《语言、真理与数理逻辑》(Language, Truth and Logic in Mathematics, 1998)和《作为探索的探索——科学发现的逻辑》(Inquiry as Inquiry: A logic of scientific discovery, 1999)等。

洪堡　Humboldt, Wilhelm von　参见"洪堡特"。

洪堡特　Humboldt, Friedrich Wilhelm Christian Karl Ferdinand von　(1767—1835) 德国语言哲学家。亦译作洪堡。1767年6月22日生于普鲁士波茨坦(Potsdam)。13岁时,除了母语德语,还能流利地说希腊语、拉丁语和法语;曾在法兰克福大学攻读法律,1788年春进入哥廷根大学,放弃法学而开始学习哲学、历史和古语言,后来还学会了英语、意大利语、西班牙语、巴斯克语、匈牙利语、捷克语和立陶宛语。1802年作为普鲁士大使出使罗马,1808年回国并被任命为国务大臣,主管教育改革。1810年创建柏林大学。1819年辞去公职,专门从事学术研究。1835年4月8日卒于普鲁士柏林的泰格尔镇(Tegel)。

威廉·冯·洪堡特的语言研究包括了美洲土著人语言、科普特语、古埃及语、汉语、日语和梵语。他认为语言是人类最重要的特征,语言研究是人类学研究的重要组成部分,不宜把语言作为约定俗成的交流工具。他指出:"语言是人类情绪的摇篮、家乡和住地,因此在语言里包含和隐藏着人类的情绪。"在他看来,语言是人类本质的组成部分,产生于人类的内在需要,而不是维持外部交际的需要。他认为语言本身由民族精神构成,反过来又积极地对民族精神产生影响,所以对语言的把握必须始于使用它的民族,而非其他角度。关于语言中的词形屈折变化和词序等语法形式,他认为这是一个民族借助语音描写知性行为的体现,也是思维经由语言而产生的体现,但反过来,当语言使精神习惯于严格区分语法形式时,精神就越来越会被引向形式的、纯粹的思维,也就是说,他认为丰富的语法屈折形式有益于抽象思维的发展。虽然洪堡特认同世界上的语言有比较完善和不太完善的区别,但他认为语言没有优劣之分,即使是最野蛮的部落语言也不应受到歧视,因为每种语言都是人类创造语言能力的表现。

洪堡特是比较语言学创始人之一。他提出比较语言学必须成为一门独立的、具有自身用途和目的的研究,才能更好地揭示语言特性,才能更明确地阐明各民族的发展和人类的形成。他对许多语言都有广泛认识,研究过欧洲的巴斯克语、美洲印第安语、非洲古埃及语,以及亚洲的梵语、汉语、日语等多种语言。透过对个别语言现象的深入考察,洪堡特发现人类的语言存在一些普遍特性。他以词的语法形态为主要依据,将世界语言分为三类:孤立语、黏着语和屈折语。他认为汉语是典型的孤立语言,梵语则是典型的屈折语,包括黏着语在内的所有其他语言处在这两种极端类型之间。

洪堡特在语言哲学方面的研究性论文很多,主要包括《论思维与说话》(Üeber Denken und Sprechen, 1795)、《论与语言发展的不同时期有关的比较语言研究》(Üeber das Vergleichende Sprachstudium in Beziehung auf die Verschiedenen Epochen der Sprachentwicklung, 1820)、《论语言的民族性》(Üeber den Nationalcharacter der Sprachen, 1823)、《论汉语的语法结构》(Üeber den Grammatischen Bau der Chinesischen Sprache, 1826)和《论人类语言结构

的差异》(Üeber die Verschiedenheiten des Menschlichen Sprachbaues, 1827—1829)等。

侯姆伯格　Holmberg, Anders　(1951—　)
挪威语言学家。1986年获斯德哥尔摩大学哲学博士学位。曾任挪威特罗穆索大学(Tromso University)语言学系教授。现就职于英国纽卡斯尔大学的英国文学、语言与语言学学院,任理论语言学教授。

安德斯·侯姆伯格是生成语法理论的代表人物,学术兴趣主要包括句法理论、比较句法、斯堪的纳维亚语言和芬兰语,也涉足描写语言学、语言实地调查、语言习得和语言变化。在其博士学位论文《斯堪的纳维亚语和英语的语序和句法特征》(Word Order and Syntactic Features in the Scandinavian Languages and English)中,他提出了"侯姆伯格规则(Holmberg's Generalization)"。该规则规定:仅当动词V上移出VP时"宾语漂移(Object Shift)"才发生。乔姆斯基在其《语段推导》(Derivation by Phase, 2001)中进一步明确了对"宾语漂移"现象的限制条件,提出发生"宾语漂移"的两种可能:一种是由于动词V上移出VP引起;另一种是由于解释INT的目的而引起。前者源于侯姆伯格规则,后者源于语用等一些非句法因素。

侯姆伯格的其他论著还包括《大陆斯堪的纳维亚语中IP的两个主语位置》(Two Subject Positions in IP in Mainland Scandinavian, 1993)、《斯堪的纳维亚语句法中的屈折语角色》(The Role of Inflection in Scandinavian Syntax, 1995)、《斯堪的纳维亚语中的文体前置:句法中的音位特征移动》(Scandinavian Stylistic Fronting: Movement of Phonological Features in the Syntax, 1997)和《"是"与"非"的句法》(The Syntax of yes and no, 2016)等。

胡塞尔　Husserl, Edmund　(1859—1938)
德国语言学家和哲学家。1859年4月8日生于奥匈帝国摩拉维亚(Moravia)普罗斯涅兹城(Prossnitz,今属捷克)的一个犹太家庭。1876年进入莱比锡大学学习天文学、数学、物理学和哲学,1878年到柏林大学继续学习数学,1881年再赴维也纳大学学习数学,完成有关微积分变分的论文,1883年获数学博士学位。1901年开始在哥廷根大学任教,1916年转至弗赖堡大学任教授,1928年退休。1938年4月27日因肺病卒于弗赖堡(Freiburg)。

埃德蒙·胡塞尔与康德一样是书斋里的哲学家,对数学和逻辑基础的探求使他一步步进入哲学领域,一生都在纯思想领域中艰辛地探索。他提出一套描述现象学的方法,通过直接细微的内省分析以澄清含混的经验,从而获得各种不同的具体经验间的不变部分,即"现象"或"现象本质",这一方法也被称作本质还原法。现象学的研究对象侧重于意识本身,尤其是意向性活动或意向关系。他提出的一些分析方法,在20世纪初以来的西方哲学与人文科学中一直具有重要影响,对语言哲学和自然语言的意义表达和本质认识同样有着理论上的指导作用。在现实生活中,日常语言的使用总是与指称、知识、经验、文化、风俗习惯等交织在一起,但运用现象学的分析方法可以帮助人们认识到语言的本质,是一定文化背景下的复杂认知过程和交际过程的一部分。

胡塞尔发表的第一部著作是《算术哲学》(Philosophy of Arithmetic, 1891),他把逻辑比喻成一种思维的艺术,把逻辑规律最终归结为经验的心理活动规律,从而否定逻辑规律的普遍性、绝对性,进而不承认绝对真理的存在。胡塞尔的《逻辑研究》(Logical Investigations)第一卷发表于1900年,这部著作的发表标志着现象学的建立。1913年出版《纯粹现象学和现象学哲学的观念》(Ideas Pertaining to a Pure Phenomenology and to a Phenomenological Philosophy),该著作的发表表明胡塞尔的现象学思想进入了一个新的阶段——先验现象学时期。1950年发表的《笛卡儿的沉思》(Cartesian Meditations)提出了一个重要概念—交互主体性。《欧洲科学的危机和先验现象学》(The Crisis of European Sciences and Transcendental Phemomenology, 1936—1954)是胡塞尔生前出版的最后一部著作,这部著作起初是讲演稿,后经胡塞尔及其助手加工出版而成。这是一部总结性的著作,也是胡塞尔著作中相对通俗易懂的著作。伴随着胡塞尔的危机意识,他提出"生活世界"的概念。他的现象学对以后心理学的诸多发现具有极大的启发作用,20世纪初的存在主义和人本主义心理学,在理论上都受到胡塞尔现象学的影响。他的现象学属于近代西方哲学的传统,而胡塞尔则可能是现代西方哲学家中最后一位传统意义上的"纯粹哲学家"。

胡塞尔的主要著作还包括《现象学的观念》(The Idea of Phenomenology, 1907)、《作为严格科学的哲学》(Philosophy as Rigorous Science, 1910)、《形式逻辑与先验逻辑》(Formal and Transcendental Logic, 1929)、《经验与判断》(Experience and Judgments, 1938)、《第一哲学》(First Philosophy, 1959)和《现象学与哲学的危机》(Phenomenology and the Crisis Of Philosophy, 1965)等。作为一个犹太人,胡塞尔晚年曾遭到纳粹迫害,身故后其妻子把全部手稿转移至比利时的天主教鲁汶大学(Katholieke Universiteit Leuven)保存,战后成立"胡塞尔档案馆",对胡塞尔用速记法写下的手稿加以整理编辑,出版《胡塞尔文集》。

黄正德　Huang, C. T. James　(1948—　)
美籍华裔语言学家。1971年获台湾师范大学学士学位,1974 年获硕士学位,1982 年获美国麻省理工学院语言学哲学博士学位。曾先后任教于美国夏威夷大学、中国台湾清华大学、美国康奈尔大学和加利福尼亚大学。2001 年起任美国哈佛大学语言学系教授。

黄正德是生成语法理论代表人物,在句法学、句法—语义接口以及汉语语法研究方面均有重要成就。他在移位限制、空语类的分布与指称、隐性移位与逻辑形式理论等方面的研究成果受到学界的广泛引用,并收录进美国大学所采用的句法学教科书,被视为生成语法主流理论的一部分。他以生成语法理论处理若干汉语语法问题,由此推动汉语研究由描写向解释的转变,为汉语语法研究与生成语法理论的结合作出重大贡献。

黄正德的论著主要包括《汉语生成语法》(Chinese Generative Grammar,1983)、《论空代词的分布与指称》(On the Distribution and Reference of Empty Pronoun,1984)、《逻辑结构与语言学结构:跨语言学视角》(Logical Structure and Linguistic Structure: Cross-Linguistic Perspective,1991)、《汉语语言学的新视野》(New Horizons in Chinese Linguistics,1996)、《汉语中的逻辑关系与语法理论》(Logical Relations in Chinese and the Theory of Grammar,1998)和《远距离反身代词》(Long Distance Reflexives,2001)等。

惠特尼 Whitney, William Dwight (1827—1894) 美国语言学家、文献学家和词典编纂者。1827 年 2 月 9 日生于美国马萨诸塞州的北安普敦。15 岁时进入威廉姆斯学院学习,1845 年毕业。1849 年协助其身为地质学家的兄长乔赛亚·惠特尼(Josiah Dwight Whitney)对苏必利尔湖(Lake Superior)区域进行地质勘察,之后去德国研习梵语。1854 年任耶鲁大学梵语教授,1861 年获布雷斯劳大学博士学位,1869 年成为耶鲁大学比较语文学教授,同时在该校谢菲尔德科学院讲授现代语言。1857 年起,任美国东方学会(American Oriental Society)秘书,1884 年任会长。1894 年 6 月 7 日卒于康涅狄卡州纽黑文市惠特尼大街家中。

威廉·德怀特·惠特尼对 19 世纪美国语言学界的影响贯穿将近四十年。他修订了韦伯斯特 1864 年版的《美国词典》(American Dictionary),担任《世纪词典》(The Century Dictionary,1889—1891)的主编,该词典全名为《世纪词典:英语百科词库》(The Century Dictionary: An encyclopedic lexicon of the English language),是美国第一部正式的词汇兼百科词典。他创立美国语文学协会(American Philological Association),被选为首任主席。他是美国梵语研究的开创者,将《吠陀经》(Vedas)翻译成韵律体,有大量关于《吠陀经》及语言学论文发表于《东方学与语言学研究》(Oriental and Linguistic Studies)。他在印度语文学(Indic philology)方面的研究享有盛誉,撰写过《梵语语法》(Sanskrit Grammar,1879)等相关教材。他的普通语言学著作《语言与语言研究》(Language and the Study of Language,1867)以及《语言的生命与成长》(The Life and Growth of Language: An Outline of Linguistic Sciences,1875)影响深远。他认为语言是符号,其含义约定俗成,但各成体系,应通过语言的性质论述语言,而非追溯词源或比较词形。惠特尼的语言观对索绪尔的影响也很直接。他反对自然主义语言观,强调语言的社会因素,强调语言的规约性和惯例的性质。索绪尔在他的《普通语言学教程》中曾多次赞赏惠特尼。

惠特尼的其他主要论著包括《语言和语言研究》(Language and the Study of Language,1867)、《东方学和语言学研究》(Oriental and Linguistic Studies,1873)、《语言的生命和成长:语言科学纲要》(The Life and Growth of Language: An Outline of Linguistic Sciences,1875)和《梵语语法》(Sanskrit Grammar,1879)、《实用法语语法——附取材于法语原作的练习和例句》(A Practical French Grammar with exercises and illustrative sentences from French authors,1886)、《法语语法精要》(A Brief French Grammar,1891)等。

霍德 Holder, William (1616—1698) 英国语音学家和言语治疗师。1616 年生于英格兰诺丁汉郡的索斯威尔(Southwell, Nottinghamshire)。1633 年进入剑桥彭布罗克学院(Pembroke Hall)学习。1640 年当选剑桥大学研究员。1662 年获牛津大学神学博士学位。1663 年因在教授聋哑人方面取得的语音学成就,入选英国皇家学会。1698 年 1 月 24 日卒于英格兰哈特福德(Hertford)。

威廉·霍德是 17 世纪英国第一个提出对语音理论进行实际应用的人。1659—1660 年,根据教授聋哑孩子学说话的亲身经历,霍德著成《言语要素——字母的自然产生研究(相关聋哑人附录)》(Elements of Speech: An essay of inquiry into the natural production of letter; with an appendix concerning persons deaf and dumb,1669)。该书首次对语音理论的应用进行了清晰的描述,是英国第一部言语治疗手册。

霍德的代表性著作是《言语要素》(Elements of Speech,1966),该书对奠定语音学作为一门学科具有重要意义。在《言语要素》一书中,他提出对人类语音的研究应该按照发音方法和位置进行分类,并为此发展出一套对比分析系统,把聋人的失声归因于听力的损伤，而不是发音器官的缺陷。霍德对聋人的教学实践主要是采取观察和触摸发音器官的位置来进行，他认为知觉是互补的。

霍恩比　Hornby, Albert Sidney（1898—1978）　英国语言学家和词典编纂家。1898年8月10日生于英格兰北部的切斯特（Chester）。1922年毕业于伦敦大学学院，获英语语言文学学位。1923年受聘于日本一个省立学院担任英语教师，1932年应东京英语教学研究学院（Tokyo Institute for Research into English Teaching）院长帕尔默（Harold Edward Palmer）之邀到东京任教。1936年接替帕尔默出任院长。1942年，由于二战原因被迫离开日本，回到英国加入英国文化教育协会，后被派往伊朗担任英语教师和师资培训工作。1961年成立霍恩比教育基金会（The Hornby Educational Trust），资金全部来自其词典和书籍的稿费，基金机构1968年开始运行，资助在英国学习英语的海外教师和发展中国家的英语教师培训项目。1976年被任命为伦敦大学学院董事（Fellow of the University College London）。1977年被牛津大学授予名誉硕士学位。1978年卒于伦敦。

阿尔伯特·西德尼·霍恩比是一位杰出的词典编纂家，开创了英语教学词典编纂的先河，对世界范围的英语教学具有重要贡献。1942年他出版《英语习语和句法词典》（*Idiomatic and Syntactic English Dictionary*），词典特别标明动词的用法模式，区分可数名词和不可数名词，以便学习者查询。1948年，《英语习语和句法词典》再版并更名为《现代英语学习词典》（*A learner's Dictionary of Current English*），1963年版本的名称为《现代英语高阶学习词典》（*The Advanced Learner's Dictionary of Current English*），经修订后的1974年版本为《牛津高阶现代英语词典》（*Oxford Advanced Learner's Dictionary of Current English*）。在中国深受英语学习者欢迎的《牛津高阶英汉双解词典》（*Oxford Advanced Learner's English-Chinese dictionary*）就是霍恩比牛津高阶词典的译本，到2009年1月已经修订发行到第7版。

霍恩比对英语教学的贡献并不止于词典编纂。1946年，他创刊《英语教学》（*English Language Teaching*）杂志，由英国文化委员会出版发行，为探讨英语教学的理论和实践问题提供交流平台。他还出版了很多有关英语教学的教科书和教法指南。1954年，他出版了《英语句法和用法指南》（*A Guide to Patterns and Usage in English*），该书成为当时影响最大的语法教材，其创新之处在于把英语句子分成25种结构，每种结构都有详尽的例句来解释语法。1954—1956年，他出版三册《牛津成人开明英语》（*Oxford Progressive English for Adult Learners*），作为成人英语学习者的教科书。1959—1966年，他出版四册《英语词汇和句法教学》（*The Teaching of Structural Words and Sentence Patterns*），也是非常实用的词汇和语法教学材料。1978年，为庆祝霍恩比的80寿诞，他的朋友和以前的同事们合著《纪念霍恩比》（*In Honour of A. S. Hornby*）一书作为送给他的生日礼物。

霍尔　Hall, Robert A. Jr.（1911—1997）
美国语言学家。1911年4月4日生于北卡罗来纳州首府洛利（Raleigh）。曾就读于普林斯顿大学，专攻法国和德国文学，1932年获得学士学位。后继续在芝加哥大学攻读文学，因受霍耶尔（Harry Hoijer）的语言学讲座吸引而放弃文学，转攻语言学。在芝加哥大学期间，还曾选修詹金斯（T. Atkinson Jenkins）的法语历史课，认识到语言形式研究中词源学的重要性。1933年在芝加哥大学获硕士学位。1934年在罗马大学获博士学位。1937—1946年先后在波多黎各大学、普林斯顿大学和布朗大学任教。1946—1977年退休前在康奈尔大学教授语言学和意大利语，并与霍凯特（Charles Francis Hockett）建立起亲密的关系。1997年12月2日卒于纽约州中部的伊萨卡市（Ithaca）。

罗伯特·霍尔是美国结构主义学派的代表人物。作为印第安纳大学和密歇根大学语言学院夏季课程讲师，霍尔成为美国教授语言学的主要人物。1938年，他开始热衷于布龙菲尔德关于将语言学概念应用于语言教学的思想。二战期间，由于在应用语言学和语言教学法方面的声誉，霍尔被指派负责耶鲁大学美国陆军的意大利语课程和哥伦比亚大学美国海军的混杂英语课程。他先后担任美国语言学会、美国意大利语教师协会、沃德豪斯协会、加拿大语言学会的行政职务。霍尔对原始罗曼语的重建，对混杂语和混合语本质与使用的区别，以及为美国结构主义的辩护，构成了他最主要的成就。

霍尔一直强调要避免将语言学变成类似于数学和形式逻辑的一门形式学科。和其他结构主义学者一样，他认为任何理论模式的建立均应该基于真实语料的精心收集和分析，而不是语言学家自身的理想化的描写，因此他尤其反对生成语言学。乔姆斯基认为通过把句法规则作为语言设计的一般规则来研究可以认识语言的普遍属性，但霍尔质疑了乔姆斯基的理论，认为抽象的句法规则不能解释语言语义的丰富性，以及语言变化的原因。

霍尔出版过几本广为阅读和使用的教科书，还曾撰文对意大利语、文学批评主义和外语教学作过评述。他的主要著作包括《原始罗曼语的重建》（*The Reconstruction of Proto-Romance*，1950）、《语言学和你的语言》(Linguistics and Your Language, 1960)、《语言学入门》(Introduction of Linguistics, 1964)、《皮钦语与克里奥耳语》(Pidgin and Creole Languages, 1966)、《语言小论》(An Essay on Language, 1968)、《罗曼语外部史》(External History of the Romance Languages, 1974)、《原始罗曼语的音位学》(Proto-Romance Phonology, 1976)、《布龙菲尔德的生平和作品》(Leonard Bloomfield: Essays on his life and work, 1987)、《语言学和伪语言学》(Linguistics and Pseudo-Linguistics, 1987)、《一生为了语言：布龙菲尔德生平回忆录》(A Life for Language: A biographical memoir of Leonard Bloomfield, 1990)等。

霍尔科特　Holcot, Robert　(1290—1349)　英国神学家和圣经学家。1290 年生于英国北安普顿(Northampton)。早年加入道明会(The Dominican)接受教育，其中包括逻辑、语法、哲学和神学等方面的学习。曾在牛津大学求学并任教，1343 年返回北安普顿修道院。1349 年卒于北安普顿。

罗伯特·霍尔科特作为接受过逻辑和哲学教育的神学家，试图调和逻辑与信念的冲突。他认为，在逻辑方面，自然法则及我们人类语言的局限不适用于对上帝的解释，一定存在某种关于信念的逻辑，这种逻辑才适合对上帝的解释。霍尔科特著名的论著是他在牛津大学求学期间完成的《评价彼得隆巴的"句子"》(Comments on Perter Lombard's Sentences)。

霍夫兰　Hovland, Carl Ivor　(1912—1961)　美国心理学家。1912 年 6 月 12 日生于美国芝加哥的一个移民家庭。曾就读于美国西北大学，学习物理学、生物学和实验心理学等方面的知识，1932 年获学士学位，1933 年获硕士学位，1936 年获耶鲁大学博士学位；同年获聘为耶鲁大学心理学系讲师，次年晋升为助理教授，1943 年聘为副教授，后聘为教授兼心理学系主任及心理实验室主任等职。1947 年与导师赫尔(Clark Leonard Hull)一同被提名为耶鲁最高级别导师(Sterling Professorships)，立志研究态度和信念改变的课题。1957 年获美国心理协会授予的杰出科学贡献奖。1961 年获实验心理学家协会颁发的霍华德·克洛斯比·沃伦奖。1961 年 4 月 16 日因腮腺癌卒于美国康涅狄格州哈姆登(Hamden)。

卡尔·艾弗·霍夫兰是传播学奠基人之一，也是社会交际以及态度和信念改变研究的先驱，毕生研究人的心理对人的行为的影响，研究说服与态度的关系，态度的形成与转变、说服的方式、技巧与能力等。他的研究大致可分为三个阶段：20 世纪 30 年代晚期，主要进行人类学习和泛化的基本过程研究；20 世纪 40—50 年代，主要从事社会传播和态度变化研究；20 世纪 50 年代，主要研究人类的概念习得以及人际沟通的问题解决。

1942—1945 年的二战期间，霍夫兰应聘担任美国陆军总部心理实验室主任，率领专家小组指导和研究美军的思想训练计划，研究军事教育电影对提高士气所起的作用和效果。战后回到耶鲁大学，主持"传播与态度改变研究课题"，出版了一系列丛书。1946—1961 年，主持"耶鲁传播与态度变迁计划"课题，他们的研究成果结集出版成为关于态度问题研究的耶鲁丛书。二战期间和战后，他和一批心理学家进行了大量实验，对态度与说服进行了深入研究，提出了众多影响颇广的理论，形成了"耶鲁学派"。

20 世纪 50 年代初至 60 年代初，霍夫兰等人首先将战争期间的研究资料予以重新分析整理，编纂出版一套《美国军人》丛书，共四卷，其中第三卷《大众传播实验》(Experiments on Mass Communication, 1949)代表了霍夫兰等人早期的研究成果，集中反映了这批学者所进行过的两类研究，即对现有影片的评价性研究和对同一影片两种不同版本加以比较的实验性研究。1953 年，他又主持撰写《耶鲁大学关于态度和传播研究丛书》五卷，其中以他与贾尼斯(Irving Lester Janis)和凯利(Harold H. Kelley)合著的《沟通与劝服》(Communication and Persuasion)最具综合性和学术性。霍夫兰对于态度改变和信念的研究实质上是一种学习理论或强化理论的取向，他相信态度来自学习，认为态度的改变与学习同时进行。研究中提出的一些概念，如可信度、对宣传的免疫力、恐惧诉求、睡眠效果等，都是后来语言学学习理论研究的重点。

霍夫兰的其他主要著作还包括《说服的表达次序》(The Order of Presentation in Persuasion, 1957)、《个性与可说服性》(Personality and Persuasibility, 1959)、《态度的形成和改变》(Attitude Organization and Change, 1960)、与谢里夫(Muzafer Sherif)合著的《社会评判》(Social Judgment, 1961)和与詹金斯(Shepard Jenkins)合著的《学习与记忆类别》(Learning and Memorization of Classifications, 1961)等。

霍凯特　Hockett, Charles Francis　(1916—2000)　美国语言学家。1916 年 1 月 17 日生于美国俄亥俄州哥伦布市(Columbus, Ohio)。1932 年进入俄亥俄州立大学学习古代历史，逐渐对布龙菲尔德的语言学著述产生兴趣。硕士毕业后进入耶鲁大学，在萨丕尔(Edward Sapir)等著名学者的指导下攻读人类学和语言学，经常到哥伦比亚大学参加博厄斯主持的美洲印第安语讨论会，1939 年获人类学博士学位。1940—1942 年继续从事学术研究，进行语言实地调查，并执教于密歇根大学。1942 年应征入伍,在军队里做语言工作,编写供军队使用的汉语教材和词典。从1946年开始在康奈尔大学教授语言学和人类学课程,曾主持基础汉语教学,1982年退休。1986年再次在休斯敦的莱斯大学(Rice University)兼职执教。2000年11月3日卒于纽约州伊萨卡(Ithaca)。

查尔斯·弗朗西斯·霍凯特是美国结构主义语言学的代表人物之一。他于1958年出版的《现代语言学教程》(*A Course in Modern Linguistics*)一书在语言学界很有影响,被认为是美国结构主义语言学集大成的一部理论著作。在这部作品中,他首先概括了布龙菲尔德学派学者在20世纪30年代至50年代末的结构语言研究成果,展示出美国结构主义语言学后期的基本面貌。他认为语言是一个包含五个子系统的复杂习惯系统,其中语法系统、音位系统、语素音位系统是中心系统,语义系统、语音系统是外围系统。他在《现代语言学教程》中对语言的描写技术可以概括为"由表及里"和"分层单向推进"两个基本原则。如果说布龙菲尔德的《语言论》是美国结构主义描写语言学的奠基性著作,那么霍凯特的《现代语言学教程》就是美国结构描写语言学成熟阶段的总结性著作。

霍凯特是位多产的语言学家和人类学家。他的重要著述包括《音位学手册》(*A Manual of Phonology*, 1955)、《现代语言学教程》(*A Course in Modern Linguistics*, 1958)、《话语的起源》(*The Origin of Speech*, 1960)、《人在自然界中的地位》(*Man's Place in Nature*, 1973)等。此外,霍凯特还著有十几部关于汉语研究的著述。

霍拉切克 Horacek, Blanka (1913—2001)
奥地利语言学家和文体学家。1913年12月22日生于奥地利维也纳。1938年进入维也纳大学学习,1943年获德语、历史和哲学博士学位。毕业后留校任教,1949年转到德国理工学院任教,获得德国语言学和中世纪德国文学讲师职位,1968年被维也纳大学聘为德国语言学和中世纪德国文学教授,1979年退休。曾是德国语言学和文学研究协会成员。2001年12月30日卒于维也纳。

布兰卡·霍拉切克的主要研究方向是文体学、句法学和普通语法。她通过研究艺术原则,把语言艺术融于中世纪诗歌文学,用语言学的描述方式来解释文学现象,为现代文学研究提供了一个崭新的视角。1955年完成博士后研究的课题论文《艾森巴克的史诗'巴斯库'中的句法艺术》(*Die Kunst der Syntax in Wolframs 'Parzival'*)。1964年,她出版关于德语诗歌语言中句法规则等系列文体学研究专著《句子与诗歌体裁的艺术原理——德国诗歌语言之句法及韵律的内容研究》(*Kunstprinzipien der Satz-und Versgestaltung. Studien zu einer inhaltbezogenen Syntax und Metrik der deutschen Dichtersprache*)。1966年再版时,她又补充了有关诗歌原则和句法的研究。她为语言风格和文体学描述建立了基本概念,作为语言学家,霍拉切克尝试用不同的研究方法把历时语言学、共时语言学和文学研究结合起来。

霍拉切克在音系学研究方面也颇有建树,所著《历史音系学略论》(*Kleine Historische Lautlehre*, 即 *Little Historical Phonology*, 1958)成为研究德国历时语言学的基础读本。

霍莱茨基 Horecky, Ján (1920—2006)
斯洛伐克语言学家。1920年8月1日生于前捷克斯洛伐克的斯杜帕瓦(Stupava)。1942年毕业于考门斯基大学文学院,专修斯洛伐克语和拉丁语。曾任东斯洛伐克大学语言学教授和斯洛伐克科学研究院学术协会的成员。为全面了解斯洛伐克的构词系统,成立了斯洛伐克术语基金会。2006年8月11日卒于斯洛伐克布拉迪斯拉发。

扬·霍莱茨基主要从事普通语言学研究。他没有孤立地研究语言学,而是把语言学放在交叉学科的语境下,来揭示语言系统的本质,探究语言、人类思维和话语群体之间的关系,阐释语言在认知过程中所起的作用。霍莱茨基的研究还涉及其他很多领域,如古典语言学的语音系统、哲学问题和普通语言学、计算机语言学、数学语言学、语言符号的性质、符号学和语义学之间的关系、语言模型、词汇语义、构词法、文字的形成、词的内涵和外延等。他对斯洛伐克语、斯拉夫语和普通语言学都有深入的研究。他认为构词是词汇学的一个重要组成部分,所以他全面描述了斯拉夫语词的派生系统。他还区分了理想的系统级别标记和理想的沟通符号标记,详细描述了语义区别性特征,理清了层次结构关系,为词的构成和语素分析提供了一个动态模式。

霍莱茨基的主要著作包括《拉丁美洲的音韵学》(*Fonológia latinĉiny*, 1949)、《斯洛伐克术语精要》(*Základy Slovenskej Terminológie*, 1956)、《斯洛伐克语素结构》(*Morfematickáštruktúra slovenĉiny*, 1964)、《斯洛伐克词汇的构词》(*Slovenská Lexikológia*, 1971)、《语言学纲要》(*Základy Jazykovedy*, 1978)、《当代斯洛伐克语言词汇》(*Súĉasny Slovensky Spisovny Jazyk Lexikológia*, 1980)、《斯洛伐克词汇动态模式》(*Dynamika Slovnej Zásoby Slovenĉiny*, 1989)、《语言学百科全书》(*Encyklopédia Jazykovedy*, 1993)和《斯洛伐克词源学结构》(*Onomaziologicá štruktúra Slovenĉiny*, 2003)等。

霍曼斯 Homans, George C. (1910—1989)
美国语言学家和社会学家。1910年8月11日生于美国波士顿。1928年进入哈佛大学学习,专修英语和美国文学。1932年从哈佛大学毕业,获文学学士学位,同年留校任教。1932—1934年曾参加帕雷托学说小组讨论会(The Pareto Circle),从此转入社会学研究。1939—1941年任大学讲师。二战期间在美国海军服役,1945年回到哈佛大学社会学系任教,1953年任社会学教授,1967—1970年任社会学系系主任。1964年被选为美国社会学协会(The American Sociological Association)主席。1989年5月29日卒于麻省小城剑桥。

乔治·霍曼斯研究领域广泛,涉及语言学、社会学、历史学、人类学、心理学及科学哲学等。他早期受结构功能主义的影响,强调小群体研究的重要性,为交换理论奠定了基础。后来,他逐渐抛弃了功能学派的观点和主张,把社会学研究还原为微观的社会心理学研究,提出社会学的主要研究单位应该是人,社会结构是个人行为的集合,社会是个人行动和行为交换的结果,这就是他提出的社会交换论。霍曼斯是社会交换论和行为主义交换论的创始人,这一理论强调心理动机的重要性,把个人行为看作是社会学研究的最高原则,认为人与人之间的互动从根本上说是一种交换过程,这种交换包括情感、报酬、资源、公正性等。简言之,霍曼斯的社会交换论主要包括六个基本命题:(1)成功命题:在一个人所做过的所有行为中,若其中某一特定行为经常得到相应的奖赏,那么这个人就越愿意重复该行为。(2)刺激命题:如果一个人因过去的某种行为得到了奖赏或受到了惩戒,那么,当相同或相似的刺激再出现时,这个人就有可能做出与过去相同或相似的行为。(3)价值命题:一种行为带来的结果对一个人越有价值,他(她)就越有可能做出这种行为。(4)剥夺与满足命题:一个人重复获得某一奖赏的次数越多,则同样的奖赏对他(她)的价值就会越低。(5)攻击与赞同命题:这一命题包括两方面:一是如果一个人的行为没有得到预期奖赏或受到未曾预料到的惩戒时,他(她)会被激怒并可能采取侵犯行为;二是若一个人因为某种行为获得了预期或超出预期的奖赏,或此人的行为没有受到预期的惩戒时,则他(她)会产生喜悦的心情,并可能做出别人赞同的行为;(6)理性命题:在面对各种行为方案时,人们总是选择价值最大和成功几率最高的行为。

霍曼斯的主要著作有《十三世纪的英国村民》(English Villagers of the Thirteenth Century, 1941)、《人类群体》(The Human Group, 1950)、《社会交换行为》(Social Behaviour as Exchange, 1958)、《社会行为及其基本形式》(Social Behaviour: Its Elementary Forms, 1961)和《社会科学的本质》(The Nature of Social Science, 1967)等。

霍姆斯 Holmes, Janet (1947—) 新西兰社会语言学家。1947年生于英国利物浦。毕业于利兹大学,获学士和硕士学位。1970年移居新西兰,获维多利亚大学(Victoria University)语言学讲师职位,为该校1985年正式成立语言学系作出重要贡献;1993年成为语言学系主任,1994年入选新西兰皇家学会会员。

珍妮特·霍姆斯是出色的社会语言学家。在礼貌理论、语言与性别、种族、话语、新西兰英语等方面的研究中,做过大量的跟踪记录;她领导了基于语料库的方言学研究,用大量的数据资料证明新西兰英语是英语的一个变体。她也是第一个对洛玢·托尔马赫·雷考夫(Robin Tolmach Lakoff)关于"女性语言"这一概念进行批判的人,坚持用定性和定量的方法进行研究,认为性别与其他社会因素相互作用对语言产生影响,强调研究应该超越语言的形式与功能的简单对应。霍姆斯还对各种工作场所的语言进行过广泛的研究,研究涉及幽默的交际功能、工厂及办公室有效管理风格分析等,强调跨学科及行动研究在语言研究中的重要性。

霍姆斯著有12本专著及180多篇学术论文,其中的代表作包括《双语教育》(Bilingual Education, 1984)、《女性、男性与礼貌》(Women, Men and Politeness, 1995)、《社会语言学导论》(An Introduction to Sociolinguistics, 2001)、《语言与性别》(Language and Gender, 2003)和《职场的权势与礼貌:工作用语的社会语言学分析》(Power and Politeness in the Workplace: A sociolinguistic analysis of talk at work, 2003)等。

霍农 Hornung, Maria (1920—2010) 奥地利方言学家、语源学家和词典编纂家。1920年5月31日生于维也纳。1938年进入维也纳大学学习德语、英语和罗曼语文学。1942年完成文学方向的博士学位论文,后逐渐对以德语为基础的奥地利方言产生兴趣,1948年后主要从事方言学研究。1964年开始在维也纳大学任教,1969—1985年任维也纳大学德语语言学教授。2010年6月26日卒于维也纳。

玛丽亚·霍农致力于奥地利方言学和语源学的研究,为保存以德语为基础的奥地利方言做出巨大贡献。1982年,她与丈夫一起创建奥地利方言博物馆(Österreichisches Sprachinselmuseum,即 The Austrian Language Enclaves Museum),保存了很多文献,其中有大量关于当地风土人情的民间风俗文献。

霍农编著的《东提罗耳语方言研究》(East Tyrolean Dialectology, 1964)表现了她在提罗耳语地区风俗和方言方面的渊博知识。她的著作还包括与人合著的《我们的方言》(Our Dialects, 1950),该书在2000年再版。《我是如何在卡林西亚研究奥地利方言的》(It Began in Mörtschach: How I Became an Explorer of Austrian Dialects, 1989)描述了她二战期间在卡林西亚地区对东提罗耳语的研究和当时的乡村生活。

霍农也在词典编纂方面成就显著。《维也纳方言词典》(Vienna Dialect Dictionary, 1998)是她多年的研究成果,词典中包含有关于语源学的注释。她也是《萨帕达词典》(Dictionary of Pladen/Sappada, 1972)、《戈特舍方言词典》(Gottschee Dictionary, 1973—1976)和《巴伐利亚—奥地利语词典》(Bavarian-Asustrian Dictionary)等词典的主编。

霍耶尔　Hoijer, Harry (1904—1976) 美国语言人类学家。1904年9月6日生于美国芝加哥。曾就读于芝加哥大学,1927年获工程和数学学士学位,1929年和1931年分获人类学硕士和博士学位,毕业后留校任教。1940年到加利福尼亚大学洛杉矶分校的人类学院和语言学院任教,先后担任这两个学院的院长。还曾兼任美国人类学协会(American Anthropological Association)、美国语言学会、美洲印第安语研究会等多个协会和组织的领导人,曾任联合国教科文组织的顾问。1976年3月4日卒于洛杉矶。

哈里·霍耶尔是20世纪伟大的人类语言学家之一。作为萨丕尔(Edward Sapir)的学生,他深受萨丕尔思想的影响,注重对语言和文化、语言与思想等关系的探讨,成为萨丕尔思想的代言人。他于1954年在《文化中的语言:语言与文化其他诸方面内在关系研讨会》(Language in Culture: Conference on the interrelations of language and other aspects of culture)中首次提出了"萨丕尔沃尔夫假设(Sapir-Whorf Hypothesis)"的概念。他的研究主要针对美洲印第安语,对美洲印第安土著语言,尤其是阿萨巴斯卡语(Athapaskan)的语音、形态、句法和语义结构等做过大量细致的历时和共时研究。

霍耶尔最有代表性的论著是《通卡瓦语:德克萨斯州的一种印第安语言》(Tonkawa: An Indian Language of Texas, 1933),反映了他在俄克拉荷马州对通卡瓦语进行实地调查的成果。霍耶尔与萨丕尔共同完成的论著包括《纳瓦霍语文本》(Navajo Texts, 1942)、《纳尔霍语的语音和形态》(The Phonology and Morphology of the Navaho Language, 1967),以及根据萨丕尔的实地调查材料完成的《通卡瓦语文本》(Tonkawa Texts, 1972)和《纳瓦霍语词汇》(Navajo Lexicon, 1974)。霍耶尔与他人合作的论著还有《人类学导论》(An Introduction to Anthropology, 1953)。霍耶尔的很多论文被收入在一系列题为《霍耶尔纪念文集》(Essays in Honor of Harry Hoijer, 1980, 1982, 1984, 1985, 1986)中。

霍兹马克　Holtsmark, Anne (1896—1974) 挪威语言学家和哲学家。1896年6月6日生于奥斯陆(Oslo)。曾就读于奥斯陆大学,攻读挪威语和法语,1924年毕业。1925年赴德国汉堡(Hamburg)从事教师工作。1926年返回奥斯陆从事大学图书馆管理员工作,其间开始对包括语言学、现代文学及古代挪威语文稿等方面进行哲学研究。1931年成为奥斯陆大学讲师,讲授古代挪威哲学。1936年凭借对12世纪的一部冰岛语语法手稿的研究,获博士学位。1941年当选挪威科学院院士。1949年成为奥斯陆大学古代挪威哲学教授。1974年5月19日卒于奥斯陆。

安妮·霍兹马克是"古挪威词典协会"(Gammelnorsk Ordboksverk)及"挪威文化研究协会"(Forening til Norsk Kulturgransking)的创始人之一。她的研究领域广泛,包括语言学、文学和文化等,尤其注重对中世纪语言及其在文学文本中的根源探索,是具有国际影响力的斯堪的纳维亚研究专家。在她的博士学位论文《十二世纪的冰岛学者》(An Icelandic Scholar from the 12th Century)中,对"谁是第一部挪威语法书的作者"这一问题提出新的见解,并通过把原作者的观点和当时欧洲科学传统进行比较,提出"第一部语法专著"反映出的古代冰岛语语音体系特征。霍兹马克从文学和历史角度对古代冰岛散文、神话和长篇小说文稿也进行过大量研究,并于1955年出版《1250年前的古代挪威文稿词汇》(The Vocabulary in the Oldest Norwegian Manuscripts up to C. 1250),研究建立在精确的文本分析上,对当今中世纪斯堪的纳维亚研究仍然具有重要意义。

J

基尔　Kiel, Cornelis van (1530—1607) 荷兰语词典编纂学家。亦译作基利恩(Kiliaan)。大约1530年生于现在的比利时北部港口安特卫普市(Antwerp),当时隶属欧洲西北部的封建公国布拉班特(Brabant)的领地。据记载,基尔很可能在卢万公教大学(Louvain University)学习过法律和三门圣经语言;根据安特卫普市印刷商的账目登记册的记录,他1558年曾担任排字工作,从1565—1607年起担任校对工作。1607年4月15日卒于安特卫普。

科内利斯·范·基尔编纂了第一部荷兰语词典《日耳曼语—拉丁语词典》(Dictionarium Teutonico-Latinum, 1574)。据推测,他还翻译了一些荷兰语法书和词典，如 1564 年翻译了罗伯特·埃蒂安纳(Robert Estiennes)的《拉丁语词典》(*Dictionarium Latinogallium*)(该书现已遗失)以及荷兰语中出自无名氏的《荷兰语词典》(*Dictionarium Tetraglotton: Latin-Greek-French-Dutch*)，尽管后者最初由普朗汀(Christophe Plantin)于 1562 年编辑，但也可能是基尔翻译的作品。另外他还致力于简写本《简明日耳曼语—拉丁语词典》(*Concise Dictionarium Teutonico-Latinum*, edited in 1574)的编纂工作。他从本地习惯用语开始，比较了德语与法语中的对应词汇(*Dictiones Latinè interpretatas, seduloque Germanicis Gallicis collatas*)。

基尔富有创意的词典只有两部流传下来，但这两部词典却为荷兰甚至西欧现代词典的编纂奠定了基础。第一部是在 1588 年出版的《荷兰语词典》，其中基尔不仅编写了词汇的词源信息，还收纳了英语、撒克逊语、西班牙语、意大利语和希腊语的译文以及 1585 年分裂之前的历史上讲荷兰语的荷兰各省(包括现在讲荷兰语但属于比利时的佛兰德)的新词条。一些地方性用法用缩写标出，比如在佛兰德、荷兰、弗里斯兰省使用的 fland.、holl.、fris. 以及 sic. 代表的 Sicambri，这表明在海尔德兰(Gelderland)、克莱沃(Kleve)和尤利希(Jülich)边境地区使用的方言与荷兰语关系密切，而现在这些地方却属于德语区。第二部是他于 1599 年出版的第三版《日耳曼语词源词典》(*Etymologicum Teutonicae Linguae*)，从它的题目上，人们也看得出该书是对词源的关注。因为基尔处在一个近代科学出现之前的年代，所以他的词典编纂严格地讲是"编"重于"纂"。在其词典的编纂过程中，他大量使用了先前的资源，常常不加评论。基尔的作品还包括地理和历史方面的翻译及拉丁诗歌的创作(主要是配合雕版印刷而作)。

基尔沃比　Kilwardby, Robert (1215—1279)　英国神学家。约 1215 年生于英格兰的莱斯特郡(Leicestershire)。1231 年开始在当时的学术中心巴黎大学学习。后成为巴黎大学一名杰出的语法与逻辑学教师，尤其擅长逻辑三段论(syllogisms)。1256 年在牛津大学成为神学学者，加入天主教修会多明我会(Dominican Order)，成为托钵修会修士。1261—1272 年被推选为修道会的地方小隐修院院长(Provincial Prior)。1272 年 10 月 11 日被教皇格里高利十世(Pope Gregory X)任命为坎特伯雷大主教(Archbishop of Cannterbury)；以仁慈慷慨对待穷人和修道会员得名，还拨款为伦敦的黑修士搭建住所。1278 年 4 月 4 日被教皇尼古拉斯三世封为波尔图(Porto)和圣鲁菲娜(Santa Rufina)的红衣主教，后被指控离开教堂时带走了教堂的账本及大笔金钱。1279 年 9 月 11 日卒于意大利的维泰伯(Viterbo)。

罗伯特·基尔沃比作为英国中世纪欧洲语言研究的主要代表人物。在语言学上的贡献在于 1277 年当他访问牛津时，宣告了在牛津教授的语法、逻辑与自然科学的命题中有三十处不完善。就在他发表声明的前几天，巴黎主教埃蒂安·唐皮耶(Étienne Tempier)指出了阿威罗伊哲学命题的 219 处错误，提倡在大学传授基督教奥古斯丁教义的逻辑。基尔沃比还提倡语法的普遍属性，反对托马斯·阿凯纳什(Thomas Aquinas)追随亚里士多德的思想体系。牛津多明我会的研究有两个分支：神学研究和哲学研究。

基尔沃比主要致力于神学研究，为了简化研究过程，自创了一套详细的目录和章节来归纳奥古斯丁修会会员的著作。他的主要作品包括《论神学的本质》(*De Natura Theologiae*, 1935)、《论降生为人的必然性》(*De Necessitate Incarnationis*, 1936)以及《论关系的本质》(*De Natura Relationis*, 1980)等。

基利恩　Kiliaan, Cornelis　参见"基尔"。

基利斯　Quilis, Antonio (1933—2003)　西班牙语言学家。1933 年 9 月 3 日生于摩洛哥的拉腊什(Larache)。曾就读于西班牙马德里孔普鲁腾塞大学(Universidad Complutense de Madrid,亦称"马德里大学")，获罗曼语语文学博士学位。1960 年任西班牙科学调查最高委员会(Consejo superior de investigaciones cientificas)语言学部和语音学研究负责人，1963 年成为语音学系主任，1967 年在马德里大学担任西班牙语助理教授，1970 年任塞维利亚大学西班牙语历史语法教授，一年后改任巴利亚多利德大学西班牙语历史教授。1974—1978 年任西班牙语言协会主席，1975—2003 年任西班牙国立远程教育大学(Universidad Nacional de Educacion a Distancia)教授，其间曾兼任西班牙语系主任和艺术学院院长。曾任欧美许多大学和研究中心的客座教授。2003 年 12 月 8 日卒于马德里。

安东尼奥·基利斯最著名的研究领域当属语音学。他创立了西班牙第一个语音实验室，并在实验室工作四十余年。他在语音学方面的著作颇丰，主要作品包括《西班牙语声学语音学》(*Fonética Acústica de la Lengua Española*, 1981)、《文本语音学和音系学评论》(*Comentario Fonológico y Fonético de Textos*, 1985)、《西班牙语音系学和语音学规则》(*Tratado de Fonología y Fonética de la Lengua Española*, 1993)、《西班牙语语音学和音系学原则》(*Principios de Fonología y Fonética Españolas*, 1997)、与约瑟夫·费尔南德斯(Joseph A. Fernnádez)合著的《针对英美学生的西班牙语语音学和音系学教程》(*Curso de Fonética y Fonología Españolas para Estudiantes Anglo-Americanos*，1964)等。

除语音学研究外，基利斯还从事西班牙语的教学和研究。他研究西班牙方言，在世界各地进行大量实地考察，收集大量有价值的资料，1976年出版《西班牙语史》(*Historia de la Lengua Española*)。他也是著名的西班牙语语音识别专家，曾多次为警察讲授语音识别课程。

基帕尔斯基　Kiparsky, René Paul Victor（1941—　）　芬兰音系学家。1941年1月28日生于赫尔辛基，父亲瓦伦丁·基帕尔斯基(Valentin Kiparsky, 1904—1983)是研究俄语的著名语言学家。1958—1959年就读于美国阿拉巴马大学(现蒙特瓦罗大学)，1960—1961年就读于赫尔辛基大学并获学士学位；1961—1962年就读于明尼苏达大学，获硕士学位；1965年获麻省理工学院博士学位。1965—1984年任教于麻省理工学院，1984年起任斯坦福大学人文科学学院语言学教授。1985年和2008年分别被哥德堡大学和康士坦茨大学授予荣誉博士学位。1993年获亚历山大·洪堡特奖。2012年获瑞典皇家科学院语言学奖。

勒内·保罗·维克多·基帕尔斯基的研究兴趣比较广泛，涉及音系学、语义学、句法学等。他的博士学位论文《音系变化》(*Phonological Change*, 1965)从生成语言学的角度对希腊音系学进行了一系列的系统研究和分析，由此奠定了他在生成历史语言学这个崭新研究领域中的地位。通过《词汇音系学与形态学》(*Lexical Phonology and Morphology*, 1982)一书，他创建了词汇音系学的理论框架，将音系变化和形态变化的研究整合到优选论的框架中。在历史句法学的研究中，他也观点独到，著有《德语句法学的印欧起源》(*Indo-European Origins of Germanic Syntax*, 1994)、《芬兰语的结构格》(*Structural Case in Finnish*, 2001)等。

基帕尔斯基的其他重要著作还包括《语言普遍性与语言演变》(*Linguistic Universals and Linguistic Change*, 1969)、《语法的语义规则》(*Semantic Rules in Grammar*, 1970)、《语义学在语言习得中的作用》(*The Role of Semantics in Language Acquisition*, 1974)、《历史语言学及语言起源》(*Historical Linguistics and the Origin of Language*, 1976)、《论音系学习得》(*On the Acquisition of Phonology*, 1977)、《历史语言学》(*Historical Linguistics*, 1978)、《诗学语法》(*The Grammar of Poetry*, 1984)、《音系学演变》(*Phonological Change*, 1988)和《生成音系学》(*Generative Phonology*, 1991)等。

基雅玛迪　Gyarmathi, Sámuel　参见"吉亚马斯"。

吉冯　Givon, Thomas（亦作Talmy Givón, 1936—　）　以色列语言学家。1936年6月22日生于今属以色列的北城阿富拉(Afula)。1959年获耶路撒冷希伯来大学农业科学学士学位。曾就读于美国加州大学洛杉矶分校(UCLA)，1962年获植物生化专业的硕士学位，1966年、1969年先后获语言学硕士和博士学位。1981年任俄勒冈大学语言学教授直至退休。

托马斯·吉冯是语言学研究"功能—类型法"发展的主要人物之一，在语言类型学和生物语言学领域极具声望。他立足于功能主义研究，兼收并蓄各家之长，采纳跨语言视角方法归纳、总结和解释，通过描写语言将理论付诸实践之中。他一方面同意功能主义的看法，不承认形式主义可能构成解释本身；另一方面，在《句法：功能类型学导论》(*Syntax: A Functional-Typological Introduction*, 1984年)修订版中，强调核心形式属性的重要性，尝试在形式方面和语用、语义方面建立一种平衡。吉冯始终关注语言学与生物学的相似性，从进化论角度探讨人类社会文化组织和认知—智力—交际工具。2002年出版《生物语言学》(*Bio-Linguistics: The Santa Barbara lectures*)，试图将语言学观与达尔文的进化论和自然选择论结合起来，证明语言作为复杂的生物设计和适应行为之间的媒介运作的机制。

吉冯研究功能法，突出强调人类语言活动的认知性。近期的研究涉及语言使用的认知基础，包括对黑猩猩的句法能力的研究。他强调功能主义的结构属性，主张象似性会超越任意性，共时性和历时性会融为一体，形态的屈折变化是早期历史阶段中句法的石化现象。

吉冯的其他著作主要包括《英语语法：功能法入门》(*English Grammar: A Function-Based Introduction*, 1993年)、《思维、语码和语境》(*Mind, Code and Context*, 1989)和《功能主义与语法》(*Functionalism and Grammar*, 1995)等。

吉姆森　Gimson, Alfred Charles（1917—1985）　英国语音学家。1917年6月7日出生。吉姆森先后就读于伊曼纽尔学校、伦敦大学学院，获法语专业优等毕业生荣誉。1939年本科毕业后应征入伍，提前复员加入琼斯教授领衔的语音系，担任语音课教师。1949年接替琼斯出任国际语音协会(IPA)会长。1946—1983年在加州大学任教，1966年被聘为语音学教授。1971年任新合并的语音和语言学系主任。1985年4月22日卒于心脏病突发。

阿尔弗雷德·查尔斯·吉姆森是20世纪下半叶英国语言学的领军人物，以研究英语发音而闻名。他继承琼斯重视发音和辨音实际训练的传统，引进当代美国结构主义理论的观点，革新英语语音学的理论和实践；于1962年出版《英语语音学导论》(*An Introduction to the Pronunciation of English*)，描写英国标准发音(RP)的规范，并关注外语教学环境下的语音教学，成为英国标准音的权威学者。20世纪60年代，吉姆森在BBC早餐节目《今日》(Today)中主讲一系列关于发音的通俗讲座；经常受英国文化教育协会、灵格风公司(Linguaphone)和各地大学的邀请，赴海外讲学。

吉姆森着眼于英语作为外语教学(EFL)的理论和实践需求，提出语音转写的主张，并大力推广此综合"定量——定性"体系的新音标法。这一方法现已经在语音体系中得到广泛采用。他采用此音标体系改编丹尼尔·琼斯所著《英语发音辞典》(第14版，1977年)；他的《英语语音学导论》是语音学领域的重要著作。

吉姆森编著的教材主要包括《英语发音实践》(*English Pronunciation Practice*，1965，与G. F. Arnold合著)和《英语发音实用教程程——感知法应用》(*A Practical Course of English Pronunciation: A perceptual approach*，1975)。

吉奇　Geach, Peter Thomas （1916—2013）英国哲学家和逻辑学家。1916年3月29日生于伦敦。幼年就读于兰达夫大教堂学校(The Cathedral School, Llandaff)，曾跟随父亲学习逻辑学和哲学。1938年毕业于牛津大学贝利奥尔学院(Balliol College)哲学专业，同年皈依天主教。1951—1966年受聘于伯明翰大学教授哲学。1966—1981年任利兹大学逻辑学教授，1981年退休。1985年任华沙大学客座教授。因其哲学研究而获梵蒂冈教廷颁发的教会和教宗勋章(Pro Ecclesia et Pontifice)。2013年12月21日卒于英国剑桥。

彼得·托马斯·吉奇的主要研究领域是哲学史、哲学逻辑和身份理论。吉奇把逻辑分析的方法运用到心灵哲学、宗教哲学和伦理学中，强烈反对当时主流的英国日常语言哲学派，尤其不赞同日常语言和形式逻辑无关的观点。1962年出版《指称和普遍性》(*Reference and Generality*)，运用大量逻辑技巧分析英语句子，由此引发形式语义学研究。他最著名的讨论是关于对"Any man who owns a donkey beats it"这个"驴句"的分析，并因此引发研究相似句型和其中的代词指称。他开创了"分析托马斯主义"理论(Analytical Thomism)，主张将天主教哲学传统与分析哲学的方法结合起来，反驳达尔文关于人类理性的观点。吉奇不赞同对真理进行语用和认识论的理解，但很推崇意大利经院哲学家托马斯·阿奎那(Thomas Aquinas)的真理符合理论(correspondence theory of truth)学说。

吉奇和妻子合著《三位哲学家》(*Three Philosophers*, 1941)，介绍亚里士多德、阿奎那和弗雷格(Friedrich Ludwig Gottlob Frege)的思想。吉奇的主要著作还包括《心理行为》(*Mental Acts*, 1957)、《上帝与灵魂》(*God and the Soul*, 1969)、《逻辑问题》(*Logic Matters*, 1972)、《推理与论证》(*Reason and Argument*, 1976)和《美德》(*The Virtues*, 1977)等。

吉亚马斯　Gyarmathi, Sámuel （1751—1830） 匈牙利语言学家。亦译作基雅玛迪。1751年7月15日生于克洛茨瓦尔(Kolozsvár，现罗马尼亚克卢日-纳波卡)一个信奉加尔文教的中产家庭。青年时期，他在法国斯特拉斯堡大学(Université de Strasbourg)接受教育，在自然科学方面根基扎实。其后获帝国奖学金，到维也纳大学攻读医学，1776年获医学硕士。曾是耶拿自然历史协会的成员以及哥廷根学者协会的联络员。1830年3月4日卒于家乡。

萨缪尔·吉亚马斯1794年发表了匈牙利语的第一本综合语法著作《匈牙利语法教学要旨》(*Hungarian Grammar Taught Rationally*)。他在哥廷根大学学习对比语言学而且深得体要，结识了德国历史学家施洛瑟(August Ludwig von Schlözer)。他进一步深入研究萨约诺维奇(János Sajnovics)关于萨米语(Sami)与匈牙利语之间的亲缘关系学说，并以此为基础将研究范围扩展到全部芬兰—乌戈尔语族。1799年发表《语类同性》(*Affinitas*)，全书分为三部分：第一部分比较匈牙利语、芬兰语和萨米语；第二部分探讨匈牙利语和爱沙尼亚语之间的相似之处；第三部分探讨乌拉尔语族的语言。该书一经出版即获公认，为语言学研究作出重要贡献。1816年吉亚马斯编著出版《词汇学》(*Vocabularium*)，该书是第一部关于匈牙利语词源的词典。另外，他还翻译了著名德国教育改革者坎帕(Joachim Heinrich Campe)的著作，在匈牙利语言改革运动中发挥了重要作用。

吉亚马斯的相关著作还包括《匈牙利语类同性的语法证据》(*Grammatical Proof of the Affinity of the Hungarian Language*, 1799)。

吉叶龙　Gillieron, Jules （1854—1826）法国语言学家。1854年12月21日生于瑞士伯尔尼州拉诺伊韦维尔(La Neuveville)。先后在瑞士纳沙泰尔大学(Université de Neuchâtel)和巴塞尔大学(Universität Basel)，1876—1880年就读于巴黎高等研究实践学院(École pratique des hautes études)。1883年成为巴黎高等研究实践学院方言学教授，1886年加入法国国籍。1926年卒于瑞士伯尔尼州西北部小镇利格兹(Ligerz)。

朱尔·吉叶龙作为法国方言学研究的鼻祖，对语言地理学的发展起到引领作用。他注意到方言使用者的活力是解决语言退化矛盾的良药,主张"语言生物学"并加以解释,认为语言学家必须对每个词加以描写。1887年,他与卢赛洛(Jean-Pierre Rousselot)一同创办《方言学杂志》(Revue des patois gallo-romans),1893年发起成立法国方言学会(Société des parlers de France)。吉叶龙编纂出版了《法国语言地图集》(Atlas linguistique de la France,1902—1910)。该书依据吉叶龙于1897—1901年采集639个地区的相关数据而成,涵盖整个法语方言的研究。他创制了一种特殊的语音字母表,并通过注释和专著形式对此地图集进行补充说明,同时不断深入细化对巴黎方言的结构研究。《法国语言地图集》不仅展示出共时的词汇变化并附有历时性解释。

吉叶龙的其他主要著作包括《语言地理学研究》(Etude de Geographie Linguistique: Scier dans la Gaule romane du Sud et de L'Est,1910)、《语音的语源学缺失》(La faillite de l'étymologie phonétique: résumé de conférences faites à l'École pratique des hautes études,1919)、《言语病理学和治疗》(Pathologie et thérapeutique verbales,1921)、《词源学家的词源学及其人其事》(Les étymologies des étymologistes et celles du peuple,1922)和《语言的魔力》(Thaumaturgie linguistique,1923)等。

吉约姆 Guillaume, Gustave (1883—1960) 法国语言学家。亦译作纪尧姆。1883年12月16日生于巴黎。1909—1919跟随语言学家梅耶(Antoine Meillet)学习语言学,1914年应梅耶之邀加入巴黎高等研究实践学院(École pratique des hautes études)从事语言学研究。1917年因在比较与文学研究方面的成就获法兰西学会(Institut de France)颁发的沃尔尼奖(Prix Volney)。1931年任巴黎语言学会(Société de Linguistique de Paris)副会长,1934年任会长。1938年被聘为巴黎高级学院讲师。1960年2月3日卒于巴黎。

古斯塔夫·吉约姆善于运用历史和比较的方法研究语言,秉持心灵主义传统和系统论观点。1919年,他出版《法语中冠词的问题及解决方法》(Le problème de l'article et sa solution dans la langue française)。该书首次专论冠词功能,认为冠词是施动者,若添加于现在的名词,即创造一个表层名词短语。1929年出版《时态和动词——体、语式和时态的理论》(Temps Et Verbe: Theorie Des Aspects, Des Modes Et Des Temps),提出口头表达系统是经由几个发展阶段而构成的认知体系,凭借形式的复杂性和表层变化而加以识别。他认为语言不是静态的一种存在,而是一种活动,能够创建话语。他进一步发展了语言是认知结构的概念,认为内容是首要的而形态句法是次要的,形态句法的唯一作用是使内容被感知,并提出连贯法则和简单充分法则。连贯法则指内容体系(比如名词)是完全连贯的,所以不规则名词复数(如 mice, teeth)和其他名词复数在认知内容上同样有规律可循;简单充分法则认为形态句法容易接受不规则性,只需要具备一定的规律性,就能充分体现它所标记的内容体系的连贯。他独特地提出"心理机制(psychosystem)"概念,后经由学生瓦兰(Roch Valin, 1918—2012)等整理发展而成为引人注目的语言理论:"心理机械论"。

吉约姆去世时把手稿留给其学生瓦兰。瓦兰在加拿大魁北克市的拉瓦尔大学成立了心理机制研究中心——吉约姆基金会(Le Fonds de Gustave Guillaume);1973年出版吉约姆的《理论语言学原则》(Principes de linguistique théorique),1984年出版英语译本《语言科学的基础》(Foundations for a Science of Language,1984),之后译成六种其他文字。2000年,法国和加拿大联合出版了他的16卷讲座稿;2003年出版吉约姆去世前完成的一部重要手稿,即《语言结构绪论:吉约姆文集与回忆录》(Prolegomènes à la linguistique structurale 1: Essays et mémoires de Gustave Guillaume),2004年出版第二卷。近几十年,吉约姆的学术观点在法国和加拿大等国家得到研究和传播。

纪尧姆 Guillaume, Gustave 参见"吉约姆"。

加贝伦茨 Gabelentz, Hans Georg Conon von der (1840—1893) 德国语言学家和汉学家。亦译作加布伦兹。1840年3月16日生于阿尔滕堡附近的普洛施维茨(Poschwitz, Altenburg)。中学时期曾自学荷兰语、意大利语和汉语等,1860—1864年就读于耶拿大学,学习法律、管理和语言学,后转至莱比锡大学学习汉语、日语、满族语等东方语言。1876年依据汉、满文原文译注中国哲学家周敦颐的《太极图说》,获博士学位。1878年任莱比锡大学远东语言教授,逐步开设普通语言学、比较语言学和满族语、蒙古语、藏语、马来语等课程。1889年任柏林大学教授。1893年12月11日卒于柏林。

格奥尔格·冯·德加贝伦茨早期曾撰写《满文善本》(Mandschu Bücher Angezeigt,1862)一书。其最主要著作是《汉文经纬》(Chinesische Grammatik,1881),至今仍被公认为最详细的古汉语语法研究著作;书中举例引用大量经典汉语著作的段落。1883年发表关于太平洋地区语言研究的文章《马来亚马弗尔语关系略说》(Einiges über das Verhältnis des Mafoor zum Malayischen)。1891年出版《语言学》(Die Sprachwissenschaft),发展洪堡特时期的类型学原则,同时开创语法化研究。他主张语言本身是一个内部形式和外部形式相互关联的系统,语言研究不能只强调外部形式和历时性研究,也需要共时性研究。同时,加贝伦茨对巴斯克语和北非语言感兴趣,曾尝试研究美国印第安语。

加贝伦茨一生著述上百种,多涉及东亚语言和文化,如《略论中国哲学》(Zur chinesischen Philosophie, 1880)、《汉语语法入门练习》(Anfangsgründe der chinesischen Grammatik mit Uebungsstücken, 1883)、《孔子与其学说》(Confucius und Seine Lehre, 1888)等。

加布伦兹 Gabelentz, H. Georg Conon van der 参见"加贝伦茨"。

加达默尔 Gadamer, Hans-Georg 参见"伽达默尔"。

加德纳 Gardiner, Alan, Sir (1879—1963) 英国语言学家。1879 年 3 月 29 日生于英格兰伦敦东南部的艾森(Eltham)。曾就读于查特豪斯公学(Charterhouse School),后赴巴黎学习。返回英国后进入牛津大学皇后学院学习古典语文学、希伯来语和阿拉伯语。毕业后到德国研究古埃及僧侣文(heiratic writing)。1912—1914 年任曼彻斯特大学教授。1948 年获封爵士称号。1963 年 12 月 19 日卒于牛津。

艾伦·加德纳是 20 世纪早期最主要的埃及学专家,长期研究埃及象形文字。1915 年他发现埃及象形文字是腓尼基字母的最早形式。1927 年出版《埃及语语法》(Egyptian Grammar),该书不仅讲解语法而且附有翻译练习、象形文字符号、英—埃(及)和埃(及)—英双语词典等。他研究诠释文本和文本批评,关注语言和言语的运作方式,认为只有在一个综合的言语理论体系中才能解决问题。加德纳对言语行为进行分析,归纳话语的三个属性为:句子质量、句子功能和句子形式。

加德纳的其他著作主要包括《埃及象形文字文本》(Ehyptian Heiratic Texts, 1911)、《埃及语语法——象形文字研究简介》(Egyptian Grammar, Being an Introduction to the Study of Hieroglyphs, 1927)、《言语和语言理论》(The Theory of Speech and Language, 1932)、《专有名词理论》(The Theory of Proper Names, 1940)、《古埃及专有名词研究》(Ancient Egyptian Onomastica, 1947)和《法老们的埃及》(Egypt of the Pharaohs, 1961)等。

迦旃延 Kātyāyana (公元前 3 世纪) 古印度语法学家、数学家和吠陀神父。迦旃延生于公元前 3 世纪,生活在印度次大陆的西北部,属于安德拉(Aindra)语法学派。他是一个牧师,而且是释迦牟尼(Gautama Buddha)的弟子,教导人们按照他描绘的宗教仪式行事。

迦旃延也叫迦多衍那(Kaccāna)或摩诃迦旃延(Mahākātyāyana)。他与波尼尼(Pāṇini)、波颠阇利(Patañjali)并称为印度语法传统的开创者。在波尼尼之前,人们几乎找不到有关其他语言学家的记载。梵语语法《八章文法书》(Aṣṭādhyāyī)是波尼尼取各家之长,穷极古今变异,进行整理和统一之后才编成这样一部"字书"。全书分为八章,因而又习称为《八章书》。《八章文法书》一经问世,其他的语法书便相形见绌而终致失传,唯其留存至今,成为现存最古老的梵语语法书。由于《八章文法书》艰涩难懂,迦旃延对其作了释补(Vārtikas),注释了先辈波尼尼所述近 4000 条规则中的 1245 条。公元前 2 世纪后半叶,波颠阇利以对话形式写成《波尼尼八章广释》。书中既收录此前各家的释说,也包括作者一己之注解,涉及 1713 条规则。经过这三位语法家的努力,梵文的语法从此固定下来,未再有过太大改变。

迦旃延还有两部举世闻名的著作:一部是《释补》(Varttika),另一部作品是佛教典籍《三藏经》(Tripitakan)的第三部分《俱舍宗》(The Abhidharma)。《释补》对波尼尼语法进行了详尽阐释,与波颠阇利的《波尼尼八章广释》(Pāṇini Ashtatyayi Mahabhashya)一起成为语法(Vyakaran)的核心。这部书也是后来 12 世纪中婆罗门(Brahman)学生接受义务教育的教材,是理解印度最古老的宗教文献和文学作品总称《吠陀》(Vedas)的六大辅助资料之一。

迦旃延还撰写了后来《绳法经》(Sulba Sutras)中的一部,书中有九篇论述了祭坛建造所涉及的几何知识如矩形、右侧三角形和菱形等。

迦多衍那 Kaccāna 参见"迦旃延"。

贾德佳 Chatterji, Suniti Kumar (1890—1977) 印度语言学家。1890 年 11 月 26 日生于印度西孟加拉邦的豪拉市西瓦布尔区(Sibpur, Howrah)。1911 年获加尔各答大学文学学士学位,1913 年获文学硕士学位,后留校任教。1919 年赴英国伦敦大学学习音系学、印欧语言学、古印度语、波斯语、古爱尔兰语、哥特语等,1921 年获博士学位;随后进入巴黎大学继续学习,师从朱尔·布洛赫(Jules Bloch)、梅耶(Antoine Meillet)、普日鲁斯基(Jean Przyluski)和伯希和(Paul Eugène Pelliot)等著名学者研习印度—雅利安语(Indo-Aryan)、斯拉夫语、南亚语(Austroasiatic)、粟特语(Sogdian)、希腊语和拉丁语等。1922 年返回印度,任加尔各答大学印度语言学与语音学教授,1952 年被授予比较语文学荣誉教授称号。1964 年起任印度全国人文学科研究教授。1977 年 5 月 29 日卒于加尔各答。

苏尼蒂·库马尔·贾德佳与印度文豪拉宾德拉纳特·泰戈尔为友,曾陪同其赴马来亚、苏门答腊、爪哇和巴厘岛等地讲授印度文学艺术,在印度国际大学管理层任职多年,20世纪五六十年代曾任西孟加拉邦立法会议长,1969年任印度国家文学院院长。

贾德佳的突出贡献在于历史比较语言学方面。他着重研究印欧语系中的印度雅利安语,其中最负盛名的著作是基于其博士学位论文的《孟加拉语的起源和发展》(The Origin and Development of the Bengali Language),该书于1926年出版后为其赢得了印度语言学界杰出学者的地位。在该书绪论中,贾德佳对印度雅利安诸语言的产生和发展作了详尽论述。他的其他主要著作包括《孟加拉语语音读本》(A Bengali Phonetic Reader,1928)、《印度雅利安语和印地语》(Indo-Aryan and Hindi,1942)和《印度的语言和语言问题》(Languages and the Linguistic Problem: Oxford pamphlets on Indian affairs,1951)等。

杰克逊 Jackson, Kenneth Hurlstone

(1909—1991) 英国语言学家。1909年11月1日生于英格兰东南部萨里郡贝丁顿(Beddington, Surrey)的一个商人家庭。1916—1919年在沃灵顿上小学,1920—1928年就读于克罗伊登(Croydon)文法学校。1928年获剑桥大学圣约翰学院奖学金,进校学习古希腊与古罗马语言文学以及不列颠群岛的早期文化,学会流利使用六种凯尔特语。1934年任剑桥大学讲师,讲授凯尔特语。1940—1948年任哈佛大学凯尔特语言文学系教授。1950年受聘为爱丁堡大学凯尔特语教授,主持爱丁堡大学凯尔特语言历史和文物研究所工作,直至1979年退休。1984年罹患中风,研究工作受到影响。1991年2月20日卒于苏格兰。

肯尼思·赫尔斯通·杰克逊主要从事凯尔特语研究和文献翻译。1935年他出版了两部著作:《早期凯尔特语田园诗歌研究》(Studies in Early Celtic Nature Poetry)和《威尔士早期名言警句》(Early Welsh Gnomic Poems)。20世纪50年代,他利用假期时间在苏格兰进行方言调查。1953年完成并出版《早期英国语言和历史研究》(Language and History in Early Britain),此书介绍了公元5—7世纪早期英语的变化和历史意义,并就如何鉴定语言年代进行了考证和分析,这是一项里程碑式的学术成果。他的另一伟大著作是《布列塔尼语历史音位学》(A Historical Phonology of Breton,1967),该书旨在从历史角度来讨论重要的语言学问题。这本书显示了杰克逊渊博的知识,但也许是因为在说英语的国家里学习、研究布列塔尼语的学者为数不多,这本书并没像《早期英国语言和历史研究》那样备受关注。杰克逊退休后继续从事有关地名和苏格兰盖尔语的研究工作。他曾是英国皇家学会会员、现代语言协会荣誉会员、英国地名社团理事会成员、苏格兰古代历史古迹文物专员等;曾获得了来自英国、威尔士、爱尔兰等地多所大学的名誉学位。由于对凯尔特语作出突出贡献,他于1985年被授予不列颠帝国勋章(Most Excellent Order of the British Empire)。

杰克逊著作颇丰,其他主要著作还包括《"历史的亚瑟":中世纪亚瑟王文化》(The Arthur of History: Arthurian Literature in the Middle Ages, 1959)、《早期威尔士诗歌中的亚瑟》(Arthur in Early Welsh Verse,1959)、《高多汀——苏格兰最古老的诗歌》(The Gododdin: The oldest Scottish poem, 1969)和《凯尔特语杂记——译自凯尔特文学》(A Celtic Miscellany: Translations from the Celtic literature,1972)。

杰肯道夫 Jackendoff, Ray (1945—)

美国语言学家。1945年1月23日生于美国芝加哥。1961—1965年就读于斯沃斯摩尔学院(Swarthmore College),获文学士学位。1965—1969年就读于麻省理工学院,获博士学位。1969—1970年任加州大学洛杉矶分校讲师,1971—2006年历任布兰戴斯大学(Brandies University)任助理教授、副教授和正教授,于1981—1992年和2002—2006年两度出任语言学与认知科学系主任。2005年起任塔夫斯大学(Tufts University)塞思·莫林人文学科教授(Seth Merrin Professor of Humanities)。1990—1991年任美国哲学与心理学会主席,2003年任美国语言学会会长;2003年获让·尼科德认知哲学奖(Jean Nicod Prize),2014年获认知科学领域最高奖——戴维·鲁梅尔哈特奖(David E. Rumelhart Prize)。

雷·杰肯道夫是认知语义学的创始人,主要研究作为语法和词汇在心理上表征的心智语言(mental language)。他师承乔姆斯基,在坚持生成语言学基本精神和操作方法的基础上,独立发展出一套以空间概念和认知为基础的语法学派,并将其命名为概念语义学(Conceptual Semantics)。杰肯道夫指出,概念语义学的认知基础是人类特有的空间概念,包括名词、动词、形容词等的任何语类都有所指(referential),但人脑思维处理的不是诸如充要语义学(Sufficient and Necessary Semantics)所说的外部事物,而是任何能投射进大脑的空间概念;在处理可投射语言信息中,大脑存在认知限制(cognitive constraints)和语法限制(grammatical constraints);概念结构由概念元(semantic primitives)构成,概念元是人脑内在的、天生的机制,它们按照一些运算规则(computing rules)生成概念结构,概念结构按一些投射规则(mapping rules)生成句法结构。他认为,每一个意义在概念结构中都有体现,但在句法结构中则有选择地投射出来。例如,动词"enter"可分解为两个概念元，分别是"go"和"into"；"into"又可进一步分解为"in"和"to"两个基本概念元，其中"in"表示路径概念元，"to"表示目标概念。

杰肯道夫著述颇丰，至2012年已出版专著14部，发表论文160余篇。其中，《语言的基础——大脑·意义·语法·演化》(Foundations of Language: Brain, meaning, grammar, evolution, 2002)为其创立认知语义学的代表作；《语义学与认知》(Semantics and Cognition, 1983)一书则较早将认知机制融入到人类的语言和意义的构建中。其他主要著作包括《生成语法的语义解释》(Semantic Interpretation in Generative Grammar, 1972)、《X阶标句法——短语结构研究》(X-Bar Syntax: A Study of Phrase Structure, 1977)、《调性音乐的生成理论》(A Generative Theory of Tonal Music, 1982)、《语义结构》(Semantic Structures, 1990)、《思维的语言》(Languages of the Mind, 1992)、《思维的方式》(Patterns in the Mind, 1994)、《语言、意识语文化——心智结构论集》(Language, Consciousness, Culture: Essays on mental structure, 2007)、《意义与词库》(Meaning and the Lexicon, 2010)和《思维与意义：读者指南》(A User's Guide to Thought and Meaning, 2012)等。

杰森尼亚斯　Gesenius, Wilhelm（1786—1842）　德国语义学家和圣经学家。亦译作格泽纽斯。1786年2月3日生于德国图林根州的北豪森市(Nordhausen)。1803年入下萨克森州的黑尔姆施泰特大学(University of Helmstedt)学习神学，最后阶段转入哥廷根大学(University of Göttingen)。1806年毕业不久，成为哥廷根大学神学系编外讲师。1810年被萨克森安哈尔特州(Saxony-Anhalt)萨勒河畔哈雷城(Halle an de Saale)的哈雷大学聘为神学特职教授(professor extraordinarius)，1811年升为正教授。1842年10月23日卒于哈雷城。

威廉·杰森尼亚斯在符号语义学领域首创以科学方法研究希伯来语言及文学。他致力于将希伯来语言和文学研究发展成一门独立的学术领域，得到学术界的肯定。其著作以东方语言作品及旧约圣经评论为主，1810—1812年出版两卷本《希伯来语德语手册》(Hebraisches-deutsches Handworterbuch)，是学习希伯来语的重要工具书，曾数次修订出版。1813年，杰森尼亚斯首次出版语法教材《希伯来语法》(Hebraische Grammatik)，至1842年已出到第13版，1909年由德国希伯来语学者卡伍兹斯奇(Emil Friedrich Kautzsch, 1841—1910)改编为语法参考书。1818—1829年，德国闪语族语言学家伯格斯褚阿瑟(Gotthelf Bergsträsser, 1886—1933)进一步修订增补音位学和形态学的大部分内容。最新最著名的英译本是基于1833年的拉丁语版《希伯来词汇手册》(Lexicon Manuale Hebraicum et Chaldaicum in V. T. Livros)的译本，由美国学者布朗(Francis Brown, 1784—1820)、英国神学及希伯来语学者德赖弗(Samuel Rolles Driver, 1846—1914)和美国学者布里格斯(Charles Augustus Briggs, 1841—1913)编辑而成，名为《旧约全书中希伯来语和英语词汇》(1907年初版，1953年修订重印)。1829年，杰森尼亚斯开始撰写词典学著作，直到去世仍未脱稿，后由德国东方学者儒蒂戈尔(Emil Rödiger, 1801—1874)续写完成。

捷科　Jagić, Vatroslav（1838—1923）　克罗地亚语言学家和文学评论家。1838年7月6日生于克罗地亚北方小城瓦拉日丁(Varaždin)。曾在维也纳大学学习古典语文学和斯拉夫语。1861—1870年在克罗地亚萨格勒布一所中学任教。1871年获德国莱比锡大学哲学博士学位，其后受聘为乌克兰敖德萨大学比较语文学教授。1874—1880年任德国柏林洪堡大学斯拉夫语教授。1880—1886年在俄国圣彼得堡大学任教。1886年到维也纳，居住在当时欧洲中部和东部著名斯拉夫语言学家的聚集地，维也纳也因此成为语言学研究中心。1908年，捷科退休后继续开办斯拉夫语研修班，于1923年8月5日在维也纳去世。

瓦特罗斯拉夫·捷科是19世纪下半叶享有盛名的斯拉夫研究专家。他对斯拉夫语研究的贡献主要体现为1875年创立杂志《斯拉夫语文学档案馆》(Archiv für slavische Philologie，即 Archives for Slavic Philology)，办刊的宗旨是要把语言学的研究范围扩大到语言本身之外，包括斯拉夫语民间传说和文化、语言学和文学的物质体现（如历史手稿、历史遗迹等），在做编辑工作的45年中，他始终坚持这个办刊目标。他在对古教会的斯拉夫语研究之后发现，斯拉夫语并非像大多数知名专家所说，起源于潘诺尼亚平原中部，而是起源于马其顿南部。他对中世纪斯拉夫语文本和著名斯拉夫语言学家之间（如多布罗夫斯基(Josef Dobrovsky)和科皮塔尔(Jernej Bartol Kopitar)）来往信件的解读也非常有名。

捷科一生成果卓著，发表作品100多部。其中主要著作包括《斯拉夫语言学史》(Istorija Slavjanskoj Filologii, 1910)、《克罗地亚文学史》(Historija Književnosti Naroda Hrvatskoga ili Srpskoga，即 History of the Literature of the Croatian People)、《斯拉夫人的秘密语言》(Tajni Jezik u Slavena，即 Secret Language Among Slavs)和《斯拉夫语句法》(Prilozi Slavenskoj Sintaksi，即 Contributions to Slavic Syntax)等。

金田一京助　Kindaichi, Kyosuke（1882—1971）　日本语言学家。1882年5月5日生于岩

手县盛冈市。1904年进入东京帝国大学文学院语言学系,1908年任国学院大学聘用教师,于1908—1913年兼任三省堂日本百科大辞典编修所校对员。1913年起任东京帝国大学文学院讲师。1922年任国学院大学教授。1928年任东京帝国大学副教授。1932年以专著《阿伊努叙事诗尤卡拉研究》获日本学士院奖。1935年以论文《尤卡拉语法——以动词为中心》获东京帝国大学文学博士学位。1941年任东京帝国大学教授。1948年当选为日本学士院会员。1952年任国语审议会委员。1954年获文化勋章。1967—1970年任日本语言学会第二任会长。1971年11月14日卒于东京,后归葬故里。

金田一京助撰写了大量关于阿伊努语(Ainu)和阿伊努叙事文学的研究著作,奠定了现代阿伊努研究的基础。他终身致力于尤卡拉等阿伊努口头文学的笔录和翻译注释工作,以阿伊努语资料的记录整理和研究为基础,在古虾夷、阿伊努历史、阿伊努语言乃至日语语言学、语言学、词典编纂、国语教材编写等诸多领域做出贡献。他运用现代语言学研究方法对北海道和东北地区的地名进行考察,得出阿伊努民族不同于日本民族的结论。他提出的意志动词与无意志动词的区分、绝对敬语与相对敬语的区分、敬语起源于避讳意识等先驱性见解,均得益于阿伊努语研究。1972年,三省堂为之设立"金田一京助博士纪念奖",对日本及周边各民族语言和相关文化研究的优秀成果进行奖励。

金田一京助的主要论著包括《阿伊努研究》(『アイヌの研究』,1925)、《阿伊努叙事诗尤卡拉研究》(『アイヌ叙事詩ユーカラの研究』(全2卷),1931)、《国语音韵论》(『国語音韻論』,1932)、《阿伊努文学》(『アイヌ文学』,1933)、《日语史:系统篇》(『国語史—系統編—』,1938)《阿伊努叙事诗尤卡拉概论》(『ユーカラ概説 アイヌ叙事詩』,1942)、《日语变迁》(『国語の変遷』,1948)、《日语学入门》(『国語学入門』,1949)、《明解日语词典》(『明解国語辞典』,1949)、《辞海》(1952)、《语言学五十年》(『言語学五十年』,1955)、《日本敬语》(『日本の敬語』,1959)等。

井上和子　Inoue, Kazuko　(1919—　)
日本语言学家。1919年4月17日生于日本大阪。1939年毕业于津田英学塾(今东京津田塾大学)。1951—1963年在大阪做英语教师期间,赴美国米尔斯学院(1951—1952)和密歇根大学(1957—1958;1960—1961)学习。1958年获密歇根大学英语语言学硕士学位,1964年获语言学博士学位。1963年到东京国际基督教大学任教。1985年转入津田塾大学任教。1990—1997年任神田外语大学校长。1983—1985年任日本语言学会第九任会长。1996—2001年任神田大学卓越中心项目负责人,领导由政府出资为发展语言学建立的大型研究项目。2000年任神田大学名誉教授和日本科学委员会成员。现任神田外语大学语言学研究中心顾问、日本语言学会顾问、日本英语学会顾问和全国外语教育振兴协会理事长。

井上和子对生成语法领域的重要贡献在于她对日语句法的研究,她是最早把生成理论用于非英语语言研究的语言学家之一,日语句法学的领军人物。《转换语法与日语》(『変形文法と日本語』,1976)一书是她的代表作,分上、下两册,出版后受到国内外学者的极高评价,为日本的生成语法研究打下了坚实的基础。该书上卷主要论述以补句成分(COMP)为中心的句法问题,下卷主要是对格、时、反身名词的意义解释。全书对日语的音韵和语法都有精辟的分析。她对日语句法的研究,促使生成语法形成了一个寻求不同语言之间语言普遍性的研究框架。井上和子20世纪六七十年代的著作预见了生成句法学的进一步发展,即从早期以英语为中心到八十年代在原则和参数方面的新定位,由此为从多语言角度检测数据提供了理论依据。

井上和子的主要著作包括《日语句法学研究》(*A Study of Japanese Syntax*, 1969)、《日语语法规则》(『日本語の文法規則—日英対照』,1978)、《现代英语语法·6—名词》(『現代の英文法 6—名詞』,1985)、《新编英语语言学词典》(『新英語学辞典』,1987)、《生成语言学入门》(『生成言語学入門』,1999)和《生成语法与日语研究》(『生成文法と日本語研究—「文文法」と「談話」の接点』,2009)等。

喀拉拉·波尼尼　Kērala Pāṇini　参见"拉贾拉贾瓦尔玛"。

卡茨　Katz, Jerrold J.　(1932—2002)　美国哲学家和语言学家。1932年7月14日生于华盛顿特区。1954年获乔治·华盛顿大学获学士学位。1960年获普林斯顿大学哲学博士学位。1961年被聘为麻省理工学院语言学研究助理,1963年任助理教授,1969年被聘为哲学教授。1975年任纽约城市大学研究生中心哲学与语言学特聘教授。2002年2月7日卒于曼哈顿。

杰罗尔德·卡茨在语言学领域以生成语法中的语义理论而闻名。他是唯理论的坚定捍卫者,广泛反对经验主义的主导地位。1972年出版了《语义学理论》(*Semantic Theory*),阐述了句法学与语义学的关系。后来他放弃了乔姆斯基的心灵主义(mentalism),转而提倡理性主义(realism),不再把语言学看作是一门心理学的分支。在1981年出版的《语言及其他抽象对象》(Language and Other Abstract Objects)一书中,他探索了语言学与数学的相似性,试图建立解释意义的科学方法。1985年选编了一部名为《语言学哲学》(The Philosophy of Linguistics)的论文集,在该书导言中他这样写道:"20世纪哲学经历了两次语言学转向,在第一次也是最为著名的一次转向中,语言成了哲学家们关注的中心,他们由此摆脱了19世纪唯心主义哲学的桎梏;在第二次转向中,语言成了哲学家们关注的中心,他们希望把关于语言的思考建立在一种科学的基础之上。本书旨在激发第三次语言学转向,在这次转向中,语言学的基础成为哲学家们关注的中心,他们企图从语言科学这一视角去思考语言学。"1990年出版的《意义的形而上学》(The Metaphysics of Meaning)是体现卡茨雄心的一部力作。该书向20世纪最有代表性的两种意义理论即后期维特根斯坦(Ludwig Josef Johann Wittgenstein)的意义理论和蒯因(Willard van Ormand Quine)的意义理论发起了攻击。他的哲学纲领主要谈论语言学,这不仅是向弗雷格(Fredrich Ludwig Gottlob Frege)的内涵主义的回归,也是向康德形而上学构想的回归,甚至还是向柏拉图实在论的回归。他的意义基本原则尚待完善,但其基本意图却已十分明显,那便是恢复基本原则在哲学探讨的中心地位。

卡茨提出的意义基本原则代表着20世纪后半叶西方语言哲学家重新确立基本原则之基础地位的一次努力。他在《意义的形而上学》一书中着重考察了他们对弗雷格式内涵主义的批判是否成功。他的结论是否定的,因为卡茨认为这二人共同持有的自然主义立场尽管摆脱了唯心主义的局限却陷入了新的谬误。他认为,只有建立在实在论基础上的语言学才能成为自主的学科,而为语言学奠定实在论基础的正是构建意义的基本原则。

卡茨独著或与他人合著11部书、75篇论文,独编或合编3部书。他的同事诺姆·乔姆斯基称他为现代语言哲学的发展做出了贡献。他的其他主要著作包括《归纳和解决问题》(The Problem of Induction and Its Solution,1962)、《一个完整的语言描述理论》(An Integrated Theory of Linguistic Descriptions,1964)、《语言的基本现实及其哲学导入》(The Underlying Reality of Language and Its Philosophical Import,1971)、《命题结构和言外之力:句子意义对言语行为的作用》(Propositional Structure and Illocutionary Force: a Study of the Contribution of Sentence Meaning to Speech Acts,1977)、《语言和其他抽象的对象》(Language and Other Abstract Objects,1981)、《现实理性主义》(Realistic Rationalism,2000)以及《意义、指称和哲学》(Sense,Reference and Philosophy,2004)(卡茨去世后由牛津大学出版社出版)等。

卡尔纳普　Carnap, Rudolf　(1891—1970)
美国哲学家。1891年5月18日生于普鲁士雷姆沙伊德市隆斯多夫(Ronsdorf, Remscheid)。曾就读于耶拿大学,主修数学、物理和哲学。1926年在维也纳大学任教,1931年任布拉格大学自然哲学教授,1935年起在美国芝加哥大学任教,1941年入美国籍,1954年转赴加州大学洛杉矶分校任教直至退休。1970年9月14日卒于加利福尼亚州洛杉矶县圣莫尼卡市。

卡尔纳普是维也纳学派的主要成员,是经验主义和逻辑实证主义的代表人物,主要研究逻辑学、数学和语言的概念结构。他投入大量时间和精力从事语言科学的分析工作,坚信科学的实证陈述是唯一有实际意义的陈述。他认为一切关于世界的概念和知识最终来源于直接经验,哲学问题可以归结为语言问题,哲学方法就在于对科学语言进行逻辑分析。他还提出容忍原则(principle of tolerance),即语言形式的传统论,强调语言形式的自由性和多样性。他对形式、逻辑系统的构建尤其感兴趣。此外在概率问题方面也进行了大量研究。他深受德国数学家弗雷格和英国哲学家罗素(Bertrand Arthur William Russell)以及维特根斯坦的影响,加入由实证主义科学家和哲学家组成的维也纳小组(the Vienna Circle),并成为该团体的领军人物。卡尔纳普还参与创办并编纂了期刊《知识》(Erkenntnis)和《统一科学的国际百科全书》(International Encyclopedia of Unified Science,1939)。

卡尔纳普的主要论著包括《世界的逻辑结构》(The Logical Structure of the World,1928)、《哲学的伪问题》(Pseudoproblems in Philosophy,1928)、《语言的逻辑句法》(The Logic Syntax of Language,1934)及《概率的逻辑基础》(Logical Foundations of Probability,1950)等。

卡马拉　Câmara, Joaquim Mattoso　参见"马托索·卡马拉"。

卡普兰　Kaplan, Ronald M.　(1946—　)
美国语言学家。1975年在哈佛大学获社会心理学博士学位。1979年,卡普兰担任计算语言学协会主席,1992年获得美国计算机学会(ACM)软件系统奖。他曾被聘为斯坦福大学语言学系的顾问教授(Consulting Professor)和该校语言与信息研究中心主任。

罗纳德·卡普兰是"词汇功能语法(Lexical-Functional Grammar,简称LFG)"的创始人之一。他与斯坦福大学的同事琼·旺达·布里斯南(Joan Wanda

Bresnan)合作,于1982年发表论文《词汇功能语法——语法表达的形式系统》(Lexical-Functional Grammar: A formal system for grammatical representation),首次提出LFG的概念,旨在建立一个提供语言计算准确性和心理现实性表达的句法框架,其中运用结构层次(architecture)、词汇和约束条件等多个层次的表达式。词汇功能语法与其他短语结构语法一样,具有非转换(non-derivational)和基于约束(constraint-based)的特征。词汇功能语法为自然语言的描述和语法知识的表达提供了一个有效模式,不仅可以解释幼儿的语言习得机制,还可以解释人类处理自然语言的行为;把句子分析的可计算性作为它的一个基本目标,从而满足自然语言计算机处理的需要,在机器翻译和自然语言处理中得到广泛的应用。

卡普兰曾经研究语法的计算模式如何嵌入人类语言行为的模式。他完成了词汇功能语法理论最初的计算实现。他与马丁·凯(Martin Kay)合作,发展了作为有限状态音系及形态学描述之基础的数学、语言学和计算学的概念。他还在施乐复印机公司及其衍生厂商生产的多种商业产品中嵌入有限状态方法。卡普兰拥有三十多项语言技术领域的发明专利。

卡奇鲁(布拉吉·~) Kachru, Braj (1932—) 美国语言学家。1932年5月15日生于印控克什米尔地区的斯利那加(Srinagar)一个婆罗门家庭。大学毕业后,一直在美国伊利诺伊大学香槟分校文理学院任教,1968—1979年任语言学系主任,1985—1991年任国际通用英语部主任,1996—2000年任高级研究中心主任。1978年任美国语言学会暑期语言学院负责人,1984年任美国应用语言学协会(AAAL)主席,1997—1999年任世界英语国际协会(IAWE)主席。1998年被选聘为香港大学爱德华·尤德纪念基金访问教授,2001年被授予印度海德拉巴市英语及外语中心研究院荣誉研究员。兼任多个编辑委员会的成员,包括《多语与多文化发展》(Journal of Multilingual and Multicultural Development)、《语言学与人类科学》(Linguistics and the Human Sciences)、《社会语言学国际》(International Journal of the Sociology of Language)等期刊。1987年获爱丁堡公爵奖。

布拉吉·卡奇鲁开创了"世界英语(World Englishes)"研究领域,是《世界英语》(World Englishes)杂志的创刊者和主编。为了更有效地研究不同国家和地区的英语,他以三层同心圆来图解世界范围内英语的使用状态,内层代表英语的传统使用地,包括英国、美国、澳大利亚、新西兰、爱尔兰、加拿大与加勒比海域,内层区域讲英语的人高达3.8亿,其中1.2亿人都在美国以外;其次为外层,包括印度、尼日利亚、菲律宾、孟加拉国、巴基斯坦、马来西亚、坦桑尼亚和肯尼亚等国家,虽然英语并非这些国家的本族语,但由于历史原因而成为官方或第二语言,这些国家讲英语的总人数大致为1.5亿到3亿;最外层为扩展层,包括中国、俄罗斯、日本、韩国、埃及与印度尼西亚等,英语在这些国家作为外语或通用语来实现商业目的,扩展层的英语使用者约为1亿到10亿。

卡奇鲁完成专著20余部(含合著及撰稿),撰写研究论文和书评百余篇。其中包括获奖图书《点石成金的英语——非本地英语之传播、功能与模式》(The Alchemy of English: The spread, functions and models of non-native Englishes, 1990)、《剑桥英语语言史·第5卷 不列颠及海外英语》(The Cambridge History of the English Language, Volume 5, English in Britain and overseas)、《牛津英语语言指南》(The Oxford Companion to the English Language)、《亚洲英语——标准之外》(Asian Englishes: Beyond the Canon, 2004)、《世界英语:语言学关键概念》(World Englishes: Critical Concepts in Linguistics, 6 vols., 2006)、《世界英语手册》(The Handbook of World Englishes, 2006)和《南亚语言》(Language in South Asia, 2008)等。

卡奇鲁(雅姆那·~) Kachru, Yamuna (1933—2013) 美国语言学家。1933年3月5日生于西孟加拉地区马哈拉施特拉(Maharashtrian)的婆罗门家庭。1953年获比哈尔大学(Bihar University)学士学位,1955年获巴特纳大学(Patna University)硕士学位,1959年获浦那德干学院语言学研究生证书,1965年获伦敦大学普通语言学博士学位。1956—1958年任印度兰契女子学院(Ranchi Women's College)讲师。1959—1965年任伦敦大学亚非学院印地语讲师。1965年起在美国伊利诺伊大学语言学系任教,1968—1971年任语言学系副教授,1971年起任语言学与英语教授,退休后继续从事学术研究与出版活动。2006年获印度总统颁发的总统奖。2013年4月19日卒于伊利诺伊州乌尔班纳市(Urbana, Illinois)。

雅姆那·卡奇鲁主要从事印地语研究。她的博士学位论文《印地语动词句法学的转换处理》(A Transformational Treatment of Hindi Verbal Syntax)是第一部应用乔姆斯基理论研究印地语的作品。作为北印地语话语研究的先驱,她在1967—1968年任美国印地语研究所的高级研究员,其间与她的丈夫布拉吉·卡奇鲁共同组织了第一届印地语语言学国际会议。在相关研究中,她著有《印地语句法学导论》(An Introduction to Hindi Syntax, 1966)、《印地语语言学研究》(Studies in Hindi Linguistics,1968)、《印地语转换语法研究》(Studies in a Transformational Grammar of Hindi,1968)、《印地语转换语法研究课题》(Topics in a Transform-ational Grammar of Hindi,1974)、《印地语句法面面观》(Aspects of Hindi Syntax,1980)、《当代印地语语法》(A Contemporary Grammar of Hindi,1980)等著作。

雅姆那·卡奇鲁也进行英语语法、二语习得、语言类型学和世界英语等其他方面的研究,著有《语言学科学研究》(Studies in the Linguistics Sciences,1971)、《关系语法导论》(Relational Grammar: An Introduction,1982)、《跨文化文本、话语策略与阐释》(Cross-Cultural Texts, Discourse Strategies and Discourse Interpretation,1987)、《语用学与语言学习》(Pragmatics and Language Learning,1990—1994)、《世界英语言语行为》(Speech Acts in World Englishes,1991)、《印地英语话语行为的社会意义与创造性》(Social Meaning and Creativity in Indian English Speech Acts,1993)、《语言、性别与权力》(Language, Gender and Power,1995)、《世界英语与语言研究》(World Englishes and Linguistic Research,1995)、《世界英语的话语能力》(Discourse Competence in World Englishes,2001)和《世界英语的学与教》(Learning and Teaching of World Englishes,2005)等。

卡斯特伦 **Castrén, Matthias Alexander** (1813—1852) 芬兰语言学家。1813年12月2日生于斯堪的纳维亚半岛最北端拉普兰地区的芬兰泰尔沃拉(Tervola, Lapland)。1825年丧父,由叔父监护并送往奥卢(Oulu)上学;其间,曾通过辅导低年级学生勤工俭学。1828年进入赫尔辛基大学攻读希腊语和希伯来语,不久兴趣转向母语芬兰语的研究;1838—1844年完成了四次远途探险,考察各地语言和文化。1851年被聘为赫尔辛基大学第一位芬兰语教授,次年出任校长。因积劳成疾,1852年5月7日卒于赫尔辛基。

马提亚斯·亚历山大·卡斯特伦心怀深厚的民族主义情结,对芬兰语的研究兴趣盎然。他曾将鼓舞民族主义、歌颂英雄主义的芬兰民族史诗《卡勒瓦拉》(Kalevala),又名《英雄国》,翻译成瑞典语出版。1838—1839年,他对拉普兰和卡累利阿(Karelia)进行实地考察,收集当地的神话和民间传说。之后卡斯特伦的实地考察范围一直向东扩展,先后深入到俄罗斯西部、中部,甚至到达中国北部边境的西伯利亚地区进行实地考察,搜集整理出大量关于乌拉尔阿尔泰诸语言的宝贵资料。1841年出版其科米兹梁语(Komi-Zyrian)语法著作《济良语法概要》(Elementa Grammatices Syrjaenae,1844),他的玛里语(Mari)语法书于1845年面世。1849年,他根据自己的研究发现,提出芬兰人是来自中亚的包括马扎尔人、突厥人和蒙古人在内的大民族的观点,带动了国内的芬兰语言和文化研究。

卡斯特伦对语言学最重要的贡献在于他对萨莫耶德诸语言(Samoyed languages)语法的对比研究。他对萨莫耶德诸语言中每一种语言都进行了详细的分析和描写,这些资料在他去世后被整理出版。他还把芬兰乌戈尔诸语言与萨莫耶德诸语言归入一个共同的乌拉尔语系,提供了最早的音、形态和语法等方面的证据,成为乌拉尔语族的研究先驱学者。

卡特·赫尔曼茨 **Kate Hermansz, Lambert ten** (1674—1731) 荷兰语言学家。1674年生于阿姆斯特丹一个门诺派教徒(Mennonite)家庭。曾就读于哈勒姆文理学校(Haarlem Collegium Physicum),师从阿德里安弗沃(Adriaen Verwer,约1655—1717),接受语言学启蒙。成年后曾一度与父亲赫尔曼·滕卡特(Herman ten Kate,1644—1706)合伙做玉米生意;后因钟爱语言学而退出家族生意,专心从事历史比较研究。

兰伯特·滕卡特·赫尔曼茨是日耳曼语言学奠基人之一,在历史比较语言学、词源学、方法论和标准语研究领域,均有开创性成果。1707—1710年,他首先着眼于研究哥特语与荷兰语的关系,观察到荷兰语与哥特语的动词词形变化遵循同样的模式,因此,他把哥特语的动词分为六类。在动词的词形变化体系中,他发现了元音系统交替变化的规律,后被德国语言学家格林(Jacob Ludwig Carl Grimm)称作"元音交替(Ablaut)"。这项工作在学术价值和历史意义上超过了他的前辈英国学者希克斯(George Hickes,1642—1715)。后来滕卡特观察和思考了语音学现象,研究成果发表在1710—1723年出版的书籍《荷兰语中最美妙的一部分——词源学引论》(Aenleiding tot de Kennisse van het Verhevene deel der Nederduitsche Sprake,即 Introduction to the Sublime Part of the Dutch Language, i.e., Its Etymology)中。他在书中对哥特语的动词进行了详尽的分类,并把这一分类应用到他所熟悉的其他日耳曼语研究中。但他真正关心的是寻找语言的规律,在更多的数据中谨慎地验证他所发现的规律,这对18世纪初荷兰学术界的实证研究转向做出了积极贡献。他对比较历史语言学领域的研究也有颇多建树,尤其是把整个欧洲都考虑在研究范围之内。无论是在研究内容还是研究方法上,他的著作都很好地诠释了1700年前后在牛顿思想影响下荷兰语言学家们研究方法的根本转变,并在同时期的作品中脱颖而出,经受住了时间的考验。

滕卡特·赫尔曼茨的其他主要作品包括《哥特语

与低德语之间的交融》(*Gemeenschap tussen de Gottische spraeke en de Nederduytsche, or The Relationship Between the Gothic and Dutch languages*, 1710)、《通过研究所造之物认识的造物主及其管辖——基于理性与数学的启示》(*Den schepper in Zyn bestier te Kennen in Zyne Schepselen; Volgens het Licht der Reden en Wiskonst*, 1716)和《聪明博学的荷兰人兰伯·特赫尔曼森的美好理想》(*The beau ideal by the late ingenious and learned Hollander Lambert Hermanson ten Kate*, 1732——由詹姆斯·克里斯托弗·勒布隆[James Christopher Le Blon]从法语原本翻译成英文出版)等。

卡特勒 Katre, Sumitra Mangesh (1906—1998) 印度学者和教育家。1906年4月11日生于印度西南部的卡纳塔克(Karnataka)。在芒格洛尔(Mangalore)中学毕业后，进入马德拉斯大学(Madras University)攻读数学和梵语。其后赴伦敦大学亚非学院学习，1931年获语言学博士学位。回到印度后，曾在多所学校任教。1933年担任瓦迪亚学院(Wadia College)梵语教授。1937—1939年在芭拉舒兰学院(Sir Parashuram College)任梵语教授。1939年起任浦那德干学院(Deccan College, Pune)研究生与研究中心印欧语言学教授，1942年任中心主任，1971年退休。其后移居美国，1971—1976年在德克萨斯大学奥斯汀分校亚非语言文学系任教。1998年10月21日卒于加利福尼亚州圣何塞(San Jose)。

苏米德拉·芒戈什·卡特勒在三四十年代发表的博士学位论文《早期佛教歌谣与奥义书的关系》激励了许多学者从事巴利文(Pali)和中东印度语(Middle Indic)的研究。他被学界称颂的主要原因是：在印度各大学倡导语言学教学，推动该学科在全国的传播；发起并主持1954—1960年"语言工程(Language Project)"，在印度召开首次语言学大会，举办暑期与秋季语言学校培养语言学家，吸引杰出的外国语言学家到印度访问，派送印度国内有前途的语言学者出国深造。卡特勒把印度语言学会(Linguistic Society of India)从加尔各答迁至浦那德干学院，使之成为全印度最知名的学术团体。他担任《新印度古物研究者》(*The New Indian Antiquary*)、《东方文学月刊》(*The Oriental Literary Digest*)、《德干学院研究所和印度语言学学刊》(*The Bulletin of the Deccan College Research Institute and Indian Linguistics*)和《印度—伊朗语》(*The Indo-Iranian Journal*)等重要学术期刊的主编或编委。卡特勒花费20年时间(1951—1971)编纂了《梵语百科词典》(*Encyclopaedic Dictionary of Sanskrit*)。他还是英国皇家亚洲学会(The Royal Asiatic Society)、巴黎语言学会(Société de Linguistique)、美国语言学会、美国东方学会等诸多国际学术团体和研究机构的会员。他曾获得许多荣誉称号，如1941—1942年孟买大学威尔逊语言学讲师；1957年高哈蒂大学(University of Gauhati)巴帕黛维纪念讲师(The Pratibha Devi Memorial Lecturer)；美国印度研究学院(The American Institute of Indian Studies)特别事务主任(Special Officer)等。

卡特勒一生撰写了12部专著、250篇左右论文，编辑了大量语言学方面的书籍。他的贡献除了对巴利文和其他中东印度语以及印度雅利安比较语言学和历史语言学的研究以外，还在于对自己的家乡语孔卡尼语(Konkani)的研究，他发表了数篇值得注意的学术论文，出版了论述孔卡尼语形成的书籍。后来他把学术注意力转移到研究古代伟大的语法学家波尼尼(Pāṇini)和他的不朽语法著作《八章文法书》(*Ashtadhyayi*)。波尼尼是那个时代重要的里程碑式人物，《八章文法书》全面总结了梵语语法如性、数、格、时态等现象，建立了综合性的科学语音学、音韵学、语法学理论和经典规则等。1967年，卡特勒分三个部分撰写的《波尼尼辞典》(*Dictionary of Pāṇini*)出版。

卡特勒其他著作包括《印度篇章批评引论》(*Introduction to Indian Textual Criticism*, 1954)、《梵语手稿》(*Sanskrit Manuscripts*, 1949—1955)、《词典学》(*Lexicography*, 1965)、《波尼尼研究》(*Pāṇinian Studies*, 1967, 1987)、《波尼尼词典编纂学》(*Pāṇinian Lexicography*, 1968—1969, 1971, 1981)、《古印度日常用语和印度雅利安语研究》(*Prakrit and Indo-Aryan Studies*, 1944, 1964, 1968)、《孔卡尼语的形成》(*The Formation of Konkani*, 1966)以及《纪念文集》(*Festschrift*)等。

凯(保罗·～) Kay, Paul (1934—) 美国语言学家。1934年生于纽约市。1955年获杜兰大学经济学学士学位，1963年获哈佛大学社会人类学博士学位，1963—1964年在斯坦福大学社会科学研究会做博士后研究；1964—1965年任麻省理工学院政治学助理教授，1965—1966年任斯坦福行为科学高等研究中心研究员，1966—1969年任加州大学伯克利分校人类学副教授，1967—1974年兼任语言行为研究实验室调研部主任，1970—1982年任人类学教授，1981—1985年兼任认知研究所主任，1982—1995年任语言学教授，1986—1991年兼任语言学系主任；1995年起，任荣誉退休教授兼研究生院教授。1987—1989年任美国语言人类学学会会长；2001年起，任国际计算机科学研究院资深研究科学家；2010年起，任斯坦福大学语言学顾问教授。

保罗·凯的研究兴趣主要在认知科学领域，以语言为中心，考察语言的结构及其与思维和感知的联系。颜色命名是凯的一个非常重要的研究视角。1969年,他与美国人类学家布伦特·伯林(Overton Brent Berlin)出版合著的《基本颜色词——普遍性及其演化》(Basic Color Terms: Their universality and evolution),提出每种文化都有若干可按普遍共性推断而知的基本颜色词,如黑、褐、红等。因为所有文化种群都有区分黑白或明暗的词汇,倘若某种文化有三个颜色词,那么第三个一定是红色;倘若有四种颜色,则第四个颜色词一定是黄色或绿色。以此类推。伯林和凯据此设定了文化类别的七个阶段:第一阶段文化的语言仅有黑、白两个颜色,其中暗为冷色调,明为暖色调;第七阶段文化的语言有八个或八个以上的基本颜色词,如英语有11个。因此,他们断言:在语言演化过程中,基本颜色词的生成需严格按照各阶段的时间顺序;假如在某种语言中发现有某个基本颜色词,那么之前阶段的那些词汇均应该存在于该语言中。

凯在颜色词领域的研究成果主要以论文形式发表,数量远超百篇,其主要包括《语言进化和言语风格》(Language Evolution and Speech Style, 1977)、《色彩感知和色彩语码的意义》(Color Perception and the Meanings of Color Terms, 1980)、《色彩语码语言学》(The Linguistics of Color Terms, 2001)等,与库克(Richard Cook)合撰《世界颜色概览》(World Color Survey, 2009)。凯在构式语法及相关领域也成就不凡,与菲尔墨(Charles Fillmore)合著《构式语法》(Berkeley Construction Grammar, 1995),并发表多篇相关文章,包括《构式语法的局限》(The Limits of Construction Grammar, 2013)、与米卡利斯(Laura A. Michaelis)合撰的《构式的意义与组合性》(Constructional meaning and compositionality, 2013)和《一元短语结构规则与认知语言学词汇连接理论》(Unary phrase structure rules and the Cognitive Linguistics lexical linking theory, 2014)等。

凯(马丁·~) Kay, Martin (1935—)
计算语言学家。1935年生于英格兰东南部米德尔塞克斯埃奇韦尔(Edgeware, Middlesex)。1958年加入剑桥语言研究部(Cambridge Language Research Unit),1961年毕业于剑桥大学三一学院,获语言学与计算语言学硕士学位;其后到美国深造。从加州大学伯克利分校毕业后,加入兰德公司(Rand Corporation),1972年受聘于加州大学欧文分校(UC, Irvine),1974年到帕洛·阿尔托施乐研究中心(Xerox Research Center, Palo Alto)任职,1985年被聘为斯坦福大学语言学教授。曾任美国计算语言学协会(Association for Computational Linguistics)主席,现任计算语言学国际委员会(ICCL)终身主席;被授予瑞典哥德堡大学(University of Gothenburg)荣誉博士学位,被德国萨尔大学(University of the Saarland)聘为荣誉教授。

马丁·凯是计算语言学和机器翻译研究的先驱,主要关注真人与机器执行的翻译中反映的语言学问题,尤其是机器翻译的状态和条件;关注计算语言学的算法,尤其是词法和句法研究。在兰德公司和加州欧文分校期间,他开始研究图表句法分析(Chart Parsing)程序,即通过输入原句和语法规则直接产生解析树的算法。他与卡普兰(Ronald M. Kaplan)一起开创了有限状态词法(finite state morphology),认为构词规则和形态音位交替规则都可以建模为有限状态机(finite state machines)。他从形式语言、形式主义以及范畴语法剖析系统的角度出发,研发的图表句法分析算法可以解决句子的生成问题。他发展了图表句法分析和功能合一语法(Functional Unification Grammar)理论,大力推进了有限状态自动机、计算音系学和计算形态学研究。

凯的论著包括《语言学与信息科学》(Linguistics and Information Science, 1973)、《计算语言学档案》(Computational Linguistics Archive, 1982)、《移动式言语表达:一个面对面对话翻译系统》(Verbmobil: A Translation System for Face-to-Face Dialog, 1992)以及《机器翻译:令人失望的历史与现状》(Machine Translation: The Disappointing Past and Present, 1995)等。

凯恩 Kayne, Richard Stanley (1942—)
美国语言学家。1964年毕业于哥伦比亚大学,获数学学士学位;1969年获麻省理工学院语言学博士学位。1976年在巴黎第八大学获语言学专业文学博士学位。1969—1986年在巴黎第八大学任教。1986—1988年任麻省理工学院教授。1988—1997年任纽约城市大学研究生院特聘教授。1997年起任纽约大学教授。

理查德·斯坦利·凯恩是生成语法理论的代表人物,其研究领域包括理论句法学、比较句法学以及法语和意大利语句法学,主要的代表作是1994年出版的《句法的反对称性》(The Antisymmetry of Syntax)。他的句法反对称理论的研究重点是等级结构(hierarchical structure)与线性语序(linear order)之间的关系。他认为,等级结构实际上总是决定线性语序,如果两个短语结构在线性语序上不同,那么在等级结构上也必然不同。凯恩指出,非对称性成分统制(asymmetric c-command)总是映射成线性居前关系(linear precedence)。这一理论既提供了高度具体的语序理论,又推导出X杠理论的基本要素。换言之,X杠理论并非UG的原始组件,而只是对短语结构中的反对称特性的一种表征。凯恩的这一理论使得许多过去被认为理所当然的一些句法现象都得到重新解释,并受到生成语法研究领域学者的广泛重视。

凯恩的其他重要论著包括《法语句法——转换循环》(French Syntax: The transformational cycle, 1975)、《连通性与双分支结构》(Connectedness and Binary Branching, 1984)和《参数与普遍原则》(Parameters and Universals, 2000)等。

康德　Kant, Immanuel　(1724—1804)　德国哲学家和天文学家。1724年4月22日生于东普鲁士王国首府柯尼斯堡(Königsberg)。1740年进入柯尼斯堡大学攻读哲学,1746年中断学业,在乡村担任私人教师,但研究著述不辍。1755年重返柯尼斯堡大学,提交研究论文后取得硕士(Magister)学位(相当于今博士)。1770年被聘为逻辑学和形而上学教授,讲授物理学、数学、逻辑学等学科;1786年任柯尼斯堡大学校长,1797年辞去教职。1781年起出版大量涉及面广且具有独创性的著作,掀起一场哲学思想上的革命。1804年2月12日因病卒于柯尼斯堡。

伊曼努尔·康德是德国古典哲学创始人、古典美学奠定者。他的哲学体系由"三大批判"构成,分别为"纯粹理性批判"(Critique of Pure Reason)、"实践理性批判"(Critique of Practical Reason)和"判断力批判"(Critique of Judgment)。康德学说对20世纪语言哲学产生重大影响。他认为,我们对于外部世界的理解并非仅仅基于经验,而是基于经验和先验概念(a priori concepts)。他将分析命题(analytic propositions)和合成命题(synthetic propositions)做了区分,认为分析命题的谓语概念包含于主语概念,而合成命题的谓语概念则不包含于主语概念。分析命题忠实于句子中词语本身的意义,对分析命题的理解无需语言之外的知识,而合成命题阐述关于世界的某些内容,这些陈述属于真实还是谬误须由语言内容之外的内容推知。康德的哲学思想对后期的语言哲学产生了深远影响,许多语言理论的形成脱胎于他的哲学原则,包括乔姆斯基的语言学、韦伯(Max Weber)的社会学以及皮亚杰(Jean Paul Piaget)的心理学等学科观点。

康德于1746年完成他第一部哲学论著《对生命力量真实评估的思考》(Gedanken von der wahren Schätzung der lebendigen Kräfte),其他重要著作包括《自然通史和天体论》(Allgemeine Naturgeschichte und Theorie des Himmels, 1755)、《视灵者的幻梦》(Träume eines Geistersehers, 1766)、《纯粹理性批判》(Kritik der reinen Vernunft, 1781)、《实践理性批判》(Kritik der praktischen Vernunft, 1788)、《判断力批判》(Kritik der Urteilskraft, 1790)、《论永久和平》(Zum ewigen Frieden, 1795)和《关于教育学》(Über die Pädagogik, 1803)等。

康帕内拉　Campanella, Thomaso　(1568—1639)　意大利哲学家、诗人、神学家和语言学家。1568年9月5日生于意大利南部卡拉布里亚的斯蒂洛(Stilo, Calabria)。14岁时加入多明我会(Dominican Order),1589年因厌倦该会戒律而逃离修道院,先后到那不勒斯、罗马、佛罗伦萨和帕多瓦并在大学里学习。1599年回到故乡卡拉布里亚,因发表反宗教言论、涉嫌推翻西班牙政权而入狱27年,其间创作大量诗歌、哲学等方面作品。1626年获释后,继续参与宗教改革和推翻西班牙政权等活动,1634年被迫逃亡法国。1639年5月21日卒于巴黎。

托马索·康帕内拉在语言学方面的作品包括《诗性》(Poetica,意大利语版1596,拉丁文版1612)和《语法》(The Grammatica, 1618),另有几部作品讨论了拉丁语在拼字和语义方面的改革。在《语法》一书中,他热衷于创造哲学语言,认为新的哲学语言必须是意义明确而无歧义,绝对反映词汇和事物之间的对应关系;同样,新的哲学语言的拼写法也应该体现声音和字母之间的明显关系。在《诗性》一书中,康帕内拉建议字母应该反映其发音方式。

康提-罗西尼　Conti Rossini, Carlo　(1872—1949)　意大利政治家和历史学家。1872年4月25日生于意大利塞莱诺(Salerno)。1894年毕业于罗马大学法律专业。1900—1903年任意属厄立特里亚内务秘书长。1907—1910年任驻巴黎财政部代表。1914—1915年任赛普利坦尼亚(今利比亚)政治与内务秘书长,1917—1925年任财政部总长,1925年任国务委员。1890年就读于罗马大学时,深受东方学教授古依迪(Ignazio Guidi)影响,决心在意大利将厄立特里亚据为正式殖民地后开展埃塞俄比亚研究。1920—1949年任罗马大学阿比西尼亚(埃塞俄比亚)历史和语言研究教授,1914年成为意大利猞猁之眼国家科学院(Accademia dei Lincei)通讯院士,1921年成为正式院士。1948年科学院重建后任副院长,1947—1949年任意大利人类学研究院副院长。1949年8月21日卒于罗马。

卡洛·康提-罗西尼将埃塞俄比亚称作"民族博物馆",因其境内语言繁多,文化多样。他不局限于欧洲图书馆已有的资料,而是亲自收集口头和书面材料,发表了一系列关于提格里尼亚语(Tigrinya)流行歌曲和诗歌的文章。1937年的作品中有很多带原文的简明语法概要。1940年出版了附带练习的提格里尼亚语语法概要,1942年出版了提格里尼亚谚语、传统和歌曲等方面的书籍等。此外,他还出版了吉兹语(Ge'ez)、提格雷语(Tigré)、哈拉里语(Harari)等埃塞俄比亚闪族语支的著作文本。康提-罗西尼还学习了几种中库希特(阿高族)语支的语言,出版了中库希特语支 Xamtanga 语和 Awngi 语的简介,还有比论语(Bilin)读本,一些还译成了阿姆哈拉语(Armgaric)和特格雷语。

康提-罗西尼采用民族学研究者安托万·达巴迪(Antoine d'Abbadie)的科曼特语(Kemant)文本资料,介绍了科曼特语语法的历史,并与其他高语支语法做对比研究,对科曼特语词汇与法语词汇进行了比较。他在编辑和出版存于巴黎国家图书馆的达巴迪手稿和笔记中起了举足轻重的作用。他还撰写了有关奥罗莫语(Oromo)、阿伯利语(Arbore)、贝达维语或贝扎语(Beja)、萨霍(Saho)、库纳马语(Kunama)和其他尼罗河流域语支的著作。他对埃塞俄比亚各族的法律、历史、起源和考古尤其感兴趣。

1916 年,康提-罗西尼编写了厄立特里亚的法律条例,后被译成英文。1931 年出版了关于南阿拉伯语铭文的经典著作。他还编辑和翻译了埃塞俄比亚圣人先哲的文本,陆续收录在《东方基督教文本汇编》(*Corpus Scriptorum Christianorum Orientalium*)中。康提—罗西尼是高产学者,一生撰写了 200 多篇文章和书籍、73 本书评,内容涉及埃塞俄比亚和厄立特里亚的语言、历史和文化。

考德威尔 Caldwell, Robert (1814—1891)
英国语言学家。1814 年 5 月 7 日生于北爱尔兰安特里姆郡(County Antrim)。笃信基督教新教,加入伦敦传道会后,被送到格拉斯哥大学受训。1838 年作为一名新教传教士到了印度,为吸引更多当地人皈依新教,开始对泰米尔语进行深入研究。1877 年被教会宣告为喀拉拉邦蒂鲁内尔维利(Tirunelveli, Kerala)的主教。1877 年 8 月 28 日卒于蒂鲁内尔维利。

罗伯特·考德威尔在南印度语言研究、考古及宗教传播等诸多方面具有杰出成就,在南印度现代史中占有相当重要的地位。1856 年,他的著作《达罗毗荼语或南语系诸语言的语法对比》(*Comparative Grammar of the Dravidian or South-Indian Family of Languages*)在伦敦出版。书中指出南印度的数种语言彼此紧密关联,应该属于一个相同的语族,称之为达罗毗荼语,是从梵语中分离出来的。"达罗毗荼"一词取自梵语的"drāvida",原意为"泰米尔人"或"泰米尔语",有时也用来泛指南印度人。此外,他还热衷于考古研究,曾多次参加当地的考古发掘工作,于 1881 年出版《堤那危里区的行政及综合历史》(*A Political and General History of the District of Tinnevely*),并将研究成果公布于众。

在考德威尔去世 80 周年之际,他曾工作过的印度金奈(Chennai,原名马德拉斯[Madras])竖起了他的塑像。一位印度历史学家曾评价说"考德威尔对南印度的基督教发展以及唤醒人们的宗教、文化意识方面所作的贡献在过去两百年中无人能及"。

柯纳 Koerner, E. F. Konrad (1939—)
波兰语言学家。1939 年 2 月 5 日生于波兰托伦市(Toruń)小村庄姆勒维埃茨(Mlewiec)。1962 年入德国哥廷根大学(University of Göttingen)学习英语和德语语文学、艺术史、教育学和哲学,后转入柏林自由大学;其间在爱丁堡大学学习一年(1964—1965),主修英语文学和应用语言学,1965 年获柏林自由大学哲学学士学位。1968 年在吉森尤斯图斯·利比希大学(Justus Liebig University of Giessen)获国家任教资格证书和硕士学位。1971 年在加拿大温哥华西蒙弗雷泽大学(Simon Fraser University)完成博士学位论文,其修订稿于 1973 年出版。获得博士学位后在美国德克萨斯大学和印第安纳大学担任助理研究员。1973 年返回德国,在雷根斯堡大学(University of Regensburg)从事研究和教学工作。1976 年开始在加拿大渥太华大学担任语言学教授,直到 1999 年退休。

康拉德·柯纳凭借丰富的学识、突出的组织才能和高超的编辑技巧,在现代语言学领域取得了举足轻重的成就。他主持或参与的编辑工作对 20 世纪后期的语言学发展有着广泛的积极影响。1973 年,他创办第一本有关语言学历史的期刊《语言学编史》(*Historiographia Linguistica*),并出版《语言科学史研究》(*Studies in the History of the Language Sciences*)丛书,至今已出 120 余种。1978 年,他在渥太华大学组织了首届语言科学史国际会议,形成此后每三年举办一次的惯例。1984 年创办《历时语言学》(*Diachronica: International Journal for Historical Linguistics*)期刊,亲任主编,直至 2001 年改任顾问,帮助振兴了处于衰退之势的历史语言学研究。他帮助建立了该领域的许多国家级协会,包括 1984 年成立于英国牛津的亨利·斯威特语言思想史协会(The Henry Sweet Society for the History of Linguistic Ideas)和 1987 年成立美国旧金山的北美语言科学史协会(The North American Association for the History of the Language Sciences)。他策划并主编《语言学理论当前论题》(*Current Issues in Linguistic Theory*)丛书,为使用非主流方法进行语言研究的研究者提供稳定而高质量的成果发表途径,至今已出 330 余种。他曾担任由阿舍尔(R. E. Asher)主编的 1994 年版十卷本《语言与语言学百科全书》(*Encyclopedia of Language & Linguistics*)的分科主编和 2000 年版《不列颠百科全书》(*Encyclopaedia Britannica*)的语言学史顾问。他还主编了三卷本《语言科学史》(*History of the Language Sciences*, 2000—2006)和三卷本《爱德华·萨丕尔:顶尖语言学家的评述》(*Edward Sapir: Critical assessments of lead-*

ing linguists,2007)。

柯纳的其他主要论著包括《西方语言学史》(Western Histories of Linguistics,1822—1976,1978)、《语言学历史编纂学探究》(Toward a Historiography of Linguistics: Selected essays,1978)、《诺姆·乔姆斯基:个人传记》(Noam Chomsky: A personal bibliography,1951—1986,1986)《索绪尔研究》(Saussurean Studies /Études saussuriennes,1988)、《讲授语言学史编纂学》(Professing Linguistic Historiography,1995)、《语言学史编纂学》(Linguistic Historiography: Projects & prospects,1999)、《美国语言学史探究》(Toward a History of American Linguistics,2002)和《语言科学人物生平姓名通用索引》(Universal Index of Biographical Names in the Language Sciences,2008)等。

柯伊伯 Kuiper, Franciscus Bernardus Jacobus （1907—2003） 荷兰语言学家。1907年7月7日生于荷兰海牙(s-Gravenhage)。曾在莱顿大学学习拉丁语、希腊语和梵语,课外还师从乌得勒支市(Utrecht)的吠陀梵语学者卡兰德(Willem Caland)学习梵文。1934年完成学位论文,之后到了印尼一所高中工作,教授拉丁语和希腊语。同时,还向一位当地人学习泰米尔语。1939年被聘为莱顿大学梵语教授,讲授梵语、帕拉克里(Prakrit)和印欧语言学等课程,直至1972年退休。二战期间,深入研究泰米尔语和蒙达语言(Munda)。曾任国际泰米尔语研究协会(International Association of Tamil Research)副主席。2003年11月14日卒于荷兰中部城市宰斯特(Zeist)。

弗朗西斯科斯·贝尔纳督斯·雅各布斯·柯伊伯注重研究不同语系的语言在语言学领域的相互影响。他在《梵语里的原始蒙达语词汇》(Proto-Munda Words in Sanskri,1948)和《一个语言区的起源》(The Genesis of a Linguistic Area,1967)中提出"梵语中带有'iti'标记的引证来源于达罗毗荼语的影响"之说。柯伊伯与同事狄庸(Jan Willem de Jong,1921—2000)创立了《印度伊朗杂志》(The Indo-Iranian Journal,1957)。除语言研究外,柯伊伯在神话和戏剧研究方面也颇有造诣。

到上世纪90年代初,柯伊伯已出版著作、发表文章120多种。他的主要作品还包括《查拉图斯特拉语》(On Zarathustra's Language,1978)、《古印度的宇宙起源;约翰·欧文荐文选读》(Ancient Indian Cosmogony; Essays Selected and Introduced by John Irwin,1983)和《印度语言学和语文学著作选集:莱顿印欧语系研究》(Selected Writings on Indian Linguistics and Philology, Leiden Studies in Indo-European,1997)等。

科埃略 Coelho, Francisco Adolpho (1847—1919) 葡萄牙语言学家。1847年1月15日生于葡萄牙中部城市科英布拉(Coimbra)。科埃略的基础教育完全依赖自学完成。1862—1864年在可因布拉大学进修。1865—1866年在里斯本进入大学,学习语言课程。1878年起讲授"印欧普通语言学"课程,并开始从事罗曼语族的比较研究,使葡萄牙的语文学研究走向正规化。科埃略1919年2月9日卒于里斯本附近的卡尔喀韦什(Carcavelos)。

弗朗西斯科·阿道弗·科埃略被称作"哲学语文学家",是19世纪葡萄牙语言学研究领域最重要的语言学家。1868年,他出版首部作品《葡萄牙语言——语音、词源、形态与句法》(A Lingual Portuguese: Fonologia, etimologia, morfologia e sintaxe),介绍葡萄牙历史比较学派,后来又出版两部以比较研究方法为基础的描述性语法著作《拉丁语与葡萄牙语的共轭理论——比较语法研究》(Theoria da conjugação em latim e portuguez. Estudo de gramática comparativa,1870)和《葡萄牙语问题》(Questões da lingua portuguesa,1874,1889),并为年轻读者选编了流行的葡萄牙短篇故事。此外,他还从事民族学和人类学研究,以及以葡萄牙语为基础的非洲和亚洲克里奥耳语、巴西葡萄牙语的研究。

科贝特 Cobbett, William (1763—1835) 英国政治家、散文作家和语法学家。1763年3月9日生于英格兰萨里郡法纳姆镇(Farnham, Surrey)。自幼在农庄长大,几乎未受过正式教育;1783年参军,1785—1791年驻扎在北美,利用闲暇学习英语语法并从事写作。1791年11月返回英国,1792年3月为躲避迫害逃至法国,因发现法国大革命爆发在即,中断学习法语的计划,于1792年9月转赴美国,以教书、翻译和写作为生,热衷于政治。1800年为躲避诽谤伤害回到英国,1817—1819年为躲避政治迫害曾再赴美国。1832年当选兰开夏郡奥尔德姆(Oldham)选区的国会议员,此后终身担任此席位。1835年6月18日卒于英格兰萨里郡诺曼底(Normandy, Surrey)。

威廉·科贝特的著作《英语语法》(Grammar of the English Language,1818)在美国纽约出版并获得巨大成功。该书于1819年在英国伦敦相继发行第二、第三版,1820年出版发行了第四版,修订版于1823年出版。作者在标题中强调该书旨在使政治家们避免使用错误的语法进行蹩脚的写作。科贝特的语法著作以传统语法中的九大词性分类为基础,实为传统语法。其独特之处在于他将读者定位为士兵、水手、学徒和耕夫等劳动阶层中有较强读写能力的年轻人,希望帮助他们掌握适当程度的英语说、写能力,从而享有正当的自由和人权。因此,该书内容不是描述性语法而是规定性语法,如他告诫人们不要说"It was me",而是"It was I",他还认为"Do not give him none of your money"这一句子中的双重否定是不正确的,应该说"Do not give him any of your money"。科贝特在文体问题上提出了某些重要见解;同时强调语义的明确性和力度;认为讲话或写作切忌言多意寡。他的语法书无疑对后来的语法著作,如亨利·沃森·福勒(Henry Watson Fowler)的《现代英语用法》产生了重要影响。

科贝特还曾于 1800 年创办报纸《政治语域》(Political Register),每周出版一期,直到 1836 年停刊。他的其他著作包括《士兵之友》(The Soldier's Friend,1792)、《国家庭审案卷全集》(Complete Collection of State Trials,1804—1812)、《小屋经济》(Cottage Economy,1822)等。

科尔德莫瓦 Cordemoy, Géraud de (1626—1684) 法国哲学家和历史学家。1626 年 10 月 6 日生于巴黎。曾任法国巴黎议会检察官。由于莫城主教(Évêque de Meaux)、路易十四宫廷布道师雅克-贝尼涅·博舒哀(Jacques-Bénigne Bossuet,1627—1704)的推荐,于 1673 年担任了法国大王储路易的家庭教师。自 1657 年起撰写《法兰西史》(Histoire de France),历时 18 年完稿。1675 年入选法兰西学术院院士,1683 年担任院长。1684 年 10 月 15 日卒于巴黎。

热罗·德·科尔德莫瓦是笛卡儿主义者,著作《身体与灵魂之别——以六个演讲为物理学作澄清》(Le discernement du corps et de l'âme, en six discours, pour servir à l'éclaircissement de la physique,1667)和《言语的篇章物理结构》(Discours physique de la parole,1668)使他在学术界崭露头角。在《言语的篇章物理结构》一书中,他试图分析使用语言过程中身体和精神各自的作用,为笛卡儿二元论提供新的证据。他首先区分了自然符号和约定俗成的符号,然后研究了语音产生的机械原理,并对发音语音学和声学语音学进行了详细描述。这些研究均依据对儿童和非母语者的语言习得调查。此外,科尔德莫瓦对符号学研究也有所贡献。他将人类交际中使用的符号划分为自然、普通和特殊符号等三种范畴。自然符号指所有的情绪符号,普通符号指集体或机构的符号,用于个人交际的符号属于第三类。每一个范畴都包括发音的符号和身体姿势等。科尔德莫瓦后来逐渐从哲学转向历史学研究。

科利茨 Collitz, Hermann (1855—1935) 美国语言学家。1855 年生于德国下萨克森州的布莱克德镇(Bleckede)。1878 年获哥廷根大学(University of Göttingen)博士学位。1885 年在哈雷大学(University of Halle)获特许任教资格证书,讲授德语语文学、梵语和对比语言学。1886 年移民美国,在宾夕法尼亚布林茅尔学院(Bryn Mawr College)担任德语副教授,并致力于日耳曼语言的历史研究和对比研究。1907—1927 年任约翰·霍普金斯大学(Johns Hopkins University)教授,于 1924 年当选美国语言学会第一任主席。1935 年 5 月 13 日卒于巴尔的摩。

赫尔曼·科利茨的研究重心在于梵语的辅音、日耳曼语言的语音变化和希腊语方言,以印欧语的研究而著名。他于 1878 年完成的博士学位论文《印度—伊朗语族中上颚音的起源》(Die Entstehung der Indoiranischen Palatalreihe),探讨印度—伊朗语上颚辅音的起源,解释早期未被发现的梵语语音变化。申请大学任教资格时,他提交的论文是古印度语与古希腊语中名词三重渐变的屈折变化——单数形式作为例证(Die Flexion der Nomina mit dreifacher Stammabstufung im Altindischen und im Griechischen—Die Casus des Singular)。科利茨与德国方言学家弗里德里希·贝希特尔(Friedrich Bechtel,1855—1924)合作发表了四卷本《希腊方言铭文集》(Sammlung der griechischen Dialektinschriften,1884—1915),这部著作对希腊方言的词汇和语法进行研究,是希腊语比较语言学的重要著作。

科利茨的其他著作还包括《最新语言学》(Die neueste Sprachforschung,1886)、《希腊语方言的亲属关系》(Die Verwandtschaftsverhältnisse der Griechischen Dialekte,1895)和《弱动词过去时及其来源》(The Weak Past Tense and Its Antecedents,1912)等。

科姆里 Comrie, Bernard (1947—) 英国语言学家。1947 年 5 月 23 日生于英格兰的桑德兰(Sunderland)。1968 年获剑桥大学现代与中世纪语言专业学士学位,1972 年获语言学博士学位。1970—1974 年在剑桥期间任国王学院(King's College)研究助理。1978 年进入洛杉矶南加利福尼亚大学,1978—1981 年任副教授,1981—1998 年任语言学正教授。1997 年起任德国莱比锡马克斯·普朗克学会进化人类学研究所(Max Planck Institute for Evolutionary Anthropology)语言学系主任、莱比锡大学语言学荣誉教授。2002 年起任圣巴巴拉加利福尼亚大学语言学特聘教授。1999 年当选为莱比锡萨克森科学院院士和英国国家学术院院士,2000 年当选荷兰皇家科学院外籍院士,2004 年获澳大利亚拉筹伯大学荣誉博士学位。

伯纳德·科姆里的主要研究领域为语言共性和语言类型,尤其对语言共性中与句法、语义相关的问题感兴趣。他认为语言作为一种普遍现象的认识应该建立在对各种语言的语料分析研究的基础上。就句法共性问题而言,他不赞成转换语法学家们强调语言内部结构的解释,而主张依靠意义、话语和认知结构等外部因素的解释。他对俄语、楚科奇语(Chukot)、阿拉伯语(包括标准阿拉伯语、摩洛哥阿拉伯口语、土耳其阿拉伯口语等)、马耳他语、马拉雅拉姆语(Malayalam)、赫乔尔语(Huichol)、孔卡尼语(Kala Lagaw Ya)、德多语(Dido)和伯支达语(Bezhta)等作过针对性研究。1985—1986年,科姆里对巴布亚新几内亚高地使用的哈鲁阿依语(Haruai)做了11个月的实地调查研究。

进入马普进化人类学研究所工作后,科姆里深信通过结合语言学、基因学和考古学等跨学科的研究方法,可以对史前人类迁移有新的认识。他带领一个团队进行多学科研究,包括整理濒危语言、人类语言多样性及其历史进程研究、研究共同祖先和语言接触对各个语言中非共性相似处的影响,后者还得到了基因学和考古学专家的协助。科姆里的一些颇有影响著作已被译成西班牙语、意大利语、汉语、日语和韩语。

科姆里的主要著作包括《体范畴》(Aspect, 1976)、《语言共性与语言类型学》(Language Universals and Linguistic Typology, 1981)、《苏联语言》(The Languages of the Soviet Union, 1981)、《时态》(Tense, 1985)、《世界主要语言》(The World's Major Languages, 1987)、《斯拉夫语言》(The Slavonic Languages, 1993)及《20世纪俄语》(The Russian Language in the Twentieth Century, 1996)等。

科塔尔宾斯基 Kotarbiński, Tadeusz (1886—1981) 波兰哲学家和逻辑学家。1886年3月31日生于华沙。曾在利沃(Lwów)的克拉科夫(即今乌克兰利沃夫)和达姆施塔特(Darmstadt)学习技术学科和建筑学,后到利沃的卡齐米大学(Jan Kazimierz University)学习哲学和经典文学,1912年获博士学位。1912—1918年,在华沙的一所高中教授希腊语和拉丁语,之后开始在华沙大学任教。纳粹占领期间,参加了地下教学活动(clandestine teaching)。战后,帮助创办波兰的罗兹(Łódź)大学,于1945—1949年担任第一任校长;后回华沙大学哲学系任教并兼任系主任。1981年10月3日卒于华沙。

塔德乌什·科塔尔宾斯基的主要研究兴趣是人类行为学(Praxiology)和伦理学等,同时关注形式逻辑学、逻辑语义学和逻辑学史等学科。他称自己的哲学研究方法为"具体主义(reism/concretism)",认为其原则是"向所谓语言起源的本质(hypostases of linguistic origin)"宣战。宣战的对象包括"'圆形(roundness)'和'蓝色(blueness)'等特性之所以存在是因为自然语言中有表达它们的词汇"等假设。他区分了真实名称(genuine names)和非真实名称(apparent names),认为真实名称是指人与物的名称,包括了单有名称、普通名称和虚有名称,依次的例子是科塔尔宾斯基、哲学家和独角兽;非真实名称是表示属性、关系、事件和状态的名称,依次的例子是真实、平等、启程和健康。单有名称指个人和事物,可以充当句子主语;普通名称(代表人和物时)可以充当谓语或者任何句子的主语;虚有名称则没有意义,但可以由单有名称和普通名称的同义组合来替代。科塔尔宾斯基认为,非真实名称能被合理使用的唯一条件是它所在的词句能被译成仅包含真实名称的词句。科塔尔宾斯基还被认为是最先考虑三值逻辑(three-valued logic)的哲学家之一。

科塔尔宾斯基的主要作品包括《人类行为学:高效行动科学的导论》(Praxiology: An introduction to the science of efficient action, 1965)、《知识学:知识理论的科学方法》(Gnosiology: The scientific approach to the Theory of Knowledge, 1966)和《未来生存的问题》(The Problem of the Existence of the Future, 1968)等。

科谢留 Coșeriu, Eugenio (1921—2002) 罗马尼亚语言学家。1921年7月27日生于比萨拉比亚的(Mihǎileni, Bessarabia, 旧属罗马尼亚,今属摩尔多瓦)。曾在亚悉(Iași)大学(1939—1940)、罗马大学(1940—1944)、帕多瓦大学(1944—1945)和米兰大学(1945—1949)等地学习罗曼语、斯拉夫语语言学和哲学,在罗马获语文学博士学位,在米兰获哲学博士学位。1951—1963年任乌拉圭蒙得维迪亚大学(University of Montevideo)普通语言学和印欧语言学教授。1963年任德国大学罗曼语语文学教授,1966年起任该校普通语言学教授。1989年退休后仍继续到世界各地讲学参加学术会议。2002年9月7日卒于德国蒂宾根。

欧金尼奥·科谢留在语言理论、语言科学的历史、罗曼语言学、语义学、历史语言学、功能语法、篇章语言学和对比语言学等诸多领域颇有贡献。他通晓多种语言,青年时期曾翻译诗歌并进行过文学创作;能将人文学科通识及对理论问题的鉴别,与对多种语言和语言学学科的实证分析结合起来,对现代研究的贡献在英美及以外的国家都有很大的影响。科谢留的思想深受亚里士多德、黑格尔、洪堡特(Wilhelm Freiherr von Humboldt)、索绪尔、布龙菲尔德(Leonard Bloomfield)、叶尔姆斯列夫(Louis Trolle Hjelmslev)等人影响,他采用三分法而不是传统的二分法,来分析语言。他最著名的区分概念是对语言系统、话语传统和话语本身的区别。

科谢留很少用英语著述,大部分著作用西班牙语、德语、法语和意大利语写成。其著作大多洋洋洒洒,高深难懂,逻辑推理微妙精细,被公认为人文领域中最重要最优秀的语言学理论导论性著作,非具备认识论、历史、哲学深厚功底者不能熟读。

科谢留的主要著述包括《历时、共时与历史——语言世界的问题》(Synchronic, Diachronic and Geschistle das Problema des Sprachwandels, 1974)、《形式与功能语法研究》(Formen und Funkionen Studien Zur Grammatik, 1987)和载于期刊《逻各斯与语言:普通语言学与语言理论》(Logos and Language: Journal of General Linguistics and Language Theory)的论文《"结构语义学"与"认知"语义学》("Structural Semantics" and "Cognitive" Semantics, 2000)。

克拉岑施泰因 Kratzenstein, Christian Gottlieb (1723—1795) 德裔丹麦语言学家、物理学家和自然科学家。1723年1月30日生于德国的韦尼格罗德(Wernigerode),其父是学校老师并任韦尼格罗德镇镇长。少年时在当地文法学校受到了很好的教育,1742年入哈雷大学学习,1746年获哲学博士和医学博士学位,之后成为物理学教授。1748年成为当时吸引了许多西欧杰出专家学者的圣彼得堡学术院(The Academy of St. Petersburg)的数学和力学教授。1753年离开圣彼得堡,赴哥本哈根担任物理学教授,直到1786年;其间曾四次出任哥本哈根大学校长。1795年7月7日卒于哥本哈根。

克里斯蒂安·戈特利布·克拉岑施泰因任教期间讲授了很多学科的课程,涉及自然科学的不同学科,包括物理学、自然历史、植物学、动物学、矿物学、医学、药理学和化学。1780年,由于在人造声音(artificial human voice)方面的突出成绩而受到圣彼得堡学术院的嘉奖。他建造了模仿谐振腔(resonant cavities)的"言语机器",能够发出a、e、i、o、u五个元音,类似巴洛克式管风琴声域的人类声音。他也是第一位使用自由簧片的人,并启发人们造出了自由簧片乐器,如玻璃口琴、口琴和手风琴。克拉岑施泰因是一位善于创造发明的科学家,他对人类声音的机械重构是创造人造声音的最早尝试。

1742年,克拉岑施泰因出版了其第一部作品《灵魂塑造肉体之证明》(Beweis, dass die Seele ihren Körper baue)。在该书中,他讨论了诸如预成论(preformation theory)等问题,认为有机分子(organic molecules)是自亚当和夏娃时代以来每一种新生物的决定因素。他的主要作品还包括《非长期糖尿病理论》(Theoria Fluxus Diabetici Eiusque Curandi Methodus more Geometrice pro Gradu Doctoris, 1746)等。

克拉克 Clark, Herbert H. (1940—) 美国语言学家和心理学家。1958年入斯坦福大学就读,1962年获学士学位;1962年入约翰·霍普金斯大学,1964年获心理学硕士学位,1966年获博士学位。1966年暑期在加州大学洛杉矶分校语言学研究所做博士后研究。1966—1969年任卡耐基-梅隆大学心理学系助理教授;1969—1975年任斯坦福大学心理学系副教授,1975年起任教授,1987—1990年兼任系主任,2010年起任阿尔伯特·雷·兰讲席教授。兼任《心智与语言》(Mind and Language)等近十种学术期刊或丛书编委,2009—2013年任马克斯·普朗克心理语言学研究所顾问委员会主席。

赫伯特·克拉克主要关注语言运用中的认知与社会心理过程,包括从低层次断续出声到说话、理解的艺术,到话语的产生,涉及会话的整个交互过程;同时研究词义和用词,包括反语和言语行为。在他为《社会心理学手册(第三版)》(Handbook of Social Psychology, 1985)写的《语言使用与语言使用者》专题中提出了"共识(Common Ground)"理论,强调语言交流中共有知识的作用。他与斯坦福同事迪安娜·维尔克斯-吉布斯(Deanna Wilkes-Gibbs)提出"协作模式(Collaborative Model)"理论,以解释会话中交际双方如何相互协作、确保指称无误。他曾对名祖动词短语(eponymous verb phrases)的理解发表独到见解,认为交流双方常有违背共有知识信息层级的现象发生。这一该遵守的层级是:识别名祖词——名祖词原有行为——名祖词相关行为——名祖词借指行为。克拉克关于共有知识和前提分析的研究对语义学和语用学研究有很大影响,他对交际互动的研究与话语分析密切相关。

克拉克的著作包括《语义学与理解》(Semantics and Comprehension, 1976)、《语言与心理学:心理语言学导论》(Psychology and Language: An introduction to psycholinguistics, 1977)、《语言的竞技场》(Arenas of Language Use, 1992)和《语言使用》(Using Language, 1996)等。

克拉普夫 Krapf, Johann Ludwig (1810—1881) 德国传教士和语言学家。1810年2月11日生于德国南部符腾堡州德伦丁根(Derendingen, Württemburg)的一个农民家庭。曾就读于蒂宾根(Tübingen)的奥斯特伯格学校(Osterbergschule)。从小就能很好地利用自己的语言天赋,掌握了希腊语、拉丁语、法语、意大利语和希伯来语。后在巴塞尔传教士学院(The Basel Missionary Institute)接受传教士培训,其间中断培训到蒂宾根大学学习神学,1834年毕业。之后,恢复了中断五年之久的传教使命并被授予神职,成为教区牧师,加入英国教堂传教士协会(The British Church Missionary Society),1837年到埃塞俄比亚和肯尼亚传教。1853年由于健康原因离开肯尼亚返回德国。退休后,曾回到非洲进行过几次简短旅行,并与英国和外国圣经会保持联系。1881年11月26日卒于符腾堡州科尔恩塔尔(Korntal)。

约翰·路德维希·克拉普夫与希吉斯蒙德·克勒(Sigismund Wilhelm Kölle)、约瑟夫·舍恩(Joseph F. Schön)等人一起把非洲的语言学知识传到欧洲。他在非洲的十几年主要取得两个方面的成就:一是作为历史游记作家,二是为几种语言编写语法并翻译圣经。在埃塞俄比亚期间,他学习了奥洛莫语(Oromo)、阿姆哈拉语(Amharic)和吉兹语(Ge'ez);把约翰福音和马太福音译成奥洛莫语,并编写了该语言的首部语法书和词典。他还收集阿姆哈拉语和吉兹语手稿样本送回欧洲分析。1842年,他在埃塞俄比亚取得的成就得到认可,被母校蒂宾根大学授予博士学位。1844—1855年,克拉普夫到肯尼亚的蒙巴萨(Mombasa),在东非研究了斯瓦希里语和几种相关语言。他的九页圣经《创世纪》(Genesis)译稿是第一部用罗马文字印刷的斯瓦希里语文本。1850年,他编纂了一部六种东非语言的简要对比词典,包括讲这些语言的民族信息。克拉普夫评论了这六种语言的关系及其与整个撒哈拉以南非洲地区所说的一个更大语系的联系。这些语言属于班图语族(Bantu)。克拉普夫在语言学上的最大成就无疑是他关于斯瓦希里语的著作,他编撰了最早的斯瓦希里语语法(1850年出版),是一位研究斯瓦希里语的先驱。

克拉普夫的主要作品还包括《1837—1855年东非旅行记》(*Reisen in Ostafrika: Ausgefuührt in den Jahren, 1837—1855*)和《东非十八年的旅行、研究和传教》(*Travels, Researches, and Missionary Labours, during an Eighteen Year's Residence in Eastern Africa*)等。

克拉特　Klatt, Dennis H.　(1938—1988)
美国语言声学家。1938年3月31日生。早年在美国印第安纳州普渡大学学习电子工程。1964年在密歇根大学获通信科学博士学位,论文题目是《听觉生理学理论》(*Theories of Aural Physiology*)。大部分时间在麻省理工学院度过,担任电子工程与计算机科学系以及电子研究实验室的资深研究科学家,兼任《美国声学学会》(*Journal of Acoustic Society of America*)期刊编委。1987年获美国声学学会银质奖章。1988年12月30日因癌症卒于马萨诸塞州剑桥镇。

丹尼斯·克拉特在麻省理工学院参与了对人类语言产生和感知心理机制与应用联合研究的工作,从而设计出许多实用的装置。他在人类理解言语过程方面贡献颇多,在言语合成方面也有突出的贡献。他研制的文语转换系统(DEC-Talk)是用户公认最好的一种。他对英语中的发音时长进行了详细的实验研究,有数篇论文论述构成口语句子的语音、词汇和短语的持续时间;还论述了在听者的听觉系统和中枢神经系统中言语是如何被处理的。他认为适当的距离度量的发展是决定两句话是代表同一个意思的两个不同标识还是代表两个不同意思的不同单词的关键问题。1989年,为了纪念他对言语科学的贡献,由美国言语—语言—听觉基金会(American Speech-Language-Hearing Foundation)和美国声学学会联合设立了克拉特纪念基金。

克拉特在《美国声学学会》发表的著名文章包括《英语中的音段时长:声学和感知的证据》(The Linguistic Uses of Segmental Duration in English: Acoustic and Perceptual Evidence. *JASA* 59(5), 1976:1208—1221)、《级联/并联共振峰合成器软件》(Software for a Cascade/Parallel Formant Synthesizer. *JASA* 67, 1980:971—995)、《英语文本到语言转换评论》(Review of Text-to-Speech Conversion for English. *JASA* 82(3), 1987:737—793)以及《男女说话者的语音质量变化:语音分析、合成和感知的启示》(Voice Quality Variation within and across Female and Male Talkers: Implications for Speech Analysis, Synthesis, and Perception. *JASA* 87, 1990:820—857)等。

克莱门茨　Clements, Nick　(1940—2009)
美国音系学家。1940年10月5日生于美国俄亥俄州的辛辛那提(Cincinnati)。先后在耶鲁大学、巴黎索邦大学和伦敦大学接受教育,1973年获伦敦大学亚非学院语言学博士学位。1973—1975年,他任教于麻省理工学院,1975—1982年任哈佛大学助理教授和副教授,1982年任康奈尔大学语言学教授和语音实验室主任。1992年再赴巴黎,在法国国家科学研究中心(CNRS)担任主任,一直工作到2008年。2009年8月30日因癌症卒于马萨诸塞州查塔姆(Chatham)。

尼克·克莱门茨的研究以音系学为主。在音系理论研究方面,他与塞缪尔·凯泽(Samuel Jay Keyser)合著《CV音系学:音节的生成理论》(*CV Phonology: a Generative Theory of the Syllable*, 1983),介绍一种新的音节表征方式,即在表达式中增加一个额外的CV层用以定义音节的功能位置,书中例证来自英语、土耳其语、芬兰语、法语、西班牙语和丹麦语等多种类型的语言,是第一部比较全面解释和论证语音CV层的著作。在音系学和语音—音系学接口研究方面,他与约翰·戈德史密斯(John Anton Goldsmith,1951—)合著《班图语声调的自主音段研究》(*Autosegmental Studies in Bantu Tone*, 1984),开创性地采用音节和特征理论研究非洲语言音系体系中的音调和元音和谐现象。他曾在巴黎索邦大学

(Sorbonne University)组织过两次大型国际会议：一次是2006年的"区别特征的语音学基础"大会，另一次是2007年的"音系学特征的来源"大会。

克莱门茨曾与哈勒(Morris Halle)合著《音系学探疑：语言学与现代音系学入门课程解析》(*Problem Book in Phonology: A workbook for courses in introductory linguistics and modern phonology*, 1983), 参编《音系学理论：基础读本》(*Phonological Theory: The essential readings*, 1999)、《非洲语言导论》(*African Languages: An introduction*, 2000)、《区别性特征理论》(*Distinctive Feature Theory*, 2001)、《非洲语言地理学》(*A Linguistic Geography of Africa*, 2005)和《语言与语言学百科全书(第2版)》(*The Encyclopedia of Language and Linguistics*, 2nd ed., 2006)等。

克莱因　Klein, Ewan　英国语言学家。1978年获剑桥大学博士学位，专业方向为形式语义学。先在苏塞克斯大学和纽卡斯尔大学工作，后到爱丁堡大学任教，1993年参与组建语言技术小组；2000—2002年借调埃迪法公司(Edify Corporation)出任自然语言研究小组研究经理，负责口头对话的计算机处理。曾任国际计算语言学协会欧洲分会主席；现任爱丁堡大学信息情报学学院语言技术教授。

尤恩·克莱因主要从计算科学角度研究自然语言语义学、句法学、韵律学和音系学以及口头语言处理、人与移动机器人或内置装置交流、语义网络与本体论等，涉及领域包括自然语言处理体系架构、信息提取、表层处理和计算语义学。他与杰拉尔德·盖士达(Gerald Gazdar)、伊万·萨格(Ivan Sag)和美国语言学家杰弗里·普勒姆(Geoffrey K. Pullum)合著出版《广义短语结构语法》(*Generalized Phrase Structure Grammar*, 1985)，全面地阐述短语结构语法(Phrase Structure Grammar)理论的性质、框架和具体内容。该书的出版标志着短语结构语法(简称GPSG)理论初步形成。广义短语结构语法采用数学模型建立自然语言理论，是当代生成语法中影响最大的理论之一。

克莱因与伯德(Steven Bird)合作，在《计算语言学》(*Computational Linguistics*)杂志上发表《分类特征体系中的音系分析》(*Phonological Analysis in Typed Feature Systems*, 1994)一文，弥补了基于约束条件的语法理论框架在音系研究中的空白。论文将分类特征方法应用到音系学分析中，提出广义短语结构语法理论框架内的韵律分类，构成一个多音层(multi-tiered)、多层级(hierarchical)的音系学描述手段。克莱因还认为，通过认真研究人与人之间的语言行为，可以为人际交互提供有价值的发现。

克勒　Kölle, Sigismund Wilhelm　(1823—1902)　德国传教士和语言学家。1823年7月14日生于德国符腾堡州的克利布龙(Kleebronn, Württemberg)。1841—1845年在巴塞尔(Basel)传教士神学院学习，后参加以伦敦为基地的教堂传教协会(CMC Church Missionary Society)。1847年在简单地学习阿拉伯语课程后，被派往塞拉利昂(Sierra Leone)的弗里敦(Freetown)，并被聘为福拉湾学院语言学者，从事非洲语言研究。五年之后离开塞拉利昂，暂时终止撒哈拉沙漠以南地区非洲语言(sub-Saharan African languages)的研究工作，从此将注意力转到北非和亚洲。1855年受教堂传教协会派遣，先后到埃及、巴勒斯坦和土耳其。此后，学会了土耳其语并进行相关研究，翻译了土耳其语作品《公祷书》(*Book of Common Prayer*, 1883)；但因这些手稿的绝大部分未曾付诸出版，故而在西亚语言界鲜为人知。1883年回到英国，1902年2月2日卒于伦敦。

希吉斯蒙德·威廉·克勒在塞拉利昂的研究时间虽短，但成效斐然。他从事一项独特的语言考证工作，并撰写了著作《非洲诸语言对比》(*Polyglotta Africana*)。在该书中，他从所收集的约200种语言中选取了100多种西非语言进行分类研究；识别了9种南部非洲语族，这些语族现在归类于班图语或半班图语。该书还收录了近300个单词和词组，分属于各种不同的语言，其中就有伊博语的5种方言的单词和词组。该书是当时关于非洲语言的相对最为完整的著作，分类复杂，准确定位了大多数语言的使用区域并且准确评估了各种语言之间的关系。此外，该书对于历史学家而言其价值也是无法估量的，因为克勒的许多调查对象以前曾是奴隶，他们叙述的内容提供了有关哪些组织卷入了奴隶贸易以及在哪些路线上奴隶们被接收的信息。1856年，法兰西学术院肯定了克勒在语言学研究方面的突出贡献，授予他佛尔尼基金(Volney Fund)一等奖。

另外，克勒还写了瓦伊语(Vai)语法书，描写了土著瓦伊语字母以及卡努里语(Kanuri)语法。在语法层面上，他尝试比较瓦伊语词根与各种欧洲语言的词根，以展示它们声音之间的亲密关系。这样做的原因之一是由于他想消除种族主义者的谬论，即认为非洲人和欧洲人不属于同一人种之说。另外，克勒出版了《非洲乡土文学》(*African Native Literature*)，这是一部卡努里语的口头民间故事集，也是第一部较为完整的非洲文学集。

克雷奇默　Kretschmer, Paul　(1866—1956)　德国语言学家。1866年5月2日生于柏林。曾任德国马尔堡大学教授和维也纳大学比较语言学教授。1907年与斯库奇(Franz Skutsch)一起创办古典语言学期刊《语言》(*Glotta*)。1956年3月9日卒于维也纳。

保罗·克雷奇默致力于印欧诸语言早期历史及其相互关系的研究,认为它们受非印欧语言的影响较大。1896年出版《希腊语史导论》(Einleitung in die Geschichte der griechischen Sprache,即 Introduction to the History of the Greek Language),通过把希腊地名同非洲古安纳托利亚地区的相应称呼加以比较,发现希腊语中存在大量非希腊文化的语言痕迹,由此提出古希腊在希腊文明出现之前,存在前希腊成分。此外,克雷奇默致力于现代希腊方言学的研究,对推动德国语言地理学发展具有一定贡献。

克里普克 **Saul Kripke** (1941—) 参见"克利普基"。

克里斯特尔 **Crystal,David** (1941—) 英国语言学家。1941年7月6日生于北爱尔兰利斯本(Lisburn)。幼年在威尔士西北的霍利黑德(Holyhead)生活,1951年随家人搬迁至利物浦,在圣玛丽学院接受中学教育。1959—1962年在伦敦大学学院学习英语,1962—1963年在夸克(Randolph Quirk)指导下从事"英语用法调查组"(Survey of English Usage)的研究工作。先后在威尔士的班戈大学和英格兰的雷丁大学执教。1995年被授予大英帝国勋章(OBE),2000年英国国家学术院院士,2001—2006年任克里斯特尔参考文献系统有限公司(Crystal Reference Systems Limited)主席。现任英国编辑与校对学会(SfEP)荣誉副会长,是英语外语教师国际协会(IATEFL)资深发起人、威尔士学术会(Learned Society of Wales)创始会员和英国语言学特许研究院(Chartered Institute of Linguistics)院士,兼任英国文化教育协会(British Council)主席和国际司法语音学协会荣誉主席。

戴维·克里斯特尔主要从事英语语言研究,研究方面涉及语音学、文体学,以及英语在宗教、教育和临床医学等多领域的应用,著述颇丰,独自和参与编著的书籍近120余部。1991年,他出版《剑桥语言百科全书》(The Cambridge Encyclopedia of Language,1991),介绍语言的一般知识、语言结构、语言媒介、语言与大脑、世界语言、语言习得、语言与交流等与语言相关的知识,书中配以大量的照片、插图、地图和图表,与文字相得益彰。2003年,他再出版《剑桥英语语言百科全书》(The Cambridge Encyclopedia of the English Language,2003),将英语语言分为英语历史、词汇、语法、用法、口语系统、习得等主题,每个主题再分为若干话题,全方位多层次介绍英语语言,书中插图50多幅,图文并茂。

克里斯特尔的其他主要著作包括《单词的言语》(Words on Words,2000)、《莎士比亚的言语》(Shakespeare's Words,2002)、《语言学变革》(A Linguistic Revolution,2002)、《语言变革》(The Language Revolution,2004)、《网络语言学的范围》(The Scope of Internet Linguistics,2005)、《莎士比亚杂集》(The Shakespeare Miscellany,2005)、《语言学与语音学词典》(A Dictionary of Linguistics and Phonetics,2008)、《100个英语单词的故事》(The Story of English in 100 Words,2011)和《语言艺术家与战士:英国游客英语指南》(Wordsmiths and Warriors: The English-Language Tourist's Guide to Britain,2013)等。

克里西波斯 **Chrysippos**(Χρύσιππος) (公元前282—前208) 古希腊哲学家和思想家。约公元前282年生于小亚细亚奇里乞亚地区的索利(Soli, Cilicia)。在雅典学习,先后师从柏拉图学派的阿塞西劳斯(Arcesilaus)和斯多葛学派的克利安提斯(Cleanthes);在后者去世后,发展了学派创始人西希昂的齐诺(Zeno of Citium)的根本原则,被誉该学派为"第二始祖"。约公元前208年卒于雅典。

克里西波斯的研究领域包括辩论逻辑、语言哲学、语法、伦理学、物理、数学等。其著作多达700余篇,关于语言哲学的约有100余篇,但均留传甚少,后人对其思想的了解主要来自其他学者的记载和转述。作为斯多葛学派的主要代表人物之一,他奠定了斯多葛学派的语言观,其主要研究包括:(1)判断和其他句子形式(选言判断、假言判断、后果;问题、疑问、回答、命令);(2)谓语和类别(种、属、相反词和关系词);(3)词、词类和其形态、句法行为(包括对格、专有名词、演讲要素、表达安排的论述);(4)词的来源,即词源学。前三类研究反映了斯多葛学派的逻辑和语义理论:句子的构成、属性、内容和功能(以及其组成成分,例如主词、谓词)是三段论、歧义、谬误、难题和其他哲学谜语的重要先决条件。克里希波斯的研究表明语言—语法研究在逻辑分析和正确理解陈述(陈述事情状态)时的重要性,他注重命题结构、命题内容以及命题组成部分的意义,认为"逻辑论证(dialektikê)"是对符号和所指物的研究。

克利普基 **Kripke,Saul Aaron** (1940—) 美国逻辑学家和哲学家,亦译克里普克。1940年11月13日生于内布拉斯加州奥马哈(Omaha)。从小就在语言、数学等方面表现出过人天赋,17岁写了关于情态逻辑的完全性定理方面的文章,发表于次年。1958年高中毕业后,进入哈佛大学学习,二年级时曾在麻省理工学院为研究生讲授逻辑学课程,毕业时获数学学士学位,获富布赖特奖学金,入选哈佛大学研究员协会会员。毕业留校任教几年后,于1967年转赴纽约市的洛克菲勒大学(Rockefeller University)任教。1977年任教于普林斯顿大学。2002年起在曼哈顿中心区的纽约市立大学研究生中心(CUNY Graduate Center)任教,2003年起任特聘教授。

索尔·亚伦·克利普基在很多领域都取得了杰出成就,包括数学逻辑、语言哲学、形而上学、认识论等。他对逻辑学,特别是对情态逻辑作出了重要而富有独创性的贡献,对分析哲学有着深远的影响。其主要贡献是对情态进行了形而上学的描述,涉及在被称作克利普基语义学系统里所描述的可能世界。他的另一个重要贡献是坚持认为存在后验真理。1982 年出版《维特根斯坦关于规则和私人语言:基本阐述》(*Wittgenstein on Rules and Private Language: An elementary exposition*)一书,对维特根斯坦(Ludwig Wittgenstein)的《哲学研究》(*Philosophical Investigations*)进行了独创性地解读,获得"克利普基斯坦"的绰号。他发展了情态逻辑语义学,很早就发表了有关命题情态逻辑(propositional modal logic)和量化情态逻辑(modal logic with quantification)的完整定理。由情态逻辑语义学发展而来的概念工具(conceptual apparatus)使他进一步提出了必然性和偶然性两者之间的区别。克利普基将他的语义学理论应用于自然类术语(natural kind terms)上,提出:我们固定自然类术语指称的方式,或许能或许不能解释他们所指代的物质中的必要属性或所属类型。

克利普基 1970 年写成的讲义《命名与必要性》(*Naming and Necessity*)于 1980 年整理出版,对当代语言哲学的发展产生了巨大影响。其他重要作品包括论文《情态逻辑的完整定理》(*A Completeness Theorem in Modal Logic*, 1959)、《情态逻辑的语义考虑》(*Semantical Considerations on Modal Logic*, 1963)和论著《哲学之困境》(*Philosopical Troubles*, 2011)、《指称与存在——约翰·洛克演讲集》(*Reference and Existence: The John Locke lectures*, 2013)等。

克鲁伯　Kroeber, Alfred Louis　参见"克罗伯"。

克鲁谢夫斯基　Kruszewski, Mikotag Habdank　(1851—1887)　波兰语言学家。1851 年 12 月 6 日生于距离波兰首都华沙东南 200 英里的沃利尼亚的卢茨克(Lutsk, Volhynia)。从中学毕业后,在华沙读大学,主修心理学和哲学,对培根、洛克、休谟等英国经验主义哲学家的作品很着迷。1875 年获硕士学位,论文是关于《俄国民间传说的符咒》(Incantations in Russian Folklore)。1878 年进入喀山大学工作,并加入博杜恩·德·库尔特内(Baudouin de Courtenay)领导的研究小组,历时五年多。1883 年在其学术生涯正处于顶峰时,开始遭受精神疾病和身体疾病的双重折磨。1887 年 11 月 12 日因神经系统疾病恶化卒于喀山。

米科塔克·克鲁谢夫斯基的主要作品《谈音素转换》(*Über die Lautabwechslung*, 1881)的德语译本由博杜恩·德·库尔特内、其学生亚历山德罗夫(Aleksandr I. Aleksandrov)以及编辑弗里德里希·特奇默尔(Friedrich Techmer)协力完成并帮助出版。在语言学理论方面,《普通语言学文集:论声音的变换》(*Writings in General Linguistics: On Sound Alternation. An Outline of Linguistic Science*)这一 1995 年英译本,是他留给世界语言学界的宝贵遗产。

克鲁谢夫斯基把普通语言学作为自己的研究方向,其中一个原因是他拥有行为科学的研究背景。他评论索绪尔和布鲁格曼(Karl Brugmann)的文章时,提出了"声音"和"音素"两个概念的区别,对后世影响很大。索绪尔本人对克鲁谢夫斯基的作品也很熟悉,尤其是那些德语版的作品,索绪尔本人也有可能在自己作品中借鉴了克鲁谢夫斯基的思想,包括语言符号的任意性以及结构关系和联想关系的区别(即共存关系和相似关系的区别)。后者是在米尔的逻辑系统(Mill's System of Logic)中找到的联合规律基础上建立起来的。克鲁谢夫斯基还澄清了声音变化(sound change)和声音变换(sound alternation)两个概念之间的区别。换言之,他非常清楚研究语言现象的历史方法和非历史方法之间的本质区别。

克罗伯　Kroeber, Alfred Louis　(1876—1960)　美国人类学家。亦译作克鲁伯。1876 年 6 月 11 日生于美国新泽西州霍博肯(Hoboken)的一个德裔信奉新教的犹太家庭。童年时就接触德语、希腊语和拉丁语,对语言学兴趣浓厚。1892 年入哥伦比亚大学主修英国文学,1896 年获文学学士学位,次年获文学硕士学位。其后师从博厄斯(Franz Boas)学习人类学,1901 年获博士学位。1906 年在加州大学伯克利分校任助理教授,并分别于 1911 年和 1919 年任副教授和教授。1915—1916 年利用年假到欧洲考察,与位于维也纳的弗洛伊德分析学派有过接触,之后成为颇有成效的精神分析学家。长年在加州大学伯克利分校人类学系和旧金山的博物馆任职,直至 1946 年退休。曾被耶鲁大学、加利福尼亚大学、哈佛大学、哥伦比亚大学、芝加哥大学授予名誉博士学位。1946 年获皇家人类学会授予的赫胥黎奖章(Huxley Medal of the Royal Anthropological Society)。1960 年 10 月 5 日卒于巴黎。

阿尔弗雷德·路易斯·克罗伯在美国西南部、菲律宾、美国大平原、加利福尼亚等地进行了民族学研究,在墨西哥和秘鲁进行了考古学研究,在加利福尼亚州的印第安人部落中开展了语言学和人类学研究。在学术思想方面,他强调人文主义和自然史法则,自称是"带有人文色彩的自然历史学家"。在其 60 年学术生涯中,前后期研究特色不同,早年侧重于描述各原始民族群体琐碎的文化要素,并对之进行分类;后期则从整体的角度来看待文化,寻求每种文化的主要特征,并把他的人类学视野从原始文化的民族志记述扩大到文明社会的历史比较研究。

作为博厄斯学派代表人物之一,克罗伯在语言学、考古学和民族志学等领域均有建树,一生发表过460篇学术文章,其中有70篇至少部分与语言学有关。主要作品包括《加利福尼亚印第安人手册》(*Handbook of the Indians of California*,1925)、《北美洲原住民的文化领域和自然领域》(*Cultural and Natural Areas of Native North America*,1939)、《文化发展构成》(*Configuration of Cultural Growth*,1944)、《人类学》(*Anthropology*,1948)和《文化的性质》(*On the Nature of Culture*,1952)等。

克罗夫特　Croft, William　(1956—)　美国语言学家。生于1956年11月13日。1978年毕业于芝加哥大学,获学士学位,专业为语言学;1979—1981年在美国军事海运司令总部担任程序分析师,同时作为未注册的学生在加利福尼亚大学学习。1982—1984年在美国斯坦福大学语言学系攻读博士学位。1986—1993年任美国密歇根大学助理教授。1994—2005年在英国曼彻斯特大学任教,历任语言学研究员、讲师、副教授和教授。2006年起,任美国新墨西哥大学语言学教授。

威廉·克罗夫特的研究主要涉及类型学、认知语言学、语义学、构式语法和语言的变化。2001年,他出版《激进构式语法:类型学角度的句法理论》(*Radical Construction Grammar: Syntactic theory in typological perspective*),提出激进构式语法理论。他尝试运用框式—图解对比不同自然语言的语法特征,在功能和认知语言学的研究领域提出独到见解。在《语言类型学与语言共性》(*Typology and Universals*,2003)中,他提出语言多样性需要把语言学变化置于语法模型的中心。在《认知语言学》(*Cognitive Linguistics*,2004)中,他指出意义与语言运用处于互动状态,也就是说,意义的产生是一个动态过程。

克罗夫特的其他著作包括《剑桥语言科学百科全书》(*Cambridge Encyclopedia of the Language Sciences*,2010)、《对比构式语法》(*Contrastive Construction Grammar*,2010)、《作为过程的语言》(*Language as a Process*,2011)、《语言现象》(*The Language Phenomenon*,2013)和《构式语法手册》(*The Handbook of Construction Grammar*,2013)等;论文包括《经验之言语表现的语法根源》(*The Origins of Grammar in the Verbalization of Experience*,2007)、《语法变体的推理共性:类型学多维等级分析》(*Inferring Universals from Grammatical Variation: Multi-dimensional scaling for typological analysis*,2008)、《语言变化的社会认知模式构建》(*Building Social Cognitive Models of Language Change*,2009)、《音系复杂性的地理分布》(*Geographical Distribution of Phonological Complexity*,2011)和《事件结构与动词语义学的多维模型》(*Dimensional Models of Event Structure and Verbal Semantics*,2012)等。

克罗齐　Croce, Benedetto　(1866—1952)　意大利历史学家和哲学家。1866年2月25日生于意大利阿布鲁佐地区佩斯卡塞罗利镇(Pescasseroli, Abruzzo),一生多在那不勒斯度过。从未尝试获取任何学位。1903年创建评论刊物《评论家》(*La Critica*)到1944年止,陆续在此刊发文章。曾在乔利蒂(Giovanni Giolitti,1920—1921年)和巴多格里奥(Pietro Badoglio,1943—1944)任首相期内分别出任教育部长,对其国家的文化教育和哲学等领域进行了半个世纪的温和型独裁统治。1925年成为全国反法西斯代表人物,但鉴于其国际影响,法西斯分子未敢对其工作严加干涉。1943—1947年任自由党领袖。在其公共政治生涯结束后,回归学术研究,创建意大利历史研究院(Istituto Italiano per gli Studi Storici)。1952年11月20日卒于那不勒斯。

贝内德托·克罗齐既不是语言学家也不是语言哲学家,但其精神哲学曾对当时意大利新语言学家和德国理想主义语言学家们产生过很大的影响。在他的哲学体系中,现实被削减成世界上固有的"精神",并表现在理论和实际层面;两个层面又具备"直觉"或"概念"形式,进而"精神"相应地分成四个基本范畴:

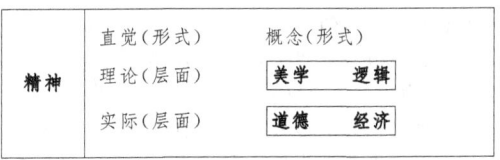

语言属于精神的理论—直觉范畴,因此是艺术的一种"普遍"形式("直觉"在克罗齐的术语中不仅指知识也指"表达"或"表征")。这种将语言艺术化的分类可以从1902年他的第一本书《作为表达艺术的美学和普通语言学》(*Aesthetic as Science of Expression and General Linguistics*)标题中初见端倪,意大利语言学家图利奥·德·毛罗(Tullio De Mauro)评论该书为"装满愚蠢炸药的炸弹"。克罗齐后来又试图缓和自己的立场,采用了更多常识化概念来介绍语言的直觉—表达(即"诗性")和概念—交际(即"日常使用")之间的区别。

克罗齐的理论对意大利和德国的罗曼语学者的影响大于对西班牙、拉美学者的影响。在英语国家仅限于史料编纂和文学批评领域,在法国和俄罗斯没有影响。他关于语言和语言学的某些言论或观点比较消极。例如:语言是预先存在的范畴,普遍语法的范畴不过是有实际价值的"伪概念";每个话语都是有机的整体,不能被分成形式和内容,因而是不可能被翻译的。

克罗瑟 Crowther, Samuel Ajayi （约1808—1891） 尼日利亚籍传教士和非洲语言学家。约1808年生于西尼日利亚奥索刚(Osogun)的约鲁巴人家庭;13岁时被掳为奴隶卖给葡萄牙奴隶贩子,贩奴船被英国反奴隶买卖海上巡逻队截获而获释。1821年被带往塞拉里昂,在前身为"非洲和东方教会传教士协会"的"英国圣公会差会(Church Missionary Society,简称 CMS)"接受教育,学习英语;1825年成为浸信会基督徒,取名塞缪尔·克罗瑟。1827年入福拉湾学院(Fourah Bay College)学习拉丁语、希腊语和滕内语(Temne),毕业后留校任教。1841年作为传道士第一次远赴尼日尔,在阿博(Aboh)、奥尼恰(Onitsha)、伊达(Idah)、诺贝(Gnobe)、波尼(Bony)、洛克亚(Lokoja)等地进行积极的基督教传教活动;1843年在英国被授予神职并派往塞拉里昂和约鲁巴(Yorubaland)传教,1854—1857年再次赴尼日尔。1864年,成为英联邦自治领之外的"西部赤道非洲"主教——非洲次撒哈拉地区首位非洲裔英国国教主教;任此职26年后,于1890年辞职。1891年12月31日卒于拉各斯。

塞缪尔·阿贾伊·克罗瑟主要通过办教育传教。虽然教育传教的主要目的是教会皈依者阅读圣经,但他认为读写能力是提升非洲人地位最好的办法。他热衷于建学校,并把它当成福音布道的主要途径。克罗瑟和支持他的传教士们还引进了一些可行的健康和教育项目。克罗瑟宣扬性别平等,反对一夫多妻制,全力主张消除奴隶制。

克罗瑟在数次传教过程中意识到,在非洲内陆的传道必须由非洲当地人来承担,用非洲土著语言完成。他学习了一些尼日利亚语言并能用这些语言进行福音布道,因此对这些语言(包括约鲁巴语 Yoruba 和伊博语 Igbo)的发展作出了突出的贡献。1848—1850年他把圣经和其他英国圣公会差会祈祷手册译成了约鲁巴语,1858年用伊博语写成第一部教科书《伊苏阿玛—伊博语初级读本》(Isoama-Ibo Primer),1882年用伊博语写成首部综合词典。这些著作有助于初期语料库启动和规划,为以后的语言学研究提供了重要语料。克罗瑟其他的著作包括《尼日尔和查打河探险日志》(Journal of an Expedition up the Niger and Tshadda Rivers, 1885)和与他人合著的《诺格河畔福音书》(The Gospel on the Banks of the Noger, 1859)。

克诺罗佐夫 Knorosow, Yuri （Юрий Валентинович Кнорозов, 1922—1999） 苏联语言学家和古文字专家。1922年11月19日生于乌克兰哈尔科夫(Kharkov)的一个俄罗斯族知识分子家庭。自幼淘气任性,不爱学习,但好奇爱问,擅长小提琴、写诗和绘画。1840年考入莫斯科大学民族学系学习埃及古物学,1941年因二战中断学业,1943—1945年参加卫国战争和反攻战争进入柏林。战后返校继续学业,曾选修汉学,1948年毕业;1955年获博士学位。一直在苏联科学院人类学与民族学研究所工作。1999年3月31日卒于圣彼得堡。

尤里·克诺罗佐夫最突出的学术贡献是破译了哥伦布发现新大陆之前中美洲玛雅文明所用的象形文字书写体系(Mayan Hieroglyphic Writings)以及印度河附近(现巴基斯坦南部)的古城摩亨约达罗(Mohenjo-Daro)和哈拉帕(Harappa)的古印度碑文。对这些碑文的研究揭示了它们与达罗毗荼诸语言(Dravidian languages)在语法结构上的关系。玛雅碑文的历史可追溯到公元1世纪,玛雅的书写体系使用了三百个语言符号,留给世人的只有4个用音节表示的象形文字。19世纪中叶,人们开始解读玛雅文字,他从1950年到1960年利用位置统计(positional statistics)作为解读的新思路,为玛雅文字的历时研究开辟了道路。他认为,玛雅文字与汉语类似,兼有象形和记音两种功能。克诺罗佐夫对玛雅文的成功解读是近年来人文科学方面的一项重大收获,这在学术上具有多方面的意义,引起了世界各国学术界的重视,因为这项研究成果对古代美洲史和人类文化史、对考古学和人种志、人类文字史、比较文字学的研究具有更加重大的意义。

《玛雅文的释读》是克诺罗佐夫的代表性著作,其内容包括:(1)古玛雅文研究简述;(2)古玛雅文的释读尝试;(3)中美洲的古文字;(4)研究玛雅文字的问题;(5)尤卡坦纪事绪说。他的其他著作还包括《古代玛雅的文字体系》(Письменность древних майя, 1955)、《玛雅印第安人的文字》(Исьменность индейцев майя, 1963)和《玛雅象形文字手稿》(Иероглифические рукописи майя, 1975)等。

肯尼迪(本杰明·霍尔·～) Kennedy, Benjamin Hall （1804—1889） 英国学者,拉丁语教学杰出贡献者。1804年11月6日生于伯明翰附近的萨默希尔(Summer Hill)。幼时在英格兰西部城市什鲁斯伯里(Shrewsbury)上学,1823年进入剑桥大学圣约翰学院(St. John's College)学习;1827年毕业时剑桥大学学位考试古典语文成绩位列第一名,次年任圣约翰学院古典文学讲师。1836年返回什鲁斯伯里学校,继塞缪尔·巴特勒(Samuel Butler)之位出任校长,1866年卸任。1867年被选为剑桥大学希腊文钦定讲座教授(Regius Professor)和伊利大教堂(Canon of Ely)牧师会成员,1870—1880 年担任《新约全书》修订委员会委员。1889 年 4 月 6 日卒于英格兰德文郡托基镇(Torquay, Devon)。

本杰明·霍尔·肯尼迪对教学的热情投入、对古典主义作品的由衷热爱,让他成为那个时代杰出的师者。他于 1888 年出版的语法课本《初级拉丁语读本修订版》(*The Revised Latin Primer*),在 1909 年、1930 年和 1962 年几经修订后,至今依然广为使用。该书的前身是 1866 年出版的《公学拉丁语初级读本》(*The Public School Latin Primer*),是在皇家委员会(Royal Commission)的领导下由包括什鲁斯伯里学校在内的九所私立精英学校联合编写,旨在推广拉丁语和希腊语法。当皇家委员会选定《拉丁语法课程》(*Latinae Grammaticae Curriculum*)作为新拉丁语法的入门教材时,肯尼迪受命撰写了教学手册,后于 1871 年又编写了高级语法书《公学拉丁语法》(*The Public School Latin Grammar*),并于 1888 年出版了题为《简编拉丁语初级读本》(*The Shorter Latin Primer*)的初级版。尽管遭到很多批评,这部启蒙书依然迅速成为英国公学的标准语法教材。这部著作的创新之处在于引进了新的格次序(case-order),即主格(呼格)—受格—属格—与格—夺格(nom (-voc)-acc-gen-dat-abl);采纳当时英国经典学者托马斯·休伊特·基(Thomas Hewitt Key, 1799—1875)和亨利·约翰·罗比(Henry John Roby, 1830—1915)的说法,但在英语传统上与肯尼迪语法紧紧相连,成为一种标准的语法分析方法。

肯尼迪的其他主要著作包括《英语韵文版诗篇》(*The Psalter in English Verse*, 1860)、《大卫诗篇》(*The Psalms of David*, 1860) 和《基督教圣诗:以基督教节期为序的诗篇和赞美诗》(*Hymnologia Christiana, or Psalms & Hymns Selected and Arranged in the Order of the Christian Seasons*, 1863)等。

肯佩伦　Kempelen, Wolfgang von　(1734—1804)　匈牙利学者,实验语音学先驱。1734 年 1 月 23 日生于普雷斯堡(Pressburg, 即今布拉迪斯拉发),其父为政府公务员。先后在普雷斯堡、杰尔(Györ)、维也纳和罗马等地学习法律与哲学;在维也纳就学期间,曾把匈牙利一项法令翻译成德语,引起匈牙利和波西米亚女王、神圣罗马帝国皇帝弗兰西斯一世的皇后兼奥地利女大公玛丽娅·特蕾莎(Maria Theresa)的关注。晚年时,由于奥地利国王取消对其经济资助,致其生活陷入贫困潦倒。1804 年 3 月 26 日卒于维也纳。

沃尔夫冈·冯·肯佩伦兴趣广泛,喜欢物理和力学,能说德语、匈牙利语、拉丁语、法语、意大利语和英语,着迷于古典和当代语言文学,曾创作诗歌,编写戏剧。他做过施工人员和组织管理者,发明或改进了蒸汽发动机和水泵等很多有用的装置。1770 年,他发明了第一台博弈机,建造了坡佐尼(Pozsony)浮桥;1772 年发明了盲人打字机;1788—1789 年申请了一项蒸汽涡轮机专利。其中引起全世界关注的是,他在 1770 年研制了一种可以击败人类棋手、名为"土耳其行棋傀儡"(the Chess Turk)的国际象棋"自动"下棋装置,用以取悦奥地利女大公;然而,87 年之后,此装置被证实为一个骗局。此外,"沃尔夫冈·冯·肯佩伦计算机科学历史奖"也是以他的名字命名。

如今人们之所以把肯佩伦的名字与语言学家联系在一起,是因为他制造了一种手动控制、能讲话的机器,以实际行动开创了实验语音学的先河。为此,他付出了 20 年的心血,但未能完成该机器的第四代。第三代机器大致有吹风器(肺部)、压缩盒(支气管)、象牙簧片(声带)、皮质共鸣器(嘴)和两根小管(鼻孔)。吹风器、共鸣器和管子音符可通过手动控制进行变换。这样,不仅元音和辅音,甚至简短的单词和句子也能发音。为建造机器,他研究了人类说话的发音机制和语音产生的必备条件,在实践和研究的基础上于 1791 年完成了《人类说话机制及讲话机描述》(*Mechanismus der Menschlichen Sprache Nebst Beschreibung Einer Sprechenden Maschine*)一书。该书完整地描述了语音特征、发音器官、发音机制和他的讲话机器。在匈牙利语和非欧洲语言方面,他不仅反对人类只有一个原始母语的观点,还反对其他欧洲语言共享同一起源的看法。

出于对机械装置和自动化的热衷,肯佩伦还是笛卡儿哲学机械论的鼓吹者和倡导者。他首次提出"决定所发元音质量好坏的是口腔,而不是当时大家公认的喉部"这一观点。他的成就对当前的计算机语音合成技术具有启发性贡献。

孔狄亚克　Condillac, Étienne Bonnot de　(1714—1780)　法国哲学家。1714 年 9 月 30 日生于法国南部格勒诺布尔(Grenoble)一个新贵族家庭。曾在里昂的耶稣会专科学校念书。后由长兄马布利神父安排,进入巴黎的圣苏尔比斯修道院;对神学兴趣不大,热衷于文学、哲学和数学。与狄德罗(Denis Diderot)、卢梭(Jean-Jacques Rousseau)、达朗贝(Jean le Rond d'Alembert)等学者交往甚密,并为《百科全书》撰稿。1767 年入选法兰西科学院院士,后成为法兰西学术院和柏林科学院院士;1772 年隐退。1780 年 8 月 3 日卒于奥尔良区博让西县瓦地区莱利镇(Lailly-en-Val, Beaugency)。

埃蒂耶纳·博诺·德·孔狄亚克深受洛克经验论的影响,其哲学贡献主要在于对 17 世纪唯理论形而上学的批判,对法国唯物主义的形成和发展具有积极的作用。他批判了笛卡儿等人的唯理论,特别是天赋观念论。他认为我们的一切观念都来自感觉，除此之外没有别的来源，他认为天赋观念论明显是违背经验的。他也批判了莱布尼茨的单子论。莱布尼茨的单子是脱离了肉体的精神性实体，用以说明单子的力和知觉也是不依赖于肉体的力和不依赖于感官的知觉。他亦从感觉论的立场出发，批判了斯宾诺莎的实体学说。像"实体"这样的抽象观念不过是存在于感觉观念中的东西的总和，并不能增加我们的知识。实体的本性是不可知的，将实体看作是自因而且是万物的原因更是有欠妥当。孔狄亚克继承了洛克(John Locke)的经验论思想，主张一切知识和能力都来自感官和感觉，否认反省是观念的来源。

孔狄亚克认为，观念在内心生活中犹如事物在物质世界中一样，服从一种相互联接的关系，这就是我们自己与他人的交际和往来。人类观念的最大基础就是建立在人们之间相互的思想交流之上。没有这样的基础，也就没有人的观念的正常活动。孔狄亚克举例加以证明，从森林里找到的一个由熊喂养大的孩子，虽然他是人，但由于从小就被剥夺了与他人交流的机会，他失去了正常人观念活动固有的特征，因而他不可能具备人类的观念。在这里，孔狄亚克看到语言在观念形成中的作用。他认为人们是借助于语言符号来组成自己的观念的，这证明了精神的能动作用。但语言不是天生就有的，它是漫长的历史演化发展的结果。一定的语言符号都与该符号创制的环境密切相关，因此为了精确地表达语词，就必须把自己置身于感觉和观看事物的环境里，这样就可以避免由于滥用符号引起的意义的模糊。

孔狄亚克的主要哲学著作包括《论人类知识的起源》(*Essai sur L'origine des Connaissances Humaines*，1746)、《论缺点和优点毕露的诸体系》(*Traité des Systemes, Ou l on en Demele les Inconveniens et les Avantages*，1749)和《感觉论》(*Treatise on Sensations*，1754)等。

孔什的威廉　William of Conches

（约1080—1154后）　法国哲学家和文法家。约1080年生于法国埃弗勒附近的康切斯(Conches, Normandy)。曾是哲学家沙特尔的贝尔纳(Bernard of Chartres)的学生。早年游历各地，广泛教学，约在1145年担任英格兰王储(即后来的国王亨利二世)的私人教师。去世时间晚于1154年，具体年份、地点不详。

孔什的威廉一直强调语法在学习体系中的重要性，在语义学领域则专注于解释词语产生的原因。哲学上，他信奉柏拉图主义(Platonism)，并致力于通过研究经典著作的俗世版本和开展实证科学来扩展基督教人文主义；还试图将柏拉图理念论(Platonic Realism)引入神学；他还从事了伊斯兰哲学和自然科学的研究，是中世纪第一批运用伊斯兰物理和生理知识的基督教哲学家。孔什的威廉在宇宙学和心理学方面亦有建树。

孔什的威廉的主要作品包括《哲学世界》(*De Philosophia Mundi /Philosophia,*)、《自然哲学对话》(*Dragmaticon*)、对柏拉图的《谛美思论》(*Timaes*)注解、对波伊提乌(Boethius)的《哲学的慰藉》(*Consolation of Philosophy*)注解、对普里西安(Priscian)的《语法惯例》(*Institutiones Grammaticae*)注解以及对马可罗比斯(Macrobius)的《评西比欧之梦》(*Commentary on the Dream of Scipio*)进行注解等。

库尔德内　Courtenay, Jan Niecisław Ignacy Baudouin de

参见"博杜恩·德·库尔特内"。

库尔提乌斯　Curtius, Georg （1820—1885）

德国古典语言学家。1820年4月16日生于德国北部吕贝克(Lübeck)。在波恩大学学习期间，师从里切尔(Friedrich Ritschl)、拉森(Christian Lassen)和施莱格尔(August Wilhelm von Schlegel)；后在柏林大学学习，其间听了拉赫曼(Karl Lachmann)、博埃克(August Boeck)、范兰克(Leopold von Ranke)和葆朴(Franz Bopp)等人的讲座。1942年获博士学位，其后在德累斯顿的高中任教。1845年在柏林开始学术研究事业，1849年赴布拉格任古典语言学教授。1854年返回德国，在基尔大学任教八年，于1862年到莱比锡定居。1885年8月12日卒于赫尔姆斯多夫(Hermsdorf am Kynast)。

格奥尔格·库尔提乌斯坚持古典语言学既有的原则和基础，但他并不排斥新观点。新语法学派的莱斯金(August Leskien)、布鲁格曼(Karl Brugmann)、奥斯特霍夫(Hermann Osthoff)等人深受其影响和启发，他们通过历史比较研究从古典语言学转向了对音变和类推式语言变迁的细致分析。当新语法学派的成就逐渐深得当代语言学家认同时，库尔提乌斯的某些著作遭到贬低或被误读。但是他在语言学历史上的重要性毋庸置疑，使语言学研究得以持续发展。

库尔提乌斯的学术贡献主要表现在三个方面：(1)古典语言学，其中《普通希腊词源学》(*Grundzüge der Griechischen Etymologie*，1858—1862)是他生平最重要的研究成果；(2)主张古典语言学与比较语言学相结合——他承认两个领域各有所长，并尽毕生之力去证明两个领域只有相互结合才能扬长避短；(3)音变——他意识到语言转变中的规律性，但也承认无法找出确凿的科学依据，因此他坚持认为存在规则和不规则两种音变。

库尔提乌斯的著作还包括《与古典语文学相联

系的语言比较》(*Die Sprachvergleichung in ihrem Verhältniss zur classischen Philologie*, 1845)、《希腊语学院语法》(*Griechische Schulgrammatik*, 1852)和《最新语言研究批判》(*Zur Kritik der Neuesten Sprachforschung*, 1885)等。

库尔特内 Courtenay, Jan Niecisław Ignacy Baudouin de　参见"博杜恩·德·库尔特内"。

库克 Cook, Vivian James （1940— ）英国语言学家。1940年6月13日生于英格兰伦敦伊灵区(Ealing)。先后在伦敦的伊灵技术学院(Ealing Technical College)、北部东伦敦理工学院(North East London Polytechnic)和艾塞克斯大学(Essex University)等校任教,从事英语为外语的教学工作,讲授语言习得及语言教学法等课程。1989年创立欧洲第二语言协会(EuroSLA),1991年当选首届主席,2014年起任EuroSLA特聘学者;1993年教材发展协会(MatsDA)创始委员会成员。2004年任英国纽卡斯尔大学应用语言学教授,现任荣誉退休教授;兼任约克大学客座教授。2009年合作创立牛津大学期刊《书写系统研究》(*Writing Systems Research*)。

维维安·詹姆斯·库克的主要研究领域为第二语言习得。他以普遍语法理论为基础研究多语现象,尤其关注二语语言使用者与单语语言使用者在认知与语言学方面的差异。上世纪七八十年代,库克提出多种第二语言习得研究的方法和理念,诸如诱导模仿(Elicited Imitation)、短时记忆法、反应次数、微型人工语言等,偏爱用实验证实假设。90年代初,他提出多语能力(Multi-competence)的概念,认为能说不止一种语言的人大脑思维不同于仅会一种语言的人,会两种语言就会改变人们使用其第一语言的方式,甚至改变思维习惯。因此,具备多语能力的人应称其为"二语使用者(L2 users)"而非"第二语言学习者"。这一观点影响了传统的外语教学理念,其内涵在于:(1)任何人都有多语能力潜质,单语能力并非人脑的普遍性;(2)二语学习是为了成为多语使用者,而不是做一只仅会模仿另一种语言的学舌鹦鹉;(3)母语使用者并非最佳的二语老师;(4)二语课堂应当允许学生使用母语;(5)教师和学生均应牢记:二语学习改变人的思维。此外,他还关注英语书写系统的研究与跨语言书写体系的习得,关注街道语言,研究泰恩河畔纽卡斯尔市的单语与双语街道标志。

库克的重要著作包括:《乔姆斯基普遍语法导论》(*Chomsky's Universal Grammar: An introduction*, 2007)、《作为社会交流的语言学习与教学》(*Language Learning and Teaching as Social Interaction*, 2007)、《语言学对双语教育的贡献》(*Linguistic Contributions to Bilingualism*, 2008)、《21世纪应用语言学与语言教学导论》(*Introduction: Applied linguistics and Language Teaching in the 21st Century*, 2009)、《二语习得研究与语言教学的发展性关联》(*Developing Links Between Second Language Acquisition Research and Language Teaching*, 2009)、《当代应用语言学》(*Contemporary Applied Linguistics*, 2009)、《再论一语与二语习得的关系》(*The Relationship Between First and Second Language Acquisition Revisited*, 2010)、《语言与双语认知》(*Language and Bilingual Cognition*, 2011)、《语言相对主义与语言教学》(*Linguistic Relativity and Language Teaching*, 2011)和《二语习得的关键论题》(*Key Topics in Second Language Acquisition*, 2014)等。

库拉特 Kurath, Hans （1891—1992）奥地利裔美国语言学家。1891年12月13日生于奥匈帝国南部的菲拉赫(Villach)。1907年移民美国,1912年加入美国国籍。1914年获德克萨斯大学文学学士学位。1920年获芝加哥大学博士学位。1920—1927年于西北大学讲授德语,1927—1931年于俄亥俄州立大学讲授日耳曼学与语言学,1931—1946年转至布朗大学任教。1946—1962年任密歇根大学英语与语言学系教授。1942年任美国语言学会会长,1947—1950年任暑期语言学院院长。曾获多项学术荣誉,1959年被芝加哥大学授予名誉博士学位,曾获威斯康星大学名誉博士。1962年从密歇根大学退休,退休后依然积极参加学术活动。1992年1月2日卒于美国密歇根州安阿伯(Ann Arbor)。

汉斯·库拉特专注于历史语言学研究,领域涵盖了词典编纂、方言学、中古英语、美国英语,因主编三卷本《新英格兰语言地图集》(*Linguistic Atlas of New England*, 1939—1943)而闻名。他的终极目标是:通过编制全美国的语言地图集,重构美国英语的演化轨迹,反映早期移民带至美洲相对"纯洁"的英语向当代美国包含地区方言的英语演变的细节。库拉特坚信,如同贸易和交通体系膨胀、城市化以及人口迁徙,语言演化也一定存在活生生的事件记载。通过汇集调查数据,在地图上标明各地词汇和发音的区别,便可以绘制一幅一目了然的可视图景,尽显过去200年间社会变迁带给美国英语的变化。《新英格兰语言地图集》是他整个研究项目宏伟蓝图的先行试验成果,是美国第一部区域语言学地图。

库拉特的作品还包括《新英格兰语言地理学手册》(*Handbook of the Linguistic Geography of New England*, 1939)、《中古英语词典》(*Middle English Dictionary*, 1946—1962)、《美国东部词汇地理学》(*A Word Geography of the Eastern United*

States, 1949)、《美国大西洋沿岸诸州英语之读音》(*The Pronunciation of English in the Atlantic States*, 1961)、《区域语言学研究》(*Studies in Area Linguistics*, 1972)以及与柯姆(George Oliver Curme)合著的《英语语法》(*A Grammar of the English Language*, 1977—1983)。

库里奥利　Culioli, Antoine (1924—)
法国语言学家。1924年9月4日生于法国马赛的科西嘉人家庭。1944年考入巴黎高等师范专科学校(École Normale Supérieure),主修拉丁文和希腊文,后专攻英语。1949年起在巴黎索邦大学任教。1954年在南锡大学(Nancy)被聘为副教授,最先在该校开设英语语文学和普通语言学课程。1961年回索邦大学,任英语语言学教授。1970年与一些博物科学家、物理学家共同改组创建多学科的巴黎第七大学(University of Paris VII),创立英美研究系,任系主任到1992年;同时,在巴黎高等师范专科学院开设形式语言学研讨班。

安托万·库里奥利在法国享有很高的学术知名度。他于1960年答辩两篇论文:《中世纪英语中情态系统的转换:虚拟语气的消失》(*Transformation of the Modal System in Medieval English: The Disappearance of the Subjunctive*)和《德莱顿:乔叟和蒲伽丘的译者》(*Dryden: Translator of Chaucer and Boccace*),在学界赢得声誉。20世纪70年代,库里奥利高度关注法国大、中、小学学习和考试制度的改革问题。他以口语教学闻名,许多外国留学生将其理论应用到母语研究上,如日语、汉语、阿拉伯语、非洲语言、俄语和巴斯克语等。

库里奥利是语义学理论的早期倡导者。他的理论核心观点是:通过语言和文本的多样性理解语言活动。文本即指日常语言中口头或书面的词汇。他旨在通过不同的语言实现中不易察觉的心智活动(epilinguistic operations)来揭示同一性,这接近于认知主义。他的理论包含三个层面:第一是不易获得的潜意识状态,即对操作的假设场景(epilinguistic level);第二是先验性的观察和转换场所(语言层面);第三是图式化的尝试(元语言层面)。他使用自己的独特术语和很多日常语言的例子解释最后这个具体层面,如frontier(边界)、bifurcation(分支)、markers(标记)。库里奥利理论试图把三个层面动态地统一起来,在法国语言学界占有重要的一席之地。

库里沃维奇　Kurylowicz, Jerzy (1895—1978)　波兰语言学家。1895年8月26日生于斯坦尼斯瓦沃夫(Stanisławów),即今乌克兰伊万诺弗兰科夫斯克(Ivano-Frankivsk, Ukraine)。在维也纳完成中学教育,大学学业因第一次世界大战爆发而中断,被迫加入奥地利军队服役;在战争中受伤而住进俄国医院,其间提高了其俄语水平,并对失语症(aphasia)产生了兴趣。1920年在利沃夫(Lvov)的扬·卡齐米日大学(Jan Kazimierz University)学习罗曼语与日耳曼语语文学,后又对印度语研究(Indic studies)和闪语研究(Semitic studies)产生兴趣,1923年获得博士学位,并获法国政府奖学金赴巴黎学习罗曼语语文学。在巴黎师从印欧语学者梅耶(Antoine Meillet),把主要兴趣从罗曼语语文学转到印欧语的对比研究上。1928年回波兰,获扬·卡齐米日大学教授职位。1931年获洛克菲勒奖学金到美国耶鲁大学访学一年,同年被选为波兰人文艺术与科学学术院通信院士,1938年成为正式院士。1946年转任波兰西部城市弗罗茨瓦夫(Wrocław)的大学教授。1948年到南部城市克拉科夫(Kraków)任雅捷隆大学(Jagiellonian University)教授,兼任普通语言学系主任直至1965年退休。曾获美国芝加哥大学、法国索邦大学等校的荣誉博士学位,并在哈佛大学和麻省理工学院做过访问学者。1978年1月28日卒于克拉科夫。

耶日·库里沃维奇是一位活跃的语言学者,20世纪30年代经常出席欧洲语言学界学术会议并发言。他的研究涉及印欧语系、日耳曼语、罗曼语、闪族语、斯拉夫语言学和普通语言学等领域。他在早期作品中分析历时语言学材料时接受了结构语言学原则,非常赞赏布拉格语言学派(The Prague Linguistic Circle)的研究工作。1948年,他把结构为导向的语言理论引入到克拉科夫大学,启发了整整一代学生,使克拉科夫成为波兰语言学研究中心。二次世界大战期间通过赫梯语(Hittite)文本研究印欧语取得了很大成果。1935年,他出版了第一部专著《印欧语研究》(*Indo-European Studies*, 1935)。二战以后,他集中研究印欧语言的重读(accentuation)和印欧语言的元音交替(apophony / ablaut)问题。他对语言历史发展中的语言类比(linguistic analogy)问题尤其感兴趣,详细阐述了语言类比的一系列规则。20世纪60年代在与雅柯布逊(Roman Jakobson)和哈勒(Morris Halle)的接触中获得灵感,引发了他对屈折类别(inflectional categories)进行研究的兴趣。退休之后,与其他一些语言学家合作,策划编写一系列重要的印欧语语法,编写了该丛书中的一卷,着重讨论印欧语的重读和元音变换问题。1964年,他在亚格隆尼大学组织了一场研讨会,专题讨论语言学的规则概念(notion of law)。在该讨论会上,他着重探讨了语言的同构规则(the laws of isomorphism)。

库里沃维奇的其他主要作品包括《印欧语言的重读》(*L'accentuation des langues indo-européennes*, 1952)、《印欧语言的元音交替》(*L'apophonie en indo-européen*, 1956)、《印欧语言的屈折类型》(*The Inflec-*

tional Categories of Indo-European,1964)、《闪族语语法和韵律学》(Studies in Semitic Grammar and Metrics,1972)和《印欧语语言学问题》(Problèmes de linguistique indo-européenne,1977)等。

库珀 Cooper, Christopher （1655—1698）

英国语言学家。家境贫寒,1672年在英国数学家、天文学家和索尔兹伯里主教塞斯·沃德(Seth Ward, 1617—1689)的资助下进入剑桥大学基督圣体学院(Corpus Christi College)学习,1676年获学士学位,1680年获硕士学位,并被任命为赫特福德郡(Hertfordshire)毕晓普斯托福德文法学校校长(Bishop's Stortford Grammar School),1686年任当地圣麦克教区牧师,1698年卒于毕晓普斯托福德。

克里斯托弗·库珀的重要著作《英语语法》(Grammatica Linguae Anglicanae)于1685年出版,是最后一本用拉丁文书写的英语语法书。作为当时保守思想的产物,这部书近半内容都是音位知识,目标读者为学习英语的外国人。他认为,语法学习有助于保持语言的纯洁性,不曾受过教育的人表达意思时只需被人听懂即可,但是受过教育的人应该学会正确而优雅地表述思想。1687年出版的《英语教师》(The English Teacher)是《英语语法》语音部分扩充和修订后的英文版,只涉及发音和拼写,不涉及词法和句法。深受威尔金斯(John Wilkins)和沃里斯(John Wallis)观点的影响,他没有把拉丁语的语言范畴系统强加于英语。他认为自己对同形异音词、同音异形词和不发音字母的讨论比前辈更加全面深入。他列举许多方言发音,却把它们标示成"野蛮的(barbarous)";还罗列了许多异体拼写形式。《英语教师》一书分别于1688年、1698年再版,但是直至20世纪50年代才受到关注和重视,一些学者开始陆续介绍库珀的音系和句法研究。

库斯特诺布勒 Coustenoble, Hélène Nathalie

（1894—1963） 法国语音学家。1894年10月27日生于法国南部伯宗(Bezons)。1912年到伦敦,带着成为一名语言教师的梦想,在学校教授法语,随之逐渐对语言学产生兴趣。1917年在伦敦的一次座谈会上结识了丹尼尔·琼斯(Daniel Jones),成为其最忠实的追随者。因出色的语言运用能力得到琼斯的赏识,得以在伦敦大学学院(UCL)谋取了一份业余工作机会;1919年终于获得了全职资格,并通过继续努力于1947年获得语音学副教授(Reader)职位;工作上表现出出色的语音实践技能,对待学生严厉有加,被人们亲切地称为"Cou",是众人称赞的有天赋、有魅力的老师。在伦敦大学学院,还担任了行政工作,二战期间任戴高乐将军的私人助手;余生在学院继续任教,直至1962年退休,次年卒于伦敦。

埃莱娜·纳塔莉·库斯特诺布勒采取琼斯的实践方法,依据自身训练有素的听力、对语言的直接观察和实验技巧进行研究。1929年编纂出版了《法语发音词典》(Pronunciation Dictionary of the French Language),该书是现代版本中第一部法语语言工具书。1934年和伦敦大学学院同事利利娅斯·阿姆斯特朗(Lilias Armstrong)合著《法语语调研究》(Studies in French Intonation)。1945年出版《阿尔勒地区现代普罗旺斯语语音》(La Phonétique du Provençal Moderne en terre d'Arles),对普罗旺斯语各种口语形式严密细致的调查,及其共时描述异于以往的历时研究视角,富有创新,并因此于1947年获伦敦大学文学博士学位。

库特哈德 Coulthard, Malcolm （1943— ）

英国语言学家和教育家。1943年1月14日生于英格兰西约克郡的布拉德福德(Bradford)。在谢菲尔德完成大学教育,之后获伦敦教育学院教师资格证书。因对语言学感兴趣,继续进入伦敦大学学院深造,师从韩礼德学习语言学,获硕士学位;再进入伯明翰大学师从约翰·辛克莱,获英语语言学博士学位。其后,长期在伯明翰大学工作。1993年7月第一届国际司法语言学家协会(International Association of Forensic Linguists)年会在德国波恩召开,任该协会首任主席。从教37年后,于2004年加入阿斯顿大学,担任司法语言学研究中心主任,成为世界上第一位司法语言学教授。

马尔科姆·库特哈德的研究兴趣主要是司法语言学、语言与法律、批判性话语分析以及书面和口头话语分析,代表作为《话语分析入门》(An Introduction to Discourse Analysis,1977)和《司法语言学导论》(Introducing Forensic Linguistics,2007)。早期受20世纪60年代语言学家的影响,库特哈德成为伯明翰大学现代英语研究专家,在课堂及教学话语研究领域取得丰硕成果而享誉国际。他主持创办《司法语言学:言语研究国际期刊》(Forensic Linguistics: The international journal of speech)与《语言与法律》(Language and the Law)杂志,并担任编辑,使得司法语言学进入主流学术研究领域。执法当局在办理关注度较高的案件时往往依据库特哈德的专业观点,他也常通过媒体向公众普及语言与法律的关系的知识。

库特哈德是伯明翰学派的主要成员,他对口语分析的发展性研究方法改变了语言描写中的语言描写普遍观念。作为司法语言学创始人,他的主要研究领域为现代英语话语分析、司法语言学。他将英语话语理论扩展到对其他语言的分析中,在巴西、马来西亚、日本和韩国等地都开设了语言学学位课程。

库特哈德撰写并编辑了13本著作,发表学术论文60余篇,其中包括《口语语篇分析的进展》(*Advances in Spoken Discourse Analysis*, 1992)、《书面文本分析的进展》(*Advances in Written Text Analysis*, 1994)、《文本与实践:批判性话语分析读本》(*Texts and Practices: Readings in Critical Discourse Analysis*, 1996)、《话语与社会生活》(*Discourse and Social Life*, 2000)、《司法语言学手册》(*A Handbook of Forensic Linguisitcs*, 2010)等。

夸克　Quirk, Randolph　(1920—)　英国语言学家。1920年7月12日生于英国马恩岛的兰姆费尔(Lambfell, Isle of Man)。曾就读于威廉国王学院(King William's College),后到伦敦大学学院,在古英语和斯堪的纳维亚语学者阿尔伯特·休·史密斯(Albert Hugh Smith, 1903—1967)的指导下学习英语。1940年由于战争而中断学业,1945年继续学习,1947年完成学业并获学士学位,1947—1952年任伦敦大学学院的英语讲师;其间获音系学专业的硕士学位,并完成句法学专业的博士学位论文。1951年以英联邦基金会研究员身份赴美国耶鲁大学和密歇根大学从事博士后研究。1954年任杜伦大学(University of Durham)副教授(Reader),1958年晋升为教授;1960年回伦敦大学学院任教授,1968—1981年任裘恩讲席教授(Quain Professor)。1976年被授予大英帝国三级勋章(CBE),1985年成为爵士;1981—1985年任伦敦大学常务校长,1985—1989年任英国国家学术院院长,1994年被授予终身爵位——布卢姆茨伯里男爵。

伦道夫·夸克在语言研究方面的主要贡献在于语法研究。他与查尔斯·莱斯利·雷恩(Charles Leslie Wrenn)通过梅休因出版公司(Methuen & Co., Ltd.)出版《古英语语法》(*An Old English Grammar*, 1955),从句法和构词的角度研究古英语语法,打破了古英语语法研究以语音和词形为中心的传统。1959年夸克在英语语言文学系成立"英语用法调查组(Survey of English Usage)",与同事开展一项针对日常英语的用法的研究项目,收集日常生活中的英语约一百万词的语料,进行分析研究,打破此前语法研究均取材于文学作品语料的传统。基于该项目,他与西德尼·戈林鲍姆(Sidney Greenbaum)、杰弗里·利奇(Geoffrey N. Leech)和扬·斯瓦特维克(Jan Svartvik)合作,于1972年出版《当代英语语法》(*A Grammar of Contemporary English*),与戈林鲍姆合编《大学英语语法》(*A University Grammar of English*, 1973),为四人合作编写《英语语法大全》(*A Comprehensive Grammar of the English Language*, 1985)奠定了重要基础。《英语语法大全》采用描述性语言对语法进行描写,说明不同群体使用英语的特色,成为第一本真正意义上的英语用法语法书。该书被誉为是20世纪80年代末和90年代初"最完备、最详尽、最伟大的当代语法书"(译自John Algeo, 1991: 113-138)。在2002年赫德尔斯顿(Rodney Huddleston)和普勒姆(Geoffrey K. Pullum)主编的《剑桥英语语法》(*The Cambridge Grammar of the English Language*)问世之前,无同类作品能出其右。

夸克的其他作品还包括《英语用法(第2版)》(*The Use of English*, 2nd ed., 1962)、《英语与物体意象》(*The English Language and Images of Matter*, 1972)、《英语的文体与交流》(*Style and Communication in the English Language*, 1982)、《使用中的词汇:文本结构讲义》(*Words at Work: Lectures on textual structure*, 1986)和《学生英语语法》(*A Student's Grammar of the English Language*, 1990)以及与扬·斯瓦特维克合著《英语会话语料库》(*A Corpus of English Conversation*, 1980)等。

夸美纽斯　Comenius, Johann(es) Amos　(Jan Amos Komensky, 1592—1670)　捷克神学家、教育家、哲学家和语言学家。1592年3月28日生于捷克东部摩拉维亚(Moravia)。父母早逝,由亲戚抚养长大。1608年—1611年就读于普热罗夫(Přerov)的兄弟会(Unitas Fratrum)高级文科中学。1611—1614年在德国黑尔本(Herborn)和海德堡大学学习,结识百科全书编纂者阿尔施泰德(Johann Heinrich Alsted, 1588—1638)和神学协调论者帕雷乌斯(David Pareus, 1548—1622),从此终身受两人的思想影响。1614—1628年在家乡的一所神论学校教书,其后因30年的战乱以及反宗教改革中对新教徒的迫害被永久驱逐。1616年、1632年和1648年相继成为牧师、主任牧师和主教。1628—1641年侨居波兰,后接受清教改革者哈立布(Samuel Hartlib)的邀请访问英国,一年后因内战离开。先后在低地国家和瑞典旅行,应匈牙利贵族拉科克兹(Rákóczi)邀请,赴沙罗什帕托克(Sárospatak)并居留至1654年。1670年11月15日卒于阿姆斯特丹。

约翰·阿摩司·夸美纽斯虽然自认是神学家,却多被后世誉为教育家。他提出学习的法则是:学习之前先做,语言介入之前先学习观察,学习外语之前先学习母语,认字之前先学习范例。他是教学法的奠基者,其《大教学论》(*Didactica Magna*, 1657)是教学法历史中最重要的一本著作。他认为,语言是教育实践中最重要的工具;他关心年轻人的语言学教育,其相关著作特别是教科书均含有语言学内容,如《全新语言方法》(*Novissima Linguarum Methodus*, 1648)。因此,被认为是一位倾向语言研究的哲学家。

夸美纽斯语言学习方面最著名的教科书是《语言学入门》(*Janua Linguarum Rreserata*, 1631)和《世界图解》(*Orbis Sensualium Pictus*, 1658)。两本著作可谓现代意义上特殊的称名学词典。前者汇集了1000个拉丁文句子,分为100个部分,每部分包含对名词或形容词的定义;后者包括150个小章节,每一章节有拉丁语和德语定义以及插图解释句子中不同词素的语义。两本著作均按12世纪以来百科辞典的顺序编排,广受欢迎,被译成所有的欧洲文字后再版数百次。1656年,他编纂的捷克语字母词典手稿因火灾付之一炬。瑞典与波兰的战争期间,他移居阿姆斯特丹,后来陆续出版书籍。

蒯因　Quine, Willard van Ormand　(1908—2000)　美国逻辑学家和语言哲学家。亦译作奎因。1908年6月25日生于俄亥俄州阿克伦市(Akron, Ohio)。1930年在奥柏林学院(Oberlin College)获数学和哲学学士学位,同年考入哈佛大学,1932年获博士学位。此后游学欧洲,结识维也纳学派(Vienna Circle)的主要成员,在布拉格结识逻辑实证主义的重要代表人物卡尔纳普(Rudolf Carnap)。1934年回到美国,此后一直在哈佛大学讲授哲学和数学课程,1956—1978年任哈佛大学埃德加·皮尔斯哲学教授(Edgar Pierce Chair of Philosophy)。1993年获得第一届逻辑学和哲学朔克奖(Schock Prize),退休后仍出版和修订了不少专业书籍。2000年12月25日卒于马萨诸塞州波士顿(Boston, Massachusetts)。

威拉德·冯·奥曼·蒯因的研究领域主要包括逻辑学、语言哲学、本体论、认识论、科学哲学、集合论等。他是研究美国逻辑学的主要人物之一,属于逻辑和哲学的逻辑实证主义学派。该学派主要通过语言使用来看待哲学,因此对现代语言学影响很大。

蒯因在语言哲学方面的重要著作是《语词和对象》(*Word and Object*, 1960),该书系统论述指称论(Theory of Reference)。他把翻译视为检验指称的一种方式,在他看来,"翻译"严格意义上并不是语言间的翻译,而是缓解语言对我们的感官刺激。这部著作深受斯金纳(Burrbus Frederick Skinner)的影响。斯金纳的代表作《言语行为》(*Verbal Behavior*)发表后,乔姆斯基对该书的评论引起广泛争议,《语词和对象》在其后不久出版。蒯因不赞成乔姆斯基对《言语行为》的批评,并进行了一项著名的思想实验研究:把一位语言学家派往一个荒蛮的岛屿,在无翻译人员帮助的情况下学习一种迄今尚不为人知的部落语言,虽然此种情况不太符合现实,但却可以阐明他对翻译的观点。设想一下,当该语言学家在野外看到一只兔子飞跑而过,而这时当地人说"gavagai",于是该语言学家就开始把"gavagai"大致等同于"兔子"。这种解释看起来直截了当,但蒯因并不认同,也许当地人所说的可能不是"兔子"而是"白兔"或某一兔子的变种而已。他据此认为,语言学家不应该把语和词一一对应,而是应该把词与相应的刺激相对应,因为话语可能会受到此前或此后的刺激影响。由此可见,指称不是一种简单的哲学或语言学问题。他并不是从语言学角度深入讨论指称,而是在逻辑学基础上建立指称理论。他侧重于研究那些属于逻辑命题的句子,而不是其他语言学家感兴趣的句子。在《词语和对象》的最后,蒯因还提出"语义提升(semantic ascent)"概念,并质疑卡尔纳普的"哲学问题归根结底是语言学问题"的观点。

蒯因曾出版数十部专著和很多论文,其他主要作品还包括《逻辑方法》(*Methods of Logic*, 1950)、《经验主义的两个教条》(*Two Dogmas of Empiricism*, 1951)、《逻辑哲学》(*Philosophy of Logic*, 1970)、《真之追求》(*Pursuit of Truth*, 1990)和《从刺激到科学》(*From Stimulus to Science*, 1995)等。

奎因　Quine, Willard Van Ormand　参见"蒯因"。

L

拉波夫　Labov, William　参见"拉博夫"。

拉博夫　Labov, William　(1927—　)　美国语言学家。亦译作拉波夫。1927年12月4日生于新泽西州(New Jersey)东北部的卢瑟福镇(Rutherford)。1944年入哈佛大学攻读英语与哲学,1948年获学士学位。1949年到新泽西州里奇菲尔德(Ridgefield)的联合墨水公司(Union Ink Co.)任职。1961年入哥伦比亚大学学习,1963年获硕士学位,1964年获博士学位,师从语言学家魏恩赖希(Uriel Weinreich)。1964年担任哥伦比亚大学助理教授,1971年起先后任宾夕法尼亚大学的副教授和教授。曾获瑞典乌普萨拉大学(University of Uppsala)、里昂大学、约克大学、爱丁堡大学等学校的荣誉学位。1979年担任美国语言学会会长,同年当选为美国国家艺术与科学院院士。1986年出任纽约语言学研究所"萨丕尔教授"席位。1988年起担任国际性学术期刊《语言变异和变化》(*Language Variation and Change*)的主编。1993年当选为美国国家科学院(National Academy of Sciences)院士。1997年入选美国科学促进会(American Association for the Advancement of Science)会员。

威廉·拉博夫与其导师魏恩赖希第一次把语言的社会性引入语言学研究,主要研究语言的变异,强调不同社会因素与语言演变、语言差异之间的关系,是变异社会语言学的奠基人。他主张运用实证研究方法,进行田野调查(field work),包括对社会方言、个人方言等语言变体进行大规模调查,搜集社会语言实例了解语言变异的真实情况。同时他认为语言研究应该服务于社会,强调社会语言学研究在教育、经济、法律、文化等不同领域的具体应用。

拉博夫在社会语言学、方言学等方面著述颇丰，论著主要涉及语言变异、非标准英语、社会语言学研究模式、语言变化原则等。1963 年,他以硕士论文为基础出版《语音演变的社会动机》(The Social Motivation of a Sound Change),通过调查美国马萨诸塞州玛塞葡萄园岛不同地区、不同年龄、不同职业、不同种族的居民,通过英语某个元音的发音频率和分布状况,从社会因素角度研究语言的差异。1966 年出版《纽约市英语的社会阶层分化》(The Social Stratification of English in New York City),其中对纽约市百货公司营业员和顾客"r"音的社会分化研究,成为社会语言学调查统计的典范之作。他的《语言变化原理·第一卷:内部因素》(Principles of Linguistic Change. Volume 1: Internal Factors, 1994)和《语言变化原理·第二卷:社会因素》(Principles of Linguistic Change. Volume II: Social Factors, 2000)就语言形式、社会因素与语言变化的关系等进行研究,影响深远。

拉博夫的其他著作还包括《非标准英语研究》(The Study of Non-Standard English, 1970)、《社会语言学模式》(Sociolinguistic Patterns, 1972)、《内城的语言》(Language in the Inner City, 1972)、《在时空中定位语言》(Locating Language in Time and Space, 1980)、《社会语言学研究》(Studies in Sociolinguistics, 2001)和《北美英语地图集:音位学与语音学》(Atlas of North American English: Phonology and Phonetics, 2006)等。

拉迪福吉德　Ladefoged, Peter　(1925—2006)　英国语言学家。1925 年 9 月 17 日生于英国萨顿(Sutton)。1951 年获爱丁堡大学硕士学位。1953—1959 年担任爱丁堡大学的语音学讲师,负责语音实验室和实验语音学的教学,1959 年获得爱丁堡大学博士学位。1961—1962 年在西非语言调查项目(The West African Languages Survey)中担任实地研究员,从调查中收集了许多数据,并于 1964 出版了著作《西非语言的语音研究》(A Phonetic Study of West African Languages)。其后去美国,在加州大学洛杉矶分校开始其学术生涯,创建世界著名的加州大学洛杉矶分校语音实验室。1965 年成为教授,1977—1980 年任系主任,1991 年起成为该校语音学名誉退休教授。2006 年 1 月 24 日卒于伦敦。

彼得·拉迪福吉德早期主要研究声学语音学(acoustic phonetics)和语音学的感知理论。后来,在国家科学基金会(The National Science Foundation)资助下,他开始收集西非语言的语音资料并投入毕生精力录音和分析西非地区鲜为人知的语言。在《语音学导论》(Preliminaries to Linguistic Phonetics,1971)一书中,他试图通过对比全世界语言来实证语音特点和语音理论。他在教学上也颇具成效,1971 年获得加州大学洛杉矶分校的杰出教学奖。1971 年编写的教材最终成为经典之作,培训了整整一代语言工作者。另外,他还帮助制作了称之为"世界语言的声音"(The Sounds of the World's Language,即 UCLA 语音学数据)的声音文本集。曾担任弗罗姆金(Victoria Fromkin)、奥哈拉(John J. Ohala)、麦迪逊(Ian Maddieson)等杰出语音学家的学位论文导师。1978 年出任美国语言学会会长。因为在语音学上做出的突出贡献,拉迪福吉德获得了 1991 年第十二届语音科学国际大会(The XIIth International Congress of Phonetic Sciences)颁发的金奖。他还曾担任国际语音协会(IPA)主席和该协会学术期刊的主编。

拉迪福吉德的主要作品还包括《声学语音学原理》(Elements of Acoustic Phonetics, 1962)、《西非诸语言的语音研究》(A Phonetic Study of West African Languages, 1964)、《实验语音学的三个领域——一项听觉仪器调查》(Three Areas of Experimental Phonetics: An auditory-instrumental survey, 1967)、《语音学教程》(A Course in Phonetics, 1975)、《元音和辅音:语言声音导论》(Vowels and Consonants: An introduction to the sounds of languages, 2001)和《语音数据分析:实地调查和实用技巧入门》(Phonetic Data Analysis: An introduction to fieldwork and instrumental techniques, 2003)等。

拉杜尔福斯　Radulphus, Brito　(约 1275—1320)　中世纪神学家、语法学家和逻辑学家。常以"布列塔尼的拉乌尔(Raoul le Breton)"为名。约 1275 年生于法国里昂(Lyon)。1296 年获巴黎大学文学硕士学位,之后在巴黎担任神学教师,1311—1312 年获神学博士学位,1315—1320 年担任索邦大学圣职候补人。1320 年卒于巴黎。

布里托·拉杜尔福斯著述颇丰,影响深远。他涉足的领域包括语法学、逻辑学、哲学、神学,甚至还有数学和天文学。他评论过亚里士多德、普菲力欧斯(Πορφύριος,即 Porphyrios,约 234-305)和波埃修斯(Boethius of Dacia)的作品,其逻辑语法诡辩术以及他对抽象和具体第一和第二意图(intention)的理解为他赢得逻辑学家的美名。拉杜尔福斯还曾评论普里西安(Caesariensis Priscianus)的教科书《语法惯例》(Institutiones Grammaticae)中的句法部分,由此成为知名的语法学家,并且影响了另一位著名的中世纪语法学家——埃尔福特的托马斯(Thomas of Erfurt)。

拉杜尔福斯的大部分研究未编辑出版,德菲克(Deuffic)于 2002 年收集各方对拉杜尔福斯现存手稿的评论,列出 1850—2001 年关于拉杜尔福斯的评论文献。

拉多　Lado, Robert（1915—1995）　美国语言学家。1915年5月31日生于佛罗里达州坦帕(Tampa)的一个西班牙移民家庭。从小随父母在西班牙居住，21岁回到美国，开始学习英语。很快突破语言壁垒，先后获罗林斯学院(Rollins College)文学学士学位、得克萨斯大学文学硕士学位和密歇根大学博士学位。此后留密歇根大学任教，成为教授和英语语言研究所所长。1960年加入华盛顿特区的乔治城大学，担任语言学院院长至1973年。1995年12月11日卒于华盛顿。

罗伯特·拉多是现代对比语言学(Contrastive Linguistics)的创始人，在应用语言学研究领域成就卓著。1957年出版世界上第一本对比语言学专著《跨文化的语言学：语言教师的应用语言学》(Linguistics across Cultures: Applied linguistics for language teachers)。他认为，在外语学习过程中，对于与本国语言相近的结构，学习者学习起来相对容易，而与本国语言不同的结构，学习者学习起来则相对困难。所以，通过对本国语和外语进行语音、词汇、语法和文化等方面的对比研究，可以预测外语学习过程中可能出现的差错和难点，并可以根据预测对教材和教学过程进行相应的处理，以减少外语学习过程中的困难，对外语教学产生促进作用。拉多的对比分析研究方法很快在应用语言学领域产生重要影响，在20世纪60年代达到顶峰。

拉多热衷于推广英语教学。1966年参与筹建"他语使用者英语教师协会(Teachers of English to Speakers of Other Languages)"，简称TESOL。曾争取到福特一富布赖特基金拨款，在西班牙五所大学建立英语系，并与拉丁美洲各大学建立合作关系。此后还建立了拉多国际学院(Lado International College)，从事英语作为外语的教学。

拉尔夫（博韦的～）　Ralph of Beauvais（1175—？）　英国语法学家。名字常用拉丁文拼作Radulfus Bellovacensis，或Belvacensis。生于1175年，卒年不详。12世纪30年代到法国求学，师从亚伯拉德(Peter Abelard)，后一直在法国北部博韦(Beauvais)的教会学校任教。

博韦的拉尔夫是一位不折不扣的语法学家和学校教师。自12世纪起，诸如康切斯的威廉(William of Conches)和赫利亚斯(Peter Helias)等法国经院哲学家、保守语法学家一样，拉尔夫在解释经典作家的文本结构方面兴趣盎然。他在"管束(government)"概念方面的研究很值得我们借鉴和思考，他还使用"统治(regere)"和"脱离(exigere)"这一对术语，并且从语法和语义角度对它们进行区分。虽然拉尔夫没有创立过任何系统的语言学理论，却备受人们的推崇，后世学者甚至提出过"博韦的拉尔夫学派"的誉称。

拉尔夫在语法方面的作品仅存两部。一部是《多纳图斯语法评注》(The Glose super Donatum)，该书是对埃利乌斯·多纳图斯(Aelius Donatus)公元4世纪编写的一部初级语法教科书《入门之技》(Ars minor)的注释；另一部是《提坦之书》(Liber Tytan)，是对卢肯纳斯(Marcus Annaeus Lucanus)、普布利乌斯·奥维德斯·纳所(Publius Ovidius Naso)、普布利乌斯·维吉利乌斯·马洛(Publius Vergilius Maro)等人著作的注释。这两部作品由新西兰学者尼普肯斯(C. H. Kneepkens)分别于1982年和1991年编辑出版。

拉贾拉贾瓦尔玛　Rajaraja Varma, A. R.（1863—1918）　印度语法学家。也被称为喀拉拉·波尼尼(Kērala Pāṇini)，1863年2月20日生于喀拉拉邦强格阿纳斯塞尔伊(Changanachery)的拉克西米普勒姆宫(Lakshmipuram Palace)。精通梵语和印度西南部沿海的马拉雅拉姆语(Malayalam)，能用这两种语言进行创作。1911年起担任特里凡得琅(Trivandrum)马哈贾拉学院(The Mahajara's College)语言系主任。1918年6月18日卒于喀拉拉邦(Kērala)阿拉普扎县马韦利克卡拉镇(Mavelikkara, Alappuzha)。

拉贾拉贾瓦尔玛著有语法巨作《喀拉拉·波尼尼集》(Kērala Pāṇinīyam, 1896)。该书自出版起，尤其是1917年修订出版后，成为最重要的马拉雅拉姆语语法专著。他提出了两种语法编撰法：一是推理法，即通过对某一特定时期语言的基本元素进行仔细观察，然后得出某些结论；二是历史法，即追寻语言的历史起源，寻找其历经的变化，然后梳理出与之相适应的规则。他认为前一种方法比较容易，但后一种方法更为有用。因此，他指出：如果语法是一门科学，那它应属于历史科学。

拉贾拉贾瓦尔玛的这部语法著作在1999年由罗伊(C. J. Roy)译成英语，书名译为《马拉雅拉姆语语法专论》(A Treatise on Malayalam Grammar)。

拉康　Lacan, Jacques（1901—1981）　法国精神分析学家和心理学家。1901年4月13日生于巴黎。1920年进医学院学医，1926年起在巴黎圣安妮医院从事精神病治疗工作。1931年成为法医精神科医生，1932年获博士学位，1934年加入巴黎心理分析学会。1940年应征在巴黎的法国陆军圣宠谷(Val-de-Grâce)医院服役，直到战争结束。1951年起，组织每周一次的私人心理分析研讨会。1953年脱离巴黎心理分析学会，成立法兰西心理学会，并将其私人研讨会转变为公共研讨会，持续兴盛27年。1981年9月9日卒于巴黎。

雅各·拉康是法国精神分析学大师,他坚持对弗洛伊德理论的重新发掘,呼吁"回归弗洛伊德(return to Freud)"。他的学术思想深受列维-施特劳斯(Claude Lévi-Strauss)的结构人类学理论影响,也受到索绪尔和雅柯布逊(Roman Jakobson)一些观点的启发。1966年,他将对弗洛伊德理论进行研究和解读过程中所写的论文结集为两卷本《文集》(*Écrits*)出版。他的核心观点是:人的无意识(the unconscious)如同语言一样,具有结构和层次;无意识在凝缩(condensation)和移位(displacement)的概念上,含义就如同语言的隐喻(metaphaor)和转喻(metonymy)。在文集中,他借助索绪尔关于语言符号的能指(signifiant)和所指(signifié)概念,对弗洛伊德的无意识理论进行解读,他认为意义不是一成不变的,能指无法指向稳定的所指,也不存在稳定的所指,无意识的能指永远处于在能指链(chain of signifiants)上的漂浮和滑动中。他的另一个观念是"镜像阶段论(mirror stage)",该理论认为,在6—18个月期间,婴儿会对镜中的自我形象产生想象性认同,由此产生自我和自我意识。此外,拉康还指出,语言对于任何心理分析的交流都必不可少,这种交流旨在帮助主体通过无意义的言谈(parole vide)达到充分的言语(parole pleine),是一种能够进入真正主体心理的必要迂回。

拉康的主要作品包括两卷本的《文集》(*Écrits*,1966)、《精神分析的四个基本概念》(*The Four Fundamental Concepts of Psychoanalysis*,1977)等以及每年一辑的《研讨会会刊》(*The Seminar*)共27辑(有时一辑多卷)。尽管文风晦涩,但是拉康的影响深远,在哲学、社会学、文化研究、女权主义理论等学科以及批判性话语分析等跨学科语言研究领域均有的重要的影响。

拉马特　**Ramat, Paolo**　(1936—)　意大利语言学家。1936年8月3日生于意大利的佛罗伦萨(Florence)。曾在佛罗伦萨大学学习语言学,1958年获得博士学位。毕业后在意大利国内和国外的一些大学任教,1971年任卡利亚里大学(University of Cagliari)和帕维亚大学(University of Pavia)日耳曼语语文学教授,1974年任帕维亚大学语言学教授,也曾在德国、法国、捷克斯洛伐克、美国等国的多所大学担任客座教授。还曾担任国际历史语言学协会主席一职,并在意大利国内和几家国际科学协会担任重要职务。

保罗·拉马特主要研究历史语言学和对比语言学。他赞成局部类型学,不赞成整体类型学,从类型学角度研究副词、关系句、否定式、助动词等一系列语言结构,由此促进他对历史语言学方向的研究。在对语言学范畴的性质研究中,他主张实现形式标准与语义标准的融合。拉马特质疑当前语法化单向发展的语法化理论,认为有些案例表明存在与之相反的情况,即语法项可以发展为充分的词项,这表明语法化研究中存在互补的发展路线,更能代表语言学发展的螺旋式路线。

拉马特的著述内容广泛,涉及从弗利然语到希腊语的众多欧洲语言,对欧洲历史语言学产生的影响十分巨大。他的主要作品包括《形态学、普遍性和语言变化》(*Typology, Universals and Change of Language*,1983)、《语言范畴和语言学家的范畴化》(*Linguistic Categories and Linguists' Categorizations*,1999)等论文。他还与妻子安娜·拉马特(Anna Giacalone Ramat)一起编写过有关印欧语系语言的著作,如《助动词的历史发展》(*Historical Development of Auxiliaries*,1987)和《语言类型学导论》(*Introduzione alla Tipologia Linguistica*,1999)等。

拉姆斯泰特　**Ramstedt, Gustaf John**　(1873—1950)　芬兰语言学家和外交家。自取汉名兰司铁。1873年10月22日生于芬兰南部的埃克奈斯(Ekenäs)。因生活在多语言和多民族的环境里,自幼就对不同的语言和文化具有浓厚兴趣。曾在赫尔辛基大学研习拉丁语、希腊语、希伯来语和梵语。1895年毕业后,作为瑞典语教师在图尔库(Turku)的一所中学任教两年。1906年成为赫尔辛基大学阿尔泰语副教授,1917年成为阿尔泰语言学教授。1917—1929年曾任芬兰驻东亚第一外交官,常驻日本,其间积极从事日语和朝鲜语的研究。回国后长期在赫尔辛基大学从事教学和研究工作,讲授蒙古语、卡尔梅克语、朝鲜语、日语、满语等亚洲语言,1944—1950年曾任芬兰—乌格尔语协会会长。1950年11月25日卒于赫尔辛基。

古斯塔夫·约翰·拉姆斯泰特主要从事阿尔泰语系语言的对比研究,被现代语言学界誉为现代蒙古语语言学和阿尔泰语比较语言学的创始人。1898年,他应奥托·杜内尔(Otto Dooner)之邀,到赫尔辛基参与对乌拉尔(Uralic)和阿尔泰语(Altaic)诸语言的调研工作,1898—1912年曾多次途经俄罗斯去蒙古和中国进行实地考察,并开始研究马里(Mari)的一种乌拉尔语。他曾研究一种蒙古语——卡尔梅克语(Kalmyk),编有一部卡尔梅克语词典。他还研究过北高加索的突厥语族(Turkic)和阿富汗的另一蒙古语——莫格宏万语(Mogholi)。实地调研时既研究口语,也搜集各种不同的文字材料,这对古突厥碑铭的研究大有裨益。他起初对阿尔泰语系中语言间的亲缘关系相当谨慎,通过搜集整理语言间具有的密切关系的真实材料,逐步证实阿尔泰语系中各语言间存在的亲缘关系,而且超越了类型学特征。他通过分析研究还得出朝鲜语属于阿尔泰语系的结论,而且也不排除日语也属于阿尔泰语系的可能性。拉姆斯泰特研究阿尔泰语系数十年,研究的语言包括突厥语、蒙古语、满语、朝鲜语等,范围从伏尔加河到太平洋地区。至于他们是否具有相同渊源,他做出了明确回答。

拉姆斯泰特的主要作品包括《蒙古语—突厥语诸语动词词干构成研究》(*Zur Verbstamm-bildungslehre der mongolisch-türkischen Sprachen*, 1912)、《蒙古北部两件维吾尔语铭文》(*Zwei uigurische Runeninschriften in der Nord-Mongolei*, 1918)、《朝鲜语语法》(*A Korean Grammar*, 1939年)和《朝鲜语语源研究》(*Studies in Korean Etymology*, 1949—1953)等。

拉穆斯 Ramus, Petrus〔Pierre de la Ramée, 1515—1572〕 法国哲学家、修辞学家和教育改革家。1515年生于法国皮卡第地区屈特(Cuts, Picardy)一个没落的贵族家庭,家境贫苦。12岁时进入拿伐勒学院(Collège de Navarre),以半工半读的形式完成学业,1536年获得硕士学位。1572年8月26日,在巴黎发生的宗教暴行圣巴托罗缪日大屠杀(The St. Bartholomew's Day Massacre)中遇难。

在语言研究方面,彼得吕斯·拉穆斯反对中世纪经院哲学的亚里士多德主义,提倡用人文主义方法教授古典语言,同时也重视研究当下的民族语言。他认为,古典语言和现代民族语言的使用规则各有特点,研究者必须一视同仁,不应以古代今。从古典语言中总结出来的范畴未必是普遍的,对每一种语言的描写都应以语法形式而不是语义或逻辑为依据。因此,他的语言观被一些学者视作现代结构主义的先声。拉穆斯的研究包括了对法语语音最早的相关论述,而在对词法的研究中,也常有创新之处。例如,他根据当时许多罗曼语的实际情况,降低了"格"在屈折变化中的地位,而代之以"数"。在句法研究方面,他也强调了"数"的重要性,不过他的句法体系主要参考了中世纪思辨语法的研究成果。

拉穆斯撰写的语法教科书包括《拉丁语语法》(*Grammatica Latina*, 1548)、《希腊语语法》(*Grammatica Graeca*, 1560)和《法语语法》(*Grammaire Française*, 1562)。此外,他还写过一部两卷本的《语法流派》(*Schools of Grammar*, 1559),阐述自己的语法理论。

作为哲学家,拉穆斯对语言中的逻辑非常重视,他的逻辑学著作包括《批判亚里士多德》(*Aristotelicae Animadversione*, 1543)、《辩证法结构》(*The Structure of Dialectic*, 1543)等。他区分自然语言中的逻辑和人为理论系统中的逻辑,并将逻辑分为概念和判断两部分。然而,当代评论家们认为他在逻辑上对亚里士多德的批判并不具有太大的说服力,因为他与亚里士多德的分歧并不是关于逻辑,而是在教学法上。

拉萨丁 Rassadin, Valentin Ivanovich 〔Рассадин, Валентин Иванович, 1939— 〕 俄罗斯语言学家。1939年11月12日生于前苏联的普斯科夫(Pskov)。曾就读于列宁格勒大学(即今圣彼得堡大学),学习蒙古语、现代突厥语和古突厥语。毕业后,在蒙古做过一年口译员,后继续在新西伯利亚大学攻读突厥语,1967年获得硕士学位,完成答辩的论文题为《现代托发语词汇》(Лексика современного тофаларского языка),1983年获得博士学位,完成答辩的论文题为《托发语及其在其他突厥语系统中的地位》(Тофаларский язык и его место в системе тюркских языков)。1992年在乌兰乌德大学创立中亚语言学系,任中亚语言学系教授兼主任;还任乌兰乌德(Ulan-Ude)蒙古语、佛教和西藏研究所的高级研究员。

瓦伦汀·伊万诺维奇·拉萨丁主要研究语音学、方言学、词汇学、词源学,还对蒙古和西伯利亚地区的蒙古语和突厥语进行比较研究。他充分意识到实地考察在语言研究中的重要性,因此曾多次到俄罗斯、蒙古、中国等地进行实地调研,收集第一手的研究资料。拉萨丁的著作和论文学术成果颇丰,都是通过利用第一手语言资料而进行描述和推理而成的,因而得到学术界广泛好评。他对布里亚特语(Byrjat)的历史语音发展做过深入研究,著有《西伯利亚突厥语中的蒙古—布里亚特语借词》(Монголо-бурятские заимствования в сибирских тюркских языках, 1980),对以前学者未曾涉足的一些领域做出系统描述,并分析了蒙古语言对西伯利亚突厥语言的影响。拉萨丁对托发语(Tofa)的研究长达30年。托发语也称卡拉嘎斯语(Kalagas),是一种西伯利亚突厥语,无任何文字记录,仅存在于人数在720−1989之间的少数驯鹿饲养者的口语中。他编写了《托发语的语音与词汇》(Фонетика и лексика тофаларского языка, 1971)、《托发语形态学比较研究》(Морфология тофаларского языка в сравнительном освещении, 1978)以及《托俄·俄托词典》(Тофаларско-русский и русско-тофаларский словарь, 1995)等著作,不仅对该语言进行专业学术描述,而且还创造了其书面形式和拼写规则。1990年,托发语进入萨扬地区的小学课程计划,拉萨丁编写的入门读本和语法书籍成为教材。

拉萨丁在奥卡地区(Oka)实地考察时,收集到另一种西伯利亚突厥语——索约特语(Sojot)的语言学资料。该语言被认为已经灭绝,拉萨丁却为之创造了书面文字,为学校编写了入门书籍和语法书,并编纂《索约特布里亚特语俄语词典》(Словарь сойотско-бурятско-русский)。他拯救了索约特语,并努力使之振兴起来。

拉萨丁共指导 30 人获得硕士学位和四人获得博士学位,发表的专著和论文多达 130 余部/篇,为突厥学的发展做出重要贡献。

拉森　Larson, Richard Kurth　美国语言学家。1983 年获威斯康星大学麦迪逊分校哲学博士学位。1984—1985 年供职于宾夕法尼亚大学语言学系,1985—1989 年在麻省理工学院任教;1989 年起供职于纽约斯托尼·布鲁克大学(Stony Brook University),现任语言学教授。

理查德·拉森是生成语法理论代表人物,研究涵盖句法学和语义学的众多领域,包括关系从句、状语从句、名词短语、副词、转折(disjunctions)、介词短语、双宾语和补语小句等。1988 年在《语言探索》(*Linguistic Inquiry*)上发表论文《论双宾语》(On the Double Object Construction),提出"动词短语壳"的观点,亦被称为"拉森壳(Larson Shell)",旨在解决英语中的三项谓词的问题。按照乔姆斯基的观点,句法结构要维持两分叉的原则(binary branching principle),但是三项谓词能够同时携带两个宾语,若这两个宾语构成线性关系,就必然会有悖于两叉分支原则,而拉森提出的动词短语壳恰能对这个问题给予很好的解释。在对英语的双宾语句和与格句(dative construction)的句法转换关系进行研究时,他提出,英语的双宾语句和与格句都是由同一个底层结构转换而来,而双宾语结构中的两个宾语之间的关系大体相当于小句的主语和宾语之间的关系。因此双宾语的转化过程相似于被动句的转换过程,包含两个步骤:一是从宾语位置将格(case)撤掉;二是压制赋予主语位置的论元角色(θ-role)。为保证这两个步骤的顺利实施,拉森还提出论元降格规则(Argument Demotion)。

拉森的论著还包括《论析取词界域句法》(*On the Syntax of Disjunction Scope*, 1985)、《控制与语法》(*Control and Grammar*, 1992)、《意义的知识》(*Knowledge of Meaning*, 1995)、《作为科学的语法》(*Grammar as Science*, 2010) 和《论壳结构》(*On Shell Structure*, 2013) 等。

拉斯卡里斯　Lascaris, Jean (Janus Laskaris)
(约 1445—1534)　希腊学者。约 1445 年生于君士坦丁堡。曾在红衣主教贝萨利昂(Cardinal Bessarion)资助下到威尼斯、帕多瓦等地学习拉丁语。1495 年应法国国王查尔斯八世(King Charles VIII of France)邀请到巴黎讲授希腊语。1503—1508 年,担任多种公职并任驻威尼斯大使,其间成为奥尔达斯·马努蒂尔斯新研究院(The New Academy of Aldus Manutius)研究员。1515 年应罗马教皇利奥十世(Pope Leo X)邀请管理罗马的希腊学院(The Greek Academy of Rome)。后受雇于法国弗朗西斯一世(Francis I of France),与比德(Bude)一起把布洛瓦图书馆(Blois Library)迁到枫丹白露(Fontainbleau),创建皇家图书馆,即后来的国家图书馆。1534 年 12 月 7 日卒于罗马。

吉恩·拉斯卡里斯曾在意大利与诗人、拉丁学者、语法家和词典家希特里尼(Alessandro Citolini,约 1500—1582)和人文学者、剧作家斯佩罗尼(Sperone Speroni, 1500—1588)就各地方言问题进行辩论,这些辩论有助于通过希腊语了解东罗马帝国的拜占庭学术成就(Byzantine scholarship)。他还曾在梅第奇(Lorenzo de Medici)资助下到佛罗伦萨开设讲座,讨论古代文学作品以及演说家德摩斯梯尼(Demosthenes)、历史学家修西得底斯(Thucydides)和剧作家索福克勒斯(Sophocles)等古希腊人物事迹,开展一系列活动,以促进希腊文化和学术发展;曾两次赴希腊搜寻原始希腊语手稿,并代表梅第奇与苏丹巴耶济德二世(Sultan Bayezid II)就手稿问题进行协商。

拉斯卡里斯编撰了很多作品,最重要的是《版本要旨》(*Editiones Principes*)、《希腊诗文选》(*The Greek Anthology*, 1494)、《狄底摩斯评注》(*The Scholia of Didymas*, 1517) 和《索福克勒斯古本评注》(*The Scholia Vetera on Sophocles*, 1518) 等。

拉斯克　Rask, Rasmus Christian　(1787—1832)　丹麦语言学家。1787 年 11 月 22 日生于丹麦菲英岛布兰德吉尔德(Brændekilde på Fyn)。曾就读于哥本哈根大学,就学期间显示出语言天赋,精通至少二十五种语言和方言。1808 年成为哥本哈根大学图书馆管理员,若干年后被聘为教授。1816 年在哥本哈根成立冰岛文学协会(Icelandic Literary Society)。1832 年 11 月 14 日卒于哥本哈根。

拉斯穆斯·克里斯蒂安·拉斯克对冰岛、瑞典、芬兰等国家的语言和文学都有深入的研究。他对日耳曼语和希腊语进行比较,研究古印欧语言向日耳曼语转化过程中辅音的衍变。拉斯克是历史比较语言学的基础奠定人,奠定了"格林定律(Grimm's Law)"的最初思想。

拉斯克的大量语言学文章和著作手稿都存放于哥本哈根的国王图书馆。他的《古代北欧语或冰岛语起源研究》(*Undersøgelse om det gamle Nordiske eller Islandske Sprogs Oprindelse*, 1818) 是第一部印欧语言比较研究的著作,讨论欧洲语言的亲属关系。

拉斯克的其他主要论著还包括《冰岛语及其他古北欧语言语法入门》(*Introduction to the Grammar of the Icelandic and Other Ancient Northern Languages*, 1811)、《挪威、冰岛、瑞典及芬兰的语言

和文学》(The Languages and Literature of Norway, Iceland, Sweden and Finland, 1819)、《西班牙语语法》(Spanish Grammar, 1824)、《丹麦语正字法论文》(An Essay on Danish Orthography, 1826)和《英语语法》(English Grammar, 1832)等。

拉斯尼克　Lasnik, Howard　(1945—)　美国语言学家。1967年毕业于卡内基技术学院,1969年在哈佛大学获英语专业硕士学位,1972年在麻省理工学院获语言学博士学位。1972—2002年任职于美国康涅狄格大学,1981年被聘为教授,2000年成为校董会特聘教授。2002年起供职于马里兰大学,次年成为特聘教授。

霍华德·拉斯尼克是生成语法理论代表人物,他的研究领域主要包括句法学理论、逻辑形式以及可学性。在乔姆斯基所创立的生成语法理论框架下,他的研究涵盖了理论句法学的众多领域,包括短语结构(phrase structure)、移动(movement)、辖域(scope)、照应(anaphor)、省略(ellipsis)、动词形态学(verbal morphology)等方面,为生成语法理论的发展作出重要贡献。此外,在语言的可学性和语言学理论的基本特征等语言基础研究方面也颇有建树。

拉斯尼克的作品包括六部专著和七十余篇论文。他著有《最简主义分析》(Minimalist Analysis, 1999)和《语言学理论的最简主义研究》(Minimalist Investigation in Linguistic Theory, 2003),与乔姆斯基合著《过滤与控制》(Filters and Control, 1977)和《原则与参数理论》(The Theory of Principles and Parameters, 1993),与他人合著《最简句法教程》(A Course in Minimalist Syntax, 2005)。

拉斯韦尔　Lasswell, Harold Dwight　(1902—1978)　美国政治哲学家、社会心理学家和传播学理论家。1902年2月13日生于美国伊利诺伊州唐尼尔逊(Donnellson)。16岁时获奖学金就读于芝加哥大学,1922年获哲学学士学位,1926年获博士学位。随后相继在伦敦经济学院(London School of Economics)、日内瓦、巴黎、柏林等地求学。随后的八年时间里,在芝加哥大学任社会科学教授,同时兼任密利克大学(Milikan University)和哥伦比亚大学教授。1938年转赴耶鲁大学工作,1946年被聘为法律和政治科学教授,1952年任耶鲁大学政治科学全职教授。1955—1956年任美国政治科学协会(APSA)主席和世界艺术与科学学术院(WAAS)院长。1963年退休。1978年12月18日卒于纽约。

哈罗德·德怀特·拉斯韦尔是20世纪50—70年代各种学问科技整合运动的领军人物。作为政治哲学家和理论家,他对当代政治舞台的统治机制很感兴趣;同时,作为社会心理学家,他努力探求影响这些机制的伦理、社会文化因素。他对传播学所作的最重要的贡献在于提出了信息传播的"五何"模式。在1948年发表的论文《社会传播的结构与功能》(The Structure and Function of Communication in Society)中,他阐述了信息作为基本宣传要素的传播方式即著名的"五何(5W)模式":

Who (says) What (to) Whom (in) What Channel (with) What Effect (何人以何渠道对何人讲述了具有何效果的何事)

"何人"是媒介中信息传递的控制方;"何事"是被传播信息的真正主题内容;"对何人"是终极信息的接收方;"以何渠道"指信息传递的方式;"何效果"指整个信息传递在受众中产生的印象。拉斯韦尔认为,宣传是一种技巧,用于规范人们的行为并形成社会群体对特定政治问题的态度。他在20世纪三四十年代早期对个性和政治问题的研究,为行为科学的发展做出了巨大贡献。

拉斯韦尔后期的研究以社会心理分析和精神分析研究为主。作为一位政治科学家,他奠定了美国理论文化的新心理分析理论(American Theoretical Cultural Neopsychoanalytical Theory)基础。他在研究中仅进行理论心理分析,从未进行专业临床实践。因此,他的研究可被看作是对现实政治中人性的不完整或极端的描述。不过,需要强调的是,拉斯韦尔并不泛泛批评政治思想或某种政治观念,而只批评政治服务于普通选民、公民和人类的方式。

拉斯韦尔的主要作品包括《伦理学与伟大:科学、学术、宗教、政治与军事》(Ethics and Bigness: Scientific, Academic, Religious, Political, and Military, 1962)、《权力的道德规范:宗教、哲学与政治的相互作用》(Ethics of Power: The Interplay of Religion, Philosophy, and Politics, 1962)、《世界革命精英:强制性意识形态运动研究》(World Revolutionary Elites: Studies in Coercive Ideological Movements, 1965)、《转型世界中的环境与社会》(Environment and Society in Transition World, 1975)和《精神病理学与政治学》(Psychopathology and Politics, 1977)等。

拉塔斯　Latacz, Joachim　(1934—)　德国语言学家。1934年4月4日生于波兰南部城市卡托维兹(Kattowitz)。1954—1956年在哈雷·维滕贝格(Halle-Wittenberg)的马丁·路德大学(Martin Luther University)学习古典语文学、印欧语言(Indo-Germanic)、古代历史和考古学,后在柏林自由大学学习古典语文学、古代历史和哲学,1960年获首个学位。1963年在乌沃·赫舍尔(Uvo Hölscher)指导下完成毕业论文《荷马年代语言中的"快乐"语义场》(The Semantic Field "Joy" in the Homeric Language),获柏林自由大学博士学位。1972 年获维尔茨堡大学(Universität Würzburg)的教职,1978 年成为美因兹大学(Johannes Gutenberg-Universität Mainz)的全职教授。1981 年起,主要在巴塞尔大学(Universität Basel)从事学术活动,2002 年被授予巴塞尔大学的希腊文学名誉教授。

约阿希姆·拉塔斯的专业知识丰富,研究领域广泛,从东方研究到认知心理学无一不涉猎。他尤其专长希腊早期的史诗和抒情诗、希腊悲剧、亚历山大诗歌和特洛伊历史研究,是一名杰出的荷马学者。最著名的著作是《荷马》(*Homer*,1985)和《特洛伊和荷马》(*Troia and Homer*,2001),前者着重讨论荷马史诗的诗意和审美特征,后者从考古发现以及与古代历史相关的其他许多学科的新思路中获启发,强调特洛伊战争史诗背后的历史事实。他对荷马的语言有着精深的研究,深入研究了荷马语言的程式、口语和即兴特征。为了探究特洛伊传说的历史精髓,他学习并掌握了赫梯语(Hittite)和迈锡尼语(Mycenaean)。他是德国考古学家和特罗伊专家考夫曼(Manfred Osman Korfmann)最重要的支持者之一,坚持认为荷马所记载的特洛伊战争是发生在晚铜器时代的真实历史事件。1995 年,拉塔斯开始了一项雄心勃勃的工程,即完成《伊利亚特》(*Iliad*)的德语评论创作,其中前两本书的评论已经完成出版。

拉特克　Ratke, Wolfgang　(1571—1635)　德国教育家和改革家。1571 年 10 月 18 日生于德国的维尔斯特(Wilster)。曾就读于罗斯托克大学(Rostock University)。1603—1610 年在阿姆斯特丹担任教职。1612 年起开始致力于教学方法的改革;同年在法兰克福选举神圣罗马皇帝时,撰写了著名的论文《备忘录》,呼吁开展希伯来语、希腊语、拉丁语和其他语言的学习和传播,并指出即使老人和小孩在很短的时间内也能学会这些语言。1614—1622 年在奥格斯堡、科坦、马格德堡等地开办学校,推行创新学校项目。1622 年起开始专注于编纂百科全书项目。1635 年 4 月 27 日卒于埃尔福特(Erfurt)。

沃尔夫冈·拉特克的教育体系基于弗朗西斯·培根(Francis Bacon)的哲学理念,即教育遵循从事物到名称、从特殊到一般和从母语到外语的过程。在长期的教学实践中,拉特克系统提出了新的教学原则和方法:教育必须按照自然的法则进行;教学应从简单到复杂、从低级到高级、从已知到未知;教育不能强迫进行;一切事物都应不断重复,以便彻底被掌握;语言教学应从母语开始;任何事物都不能通过机械记忆来学习;各科的教学方法必须保持一致;实物在先,解释在后;一切事物都必须通过经验和观察而学习等等。

拉特克的著作包括一套为五种语言编写的普遍语法,但其中的术语、分类、范围、规模和种类都是统一的。每卷都包含用相关语言编成的普遍语法以及具体语言所具有的"特性",这样每一具体语言的属性和价值得到详尽的阐释。虽然他的计划仅仅实现了一部分,但其计划的逻辑性使他成为众多与语言相关领域的创新者之一。特别值得一提的是,拉特克有关德语的作品成为德国语法撰写史上的重要里程碑,同时他还通过文本归纳法预期外语教学的改革方向。

拉希　Lasch, Agathe　(1879—1942)　德国语言学家。1879 年 7 月 4 日生于柏林。1898 年成为一名教师,在柏林和哈勒工作至 1906 年。27 岁通过高中毕业考试,获得大学入学资格;在柏林求学遭拒之后,先在哈雷(Halle)师从语音学家和方言学家布雷默(Otto Bremer),后在海德尔堡师从布劳恩(Theodor Wilhelm Braune),1909 年获得博士学位,论文研究的是 16 世纪柏林低地德语被高地德语取代的现象。1910—1916 年在宾夕法尼亚州的布林莫尔学院(Bryn Mawr College)教授德语。1916 年返回德国,后与勃士林(Conrad Borchling)合编了一本汉堡德语辞典。1919 年汉堡大学正式成立时任副教授,1923 年成为该校第一位女性正教授。1926—1934 年从事低地德语(Low German)的教学和研究。1933 年希特勒掌权后,因其犹太人血统遭受迫害,1934 年被迫退休,1937 年搬到柏林与姐妹同住,但被禁止进入公共图书馆,资料室被查封,退休金被停付;因政府禁令,海外求职之路被切断。1942 年 8 月 12 日被逮捕,后被驱逐到里加(Riga)的犹太人贫民区,从此音讯全无。

阿加特·拉希具有持久影响力的成就主要在于她对中古低地德语的研究上。她在布林莫尔撰写的《中古低地德语语法》(*Mittelniederdeutsche Grammatik*,1914),大大拓宽了其在柏林的早期研究,该书覆盖了 13—17 世纪汉萨同盟(The Hanseatic League)鼎盛时期的低地德语方言(Low German dialects)。1928—1934 年,她出版了《中古低地德语简明词典》(*Mittelnieder deutsches Handwörterbuch*)第一分册,覆盖 A—13632E 的词条。拉希对柏林语言尤其感兴趣,继博士学位论文之后,她撰写了《柏林方言》(*Berlinisch*,1928),关注在文化和政治背景下低地德语的历史。由于她的出色研究,低地德语研究逐步被认可为一个独立的研究领域。倘若不是拉希的开创性研究,低地德语不太可能被收录在《地区和少数民族语言的欧洲宪章》里。拉希被捕时正在撰写关于吕贝克城市职员的语言(the language of Lubeck city clerks)和低地德语的历史书稿,手稿此后未见踪影。

由于拉希的突出贡献,二战后以及她百岁诞辰时涌现了大量纪念她的文章。1917年,汉堡的一条街以她的名字命名(Agathe-Lasch-Weg)。1991年,政府还设立了三年一度的阿加特·拉希奖(Agathe Lasch Prize),用以嘉奖有前途的学者。

莱昂斯　Lyons, John, Sir（1932— ）英国语言学家。1932年5月23日生于英国西北部城市斯特雷特福德(Stretford)。1943年获奖学金进入曼彻斯特圣比德公学(St. Bede's College, Manchester)。1950年进入剑桥大学基督学院,1953年获古典学学位,1954年获教师资格证书。之后在海军服役两年,以密码员身份学习俄语。1956年返回剑桥师从威廉·艾伦(William Sidney Allen)攻读博士学位,学习了乔姆斯基的句法结构理论。1957年被聘为伦敦大学亚非学院讲师,改拜罗宾斯(Robert Henry Robins)为博士学位论文导师。因擅长俄语和语言学,1960年暑期赴美国印第安纳大学参与机器翻译项目,并在后布龙菲尔德主义的学术氛围下讲授普通语言学课程。1961—1964年继续在剑桥基督学院任教,1963年发表博士学位论文。1965—1969年任《语言学杂志》(Journal of Linguistics)创刊编辑。1964—1984年任爱丁堡大学和萨塞克斯大学语言学教授,兼任加州大学洛杉矶分校、印第安纳大学、得克萨斯大学、伊利诺伊大学、布法罗大学和巴黎大学客座教授;当选英国国家学术院(British Academy)院士和美国语言学会名誉会员。1987年被授予爵士称号。2000年秋退休。

约翰·莱昂斯爵士主要从事语义学研究。在攻读博士学位期间,其语言学和语言哲学上的观点也受当时的系主任巴泽尔(C. E. Bazell)的强烈影响。由其博士学位论文改写而成的专著《结构语义学》(Structural Semantics, 1964)可说是基于生成语法的第一部语义学著作。他最著名的两部作品是:《理论语言学导论》(Introduction to Theoretical Linguistics, 1968)和《语义学》(Semantics: vols. 1 and 2, 1977)。《语义学》共有两卷,分为17章和1个序言。分别介绍了各种语义学观点以及语义学的发展,讨论了语义学的基本概念及各种语义问题,论述了词类的意义、句子的意义、词内部的语义研究以及语义学和语用学之间的关系。提出了"系统句"和"话语句"的划分,前者从抽象结构中产生,后者在实际语境中出现。《理论语言学导论》共10章,包括:(1)语言学:语言的科学研究;(2)语言的结构;(3)语音;(4)语法:一般原理;(5)语法单位;(6)语法结构;(7)语法范畴;(8)语法功能;(9)语义学:一般原理;(10)语义结构。正文后附有详细的参考书目(包括245个语言学家的重要论著)。本书涉及现代语言学各主要学科的理论,语音部分较简略,语法和语义部分很详细,在综述各家学说基础上,纳入了作者自身的不少研究成果。语法方面,作者"同情"传统语法,同时又接受乔姆斯基的转换生成语法理论。语义部分系统介绍了传统语义学和现代语义学理论,形成本书的主要特色。本书出版后不断再版,是语言学畅销书之一。此书虽主要是为语言学专业学生而写,但对希望了解当代语言学理论的哲学、心理学、人类学、社会学、计算机科学等社会科学、人文科学的专业人员来说,也是一部较适合的参考书。

莱昂斯的其他著作包括《结构语义学》(Structural Semantics, 1964)、《心理语言学论文集》(Psycholinguistics Papers, 1966)、《语言、语义和语境》(Language, Meaning and Context, 1981)、《语言学研究新视野 II》(New Horizons in Linguistics, 2, 1987,与科茨(Robert R. Coates)等合编)、《乔姆斯基传》(Chomsky, 1991)、《自然语言及普遍语法:语言学理论文集》(Natural Languages and Universal Grammar: Essays in Linguistic Theory, 1991)以及《语义学引论》(Linguistic Semantics: An Introduction, 1995)等。

莱布尼茨　Leibniz, Gottfried Wilhelm（1646—1716） 德国哲学家、科学家、外交家和语言学家。1646年6月1日生于德国东部莱比锡(Leipzig)的一个书香世家。15岁入莱比锡大学学习法律,1663年获哲学学士学位。20岁时已通晓数学、哲学和神学等课程。1664年获哲学硕士学位。1665年向莱比锡大学提交博士学位论文,1666年学位审查委员会以学习年限不足为由拒绝授予法学博士学位;因而转赴纽伦堡附近的阿尔特多夫大学(University of Altdorf)学习,1667年获法学博士学位,并被聘为法学教授。1677年任布伦兹维克(Brunswick)公爵府法律顾问兼图书馆馆长和布伦兹维克家族史官,后定居汉诺威(Hannover)。1700年出任普鲁士科学院首任院长,同年2月入选法国科学院(Académie des sciences)外籍院士。还曾是英国皇家学会和罗马科学与数学科学院的外籍核心成员。1712年左右,同时被维也纳、布伦兹维克、柏林、圣彼得堡等王室雇用,得以借机重点实施编纂百科全书、建立科学院以及利用技术改造社会的计划。1716年11月14日卒于汉诺威。

戈特弗里德·威廉·莱布尼茨是历史上少见的通才,被誉为"17世纪的亚里士多德"。他的硕士学位论文《从法律推论的哲学问题例解》(Specimen Quaestionum Philosophicarum ex Jure collectarum)和博士学位论文《法律疑难案例的占卜推断》(Disputatio Inauguralis De Casibus Perplexis In Jure)是法学和哲学的早期研究,1668年他完成重要数学论著《论组合艺术》(On the Art of Combination,

1668)。1677 年，莱布尼茨发表《通向一种普通文字》，从此长期致力于普遍文字思想的研究，对逻辑学和语言学做出了一定贡献，他也是人们公认的世界语先驱。他对欧洲各国和人民的历史充满兴趣，热衷于探求各民族语言的来源和发展。他认为已知语言中没有原始语言（汉语例外），并提出了词源原则，以便于历史语言学的研究，他还批评了所谓的词源不健全推理。像许多当代认知语言学家一样，他看到了语言的形式、内容与大脑的紧密联系，认为语言能完全反映人类的理解推理过程。这种认识促使莱布尼茨建构了由代表概念或想法的符号以及对它们进行有效操作的逻辑规则组成的通用语言（即人造语言）。

1682 年，他与奥托·门克（Otto Mencke, 1644—1707）创办了近代科学史上卓有影响的拉丁文科学杂志《学术纪事》（Acta Eruditorum，又称《教师学报》），于 1684 年 10 月在《教师学报》上发表论文《一种求极大极小的新方法》（New Method for the Greatest and the Least, 1684）是最早的微积分文献。莱布尼茨同牛顿并称微积分的创始人、数理逻辑先驱。

莱柯夫　Lakoff, George P.　参见"雷考夫（乔治·～）"。

莱曼　Lehmann, Winfred Philipp　（1916—2007）　美国语言学家。1916 年 6 月 23 日生于内布拉斯加州的瑟普赖斯（Surprise, Nebraska）市郊。1936 年在威斯康星州沃特敦（Watertown）西北学院获文学士学位，1938 年和 1941 年分别获得威斯康星大学麦迪逊分校日耳曼语言学的硕士学位和博士学位。1942—1946 年在美国陆军通信兵部队服役。1943 年任弗吉尼亚州阿灵顿市日本语言学校的教师和主管官员。1946 年任华盛顿大学德语系助理教授。1949 年任德克萨斯大学奥斯汀分校（University of Texas at Austin）日耳曼语副教授，1952 年晋升为正教授；1957—1964 年担任日耳曼语系系主任，1951—1986 年指导了大约 50 篇博士学位论文；1986 年起任人文学院的"卢安和亚里坦普尔一百周年纪念"名誉退休教授。2007 年 8 月 1 日卒于奥斯汀。

温弗雷德·菲利普·莱曼在历史语言学方面的研究成绩卓著，在原始印欧语（Proto-Indo-European）和原始日耳曼语（Proto-Germanic）的研究方面更是功不可没。研究重点是印欧语言学，尤其研究其重构以及原始印欧语的音位学和句法学。他最初研究结构语言学，后将研究兴趣拓宽到普通语言学和美国语言学的历史与发展。他深入研究古日耳曼语，如日耳曼语诗歌形式的发展以及哥特语词源学和中古高地德语词汇。1974 年出版了重要著作《原始印欧语句法》（Proto-Indo-European Syntax），该书是目前在生成框架下讨论原始印欧语句法的为数不多的书籍之一。他在另一部著作《原始印欧语》（Pre-Indo-European, 2002）中，收集了包括从名词系统到动词系统的大量数据，从古代印欧语言的词汇、语音体系和句法等方面证明原始印欧语是动态—静态对应，而非主格—宾格对应。在该书中，他还结合加姆克列利泽（Tamaz Valeryanovich Gamkrelidze）和伊万诺夫（Vyacheslav Vsevolodovich Ivanov）的研究阐述了这样的观点，即印欧语的中间词形变化和完成词形变化（IE middle and perfect paradigms）与赫梯语 hi-动词变化（the Hittite hi-conjugation）是相似的，因为三者存在一个共同的古老动词祖先。

莱曼一生撰写、参编了 50 多部著作和学术期刊，发表了 250 多篇学术文章。较重要的著述还包括《原始印欧语音韵学》（Proto-Indo-European Phonology, 1952）、《19 世纪历史印欧语言学读本》（A Reader in Nineteenth Century Historical Indo-European Linguistics, 1967）、《描写语言学》（Descriptive Linguistics, 1972）、《句法类型学》（Syntactic Typology, 1981）、《哥特式词源词典》（A Gothic Etymological Dictionary, 1986）和《印欧语言学的理论基础》（Theoretical Bases of Indo-European Linguistics, 1993）等。

莱斯金　Leskien, August　（1840—1916）　德国语言学家。亦译作雷斯琴。1840 年 7 月 8 日生于德国基尔（Kiel）。曾在基尔大学和莱比锡大学学习语言学，1864 年获莱比锡大学博士学位。1864—1866 年执教于莱比锡研究院（Thomasschule zu Leipzig），讲授拉丁语和古希腊语。1867 年执教于哥廷根大学（University of Göttingen）。1868 年在耶拿大学（University of Jena）任对比语言学和梵语的副教授。1870 年，莱斯金任莱比锡大学斯拉夫语言学副教授，1876 年任教授，1915 年退休。1916 年 9 月 20 日卒于莱比锡。

奥古斯特·莱斯金是德国莱比锡新语法学派的核心人物。他培养出一大批杰出的学生，包括索绪尔、特鲁别茨柯依（Nikolay Sergeyevich Trubetzkoy）以及维尔纳（Karl Adolph Verner）等。他也是《斯拉夫语言研究》（Archiv für Slavische Philologie）杂志的创刊人之一。其最著名的研究领域是印欧语系诸语言的对比研究，因而被誉为现代对比语言学的奠基人之一。

在对比语言学研究中，莱斯金首创"语音法则无例外（Phonetic laws have no exceptions）"定律，指出语言变化既不是突然发生的也不是偶然发生的，而是在确定的、不断变化的条件下产生的。1881 年，他发表《立陶宛语尾音的量化研究》（Die Quantitätsverhältnisse im Auslaut des Litauischen）一文，提出莱斯金定律（Leskien's Law），在此基础上描述立陶宛语言中的语音变化。根据他的定律,如果说话者语速较快,长元音和双元音 ie 和 ou 在单词的最后一个音节中发音就会缩短。此外,莱斯金还著有《古保加利亚语手册》(Handbuch der Altbulgarischen Sprache, 1871)。

莱维-布吕尔　Lévy-Bruhl, Lucien　(1857—1939)　法国哲学家和社会人类学家。1857 年 4 月 10 日生于巴黎。1879 年毕业于巴黎高等师范学校(École normale supérieure),接受了哲学、音乐、自然科学和临床心理学等方面的教育。1884 年获巴黎大学哲学博士学位。1896 年任巴黎索邦大学近代哲学系教授。1904 年起担任系主任。1917 年当选为法国道德与政治科学院院士。1925 年和著名的人类学家马塞尔·莫斯(Marcel Mauss, 1872—1950)、保罗·里韦(Paul Rivet, 1876—1958)共同建立民族学研究所并任所长,后因理念不合于 1927 年辞去职务,专心著作与旅行。1939 年 3 月 13 日卒于巴黎。

吕西安·莱维-布吕尔从哲学起家,致力于促进社会学和民族学的兴盛,尤其关注原始心智研究。在司马迁的《史记》和英国人类学家詹姆斯·弗雷泽(James George Frazer, 1854—1941)的《金枝》(The Golden Bough: A study in magic and religion, 1890)影响下,他从 1905 年起开始研究中国哲学,探索非西方的思维模式。他对民族学材料产生极大兴趣,醉心于研究世界各地离奇的思维习惯。为了探索原始人的心理状态,他着手研究关于美洲、非洲、新几内亚和澳大利亚等没有文字记载的社会的民族学著作。大量民族学材料的阅读,开辟了他人类学的研究。莱维布吕尔因一生致力于研究原始思维方式而闻名于世。他最早认为原始思维具有意义和价值,其开创性探讨深化了人们对原始宗教的认识。对原始人心理状态的研究也给人类学研究提供了一个新的方向。他在《原始社会的心理作用》中对原始心理状态进行了详细研究。他用集体表象来代表原始人思想、概念或宗教观念之集合,强调这种社会化的意识或社会性的思维方式像"绝对命令"那样支配着原始人的思想,并构成其基本思维结构。这种思维相信人与外界事物之间有着部分或整体的等同,两者可通过神秘的方式来彼此参与、相互渗透,形成极为独特的认识过程。他认为,原始的思想和感觉浸透了神秘主义,而原始的心理活动尽管不违反逻辑法则,却并非完全受逻辑法则支配。他认为,集体表象实际上是一种社会性信仰、道德思维方式,它不产生于个体,却比个体存在得更长久,并作用于个体。因此,不能试图通过个人心理、生理的研究去说明它。原始思维的互渗律使其既无主客体之间的区别、又无想象与现实之间的差异,这一特征成为原始社会法术与图腾崇拜的思维基础和认识前提。

莱维-布吕尔还在语言中发现了原始思维方式存在的证据。在其著作《本族语者如何思维》(How Natives Think)中,他发现某些语言中只存在有限的数词,有的甚至只有两个,最多不超过四个。他认为,这种数词的缺失并不能排除该语言不能进行计算的可能性。他将此现象视为具有人类的普遍性特征。另外,他还发现某些语言拥有特殊的语法标记来标识两到三个甚至是四个物体。基于此,莱维-布吕尔便断定这些语言不存在西方语言中普遍存在的"复数"这一抽象范畴。他还对一些具有分类的语言做了类似论述。莱维-布吕尔的思想深深影响了结构主义的文化人类学家和荣格学派。虽然他的观点也遭到了一些人的批判,但是他的学说为法国新型的人类学研究提供了一种推动力。

莱维-布吕尔先后出版了《论责任的观念》(L'idée de responsabilité, 1884)、《莱布尼茨时代以来的德国——试论 1700—1848 年间民族意识的形成》(L'Allemagne depuis Leibniz. Essai sur le développement de la conscience nationale en Allemagne, 1700 — 1848, 1890)、《雅柯比哲学》(La Philosophie de Jacobi, 1894)、《法国近代哲学史》(History of Modern Philosophy in France, 1899)、《孔德哲学》(La Philosophie d'Auguste Comte, 1900)、《伦理学与道德科学》(La Morale et la Science des Mœurs, 即 Ethics and Moral Science, 1903)等著述。1910 年,莱维布吕尔出版了他的划时代著作:《原始思维》(Les Fonctions Mentales dans les Sociétés Inférieures, 即 How Natives Think)。随后,他又陆续出版了一系列关于原始思维的著作,如《原始心智》(La Mentalité Primitive, 即 Primitive Mentality, 1922)、《原始心灵》(L'âme Primitive, 即 The "Soul" of the Primitive, 1927)、《原始神话》(La Mythologie, 即 Primitive Mythology, 1935)以及《神秘经验与原始象征主义》(L'expérience Mystique et les Symboles chez les Primitifs, 即 The Mystic Experience and Primitive Symbolism, 1938)等。

莱维塔　Levita, Elijah　(1469—1549)　希伯来语语法学家和诗人。1469 年 2 月 13 日生于德国纽伦堡附近的诺伊施塔特(Neustadt)。一生中大部分时间在意大利度过,1549 年 1 月 28 日卒于威尼斯。

伊利亚·莱维塔用希伯来语写作,出版了许多部希伯来语语法著作、希伯来语和亚拉姆语辞书以及玛索拉论集,在促进欧洲基督教世界对希伯来语进行研究方面作出了重要贡献。1504 年定居帕多瓦(Padua)后,他撰写了《希伯来语手册》(A Manual of Hebrew, 1508)。然而,此书却被其誊写者科尔博

(Benjamin Colbo)盗用并以自己名义出版,1546年才得以出版该书的修订版。1509年,他被迫离开帕多瓦,先后定居于威尼斯和罗马。在罗马撰写并出版了希伯来语法专著《上帝子民之书》(*Sefer ha-Bahur*,即 *Book of the Chosen*,1518)。同时,他出版了分析圣经中外来词和合成词以及名词和动词词形变化的著作《建构之书》(*Sefer ha-Harkavah*,即 *The Book of Construction*)。1520年出版了一本关于语音和希伯来语法方面的小书《伊利亚诸篇章》(*Pirqe Eliyahu*,即 *Chapters of Elijah*)。1527年被迫离开罗马,回到了威尼斯,一边教授希伯来语,一边为一位出版商校对希伯来语作品。在此期间完成了被认为是他最杰出作品的《回忆录》(*Sefer ha-Zikhronot*,即 *Book of Memoirs*)。该书是一本关于希伯来文玛所拉(Masoretic)抄本的旧约中重要词汇的索引,但该手稿从未出版。莱维塔还完成了另一部希伯来文玛所拉的著作《传统中的传统》(*Massarot ha-Massarot*,即 *Tradition of Tradition*,1538),该书在此后的三个世纪里一直备受争议。莱维塔晚年还出版了两本重要的著作:《译者之书》(*Sefer Meturgeman*,即 *An Interpreter's Book*,1541)和《提什比词典》(*Tishbi*,1542)。前者是第一本希伯来语圣经的词典,后者解释了用希伯来语写的犹太教法典的许多内容,是对早期已出版词典的补充。

莱维塔还对依地语(Yiddish)的创建做出了重要贡献。"依地"原义"犹太",依地语即犹太语,在语言类属上又称犹太德语。1507年,他完成了《博韦斯骑士历险记》(*Bove-bukh*,即 *The Book of Bove*)的创作,并于1541年将其出版。该书被认为是第一本依地语小说。索尔·利普欣(Sol Liptzin)认为该书是古依地语最杰出的诗歌作品。

莱文逊　Levinson, Stepen C.　参见"列文森"。

莱辛巴赫　Reichenbach, Hans　(1891—1953)　德国科学哲学家、教育家和逻辑学家。1891年9月26日生于德国汉堡。曾在斯图加特学习土木工程,后在柏林、埃尔兰根(Erlangen)、拜仁等地研习物理、数学和哲学,其导师包括恩斯特·卡西尔(Ernst Cassirer)、大卫·希尔伯特(David Hilbert)、马克斯·普朗克(Max Planck)、马克斯·玻恩(Max Born)和爱因斯坦。1915年在埃朗根大学获哲学博士学位,一年后出版其关于概率方面的博士学位论文。1920年获得斯图加特理工学院教职。1926年任柏林大学物理系助理教授。1928年创立柏林学派(Berlin Circle)。希特勒上台后被迫离开德国,在伊斯坦布尔任教至1938年,后移居美国,在洛杉矶加州大学谋得教职并一直工作到退休。1953年4月9日卒于洛杉矶。

汉斯·莱辛巴赫对哲学和自然语言系统的逻辑意义与真理关系研究,做出了很大贡献,提出了意义的可验证性理论。1938年,他发表文章指出:发现与语言传统符号相关的意义,依赖于这些符号与经验事实的有效联系。他不赞同罗素(Bertrand Russell)的相关观点。罗素认为,意义的发现必须先于任何真实表现可能性的发现,而他认为,意义的发现取决于已知事实的某些真实表现的先前发现。他赞同维特根斯坦(Ludwig Josef Johann Wittgenstein)关于可测试性原则作为句义前提的观点,两人都认为真理比意义更为基本。他也深受爱因斯坦思想的影响,后者指出"世间万物皆取决于词及其组合与印象世界的契合度"。莱辛巴赫一生不懈地探索应用于空间、时间、经验等概念的爱因斯坦相对论,探究语言和思维的相互关系,设想其概率理论可以通过可验证命题把经验和语言相联系。

莱辛巴赫的主要作品包括《经验和预测:对知识基础和结构的分析》(*Experience and Prediction: An Analysis of the Foundations and the Structure of Knowledge*,1938)、《符号逻辑的元素》(*Elements of Symbolic Logic*,1947)、《科学哲学的兴起》(*The Rise of Scientific Philosophy*,1951)等。

莱易斯特　Lehiste, Ilse　(1922—)　美籍爱沙尼亚裔语音学家。1922年1月31日生于爱沙尼亚(Estonia)的塔林(Tallinn)。1948年获德国汉堡大学哲学博士学位,专业是英语和古诺尔斯语文学(Old Norse philology),毕业后留校任教。1949年迁居美国,并于1959年在密歇根大学获语言学博士学位。先后在堪萨斯州卫斯理(Wesleyan)、底特律理工学院(Detroit Institute of Technology)、密歇根大学通信科学实验室(Communication Sciences Laboratory)等校担任教职。1965年成为哥伦布市的俄亥俄州立大学全职教授。被吸纳为20多个学术团体的会员,1980年当选为美国语言学会会长,1977年、1982年和1989年分别获英国艾塞克斯大学(University of Essex)、瑞典隆德大学(Lund University)和爱沙尼亚塔尔图大学(Tartu University)荣誉博士学位。2010年12月25日卒于哥伦布市。

伊尔丝·莱易斯特的研究邻域包括声学语音学(Acoustic Phonetics)、韵律学(Prosody)、语言接触(Language Contact)、爱沙尼亚语(Estonian)、语音学、音位学等。她的整个学术生涯一直在收集数据材料以构建相关的语言学理论。她的研究兴趣不仅涉及言语是如何产生和理解的,而且还涉及何种言语事实能表明语言的认知表现等问题。她非常重视言语的声音,认为口语突出的发音特性可以从声音信号中获取。在声学语音学方面的研究范围很广,但主要集中于调查口语中超音段线索的显著性。定时和基本频率作为线索的相互关系,一直是莱易斯特研究的主题,她对塞尔维亚—克罗地亚语的长短音调所做的实验就是典型例证。莱易斯特对言语产生的时间单位进行探索,激起了人们对音位学理论中音节、韵脚和短音节单位的作用的热烈讨论。

莱易斯特已出版著作11部,包括5部专著,在学术期刊上发表文章170余篇、评论百余篇。她的多数作品涉及实验语音学,但也包括历史语言学、斯拉夫、芬兰—乌戈尔语言学、文学分析和评论等内容。莱易斯特较著名的著述包括《听觉语音学读本》(*Readings in Acoustic Phonetics*, 1967)、与罗伯特·杰弗斯(Robert J. Jeffers)合著的《历史语言学原理与方法》(*Principles and Methods for Historical Linguistics*, 1979)、《超音段》(*Suprasegmental*, 1970)、《语言接触讲义》(*Lectures on Language Contact*, 1988)、与罗斯(John Robert Ross)合著的《爱沙尼亚的古北欧歌曲的时间结构》(*The Temporal Structure of Estonian Runic Songs*, 2001)等。

赖卡德　Reichard, Gladys A.　(1893—1955) 美国语言学家。1893年7月17日生于宾夕法尼亚州班戈(Bangor)。上大学前,曾在小学从教六年,1919年在斯沃斯莫尔学院(Swarthmore College)获学士学位,专业是拉丁语和古典文学。同年在哥伦比亚大学开始其人类学博士项目的研究,师从美国人类学家和语言学家博厄斯(Franz Boas),专攻美洲印第安语言,1921年获硕士学位,此后在巴纳德学院(Barnard College)开始终其一生的教学生涯。1923年在导师戈达德(Pliny Earle Goddard)指导下获人类学博士学位。1932年因在美拉尼西亚艺术方面的研究成果而获得纽约自然科学院授予的莫里森奖;还因在格赫达伦印度神话中的研究成果而于1948年获得芝加哥民俗学奖。1951年成为巴纳德学院教授。1955年7月25日卒于亚利桑那州弗拉格斯塔夫(Flagstaff)。

格拉迪斯·赖卡德研究濒临消亡的维特语(Wiyot)。在加州大学伯克利分校人类学系支持下,于1923年春天完成对加利福尼亚州西北部的实地考察,1925年出版专著《维特语法和文本》(*Wiyot Grammar and Texts*)。在现代音位学理论尚未形成的情况下,她对维特语的语音描写基本准确,并附有语音发音图,对诸如同化和省略等语音组合规则也有描写。赖卡德也关注维特语的词汇和叙事文本的整理,编写了一本30页的词典并收集近50篇民间故事和神话,这对专注于复兴维特语的语言学家来说价值不菲。

赖卡德撰写了许多关于她对纳瓦霍印第安人人类学研究的书籍,被认为是世界上最重要的纳瓦霍权威之一。1930年起,他利用暑假时间与纳瓦霍人一起生活,学习和研究其语言,参加并记载传统的纳瓦霍宗教生活。十年的研究使她业绩非凡,创作了两卷本的民族学代表作《纳瓦霍宗教:象征意义研究》(*Navajo Religion: A Study in Symbolism*, 1950)。1951年又出版权威之作《纳瓦霍语语法》(*Navajo Grammar*),用许多实例和范例解释她的观察所得,同时对句法和用法进行详尽的探讨。在其《纳瓦霍宗教》一书中,赖卡德广泛使用当地术语阐明传统生活中的主要概念,对表示各种仪式、神话人物、疾病、符号等的纳瓦霍语词汇进行详细的分析。

赖卡德还曾利用1927年和1929年暑假赴爱达荷州进行实地考察,记录科达伦语(Coeur d'Alene Language),收集大量语法和文本素材,经过整理先后于1938年和1947年出版。她的其他主要作品包括《蜘蛛女》(*Spider Woman*, 1934)、《纳瓦霍印第安人的语言多样性》(*Linguistic Diversity Among the Navaho Indians*, 1945)和《纳瓦霍语送气音的意义》(*Significance of Aspiration in Navaho*, 1948)等。

赖内克　Reinecke, John E.　(1904—1982) 美国语言学家。1904年生于堪萨斯州东南部的一个佃户家庭。少年时生活清苦,但酷爱读书,通晓多种语言。1926年底移居夏威夷,成为夏威夷大学克里奥耳语教授。1982年6月11日卒。

约翰·赖内克是夏威夷皮钦语(pidgin)和克里奥耳语(creole)的研究先驱,他通过调查夏威夷岛的英语使用状况,于1935年完成的他的硕士论文《夏威夷语言和方言》(Language and Dialect in Hawaii),并于1969年正式出版。他主张提高皮钦语和克里奥耳语的地位,使之取得适当的科学研究对象地位。他倾向于从夏威夷克里奥耳语使用者的视角看问题,而不认同人数虽少却霸占话语权的标准英语人士的视角。作为其博士学位论文研究的一部分,赖内克坚持对夏威夷克里奥耳语进行系统的研究,1937年完成博士学位论文《边缘语言:克里奥耳语和贸易术语的社会调查》(Marginal Languages: A Sociological Survey of the Creole Languages and Trade Jargons),成为克里奥耳语研究的奠基之作。

赖内克于1966与夏威夷大学语言学家都崎(Stanley Tsuzaki)合作出版《夏威夷英语:书目提要》(*English in Hawaii: An Annotated Bibliography*),该作品被认为是克理奥尔语的第一本学术文献。赖内克、都崎后又与他人合作出版著作《皮钦语和克里奥耳语语言书目》(*A Bibliography of Pidgin and Creole Languages*, 1975)。1976—1982年,赖内克出版《皮钦语信使》(*The Carrier Pidgin*),书名与carrier pigeon(信鸽)谐音,是当时唯一一部专门用于研究皮钦语和克里奥耳语的书籍。

赖斯克　Reiske, Johann Jacob　(1716—1774)　德国学者,阿拉伯语语言学家。1716年12

月 25 日生于德国萨克森—安哈尔特州策尔比希镇(Zörbig, Sachsen-Anhalt)。1734 年进入莱比锡大学研习希腊语、希伯来语和阿拉伯语。1739 年到莱顿大学深造,师从舒尔滕斯(Albert Schultens)和赫姆斯特赫斯(Tiberius Hemsterhuis)学习阿拉伯语和希腊语。1743 年在舒尔滕斯建议下开始学医,于 1746 年获得博士学位,同年返回莱比锡。1748 年被评为阿拉伯语教授,1758 年当选为尼古拉学校(Nicolai School)校长。1774 年 8 月 14 日卒于莱比锡。

约翰·雅格布·赖斯克是阿拉伯语和拜占庭语言学研究先驱,在阿拉伯语研究方法方面成果丰硕,因此声名远扬,被誉为"阿拉伯语言学研究的鼻祖"。赖斯克对阿拉伯语的兴趣并非源于他对阿拉伯语语言学和神学的关注,而是基于对阿拉伯语语言和文化自身进行评价的渴望。他在阿拉伯语和希腊语两个科学领域研究成绩卓著,曾得到弗莱舍(Heinrich L. Fleischer)、莱辛(Gotthold Ephraim Lessing)等众多著名语言学家的肯定。赖斯克的阿拉伯文学知识非常渊博,不过他最感兴趣的是阿拉伯文学背后的历史和文化,而不是阿拉伯文学本身。

赖斯克的主要作品包括《塔拉法·莫阿拉卡》(*Tharaphae Moallakah: cum scholiis Nahas. E mss.*,1742)和《论早期的阿拉伯人》(*De Arabum Epocha vetustissima*,1748)等。

赖特 **Wright, Joseph** (1855—1930) 英国语文学家。1855 年 10 月 31 日生于英国约克郡萨克利(Thackley)的一个工人家庭。未曾受过正规教育,十五岁才开始上夜校,学习法语、德语、拉丁语、数学和速记,对语言产生了浓厚兴趣。1876 年赴德国海德堡大学学习一个学期;回约克郡后,一边担任小学校长一边在约克郡理学院(利兹大学前身)学习。在返回海德堡大学深造后,于 1885 年获博士学位。1888 年回英国,应缪勒(Max Müller)之邀赴牛津大学任教;1891 年被聘为副教授,1901—1925 年任比较语文学教授。1930 年 2 月 27 日因肺炎卒于牛津。

约瑟夫·赖特在方言学、历史语言学以及教学方面均颇有建树。他对日耳曼语言进行了较为深入的研究,写成一系列有关古英语(Old English)、中古英语(Middle English)、古高地德语(Old High German)、中古高地德语(Middle High German)以及哥特语(Gothic)方面的基础语法著作,这些著作在他去世后半个世纪仍然被继续修订重印。他对英语方言特别感兴趣,于 1893 年完成的著作《温德希尔方言语法》(*Windhill Dialect Grammar*)是英国同类型语法书中的第一部。最伟大的贡献是编纂了六卷本的《英语方言词典》(*English Dialect Dictionary*),这些词典在 1898—1905 年出版,对 19 世纪末期的英国方言语音做了权威性的全面描述。在编纂这部词典期间,他组织成立委员会来收集约克郡的语言材料,这个机构于 1897 年发展成为世界上现存最古老的方言学会——约克郡方言学会(Yorkshire Dialect Society)。他还与妻子伊丽莎白·赖特(Elizabeth Mary Wright)共同撰写了《中古世纪英语语法》(*Old and Middle English Grammars*)。赖特的授课和研究成果对其他作家如托尔金(John Ronald Reuel Tolkien)、哈代(Thomas Hardy)以及伍尔夫(Virginia Woolf)等都产生了巨大的影响。

赖特的论著还包括《古高地德语入门》(*An Old High German Primer*,1888)、《哥特语语法》(*Grammar of Gothic Language*,1910)和《中古高地德语入门》(*A Middle High German Primer*,1917)等。

赖西格 **Reisig, Karl** (1792—1829) 德国语言学家。1792 年 11 月 17 日生于德国图林根。1809 年进入莱比锡大学学习语言学,师从戈特弗里德·赫尔曼(Johann Gottfried Jakob Hermann,1772—1848)。1812 年进入哥廷根大学(University of Göttingen)继续深造,师从克里斯蒂安·海涅(Christian Heyne),1817 年获得博士学位。1817 年开始在耶拿大学任教,1824 年被聘为教授,1828 年到哈雷大学(University of Halle)任教。1829 年 1 月 17 日在游学途中卒于威尼斯。

卡尔·赖西格在语义学方面的研究成就斐然,他创造"语义学(semasiology)"术语,并把语义学作为一门独立的学科引入到语言学中,认为语义是除词源和句法之外语法的第三个组成部分。成名作《拉丁语语言学讲义》(*Vorlesungen über Lateinische Sprachwissenschaft*,1839),由他的学生哈斯(Friedrich Haase)利用他的讲稿汇编而成,共有三卷,内容分别涉及拉丁语的词源、语义和句法研究,其中涉及语义学研究的第二卷得到学界的广泛认可。从历时角度看,他强调既需要确定同一词的连续含义,也需要确定促成这些变化的意义之间的逻辑关系,他还探讨了包括暗喻、转喻和提喻等语义转换中的意义关联性,并将其提高至语义变化的逻辑—修辞法则地位;从共时角度看,他认为必须首先确定相关的"同义"概念间的逻辑关系,然后才能确定词汇的确切意义,因此,词汇意义不仅包括"概念",而且还包括年龄、风格、语域等内容。该巨著第一卷长达 72 页的引言中包含赖西格的 13 条语言和学习原则,其中就包括基于康德理解诸范畴的一般语言规则。不过,赖西格的后继者哈斯等人曾批评其作品中论及的意义概念过于宽泛,几乎与语义无关,指出意义的概念应该局限于单个词汇的外延意义。

兰艾克 **Langacker, Ronald W.** (1942—)

美国语言学家。1942年12月27日生于威斯康星州丰迪拉克县(Fond du Lac, Wisconsin)。1963年获伊利诺伊大学厄巴纳—尚佩恩分校法语专业文学士学位,1964年获语言学硕士学位,1966年获语言学博士学位。1966—1970年任加州大学圣地亚哥分校助理教授,1970—1975年任语言学副教授,1975—2003年任语言学教授,2003至今任荣誉退休研究教授;1983—2003年担任校认知科学学科委员。1997—1999年任国际认知语言学协会的会长。

罗纳德·兰艾克是认知语言学思潮发起人之一,是认知语法理论的创始人。从1976年起致力于创建"认知语法(Cognitive Grammar)",最初亦称为"空间语法(Space Grammar)"。出版于1987年的《认知语法基础·第一卷:理论前提》(Foundations of Cognitive Grammar, Volume I: Theoretical Prerequisites)是认知语法理论初创和基本形成的代表作。1991年《认知语法基础·第二卷:描写性应用》(Foundations of Cognitive Grammar, Volume II: Descriptive Application)问世,标志着认知语法理论形成比较完整的系统。兰艾克是生成语法的反对者,提出了三个假设:首先,语言不是一个自足的认知系统,对语言的描写必须指称人的一般认知规律;其次,句法不是一个自足的形式系统,句法在本质上和词汇一样是约定俗成的象征系统,句法分析不能脱离语义;第三,用基于真值条件的形式逻辑来描写语义是不够的,因为语义描写必须指称开放的、无限度的知识系统,一个词语的意义不是这个词语在人脑中形成的一个情景(situation),而是这个情景形成的具体方式,称为意象(imagery)。总之,兰艾克的认知语法认为语言不是独立的认知系统,人的语言能力跟一般认知能力密不可分,语法具有象征性、概括性和认知性。

兰艾克著作甚多,其中包括《语言与结构》(Language and its Structure, 1968)、《路易森诺语言概论》(An Introduction to Luiseño Language, 1971)、《语言分析基础》(Fundamentals of Linguistic Analysis, 1972)、四卷本《乌托—阿兹特克语语法研究》(Studies in Uto-Aztecan Grammar, 1977—1982)、《概念、意象与符号:语法的认知基础》(Concept, Image, and Symbol: The cognitive basis of grammar, 1990)、《语法与概念化》(Grammar and Conceptualization, 1999)、《认知语法十讲》(Ten Lectures on Cognitive Grammar, 2007)、《认知语法:基本介绍》(Cognitive Grammar: A Basic Introduction, 2008)和《认知语法探究》(Investigations in Cognitive Grammar, 2009)等。

兰司铁　Ramstedt, Gustaf John　芬兰语言学家和外交家拉姆斯泰特(Gustaf John Ramstedt, 1873—1950)自取的汉名。参见"**拉姆斯泰特**"。

朗热　Ronjat, Jules　(1864—1925)　法国语言学家。1864年生于法国西南部伊泽尔省维也纳(Vienne, Isère)。1913年获得巴黎索邦大学(La Sorbonne)文学博士学位,其后在日内瓦大学担任教职。与诺贝尔文学奖获得者米斯特拉尔(Frédéric Mistral)关系密切,将其奉为奥克西唐语(Occitan)的权威。1925年1月19日卒于日内瓦。

朱尔·朗热热衷于历史句法学的研究,他熟悉奥克西唐语的所有方言,因而成为奥克西唐语研究的专家。他是拼写改革的提倡者,并把这一原则应用于历史句法学的研究。代表作是四卷本的《现代普罗旺斯语方言历史语法》(Grammaire Historique des Parlers Provenaux Modernes, 1930—1941),该书是在他去世后经著名语言学家梅耶(Antoine Meillet)推荐,由法国政府资助出版的。他在书中指出了奥克西唐语的19个主要特征,其中语音学方面有11个,形态学方面有五个,句法学方面有一个,词汇学方面有两个。在此基础上,朗热还发现奥克西唐语与西班牙语、意大利语、法语和法国普罗旺斯语(Franco-Provençal)之间的语言差异。

朗热还撰有两篇重要的论文,一篇是《论现代普罗旺斯语的句法》(Essai de Syntaxe des Parlers Provençaux Modernes),另一篇是《双语儿童的语言发展观察》(Le Développement du Langage Observé chez un Enfant Bilingue),文中详细记录和分析自己双语孩子(孩子的母亲是德国人)的语言发展情况,该作品被确认为当代双语习得研究的先驱之作。

朗斯伯利　Lounsbury, Floyd Glenn　参见"**劳恩斯伯里**"。

朗斯洛　Lancelot, Claude　(1615—1695)　法国天主教詹森派(Jansenism,也称"苘森派")修士和语法学家。1615年生于巴黎,后来成为詹森派小组的一位重要人物。1638年与几位同道退居乡间,开办"波尔—罗瓦雅尔小学校(les petites écoles de Port-Royal)",专事教育,曾担任谢夫勒斯公爵和孔蒂亲王的老师;1660年被迫离开波尔-罗瓦雅尔修道院后,流亡到布列塔尼地区。1695年4月15日卒于菲尼斯泰尔省坎佩尔莱镇(Quimperlé, Finistère)。

克劳德·朗斯洛擅长语法分析和语言教育,以唯理论观点研究人类语言共性,试图揭示人类语言在表面上千变万化的形式下的普遍共性。在与阿尔诺合作撰写《普遍唯理语法》(Grammaire générale et raisonnée, 1660)的过程中,朗斯洛发挥自己擅长语法分析的特长,利用自己创作的语法教材,为该书作充实了大量的实例,同时做了大量细致的文字工作,才使该书作最终得以成形。

朗斯洛的其他著作还包括《拉丁语入门新法》(Nouvelle Méthode pour Apprendre la Langue Latine, 1644)、《希腊语入门新法》(Nouvelle Méthode pour Apprendre la Langue Grecque, 1655)和《希腊语词根探胜》(Jardin des Racines Grecques, 1660), 这些语言教科书在其后的两个世纪里一直被广为采用。

劳恩斯伯里 Lounsbury, Floyd Glenn (1914—1998) 美国语言学家和人类学家。1914年4月25日生于美国威斯康星州斯蒂文斯波恩特(Stevens Point)。1941年威斯康星大学数学系毕业,在校期间曾旁听语言学家斯沃德什(Morris Swadesh)讲授的美国印第安语言学课程;1946年获语言学硕士学位,得到洛克菲勒基金会的奖学金,赴耶鲁大学人类学系研究奥内达语的动词形态,1949年获博士学位。1953年开始在耶鲁人类学系任教,直到1979年退休。1969年当选为国家科学院院士。1971年荣获耶鲁大学授予校友的最高荣誉——艺术与科学研究生院威尔伯十字勋章。1976年当选为美国文理科学院院士。1987年当选为美国哲学学会委员,同年被宾夕法尼亚大学授予名誉法学博士学位。1990年在美国人类学协会年会上被推选作"卓越人士演讲(Distinguished Lecture)"。1998年5月14日因郁血性心脏衰竭卒于康涅狄格州纽黑文(New Haven, Connecticut)。

弗洛伊德·格伦·劳恩斯伯里的语言学生涯始于对印第安语的实地调查。美国大萧条时期,斯沃德什受到公共事业振兴署(Works Progress Administration)资助研究易洛魁(Iroquois)印第安六族之一奥内达人(Oneida)的语言和风俗;劳恩斯伯里被邀请参与项目,担任负责人的助手。研究项目的目的是教年轻的奥内达人用他们自己的语言写作,要求他们记录下奥内达社区中老人讲的民间故事。1939年,斯沃德什离开威斯康星去了墨西哥城,劳恩斯伯里接手成为项目主管。他与斯沃德什编制了奥内达正字法,教学生按要求使用,收集了各种奥内达文本。奥内达正字法不仅对奥内达社区有用,也为项目组分析奥内达音系和语法提供了文本材料。项目完成后,劳恩斯伯里从1940年开始研究奥内达语音系学,把它作为硕士学位论文的研究课题。美国参与二战后,劳恩斯伯里中断学业从军,加入陆军航空兵驻扎巴西,其间学习了葡萄牙语。

劳恩斯伯里对语言学的突出贡献在于:记录分析易洛魁语系,系统研究易洛魁语系各种语言之间的亲属关系,解读玛雅象形文字。1953年,他基于自己的博士学位论文出版了《奥内达语动词形态》(Oneida Verb Morphology),论文的出版为此后的学者们分析易洛魁语系(Iroquoian)建立了理论框架并创新了研究术语。在书中,他以全新的方式描述了易洛魁语的复杂结构,比如,他详尽解释了该语系中所有的代词性前缀及它们的交互形式,该书后来成为一部研究易洛魁语的权威著作。1956—1968年,他发表了五篇对以后研究有巨大影响的文章,论述波尼(Pawnee)、塞涅卡(Seneca)、克罗(Crow)和奥马哈—庞卡(Omaha-Ponca)等语言以及特罗布里恩群岛(Trobriand Islands)语言与早期拉丁语之间的亲属关系。他的亲属称谓体系研究指出:同一范畴的称谓具有焦点成员和非焦点成员之分。运用语言学的方法,他对美洲印第安部落的亲属关系和社会组织进行过调查,成为该领域的先驱。1971年,他在安大略研究了奥内达人关于世界起源的神话,对易洛魁语系的神话故事做了语言学分析。他的语言学研究和人类学研究有着密切联系,运用语义学领域的知识把亲属关系和发音联系起来。他支持苏联语言学家克诺罗佐夫(Юрий Валентинович Кнорозов)对玛雅象形文字的语音理论,认为它们是音节而不是意符。他的研究对理解哥伦布发现美洲大陆前中美洲玛雅文明的象形文字做出了贡献。

劳恩斯伯里的其他主要著作包括《奥内达创建故事》(The Oneida Creation Story, as Told by Demus Elm and Harvey Antone, 2000)、《结构语义学研究:西里奥诺语的亲属体系》(A Study in Structural Semantics: The Siriono Kinship System, 1971)以及《奥内达语音系学》(Phonology of the Oneida Language, 1946)等。

劳默尔 Raumer, Rudolf von (1815—1876) 德国语言学家。1815年4月14日生于布雷斯劳(Breslau)。中学时代在纽伦堡(Nurnberg)和埃朗根(Erlangen)度过,大学时代先后在埃朗根(1832—1834)和哥廷根(1834—1836)度过,主要研修古典语文学和德语语言学,师从古典语言学家、历史学家达尔曼(Friedrich Christoph Dahlmann)和语言学家、神话作家格林(Jacob Ludwig Carl Grimm)。1839年从埃朗根大学毕业,1840年完成罗马宪制历史方面的博士学位论文,此后一直在埃朗根大学工作,教授日耳曼语言和历史。1852年成为德语语言和文学教授。1875年获普鲁士文化部授权进行文字改革,对德语正字法提出很多重要建议。1876年8月30日卒于埃朗根。

鲁道夫·冯·劳默尔不仅研究德国的历史和现状,而且还研究宗教和哲学。其早期作品之一是研究基督教对古高地德语文学文本的影响,他对路德开始的时代及德语规范形式的出现很感兴趣。1855年起参与19世纪的正字法论战,认为德语规范的正字法是德国政治统一的重要标记之一。他认为有证据表明印欧语系和闪米特语系拥有相同的渊源,是

19世纪指出这两个语系之间可能存在关联的少数比较语言学家之一。另外,劳默尔意识到有必要使用语音方面的研究来提供评估声音变化的证据,他认为不仅仅是正字法,语音学更有助于解释语言发展早期的声音性质。

劳默尔的主要作品包括《送气与音变:语言史角度的探究》(*Die Aspiration und die Lautverschiebung: eine sprachgeschichtliche Untersuchung*, 1837)、《论德意志精神:历史成果三卷》(*Vom deutschen Geiste: drei Bücher geschichtlicher Ergebnisse*, 1848)和《德语正字法规则与词语索引》(*Regeln und Wörterverzeichnis für die deutsche Orthographie*, 1876)等。

劳斯 Lowth, Robert (1710—1787) 英格兰教会主教、英国学者。1710年11月27日生于英格兰温切斯特(Winchester)。1722年就读于温切斯特公学(Winchester College)。1729年获奖学金进入牛津新学院(New College, Oxford),1733年获学士学位,1737年获文学硕士学位。1735年在英国圣公会接受圣职,被任命为汉普郡奥温顿(Ovington, Hampshire)教区牧师。1741年任牛津大学诗歌学教授。1750年获任温切斯特教区副主教,1752年辞去牛津教职,1753年任东伍德海教区教长。1754年以论文《论希伯来民族的圣诗》(*Praelectiones Academicae de Sacra Poesi Hebraeorum*)获牛津大学神学博士学位。1765年当选伦敦和哥廷根皇家学会会员。1766年任圣戴维斯主教,数月之后改任牛津主教;1777年出任伦敦主教,兼任皇家礼拜堂住持和皇室私人顾问。1783年被提名为坎特伯雷大主教,因健康不济辞任。1787年11月3日卒于伦敦,安葬于富勒姆诸圣堂(All Saints Church, Fulham)。

罗伯特·劳斯在诗歌方面的成就主要是基于其博士学位论文的专著,最早用拉丁语写成,后由乔治·格里高利(George Gregory, 1754—1808)译成英文版《希伯来民族圣诗讲座集》(*Lectures on the Sacred Poetry of the Hebrews*)于1787年出版,1829年在北美洲再次出版。1758年,他出版《温切斯特主教威克尔姆的威廉生平》(*Life of William of Wykeham, Bishop of Winchester*),这是一部关于温彻斯特学院和牛津新学院创始人的传记。

劳斯名垂青史的重要原因在于对英语语法所做的突出贡献。1762年他出版《简明英语语法引论》(*A Short Introduction to English Grammar*),旨在提供一本既简单明了又适合教学的英语语法教科书,填补当时学校教育的空白。劳斯的语法书很快成为当时学校师生所钻研的诸多规定性示播列(shibboleth)的来源。书中除了对英语语言的描述,还有对语言的评判,劳斯因而成为英语用法的首席评论家。譬如,他指出"有些作者爱用whose来替代which,把原来用于指人的所有格也用于指物,我认为这有失恰当"。他最有名的一个观点是关于"介词悬空(preposition stranding)"现象的评说,认为诸如"What did you ask for?"等以介词结尾的句子不宜用于正式和庄重的文体,但在日常口语中则无伤大雅。

劳斯的写作方法还包括批评"错误句法",所举的错例分别选自莎士比亚、英王钦定版《圣经》(*King James Bible*)、约翰·多恩(John Donne)、约翰·弥尔顿(John Milton)、乔纳森·斯威夫特(Jonathan Swift)、亚历山大·蒲柏(Alexander Pope)及其他著名作家的作品。他对语法的理解,与同时期的语言学家一样,是基于他们对拉丁语的研究。因此,后来有评论家说这是对语法规则的错误应用,把英语置于一门外语的规则之下。

《简明英语语法引论》并非为学童而写,然而出版后不到十年,就被改编成适用于学童的各种版本;劳斯对用法正误和文体雅俗的观点则成为语法教学的金科玉律,在课堂上严格加以贯彻落实。直到20世纪早期,这部书仍是各类教学机构教授英语用法的标准课本。

老普林尼 Pliny the Elder (23—79) 罗马历史学家和修辞学家。原名盖乌斯·普林尼·塞昆都斯(Gaius Plinius Secundus)。公元23年生于罗马的诺乌姆科姆(Novum Comum),即今意大利的科莫镇(Como)。曾在克劳狄斯(Claudius)皇帝统治时期担任军职和财务官员,在维斯帕先(Vespasian)统治时期也官居高位。公元79年维苏威火山爆发时,因前往视察的途中吸入毒灰,卒于火山口16公里外坎帕尼亚的斯塔比亚(Stabiae, Campania)。

老普林尼是百科全书编纂者,也是一位多产作家。他撰写过三部有关语法、修辞和传记方面的作品,但皆已遗失或仅存片段。第一部是《彭波尼传》(*De Vita Pomponii Secundi*),分上下卷,是一部关于他的友人、军事家和剧作家塞古杜斯(Publius Pomponius Secundus)的传记。第二部作品是《演说术》(*Studiosus*),共三卷,论述如何培养演说家的方法。第三部作品是《文法》(*Dubius Sermo*),共八卷,60%以上片段仍保存于世,是一部收编词汇和词形的集子,虽然老普林尼运用了个案研究方法,并运用类比、惯例使用等作为规范原则,该书的语法和拼写准确性仍存在瑕疵。

老普林尼现存的著作是《博物志》(*Naturalis Historia*),该百科全书式的不朽巨著共37卷,虽因缺乏编纂特性和独创性思想而频受后人指责,但对后世影响仍然巨大。

勒鲁 Le Roux, Pierre (1874—1975) 法国语言学家。1874年2月27日生于北滨海省普卢厄克

(Plouëc, Côtes du Nord)，母语为布列塔尼语(Breton)。曾就读于雷恩大学(University of Rennes)，师从洛特(Joseph Loth)和多丁(Georges Dottin)。1898 年获蒂耶尔基金会(Fondation Thiers)奖学金资助，赴巴黎听取凯尔特语专家盖多兹(Henri Gaidoz)和朱班维尔(Marie Henri d'Arbois de Jubainville)的讲座。1910 年接替洛特任雷恩大学凯尔特语教授；1944 年任雷恩大学文学院院长，之后不久退休。1975 年 9 月 3 日卒，享年 101 岁。

皮埃尔·勒鲁以研究法国布列塔尼地区的方言布列塔尼语而闻名于世。他最早的作品出版于 1896 年，是对家乡方言普勒比扬语(Pleubian)辅音变化的语音描述。1930 年出版一部描述布列塔尼语动词历史的专著《布列塔尼语动词：形态与句法》(*Le verbe Breton（morphologie，syntaxe）*，1957 年第二版)，从历史比较的角度对布列塔尼语动词的形式变化进行全面描述，分析精准，资料来源广泛，具有非常宝贵的学术价值。大学毕业后开始布列塔尼地区的方言调查和研究，调查问卷的问题先后有 1200 多个，后出版一部六卷本《下布列塔尼地区语言地图集》(*Atlas linguistique de la Basse-Bretagne*，1924—1963)，按照教区分布绘制地图 600 幅。该语言地图集记录了一些现在已经灭绝的方言形态。他收集的文献记录显示，即使在仍使用布列塔尼语的地方，该语言的语音、词汇、形态和句法都已趋向枯竭。勒鲁的语言地图集对后来的几项从方言学和语音学角度对布列塔尼语进行的调查研究颇有启发，如法尔克安(François Falc'hun)对布列塔尼地区的语言地理研究和萃珀斯(Pierre Trépos)对布列塔尼语的复数形态研究等。

勒纳伯格 Lenneberg, Eric Heinz （1921—1975） 语言学家和神经生物学家。1921 年 9 月 19 日生于德国杜塞尔多夫(Düsseldorf)的一个犹太家庭。在家乡上小学至 1933 年，因受纳粹迫害，与家人一起离开德国，先到巴西，后于 1945 年到达美国。1949 年获芝加哥大学文学士学位；1956 年获哈佛大学心理学与语言学博士学位。毕业后继续在哈佛大学医学院从事神经科学博士后研究；其间多年，一边在哈佛任教，一边在波士顿儿童医院医学中心从事研究。1964—1965 年任苏黎世大学心理学客座教授，1967 年赴密歇根大学任心理学教授兼人类成长与发展中心研究员；1968 年转任康奈尔大学心理学和神经生物学教授。1975 年 5 月 31 日卒于纽约州伊萨卡(Ithaca, New York)。

埃里克·勒纳伯格是语言习得和认知心理学理论的先驱。与乔姆斯基一样，他也是语言发展的先天论者，是语言自然成熟说的代表人物。他与米勒(George Armitage Miller)、乔姆斯基和哈佛、麻省理工学院的其他专家一起，探索了语言学与生物学的统一、语言的成长、机制和进化等问题。不同于乔姆斯基的先天语言能力说，勒纳伯格强调语言的自然成熟说。1964 年发表了论文《语言习得的能力》(The Capacity of Language Acquisition)，建立了儿童获得言语的机制及其发展的理论基础。在 1967 年出版的专著《语言的生物学基础》(*Biological Foundations of Language*)中，他提出了著名的语言习得关键期假说(Critical Period Hypothesis，简称 CPH)。该假说认为：(1)语言发展是受发音器官和大脑等神经机制发展制约的自然成熟过程。第一语言的习得能力受到神经系统成熟的影响，只有在十八个月后，即进入青春期前激活有关语言学习的神经机制，儿童才能成功地习得第一语言；(2)大脑机能成熟有关键期，所以语言获得也有关键期。他根据对获得性失语症病例的研究，提出言语获得的关键期是从两岁左右开始，到青春期(即 11—12 岁)为止。过了关键期，当大脑侧化功能完成后，即使给予训练，语言学习也会很困难。生物的遗传素质是人类获得语言的决定因素。人类大脑具有其他动物所没有的专管语言的区域，所以语言为人类所独有，语言是人类大脑机能成熟的产物。当大脑机能成熟达到一定状态时，只要受到适当的外在条件的刺激，语言能力就能显露。自然成熟说的某些观点，如提出大脑中存在语言中枢、语言获得有关键期等，得到一些相关学科研究的证实，有一定的科学性。但它否定了环境和语言交往在语言发展中的重要作用，将先天禀赋和自然成熟的作用提高到不适当的程度是有缺陷的。虽然关键期理论自提出以来一直引起较大争议，但它确是此后研究第一和第二语言习得的各国专家所广泛引用的最重要的语言习得理论之一。

勒纳伯格的其他论著还包括《语言与认知研究》(*A Study in Language and Cognition*，1954)、《语言解释论》(*On Explaining Language*，1969)、《经验语言：方法论研究》(*The Language of Experience: A Study in Methodology*，1956)、《语言研究的新趋势》(*New Directions in the Study of Language*，1966)以及《论语言发展的基础：多学科研究法》(*Foundations of Language Development: Multidisciplinary Approach*，1976)等。

勒努 Renou, Louis （1896—1966） 法国印度学家。1896 年 10 月 26 日生于巴黎。1914 年一战爆发时，被迫中断学业从军，后做了两年战俘；战后，师从西尔文·列维(Sylvain Lévi)等人，研读印度学，于 1920 年大学毕业。后与贝尔盖涅(Abel Bergaigne)一样，专注于早期梵文之一吠陀(Vedic)研究。1925 年在巴黎获哲学博士学位，同年接替拉科特(Felix Lacôte)担任里昂大学梵语教授。1928年返回巴黎,接替菲诺特(Louis Finot)在巴黎高等研究实践学院(École pratique des hautes études)担任教授。1936年接替富歇(Alfred Charles Auguste Foucher)担任索邦大学梵语教授。1948—1949年担任印度浦那大学客座教授,1953年成为耶鲁大学客座教授。1954—1956年与1959年两度出任东京法日会馆馆长。1966年8月18日卒于法国厄尔省韦尔农镇(Vernon, Eure)。

路易·勒努与贝尔盖涅、奥尔登贝格(Hermann Oldenberg)和格尔德纳(Karl Friedrich Geldner)都试图在印度语言背景和整个人类语言背景下阐释吠陀文本,因此对古典梵语诗歌兴趣盎然。他研究梵语文学的不同形式和风格,包括美学和哲学两个方面,翻译了一些古典梵语作品。他还探讨宗教问题,尤其是探讨吠陀仪式方面的问题。不过,他在吠陀和印度传统语法方面的研究成果最为显著,主要成果包括对《梨俱吠陀》(*The Rigveda*, 1938)的翻译和评论,《梵语语法》(*Grammaire Sanscrite*, 1930)、《梵语语法研究》(*Études de Grammaire Sanskrite*, 1936)、《初级梵语语法》(*Grammaire Sanskrite Élémentaire*, 1946)等语法书,以及《梵文语法术语手册》(1—3册)(*Terminologie Grammaticale du Sanskrit*, vols 1—3, 1942)、《波尼尼语法》(*La grammaire de Pāṇini*, 1966)等。

勒努的作品还包括《吠陀研究》(*Études védiques*, 1952)、《吠昙多语法》(*Grammaire et Vedanta*, 1957)、《基础印度》(*L'Inde fondamentale*, 1978)和两卷本《吠陀与波尼尼研究》(*Études védiques et panénéennes*, 1980, 1986);他还撰写了几本颇受欢迎的导论,也是目前仍在使用的《梵语—法语词典》(*Dictionnaire Sanskrit-Français*, 1932)编纂者之一,还与菲约札(Jean Filliozat)合作编撰《古典印度文明》(*L'Inde Classique* (vol. 2), 1953)。

勒琼 Lejeune, Michel (1907—2000) 法国语言学家。1907年1月30日生于巴黎。1926年入巴黎高等师范学校(École Normale Supérieure)学习古典学,1929年获语法学学位(Agrégé de Grammaire);其后在普瓦捷大学(Université de Poitiers)任希腊语与拉丁语语言学讲师。1937年成为波尔多大学(Bordeaux University)教授,并曾担任该校艺术学院院长。之后回到巴黎高等研究实践学院(École pratique des hautes études),担任该院印欧语比较语法研究主任。1955—1963年担任法国科学研究基金会(CNRS)人文科学部负责人。2000年1月27日卒于巴黎。

米歇尔·勒琼做过大量比较语文学研究,一生著作颇丰,撰写书籍20部、文章300余篇。他的研究课题涉及古希腊语、迈锡尼语(Mycenean)、凯尔特伊比利亚语(Celtiberian)、伊特鲁里亚语(Etruscan)和弗里吉亚语(Phrygian),尤其偏爱研究意大利方言和古凯尔特方言。他对古碑文(epigraphical)的研究使一些曾经深奥难懂的印欧语系方言,如苗蓬廷语(Lepontic)和维尼提亚语(Venetic),让人得以理解。他早期发表的文章大都关于古希腊方言方面的内容,在教希腊语期间发表了一本关于希腊语重读法的小册子,后于1947年又出版了一部关于希腊语音史的重要著作,对希腊语及其方言作了比较分析,并在1972年的修订版中补充了迈锡尼语资料。此外,他对迈锡尼语的研究做出了杰出贡献,在该方面发表的文章达到50余篇。1956年还出版了一部关于凯尔特伊比利亚语(Celtiberian)的专著。

勒琼对碑文研究的理念包括对文字充分的理解以及对语言材料的明确分析。他还研究了其他碑文,出版了著作《苗蓬廷语和阿尔卑斯山以南的高卢语》(*Lepontic and Cisalpine Gaulish*, 1971)、《维尼提亚语》(*Veneti*, 1974)、《南高卢语》(*Gallo-Greek*, 1985)等。勒琼一直醉心于研究复用字母(Reused alphabets),尤其是希腊字母用于非希腊语言的现象,这让他得以涉足一种新的音系分析法,探寻这些字母发明者所做的音系分析。

雷考夫(洛玢·托尔马赫·~) Lakoff, Robin Tolmach (1942—) 美国语言学家。1942年5月24日生于纽约布鲁克林。毕业于美国马萨诸塞州剑桥的拉德克利夫学院(Radcliffe College),获文学士学位;后获印第安纳大学文学硕士学位和哈佛大学博士学位。自1972年起,在加州大学伯克利分校任教。

洛玢·托尔马赫·雷考夫的研究领域主要是社会语言学以及语言与性别。在拉德克利夫学院就读期间,她曾到麻省理工学院旁听乔姆斯基授课,在转换生成语法的理论构建中,参与了外部上下文进入语言结构的途径的探讨。1975年她出版了《语言与女性的位置》(*Language and Woman's Place*),率先揭示了跨国界、跨阶级和跨种族的语言与性别的关系问题。她总结了女性语言的十大特征,包括模糊界限词(hedges)、空洞形容词(empty adjectives)、过度礼貌用语(super-polite forms)、附加疑问句(tag questions)和间接请求(indirect requests)等。出版于2000年的《语言战争》(*The Language War*)对当时若干重大新闻事件的话语进行了语言学分析,指出语言本身就构成一个个的政治战场。

洛玢·雷考夫的其他著作包括与曼迪·阿芙特尔(Mandy Aftel)合著《当言谈并不廉价》(*When Talk Is Not Cheap*, 1985)、《言谈的力量》(*Talking Power*, 1990)以及与科因(J. Coyne)合著《父亲最知情:弗洛伊德的多拉案例中疗法的运用与滥用》(*Father Knows Best: The use and abuse of therapy in Freud's case of Dora*, 1993)等。

雷考夫（乔治·~）　Lakoff, George P.
(1941—)　美国认知语言学家。亦译雷科夫或莱柯夫。1941 年 5 月 24 日生于新泽西州贝永市 (Bayonne, New Jersey)。1962 年获麻省理工学院数学与英语文学理学士学位，1966 年获印第安纳大学语言学博士学位。1965 在哈佛大学任教。1966 年，雷考夫获印第安纳大学语言学哲学博士学位。1969 在密歇根大学任教，1971 年转到斯坦福大学行为科学高级研究中心工作，1972 年起开始在加州大学伯克利分校任教，主讲认知语言学课程。

乔治·雷考夫的语言学研究领域主要是认知语言学，尤其是思维与语言的神经理论、概念系统、概念隐喻、语法与意义。他研究时间、事件、情感、政治等概念的隐喻体系以及这些体系在其他语言中的表达形式。他不仅关注语言学界一般的研究课题，更注重研究认知与神经语言学在政治、文学、哲学和数学中的应用，其中最享有盛誉的贡献是研究隐喻在人的思维、政治行为和社会中的中心地位。他认为，认知语言学的实际应用可以帮助社会活动家重构 (reframe) 人们对政治和社会问题的理解。这方面的著述包括《道德政治学》(*Moral Politics*, 1996)、《体验哲学：体验心智及其对西方思想的挑战》(*Philosophy in the Flesh: The embodied mind and its challenge to Western thought*, 1999)、《政治心智》(*The Political Mind*, 2008) 和《小小蓝皮书：思考与谈论民主的必备指南》(*The Little Blue Book: The essential guide to thinking and talking democratic*, 2012) 等。

雷考夫的主要著作还包括与马克·约翰逊 (Mark L. Johnson) 合著《我们赖以生存的隐喻》(*Metaphors We Live By*, 1980)、《女人、火和危险的事物》(*Women, Fire, and Dangerous Things*, 1987)、与马克·特纳 (Mark Turner) 合著《冷静理性之余》(*More than Cool Reason*, 1989)、《数学的来源：体验心智如何生成数学》(*Where Mathematics Comes From: How the embodied mind brings mathematics into being*, 2000) 以及与洛克里奇研究院 (Rockridge Institute) 合著《思维切入点》(*Thinking Points*, 2005)

雷科夫　Lakoff, George P.　参见"雷考夫（乔治·~）"。

雷纳　Reiner, Erica　(1926—2005)　美国亚述学家。1926 年 8 月 4 日生于匈牙利的布达佩斯 (Budapest)。1948 年毕业于布达佩斯大学，1951 年获索邦大学 (la Sorbonne) 亚述学硕士学位。1952 年移居至芝加哥，1955 年获芝加哥大学东方学院亚述学博士学位。1956 年成为芝加哥大学助理教授，1973 年成为教授，1996 年退休。2005 年 12 月 31 日卒于芝加哥。

埃丽卡·雷纳的语言学研究主要集中在亚述学方面。1921 年，芝加哥大学启动《芝加哥亚述语词典》(*The Chicago Assyrian Dictionary*) 的文献整理和筹划工作，为公元前 2400 年至公元 100 年之间美索不达米亚地区的主导语言——阿卡得语 (Akkkadian) 编制一部基准参考书。雷纳于 1956 年作为研究助理参与词典项目，1973—1996 年担任《芝加哥亚述语词典》的责任主编，全书共计划出版 21 卷，在其有生之年出版发行了 9 卷；全套 21 卷于 2011 年出齐。雷纳于 1966 年出版《阿卡得语语言学分析》(*A Linguistic Analysis of Akkadian*)，应用转换语法分析已灭绝的语言。1969 年，雷纳发表了论文《伊勒姆语语法》(*The Elamite Grammar*)，对伊勒姆语进行详尽描述，是融合语言学准确度与理论精确度的典范之作。

雷纳的其他主要作品还包括《当前语言学研究的趋势》(*Current Trends in Linguistics*, 1970) 和《形态音位拼写的新案例》(*New Cases of Morphophonemic Spellings*, 1973) 等。

雷尼什　Reinisch, Simon Leo　(1832—1919) 奥地利埃及学家和非洲学家。1832 年 10 月 26 日生于奥地利奥斯特维兹 (Osterwitz)。曾就读于维也纳大学，研习古代中东历史，尤其是埃及历史，其间也研习象形文字，1857 年毕业。此后在维也纳大学图书馆做过短期的抄写员。1859 年获德国蒂宾根大学 (University of Tübingen) 博士学位。1861 年回到维也纳大学从事博士后研究。1865 年受马克西米利皇帝派遣出使埃及，其间取得丰硕的研究成果，并与历史学家罗斯勒 (Robert Rösler) 和埃及古物学家累普济乌斯 (Carl Richard Lepsius) 合作翻译铭文。1866 年，受马克西米利皇帝任命担任墨西哥考古博物馆馆长一职，因此有机会对墨西哥语言和史前史做深入研究，并在埃及和墨西哥两地收集大量的文字考古材料。1868 年被钦命为维也纳大学埃及学教授。19 世纪 90 年代曾担任维也纳大学校长，1902 年退休。1919 年 12 月 24 日卒于兰科维茨 (Lankowitz)。

西蒙·利奥·雷尼什既研究历史也研究语言学，大学时代就意识到语言学是历史研究不可或缺的，大学毕业后对语言学方面投入的时间和精力都明显增多。他是比较语言学家，对看似无关的语言之间的相互关联也颇感兴趣。他认为语法应是比较语言学研究的中心，因为语法结构是确定语言之间相互关系的最可靠因素。他通过研究发现，所谓的"含米特语"诸语言(Hamitic languages)事实上与闪米特和埃及语言具有相同的结构,指出这些语言可能还与印度—日耳曼语系(即印欧语言)有关,他还坚持认为它们很可能与班图语等也有关联。此外,雷尼什还关注语言研究的文化层面,被认为是库希特语研究的鼻祖,曾于19世纪70年代和80年代作为北非语言专家,赴苏丹和厄立特里亚研究库希特诸语言(Cushitic languages)。

雷尼什曾将圣经福音翻译成比林语(Bilin)和卡拉语(Qara),是《维也纳东方学研究杂志》(Wiener Zeitschrift für die Kunde des Morgenlandes)的三位编辑之一。雷尼什的作品还包括《旧大陆语言的同一起源:通过以台达语为基础的非洲语言、厄立特里亚语和印欧语的比较为证据》(Der einheitliche Ursprung der Sprachen der alten Welt nachgewiesen durch Vergleichung der afrikanischen, erythräischen und indogermanischen Sprachen mit Zugrundelegung des Teda,1873)等。

雷斯琴 Leskien, August 参见"莱斯金"。

累普济乌斯 Lepsius, Karl Richard （1810—1884） 德国埃及学家和古物学家。1810年12月23日生于德国萨克森的瑙姆堡(Naumburg)。其父亲是瑙姆堡县长彼得·卡尔·累普济乌斯(Peter Karl Lepsius),母亲名叫弗雷德瑞克·格雷泽(Friederike Gläser)。先后在莱比锡大学、哥廷根大学和柏林大学学习语言学和考古学。1833年获博士学位后,到巴黎师从法国考古学家莱托尼(Jean Antoine Letronne),研究了第一个破译罗塞塔石(Rosetta stone)的学者让·弗朗索瓦·商博良(Jean-Francois Champollion)的著作。1842年受普鲁士国王费德里克·威廉四世(King Frederick Wilhelm IV)之命,领导普鲁士科学考察队到尼罗河流域的埃及和苏丹,考察并记录古埃及文明遗址。1884年7月10日卒于柏林。

卡尔·理查德·累普济乌斯于1849—1859年进行了长达十年的考古调查,回到德国时为柏林埃及博物馆及莎草纸收藏馆(Ägyptisches Museum und Papyrussammlung Berlin)带回了大批稀世古埃及文物,并将考察结果分成12卷出版,书名为《埃及和埃塞俄比亚历史文物》(Denkmäler aus Aegypten und Aethiopien,即 Monuments from Egypt and Ethiopia)。1855年就任柏林埃及博物馆及莎草纸收藏馆总馆长兼董事。应伦敦教会传教士协会的请求,于1855年编制了语言转录的标准拼音字母(standard phonetic alphabet for linguistic transcription)。他使用该系统抄写了120种语言,使其成为在整个非洲乃至非洲以外传教士的基本工具。

虽然累普济乌斯到埃及和努比亚(Nubia,现苏丹)考察的主要目的是埃及古文物,但也收集了不少描述努比亚语语法的材料。他对居住在苏丹北部尼罗河岸边的少数族裔马哈斯(Mahas)和努比亚语非常关注。1880年出版《努比亚语法》(Nubische Grammatik),介绍非洲各族群和各语种。累普济乌斯试图将非洲大陆的语言和族群进行分类,他认为努比亚语是班图语(Bantu)和含米特(Hamitic)诸语言的混合物。

累普济乌斯的其他著作包括《基于象形文字用纸莎草纸写成的古埃及人的亡灵书(含前言首次在都灵出版)》(Das Todtenbuch der Ägypter nach dem hieroglyphischen Papyrus in Turin mit einem Vorworte zum ersten Male Herausgegeben,1842)、《来自埃及、埃塞俄比亚和西奈半岛的书信》(Briefe aus Aegypten, Aethiopien und der Halbinsel des Sinai,1852)、《通用语言字母:外来文字及尚无书写文字的语言转换为欧洲字母的基本原则》(Das allgemeine linguistische Alphabet: Grundsätze der Äbertragung fremder Schriftsysteme und bisher noch ungeschriebener Sprachen in europäische Buchstaben,1855)和《埃及第二十二世王朝——附对新王国第二十四世及其他朝代的若干评述》(Über die XXII. ägyptische königsdynastie nebst einigen bemerkungen zu der XXVI. und andern dynastieen des neuen reichs,1856)等。

里德 Wrede, Ferdinand （1863—1934） 德国语言学家。1863年7月15日生于柏林施潘道(Berlin-Spandau)。1873—1881年在奥得河畔法兰克福(Frankfurt an der Oder)完成中学学业,曾在大学学习历史及日耳曼语言文学,1886年获柏林大学博士学位。1887年任德国语言地图集项目(Deutscher Sprachatlas-Projekts)主持人格奥尔格·温克尔(Georg Wenker,1852—1911)的副手,1911年接任项目主任,1920年创建德国语言地图集及德语方言研究中心。1890年任马尔堡大学讲师,1911—1920年任荣誉教授,后任日耳曼语语文学正教授。还曾任马尔堡大学图书馆馆长。1934年2月19日卒于马尔堡。

费迪南·里德的学术成就被德国语言学家维尔纳·法伊特(Werner H. Veith,1940—2009)归结为五点:(1)发起或主持了多个研究项目;(2)创立了马尔堡方言学学派,门生甚众;(3)解读方言地图,将德语方言分门别类;(4)拓展了方言研究区域,覆盖中欧整个德语方言区;(5)推动将温克尔的方言地图改编为方言地图集。里德早期的研究主要与日耳曼语有关,后期主要对方言地图进行深入的研究。1886年完成博士学位论文《关于汪达尔人的语言》(Über die Sprache der Vandalen),1891年完成"特许任教资格"答辩论文《关于意大利东哥特人的语言》(Über *die Sprache der Ostgoten in Italien*);1895 年与温克尔合著出版《德国语言地图集:诗与真》(*Der Sprachatlas des deutschen Reichs. Dichtung und Wahrheit*),1908 年出版《德语中的指小词》(*Die Diminutiva im Deutschen*)。1908 年他推出《德语方言地理学》(*Deutsche Dialektgeographie*)丛书,主要出版建立在直接调研基础上的方言研究成果的专著。

里德的其他主要论著包括论文《德国及阿尔萨斯方言研究语言地图集》(*Der Sprachatlas des Deutschen Reichs und die elsässische Dialektforschung*, 1903)和合著《基于乔治·温克尔〈德国语言地图集〉编写的德语地图集》(*Deutscher Sprachatlas auf Grund des von Georg Wenker begründeten Sprachatlas des Deutschen Reichs*,1926—1956)等。

里赫特　Richter, Elise （1865—1943）　罗曼语语文学家和语音学家。1865 年 3 月 2 日生于奥地利维也纳。1897 年成为维也纳大学首批招收的女学生,师从阿道夫·穆萨法(Adolf Mussafia)和威廉·迈耶-吕卜克(Wilhelm Meyer-Lübke),1901 年获博士学位。1905 年获罗曼语语文学"特许任教资格",1907 年被聘为奥地利首位无俸讲师(privatdozent),1921 年成为奥地利首位非终身女副教授,1923 年获终身聘任。1920 年起任奥地利学术界妇女协会主席。1938 年德国吞并奥地利后因其犹太血统而屡遭迫害并失去教职,此后被限制使用图书馆和从事研究工作。1942 年被纳粹关进特莱西恩施塔(Theresienstadt)集中营,1943 年 6 月 21 日卒于集中营。

埃莉泽·里赫特在罗曼语语文学和语音学方面成就显著,其他研究领域还包括普通语言学、德语语言学、罗曼语文学等。她的博士学位论文《来自拉丁语的罗曼语词序发展》(*Zur Entwicklung der Romanischen Wortstellung aus der Lateinischen*, 1903)是受其导师迈耶-吕卜克的巨作《罗曼语语法》(*Grammatik der Romanischen Sprachen*,1890—1902)所启发而写成的。1903 年发表论文《罗曼语族语言中的拉丁介词 ab》(*Ab im Romanischen*),试图说明拉丁语介词"从"(ab)仍存在于罗曼语族语言的一些介词中,如意大利语的 da、法语的 à 和西班牙语的 a 等。1909 年,她再发表论文《语义学在历史语法学中的作用》(*Die Rolle der Semantik in der Historischen Grammatik*),把新语法学派的成就(尤其在类比领域)应用到语义学领域,推出语义学研究的新方法。1911 年发表论文《罗曼语语言发展的内在联系》(*Der Innere Zusammenhang in der Entwicklung der Romanischen Sprachen*),解释罗曼语从拉丁语演化过程中产生的词序变化情况。

里克福德　Rickford, John Russell （1949— ）　美国语言学家。1949 年 9 月 16 日生于圭亚那乔治敦(Rickford, John Russell)。1968 年入加州大学圣克鲁兹分校,1971 年获学士学位;之后入宾夕法尼亚大学,1973 年获文学硕士学位,1979 年获博士学位。1980 年起在斯坦福大学任教,曾任非洲人及非裔美国人研究室主任,现任语言学系教授,兼任人文学和教育学教授。2015 年任美国语言学会会长。

约翰·里克福德主要从事社会语言学的定量研究,尤擅语言变异(language variation)研究,包括加勒比克里奥耳语(Caribbean Creoles)和非裔美国英语方言(African-American Vernacular English)的历史和使用现状。他特别关注变异派社会语言学研究方法的发展,探讨非裔美国英语方言中的克里奥耳语词根和英语词根,认为语言学分析在语言教育中具有实用性意义。他对语言学的贡献还包括呼吁采用新方法对阶级、种族、语言风格等展开社会语言学的分析。1996 年,奥克兰学校董事会经过广泛而热烈的讨论,决定认可非裔美国学生口语在黑人英语教学计划中的地位。随后,里克福德与各界人士展开多次公开辩论,探讨非裔美国英语方言的结构与历史知识的普及,是否能够提高他们的语言艺术。这项工程赢得美国语言学会与美国人类学协会颁发的多个奖项。里克福德与儿子拉塞尔(Russell J. Rickford)合著《口述灵魂:黑人英语的故事》(*Spoken Soul: The Story of Black English*, 2000),赢得 2002 年度美国图书奖,备受学界好评。

里克福德目前已出版书籍 10 余部和论文 70 余篇,其中包括《社会语言学需要社会阶级分析的新方法》(*The Need for New Approaches to Social Class Analysis in Sociolinguistics*, 1986)、《种族:社会语言学的边界》(*Ethnicity as a Sociolinguistic Boundary*, 1985)、《非裔美国本地英语:特征与运用、演变及教育启示》(*African American Vernacular English: Features and use, evolution, and educational implications*, 1999)、《风格与社会语言变异》(*Style and Sociolinguistic Variation*, 2002 合编)、《美国的语言:21 世纪的主题》(*Language in the USA: Themes for the Twenty-First Century*, 2004 合编)和《语言、文化与加勒比身份》(*Language, Culture and Caribbean Identity*, 2012 合编)等。

里兹　Rizzi, Luigi （1952— ）　意大利语言学家。1952 年 6 月 3 日生于意大利西北部城市热那亚。先后在比萨大学高等师范学院和巴黎第八大学学习。曾任教于多所欧洲和美国大学,讲授语言学课程。曾任麻省理工学院副教授、日内瓦大学全职教授、巴黎高等师范学校副教授,后到锡耶纳大学(Università degli Studi di Siena)任普通语言学全职教授。被选为美国语言学会荣誉成员、英国文化教育协会通讯会员、荷兰语言学研究生院科学委员会委员,长期担任《语言探索》(Linguistic Inquiry)的欧洲编辑,同时也是《语言习得》(Linguistic Acquisition)、《语言探索》等多个刊物的科学委员会委员。

路易吉·里兹是生成语法理论代表人物,其主要研究领域为理论语言学和语言习得,在比较句法学中的参数理论方面、局域理论(locality theory)方面以及句法表达式方面贡献突出。1977年率先提出语言差异的理论,并于1982年正式发表。他指出,一些显然有违语法原则的反证结构,可以解释为语言的变异现象,而语言变异的原因在于普遍语法原则上设置了不同的参数值。普遍语法体系应由原则和参数组成,普遍语法原则决定着语言结构的一致性,普遍语法参数的赋值决定语言结构的差异。因此,各种语言之间的差别在一定程度上可以归结为对参数值的不同设置。参数理论的提出不仅充实、完善了普遍语法理论,而且为系统研究和解释语言差异的范围和程度开拓出一条新的思路。

里兹的主要论著包括《意大利语句法探索》(Issues in Italian Syntax, 1982)、《相对最简性》(Relativized Minimality, 1990)、《比较句法学与语言习得》(Comparative Syntax and Language Acquisition, 2000)和《CP与IP的结构:句法结构图示法·卷二》(The Structure of CP and IP: The Cartography of Syntactic Structures, Vol. 2, 2004)等。

理查兹　Richards, Ivor Armstrong　(1893—1979)　英国文学评论家、修辞学家和教育家。1893年2月26日生于英国柴郡的桑德巴奇(Sandbach, Cheshire)。中学就读于布里斯托尔的克利弗顿学院(Clifton College);1915年入剑桥莫德林学院(Magdalene College),最初专修历史,后改修道德科学(属哲学专业)。1919年应邀到莫德林学院新成立的英文系担任教职,主讲文学评论、批评主义理论等课程。1939年到中国和日本游学、任教。1944—1963年担任哈佛大学教育系教授。1979年9月7日卒于剑桥。

艾弗·阿姆斯特朗·理查兹与英国语言学家、哲学家奥格登(Charles Kay Ogden)在哲学语言学领域进行合作始于1918年。1923年两人著成《意义之意义》(The Meaning of Meaning),研究语言对思想和符号科学的影响,也因此成名。罗素(Bertrand Russell)和萨皮尔(Edward Sapir)对此书进行了评论,并将之定为大学标准读本。在《意义的意义》一书中,奥格登和理查兹探讨了词语对思想的作用,以及意义的象征功能和情感功能,并试图改进早期的行为主义理论。他们的符号三角理论(semiotic triangle)中涉及的思维或指称(thought or reference)、符号(symbol)、所指(referent)等概念在语言科学中被广为采用。

理查兹对于阅读活动对读者思维的影响领域的研究也兴趣盎然,认为文学作品能改变读者的思维。1925年,他出版《文学批评原则》(Principles of Literary Criticism)一书,旨在把艺术置于"一切价值的前列",认为艺术是最高的沟通方式。理查兹试图在当代心理学框架内展示诗歌的价值,认为科学的规范和做法阻碍了人类阅读和诗歌创作的能力。

理查兹对研究教育理论和语言教学也有所研究。1931年,他与奥格登一起开始研究英语简化语言工程,提出几乎可以满足所有交际需要的850个英语基本词汇。该工程旨在帮助外国人学习英语,从而促进他们学习先进技术,推动彼此间的文化交流和理解,并最终实现世界大同的梦想。为了这一梦想,他曾多次亲赴中国推广这一英语教学简化工程。另外,理查兹还曾与人合作,利用视听媒体资源进行英语教学活动。

理查兹的其他主要作品还包括《科学与诗》(Science and Poetry, 1926)、《修辞的哲学》(The Philosophy of Rhetoric, 1936)、与奥格登和画家伍德(James Wood)合著的《美学基础》(The Foundations of Aesthetics, 1922)等。

利伯曼　Lieberman, Philip　(1934—　)　美国认知科学家和语言学家。1934年生于美国。曾在麻省理工学院攻读电机工程专业,1958年获硕士学位;毕业后加入美国空军,1962年起在空军剑桥研究实验室(Air Force Cambridge Research Laboratories)的语言研究所任研究员,1966年获麻省理工学院语言学专业博士学位。1967年到康涅狄格大学任教,1973年转到布朗大学任教,两度出任布朗大学语言学系主任(1975—1977和1981—1986);1987年获古根海姆心理学学者奖(Guggenheim Fellowship in Psychology),1988—1991年担任布朗大学认知与语言科学系主任。身兼美国尖端科学学会(American Association for the Advancement of Science)、美国心理学会(American Psychological Association)和全美人类学协会(American Anthropological Association)会员。

菲利普·利伯曼主要的学术兴趣是以生物学为基础,探讨人类语言以及认知的本质与进化,研究领域包括言语的产生与理解、语音与语言的演化、动物的沟通行为、行为与运动神经控制、认知与认知发展、语言以及感觉系统与知觉等。他关于声带与话语、语言进化关系的研究激起人们对该领域的兴趣。1977年,他出版《言语生理学与声学语音学》(Speech Physiology and Acoustic Phonetics),进一步研究语音的生理学基础和发声学。他以解剖学的方法研究人猿说话能力的限制,为语言研究开启了一个新的领域,但他对尼安德塔人语言能力的推论研究到现在仍有颇多争议。1980年以后,他的研究重点转到研究大脑的哪些特性使人类具有言语,出版了《人类所独有:言语、思想及无我行为的演变》(*Uniquely Human: The evolution of speech, thought and selfless behavior*, 1990)、《人类语言与我们爬行动物的大脑:言语、句法和思想的大脑皮下层基础》(*Human Language and Our Reptilian Brain: The subcortical bases of speech, syntax and thought*, 2000)等。此外,他还持续进行言语传达情感和语言信息方面的研究。

利伯曼的其他著作还包括《论语言起源》(*On the Origins of Language*, 1975)、《语言的生物性及其进化》(*The Biology and Evolution of Language*, 1984)、《夏娃说话:人类语言和人类进化》(*Eve Spoke: Human language and human evolution*, 1998)和《走近语言进化生物学》(*Toward an Evolutionary Biology of Language*, 2006)等。

利奇 Leech, Geoffrey (1936—2014) 英国语言学家。1936年1月16日生于英格兰格洛斯特(Gloucester),曾在伦敦大学学院学习,分别于1959年、1963年和1968年先后获学士、硕士和博士学位。毕业后一直在兰卡斯特大学大学任教,1974年起任英语语言学教授,2002年起成为荣誉(Emeritus)语言学教授。分别于1987年和2002年获瑞典隆德大学(Lund University)和伍尔弗汉普顿大学(University of Wolverhampton)荣誉博士学位,2002年获兰卡斯特大学荣誉文学博士。1964—1965年在麻省理工大学做哈克尼斯奖学金(Harkness)研究学者,1987年被选为英国国家学术院(British Academy)院士,1989年成为欧洲学术院(Academia Europaea)院士和伦敦大学学院的研究员。2014年8月19日卒于兰开斯特。

杰弗里·利奇的研究领域涉及理论语言学、语用学、语法学、文体学、计算机语言学和语料库语言学等。1966年,他以其硕士论文为基础出版了《广告中的英语:英国广告用语言学分析》(*English in Advertising: A linguistic study of advertising in Great Britain*)。1963年,在韩礼德(M. A. K. Halliday)的影响下,他开始专注于语义学研究,先后出版《意义与英语动词》(*Meaning and the English Verb*, 1971)和《语义学》(*Semantics*, 1974),在这一领域确立举足轻重的地位。1972年,他参与伦道夫·夸克(Randolph Quirk)等四人编写的《当代英语语法》(*A Grammar of Contemporary English*),对英语的语法进行详细的描述。随后他继续与人合作,著成两本高级语法教程——《交际英语语法》(*A Communicative Grammar of English*, 1975)和《朗文英语口语和书面语语法》(*Longman Grammar of Spoken and Written English*, 1999)。1985年,利奇与夸克等四人合作完成现当代英语语法史上的里程碑之作——《英语语法大全》(*A Comprehensive Grammar of the English Language*),成为英语描写语法的权威学者。

利奇也是语用学研究的先驱之一。在斯蒂芬·列文森(Stephen C. Levinson)出版了专著《语用学》(*Pragmatics*, 1983)的同一年,利奇推出了《语用学原理》(*Principles of Pragmatics*, 1983)。这是自莫里斯(Charles William Morris)于1938年提出"语用学(Pragmatics)"术语并定义其内涵以来,首次冠作书名的学术专著,标志着语用研究进入一个崭新的时代。

利奇著述颇丰,先后出版研究专著近30部,发表期刊文章多达100多篇。主要著作还包括《英语语法术语》(*A Glossary of English Grammar*, 2006),以及与人合著的《朗文英语口语和书面语语法》(*Longman Grammar of Spoken and Written English*, 1999)、《英语口语和书面语词频:以英国国家语料库为基础》(*Word Frequencies in Written and Spoken English: Based on the British National Corpus*, 2001)和《朗文学生英语口语和书面语语法》(*Longman Student Grammar of Spoken and Written English*, 2002)等。

列昂捷夫 Leont'ev, Aleksei Alekseevich (1936—2004) 苏联与俄罗斯心理学家和语言学家。1936年1月14日生于莫斯科。苏联老一辈心理学家尼古拉耶维奇·列昂捷夫(Alexei Nikolaevich Leont'ev, 1903—1979,下称"老列昂捷夫")之子。在1958年从罗蒙诺索夫莫斯科国立大学(M. V. Lomonosov Moscow State University)毕业并获得德语专业学士学位之后,进入苏联科学院语言研究所(The Linguistic Institute of the Academy of Science, USSR)工作,从事语言学方面的研究。其间,先后提交了题为《博杜恩·德·库尔特内的普通语言学观》(General Linguistic Views of I. A. Baudouin de Courtenay)、《言语行为之心理语言学模型的理论问题》(The Theoretical Problems of the Speech Act Psycholinguistic Modeling)和《言语心理学》(The Psychology of Speech)的论文,于1968年和1975年分别获得语言学博士学位和心理学博士学位。1991年起曾担任维果茨基心理语言学会(The L. S. Vygotsky Psycholinguistic Society)荣誉主席。1992年获罗蒙诺索夫奖,成为俄罗斯教育科学院的成员。1998年起,担任罗蒙诺索夫莫斯科国立大学心理学系教授,同时身兼多家理事会成员、国际权威学术期刊和俄罗斯权威学术期刊的编委会委员。2004年8月12日卒于莫斯科。

老列昂捷夫是苏联早期杰出的心理学家维果茨

基(Lev Vygotsky，1896—1934)、列昂捷夫(老)和卢利亚(Alexander Romanovich Luria，1902—1977)为代表，苏联最有影响的"维列卢学派"的创始人之一。该学派创始人维果茨基于1934年出版《思维和语言》(Thought and Language)，批评皮亚杰(Jean Piaget)关于儿童的自我中心言语的观点，认为自我中心言语在儿童活动中起着一种特殊的作用，是形式上外部言语与功能上内部言语的结合。维果茨基英年早逝之后，其学生老列昂捷夫就成为活动理论研究的领导者。20世纪30到70年代，老列昂捷夫带领其他研究者在"内部矛盾是活动系统中改进与发展的驱动力"的指导下，开展了大量心理学实验，扩展了活动理论的框架。他提出了活动的层次结构，即活动的三个水平模式：活动、行为和操作。他开始关注个体与共同体之间的复杂关系，认为历史进化中的劳动分工使得个体行为和集体行为有所区别，"活动理论(Activity Theory)"从此正式形成。

因此，老列昂捷夫和卢利亚继承和发展了维果茨基的思想。虽然老列昂捷夫并没有用图形来扩展维果茨基的原有模型，但是他使"维列卢学派"的声誉超越了国界。卢利亚充分重视语言在儿童心理形成中的作用，他指出，词(言语)能改变刺激物的强度；词(言语)的参与，使新的联系的形成过程和改造过程发生质的变化。这体现了苏联儿童语言研究的特点即重视作为第二信号的语言的形成和发展过程，强调语言发展的社会性和语言的心理机能，注重研究环境和教育在儿童语言发展中的作用。

阿列克谢耶维奇·列昂捷夫(下称"小列昂捷夫")接受了父亲的"活动论"，继续从事心理学研究，以"维列卢学派"思想为基础，结合列夫·谢尔巴(Lev V. Shcherba，1880—1944)的语言学传统，创立了"言语活动通论(General Theory of Speech Activity)"，成为俄语心理学派创始人之一。小列昂捷夫反对行为主义理论，认为言语并非一系列被动的声音连贯反应，而是一种动态、有目的的声音活动。他强调言语过程的动态本质，指出言语受到社会因素的严格制约。就"言语活动通论"的基本原理，他将它概括为五项公设，并由此推导出苏俄对外俄语教学的各项主要教学法原则：(1)言语活动首先是一个过程，它的第一个特点便是有动机性和有目的的指向性；进行言语活动的动机和目的，一般都是为了解决一定的交际课题。(2)言语活动又是一个动态结构。这个结构由三个层次依次组成：言语活动——言语动作——言语操作。(3)在言语活动论看来，学习外语的过程就是改造原有言语操作系统并建立一个以母语言语操作系统为基础但却不同于这个老系统而又与这个老系统同时并存的新言语操作系统的过程。(4)言语活动具有高度的创造性和创新性。(5)言语活动不是独立的内在过程，而是交际和概括的统一，同时它又是人总的活动系统中的一个组成部分。言语活动同交际活动和智力活动有着不可分割的联系。小列昂捷夫的心理语言学研究是对维果茨基的"社会文化历史学派"和老列昂捷夫的"活动法"理论的广泛理解和内在延续。他创建的"言语活动论"因更侧重于言语活动本身而得名。他还认为学习过程是一个"环状结构"的过程。自从"言语活动论"诞生以来，苏俄对外俄语教学界乃至整个外语学界，都把它的有关理论作为自己教学法理论的科学依据，即制定教学法宏观战略指导思想的理论基础。

小列昂捷夫的主要著作包括《言语活动中的词》(Слово в речевой деятельности，1965)、《心理语言学》(Психолингвистика，1967)、《语言、言语、言语活动》(Язык，речь，речевая деятельность，1969)、《心理语言学单位及言语句的生成》(Психолингвистические единицы и порождение речевого высказывания，1969)、《交际心理学》(Психология общения，1974)、《俄语联想标准词典》(словарь ассоциативных норм русского языка，1977)、《教育交际行为》(Педагогическое общение，1979)、《世界语言地图集》(Путешествие по карте языков мира，1981)、《心理语言学原理》(Основы психолингвистики，1997)等。

列维-施特劳斯　Lévi-Strauss, Claude

(1908—2009)　法国著结构主义人类学家。1908年11月28日生于比利时布鲁塞尔，父母是法国犹太人。1927—1932年在巴黎大学学习法律和哲学，1931年取得哲学类的大学教师资格(*professeur agrégé*)；1935—1939年在巴西圣保罗大学任客座教授，其间曾到亚马逊河流域的印第安人部落进行实地调查，并领导人类学的考察组对巴西中部的土著民族社会进行考察，编写民族志；1939年回到法国，但随着次年法国在第二次世界大战中投降，因犹太血统而失去工作；1941年到美国纽约新社会研究院任教。1948年再次回到法国巴黎大学工作，同年获巴黎大学博士学位。1959年起任法兰西公学院社会人类学教授，此后不断发表著述。2008年成为法兰西学术院第一位百岁高龄的在职院士。2009年10月30日卒于巴黎。

克劳德·列维-施特劳斯是法国结构主义人文学术思潮的主要创始人，他在文化人类学方面的研究，主要以弗洛伊德的无意识理论和索绪尔等人的结构语言学理论为基础，涉及亲属的基本结构、语言结构、神话结构、象征论原则等方面。他将人类的思维看作是一致的"发生"系统，认为人通过创造符号与所要表达的意义进行"二元对立"，不断地进行隐喻和转喻的文化创造，并将时间与空间切割成一个个的片断,把外在于人类心灵的客体世界分门别类,形成人类所看到的世界的样子。

列维-施特劳斯的著述有很多。《结构语言学与人类学》(Structural Linguistics and Anthropology, 1945)提出,要把音位学中的结构分析法运用到人类学研究中去;《南比克瓦拉部落的家庭生活与社会生活》(The Family and Social Life of the Nambikwara Indians, 1948)和《亲属的基本结构》(The Elementary Structures of Kinship, 1949)是列维-施特劳斯修改其博士学位论文的内容发表的;《忧郁的热带》(Tristes Tropiques, 1955)记载他在卡都卫欧、波洛洛、南比克瓦拉等几个原始部落的生活体验与思考;《野性的思维》(The Savage Mind, 1966)是一本具有哲学意趣的理论人类学专著;四卷本的《神话》(Mythologiques Ⅰ—Ⅳ, 1964—1971)标志着哲学结构主义的最终确立;《结构人类学》(Structural Anthropology, 1963)则收录了他多年来在人类学领域研究的重要成果。

列文森 Levinson, Stephen C. (1947—) 英国语言学家和社会科学家。1947年12月6日生于伦敦。1970年毕业于剑桥大学,获考古学与人类学学士学位;1972年获美国加州大学伯克利分校语言人类学硕士学位,1977年获博士学位。1975—1994年任剑桥大学语言学副教授;1989—1997年在荷兰内梅亨任马克斯·普朗克心理语言学研究所(Max Planck Institute for Psycholinguistics)认知人类学研究小组组长,1994年起任研究所所长;1995年任内梅亨大学(Radboud University Nijmegen)比较语言科学教授。曾在斯坦福大学、澳大利亚国立大学等校任教,任美国语言学会2009年黑尔讲座教授。现任斯坦福行为科学高级研究中心候任研究员,欧洲学术院院士。

史蒂芬·列文森首开语用学研究之先河,于1983年出版世界上第一本对语用学领域作出比较全面阐述的专著《语用学》(Pragmatics)。他对语用学研究的几个最基本、最重要的题目作了比较全面的归纳和比较深入的论述,包括语用学的研究范围、指示、话语含义、前提、言语行为、会话结构等内容。20世纪80年代以后,他在语用学研究中继续提出新格赖斯理论(Neo-Gricean Theory),阐释、充实并进一步发展格赖斯会话含义理论(Gricean Theory of Conversational Implicature)。1987年提出会话含义三原则,之后在1991年正式将其定名为"新格赖斯语用机制"(Neo-Gricean Pragmatic Apparatus),后来的学者将之称为"列文森三原则"。会话含义三原则分别为量原则、信息原则和方式原则,每一原则下又分别列有说话人准则及受话人推论等准则。这些含义说会话含义的产生并不是单纯地因违反"合作原则"所致,会话含义的推导也不仅仅由"合作原则"来实施,会话含义实质上是以交际过程中说话人提供的信息量的强弱和多少以及说话人所选择的表达方式来阐释的,无论是"一般含义"还是"特殊含义"都无例外。

列文森与格赖斯(Herbert P. Grice)在研究方向上的分野源于对"合作"的不同诠释,这一点在《假定意义:一般会话含义理论》(Presumptive Meanings: The Theory of Generalized Conversational Implicature)中有充分说明。在格赖斯看来,合作是遵循逻辑,而他认为合作是遵循常规,常规比逻辑更具心理现实性,是产生一般会话含义的根源;一般会话含义决定语句的命题内容,属于先语义语用学范畴,先语义语用学不仅是对格赖斯会话含义学说的发展与补充,而且为语用学研究开拓了新的领域。

自20世纪90年代起,列文森的研究兴趣转向语言与空间、语言与思维以及文化、语言与认知的关系。目前他获得欧洲科学研究委员会(ERC)250万欧元的高级拨款,以五年为期,用于快速启动一个跨学科的人类交流互动科学,专门研究偶发行动顺序中的潜在特性。这一项目的研究,以列文森2006年提出的"交互引擎(The Interaction Engine)"假设为指针,认为人类的互动能力完全不同于而且在系统发生学上也远早于人类语言能力。这意味着,与当前的主流观点相反,交互系统从根本上说具有行为性和普遍性,而语言系统缺乏诸多普遍性,由文化演变造成了巨大差异。

列文森的其他主要著作包括:与布朗(Penelope Brown)合著《礼貌:语言使用的普遍原则》(Politeness: Some universals in language usage, 1987),与甘柏兹(John J. Gurnperz)合著《假定意义:一般会话含义理论》(Presumptive Meanings: The Theory of Generalized Conversational Implicature, 2001)、《语言与认知的空间——认知多样性探索》(Space in Language and Cognition: Explorations into congnitive diversity, 2003),与威尔金斯(David P. Wilkins)合著《空间语法——认知多样性探索》(Grammars of Space: Explorations into Cognitive Diversity, 2006)。

铃木朖 Suzuki Akira (铃木朖, 1764—1837) 日本儒学家和语言学家。1764年4月3日生于日本现爱知县清须市西枇杷岛街,小名恒吉,通称常介,字叔清,号离屋。曾经学习医学和孔子儒家学说。29岁时师从日本当时最具影响力的语法学家本居宣长(Norinaga Motoori),从此走上语言研究的道路。1837年7月8日卒于名古屋。

铃木朖约在1803年著成《共轭词的结论性与非结论性形式图表》(「活語断続譜」,即 A Chart of the

Conclusive and Non-Conclusive Forms of Conjugating Words》），研究日语中动词的结合形式。1824年，他发表《语言四种类型论》（『言語四種論』），将句子成分分成名词、静态谓词（stative predicates）、非静态/事件性谓词（nonstative/eventive predicates）和无词尾变化格冠词与后置词（noninflecting case particles and postpositions）等四组。在《高雅词语的音系学思考》（『雅語音声考』，即 Reflections on the Phonology of the Noble Words，1816）中，铃木朖提出拟声法在日语的词源学中起着相当大的作用。

刘易斯　Lewis, Henry　（1889—1968）　威尔士比较文学学者和语法学家。1889年8月21日生于南威尔士格拉摩根郡斯旺西峡谷的小村庄阿那斯塔威（Ynystawe, Glamorganshire）。1907年进入南威尔士大学学院加地夫分校（University College of South Wales at Cardiff），师从威尔士凯尔特语研究者托马斯·鲍威尔教授（Thomas Powel），1910年毕业并获威尔士语学位。1913年在牛津大学追随约翰·里斯爵士（Sir John Rhys）研究威尔士语，翻译12世纪威尔士学者蒙茅斯的杰弗里（Geoffrey of Monmouth）的作品《不列颠王统纪》（Historia Regum Britanniae，即 The History of the Kings of Britain，1136），并取得硕士学位；随后回到威尔士，成为一名教师。一战期间，在威尔士卫军中担任中士，后在皇家韦尔奇燧发枪团中担任少尉。1918—1921年在加地夫分校担任威尔士语助理讲师。1921年起在斯旺西大学学院（University College of Swansea）担任首位威尔士语教授，直至1954年退休。曾被威尔士大学授予法学荣誉博士学位，被爱尔兰国家大学授予文学荣誉博士学位；1954年被授予三等爵士勋章。早期曾任一系列翻译杂志的编辑，是威尔士大学威尔士语词典及《威尔士公理会教友赞美诗集》（Y Caniedydd，即 The Hymnal of Welsh Independents）的编委之一，从事过《新约》（Y Testament Newydd，即 The New Testament，1936）、《圣经》（Y Beibl，1955）以及《伪经》（Yr Apocrypha，1959）等的正字修改；还翻译过政府报告并且在一些公共机构担任职务。曾任威尔士联合教育委员会委员、威尔士大学毕业生联合会委员以及威尔士国家图书馆副会长等职。1968年1月14日卒于威尔士。

亨利·刘易斯是威尔士语研究的开拓者和学科奠基人。在威尔士语言文学正式成为大学的一门学位课程之初，他已是早期威尔士语研究的主要学者之一。他们编写主要教材，添加必要的注释，就威尔士语的词汇、语法和句法特征进行概括总结。刘易斯出版过一系列拉丁语文献的中世纪威尔士语翻译稿，如《先贤传奇》（Chwedlau seith doethion Rufein，1925）、《世界形象》（Delwy byd，1928）、《香槟》（Brut Dingestow，1942）等，介绍如何有效地进行威尔士语与拉丁语的互译。他编撰和评注了一些中世纪威尔士诗人的作品，其中包括记录中世纪威尔士吟游诗人伊奥罗·戈赫（Iolo Goch，约1320—1398）的《伊奥罗·戈赫的七音诗及其他》（Cywyddau Iolo Goch ac eraill，1925，1937）和《古老的宗教诗歌》（Hen gerddi crefyddol，1931），对威尔士诗歌进行了研究。他还汇编、评注了一些文艺复兴时期的散文，如《旧简报》（Hen gyflwyniadau，1948）等。

刘易斯的主要学术兴趣是古威尔士语的词汇、句法和语音等的对比研究。他曾与许多学者有过合作，如与伊丽莎白·琼斯（Elizabeth J. Louis Jones）合编了《威尔士诗歌手稿索引》（An Index to Manuscript Poetry，1928），与佩得森（Holger Pedersen）合作翻译并修改了后者的杰作《简明凯尔特语比较语法》（Vergleichende Grammatik der Keltischen Sprachen，即 A Concise Comparative Celtic grammar，1937），与皮耶特（J. R. F. Piette）合写了《中世纪布列塔尼语语法》（The Grammars of Middle Breton，1966）等等。

卢尔　Llull, Ramon　（约1235—1315）　西班牙哲学家、神学家和诗人。常用拉丁语拼作 Raymundus Lullus。约1235年生于马略卡岛的帕尔玛（Palma, Majorca）。30岁前曾做过阿拉贡国王詹姆斯的廷臣，30岁时开始信奉基督教，从此决定穷其余生追求教义。最后一次在突尼斯传教时，被穆斯林判处死刑，后改为驱逐出境。1315年卒于突尼斯。

拉蒙·卢尔皈依基督教后的三个目标是：成为传教士并甘愿殉教；著书感化异教徒；建立寺院，教授异教徒语言，以利于传教之目的。为此，他花了近十年时间学习拉丁语和阿拉伯语。40岁时在兰达山（Mount Randa）得到神谕，开始撰写抨击异教徒的书籍，取书名为《伟大艺术》（Ars Magna，1305），该书被认为是拉尔所著的292部书中最出色的一部。自在兰达山获得灵感后，他开始周游欧洲列国，宣传其《伟大艺术》并进行传教活动。

《伟大艺术》犹如一部逻辑"机器"，其中命题的主谓语是以几何图形加以排列，通过不同的排列组合形式，可以获得肯定或否定的命题，使人得以洞察事物的真正本质。这个包含概念、数字及其排列方式的组合逻辑系统，是受到喀巴拉教派神秘主义思想的启发而来，接近于古希腊医学家盖伦讷斯（Claudius Galenus）的四种气质概念及其占星术。在多篇论文中，卢尔还试图把《伟大艺术》学说运用到各种诸如哲学、神学、法律、医学、物理、占星术和天文学等学科之中。

卢尔的其他主要作品包括《默想录》（Libre de Contemplació en Déu，约1273）和《外邦人之书及三智者》(*Libre del Gentil e dels Tres Savis*，约 1274)。《默想录》的篇幅约为一百万字，包含神哲学、文学、灵修学等内容。《外邦人之书及三智者》主要向受哲学教育的外邦人解释犹太教、基督教与伊斯兰教的真谛等。

卢卡斯 Lukas, Johannes （1901—1980） 奥地利语言学家。1901 年 10 月 7 日生于波希米亚北卡尔斯巴德（卡罗维发利）的小镇菲舍尔恩（Fischern）。在就读维也纳大学时，师从格罗曼（Adolf Grohmann, 1887—1977）、容克尔（Hermann Junker, 1877—1962）和切尔马克（Wilhelm Czermak, 1889—1953）等教授，研究埃及古物学、非洲及东方诸语言和文化，同时在维也纳音乐学院学习钢琴。1925 年获非洲语言博士学位。在维也纳博物馆任民族学研究助理三年后，在爱资哈尔大学（Al-Azhar University）任两年助教，认识了来自中部非洲国家的许多学生，得到了其中有些学生提供的母语资料。1928—1929 年，在开罗与非洲学生一起研究卡努里语（Kanuri）、马巴语（Maba）和马拉里特语（Mararit）；研究成果引起了学者韦斯特曼（Diedrich Westermann）和迈因霍夫（Carl Meinhof）的关注。1932—1933 年，作为国际非洲研究院（伦敦）的研究员，在卡努里（以南）进行实地考察，于 1937 年出版了关于该语言开创性的语法研究著作。在伦敦大学亚非学院短暂停留后，1934 年接受汉堡大学迈因霍夫的邀请，到非洲研究部任职，同时进行博士后（执教资格）研究，把对撒哈拉和乍得湖地区乍得语族的调查结果写入书中。二战期间，研究中断；战后，继续在汉堡任教。1954 年接替奥古斯特·柯林根赫本（August Klingenheben）担任非洲研究系主任。1970 年从系主任岗位上退休。其后的十年里，仍然活跃在教学和研究第一线，担任杂志《非洲和海外》(*Afrika und Übersee*) 的编辑；创办专题杂志《非洲学研究》(*Afrikanistische Forschungen*)，任国际非洲研究院的执行委员会委员；多年来任德国研究基金会非洲研究顾问。1980 年 8 月 4 日卒于汉堡。

约翰内斯·卢卡斯与国际非洲研究院有着长期合作，与伦敦大学亚非学院的同事保持着良好关系。1934 年，他在伦敦旅居一年，记录当时收集到的一手资料；1949 年，应邀再次赴伦敦，写成了非洲语言手册中的西非语言卷。卢卡斯曾先后五次到非洲开展研究，尤其是尼日利亚北部和乍得湖（Lake Chad）附近地区：1932—1933 年卡努里（Kanuri）；1951—1952 年博兰西（Bolanci）、吉西格（Gisiga）、马塔坎（Matakan）、彼洛姆（Birom）、阿夫扎尔（Afuzare）；1957—1958 年卡里卡尔（Karekare）、希特卡拉（Hitkala）、马斯古（Musgu）、蒂夫（Tiv）；1961—1962 年巴德（Bade）、阿摩（Amo）；1971—1973 年断断续续地担任一个大规模的"乍得项目"主任。卢卡斯是乍得和撒哈拉语系研究方面的先驱。他最重要也是最有影响的作品也许是他 20 世纪 30 年代发表的一系列乍得地区语言分类文章。1936 年，他提出乍得—哈姆族语（现在的乍得语，有些变动）属于闪含语语言学语系的观点。1951 年，他提出了东撒哈拉语族（现在撒哈拉语族）存在的研究发现。

卢卡斯出版的主要著作包括《苏丹中部的洛贡语言》(*Die Logone-Sprache im Zentralen Sudan*, 1936)、《苏丹中部语研究》(*Zentralsudanische Studien*, 1937)、《卡努里语研究》(*A Study of the Kanuri Language: Grammar and vocabulary*, 1937)、《撒哈拉中部图比姆语言》(*Die Sprache Der Tubim der Zentralen Sahara*, 1953) 以及《吉希嘎语言研究》(*Studien zur Sprache der Gisiga*, 1970) 等。

卢利亚 Luria, Alexander Romanovich （Алекса́ндр Рома́анович Лу́рия, 1902—1977） 苏联神经心理学家和神经语言学家。1902 年生于沙皇俄国喀山的一个犹太家庭。曾就读于喀山大学社会科学系，1921 年毕业后从事实验心理学研究。1924 年结识维果茨基（Lev Vygotsky），两人在 1924—1934 年共同从事心理发展问题的研究。1936—1941 年，在苏联医学科学院神经外科研究所工作，主要研究失语症问题。1937 年与 1943 年先后获教育学及医学博士学位。1945 年在莫斯科大学任教，并在苏联医学科学院神经外科研究所，进行神经心理学方面的工作。1947 年任莫斯科大学心理学系神经心理学教研室主任。1951—1956 年，在苏联教育科学院儿童缺陷研究所（Defectological Institute）工作，研究言语对不同年龄段正常和异常儿童的调节作用。1977 年 8 月 14 日卒于莫斯科。

亚历山大·卢利亚从事教学和科研工作长达五十余年，是苏联神经学派的创始人和主要代表。他早期工作的重点是与维果茨基和尼古拉耶维奇·列昂捷夫（Alexei Nikolaevich Leont'ev）共同研究并提出的"心理的文化历史发展论"（cultural-historical psychology）。该理论有两个重要思想，即关于"中介"的思想和关于"内化"的思想。他们研究人类的高级心理机能，认为高级的心理机能（如言语思维、逻辑记忆和随意注意等）随着人类文化历史的发展而发展。他们对儿童心理活动的发展，特别是对获得语言及语言在行为演变里的作用颇有兴趣。卢利亚是研究儿童发育过程中脑发育过程的心理学家，他于 1927 年出版《儿童发展期的大脑与语言》(*Речь и интеллект в развитии ребёнка*)，首次明确提出儿童脑的发育从后到前分三步逐步发展。

卢利亚的另一项杰出贡献是关于心理活动的脑机制研究，提出了脑的动态机能定位理论。他后期在神经心理学和神经语言学方面的研究成就卓著，1947年出版《创伤失语症》(Травматическая афазия)，在语言分析的基础上将失语症分为：(1)语言分解引起的失语症；(2)关系联系错乱失语症；(3)丧失语言控制机能引起的失语症。1973年出版《神经心理学原理》(Основы нейропсихологии)，使神经心理学成为一门系统性的学科。1975年又出版《神经语言学基本问题》(Основные проблемы нейролингвистики)，奠定了神经语言学的学科基础。

卢利亚一生发表论文300多篇，专著30余部。他的其他主要著作还包括《正常与非正常行为调节中语言的作用》(*The Role of Speech in the Regulation of Normal and Abnormal Behaviour*, 1961)、《大脑损伤后的功能复原》(Мозг и психические процессы, 1963)、《创伤失语症：其综合征、心理状态与治疗》(*Traumatic Aphasia: Its syndromes, psychology, and treatment*, 1970英译本)和《语言与知识》(Язык и сознание, 1979)等。

卢曼 Luhmann, Niklas （1927—1998）德国社会学家。亦译作鲁曼。1927年12月8日生于德国吕内堡(Lüneburg)。17岁时在德国空军服役被美军俘虏。1946—1949年，在弗赖堡大学攻读法律专业，获专业学位。毕业后在吕内堡管理法院从事公共管理工作，创立了档案卡制度，然后在下萨克森州教育部从事战争赔偿工作。利用业余时间研读笛卡儿、康德等人的著作。1961年获奖学金赴美国哈佛大学学习社会学，师从社会系统理论家塔尔科特·帕森斯(Talcott Parsons, 1902—1979)。1962—1965年回到德国，先后在施佩耶尔(Speyer)和多特蒙德(Dortmund)参与教学和研究工作。之后在德国明斯特大学(University of Münster)的社会研究中心工作。1966年在明斯特大学提交了博士学位论文和教授资格论文。1968年起担任比勒费尔德(Bielefeld)大学社会学系教授，直至1993年退休。1998年11月6日卒于比勒费尔德附近的厄灵豪森(Oerlinghausen)。

尼克拉斯·卢曼是系统论"结构功能主义"的主要代表。他在自己的著作中将系统论的进化论同现代交往理论有机联系起来，提出了著名的社会系统论(Theory of Social Systems)。1995年出版了他从系统论角度研究社会的奠基之作——《社会系统》(*Social Systems*)。对他而言，系统的定义是各个部分相互连结为一体的组合物，而且会在社会进化过程中不断分化，也会不断连结。从性质上来讲，他提出的社会系统具有自我指涉性与自我再生产性。社会系统论有如下特点：(1)具有系统的理论特征；(2)抽象化；(3)将把系统作为降低复杂性方式的思维，转向重点突出系统的自我指涉性与自我再生产性；(4)反本质主义与建构主义；(5)具有后现代与后结构主义思维模式。

卢曼的社会学理论对翻译研究的影响较大。对于社会系统论在翻译研究中的运用，学者们认为主要有两个切入点：(1)将系统理论的观点应用于文学翻译与翻译规范研究；(2)联结规范概念与期待结构。这样，我们就有可能从自我再生产与自我指涉系统的角度去研究翻译，同时关注概念化翻译的自主性与非自主性。

卢曼是一位著作颇丰、涉猎广泛的学者，在管理学、组织理论、法社会学和法教义学、系统理论教育学以及宗教社会学等方面都有大量著述，并且产生了极大影响。他提出了一系列社会学系统理论的范畴、概念和理论，在新的社会基础上研究了它们的内涵。卢曼的研究重点是现代工业社会和"世界"社会的结构和表现形式。

卢曼的基本理论著作以《社会系统》(*Social Systems*, 1995)和《社会的社会》(*Die Gesellschaft der Gesellschaft*, 1997)为核心，其他还包括《社会的艺术》(*Die Kunst der Gesellschaft*)以及与社会学法兰克福学派批评理论家哈贝马斯(Jürgen Habermas)合著的《社会或社会技术理论：系统研究之功用》(*Theorie der Gesellschaft oder sozialtechnologie. Was leistet die Systemforschung?* 即 *Theory of Society or Social Technology: What Does Systems Research Accomplish?* 1971)等。

卢赛洛 Rousselot, Jean-Pierre, Abbé （1846—1924）法国语音学家。1846年10月10日生于法国圣克劳(Saint-Claude)。曾在里士满(Richmond)和昂古莱姆(Angoulême)接受传统教育，1870年被任命为牧师。此后，开始关注拉丁语和希腊语的语音，继而转向法国方言语音的研究。1887年成为巴黎天主教学院的法语语文学助理教授；同年，在法兰西公学院(Collège de France)成立实验语音学实验室并担任主任，1923年成为该系教授。1924年12月16日卒于巴黎。

让皮埃尔·卢赛洛被后人誉为现代普通语音学和实验语音学的创始人。他在语言学中引进"音位"概念，并以实验结果得出语音的变化是长期的、缓慢的、可预测的。卢赛洛关于实验语音学的代表作是两卷本的《实验语音学原理》(*Principes de Phonétique Expérimentale*, 1897—1901)，一直被视为该领域的经典文献。1911年，卢赛洛创立《语音学学刊》(*Revue de Phonétique*)，交流语言学的研究成果。卢赛洛还发明了多种语音器材，并为聋哑人设计多种话语方法以弥补发音缺陷。

卢赛洛同时也是语言地理学的创始人之一，1887年创立《加洛—罗曼方言学刊》(*Revue des Pa-*

tois Gallo-Romans, 1887), 1893 年成立法国言语联合会 (The Société des Parlers de France), 研究方言学。

卢梭　Rousseau, Jean-Jacques (1712—1778)
法国哲学家、作家和思想家。1712 年 6 月 28 日生于日内瓦。由于家境贫寒，未曾受过系统的学校教育，但阅读广泛，13 岁时为当地一名律师做过书记员，后做过雕刻匠的学徒，由于不堪虐待，1728 年逃离日内瓦开始四处漂泊谋生。1742 年到了巴黎，结识法国哲学家德尼·狄德罗 (Denis Diderot)，1749 年起参与编写由狄德罗主编的《百科全书》。1750 年，由于在第戎科学院 (L'Académie de Dijon) 的有奖征文活动中获奖，在巴黎成为名人。1762 年起因政治言论受当局迫害，生活一直穷困潦倒。1778 年 7 月 2 日卒于巴黎东北的阿蒙农维拉 (Ermenonville)。

让雅克·卢梭著有许多不朽之作，但与语言相关的不多。他著有《论人类不平等起源和基础》(Discours sur l'origine et les fondaments de l'inegalite parmi les hcmmes, 1755)，书中强调对语言起源问题的研究，并推导出两个结论：一是语言的起源问题无法解决，伟人们在此方面的努力都是徒劳的；二是语言和社会休戚相关，并基于此推断出与固定的政治秩序有关的语言启示。《论语言起源》(Essay on the Origin of Languages, 1781) 是在卢梭逝世后才发表的，文中再次讨论语言起源问题，认为语言起源于南方温暖气候，语言起源之初具有音乐性和情感性，但不具有理性，而后向北方寒冷地带迁移，北方寒冷地带压抑了语言的情感性，赋予语言现有的理性。

卢梭发表与语言相关的其他作品还包括《艺术与科学话语》(Discourse on the Arts and Sciences, 1950) 和《关于人类不平等的起源和基础话语》(Discourse on the Origin and Basis of Inequality Among Men, 1754) 等。

卢伊德　Lhuyd, Edward (1660—1709)
威尔士比较语言学家和博物学家。1660 年生于英格兰西部什罗普郡的洛平顿村 (Loppington, Shropshire)。1682 年就读于牛津大学的耶稣学院 (Jesus College)，开始了其律师培训，但中途辍学。因从事过实用植物学、田野工作、化学等实验，最终决定到阿什莫尔博物馆 (Ashmolean Museum) 工作，1684 年担任馆长助理，1691 年成为馆长。在工作中，将馆藏物品按照图书馆藏分类法编制分类目录，并且寻找新的样本，以丰富化石收藏；同时，逐步加深对植物群分布地，特别是对威尔士北部斯诺登峰 (Snowdonia) 高山植物群的了解。1694—1695 年跟随剑桥的约翰·托兰德 (John Toland) 学习威尔士语和爱尔兰语。1699 年在友人英国物理学家牛顿 (Isaac Newton) 的资助下，出版在英格兰周边地区收集到的化石分类目录《不列颠化石编目大全》(Lithophylacii Britannici Ichnografia)，这部手稿至今仍保存在博物馆里。1701 年被牛津大学授予荣誉硕士学位，1708 年当选为英国皇家学会会员。1709 年 6 月 30 日因胸膜炎卒于牛津。

爱德华·卢伊德不仅对古文物学、专名学以及语言研究兴趣浓厚，对古生物学、植物学也充满探究欲望。他曾协助英国博物学家约翰·雷 (John Ray, 1627—1705) 撰写《英语非常用词汇编》(Collection of English Words not Generally Used, 1691)，探讨英格兰北部乡村一些英语方言词与威尔士语的相似点，此举表明卢伊德对当时流行的语言学思想以及语言接触问题颇为熟悉。1693 年，他接受英国神学家、古文物学家埃德蒙·吉布森 (Edmund Gibson, 1669—1748) 之邀，参与修订英国历史学家和古文物学家威廉·卡姆登 (William Camden, 1551—1623) 于 1586 年首次出版、后人不断更新的《不列颠志》(Britannia) 1695 年英文版，负责增补和完善与威尔士地区相关的条目；在此过程中，他进行了大量的实地调查，广泛的兴趣得以尽显其能，从事田野工作的欲望也愈加强烈。1697—1701 年，他借机遍游威尔士、苏格兰高地、爱尔兰、康沃尔和布列塔尼等"凯尔特不列颠"地区，雄心勃勃地收集资料，准备以《不列颠考古学刊》(Archaeologia Britannica) 为总书名，发布一系列考古发现。此时，他开始学习爱尔兰语，探究语言问题的兴趣也日渐浓厚。通过旅行，他与助手收集了可观的原始资料，包括动植物样本、教区、文物、习俗的笔记，文学作品的手稿或抄本，词典、词表以及方言口语的转写记录，等等。1701 年回到牛津后，卢伊德整理分析了大部分语言材料，于 1707 年出版了该学刊的第一卷《词汇释解汇编》(Glossography)。卢伊德为《不列颠考古学刊》设定的构想是：从历史的角度呈现出"岛内三国（威尔士属英格兰治下）初始住民更清晰的概念以及对古代人名地名更贴切的理解"。由于语言中的地名元素和命名组合能够反映当地住民的造物活动，历史学者需要对岛内各种"原始"语言、碑文铭文和早期文献有基本的了解。因此，《词汇释解汇编》包含了爱尔兰、布列塔尼和康沃尔等地语言的语法，附有布列塔尼、威尔士和爱尔兰语词典（拟单独成卷出版的康沃尔语词典未能面世，至今仍是手稿）。

卢伊德是 19 世纪语源学和比较语言学界的先驱者。他认为：比语言技能更重要的是，要认识到打开历史之门的钥匙在各种语言的词汇之中；同源"原始"语言词汇的音系分析可以解释各语种之间的亲缘关系，而借词则是不同语言使用者互相接触的反映；语源学虽是历史语言学家公认的识别工具，但若缺乏划分语音变化类别的合理框架，语源研究就会沦为两三种语言表面相似词汇间的无意义比较。卢伊德制定了检查和识别规则性语音关联并确定何种语言可进行有效对比的规则，减少了语源学的任意元素。《词汇释解汇编》的首章归纳了十条语源学指导方针，其中包括七种语音变化。他还设计了自成一体的标音字母，可通用于各种语言，实现真实比较，因此，他对爱尔兰语、威尔士语和高卢语之间关系的评定取得了远胜于前人的成就。

卢伊克 Luick, Karl （1865—1935） 奥地利语言学家。1865年1月27日生于维也纳附近第二十一行政区弗洛里茨多夫（Floridsdorf）一个维也纳北郊的普通工人家庭。曾在维也纳大学学习英语、法语和德语，1888年获博士学位。1893年成为格拉茨大学（University of Graz）第一位英语语文学教授。1908年回到维也纳大学任教，1925—1926年出任校长，1935年退休。1935年9月20日卒于维也纳。

卡尔·卢伊克在语言学和文学研究方面硕果累累，以对英语音系学的权威研究而久负盛名。1904年，他出版了《德语音韵学》（*Deutsche Lautlehre*），该书曾重版三次。他更因对英语语言的历时研究而为学界同行所称道，主要研究成果《英语语法史》（*Historische Grammatik der Englischen Sprache*，1914—1940）堪称英语历史音系学上最杰出的著作。此书包括了英语元音和双元音的发展史，是此后历史音系学家重要的理论基础。该书最后一部分讲述的是辅音使用的语法规则。这部分是在卢伊克死后的1940年才出版的，作者是维尔德（Friedrich Wild）和科齐奥尔（Herbert Koziol）。

卢伊克的历史语法是对从印欧语系形成到19世纪英语语音史的再现。他原先也打算撰写英语词形和结构历史变化的著作，但最终没有付诸实施。他赞同新语法学派，很满意能发现英语发音的规律性。1896年，他开始形成了一些结构主义的想法，承认每个语言成分的功能、音素的本质和最小对的概念。这种语音体系的结构主义想法强调每个音节和临近音节的距离，使他对15到17世纪期间英语长元音的发音变化做出了新的解释。他还对中古英语开音节中短元音的变长做出了自己的解释。虽然卢伊克的研究不是从一套完整的发音体系出发，但他周全地考虑到了各时代方言的变异。尽管语言学家们对这部分研究成果的接受花了很长时间，然而它的重要性却毋庸置疑。

这位奥地利学者给语言学研究留下了丰富的遗产，20世纪下半叶东欧语言学家对音系学研究的兴趣和卢伊克不无关系。他的主要作品还包括《英语语音》（*Untersuchungen zur Englischen Lautgeschichte*，1896）和《英语语音学的研究》（*Studien zur Englischen Lautgeschichte*，1903）。

卢扎托 Luzzatto, Samuel David （1800—1865） 意大利犹太裔历史学家、神学家和诗人。1800年8月22日生于意大利东南沿海的里雅斯特（Trieste）。年幼时就读于当地的犹太人公立学校，同时在家里跟随身为著名犹太法典编订者的父亲学习希伯来语；从小展露出过人的学习天赋，在学校里阅读《约伯记》（*Book of Job*）时养成了在书上写评注的习惯，成为其从事文学活动之肇始；到1815年底，收集了37首诗歌；之后用意大利语写成希伯来语语法，把伊索生平翻译成希伯来语，给《摩西五经》（*Pentateuch*）写评注。为了谋生，曾不得不去做家教。1829年被聘为帕多瓦（Padua）希伯来语学院教授。1865年9月30日卒于帕多瓦。

萨穆埃尔·卢扎托在帕多瓦期间，把所有时间都用于文学创作。他是第一位关注古叙利亚语的犹太学者。他认为古叙利亚语对理解塔古姆（*Targum*，即《希伯来圣经》的意译本）有很大帮助。他还是第一位校订《圣经·旧约》的犹太学者，并受当时许多学者的认可。在仔细研究了所罗门的《传道书》（*Ecclesiastes*）之后，他得出结论说此书的作者不是所罗门，而是生于几个世纪后的一位名叫"科希列特（Kohelet）"的人；科希列特把这本书归到所罗门名下，却被他同时代的学者认出来，书中出现的"所罗门"于是都被换成了"科希列特"。今天，《传道书》不是所罗门所著已经被世俗的学者们广泛接受，但大多数现代学者并不把这本著作归于一个名叫科希列特的个人，他们觉得"科希列特"很可能是某一个指称或标识，类似于"教士"或"布道者"一类。

从哲学上来说，卢扎托是《圣经》和犹太法典的热情支持者。但他对犹太教哲学的异议导致了许多同时代学者的反对，因多次出言攻击，令他与荷兰自然主义哲学家巴鲁赫·斯宾诺莎（Baruch Spinoza，1632—1677）交恶。在他文学生涯的五十多年时间里，他用希伯来语和意大利语写了大量的作品，还给大多数的希伯来和犹太杂志投稿。1817年，他完成了语音学论著《希伯来语元音》（*Ma'amar ha-Nikkud*）。1818年，他开始编写哲学和神学著作《〈妥拉〉阐释》（*Torah Nidreshet*），写成二十四章，由后人翻译成意大利语。1856—1867年编辑了《以赛亚书》（*Isaiah*）。卢扎托的《犹太教堂礼仪》（*Synagogue Liturgy*）推动了历史的犹太教堂礼仪，因他姓名的犹太语缩写"Shadal"而著称。

卢扎托的其他作品还包括《希伯来语唯理语法导论》（*Prolegomena ad una grammatica ragionata della lingua ebraica*，1896）、《希伯来语语法》（*Grammatica della lingua ebraica*，1853—1869）、

《圣经时代迦勒底语与塔木德方言语法刚要》(Elementi grammaticali del caldeo biblico e del dialetto talmudico, 1865)等。

鲁曼 Luhmann, Niklas 参见"卢曼"。

路德 Luther, Martin (1483—1546) 德国宗教改革运动的发起者与奠基人。1483年11月10日生于德意志东部萨克森州埃斯勒本(Eisleben, Saxony)一个祖辈务农的家庭。在父母严格的宗教教育下,从小熟知使徒信经、十诫、主祷文及简单的赞美诗,接受了传统的基督教信念。1501年进入爱尔福特大学,顺利修完语法、逻辑、修辞、天文、哲学等课程,获文学学士学位;1505年以优异成绩获硕士学位,掌握了经院哲学和奥卡姆(William of Ockham)的理论,不仅受奥卡姆理论的影响,还受到暗中活跃的胡斯信徒及德国市民宗教社团"兄弟会"的影响,加之与人文主义者的频繁交往,以及对古典作家西塞罗(Marcus T. Cicero)、维吉尔(Virgil)以及李维(Titus Livius)等著作的阅读,大学生活奠定了其从事宗教改革必备的学识修养,形成了其思想方法和性格特征。1505年遁入爱尔福特圣奥古斯丁修道院当修士,开始了宗教生涯。1508年在维登堡大学讲授亚里士多德伦理学。1512年获神学博士学位,并被任命为维登堡修道院副院长及维登堡大学神学教授。1546年2月18日病逝于家乡埃斯勒本。

马丁·路德不仅是伟大的宗教改革家,也是德语发展的推动者。18和19世纪的学者在大多数领域中有一个最坚定的共识,即路德是"德国语言之父"。他的作品尤其是他翻译的圣经,对德语的书面语和口语产生了巨大影响。他在语言学方面的贡献表现在最重要的译作《新约》。路德用白话首先论述了道德哲学,后来在维滕贝格大学论述了神圣的经文。他的白话文著作包括神学、圣经评论、讲道、论辩传单、信件、圣歌的文本以及餐桌言谈等。这些路德和他晚宴嘉宾的谈话被人们转录、修改并且发表,派发给人们以便人们虔诚阅读。通过自学和辅导通晓希腊语和希伯来文,按照当时的标准值得赞扬。他翻译新约受到希腊语教授和其他人的帮助,用的是1516年的希腊—拉丁语版本。德语版本的《新约》在1522年出版。《摩西五经》(Pentateuch)在1523年出版。法国与瑞士的格律诗篇《圣经·诗篇》(The Psalter)在1524年出版。《圣经·诗篇》歌词的核心是用法语演唱,曲调多为格里高利圣咏,新创作的音乐占少数,演唱方式开始为单旋律的无伴奏齐唱,后来有供家庭礼拜的吟唱,配有一些四声部或四声部以上的音乐,主旋律在高声部。1534年出版了整本的《圣经》译本。海涅认为,路德对圣经的翻译是"创造了德语"。路德所追溯的是完全没有经后人篡改的希伯来文和希腊文《圣经》原本,并把它译成一种由他确定下来并通用起来的人民语言的版本。他的圣经译本为人们提供了对抗教廷的思想武器,并赋予分裂的德国一种语言上的统一。这种语言上的统一无形中成为联系德意志各邦的纽带。

1523年,路德发表《论世俗权力》。此文一方面申述,为维持外在的社会安定,臣民当顺服世俗权力,提出"君权神授"为世俗主权张目。同时针对俗权对信仰的干涉,提出政教分离和"信仰自由"、"思想自由"的原则。这一原则对路德教以后的发展产生一定的影响,并为欧洲近代进步的思想家所接受和利用。1520年是路德的多产之年。该年出版的德文书籍、文章共208册,其中133册出自路德之笔。尤其是被称之为宗教改革三大论著的《致德意志贵族公开书》(To the Christian Nobility of the German Nation)、《教会被囚于巴比伦》(On the Babylonian Captivity of the Church)和《基督徒的自由》(On the Freedom of a Christian),更是唤起民众摧毁罗马教廷神权统治的有力思想武器。

路德一生留下大量著作,约有350多部。1883—1948年德国魏玛版《路德全集》达83册,其中包括论文、讲道词、圣经注释和圣诗等,内容涉及当时政治斗争所提出来的许多问题,如国家的性质作用、政教关系、经济变革、教育、家庭和婚姻等。他发起的宗教改革运动席卷欧洲,永久性地结束了罗马天主教会对于西欧的超国家封建神权统治。它的宗教改革学说为新兴资产阶级提供了革命的思想武器。路德是一位曾经震撼了欧洲的历史人物,并成为历代神学家、史学家和政治思想家探讨的对象。

罗宾斯 Robins, Robert Henry (1921—2000) 英国语言学家。1921年7月1日生于肯特郡布罗德斯泰斯(Broadstairs, Kent)。自幼学习法语、拉丁语和古希腊语。1935年获奖学金入汤布里奇学校(Tonbridge School)就读,1940年获奖学金入牛津新学院学习古典文学,二战期间曾在皇家空军任日语教师,激发了从事语言学研究的兴趣,1948年以甲等优异成绩毕业;1948—1955年任伦敦大学亚非学院语音学与语言学系讲师,学术上深受时任系主任约翰·弗斯(John Rupert Firth)的影响。1955—1965年任伦敦大学副教授,1966—1986年任普通语言学教授,1968年获伦敦大学文学博士学位,1970—1985年担任系主任。1984—1986年任文学院院长,1986年入选英国国家学术院院士。1986—2001年任伦敦大学荣誉退休教授。退休后致力于语言学史的研究,其间一直在鲁顿大学(University of Luton)和剑桥大学任教。2000年4月20日卒于英格兰萨里郡坦德里奇区凯特汉姆镇(Caterham, Tandridge District of Surrey)家中。

罗伯特·罗宾斯最突出的成就当属1967年出版

的《语言学简史》(A Short History of Linguistics)，于1997年推出第四版。他积极倡导历史语言学的研究和教学，尽管研究所涉及的语言学领域颇多，但历史语言学始终是其研究主线。1950年，应弗斯的邀请，罗宾斯到伦敦大学伯贝克学院(Birkbeck College)举行系列讲座，之后他将这些讲稿加以整理，于1951年出版《欧洲古代和中世纪语法理论——兼谈现代语言学文献》(Ancient and Medieval Grammatical Theory in Europe with Particular Reference to Modern Linguistic Doctrine)。罗宾斯的研究并未局限于古典语言和语言学历史。1951年，他开始研究加利福尼亚州的尤罗克语(Yurok)，之后发表和出版不少有关该语言的文章。他还研究濒危语言，并在其任主席的国际语言学家常设委员会(The Comité International Permanent de Linguistes)的资助下出版《濒危语言》(Endangered Languages，1991)一书。此外，罗宾斯还出版了著作《普通语言学：调查导论》(General Linguistics: An introductory survey，1964—1989)。

罗宾斯的其他主要作品还包括《拜占庭语法学家及其历史地位》(The Byzantine Grammarians: Their Place in History，1993)和《本和语境：语言学历史论文选》(Texts and Contexts: Selected papers on the history of linguistics，1998)等。

罗蒂 Rorty, Richard（1931—2007） 美国哲学家、思想家和语言学家。1931年10月4日生于美国纽约。15岁进入芝加哥大学，之后就读于耶鲁大学1956年获哲学博士学位。在韦尔斯利学院和普林斯顿大学担任教职期间，对卡尔纳普(Rudolf Carnap)、塔斯基(Alfred Tarski)和莱辛巴赫(Hans Reichenbach)的著作深入研习，从中吸取精神食粮。曾任普林斯顿大学斯图亚特哲学教授、弗吉尼亚大学凯南人文教授和斯坦福大学比较文学教授。2007年6月8日卒于加利福尼亚州的帕洛阿尔托(Palo Alto)。

理查德·罗蒂的影响主要表现为在英美分析哲学基础上发展起来的新实用主义思路。其代表作《哲学与自然之镜》(Philosophy and the Mirror of Nature，1979)，是唯一一部系统性专著。该著作包含对认识论的批评，他用"镜子"来比喻传统的再现式哲学观，认为只有通过哲学革命才能避免"镜式的认识论和形而上学"。这一批评态度在其以后的作品中也有表现，在《真理与进步：哲学论文集（三）》(Truth and Progress: Philosophical papers III，1998)中，他探讨认识论的行为主义特征，认为知识只受到对话限制的限制，哲学概念应当是有教化意味的对话，认识论的行为主义根源是所有知识都在大脑中得以体现，并且在人与人之间进行交流。20世纪80年代以后，罗蒂的学术活动重心已经开始超出哲学专业领域，他关注人类所面临的各类重大社会问题，也积极参与文化政治学、意识形态问题、全球化问题、女权主义、伦理问题等公共话题的讨论，成为西方知识界非常活跃的公众人物。

除了认识论的独到观点，罗蒂在语言哲学和心智哲学等领域也成就卓著。他将真理以及其他有关方面的实用主义与维特根斯坦后期的语言哲学结合起来，认为意义是社会语言产物，语句与世界的联系未必一致。在《偶然、反讽与团结》(Contingency, Irony, and Solidarity，1989)中，他指出：真理不可能脱离人类心智而存在，因为语句不可能如此存在；世界是客观存在，但关于世界的描述不是。这种描述只有是或非，无描述的世界本身不存在是与非。这方面的主要作品还包括早期编出版的《语言学转向》(The Linguistic Turn，1967)，该文集收录众多分析哲学家的经典文献，一部分文章关于"哲学问题就是语言问题"，另一部分关于"理想语言哲学问题"，还有一个部分则关于普通语言哲学问题。

罗蒂的哲学论著和文集还有《实用主义影响》(Consequences of Pragmatism，1982)、《客观性、相对主义与真理：哲学论文（一）》(Objectivity, Relativism and Truth: Philosophical papers I，1991)、《海德格尔文选与其他：哲学论文（二）》(Essays on Heidegger and Others: Philosophical papers II，1991)、《作为文化政治学的哲学：哲学论文（四）》(Philosophy as Cultural Politics: Philosophical papers IV，2007)和《心智、语言与元哲学》(Mind, Language, and Metaphilosophy: Early philosophical papers，2014)等。

罗曼 Romaine, Suzanne（1951— ） 美国语言学家。1951年生于美国马萨诸塞州。曾就读于宾夕法尼亚州的布林莫尔学院(Bryn Mawr College)，1973年以优异成绩获德语和语言学专业学士学位。获扶轮国际基金会奖学金(Rotary International Foundation Scholarship)留学苏格兰，1975年获得苏格兰爱丁堡大学的语音学和语言学专业硕士学位。1981年获伯明翰大学博士学位。1998年和1999年先后获挪威特罗姆瑟大学(University of Tromsø)和瑞典乌普萨拉大学(University of Uppsala)名誉博士学位。曾获多伦多大学安大略教育研究学院的加拿大英联邦奖学金。1984—2014年任牛津大学英语语言默顿教授(Merton Professor)。

苏珊妮·罗曼的研究和著作涉及社会语言学、语言习得、双语和语言缺失等多个领域。她曾在英国和太平洋地区进行社会语言学研究，曾在苏格兰对工人阶级子女的语言进行实地调查，并研究过英格兰旁遮普语(Punjab)人群中的双语和语言缺失现象。教材《双语》(*Bilingualism*, 1989—1995)记述了许多她在这些领域的发现,以及她对巴布亚新几内亚语言群体的研究。她著有社会语言学入门教材《社会中的语言》(*Language in Society*, 1994),其中的"性别歧视和语言"一章,后又扩充成为专著《性别沟通》(*Communicating Gender*, 1999)。她还研究夏威夷的克里奥耳英语,并和里克福特(John Rickford)合作编著《克里奥耳语起源、态度和话语》(*Creole genesis, Attitudes and Discourse*, 1999)一书。她和内特尔(Daniel Nettle)合作撰写关于语言缺失方面的专著《消失的声音》(*Vanishing Voices*, 2000),赢得了广泛赞誉,被译为意大利语、法语、日语、土耳其语等多国语言,并赢得英国应用语言学协会 2001 年度图书奖。

罗曼的其他主要作品还包括《皮钦语和克里奥耳语》(*Pidgin and Creole Languages*, 1988)、《儿童和青少年语言:交际能力习得》(*The Language of Children and Adolescents: The Acquisition of Communicative Competence*, 1984)等。

罗蒙诺索夫　Lomonosov, Mikhail Vasilyevich　(Михаи́л Васи́льевич Ломоно́сов, 1711—1765)　俄罗斯学者和诗人。1711 年 11 月 19 日生于俄罗斯北部阿尔汉格尔斯卡亚省霍尔莫果尔(Kholmogory, Arkhangelsk)附近的杰尼索夫卡(Denisovka)村。从小具有强烈的求知欲,14 岁时读完了基辅大主教斯摩特里茨基(Meletius Smotrytsky, 1577—1633)编的《近代教堂斯拉夫语》(*Modern Church Slavonic*, 1619)和俄国数学家马格尼茨基(Leonty Magnitsky, 1669—1739)的《算术》(*Arithmetic*, 1703)。1730 年进入莫斯科的斯拉夫—希腊—拉丁学院从事斯拉夫语和俄语方言的对比研究。1735 年进入基辅科学院大学继续从事研究。1736 年因成绩优异被派往圣彼得堡学习,并获赴德国马尔堡大学学习两年的机会;1739—1740 年在马尔堡期间,受到德国哲学家、数学家克里斯蒂安·沃尔夫(Christian Wolff, 1679—1754)的精心教诲和终身影响,学习数学、物理的同时,在约翰·亨克尔(Johann Friedrich Henckel, 1678—1744)的实验室学习矿物学、冶金学和采矿学等课程,迅速掌握了德语,对德国文学产生浓厚兴趣,认真学习了哲学和化学,关注了爱尔兰自然哲学家罗伯特·波义耳(Robert Boyle, 1627—1691)的作品,并开始诗歌创造。1741 年回到圣彼得堡俄罗斯科学院,开始科学研究工作和社会活动;1742 年任科学院物理副教授,1745 年成为正式院士和化学教授。1748 年秋创建俄国第一个化学实验室,1755 年与俄国首任教育部长伊凡·舒瓦洛夫(Ivan Shuvalov, 1727—1797)一同创办莫斯科大学。1761 年当选为瑞典科学院院士,1764 年当选为意大利波伦亚科学院院士。1765 年 4 月 15 日卒于圣彼得堡。

米哈伊尔·瓦西里耶维奇·罗蒙诺索夫是俄国唯物主义哲学和自然科学的奠基人。他认为世界存在于意识之外,有其固有的发展规律。他把知识的发展史看成是逐步揭示自然界奥秘的过程,科学家的任务在于不断积累知识,逐步认识世界。他的科学宇宙观的基础是微粒哲学,认为微粒(分子)由极小的粒子元素(原子)组成,坚决反对当时占统治地位的燃素说和热素说。1741 年,他创立了物质结构的原子—分子学说,该学说认为微粒(分子)由极小的粒子(原子)组成。如果物质由同一种粒子组成,它便是单质;如果物质由几种不同粒子组成,它便是化合物。物质的性质并不偶然形成,它取决于组成物体微粒的性质。他用微粒概念解释热的现象,提出了热是物质本身微粒的运动的理论。1748 年提出物质和运动守恒的概念。1756 年通过在密闭容器中加热金属的实验,证明了质量守恒定律适用于化学反应。他还提出气体分子运动理论,认为空气微粒对器壁的撞击是空气产生压力的原因。罗蒙诺索夫将这些理论称为物理化学,这些理论为俄国理论化学的发展奠定了基础。

除了对物理、化学进行了广泛而深入的研究外,罗蒙诺索夫对俄罗斯文学和语言学的发展也做出了卓越贡献,享有"俄罗斯现代语言之父"的美誉。他是俄国诗歌改革的积极倡导者,用符合俄国语言特点的"音节重音诗体"写下了许多优秀诗篇。在语言学方面,罗蒙诺索夫同样显示出自己的才华。他编写了《俄语语法》(Российская грамматика, 1755)和《修辞学入门》(Риторика, 1748),总结了俄语词尾变化与句法规律,从而奠定了俄语语法的理论基础。他还为文学语言规定了高级、中级和低级三种体裁。罗蒙诺索夫的作品别具一格、脍炙人口,以丰富多彩的俄罗斯语言为基础,摒弃了古老陈腐的词句,读起来铿锵有力,富有节奏感。

罗塞蒂　Rosetti, Alexandru　(1895—1990)　罗马尼亚语言学家和史学家。1895 年 10 月 23 日生于罗马尼亚首都布加勒斯特(Bucharest)。1920 年毕业于布加勒斯特大学,后赴巴黎大学继续深造,师从梅耶(Antoine Meillet)、罗斯洛特(Jean Rousselot)、吉列龙(Jules Gilliéron)等学者学习语言学,1926 年获博士学位。1928 年回到布加勒斯特大学任教,1932 年被聘为教授。1938 年接替登素夏努(Ovid Densusianu, 1873—1938)担任罗马尼亚语教授,1965 年退休。1990 年 2 月 27 日卒于布加勒斯特。

亚历山德鲁·罗塞蒂毕生致力于语音学研究,研究领域涉及历史语音学和理论语音学。他曾担任布加勒斯特语音与方言研究中心主任,著有权威之作

《罗马尼亚语史》(*Istoria Limbii Române*，1968)，该书记述罗马尼亚语从起源到17世纪的发展历程。他在普通语言学研究领域也有建树，提出"词汇是语言实体"之说。1933年，罗塞蒂创办《语言学研究》(*Bulletin Linguistique*)期刊，并担任编辑至1948年。

罗塞蒂的其他作品包括《词：总体理论纲要》(*Le Mot: Esquisse d'une théorie générale*，1947)和《他的敬意——亚历山德鲁·罗塞蒂70岁文集》(*Omagiu lui: Alexandru Rosetti la 70 de ani*，1965)。

罗斯　Ross, John Robert（1938—　）　美国语言学家。1938年5月7日生于美国波士顿。曾在耶鲁大学、宾夕法尼亚大学和麻省理工学院求学，师从乔姆斯基(Noam Chomsky)、波斯特尔(Paul Postal)等语言学家，1967年获博士学位。1966—1985年任麻省理工学院语言学教授，此后任教于北德克萨斯大学，讲授语言学、文学、句法学、田野调查方法、英语史、隐喻和语义学等课程，还指导诗歌方向的博士生。

约翰·罗伯特·罗斯与雷考夫(George Lakoff)、麦考利(James David McCawley)及波斯特尔等人一起创立并发展了生成语义学理论。他坚持认为在语义表达和语音表达之间加入一个深层结构是多余的，更好的处理方法应该是去除深层结构，通过一系列的有序转换直接把意义和声音联系起来。这也促成乔姆斯基把标准理论发展为扩展的标准理论，其中不仅深层结构，而且表层结构也影响语义解释。生成语义学认为要去寻找能够生成意义，并能把这些意义投射到句法结构上去的机制。

罗斯还用语言学理论研究诗歌。他认为诗歌和句法语义不能隔离开来，如果仅仅研究语言的结构美，而忽视这些结构在文学大师的手中可以用来暗示不可言传的意义，语言就会变得灰暗无味。他认为语言是有灵魂的，但大多数的读者甚至是作家只要求语言达意即可。虽然很少有文学研究者采用罗斯把语言和文学合为一体的研究方法，但把文学重新列为语言学家研究的对象之一，并让文学研究者关注语言层面，这样的研究方法对语言研究和文学研究都很重要。

罗斯的博士学位论文《句法中参数的约束条件》(*Constraints on Variables in Syntax*)对句法学理论的发展做出贡献。他在论文中首先提出一系列的重要术语，如跨越效果(crossover effects)、外置(extraposition,)、缺空(gapping)、随迁(pied piping)、寄生缺位(parasitic gaps)、置换(scrambling)、黏糊(squishes)等，这些术语在句法学研究中已被广为接受。

罗素　Russell, Bertrand Arthur William, 3rd Earl（1872—1970）　英国哲学家和数理逻辑学家。1872年5月18日生于威尔士蒙默思郡的特雷克(Trellech, Monmouthshire)。1890年获奖学金进入剑桥三一学院(Trinity College)数学优等考试(Mathematical Tripos)班学习，经数学家兼哲学家阿尔弗雷德·诺思·怀特黑德(Alfred North Whitehead，1861—1947)推荐加入剑桥使徒(Cambridge Apostles)秘密社团，很快展露数学和哲学的特有才华，1893年以甲等优胜成绩得主(Wrangler)毕业，1895年成为社团正式成员；毕业后在三一学院讲授逻辑和数学原理。第一次世界大战期间，因热衷于反战宣传，1916年被判刑入狱并失去剑桥大学教职，1918年出狱后主要以写作为生。1920年曾随工党代表团访问苏联，并受邀到中国讲学。1921年回到英国与妻子一起开办学校。1931年继承哥哥爵位，成为第三代罗素伯爵。1939年移居美国，1944年回到英国，重新执教于三一学院。二战期间改变其一贯的反战态度，支持英美等国联合击败纳粹德国。晚年反对核武器，积极宣传核裁军。1970年2月2日卒于威尔士双滩半岛(Penrhyndeudraeth)。

伯特兰·亚瑟·威廉·罗素早期对数学研究感兴趣，在数理逻辑方面提出著名的"罗素悖论(Russell Paradox)"，又被称为"说谎者悖论"或"理发师悖论"。罗素悖论是集合悖论的一种，涉及类的内涵问题，其悖论的主要表现是：如果A是所有不以其自身为元素的集合的集合，那么，A是不是自身的一个元素呢？如果A不是自身的元素，那么A就是自身的元素；如果A是自身的一个元素，那么A就不是自身的元素。对于罗素悖论，他提出以"类型论(Theory of Types)"来解决，其解决方案是：凡牵涉一个集合的所有成员的东西，绝不是这个集合的一员。例如，在"说谎者悖论"中，"所有克里特人说的话"属第一类型的集合，"所有克里特人说的话都是谎言"属第二类型的集合，"所有克里特人说的话都是谎言"这个陈述本身不属于"所有克里特人说的话"所构成的集合，该悖论的根源在于混淆了不同类型和级别的集合。罗素悖论所揭示的逻辑矛盾引起学界对数学基础的重新探讨，由此引发理化方法论和数理逻辑等一批新颖学科的产生。

罗素还从数理逻辑的角度出发，建立起逻辑原子论和新实在论，成为现代分析哲学的创始人之一。他认为，世界是由独立、无法相互推导的个别事物组成，日常的个体事物可以被层层分解，直到分解为不能再细分、真正的简单对象，即逻辑原子。例如，一个人是由他的外貌、性格、行为等组成，而外貌、性格、行为等可以继续被分解下去，直至分解为逻辑原子。

罗素的逻辑原子理论也反映在他的语言观里。

他认为语言由句法和对象词两部分组成，句法部分是纯粹形式的，由"和"、"或者"、"如果"等逻辑词组成，对象词由指称事物的专名和描述事物一般语词组成。和他的逻辑原子论相对应，语言中的单称语词或专名用来指称个别的事物，一般语词或抽象语词对这些事物进行述说。罗素希望通过建立一种人工语言或理想语言，来描述由逻辑原子组成的世界。

罗素是语言哲学的重要奠基人。他的摹状词理论(Description Theory)被认为是对哲学的最重要贡献。他把摹状词分为描述性和指称性两类，并通过把含有特指摹状词主词的句子改写为命题函式的方式来揭示句子的真实逻辑结构。根据排中律，"当今法国国王是秃头"和"当今法国国王不是秃头"这两个命题必有一个为真。他通过把"当今法国国王"分析为"有一个人"和"这个人是当今的法国国王"这一改写方式，使原句中的表面主语"当今法国国王"被存在量词"有一个人"和谓词"是当今法国国王"所代替，新的谓词和句中原有的谓词"是秃头"有同样的逻辑身份。通过这样的改写，分析找出句子的深层语法，即可消除表层语法带来的迷惑，解决迈农悖论、违背排中律和同一性问题等哲学难题。

为了解决指称论中的空名现象，罗素还发展了"缩略摹状词(Abbreviate Descriptions)"理论。在他看来，日常语言中的专名不是真正的专名，而是等于一个或一些特指摹状词。例如，"苏格拉底"这个普通专名包含有"柏拉图的老师"、"喝了毒酒的哲学家"等特指摹状词。空名只是一些摹状词的集合，因而不需要任何存在的东西与其对应。

罗素一生著述颇多，主要包括《数学原理》(The Principles of Mathematics, 1903)、《论指称》(On Denoting, 1905)、《我们的外部世界知识：作为哲学科学方法的一个领域》(Our Knowledge of the External World as a Field for Scientific Method in Philosophy, 1914)、《心的分析》(The Analysis of Mind, 1921)、《物的分析》(The Analysis of Matter, 1927)、《意义与真理的探究》(An Inquiry into Meaning and Truth, 1940)和《西方哲学史》(A History of Western Philosophy, 1946)等。

罗伊希林　Reuchlin, Johann　(1455—1522)　德国人文学家和语言学家。1455年1月29日生于德国西南部黑森林的普福尔茨海姆(Pforzheim)。曾在修道院学校学习拉丁语，后被选中陪同巴登亲王的三儿子弗雷德里克(Frederick)到巴黎大学读书，师从海欧纳莫斯(George Hieronymus)学习希腊语，1477年在巴塞尔(Basel)获硕士学位，此后在德国学校讲授古典拉丁语，并用希腊语讲解亚里士多德的文献。1478年赴法奥尔良(Orleans)研习法律，后转赴法国西部城市普瓦捷(Poitiers)，1481年7月取得当地的法律从业资格。晚年回德国在蒂宾根大学(University of Tübingen)担任希腊语和希伯来语教职。1522年6月30日卒于黑森林的巴德利本泽尔镇(Bad Liebenzell)。

约翰·罗伊希林对深奥而神秘的犹太卡巴拉教(Kabbalah)颇有兴趣，因而在16世纪初率先在信奉基督教的西方世界发起希伯来语研究，并且在欧洲多所大学创立新颖的语言学研究方法。为此，他著有《提升词》(De Verbo Mirifico, 1494)和《卡巴拉艺术》(De Arte Cabbalistica, 1517)。鉴于《旧约全书》是用希伯来语写成的，他指出如果基督徒能够更好地掌握希伯来语，他们就能够更有效地说服犹太人信奉基督教。罗伊希林是希伯来语研究先驱，还撰写著作以鼓励基督教学者学习希伯来语，他的相关作品包括一部希伯来语词典、一本带有拉丁语翻译和评注的希伯来语悔罪诗篇教材、一本关于语音和拼写的手册和一本拉丁语词典。

罗兹瓦多夫斯基　Rozwadowski, Jan Michał　(1867—1935)　波兰语言学家。1867年12月7日生于塔尔努夫(Tarnów)附近的恰尔纳(Czarna)。曾在克拉科夫(Kraków)学习拉丁语和梵语。1890年获学校任教资格，一年后获博士学位。之后赴德国继续研习语言学，师从莱比锡大学斯拉夫语言学者莱斯金(August Leskien)、德语专家希尔特(Hermann Hirt)、语音学家西弗斯(Eduard Sievers)等人。曾在雅捷隆大学(Jagiellonian University)任比较语法学教授。1925—1929年任波兰艺术与科学学院(Polish Academy of Learning)院长。曾任波兰语言学会会长，在多个国外语言学会兼要职，其弟子中不少人成为波兰语言学界的知名人物。1935年3月14日卒于华沙。

扬·米夏尔·罗兹瓦多夫斯基著述颇丰，几乎涉及语言科学的所有领域，如描写语音学、语音变化与外来词历史、方言学、构词法和屈折变化、词源学和语义学、句法学与文体学以及姓名学。他在研究中创立了语言二分法，认为任何语言的词、短语或句子成分都包含意义区别成分和形式识别成分两个部分。他制定了语言量化发展规则，指出每对语言成分在语音和语义方面的区别应当呈现一定恒量，低于这个量，独立存在的语言成分功能就会减弱，高于这个量，一种新的独立语言产物便会产生。他还制定了非自动化规则，认为语言创造力发展的主要原因在于持续更新的情感因素。1925年，他在巴黎语言学会发表演讲，认为语言学研究注定会形成对人类语言机制的普遍性概括。因此，他提出当时语言学研究的三大迫切任务：(1)把世界上所有语言的所有范畴和结构描述成普遍语法成分；(2)从系统和概念上把世界上所有语言可能有的词条编成一般性词汇,附上词源解释和语义值;(3)搜集口头上代代相传的"普遍文学"成果,并把它当作人类的一般文学传统。在谈到语法与语义学关系时,罗兹瓦多夫斯基认为语义学不能与诸如语音学、屈折变化、派生法、句法等描述语言其他体系的学科放在同一个层面上研究,而词汇形态学则不然,因为每一种语言都是形式和意义的统一体,既可从形态学角度来研究,也可从语义学角度来研究。

罗兹瓦多夫斯基的主要著作包括《构词与词义》(*Wortbildung und Wortbedeutung*, 1904)、《论语言的出现与进化》(*O zjawiskach i rozwoju jezyka*, 1921)和《斯拉夫语水名研究》*Studia nad nazwami wód słowiańskich*(1948)等。

洛德威克 Lodwick, Francis (1619—1694) 英国语音学家。1619 年 8 月 8 日生于伦敦的一位佛兰德(Flanders)商人家庭,母亲是法国胡格诺(Huguenots)后裔。家世在伦敦的荷兰侨民中最为显赫。自小经常出国旅行,会说多种语言,曾帮英国教育及农业改革家哈特立伯(Samuel Hartlib)及其他知识界人士去欧洲大陆收集材料。未曾受过高等教育,却于 60 岁时成为英国皇家学会(Royal Society)会员。1694 年 1 月 5 日卒于伦敦。

弗朗西斯·洛德威克的主要成就是语音、速记和寻求一门通用语言的尝试。由于在清教徒社区的成长的经历,他对语言学问题非常感兴趣,希望发明一种适合国际交流的通用语言。他与约翰·威尔金斯(John Wilkins)和乔治·达尔加诺(George Dalgarno)一起尝试创造一种通用的人工语言,并出版了一些研究成果。1647 年,他们出版了《通用书写》(*A Common Writing*)。在《通用书写》中,他使用类似于算术符号的文字代表非言语字符。他还建议编纂一本包含原始文字以及可以通过使用标准化的区别音符查找文字源头的词典。他发明通用字母的另一个更大收获是完成了《论根基》(*The Ground-Work*, 1652)的写作。在该作品中,他提出了解决通用语言问题的一个更全面的办法,试图为未来代表自然真秩序的一门完美的新语言奠定基础。他最引人注目的解决方案之一是引入通用文字顺序。1686 年出版《论通用字母表》(*An Essay Towards an Universal Alphabet*),公布了他发明的通用语音字母表。

洛德威克的其他大部分作品,如早期对荷兰语语音原则的论述,仍以手稿形式存在,涉及语言学、文学、哲学、神学及其他等多个领域。手稿现被大英博物馆收藏。诸如适用于每种语言的语音字母表等其他的几份手稿,发表于皇家协会的《哲学汇报》(*Philosophical Transactions*)。然而,即便在英国,人们对洛德威克也知之甚少。对他在语言学方面的贡献,人们是通过维维安·萨蒙(Vivian Salmon)写于 1972 年的介绍文章而得知。

洛克 Locke, John (1632—1704) 英国哲学家。1632 年 8 月 28 日生于萨默塞特郡的威灵顿村一个清教徒家庭。1647 年被送至伦敦,就读于威斯敏斯特中学(Westminster School);后进入牛津大学耶稣学院(Jesus College),1656 年获学士学位,1658 年获硕士学位,1661 年担任大学讲师。因对医学饶有兴趣,转向研究自然哲学;1674 年获医学学士学位。1667 年结识沙夫茨伯里伯爵(Anthony Ashley-Cooper, 1st Earl of Shaftesbury),后来成为伯爵的助手,担任秘书、医生和政治顾问。1672 年因伯爵被指派为英国大法官(Lord Chancellor),得以随之参与各种政治活动;1673 年因伯爵失势于政坛,只得赴法国研究哲学;1679 年伯爵的政治情势稍微好转时又回到英格兰。1683 年因被怀疑涉刺杀查理二世国王的阴谋,逃亡至荷兰。1688 年返回英格兰。1704 年 10 月 28 日卒于埃塞克斯的奥茨(Oates, Essex)。

约翰·洛克与沙夫茨伯里伯爵相识成为其人生的转折点。沙夫茨伯里伯爵是一位重要的自由政治思想代言人,他在政坛的起落影响着洛克的阅历和思想。1672—1688 年间,洛克开始撰写诸多重要著作。在知名的《政府论》(*Two Treatises of Government*, 1690)中,他为 1688 年的"光荣革命"提出辩护,同时也批评了托马斯·霍布斯等人的独裁主义政治哲学。他花了许多时间重新校对《人类理解论》(*An Essay Concerning Human Understanding*, 1690)以及《论宽容》(*A Letter Concerning Toleration*)的草稿。"光荣革命"结束后不久,他开始将大量草稿出版成书,其中包括《人类理解论》、《政府论》、和《论宽容》等。在社会契约理论上,洛克发展出了一套与托马斯·霍布斯的自然状态(state of nature)不同的理论,主张政府只有在取得被统治者的同意,并且保障人民拥有生命、自由、和财产的自然权利时,其统治才有正当性。他的思想对于后代政治哲学的发展产生巨大影响,并且被广泛视为启蒙时代最具影响力的思想家和自由主义者,与大卫·休谟、乔治·贝克莱三人被列为英国经验主义的代表人物。现代的自由意志主义者也将洛克视为其理论的奠基者之一。他对伏尔泰有极大影响,而他在自由和社会契约上的理论也影响了后来的亚历山大·汉密尔顿、詹姆斯·麦迪逊、托马斯·杰斐逊以及许多其他的美国开国元勋。洛克的理论激励了后来的美国革命与法国大革命。

洛克在知识论上也有极大贡献。他提出了"主观性"或称之为"自我"的定义。许多历史学家认为他的《人类理解论》是现代哲学中有关"自我"概念的奠基者。《人类理解论》中的第三篇《论词语》(*Of Words*)是他对语言学的主要贡献。他认为,人没有

"天生的观念",各种类型的"观念"源自于感觉和反思。因此,简单观念的命名与混合模式、混合物质之间的命名要有所区别。言语是对我们内部观念的标示,并对思想标上"记号"。言语的意义完全取决于个人知识。对两种命名的区分对于理解通名显得非常重要。通名不指称任何事物,但对表征抽象、一般的概念却尤为必要。这些概念源于人类的理解活动,根据特定事物的相似性进行分类,并且将它们分属到通名的名下。洛克分析了人类如何能确定通过传统的语言符号来传达确定的概念这一问题。由此,他注意到语言在使用中的不完美性,并提出了语言限制思维的思想。这一思想后来被法国哲学家孔狄亚克(Étienne Bonnot de Condillac)进一步界定和系统阐发,还被用于语言习得以及语言与文化关系等研究领域。

洛拉什 Llorach, Emilio Alarcos 参见"阿拉科斯·洛拉什"。

洛特 Loth, Joseph (1847—1934) 法国凯尔特语语言学家和历史学家。1847 年 12 月 27 日生于法国西北部布列塔尼半岛斯科尔河畔盖梅内镇(Guémené-sur-Scorff),其母语为布列塔尼瓦讷语(Breton Vannetais)。在圣昂多赖(Sainte-Anne-d'Auray)完成学业后,先后在邦迪维(Pontivy)、坎佩尔(Quimper)和索米尔(Saumur)任教,直至 1870 年普法战争爆发。战后,在巴黎的一些机构工作,结识法国历史学家马里耶·朱班维尔(Marie Henri d'Arbois de Jubainville, 1827—1910)。受朱班维尔鼓励,从事凯尔特语研究。1883 年被聘为雷恩大学文学院的凯尔特语教师;同年,创办学术期刊《布列塔尼年鉴》(Annales de Bretagne),并任编辑至 1910 年。1903 年起举办关于凯尔特语的讲座。1910—1930 年,接替朱班维尔成为法兰西公学院的凯尔特语教授。1919 年当选法兰西学会(Institut de France)下属的五个学术院之一法兰西铭文与美文学术院院士。1934 年被聘为期刊《凯尔特语评论》(Revue Celtique)编辑部主任,同年 4 月 1 日卒于巴黎。

约瑟夫·洛特在凯尔特语族语言研究方面提出很多深刻的见解,在凯尔特语的词典编纂和词源学研究方面尤为专业。他不遗余力地宣扬布列塔尼语与威尔士语存在亲缘关系,用凯尔特语在《布列塔尼年鉴》和《凯尔特语评论》发表了许多文章,出版了涵盖不同时期的《布列塔尼文选》(Chrestomathie Bretonne)。1892 年,随着另一本《布列塔尼方言中的拉丁语借用》(Les mots Latins dans les Langues Brittoniques Gallois, Armoricain, Cornique)的出版,他成为不列颠凯尔特语语音史研究的权威学者。1913 年,他翻译出版了威尔士散文故事《马比诺吉昂》(Mabinogion),同时研究《卡马森黑皮书》(Black Book of Carmarthen,威尔士语:Llyfr Du Caerfyrddin)中威尔士语古诗的韵律,以及中古威尔士语的形态和句法(如动词小品词 rhy 的用法)。他发表的研究论文中有一篇对班戈大学(Bangor University)教授约翰·莫里斯-琼斯(John Morris-Jones, 1864—1929)所著威尔士语语法进行了猛烈抨击,由此导致部分学者对他心生怨恨。他还重新修订了法国辞书学家沙隆(Pierre de Chalons, 1641—1718)的《布列塔尼—法语词典》(Breton-French Dictionary),把许多重要的凯尔特语文学作品翻译成法语。他还是详细研究方言差异的最早支持者,为了研究布列塔尼语在各个历史时期对法语的影响,他创建了一个较有说服力的模型,之后被称为"洛特线",即布列塔尼语最大的影响范围从圣米歇尔山(Mont-Saint-Michel)通过海德(Hédé),一直延向雷恩西部,最终到达卢瓦尔(Loire)。

M

马德森·奥尔胡斯 Madsen Aarhus, Jacob (1538—1586) 丹麦学者和语言学家。1538 年生于丹麦西部的日德兰半岛(Jutland)。在德国学习八年之后,于 1574 年回到丹麦,担任哥本哈根大学拉丁语教授。1575 年开始教授希腊语。1580 年起讲授神学和语音学,成为神学教授。1585—1586 年担任哥本哈根大学校长。1586 年卒于哥本哈根。

雅各布·马德森·奥尔胡斯最主要的成就在于著成《书中的两封信》(De Literis libri duo, 1586)。这是第一部不拘泥于某种特定的语言而写的语音学著作,也是现存最早的关于普通语音学的创新专著。他在书中探讨了各种古代和现代语言的音位学问题,包括丹麦语、拉丁语、希腊语和希伯来语等。受到拉穆斯(Petrus Ramus)的影响,他对辅音的描述有创新的见解,提出了一套建立在一系列二元对立基础上的音图系统,该系统把元音划为"舌元音"或"唇元音"来分析,把双元音看成是一个元音和一个辅音组合的看法极大影响了丹麦表音法。因此,他是欧洲文化里第一位在发音方法的基础上建立了一整套连贯音标的学者。

马德森·奥尔胡斯留下了许多哲学和语言学著作,但绝大多数语言学作品在 1728 年大学图书馆火灾中被毁,如今都只能闻其名了,如《拉丁丹麦语词典》(Dictionarium Latino-Danicum)、《拉丁丹麦语语法》(Grammaticæ Latino-Daniæ)、《语源学》(Etymologiæ)、《句法学》(Syntaxis)以及《认知语言学》(De Cognitione Lingvæ)等。他的词汇和语法专著对后世的丹麦学者影响很大,为下一个世纪丹麦语言学界的繁荣奠定了基础。

马蒂　Marty, Anton　(1847—1914)　瑞士语言哲学家和心理学家。1847年10月18日生于瑞士施维茨(Schwyz),其兄马丁·马蒂(Martin Marty)是圣本笃修会的僧侣(Benedictine)、美国天主教大学的创始人之一。他曾在德国美因兹的一所天主教神学院学习哲学和神学,不到二十岁时已深受德国哲学家弗兰茨·布伦塔诺(Franz Brentano)著作《亚里士多德的存在观》(Von der Mannigfachen Bedeutung des Seienden nach Aristoteles)的影响,因而赴维尔茨堡大学师从布伦塔诺,忠实地追随经验哲学。1869年起在施维茨州一个天主教书院当哲学教授,同时被授予神职。其后就读于哥丁根大学并获博士学位。先后在乌克兰契诺西大学、布拉格德语大学教授哲学。1890年被聘为维也纳大学哲学系主任。1914年10月1日卒于布拉格。

安东·马蒂致力于语言哲学研究。他认为语言哲学是语言学不可或缺的部分,晚年尽管深受抑郁症的折磨,依然完成了毕生最重要的著作《普遍语法及语言哲学基础研究》(Untersuchungen zur Grundlegung der Allgemeinen Grammatik und Sprachphilosophie Vol. I, 1908)。他在语言学史上的影响主要在于有力地驳斥了先天论者关于语言和思维的"平行论",该理论由洪堡特(Wilhelm von Humboldt)提出,并被语言学家施泰因塔尔(Heymann Steinthal)以及哲学家、实验心理学的创建者冯特(Wilhelm Wundt)逐渐完善。根据先天论的观点,语言的产生是由于人受到条件反射之后发出的声音以及这些声音和某些感觉和图像的偶然联系;也就是说,他们认为语言是从原先毫无意图的行为反映出来的内在生命的表现。马蒂所持观点则完全相反,他认为语言的产生是因为人类交流的基本需求,所以从一开始就是有意图的,他用实证的方法证明了自己的观点。他的意义理论或"语义学理论"以布伦塔诺的描述心理学为基础。从当代的角度来看,这一理论最有趣的方面是区分了可单独使用与不能单独使用、必须与其他词连用的词之间的区别以及情感话语理论。马蒂的观点在20世纪40年代的日本影响深远。

马蒂的重要著作被艾森迈尔(Josef Eisenmeier)、柯斯迪尔(A. Kostil)和克劳斯(Oskar Kraus)编撰成两卷《著作合集》(Gesammelte Schriften, 2 vols. 1916, 1920)。伯尔尼大学的教授芬克(Otto Funke)进一步发展了他的观点,把他未发表的作品集结成册,取名为《遗作汇编》(Nachgelassene Schriften)。这本书里包括了一些很重要的作品,例如:《语言学基本问题》(Über Prinzipenfragen der Sprachwissenschaft)、《描述性语义学的意义和方法》(Über Wert und Methode Einer Beschreibenden Bedeutungslehre)、《语义单位及其子群》(Von den Semasiologischen Einheiten und Ihren Untergruppen)及《不合逻辑的虚词》(Von den Logisch Nicht Begrundeten Synsemantischen Zeichen)等。1916年克劳斯为他作了传记《安东·马蒂:生平及著作》(Anton Marty: Sein Leben und Seine Werke)。

马蒂内　Martinet, André　(1908—1999)　法国语言学家。1908年4月12日生于法国东南部的萨瓦县奥特维尔城(Saint-Alban-des-Villards)。1928年进入巴黎高等研究实践学院(École pratique des hautes études),在语言学家梅耶(Antoine Meillet)和旺德里(Joseph Vendryes)的指导下攻读语言学。1938—1946年在巴黎高等研究实践学院任教。二战期间移居美国纽约,曾任纽约国际语言学会主席和哥伦比亚大学校长,并任语言学刊物《词》(Word)主编。1955年回巴黎继续担任教授工作。1965年创办《语言学》杂志。1966年起任欧洲语言学会会长。1976年参与建立功能语言学协会。1999年7月14日卒于位于巴黎南部的塞纳省的马拉布里市(Châtenay-Malabry)。

安德烈·马蒂内是功能主义语言学的代表人物。他在学术上的贡献首先是提出了语言功能观的视角,他的功能语言学融汇了布拉格学派的功能主义和索绪尔的结构主义的长处。他认为语言研究的各个方面都应该贯彻功能主义的思想,无论是语言事实的确定,还是语言单位的划分,以及对语言结构的分析,乃至语言演变的描述,都应该以功能为中心展开。交际功能是语言的最基本功能,而其他如表达功能、审美功能、思维推理功能等都是语言第二位的功能。此外,他还提出语言具有双重分节特征,第一切分是将某特定语言的所有成员的共同经验切分为一个个声音和意义结合的最小单位"符素"(Mopheme),也就是通常所谓的语素,符素承担表意功能,是表意性单位;第二切分是把符素的语音形式进一步分解成音位(Phoneme),音位没有意义,只区别符素意义的最小单位,是区别性单位。马蒂内关于"双重切分"的区分,揭示出语言具有两个不同层次的特征,尽管人类的语言千变万化,但都可以简化为若干符素,这些符素又可以通过若干音位加以区别,这一理论观点极大促进了音位学的发展。

马蒂内的另一重要贡献是提出语言演变的经济原则。他认为,人们在交际过程中一方面有采用更多、更新、更复杂、更精确语言来表达思想的需要,另一方面因自然惰性而倾向于在言语活动中尽可能消耗较少的力量,会倾向于使用那些简单省力的惯用普通表达形式,两方面的因素相互冲突,他们的矛盾推动着语言的发展。语言运转的基本原理是语言的经济原则,该原则使人们在保证语言完成交际功能的前提下,有意识或无意识地对言语活动中的力量消耗做出合乎经济要求的安排。无论从语音还是词汇的层面上,经济原则都可以对语言演变的特点和原因做出解释。

马蒂内在语言研究的其他领域也成就斐然。他在历时音位学研究方面著有《语言演变的经济原则》(*Économie des Changements Phonétiques*, 1955),在普通语言学方面著有《普通语言学原理》(*Éléments de Linguistique Générale*, 1960)和《语言功能观》(*Langue et Fonction*, 1962),在句法研究方面著有《功能句法研究》(*Studies in Functional Syntax*, 1975)和《普通句法学》(*Syntaxe Générale*, 1985)等。

马丁(达契亚的~) Martin of Dacia
(1220—1304) 丹麦学者和神学家。拉丁语名为 Martinus de Dacia 或 Martinus Dacus;丹麦语语名为 Morten Mogensen。约 1250—1288 年任巴黎大学神学和艺术大师。约 1287—1300 年担任罗斯基勒(Roskilde)、隆德(Lund)、石勒苏益格(Slesvig)大教堂教士。曾被国王钦定为罗斯基勒大教堂主教候选人,但终未能到任。曾是里伯大教堂教士,后成为巴黎大学校长。1304 年 8 月 10 日卒于巴黎,葬于巴黎圣母院(Notre Dame)。

达契亚的马丁是思辨语法学派(Modistae)哲学思想的奠基人。13 世纪中叶,以亚里士多德指称的三个层面理论为基础,他与同事一起缔造了摩的斯泰学派语法的雏形。摩的斯泰学派语法指出,语言的含义有三种模式(modes):存在模式(modi essendi)、指称模式(modi intelligendi)和表意模式(modi significandi)。摩的斯泰学派语法学家认为,不同的词性代表了现实中的这些模式。存在模式是指称对象的客观存在性质;指称模式是指称对象的客观存在所代表的意义;表意模式指的是表意语法里语言的指称模式所代表的意义。他出版过当时较有影响的语法著作《表意模式》(*Modi significandi*)。马丁还撰写过有关古逻辑(Logica vetus)问题(Quaestiones)的书目。

马丁(塞缪尔·埃尔莫·~) Martin, Samuel Elmo (1924—2009) 美国语言学家。1924 年 1 月 29 日生于堪萨斯州匹兹堡,在堪萨斯州恩波里亚(Emporia)长大。1947 年在加州大学伯克利分校获东方语言学士学位,1949 年获该校东方语言学硕士学位。1950 年获耶鲁大学语言学博士学位。二战期间,与许多美国的日语语言学家一样,曾在日语办公室工作。战后,在伯克利分校师从赵元任研究汉语;在耶鲁大学师从伯纳德·布洛克(Bernard Bloch)学习日语语言学,完成关于日本语词素音位学研究的博士学位论文,并被评为优秀论文。次年,由美国语言学会系列博士学位论文项目组以专题论文的形式出版。1950 年任耶鲁特聘教授,1962 年成为远东语言学教授。先后担任东南亚语言文学系主任和语言学系主任。2009 年 11 月 28 日卒于华盛顿州温哥华。

塞缪尔·埃尔莫·马丁在日语研究方面最杰出的著作是《日语语法参考》(*Reference Grammar of Japanese*, 1975)和《日语历史演变》(*Japanese Language Through Time*, 1987),这两部书在日语语法和历史方面均堪称是里程碑式的作品。他的《朝鲜语语法参考》(*Reference Grammar of Korean*, 1993)对二十世纪和中期朝鲜语语素都做了详尽描述,为致力于朝鲜语历史和结构研究的学者提供了有价值的工具。他认为日语和朝鲜语有着内在紧密的联系。他还发明了耶鲁拼式系统(the Yale romanization system),把朝鲜语用英语字母体系拼出来,这一方法已经被其他语言学家广泛应用。

马丁其他较有影响的作品还包括《古汉语音位》(*The Phonemes of Ancient Chinese*, 1953)、《基础日语:标准日语口语简介》(*Essential Japanese: An Introduction to the Standard Colloquial Language*, 1954)、《英日及日英基础日语会话词典》(*Basic Japanese Conversation Dictionary: English-Japanese, Japanese-English*, 1959)、《蒙古语入门:语法,文本和词汇》(*Dagur Mongolian: Grammar, Texts, And Lexicon*, 1961)、《开始学朝鲜语》(*Beginning Korean*, 1969)、《朝鲜语—英语词典》(*A Korean-English Dictionary*, 1975)以及《日语和朝鲜语关系的近期研究》(*Recent Research on the Relationships of Japanese and Korean*, 1991)等。

马尔 Marr, Mikolai Jakovlevich (Николáй Яковлевич Марр, 1864—1934) 苏联语言学家。1864 年生于沙皇俄国格鲁吉亚一个跨高加索黑海沿岸的小镇库塔伊西(Kutaisi),父亲是苏格兰移民,母亲是格鲁吉亚人,家中是多语环境。毕业于圣彼得堡大学,1891 年起在圣彼得堡大学任教,1911 年成为该校东方学院院长;1909 年任俄国科学院历史语文学研究所研究员,1912 年当选为俄国科学院院士。1904—1917 年间,每年均赴古亚美尼亚首都阿尼(Ani)发掘考察。1926—1930 年任俄罗斯公共图书馆馆长,1921—1934 年任苏联科学院雅弗研究所所长,1930 年被选为苏联科学院副院长。1934 年 12 月 20 日卒于列宁格勒。

米柯拉伊·雅科夫列维奇·马尔于 1923 年出版了《关于语言新说》(новом учении о языке),提出一套基于意识形态的语言理论。《关于语言新说》的内容包括:(1)语言是上层建筑。语言有阶级性,它从来就是并且现在还是阶级的语言。社会共同的统一的语言、非阶级的语言、全民的语言并不存在;(2)人类最初语言的发音成分不外乎四个"扩散感叹词(diffused exclamations)",即сал、бер、йон和рош,一切语言都由这四个要素发展而来,排斥语言研究中的历史比较法;(3)语言发展阶段论。语言在发展过程中突然爆发是必要的,这正是语言从旧质过渡到新质的条件。新语言的形成是经过爆发、经过从旧质到新质的突然过渡而发生的,它在消灭现存语言的基础上形成;(4)语言和思想的关系。人的思想的产生和存在可以不依赖语言的材料、不依赖语言的词和句子,人和人之间的交际即使完全脱离语言也能实现。最初的人并不是用语言去思维,而是用"手"去思维(手势语先于有声语言),将来也会出现不依赖语言的思维;(5)语义发展的理论属于图腾崇拜的原始名称的转化。马尔的这一学说又被称作"雅弗理论(яфетической теории,即 Japhetic Theory)",1900—1915年,马尔发表了一系列研究亚美尼亚语和格鲁吉亚语的论文,并从1908年起尝试研究闪米特语与格鲁吉亚语之间的谱系关系,将它们统一归类到雅弗语(Japhetic)之下。20世纪二三十年代,苏联政府对小民族的语言实行拉丁化时,马尔学说为之提供理论基础。其主要著作还有《苏联的语言学之争》(The Soviet Linguistic Controversy,1951)。

马尔拜 Marbais, Michel de (约1255—) 欧洲经院哲学家。约1255年前后生于比利时中南部瓦隆—布拉班特省海莱西恩市(Hélécine, Brabant wallon)奥菲利瑟姆(Opheylissem,法语名"Hampteau")普雷蒙特雷修会修道院(Premonstratensian abbey)或其附近的黑利瑟姆(Heylissem)。熟读达契亚的波埃修斯(Boethius of Dacia)的著作,思想独立,见解独到,约于1280—1300年间在巴黎艺术学院完成语法研究的硕士论文。

中世纪欧洲语言研究的主要成就体现在经院哲学语法上。经院哲学语法学家的兴趣在于为语法规则提供哲学和逻辑解释,这些语法学家中影响最大者应数活跃在13—14世纪的"摩的斯泰(Modistae)"学派,又称思辨语法学派(Speculative Grammar)。作为思辨语法学派的成员,米歇尔·德·马尔拜的语法是基于一个高度抽象的"物理"运动模型,把语言看成一系列的过程,他的观念对于把语言看成一门科学起到了引领作用。马尔拜的主要作品为《思辨语法导论》(Summa Modorum Significandi,1285)。早期的《语法论稿》(Tractatus Super Grammaticam)和《语言与中世纪逻辑理论》(Quaestiones Super Priscianum Minorem)两部著作仅以手稿形式存在。

马尔基尔 Malkiel, Yakov (Яков Львович Мал-киель,1914—1998) 美国俄裔语源学家和语文学家。1914年7月22日生于基辅一个俄国犹太家庭。俄国内战爆发后,到柏林生活和接受教育。年少时曾对文学很感兴趣,到洪堡大学就读时选择了语言学。纳粹执政后,全家人被迫离开德国,于1940年到达美国。在纽约失业两年,之后到怀俄明大学任教一个学期。1943年接受加州大学伯克利分校一个暂时性的工作机会,若干年后成为终身教授,一直在西班牙语系和语言学系工作到1983年退休。1947年创办杂志《罗曼语语文学》(Romance Philology)并任主编。1965年任美国语言学会会长。1998年4月24日卒于伯克利。

雅科夫·马尔基尔既是当时学界的领袖,又是一位极其严谨的理论大师。他在语言学中的突出贡献在于研究现代罗曼语,特别是证明了西班牙语中存在拉丁语词根、前缀和后缀。他最知名的研究是后缀中的语音。为此,他还创造了新术语"词汇的极化"来描述单词对发音的影响,使其与发音对单词的影响形成对照,尤其是当反义词成对出现的时候。他的又一学术兴趣是语源学历史,这在他创办的杂志《罗曼语语文学》和他最后的著作《语源学》(Etymology)中都有体现。他所有的研究都以大量的证据为前提,对于他的著作《罗曼语系中的拉丁后缀-antia 和 entia》(Development of the Latin Suffixes-antia and-entia in Romance Languages),奥地利语言学家斯皮策(Leo Spitzer)评论道:"这项工作也许会吓退很多人,但没有人不被马尔基尔在书中精彩的例证和执著的研究精神所打动。"

马尔基尔其他主要著作包括:《西班牙语 fealdad(e)、fieldad(e) 和 frialdad(e) 的起源》(The Derivation of Hispanic fealdad(e), fieldad(e), and frialdad(e),1945)、《三个西班牙词汇研究》(Three Hispanic Word Studies,1947)、《西班牙语后缀(i)ego》(The Hispanic Suffix (i)ego,1951)、《西班牙—拉丁语词族重建研究》(Studies in the Reconstruction of Hispano-Latin Word Families,1954)、《语源学词典:尝试性分类研究》(Etymological Dictionaries: A Tentative Typology,1976)、《语源学》(Etymology,1993)、《语言主题研究论集》(Essays on Linguistic Themes,1968)、《雅科夫麦基尔:文献学尝试》(Yakov Malkiel: A Tentative Autobibliography,1988)、《阿斯图里亚斯中东部地区方言的派生词缀模式》(Patterns of Derivational Affixation in the Cabraniego Dialect of East-central Asturian,1970)以及《美洲西班牙语语言学和语文学概览(1925—1970年)》(Linguistics and Philology in Spanish America: A Survey (1925—1970),1972)等。他还主编了《历史语言学方向:专题报告》

(*Directions for Historical Linguistics: A Symposium*, 1968)。

马尔姆贝格 **Malmberg, Bertil** (1913—1994) 瑞典语言学家。1913年4月8日生于丹麦赫尔辛堡(Helsingborg)。曾在瑞典隆德大学学习语言学；完成博士学位论文答辩后，被聘为隆德大学罗曼语言系讲师。后赴欧洲其他国家留学，了解结构主义运动、布拉格学派以及索绪尔学说，拓展学术视野。1933—1937年多次到法国，学习实验语音学，对索绪尔的《普通语言学》和布拉格学派的特鲁别茨柯伊(Nikolai Trubetzkoy)和雅柯布逊(Roman Jakobson)等学者尤其感兴趣。1950—1969年任隆德大学语音学教授，1969—1978年改任普通语言学教授。1994年10月8日卒于瑞典隆德。

伯蒂尔·马尔姆贝格早期对语音学非常关注，是瑞典语音学界的先驱。在他看来，语音具有两重性：一面是具体的发音活动和发出的声音，另一面是声音在语言系统中的作用，如词汇、语法和交流。他对两者都有极大兴趣，他在研究中主要采取结构主义的角度。1939年，他发表《什么是语音》的论文，引发学界对音素的本质、实验语音学、语音学在教学中的作用等问题的探讨。1950年所有隆德大学学语言的学生都必须上马尔姆贝格的语音课。他的《语音简介》(*Kort Lärobok i Fonetik*)是所有学生的必读课本。他还筹建了语音实验室，是现在隆德大学语言学系的雏形。目前语言学系不仅进行语音的教学和研究，还涉及普通语言学、儿童语言和计算机语言。

马尔姆贝格也是一位知名的罗曼语语言学家，他的著作涉及对法语、意大利语和西班牙语的研究。他几次去南美洲，研究南美印第安人的语言和文化现象。他试图把语言学的符号纳入符号学的理论框架之下，研究符号学该如何与语言学整合的问题，并多次批评生成语言学家缺乏符号的概念。他的研究兴趣还包括儿童语言、双语现象、语言学习和教育等。

马尔姆贝格的著作包括《数量作为语音音位学概念——普遍性研究》(*Die Quantität als Phonetisch Phonologischer Begriff: Eine allgemeinsprachliche Studie*, 1944)、《新世界的西班牙语——普通语言学问题探讨》(*L'espagnol dans le Nouveau Monde: Problème de Linguistique Générale*, 1948)、《语言学新趋势》(*New Trends in Linguistics: An Orientation Translated from the Swedish Original by Edward Carney*, 1964)、《结构语言学与人际交往——语言机制及语言学方法导论》(*Structural Linguistics and Human Communication: An Introduction into the Mechanism of Language and the Methodology of Linguistics*, 1963)、《语音学》(*La Phonétique*, 1973)、《语言——人类的符号》(*Le Langage: Signe de l'human*, 1979)以及《语言学历史——索绪尔》(*Histoire de la Linguistique: de Sumerà Saussure*, 1991)等。

马费伊 **Maffei, Angelus Francis Xavier** (1844—1899) 意大利传教士、刚卡尼语研究专家。1844年11月12日生于位于意大利与奥地利边境的阿尔卑斯伦黛纳(Rendena)山谷中的平佐洛(Pinzolo)。19世纪中下叶到印度西南沿海传教。1899年卒于印度天主教门格洛尔教区(Mangalore)门格洛尔城附近一个偏远的传教点。

安格鲁斯·弗朗西斯·泽维尔·马费伊是最早系统研究印度西海岸刚卡尼语的西方学者。自从葡萄牙人到了果阿州，天主教传道活动日益活跃。从1534年起，教皇就向果阿州派了主教。为了顺利传教，天主教教士必须掌握刚卡尼语(Konkani)。马费伊为刚卡尼语的普及做了大量工作。在马费伊看来，刚卡尼语之前是用纳加尔(Nagar)的字母书写的，有时又用马拉地语(Mahratti)字母书写。他便把刚卡尼语字母转写成罗马语或卡拿拉语(Canarese)字母，最终使刚卡尼语的字母接近修正后的卡拿拉语字母，与马拉地语字母相似。

马费伊曾编写过《刚卡尼语语法》(*A Konkani Grammar*, 1882)和《英语—刚卡尼语词典》(*An English-Konkani Dictionary*, 1883)。许多学者认为，在《刚卡尼语语法》和《英语—刚卡尼语词典》出版后，才有真正的刚卡尼语文学。他的其他著作包括：《刚尼卡—英语词典》(*Konkani-English Dictionary*, 1885)、《忏悔牧师手册》(*The Confessor's Vademecum*, 1891)和《来自刚尼卡沙漠的甜美声音》(*Konkni Ranantlo Sobit Sundor talo, or a Sweet Voice from the Konkani Desert*, 1892)等。

马卡斯特 **Mulcaster, Richard** (1532—1611) 英国教育改革家。约1532年生于英国坎布里亚郡卡莱尔镇(Carlisle, Cumbria)。1548年从伊顿公学毕业，进入剑桥大学国王学院，后到牛津大学继续学习；其间遇到约翰·奇克(John Cheke, 1514—1557)和约翰·凯厄斯(John Caius, 1510—1573)等影响其思想的重要学者，1556年获文学硕士学位。从牛津毕业时，已掌握了高超的拉丁语、希腊语和希伯来语技能。1561年任泰勒公学首任校长，1596年成为圣保罗公学校长。1611年4月15日卒于埃塞克斯。

理查德·马卡斯特不仅是一位教育理论家，还是英语词典编纂学的创始人。对语言历史学家和语言学家来说，马卡斯特最令他们感兴趣的是两部著作：1581年出版的《位置》(*Positions*)和1582年出版的《基础》(*Elementarie*)。他撰写《位置》的目的是"表达我对教学的千姿百态的意见,主张用一些一致性来统一它们。"《位置》提供了一份综合教育的大纲,涉及语言课程的作用,体育课的教学,儿童受教育的权利等。他主张对12岁以下的孩子,不论贫富,均推行阅读、写字、音乐、绘画和体育教育。《基础》旨在树立一个更规范的英语拼写体系,是第一部英语正字法条例书。此书的核心是一个"总图表",列举了8000个英语单词和它们正确的拼写。在这本书里,马卡斯特号召人们采取最接近音位的拼写方式,同时也允许少数约定俗成不符合音位的拼写存在。

马卡斯特提倡进行拼写改革,如把短元音之后双写的辅音减少为一个(如put和grub,而非putt和grubb),以及规范开音节结尾的元音"e"。他还修正了一些错误的语源学拼写,如应写"abominable",而非"abhominable"。他全力倡导英语语法教学,认为英国儿童应该首先学好英语阅读,其次是拉丁语阅读,母语语法应该是学习拉丁语语法的基础。这些观点使马卡斯特成为英语语言历史上一位里程碑式的人物,他改变了英语语言的发展和人们对此的态度。

马林诺夫斯基 Malinowski, Bronistaw Kaspar (1884—1942) 波兰裔英籍人类学家、民族学家和语言学家。1884年4月7日生于波兰克拉科夫(Kraków)一个中产阶级家庭,从小身体羸弱,但乐于钻研学习。幼年丧父,中小学教育大半在家中完成。1902年进入克拉科夫雅捷隆大学(Jagiellonian University)主攻哲学,同时选修波兰文学、数学、物理学、微生物学、植物学、心理学、教育学等课程,1908年毕业;此后到莱比锡大学进修,学习心理学和经济史。1910年在伦敦经济学院求学一年,其间受英国人类学家詹姆斯·弗雷泽(James George Frazer, 1854—1941)作品《金枝》(The Golden Bough)的启发,立志成为人类学家,后又将兴趣转向民族学;1913年回伦敦经济学院任讲师,1916年获该院理学博士学位。1914年到几内亚着手人类学实地考察,1915—1918年间在特罗布里恩群岛(Trobriand Islands)做了两年实地考察。1927年被聘为伦敦经济学院人类学系主任,1938年受聘担任耶鲁大学教授。先后在伦敦大学、波兰科学院等处工作。1942年5月16日卒于在墨西哥瓦哈卡州(Oaxaca)做实地考察的途中,安葬于康涅狄格州纽黑文市(New Haven)。

布罗尼斯拉夫·卡斯帕·马林诺夫斯基在人类学研究方面提出一套新的民族志写作方法,并创立了一套严谨的实地调查方法。他认为人类学研究具有科学性,研究所依据的民族志等材料应该根据具体的证据书写,因此首要的工作应该是制作统计图、族谱等图表,以澄清研究对象的状态和彼此之间的关系。他提出把参与观察法作为研究方式,研究者应该参与部落之间的活动,真正观察到土著生活中琐碎却又关键的习俗与规范。此外,他还认为图表的制作和编写还应该同时参考土著居民的意见。马林诺夫斯基的考察纪录不仅让当时的欧洲人重新思考文化的主客观点,学习以当地人的观点理解个别文化的价值,而且这种实地调查的方法此后一直被视为人类学研究的典范,对西方人类学和民族学产生重大影响。

马林诺夫斯基不仅是重要的人类学家,也是语言功能理论倡导者。他认为一个社会的所有文化其实只是一组工具,其存在目的在于满足人类自身的种种生理和心理需求,而各文化要素之间环环相扣,且不断变动以保持有效的运作。因此,各种不同的文化中存在各不相同的运作原则,而这些原则也和社会中的实质功能保持紧密的关联。他认为,语言所要表达的全部事物随着文化水平、地理、社会和经济的情况而变化,因此要根据一定的文化来分析词的功能。他特别强调研究"语言环境"的重要性,认为话语与语言环境是密切地交织在一起的,语言环境对了解词义必不可少。马林诺夫斯基所说的语言环境不仅包括语言使用的上下文语境,而且包括文化水平和可能影响语义的一切因素。

马林诺夫斯基的主要著述包括《澳大利亚土著家庭》(The Family Among the Australia Aborigines, 1913)、《西太平洋的航海者》(Argonauts of the Western Pacific, 1922)、《原始社会的犯罪与习俗》(Crime and Custom in Savage Society, 1926)、《科学文化论》(The Scientific Theory of Culture, 1944)等,其中《科学文化论》是其功能主义理论的比较全面和系统的总结。他去世后,美国人类学、民族学界专门设立了马林诺夫斯基奖,以此来纪念这位勤勉的人类学家。

马斯特兰德 Marstrander, Carl J. S. (1883—1965) 挪威语言学家。1883年11月26日生于挪威南部港市克里斯蒂安桑(Kristiansand)。曾就读于克里斯蒂安尼亚大学(Universität Kristiania),专攻古典语文学和印欧语。1907年获奖学金赴爱尔兰大学学习。1908年回克里斯蒂安尼亚大学研究印欧语言学。1910—1913年在都柏林的爱尔兰文化学校(School of Irish Learning)担任凯尔特研究和比较语言学教授。1913—1954年担任奥斯陆大学凯尔特语教授。1928年创立《挪威语言学杂志》(Norsk Tidsskrift for Sprogvidenskap)并担任主编直至去世。1965年12月23日卒于奥斯陆。

卡尔·马斯特兰德的作品大部分是用挪威语完成,其中关于挪威文化中凯尔特和斯堪的纳维亚元素的影响被认为是近代挪威重要的语言学研究。他在《挪威语言学杂志》和其他相关期刊上，发表了无数研究如尼铭文的文章，为解释如尼文作出了长期贡献，对后代很多语言学家产生影响，包括索默费尔特(Alf Sommerfelt)和伯格斯特罗姆(Carl Hjalmar Borgstrøm)。1913年，马斯特兰德出版了《基于中古爱尔兰资料的爱尔兰语言词典》(Dictionary of the Irish Language Based Mainly on Old and Middle Irish Materials)，这是他长期进行史学研究的成果。对于马恩岛(the Isle of Man)的历史他也深有研究，并写了不少著作，其中最著名的是《挪威对马恩岛的征服》(The Norwegian Conquest of the Isle of Man, 1933)，这项研究还得到了挪威政府资助。他认为挪威人对马恩岛的征服可能从9世纪上半叶即已开始。通过对马恩岛语言的研究，可以证明挪威人与被征服的马恩岛居民关系良好。趁为数不多的土著人仍健在，他对马恩语语音进行开拓性的记录，这些记录资料多达六十卷录音带，是1940年左右灭绝的马恩语唯一的口语资料。马斯特兰德相信马恩岛博物馆所收藏的十字架是斯堪的纳维亚神话研究的重要资料，那些刻在石板上的文字，早在拉丁语传到挪威150年前已是斯堪的纳维亚文化重要的载体。

马斯特兰德的主要作品还包括《对爱尔兰挪威语言历史的贡献》(Bidrag til det Norske Sprogs Historie i Irland，即 Contributions to the History of the Norwegian Language in Ireland, 1915)、《印欧语系的赫梯语字符》(Caractére Indo-européen De La Langue Hittite, 1919)和《对印欧语系凯尔特人鼻缀的观察介绍》(Observations sur les présents indo-européenes à nasale infixée en celtique, 1924)等。

马斯特曼 Masterman, Margaret (1910—1986) 英国语言学家和哲学家。1910年5月4日生于伦敦，父亲是著名的政治家，母亲是作家和诗人。曾在纽纳姆学院(Newnham College)研究中世纪与现代语言和伦理学，同时师从维特根斯坦研究哲学，与导师一样关心理论语言学的基础问题。与乔姆斯基正在研究句法理论，蒙塔古(Richard Montague)在数理逻辑的基础上寻求建立一套形式语法的同时，他提出"新维特根斯坦"观点。1986年4月1日卒于剑桥。

玛格丽特·马斯特曼是剑桥大学教授、剑桥语言研究中心(Cambridge Language Research Unit)的创始人、计算语言学先驱。她对人工智能和机器翻译的主要贡献可视为剑桥语言研究中心工作的一部分。该中心成立于20世纪50年代末。起初是一个研讨小组，最后演变成了领先于世界的计算机语言学研究中心。时任该中心主任的马斯特曼主要对机器翻译中的语义处理问题感兴趣。马斯特曼提出了使用结构化的词汇概念语义分类来解决语言处理程序中的词义消歧问题，并探索将点阵理论运用其中。她反复强调以下原则：(1)语言的基础是语义，而非句法。(2)含糊是自然语言的随意性和扩展性造成的，不会因为语言逻辑的净化而消失。(3)按照语境可以对同义词进行三种分类：按用法将词语分成不同组别，以每个词为中心向周围辐射，或在篇章中根据每个词的所指形成新的组合。(4)图像是独立于语言的语义基础。根据计算机语言学的研究发现，只需要大约50到100个表意字和单音节词就可以在大脑中构成图像。(5)类比和隐喻是形成语言新用法的基本要素，尤其是在最先进的科学领域。

马斯特曼对哲学界也做出了有影响力的贡献。她在《范式的本质》(The Nature of Paradigm, 1965)一文中对库恩的范式观做了系统考察。她从《科学革命的结构》中列举了库恩使用的21种不同含义的范式，并将其概括为三种类型或三个方面：作为信念、形而上学思辨的哲学范式或元范式；作为科学习惯、学术传统和具体科学成就的社会学范式，以及作为依靠本身成功示范的工具、解决疑难的方法和用来类比的图像的人工范式或构造范式。

马斯特曼的其他重要作品包括《基于国际语的机器翻译语义信息检测》(Semantic Message Detection for Machine Translation, Using an Interlingua, 1961)、《语义运算法则》(Semantic Algorithmus, 1965)和《机器翻译之基本技能》(The Essential Skill to be Acquired for Machine Translation, 1979)等。在她去世后，剑桥语言研究中心授权给谢菲尔德大学教授、人工智能专家威尔克斯(Yorick Wilks)出版了她的论文合集，名为《语言、连贯和形式》(Language, Cohesion and Form)。

马泰休斯 Mathesius, Vilem 参见"马特西乌斯"。

马特西乌斯 Mathesius, Vilem (1882—1945) 捷克语言学家。亦译作马泰休斯。1882年8月3日生于当时奥匈帝国波希米亚(Bohemia)地区的帕尔杜比策(Pardubice, 今属捷克)。1901年考入查理大学(Charles University)攻读日耳曼和罗曼语言。1909年毕业，此后一直留在查理大学任教。1945年4月12日卒于布拉格。

威廉·马特西乌斯是结构主义布拉格学派的重要创始人之一。1926年，他与特鲁别茨柯依(Nikolay Trubetzkoy)、雅柯布逊(Roman Jakobson)等人共同创建布拉格语言学会，并终身任该学会会长。以他为代表的布拉格学派也称功能语言学派或结构—功能学派，他们支持索绪尔对"语言"(langue)和"言语"(parole)的区分，强调共时语言研究的重要性，但同时认为交际是语言的基本功能，主张语言结构的研究与功能的研究相结合。1939年发表《功能句子观》(*Functional Sentence Perspective*)，提出句子结构可划分为主位(Theme)和述位(Rheme)的信息结构理论观点。主位一般位于句子的开头，传递已知信息，而述位是对主位的叙述、描写或说明，传递新信息。

马特西乌斯不仅在语言结构与功能方面取得开创性成就，对普通语言学、语言与文化等方面的研究也均感兴趣。其他重要著作还包括《捷克语与普通语言学》(*Czech Language and General Linguistics*, 1947)、《当代英语内容分析》(*Content Analysis of Contemporary English*)和《语言、文化与诗歌艺术选集》(*Anthology of Language, Culture and Poetic Art*)等。

马托雷　Matoré, Georges （1908—1998） 法国词典编纂学家。生于1908年8月8日。在学习装饰艺术，获得现代语言学及阿拉伯语证书之后，开始其法语教师的生涯。在20世纪30年代末，任立陶宛希奥利艾商业学院讲师，讲授法语；不顾法国大使的劝告，执意留在立陶宛，后被苏联秘密警察逮捕，关进希奥利艾监狱，最终逃脱。1942年被盖世太保逮捕，1943年获释。20世纪50年代开始执教于巴黎大学。1998年10月5日卒于巴黎。

乔治·马托雷是一位语言学和文学贯通的多产学者。他曾把二战期间的经历写成了自传体小说《立陶宛的狱中生活》(*Mes Prisons en Lituanie*)。1953年他出版了《词汇学方法论》(*La Méthode en Lexicologie*)，为词汇学研究开辟了一条新的道路。他认为不能仅把词汇研究置于语言学范畴，而应该把它同一个国家的历史和文明联系起来。作为此研究的应用，他分别在1985年和1988年出版了《中世纪的社会与语言》(*Le Vocabulaire et la Société Médiévale*)与《十六世纪的社会与语言》(*Le Vocabulaire et la Société du XVIe Siècle*)，这两本书的研究建立在对那两个时代重要文学作品的分析基础上。

在语言学研究中，马托雷还对空间概念有过专门探讨。他出版和发表了《人类的空间》(*L'espace Humain*, 1962)、《生活中关于空间的表达》(*L'expression de L'espace dans la Vie*)以及《空间和语言》(*L'espace et le Vocabulaire*)等论著。他建立了三个假设：首先，语言、思想和当代艺术都受到空间制约，空间的概念被认为越来越重要；其次，不管什么语类以及对它的不同理解，空间总是被浓缩成一个单位；最后，至少在我们对它的有别于前人特有理解这点上，这个单位是建立我们空间的特有性质。

马托雷的著作还包括《词汇学方法》(*La Méthode en Lexicologie*, 1953, 1973)和《法兰西词典史》(*Histoire des Dictionnaires Français*, 1968)等。

马托索·卡马拉　Mattoso Câmara Júnior, Joaquim （1904—1970） 巴西语言学家。1904年4月13日生于巴西里约热内卢。在大学求学时，主修建筑和法律；20世纪30年代涉足语言学研究，先在里约热内卢学习，后赴美国师从雅柯布逊(Roman Jakobson)。1937—1939年在里约热内卢的联邦区大学(Universidade do Distrito Federal)任语言学教授。1944年参与创立巴西语文学学术院(Academia Brasileira de Filologia)。1950年任巴西大学哲学学院(Faculdade de Filosofia da Universidade do Brasil)普通语言学教授，兼任美国、葡萄牙、墨西哥、乌拉圭等国外一些大学客座教授。1969年1月9日在圣保罗成立的巴西语言协会(Associação Brasileira de Linguística)上当选第一届主席。1970年2月4日卒于里约热内卢。

小若阿金·马托索·卡马拉的研究兴趣广泛，涉及文体学、音位学、语法、巴西土著语以及语言史和普通语言学。其中，最有成就的是在普通语言学、语法以及葡萄牙语等研究领域。在普通语言学领域，他对语言和文化关系的研究意义重大，他认为语言是文化的一部分，但语言又可以从文化中分离开来。他编撰出版了巴西第一部普通语言学专著《普通语言学原理》(*Princípios de linguística geral*, 1941)，形成了自己的语言学理论；该书经过修订和扩充，于1954年发行第二版。该书主张的理论沿袭布拉格学派(以雅柯布逊为代表)以及索绪尔和萨丕尔(Edward Sapir)的结构主义理论框架。1956年，他出版了《语法详解词典》(*Dicionário de fatos gramaticais*)；1963年再版时，该词典更名为《语文学和语法学词典》(*Dicionário de filologia e gramática referente à língua portuguesa*)。他的葡萄牙语研究重点关注音位学和形态学方面，提出葡萄牙语中不存在鼻化元音的假说，认为葡萄牙语的音节末尾存在一个鼻化的主音素(nasal archiphoneme)；他对葡萄牙语的形态进行了结构主义分析，尤其在动词形态方面的研究颇为有趣。除了描述葡萄牙语的动词体系外，他还对葡萄牙语不规则动词进行了研究，指出葡萄牙语动词除现有的不规则变化之外还存在其他词形变化。此外，他还研究了葡萄牙语的发展史及其在巴西的演变，以及葡萄牙语的词汇、短语等，部分研究成果出版在《葡萄牙语结构》(*Estrutura da língua portuguesa*, 1970)中。

马托索·卡马拉的其他主要作品包括《巴西土著语言简介》(*Introdução às línguas indígenas brasileiras*, 1965)、《葡萄牙语史》(*História e estrutura da língua portuguesa*, 1972)、《语言学史》(*História da Linguística*, 1975)等。

马耶诺娃　Mayenowa, Maria Renata (1910—1988) 波兰语言学家。1910年6月2日

生于沙俄比亚韦斯托克(Białystok)。曾在维尔诺(Wilno)的斯特凡·巴托雷大学(Stefan Batory University)攻读波兰语言文学专业,1932 年毕业。在一所犹太中学任教四年,后重返大学深造,1939 年 5 月获博士学位。纳粹占领波兰前,一直在大学担任助教;战争爆发之后,到立陶宛北部避难。1945 年在比亚韦斯托克市立图书馆担任管理员。后因其夫任波兰驻捷克大使馆新闻专员,在布拉格居住五年。1948 年与一些学者共同创建波兰科学院文学研究院,1957—1968 年曾任副院长,在"反犹太复国"运动中被解聘。1988 年 5 月 7 日卒于华沙。

玛丽亚·勒娜特·马耶诺娃一直是一位活跃的学者、编辑和学术活动组织者,她主要的学术思想是用语言学理论研究文体学和诗学。她在华沙组织了数次研讨会,把这些研讨会的成果编撰成文集。这些会议聚集了波兰、捷克斯洛伐克和前苏联语言学家和文学家,是重要的国际学术交流舞台。通过这些组织工作、各种正式或非正式的教育活动,她启发并训练了一大批年轻学者,包括澳籍波兰裔的语义学家韦尔茨别希卡(Anna Wierzbicka)、卢布林语言学和民俗学家巴特明斯基(Jerzy Bartmiński)、华沙词汇学家萨洛尼(Zygmunt Saloni)以及已故的中世纪研究学者沃罗扎克(Jerzy Woronczak)。作为编辑和译者,文体学和诗学同样是马耶诺娃的研究重点。她翻译并评注了法语、捷克语和俄语中有关文体学文章。

马耶诺娃发起并积极参与 16 世纪波兰语词典的编纂,今已经编到 31 卷。她编写了《波兰作家文库》(The Library of Polish Writers),收录了从中世纪到 17 世纪作家的作品,并对它们的词汇和语法进行了深入分析。此外,她编写的文集还有《篇章、语言和诗学》(Tekst, jzyk, poetyka,即 Text, Language, Poetics)、《篇章和语言语义学》(Semantyka Tekstu ij Zyka,即 The Semantics of Text and Language)、《篇章和语言:语义问题》(Tekst ij zyk: Problemy Semantyczne,即 Text and Language: Semantic Problems)以及《论篇章连贯性》(O Spójnosci Tekstu,即 On Textual Coherence)等。1974 年,她完成《理论诗学——语言的问题》(Theoretical Poetics: Questions of Language),1979 年出版了该书的修订版,拓展了第一版的内容。在这部著作里,她阐述了"哪些文学信息由语言特征决定"这一论题。

马兹维　**Madvig, Johan Nicolai**　(1804—1886)　丹麦古典语文学家和政治家。1804 年 8 月 7 日生于博恩霍尔姆岛(Bornholm)。曾就读于腓特烈(Frederiksborg)古典学校和哥本哈根大学,1828 年被聘为副教授。在完成关于西塞罗评注的博士学位论文后,1829 年成为哥本哈根大学拉丁语语言和文学教授。1932 年成为大学图书馆长。1848 年作为埃德-丹麦党(Eider-Danish)的一员,成为议会议员。1848—1851 年,任内阁文化部长,改革丹麦的教育体制;1856—1863 年任丹麦议会议长,兼任国家自由图书馆馆长。一生绝大多数时间都致力于拉丁语的研究和教育,督促古典学校的改进。1874 年由于视力持续衰退,不得不放弃大部分工作,但仍继续从事教学。1879 年第六次当选哥本哈根大学校长。1880 年辞去教授一职,继续研究罗马宪法。1886 年 12 月 12 日卒于哥本哈根。

约翰·尼古拉·马兹维是一位睿智的评论家。他花了大量精力研究古罗马政治家、雄辩家、著作家西塞罗,并通过编辑西塞罗的著作《论善与恶的定义》创新自己的哲学写作。不过,他最著名的还是那些关于拉丁语法和希腊句法的著作。这些书籍被译成多种语言。当时,丹麦学校里所学的拉丁语法都是他编写的。他关于拉丁句法的一本教科书在 2001 年还得以再版。马兹维对语言起源的看法与惠特尼的接近,他认为语言的存在形式不能与它的存在相矛盾,因此可以认为马兹维引入了均变语言学。

马兹维的主要著作包括《学校用拉丁语法》(Latinsk Sproglære til Skolebrug,即 Latin Grammar for Schools,1841)、《希腊语语法》(Græsk Ordføiningslære, især for den Attiske Sprogform,即 Greek Grammar,1846)、《语言学论文》(Sprachtheoretische Abhandlungen,1971)、《语文学散论》(Kleine Philologische Schriften,1875)和《希腊、拉丁作家评论笔记》(Adversaria Critica ad Scriptores Graecos et Latinos,1871—1884)等。马兹维最后一部作品是他的自传《回忆录》(Livserindringer,1887)。

迈尔霍费尔　**Mayrhofer, Manfred**　(1926—2011)　奥地利印欧语学者。1926 年 9 月 26 日生于奥地利北部城市林茨(Linz)。1944 年中学毕业后,被格拉茨大学录取。1945—1946 年学习德语语言和文学后,迅即转向印欧语比较语法以及印度—伊朗语族以及闪语族的研究。1949 年获博士学位。1951 年任印欧语言学和印伊语文学讲师。1953 年到德国巴伐利亚州维尔茨堡大学执教,1958 年成为比较语言学教授。1966 年回到奥地利,担任维也纳大学普通语言学和印欧语言学系主任。1988 年退休,享受荣誉教授待遇。曾当选国内外十多个科学研究院的院士,在奥地利科学院声望显赫。2011 年 10 月 31 日卒于维也纳。

曼弗雷德·迈尔霍费尔主要从事印欧语言学研究,尤其专注于印度—伊朗语族语文学和语源理论、语言史等领域。在对古印度-雅利安语源学的研究中，他的做法与之前的学者有所不同，他首先区分史料记载的古老吠陀梵语和后来出现的梵语。这两类词汇的来源不同，前者主要从古印欧和古印伊语中继承而来，后者则产生于梵文的两部史诗之后。他对19—20世纪印欧语言学研究历史充满兴趣，还对印欧语言学家对索绪尔理论的评价进行过调查。他善于使用简洁的语言表达复杂的理论，一直以来，他的著作都以对研究对象的熟悉程度和判断准确客观而著称。

迈尔霍费尔编写了大量的教材和词典，撰写了不少论文和专著。他倾注毕生精力完成的是四卷本《古印度—雅利安语源学词典》（Kurzgefaßtes Etymologisches Wörterbuch des Altindischen，即 The Etymological Dictionary of Old Indo-Aryan）。从学生时代开始，他就在为这本巨著收集资料，直到1980年才完成四卷词典的编写。另两部词典，《简明梵语语源学词典》（A Concise Etymological Sanskrit Dictionary，1956—1980）和《梵语语源学词典》（Etymologisches Wörterbuch des Altindoarischen，即 An Etymological Sanskrit Dictionary，1992—2001），也是语源学史上实证充分的著作。其他重要的研究成果还包括《古印欧语音系学》（Phonology of the Indo-European Proto-language，1986）和《梵语语法》（Sanskrit-Grammatik，1953）等著作，其中《古印欧语音系学》是他对印欧语言学研究的最大贡献。

迈尔-吕卜克　Meyer-Lübke, Wilhelm

（1861—1936）　瑞士新语法学派语言学家。1861年1月30日生于苏黎世附近的杜本道夫镇（Dübendorf, Zürich）。曾在苏黎世大学、柏林大学和巴黎大学接受教育，1883年以《罗曼语中性拉丁词的命运》（Die Schicksale des lateinischen Neutrums im Romanischen）的论文获柏林大学博士学位；1887年，年仅26岁即被任命为德国耶拿大学罗曼语语言学系主任，后在维也纳大学和波恩大学担任相同职位。1936年10月4日卒于德国波恩。

威廉·迈尔-吕卜克倡导严谨的治学方法，曾接受实证主义新语法学派的训练，并在其毕生的研究道路上恪守准则。当时尽管许多唯心主义者、社会语言学家、生成语法学家以及其他反新语法学派的人对其坚定的学术立场无法认同，但无一否认迈尔-吕卜克是罗曼语语言学史上最有影响的人物之一。1890年，迈尔-吕卜克不到三十岁就完成了个人里程碑式的作品《罗曼语语法》（Grammatik der Romanischen Sprachen，即 Grammar of the Romance Languages）的第一卷，其后至1902年又出版了第二至第四卷。他对罗曼语言和拉丁口语的比较研究为罗曼语语言学开创了新的时代。

迈尔-吕卜克其他重要作品包括其研究生涯顶峰时期出版的《罗曼语语言学研究概论》（Einführung in das Studium der Romanischen Sprachwissenschaft，即 Introduction to the Study of Romance Linguistics，1901）和《罗曼语语源学词典》（Romanisches Etymologisches Wörterbuch，即 Romance Etymological Dictionary，1914—1920），后者在他有生之年再版三次，影响深远。此外，他还出版过有关法语历史语法以及对古劳古多罗方言（Old Logudorese）研究的著作。

迈农　Meinong, Alexius

（1853—1920）　奥地利哲学家和心理学家。1853年7月17日生于奥地利帝国时期加利西亚和洛多梅里亚王国（Galicia and Lodomeria）伦贝格市（Lemberg）（即 L'viv，今乌克兰的利沃夫）。毕业于维也纳学术中学（Akademisches Gym-nasium），1870年进入维也纳大学学习。1874年获历史专业学士学位。之后投入实证主义哲学家弗朗兹·布伦塔诺（Franz Brentano, 1838—1917）门下，转向哲学研究。1878年在维也纳大学担任讲师。1882年被聘为格拉茨大学哲学副教授，1889年晋升为教授。1894年在格拉茨建立了奥地利的第一个实验心理学实验室。1920年11月27日卒于奥地利施蒂里亚州格拉茨市（Graz, Styria）。

亚力克修斯·迈农博学多才，著作涉及哲学、心理学和语言学三大领域，其中很多观点被弗雷格（Gottlob Frege）、索绪尔（Ferdinand de Saussure）和罗素（Bertrand Russell）等同一时代或后来学者引用。他对思想、符号和意义之间关系的讨论，被应用到认知语言学和形式语义学领域。他是格拉茨心理学派的主要代表。他在哲学上的成就以提出关于对象的理论而著名。他认为一切精神作用都蕴含着某个对象，这种作用是实在的，但"对象"不仅指存在着的具体事物和常存的共相，而且也包括非现实存在的东西，如"圆的正方形"、"金山"等。因为这些东西是可思考的，仍可对之作出判断。判断的对象并不是一个存在着的具体事物，而是一个客观的东西。同样，假设的对象是主观的，假设本身无所谓对错，但它所涉及的对象有真假。只有参照假设，我们才能理解精神生活中的许多现象。

迈农把他的价值理论作为其人类心理学的基础。其基本概念是价值情感，指由对象的存在或非存在引起的快乐或悲伤。他认为，我们的情绪反应并不是一致的，当我们谈论诸如健康之类的具有共同好处的话题时，我们对好事物的不存在而表示出来的懊丧情绪要大大超过因为它的存在而带来的愉悦情绪。与此相似的是，我们对坏事物存在的不愉悦情绪之间也常常是不平衡的。他把好事物和坏事物进行细分：(1)值得称赞的好事物；(2)仅仅满足了需要的好事物；(3)可以原谅的坏事物；(4)不可原谅的坏事物。迈农指出它们都是善、恶本性的具体表现，从而奠定了价值理论的基础。人类的价值情感是由对象的存在或非存在所引起的快乐或悲伤，故基本的价值情感有四类：对象的存在引起的快乐和悲伤，对象的非存在引起的快乐和悲伤，它们都是善和恶的本性的具体表现。善指如果它存在就获得快乐，如果它不存在则引起悲伤；恶指如果它存在就引起悲伤，如果它不存在就获得快乐。

迈农的主要著作包括《假设论》(Untersuchung zur Gegenstandstheorie und Psychologie，1904)、《对象论》(Über Gegenstandstheorie，1904)、《对象论在科学体系中的地位》(Über die Stellung der Gegenstandstheorie im System der Wissenschaften，1907)、《可能性和或然性》(Über Möglichkeit und Wahrscheinlichkeit，1915)、《一般价值论的基础》(1923)等。

迈耶尔 Meyer, Kuno Edward （1858—1919） 德国凯尔特语言学家和文学家。1858年12月20日生于汉堡，德国历史学家爱德华·迈耶尔(Eduard Meyer，1855—1930)之胞弟。少年时一直生活在爱尔兰，盖尔语环境激发了他去莱比锡大学学习凯尔特语的兴趣；1884年以《亚历山大传奇的爱尔兰语版》(Eine irische Version der Alexandersage，即 An Irish Version of the Alexander Romance)的论文获博士学位，这篇论文是最早把拉丁语翻译成爱尔兰语的作品。其后，到利物浦大学的前身新大学学院(New University College)任讲师，讲授日耳曼语，1895年在27岁时晋升为教授，1904年成为皇家爱尔兰学院凯尔特语教授。1911年10月被任命为柏林弗里德里希·威廉大学(Friedrich Wilhelm University)凯尔特语系主任，次年成为柏林大学凯尔特语教授，并被都柏林市和科克郡授予荣誉市民奖章。1919年10月11日卒于莱比锡。

库诺·爱德华·迈耶尔在新大学学院任教期间，就古爱尔兰语和其他凯尔特语的诸多课题发表论文，同时编写德语教科书。1896年，他与斯特恩(Ludwig Christian Stern)一起创办期刊《凯尔特语文学》(Zeitschrift für celtische Philologie)并任主编；这本杂志自1897年首刊以来，至今仍在发行。1903年，他在都柏林成立了爱尔兰学校以培养爱尔兰语学者，并给有志于此的学生提供奖学金；第二年他创办了该校的学报《爱尔兰语》(Ériu)并担任主编。第一次世界大战爆发初期，他前往美国讲学；他于1914年12月做的一个亲德演讲在英国和爱尔兰引起了众怒，许多朋友跟他断绝了来往；他因此被剥夺了都柏林市和科克郡的市民权，取消了利物浦大学荣誉凯尔特语教授职位，并被迫辞去爱尔兰学校校长和《爱尔兰语》期刊主编的职务。此后，迈耶尔滞留在美国巡回讲学、任教，直至1917年才回到德国。

虽然迈耶尔接受的是语言学的专业训练，但他的主要志趣还是在文学方面。他把用古爱尔兰语写成的文学作品翻译成英语，使大众对此充满了兴趣。他还研究过语源学和韵律学，并编修过大量上古和中古时代的爱尔兰文献。他的主要著作包括《爱尔兰的奥德赛》(The Irish Odyssey，1885)、《布兰的航行》(The Voyage of Bran，1894)、《国王和隐士》(King and Hermit，1901)、《古爱尔兰诗歌选》(Selections from Ancient Irish Poetry，1911)和《五世纪爱尔兰的学问》(Learning in Ireland in the Fifth Century，1913)等。

迈因霍夫 Meinhof, Carl Friedrich Michael （1857—1944） 德国语言学家。1857年7月23日生于波美拉尼亚地区吕根瓦尔德(Rügenwalde，Pomerania)附近小村庄巴左威茨(Barzowice)。先后毕业于蒂宾根大学和格赖夫斯瓦尔德大学(University of Greifswald)。1875年到哈雷大学学习神学，主要研究路德教教义。后转埃朗根大学(Universität Erlangen)开始学习语言学，师从历史比较语言学家施莱歇尔(August Schleicher)和语文学家劳默尔(Rudolf von Raumer)，主要研究标准正字学、语音变化和语言起源。1877年再次转学到格赖夫斯瓦尔德大学继续宗教学习。通过一系列神学考试之后，1886年成为离家不远的一个小镇的牧师。1905年受聘于柏林东方语言学院，讲授非洲语言。1909年到汉堡语言学院，开始研究除班图语之外的非洲语言，为此学习了亚述语、阿拉米语和阿拉伯语，扩充其坚实的希伯来语背景。为了服务于德国的殖民目的，还学习了杜阿拉语以及其他相关的喀麦隆语，并向其他传教士传授这些非洲语言。1944年2月11日卒于汉堡。

卡尔·弗里德里希·麦克尔·迈因霍夫在德国语言学家威廉·布列克(Wilhelm Bleek，1827—1875)开拓性研究的基础上发展了班图语比较语法研究。他撰写了多篇有关杜阿拉语和其他方言的论文，并在1899年出版了《班图语音学简介》(Grundriss einer Lautlehre der Bantusprachen)。该书涵盖了对六种班图语言的语音描述，包括斯瓦希里语和杜阿拉语，一经出版即成为非洲语言学研究的标准。与施莱歇尔用"原始印欧语(Urindogermanisch)"这一新术语描述印度—日耳曼语系(即印欧语)的语源特征相似，他也从当代班图语的词汇、词型和语法中提炼出班图语的语源特征，并将其命名为"原始班图语(Urbantu)"。他还对班图语作了当时最详尽的名词分类，与韦斯特曼(Diedrich Westermann)一同被并称为非洲语言学学科创始人和领导人物。迈因霍夫和韦斯特曼将非洲语言分为三个主要的语系：非洲北部和东北部的闪族语、非洲塞内加尔到埃塞俄比亚一带的苏丹语和非洲南部的班图语。

迈因霍夫曾发表一篇关于西非富尔贝语的论文,证明西非富尔贝语是含族语和尼格罗语之间的桥梁。这篇论文引起了较大争议,因受当时语言学界流行观点的影响,他对含族语和尼格罗语差异的理解,一半与语言学有关,一半与人种有关。他认为说含族语的人种普遍比说尼格罗语的人种高一等,因为后者皮肤更黑。尽管如此,他仍一再强调他的研究只关乎语言学,并继续发表相关著作,其中最著名的是1912年出版的《含族的语言》(*Sprachen der Hamiten*,即 *Languages of the Hamites*)。1966年,美国语言学家格林伯格(Joseph Greenberg 1915—2001)发表论文证明:迈因霍夫的许多理论建构不是以语言学为依据,而是以生物学为依据,因而存在诸多谬误。

麦卡锡 McCarthy, John J. (1953—)
美国语音学家。1953年生于美国马萨诸塞州的梅德福(Medford)。1975年毕业于哈佛大学语言学与近东语言专业,获文学士学位;1979年获美国麻省理工学院语言学博士学位,辅修阿卡得语。1979—1984年任德克萨斯大学奥斯汀分校语言学系助理教授,1984年任副教授并获终身教职。1985年任教于马萨诸塞大学阿姆斯特分校(University of Massachusetts Amherst)语言学系,1989年擢升为教授,2007年任特聘教授,2012年起任研究生院副院长兼教务长。1985—1988年曾任美国语言学会教学委员会(Program Committee)委员。

约翰·麦卡锡致力于音系理论和优选论的研究。他的博士学位论文题目为《闪语音系学与形态学的形式问题》(*Formal Problems in Semitic Phonology and Morphology*)。他与艾伦·普林斯(Alan Prince)一同将自主音段音系学、优选论的研究对象拓展到了形态学。1992年,他被授予古根海姆学者奖(Guggenheim Fellowship),表彰他在优选论和韵律形态学(prosodic morphology)方面的研究,相关著作主要包括《优选论主题入门》(*A Thematic Guide to Optimality Theory*, 2002)、《隐含的归纳:优选论中的音系不透明现象》(*Hidden Generalizations: Phonological Opacity in Optimality Theory*, 2007)和《优选论分析》(*Doing Optimality Theory*, 2008)等;重要论文包括《论重音与音节划分法》(*On Stress and Syllabification*, 1979)、《希伯来语中的辅音音长表征》(*The Representation of Consonant Length in Hebrew*, 1981)、《非线性音系学综述》(*Nonlinear Phonology: An overview*, 1982)、《重音转移与韵律结构》(*Stress Shift and Metrical Structure*, 1985)、《罗图马语中的音韵段》(*The Prosody of Phase in Rotuman*, 2000)、《对比性标记》(*Comparative Markedness*, 2003)等。

麦卡锡现任《加泰罗尼亚语言学》(*Catalan Journal of Linguistics*)、《约旦现代语言与文学》(*Jordan Journal of Modern Languages and Literatures*)等学术期刊的编委顾问,曾任《语言学探索》(*Linguistic Inquiry*)、《音系学》(*Phonology*)、《语言》(*Language*)、《自然语言与语言学理论》(*Natural Language and Linguistic Theory*)期刊或丛书编委或合作主编。

麦考利 McCawley, James David (1938—1999)
美国语言学家。1938年3月31日生于英国格拉斯哥,二战期间移居美国。1954年,年仅十六岁便考入芝加哥大学学习,于1958年获硕士学位,之后留校任教。1959—1960年获富布赖特奖学金赴德国明斯特大学(University of Münster)进修数学和逻辑学,其间因听了美国语言学家汉普(Eric P. Hamp)的课开始对语言学产生浓厚兴趣。回国后,进入麻省理工学院学习语言学研究生课程,1962—1963年任该校机械翻译组研究助理;在乔姆斯基的指导下完成博士学位论文《现代标准日语的重音体系》(*The Accentual System of Modern Standard Japanese*),于1965年获博士学位。1964年返回芝加哥大学,被聘为语言学系助理教授,1970年被聘为终身教授。1996年任美国语言学会会长;出于对中国语言学的兴趣,加入了国际中国语言学会(International Association of Chinese Linguistics),并于1996—1998年被选为理事。卒于1999年4月10日。

詹姆斯·戴维·麦考利具有超群的语言能力,除英语之外,他还能讲德语、西班牙语、葡萄牙语、奥地利语、俄语、日语、荷兰语、汉语普通话、瑞典语、法语、广东话、依地语(Yiddish)以及印度话(Hindi)。虽然在语言学的许多领域都有建树,但他的主要贡献还是在句法和语义领域。他最有突出的贡献是在1970年与罗斯(John Ross)、雷考夫(George Lakoff)、波斯特尔(Paul Postal)等人创立并发展的生成语义学派,几乎推翻了乔姆斯基的学派。简言之,生成语义学认为句子结构部分地由它所表达的意义所决定,句法和语义间有复杂的交互关系。这一观点与乔姆斯基认为句法是与生俱来的自足式(Autonomous)抽象形式系统的观点不同。但后来,因为各种各样对生成语义学的攻击,加上该理论又未能及时实现它的研究目标,造成其最终的分崩离析,理论的主要创立和支持者后来几乎都转向其他理论的研究,只有麦考利继续坚持这一理论。他的思想集中体现在《英语句法现象》(*The Syntactic Phenomena of English*)一书中。

麦考利在学术上的成就并不局限于语言学,还广泛涉猎逻辑学、哲学和心理学等领域。1981年,他著成《语言学家一直想了解却羞于启齿的所有逻辑知识》(*Everything That Linguists Have Always Wanted to Know about Logic-But Were Ashamed to Ask*)一书,显示出他在逻辑方面的功力。他还对中国的饮食着迷,并于1984年出版《食客汉字指南》(*The Eater's Guide to Chinese Characters*)。

麦克戴维 McDavid, Raven Ioor, Jr. (1911—1984) 美国区域方言研究专家。1911年10月16日生于南卡罗莱那州格林维尔(Greenville)。1928年毕业于格林维尔高中,被评为优等生;同年进入当地的弗曼大学(Furman University),1931年获弗曼大学文学士学位。1933年获杜克大学硕士学位,1935年获该校博士学位。1937年在密歇根大学和耶鲁大学进行博士后研究。1952年开始在美国俄亥俄州西储大学(Western Reserve University)从事教学工作。1957年起任教于芝加哥大学,1964年被聘为英语语言学教授。曾兼任《大西洋中部和南部各州语言地图集》和《北部和中部各州语言地图集》等若干期刊和丛书编委多年;任驻斯堪的纳维亚的富布赖特研究员和美国方言学会会长。1984年10月21日卒于芝加哥。

雷文·尤尔·小麦克戴维在密歇根大学深造时,正遇当时知名语音学家布洛克(Bernard Bloch)讲授方言学,课上需要模拟现场采访,演示实地调查的研究方法。麦克戴维被选为受访者,配合布洛克完成了一堂成功的演示课;采访内容随后成为南卡罗莱那州方言的永久资料。受此鼓舞,麦克戴维决定把方言学作为自己毕生的研究方向。二战期间,麦克戴维和其他语言学家一起准备辅助战事的语言材料。他的工作包括学习缅甸语,为意大利人学习英语准备教材等。他赴全国各地与人交谈,并收集有关他们讲话习惯的资料,在语言学方面做出了突出贡献。1945年,在方言学家库拉特(Hans Kurath)的指导下,他开始从事《大西洋中部和南部各州语言地图集》(*The Linguistic Atlas of the Middle and South Atlantic States*)的实地研究工作。他在南大西洋各州进行了几百次实地采访,并用精确的语音符号记录下来。后来这项工作又转向了大西洋中部和北部各州。当库拉特从语言学地图的课题负责人位置上退出时,麦克戴维成为他的继任者。

在为语言学地图收集资料的基础上,麦克戴维与库拉特一起完成了其他著作如《大西洋各州的英语发音》(*The Pronunciation of English in the Atlantic States*, 1961)。他还编写并更新了小说家门肯发表的英语研究专著《美国语言》(*The American Language*, 1963)。麦克戴维的许多论文被收集成两本著作:《文化中的方言》(*Dialects in Culture*, 1979)和《美国英语的多样性》(*Varieties of American English*, 1980)。

麦克卢汉 McLuhan, Marshall (1911—1980) 加拿大哲学家和传播学理论研究者。1911年7月21日生于加拿大艾尔伯塔省埃德蒙顿(Edmonton, Alberta)。在加拿大大学毕业后,赴剑桥大学继续深造,1943年获文学博士学位。起初沉醉于詹姆斯·乔伊斯(James Joyce)、詹巴蒂斯塔·维柯(Giambattista Vico)和切斯特顿(Gilbert K. Chesterton)的作品,后与文学理论著作《实用文学批评》(*Practical Criticism*)的作者理查德(Ivor A. Richards)和分析美学著作《意义之意义》(*The Meaning of Meaning*)的作者奥格登(Charles K. Ogden)一起学习和工作,深受两人影响,并对英国诗人兼画家威廉·布莱克(William Blake)的作品产生兴趣。1937年皈依罗马天主教。1980年12月31日卒于加拿大多伦多。

马歇尔·麦克卢汉以研究传播媒介著称,他的著作被视为媒介理论研究的重要基石。在完成学业后,他离开剑桥——这一行为被描述成"锻炼自己洞察力"之举,基本与剑桥分析学派的宗旨相符。他对传播的性质、特点、作用以及分类提出全新的认识和概念,认为媒介是人体及其神经系统的延伸。这一观点源自其朋友、政治经济学家兼交际学创始人之一英尼斯(Harold Innis)的著作。他指出,印刷品是眼睛的延伸;广播是耳朵的延伸;电视是耳目的双向延伸。每一种新的传播媒介的产生,都会使人的感官产生新的变动和延伸,对人的心理平衡和社会的稳定状态产生影响;"充分认识人体延伸所带来的影响已经显得越来越迫切、越来越重要"。麦克卢汉还将媒介做了"凉""热"的区别:"凉媒介"指"以低清晰度延伸人的感官的媒介",如电话、漫画等,提供的信息较少,需要受传者予以补充和联想;"热媒介"是指"以高清晰度延伸人的某一感官的媒介",如广播、电影、照片等。

麦克卢汉的另一个重要观点同样受到英尼斯影响,即出版物导致民族主义。口号"媒介即讯息(the medium is the message)"也被普遍认为是其主要观点。他认为,社会的形成在更大程度上总是决定人们相互交流所使用的传播媒介的性质,而不是传播的内容。传播媒介决定并限制了人类进行联系与活动的规模和形式。这就是说,一种新媒介的产生其本身就会给人类社会带来信息,引起社会变革。在口头传播的时代,人们仅能进行面对面的谈话和小范围的传播。原始的"部落化"社会是由传播方式决定的,而在电子通讯、广播、电视普遍应用的今天,国与国、人与人的时空距离骤然缩短,整个地球如同一个"地球村(global village)"。人类社会的这种巨大变化不是由信息带来,而是媒介本身。从这个意义上讲,媒介就是信息。这一观点对于充分认识媒介对人类社会的巨大影响具有重要意义。但麦克卢汉极端地强调媒介本身的作用,把媒介与信息等同起来则失于偏颇。

麦克卢汉的其他主要著作包括《机器新娘:工业人的民俗》(*The Mechanical Bride: Folklore of Industrial Man*, 1951)、《谷登堡星汉璀璨:印刷文明的诞生》(*The Gutenberg Galaxy: the Making of Typographic Man*, 1962)、《地球村的战争与和平》(*War and Peace in the Global Village*, 1968)以及《从陈词滥调到原型》(*From Cliché to Archetype*, 1970)等。

梅格莱特　Meigret, Louis　(约1500—1558) 法国语言学家。约1500年生于里昂的一个较有影响的公证人家庭。其家族很富有而且受人尊重,许多亲属是法院的书记官,但因有些人笃信新教而受迫害。1532年,与克莱门特·马罗(Clement Marot, 1496—1544)等人一起,因行事鲁莽犯案被捕。此后直到1542年均未出现其行踪或活动纪录。据信可能被流放,或拿起武器与法国军队作战,或隐居某丝安静地学习、生活。其前半生在里昂附近度过,生命的最后20年在巴黎附近度过。

路易·梅格莱特的《法语语法论著》(*Le tretté de la grammère françoise*, 1550)是历史上第一部对法语进行语法描写的著作。他涉足语言学的原始动机,在于试图创建一套新的法语正字法。当时有许多人抱怨法语的口语和书面语之间缺乏联系,出版家托里(Geofroy Tory, 约1480—1533)于1529年提出了正字法改革的想法,希望出版一本"法语拼写的通用法则"。尽管最后希望没有实现,但在同年却出现了一本匿名的正字学著作手稿,旨在重塑法语书写的完整性。其作者认为,法语书写的完整性意味着恢复拉丁语的形式和字型差异。这与梅格莱特的观点截然不同。梅格莱特于1531年提出一些具体建议,倡导正字改革要把拼写建立在发音基础上,而不是依靠派生和语源研究。他以拼音为基础的正字法论著《论共同使用的书面法语》(*Traite touchant le commun usage de l'escriture françoise*)在1542年得以出版。在他的正字法中,每一个字母象征一个发音,每一个发音也代表一个字母。这些法则反映了梅格莱特人文主义的观点,崇尚规则而非迷信。虽然梅格莱特的拼写系统理性地摈弃了法语和这些古老语言在拼写上真实或虚构的联系,但有一定的难度。这些不同引起了大众广泛的争议,也导致了梅格莱特按照自己的正字法出版的译作《说谎的人》(*Philopseudes*, 1548,即 *Le Menteur*)和专著《法语语法论著》由于读者无法辨认而在销售上惨遭滑铁卢。

梅格莱特的《法语语法论著》是16世纪关于法语语言最具创新意识和最有趣的著作,该书分为11卷,有些部分非常简短。第一部分讲述的是法语的发音和冠词,后面七部分涉及词性(名词、代词、动词、副词、介词、连词等),最后三部分关注韵律和句读。自始至终,他研究的问题在于究竟是理论还是实际用法才是语法规则的导向。从他的书中可以窥见十六世纪中叶法语用法的地区和社会差异。

梅格莱特精通希腊语和拉丁语,因而也走上了典型的人文学者的翻译之路。他翻译的主要是拉丁语、希腊语和意大利语的著作,尤其是关于战争和自然科学的,有据称是亚里士多德的《世界》(*Du monde*, 1541)、古叙利亚安提俄克圣徒吕西安(Saint Lucien of Antioch)用希腊语写成的《说谎的人》(*Le Menteur*, 1548)、意大利人文主义者罗伯托·瓦尔图里奥(Roberto Valturio of Rimini)的《军规》(*La Discipline Militaire*, 1555)以及德国画家和文艺理论家阿尔布雷希特·丢勒(Albrecht Dürer)的《论人体肖像和结构比例》(*De la Proportion des Parties et Portraits des Corps Humains*, 1557)等。

梅兰希通　Melanchthon, Philipp　(1497—1560) 德国教育家。原姓施瓦策特(Schwartzerdt),梅兰希通为其希腊语译名。1497年2月16日生于德国西南部巴登—符腾堡州布雷滕(Bretten)。1509年前,一直跟随其舅父罗伊希林(Johannes Reuchlin)学习。1509年进入海德堡大学,学习哲学、修辞学、天文学和占星术,因精于希腊语在校内闻名,1512年以过于年轻为由被拒授硕士学位。之后转入蒂宾根大学(Universität Tübingen)继续从事人文学科研究,同时学习法学、数学和医学,在占星术技术层面获当时德国数学家兼占星学家约翰内斯·施特夫勒(Johannes Stöffler)的真传。1516年获硕士学位后,开始研究神学,因其宗教改革观点在蒂宾根大学受到抵制。1518年应马丁·路德之邀,赴维滕贝格大学(Universität Wittenberg)成为希腊语教授,在此任教42年。1560年4月19日卒,葬于维滕贝格教堂路德墓旁。

菲利普·梅兰希通少年时受人文学者罗伊希林的培养与伊拉斯莫的熏陶,立志成为一位人文学者。他阅读古希腊罗马时期的作品,精研文法、修辞、哲学与神学,兼习拉丁文、希腊文和希伯来文;拉丁语和希腊语掌握得比德语还流利,能用拉丁语写诗。后来,他积极投身于宗教改革运动,全力支持马丁·路德。他既是奥格斯堡信纲的起草人,也是后继路德的德国宗教改革的领导人。他对威登堡大学进行了多方面改革,使其名震欧洲。他废除了经验哲学,重视语言、哲学、物理、数学等科的教学。他建立了演讲、讨论等教学方法,活跃了人们的思想。为了发展教育,他还注意培养教育家。他的《神学的基本主题》(*Loci Communes Rerum Theologicarum*, 1521)系统阐述了新教教义,系新教第一本"系统神学"著作。1521—2006年,该书以8种语言出版了182个版本。《奥格斯堡信纲》(*Augsburg Confession*, 1530)共24章,讲述了从神和创造开始到身体的复活,最后以基督徒的自由为结论。

1546年路德去世后,梅兰希通成为路德宗教改革运动的领导人,主要进行萨克森教会的组织工作。他首创新教"系统神学"和新教信经,他的圣经注释完全突破了中世纪的框架。他通过编写教材,培训师资来改组柯林斯堡、耶拿、莱比锡、蒂宾根、罗斯洛克等大学并更新了德国的教育制度。他将德国的人文主义思想纳入宗教改革的轨道,并力图调和科学和信仰。梅兰希通对中等教育也进行了改革。

梅兰希通在语言学方面的突出贡献是编写了希腊语法和拉丁语法。他的拉丁语法书在其后百余年内被奉为标准的文法课本。他还为拉丁学校编写了文法、修辞、逻辑、物理和伦理等教科书,把语法哲学、辩证法和修辞学整合为一体。1528年,他制订了《萨克森拉丁文法学校计划》,该计划把学生分为三个学级,每个学级除学习宗教外,还注重古代典籍的学习。这个计划为后来同类学校所广泛采用,德国拉丁学校从此进入了一个新时代。

梅里丘克　**Mel'čuk, Igor Aleksandrovic**
(Игорь Александрович Мельчу́к, 1932—)　俄裔加拿大语言学家。1932年生于俄罗斯港市敖德萨(Odessa)。1956年毕业于莫斯科国立大学语文学系法语专业,到莫斯科语言科学研究所从事法俄算法翻译工作。因发表言论支持当时苏联的持不同政见者安德烈·辛亚夫斯基(Andrei Sinyavsky)、尤里·奥尔洛夫(Yuri Feodorovich Orlov)和谢尔盖·科瓦列夫(Sergei Kovalev)等学者,被研究所解聘。1977年从苏联移居国外。自1977年9月起至今,执教于加拿大蒙特利尔大学语言学与翻译系。

伊格尔·阿列克桑德罗维奇·梅里丘克于20世纪60年代开始倡导其建立的"意义—文本"语言学模型理论,被誉为前苏联第一个具有控制论色彩的语言学理论,在俄罗斯和其他西方国家有较大影响。"意义—文本"模型的理论假设是:自然语言是一个特种的转换器,它将给定的意思加工转换成相应的文本,并将给定的文本加工转换成相应的意思。换言之,语言被看作是意思和文本之间确定的对应关系再加上某种机制,以便于用具体程序实现这种对应关系,即完成意思与文本之间的双向转换。"意义—文本"模型研究意思及其表达形式(文本)之间的双向对应关系,其目标是模拟人的语言能力—文本的生成与理解机制,使它服务于机器翻译。它的基本思想成为随后兴起的莫斯科语义学派的方法论纲领。近年来,该模型受到国际学术界的广泛关注,并成功地被应用于词典编纂和机器翻译设计,在意思与文本之间建立了双向的语言处理器。

梅里丘克移居加拿大后,在蒙特利尔大学翻译和语言学系成立了"意思—文本语言学观察站",潜心于理论研究和实际应用,著述颇丰。他本人被西方语言学界誉为"了不起的局外人(great outsider)"(Bolshakov & Gelbukh, 2000)。近40多年来,在俄罗斯、加拿大、西班牙、法国、德国、日本和韩国等国家,一批志同道合的研究者,纷纷开展了基于该理论模型设计机器翻译系统,或尝试以本国语为目标语编纂双语词典等方面的工作,取得了许多应用性成果,这使他在国际计算语言学界和理论语言学界的影响不断扩大。

"意义—文本"学说是继转换生成语法、依存关系语法之后的又一引起世界关注的语言理论,在形式语言学界和计算语言学界的重要性日益明显。从2003年开始,每年都有研究这一理论发展的国际会议召开。梅里丘克还是五卷本《普通形态学教程》(*Cours de Morphologie Générale*, 1993)的作者。

梅嫩德斯·皮达尔　**Menéndez Pidal, Ramón**
(1869—1968)　西班牙学者、语文学家和历史学家。1869年3月13日出生西班牙的拉科鲁尼亚(La Coruña)。1884年,随家人搬到马德里定居,师从梅嫩德斯·佩拉尤(Menéndez Pelayo)学习法律和文学。1892年获马德里大学哲学和文学博士学位,其博士学位论文题为《论卢坎那之伯爵》(*El conde de Lucanor*)。1896年凭著作《拉腊诸王传说》(*Leyenda de los siete infantes de Lara*)获西班牙皇家学院奖。1899—1939年任马德里大学罗曼语学(Romance Studies)首席教授。1901年当选西班牙皇家学院(Real Academia Española)院士,1909年参与创建马德里历史研究中心(Centro de Estudios Historicos),1910年任语文学部主任。1912年成为西班牙皇家历史学术院院士。1925—1939年和1947—1968年两次担任西班牙皇家学院院长。1968年11月14日卒于马德里。

拉蒙·梅嫩德斯·皮达尔关注西班牙古典文学和语言,对西班牙的语言、民间故事和民间诗歌进行过广泛深入的研究。在这方面他的重要著作包括《熙德之歌——文本、文法及词汇》(*Cantar de Mio Cid: Texto, gramática y vocabulario*,即 *Poem of the Cid: Text, grammar and vocabulary*, 1908—1912)、《西班牙文学中的卡斯蒂利亚史诗》(*El Romancero Español*, 1910)和《胡格里亚尔诗歌和胡格里亚尔》(*Poesl'a Juglaresca y Juglares*, 1924)等。他对西班牙语言起源的研究,赋予了中世纪西班牙诗歌和编年史以新的生命。

梅嫩德斯·皮达尔的语言学观点继承了新语法学派思想。他用实证主义的方法在西班牙引进了该语言学流派，推动了方言研究的蓬勃兴起。虽然他本人是加利西亚人（Galician），却一再强调加斯他利语（Castilian）才是西班牙的正统国语。此外，他对民俗、文学史、文体和语源学也深有研究，著有《西班牙史诗遗产》(Reliquias de la poesía épica española, 1952)、《西班牙的歌谣体传记：理论与历史》(Romancero hispánico: Teoría e historia, 1953)、《罗兰之歌和新传统分析主义》(La Chanson de Roland y el neotradicionalismo, 1959)等。他发掘整理了十部曾被认为失传或不知下落的卡斯蒂利亚史诗，还校勘了许多重要古籍。

梅乌森　Meeussen, Achilles Emile (1912—1978)　比利时语言学家。1912年4月6日生于圣彼得斯-杰特(Sint-Pieters-Jette)。毕业于鲁汶大学，获古典语文学学士学位；1938年获博士学位，研究课题是印欧语比较语法关于元音变换现象的标准。1950年曾在伦敦大学亚非学院学习，成为位于佛兰德地区的特尔菲伦市(Tervuren)的比属刚果皇家博物馆(Musée royal du Congo belge)馆员。1952年被聘为鲁汶大学非洲研究院教授，培养了一代经过良好训练的非洲研究专家和描写语言学家。1964—1977年在莱顿大学任教，不定期赴里昂大学任课，但人事隶属关系始终保留在特尔菲伦博物馆语言学研究部。1978年2月5日卒于特尔菲伦。

艾齐尔斯·埃米尔·梅乌森采用结构主义研究方法对班图诸语言做过实地考察和研究，还针对班图语言的重建和比较语法研究实施过一个综合性项目。从20世纪40年代开始，他广泛研究佛兰德人的方言、荷兰语以及非洲语言，并发表了很多文章。他还研究非洲文学、音乐、民俗和风俗习惯。针对荷兰语、日语和一些阿乔贡金语的语音、形态和句法，他也写了不少具有深刻见解的文章。但他最重要的贡献还是在班图语研究上。根据班图语的音调，他开创了一套正式的形态句法自分音系理论——"梅乌森法则"(Meeussen's rule)，用以指称班图语声调减少的特殊情况。它描述的音调交替是在相邻的两个高音(HH)模式中最后的语调在有些情况下会降低，导致HL(高低调)模式产生。在语音方面，这种现象可被看作是强制性非等值原则(Obligatory Contour Principle)的特殊情况。

梅乌森的著作体现了非常连贯、系统、真实的结构主义思想，行文简洁严谨。主要论著包括《奥姆博语简述》(Esquisse de la langue ombo, 1952)、《邦固邦固语言素描》(Linguiistische schets van het Bangubangu, 1954)、《隆迪语语法》(Essai de grammaire rundi, 1959)、《卢巴—卡萨伊语法笔记》(Notes de Grammaire Luba-Kasayi, 1960)、《民族语言学与语言理论》(Ethnolinguiistiek en taaltheorie, 1965)、《语法基础读本》(Eléments de grammaire lega, 1971)、《班图语词汇重构》(Bantu Lexical Reconstructions, 1980)以及发表于《非洲语言学》(Africana Linguistica)的论文《班图语语法重构》(Bantu Grammatical Reconstructions, 1967)等。

梅耶　Meillet, Antoine (1866—1936)　法国语言学家。1866年11月11日生于法国阿列省穆兰(Moulins, Allier)。1885年入读索邦大学，师承索绪尔、布里亚尔等大家，1890年赴高加索考察研究，学习了亚美尼亚语；回到巴黎后，接替返回日内瓦的索绪尔，在高等研究应用学院继续开设比较语法讲座。1891年起主持该院印欧语比较语法研究部。1897年完成论文《古斯拉夫语所有格—宾格用法研究》(Research on the Use of the Genitive-Accusative in Old Slavonic)，获博士学位。1902年起任东方语言学校(École des langues orientales)亚美尼亚语教授。1906年获聘法兰西公学院(Collège de France)印欧语比较语法教授，1934年退休。1936年9月21日卒于法国中部谢尔省沙托梅朗(Chèteaumeillant, Cher)。

安托万·梅耶不仅师承名家，在法兰西公学院任教期间还与法国语言学家兼汉学家伯希和(Paul Pelliot, 1878—1945)、东方学家兼语言学家罗贝尔·戈蒂奥(Robert Edmond Gauthiot, 1876—1916)等著名学者共事。他的语言研究涉及范围很广，几乎涉及所有印欧系语言，包括斯拉夫语、亚美尼亚语、伊朗语、希腊语、拉丁语、日耳曼语、凯尔特语、波罗的语、亚尔巴尼亚语、吐火罗语(Tocharian)和赫梯语(Hittite)等。

他对历史比较语言学的发展作出了杰出贡献，主要体现在：第一，借助历史比较法，阐明印欧共同原始语的系统和历史，重视社会因素对语言变化所起的作用，揭示和研究语音变化的心理机制，为语言的历史比较研究提供清晰的分析框架，明确历史比较法的原则和使用条件；第二，将谱系树理论(The Family Tree Theory)和"波浪说"(The Wave Theory)纳入到历史比较研究的框架，使历史比较法成为语言历史比较研究的有效工具；第三，指出历时演变的普遍现象，将不同语言在变化方式方面的共同特点上升为一般规律，并用来分析语言的发展；第四，对历史比较语言学做了理论性总结，认为在语言的历史比较中应重视方言的区别，重视语言历史演变中平行发展的可能性。

梅耶共著有24部专著、540篇论文，大部分是关于历史语言学的研究。其中出版于1925年的《历史语言学中的比较方法》(La méthode comparative en linguistique historique，即 The Comparative Method in Historical Linguistics，1966 英译本)被认为是关于历史比较法的最具权威性和影响力著作。其他主要著作包括《印欧系语言比较研究导论》(Introduction à l'étude comparative des langues indo-européennes，1903)、《印欧语方言》(Les dialectes indo-européens，1908)、《希腊语史概要》(Aperçu d'une histoire de la langue grecque，1913)、《日耳曼语系各语言的共同特征》(Caractères généraux des langues germaniques，1917)等。

门肯　Mencken, Henry Louis（1880—1956）　德裔美国作家和批评家。1880 年 9 月 12 日生于马里兰州的巴尔的摩。16 岁中学毕业后，未再受过正规教育。后成为巴尔的摩《先驱晨报》的记者和《先驱晚报》的编辑。第一部作品发表于 1903 年，后自称为"极其幼稚的诗歌"。通过对萧伯纳和尼采的批判性研究，赢得了声誉和名望，成为批评家中的活跃人物。1906—1910 年供职于《巴尔的摩太阳报》。1910—1917 年及 1920—1935 年在《太阳晚报》工作。1908 年被任命为《时尚》杂志文学评论家。1914—1923 年与乔治·吉恩·拿旦(George Jean Nathan)共同担任该杂志的编辑。参与创办《美国信使》(American Mercury)的创办人，于 1924—1933 年任编辑。1956 年 1 月 29 日卒于巴尔的摩。门肯位于巴尔的摩市内霍林斯街(Hollins Street)1524 号的故居目前已被改造为门肯学会(Mencken Society)博物馆。

亨利·路易斯·门肯供职的两份杂志都奉行大胆打破偶像的编辑方针。借助于这两份杂志，他对理论批评和创作两方面都产生了巨大影响。门肯以讥讽刻薄的写作方式，嘲弄那些沾沾自喜的中产阶级商人、思想狭隘的美国文化生活以及严厉肃穆的美国清教徒。他针对所有这些主题猛烈抨击，嘲讽美国市侩的愚昧无知。这样的代表作包括六卷本《偏见集》(Prejudices，1919—1927)及《偏见选集》(Selected Prejudices，1927)、《美国信条》(The American Credo，1920)和《民主笔记》(Notes on Democracy，1926)等。《愉快的日子：1880—1892》(Happy Days，1880—1892，1940)、《在新闻界的岁月：1899—1906》(Newspaper Days，1899—1906，1941)和《异教徒时代：1890—1936》(Heathen Days，1890—1936，1943)则是门肯的自传体作品。

门肯的多卷本著作《美国语言》(The American Language)是语言学界毋庸置疑的杰作。该书对照美式英语与英式英语，解释了许多饶有趣味的美国俚语表达方式之起源、美国特殊的地理名称及个人名字，并追溯外来语言对美国方言所造成的影响。

门肯认为：相对于英式英语而言，美式英语更显得绚丽多彩、生动活泼并富有创意。《美国语言》于 1919 年首度问世，30 年中一度再版。在 1945 年和 1948 年，他推出了两大卷增补本；同时根据历年大幅扩容的语言学文章，对原作加以修订和扩充。门肯相关的语言学著作还包括《新编古今引语词典——按历史原则编排》(A New Dictionary of Quotations on Historical Principles from Ancient and Modern Sources，1942)。他为写作《美国语言》而收集的海量原始资料今收藏在巴尔的摩移诺克·普拉特公共图书馆(Enoch Pratt Free Library)。

门肯的主要著作还包括《萧伯纳的剧作》(George Bernard Shaw: His Plays，1905)、《尼采的哲学》(The Philosophy of Friedrich Nietzsche，1907)、《为妇女辩护》(In Defense of Women，1913)、《一个读者眼中的美国风光》(The American Scene, a Reader，1965)、《门肯名文选》(A Mencken Chrestomathy，1949)、《门肯日记》(The Diary of H. L. Mencken，1989)、《论神》(Treatise on the Gods，1930)等。

蒙塔古　Montague, Richard（1930—1971）　美国逻辑学家。1930 年 9 月 20 日生于加州斯托克顿市(Stockton, California)。曾就读于加州大学伯克利分校，1950 年获哲学学士学位，1953 年获数学硕士学位，后师从逻辑语义学的创始人塔尔斯基(Alfred Tarski)。1957 年获哲学博士学位。其后终身在加州大学洛杉矶分校任教。1971 年 3 月 7 日卒于洛杉矶。

作为塔斯基的学生，理查德·蒙塔古继续尝试从数学和逻辑角度来描写语言，最终形成"蒙塔古语法"。他把语言学看作是数学的一个分支，主张采用递归函数、模态逻辑和内涵逻辑来描写和解释自然语言。1970 年，他发表《普通英语中量化的特定处理》(The Proper Treatment of Quantification in Ordinary English)，正式提出用现代逻辑工具研究自然语言的模式，由此奠定蒙塔古语法理论的基础。蒙塔古语法理论体系由句法、翻译和语义三部分组成：句法部分以范畴语法为基础确定句子的范畴表达式，同时也包括一些用以形成句子的毗连运算规则；翻译部分把句法部分的范畴表达式翻译成内涵逻辑表达式，将自然语言转化为数学模型；语义部分通过一些语义规则对逻辑表达式做出语义解释，使逻辑式获得系统的意义描写。

蒙塔古在形式语言方面的代表著作有《作为一种形式语言的英语》(English as a Formal Language，1970)、《普遍语法》(Universal Grammar，1970)和《语用学和内涵逻辑》(Pragmatics and Intentional Logic，1970)等。

蒙塔努斯　Montanus, Petrus　(1594—1638)
荷兰语音学家。1594年生于代尔夫特(Delft)。1619—1621年在莱顿大学(Leiden University)学习神学。之后被任命为荷兰西部登布里尔镇(Den Briel)附近村庄尼文霍伦(Nieuwenhoorn)的牧师。1638年卒于尼文霍伦。

彼得勒斯·蒙塔努斯于1635年发表了一生中唯一正式出版的作品《新雅指南——发音/说话的艺术》(*Bericht van een Nieuwe Konst, Genaemt de Spreeckonst*, 即 *Instruction in a New Art, Called the Art of Pronunciation/Speech*)。该书主要通过他所处时代的荷兰口语来证明语音法则。尽管当时的语音学理论大多明显具有传统影响的痕迹,但他的观点远远胜过任何前人。他认为,任何一个语音都是种种复杂特征的大集合。为此,他发明了一套新颖的区分体系。同时,他又注意到语音作为音素的独特功能。因此,全书无论从篇章还是从作用都可以看到双重对立性。不仅如此,这本书还对发音器官做了详尽的专业描绘,称其为语音体系的物质层面。最重要的是,他以响亮程度为基础,为任意音节中辅音的分布创建了一个图表,把音节当作一个音量单位,是单词的一部分。然后,他用同样的方法来分析单词、词组和句子。直到今天,人们仍把他的作品当作语音学发展史上一部独一无二的著作。他的《新雅指南》虽然不是为学校老师量身定制的音标教科书,但书中的理论观点适用于任何语言。

与著名弗拉芒数学家西蒙·斯蒂文(Simon Stevin, 1548—1620)一样,蒙塔努斯认为荷兰语是最适合表达科学知识的语言,因此作品均用荷兰语而非拉丁语或法语写成。这使他丧失一大批欧洲读者。有人认为蒙塔努斯用荷兰语写作的原因,可能是他觉得用自己的母语创造术语比用拉丁语更简单。但事实上,由于作品中术语复杂、独特,一般读者很难读懂蒙塔努斯的作品,即便是以荷兰语为母语的人也不例外。因此,他的论著很少有人认真研读,也未能对语音研究的历程产生重要的影响。

米德　Mead, George Herbert　(1863—1931)
美国实用主义哲学家,社会心理学创始人之一。1863年2月27日生于马萨诸塞州南哈德利(South Hadley)。其父海勒姆·米德(Hiram Mead)为南哈德利公理会牧师,曾任俄亥俄州欧柏林学院(Oberlin College)神学院圣言修辞学和教牧神学(Sacred Rhetoric and Pastoral Theology)系主任;其母伊丽莎白·斯托斯·比extracted斯(Elizabeth Storrs Billings, 1832—1917)曾任南哈德利曼荷莲学院(Mount Holyoke College)院长(1890—1900)。1879—1883年就读于欧柏林学院并获学士学位。1888年获哈佛大学哲学硕士学位,师从乔治·帕尔默(George H. Palmer, 1842—1933)和约西亚·罗伊斯(Josiah Royce, 1855—1916),主修哲学,同时研究心理学、希腊语、拉丁语、德语和法语等,其间受到罗伊斯浪漫主义和理想主义的极大影响。1888—1891年在柏林和莱比锡攻读博士学位,其间研读了冯特(Wihelm Wundt)关于语言学和生理心理学方面的著作。1891年春,中断了攻读博士学位,接受密歇根大学的工作聘任;1891年秋,跟随杜威(John Dewey)到芝加哥大学担任哲学和心理学教授,直至退休。1931年4月26日卒于芝加哥。

乔治·赫伯特·米德对20世纪的社会学理论贡献卓著,尤其对哲学和社会语言学产生了重大影响。符号互动理论是他提出的独一无二的思想。受其他许多学者的影响,尤其继承了库利"镜中自我"的概念,他提出"自我"的概念。这是一个具有开创性的社会心理学观点,成为社会学和社会心理学符号互动学派的基础。他认为,自我由社会关系决定,社会关系的多样性决定了自我的多样性。自我有两种基本结构,即作为宾格的我(me)和作为主格的我(Ⅰ)。这是一个人统一的自我的两个方面。作为宾格的我是作为社会一员的自我,受社会规则、规范和倾向的约束;作为主格的我是对社会和社会规则作出反应的自我,具有自由和主动性,能使社会环境发生变化,尤其是杰出人物的行为,能使社会环境发生显著变化。他强调个人的自我受个人所参与的社会行为所决定,但并没有因此而低估个人的作用。相反,米德认为,每个人的思维活动或行为在某种程度上都作用于社会,引起社会结构的变化,社会随着自我的进化而进化。

米德认为社会交往的媒介是语言,因而社会学不可避免地需要到语言符号中去寻找理论依据。他认为,人不同于动物之处在于人有语言符号。这种语言符号能在发出者自身引起它在其他人身上同样引起的那种反应。也就是说,语言符号对于其发出者和接收者具有共同的意义。语言是社会行为进化的产物。动物做出的姿势已是起着传递信息作用的社会行为,但只是低级的社会行为或亚社会行为,还不具有固定的社会意义。而人所独有的语言则比其他一切姿势优越,具有固定的意义,因为说话人能像听话人一样理解自己所说的话的意义,并像他人一样对之作出反应。这样便使得人的心理意识活动的产生成为可能,也使得人类的社会交往成为可能。由此他否认人的意识活动只是个人活动,强调意识活动的社会性,否认人的精神活动来自自然以外的东西;认为"自我只存在于与其他自我的关系中",必须以社会交往为前提。因此,米德的哲学有詹姆斯(William James)和杜威等人的实用主义色彩,但不是简单的重复。他的哲学的独特性体现在他提出的社会行为主义上。他的基本假定是：应该根据行为而不能根据科学观察不到的东西来解释心理现象，不能把进化过程中出现的全新现象归因于过去，而应从发生行为的社会环境来考虑。米德进一步认为，意义的产生也是由有机体的行为过程决定的。无论是动物用姿态传递信息，还是人类用语言传递信息，它们都是行为符号。如果作出某种姿态或发出某种语句，而且这种姿态或语句确能表示其后的行为，那么它就具有某种意义，所以他强调，表意的姿势或符号要想有意义，那就永远必须要有它产生于其中的经验和行为的社会过程。

在40多年的职业生涯中，米德思想深刻，不断写作，发表了大量哲学和心理学方面的文章与书评，但从来没有出版专著。在他去世后，他的学生把听课笔记加以整理并出版。主要著作包括《当代哲学》(The Philosophy of the Present, 1932)、《心灵、自我与社会》(Mind, Self, and Society, 1934)、《十九世纪的思潮》(Movements of Thought in the Nineteenth Century, 1936)、《行为哲学》(The Philosophy of the Act, 1938)、《米德社会心理学论著》(George Herbert Mead on Social Psychology, 1956)、《米德选集》(Mead: Selected Writings, 1962)以及《个人与社会自我：米德未发表之作品》(The Individual and the Social Self: the Unpublished Work of George Herbert Mead, 1982)等。

米尔　Mill, John Stuart　参见"穆勒"。

米克洛希奇　Miklosich, Franc（1813—1891）　斯洛文尼亚语言学家。1813年11月20日生于奥地利下施蒂里亚州柳托梅尔市(Ljutomer, Styria)的拉多梅查克(Radomerščak)。毕业于格拉茨(Graz)大学，获哲学博士学位并在该校担任哲学教授。1838年起在维也纳转攻法律。其间，因受斯洛文尼亚语言学家科皮塔尔(Jernej Kopitar, 1780—1844)的影响，对斯拉夫语产生浓厚的兴趣，放弃了法律研究。1844—1862年在维也纳帝国图书馆工作。1849年被聘为新成立的维也纳大学斯拉夫语言学系主任，直到1886年退休。1851年起任维也纳帝国学术院(Imperial Academy of Vienna)院士，并于1862年被任命为历史哲学部召集人；曾任公共指导委员会委员、上议院咨询委员，法兰西铭文与美文学院通讯院士。1891年3月7日卒于维也纳。

弗朗克·米克洛希奇的研究涉猎甚广，除了斯拉夫语，还研究罗马尼亚语、阿尔巴尼亚语、希腊语和吉普赛人的方言，主要成就是在斯拉夫语研究中运用了历史比较语言学的研究方法。1844年，他针对德国语言学家弗朗茨·葆朴(Franz Bopp, 1791—1867)的《比较语法》发表了一篇著名的评论，引起了当时维也纳学术界的注意。其后，推出一系列学术价值颇高的作品，其中包括1852—1875年间出版的四卷本《斯拉夫语语法》(Vergleichende Grammatik der Slavischen Sprachen)，开创了斯拉夫语研究的新局面。他在乌克兰享有很高声誉，认为乌克兰语是不依附于同语族任何语言的一门专门语言。他校订了各种民族学和历史学的文献，被认同为著名的饱学之士。他追随德国语言学家雅各布·格林(Jacob L. C. Grimm)的语言学研究方法和句法论。对米克洛希奇来说，句法就是对词语类型、形式和意思的研究，这是他与其他印欧语言学家的不同之处。后者更关注词素句法学，意在对所研究的语言类型进行冗长的描述。

米克洛希奇的《斯拉夫语语法》第三卷为他赢得了法兰西学院颁发的沃尔内奖(Volney Prize)，第四卷专门论述句法学。1886年，米克洛希奇编写的《斯拉夫语语源学词典》(An Etymological Dictionary for the Slavic Languages)出版，德国新语法学派的代表人物德尔布吕克(Berthold Delbrück)把他在斯拉夫语研究上的成就与葆朴和格林在日耳曼语研究上的成就相提并论。

米勒　Miller, George Armitage（1920—2012）　美国心理学家。1920年2月3日生于美国西弗吉尼亚州的查尔斯顿(Charleston)。1937年就学于华盛顿大学，后转学到阿拉巴马大学主修语言学。1940年获文学学士学位，次年获理学硕士学位。在校期间，因参加过心理学研讨会而对心理学萌发了兴趣；毕业后，被母校聘为普通心理学讲师。1942年到哈佛大学进修，进入心理声学实验室从事有关军用雷达电话系统方面的研究；1946年凭借心理声学课题的研究成果获心理学哲学博士学位。1948年留任哈佛大学助教，讲授语言沟通方面的课程。1950年赴普林斯顿大学高级行为科学研究所做访问学者，专门研究语言沟通数理理论，次年到麻省理工学院林肯实验室从事研究。1960年与著名认知心理学家布鲁纳(Jerome Bruner)联合成立哈佛大学认知研究中心，一直为之工作到1967年。其间，曾任牛津大学教授。1968—1978年担任纽约洛克菲勒大学实验心理学教授。1979年赴普林斯顿大学执教，任心理学教授。1968—1969年任第77届美国心理学会(APA)会长。1957年被吸纳为美国艺术与科学学院院士。1962年入选美国国家科学院院士。1985年入选荷兰皇家艺术和科学院外籍院士。1990年被授予美国心理学基金会的生命成就奖。1991年被授予国家科学奖章。2012年7月22日卒于新泽西州普莱恩斯伯勒乡(Plainsboro Township, New Jersey)。

乔治·阿米蒂奇·米勒是行为主义向认知主义转变期关键人物。他的决定性贡献可以追溯到40年代末和50年代初,他将香农(Claude E. Shannon)的信息理论运用到自己的实验中,尤其是关于短期记忆能力的实验。他最早于1956年在《心理学评论》(The Psychological Review)发表论文《神奇的数字7＋/－2:我们信息加工能力的局限》(The Magical Number Seven, Plus or Minus Two: Some limits on our capacity for processing information),对此进行了定量研究。他注意到年轻人的记忆广度大约为七个单位(阿拉伯数字、字母、单词或其他单位),称为组块。后来的研究显示广度与组块的类别有关,例如阿拉伯数字为七个,字母为六个,单词为五个,而较长词汇的记忆广度低于较短词汇的记忆广度。通常,口头内容的记忆广度(阿拉伯数字、字母、单词等)强烈取决于朗读这些内容的时间。其他一些因素也影响到人类标准广度,因此难以将短时记忆或工作记忆的能力限制在许多组块内。

米勒在开拓自己的学术生涯时,正值行为主义鼎盛时期。他本来也认同行为主义的科学取向,但在根据研究资料出版其第一部专著《语言与沟通》(Language and Communication, 1951)之后,感觉到行为主义只重视外显行为的研究取向,不足以了解人类语言的复杂性,尤其是行为主义的学术霸道作风,使他感到厌恶。他与布鲁纳联合成立的哈佛大学认知研究中心即带有向行为主义挑战的意味。他认为认知心理学的兴起并非完全创新,只能说是旧思想的复苏,使心理学恢复了研究内在心理活动的本来面貌。正因如此,自认知心理学兴起后,心理学的定义也随着由行为主义时代的"心理学是研究行为的科学",改变为"心理学是研究行为与心理历程的科学"。此后,学习、言语、刺激反应以及记忆、语言和处理都成为了认知科学探究的重要课题。在乔姆斯基的语言唯心主义影响下,米勒制定了基本语法心理过程的研究实验程序。在20世纪60年代末,他把他的兴趣从语法转到语义。心理词汇研究成为他在普林斯顿高级研究所开始研究以来一直保有的研究兴趣。1985年,米勒接受政府300万美元经费的资助,开发了英语电子词汇数据库WordNet。基于对这一数据库的研究,他还与布朗大学的教授与研究生们一起,开发了早期的网络搜索引擎和交易工具Simpli,并对搜索条件消除了歧义。这些都为后来谷歌(Google)的广告技术AdSense奠定了基础。

米勒的主要著作包括《心理学——精神生命之科学》(Psychology, the Science of Mental Life, 1962)、《语言起源——心理语言学方法论》(The Genesis of Language: A psycholinguistic approach, 1968)、《语言交流——研究诸视角》(Linguistic Communication: Perspectives for research, 1974)、《语言与感知》(Language and Perception, 1976)、《语言理论语心理现实》(Linguistic Theory and Psychological Reality, 1978、《语言与思维的心理学及生物学》(Psychology and Biology of Language and Thought: Essays in honor of Eric Lenneberg, 1978)、《自发从师学习——儿童与语言》(Spontaneous Apprentices: Children and Language, 1987)、《语言与言语》(Language and Speech, 1987)和《词汇的科学》(The Science of Words, 1991)等。

密尔　Mill, John Stuart　参见"穆勒"。

缪勒　Müller, Friedrich Max　(1823—1900)德裔英国语文学家兼东方学家。常被作马克斯·缪勒(Max-Müller)。1823年12月6日生于德国德绍(Dessau)。1839年到莱比锡尼古拉学校学习音乐和古典作品,其间与德国犹太裔作曲家门德尔松(Felix Mendelssohn)相熟。1841年进入莱比锡大学,放弃原有的专业和兴趣,转攻语文学和哲学,1843年获博士学位。1844年进入柏林大学,在葆朴(Franz Bopp)的指导下学习梵语。1845年赴巴黎在法国著名东方学家欧仁·比尔努夫(Eugène Burnouf, 1801—1852)指导下继续梵语学习。1846年到英国,利用东印度公司建成的资料库进一步研修梵语;1850年被聘为牛津大学泰勒书院(Taylorian, Oxford)副教授,1860年竞选牛津梵语博登讲席教授(Boden Professorship of Sanskrit)因宗教观点和国籍而失利;1868年辞任泰勒书院首席教授,出任牛津大学首位比较语文学教授。1900年10月28日卒于牛津。

弗雷德里希·马克斯·缪勒是德国语言学家奥古斯特·施莱歇尔(August Schleicher)自然主义语言学观的忠实拥护者,认为语言应归为自然现象,语言学属于自然科学,语文学属于历史学。他把1861年在牛津大学任教的讲义汇编成《语言科学讲座》(Lectures on the Science of Language)发行,宣传其语言的生物学观点,普及语言科学知识。他著有两卷本《思维科学》(The Science of Thought, 1887),在其对语言科学所做研究的基础上,从哲学思辨的高度论及思维的构成成分、思维与语言、东西方哲学、人类与野兽间的语言鸿沟、语言的构成成分、概念来源及其根源、梵语的根源、词语成因、命题与推论等论题。通过对东西方神话进行对比研究,他提出了神话乃"语言之疴(disease of language)"的观点。他认为,神话将概念转化为真人和故事;诸"神"源自用以表达抽象概念的造词,根据想象的人格特征加以塑造。因此,印欧语中的同一主神拥有不同的名称——宙斯(Zeus)、朱庇特(Jupiter)、提尔(Tyr)和特尤斯(Dyaus Pita),而这些名称词均源自原始印欧语词 Dyaus，意为"闪亮（shining）"或"发光（radiance）"。由此，词汇隐喻得以人格化和固化。

缪勒翻译或主编过很多梵语和东方古典文献，包括《梨俱吠陀》（*Rig Veda*，汉译名称为《歌咏明论》）和50卷本《东方圣书集》（*Sacred Books of the East*, 1879—1910）等；还著有《古梵语文学史——婆罗门原始宗教图景》（*A History of Ancient Sanskrit Literature So Far as it Illustrates the Primitive Religion of the Brahmans*, 1859）、《宗教学导论》（*Introduction to the Science of Religion*, 1873）、《宗教起源与发展讲演录》（*Lectures on the Origin and Growth of Religion as Illustrated by the Religions of India*, 1878）以及基于其"吉福德系列讲座（Gifford Lectures）"的两卷本《自然宗教》（*Natural Religion*, 1889）、《实体宗教》（*Physical Religion*, 1891）、《人类学宗教》（*Anthropological Religion*, 1892）和《神智学》（*Theosophy, or Psychological Religion*, 1893）等。

摩诃迦旃延　Mahākātyāyana　参见"迦旃延"。

莫尔普戈·戴维斯　Morpurgo Davies, Anna（1937—2014）　意大利语言学家。1937年6月21日生于意大利米兰一个显赫的犹太人学术之家。1939年父亲遭法西斯迫害致死后随母亲移居罗马。中学阶段对数学颇为迷恋，后对古典文学和宗教史感兴趣，因而进罗马大学主攻古典学，1959年毕业；其后，先成为B型线性文字专家卡洛·加拉沃蒂（Carlo Gallavotti）的研究助手，着手编制迈锡尼语第一个词汇总表。1961年到美国华盛顿希腊研究中心任初级研究员，真正开始进入理论语言学世界。1962年随新婚丈夫到英国牛津大学任教，1964年任古典语文学讲师，两年后任圣希尔达学院（St Hilda's College）研究员；1971年任比较语文学教授兼萨默维尔学院（Somerville College）研究员，2004年退休。1972年任圣希尔达学院荣誉研究员，被圣安德鲁大学授予荣誉博士学位。1974年当选伦敦古文物学会研究员，1985年成为英国国家学术院院士；先后当选美国文理科学院、奥地利科学院、欧洲学术院、法兰西铭文与美文学院、巴伐利亚科学与人文学院、意大利猞猁之眼国家科学院荣誉或通讯院士，美国语言学会和美国哲学学会荣誉会员。2001年被授予荣誉女爵士称号。2014年9月27日卒于罗马。

安娜·莫尔普戈·戴维斯是目前健在、成就最为卓著的历史语言学家。她的研究所呈现的最大特点是对大容量数据资料进行系统、细致的分析，从十分艰涩难懂的数据中挖掘深藏其后的历史痕迹，解读语言密码所包含的历史文化遗产。她在三个不同领域进行了开创性的工作：(1)翻译和解读古希腊方言，以迈锡尼语（Mycenaean，即B型线性文字）为主，还包括阿卡迪亚—塞浦路斯语（Arcado-Cyprian）、色萨利语（Thessalian）等；(2)破译和分析古安纳托利亚语（Anatolian）的象形文字卢威语（Hieroglyphic Luvian）；(3)阐释语言学史，尤其是19世纪语言学史。她撰写评论，编纂百科全书，在主流学术期刊上发表研究论文近70篇。《迈锡尼词汇》（*Mycenaeae Graecitatis Lexicon*, 1963）是莫尔普戈·戴维斯的第一部专著，也是第一部关于最古老的希腊方言迈锡尼语的词典。她解决了许多希腊方言学中的词汇、语音，特别是词素等方面的问题。在英语国家中，没有人像她那样极力提倡从社会语言学角度研究古代语言和篇章。1973年，她与霍金斯（John David Hawkins）和诺伊曼（Günter Neumann）合作出版了《希泰语象形文字和卢威语之间联系的新证据》（*Hittite Hieroglyphs and Luvian: New Evidence for the Connection*）。这部著作列举了一些重要的卢威语象形文字的破译方法。这些发现和她与霍金斯合写的不少文章一起为后人严肃地研究卢威语象形文字，也是印欧语系中唯一一种用土著书写方式的语言奠定了基础。莫尔普戈·戴维斯还写了一系列历史语言学论文，并在1998年出版了《语言学史（第四卷）：19世纪语言学》（*History of Linguistics IV: Nineteenth-Century Linguistics*），按时间顺序叙述了19世纪欧洲语言学界发生的令人激动也难免紊乱的事件。莫尔普戈·戴维斯辞世前的研究重点是希腊语专用名词，这也是她于2000年在美国加州大学伯克利分校所做的讲座题目。

莫根斯蒂纳　Morgenstierne, Georg（1892—1978）　挪威语言学家。1892年1月2日生于奥斯陆一个世代为丹麦和瑞典—挪威的国王们服务的家族。1909年预科结业后，入奥斯陆大学学习印度古语文学和印欧比较语言学，但逐渐被印度文化和语言所吸引。1914—1917年，在波恩和柏林继续学习以印度学和语文学为主的东方学，同时尝试研究粟特文（Sogdian）文本和波斯语；1918年获语言学博士学位，对印度—伊朗语族的研究从此成为其终生事业。攻读博士学位时曾辅修藏语，赴伦敦查阅并研究藏语手稿。1930年任哥德堡大学（Göteborgs Universitet）比较语言学和梵语教授。1937年起任奥斯陆大学印度语言和文学教授。1978年3月3日卒于奥斯陆。

格奥尔格·莫根斯蒂纳专攻印度—伊朗语族各语言的研究，特别关注阿富汗、帕米尔和印度次大陆西北部的语言。1923—1971年间，他先后到阿富汗、巴基斯坦、印度和伊朗等地实地考察。除了学习语言之外，他还收集了当地文化的科学资料，比如图像、古阿拉伯时代舞蹈的影像以及一些消亡了的语言录音。这些声音和图像资料依然被保存在挪威国家图书馆里。早期的阿富汗之旅成就了他的重要著作——《阿富汗语言学之旅的报告》(*A Report on a Linguistic Mission to Afghanistan*, 1926)。在书中，莫根斯蒂纳对阿富汗的语言进行了详尽描述，并提出一个他此后在不同文章中反复论辩的观点，即在努里斯坦地区人们说的卡菲儿语代表了印度雅利安语的另一个分支。

1927年，莫根斯蒂纳出版了《普什图语语源学词汇表》(*An Etymological Vocabulary of Pashto*)。这是他对普什图语研究生涯的开始。1929年，他出版了其毕生最有影响的作品《印度—伊朗边境语言》(*Indo-Iranian Frontier Languages*)第一卷，这部书共有四卷，描绘了印度和伊朗边境地区人们所使用的语言。虽然此书的写作方法体现了作者所受的新语法学派训练，但莫根斯蒂纳关注的并非语言学理论，而是语言学数据的收集和从历史及语源学角度对它们的解释。虽然他对伊朗语言的很多描述已被后来的研究所取代，他的著作对东伊朗地区历史方言学研究的贡献依然不容忽视。莫根斯蒂纳的其他著作还包括《卡拉沙语言》(*The Kalasha language*, 1973)。

莫里斯　Morris, Charles William　(1901—1979)　美国语言学家和哲学家。1901年5月23日生于科罗拉多州丹佛(Denver)。曾短暂求学于威斯康星大学，后转入西北大学学习工程与心理学，1922年毕业并取得理学士学位；同年进入芝加哥大学，师从乔治·米德(George Herbert Mead)教授学习哲学，1925年完成关于心智符号理论的论文，获博士学位。1925—1931年任赖斯大学(Rice University)哲学讲师；1931—1947年任芝加哥大学哲学副教授，1948年任讲座教授，1958年任佛罗里达大学研究教授，直至退休。曾任美国文理科学院(American Academy of Arts and Sciences)院士；1936—1937年任美国哲学学会(American Philosophical Association)西部分会主席。1979年1月15日卒于佛罗里达州盖因斯维尔(Gainesville)。

查尔斯·威廉·莫里斯是符号行为理论的创始人，符号学家西比奥克(Thomas A. Sebeok)是其学生。他对逻辑实证主义(logical positivism)和维也纳学派提倡的科学经验主义等哲学思想颇感兴趣，出于糅合逻辑实证主义、行为经验主义(behavioral empiricism)和实用主义(pragmatism)的初衷和强烈愿望，莫里斯发展出了符号学理论。1938年，他著成符号学的奠基之作《符号理论基础》(*Foundations to a Theory of Signs*, 1938)。该书是他为《统一科学国际百科全书》(*International Encyclopedia of Unified Science*, 1971)撰写的第一卷。书中提出符号学的三分法，即符号学研究由三个部分组成：(1)研究符号之间形式关系的句法学；(2)研究符号及其所指对象之间关系的语义学；(3)研究符号和语言使用者之间关系的语用学。这一"三分法"根据皮尔斯(Charles Sanders Pierce)的二分原则提出，后得到语言学界的一致认可。作为现代语言学的一个基本组成部分，语用学即来源于他所提出的"符号和符号使用者的关系"的思想。这种思想强调语言使用的社会语境，后来成为杜威(John Dewey)、维特根斯坦(Ludwig Wittgenstein)、萨丕尔(Edward Sapir)、马林诺夫斯基(Bronislaw Malinowski)等人所构建的哲学理论的关键组成部分。莫里斯还帮助美国哲学界创立维也纳联络会(The Viennese Connection)，希望通过鲁道夫·卡尔纳普(Rudolf Carnap)等人提出的逻辑实证主义澄清语用学的概念。

莫里斯的主要作品包括《生命之路：〈世界宗教〉序》(*Paths of Life: Preface to A World Religion*, 1942)、《符号、语言与行为》(*Sign, Language, and Behavior*, 1946)、《开放的自我》(*The Open Self*, 1948)、《人类价值的多样性》(*Varieties of Human Value*, 1956)、《指示与符号学——符号与价值关系研究》(*Signification and Significs. A study of relations of signs and values*, 1964)、《美国哲学背景下的语用运动》(*The Pragmatic Movement in American Philosophy*, 1970)、《语用符号学与行为理论》(*Pragmatische Semiotik und Handlungstheorie*, 1977)等。

莫罗　De Mauro, Tullio　(1932—)　意大利语言学家和政治家。1932年3月31日生于意大利那不勒斯省托雷·安农齐亚塔市(Torre Annunziata)。1956年获罗马大学古典学专业硕士学位。1957年任罗马大学语言哲学讲师。1958—1960年任那不勒斯东方大学语言学讲师，后至罗马大学任语言哲学副教授。1967年任巴勒莫大学普通语言学和德国语言学教授，之后任萨勒诺大学(University of Salerno)语言学教授，1970—1996年间任该校语言学系主任。1969—1973年创立意大利语言学学会并任会长。1974—1996年回罗马大学任语言哲学教授。1996年起兼任普通语言学教授。1975—1980年曾任拉齐奥文化议员。1993年起任意大利语言哲学学会会长；曾担任欧洲少数族裔语言研究委员会(European Research Committee on Linguistic Minorities)委员。2000—2002年任意大利教育部部长。

图利奥·德莫罗主要研究印欧语言学、意大利语言学史、理论语义学、历史语义学、希腊句法学以及语言哲学等。1963年，他著成里程碑式巨著《统一意大利的语言学史》(*Storia linguistica dell'Italia unita*, 即 *Linguistic History of Unified Italy*)；短短两年后又出版《语义学引论》(*L'introduzione alla semantica*,即 *Introduction to Semantics*, 1965), 1971 年出版《意思与意义》(*Senso e significato*, 即 *Sense and Signification*, 1971)。1967 年,莫罗发表了《索绪尔〈普通语言学教程〉评注本》,1972 年出版了该书的法译本。他对索绪尔的思想有独到的见解,依据四百多种有关索绪尔思想材料的论著,系统地整理和评述了索绪尔的思想体系。

莫罗曾负责编写《意大利科学、文学与艺术百科全书》(*Enciclopedia Italiana di scienze, lettere ed arti*)符号学领域的词条。他对这些条目进行整理、编辑,于 1982 年出版《语义学小百科》(*Minisemantica*)。此后,他转而关注语言学教学问题,致力于推行全国教育改革。

默勒　Möller, Hermann（1850—1923）　丹麦语言学家。1850 年 1 月 13 日生于德国边界以北的丹麦通纳（Tender）附近的耶普斯泰兹（Hjerpsted）,成长于 1864 年德国与丹麦战争之后受德国控制的北弗里西亚群岛,因此流利掌握北弗里亚语、高地—低地德语（标准德语和德国北部门诺低地德语[Plautdietsch]）以及丹麦语。1874 年获莱比锡大学博士学位,此后曾在基尔大学（University of Kiel）从事博士后研究。1883 年起,在哥本哈根大学讲授日耳曼语语文学,教书生涯长达 35 年。1923 年 10 月 5 日卒于哥本哈根。

赫尔曼·默勒对语言学最大的贡献在印欧语音学及谱系分类领域,因提出印欧语和闪米特语之间的内在亲缘关系而著称。他证明了由德国语言学家施莱歇尔（August Schleicher）提出并受索绪尔重视的印欧语系元音变换问题。与施莱歇尔不同的是,默勒认为现代英语中的元音非规则性,并非由于早期规则性的元音遭到破坏,而是因为印欧语的词根本身就没有规则。他进一步指出,印欧语的词根只包括一个音节,其他的是派生或屈折的音素。元音变换是印欧语词根古已有之的现象,这一观点有助于发现更多印欧语形成中常见的不规则现象,虽然严格的单一音节观点已被摒弃。此外,虽然他起初认定元音变换现象在辅音中并不存在,在其学术生涯的最后 20 年中他还是积极寻求这种联系。索绪尔（Ferdinand de Saussure）辨认出喉辅音之后,他通过分析认为,早期印欧语中的元音是由喉辅音加元音变异生成。他认为这些喉辅音就相当于早期闪族语中的辅音,这种关系最早由德国语言学家劳默尔（Rudolf von Raumer）提出。默勒试图找出印欧语辅音和闪米特语辅音之间关系的规律,研究它们词根之间的相似性。这就是他著名的喉音理论。

尽管默勒对印欧语和闪米特语关系的研究,反映了他作为语言学家高度的专业水平,也是他多年艰苦工作的成果,但并未受到学界的广泛认同,今天更是少人问津。然而当时却有不少权威的语言学家赞同其观点,其中包括佩德森（Holger Pedersen）和叶尔姆斯列夫（Louis Hjelmslev）。叶尔姆斯列夫曾在其文章中提到默勒的作品,称它运用了"要素作用（element function）"的分析方法。后来的学者中,继续默勒的研究的也不乏其人,如法国的库尼（Albert Cuny）和美国的莱文（Saul Levin）。

正是基于默勒的研究,佩德森提出把"闪含语"包括在他提议的大北方语系（Nostratic）中。对此,有学者持不同意见。格林伯格（Joseph Greenberg）就曾指出,含语族是无效的分类,也不存在"闪含语"的称谓,他用"非亚语"来代替它,闪米特语是其中的一个分支。

1883 年,默勒出版《古英语民间史诗原始韵文版》(*Das Altenglische Volksepos in der Ursprünglichen Strophischen Form*, 即 *The Old English Folk Epic in the Original Strophic Form*）；在该书中,他辩称史诗《贝奥武夫》是用对仗的文体写成的,但遭后代诗人破坏。默勒最为语言学界关注的作品是其出版于 1911 年的《印欧语和闪族语比较词典》(*Vergleichendes Indogermanisch-Semitisches Wörterbuch*, 即 *Dictionary of Comparative Indo-European-Semitic*）。

默里（林德利·～）　Murray, Lindley（1745—1826）　美国语言学家。1745 年 3 月 27 日生于宾夕法尼亚州哈珀·塔弗恩（Harper Tavern）一个基督教公谊会家庭。最初在费城和纽约接受教育,11 岁时辍学去父亲的账房上班。由于工作不如意,转而学习法律,曾经是一名成功的律师。1767 年携新婚夫人一起去伦敦为父亲打理生意。1771 年回到纽约时,不幸成为家族在独立战争期间非法运送货物的替罪羊,并被永久流放到了英国。其后在约克附近定居,开始写作生涯,并从事学术研究工作,以编纂英语语法书和教科书而闻名。1826 年 2 月 16 日卒于英格兰约克郡霍尔盖特（Hogate, Yorkshire）。

林德利·默里并不是一位完全创新的思想家,他的语法书主要是把 18 世纪之前出版的语法书收集汇编,这点他自己也完全承认。他的素材来源是洛思于 1762 年出版的《英语语法简介》(*Introduction to English Grammar*）和其他一些语法学家的论述。他的独创性在于把自己的书设计成课堂上使用的教科书,提供了一套在学校里教授英语的完整课程,因此马上受到推崇,甚至被用于其他一些非英语国家,如德国和日本。《英语读物》(*The English Reader*）直到 1856 年还在美国出版,《英语语法》(*English Grammar*）则出版至 1891 年。后来,英国公立教育的兴起导致默里的书被使用得越来越少,《英语语法》只在一些私立学校被使用。早期的教师进修学院成立后,该学院的很多老师便开始编写自己的语法书,这在很大程度上也取代了默里的教科书在课堂上的地位。

虽然默里是以英语语言和语法的著作而出名,但其首部作品是一部宗教专著——《宗教对思维的影响》(*The Power of Religion on the Mind*, 1787)。直至1795年50岁时,他才开始出版第一本标准英语语法书——《英语语法》(*English Grammar*),受到人们的极大欢迎,影响了19世纪数十年。1797年紧接着出版了与《英语语法》配套使用的《英语练习》(*English Exercises*)和《练习答案》(*A Key to Exercises*)两本书。1797年还为年轻读者出版了所写的《英语语法缩略版》(*An Abridgment of the English Grammar*)。1799年《英语读物》(*The English Reader*)问世,此书载有重要作家艾迪生(Joseph Addison)和戴维·休谟(David Hume)的作品,得到众多好评,并在英国和美国多次再版。1800年编写了《英语读物续篇》(*A Sequel to the English Reader*)。1801年撰写了《英语读物入门》(*An Introduction to the English Reader*)。1804年,默里又出版了《英语拼写书》(*The English Spelling-Book*)和《给孩子们的第一本书》(*A First Book for Children*)。

默里(亚历山大·～) Murray, Alexander (1775—1813) 苏格兰语言学家。1775年10月22日生于苏格兰柯尔库布里郡敦基特里克(Dunkitterick, Kirkcudbrightshire)一个牧羊人家庭。1792年之前,在校学习时间总计不足一年,但有惊人的记忆力和非凡的语言学习天赋,通过自身努力掌握了拉丁语、希腊语、希伯来语和法语;后进入爱丁堡大学学习哲学和神学。其间,写了不少语文学和历史学文章,开始向《苏格兰人杂志》(*Scots Magazine*)和《爱丁堡评论》(*Edinburgh Review*)投稿;汇编了苏格兰旅行家布鲁斯(James Bruce, 1730—1794)的《阿比西尼亚游记》(*Travels in Abyssinia*)第二版。最后成为一名教会的牧师,同时继续多种语言的学习。1812年成为爱丁堡大学东方语言学教授并获神学博士学位。1813年4月15日卒于爱丁堡。

亚历山大·默里掌握欧洲众多国家语言的口语,熟知古代和近代的闪族语,通晓波斯语和梵语。在其著作《欧洲语言的哲学史》(*Philosophical History of the European Languages*)中,默里阐述了一套特别的欧洲语言发展历史的理论。他认为,在欧洲远古时代有九个基本的单音节词"*ag, bag, dwag, gwag, lag, mag, nag, rag*, and *swag*"构成了语言的基础;欧洲语言里其他所有单词都是从这些词中通过组合、缩略、音字变化或加上屈折变化发展而来。这种发展有大量例子可以证明。有评论家认为他的理论完全是过渡时期的理论,只是从历史语言学的角度通过对不同语言的比较而得出。丰富的语言知识使他在研究中能够运用大量素材,但与此同时,他又给自己树立了不切实际的目标,对语言史的重新构造是一项太过繁复的工程,虽然在书的理论部分一再警告其他学者不要犯这两大错误,但他自己依然没有避免错误。默里的著作写于1805—1812年,却到他去世后的1823年才得以出版。这本书的影响由于语言学领域的最新发展而黯然失色,直到一个世纪后因苏联语言学家马尔(N. N. Marr)提出了"雅弗理论",该书才重新受到人们的关注。

默里(詹姆斯·～) Murray, James Augustus Henry (1837—1915) 英国语言学家和词典学家。1837年2月7日生于苏格兰霍伊克附近德诺姆(Denholm, Hawick)的一个贫困家庭。自幼天资聪颖,勤奋好学,对语言学、科学和文化充满了兴趣。14岁时因为父母无法负担其在当地学校读书的费用,被迫辍学。17岁时被临近的霍伊克镇一所学校聘为教师,20岁时即成为该校校长。1865年举家搬至伦敦。1870年接受伦敦郊区米尔·希尔学校(Mill Hill School)的教师聘书,赴该校工作到1885年。其间,1873年获伦敦大学文学士学位;1874年获爱丁堡大学文学博士荣誉学位。从1879年起至去世前,一直从事《牛津英语大词典》(*The Oxford English Dictionary*,简称 OED)的编纂工作;1885年搬入牛津,全副身心专职投入词典项目。1908年被封为爵士。1915年7月26日卒于英国牛津。

詹姆斯·默里早先的研究兴趣主要是苏格兰语言与文学,于1873年出版专著《苏格兰南部诸县方言——其发音、语法及历史关系》(*The Dialect of the Southern Counties of Scotland: Its pronunciation, grammar and historical relations*),在语文学界赢得了声誉。他掌握20余种语言和方言,曾为《不列颠百科全书》撰写英语条目并两度任英国语文学会(Philological Society)会长。1879年,默里工作的米尔·希尔学校的语文学会与牛津大学出版社正式签订出版合约,他被任命为《牛津英语大词典》的总主编。他为此起草了一个周密的计划,就诸多方面提出了建设性的意见,其中包括语言资料的收集与分析,对既有词典的编纂方法的认知与评估,共时和历时语言学研究方法的运用等。从着手行使词典总主编的职责后,默里花费整整36年,处理了重达数英吨的卡片资料。自1884年起,该词典以《按历史原则编纂的新英语词典》(*New English Dictionary on Historical Principles; Founded Mainly on the Materials Collected by The Philological Society*)为名,开始陆续分卷出版。1895年起,开始在各分卷上试用系列总称《牛津英语大词典》;1928年全部词典内容首次以十卷本汇总付印时,统一使用了《牛津英语大词典》这一总书名。

穆夫威恩　Mufwene, Salikoko　（1947— ）美国语言学家。1947年11月1日生于刚果共和国穆巴雅—拉勒梅(Mbaya-Lareme)。从小在多语环境中成长,激发了从事语言学研究的兴趣。1973年以第一名的成绩毕业于扎伊尔国立大学英语语言文学系。在富布赖特奖学金的资助下,到芝加哥大学语言学系深造,1979年获博士学位;博士学位论文《语义场和语义类别之比较》('Semantic field' vs. 'semantic class')获得了教授高度的评价。起初在牙买加的西印度大学工作,其间将研究兴趣转向了句法和混合语(尤其是牙买加语和圭亚那语)的语义研究。1981年9月起受聘于雅典的佐治亚大学,工作至1991年,从助教一步一步晋升到教授。1991年回到芝加哥大学执教,1995—2001年任芝加哥大学语言学系主任。

在雅典的岁月,是萨利科科·穆夫威恩作为语言学家和混合语学家在个人发展中重要的十年。在那里,他个人的语言学背景、所受的专业训练以及在各国游学所获得的经验都日趋成熟。他曾广泛探讨克里奥耳语的发展和非洲裔美国黑人英语,研究灵感来源于各个领域,如人口遗传学、宏观生态学、复杂性理论和全球化。正如其2001年出版的著作《语言进化的生态学》(The Ecology of Language Evolution)中所展现的一样,他把多重因果性和非线性进化理论应用到语言现象的研究中。他对混合语产生兴趣之后,还继续研究了美国东南部黑人所说的嘎勒英语、非裔美国人所说的"白话英语"以及圭亚那和牙买加的混合语,总结出了它们的词素、句法和语义特征。20世纪80年代中期,他的研究兴趣朝着更为通用的理论发展。他的注意力从大西洋沿岸的混合语转向北美英语的变种,这些研究使他在近年来为"均变论(uniformitarianism)"辩护,并对传统人种语言学的研究提出了大量问题。对他来说,混合语的形成和其他语言的重组过程一样有迹可寻,它们提醒我们一些因素存在相关性,如不同人种交往的活跃程度和相互的适应程度,这些都是以往研究中被忽略的。穆夫威恩质疑了人类语言学区分由内因导向和外因导向所产生变化的原因,并进一步说明了在某些方面混合语不能按照人类语言学的方式来分类。

穆夫威恩的其他主要著作包括《芝加哥语言学会第十二次区域会议论文》(Papers from the Twelfth Regional Meeting of the Chicago Linguistic Society, 1976)、《非洲裔美国英语》(African-American English, 1998)、《语言演变》(Language Evolution, 2008)、《接触、竞争和变化》(Contact, Competition and Change, 2008)等。

穆卡洛夫斯基　Mukařovský, Jan　（1891—1975）　捷克斯洛伐克语言学家和美学家。1891年11月11日生于波希米亚南部古城(Pi'sek)。1915年毕业于布拉格查理大学的语言学和美学专业。1926年参加一群信奉功能结构主义的语言学家的非正式聚会;1930年10月,与这个非正式组织的成员一同创立一个正式协会(即"布拉格语言学派"协会)时,成为签署协会成立宣言的十七位创始人之一。1938年后任查理大学美学和文艺学教授,1948—1952年任该校校长。1975年2月8日卒于布拉格。

扬·穆卡洛夫斯基作为布拉格学派最重要的文学理论家,是布拉格学派的主要人物,也是把符号学应用于文学艺术研究的先驱,与雅柯布逊(Roman Jakobson)被并称为"结构主义之父"。他对文学的研究注重于文学作品的功能与结构,是现实而非艺术的直接对象,艺术中的现实只是一个经过加工的符号意义,是主体的"姿态"在符号结构中的实现。他的理论是索绪尔(Ferdinand de Saussure)的语言学理论在文学中首次直接的应用,它吸收了索绪尔语言学、现象学、结构主义的基本观点并加以融会贯通,具有较大创造性。

穆卡洛夫斯基是现代形式文论中最早提出结构主义美学的人,他的主要文艺美学观点是,艺术是具有形式特征的语言记号或符号,是一种符号学事实。这个事实表示的是能指与所指之间的关系,是一种形式的关系。而能指与所指的关系在艺术中又显示为一种中介性质,使艺术成为一种关系媒介物。在艺术中,现实固然也会发生作用,但其作用的性质取决于艺术构成的内在美学前提;另一方面,艺术家也不是自足性范畴,不仅要从事艺术创作,而且也要存在于现实社会形式之中。所以,艺术能达到沟通艺术家与现实的目的,这即是所谓"中介性"。穆卡洛夫斯基进一步认为,艺术以及审美对象都是一个整体,既不能等同于创作者的心理状态,也不能看作是接受者心理状态的直接结果。艺术中创作者与接受者的个性是在艺术结构整体化之中投射到作品上的,这也就是主体的移心作用,它使审美功能成为意指记号。记号是形式的,因而审美功能便是意指形式或意味形式。他认为"诗的语言功能在于最大限度地突出词语……它的用处不是为交际服务,而是为了把表现行动即言语行动本身提到突出地位",强调文学语言的表现功能。他还认为文学作品和文学史中存在着艺术的自主功能与交际功能的对立统一关系。由此观之,穆卡洛夫斯基所代表的结构主义美学是早期形式派美学的深入。

在德国军队占领捷克,布拉格学派解散后,穆卡洛夫斯基留在布拉格继续他的斯拉夫文学研究,他的论著《捷克诗论》、《美学研究》等到60年代才出版。50年代初,他表示服膺社会主义现实主义理论,并对自己在30年代所持的形式文论立场进行了自我批判。

穆卡洛夫斯基的主要著作包括《捷克文学史》(*Dějiny České Literatury*, 1959—1961)、《论诗性语言》(*On Poetic Language*, 1976)、《词汇与言语艺术:论文选辑》(*The Word and Verbal Art: Selected Essays*, 1977)、《结构、符号与功能:论文选辑》(*Structure, Sign, and Function: Selected Essays*, 1978)、《审美功能、规范和社会事实的价值》(*Aesthetic Function, Norm and Value as Social Facts*, 1979)等。

穆勒 Mill, John Stuart(1806—1873) 英国哲学家、经济学家和伦理学家。亦译作密尔或米尔。1806年5月20日生于伦敦的彭汤维尔(Pentonville)。3岁时开始学习希腊文,8岁时开始学习拉丁文、几何学、代数学,能读《伊索寓言》、色诺芬的《远征史》等希腊文原著,并已经开始阅读英国历史并通读大、中学校普遍选修的希腊和拉丁作家作品。10岁时已能领会柏拉图的著作。12岁时开始专攻经院逻辑学、政治、经济和亚里士多德的逻辑论文原著。13岁时开始钻研政治经济学,阅读亚当·斯密(Adam Smith)和李嘉图(David Ricardo)的著作。1822—1823年,他组织成立了"功利主义学会",成为功利主义的积极宣传者。1866年当选为英国国会下院议员。1868年成为世界上第一个妇女参政促进会的创办人之一;同年,在议员重新选举中落选,从此退出政坛,移居法国阿维尼翁(Avignon),致力于文学研究工作。1873年5月7日卒于阿维尼翁。

约翰·斯图亚特·穆勒是苏格兰著名功利主义哲学家、历史学家和伦理学家詹姆斯·穆勒(James Mill)的长子。在比较系统地阅读了边沁(Jeremy Bentham)的著作后,他便立志做一个改革世界者。在法兰西的一年中,他的法语变得流利,不久便熟悉了法国历史和哲学思想。他呼吸到大陆生活中一种自由主义空气,产生了浓厚的政治兴趣,并积极投入社会活动。他捍卫和发展了边沁的功利理论,第一次提出了"功利主义"概念。在从事哲学、伦理学研究的同时,他并没有忽略对时事的关注。1846—1847年冬,爱尔兰发生饥荒,他放下手中《政治经济学》的写作,认为实行耕者有其田是解决爱尔兰的贫困和骚乱的良策。1862年,美国爆发南北战争,他写文章极力支持北方,严正指出美国内战的关键在于废除奴隶制度。

穆勒对语言学的贡献主要是对于指称理论和意义理论给予了积极的评价。他认为语义学这门学科探索的是语言表达及其相应对象、事实或事件之间的关系。他首次使用"内涵含义"和"表层含义"两个概念,开创了哲学语义学研究思路一片独特的新天地。20世纪初,中国学者严复将穆勒的思想与著作译介到了中国学术界,并形成一定影响。

穆勒的著作主要包括《归纳和演绎逻辑体系》(*System of Logic: Ratiocinative and Inductive*, 1843)、《政治经济原则》(*Principles of Political Economy*, 1848)、《论自由》(*On Liberty*, 1859)、《功利主义》(*Utilitarianism*, 1863)、《威廉·汉密尔顿爵士的哲学》(*Sir William Hamilton's Philosophy*, 1865)、《人类心智现象分析》(*Analysis of the Phenomena of the Human Mind*, 1869)和《关于宗教的三点评论:本质、宗教的效用及有神论》(*Three Essays on Religion: Nature, the utility of religion, and theism*, 1874)等。

穆南 Mounin, Georges(1910—1993) 法国语言学家。1910年6月20日生于维尤克斯—鲁昂河畔布雷department诺曼底一个小村庄的从事玻璃制造的工人家庭。原名路易·朱利安·勒布谢(Louis Julien Leboucher),1943年为了逃避维希政府的审查而起的笔名"穆南"。1929年毕业于鲁昂教师进修学院,其后在法国和埃及的中小学担任教职;被当局认为是法国共产党的活跃成员和抵抗分子。1946年在普罗旺斯地区艾克斯师范学院担任意大利语教师。1958年被国家科学研究院(Conseil National de la Recherché Scientifique)聘为研究专员(Attache' de Recherches)。1961年供职于普罗旺斯地区艾克斯大学,工作到1976年;先后担任过助理教授、会议秘书以及语言学、文体学和符号学教授;帮助培训了一批日后成为著名语言学家的法国和外国学生。1993年1月10日卒于贝济耶(Béziers)。

乔治·穆南是法国当代语言学家、功能语言学派主要代表人物马丁内的门徒。他对语言学做出了大量且多样的贡献,体现出他开阔的思维和丰富的知识。他也是当代法国翻译理论研究中最具代表性的人物。1963年,他的《翻译的理论问题》(*Les Problèmes thé Oriques de la Traduction*)明确提出了进行系统的翻译理论研究的必要性。他从语言学角度对翻译的理论问题进行了多角度的探索和审视,为翻译研究打下了坚固的理论基础,被西方译界称为一部划时代的著作,树立了当代法国翻译理论中第一面具有鲜明语言学特色的旗帜。他在该书中对语言与意义、世界映象理论与可译性、意义交流与翻译、可译性与限度做了专题研究,虽然他对自己提出的一些重大问题未能作出恰当解答,但他在理论上所做的探索受到译界的高度赞扬。他这部以博士学位论文为基础的著作使他成为影响深远的翻译理论家之一。他爱好诗歌也经常深刻地分析诗歌,还对诗歌进行过透彻的研究。他撰文从全新角度对文学篇章进行了科学的分析。他是一名狂热的意大利语爱好者,对意大利文化有着深刻的了解。他对语言学历史也做出了杰出的贡献。他是一位优秀的教师、知识推广者、语义学家和哲学家,不仅著作颇丰,而且见解深刻,为其他语言学家树立了一座丰碑。

穆南的主要著作包括:《你读过字符?》(*Avez-vous lu Char?*, 1946)、《美丽的 INFID 模型》(*Les Belles Infidé les*, 1955)、《马基雅维里》(*Machiavel*, 1958)、《萨沃纳罗拉》(*Savonarole*, 1960)、《机器翻译》(*La Machine à Traduire*, 1964)、《抒情的但丁》(*Lyrisme de Dante*, 1964)、《20世纪语言学史起源》(*Histoire de la Linguistique, des Origins au XXe siècle*, 1967)、《语言学的关键》(*Clefs pour la Linguistique*, 1968)、《索绪尔》(*Saussure*, 1968)、《二十世纪的语言》(*La Linguistique du XXe siècle*, 1972)、《语言学词典》(*Dictionnaire de la Linguistique*, 1974)、《语言学与哲学》(*Linguistique et Philosophie*, 1975)、《语言学与翻译》(*Linguistique et Traduction*, 1976)、《符号学实践》(*Semiotic Praxis*, 1985)等。

N

纳德尔耶夫　Nadeljaev, Vladimir Mikhailovich (Владимир Михайлович Наделяев, 1912—1985) 苏联学者。1912年8月14日生于哈巴罗夫斯克(Khabarovsk,即伯力)。在西伯利亚东部接受小学和中学教育。21岁时受聘于一所新成立的学校,专门教授西伯利亚泰米尔半岛的多尔干(Dolgan)儿童。1939年到列宁格勒大学深造,学习蒙古语、通古斯语和突厥语;但大学学业因二战中列宁格勒被封锁而中断。由于高度近视而无法上前线参战,在封锁时期一直在列宁格勒参与军事防御,同时帮助身边的人继续学习,指导130名受过教育的专家学习了实验语音学以及图瓦(Tuvin)、阿尔泰、萨哈(雅库特)、布里亚特(布里亚特)、蒙古和卡尔梅克(卡尔梅克—卫拉特)的语言。一生获得许多荣誉,包括图瓦共和国荣誉科学家、列宁格勒防御奖章和荣誉勋章等。1985年1985年8月19日卒于新西伯利亚市(Novosibirsk)。

弗拉基米尔·米哈伊尔洛维奇·纳德尔耶夫的语言学情愫始于与多尔干民族的接触。当他首次接触到这个神奇的民族时,发现多尔干语言没有任何文字记录,只靠人们一代代口头相传。他花了整整五年时间记载并学习多尔干语。这也是他能了解这个以哺养驯鹿为生的民族的唯一办法。从此,纳德尔耶夫毕生都在研究多尔干民族及其语言。1958年,纳德尔耶夫成为《古突厥语词典》(*The Old Turkic Dictionary*)的编者之一,这本词典于1969年出版。1966年,他应邀去苏联科学院西伯利亚分院工作,在该分院建立了一个语音实验室。借助于实验室先进的仪器,工作人员和博士生们测试和研究了30多种西伯利亚方言。他的理论成为实验室研究的基础。他的声音分节基础理论(articulatory-acoustic base)为人种和语言起源问题及普遍语音学作出了巨大贡献。根据他的理论,声音分节基础是一种在特定人种发展史上最早形成的一系列把声音分节的技巧,而不是一种语言的进化。他把声音分节基础当作某个人种的特征,来重新审视人种的发展历史,证实并推进了一系列涉及北亚地区人种形成并进化的假设。他还提出了突厥语的分支—维吾尔乌古斯语族辅音变化规律的假设,尤其是关于其强度的对比:强—弱—极弱。在蒙古中部数个地区,它们的语言也呈现出相似的特征,这一事实成为蒙古语中隐含突厥语某些发音特点的假设基础。纳德尔耶夫还破译出西伯利亚突厥人所遗留下来的破损石刻中的信息。

纳瓦罗·托马斯　Navarro Tomás, Tomás (1884—1979) 西班牙语音学家。1884年4月12日生于西班牙的拉洛达(La Roda, Albacete)。在巴伦西亚大学哲学专业毕业后,进入马德里中央大学师从梅嫩德斯·皮达尔(Ramón Menéndez Pidal)学习罗曼语语文学,1908年获博士学位。随后到法国、德国和瑞士进修,回国后被马德里大学历史研究中心聘为教授。1930年成为马德里大学语音学教授。由于西班牙内战被迫流亡,1939年经由法国到达美国,在哥伦比亚大学讲授西班牙语文学。1979年9月16日卒于美国马萨诸塞州北安普敦。

托马斯·纳瓦罗·托马斯的第一部语言学著作是关于古阿拉贡语的口语形态学。1911年,他受导师梅嫩德斯·皮达尔的指派,领导新成立的历史研究中心语音学实验室。此后,他坚持运用科学和客观的态度去描述西班牙语的发音。20世纪20年代,他发表了一系列具体的针对西班牙语发音的研究成果,为他1918年出版最成功最有影响力的著作《西班牙语语音指南》(*Manual de Pronunciación Española*,即 *A Manual for Spanish Pronunciation*)打下坚实的基础。《西班牙语语音指南》初版后屡次修订再版,获得巨大成功。1935年,他当选为西班牙皇家语言科学院(Real Academia Española)院士,作了题为《卡斯蒂亚语重音》(*El acento castellano*)的当选发言,并激发了他对西班牙语语调展开进一步研究的兴趣。

纳瓦罗一生成就卓越,他在研究西班牙语语音学和音位学的同时,还研究过被当作语音变化分布的方言地理学。他担任了伊比利亚半岛语言学地图编纂委员会主任,并于1931年开始实地考察。这项工作因1936年爆发西班牙内战而中断,到20世纪四五十年代得以重新开始。1962年,他出版了《伊比利亚半岛语言学地图》(*Atlas Lingüístico de la Península Ibérica*)第一卷(共80幅地图),其余材料未公开发表,但在因特网上可以搜索到。他为如何从语言学角度解读这些地图还撰写了数篇论文。西班牙内战后,纳瓦罗对拉丁美洲,尤其是哥伦比亚的方言地理学研究也做出了重要贡献,其成就被当地学者广为引述或称道。

娜波莉　Napoli, Donna Jo　(1948—)

美国语言学家和小说家。1948年2月28日生于美国佛罗里达州迈阿密,拥有美国和意大利双重国籍。1970年毕业于哈佛大学,获数学学士学位;1971年获意大利文学硕士学位,1973年获普通语言学和罗曼语言学博士学位。1973—1974年,先在麻省理工学院完成博士后研究,继而被聘为麻省史密斯学院哲学与罗曼语语言文学系讲师;1974—1975年任北卡罗来纳大学教堂山校区数学与罗曼语语言文学系讲师。1975—1980年任华盛顿特区乔治敦大学语言学副教授。1980—1987年在密歇根大学安阿伯校区讲授语言学,1981年获终身教职,1984年晋升为正教授。1987年起,任宾夕法尼亚州斯沃斯摩尔学院语言学教授。此外,还曾在非洲、亚洲和澳大利亚多所大学访问或讲学。

唐娜·乔·娜波莉是语言学和文学贯通的专家。在语言学领域,她独著和合著共11部,发表论文50余篇,内容涉及面广,涵盖了语言学理论与语言实际应用。其中包括《主谓理论——对标引理论的案例研究》(*Predication Theory: A case study for Indexing Theory*, 1989)、《句法:理论与问题》(*Syntax: Theory and Problems*, 1993)、《语言学:理论与问题》(*Linguistics: Theory and Problems*, 1996)。在句法方面,她的著作主要关注罗曼语言学,特别是意大利语。她的博士学位论文《对现代标准意大利语中反身词、表始动词和非限定主语从句用法的分析》于1976年出版。她还研究意大利语句法中关系从句的变异,副词和介词的句法类比,主语代词,比较结构等问题。对于英语句法,她撰写过的论文包括讨论"there"从句中的限定词,比较结构的省略,比较词"rather",补语的后照应现象等。此外,她还研究韵律学,写文章专门探讨音调,强弱等表示韵律的元素和句法及语义之间的关系。她还尝试过用格律诗理论,来分析意大利童谣和罗伯特·弗罗斯特的诗歌。近年来,她开始研究美国聋哑人手势语和对聋哑儿童的教育问题,并发表了不少论文。尽管语言学研究成果颇丰,公众最熟悉她的一面恐怕还在于她是一位获奖作家。娜波莉教授过的课程涵盖诸多领域:句法、语音学、形态学、历史和对比语言学、罗曼语研究、日语、美国聋哑人手势语、诗学、诗歌讲习班、对话、小说写作讲习班、非母语英语写作等。

娜波莉还是一位多产的幻想小说作家,主要以儿童读物和青少年读物见长,也创作图画书和早教读物。其中包括《水中的石头》(*Stones in Water*, 1997)、《威尼斯的女儿》(*Daughter of Venice*, 2002)、《山中之火》(*Fire in the Hills*, 2006)等,至今已出版50余种。

奈达　Nida, Eugene Albert　(1914—2011)

美国语言学家和翻译家。1914年11月11日生于俄克拉荷马州的俄克拉荷马城。自幼信奉基督教。1936年以最优异的成绩成为加州大学的优秀毕业生。毕业后,参加威克利夫训练营(Camp Wycliffe),讲授圣经翻译理论。先在墨西哥塔拉胡马拉族的印第安人部落中呆了较短一段时间,由于饮食不习惯以及高海拔造成的健康问题而不得不离开。其间,成为夏季语言研究所的姐妹组织—威克利夫圣经翻译的创始成员。1937年进入南加州大学学习,于1939年获硕士学位。1939年成为圣安娜、加州十架堂的临时牧师。1943年获密歇根大学语言学博士学位,此后在美国圣经学会(American Bible Society)工作,很快被提升为版本部副书记长,后任翻译部书记长,直至退休。自1968年起,承担梵蒂冈与圣经学会联合会(United Bible Societies)联合项目,负责协调供全球不同教派使用的圣经的翻译工作。2011年8月25日卒于西班牙马德里。

尤金·阿尔伯特·奈达是语言学界和翻译界赫赫有名的人物,在美国圣经学会供职半个多世纪。他一生主要的学术活动都围绕《圣经》翻译展开。在《圣经》翻译过程中,他从实际出发,发展出了一套自己的翻译理论,最终成为翻译研究的经典。理论的核心概念是"功能对等",即翻译时不求文字表面的生硬对照,而要在两种语言间达成功能上的对等。为使源语和目的语之间的转换有一个标准,减少差异,他从语言学角度出发,根据翻译的本质,提出了著名的"动态对等(Dynamic Equivalence)"翻译理论。在这一理论中,他指出,"翻译是用最恰当、自然和对等的语言从语义到文体再现源语信息"。按照他的翻译理论,翻译不仅是词汇意义上的对等,还包括语义、风格和文体的对等,翻译传达的信息既有表层词汇信息,也有深层文化信息。"动态对等"中的对等包括四个方面:(1)词汇对等;(2)句法对等;(3)篇章对等;(4)文体对等。

作为著名的语言学家和翻译理论家,奈达对语言和文化的关系十分关注。多年来,他一直从事跨文化的圣经翻译工作,在100多个国家做过讲座,来中国达13次之多,直至2003年89岁高龄时,仍到非洲讲学。丰富的跨文化经验使他的翻译研究表现出从语言学到社会语言学的特点。他声称:如果想出色地完成跨文化交际工作,需要充分认识五种次文化形式:(1)生态文化;(2)语言文化;(3)宗教文化;(4)物质文化;(5)社会文化。

奈达是一位杰出的语言学家和翻译家,出版的独著与合著合计40多部,发表论文250余篇。他的学术研究大体上可划分为三个时期:40年代到60年代初为第一个时期,重点在语言学,以分析词语和句子结构为主题,主要作品包括《形态学:词语的描述性分析》(Morphology: The Descriptive Analysis of Words, 1946)、《语法成分之分析》(The Analysis of Grammatical Constituents, 1948)、《语言》(Language, 1948)和《英语句法学摘要》(A Synopsis of English Syntax, 1960)等;60年代中期到70年代中期为第二个时期,重点研究"等效理论",代表作品包括《翻译科学探索》(Toward a Science of Translating, 1964)和《翻译理论与实践》(The Theory and Practice of Translation, 1969)等;80年代初到现在为第三个时期,重点是从多学科角度研究翻译,重要作品包括《跨文化的语义》(Meaning Across Cultures, 1981)、《符号、意义与翻译》(Sign, Sense, and Translation, 1983)、《翻译中的风格与话语》(Style and Discourse in Translating, 1983)、《从一种语言到另一种语言》(From One Language to Another, 1986)、《社会语言学与翻译》(Social Linguistics and Translating, 1986)、《理解英语》(Understanding English, 1997)、《语际交际中的社会语言学》(The Sociolinguistics of Interlingual Communication, 1999)和《语言与文化:翻译中的语境》(Language and Culture: Contexts in Translating, 2001)。

奈尔特 Naert, Pierre (1916—1971) 瑞典语言学家。1916年5月29日生于法国南部的阿尔比(Albi)。就读于巴黎大学的前身索邦神学院。1936年受聘到冰岛教法语。之后到瑞典继续深造,1946年获瑞典隆德大学博士学位,留校担任讲师兼研究员。1960年起成为瑞典公民。1971年6月4日卒于隆德。

皮埃尔·奈尔特的专业是北欧语言学,他逐渐拓展自己的研究领域,对巴斯克语、吐火罗语(Tocharian)和阿伊努语等语言也产生了浓厚的兴趣。他尤其关注那些受到威胁的少数族裔,对他们濒临灭绝的语言和文化表示了很大的担心。然而,也有许多评论家对他的折衷主义表示不解,认为他应该研究

得更专注更狭义一些。1958年,当他出版"献给未来阿伊努人"的《阿伊努语的现状》(La Situation Linguistique de l'Ainou 即 The Linguistic Situation of l'Ainou)时,遭到了激烈的批评。原因之一在于他提出了一个全新的假说—阿伊努语是印欧语系的一个分支。学术圈围绕这个观点分成立场鲜明的两派,支持派和反对派各不相让,支持者中包括结构主义语言学哥本哈根派的创始人叶尔姆斯列夫(Louis Trolle Hjelmslev)和林德奎斯特(Ivar Lindquist)等学者,反对派则主要是主张阿伊努语属阿尔泰语系的学者。奈尔特认为阿伊努语属印欧语系的假说建立在阿伊努语词汇和古印欧语的相互联系上,其证据完全出自于巴彻勒(John Batchelor)编写的《阿伊努语英语日语词典》(Ainu-English-Japanese Dictionary)。可是许多人批评这本词典不够准确,前后也不一致。另外,奈尔特对阿伊努语和日语都不熟悉,也没有对这两种语言作语法性的描述,更没有提到日语对阿伊努语的影响。这些争论对奈尔特的事业产生了不良影响,隆德大学拒绝聘任他为北欧语言学系主任,最后他被迫到芬兰的埃博大学担任北欧语言学教授。

奈尔特最后一部关于阿伊努语的著作是《阿伊努语:关于远东地区的白人》(Aioina: A Book on the White People of the Far East),该书出版于1960年,是他在北海道进行实地调研的成果。在北海道期间,他亲自和说阿伊努语的受访者交谈,这些人中包括第一位成为日本国会议员的阿伊努学者萱野茂(Shigeru Kayano)。正如这本书的题目所暗示的,直到他1971年去世时,奈尔特都未放弃证明阿伊努人是古代印欧人后裔的希望。

南条文雄 Nanjio, Bunyiu (1849—1927) 日本佛学家和梵文学者。1849年7月1日生于美浓国大垣船町(今日本岐阜县)。号硕果,岐阜人,是真宗僧侣溪英顺之子,幼名格丸。7岁习读净土三部经,8岁从当地的菱田海鸥学习外典,18岁师从稻叶道贯修学真宗学并被迫参加德川幕府,以打击对天皇效忠的支持者。1868年就读于京都高仓学寮,研习英语和汉语;精通汉语,擅长汉诗,常作汉诗代替日记。在高仓学寮学习两年之后,回家帮助父亲教授汉语。23岁时,被越前僧侣南条真兴(Nanjō Shinkō)收养,改姓南条。1876年由大谷派本愿寺派送去英国牛津大学留学,师从牛津大学马克斯·穆勒(Friedrich Max Müller)学习梵语经典。1884年获牛津大学学士学位,归国后任东京大谷教校教授。翌年任东京帝国大学梵语讲师,在日本大学首开梵语课程。1887年访问印度,巡礼佛教圣迹;归途中到中国天台山高明寺,抄写寺中所传贝叶经。翌年取得首批文学博士学位,后历任大谷派法主光演的侍读、

真宗大学学监。1906年当选日本学士院会员。1914年任大谷大学校长,1921年升僧正位。1927年11月9日卒于京都。

南条文雄精通汉语,善汉文诗,有《硕果诗草》、《怀旧录》留世。在他的众多著作中,以《佛教大藏经译目录》(*Buddhist Tripitaka Translation Directory*)最为有名。他曾协助中国高僧杨文会主办金陵刻经处,搜求中国已佚的佛经。

他的其他主要著作包括:与导师穆勒合作校订出版的梵文《阿弥陀经》、梵文《无量寿经》、与凯伦合作校订的《梵文法华经》、自著《英译大明三藏圣教目录》(简称《南条目录》)、《英译十二宗纲要》、《无量寿经梵文和译》、《阿弥陀经梵文和译》、《梵学讲义》、《梵文无量寿经大意》和《梵文金刚经讲义》等。

内尔德克 Nöldeke, Theodor （1836—1930） 德国语文学家和东方学家。1836年3月2日生于德国哈堡格(Marburg)。曾就读于哥廷根大学。在维也纳、莱顿、戈塔和柏林各地研究东方抄本数年后,回到哥廷根大学任教。之后,先后在基尔大学和斯特拉斯堡大学任教。19世纪后半叶至20世纪前20年,他成为德国东方学、语文学的主要人物,德国大多数东方学家和许多英国、美国东方学学者都是他的学生。1927年当选为苏联科学院名誉院士。1930年12月25日卒于德国西南部巴登地区的卡尔斯鲁厄(Karlsruhe)。

特奥多尔·内尔德克利用自己的语文知识和历史史料知识,积极从事闪族语、伊朗、叙利亚各种语文,以及伊斯兰文明和前伊斯兰文明历史的研究。他著有书籍、小册子和论文700余种,为近东各时期历史、文化、文学和语言各方面的研究奠定了稳固的基础。他力求资料来源的真实性,并能将新的发现应用于调查研究。

在语文学学术著作《古兰经史》(*Geschichte des Korans*, 1860)出版后,内尔德克着手对穆斯林的这部经典进行现代批判性的研究,对伊斯兰教研究做出了极为重要的贡献。他的三部叙利亚语语法教科书《叙利亚语语法》(*Grammatik der Syrischen Sprache*, 1863)、《新叙利亚语语法》(*Grammatik der Neusyrischen Sprache*, 1868)、《曼达语语法》(*Mandaische Grammatik*)成为研究亚拉姆(Aramaic)语文学的基础。《萨萨尼王朝时代波斯人和阿拉伯人的历史》(*Geschichte der Perser und Araber zur Zeit Der Sasaniden*, 1879)是根据塔巴里(Tabari)所著的《编年史》而写成。他翻译了其中记载古代波斯最后几百年历史的部分,并添加了大量注释。《伊朗民族史诗》(*Das Iranische Nationalepos*, 1896)是对菲尔丹西《国王之书》(*Shahnameh*)的评价。《东方速写》(*Orientalische Skizzen*, 1892)在简略介绍《古兰经》的同时,描写了东方奴隶起义。1887年他用德语出版了一部关于波斯帝国的文集。关于闪族语言研究的论著《闪族语言学文集》(*Beiträge und Neue Beiträge zur Semitischen Sprachwissenschaft*, 1904—1910)被人们认为是通俗语文学的杰作。

内夫里哈 Nebrija, Antonio de （1444—1522） 西班牙人文学者和语法学家。1444年生于西班牙南部塞维利亚省的莱夫里哈(Lebrija, Sevilla)。少年时期在萨拉曼卡学习哲学和数学。19岁赴在意大利继续深造,其间先后在博洛尼亚、罗马、佛罗伦萨、比萨和帕多瓦学习神学、法理学和古典语言。回西班牙后,开始为塞维利亚的大主教丰塞卡(Fonseca)、工作。担任三年私人教师后,赴萨拉曼卡大学任教,主讲语法和修辞。1487年从大学辞职,住在以前的学生、后来的塞维利亚大主教祖尼卡(Juan de Zúniga)的家中,其间完成了一生大部分的著作。他还在西斯内罗斯大主教的指导下从事《康普鲁顿合参本圣经》的翻译工作。1503年重回萨拉曼卡大学任法理学和神学教授;为宫廷编撰一段时间的年代史后,1509年起任萨拉曼卡大学修辞系主任。1513年离开萨拉曼卡,到埃纳雷斯堡(Alcalá de Henares)大学任教。1522年7月15日卒于埃纳雷斯堡。

安东尼奥·德·内夫里哈的著作涵盖各个领域,包括宇宙志、植物学和神学。1481年,他出版了《拉丁语导论》(*Introductiones Latinae* 即 *Introductions of Latin*),把语言学和教学法结合起来,用文学资料来说明语言规则,这大大改变了古老而繁琐的拉丁语教学方法。他因改革拉丁语教育而闻名,其教科书被证明是使用时间最长的。其资料主要来源于公元4世纪罗马修辞学家和语法学家多纳图斯(Aelius Donatus)、6世纪拉丁语语法学家普里西安(Priscan)和4世纪拉丁语语法学家查理西乌斯(Flavius Sosipater Charisius)的作品,还有瓦勒的《拉丁语之典雅》(*Elegantiae Linguae Latinae*)。其著作遵循三大原则:(1)实证而非猜想;(2)描述渐进而非直接的因果关系;(3)以作家而非语法为基准。继该书成功之后,他于1492年出版了著名的《卡斯特拉纳语法》(*Gramática Castellana* 即 *The Grammar of Castellana*)。这是欧洲第一本关于白话语的语法书,并按传统分为正字法、韵律学、语源学和句法。他写此书的目的之一是为了形而上的理由:即语言应该跟随一个民族的政治进步。通过古代的例子说明了西班牙在战胜了南部的摩尔人后,也同样开创了一个历史时代;目的之二是为了教拉丁语,他认为孩子们应该学好母语的语法之后再学拉丁语。他将此书献给天主教皇后伊莎贝尔一世(Isabella I of Castile),并声称西班牙已经完成了政治统一,即将征服世界。在这种情况下，语言和政治力量必须紧密地联系起来。他希望通过整理西班牙语的语法和规则使它成为另一门经典的语言。内夫里哈的语法书证明了，在西班牙进入黄金时代之初，人们就意识到了语言的重要性，它也是第一部系统地阐述西班牙语的著作。

内夫里哈著有《西班牙语正字法则》(*Reglas de Ortografía Española*，1517)，在书中强调了发音和拼写一一对应的必要性。他还编纂了《拉丁语—西班牙语词典》(*Latin-Spanish Lexicon*，1492)和《拉丁语—西班牙语词汇》(*Spanish-Latin Vocabulario*，1495)。这些词典经多次再版，获得了和《拉丁语导论》同样的成功。

内莫　Némo, Louis-Paul　路易-保罗·内莫，法国语法学家、作家、词典学家罗帕尔兹·埃蒙(Roparz Hemon)的本名。参见"埃蒙"。

尼古拉耶娃　Nikolaeva, Tatjana Mikhajlovna (1933—)　俄罗斯语言学家。1933年生于列宁格勒的一个医学世家。1956年毕业于莫斯科州立大学俄语语言文学系。在大学里深受维诺格拉多夫(Viktor Vinogradov)和伊万诺夫(Vyacheslav Vsevolodovich Ivanov)等教授的影响，不仅学习和自己专业相关的课程，还旁听了梵文、印欧语言学、希泰语和拉丁语等课程。1958—1962年就读于苏联科学院语言研究所，师从雷福尔马茨基(A. A. Reformatski)教授；其间的1957—1960年，参与苏联科学院计算机工程和精密仪器研究所自动机器翻译小组的工作。1960年被任命为科学院语言文学部新成立的结构语言学分支类型学系的学术秘书，先任初级研究员，后升为高级和首席研究员；1990年起任斯拉夫语研究所类型与比较语言学系主任。2000年当选俄罗斯科学院通讯院士。

塔季扬娜·米哈伊洛夫娜·尼古拉耶娃是理论语言学、语篇理论、语言类型学、斯拉夫语，特别是俄罗斯语言学、词组语调和词语韵律等方面的杰出专家。她的部分研究是关于诗歌语篇的特征，比如俄罗斯当代文学史中白银时代的诗歌。尼古拉耶娃还是第一位对斯拉夫语语调体系进行全面综合描述的学者。她为词组语调的类型学研究制订了原则，她还创造了如今被广泛接受的术语，如"词语的韵律体系"(prosodic scheme of a word)，以对应语音学中的"声音类别"(sound class)。她出版了十多本书，发表了400多篇论文。她编撰了多部颇具影响的论文集，包括《篇章语言学》(*Text Linguistics*，1978)和《莫斯科符号学界全部作品集》(*From the Oeuvre of the Moscow Semiotic Circle*，1997)。2001年，她组织了一次主题为"专有名词：语意氛围和语境(Proper Name: Semantic Aura and Context)"的研讨会，激发了许多学者探讨专有名词与其他语言要素脱离的现象。

纽曼　Newman, Paul (1937—)　美国非洲语言学家。1937年3月7日生于佛罗里达的杰克逊维尔。1958年获宾夕法尼亚大学获哲学学士学位，1961年获人类学硕士学位；1967年在加州大学洛杉矶分校获语言学博士学位。先后在耶鲁大学、尼日利亚拜尔罗大学以及荷兰莱顿大学执教。1983年起在印第安纳大学担任语言学教授，2002年起任特聘教授。后转而专注于法律研究，2003年获印第安纳大学法学博士学位。除主讲非洲语言学课程外，还给讲授《美国的言论自由》和《语言与法律》等课程；甚至曾以法律系助教身份在法学院上《合同法》课，2002年投诉校方年龄歧视并胜诉；2004年促使当地门罗县议会放弃在公众场合集会时的祷告；还为美国民权同盟在印第安纳州的分支提供无偿法律服务。

保罗·纽曼对非洲语言和文化的研究兴趣始于1961—1963年在尼日利亚的一次维和行动中担任志愿者，此后多次重回故地从事考察和研究。1966年，他与妻子罗克珊娜(Roxana Ma Newman)一起发表论文《乍得语比较研究：音系与词汇》(*Comparative Chadic: Phonology and Lexicon*)，此文是乍得语族(包括豪萨语)领域描述性和比较性研究的起点，对更广泛的非亚语系研究也有重大意义，标注着非洲语言学研究的重大突破。他凭借这篇论文跻身于豪萨语、乍得语乃至非亚语研究权威专家的行列。纽曼最具代表性的著作是《豪萨语：语法百科参考》(*The Hausa Language: An Encyclopedic Reference Grammar*，2000)，该书按照话题的字母顺序排列，综合了其语言学理论和丰富的豪萨语知识，是描述某种非洲语言最综合的语法书。曾任非洲语言学核心期刊《非洲语言和语言学》(*Journal of African Languages and Linguistics*)的首任主编。

纽曼的研究涵盖语言学的众多领域，他最重要的贡献在于对形态音位学的研究。纽曼对豪萨语及其相关语言音节重音(syllable weight)作用的研究，不仅影响此后的乍得语学者和非亚语学者，还受到生成语音学家和类型学家的广泛关注，影响了普遍语言学领域。虽然为语言学界引入了一些重要概念，如复合行为动词(pluractional verb)，但他一直是位实证主义者，更喜欢以事实为依据，而不是空洞的理论。作为语言学实地调查研究法的权威，他与其他学者一起合编《语言田野调查》(*Linguistic Fieldwork*，2001)，辑录了不少有助于激发对人类语言学和濒临灭绝的语言的兴趣的论文。

纽曼是一位多产学者，过去40年中共出版16部专著，110多篇论文和评论。他主要的出版物既有创新，又通俗易懂，为他带来了巨大的国际声望。他被普遍认为是一位视野广阔、富有挑战精神、无惧权威的思想家。他的主要著作还包括《亚非语系中的乍得语分类》(*The Classification of Chadic within Afroasiatic*, 1980)等。

诺伦 Noreen, Adolf Gotthard （1854—1925） 瑞典语言学家。1854年3月13日生于瑞典韦姆兰县的奥斯特拉·埃姆特维克（Östra Ämtervik, Värmland）。1871年起就读于乌普萨拉大学，1877年毕业并获博士学位，留校任讲师。1879年到莱比锡师从莱斯金（August Leskien）研究立陶宛语。1887年被聘为乌普萨拉大学第三位斯堪的纳维亚语教授。1919年当选瑞典学院终身院士（第12号席位）。1925年6月13日卒于乌普萨拉。

阿道夫·戈特哈德·诺伦在莱比锡期间深受新语法学派的影响，最初主要从事瑞典方言研究，后将兴趣转向历史语言学，是瑞典首位将新语法学派理论用于研究实践的学者。1878年，他的博士学位论文以当时最新的语音原则为基础，研究了家乡方言弗吕克斯代尔（Fryksdal）方言。他也为瑞典地名的研究做出了积极贡献。他独立撰写了七卷本的《我们的语言》(*Vårt språk* 即 *Our Language*)，该书标题朴实无华，实为一部翔实地描写瑞典语的学术鸿篇巨制。1903年，该书第一卷出版，然而直到他离世依然没有完成。这部著作详细地研究了瑞典语的整个历史，涉及语言历史、音系学、语义和屈折形态学等。

诺伦编著了诸如《古冰岛和古挪威语法》(*Altisländische und Altnorwegische Grammatik*, 1884)、《1889—1891年古北欧语言历史》(*Geschichte der Nordischen Sprachen Besonders in Altnordischer Zeit of 1889—1891*)、《包含古哥特兰语的古瑞典语法》(*Altschwedische Grammatik mit Einschluss des Altgutnischen*, 1904)等广受欢迎的日耳曼语语文学课本，其中许多至今仍被学者采用。他的其他主要著作包括《弗吕克斯代尔语音》(*Fryksdalsmålets*, 1877)和《古瑞典语法的基本特征》(*Grunddragen av den Fornsvenska Grammatiken*, 1918)等。

诺瓦利斯 Novalis 德国哲学家、语言学家、诗人哈登贝格（Georg Philipp Friedrich von Hardenberg）的笔名。参见"哈登贝格"。

P

帕蒂 Partee, Barbara H. （1940— ） 美国语法研究专家。1940年6月23日生于美国新泽西州恩格尔伍德（Englewood）。1957年进入斯沃斯莫尔学院（Swarthmore College），主修数学，辅修俄语和哲学；1961年毕业，获学士学位。1965年毕业于麻省理工学院，获语言学博士学位，师从乔姆斯基。1965—1972年任加州大学洛杉矶分校语言学副教授。1973年任马萨诸塞大学语言学和哲学教授，1987—1993年任语言学系主任，1990—2004年任语言学与哲学特聘教授。1995年被授予布拉格查理大学终身客座教授称号。1984年和1989年先后当选为美国文理科学院和国家科学院院士，荷兰皇家文理科学院外籍院士。1986年担任美国语言学会会长。曾担任《语言学与语文学》等学术刊物的编委，获斯沃斯莫尔学院（1989）、查理大学（1992）、俄国国家人文大学（2001）、哥本哈根商务大学（2005）等多所院校的荣誉博士学位。迄今曾主持或参与的国家科学基金会资助课题6项。

芭芭拉·帕蒂的研究及教学兴趣主要集中在形式语义学和与形式语义学相关的句法学、语用学和逻辑学等领域。虽然她还研究语言哲学和认知科学方面的相关问题，但是她终身感兴趣的研究是量化。"蒙塔古语法"是她基于哲学家和逻辑学家蒙塔古（Richard Montague）开创的关于自然语言形式语义学的基础上提出的思想观点。她把数学、哲学、逻辑学与语言学交叉融合在一起，促使哲学家、逻辑学家、语言学家和人工智能专家进行关于性质论、类型论及其在语言学应用等问题的相关讨论，从而发展出多种形式语义学理论。譬如：广义量词理论、话语表述理论、情境语义理论和范畴—类型逻辑等。20世纪80年代以来，她进一步提出了广义词组结构语法和中心语驱动语法等理论，形成并丰富了形式语义学这门交叉学科的理论系列。形式语义学在某种程度上促进了语言学的语义研究在计算机应用领域的发展，对认知科学的兴起也产生了诸多影响。帕蒂的半自传体文章《一位形式语义学家的思考》(*Reflections of a Formal Semanticist*, 2004)反映了蒙塔古语法及后来形式语义学发展的思想。她的《逻辑与语言手册》(*Handbook of Logic and Language*, 1997)是形式语义学领域颇具权威的综述性著作。

帕蒂的其他主要著作包括《英语的主要句法结构》(*The Major Syntactic Structures of English*, 1972)、《蒙塔古语法》(*Montague Grammar*, 1976)、《现代英语中的主体与客体》(*Subject and Object in Modern English*, 1979)、《语言学家的数学基础》(*Fundamentals of Mathematics for Linguists*, 1979)、《语言学中的数学方法》(*Mathematical Methods in Linguistics*, 1990)、《自然语言中的量化》(*Quantification in Natural Languages*, 1995)、《形式语义学——基础读物》(*Formal Semantics: The essential readings*,2003)等。

帕尔默　Palmer, Harold Edward　(1877—1949)

英国语音学家和语言教育家。亦译帕默，1877年3月6日生于伦敦肯辛顿(Kensington)。15岁辍学，未曾受过高等教育。1902年在短暂从事新闻行业后开始在比利时伯利兹(Berlitz)学校教授英语，第二年自己建校办学。1914年从被占领的比利时回到英国。1915年应邀在伦敦大学夜校授课，讲授语言教学法。1916—1922年在伦敦大学学院语音系兼职英语口语教学。1921年应日本文部省邀请赴日本，任日本文部省英语教学顾问。1923年在东京成立语言教学研究所(IRLT)，为首任所长，并在东京高等师范学校附属中学从事教学试验。1935年被东京帝国大学授予文学博士学位；同年，出席在伦敦举行的第二届国际语音科学大会，宣读一篇关于日本语音学教学性质和现状的论文。1936年回到英国，担任朗曼斯格林出版公司(Longmans, Green & Co)顾问。1937年，与第一版《高阶英语词典》的主要编写者霍恩比(Albert Sidney Hornby)合作出版《1000词英语》。1949年11月16日卒于英国萨塞克斯的费尔布里奇(Felbridge, Sussex)。

哈罗德·爱德华·帕尔默是英语教学实践领域进行理论探讨的先驱。他在日本生活了14年，身体力行地实践口语教学法(Oral Method)，改革了日本的英语教学体系。他总结出学习说话的五个习惯：(1)听音观察(Auditory Observation)；(2)口头模仿(Oral Imitation)；(3)类属判定(Catenizing)；(4)语义赋予(Semanticizing)；(5)类推成句(Composition by Analogy)。其中"类推成句"是一个生成性原则，首先生成"句核(ergon)"，以此作为句法原型，进而生成不可计数的相关语句。帕尔默对英语语调进行了广泛、深入的研究，用各种符号描述"音组""调头""调核""调尾"等英语语调；还研究了音组的"语义功能"，为后人的研究工作打下了基础。帕尔默基于英语教学实践的理论构建以及帮助日本开展的英语教育改革，有力地促进了20世纪应用语言学的发展。

帕尔默的其他主要著述包括《新方法语法》(*New Method Grammar*, 1938)、《以语音为基础的英语口语语法》(*A Grammar of Spoken English on a Strictly Phonetic Base*, 1939)、《法英会话词典》(*A French-English Conversation Dictionary*, 1944)、《语言的科学研究》(*The Scientific Study of Languages*, 1964)、《语言的科学研究与教学》(*The Scientific Study and Teaching of Languages*, 1968)等。

帕尔穆特　Perlmutter, David　(1938—)

美国语言学家。1959年毕业于哈佛大学，获学士学位；20世纪60年代在麻省理工学院师从乔姆斯基，获语言学博士学位。后任教于麻省理工学院和布兰迪斯大学(Brandeis University)。1977年加盟加州大学圣迭戈分校语言学系，任语言学教授，现任荣誉退休教授。曾任美国语言学会副会长，2000年任会长。

戴维·帕尔穆特的研究兴趣主要包括语言普遍性、语言类型学、美国手语以及句法、形态与音系理论。他是关系语法(Relational Grammar)理论的创始人。20世纪70年代，他与波斯特尔(Paul Martin Postal)等建构了"关系语法"的句法理论，随后编辑出版《关系语法研究》(*Studies in Relational Grammar*, 1983)，完善了关系语法的基本理论框架。关系语法把语法关系看作是给定的原始概念，关注语法关系在关系网络中不同层次上的变化，并在此基础上进行句法结构的描述。帕尔穆特的研究对象包括20多种欧洲、亚洲及美洲原住民语言，也对美国和加拿大多数地区聋人的手势语进行过研究。

帕尔斯顿　Paulston, Christina Bratt　(1932—)

美国语言学家和国际双语教育家。1932年12月30日生于瑞典斯德哥尔摩。18岁时移居美国，1959年加入美国国籍。1953年在卡尔顿学院(Carleton College)获学士学位。1955年获明尼苏达大学得英语与比较文学硕士学位。1955—1963年担任高中教师，同时在美国和瑞典两地居住。1963—1966年，在纽约市哥伦比亚大学担任理科辅导员。1966年获哥伦比亚大学博士学位。1969年被聘为匹兹堡大学副教授；1970年任英语系主任，1971年任语言习得研究所执行主任，1975年被聘为教授。1975—1989年任普通语言学系主任。加入多个语言学专业协会，并在其中担任要职，1976年任TESOL协会主席。1976—1981年任应用语言学中心主任；曾兼任美国文化委员会外语教学分会委员。1980年受到美国教育研究协会嘉奖。1985年获富布赖特奖学金的资助到乌拉圭进行学术交流。

克里斯蒂娜·布拉特·帕尔斯顿对社会语言学有广泛的研究，尤其双语研究造诣颇深。她从国际视角全面研究双语教育，在美国、欧洲和家乡瑞典等地进行国际双语教育问题的实地研究，其著作《双语与双语教育国际手册》(1998)展示了她广泛的研究活动。另外，她还从事少数民族语言研究，为少数民族及多数民族双语教学提供了具体而有建设性的描述资料。她经常为少数民族的语言政策提供具体建议（这些建议常常是有争议性的）。帕尔斯顿认为社会问题与少数民族及多数民族的语言发展有直接关系，少数民族的"社会流动(social mobilization)"导致少数民族要么保留自己的语言，要么使用多数民族语言，少数民族均衡使用双语的现象十分罕见。

帕尔斯顿在语言教学、教师培训、语言计划、双语教学和社会语言学等各个领域发表了多篇学术论文,出版专著15本。其他主要著作包括《双语教育》(*Bilingual Education*,1980)、《多语背景下的小语言族群:语言政策启示》(*Linguistic Minorities in Multilingual Settings. Implications for Language Policies*,1994)、《双语现象和双语教育国际手册》(*International Handbook of Bilingualism and Bilingual Education*,1998)以及与佩卡姆(Donald Peckham)合著的《中东欧地区的小语言族群》(*Linguistic Minorities in Central and Eastern Europe*,1998)等。

帕尔斯格雷夫　Palsgrave, John　(1480—1554)　英国语言学家。约1480年生于伦敦,1504年获剑桥大学基督圣体学院学士学位,之后赴法国留学并获硕士学位。曾任亨利八世的宫廷牧师,1513年成为亨利八世之妹玛丽公主的导师,1516年因故被迫移居比利时鲁汶(Louvain)。经托马斯·莫尔爵士(Sir Thomas More,1478—1535)推荐,追随当时尼德兰古典学者德西德里乌斯·伊拉斯谟(Desiderius Erasmus,1466—1536)学习法律和古典学,并曾频繁来往于英法两国,奔波于牛津、剑桥和巴黎等地,听课学习,纳徒授课,著书立说。1554年卒于英格兰东部的北安普敦郡(Northamptonshire)。

约翰·帕尔斯格雷夫于1530年出版《法语详解》(*Lesclarcissement de la langue françoyse*)。这是第一部大型法语语法书。全书共有三卷。第一卷介绍了发音和正字法;第二卷论述形位与句法;第三卷对前一册中呈现的语法现象进行了详解,并添加了含有23000个词项的英法词典及其用法。该书目的是为了帮助英国人学习法语,全面比较分析了法英两种语言、两国文化、两国社会政治结构以及英吉利海峡两岸的知识氛围,是研究当代词汇、形态学和句法的宝贵资料。他把荷兰作家富伦厄斯(Wiliam Fullonius,1493—1568)的喜剧《败家子埃柯拉斯图斯》(*Comedy of Acolastus*,1540)从拉丁文翻译成英文,将此作为礼物献给国王亨利八世。英语短语"as deaf as a post(聋如木桩)"即来自这个剧本的帕尔斯格雷夫译本。

帕拉斯　Pallas, Peter Simon　(1741—1811)　普鲁士语言学家和博物学家。1741年9月22日生于柏林。其父西蒙·帕拉斯(Simon Pallas)是一位外科教授。先在家庭教师指导下学习自然历史,后在哈雷大学和哥廷根大学学习医药、自然历史和数学。19岁获莱顿大学博士学位。1763年成为英国皇家学会外籍会士。1767年应女皇叶卡捷琳娜二世(Catherine II)之邀赴俄国,被聘为圣彼得堡帝国科学院博物学教授。1776年当选为瑞典皇家科学院外籍院士。1811年9月8日卒于柏林。

彼得·西蒙·帕拉斯早年曾遍游荷兰,到达伦敦,提高医学和外科手术知识;后在海牙定居。应邀到达俄国后,于1768—1774年奉女皇之命,他带领一支科学探险队进入俄罗斯中部和东部省份,用6年时间考察了乌拉尔山脉、吉尔吉斯大草原、阿尔泰山脉、贝加尔、西伯利亚的部分地区和伏尔加大草原,收集了生活在俄罗斯的不同少数民族群体,尤其是蒙古人的各类数据,并就调查过的地区地理、人种史、植物群和动物群写了一系列著作。他运用人类文化学、历史学和语言学等方面的知识,对大量珍贵的资料以及化石标本加以系统化,其重要成果均记录在1771—1776年出版的三卷本《俄罗斯帝国各省旅行记》(*Reise durch Verschiedene Provinzen des Russischen Reichs*)中。

1785年,帕拉斯再受叶卡捷琳娜二世之命,把女皇所收集的各种语言及方言资料编写成语言和方言比较辞典。他详细地阐述了这一编纂计划,指示俄罗斯各地的当地权威机构及俄罗斯驻外大使,提供俄罗斯及世界各地的不同语言词表。第一卷收录欧洲、亚洲和大洋洲诸语言,分两部分于1787—1789年出版,内容包括273个主要概念和基本语法词汇(介词和连词)、200种语言及方言中表示数字的对应语。由于相当多的资料是从其他语言资料中借用,因而错误和令人迷惑不解之处颇多,他的工作也因此而受到了不同学者的质疑,但是这一大胆的尝试鼓舞了比较语言学的研究工作,对后人的相关研究工作不无影响。1791—1792年出版了该书的修订版,由杰安科维奇·马瑞杰夫(T. Janković de Mirijevo 1741—1814)按照字母表顺序修订,并新增了一些非洲和美洲语言。1793—1794年,帕拉斯带领另一支科学探险队赴俄罗斯南部各省份考察。

帕默　Palmer, Harold Edward　参见"帕尔默"。

帕特里奇　Partridge, Eric Honeywood　(1894—1979)　新西兰裔英籍词典编纂学家。1894年2月6日生于新西兰北岛的吉斯伯恩(Gisborne)。后移居澳大利亚布里斯班市,学会并爱上写作。曾在昆士兰大学攻读古典文学,后改学英语和法语。因第一次世界大战而中断学业。战争期间,在澳大利亚步兵师服役,在西线战斗中负伤。战后,在布里斯班获文学士学位,在昆士兰大学获文学硕士学位,并获昆士兰旅行奖学金赴牛津大学学习。1921—1923年在牛津大学学习,毕业后在一所文法学校任教。1925—1927年,在曼彻斯特大学和伦敦大学讲学。1927—1931年经营自办的出版社,1932年起从事写作和词典编纂。第二次世界大战中加入英国皇家陆军,后转入空军联络部。战后继续从事写作。1979年6月1日卒于英国西南部德文郡小镇莫尔顿汉姆斯泰德(Moretonhampstead, Devon)。

埃里克·霍尼伍德·帕特里奇以俚语论著写作和词典编纂而闻名。他曾把一战期间负伤的经历记录在后来发表的《行军长路——英国士兵的歌曲和俚语》(*The Long Trail: Songs and slang of the British soldier*, 1930)中。1927—1931年自办学术出版社(Scholartis Press)期间,主要出版一些自己创作的小说和英语俚语方面的著述,也出版其他作家的作品,如哥德弗雷·欧文(Godfrey Irwin)的《美国流浪汉与下层社会俚语》(*American Tramp and Underworld Slang*, 1930);还编辑了格罗斯(Francis Grose)的《古典鄙俗语词典》(*Classical Dictionary of the Vulgar Tongue*, 1931)。帕特里奇自己的出版社破产之后,受出版商劳特利奇(Routledge)委托编著《俚语与非常规英语词典》(*Dictionary of Slang and Unconventional English*, 1937),得以声名鹊起。由特里·维克多(Terry Victor)和汤姆·达尔泽尔(Tom Dalzell)编辑出版的帕特里奇遗稿第九版《达尔泽尔俚语与非常规英语新简明词典》于2005年面世。1958年出版的著作《起源:现代英语简明词源学词典》(*Origins, a Short Etymological Dictionary of Modern English*),激发了词源学研究的新理论。

帕特里奇的大半生是自由作家,对单词的历史与含义进行了大量的精心研究,著有许多关于方言和殖民地英语的著作,共40余部。其他的主要著作有《俚语今夕》(*Slang Today and Yesterday*, 1935)、《惯用语与滥用语》(*Usage and Abusage*, 1947)、《英美下层社会用语词典》(*A Dictionary of the Underworld, British and American*, 1950)、《埃里克·帕特里奇自白》(*Eric Partridge in His Own Words*, 1980)以及许多论述英语单词历史和用法的文章。

帕特南 Putnam, Hilary (1926—) 美国语言哲学家。1926年7月31日生于伊利诺伊州芝加哥市。曾在宾夕法尼亚大学学习数学和哲学。1951年获加州大学洛杉矶分校博士学位。先后在西北大学、普林斯顿大学和麻省理工学院任教。1976年南进入哈佛大学哲学系任教,同年当选为美国哲学协会主席,后被聘为沃尔特·贝弗利·皮尔逊(Walter Beverly Pearson)数理逻辑学教授。2000年退休。

希拉里·帕特南在语言哲学、心智哲学等领域的研究建树颇丰。在心智哲学方面,比较有影响的是其论文《心理谓词》(*Psychological Predicates*, 1967),文章指出心智状态由其与环境、其他状态和行为的关系而定,且相同的心智状态也可能存在于不同的物质系统之中。在语言哲学方面,他的观点主要体现在论文《意义的意义》(The Meaning of Meaning, 1975)中,指出意义不完全取决于言语者的内在心智状态,与外在环境的关系不可或缺。为此,他用著名的"孪生地球想法实验"加以说明。实验中,设想有一个人,他与地球上某一个人的内在心智状态完全相同,但却生活在一个"孪生地球"上。该行星与地球只存在环境的某一方面(如"水")的差异,代之的是一种具有相同宏观特性的不同物质。对他来说,"水"显然是指"孪生地球"上的一种物质,而不是指地球上的水,但他却与地球上的某个人具有相同的内在心智状态,这表明意义不是一个纯内在的东西。

帕特南重要的文章都收录在他的三卷本《哲学论文集》(*Philosophical Papers*, 1975、1975、1983)中。其他主要作品还包括《理性、真理和历史》(*Reason, Truth, and History*, 1981)、《表征与现实》(*Representation and Reality*, 1988)等。

帕西 Passy, Paul Edouard (1859—1940) 法国语文学家和语音学家。1859年1月13日生于法国凡尔赛。父亲是经济学家、政治家和诺贝尔和平奖得主。在良好的家庭教育下,从小学会了法语、英语、德语和意大利语。虽然从未进过学校,但16岁就取得文学学士学位,在巴黎高等研究实践学院(École pratique des hautes études)学习梵语和哥特语。19岁起从事英语和德语教学,以活生生的语言为教材,自创了一套注音符号。1891年获文学博士学位。1894年起执教于巴黎高等研究实践学院,主讲普通语音学和比较语音学。1940年3月21日卒于巴黎南郊皇后镇(Bourg-la-Reine)。

保罗·爱德华·帕西是国际语音协会(IPA)的创始人之一,曾任协会主席和秘书,并担任会刊《语音学教师》(*The Phonetic Teacher*)的主编。他草拟了国际音标的原则,参与制订了国际语音协会的宗旨:把现代语音学运用于语言教学。帕西曾任法兰西学院附属高等研究实验学校副校长,他提倡语音式文字,主张用语音学方法教授语言。

帕西写过多部语音学专著和教程,其中包括《小学初级课本》(*Premier livre de lecture*, 1884)、《美国小学教学》(*L'instruction primaire aux États-Unis*, 1885)、《语音变化研究》(*Étude sur les changements phonétiques et leurs caractères généraux*, 1891)、《比较语音学概要》(*Petite phonétique comparée des principales langues européennes*, 1906)、《法语语音学读本》(*Lectures françaises phonetiques*, 1918)、《法语会话,附音标和英语翻译》(*Conversations françaises, en transcription phonétique avec traductions anglaises*, 1920)等教学用书;另有与他人合编的著作《法语语音词典》(*Dictionnaire phonétique de la langue française*,

1897)等。

派克 Pike, Kenneth Lee （1912—2000）

美国语言学家和人类学家。1912年6月9日生于美国康涅狄格州伍德斯托克(Woodstock)一个乡村医生家庭。从小就对语音表现出浓厚的兴趣和才能。中学时学习拉丁语和法语，1929年进入波士顿戈登学院学习古希腊语。1935年进入美国国际语言暑期学院(SIL International)学习并研究语音学，后随该学院创办人汤森德(William Cameron Townsend)赴墨西哥研究印第安语言中的米克斯台克语(Mixtec)方言，之后开始讲授印第安语音。1942年获密歇根大学语言学博士学位并留校任教，1955年被聘为教授。1938年起与奈达(Eugene Nida)共同领导暑期学院，1942年起兼任学院院长长达37年。1961年任美国语言学会(LSA)会长，1977年任加拿大和美国语言学会(LACUS)会长，1985年被选为美国国家科学院院士，1982—1996年连续15年获诺贝尔和平奖提名。2000年12月31日卒于德克萨斯州达拉斯(Dallas)。

肯尼思·李·派克研究过世界各地的语言650多种，特别以对墨西哥、秘鲁、厄瓜多尔、玻利维亚、巴布亚新几内亚、爪哇、加纳、尼日利亚、澳大利亚、尼泊尔和菲律宾等地的原住民语言的研究而著称。他是"法位学"的首倡者，其代表作是《语法分析》(Grammatical Analysis, 1977)。法位学是布龙菲尔德学派直接成分分析法和派克本人人类行为一般理论的结合物。法位是一个包含一种功能的单位(如一个主语)和实现这一功能的项目类别(如名词)。他按照法位学的观点，将语言分成音位等级体系(phonological hierarchy)、语法等级体系(grammatical hierarchy)和所指(意义)等级体系(referential hierarchy)三种等级体系，每一层级的单位都包括轨位(slot)、类别(class)、作用(role)和接应(cohesion)。他进一步提出，每一种语言也可视为一种单位，认为其分布在或包含在一个更大的范畴(如文化)里。派克还将音位理论用来分析人类行为，后又把法位学用于场论的矩阵和英语修辞学上。

派克对理论语音学的研究有独特的贡献，著有《语音学——语音理论及实践中语音描写技巧的批判性分析》(Phonetics: A critical analysis of phonetic theory and a technique for the practical description of sounds, 1943)和《美式英语语调》(The Intonation of American English, 1945)。他摒弃传统的元音辅音分类法，发明了一套全新的标准和方法，能够对人类发出的一切声音进行分类和描写。派克用音位理论把美式英语的语调归纳为四级高度，语调就是其中起伏的一些模式，用在语句上画线或用数字表明高度和模式，而传统的英国语音学则是从物理的观点，用若干圆点标记语调的起伏和高低变化。

派克的其他主要著作还包括三卷本《关于人类行为结构统一的理论的语言》(Language in Relation to a Unified Theory of the Structure of Human Behavior, 1967)，全书长达760多页，汇集了他30年在语音学、音位学、语法学、语义学、普通语言学、社会学、生理学、心理学、哲学、逻辑学、人类学和数学等多种学科的研究成果。

庞德(路易丝·～) Pound, Louise （1872—1958）

美国民俗学家。1872年6月30日生于美国内布拉斯加州林肯市。大学之前的教育由母亲辅导在家中完成，1892年毕业于内布拉斯加大学，获学士学位；1895年获硕士学位。后进入芝加哥大学和海德堡大学深造，在约翰内斯·霍普斯(Johannes Hoops)指导下完成博士学位论文，1900年获海德堡大学博士学位。其后在内布拉斯加大学任教50年。1925—1927年任美国民俗学会会长。1928年作为美国九名代表之一出席在伦敦举行的英语国际理事会会议。先后在加州大学伯克利分校、耶鲁大学和芝加哥大学任教，1955年当选现代语言协会(MLA)首位女性主席。1958年6月27日卒于林肯市家中。

路易丝·庞德推动了演讲学和民俗学在美国研究和写作领域中的发展，提升了两者的学术地位。在芝加哥大学任教期间，庞德开始研究英语语言文学的早期发展情况，并凭借其在英国语言和文学方面掌握的渊博知识，对美式英语进行深入研究，出版了一些有关美式英语的作品，是美式英语的研究者和倡导者。其博士学位论文是关于中世纪后期英语形容词之比较。1921年，她出版了《诗歌起源及民谣》(Poetic Origins and the Ballad)，该书否定了当时"民谣来源于社区"的普遍观点。1925年，她创办《美式英语》(American Speech)期刊，之后五年一直担当该刊编辑。庞德的其他主要作品还包括《美国歌谣和歌曲》(American Ballads and Songs, 1923)、《精选作品》(Selected Writings, 1949)等。

培尔 Bayle, Pierre （1647—1706）

法国哲学家。1647年11月18日生于法国西南部一卡尔拉勒—孔泰镇(Carla-le-Comte)。曾就读于图卢兹市(Toulouse)耶稣会学院，1668年转而信奉罗马天主教，两年后又皈依新教，为逃避天主教迫害，逃往日内瓦，在那里学习神学并接触到法国哲学家笛卡儿(René Descartes)的思想，1674年返回法国在色当(Sedan)新教大学(The Protestant University)讲授哲学，1681年到荷兰鹿特丹(Rotterdam)，继续在大学讲授哲学和历史，并在此定居。1706年12月28日卒于鹿特丹。

皮埃尔·贝尔著名的著作是四卷本《批评与历史

词典》(*Dictionnaire Historique et Critique*,1697)。这部皇皇巨著有将近 4000 页,是一部涉及哲学批评方法论的巨著。该词典在随后的 50 年里出版过八个版本,曾被译成英语和德语。虽然这部词典对语言学研究没有直接贡献,但其研究方法为法国思想家狄德罗(Denis Diderot)主编的《百科全书》(*Encyclopédie*,1751—1772)提供了很好的借鉴。培尔的出生地为了纪念对这位成就卓著的乡亲,将城镇更名为卡尔拉—培尔(Carla-Bayle)。

培根(弗朗西斯·~)　Bacon, Francis
(1561—1626)　英国唯物主义哲学家、政治家和散文家。1561 年 1 月 22 日生于英国伦敦,父亲是伊丽莎白女王的掌玺大臣,母亲是一位精通希腊语和拉丁语的才女。自幼天资聪颖,受到良好的家庭教育,12 岁即进入剑桥大学三一学院学习。三年后,作为英国驻法大使埃米阿斯·鲍莱爵士(Amias Paulet)的随员到了法国。1579 年,因父亲病逝而致生活陷入困境。1582 年获得律师资格,摆脱贫困。1584 年当选为国会议员,开始从政,但当时未得到伊丽莎白女王的赏识。1602 年詹姆士一世继位后,被封为爵士,开始受到重用,1604 年被任命为国王顾问,1607 年任副检察长,1613 年任首席检察官,1616 年任枢密院顾问,1617 年提升为掌玺大臣,1618 年任英格兰的大陆官,被封为维鲁兰男爵,1621 年再封奥尔本斯子爵。1621 年被国会指控贪污受贿,被高级法庭判处罚金四万英镑,并监禁于伦敦塔内,终生逐出宫廷,不得担任议员和官职。后虽被豁免罚金和监禁,却已身败名裂,从此不理政事,专心从事理论研究。1626 年 4 月 9 日卒于伦敦。

弗朗西斯·培根在旅居巴黎两年半的时间里,几乎走遍了整个法国,接触到不少新鲜事物,汲取了许多新思想。他最重要的作品主要是对科学哲学的论述,对语言的思考作为其理论思想的一部分与语言科学及语言学观点的历史紧密相关。在其《学术的进展》(*Advancement of Learning, Arts Intellectual*,1605)中,他概括了语言对于保存和传播人类知识的作用,并论述了语言与思维、语言与交流、语言的任意性、语法科学等问题。在《新工具论》(*Novum Organum*,1620)中,他批判了三段论的演绎方法,认为应该使用新颖而科学的演绎推理方法,提倡对科学研究使用定性归纳法。培根还是一位优秀的散文家,1624 年出版的《培根论说文集》(*The Essays of Francis Bacon*)文笔非常优美,因而被称为"英语语言大师"。

培根(罗杰·~)　Bacon, Roger　(约 1214—约 1294)　英国修道士、哲学家和科学家。大约 1214 年生于萨默塞特郡伊尔切斯特(Ilchester, Somerset)。家境原本比较富裕,但亨利三世在位期间,家里的很多财产被掠夺,一些家庭成员被放逐。13 岁时进入牛津读书,学成后曾在牛津大学担任教师,讲授亚里士多德思想。1241 年赴法国巴黎大学任教,1247 年回到牛津大学,购买了很多书籍和仪器,谢绝社交和研讨活动,专注于自己的研究。约于 1256 年加入方济各会(Franciscan Order),后因传播阿拉伯世界的炼金术遭软禁十余年。约于 1294 年卒于牛津。

罗杰·培根研究的学科非常广泛,包括哲学、数学、地理学、光学、天文学、炼金术、语言等领域。他崇尚在学术研究中使用实验方法,反对只针对中世纪经院哲学的空洞争论。他对语言学的真正贡献在于其对外语学习的推广。他特别强调学习希腊语、希伯来语和阿拉伯语的重要性,并开创了对方言变化及跨语言的研究。他的很多研究在当时都具有反传统倾向,因此在当时备受批评。在诺兰(Edmond Nolan)与赫希(S. A. Hirsch)合编的《罗杰·培根的希腊语语法及希伯来语语法片段》(*The Greek Grammar of Roger Bacon and a Fragment of his Hebrew Grammar*,1902:27)中,培根断言道:在所有语言中,语法的偶然性(accidents)尽管各有千秋,但其本质(substance)完全同一,绝无二致。这一说法被许多当代学者视为生成语言学中"普遍语法(Universal Grammar)"理论的思想源泉。

培根的三部主要作品《大著作》(*Opus Majus*)、《小著作》(*Opus Minus*)和《第三部著作》(*Opus Tertius*),当时因教会阻拦未能公开发表。

裴特生　Pedersen, Holger　参见"佩德森"。

佩德森　Pedersen, Holger　(1867—1953)
丹麦语言学家。亦译裴特生,1867 年 4 月 7 日生于丹麦南部格尔巴(Gelballe)。曾在哥本哈根研习语言,师从汤姆逊(Vilhelm Thomsen)、默勒(Herman Möller)、维尔纳(Karl Verner)等人,后去莱比锡大学深造。1893 年秋就读于柏林大学,第二年赴格赖夫斯瓦尔德大学学习凯尔特语和梵文,1897 年获博士学位。1900 年任哥本哈根大学讲师,主要从事斯拉夫语言学和印欧语学的教学和研究。1914 年接替汤姆逊担任印欧语学正教授。曾赴欧洲各地进行调查研究,对阿尔巴尼亚语和阿兰群岛的爱尔兰方言进行实地考察。1953 年 10 月 25 日卒于哥本哈根附近的赫勒乌普(Hellerup)。

豪尔格·佩德森是哥本哈根学派代表人物之一,主要从事印欧语系研究,研究兴趣集中在印欧语系的冷门语言上,这些语言自葆普(Franz Bopp)、拉斯克(Rasmus Christian Rask)、格林(Jacob Grimm)等人开创印欧语学研究以来未受足够关注。1909—1913 年,他撰写了两卷本《凯尔特语对比语法》(*Vergleichende Grammatik der keltischen Sprachen*),并对吐火罗语和赫梯语等印欧语系新发现的语言产生浓厚兴趣。1938 年著《赫梯语和其他印欧语言》(*Hittitisch und die Anderen Indoeuropäischen Sprachen*),详细探讨了赫梯语与其他诸语言的关系。他反对斯特蒂文特(Edgar E. Sturtevant)提出的印支—赫梯理论,认为该理论未能在印欧语系中给予赫梯语应有的地位。佩德森对吕西亚语也有观察和研究,1945 年所著的《吕西亚语和赫梯语》(*Lykisch und Hittitisch*)一书首次详细阐述了西亚语和赫梯语的密切关系,并指出吕西亚语具有印欧语系特征。

佩德森还对印欧语系的一般性问题进行研究,主要涉及对该语系的各种方言进行归类,以及与其他语系之间的关系,这方面的作品主要包括《印欧语方言归类》(*Le Groupement des Dialectes Indo-européens*, 1925)和《19 世纪语言学:语言的发现》(*Linguistic Science in the 19th Century: The Discovery of Language*, 1931)等。

佩吉特　Paget, Richard Arthur Surtees（1869—1955）　英国律师和声学家。1869 年 1 月 13 日生于英格兰西南部萨默塞特郡的克雷默霍尔(Cranmore Hall, Somerset)。1891 年毕业于牛津大学莫德琳学院(Magdalen College)化学专业,之后担任高等法院出庭大律师,还出任政府及诸多机构委员会的主席职务。1955 年 10 月 23 日卒于伦敦。

理查德·阿瑟·瑟蒂斯·佩吉特在言语科学和言语起源研究方面做出了突出贡献。在牛津大学求学期间,他对言语尤其是声学产生了浓厚的兴趣。第一次世界大战期间,他为英国海军大臣工作,研究水下声音探测。这项工作重新唤起了他对声学及元音的兴趣。他用做塑像的代用黏土做成一系列共鸣器,并用合成法合成元音。其著作《人类的言语》(*Human Speech*, 1930)详细地阐述了他对言语声学的研究结果,其中也包括他认为手势是人类言语的起源这一假设的支撑材料。1951 年,他设计了聋人新手语,此后与皮埃尔·戈尔曼(Pierre Patrick Gorman)合作,设计出著名的佩吉特—戈尔曼手语。20 世纪 70 年代,佩吉特—戈尔曼手语在英国广为聋人和有学习障碍的儿童使用,这是佩吉特在语言学方面的突出贡献。

佩特鲁斯　Petrus Hispanus（Peter of Spain）（约 1210—1276）　中世纪哲学家、逻辑学家和语言学家。亦译彼得勒斯或希斯班努斯,确切身份和生平不详,但据信其学术活跃期在 13 世纪中期,生活在西班牙北部和法国南部。传统上认为其身份是一位葡萄牙学者和内科医生,曾在锡耶纳(Siena)任教,后来成为罗马教皇二十一世。但学界对此一直存疑,认为更可能是一名叫做佩特鲁斯·费兰迪·希斯班努斯(Petrus Ferrandi Hispanus)的修士。

佩特鲁斯·希斯班努斯是广为流传的中世纪教材、逻辑学手册《西班牙的彼得主教逻辑问题集》(*Summulae Logicales Magistri Petri Hispani*)的作者,该书也被称作《逻辑哲学论》(*Tractatus*),阐述了诸如"名词""动词""短语""介词"等基本概念,并阐述预测在三段论推理中的作用。

佩伊　Pei, Mario（1901—1978）　美国语言学家。1901 年 2 月 16 日生于意大利罗马,7 岁时与父母移居美国。高中毕业已通晓英语、意大利语、拉丁语、希腊语及法语,后又掌握西班牙语、葡萄牙语、俄语、德语等,会说约 30 种语言,通晓至少 100 种语言的结构。1937 年从哥伦比亚大学获博士学位,同年留校任教,1952—1970 年任罗曼语语文学教授。1978 年 3 月 2 日卒于新泽西州格伦·里奇(Glen Ridge, New Jersey)。

马里奥·佩伊是一位语言奇才,其博士学位论文主要研究梵语、古教会斯拉夫语(Old Church Slavonic)和古法语。第二次世界大战期间,他的多语才能(polyglottism)适逢用武之地。他在美国战争部担任语言顾问,编写教材,开发语言课程,编制学习指导用书;其中的《战时语言与和平语言》(*Languages for War and Peace*, 1943),是一本世界七种主要语言和三十个小语种的学习和使用手册。战后,佩伊返回大学从事语言教学与研究,撰写了五十余部专业性和通俗性语言学著作。他在《语言说略》(*The Story of Language*, 1949)中认为:新语(neologisms)对现存语言有重大意义,并且大多数词语都是由根词(root words)转化成的新词发展而来;俚语是一门语言创新力的标志,是今天所有语言从早期语言进化而来的主要渠道。佩伊是一位国际主义者,倡导将世界语(Esperanto)纳入各地的学校课程中。

佩伊的其他著作包括《意大利语》(*The Italian Language*, 1941)、与盖纳(Frank Gaynor)合编的《语言学词典》(*A Dictionary of Linguistics* 1954)、《语言面面观》(*All About Language*, 1954)、《语言学魅力:语言科学简介》(*Invitation to Linguistics: A basic introduction to the science of language*, 1965)、《英语说略》(*The Story of English*, 1952)等。

皮达尔　Pidal, Ramón Menéndez　参见"梅嫩德斯·皮达尔"。

皮尔斯　Peirce, Charles Sanders（1839—1914）　美国哲学家和数学家。亦译珀尔斯。1839 年 9 月 10 日生于美国马萨诸塞州剑桥。曾求学于哈佛大学,1863 年获化学学士学位;1859—1891 年参加美国海岸测量处(United States Coast Survey)开展的科研活动;1879 年任约翰霍普金斯大学

(Johns Hopkins University)逻辑学讲师。1914年4月19日卒于宾夕法尼亚州的米尔福德(Milford, Pennsylvania)。

查尔斯·桑德斯·皮尔斯终身致力于语言和语言学研究。19世纪60年代后期,他发表了一系列文章,建立起符号学(semiotics)的哲学基础。皮尔斯认为符号学是一种普通的逻辑理论,而语言则是符号的一部分。他用三段论阐述语言本质,强调符号是宇宙,而不只是人脑的一部分。他的这种看法与康德(Immanuel Kant)以及现代语言学和语言理论有很大差异。根据他的符号现实主义论,语言虽然在很大程度上具有传统性,但实际上是一种行为模式,能够产生可以预知的结果,并受到使用规范的制约。语言是真实的,它制约人的经历也为人的经历所制约。皮尔斯是哲学实用主义、现代符号学以及数学或象征逻辑的奠基人之一,他的语言现实主义和实用主义在理论上有别于莫里斯(Charles Morris)的实证主义和行为主义,也不同于索绪尔和后结构主义的传统语言观。

皮尔斯是一位学术通才,在逻辑学、数学、统计学、哲学、科学方法论、符号学等方面均有重要建树,被认为是美国实用主义的创始人之一。他对逻辑研究贡献卓著,其创见如今被称作认识论和科学哲学;作为符号学创立人之一,他将逻辑学视为符号学的形式分支,于1886年发现逻辑运算可通过电子开关电路来完成,对数十年后电子计算机的诞生具有预见性意义。他的学术论述主要发表在《美国文理科学院会议文集》(*Proceedings of the American Academy of Arts and Sciences*)、《思辨哲学》(*Journal of Speculative Philosophy*)、《一元论者》(*The Monist*)、《科普月刊》(*Popular Science Monthly*)、《美国数学》(*The American Journal of Mathematics*)、《国家科学院研究报告》(*Memoirs of the National Academy of Sciences*)、《民族报》(*The Nation*)等书报期刊上,但有大量的著述未能在其生前发表。在他去世后,其遗孀将1650部未出版的10万余页手稿悉数捐给哈佛大学。

皮尔斯的主要论著包括《逻辑研究》(*Studies in Logic*, 1883)、八卷本《查尔斯·桑德斯·皮尔斯文集》(*Collected Papers of Charles Sanders Peirce*, 8 Vols., 1931—1958)、《数学新元素》(*The New Elements of Mathematics*, 1973—1976)、《符号与意义:查尔斯·皮尔斯爵士和维尔贝女士的通信》(*Semiotic and Significs: The Correspondence Between Charles S. Peirce and Victoria Lady Welby*, 1977)、《符号学基础》(*Foundations of Semiotics*, 1983;由1883年版《逻辑研究》改名重印)、《皮尔斯论符号》(*Peirce on Signs: Writings on Semiotic by Charles Sanders Peirce*, 1991)、《机遇、爱情与逻辑》(*Chance, Love, and Logic: Philosophical Essays*, 1998)等。

皮特曼爵士 Pitman, Isaac, Sir (1813—1897) 英国速记学家。1813年1月4日生于英格兰威尔特郡的特罗布里奇(Trowbridge, Wiltshire)。19岁开始从事学校教师工作,对速记产生浓厚兴趣,1843年离开讲坛,专心从事速记和拼写改革方面的商务活动。1847年在巴斯成立语音研究所,作为自己出版业务的行政总部。1894年被封为爵士。1897年1月22日卒于萨默塞特郡巴斯市(Bath, Somerset)。

艾萨克·皮特曼认为英语正字法中的不规则现象和任意变换会对年轻人学习语言造成不利影响,因此他设计了经过改良的英语拼写方案,以加强英语拼写系统的逻辑性和一致性。1837年,他出版《语音速记》(*Stenographic Sound-Hand*),1840年又推出该书第二版《表音文字速记法》(*Phonography*),在教育界大获成功,并引起商界关注。1844年,他推出"音位拼写法"(phonotypy),后又推出几种经过改革的字母拼写方案,其中有些是与埃利斯(Alexander John Ellis)一起修订完成。

尽管皮特曼算不上严格意义上的语音学家,但他对英语音素差异的洞察使他创立了速记法并进行英语拼写改革。在维多利亚时代,他在语音学和应用语音学方面的研究在一定程度上为语言学方面的讨论创造了良好的氛围。

皮亚杰 Piaget, Jean Paul (1896—1980) 瑞士心理学家。1896年生于瑞士西部纳沙泰尔湖畔的纳沙泰尔市(Neuchâtel)。自幼对生物学研究感兴趣,少年时代即发表一系列关于软体动物的文章。1918年获纳沙泰尔大学自然科学博士学位;1918—1919年在苏黎世大学研修弗洛伊德(Sigmund Freud)和荣格(Carl Gustav Jung)的精神分析学说;1919年到巴黎从事教学和研究。1921年回到瑞士,先后执教于纳沙泰尔大学、日内瓦大学和洛桑大学,曾在卢梭研究院(Rousseau Institute,亦称日内瓦学术院)工作。1934年前后任联合国教科文组织国际教育局局长。1936年获哈佛大学荣誉博士学位。1955年在日内瓦大学创建"国际发生认识论研究中心(International Center of Genetic Epistemoligy)",并担任主任直至逝世。因有日内瓦大学和巴黎大学的工作经历,1964年3月应邀出任康奈尔大学和加州大学举办的两场认知研究与课程开发大会的首席顾问。1979年获巴尔赞社会与政治科学奖(Balzan Prize for Social and Political Sciences)。1980年9月16日卒于日内瓦。

让·保尔·皮亚杰是发生认识论(Genetic Epistemoligy)的创始人。他一生研究的课题概括起来有四个方面:智力结构、知觉理论、各种科学概念的个体起源和发生认识论,其中发生认识论是他晚年致力研究的最主要课题。在儿童认知发展理论中,他将儿童思维认知的发展分为感知运动、前运算、具体运算和形式运算四个阶段。感知运动阶段一般发生在零到两岁,这个时期的儿童会没有推理,直接刺激令他们产生图形的知识(figurative knowledge)认识;前运算阶段发生在 2—7 岁,这个时期的儿童仍受直觉思维的支配,但可凭借语言和其他手段来表征事物,认识发展到符号象征阶段;具体运算阶段一般发生在 7—12 岁,这个时期的儿童已经能够推论,并且具有了运算的知识(operative knowledge),虽然该阶段的运算知识需要建立在具体事物支持的基础上;形式运算阶段大约发生在 12 岁以后,这个阶段的儿童开始拥有人类最高级的认识能力,在无需任何具体事物支持的状态下,可以对抽象或表征性的材料进行逻辑运演。皮亚杰认为,虽然儿童的认知发展可能存在一定的个体差异,但总的来说,儿童的认知发展都要经过这样四个连续的发展阶段。

皮亚杰一生著述颇丰,共出版 50 多本著作和 500 多篇论文,主要著作包括:《儿童的语言和思维》(*Le Langage et la pensée chez l'enfant*,1923)、《儿童的物理因果关系概念》(*La causalite physique chez l'enfant*,1927)、《儿童智力的起源》(*La naissance de l'intelligence chez l'enfant*,1936)、《智力心理学》(*La psychologie de l'intelligence*,1947)、《逻辑和心理学》(*Logic and Psychology*,1953)、《从童年到青春期逻辑思维的发展》(*La genèse des structures logiques elementaires*,1959)、《结构主义》(*Le Structuralisme*,1968)、《发生认识论原理》(*The Principles of Genetic Epistemology: Towards a theory of knowledge*,1972)和《意识的控制》(*The Grasp of Consciousness*,1974)等。

平山辉男　Hirayama, Teruo（平山輝男,1909—2005）　日本方言学家。1909 年 8 月 16 日生于日本宫崎县。1931 年考入日本国学院大学(國學院大學)学习文学和语言学,1935 年毕业后一直进行方言实地考察研究。1937 年任法政大学讲师,1940 年任东京府立大学教授;1949 年任东京都立大学人文系副教授,1962 年晋升为教授,1969 年任校图书馆长,1971 年任人文系主任。1973 年回到日本国学院大学日本文化学研究所任教,1979 年退休。此后继续进行方言研究和方言词典的编纂。1994 年被日本政府授予"文化功劳者"称号。2005 年 8 月 17 日卒于东京。

平山辉男是最活跃的实地语言学家之一。在服部四郎(Shiro Hattori)等对当代日本诸方言的重音体系研究的影响下,他于 20 世纪 30 年代中期对日本方言进行了广泛的实地考察,进行过语言考察的地区多达 4000 多处,弄清了全国几乎所有市、镇、村在重音方面的特性,对日本九州方言重音体系的描述具有较高的科学价值,为日本方言的比较研究提供了大量的语料素材。他 1957 年完成博士学位论文《日本方言音研究》(『日本方言音の研究』)。

平山辉男的论著主要是关于日语和日本方言的重音研究,代表作品有:《九州方言重音研究》(『九州方言アクセントの研究』,1951)、《全国口音词典》(『全国アクセント辞典』,1960)、《日本方言》(『日本の方言』,1975)、《日本语言系列》(『日本のことばシリーズ』,1997)等。除此之外,平山辉男还参与编纂了《全国方言词典》(『全国方言辞典』,1982—1983)、《现代日语方言大词典》(『現代日本語方言大辞典』,1992—1994)。

婆利睹梨诃利　Bhartrihari（570—651 或 450—510）　古印度语言学家。亦译作伐致诃利。传说婆利睹梨诃利生于印度中部摩腊婆(Malwa)的乌贾因(Ujjain),本为贵族,曾跟随语法学家 Vasurata 学习,并在伐腊毗(Valabhi)国王 Maitraka 的宫中工作。为践行宗教理想,他长期与自己的欲望斗争,最终成为一名修行瑜伽的苦行僧。中国唐代僧人义静曾在著作中提及他,但误将其当作佛教徒。

婆利睹梨诃利从语言一元论(word monism)的立场出发,认为语言是人类认识世界的基础,不存在脱离语言而为人类所认知的事物,而语言就其本质而言则是语音和意义的统一体,即"恒体"(sphota)。然而,与同样持语言一元论的弥漫差派(Mimamsakas)不同,他并不认为存在某种表达意义的理想语音,而是对语音和语言进行区别,认为前者表达后者,而后者中的"恒体"是不可分割的,不存在前者那样的序列性。他将"恒体"分为三类:"语音恒体"、"词恒体"和"句恒体",并特别强调"句恒体"的重要性,由于"恒体"是不可分割的完整统一体,因此"句恒体"并不是词语相加就能构成的。他认为,"句恒体"才是语言交际的基本单位,也是语言分析的核心。从上述观点出发,婆利睹梨诃利将人的言语行为分为三个阶段:第一阶段是构想阶段,这时意义在完整不可分割的"恒体"中,其形式尚未呈现为具有时间序列的语音;第二阶段是形成表达的中间阶段,这时语音形式已经呈现出差别;第三阶段是产生完整语句的阶段,这时语音形式终于表现为可切分的时间序列而为言说者所说出。

婆利睹梨诃利的语言研究成果集中体现在他最重要的作品《词学》(*Vakyapadiya*)中。该书共分三部分,论题广涉婆罗门教义、语言等各方面。在主要讨论语言的第二部分,他重点论述了语言符号的"恒体"理论。除《词学》外,据说婆利睹梨诃利与同时期的一位同名诗人将一些诗作归入其名下。这些诗作中有一部题为《婆提诗》(*Bhatti Kavy*)的作品,充分展现了梵语语言形式变化的精细,颇具语言学趣味。

珀尔斯 Peirce, Charles Sanders 参见"皮尔斯"。

普菲力欧斯 Porphyrios(Porphyry of Tyros,约232—约305) 古希腊哲学家和逻辑学家。公元232年左右生于位于今黎巴嫩南部的古腓尼基城市泰尔(Tyre)。父母为腓尼基人,姓氏为马尔竺斯(Malchus)。曾在雅典师从修辞学家兼哲学批评家隆琪诺(Kassios Longinos),后在罗马师从新柏拉图主义哲学创始人普罗提诺(Plotinos),对普罗提诺推崇至极,追随其学习五年。回到罗马后,致力于普罗提诺著作《九章集》(*Enneads*)的编辑和出版工作。公元301—305年之间卒于罗马。

泰尔的普菲力欧斯是著名的新柏拉图主义哲学家,坚持一元论的形而上学哲学观,试图调和亚里士多德逻辑和柏拉图主义的关系。他著有《导论》(*Isagoge*),概括和介绍了哲学思想的基本问题,提出类属(genus)、物种(species)、差异性(differentiae)、性能(properties)、偶然性(accidentia)等与语法、语义相关的哲学概念,为逻辑学和语言学研究的基本概念奠定了基础。书中还提出普遍性的地位问题,该问题成为中世纪哲学讨论的中心话题之一。该书在中世纪由波伊提乌翻译成拉丁文,成为当时逻辑学和哲学的标准入门读物,不过现在大部分已经遗失,艾莫涅斯(Ammonios)和波爱修(Boethius)的评论和引用,成为后世研究它的基础。

普菲力欧斯另一部重要哲学论著是对亚里士多德《范畴篇》(*Categories*)的评论,曾被波爱修(Boethius)大量引用。其他主要作品包括《甲骨文哲学》(*Philosophy from Oracles*)等。据说普菲力欧斯一生著作共约70部/篇,但保存至今的只是极少数,幸存下来的也多是残片。

普拉努得斯 Planudes, Maximus (约1260—1310) 拜占庭语文学家和语法学家。生于今土耳其境内古城尼科米底亚的卑斯尼亚(Bithynia, Nicomedia),大约生活在1260—1310年间,马克西莫斯(Maximus)是其作为僧侣的法号。曾在君士坦丁堡接受过良好的教育,精通拉丁语。1283年成为宫廷抄写员和书记员,也参与政治活动,1296年曾奉旨出使威尼斯。后在宗教领域发展,很快成为五圣修道院(Monastery of Five Saints)院长;14世纪起积极从事教学活动,先后在柯拉修道院(Monastery of Chora)和阿卡塔勒托斯(Monastery of Akataleptos)办学。1310年前后卒于君士坦丁堡。

普拉努得斯是"帕莱奥罗格斯文艺复兴"的主要代表人物之一。他在语法方面的主要作品包括《语法对话》(*Dialogue on Grammar*)和《论词性句法》(*On the Syntax of the Parts of Speech*)。前者采用师生对话的形式论述了"语法"的概念和研究范围,同时讨论涉及形态学、正字法、句法和语义等方面的话题,后者首先介绍句法中的主语,继而讨论冠词、代词、连词、介词等句法问题。普拉努得斯的分析深入浅出,通俗易懂,并倡导对格和时态等问题进行深入研究。

普拉努得斯传世文稿甚丰。他还对一系列古希腊作家的作品进行编辑和注释,编写诗文选集、警句集、格言集以及修辞学和科技方面的小册子,并将大量拉丁文宗教和非宗教文献译为希腊语。普拉努得斯的著述在加强东西方文化和知识交流方面具有重要作用,是15世纪以来人文运动精神和文艺复兴的先驱。

普劳茨基 Polotsky, Hans (Hayyim) Jakob (1905—1991) 以色列语言学家。1905年9月13日生于苏黎世。童年时光在柏林度过,小学时自学埃及语。曾在哥廷根大学和柏林大学学习闪语和含语诸语言,1929年获哥廷根大学博士学位。随后开始在哥廷根大学任教,并研究《圣经》的七十士译本(The Septuagint),尤其是《圣经》的科普特语和摩尼教宗教研究。1934年移居巴勒斯坦,成为耶路撒冷希伯来大学的闪语和埃及学教授。1965年因在语言学研究方面的贡献而获"以色列奖"。1991年8月10日卒于耶路撒冷。

汉斯·雅各布·普劳茨基不仅在闪语诸语言、埃及语和科普特语(即古埃及语)研究领域堪称专家,而且通晓欧洲多国语言,精通闪语诸语言以及多种乌拉尔—阿尔泰语系的语言,对数十种已灭绝语言或语言变体也颇有研究。他对普通语言学也兴趣盎然,把结构主义音位学和形态学的研究技巧和方法,应用到科普特语和埃及语的研究中。此外,在其职业生涯早期,他还研究并阐释过功能句法学,构建主位—述位模式,在诸多方面都先于布拉格学派的句子功能观。普劳茨基主要采用共时类型学的研究方法,强调对各种表达方式和策略的功能性研究,提出多种语言词素句法方面的组织模式。

普劳茨基的其他主要作品包括《现代叙利亚语研究》(*Studies in Modern Syriac*, 1961)、《埃及语时态》(*Egyptian Tenses*, 1965)和《论文集》(*Collected Papers*, 1971)等。

普勒姆 Pullum, Geoffrey K. (1945—) 美国语言学家。1945年3月8日生于苏格兰北艾尔郡古城欧文(Irvine, North Ayrshire)。20世纪60年代,曾在英国和欧洲一些地方做过几年摇滚乐手。

1968年进入约克大学学习,1972年以优异成绩获文学学士学位。1973年在剑桥大学做过一年研究。1974年任教于伦敦大学学院。1976年获伦敦大学学院普通语言学博士学位,其博士学位论文是《规则互动与语法组织结构》(Rule Interaction and the Organization of a Grammar)。1980年离开英国,赴美国华盛顿大学和斯坦福大学访学。1981年在加州大学圣克鲁兹分校语言学系任职。1987年加入美国国籍,2003年被选为美国文理科学院院士。2007年起任爱丁堡大学普通语言学教授。

杰弗里·普勒姆主要研究句法、语音和语言哲学。2002年,他与英国语言学家赫德尔斯顿(Rodney Huddleston)合作著成《剑桥英语语法》(The Cambridge Grammar of the English Language),获得美国语言学会颁发的布鲁姆菲尔德图书奖,成为继夸克等人1985年推出《英语语法大全》以来又一里程碑式英语描写语法巨著。他的许多观点发表在语言学博客(Language Log)上,很多言论都支持语言学描写主义(linguistic descriptivism)。他认为作家不应该被所谓"正确的语法"规则所束缚。那些规则并不正确,不能准确概括英语的句子结构。他反对"语法权威主义"(authoritarianism),主张应该写简洁清晰的语言。这个博客的内容主要是关于媒体和流行文化中的语言用法的讨论,此外还有一些关于语言描写主义和规定主义的辩论。搜索引擎谷歌(google)是他们验证语言观点的主要语料来源。截止到2007年8月,该博客的访问量在已经达到9500次,成为最主要的语言学博客之一。普勒姆对汉语也颇感兴趣,自取汉名"溥哲夫"。

普勒姆的《爱斯基摩词汇的大骗局》(The Great Eskimo Vocabulary Hoax,1991)因语言生动和幽默而颇受欢迎。合著的其他著作包括《广义短语结构语法》(Generalized Phrase Structure Grammar,1985)、《语音符号指南》(Phonetic Symbol Guide,1996)、《学生英语语法概论》(A Student's Introduction to English Grammar,2005)等,还发表了大量论文。

普里斯特利 Priestley, Joseph （1733—1804） 英国牧师、科学家和语法学家。1733年3月13日生于英国西约克郡伯斯托尔的菲尔德黑(Fieldhead, Birstall)。幼年时学过希腊语、拉丁语和希伯来语,做过加尔文教会牧师和教区牧师,后因政见不同而被迫于1794年移民美国,1804年2月6日卒于宾夕法尼亚州诺森伯兰县（Northumberland）。

约瑟夫·普里斯特利在其牧师职业生涯中撰写过多篇关于政治和神学方面的文章,但因其观点与当局或公众相左而经常发生冲突。他对语言研究的贡献主要在于其编撰的教科书《英语语法基础》(The Rudiments of English Grammar,1761),该书是在他担任学校校长时编撰而成。他在书中指出,如果语言学习是基于学生对语言的实际使用,那么语言读写的效果会达到最佳。和他在有关政治和宗教方面的作品相似,《英语语法基础》一书具有自由主义的特点,提出语法应取决于日常生活中的使用,而不是来自那些自封为"专家"的口中。普里斯特利在《英语语法基础》中提出的一些非传统观点使之成为语法思想史上的重要人物。

普里西安 Priscianus, Caesariensis （公元6世纪） 古罗马语法学家。希腊人后裔,生于古罗马毛里塔尼亚地区的恺撒里亚(今非洲阿尔及利亚境内),约于527—565年间在君士坦丁堡(今土耳其伊斯坦布尔)教授拉丁语。

普里西安是古罗马时期三大语法著作之一《语法原理》(Grammatical Foundations)的作者,也是古罗马语法学家中最负盛名者。该书共分18卷,以古希腊语文学家特拉克斯(Dionysius Thrax)和狄斯考鲁(Apollonius Dyscolus)所建立的语法体系为基本框架,全面论述古典拉丁语的语音、形态和句法,其中形态部分占16卷的篇幅。在语音方面,书中介绍拉丁语的单音和音节,其框架和术语都与古希腊学者保持一致。在形态方面,书中参照了特拉克斯和狄斯考鲁的语法体系,将拉丁语词分为八类,分类时虽然考虑到拉丁语的特点,但在具体形态分析上,仍然表现出将古希腊语语法体系强加于拉丁语的倾向,忽视了派生变化和屈折变化的区别以及体范畴在动词变化中的地位。在句法方面,《语法原理》提供许多有价值的实例,并讨论一些特殊的语言现象,如异相动词(deponent verb)、夺格的独立结构(ablative absolute construction)和关系代词等,但总的来说并没有形成系统的分析框架。《语法原理》流传极广,保存至今的手抄本就有约一千部,许多后世学者都曾对它进行讨论和补充。它不仅为中世纪思辨语法的兴起提供了大量的材料基础,而且对欧洲的传统语法研究产生了深刻的影响。

普里西安的其他语法著作还包括《论名词、代词和动词》(On Noun, Pronoun and Verb)。

普林斯 Prince, Alan Sanford （1946— ） 美国语音学家。1946年6月20日生。1971年获麦吉尔大学(McGill University)语言学学士学位,1975年获美国麻省理工学院语言学博士学位。1975—1982年任马萨诸塞大学艾摩斯特分校语言学系助理教授,1982—1984年任副教授;1984—1989年任布兰迪斯大学(Brandeis University)心理学系副教授,1989—1994年任教授。1992—2010年任新泽西州立大学语言学系教授,2010年起任州长理事会教授。

艾伦·桑福德·普林斯的研究领域主要涉及优选

论的结构与应用、音系学及音律形态学、连接主义与语言、语言认知科学与最优化逻辑等。1993年,他与斯莫伦斯基(Paul Smolensky)合作著成《优选论》(Optimality Theory),将音系学领域的最新研究成果与认知科学的神经网络理论相结合,正式提出优选论理论。优选论强调语音生成过程中的制约条件,挑战生成音系学以规则为核心的经典理论。2004年,普林斯再与斯莫伦斯基合著《优选论:生成语法的限制互动》(Optimality Theory: Constraint Interaction in Generative Grammar, 2004),将局限于音系研究领域的优选论扩展到句法学和语义学领域。

普林斯的主要论文包括《非标记性语法的出现》(The Emergence of the Unmarked Grammar, 1994)、《优选论:从神经网络到普遍性》(Optimality: From Neural Networks to Universal, 1997)、《音律形态学》(Prosodic Morphology, 1998)、《音系学中的优选论》(Optimality Theory in Phonology, 2003)、《学习音位结构学分布》(Learning Phonotactic Distributions, 2004)、《对比分析有助于音系深层形式的学习》(Contrast Analysis Aids the Learning of Phonological Underlying Forms, 2005)、《理论追求》(The Pursuit of Theory, 2007)等。

普洛普　Propp, Vladimir Iakovlevich

(Вла-димир Яковлевич Пропп, 1895—1970)　俄罗斯民俗学家。1895年4月17日生于圣彼得堡,父母是德国人。1913—1918年在圣彼得堡大学研读俄罗斯和德国哲学,毕业后在中学教授俄语和德语。1932年开始在列宁格勒大学(即圣彼得堡大学)教授德语;1938年起,研究兴趣从语言学转向民间故事,任俄罗斯文学系主任至1966年退休。1970年8月22日卒于列宁格勒。

弗拉迪米尔·伊阿科夫列维奇·普洛普的代表作《民间故事形态学》(The Morphology of the Folktale, 1928)于1958年被译成英文出版。该作品是对俄罗斯民俗学和形态学研究的突破,对列维-施特劳斯(Claude Lévi-Strauss)和雅柯布逊(Roman Jakobson)两人也产生很大影响,普洛普与他们两人一起被誉为结构主义文本分析法的先驱。在《民间故事形态学》中,他用应用语言学的研究方法对故事形态进行分析,其中的事件(event)和人物(character)分别相当于传统语法中的动词词组(VP)和名词词组(NP)。他通过对115个俄罗斯民间故事做形态比较分析,发现神奇故事结构的要素由31个推动情节发展的"功能"(functions)构成,并发现这些功能间存在的相互关系以及它们的各种组合方式。例如,他的第14号功能是"英雄需要运用魔幻的力量",在不同的故事中,"英雄"和"神奇的代理人"有不同的实现方式和实现过程,这要视故事情节而定。此外,不同故事中可以包含31个功能的任何一些,但它们出现的顺序基本没有太大的差异,这些功能主要依托七种基本人物形象实现,如"坏蛋""英雄""助手"和"王子"等,若干功能可以构筑故事中的同一个人物形象,如一个人物可以既是助手又可以是王子,也可以故事中的若干人物共同体现同一功能,如一群小偷表现"恶人"形象。

学者们对《民间故事形态学》感兴趣的原因,主要在于普洛普使用结构分布主义的研究方法,该书也是最早系统利用实际发生文本的语料库做应用分析。不过,他的形式主义建构方法仅以故事情节为导向,而对故事的表征、基调、风格、象征主义等内容不作说明,由此产生了大量备受批评的计算机编制的小说、童话以及电影制作。普洛普的主要作品还包括《民间传说的理论和历史》(Theory and History of Folklore, 1984)一书。

普斯卡里奥　Pușcariu, Sextil　(1877—1948) 罗马尼亚语言学家。1877年1月4日生于奥匈帝国时期的特兰西瓦尼亚地区布拉索夫(Brasov, Transylvania)。曾在德国莱比锡大学师从印欧语系学者、新语法学派领军人物布鲁格曼(Karl Brugmann)以及罗马尼亚语学者古斯塔夫·韦根(Gustav Weigand)等,1899年获博士学位,其论文是关于罗马尼亚语后缀。1904年获维也纳大学讲师教职;1906年担任切尔讷齐乌大学(University of Tchernowitz)罗曼语语文学教授。1905年当选罗马尼亚学术院(Academiei Române)通讯院士,1914年成为正式院士。1919年到回归祖国罗马尼亚的特兰西瓦尼亚地区克卢日(Cluj)工作和生活,创建著名的研究机构"罗马尼亚语言博物馆(Muzeului Limbii Române)",担任罗马尼亚巴贝什—博耶大学(Universitatea Babeș-Bolyai)首任校长。1936年当选萨克森科学与人文院院士,1939年当选普鲁士科学院院士。1948年5月5日卒于克卢日。

塞克斯蒂尔·普斯卡里奥的研究兴趣广泛,在词典编纂学、社会语言学、方言学(语言地理学)、文化社会学、民族学、音位美学(Phonoaesthetics)、文艺评论和罗马尼亚文学等领域的研究上都有很大影响。1906年出版了罗马尼亚语词源词典。1908年,他担任罗马尼亚科学院主编,主持编写《罗马尼亚语言大词典》(Dicționarul limbii române);该词典的编纂出版分两个阶段,第一阶段到1944年中断,第二阶段1965年重启,2010完成,共出版37卷,篇幅与影响堪比《牛津英语大词典》。普斯卡里奥还曾发起编制《罗马尼亚语言地图集》(Linguistic Atlas of Romania),遗憾的是这一浩大工程至今尚未完工,其生前仅出版三卷。普斯卡里奥还曾与人合作出版三卷本《伊斯特拉—罗马尼亚语研究》(*Studii istroromâne*),伊斯特拉—罗马尼亚语(Istro-Romanian)属于克罗地亚西北部方言,已濒临消亡。

Q

齐根保格　Ziegenbalg, Bartholomaeus（1682—1719）　德国传教士。1682年7月10日生于德国萨克森尼一个虔诚的基督教家庭。曾求学于当时敬虔派路德教中心——哈雷大学。响应丹麦国王弗雷德里克四世呼吁传教士去印度传播福音的号召,1706年7月9日与另一位传教士海因里希·普鲁乔(Heinrich Plütschau)到印度的特兰奎巴(Tranquebar)地区,开始"丹麦哈勒差会"的宣教,成为第一批去印度次大陆的新教传教士。1707年5月12日为第一批印度皈依者施洗礼。1715年随着出版社的出现,将《新约》(New Testament)翻译成泰米尔语。后继者约翰·法布里西斯(Johann Fabricius)对此译作做过少许修改,其后一直沿用至今。1708—1709年因特兰奎巴基督教会之间的纷争受到牵连,被丹麦当局判入狱四个月。1714年回到欧洲,积极与圣公会传播福音会社(Anglican Society for the Propagation of Christian Knowledge)合作。1719年2月23日因病卒于特兰奎巴,年仅36岁。

巴托洛梅乌斯·齐根保格在语言方面的贡献主要在于编纂泰米尔词典和语法书。到印度传教后,齐根保格开始学习泰米尔语,编制泰米尔语—德语词表;两年之内阅读了200多位作者的作品,辑录了2万个词汇。他还整理了一个1.7万词的词表,专门用于阅读泰米尔语诗歌。虽然齐根保格生前未能正式出版这些手稿,但经过后继者翻译成拉丁文,成为1786年法布里西斯出版的英语—泰米尔语词典的蓝本。齐根保格还用拉丁语撰写了《泰米尔语法》(*Grammatica Damulica*,1716/1985),被称为在亚洲出版英语书籍的第一人。此外,他用泰米尔语撰写过几部传教册,并将《新约》(New Testament)、《旧约》(Old Testament)和《路得记》(Book of Ruth)的部分翻译为泰米尔语。他的工作为丰富德国哈雷档案馆的馆藏做出了重要贡献。

齐普夫　Zipf, George Kingsley（1902—1950）　美国语言学家。1902年1月7日生于美国伊利诺伊州弗里波特(Freeport)一个德裔家庭。1924年以优异成绩毕业于哈佛大学,1925年在德国波恩、柏林学习。1929年完成《相对频率是语音变化的一个决定因素》(*Relative Frequency as a Determinant of Phonetic Change*),获得哈佛大学比较语文学博士学位。曾任哈佛大学德语系主任。1950年9月25日卒于马萨诸塞州牛顿市。

乔治·金斯利·齐普夫擅长用统计的手法研究语言学。20世纪40年代,齐普夫根据对统计普遍性的探索,提出齐普夫定律(Zipf's Law),即词级和词频的普遍性关系。如果把一篇较长文章中每个词出现的频次统计起来,按照高频词在前、低频词在后的递减顺序排列,并用自然数将这些词编上等级序号,即频次最高的词等级为1,频次次之的等级为2,以此类推,频次最小的词等级为D,然后f表示频次,r表示序号,则有fr=C(C为常数),这就是词频分布定律。他还用英语和汉语说明词的长度一般和词的频率成反比,所以最常用的词也是最短的词,从而验证了他关于语言省力原则(principle of least effort)的假说,比如将telephone缩略为phone,laboratory缩略为lab就是省力原则的体现。齐普夫的专业虽然是比较语言学,但是以他名字命名的定律却早已走出语言学,进入信息学、计算机科学、经济学、社会学、生物学、地理学、物理学、人口统计学等众多研究领域,在学术界享有极高声誉。

齐普夫的主要论著包括《语言相对频率原则研究选集》(*Selected Studies of the Principle of Relative Frequency in Language*,1932)、《语言心理生物学——动态语文学入门》(*The Psycho-Biology of Language: An Introduction to Dynamic Philology*,1935)、《人类行为和省力原则》(*Human Behavior and the Principle of Least Effort*,1949)等。

奇姆希　Qimhi, David（1160—1235）　犹太圣经评论家、语法学家和词典编纂家。1160年生于普罗旺斯的纳博讷(Narbonne, Provence)。其父兄均为圣经评论家和语法学家,父亲约瑟夫·奇姆希(Joseph Qimhi)著有《记忆之书》(*Sēfer hazikkārōn*)和《开卷》(*Sēfer gālūy*)两部语法书,兄长摩西·奇姆希(Moses Qimhi)著有一部短篇语法书《知识之路课程》(*Mahălakh ševīlē ha-da'at*)。曾跟随其兄摩西·奇姆希学习希伯来语,后做过希伯来语教师,并用希伯来语进行创作和研究。1235年卒于纳博讷。

戴维·奇姆希在语言研究方面的创新包括:对元音进行分类,识别b/v、g/gh、d/dh、k/kh、p/f、t/th等音素的变异;讨论辅音的同化现象;确立动词为语法中心以及分析动词的构成等。此外,他对中世纪《圣经》的语言进行评注和研究,清晰而系统地阐述200年来学者对圣经希伯来语的研究,制定出很多希伯来语语法规则。奇姆希的著作成为希伯来语语言研究的权威参考书,被用作教科书和参考文献,成为15世纪和16世纪基督教犹太语言学家研究圣经希伯来语的基础。

奇姆希著有一部两卷本的大型汇编文集《完美全书》(Sēfer ha-mikhlōl),一卷是《语法》(Hēleq ha-diqdūq),论及音位学、形态学和句法学知识;另一卷是《内容》(Hēleq ha-'Inyān),是一本词典。此汇编文集深受希伯来学者的欢迎,印刷术发明之初即已付印出版,《内容》一书大概首印于1469年,《语法》一书则首印于1532年,此后重印多次。另外,奇姆希的主要作品还包括《文士之笔》(Ēṭ sōfēr, 1864)和《开启话语之门》(Pētaḥ devāray),前者是一部关于发声、唱经和圣经正字法规则的作品,后者是一部语法书。

恰贝伊 Çabej, Eqrem (1908—1980) 阿尔巴尼亚语言学家。1908年8月6日生于奥斯曼土耳其帝国吉诺卡斯特市(Gjirokastra),曾到格拉茨(Graz)和维也纳学习印欧语系对比语言学和阿尔巴尼亚语言学,逐渐对阿尔巴尼亚语的历史发展产生了浓厚的研究兴趣;1933年提交博士学位论文《意大利阿尔巴尼亚侨民语言研究》(Italoalbanische Studien)。从维也纳大学毕业后回到阿尔巴尼亚,先后在几所中学和教育机构担任阿尔巴尼亚语教师。二战爆发后移居罗马,其间在各图书馆研读了大量阿尔巴尼亚古籍文献。1944年回国,1946年到吉诺卡斯特市新建立的一所两年制师范学院讲授语言学和阿尔巴尼亚学,1947年转到科学研究院(The Institute of Sciences)从事研究。1957年获地拉那大学教职,讲授阿尔巴尼亚语言史和历史音位学;1959年通过《参照乔恩·布祖库的语言探讨阿尔巴尼亚语历史语音学若干方面》(Disa aspektë të fonetikës historike të shqipes në dritën e gjuhës së Gjon Buzukut)的论文答辩,保全了"语文科学学位申请人"资格,并于同年被评定为教授。1972年成为阿尔巴尼亚科学院创始人之一,之后一直在地拉那语言学与文学研究所从事研究工作。1980年8月13日卒于意大利罗马。

恰贝伊的研究大致可分为两个阶段:第一阶段(1929—1945),他主要研究文献学、民俗、方言及民族学;第二阶段(1945—1980),他的研究兴趣转移到语言学、词源学、历史语音学、词典学及词典编纂学。他特别关注阿尔巴尼亚语在巴尔干地区的根源,为高中生编写了读本《语言学的要素和阿尔巴尼亚文学》(Elements of Linguistics and Albanian Literature, 1936),该书除了文学读物外还包括与语言学分类和阿尔巴尼亚方言分布相关的知识。恰贝伊的后半生致力于词源学与语言历史的研究,参加了几乎所有该领域的国际国内会议,并在世界范围的期刊上发表诸多文章。

恰贝伊的其他主要作品包括《阿尔巴尼亚语言史》(Hyrje në historinë e gjuhës shqipe, 1958)、《阿尔巴尼亚语的单数化复数形式》(Shumësi i singularizuar në gjuhën shqipe, 1967)、《阿尔巴尼亚语历史语音学》(Fonetika historike e shqipes, 1968)、七卷本《阿尔巴尼亚语的词源研究》(Studime etimologjike në fushë të shqipes, 1967—1979)和九卷本纪念文集《语言研究》(Studime gjuhësore, 1976)。

乔杰夫 Georgiev, Vladmir Ivanov (1908—1986) 保加利亚语言学家。1908年2月16日生于白斯拉蒂纳附近伽伯勒(Gabare, Byala Slatina)的一个小村庄。中学就读于瓦尔纳(Varna),后进入索菲亚大学专攻古典文学,1930年毕业。1933—1934年在维也纳大学师从克雷奇默(Paul Kretschmer),研究小亚细亚古典语言。1935—1936年、1939—1940年和1946—1947年分别在佛罗伦萨大学、柏林大学和巴黎大学进修。1945年起任索菲亚大学教授,1948—1974年兼任普通语言学与历史比较语言学系主任,1951—1956年任校长。1951—1957年任保加利亚科学院研究所所长,1959—1972年任院长;1972年起任语言与文学联合中心主任。1962—1969任《保加利亚百科全书简编本》主编,1978年任《保加利亚百科全书》主编;曾任《巴尔干语言学》杂志主编。1960、1968年分别被柏林大学和查理大学授予荣誉博士学位。曾当选法国科学院、芬兰科学院、莱比锡萨克森科学院、比利时科学院、雅典科学院通讯院士。1986年6月14日卒于索菲亚。

弗拉基米尔·伊万诺夫·乔杰夫致力于研究印欧语言和原始印欧语(包括佩拉斯吉语[Pelasgian]、伊特拉斯坎语[Etruscan]、色雷斯语[Thracian]、赫梯语[Hittite]、卢威语[Luvian])和巴尔干地名学。他历时30年潜心钻研伊特拉斯坎语,认为伊特拉斯坎语与赫梯语之间具有明显的联系(此观点仍有争议),出版两卷本研究成果(1970—1971)。他研究巴尔干岛上色雷斯语的存在对后来斯拉夫语的影响,尤其热衷于探讨巴尔干人所说的斯拉夫语(如西巴尔干语与东巴尔干之间重要的方言差异)的影响、巴尔干地名中存在的色雷斯语,于1977年发表论著《色雷斯人和他们的语言》(The Thracians and Their Language)。

关于印欧语言的分化问题,当时众说纷纭,各种理论和假设莫衷一是。乔杰夫主张六大区别:(1)北支——日耳曼语、波罗的-斯拉夫语等;(2)西支——凯尔特语、古意大利语等;(3)中支——希腊语、亚美尼亚语等;(4)东支——阿尔巴尼亚语、印度-伊朗语等;(5)南支——色雷斯语、佩拉吉语等;(6)赫特语、伊特拉斯坎语等。

乔杰夫的主要著作包括《伊特鲁里亚语言学》(Etruskische Sprachwissenschaft, 1970-1971)两卷、《索菲亚——保加利亚学术科学》(Sofia: Bulg. Akad. Der Wissenschaften)和《色雷斯人与他们的语

言》(The Thracians and Their Language)。

乔姆斯基　Chomsky, Avram Noam　(1928—　)　美国语言学家、哲学家、认知科学家、教育家和政治评论家。1928年12月7日生于美国宾夕法尼亚州费城一个德系犹太人家庭。自幼思想活跃,擅长演说,颇具政治天赋。1945年毕业于费城中央高中,后进入宾夕法尼亚大学,师从哲学家维斯特·切奇曼(C. West Churchman)、尼尔逊·古德曼(Nelson Goodman)和语言学家哈里斯(Zellig Harris),1949年获学士学位,1951年获硕士学位,1955年获博士学位。毕业后任职于麻省理工学院,任助理教授;1957年任副教授,并被哥伦比亚大学聘为客座教授;1958—1959年在普林斯顿大学高等研究院任国家科学基金会研究员;1976年被麻省理工学院聘为语言学教授,后曾任语言学与哲学系主任、认知科学研究中心主任。

艾弗拉姆·诺姆·乔姆斯基是影响了20世纪后半叶整个时代的语言学家和哲学家。他在50年代创立的生成语法学派,是20世纪语言学的一场伟大革命,也是认知和哲学领域的里程碑式转变。通过对斯金纳《口头行为》的评论,乔姆斯基发动了心理学的认知革命,用语言先天论挑战当时占主导地位的行为主义思潮和语言学理论根基。他于1957年出版《句法结构》(Syntactic Structure),称自己的理论为转换生成语法(Transformational-Generative Grammar)。生成语法初期所确立的语言学理论研究的本质目的包括:(1)为具体的语言构建语法;(2)概括性地构建关于语言结构的普遍性理论;(3)证明具体语法和语言结构普遍性理论的正确性。

在生成语法初期,乔姆斯基就强调生成语法在本质上是属于认知心理学,最终属于人类生物学。20世纪90年代后,生成语法进入最简方案研究阶段,乔姆斯基则更强调语言的生物学属性,主张从生物属性的角度和语言产生及进化的角度进行研究。他提出,语言机能(Faculty of Language)也是人体的一个器官、生物体的一个组成部分。从这个意义上说,"语言"就是指语言机能的一种状态,是一种内化的语言(I-language)。他认为个体语言的发展涉及三种因素,分别为外部语料、基因遗传以及非语言机能特有的原则和限制。在外部语料的引发及基因遗传的控制下,语言机能在有限的范围内选择某一种语言。普遍语法只要在基因遗传的作用下,就可以达到"解释充分性(explanatory adequacy)"的层次,继而在适当的理想条件下,它可以将经验映射为内在语言(I-language)并抽象为原则和条件,这些原则和条件是与语言官能互动的生物体的内在系统对普遍语法所施加的,因此在这个意义上,普遍语法就满足了第三个要素,达到了"超越解释充分性(beyond explanatory adequacy)"的层次。为了对内在语言的特性进行"原则性的解释(principled explanation)",语言学家需要在方法论上遵循简单的分类法并避免过度冗余的生成系统。从生物语言学的角度来看,通过对语言运算系统的运算效率的探索,语言学研究就可以实现超越解释的充分性,发现既适用于语言机能也适用于生物体其他领域的基本原则。

乔姆斯基的论著非常丰富。《句法结构》(Syntactic Structure, 1957)是生成语法作为一个学派诞生的标志性著作,主要采用规则公式(format)的方式对具体语言的结构进行形式化的描写。处在初期阶段的生成语法理论模式包括三个组成部分:词组结构规则(Phrase Structure Rules)、转换规则(Transformational Rules)与形态音位规则(Morphophonemic Rules)。词组结构规则又被称为改写规则(rewrite rules)。规则公式中所使用的箭头被称为改写箭头(rewrite arrow)。改写规则的逐项应用可以机械地生成句子的结构描写(Structural Description),而这种逐步生成过程被称为推导式(derivation)。转换规则有两部分组成:结构分析(SA)和结构转换(SC)。结构分析对接受转换规则的成分系列进行分析,结构分析为转换规则提供输入内容。词组结构规则和转换规则的应用,所产生的是句子在形态层面上的表现。在此基础上进一步应用形态音位规则,可以生成句子的语音表现形式。

1979年4月,乔姆斯基应邀在比萨高等师范学校举行了一系列关于生成语法的讲座,这就是在语言学史上经常被提及的比萨讲座(Pisa Lectures)。这一事件标志了生成语法领域开始了一个新的阶段—原则参数理论(Principles and Parameters Theory)时期。随着《管辖与约束讲演集》(Lectures on Government and Binding, 1981)、《管辖与约束理论的一些概念和影响》(Some Concepts and Consequences of the Theory of Government and Binding, 1982)以及《语障》(Barrier, 1986)的问世,原则参数理论框架下的管辖与约束理论(Government and Binding Theory)被正式确立。在管辖与约束理论的框架下,普遍语法的子系统以模块的方式存在,彼此相互联系相互作用,涵盖了句法的各个方面,其中包括X标杆理论、管辖理论(Government Theory)、格理论(Case Theory)、题元理论(Thematic Theory)、移动α理论、边界理论(Bounding Theory)和约束理论(Binding Theory)与控制理论(Control Theory)。这些原则的理论构成了普遍语法的子系统,成为人类共同拥有的语言机制的一部分。不同的原则被应用可以解释不同的语言现象,虽然一个原则可以解释某种语言现象,但一般说来,需要几个原则通力合作才能更好地阐释一种现象。从这个意义上讲,普遍原则就像是普遍语法的组件（module），相互独立、自成体系，这些独立的体系之间又具有组合性，使得整个普遍语法系统可以灵活运作，解释绝大多数语言现象。

随着支配及约束理论的发展，整个理论体系逐渐变得繁冗复杂，其组成部分互相牵连，丝毫的变动即会引起整个系统的动荡。《最简方案》（*Minimalist Program*，1995）的问世是生成语法的原则参数理论进入最简方案研究阶段的标志性著作，该论著以经济性为指导原则，对语言系统中的内部层面和合并操作都进行了相关简化。最简方案的提出和发展是对原则参数理论的进一步推进，设法用少数的几种技术手段代替繁杂得失控的管约论的技术系统。秉着人类语言是完美的、最优化的思想，乔姆斯基对他的理论不断创新，以求对人类语言有更深层次的认识。最简方案正是体现了乔姆斯基这种对研究对象追求深层次理解并为其建构完美理论的科学精神。

乔姆斯基的重要语言学论著还包括《句法理论面面观》（*Aspects of the Theory of Syntax*，1965）、《深层结构、表层结构与语义解释》（*Deep Structure, Surface Structure, and Semantic Interpretation*，1971）、《转换条件》（*Conditions on Transformations*，1973）、《论 WH 移动》（*On Wh-Movement*，1977）、《语言知识》（*Knowledge of Language*，1986）、《光杆短语理论》（*Bare Phrase Structure*，1995）、《语段推导》（*Derivation by Phase*，2001）、《语言设计三要素》（*Three Factors in Language Design*，2005）、《论语段》（*On Phases*，2005）和《自下而上的普遍语法研究》（*Approaching UG from Below*，2006）等。

桥本进吉　Shinkichi, Hashimoto （橋本進吉，1882—1945）　日本语言学家。1882 年 12 月 24 日生于日本福井县敦贺市。曾就读于东京帝国大学文学院语言学系，专攻古典日语语法，1906 年毕业。1908 年任国语调查委员会助理委员，教授中国留学生。1909 年任东京帝国大学助教，1927 年任副教授并任国语系主任，1929 年任教授。1934 年以《文禄元年天草版切支丹教义中的用语》获东京帝国大学文学博士学位。1942 年任日本文学报国会国文学部会长。1945 年任国语学会（今改称"日语学会"）首任会长。1945 年 1 月 30 日卒于东京。

桥本进吉擅长于资料分析和文献考证，学风严谨精细。他以假名拼写法研究为起点，在日语音韵学、语法学和日语史等方面做出过重要贡献。他明确了日语音韵史的脉络，尤以对日本上古时代（公元 500—794 年）特殊假名的解析和天主教资料的研究而闻名。他的语法理论注重对形态的考察，与时枝诚记、山田孝雄的语法学说并称为日本三大语法学说。桥本以结构主义语言学理论为指导，侧重于语言形式，从音韵的角度考察句子，提出"文节"（即句节或小音段）的概念，指"把句子视为对实际语言加以切分而得出的最短的片段"。他的语法以"文节"为核心，对词类进行划分，对句子加以分析；将句子视为语音连续体，前后一定伴有语音停顿，句尾有特殊的语调；认为句子中由若干"文节"构成，而"文节"由可以独立的"词"或"词"附以非独立的"辞"（即附属词）构成。桥本以形态上能否单独构成"文节"为标准，把词划分为动词、形容词、形容动词、名词、副词、副体词、接续词、感叹词、助动词、助词等。

桥本进吉的主要著作包括《新文典》（『新文典』，1931）、《新文典别记》（『新文典別記 口語篇』，1939）、《关于古代国语的音韵》（『古代国語の音韻に就いて』，1942）、《国语学概论》（『国語学概論』，1946）、《日语语法研究》（『国語法研究』，1948）、《上古时代日语研究》（『上代語の研究』，1951）、《基督教教义研究》（『キリシタン教義の研究』，1961）、《传记·典籍研究》（『伝記·典籍研究』，1972）等。

琼森　Jonson, Ben （1572—1637）　英国文艺复兴诗人、剧作家和评论家。1572 年 6 月 11 日生于伦敦。琼森曾师从古代史学者坎姆登（William Camden），在威斯敏斯特学校（Westminster School）和剑桥大学圣·约翰学院（St. John's College）学习古典文学，获得关于希腊、罗马文学的丰富知识。后博览群书，成为当时学识最渊博的剧作家之一。约从 1595 年起在伦敦戏剧界兼任演员和剧作家。1598 年在一次决斗中杀死另一位男演员，由于得到教会的保护而逃脱绞刑，在监禁期间成为罗马天主教徒，12 年之后放弃天主教信仰，重返英格兰教会。1637 年 8 月 6 日卒于伦敦，葬于威斯敏斯特大教堂。

本·琼森的第一部喜剧是 1598 年在环球剧院由宫廷贵族（Lord Chamberlain' Company）剧团（莎士比亚也名列其中）出演的《人各有癖》（*Every Man in His Humour*），让他一举成名。他的作品风格让他成为幽默喜剧（comedy of humors）或讽刺喜剧（comical satires）的创始人。现存的第一部悲剧《西亚努斯的覆灭》（*Sejanus*），是根据罗马提比略时期（Tiberius）卫队长官的故事写成。1603 年，詹姆斯一世继位，琼森为他写了一系列的宫廷假面剧。由于一流的学识和过人的才华，他受到詹姆斯国王和女王的欣赏，并获得国王颁发的津贴，是第一位真正的桂冠诗人。

琼森的诗歌节奏明快、语言干净、具有古典主义诗歌的特点。他的《献给西丽雅》（*To Celia*）就是一首很有名的抒情诗，以赞美柏拉图式的恋爱（Platonic love）而著称，还曾经被谱成乐曲。作品《福尔蓬奈》（*Volpone*，1607）和《炼金士》（*The Alchemist*，

1612)被公认为他的代表作。主要诗集有《格言诗》(*Epigrams*, 1616)、《森林集》(*The Forest*, 1616)和《灌木集》(*Underwoods*, 1640)等。作为一名文学批评家,他是古典主义原则强有力的捍卫者,这与伊丽莎白时期的浪漫主义传统大相径庭。1640年的作品《木材》(*Timber*)或称《发现》(*Discoveries*)是文学批评史上里程碑式的作品。琼森还写过一本语法书,这本书的手稿在1623年与其图书馆一起被烧毁,那是当时英格兰藏书最丰富的图书馆之一。现存的《英语语法》(*English Grammar*)是在琼森去世后的1640年出版的对开式两卷本。

琼森的其他作品还包括《巴托罗缪集市》(*Bartholomew Fair*, 1631)和罗马历史悲剧《卡塔林的阴谋》(*Catiline His Conspiracy*, 1611)等。

琼斯(丹尼尔·～)　Jones, Daniel　(1881—1967)　英国语音学家。1881年9月12日生于英国伦敦。1900年在德国马尔堡由语音学家威廉·提里(William Tilly)创办的语言学院进行过短期学习,被提里的教学风格和方式所打动,对语音学产生了兴趣。随后赴剑桥大学攻读数学,1903年获学士学位,1905年赴法国巴黎大学攻读语音学,师从语言学家保罗·帕西(Paul Passy)。1906年在伦敦大学开设法语语音讲习班,之后创办语音学系并亲自任教,建立语音试验室,被任命为伦敦大学语音学系主任。1946年任简化拼法学会主席,致力于英语拼字法的改革。1942—1967年,担任发音咨询委员会的首席咨询顾问,使"标准发音"(Received Pronunciation,简称RP)得到了广泛的应用和普及。1949年成为伦敦大学荣誉退休教授。1906年加入国际语音协会(IPA),1907—1927年任协会助理秘书,1927—1949年任秘书,1950—1967年任协会主席。曾兼任BBC英语口语顾问委员会委员和《语音学教师》(*The Phonetic Teacher*)主编。1967年12月4日卒于白金汉郡杰勒德村(Gerrards Cross, Buckinghamshire)。

丹尼尔·琼斯主要致力于英语语音和音位理论的研究,被誉为科学语音学的先驱,提倡在外语教学中采用语音学方法。他提出的"基准元音(cardinal vowels)"概念,首次借助"元音四边形(vowel trapezium)"图式,精确系统地描述元音。由于他只承认元音、辅音是音位,不承认重音、语调是音位,对元音的描写基本都源于他的基准元音系统。他采用英格兰东南部受过教育的人的发音作为标准发音,被率先应用于法庭和宗教讲坛。1909年,他出版《英语发音》(*Pronunciation of English*)一书,描写英国英语中的标准语音,该书经过大幅修订和补充,于1918年再版为《英语语音学纲要》(*An Outline of English Phonetics*),成为第一部全面系统描写英国标准语音的著作。1917年,他撰写论文《塞茨瓦纳语的语音结构》(*The Phonetic Structure of the Sechuana Language*),首次提出音位的概念。同年,他编纂的《英语发音词典》(*English Pronouncing Dictionary*, 1917)出版,收录八万多词条,覆盖英国英语和美国英语的发音,成为语音学习和研究的重要工具书。在基础元音发音的研究中,他采用四边形图形和双参数标注法,于1917年画出八个基本元音(cardinal vowels)的发音舌位图。

琼斯的其他重要著作包括《粤语语音读本》(*A Cantonese Phonetic Reader*, 1912)、《英语语音学词典》(*A Phonetic Dictionary of the English Language*, 1913)、《僧伽罗语口语读本》(*A Colloquial Sinhalese Reader*, 1919)、《俄语发音》(*The Pronunciation of Russian*, 1923)和《音位》(*The Phoneme*, 1950)等。此外,他还出版过其他多种语言的语音学专著,为多种语言创设了拼音文字,其中包括拼写非洲语言的统一记音方案。

琼斯(斯派克·～)　Jones, Karen Spärck
参见"斯派克·琼斯"。

琼斯(威廉·～) Jones, William, Sir　(1746—1794)　英国语言学家、翻译家、东方学家和法学家。1746年9月28日生于伦敦。自幼对语言表现出浓厚兴趣,在哈罗公学期间完全掌握拉丁语、希腊语、法语和意大利语,同时开始学习希伯来语和阿拉伯语;1764年进入牛津大学学习葡萄牙语、西班牙语和波斯语,1766年成为牛津大学研究员,1768年获牛津大学学士学位;1772年当选皇家学会(Royal Society)会员,1773年加入由塞缪尔·约翰逊组织的文学俱乐部,同年取得硕士学位;1774年因经济压力在伦敦从事法律工作,1783年任孟加拉加尔各答(Calcutta)的最高法院法官,后受封爵士。他专攻梵语,1784年创立了孟加拉亚细亚学会(Asiatick Society of Bengal)。1794年4月27日卒于加尔各答。

威廉·琼斯是最早把重要的印度文学作品翻译成英语的人。在创立亚细亚学会后的十年里,他撰写了大量有关印度各个社会科学领域的书籍,几乎在每一个社会科学领域都开展了对这个次大陆的现代研究,如当地的法律、音乐、文学、植物学、地理学、棋艺等。在孟加拉举行的亚细亚学会研讨会上,琼斯提出梵语、希腊语和拉丁语具有惊人的相似之处;在1786年出版的专著《梵语》(*The Sanscrit Language*)中,他认为这些语言同出一源,来自一个共同的语系,并进一步指出可能与凯尔特语、哥特语和波斯语相关。琼斯所称的语系即后来语言谱系分类学说划定的印欧语系(Indo-European)。琼斯的发现为历史比较语言学的建立和印欧语系的研究奠定了基础。

琼斯创作了拉丁棋诗(Latin Chess Poem)《恺撒》(*Caissa*,1763);撰有《波斯语语法》(*A Grammar of the Persian Language*,1771)。他还开启了多样的梵文研究。

琼斯翻译过印度和伊朗的作品和典籍,首次把用梵语和古代印度日常用语写成的印度戏剧《阿伯希耶囊纳沙恭达罗》(*Abhijñānaśākuntalam*)翻译成西方语言;鼓励同事查尔斯·威尔金斯(Charles Wilkins)把《薄伽梵歌》(Bhagavad Gita)第一次翻译成英语;应丹麦国王克里斯汀七世(Christian VII)的要求,将梅迪(Mirza Mehdi Khan Astarabad)撰写的有关纳迪尔·沙(Nadir Shah)的波斯语手稿《纳迪尔·沙的历史》(*Histoire de Nader Chah*,1770)译成法语;出版了波斯诗人哈菲兹(*Hafiz*)的诗歌《哈菲兹的颂歌》(*Hafiz's Odes*,1770)的法语译本。出自威廉·琼斯之手的梵语《沙恭达罗》(Sakuntala)英译本,激发了德国诗人歌德的创造灵感,后来该译本又被译成多种欧洲语言。

琼斯被称为"英国第一位汉学家",曾翻译《诗经》、《论语》等典籍片段,发表过多篇研究中国历史、宗教和文化的论文;翻译和注释了一大批东方国家的重要典籍,为西方人了解东方做出了重要贡献。其论著《论亚洲之哲学》(*On the Philosophy of the Asiatics*)和译作《摩奴法典》(*The Laws of Manu*)对德国哲学家叔本华(Arthur Schopenhauer)产生了深刻影响。另外,琼斯认真考察了亚洲几种主要语言的书写系统,撰写了《论亚洲词汇的罗马字母正写法》(*A Dissertation on the Orthography of Asiantic Words in Roman Letters*)等论文。他设计的波斯语等语言的罗马字母转写系统被誉为"琼斯系统(*Jonesian System*)"。

琼斯的其他主要作品还包括《诗歌:亚洲诸语言之译作集萃》(*Poems-Consisting Chiefly of Translations from the Asiatick Languages*,1772)和《颂歌:阿尔凯奥斯风格之仿作》(*An Ode in Imitation of Alcaeus*,1782)等。

屈尔佩 Külpe, Oswald (1862—1915) 德国哲学家和心理学家。1862年3月9日生于德国坎道(Candau),曾在莱比锡学习历史,对哲学和心理学产生了浓厚兴趣,并在柏林、哥廷根、多尔帕特等地游学;1886年到莱比锡参加德国心理学大师威廉·冯特(Wilhelm Maximilian Wundt)的研讨会,成为冯特的助手。1887年完成博士学位论文。1888年以符茨堡大学(University of Würzburg)编外讲师(Privatdozent)的身份教授心理学;1894—1909年在符茨堡大学任哲学和美学教授,与马尔比(Karl Marbe,1869—1953)共同创建了心理学研究所;1909年在波恩大学任哲学教授。1913年离开波恩赴慕尼黑,1915年在访问德国伤兵时染上流感,于同年12月30日卒于慕尼黑。

奥斯瓦德·屈尔佩不仅在认识论(epistemology)、逻辑学(logics)和伦理学(ethics)方面发表论著,而且还作为符茨堡学派(The Würzburg School)的领军人物闻名于世。受到马希安实证主义理论(Machian positivism)影响,他1893年出版《心理学纲要》(*Grundriss der Psychologie*)时仍把心理学归类于自然科学,提倡把实验方法应用到高层次的心理过程研究之中,因此屈尔佩放弃了冯特所主张的对内省进行仔细实验控制等主要原则,其初衷是想揭示思维的基本要素,即那些类似于感觉和情感的要素。但是,屈尔佩未能如愿,最后得出相反结论,即思考过程不能被解释为仅仅来自影像间的联想结合;客观意义可以在不用具体词语或符号体现的情况下得到体验;因此,非影像因素(如规则)能决定思维的过程。屈尔佩的意识概念强调:即使抽象词汇本身是可感知的实体,它们的意义仍可被有意识地发现。屈尔佩得出的结论是:抽象过程不仅依赖于被感知的事物而且还依赖于对事物对象的理解。最后他放弃了感觉论者的内容心理学,转而支持既承认内容又承认思维活动的意动心理学,这一点与胡塞尔(Edmund Husserl)和布伦塔诺(Franz Brentano)的观点接近。

屈尔佩的作品还包括《基于实验基础的心理学概论》(*Grundriss der Psychologie auf Experimenteller Grundlage Dargestellt*,1893)、《哲学导论》(*Einleitung in die Philosophie*,1895)、《心理学讲座——关于现代心理学的思考》(*Vorlesungen über Psychologic. Über die moderne Psychologic des Denkens*,1912)等。

S

萨阿迪亚 Saadya Gaon (882—942) 巴比伦哲学家、神学家和语言学家。公元882年生于埃及法育姆(Fayyum)地区的皮索姆(Pithom)。905年离开埃及到了巴勒斯坦居住,最后在巴比伦南部幼发拉底河西岸的苏拉城(Sura)定居。曾两次担任苏拉希伯来语学院(The Rabbinic Academy of Sura)的院长。公元942年卒于巴格达。

加翁·萨阿迪亚于公元933年在巴格达写成宗教名著《信仰与观点之书》(*Kitâb al-Amânât walʾIʿtiqâdât*),后被译成希伯来语。他在书中试图将犹太教与亚里士多德和柏拉图的哲学思想相调和,感化犹太人,使他们求真溯源,回归圣经教律。他认为理性是真理的合法标准,并着手证明圣经教律是符合理性的。他指出,圣经教律是现有真理的最佳来源,研习圣经有助于进一步提高人们的理性判断力。他几乎将所有希伯来语圣经译为阿拉伯语,并附加阿拉伯语注释。

公元913年,他完成第一部巨作《希伯来语词典》(*Sefer ha-Agron*),该词典分为两个部分,分别按照首字母顺序和末位字母顺序排列,旨在帮助作者找到押韵词。他还在该著作之后的修订版中增加了每个词的阿拉伯语翻译。

在《语言之书》(*Kutub al-Lughah*)一书中,萨阿迪亚解释了词汇形态的派生和屈折变化。通过构建希伯来语的范畴和规则奠定了该语言的语法基础,他编纂的词典成为希伯来词典学的基石。通过使用阿拉伯语同源词的方法来解释希伯来语词汇,因此萨阿迪亚被称为比较语言学的奠基人之一。

萨格 Sag, Ivan Andrew (1949—2013) 美国语言学家。1949年11月9日生于美国俄亥俄州的阿莱恩斯(Alliance)。1973年,在宾夕法尼亚大学获得语言学硕士学位,随后到麻省理工学院师从乔姆斯基(Noam Chomsky)。1976年,获得哲学博士学位,论文题为《删除和逻辑式》(*Deletion and Logical Form*),主要研究省略现象。1977年任教于宾夕法尼亚大学。1979年,任教于斯坦福大学,担任语言学系副主任和语言学教授。美国文理科学院和美国语言学会会员。2013年9月10日卒于斯坦福。

伊凡·安德鲁·萨格在句法学、语义学、语用学以及语言处理方面做出了巨大贡献。其理论与乔姆斯基的理论有很深的渊源,但他并不完全认同乔姆斯基式的研究目的和手段,生成语法的最初目标包含有语言科学所需要的东西,但管约论体系比较松散,不能利用它精确地建构对自然语言的一些假设。他提出无法验证的假设不是正确的科学研究方法。

萨格与波拉德(Carl Jesse Pollard)合著《基于信息的句法和语义》(*Information-based Syntax and Semantics*, 1987),建立了中心语驱动的短语结构语法的理论框架;其后,两人又合著《中心语驱动的短语结构语法》(*Head-driven Phrase Structure Grammar*, 1994),对其理论进行了修改和完善。萨格还关注"广义短语结构语法(Generalized Phrase Structure Grammar,简称GPSG)"理论的研究,其生前最后阶段的研究是将伯克利构式语法(Berkeley Construction Grammar)的观点融合到广义短语结构语法中。

萨格的其他论著还包括:与安娜·萨伯尔兹(Anna Szabolcsi)合编的《词法论集》(*Lexical Matters*, 1992),与乔纳森·金兹伯格(Jonathan Ginzburg)合著的《疑问式调查:英语疑问词的形式、意义和运用》(*Interrogative Investigations: The Form, Meaning and Use of English Interrogatives*, 2001),与托马斯·沃叟(Thomas Wasow)、艾米莉·本德(Emily M. Bender)合著的《句法理论(第2版)》(*Syntactic Theory*, 2nd ed., 2003)以及与汉斯·博厄斯(Hans Boas)合编的《基于符号的构式语法》(*Sign-Based Construction Grammar*, 2012)等。

萨克斯 Sacks, Harvey (1935—1975) 美国社会学家和人类学家。1935年7月19日生于美国。1955年毕业于纽约哥伦比亚学院。1959年获耶鲁大学法学院法学学士学位。1966年获得加州大学伯克利分校博士学位。1963年任教于加州大学洛杉矶分校和欧文分校(UC Irvine),1974年晋升为正教授。1975年11月14日因车祸卒于加利福尼亚。

哈维·萨克斯因其创立的"会话分析(Conversation Analysis)"方法而蜚声海内外,对会话交谈中相互作用机制的研究具有里程碑意义。"会话分析"方法的目的,是证明社会规范是从地方角度而非全球视野中获得。他认为话语分析者的任务,是仔细描述尽可能多的普通日常会话细节,如电话交谈、报纸新闻、笑话等,并从中挖掘出参与各方惯常使用的系统性重现手段模式,旨在协商、构建、维持或改变社会秩序。他的贡献包括对会话轮流机制、话题组织、会话开始和结束的步骤、自我纠正与修补机制等的系统研究。

萨克斯一生著述不多,包括《社会学描述》(*Sociological Description*, 1963)和《论儿童所讲故事的可分析性》(*On the Analyzability of Stories by Children*, 1972)等。其学术观点主要通过其授课讲稿和会议论文得以传播,杰斐逊(Gail Jefferson)整理了他1964—1972年间的讲稿,于1992年出版两卷本《会话讲义》(*Lectures on Conversation*)。

萨丕尔 Sapir, Edward (1884—1939) 美国语言学家和人类学家。1884年1月26日生于德国波莫瑞州劳恩堡(Lauenburg, Pomerania)的一个犹太人家庭。1889年随父母迁居美国。1900年就读于哥伦比亚大学,主修德国语文学,学习日耳曼语和印欧语课程。1904年毕业后继续在哥伦比亚大学学习日耳曼语和闪米特语,1905年获硕士学位,其间受到美国人类学家弗朗兹·博厄斯(Franz Boas)的影响,开始从事语言人类学的研究,关注无文字的民族语言的研究。1907年在加州大学伯克利分校任人类学系主任的研究助手。1909年以对俄勒冈州印第安塔克尔马(Takelma)部落语言的研究获哥伦比亚大学博士学位,之后在加利福尼亚大学和宾夕法尼亚大学短期执教。1910年起担任渥太华市加拿大国立博物馆的人类学部主任。1925年转赴芝加哥大学任教。1931年在耶鲁大学担任人类学和语言学教授。1939年2月4日卒于康涅狄格州纽黑文市（New Haven）。

爱德华·萨丕尔致力于北美印第安语、语言与文化关系的研究，创立了观念主义语言学派，认为语言是表现语言精神的模型。1921年，他发表代表作《语言论》（Language: An Introduction to the Study of Speech），提出语言是思想的符号表达，强调语言对思维有深刻影响。1929年，在研究印第安语言的基础上，他提出把美国、加拿大的大量印第安语以及墨西哥、中美洲某些印第安语分为六大类，强调印第安语言与本民族文化之间的关系，对描写语言学研究贡献很大。他在芝加哥大学和耶鲁大学执教时，研究重点由语言学转向心理学，试图探索博厄斯"文化"概念的心理学维度，并尝试将其作为具体研究对象，虽然这一计划没有实现，但是他与学生沃尔夫（Benjamin Lee Whorf）提出的"萨丕尔—沃尔夫假说（Sapir-Whorf Hypothesis）"，强调语言的习惯化形式制约思维模式，认为语言影响人们感知世界和划分世界的方式，体现出语言学领域的文化相对论，对后世影响很大。此外，他鼓励其他学者突破形式语言学和纯人种志学研究的束缚，进行个体性格和行为差异的心理学研究，在文化与人格研究、文化心理研究等方面都有开拓性贡献。

萨丕尔作为文化语言学的奠基人，美国描写语言学派中观念主义语言学派的创始人，美国结构主义语言学派的代表人物之一，研究涉及印欧语系、印第安语、闪语和汉藏语系等诸多语言。除《语言论》这一代表作外，他的主要著作还包括《美洲土著文化的时间透视：一项关于方法的研究》（Time Perspective in Aboriginal American Culture: A study in method, 1916)、《萨丕尔论语言、文化及个性》（Selected Writings of Edward Sapir in Language, Culture, and Personality, 1949)、《文化心理学：讲座课程》（The Psychology of Culture: A Course of Lectures, 2002）等。此外，萨丕尔还在《语言》（Language)、《科学》（Science)、《美国人类学》（American Anthropology）等学术期刊上发表大量语言学、社会学、心理学等相关论文，对后来相关领域的研究产生很大影响。

萨约诺维奇 Sajnovics, János （1733—1785）匈牙利语言学家和天文学家。1733年5月12日生于匈牙利托尔道什（Tordas）一个富有的贵族家庭。1748年加入耶稣会，先后在匈牙利城镇瑞吉松博特（Nagyszombat，现名特尔纳瓦[Trnava]，属斯洛伐克）和维也纳学习哲学和数学。1766年起，在维也纳皇家天文台研习天文学。1785年5月4日卒于佩斯（Pest）。

强诺·萨约诺维奇由于证实了萨米语（Sami）与匈牙利语的相关性，被尊为比较语言学的先驱。1769年，他作为奥匈帝国天文学家的小组成员，跟随其导师、天文学家马克西米利安·黑尔（Maximilian Hell）赴挪威北部的瓦尔德岛（Vardø）记录金星轨迹并测量地球与太阳之间的距离。在黑尔的指点下，萨约诺维奇调查了匈牙利语与拉普语（也叫萨米语）的相关性。

通过观察萨米族人（即土著拉普人）和匈牙利人所用词汇的相似之处，结合哥本哈根的书面文字，萨约诺维奇对萨米语和匈牙利语之间的关系进行了对比研究，证实萨米语与匈牙利语相关的理论正确性。1770年，萨约诺维奇曾向丹麦皇家科学院（Royal Danish Academy of Sciences）报告这一发现，并被吸纳为该院会员；同年，他的研究成果《匈牙利语与拉普语同族之论证》（Demonstratio, idioma Ungarorum et Lapponum idem esse）用拉丁文在哥本哈根和瑞吉松博特两地出版，标记着芬兰—乌戈尔语族（Finno-Ugric）的研究实现了重大突破。

塞尔 Searle, John Rogers （1932— ）美国哲学家和语言学家。1932年7月31日生于美国科罗拉多州的丹佛。曾就读于威斯康星大学麦迪逊分校和牛津大学，获牛津大学哲学博士学位。1959年起执教于加州大学伯克利分校。2000年获得号称心灵哲学界诺贝尔奖的"吉恩·尼科德奖（Jean Nicod Prize）"。2004年获得"全国人文奖章（National Humanities Medal）"。

约翰·罗杰斯·塞尔是语言哲学和心智哲学研究的重量级学者。他在语言学领域的贡献主要是对奥斯汀言语行为（Speech acts）理论的发展和对隐喻理论的研究。在言语行为理论中，他把言语行为提高到解释人类语言交际的层次。首先，他区分了命题内容和言外行为，认为相同的命题内容可以实施不同的言外行为，并进一步把言内行为分为话语行为（utterance act）和命题行为（propositional act），其中话语行为是指说出单词或句子的行为，而命题行为则指通过话语所实施的"谈及"和"谈述"行为。其次，他提出言语行为要遵守命题内容规则、准备规则、诚意规则和根本规则。他把言外行为重新分为阐述类（representatives）、指令类（directives）、承诺类（commissives）、表达类（expressives）和宣告类（declarations）等五个类别。隐喻研究中，塞尔继续保持语用学观点，主张在理解隐喻时应分离说话人的表述意义和语句意义。他提出隐喻的表达公式为：人们通过"S是P"的意义阐明"S是R"，公式中的P是字面表述，R是隐喻的表述，例如，说话者通过"萨丽是块冰"的字面表述来表明"萨丽是一个冷漠的人"。他进一步总结出隐喻的三个特征和隐喻解释的八条原理。

塞尔的代表著作包括《专有名词》(*Proper Names*, 1958)、《什么是言语行为》(*What Is a Speech Act?*, 1965)、《间接言语行为》(*Indirect Speech Act*, 1975)、《论隐喻》(*Metaphor*, 1979)、《意向性:关于心智哲学》(*Intentionality: An Essay in the Philosophy of Mind*, 1983)、《心智的再发现》(*The Rediscovery of the Mind*, 1992)以及《心智、大脑与科学》(*Minds, Brains and Science*, 1984)等。

塞克斯都　Sextus Empiricus　(约160—约210)　古希腊语法学家。大约生活在公元2世纪下半叶和公元3世纪初的罗马帝国时期。据不完全考证,基本认定为北非后裔,似乎熟悉雅典、罗马等地,并曾在罗马任教,也当过医生;推崇希腊经验学派,绰号"恩披里柯(Empiricus)",即"经验派"之意。

塞克斯都·恩披里柯是希腊经典怀疑论哲学家皮浪(Pyrrho,约公元前365—前275)的追随者,是最为雄辩和最为激进的哲学怀疑论捍卫者之一。他对语言持常识观,反心灵主义观,以实用主义的态度看待语言的正确性,认为能够进行顺利沟通和交流的语言就是正确的。他认为语言的性质是不确定的,反对类推论,指出语言使用和描述应该基于自然习得和习惯,而不应基于语言规范的推演。他肯定语言的社会和认知作用,但对斯多葛(Stoic)语言哲学学派和亚历山大语法(Alexandrian grammar)进行猛烈抨击,嘲讽语法学家们拘泥于理论的虚荣,指责他们对诗歌中的词汇及意义一无所知。

塞克斯都的主要著述包括《皮浪思想论纲》(*Pyrrhōneioi Hypotypōseis*,即 *Outlines of Pyrrhonism*)和《驳教师》(*Pros Mathematikous*,即 *Against the Professors*)。在《皮浪思想论纲》中,他全面介绍怀疑主义理论,并对其逻辑学、伦理学和自然哲学基础进行批判性的分析。《驳教师》由11个篇章组成,分别表达对语法、修辞、逻辑学、物理学、伦理学、几何、算术、天文、音乐等学科的怀疑,质疑这些学科的设置原则、重要性、实用性、教学过程等。《驳教师》的第一篇为《驳语法学家》,内容结合了皮浪怀疑论(Pyrrhonian scepticism)与伊壁鸠鲁哲学(Epicurean philosophy)的自然思想。

塞拉克斯　Thrax, Dionysius　参见"特拉克斯"。

塞里沃斯托娃　Seliverstova, Olga N.　(Ольга Николаевна Селиверстова, 1934—2001)　俄罗斯语言学家。1934年10月17日生于莫斯科。1957年毕业于莫斯科大学日耳曼语言文学系,1965年获得哲学博士学位,毕业论文是关于俄语和英语代词的语义关系研究。1966年进入苏联科学院语言学研究所日耳曼语部工作。1983年获俄罗斯科学博士学位,其博士学位论文题为《语言与言语的存现性和所有性》(Экзистенциальность и посессивность в языке и речи);此后被评为教授,成为学科带头人,曾在语言学研究所主持过多次研讨会,赴俄罗斯、法国和意大利各地讲学。2001年3月9日卒于莫斯科。

奥尔加·尼·塞里沃斯托娃主要研究语义学理论及其研究方法,涉及语义结构类型、语义研究实验方法、成分分析理论及应用、代词语义学、句法语义学、句子交际观等方面。在其博士学位论文和早期发表的文章中,她详细介绍了意义方面的创新理论及研究方法,把符号意义当作心理概念,通过符号承载的所指(denotatum)得以实现,使人们能够区分意义和所指、意义和语境、意义和超语言知识间的概念关系,为后来开创的"代名词语义学(pronominal semantics)"打下基础。她认为语义研究必须基于严格的实验方法,研究结论必须用符合经验的语言材料作为佐证。

塞里沃斯托娃撰有四部专著,发表50余篇论文。其代表作包括《多义词的成分分析》(Компонентный анализ многозначных слов, 1975)、《俄语若干类型分类的第二变体及其描述》(Второй вариант классификационной сетки и описание некоторых предикативных типов русского языка, 1982)、《对比句法语义学》(Контрастивная синтаксическая семантика, 1990),以及《完成体的语义学与"作品"之概念》(*Semantika sovershennogo vida i ponjatije "raboty"*, 1997)等。

塞梅雷尼伊　Szemerényi, Oswald J. L.　(1913—1996)　匈牙利语言学家。1913年9月7日生于英国伦敦,由于战争原因移居匈牙利布达佩斯。1947年任布达佩斯印欧语言学系主任。1948年携家人回到英国,曾供职于英国广播公司和路透社。1952年起在伦敦多所大学供职。1957年任贝德福德学院希腊语副教授。1960年任伦敦大学学院对比语文学教授。1966年接受德国弗赖堡(Freiburg)大学的教授职位。1981年退休。1982年被推选为英国国家学术院院士。1996年12月29日卒于弗赖堡。

奥斯瓦德·塞梅雷尼伊在研究和教学方面的方法主要是基于数据而非理论。1960年和1966年,分别在伦敦和弗赖堡提出其方法论的四个主要原则:对比语言学家需要大范围的印欧语系的第一手知识;这些知识是再建构的双向过程的跳板,从子语向上到母语的研究是通过对比的方法,而从母语向下到子语则是一种推断;再构造就是试图来恢复语言现实;描写性研究逻辑上早于历史语言学研究,语言类型学对于对比语言学家是非常重要的。

塞梅雷尼伊的主要著作包括《印欧语数字系统

研究》(Studies in the Indo-European System of Numerals, 1960)、《希腊语和印欧语的字中音省略以及印欧语的口音特点》(Syncope in Greek and Indo-European and the Nature of Indo-European Accent, 1964)、《印欧语系语言的家族称谓研究》(Studies in the Kinship Terminology of the Indo-European Languages, 1977)等。

塞斯 Sayce, Archibald Henry, Reverend (1845—1933) 英国比较语言学家、亚述学家和东方学家。1846年9月25日生于英国布里斯托尔的夏汉普顿(Shirehampton)。曾就读于牛津大学女王学院,后成为牛津大学教授,主讲亚述学和比较语言学课程;1891—1919年任亚述学首席教授。1933年2月4日卒于英格兰西南部的巴斯市(Bath)。

阿奇博尔德·亨利·塞斯是英国亚述学研究的先驱。19世纪后半叶,语言学研究者主要致力于语言间的对比研究,常对不同语言的神话、考古、宗教和历史等方面进行交叉研究。塞斯致力于研究与《圣经》相关信息的历史纪年和史料的准确性,与19世纪后半叶语言学研究追求的学科规则完全一致。他编写了第一部英语版的《亚述语法》(Assyrian Grammar, 1872)。他还著有《比较语文学原理》(Principles of Comparative Philology, 1874)和《语言科学入门》(Introduction to the Science of Language, 1880),这两部书重版多次,在语言学界享有很高的声誉。《比较语言学原则》一书论及比较语言学与比较神话学和比较宗教学等学科间的关系、语言发展的三阶段理论以及词根原则等话题,反映了19世纪的语言学研究方法。他发表《语法》(Grammar, 1910)一文,采用现代研究方法对副词、介词、连词和不定式等的演化和实际应用进行分析研究,对后世的语法研究有很多启迪。

塞斯因解读赫梯语(Hittite)象形文字脚本和土耳其范铭文(Van inscriptions)上的亚美尼亚语而被享誉学界。其他作品还包括《赫梯人:一个被遗忘的帝国》(The Hittites: The Story of a Forgotten Empire, 1890)、《亚述语初级读本》(A Primer of Assyriology, 1894)等。

塞塔拉 Setälä, Eemil Nestor (1864—1935) 芬兰语言学家。1864年2月27日生于芬兰南部的科凯迈基(Kokemäki)。中学时,师从著名诗人、语言学家和政治家阿维·戈内茨(Arvid Genetz, 1848—1915)等人,学习语言学。大学时,就读于瑞典的乌普萨拉(Uppsala)和德国莱比锡(Leipzig),结识一些新语法学派的语言学家。此后执教于赫尔辛基大学,1893年被聘为芬兰语教授,任职至1929年。创立研究机构"芬兰语之家(Suomen suku)"。晚年积极从政,多次入选内阁,任芬兰教育部长和外交部长,1917年曾短期担任参议院议长;1927—1930年,曾先后担任芬兰驻丹麦和匈牙利大使。1935年2月8日卒于赫尔辛基。

伊米尔·内斯特·塞塔拉从事的研究主要针对芬兰语。1880年,年仅16岁的塞塔拉发表富有传奇色彩的作品《芬兰语句法》(Suomen Kielen Lause-Oppi),其后的数十年里一直被采纳为该领域课程的标准教科书。1886年发表《芬兰和匈牙利语中节奏和模式固定构成的历史》(Zur Geschichte der Tempus und Modus-Stammbildung in den Finnisch-Ugrischen Sprachen),介绍新语法理论及芬兰—乌戈尔(Finno-Ugric)语言学。1890年,他出版了《通用芬兰语音系史,第一卷:通用芬兰语闭塞音演变史》(Yhteissuomalaisten klusiilien historia. Luku yhteissuomalaisesta äännehistoriasta,即 History of the Common Finnic Occlusives: A volume of common Finnic phonological history),为此后成功申请赫尔辛基大学的教授职位奠定了基础。

塞塔拉积极倡导新语法学理论,并致力于重构芬兰—乌戈尔语系(Finno-Ugric)的音位系统理论。塞塔拉的语言学理论在芬兰影响非常深远,不仅在其有生之年无人逾越,在其去世后的很多年仍在芬兰语言学界占据主导地位。因此,结构主义理论进入芬兰的时间要比其他北欧国家迟很多。

塞因里恩斯 Sainliens, Claude de (约1534—1597) 法国语法学家、语音学家和词典编纂家。又名柯劳迪亚斯·霍利邦德(Claudius Hollyband)。约1534年生于法国穆兰(Moulins),于1564年前后因宗教战争而逃离家园,定居伦敦。自此在英国从事法语教学和辞书编纂工作。约于1597年11月卒于伦敦。

克洛德·德·塞因里恩斯是16世纪后半叶在英国最受欢迎、著述最多的法语教师,是《法语教师》(French Schoolemaister, 1573)和《法语普及读本》(Frenche Littelton, 1576)两本法语教材的编写者。两部教材体现的语言教学理念稍有不同,前者把语法和发音规则放在首位,后者则将语法和语音置于参考地位。他还出版了《论法语读音》(De pronuntiatione linguae gallicae, 1580)、《论动词的变位》(A Treatise for the Declining of Verbs, 1580)和《法语宝典》(A Treasurie of the French tong, 1580)三部论著。《法语宝典》经大幅修订后又于1593年再版,并更名为《法英词典》(A Dictionarie French and English),此书也成为1611年出版的《科特格雷夫词典》(Cotgrave's Dictionary)的重要蓝本。

赛义德·阿里 Said Ali, Manuel Ida (1861—1953) 巴西语言学家。1961年10月21日生于葡萄牙的彼得罗波利斯(Petrópolis),母亲是

德国人,父亲是土耳其后裔。两岁丧父,14岁移居到巴西里约热内卢(Rio de Janeiro),曾在该市的莱梅尔特(Laemmert)书店工作,并在书店结识巴西历史学家阿布雷乌(Capistrano de Abreu,1853—1927),此后的学术发展深受影响。曾担任巴西彼得罗二世学院(Colégio Pedro II)德语教授,同时还教授法语、英语、地理学等课程。1953年5月27日卒于里约热内卢。

曼纽尔·伊达·赛义德·阿里是20世纪前半叶巴西最著名的语言学家之一,其作品描述性严密,是巴西语言学家们经常引用的参考书籍。1908年,他出版《葡萄牙语的难点》(*Dificuldades da Língua Portuguesa*),对非重音词位置、人称不定式用法、巴西葡萄牙语的语调、条件句式及过去将来式的研究等方面进行了详细描写,这一研究成果使他在巴西语言学界声名鹊起。1930年,他出版了《表达方式和语义变化》(*Means of Expression and Semantic Alterations*),对葡萄牙语的文体进行研究,并把语言主题问题引入巴西语言学研究。

赛义德·阿里意识到为语言教学提供实用语法知识的重要性,首次明确地将规范语法与描述性和科学性语法区分开来。他为语言教学编著《葡萄牙语中级语法》(*Gramática Secundária da Língua Portuguesa*,1924)和《葡萄牙语历史语法》(*Gramática Histórica da Língua Portuguesa*,1931)两部语法著作,其中《葡萄牙语历史语法》是根据他的《历史葡萄牙语词汇学》(*Lexicology of Historic Portuguese*,1921)和《历史葡萄牙语构词法和句法》(*Formation of Words and Syntax of Historic Portuguese*,1923)两部书融合而成。

桑克蒂乌斯 Sanctius, Franciscus (1523—1600) 西班牙语言学家、理论家和人文学家。1523年生于西班牙卡塞雷斯省布罗萨斯市(Brozas, Cáceres)的没落贵族家庭。西班牙语姓名为弗朗西斯科·桑谢斯(Francisco Sánchez de las Brozas)。少年时代的桑克蒂乌斯在舅舅资助下先后在葡萄牙的埃武拉(Evora)和里斯本学习拉丁语和经典文献,后回到西班牙,进入萨拉曼卡大学(University of Salamanca)学习。1551年获得文学士学位。大学毕业后留校任教,1573年起教授修辞学,1576年起转而教授希腊语和拉丁语。1600年12月5日卒于巴利亚多利德(Valladolid)。

弗朗西斯库斯·桑克蒂乌斯一生著述颇丰,在修辞学、拉丁语法、希腊语法、方言、文学等领域均有建树。代表著作是关于拉丁语语法研究的《智慧女神:论拉丁语问题》(*Minerva: Seu de causis linguae Latinae*,1587),全书共四卷。他对拉丁语的词性进行理性研究,旨在发现拉丁语的词源、逻辑结构(causae)和内在规则(vera principia),是最早的认识论语法作品之一。他遵循柏拉图和亚里士多德关于语言单位产生动机的任意性哲学观点,继承昆体良(Qintilian)和6世纪古罗马拉丁语语法学家普里西安(Caesariensis Priscian)的句法分析传统,试图重建拉丁语的基本句法结构。同时提出大多数句法结构是有规则的,但也存在冗余部分,具体删减要受真实语言(usus)环境的影响。在对拉丁语的分层分析中,他指出所有句子的基本结构由主语(suppositum)和谓语(appositum)两部分构成,主张减少拉丁语的词性数量,将动词语态数量减少至主动和被动两种形式。《智慧女神》一书还对并列和从属、格理论、动词短语结构、句法一致性、一词多义等问题进行了探讨。该书不仅对拉丁语研究的影响深远,而且还开启了后世转换语法的研究。因此,桑克蒂乌斯也被认为是转换语言学派的先驱。

桑克蒂乌斯的其他主要作品还包括《学院拉丁语法》(*Grammatices Latinae Institutiones*,1562)和《希腊语法》(*Grammatica Graeca*,1581)等。

桑普森 Sampson, Geoffrey (1944—)
英国语言学家。1944年生于英国赫特福德郡布罗克斯本(Broxbourne)。1962年从布里斯托尔文法学校毕业,进入剑桥大学圣约翰学院(St John's College),之后分别在剑桥大学、耶鲁大学和牛津大学各获一个硕士学位,获剑桥大学博士学位。曾先后在多所大学执教,包括伦敦大学、牛津大学、兰卡斯特大学、利兹大学和萨塞克斯大学等。入选英国国家学术院院士、英国计算机协会以及高等教育科学院成员。

杰弗里·桑普森研究兴趣广泛,包括语言学、东方语言、计算机和哲学,取中文名"散复生"。他对英国不同年龄段和不同社会背景人群的日常口语和书面语进行结构标注,他所使用的标注标准、语言识别和统计软件等对计算机语言学的发展有很大影响。桑普森影响最大两部著作是《实证语言学》(*Empirical Linguistics*,2001)和《语言本能之辩》(*The 'Language Instinct' Debate*,1997),前者涉及对英语个案的深入理论分析,后者主要批驳平克(Stephen Pinker)1994年出版的畅销书《语言本能》(*Language Instinct*)。

桑普森的其他主要著作包括:《自由与语言》(*Liberty and Language*,1979)、《言之有理》(*Making Sense*,1980)、《语言学流派》(*Schools of Linguistics*,1980)、《英语的计算分析》(*The Computational Analysis of English*,1987)、《计算机英语》(*English for the Computer*,1995)、《演进式语言理解》(*Evolutionary Language Understanding*,1996)、《语料库语言学:拓展阅读》(*Corpus Linguistics: Readings in a widening discipline*,2004)、《远

古中国的情歌》(*Love Songs of Early China*, 2006)、《电子商务》(*Electronic Business*, 2008)、《语言复杂性作为演化变量》(*Language Complexity as an Evolving Variable*, 2009)、《Perl 语言入门》(*Perl for Beginners*, 2010)、《无语法性的语法》(*Grammar without Grammaticality*, 2014) 和《书写系统（第 2 版）》(*Writing Systems*, 2nd edition, 2015)。

桑奇斯瓜内尔　Sanchis Guarner, Manuel （1911—1981） 西班牙语言学家和历史学家。1911 年 9 月 9 日生于西班牙巴伦西亚（Valencia）。五岁丧父，后在其叔父——著名考古学家何塞普·桑奇斯瓜内尔（Josep Sanchis Guarner）的监护下成长。毕业于巴伦西亚大学，曾获得艺术和法律学士学位。后成为巴伦西亚文化保护行动（Valencianist Cultural Action）负责人之一。1932 年，在马德里历史研究中心工作，师从梅嫩德斯·皮达尔（Menéndez Pidal）、阿梅里科·卡斯特罗（Américo Castro）等学者，研习语音学和方言学，为其今后从事巴伦西亚语言学研究打下基础。曾加入共和国军队参加西班牙内战，后被弗朗哥政府判刑入狱四年，流亡他乡。1943 年定居马略卡（Majorca）。1959 年，返回家乡巴伦西亚，1981 年 12 月 16 日逝世。

曼纽尔·桑奇斯瓜内尔曾在巴伦西亚大学教授巴伦西亚语言文化、罗曼语语言学、普通语言学等课程，并曾任巴伦西亚语语言学系主任，后成为加泰罗尼亚研究会、西班牙皇家历史学会会员、皇家文学学会、美洲西班牙学会等学术机构的会员；研究领域涉及方言学、语法、语言史、文学、文化等，写过多部研究著作，还发表过许多论文和书评，在加泰罗尼亚语言学研究方面做出重大贡献。1933 年出版的《巴伦西亚人的语言》(*La llengua dels valencians*)，是巴伦西亚语言学和巴伦西亚民族学的重要参考文献。1934 年，他应邀参加并主持"伊比利亚半岛语言学地图集（*The Linguistic Atlas of the Iberian Peninsula*）"研究项目，后因西班牙爆发内战及桑奇斯瓜内尔被判刑入狱，研究一度中断。1947 年，他与博尔哈·莫尔（Francesc de Borja Moll）合作再次启动该项目，进行广泛、深入的语言调查，于 1953 年发表了《当代语言地图》(*La Cartografía Lingüística en la Actualidad*) 和《伊比利亚半岛地图集》(*Atlas de la Península Ibérica*) 等研究成果。

桑奇斯瓜内尔的其他作品包括：与博尔哈·莫尔（Francesc de Borja Moll）合编的《加泰罗尼亚语—巴伦西亚语—巴利阿里语词典》(*Diccionari Catalá-Valenciá-Balear*)、与加泰罗尼亚语言学相关的著作《巴伦西亚语言史入门》(*Introducción a la Historia Lingüística de Valencia*, 1949) 以及《巴伦西亚语语法》(*Gramática Valenciana*, 1950) 等。

森　Sen, Sukumar （1900—1992） 印度学家和语言学家。1900 年 1 月 16 日生于印度加尔各答（Calcutta）。1917 年，进入加尔各答大学，师从塔拉坡瓦拉（Taraporewala）学习梵语和比较语言学。1923 年获文学硕士学位。1925 年成为加尔各答大学语言学荣誉讲师。1930—1953 年，担任比较语言学系讲师，兼授梵语、印地语、孟加拉语等课程。1937 年获加尔各答大学博士学位，其论文是关于印度—雅利安语（Indo-Aryan）的历史句法。1954 年，接替贾德佳（Suniti Kumar Chatterji），成为加尔各答大学的印度语言学与语音学凯拉教授。1964 年退休。1992 年 3 月 5 日卒于加尔各答。

苏库马尔·森是研究印度—雅利安语和孟加拉语的专家，对句法和词源的研究尤为引人注目。同时，他也精通梵语、古伊朗语，并对印欧语系语言的对比研究有所建树。他撰写了很多关于孟加拉语的著作，并出版多部了经典孟加拉语教材，因此在孟加拉文化圈里颇有名望。他的主要作品包括《孟加拉文学史》(*History of Bengali Literature*, 1960)、《孟加拉语词源学词典》(*An Etymological Dictionary of Bengali*, 1971)、《印度—雅利安语句法研究》(*Syntactic Studies of Indo-Aryan Languages*, 1995) 等。

沙赫马托夫　Shakhmatov, Aleksey Aleksandrovich （Алексей Александрович Шахматов, 1864—1920） 俄国语言学家和历史学家。1864 年生于俄罗斯纳尔瓦。1883 年，进入莫斯科大学历史语言系，师承福尔图纳托夫（Filip Fedorovich Fortunatov）。1890 年成为莫斯科大学副教授。1894 年，获莫斯科大学博士学位，五年后成为科学院院士。1909 年至彼得堡大学工作。1895—1916 年，担任第一部标准俄语词典《俄语词典》(Словарь русского языка) 的编纂工作。1917 年，与其师福尔图纳托夫一起参与俄文文字的改革工作。

阿列克谢·亚历山大罗维奇·沙赫马托夫的研究范围涉及语言学、文学、历史、民族学、民俗学等多个领域。在语言学方面，他采用历史比较语言学的方法，将语言学与历史学、民族学等学科结合起来进行研究。他的语言观基本上体现出莫斯科学派的特点，是莫斯科语言学派的重要人物。在词法方面，他提出构词法是语言学的一个独立分支；在句法方面，他认同心理句法理论，认为句子是思维单位的语言表达；在交际中，思想和句子之间存在一种作为中介的内部语言，使思维中的形象组合具体化。各种语言都有基于自身习惯所产生的具体结构，它们符合思维的规律，但并不等同于逻辑。沙赫马托夫研究过许多不为人熟知的斯拉夫语言，对各种东斯拉夫语言的了解尤其深入。另外，他还曾试图从斯拉夫与凯尔特民族接触的角度研究俄语词源学。

沙赫马托夫的主要论著包括《论俄语语音史》(Kистории звуков русского языка, 1903)、《俄语史教程》(Курс истории русского языка, 1909)、《俄语远古时期史概论》(Очерк древнейшего истории русского языка, 1915)、《现代俄罗斯标准语纲要》(Очерк современного русского литературного языка, 1925)和《俄语句法学》(Синтаксис русского языка, 1925—1927)等。

山田孝雄　Yamada, Yoshio　(やまだ よしお, 1873—1958)　日本语言学家。1873年5月10日生于日本富山县富山市。曾担任中学教员, 1907年任文部省国语调查委员会助理委员。1920年任日本大学讲师。1921年任该校文学系国语科主任。1925年任东北帝国大学讲师。1927年任教授。1929年以《日本文法论》一书获文学博士学位。1940年任神宫皇学馆大学首任校长。1953年获文化功臣称号。1957年获文化勋章。1958年11月20日卒于仙台。

山田孝雄的研究横跨文字、词汇、语法、日本语文学史、语文研究和语文教育、日本文学研究、训诂、古籍校订诸领域。他的研究不是单纯地借鉴西洋语法, 而是通过潜心研究日语从而将日语语法现代化、系统化。他是明治时期以后最早确立现代系统语法理论的语言学家, 语法研究构成其学术成就的核心, 对日语的语法特征进行了完整把握, 建立了自己的理论体系, 对传统国语学的语法研究产生了重大影响。他的语法既不讨论文字和语音的问题, 也不涉及文章和文体, 纯粹讨论语言的统合和运用。他认为语言包含思想(包括感情、欲望等在内的广义的思维)和声音两个要素, 思想研究则分为词汇学和语法学两方面, 词汇学研究语言的意义, 语法学研究反映思想的语言运用法则, 语音学研究声音。人的心智活动有分析和综合两种, 词是分析作用的结果, 句子是综合作用的结果。因此, 语法学分为词法(语论)和句法(句论), 而不包括文章。

山田孝雄著述颇丰,《日本文法论》(1902,1908)和《日本文法学概论》(1936)开创日本文法理论和文法史研究的先河, 其中《日本文法论》是明治时期日本文法研究的巅峰之作, 构筑了独特的合理主义(rationalism)的语法体系,《日本文法学概论》是山田孝雄的集大成之作。他在《敬语法研究》(1924)中提出的敬语理论与松下大三郎(まつした だいざぶろう)在《日本俗语文典》(1901)中提出的"待遇相"一起成为后世敬语理论的基础。他的《万叶集讲义(1-3卷)》(1928,1932,1937)对语言的表现形式作出了极其明晰的注释, 成为后世研究《万叶集》的重要依据。

山田孝雄的其他主要著作还包括《平安朝文法史》(1913)、《平家物语的语法》(1914)、《日本文法讲义》(1922)、《日本口语法讲义》(1922)、《假名拼写法的历史》(1929)、《日本文法要论》(1931)、《汉文训读与国文法》(1934)、《古事记讲义》(1940)、《国语中的汉语研究》(1940)、《国语学史》(宝文馆, 1943)和《俳谐文法概论》(1956)等。

上田万年　Ueda, Kazutoshi　(うえだ かずとし, 1867—1937)　日本语言学家。1867年1月7日生于东京。1885年, 进入东京帝国大学文学系学习日本及中国文学专业。在巴希尔·霍尔·张伯伦(Basil Hall Chamberlain)的引导下, 开始日语语言研究, 并一生致力于此课题。1890年, 赴德国学习印欧语言学, 先后于柏林和莱比锡师从语言学领先人物加贝伦茨(Georg von der Gabelentz)和布鲁格曼(Karl Brugmann)等。1894年回到日本, 任东京帝国大学语言学系教授。1899年获得文学博士学位。1905年任日语系主任。1927年退休。1937年10月26日于东京逝世。

上田万年作为当代日语科学研究的创始人, 成就主要有两个方面。首先, 他将印欧语言学的方法应用到日语研究中, 提出当代日语的h音是从p音通过f音演变而来, 由此为日语历史音位学奠定了基础。例如: haha(はは, '妈妈')＜fafa＜papa。其次, 他做过大量讲座, 发表很多文章, 培养了许多学生, 积极推动日语改革, 使之走向标准化。

上田万年的主要著作包括《日语论》(『国語論』, 1895)、《日本语言学源流》(『日本語学の本源』, 1895)、两卷本《为了日语》(『国語のため』, 1897—1903)、《日语语言学丛话》(『国語学叢話』, 1908)、《日语语言学十讲》(『国語学の十講』, 1916)和与人合著的五卷本《日语大词典(无删节版)》(『大日本国語辞典』松井简治共著, 1915—1928)。在他去世后, 后人将他1896—1898年的讲义整理为《语言学》(『言語学』, 新村出筆録 柴田武校訂)和《日语语言学史》(『国語学史』新村出筆録 古田東朔校訂)两部作品, 分别于1975年和1984年先后出版。

尚克　Schank, Roger Carl　(1946—　)
美国认知科学家。1946年生于美国纽约。1966年获卡耐基技术学院(Carnegie Institute of Technology)学士学位, 后到得克萨斯大学奥斯汀分校研读语言学, 分别于1967年和1969年获得语言学硕士和博士学位。曾在斯坦福大学和耶鲁大学任教, 后在美国西北大学任职, 成立学习科学研究所, 亲任所长。1979年与艾伦·科林斯(Allan Collins)、唐纳德·诺曼(Donald Norman)等人创立认知科学协会(The Cognitive Science Society), 会刊《认知科学》(*Cognitive Science*)自1976年起已开始出版。

罗杰·卡尔·尚克在人工智能、学习理论、认知科学等研究领域硕果累累。他与心理学家、政治学家埃贝尔森(Robert Abelson, 1928—2005)合作研究了"脚本"(script)概念在认知过程中的应用,并以此为起点,富有成效地探索知识导入和应用的技术范围,包括众多包含提示且形式多样化的培训和教育策略。他强调以记忆模式为场景,围绕个人经验而不是语义范畴开展学习活动。他的学习模式强调行动、冒险和从失败中获益。他创立了叙事学习方法,即强调故事在知识学习中的作用,突出在个人与文化层面通过故事标记和概要讲述故事而进行学习。尚克还提出"基于案例推理(case-based reasoning)"的思想,是对人工智能领域研究的重要贡献。他提出的动态记忆(Dynamic Memory)理论,对认知心理学的研究影响较大。

尚克的主要作品包括《概念信息处理》(Conceptual Information Processing, 1975)、《脚本、计划、目标与理解》(Scripts, Plans, Goals and Understanding, 1977)、《动态记忆:计算机和人的提示与学习理论》(Dynamic Memory: A theory of reminding and learning in computers and people, 1982)、与彼得·奇尔德斯(Peter Childers)合著《创造性态度:学会提问和答疑》(The Creative Attitude: Learning to Ask and Answer the Right Questions, 1988)、《给我讲个故事:真实记忆与人工记忆新观察》(Tell Me a Story: A new look at real and artificial memory, 1990)、《心智行家指南:如何思考·如何学习·如何算是聪明》(The Connoisseur's Guide to the Mind: How we think, How we learn, and what it means to be intelligent, 1991)、《动态记忆再探(第2版)》(Dynamic Memory Revisited, 1999)、《学习·电子化学习·培训:开明培训师的视野与指南》(Lessons in Learning, e-Learning, and Training: Perspectives and guidance for the enlightened trainer, 2005)和《心智教学:认知科学如何挽救我们的学校》(Teaching Minds: How cognitive science can save our schools, 2011)等。

舍雷尔　Scherer, Wilhelm (1841—1886)　奥地利语言学家和文学史专家。1841年4月26日生于奥地利的申贝恩(Schönborn)。1858年进入维也纳大学学习日耳曼语言学。1860年离开维也纳到柏林,与语言学家雅各布·格林(Jacob Grimm)成为密友,与老师卡尔·穆伦霍夫(Karl Müllenhoff)合编了一本德国早期散文和诗歌文本,在学术界崭露头角,并因此于1862年获得博士学位。1864年在维也纳开始从教生涯。1872年开始在法国东部斯特拉斯堡(Strasbourg)任教。5年后在柏林洪堡大学任教。1886年8月6日卒于柏林。

威廉·舍雷尔在日耳曼语言学研究上做出了巨大贡献。所著《德语史》(Geschichte der Deutschen Sprache, 1868)至今仍是日耳曼语言学的里程碑式作品。他还修订和出版了雅各布·格林的《德语语法》(Deutsche Grammatik)一书,并就许多语言学论题发表了大量文章和评论。舍雷尔在日耳曼文学方面也著述颇丰,出版过中世纪德国诗歌、德国文学史等方面的著作,还著有好友雅各布·格林和恩师卡尔·穆伦霍夫的传记以及其他人物小传。

什克洛夫斯基　Shklovsky, Viktor Borisovich　(Шкловский, Виктор Борисович, 1893—1984)　苏联作家、评论家和文艺学家。1893年1月24日生于沙皇俄国圣彼得堡一个中学教师家庭。青年时代在圣彼得堡大学读书,与未来派诗人马雅可夫斯基(Vladimir Mayakovsky)、赫列勃尼科夫(Velimir Khlebnikov)等来往密切。1913年发表《语言史上未来主义的角色》(Role of Futurism in Language History)的报告而轰动文坛。1914年开始从事文学研究,根据赫列勃尼科夫、马雅可夫斯基和未来派的艺术创作,研究诗歌语言的特点。1916年发起并创办了诗歌语言研究协会(Society for the Study of Poetic Language),后成为构建俄罗斯形式主义批评理论和技术的两大组织之一。1984年12月6日卒于苏联列宁格勒。

维克多·鲍里索维奇·什克洛夫斯基致力于研究语言结构的规律性以及文学语言的创造性,强调语言文本的诗学特征,认为俄罗斯形式主义理论是文学实践活动中不可或缺的一部分,对雷纳·韦勒克(René Wellek)的文学理论、米哈依尔·巴赫金(Mikhail Bakhtin)的复调理论和布拉格学派(Prague School)的符号学理论均产生了重大影响。

什克洛夫斯基早期的主要著作是《散文理论》(Theory of Prose, 1925)。他认为研究文学理论就是研究词的内部规律性,将语言艺术首先看作一种词语构造,分析作品时不必重视其思想内容。20世纪30年代以后,他意识到形式主义理论的局限性,转而研究词语所包含的价值和意义,从文学与生活、作家与生活、作品与生活、作品中的人物、文学的接受及艺术的功用和价值等方面阐述作品的文艺思想。他对苏联文学进行了研究,撰写有关斯特恩(Laurence Sterne)、高尔基(Maxim Gorky)、马雅可夫斯基、肖洛霍夫(Mikhail A. Sholokhov)等作家的评论文章和传记。他还写了许多半自传性质的作品,作为他构建文学理论的试验。他提出著名的文学陌生化理论(defamiliarization),认为文艺创作要将本来熟悉的对象陌生化,让读者在欣赏过程中感受到艺术的新颖别致,并结合一定的审美过程完成审美感受。他把文学语言与日常语言区分开来,认为日常生活语言的首要目的是交际,话语目的是语言的重要组成部分,而文学语言本身却比其目的和内容更为重要;文学的语言表达本身就是目的,与日常语言和散文语言的一个重要差异在于"陌生化"程度的高低;日常语言是文学语言的直接来源,文学语言是在日常语言基础上的一种升华。什克洛夫斯基指出:日常语言陌生化的结果就是文学语言;经过陌生化处理的文学语言只有诗学功能和能指功能而丧失了语言的社会功能,这种观点赋予"陌生化"以崭新的内容,并以"时间"为出发点探讨艺术的规律。

什克洛夫斯基的主要作品包括《词语的复活》(*The Resurrection of Words*,1914)、《马雅可夫斯基的〈穿裤子的云〉》(1915)、《论诗与玄奇的语言》(1916)、《作为技能的艺术》(*Art as Technique*,1917)、《散文理论》(*Theory of Prose*,1925)等形式主义文论著作。《感伤的旅程:回忆录》(*A Sentimental Journey: Memoirs*,1923)、《动物园,或非关情书》(*Zoo, or Letters Not About Love*,1923)和《第三工厂》(*Third Factory*,1926)这三部作品分别对纪实文学、书信体爱情小说和自叙传等三种不同的文类进行了形式实验,将它们推向各自的形式极限。此外,他还创作了《马雅可夫斯基和他的交往圈》(*Mayakovsky and His Circle*,1941)、《骑士行动》(*Knight's Move*,1923)、《列夫·托尔斯泰》(*Leo Tolstoy*,1963)、《错觉的能量:论情节》(*Energy of Delusion: A Book on Plot*,1981)等作品。

施莱格尔(奥格斯特·威廉·冯·~) Schlegel, August Wilhelm von (1767—1845)

德国文学评论家、语言学家、翻译家和诗人。1767年9月5日生于德国汉诺威(Hanover),是著名文学评论家和诗人弗里德里希·范·施莱格尔(Friedrich von Schlegel)之兄长,学界因此称其为"大施莱格尔"。曾在哥廷根大学(University of Göttingen)研读神学和哲学,深受德国古典主义、考古学家学者克里斯蒂安·海涅(Christian Gottlob Heyne)和诗人戈特弗里德·比格尔(Gottfried August Bürger)的影响。1791年开始在阿姆斯特丹任教。1795年到耶拿(Jena)大学任教。1798年任耶拿大学副教授。1818年任波恩大学艺术和文学史教授,并开展印度研究,成为德国印度语文学研究的创始人。1845年5月12日卒于波恩。

奥格斯特·威廉·冯·施莱格尔是德国浪漫主义运动的杰出代表。他成功地把当时人们对外国文化、语言和文学所持有的浪漫主义情感转化为科学研究。他对语言学最突出的贡献是对语言类型学及其方法论的研究,早在1798年就指出分析型语言和综合型语言的差异,自创术语"比较语法"(Vergleichende Grammatik)。这方面的研究不仅为其弟弗里德里希·范·施莱格尔的语言学理论铺平了道路,而且还进一步优化了后者的语言分类理论,提出语言类型三分的观点,即语言分为无语法结构的语言、使用词缀的语言和有屈折变化的语言。他批评雅各布·格林(Jacob Grimm)的早期词源学观点,并运用严谨的方法对日耳曼语言史进行研究。他还把古典语言学的研究法运用于梵语文学的分析和梵语文本的出版,从而为梵语研究设立了标准。

施莱格尔的主要作品包括《前瞻:奥·斐·伯恩哈迪的语言研究》(*Ankündigung: Sprachlehre von A. F. Bernhardi*,1803)和《普罗旺斯语言文学散论》(*Observations sur la Langue et la Littérature Provençales*,1818)等。

施莱格尔(卡尔·威廉·冯·~) Schlegel, Karl Wilhelm Friedrich von (1772—1829)

德国诗人、文学评论家、语言学家和印度学家。1772年3月10日生于汉诺威,文学评论家、语言学家奥格斯特·威廉·冯·施莱格尔(August Wilhelm von Schlegel)之弟,学界称其为"小施莱格尔"。1790年在哥廷根大学(University of Göttingen)研习法律。1791—1794年,在莱比锡学习艺术史、古典语文和哲学。之后,在德雷斯顿开始文学创作。1796年,到了耶拿,受到费希特哲学的影响。1794—1802年,在柏林和耶拿担任哲学讲师,在柏林参加文学沙龙时,结识施莱尔马赫(Friedrich Schleiermacher)和蒂克(Ludwig Tieck)。1798—1800年,与兄长奥格斯特·施莱格尔出版早期浪漫派刊物《雅典娜神殿》(*Athenaeum*)。1802年在巴黎大学任讲师,并学习罗曼语和东方语,后又担任公使等职务,发表了大量的文学作品和文艺评论作品。1829年1月12日卒于德雷斯顿(Dresden)。

卡尔·威廉·冯·施莱格尔积极投身于浪漫主义运动,在文学创作上颇有建树。他对东方学的兴趣源自对梵语和波斯文学的翻译。著有《印度人的语言与智慧》(*Über die Sprache und Weisheit der Indier*,1808),主要讨论哲学和神学方面的内容,但第一章关于印度语言的内容很吸引语言研究者的兴趣。他通过对比语言的相关语法特点,确定语言间的亲缘关系,尽管这一观点并非首创,但引起巨大的反响。他还认为语言接触和由此产生的外来词有时会使人们难以识别所有的梵语语言,因此在考察某一特定语言时,除了对其形态进行仔细分析外,还有必要对其外部历史进行研究。该书对19世纪对比历史语言学和类型语言学的发展具有重要作用。

施莱格尔的其他作品包括《关于希腊诗学的研究》(*Über das Studium der griechischen Poesie*,1797)、《诗学讲话》(*Gespräch über die Poesie*,1800)、《欧洲文学史》(*Geschichte der europäischen*

Literatur，1803)、《哥特建筑论略》(*Grundzüge der gotischen Baukunst*，1804)、《古代和近现代文学史》(*Geschichte der alten und neueren Literatur*，1815)和《弗里德里希·冯·施莱格尔美学及其他作品集》(*The Aesthetic and Miscellaneous Works of Frederick von Schlegel*，1849)等。

施莱歇尔　Schleicher, August (1821—1868) 德国语言学家。1821年2月19日生于德国迈宁根(Meiningen)，曾就读于德国蒂宾根大学；1850—1857年，在布拉格大学任教；1857—1868年，任耶拿大学教授。1868年12月6日卒于耶拿。

奥古斯特·施莱歇尔在蒂宾根大学读书期间，深受哲学家黑格尔哲学学说的影响，后又对自然学家达尔文的生物自然选择学说产生浓厚兴趣。这两位学者的理论成为施莱歇尔日后的语言学理论基础，既重逻辑性又讲科学性。在历史比较语言学的研究中，他参照植物分类法则创立语言谱系树理论。根据其创立的谱系树理论，通过分析研究语言之间词汇的一致性、是否符合音变规律等研究语言的历史亲属关系，他最终画出印欧语系的谱系树形图，使语言的演变和历史关系一目了然。施莱歇尔还非常重视语言的规律性和客观性，把语言看作一个有机体，认为语言与有机体一样存在生长、成熟和衰老的过程；语言间的接触与矛盾，不同语言间的相互影响和渗透，均如同动物之间的生死斗争，处于较有利地位的语言得以生存，处于不利地位的语言走向消亡。

施莱歇尔是自然主义语言学派的创立者，率先提出语言进化的观念。他把语言分为三种类型：孤立语、黏着语和屈折语。他认为语言类型的三分法可以反映语言进化的三个阶段。此观点在19世纪中期的历史比较语言学领域中产生了巨大影响。

施莱歇尔的主要著作包括《以系统的观点看欧洲语言》(*Die Sprachen Europas in Systematischer Übersicht*，1850)、《印度日耳曼诸语言比较语法纲要》(*Compendium der Vergleichenden Grammatik der Indogermanischen Sprachen*，1853)、《立陶宛语手册》(*Handbuch der Litauischen Sprache*，1856)、《德意志语言》(*Die Deutsche Sprache*，1860)、《达尔文学说和语言学》(*Die Darwinsche Theorie und die Sprachwissenschaft*，1863)和《论语言对于人类自然历史的意义》(1865)等。

施勒格尔　Schlegel　参见"施莱格尔"。

施利本-兰格　Schlieben-Lange, Brigitte (1943—2000) 德国语言学家。1943年9月25日生于慕尼黑。曾在慕尼黑、普罗旺斯前首府艾克斯(Aix-en-Provence)、马赛、蒂宾根等地研习罗曼语、日耳曼哲学、普通语言学和哲学，师从著名语言学家尤金尼奥·科谢留(Eugenio Coseriu)。1970年获得蒂宾根大学博士学位。1974年获得法兰克福大学罗曼语语文学教席，成为德国学术界获此席位的首批女性之一。2000年9月14日卒于法兰克福。

布丽奇特·施利本-兰格早期着重于研究奥克语(Occitan)和加泰罗尼亚语(Catalan)等处于高卢-罗曼语(Gallo-Romance)与伊比利亚-罗曼语(Ibero-Romance)过渡性语言带的标志性语言。之后主要从事法语、西班牙语和意大利语研究。20世纪90年代后期，主要从事巴西葡萄牙语研究。在对各种语言的研究中，她侧重于社会语言学，对语言的规范、编码和复兴、社会内部和跨文化交际、口语和书面语文化关系等方面尤为感兴趣。她编著的教材《社会语言学》(*Soziolinguistik*，1973)和《语用学入门》(*Linguistische Pragmatik*，1975)都成为德语大学教育的标准参考书，并被译成西班牙语、意大利语、日语等多种版本。在代表作《言语传统》(*Traditionen des Sprechens*，1983)一书中，她提出"话语传统"(Diskurstraditionen)概念，强调不能脱离社会语言学传统来研究语言的演化。

施利本-兰格也是法国大革命时期词典编纂领域的专家，并对法国的意识形态语言学和哲学思想的传播进行过广泛而深入的研究。她的其他主要作品还包括《文学书写过程》(*Literarische Schreibprozesse*，1987)、《文字形成》(*Verschriftung*，1997)等。

施梅勒　Schmeller, Johann Andreas (1785—1852)　德国语言学家。1785年8月6日生于德国巴伐利亚州北部与捷克交界处的蒂申罗伊特(Tirschenreuth)，成长于慕尼黑北部小村庄。在文法学校就读期间，接触了莱布尼茨的启蒙思想和瑞士教育家裴斯塔洛齐(Johann Heinrich Pestalozzi)的教育改革思想。因家庭贫困而未曾受过大学教育，致使出版商不愿出版其处女作《论写作和写作教学》(*Über Schrift und Schriftunterricht. Ein ABC-Büchlein in die Hände Lehrender*，1803)。曾参加瑞士军队，在塔拉戈纳(Tarragona)和马德里的军校执教语言课程。1806—1813年在巴塞尔(Basle)一所私人教学机构做语言教师。1816年应巴伐利亚科学院约请，以瑞士语言学家弗朗茨·约瑟夫·施塔尔德(Franz Joseph Stalder)的瑞士方言词典为灵感源泉，着手编写《巴伐利亚语词典》(*Bayerisches Wörterbuch*，1827—1837)。1821年完成了《巴伐利亚方言语法》(*Die Mundarten Bayerns grammatisch dargestellt*)，并因此于1823年成为巴伐利亚科学院院士。1827年被授予荣誉博士学位，1828年成为慕尼黑大学古德语语言文学特聘教授，1829年成为王室和国家图书馆馆长。1852年9月27日因霍乱卒于慕尼黑。

约翰·安德里亚斯·施梅勒博学多才,一生有70部/篇正式刊印的作品,还有22部/篇未刊印的作品,主要集中在巴伐利亚方言领域,其中当属《巴伐利亚方言语法》最为重要。在编纂《巴伐利亚语词典》时,他曾设想专辟一章来讨论语音学,后将其扩展为一部完整的方言语法著作,并于1821年出版;在该书中,他贯彻其《论写作和写作教学》一书形成的思路,构建了自己的语音字母表,全书的描述方法则受雅各布·格林(Jacob Grimm)《德语语法》(Deutsche Grammatik, 1819)的影响,既有共时比较法的特征,也有些许历史比较法的痕迹。

施梅勒凭借《巴伐利亚语词典》,他成为德国方言学和专名学的创始人;同时,他还是著名的中世纪文本编研者、阿尔巴尼亚学和捷克语言学的奠基人之一。

施密特 Schmidt, Johannes (1843—1901) 德国语言学家。1843年7月29日生于今德国东北部的普伦茨劳(Prenzlau),8岁时父母双亡,由其身为古典语文学家的叔父抚养长大。1860年在波恩师从弗里德里希·里奇尔(Friedrich Ritschl)研习古典语言学。1862年在耶拿(Jena)师从印欧语言学大师施莱歇尔(August Schleicher)研习印欧语言,尤其是斯拉夫语。1865年获得耶拿大学博士学位。1868年开始在波恩大学任教,讲授德语和斯拉夫语言。1873年被聘为正教授。1876年到柏林洪堡大学工作。1901年7月4日因病卒于柏林。

约翰内斯·施密特是19世纪在德国享有盛名的印欧语言学家。他以数据为导向,对斯拉夫语、日耳曼语和希腊语等印欧语系语言展开对比研究,从音位和形态方面进行了细致的对比分析。在1872年出版的《印欧诸语言之亲属关系》(Die Verwandtschaftsverhältnisse der Indogermanischen Sprachen)中,施密特对施莱歇尔(August Schleicher)的语言谱系理论提出了质疑,认为印欧语系的分布从亚洲到欧洲在地理上呈连续的"波形"渐进,每个语族与其相邻语族的联系都更为紧密,与方言分布的情况很相像。

施密特还著有《施莱歇尔的音变定律观念》(Schleichers Auffassung der Lautgesetze, 1887)、《印欧语中性词的复数构形》(Die Pluralbildungen der Indogermanischen Neutra, 1889)等。

施密特-韦根 Schmidt-Wiegand, Ruth (1926—2014) 德国语言学家。1926年1月1日生于德国柏林。1946年进入大学深造,主修德语、历史、哲学和神学。1951年获得格赖夫斯瓦尔德大学(University of Greifswald)博士学位,论文是关于《萨利克法典》(Lex Salica)的起源。曾在波恩从事科研和学术活动,研究法律语言的历史发展,以此撰写了博士后研究论文。1971年,在明斯特大学(Münster University)被聘为德语语言学教授。曾荣获多项荣誉,1985年被授予马尔堡大学名誉博士学位。2014年12月12日卒于马尔堡。

露丝·施密特-韦根的主要研究兴趣是法律语言。她将语言学和法律研究紧密结合,研究德语发展的整个历程,确立了法律文本在语言研究中的地位。她对德国中世纪的法律文本特别感兴趣,记录了德国早期书面语构建的主要步骤。1982年,她加入了一个有关中世纪语用写作的特别研究小组,后成为媒介法律书籍的分组项目负责人,负责编纂法律典籍《撒克逊明镜》(Sachsenspiegel)中的图片稿件,在补充评注和图片稿件处理过程中,把稿件图片整合到语言学研究中,不仅打破了语言学研究的传统疆界,也标志着中世纪德国书面法律文本的研究开始走上正轨。

施密特-韦根共编写了15部有关法律史和法律语言方面的书籍,著有6部专著,发表110余篇科研论文,还曾参与《德国法律史手册》(Handbook of the History of the German Law)的编写。

施泰因塔尔 Steinthal, Heymann (1823—1899) 德国语言学家和语言哲学家。1823年5月16日生于德国格罗布兹格。曾求学于柏林大学,攻读语言学和哲学。1852—1855年旅居巴黎。1863—1899年任柏林大学教授。1860年,与拉扎拉斯(Moritz Lazarus)共同创办《民族心理学和语言学杂志》(Zeitschrift für Völkerpsychologie und Sprachwissenschaft),开展民族心理学的早期研究。1872年,任《旧约》批判性历史学的教授。曾担任德国犹太人社区(Deutsch-Israelitische Gemeindebund)的主管。1899年3月14日卒于柏林。

海曼·施泰因塔尔是洪堡特(Wilhelm Freiherr von Humboldt)的学生,曾编辑其老师的著作《语言工程》(Sprachwissenschaftliche Werke, 1848)。作为语言学民族心理学派的重要代表人物,斯泰因塔尔的主要研究兴趣之一为语言类型学。他认为语言起源于拟声,可以通过洪堡特的日常言语原则得以解释。他转向赫尔巴特(Johann Friedrich Herbart)的心理学角度,引起了对理性主义语法的强烈抨击。他认为言语是精神活动,语言学属于心理科学,还强调语言首先表现民族的统一性和独特性,同时表现民族精神的自我意识与世界观。他的主要著作包括《语法、逻辑和心理学》(Grammatik, Logik, Psychologie: Ihre Prinzipien und Ihre Verhältniss zu Einander, 1855)、《语言的起源》(Der Ursprung der Sprache im Zusammenhang mit den Letzten Fragen Alles Wissens, 1888)和《语言学、历史和心理学之间的相互关系》(Philologie, Geschichte und Psychologie in Ihren Gegenseitigen Beziehungen，1864）等。

施特赖特贝格　Streitberg, Wilhelm　（1856—1925）　德国历史语言学家。1856年2月23日生于莱茵河畔吕德斯海姆（Rüdesheim am Rhein）。1889年任弗赖堡大学（University of Freiburg）教授，1899年任明斯特大学（University of Münster）教授，1909年任慕尼黑大学教授，1920年任莱比锡大学教授。1925年8月19日卒于莱比锡。

威廉·施特赖特贝格侧重于日耳曼语言学的比较研究和历史研究。1891年，他与卡尔·布鲁格曼（Karl Brugmann）共同创办并编辑期刊《印欧语研究》（Indogermanische Forschungen），在印欧语语言学研究领域颇具影响力。施特赖特贝格的主要著作有《原始日耳曼语语法》（Proto-Germanic Grammar，1896）、《哥特语初级读本》（Gothic Primer，1897）、《哥特语圣经》（The Gothic Bible，1908—1910）等，其中《哥特语圣经》提供的哥特语《圣经》经文是现有仅存的片断。

时枝诚记　Tokieda, Motoki　（時枝誠記，1900—1967）　日本语言学家。1900年12月6日生于东京神田区。1925年毕业于东京帝国大学文学院国文系。1927年任京城帝国大学（位于今韩国首尔）副教授，同年11月赴欧洲留学。1943年任东京大学教授，同年获东京帝国大学文学博士学位。1961年自东京大学退休后任早稻田大学教授。1967年10月27日卒于东京。

时枝诚记构建自己的语法理论，提出"语言过程说（Process Theory of Language，简称PTL）"。他认为，语言是思想的表达，也是思想的理解，思想的表达过程以及理解过程本身就是语言。具体地说，语言就是说话者和作者的表达活动（表达行为）或听话人和读者的理解活动（理解行为）本身。语言的本质不在于构成语言的词汇，而在于说、写、听、读这些语言活动和语言过程本身。相应地，语法也由不同的表达过程来形成。"语言过程说"实际上是语言研究基本原理的阐述和对当时日本语言学界全盘吸收西方理论、以日语的语言事实去印证国外语言学理论正确性的做法的批判。围绕"语言过程说"，20世纪40年代后期到70年代中期，以时枝诚记为首的索绪尔批判派和以服部四郎（Hattori Shiro）为首的拥护派展开了长达二十多年的争论，这场争论同时也是索绪尔学说在日本的消化和批判过程。其后，日本的语言学研究逐渐形成两大潮流：以索绪尔的结构主义语言学为根基的生成语言学研究和与索绪尔完全相反的认知语言学研究。

时枝诚记以《文章研究序说》（1960）一书确立了日本文章学的研究体系。他的《国语学原论》（1941）和《日本文法口语篇》（1950）在日本国语学研究和国语史研究中产生了重要影响。他的其他主要著作还包括《国语学史》（1940）、《国语学研究法》（1949）、《国语问题与国语教育》（1949）、《日本文法口语篇》（1950）、《日本文法文语篇》（1954）、《国语教育的方法》（1954）、《国语学原论续篇》（1955）等。

史密斯　Smith, Henry Lee　（1913—1972）　美国语言学家。1913年7月11日生于美国新泽西州莫里斯敦（Morristown）。1935年毕业于普林斯顿大学，获学士学位。同年，被任命为普林斯顿大学预备役军官训练营（Reserve Officer's Training Corps）二等陆军中尉。1937年和1938年分别获得普林斯顿大学硕士和博士学位，先后在哥伦比亚大学巴纳德学院（Barnard College，1938—1940）和布朗大学（Brown University，1940—1942）任教。1942—1946年，供职美国陆军少校，负责语言组、信息和教育司以及军队后勤服务保障工作；聘请一些语言学家一起制作了22种不同外语的语音导航、短语手册、军用和通用词典，并开发了一套在军队进行语言教学的方法，供战时的军事和文职人员使用。1945年奉调到宪兵司令办公厅，在格蒂·罗德岛任职，负责教授德国战俘英语。1946年进入美国国务院，担任外交研究所助理所长，与人合作建立所内的语言与语言学学院，1952年任该院教授，1955—1956年任该学院院长。1967年与他人一起创建了当时布法罗大学（University of Buffalo）的人类学和语言学系并担任系主任。1968年起担任布法罗大学语言学和英语的全职教授。1970年，在爱丁堡大学进行博士后研究。1972年12月13日卒于纽约。

亨利·李·史密斯主要从事音系学、形态学、读写和外语教学方面的研究，后期尤其重视历史语言学和句法模式与意义的关系研究。他花费大量时间研究词素（morpheme）的基本单位词音素（morphophone）概念，指导创建了基础阅读材料，这些材料注重图表、表示一个或多个字母的词音素以及词音素本身内部之间的相互关系。他设计了许多外语教材，其中有些目前仍在美国军队和学校中使用。他在数据分析的基础上形成了自己的结构主义语言学研究系统，该系统的研究对象主要是以英语为母语者。他对英语的语音和结构也提出了一系列创新观点，其中许多创见体现在他与乔治·特拉格（George Trager）合著的《英语结构概要》（An Outline of English Structure，1951）内。在这部被视为语言分析领域根基之作的书中，他与特拉格提出了一个36个音的三分法元音系统，包含9个单元音音素/i e æ ə ʌ u ʊ ɑ/o c u ʌ ʌ/，每个单元音都能与/y w h/三个半元音组合，构成27组复合元音核（complex vowel nuclei）。这一系统虽未能广为推行，但曾与国际音标（IPA）系统鼎足而立，并由威廉·拉博夫稍加改进后用于其语言变异的研究之中。

史密斯认为语言教育者需要多学习一些语言学知识,强调教师应意识到学习者的发音差异(variable pronunciations)并非就是错误,提醒教育工作者千万不要让学习者因自身发音的差异而感到自卑,他还指出语言学教育要面向大众。1959 年,史密斯出现在 13 集电影系列节目"语言与语言学"中,还参加过一些电视问答节目,如"我的方向是什么?(What's My Line?)"和"我有一个秘密(I've Got a Secret)"等。在去世前几年,史密斯还致力于研究"相位主义(aspectualism)"理论,即以真实事件为基础进行英语描述性分析的理论,该理论把语言学中的音位学、形态学和语义学三重分析法扩大到 27 个层面。

史密斯的主要作品还包括《语言科学与英语教学》(Linguistic Science and the Teaching of English, 1956)、《语言读本》(The Linguistic Readers, 1963—1967)、《词音素概念》(The Concept of the Morphophone, 1967)、《英语词音素:对读写教学的影响》(English Morphophonics: Implications for the Teaching of Literacy, 1968)、《词音素与英语方言》(The Morphophone and English Dialects, 1972)等。

舒茨 Schütz, Alfred (1899—1959) 奥地利社会学家和语言学家。1899 年 4 月 13 日生于奥地利维也纳。1918—1923 年在维也纳大学学习法律,获法学博士学位,后曾继续学习社会科学,深受马克思·韦伯(Max Weber)社会学思想的影响;熟读胡塞尔(Edmund Husserl)和柏格森(Henri Bergson)的现象学论著,为其后来的新社会学理论提供了思想来源。曾在银行从事律师工作,1938 年因德国吞并奥地利被迫流亡法国巴黎,1939 年移居美国。1943 年,在纽约市新社会研究学院担任讲师,1952 年担任社会学教授。1956 年担任哲学教授。1959 年 5 月 20 日卒于纽约。

阿尔弗雷德·舒茨最负盛名的研究领域为社会现象学(Phenomenological Sociology),即探索人类社会行为与个人意识形态的关系。他认为,语言作为约定俗成的符号系统,在社会思想传播方面具有重要作用,对塑造个人的世界观具有深远影响。社会交往中个人的经历不同,语言的使用反映出不同说话者的社会背景和社会经历。虽然语言的使用不能消除人与人之间的个体差异,但语言所提供的意义却可以"固定"(stablized)说话者的个体感受。人的世界观不是静态的,可以在社会交往中不断加以构建,语言也把历史上变化缓慢的重要思想体系保存下来。在舒茨看来,语言存在于社会个体的私人世界间的边缘区域,这使得个体间的临时交流得以实现。在不借助于语言的情况下,现象也能在大脑中唤起映像(imagery),有些映像唤起的过程是自然的,如"烟"可以唤起"火",有些映像唤起的过程则是有意安排的,如在手指缠上丝带作为提醒,他把自然唤起映像的过程称为"指示"(indication),把有意安排用以唤起映像的过程称为"标记"(mark)。但无论"指示"还是"标记",这两种意义的唤起过程都具有私人性。只有有了语言符号,人对现象的感知才能引发相似的感受,意义才具有"主体间特性"(intersubjectiveness)。虽然语言的意义具有主体间特性,但舒茨认为意义每次都会"脱离"(detach)先前的语境,再应用到新的语境之中,并由此使意义产生微妙的变化。

1932 年,舒茨出版《社会世界的意义建构》(Der Sinnhafte Aufbau der Sozialen Welt)一书,英译本更名为《社会世界的现象学》(The Phenomenology of the Social World, 1967),以胡塞尔现象学为基础,受到胡塞尔本人的赞誉。其他主要作品包括《阿尔弗雷德·舒茨论集(1—3 卷)》(Alfred Schutz Collected Papers, Vols. I—III, 1962—1966)、《生活世界的结构·第一卷》(The Structures of the Life World, Volume I, 1973)、《生活世界的结构·第二卷》(The Structures of the Life World, Volume II, 1989)和《阿尔弗雷德·舒茨论集(4—6 卷)》(Alfred Schutz Collected Papers, Vols. IV—VI, 1996—2013)等。

舒哈特 Schuchardt, Hugo (1842—1927) 德国/奥地利语言学家。1842 年生于德国哥达(Gotha)。1859—1864 年于耶拿大学和波恩大学求学,师从新语法学派导师施莱歇尔(August Schleicher)和德国罗曼语言学奠基人弗里德里希·迪茨(Friedrich Diez)。1870 年任莱比锡大学教授。1873 年,至哈雷大学(University of Halle)任罗曼语语文学教授。1876 年赴奥地利,出任格赖茨大学(University of Graz)教授兼罗曼语语文学系主任,1900 年从系主任岗位上提早退休,集中精力主要从事巴斯克语研究。

胡戈·舒哈特是克里奥耳语和语言融合(language merge)研究的奠基人,具有超群的语言能力,熟稔凯尔特语、巴斯克语(Basque)、匈牙利语、柏柏尔语(Berber)和高加索语。在语言研究方面,他自成一套普通语言学理论,归纳讲述语言演变、词汇演变、语言融合、语言谱系和古代语言的性质等问题。关于语音变化,不赞成德国新语法学派"语音规律无例外"的说法,认为语音演变是语言群体在历史发展中的意识变化,从一部分人的语音变化开始,最终导致整个群体语音的演变。关于词源研究,他认为了解词源和词的意义至关重要。对于语言融合,他认为作为语言的内在形式,即语言的观念和范畴,是语言的关键。他所关注的研究领域不但有语言融合,新语种的进化,而且还涉及其他科学研究,也是主张跨学科文化研究的先驱者。他对现代语言学最有深远影响的成就是协助施密特(Johannes Schmidt)对波浪理论(Wave Theory)做出了详细说明。

舒哈特的主要著作包括《克里奥耳语研究》(Kreolische Studien,1882)、《变异民族学:皮钦语与克里奥耳语文选》(The Ethnography of Variation: Selected writings on Pidgins and Creoles,1979)、《普通语言学手册》(Hugo Schuchardt-Brevier: Ein Vademecum der Allgemeinen Sprachwissenschaft,1928)等。

舒伊　Shuy, Roger（1931—　）美国语言学家。生于1931年,在美国惠顿学院(Wheaton College)获得英语文学学士学位。后入肯特州立大学(Kent State University)学习并获硕士学位。1962年,从凯斯西储大学(Case Western Reserve University)获得英语和语言学博士学位。在乔治敦大学(Georgetown University)工作30余年,1967—1985年在该校的应用语言学中心(The Center for Applied Linguistics)与人合作从事应用语言学研究。1978—1980年,担任美国应用语言学协会(The American Association for Applied Linguistics)主席。退休后获得该校荣誉教授称号。

罗杰·舒伊主要从事社会语言学研究。早期兴趣在于社会方言以及语言多样性与语言学习间的关系,倡导并致力于将语言学应用到社会的相关领域。他一直走在新兴领域"法庭语言学"的最前沿,咨询过500多个法庭案件,并为50多个刑事和民事审判作为专家证人出庭作证。他曾因担任审理联合爆炸案(The Unibomber Case)的顾问而受到美国联邦调查局的嘉奖。舒伊出版了几部颇具影响力的法庭语言学方面的著作,包括《语言罪行》(Language Crimes,1993)、《招供、审讯和欺骗语言》(The Language of Confession, Interrogation, and Deception,1998)和《制造语言罪行:执法如何使用或滥用语言》(Creating Language Crimes: How law enforcement uses (and misuses) language,2005)。他还编写了企业广告语言使用方面的著作,如《商标纠纷中的语言战争》(Linguistic Battles in Trademark Disputes,2002);出版了纪念文集《行为中的语言:社会中语言的新研究》(Language in Action: New studies of language in society,2000)等。

斯蒂尔　Steele, Joshua（1700—1791）爱尔兰商人、语音学家和慈善家。大约1700年生于爱尔兰,长期居住在伦敦。1756年入选英国皇家艺术学会(The Royal Society of Arts),后成为副会长。1781年重回巴达多斯(Bardados),经营1000多亩地产,并最终拥有其产权。在布里奇顿(Bridgetown)依照皇家艺术学会的模式,创建了一个社团,但最终用于巴达多斯种植园的奴隶改革。1791年10月27日卒于巴达多斯。

乔舒亚·斯蒂尔仅出版过一部著作《论言语旋律与测度的创建》(An Essay Towards Establishing the Melody and Measure of Speech,1775)。该书于1779年再版,更名为《基本韵律》(Prosodia Rationalis)。他的作品以与伯内特(James Burnett, Lord Monboddo)的书面交流展开。伯内特认为,我们语言的曲调并不比打鼓的曲调高明,换言之,音调变化在英语声音体系运作中所起的作用无关紧要。斯蒂尔与此种观点进行了论战。他是最早对英语音调进行深入讨论的学者,所做的贡献在其广度上无人能及。他将语调分析与言语的其他成分如韵律等的分析结合起来,识别了五个言语层面,即"口音""音质""停顿""重音"和"音强",并给每一层面分配一组标志符号。他认为节奏相对抽象,在处理时要遵循节奏体系与停顿协调发生的本质动律,类似于后来作家的"无声重音"(Silent Stress),为诗文结构的象征性分析开发了新的可能。所研究的符号系统可用于分析演员表演时语言中的细节及类似变化。

斯多基　Stokoe, William C.（1919—2000）美国手语语言学家和聋人教育家。1919年7月21日生于美国新罕布什尔州。1946年,毕业于纽约韦尔斯学院,获英语博士学位,毕业后留校任教7年。1955—1970年,历任世界上第一所也是最大的一所聋人高校——加劳德特大学(Gallaudet University)英语系教授和系董事会主席,由此而对手语产生兴趣,并开始潜心钻研。2000年4月4日卒于马里兰州切维切斯(Chevy Chase, Maryland)

威廉·斯多基被誉为"美国手语(American Sign Language,简称ASL)之父"。20世纪60年代之前,美国聋人使用的手语一直被认为是一种支离破碎的、简化的英语语言形式,是一种视觉接受的手势代码英语(MCE),手势也被误认为是无法分析、缺乏内在结构的整体。通过对美国手语的手势构成的研究,斯多基发现:手势的构成和口头语言中的语音系统相似,手势和口语中的单词一样也可以分解成更小的语音单位,如音素、音位等。他提出手势构成的三个参数,即TAB(手势的方位,location)、DEZ(手的形态或指式,hand-shape)、SC(手的移动,motion),并发明创造出第一套记录手势的书面符号系统"斯多基符号体系(Stokoe Notation)"。1972年,他在美国加劳德特大学创立美国手语语言研究实验室,创办《手语研究》(Sign Language Studies)杂志,并担任创刊编辑。

斯多基对于美国手语语言学特征的研究及其手语著作的出版,改变了人们对于美国手语的错误认知,手语不再被认为是视觉英语的形式代码,而是一种复杂而富有生机的自然语言,和世界上所有的口头语言一样具有自身独立的句法和语法功能。他掀起的手语语言学运动的影响已经超越国界,目前挪威、丹麦、瑞典等国家的法律已经肯定了手语的地位和价值。他一生对于手语语言学的研究贡献,不仅提升了美国手语在学术界和教育界的声望和地位,也间接提升了聋人的自我意识。

1960年,斯多基发表第一本美国手语研究专论《手语结构》(Sign Language Structure)。1965年,斯多基教授与两名聋人同事合作编纂出版第一部美国手语辞典《美国手语语言学规则辞典》(A Dictionary of American-Sign Language on Linguistic Principles),收录的每个手势都配以图片、英语单词和斯多基符号体系,开创了美国手语书面记录体系的研究。2000年,斯多基完成他人生中的最后一部著作《手表现的语言:为什么手势先于说话》(Language in Hand: Why sign came before speech)。

斯加尔 Sgall, Petr (1926—) 捷克语言学家。1926年5月27日生于捷克的波希米亚南部的捷克布杰约维采(České Budějovice, Bohemia)。毕业于布拉格查理大学(Charles University),获普通语言学和印欧语言学学士学位。1958年在查理大学获助教职位,同时继续深造,1966年获博士学位。20世纪50年代末,先后在查理大学文学系和数学物理系成立计算语言学研究小组。1967年任数学物理系理论语言学与自然语言计算机处理研究室主任。1968年任代数语言学(Algebra Linguistics)实验室主任。1990年任人文科学系普通语言学教授,同年任理论和自动化语言学研究所主任。1992年退休。退休后仍从事语言学研究,并参与约翰·本杰明出版公司《功能与结构语言学研究》(Studies in Functional and Structural Linguistics)丛书的编委审稿工作。

彼得·斯加尔是布拉格学派的重要代表人物、知名的理论语言学家,致力于形式语言学以及与机器自动翻译开发相关的计算语言学研究。他主要关注语言学以及逻辑和数学方面的自然语言计算机处理方法,具体涉及形态学、句法学以及语义学与语用学之间的关系等研究领域。他提出并发展了根植于布拉格语言学派传统的"生成功能描写法(Generative Functional Description,简称 GFD)",成为该领域的专家和杰出代表人物。他还进行语言类型学、社会语言学、波西米亚学等领域的研究。1961年起,他对生成功能描写法的理论框架进行研究,与乔姆斯基模式、统一形式主义(Unification Formalisms)、意义—文本模型(Meaning-Text Model)等当时世界该领域的研究项目相接轨。他领导下的研究小组致力于自动信息检索系统的开发,用来检索自由文本(MOZAIKA)或文本数据库(ASIMUT)。该小组还对文本的自动理解系统和自动翻译系统进行了研究。

斯加尔生成功能描写法对语言学的贡献包括:(1)将动词视作句子的核心,描述动词与施事和状语的关系,以及与其内部和外部参与者的关系;(2)得出词序在语言中,尤其是在斯拉夫语系中不自由的结论,并联系否定域(scope of negation)的定义分离主题,主题的概念,以消除句子表层的同音或同形异义歧义;(3)最终确立句子同义(synonymy)概念的标准。

斯金纳 Skinner, Burrhus Frederic (1904—1990) 美国心理学家、作家和哲学家。1904年3月20日生于美国宾夕法尼亚州萨斯奎汉纳镇,自小动手能力极强,喜爱发明创造。1922年进入汉密尔顿学院主修英国文学并开始从事写作,得到美国诗人罗伯特·弗罗斯特(Robert Frost, 1874—1963)的指点。毕业后,因对动物和人类的行为深感兴趣,转而选修生物学和胚胎学等学科。求学时期,在罗素(Bertrand Russell)和华生(John Watson)的著作引领下进入心理学研究领域,1931年获哈佛大学心理学博士学位,之后留校任研究院研究员。1937在明尼苏达州立大学讲授心理学。1945任印第安纳大学心理系教授和主任。1947年重返哈佛大学任心理学系终身教授,从事行为及其控制的实验研究。因在心理科学方面作出的杰出贡献,1958年获美国心理学会(American Psychological Association)授予的"卓越科学贡献奖";1968年获美国最高级别的科学奖励"美国国家科学奖章",1971年被美国心理学基金会授予金质奖章。1990年被美国心理学会授予"心理学终身贡献奖"荣誉证书。同年8月18日卒于马萨诸塞州剑桥。

伯勒斯·弗雷德里克·斯金纳在心理学研究方面成就卓著,是世界心理学史上最为著名的心理学家之一。在俄国心理学家巴甫洛夫(Ivan Pavlov, 1849—1936)和美国桑代克(Edward Thorndike, 1874—1949)研究的基础上,他揭示了操作性条件反射规律,成为斯金纳新行为主义学习理论的核心。他设计出用来研究操作性条件反射的实验装置"斯金纳箱"(The Operant Chamber,或 The Skinner Box),并在哈佛大学创立鸽子实验室。他还致力于强化程序的研究,研究影响行为的最佳程序。按照操作强化原理,他制成能够帮助教师为每个学生安排有效的程序学习的教学机,在美国教育界很快得以推广。20世纪70年代以来,原先应用在教学机中的程序设计,已在计算机辅助教学技术中得到广泛应用。

斯金纳对言语行为的研究也颇为突出。他于

1957年出版《言语行为》(Verbal Behaviour)，通过对说话者言语行为的"功能分析(Functional Analysis)"，辨识出控制言语行为的各种变因(variables)，包括要求(Mands)、回音行为(Echonic Behaviour)和文本行为(Textual Behaviour)。其中，"要求"作为命令(Command)和需要(Demand)的变体，是对特定结果的强化反应，如饥饿、口渴、疼痛、苦闷等情况下所做出的反应；"回音行为"指通过别人的言语声音、手势以至各种表情姿态得到强化，儿童言语的正确使用就是从父母成人对其语法和发音作出的不同反应中学会的；而"文本行为"指书面或非音效刺激时所产生的言语反应。通过这样的研究，斯金纳认为言语行为是可以预测和控制的，这对第二语言习得研究具有重要意义。

斯金纳是西方行为主义学派的重要代表人物。他所主张的行为主义科学哲学也包括科学语言学。科学语言学又称体系学或"元理论(Meta-theory)"，可以从三个维度加以考察，即语义学、句法学和语用学。斯金纳曾发表题为《心理学术语的操作主义分析》(The Operational Analysis of Psychological Terms, 1945)的讲话，从语义学角度谈论了操作主义和心理学术语的关系。他强调言语社会的强化必须依随一定的情景和一定的言语反应，才能造成言语行为。他认为语用学应该是一种行为科学，其目的是能够预测、控制和说明人的言语行为。

斯金纳著有《有机体的行为：一种实验分析》(The Behavior of Organisms: An experimental analysis, 1938)，通过对白鼠和鸽子的观察，经验性地描述学习的法则，为操作性条件作用原理奠定了基础。《科学与人类行为》(Science and Human Behavior, 1952)是其另一部重要著作，主要探讨人类行为的一些重要方面，如思维、自我和社会化等。《教学技术学》(The Technology of Teaching, 1968)主要探讨其基本原理在人类学习中的运用。斯金纳的其他重要著作还包括《强化程序》(Schedules of Reinforcement, 1957)、《强化的相倚关系：一种理论分析》(Contingencies of Reinforcement: A theoretical analysis, 1968)和《关于行为主义》(About Behaviorism, 1974)等。

斯卡利杰（裘利斯·恺撒·～） Scaliger, Julius Caesar （1484—1558） 意大利学者、医生兼语法学家。1484年4月23日生于意大利北部里瓦德尔加尔达(Riva del Garda)。年轻时曾参军，1514—1519年在博洛尼亚大学求学；曾在帕多瓦(Padua)学医，获医学博士学位。生平大部分时间在法国阿让地区(Agen)度过，在当地行医。1558年10月21日卒于阿让镇。

裘利斯·恺撒·斯卡利杰最著名的著作当属《拉丁语探源》(De Causis Linguae Latinae, 1540)，涉及的内容包括字母和声音、音节、词汇、名词、动词、代词、分词、介词、副词、感叹词、连词、句法，以及普遍的方法论问题。他推崇亚里士多德提出的四因说(Doctrine of Four Causes)和范畴论，以亚里士多德用于解释自然现象的自然法则为基础来解释语法理论和语言哲学，不认同早期语法学家的人文主义研究方法和目标。他认为语法必须能够解释语言的使用，语言的目标是正确说话，语法是科学，不是艺术。在他看来，"概念"(concept)加"物体"(object)等于"词语"(word)。他的语法研究主要基于口语，从语言的口头用法中形成语法概念；他认为书面语法是第二位的，这在当时是一大革新。

他的语法研究主要基于词汇，从作为不可再分项(parts indivisibles)的字母入手，然后不断组合成更大的语言单位。他继承亚里士多德对语言任意性的看法，认为所有语言中的概念都是一样的，词汇意义是约定俗成的。此外，他还把语音学置于语言研究范畴，并从古典立场介绍语言使用的退化现象。

斯卡利杰（约瑟·尤斯图斯·～） Scaliger, Joseph Justus （1540—1609） 意大利语言学家和历史学家。1540年8月5日生于法国西南部阿基坦大区洛特—加龙省(Lot-et-Garonne, Aquitaine)首府阿让镇(Agen)。在父亲的指导下，从小通晓拉丁语，12岁赴波尔多就读于让·热利达(Jean Gelida)主持下的圭亚那学院(Collège de Guyenne)；1555年因瘟疫爆发回家，继续跟随其父学习拉丁语和诗歌，立志不仅要成为学者，更要做敏锐的观察家，致力于历史批判。19岁时移居巴黎，在巴黎大学学习希腊语、希伯来语和阿拉伯语，还掌握了其他一些闪族语言和许多现代的欧洲语言。1572年被聘为日内瓦大学教授，讲授哲学课程。因对讲课不感兴趣，1572年返回法国，专事研究和写作。1593年被聘为荷兰莱顿大学教授。1609年1月21日卒于莱顿。

约瑟·尤斯图斯·斯卡利杰的父亲裘利斯·恺撒·斯卡利杰(Julius Caesar Scaliger)是意大利著名学者。25岁时，他就开始了语言研究活动。其最著名的语言学著作当属《欧洲语言评述》(Diatriba de Europaeorum Linguis, 1612)。该书根据词汇和语法方面较为明显的相似性，将所有主要欧洲语言分为11个语族，其中拉丁语、希腊语、日耳曼语和斯拉夫语是主要语族，阿尔巴尼亚语、鞑靼语、匈牙利语、芬兰语、爱尔兰语、威尔士语和巴斯克语是次要语族，每个语族有一个主语言(matrix)，其余为分支语(propagines)。早期语言学认为所有语言皆来自单一语源，将希伯来语作为最古老的语言；斯卡利杰反对这一观点，认为拉丁语并非源自希腊语。他还拒绝研究各语族母语之间的亲属关系，认为它们并无任何关联。

依照多种史料,他对拉丁语和希腊作家的作品进行批判式的评论,大大改进了意大利和法国前辈们的语言学研究方法。他还对古代编年体制进行对比研究,概括该领域的研究成果,出版年代学基石之作——《儒略历》(*De Emendatione Temporum*, 1583)。他的重要作品还包括《年代汇编》(*Thesaurus Temporum*, 1606)等。

斯库奇(弗朗茨·~)　Skutsch, Franz
(1865—1912)　德国古典语文学家和语言学家。1865年1月6日生于波兰东南部的尼斯(Neisse),是古典语文学家奥托·斯库奇(Otto Skutsch, 1906—1990)之父。先后在海德堡大学和布雷斯劳大学学习古典语文学并从事印欧语研究,在布雷斯劳大学时师从格奥尔格·维索瓦(Georg Wissowa)。1888年获波恩大学博士学位,1890年获布雷斯劳大学教授资格,1896被聘为正教授,成为弗里德里希·马克思(Friedrich Marx, 1859—1941)的接班人。他是雅典科学协会(Gesellschaft der Wissenschaften in Athen,即 Society of Sciences in Athens)的名誉会员,同时也是巴伐利亚学院(The Bavarian Academy)的通讯院士。与语言学家保罗·克雷奇默(Paul Kretschmer)共同创办了语言学专业杂志《语言》(*Glotta*)。1912年9月29日卒于布雷斯劳。

弗朗茨·斯库奇是一位古典语文学家,专注于古罗马剧作家普劳图斯(Titus Maccius Plautus,约前254—前184)的作品研究。他的重要著作为《普劳图斯式与罗马式:拉丁语法与韵律学研究》(*Plautinisches und Romanisches. Forschungen zur lateinischen Grammatik und Metrik*,即 *Plautine and Romanesque: Research on Latin Grammar and Metrics*, 1892)。斯库奇的其他作品包括《弗吉尔的早期岁月》(*Aus Vergils Frühzeit* 即 *From the Early Days of Virgil*, 1901)、《加卢斯与弗吉尔》(*Gallus und Vergil*, 1906)与《克莱恩作品集》(*Kleine Schriften*, 1914)。

斯洛宾　Slobin, Dan Isaac　(1939—)
美国心理语言学家。1939年5月7日生于美国密歇根州底特律的一个俄罗斯犹太移民家庭。从小耳濡目染周围人所使用的英语、犹太语、俄语和希伯来语等各种语言,曾随父旅居欧洲、周游全美和墨西哥等地,对语言和文化有着浓厚兴趣。1960年1月毕业于密歇根大学,获心理学学士学位。先后于1962年、1964年在哈佛大学获硕士、博士学位。1964年到加州大学伯克利分校心理学系任职,1972年被聘为教授,最终获任加州大学伯克利分校心理学和语言学终身教授。此外,还在世界各地多所大学担任客座教授,包括博阿齐奇大学(Boğaziçi University)、特拉维夫大学(Tel-Aviv University)、马克斯·普朗克研究所(Max Planck Institute)、斯坦福大学等。曾任多个学术机构管理和学术期刊编辑职位,并获包括纽约科学院行为科学奖(The New York Academy of Sciences Award in the Behavioral Sciences)等在内的多个奖项。

丹·艾萨克·斯洛宾对语言习得研究的重心为语言习得的特定语言现象,并将其作为获得语言与认知及文化复杂关系普遍性的途径。具体来说,他关注的是产生大脑语言系统的认知结构和机制以及语言对思维的影响。他还提出了普遍发展模式的识别理论,即语言习得机制包含的是一套分析语言数据的程序和作为操作原则的推论规则,而不是一堆以语法规则形式存在的语言知识。他提出了将近40条此类操作原则,认为它们是感知、存储和分析语言经历的程序。他在研究中还逐渐加入社会、人际和文化的因素,涉及跨语言学、认知、社会语用学和心理语言学等视角。20世纪90年代末以来,他致力于研究不同语言对心理语言变化过程的影响,包括发展阶段和成人行为,目的在于描述各种语言中的词法和句法编码的特定语义概念(如语法起源)。他对儿童语言习得的研究做出了重要贡献,对语言习得和心理语言学的研究体现了跨语言形式(口头语与手语)比较的优势。他最新出版的著作,采用跨语言视角研究一岁半到五岁幼儿的早期语言发展状况,主要研究语言与思维之间的关系,以求找到语言特有的、通用的模式。他广泛研究了有关不同语言使用者(包括儿童和成人)的空间关系和发展情况等信息的结构,认为合格地使用一门语言需要学习该语言的具体思维方式,同时,人们所学的语言也会影响他们现实中的思维方式。

斯洛宾在《手语研究》(*Sign Language Studies*, vol. 8, 2008)发表文章《类型突破:手语与人类语言的本质》(*Breaking the Molds: Signed Languages and the Nature of Human Language*),提出手语的语法建立在书面语语法之上,尤其是建立在其周围听觉环境中所使用的书面语语法基础之上。通过对最近的手语分析,他注意到不同手势的演变与手势发生的交际环境和物理环境相关。

斯洛宾的其他主要作品包括《苏联心理学手册》(*Handbook of Soviet Psychology*, 1966)、《几种语言的早期语法发展——重点关注苏联的研究成果》(*Early Grammatical Development in Several Languages, with Special Attention to Soviet Research*, 1968)、《心理语言学》(*Psycholinguistics*, 1979)、《墨西哥裔美国儿童语言的同化与发展》(*The Acculturation and Development of Language in Mexican*

American Children, 1982)、《语言习得的跨语言研究》(*Crosslinguistic Study of Language Acquisition*, 1992)等。

斯密　Smith, Adam（1723—1790）　苏格兰哲学家和经济学家。1723年6月5日生于苏格兰伐夫郡的寇克卡迪（Kirkcaldy, Fife）。1737—1740年就读于格拉斯哥大学（University of Glasgow），主修数学和自然哲学，并对哲学、逻辑学和伦理学的观点和理念兴趣渐浓，崇尚理性和言论自由。1740—1746年就读于牛津大学贝利奥尔学院（Balliol College），其间广泛阅读书籍，特别是有关人类政治历史领域，并着重研究人类本性；同时也学习和掌握了欧洲的主要语言和文学知识。1748—1751年在爱丁堡讲授修辞学和纯文学，认为字词、语句和修饰可加强文章的文学性和阅读性。1750年，与戴维·休谟（David Hume）成为密友，后来在苏格兰启蒙运动中进行合作。1751年担任格拉斯哥大学逻辑学和修辞学教授，一年后又担任该校道德哲学教授，讲授伦理学、修辞学、神学以及政治经济学所涉及的司法、治安、税务、武器等课程。1778年出任爱丁堡的海关专员。1787年任格拉斯哥大学校长。1790年7月17日卒于爱丁堡。

亚当·斯密是古典经济学、现代自由市场和劳动分工等重要思想的开创者，是经济学的学科奠基人。1759年，斯密出版了《道德情操论》(*The Theory of Moral Sentiments*)，以同情心为基础论述了人的精神本质的利他性，获得了很高声誉。1776年，他出版了代表作《国富论》(全称是《国民财富的性质和原因的研究》(*An Inquiry into the Nature and Causes of the Wealth of Nations*)，概括了古典政治经济学在形成阶段的理论成就，最早系统地阐述了政治经济学各个流派的主要学说，标志着自由资本主义时代的到来。

斯密对语言起源和发展的探讨，主要体现在其《论语言的起源》和《修辞学与文学讲义》中。1767年，斯密第三次修订出版《道德情操论》时首次附印了《论语言的起源》(*Considerations Concerning the First Formation of Languages, and the Different Genius of Original and Compounded Languages*)，认为语言源于原始人对事物的命名，然后将某一事物的名称延伸至相似事物；创造表达此种相似性质的形容词就涉及了大量的抽象思维和概括，同时也需要创造介词以表明名词之间形而上的复杂关系；表达这种性质和关联更自然的过程就是对名词本身作出微小的变化（即屈折形态变化）。他在书中区分了原始语言和现代复合语言（即现代分析性语言），认为原始语言主要依靠词语的屈折变化，而现代复合语言使用不同的词语来表达性质和关联。他认为语言构成有一个准则，即语言构成越简单，词尾变化和词形变化就越复杂；相反，词尾和词形变化越简单，其构成就越复杂。他指出，随着时间的推移，原始语言越来越少，复合语言越来越多，高度屈折的古典语言转向形态简单却语法复杂句法固定的现代语言。他还认为，人区别于动物的一个最重要的本能就是语言，而语言是情感的产物，因此原始人对事物命名的本质是为了认识情感而不是认识世界。斯密是最初讨论语言霸权的人，他认为地位越高的人越会强化某种语言，使一种语言发挥旁观者的功能，从而使道德判断失误。

斯密的其他作品包括《司法、治安、税务和武器论集》(*Lectures on Justice, Police, Revenue, and Arms*, 1763)、《论公众富裕》(*A Treatise on Public Opulence*, 1764)、《天文学史》(*History of Astronomy*, 1795)、《哲学论集》(*Essays on Philosophical Subjects*, 1795)等。

斯莫伦斯基　Smolensky, Paul（1955— ）　美国语音学家。1955年5月5日生于美国。1976年毕业于哈佛大学物理学系，获理学士学位；1977年获印第安纳大学物理学硕士学位，1981年获数理物理学博士学位。1981—1982年在加利福尼大学圣迭戈分校认知科学项目做访问学者，1982—1985年任该校认知科学研究院助理研究员，1985—1990年任助理教授，1990—1994年任副教授，之后升任教授并转赴科罗拉多大学任教。1995年起任约翰·霍普金斯大学认知科学系教授，2006年起任克里格·艾森豪威尔认知科学讲席教授。

保罗·斯莫伦斯基的主要研究兴趣是普遍语法和优选论，涉及音系学、句法学、语言习得、可学习性和语言处理等，对连通论的神经集成和符号演算中计算性、语言性和哲学性问题也颇为关注。1993年，他与普林斯（Alan Sanford Prince）合作，将音系学领域的最新研究成果与认知科学的神经网络理论相想结合，著成《优选论》(*Optimality Theory*)，正式提出优选论理论。优选论强调语音生成过程中的制约条件，挑战生成音系学以规则为核心的经典理论。优选论最初应用于音系学，之后扩展到句法学与语义学。

斯莫伦斯基与人合著的重要著作包括《连通论：心理解释之辩（第二卷）》(*Connectionism: Debates on Psychological Explanation*, Volume Two, 1995)、《神经网络的数学视角》(*Mathematical Perspectives on Neural Networks*, 1996)、《优选论中的可学习性》(*Learnability in Optimality Theory*, 2000)以及《优选论：生成语法的限制性交互》(*Optimality Theory: Constraint Interaction in Generative Grammar*, 2004)等。

他撰写的重要论文包括《优选论：从神经网络到普遍语法》(Optimality: From Neural Networks to Universal Grammar, 1997)、《音系学的可学习性》(Learnability in Optimality Theory, 1998)、《音系学中的优选论》(Optimality Theory in Phonology, 2003)、《论理论事实与实证抽象》(On Theoretical Facts and Empirical Abstractions, 2006)、《人类大脑的语言普遍性》(Language Universals in Human Brains, 2008)和《语言认知理论的普遍性》(Universals in Cognitive Theories of Language, 2009)等。

斯派克·琼斯　Spärck Jones, Karen
(1935—2007)　英国计算机科学家。1935年8月26日生于约克郡哈德斯菲尔德(Huddersfield, Yorkshire)。从哈德斯菲尔德文法学校毕业后，于1953—1956年在剑桥大学格顿学院(Girton College)专修历史，后加修一年道德科学(属哲学)。毕业后在中学短暂任教，其后通过招聘进入剑桥语言研究部(Cambridge Language Research Unit)，与罗杰·尼达姆(Roger Needham)相识并于1958年结婚。1974年起，在剑桥计算机实验室工作，至2002年退休；其间，1999年被聘为计算机与信息科学教授，1994年担任计算语言学协会(The Association for Computational Linguistics)主席。退休后，仍继续在计算机实验室工作至临终前夕。2007年4月4日卒于剑桥郡威林厄姆(Willingham)。

凯伦·斯派克·琼斯是信息科学领域的先驱之一。1958年，她与尼达姆在华盛顿特区举办的科学信息国际会议(The International Conference on Scientific Information)上提交的论文，直接促进了机器翻译和图书馆检索的学科发展，被认为是极具前瞻性的研究成果，并得到广泛引用。20世纪60年代，她专注于信息检索(Information Retrieval)研究，并制定了倒置文档频率(Inverse Document Frequency)的权重计算。1972年，她建立了文件和文本检索概率模型(Probabilistic Model of Document and Text Retrieval)，影响了整整一代计算机科学家，现今仍广泛应用于大多数搜索引擎。20世纪80年代，她在数百个项目的实施中发挥了决定性作用，包括英国阿尔维计划(Alvey Programme)中基于智能知识的系统(Intelligent Knowledge Based Systems)研究，推动人工智能和语言文字工作。她的后期工作集中在文献检索，包括语音应用程序、数据库查询、用户和代理模型、总结、信息和语言系统的评价以及自动总结项目、信息检索中的信念修正、视频邮件检索和多媒体文献检索，制定自然语言处理标准等。她在语言内部致力于研究语言界面包(LIP)中的词汇使用，首先翻译一系列单词及其近义词，然后寻找更复杂的方法来进一步区分模糊词语。

斯派克·琼斯在信息检索与自然语言处理领域工作50多年，兼任众多的社会职务。其中，2000—2002年任英国学术院副主席；曾任美国人工智能促进会(Association for the Advancement of Artificial Intelligence)会员、欧洲人工智能协调委员会(European Coordinating Committee for Artificial Intelligence)委员和英国学术院(British Academy)院士；曾获得多个奖项，其中包括杰拉德·索尔顿奖(Gerard Salton Award, 1988)、美国情报科学学会优胜奖(American Society for Information Science Award of Merit, 2002)、计算机语言协会终身成就奖(The ACL Lifetime Achievement Award, 2004)、英国计算机学会洛夫莱斯奖章(British Computer Society's Lovelace Medal, 2007)以及计算机机械协会/美国人工智能学会艾伦·纽厄尔奖(Association for Computer Machinery /AAAI Allen Newell Award, 2007)等。罗杰·尼达姆成为剑桥大学计算机系教授后，建立了美国本土之外的首个微软研究实验室。

斯派克·琼斯的著作包括《同义与语义分类》(Synonymy and Semantic Classification, 1964)、《信息检索中的关键词自动分类》(Automatic Keyword Classification for Information Retrieval, 1971)、《语言学与信息科学》(Linguistics and Information Science, 1973)、《信息检索实验》(Information Retrieval Experiment, 1981)、《自然语言的自动解析》(Automatic Natural Language Parsing, 1983)、《自然语言处理选读》(Readings in Natural Language Processing, 1986)、《自然语言处理系统评估》(Evaluating Natural Language Processing Systems, 1996)、《信息检索读本》(Readings in Information Retrieval, 1997)和《计算机系统——理论、技术与应用》(Computer Systems: Theory, Technology and Applications, 2004)等。

斯彭斯　Spence, Thomas　(1750—1814)
英国社会哲学家、人本主义者和社会改革空想家。1750年6月21日生于泰恩河边纽卡斯尔(Newcastle-upon-Tyne)的奎萨德(Quayside)。其父母是激进的基督教长老会信徒，因受父母影响，10岁左右开始学习《旧约》；因道德价值观受《旧约》倡导的平等理念的影响，无法理解教会宣扬的上帝面前人人平等与当时君主和普通人之间存在巨大差异的强烈反差。1814年9月8日卒于伦敦。

托马斯·斯彭斯开办学校，组织辩论俱乐部，传播他的革命理想。他强烈要求土地改革，宣扬每个教区都应该成为完全自治的社会单位。他在作品《人权》(The Rights of Man, 1793)中提出，土地应该收归教区所有，所收租金应用于行政管理、公共图书馆和地区学校的运营。他是位有远见的英国社会改革空想家，反对暴君，提倡妇女权利，认为人民是正义和善良的，因此应该是平等的。

斯彭斯认为，要想成为可靠且值得信赖的人，就必须去除自己的北方口音。为了改进发音，他创造了一种语言字母，这些字母后来经过改进成为标准英语的基础。他认为，拼写系统的统一要与国家政治体制的改革紧密相连，即一个社会应使用一种语言。他出版了许多作品，包括《英语大宝库》(*The Grant Repository of the English Language*, 1775)、《人权》(*The Rights of Man*, 1793)和《压迫的终结》(*End of Oppression*, 1795)等。

斯彭斯被称为英国倡导阶级平等的第一人，是进行阶级斗争的共产主义倡导者。1774年加入纽卡斯尔哲学学会(The Newcastle Philosophical Society)。1775年11月8日，他发表了一次令人难忘的有关国有土地管理方法的革命演讲，结果被该学会永久除名。之后，他搬到伦敦居住，于1793年开了一家名叫"自由之巢"(The Hive of Liberty)的商店，销售激进书籍和小册子。1794年，他发行《猪之肉》(*Pig's Meat*)期刊，后被政府取缔，他本人也被逮捕并以叛国罪遭到起诉，入狱7个月。

斯皮策 Spitzer, Leo (1887—1960) 奥地利罗马法学者、西班牙语学者和文学评论家。1887年2月7日生于维也纳，师从威廉·迈耶—吕卜克(Wilhelm Meyer-Lübke)，学习古典语言学和古罗马语义学，也曾受到舒哈特(Hugo Schuchardt)和弗洛伊德的影响。1910年获博士学位，1922年在德国波恩大学任教，1925年赴马尔堡大学任职，1930年受聘于科隆大学担任教授。1933年，被迫逃离纳粹德国赴伊斯坦布尔(Istanbul)。1936年到美国巴尔的摩的约翰·霍普金斯大学任罗曼语语文学(Romance Philology)教授。1960年9月16日卒于意大利马尔米堡(Forte dei Marmi)。

利奥·斯皮策在历史语义学研究中捍卫个人的创造性，并与语言的个人主义概念保持距离。他强烈反对实证主义、理想主义的语言学和还原论者的科学语言学，并把语言学和文学评论结合起来。他提出了建立在解释和直觉之上的文体论观点，强调作家的创作个性比语言本身更重要，认为正是作者风格规范上的偏离才体现了历史的脚步。他认为语言学和语文学知识有助于对文本进行阐释，以弥补语言学和文学史之间的差距。他运用心理学的"归纳—演绎"法深入文本，通过描述和分析确定模式来证实原来的直觉，这一方法在现代文学文体学和文本语言学中得到普遍运用。斯皮策有力地促进了文体学发展，使之成为一门学科，从而被称为文学文体学的创始人之一。

斯皮策的主要作品包括《历史语义学论文集》(*Essays in Historical Semantics*, 1948)、《语言学与文学史：文体学随笔》(*Linguistics and Literary History: Essays in Stylistics*, 1948)、《文学解读方法》(*A Method of Interpreting Literature*, 1949)、《英美文学文集》(*Essays on English and American Literature*, 1984)和《散文精选集》(*Representative Essays*, 1988)等。

斯唐 Stang, Christian Schweigaard (1900—1977) 挪威语言学家、斯拉夫语和波罗的语专家。1900年3月15日生于克里斯蒂安尼亚(Kristiania)，父亲是政治家兼学者。1927年、1929年先后获印欧比较语言学(comparative Indo-European linguistics)硕士学位和哲学博士学位。1928—1933年在大学任印欧比较语言学研究员。1937—1970年任奥斯陆大学斯拉夫语教授，1958—1960年兼任人文学院院长。1977年7月2日卒于科克内斯(Kirkenes)。

克里斯蒂安·斯唐对印欧比较语言学研究兴趣浓厚，经常参加梅耶(Antoine Meillet)的讲座，并终身以其为学术楷模。他还特别关注波罗的和斯拉夫语言学，曾于1923—1925年数次赴俄罗斯和立陶宛(Lithuania)考察。他主要研究历时语言学，出版了一些语言学作品。通过研究波罗的和斯拉夫语动词，他发现波罗的语、斯拉夫语和日耳曼语之间存在着密切的历史关联。1952年，在研究斯拉夫语口音时，他注意到斯拉夫语和波罗的语的口音系统原本一样，后来产生的差异是缘于之后的继发性变化，该研究于1957年以《斯拉夫语重读系统》(*Slavonic Accentuation*)一书出版。1966年，他在《波罗的诸语言语法比较》(*Vergleichende Grammatik der Baltischen Sprachen* 即 *Comparative Grammar of the Baltic Languages*)中概括了自己对波罗的历史语言学的研究工作，这也是该领域的奠基之作。

斯特蒂文特 Sturtevant, Edgar Howard (1875—1952) 美国学者和历史比较语言学家。1875年3月7日生于伊利诺伊州的杰克逊维尔(Jacksonville)。曾就读于芝加哥大学，1901年以一篇讨论拉丁文格形式的论文获博士学位；其后在纽约的哥伦比亚大学担任古典语文学的助理教授。1923年加入耶鲁大学语言学系，该系很快因拥有强大的语言学团队在美国享有盛誉。1924年加入美国语言学会，1931年当选为学会会长。1952年7月1日卒于康涅狄格州布兰福德市(Branford)。

埃德加·霍华德·斯特蒂文特的著作集中在历史语言学和古典语文学方面。他创立了喉音论，把印欧元音系统中的一系列现象，包括短元音拖长，解释为喉音消失的结果。他用比较法研究赫梯语，把赫梯语分出来作为一个单独的印度—赫梯语族，并把赫梯语同其他印欧语对立起来,该方面的论文《论赫梯语在印欧语中的地位》(On the Position of Hittite Among the Indo-European Languages)发表在1926年《语言》(Language)杂志上,但他的这种分法许多语言学家都不认同。

斯特蒂文特的主要著作包括《语言学变迁:语言历史研究导论》(Linguistic Change: An introduction to the Historical Study of Language, 1917)、《希腊语和拉丁语的发音》(The Pronunciation of Greek and Latin, 1920)、《赫梯词汇》(A Hittite Glossary, 1931)和《赫梯语语法比较》(A Comparative Grammar of the Hittite Language, 1933)等。

斯特凡努斯(昂里克斯·～) Stephanus, Henricus (1531—1598) 法国古典学者和语文学家。约1528年或1531年生于法国巴黎。早年在巴黎皇家学院(Collège Royal de Paris)学习古典语文学,熟练掌握拉丁语和希腊语。19岁时遍游意大利、英国、弗兰德(Flanders)等地,沿途收集手稿,整理、编辑后出版。1557年建立自己的印刷公司,1559年继承父亲的出版印刷公司。1598年在卒于里昂。

昂里克斯·斯特凡努斯又名亨利·艾蒂安(Henri Estienne),是16世纪巴黎著名出版印刷商和古典学者罗贝图斯·斯特凡努斯(即罗贝尔·艾蒂安)之子。作为15—16世纪人文主义及法国文艺复兴最重要的代表之一,斯特凡努斯的语文学活动与他的出版业紧密联系。他接管了父亲的公司后,前后编辑、校勘并出版共约74部希腊作家的作品,包括1557年的阿泰纳戈拉斯(Athenagoras of Athens)、亚里士多德(Aristotle)、埃斯库罗斯(Aeschylus),1559年的狄奥多罗斯(Diodorus Siculus),1561年的色诺芬(Xenophon),1562年的塞克斯都·恩披里柯(Sextus Empiricus),1564年的修昔底德(Thucydides),1566年和1581年两个版本的希罗多德(Herodotus),1568年的索福克勒斯(Sophocles)等人的作品,其中不少为第一次出版。1578年推出的柏拉图《对话》全本,至今仍是标准的斯特凡努斯分页的版式基础。他对古旧的译本做了改进提高,还完成了大量作品的拉丁文新译本。他于1576年和1587年先后出版两个版次的希腊语《新约》。前一版包含一篇对使徒作家语言所做的最早科学论述,后一版包含一篇关于古代人对圣经文本不同划分的讨论。1594年,他在父亲前期研究的基础上推出了希腊语《新约》的整合版。

斯特凡努斯还编辑了58部拉丁语作家作品,3部犹太作家作品,并用法语和拉丁语撰写并出版著作30部。1587年出版的《古希腊语和拉丁语批判》(De Criticis Veteribus Graecis et Latinis)一书是第一本古典语文学的现代史著作。

1554年,他根据自己在意大利发现的残稿出版了《阿克那里翁》(Anacreon),并将加尔文(John Calvin)的讲义翻译成希腊语出版。1572年,他根据当时140多部著名希腊作家的作品摘录编纂并出版了《希腊词汇》(Thesaurus Graecae Linguae),在书中试图提供与希腊文字相联系的意义等级层次,并试图引用作品来证明每个词条的意义。该作品在19世纪分别在伦敦和巴黎重版两次,每次重版均充实和扩展不少内容,已成为希腊语词典编纂以及现代词典编纂的基石。

斯特凡努斯(罗贝图斯·～) Stephanus, Robertus (1503—1559) 法国印刷商、词典编纂家和语法学家。1503年生于巴黎的一个印刷和出版世家,1526年接管父亲的印刷公司。曾学过希腊语和拉丁语,1539年被法国国王弗朗索瓦一世(François I)敕封为御用印刷商,为王室印刷希伯来语和拉丁语书籍,1540年增加了希腊语。因印制1528年拉丁语版《圣经》、1539年希伯来语版《新约》和1546年以及其他多个版本的希腊语《新约》,于1547年受到索邦神学院(La Sorbonne)的责难和迫害,被迫于1550年11月流亡到瑞士日内瓦。1559年9月7日卒于日内瓦。

罗贝图斯·斯特凡努斯又名罗贝尔·艾蒂安(Robert Estienne)。1531年,他出版了一部中型拉丁语词典,名为《词典,或称拉丁语汇大全,加注法文释义》(Dictionarium, seu Latinae linguae thesaurus, cum Gallica fere interpretatione),1536年推出增订本。出于不同学术需求和商业目的,他以《词典》为蓝本,选辑其中内容另行编辑加工,出版了一系列衍生产品:(1)风靡拉丁语辞典界200年、引文例证丰富的单语版《拉丁语词汇大全》(Thesaurus Linguae Latinae, 1543);(2)供中级读者使用的双语版《拉丁语—法语词典》(Dictionarium Latino-Gallicum, 1538)和《法语—拉丁语词典》(Le Dictionnaire Français-Latin, 1539),其中《法语—拉丁语词典》的1949年版被认为是法国词典编纂学的奠基石;(3)由双语版中级本简化而来供初级读者使用的《儿童小词典》(Dictionariolum puerorum latino-gallicum, 1550)和《按字母顺序编排的法语词汇》(Les mots françois selon l'ordre des lettres, 1567)。他的词典编纂与圣经版本紧密联系,编纂和出版的最主要目的是为了获得拉丁语知识,而不是法语知识。因此,他的工作有利于古典文化的传播和现代文化的净化。他还出版了许多当时语法学家的作品,撰写了不少拉丁语和法语互译的教学研究论文。

斯特凡努斯出版《圣经》时严格遵守语文学规则。1539—1543年,他出版了全套13卷四开本的希伯来语《圣经》；1544—1546年，又出版了10卷16开本。这两个版本都是欧洲印刷史上的珍品。他于1546年、1549年、1550年和1551年先后四次出版希腊语《新约》，其中1551年版本首次将《新约》按诗歌体裁的版式分章节编排。

斯特劳森　Strawson, Peter Frederick

（1919—2006）　英国哲学家和语言学家。1919年11月23日生于英国伦敦东部的伊灵（Ealing）。1940年毕业于牛津大学圣约翰学院，专业为哲学、政治学和经济学，获哲学硕士学位。1945—1948年先后在北威尔斯大学和牛津大学讲授哲学。1948—1968年任牛津大学哲学专业研究员与讲师。1960年被选为英国国家学术院院士。1968年成为牛津大学莫德林学院（Magdalen College）研究员，任形而上学哲学韦恩弗利特讲席教授（Waynflete Professor of Metaphysical Philosophy），成为英国"日常语言学派"中"牛津学派（Oxford School）"的主要代表人物，提出描述的形而上学（Descriptive Metaphysics），反驳修正的形而上学。1971年任美国文理科学院荣誉院士。1977年被英国女王封授爵士称号。2006年2月13日卒于伦敦。

彼得·弗里德里克·斯特劳森早期致力于意义、指称、真理等逻辑理论的研究，强调意义与指称的区别，反对真、假和意义的传统三分法。他不赞成罗素（Bertrand A.W. Russell）的摹状词理论，反对把真、假和无意义这三者相提并论。自50年代中期开始，他从日常语言的研究转向"描述的形而上学"，着重研究世界思维结构，探讨实际的概念系统的一般特征。

在语言哲学方面，斯特劳森发表过两篇颇具影响力的著作《真理》（Truth，1949）和《论指称》（On Referring，1950），其中《论指称》对罗素的摹状词理论提出挑战。《逻辑理论导论》（Introduction to Logical Theory，1952）和《个体：论描述的形而上学》（Individuals: An Essay in Descriptive Metaphysics，1959）两篇著作中对奎因的单称词理论提出质疑，重新确立形而上学在分析哲学中的重要地位。

斯特劳森其他的著作还包括《意义的范围：论康德的纯粹理性批判》（The Bound of Sense: An essay on Kant's Critique of Pure Reason，1966）、《逻辑学和语言学论文集》（Logico-Linguistic Papers，1971）、《逻辑和文法中的主词和谓词》（Subject and Predicate in Logic and Grammar，1974）和《怀疑主义与自然主义》（Skepticism and Naturalism，1985）等。

斯特罗恩　Strachan, John

（1862—1907）　英国语言学家。1862年1月31日生于苏格兰班夫郡（Banffshire）。1881年毕业于阿伯丁大学古典学专业。1883年在耶拿大学（University of Jena）深造时受到图尔内森（Rudolf Thurneysen）的影响，开始对语言学，特别是凯尔特语研究产生兴趣。1885年任曼彻斯特大学希腊语教授，1889年兼任对比语言学教授，因研究兴趣始终是凯尔特语，也担任无薪酬的凯尔特语讲师，并创立英国第一家凯尔特语研究学院。1903年与德国学者、凯尔特语语文学家库诺·迈耶尔（Kuno Meyer）在都柏林创办爱尔兰语学校。1907年9月25日卒于威尔士梅里奥尼德地区的彭尼厄特（Peniarth, Merioneth）。

约翰·斯特罗恩是一位梵文、古希腊语和凯尔特语学者。总体而言，他的语言学论著以凯尔特语和爱尔兰语研究的论文为主，包括《爱尔兰语元音补偿性延长》（The Compensatory Lengthening of Vowels in Irish，1892）、《爱尔兰语异相动词史》（The History of the Deponent Verb in Irish，1894）、《冠词"ro"过去时的用法》（The Use of the Particle "ro" with Preterital tenses，1896）、《爱尔兰语虚拟语气用法》（The Uses of the Subjunctive Mood in Irish，1897）、《古爱尔兰语词汇中的实义动词》（The Substantive Verb in the Old Irish Glosses，1899）和《古爱尔兰语词形变化》（Old-Irish Paradigms，1905）等，主要发表在《语文学会会报》（Philological Society Transactions）上。

斯托克斯　Stokes, Whitley　（1830—1909）

爱尔兰律师和凯尔特学者。1830年2月28日生于都柏林一个新教会员家庭。祖父和父亲均为都柏林三一学院（Trinity College）医学教授，且都对爱尔兰语都有着浓厚的兴趣，他的祖父在世纪之交就出版过《新约》（New Testament）的爱尔兰语译本。1851年，斯托克斯获三一学院文学学士学位，之后到伦敦学习法律，1855年成为英国执业律师，1862年远赴印度。在印度19年间，曾数次在英国殖民政府任职，1877年被任命为印度总督法律委员会委员，起草民事和刑事诉讼程序，1879年任印度法律委员会主席。1881年返回英国，并永久定居，后来成为英国国家学术院院士和牛津耶稣学院荣誉研究员。1909年4月13日卒于英国伦敦。

惠特利·斯托克斯在祖父和父亲的影响下，在三一学院师从德国籍教授齐格弗里德（Rudolf Thomas Siegfried，1830—1863）研究爱尔兰语，并向其学习梵文（Sanskrit）和比较语文学（comparative philology），获得了当时爱尔兰凯尔特学者中少有的技能。1863年齐格弗里德去世后，斯托克斯收集和整理了他的笔记和草稿，并先后用英语和德语出版。此后，他几乎每年都出版大量的中世纪文本和有关爱尔兰早期文学的文章和书籍。

因深受19世纪浪漫主义运动的影响，斯托克斯意识到有必要尽快出版爱尔兰文本作品，并将想法付诸实际行动。他所著的作品包括《三个爱尔兰语词汇表》(*Three Irish Glossaries*, 1862)、《三部中世纪爱尔兰语布道书》(*Three Middle-Irish Homilies*, 1877)、《梅兹堡和卡尔斯鲁厄的古爱尔兰语之评注》(*Old Irish Glosses at Merzburg and Carlsruhe*, 1887)以及法律著作《益格鲁—印度法典》(*The Anglo-Indian Codes*, 1887)等。此外,他还编辑了《爱尔兰语文本》(*Irische Texte*, 1880—1900), 编译了《利斯莫尔主教书中的圣人生活》(*Lives of Saints from the Book of Lismore*, 1890)等作品。

斯托姆　Storm, Johan （1836—1920）　挪威语言学家。1936年11月24日生于挪威中南部奥普兰郡（Oppland）洛姆的布拉卡尔村（Blakar, Lom）,父亲是当地教区牧师。年少丧父,与母亲迁居克里斯蒂安尼亚（今奥斯陆）,生活拮据,大学时需代课补贴生活,但是学习成绩优异,多次获得奖学金并有机会到比利时、英格兰、法国、意大利和西班牙等国游学,其间凸显出色的语言能力,迅速掌握所到国家的语言。1872年当选挪威科学与人文学术院院士。1873年被聘为克里斯蒂安尼亚大学罗曼语和英语语文学教授。1904年获授爱丁堡大学荣誉博士学位和挪威王国司令勋章。1920年10月26日卒于克里斯蒂安尼亚。

约翰·斯托姆是挪威学术界现代语言领域的第一位教授。在语音学研究方面,他虽未曾出版著作,但鼓励并支持英国语言学家斯威特（Henry Sweet）和德国语言学家西弗斯（Edward Sievers）在这方面写下经典之作。在语文学研究方面,1879年著成《英语语文学》(*Engelsk Filologi*,即 *English Philology*）,译成英语后不久传遍欧洲各地,成为英语语文学的入门读本。在语言教学中,他强调语音学习,重视听说方法,1887年出版《法语会话》(*French Dialogues*）,阐述交际教学法,被译成多种语言,成为西欧当代语言教学的里程碑。在挪威方言研究方面,他设计出一套音标字母用来描写挪威的各种方言,还于1904年和1906年出版两卷本《挪威语正字法》(*Norsk Retskrivning*）,反映了当时挪威国内的语言冲突。

由于斯托姆撰写过一系列的小册子及报刊文章攻击挪威当时的语言规划,言辞比较犀利尖刻,遭到挪威人的普遍反感。因此,他的学术研究虽然在其他地方很有名气,但在本国却少有问津。

斯威特　Sweet, Henry （1845—1912）　英国语言学家。1845年9月15日生于伦敦。1864年赴德国就读于海德堡大学,攻读语文学,学习当时德国的语文研究方法。毕业后曾在英国伦敦一个商业机构任职。1869年入英国牛津大学贝列尔学院（Balliol College）,1871年由早期英语文本学会（Early English Text Society）出版译作《教牧关怀》(*Pastoral Care*）评注本。1873年毕业后留校任教,1901年被授以语音学副教授（Reader in Phonetics）职衔。虽在学术上卓有成就,但三次谋求教授职位均告失败。1912年4月30日卒于牛津。

亨利·斯威特是英国语音学派的创始人,现代语音学的奠基人之一。1873年起,他开始研究丹麦、俄罗斯、荷兰、葡萄牙、北威尔士、瑞典等语言的语音,熟习亚历山大·梅尔维尔·贝尔（Alexander Melville Bell）的图像标音法（即所谓的"可见语言"）,但认为它过于复杂难写,因而另创"罗米克（Romic）"标音法,以拉丁字母标音,最初采取严式,后改宽式,即现在使用的音位标音法。他与法国学者合作,成立国际语音协会（IPA）,创制国际音标,发行会刊《语音教师》(*Le Maître Phonétique*）。1877年出版专著《语音学手册——含拼写改革原则浅显说明》(*A Handbook of Phonetics, including a Popular Exposition of the Principles of Spelling Reform*）。1908年完成《英语语音:语音学入门》(*The Sounds of English: An introduction to phonetics*）。

在古英语研究方面,斯威特也卓有建树。1867年,他读到丹麦语言学家拉斯克（Rasmus Christian Rask）写的《益格鲁撒克逊语法》(*Anglo-Saxon Grammar*）英译本,对古英语发生了兴趣;1871年起,开始在英国语文学会会刊上发表关于古英语的文章。1876—1878年,他研究古英语时期的各地方言并著有一些论文;《教牧关怀》中所做的评注为古英语方言学起到了奠基作用。1878—1885年,他专心研究古英语,出版《古英语诗文读本》(*An Anglo-Saxon Reader in Prose and Verse*, 1876)和《最古英语文本》(*The Oldest English Texts*, edited with Introductions and a Glossary, 1885）,由此被欧洲大陆学者公认为英国最出色的语文学家。1897年,他编成《古英语学生词典》(*The Student's Dictionary of Anglo-Saxon*）,所下定义简明扼要、准确恰当,至今仍颇有参考价值。

作为19世纪末描写历史语法的著名代表人物,斯威特的语法研究在西方也有相当大的影响。1885年后主要研究英语语法和普通语言学理论。他的语法著作以《新英语语法》(*The New English Grammar*, 1892, 1898) 最具代表性,书中指出古英语时期是形态完整时期,中古英语时期是形态削减时期,近代隐喻时期是形态消失时期。1900年他完成《语言史》(*The History of Language*）,以严格的语音描写为基础,区分口语体和书面语体。

斯威特对语言学的爱好和衷情,源自他对英语的热爱。《语言的实践研究:教师学习者指南》(*The Practical Study of Languages: A guide for Teach-*

ers and Learners,1899)是他这两种情怀的综合体现。在该书中,他认为只有受过严格语音训练的人们才适合从事英语教学。他全面论述了语言学在各个方面的应用问题,开创应用语言学研究的先河。

斯韦尔斯　Swales, John　(1938—　)　英国应用语言学家。1938年生于伦敦南部。1957年进入剑桥大学学习心理学。1964年获硕士学位。此后辗转意大利、瑞典和利比亚等地从事教学工作,曾任利比亚大学英语系主任。1970年回到英格兰任教于利兹大学。3年后再赴非洲,任苏丹喀土木大学(University of Khartoum)英语语言服务中心主任并工作五年,随后回到英格兰,在阿斯顿大学任副教授。1985年赴美任教于密歇根大学。1987年起任语言学教授和英语语言所主任。2007年退休。

约翰·斯韦尔斯在接触不同语言与文化互动时,提出"语言社区(speech community)"这一重要概念,强调语体规约。他于1990年出版《语体分析:学术和研究环境中的英语》(Genre Analysis: English in Academic and Research Settings)探讨"语言社区"的基本特征,是迄今为止关于这一概念最为详尽的论述。按照他的界定,在各自领域从事研究工作的科学家和学术研究人员都在不同程度上隶属于一定的语言社区。一个语言社区有大体上一致且公开的共同目标,有供社团成员交流信息的机制。例如,计算机科学家和语言学家属于不同的语言社区,因为他们有各自不同的研究目标,不同的专业研究会、协会、学会等信息交流机制和活动。

在特殊用途英语(English for Specific Purposes)研究方面,斯韦尔斯首创体裁分析理论,著有的《语体分析:学术和研究环境中的英语》(Genre Analysis: English in Academic and Research Settings, 1990),不仅对特殊用途英语领域的理论研究有深远影响,而且被广泛应用于学术英语教学中。除此之外,在语料库语言学界也享有盛誉,他设计建立的密执安学术英语口语语料库,是目前世界上重要的大型学术英语语料库之一。

自20世纪70年代以来,斯韦尔斯在国际顶级的语言学杂志发表论文近百篇,出版15部专著,包括课本、理论、信息民族学,甚至包括野外鸟类指南等各种话题。

斯沃德什　Swadesh, Morris　(1909—1967)　美国人类语言学家。1909年1月22日生于马萨诸塞州西南部城市霍利奥克(Holyoke)的俄国犹太人家庭,会讲依地语(Yiddish)、俄语和英语。曾就读于芝加哥大学,师从语言学家萨皮尔(Edward Sapir)学习德语和法语,后随萨皮尔转到耶鲁大学,研究努特卡语(Nootka),1933年获得博士学位;其后留校从事共时音系学和美国英语语法研究。1937年任威斯康星—麦迪逊大学助理教授。1956年任墨西哥国立自治大学研究员,在墨西哥城国立人类学与历史学学院讲授语言学。1966年被加拿大阿尔伯塔大学聘为普通语言学教授。1967年7月20日因心脏病突发卒于西部加拿大。

莫里斯·斯沃德什因首创研究语言亲属关系的词源统计分析法(Glottochronology)和词汇统计学(Lexicostatistics)而闻名。1952年创立词汇统计学,运用统计学原理和词汇统计方法研究语言间亲属关系的程度、共同起源的大致年限和发展情况。在论文《史前种族接触中的词汇统计》(Lexico-Statistic Dating of Prehistoric Ethnic Contacts, 1952)中,他声称存在着一组基本词汇,在语言词汇中变化最少,1000年只有19%的变化,他最初选定200个基础性单词作为基本词汇,后来减少至100个,认为基本词的维持率在任何语言中都是相同的,因此从遗留的基本词汇的比率可以推测两个同系语言的分化时期,也可用来确定词汇的"寿命"。

在音系学方面,斯沃德什基于萨皮尔和其他人的著作,撰写《音位原理》(The Principle, 1934)和《发音准确性与语速》(A Method for Phonetic Accuracy and Speed, 1937)两篇论文,在音位分析领域很有影响。他对努特卡语也有研究,曾与萨皮尔合著《努特卡语篇章》(Nootka Texts, 1939)一书。在心脏病突发病逝前,他正在写作《语言起源与分化》(The Origin and Diversification of Language, 1971)一书,该书在他去世后出版。

松本克己　Matsumoto, Katsumi　(1929—　)　日本认知语言学家。1929年10月25日生于日本长野县。1953年在东京大学获语言学学士学位,1956年获得硕士学位,师从语言学家高津春繁(Harushige Kodzu)教授,学习古典文献学和印欧比较语言学。1956年,在金泽大学任语言学讲师,1964年任副教授,1975年成为教授。1977—1978年在剑桥大学作访问学者,师从艾伦(William Sidney Allen)和查德威克(John Chadwick)。1983—1993年,在筑波大学担任普通语言学教授,除在大学担任教职外,1983—1985年还兼任日本语言学会会刊《语言研究》(Gengo Kenkyu)的主编,1991—1994年任日本语言学会第12任会长。

松本克己的主要研究领域是印欧语言学,特别是对古希腊语、类型学以及日语的系谱研究。他通过内部复原的方法,提出了五元音体系。他的古日语元音体系理论对日本历史语言学的研究做出了杰出贡献。松本克己主要的论著有《荷马年代语言的方言和编年研究》(Dialectal and Chronological Aspects of the Homeric Language, 1972)、《印欧语言句式发展——比较和类型学研究》(Developments of the Syntactic Patterns in the Indo-European Languages: A Comparative and Typological Study，1975）、《古日语元音体系研究——内部重构的尝试》(A Study of the Vowel System of Old Japanese: An Attempt of Internal Reconstruction，1975)、《词序类型及其地理分布——词序的类型学研究》(Word Order Types and Their Geographical Distribution: Typological Study of Word Order，part 1，part 2，1987，1989) 和《古日语元音系统》(The Vowel System of Old Japanese，1995)等。

松下大三郎　Matsushita, Daizaburo（1878—1935）　日本语言学家。1878年10月24日生于日本静冈县磐田郡。1898年毕业于国学院。1905年被聘为弘文学院日语教师，教授中国留日学生日语。1913年创立日华学院，并担任中国留学生的日语教学工作至1922年。1924年任国学院大学讲师，1926年任教授。1932年以专著《改撰标准日本文法》获文学博士学位。1935年5月2日卒于东京。

松下大三郎通过比较日语和英语的教学语法，发现二者的明显差距，致力于编撰一套日语语法书，使英美人靠这套语法书和英日辞典就能毫无障碍地读写日语文章。他的研究目的是为现实语言的使用服务，因而其研究也就围绕现代语的体系展开，这一点也是他与山田孝雄（Yamada Yoshio）的分水岭。他的学术活动主要集中在三个领域：日本古典文献索引、日语语法研究和日语教材。他最大的成就在语法研究方面，以三部"标准语法"（标准日本文法、标准汉文法、标准日本口语法）构建出一套真正的形态学系统。他认为语法规则可以分为与思想相关的内在法则和与声音、外在形式相关的外在法则，前者是普遍的而后者是个别的。他试图对二者进行立体的定位，从而建立一套普遍语法理论。在日本明治、大正以及昭和初年的日本语学界，松下大三郎是第一个也是唯一一个运用普通语言学理论解释日语语言事实的人。

松下大三郎的《国歌大观》（1901—1902）是一部和歌索引书，分为歌集部和索引部，可由古歌的一部分查找到整首歌及其中的典故，《国文大观》（1903—1906）则是小说、故事、日记类古典文献的索引书。他编辑出版的《续国歌大观》（1925—1926），是《国歌大观》的补充。他的这三部书使日本的古典文学研究进入一个全新时代。

松下大三郎的处女作《日本俗语文典》（1901）是日本最早的现代口语文典，这部著作是松下大三郎语法理论的原点，同时也是其三部"标准语法"的基础。《改撰标准日本文法》（1928）被称为是一部注重逻辑—意义侧面和形态侧面统一性的最早且最出色的大文典。其他主要著作为《汉译日语阶梯》（1906）、《汉译日本口语文典》（1907）、《标准日本文法》（1924）、《标准汉文法》（1927）、《改撰标准日本文法》和《标准日本口语法》（1930）等。

索默费尔特　Sommerfelt, Alf（1892—1965）　挪威语言学家。1892年11月23日生于挪威的特隆赫姆（Trondheim），曾在奥斯陆学习北欧（Nordic）语言学、印欧比较语文学（comparative Indo-European philology）和凯尔特语言（Celtic languages）。1914年赴爱尔兰求学，一年后又到法国学习凯尔特语和普通语言学。1921年起陆续发表凯尔特方言学（Celtic Dialectology）和凯尔特比较语文学（comparative Celtic philology）研究的论文。1922年回到奥斯陆，1931年被聘为挪威首位普通语言学教授，在奥斯陆大学一直工作到1962年，讲授索绪尔理论、语符学、布拉格学派、美国结构主义等方面的课程。1965年10月12日卒于挪威中南部布斯克吕郡内斯镇（Nes, Buskerud）。

阿尔夫·索默费尔特是世界上最早的普通语言学教授之一。1924年，他与斯拉夫语言文化学者奥拉夫·布罗赫（Olaf Broch）一起成立挪威语言学协会，将结构主义等新的语言学理论引进挪威。由于受到索绪尔（Ferdinand de Saussure）和梅耶（Antoine Meillet）的启发，他的研究兴趣逐渐从凯尔特语转到普通语言学，特别专注于语言的社会层面研究。他不拘教条，掌握多种理论，并通过研讨会形式，教育和培养了整整一代挪威的语言工作者。他撰写了多部普及性语言学入门作品，于1947年出版《普通语言学》(Almen språkvitenskap)——一部概论性的教材，受到当时奥斯陆大学语言学师生的广泛追捧。他在著作中将结构主义与社会语言学的研究方法结合起来，成为该领域令人敬仰的先驱。

索默费尔特的主要作品包括《托尔方言》(The Dialect of Torr, 1922)、《蒙斯特元音和辅音》(Munster Vowels and Consonants, 1927)、《挪威书面语和口语词汇》(The Written and Spoken Word in Norway, 1942) 和《语言的历时性与共时性》(Diachronic and Synchronic Aspects of Language, 1962) 等。他还是《挪威国语词典》(Norsk riksmålsordbog) 的编者之一。

索南夏因　Sonnenschein, Edward Adolf（1851—1929）　英国语言学家和古典文学家。1851年11月20日生于英国伦敦。曾就读于伦敦大学和牛津大学，于1875年毕业于古典文学专业。1877—1881年在格拉斯哥（Glasgow）工作。1881年担任凯尔温赛德学院（Kelvinside Academy）院长，但于年内辞职。1883年开始在伯明翰梅森学院（Mason College）任拉丁文和希腊文教授。1903年与波斯特盖特(John P. Postgate)一起创立了古典文学协会(The Classical Association)。1929 年 9 月 2 日卒于萨摩塞特郡巴思镇。

爱德华·阿道夫·索南夏因的语言学研究主要包括拉丁语文学(Latin philology)、语法术语(grammatical terminology)和印欧语系句法比较(comparative Indo-European syntax)等三个方面。他对拉丁语的研究涵盖了拉丁语文献《普劳图斯》(*Plautus*)的各个版本,以及虚拟语气和拉丁语韵律(Latin metre)。他对语法术语的研究分为 1886—1899 年和 1909—1920 年两个主要时期。为了简化和统一语法术语,他开发了《平行语法系列教材》(*The Parallel Grammar Series*),以确保术语统一及其范围、大小和类型的分门别类。该系列教材共有 25 卷,涉及 8 种语言。19 世纪与 20 世纪之交,他设想并帮助创立了"语法术语联合委员会(Joint Committee on Grammatical Terminology)",其委员来自 8 个不同的专业协会。他出版语法著作用以推广语法新术语,到 20 世纪 20 年代,还将语法新术语研究延伸到印欧语系中六种靠近东方的语言。1927 年,他借用叶斯柏森(Otto Jespersen)的书名出版了关于印欧语系句法比较的著作《语法的灵魂》(*The Soul of Grammar*),该作品包含"格与格短语"(case and case-phrases)和"语气与时态"(moods and tenses)两个部分。尽管叶斯柏森认为英语中没有传统意义上的格,但索南夏因却在该书中坚持认为英语的格很多。20 世纪末,许多小学教材并没有减少格的数量,仍保留为少于 4 个格,这是他研究成功的标志。

索南夏因的主要作品还包括《术语和语法分类报告》(*Report on the Terminology and Classification of Grammar*, 1883)、《拉丁语虚拟语气统一性探索》(*The Unity of the Latin Subjunctive: A quest*, 1910)、《语法哲学》(*The Philosophy of Grammar*, 1911) 和《什么是韵律?》(*What Is Rhythm?*, 1925)等。

索绪尔　**Saussure, Ferdinand de**　(1857—1913)　瑞士语言学家。1857 年 11 月 26 日生于瑞士日内瓦一个学者世家,祖籍法国。祖父是地质学和矿物学教授,父亲为地质学家和博物学家。在父亲的挚友皮科特(Adolph Pictet)引导下学习语言学,很早就掌握多种欧洲语言以及古拉丁语和希腊语。中学时开始学习梵语。1875 年进入日内瓦大学学习化学、物理和博物学。1876 年转入德国莱比锡大学攻读语言学。1878 年转至柏林大学,发表其成名之作《论印欧语系元音的原始系统》(*Mémoire sur le système primitif des voyelles dans les langues indo-européennes*);1880 年回到莱比锡撰写关于梵语中绝对属格用法的论文,获莱比锡大学博士学位。

1881 年在巴黎高等实践应用学院教授古代语言和历史语言学。1891 年任教于日内瓦大学,讲授印欧系古代语言和历史比较课程。1907—1911 年尝试在课堂上讲授普通语言学课程,从崭新的视角启发学生修正对语言本质及功能的认识。1913 年 2 月 22 日卒于瑞士沃州维夫朗堡(Vufflens-le-Château, Vaud)。

费迪南·德·索绪尔被誉为现代语言学之父。他认为应该有两门学科分别对语言进行研究,一门是语言学,一门是言语学。他在研究中非常注重"语言(language/langue)"和"言语(speech/langage)"的区分。他认为,"语言"是一个规则明确的同质体(well-defined homogeneous object),是一个表达思想的符号系统,任何说话人的"语言"都无法达到理想的完整状态;而"言语"是由大量言语事(speech facts)实构成的异质集合体(heterogeneous collectivity),其特质受到社会所有个体语言使用者的影响。在阐释"言语"的社会结晶化(social crystallization)的过程中,他还提出"个人言语(individual speaking/parole)"的概念,"个人言语"也是异质的,由各种无关或相异部分组成。

索绪尔也是结构主义语言学的鼻祖。他根据希腊语"semîon"一词,创立了一门新的学科——符号学(semiology),专门研究社会现象中的一类特殊的社会事实,即符号,而语言是一个表达观念的符号系统,所以语言学应是成为符号学的典范。他认为任何一个符号都具有"能指(sigifier)"和"所指(signified)"的双重属性,但语言符号的"能指"和"所指"之间绝不是符号集合与物体集合的简单对应关系。

索绪尔不仅对现代语言学做出重新界定,而且还人类学、文学批评及精神分析等诸多领域有所研究。他去世后,他的学生巴利(Charles Bally)和薛施霭(Albert Sechehaye)根据他的课堂授课笔记整理出版《普通语言学教程》(*Cours de Linguistique Générale*, 1916)一书。此书成为索绪尔的代表性著作,集中体现了他的基本语言学思想,对 20 世纪的现代语言学研究具有深远的影响,同时由于其研究视角和方法论所具有的一般性和深刻性,书中的思想也成为 20 世纪重要的哲学流派结构主义的重要思想来源。《普通语言学教程》已被译成多种语言版本,成为语言学史上一部重要的经典著作,开启了语言整体结构研究的新阶段。

T

塔达耶　**Tadadjeu, Maurice**　(1950—2012)

喀麦隆语言学家。1950年生于喀麦隆的耶姆巴家族。曾就读于利伯曼大学(Libermann University)学习语言学,担任过男童子军队长,并在大学里设计过一个语言项目,记录自己的母语——喀麦隆语的耶姆巴方言。后得到一个奖学金项目资助赴美国学习,感受到泛非主义的存在,由此思路开阔,看到了在自己国家做语言规划的可能性。曾任雅温得大学语言学教授,1993—1997年曾任非洲语言与语言学系主任;是非洲语言学术院创始人之一。2012年12月30日卒于喀麦隆。

莫里斯·塔达耶于1978年回到祖国,开始与朋友们,特别是政府部门的朋友,讨论研究喀麦隆非洲语言的前景。1979年,邀请所有非洲语言的代表召开第一次非洲语言会议,由此,发现喀麦隆存在250多种非洲语言,几乎代表了非洲大陆所有主要的语言谱系,会议还商讨定夺书写语言的符号。

为了设计书写系统和学习教材,塔达耶创建了喀麦隆语言体系行动研究项目PROPELCA(Projet de Recherche Opérationnel pour l'Enseignement des Langues au Cameroun)。项目组主要探索本国语言的规划及语言教育。项目仅用两年的时间就得到了令人振奋的成果:即孩子们先用母语学习阅读和写作的基础,然后再学习英语或法语,能到达的更好效果。这个项目不仅催生大量的博士学位论文,而且使整个国民对本国语言的态度逐步改变。1996年,喀麦隆新宪法正式承认喀麦隆语言,并保障其在学校中的使用权。塔达耶的主要著作(含合著)还包括《小学民族语言教学培训手册》(Training Manual for the Teaching of National Languages in Primary Schools,1991)和《语言、读写能力及教育在非洲的发展:以喀麦隆为视角》(Language, Literacy and Education in African Development: A perspective from Cameroon,2004)等。

塔尔斯基　Tarski, Alfred　(1902—1983) 波兰裔美国逻辑学家、数学家、语言学家和哲学家。1901年出1月14日生于波兰华沙。少年时代,塔尔斯基就展现出数学天赋,19岁时即发表关于集合论的论文,22岁时获华沙大学博士学位。1939年移民美国。1942年起,在加州大学伯克利分校任教。1983年10月26日卒于加州伯克利。

阿尔弗雷德·塔尔斯基是逻辑语义学的创始人,其研究兴趣集中在数理逻辑领域。他认为数理逻辑是数学的分支而不属于哲学领域。他对哲学界的贡献在于他发表的论文《形式化语言中的真理概念》(The Concept of Truth in Formalized Languages)。该文提出真理语义论(Truth-conditional Theory)。他认为,当人们判断一句话是真还是假时,往往会混淆这句话的客观真实性和这句话存在的真实性。因此,在区别语言与语言所指称事物的关系时,有必要把真实语言与形式语言区分开来。也就是说,为了建立某种真实语言的语义理论,人们需要一种形式语言来表达这个理论,也就是所谓的元语言(metalanguage),与元语言相对的是描述真实世界的对象语言(object language)。他认为,语义学的任务不是解释对象语言,而是判断元语言的真或假。

塔尔斯基在逻辑语言领域的代表著作包《真理的语义概念和语义学的基础》(The Semantic Conception of Truth and the Foundations of Semantics,1944)、《形式化语言中的真理概念》(The Concept of Truth in Formalized Languages,1956)和《逻辑、语义学、元数学》(Logic, Semantics, Metamathematics,1956)等。

塔克　Tucker, Archibald Norman　(1904—1980) 非洲语音学家和研究学者。1904年3月10日生于南非开普敦市。曾就读于开普敦大学,1926年获硕士学位。后赴英国伦敦大学丹尼尔·琼斯(Daniel Jones)主持的语音学系继续深造,1929年获博士学位。毕业后在苏丹政府教育部任职,从事苏丹土著语言的搜集和分析工作。1932年,担任伦敦大学东方与非洲研究院讲师职位,1951年晋升教授,1971年退休。1980年7月16日卒于伦敦。

阿奇博尔德·诺曼·塔克是非洲语言研究的权威,出版了二十多本著作,覆盖从语言的结构到印刷符号等一系列主题。他的语言研究覆盖面广泛,从非洲南方的索托—恩古尼(Sotho-Nguni)诸语言到西部的苏丹诸语言,他的研究几乎涵盖整个非洲东半部。语音学方面的训练使他在语音记录和观测方面颇具权威。塔克在语音研究方面表现出色,除担任大学教授外,还在多项国际非洲研究机构的执行委员会任委员,其学术兴趣还包括民间传说和人类学等方面,并且做过大量的文献搜集工作。

塔克的《尼罗诸语言音质的功能》(The Function of Voice Quality in the Nilotic Languages,1936)是最早吸引人们关注尼罗诸语言语音特质的论文。他对语言分类也有浓厚兴趣,撰写著作《东部苏丹诸语言》(The Eastern Sudanic Languages,1940),后继续与同事玛格丽特·布赖恩(Margaret Bryan)合作著书,出版《非洲东北部的非班图诸语言》(The Non-Bantu Languages of North-eastern Africa,1956)和《非洲东北部非班图诸语言的语言学分析》(Linguistic Analyses of the Non-Bantu Languages of North-Eastern Africa,1966)。

塔利亚维尼　Tagliavini, Carlo　(1903—1982) 意大利语言学家。1903年6月18日生于意大利的博洛尼亚(Bologna)。曾在博洛尼亚大学学习法律、罗曼语语文学以及语言学。学生期间学过罗马尼亚语,20 岁时在德国出版《罗马尼亚语语法》(*Grammatica Della Lingua Rumena*, 1923)。1924 年获博士学位,论文研究的课题是比较语法。1926 年出版关于拉丁方言研究的专著《科梅利科语方言研究》(*Il Dialetto del Comelico*)。1926—1927 年任博洛尼亚大学讲师。1927—1929 年在奈梅亨和提耳堡讲授意大利语和西班牙语。1929—1935 年在布达佩斯任罗曼语教授。1935 年任帕多瓦大学语言学和罗曼语语文学教授。1973 年退休。其间培养了几代意大利语语言学家和罗曼语学者。1982 年 3 月 31 日卒于博洛尼亚。

卡洛·塔利亚维尼是杰出的罗曼语专家,尤其擅长意大利罗曼语、列托—罗曼语(Rhaeto-Romance)以及巴尔干罗曼语。20 世纪 20 年代,发表多篇美洲印第安语言研究。尤其是在帕多瓦大学教学期间,留下了大量关于罗曼语语言学、日耳曼语语文学、意大利语言学、普通语言学以及拉丁历史音位学和词形学等方面的详细教学资料;在 25 年内,他对罗曼语语言学的资料经不断修改更新,后被翻译成德语和西班牙语,至今仍被用作罗曼语言学课程的教科书。

塔利亚维尼在普通语言学和日耳曼语文学方面也很出色。他对语言学史具有浓厚的兴趣,不同程度地掌握印欧语、闪语、芬兰—乌戈尔语的多种语言,通晓语言科学的百科知识,为《意大利百科全书》(*Enciclopedia Italiana*)写过重要的词条;在普及型期刊《外国语言》(*Le lingue estere*)和《今日》(*Oggi*)上执笔连载一部语言学编年史。他尤其重视实证研究成果,编写了《语言学史大观》(*Panorama di storia della linguistica*, 1963)、《日耳曼语文学史大观》(*Panorama di storia della filologia germanica*, 1968)和一卷内容极为丰富的语言学家图片集。他还特别关注历史语言学和比较语言学,著有列托—罗曼语方言拉汀语(Ladin)研究的《利维纳隆戈方言:词汇样本》(*Il Dialetto del Livinallongo. Saggio Lessicale*, 1934)、《关于科梅利科方言的若干新探索》(*Nuovi Contributi alla Conoscenza del Dialetto del Comelico*, 1944)和阿尔巴尼亚语方言研究的《达尔马提亚的阿尔巴尼亚语》(*L'albanese di Dalmazia: Contributi alla conoscenza del dialetto ghego di Borgo Erizzo presso Zara*, 1937)。他还著有关于专有名词的著作《意大利民族与地名词典》(*Dizionario Degli Etnici e dei Toponimi Italiani*, 1981)等。

泰拉奇尼　Terracini, Aron Benvenuto

(1886—1968)　意大利语言学家。1886 年 8 月 12 日生于意大利都灵(Turin)。曾在德国法兰克福教授意大利语。一战时加入意大利军队。战后在意大利热那亚大学教授语言学,后陆续在卡利亚里(Cagliari)、帕多瓦(Padua)和米兰等地大学任教授。因其犹太血统,1941 年为逃避种族迫害逃亡阿根廷,在图库曼大学(National University of Tucuman)任语言学教授。1946 年返回意大利,任都灵大学语言学教授,一直工作到 1961 年退休。1968 年 4 月 30 日卒于都灵。

阿伦·本韦努托·泰拉奇尼是方言学领域的杰出学者。他曾任《意大利语言学档案》(*Archivio Glottologico Italiano*)的主编,著有《历史语言学札记》(*Pagine e Appunti di Linguistica Storica*, 1957),成功地将方言学与历史语言学的研究结合起来,分析了意大利语和方言的基本问题。他与泰米斯托克莱·弗兰切斯基(Temistocle Franceschi)合著《撒丁岛语言地图册样本》(*Saggio di un Atlante Linguistico Della Sardegna*, 1964),该书成为方言地理方面的开创性著作。

泰拉奇尼在历史语言学研究方面也卓有成就。他研究了拉丁语古迦太基层面的语料,支持意大利南部希腊方言与大陆希腊之间有着直接联系的假设,反对拜占庭的假设。通过研究地名词汇的词源,他还发现在撒丁岛语言中有前印欧语的基本成分。

德国唯心主义语言学派和洪堡特的语言内部形式概念在泰拉奇尼的文体理论发展中起着关键作用。在阿根廷避难期间,他完成文化学研究的开创性著作《语言与文化的冲突》(*Conflitti di Lingue e di Cultura*, 1957),采用微观语言学和宏观语言学相结合的方法研究语言的接触,内容涉及语言死亡、双语现象、语言政策、语言声望、翻译以及跨文化关系等诸多领域。

泰尼埃　Tesniére, Lucien Valerius

(1893—1954)　法国语言学家、斯拉夫学家。1893 年 5 月 13 日生于法国鲁昂附近的蒙圣埃酿(Mont-Saint-Aignan)。1912 年就读于巴黎大学攻读德语,后出国留学,在莱比锡、维也纳学习对比语言学、斯拉夫语、日耳曼语、乌戈尔语和凯尔特语;曾任教于南斯拉夫卢布尔雅那大学,在莱比锡时,由特鲁别茨柯依(Nikolay Trubetzkoy)引介,成为布拉格语言学派的成员。回国后,1924 年任斯特拉斯堡大学教授,1937 年起任蒙彼利埃大学(Montpellier University)语言学教授。1954 年 12 月 6 日卒于蒙彼利埃。

吕西安·瓦列里乌斯·泰尼埃是依存语法(Dependency Grammar)的创始人,其语言学成就主要是创立和完善依存语法理论。依存语法理论是一种语义驱动的功能句法理论,理论的提出建立在对多种语言对比研究的基础上,涉及古希腊语、古罗马语、斯拉夫语、匈牙利语、土耳其语等。主要观点是提出动词为句子的中心成分,句中由名词词组充当的"行动元"(actant)和由副词词组形成的"状态元"(circonstants)都受动词支配,它们与动词之间存在的"关联"(connexion)是一种依存关系。在理论上,动词在一个句子中可以支配的状态元数目是无限的,但可支配的行动元数目则是有限的。动词的配价(valence)决定它在句中可支配的行动元数目,零价动词不支配任何行动元,一价动词支配一个行动元,二价动词支配两个,动词的最高配价为三价,可以支配三个行动元。

泰尼埃的研究在语言学界有非常重要的影响,但著述并不多。他的博士学位论文《斯洛文语的几种双数形式》是用历史语言学和语言地理学方法研究斯拉夫语的一部力作,曾受到巴黎斯拉夫语研究院的嘉奖。1934年,他在《斯特拉斯堡大学语文系通报》上发表《怎样建立一种句法》一文,提出从属关系语法的基本观点。反映他从属关系语法研究重要研究成果的《结构句法基础》(Elements of Structural Syntax,1959)一书,是他去世以后由他的学生整理出版的。

泰尼耶尔　Tesniére, Lucien Valerius　参见"泰尼埃"。

坦嫩　Tannen, Deborah（1945— ）美国社会语言家。1945年6月7日生于纽约布鲁克林。1966年毕业于纽约州立大学,获学士学位。1970年获韦恩州立大学(Wayne State University)英语文学硕士学位。1973年参加在密西根举办的夏季语言学研修班,自此对语言学产生浓厚兴趣。1979年获加州大学伯克利分校语言学博士学位。曾任加州斯坦福行为科学高等研究中心和新泽西州普林斯顿高等研究院研究员,现任乔治城大学语言学教授。

黛博拉·坦嫩主要研究会话互动中人际关系的表述,专注于社交语境中的言语风格以及性别差异,是最有代表性的文化差异论学者。差异论(Difference Theory / Sub-culture Model / Cross-culture Model / Two-culture Model)由马尔茨（Daniel Maltz)和博克(Ruth Borker)在1982年提出,认为男女由于成长的亚文化背景和社会化过程不同,在语言风格上也因此表现出明显的差异,但两种不同的语言风格并无优劣之分,只是对不同的交际亚文化的反映。

1990年,坦嫩出版了《你误会了我——交谈中的男人和女人》(You Just Don't Understand: Women and Men in Conversation)一书。该书连续四年位居纽约时报畅销书排行榜首位,已被翻译为30多个国家的语言版本。书中阐述了女性谈话中间接委婉的特点,并指出男女交际中的诸多误会,是由于女性寻求亲近关系而男性要求独立地位的差异导致的。同时该书还认为男女之间存在的矛盾主要是他们生长环境的不同造成的,男性倾向于竞争性的谈话,女性倾向于合作性的谈话。他还发现男女交谈的话题也存在重要差异,女性通常会针对一个话题说很久并且延伸开来,而男性则倾向于从一个话题跳到另一个话题。

坦嫩是位多产的学者,出版过19本书,100多篇学术论文。主要作品包括《对话风格:朋友间谈话分析》(Conversational Style: Analyzing Talk Among Friends,1984)、《谈话之声:会话语篇中的重复、对话和意象分析》(Talking Voices: Repetition, Dialogue and Imagery in Conversational Discourse,1989)、《性别和语篇》(Gender and Discourse,1994)和《语篇分析手册》(The Handbook of Discourse Analysis,2001)等。

汤姆森　Thomsen, Vilhelm Ludvig Peter（1842—1927）　丹麦语言学家和突厥学家。1842年1月25日生于丹麦兰根本哈根(Copenhagen)。1859年进入哥本哈根大学神学院,后转语文学院,主修比较语言学,同时学习各种北欧的古典语言以及梵文、阿拉伯语等。1869年获博士学位。除欧洲主要语言外,还通晓梵语、阿拉伯语、俄语、芬兰语、匈牙利语等。毕业后留在哥本哈根大学任教,1871年任语言学副教授,1875年任教授,培养了叶斯柏森(Otto Jespersen)等一批著名学者。1927年5月12日卒于哥本哈根。

威廉·路德维格·彼得·汤姆森是青年语法学派的代表人物,最突出的成就是对突厥学的研究。欧洲早在17世纪就已发现古突厥文碑铭,但一直无人能解读,1893年12月,他在丹麦皇家科学院会议上宣读《鄂尔浑和叶尼塞碑文的解读—初步成果》(Dechiffrement des Inscriptions de L' Orkhon et de L' Ienissei. Notice Preliminaire),确定突厥文中基本的元音和辅音符号,第一次成功解读古突厥文。在此基础上,俄国突厥学家拉德洛夫很快完成对《阙特勤碑》和《毗伽可汗碑》的拉丁文转写。1896年,汤姆森出版《鄂尔浑碑文的解读》(Inscriptions de L' Orkhon Dechiffrees, Memoires de la Societe Finno-Ougrienne),刊布拉德洛夫的转写,并在书后附语法附加字索引及帕克尔(E. H. Parker)对《阙特勤碑》汉文部分的英语译文。1916年,汤姆森再发表长篇论文《突厥学研究》(Turcica),对蒙古和叶尼塞突厥碑铭中的一些难点做出新的诠释。

除突厥碑铭研究外,汤姆森在北欧语言学方面的成果还包括《古代俄罗斯和斯坎地那维亚的关系和俄罗斯国家的起源》(1877)、《芬兰语和波罗的语(拉脱维亚立陶宛语)的接触—语言史方面的研究》(1890)和《欧洲语言学史》(Sprogvidenskabens Historie: Enkortfattet Fremstilling,1902)等。

汤普森　Thompson, Laurence Cassius

(1926—) 英国语言学家。1926年3月11日生于英国汉普郡曼彻斯特市。青年时光在新英格兰度过。1943年在美国明德学院（Middlebury College）学习法语和西班牙语。1945年加入美国军队，随后回明德学院完成学业。1949年入耶鲁大学攻读俄语与斯拉夫语，曾赴越南两年从事实地调查；1954年获博士学位。1957年任教于华盛顿大学。1966年赴夏威夷大学任教。1982年患上由中风引起的失语症。

劳伦斯·卡西乌斯·汤普森对越南语的研究饶有兴趣。他的兴趣主要源于在耶鲁读书期间参加的研究项目，在对越南进行两年的语言实地调查后，完成博士学位论文《南部越南口语语法》（A Grammar of Spoken South Vietnamese, 1954）。之后，他在耶鲁大学教授越南语一年，然后赴加利福尼亚的美国军队学院（后来称为国防语言学院）（the Defense Language Institute）工作，指导俄语和东南亚语言的教学工作。1965年，他的《越南语法》（A Vietnamese Grammar）出版，并一直被视为越南语语法方面的权威著作。

汤普森对北美印第安语言的研究贡献巨大。由于印第安语言研究的共同兴趣，他与玛拉奈尔·汤普森（Maranell Terry Thompson）结成学术伙伴，并于1964年结成连理，之后双双投入北美土著语言的研究。汤普森中风后，玛拉奈尔·汤普森继续开展他们的工作，出版《汤普森河流域撒利希语词典》（Thompson River Salish Dictionary, 1996）等。

特拉恩卡　Trnka, Bohumil（1895—1984） 捷克语言学家。1895年6月3日生于捷克斯洛伐克的小城洪波莱茨（Humpolec）。特拉恩卡早年就已经是英语界的权威，并一生执著于学术事业。1925年任布拉格查尔斯考大学英语语言及古英语文学教授。在其退休的20多年中一直是欧洲语言学界的活跃人物。1984年2月14日卒于布拉格。

博胡弥尔·特拉恩卡在英语研究领域有两篇重要的论文，分别是关于英语动词历时研究的《从卡克斯顿到德莱顿的英语动词句法》（On the Syntax of the English Verb from Caxton to Dryden, 1930）和关于音位学研究的《当代标准英语的音位分析》（A Phonological Analysis of Present-Day Standard English, 1935）。他提出与历时比较相对立的共时比较分析原则，认为语言学运用比较分析的目的，在于确定一个表达系统里不同因素之间的关系。

除对英语研究之外，特拉恩卡还积极从事普通语言学的研究，是布拉格学派的创始人之一。1926年10月16日，布拉格语言学会在马泰休斯（Vilém Mathesius）执教的查理大学召开第一次会议，宣告学会成立。参加这个学会的主要是在捷克斯洛伐克从事斯拉夫语文学和日耳曼语文学研究的学者，他们主张采用新的观点和方法来探讨语言和文学理论问题的学者。除作为学会组织者和领导人的马泰休斯外，学会成员还有特拉恩卡、哈弗拉内克（B. Haldnek）、梵依克（Josef Vachek）、穆卡洛夫斯基（Jan Mukařovsky）、里布卡（Josef Rybka）等人。特拉恩卡把当代普通语言学扩展开来，利用语言历时分析的方法，对语言各个结构层面做实质性的探索，成为布拉格学派的主要力量。

特拉格　Trager, George Leonard（1906—1992） 美国语言学家。1906年3月22日生于美国新泽西州港市纽瓦克市（Newark）的一个俄国移民家庭。因父母在德国工作过很长时间，特拉格自幼在家讲俄语和德语，在纽瓦克当地及学校里讲英语。1922年作为纽瓦克公立学校的优等生，获全额奖学金进入罗格斯大学（Rutgers University）。1929年获哥伦比亚大学罗曼语文学硕士学位，1932年获博士学位。1931—1934年任国际辅助语言协会学术委员。1936年在耶鲁大学做博士后研究，1937年起留校任教。1992年8月31日卒于加州帕萨迪纳市（Pasadena）。

乔治·伦纳德·特拉格对语音学的研究贡献巨大。1941年，与布洛克（Bernard Bloch）共同提出的英语元音系统的音系分析，被称为"布洛克—特拉格系统"。根据两人的分析，英语所有元音均由9个核心成分结合起来构成：6个简单元音和3个韵律成分。布洛克—特拉格系统在1951年重新修订为特拉格—史密斯系统，该系统打破了关于重读的传统观念，对音节重读的度的区分更为细致，认为重读的度有四种，分别是第一重读、第二重读、第三重读和弱重读，可分别用数字表示为1—2—3—4，增加的一个度主要在句子中运用，被称为句子重读。例如，在名词词组 elevator operator 中，其重读就被表示为1—4—3—4+2—4—3—4，与乔姆斯基和哈勒的核心音节理论相同，但若只就单词而言，其音度仍然只有三个。

此外，特拉格在结构主义语言学、美洲印第安语、罗曼语、斯拉夫和日耳曼语等方面的研究均有贡献。主要著作包括《老教堂斯拉夫语基辅残片句的口音及其与当代斯拉夫重读的关系》（The Old Church Slavonic Kiev Fragment, its Accents and Their Relation to Modern Slavonic Accentuation, 1933）、《俄语入门》（Introduction to Russian, 1942）、《法语口语的动词词法》（The Verb Morphology of Spoken French, 1944）和《法语词法：动词词尾变化》（French Morphology: Verb Inflection, 1955）等。

特拉克斯　Thrax, Dionysius（辖，公元前170—前90） 希腊化时代语法学家。本名狄奥尼修斯，出生地可能在现埃及港市亚历山大城,家族血统为色雷斯人(Thracian),因而得名特拉克斯,亦译塞拉克斯。

狄奥尼修斯·特拉克斯是亚历山大利亚学派最重要的代表人物,其代表作《语法科学》(Τέχνη γραμματική [Tékhnē grammatiké])是现存的历史上第一部希腊语语法,也是西方语言的第一部语法。鉴于"语法"一词在希腊语中的本意侧重于读写规则,本书常译作《读写技巧》,其写作目的在于帮助通用希腊语使用者理解荷马等古代诗人的作品。全书分为35节,扼要地描述了希腊语的结构,对其老师亚里斯塔克(Aristarchus of Samothrace)确定的八大词类下了定义,形成了较完备的词类理论。特拉克斯认为,语法是有关诗人和散文作家所使用语言的实际知识,研究语法不是为了解语言,而是为了阅读和写作。

在此后近两千年的历史长河中,欧洲语法学家在分析其他语言时,仍将词性分为八大类,不同之处也只有个别调整。特拉克斯对语法(尤其是词法)研究的影响由此可见一斑。

特里尔 Trier, Jost (1894—1970) 德国学语言学家。1894年12月15日生于德国黑森州福格尔斯贝格县(Vogelsbergkreis, Hessen)的小村庄施尼茨(Schlitz)。曾在弗赖堡(Freiburg)、巴塞尔(Basel)、柏林和马尔堡(Marburg)等地学习德语、罗曼语诸语言和比较语言学。1929年获"特许任教资格(Habilitation)"。1932年起任明斯特大学(University of Münster)教授,1956—1957年任该校校长。1939年成为哥廷根科学院院士。自1961年起,担任德国科学基金会评议员;1964年参与创建曼海姆德语研究所;1968年被授予康拉德·杜登杰出学者奖。1970年9月15日卒于德国北莱茵—威斯特法伦州(Nordrhein-Westfalen)巴特萨尔楚夫伦镇(Bad Salzuflen)。

约斯特·特里尔是语义场理论(Theory of Semantic Fields)研究的先驱者。他的主要著作《理解力之意义范畴内的德语词汇》(Der Deutsche Wortschatz im Sinnbezirk der Verstandes, 1931),是语义场理论研究的奠基之作。在索绪尔、洪堡特等人的语言理论启发下,特里尔将结构主义研究方法引入词义研究领域。他打破传统语义学主要考证个别词汇意义演变的研究传统,关注词与词之间的寓意关系及它们之间的相互影响。他提出,语言中的词不是孤立的,通过把相互关联的词汇和短语组织起来,可以发现其间的相互关系,意义相关的词构成一个个词场(lexical fields),词汇场的集合构成语言的词汇总和。

特鲁别茨柯依 Trubetzkoy, Nikolai Sergeyevich (Николай Сергеевич Трубецкой, 1890—1938) 俄国语言学家。1890年4月16日生于莫斯科,立陶宛大公格迪米纳斯(Gediminids)家族后裔,其父为当时著名的哲学家。1908年考入莫斯科大学历史语文学系,1913年毕业后执教于莫斯科大学,1916年获莱比锡大学梵语与比较语言学博士学位。俄国十月革命爆发后,赴顿河畔罗斯托夫大学(Rostov-na-Donu University)任教,1920—1922年任教于保加利亚索菲亚大学(University of Sofia)。1923—1938年任维也纳大学斯拉夫语语文学教授。由于撰文抨击希特勒的理论,遭受纳粹迫害。1938年6月25日因心脏病突发卒于维也纳。

尼古拉·谢尔盖耶维奇·特鲁别茨柯依是布拉格学派的主要代表人物,其学术专长为音位理论。他把索绪尔的对立论和库尔特内(Jan Baudouin de Courtenay)的功能观应用于语音研究,提出把音位(phoneme)定义为语言结构中最小的可区分意义的语音单位,并认为音位学应独立于语音学成为独立的学科。他指出,语音学研究言语的声音,而音位学研究语言的声音。

特鲁别茨柯依的研究成果在其逝世后由雅柯布逊(Roman Jakobson)整理出版,命名为《音位学原理》(Principles of Phonology, 1939),该书对音位学的研究原则和研究目标做出勾画,既是布拉格学派的代表作,也是音位学的奠基之作。

特纳(马克·～) Turner, Mark (1954—) 美国认知科学家、语言学家和作家。1974年毕业于加州大学伯克利分校英语专业,获学士学位,1978年获数学专业学士学位;1979年获数学专业硕士学位,1983年获英语专业博士学位。2001—2004年任马里兰大学特聘教授,2002—2004年任行为科学高等研究中心副主任;2004—2006年任美国凯斯西储大学(Case Western Reserve University)艺术与科学学院院长,2006—2009年任认知科学系主任;现任学院资深教授、认知科学教授。

马克·特纳的学术专长为认知科学、语言学、运筹学、推理与沟通、新闻传媒、市场营销等。他初期的研究涉及英语教学、心理学、社会学等领域,后与法国语言学家福柯涅(Gilles Fauconnier)合作,提出概念整合理论(Theory of Conceptual Blending)。他们还将空间整合理论运用于语法化过程、话语分析、转喻、一词多义和整合空间网络等多领域的研究。

特纳著述颇丰,主要作品包括:《超越冷静的推理——诗歌隐喻导读》(More Than Cool Reason: A Field Guide To Poetic Metaphor, 1989 与雷考夫合著)、《解读思维——认知科学时代下的英语研究》(Reading Minds: The Study of English in the Age of Cognitive Science, 1991)、《概念整合的原则——

对话与认知》(Principles of Conceptual Integration: Discourse and Cognition, 1998 与福柯涅合著)、《概念整合网络》(Conceptual Integration Networks, 1998)、《我们的思维方式》(The Way We Think, 2002)、《一词多义与概念整合》(Polysemy and Conceptual Blending, 2003)、《心智与语言十讲》(Ten Lectures on Mind and Language, 2011)、《整合之元素》(Elements of Blending, 2013)和《念想之源——整合力、创造力与人性火花》(The Origin of Ideas: Blending, creativity, and the human spark, 2014)等。

特纳（拉尔夫·利利·～爵士） Turner, Sir Ralph Lilley （1888—1983） 英国语言学家和印度语专家。1888年10月5日生于伦敦查尔顿(Charlton)。曾就读于剑桥大学基督学院(Christ College)，学习古典文学和梵语。1913年在印度贝拿勒斯(Benares)的皇后学院教授梵语。1920年转到贝拿勒斯印度教大学任印度语言学教授。1922年回到英国，任伦敦大学新成立的亚非学院梵语系主任。1950年获骑士封号。1983年4月22日卒于伦敦。

拉尔夫·利利·特纳爵士对语言的研究很广泛，涉及古吉拉特语、信德语、尼泊尔语、吉卜赛罗马尼亚语、印度雅利安语等语言。在他的学术著作中，最具代表性的是他的两本大词典：《尼泊尔语对比与词源词典》(A Comparative and Etymological Dictionary of the Nepali Language, 1931)和《印度雅利安语对比词典》(A Comparative Dictionary of the Indo-Aryan Language, 1966, 1969, 1971, 1985)。1931年出版的尼泊尔语词典将收录的每个词都列出相应的古、中、新印度雅利安语同源词，成为35年来印度语言学中不可或缺的工具书。

特纳（洛伦佐·道·～） Turner, Lorenzo Dow （1895—1972） 非裔美国语言学家。1890年8月21日生于美国卡罗来纳州伊丽莎白市。据说为规避一些基金会关于赠予设定的年龄限制，将出生年份改为1895年。1914年获霍华德大学的学士学位。1917年获哈佛大学的硕士学位。其后被聘为霍华德大学英语系教授。1926年获芝加哥大学英语专业博士学位。1928年离开霍华德大学创建《华盛顿太阳报》。1929年任教于菲斯克大学(Fisk University)。1946年任教于芝加哥的罗斯福大学。1951—1952年受富布赖特项目资助赴非洲考察，沿途研究语言学和民间故事。1972年2月10日卒于芝加哥。

洛伦佐·道·特纳是美国语言学会(LSA)的第一位非洲裔美国人会员。他的突出成就在于对南卡罗来纳州和佐治亚州低地乡下的嘎勒语进行了富有成效的研究，著有《嘎勒英语方言中的非洲文化特点》(Africanisms in the Gullah Dialect, 1949)。其他重要著作还包括《克里奥耳民间传说及文学作品选》(An Anthology of Krio Folklore and Literature, 1963)和《克里奥耳语文本及语法注释和英文译本》(Krio Texts, with Grammatical Notes and Translations in English, 1965)等。他去世后，留下了大量从西非和巴西获得而未及整理出版的珍贵材料。

特尼耶尔 Tesniére, Lucien Valerius 参见"泰尼埃"。

特斯尼埃 Tesniére, Lucien Valerius 参见"泰尼埃"。

特瓦尔多夫斯基 Twardowski, Kazimierz （1866—1938） 波兰哲学家和语言学家。1866年9月20日生于奥地利的维也纳。1886—1889年在维也纳师从布伦塔诺(Franz Brentano)学习哲学。1892年获博士学位，后曾在维也纳大学任教。1895年任利沃夫大学(University of Lvov)哲学教授。1914—1917年任校长。曾获华沙大学和波兹南大学所授予的荣誉博士学位。1938年2月12日卒于利沃夫。

卡齐米日·特瓦尔多夫斯基非常关注波兰的哲学研究。他主张这种研究不能是单向的，因此大力传播英法哲学传统和成就，并开始发展波兰哲学的组织框架。1904年在利沃夫建立波兰哲学学会。1911年起还专门发行期刊研讨国内外的哲学问题。他主张在哲学中采用科学研究方法，反对用主观性方法和个人观点来分析问题，声称哲学是科学的理论，是研究人类认知的科学。他将认知精神现象分为表征和陈述，前者又可分为图像和概念，根据这种区别，表征不是陈述的一个元素，但却是它的必要条件。特瓦尔多夫斯基还提出讲话要遵循清晰原则，认为说话不清楚的人思想也是混乱的。后来他的学生追随其思想，组建华沙利沃尔哲学学院，研究分析哲学。

特沃德尔 Twaddell, William Freeman （1906—1982） 美国语音学家和语法学家。1906年3月22日生于纽约州拉伊市(Rye)。曾就读于哈佛大学攻读德语语文学，1927年获硕士学位，1930年获博士学位。1937年任威斯康星大学德语教授兼德语系主任。1946年任布朗大学德语教授兼德语系主任，随后任新成立的语言学系主任，一直任职到退休。1953年当选美国语言学会会长。1982年3月1日卒于罗得岛普罗维登斯(Providence)。

威廉·弗里曼·特沃德尔的早期职业生涯恰好与美国的结构语言学研究高潮处于同一时期。他的《论限定音素》(On Defining the Phoneme, 1935)一文被认为是前生成语音学理论的标志性著作。他的研究方法与后布龙菲尔德学派根据分布特性来定义音素的声音单位概念相距甚远,它立足于例证对比方法,属于结构主义尚未成形阶段的理论。他的《英语动词性助词》(The English Verb Auxiliaries, 1960)也是生成语法主导时代之前的一部描写英语语法的重要著作。在布朗大学期间,特德沃尔为美国外语教学的发展做出了相当大的贡献,他编写了多本德语教材,并将计算机引进到课文材料处理当中,后来研发的布朗当代英语标准语料库也受到过他的启发。

滕卡特　ten Kate Hermansz, Lambert　参见"卡特·赫尔曼茨"。

藤冈胜二　Fujioka, Katsuji　(ふじおか かつじ,1872—1935)　日本语言学家。1872年8月12日生于日本京都。1897年毕业于东京帝国大学文学院语言学专业,之后继续研究生学习。1901年由日本政府公派至德国学习语言学。1905年任东京帝国大学副教授,1910年任教授,1933年退休。1935年2月28日卒于东京。

藤冈胜二为日本语言学界的领军人物,是日本第一位归纳出阿尔泰语系语言(尤其是乌拉尔语族、阿尔泰语族、日语)结构相似性的学者,也是日本第一位翻译中国清代历史文献盛京本《满文原档》(日语译本称《满文老档》,Manbun roto)的学者。他兴趣广泛,涉及欧亚语言的语言学、语音学,例如土耳其语—蒙古语—汉语研究、乌拉尔—阿尔泰语系、希腊语、拉丁语、法语、罗曼语族和日耳曼语语法等。他主攻印欧语言学和语言学史,主要观点涉及语法和句法方面,认为词序在句子结构中占重要作用。1908年,他在讲座"日语的位置"(The Position of Japanese)中列出阿尔泰语系十四条特征,成为学者们讨论日语和阿尔泰语系谱系关系的标准,但他本人却怀疑两者存在谱系关系。他曾翻译布龙菲尔德(Maurice Bloomfield)、惠特尼(William Dwight Whitney)、索绪尔(Ferdinand de Saussure)、加贝伦茨(Georg von der Gabelentz)、保罗(Hermann Paul)、梅耶(Antoine Meillet)等著名语言学家的代表作品。

藤冈胜二的主要论著为《怎样学习日本语》(How to Study the Japanese Language, 1907),并编纂《英日大辞典》(A Complete English-Japanese Dictionary, 1900—1932)。

藤堂明保　Todo, Akiyaso　(とうどうあきやす,1915—1985)　日本语言学家和汉学家。1915年9月20日生于日本东京附近三重县的一个教师家庭。自1921年起跟随被派往中国工作的父亲在中国生活了11年,打下良好的汉语基础。1938年毕业于东京大学,加入日本驻外服务部,被派往北京学习高级阶段的汉语及文化。二战爆发后应征入伍,被派驻中国,任部队的汉语教员。二战后,进入东京大学继续攻读汉语语言学和哲学,同时教授汉语,后任东京大学汉语文学系系主任。1970年因不满当局对东京大学学潮的处理而辞职。1972年受聘到早稻田大学工作,在东京组织一个私人的汉语与文化研究所,一直亲自主持工作到生命最后一刻。1985年2月26日卒于东京。

藤堂明保对汉语研究的兴趣最初主要在音韵学方面。1957年,完成一项关于当代汉语音韵学的研究课题,并与他东京大学时的导师服部四郎合著《中原音韵学研究》(Research on the Phonology of the Zhongyuan Yinyun)。该书涉及对中古、上古汉语音韵的探讨,内容丰富,论述系统,是反映藤堂明保语音韵学成就的代表之作。

20世纪60年代,藤堂明保的研究重心由音系学转向汉字的历史与分类。汉字传统上有214组语义元素和几百个语音元素,但随着时间的发展,语义元素的语义界线已经有些模糊,而享有共同语音元素的汉字在发音上也许截然不同。如果仍采用传统的方法分析,势必会出现许多前后矛盾的地方。他认为,古代语音音素常常与其古语义值相对应,并且书写形式也常常体现出同样的语义值。在汉字研究方面,他撰有《中国语虚词的位相问题》(1948)、《"祖"与"社"的语源》(1957)等论文,著有《汉字语源研究——上古汉语字词族群之研究》(1963)、《汉字的起源》(1966)、《带"女"字旁的汉字》(1967)等著作。此外,藤堂明保还在国家公共NHK电视台做过大量关于汉语语言与语言学的讲座。

20世纪七八十年代,藤堂明保除参与很多教学与社会活动外,仍继续汉语字词和词典编纂方面的研究。1988年,他出版其标志性著作《汉字源字典》(Kanji-gen Character Dictionary),成为日本汉字词典的权威性著作,不断再版。

提里　Tilly, William Henry　(1860—1935)　德国语言学家。1860年11月29日生于澳大利亚悉尼市彼得沙姆(Petersham)。曾在墨尔本的机械学院学习皮特曼的速记法(当时称为表音速记法),1877年获得任教资格证书。其后在卡姆登大学(Camden College)和悉尼大学学习,做过教师工作。1890年赴德国学习语言课程。1893年被聘为马尔堡大学英语系讲师,在马尔堡成立私立的提里学院(Institut Tilly),采用大胆创新的教学方法教授德语和其他当代语言。1914年一战爆发,因另类举动在德国被捕入狱一年,后避往美国。1918年任纽约哥伦比亚大学语音学教授。1892年加入国际语音学协会(IPA),1900年入选国际语音学协会理事会。1935年9月29日卒于新泽西州东部小镇田纳福莱(Tenafly)。

威廉·亨利·提里倡导激进的"完全浸润式"教学,反对翻译教学法,学生完全被置于目的语的强化训练中,连续几周都不允许有任何说、读、甚至是听母语的机会。他的方法获得极大成功,于1902年辞去大学工作,专心办学,后将提里学院搬迁至柏林,吸引了来自世界各地的学生。他到美国任教后,对美国很多院校的语音训练和实用语音学教学方面,都产生了相当大的影响。提里的著作很少,他对语言学发展的影响主要体现了他的人格魅力,以及作为语言教师和实用语音学家的非凡能力,他致力于在欧洲及美国,尤其是美国各大学的相关学科,传播国际语音学学会信息及其标音字母知识。

廷贝亨　Tinbergen, Nikolaas "Niko"
(1907—1988)　荷兰动物学家。1907年4月15日生于荷兰海牙,自幼喜欢观察动物。1932年在莱顿大学获博士学位后,去北极进行科学考察一年,对雪鹀和爱斯基摩雪橇狼狗等的行为进行了观察,从而得以深刻理解到动物行为的演化。其后返回莱顿大学任讲师,后晋升为动物系主任和实验动物学教授。1949年任动物学教授,并建立了动物行为研究部。由于对动物行为、习性学研究所取得的成果,1973年被授予诺贝尔生理学和医学奖。1988年12月21日卒于英格兰牛津。

尼古拉斯·廷贝亨是动物心理学家、习性学的先驱。他特别强调在自然环境下观察研究动物,他对海鸥行为进行长期观察,分析引起动物特殊行为反应的刺激,探索动物行为和习性学的关系。他认为,对动物的生存来讲,学习行为与本能行为同等重要。他还认为带有信号作用的动物社会行为往往是社会矛盾的结果,后来他用这个观点来解释儿童孤独症行为的发生。1938年廷贝亨与罗伦兹(Konrad Zacharias Lorenz)合作写出雁鹅的滚蛋行为后,三十多年一直相互合作、批评、启发,从而颇有成果地发展了习性学这门学科,为精神病学的发展铺平道路。

廷贝亨的电视影片和通俗读物对普及生物学做了大量贡献。但和许多做普及工作的人不同,他从不对人的尴尬情境进行庸俗的预测。廷贝亨后期对人的研究更有兴趣,他用生物学观点研究孩子的自闭症(亦称堪纳氏综合征),认为导致自闭的原因是孩子对于人际交往的害怕心理和想与人交往的欲望受挫之间的冲突。

廷贝亨除发表大量科学论文外,主要著作有《本能的研究》(*The Study of Instinct*, 1951)、《动物的社会行为》(*Social Behavior in Animal*, 1953)、《海鸥世界》(*Herring Gull's World*, 1951, 1961)和《好奇的自然学家》(*Curious Naturalists*, 1958)等。

廷代尔　Tyndale, William　(1494—1536)
英国宗教改革家和《圣经》译者。约1494年生于英格兰格洛斯特郡(Gloucestershire)。1515年毕业于牛津大学,后移居剑桥,在那里结识神学家伊拉斯谟(Desiderius Erasmus),并深受其影响。1522年着手将《新约圣经》从希腊文翻译成通俗易懂的英文,向英格兰民众宣传,但遭到英国教会官员的反对,他们认为只有神职人员才可以阅读《圣经》。1524年离开英国去往德国,辗转到科隆之后,在马丁·路德(Martin Luther)门下受教,并且完成《新约》英译本。1525年不顾罗马天主教的百般阻挠,在德国出版了完整的《新约圣经》。1526年将译本偷运回英国,在民间传播,却因此在英国和整个欧洲树敌无数。因继续出版《旧约圣经》前五卷(1530)和《约拿书》(1531)的英文译本,还写过一些支持新教教义的书籍,1535年被捕入狱,囚于比利时布拉班特省菲尔福尔德(Vilvoorde, Duchy of Brabant)的城堡;一年多后,于1536年10月6日以异端叛国罪被判处绞刑,尸体焚烧于火刑柱上。

威廉·廷代尔的《圣经》译本对其后的英语产生了重大影响。在翻译过程中,廷代尔将许多新词引入英语,还根据造词规则和语音拼合现象新造了不少单词和短语。很多杜撰的新词和短语在后来的钦定本圣经中得以继续沿用。1536年,在英国国王亨利八世的法令下出版廷代尔翻译的《新约》。廷代尔译本是第一部直接译自希腊文和希伯来原文的英译本,在以后的几个世纪里一直都是所有英译本仿效的版本。

图尔内森　Thurneysen, Rudolf　(1857—1940)　德国语言学家。1857年3月14日生于瑞士巴塞尔(Basel)。先后求学于巴塞尔、莱比锡、柏林和巴黎,学习古典语文学。1879年获得学位晋升,1882年获从耶拿大学获得拉丁语和凯尔特语特许任教资格。1885—1887年任教于耶拿大学,其后接替布鲁格曼(Karl Brugmann)任弗赖堡大学比较语文学首席教授。1913年转赴波恩大学任教,1923年退休。1940年8月9日卒于德国波恩。

鲁道夫·图尔内森运用历史比较语言学的方法研究古爱尔兰语,代表作是两卷本的《古爱尔兰语语法》(*Handbuch des Alt-Irischen*, 1909)。后由丹尼尔·宾奇(Daniel Anthony Binchy, 1899—1989)和奥斯本·伯金(Osborn Joseph Bergin, 1873—1950)译成英文 *A Grammar of Old Irish*,近几年仍有重印。此外,他对拉丁语、凯尔特语都有研究,并在古爱尔兰语言史、文学史及法学史方面颇有建树。其他著作还包括《爱尔兰英雄与国王传奇》(*The Irish Sagas of Heroes and Kings*)和《凯尔特法律》(1935)等。

图克　Tooke, John Horne　（1736—1812）
英国神职人员和激进政治家。原名约翰·霍恩（John Horne），1736年6月25日生于伦敦威斯敏斯特。曾求学于剑桥大学，当过律师，1760年被授以神职，任教区牧师。但真正的兴趣在政治和法律方面，寻求宪政改革，参加过很多激进的政治活动，并于1770年创立宪政学会，支持美洲殖民地自治和议会改革，强烈反对圈地法案。1778年因支持美国独立而获刑。1794年再被指控叛国罪，但后来被判无罪。1801年当选为议员。退休后定居于伦敦附近温布尔顿（Wimbledon），1812年3月18日温布尔顿。

约翰·霍恩·图克在语言方面的兴趣源于第一次入狱，服刑期间写出学术专著《珀利的转变》（The Diversions of Purley），共分两卷，分别于1786年和1805年出版。在《珀利的转变》中，他的政治观点与语言学观点相辅相成，认为某些领域的话语，例如政治和法律话语，只能由上层阶级接触。

图灵　Turing, Alan Mathison　（1912—1954）
英国数学家和逻辑学家。1912年6月23日生于伦敦，父亲是当时驻印度的行政官员。未随父母赴印度，而是被寄养在英国一个海滨小城的退伍军人家里。1931年进入剑桥大学皇家学院学习，毕业后到美国普林斯顿大学攻读博士学位，二战爆发后回到剑桥任教。1954年6月7日卒于曼彻斯特。

艾伦·麦席森·图灵被誉为计算机科学之父、人工智能之父。他24岁时提出"图灵机"设计，33岁设想出人工智能系统，35岁提出自动程序设计概念。第二次世界大战期间从事密码研究，几乎凭借个人的天才破解了德国的密码系统，挽救了整个英国，帮助盟军取得了二战的胜利。1942年，已经解决密码破译问题的图灵，开始思考建造人工大脑的问题。他提出人脑和万能图灵机通用计算机之间存在相似性。二战结束后，他先后在英国国家物理实验室和曼切斯特大学计算机实验室工作。1950年发表题为《计算机与智能》的论文，由此奠定了人工智能学科的基础，为其赢得"人工智能之父"的桂冠。他的贡献使他成为计算机界的第一人，为了纪念这位伟大的科学家，计算机界的最高奖定名为"图灵奖"（又名"杜林奖"）。

作为一位善于抽象思维的科学家，图灵对语言学作出的贡献往往被人们忽视。在语言学方面，图灵认为语法体系可被看作是一部图灵机，生成语法是可以产生"正确"而且是唯一"正确"的句子的方法。

图姆　Thumb, Albert　（1865—1915）　德国语言学家。1865年5月18日生于弗赖堡（Freiburg im Breisgau）。研究生时曾师从卡尔·布鲁格曼（Karl Brugmann），其学术生涯在很大程度上来自其老师的影响。1888年在斯特拉斯堡大学获得博士学位，论文课题为希腊语的送气音。毕业后到慕尼黑和希腊继续从事研究工作。1891年在弗赖堡大学担任无薪教师，1901年赴马尔堡工作。1909年回到斯特拉斯堡大学任教，获得印欧语语言学教授职位。1915年8月14日卒于斯特拉斯堡。

阿尔伯特·图姆主要以研究希腊语闻名于世。当时学界关于2—6世纪的古希腊共同语产生的基础意见不一。克雷奇默（Paul Kretschmer）认为希腊方言最初在发展过程中就相互聚合，早期相对于晚期有较大的差异，并提出古希腊共同语是绝大多数不同方言的融合。图姆则坚持古希腊共同语与阿提卡语一致，只是掺入了伊奥利亚语的某些特征，而其他方言的特征几乎没有。当时从事印欧语研究的专家中，既擅长古希腊语又擅长当代希腊语的少之又少，而图姆就是其中一个。

图姆的论著以古希腊语和现代希腊语的研究为主，其中包括《希腊方言手册》（Handbuch der Griechischen Dialekte，1909）、《现代希腊语口语手册》（Handbuch der Neugriechischen Volkssprache，1910）和《现代希腊语口语语法》（Grammatik der Neugriechischen Volkssprache，1915）等。除此之外，他还精通印度学研究，曾在马尔堡教授印度学课程，并与人合著《梵语手册》（Handbuch des Sanskrit，1958），后来成为该领域的经典著作。

涂尔干　Durkheim, Émile　参见"迪尔凯姆"。

托波罗夫　Toporov, Vladimir Nikolaevich
（Владимир Николаевич Топоров，1928—2005）
俄罗斯语文学家和语言学家。1928年7月5日生于莫斯科。1951年毕业于莫斯科国立大学，求学期间学过印度雅利安语、波罗的语及其他一些印欧语系语言；1954年完成研究生学业，1954—1961年任研究助理。1961—1991年在苏联科学院斯拉夫研究所工作，自1990年起一直在俄罗斯科学院工作。2005年12月5日因肺炎和心脏病卒于莫斯科。

弗拉基米尔·尼古拉耶维奇·托波罗夫是符号学研究的先驱人物，研究领域非常广泛，涵盖斯拉夫语、波罗的语、印欧语和俄语。1956年雅柯布逊（Roman Jakobson）对莫斯科大学的访问为苏联的语言学研究注入了数学方法，苏联符号学与结构语言学随之兴起，最终形成"塔尔图—莫斯科（Tartu-Moscow）学派"，而托波罗夫则是该学派的重要代表人物。他曾参加过野地远征，记录了大量凯特语（Ket）语料，开展过关于叶尼塞河的语言地理以及伊朗语对西伯利亚本地语言影响的研究。1965年与特鲁巴切夫（Oleg N. Trubachev）合著《关于第聂伯河地区河流名称的语言学分析》（Linguistic Analysis

托波罗夫在印欧语神话方面也论著颇丰。在不少作品中，他都提到猜谜和魔法的结构问题。通过对比斯堪的纳维亚的史诗、中世纪伊朗史诗以及古印度吠陀中的问答形式，他提出猜谜活动在原始社会时期出现于新旧交替的伪宇宙生成仪式中，其作用在于试图通过对宇宙和人类起源的审视超越混沌状态，从而过渡到正常的、日常的宇宙秩序。有些民族作谜的时间一般是 12 月至 1 月，由老年人作指导，其内容从有关人的主题开始，随着时间向新年的推移，以宇宙观告终。中国屈原所作的《天问》与此相似。他还指出，这种古典形式后来演化成儿歌、占卜、谚语、数数游戏等。这方面的作品包括《论神话诗的空间：文选》(On Mythopoetical Space: Selected Articles, 1994)和《神话、仪式、符号、意象：神话诗学研究选集》(Myth, Ritual, Symbol, Image: Selected Studies in Mythopoetics, 1995)等。

在词源学方面，托波罗夫关注篇章的重构及可能出现的碎片和变化，著有《词源学与语义学研究》(Studies in Etymology and Semantics, 2004)，认为词源学是可以多元化的，支持法国语言学家本维尼斯特(Émile Benveniste)的理论，强调语义与传统的对应关系。

托布勒　Tobler, Adolf　(1835—1910)　瑞士语言学家。1935 年 5 月 23 日生于瑞士苏黎世州希瑟尔镇(Hirzel, Kanton Zürich)，在苏黎世和波恩学习古典及当代文学。1857 年获苏黎世大学博士学位。1867 年于伯尔尼取得大学任教资格，后成为德国柏林大学办学史上首位罗曼语语文学教授。1910 年 3 月 18 日卒于柏林。

阿道夫·托布勒主要研究高卢罗曼语。他的研究方法植根于对中世纪文学文本的仔细研读和批评之上，努力理解词汇和句法的细枝末节，强调将文本放到它们所属的文化和历史背景中来理解。他编纂有《古法语大词典》(Altfranzösisches Wörterbuch, 1915)，逝世后由其弟子洛马奇(Erhard Lommatzsch)整理出版。托布勒凭借其坚实的语文学基础，追求对中世纪文学文本的准确参照，从而保证《古法语大词典》成为古法语和法语词汇史学习者不可多得的工具书。他的句法理论主要体现在五卷本《法语语法散论集》(Vermischte Beiträge zur Französischen Grammatik, 1886—1912)中，共收录语法分析方面的论文约 100 篇。他的形态句法学分析与《古法语大词典》编纂工作紧密联系，并未将词法和句法现象严格区分开来。

托布勒还曾于 1880 年写成一本有关法语诗律的经典教科书《关于新旧时代的法语诗歌结构——基础知识汇总》(Vom französischen Versbau alter und neuer Zeit. Zusammenstellung der Anfangsgründe)，后被翻译成法语《法语语法合集》(Mélanges de Grammaire Française, 1905)，书中采用历时进化主义的方法，展现了基于韵律学的当代法语诗体论。

托马（彼得·～）　Toma, Peter　(1924—2010)　匈牙利裔美国机器翻译学家。1924 年 7 月 10 日生于匈牙利东南部多波茨(Doboz)。1945 年沦为难民，逃往德国巴伐利亚。因通晓匈牙利语、英语和德语，具备多语能力，托马担负起美国陆军第三军与许多匈牙利难民之间的联络工作。1952 年移民美国，1957 年加入美国国籍。1954 年进入加州理工学院物理实验室工作，首次接触计算机，从此立志投身于机器翻译的研究与开发事业；1958 年被聘为物理教师。1970 年获波恩大学传播与计算机科学博士学位。2010 年 6 月 24 日卒于美国。

彼得·托马 1954 年最早接触的是加州理工学院的第一台计算机——205 型数据处理机。参加了首批计算机培训后，他立刻意识到基于计算机的语言翻译前景无限好，于是开始学习编程和系统故障排除等方面知识。同年，托马加入乔治敦大学机器翻译项目(持续到 1961 年)，研发系统 SERNA(S Russkogo Na Angliskij 即"从俄语到英语的翻译")，继而在洛杉矶的计算机概念公司研发出 AUTORAN 和 TECHNOTRAN 系统。然而，1966 年成立的语言自动处理咨询委员会(Automatic Language Processing Advisory Committee，简称 ALPAC)提交的报告以及当时的政治形势，几乎将美国的机器翻译研究扼杀于萌芽之中。托马在德国主要以波恩大学为中心，成功地展示了两个系统。欧洲的接纳和资助促使美国空军部队开始支持其最新发明 SYSTRAN(系统翻译)，1969 年被安装在赖特·帕特森(Wright Patterson)空军基地。欧共体从 1976 年开始引入 Systran 系统。1985 年托马将 SYSTRAN 系统卖给总部在加州拉霍亚(La Jolla)的法国专利经销商让·加绍(Jean Gachot)，用以资助在新西兰召开的冲突解决高层研讨会，增进东西方的密切联系。

1990 年，托马加入阿尔科(Alcor)生命延续基金会，开始研究寿命及其相关科学。但他对机器翻译的热情一直未变。2003 年在布达佩斯遇到妻子瑞卡(Réka)，两人合作实施他的最新发明——"VOXTRAN 发声翻译系统"和"个人翻译家(PT)"，项目参与者包括世界知名的科学家、行业专家和布达佩斯当地的一个专业团队。

托马（约翰·雅各布·～）　Thomas, John Jacob　(1840—1889)　法国黑人语言学家。1840 年生于南特立尼达岛(South Trinidad)，求学于岛上的行政区学校。母语为英语，同时掌握希腊语、拉丁语、法语和西班牙语。1860 年起任克里奥耳语区萨沃尼塔

(Savonetta)一所学校的校长,其间向学生学习当地语言。1866年在新式公务员考试竞争中获第一名,随后在财务将军办公室任职;1869年担任和平使节赴墨西哥塞德罗斯岛(Cedros),其后以公务员身份主要在在特立尼达岛从事教育工作,曾在教育委员会和女王学院委员会供职。1889年9月20日在出访英国时因病卒于伦敦。

约翰·雅各布·托马是第一个研究克里奥耳语法的语言学家。1869年,他出版了《克里奥耳语法理论与实践》(*The Theory and Practice of Creole Grammar*),书中描述了他所居住的塞德罗斯岛屿的克里奥耳语,虽然这种语言并非他本人的母语,但书中对于语言描述精确、论述全面,一直到20世纪都是经典著作。1873年他赴英格兰参加伦敦哲学学会,在会上宣读论文《论克里奥耳语若干特殊之处》(*On Some Peculiarities of the Creole Language*)。作为黑人学者,托马于1876年出版《弗鲁德性质》(*Froudacity*),与白人学者弗鲁德(James Anthony Froude)在《尤利西斯的感激》(*The Bow of Ulysses*)中持有的观点展开辩驳,后者认为西部印度黑人天生低贱、应该受到英国殖民统治。三年后,托马因关节炎和弱视辞去公职,于养病期间将《在西班牙政府统治下的特立尼达岛历史》(*A History of Trinidad Under the Spanish Government*)从法文译成英文。1883年病愈后,被任命为圣费尔南多高中校长。1888年托马第二次出访英国,意欲为推出《克里奥耳语法理论与实践》第二版做准备,将西印度群岛与世界上其他地方的克里奥耳语法进行对比,但因病辞世而壮志未酬。

托马斯(埃尔福特的～)　Thomas of Erfurt
生卒年份日期不详,有可能是德国图林根州埃尔福特人。曾就读于巴黎大学,获文学硕士(Magister artium)学位。1300年左右曾任埃尔福特教区长以及当地圣塞梵瑞学院和雅各布学院院长。

埃尔福特的托马斯是思辨语法学派(Modists' School)的著名学者之一。在巴黎求学时,他受到法兰西哲学家赫利亚斯(Petrus Helias,约1100—1166)思想的影响,开始对语言进行哲学思考。代表作包括《表意新模式》(*Novi Modi Significandi*)和《论表意模式或曰思辨语法》(*Tractatus de Modis Significandi sive Grammatica Speculative*)两部著作。其《论思辨语法》一直被误认为是中世纪中期三大神学家、苏格兰人斯科特斯(Duns Scotus,1266—1308)的作品,直到1922年才由德国哲学家格雷布曼(Martin Grabmann,1875—1949)证明是托马斯的苦心孤诣之作。托马斯把语法分为正字法、语源学、句法学以及作诗法等几个类别,如此划分随后成为欧洲语法研究的分类标准。在罗马时期的拉丁语法研究中,句法很少引起学者的关注,但托马斯已经开始高度重视句法,认为句法规则与人类大脑活动相关,所有语言只存在一种核心语法。托马斯的思想很长一段时间未被重视,后来胡塞尔(Edmund Husserl)在其著作中证明核心语法的提法有坚实的基础,当代乔姆斯基学派兴起也是对这种大脑与语法关系的思想的回顾。

托瓦　Tovar, Antonio　(1911—1985)　西班牙语言学家。1911年5月17日生于西班牙中部的巴亚多利德(Valladolid)。从小习得巴斯克语(Basque)和巴伦西亚语(Valencian)。曾在巴亚多利德、马德里、巴黎以及柏林等地求学,获得过法律、历史、考古学和古典文学等多个学位,在语言学研究方面有着广泛的兴趣。1941年在马德里获博士学位。1942—1963年任萨拉曼卡(Salamanca)大学拉丁语系主任,其间的1948—1949年任教于布宜诺斯艾利斯大学,1951—1956年任萨拉曼卡的教区长。因追随法西斯长枪党(Falange),被撤销教区长和系主任职位,被迫离开西班牙。20世纪70年代中期,西班牙政治转型后回国。1985年12月13日卒于马德里。

安东尼奥·托瓦是西班牙语科学院成员,并获得过多所大学所授予的荣誉学位。他注重经典研究,对拉丁语法、希腊历史与考古、柏拉图研究、题铭研究等都有贡献。在印欧语比较语言学领域,他在凯尔特语、日耳曼语、斯拉夫语和意大利语的历史方面都有论著。在罗曼语研究方面,他对西方罗曼语的辅音之减弱现象有所研究。因师从莫热诺(Gomez M. Moreno),他还对伊比利亚半岛的古代语言和印欧语之前的语言及其后的发展有过研究。在研究巴斯克语时,他应用了斯沃德什(Morris Swadesh)的词汇统计学和词源统计分析法,得出颇具争议的结果:巴斯克语与柏柏尔语更加相近,而不是与高加索语更接近。1984年居住在南美洲时,他写出南美印第安语目录,包括有价值的著书目录和分类法信息。托瓦对南美洲语言进行过实地调查,鼓励对哥伦布之前的语言进行研究,认为这样才能更全面地去研究西班牙文化。

托瓦在语言研究方面的重要著述是《西班牙和葡萄牙的古老语言》(*The Ancient Languages of Spain and Portugal*,1961)。此外,托瓦的广泛兴趣还体现在他对当代文学和音乐的论著,以及对教育改革和当代大学在世界上地位的探讨。

瓦尔玛(迪伦德拉·～)　Varma, Dhirendra

(1897—1973) 印度语言学家。1897年5月17日生于印度北方邦的巴雷利城(Bareilly)。1908年入北安查尔邦台拉登(Dehradun)的达盎哄学院(DAV College)，后转入勒克瑙大学女王学院(Queen's College, Lucknow)学习印地语，1918年以优异成绩毕业，获文学士学位。1921年毕业于安拉阿巴德(Allahabad)缪尔中央学院(Myor Central College)，获梵语文学硕士学位。1924年成为阿拉哈巴德大学新设立的印地语系的第一位教师。1934年赴巴黎大学进修，在朱尔·布洛赫(Jules Bloch)的指导下学习语言学，1935年获博士学位。其后长期担任阿拉哈巴德大学印地语系主任、印度斯坦研究所所长等职务，晚年曾任中央邦萨格尔大学副校长。卒于1973年4月23日。

迪伦德拉·瓦尔玛是一位著名的诗人和作家，用印地语和布拉吉语(Braj Bhasha)写作。他也是将科学的方法引入印地语语言和文学研究的第一人。他出版于1933年的《印地语史》(Hindi Bhasha ka Itihasa，即 History of Hindi language，1933)是第一部印度诸语言的科学史，系统地论述了印地语语音和语法演变的历史。他曾是第一部印度百科全书的主编，其他主要著作还包括《农村印地语》(1933)、《印地语及其文字》(1933)、《布拉吉语语法》(1937)和《印地语辞典》(1952)等。

瓦尔玛(希德什瓦·～)　Varma, Siddeshwar

(1887—1985)　印度语言学家。1887年生于巴基斯坦东北部城市拉瓦尔品第(Rawalpindi)。1911年获福尔曼教会学院(Forman Christian College)的历史学硕士学位。1913年通过梵语等级考试，开始从事教师职业。1915年被任命为古杰朗瓦拉市(Gujranwala)的印度教高级中学校长，同年成为查谟威尔士王子学院(今甘地纪念学院)梵语讲师。1924年，赴伦敦大学亚非学院继续研究梵语和古代印度语音学；曾到巴黎访学，深受布洛赫(Jules Bloch)的影响。1927年获伦敦大学博士学位。1943年从威尔士王子学院退休。1985年8月18日卒于印度德里，享年97岁。

希德什瓦·瓦尔玛的家境富裕，父母来自印度西北部地区帕蒂亚拉南哒(Nanda)家族；父亲是公共工程处承包人，因工作需要经常搬迁居住地，所以他在诸多不同的地方上过学。他在学校学习过乌尔都语，在家里自学过印地语和梵语。丰富的学习经历和多语能力为他的语言学研究生涯打下良好的基础。退休后，瓦尔玛仍然活跃在学术界。1943年在拉合尔市(Lahore)的吠陀梵语研究所(Vishveshwaranand Vedic Institute)工作。1951年在那格浦尔(Nagpur)的国际文化研究所参与北印度语项目的研究。1952年回到吠陀梵语研究所。1960年任研究所昌迪加尔中心(Chandigarh Centre)主任。1967年和1982年分别获得帕蒂亚拉大学和查谟大学文学荣誉博士称号。

瓦尔玛的主要著作包括《印度语法学家的语音观察》(Phonetic Observations of Indian Grammarians, 1929)、《巴赫里方言》(The Bhaleśī Dialect, 1948)和《亚斯卡语词源考》(The Etymologies of Yāska, 1953)等。

瓦格纳(海因里希·～)　Wagner, Heinrich

(1923—1988)　瑞士语言学家。1923年生于瑞士。早年在苏黎世学习印欧语言学、日耳曼语言学和语音学；在印欧语言学教授波科尔尼(Julius Pokorny)的影响下，对凯尔特语(Celtic)产生了浓厚兴趣。1945年去爱尔兰学习当地语言；1948年开始骑车遍游爱尔兰，采访偏远地区居民，收集在英语的影响下尚存的爱尔兰方言，编写爱尔兰语言地图集。1951年赴荷兰任日耳曼语言学教授，1953年回瑞士任教。1958年起之后的十几年，在爱尔兰贝尔法斯特女王大学(Queen's University)工作，历任凯尔特语言学教授、对比语言学教授。1979年在都柏林高等研究院任教授。1988年卒于都柏林。

海因里希·瓦格纳的《爱尔兰语言地图集及方言调查》(Linguistic Atlas and Survey of Irish Dialects)于1958年出版了第一卷，并于1964年、1966年和1969年相继出版了第二、第三、第四卷，此书是其最重要的著作。其他论著包括《不列颠群岛的语言动词：动词的地理类型》(Das Verbum in den Sprachen der Britischen Inseln: Ein Beitrag zur Geographischen Typologie des Verbums, 1959)和《爱尔兰语音系学》(Gaeilge Theilinn: Foghraidheacht, Gramadach, Téacsanna, 1959)等。

瓦格纳(马克斯·利奥波德·～)　Wagner, Max Leopold

(1880—1962)　德国语文学家和民族学者。1880年9月17日生于德国慕尼黑。曾在慕尼黑大学、伍兹堡大学(University of Würzburg)、巴黎大学和佛罗伦萨大学学习；获伍兹堡大学博士学位。1907—1910年在君士坦丁堡一家德语学院任教，同时学习土耳其语、阿拉伯语和犹太西班牙语等当地语言；还曾在墨西哥从事过一段时间的民族学研究。1915年回国任教于柏林大学，1924年后赴意大利在罗马和那不勒斯从事意大利语言地图集编制。1947—1951年任教于葡萄牙中部科英布拉大学(University of Coimbra)，其间1948—1949年任美国伊利诺伊大学客座教授；此后定居美国，成为一位独立学者，游历四方，获取关于地中海地区语言和文化的丰富知识。1962年7月9日卒于美国华盛顿哥伦比亚特区。

马克斯·利奥波德·瓦格纳在撒丁语（Sardinian）上的权威至今无人可及。他在撒丁语音韵学、形态学和词汇学方面出版了一系列权威性著作，最早如基于其博士学位论文的《南撒丁岛土语语音学》(Lautlehre der südsardischen Mundarten，1907)，后期如《撒丁语历史语音学》(Historische lautlehre des sardischen，1941)、《撒丁语：历史、精神和形式》(La Lingua Sarda: Storia, Spirito e Forma，1950)；临终前仍在编纂三卷本《撒丁语词源词典》(Dizionario etimologico sardo，1960，1962，1964)。瓦格纳以研究地中海地区的语言和文化而著称，研究兴趣还包括拉丁美洲的语言和文学、犹太西班牙语、非洲拉丁语、希腊语和阿拉伯语、吉卜赛语、隐语和民俗学。

瓦科霍夫 Valkhoff, Marius François (1905—1980) 荷兰语言学家。1905年1月7日生于荷兰中部城市兹沃勒（Zwolle），其父彼得·瓦科霍夫（Pieter Valkhoff，1875—1942）是乌得勒支大学（University of Utrecht）法语语言文学教授。曾在阿姆斯特丹学习罗曼语语言文学，在佛罗伦萨学习意大利语，在罗马尼亚的克鲁日（Cluj-Napoca）学习罗马尼亚语。1931年获阿姆斯特丹大学博士学位。同年，赴南非斯坦陵布什（Stellenbosch University）大学任教，讲授法语与意大利语课程。1932年回阿姆斯特丹大学，任罗马尼亚语语言文学的编外无俸讲师（privaatdocent），将对罗马尼亚语的科学研究方法引入荷兰，一年后任罗曼语语言学系主任，1938年晋升教授。1951年任南非威特沃特斯兰德大学（University of Witwatersrand）法语教授兼罗曼语学系主任，成为欧内斯特·奥本海默葡萄牙语研究中心（Ernest Oppenheimer Institute of Portuguese Studies）的创建人之一，将葡萄牙语研究重新引入到大学的课程表中。1975年退休后移居法国郎格多克。1980年9月20日卒于巴黎。

马里乌斯·弗朗索瓦·瓦科霍夫的语言学贡献主要在荷兰语和克里奥耳语研究领域。他是一位多产的学者，研究范围也相当广泛，其中还包括神学和心理玄学，著有《论边缘及之外：心理玄学三论》(On the Edge and Beyond: Three Essays on Parapsychology，1957)。20世纪60年代，他开始对克里奥耳语研究产生兴趣，作过一系列实地考察，在克里奥耳语和南非的公用荷兰语（Afrikaans）方面也论著颇丰。《葡萄牙语与克里奥耳语研究——以南非为例》(Studies in Portuguese and Creole, with Special Reference to South Africa，1966) 和《南非荷兰语与马来葡萄牙语研究新发现》(New Light on Afrikaans and Malayo-Portuguese，1972)是瓦科霍夫两本最重要的著作。前者主要针对赫瑟林（Dirk Christiaan Hesseling）关于南非荷兰语的历史发展观点进行延伸和辨明，瓦科霍夫不认同马来语是17世纪荷兰人登陆好望角时的混合语，认为当地人讲的是克里奥化的葡萄牙语。

有评论家认为瓦科霍夫对日耳曼语研究，特别是荷兰语的研究方面有所欠缺，但只要讨论南非荷兰语，瓦科霍夫的名字肯定会被提起，他的著作对关于克里奥耳语言的定义具有不可忽略的作用。

瓦克纳格尔 Wackernagel, Wilhelm (1806—1869) 德国语言学家。1806年4月23日生于柏林。家中排行最小，9岁时父亲去世，3年后母亲离世，兄姐供其读完高中。十几岁时积极参加拿破仑战败后的各种政治运动，表现出对民主自由的向往。1824年高中毕业时已在拉丁文、希腊文和法文上取得了不小的成绩。之后在柏林大学学习古德语和经典文学，虽然经济拮据，但其学业进步令人瞩目。1835年起任瑞士巴塞尔大学（Basel University）教授。1869年12月21日卒于巴塞尔。

威廉·瓦克纳格尔在校读中学时就开始发表文章，21岁时编撰出版了《樊索布鲁那祷告》(Das Wessobrunner Gebet，1827，又译《樊索布鲁那创作诗》)，由此奠定了他所在研究领域中的地位。他的研究成果充分驳斥了同时代的一些学者对这部重要古德语文学著作的看法，其中包括德国著名文学家格林兄弟（Jacob Grimm 和 Wilhelm Grimm）、昔日的恩师及朋友麦斯曼（Hans Ferdinand Massmann），证明了该作品的纯基督教起源。

瓦克纳格尔在大学任教时主要从事日耳曼语研究，在德语、希腊语和拉丁语的语法对比上也有研究。《德语教科书》(Deutsches Lesebuch，1835—1843)、《30年战争后的德语文学历史》(Geschichte der Deutschen Literaturbis zum Dreissigjährigen Kriege，1848—1855)和《诗学、修辞学和文体学：学术讲座》(Poetik, Rhetorik und Stilistik: Academische Vorlesungen，1873)是瓦克纳格尔最重要的三部著作。

瓦罗 Varro, Marcus Terentius (公元前116—前27) 古罗马早期著名学者和语法学家。公元前116年生于意大利列阿特地区的一个骑士之家，生活于罗马共和国晚期至帝国早期。早年曾师从罗马文学家斯提洛（Lucius Aelius Stilo, 约前154—前74）学习语文和历史，又曾赴雅典向哲学家阿什凯隆的安条克斯（Antiochus of Ascalon, 约前125—前68）学习哲学。他政治经历丰富，曾担任保民官、财务官、营造官、执法官等许多公职，但其政治生涯并不顺利，在几大政治巨头的斗争中几度沉浮，直至晚年才得以避居乡间安心著述。

马库斯·特伦提乌斯·瓦罗是25卷本《论拉丁语》(De lingua latina libri XXV, 即 On the Latin Language)的作者,该书为古罗马三大语法著作之一,对后世的传统语法研究颇具影响。按照瓦罗的观点,语言研究应包括词源学、形态学和句法学三部分。在形态学方面,瓦罗既善于继承前人,又不乏创新之处。他对古希腊斯多葛派和亚历山大里亚学派的观点同样熟悉,并详细讨论了希腊学者的"规则论"(analogism)和"不规则论"(anomalism),指出在实际语言中两者各有存在的合理性。同时,他极富创见地提出词形变化中"自然变化"(natural word form variation)和"任意变化"(spontaneous word form variation)的区别,这两种变化就相当于后来所说的"屈折变化"(inflexion)和"派生变化"(derivation)。以屈折变化为基础,他又创造性地提出将有无变格或变位作为词类划分的依据。另外,他还注意到被许多人忽视的动词变位中"体"范畴的重要性,以及拉丁语变格中不同于希腊语的"第六格"(即夺格)。瓦罗的词源学研究例证丰富,但由于缺乏正确的语言历史观指导,他和他之前的古希腊学者一样,无法恰当地区分本族语词和外来词以及历时变化和共时变化,并且也常有附会之说。

瓦罗的作品内容广博、卷帙浩繁,据估计有七十四部六百二十卷之多,广涉天文、地理、航海、算术、语言、历史、哲学、宗教、农学、医学等众多领域,瓦罗也因此被同时代人昆提良(Marcus Fabius Quintilianus)称作"最博学的罗马人"。瓦罗的著作多已亡佚,流传至今唯一完整的只有三卷本《论农业》(Rerum Rusticarum Libri III,即 Agricultural Topics in Three Books)。他的25卷本《论拉丁语》现仅存第五至第十卷。

瓦斯孔塞洛斯 Vasconcellos, Carolina Michaëlis de (1851—1925) 德裔葡萄牙语言学家。1851年3月15日生于德国柏林。所受教育主要来自家教,先后师从语文学家爱德华多·马埃茨纳(Eduardo Maetzner)和罗曼语学者卡尔·戈尔德贝克(Karl Goldbeck);16岁起开始在期刊上发表语言文学类的评论文章。1876年与葡萄牙作家、艺术批评家若阿金·德瓦斯孔塞洛斯(Joaquim de Vasconcelos,1849—1936)结婚,移居葡萄牙的波尔图市(Oporto)。1911年,应邀到可因布拉大学(University of Coimbra)任教,成为葡萄牙大学的第一位女教师。1912年被选为里斯本科学院的荣誉院士。1925年11月11日卒于波尔图市。

卡罗琳娜·米夏埃利斯·德瓦斯孔塞洛斯思想活跃,成就出色,在语文学、民族志学及葡萄牙语文学史等方面都有重要贡献。在语言学界,人们爱称其"卡罗琳娜小姐(Dona Carolina)",对中世纪和古代葡萄牙语语言和文学方面的研究贡献颇大,当今几乎所有关于葡萄牙语语文学方面的论著都能找到出自她著作的引语。她最出色的作品之一是《恩惠抒情诗集》(Cancioneiro da Ajuda),于1904年在德国哈雷出版。

瓦斯孔塞洛斯的其他主要著作包括《葡萄牙圣诞节影集:三个牧师的交谈》(Ein Portugiesisches Weihnachtsauto: Pratica de tres Pastores,1881)、《西班牙语词义研究》(Studien zur Hispanischen Wortdeutung,1885)、《费尔南德斯·托马斯抒情诗集:卡蒙斯研究》(O Cancioneiro Fernandes Tomás: Estudos Camonianos,1922)、《卡蒙斯研究》(Estudos Camonianos,1922—1924)、《葡萄牙语语文学选读:附古典葡萄牙语实践阅读》(Lições de Filologia Portuguesa: Seguidas das Lições Práticas de Português Arcaico,1956)等。

瓦特伯格 Wartburg, Walther von (1888—1971) 瑞士语言学家。1888年5月18日生于瑞士北部里德霍尔茨(Riedholz)。曾在伯尔尼大学、苏黎世大学和佛罗伦萨大学学习。1911—1912年,参加法国语言学家吉列龙(Jules Gilliéron)在巴黎高等社会科学研究学校举办的语言地理学研讨会,从中得到重大收获,并开始质疑吉列龙关于语言本质的诸多观点。1928年起在洛桑大学任职。1929—1939年任莱比锡大学教授。1940年起任瑞士巴塞尔大学教授直至1959年退休。1971年8月15日卒于巴塞尔。

沃尔特·冯·瓦特伯格在1922年完成了权威词典《法国词源词典》(Französisches Etymologisches Wörterbuch)的第一册,1928年词典第一卷也得以完成。尽管遭遇了诸如二战和战后等困难,瓦特伯格在去世前完成了20卷法国词源词典著作,每一卷都包含了丰富的信息和例证,资料不仅来源于不同时期的法语书面语(written French)和奥克西唐语(Occitan),还包括了整个盖洛—罗曼语地区(Gallo-Romance area)的方言,并附有完整的参考文献。

瓦特伯格同时还出版了很多关于法语语言和方言的著作。1947年,他在柏林创办了德国科学院的分支机构罗曼语言学学院,并任该院学术出版物编辑。

旺德里 Vendryes, Joseph (1875—1960) 法国语言学家。亦译作泛德里耶斯。1875年1月13日生于巴黎。师从瑞士著名语言学家索绪尔。1907年起任巴黎大学教授,并长期担任巴黎大学文学院院长和语言研究所主任。1960年1月30日在巴黎去世。

约瑟夫·旺德里是继梅耶(Antoine Meillet)和格拉蒙(Maurice Grammont)之后的第二代法兰西学派代表人物,也是心理社会语言学派的创始人物之一。旺德里不赞成德国新语法学派的观点,主张社会现象属于意识现象,应该同心理和生理现象区分开来,并且要用实证的态度对待社会现象。他把语言区分为一般语言和个别语言,并对两者的起源、本质与发展进行了分别研究。他认为一般语言是属于社会现象的一部分,是社会交流的结果,是维系社会的最有力的纽带,其发展又依赖于社会。个别语言是一定社会集体的语言,是联系集体成员之间关系的最有力的纽带。他继承19世纪欧洲历史比较语言学的传统,十分重视历史。在他的语言理论中,语言的发展问题占有非常重要的地位。旺德里认为,从历史来看,语言既有分化倾向,又有统一倾向,彼此相抵,达到平衡。语言趋于统一,是由于社会的力量。他批评语言学上的种族主义,但同时又承认民族语言与民族心理密切相关。

旺德里的研究主要针对印欧语系语言及其具体问题,尤其是关于希腊语、拉丁语、凯尔特语等。旺德里的主要著作包括《拉丁语和爱尔兰语中拉丁语词起首音节的强度演变及其效应》(*Recherches sur l'histoire et les effets de l'intensité initiale en Latin*,1902)、《古爱尔兰语语法》(*Grammaire du vieil-irlandais*,1908)、《语言论》(*Le langage*,1921)、《古典语言比较语法》(1924)、《希腊语的重音调》(1929)、《语言学和凯尔特语研究论文集》(1952)等。

威尔金斯 Wilkins, John (1614—1672) 英国哲学家、作家和教士。1614年2月14日生于英国北安普顿郡(Northamptonshire)。1634年毕业于牛津大学莫德林学院(Magdalen Hall /ˈmɔːdlɪn hɔːl/)并留校任教,后曾任皇家私人牧师。1648年任瓦德汉学院(Wadham College)院长,后在该学院获得神学博士学位。1659年被任命为剑桥三一学院院长。1668年始任切斯特主教(Bishop of Chester)。1672年9月19日卒于伦敦。

约翰·威尔金斯是公制(metric system)的创始人,也是创办于1660年的英国皇家学会(Royal Society)的首要创始人,还是唯一一位在牛津、剑桥两所大学都担任过院长职务的人。他博学多识,在语言学、教育、词典编纂、科学、神学、演讲、分类学等领域均颇有建树。他在语言学上的贡献在于他领导和发展了至今为止最为全面的通用语言(universal language),或称哲学语言(philosophical language)。他试图通过推进通用/哲学语言创造一种人工语言,用以弥补自然语言的缺陷。在他的重要论文《真实符号与哲学语言论》(*Essay towards a Real Character, and a Philosophical Language*, 1668)中,威尔金斯建议创建一种通用语言来替代拉丁语,并使其成为哲学家和学者之间进行明确交流的语言。他首先编撰了详细列表来展现英国皇家学院的学者们所掌握的宇宙知识,随之又设计出一种字形系统(graphemic system),并称之为"真实符号"(real character)。同时又设计了能够标识列表中每个元素的语音系统,这些代表元素的符号可以形成词语,词语随即按逻辑次序排列组成句子,他将这些元素按照意义排列,还编纂了一部词典用作字母索引来定位列表中的各个元素。在书中他还提出要设立中介语(Interlingua),试图将世界上所有的概念和实体都加以分类和编码,有规则地列出并描述所有的概念和实体,并根据它们各自的特点和性质,赋予其不同的记号和名称。在其著作《水星》(*Mercury*, 1641)一书中,威尔金斯设计了一种秘密语言(secret language),并以此推动了密码学(cryptology)的发展。

威尔金斯的著作涉及语言学、艺术、神学、分类学、天文学等多个领域,除了最著名的论文《真实符号与哲学语言论》之外,其他主要著作还包括《月球世界的探索发现》(*The Discovery of a World in the Moone*, 1638)、《数学魔法》(*Mathematical Magick*, 1648)和《关于自然宗教的原则和义务》(*Of the Principle and Duties of Natural Religion*, 1675)等。

威尔克斯 Wilks, Yorick (1939—) 英国计算机语言学家和人工智能(Artificial Intelligence)专家。曾就读于托尔奎男子文理学校(Toyquay Boy's Grammar School),后进入剑桥大学的彭布罗克学院(Pembroke College)学习,1968年获博士学位。1970—1974年供职于斯坦福人工智能实验室(Artificial Intelligence Laboratory at Stanford)。1976—1985年供职于英国埃塞克斯大学;后到美国新墨西哥州立大学担任计算机科学教授,兼任计算机研究实验室主任。1998年任英国谢菲尔德大学计算机科学教授,其后成立语言、言语及听力研究所(Institute for Language, Speech, and Hearing)并任所长,创建世界一流的研究团队和研究中心,从事自然语言处理研究;其间,还曾担任牛津互联网学院(Oxford Internet Institute)的高级研究员。

约里克·威尔克斯的研究推动了自然语言处理领域的飞速发展。他是最早采用基于意义的方法(meaning-based approaches)来实现计算机理解自然语言的先驱人物之一。他早期的主要贡献为优选语义学(Preference Semantics)理论,用以消除语义歧义,通过最大限度地满足句子成分的内部选择来实现最通顺的翻译。优选语义学理论使词汇语义研究成为一项界于语言学、数学和计算机科学之间的边缘性交叉研究,为威尔克斯在处理隐喻语言及消除字意歧义方面的研究奠定了基础,甚至还影响了该领域内的其他研究。他所编写的LISP代码(Locator/Identifier Separation Protocol)曾被保存在波士顿的计算机博物馆内。在威尔克斯看来,采用优选语义学来分析语言,形态和句法信息都由语义信息的单位表示出来,不必经过形态分析和句法分析等中间阶段,这样就摆脱了传统句法分析的束缚,使整个系统牢牢地扎根于语义基础之上,成为一个语义分析的完整系统。

威尔克斯将语言学与人工智能相结合,同时对心灵哲学(Philosophy of Mind)也颇感兴趣,这些均与他在计算语言学方面的造诣有密切联系。20世纪70年代早期,他的研究和同时期的其他学者一样,主要是以知识为基础,致力于将意义分解为多个语义基元(semantic primitives),但后来他又把人类设计的规则(human-engineered rules)和从文本语料库(text corpora)中搜集来的语言和数据信息结合起来进行研究。他和其领导的团队在经验主义的驱使下研发了一系列的信息抽取方案,并创立了谢菲尔德文本工程通用架构(Sheffield GATE Architecture),用以处理自然语言。威尔克斯的其他研究领域还包括:句法分析及其评估(Parsing and its Evaluation)、机器翻译、对话模拟(the Modeling of Dialogue)、Agent会话(Conversational Agents)及语言和视觉的关系等。

威尔克斯的著作有11部书籍及大量论文,主要包括《自然语言自动化处理》(Automatic Natural Language Processing, 1984)、《机器翻译读本》(Readings in Machine Translation, 2003)和《机器翻译:视野与局限》(Machine Translation: Its Scope and Limits, 2009)等。

威尔姆斯　　Welmers, William Everett (1916—1988)　　美国非洲语言学家。1916年生于美国中西部,父亲是新霍普基督教学院(New Hope College)希腊语教授。1936年以优等成绩获新霍普学院哲学学士学位;随后进入费城威斯敏斯特神学院,学习古典语言、圣经语言及神学并获多项学位。其后,进入宾夕法尼亚大学继续学习研究生课程,专攻近东各国语言;由于战时需求,其专业方向转为非洲语言。1943年,在泽里格·哈里斯(Zellig Harris)指导下完成了博士学位论文,探讨了加纳主流语言芳蒂语(Fanti)的语法问题。二战结束后,携妻儿到利比亚传教,之后作为美国学术团体委员会成员,历时两年由西到东横跨非洲,一边游历一边从事学术研究。其间研究了多种尼日尔—刚果语系(Niger-Congo)语言和厄立特里亚的库希特语(Cushitic)。1955—1960年受聘于哈特福德神学院(Hartford Theological Seminary),之后在加利福尼亚大学洛杉矶分校任教,直至1982年退休。

威廉·埃弗雷特·威尔姆斯对语言教学法的兴趣始于战时日语和汉语教学实践。战后的非洲之行,得以与科佩列人(Kpelle)等各部落族群近距离接触,确立了其事业三大脉络:语言教学、宗教服务和语言描写。他注重探索语言教学的方法,教学过程充满灵感和启迪。出版于1973年的扬名之作《非洲语言结构》(African Language Structures),是威尔姆斯为响应其学生鼓动而写成的一部全面反映非洲语言概况的论著,糅合了大量的语言事实和其本人的亲身见闻,为数年中绝无仅有的巨作。威尔姆斯是一位成功的好导师,在他的教导和感染下,许多学生沿着他的学术道路,走进了主流研究型大学的殿堂;加州大学洛杉矶分校语言学系也正得益于他的教学启迪和学术声望,成为在美国大学中学习非洲语言的首选去处。

威尔姆斯的其他论文和论著包括《马宁卡语的调素和音调写法》(Tonemes and Tone Writing in Maninka, 1949)、《调位学、语素调位学与声调形素》(Tonemics, Morphotonemics, and Tonal Morphemes, 1959)、《非洲的语言变化与语言关系》(Language Change and Language Relationships in Africa, 1970)和《瓦伊语法》(A Grammar of Vai, 1976)等。

威廉(孔什的~)　　William of Conches　　参见"孔什的威廉"。

威廉姆森　　Williamson, Kay (1935—2005)　　英国语言学家。1935年1月26日生于英国赫里福德郡。1956年毕业于牛津大学圣希尔达学院(St. Hilda's College),获学士学位;随即获利弗休姆研究奖学金(Leverhulme Research Scholarship),赴尼日利亚从事伊乔语群(Ijaw language cluster)研究,任伊巴丹大学(University of Ibadan)助理讲师,1960年获文学硕士学位。1964年获耶鲁大学语言学博士学位,1972年晋升为教授。1977年转赴尼日利亚哈科特港大学(University of Port Harcourt)担任语言学教授直至退休。2005年1月3日卒于巴西。

凯·威廉姆森是西非语言学会(The West African Linguistic Society)和尼日利亚语言协会(The Linguistic Association of Nigeria)的发起人之一,也是尼日利亚语言和尼日尔—刚果语系(Niger-Congo)对比语言学方面的专家。她在比较西非语言学与本土语言的发展方面有着最为突出的贡献,使更多的非洲本土语言受到重视并保留下来。在她的启发教导下,许多学生成为优秀语言学家,她还发起了"河流读者项目(Rivers Readers Project)",鼓励学生学习本土语言,改进正字法和阅读材料。在此项目推动下,尼日利亚河流州(Rivers State)的小学教材均采用本地语言编写。此外她还以推行泛尼日利亚字母表(Pan-Nigerian Alphabet)而著称。

威廉姆森主要研究非洲语言,尤其是尼日利亚三角洲地区语言。她出版了关于尼日利亚三角洲的多种语言著作,如《伊博语—英语词典》(Igbo-English Dictionary，1972）；在非洲语言学家本德-塞缪尔（John Bendor-Samuel）的《尼日尔—刚果语系》（Niger-Congo，1989）一书中撰写了尼日尔-刚果语系和贝努埃-刚果语支（Benue-Congo）的概述；在海恩（Bernd Heine）和纳斯（Derek Nurse）合编的《非洲语言介绍》（African Languages: An introduction，2000）一书中参与编写了尼日尔-刚果语系一章。

威斯曼　Wiesemann，Ursula （1932— ）
德国语言学家。1932年3月29日生于柏林。1956年加入国际语言暑期学院（Summer Institute of Linguistics），该学院致力于研究全世界少数民族的语言和文化。此后威斯曼去过巴西，并在德国科隆大学（University of Cologne）学习语言学和民族学等学科，1966年获博士学位。1980—1986年在喀麦隆任大学教授。1988—1994年在贝宁任大学教授。

厄休拉·威斯曼在巴西与当地肯甘族（Kaingang）人共同生活。她的主要研究活动包括研习当地语言，编写扫盲材料并培训教师，将《圣经·新约》翻译成肯甘语等。在非洲期间，她还协助培训当地翻译家和语言学家。威斯曼将自己的专业知识用于大量的扫盲项目，在教学方面硕果累累。此外，她还在包括巴西、德国、刚果、莫桑比克等在内的诸多国家大学和讲习班发起了语言学及应用语言学的课程教学，其中包括音调分析、音系学、正字法、话语分析、外语习得等。她多次主持语言方法研讨会（Seminar fur Sprachmethodik）（萨默语言学院德国分院每年夏天举办的应用语言项目）。最近她重返巴西继续致力于发展肯甘语。

威斯曼能用英语、德语、法语和葡萄牙语等多种语言进行创作，涉及语言学研究的多个领域，如音系学、正字法发展、形态学、句法学、翻译理论、话语分析及外语习得。她的主要作品包括《肯甘语语音与语法》（Die Aoxianhonologische und Grammatische Struktur der Aingang-Sprache，1972）、《本族语者的反应与非书面语言书写系统的发展》（Native Speaker Reaction and the Development of Writing Systems for Unwritten Languages，1981）、《理解与被理解：外语词汇实用手册》（Verstehen und Verstanden Werden: Praktisches Handbuch zum Fremdsprachenerwerb，1992）和《正音法与教学法》（Tone Orthography and Pedagogy，1995）等。

韦伯（阿尔布雷希特·弗里德里希·～）
Weber，Albrecht Friedrich （1825—1901）
德国印度学家和历史学家。1825年2月17日生于德国布雷斯劳。1842—1845年，韦伯在布雷斯劳、波恩和柏林学习，其间学习了东方语文学、古典语文学及历史学，后主要从事文学和梵文考古学研究。在布雷斯劳大学取得博士学位后，游学英国和法国；1856年成为柏林大学古印度语言和文学副教授，1867年晋升为教授。1901年11月30日卒于柏林。

阿尔布雷希特·弗里德里希·韦伯是最早研究印度耆那教及其文学并将相关知识传播到西方的学者之一，在梵文研究上做出了重要贡献。1853年他完成了柏林皇家图书馆手稿的编目工作，对吠陀文学逐渐熟悉，并在同年出版了《印度文学史学术讲座》（Akademische Vorlesungen uber Indische Literaturgeschichte，1853）。在柏林大学担任教授期间，他在印度学领域发挥了重大而持久的影响，美国语言学家、词典编纂家惠特尼（William Dwight Whitney）曾在其门下学习梵语。他于1850年创办《印度研究》（Indische Studien）杂志，1857年出版《印度素描》（Indische Skizzen），之后出版《印度地带》（Indische Streifen，1868，1869，1879），他一生撰写的很多重要著作大部分都收集在这些作品中。

韦伯（马克斯·～）　Weber，Max （1864—1920）
德国社会学家和政治经济学家。1864年4月21日生于萨克森州爱尔福特（Erfurt，Saxony）。1882年考入海德堡大学法学院学习法律，同时攻读历史、经济、哲学和神学。1884年进入柏林大学和格丁根大学深造，1889年获法学博士学位。在柏林大学期间对社会学产生兴趣，社会学成为其以后学术生涯的一个重要组成部分。1894年任弗赖堡大学政治经济学教授，1896年任海德堡大学经济学教授。1903年因健康原因辞去海德堡大学教授职务，1904年担任《社会科学与政策档案》（Archiv für Sozialwissenschaft und Sozialpolitik）杂志编辑，并在此刊物上发表多篇文章阐述社会学方法论。1920年6月14日因肺炎卒于慕尼黑。

马克斯·韦伯认为社会学是一门严密的关于人类社会行为的科学。他把这种行为区分为四种，即传统的、感性的、价值化理性的和工具性的。1904年他出版《新教伦理与资本主义精神》（Die Protestantische Ethik und der Geist des Kapitalismus，即 The Protestant Ethic and the Spirit of Capitalism），精妙地将经济社会学与宗教社会学融为一体。在这本经典作品中，韦伯提出著名的"韦伯命题"，认为新教伦理对资本主义的发展有着重大影响，资本主义不是马克思所指控的纯唯物主义，而是源于宗教理想，不能完全被所有制关系、工业技术和学术进展所解释。韦伯认为禁欲主义的新教教义是与西方世界市场驱动的资本主义和理性合法的民族国家有关的若干主要"有择亲和力"之一。与马克思的"历史唯物论"相反，韦伯强调宗教蕴含的文化影响对理解资本主义产生的渊源极为重要。为此，他认真审视了中国、印度的宗教和古代犹太教，分析未能产生资本主义的社会环境以及其中不同的社会阶层。他指出资本主义虽然有其丑陋的一面,但这不是真正的资本主义精神,真正的资本主义精神是一种精神气质,其背后隐藏着巨大的精神力量,即新教的信仰力量,这种力量赋予资本主义以勤奋、忠诚、敬业和视获取财富为上帝使命的精神。这部著作为他后来研究文化和宗教对经济体系的影响奠定了基础。

韦伯在经济社会学、政治社会学和宗教社会学领域做出了重要贡献,与马克思(Karl Marx)和迪尔凯姆(Émile Durkheim)一起被公认为现代社会学的创始人之一。他对东方宗教也颇有研究,著作有《中国的宗教:儒教与道教》(*Konfuzianismus und Taoismus*,1915)和《印度的宗教:印度教和佛教》(*Hinduismus und Buddhismus*,1916)等。他的思想和方法对尤尔根·哈贝马斯(Jürgen Habermas)、列奥·施特劳斯(Leo Strauss,1899—1973)等后世诸多社会学家和哲学家(包括社会语言学诸领域)具有重大的影响。

韦伯斯特　Webster, Noah　(1758—1843)

美国词典编纂家和教育家。1758年10月16日生于英属美洲康涅狄格州的西哈特福德(West Hartford)。16岁进入耶鲁大学学习,其间正值美国独立战争爆发,加入康涅狄格州民兵部队,1778年自耶鲁大学毕业。毕业后在哈特福德教书,并继续攻读法律,1781年获法律学位。1789年开始从事律师职业,转而对教育感兴趣,于是开办了几所小学校,但未取得大的发展。1793年赴纽约担任一份联邦党报刊的编辑。同年12月创办纽约第一张日报《美国密涅瓦》(*Amerian Minerva*),后改名为《商业广告报》(*The Commercial Advertiser*),并在随后的四年中担任该报编辑。此后主要从事教科书编写和词典编纂工组。1843年5月28日卒于纽黑文。

诺亚·韦伯斯特被誉为"美国才学与教育之父"。作为一名教师,他对美国当时采用来自英国的教科书颇为不满,认为美国人应采用自己编写的教科书。他着手编写一套名为《英语语法研习所》(*A Grammatical Institute of the English Language*)的三卷本课本,以拼写、语法和阅读为名分别于1783、1784和1785年出版。韦伯斯特致力于体现美国英语的典雅性和生命力,是推动今日英美两种拼写法之区别的主要人物。其拼音课本和词典均反映其核心观点,即拼写法、语法和惯用法应充分尊重并反映活的口语事实,摒弃人为硬性设计的规定。

1806年,韦伯斯特出版其第一部美式英语词典——《简明英语词典》(*A Compendious Dictionary of the English Language*)。次年,43岁的他开始编写一部内容更为广泛和全面的《美国英语词典》(*An American Dictionary of the English Language*),历时18年,于1825年完工,于1828年面世。该词典包含7万个单词,其中1.2万个从未在之前出版的词典中出现过。这部词典便是当今著名的《韦氏词典》(*Merriam-Webster Dictionary*)的前身。

韦尔茨别希卡　Wierzbicka, Anna　(1938—)

波兰语言学家。1938年3月10日生于波兰华沙,从小对语言有着极大兴趣。1965年获波兰科学院文学研究所博士学位,之后赴莫斯科进行博士后研究,随后到麻省理工学院研修一年。1972年,她定居澳大利亚堪培拉,任澳大利亚国立大学语言学教授,兼任澳大利亚人文科学院和澳大利亚社会科学院研究员。

安娜·韦尔茨别希卡的研究涵盖语言学多个领域,包括语义学、句法学、语用学及跨文化语言学,其中最重要的是由她提出并加以发展的自然语义元语言理论(natural semantic metalanguage / NSM)。该理论融合了词汇语义学、语言类型学和跨文化语用学等诸多学科的研究方法,有其独立的研究目标、方法和原则,构建了特有的以实证为基础的语义分析体系。这一理论旨在确定存在于自然语言中的语义基元(semantic primitives)。语义基元是一些不可再分的意义单位,可以是词、黏着语素或词组元素。它独立于任何语言和文化,在所有语言中都可找到对应形式。其研究目标是利用语义基元为任一语言中的所有词项、语法结构和文化脚本构筑"化简释义"的描写框架。使用语义基元解释不同语言的词义,可以避免因文化差异导致的偏差。

韦尔茨别希卡因其在语言学领域的成绩被授予"洪堡特国际人文学学者研究奖"(Humboldt Research Prize for Foreign Scholars in Humanities)。她的主要论著包括《语义基元》(*Semantic Primitives*,1972)、《英语言语行为动词:语义词典》(*English Speech Act Verbs: A Semantic Dictionary*,1987)、《跨文化语用学:人类交往语义学》(*Cross-cultural Pragmatics: The Semantics of Human Interaction*,1991)、《语义学:基元与共性》(*Semantics: Primes and Universals*,1996)和《通过关键词理解文化:以英语、俄语、波兰语、德语和日语为例》(*Understanding Cultures Through Their Key Words: English, Russian, Polish, German, Japanese*,1997)等。

韦斯特法尔　Westphal, Ernst Oswald Johannes　(1919—1990)

南非语言学家。1919年生于北德兰士瓦(Northern Transvaals,即今南非)文达兰地区卡拉瓦(Khalava, Vendaland)一个德国路德教传教士家庭。孩提时代已熟练掌握德语、英语、南非荷兰语(Afrikkans)和文达语(Venda)。1942

年从南非金山大学祖鲁语(Zulu)与塞索托语(Southern Sotho)专业毕业,之后留校任讲师。1949—1962年在伦敦大学亚非学院教授班图语。1962年起任南非开普敦大学非洲语教授。1990年11月27日卒于开普敦附近的布雷达斯多普(Bredasdorp)。

埃尔恩斯特·奥斯瓦德·约翰尼斯·韦斯特法尔精通文达语,因此他完全在自己的语言知识基础上独立完成博士学位论文《文达语句子》(The Sentence in Venda, 1955)。他对班图语与克瓦桑族语研究做出了重要贡献,是班图语(Bantu)与克瓦桑族语(Khoisan)专家。他的研究以描述为主,立足于比较和重建,着重运用语言自身属性而不是盛行的欧洲语言分析模式来阐述语言特点。他对语音音调的研究颇为深入,以自己卓越的听辨能力及将实验技术引入语音学而著称于世。他曾去过非洲多个国家进行实地研究,此外他还是最早使用计算机研究班图语的学者。

韦斯特法尔的主要论文有《南非非班图语言的重新分类》(A Re-classification of Southern African Non-Bantu Languages, 1962)和《文达语:音调结构和语调》(Venda: Tonal Structure and Intonation, 1962)等。

韦斯特曼　Westermann, Diedrich Hermann

(1875—1956)　德国语言学家、传教士和非洲学家。1875年6月24日生于德国不莱梅市附近巴登镇(Baden, Bremen),1891年毕业后成为邮递员。1895年加入北德传教士会(North German Missionary Society),随后赴非洲多哥从事教学;很快就熟练掌握当地语言埃维语(Ewe)并开展语言学研究,对埃维语作了系统描述,撰写了手册、词典和语法书各一部。1903年和1907年因病两次离开非洲。1907年开始在柏林东方语言研究班(Seminar for Oriental Languages)教授非洲语言,其间与班图语(Bantu)专家迈因霍夫(Carl Meinhof)共事。1910年被聘为教授,并应苏丹政府邀请以学者身份再访非洲。1926年与亨利·拉博雷(Henri Labouret)一同成为非洲语言与文化研究所(Institute for African Languages and Cultures)首任会长。曾担任该研究所期刊《非洲》(Africa)编辑及东方语言研究班教授。1956年5月31日卒于巴登。

迪德里希·赫尔曼·韦斯特曼主要研究西非语言,是德国非洲语言学奠基人之一。他在塞内加尔以东至上尼罗省区域开展了广泛的语言学及人文研究。语言学方面的论著对象包含大量的非洲语言,如豪撒语(Hausa)、格贝列语(Kpelle)、希鲁克语(Shilluk)等。他试图将非洲语言从语法和形态方面进行分类,将苏丹语系(Sudanic languages)划分为东苏丹语族和西苏丹语族,这为日后尼日尔—刚果语系(Niger-Congo)的形成奠定了基础。他开发出了一套全新统一的正字体系,用来抄录印刷非洲语言,这套体系后来被称为"韦斯特曼字母表"(Westermann-script)。他还在语言学和声调学(tonology)方面做了深入研究,与沃德(Ida Ward)联合发表了《非洲语言专业学生语音实用指南》(Practical Phonetics for Students of African Languages, 1933)。

韦斯特曼的主要论著包括《希鲁克人:语言与民俗》(The Shilluk People: Their Language and Folklore, 1912)、《格贝列:利比里亚黑人部落》(Die Kpelle: Ein Negerstamm in Liberia, 1921)和《非洲历史:撒哈拉以南非洲地区的国家构建》(Geschichte Afrikas: Staatenbildung Sudlich der Sahara, 1952)等。

维尔纳　Verner, Karl Adolph

(1846—1896)丹麦语言学家。1846年3月7日生于丹麦阿尔赫斯(Aarhus)。1864年进入哥本哈根大学,攻读日耳曼语和斯拉夫语和其他一些东方语言。1871年赴俄国一年学习俄语。大学毕业后赴德国哈莱大学图书馆工作。1883年返回哥本哈根大学任教,主要教授斯拉夫语和俄语课程,也开设保加利亚语和波兰语等课程,1888年晋升为教授,同年当选为丹麦皇家科学和文学研究院的院士。1896年11月5日卒于哥本哈根。

卡尔·阿道夫·维尔纳对语言的兴趣主要源于阅读丹麦语言学家拉斯克(Rasmus Christian Rask)的作品,在语言学领域的重要贡献在于提出"维尔纳定律"(Verner's law)。他通过对古日耳曼语的历时音变研究,于1976年撰写论文《一个音变特例》(Eine Ausnahme der Ersten Lautverschiebun),提出维尔纳定律,用以解释德国日耳曼语学家格林(Jacob Grimm)在格林定律中无法解释的例外情况。维尔纳发现,在原始印欧语到日耳曼诸语言的音变中,辅音的演变与重音存在密切关系:当重音落在与梵语同源的根音节上时,辅音演变符合格林定律;但是当重音落在其他音节上时,古日耳曼语词内的清塞音就相应地演变为浊塞音,而非格林定律中提出的演化为齿间擦音。例如:梵语中的 bhrātar,重音在根音节上,相应变化为哥特语的 brōtar;而梵语的 pitā,重音在最后一个音节上,相应变成哥特语中的 fadar。维尔纳定律进一步证明十九世纪语言学家普遍认同的"语音法则无例外的规则(phonetic laws have no exceptions)",为新语法学派的发展作出贡献。

维果茨基　Vygotsky, Lev Semyonovich

(Лев Семёнович Выготский, 1896—1934)　苏联心理学家和语言学家。1896年11月17日生于奥尔沙(Orsha, 现白俄罗斯境内)一个俄罗斯犹太人家庭,父亲是一位银行家,在戈梅利(Gomel)长大。

1913 年以优异成绩考入莫斯科大学学习医学,不久转入法学院,1917 年毕业。1924—1934 年在莫斯科心理学研究所工作,对人类的认知发展做了深入研究。1934 年 6 月 11 日因肺结核卒于莫斯科。

列夫·维果茨基是苏联卓越的心理学家,文化历史心理学的创始人。他认为人首先是社会历史的产物,教育和教学是人的心理发展形式,强调文化、社会对儿童认知发展的影响。在他提出的社会文化历史理论中,"近侧发展区"(Zone of Proximal Development)是其核心概念之一,他把"近侧发展区"定义为"实际发展水平与潜在发展水平之间的差距。实际发展水平由儿童独立解决问题的能力决定,潜在发展水平则指在成人的指导下或是与能力较强的同伴合作时儿童解决问题的能力。"他的理论明确了教学与发展的关系,强调了教学的作用,为教学方法改革提供了理论支持。人们熟知的交互式教学法就是维果茨基理论应用的成功案例。由于在心理学领域做出的重要贡献,他被誉为"心理学中的莫扎特"。

维果茨基既是心理学先驱,也是位多产的作家。他在十年的时间中完成的著作多达六卷,其中包括《艺术心理学》(*Psychology of Art*, 1925)和《思想和语言》(*Thought and Language*, 1934)。在《思想和语言》一书中,维果茨基认为话语(沉默的内心话语和口头语言)与思想观念的发展和认知意识之间存在明确深刻的关系。他的研究面之广,影响力之大,以至于心理学家和神经学家都把他看作是学科的奠基人,结构主义学家和符号学家把他看成先驱,认知学家也把他称为认知学的开创人之一。

维索瓦 Wissowa, Georg Otto August
(1859—1931)   德国古典语文学家。1959 年 6 月 17 日生于波兰布雷斯劳(Breslau)附近的诺伊多夫(Neudorf)。曾在布雷斯劳大学学习古典语文学,师从奥古斯特·莱费尔沙伊德(August Reifferscheid, 1835—1887),之后在慕尼黑深造,师从罗马古代史泰斗海因里希·布鲁恩(Heinrich Brunn, 1822—1894)。1890 年接替海因里克·凯尔(Heinrich Keil, 1822—1894),成为马尔堡大学的全职教,之后于 1896 年迁至德国萨勒河畔哈雷(Halle)。1931 年 5 月 11 日卒于哈雷。

格奥尔格·维索瓦因编纂《德国古典文献大百科全书》(*Realencyclopädie der Classischen Altertumswissenschaft*)第二版而至今被人铭记。这部集古典文献之大成的百科全书由德国教育家、古典语文学家奥古斯特·保利(August Friedrich von Pauly, 1796—1845)于 1837 年着手编写,1839 年出版首卷;保利去世后由他人续编出齐六卷本第一版。1890 年左右,维索瓦开始酝酿编纂这部鸿篇巨制的第二版,他预计将花费 10 年完成,然而直到 20 世纪 70 年代,此百科全书的最后 83 卷本才得以发表。

1902 年,维索瓦出版《罗马人的宗教与文化》(*Religion und Kultus der Römer*),这本书是研究古罗马宗教的重要作品,他在书中研究了罗马宗教的发展过程,全面描述了宗教神灵与宗教行为。他完成了德国与文学家、罗马史专家路德维希·弗里德伦德(Ludwig Friedländer, 1824—1909)《罗马道德风俗史论述》(*Darstellungen aus der Sittengeschichte Roms*)的修订版;编写了德国古典学者威尔海姆·海因里希·洛希尔(Wilhelm Heinrich Roscher, 1845—1923)的希腊罗马神话百科全书《希腊罗马神话百科详解》(*Ausführlichem Lexikon der Griechischen und Römischen Mythologie*);并于 1885 年编撰了德国历史学家、作家约阿希姆·麦夸特(Joachim Marquardt, 1812—1882)《罗马国家治理》(*Römische Staatsverwaltung*)的第二版。

维特 Viëtor, Wilhelm (1850—1918)   德国语言学家和教育学家。1850 年 12 月 25 日生于德国莱茵兰普法尔茨州拿骚市(Nassau)一个牧师家庭。先后在莱比锡、柏林和马尔堡等地求学,主修神学和哲学。1872—1873 年在英国任教。1874 年回到德国,在马尔堡大学攻读博士学位。1876 年起连续六年在杜塞尔多夫(Dusseldorf)、威斯巴登(Wiesbaden)和腓特烈斯多夫(Friedrichsdorf)等地担任英语教师,同时教授法语,其间曾任实习教师、正式教员和校长。1884 年任马尔堡大学教授,不断推动教学改革。1918 年 9 月 22 日卒于马尔堡。

威廉·维特是 19 世纪末现代语言教学改革运动的主要发起人。研究领域主要包括外语教学改革、语文学和语音学。他还对德语标准发音和师资培训理论与实践感兴趣。由于具有丰富的教学经验,同时又具备系统的理论知识,他在期刊杂志上发表了多篇论文,指出在语篇阅读之后应进行口头训练,而非传统的书面练习。他也赞成将英语作为德国中学生的第一外语。他在 1879 年编著的《中学英语语法》(*Englische Schulgrammatik*)被公认是第一次将音系学(phonology)引进英语教学的尝试。1880 年在为《英语学习》(*Englische Studien*)撰写的论文中,他对当代标准英语做了学术性阐述,并建议对形态学(morphology)的教学应在口语而非书面语的基础上进行。他编写的现代英语学习资料在德国被广泛采用,尤其以《语音表》(*Phonetic Charts*, 1893)为代表。他对教外国人德语也颇有心得,曾举办夏季培训班,培训来自欧洲各地的教师。

维特 1882 年出版的《语言教学必须从头开始》(*Der Sprachunterricht Muss Umkehren*, 1882)是欧洲外语教学改革的标志性作品。他还创办了刊物《语音学习》(*Phonetische Studien*, 1888)和《新语言》

(*Die Neueren Sprachen*, 1893)。维特的其他论著包括《科学语法与英语教学》(*Die wissenschaftliche Grammatik und der Englische Unterricht*, 1880)、《语音学要素》(*Elemente der Phonetik*, 1884)、《德语书面语发音》(*Die Aussprache des Schriftdeutschen*, 1895)和《语言教学方法新探》(*Methodik des Neusprachlichen Unterrichts*, 1902)等。

维特根斯坦 Wittgenstein, Ludwig Josef Johann (1889—1951) 奥地利哲学家和数理逻辑学家。1889年4月26日生于奥地利维也纳。1903年考入林茨(Linz)的一所中学,1906年赴柏林学习机械工程,1908年赴英国曼彻斯特的维多利亚大学学习空气动力学,1911年进入剑桥大学三一学院师从罗素学习逻辑学。一战期间曾服兵役,战后在奥地利南部山区做小学教师。1928年受数学家布劳维尔(Luitzen Egbertus Jan Brouwer, 1881—1966)启发开始研究哲学,1929年获剑桥大学博士学位,此后在三一学院教授哲学课程。1947年辞去三一学院的工作,专心著述。1951年4月29日卒于英国牛津。

路德维希·约瑟夫·约翰·维特根斯坦是语言哲学的奠基人,也是20世纪最有影响的哲学家之一。他的语言哲学思想主要包括：(1)语言的图像论(Language pictures the facts);(2)不可说论(Whereof one cannot speak, thereof one must be silent);(3)意义使用论(meaning as representation);(4)语言游戏(Language Games);(5)家族相似性(Family Resemblance);(6)"私人语言"(Private Language)不成立。

维特根斯坦的早期研究主要受弗雷格和罗素的影响,采用逻辑的方法研究哲学问题,主要观点大体可归纳为"语言图像论"和"不可说论"两个部分,代表作为《逻辑哲学论》(*Tractatus Logico-Philosophicus*, 1922)。根据语言图像论,世界是由独立的原子事实组成的,复杂事态由原子事实组成,而语言是由原子命题组成的,复合命题由逻辑常项连结原子命题组成。语言与世界的关系是对应性的,原子命题对应原子事实,复合命题对应复杂事态,因此语句是事态的"逻辑图像"。维特根斯坦的不可说论也来源于他的原子世界观,他认为哲学的全部就是通过分析语言命题以达到它们真正的逻辑形式,而那些不能通过这种逻辑方式进行分析的命题是不能被说出而只能被显示的。凡可说的,都是可以说清楚的;对于不可说的,就应当沉默。哲学通过清楚地表现可以说的东西来意谓不可说的东西。

维特根斯坦后期的研究重点从逻辑语言转向日常语言,其《哲学研究》(*Philosophical Investigation*, 1953)为这一时期的代表作。首先,他提出"语言游戏"的概念,把人类使用语言进行的活动都称作语言游戏,语言成为日常生活的一种活动。因此,谈论语言无需问意义,只要问使用,维特根斯坦称之为"意义使用论"。其次,他提出"家族相似性"的思想,认为人们倾向于把具有某种共同特征的事物归在同一个一般词语之下,这一概念后来在认知研究的范畴和原型理论中得到进一步发展。维特根斯坦后期研究的第三个重要思想是对"私人语言"的批评,他认为在语法、逻辑、概念各个方面自成体系的私人语言是不存在的,因为人们在学习任何一种语言的时候都必然参与各种公共活动,那么必然无法摆脱公众对已有世界的理解。

维特根斯坦一生的著述不多,除以上两部专著外,他的很多思想和观点都只是以笔记的形式记录下来。他去世后,笔记经整理出版为《1914—1916笔记》(*Notebooks 1914—1916*, 1979)和《蓝皮书和褐皮书》(*The Blue and Brown Books*, 1968)等。

魏恩赖希 Weinreich, Uriel (1926—1967) 波兰社会语言学家和方言学家。1926年5月23日生于波兰维尔诺(Wilno,现立陶宛首都维尔纽斯)的库尔兰犹太人家庭,是语言学家马克斯·魏恩赖希(Max Weinreich, 1894—1969)的长子。1939年随父亲去丹麦哥本哈根参加一个语言学学术会议,其间因德国入侵波兰而无法重返家园。1940年初迁居纽约。1951年获哥伦比亚大学博士学位。曾任若干语言学和依地语言研究期刊的编辑,是乔姆斯基思想的早期拥护者之一。1967年3月30日因病卒于纽约。

乌里尔·魏恩赖希的博士学位论文经修改后,于1953年以《语言接触》(*Languages in Contact*)为名出版。本书以他自身作为移民在多语言环境的生活经历为依据,同时借鉴他于1950年在瑞士从事实地调查工作时对说罗曼斯语的双语人群(瑞士东部及意大利)进行的研究,首次注意到中介语现象的存在。他指出,第二语言学习者往往自以为是地把其母语的语言形式与所学第二语言的语言形式等同起来,而事实上这两种语言形式之间存在明显的差异;这种差异导致了他们第二语言的表达能力达不到母语水平。19年后的1972年,美国语言学家塞林柯(Larry Selinker)发表了题为《中介语》(*Interlanguage*)的论文,正式提出术语"中介语",成为第二语言习得研究的核心概念。1951—1967年,魏恩赖希在哥伦比亚大学从事语言学教学工作,把依地语研究引入到研究生课程。他的重要贡献之一是倡导设立的犹太民族依地语言地图集,该项目对犹太文化在地理语言层面上做了一番全面而系统的总结。同时,魏恩赖希在《建立结构方言学可能吗?》(*Is A Structural Dialectology Possible?*, 1954)一文中,探究了一套地图集项目实施的方案,并在处理数据的过程中率先使用计算机技术进行方言学研究。

魏恩赖希用英语、依地语和德语写作,在双语现象、语义学、社会语言学、词典编纂学、方言学、语言变化和依地语语言学等领域均有重大贡献。他编著的依地语语法教科书《大学依地语》(*College Yiddish*,1949)至今仍广泛沿用。在他身故后不久问世的《现代依地语—英语/英语—依地语词典》(*Modern Yiddish-English / English-Yiddish Dictionary*,1968),至今仍是英语国家依地语教学与研究的权威参考书。

魏格纳　Wegener, Philipp (1848—1916)
德国语言学家。1848年7月20日生于德国马格德堡。在马格德堡和柏林学习古典文献学、德国文献学、比较语言学以及哲学。1871年完成关于希腊语和拉丁语的博士学位论文后,开始在中学任教。一生投身于中学教育,但从未间断过学术研究。1916年3月15日卒于格赖夫斯瓦尔德(Greifswald)。

菲利普·魏格纳是德国语用思维及英国语境语言学先驱,在比较语言学、心理语言学和方言学领域发表了很多著作。在研究中提出把措辞和情景联系起来的观点,为他以后研究情感和情境对言语活动语言形式的影响奠定了基础。在此基础上,魏格纳完成了著作《语言调查的基本问题》(*Untersuchungen über die Grundfragen des Sprachlebens*,1885)。他认为不宜孤立地描述语言表达,而应将其作为一个人整体生活体现的一部分在具体情境中做出描述。同时,他认为语言不仅仅是表达想法的工具,更是影响他人思想和行动的有力手段。魏格纳对语言学的另一贡献是著作《句子》(*Der Wortsatz*,1921),这部作品探讨了句子这个负有争议性的课题,包括句子的起源、性质及定义等。

魏斯格贝尔　Weisgerber, Leo (1899—1985)
德国语言学家、凯尔特学家和教育家。1899年2月25日生于现属法国洛琳地区的梅斯市(Metz)。从小在德语和法语的双语环境下成长。18岁高中毕业后,应召入伍参加第一次世界大战。战后进入波恩大学学习比较语言学、罗曼语学和日耳曼语学,1923年获哲学博士学位。1927年受聘于罗斯托克大学(Rostock University)任普通语言学及梵文教授。1938年转至马尔堡大学任教。1942年起执教于波恩大学。1985年8月8日卒于波恩。

利奥·魏斯格贝尔是新洪堡特学派在欧洲的重要代表人物。他是语言相对论("relativist" theory)的提出者,即一位"唯器官变化论者(organicist)",主张不同语言能带给人不同的体验。与传统语言学家注重语言形式(尤指音位和形态)不同,他从翻译障碍和颜色记忆缺失等问题的研究入手,提出了"内容相关语法(Inhaltbezogene Grammatik,即 content-related grammar)"的概念,为语言决定并塑造人类对现实世界的理解的理论提供了佐证。他认为语言是客观世界和主观世界之间的"中间世界(Zwischen Welt)",各民族的语言不同,他们的"语言世界图像(Weltbild der Sprache)"也因此有所不同。魏斯格贝尔的观点虽然来自索绪尔结构主义理论的启发,也受到了洪堡特"语言多样性意味着世界观多元化"的见解和特里尔基于结构主义的词汇场理论的影响,但远远超越了索绪尔对语言形式与语义内容关联性的认识。

魏斯格贝尔的主要作品包括《母语的民俗力量》(*Die Volkhaften Kräfte der Muttersprache*,1939)、《母语和精神教育》(*Muttersprache und Geistesbildung*,1941)、两卷本《语言在整体文化建构中的地位》(*Die Stellung der Sprache im Aufbau der Gesamtkultur*,1933—1944)、《欧洲意识中的母语展现》(*Die Entdeckung der Muttersprache im europäischen Denken*,1948)和四卷本《关于德语的力量》(*Von den Kräften der Deutschen Sprache*,1949—1950)等。

温克尔　Wenker, Georg (1852—1911)
德国语言学家。1852年1月25日生于德国杜塞尔多夫(Düsseldorf)。1872—1875年在苏黎世、波恩和马尔堡接受高等教育,主修古典及日耳曼语文学、对比语言学、哲学和历史学。1876年在蒂宾根大学(University of Tübingen)获博士学位。1883年开始在马尔堡大学担任图书管理员,1897年被聘为该大学德国语文学教授。1911年7月17日卒于马尔堡。

格奥尔格·温克尔是方言制图(dialect cartography)和方言学"间接研究法"的创始人。1876年开始编写德语方言地图集,他把一系列标准句子发给德国北部许多学校的校长,要求他们把这些句子转换成当地方言。1877—1887年成功调查了德国全国的方言,但庞大的语料库加大了温克尔的工作量,他只能在小范围内分析少数单词的变化。他手工制作出版了两套语言地图,题为《德意志帝国语言地图集》(*Sprachatlas des Deutschen Reichs*)。这两套地图分别涵盖了德国北部和中部的方言特征。

此后,温克尔继续他的语言地图调查和编写工作,但是这一工作直至四十多年后才得以最终完成。1926年,德国语言学家里德(Ferdinand Wrede)主编出版了温克尔的作品《德国语言地图》(*Deutscher Sprachatlas*)第一册。尽管困难重重,但温克尔开创性的作品为许多接班人的后续研究奠定了基础。

温特勒　Winteler, Jost (1846—1929) 瑞士语言学家。1846年11月21日生于瑞士格拉鲁斯州克伦策—费尔兹巴赫村(Kerenz-Filzbach, Glarus)的学校教师家庭,不仅熟悉瑞士当地的德语方言,也熟谙标准的瑞士德语。1870年到德国耶拿学习日耳曼语文学；1876年发表了博士学位论文，是对其克伦策家乡话的描述。此论文成为其后几代方言学家的学术典范。曾在瑞士多所中学任教，1884年起任教于阿劳州(Aarau)的州立学校。1929年2月23日卒于瑞士东北部瓦特维尔镇(Wattwil)。

约斯特·温特勒与他的老师西弗斯(Eduard Sievers)共同创立了"声音生理学(Sound Physiology)"方法论来研究语言和发音，并创建了一个特殊的语音符号系统(Phonetic Notation System)。温特勒的观点被新语法学家学派欣然接受，主要由于方言是可以直接观察到的，而且当时的人们普遍认为研究当时的方言会对比较语言学的研究起到重要作用。

阿尔伯特·爱因斯坦在1895—1896年曾在阿劳州学校就读。当时，年轻的爱因斯坦就住在温特勒家中，与温特勒建立了终身的学术及个人友谊关系。因此，外界猜测爱因斯坦的相对论也受到了温特勒的影响，不仅因为温特勒曾是爱因斯坦的导师和房东，还因为温特勒曾发表过一篇关于"构型相对论(Relativitat der Verhaltnisse，即 Reletivity of Conditions 或 Configurational Reletivity)"的评论。事实上，温特勒的这篇评论纯粹基于语言学，是他完成一些相关研究得出的结论，即每个语群都具备其他语群所不具备的相对独立的语言特征。

温特勒的主要作品包括《格拉鲁斯州克伦策方言的特征描述》(Die Kerenzer Mundart des Kantons Glarus in Ihren Grundzügen Dargestellt, 1876)、《歌谣中的精神发展》(Tycho Pantander. Eine Geistesentwicklung in Liedern Dargestellt, 1878) 和《自然之声与语言：瓦克纳格尔〈各种动物之声〉详解》(Naturlaute und Sprache: Ausführungen zu W. Wackernagels Voces variae Animalium, 1892)等。

文屈斯　Ventris, Michael （1922—1956）英国语言学家和建筑师。1922年7月12日生于英国赫特福德郡威桑普斯特德(Wheathampstead, Hertfordshire)。1931—1935年在斯托的比克利·希尔中学(Bickley Hill School in Stowe)求学。1940年考入建筑协会学院(Architectural Association School of Architecture)，1948年毕业。二战期间在英国皇家空军服役，担任领航员。身为建筑师，但酷爱语言文字，通晓六种欧洲语言，并能阅读拉丁语和古希腊语。1956年9月6日不幸卒于车祸。

迈克尔·文屈斯对语言学的最大贡献就是成功破译了线性文字B(Linear B)。14岁时他偶然听了当时已年届85岁高龄的阿瑟·埃文斯(Arthur John Evans)关于线性文字B之谜的讲座，对此产生了浓厚的兴趣并立志破解这种文字。他凭借对语言的直觉以及对语言观察和分析的能力，坚信线性文字B是希腊语最古老的形式。经过对遗留下来的出土文物进行仔细研究和严格论证，加之坚持不懈的努力，最终他与牛津大学学者查德威克(John Chadwick)共同破译了迈锡尼文化和米诺斯文化遗留下来的线性文字，并且证明了这种文字是希腊大陆迈锡尼居民所使用的书写体系，他们生活的年代是自公元前14世纪到公元前12世纪。

1952年，文屈斯与查德威克合著《迈锡尼希腊文献》(Documents in Mycenaean Greek, 1956)。1953年，他在《希腊研究杂志》(Journal of Hellenic Studies)上发表了其研究结论，得到广泛认可。

沃达克　Wodak, Ruth （1950— ） 奥地利语言学家。1950年7月12日生于伦敦，1971—1972年在维也纳大学语言学与印欧语言系从事研究，1974年获博士学位。1975年任维也纳大学语言学助理教授，1980年获"特许任教资格"，1983—1991年任社会语言学与心理语言学副教授；1991—2004年升任应用语言学正教授、系主任，1997—2006年兼任"话语·政治·身份"研究中心主任。1999—2002年任奥地利科学院研究教授。2004—2007年任英国兰卡斯特大学语言学与英语系话语研究部主任；2007年后转任特聘教授兼话语研究部主任。

露丝·沃达克的主要研究兴趣在话语分析、机构话语、社会语言学、语言与政治、偏见与歧视性话语、性别研究、定量研究方法(含语言学田野调查)以及批评性话语分析(Critical Discourse Analysis，简称CDA)的民族学方法等领域。她与同事、学生一起建构了话语历史研究方法(Discourse Historical Approaches，简称DHA)，主张从问题角度出发，对不同时期、不同类型的话语实践进行跨学科研究。话语历史分析是批评话语分析中的一种重要方法，其宏观批评视角受到法兰克福学派社会批评理论的影响，旨在揭露不平等的权力关系，改善人们的交流和沟通。这一理论和分析方法上的创新，为研究者研究话语提供了崭新的视角。话语历史分析在许多具体话语分析实例中不断得到丰富和发展。

沃达克主要的研究项目有："关于北约组织及奥地利和匈牙利中立地位的辩论"(Debates on NATO and Neutrality in Austria and Hungary)、"欧洲文化认同的话语建设"(The Discursive Construction of European Identities)、"对欧盟扩张的态度"(Attitudes Towards EU-Enlargement)以及"欧盟六国高层议会中关于移民问题辩论的种族歧视现象"(Racism at the Top: Parliamentary Debates on Immigration in Six EU Countries)等。她是期刊《话语与社会》(Discourse and Society)的副主编，《批评话语研究》(Critical Discourse Studies)的主编以及其他多家学术期刊的编委。她还是《语言和语言学百科全

书(第二版)》(Encyclopedia of Language and Linguistics, 2nd Edition)"语言与政治"分科的主编。2006—2008 年曾担任欧洲科学基金会(European Science Foundation)EURYI 奖的人文与社会科学评选委员会(Humanities and Social Sciences Panel)主席,1996 年被授予维特根斯坦精英研究者奖(The Wittgenstein Prize for Elite Researchers),2001 年被授予维也纳科学奖(The Scientific Prize of the City of Vienna),2006 年被授予维也纳杰出女性奖。

沃达克的主要著作包括《治疗群体中的语言行为》(Language Behavior in Therapy Groups, 1986)、《话语失常》(Disorders of Discourse, 1996)、《民族身份的话语构建》(The Discursive Construction of National Identity, 1999)、《篇章与话语分析方法》(Methods of Text and Discourse Analysis, 2000)、《欧盟解聘话语:研究聘用、政策制定和组织变革的跨学科方法》(EU Discourses on Unemployment: An interdisciplinary approach to employment, policy making and organizational change, 2000)、《话语与歧视:种族主义与反犹太主义的修辞》(Discourse and Discrimination: Rhetorics of racism and antisemitism, 2001)和《政治行为话语》(The Discourse of Politics in Action, 2009)等。

沃德 Ward, Ida Caroline (1880—1950) 英国语言学家和非洲学家。1880 年 10 月 4 日生于英国布拉德德福(Bradford),就读于杜伦大学,毕业后开始任教。三十几岁时对语言学产生兴趣,参加了英国著名语音学家琼斯(Daniel Jones)在伦敦大学学院举办的语音课程。1919 年得到琼斯提供在伦敦大学学院的全职工作机会,最初专门研究英语语音学和语言病理学,不久之后开始把研究重点放在非洲西部语言上,1932 年转职到伦敦大学东方研究学院(后改名为亚非学院)。1933 年与德国语言学家韦斯特曼(Diedrich Westermann)合著出版《非洲语言实用语音学教程》(Practical Phonetics for Students of African Languages, 1933);同年发表《艾菲克语语音和语调结构》(Phonetic and Tonal Structure of Efik, 1933),并因此被伦敦大学授予文学博士学位。1948 年退休,1950 年 10 月 10 日卒于吉尔福德(Guildford)。

艾达·卡罗琳·沃德在非洲语言的音韵学和声调学研究上做出了重要贡献。她的非凡之处不仅在于研究上的准确性和严谨性,更在于她对音调分析理论原则的清晰阐述。在她研究这些理论时,此类研究才刚刚起步,她所有的研究都是通过与持该语言为母语的人之间进行直接接触而展开,即使在二战危险期间,她仍毅然为工作而长期实地考察西非。沃德的贡献为非洲声调语言的后续研究奠定了基础。1937 年,她在伦敦大学东方研究和非洲研究学院创立了西非语言部,并在 1944 年成为该部的教授。她的努力使伦敦大学在当时非洲语言学的学术领域里有着举足轻重的首席地位。她出版了许多在西非语言研究上具有开创性的著作,特别是《伊博语简介》(Introduction to the Ibo Language, 1936)。她的另一部重要著作《约鲁巴语简介》(Introduction to the Yoruba Language, 1952)在她去世后出版。

沃德的其他论著包括《语音缺陷:性质与治疗》(Speech Defects: Their Nature and Cure, 1923)、《英语语调手册》(A Handbook of English Intonation, 1926)、《英语语音学》(Phonetics of English, 1929)、《非洲语言实地学习实用建议》(Practical Suggestions for the Learning of an African Language in the Field, 1937)和《伊博语方言及通用语言发展》(Ibo Dialects and the Development of a Common Language, 1941)等。

沃尔夫(本杰明·李·~) Whorf, Benjamin Lee (1897—1941) 美国人类学家、语言学家。1897 年 4 月 24 日生于马萨诸塞州的温斯洛普市(Winthrop)。1914 年中学毕业后进入麻省理工学院化学工程专业学习,1918 年获学士学位。1919 年成为哈特福德火灾保险公司(Hartford Fire Insurance Company)工程师,兼任该公司火险终身视察员。1924 年起,利用业余时间坚持从事语言学研究,先后研究过希伯来语(Hebrew)、阿兹特克语(Aztec)、玛雅语(Myan)和皮马语(Pima)等。1931 年进入耶鲁大学接受正规语言学训练,并在萨丕尔(Edward Sapir)指导下研究美洲印第安霍皮语(Hopi)。1936 年被聘为耶鲁大学人类学名誉研究员,1937 年被该校授予权威研究员职位,1937—1938 年任耶鲁大学人类学系语言学讲师。1941 年 7 月 26 日因癌症卒于康涅狄格州家中。

本杰明·李·沃尔夫通过研究印第安霍皮语(Hopi),与导师萨丕尔提出语言相关性假说,亦称"萨丕尔·沃尔夫假说(Sapir-Whorf Hypothesis)"。该假说提出,语言塑造人们的思维模式,不同的语言表达决定人们认识世界的不同方式。目前,学者往往把这一假说分为强势说和弱势说。强势说认为语言在塑造思维过程中起决定作用,制约着思维结构并主导感知行为;弱势说认为语言只是在一定程度上影响思维,并不起制约或主导作用,语言、文化和思维之间有相关性,但产生不同思维方式的跨文化差异只是相对的。沃尔夫本人有时倾向于强势说,有时倾向于弱势说。

沃尔夫是美国描写语言学派中观念主义语言学派的代表人物之一,生前并无专著,仅在诸如《语言》(Language)、《美国人类学家》(American Anthro-

pologist)、《技术评论》(*Technology Review*)等一些重要的学术刊物上发表过论文和书评约40篇,另有遗稿约15篇,涉及万有引力、颜色理论、进化论、三一论、霍皮语词典等内容。他在《技术评论》上发表的《科学与语言学》(Science and Linguistics, 1940)、《语言学作为精密科学》(Linguistics as an Exact Science, 1940)与《语言与逻辑》(Languages and Logic, 1941)等文章体现他的学术观点。后来美国教育心理学家卡洛尔(John. B. Carroll)从沃尔夫的著述中选出十八篇,编纂成集,命名为《语言、思维与现实——沃尔夫著作选》(*Language, Thought and Reality: Selected Writings*, 1956),由麻省理工学院出版社出版,成为学界了解沃尔夫语言思想的重要读本。

沃尔夫(弗里德里希·奥古斯特·~) Wolf, Friedrich August (1759—1824) 德国语文学家和批评家。1759年生于德国诺德豪森附近的一个村庄海因洛德(Hainrode, Nordhausen),父亲是乡村学校校长。在诺德豪森就读文理中学时掌握了拉丁语和希腊语,同时也学习了法语、意大利语和西班牙语。18岁时进入哥廷根大学,要求登记注册当时还未出现的"语文学(philology)"专业入学。1779—1783年,先后在伊尔福尔德和奥斯特罗德任教。1783年成为哈雷大学教授。1824年8月8日卒于马赛。

弗里德里希·奥古斯特·沃尔夫在哈雷大学工作23年,他的授课为德国古典研究注入了活力。他率先提出了古典语言学本身就是科学这一观点,并创立了"语文学"学科。沃尔夫从广义上把语文学定义为"体现在古迹中的人性知识(knowledge of human nature as exhibited in antiquity)"。很长一段时间里,古代学术遗产一直被当作现代欧洲浪漫主义生活中的外来因素,它究竟有没有价值,无人知晓。沃尔夫认为,从事语文学研究必须着眼于高度文明国家的历史和教育,研究其从古代留传下来的文本、艺术作品以及任何留有思想技术印迹的东西;作为一门阐释性的学科,语文学同时涉及历史和语言,这两者在阐释的过程中相互结合,成为一个有机的整体。

沃尔夫将主要精力都投入到教学当中,因此著作很少。《荷马绪论》(*Prolegomena to Homer*, 1795)是他最著名的作品,以拉丁文撰写,是近代世界的主要著作之一。《荷马绪论》表明,荷马并不是一个按照艺术规则创作的诗人,他代表的是洋溢着天才和天性真正自由的诗歌鼎盛时期。《考古学会要》(*Darstellung der Alterthumswissenschaft*, 1807)亦是沃尔夫的代表作。

沃尔弗拉姆 Wolfram, Walt (1941—) 美国社会语言学家。1941年2月15日生于美国宾夕法尼亚州的费城,1963年毕业于伊利诺伊州威顿学院(Wheaton College, Illinois),获人文学学士学位,辅修希腊语。1969年获哈特福德什学院(Hartford Seminary Foundation)语言学博士学位。1969—1971年任乔治城大学(Georgetown University)语言学讲师。1973—1992年在哥伦比亚特区大学(University of the District of Columbia)任交流艺术和科学系教授,1980—1992年兼任应用语言学研究中心主任。1992年至今担任北卡罗来纳州立大学英语系弗莱德特聘教授(William C. Friday Distinguished University Professor)。曾担任美国语言学会和美国方言学会(American Dialect Society)的会长。

沃尔特·沃尔弗拉姆的研究主要集中在语言变异、美国英语的少数民族方言、美国黑人英语、方言衰退、方言意识、方言与公共利益等领域。从20世纪60年代起他就开始对社会和少数民族方言进行研究,将社会语言学应用到社会和教育问题,并积极把方言知识传播给大众。在他的引领下,北卡罗来纳州立大学的语言变异研究项目成为全美此研究领域顶级科研项目之一。沃尔弗拉姆参加了此研究领域的各项社会活动,包括记录方言多样化的电视节目、语言陈列馆的建设、学校和社会大众方言课程的发展等。

沃尔弗拉姆独立创作的著作包括《美国黑人英语的发展》(*The Development of African American English*, 2002)和《美国英语:方言与变异》(*American English: Dialects and Variation*, 2006)等。他参与编写的著作包括《殖民地英语遗产》(*The Legacy of Colonial English*, 2004)、《英语变体手册》(*Handbook of Varieties of English*, 2004)和《社会语言学指南》(*The Routledge Companion to Sociolinguistics*, 2007)等。

沃夫 Whorf, Benjamin Lee 参见"沃尔夫"。

沃格林(查尔斯·费雷德里克·~) Voegelin, Charles Frederick (1906—1986) 美国人类学家和语言学家。1906年1月14日生于纽约。21岁时在斯坦福大学获学士学位。之后到加州大学伯克利分校深造,师从美国人类学家克罗伯(Alfred Kroeber)和罗伊(Robert Lowie),26岁时取得博士学位。1933年在印第安肖尼(Shawnee)部落工作一年,1936年出版《肖尼女神》(*The Shawnee Female Deity*)。在撰写文稿的同时,在耶鲁大学从事博士后研究工作。之后被德堡大学(DePauw University)聘为人类学助理教授,在该校工作5年。1941年被印第安纳大学聘为人类学副教授,1947年任人类学教授并担任人类学系主任,1964年被聘为语言学教授。1967—1976年在印第安纳大学担任人类学特聘教授和语言学教授。曾任美国人类学协会理事和美国语言学会会长,获美国语言学会颁发的杰出服务奖,被印第安纳大学授予荣誉文学博士学位。1986年5月22日卒于夏威夷火奴鲁鲁。

查尔斯·费雷德里克·沃格林于1935年出版专著《图巴图拉巴文本》(*Tubatulabal Texts*)和《图巴图拉巴语法》(*Tubatulabal Grammar*)。1938年又出版了《肖尼语词干》(*Shawnee Stems*,1938—1940),两年后出版《雅各布·邓迈阿密词典》(*Jacob P. Dunn Miami Dictionary*)。1975年出版论文集《语言学与人类学》(*Linguistics and Anthropology*),该文集记录了沃格林对语言学和人类学做出的巨大贡献。1977年,沃格林与妻子弗洛伦斯·沃格林(Florence Marie Voegelin)合作编写的《世界语言分类与索引》(*Classification and Index of the World's Languages*)出版。1944—1980年,沃格林还担任《国际美国语言学杂志》(*International Journal of American Linguistics*)编辑,以对美国土著语言的研究而著称,促进了美国印第安语的记录和研究及语言学中新兴理论的传播和发展。

沃格林(弗洛伦斯·玛丽·~) Voegelin, Florence Marie (1927—1989) 美国语言学家。1927年9月26日生于美国科罗拉多州,原名弗洛伦斯·哈蒙(Florence M. Harmon)。1949年在科罗拉多教育学院(现北科罗拉多大学)获得文学士学位。毕业后去波多黎各(Puerto Rico)大学做过两年英语教师,其间对语言学产生了浓厚兴趣。1951年入印第安纳大学人类学系学习结构语言学和美国印第安语言,1953年获语言学硕士学位,1956年获人类学博士学位。1989年1月9日卒于科罗拉多斯普林斯市布罗德莫尔(Broadmoor,Colorado Springs)。

弗洛伦斯·玛丽·沃格林与其研究生导师查尔斯·沃格林(Charles Frederick Voegelin)于1953—1954年在《国际美国语言学杂志》(*International Journal of American Linguistics*)上共同发表了两篇关于美国印第安语言的学术论文。后与查尔斯·沃格林结婚,共同从事语言学和人类学的研究。1959年,她创办了《人类语言学》杂志(*Anthropological Linguistics*),一直担任该杂志编辑至1981年。1977年,弗洛伦斯·沃格林和查尔斯·沃格林共同出版了著名的《世界语言分类和索引》(*Classification and Index of the World's Languages*,1977)。

沃克 Walker, John (1732—1807) 英国演员、语言学家、朗诵学家和词典编纂家。1732年3月18日生于英国米德尔塞克斯郡的考尼哈奇(Colney Hatch, Middlesex)。早年是演员,曾在伦敦特鲁里街剧院(Drury Lane Theatre)和都柏林著名的克罗街剧院(Crow Street Theatre in Dublin)演出。1768年毅然改行,与詹姆斯·乌雪(James Ussher)共同创办学校,并担任校长。任职期间,对口语教学尤其是朗诵学产生了兴趣,于1770年起举办了一系列关于朗诵学的公开讲座。曾到苏格兰和爱尔兰游历,在英格兰许多大城市里发表过演说。1808年8月1日卒于伦敦。

约翰·沃克于1774年出版《全新英语发音词典概要》(*A General Idea of a Pronouncing Dictionary of the English Language on a Plan Entirely New*),提出了用拼音音标和数值变音符号对每个单词注音的想法。沃克的最终目标是使发音标准化,这个目标在他1791年出版的《英语发音词典与评论》(*Critical Pronouncing Dictionary and Expositor of the English Language*)中得以实现。书中收集了当时讲话方式的大量信息,强调了言语规范和一致的重要性,并向苏格兰、爱尔兰和伦敦克尼区居民提出了发音方面的建议。

沃克的其他著作包括《英语词典:韵律、拼写和发音速查手册》(*A Dictionary of the English Language: Answering at Once the Purposes of Rhyming, Spelling and Pronouncing*,1775)和《雄辩之要素》(*Elements of Elocution*,1781),后者介绍了许多朗诵技巧,被公认为言语艺术的第一部实用专著。

沃里斯 Wallis, John (1616—1703) 英国数学家和语言学家。1616年11月23日生于肯特郡阿什福德(Ashford, Kent)。1630年就读于埃塞克斯的费尔斯特德学校,学习拉丁语、希腊语和犹太语,并第一次接触到数学。1632年在剑桥大学伊曼纽尔学院(Emmanuel College, Cambridge)学习,1637年和1640年分获学士和硕士学位。之后做过几年牧师。1643—1649年在威斯敏斯特议会担任无投票权文士。1649年—1691年担任牛津大学萨维尔几何学教授。1703年10月28日卒于牛津。

约翰·沃里斯是无穷小微积分的创立人之一,在几何、微积分、无穷级数分析等数学领域里做出巨大贡献。他提出的无穷大符号"∞"至今仍在使用;他用"1/∞"的形式来表示无穷小。沃里斯在数学领域最重要的著作包括《无限算术》(*Arithmetica Infinitorum*,1655)、《通用数学》(*Mathesis Universalis*,1657)和《代数逻辑哲学》(*De Algebra Tractatus*,1685)。鉴于他在这方面的成就,31982号小行星就被命名为"约翰·沃里斯星"。

除此之外,沃里斯最有影响力的作品是他在1653年出版的《英语语法》(*Grammatica Linguae*

Anglicanae, 1653)。他在书中运用了现代方法分析英语语法,是第一个完全脱离拉丁语来研究英语语法的学者。他把英语的发音和其他语言(不仅限于法语和德语,还包括阿拉伯语、犹太语和希腊语)的发音进行对比,同时把单词的各个音节纳入一个发音系统,并创立了发音科学。该书对语音教学有着深远的影响。沃里斯独特的语音见解在聋哑人的教育方面也有着举足轻重的作用。

沃洛希诺夫 Voloshinov, Valentin Nikolaevich (Валенти́н Никола́евич Воло́шинов, 1895—1936) 苏联语言学家。1895年6月18日生于圣彼得堡。1913年进入圣彼得堡大学学习法律,迫于经济状况于1917年辍学,此后几年以从事教学为生。20世纪20年代加入著名的巴赫金小组(The Bakhtin Circle),主要研究俄国十月革命后出现的社会文化问题,审视语言如何反映不同社会集团的冲突;凭着对语言哲学的兴趣,成功地发展了马克思主义意识形态理论,在1927年和1929年分别出版了具有影响力的《弗洛伊德主义:马克思主义批判》(Фрейдизм. Критический очерк, 与巴赫金合著)和《马克思主义和语言哲学》(Марксизм и философия языка)。1936年6月13日卒于列宁格勒。

瓦伦汀·尼古拉耶维奇·沃洛希诺夫认为语言是意识形态的载体,二者不可分割。他认为语言界定了人类的特征,所以口头互动的学习是理解社会心理学的关键。他不满于当时语言学界的做法,认为应该研究真实存在的话语而不是抽象的语言特征。他认为对语言进行抽象和共时的研究(如瑞士著名语言学家索绪尔的方法)是错误的,因为词汇是动态的社会符号,在不同社会阶层和不同历史环境中有着不同的含义。他指出,语言符号的含义是连续阶级斗争的舞台。统治阶级将努力缩小社会符号的含义,使之成为"单极音",但在社会动荡之时,各种阶级利益的冲突会使它们的"多极性"变得明显。这使他的观点打上了很强的政治烙印。沃洛希诺夫把对含义的斗争(struggle for meaning)和阶级斗争(class struggle)相提并论,这与意大利共产主义者葛兰西(Antonio Gramsci)的理论较为相似。沃洛希诺夫的理论对后结构主义也产生了很大的影响。

乌尔达尔 Uldall, Hans-Jørgen (1907—1957) 丹麦语言学家。1907年生于丹麦日德兰半岛锡尔克堡市(Silkeborg)。1924年进入哥本哈根大学攻读医学,不久转学英语,1929年毕业后赴南非开普敦大学任教。1931年在导师叶斯柏森(Otto Jespersen)的建议下,到美国师从博厄斯(Franz Boas)学习人类学,并对美洲印第安语言开展实地考察。1933年回到丹麦,开始与叶尔姆斯列夫(Louis Trolle Hjelmslev)合作,研究语音学和音位学。1939年因二战中断与叶尔姆斯列夫的合作,此后辗转埃及、阿根廷和英国等地从事教学活动。1957年卒于尼日利亚伊巴丹(Ibadan, Nigeria)。

汉斯·尤尔根·乌尔达尔在与叶尔姆斯列夫的合作研究中,将音系学发展成一般性理论,创立语符学(glossematics)。乌尔达尔在语符学方面的代表作是《语符学纲要》(Outline of Glossematics, 1957),该书反映了他的主要思想,认为语符学既是语言理论,又是符号学,同时也是科学理论。乌尔达尔一生还研究过大量的美洲印第安语,尤其是麦度语(Maidu)和尼斯南语(Nisenan),但他的很多研究成果都未公开发表。

乌尔菲拉斯 Urphilas(Ulfila / Wulfila / Ulfilas, 311—382) 基督教西哥特教会主教。祖籍小亚细亚加巴道西(Cappadocia,今土耳其境内)。30岁以前在教会谋得读经师职位。大约341年,被任命为基督教西哥特主教。约347—348年,由于基督徒在当地受到迫害,率领信徒从哥德堡转移到多瑙河以南的古罗马密西亚省(Moesia),一同在古罗马度过几年和平的日子。在去世前几年,适逢皇帝特奥一世(347—395)开展政治和财产改革,因此被传召去君士坦丁堡。大约382或383年卒于君士坦丁堡。

乌尔菲拉斯是一位优秀的传教士和圣经翻译家。他用希腊语、拉丁语和哥特语写过一系列关于基督教的短文、评论,可惜没有任何存稿。从对语言贡献的角度来看,乌尔菲拉斯创造了哥特文字母,也是《圣经》的哥特文译者。他首次把《圣经》从希腊文译成了日耳曼文字,为学者们提供了研究日耳曼语的重要源语言材料。

乌尔曼 Ullmann, Stephen (1914—1976) 匈牙利语言学家。1914年7月31日生于匈牙利布达佩斯。曾就读于布达佩斯大学和苏格兰格拉斯哥大学,1936年获博士学位。二战期间在英国广播公司任职。1946年起,先后在格拉斯哥大学、利兹大学和牛津大学任教,讲授法语和罗曼语语文学课程。1949—1962年担任哲学学术期刊《语言学档案馆》(Archivum Linguisticum)的主任。1970—1974年任哲学协会主席。1976年1月10日卒于伦敦。

史蒂芬·乌尔曼是语义学奠基人之一。在语义学和文体学领域,他把与法国相关的研究成果引入到他的教学中,例如把达迈斯泰特(Alfred Darmesteter)和布雷亚尔(Michel Bréal)的作品以及索绪尔(Ferdinand de Saussure)的《普通语言学教程》介绍给学生。他还将德国和欧洲其他国家学者的主要作品引进到大学教学中,如特里尔(Jost Trier)等人在语文学和哲学方面的研究。1962年，乌尔曼出版代表作《语义学：意义学简介》(Semantics: An Introduction to the Science of Meaning)，提出研究意义的方法分为两大类：一类称为分析法或指称法(Analytical or Referential Approach)，指理解一个语项的意义可分析其客观构成成分或所指对象；第二类是效用法或语境法(Operational or Contextual Approach)，指一个词项的意义可以分析为其在某环境中能引起的相应效果和作用。从构词角度，乌尔曼按构词特点把语言分成"理据型(motivated)"和"非理据型(unmotivated)"。例如，德语运用词缀组合成特定的意义，属理据型，如 hin ein gehen(进来)，hin aus ghen(出去)；法语以不同的词表示特定的意义，属非理据型，如 entrer(进来)和 sortir(出去)。

乌尔曼的其他著作包括《语义学原则：从语言学角度看语义》(The Principles of Semantics: A Linguistic Approach to Meaning, 1951)、《法语小说的文体》(Style in the French Novel, 1957)和《语言与文体：论文集》(Language and Style: Collected Papers, 1964)等。

乌夫里亚托娃 Ubriatova, Elizaveta Ivanovna (1907—1990) 苏联突厥语专家。1907年10月27日生于俄国西伯利亚西南部鄂木斯克(Omsk)。1929年毕业于西伯利亚东部的伊尔库茨克国立大学(Irkutsk State University)，一年后到位于北极圈以内泰米尔湖附近的中学任教，很快便熟谙当地的道根语(Dolgan)，并对西伯利亚突厥语族的语言产生兴趣，1932年着手语言研究。为掌握这些语言，1934—1937年赴当时的列宁格勒(现名圣彼得堡)的北方民族学院进修研究生课程。1940年获硕士学位，论文题目为《诺里尔斯克道根语言》(The Language of Norilsk Dogan)。1950年以论文《雅库特语中的复杂从属句》(Complex Subordinate Sentences in the Yakut [Sakha])获博士学位。1990年卒于新西伯利亚(Novosibirsk)。

伊丽扎维塔·伊凡诺夫娜·乌夫里亚托娃的主要学术成就反映在她对雅库特语方言学、句法学、历史学、语音学等以及西伯利亚广袤区域内突厥语与非同源语言共存而产生的问题加以研究的专著和论文中。她的博士学位论文犹如一部各种复杂从属句分析程序操作手册和理论导向大全。在语言比较研究中，她坚决认为雅库特语与其他一系列语言的交融存在三个时期：(1)雅库特语自身成型期，语法结构各种特征显现，长期与蒙古语和通古斯语各不相扰；(2)蒙古人和通古斯人向突厥语转向期，最终形成两种雅库特语方言；(3)雅库特语扩散期，跨越了阿尔丹河与勒拿河之间的区域。乌夫里亚托娃还非常重视古维吾尔语的研究，认为从古维吾尔语中可以得出突厥语言的语法特征。根据动词的形式特点，她推测西伯利亚的突厥语有三种来源，分别是鄂尔浑—突厥语(Orkhon-Turkic)、古维吾尔语(Old Uyghur)和吉尔吉斯语(Kirghiz)，它们在当代突厥语言中都有不同程度的体现，可以追溯到不同时期，而且它们的源头应该是古柯尔克孜语。

乌夫里亚托娃在突厥语族语言研究方面培养了很多学生，拥有很多追随者，她获得多项荣誉，包括萨哈雅库特共和国荣誉科学家、红旗勋章、荣誉奖章和奖牌等。

乌伦贝克 Uhlenbeck, Christianus Cornelius (1866—1951) 荷兰语言学家。1866年10月8日生于荷兰沃尔堡(Voorburg)。曾就读于莱顿大学，1888年获博士学位。此后曾先后任教于阿姆斯特丹大学和莱顿大学，教授梵语和古日耳曼语等课程。1951年8月12日卒于瑞士卢加诺(Lugano)。

克里斯蒂安乌斯·科尼利厄斯·乌伦贝克的研究兴趣主要集中在比较语言学方面。在对巴斯克语(Basque)的研究中，他认为原始巴斯克语已经具有综合性的动词词形变化，所以巴斯克语很可能来自欧洲以外的高加索或非洲，跟印欧语系的芬兰—乌戈尔语族并不存在亲属关系。通过研究因纽特人所讲的爱斯基摩语的不同方言，他提出爱斯基摩语与印欧语系有一定的联系。乌伦贝克对美洲印第安语言也有研究，著有《新黑脚语文本汇编》(A New Series of Blackfoot Texts from the Southern Peigans Blackfoot Reservation Teton County Montana, 1912)和《简明黑脚语语法》(A Concise Blackfoot Grammar Based on Material from the Southern Peigans, 1938)。

乌伦多夫 Ullendorff, Edward (1920—2011) 英国学者，闪语和埃塞俄比亚研究专家。1920年1月25日生于德国柏林。曾自学希伯来语，15岁开始学习阿拉伯语。1938年赴巴勒斯坦希伯来大学学习闪语族语言，包括阿拉伯语、希伯来语、阿拉姆—叙利亚语(Aramaic-Syriac)、阿卡得语(Akkadian)和埃塞俄比亚语等。1942—1946年先后在厄立特里亚和埃塞俄比亚担任过英国殖民政府的多种行政工作，1947—1948年在巴勒斯坦代理政府工作。1949年入牛津大学深造和研究，1952年获博士学位。乌伦多夫曾在多所大学教授闪语和埃塞俄比亚语，其中包括圣安德鲁大学、曼彻斯特大学、牛津大学以及伦敦大学亚非学院。1982年退休，被伦敦大学授予"闪语与埃塞俄比亚研究荣誉退休教授"称号；之后在牛津大学继续从事研究。2011年3月6日卒于英国牛津。

爱德华·乌伦多夫是20世纪埃塞俄比亚研究和闪语研究的权威学者。在厄立特里亚和埃塞俄比亚

(外国语言学者) xī 西 X

的经历,使得乌伦多夫有机会对埃塞俄比亚的闪米特语族进行研究,成为他一生学术研究的主要领域。在研究中,乌伦多夫主要关注的是语文学而非语言学方面的内容。他出版于1955年的《埃塞俄比亚的闪米特语:比较音系学》(*The Semitic Languages of Ethiopia: A Comparative Phonology*),是其基于博士学位论文的第一部研究专著。1960年,他出版了《埃塞俄比亚:国家和国民简介》(*The Ethiopians: An Introduction to Country and People*),该书多次再版;1968年出版的《埃塞俄比亚与圣经——英国国家学术院施魏希系列讲座》(*Ethiopia and the Bible: The Schweich Lectures of the British Academy*),以语文学研究为基础全面探讨了闪语的文本材料。

书评写作也是乌伦多夫较为活跃的领域之一。在他60年的学术生涯中,曾发表300多篇书评。他研究兴趣广泛,从未将自己局限于严格意义上的语言文学范围。其他著作还包括《阿姆哈拉语名文选集》(*An Amharic Chrestomathy*, 1965)、《提格里尼亚语名文选集》(*A Tigrinya (Təgräñña) Chrestomathy*, 1985)、《两个天国:缅怀耶路撒冷和埃塞俄比亚》(*The Two Zions: Reminiscences of Jerusalem and Ethiopia*, 1988)和《闪米特语研究日志》(*Journal of Semitic Studies*, 1989)等。

乌斯拉尔　Uslar, Petr Karlovich（Пётр Карлович Услар, 1816—1875）　俄国语言学家和民族学家。1816年9月1日生于俄国特维尔市附近库若沃(Kurovo, Tver)。毕业于俄罗斯军事工程技术大学前身总工程学校(Chief Engineering School)和总参军事学院(General Staff Academy)。曾任彼得堡科学院通讯院士、俄国地理学会高加索分会会员。1875年7月20日卒于库诺沃。

彼得·卡尔洛维奇·乌斯拉尔在任职参谋本部军官期间,因军事统计任务而调查过高加索许多地区,接触到高加索的各种语言,激起他对这些语言进行历史比较语法研究的兴趣。他也很关心高加索人的教育、认读和历史等问题,主动帮助当地学校引进新的阅读和写作教学方法。乌斯拉尔强调让高加索人先用他们的母语学习阅读和写作(俄语拼写的),此后再开始学习俄语语法。他还根据俄文字体为他所研究的各种语言创造字母书写系统,并曾试图为某些部族设立以本族语言进行教学的学校,但未得到沙皇政府的支持。

乌斯拉尔是北高加索语言学奠基人之一。他的著作以精确性强、实际材料多和分析细微为特点,著有阿布哈兹语、切禅语、阿瓦尔与、拉克语、达尔金语、列兹庚语、和塔巴萨兰语的语法纲要,这些语法纲要介绍了每一种语言的文化、历史发展,配有词汇表,还收录丰富的民间故事、谚语、名言、童话故事和寓言。

西巴韦赫　Sibawayh（约760—约796）　亦译西伯维,波斯语言学家。大约公元760年生于波斯西南部哈马丹(Hamedan,今伊朗西部),后与家人移居伊拉克巴士拉(Basrah)。曾问学于当时著名阿拉伯语言学家伊本·哈比比(Yunus ibn Habib)和阿拉伯辞书学家、语文学家海利勒(Al-Khalil ibn Ahmad al-Farāhīdi)以及早期从犹太教皈依伊斯兰教的阿拉伯语学者伊本·穆萨(Harun ibn Musa)。因其母语本是波斯语,阿拉伯语为其求学后所学。796年或797年卒于今伊朗法尔斯省设拉子市(Shiraz, Fars Province)。

西巴韦赫是阿拉伯语最早、最伟大的语法学家之一。他对阿拉伯语的语音描述十分精确,大大推动了阿拉伯语在中东地区的传播。他的研究动力主要来自非阿拉伯穆斯林想准确、全面地理解《古兰经》(*Qur'ān*)的愿望。他唯一的著作《书》(*Al-Kitab*, 即 *The Book*)是一部全面而完整的阿拉伯语语法书。该书论述了进行语法分析的一般规范、句法、形态学和阿拉伯语音学,讨论和分析《古兰经》中的阿拉伯语、古伊斯兰和伊斯兰诗人所使用的阿拉伯语、乃至整个阿拉伯半岛—西至希贾兹(Hijaz)部落,东至塔米伊姆(Tamiym)和巴士拉(Basrah)都在使用的阿拉伯语。在《书》中,所有语言被一视同仁,无论出现在哪本书上或被什么人说过,只要是阿拉伯人使用的语言,任何内容和形式上的数据都被接受。《书》中的语言分析充分,对相关教师和权威人士的引用颇丰,是语言学知识的宝藏。该书概括了西巴韦赫时代阿拉伯语言学研究的状况,尽管它主要是对那时的阿拉伯语语法结构进行共时研究,但因其对以前语法学家的语言引述而增添了该书的历史维度和深度。

西巴韦赫对语言性质的独特见解和分析能力,使《书》成为语言学领域的珍宝和后续语法编纂的参考文献,并赢得了语法"古兰经"的称号。作为第一个编写阿拉伯语语法的非阿拉伯人,西巴韦赫对阿拉伯语语法的贡献相当于波尼尼(约公元前400年)对梵语语法的贡献,他们在各自的研究领域都极具威信。

西比奥克　Sebeok, Thomas Albert（1920—2001）　美国语言学家。1920年11月9日生于匈牙利首都布达佩斯。1936年到英国剑桥大学深造,次年再赴美国芝加哥大学,师从著名语言学家查尔斯·莫里斯(Charles Morris)和布龙菲尔德(Leonard

1181

Bloomfield)学习语言学，1941 年获学士学位，1943 年获硕士学位。二战期间，在印第安纳州的布卢明顿(Bloomington)为军方特种语言训练计划(Army Specialized Training Program)担任语言教师，并曾在威斯康星(Wisconsin)、温尼巴哥(Winnebago)等地实地考察。1944 年成为美国公民，1945 年在普林斯顿大学获东方语言文明专业博士学位；之后在印第安纳大学任教，在印第安纳大学布卢明顿分校创建了乌拉尔和阿尔泰学系，研究东欧、俄罗斯和亚洲的多种语言，还曾担任印第安纳大学的语言与符号学研究中心教授，1991 年退休。1969 年创办《符号学》(Semiotica)杂志并担任主编。2001 年 12 月 21 日卒于印第安纳州的布卢明顿。

托马斯·艾伯特·西比奥克是现代符号学的先驱。他早期热衷于语言学研究，曾到北欧和东欧研究拉普兰以及苏俄一带的语言，也到过蒙古、墨西哥、美国的新墨西哥和威斯康星州等地进行深入的语言考察。20 世纪 60 年代，他的兴趣转向符号学研究领域。起初，他以人类语言及文化作为研究对象，后又把研究目标转至人类非言语符号和动物交流领域，提出"动物符号学(zoosemiotics)"和"生物符号学(biosemiotics)"概念，开拓了符号学的研究领域。西比奥克认为，每个物种都具有"模拟本能(modeling instinct)"，都以各具特色的方式以符号模拟自然，因此人类所使用的符号也源于这一本能。当然，相对于其他物种的本能，人类的模拟本能独一无二，西比奥克认为人类的模拟本能受到四大基本原则的约束：(1)知识与用来构建这一知识的符号是统一、不可区分的；(2)模型构建以多种方式进行；(3)模型和它们的所指域在文化语境中相互关联；(4)所有模型均表现出同样的结构属性。

在 60 余年的学术生涯中，西比奥克著述颇丰。他的重要专著包括《符号及其主人》(The Sign and Its Masters，1979)、《符号就是符号》(A Sign is Just a Sign，1991)、《符号：符号学导论》(Signs: An introduction to semiotics，1994)和《全球符号学》(Global Semiotics，2001)等。他编辑过若干套丛书和百科全书，包括《符号学研究法》(Approaches to Semiotics)和《语言学的发展新趋势》(Current Trends in Linguistics)及《符号学百科辞典》(Encyclopedic Dictionary of Semiotics)等。他还是典型的创业型学者，组织过数百个国际会议和研究机构，在世界各地积极支持语言和符号学的教学计划和学术团体的创建，在美国语言学会、国际符号学研究协会、美国符号学会等组织中均发挥过重要作用。

西伯维　Sibawayh　参见"西巴韦赫"。

西尔韦斯特　Silvestre de Sacy, Antoine-Isaac, Baron　(1758—1838)　法国语言学家和东方学者。1758 年 9 月 21 日生于巴黎一个犹太家庭。因七岁丧父，由母亲独自担负其教育。1787—1791 年研究了闪米特语言(Semitic languages)，渐以东方学者闻名，并成功破译了萨珊国王(Sassanid kings)的巴列维铭文(Pahlavi Inscriptions)。1795 年成为东方语言学院(Ecole des Langues Orientales Vivantes)的阿拉伯语教授，1806 年开始在法兰西公学院担任波斯语教授，1815—1820 年担任巴黎大学校长。1822 年与法国汉学家雷暮沙(Jean-Pierre Abel-Rémusat，1788—1832)联合发起成立亚洲协会(Asiatic Society)，致力于亚洲研究。1813 年被授予男爵头衔，1832 年成为法兰西世卿(Pairie de France)，同年被推举为法兰西铭文与美文学术院持久秘书(perpetual secretary)。1838 年 2 月 21 日卒于巴黎。

安托万·伊萨克·西尔韦斯特·德萨西男爵是一位极重要的东方学者，通过编撰和翻译早期东方文化和阿卜杜勒拉蒂夫关于阿拉伯埃及大事记的文本，让欧洲人了解东方文化。他曾在埃及研究财产法，为英国和外国圣经协会提供了阿拉伯语版和叙利亚语版《新约》。他编写的教材《普通语法原则》(Principes de Grammaire Générale mis à la Portée des Enfants，1799)不仅极具教育价值，而且还综合了过去主要的普通语法知识，增加了对东方语和闪米特语的引用。该语法的主要特征是对由连词"que"引导的从句进行描述，用来解释此类从句的正确性。西尔韦斯特编撰的三卷本《阿拉伯语文选》(Chrestomathie Arabe，1806)、两卷本《阿拉伯语语法》(Grammaire Arabe，1810)和《语法选集》(Anthologie Grammaticale，1829)都是重要的阿拉伯语教材。

西尔韦斯特的主要作品还包括《萨利娜与迪姆娜》(Calila et Dimna，1816)、《哈里里》(Hariri，1822)和《阿尔菲娅》(Alfiya，1833)等。

西弗斯　Sievers, Eduard　(1850—1932)　德国历史语言学家和日耳曼语言学家。1850 年 11 月 25 日生于德国里波兹堡(Lippoldsberg)。年仅 19 岁即获得最高学历，20 岁成为耶拿大学教授。1881 年婉拒哈佛大学、剑桥大学和马萨诸塞大学的聘用邀请，留在德国任教；先在蒂宾根(Tübingen)和哈雷(Halle)工作数年，后回到其开始职业生涯的莱比锡大学任教。1932 年 3 月 30 日卒于莱比锡。

爱德华·西弗斯是莱比锡新语法学派(Neogrammarians)核心成员，是 19 世纪末最具影响力的历史语言学家之一。他最重要的贡献在于恢复了日耳曼语系中盎格鲁撒克逊语(Anglo-Saxon)和古撒克逊语(Old Saxon)音韵特点中的诗意传统。他出版了许多作品,其中《语音生理学纲要》(*Grundzüge der Lautphysiologie*,1876)极大地推动了当时的语音研究,该书于 1881 年推出第二版,更名为《语音学基础》(*Grundzüge der Phonetik*,1878)。西弗斯对孤立的声音不感兴趣,他在该书第一版中指出:对语言学家来说,有价值的不是单个声音,而是单个语言单位组成的声音系统及其之间的关系和逐渐转换。为了解释在许多印欧语系中出现的特定元音与半元音变换的情况,他提出了西弗斯定律(Siever Law),该定律成为历史日耳曼语及印欧语系音位学中的经典命题之一。他的分析方法能够表明诗行如何重读或非重读,如重读—非重读—重读—非重读、非重读—重读—非重读—重读等。由于德国诗歌的书面形式很少显示分行,这种看似简单的分析,便因之前的学者难以确定诗行的开始和结束而显得意义重大,并引发了此后无数的研究。西弗斯对盎格鲁撒克逊诗歌节奏的研究也影响了美国意象派诗人庞德的诗歌。

西弗斯的主要作品还包括《古英语语法》(*An Old English Grammar*,1903)和《韵律和节奏研究》(*Rhythmisch-Melodische Studien*,1912)等。

西赫尔 Siger de Courtrai (1283—1341)
法国逻辑语言学家。1283 年生于比利时的许勒海姆(Gullegem)。1309 年开始在巴黎以文学硕士参事(Magister artium regens)身份从事教学工作,1310 年成为索邦学院(La Sorbonne)创校合伙人,1315 年任行政负责人。1308—1327 年担任库特赖圣母院(Notre-Dame de Courtrai)主任牧师。1341 年 5 月 30 日卒于巴黎。

库特赖的西赫尔大约在 1310—1320 年撰写了若干逻辑语言学著作,其中最负盛名的是他的《表意方式集成》(*Summa Modorum Significandi*,1285)。该书虽论述不够完整,但足以使他成为中世纪思辨语法学派(Modistic)的重要代表人物之一。他在书中详细阐释了 6 世纪古罗马拉丁语语法学家普里西安的《语法惯例》(*Institutiones Grammaticae*),以存在形态(modus essendi)、意识形态(modus intelligendi)、指示形态(modus significandi)等基本概念为基础构建了思辨语法(speculative grammar)。他的"能指"(modes of signifying)和"所指"(modes of being signified)构成了句法学和语义学的基本理论。西赫尔还在书中介绍了术语框架,并将名词、动词、分词和代词等词类进行归类。

西赫尔早期的《语法论文》(*Tractatus super grammaticam*)和《对普里西安的质疑》(*Quaestiones super Priscianum minorem*)两部著作仅以手稿形式留存。

西田龙雄 Nishida, Tatsuo (西田龍雄,1928—)
日本语言学家。1928 年生于日本大阪,1951 年毕业于京都大学文学部。1950 年开始研究西夏文字,并发表对西夏文音位重塑的看法。1962 年以《西夏文字的分析与西夏语文法研究》为题,获京都大学博士学位,1958 年起任京都大学文学院助理教授,1972 年起任京都大学教授,曾任日本语言学会会长。1970 年赴苏联、英国等地收集西夏、蒙古、契丹史料。80 年代以来多次访问中国,出席相关的国际学术讨论会。2012 年 9 月 26 日卒于日本京都。

西田龙雄的研究方向主要是中国古代民族语文,尤以对西夏语的研究而著称,是西夏文权威学者。他把博士学位论文修改成一部两卷的专著《西夏语言研究——西夏语言重构与西夏手稿解读》(『西夏語の研究 — 西夏語の再構成と西夏文字の解読』,1964—1966),这也是他最重要的作品。这部作品包括了对西夏文语音学的全面描述、对西夏文字母表和语法的概括、西夏文字字典以及对两篇西夏文章的解读。西田龙雄主要著作包括《关于西夏文佛经》、《西夏文字》、《西夏文华严经》和《生动的象形文字》等。他的作品不但针对学术界,对一般读者也有很大的影响。他还因此成为佐藤纯弥执导的电影《敦煌》(*Tonkō* 即 *Dun-huang*,1988)的西夏文化顾问,并出现在中国中央电视台的十集纪录片《敦煌:一部历史诉说的史诗》(*Tonkō: Sono Rekishi ga Kataru Roman*,即 *Dun-huang: The Epic Told by its History*)中。

除了研究西夏语,西田龙雄还是藏语文研究者,在国际语言学界有较大影响,其研究成果在国际学术界尤获肯定。在藏学方面他主要研究古代藏语文,发表的成果有论文《藏语动词构造研究》、《关于十六世纪康区天全藏语方言》、《多续语的特点与系统》等,其他专著有《西番馆译语研究:西藏语言学序说》(『西番館訳語の研究 チベット言語学序説』,1970)和《多续译语的研究》(『多続訳語の研究 新言語トス語の構造と系統』,1973)等。

希尔(阿奇博尔德·安德森·~) Hill, Archibald Anderson (1902—1992) 美国语言学家。1902 年 7 月 5 日生于美国纽约。1923 年获波莫纳学院(Pomona College)学士学位,1924 年获斯坦福大学硕士学位,1927 年获耶鲁大学博士学位。1926 年到密歇根大学任教,四年后到弗吉尼亚大学任教,1952 年任乔治城大学(Georgetown University)语言和语言学学院副院长,1955 年到德克萨斯大学任教,1972 年退休。1969 年曾任美国语言学会会长。1992 年 3 月 29 日卒于德克萨斯州奥斯汀。

阿奇博尔德·安德森·希尔的研究跨越文学、教学法和应用语言学等多个领域,在结构主义语言学领域占有重要地位。希尔在结构主义语言学方面的代表作是《语言结构入门：从英语的语音到句子》(Introduction to Linguistic Structures: From Sound to Sentences in English, 1958)，该书从结构主义的观点出发，对除义之外的语言各个层面进行分析。可以说，在乔姆斯基的生成语言学时代到来之前，希尔的这部著作是结构主义语言学最后的巅峰之作。

希尔（简·哈斯勒·～） Hill, Jane Hassler (1939—) 美国语言人类学家。1939 年 10 月 27 日生于美国加利福尼亚的伯克利。1960 年获加州大学伯克利分校(UC Berkeley)人类学学士学位，并先后于 1962 年和 1966 年获加州大学洛杉矶分校(UCLA)的硕士和博士学位。1983 年赴亚利桑那大学任教。1988—1989 年任美国人类学协会(AAA)主席。2004 年获美国语言人类学方面的重要奖项——维京基金奖(Viking Fund Medal)。

简·哈斯勒·希尔是从事语言人类学研究的杰出学者。她从历史语言学和社会语言学角度，对语言接触、种族主义、语言老化等方面的问题进行研究。借鉴博厄斯(Franz Boas)和萨丕尔(Edward Sapir)等人的研究方法，希尔对北美及中美印第安的犹他—阿兹特克语群(Uto-Aztecan)进行广泛的研究，发表了包括史前问题、语言接触、敬语、颜色词语等方面的若干文章。在针对南加利福尼亚的库朋奥语(Cupeno language)进行研究后，她制订出该语言的语法体系。她还对中墨西哥地区操西班牙语和墨西哥语的双语社区进行研究，把这一地区的双语现象称为"汇合(syncretism)"。

希尔具有代表性的论文包括《库朋奥语的词汇化和语言历史》(Cupeño Lexicalization and Language History, 1972)、《语言接触体系与人类的适应》(Language Contact Systems and Human Adaptations, 1978)、《语言死亡、语言接触与语言进化》(Language Death, Language Contact and Language Evolution, 1979)，以及《语言、文化与观点》(Language, Culture and Worldview, 1998)等。希尔的论著主要有《口语语篇的责任与证据》(Responsibility and Evidence in Oral Discourse, 1992)、《库朋奥语语法》(A Grammar of Cupeño, 2005)和《白人种族主义日常语言》(The Everyday Language of White Racism, 2008)等。

希尔特 Hirt, Hermann (1865—1936) 德国印欧语系语言学家。1865 年 12 月 19 日生于德国萨克森—安哈尔特州首府马格德堡(Magdeburg)。曾就读于莱比锡大学和和弗赖堡大学，师从当时新语法学派代表人物布鲁格曼(Karl Brugmann)和莱斯金(August Leskien)等学者。1896 年接受莱比锡大学助教之职，1912 年以后一直在吉森大学(University of Giessen)担任教授。1936 年 9 月 12 日卒于吉森。

赫尔曼·希尔特试图重建印欧语系的语言和文化，他认为应该不仅仅从语言学角度，也应从民族学、人类学和考古学等跨学科视角开展语言研究。虽然很多语言学家不认同他在重建印欧语中简化元音的做法，但他关于简化原始语元音、重音与元音变换相结合以及元音变换和形位结构相结合的思想，仍然是语言学家进行印欧语重建的重点。

希尔特的著作主要包括《印欧语重音》(Der Indogermanische Akzent, 1895)和《印欧语语法》(Indogermanische Grammatik, 1921—1937)等。

希斯班努斯 Hispanus, Petrus 参见"佩特鲁斯"。

夏姆孙德尔达斯 Shyamsundardas (1875—1945) 印度语言学家。1875 年生于印度贝拿勒斯。1897 年毕业于贝拿勒斯皇后学院，获文学学士学位，随后任中学教师。1921 年任贝拿勒斯印度教大学印地语系主任。印地语文学学会曾授之以"文学大师"称号，获贝拿勒斯印度教大学授予文学博士学位。

夏姆孙德尔达斯的主要著作为《印地语辞海》(1929)。该书共七卷，是历史上第一部大型印地语详解辞典，自 1929 年起陆续出版，该辞典收录了标准文学词汇、口语词汇、科技词汇、方言词汇等，对词条的释义、词源、演变过程等都有详尽描述。此外还收录大量例句，且多数例句都注明出处或作者。其他主要著作还包括《语言学》(1923)和《印地语言与文学》(1930)等。

肖特琉斯 Schottelius, Justus Georg (1612—1676) 德国诗人、巴洛克语言学家。1612 年 6 月 23 日生于德国下萨克森州诺特海姆的爱因贝克(Einbeck, Northeim)。1633 年进入莱顿大学，后转到维滕贝格大学(Wittenberg University)读书,1643 年获黑尔姆施泰特(Helmstedt)大学法学博士学位。1642 年加入旨在扶持德语的"成果协会"(Fruchtbringende Gesellschaft)，从事德语研究，力图保护德语免受其他外语的影响。1676 年 10 月 25 日斯卒于下萨克森州沃芬布特尔(Wolfenbüttel)。

贾斯特斯·格奥尔格·肖特琉斯一生的首要目标是编写一部德语的综合性语法，也因此被人尊称为"17 世纪的雅各布·格林(Jacob Grimm)"。在 17 世纪，人们认为只有"三大神圣语言"值得科学研究，即拉丁语、希腊语和希伯来语。但是肖特琉斯却认为德语比拉丁语和希腊语更古老，就年代和重要性而言，德语仅次于希伯来语，因此他认为应给予德语更多的重视。在他看来，语言绝非仅是沟通工具，而是接近上帝、进入天堂的路径，甚至是使人的身体与灵魂维系在一起的纽带。肖特琉斯还认为当时德国各地的语言都仅仅是方言而已,而方言均是存在缺陷的,因此不能作为标准德语。鉴于此,他着手从当时德国各地纷繁复杂的方言中寻找标准,希望以此来推动标准德语的产生和发展。

1663年,肖特琉斯出版巨著《条顿标准德语作品大观》(*Ausführliche Arbeit Von der Teutschen HaubtSprache*),该书被誉为"语言大全",对后世影响深远。在该书中,肖特琉斯颂扬德语历史悠久、语言纯洁,并详细论述其语法、构词法和派生规则。在关于德语词根的描写中,他列出近5000个词根词条,其中多数是单音节的语言基本构成单位。肖特琉斯创造的部分语法术语我们沿用至今,如语法(Sprachlehre)、词典(Wörterbuch)、动词(Zeitwort)、问号(Fragezeichen)、数词(Zahlwort)等。

肖特琉斯的作品《悼日耳曼之死》(*Lamentatio Germaniae Exspirantis*,1640)堪称呵护德语的一篇檄文,宣告了他一生守护德语的使命。他的著作还包括《德语诗韵学》(*Teutsche Vers-oder Reimkunst*,1645)和《硕果累累的欢乐园》(*Fruchtbringender Lustgarten*,1647)等。

萧伯纳　Shaw, George Bernard　(1856—1950)　爱尔兰剧作家、评论家和政治活动家,英语标准化倡导者。1856年7月26日生于爱尔兰都柏林一个新教徒家庭。从商学院毕业后,曾在都柏林短暂工作,1876年定居伦敦,此后大部分时光均在英格兰东南部的赫特福德郡(Hertfordshire)度过。1925年获得诺贝尔文学奖。曾担任英国广播公司(BBC)英语口语顾问委员会主席达八年之久,为在世界范围内推广英语标准语做出巨大贡献。1950年11月2日卒于英格兰哈特福德郡。

萧伯纳是音乐、艺术、戏剧等领域的评论家,支持费边社会主义。他对不同语言背景、社会阶层、语言环境下的语言使用研究都表现出浓厚兴趣,对演讲艺术、语音学、拼写等方面也给予特别的关注,他在所立遗嘱中提出将部分遗产用于资助语音为基础的新英语字母表研究。萧伯纳还在部分戏剧中表达他对方言、正字法等方面的研究,并使用国际音标和英语传统字母符号转写剧中人物的对话。

萧伯纳将自己最著名的剧本《卖花女》(*Pygmalion*)定性为"一部关于语音学的剧本"。该剧本于1913年在德国首次出版,同年,其原剧被普遍认为是英语戏剧中最伟大的作品之一。该剧本提出了一些有关语言使用与教育、礼仪、时尚、社会阶层、文化价值观等之间错综复杂关系的问题,同时也涉及性别与语言的关系。

萧伯纳一生创作剧本50余部,大部分获得成功。主要作品包括《鳏夫的房产》(*Widowers' Houses*,1892)、《芭芭拉少校》(*Major Barbara*,1905)、《寻找上帝的黑女孩》(*The Black Girl in Search of God*,1932)和《安德罗克里斯和狮子》(*Androcles and the Lion*,1962)等。

小林英夫　Kobayashi, Hideo　(1903—1978)　日本语言学家和语言美学家。1903年1月5日生于东京。1927年毕业于东京帝国大学。1929年起历任京城帝国大学(原汉城大学)讲师、副教授。第二次世界大战后回到日本,于1946年获京都大学博士学位。1949年被聘为东京工业大学法语和语言学教授,1950年兼任名古屋大学教授,1963年任东京工大荣誉退休教授,兼任早稻田大学教授,1973年完全退休。1978年10月5日卒于东京。

小林英夫是日本世界语学会理事、日本语言学会评议员。他完成了多部译作,把欧洲的语言学学说介绍到日本语言学界,尤以翻译索绪尔(Ferdinand de Saussure)的《普通语言学教程》(*Cours de Linguistique Générale*)最负盛名,对推动日本语言学和国语学研究起到了很大作用。当时年仅24岁的他,被认为是前途无量的学者和天生的语言学家。他精通十多种欧洲语言,包括古典希腊语、拉丁语和梵语。

小林英夫的主要著作包括:翻译了哥本哈根学派的创始人和主要理论家、丹麦语言学家路易·叶尔姆斯列夫(Louis Hjelmslev)于1928年出版的《普通语法学原理》(*Principes de grammaire générale*)和法国语言学家巴利(Charles Bally)1932年版的《普通语言学与法语语言学》(*Linguistique générale et linguistique française*);撰写了《语言学方法论》(『言語學方法論考』,1935)、《我的词典》(『私の辞書』,1973)、《句子结构》(『文體論の建設』,1943;1975)、《语言与文体》(『言語と文體』,1937)、《文体学的理论与实践》(『文体論の理論と實踐』,1948)、《语言研究通论》(『言語學通論』,1937—1948)、《词的意义》(『ことばの感覚』,1948—1950)和《文体杂记》(『文體雜記』,1942)等。

谢尔巴　Shcherba, Lev Vladimirovich　(Лев Владимирович Щерба,1880—1944)　苏联语言学家和词典编纂家。1880年生于明斯克的伊古门(Igumen)。1898年毕业于基辅的中学,之后曾就读于基辅大学和圣彼得堡大学,师从博杜恩·德·库尔特内(Jan Baudouin de Courtenay),1903年毕业。1906年游学海外,先到莱比锡,后到意大利北部学习托斯卡纳语(Tuscan)方言;1907—1908年利用秋季假期学习索布语,1907年底到巴黎卢赛洛(Jean-Pierre Rousselot)实验语音学实验室工作。1912年获圣彼得堡大学硕士学位,1915年获博士学位。1916—1941年任圣彼得格勒大学(后称列宁格勒大学)教授。1943年任苏联科学院院士。1944年12月26日卒于莫斯科。

列夫·弗拉基米罗维奇·谢尔巴的研究领域十分广泛,在普通语言学、普通语音学、语法学、词典编纂学、外语教学法、文字和正字法、方言学等领域都作出了重要贡献。他在巴黎卢赛洛语音学实验室学习了用实验的方法研究多种语言的语音,回到俄国后用自己的津贴购买设备,建立了自己的实验室。作为列宁格勒音位学派创始人,他以博杜恩·德·库尔特内的思想为基础,于1912年阐发了"音位(phoneme)"的概念,用以对语音分门别类。他认为语言现象具有三重性,应区分言语活动、语言材料和语言系统,语言学的任务则是再现语言系统;在语法学方面,他把语法学分为消极的和积极的,认为前者从形式角度研究语言结构要素的功能和意义,后者则教会人们用这些形式来表达自己的思想;在词典编纂学方面,其关于编纂、解释和翻译词典的原则、方法和理论成为后来苏联词典编纂学的理论基础;在语音学方面,他创立自己的音位理论,力求通过客观标准分离音位;在外语教学方面,他主张在外语学习的初级阶段通过母语与外语的对比以排除本族语的干扰。

谢尔巴著有11部专著和词典,发表了69篇论文,其中主要包括《定性与定量关系中的俄语元音》(Русские гласные в качественном и количественном отношении, 1912)、《东部索布语方言》(Восточнолужицкое наречие, 1915)、《论俄语中的词类》(1928)、《论语言现象的三重性与语言学中的实验》(1931)、《法语语音学》(Fonetika Frantsuzskogo Iazyka, 1937)和《词典学原理初探》(A Tentative General Theory of Lexicography, 1940)等。

谢里丹 Sheridan, Thomas (1719—1788)
爱尔兰演员、教育家和演说家。1719年生于爱尔兰都柏林卡博尔街(Capel Street);认英国著名文学家乔纳森·斯威夫特(Jonathan Swift)为教父,对其年轻时的职业选择影响甚大。后于1739年和1743年从都柏林三一学院获学士和硕士学位,成名后获剑桥大学和牛津大学授予的荣誉学位。1788年8月14日卒于英格兰肯特郡东侧马盖特镇(Margate)。

托马斯·谢里丹在演艺和剧团管理方面颇为成功,他的很多作品致力于将演说与教育融合在一起。他致力于革新人们的语言和语言态度,并为此在全国各地进行大量的巡回演说,拥有众多听众。像18世纪晚期诸多作家一样,他也对英语的地理和社会变异性颇感困惑,希望建立全国统一的言语标准。在其编纂的《英语通用词典》(A General Dictionary of the English Language, 1780)中,他指出:将发音固定下来是他进行研究的一大目标,词典的目的在于建立简明而永久性的发音标准。在《英语诸元素》(Elements of English, 1786)一书中,他尝试将其教育理论转化为可以应用到教学第一线的模式,强调说:"语言是我一生的首要目标,也是我所有思想的焦点所在"。谢里丹的研究对后世影响深远,这一点在19世纪的诸多教育著作及课本中可见一斑。

谢里丹的其他作品包括《英国教育,或大不列颠乱象之源》(British Education: Or, the Source of the Disorders of Great Britain, 1756)、《阅读艺术讲座汇编》(Lectures on the Art of Reading, 1761)和《演说术讲座教程》(A Course of Lectures on Elocution, 1762)等。

辛克莱 Sinclair, John McHardy (1933—2007) 英国语言学家和词典编纂家。1933年6月14日生于苏格兰。毕业于爱丁堡大学,获英语语言文学学士学位;其后曾在英国空军服役,兵役结束后返回爱丁堡大学攻读硕士学位;毕业后任爱丁堡大学英语语言系讲师。1965—2000年任伯明翰大学英语系教授。退休后,在妻子托尼尼—博内利(Elena Tognini-Bonelli)的帮助下,在意大利成立托斯卡纳词汇中心(Tuscany—Word Centre),为语料库语言学研究者举办各种讲座,培养年轻学者。曾任英国语言学协会的终身荣誉成员、欧洲社科院成员,拥有世界多所大学的荣誉博士学位,被聘为多所大学的荣誉教授。2007年3月13日卒于意大利佛罗伦萨。

约翰·麦克哈迪·辛克莱是话语分析和语料库语言学研究的先驱。他早期的学术生涯主要致力于研究话语分析。1966年,他在纪念弗斯(John Rupert Firth)的论文集中,对"搭配(collocation)"进行研究,认为单词之间的相互关联不完全是任意的。他对搭配的定义已成为描写语言学的核心定义之一。1975年,他与库特哈德(Malcolm Coulthard)合著出版《语篇分析》(Towards the Analysis of Discourse),成为当时第一本系统地分析口语话语的专著,证明语法中的结构体系一样可以有效地应用于分析课堂话语。

20世纪70年代末期,辛克莱开始投身于语料库语言学的研究和应用,成为英国伯明翰大学国际语料库的创建者之一。缘于对搭配的研究,他提议从世界最大的英语语料库(Bank of English)中提取范例,编写一部高级英语学习者词典。1987年,由辛克莱主编的《柯林斯英语学习词典》(Collins CO-BUILD English Language Dictionary)出版,该词典是第一部从语料库中提取真实和有代表性范例的词典,也是第一部用自然语言释意的词典,影响极其深远。1991年,辛克莱出版《语料库检索与搭配》(Corpus, Concordance, Collocation),详细阐述了语料库的设计、建立和管理,用以解释如何识别搭配以及搭配对英语描述的重要意义,该书已成为语料库语言学入门的必读书目。

辛克莱的其他主要著作还包括《阅读词语检索》(*Reading Concordances*, 2003)、《相信文本》(*Trust the Text*, 2004)以及与毛拉宁(Anna Mauranen)合著的《线性单元语法:言语与书写之整合》(*Linear Unit Grammar: Integrating speech and writing*, 2006)等。

新村出　Shinmura, Izuru　(1876—1967)
日本语言学家和词典学家。1876年10月4日生于日本山口县。8岁开始学习汉学,对终身学术生涯产生了持久的影响。1896—1899年在东京帝国大学语言学系师从上田万年(Kazutoshi Ueda)学习语言学。1907年在日本政府基金会资助下,赴欧洲两年,继续学习语言学。1909年任东京帝国大学语言学教授。1910年获文学博士学位。1936年退休。曾任东京帝国大学图书馆馆长、日本语言学会会长、日本方言学会会长和东亚学会会长等职。曾获无数荣誉,包括帝国学会会员(1928)、文化勋章(1956)、京都荣誉市民(1956)等。1967年8月17日卒于东京。

新村出的学术思想深受孔子学家新井白石(Arai Hakuseki)和语言学家上田万年的影响,因此走进历史语言学的天地,研究法语、希腊语、拉丁语和印度、中国、北海道等地的亚洲语言。新村出采用描述性而非规定性方法编纂了一系列日语词典,并著有关于日本基督教文化史、东方语言史和东亚语言词源等方面的很多优秀作品。他运用词源学知识对词条进行历史对比研究,还借鉴当时的德语语言学研究方法,为日语语言学的研究奠定了基础。

新村出是日本语言学会最资深的创建者,也是日本最早、最优秀的词典学家,以主编日语百科词典《广辞苑》(『広辞苑』,1955)而闻名于世。他主编的日语百科词典《广辞苑》是一部十分畅销的里程碑式杰作,1955年初版,到1998年时已是第五版。《广辞苑》最新一版厚达3000页,收录词汇达23万,图表达2800幅。

新村出著作颇丰,独著、合著、翻译、校订出版的作品达近百种。其他主要作品还包括四卷本的《新村出作品选》(『新村出選集 第1—4巻』,1943—1947)、《新村出全集》(全15卷,1971—1973;全集 別卷:索引・書誌・稿本目録・年譜,1983)和《新村出的70年学术生涯》(『新村出 わが学問生活の七十年ほか』,1998)等。1981年,新村出纪念基金会成立,并自1982年起每年颁发"新村出奖",以奖励在日语研究方面的成就突出者,对日本语言学和文化的发展做出卓越贡献。

Y

雅贝格　Jaberg, Karl　(1877—1958)　瑞士罗曼语语言学家和方言学家。1877年4月24日生于瑞士朗根塔尔(Langenthal),曾在瑞士苏黎世大学和巴黎高等研究实践学院(École pratique des hautes études)求学。1907—1945年执教于瑞士伯尔尼大学(University of Bern)。1958年5月30日卒于伯尔尼。

卡尔·雅贝格的研究领域主要包括方言地理学、词汇史及语义学,三者在词汇史研究中得到完美结合。他从历时角度对比分析了词项的共时分布。1928年雅贝格曾与他人合著《语言地图集》(*Der Sprachatlas als Forschungs Instrument*),还从人文历史角度撰写了许多关于词项研究的科研论文。1928—1940年撰写了多篇方言地理学研究方法论的文章。他对语言的心理功能也做过研究,发现语言作为一种交际工具,那些诸如情感表达方法及特征可以影响词形变化。他对一些常见的信仰和迷信词汇的历史作用同样很感兴趣,例如,他研究过罗曼语中关于胎记的表达。

雅贝格的其他著作包括《语言地理学:〈法国语言地图集〉评述》(*Sprachgeographie. Beitrag zum Verständnis des Atlas linguistique de la France*, 1908)、《语言地理面面观》(*Aspects géo-graphiques du langage*, 1936)和《语言学研究语感悟:瑞士罗曼语 6》(*Sprachwissenschaftliche Forschungen und Erlebnisse. Romanica Helvetica 6*, 1937)等。

雅尔采娃　Iartseva, Victoria Nikolaevna　(Виктория Николаевна Ярцева, 1906—1999)　苏联语言学家。1906年11月3日生于俄国圣彼得堡的采矿工人家庭。1933年毕业于列宁格勒教育学院,获英语教师资格,同年进入苏联科学院语言学研究所学习研究生课程,1936年获硕士学位,1940年获博士学位,并成为语言学研究所的研究员。1954—1988年任日耳曼语系主任,1968—1977年兼任研究所所长。1999年9月27日卒于莫斯科。

维多利亚·尼古拉耶夫娜·雅尔采娃主要研究普通语言学、英语理论与历史以及凯尔特语。雅尔采娃不是从传统的比较词源学角度分析古英语的形态结构,而是把它描述成一定时期内的语言结构。同样,她利用词类组合的结构变化来研究语言的句式结构演化,词的组合被认为是语言的最基本单位。在分析英语的结构性变化时,她考虑不同层次类别之间的关系及语境的变化,通过划分整个英国地区的方言,提出方言的形成基础。在《对比语法》(*A Contrastive Grammar*, 1981)一书中,她总结出语言不同层次上的"子系统",应被视为对不同类型语言进行对比调查的基础,尤其是形式和语义上相关联的语法子系统。关于凯尔特语的研究,她从句法与形态学角度把它与印欧语系的其他语言区分开来,认为这种语言是创新而不是基质(substratum)影响的产物。1993年,雅尔采娃开始主编《世界语言》(*Languages of the World*),这套多卷百科全书描述了不同种类的语言按照统一类型学模式发展的过程。1990年主编《语言学大百科词典》(*The Linguistic Encyclopedic Dictionary*)。

雅尔采娃的其他主要著作还包括《英语语言的历史形态学》(*The Historical Morphology of the English Language*, 1960)、《英语语言的历史句法》(*The Historical Syntax of the English Language*, 1961)、《关于句法重建的一些问题》(*Some Problems of Syntactic Reconstruction*, 1991)和《英国盎格鲁撒克逊时期文学语言中存在的问题》(*The Problem of the Existence of the Literary Languages in Anglo-Saxon Britain*, 1992)等。

雅各布森 Jacobsen, Lis (1882—1961) 丹麦语言学家、语文学家和辞典编纂家。1882年1月29日生于哥本哈根,是犹太裔丹麦人,原姓鲁宾(Rubin)。毕业于师范专业,1903年与丹麦历史学家兼语文学家彼得·雅各布森(Jacob Peter Jacobsen, 1869—1918)结婚,在丈夫鼓励下开始在哥本哈根大学学习北欧语言学,1908年获硕士学位,1910年获哲学博士学位。二战期间逃亡到瑞典,教授丹麦语,并为战后两国语言委员会的交流与合作铺平了道路。1961年6月18日卒于海勒鲁普(Hellerup)。

丽丝·雅各布森认为语言是历史与社会的统一,这种统一要尊重方言在语言学环境下的历史角色。她认为对于丹麦语拼写规则来说,研究皇家办公厅世俗行政机构的语言比研究基督教的圣经翻译更为重要。她着手编写一部全面的丹麦语言历史书时,发现可查的资料寥寥无几,因此1911年她成立了丹麦语言研究协会(Danske Sprog-og Litteraturselskab),简称DSL协会,编辑早期丹麦语言文本和丹麦语言词典。DSL协会的著作很快成为丹麦词典检索的关键读本,她通过自己的能力为改善丹麦语言学界资料匮乏的现状做出了贡献。1915—1956年出版了28卷《丹麦语词典》(*Ordbog over det Danske Sprog*)。作为一名古北欧语言学家,雅各布森撰写并发表了关于北欧碑文的解释和误读的经典文章《北欧碑文的解读》(*Wimmers Landmandsstene*, 1926)。

雅各布森的其他主要著作有《丹麦标准语言历史研究》(*Studier til det Danske Rigssprogs Historie*, 1910)和《丹麦中世纪语言的学习》(*En Sprogstudie fra Dansk Middelalder*, 1912)等。

雅柯布逊 Jakobson, Roman Osipovich (Роман Осипович Якобсон, 1896—1982) 俄裔美国语言学家。1896年10月11日生于俄国莫斯科。曾就读于莫斯科大学,1918年获硕士学位。1920年因苏联国内动荡而移居捷克,1930年获查理大学(Charles University)博士学位,此后任教于捷克马萨里克大学(Masaryk University)。1939年因希特勒占领捷克而被迫离开,先后辗转逃至丹麦、挪威和瑞典。1941年移居美国,先后任教于哥伦比亚大学、哈佛大学和麻省理工学院。1982年7月18日卒于马萨诸塞州的剑桥。

罗曼·奥西波维奇·雅柯布逊的语言学成就斐然,他既是莫斯科语言学会(Moscow Linguistic Circle)的创始人之一,也是布拉格语言学会(The Linguistics Circle of Prague)的主要创始人。在音位理论研究中,他认为音位可以再分为抽象的特征,并根据音响特征的对立提出十二对音位的区别性特征。根据对音位理论的研究,他进一步提出对立关系也可应用于语法和词汇的研究,提出了标记性理论。例如,英语的 duck 是无标记形式,既可指母鸭,也可忽视性别指公鸭,而 drake 则是有标记形式,只能指公鸭。

此外,雅柯布逊在历史语言学、心理语言学、符号学、韵律学等方面均有研究,主要著作包括《论俄语音系的演变》(*Remarques sur L' evolution Phonologique du Russe Comparée à Celle des Autres Langues Slaves*, 1929)、《儿童语言、失语症与语音共性》(*Child Language, Aphasia and Phonological Universals*, 1941)、与哈勒(Morris Halle)合著的《语言原理》(*Fundamentals of Language*, 1956)和《语言的框架》(*The Framework of Language*, 1980)等。

雅科夫列夫 Jakovlev, Nikolaj Feofanovič (Николай Феофанович Яковлев, 1892—1974) 苏联语言学家和高加索语专家。1892年5月19日生于俄国萨拉托夫地区的一个村庄。1916年毕业于莫斯科大学,1946年成为教授,1947年取得博士学位。曾在莫斯科的苏联科学院语言研究所任职,1936年成为研究员,1942—1950年担任研究所高加索语系主任。1974年12月30日卒于莫斯科。

尼古拉·菲奥凡诺维奇·雅科夫列夫是莫斯科音系学派(Moscow School of Phonology)的创始人之一,也是高加索语言和正字法理论方面的专家。1920年,雅科夫列夫到了高加索研究当地语言。高加索语言音素丰富,有的有63个音素,但相对来说除了仅用于口头交流之外没有得到更多研究,也没有书面形式，更没有书写传统，他与同事们所面临的最大困难就是语言数据的收集。高加索山脉对研究人员来说是对体力的一大挑战，他们不得不步行或者骑驴，由于语言学家使用的仪器也无法运过来，他们的研究注意力不得不转向数据的解读，这样才能建立起更多的语言字母表。因此，被波利瓦诺夫称为"语言的建设者"。雅科夫列夫认为语言只存在于社会现象中，语言科学研究只能以此种方式来进行。他的"社会音系学（Social Phonology）"对于具体解释全苏新突厥字母中央委员会（All-Union Central Committee of the New Turkic Alphabet，缩称VCKNTA）进行的实地工作，以及利用他们的理论进行社会语言研究具有特殊价值。雅科夫列夫的语音学说被看作是语言建设的基础。

1923年，基于他提出的语言学音素一致理论（Linguistically Consistent Theory of a Phoneme），雅科夫列夫设计了一套数学公式，用来代表高加索语言的特征体系，使该语言有了书写方式。对高加索人民来说，在拉丁语及后来西里尔语的基础上创建的新字母表拓宽了他们的眼界。

由于对高加索语的语法结构和词典中出现的基本问题的关注，雅科夫列夫于1948年为卡巴尔达—车臣语（Kabardian-Cherkes language）编写了语法。他还在1927年收集了大量资料，编写了卡巴尔达语词典，于1927年出版。

雅科夫列夫的主要著作包括被人们当作研究活语言典范的《东索布语》（*The Eastern Sorbian Dialect*，1915）和被人们誉为"音韵学前体"的《卡巴尔达语音表》（*Tables of Kabardian Phonetics*，1923）。

雅林　Jarring, Gunnar　（1907—2002）　瑞典突厥语语言学家和外交家。1907年10月12日生于瑞典南部维肯的一个农夫家庭。曾在隆德大学（Lund University）学习德语和斯堪的纳维亚语，其间遇到了在中国突厥地区工作的传教士兼医生古斯塔夫（Gustaf Raquett），并开始对突厥语，尤其是东突厥语（即维吾尔语）产生兴趣。1928年在柏林参加了由著名的突厥语语言学家威利·班（Willy Bang）主办的突厥语研修班；通过讨论，认识到研究之前收集具体语言数据比理论更重要。1929—1930年，从莫斯科越过帕米尔到了中国新疆、克什米尔及中亚各地进行实地研究，收集了大量关于维吾尔语和乌兹别克语的资料，这些手稿现存于隆德大学图书馆。回到瑞典后，完成论文《东突厥语语音学研究》（*Studien zu Einer Osttürkischen Lautlehre*）的写作，于1933年进行了博士学位论文答辩，同年起在隆德大学从事突厥语教学。1939年起开始从事外交工作，从担任瑞典政府口译员到1953年开始担任斯德哥尔摩外交部政治部主任。1968年起成为斯德哥尔摩皇家文学历史古文物科学院院士。1970年成为英国皇家亚洲学会名誉会员。1978年应邀访问中国。1986年成为隆德大学名誉教授。2002年5月28日卒于瑞典南部赫尔辛堡（Helsingborg）。

贡纳尔·雅林是一位颇有建树的突厥语语言学家，主要研究现代维吾尔语。在从事外交工作期间，尽管外交任务繁多，但他在出色地完成各项政治任务同时，都从未停止过对突厥学的研究。其相关代表作包括：《东突厥语研究资料：来自东突厥南部地区的故事、诗歌、谚语、谜语、民族学及历史资料的译文和注释》（*Materials to the Knowledge of Eastern Turki: Tales, Poetry, Proverbs, Riddles, Ethnological and Historical Texts from the Southern Parts of Eastern Turkestan*，1946—1951）、《东突厥—英语方言学词典》（*An Eastern Turki-English Dialect Dictionary*，1964）、《文化冲突在中亚：伊斯兰对中国戏剧与东突厥文本的观点》（*Culture Clash in Central Asia: Islamic Views on Chinese Theatre: Eastern Turki Texts*，1991）、《来自喀什的文件：驻东突厥的瑞典代表团文印室——历史、生产及参考书目》（*Prints From Kashgar: The Printing-Office of the Swedish Mission in Eastern Turkestan: History and Production with an Attempt at a Bibliography*，1991）和《中亚突厥语地名：罗布泊和塔里木盆地面积——对斯文赫定的日记和出版作品的分类和解释》（*Central Asian Turkic Place-Names: Lop Nor and Tarim Area: An Attempt at Classification and Explanation Based on Sven Hedin's Diaries and Published Works*，1997）等。

雅沙特尔　Yarshater, Ehsan　（1920—　）　伊朗学者。1920年4月3日生于伊朗哈马丹的一个商人家庭。少年时期父母相继去世，之后他到了德黑兰跟随舅舅一起生活。1934年在就读的师范学校受波斯文学老师的启蒙和鼓励，熟读大量波斯诗歌和散文，获德黑兰大学师范学院奖学金，进修波斯语言文学；1941年获学士学位并赴中学执教，在职学习法律，1944年获法学学士学位。1947年获德黑兰大学文学博士学位，其论文研究波斯诗歌。后获英国文化教育协会颁发的奖学金赴英国学习教学法。其间放弃原来的学习计划转而研究前伊斯兰时期的伊朗语言和文化，同时学习英语、德语、西方艺术和建筑，1953年获文学硕士学位。其后回伊朗继续学术研究，任德黑兰大学文学学院（Faculty of Letters）古伊朗语讲师。1954年成立书籍翻译与出版研究所（Institute for the Translation and Publication of Books）。1958—1960年访问美国哥伦比亚大学并任副教授。1959年获联合国教科文组织颁发的奖项。1960年获伦敦大学亚非学院博士学位。1966年回哥伦比亚大学建立伊朗研究中心（Centre for Iranian Studies）并任主任，1968年出任该校中东系主任；1973年辞职，潜心致力于研究。

伊赫桑·雅沙特尔是二战结束后哥伦比亚大学首位伊朗学专职教授，以他的名字命名的雅沙特尔教师奖（The Yarshater Lectureship）是伊朗学领域的最高奖项之一。他是来自美国、欧洲、亚洲300多位作者参与编写的《伊朗百科全书》（Encyclopedia Iranica）的40位编辑之一。他编撰了两卷本《剑桥伊朗史·第三卷：塞琉古帝国、帕提亚帝国、萨珊王朝时期》（The Cambridge History of Iran, Vol. III: Seleucid, Parthian and Sassanian Periods, 1983）和《波斯文学》（Persian Literature, 1988），主编了20卷本《波斯文学史》（A History of Persian Literature）和40卷本《塔巴里历史》（The History of al-Tabari, 2007）。他对西部伊朗现代方言颇有研究，发表了大量关于塔蒂语（Tati）、塔利什语（Taleshi）以及诸如洛塔拉伊语（Lotara'i）等波斯语犹太方言的论文论著，其中包括《南塔蒂方言语法》（A Grammar of Southern Tati Dialects, 1969）。

雅沙特尔的其他著作还有《阿拉伯与波斯五条约》（Five Treaties in Arabic and Persian, 1953）、《伊朗艺术拔萃》（Highlights of Persian Art, 1982）等。

亚伯拉罕　Abraham, Roy Clive　（1890—1963）　澳大利亚语言学家。1890年生于澳大利亚墨尔本。1923—1924年就读于牛津大学贝利奥尔学院（Balliol College），获阿拉伯语和波斯语一级荣誉学位（first-class honors degree）。他曾要求学院对其进行埃塞俄比亚语测试，因无相关的考官而作罢。1927年在伦敦大学学院获人类学专业证书。1930年在伦敦大学亚非学院获古阿拉伯语专业毕业文凭。1963年6月22日卒于伦敦亨顿区（Hendon, London）。

罗伊·柯莱夫·亚伯拉罕是20世纪非洲语言学研究领域的重要人物，对许多不同种类的语言做了长达三十余年的研究，出版了许多词典和语法书籍。1925—1944年，他在尼日利亚北部省份的行政服务部门工作，其间研究了当地语言，编纂了语法著作和词典，为描写、分析和研究非洲语言做出了重要贡献。1933年，亚伯拉罕出版《蒂夫语语法》（The Grammar of Tiv），对蒂夫语进行了比较系统的描写。1934年，他协助英国语言学家巴尔杰（George Percival Bargery, 1876—1966）编纂具有里程碑意义的权威性词典《豪萨语—英语词典》（Hausa-English Dictionary）。同年出版《豪萨语原则》（Principles of Hausa），把巴尔杰有误的六音调系统简化为豪萨语正确的三音调系统。1935年出版《伊多马语原则》（The Principles of Idoma），第一次对非洲东部克瓦语进行了详细的语言学描述。1941—1942年给西非前线的皇家空军士兵讲授豪萨语。二战后期，他在埃塞俄比亚英联邦军队服役并在军中教授阿姆哈拉语（Amharic）和索马里语（Somali）。

1945年，亚伯拉罕获得英国莱弗尔梅研究员基金资助（Leverhulme research fellowship），研究埃塞俄比亚语和厄立特里亚语。1948年，他在亚非学院取得阿姆哈拉语的讲师资格，同时讲授提格里尼亚语（Tigrinya），并开始研究柏柏尔语（Berber）、奥罗莫语（Oromo）和索马里语。他编纂的《豪萨语词典》（Dictionary of Hausa）于1949年出版，《索马里语原则》（The Principles of Somali）一书也于1951年问世。亚伯拉罕1951年退休后开始研究约鲁巴语，于1958年出版《现代约鲁巴语词典》（Dictionary of Modern Yoruba）。

亚当切夫斯基　Adamczewski, Henri　（1929—2005）　法国语言学家。1929年1月12日生于法国的一个波兰移民家庭，从小就说波兰语、法语和法语的皮卡第方言（Picard），而且很快就对德语、俄语、意大利语等产生了浓厚兴趣。1970—1997年在巴黎第三大学（Université de la Sorbonne Nouvelle-Paris III）英语系讲授语言学，先任讲师，后晋升为教授。1976年完成博士论文答辩。2005年12月25日卒于巴黎。

亨利·亚当切夫斯基在其博士学位论文《"be+-ing"在英语语法中的作用》中，提出了与传统语法的"进行体"或"持续体"概念完全不同的创新观点，主张采用话语处理操作程序（utterance-processing operations）的全新方法，揭示说话人的话语执行活动（discourse-implementing activity）。随后几十年里，亚当切夫斯基在其论文基础上不断拓展相关方面的研究，先是涉足英语语法领域，而后不考虑语言谱系，对其他诸多语言进行研讨。20世纪70年代早期，他对英语助动词do的研究也颇受学界关注。他强烈反对英语助动词do的假位（dummy）分析，认为无论在强调句、疑问句还是在否定句中，do都在句子的主谓之间起连接作用（linking operation）。他指出英语或许是世界上唯一拥有这种显性标记（explicit marker）的语言。1995年，亚当切夫斯基开始研究儿童语言习得，并对该领域的生成语法理论提出挑战。

作为英语语法学家，亚当切夫斯基与其门下语言学者采取一整套方法、概念和原则研究语言，这些方法、概念和原则被称为元操作理论（Metaoperational Theory）。他还把语言学理论知识应用于法国的理论语言学教学实践之中，为法国英语学习者编写了两部语法书，一部是《英语语法要点》（Les Clés de la Grammaire Anglaise, 1992），另一部是《英语语法体系的奥秘》(*The Secret Architecture of English Grammar*, 2002)。

扬　Young, Thomas (1773—1829)　英国学者。1773年6月13日生于英国萨默塞特郡米尔弗顿(Milverton)的一个贵格会(Quaker)教徒家庭。4岁能背诵英国诗人的佳作和拉丁文诗,9岁掌握车工工艺,能自制一些物理仪器,9至14岁自学并掌握了牛顿的微分法,同时掌握了希腊语、拉丁语、法语、意大利语、希伯来语、阿拉伯语等多种语言。先后在伦敦大学、爱丁堡大学和哥廷根大学学习医学;因对生理光学和声学有强烈兴趣,转而研究物理学,1796年获哥廷根大学物理学博士学位。1797年进入剑桥伊曼纽尔学院(Emmanuel College),1799年起开始在伦敦行医。1829年5月10日卒于伦敦。

托马斯·扬一生的研究涉猎多领域多学科,在光学、固体力学、能源、生理学、音乐和埃及学等领域都作出了杰出贡献,受到了后世学者和科学家的普遍赞誉。凭借在人类视觉领域的杰出贡献,21岁时就成为英国皇家学会的一员,1802年被任命为该学会的国际联络秘书。从1801年在皇家学院(Royal Institution)任教授起,扬完成了有关干涉现象的一系列研究工作。他进行了著名的扬氏干涉实验,对波动光学的复兴具有开创性意义,作为物理学的经典实验之一留传于世。1807年,扬出版两卷本《自然哲学与机械技术讲义》(*A Course of Lectures on Natural Philosophy and the Mechanical Arts*),这部教材内容丰富,介绍了他著名的双缝干涉实验。此外,他首先使用"能量"这个概念代替"活力",首次确立了材料弹性模量的定义,并引入了表征弹性的量值即扬氏模量(Young's Modulus)。1811年扬成为圣乔治医院(St. George Hospital)的外科医生,还为大英百科全书撰写过四十多位科学家的传记。

扬在语言学方面也颇有建树。在提交给哥廷根大学论文的附录中,他用四页纸的篇幅提出了通用语音字母,包括16个"纯"元音符号、鼻元音、不同辅音,并利用法语和英语例子加以说明。在他撰写的大英百科全书《语言》条目中,扬对400种语言的语法和词汇进行了比较。在1813年的另一项研究中,扬在荷兰语言学家博克斯霍恩(Marcus Zuerius van Boxhorn)165年之后再次提出了"印欧语系(Indo-European Languages)"这一术语。扬是第一个在破译埃及古代象形文字方面做出重要贡献的学者。1799年法国人在埃及发现了罗塞塔石(Rosetta Stone),石碑上镌刻着希腊语、埃及语世俗体(Egyptian Demotic)、埃及语圣书体(Egyptian Hieroglyphic)三种文字。1814年扬成功译解了罗塞塔石碑上的埃及语世俗体,在随后的几年里他转入埃及语圣书体的研究,对其译解做出了极其重要的贡献,在临终前他还在进行埃及语词典的编纂工作。

叶尔姆斯列夫　Hjelmslev, Louis Trolle (1899—1965)　丹麦语言学家。1899年10月3日生于丹麦哥本哈根。1917年进入哥本哈根大学攻读比较语言学,1923年获硕士学位。毕业后先赴布拉格学习一年,1926年再赴巴黎跟从梅耶(Antoine Meillet)学习语言学,接触到索绪尔的语言结构和符号等理论。1956年在哥本哈根大学创建语言学和语音学学院并担任院长。1965年5月30日卒于哥本哈根。

路易斯·特罗勒·叶尔姆斯列夫是哥本哈根学派创始人之一。他于1928年出版了他的第一部重要著作《普通语法学原理》(*Principes de Grammaire Générale*),书中内容明显反映出对索绪尔结构主义语言理论的认同。1931年他与乌尔达尔(Hans Jorgen Uldall)等发起成立哥本哈根语言学会并任会长,二人在合作中继续发展索绪尔的结构主义语言理论,出版《论格的范畴》(*Catégorie des cas* (2 volumes),1935/1937)并创立语符学(glossematics)。1937年,叶尔姆斯列夫回到母校哥本哈根大学任教并主持比较语言学系。1943年,他出版了《语言理论基础》(*Prolegomena to a Theory of Language*)和《语言理论导论》(*Prolegomena to a Theory of Language*),成为语符学理论的代表性著作。

叶斯柏森　Jespersen, Jens Otto Harry (1860—1943)　丹麦语言学家。1860年7月16日生于丹麦中部日德兰半岛的兰讷斯城(Randers)。自幼对语言产生兴趣,通过自学掌握意大利语、西班牙语、希腊语和古挪威语。1877年入哥本哈根大学攻读法律,1887年获法语专业硕士学位。后赴牛津大学学习语言学,与当时的语言学界名人接触,尤其受教于斯威特(Henry Sweet),1891年获哥本哈根大学博士学位。1893—1925年任哥本哈根大学英语教授,1920—1921年担任校长。1928年创制了一种名为"Novial"的辅助性语言,作为"新国际辅助语"的缩写。1931年在日内瓦召开的第二届国际语言学家大会上,将国际语学作为一门新的学科分支引入语言学。1943年4月30日卒于丹麦罗西兰岛东部城市罗斯吉勒(Roskilde)。

奥托·叶斯柏森主要从事语言理论和英语语法的研究。他关于语言的主要论点包括:不赞成德国新语法学派"语音规律无例外"(the inviolability of phonetic laws)的说法;认为语音和语法是外部形式,意义是内部形式,语音变化往往有意义因素;提出印欧语系古代语言词法系统复杂,近代语言词形变短,语法系统简化,这是进化而不是讹误或退化。关于语法,叶斯柏森不满足于一种具体语言的单纯描写,而用"逻辑—心理"的方式探寻人类语言深层次的构造规律,认为讲句法应从意义到形式,讲词法应从形式到意义。

叶斯柏森的一系列著作被视为语言科学史上的经典文献。他的《语言论:语言的本质、发展与起源》(*Language: Its Nature, Development and Origin*, 1922)是一部贯通多种语言的语言理论作品,也是西方语言学的经典名著。他的七卷本《现代英语语法:历史原则》(*A Modern English Grammar: On Historical Principles*, 1909—1949)更是广受推崇,被誉为取之不竭的英语系统知识宝库。

叶斯柏森的其他著作主要包括《语言进化——以英语为例》(*Progress in Language with Special Reference to English*, 1894)、《如何讲授外语》(*How to Teach a Foreign Language*, 1904)、《英语的成长与结构》(*Growth and Structure of the English Language*, 1905)、《语法哲学》(*Philosophy of Grammar*, 1924)、《英语语法》(*Essentials of English Grammar*, 1933)和《分析句法》(*Analytic Syntax*, 1937)等。

伊本·埃兹拉　Ibn Ezra, Abraham　(1089—1164)　西班牙哲学家、诗人和中世纪希伯来语语法学家。1089年生于纳瓦拉王国(Navarra,今为西班牙一自治省)图德拉(Tudela)的一个犹太家庭,后迁居安达卢西亚地区的科尔多瓦(Córdoba),在格拉纳达(Granada)结识西班牙犹太物理学家、诗人和哲学家耶胡达·哈勒维(Yehuda Halevi,约1075—1141)并成为好友。为躲避阿尔摩哈德王朝(The Almohads)狂热政权对犹太人的迫害,1140年离开西班牙,先后到过北非、埃及、以色列、意大利、法国和英国,最后经法国回到意大利罗马。卒于1164年1月23日或28日,安葬地不详。

伊本·埃兹拉的贡献体现在语言、诗歌、占星术、算术、天文、哲学以及圣经评论等诸多领域。他一生的成就可分为两个时期:第一个时期是在故乡西班牙度过的前50年,以诗人和思想家享誉盛名,作品主要以诗歌为主;第二个时期是离开故乡旅居欧洲的后30年,有关语言学、哲学和天文学的作品都出自这一时期,在算术和占星术上也有很深的造诣。

伊本·埃兹拉以希伯来语的形式,把用阿拉伯语记载的犹太语言文学珍宝呈现在欧洲信奉基督教的犹太人面前,同时将以阿拉伯文记载的文化知识传播到他到过的每个地方,扮演了中世纪最重要的文化"中介人"。通过他的努力,欧洲学者接触到"三字符"理论(Triliteral Theory of Roots),了解到希伯来语与阿拉伯语之间的关系,认识了诗歌韵律的基本规则。在文学方面,伊本·埃兹拉一生都坚持创作不同风格的诗歌,其中有260首被收录到《诗集》(*Diwan*)中,这其中既有以宗教为主题也有以世俗为主题的诗歌。他的《语法基础》(*Sefer ha-Yesod*,又名 *Yesod Dikduk*)是唯一以手稿形式保存的著作。《精选之辞》(*Ṣafah Bĕrurah*)是一部关于希伯来文学的论著。

伊本·埃兹拉也是希伯来语法的创始人之一。在他所有的语法著作中,《天平——语法的标准》(*Moznayim*, 1140)清晰地阐述了希伯来语的语法术语,是著名的语言学著作。《语法的正确性》(*Tzakhot*, 1141)开创了阐释希伯来语语法的先河。《语法》(*Sefer Tsahut*)概述了当时希伯来语的格律。《数字基础》(*Yesód Mispár*)是一部关于数字的专著,其中的附录标注了巴比伦—希伯来语中的元音部分。

伊本·埃兹拉的著述都是用希伯来语写成,填补了希伯来语哲学和圣经注释的空白。伊本·埃兹拉对以下圣经书籍进行了注释,包括:《以赛亚书》(*Isaiah*)、《小先知书》(*Minor Prophets*)、《诗篇》(*Psalms*)、《约伯记》(*Job*)、《摩西五经》(*Pentateuch*)和《旧约圣经箴言》(*Proverbs of the Old Testament*)等。其中《摩西五经》集注在他去世前不久才得以完成,书中包含了大量脍炙人口的句子,是伊本·埃兹拉最重要、最具权威性的作品之一,他因此被称为"智慧而敏感的评论家"。

伊本·金尼　Ibn Jinni　(932—1002)　阿拉伯语言学家和文学家。932年生于伊拉克北部摩苏尔(al-Mawsil),1002年卒于伊拉克巴格达。17岁就加入当时著名的语言学家艾布(ʔabu Ṣaliy ʔal Fārisy)的学术圈子,开始接触语言学。艾布是哈利勒(Al-Khalil,全名 Ṣabdu ʔal-Raḥmān ʔal-khalil ʔibn ʔalmad ʔal-Farāhīdi)之后巴士拉学派的第四代语言学家。在随后40年中,艾布一直是伊本·金尼的良师益友,伊本追随艾布到处游学,记录下大量的评论、观察报告和谚语,同时也是艾布一些著作的主要讲解者。伊本·金尼接受了阿拉伯语言学家伊本·西里(Ibn Sirry)的思想,赞同巴士拉学派(Madrasah al-Basrah)的观点和分析,称该派成员为"我们的伙伴(ʔasˁhābuna)";同时也赞同库法学派(Madrasah al-Kufah)的某些观点和分析。库法学派强调语言的特殊性和阿拉伯语中的特异现象,在词的格位理论、词的分类及其派生关系等根本问题上提出与巴士拉学派不同的观点。巴士拉学派认为动词由词根派生,而库法学派则认为词根由动词派生,而巴格达学派则将两派的观点糅合在一起。

伊本·金尼是当时主要的语言学家,也是巴格达语言学派代表人物之一,在语音、词法、句法和语义等方面都有大量著作,尤其是词法学和词典编纂,对阿拉伯的语言学研究具有里程碑式的意义。他对词汇学有浓厚的兴趣,《皇室词法》(*tasˁriyf ʔal-mu-*

luwkiy，即 The Royal Morphology）是关于语言派生的著作，探讨简单和复杂的词法形式及它们的发展过程。在著作《阿拉伯语形成之秘》(Sir sʕinaʕat ʕal-ʕiʕrāb，即 The Secret of the Formation of Arabic）中探讨了阿拉伯语的发音模式，介绍了阿拉伯语的发音、分类、特征、本质以及强弱，并描述了同化、省略、转位及替代等语音过程和其他使语言和谐的语音变化过程。《论特殊性》(ʕal-Xasʕāʕisʕ，即 The Particularity）是伊本·金尼最伟大、最全面的著作，全书共162章，其中一个重要章节从全新视角研究了"主派生"和"次派生"问题。这部著作展示了他渊博的语言学知识，更体现出他对语言学问题理解的深度，对阿拉伯语法研究的广度以及语言学研究的新思想和新方法。其他主要著作还包括《修辞学的秘密》(Asrar-al-Balaqa，即 The Secrets of Rhetoric）和《神奇的证据》(Dila'il-al-Ejaz，即 Miraculous Evidences）等。

伊本·马登 Ibn Madā' al-Qurtubi （1116—1195） 西班牙阿拉伯语言学家和哲学评论家。本名叫艾布·阿拔斯·卡尔道比（Abu al-Abbas al-Qurtubi）。1116年生于西班牙安达卢西亚地区的科尔多瓦（Córdoba）的贵族家庭。年轻时曾离家游学，除了熟知宗教，还精通几何学和医学。曾在安达卢西亚首府塞维利亚（Sevilla）定居。1196年卒于塞维利亚。

伊本·马登倡导语言学理论简单化，不喜欢令人费解的理论解释，认为过多的理论和具有限制性的语言规则超出了普通语言学家、语言教师和学习者的兴趣和理解范围。他认为自己有方法解决语法学家和句法学家提出的复杂分析的难题，并发表了《对某些句法学家的驳斥》(ʕal-Radd ʕala ʕal-Naḥawiyyiyn，即 A Refutation of the Syntacticians）加以论述。伊本·马登集中研究了一些他希望从语篇中去掉的句法概念。他对从西巴韦赫（Sibawayhi）到伊本·金尼（Ibn Jinni）等语言学家关于词汇曲折变化的问题持反对意见。关于算子（ʕamil，即 operator）的广泛使用以及阿拉伯语言教学，伊本·马登指出：在即将发出相关语句时，算子已经不存在了，因为算子并非总是存在。由此，他得出结论：算子不是引起屈折变化的原因，因而可以省略。此观点也是伊本·马登处理语篇中那些明显或隐含算子及其含义的论据。同类作品还有《答语法学家》(al-Radd ʻala al-nuhah, wa-yalihi Kitab Mukhtasar fi dhikr al-alifat）等。

伊本·马登的治学方法与众不同，其中不乏对其他语言学家的讽刺，把异见者当成攻击目标。伊本·马登是亚里士多德哲学著作的著名评论者，也是理解事实因果关系的定义者和促进者。在众多语言学家当中，他代表了对所处时代的挑战和反叛精神。

伊本·乔纳 Ibn Janah, Jonah （约990—1050） 西班牙语法学家和词典编纂学家。约公元985—990年生于西班牙南部的科尔多瓦（Cordaba）。早年在卢塞纳（Lucena）学习医学，成为医术精湛的医生，行医实践中对圣经和希伯来语产生了极大兴趣。1012年，迫于当时的不良政治环境，他不得不离开科尔多瓦，经过长时间的漂泊，最后定居在萨拉戈萨（Saragossa），在那里创建了一个学习中心，招收年轻的学生，带领他们自由讨论科学问题，并为了这些学生而开始其写作生涯，其著述都是在萨拉戈萨完成。1050年卒于萨拉戈萨。

伊本·乔纳曾提出《圣经》注释中的若干规则并阐明许多疑难章节，后来被奉为希伯来语句法研究的先驱，不过当时传统的犹太教典籍学者们有时对他的做法持敌视态度。和当时大部分西班牙犹太人学者一样，伊本·乔纳的作品全部用阿拉伯文写成。其处女作《论补语》(al-Mustalha，即 The Complement）对希伯来语传统语法做了批判和补充。代表作《论精微研究》(Kitab al-Tanqiḥ，即 Book of Minute Research）对《圣经》的内容和语言进行详细的论述，是第一部对希伯来语词汇和语法进行全面阐述的作品，也是涵盖句法、修辞及注释学的集大成之作。这本书分为两个部分，每一部分都单独成册，有各自的名称。第一部分集中研究希伯来语法，名为《多彩花床》(Kitab al-Luma，即 Book of Many-Colored Flower-Beds），第二部分集中研究词汇，名为《根源》(Kitab al-Uṣul，即 Book of Roots）。伊本·乔纳的最后一部作品为《驳论》(Kitab al-Tashwir，即 Book of Refutation），但大部分内容已失传。

伊本·西里 Ibn Sirry, Abou Bakr Muhammad （？—929） 阿拉伯语言学家和逻辑学家。以"伊本·萨拉吉（Ibn as-Sarraj）"的名字更为人所熟知。生于巴士拉，生辰信息不详。精通逻辑和音乐，卒于公元929年。

伊本·西里的《语法学》(al-Uṣul fil nahw）内容和表达风格独到，受到一些哲学家、逻辑学家和语言学家的关注，但因知之者甚少，直到1985年才得以出版。尽管伊本·西里是巴士拉人，但他在书中反映了大量库法学派的观点（Madrasah al-Kufah），因此人们对这本书的内容有不少争议。后世语法学家如伊本·安巴里（Ibn al-Anbari）和伊本·金尼（Ibn Jinni）等人都认为《语法学》只是一本关于语法规则的书，而其他一些语法学家则认为它是一本关于语法起源（al-nahw）的书。

伊本·西里的研究主要在类比推理和字源学等领域。与其他巴士拉语法学家一样，伊本·西里严格遵守类比推理（qiyās）的规则，开创了一个新的学派——类推学派（Madrasat al-qiyās），是主流巴士拉学派(Madrasah al-Basrah)的分支。他认为没有规则的句子不值得研究,所以不提倡语法学家为每一个听到的句子都设法找出一条规则的做法。伊本·西里去世后,伊本·金尼继承了他的思想。

伊本·西里对语言学的主要贡献是口语化句子的句法语义分析。根据动词所表达的意思及其具有的形态特征,他把动词分成"真实"和"非真实"两类。他从最原始的角度去分析及物性的概念,认为任何动词的直接目的就是成为能够完整表达意思的基本部分。他提出的观点虽然并不被后来的语法家们所接受,然而却被研究语言与修辞的语言学家阿尔-朱尔贾尼(Al-Jurjani)和伊本·金尼所接受。

伊本·西纳　Ibn Sīnā （980—1037）　阿拉伯语言学家、音乐理论家、科学家和哲学家。西方学界多称其为"阿维森纳(Avicenna)"。公元980年生于中亚布哈拉(Bukhara,今乌兹别克斯坦中南部)附近一个小村庄。自幼聪颖过人,精力充沛,富有创造力。10岁已精通古兰经和阿拉伯语的经典之作,10—16岁投身于穆斯林法学、哲学与自然科学研究。17岁时兴趣转向医学,18岁时已经成为声誉良好的名医,21岁开始撰写他的第一本著作。1037年卒于哈马丹(Hamadān,今伊朗西部)。

伊本·西纳知识非常渊博,是一个公认的天才,这充分体现在他在语言学、科学、哲学、医学、音乐等许多领域做出的杰出贡献上。当时的萨曼王朝(Samanid Empire)埃米尔努赫二世(Nuh II, 976—997年在位)对伊本·西纳的才华非常欣赏,允许他自由使用皇家图书馆,阅读其中珍藏的独特书籍。伊本·西纳在政坛上颇为活跃,政治背景复杂,政治观点多元,依靠源源不断的政治资金不停地在各地旅行,过着奢靡的单身汉般的生活。但其学术成果仍很丰富,著作涉及许多知识领域,包括语言学领域。他在自传《伊本·西纳奇人奇事》(*The Miracle of Ibn Sina*)中讲到其阿拉伯语语言能力受到其政治赞助人的挑战,于是花了三年时间研究语言,完成著作《阿拉伯人语言》(*lisān ʔal-ʕarab*,即 *The Language of the Arabs*),但该书已佚。他唯一流传于世的语言学著作是《阿拉伯语音学发凡》(*Risātat ʔasbāb ḥuduwf ʔal-ḥuruwf*,即 *Treatise on the Causes of the Occurrence of Letters*),无论在理论上还是文采上都堪称杰作。此书结构完整,囊括了语音学的各个方面,如发声、字母发音、喉腔与舌头的发音解剖图、阿拉伯语每个字母的发音、阿拉伯语与非阿拉伯语中发音相似的字母等。这是第一部全面描述语音学的著作,类似的著作10个世纪后才面世。读到这部书,学界不禁为《阿拉伯语言》一书的失传感到遗憾,因为它是天才伊本·西纳对阿拉伯语进行深入观察与研究后写的一部杰作。由于他对阿拉伯语做出的贡献,伊本·西纳被称为"阿拉伯学术文化之花"。

伊本·西纳还被世人冠以"医学之王"的美誉。他的《医学正典》(*al-qānuwn fiy al-tˤib*,即 *The Canon of Medicine*)是医学史上著名的专业文献,12世纪时被译成拉丁文,此后几个世纪里被多所欧洲大学作为教材使用。其《治疗之书》(*kitāb al-šifa*,即 *The Book of Healing*)是首部由个人独立完成的综合性医学书籍,涵盖了哲学、神学、自然科学、数学等几乎所有知识领域。

伊尔　Ihre, Johan （1707—1780）　瑞典语言学家和历史学家。1707年3月14日生于瑞典隆德(Lund)。1720年入乌普萨拉大学(Uppsala University)学习神学、历史、古典语言学、现代语言学等课程,1728年毕业。1730—1733年在欧洲各地旅行、游学,1731年获博士学位,1735年被聘为拉丁语诗歌教授,1738年被乌普萨拉大学聘为政治学与修辞学教授,在该校工作至退休。1780年12月1日卒于乌普萨拉。

约翰·伊尔是当时瑞典最杰出的语言学家、方言学家、比较语言学与历史语言学先驱,在国内外享有盛名,备受同行推崇。在乌普萨拉大学期间,他讲授欧洲历史和政治课程,同时还讲授瑞典语,并从比较语言学与历史语言学的角度进行广泛研究。该校图书馆的《银色圣经抄本》(*Codex Argenteus*,即 *The Silver Bible*)引起了他的关注,在助手的帮助下他修订了早期版本(*Ulphilas Illustratus*,1752,1755),并在很大程度上提高了其质量,并发表了450篇学术论文。在修订圣经版本的过程中发现并解决了许多问题,在此基础上,发表了多篇论文。1766年出版了第一部《瑞典方言词典》(*Swenskt Dialectlexicon*)。1769年,伊尔花费30多年编纂的第一部词典《瑞典词源词典》(*Glossarium Suiogothicum*)问世,这本词典确立了瑞典语与其他欧洲语言的关系,被认为是伊尔最重要的成就之一。

伊尔还有三篇研究古代北欧语言历史的论文,分别为《论古代瑞典的如尼文字》(*De Runarum in Svecia Antiquitate*,1769)、《论如尼字母的发源地及起源》(*De Runarum Patria et Origine*,1770)和《论瑞典已湮灭的如尼文字》(*De Runarum in Svecia Occasu*,1771—1773)。

伊根　Inghen, Marsilius von （1335/1340—1396）　荷兰哲学家和神学家。1335—1340年间生于荷兰东部的奈梅根市(Nijmegan)。1362年起在巴黎大学艺术学院任教,1367—1371年任该院院长。在巴黎大学期间学过神学。1378年成为罗马教皇使者。因巴黎宗教派别之争,1379年离开巴黎回到故乡。1386年起在德国海德堡大学任教,是海德堡大学的创始人之一;1386—1392年任海德堡大学校长。

1389—1390年作为罗马教廷使者负责把大学的入学注册登记权转移至罗马。1390年初再次学习神学，1396年完成学业，成为海德堡大学第一位获博士学位的神学家。1396年8月20日卒于海德堡。

马西利乌斯·范·伊根是14世纪巴黎大学和海德堡大学负有盛名的大师。他的授课深受学生喜爱，同时他撰写了多篇与逻辑学和自然哲学有关的论文。在他的逻辑和认识论中，伊根遵循了14世纪唯名论的传统，却没有成为一名合格的唯名论主义者。他是一位独立的思想家，提倡理论要通俗易懂。几乎在所有的作品中，他都用了逻辑方法，讨论了逻辑和认识论的问题，他有关逻辑的作品成为后来中世纪和现代早期逻辑学的研究基础。在谈到关于科学知识这一客体、一般事物的本质和假定的逻辑意义时，伊根的基本假设是只有个体存在，个人思想之外没有普遍的事物，科学知识只是个精神命题，是指事物个体及其性质，而不是头脑以外的任何东西。更具体地说，科学知识是在一个已从必要的前提中推导出的、以结论为形式的命题。伊根认为普遍概念不是指人的头脑以外真正普遍存在的事物，普遍概念的生成是一个自然过程，伊根将其描述如下：假设"物种S"中的"个体A"在人的头脑中形成了"概念A"，这个概念类似于同一物种中的"个体B"在人头脑中形成的"概念B"，通过比较"概念A"和"概念B"的不同，人的头脑中能够形成"概念Z"，这一概念可以代表"概念A"和"概念B"，因此在"概念Z"中就具有了某种共性，它是人脑对"概念A"和"概念B"进一步抽象概括、认知进一步深化的结果。在自然哲学和形而上学方面，伊根是一名经验主义者。他认为所有的科学知识都必须建立在感性知识或者简单易懂的命题之上，也就是说命题中谓词的意义包含于主语当中，每个人都知道这些命题的意义才能确定这些命题是否正确，这一观点对于语言学和语用学的发展产生了深远影响。

从1390年开始，伊根的逻辑学作品在维也纳大学被用作教材。在整个15世纪，他的作品都是海德堡大学、埃尔福特大学和弗赖堡大学课程的一部分。伊根是一位多产的作家，虽然他的作品有些是现代版本，但他的许多作品都保留有手稿或早期版本。

英伽登　Ingarden, Roman　（1893—1970）波兰哲学家和美学家。1893年2月5日生于波兰克拉科夫（Kraków）。1912—1914年在哥廷根大学（University of Göttingen）学习数学和哲学。1914—1915年在维也纳大学学习数学和物理学。1916年在德国弗赖堡大学师从现象学创始人胡塞尔（Edmund Husserl）学习哲学，1918年获博士学位。回国后最初担任语法学校教师，1925年通过"特许任教资格"论文答辩，被聘为乌克兰利沃夫让·卡基米尔兹大学（Jan Kazimierz University in Lviv）副教授，1933年晋升为教授。1934年参加布拉格第八次国际哲学大会。1940—1941年被聘为国立利沃夫弗兰斯基大学（Ivan Franko National University of Lviv）德语教授。1941年6月末，苏德战争爆发，德军占领利沃夫，大学关闭。1946年任雅捷隆大学（Jagiellonian University）哲学系主任和教授。1949年被指责为"唯物主义的敌人"、"唯心主义"而遭批判，系主任职务被撤销并被禁止讲课。1957年重新获任系主任，工作至1963年退休。1970年6月4日因突发脑溢血卒于克拉科夫。

罗曼·英伽登的哲学研究以现象学、本体论和美学为主。在早期师从胡塞尔期间，他就对胡塞尔的意向性理论作了精深研究，在此基础上建立了由物质、形式、存在三方面组成的本体论。他吸取了胡塞尔理论中的可取部分，在认识论上基本遵循胡塞尔的思路，即把意向性作为哲学、美学研究的重要概念，但在本体论上却与之相反，趋向实在论。他强调意识的意向性活动，将艺术看作是纯意向性客体，将艺术活动看作是纯意向性行为。另一方面，胡塞尔否定有独立于主体意识之外的客观对象存在，英伽登对此持否定态度，认为作品尽管是一个意向性对象，但也是一个客观存在的客体。

英伽登是现象学与美学的代表人物，最出名的著作均与美学有关，特别是深入研究各种文学作品的本体论地位与各种认知文学作品的方式。他认为文学作品由四个层次构成，分别是：（1）语音和更高级的语音组合层次（如短语、句子、段落）；（2）从单个词语到短语、句子与段落等不同层次的意义单位层次；（3）图式层次，具体指作品中所代表的人物与地点，通过视听意义能被理解；（4）再现客体层次，包括文学作品中所代表的客体、事件与事物的状态，进而形成了人物与话题等。每个层次都有各自的美学价值，但是这些层次并不独立存在而是构成一个有机整体。1928年，英伽登把对文学的本体论研究从文学扩展到音乐、绘画与建筑，并发表了一系列论文。

英伽登的主要作品包括《文学的艺术作品》（*The Literary Work of Art*，1931）、《论对文学艺术作品的认识》（*The Cognition of the Literary Work of Art*，1936）、《艺术本体论研究》（*The Ontology of the Work of Art*，1962）和《经验、艺术作品与价值》（*Experience, Artwork and Value*，1969）等。

约尔丹　Iordan, Iorgu　（1888—1986）　罗马尼亚语言学家、语文学家和政治家。1888年9月29日生于罗马尼亚摩尔多瓦亚泰库奇镇（Tecuci, Moldavian）。1911年入雅西大学（University of Iasi）学习德语、文学和法律。第一次世界大战后，在波恩大学、巴黎大学和罗马大学学习文学。1919年完成关于罗马尼亚语音学论文,获现代语文学博士学位。1926年在雅西大学任教。1945—1947年任驻前苏联大使。1947—1962年历任布加勒斯特大学(University of Bucharest)语言学学院院长、校长和罗马尼亚语研究所所长。1968年起,任罗马尼亚语言学会名誉会长,任多家语言学期刊编委成员,被柏林、罗马、蒙彼利埃(Montpellier)等多所大学授予荣誉博士。1986年9月20日卒于布加勒斯特。

约尔古·约尔丹是一位颇具科学观、洞察力和执行力的管理者。他创建了布加勒斯特大学语言学院和罗马尼亚语研究所。同时,为了推广西班牙语研究,他还在布加勒斯特大学设立了第一个研究西班牙语的教授职位。

20世纪20年代早期,在其他语言学家的影响下,约尔丹对对比语言学的研究方法产生了兴趣。在波恩期间,他与支持理想主义研究方法的斯皮策(Leo Spitzer)建立了良好的友谊关系,这对他的研究方法的转变起了重大作用,他开始采用理想主义研究方法将研究的重点逐渐放在语言进化的个体因素方面。在巴黎时,他曾出席吉叶龙(Jules Gilliéron)组织的研讨会,与吉叶龙的接触还激发了他研究语言个体性和地理性的兴趣。

约尔丹著述丰富。1924年出版《罗马尼亚地名学》(*Rumänische Toponamastik*),这本书以特殊的方式使世界更好地了解罗马尼亚语,促进了罗马尼亚语与其他罗曼语种的对比研究,也为他赢得了罗马尼亚语言学元老的地位。《罗曼语研究导论》(*Introducere în Studiul Limbilor Romanice*,1932)对20世纪上半叶有关语言学流派做出了全面、准确和客观的批判性评述,该书被翻译成多种语言,使约尔丹成为世界上最杰出的语言学家之一。

约尔丹的其他著作包括《当代罗马尼亚语言——一种错误的语法》(*Limba română actuală. O gramatică "greșelilor"*,1943)、《罗马尼亚语文体学》(*Stilistica limbii române*,1944;第2版,1975)、《罗曼语语言学——演变、现状与方法》(*Lingvistica Romanică: Evoluie, Curente, Metode*,1962)和《西班牙语言史》(*Istoria Limbii Spaniole*,1963)。1965年约尔丹与他人合作对《罗曼语语言学导论》(*Introducere in Linguistica Romanică*,1957)进行了修订,并由曼努埃尔·阿尔瓦尔(Manuel Alvar,1923—2001)在1972年翻译成西班牙语,此译本已成为研究罗马尼亚语不可或缺的参考资料。

约翰逊(戴维·～) Johnson, David E. (1946—) 美国语言学家。1946年12月21日生于美国新泽西州普林斯顿。

戴维·约翰逊主要以其在关系语法(Relational Grammar)方面的研究而闻名。他于1977年起与波斯特尔(Paul Martin Poster)共同创立对弧语法(Arc Pair Grammar)理论。他们的对弧语法采用类型—理论(model-theoretic)的研究方法,将语言学的原则及各语言的语法规则用相同的方法予以形式化。语言中的句子都被看作是某一特定类型的结构,是一系列语言法则具体类型的体现。约翰逊与拉朋(Shalom Lappin)曾在《语言学与哲学》(*Linguistics and Philosophy*)杂志上合作发表论文《评最简方案》(*A Critique of the Minimalist Program*),针对乔姆斯基的最简方案提出详尽的批评。该文发表后引发其与最简方案支持者们的激烈辩论,为此,他与拉朋、罗伯特·勒范恩(Robert D. Levine)合撰文章进行回应,包括《非科学革命的结构》(*The Structure of Unscientific Revolutions*,2000)、《混乱到极致的革命》(*The Revolution Maximally Confused*,2001)等。

约翰逊的主要著作包括:基于其博士学位论文的《基于关系的语法理论探索》(*Toward a Theory of Relationally-based Grammar*,1974,1979)、与波斯特尔合著的《对弧语法》(*Arc Pair Grammar*,1980)、与拉朋合著的《局部限制与经济性》(*Local Constraints vs Economy*,1999)等。

约翰逊(马克·～) Johnson, Mark L. (1949—) 美国语言哲学家。1949年5月24日生于密苏里州堪萨斯城。1971年毕业于堪萨斯大学,获哲学和英语学士学位;1972年获芝加哥大学哲学硕士学位,1977年获哲学博士学位。1977—1983年任南伊利诺伊大学哲学系助理教授,其间1979年任加州大学伯克利分校客座助理教授;1983—1988年任南伊利诺伊大学副教授,1988—1994年任正教授,其间1991年赴加州大学伯克利分校认知研究所做访问学者。1994—2000年任俄勒冈大学哲学系教授兼系主任,2001—2004年任系研究生部主任;2002年起任俄勒冈大学人文与科学奈特教授(Philip H. Knight Professor)。

马克·约翰逊在认知科学和体验哲学领域都颇有成就,尤擅长隐喻研究。在认知语言学领域,他发展了意象图式理论,并使之成为概念隐喻(Conceptual Metaphor)的一个基础性理论。他与乔治·雷考夫(George Lakoff)合作研究隐喻机制,认为隐喻在人脑思维中具有普遍性。他们将隐喻视为从源认知域到目标认知域的映射,提出隐喻是人们借助一个概念领域的结构去理解另一个概念领域结构的过程。他们认为,语言中充满了隐喻性表达,通过考察大量英语语料,发现大多数英语的表述式都来自一些基本的隐喻,即概念隐喻,如"争论是战争"、"时间是金钱"就是这样的基本隐喻。他在哲学领域也成就斐然,比较认同康德主义,尤其是康德的美学哲学。

约翰逊著作颇丰。《我们赖以生存的隐喻》(*The

Metaphors We Live by，1980）一书由他与雷考夫合著，该书成为现代隐喻学研究的开创性著作，隐喻被视为普遍性的思维方式，而不是传统的修辞方式。《身体中的哲学》（*Philosophy in the Flesh*，1999）也是由他与雷考夫共同编写，该书认为人的思维、观念和概念来源于人的经验，主张经验的美学观，认为人的经验和认知具有美学特点。约翰逊的其他著作还包括《哲学视角下的隐喻》（*Philosophical Perspectives on Metaphor*，1981）、《心中之身》（*The Body in the Mind*，1987）和《伦理思考》（*Moral Imagination*，1993）等。

约翰逊（塞缪尔·～） Johnson, Samuel（1709—1784） 英国作家、文学评论家和词典编纂家。1709年9月7日生于苏格兰中部小镇利奇菲尔德（Lichfield）的一个穷书商家庭。从小体弱多病、容貌受损，但智力超群、阅读广泛。1728年进入牛津大学彭布鲁克学院（Pembroke College）学习希腊语和形而上学，1731年因父亲去世后经济拮据而不得不辍学离校，未取得学位；此后，在利奇菲尔德附近的学校谋求教师职位但因无学位而屡屡受挫，不得已于1737年赴伦敦，从事写作和编辑工作。1765年、1775年分别获都柏林大学三一学院和牛津大学名誉博士学位。1784年12月3日卒于伦敦。

塞缪尔·约翰逊是英国历史上最负盛名的文人之一，集诗人、散文家、文学评论家、伦理学家、传记作家和词典编纂者于一身。他的成功始于为戏剧、评论和政治宣传册写序以及在各类杂志的投稿。从1731年起，他就定期为《君子杂志》（*Gentlemen's Magazine*）撰稿。1750—1752年，他独自写作并编辑双周刊《漫步者》（*Rambler*）。1753—1754年，他向《冒险家》（*Adventurer*）投稿。1756—1758年编辑了《文学杂志》（*Literary Magazine*），又名《宇宙评论》（*Universal Review*）。与此同时还受雇于为牛津伯爵的大图书馆编目。经过八年的艰苦努力，约翰逊于1755年出版了按照历史语言学原则编纂的《英语大词典》（*Dictionary of the English Language*），对现代英语的发展作出重大贡献，为他赢得很高的学术声誉，同年获得皇家奖金。至此约翰逊在伦敦声名大振，他参与创建的文学俱乐部（约成立于1763年）成为这个时期许多著名文人定期聚会的社交场所。其学术同伴詹姆斯·博思韦尔（James Boswell）为其写的传记成为古今最受赞赏的传记之一。

约翰逊的作品，尽管今天看来有些过时，却仍不失为古典主义文学的典范。其中有模仿罗马讽刺诗人尤维纳利斯（Juvenal）写的长诗《人类欲望的虚幻》（*Vanity of Human Wishes*，1749）和《阿比西尼亚的王子雷塞拉斯》（*Rasselas, Prince of Abyssinia*，1759）。另外约翰逊1765年出版了经他校订的《莎士比亚全集》（*The Shakespeare Edition*，1765）。他对莎士比亚评论的主要贡献在于他为莎士比亚戏剧所作的批注和他为这个版本所作的序言。

约翰逊的主要著作还包括《伦敦》（*London*，1738）、《苏格兰西部群岛之行》（*A Journey to the Western Islands of Scotland*，1775）和《诗人列传》（*Lives of the English Poets*，1779—1781）等。

约斯 Joos, Martin（1907—1978） 美国语言学家。1907年5月11日生于美国威斯康星州。曾在威斯康星大学学习电气工程。1931—1932年参与新英格兰语言地图集项目，1935年获硕士学位，1941年获博士学位。1935—1952年在多伦多大学任德语讲师，1942—1946年在华盛顿信号安全局（Signal Security Agency）担任语言学家和密码专家，同时任《语言学研究》（*Studies in Linguistics*）期刊副主编。1946年起任威斯康星大学副教授，1949年升任教授，1962——1964年担任该校德语系主任。1967—1972年回到多伦多，担任语言学研究中心教授和主任，1972年荣誉退休。1978年5月6日卒于威斯康星州麦迪逊市。

马丁·约斯自1930年起对语音学产生兴趣。1948年完成《声学语音学》（*Acoustic Phonetics*）初稿，1942年所写的短文体现了英语中元音间的舌尖音塞音（English intervocalic apical stops）的历史意义和音位学意义。约斯对描写语言学的最大影响是于1957年出版了《语言学读本》（*Readings in Linguistics*），以节选的形式精心辑录了重要论文，并逐一作了点评和导读，在当时引起了强烈反响，多年后该书依然畅销。

作为德语专家，约斯最有影响的著作是《中古高地德语宫廷读本》（*Middle High German Courtly Reader*，1951）。其他重要作品还包括《英语动词》（*The English Verb*，1964）和1962年初版、1967年修订的《五只钟：五大风格英语用法的语言之旅》（*The Five Clocks: A linguistic excursion into the five styles of English usage*）。《五只钟》针对语言使用的正式程度提出五种变体，即庄重体（frozen）、正式体（formal）、商议体（consultative）、非正式体（casual）和亲密体（intimate），语体的选择根据语用场合和交际对象的不同而定。

Z

赞波利 Zampolli, Antonio（1937—2003） 意大利计算语言学家。生于1937年，大学时主攻计算语言学专业，随后进入意大利哲学家、神学家、语言学家和词典编纂家罗伯特·布萨(Roberto Busa)创立的语言学分析自动化中心,参与《托马斯著作索引》(Index Thomisticus)项目,为欧洲中世纪经院派哲学家和神学家托马斯·阿奎那(Thomas Aquinas)的著作制作文本检索和索引电子数据库,并因此获得博士学位。曾参加克鲁斯卡(Crusca)学会意大利标准语电子语料库的构建,从而熟知文本数据的制作,谋求语料库最佳设计方案和解决办法。1968年出任比萨(Pisa)国家计算学术研究中心(CNUCE)新建的语言学部主任;1977年成为比萨大学数理语言学正教授,此后不久创建比萨全国科研理事会计算语言学研究所。从1970年起,接受纽约城市大学昆斯学院(Queens College, the City University of New York)英语教授约瑟·拉本(Joseph Raben)的建议,在比萨成功举办了多期计算语言学国际暑期班,邀请美、英、德、法等国在该领域内的一流专家授课,吸引了世界各国的教师和学生前来接受培训。2003年因火灾卒于比萨家中。

安东尼奥·赞波利的主要学术兴趣是将计算技术应用于人文研究,具体包括文本统计分析、电子词典开发、语料库语言学、数理语言学、电子图书馆、计算词典学、数据分享标准、形式语法与语法分析器、计算机辅助语言学习、机器翻译等。他擅长学科间的沟通与衔接,在语言资源合作与标准化、计算语言学研究与语言处理技术的国际协作以及大环境构建等事务中发挥了举足轻重的作用。1973年,他主持创建了文学与语言计算协会(Association for Literary and Linguistic Computing,简称ALLC),自1983年起担任主席直至去世;1995年参与创建了欧洲语言资源协会(European Language Resources Association,简称ELRA),致力于语言资源的汇集与分配,并曾任主席。曾任人文学科计算化协会(Association for Humanities Computing,简称ACH)和国际应用语言学协会(Association Internationale de Linguistique Appliquée,简称AILA)副主席;曾参与发起并组织"国际语言资源与评估大会"(International Conference on Language Resources and Evaluation,简称LREC);主持比萨文学与语言计算化国际暑期班。曾兼任文本编码组织(Text Encoding Initiative,简称TEI)指导委员会、欧洲人类卓越语言技术网络(European Network of Excellence in Human Language Technologies,简称ELSNET)管理委员会以及欧盟几个专家委员会的成员。他的兼职还包括:欧洲科学基金会(European Science Foundation)常任指导委员会文学语言计算学科代表;若干项欧洲语言资料生产项目协调员;意大利图书馆通信(La Biblioteca Italiana Telematica,简称IBIT)国家项目软件发展负责人以及《书面和口头自然语言自动化处理领域的语言资料国家基础建设》(National Infrastructure for the Linguistic Resources in the Field of Automatic Processing of Written and Oral Natural Language)和《计算语言学:单语言和多语言研究》(Computational Linguistics: Mono and Multilingual Researches)两项意大利国家项目的协调员。

2004年,欧洲语言资源协会设立安东尼·赞波利奖,每两年颁发一次,奖励在语言资料和语言技术评估领域作出杰出贡献的个人。

早川一会　Hayakawa, Samuel Ichiye（1906—1992）　美国心理学家和语义学家。1906年8月8日生于加拿大温哥华。1927年毕业于马尼托巴大学(University of Manitoba),随后以研究生身份进入麦吉尔大学(McGill University),1928年获英语硕士学位;1930年到美国威斯康星大学学习,1935年获博士学位。1936—1968年先后执教于威斯康星大学、芝加哥大学和旧金山大学;1968—1973年任旧金山大学校长。1976年当选代表加利福尼亚州的参议员。1983年创立名为政治游说组织"美国英语(US English)",致力于国会立法使英语成为美国官方语言。1992年2月27日卒于旧金山附近的格林布雷(Greenbrae)。

1941年,早川出版第一部专著《行动中的语言》(Language in Action),阐述语言的指示性及对人类行为的影响力。早川以希特勒煽动种族仇恨为例,论证宣传的危险性,指出每个人都应该对自己和他人的语言进行批判性审视。在此基础上,早川不断地深化并拓展该领域研究,于1949年完成《思维与行动中的语言》(Language in Thought and Action),奠定了他在语义学界的学术地位。另一部重要的语义学著作是芬克与韦格诺尔公司于1968年出版的《现代同义词与相关词指南》(Funk & Wagnalls Modern Guide to Synonyms and Related Words),书中收录了大量英语同义词;1987年该书以《用词勿选错:现代同义词与相关词指南》(Choose the Right Word: A modern guide to synonyms and related word)的新名再版。

1943年,早川一会创办《普通语义学述评》(A Review of General Semantics)杂志,并刊载了本人的一系列论文。这些论文经整理,汇编成《语言、意义与成长》(Language, Meaning, and Maturity)和《我们的语言与我们的世界》(Our Language and Our World)两部论文集,于1954年和1959年出版。

泽姆斯卡娅　Zemskaja, Elena Andreevna（Елена Андреевна Земская, 1926—2012）　俄罗斯语文学家。1926年11月5日生于莫斯科,其父为知名语言学家、俄语教师和教科书作者泽姆斯基(A. M. Zemsky)。曾就读于莫斯科国立大学语文学系,后就职于俄罗斯科学院维诺格拉多夫俄语研究所（Институт русского языка имени В. В. Виноградова РАН）。2012年3月22日卒于莫斯科。

埃伦娜·安德烈耶夫娜·泽姆斯卡娅大学毕业后不久便成为俄语构词法方面的专家，撰写了多部相关的权威著作，在俄语口语研究方面亦有建树。她参与编著了《男女言语的特殊性》（Osobennosti Muzhskoi i Zhenskoirechi, 1993）和《俄语的功能性：交际语用视角》（Russkii Yazyk v Yego Funktsionirovanii. Kommunikativno-Pragmaticheskii Aspect, 1993），书中分别对语言的性别差异及交际行为做出阐述，在俄语语文学领域具有先锋意义；她还组织编写了《20世纪末期的俄语》（Russkii Yazyk Kontsa XX Stoletiya, 1996），审视了20世纪末俄语的发展变化过程；并参与编写《俄语大众俚语详解词典》（Tolkovyi Slovar Russkogo Obshchego Zhargona, 1999）。2001年，泽姆斯卡娅参与撰写了《俄语在国外》（Yazyk Russkogo Zarubezhya），描写了旅居欧美的俄罗斯移民的语言特色。她对俄罗斯作家布尔加科夫（Mikhail Bulgakov）的生平和家族史也有研究，2004年出版了《米盖尔·布尔加科夫和亲属及家族相片》（Михаил Булгаков и его родные：Семейный портрет, 2004）。通过搜集大量的自然口头语言资料并分析论证，泽姆斯卡娅发展了"俄语口头语自成体系"这一观点。在此过程中她总结出了获取生活口语的方法，被此后其他学者所沿用。

泽姆斯卡娅的其他论著包括《词语是怎样形成的》（Как делаются слова, 1963）、《俄语口头语言》（Русская разговорная речь, 1973）和《俄语口头语言：语言学分析和教学问题》（Русская разговорная речь：лингвистический анализ и проблемы обучения, 1979）等。

扎布洛奇　Zabrocki, Ludwik　（1907—1977）
波兰语言学家。1907年9月24日生于德国统治下的波兰北部小镇切尔斯克（Czersk）一个农民家庭。1927—1931年在波兹南大学（University of Poznań）求学，学习波兰语、德语和印欧语；1934年发表硕士论文《图霍拉林区的方言》（Gwara Borów Tucholskich）；1945年和1949年分获哲学与文学双博士学位。1953年起在波兹南亚当·密茨凯维奇大学（Adam Mickiewicz University）担任日耳曼语首席教授，1964年成立自主的应用语言学研究室。1968—1969年度担任欧洲语言学会（Societas Linguistica Europaea）会长，1969年创建波兰近代语文学协会（Polish Neo-philological Association）并任首任主席；因贡献卓著于1971年入选波兰科学院（Polish Academy of Sciences）院士；与人合作创立学术期刊《波兹南语言》（Lingua Posnaniensis）、《语音学简报》（Biuletyn Fonograficzny）和《语言教学法》（Glottodydactica），并担任主编。1973年组织成立了语言学研究所（Institute of Linguistics），亲自担任所长，直至1977年10月8日卒于波兹南。

路德维克·扎布洛奇主要从事比较语言学研究，是日耳曼语和印欧语专家，领域涉及日耳曼语、印欧语、芬兰乌戈尔语（Finno-Ugric）诸语言以及语音学，还包括斯拉夫语（Slavonic）和波兰语的方言学；涉及对抗与对比应用语言学视角的语言理论和外语教学方法。其主要著作包括《印欧语和芬兰—乌戈尔语诸语言辅音的强化与弱化》（Usilnienie i Lenicja w Językach Indoeuropejskich i Ugrofińskim, 即 Fortition and lenition in Indo-European and Finno-Ugric languages, 1951）、《德语起源和发展中的交际社区》（Wspólnoty Komunikatywne w Genezie i Rozwoju Języka Niemieckiego, 即 Communicative communities in the genesis and development of the German language, 1963）、《外语教学的语言学基础》（Językoznawcze Podstawy Metodyki Nauczania Języków Obcych, 即 Linguistic foundations of the teaching of foreign languages, 1966）和《语言交际的控制论模型》（Kybernetische Modelle der sprachlichen Kommunikation, 即 Cybernetic models of language communication, 1975）。其他科学研究活动成果由"语言结构与发展基金会"（U Podstaw Struktury i Rozwoju Języka, 即 Foundation of Language Structure and Development）于1980年出版发行。

扎恩克　Zarncke, Friedrich　（1825—1891）
德国语言学家。1825年7月7日生于德国梅克伦堡州（Mecklenburg），父亲是乡村牧师。从罗斯托克文理中学（Rostock gymnasium）毕业后，1844年进入罗斯托克大学攻读语文学和神学（后者仅学了一学期），一年后转学到莱比锡大学，师从古典学者戈特弗里德·赫尔曼（Gottfried Hermann, 1772—1848）和德语学者莫里茨·豪普特（Moriz Haupt, 1808—1874），然后又在柏林大学学习一学期后，转回罗斯托克，1847年获博士学位。1891年10月15日卒于莱比锡。

弗里德里希·扎恩克的学术生涯起步于图书管理工作。自1848年起，他连续三年受雇于卡尔·哈特维希·冯·梅斯伯男爵（Freiherr Karl Hartwig von Meusebach, 1781—1847）的私人图书馆，整理珍贵的古德语文献馆藏，并负责这批文献从波茨坦附近的鲍姆加滕布吕克搬迁至柏林皇家图书馆（The Royal Library at Berlin）的监管工作。此经历为他日后毕生从事古文献和近代文献校勘工作奠定了基础。1850年，扎恩克在莱比锡成立了周刊《德国文学中心丛刊》（Literarisches Centralblatt für Deutschland)，之后出版了塞巴斯蒂安·布兰特（Sebastian Brant, 1458—1521)的《愚人船》（Das Narrenschiff, 1854)第二版，并发表论文《尼伯龙根探究》（Zur Nibelungenfrage, 1854），随后出版了《尼伯龙根之歌（第 12 版）》（Das Nibelungenlied, 1856, 12th ed. 1887)。1854 年，扎恩克在莱比锡大学开始其德语语言文学的教学生涯。在《尼伯龙之歌》和《尼伯龙根历史及诠释文集》（Beiträge zur Erläuterung und Geschichte des Nibelungenliedes, 1857)出版之后，扎恩克晋升为德语语言和文学教授。

此后，扎恩克撰写了一系列有关中世纪文学的优秀论文，大多刊发在《撒克逊科学社》（The Saxon Society of Sciences)上，其中包括《圣格奥尔格之歌》（Gesang vom Heiligen Georg, 1874)、《圣杯神殿》（Der Graltempel, 1876)、《安诺之歌》（Das Annolied, 1887)。扎恩克的其他论著包括《莱比锡大学历史原始文献》（Die Urkundlichen Quellen zur Geschichte der Universität Leipzig, 1857)和《散论集》（Kleine Schriften, 1897)等。

詹姆斯　James, William　（1842—1910）
美国心理学家、哲学家和教育学家。1842 年 1 月 11 日生于美国纽约。1861 年进入哈佛大学劳伦斯理学院（Lawrence Scientific School)学习化学、比较解剖学和生理学；1864 年转学医学，1865 年至巴西进行自然考察，1867 年赴德国学习医学、生理学和心理学；1869 年获哈佛大学医学博士学位。1873 年在哈佛大学讲授生理学和解剖学，1876 年任心理学和哲学助理教授，1885 年转为教授，1889 年任心理学讲席教授；1897 年转为哲学专业，1907 年被聘为哲学专业荣誉退休教授。1910 年 8 月 26 日卒于新罕布什尔州塔姆沃思镇（Tamworth)。

威廉·詹姆斯是美国机能主义心理学（Functionalism Psychology)和实用主义哲学（Pragmaticism)的先驱，美国心理学会的创始人之一。他于 1884 年发表《论内省心理学所忽略的几个问题》一文，最早提出"意识流"（consciousness stream)思想，指出人的意识不是片段的连接，而是像"水流"一样不断流动着，具有私人性、常变性、连续性、可选择性等特点。詹姆斯还提出情绪学说，认为人的任何心理变化都伴随或跟随着某种身体变化。他反对将心理学的原理原则直接应用于学校教学，指出心理学是科学而教学是艺术。他强调兴趣和行为的重要性，认为儿童是一个表现行为的有机体，教育的主要任务是形成儿童的健康习惯，并且对机械背诵的迁移作用提出质疑。詹姆斯的心理学贯穿实用主义思想，将实用主义看作一种方法论，扩展了皮尔斯（Charles Sander Peirce)的实用主义哲学，使之更加体系化。

詹姆斯的两卷本代表作《心理学原理》（The Principles of Psychology, 1890)是当时实验心理学（Experimental Psychology)研究成果的基本总结，也是机能主义心理学思想的集中体现，大致确定了其后百余年来心理学研究的范畴；1892 年，该书被改写为《心理学教程简编》（Psychology: Briefer course)，作为美国大学标准课本。其他的主要著作包括《与教师谈心理学及与学生谈生活理想》（Talks to Teachers on Psychology: And to students on some of life's ideals, 1899)、《实用主义——某些旧式思维的新名义》（Pragmatism: A new name for some old ways of thinking, 1907)、《多元的宇宙》（A Pluralistic Universe, 1909)和《真理的意义——〈实用主义〉续编》（The Meaning of Truth: A sequel to Pragmatism, 1909)等。

朱尼厄斯　Junius, Franciscus　（1591—1677）　法国语言学家和日耳曼语文学家。1591 年 1 月 29 日生于德国海德堡（Heidelberg)。先后居住在荷兰和英国。1677 年 11 月 19 日卒于英格兰东南部温莎。

弗朗西斯·朱尼厄斯的父亲老弗朗西斯·朱尼厄斯（1545—1602）是加尔文主义神学研究者，于 1592 年被荷兰莱顿大学聘为希伯来语和神学教授，因此小朱尼厄斯在倡导加尔文主义的莱顿大学精英学者之间长大。此外，由于从小受到当时的古典文化知名学者兼拉丁文法学校校长格拉尔杜斯·沃西厄斯（Gerardus Vossius)的影响，小朱尼厄斯开始对古日耳曼语进行深入研究。后来，他曾在莱顿跟其叔父学习艺术和神学，并在鹿特丹辖区希勒赫斯贝赫（Hillegersberg)任神职；后因阿米纽斯派（Jacobus Arminius)教徒和戈马尔派教徒（Gomarists)之间的宗教纠纷，他提出辞职并于 1620 年到了英格兰，在阿伦德尔伯爵（Earl of Arundel）托马斯·霍华德（Thomas Howard)家做家庭教师。阿伦德尔伯爵是个孜孜以求的艺术收藏家，邀请小朱尼厄斯担任其私人图书馆管理员。小朱尼厄斯因此得以于 1637 年出版对古典艺术作出精辟分析的《论古人画》《De Pictura Veterum》，该书奠定了现代艺术史的基础。

小朱尼厄斯是日耳曼语文学先驱，把后半生的大部分时间和精力投入到古日耳曼语的研究之中。1642 年，他回到荷兰，最初研究词根的词源学，后来收集了大批语料进行词典编纂。他还收集了中世纪的一些手稿和古书，并做了大量注解。大约在 1644 年后，他开始研究古日耳曼语，并计划出版一本有关荷兰语词形学的词典，但最终未能如愿。1647—1648 年研究荷兰的弗里斯兰语（Frisian)。1654 年起开始研究 16 世纪的《银色圣经抄本》《Codex Argenteus》，其中有乌尔斐拉主教（Bishop Wulfila)部分福音书的哥特语译本。鉴于此，他在 1665 年出版了第一本哥特语词典《哥特语词汇》(*Gothicum Glossarium*)。1664—1665 年,他与英国牧师、语言学家托马斯·马歇尔(Thomas Marshall)合作出版了哥特语的福音书,书后还附有词汇表。他的《英语词源学词典》(*Etymologicum Anglicanum*)于 1743 年由爱德华·利耶(Edward Lyé)编辑出版;他去世前把计划出版的书及 120 份手稿赠给牛津大学博得利图书馆(Bodleian Library, Oxford)。现存手稿还包括他撰写的拉丁—古英语词典(*Latin-Old English Dictionary*)的材料、词典编纂的副本以及古高地德语词典的清样,为后来学者的研究提供了诸多便利。

小朱尼厄斯编辑了独一无二的盎格鲁撒克逊诗歌,原名《卡德蒙》(*Cædmon*),现称《朱尼厄斯手稿》(*the Junius Manuscript*)。其他主要作品包括《论古人画》(*De Pictura Veterum* 即 *On the Painting of the Ancients*, 1637)、《阿博特·威廉姆用法兰克语[古高地德语]对颂歌的注释》(*Observationes in Willerami Abbatis Francicam Paraphrasin Cantici Canticorum*, 1655)、《拉丁法兰克[古高地德语]四福音注解》(*Annotationes in Harmoniam Latino-Francicam Quatuor Evangelistarum, Latine a Tatiano Confectam*, 1655)、《哥特语词汇集》(*Gothicum Glossarium, quo Argentii Codicis Vocabula Explicantur*, 1665)和《我们的主耶稣基督在哥特语和安格鲁—萨克森语中阐述的四福音》(*Quatuor Domini Nostri Iesu Christi Evangeliorum Versiones Perantiquae duae, Gothica Scilicet et Anglo-Saxonica*, 1665)等。

朱特 Jud, Jakob (1882—1952) 瑞士语言学家。1882 年 1 月 12 日生于瑞士图尔高州文吉镇(Wängi)。1906—1922 年,在苏黎世学园(Lyceum of Zürich)教授法语,之后成为苏黎世大学罗曼语教授。1952 年 6 月 15 日卒于乌里州泽利斯堡。

雅各布·朱特致力于利用比较语言学来重建文化史。他整个的大学从教生涯均在苏黎世大学度过。在巴黎期间,得到吉叶龙(Jules Gilliéron)和罗克(Mario Roques)的指导,研究方言地理学(dialect geography)和词汇古生物学(lexical paleontology),重点研究词语与文化的关系。他撰写了一系列论文,从词汇分布(lexical distribution)的角度质疑迈耶—吕卜克(Wilhelm Meyer-Lübke)提出的几个词形变化,引起古罗马文化专家们的注意。从他 1925—1926 年对词汇的研究上不难看出,朱特从泛罗曼语(Pan-Romance)角度动态地看待词汇的地域分布,而不像其导师吉叶龙那样把眼光局限在法语的共时研究上。

朱特曾走遍罗马尼亚,调查词汇的变化程度,认为研究罗曼语如何向邻近的日耳曼语和凯尔特语借用词汇有助于人们了解罗马帝国后期拉丁语的传播情况。他针对法语、意大利语、列托—罗曼斯语(Rhaeto-Romance)用于早期基督教作品中的术语,撰写若干篇文章,对词汇变化程度与文化的关系加以论述。朱特的词汇研究偶尔也涉及西班牙语。

朱特与其在伯尔尼大学的同事和好友雅贝格(Karl Jaberg)合作撰写的八卷本《意大利和瑞士南部地区的语言和事实地图集》(*Sprach-und Sachatlas Italiens und der Südschweiz*, 1928—1940)被认为是其最重要的著作。他在该书中坚决反对法西斯意大利将列托—罗曼斯语视为意大利北部方言的变体。1973 年,朱特的主要作品被结集为《罗曼语族语言史及语言地理学精选文集》(*Romanische Sprachgeschichte und Sprachgeographie: Ausgewählte Aufsätze*),由苏黎世的亚特兰蒂斯(Atlantis)出版公司出版。

兹维莱比尔 Zvelebil, Kamil Václav (1927—2009) 捷克学者。1927 年 9 月 17 日生于捷克斯洛伐克的布拉格。1946—1952 年在布拉格的查理大学(Charles University)求学,主攻印度学、英语语言和文学等,1952 年获梵语、英语语言文学博士学位,1959 年获达罗毗荼语文学博士学位。1952—1970 年在捷克斯洛伐克科学院东方研究所(The Oriental Institute of the Czechoslovak Academy of Sciences)先后担任研究员和高级研究员,深入研究泰米尔和达罗毗荼语言及文学。1960—1965 年在查理大学教授泰米尔语和达罗毗荼语,担任此专业副教授,直至 1968 年被迫举家离开捷克斯洛伐克。1965—1966 年担任芝加哥大学达罗毗荼语暂聘教授。1967—1968 年在海德堡大学担任客座教授。1968—1970 年担任芝加哥大学教授并任达罗毗荼研究所主任。1970 年离开美国,先后在巴黎法兰西公学院、德国海德堡大学和荷兰莱顿大学等多所欧洲高等院校工作,最后到荷兰乌得勒支大学(University of Utrecht),任达罗毗荼语言和南印度文学与文化教授,直至 1992 年退休。2009 年 1 月 17 日卒于法国南部卡布雷斯潘(Cabrespine)。

卡米尔·瓦克拉夫·兹维莱比尔曾到过德里、马德拉斯、东京、费城、罗彻斯特、莫斯科、列宁格勒(即今俄国圣彼得堡)、乌普萨拉和伦德等地进行实地考察,并在当地从事教学活动,撰写的书籍、文章、评论以及译著等超过 500 种。他将梵语、泰米尔语、马来语、埃纳德语及泰卢固语的古典及现代诗歌散文翻译成捷克语、斯洛伐克语、英语和德语。他的学术领域还包括泰米尔语描述、历史语言学和方言学、泰米尔文学、泰米尔诗体论、达罗毗荼比较文学、尼尔吉利地区部落语言和文化、南印度文化和宗教历史、印度教及梵语仪式性文本(ritual text)、梵语泰米尔语比较文学和泰米尔民间故事等,在印度文学和语言学方面做出了杰出的贡献。

兹维莱比尔的主要论著包括《泰米尔语言历史语法概论》(*Introduction to the Historical Grammar of the Tamil Language*,1970)、《达罗毗荼比较音系学》(*Comparative Dravidian Phonology*,1970)、《穆卢干的微笑:南印度泰米尔文学》(*The Smile of Murugan: On Tamil Literature of South India*,1973)、《泰米尔文学》(*Tamil Literature*,1975)、《达罗毗荼语言学导论》(*Dravidian Linguistics: An Introduction*,1990)和《泰米尔文学语汇》(*Lexicon of Tamil Literature*,1994)等。

佐伊斯 Zeuss, Johann Kaspar (1806—1856) 德国历史学家和语言学家。1806年7月22日生于德意志法兰克尼亚公国科洛纳赫(Kronach, Franconia)附近的瓦格顿多弗(Vogtendorf)。在班贝格市(Bamberg)的文科中学完成学业后,于1826年入慕尼黑大学研习语文学和历史学,1830年毕业。1832年起在慕尼黑的一所文法学校教授希伯来语。1837年出版其首部专著《德国人及其相邻族群》(*Die Deutschen und die Nachbarstämme*),并因此于1838年获得埃尔朗根大学(University of Erlangen)名誉博士学位。同年赴德国小城施佩厄(Speyer)的教育学院讲授历史。1847年被慕尼黑大学聘为历史学教授,不久辞职,到班贝格市的教育学院从事教学。1856年11月10日病逝于家乡洛纳赫。

约翰·卡斯帕·佐伊斯是凯尔特语语文学的奠基人,博学多才,将历史学和人类学的知识融入语言学研究中。《德国人及其相邻族群》利用历史记录和语言证据探究了古代中欧各民族的渊源及其扩散,以其对相关资料来源的建设性评述,成为语言学与历史学结合的杰作。在研究日耳曼语的过程中,他发现有必要了解凯尔特人的语言,并转而对这一长期被忽视的领域深入探索。他辗转于卡尔斯鲁厄(Karlsruhe)、维尔茨堡(Würzburg)、圣加伦(St. Gallen)、米兰、伦敦、牛津等地,广泛搜集旧手稿并进行摘选抄录,特别是古爱尔兰语的旧手稿。佐伊斯对古代和现代方言同样重视。他1853年出版的《凯尔特语语法》(*Grammatica Celtica*)证实了两大发现:(1)爱尔兰语和威尔士语同出一源;(2)凯尔特人的语言毫无疑问是印欧语系的一支,从而将凯尔特语言学的研究扎根于牢固的科学基础之上。《凯尔特语语法》与雅各布·格林的《德语语法》并称为日耳曼语研究的开创之作,这部1200多页的鸿篇巨制奠定了他在学术界的地位。

佐伊斯的其他著作还包括《巴伐利亚马尔科人的来源》(*Die Herkunft der Baiern von den Markomannen*,1839)、《魏森堡地权物权变迁》(*Traditiones possessionesque Wizenburgenses*,1842)和《毁灭前的自由直辖市施佩厄》(*Die Freie Reichstadt Speyer vor ihrer Zerstörung*,1857)等。

世界语言
Major Languages of the World

词目首字音序分区速查表
（世界主要语言）

分 区	页码区间
A	1215 ～ 1227
B	1227 ～ 1233
C	1233 ～ 1234
D	1235 ～ 1244
E	1244 ～ 1245
F	1245 ～ 1248
G	1248 ～ 1251
H	1251 ～ 1254
I	
J	1254 ～ 1258
K	1258 ～ 1264
L	1264 ～ 1268
M	1268 ～ 1273
N	1273 ～ 1280
O	1280 ～ 1280
P	1280 ～ 1282
Q	1282 ～ 1283
R	1283 ～ 1284
S	1285 ～ 1290
T	1290 ～ 1292
U	
V	
W	1292 ～ 1295
X	1295 ～ 1300
Y	1300 ～ 1307
Z	1307 ～ 1311

一、谱系概述

根据相对较新的观点，以提纲形式呈现世界约二十个主要语言谱系，即印欧语系、汉藏语系、尼日尔-刚果语系、亚非语系、南岛语系、达罗毗荼语系、阿尔泰语系、南亚语系、高加索语系、乌拉尔语系、尼罗-撒哈拉语系、巴布亚语群、澳大利亚语系、古亚细亚语系、爱斯基摩-阿留申语系、科伊桑语系以及北美印第安语群和中南美印第安语群的主要语言，同时包括部分类属尚不确定或有争议的语言。前七大语系大致按使用人口数量排列，后面的语系或语群排列随机。各语族或语支下罗列主要语种。同时罗列了用以满足特定群体之特定需求的部分人工语言、洋泾浜和克里奥耳语。

后文释义中语言层级的表述，大致按照"语系→语族→语支→语种→方言"的次序，将"语群"视为多个语系混杂在同一地区的现象，而非层级之高低。"语支"内的细分仅用"分支"等概念泛指。

1. 印欧语系 Indo-European

1.1 日耳曼语族 Germanic
 1.1.1 西支 Western
  英语 English 德语 German
  依地语 Yiddish 荷兰语 Dutch
  佛兰芒语 Flemish 南非语 Afrikaans
  弗里西亚语 Frisian
  卢森堡语 Luxembourgain
  摩西诺语 Mocheno
  阿勒曼尼语 Alemannic（亦称瑞士德语 Swiss German） 巴伐利亚语 Bavarian
 1.1.2 北支 Northern（亦称斯堪的纳维亚语支 Scandinavian）
  瑞典语 Swedish 丹麦语 Danish
  挪威语 Norwegian 冰岛语 Icelandic
  法罗斯语 Faroese 朱特语 Jutish/Jutlandish
  奥夫达廉语 Ovdalian
1.2 意大利语族 Italic
 1.2.1 拉丁-法立斯肯语支 Latino-Faliscan
  拉丁语 Latin 法立斯肯语 Faliscan
 1.2.2 罗曼语支 Romance
  意大利语 Italian 法语 French
  西班牙语 Spanish 葡萄牙语 Portuguese
  罗马尼亚语 Romanian/Roumanian/Rumanian
  加泰隆语 Catalan/Català/Catalonian
  普罗旺斯语 Provençal
  拉托-罗曼语 Rhaeto-Romance/Rhaeto-Romanic
  摩尔多瓦语 Moldovan 撒丁语 Sardinian
  法兰科-普罗旺斯语 Franco-Provencal
  法语沃州方言 Vaudois 科西嘉语 Corsican
  加里西亚语 Galician 弗留利语 Friulian
  阿拉贡语 Aragonese 瓦隆语 Wallon/Walon
  西西里语 Sicilian
  伊斯特里亚-罗马尼亚语 Istro-Romanian
  蒙格里诺-罗马尼亚语 Megleno-Rumanian/Megleno-Romanian
  拉古萨语 Ragusan（亦称达尔马提亚语 Dalmacija） 罗曼什语 Romansch
  犹太-意大利语 Judeo-Italian
  艾米利亚语 Emilian
1.3 凯尔特语族 Celtic
 1.3.1 布立吞语支 Brythonic
  威尔士语 Cymraeg/Kymric/Welsh
  布列塔尼语 Breton 康沃尔语 Cornish
 1.3.2 戈伊德尔语支 Goldelic
  盖尔语 Gaelic 爱尔兰语 Irish
  苏格兰语 Scottish 马恩语 Manx
1.4 古希腊语族 Hellenic
  希腊语 Greek
1.5 斯拉夫语族 Slavic
 1.5.1 东支 Eastern
  俄语 Russian 乌克兰语 Ukrainian
  白俄罗斯语 Belorussian
  鲁塞尼亚语 Ruthenian/Rusyn
 1.5.2 西支 Western
  波兰语 Polish 捷克语 Czech
  斯洛伐克语 Slovak/Slovakian
  索布语 Sorbian（亦称卢萨语 Lusatian）
 1.5.3 南支 Southern
  保加利亚语 Bulgarian 波斯尼亚语 Bosnian
  克罗地亚语 Croatian 马其顿语 Macedonian
  塞尔维亚语 Serbian
  斯洛文尼亚语 Slovene/Slovenian/Slovenscina
1.6 波罗的语族 Baltic
 1.6.1 东支
  立陶宛语 Lithuanian
  拉脱维亚语 Latvian（亦称莱蒂语 Lettish）

(世界语言)

    塞隆语 Selonian 塞米加尔语 Semigallian
  1.6.2 西支
    加林达语 Galindan 普鲁士语 Prussian
    苏朵维亚语 Sudovian
1.7 印度-伊朗语族 Indo-Iranian
  1.7.1 伊朗语支 Iranian
    波斯语 Persian 普什图语 Pashto
    库尔德语 Kurdish 俾路支语 Baluchi
    塔吉克语 Tajik 奥塞梯语 Ossetian
    达利语 Dari 达瓦兹语 Darwazi
    丹达利语 Dhundari 法尔西语 Farsi
    迪姆里语 Dimli/Dimili
    迪兹富里语 Dezfuli/Dezhfuli/Dizfuli
    格兰尼语 Gorani
    哈拉米语 Hawrami/Horami
    犹太-塔吉克语 Judeo-Tat/Judeo-Tatic/Jewish Tat
  1.7.2 印度雅利安语支 Indo-Aryan(亦称印度语支 Indic)
    梵语 Sanskrit 印地语 Hindi
    乌尔都语 Urdu 孟加拉语 Bengali
    旁遮普语 Punjabi 马拉蒂语 Marathi
    古吉拉特语 Gujarati 比哈尔语 Bihari
    拉贾斯坦语 Rajasthani 奥利亚语 Oriya
    阿萨姆语 Assamese 克什米尔语 Kashmiri
    尼泊尔语 Nepali 信德语 Sindhi
    僧伽罗语 Sinhalese 比利语 Bhili
    吉卜赛语 Gypsy 马尔代夫语 Maldivian
    达雷语 Darai 达特奇语 Dhatki/Dhati
    达摩里语 Dameli 卡菲尔语 Kafiri
    代戈如语 Degaru/Dhekaru
    丹奇语 Dhanki/Dangi
    丹瓦尔语 Danuwar Rai/Dhanwar/Dhanvar/Danuwar/Denwar
    多格拉语 Dogra/Dogri
    多迪亚语 Dhodia/Doria 孔卡尼语 Konkani
    拉贾邦士语 Rajbanshi/Rajbangsi/Rajbansi/Rajbongshi
    拉萨维语 Rathawi
    马尔瓦里语 Marwari/Marvari/Marwadi
    迈蒂利语 Maithili 罗姆语 Romany
    摩揭陀语 Magahi/Magadhi
    斯尔毛里语 Sirmauri/Sirmouri
    朱姆利语 Jumli/Jumeli/Jumla
1.8 安纳托利亚语族 Anatolian
1.9 吐火罗语族 Tokharian/Tocharian
  吐火罗语 Tokharian/Tocharian
1.10 亚美尼亚语 Armenian
1.11 阿尔巴尼亚语 Albanian
  阿尔巴尼亚语 Albanian

2. 汉藏语系 Sino-Tibetan

2.1 汉语族 Sinitic
  汉语 Chinese
2.2 藏缅语族 Tibeto-Burman
  2.2.1 藏语支 Bodish/Tibetic
    藏语 Tibetan 嘉绒语 Jiarong
    门巴语 Monba 那阿巴语 Naaba/Naapa
    亚东语 Groma 不丹语 Dzongkha
    尼恩可哈语 Nyenkha 达芒语 Tamang
  2.2.2 景颇语支 Chingpo/Jingpo/Kachin
    景颇语 Chingpo/Kachin(印度称 Singpho)
    土龙语 Turung
  2.2.3 彝语支 Loloish/Ngwi/Yi
    彝语 Yi/Lolo 尼苏语 Ne-su/Lolo
    傈僳语 Lisu 哈尼语 Hani 拉祜语 Lahu
    纳西语 Naxi 摩梭语 Moso 基诺语 Jino
    尤乐基诺语 Youle Jinuo/Youle
  2.2.4 缅语支 Burmic/Burmish
    缅甸语 Burmese 阿昌语 Achang
    载瓦语 Zaiwa 阿拉干语 Arakanese
    库基钦 Kuki-Chin
  2.2.5 羌语支 Qiangic
    羌语 Qiang 扎语 Zhaba 普米语 Pumi
    却隅语 Queyu 尔龚语 Ergong 尔苏语 Ersu
    贵琼语 Guiqiong 嘉绒语 Jiarong
    拉乌戎语 Lavrong 木雅语 Muya
    纳木依语 Namuyi 史兴语 Shixing
  2.2.6 独龙语支 Nungish
    独龙语 Derung/Drung
    日旺语 Rawang 阿侬语 Anong
  2.2.7 博多-加罗语支 Bodo-Garo
    博多语 Bodo 卡查里语 Kachari
    迪马萨语 Dimasa 梯瓦语 Tiwa
    加罗语 Garo 梅加姆语 Megam
2.3 苗瑶语族 Miao-Yao/Hmong-Mien(类属有异议)
  苗语 Miao/Mien 布努语 Bunu
  畲语 She/Huo Nte 巴亨语 Pa-Hng
  平地瑶话 Kim Mun 造敏语 Dzao Min
2.4 壮侗语族 Tai-Kadai/Kra-Dai(类属有异议)
  2.4.1 壮傣语支 Zhuang-Tai
    阿合姆语 Ahom 掸语 Shan
    壮语 Zhuang 布依语 Puyi/Chungchia
    泰语 Thai/Siamese/Central Tai
    傣语 Tai Nüa/Dai/Chinese Tai/Chinese Shan

2.4.2 侗水语支 Kam-Sui
　　侗语 Dong/Tung　水语 Sui
　　仫佬语 Mulao　毛难语 Maonan
　　拉珈语 Lakkia
2.4.3 黎语支 Hlai/Li
　　黎语 Li/Hlai　加茂语 Jiamao
2.5 其他
　　白语 Baidu　莱普语 Lepcha
　　提马尔语 Dhimal　那语 Na
　　珞巴语 Lhoba　土家语 Tujia
　　僜语 Deng　仡佬语 Gelao
　　克伦语 Karen　京语 Chin
　　加罗语 Garo　梅塞语 Meithei
　　卢谢语 Lushei　内瓦里语 Newari
　　琼卡语 Jonkha

3. 尼日尔-刚果语系 Niger-Congo
(亦称尼日尔-科尔多凡语系 Niger-Kordofanian)

3.1 芒代语族 Mande
　　门得语 Mende　马林凯语 Malinke
　　班巴拉语 Bambara　迪乌拉语 Dyula
　　索宁凯语 Soninke　苏苏语 Susu
　　克陪列语 Kpelle　瓦伊语 Vai
　　洛马语 Loma　丹语 Dan
　　迪乌拉语 Dyula/Dyoula/Diula
　　角乌鲁语 Jowulu
　　尚加语 Shanga/Shangawa/Shonga/Shongawa
3.2 大西洋语族 Atlantic
　　弗拉尼语 Fulani/Fula
　　沃洛夫语 Wolof(亦称渥鲁夫语)
　　塞雷语 Serer　迪奥拉语 Dyola
　　泰姆奈语 Temne　基西语 Kissi
　　巴兰特语 Balante　乔拉-方尼语 Jola-Fonyi
　　乔拉-卡萨语 Jola-Kasa/Jóola-Kasa
3.3 古尔语族 Gur(亦称伏尔特语族 Voltaic)
　　莫西语 Mossi(亦称莫雷语 Moré)
　　古尔马语 Gurma
　　达戈姆巴语 Dagomba(亦称达格班纳语 Dagbane)
　　卡布列语 Kabre　塞努佛语 Senufo
　　巴里巴语 Bariba　达戈阿语 Dagaari
　　达戈巴尼语 Dagbani/Dagbane
　　代戈语 Deg/Degha　德罗语 Delo
　　迪塔玛里语 Ditammari/Ditamari
　　肯伊语 Kabiye/Kabye
　　南部达迦阿热语 Southern Dagaare
3.4 克瓦语族 Kwa
　　埃维语 Ewe　芳蒂语 Fanti
　　阿米纳语 Amina(亦称加语 Ga)
　　阿当格姆语 Adangme/Dangme
　　丰语 Fon　阿格尼语 Agni(亦称安尼伊语 Anyi)
　　巴乌勒语 Baule　阿肯语 Akan
　　吉韦拉-派佩沙语 Jwira-Pepesa
　　涅兹玛语 Nzema　阿克波索语 Akposo
3.5 克鲁语族 Kru
　　格列博语 Grebo　巴萨语 Bassa
　　达忽嘟语 Daho-Doo　拉科塔迪达语 Lakota Dida
　　尤库布韦迪达语 Yocoboué Dida
3.6 阿达马瓦-乌班吉语族 Adamawa-Ubangi
　　阿达马瓦语 Adamawa　乌班吉语 Ubangi
　　姆布姆语 Mbum　赞德语 Zande/Sande/Azande
　　格巴亚语 Gbaya　班达语 Banda　代语 Day/Dai
　　德克语 Dek　迪伊语 Dii
　　达迪亚语 Dadiya/Dadia/Daadiya(亦称卢迪亚语 Loodiya)
　　洼雅-延语 Waja-Jen　洼雅语 Waja
　　尼永语 Nyong　尼赞卡拉语 Nzakara/N'sakara
　　尼赞卡姆拜语 Nzakambay/Nzakmbay
3.7 贝努-刚果语族 Benue-Congo
　3.7.1 尼日尔语支 Niger
　　约鲁巴语 Yoruba　伊博语 Ibo
　　埃菲克语 Efik　伊比奥语 Ibibio
　　埃多语 Edo　乌尔霍博语 Urhobo
　　伊多马语 Idoma　努培语 Nupe
　　特威语 Tiv　吉由语 Jju
　　斐语 Fi(亦称埃非克语 Efik)
　　恩卡瑞语 Nkari　吉巴语 Jiba/Jibe/Jibi
　　吉布语 Jibu/Jibanci/Jibawa
　　吉鲁语 Jiru/Zhiru　尼鞥语 Nyeng
　　朱孔塔肯木语 Jukun Takum
　3.7.2 班图语支 Bantu
　　斯瓦希里语 Swahili　鲁巴语 Luba
　　刚果语 Kongo/Congo　林加拉语 Lingala
　　蒙戈语 Mongo　卢旺达语 Ruanda
　　隆迪语 Rundi　吉库犹语 Kikuyu/Gikuyu
　　卡姆巴语 Kamba　苏库马语 Sukuma
　　尼亚姆维兹语 Nyamwezi(亦称尼扬韦齐语)
　　恰加语 Chagga　马孔德语 Makonde
　　亚奥语 Yao　赫赫语 Hehe
　　干达语 Ganda(亦称卢干达语 Luganda)
　　恩科列语 Nkole(亦称尼昂科列语 Nyankole)
　　契加语 Chiga(亦称基加语 Kiga)
　　图姆布卡语 Tumbuka　本巴语 Bemba
　　通加语 Tonga　落兹语 Lozi
　　隆达语 Lunda　绍纳语 Shona
　　芳语 Fang　布鲁语 Bulu

(世界语言)

雅温得语 Yaoundé　杜阿拉语 Duala/Dualla
布比语 Bubi　姆崩杜语 Mbundu
乔克维语 Chokwe　阿姆博语 Ambo
赫里罗语 Herero　马库阿语 Makua
宋加语 Tsonga　博班吉语 Bobangi
索托语 Sotho/Suto/Suthu/Souto
茨瓦纳语 Tswana　培迪语 Pedi
斯威士语 Swazi　科萨语 Xhosa
文达语 Venda　比撒语 Bisa
祖鲁语 Zulu　布库苏语 Bukusu
达伊索语 Dhaiso/Kidhaiso/Daiso/Daisu
代玛语 Dema　丁玻语 Dimbong
恩靶卡语 Ndaka/Ndaaka　恩大利语 Ndali
恩斗娄语 Ndolo/Ndoolo
基西语 Kisii/Gusii/Guzii　吉塔语 Jita
龙加语 Ronga　卢力语 Ruli　班吉语 Bangui
卢旺达-隆迪语 Rwanda-Rundi
尼阿图茹语 Nyaturu（亦称尼亚图鲁语）
尼昂加语 Nyanja（亦称尼扬贾语）
尼奥罗语 Nyoro　尼奥雷语 Nyore
尼扬科勒语 Nyankore　尼殴语 Nyole
尼额姆巴语 Nyemba/Nhemba
尼恩勾语 Nyengo/Nhengo
尼温格卫语 Nyungwe　尼伊哈语 Nyiha
尼因度语 Nyindu　普西语 Phuthi
乔巴语 Joba　桑巴拉语 Sambaa/Shambala
特贝勒语 Sindebele/Tabele/Tebele
翁本杜语 Umbundu/Umbundo

3.8 科尔多凡语族 Kordofanian
　3.8.1 塔洛迪-海班语支 Talodi-Heiban
　　埃邦语 Ebang　扣语 Ko
　　科瓦利伯语 Kwalib　拉罗语 Laro
　　洛格尔语 Logol　莫罗语 Moro
　　什鲁姆巴语 Shirumba　提罗语 Tiro
　　乌托罗语 Utoro　沃囊语 Warnang
　　阿切侬语 Acheron　邓格布语 Dengebu
　　约芒语 Jomang　卢蒙语 Lumun
　　恩丁语 Nding　恩贾尔语 Ngile
　　托乔语 Tocho　托罗纳语 Torona
　　达吉克语 Dagik
　3.8.2 卡特拉-拉沙德语支 Katla-Rashad
　　多莫里克语 Domorik　卡阿拉克语 Kaalak
　　塔勾伊语 Tagoi　特伽利语 Tegali
　3.8.4 拉弗发语支 Lafofa
　　阿米拉语 Amira　特哥姆语 Tegem
3.9 艾角语族 Ijoid
　　卡拉巴里语 Kalabari　奥克里卡语 Okrika
　　伊巴尼语 Ibani　阿卡萨语 Akassa

涅姆贝语 Nembe　布莫语 Bumo
科洛库马语 Kolokuma　梅因语 Mein
阿罗戈博语 Arogbo　德法卡语 Defaka

4. 亚非语系 Afro-Asiatic
（旧称闪含语系 Hamitic-Semitic）

4.1 闪语族 Semitic
　4.1.1 阿拉伯语支 Arabic
　　阿拉伯语 Arabic　马耳他语 Maltese
　　现代埃及语 Modern Egyptian/Egyptian Arabic/Masri
　　哈德拉米语 Hadrami　巴萨里语 Bathari
　　哈尔苏西语 Harsusi　霍比奥特语 Hobyót
　　梅合里语 Mehri　敕合里语 Shehri
　　索科特拉语 Soqotri　哈拉米语 Harami
　　密尼安语 Minaean　卡塔班语 Qatabanian
　　塞巴语 Sabaean
　4.1.2 卡纳安尼蒂语支 Canaanitic
　　希伯来语 Hebrew　埃弗利特语 Ivrit
　4.1.3 阿拉米语支 Aramaic
　　古叙利亚语 Syriac　阿拉米语 Aramaic
　　亚述语 Assyrian　迦勒底语 Chaldean
　　色那亚语 Senaya　曼达语 Mandaic
　4.1.4 埃塞俄比亚语支 Ethiopic
　　阿姆哈拉语 Amharic
　　提格里尼亚语 Tigrinya
　　提格雷语 Tigre　吉拉格语 Gurage
　　哈拉里语 Harari
　　吉兹语 Ge'ez（亦称兹语、埃塞俄比亚语）
　　阿戈巴语 Argobba
4.2 柏柏尔语族 Berber
　　什卢赫语 Shilha　塔马奇格特语 Tamazight
　　瑞菲安语 Riffian　卡布列语 Kabyle
　　沙维亚语 Shawiya　泽纳加语 Zenaga
　　塔马舍克语 Tamashek（亦称图阿列格语 Tuareg）
4.3 库施特语族 Cushitic
　　索马里语 Somali　奥罗莫语 Oromo
　　锡达莫语 Sidamo　贝贾语 Beja
　　阿法尔语 Afar　阿温吉语 Awngi
　　比林语 Bilin　达阿萨尼志语 Daasanach
　　阿拉巴语 Alaba　杜尔雷语 Dullay
　　达巴勒语 Dabarre（亦称阿弗达巴勒语 Af-Dabarre）　奇曼特语 Qimant
　　吉杜语 Jiiddu/Jiddu　班巴拉语 Bambala
4.4 乍得语族 Chadic
　　豪萨语 Hausa　达巴语 Daba/Dabba
　　达司语 Dass（亦称巴拉瓦语 Barawa）

丹诺语 Deno　当加雷阿语 Dangaléat/Dangla
德拉（尼日利亚）Dera　吉尔布语 Jilbe
乔克波尔玛塔基勒语 Jonkor Bourmataguil
吉米语 Jimi　角陀语 Jorto　罗恩语 Ron
尼赞伊语 Nzanyi　朱语 Ju

4.5 埃及语族 Egyptian
　　埃及世俗语 Demotic　科普特语 Coptic
4.6 奥摩特语族 Omotic
　　瓦拉莫语 Wolaytta　迪姆语 Dime

5. 南岛语系 Austronesian

5.1 台湾原住民语族 Formosan
　5.1.1 泰雅语支 Atayalic
　　　泰雅语 Atayal　赛德克语 Seediq
　5.1.2 排湾语支 Paiwanic
　　　阿美语 Ami（亦称阿眉斯语 Amis，或称邦查语 Pangcah）
　　　巴赛语 Basay　巴布萨语 Babuza
　　　巴宰语 Pazeh　布农语 Bunun
　　　排湾语 Paiwan　赛夏语 Saisiyat
　5.1.3 邹语支 Tsouic
　　　鲁凯语 Rukai　邹语 Tsou
　　　沙阿鲁阿语 Saaroa
5.2 马来-波利尼西亚语族 Malayo-Polynesian
　5.2.1 西部语支 Western
　　　爪哇语 Javanese　马拉加西语 Malagasy
　　　马来语 Malay　巽他语 Sundanese
　　　他加禄语 Tagalog　布吉语 Buginese
　　　印度尼西亚语 Indonesian　巴厘语 Balinese
　　　米南加保语 Minangkabau　巴塔克语 Batak
　　　梅里纳语 Merina　尼阿斯语 Nias
　　　米沙鄢语 Bisayan（亦称比萨扬语）
　　　陆达雅克语 Land Dayak
　　　帕劳语 Palauan/Belauan
　　　瑞疆语 Rejang/Redjang
　5.2.2 中东部语支 Central-Eastern
　　　芒加赖语 Manggarai　罗蒂语 Roti
　　　德顿语 Tetum　布鲁语 Buruese
　　　斐济语 Fijian　毛利语 Maori
　　　萨摩亚语 Samoan　塔希提语 Tahitian
　　　同安语 Tongan　楚克语 Chuukese/Trukese
　　　夏威夷语 Hawaiian　莫图语 Motu
　　　托莱语 Tolai　雅浦语 Yapese
　　　达卡卡语 Dakaka
　　　达瓦瓦语 Dawawa/Dawana
　　　图瓦兰语 Tuvaluan　乌维语 Uvean/Wallisian
　　　丹比语 Dambi　拉罗通加语 Rarotongan

　　　利夫迪克森语 Dixon Reef
　　　罗图马语 Rotuman/Rotunan
　　　纳乌纳语 Nauna/Naune　瑙鲁语 Nauruan
　　　尼因德茹语 Nyindrou　纽埃语 Niuean
　　　乌维语 Uvean/Wallisien
　　　达韦拉-达韦洛尔语 Dawera-Daweloor
　　　玳语 Dai　德拉-欧纳勒语 Dela-Oenale
　　　东部达玛尔语 East Damar
　　　西部达玛尔语 West Damar/North Damar
　　　勒蒂语 Leti　纳道语 Ndao

6. 达罗毗荼语系 Dravidian

6.1 南部语族 South Dravidian
　6.1.1 泰米尔-坎纳达语支 Tamil-Kannada
　　　泰米尔语 Tamil　马拉亚兰语 Malayalam
　　　坎纳达语 Kannada/Kanarese　伊卢拉语 Irula
　　　科达吉语 Kodagy　科塔语 Kota
　　　托达语 Toda　巴达伽语 Badaga
　6.1.2 图卢语支 Tulu
　　　图卢语 Tulu
6.2 中南部语族 South-Central Dravidian
　6.2.1 冈迪-库伊语支 Gondi-Kui
　　　冈迪语 Gondi　库伊语 Kui　孔达语 Konda
　　　彭戈语 Pengo　曼达语 Manda
　　　库维语 Kuvi
　6.2.2 泰卢固语支 Telugu
　　　泰卢固语 Telugu　Savara
6.3 中部语族 Central Dravidian
　6.3.1 科拉米-奈基语支 Kolami-Naiki
　　　科拉米语 Kolami　奈基语 Naiki
　6.3.2 伽德巴-帕尔基语支 Gadba-Parji
　　　伽德巴语 Gadba　帕尔基语 Parji
6.4 北部语族 North Dravidian
　6.4.1 库鲁克-马尔托语支 Kurukh-Malto
　　　库鲁克语 Kurukh/Oraon
　6.4.2 布拉灰语支 Brahui
　　　布拉灰语 Brahui

7. 阿尔泰语系 Altaic

7.1 突厥语族 Turkic
　7.1.1 西南支 Southwestern（亦称乌古斯语支 Oghuz）
　　　土耳其语 Turkish
　　　阿塞拜疆语 Azerbaijani/Azerbaydzhani
　　　土库曼语 Turkmen　加高兹语 Gagauz
　　　呼罗珊突厥语 Khorasan Turkic

（世界语言）

　　　　阿弗沙尔语 Afshar　卡什凯语 Qashqai
　　7.1.2 西北支(亦称钦察语支 Kipchak)
　　　　哈萨克语 Kazakh
　　　　吉尔吉斯语 Kyrgyz/Kirghiz/Kirgiz
　　　　鞑靼语 Tatar/Tatarça　巴什吉尔语 Bashkir
　　　　卡拉-卡尔帕克语 Kara-Kalpak
　　　　卡拉恰伊语 Karachai/Karachay
　　　　诺盖语 Nogay　卡瑞姆语 Karaim
　　　　巴尔卡尔语 Balkar　库梅克语 Kumyk
　　　　诺盖语 Nogai　巴拉巴语 Baraba
　　　　犹太-克里米亚鞑靼语 Judeo-Crimean Tatar/
　　　　Judeo-Crimean Turkish/Krimchak
　　7.1.3 东南支(亦称维吾尔-察合台语支 Uighur-
　　　　Chagatai)
　　　　乌兹别克语 Uzbek
　　　　维吾尔语 Uighur/Uyghur
　　　　撒拉语 Salar　查加泰语 Jagatai/Chagatai
　　7.1.4 东北支 Northeastern(亦称西伯利亚语支
　　　　Siberian)
　　　　阿尔泰语 Altai　哈卡斯语 Khakass
　　　　图瓦语 Tuvinian/Tuvan　雅库特语 Yakut
　　　　多尔干语 Dolgan　托发语 Tofa
　　　　休尔语 Shor
　　7.1.5 伏尔加语支 Bolgar
　　　　楚瓦什语 Chuvash
7.2 蒙古语族 Mongolian
　　7.2.1 西支 Western
　　　　卡尔梅克语 Kalmyk　欧伊拉特语 Oyrat
　　7.2.2 东支 Eastern
　　　　蒙古语 Mongolian　布里亚特语 Buryat
　　　　东乡语 Dongxiang
　　　　达斡尔语 Daur/Dagu/Daguor/Dawar/
　　　　Dawo'er(亦称塔胡尔语 Tahur)
7.3 满-通古斯语族 Manchu-Tungusic
　　7.3.1 北支 Northern(亦称通古斯语支 Tungusic)
　　　　鄂温克语 Evenki/Evenk　埃文语 Even
　　　　涅吉达尔语 Negidal　欧罗琼语 Orochon
　　7.3.2 中支 Central
　　　　赫哲语 Hezhen/Nanai　欧罗奇语 Oroch
　　　　欧罗克语 Orok　乌迪赫语 Udihe
　　7.3.3 南支 Southern(亦称满语支 Manchu)
　　　　满语 Manchu　锡伯语 Sibo
【说明】仅阿尔泰语系中的突厥语族以母语人口数量计，即可排第7位；语系属尚存争议的日本语若视为一个语系，也可排第8位。鉴于此处大纲式列表以语系为一级标题，故未将日语直接列入序列。

8. 南亚语系 Austroasiatic

8.1 蒙达语族 Munda
　　桑塔利语 Santali　蒙达里语 Mundari
　　霍语 Ho　朱昂语 Juang/Juango
　　萨瓦拉语 Savara(亦称索拉语 Sora)
　　科尔库语 Korku　朱芮语 Juray
8.2 孟-高棉语族 Mon-Khmer
　　高棉语 Khmer(亦称柬埔寨语 Cambodian)
　　越南语 Vietnamese　孟语 Mon
　　帕兰语 Palaung　佤语 Wa(亦称佧佤语 Kawa)
　　巴纳语 Bahnar　塞当语 Sedang
　　卡西语 Khasi　巴科巴语 Nicobarese
　　达瑙语 Danau/Danaw　贾胡特语 Jah Hut
　　尼优语 Nyeu

9. 高加索语系 Caucasian

9.1 东北高加索语族 Northeast Caucasian(亦称纳克-达吉斯坦语族 Nakho-Dagestanian)
　　车臣语 Chechen　阿瓦尔语 Avar
　　阿古尔语 Aghul　阿奇语 Archi　巴茨语 Bats
　　迪多语 Dido　印古什语 Ingush
　　达尔格瓦语 Dargwa　拉克语 Lak
　　莱兹金语 Lezghin　塔巴萨兰语 Tabassaran
9.2 南高加索语族　South Caucasian(亦称卡特维尔语族 Kartvelian)
　　9.2.1 格鲁吉亚语支
　　　　格鲁吉亚语 Georgian
　　　　犹太-格鲁吉亚语 Judeo-Georgian
　　9.2.2 斯凡语支 Svan
　　　　斯凡语 Svan
　　9.2.3 赞语支 Zan
　　　　明格雷利亚语 Mingrelian　拉兹语 Laz
9.3 西北高加索语族　Northwest Caucasian(亦称阿布哈兹-阿第盖语族 Abkhaz-Adyghian)
　　阿第盖语 Adyghe　阿布哈兹语 Abkhaz
　　阿巴兹语 Abaza　卡巴尔达语 Kabardian

10. 乌拉尔语系 Uralic

10.1 芬兰-乌戈尔语族 Finno-Ugric
　　10.1.1 芬兰语支 Finnic
　　　　芬兰语 Finnish　爱沙尼亚语 Estonian
　　　　莫尔多维亚语 Mordvin
　　　　乌德穆尔特语 Udmurt(亦称沃恰克语
　　　　Votiak/Votyak)

马里语 Mari(亦称车累米西语)
拉普语 Lappish(亦称萨米语 Sami)
卡累利阿语 Karelian/Kariela
维普斯语 Vepsian/Veps
科米语 Komi(亦称兹梁语 Zyrian、科米兹梁语 Komi-Zyrian)
 10.1.2 乌戈尔语支 Ugric
  匈牙利语 Hungarian
  汉特语 Khanty/Khanti/Hanty(亦称奥斯恰克语 Ostyak)
  沃谷尔语 Vogul(亦称曼西语 Mansi)
10.2 萨米语族 Sami/Sámi
 北萨米语 Northern Sami
 南萨米语 Southern Sami
 律勒萨米语 Lule Sami　伊纳里萨米语 Inari Sami
 斯科尔特萨米语 Skolt Sami
 基尔丁萨米语 Kildin Sami
10.3 萨摩耶德语族(Samoyed/Samoyedic)
 涅涅茨语 Nenets(亦称尤拉克语 Yurak)
 塞尔库普语 Selkup(亦称奥斯恰克-萨莫耶德语 Ostyak-Samoyedic)
 牙纳桑语 Nganasan(亦称塔夫吉语)
 埃内茨语 Enets(亦称叶尼塞-萨莫耶德语)

11. 尼罗-撒哈拉语系 Nilo-Saharan

11.1 东苏丹语族 Eastern Sudanic
 11.1.1 东支 Eastern Sudanic
  11.1.1.1 努比亚分支 Nubian
   努比亚语 Nubian　代尔语 Dair
   马多基语 Mattokki　伯基德语 Birked
   安达阿迪语 Andaadi　古凡语 Ghulfan
   卡达茹语 Kadaru　迪灵语 Dilling
   艾尔-胡盖拉特语 El Hugeirat
   卡尔考语 Karko　瓦利语 Wali
   诺彬语 Nobiin　米朵勃语 Midob
  11.1.1.2 东杰贝尔分支 Eastern Jebel
   阿卡语 Aka　克洛语 Kelo
   莫洛语 Molo　加厄姆语 Gaam
  11.1.1.3 纳拉分支 Nara
   纳拉语 Nara
  11.1.1.4 苏尔米克分支 Surmic
   马姜语 Majang　克维古语 Kwegu
   梅恩语 Me'en　穆尔西语 Mursi
   苏里语 Suri　迪登加语 Didnga
   纳里姆语 Narim　穆尔勒语 Murle
   滕讷特语 Tennet
   卡西珀-巴勒西语 Kacipo-Balesi

 11.1.2 西支 Western Sudanic
  11.1.2.1 达侏分支 Daju
   达尔达玖达侏语 Dar Daju Daju
   达尔富尔达侏语 Dar Fur Daju
   达尔西拉达侏语 Dar Sila Daju
   贝哥语 Baygo
   恩贾尔古尔古勒语 Njalgulgule
  11.1.2.2 恩伊芒分支 Nyimang
   阿菲提语 Afitti　阿马语 Ama
  11.1.2.3 塔马分支 Tama
   阿桑哥里语 Assangori　塔马语 Tama
  11.1.2.4 泰梅因分支 Temein
   泰梅因语 Temein　泰瑟语 Tese
 11.1.3 尼罗河流域语支 Nilotic
  11.1.3.1 西分支 Western
   卢奥语 Luo　丁卡语 Dinka
   努埃尔语 Nuer　什卢克语 Shilluk
   兰戈语 Lango　阿科里语 Acholi
   阿卢尔语 Alur　贾姆贾姆语 Jumjum
  11.1.3.2 东分支 Eastern
   泰索语 Teso　马萨依语 Maasai
   卡拉莫琼语 Karamojong
   图尔卡纳语 Turkana　巴里语 Bari
   罗图科语 Lotuko
  11.1.3.3 南分支 Southern
   卡伦津语 Kalenjin
   苏克语 Suk(亦称波科特语 Pökoot)
 11.1.4 库利亚克语支 Kuliak
  11.1.4.1 伊克分支 Ik
   伊克语 Ik
  11.1.4.2 恩甘吉亚-苏分支 Ngangea-So
   恩扬伊语 Nyang'i　苏乌语 Soo
11.2 中苏丹语族 Central Sudanic
 11.2.1 东支 Eastern
  11.2.1.1 伦杜分支 Lendu
   伦杜语 Lendu　恩济提语 Ngiti
  11.2.1.2 芒贝图分支 Mangbetu
   芒贝图语 Mangbetu　阿索亚语 Asoa
   洛姆比语 Lombi
  11.2.1.3 芒布图-艾菲语 Mangbutu-Efe
   芒布图语 Mangbutu　艾菲语 Efe
   本迪语 Bendi　勒瑟语 Lese
   马姆乌语 Mamvu　姆乌巴语 Mvuba
   恩朵语 Ndo
  11.2.1.4 莫茹-马迪分支 Moru-Madi
   阿灵加语 Aringa　莫茹语 Moru
   阿沃卡雅语 Avokaya　柯立考语 Keliko
   洛勾语 Logo　卢格巴拉语 Lugbara

欧米语 Omi　马迪语 Ma'di
南部马迪语 Southern Ma'di
欧卢博语 Olu'bo
11.2.2 西支 Western
11.2.2.1 邦勾-巴吉尔米分支 Bongo-Bagirmi
巴卡语 Baka　邦勾语 Bongo
莫罗考朵-贝利语 Morokodo-Beli
卡腊语 Kara　萨拉语 Sara
巴吉尔米语 Bagirmi　比尔里语 Birri
芬勾罗语 Fongoro　辛雅尔语 Sinyar
那巴语 Naba　朱勒摩多语 Jur Modo
11.2.2.2 克雷什分支 Kresh
阿賈语 Aja　格巴雅语 Gbaya
11.3 撒哈拉语族 Saharan
11.3.1 东支 Eastern
贝尔蒂语 Berti　扎格哈瓦语 Zaghawa
11.3.2 西支 Western
11.3.2.1 卡奴里分支 Kanuri
卡涅姆布语 Kanembu
比尔马卡奴里语 Bilma Kanuri
中部卡奴里语 Central Kanuri
曼加卡奴里语 Manga Kanuri
图马里卡奴里语 Tumari Kanuri
塔尔朱莫语 Tarjumo
11.3.2.2 提布分支 Tebu
达扎加语 Dazaga　特达加语 Tedaga
11.4 马巴语族 Maban
马巴语 Maba　马尔发语 Marfa
马萨利特语 Masalit　马萨拉特语 Massalat
卡兰加语 Karanga　肯德杰语 Kendeje
基贝特语 Kibet　伦加语 Runga
苏尔巴哈尔语 Surbakhal
11.5 桑海语族 Songhai
桑海语 Songhay　哲尔马语 Zarma
考兰德杰语 Korandje　塔萨瓦克语 Tasawaq
塔达萨哈克语 Tadaksahak　邓迪语 Dendi
11.6 卡杜格利-可隆哥语族 Kadugli-Krongo
康加语 Kanga　凯加语 Keiga　图利什语 Tulishi
可隆哥语 Krongo　图姆图姆语 Tumtum
卡乔-卡杜戈利-米里语 Katcha-Kadugli-Miri
11.7 考穆兹语族 Komuz
11.7.1 古穆兹语支 Gumuz
古穆兹语 Gumuz
11.7.2 考曼语支 Koman
古勒语 Gule　考莫语 Komo
克瓦马语 Kwama　欧普欧语 Opuuo
乌都克语 Uduk
11.8 富尔语族 Fur
富尔语 Fur　阿姆当语 Amdang
11.9 库纳马语族 Kunama
库纳马语 Kunama
11.10 贝尔塔语族 Berta
贝尔塔语 Berta

12. 巴布亚语系 Papuan

恩加语 Enga　卡泰语 Kâte　基怀语 Kiwai
奥罗科洛语 Orokolo　马林德语 Marind
宁博拉语 Nimboran　拜因宁语 Baining
恩呷拉语 Ngala　达奥达语 Daonda
达奥语 Dao(亦称曼尼沃语 Maniwo)
达迪比语 Dadibi/Daribi(亦称卡里穆伊语 Karimui)
达迦语 Daga　达玛勒语 Damal
达纳鲁语 Danaru　达诺语 Dano/Asaro
代姆语 Dem/Lem/Ndem　迪亚语 Dia
德格南语 Degenan　迪由韦语 Diuwe
吉林木语 Jilim　拉托卡斯语 Ratokas
德拉语(印度尼西亚)Dera　德米瑟语 Demisa
德姆塔语 Demta　那巴克语 Nabak
那西奥语 Naasioi/Nasioi　呐口语 Neko
上大河谷达尼语 Upper Grand Valley Dani
中大河谷达尼语 Mid Grand Valley Dani/Central Grand Valley Dani　朱瓦勒语 Juwal
西部达尼语 Western Dani/Barat Dani/Ilaga Western Dani

13. 澳大利亚语系 Australian

13.1 帕马-恩永甘语族(Pama-Nyungan)
阿兰达语 Aranda(亦称阿龙塔语 Arrernte)
玳伊语 Dayi/Dhay'yi/Dha'i
德哈古语 Dhangu/ Dhangu'mi
德哈兰迪吉语 Dhalandji　杜瓦勒语 Dhuwal
尼阿呙基语 Nyawaygi
库库-吉米提尔语 Guguyimidjir
尼昂嘎语 Nyunga/Nyungar
瓦尔皮里语 Warlpiri/Walbiri/Wailbri
纳里涅里语 Narrinyeri
13.2 布努班语族 Bunaban
古尼彦迪语 Gooniyandi
13.3 尼屋尼屋语族 Nyulnyulan
尼屋尼屋语 Nyulnyul　尼伊给那语 Nyigina
13.4 其他

14 古亚细亚语系 Paleo-Asiatic

14.1 叶尼塞语族 Yeniseian

    凯特语 Ket
  14.2 楚科奇-堪察加语族 Chukotko-Kamchatkan
    楚科奇语 Chukchi 克里克语 Kerek
    科里亚克语 Koryak 伊特门语 Itelmen
  14.3 尤卡吉尔语族 Yukaghir
    北尤卡吉尔语 Northern Yukaghir
    南尤卡吉尔语 Southern Yukaghir
  14.4 其他
    吉利亚克语 Gilyak（亦称尼夫赫语 Nivkh）

15. 爱斯基摩-阿留申语系 Eskimo-Aleut

  爱斯基摩语 Eskimo 阿鲁提伊克语 Alutiiq
  阿留申语 Aleut

16. 科伊桑语系 Khoisan

  霍屯督语 Hottentot 布须曼语 Bushman
  散达维语 Sandawe
  哈察语 Hatsa（亦称哈札皮语 Hadzapi）
  纳马语 Nama 朱訇语 Juǀ'hoan

17. 独立类属 Independent

  日语 Japanese 巴斯克语 Basque
  布鲁夏斯基语 Burushaski（亦称勃律语）
  朝鲜语 Korean 阿依努语 Ainu

18. 北美印第安语群 North American Indian

○阿尔冈昆语系 Algonkian/Algonquian
  奥吉布维语 Ojibwa（亦称奇普瓦语 Chippewa）
  克里语 Cree 纳斯卡皮语 Naskapi
  布莱克福特语 Blackfoot 夏延语 Cheyenne
  阿拉帕霍语 Arapaho 福克斯语 Fox
  特拉华语 Delaware
  帕萨马科迪语 Passamaquoddy
  阿尔贡金语 Algonquin 里特万语 Ritwan
○瓦卡希语系 Wakashan
  海斯拉语 Haisla 黑尔促科语 Heiltsuk
  克沃丘特尔语 Kwakiutl 麦加语 Makah
  努特卡语 Nootka
○萨利希语系 Salishan
  弗拉特海德语 Flathead 利卢厄特语 Lillooet
  舒斯特沃普语 Shuswap 索姆森语 Thompson
  奥卡纳干语 Okanagan
○阿萨巴斯卡语系 Athabascan/Athabaskan（亦称纳-德内语系 Na-Dené）

  纳瓦霍语 Navajo 阿帕切语 Apache
  奇皮尤杨语 Chipewyan 卡里厄语 Carrier
  奇尔廷语 Chilcotin 特林吉特语 Tlingit
  德哥辛顿语 Deg Xit'an/Degexit'an/Deg Hitan
  斯拉维语 Slavey/Slavi/Slave 海达语 Haida
○苏语语系 Siouan
  达科他语 Dakota（亦称苏语 Sioux）
  阿西尼博恩语 Assiniboine 温尼贝戈语 Winnebago
  克劳语 Crow 奥马哈语 Omaha
  奥萨哲语 Osage
○易洛魁语系 Iroquoian
  切罗基语 Cherokee 塞内卡语 Seneca
  莫霍克语 Mohawk 奥内达语 Oneida
  奥农达伽语 Onondaga
○佩努蒂亚语系 Penutian
  雅基马语 Yakima 内兹佩尔塞语 Nez Perce
  克拉马思语 Klamath 策姆希亚语 Tsimshian
  吉特桑语 Gitksan 尼希嘎语 Nishga
  莫拉勒语 Molala
○尤马语系 Yuma
  尤马语 Yuma 莫哈维语 Mohave
○卡多语系 Caddoan
  卡多语 Caddo 波尼语 Pawnee
○摩斯科语系 Muskogean
  乔克托语 Choctaw 奇卡索语 Chickasaw
  克雷克语 Creek 森密诺尔语 Seminole
○凯雷萨语系 Keresan
  凯雷萨语 Keres
○乌托-阿兹台语系 Uto-Aztecan（亦称阿兹特克语系 Aztecan）
  波普阿戈语 Papago 皮马语 Pima 霍皮语 Hopi
  乌特语 Ute 肖肖尼语 Shoshone 派尤特语 Paiute
  科曼彻语 Comanche 基奥瓦语 Kiowa
  犹蒂-阿兹特克语 Ute-Aztec
  塔拉胡马拉语 Tarahumara 马约语 Mayo
  奥哈姆语 O'odham 纳瓦特尔语 Nahuatl
○塔诺亚语系 Tanoan
  特瓦语 Tewa 蒂瓦语 Tiwa 托瓦语 Towa
○宗尼语系 Zuïian
  宗尼语 Zuïi
○奥托-曼克语系 Oto-Manguean
  奥托米语 Otomi 马扎瓦语 Mazahua
  米克斯特语 Mixtec 扎波特语 Zapotec
  马扎特语 Mazatec 奇南特语 Chinantec
  塔拉斯科语 Tarasco
○米塞-佐基语系 Mixe-Zoque
  米塞语 Mixe 佐基语 Zoque
  托托纳克语 Totonac

（世界语言）

○玛雅语系 Mayan
　　尤卡坦语 Yucatec(亦称尤卡坦玛雅语 Yucatec Maya)
　　措茨尔语 Tzotzil　泽尔托尔语 Tzeltal　乔尔语 Chol
　　琼托尔语 Chontal　胡亚斯特语 Huastec
　　基切语 Chiquel/K'iche/Quiché
　　曼姆语 Mam　凯克奇语 Kekchi　阿其语 Achi
　　喀克其奎语 Kaqchikel/Kaqchiquel/Cakchiquiel
　　尤斯潘提克语 Uspanteko/Uspanteco/Uspantec
○萨哈普什语系 Sahaptian
　　内兹佩尔塞语 Nez Perce　特宁诺语 Tenino
　　乌马蒂拉语 Umatilla　瓦拉瓦拉语 Walla Walla
　　雅卡玛语 Yakama
○奇努克语系 Chinookan
　　奇努克语 Chinook
○文图语系 Wintuan
　　文图语 Wintu

19.中南美印第安语群 Central and South American Indian

○大奇布钱语系 Chibchan
　　瓜伊米语 Guaymi　库纳语 Cuna
　　布里布里语 Bribri　卡贝尔语 Cabecar
　　瓦拉奥语 Warao　佩兹语 Paez
○米苏马尔盘语系 Misumalpan
　　米斯基托语 Miskito(亦称莫斯基托语 Mosquito)
　　马扬格纳语 Mayangna
　　乌尔瓦语 Ulwa/Ulúa/Woolwa/Ulw
　　卡卡奥佩拉语 Cacaopera
　　马他加尔帕语 Matagalpa
○吉语系 Gê/Gean/Jê/Jean/Ye
　　凯恩冈语 Kaingang　查万特语 Chavante
○帕诺语系 Panoan
　　多巴语 Toba　希皮波语 Shipibo
○加勒比语系 Cariban
　　加勒比语 Carib　帕诺亚语 Panoan
○图皮语系 Tupian
　　瓜拉尼语 Guarani　科卡马语 Cocama
　　瓜加加拉语 Guajajara
　　朱如纳语 Jurúna/Yurúna/Iuruna/Jaruna/Yudya
○安地语系 Andean
　　克丘亚语 Quechua　艾马拉语 Aymara
　　图库纳语 Ticuna

○赤道语系 Equatorial
　　西瓦罗语 Jivaro（Shuar）　阿瓜伦纳语 Aguaruna
　　皮阿罗阿语 Piaroap
○阿拉瓦克语系 Arawakan
　　戈阿吉罗语 Goajiro　黑加勒比语 Black Carib
　　阿拉瓦克语 Arawak
○阿洛柯语系 Araucanian
　　阿洛柯语 Araucanian　奇基塔诺语 Chiquitano
　　海利切语 Hailiche　卢伏切语 Leuvuche
　　马普切语 Mapuche　佩乌恩切语 Pehuenche
　　兰克尔语 Rankel　塔卢切语 Taluche
　　维其其语 Veliche
○穆拉语系 Mura
　　毗拉哈语 Piraha
○纳达哈普语系 Nadahup
　　达瓦语 Dâw/ Kam
○阿拉瓦语系 Arauan
　　丹尼语 Dení/Dani
　　苏鲁阿哈语 Zuruahá/Suruaha/Zuruaha
　　库里纳语 Kulina　帕乌马里语 Paumari

20.人工语言 Artificial

世界语 Esperanto　奥克西登塔语 Occidental
交际语 Interlingua

21.洋泾浜和克里奥耳语 Pidgin and Creole

洋泾浜英语 Pidgin English
克里奥耳英语 English creoles
克里奥耳法语 French creoles
帕皮亚门托语 Papiamento　塔基-塔基语 Taki-Taki
萨拉马卡语 Saramacca　克里奥语 Krio
基图巴语 Kituba　法纳卡洛语 Fanakalo
警察莫图语 Police Motu　皮金语 Tok Pisin
希里莫图语 Hiri Motu　古拉语 Gulla
比斯拉马语 Bislama Crioulo
蒙诺库图巴语 Monokutuba　法那洛语 Fanagalo
奇努克混合语 Chinook jargon　萨比语 Sabir
萨拉马坎语 Saamaka/Saramaccan
集市马来语 Bazaar Malay

二、世界主要语言

阿巴札语 Abaza 参见"阿巴兹语"。

阿巴兹语 Abazin；Abazintsy 亦称阿巴札语（Abaza）、阿舒瓦语（Ashuwa）。属高加索语系西北高加索语族阿布哈兹-阿巴兹语支（Abkhaz-Abaza），主要通行于俄罗斯高加索西部山区的卡拉恰伊-切尔克斯共和国和阿迪格共和国。阿巴兹语主要采取两种书写形式。土耳其采用拉丁字母书写系统，俄罗斯等国采用西里尔字母书写系统。阿巴兹语属黏着语，语法上没有格变化，语序为"主语-宾语-动词"(SOV)形式。语音系统中元音音位只有两个，而辅音音位有63个，元音音素和辅音音素的数量匹配极其不平衡，因此被语言学家视为最难学的语言之一。

阿布哈兹语 Abkhaz；Abkhazian 主要通行于格鲁吉亚的阿布哈兹共和国，在土耳其和乌克兰的部分地区也有使用，属高加索语系西北高加索语族阿布哈兹-阿巴兹语支（Abkhaz-Abaza）。文字采用西里尔字母书写系统。阿布哈兹语属黏着语，语法上区分主格和副词格。元音音素只有两个：/a/和/ə/。这些元音分别在圆唇化辅音前读/o/和/u/，在颚音化辅音前读/e/和/i/，在圆唇颚化音前读/ø/和/y/。辅音音素有58个（见表1）。

表1 阿布哈兹语辅音音素表

		鼻音	塞音			塞擦音			擦音		近音	颤音
			清辅音	浊辅音	挤喉音	清辅音	浊辅音	挤喉音	清辅音	浊辅音		
唇音		m	p	b	p'				f	v		
龈音	纯辅音	n	t	d	t'	t͡s	d͡z	t͡s'	s	z	l	r
	圆唇化		tʷ	dʷ	tʷ'							
齿后音	纯辅音					t͡ʃ	d͡ʒ	t͡ʃ'	ʃ	ʒ		
	圆唇化								ʃʷ	ʒʷ		
龈腭音	纯辅音					t͡ɕ	d͡ʑ	t͡ɕ'	ɕ	ʑ		
	圆唇化					t͡ɕʷ	d͡ʑʷ	t͡ɕʷ'	ɕʷ	ʑʷ		
卷舌音						t͡ʂ	d͡ʐ	t͡ʂ'	ʂ	ʐ		
软腭音	腭音化		kʲ	gʲ	kʲ'							
	纯辅音		k	g	k'							
	圆唇化		kʷ	gʷ	kʷ'						w	

续表

		鼻音	塞音			塞擦音			擦音		近音	颤音
			清辅音	浊辅音	挤喉音	清辅音	浊辅音	挤喉音	清辅音	浊辅音		
小舌音	腭音化				qʲ'				χʲ	ʁʲ		
	纯辅音				q'				χ	ʁ		
	圆唇化				qʷ'				χʷ	ʁʷ		
	喉壁化								χˤ			
	喉壁圆唇化								χˤʷ			
咽音	纯辅音								ħ			
	圆唇化								ħʷ			

阿昌语 Achang 阿昌族的语言，属汉藏语系藏缅语族（Tibeto-Burmese）缅语支。主要通行于中国云南省德宏傣族景颇族自治州的陇川、梁河、潞西以及保山地区的龙陵等县，中缅边境缅甸一侧也有分布，使用人口共约3万。阿昌语包括陇川、潞西、梁河等三种方言，方言之间差别较大，无独立书写系统。语音方面阿昌语有37个声母，80个韵母，主要有4种声调。阿昌语的基本语序为"主语-宾语-动语"(SOV)形式。句法方面以虚词和词序为主要语法手段，形态变化较少。阿昌语中量词比较丰富，名词和动词都要由量词来计量。阿昌语的中含有大量以复合方式构成的合成词以及来自汉语、傣语和缅甸语的借词。

阿迪格语 Adyghe 亦称阿第盖语、西切尔克斯语（West Circassian）。俄罗斯阿迪格共和国的两种官方语言之一（另一种为俄语），属高加索语系西北高加索语族切尔克斯语支（Circassian）。阿迪格语使用人口约30万，在其主要通行的俄罗斯阿迪格共和国境内约12.8万使用者中，大部分人将其作为第一语言。其余使用阿迪格语的人口主要分布在约旦、伊拉克、以色列、叙利亚和土耳其等国。阿迪格语曾经同时采用阿拉伯字母和拉丁字母拼写。俄国"十月革命"后实施了语言的标准化改造，从1938年起改用西里尔字母书写。阿迪格语方言众多，辅音丰富，约有50—60个辅音音素，喉塞音存在普通与唇化对立，在其阿布扎克方言（Abdzakh）中甚至存在普通、唇化与腭化三位对立。阿迪格语的所有方言在平音及唇化声门塞音之间具有语音上的对比，主要体现在普通语音、唇化声门塞音、腭化声门塞音之间的对比。阿迪格语黑海地区的方言中有一个双齿（bidental consonant）擦音/h/，与其他阿迪格语方言里的清软腭擦音/x/可形成一对区别性特征。阿迪格语如所有的西北高加索语支系一样，具有基本的"主语-宾语-动词(SOV)"的语法类型，并且在句型结构方面含有作格-通格语言特性。阿迪格语1927年起从阿拉伯字母改用拉丁字母，1938年改用的西里尔字母拼写体系与俄语存在显著差异(见表2)。

表2　阿迪格语的西里尔字母体系表

А а	Б б	В в	Г г	Гу гу	Гъ гъ	Гъу гъу	Д д
Дж дж	Джъ джъ	Дз дз	Дзу дзу	Е е	Ё ё	Ж ж	Жъ жъ
Жъу жъу	Жь жь	З з	И и	Й й	К к	Ку ку	Къ къ
Къу къу	КI кI	КIу кIу	Л л	Ль ль	ЛI лI	М м	Н н
О о	П п	ПI пI	ПIу пIу	Р р	С с	Т т	ТI тI
ТIу тIу	У у	Ф ф	Х х	Хъу хъу	Хь хь	Ц ц	
ЦI цI	Ч ч	ЧI чI	Ш ш	Щ щ	Ъ ъ	Ы ы	Ь ь
Э э	Ю ю	Я я	I				

阿第盖语　Adyghe　参见"阿迪格语"。

阿尔巴尼亚语　Albanian　属印欧语系阿尔巴尼亚语族中唯一独立的语言。使用总人口约500万，主要分布于阿尔巴尼亚国，境内使用人口约300万。此外还通行于塞尔维亚共和国的阿尔巴尼亚人聚居地区，使用人口约150万；在希腊与阿尔巴尼亚接壤的小部分地区和意大利南部的阿尔巴尼亚人聚居地区，也有部分人口使用。阿尔巴尼亚语的方言包括南部的托斯克方言(Tosk)和北部的盖格方言(Gheg)。阿尔巴尼亚语中含有很多印欧语系的其他语言中缺失的词汇，同时也借用了大量来自拉丁语、希腊语、土耳其语以及斯拉夫语的词汇。阿尔巴尼亚语于1908年开始采用拉丁字母表为基础的书写系统，共有36个字母，其中包括2个加符字母，9个二合字母，拼写与发音基本一致。阿尔巴尼亚语中动词的语气和时体系统非常复杂，语态包括主动语态和被动语态，语气包括陈述式、连接式、条件式、愿望式、命令式、惊奇式等展开式和不定式、形动式、副动式等非展开式，时态包括现在时、过去时、未完成过去时、完成时、现在完成时、过去完成时、将来时和前将来时等。阿尔巴尼亚语的名词有单数和复数之分，有阳性、阴性、中性三种性形态，并有定指和不定指之分，存在六种格变化。

阿尔巴尼亚语族　Albanian　印欧语系的一个语族。目前仅存阿尔巴尼亚语一种语言，深受希腊语和拉丁语的影响，主要分布于阿尔巴尼亚山区。

阿尔冈昆语系　Algonquian；Algonkian　北美印第安语群中使用最广的一个语系，包括克里语(Cree)、奥吉布维语(Ojibwa)、黑脚语(Blackfoot)、沙伊安语、密克马克语(Micmac)、阿拉巴霍语(Arapaho)等13支印第安人本土语言。阿尔冈昆语至今尚无公认的系属分类，也有学者认为其属于阿尔吉克语系(Algic)。主要分布于加拿大、新英格兰、北卡罗来纳以南的大西洋海岸以及洛基山脉西侧的山区等地。阿尔冈昆语系语言主要特点包括：元音和辅音系统简单，构词中使用大量的黏着语素，因而名词、动词和形容词的区别不是很明显，而且由于大量前缀和后缀的使用，来自阿尔冈昆语的一个词有时在英语中可能相当于一个完整的句子。

阿尔贡金语　Algonquin　通行于加拿大渥太华河河谷地区的农场和村庄的一种语言，属北美印第安语群阿尔冈昆语系(Algonquian)。根据2011年统计，使用人口约为1800。阿尔贡金语元音和辅音系统简单，有14个元音音素和20个辅音音素(见表3和表4)；名词、动词、形容词的区分不明显，名词的性表现为有生命和无生命两种，人称系统包括不定、内包、排他、近指、远指等丰富的表达形式。

表3　阿尔贡金语元音音素表

单元音	短元音	a /ʌ/ e /e/ or /ɛ/ i /ɪ/ o or u /ʊ/
	长元音	à (also á or aa) /a:/ è (also é or ee) /e:/ ì (also í or ii) /i:/ ò (also ó or oo) /o:/
双元音		aw/aw/　ay/aj/ ew/ew/　ey/ej/ iw/ew/　ow/ow/

表4　阿尔贡金语辅音音素表

		双唇音	齿龈音	齿龈后音	软腭音	声门音
爆破音	浊辅音	b /b/	d /d/		g /g/	
	清辅音	p /p/	t /t/		k /k/	
	送气音	p /pʰ/	t /tʰ/		k /kʰ/	
塞擦音	浊辅音			dj /dʒ/		
	清辅音			tc /tʃ/		
擦音	浊辅音		z /z/	j /ʒ/		
	清辅音		s /s/	c /ʃ/		h /h/
鼻音		m /m/	n /n/			
近音		w /w/		y /j/		

阿尔泰语　Altai　俄罗斯联邦阿尔泰共和国(Altai Republic)的官方语言，属阿尔泰语系突厥语族(Turkic)的东北语支。阿尔泰语通行于中国与蒙古国接壤的阿尔泰山脉地区。汉藏语系和阿尔泰语系是中国的民族语言中使用人口最多、语言特点最复杂的两个语系。中国是阿尔泰民族的主要发祥地之一，中国西北部、东北部、北部居住着众多操阿尔

泰语言的民族；根据1989年统计，使用人口共约5.2万。阿尔泰语有南部和北部两种方言。书写形式主要建立在南方方言的基础上。1928至1938年期间曾使用拉丁字母书写体系，1938年后转而采用西里尔字母书写体系。

阿尔泰语系　Altaic　以中亚阿尔泰山脉微地域标志命名的一组语群，包括突厥（Turkic）、蒙古（Mongolic）、满-通古斯（Manchu-Tungusic）三个语族共60多种语言，主要分布在西起土耳其和部分东欧地区、东到太平洋西北部鄂霍次克海（Okhotsk）的亚欧大陆，使用人口共约2.5亿。语音方面，阿尔泰语系各语言的语音系统都比较简单，音阶通常为一个辅音加一个元音构成的开音阶，辅音连缀现象很少见。主要特点如下：(1)有元音和谐现象，即元音分为阳性和阴性两类。(2)阿尔泰语系的语言都属黏着语，后加成分是词的派生和词形变化的主要手段。语法方面，动词和名词间以及形容词和名词间的语法性一致关系很少见，基本语序为"主语-宾语-动词"（SOV），几乎不会出现类似疑问词前移等移位现象。词汇方面，阿尔泰语系的语言之间有一定的共性，很多常用词汇互为通行，常用词汇的差异性主要表现在三个语族各有一套数词。

阿非利卡语　Afrikaans　参见"南非荷兰语"。

阿非利堪斯语　Afrikaans　参见"南非荷兰语"。

阿弗达巴勒语　Af-Dabarre　参见"达巴勒语"。

阿富汗语　Afghan　亦称普什图语（Pashto）。普什图人（Pushtuns）的语言，主要通行于阿富汗和巴基斯坦，以及伊朗和印度的部分地区。属印欧语系印度-伊朗语族伊朗语支。关于使用人口，各方的统计数据不一。但主体使用人口主要分布在巴基斯坦境内，大约为2600万；其次在阿富汗境内，大约为1500万。基本语序为"主语-宾语-动词"（SOV），名词具有语法性的特征。现存的最早阿富汗语手稿可以追溯到16世纪。自伊斯兰教传入中亚地区，阿富汗语中开始出现大量来自阿拉伯语、波斯语和土耳其语的借词；因此，在书写系统上，阿富汗语也开始采用波斯-阿拉伯（Perso-Arabic）字母表示卷舌辅音和一些伊朗语族中原本没有的元音。到了18世纪末，阿富汗语的对于外来语音的书写主要存在两种不同的形式：波斯式的阿拉伯语字母表（nastaliq）和阿拉伯式的纳斯赫字母表（naskh）。1936年，阿富汗语被定为阿富汗的官方语言，书写系统才得以标准化。阿富汗语使用者的人口大约占阿富汗总人口的35%—50%，另一种官方语言为达利语（Dari）。

阿富汗波斯语　Afghan Persian　参见"达利语❶"。

阿戈巴语　Argobba　阿姆哈拉-阿戈巴语（Amharic-Argobba）的一种方言，属亚非语系闪语族埃塞俄比亚语支。通行于埃塞俄比亚首都亚的斯亚贝巴东北部地区。根据2007年统计，使用人口共约44万。

阿格尼恩语　Agnean　亦称吐火罗语甲（Tokharian A）或东吐火罗语（East Tokharian）。属印欧语系吐火罗语族，已消亡。多数学者认为阿格尼恩语是吐火罗语的两种方言之一，另一种方言为龟兹语（Kuchean）。阿格尼恩语的元音不太复杂（见表5）。

表5　阿格尼恩语元音表

	前元音	中元音	后元音
闭元音	i /i/	ä /i/	u /u/
中元音	e /e/	a /ə/	o /o/
开元音		ā /a/	

阿古尔语　Aghul　生活在俄罗斯联邦达吉斯坦（Dagestan）南部的阿古尔人使用的语言，属高加索语系东北高加索语族萨木尔语支（Samur）。根据2010年统计，使用总人口约2.9万。阿古尔语字母采用有别于俄语的西里尔字母书写体系（见表6）。

表6　阿古尔语字母表

А а	Б б	В в	Г г	Гъ гъ	Гь гь	Гы гы	ГI гI
Д д	Дж дж	Е е	Ё ё	Ж ж	З з	И и	Й й
К к	Кк кк	Къ къ	Кь кь	КI кI	Л л	М м	Н н
О о	П п	Пп пп	ПI пI	Р р	С с	Т т	Тт тт
ТI тI	У у	Уь уь	Ф ф	Х х	Хъ хъ	Хь хь	ХI хI
Ц ц	ЦI цI	Ч ч	Чч чч	ЧI чI	Ш ш	Щ щ	ъ
I	ы	ь	Э э	Ю ю	Я я		

阿合姆语　Ahom　13—18世纪统治印度阿萨姆邦（Assam）的雅鲁藏布江河谷地区的阿合姆人的语言，已消亡。属汉藏语系壮侗语族（Tai-Kadai）壮傣语支（Kam-Tai）。阿合姆语仍可见于宗教圣歌和一些文学材料中。

阿基坦语　Aquitanian　古阿基坦地区的一种语言，属瓦斯科尼亚语系（Vasconic），已消亡。除保留了约200个专有名词（地名、神名）外，别无记录，情况不明。他们被假设为现代巴斯克语的母本语。一些学者认为是罗马时代以前各种伊比利亚方言（包括巴斯克语）的统称。阿基坦语的大部分专有名词与巴斯克语明显同源（见表7）。

表7 阿基坦语与巴斯克语之比较

阿基坦语	原始巴斯克语	巴斯克语	巴斯克语词义
adin	*adiN	Adin	年龄,判断力
andere, er(h)e andos(s), an-dox	*andere *andoś	Andre	夫人,女人 主
arix	*aris	Aritz	橡树
artahe, artehe	*artehe	Arte	冬青橡木
atta	*aTa	Aita	父亲
belex	?*beLe	Bele	乌鸦
bels	*bels	Beltz	黑色
bihox, bihos	*bihos	Bihotz	心
bon, -pon	*boN	On	很好
bors	*bors	Bortz	五
cis(s)on, gison	*gisoN	Gizon	男人
-c(c)o	*-Ko	-ko	指小后缀
corri, gorri	*goRi	Gorri	红色
hals-	*hals	Haltza	岁
han(n)a	?*aNane	Anaia	兄弟
har-, -ar	*aR	Ar	男性
hars-	*hars	Hartz	承担
heraus-	*herauá	Herauts	公猪
il(l)un, ilur	*iLun	il(h)un	黑暗
leher	*leheR	Leher	松树
nescato	*neśka	neska, neskato	女孩,年轻女子
ombe, umme	*unbe	Ume	孩子
oxson, osson	*otso	Otso	狼
sahar	*sahaR	Zahar	年老
sembe	*senbe	Seme	儿子
seni	*śeni	Sein	男孩
-ten	*-teN	-ten	指小后缀(固定式)
-t(t)o	*-To	-t(t)o	指小后缀
-x(s)o	*-tso	-txo, -txu	指小后缀

阿卡得语 Accadian;Akkadian 古美索不达米亚的亚述人(Assyrians)及巴比伦人(Babylonians)的语言,已灭绝,属亚非语系(Afro-Asiatic)闪族(Semitic)东支。公元前24世纪至公元前9世纪间通行于美索不达米亚平原的亚述王国和巴比伦王国。语言命名来自萨尔贡大帝(Sargon the Great)的都城阿加德(Akkad,亦称 Agade),该城可能位于幼发拉底河的西岸,但确切位置不详。公元前14世纪是阿卡得语使用的鼎盛时期,成为埃及、赫梯、伊拉姆等当时所有发达王国的外交通用语(lingua franca)。到了公元前9世纪,阿卡得语的地位被亚述巴比伦王国的官方语言阿拉米语(Aramaean/Aramaic)所取代。虽然逐渐衰落,但阿卡得语在公元前6到公元前3世纪期间仍然在继续使用,它最终的消亡是在公元前2世纪。阿卡得语采用苏美尔人的楔形文字书写符号,书写于湿泥版上。阿卡得语消亡后,所有与阿卡得语相关知识也一并消失。但机缘巧合,一座位于在尼尼微(Nineveh)泥版图书馆曾经发生火灾,由此使一些文献得以永久保存。该图书馆于1849年被发现,文献最终由爱尔兰亚述学家兴克斯(Edward Hincks,1792—1866)和英国考古学家罗林森(Henry Rawlinson,1810—1895)解读出来。由阿卡得人抄写员使用的楔形文字可表示:(1)苏美尔语简写;(2)苏美尔语音节;(3)阿卡得语音节;(4)语音补语。语音系统包括20个辅音和8个元音。名词分为阳性、阴性两种语法性范畴,阳性名词后加词缀-t或-at可转化为阴性名词。名词还包括主格、属格、对格三种格分类和单数、双数、复数三种数标记。动词则表现为过去时及现在-将来时两种屈折变化。

阿克波索语 Akposo 通行于多哥(République Togolaise)的一种语言,属尼日尔-刚果语系(Niger-Congo)克瓦语族(Kwa)。根据2002年统计,使用人口共约15.5万。在加纳大约有7500人使用该语言。很多阿克波索语的使用者同时将法语作为第二语言。

阿肯语 Akan 非洲加纳通行的官方语言之一,属尼日尔-刚果语系库阿语族(Kwa)。阿肯语主要分布在加纳、多哥、科特迪瓦和贝宁等国,拥有约1100万使用人口。包括芬堤语(Fante)和契维语(Twi)两种主要方言,其中契维语又包括阿散蒂语(Ashante;Ashanti;Asante)和库佩姆语(Akuapem)等方言。贝宁湾曾是奴隶贸易的中心,有些阿肯语的使用者被卖到美洲,在南美洲北部的苏里南共和国的某些地区,阿肯语现在仍然在通行中。阿肯语主要特点是具有高、低两个声调,包括丰富的元音系统和元音和谐规则;在句法上属孤立型语言,基本语序为"主语-动词-宾语"(SVO),有动词连用结构;书写系统最早采用非洲阿丁克拉族(Adinkra)古老的表意符号,1975年改用拉丁字母拼写体系。

阿拉伯语 Arabic 属亚非语系闪族阿拉伯语支(North Arabic)。主要通行于阿拉伯联盟国家、以色列、伊朗、土耳其、厄立特里亚、马里、尼日尔、乍得、塞内加尔、南部苏丹、埃塞俄比亚等地。根据2010年统计,使用人口约2.9亿。阿拉伯语文字(字母)源于古代的阿拉米文字。因为伊斯兰教禁止偶像崇拜以及图画等艺术形式,所以书法成为阿拉伯人最重要的艺术形式,并演化出许多复杂的阿拉伯文字体,主要包括库法体(al-Khatt al-Kufi)、三一体、誊写体、公文体等。阿拉伯字母共 28 个,全部为辅音字母。元音由加在字母上方或下方的标音符号来表示,但这些符号通常省略,只出现在初级启蒙书中和《古兰经》版本中。世界上使用阿拉伯字母的语言有波斯语(Persian)、普什图语(Pashto)、乌尔都语(Urdu)、一部分突厥语(Turkic)、柏柏尔语(Berber)以及中国境内的维吾尔语、哈萨克语、乌兹别克语等。另外,在现代化模仿西方的过程中,一些原本使用阿拉伯字母的语言转而使用拉丁字母,如土耳其语、斯瓦希里语(Swahili)、土库曼语和阿塞拜疆语。参见"北阿拉伯语"和"南阿拉伯语"。

阿拉干缅甸语支　Arakan-Burmese　属汉藏语系藏缅语族(Tibeto-Burman)。国外学者对藏缅语族的一种分支,包括阿拉干语(Arakanese)、缅甸语(Burmese)、库基钦(Kuki-Chin)、古体库基语(Old Kuki)等语言。

阿拉干语　Arakanese　缅甸西南部阿拉干民族的语言,属汉藏语系藏缅语族(Tibeto-Burman)缅语支。根据 1995 年统计,使用人口超过 200 万。

阿拉贡语　Aragonese　通行于西班牙阿拉贡、韦斯卡北部和中部以及萨拉戈萨北部的一种语言,属印欧语系意大利语族(Italic)罗曼语支(Romance)。根据 2007 年统计,使用人口约为 1 万。

阿拉米语　Aramaean；Aramaic　亦称阿拉姆语、阿兰语、阿拉美语。属亚非语系闪语族阿拉米语支。阿拉米语从 6 世纪起开始取代阿卡得语在近东地区通行,波斯帝国建立后成为官方语言。在基督教《圣经》的《旧约全书》中,有一部分内容是用阿拉米语写成的,甚至有学者提出,耶稣就是使用阿拉米语进行传教的。阿拉米语的方言很多,分为西阿拉米语和东阿拉米语两支。历史上,东阿拉米语一直处于主导地位,用作宗教语言。现代阿拉米语已经濒危,只有少数偏远的语言社区仍在使用。目前仍在使用的东阿拉米语方言包括亚述现代阿拉米语(Assyrian Neo-Aramaic)和迦勒底现代阿拉米语(Chaldean Neo-Aramaic)。西阿拉米语方言仅存西部现代阿拉米语(Western Neo-Aramaic)。

阿拉帕霍语　Arapaho　美国怀俄明、俄克拉荷马和蒙大拿等地印第安人的语言,属北美印第安语群阿尔冈昆语系(Algonquian)。

阿拉瓦克语系　Arawakan　中南美印第安语群的一个语系。发源于古代南美洲和家勒比海地区,在西班牙征服南美前不久为胜利的加勒比人的语言所代替。根据保罗·里韦(Paul Rivet)的分类,含 7 个分支,现存语言 101 种,死语言 29 种。

阿勒曼尼语　Alemannic　亦称瑞士德语(Swiss German)。阿勒曼尼人的语言,属印欧语系日耳曼语族西支。主要通行于瑞士、奥地利、法国、德国和列支敦士登等国,总使用人口约 1000 万。虽然在谱系分类上阿勒曼尼语属高地德语的方言,但以德语为母语的人要理解阿勒曼尼语却存在困难,因为这一方言自身还包括很多的次方言。鉴于此,同时为了区分不同的语言和方言,阿勒曼尼语被单独看作一种语言。譬如,美国国际语言暑期学院(SIL International)和联合国教科文组织(UNESCO)把阿勒曼尼语当作一种独立的语言来看待。

阿利安诸语言　Aryan languages　亦称雅利安诸语言。参见"印欧语系"。

阿留申语　Aleut　阿留申人的母语,属爱斯基摩-阿留申语系。主要分布在美国阿拉斯加州的阿留申群岛(Aleutian Islands)。阿留申语在地理分布上与因纽特语(Inuit)相邻,两种语言具有一定的亲缘关系,同属爱斯基摩-阿留申语系。阿留申语只有三个元音 a、i、u,辅音与因纽特语相似,有 13－21 个,重音取决于音节的长度,词法简单,但句法复杂。阿留申语言采用西里尔字母书写系统,有三种方言,可以互通。在词汇方面,阿留申语中还存在大量来自俄语和英语的借词。

阿卢尔语　Alur　属尼罗-撒哈拉(Nilo-Sahara)语系东苏丹语族尼罗河流域语支(Nilotic)。主要通行于刚果民主共和国和乌干达。根据 2001 年统计,使用人口在刚果约为 75 万,在乌干达约为 45.9 万。

阿鲁提伊克语　Alutiiq　亦称苏格皮埃克语(Sugpiak)、苏克语(Suk)、苏皮克语(Supik)。美国阿拉斯加的一种土著语言,属爱斯基摩-阿留申语系爱斯摩语族。主要有两种方言:一种是科尼阿格-阿鲁提伊克语(Koniag Alutiiq):在阿拉斯加半岛北部和科迪亚克岛(在阿拉斯加南部),在 1964 年的大地震之前在艾弗格纳克岛也有使用者;另一种是楚加奇-阿鲁提伊克语(Chugach Alutiiq),主要在基奈半岛和威廉王子湾地区使用。该语言目前面临消亡,根据 2007 年统计,约有 300 人使用。

阿洛柯语　Araucanian　亦称马普切语(Mapudungun)。属中南美洲印第安语群阿洛柯语系(Araucanian)。智利中部的马普切人的语言,以太平洋沿岸的阿洛柯城(Arauco)而得名。

阿洛柯语系　Araucanian　中南美印第安语群的一个语系。语言主要分布在智利中部及其周围地区,现存的有哈利切语(Hailiche)、卢伏切语(Leuvuche)、马普切语(Mapuche)、盆恩切语(Pehuenche)、兰克尔语(Rankel)、塔卢切语(Taluche)等语言。

阿眉斯语　Amis　亦称阿美语(Ami)、邦查语(Pangcah)。中国台湾省阿美族人的语言，属南岛语系台湾原住民语族(Formosan)排湾语支(Paiwanic)。主要分布在台湾岛东部纵谷地带花莲、台东等地。2002年统计数据表明，使用人口共约13.76万。依据2000年起施行的《大众运输工具播音语言平等保障法》，在阿美族人相对集中的地区或公共场所，如花莲车站、台东车站、知本车站等地以及花东线的列车上，用阿眉斯语进行广播。由于地域的隔离，现代阿眉斯语有若干个方言群，包括中部阿眉斯语、北部阿眉斯语、海岸阿眉斯语、恒春阿眉斯语和马兰阿眉斯语等。阿眉斯语属多音节黏着语，不存在复辅音和复元音，重音一般落在最后一个音节上；其主要构词手段是在词根上递加词缀；此外，重叠形式也是构词的主要手段，词根重叠后主要表示事物繁多或动作重复。阿眉斯语的格位为一独立前缀，标记符号出现在名词前，用以表明该名词的属性及在句中充当的语法功能及语音角色。根据其后所接的名词为人称专有名词或普通名词，阿眉斯语格位标记可分为两套，而根据名词的单、复数，出现在人称专有名词前的格位标记又可再分为两套，每套格位标记都包含主格、属格、受格及中性格(见表8)。阿眉斯语可分为9种句型，诸如一般语序、特殊语序、描写句、判断句、趋向句、存在句、处置句、主动句、被动句、愿望式、命令式及禁止式。

表8　阿眉斯语格位标记系统

名词格位标记	主格标记	属格标记	受格标记	中性格标记
普通名词	ko	no	to	o/u
人称专有名词(单数)	ci	ni	ci…an	ci
人称专有名词(复数)	ca	na	ca…an	ca

阿美语　Ami　参见"阿眉斯语"。

阿米纳语　Amina　亦称加语(Ga)。非洲西部几内亚湾沿岸契维人的语言，属尼日尔-刚果语系(Niger-Congo)克瓦语族(Kwa)。

阿莫里卡语　Armoric; Armorican　法国布列塔尼语(Breton)之旧称。参见"布列塔尼语"。

阿姆哈拉语　Amharic　埃塞俄比亚的官方语言，属亚非语系闪语族埃塞俄比亚语支。原先分布于埃塞俄比亚阿姆哈拉地区，故此得名，现分布于埃塞俄比亚中部、南部地区，使用人口约900万。现存最早的阿姆哈拉语文献记载，都是溯源至14世纪的诗歌，19世纪前没有多少重要文学作品出现。阿姆哈拉语采用音节文字(见表9)。

表9　阿姆哈拉语文字符号及其读音表

阿姆哈拉语音节文字由吉兹语(Ge'ez)在形式上稍许改变发展而来，共有33个辅音，每个辅音视其所属音节的元音各有7种区分性符号。语音方面，阿姆哈拉语丧失了大部分喉音，名词格的变化也已经消失。动词中的元音分为完全元音和简化元音两类。阿姆哈拉语句法结构在历史上经历了VSO到SOV语序的变化(例文见图1)。

图1　阿姆哈拉语例文片段

阿帕布罗萨语　Apabhramsa　从普拉克里特语(Prakrit)起源的印度古方言的统称。普拉克里特语是与梵语相对的通俗语言，是现代印度方言的母语。

阿帕切-纳瓦霍语族　Apache-Navaho; Apache-Navajo　属北美印第安语群阿萨巴斯卡

语系（Athabascan）中的语族，包括阿帕切语（Apache）和纳瓦霍语（Navajo）两种语言，其中纳瓦霍语是北美最大的印第安语种，约有14万使用者。

阿帕切语　Apache　阿帕切语几种北美洲印第安人的语言的合称，属北美印第安语群阿萨巴斯卡语系（Athabascan）。阿帕切语所在的语族分布在北美的西北部和南部，使用者主要是当地的阿帕切人和纳瓦霍人。其特点主要包括多为两个声调，辅音体系复杂，很多名词由动词派生而来，动词有动态与静态之分，有丰富的体态系统，呈多式综合和描写性的发展趋势。

阿其语　Achi　北美印第安语群玛雅语系中的最大语种，与基切语（Quiché）具有密切的亲缘关系，主要分布在危地马拉的下维拉帕斯省（Baja Verapaz）。根据2000年统计，使用人口共约8.5万人。

阿奇语　Archi　属高加索语系东北高加索语族。主要分布在俄罗斯达吉斯坦共和国南部的村庄，是当地阿奇人（Archis）的语言。语音系统复杂，包括26个元音音位，约80个辅音音位。阿奇语没有文字，学者在研究中多采用拉丁字母转写。

阿萨巴斯卡语　Athabaskan；Athabascan；Athapascan　属北美印第安语群阿萨巴斯卡语系。主要通行于美国和加拿大的阿帕契印第安部落，分布于美国阿拉斯加、俄勒冈海岸、加利福尼亚和加拿大的西北部。

阿萨巴斯卡语系　Athabaskan；Athabascan；Athapascan；Athapaskan　亦称纳-德内语系（Na-Dené）。北美大陆一系列原住民语言的统称，为北美印第安语群第二大语系。主要分布于加拿大西南部和美国西北部。阿萨巴斯卡语系包含31种语言，其中哥威迅语（Gwichin）、斯拉维语（Slave）等语言被列为加拿大西北领地的官方语言。纳瓦霍语（Najavo）使用者人数最多。这一语系语言的主要特点是：具有复杂的辅音体系，属于声调语言（通常是两种声调），很多名词源于动词，动词有静态与动态之分，具有丰富的体、态系统。

阿萨洛语　Asaro　参见"达诺语"。

阿萨姆语　Assamese　属印欧语系印度伊朗语族印度雅利安语支。阿萨姆语与比哈里语（Bihari）以及孟加拉语（Bengali）有近缘关系。根据2007年统计，该语言使用人口约为1900万。阿萨姆语的元音系统里i和u没有长短音的区别。例如：nila（蓝黑），梵语 nīla；dhuli（尘土），梵语 dhūli，印地语 dhūl。中古雅利安语的 a 在阿萨姆语中变成 ɒ。由于受周围藏缅语言的影响，辅音中没有卷舌音。阿萨姆语把中古雅利安语词首的s变成x，又把元音之间的s变成h。例如，xôhur（家公），通俗梵语 sasura，孟加拉语 ʃoʃur。语法方面，阿萨姆语没有"性"的范畴。名词有6个格，代词有4个格，每个格不止一个形式，此外还有敬体形式。阿萨姆语的文字与孟加拉文字相似。

阿塞拜疆突厥语　Azerbaijani Turkic　参见"阿塞拜疆语"。

阿塞拜疆语　Azerbaijani；Azerbaydzhani　亦称阿扎利亚语（Azari）、阿塞拜疆突厥语（Azerbaijani Turkic）或阿塞里突厥语（Azeri Turkic）。通行于亚洲西南部地区、伊朗西北部地区及独联体阿塞拜疆共和国，属乌拉尔-阿尔泰语系突厥语族（Turkic）南部语支。习惯上分为北部阿塞拜疆语和南部阿塞拜疆语。使用北部阿塞拜疆语的区域有阿塞拜疆地区、南达吉斯坦、南高加索山区里海沿岸的区域、亚美尼亚、爱沙尼亚、格鲁吉亚、哈萨克斯坦、吉尔吉斯斯坦、亚洲俄罗斯、土库曼斯坦和乌兹别克斯坦等。在前苏联时期的这些区域，98%的语言社团将阿塞拜疆语作为第一语言。南部阿塞拜疆语主要分布在伊朗西北部和邻近的伊拉克和土耳其地区。阿塞拜疆语通过加入动词词干的后缀可以表示被动意义、自反意义、使动意义以及其他意义；后置词用来代替前置词；没有定冠词和语法性别标识。

阿塞里突厥语　Azeri Turkic　参见"阿塞拜疆语"。

阿散蒂语　Ashante；Ashanti；Asante　属尼日尔-刚果语系克瓦语族。阿肯语（Akan）的方言之一，由于在阿散蒂王国原首都库马西及附近使用，在各种方言中占主导优势。

阿舒瓦语　Ashuwa　参见"阿巴兹语"。

阿斯图里亚语　Asturian；Astur-Leonese；Asturian-Leonese　西班牙阿斯图里亚地区的语言，属印欧语系意大利语族。根据2007年统计，使用人口约为11万。

阿瓦尔语　Avar　亦称阿瓦罗语（Avaro）、达吉斯坦语（Dagestani）。属高加索语系东北高加索语族阿瓦尔-安迪语支（Avaro-Andi）。主要通行于俄罗斯达吉斯坦共和国东部和南部、阿塞拜疆扎卡塔拉（Zakatala）西北部的巴拉肯（Balaken）地区。根据1989年统计，使用人口共约60万，其中俄罗斯约有55.6万，阿塞拜疆约有4.4万。阿瓦尔语的主要方言包括萨拉塔夫（Salatav）、坤萨克（Kunzakh；Xunzax；Northern Avar）、科勒波（Keleb）、巴卡丁（Bacadin）、尤尼特伯（Untib）、舒兰宁（Shulanin）、卡希波（Kaxib)、黑第（Hid）、安达拉尔-哥达特（Andalal-Gxdatl）、卡莱克斯（Karax；Karakh）、巴特里斯（Batlux）、安科斯（Ancux；Antsukh）、萨卡特利（Zakataly；Char）。阿瓦尔语是斯达吉斯坦地区除俄语外的商贸语言，很多学校前两年的教学语言也是阿瓦尔语。其书写系统目前采用西里尔字母。

阿瓦罗-安迪语支　Avaro-Andi　高加索语系东北高加索语族的一个语支，语言主要包括阿瓦尔语（Avar）和安迪语（Andi）。

阿瓦罗语　Avaro　参见"阿瓦尔语"。

阿希克萨哈巴语　Ashkharhabar　亦称阿希克萨里克语（Ashksarhik）。自16世纪开始使用的近代亚美尼亚语。亚美尼亚人的大众语和现代标准语，语法比传统亚美尼亚语简单。

阿希克萨里克语　Ashksarhik　参见"阿希克萨哈巴语"。

阿细彝语　Ashi　中国云南境内彝族的语言，属汉藏语系藏缅语族彝语支。

阿衣奴语　Ainu　参见"阿依努语"。

阿依努语　Ainu　亦称艾努语（Aino）、艾奴语（Aino）、阿衣奴语。生活在亚洲北部太平洋沿岸的阿依努族居民使用的一种语言，尚无确定的谱系归属。曾经通行于日本北海道、千岛群岛和俄罗斯库页岛等地区。根据1996年统计，使用人口共约1.5万，但其中能操流利阿依努语的人仅存15人。阿依努语一度至少有19种方言，但10年前已减少到只有两种。现时大多数能使用阿依努语者均为老年阿依努人，散居在本州北部、北海道、千岛群岛及库页岛南部一带。近年来随着阿依努语的社会地位的不断改善，学习阿依努语的人越来越多。阿依努语的音节结构都是 CV(C) 形式，偶尔会有多个辅音，但不常见。阿依努语有 /a/、/e/、/i/、/o/、/u/ 五个元音。跟日语一样，/i/音在/t/和/s/之后都会产生颚音化现象，使/ti/变成为/ʃi/、/si/和结尾的/s/变成为/ʃ/。不同地方的方言可能会有所差异，例如，沙卡林地区的方言中，音节结尾的/p/、/t/、/k/、/r/都化了变成/h/。阿依努语有音高，通常一个由词根及词缀组成的词语，词根的音高会较高。若词语只有一个音节，或有双元音，高音会落在开首的音节否则，高音都落在第二个音节。文字书写用片假名，或拉丁字母均可。阿依努语的基本语序为"主语-宾语-动词（SOV）"。

阿赞德语　Azande　参见"赞德语"。

阿扎利亚语　Azari　参见"阿塞拜疆语"。

阿兹特克-塔诺语族　Azteco-Tanoan　参见"乌托-阿兹台语族"。

阿兹特克语族　Aztecan　参见"乌托-阿兹台语族"。

埃博拉语　Eblaite；Eblan　属亚非语系闪语族，已消亡。20世纪70年代在叙利亚的阿勒颇（Aleppo）附近的高马德科山（Tall Mardikh）考古挖掘出土了大量用楔形文字写成的埃博拉语铭牌以及铭牌碎片，成为埃博拉古城的重要档案文献。文献是用古典的美索不达米亚楔形文字撰写的，其中使用了许多代表单词的苏美尔字母（Sumerian logograms）。埃博拉语影响的地理范围北至赫梯古王国（Hittite），南达埃及。

埃非克语　Efik　亦称埃菲克语（Effik）。西非尼日利亚卡拉巴尔区（Karabakh Region）埃非克人说的语言，属尼日尔-刚果语系贝努-刚果语族（Benue-Congo）尼日尔语支（Niger）。根据1998年统计，使用人口约40万。主要分布于尼日利亚东南部的十字河州（Cross River State）。

埃菲克语　Effik　参见"埃非克语"。

埃弗利特语　Ivrit　以色列国语，现代希伯来语，来自圣经文本。属亚非语系闪语族卡纳安尼蒂语支（Canaanitic）。从建国初期起，以色列就把埃弗利特语作为教学语言，以同化外来国民。埃弗利特语对凝聚以色列犹太人以及发扬以色列的历史传统发挥了重要作用。

埃及阿拉伯语　Egyptian Arabic　埃及阿拉伯共和国境内通用的一种口头语言，属亚非语系闪语语族。埃及境外也有少数人口使用。埃及阿拉伯语是30余种阿拉伯语口语中使用人口最多的一种，与现代标准阿拉伯语区别较大。其中包含科普特语的成分（即古埃及语）。根据2013年统计，使用人口约为8800万。

埃及语　Egyptian　属亚非语系埃及语族，已于17世纪灭绝。古埃及语在三个不同历史时期使用过：古埃及（公元前3000—前2000）、中埃及（前2200—前1600）和新埃及（前1300—前600）以及使用到公元300年的狄莫语（Demotic），使用到19世纪的科普特语（Coptic）。也有学者把埃及语的使用分为五个时期：古埃及期（前3000—前2000）、中古埃及期（前2200—前1600）、近古埃及期（前15000—前700）、狄莫期（公元前700—公元400年）和科普特人期（2世纪—18世纪）。各个阶段的古埃及语是不相同的书面语言，与口语有着很大的不同。埃及语是科普特语之亲本语，随着基督教在埃及兴起，埃及语逐渐演变成科普特语,当今科普特人教堂里仍将其作为祈祷用语,但仅限用于礼拜仪式,不再用作日常生活的交际媒介。古埃及文字为古埃及象形文字(hieroglyphics),从中发展出了草写体(Hieratic/Demotic)。科普特语采用希腊字母的变体为书写文字。其语法特点普遍与闪米特语相似,具有词根屈折和性;存在主格的后缀变化等。

埃魁语 Aequian   在罗马附近的奥尔本山区使用的一种语言,已消亡,属印欧语系意大利语族萨贝利语支(Sabellian)。大约存在于公元前5至公元前3世纪。

埃拉米特语 Elamite   亦称埃兰语。有学者认为与已知任何语言均无亲缘关系,但也有人认为它属达罗毗荼语族。这种已消亡的语言曾用于亚洲古国埃拉姆,即美索不达米亚平原和伊朗高原,相当于伊朗西南胡泽斯坦(Khuzestan)一带。迄今找到了埃拉米特语三个时期的文献。埃拉米特语最早的文字记录是公元前3000年用绘画文字刻写的碑铭。第二时期从公元前16世纪到公元前8世纪,用的是楔形文字。这一时期文献中的文字有时称之为古埃拉米特语,也称安寨乃特语(Anzanite)。最后一个时期为波斯的阿肯弥尼王朝(Achaemenids,公元前6—前4世纪)使用。他们的铭文中使用埃拉米特语以及阿卡得语(Akkadian)和古波斯语。这一时期的埃拉米特语同样也经常用楔形文字书写文告,通常被称之为新埃拉米特语,亦称霍齐语(Hozi)。尽管埃拉米特语的三个时期还未完全确定,学者们还是找出了其一些语法特点,包括用词缀-p来表示复数、代词以及若干个动词形式的结尾。埃拉米特语使用的楔形文字,主要是音节表/字音表,但也有一些符号代表整个单词。

埃兰语 Elamite   参见"埃拉米特语"。

埃利斯语 Ellice; Ellicean   亦称图瓦卢语(Tuvalu)。西太平洋岛国图瓦卢的一种语言,使用人口共约7000。分南北两种主要方言,官方语言为南部方言。

埃塞俄比亚语 Ge'ez   参见"吉兹语"。

埃索里亚语 Isaurian   小亚细亚古代埃索里亚地区的一种语言,现已消亡,尚未确定属何种语系。埃索里亚语现在只保存于古代铭文及某些古典作家所记录的注释中。

艾尔锡语 Alsea   美国俄勒冈州西部的一支印第安部落曾使用的一种语言,属北美印第安语群佩努蒂语系(Penutian)。其最后的使用记录是1942年,现已灭绝。艾尔锡语共有34个辅音(见表10)。

表10 艾尔锡语辅音表

		双唇音	齿龈音 中音	齿龈音 边音	齿龈后音	软腭音 平音	软腭音 唇音	小舌音 平音	小舌音 唇音	声门音 平音	声门音 唇音
塞音	平音	p	t			k	kʷ	q	qʷ		
塞音	声门塞音	p'	t'			k'	kʷ'	q'	qʷ'	ʔ	
塞擦音	平音		ts								
塞擦音	声门塞音		ts'	tɬ'							
鼻音	平音	m	n								
鼻音	声门塞音	m'	n'								
擦音			s	ɬ	ʃ	x	xʷ	χ	χʷ	h	(hʷ)
近音	平音		l		j		w				
近音	声门塞音		l'		j'		w'				

艾角语族 Ijoid   尼日尔-刚果语系中最小的一个语族,分为东艾角语支(Eastern Ijo)、布拉斯艾角语支(Brass Ijo)、伊宗语支(Izon)和Biseni;Okodia;Oruma;以及Nkoroo等共7个语支。主要语言包括卡拉巴里语(Kalabari)、奥克里卡语(Okrika)、阿卡萨语(Akassa)等,分布在非洲西部地区,使用人口约200万人。由于奴隶贸易的原因,卡拉巴里语还被带到美洲的圭亚那(Guyana),在那里通行了几十年,并发展成为克里奥耳语荷兰语(Dutch creole)。与尼日尔-刚果语系的其他语族有所不同,艾角语族的语言中缺乏其他语族语言中常见的名词词缀标记系统,句法表现为主语-宾语-动词(SOV)的顺序。

艾马拉语 Aymara   安第斯山脉中土著居民艾马拉人的语言,玻利维亚的官方语言之一,属中南美印第安语群安地语系(Andean)。通行于玻利维亚、东安地斯山脉以西的整个奥提普拉努地区以及阿根廷、智利和秘鲁。在这些国家和地区,有使用艾马拉语文献的语法学校,使用艾马拉语的电台节目,艾马拉语词典,艾马拉语语法和艾马拉语版本圣经。在阿根廷、智利和秘鲁所说的艾马拉语称作中部艾马拉语。从位于秘鲁和玻利维亚之间的喀喀湖(Lake Titicaca)到海边的地区所说的叫南部艾马拉语,其方言在一些重要的动词形式和词汇方面区别于中部艾马拉语。艾马拉语具有词形变化,主要使用"主-宾-动"(SOV)结构的语序。

艾米利亚语 Emilian   意大利艾米利亚-罗马涅区人的一种高卢-意大利方言(Gallo Italian),属印欧语系意大利语族罗曼语支。使用人口共约200万。艾米利亚语的基本语序是"主-动-宾"(SVO),名词具有性、格和数的区分;艾米利亚语存在典型的通称-敬称对立,用以区分礼貌程度、社会距离、熟悉度等。

艾奴语 Aino   参见"阿依努语"。

艾努语 Ainu   中国新疆维吾尔族居民的一种语言,尚无确定的谱系归属。基本词汇中源自伊朗语族的词语占很大比例,而语法明显与维吾尔语相似。目前,中国政府将其视为维吾尔语的一个方言。艾努语与俄罗斯和日本曾经通行的阿依努语(Ainu)虽然英文名称一致,但二者没有任何关系,属完全不同的两种语言。艾努语有 8 个元音和 22 个辅音音素(见表 11 和表 12)。

表 11 艾努语元音音素

	前元音	中元音	后元音
闭元音(高元音)	i	ü	u
半闭元音	e	ə	o
半开元音	ɛ		
开元音(低元音)		a	

表 12 艾努语辅音音素

	唇音	齿龈音	硬腭音	软腭音	小舌音	声门音
塞音	p b	t d		k g	q	
塞擦音			tʃ dʒ			
擦音	v	s z			χ ʁ	ɦ
鼻音	m	n		ŋ		
闪音		r				
边音		l				
近音			j			

爱奥尼亚语　Ionian　古希腊的文学方言(literary dialect)之一。与阿提卡(Attica)方言关系最近,通行于爱奥尼亚和爱琴海许多岛上。在亚历山大大帝以后的年代,阿提卡-爱奥尼亚方言作为文学语言成了共同希腊语(Koine)的基础,而实际上共同语又为后来包括《新约》在内的全部希腊语著作所采用,直至现代。

爱尔兰语　Irish　爱尔兰共和国的官方语言,属印欧语系凯尔特语族(Celtic)戈伊德尔语支(Goidelic)。该语言分三个时期:古爱尔兰语(600—1200)、中古爱尔兰语(1200—1600)和现代爱尔兰语(1600 年以后)。爱尔兰语特有的词、习语或语句结构称为爱尔兰语风(Irishism)。爱尔兰语共有 26 个字母(见表 13)。

表 13 爱尔兰语字母表

Aa(Áá)	Bb	Cc	Dd	Ee(Éé)	Ff
Gg	Hh	Ii(Íí)	Jj	Kk	Ll	Mm
Nn	Oo(Óó)	Pp	Qq	Rr	Ss	Tt
Uu(Úú)	Vv	Ww	Xx	Yy	Zz	

爱努语　Ainu　参见"阿依努语"。

安达卢西亚语　Andalusian　尚未确定的谱系归属。安达卢西亚语对南美洲西班牙语的影响较大,构成其语音和形态方面的基础,但在文字方面南美洲和欧洲的西班牙语差别较小。安达卢西亚(Andalucía)是西班牙最南部的地区名称,范围包括韦尔瓦(Huelva)、加的斯(Cadix)、赛维利亚(Sevilla)、马拉加(Malaga)、科尔多瓦(Cordova)、哈恩(Hahn)、格拉纳达(Granada)和阿尔梅里亚(Almería)八个省,西南濒大西洋,东南濒地中海。

安达曼语　Andamanese　孟加拉国安达曼群岛(Andaman Islands)土著语言,与其他语系无明显亲缘关系。使用这种语言的人数在逐渐减小。安达曼语一般分为北、中、南三个语群,以南部方言历史最久。其主要特征是用附加成分(特别是前缀)表达词在句子中的功能,有复杂的前缀和后缀系统,有动物和非动物两种性以及细化的类系统;没有数字体系,只有"1"和"1 以上"两个数字。

安德里亚语　Andean　参见"安地语族"。

安迪语　Andi　俄罗斯高加索地区安迪民族的语言,属高加索语系东北高加索语族阿瓦尔-安迪语支(Avaro-Andi)。安迪语有四种方言。根据 2010 年统计,使用人口共约 5800。

安地语族　Andean　亦称安第斯山语族或安德里亚语族。该语族的语言主要分布在安第斯山区及南美洲的太平洋沿岸,包括克丘亚语(Quechua)、艾马拉语(Aymara)等。

安第斯山语族　Andean　参见"安地语族"。

安多方言　Amdo Tibetan　参见"安多藏语"。

安多藏语　Amdo Tibetan　亦称安多方言。青海和四川阿坝(Ngawa)、甘肃甘南等地的藏语方言。参见"藏语"。

安纳托利亚语　Anatolian　亦称小亚细亚诸语言。广义讲兼指希腊-罗马时期通行于安纳托利亚地区的印欧语言和非印欧语言,包括赫梯语、卢维语(Luvian)、巴莱语(Palaic)、吕底亚语(Lydian)和利西亚语(Lycian)等,其中赫梯语最为闻名。安纳托利亚语的语法特点为:没有双成分并列的说法(如"你和我");静词(名词、代词、形容词)没有阴性词尾变化,只区分有生性(animate)和无生性(inanimate);动词体系简单,只有陈述式、命令式、现在时、过去时;动词词干叠用普遍。

安南-芒语族　Annamese-Muong　越语族(Vietic)的别称。参见"越语族"。

安南语　Annamese　❶越南语(Vietnamese)的旧称。参见"越南语"。❷古代越南的语言。"安南"作为地名始于唐调露元年(公元 679 年)设置的安南都护府,作为国名始于南宋淳熙元年(1174 年)的附属国敕封,即今越南中部地区。

昂格语　Onge　印度昂格人的语言,小安达曼语言(Little Andamanese)之一。根据 2006 年统计,仅有 94 人以昂格语作为母语。

盎格鲁法语　Anglo-French　亦称盎格鲁-诺曼语(Anglo-Norman)。在英国历史上,1066 年法国诺曼人入侵并征服英国。从此诺曼人的法语成为英国上等人使用的语言,而英语沦落为只有农民和农奴才讲的受歧视的语言,再加上由于宗教的影响,在英国出现了法语、拉丁语和英语一直并存长达一个多世纪的状况。在此期间,法语词汇大量输入并对英语产生重大影响。此时在英国广泛使用的法语被称为盎格鲁-法语。

盎格鲁弗里西亚语支　Anglo-Frisian　印欧语系日耳曼语族西部语支的一个分支,包含盎格鲁撒克逊语(古英语)和弗里西亚语(Frisian)。

盎格鲁诺曼语　Anglo-Norman　参见"**盎格鲁法语**"。

盎格鲁撒克逊语　Anglo-Saxon　亦称古英语(Old English)。公元 5 世纪日耳曼民族盎格鲁人(Angles)、撒克逊人(Saxons)和朱特人(Jutes)入侵英格兰后,在盎格鲁和撒克逊等方言的基础上发展起来的语言。现在人们把从这个时期开始一直到 11 世纪诺曼人征服英国这段时期的英语称为古英语。

盎格鲁语　Anglian　公元 5 世纪征服英格兰并定居下来的盎格鲁人(日耳曼部落的一支)的语言。具体指七国时代(Heptarchy)建立在英格兰中部和东部的古王国麦西亚(Mercia)和诺森伯里亚(Northumbria)的古英语。

盎格语　Anglic　拼写体系被简化的英语,属人造语言。由 20 世纪初瑞典语言学家查克里逊(Robert Eugen Zachrisson)所首创,准备作为国际通用的辅助语言。

奥布-乌戈尔语支　Ob-Ugrian　属乌拉尔-阿尔泰语系(Ural-Altaic)芬兰-乌戈尔语族(Finno-Ugric)。奥布-乌戈尔语支含奥斯加克语(Ostyak)和沃古尔语(Vogul)两种语言。

奥地利-巴伐利亚语　Austro-Bavarian　参见"**巴伐利亚语**"。

奥夫达廉语　Ovdalian　亦称厄尔夫达廉语(Elfdalian)。通行于瑞典达拉纳省北部奥夫达廉行政区东南部的奥夫达廉教区的一种语言。属印欧语系日耳曼语族北支。该语言由维京时期的北部德语,即古挪威语演变而来。

奥哈姆语　O'odham　亦称帕帕戈皮马语(Pa-pago-Pima)。美国亚利桑那州南部和墨西哥索诺拉省北部土著巴巴哥人和皮马人使用的一种语言,属北美印第安语群乌托-阿兹台语系(Uto-Aztecan)。根据 2007 年统计,使用人口约为 1.4 万。奥哈姆语是美国土著语言中使用人口数位居第十位的语言。

奥吉布瓦语　Ojibwa　参见"**奥吉布维语**"。

奥吉布维语　Ojibway　亦称奥吉布瓦语(Ojibwa)。保存在北美加拿大大湖区北部的奥吉布维人的语言,属北美印第安语群阿尔冈昆语系阿尔贡金语族(Algonquian)。参见"**阿尔贡金语**"。

奥克西唐语　Occitan　亦称普罗旺斯语(Provençal)。中世纪时称为"奥克语"(lenga d'òc),法国东南部普罗旺斯地区的方言,也可以扩展包括法国南部地区一些相关的方言,属印欧语系意大利语族罗曼语支(Romance)。法国有 500 万民众既说法语,也使用奥克西唐语,但它不属法国官方语言,另外西班牙东北部和意大利西北部地区也有人使用这一语言。在中世纪,行吟诗人使用普罗旺斯语来创作文学作品,使之成为标准的本地罗曼语。13 世纪阿尔比派遭教皇和法国国王组织的十字军镇压后,普罗旺斯文化衰退,法语代替普罗旺斯语成为法国的标准语言。19 世纪曾有一次不成功的运动,想恢复普罗旺斯语的荣耀,使之重新成为法国南部的地区语言和文学语言。奥克西唐语现约有 1200 万使用者。

奥里亚语　Oriya　亦称奥德里语(Odri)。印度奥里萨邦(Orissa)、比哈尔(Bihār)、中央省东部、马德拉斯(Madras)北部等地说的一种印度语,属印欧语系印度-伊朗语族印度语支。奥利亚语是印度宪法承认的语言之一,使用人口超过 3000 万。奥利亚语和阿萨姆语(Assamese)及孟加拉国语(Bengali)是近亲。其标准语形成于 15 世纪。由于奥里萨地处偏僻,较晚为外族所征服,因此奥利亚语受外来语(波斯语和英语)的影响不大,而较多保留了本族语的特点。奥利亚语的元音系统没有长短音的区别,辅音系统比梵语简单。奥利亚语的文字与孟加拉国文同出一源,但带有更强的草书笔势,类似达罗毗荼文字(Dravidian)。

奥罗莫语　Oromo；Afaan-Oromoo　旧称盖拉语(Galla)。通行于非洲东北部国家埃塞俄比亚中西部的一种语言,属亚非语系库施特语族(Cushitic)。奥罗莫语通行于埃塞俄比亚的北部以及索马里、苏丹、肯尼亚和埃及等地区。根据 2015 年统计,埃塞俄比亚的使用人口约有 2500 万,肯尼亚有 50 余万。奥罗莫语主要有以下特点:是一种声调语言,具有两到三种声调,而且声调是性、数、格和语气的语法标记;元音和谐,动词变位通常极其复杂;语序为 SOV,主格有标记,通常与所有格相同,有形态焦点标记等。

奥内达语　Oneida　美国纽约州奥内达印第安人的语言,属北美印第安语群易洛魁语系(Iroquoian)。加拿大南安大略州地区国家保护区有大约几百人使用此语言,使用者基本为老人。

奥农达伽语　Onondaga　美纽约州奥农达伽印第安人的语言,属北美印第安语群易洛魁语系(Iroquoian)。加拿大南安大略省六个国家保护区里约有 200 名使用者,多为老人,而且大多开始转向使用英语。

奥斯坎-翁布里亚语支　Osco-Umbrian　亦称萨贝里克语支(Sabellic)。属印欧语系意大利语族。奥斯坎-翁布里亚语支含已消亡的奥斯坎语(Oscan)和翁布里亚语(Umbrian)两种方言。这些语言在意大利中部和南部地区使用,随着罗马帝国的扩张,逐渐被拉丁语取代,奥斯坎语和翁布里亚语的使用者逐渐减少并消失,但仍有大量奥斯坎-翁布里亚语书写的古籍流传下来。

奥斯坎语　Oscan　公元前 500 至 1000 年间意大利南部说的一种意大利语方言,属印欧语系意大利语族萨贝里克语支(Sabellic),已消亡。奥斯坎语因公元前 5 世纪初的牌铭而闻名,其中两个最重要的牌铭是:班迪纳(Bundeena)牌铭和赛普斯·阿贝拉努斯牌铭。奥斯坎语使用拉丁字母和希腊字母,也曾使用过古意大利字母。奥斯坎语有六种方言,即萨姆尼特方言、马鲁齐内方言、贝利涅方言、维斯蒂尼方言、萨比内方言和马尔斯方言。奥斯坎语和拉丁语在语音方面存在不同。例如:奥斯坎语用 p 替换拉丁语的 qu(奥斯坎语 pis,拉丁语 quis);用 b 替换 v;用 f 替换 b 或 d(奥斯坎语 mefiai,拉丁语 mediae)。

奥斯恰克语　Ostyak　参见"汉特语"。

奥托-曼克语系　Oto-Manguean　北美印第安语群的一个语系,语言主要分布在墨西哥、尼加拉瓜和哥斯达黎加。最大的两个语支是扎波特语族(Zapotecan)和米斯特克语族(Mixtecan),语言使用者达 150 万。奥托缅语族(Oto-Pamean)是其第三大语支,代表性语言为奥托米语(Otomi)和马萨瓦语(Mazahua),使用者共约 50 万。该语系的语言特征为:语音系统发达,多为声调语言,语素形态相对简单,几乎没有派生结构,没有格的区别,数的区别也很少见,动词形态比较完整,有表现体和人称的词缀,语序多为 VSO 和 SVO,也有 VOS 和 SOV。

澳大利亚语系　Australian　参见"澳大利亚诸语言"。

澳大利亚诸语言　Australian languages　澳大利亚土著居民的语言统称,亦称澳大利亚语系。现存语言约 170 种。据考证,欧洲人登陆澳大利亚时,接触到的土著语言有 200 到 300 种,现在有许多已消亡或濒临灭绝。幸存下来的澳大利亚土著语言分为北澳大利亚语族(Northern Australian)和南澳大利亚语族(Southern Australian)两支,但这只是地理意义上的划分,两个语族之间并无实证的亲缘关系。对澳大利亚土著语言的另一种划分方法是将其分为帕马-尼荣格语族(Pama-Nyungen)和非帕马-尼荣格语族(non-Pama-Nyungen)。帕马-尼荣格语族语言包括了多数的土著语言,分布几乎遍及整个澳洲大陆;非帕马-尼荣格语族包括的语言不多,凡帕马-尼荣格语族不包括的土著语言均属此语族,并非谱系划分的结果。澳大利亚诸语言的特征是:(1)语音系统简单(只有三个元音,没有擦音等);(2)有复杂的后缀;(3)有复杂的动词构成(包括事态、语气和支配关系);(4)有复杂的数范畴(双数);(5)基本是作格语言(ergative language)。另外,许多土著语言存在着反感格(aversive),表示厌恶、反感、害怕的意义。有 28 个较小的语族分布在北部海岸,在语言类型上各异。近代对于澳大利亚语言的研究始于 1960 年左右,此前只有澳大利亚农场主科尔(E. M. Curr)、德国传教士施密特(Helmut Heinrich Waldemar Schmidt)和澳大利亚人卡佩尔(A. Capell)的著作涉及澳大利亚语言研究(Curr, 1886; Schmidt, 1919; Capell, 1937)。截至目前已有不少针对某些语言的语法著作和跨语言综合性研究著作问世。由于跨文化接触频繁,现在已经有大量的澳大利亚语言的共有词汇,加上各种语言新词语的出现,使土著语言的还原变得十分困难。

澳斯特里克语系　Austric　亦称澳语系或大南方语系。德国传教士、语言学家、人类学家、民族学者施密特(Helmut Heinrich Waldemar Schmidt)于 1906 年推出的超语系(super family)假说所命名的一个假想语系,包括南亚语系和南岛语系两个亚语系诸语言的使用区域。1942 年本尼迪克特(Paul King Benedict,汉名白保罗)扩展了澳语系理论,增加了壮侗语(Tai-Kadai languages)和苗瑶语(Hmong-Mien; Miao-Yao),一起构成他新命名的"澳台语系(Austro-Tai)"。

澳斯特罗尼西亚语系　Austronesian　参见"南岛语系"。

澳斯特罗-亚细亚语系　Austro-Asiatic　参见"南亚语系"。

澳台语系　Austro-Tai　　参见"澳斯特里克语系"。

澳语系　Austric　　参见"澳斯特里克语系"。

B

巴比伦尤地亚-阿拉米语　Babylonian Judaea Aramaic　属亚非语系闪语族阿拉米语支。巴比伦王国犹太圣法经传《塔木德》(*Talmud*)的语言。

巴宾-维祖维特恩语　Babine-Witsuwit'en; Nadot'en-Wets'uwet'en　在加拿大西部不列颠哥伦比亚州中心内部地带使用的一种语言，属北美印第安语群阿萨巴斯卡语系(Athabascan，亦称纳-德内语系 Na-Dené)。正如其名称构成所示，该种语言主要由巴宾语(Babine)和维祖维特恩语(Witsuwit'en)两种方言构成，目前该语言濒临消亡，根据2007年统计，约有300人使用。

巴布亚语系　Papuan　指包括语言种类众多但研究成果尚未成熟的一个语系，主要分布在新几内亚岛及其周边的新不列颠岛(New Britain)、新爱尔兰岛(New Ireland)、亚彭岛(Yapen)、比亚克岛(Biak)，以及邻近的阿洛尔群岛(Alor)、哈马黑拉岛(Halmahera)、帝汶岛(Timor)等岛屿。巴布亚语系的语言约有800种，不包括该区域中已明确归属南岛语系(Austronesian)和澳大利亚语系(Australian)的语言。巴布亚语系使用人口约为300—400万，但很多语言的使用人口不足3000人，有些语言使用人口甚至不足50人，濒临消亡。其中使用人口最多的语言是恩加语(Enga)，约有16.5万。由于语言社区人口规模小，巴布亚语系存在很多双语或多语现象，导致各语言间在词汇、句法等方面相互影响很大，这样进一步增加了语言谱系划分工作的难度。关于对语系内语族的划分，目前并无定论。在分类研究方面比较有影响的学者包括维尔姆(Stephan A. Wurm, 1975)、弗里(William A. Foley, 1986)和罗斯(Malcolm Ross, 2005)等。目前已证实有亲缘关系的语言有350—450种，最大的一个语族为跨新几内亚语族(Trans-New Guinea)，包括400多种语言。巴布亚诸语言在结构上差异很大，但是多数语言也具有某些共同特征。语音方面，许多语言都是声调语言，声调的变化导致词义的改变；有元音交替现象；声调系统和重音类型及音节长度之间的相互作用十分复杂。词汇方面，许多语言都有性和名词的类别系统，有的类别多达10个以上；许多语言都没有冠词。语法方面，名词常有格的变化，但数的变化不常有；典型的语序是"主语-宾语-动词"(SOV)；许多语言的主语、直接宾语和间接宾语都结合进动词中，作为动词的组成部分。

巴布亚诸语言　Papuan languages　主要指分布于新几内亚岛及其周边岛屿，包括邻近的阿洛尔群岛(Alor)、哈马黑拉岛(Halmahera)、帝汶岛(Timor)等岛屿的语言，共约1100种，占世界已知语言的近四分之一。其中经识别已明确属于南岛语系(Austronesian)的语言约300种，另有一些属于澳大利亚语系(Australian)的语言，余下的语言还有近800种。广义的巴布亚诸语言包括该区域所有的语言，狭义的巴布亚诸语言则指那余下的约800种语言。因此，也有学者将已归属南岛语系和澳大利亚语系以外的这些语言称作非南岛语系诸语言(Non-Astronesian languages)或巴布亚语系(Papuan)。

巴茨语　Bats　通行于俄罗斯西南高加索地区和格鲁吉亚阿赫梅塔(Akhmeta)地区的一种语言，属高加索语系东北高加索语族纳克语支(Nahk)。使用者不足3000人，没有文字书写体系。

巴达维马来语　Betawi Malay; Betawi　参见"马来语"。

巴尔蒂语　Balti　在克什米尔的巴尔蒂斯坦(Baltistan)地区使用的一种语言，属汉藏语系中藏缅语族(Tibeto-Burmese)藏语支。巴尔蒂斯坦在1948年以前曾属印度拉达克地区的一部分，因而巴尔蒂语被认为是拉达克语的一种方言。

巴尔干半岛诸语言　Balkan languages　通行于巴尔干半岛国家和地区的各种语言，包括阿尔巴尼亚、保加利亚、希腊、马其顿、塞尔维亚-克罗地亚等国。除属于乌拉尔语系(Uralic)的匈牙利语及几种属于阿尔泰语系(Altaic)的语言，半岛上多数语言均属印欧语系。

巴尔卡尔语　Balkar　今俄罗斯北高加索地区卡巴尔达-巴尔卡尔共和国(Kabardino-Balkar Republic)中巴尔卡尔人的语言，属乌拉尔-阿尔泰语系(Ural-Altaic)突厥语族南部语支。

巴尔马语　Barma　居住在中非巴尔马地区的巴尔马人的语言，属苏丹-几内亚语系(Sudanese-Guinean)。

巴伐利亚语　Bavarian　亦称奥地利-巴伐利亚语(Austro-Bavarian)。属印欧语系日耳曼语族西支的高地德语。巴伐利亚语可划分为三个方言区：(1)南部巴伐利亚方言，与高地阿雷曼(Lehman)方言一样，由于地理上位于阿尔卑斯山边缘而保留了大量古德语的痕迹；(2)中部巴伐利亚方言，位于伊萨尔河多瑙河流域的革新地区;(3)北部巴伐利亚方言。由于大量的语言干扰以及向西北部相邻的东法兰克(Ostfrankenreich)方言的不断过渡,出现了另外一个方言群,它包括北部巴伐利亚方言、东法兰克方言和南法兰克方言。巴伐利亚语与标准德语不同,但两者互相影响。大多数奥地利-巴伐利亚语使用者能说标准德语。

巴克摩挪威语　Bokmål　参见"博克马尔语"。

巴拉巴语　Baraba　属阿尔泰语系(Altaic)突厥语族东支。西伯利亚鞑靼语(Siberian Tatar)的方言之一,主要分布在俄罗斯境内西亚地区。当地鞑靼人主要讲俄语和西伯利亚语言,巴拉巴语的使用者都已是老年人。

巴拉瓦语　Barawa　参见"达司语"。

巴拉语　Bara　亦称博多语(Bodo)。属汉藏语系藏缅语族(Tibeto-Burman)。主要分布在印度阿萨姆邦的一些村庄,有许多与之相联系的方言。

巴厘语　Balinese; Bari　印度尼西亚巴厘岛上原居民的语言,属南岛语系马来-波利尼西亚语族(Malayo-Polynesian)西部语支。根据 2000 年统计,使用人口约 330 万。

巴利语　Pali　古印度的一种语言,属印欧语系印度-伊朗语族印度-雅利安语支。现在仍是斯里兰卡、缅甸、泰国等国的小乘佛教的经堂语言。巴利语是记录南传佛教"三藏圣典"所用的语言。巴利语在印度本土早已消失,其语音系统与现存的印度任何一种语言都不同。巴利语从 12、13 世纪起,一直是南部各国僧侣间交流佛法的"谈话用语"。因此,随着时代的变迁,也新造了许多现代生活中的语汇,如 akasa-yana(飞机)、ayo-yana(火车)等。从形态变化来看,巴利语与同语支的梵语相比,要晚一个发展阶段。因为在巴利语中还保留了一些比梵语更古老而与吠陀语接近的形态变化,因此它并不是梵语的子语。在巴利语中,梵语中的辅音丛变为同位的辅音丛,且辅音尾音消失。关于巴利语究竟是何地区的语言或方言,语言学家尚未达成共识。古代佛教徒认为它是佛祖释迦牟尼使用的语言,是东部摩揭陀(Magadha)方言。近代西方一些语言学家同意这种观点。但另一些学者则认为巴利语是西部方言。最近又有新的观点产生,即巴利语是摩揭陀某个地区的语言。巴利语没有专用的文字,在斯里兰卡、缅甸、泰国等地,使用当地流行的字母;在印度,有时使用天城体。目前,国际上大多使用加符号的拉丁字母。巴利文献主要有巴利文三藏。藏外还有一些经典,如《那先比丘经》。历史著作主要有《岛史》《大史》等。

巴姆穆语　Bamum; Bamoum; Bamoun　非洲中西部喀麦隆前巴姆穆王国(位置约在今西方省的努恩州)使用的一种语言,属尼日尔-刚果语系大西洋-刚果语族。根据 1982 年统计,使用人口数约为 22 万。巴姆穆语有自己独特的文字,称之为巴姆穆文字。

巴萨语　Basaá; Basa; Bassa　属尼日尔-刚果语系克鲁语族(Kru)。主要通行于利比里亚和塞拉利昂的巴萨人之间。根据 1982 年统计,使用人口为 23 万。

巴什基尔语　Bashkir　俄罗斯巴什基尔人的语言,属乌拉尔-阿尔泰语系突厥语族(Turkic)西支。巴什基尔语使用者多在俄罗斯的巴什科尔托斯坦(Bashkortostan)以及邻近的鞑靼斯坦共和国(Tatarstan)和乌德穆尔特(Udmurtia)。也有不少使用者在彼尔姆州(Perm)和车里雅宾斯克州(Chelyabinskaya)、奥伦堡州(Orenburg)、斯维尔德洛夫斯克州(Sverdlovsk)、库尔干州(Kurgan)以及在哈萨克斯坦和乌兹别克斯坦的巴什基尔少数民族。根据 1989 年普查,苏联有超过 104.7 万巴什基尔语母语使用者,还有约 2.7 万人以巴什基尔语为第二语言。过去巴什基尔语曾使用鞑靼语作为书面语。在 15 世纪,书面语被察合台语取代;直至 1923 年鞑靼语和察合台语都转而使用阿拉伯字母,巴什基尔语也在这一年建立了自己的书写体系。1938 年冬改用西里尔字母。巴什基尔语所采用的西里尔字母,在俄语字母的基础上添加了若干特有字母:Әә、Өө、Үү、Ff、K k、Ңң、Çç、H h(见表 14)。

表 14　巴什基尔语字母表

А а	Б б	В в	Г г	Ғ ғ	Д д	Ҙ ҙ	Е е	Ё ё	Ж ж	З з
И и	Й й	К к	Ҡ ҡ	Л л	М м	Н н	Ң ң	О о	Ө ө	П п
Р р	С с	Ҫ ҫ	Т т	У у	Ү ү	Ф ф	Х х	һ һ	Ц ц	Ч ч
Ш ш	Щ щ	Ъ ъ	Ы ы	Ь ь	Э э	Ә ә	Ю ю	Я я		

巴斯克语　Basque　尚无确定的谱系归属。分布于西班牙北部巴斯克地区和法国的西南部。根据 2012 年统计,使用人口共约 72 万。这种语言分为若干个特点迥异的方言,可能与由碑文传下来的伊比利亚语相近。最早的文字资料出自 16 世纪。其特征主要包括音系方面与西班牙语相似,存在大量的后缀性形态变化,在句法上是一种作格语言,一致关系复杂,结构标记已经高度融合,语序为 SOV,有大量来自拉丁文的借词。现代巴斯克语使用拉丁字母书写。但根据考古出土的文物,可找到罗马化之前使用伊比利字母铭刻在器皿上的巴斯克语,而在纳瓦拉则有中世纪使用阿拉伯字母书写巴斯克语的纪录。

巴塔克语　Batak　太平洋萨摩亚群岛巴塔克

人的语言,属南岛语系马来-波利尼西亚语族西部语支。巴塔克人原有本民族文字,后改用拉丁字母拼写。

巴西葡萄牙语　Brazilian Portuguese　巴西的一系列葡萄牙语方言,属印欧语系意大利语族,最初是由巴西的2亿居民以及几百万在美国、巴拉圭、日本、葡萄牙以及阿根廷的巴西移民使用。与目前在欧洲使用的葡萄牙语有紧密的关系。其书写形式(在拼写、词汇及语法方面)与欧洲葡萄牙语之间的相差程度相当于美式英语与英式英语的书写形式的差别程度。但在发音方面相差程度比后两者大。根据2013年统计,使用人口约为2亿。参见"欧洲葡萄牙语"。

白俄罗斯语　Belorussian; Byelorussian; White Russian　白俄罗斯的官方语言,属印欧语系斯拉夫语族东斯拉夫语支。音韵、语法以及词汇接近乌克兰语。白俄罗斯语分布于白俄罗斯、俄罗斯西部、波兰东部和乌克兰、立陶宛等地。白俄罗斯85.6%的人口以白俄罗斯语为母语,白俄罗斯语与俄语同为其官方语言。全球共有1000多万使用者。自14世纪起白俄罗斯语开始由古俄语分化,16世纪以前为立陶宛大公国的官方语言,但由于长期受波兰及俄罗斯文化的影响,文字不统一;有以拉丁字母遵循波兰语的书写,也有用西里尔字母依照俄语的书写,甚至还有以阿拉伯文字母拼写的白俄罗斯语(由境内鞑靼人使用,今日尚有流传)。1917年后统一使用西里尔字母,共32个字母,与俄语略有不同(见表15)。白俄罗斯语分西南方言与东北方言,标准语以西南方言的中央次方言(明斯克附近)为基础形成,共有39音位,包含5个元音及34个辅音。语法大部分与俄语相似。

表15　白俄罗斯语字母表

Аа	Бб	Вв	Гг	Дд	Ее	Ёё	Жж	Зз	Іi	Йй
Кк	Лл	Мм	Нн	Оо	Пп	Рр	Сс	Тт	Уу	Ўў
Фф	Хх	Цц	Чч	Шш	Ыы	Ьь	Ээ	Юю	Яя	

百阿普语　Baiap　参见"达卡卡语"。

柏柏尔语族　Berber　亚非语系的一个语族,包括北非的多种语言与方言,如塔玛舍克语、什卢赫语、泽纳加语,使用人口共约1000万,主要分布于弱势种族居住的偏远闭塞地区,受阿拉伯语的影响很大。

拜火教达利语　Zoroastrian Dari　参见"达利语❷"。

班巴拉语　Bambala　中非刚果河支流库塞河流域(Coussey River Basin)班巴拉人的语言,为马里共和国全国通用语言,于1972年形成文字,属尼日尔-刚果语系库施特语族(Cushitic)。马里政府对于班巴拉语的推广采取积极鼓励的政策。在邻近的布基纳法索、冈比亚、几内亚比绍、塞拉利昂及利比里亚亦通行。班巴拉语现使用一种拉丁字母(见表16)。

表16　班巴拉语字母表

Aa	Bb	Cc	Dd	Ee	Ɛɛ	Ff	Gg	Hh	Ii
a	be	ce	de	e	ɛ	ef	ge	ha	i
[a]	[b]	[t͡ʃ]	[d]	[e]	[ɛ]	[f]	[g]	[h]	[i]
Jj	Kk	kh	Ll	Mm	Nn	-n	Ɲɲ	Oo	
je	ka		el	em	en		ɲe	o	
[dʒ]	[k]	[x]	[l]	[m]	[n]	[˜]	[ɲ]	[o]	
Ɔɔ	Pp	Rr	Ss	sh	Tt	Uu	Ww	Yy	Zz
ɔ	pe	er	es	she	te	u	wa	je	ze
[ɔ]	[p]	[r]	[s]	[ʃ]	[t]	[u]	[w]	[j]	[z]

班达语　Banda　苏丹班达人的语言,属尼日尔-刚果语系阿达马瓦-乌班吉语族(Adamawa-Ubangi)。

班吉语　Bangui　中非共和国班吉人的语言,属尼日尔-刚果语系贝努-刚果语族(Benue-Congo)班图语支(Bantu)。

班图语支　Bantu　属尼日尔-刚果语系贝努-刚果语族(Benue-Congo)。班图人是赤道非洲和南部非洲国家的主要居民,使用的不同语言形成一个语支。下再分为七个分支,即西北班图、东北班图、中央班图、东班图、西班图、东南班图和刚果班图。班图语支中最重要的语种是斯瓦希里语(Swahili),它现在已成为东非最通行的语言,坦桑尼亚和肯尼亚以它作为官方语言。

半岛西班牙语　Peninsular Spanish　参见"欧洲西班牙语"。

邦查语　Pangcah　参见"阿眉斯语"。

邦都语　Bontoc; Bontok　菲律宾吕宋岛(Luzon Island)中部邦都人的语言,属南岛语系(Austronesian)。

保加利亚语　Bulgarian　在萨洛尼卡湾(Salonika Bay)的古保加利亚方言的基础上形成的南部斯拉夫语,属印欧语系斯拉夫语族南支。使用人口共约750万,主要居住在保加利亚。最早的文献记载为9世纪的教会文件,因而有"古教会斯拉夫语"(亦称古保加利亚语和古斯拉夫语)之称。古教会斯拉夫语的特征是:通常为开音节,有鼻元音,名词也呈现出多样的词形变化形态(具有交替形式),没有冠词。现代保加利亚语的特征是:单一否定时多次出现否定小品词,定冠词后置,有叙述体的复合动词系统等。保加利亚语使用30个西里尔字母书写,比俄语字母少三个,并且没有特殊字母(见表17)。

表 17　保加利亚语字母表

А а	Б б	В в	Г г	Д д	Е е	Ж ж	З з	И и	Й й
К к	Л л	М м	Н н	О о	П п	Р р	С с	Т т	У у
Ф ф	Х х	Ц ц	Ч ч	Ш ш	Щ щ	Ъ ъ	Ь ь	Ю ю	Я я

保加利亚语还曾有 ѣ/æ/和 ѫ/ɔ/两个字母，但在 1945 文字改革时它们被从字母表中剔除。保加利亚文一般不在字母上标注重音符号。ю 与 я 分别表示/ju/与/ja/。保加利亚语有 6 个元音（即 а /a/、е /ɛ/、о /ɔ/、ъ /ɣ/、и /i/、у /u/）和 22 个辅音。在 22 个辅音中，除了半元音/j/，全部都是硬音，其中有 18 个辅音有对应的软音（见表 18）。

表 18　保加利亚语辅音表

清辅音	к /k/，х /x/， п /p/，ф /f/， с /s/，т /t/，ц /ts/， ш /ʃ/，ч /tʃ/
浊辅音	б /b/，в /v/，м /m/， г /g/， р /r/， й /j/， л /l/，н /n/， д /d/，з /z/，ж /ʒ/，дз /dz/，дж /dʒ/

保加利亚语的词汇都有重音，但不固定在某个音节上。在词形变化时，还会发生重音移位现象。保加利亚语是斯拉夫语族中唯一一种趋向分析语的语言，其语序结构是"主语-动词-宾语"(SVO)。虽然保语大多数的语法规则和词汇都与其他斯拉夫语很相近，但是有不少独有的语法现象。跟其他斯拉夫语言一样，保加利亚语的名词都有语法上的性别（阴、阳、中）。多数名词的语法性别可以根据词的结尾字母来判定。

卑路支语　**Baluchi**　　参见"俾路支语"。

北阿拉伯语　**North Arabic**　　伊斯兰教国家的共同文学语言，也是伊斯兰教的语言，通常简称阿拉伯语（Arabic），属亚非语系（Afro-Asiatic）闪语族（Semitic）。参见"阿拉伯语"。

北部派尤特语　**Northern Paiute**　　参见"派尤特语"。

贝努-刚果语族　**Benue-Congo**　　尼日尔-刚果语系最大的语族。包括约 600 种语言，使用地区从尼日利亚到坦桑尼亚，远至南非洲的大片地区。可分为尼日尔语支和班图语支。

本巴语　**Bemba**　　位于非洲中南部的民族本巴人的族语，属尼日尔-刚果语系贝努-刚果语族（Benue-Congo）班图语支。本巴人主要分布在赞比亚北部，大约占全国人口 34.7%，为国内第一大民族。根据 2001 年统计，使用人口共约 360 万。

比哈尔语　**Bihari**　　印度东北部比哈尔人的语言，属印欧语系印度-伊朗语族印度语支。包括麦特西里（Maithili）、马嘉西（Magahi）、博霍吉普里（Bhojpuri）等主要方言。从本质上说，比哈尔语与梵文联系紧密。

比科尔语　**Bicol; Bikol**　　东南亚菲律宾民族比科尔人的语言，属南岛语系印度尼西亚语族。比科尔语分 10 种方言，无文字。

比利巴利语　**Bhilbari**　　参见"比利语"。

比利波利语　**Bhilboli**　　参见"比利语"。

比利拉语　**Bhilla**　　参见"比利语"。

比利语　**Bhili; Bhil**　　亦称比利巴利语（Bhilbari）、帕固里雅语（Bhagoria）、比利波利语（Bhilboli）、比利拉语（Bhilla）。属印欧语系印度-伊朗语族（Indo-Iranian）语族印度语支（Indic）。通行于印度中西部的艾哈迈达巴德以东地区。比利语通过使用梵文脚本的变化来书写。根据 2001 年统计，使用人口共约 350 万。

比林语　**Bilin**　　属亚非语系库施特语族（Cushitic）。非洲东北部厄立特里亚国（Eritrea）比林人的语言，使用人口约 7 万。

比撒语　**Bisa; Bissa**　　属尼日尔-刚果语系（Niger-Congo）贝努-刚果语族（Benue-Congo）班图语支（Bantu）。西非比撒人说的语言，使用者约 60 万，通行于布基纳法索（Burkina Faso）、加纳（Ghana）及多哥共和国（Togo）的部分地区。

比萨扬语　**Bisayan**　　参见"米沙鄢语"。

比斯拉马语　**Bislama**　　西太平洋的一种克里奥耳语（Creole），瓦努阿图共和国（Vanuatu）的官方语言之一。词汇的 95% 来源于英语，另外 5% 来自法语和当地的语言。瓦努阿图当地语言对比斯拉马语的词汇影响虽然小，但对其句法方面的影响很大。

俾路支语　**Balochic**　　亦称卑路支语（Baluchi）。巴基斯坦俾路支族的民族语言，属印欧语系印度-伊朗语族伊朗语支。分布在巴基斯坦俾路支省。该民族 19 世纪以前无文字。虽然官方口语使用俾路支语，但书面文字借用波斯语字母。根据 2007 年统计，使用人口共约 760 万。

俾斯尼亚语　**Bithynian**　　小亚细亚西北部古国俾斯尼亚的语言，现已消亡。少数语言学家认为属印欧语系色雷斯-弗列吉亚语系（Thraco-Phrygian）。俾斯尼亚语仅在古典作家记录的碑铭及注释中保存残迹。一般认为是语言同源关系不明的亚洲古语言之一。

标准藏语　Standard Tibetan　以拉萨话为代表的藏语方言。参见"藏语"。

宾夕法尼亚德语　Pennsylvania Dutch　亦称宾夕法尼亚荷兰语（Pennsylvanian Dutch）。属印欧语系高地德语的一支。以中德方言为基础的一种语言变体，主要分布于美国宾夕法尼亚州、印第安纳州和俄亥俄州；使用者共约70万，主要是18世纪从德国莱茵河流域（Rhine Valley）和普法尔地区（the Palatinate）移居北美的德国人的后裔。这种语言被用作日常口语和宗教语言，也用于口头和书面的民间诗歌。英文名称Dutch一词是Deutsch（德语）的错误美式读音变体，与荷兰语（Dutch）并无任何关系。

宾夕法尼亚荷兰语　Pennsylvania Dutch　参见"宾夕法尼亚德语"。

冰岛语　Icelandic　现代冰岛的官方语言。源自古代北欧人亦即维京人的语言，属印欧语系日耳曼语族斯堪的纳维亚语支（亦称北支）。自维京人在近1000年前将古诺斯语（Old Norse）带到冰岛并形成冰岛语后，词汇的拼法以及语法变化不大，其标准化的写法基于古诺斯语音位系统、在语义与词汇顺序上存在细微的拼写差异。冰岛语字母采用拉丁字母拼写，部分字母有附加符号（见表19）。

表19　冰岛语字母表

A a	á á	B b	C c	D d	E e	é é	F f	G g	H h	I i
í í	J j	K k	L l	M m	N n	O o	ó ó	P p	Q q	R r	S s
T t	U u	ú ú	V v	W w	X x	Y y	ý ý	Z z	Þ þ	Æ æ	Ö ö

波基普里语　Bhojpuri　属印欧语系印度-伊朗语族印度语支。比哈尔语（Bihari）的一种方言，通行于印度比哈尔西部和联合省东部。根据2001年统计，其使用人口共约4000万。

波兰语　Polish　波兰的官方语言，属印欧语系斯拉夫语族西支。波兰境内的使用者大约为3800万，另有超过100万使用者主要分布在邻近国家以及西欧、北美等地的波兰移民社区。波兰语主要有四种方言：西北方言，亦称大波兰语（Great Polish），主要分布在波兹南；东北方言，亦称马佐夫舍语（Mazovian），主要分布在华沙和比亚韦斯托克；东南方言，亦称小波兰语（Little Polish），主要分布在克拉科夫和卢布林；西里亚方言（Silesian），主要分布在卡托维兹。此外，以格但斯克为中心的卡舒布语，有些学者认为是波兰语的方言之一，还有些学者则认为是独立语言。与斯拉夫语族中其他语言相比，波兰语具有两点独特之处：首先，波兰语采用拉丁字母书写体系，而语族中其他语言均采用西里尔字母书写体系；其次，波兰语的元音系统中包括两个鼻元音，是语族中唯一保留了古斯拉夫语中的鼻元音的语言。

波利尼西亚语族　Polynesian　属南岛语系的语族之一。20世纪30年代之前，南岛语系的语族划分主要以地域为依据，分为玻利尼西亚语族（Polynesian）、美拉尼西亚语族（Melanesian）、密克罗尼西亚语族（Micronesian）和印度尼西亚语族（Indonesian）。但这样的地域划分标准并不准确，大量的对比研究表明，多数来自美拉尼西亚语族和密克罗尼西亚语族的语言，都与波利尼西亚语族的语言存在很近的亲缘关系。20世纪后期，多数学者支持南岛语系分为两个语族——台湾原住民语族（Formosan）和马来-波利尼西亚语族（Malayo-Polynesian）。

波罗的-斯拉夫亚语族　Balto-Slavic　属印欧语系存在争议的一个语族。有些学者提出，来自印欧语系中波罗的语族（Baltic）和斯拉夫语族（Slavic）的语言在语音、词汇和语法等方面存在很多共性，两者之间的关系比与其他语族的关系更近，极有可能拥有共同的祖先语言，因而应该合称为波罗的-斯拉夫亚语族。作为印欧语系中一个假定的语族，波罗的-斯拉夫亚语族包括波罗的和斯拉夫两个语支。但是，另有一些学者认为波罗的语族和斯拉夫语族之间的相似主要是由于漫长的接触造成的，因而并不支持波罗的-斯拉夫亚语族的提法。

波罗的语族　Baltic　印欧语系的一个语族。语言主要分布在立陶宛和拉脱维亚两国，使用人口近500万。波罗的语族分东支和西支。东支包括立陶宛语（Lithuanian）、拉脱维亚语（Latvian）以及已消亡的库罗尼亚语（Curonian）、塞米加里亚语（Semigallian）、塞罗尼亚语（Selonian）和约特文基语（Yotvingian）。西支仅有一种已经消亡的语言——古普鲁士语（Old Prussian）。波罗的语族仅存立陶宛语和拉脱维亚语两种活的语言，使用者为波罗的海东岸居民。所有波罗的语族的语言都是屈折型语言。名词在语法上都有阳性和阴性，单数和复数，有主格、属格、与格、宾格、工具格、方位格和呼格。动词有三种变化和三个人称，有三种共同的时态：现在时、过去时和将来时，但立陶宛语还有一个反复过去时。在印欧语系中，波罗的语族与斯拉夫语族最接近，一些学者甚至把它们合称波罗的-斯拉夫亚语族。

波佩尔语　Bopal　一种人造语言。由法国人工语言学家圣德马克斯（St. de Max）于1887年在沃拉普克语(Volapük)的基础上修改而成。圣德马克斯本名马克斯·斯特雷夫(Max Streiff)。

波斯尼亚语　Bosnian　波斯尼亚语是波斯尼亚(Bosnia)和黑塞哥维那(Herzegovina)的三种官方语言之一,属印欧语系斯拉夫语族。在南斯拉夫社会主义联邦共和国因内战瓦解前,并没有波斯尼亚语这一说法,当时塞尔维亚人、克罗地亚人与波斯尼亚人,都是使用称为塞尔维亚-克罗地亚语(Serbo-Croatian)的南斯拉夫官方语言。在内战的过程中,波斯尼亚人主张其语言应不同于塞尔维亚语和克罗地亚语,波斯尼亚人也开始称他们的语言为波斯尼亚语(Bosnian)。1995年,波斯尼亚语这一名称正式得到国际社会的认可。根据2008年统计,使用人口约为250万至350万。

波斯语　Persian　伊朗国语,阿富汗官方语言之一,世界上最古老的语言之一,属印欧语系印度-伊朗语族伊朗语支。其使用人口共约6000万,还有一些使用者分布在中亚部分地区和中国新疆的个别地区。公元前3世纪至公元8世纪,古波斯语发展为中古波斯语(亦称巴列维语)。在中古波斯语的基础上,8世纪左右通行于伊朗南方法尔斯部族中的一种方言发展成为现代波斯语。自阿拉伯哈里发政权在波斯东南方建立朝廷后该方言逐渐成为官方语言。波斯语属拼音文字,共有32个字母,其中阿拉伯字母有28个,波斯字母有四个。其音位系统有八个元音,短元音和长元音各两个,双元音两个;有22个辅音,其中清辅音有八个,浊辅音有14个。单词的重音基本上落在最后一个音节上。句法方面,词序相对固定,基本语序为"主语-宾语-动词"(SOV),修饰语在中心语之后。名词和代词没有明显的格和性的范畴,领属关系由一个连接符(波斯语称伊扎菲)表示。动词有时态、人称、语气和语态等语法范畴,共有九个时态,通过动词的词尾,或者加助动词来体现。波斯语受阿拉伯语影响最大,约有近一半的词语来自阿拉伯语;此外,还吸收了来自蒙古语和土耳其语的词语,近年又从英语、俄语和法语等欧洲语言中吸收了许多词汇。

伯支达语　Bezhta　参见"**卡普齐语**"。

勃艮第语　Burgundian　欧洲日耳曼古族勃艮第人的语言,属印欧语系日耳曼语族东部语支,现在已消亡。

勃兰登堡方言　Brandenburgisch　德国勃兰登堡(Brandenburg)北部和西部地区通行的东低地德语(East Low German)的一种方言,属印欧语系日耳曼语族西支。

博班吉语　Bobangi　南非博班吉人的语言,属尼日尔-刚果语系(Niger-Congo)贝努-刚果语族(Benue-Congo)班图语支。根据2000年统计,使用人口共约12万。

博德语群　Bodish languages　亦称藏语群或藏语支(Tibetic)。指语言学上广义的藏语支,包括中国西藏、印度北部、尼泊尔、不丹和巴基斯坦北部等地区的藏人和其他民族人民所说的语言。通常划分为西部、中部、南部和东部四个语支。狭义的"藏语(Tibetan)"不包含东部博德语支。这是美国语言学者罗伯特·谢弗(Robert Shafer)于20世纪50年代首先提出的一个假设性分类。后来戴维·布拉德利(David Bradley)将西部喜马拉雅语(West Himalayish)、仓洛语(Tshangla)和达芒语支(Tamangic)诸语言均纳入"博德语"名下,称之为"藏-喜马拉雅语群"(Tibeto-Kanauri;Bodish-Himalayish)。

博多-噶罗语支　Bodo-Garo languages　印度东部地区一个汉藏语系藏缅语族的语支,包括博多和噶罗两个分支。其中博多分支有博多语、迪马萨语(Dimasa)、梯瓦语(Tiwa,亦称拉隆语[Lalung])、特里普拉语(Tripuri)、卡查里语(Kachari)、霍雅伊语(Hojai)和莫兰语(Moran,已消亡)等;噶罗分支有噶罗语和梅加姆语(Megam)。博多语是印度阿萨姆邦(Assam)的官方语言,考克波洛克语(Borok / Kókborok / Kak-Borak,亦称特里普拉语)是印度特里普拉邦(Tripura)的官方语言。梅加姆语深受南亚语系的卡西语支(Khasic languages)影响。

博多语　Bodo　印度东北部和孟加拉国博多族人使用的语言,属汉藏语系藏缅语族的博多-噶罗语支(Bodo-Garo)。印度宪法认定的22种官方语言之一。历史上曾用阿萨姆文和拉丁文书写,1963年起改用天城文书写,但所用的字母稍有改动。博多语与迪马萨语和梯瓦语关系紧密,但由于分布区域广阔,存在地区差别,又大致可细分为西部、东部、南部三大方言。根据2015年的统计,使用人口共约330万。

博克马尔语　Bokmål　亦称巴克摩挪威语、挪威布克莫尔语或书面挪威语。属印欧语系日耳曼语族北支。挪威的官方语言之一,另一种书面语为丹麦挪威语(Dano-Norwegian)。博克马尔语在挪威的使用人口约占其总人口的85%。参见"**挪威语**"。

补远基诺语　Jinuo Buyuan　亦称基诺语(Jino)。中国云南南部少数民族的语言,属汉藏语系藏缅语族景颇语支(Chingpo/Jingpo/Kachin)。根据1994年统计,约有1000人使用。

不丹语　Bhutanese　❶宗卡语(Dzongkha)。藏语方言的一种,不丹王国唯一的国语和两种官方语言之一(另一种为英语)。参见"宗卡语"。❷不丹王国境内广泛使用的语言主要有四种：宗卡语(Dzongkha)、夏丘普语(Sharchop)、洛昌语(Lhotsam)和英语。洛昌语源自尼泊尔语，属于印欧语系的印度语族，主要由居住在不丹南部的尼泊尔人后裔和移民使用，使用人数约占不丹总人口的30%。夏丘普语又称仓洛语(Tshangla)，亦称东部语，主要在不丹东部的扎西岗、隆子、佩玛加泽尔等地以及中国藏南和西藏高原的部分地区使用。此外，还有两种使用较广的地方语言——纳龙语(Ngalong)和布姆塘语(Bumtang)。

布比语　Bubi　赤道几内亚布比人的语言，属尼日尔-刚果语系(Niger-Congo)贝努-刚果语族(Benue-Congo)班图语支(Bantu)。布比语与杜阿拉语十分近似。根据2011年统计，使用人口共约5.1万。

布杜赫语　Budukh　高加索布杜赫人的语言，属高加索语系东北高加索语族萨木尔语支(Samur)。根据2010年统计，使用人口仅200人左右。这种语言只在当地使用，而且没有书面形式。

布吉语　Buginese; Bahasa Bugis; Bugi　居住在印度尼西亚苏拉威西岛上的布吉人说的语言，属南岛语系(Austronesian)马来-波利尼西亚语族(Malayo-Polynesian)西部马来-波利尼西亚语支(Western Malayo-Polynesian)。使用者分布于马来半岛、沙巴、加里曼丹、廖内省、苏门答腊，但主要用于印尼的南苏拉威西省。书写系统过去一直使用婆罗米文(Brahmic script)的一种，目前采用拉丁字母。根据1991年统计，使用人口共约350万。

布库苏语　Bukusu; Lubukusu　马萨巴语(Masaba)的方言之一，属尼日尔-刚果语系(Niger-Congo)贝努-刚果语族(Benue-Congo)班图语支(Bantu)。使用者主要分布在肯尼亚西部卢希亚人(Luhya)聚居的布库苏部落。根据2009年统计，使用人口为140万。

布拉灰语　Brahui　巴基斯坦和阿富汗境内布拉灰人的语言，属达罗荼语系(Dravidian)北部语族(North Dravidian)布拉灰语支(Brahui)。根据2011年统计，使用人口共约420万。

布莱克福特语　Blackfoot　亦称黑脚语。北美印第安土著黑脚人的语言，属北美印第安语群阿尔冈昆语系(Algonquian)。

布里亚特语　Buryat　中国内蒙古和俄罗斯西伯利亚一带布里亚特人的语言，属阿尔泰亚语系蒙古语族北部语支。与俄语同为布里亚特共和国的官方语言，通行于乌斯季奥尔登斯基布里亚特自治区、阿布加布里亚特自治区、蒙古的北部以及中国的东北。根据2004年统计，使用人口共约59万。

布立吞语支　Brittonic; Brythonic　印欧语系凯尔特语族的一个语支。含布列塔尼语、威尔士语和康沃尔等语言，可追溯至公元前1500年被带到不列颠岛的原始凯尔特语。

布列塔尼语　Breton　法国布列塔尼地区的语言，属印欧语系凯尔特语族布立吞语支。布列塔尼语现在正在慢慢消失，如今仍使用的地区为法国西部莫尔比昂省、阿摩尔滨海省和非尼斯泰尔省(Finistère)三个省。

布鲁沙斯克语　Burushaki　布鲁沙斯克人的语言，尚无确定的谱系归属。根据2000年统计，在巴基斯坦使用人口共约8.7万。有四个性，两种数和丰富的形态变化，语序为SOV。

布鲁语　Buru　参见"代戈语"。

布洛语　Buro　参见"代戈语"。

布须黑人英语　Bush-Negro English; Jew-Tongo　黑人英语的一种。居住在南美洲圭亚那的布须黑人(居住在圭亚那腹地的、非洲裔逃亡黑奴的后代)讲的克里奥耳英语。

仓洛语　Tshangla　参见"不丹语❷"。

查加泰语　Jagatai　亦称察合台语(Chagatai)。察合台突厥人(中国古代民族之一)使用的一种语言，20世纪20年代已消亡。属阿尔泰语系突厥语族维吾尔-察合台语支(Uighur-Chagatai)。查加泰语文字采用一种波斯文字的变体，书写方式从由右至左变成由上至下，并作了90度旋转，后来成为了蒙古文字的基础。查加泰语普遍通行于中亚前蒙古帝国的察合台汗国领土，曾是中亚商旅通用语言。当俄罗斯控制了中亚地区之后，由于大量俄语人口迁入，查加泰语人口愈来愈少，乃至消亡。维吾尔语与乌兹别克斯坦语均由查加泰语发展而来。

察合台语　Chagatai　参见"查加泰语"。

朝鲜语　Korean　亦称韩语或韩国语。朝鲜半岛的官方语言，朝鲜语所属语系不明确，有学者认为与日语有渊源，有学者认为属乌拉尔语系或阿尔泰语系，也有学者认为不属任何一类已知的语系。韩国约有使用人口4200万，朝鲜约2400万；另外，使

用人口还包括中国的内蒙古、吉林、黑龙江、辽宁诸东北地区以及日本、泰国等地的朝鲜族人。朝鲜语总使用人口共约 7700 万（根据 2010 年统计）。朝鲜语使用表音文字，音节采用三分法理论，分为首音、中音和尾音。朝鲜语的词汇大致分两类：固有词和外来词（绝大多数来自汉字）。朝鲜语与日语一样，是以动词结尾的语言，属 SOV 语序。15 世纪朝鲜世宗国王颁布的《训民正音》，其中的谚文是目前朝鲜语的书写形式。朝鲜半岛南北的学者认为，谚文（한글，或为汉文"韓契"）在极短的时间内被突然创造出来，除了组字时字母排列规则受汉字影响以及长期以来从中国吸收来的汉语词汇的读音与汉语读音类似以外，整套文字系统几乎不受任何文字的影响。依照 1940 年在庆商北道安东发现的训民正音解例本制字解的阐释，谚文的辅音与元音是以人的口腔构造、中国古代的天地人思想以及天地人学说为依据而创制出来的。最初创制的 28 个基础字母：

ㄱ ㄴ ㄷ ㄹ ㅁ ㅂ ㅅ ㅇ ㅈ ㅊ
ㅋ ㅌ ㅍ ㅎ ㆁ ㆆ ㅿ ·
ㅏ ㅑ ㅓ ㅕ ㅗ ㅛ ㅜ ㅠ ㅡ ㅣ

随着朝鲜语音韵结构的变化，有四个音消失。今天使用的基础字母只有 24 个，这些字母相互组合便构成了今天朝鲜语字母表的 40 个字母。谚文组字时以音节为单位，一个朝鲜语字由一个音节组成，每个字的部件排列遵循"从左到右，自上而下"的基本规则。朝鲜语的音节由三个部分组成，即：初声辅音（声母）、中声元音（韵母）和终声辅音（韵尾）。在语言的实际应用中，有的音节完全具备了这三个部分；有的音节没有声母，却有韵母和韵尾；有的音节只有声母和韵母，却没有韵尾；有的只有韵母。朝鲜语字构成通常有四种形式：(1)辅音字母添加在竖立类元音字母的左边（见图 3）；(2)辅音字母添加在躺卧类元音字母的上方（见图 4）；(3)辅音字母添加在复合类元音字母的左上方（见图 5）；(4)只有韵母的音节：用辅音字母"O"充当音节的声母部分，然后根据声母-韵母的音节的组字规则组字（见图 6）。

하 히 헤

图 3　朝鲜语字结构举例(1)

호 흐 후

图 4　朝鲜语字结构举例(2)

화 희 훼

图 5　朝鲜语字结构举例(3)

아 오 와

图 6　朝鲜语字结构举例(4)

车臣语　Chechen　俄罗斯车臣自治共和国的官方语言，属高加索语系东北高加索语族纳克语支(Nakh)。车臣语主要通行于俄罗斯欧洲地区，并在佐治亚、德国、约旦、哈萨克斯坦、吉尔吉斯斯坦、叙利亚、土耳其（亚洲部分）和乌兹别克斯坦等国使用，使用人口共约 95.5 万。车臣语和印古什语(Ingush)较为相近。车臣语中，元音系统复杂，区别性元音达 30 个（包括二合元音和三合元音）。词法的特点是按类别划分名词，如"物"类和"人"类，"人"类又细分为"男人"类和"女人"类。语序多为 SOV，特点是具有作格体系。车臣语的书写体系采用以西里尔(cyrillic)字母为基础的文字。

楚科奇语　Chukchi; Chukchee　西伯利亚东北部的一种古西伯利亚语。属古亚细亚语系(Paleo-Asiatic)，与科里亚克语(Koryak)关系紧密。楚科奇语最大的特色是其发音有性别之分，如男人常常将元音之间的 /n/ 和 /t/ 去掉，而女性则用 /ts/ 音替代 /r/ 音。现在的楚科奇族人大多数使用俄语，懂得楚科奇语的反而不多了，因此楚科奇语被世界语言组织列为濒危语种。

楚梯亚语　Chutiya　参见"迪奥里语"。

楚瓦什语　Chuvash　属阿尔泰语系突厥语族(Turkic)伏尔加语支(Bolgar)。楚瓦什语分上、下楚瓦什两大方言，主要通行于俄罗斯，是俄罗斯联邦楚瓦什共和国(Chuvash Republic)的官方语言。其使用人口共约 200 万。楚瓦什语是突厥诸语言(Turkic languages)中独特的一支，不能与语族中其他成员语言相互沟通，被认为是伏尔加语支中唯一现存的语言。楚瓦什语采用西里尔字母表(cyrillic alphabet)，全部是俄语字母。楚瓦什语属黏着语(agglutinative language)，与拉丁语一样具有变格词尾。同日语、土耳其语一样，楚瓦什语的语序为 SOV。

茨瓦纳语　Tswana; Setswana　津巴布韦、纳米比亚、南非等国的一种语言，博茨瓦纳的官方语言，属尼日尔-刚果语系贝努-刚果语族(Benue-Congo)班图语支(Bantu)。书写采用拉丁字母。茨瓦纳语与北部索托语(Northern-Sotho)、南部索托语(Southern Sotho)、卡拉哈迪语(Kgalagadi)以及洛奇语(Lozi)接近。根据 2006 年统计，在南非的使用人口约为 340 万；2012 年统计数据表明，在博兹瓦纳约有 200 万人使用茨瓦纳语。

D

达阿萨尼志语　Daasanach；Dasenech；Daasanech；Dathanaik；Dathanaic；Dathanik　通行于埃塞俄比亚特坎纳湖的奥莫河地区和肯尼亚东部省份马萨比特地区等地的一种语言，属亚非语系（Afro-Asiatic）库施特语族（Cushitic）。根据1998年统计，该语言在埃塞俄比亚约有3.2万人使用；根据1980年统计，在肯尼亚约有2500人使用。

达奥达语　Daonda　在巴布亚新几内亚桑道恩省和阿马纳布地区使用的一种语言，属巴布亚语系（Papuan）。根据2003年统计，仅有169人使用。

达奥语　Dao　亦称曼尼沃语（Maniwo）。通行于印度尼西亚巴布亚西部中部高地、帕尼艾县、刀河沿岸桑德拉瓦希湾东部等地的一种语言，属巴布亚语系（Papuan）。根据1991年统计，仅约有250人使用。

达巴勒语　Dabarre　亦称阿弗达巴勒语（Af-Dabarre）。索马里的一种语言，属亚非语系（Afro-Asiatic）库施特语族（Cushitic）。根据2000统计，使用人口约为2.7万。

达巴语　Daba；Dabba　在喀麦隆北部省份和尼日利亚阿达马瓦州使用的一种语言，属亚非语系（Afro-Asiatic）乍得语族（Chadic）。根据2007统计，该语言使用人口约为2.5万。

达迪比语　Dadibi　亦称达利比语（Daribi）、卡里穆伊语（Karimui）。通行于巴布亚新几内亚南方高地省东部以及卡里穆伊地区南方钦布省的一种语言，属巴布亚语系（Papuan）跨新几内亚语族（Trans-New Guinea）。根据1998年统计，使用人口约为1万。

达迪亚语　Dadiya；Dadia；Daadiya　亦称卢迪亚语（Loodiya）。通行于尼日利亚包奇州、塔拉巴州和阿达玛瓦州的一种语言，属尼日尔-刚果语系（Niger-Congo）阿达马瓦-乌班吉语族（Adamawa-Ubangi）。根据1998年统计，使用人口约为3万。

达尔达玖达侏语　Dar Daju Daju；Dadjo；Dadju；Dajou；Daju；Dajo；Daju Mongo　乍得中部、盖拉省和蒙戈省等地使用的一种语言，属尼罗-撒哈拉语系（Nilo-Saharan）东苏丹语族（Eastern Sudanic）。根据1993年统计，使用人口约为3.4万。

达尔德语　Dardic　亦称比萨卡语支（Pisaca；Pisacha）。属印欧语系印度-伊朗语族（Indo-Iranian）印度雅利安语支（Indo-Aryan）的一组分支语言。达尔德分语支包括约15种语言，主要分布在巴基斯坦、阿富汗和克什米尔地区（Kashmiri）。

达尔伏尔达侏语　Dar Fur Dagu；Daju Ferne　亦称芬宁噶语（Fininga）。苏丹北部、达尔富尔省和朱奈纳地区使用的一种语言，属尼罗-撒哈拉语系（Nilo-Saharan）东苏丹语族。根据2000年统计，使用人口约为14.3万。

达尔格瓦语　Dargwa　亦称达尔金语（Dargin）、达尔金斯基语（Dargintsy）、达尔基语（Dargi）。属高加索语系东北高加索语族达尔金语支，通行于俄罗斯达吉斯坦、阿塞拜疆、卡萨克斯坦、吉尔吉斯斯坦、土耳其、土库曼斯坦、乌克兰和乌兹别克斯坦的一种语言。根据2002年统计，使用人口约为44万。

达尔哈特语　Darkhat　蒙古北部的一种蒙古语方言。根据2000年统计，使用人口约为2万。

达尔基语　Dargi　参见"达尔格瓦语"。

达尔金斯基语　Dargintsy　参见"达尔格瓦语"。

达尔金语　Dargin　参见"达尔格瓦语"。

达尔马尔语　Dalmaal　参见"达勒卡里亚语"。

达尔马提亚语　Dalmacija　参见"拉古萨语"。

达尔曼尼语　Darmani　参见"达尔米亚语"。

达尔米亚语　Darmiya；Darimiya　亦称达尔曼尼语（Darmani）、索卡斯语（Saukas；Shaukas）。通行于印度乌塔那洽、皮特拉加尔区以及尼泊尔马哈加利地区、达出腊区等地的一种语言，属汉藏语系藏缅语族。根据2006年统计，使用人口约为1800。

达尔斯加语　Dalska　参见"达勒卡里亚语"。

达尔西拉达侏语　Dar Sila Daju；Sila；Sula；Daju；Dadjo；Dajou　乍得东部、瓦达伊省、哥斯贝达区和苏丹北部的一种语言，属尼罗-撒哈拉语系（Nilo-Saharan）东苏丹语族。根据2000年统计，使用人口约为6.3万。

达戈阿尔语　Dagaari　亦称达迦阿热语（Dagaare）、达迦拉语（Dagara）、达迦尔语（Dagari）、德迦提语（Degati）、达迦提语（Dagati）。加纳和布基纳法索的一种语言，属尼日尔-刚果语系古尔语族（Gur）。达戈阿日语主要包括三种方言：南部达戈阿日语（Southern Dagaare），主要在加纳使用；北部达戈阿日语(Northern Dagara),主要在布基纳法索使用,以及达戈阿日-迪尤拉语(Dagaari Dioula),因深受无亲缘关系的迪尤拉语(Dioula)影响,故得名,主要在布基纳法索使用。

达戈巴尼语　Dagbani; Dagbane　亦称达共巴语(Dagomba)、达戈班巴语(Dagbamba)。通行于加纳东北部塔马利的一种语言,属尼日尔-刚果语系古尔语族(Gur)。根据2004年统计,使用人口约为80万。

达戈巴语　Dagba　通行于中非共和国和乍得的一种语言,属尼罗-撒哈拉语系中苏丹语族。根据2004年统计,使用人口约4万—5万。

达戈班巴语　Dagbamba　参见"达戈巴尼语"。

达共巴语　Dagomba　参见"达戈巴尼语"。

达哈鲁语　Dahalo　肯尼亚塔纳河河口的一种语言,属亚非语系库施特语族(Cushitic)。根据1992年统计,约有400人使用。

达忽嘟语　Daho-Doo　科特迪瓦的一种语言,属尼日尔-刚果语系(Niger-Congo)克鲁语族(Kru)。据1996年统计,约有4000人使用。

达吉克语　Dagik; Dagig; Reikha　亦称马萨金语(Masakin)、马萨金达吉克(Masakin Dagig)、登戈布语(Dengebu)。通行于苏丹北部、科尔多凡省、努巴山区等地的一种语言,属尼日尔-刚果语系科尔多凡语族(Kordofanian)塔洛迪-海班语支(Talodi-Heiban)。根据1982年统计,使用人口约为3.8万。

达吉斯坦语　Dagestani　参见"阿瓦尔语"。

达迦阿热语　Dagaare　参见"达戈阿尔语"。

达迦尔语　Dagari　参见"达戈阿尔语"。

达迦拉语　Dagara　参见"达戈阿尔语"。

达迦提语　Dagati　参见"达戈阿尔语"。

达迦语　Daga　亦称迪姆迦语(Dimuga)。通行于巴布亚新几内亚米尔恩湾省和中部省的一种语言,属巴布亚语系(Papuan)跨新几内亚语族。根据1991年统计,约有6000人使用。

达卡卡语　Dakaka　亦称百阿普语(Baiap)、南安布里姆语(South Ambrym)。瓦努阿图的一种语言,属南岛语系马来-波利尼西亚语族(Malayo-Polynesian)中东部马来-波利尼西亚语支(Central-Eastern Malayo-Polynesian)。根据2012年统计,约有1000人使用。

达卡语　Dakka　通行于印度尼西亚苏拉维西南部、波勒瓦里-玛玛萨地区和乌努姆里欧分区的一种方言,属南岛语系马来-波利尼西亚语族。根据1987年统计,约有1500人使用。

达科他语　Dakota　亦称苏语(Sioux)。属北美印第安语群苏语系(Siouan)。主要通行于美国内布拉斯加州北部、明尼苏达州南部、南北达科他州、蒙大拿州东北部以及加拿大马尼托巴省和萨斯喀彻温省南部等地。根据1990年统计,在美国约有1.5万人使用;根据1991年统计,在加拿大约有5000人使用。

达克帕克哈语　Dakpakha　不丹布洛克佩科附近的一种语言,属汉藏语系藏缅语族。根据2011年统计,约有2000人使用。

达劳玛图语　Daro-Matu　马来西亚沙捞越的一系列方言,属南岛语系马来-波利尼西亚语族。根据1981年统计,约有7600人使用。

达勒卡里亚语　Dalecarlian　亦称达尔斯加语(Dalska)、达尔马尔语(Dalmaal)。瑞典语(Swedish)的一种方言,在上达勒卡里亚地区使用,属印欧语系日耳曼语族北支。根据1996年统计,约有1500人使用。

达雷语　Darai　通行于尼泊尔内台拉、纳拉雅尼地区、奇旺区、甘达吉区和塔纳胡区的一种语言,属印欧语系印度-伊朗语族印度雅利安语支(Indo-Aryan)。根据2001年统计,使用人口约为1.2万。

达利比语　Daribi　参见"达迪比语"。

达利波斯语　Dari Persian　参见"达利语❶"。

达利语　Dari　❶亦称达利波斯语(Dari Persian)或阿富汗波斯语(Afghan Persian)。波斯语的现代变体,阿富汗两种官方语言之一,属印欧语系印度-伊朗语族伊朗语支(Iranian)西支的西南分支,采用波斯文字母书写。阿富汗境内约四分之一以上的人口将其用作母语,其中阿富汗北部、西部和中部广大地区的达利语人口占绝对多数;在各民族聚集的大城市和首都喀布尔,达利语是常用语种;西南部和东部普什图语区的许多人以及伊朗、巴基斯坦和世界各地的阿富汗移民或侨胞也同时或主要使用达利语。自10世纪起,波斯语的新变体被称作达利语,广泛使用于阿拉伯语和波斯语文本中;1964年获得阿富汗政府的正式命名,成为该国政府机关、公共媒体和印刷媒介的标准用语。根据2011年统计,使用人口约为1250万。由于历史原因,达利语是乌尔都语、印地语、旁遮普语、孟加拉语等许多亚洲语言中波斯语借入成分的主要来源。参见"**波斯语**"。❷亦称拜火教达利语（Zoroastrian Dari）。伊朗亚兹德（Yazd）和克尔曼（Kerman）地区拜火教徒使用的一种民族方言，主要用于口头交流，鲜见于书面语。属印欧语系印度-伊朗语族伊朗语支（Iranian）的西支。根据估计，使用人口约有8000至1.5万。

达龙语　Darlong; Dalong　通行于孟加拉国和印度特里普拉、北特里普拉区、凯拉夏哈等地的一种语言，属汉藏语系藏缅语族，尚无明确的语支归属。根据1998年统计，在孟加拉国约有9000人使用，在印度约有6000人使用。

达罗毗荼语系　Dravidian　亦称德拉维达语系。通常分为南部（South）、中南部（South-Central）、中部（Central）和北部（North）四个语族，包括大约20多种语言，主要分布在印度南部、斯里兰卡北部和巴基斯坦等地。该系中具有代表性的是泰卢固语（Telugu，使用人口约5300万）、泰米尔语（Tamil，使用人口约4500万）、马拉雅拉姆语（Malayalam，使用人口约2800万）和坎纳达语（Kannada，亦称卡纳里斯语，使用人口约2800万）。此语系的语言属黏着型，句子语序是"主语-宾语-谓语"（SOV），谓语总是放在句子结构的后面，定语放在被修饰语前面。名词分为人类名词（有理性的）和非人类名词（无理性的）两类。人类名词常有特殊的词缀，与动词相适应。名词的形态变化包括直接格（主格）和间接格。通过添加人称词缀构成代名词是达罗毗荼语系语言的重要特征，代名词第三人称和指示代名词有阳性、阴性、中性之分，不存在关系代名词。动词的时态包括现在不定时、过去时和将来时三种基本形式，构成方式是词根加特殊词缀。对达罗毗荼语系语言造成较大影响的外来语主要是梵语。

达玛勒语　Damal　通行于印度尼西亚巴布亚西达尼西部中部高地、阿卡日东部、南部卡斯滕斯山区北部等地区的一种语言，属巴布亚语系（Papuan）跨新几内亚语族。根据2000年统计，使用人口约为1.4万。

达芒语　Tamang　汉藏语系藏缅语族藏语支下的一个方言群，主要通行于尼泊尔、锡金、西孟加拉和不丹的部分区域。根据2011年的统计，使用人口在尼泊尔有135万，印度有1.75万。达芒语可细分为东部方言、西北部方言、西南部方言、东部戈卡方言和西部方言。东部方言有75.9万人使用，与其他方言的词汇相似高达63%—81%。达芒语是作通格语言（ergative-absolutive），其语法特征主要包括：(1)典型的"主-宾-谓"（SOV）结构；(2)使用后置介词；(3)名词后有属格；(4)疑问词位于句中；(5)音节组合有"CV、CVC、CCV、V、CCVC"等模式。达芒语是声调语言，采用泰姆伊文（Tam-Yig）书写，与藏文和天城文颇为相似；许多情况下，也采用标准天城文书写。

达芒语支　Tamangic　尼泊尔喜马拉雅地区通行的语言。藏缅语研究专家戴维·布拉德利（David Bradley）称之为西部博德语支（Bradley, 1997），包括达芒语（Tamang）、古隆语（Gurung）、塔卡里语（Thakali）、羌特雅尔语（Chantyal）以及近亲的曼南语（Manang）、吉亚苏姆多语（Gyasumdo）和纳尔普语（Nar Phu）。

达米阿语　Damia　参见"达摩里语"。

达摩迪语　Damedi　参见"达摩里语"。

达摩尔语　Damel　参见"达摩里语"。

达摩里语　Dameli　亦称达摩迪语（Damedi）、达摩尔语（Damel）、达米阿语（Damia）。巴基斯坦达美尔山谷的一种语言，属印欧语系印度-伊朗语族印度雅利安语支（Indo-Aryan）。根据2001年统计，约有5000人使用。

达纳鲁语　Danaru　巴布亚新几内亚马当省的一种语言，属巴布亚语系（Papuan）跨新几内亚语族。根据2003年统计，约有260人使用。

达瑙语　Danau; Danaw　马来西亚的一种语言，属南亚语系（Austroasiatic）孟-高棉语族（Mon-Khmer）。根据2000年统计，约有1000人使用。

达诺语　Dano; Asaro　亦称上阿萨洛语（Upper Asaro）、阿萨洛语（Asaro）。巴布亚新几内亚东部高地省和戈罗卡区的一种语言，属巴布亚语系（Papuan）跨新几内亚语族。根据1987年统计，使用人口约为3万。

达萨嘎语　Dazaga　亦称达萨语（Daza; Dasa; Dazza）。通行于乍得北部、加奈姆省、博尔库、恩内迪属省、乍得湖北部和尼日尔东部等地的一种语言，属尼罗-撒哈拉语系撒哈拉语族。根据2006—2007年统计，使用人口约为38万。

达萨语　Daza; Dasa; Dazza　参见"达萨嘎语"。

达司语　Dass　亦称巴拉瓦语（Barawa）。主要通行于尼日利亚包奇州、托罗、达司、高原州等地的一种语言，属亚非语系乍得语族（Chadic）西支。根据1971年统计，约有8830人使用。

达特奇语　Dhatki; Dhati　通行于巴基斯坦信德省和印度西拉贾斯坦等地的一种语言，属印欧语系印度-伊朗语族印度雅利安语支（Indo-Aryan）。根据2000年统计，在巴基斯坦约有13.2万人使用，在印度约有1.6万人使用。

达图嘎语　Datooga　亦称达图格语(Datog)、塔图嘎语(Tatoga)、塔图格语(Tatog)、塔图卢语(Taturu)。通行于坦桑尼亚辛吉达区和姆布卢地区的一种语言,属尼罗-撒哈拉语系东苏丹语族。根据2000年统计,使用人口约为8.8万。

达图格语　Datog　参见"达图嘎语"。

达瓦纳语　Dawana　参见"达瓦瓦语"。

达瓦瓦语　Dawawa　亦称达瓦纳语(Dawana)。通行于巴布亚新几内亚韦达屋西部以及内陆的一种语言,属南岛语系(Austronesian)马来-波利尼西亚语族(Malayo-Polynesian)中东部语支的东部分支。根据1994年统计,约有2500人使用。

达瓦文由语　Davawenyo; Davaoeño; Davaweño　通行于菲律宾东达沃、南达沃和棉兰老岛的一种语言,属南岛语系马来-波利尼西亚语族。根据1990年统计,使用人口约为15万。

达瓦语　Dâw; Kamã; Kamã Makú　巴西亚马逊流域的一种语言,属中南美印第安语群纳达哈普语系(Nadahup)达瓦语支。根据2004年统计,仅有94人使用。

达瓦兹语　Darwazi　属印欧语系印度-伊朗语族伊朗语支。达利语(Dari)的方言之一,主要分布在阿富汗达瓦兹镇。根据1983年统计,使用人口约为1万。

达韦拉-达韦洛尔语　Dawera-Daweloor　亦称达韦洛尔语(Davelor)。印度尼西亚马鲁古南部的一种语言,属南岛语系马来-波利尼西亚语族(Malayo-Polynesian)中东部语支(Central-Eastern)。根据2007年统计,约有1300人使用。

达韦洛尔语　Davelor　参见"达韦拉-达韦洛尔语"。

达斡尔语　Daur; Dagur; Daguor; Dawar; Dawo'er　亦称塔胡尔语(Tahur)。通行于中国内蒙古、黑龙江、新疆和蒙古国的一种语言,属阿尔泰语系(Altaic)蒙古语族(Mongolian)东支。根据1999年统计,使用人口约为9.6万。

达悟语　Tao　参见"雅美语"。

达伊索语　Dhaiso; Kidhaiso; Daiso; Daisu　坦桑尼亚的一种语言,属尼日尔-刚果语系贝努-刚果语族(Benue-Congo)班图语支。根据1999年统计,约有5000人使用。

鞑靼语　Tatar; Tatarça　亦称塔塔尔语。鞑靼地区的语言,属阿尔泰语系突厥语族西北支(亦称钦察语支 Kipchak)。鞑靼语本来用阿拉伯字母,斯大林时期,苏联境内改用西里尔字母,2001年鞑靼斯坦共和国政府决定改用土耳其式拉丁字母。2005年2月改用拉丁字母的决定被法院驳回,法院宣布鞑靼语将继续使用西里尔字母。中国境内的塔塔尔族人使用阿拉伯字母。鞑靼语有16个元音的字母记号,代表一些可改变的音调。鞑靼语是一种突厥语族的语言,遵守元音和谐律,与其前和后的一些元音字母产生同化作用。前元音字母:ä /æ～ə/,â/æ/,e /e/,é /ɛ/,i /i/,ó /ø/,ö /œ/,ü /y/;后元音字母: a /ɑ～ʌ/,á /a/,ı /ɯ/,ı /ɯ～ɨ/,o /o～ɔ/,u-ú /u/。因为"í、â、á、ó、ú、é"的用法是不普遍的,因而有时会被"ıy、ya、yo、yu、e"所取代。

大西洋语族　Atlantic　亦称西大西洋诸语言(West Atlantic languages)。属尼日尔-刚果语系(Niger-Congo)。包括45种语言,使用人口约有3000万。该语族主要通行于塞内加尔、冈比亚、几内亚、几内亚比绍、塞拉利昂和利比里亚等地。弗拉尼语(Fulani)和沃洛夫语(Wolof)是其中最主要的两种语言,各有数百万人使用。讲弗拉尼语(Fulani)的游牧人群聚居在塞内加尔以东到尼日利亚及喀麦隆一带。另外还有塞雷语(Serer)、迪奥拉语(Dyola)、泰姆奈语(Temne)、基西语(Kissi)和巴兰特语(Balante)等。其中许多语言有辅音变音现象;大多数语言的名词与远缘的班图语相似,基本词序为"主语-动词-宾语"(SVO);有复杂的名词分类系统,用前缀或后缀标记出,并常与词根的首辅音有联系;有丰富的语态系统。

大洋洲语言　Oceanic languages　分布于大洋洲一些岛屿和地区的原始语言。大洋洲语言约有1000多种,主要归属三个语系:南岛语系(Austronesian)、巴布亚语系(Papuan)和澳大利亚语系(Australian)。

代盖马语　Degema　通行于尼日利亚河流州、代盖马镇等地的一种语言,属尼日尔-刚果语系贝努-刚果语族(Benue-Congo)。根据1999年统计,使用人口约为1万。

代戈哈语　Degha　参见"代戈语"。

代戈如语　Degaru; Dhekaru　通行于印度比哈尔省和西孟加拉邦的一种语言,属印欧语系印度-伊朗语族印度雅利安语支(Indo-Aryan)。根据2000年统计,使用人口约为1万。

代戈语　Deg　亦称代戈哈语(Degha)、嘉涅拉语(Janela)、布鲁语(Buru)、布洛语(Buro)。通行于加纳中西部、伏塔湖西岸和科特迪瓦的一种语言,属尼日尔-刚果语系古尔语族(Gur)。根据2003年统计,使用人口约为2.8万。

代玛语　Dema　莫桑比克最西端的一种语言,属尼日尔-刚果语系贝努-刚果语族(Benue-Congo)班图语支(Bantu)。根据2000年统计,约有5000人使用。

代姆语　Dem; Lem; Ndem　印度尼西亚巴布亚的一种语言,属巴布亚语系(Papuan)跨新几内亚语族。根据1987年统计,约有1000人使用。

代语　Day; Dai　通行于乍得西南部、中沙里区、萨尔西南部等地的一种语言,属尼日尔-刚果语系贝努-刚果语族(Benue-Congo)阿达马瓦-乌班吉语族(Adamawa-Ubangi)。根据1993年统计,使用人口约为5万。

玳尔语　Dair; Daier　通行于苏丹北部、杰贝尔、玳尔南部和西部以及北科尔多凡的一种语言,属尼罗-撒哈拉语系东苏丹语族。根据1978年统计,约有1000人使用。

玳伊语　Dayi; Dhay'yi; Dha'i　通行于澳大利亚阿南地、罗珀河、伊儿卡拉等地的一种语言,属澳大利亚语系(Australian)帕马-恩永甘语族(Pama-Nyungan)。根据1983年统计,约有200人使用。

玳语　Dai　印度尼西亚马鲁古的一种语言,属南岛语系马来-波利尼西亚语族(Malayo-Polynesian)中东部语支 Central-Eastern)。根据2007年统计,约有820人使用。

丹比语　Dambi　通行于巴布亚新几内亚摩洛比省和穆蒙区的一种语言,属南岛语系马来-波利尼西亚语族(Malayo-Polynesian)中东部语支(Central-Eastern)。根据2000年统计,仅有711人使用。

丹达利马尔瓦里语　Dhundari-Marwari　参见"丹达利语"。

丹达利语　Dhundari　亦称丹达利马尔瓦里语(Dhundari-Marwari)。通行于印度拉贾斯坦邦、斋浦尔、达乌萨、汤克、卡劳利和萨外马多布尔区的一种语言,属印欧语系印度-伊朗语族印度雅利安语支(Indo-Aryan)。根据2007年统计,使用人口约为960万。

丹达瓦语　Dandawa　参见"登迪语"。

丹戈里语　Dangri　参见"丹奇语"。

丹戈玛语　Dangme; Adangme　通行于加纳东南部、阿克拉东海岸以及加纳内陆的一种语言,属尼日尔-刚果语系夸语族(Kwa)。根据2004年统计,使用人口约为80万。

丹古语　Dangu　参见"德哈古语"。

丹卡语　Dhanka　参见"丹奇语"。

丹麦语　Danish; Dansk; Dänisch　通行于丹麦、加拿大、德国南石勒苏益格(Schleswig)、格陵兰岛、冰岛、挪威、瑞典、阿联酋和美国等地的语言,属印欧语系日耳曼语族北支(亦称斯堪的纳维亚语支)。根据2007年统计,该语言使用人口约为560万。丹麦语动词的不定式一般以元音字母 e 结尾。动词根据时态的不同采取不同的形式,但没有人称和数的变化。例如,无论主语是第一、第二还是第三人称,无论是单数还是复数,动词不定式 spise(吃)的一般现在时都是 spiser,其形式不发生任何变化。在丹麦语中,名词有通性与中性两个语法性。与德语一样,古丹麦语中名词有阳性、中性和阴性之分。在近代的语言改革中,阴性和阳性名词合并组成通性名词,约占名词总数的75%。

丹尼语　Dení; Dani　巴西的一种语言,属中南美印第安语群阿拉瓦语系(Arauan)。根据2006年统计,约有740人使用。

丹诺语　Deno　尼日利亚包奇州的一种语言,属亚非语系(Afro-Asiatic)乍得语族(Chadic)。根据1995年统计,约有6000人使用。

丹帕尔语　Dampal　参见"丹佩勒斯语"。

丹佩勒拉撒语　Dampelasa　参见"丹佩勒斯语"。

丹佩勒斯语　Dampelas　亦称丹帕尔语(Dampal)、丹佩勒拉撒语(Dampelasa)。印度尼西亚苏拉维西的一种语言,属南岛语系马来-波利尼西亚语族。根据2000年统计,约有2000人使用。

丹奇语　Dhanki; Dangi　亦称丹卡语(Dhanka)、丹戈里语(Dangri)。通行于印度古杰拉特邦、当县、马哈拉施特拉邦、卡纳塔克邦和拉贾斯坦邦的一种语言,属印欧语系印度-伊朗语族印度雅利安语支。根据2001年统计,使用人口约为14万。

丹瓦尔语　Danuwar Rai; Dhanwar; Dhanvar; Danuwar; Denwar　属印欧语系印度-伊朗语族印度-雅利安人语支(Indo-Aryan),主要通行于尼泊尔贾纳克布尔区、纳拉亚尼专区和加德满都等地。根据2001年统计,使用人口约为3.2万。

丹语　Dan　通行于科特迪瓦曼省、达纳内、比昂库马、几内亚洛拉省和利比里亚年巴县的一种语言,属尼日尔-刚果语系芒代语族(Mande)。根据2012年统计,使用人口约为160万。

当加雷阿语　Dangaléat; Dangla　属亚非语

系(Afro-Asiatic)乍得语族(Chadic)。通行于乍得中部、盖拉省蒙戈、比特今省等地的一种语言。根据1999年统计，使用人口约为4.5万。

德法卡语　Defaka　通行于尼日利亚的一种语言，属尼日尔-刚果语系类艾角语族（Ijoid）。根据2001年统计，约有200人使用。

德哥辛顿语　Deg Xit'an；Degexit'an；Deg Hitan　通行于美国阿拉斯加、沙格勒克等地的一种语言，属北美印第安语群阿萨巴斯卡语系(Athabascan/Athabaskan，亦称纳-德内语系 Na-Dené)。根据2001年统计，仅有40人使用该语言。

德格南语　Degenan　巴布亚新几内亚马当省的一种语言，属巴布亚语系(Papuan)跨新几内亚语族。根据2003年统计，约有790人使用。

德哈古语　Dhangu；Dhangu'mi　亦称丹古语(Dangu)。通行于澳大利亚艾克岛(Aiko)、阿南地和澳大利亚北部地区的一种语言，属澳大利亚语系(Australian)帕马-恩永甘语族(Pama-Nyungan)。根据2006年统计，约有270人使用。

德哈兰迪吉语　Dhalandji　通行于澳大利亚西部、西帕尔巴若等地的一种语言，属澳大利亚语系(Australian)帕马-恩永甘语族(Pama-Nyungan)。根据2003年统计，使用者仅有20人。

德迦提语　Degati　参见"达戈阿尔语"。

德克语　Dek　喀麦隆北部省的一种语言，属尼日尔-刚果语系阿达马瓦-乌班吉语族(Adamawa-Ubangi)。根据2000年统计，约有3000人使用。

德拉-欧纳勒语　Dela-Oenale　通行于印度尼西亚努沙登加拉(Nusa Tenggara)罗特岛(Rote)西海岸的一种语言，属南岛语系马来-波利尼西亚语族中东部语支。根据2002年统计，约有7000人使用。

德拉维达语系　Dravidian　参见"达罗毗荼语系"。

德拉语（尼日利亚）　Dera　通行于尼日利亚贡戈拉州(Gongola)和博尔诺州(Borno)的一种语言，属亚非语系乍得语族。根据1973年统计，使用人口约为2万。

德拉语（印度尼西亚）　Dera　通行于印度尼西亚巴布亚东北部和巴布亚新几内亚的一种语言，属巴布亚语系(Papaun)塞纳吉语族(Senagi)。根据1987年统计，该语言在印度尼西亚巴布亚约有1000人使用，巴布亚新几内亚有687人使用。

德伦琼科语　Drenjongke　参见"锡金语"。

德罗语　Delo　通行于非洲加纳与多哥交界的东中部国界和多哥布利塔省(Blitta)的一种语言，属尼日尔-刚果语系(Niger-Congo)古尔语族(Gur)。根据2003年统计，使用人口约为1.6万。

德米瑟语　Demisa　通行于印度尼西亚巴布亚德萨瓦和缪耶热的一种语言，属巴布亚语系(Papaun)东加尔文克湾语族(East Geelvink Bay)。根据2000年统计，约有为400—500人使用。

德姆塔语　Demta　通行于印度尼西亚巴布亚塔纳马拉湾西部北岸等地的一种语言，属巴布亚语系(Papaun)东鸟首-圣塔尼语系森达尼语族(East Bird's Head-Sentani)。根据2000年统计，约有1300人使用。

德内语族　Dene　参见"阿萨巴斯卡语系"。

德萨纳语　Desâna；Desána　参见"德萨诺语"。

德萨诺语　Desano；Dessano　亦称德萨纳语(Desâna；Desána)。通行于巴西亚马孙西北部和哥伦比亚的一种语言，属图卡诺安语系东部语族。根据1995—2001年统计，约有3400人使用。

德瓦的语　Dghwede　尼日利亚博尔诺州(Borno)的一种语言，属亚非语系乍得语族。根据1980年统计，使用人口约为3万。

德瓦里语　Dehwari；Deghwari　巴基斯坦俾路支省(Balochistan)中部的一种语言，属印欧语系印度-伊朗语族。根据1998年统计，使用人口约为1.3万。

德万语　Dewoin；De；Dey；Dei；Dewoi　利比里亚孟色罗拉多县(Montserrado)的一种语言，属尼日尔-刚果语系大西洋-刚果语族。根据1991年统计，约有8100人使用。

德语　German　通行于德国、奥地利、列支敦士登(Liechtenstein)、瑞士、卢森堡等国的语言，属印欧语系日耳曼语族西日耳曼语支（West-Germanic）。作为当今世界主要语言之一以及欧盟内使用最广的母语，德语的使用人口约1.3亿（9500万为母语，3000万为第二语言）。德语是德国、奥地利、比利时、列支敦士登、卢森堡等国的官方语言，是瑞士的四种官方语言之一。德语分为低地德语（Low German）和高地德语（High German）两种。其中，高地德语为共同语。德语具有的特点包括：(1)语音方面，德语有 15 个元音：/aː/、/a/、/iː/、/ɪ/、/oː/、/ɒ/、/uː/、/eː/、/ɛ/、/ø/、/œ/、/yː/和/ʏ/、/ɛː/、/eː/没有对应短音。德语有14个辅音，分成7对清浊相对的辅音对,词尾浊辅音清化。德语词的重音一般在倒数第二个音节上。词干的音节大多为重音(如'Spra-che,语言),但有时前缀(首码)(如'Aus-spra-che,发音)或后缀(尾码)(如 Bä-cke-'rei,面包坊)为单词的重音。大部分合成词的重音为第一组成部分词。德语的语句有升调、降调和平调之分。问句一般用升调。肯定句一般用降调。主句和从句之间一般用平调。(2)语法方面,德语具有复杂的屈折系统和格系统,名词有三性(阳性、中性、阴性)四格(主格、宾格、与格、所有格);名词和形容词均有强、弱和混合变化;动词谓语为句子的核心;(3)词汇方面,除保留大量本族基本词汇外,还吸收了大量的外来词汇;(4)以拉丁字母为书写系统,部分元音有变体。德语字母表是由拉丁字母组成,除了 26 个拉丁字母外,德语还有四个字母的变体(见表 20)。其中元音字母包括 Aa、Ee、Ii、Oo、Uu 以及三个变体字母 Aa、Fe、Ii、Oo、Uu。辅音字母为包括 Ä ä、Öö、Üü 的其他字母。

表 20 德语字母表

A a	(Ä ä)	B b	C c	D d	E e	F f	G g
H h	I i	J j	K k	L l	M m	N n	
O o	(Ö ö)	P p	Q q	R r	S s	(ß)	T t
U u	(Ü ü)	V v	W w	X x	Y y	Z z	

登达让语 Darang Deng; Darang; Darang Dengyu 中国西藏东南部以及藏南地区米什米尔人使用的语言,属汉藏语系登达让语族。根据 1999 年统计,使用者约为 850 人。

登迪语 Dendi 亦称丹达瓦语(Dandawa)。通行于贝宁阿塔科拉省(Atakora)、博尔古省(Borgou)、贝宁北部以及尼日利亚科比州(Kebbi)等地的一种语言,属尼罗-撒哈拉语系桑海语族。根据 1995 年统计,使用人口约为 3.2 万。

登戈布语 Dengebu 参见"达吉克语"。

登吉斯语 Dengese; Ndengese 刚果(金)西开赛省(法语:Kasa -Occidental)的一种语言,属尼日尔-刚果语系大西洋-刚果语族。根据 2000 年统计,约有 8600 人使用。

登咔语 Dengka 通行于印度尼西亚努沙登加拉(Nusa Tenggara)罗德岛西北、德拉欧纳勒以东和娄乐以西等地的一种语言,属南岛语系马来-波利尼西亚语族。根据 2002 年统计,使用人口约为 2 万。

登琼卡语 Denjongka 参见"锡金语"。

登亚语 Denya 通行于喀麦隆西部省南部、马纽区和马姆费(Mamfe)中部分区北部等地的一种语言,属尼日尔-刚果语系大西洋-刚果语族。根据

1982 年统计,使用人口约为 1.1 万。

迪奥迪奥语 Diodio 巴布亚新几内亚米尔恩湾省(Milne Bay Province)的一种语言,属南岛语系马来-波利尼西亚语族。根据 2000 年统计,尚存使用者 2184 人。

迪奥里语 Deori 亦称楚梯亚语(Chutiya)。印度博多-加罗(Bodo-Garo)的一种语言,属汉藏语系藏缅语族。根据 2001 年统计,使用人口约为 2.8 万。

迪比亚索语 Dibiyaso; Dibiasu 巴布亚新几内亚西部省份的一种语言,属巴布亚语系跨新几内亚语族博萨维语支。根据 2000 年统计,使用者约为 2000 人。

迪波勒语 Dibole 刚果伊皮纳地区南部的一种语言,属尼日尔-刚果语系大西洋-刚果语族。根据 1989 年统计,使用者约为 4000 人。

迪波语 Dibo 通行于尼日利亚尼日尔州(Niger State)、联邦省会地区和高原州(Plateau State)的一种语言,属尼日尔-刚果语系大西洋-刚果语族。根据 1992 年统计,使用人口约为 10 万。

迪德瓦语 Dedua 通行于巴布亚新几内亚莫洛比省(Morobe province)、赛厄勒姆区等地的一种语言,属巴布亚语系跨新几内亚语族菲尼斯特雷-休恩语支。根据 2000 年统计,使用者约为 6500 人。

迪丁嘎语 Didinga; 'Di'dinga 通行于苏丹南部以及苏丹、肯尼亚和乌干达交界处东北部地区的一种语言,属尼罗撒哈拉语系东苏丹语族。根据 2007 年统计,使用人口约为 6 万。

迪多语 Dido; Didoi 俄罗斯达吉斯坦南部的一种语言,属高加索语系东北高加索语族阿瓦尔-安迪语支(Avaro-Andi)。根据 2010 年统计,使用人口约为 1.3 万。

迪尔巴尔语 Dyirbal 昆士兰东北部迪尔巴尔部落的澳大利亚原住民的语言。属帕马-恩永甘语系迪尔巴尔语族。该语言濒临消亡,根据 2006 年统计,使用者仅有 29 人。

迪尔瑞语 Dieri 亦称迪亚里语(Diyari)。澳大利亚南部的一种土著语言,已消亡,属帕马-恩永甘语系卡尔尼克语族。

迪福语 Dehu; De'u 通行于新喀里多尼亚(New Caledonia)利福(Lifou)和罗亚尔特群岛(Loyalty Islands)的一种语言,属南岛语系马来-波利尼西亚语族。根据 2009 年统计,使用人口约为 1.3 万。

迪吉姆布韦林姆语　Dijim-Bwilim　通行于尼日利亚包奇州和贡戈拉州（Gongola）的一种语言，属尼日尔-刚果语系大西洋-刚果语族。根据1998年统计，使用人口约为2.5万。

迪加洛-米氏米语　Digaro-Mishmi　通行于中国藏南地区、哈尤良（Hayuliang）和迪邦山谷区（Dibang Valley）等地的一种语言。根据1998年统计，使用人口约为3.5万。

迪坎语　Deccan　通行于印度马哈拉施特拉邦（Maharashtra）中部、迪坎高原、卡纳塔克邦（karnataka）、贝尔高姆县（Belgaum）、比贾布尔区（Bijapur）、中央邦（Madhya Pradesh）等地的一种语言，属印欧语系印度-伊朗语族。根据2000年统计，使用人口约为1.28亿。

迪克语　Digo　通行于肯尼亚夸勒区（Kwale）和坦桑尼亚、汤加（Tonga）东北部海岸的一种语言，属尼日尔-刚果语系大西洋-刚果语族。根据1987—1994年统计，使用人口约为31万。

迪拉沙语　Dirasha; Diraasha　埃塞俄比亚奥莫区（Omo）的一种语言，属亚非语系库希特语族。根据2007年统计，使用人口约为6.5万。

迪里库语　Gciriku; Diriku; Diriko　通行于纳米比亚奥卡万戈（Okavango）、安哥拉与纳米比亚交界的东南边境和博茨瓦纳（Botswana）的一种语言，属尼日尔-刚果语系大西洋-刚果语族。根据1982年统计，该语言在纳米比亚约有2.9万人使用；根据2004年统计，在博茨瓦纳约有2000人使用。

迪里姆语　Dirim; Dirin; Dirrim　尼日利亚塔拉巴州（Taraba State）的一种语言，属尼日尔-刚果语系大西洋-刚果语族。根据1992年统计，约有9000人使用。

迪里亚语　Dirya; Diriya　参见"迪里语"。

迪里语　Diri　亦称迪里亚语（Dirya; Diriya）。尼日利亚包奇州的一种语言，属亚非语系乍得语族。根据2000年统计，约有7200人使用。

迪林语　Dilling　通行于苏丹北部、科尔多凡（Kordofan）南部等地的一种语言，属尼罗撒哈拉语系东苏丹语族。根据1984年统计，约有5300人使用。

迪马沙语　Dimasa　通行于印度北卡查区、诺贡区和哈夫隆区等地的一种语言，属汉藏语系藏缅语族。根据2001年统计，使用人口约为11.2万。

迪玛语（埃塞俄比亚）　Dima　参见"迪姆语"。

迪玛语（巴布亚新几内亚）　Dima　巴布亚新几内亚米尔恩湾省（Milne Bay Province）的一种语言，属跨新几内亚语系达甘语族。根据2001年统计，仅有754人使用。

迪米尔语　Dimir　巴布亚新几内亚马当省（Madang Province）的一种语言，属巴布亚语系跨新几内亚语族马当语支。根据2003年统计，约有3820人使用。

迪姆迦语　Dimuga　参见"达迦语"。

迪姆里语　Dimli; Dimili　通行于土耳其欧拉兹戈（Elazig）、宾格尔、迪亚巴克尔省（Diyarbakır）和德国的一种语言，属印欧语系印度-伊朗语族伊朗语支。根据1998年统计，使用人口约为160万。

迪姆语　Dime　亦称迪玛语（Dima）。埃塞俄比亚卡法省（Kaffa）的一种语言，属亚非语系奥摩特语族（Omotic）。根据2007年统计，约有570人使用。

迪沙语　Disa　乍得南部、中沙里区等地的一种语言，属尼罗-撒哈拉语系中部苏丹语族。根据2000年统计，约有2400人使用。

迪塔玛里语　Ditammari; Ditamari　通行于贝宁阿塔科拉省（Atakora）和多哥（Togo）卡拉区（Kara）的一种语言，属尼日尔-刚果语系（Niger-Congo）古尔语族（Gur）。根据2002年统计，该语言使用人口约为15万。

迪乌拉语　Dyula; Dyoula; Diula　通行于布基纳法索（Burkina Faso）科莫埃（Comoé）、凯内杜古（Kénédougou）、乌埃（Houet）和雷拉巴省（Léraba）、科特迪瓦北部和马里的一种语言，属尼日尔-刚果语系芒代语族（Mande）。根据1990年统计，在布基纳法索约有100万人使用；根据1991年统计，在科特迪瓦约有17.9万人使用，在马里约有5万人使用。

迪亚里语　Diyari　参见"迪尔瑞语"。

迪亚语　Dia　巴布亚新几内亚桑道恩省（Sandaun）的一种语言，属巴布亚语系（Papuan）托里切利语族（Torricelli）。根据2003年统计，仅有1835人使用。

迪伊语　Dii　通行于喀麦隆北部省份、阿达马瓦省（Adamawa Province）等地的一种语言，属尼日尔-刚果语系阿达马瓦-乌班吉语族（Adamawa-Ubangi）。根据1982—1997年统计，使用人口约为6万。

迪由韦语　Diuwe　印度尼西亚巴布亚(Papua)苏摩西南的一种语言,属巴布亚语系(Papuan)跨新几内亚语族。根据1999年统计,约有100人使用。

迪兹富里语　Dezfuli; Dezhfili; Dizfuli　通行于伊朗迪兹富勒(Dezful),胡斯坦省(Khūzestān)北部的一种语言,属印欧语系印度-伊朗语族伊朗语支。

丁玻语　Dimbong　喀麦隆中部省份的一种语言,属尼日尔-刚果语系贝努-刚果语族(Benue-Congo)班图语支(Bantu)。根据1992年统计,仅约有140人使用。

丁卡语　Dinka　通行于苏丹南部、尼罗河以东等地的一种语言,属尼罗-撒哈拉语系东部苏丹语族。根据1986年统计,使用人口约为140万。主要有5种方言,分别是东北部丁卡语(Northeastern Dinka)、西北部丁卡语(Northwestern Dinka)、南中部丁卡语(South Central Dinka)、东南部丁卡语(Southeastern Dinka)、西南部丁卡语(Southwestern Dinka)。其中西南方言(Rek)被认为是标准音。参见"东北部丁卡语""西北部丁卡语""南中部丁卡语""东南部丁卡语"和"西南部丁卡语"。

东阿尔冈昆语族　Eastern Algonquian　北美印第安语群阿尔冈昆语系(Algonquian)的一个分支。欧洲人进入美洲前,东阿尔冈昆语族主要分布于北美洲大西洋沿岸和邻近的内陆地区,有17种以上的语言。这一语族许多语言现已灭绝,现存语言仅有马里斯特语(Malist)、密克马克语(Micmac)、盆诺布斯科特语(Penobscot)、帕萨马库迪语(Passamaquoddy)等。

东北部丁卡语　Northeastern Dinka　通行于苏丹南部、萨德东北部等地的一种语言,属尼罗-撒哈拉语系东部苏丹语族。根据1986年统计,使用人口约为32万。

东北高加索语族　Northeast Caucasian　亦称纳克-达吉斯坦语族(Nakho-Dagestanian)。属高加索语系,分布在达吉斯坦、车臣、印古什,以及阿塞拜疆北部和格鲁吉亚东北地区。该语族传统上分为纳克语支(Nakh)和达吉斯坦语支(Dagestanian)。后来学者们认为达吉斯坦语支内部的语言组之间同样存在巨大的差异,所以建议将东北高加索语族分为更多的语支,包括纳克语支、阿瓦尔-安迪语支(Avaro-Andi)、迪多语支(Didoic,亦称Tsezic)、达尔金语支(Dargin)和萨木尔语支(Samur)等。东北高加索语族的特点是具有相对丰富的元音体系,区分声门闭塞音和咽音(喉音)的辅音,具有复杂的名词分类体系和格体系。

东部达玛尔语　East Damar　通行于印度尼西亚达玛岛东部、罗马岛北部和东部、帝汶岛(Timor)东角北部和马鲁古(Maluku)南部的一种语言,属南岛语系(Austronesian)马来-波利尼西亚语族(Malayo-Polynesian)中东部语支(Central-Eastern)。根据1990年统计,约有2800人使用。

东部闪米特语支　East Semitic　已消亡很久的阿卡得语(Akkadian)和埃卜拉语(Eblaite)为代表的一组闪语,属亚非语系(Afro-Asiatic)闪语族(Semitic)。

东罗曼语支　East Romance　印欧语系(Indo-European)意大利语族(Italic)罗曼语支(Romance)的再分支。东罗曼语分支与西罗曼语分支的传统分界线是沿意大利的斯培西亚-里米尼走向划出的同言线(或等语线)。该线以南的巴尔干语,如罗马尼亚语属罗曼语支东分支,但有些罗曼语学者认为该线以南的意大利语诸方言,如中南意大利语(Central-Southern Italian)也应包括在罗曼语支东分支的范围之内。

东切尔克斯语　East Circassian　参见"卡巴尔达语"。

东日耳曼语支　East Germanic　属印欧语系日耳曼语族。包括哥特语(Gothic)、勃艮第语(Burgundian)、汪达尔语(Vandal)等语言,但皆已消亡。现在学者只能从带有东日耳曼语言痕迹的地名来了解这些语言当年的通行范围。

东斯拉夫语支　East(ern) Slavic　属印欧语系斯拉夫语族,包括俄语(Russian)、乌克兰语(Ukrainian)和白俄罗斯语(Belorussian)等语言。俄语分南俄方言和北俄方言,其标准语在莫斯科方言基础上形成。乌克兰语有三种方言:北部方言、西南方言和东南方言,其标准语在东南方言的基础上形成。白俄罗斯语有两种主要方言:东北方言和西南方言,其标准语在位于中间地带的明斯克方言基础上形成。

东苏丹语族　Eastern Sudanic　属尼罗-撒哈拉语系,包括东支、西支、尼罗河流域语支(Nilotic)和库利亚克语支(Kuliak)共4个分支。使用区域包括埃及南部、苏丹、厄立特里亚、埃塞俄比亚、肯尼亚、坦桑尼亚北部、乌干达、刚果等国家。

东吐火罗语　East Tokharian　参见"阿格尼恩语"。

东乡语　Dongxiang　中国东乡族的语言,属阿尔泰语系蒙古语族东支。主要分布在甘肃省以及宁夏回族自治区境内的东乡族自治县。使用人口约有

27万。各地使用的东乡语口语比较一致。东乡语有7个元音和28个辅音;元音和谐音皆已基本消失;复元音较多,无长短元音的对立。词汇方面,固有词汇派生词占一定比例,但许多构词后缀构词能力下降;拥有相当多的汉语借词,还从阿拉伯语和波斯语中吸收了一些与宗教生活有关的词语。语法方面,领格和宾格合并为领宾格,附加成分是-ni;有使用频率不高的方面格和方向格;有鄙视含义的造格用于人称代词。与蒙古语族的其他一些语言相比,东乡语动词的语法范畴较为简单。

冻土涅涅茨语　Tundra Nenets　俄罗斯北部由生活在卡宁半岛和叶尼塞河的涅涅茨人的语言。属乌拉尔语系萨莫耶德语族(Samoyed)。与之接近的一种语言叫森林涅涅茨语(Forest Nenets),两者被视为涅涅茨语的方言,但彼此无法互通。冻土涅涅茨语受科米语(Komi)和北汉特语(Northern Khanty)影响,森林涅涅茨语受东汉特语(Eastern Khanty)影响,而两者均受俄语影响。拼写文字可追溯至20世纪30年代,濒临消亡。

侗台语族　Kam-Tai　参见"壮侗语族"。

杜瓦勒语　Dhuwal　通行于澳大利亚罗珀河(Roper River)、阿南地和澳大利亚北部的一种语言,属澳大利亚语系帕马-恩永甘语族(Pama-Nyungan)。根据2006年统计,约有4100人使用。

杜亚拉语　Duala; Dualla　喀麦隆杜亚拉人的语言,属尼日尔-刚果语系贝努-刚果语族(Benue-Congo)班图语支(Bantu)。使用人数约为8.8万。

多迪亚语　Dhodia　亦称多利阿语(Doria)。属印欧语系印度-伊朗语族(Indo-Iranian)印度雅利安支(Indo-Aryan)。通行于印度古杰拉特、苏拉特(Surat)、瓦尔萨德区(Valsad)、中央邦(Madhya Pradesh)、马哈拉施特拉邦(Maharashtra)、卡纳塔克邦(Karnataka)和拉贾斯坦邦(Rajasthan)等地的一种语言。根据1997年统计,使用人口约为13.9万。

多格拉语　Dogra　亦称多格里语(Dogri)。属印欧语系印度-伊朗语族(Indo-Iranian)印度雅利安语支(Indo-Aryan)。克什米尔查谟邦(Jammu)及其附近地区多格拉人的语言。据统计,1997年使用人口共约210.5万。

多格里语　Dogri　参见"多格拉语"。

多贡语　Dogon　非洲西部沃尔特流域多贡人的语言,主要分布在马里共和国境内。属尼日尔-刚果语系(Niger-Congo),语族和语支所属存争议。

多利阿语　Doria　参见"多迪亚语"。

E

俄语　Russian　俄罗斯族的民族语言,俄罗斯联邦的通用语言,联合国6种工作语言之一。俄语与乌克兰语、白俄罗斯语同属印欧语系斯拉夫语族东支,该语支又同南斯拉夫语支(保加利亚语等)和西斯拉夫语支(波兰语等)共同构成斯拉夫语族。现代俄语的文字为西里尔字母。标准语言以莫斯科方言为基础,标准音在莫斯科音基础上形成。现代俄语包括北部方言、南部方言和中部方言。北部方言分布于俄罗斯欧洲部分的北部与东部以及乌拉尔、西伯利亚大部;南部方言分布于俄罗斯联邦南部;在南北方言区中间,从西北到东南有一个过渡区域,被称为中部方言。目前方言差别正逐步消失。中国的俄语使用者主要分布于内蒙古自治区呼伦贝尔盟额尔古纳右旗、新疆维吾尔自治区伊犁、塔城、阿勒泰地区及等地,所说的语言属俄语南部方言。俄语字母共有33个,表示42个音位,其中元音5个,辅音37个。语音方面,辅音多元音少,辅音群出现率高;大多数辅音是清、浊相对;在非重音节中元音发生明显的弱化;词重音有时随词形变化,因此位置不固定。俄语通过词形变化来表示词与词之间的语法关系以及词在句中的语法功能。俄语的形容词有20多个、甚至30多个形式;名词大都有12种形式,单、复数各有6个格;动词形式包括体、时、态、式、形动词、副动词等;实词一般由词干与词尾两部分构成,词干表示词汇意义,词尾表示语法意义。俄语中相当一部分词语来源于原始印欧语和原始斯拉夫语,还从德语、法语、英语等吸收了一些外来词汇。

额尔齐斯语　Irtysh　西伯利亚西部的一种亚洲语言,属阿尔泰语系突厥语族。

厄尔夫达廉语　Elfdalian　参见"奥夫达廉语"。

厄鲁语　Elu　古典僧伽罗语(Sinhalese)的文学语言,属巴布亚语系(Papuan)。参见"僧伽罗语"。

恩靼卡语　Ndaka; Ndaaka　恩靼卡的一种语言,属尼日尔-刚果语系(Niger-Congo)贝努-刚果语族(Benue-Congo)班图语支。根据1994年统计,使用人口2.5万。作为第二语言使用的人约占刚果民主共和国总人口的25%—40%。

恩大利语　Ndali　坦桑尼亚的一种语言,属尼日尔-刚果语系(Niger-Congo)贝努-刚果语族(Benue-Congo)班图语支。根据2003年统计,使用人口共约22万。

恩多洛语　Ndolo; Ndoolo　刚果民主共和国的一种语言，属尼日尔-刚果语系(Niger-Congo)贝努-刚果语族(Benue-Congo)班图语支。根据2003年统计，共约有8000人使用。

恩呷拉语　Ngala　属巴布亚语系(Papuan)塞皮克语族(Sepik)。通行于巴布亚新几内亚(Papua New Guinea)的东塞皮克(East Sepik)省和安本蒂(Ambunti)区一个村庄的一种语言。根据2003年统计，仅有约180人使用。

恩古尼语支　Nguni　南非恩古尼人的语言，属尼日尔-刚果语系(Niger-Congo)贝努-刚果语族(Benue-Congo)班图语支的分支。恩古尼语包括侯萨语(Xhosa)和祖鲁语(Zulu)两种语言，分布在班图语支地理分布的最南端。

恩卡瑞语　Nkari　尼日利亚的一种语言，一直被认为是伊比比奥语(Ibibio)的一种方言。属尼日尔-刚果语系(Niger-Congo)贝努-刚果语族(Benue-Congo)尼日尔语支(Niger)。根据1998年统计，约有5000人使用。

F

法尔西语　Farsi　亦称现代波斯语。属印欧语系印度-伊朗语族(Indo-Iranian)伊朗语支(Inranian)。主要是伊朗和西部阿富汗的现代语言，书写体为阿拉伯字母。

法兰科-普罗旺斯语　Franco-Provencal　通行于意大利自治区奥斯特山谷(Aosta Valley)、都灵省的阿尔卑斯山谷、瑞士的罗曼底等地区的一种语言，属印欧语系意大利语族(Italic)罗曼语支(Romance)。根据2007年统计，使用人口共约14万。

法兰科-威尼斯语　Franco-Venetian　由古法语和中古威尼斯语混合而成的一种人造文学语言，是法国中世纪行吟诗人为给意大利北部听众诵唱法国中世纪史诗武功歌(chansons de geste)而发展起来的。

法立斯肯语　Faliscan　属印欧语系意大利语族(Italic)拉丁-法立斯肯语支(Latino-Faliscan)。该语言已于公元前150年左右消失。

法罗语　Faroese; Faeroese　北大西洋冰岛及设得兰(Shetland)之间法罗群岛的官方语言，属印欧语系日耳曼语族北支。使用人口共约7—8万，4.8万使用者生活在法罗群岛，2.5万使用者生活在丹麦和其他地方。法罗语是起源于中世纪古西部挪威语言的四种语言之一，另三种语言是冰岛语、挪威语和已灭绝的诺恩语，而诺思语被认为与法罗语相通。法罗语字母表是由拉丁字母组成(见表21)。

表21　法罗语字母表

Aa	Áá	Bb	Dd	Ðð	Ee	Ff
Gg	Hh	Ii	Íí	Jj	Kk	Ll
Mm	Nn	Oo	Óó	Pp	Rr	Ss	Tt
Uu	Ùú	Vv	Yy	Ýý	Ææ	Øø

法那加洛语　Fanagalo　亦称法纳戈洛语(Fanakalo)。南非矿区居民说的一种语言，是祖鲁语、英语和南非荷兰语的一种混杂语言。

法纳戈洛语　Fanakalo　参见"法那加洛语"。

法语　French　法国、比利时、瑞士、加拿大、卢森堡、海地等地的官方语言之一，以及联合国的六种工作语言之一，属印欧语系意大利语族(Italic)罗曼语支(Romance)。法语通行于法国、比利时、加拿大、瑞士、美国的路易斯安那州和缅因州以及其他47个国家。目前全世界有8900万人以法语为母语。法语是很多地区或组织的官方语言(例如联合国、欧洲联盟)。世界上两大法语分支是法国法语和魁北克法语。法文字母表是由拉丁字母组成，共有26个字母，在部分法文的写法中，大写字母并不使用变音符号(见表22)。

表22　法语字母表

Aa	(Àà)	(Ââ)	Bb	Cc	(Çç)	Dd	Ee	(Éé)	(Èè)
(Êê)	(Ëë)	Ff	Gg	Hh	Ii	(Îî)	(Ïï)	Jj	Kk
Ll	Mm	Nn	Oo	(Ôô)	Pp	Qq	Rr	Ss	Tt
Uu	(Ûû)	(Ùù)	(Üü)	Vv	Ww	Xx	Yy	(Ÿÿ)	Zz

法语没有双元音，发每个元音时口型都不滑动，尤其要注意发鼻化元音时不能像汉语韵母似的有延续动作(见图2)。在法语里多出了若干个音符，与字母同时使用，有时候用来表示不同的发音，有时候只是区别不同的语义。

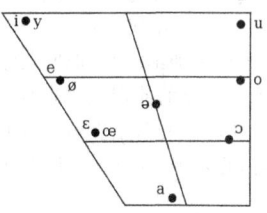

图2　法语元音音素图

法语沃州方言　Vaudois　瑞士法语区沃州使用的法语-普罗旺斯语的一种方言，属印欧语系意大利语族(Italic)罗曼语支(Romance)。

梵语　Sanskrit　　印欧语系最古老的语言之一，属印欧语系印度-伊朗语族(Indo-Iranian)印度雅利安语支(Indo-Aryan)。和拉丁语一样，梵语已经成为一种学术和宗教的专门用语。印度教经典《吠陀经》用梵文写成。其语法和发音均被当作一种宗教仪规而丝毫不差地保存下来。19世纪时梵语成为重构印欧诸语言的关键语种。在印度古代戏剧中，梵语只能出自神仙、婆罗门、国王等高贵人物之口，而妇女等低级人物只允许说方言俗语。在历史上梵语曾使用过一些不同的字母。目前在印度流行天城体(Devanagari)字母；梵语元音分为简单元音、二合元音、三合元音；辅音分为喉音、顶音、齿音、半元音、腭音、唇音、气音和嘘音等；名词有数(单数、双数、复数)，性(阳性、阴性、中性)，格(体格、业格、具格、为格、从格、属格、依格、呼格)的变化；动词变位包括单数、双数、复数；人称有第一、第二、第三人称之分；时态分为现在时、完成时、未完成时、将来时、不定过去时、假定时；语态分为主动、中间、被动；语气分陈述式、命令式、祈使式、虚拟式；语尾分原始和派生两种。梵语文献为人类共有的瑰宝，在世界上所有古代语言中，其数量远远超过希腊语和拉丁语，仅次于汉语。广义的梵语文献包含四吠陀:《夜柔吠陀》、《梨俱吠陀》、《阿达婆吠陀》、和《娑摩吠陀》，大量的梵书、奥义书、经书，两大史诗:《罗摩衍那》和《摩诃婆罗多》以及大量古事记。用典型的古典梵语(也就是狭义的梵语)写成的印度古典文学作品，文采斐然，影响深远。18世纪末至19世纪初，欧洲学者开始对梵语文学作品产生了浓厚的兴趣，开始用近代科学方法研究梵语。印欧语系比较语言学和比较文学史两门学科应运而生。中国的佛经翻译史已达1000多年。唐代出现了一批有关梵语的书籍，如义净撰写的《梵语千字文》、智广撰写的《悉昙字记》、全真集《唐梵文字》、礼言集《梵语杂名》等。总的来说，中国对梵语的研究不够系统，对梵语语法的研究比较薄弱。

方提方言　Fanti　　参见"芳蒂语"。

芳蒂语　Fanti　　亦称方提方言。属尼日尔-刚果语系(Niger-Congo)克瓦语族(Kwa)。西非芳蒂人的语言，主要通行于加纳中部和西部地区，在中南部地区也有使用。主要的使用人群在加纳阿散蒂地区库马西的方提新城。芳蒂语在方提人所建立的王国中是通用语言，也有许多分支。许多方提人会说两种语言。

非亚语系　Afro-Asiatic　　参见"亚非语系"。

非裔美国黑人英语　African American Vernacular English；AAVE　　参见"黑人英语"。

非洲诸语言　African languages　　非洲大陆的语言种类繁多，虽然结构上差异较大，但音位和语法特征上却存在广泛的共同点。音位方面，撒哈拉以南的大多数语言都用声调区别词和语法形式。东非的桑耶语、哈扎语、桑达韦语有吸气音；南非的霍屯督语支(属科伊桑语系)和布须曼语支以及南班图诸语言(如索托语、祖鲁语、科萨语)有吸气音。语法方面，一些非洲语言没有词缀，只有词根词，因而被看作孤立语；一些语言中一个单词甚至能等于英语或其他欧洲语言中的整句话，如斯瓦希里语(Swahili)中可以用 hatutampiga 一个单词表示"我们将不伤害他"这样的完整句子；一些语言是由各种成分组合成词的，有的是屈折语，有的是黏着语。对于非洲诸语言的谱系分类，目前尚无既定标准，在各种分类研究中，格林伯格(Joseph Harold Greenberg)在1963年提出的理论在语言学界较有影响。根据他的划分，非洲大陆超过1500种以上的本土诸语言主要划分为四个语系，分别为亚非语系(Afro-Asiatic)、尼日尔-刚果语系(Niger-Congo)、尼罗-撒哈拉语系(Nilo-Saharan)和科伊桑语系(Khoisan)。

腓尼基语　Phoenician　　通行于地中海沿岸的部分地区的一种语言，属亚非语系(Afro-Asiatic)闪语族(Semitic)。曾通行于地中海沿岸，包含今天的黎巴嫩、以色列、突尼斯等地。现在的希伯来字母、阿拉伯字母、希腊字母、拉丁字母等，都可追溯至腓尼基字母。腓尼基字母像希伯来字母和阿拉伯字母一样，都是辅音字母，没有代表元音的字母或符号，字的读音须由上下文推断。现存语言中与腓尼基语最接近的语言为希伯来语。

斐济语　Fijian　　参见"卢斐济语"。

斐语　Fi　　亦称埃非克语(Efik)。西非尼日利亚卡拉巴尔区(Karabakh region)埃非克人说的语言，属尼日尔-刚果语系(Niger-Congo)贝努-刚果语族(Benue-Congo)尼日尔语支(Niger)。

吠陀梵语　Vedic　　古代印度的一种语言，是梵语(Sanskrit)的早期形式，属印欧语系印度-伊朗语族印度-雅利安语支。该语言是印欧语系最古老语言之一，也是印度教最古老的天启经典《吠陀》的语言。在古印度铁器时代(约公元前600年)，吠陀梵语让位于古典梵语(Classical Sanskrit)。吠陀梵语有双唇擦音 /ɸ/，叫做 upadhmāniya 和软腭擦音 /x/，叫做 jihvamuliya。它们都是 visarga 的同位异音：upadhmaniya 出现在 p 和 ph 之前，jihvamuliya 出现在 k 和 kh 之前。后期的吠陀发音中少数词在短元音上承载了所谓的"独立调值"，可以说"后期"吠陀是"边缘上的"声调语言。

芬兰-乌戈尔语族 Finno-Ugric 亦称芬诺-乌戈尔语族(Finno-Ugrian)。属乌拉尔语系(Uralic)。芬兰-乌戈尔语族分为乌戈尔语支(Ugric)和芬兰语支(Finnic)。乌戈尔语支包括匈牙利语、奥斯恰克语(Ostyak)和沃谷尔语(Vogul)等语言,芬兰语支包括芬兰语(Finnish)、爱沙尼亚语(Estonian)和卡累里亚语(Karelian)等语言。该语族的语言特征是高度的黏着语性质与元音和谐。

芬兰语 Finnish 芬兰人的语言,芬兰两种官方语言中主要的一种,属乌拉尔语系芬兰-乌戈尔语族芬兰语支。除俄罗斯外,世界上只有匈牙利语、芬兰语以及斯堪的纳维亚北部区域的拉普兰方言属芬兰-乌戈尔亚系。与芬兰语最接近的亲属语言有通行于芬兰湾南部和东部区域的卡累利阿语(Karelian)、外坡思语(Veps)、爱沙尼亚语(Estonian)、立沃尼亚语(Livonian)、吕德语(Lude)和沃特语(Vote)。其中爱沙尼亚语和芬兰语使用最为广泛,语法和词汇也比较接近。芬兰语是一种胶着语,名词、动词和形容词都有格的变化。词与词之间的语法关系主要靠词本身的形态变化来表示。根据1993年统计,使用人口约为500万。

芬兰语支 Finnish languages 乌拉尔语系(Uralic)芬兰-乌戈尔语族(Finno-Ugric)的一支。含芬兰语(Finnish)、爱沙尼亚语(Estonian)、卡累利阿语(Karelian)、因格里亚语(Ingrian)、沃尼亚语(Livonian)、路底安语(Ludian)、奥伦涅钦语(Olonetsian)、威泊西亚语(Vepsian)、伏提亚语(Votian)等语言。主要分布在波罗的海沿岸国家,使用人口约700万。

芬宁噶语 Fininga 参见"达尔伏尔达侏语"。

芬诺-乌戈尔语族 Finno-Ugrian 参见"芬兰-乌戈尔语族"。

丰语 Fon 西非几内亚湾沿岸丰人的语言,属尼日尔-刚果语系(Niger-Congo)克瓦语族(Kwa)。根据2006年统计,使用人口共约220万。丰语是一种分析性语言,基本的语序为SVO。丰语共有12个元音音素,22个辅音音素(见表23和表24)。

表23　丰语元音音素表

	前元音 (Front)	央元音 (Central)	后元音 (Back)
闭元音(Close)	i i		u ù
半闭元音(Close-Mid)	e	o	
半开元音(Open-mid)	ɛ ɛ̃		ɔ ɔ̃
开元音(Open)		a ã	

表24　丰语辅音音素表

	唇音	齿龈音	齿龈后音	硬腭音	软腭音	唇软腭音
鼻音	m~b	n~d				
塞音	(p)	td	t͡ʃ	c͡ɟ	kg	k͡p g͡b
擦音	f v	s z		x	ɣ	xʷ ɣʷ

佛拉芒语 Flemish 参见"佛兰芒语"。

佛兰芒语 Flemish 亦称佛拉芒语、弗拉芒语。比利时北部弗兰德地区的方言,比利时的两种官方语言之一(另一种是法语),属印欧语系日耳曼语族(Germanic)西部语支。荷兰语在比利时的使用人数约600多万。加上与其毗邻的荷兰,全球使用总人数约2200万。从13世纪开始,由于繁荣的商业城市不断出现,佛兰芒语的地位逐渐确定下来。历史上比利时、荷兰曾是一个国家,因而佛兰芒语实际上是南部荷兰语。从比利时西部的科特赖克至东部的奥伊彭以北,可以划一条语言分界线,以北为荷兰语区,以南为法语区。首都布鲁塞尔地区为法语和荷兰语混合使用区。为了促进荷兰与比利时北部荷兰语区之间语言和文学一体化,1980年比利时和荷兰两国成立"荷兰语联盟",鼓励在国际上推广荷兰语。此后比利时不再使用佛兰芒语这一名称,而改称荷兰语。

佛兰西语 Francien; Francian 法国北部法兰西岛(Ile-de-France)的中古方言,属印欧语系。该语言最终成为构成法国官方语言的基础。

弗拉芒语 Flemish 参见"佛兰芒语"。

弗里西亚语 Frisian 荷兰弗里斯兰省弗里西亚人的语言,属印欧语系日耳曼语族西支。东弗里西亚方言与诺山伯利语(Northumbrian,古英语方言之一)较接近,而西部弗里西亚方言与肯特方言(Kentish)较密切。

弗留利语 Friulian 意大利北部古弗留利公国地方的一种罗曼希语(Rumansch),属印欧语系意大利语族(Italic)罗曼语支(Romance)。与瑞士恩加丁(Engadine)和格里松两地的鲁曼斯克语有联系,并受到威尼斯语的重大影响。使用人口共约60万,大部分使用者同时能讲意大利语。弗留利语受到邻近语言如德语、意大利语、威尼斯语和斯洛文尼亚语的影响。基于同源关系,弗留利语有时亦称东拉迪恩语。弗留利语已知在11世纪经已出现,而诗、文学作品可追溯至1300年。弗留利语共有32个字母(见表25)。

表 25 弗留利语字母表

A a	(Â â)	B b	C c	(Ç ç)	D d	E e	(Ê ê)
F f	G g	H h	I i	(Î î)	J j	K k	L l
M m	N n	O o	(Ô ô)	P p	Q q	R r	S s
T t	U u	(Û û)	V v	W w	X x	Y y	Z z

伏尔特语族 Voltaic 参见"古尔语族"。

福克斯语 Fox 属北美印第安语群阿尔冈昆语系中部阿尔冈昆语族(Central Algonquian)。通行于美国与加拿大之间大湖区。根据2007年统计，使用人口约为700。

福摩萨语族 Formosan 参见"台湾原住民语族"。

富拉语 Fula; Fulani 从塞内冈比亚、几内亚至喀麦隆、苏丹一带的富拉人的语言，属尼日尔-刚果语系大西洋语族(Atlantic)。通行于乍得湖、塞内加尔等地。根据2007年统计，使用人口约为2500万。

G

噶罗语 Garo 汉藏语系藏缅语族博多-噶罗语支(Bodo-Garo)的一种语言。主要通行于印度梅加拉亚邦啊(Meghalaya)噶罗丘陵地区，在印度阿萨姆邦(Assam)、特里普拉邦(Tripura)和孟加拉国的部分地区也有人使用。根据2001年统计，实用人口共约有100万，其中印度有88.9万，孟加拉国有13万。噶罗语包括众多方言，各种方言之间互通性较高。历史上噶罗语曾采用孟加拉文和阿萨姆文书写，如今主要采用拉丁文书写，词汇体系中包含不少孟加拉语、阿萨姆语和英语的借词。

盖尔语 Gaelic 爱尔兰西部的一种语言，爱尔兰共和国的官方语言，属印欧语系凯尔特语族(Celtic)戈伊德尔语支(Goidelic)。盖尔语包括爱尔兰盖尔语和苏格兰盖尔语，是进行学校教育的标准语言形式。根据2011年统计，爱尔兰盖尔语使用人口共约13万。苏格兰盖尔语主要通行于苏格兰的沿海零星地区和赫布里底群岛(Hebrides)。16世纪爱尔定居者的后裔使用这种语言。自8世纪以来一直存在，中世纪时随移民从爱尔兰被带到苏格兰。苏格兰盖尔语的许多特点和爱尔兰语相似。元音分长短，辅音有软腭音和硬腭音之分。词形变化复杂。句法结构的显著特点是动词位于句首。书写系统为拉丁字母。根据2001年统计，使用人口约为5.9万。

盖拉语 Galla 奥罗莫语(Oromo)的旧称，现已弃用，但仍常见于旧文献中。参见"奥罗莫语"。

刚果语 Kongo; Congo 亦称基刚果语(Kikongo)。生活在刚果民主共和国、刚果共和国和安哥拉热带雨林的巴刚果族和班顿杜族人的语言，属尼日尔-刚果语系(Niger-Congo)贝努-刚果语族(Benue-Congo)班图语支(Bantu)。刚果语是刚果民主共和国、刚果共和国和安哥拉等国的官方语言，被认为是中非西部的通用语言。使用人口共约650万，且有约500万把它作为第二语言使用。

高地德语 High German 属印欧语系日耳曼语族西支。原为德国南部和中部的德语，现为标准德语，德国、奥地利的官方语及瑞士官方语之一。德语主要分为高地德语(高地指阿尔卑斯山和临近的德国南部山区)和低地德语。高地德语属西日耳曼语，是通用的书面语，采用了低地德语的某些发音规则；主要用于德国、奥地利、列支敦士登、瑞士、卢森堡等国。在瑞士和卢森堡，"高地德语"特指标准德语。该语言经历了三个发展阶段：公元8—12世纪的古高地德语(Old High German)；12—15世纪的中高地德语(Middle High German)和现代高地德语。

高地日耳曼诸语言 High Germanic; High German languages; Hochdeutsch 属印欧语系日耳曼语族西语支。通行于德国的中南部、瑞士、列支敦士登(Liechtenstein)、卢森堡、奥地利以及邻近的比利时、法国、意大利、波兰部分地区。在其他国家和地区(如罗马尼亚、俄罗斯、美国、阿根廷以及纳米比亚)散居的一些犹太人亦说该语言。高地(high)指德国南部山区及阿尔卑斯山区，与低地(low)相对，后者指北部海岸地区。高地日耳曼可分为上部日耳曼和中部日耳曼。

高加索语系 Caucasian 黑海和里海之间的高加索山脉四周存在一个复杂的语群，包含约40种语言，区分本地语言和外来语言。本地的高加索语系按照地域划分为三个语族，分别为西北高加索语族(Northwest Caucasian)、东北高加索语族(Northeast Caucasian)和南高加索语族(Southern Caucasian)。使用人口共约800万，期中一半以上居住在格鲁吉亚。高加索语语群语言的普遍特点是存在大量复杂的辅音组，Ubykh语的辅音甚至多达80个。高加索语群的外来语言包括一些属于印欧语系、亚非语系闪语族以及阿尔泰语系突厥语族和蒙古语族的语言。

高卢罗曼语 Gallo-Romance 分布于法国、意大利北部、圣马力诺、摩纳哥、英吉利海峡诸岛以及部分比利时和瑞士等地的一系列语言，包括法语和意大利北部诸语言，属印欧语系意大利语族（Italic）罗曼语支（Romance）西分支（West-Romance）。西罗曼语分支和东罗曼语分支都从古意大利语，尤其是拉丁语发展而来。西罗曼语分支还包括西班牙语、加里西亚语（Galician）、葡萄牙语、加泰罗尼亚语（Catalan）等，东罗曼语分支包括罗马尼亚语、意大利语。根据戴维·达尔比（David Dalby）的分类，高卢罗曼语包括七个语种：高卢瓦隆语（Gallo-Wallon）、法语、法兰科普罗旺斯语（Franco-Provençal; Arpitan）、罗曼什语（Romansh）、拉汀语（Ladin）、弗留利语（Friulian）和伦巴第语（Lombard）。

高卢语　Gaulish　一种已消亡的凯尔特语，属印欧语系凯尔特语族（Celtic）大陆凯尔特语支（Continental Celtic）。通行于古罗马帝国、法兰克人及不列颠凯尔特人入侵前的高卢。人们可以从发现于法国及比利时各处的上百个墓碑、石柱、纪念碑上了解这种语言，其中最著名的，就是发现于法国与瑞士边界安河畔（Ain）的科利尼历法。高卢语是一种大陆凯尔特语言，具有相当复杂的曲折语形。高卢语由法国历史学家咯特（A. Lot）等人重建。一些学者认为高卢语与拉丁语颇为相似。高卢语存在了几世纪，才被之后盛行的拉丁语完全取代。在某些地区，它甚至残存到法兰克人入侵的时间。根据许多高卢语碑铭及文稿可知，高卢语属一种 P 型凯尔特语支的语言，即当另一个语支 Q 型凯尔特语支的凯尔特语言保留了早先印欧语系的辅音 kw 或 k 时，高卢语已将它们转为 p。被记载下的高卢语都是由外来者带来的字母写成，希腊字母、拉丁字母以及爱屈利亚字母都曾被用来书写高卢语。

高棉语　Khmer　亦称柬埔寨语（Cambodian）。柬埔寨官方语言，属南亚语系（Austroasiatic）孟-高棉语族（Mon-Khmer）。在柬埔寨约 1300 万人使用高棉语，在泰老挝和越南两国也有约 200 万的使用者。高棉语以金边方言为标准语，共有 33 个辅音、27 个元音和 12 个独立元音。现代高棉语也吸收了不少外来语，其中包括巴利语、梵语、汉语、法语、越南语、泰语等。高棉语属分析型语言，语法意义主要由词序与功能词表示。古高棉文源自印度南部，自 6 世纪以来，高棉文化进行了 10 次文字改革，使得古高棉文和现在的柬埔寨文有很大差异。1863—1953 年法属殖民地期间，法殖民主义者强行以法语为官方语言。1953 年柬埔寨独立后，柬埔寨语重新成为官方语言，柬埔寨文重新成为全国通用文字。

戈兰语　Goran　亦称达萨语（Daza）、达萨嘎语（Dazaga）。参见"达萨语"和"达萨嘎语"。

哥特语　Gothic　哥特族人的语言，已消亡。属印欧语系日耳曼语族东日耳曼语支（East Germanic）。大约公元 4 世纪开始为人们所关注。哥特语共有 27 个字母，大部分由希腊安塞尔文字派生而来，少数来自拉丁字母等。哥特语的文字体系大体与拉丁字母和希腊字母类似。保存至今的哥特语文献很少，现存最古老和最重要的哥特文献是公元 4 世纪时由希腊语圣经译成的西哥特语圣经（Wulfila's Bible）。

格兰尼语　Gorani　伊朗库尔德斯坦南部和伊拉克库尔德斯坦地区人们使用的一系列西北伊朗语方言，属印欧语系印度-伊朗语族（Indo-Iranian）伊朗语支（Inranian）。根据 2007 年统计，使用人口约为 20—30 万。

格鲁吉亚语　Georgian　格鲁吉亚的官方语言，属高加索语系南高加索语族。主要通行于格鲁吉亚、阿塞拜疆、土耳其东北部和伊朗一些地区。在格鲁吉亚有 390 万（总人口 83%）作为第一语言，另外在伊朗、土耳其、俄罗斯和美国等地，有 20 万人使用。格鲁吉亚语方言包括：伊美利田语（Imeretian）、拉夏雷昆语（Racha-Lechkhum）、古里安语（Gurian）、阿贾尔语（Ajarian）、伊美赫耶夫语（Imerkhev，在土耳其）、卡特里安语（Kartlian）、卡赫提安语（Kakhetian）、印吉罗语（Ingilo）、图什语（Tush）、赫夫苏尔语（Khevsur）、莫克赫夫语（Mokhev）、普夏夫语（Pshav）、姆提乌勒语（Mtiul）、弗杰丹语（Ferjeidan，在伊朗）、梅斯赫蒂语（Meskhetian）。其文字系统始于公元 5 世纪，以古西亚阿拉米语（Aramaic）文字为基础。格鲁吉亚语的特点包括：(1)语音系统较简单，有 5 个元音、28 个辅音；(2)曲折变化和作格系统丰富，名词有六个格，无宾格，有动者格，没有性；有三个时态，修饰性形容词和名词的格一致；(3)动词与主语和宾语相一致；(4)动词的体由动词前缀表示等。

古阿卡得语　Old Akkadian; Accadian　公元前 2800 年至公元前 650 年在美索不达米亚地区使用的一种古语言，已消亡，属亚非语系闪语族。

古低弗兰科尼亚语　Old Low Franconian　亦称古荷兰语（Old Dutch）。属印欧语系日耳曼语族西日耳曼语支（West Germanic），是现代荷兰语和佛兰芒语（Flemish）的祖先。

古典拉丁语　Classical Latin　古罗马帝国公元前 1 世纪至公元 2 世纪的官方语言，属印欧语系意大利语族拉丁-法利希语支（Latino-Faliscan）。拉丁语的发展经历了古拉丁语时期（约公元前 75 年前）、古典拉丁语时期（约从公元前 75 年-公元 175 年）、后拉丁语时期（约公元 175 年—600 年）、中世纪拉丁语（约从公元 600 年—1500 年）和现代拉丁语时期（从公元 1500 年至今）。"古典拉丁语"是文学书面体语言，与其相对的是罗马帝国时期民众使用的口语体拉丁语——"通俗拉丁语"（Vulgar Latin）。"古典拉丁语"和"通俗拉丁语"在词汇、语法、发音上都有差别。古典拉丁语有 23 个字母，其中 21 个从埃特鲁斯坎字母派生而来；到中世纪，字母 i 分化为 i 和 j，v 分化为 u、v 和 w，这样就产生了 26 个罗马字母，与现代英语字母相同。

古尔语族　Gur　亦称沃尔特语族（Voltaic）。属尼日尔-刚果语系。语言分布在西部非洲，具体从马里（Mali）的东北部和科特迪瓦的北部经布基纳法索（Burkina Faso）、加纳（Ghana）、多哥（Togo）、贝宁（Benin）北部到尼日利亚（Nigeria）西北部，约有 70 种语言。其中，莫雷语（Moré）在瓦加杜古（Ouagadougou）等地使用，是布基纳法索的主要本土语言。古尔语族的语言属声调语言，名词用后缀标明类别，并要与动词保持一致。

古荷兰语　Old Dutch　参见"古低弗兰科尼亚语"。

古教会斯拉夫语　Old Church Slavonic　参见"教会斯拉夫语"。

古拉语　Gulla　以英语为基础的克里奥耳语（creole）。在美国沿佐治亚州（Georgia）、南卡罗莱纳州（South Carolina）和佛罗里达东北部（North-eastern Florida）等岛或海岸地区使用。它具有和其他大西洋克里奥耳语一样的许多特征：（1）不同的词表示不同的时态（tense）和体（aspect），例如：[1] He go come 表示 He will come 或 He would come。[2] He duh come 表示 He is coming 或 He was coming。[3] He done come 表示 He has come 或 He had come。（2）代词比一般英语的代词具有更强的概括力（more inclusive），例如：He see um 表示 He or she saw him/her/it。（3）从属子句（subordinate clauses）用 say 引导，例如："Uh tell you say he done come"表示"I told you that he has/had come"等。

古尼彦迪语　Gooniyandi　属澳大利亚语系（Australian）布努班语族（Bunaban）古尼彦迪语支。通行于澳大利亚西澳洲（Western Australia）菲茨罗伊河（Fitzroy Crossing）地带的一种土著语言，濒临灭亡。根据 2006 年统计，使用人口约为 410。与布努班语十分接近，是布努班语族仅有的两种语言。古尼彦迪语字母于 1984 年采用拉丁字母系统，并于 1990 年、1994 年修改。其语法中没有性的区别，但有大量格，是作通格语言。

古诺尔斯语　Old Norse　参见"古斯堪的纳维亚语"。

古斯堪的纳维亚语　Old Scandinavian　亦称古诺尔斯语（Old Norse）。公元前 1000 年居住在斯堪的纳维亚地区日耳曼族人的语言，已消亡，属印欧语系日耳曼语族。古斯堪的纳维亚语是现代北日耳曼诸语言（North Germanic），如丹麦语、法罗语、冰岛语、挪威语、瑞典语的祖先。古斯堪的纳维亚语开始时用如尼文字（runic characters），后用罗马字母，古代冰岛著名文学作品集《埃达》和《萨迦》用古斯堪的纳维亚语写成。

古西伯利亚诸语言　Paleo-Siberian　参见"古亚细亚语系"。

古希腊共通语　Koine　属印欧语系古希腊语族（Hellenic）。罗马帝国时期的语言，主要作为宗教语言使用。其形成基础是阿提卡方言（Attic），即通常所说的雅典语，并将爱奥尼亚（Ionic）等方言的特点融合到雅典语中。共通语的产生是由于越来越多的非希腊本族人开始学习希腊语，其不同于雅典语的最大之处在于语法简化，并从拉丁语和塞姆语（Semitic）中借用了大量词汇。用共通语写成的文学作品最有名的为《圣经》的《新约全书》。时至今日，东正教还在使用这部圣经。

古希腊语　Hellenic；Greek　公元前 9 世纪至公元 6 世纪所有口头、笔头古希腊语族的方言，尤指公元前 776–公元前 323 年间的古希腊语，属印欧语系古希腊语族。古希腊语是荷马史诗使用的语言，包括著名诗篇《奥德赛》和《伊利亚特》。古希腊语是雅典黄金时期希腊文学与哲学的语言载体，纪录圣经《新约》的语言以及现在数学和科学的基础与先驱。古希腊语罗马帝国第二官方语言。古希腊语早期文本以牛耕式方法书写，但在古典时期从左至右成为标准。古希腊语文本的现代版本通常用希腊语变音符号、词间空隙、现代标点符号以及混合的大小写来书写，这些都是后来介入的。

古亚细亚语系　Paleo-Asiatic　亦称西伯利亚诸语言、古西伯利亚诸语言、极北诸语言。主要分布于亚洲西伯利亚地区，包括三个语族和一种独立语言：叶尼塞语族（Yeniseian）、卢奥拉维特兰语族、尤卡基尔语族以及独立的吉利亚克语（Gilyak，亦称尼夫赫语 Nivkh），使用人口共约 2.5 万。语言学家将它们归为一个语系，主要是出于地理方面的考虑及描述时的便利，并不意味着这些语族之间存在历史上的传承关系或彼此间的亲属关系。叶尼塞语族是原本分布在西伯利亚中部叶塞河流域的一个语族，原有六种语言，后来逐渐消亡，目前仅存凯特语（Ket），约有 600 人使用。楚科奇-堪察加语族（Chukotko-Kamchatkan）包括楚科奇语（Chukchi）、科里亚克语（Koryak）和其他几种使用人口很少的语言,其中楚科奇语的使用者目前约为3000人,科里亚克语在2001年时约有5200人的使用者。尤卡吉尔语族(Yukaghir)中仅存北尤卡吉尔语和南尤卡吉尔语,其他均已消亡。独立语言吉利亚克语的使用者约4000—5000人。西伯利亚诸语言以前没有文字。19世纪20至30年代以来,尚存的西伯利亚诸语言都逐步建立自己的标准语,并采用了以西里尔字母为基础的文字。

古亚细亚诸语言 Paleo-Siberian 参见"古亚细亚语系"。

古英语 Old English 参见"盎格鲁撒克逊语"。

瓜拉尼语 Guarani 源自南美洲原住民的瓜拉尼人的语言,属中南美印第安语群图皮语系(Tupian)。瓜拉尼语和西班牙语同属巴拉圭(Paraguay)的官方语言。瓜拉尼语主要通行于巴拉圭,在巴西、玻利维亚、乌拉圭等国家也有少数人使用,使用人口共约700万。瓜拉尼语语音简单,多采用主动式句法结构。瓜拉尼语字母以拉丁字母为基础,其中有一个特别的字母G̃。瓜拉尼语没有性的区别或定冠词,但因受西班牙语的影响,瓜拉尼语有时会将 la 用作单数定冠词,将 lo 用作众数定冠词,这用法不见于纯粹的瓜拉尼语(Guaraniete)中。瓜拉尼语的基本语序为"主词-动词-受词(SVO)";介词多为后置词;名词领属者、指示词、数词等皆置于其所修饰的名词前,但形容词置于其所修饰的名词后。瓜拉尼语的词干分属 areal 类(其中 aireal 类为 areal 类的子类)和 chendal 类等。此外,瓜拉尼语的动词变位会因动词词干的辅音是口音(oral)或鼻音(nasal)而有所不同。瓜拉尼语及物动词的人称层级越高的越优先使用。人称层级:第一人称＞第二人称＞第三人称(根据主受词中出现的人称来决定使用词缀的人称);功能层级:施事者(使用 areal 类词缀)＞受事者(使用 chendal 类词缀)。只有在施事者和受事者在人称层级上相等时,才根据功能层级来决定要使用施事者(使用 areal 类词缀)还是受事者(使用 chendal 类词缀)的一致词缀。瓜拉尼语的动词否定可由加环缀(circumfix)n(d)(V)-X-(r)i 的方式来构造(中间的 X 为包含其他词形变化的动词词干)。当动词词干为口音动词词干时,环缀中加于动词前的部分的形式为 nd-;当动词词干为鼻音动词词干时,环缀中加于动词前的部分的形式为 n-。在动词的人称一致前缀为第二人称单数时,e 这个元音会插入人称一致与否定之间;而在动词的人称一致前缀为第一人称众数包含形时,插入的元音则为 a。当动词词干以-i 结尾时,环缀中加于动词后的部分的形式为-ri;在其他状况下则皆为-i(见表26)。

表26 瓜拉尼语动词变化表

口音词干动词 japo(意即"作、做")	鼻音词干动词 kororõ(意即"吼、打鼾")	以-i 结尾的动词 jupi(意即"上升")
nd-ajapó-i	n-akororõ-i	nd-ajupí-ri
nde-rejapó-i	ne-rekororõ-i	nde-rejupí-ri
nd-ojapó-i	n-okororõ-i	nd-ojupí-ri
nda-jajapó-i	na-ñakororõ-i	nd-ajajupí-ri
nd-orojapó-i	n-orokororõ-i	nd-orojupí-ri
nda-pejapó-i	na-pekororõ-i	nda-pejupí-ri
nd-ojapó-i	n-okororõ-i	nd-ojupí-ri

H

哈尔魁梅林语 Halkomelem 自加拿大不列颠哥伦比亚到美国华盛顿北部地区的印第安人使用的一种语言,属北美印第安语群萨利希语系(Salishan)。根据2011年统计,加拿大的使用者约有570人。根据1997年统计,美国仅有25人使用。

哈卡莱语 Hakha Lai 亦称哈卡钦语(Haka Chin)、莱语(Laiholh; Lai; Baungshe)。属汉藏语系藏缅语族。缅甸钦州(Chin)首府哈卡(Hakha)地区莱族人(Lai)使用的语言,但使用者主要集中在印度东部的米佐拉姆邦(Mizoram),在孟加拉国也有少数使用者。缅甸钦州(Chin State)没有官方语言,哈卡莱语在大多数时候作为共通语使用。根据1991—2001年统计,使用人数约为13万。

哈卡钦语 Hakha Chin 参见"哈卡莱语"。

哈拉米语 Hawrami; Horami 格兰尼语(Gorani)的方言,属印欧语系印度-伊朗语族伊朗语支(Inranian)。与其他格兰尼语方言一样,具有与库尔德方言迥异的音韵特征。被认为是最古老的格兰尼语方言。主要在伊朗西部(伊朗库尔德地区)以及伊拉克东北地区(伊拉克库尔德地区)使用。根据1996年统计,使用人口约为4万。参见"格兰尼语"。

哈萨克语 Kazakh; Kazak 哈萨克族的语言,属阿尔泰语系(Altaic)突厥语族(Turkic)西北支。与其他属突厥语族的民族语言,如吉尔吉斯语(Kirghiz)、维吾尔语、土库曼语(Türkmen)等非常类似。哈萨克语广泛分布在哈萨克斯坦共和国、前苏联的中亚地区以及中国新疆维吾尔自治区,也在阿富汗、伊朗、蒙古、土耳其等国使用。根据2007年统计,使用人口约1100万。哈萨克族原来使用以阿拉伯字母为基础的文字。1940年,前苏联境内的哈萨克族开始采用以西里尔字母为基础的文字;1964年,中国境内开始使用以拉丁字母为基础的新哈萨克文,其中辅音字母24个,元音字母9个。从15世纪开始,古代哈萨克人普遍使用以阿拉伯字母拼写的哈萨克文和现代哈萨克语。哈萨克语从阿拉伯、波斯、汉、蒙古、俄等语言中吸收了一些词汇。中国哈萨克语大体上分为东北和西南两种方言。1954年,中国哈萨克族修订了以阿拉伯文为基础的哈萨克文字母表,并从1982年起,恢复使用现行的以阿拉伯文为基础的哈萨克文字。哈萨克文有33个字母,其中元音字母9个,辅音字母24个。拼写时以词为单位从右往左连写,每个字母的写法因在词里的位置的不同而略有变化,有词首、词中、词末三种变体。

海湾语系 Gulf languages 属于北美印第安语群的一个语系,于20世纪后期由一些学者提出。主张该语族的学者将北美印第安语群中的摩斯科语系(Muskogean)降为语支,归入海湾语系。此外,海湾语系还包括其他一些目前已经消亡的语言,如纳切斯语(Natchez)、图尼卡语(Tunica)、阿塔卡帕语(Atakapa)等。

韩语 Korean 亦称韩国语。参见"朝鲜语"。

汉泰亚系 Tai-Chinese 汉藏语系的一个假定亚系。含汉语及泰语族两个分支,另一分类法是汉泰语族(泰语不作为一个单独语族)。

汉特语 Khanty;Khanti;Hanty 亦称奥斯恰克语(Ostyak)。俄罗斯汉特人的语言,属乌拉尔语系芬兰-乌戈尔语族(Finno-Ugric)乌戈尔语支(Ugric)。主要通行于汉特-曼西(Khanty-Mansi)地区,使用人口共约1.2万。汉特语的显著特点是方言众多,且在发音、形态、语义上有较大差异,使各方言间不易相互理解。

汉语 Chinese 属汉藏语系汉语族(Sinitic),是汉藏语系中使用人口最多的语言。汉语又称"华语",是汉民族的母语,是中国(含内地和港澳台)和新加坡的官方语言,也是世界上使用人数最多的语言;主要通行于中国、新加坡、马来西亚以及缅甸、泰国、美国、加拿大、澳大利亚、新西兰、日本等国的海外华人社区,使用人口约占全球人口的20%。汉语是联合国初创时的官方语言,1973年被确定为六大工作语言之一。现代汉语有标准语(普通话)和方言之分。普通话以北京语音为标准音、以北方话为基础方言、以典范的现代白话文著作为语法规范。方言主要分为官话、赣语、吴语、湘语、粤语、客家话、闽语七种。汉语包含书面语以及口语两部分。书面古汉语称为文言文,现代书面汉语一般指现代标准汉语。汉语是分析性语言,属声调语言;其文字系统为汉字,是一种意音文字,表意的同时也具有一定的表音功能。一般来说,一个汉字就代表一个音节。汉语中以元音为主,多数音节以元音结尾,同时单个元音也可构成一个音节,相反辅音则不能单独构成音节。现代汉语普通话有22个声母(含零声母)和35个韵母,区分阴平(level)、阳平(rise)、上声(fall-rise)和去声(fall)四个声调,但在汉语的各个方言中情况可能有所不同,如粤方言包含9个声调;动词没有屈折形态变化,时体范畴由主词表示;语法意义与语义关系主要依赖语序与虚词表达。

汉语族 Sinitic 汉藏语系(Sino-Tibetan)中的两大语族之一,另一语族为藏缅语族(Tibeto-Burman),是世界上使用人数最多的语族,仅汉语的使用人口就多达12亿。语言使用者主要分布在中国、东南亚地区,以及遍及世界各地的华人移民群体。对于汉语族的进一步划分,国内学界认为是汉语族仅包含汉语一个语支,汉语支再分为官话,以及赣语、吴语、湘语、粤语、客家话、闽语等方言。但部分西方学者认为除官话以外的方言亦属本语族的独立语言,因而汉语族分为北支(Northern Chinese),以及赣语支、吴语支、湘语支、粤语支、客家语支、闽语支等若干语支。近年来,还有学者主张将谱系归属不明的白族人语言(Macro-Bai)纳入汉语族。研究发现,分布于中国云南、贵州等地的白族人所使用的一些方言相互间不能顺利沟通,但包含深受汉语相关方言影响的语言特征。国内外学界对于汉语诸方言的研究也有诸多新发现,譬如提出了巴蜀方言、广西平话等新分类,闽方言、吴方言被识别出更多的细分区片,部分方言被认定具有过渡地带的双重特征;粤方言被区分为互不通用的广州话和台山话。

汉藏语系 Sino-Tibetan 旧称印度支那语系(Indochinese)。以汉语、藏语和缅语为代表性语言的一个语系,内部语言成员间存在明显的亲缘关系。从语言使用者的规模看,使用人口超过10亿,属世界第二大语系,使用人口仅次于印欧语系。汉藏语系有约300种语言,分为汉语族(Sinitic)和藏缅语族(Tibeto-Burman)两个语族。但有些学者认为,汉藏语系的覆盖面不仅于此,他们把泰语(Tai或Daic)、克伦语(Karen)、苗瑶语(Hmong-Mien或Miao-Yao),以及西伯利亚中部的羯语(Ket)都归入汉藏语系。他们将汉藏语系的语族由两个扩展为4个,包括汉语族、藏缅语族、苗瑶语族(Miao-Yao)和壮侗语族(Tai-Kadai)。此外,还有学者认为,汉藏语系与南亚语系(Austroasiatic)的孟-高棉语族(Mon-Khmer)及南岛语系(Austronesian)均存在一定的关系,因而提出覆盖范围更广的华澳语系(Sino-Austric)提法。甚至还有一些语言学家认为汉藏语系和美洲印第安语群的阿萨巴斯卡语系（Athabascan 或 Athabaskan）有关联。汉藏语系的主要特点包括：(1)在语音上，每个音节有固定的声调，且声调能区别词汇意义。(2)在语法上，词序和虚词为表达语法意义的重要手段。词序比较固定，虚词种类较多，在句中表示各种语法意义。词类上有量词，其作用主要在于表示事物的单位和动作行为的量。(3)在词汇上，除藏缅语族有些语言（如嘉戎语、景颇语等）有较多的多音节单纯词外，汉藏语系大多数语言的词主要由单音节的单纯词和多音节的复合词组成。

汉志阿拉伯语　Hejazi Arabic　亦称西部阿拉伯语（West Arabian Arabic）。沙特阿拉伯西部地区的阿拉伯语的一种方言，属亚非语系闪语族。尽管在汉志地区有两种不同的方言，即贝多因乡间方言和城区方言，但该名称主要指的是吉达、麦加、延布和麦地那等城市的城区方言。根据 1996 年统计，使用人口约为 600 万。

豪萨语　Hausa　苏丹中部及尼日利亚北部豪萨人的语言，属非亚语系（Afro-Asiatic）乍得语族（Chadic）。豪萨语有 7 个元音、30 个辅音、4 个声调和长短音，名词有阴、阳性及单、复数的变化。在西非各地被广泛用为商业语言，与北非的阿拉伯语、东非的斯瓦希里语（Swahili）共同构成非洲最重要的三大语言。主要分布于尼日利亚北方 10 个州和尼日尔、贝宁、加纳、喀麦隆等国及乍得湖沿岸。根据 2007 年统计，母语使用人数约为 3400 万，第二语言使用人数约为 1800 万。

郝雷罗语　Herero　非洲西南部郝雷罗人语言，属尼日尔-刚果语系（Niger-Congo）贝努-刚果语族（Benue-Congo）班图语支（Bantu）。郝雷罗人是游牧部落民族，据传在 18 世纪沿坦噶尼喀湖（Lake Tanganyika）游牧而来，与邻近部落发生战争，奴役许多较小的部落，其领土在 1885 年被德意志帝国的殖民者侵占，命名为"德意志西南非洲（German South-West Africa）"。1903 至 1907 因反抗德意志帝国统治，该区域的郝雷罗人几近灭绝。郝雷罗人现主要聚居于纳米比亚、博茨瓦纳和安哥拉；据 2013 年估计，人口共约有 25 万，均使用郝雷罗语。标准赫雷罗语用于纳米比亚媒体，而且是全国学校的语言课程之一。

河皮语　Hopi　参见"霍皮语"。

荷兰语　Dutch　荷兰的官方语言，比利时的官方语言之一，属印欧语系日耳曼语族西支。分布于荷兰、比利时（在比利时也称弗拉芒语）、苏里南（Surinam）、南非以及加勒比海荷属安的列斯群岛（the Antilles Islands）。荷兰语的使用总人口约 2000 万。荷兰语起源于原始日耳曼语，其发展经历了三个时期：古荷兰语（约 1100 前）、中古荷兰语（1100—1500）、近代荷兰语（约始于 1600 年）。荷兰语有 13 个元音，19 个辅音，单词重音一般落在第一个音节上。荷兰语比其他任何日耳曼语言都更接近英语。由于荷兰语名词的格已经消失，语法形式比德语简单，许多词尾屈折形式已经脱落。名词分单、复数。动词有三种语气：直陈、虚拟、祈使；有过去分词和现在分词。代词有三种人称之分。荷兰语文字采用拉丁字母，拼写法比英语简单、有规则。

赫尔尼西亚语　Hernician　亚平宁山区古意大利人的语言。公元前 484 年赫尔尼西亚人被古罗马人征服，赫尔尼西亚语也逐渐被拉丁语所取代。

赫蒙-棉语族　Hmong-Mien　参见"苗瑶语族"。

赫梯语　Hittite　分布在小亚细亚一带，由外来的原始印欧人带入，并非小亚细亚的本土固有语言，属印欧语系已经消亡的安纳托利亚语族（Anatolia）。赫梯语存在于公元前 1800—前 700 年。语音方面，赫梯语保留了印欧语的腭音，当赫梯人离开了印欧人共同体后，这些腭音中的一部分变成了咝音；赫梯语有在其他印欧语言中已经消失的喉头音。词汇方面，虽然赫梯语保留了印欧语言中的一些古词语特征，但许多词语跟印欧词语并无同源关系，其原因是赫梯人很早就从印欧人社团中分化出来，而且分离的时间特别长。语法方面，赫梯语的语法系统比印欧语中印度-伊朗诸语言和希腊语的语法系统都更简单。赫梯语的名词有性别、数量和格的变化。修饰名词的形容词的性、数、格的变化和它修饰的名词一致。赫梯语的名词、形容词有阳性与中性两种属性。在名词屈折变化方面，赫梯语在形式上跟拉丁语和希腊语很相似；前接成分人称代词-mu、-ta、-ʃi 很像拉丁语的 me、te、se；主动动词的词形变化与希腊语中的-mi 动词的词形变化非常相似。

黑脚语　Blackfoot　参见"布莱克福特语"。

黑人英语　Black English；Black Vernacular；Black English Vernacular（BEV）；Black Vernacular English（BVE）　亦称非裔美国黑人英语（African American Vernacular English；AAVE）。美洲英语的一种方言，属印欧语系日耳曼语族。具有与其他南美英语相同的语法和音韵。但也有许多非洲克里奥耳语方言的特点。该语言在许多文学作品中被广泛地使用。

黑森语　Hessian　德国中部黑森州人的方言，属印欧语系日耳曼语族西支。德国其他州（如巴伐利亚州)的边境地区亦说黑森语。黑森方言的一些特征与德国中西部方言存在着很大的差异,在德国其他地区被认为是难以理解的独特语言,有时被看作是没文化的或野蛮人的语言,因此偶尔成为喜剧主题。与黑森语最为相似的方言是属莱茵法兰克亚科的普法尔茨州德语。

胡利安语　Hurrian　古代两河流域美索不达米亚(Mesopotamia)北部已消亡的两个语言之一。另一个已经消亡的语言是坦尼(Mitannian)。二者统称为苏巴利亚语(Subarean)。胡利安人被认为是公元前2000—前1200年散居在中东的古代非闪族人。大约公元前1500年胡利安语的使用范围扩大到叙利亚北部的地中海沿岸。用胡利安语撰写的祭司文本享誉安纳托利亚(Anatolia)中部。胡利安语是一种黏着语,词根通常位于单词的开头。名词形式由"词根＋词干元音＋派生后缀＋关系(格)后缀"构成。动词后缀表明时态/体,否定,语态等。胡利安语大约于公元前1000年消失,随后与之有一定关联的乌拉尔图语(Urartian)开始在安纳托利亚东部使用。

湖帕语　Hupa　美国加利福尼亚西北部印第安湖帕人(the Hoopa Valley Tribe)的语言,属北美印第安语群阿萨巴斯卡语系(Athabascan)。湖帕人在湖帕区居住历史超过4000年。1864年美国政府在此建立了一个保留地,即湖帕谷(Hoopa Valley)。根据2000年调查统计,美国仅有2633个湖帕人。

华隆语　Wallon　参见"瓦隆语"。

华人马来语　Chinese Malay　参见"马来语"。

霍皮语　Hopi　亦称河皮语。美国亚利桑那州最东北部地区在印第安保留地生活的霍皮人的语言,属北美印第安语群乌托-阿兹台语系(Uto-Aztecan)。"霍皮"意为"平和的人们"。根据2010年统计,美国霍皮人口约为6800万。霍皮语没有时态之分,可采用不同的时间概念。"萨皮尔-沃尔夫假说"正是美国语言学家沃尔夫(Benjamin Lee Whorf)在对霍皮语研究的基础上提出的。

霍齐语　Hozi　参见"埃拉米特语"。

J

基奥瓦-塔诺亚语系　Kiowa-Tanoan　北美印第安语群的一个语系,主要的语言包括基奥瓦语(Kiowa)、提瓦语(Tiwa)、特瓦语(Tewa)和托瓦语(Towa),通行于新墨西哥州。也有学者认为提瓦语、特瓦语和托瓦语共同构成塔诺亚语系(Tanoan),而应把基奥瓦语归入乌托-阿兹台语系(Uto-Aztecan languages)。

基刚果语　Kikongo　参见"刚果语"。

基隆迪语　Kirundi　参见"隆迪语"。

基切语　K'ichee'; Quiché; K'iche'　危地马拉中央高地基切人的语言,属北美印第安语群玛雅语系东部语支。在危地马拉,基切语是仅次于西班牙语的第二大语言,全国约7%的人口使用该种语言。

基斯瓦希里语　Kiswahili　亦称斯瓦希里语(Swahili)。属尼日尔-刚果语系(Niger-Congo)贝努-刚果语族(Benue-Congo)班图语支(Bantu)。斯瓦希里语是坦桑尼亚的唯一官方语言,肯尼亚和刚果民主共和国的国家官方语言之一,是赞比亚、卢旺达、马拉维、南非、乌干达、布隆迪、莫桑比克、津巴布韦、索马里等国家的重要交际语。以斯瓦希里语为母语的使用者约有100万,但总的使用人口约5000万。根据语言发展趋势推测,不少语言学家认为斯瓦希里语极有可能成为整个非洲地区的通用语言。1728年,斯瓦希里语开始以阿拉伯字母拼写。19世纪中叶受到欧洲殖民者的影响,改用拉丁字母拼写。斯瓦希里语有a、e、i、o、u五个元音,26个辅音。其字母表中缺少c、q和x,但有它独特的字母。音节大多数是开音节。单词重音一般在倒数第二个音节上。斯瓦希里语语法范畴繁多、词形变化复杂。名词有八类,单、复数的变化体现在词首部分。各类名词有主语前缀和宾语中缀。动词有使役式、趋为式、反义式、状态式等;句子结构为"主语＋主语前缀＋时态＋宾语中缀(可以省略)＋动词＋宾语"。斯瓦希里语从阿拉伯语吸收了大量词汇,语言的名称"斯瓦希里"来自阿拉伯文سواحلي(Sawahil),意为"濒海地区"。

基西语　Kisii; Gusii; Guzii　肯尼亚西部基西人的一种语言,属尼日尔-刚果语系(Niger-Congo)贝努-刚果语族(Benue-Congo)班图语支(Bantu)。部分基西人同时使用卢奥语(Luo)。根据2009年统计,使用人口约为2200万。

吉巴语　Jiba; Jibe; Jibi　属尼日尔-刚果语系(Niger-Congo)贝努-刚果语族(Benue-Congo)尼日尔语支(Niger)。通行于尼日利亚塔拉巴州(Taraba State)、高原州(Plateau State)、包奇州等地的一种语言。根据1977年统计,约有2000人使用。

吉卜赛语　Gypsy　欧洲和其他地区,包括美国的吉卜赛人的一种方言,属印度-伊朗语族(Indo-Iranian)印度雅利安语支(Indo-Aryan)。现在吉卜赛人分布在东欧和西欧许多国家以及美国。据粗略估计,吉卜赛人有500—600万左右。根据有关吉卜赛语的详尽研究,有些学者指出吉卜赛人的祖先来自印度。约在11世纪,吉卜赛人开始向西迁移。吉卜赛语从希腊语、亚美尼亚语和波斯语吸收了一些词汇。随着吉卜赛人和社区其他人群的广泛接触,当地方言受到了其他语言的很大影响。吉卜赛语和梵语以及印度诸语言有许多共同之处。

吉布语　Jibu；Jibanci；Jibawa　尼日利亚塔拉巴州(Taraba State)的一种语言,属尼日尔-刚果语系(Niger-Congo)贝努-刚果语族(Benue-Congo)尼日尔语支(Niger)。根据1997年统计,使用人口约为3万。

吉杜语　Jiiddu；Jiddu　通行于索马里下谢贝利湾和中祖巴地区的一种语言,属亚非语系库施特语族(Cushitic)。根据2006年统计,使用使用人口约为2.3万。

吉尔布语　Jilbe　尼日利亚博尔诺州(Borno)的一种语言,属亚非语系乍得语族(Chadic)。根据1999年统计,使用者仅有约100人。

吉尔吉斯语　Kirghiz；Kirgiz；Kyrgyz　亦称柯尔克孜语。属阿尔泰语系(Altaic)突厥语族(Turkic)西北支。吉尔吉斯语与俄语同是吉尔吉斯斯坦共和国的官方语言,通行于阿富汗东北部大帕米尔山区、中国新疆西南地区、土耳其卡尔斯省(Kars)和瓦省地区以及巴基斯坦、哈萨克斯坦、塔吉克斯坦、乌兹别克斯坦等地。在中国,主要分布于新疆维吾尔自治区西南部克孜勒苏柯尔克孜自治州。使用总人口约为500万。吉尔吉斯语与中国的柯尔克孜语基本一致,差别多表现在新词术语的使用上。吉尔吉斯语有八个短元音、六个长元音、22个辅音。元音和谐严整,辅音同化现象较多。重音落在词的最后一个音节上。名词有数、格、领属人称和谓语性人称,动词有态、式、时、数、人称、形动词、副动词等语法范畴。词汇中与畜牧业有关的词很丰富,有来源于汉语、阿拉伯语、波斯语、蒙古语、俄语等语言的借词。中国新疆的柯尔克孜族人使用以阿拉伯字母为基础的文字,有30个字母。前苏联的吉尔吉斯族人使用以斯拉夫字母(Slavic)为基础的文字,有36个字母。

吉库尤语　Kikuyu；Gikuyu　肯尼亚中部地区的吉库尤族人的语言,属尼日尔-刚果语系(Niger-Congo)贝努-刚果语族(Benue-Congo)班图语支。使用人口约为600万,占肯尼亚总人口的22%。吉库尤语为班图语支萨基图(Thagichu)分支的五种语言之一,主要包括四种方言,可相互听懂,分别为基里尼亚加(Kirinyaga)、穆兰加(Muranga)、涅里(Nyeri)以及基安布(Kiambu)。吉尤库语的书写系统是经过修改的拉丁文字母表,与英语字母表相比,缺少字母f、l、p、q、s、z,共有20个字母。

吉利亚克语　Nivkh　参见"尼夫赫语"。

吉林木语　Jilim　巴布亚新几内亚马当省(Madang Province)的一种语言,属巴布亚语系跨新几内亚语族。根据2000年统计,仅有647人使用。

吉鲁语　Jiru；Zhiru　尼日利亚塔拉巴州(Taraba State)的一种语言,属尼日尔-刚果语系(Niger-Congo)贝努-刚果语族(Benue-Congo)尼日尔语支(Niger)。根据2000年统计,共有3416人使用。

吉米语　Jimi　喀麦隆远北省的一种语言,属亚非语系乍得语族。根据1992年统计,约3500人使用。

吉纳语　Jina　喀麦隆远北省的一种语言,属亚非语系乍得语族。根据2004年统计,约有1500人使用。

吉热尔语　Jirel；Jirial　通行于尼泊尔纳拉亚尼专区(Narayani Zone)、蓝毗尼(Lumbini)和呐瓦罗帕喇希(Nawalparasi)等地的一种语言,属汉藏语系藏缅语族。根据2000年统计,约有7100人使用。

吉塔语　Jita　坦桑尼亚马腊地区(Mara)的一种语言,属尼日尔-刚果语系(Niger-Congo)贝努-刚果语族(Benue-Congo)班图语支(Bantu)。根据2005年统计,使用人口约为21万。

吉韦拉-派佩沙语　Jwira-Pepesa　加纳西南角的一种语言,属尼日尔-刚果语系(Niger-Congo)克瓦语族(Kwa)。根据2003年统计,使用人口约为1.8万。

吉由语　Jju　尼日利亚卡杜纳州(Kaduna State)等地的一种语言,属尼日尔-刚果语系(Niger-Congo)贝努-刚果语族(Benue-Congo)尼日尔语支(Niger)。根据2014年统计,该语言使用人口约为57万。

吉语系　Gê；Gean；Jê；Jean；Ye　巴西中部地区土著吉族人的语言,属中南美印第安语群。主要语言包括凯恩冈语(Kaingang)、查万特语(Chavante)等。

吉兹语　Ge'ez　参见"兹语"。

极北诸语言　Paleo-Siberian　参见"古亚细亚语系"。

加拉提亚语　Galatian　参见"迦拉太语"。

加 jiā （世界语言）

加勒比语　Carib　属中南美印第安语群加勒比语系（Cariban）。语言通行于委内瑞拉、巴西、法属圭亚那、圭亚那、苏里南（Surinam）等国。总使用人口共约1万，其中3/4来自委内瑞拉。加勒比语采用拉丁语字母表，由17个字母组成。

加里西亚语　Galician　通行于西班牙西北部的加里西亚自治共同体和葡萄牙的一种语言，属印欧语系意大利语族（Italic）罗曼语支（Romance）。加里西亚语和葡萄牙语紧密相连，是西班牙官方语言之一，使用人口约300—400万。词汇方面，虽然有些重要词汇来源于日耳曼语族和凯尔特语族的语言，但大部分单词来源于拉丁语。加里西亚语很多词有两种形式，一种类似葡拼法，一种类似西语拼法。读音规则大体同西班牙语言相同。

加茂语　Jiamao　中国海南省五指山附近的一种语言，属汉藏语系壮侗语族（Tai-Kadai）黎语支（Hlai/Li）。根据1987年统计，使用人口约为5.2万。

加那利西班牙语　Canarian Spanish　参见"欧洲西班牙语"。

加泰隆语　Catalan；Català；Catalonian　亦称加泰罗尼亚语。通行于西班牙加泰罗尼亚（Catalonia）、巴伦西亚（Valencia）、穆尔西亚（Murcia）等地区的一种语言，西班牙官方语言之一，属印欧语系意大利语族（Italic）罗曼语支（Romance）。在西班牙、法国、安道尔和意大利该语言的使用者约为1200万，其中大部分使用者在西班牙。唯一以加泰隆语为唯一官方语言的国家是安道尔。加泰隆语在巴利阿里群岛、巴伦西亚和加泰罗尼亚也具备官方语言地位。加泰隆语在公元12世纪曾经是阿拉贡（Aragon）王国的官方语言。加泰隆人文化教育水平较高，民族意识十分强烈。随着1978年重新恢复自治，加泰隆语成为加泰罗尼亚地区经济和教育的主要使用语言。加泰隆语被认为与西班牙语和通行法国南部的奥克西坦语（Occitan）十分相近，书写体系采用拉丁字母拼写。加泰隆语重音多数在倒数第二个音节上（单元音及单元音＋s结尾的词，-en、-in结尾的词）。假如末音节有重音符或是双元音，则重音在末音节。以-an、-on、-un结尾的词重音就在这些音上。加泰罗尼亚语中非人类名词和抽象名词有阳性和阴性两种形式：el llibre（书，阳性），la taula（桌子，阴性），冠词包括定冠词和不定冠词（见表27和表28）。

表27　加泰隆语定冠词表

名词	阳性	阴性
单数	el, l'	la, l'
复数	els	les

表28　加泰隆语不定冠词表

名词	阳性	阴性
单数	un	una
复数	uns	unes

基本语序为"主-动-宾"（SVO）。定语形容词一般后置，但一些最常用的形容词前置，如bondinar（好午餐）。不少形容词既可前置，亦可后置，但意义有区别。前置时通常带有主观评价意味，这一点与法语相似。加语字母表是由拉丁字母组成，使用了全部26个字母和10个加了附加符号的变体（见表29）。

表29　加泰罗尼亚语字母表

A a	(À à)	B b	C c	(Ç ç)	D d	E e	(É é)	(È è)
F f	G g	H h	I i	(Í í)	(Ï ï)	J j	K k	L l
M m	N n	O o	(Ó ó)	(Ò ò)	P p	Q q	R r	S s
T t	U u	(Ú ú)	(Ü ü)	V v	W w	X x	Y y	Z z

加泰罗尼亚语　Catalonian　参见"加泰隆语"。

迦拉太语　Galatian　亦称加拉提亚语。属印欧语系凯尔特语族。该语言存在于公元前300年至公元400年，目前已不再使用，主要出现在碑文、借词和地名中。

迦勒底现代阿拉米语　Chaldean Neo-Aramaic　参见"迦勒底语"。

迦勒底语　Chaldean　亦称迦勒底现代阿拉米语（Chaldean Neo-Aramaic）。属亚非语系（Afro-Asiatic）闪语族（Semitic）阿拉米语（Aramaic）语支，是阿拉米语东部方言之一。主要通行于伊拉克，在其他国家也有移民使用。总使用人口约20.6万，其中大多数为迦勒底天主教会的信徒。迦勒底语书写体系采用叙利亚文字母表（Syriac alphabet）。

迦摩缕波语支　Kamarupan　属汉藏语系藏缅语族（Tibeto-Burman）。语支名称"迦摩缕波"来源于梵语，意为"阿萨姆"。语言主要分布在印度阿萨姆邦（Assam），以及缅甸和孟加拉国的部分地区。主要的语言包括柯比语（Karbi/Mikir）、梅泰语（Meitei/Manipuri）和姆伽语（Mru）等。

迦南语支　Canaanite　属亚非语系（Afro-Asiatic）闪语族（Semitic）。语言包括希伯来语（Hebrew）、腓尼基语（Phoenician）、亚扪语（Ammonite）、摩押语（Moabite）、埃多姆语（Edomite）等，曾通行于巴勒斯坦、叙利亚沿海地区以及分散在地中海沿岸的一些殖民地。除希伯来语，所有其他迦南语都已消失。希伯来语是犹太人的民族语言，一直在宗教仪式和文学作品中使用。公元前70年罗马人毁掉了犹太人的都城耶路撒冷,犹太人被迫流落世界各地,致使希伯来语作为口语逐渐消失(但作为书面语继续存在于犹太人的文学和宗教活动中)。到19世纪后半叶,在立陶宛犹太青年耶胡达(Eliezer Ben Yehuda)的努力和影响下,希伯来语作为日常用语在犹太人中重新复活。目前对迦南语的研究主要通过希伯来语的《圣经》文本考察以及对古代碑文的研究。

嘉莱语 Jarai 越南嘉莱族人的语言,属南岛语系马来-波利尼西亚语族亚齐语-占语语支。根据2007—2008年统计,嘉莱族人口约26万。主要居住在西原地区的嘉莱省(Gia Lai)和昆嵩省以及多乐省(Đắk Lắk)北部,是西原地区人口最多的一个民族,也是当地最古老的民族之一。

嘉涅拉语 Janela 参见"代戈语"。

嘉绒语 Jiarong; Jyarung; Gyarong; Gyarung; Chiarong; Jarong 中国四川中部以北的一种语言,属汉藏语系藏缅语族藏语支(Tibetic)。根据1999年统计,使用人口约为8.3万。

贾胡特语 Jah Hut 马来半岛居民的一种语言,属南亚语系(Austroasiatic)孟-高棉语族(Mon-Khmer)。约有5100人使用,主要分布在塞迈(Semai)瓜拉吉挠(Kuala Krau)和彭亨(Pahang)。

贾姆贾姆语 Jumjum 苏丹上尼罗省(Upper Nile)北部的一种语言,属尼罗-撒哈拉语系(Nilo-Saharan)东苏丹语族(Eastern Sudanic)尼罗河流域语支(Nilotic)。根据2000年统计,使用人口约为5万。

柬埔寨语 Cambodian 参见"高棉语"。

角陀语 Jorto 尼日利亚高原州(Plateau State)等地的一种语言,属亚非语系乍得语族。根据2000年统计,使用人口约为1.7万。

角乌鲁语 Jowulu 通行于马里第三地区等地和布基纳法索(Burkina Faso)的一种语言,属尼日尔-刚果语系芒代语族(Mande)。根据2002年统计,使用人口约为1万。

教会斯拉夫语 Church Slavonic 亦称古教会斯拉夫语(Old Church Slavonic),或古保加利亚语(Old Bulgarian)。属印欧语系斯拉夫语族南斯拉夫语支,是最早有记载的斯拉夫书面语言。教会斯拉夫语是保加利亚东正教会、马其顿东正教会、俄罗斯东正教会、塞尔维亚东正教会以及其他斯拉夫东正教教会的礼拜仪式语言。教会斯拉夫语最早出现在公元九世纪,由圣西里尔(St. Cyril)与梅索迪斯(Methodius)所翻译的《福音书》和其他宗教文本中。其语言基础是马其顿诸方言,并吸收了希腊语的词汇和语法,采用格拉哥里字母(Glagolitic alphabet)和西里尔字母(Cyril)书写,格拉哥里字母有41个,西里尔字母有43个。音位则有38个音位,包含11个元音和27个辅音。辅音中有两个可当元音的特殊音位,被称为流音。词汇构成方面:教会斯拉夫语有名词、动词、形容词、数词、副词、代词、前置词、语气词、感叹词、连接词,其中名词、数词、代词、及形容词统称为静词,主要形态变化为变格;动词的主要形态变化为变位。变格分为名词变格及代词变格两种,名词变格共有七格:主格、属格、与格、宾格、工具格、位格、呼格。性则分为阳性、阴性、中性。数则分为单数、复数、双数。现代斯拉夫语只剩斯洛文尼亚语及文德语尚保有双数。名词变格有六类型,依据词干的最后一音位命名。代词分为人称代词、指示代词、物主代词、疑问代词四种;其变格则分人称代词变格及非人称代词变格。与现今斯拉夫语不同,它没有第三人称代词。形容词变格有短尾及长尾之分,又各有硬变化及软变化两种变体。短尾变格见于名词,可做谓语及定语用;长尾变格见于代词,只能做定语用。数词则分基数词与序数词。动词特点:动词区分为式(不定式、目的式、陈述式、命令式、条件式)、时(现在时、将来时、过去时)、人称(第一、二、三人称)、数(单数、双数、复数)、性(阳性、阴性、中性)、体(完成体、未完成体)、态(主动态、被动态)及形动词,没有副动词。将来时有一个简单式及两个复合式;过去时则有不定过去时、未完成时、完成时、过去先行时四种。人称变位在三种时态里都存在。目的式现仅存于斯洛文尼亚语及文德语低地方言中。

捷克语 Czech 捷克共和国的民族语言,属印欧语系斯拉夫语族(Slavic)西支。通行于境内波西米亚(Bohemia)、摩拉维亚(Moravia)和西里西亚(Silesia)西南地区、奥地利、保加利亚、加拿大、以色列、波兰、罗马尼亚、斯洛伐克和美国等地,使用总人口约为1200万。捷克语的拼写系统在拉丁语字母表的基础上添加了变音符号,用以标示拉丁语中不存在的辅音以及元音的长短;共有42个字母,有7个变格和6个变位,单复数变化不一样。此拼写系统后被其他使用拉丁字母拼写的斯拉夫语言所采纳,如斯洛伐克语(Slovak)、斯洛文尼亚语(Slovene)和克罗地亚语(Croatian)。捷克方言以中捷克、哈纳、莱赫、摩拉维亚四大方言为主。捷克语里,q,w字母一般不出现,多以kv,v代替,x和g一般也作为外来词使用。语音方面,在捷克语中,"l"、"m"和"r"可以同时担当元音和辅音的角色。这种现象,语言学上称之为"自鸣音"。据统计,捷克语的形态多达超过200种,这些不同的形态,使句子内的词语可以任意自由组合,而不用担心语序的问题。12—16世纪,随着捷克语的词汇、语法发展,和"共同的"斯拉夫语言的差异日益增大。捷克语的最早文字记录，见于11、12世纪波希米亚地区拉丁文手抄本上的零星注释。最早的捷克语文献出现于13世纪下半叶。14世纪开始有捷克文书写的历史、文学、法学和哲学著作。

羯语　Ket　亦称凯特语。曾通行于西伯利亚中部叶尼塞河流域的古西伯利亚语（Siberian）的一种语言，属古亚细亚语系（Paleo-Asiatic）叶尼塞语族（Yeniseian）。羯语是叶尼塞语族保存下来的唯一的一种语言，但也正面临消亡。截至1989年只有537人仍在使用这种语言。学界有观点认为叶尼塞语族和汉藏语系同源，而中国古代的匈奴、羯等民族和使用叶尼塞语族语言的民族有同源关系。羯语采用西里尔字母书写（见表30）。

表30　羯语字母表

Аа	Бб	Вв	Гг	Ґґ	Дд	Ее	Ёё
Жж	Зз	Ии	Йй	Кк	Ll	Лл	Мм
Нн	Ӈӈ	Оо	Ɵө	Пп	Рр	Сс	Тт
Уу	Фф	Хх	Цц	Чч	Шш	Щщ	Ъъ
Әә	Ыы	Ьь	'	Ээ	Юю	Яя	

景颇-怒-卢伊语支　Jingpo-Nungish-Luish　属汉藏语系藏缅语族（Tibeto-Burman）。语言包括景颇语（Chingpo/Jingpo/Kachin）、怒语（Nungish）、卢伊语（Luish），主要分布在中国云南、缅甸北部和印度东北部地区。该语支中的景颇语尤其受到研究者的重视，它比较完好地保留了原始藏缅语言（Proto-Tibeto-Burman）的前缀特点。

景颇语　Chingpo; Jingpo; Kachin　在缅甸亦称卡克钦语。景颇族人的语言，属汉藏语系藏缅语族景颇语支。景颇族有景颇和载瓦两种方言，属汉藏语系的两个不同分支：前者属景颇语支，后者属缅彝语支。虽然景颇语和载瓦语分别属于不同语支，两者在一些古老的词和一些基本的语言成分上有着同源的关系。景颇语的动词形态颇为复杂，动词的后缀表示主语和宾语的人称和数。除景颇语外，有的景颇族还使用缅语支的载瓦语、浪速语、勒期语和博多语，使用人数94万。景颇语有31个声母，88个韵母。元音i、e、a、o、u各分松紧，构成10个单元音韵母和带-i、-u韵尾的8个复合元音韵母以及带辅音音尾的70个韵母。辅音韵尾有七个：-m、-n、-ŋ、-p、-r、-k等。有4个声调：55、33、31、51，其中51调出现较少。双音节词的前一音节大多弱化。语法意义主要以虚词和词序进行表达。通过重叠使用疑问代词表示不定量的复数。动词的使动态分为分析式和屈折式。通过屈折变化综合体现谓语的"人称""数""式""方向"等语法意义。当前通行的景颇文由西方传教士约翰逊夫妇于19世纪创制，以拉丁字母为基础，属拼音文字。1949年，中国语言学家对景颇文进行了改革。当前通行的景颇文共有23个字母，多数音位用单字母和双字母表示，少数用三个字母表示。20世纪50年代以来，中国出版了景颇文报纸，课本以及政治、经济、文学、历史等方面的书籍。语言学家认为，景颇语和中国藏南地区的一些语言呈现密切的亲属关系。

警察莫图语　Police Motu　参见"希里莫图语"。

喀克其奎语　Kaqchikel; Kaqchiquel; Cakchiquel; Cakchiquiel　中部危地马拉的喀克其奎人的语言，属北美印第安语群玛雅语系基切-马梅语族，与基切语和苏都伊语有很近的关系。根据1998年统计，使用人口约为45万。

卡巴尔达语　Kabardian　亦称卡巴尔迪语（Qabardi）、东切尔克斯语（East Circassian）。属高加索语系西北高加索语族切尔克斯语支（Circassian），主要通行于俄罗斯卡巴尔达-巴尔卡尔共和国（Kabardin-Balkar Republic）和卡拉恰伊-切尔克斯共和国（Karachai-Cherkess Republic）、土耳其及中东的一些地区。根据2010年统计，使用人口约为160万。卡巴尔达语书写体采用西里尔字母（Cyrillic alphabet）。该语言有47—48个辅音，擦音多达22—23个；有四个格：作格、主格、工具格以及状格（adverbial）（见表31）。一些动词的位置连接词能表示动词词根的变化（见表32）。

表31　卡巴尔达语格变化表

格	后缀	范例
主格	-p -r	дзэр dzar
作格	-м -m	дзэм dzam
工具格	-klə -cçʼa	дзэклə dzacçʼa
状格	-уэ -wa	дзэуэ dzawa

表32　卡巴尔达语格动词词根变化举例

身体位置/姿势	站	坐	躺
	щыт (ʃət)	щыс ((ʃəs)	щылъ ((ʃəɬ)
在…之上	тет (tajt)	тес (tajs)	телъ (tajɬ)
在…之下	чIэт (cçʼat)	щIэс (cçʼas)	щIэлъ (cçʼaɬ)
在…之中	хэт (xat)	хэс (xas)	хэлъ (xaɬ)
在…区域内	дэт (dat)	дэс (das)	дэлъ (daɬ)
在…之后	Iут (wət)	Iус (wəs)	Iулъ (wəɬ)

卡巴尔迪语 Qabardi　　参见"卡巴尔达语"。

卡累利阿语 Karelian; Kariela　　通行于俄罗斯西北卡累利阿共和国(Republic of Karelia)和俄罗斯各地以及相邻的芬兰共和国的一种语言，属乌拉尔语系芬兰-乌戈尔语族(Finno-Ugric)芬兰语支(Finnic)。卡累利阿语是一种与芬兰语非常接近的语言，或被认为是芬兰语的一种方言。根据2010年统计，使用人口共约3.5万。尽管卡累利阿共和国官方试图制订标准语，但目前卡累利阿语仍无标准语。卡累利阿语书写形式按照方言口语书写。

卡里迪安纳语 Karitiana　　巴西亚马逊地区朗多尼亚州(Rondônia)首府韦柳港以南90公里的土著卡里迪安纳人的语言，属中南美印第安语群图皮语系(Tupian)。根据2006年统计，仅有约210人使用。

卡里穆伊语 Karimui　　参见"达迪比语"。

卡伦津语 Kalenjin　　通行于肯尼亚、乌干达东部和坦桑尼亚北部的一种语言，属尼罗-撒哈拉语系(Nilo-Saharan)东苏丹语族(Eastern Sudanic)。卡伦津语内部有四大分支，目前没有证据显示分支之间有内在的联系，同分支使用者相互之间存在理解困难。卡伦津人是东非肯尼亚民族之一，约于200年前从埃塞俄比亚和苏丹迁入。卡伦津人的历史悠久，但族称直到新近才有。几十年前，英国殖民当局开始在该地区用尼罗特语广播"我告诉你"节目，不久把当地讲尼罗特语的各部落统称"卡伦津"(即"我告诉你"的缩音)。卡伦津人内部成分比较复杂，包括大小十若干个部落，彼此之间差异较大。其中以基普西吉人人数最多，其次是南迪人。卡伦津各部落没有统一的权力组织，处于分散状态。部落由长老会议推选出分管祭祀、司法和军事的三个首领进行领导，部落内部保持男子按年龄划分等级的制度。卡伦语包括12种属于南尼罗语族的语言，使用人口共约250万。

卡纳达语 Kanarese　　亦称坎纳达语(Kannada)。通行于印度西南卡纳塔克邦(Karnataka，旧称迈索尔邦：Mysore)的一种语言，属达罗毗荼语系(Dravidian)南部语族(South Dravidian)泰米尔-坎纳达语支(Tamil-Kannada)。根据1998年统计，母语使用人口共约4000万。根据2007年统计，第二语言使用人口约为110万。卡纳拉语是世界上使用最为广泛的40种语言之一。最早的文字记录可以追溯到6世纪，由梵文天城体(Sanskrit devanagari)演化而来。某些方言中，不位于单词开头的弱化音节里有元音脱落的现象。卡纳达语拥有20种地区方言，至少3种社会方言：婆罗门方言、非婆罗门方言以及贱民方言。此外，还有正式与非正式、文学与口语两种语言之分。根据语言专家委员会的建议，印度政府在文化部的许可下，正式将卡纳达语列为古典语言。2011年7月成立了古典卡纳达语研究中心，构成印度语言研究中心的重要组成部分，旨在推动该语言的相关研究。

卡普齐语 Kapucha　　亦称伯支达语(Bezhta)。属高加索语系东北高加索语族迪多语支(Didoic)。使用者约为6000人，主要分布在俄罗斯达吉斯坦共和国。与东北高加索语族其他语言元音匮乏现象不同，卡普齐语不仅辅音系统丰富，元音系统也很丰富，多达18个。动词形态变化相对简单，属作格语言(ergative language)。

卡斯蒂利亚西班牙语 Castilian Spanish　　参见"卡斯蒂利亚语"。

卡斯蒂利亚语 Castilian　　亦称卡斯蒂利亚西班牙语(Castilian Spanish)。❶西班牙语的别名，即西班牙语的统称，包括西班牙欧洲本土、拉美、加那利等地所使用的西班牙语。❷指西班牙广播电视播音员所使用的标准西班牙语。❸指欧洲西班牙语的一种方言，在西班牙中部和北部地区使用。加斯蒂利亚(Castile)是西班牙历史上的古国，疆界概念相对模糊；现代西班牙王国即由该古国发展壮大、兼并扩张而形成当前版图。加斯蒂利亚语在西班牙所有方言中享有最为显赫的地位。参见"西班牙语"和"欧洲西班牙语"。

卡特维尔语族 Kartvelian　　参见"南高加索语族"。

卡尤加语 Cayuga　　卡尤加人的语言，属北美印第安语群易洛魁语系(Iroquoian)北支。卡尤加部落属易洛魁联盟(Iroquoian Confederacy)，位于安大略格兰德里弗(Grand River)地区的卡尤加(Cayuga)和欧瓦斯科湖(Owasco Lakes)之间，分布在奥农达加(Onondaga)东部和塞内卡(Seneca)的西部。根据2011年统计，母语人口仅为250人左右，其中最年轻的使用者年龄在40岁上下。卡尤加语有两种变体，低卡尤加语方言(the Lower Cayuga dialect)和高卡尤加语方言(the Upper Cayuga dialect)。两者区别主要在表现为前者有/gj/音，后者有/dj/。卡尤加语有五个口腔元音 以及/i:/、/a:/、/o:/和/e:/四个长元音，还有/ē/、/o/和/ā/三个鼻元音。部分卡尤加人加入了圣力嘉(Seneca)部，逐渐改说圣力嘉语，还有一部分卡尤加人随其他易洛魁人西进，定居在俄克拉荷马的东北部，并在那里发展出一种卡尤加语的变体，但该变体已于20世纪80年代后消亡。2010年加拿大政府启动了卡尤加语言维持项目，该项目得到了伍达语"。

康巴方言 Khams Tibetan 参见"康巴藏语"。

康巴藏语 Khams Tibetan 亦称康巴方言。藏东、川西、滇西等北康巴地区的藏语方言。参见"藏语"。

康沃尔语 Cornish; Kernowek; Kernewek; Curnoack 英国西南部的康沃尔郡(Cornwall)的一种语言,属印欧语系凯尔特语族(Celtic)布立吞语支(Brythonic)。在加拿大和澳大利亚有少量人作为第二语言使用。康沃尔语与同属布里索尼语支的威尔士语和布列塔尼语(Breton)最为接近,康沃尔语约有80%的基本词汇与布列塔尼语共有,75%与威尔士语共有。康沃尔语作为凯尔特语族的一员,拥有其他凯尔特语言的许多特征,介词的曲折变化以及VSO的语序。康沃尔语曾于1777年失去最后一位母语使用者,面临濒临消失的可能。但在20世纪初始,康沃尔语被成功复苏,被列入《关于区域性语言或少数群体语言的欧洲宪章》。据估计,现在约有3500位康沃尔语使用者,能流利使用康沃尔语,约占康沃尔郡总人口的一半。康沃尔语拥有其他凯尔特语言的许多特征,包括:字首辅音交替。康沃尔语的第一个辅音会根据上下文的语法产生变化。相对于威尔士语的三种变化与爱尔兰语的两种变化,康沃尔语共有四种辅音交替的变化,分别为软化(如 b → v)、硬化(如 b → p)、气化(b 不变,但 t → th),及混合(b → f)辅音交替(见表33)。

表33 康沃尔语的辅音交替表

原型	软化交替	气化交替	硬化交替	混合交替
p	b	f		
t	d	th		
c, k	g	h		
b	v		p	f
d	dh		t	
g¹	消失		c, k	h
g²	w		c, k	wh
gw	w		qw	wh
m	v			f
ch	j			

柯尔克孜语 Kirgiz 参见"吉尔吉斯语"。

科尔多凡语族 Kordofanian 属尼日尔-刚果语系。语族分为四个语支,分别是(Talodi-Heiban)、(Katla- Rashad)、(Kaku)和(Lafofa)。包括大约包括20多种语言,使用人口在20万以上,主要分布在东非苏丹中部科尔多凡(Kordofan)地区南部的

德兰(Woodland)文化中心的大力支持,人们可以免费下载卡尤加语电子词典。据2012年统计,有79人能够说流利的卡尤加语。参见"易洛魁语族"。

凯尔特语族 Celtic 属印欧语系。在其发展过程中,曾包括大陆凯尔特语支(Continental Celtic),所属各种语言古时曾在西欧广泛使用,但目前已基本灭绝。目前凯尔特语族包括戈伊德尔语支(Goldelic)和布立吞语支(Breton),前者包括爱尔兰语、苏格兰盖尔语(Scottish Gaelic)和马恩语(Manx),后者包括威尔士语(Cymraeg)、康沃尔语(Cornish)和布列塔尼语(Breton)。因为戈伊德尔语支的语言保留了原印欧语系语言的辅音/k/或/kw/,故亦被称为 Q 型凯尔特语;而布立吞语支将"k"或"kw"转化为"p",故称为 P 型凯尔特语言。语形方面,凯尔特语的名词与形容词与其上层语并无显著的改变,但与其他现存的印欧语言相比,凯尔特语的动词拥有一种不确定的特征:该动词是否位于一个句子的绝对首位,该动词之前是否有一个动词前置词,情况不同,其动词的词形便呈现不同的变化。凯尔特语族和意大利语族关系最为紧密,语言学上也有"凯尔特-意大利"或"意大利-凯尔特"语族的说法。

凯克奇语 Kekchi; Q'eqchi'; Cacche'; Ketchi' 属北美印第安语群玛雅语系(Mayan)。主要通行于中美洲的危地马拉和伯利兹。根据2009年统计,使用人口共约80万。从传统意义上讲,凯克奇语主要有两种方言,一种通行于科班(Cobán)、上维拉帕斯省(Alta Verapaz)及周边地区,另一种是在其他地方使用的"东部"方言。伯利兹托莱多区(Toledo District)的一些玛雅社区把凯克奇语当作他们的母语,托莱多的大部分玛雅人说凯克奇语。其书写体中包含33个字母,每一个对应于特定的音素,包括长元音、短元音和声门塞音(glottal stop)。

凯雷斯语 Keres 美国新墨西哥州中北部普韦布洛族(Pueblo)人的语言,属北美印第安语群凯雷萨语系(Keresan)。凯雷斯语共有七种变体,操不同变体的人们,即使相距很近,也很难互相沟通。西部和东部变体存在着很大的差异,通常被视为不同的语言。由于周围生活着大量的西班牙人,东部方言从西班牙语种借鉴了大量的词汇。虽然后来英语替代了西班牙语,成为了该地区的通用语,但是给东部方言提供了较少的外来语。就形态而言,凯雷斯语是多词合成的,通过在行为和静止动词后面加上前缀过程。凯雷斯语分东凯雷斯语(Eastern Keres Pueblo)和西凯雷斯语(Western Keres Pueblo)。根据1990年统计,东凯雷斯语使用者共有4580人,西凯雷斯语使用者共有3391人。

坎那达语 Kannada; Kanarese 参见"卡纳

努巴(Nuba)山区。该语族语言的辅音并不严格清浊音,辅音如果出现在响音(sonorant)之间就发浊音,如果在辅音串或在词尾则发清音。名词具有复杂的词缀标记,句子中的其他成分,如数词和形容词,根据名词的词缀选择相应的词缀标记。

科米彼尔米亚克语 Komi-Permyak 参见"科米语"。

科米语 Komi 亦称兹梁语(Zyrian)或科米兹梁语(Komi-Zyrian)。生活在俄罗斯东北部地区的科米人使用的语言,属乌拉尔语系芬兰—乌戈尔语族芬兰语支。科米语早先采用古彼尔姆文(Old Permic script)书写,16世纪时改为俄文字母书写;20世纪20年代采用西里尔文莫洛佐夫字母(Cyrillic Molodtsov alphabet)书写,其中独特的字母有 d d̑ з з̑ л̑ с̑ т̑ 等,弯钩代表腭音化;30年代曾改用拉丁字母,40年代以后又改回俄文字母,但增加了 I i 和 Ö ö 两个字母。根据2010年统计,使用人口约有22万。科米语包含若干方言,其中明确识别的有科米兹梁语和科米彼尔米亚克语(Komi-Permyak),前者在科米共和国内是文学创作用语,后者在科米彼尔米亚克区享有文学用语地位。还有一种称作科米尤兹雅克语(Komi-Yodzyak)或科米雅兹瓦语(Komi-Yazva)的方言,在彼尔姆边疆区西北部和科米共和国南部等偏远地区约有2000人使用。

科米兹梁语 Komi-Zyrian 参见"科米语"。

科普特语 Coptic 亦称新埃及语(Neo-Egyptian)。属亚非语系埃及语族。科普特语是由古埃及语言发展而来,形成于纪元前,纪元伊始,人们开始借鉴希腊文字,创造出科普特字母。公元3世纪,出现大量用科普特誊抄的希腊文献,尤其是基督教经文。科普特语曾在埃及各地广泛使用,但后来逐渐被阿拉伯语取代。现在科普特语只在埃及科普特人的教堂中使用。科普特语言文字在科普特教派信徒的使用中得到继承发扬。科普特语的书面形式借鉴希腊文字,加上新符号来补充希腊语中没有的辅音。科普特语有"主语-动词-宾语"的语序,但当有正确的前置词在主语之前时可以是"动词-主语-宾语"的语序。数、性、时态和语气都用来自新埃及语的前缀指示。科普特语共有31个字母(见表34)。

表34 科普特语字母表

科萨语 **Xhosa** 非洲南部科萨族的语言,南非共和国的官方语言之一,属尼日尔-刚果语系贝努-刚果语族(Benue-Congo)班图语支(Bantu)。使用人口约为790万,约占南非人口的18%,使用人口数量仅次于祖鲁语(Zulu),位居第二。该语言现存书写体系采用拉丁字母。像其他班图语言一样,科萨语是带有声调的语言,它具有两种声调。同一组元音和辅音的组合,如果用升调或降调,高音或低音发声,表达意思不同。科萨语的一个显著特点是吸气辅音(click consonants),即用一个吸气辅音开头。科萨语与祖鲁语颇近似,吸气辅音也有 c(dental clicks)、x(lateral clicks)和 q(palatal clicks)三组,共18个(科萨语的名称中也有 x组的 xh 这一吸气音)。其他辅音:gr 近似法语的小舌音 r;ty 和 dy 发颚化的 t 和 d;tsh 发 tʃ;j 音似 ʤ。科萨语中的吸气辅音表明,它是科伊桑语族的近亲,大约有15%的词汇来自科伊桑语。近代科萨语又从南非语(南非荷兰语)和英语中借用了很多词汇。从构词法上看,科萨语属黏着型语言。名词添加不同的前缀表示单复数、动词添加词缀以标记时态、语体、语气等。句子语序为SVO,句子成分之间要保持性数一致。

科西嘉语 Corsican 法国东南部科西嘉岛的一种语言,被定为当地的官方语言,属印欧语系意大利语族(Italic)罗曼语支(Romance)。此外,该语言还在玻利维亚、加拿大、古巴、意大利、波多黎各、乌拉圭、美国、委内瑞拉等国使用。使用人口共约40万。科西嘉语与意大利语相近,特别是意大利语中的托斯卡纳方言(Tuscany)。科西嘉语方言大体包括北科西嘉语(在巴斯蒂亚和科尔特一带使用)、南科西嘉语(在萨特尼和维奇奥港一带使用)、阿雅克肖语(Ajaccio)(南、北科西嘉语的过渡性语言)和利古里亚语(Ligurian)(卡尔维和博尼法乔一带的方言)。科西嘉语是传播科西嘉文化的主要媒介,特点是包含了大量谚语。科西嘉语也有复调歌唱的传统,这一点被认为是16世纪时从有相似传统的意大利本土传承而来。联合国教科文组织的研究报告已将科西嘉语列入濒临灭亡的语言。但近年来,由于科西嘉的独立自治问题,科西嘉岛学习科西嘉语的人与年递增,科西嘉语也被确立为科西嘉岛上学校的教学语言。

科伊桑语系 Khoisan 科伊桑语系包括非洲东部的哈扎语、桑达韦语和非洲南部的霍屯督语(Hottentot,现称 Nama)等约20多种语言,使用人口近15万,主要集中于非洲东南部的卡拉哈里沙漠(Kalahari Desert)地区和坦桑尼亚境内的小部分地区。科依桑语系通常分为三个语族:北部语族,包括几种使用人口很少的语言;南部语族,也包括几种使用人口很少的语言；中部语族，主要包括霍屯督语、布须曼语。此外，有些语言学家把坦桑尼亚境内一些小社团使用的哈扎语（Hadza）和桑达韦语也归入科依桑语系，作为独立的语言与北、中、南三个语族并列，但这两种语言与科依桑语系其他语言的亲属关系比较疏远。科依桑诸语言都是声调语言，有鼻元音，使用吸音，并构成辅音的一个分系统。科伊桑诸语言基本的吸气音从三个到七个不等，通常分为：齿槽吸气音、旁流吸气音、舌面吸气音、齿吸气音、唇吸气音、半圆唇吸气音以及腭吸气音，词首通常是吸气音。除科伊桑语，少数使用吸气音的语言还包括非洲南部的祖鲁语（Zulu）和科萨语（Xhosa）等几种班图语言以及南库施特（South Cushitic）语支中在肯尼亚使用的达哈罗语（Dahalo）。

克里特希腊语 Cretan Greek 现代希腊语中有影响力的方言之一，属印欧语系古希腊语族（Hellenic）。主要通行于希腊第一大岛克里特岛（Crete）和希腊移民聚居区（主要分布在美国、澳大利亚和德国），使用人口共约 50 万。克里特方言与现代希腊语其他方言无较大差别，可互相通用。克里特方言从希腊共通语（Koine）演变而来，并从阿拉伯语、土耳其语和威尼斯语中借用了大量词汇。

克里语 Cree 属北美印第安语群阿尔冈昆语系（Algonquian）。主要通行于加拿大北部，使用人数约 11.7 万，是加拿大使用人数最多的原住民语言。克里语与其他八种美洲原住民语言在加拿大西北地区拥有官方语言地位，是加拿大西北行政区（Northwest Territories）的官方语言之一。根据分布地区，克里语可分为九大方言。与很多美国原住民语言相似，克里语是十分复杂的多式综合语。克里语中有很长的单词，在克里语的内希雅维温方言（Nēhiyawēwin；Nēhiyawēmowin）中，"学校"一词是 kiskinohamātowikamik，字面意思是"通过例子而了解事物的地方"。克里语有自身的书写系统（Cree syllabics），也可以采用罗马字母书写。

克伦语支 Karen 包括克伦族的多种语言，属汉藏语系藏缅语族。分布于缅甸克伦邦（Karen State）、克耶邦（Kayah State）、掸邦（Shan State）和邻近地区，使用人数达 400 万。克伦语的语序是"主-动-宾"（SVO），与藏缅语族通常的语序主宾谓不同。现在一般认为这是与孟-高棉语和台语接触的结果。该语言与同语系的其他语言不同，未受汉语影响。其书写形式使用缅甸语书写系统。克伦语支分成三个分支：北支，包括巴奥语（60 万）等；中支，包括克耶语（50 万）等；南支，包括斯高克伦语（150 万）、波克伦语（130 万）等。语音方面，克伦语的声母共有 34 个，其中单辅音声母 24 个，复辅音声母 10 个。浊塞音、塞擦音同紧元音结合时，声带颤动较强，而同松元音结合时，声带颤动较弱，似清音加浊流。复辅音声母出现频率较小。韵母共 32 个，其中单元音韵母 16 个，复元音韵母四个，带喉塞音韵母 11 个。在语法方面，主要特点包括：(1)动词在宾语前，若为双宾语，间接宾语在直接宾语的前面；(2)名词没有表示性、数、格范畴的形态成分，通过加一定实词意义的后加成分表示名词的多数及性别意义；(3)人称代词分单数、双数、复数，用不同的词表示；(4)动词有时、人称、态的语法范畴，主要通过前加成分以及助动词表示。

克罗地亚语 Croatian 通行于巴尔干地区克罗地亚、波斯尼亚和黑塞哥维那、塞尔维亚和黑山（Montenegro）等国的语言，属印欧语系斯拉夫语族南支。克罗地亚语在奥地利、匈牙利、斯洛文尼亚也有使用者。根据 2004 年统计，使用人口共约 550 万。最早的克罗地亚书面语可追溯到 9 世纪，即古教会斯拉夫语（Old Church Slavonic）。克罗地亚语使用的 30 个盖伊字母，是以拉丁字母附加符号为基础进行设计的，其中元音字母五个，辅音字母 22 个以及双字母三个。音位与字母相对应，元音五个，辅音 25 个。克罗地亚语与塞尔维亚语和波斯尼亚语十分相近，但由于政治、民族感情等原因，三种语言都有各自的标准语。其中塞尔维亚语使用西里尔字母，克罗地亚语和波斯尼亚语使用拉丁字母。在南斯拉夫共产党执政时期（1945—1990），政府推动"大塞尔维亚政策"，推行塞尔维亚-克罗地亚语统一运动。克罗地亚语同俄语等其他大多数斯拉夫语言一样，属高度屈折语，有着非常丰富的词形变化。名词分单数跟复数两种形式，有阳性、阴性和中性之分，有主格、属格（所有格）、呼格、直接受格、与格、工具格、位置格等七个格。形容词跟名词一样，也有三个语法性别、七个格以及单、复数形式，在语法性别、格以及数的形式上形容词必须同被修饰的名词保持一致。动词有过去式、现在式、未来式、精确未来式、不定过去式、不定未完成式和过去完成式七个时式，三种语气：祈使法、叙实法和条件法。随着南斯拉夫的分裂，塞尔维亚语和克罗地亚语各自恢复了原有的语言名称。

克丘亚语 Quechua 南美洲原住民的语言，通行于安第斯山脉地区。克丘亚语有许多"方言"，有时被看成彼此相关但独立的语言。有学者认为克丘亚语的各"方言"自成一个体系，构成中南美印第安语群克丘亚语系；也有学者认为其属安地语系（Andean）的一个语支。克丘亚语分布在阿根廷、玻利维亚、哥伦比亚、厄瓜多尔、巴西、智利、秘鲁等地。在玻利维亚，克丘亚语有等同于艾马拉语（Aymara）和西班牙语的全国性官方语言的地位，其中的南玻利维亚克丘亚语(South Bolivian Quechua)1987年约有363.8万使用人口,北玻利维亚克丘亚语(North Bolivian Quechua)1978年约有11.6万使用人口。以各种克丘亚语为第一语言的使用人口共约960万,使用各种克丘亚语作为交流工具的人口共约1400万。克丘亚语的形态为综合语、黏着语,词义可以通过中缀和后缀进行细微或完全地改变。词的语调与重音不具有辨义的功能。克丘亚语有三个元音/a/、/i/、/u/;一般来说有16个辅音,除了从西班牙语借来的词以外,塞音的有声或无声通常没有辨义功能。但是一些克丘亚方言(如库斯科方言)里的塞音分成三类:普通塞音、送气塞音、紧喉音。因受艾马拉语影响,同一个部位的不同塞音有辨义的功能。公元前2600年左右,克丘亚语约起源于秘鲁的卡拉尔(Caral)地区,库斯科的印加皇帝将其作为官方语言。随着印加帝国在14世纪的扩张,克丘亚语成了秘鲁地区的通用语。到了16世纪西班牙征服者时代,克丘亚语的使用已经遍及南美洲。在印加帝国之后,克丘亚语被天主教教会作为向安第斯山脉地区的美洲原住民传教的语言,因而使用地区超出了原本印加帝国的范围。克丘亚语在西班牙征服者带来拉丁字母之前,没有书写文字,而是以一种叫奇普的结绳记事工具来记事。在库斯科方言里奇普就是绳结的意思。克丘亚语约有三分之一的词汇与艾马拉语(Aymara)近似,因此有人主张艾马拉语与克丘亚语构成克丘马拉(Quechumaran)语系,但是这个主张仍有争议。虽然它们有许多同源词,但是两者的词缀系统却毫不相关,因此两者之间的相似性可能是由于长期接触造成的,而不一定是因为有相同的起源。

克什米尔语　Kashmiri; Keshur; Kaschemiri; Cashmiri; Cashmeeree　克什米尔邦的主要语言,属印欧语系印度-伊朗语族印度-雅利安语支(Indo-Aryan)。通行于印度次大陆克什米尔(Kashmir)地区和巴基斯坦地区。根据2001年统计,使用人口共约560万。克什米尔语的音系里还有印度语言中常见的齿音、龈音和卷音,但是浊塞音的送气音已经消失。与印度语言的通例(主语-宾语-动词)不同,克什米尔语句子的基本词序是主语-动词-宾语。其词汇来源复杂,有德尔德语、旁遮普语、波斯语、梵语的成分。克什米尔语的传统文字是沙拉达文(Sharada script),现在通行的文字是波斯-阿拉伯文字(Perso-Arabic script),也有印度教徒使用梵文天城体(Devanagari script)。

克瓦语族　Kwa　尼日尔-刚果语系中最大的语族,分布于西非热带雨林。包括通行于尼日利亚东南部的约鲁巴语(Yoruba)、尼日利亚东南部的伊格博语(Igbo)、埃维语(Ewe)以及加纳和科特迪瓦的阿肯语支(Akan),诸语言总使用人口约为2000万。在这片区域曾经产生过若干个强大的王国,如达荷美(Dahomey)、阿斯蒂(Asti)以及奥约(Oyo)。语言特点有:(1)基本语序为SVO;(2)几乎所有语言中的音节都为开音节;(3)声调不仅可以区别词汇意义,还可以标记完成体;(4)动词时态主要区别将来和非将来时,进行体通过动词词缀表达;(5)除事物所有者置于所有物之前外,名词的修饰语后置;(6)名词复数表达方式复杂多样等。

客家语　Hakka　亦称客家语、客语、客话、艾话、土广东话。汉语方言之一,属汉藏语系汉语族。客家话地区主要集中在中国大陆粤东、闽西、赣南交界,并在华南地区(广东、广西、福建等地)、台湾桃竹苗、六堆、花东纵谷等台湾客家文化重点发展区以及马来西亚、新加坡等地一些华人社区广泛使用。语言学界对于将客家话视为方言,或是当成一门独立语言仍有争议。根据2007年统计,使用人口约为3000万。

肯伊语　Kabiye; Kabye　多哥北部的一种语言,多哥的两种官方语言之一,属尼日尔-刚果语系古尔语族(Gur)。在贝宁及加纳也有少数使用者。根据2014年统计,使用人口约为120万。

孔卡尼语　Konkani　印度果阿邦的官方语言,印度官方语言之一,属印欧语系印度-伊朗语族印度-雅利安语支。主要通行于印度康坎(Konkan)地区,使用人口约760万。官方文本采用天城体书写。孔卡尼语保留着古代印欧语言结构,与东部和西部印度印度-雅利安有许多相似之处。拥有大量外来语,许多来自达罗毗茶诸语言,也有来自葡萄牙语、卡纳达语(Kannada)、图卢语(Tulu)、马拉地语(Marathi)和波斯阿拉伯语(Perso-Arabic)。

库尔德语　Kurdish　库尔德族人的语言,属印欧语系印度-伊朗语族(Indo-Iranian)伊朗语支。根据2007年统计,使用人口共约4000万。库尔德人聚居在伊朗、伊拉克、叙利亚和土耳其,散居在黎巴嫩、亚美尼亚等国。库尔德语是伊拉克的官方语言之一,在叙利亚被禁止使用,在土耳其的使用受到限制,在伊朗是合法的地方性语言,但在教育中限制使用。库尔德语内部区分三种方言:北库尔德语、中库尔德语、南库尔德语。北库尔德语亦称库尔曼吉语(Kurmanji),主要在土耳其的亚洲地区、亚美尼亚、阿塞拜疆、格鲁吉亚、伊朗和伊拉克库尔德人聚居区北部、黎巴嫩、叙利亚和土库曼斯坦等地区使用;中库尔德语亦称索朗尼语(Sorani),在伊拉克的库尔德斯坦大部和伊朗西部广泛使用。南库尔德语亦称克尔曼沙语(Kermanshahi)主要在伊朗克尔曼沙汗省及其伊拉克邻近地区使用。库尔德语与分布在伊朗的哈扎拉语、波斯语、中国的色勒库尔语、巴基斯坦的瓦汗语、阿富汗的普什图语、俾路支语、塔吉克斯坦的塔吉克语、奥塞梯国的奥塞梯语具有渊源联系，在语法、词汇、语音上具有非常多的共同点。库尔德语各方言的语音、词汇和句法结构复杂。北库尔德语的名词区分阴、阳两性，具有直接格（direct）、间接格（oblique）和呼格（vocative）三种形式的格。向南延伸的中部和南部库尔德语则没有上述特点。库尔德语名词屈折变化普遍，动词时态主要分为现在、过去和完成时。库尔德语目前使用三种不同的书写体系：在伊拉克和伊朗用阿拉伯文字母，在土耳其和叙利亚采用经过修改的拉丁字母，在前苏联的库尔德语地区则使用经过修改的西里尔字母。

库库-吉米提尔语 Guguyimidjir; Guugu Yimithirr; Guugu Yimidhirr 澳大利亚昆士兰州最北端的库库-吉米提尔人的一种语言，属澳大利亚语系帕马-恩永甘语族（Pama-Nyungan）。"Kangaroo"一词的发音就是来源于该种语言。根据2013年统计，使用者仅有约50—100人。

库施特语族 Cushite 属亚非语系。主要分布于埃塞俄比亚、肯尼亚、苏丹和索马里。包括奥罗莫语（Oromoo）、索马里语（Somali）、加拉语（Galla）、贝扎语（Beja）等，其中奥罗莫语是库施特语族最大的组成部分，使用人口约为2500万，其次是通行于索马里、埃塞俄比亚、吉布提（Djibouti）及肯尼亚的索马里语，使用者约有1500人。库施特语的特点主要包括：(1)语音方面：保留大部分强势辅音，闪语族诸语言中的齿间音在这里变成塞擦音；(2)词汇方面：有阳性和阴性之分；只有一部分动词利用前缀（动作者标记）变化表示变位，大部分动词采用新的变位系统；重复词干表示复数；代词系统跟闪语族诸语言非常接近。此外，从埃塞俄比亚诸语言、阿拉伯语和尼罗-撒哈拉诸语言中吸收了大量词汇。

L

拉达克语 Ladakhi; La-dwags skad 亦称菩提亚语（Bhoti）。印度控制下克什米尔的拉达克（Ladakh）列城地区和巴基斯坦控制下克什米尔的巴尔蒂斯坦藏人的母语。属汉藏语系藏缅语族藏语支，与南部藏语分支不能互通。根据2000—2001年的统计，使用人口约有13万，其中12万居住在印度控制区，1.2万左右居住在中国西藏自治区的藏北高原。拉达克语用藏文书写，有若干方言，主要包括拉达克标准语（或称列城方言，Lehskat）、夏玛方言（Shamskat）、斯托特方言（Stotskat）和努布拉方言（Nubra）；多数拉达克方言均无声调，但斯托特方言和高地拉达克方言存在类似中部藏语的声调。

拉丁罗曼语 Romanche 参见"罗曼什语"。

拉丁语 Latin 源于罗马建城的意大利中部拉丁姆（Latium）地区的方言，属印欧语系意大利语族拉丁-法立斯肯语支（Latino-Faliscan）。拉丁语是已知的印欧语系中最古老的语言，是现代罗曼语言的始祖。一般认为，古典拉丁语始于公元前1世纪，直至公元14世纪。虽然拉丁语现在通常被认为是一种死语言，但仍有少数基督宗教神职人员及学者可以流利地使用拉丁语。罗马天主教传统上用拉丁语作为正式会议的语言和礼拜仪式用的语言。许多西方国家的大学仍然提供拉丁语的课程。拉丁语的重音有一定的规则：如果倒数第二个音节是长音，重音就落在这个音节上，否则在倒数第三个音节上。拉丁语是一种高度屈折的语言。它有三种不同的性，名词有七个格，动词有四种词性变化、六种时态、六种人称、三种语气、三种语态、两种体、两个数。七格当中有一格是方位格，通常只和方位名词一起使用。呼格与主格基本一致，因此拉丁语一般只有五个不同的格。形容词与副词类似，按照格、性、数曲折变化。

拉古萨语 Ragusan 亦称达尔马提亚语（Dalmacija）。属印欧语系意大利语族（Italic）罗曼语支（Romance），由拉丁语衍生而来。1898年6月10日随着最后一位使用者死于工业爆炸，语言也随之消亡。拉古萨语原在克罗地亚的达尔马提亚地区（包括亚得里亚海沿岸的达尔马提亚群岛和附近1000多个小岛，总面积1.3万平方公里）使用。现在有人提倡建立以方言为基准的新拉古萨语。以前曾以为拉古萨语同时具有罗马尼亚语和意大利语的一些特征，可以将两者联系起来；后来的研究发现，它与周边的罗马尼亚语方言关系实际上接近度不高。它是唯一一门只将/i/(非/e/)前的/k/、/g/颚化的罗曼语，其他的罗曼语言大多将两者都颚化了。拉古萨语也有一些南斯拉夫语言的借词。语法方面，拉古萨语和其他罗曼语一样，将拉丁语的屈折系统大大简化，名词变格基本完全丢失，动词变位也有很大简化，但仍有人称和数的一致。定冠词在拉古萨语中是前置的，与后附着的罗马尼亚语不同。

拉贾邦士语 Rajbanshi; Rajbangsi; Rajbansi; Rajbongshi 属印欧语系印度-伊朗语族印度-雅利安语支（Indo-Aryan）。使用地区包括西孟加拉（West Bengal）、贾拉派古瑞（Jalpaiguri）、库池波阿（Cooch Behar）、阿萨姆（Assam）等地，也在孟加拉、尼泊尔等国使用。拉贾邦士语包括东部拉贾邦士语、西部拉贾邦士语、中部拉贾邦士语等。其中中部拉贾邦士语比较一致，西部拉贾邦士语变体较多，各方言之间的词汇约有77%—89%的相似；与印地语(Hindi)有48%—55%的相似，与尼泊尔语(Nepali)有43%—49%的相似。

拉贾斯坦语　Rajasthani　印度西部拉贾斯坦邦(Rajastan)及邻近地区的官方语言之一，属印欧语系印度-伊朗语族印度-雅利安语支(Indo-Aryan)。通行于印度拉贾斯坦邦(Rajastan)、旁遮普邦(Punjab)、古吉拉特邦(Gujarat)、哈里亚纳邦(Haryana)及巴基斯坦的一部分地区。使用人口约为8000万。拉贾斯坦语有10个元音和31个辅音。有三个词法声调：低调、中调和高调。三个内爆音(b、d、g)。有丰富的前开元音(如 javɛ、Khavɛ)。

拉科塔迪达语　Lakota Dida　科特迪瓦(The Republic of Ivory Coast)拉科塔镇附近的一种语言，属尼日尔-刚果语系克鲁语族(Kru)。根据1993年统计，使用人口约为20万。

拉罗通加语　Rarotongan　马来-波利尼西亚地区的东部和中东部的一种濒危语言，属南岛语系(Austronesian)马来-波利尼西亚语族(Malayo-Polynesian)中东部语支。根据20世纪90年代的统计，使用人口约4.3万，其中50%分布在新西兰。

拉美西班牙语　Hispanic American Spanish　参见"西班牙语"和"欧洲西班牙语"。

拉萨维语　Rathawi　通行于印度西部古贾拉特(Gujarat)、巴若达(Baroda)和旁马哈尔斯(Panchmahals)等地区的一种语言，属印欧语系的印度-伊朗语族印度-雅利安语支(Indo-Aryan)。拉萨维语与比拉里语(Bhilali)之间形成了一个方言连续体，词汇有83%的相似。

拉汀语　Ladin　参见"瑞提克-罗曼语"。

拉托卡斯语　Ratokas　巴布亚新几内亚岛上的土著语言之一，属巴布亚语系。尚无明确的谱系分类。拉托卡斯语为已知语言中发音最少的语言，只有11种发音。这11个音位由5个元音和6个辅音构成：a、e、i、o、u；p-b、t、k-g、r。

拉脱维亚语　Latvian　亦称莱蒂语(Lettish)。拉脱维亚的官方语言，属印欧语系波罗的语族(Baltic)东支。使用人口约200万，其中约150万分布在拉脱维亚，其余近50万分布在拉脱维亚的附近地区和其他国家，主要是美国。主要方言包括利冯尼亚方言、中部方言和高地(东部)拉脱维亚语。现代标准拉脱维亚语形成于19世纪末、20世纪初，最早文献见于1585年翻译的天主教教理问答手册。现代标准拉脱维亚语以中部方言为基础。词的重音一般在第一个音节上，已不存在音高重音，区别性声调均可通过任何由两个短音节构成的音节核心表示。长元音与短元音具有区别性声调，元音上有一横的是长音。辅音字母下有小尾巴的是软音(腭化)。拉脱维亚语属屈折型语言，但现在许多屈折词尾已不复存在；语法方面分阳性和阴性，单数和复数；名词有七个格：主格、宾格、属格、与格、方位格、工具格和呼格，动词有现在时、过去时、将来时之分，有三个人称之别。拉脱维亚文字以拉丁字母(Latin alphabet)为基础，共33个字母，加上一些附加标记(diacritical signs)。

拉瓦斯语　Rawas　印度尼西亚瑞疆语(Rejang/Redjang)的一种方言，属南岛语系马来-波利尼西亚语族(Malayo-Polynesian)。在南苏门答腊省、昂巴桑(Ambacang)周边和慕斯河(Musi River)沿岸等地使用。

莱蒂语　Lettish　参见"拉脱维亚语"。

莱托-罗曼什语　Rhaeto-Romance　参见"罗曼什语"。

兰克尔语　Rankel　属中南美印第安语群阿洛柯语系(Araucanian)。散布于中美洲、南美洲，而该语族为阿洛柯语系最大的一支，主要分布在智利中部，由几种近似的方言组成。

勒蒂语　Leti　印尼勒蒂岛(Leti)和马鲁古(Maluku)群岛的一种语言，属南岛语系马来-波利尼西亚语族中东部语支。根据1995年统计，使用人口约为7500。

雷蒂亚-罗曼语　Rhaeto-Romance　参见"瑞提克-罗曼语"。

里克斯莫尔语　Riksmål; Riksmaal　参见"挪威语"。

里特万语　Ritwan　加利福尼亚北部的一种语言，属北美印第安语群阿尔冈昆语系(Algonkian)。里特万语包括维约特语(Wiyot)和尤罗克语(Yurok)。由于这两种语言所具有的一些语音变化与阿尔冈基亚语系的其他语言有所不同，有学者认为这两种语言是独立的。这一争论在学界被称为里特万争论(Ritwan Controversy)，该论题至今尚无定论。目前里特万语族包括的两种语言均已消亡。

里细亚语　Raetian　亦称瑞提克语(Rhaetic; Raetic)。古罗马时期居住在德国南部以及意大利东北部、奥地利和瑞士东部阿尔卑斯山地区的古代里细亚人的语言，现已消亡。有学者将其划归为意大利方言，或伊里利亚语（Illyrian）方言，或伊特鲁里亚语（Etruscan）的一个分支。里细亚语与同属阿尔派（Alpine）地区的里细亚-日耳曼语不同，尽管两者有时都被称作瑞提克语。

立陶宛语　Lithuanian　立陶宛的官方语言，欧盟官方语言之一，属印欧语系波罗的语族（Baltic）东支，与拉托维亚语相似，但彼此不能互相沟通。该语言以拉丁字母进行书写，由于其仍保存有许多原始印欧语言已经遗失的特征，被认为是一种最为典型的印欧语言。根据1998年统计，使用人口约为310万。

利夫迪克森语　Dixon Reef　瓦努阿图（Vanuatu）马勒库拉（Malekula）西南的一种语言，属南岛语系马来-波利尼西亚语族中东部语支。根据1982年统计，仅有约50人使用。

列支罗曼语　Rheto-Romance　参见"罗曼什语"。

留尼旺语　Reunionnais　以法语为基础的克里奥耳语，通行于法属海外省留尼旺（La Reunion）、非洲科摩罗（Comoros）、马达斯加等国。包括两种方言，一种接近法语，另一种接近班图语和西非语言。

龙加语　Ronga　非洲东南部龙加人的语言，属尼日尔-刚果语系（Niger-Congo）贝努-刚果语族（Benue-Congo）班图语支（Bantu）。在莫桑比克马普托省南部、沿海地区，南非等地使用。据2006年统计，使用人口共约72万，其中莫桑比克有65万，南非有9万。龙加语包括肯德（Konde）、普初（Putru）、克兰格（Kalanga）等方言，与丛格语（Tsonga）和茨瓦语（Tshwa）部分互通。

隆达语　Ruund; Northern Lunda; Luunda　刚果共和国的一种语言，属尼日尔-刚果语系（Niger-Congo）贝努-刚果语族（Benue-Congo）班图语支（Bantu）。据2000年统计，使用人口约为15万，主要分布在卡汤加省（Katanga）、卢拉巴地区（Lualaba），在安哥拉（Angola）也有使用者。

隆迪语　Rundi　亦称基隆迪语（Kirundi）。非洲坦噶尼喀东北部隆迪人的语言，属尼日尔-刚果语系（Niger-Congo）贝努-刚果语族（Benue-Congo）班图语支（Bantu）。隆迪语是布隆迪的官方语言，亦在坦桑尼亚、乌干达等国家使用。总使用人口达460万。该语言包括胡图（Hutu）、图西（Tutsi）、图瓦（Twa）等方言，彼此之间能够交流。隆迪语与卢旺达语相近，均为班图语系的方言。据2007年统计，隆迪语使用人口共约880万。隆迪语共有5个元音，19—26个辅音（见表35和表36）。

表35　隆迪语元音音素表

	前元音	后元音
闭元音	i	u
半闭元音	e	o
开元音	a	

表36　隆迪语辅音音素表

	唇音	齿龈音	齿龈后音	腭音	软腭音	声门音
鼻音	m	n			ŋ	
爆破音	p b	t d			k g	
塞擦音	pf	ts	tʃ			
擦音	f v	s z	ʃʒ			h
近音				j	w	
r类音		ɹ				

卢迪亚语　Loodiya　参见"达迪亚语"。

卢斐济语　Rufiji　亦称斐济语（Fijian）。属南岛语系马来-波利尼西亚语族中东部语支。根据1996年统计，母语使用人口约为34万，第二语言使用人口约为32万。在瓦尼（Pwani）、卢弗吉（Rufiji）等地区使用。卢斐济语使用拉丁字母，大写：A B C D E F G I J K L M N O P Q R S T U V W Y；小写：a b c d e f g i j k l m n o p q r s t u v w y。斐济语的辅音和各字母一一对应（见表37）。

表37　卢斐济语辅音与字母对应表

b = /mb/	n = /n/
c = /ð/	p = /p/
d = /nd/	q = /ŋg/
f = /f/	r = /r/
g = /ŋ/	s = /s/
j = /x/	t = /t/
k = /k/	v = /β/
l = /l/	w = /w/
m = /m/	y = /j/

卢力语　Ruli　尼奥诺（Nyoro）东部的一种乌干达方言，属尼日尔-刚果语系（Niger-Congo）贝努-刚果语族（Benue-Congo）班图语支（Bantu）。卢力语分为东卢力语、西卢力语，两者之间有79%的词汇相同。使用范围一般为家庭和乡村。乌干达的官方语言为英语，通用斯瓦希里语、卢干达语等语言。

卢森尼亚语　Rusyn; Ruthene　东欧卢森尼亚人使用的喀尔巴阡山脉（Carpathian）地区乌克兰语变体，主要分布在斯洛伐克、塞尔维亚、乌克兰、波兰、克罗地亚和匈牙利等国。有多种方言，采用西里尔字母书写。根据2000—2006年统计,使用人口约有6.2万。在斯洛伐克、塞尔维亚、克罗地亚和罗马尼亚,属于受"欧洲区域或少数民族语言宪章"(European Charter for Regional or Minority Languages)保护的语言。参见"鲁塞尼亚语"。

卢旺达-隆迪语 Rwanda-Rundi 属尼日尔-刚果语系(Niger-Congo)贝努-刚果语族(Benue-Congo)班图语支(Bantu)。主要分布在布隆迪(Burundi)、卢旺达(Rwanda)、乌干达、刚果民主共和国。隆迪语和卢旺达语之间无交流障碍。据2007年统计,约有2000万使用者。

卢旺达语 Rwanda; Ruanda; Kinyarwanda; Ikinyarwanda; Orunyarwanda; Urunyaruanda 卢旺达官方语言,属尼日尔-刚果语系(Niger-Congo)贝努-刚果语族(Benue-Congo)班图语支(Bantu)。通行于非洲坦噶尼喀东北部卢旺达、布隆迪、刚果等国。根据1998年统计,使用人口共约750万。卢旺达语包括胡图(Hutu)、卢塔旺(Rutwa)等不同方言,与隆迪语(Rundi)相通。

卢西塔尼亚葡萄牙语 Lusitanian Portuguese 参见"欧洲葡萄牙语"。

鲁塞尼亚语 Ruthenian; Old Belarusian; Old Ukrainian 历史上的一种东斯拉夫语言,属印欧语系斯拉夫语族。在立陶宛大公国(1240—1569)和波兰-立陶宛联邦(1569—1795)东斯拉夫疆域,莫斯科大公国部分疆域等地使用。对于鲁塞尼亚语是否为古东斯拉夫语(Old East Slavic)的西方方言,学者们意见不一,但一致认为鲁塞尼亚语与它有着密切的亲缘关系。古东斯拉夫语是10至13世纪的基辅罗斯(Kievan Rus)的通行语言。鲁塞尼亚语被视为现代白俄罗斯语、卢森尼亚语(Rusyn; Ruthene)和乌克兰语的前身。

陆达雅克语 Land Dayak 印度尼西亚加里曼丹省(Kalimantan)西部的一种语言,属南岛语系马来-波利尼西亚语族。根据1981年统计,使用人口约为5.7万。

罗德里格斯克里奥耳语 Rodriguan Creole 印度洋罗德里格斯克里岛使用的毛里求斯克里奥耳语的一种方言。使用人口主要为毛里求斯的罗德里格斯岛(Rodrigues Iland)的居民,其中一些人也能使用或理解英语和法语。

罗恩语 Ron 非洲西部国家尼日利亚(Nigeria)的一种语言,属亚非语系乍得语族(Chadic)。据1995年统计,使用人口约有11.5万。在高原区(Plateau State)、博克斯(Bokkos)、巴瑞肯拉迪(Barakin-Ladi)等地使用。尼日利亚官方语言为英语,主要民族语言有豪萨语(Hausa)、约鲁巴语(Yoruba)和伊博语(Ibo)。

罗马尼亚语 Romanian; Roumanian; Rumanian 罗马尼亚的官方语言,属印欧语系意大利语族(Italic)罗曼语支(Romance)东分支。主要分布于罗马尼亚和摩尔多瓦(Moldova),此外在俄罗斯、南斯拉夫、匈牙利、保加利亚、阿尔巴尼亚、美国和希腊等地也有一定使用者。根据2007年统计,使用人口约为2400万,并且大部分集中在欧洲的巴尔干半岛。罗马尼亚语始源于由东部拉丁语,是达契亚诸语言(Dacia languages)和东部拉丁语混合的产物。由于地域原因与斯拉夫诸语言非常接近。该语言的独特之处主要表现在形态语法方面:保留了拉丁语名词词形屈折(如呼格)和拉丁语的中性,有附读性限定冠词和所谓的介词第四格,词形变化比其他罗曼语言更丰富,且拉丁语词成分占现代罗曼语词汇的85%—90%。历史上曾受到古斯拉夫语、土耳其语、希腊语、意大利语、法语、俄语等的影响,其演进历程经历了四个阶段,即共同罗马尼亚语(6—13世纪)、古罗马尼亚语(13—18世纪)、近代罗马尼亚语(19—20世纪初)和现代罗马尼亚语(第一次世界大战后)。罗马尼亚语主要有五种方言:蒙特尼亚方言、巴纳特方言、摩尔多瓦方言、马拉姆列什方言和克里沙纳方言,其差别主要体现在语音方面。罗马尼亚语动词有人称、数、时态、语气和语态的复杂变位,包括四组动词变位,细分则有十种变位方式。人称动词有四种语气,即直陈式、条件式/祈愿式、命令式、虚拟式/假设式;非人称语气有四种,即不定式、动名词(gerund)、目的式动名词(supine)与分词。

罗马尼语 Romani 参见"罗姆语"。

罗曼列支语 Romanche 参见"罗曼什语"。

罗曼什语 Romansch 亦称莱托-罗曼什语(Rhaeto-Romance)、列支罗曼语(Rheto-Romance)、罗曼列支语(Romanche)。属印欧语系意大利语族(Italic)罗曼语支(Romance)。罗曼什语与意大利语非常相似,通行于瑞士南部靠近意大利的格老宾登州(Graubünden)的一种语言。1938年,通过公民投票,成为瑞士的第四种民族语言,其他三种语言分别为德语、法语、意大利语,这四种语言享有同等的权利和地位。罗曼什语在词汇与句法方面受到德语深刻影响。罗曼什语最早的文字记载始于公元10或11世纪,但用罗曼什语创作的重要著作直到16世纪才出现。

罗曼语支 Romance group 属印欧语系意大利语族(Italic)。由古意大利语族,特别是由拉丁语及其在罗马占领区域的不同方言发展而来一支语言。该语支分为东罗曼语分支和西罗曼语分支。东罗曼语分支包括意大利语、罗马尼亚语、摩尔达维亚语(Moldavian)、撒丁语(Sardinian)、拉托-罗曼语等；西罗曼语分支包括西班牙语、葡萄牙语、法语、普罗旺斯语(Provençal)、加泰隆语等(Catalan)。罗曼语支主要分布在法国、意大利、比利时、西班牙、葡萄牙、瑞士部分地区、罗马尼亚、加拿大东南部、中美和南美各国。使用人口近5亿。罗曼语之间在许多源自拉丁语的词和语法形式上比较一致，采用了拉丁标准语言的某些词语、构词和句法模式。例如，在法语、意大利语和西班牙语中"父亲"一词分别为 pere、padre 和 padre；而"鱼"一词分别为 poisson、pesce 和 pescado，形态比较接近。但在长期发展过程中，许多罗曼语句法虽然变化较小，却在语音和形态方面发生了变化。例如，语音上西罗曼语里中间元音、塞音转而响音化或者消失，而东罗曼语里词尾/s/音业已消失。形态上罗曼语普遍抛弃了拉丁语的中性（除罗马尼亚语外），废弃了拉丁语的指示代词 ille，而发展了各自的定冠词；意大利语、西班牙语和葡萄牙语中大部分阳性名词以-o 结尾，大部分阴性名词以-a 结尾；而法语中的阳性名词通常以一个辅音结尾，阴性名词以-e 结尾。该语族诸语言中法语语言类型变化较大（如屈折形态大量脱落，被人称代词、冠词、介词、助动词等前限定功能成分取代），而西班牙语、意大利语和罗马尼亚语等在许多方面同拉丁语比较接近，撒丁语(Sardinian)尚保留特别古老的语音状态。尽管罗曼诸语言均从拉丁语演化而来，但彼此之间的差距比较明显，主要原因包括古罗马帝国之前的地域性古语的影响、历史传统的彼此隔绝、罗马帝国覆灭后频繁的战争等。

罗姆语　Romany　亦称罗马尼语(Romani)。吉卜赛人(Gipsies)的语言，属印欧语系印度-伊朗语族印度-雅利安语支(Indo-Aryan)。罗姆语使用人口约有150万。约公元1000年吉卜赛人开始游牧生活后，吉卜赛语从中分化出来并受其他不同语言影响。现代罗姆语除了印度-雅利安的语源外，还存在着13种不同的语源：希腊语、罗马尼亚语、匈牙利语、捷克和斯洛伐克语、德语、波兰语、俄语、芬兰语、北欧日耳曼语、意大利语、塞尔维亚和克罗地亚语、威尔士语、西班牙语。事实上，罗姆语还受亚美尼亚语、波斯语、埃及语、土耳其语、法语、英语等异族语言影响。罗姆语受地域影响产生诸多方言，如东斯洛伐克罗姆语、西斯洛伐克罗姆语、波兰罗姆语、拉脱维亚罗姆语、白俄罗斯罗姆语等。相关书面文学作品很少，但口头传说比较丰富。从罗姆语的外来词中可追查到罗姆人向西迁移的模式。

罗森诺斯克语　Russenorsk　在俄罗斯语和挪威语基础上发展起来的一种皮钦语(pidgin)。18世纪由在挪威北部和俄罗斯科拉半岛(Kola)的俄罗斯商人和挪威渔夫创造，主要使用于19世纪挪威北部的挪威和俄罗斯之间的物物交换贸易中。罗森诺斯克语语法形式比较简单，词汇量有限，大约只有400个单词，其中大部分词汇与北冰洋渔业和贸易有关，很少涉及音乐、政治等方面。1917年俄罗斯十月革命后罗森诺斯克语逐渐被停止应用。

罗图马语　Rotuman; Rotunan; Rutuman; Fäeag Rotuma　斐济罗图马岛的一种语言，属南岛语系马来-波利尼西亚语族中东部语支。根据1991年统计，约有9000人使用。

M

马恩语　Manx; Manx Gaelic; Manks　英国属地马恩岛的一种语言，当地人称之为"Gaelg"(/gilg/)或者"Gailck"(/gilk/)，属印欧语系凯尔特语族戈伊德尔语支(Goldelic)。根据2001年统计，母语使用人数为27，第二语言使用人数为1689。

马尔瓦里语　Marwari; Marvari; Marwadi　在印度、巴基斯坦和尼泊尔等地使用的一种非官方语言，属印欧语系印度-伊朗语族印度雅利安语支(Indo-Aryan)。书写体系一般为梵文（天城文）和马哈贾尼文(Mahajani)，在巴基斯坦用波斯文书写。印度使用地区包括拉贾斯坦邦(Rajasthan)、古吉拉特邦(Gujarat)和信德省(Sindh)。马尔瓦里语与北印度语的比较研究发现：(1)语音方面，两者之间有显著的语音对应，如北印度语中的/s/和马尔瓦里语中的/h/。例如，/sona/——gold（北印度语）和/hono/——gold（马尔瓦里语），/h/有时省略。(2)词汇方面两者有许多同源词汇，有一半以上的词汇相似性，但很多代词和疑问词与北印度语不同。(3)语法方面，两者之间有相似的语法结构，其主要句型结构是SVO，即"主-动-宾"结构。

马拉加什语　Malagasy　参见"梅里纳语"。

马来-波利尼西亚语族　Malayo-Polynesian　南岛语系(Austronesian)的旧称，由德国语言学家洪堡特(Humbolt, 1767—1835)在20世纪早期提出，用以命名大洋岛屿上的语言群落，但由于这个称谓将美拉尼西亚人的语言排除在外，用来命名语系显得欠妥。20世纪60年代起，"马来-波利尼西亚"一词只用来指称南岛语系的一个语族，与台湾原住民语族(Formosan)共同构成南岛语系。马来-波利尼西亚语族分为西部马来-波利尼西亚语支(Western

Malayo-Polynesian)和中东部马来-波利尼西亚语支(Central-Eastern Malayo-Polynesian)。中东部马来-波利尼西亚语支分为2个分支,中部马来-波利尼西亚语支分支(Central Malayo-Polynesian)和东部马来-波利尼西亚语支分支(Eastern Malayo-Polynesian)。东部马来-波利尼西亚语支分支再由2组语言构成,分别为南哈马黑拉-西新几内亚语言(South Halmahera-West New Guinea)和大洋洲语言(Oceanic)。马来-波利尼西亚语族共有语言约1180种,包括约泰雅语(Atayal)、排湾语(Paiwan)、邹语(Tsou)、马来语(Malay)、斐济语(Fijian)和夏威夷语(Hawaiian)等。

马来西亚语　Malaysian; Bahasa Malaysia　参见"马来语"。

马来语　Malay　亦称马来西亚语(Bahasa Malaysia)。马来西亚联邦、文莱苏丹国的官方语言,新加坡的官方语言之一,属南岛语系马来-波利尼西亚语族西部语支。主要通行于马来西亚、泰国、新加坡、文莱、菲律宾以及印尼苏门答腊岛部分地区。根据2007年统计,使用总人口约7700万。马来语历史悠久,据资料记载,最早可追溯到公元7世纪产生于南苏门答腊地区的含有大量梵语词的古马来语,后来逐步扩展到爪哇以及整个印尼群岛。1928年10月28日,马来语被印度尼西亚正式确定为全国通用语-印度尼西亚语的基础方言。马来语与印度尼西亚语虽属同一种语言,在书写上几乎没有分别,但在基本词汇、部分语音以及某些形态与句法方面存在差异。14世纪以后,出现了简化了的马来语,即市场马来语(或称低级马来语),分布于南洋群岛。市场马来语的发展产生了巴达维马来语(Betawi Malay / Betawi),后者亦被称为雅加达马来语或爪哇马来语。巴达维马来语是一种通行于巴达维(即今雅加达)及其周边地区的混合马来语(克里奥耳马来语),在其自身的发展进程中融合了多种其他语言如爪哇语、巽他语、汉语、葡萄牙语、荷兰语、巴厘语等。以巴达维马来语为基础而发展起来的华人马来语从19世纪末开始成为印度尼西亚华人社区成员之间交际的通用语,华人马来语具有次标准马来语与低级马来语的特点,吸收了大量来自荷语与英语等特别是汉语(闽南方言)中的外来词汇,华人马来语还受到汉语语法结构的影响,后来也为印度尼西亚语所继承。

马普切语　Mapudungun　参见"阿洛柯语"。

马其顿语　Macedonian　马其顿共和国的官方语言,属印欧语系斯拉夫语族南支。马其顿语与塞尔维亚语(Serbian)接近,两者可互通。在塞尔维亚、阿尔巴尼亚、保加利亚、希腊、斯洛文尼亚、克罗地亚,以及在西欧、北美和澳大利亚的马其顿人的聚居地也有使用。根据1986—1998年统计,使用人数约为200万至250万。

马萨金达吉克语　Masakin Dagig　参见"达吉克语"。

马萨金语　Masakin　参见"达吉克语"。

马萨瓦语　Mazahua　墨西哥土著人马萨瓦人的语言,属北美印第安语群奥托-曼克语系(Oto-Manguean)奥托缅语支(Oto-Pamean)。马萨瓦语与奥托米(Otomi)、佩恩(Pame)、马特拉钦察(Matlatzinca)等语言有一定的联系。20世纪90年代初的使用人口共约13万。根据2010年墨西哥统计,在墨西哥州约11.62万人使用马萨瓦语,占该州土著语言使用者的53%。由于移民,马萨瓦语成为墨西哥城第六种最常见的口语。

马扎尔语　Magyar　参见"匈牙利语"。

玛雅语系　Mayan　属北美印第安语群,指从墨西哥东南一直到中美洲北部地带的一组语言,也分布于墨西哥、危地马拉、洪都拉斯、伯利兹等地。其使用最早可追溯到500年前哥伦布时期,虽然现今中部美洲的官方语言为西班牙语(伯利兹是英语),但至今各种玛雅语的同源语仍是当地超过500万居民的第一或第二语言。主要包括瓦斯特克(Huastecan)、尤卡特克(Yucatecan)、乔尔(Ch'olan)、泽尔托尔(Tzeltal)、坎合巴祖赫(Q'anjobalan)、基切-马梅(Quichean-Mamean)等语支。

迈蒂利语　Maithili　通行于印度北比哈尔邦(North Bihar)和尼泊尔东南部地区的一种语言,属印欧语系印度-伊朗语族印度雅利安语支(Indo-Aryan)。传统上使用迈蒂利文(Mithilakshar script)和凯提文(Kaithi script)书写,但是现代一般用天城文(Devanagari script)。迈蒂利语是尼泊尔使用人口居第二的语言,根据2000—2001年统计,使用人口约为3500万,占全国总人口的大约12%。

麦罗埃语　Meroitic　前伊斯兰苏丹(Sudan)的麦罗埃王国(Meroë)使用的语言,属何种语系尚无定论。该语言大约于公元400年消失。麦罗埃文是一套参照埃及圣书体及民书体而设计的拼音字母,用以拼写麦罗埃王国的麦罗埃语,亦有可能用以拼写努比亚王国的努比亚语。麦罗埃文的圣书体及草书体字母列表按照西方对拼音文字的划分,麦罗埃文可以归入元音附标文字(abugida)系统。因为麦罗埃文的辅音字母预设带着/a/母音,除非之后紧接一个母音字母。与印度的文字相比,麦罗埃文并没有一个特定符号去分辨没有母音的纯辅音字母。因此，<m>可以同时表示/ma/或/m/，但<mi>则一定表示/mi/。另一方面，麦罗埃文经常把结尾的辅音字母，特别是/n/和/s/省略掉。麦罗埃文一共有23个字符。其中包括4个元音字母，14个辅音字母，及若干音节。麦罗埃文有两种字体，一种是取自埃及象形文字的碑文镌刻体，另一种是民间流传的手写体。大多数的文本以手写体写成。与埃及文字不同的是，麦罗埃文的两种字体是一一对应的，除了一个例外：在手写体中，辅音字母之后的"i"形成连体字。麦罗埃文的书写方向为横排由右至左、由上至下；或者竖排由上至下、由右至左。碑文符号朝向文首，跟埃及象形文字中一样。麦罗埃文有两种标点符号：左右三个点，或上下点，用来分隔单词或句子。由于麦罗埃文的拼音特色，其书写方式与埃及的象形文字有所不同。有些学者，如海拉·哈尔门（Haarmann），认为希腊字母对麦罗埃文的成形有一定的影响，主要是因为这种文字与希腊字母一样有元音字母。然而，除此以外，这两种文字再没有任何相关或近似之处。

曼德语族 **Mandé languages** 亦译曼迪语族或曼丁语族。西部非洲曼德人使用的十多种语言，属尼日尔-刚果语系中比较疏离的一个支系，流行于西非各国，包括冈比亚、科特迪瓦、布基纳法索、几内亚、塞拉利昂、利比里亚、几内亚比绍、塞内加尔和马里，共有数百万人使用曼德语族诸语言。

曼迪语族 **Mandé languages** 参见"曼德语族"。

曼丁语族 **Mandé languages** 参见"曼德语族"。

曼尼沃语 **Maniwo** 参见"达奥语"。

毛利语 **Maori** 新西兰原住民毛利人的语言，新西兰的三种官方语言之一（另两种是英语和手语），属南岛语系马来-波利尼西亚语族中东部语支。根据2011年统计，使用人口约为6万人。

梅里纳语 **Merina** 亦称马拉加什语（Malagasy）。马达加斯加梅里纳人的语言，马达加斯加的官方语言，属南岛语系马来-波利尼西亚语族。梅里纳人的祖先是由马来亚群岛迁移来马达加斯加的南岛人，故梅里纳语带有南岛特征。梅里纳语是南岛语系马来-波利尼西亚语族分支最西部的成员，与婆罗洲语言中的东南巴里多社团的语言关系尤为密切，与印度尼西亚、马来西亚和菲律宾的马来-波利尼西亚诸语言相关联，但与附近的非洲诸语言毫无关联。最早进入马达加斯加的梅里纳语书写体系是12世纪由穆斯林引进的阿拉伯文字。除了和波利尼西亚词素音位相同外，梅里纳语的很多基础词汇与南婆罗洲的巴里多河地区的马恩雅（Ma'anyan）语的基础词汇相同。一个显著的语法特征在词语顺序方面是"动-宾-主"句型结构。例如：

[1] Mamaky boky ny mpianatra.
    Reads   book the student
    = The student is reading a book.（学生正在读书。）

梅里纳语中关于短语的一个特点是指示限定词在名词前后均重复出现。例如：

[2] ity   boky   ity
   (this   book   this)
   = this book（这本书）

美洲印第安语 **American Indian languages; Amerindian** 所有分布于美洲各地的上千种土著语言，分属十几个到几百个语系，使用人数约3000万。多数语言没有文字，但阿兹特卡语、玛雅语等拥有古老的象形文字。这类语言结构各不相同（尽管绝大多数是多式综合的），因此语族亲缘关系在很多情况下很难弄清楚，分法和语言数目有很大分歧。里维（Paul Rivet）将美洲印第安诸语言分为：(1)北美25个系，计351种语言；(2)墨西哥和中美洲20个系，共96种语言；(3)南美洲和加勒比海77个系，783种语言。

"美洲印第安语"只是一种基于地域概念的归类，其谱系分类的依据尚不充分。在意见分歧的情况下，这是一种比较简便的归类方法。美洲印第安语数量繁多，差异悬殊。在过去的两三个世纪内，其中许多语言，在对它们进行记录之前就已经消亡；有些虽未完全消亡，但只有很少的老年人还在使用，实际上已濒于消亡。按地域，美洲印第安通常划分为北美印第安、中美印第安和南美印第安。北美印第安通常指分布于墨西哥以北的美国和加拿大的印第安。发音方式纷繁多样，多喉塞音，许多语言有/k/和/q/两类软腭音，有些有前/k/、中/k/和后/k/三种发音方法。包括简单词干和派生结构，许多语言有辑合词（表达一句话的合成词）。主语的人称和数通常用动词的前缀来表示，动词的时和体用后缀表示。名词的属有概念常用前缀表示；前缀还表示所有者的人称和数。中美印第安语指分布于墨西哥和中美洲的印第安。按综合程度高低及句法的左向或右向分支，分为 A、B、C 三大类。语音特点不一，分别有清边擦音 lh、边塞擦音 tɬ、后软腭塞音 q，词首和词尾辅音丛。南美印第安语分布于整个南美洲、安的列斯群岛以及中美洲部分地区。各语言的音位数相差很大；普遍有鼻元音系统。向西班牙语和葡萄牙语大量借词。南美印第安语多为加后缀语言，但时和体的具体范畴很不同，无系词的句式很普遍。南美印第安语中的瓜拉尼语是巴拉圭官方语言之一。

美洲印第安语系 **Amerind** 美国语言学家格林伯格(Joseph Harold Greenberg)提出的一个语系,包括除爱斯基摩-阿留申(Eskimo-Aleut)和纳-德内(Na-Dené)两组语言以外的所有美洲本地语言。这一提法在学术界具有争议。

扪达语族 **Munda** 参见"蒙达语族"。

蒙达语族 **Munda** 亦称扪达语族。南亚语系(Austroasiatic languages)的两个语族之一,另一语族为孟-高棉语族(Mon-Khmer)。蒙达语族的语言主要分布在印度和孟加拉国,在泰国、老挝及中国南部地区也有分布,使用人口约为 900 万,分为北支和南支,北支包括包括桑塔利语(Santali)、蒙达里语(Mundari)、霍语(Ho)、科尔库语(Korku)等语言,南支包括萨瓦拉语(Savara)及其他一些使用人口很少的语言。但近年有学者提出新的分类方式:把孟-高棉语族拆分成若干个分支,都与蒙达语族并列;或将蒙达语划归为孟-高棉语族之下。

蒙格里诺-罗马尼亚语 **Megleno-Rumanian; Megleno-Romanian; Moglenite Vlach; Meglen Vlachs** 居住在蒙格里那(Moglena)地区,包括马其顿中部和希腊的佩拉(Pella)和基尔基斯(Kilkis)县以及马其顿共和国边境的修玛(Huma)村的蒙格里诺-罗马尼亚人的语言,属印欧语系东意大利语族(Italic)罗曼语支(Romance)。根据 2002 年统计,约有 5000 人使用。罗纳马尼亚境内的蒙格里诺-罗马尼亚人也使用蒙格里诺-罗马尼语。有语言学家认为蒙格里诺-罗马尼亚语是罗马尼亚语和阿罗马尼亚语的中介语,或是两种语言的某种方言,也或许是一种独立的语言。蒙格里诺-罗马尼亚语比阿罗马尼亚语更接近标准罗马尼亚语言。作为濒临灭绝的罗曼语言,目前仍在希腊、马其顿和罗马尼亚部分地区使用。

孟-高棉语族 **Mon-Khmer** 东南亚的语言集合,包括孟语和高棉语等多种语言。按照传统的分类,这个语族与印度的蒙达语族(Munda,又译扪达语族)构成南亚语系(Austroasiatic)。新近的分类已经抛弃这种二分法:迪夫洛特(Gérard Diffloth)把孟-高棉语族拆分成两个语族;斯德威尔(Paul Sidwell)则把孟-高棉语族拆分成若干个分支,都与蒙达语族并列。孟-高棉语族中,使用人口最多的为有约 7000 万使用人口的越南语(Vietnamese)和约 2000 万使用人口的高棉语(Khmer)。在中国使用的语言当中,亦有约 20 种属孟-高棉语族。孟-高棉语族通常分为三支:东支、北支和南支。但新的分类有倾向把孟-高棉语族的规模缩小,或把整个孟-高棉语族拆分,或把蒙达语族归类为孟-高棉语族之下。

孟加拉语 **Bengali** 通行于孟加拉和印度加尔各答地区的一种语言,孟加拉国和印度西孟加拉邦和特里普拉邦的官方语言,属印欧语系印度-伊朗语族(Indo-Iranian)印度-雅利安语支(Indo-Aryan)。根据 2010 年统计,使用人口约 2.1 亿人,是位于印度-伊朗语族印地语之后的第二大语言。该语言主要分布于孟加拉地区,即今孟加拉国与印度西孟加拉邦。孟加拉语、曼尼普尔语和阿萨姆语的文字均为孟加拉文。孟加拉语文字采用由古印度婆罗米字母演变而成的孟加拉体。孟加拉语音位表有 14 个元音和 29 个辅音。语法方面,孟加拉语名词不指派性,这导致了形容词的极小变动(屈折)。但名词和代词高度变格(转为依赖于它们在句子中的功能)为四个格,包括主格、宾格、属格和方位格。针对每个要屈折的名词,格标记依据这个名词的生命性程度而变格。孟加拉语中动词不依据名词的性而改变形式,但体和态的屈折变化复杂。动词分为两类:限定动词和非限定动词。非限定动词不按时态或人称屈折,而限定动词按人称(第一、第二、第三)、时态(现在、过去、将来)、体貌(简单、完成、进行)和敬语(亲密、熟悉、正式)而完全屈折,但不为数屈折。条件语气、祈使语气和其他特殊语气屈折可以替代时态和体貌后缀。在很多动词词根上屈折数可以总计多于 200 个。孟加拉语遵循"主语-宾语-动词"(SOV)的语序;采用后置词,限定词跟随在名词之后,而数词、形容词和所有者先于名词。

孟语 **Mon** 孟族人所使用的语言,属南亚语系(Austroasiatic languages)孟-高棉语族(Mon-Khmer)孟语支。使用人口约 145 万,主要分布在缅甸以及泰国部分地区。书写系统采用古老的印度婆罗米系文字(Indic Scripts),语序为"主语-动词-宾语"(SVO)形式。

米塞语 **Mixe** 拉丁美洲土著语言,属北美印第安语群米塞-佐基语系(Mixe-Zoque)。分布于墨西哥瓦哈卡(Mexico Oaxaca)东部高地。Mixe 一词在其本族语的意思为"说山区语言的人"。使用人口 20 世纪 90 年代中期约为 8 万。米塞语分为四种方言:北部高地米塞语(North Highland Mixe)、南部高地米塞语(South Highland Mixe)、中部米塞(Midland Mixe)和低地米塞语(Lowland Mixe)。米塞语具有多数聚合和主动格的语法特征。可供考证的米赛语文字记载非常少,文献资料相对完好的是图通特配克(Totontepec)、阿语特拉(Ayutla)和寇特兰(Coatlán)三支方言群。与分布于该地区的其他土著语言相比,操米塞语的当地人在文化上更为保守,语言保存也相对完好。

米塞-佐基语系 **Mixe-Zoque** 墨西哥特旺

特佩克地峡(Isthmus of Tehuantepec)周围居民使用的语言,属北美印第安语群。通行于中美洲,包括中美州的墨西哥瓦哈卡(Mexico Oaxaca)、恰帕斯(Chiapas)、塔巴斯科(Tabasco)和维拉克鲁斯州(Veracruz)。米塞-佐基语系中得到墨西哥政府认可的语种有三支:米塞语(Mixe)(使用人口约为18.8万)、佐基语(Zoque)(使用人口约为8.8万)和坡坡卢卡语(Popoluca languages)(使用人口约为6.9万)。米塞-佐基语族有如下特征:(1)辅音系统相对简单,元音系统较复杂,比如有九个元音和三种音长区别。此外,元音有声门闭塞音和送气的特征,有复杂的音节核心。(2)在词法和句法上,具有开头标记和多种成分综合、形态复杂的动词和简单的名词结构特征,语法主语和宾语以动词为标记,使用作格动词。动词以形态特征区别独立和非独立两个基本子句,且根据其所处的从句类型有不同的体和人称词缀。从属子句和独立子句分别有两套不同的体标记,每一类子句内又分未完成体(incompletive)、完成体(completive)和虚拟体(irrealis)三种情况。

米沙鄢语　Bisayan　亦称比萨扬语。占菲律宾人数最多的比萨扬人使用的族语,属南岛语系马来-波利尼西亚语族。分宿务、萨马、班乃和阿克兰四种方言,相互之间差别显著。米沙鄢人基本生活于菲律宾中部一岛屿——宿务岛,位于雷特和尼古拉斯之间的米沙鄢群岛(Visayas)。麦哲伦于1521年登上该岛。宿务市是东海岸的重要港口。米沙鄢语以宿务方言为标准语的基础,使用这种方言的人占使用米沙鄢语总人口半数以上。

米斯特克语支　Mixtecan　属北美印第安语群奥托-曼克语系(Oto-Manguean)。语言使用者主要为墨西哥土著米斯特克人,分布在墨西哥瓦哈卡州、格雷罗州和普埃布拉州。该语支的主要语言包括特伊克语(Trique;Triqui),使用人口共约2.5万;奎卡特克语(Cuicatec),使用人口1.5万;米斯特克语(Mixtec),使用人口约51.1万。

米苏马尔盘语系　Misumalpan;Misumalpa;Misuluan　尼加拉瓜东海岸及附近地区的一系列美洲土著语言,属中南美印第安语群。其名称由三种主要的所属语言名称复合组成,即米斯基托语(Miskitu)、苏母语(Sumo)和马塔噶尔盘语(Matagalpan)。根据1982—1997年统计,苏母语约有7400人使用。另外两种语言目前已经消亡。

米沃克-科斯塔诺语支　Miwok-Costanoan　美国北美印第安语群佩努蒂亚语系(Penutian)。包括15种语言(或方言),主要分布在加利福尼亚中部和北部,均处于严重濒危状态。

缅甸语　Burmese　缅甸及其他地方缅人的语言,缅甸的官方语言,属汉藏语系藏缅语族(Tibeto-Burnese)缅语支(Arakan-Burmese)。在缅甸有大约3200万使用者。在孟加拉、马来西亚、泰国、美国也有少量分布。文字继承了印度文化自12世纪以来的古老传统。受源自巴利语借用词的影响很大。为声调语言(除音高以外,诸如嘎嘎音等声质也有其音位性质)。缅甸语共有33个辅音,与元音拼合后,组成音节。缅语有四个声调,分别是:高平、高降、低平和短促调。缅语以仰光音为标准音。无屈折变化,但有派生现象(主要是通过加前缀)。语序为话题与述谓,动词大都位于句末。一个句子中某些施事的语义角色的分配通常取决于选择限制,或者必须根据语境或常识来推断。缅甸文字的书写特征是呈圆形,这是因为古时候的缅甸文书写在棕榈叶上,必须设计圆弧形的笔画才能避免划破叶面。

缅彝语支　Burmese-Lolo;Burmese-Yipho　参见"彝缅-纳西语支"。

苗瑶语族　Miao-Yao　亦称赫蒙-棉语族(Hmong-Mien)。原通常认为属汉藏语系的一个语族,如今有些学者认为应单独划为一个语系,包括中国南部和亚洲东南地区四个语种。其中最大的语种是棉(瑶)语,使用人口约100万。分布在中国南部,包括贵州、湖南、云南、四川、广西和湖北的山区。公元16至17世纪开始,该语言群体中的一些人迁移到泰国、老挝、越南和缅甸。

摩哈维语　Mojave;Mohave　美洲土著人摩哈维人的语言,属北美印第安语群尤马语系(Yuma)。摩哈维语包括10种语言和不同的方言,讲这些语言的人主要分布在从加利福尼亚和墨西哥的北索诺拉,一直到南加利福尼亚和西亚利桑那。今天,沿袭该语言群体的后裔有许多居住在科罗拉多河流域。

摩揭陀语　Magahi;Magadhi　在印度比哈尔邦(Bihar)的八个行政区、贾坎德邦(Jharkhand)的三个行政区、西孟加拉邦(West Bengal)的马尔达(Malda)以及尼泊尔使用的一种语言。属印欧语系印度-伊朗语族印度雅利安语支。摩揭陀语被认为是一种古代尼泊尔语。其前身是普拉克利特摩揭陀语(Magadhi Prakrit)。普拉克利特摩揭陀语被公认为历史上摩揭陀国的语言,也是佛陀使用的语言。它有非常丰富和古老的民歌和故事传统。摩揭陀语与比哈尔方言(Bhojpuri)和迈蒂利语(Maithili)接近。这三种语言被统一称为比哈尔语(Bihari),形成了印度-雅利安语支(Indo-Aryan)的东部分支。根据2001年统计,摩揭陀语大约有1400万使用者。

摩西诺语　Mocheno　在意大利北部特伦蒂诺的摩西尼峡谷的三个城镇使用的一种德语方言，属印欧语系日耳曼语族西支。其使用者能部分理解巴伐利亚语、辛布里语以及标准德语。但该语言与后三者之间在语法、词汇以及发音方面存在很大区别。根据2011年统计，约有1700人使用。

莫霍克语　Mohawk　在美国莫霍克州和加拿大安大略南部以及魁北克的一种语言，属北美印第安语群易洛魁语系（Iroquoian）北支。莫霍克语是易洛魁北部语族中使用人口最多的一种语言。根据2007—2011年的统计，约有3500人使用。

莫拉勒语　Molala; Molale; Molalla　美国俄勒冈中部高原文化地区的莫拉勒印第安部落的语言，属北美印第安语群佩努蒂亚语系（Penutian）。莫拉勒语曾经是俄勒冈大瑞德语言社区联合部落语言中的一支，现在基本接近灭绝。莫拉勒语分为北部莫拉勒方言（Northern Molalla dialect）、上桑迪埃莫拉勒方言（Upper Santiam Molalla dialect）和南部莫拉勒方言（Southern Molalla dialect）。北部莫拉勒方言在卡斯卡德山脉（Cascade Mountain Ranges）和南俄勒冈（Southern Oregon）地区使用；上桑迪埃莫拉勒方言在俄勒冈中部卡斯卡德地区的上桑迪埃河流域使用；南部莫拉勒方言在卡斯卡德山脉俄勒冈南部地区使用。

莫图语　Motu　亦称普利莫图（Pure Motu）或图利莫图（True Motu）。巴布亚新几内亚土著居民莫图人使用的一种中巴布亚语言，属南岛语系马来-波利尼西亚语族（Malay-Polynesia）中东部分支。分布于巴布亚新几内亚，至今仍在使用，尤其在首都莫尔兹比港周围普遍使用。莫图语的简化形式是在巴布亚地区和新几内亚大陆东南地区作为一种商务用语发展起来的，原称警察莫图语（Police Motu），即今天所称的希里莫图语（Hiri Motu）。希利摩陀语是巴布亚新几内亚独立后，位于巴布亚皮钦语（Tok Pisin）和英语之后的该地区第三大常用语言。莫图语总共只有五个元音和16个辅音。字母w只能和g或k组合为"gw"或"kw"。

N

那阿巴语　Naaba; Naapa; Naapaa　尼泊尔的一种语言，属汉藏语系藏缅语族（Tibeto-Burman）藏语支（Bodish）。根据2006年统计，约有770人使用。

那巴克语　Nabak　在巴布亚新几内亚莫罗贝省（Morobe）使用的一种语言，属巴布亚语系（Papuan）跨新几内亚语族（Trans-New Guinea）。根据1994年统计，使用人口共约1.6万。

那巴语　Naba　非洲乍得地区的一种语言，属尼罗-撒哈拉语系。使用人口约23.2万。

那拉语　Nara　厄立特里亚西部的一种语言，属尼罗-撒哈拉语系中苏丹语族（Central Sudanic）西支。根据2006年统计，使用人口约为8.1万。

那西奥语　Naasioi; Nasioi　巴布亚新几内亚布干维尔省（Bougainville）基埃塔区（Kieta）中部山区和东南海岸的一种语言，属巴布亚语系（Papuan）南布干维尔语族（South Bougainville）。使用人口约为1万。有五个元音和九个辅音。辅音可以作为音节的中心音，或独自组成音节。

那语　Na　印度的一种语言，属汉藏语系藏缅语族。使用人口约为1500，那语使用者也使用英语和印地语。

呐扣语　Neko　在巴布亚新几内亚靠近比里奥（Biliau）海岸曼丹（Madang）省使用的一种语言，属巴布亚语系（Papuan）跨新几内亚语族（Trans-New Guinea）。主要用于居家和村落生活，约有300人使用。呐扣语使用者也能说托克皮辛语（Tok Pisin）。

纳-达内语系　Na-Dené　参见"纳-德内语系"。

纳道语　Ndao　在印度尼西亚努沙登加拉（Nusa Tenggara）、纳道岛、罗德和帝汶（Timor）等地使用的一种语言，属南岛语系马来-波利尼西亚语族中东部语支。根据1997年统计，约有5000人使用。

纳-得内语系　Na-Dené　参见"纳-德内语系"。

纳-德内语系　Na-Dené　亦称纳-得内语系或纳-达内语系，阿萨巴斯卡语系的别称。参见"阿萨巴斯卡语系"。

纳加语　Naga　印度东北部和缅甸西部纳加人的语言，属汉藏语系中藏缅语族（Tibeto-Burmese）。

纳克-达吉斯坦语族　Nakho-Dagestanian　参见"东北高加索语族"。

纳里涅里语　Narrinyeri　澳大利亚土著居民纳里涅里人的语言，属澳大利亚语系帕马-恩永甘语族（Pama-Nyungan）。曾分布于澳大利亚东南沿海从纳拉库特（Naracoorte）到默雷布里吉地区（Murray Bridge），现已消亡。

纳马语　Nama　非洲西南部纳米比亚纳马人的语言，有四种方言，属科伊桑语系（Khoisan）。纳马语共有38个音位，其中包括20个吸气音、13个非吸气音和五个元音。纳马语中的大多数状貌词（ideophones）不指代自然界的声音，例如：

[1] _nanup kye !'e t6mii ko _'u
rain ind idph so-say rec.past cease
'The rain stopped suddenly.'（状貌词表示突然安静下来）

[2] n_avu t6mii ko !kxhoo te 'arip kye
idph so-say rec.past catch me dog ind
'The dog caught me just like that.'（状貌词强调被狗咬到）

[3] 'aop kye ti 'ai! 'aa sui t6mii lo 'ii
snake ind my front-of idph so-say rec.past pass
'The snake shot past me.'（状貌词表示蛇的敏捷.）

纳姆语 Nam 中亚的一种语言，已消亡，属汉藏语系中藏缅语族（Tibeto-Burmese）。仅存记录为1926年英国印度学家和藏学家弗里德里克·威廉·托马斯（Frederick William Thomas）所发现的一些手稿片段。

纳瓦荷语 Navaho 参见"纳瓦霍语"。

纳瓦霍语 Navaho; Navajo 亦称纳瓦荷语。美国亚利桑那州和新墨西哥两州的纳瓦霍人的语言，属北美印第安语群阿萨巴斯卡语系（Athabascan）阿塔帕斯卡（Athapasca）语支。1980年约85%的纳瓦霍儿童以纳瓦霍语为母语，这一数据目前下降至约25%。根据2007年统计，使用人口共约17.1万人。针对纳瓦霍语萎缩的趋势，从上世纪80年代开始，当地的小学加强了纳瓦霍语的教学。目前亚利桑那大学、新墨西哥大学等教育机构有正式的纳瓦霍语教学。纳瓦霍语在二战期间曾被美军采用为通讯用语，编写为纳瓦霍密码。

纳瓦特尔语 Nahuatl 属北美印第安语群乌托-阿兹台语系（Uto-Aztecan）阿兹特克语支（Aztecan）。纳瓦特尔语通常也指古典纳瓦特尔语。古典纳瓦特尔语是公元7世纪到公元16世纪晚期，在美索亚美利加（墨西哥中部到哥斯达黎加西北部地区）主要使用的通用语。此后，因为西班牙征服美洲，纳瓦特尔语的重要性及影响力被中断。此外，纳瓦特尔语一词还用来指一群使用人数至少有150万的现代墨西哥纳瓦特尔语方言。所有这些方言都在不同的程度上受到西班牙语的影响。纳瓦特尔语包括当今依然在用的皮皮尔语（Pipil）和帕术塔语（Pochutla）和已消亡的托尔特克语（Toltec）、琪琪麦克语（Chichimec）和纳瓦特拉图语（Nahuatlato）。所有现代的纳瓦特尔语方言都跟古典纳瓦特尔语有所不同，但是现在与在边缘地区使用的纳瓦特尔语方言相比，在墨西哥谷地使用的纳瓦特尔语方言更接近古典纳瓦特尔语。该语系特点如：音系相对简单、名词动词界限弱、有-tl后缀名词化表语词总作表语用、非表语用时表语词前加 in-等。纳瓦特尔语共有8个元音，15个辅音（见表38和表39）。

表38 纳瓦特尔语元音系统表

	前		中		后	
	长	短	长	短	长	短
闭	iː	i				
中	eː	e			oː	o
开			aː	a		

表39 纳瓦特尔语元音辅音系统表

	唇音	舌尖音	舌面音	舌根音	喉音
塞音	p	t		k / kʷ	ʔ
擦音		s	ʃ		
塞擦音		tʃ/ts	tʃ		
边音		l			
半元音	w		j		
鼻音	m	n			

纳乌纳语 Nauna; Naune 巴布亚新几内亚马努斯省（Manus）纳乌纳岛（Nauna）上的一种语言，属南岛语系（Austronesian）马来-波利尼西亚语族（Malayo-Polynesian）中东部语支。据2000年统计，约有100人使用该语言。这些人也使用泰坦语（Titan）。

纳西语 Na-shi 云南纳西族的语言，属汉藏语系藏缅语族彝语支。主要通行于云南省玉龙纳西族自治县。根据2000年的统计，使用纳西语的人口约为30.9万，其中有约10万人是单语人口。另外有大约17万人以汉语、白语、英语和藏语等语言作为第二语言。纳西语多数的使用者（约20万）聚居于丽江市的古城区和玉龙纳西族自治县，少数散居于云南、四川的临近县市，个别居于西藏芒康县。纳西语被汉族称为摩梭语（Mo-so）。纳西语和缅彝语支之间有近缘关系，然而对于它是否该归属缅彝语支语言，依旧存在争议。纳西语有自己的书写文字，可用东巴文、哥巴文等文字以及拉丁字母进行书写。但大部分纳西族均不懂东巴文字，因此书写纳西语并不普及。纳西语分为被作为标准的丽江方言（属西部方言）和东部方言（金沙江以东的纳西语方言）。方言彼此间差异较大。主要差异在于丽江方言深受汉语影响,引入大量的汉语取代原有词汇。甚至一些纳西方言原有的意思,在丽江纳西话中也渐被汉语取代,只保留纳西话的原本语法。纳西语的丽江方言有九个元音,纳西语有四个声调:高平、中平、低降和低升。纳西语的基本语序为 SOV,其语法结构和其他通行于云南地区的藏缅语族语言相似。另外有些纳西语的使用者可能居于缅甸。纳西语是当地学校教授的语言,也在当地政府机构和市场等地使用。此外,纳西语是丽江纳西族自治区里许多媒体使用的重要语言。

奈基语　Naiki　印度中部马哈拉施特拉邦(Maharashtra)坎达地区(Canda)叶库山(Yerku Hill)部落成员说的一种语言,属达罗毗荼语系(Dravidian)中部语族(Central)科拉米-奈基语(Kolami-Naiki)。使用人口约1500,属濒危语言。

南阿拉伯语支　South Arabic　属亚非语系闪语族(West Semitic)。古代的语言形式形式可见于公元前9世纪起至公元6世纪期间的铭文,现代语言主要分布在阿拉伯半岛南部沿海和索科特拉岛地区,包括巴萨里语(Bathari)、哈德拉米语(Hadrami)、哈拉米语(Harami)、梅合里语(Mehri)、霍比奥特语(Hobyót)、哈尔苏西语(Harsusi)、密尼安语(Minaean)、卡塔班语(Qatabanian)、塞巴语(Sabaean)、赦合里语(Shehri)、索科特拉语(Soqotri)。

南安布里姆语　South Ambrym　参见"达卡卡语"。

南部达迦阿热语　Southern Dagaare　加纳西北部的一种语言,属尼日尔-刚果语系古尔语族(Gur)。根据2001—2003年统计,使用人口约为110万。

南部派尤特语　Southern Paiute　参见"派尤特语"。

南岛-泰语系　Austro-Thai　亦称澳泰语系。美国学者本尼迪克特(Paul King Benedict,汉名白保罗)提出的谱系分类。他认为苗、壮侗等语言同汉语不存在发生学上的关系,其相同或相似之处或来自类型学上的一致,或来自相互借用。他还以词源依据,认为苗和壮侗等语言在发生学上同南岛语系的语言有密切关系,应同一语系,称澳泰语系。本尼迪克特提出了东南亚文化流的概念,认为史前该地区的民族种群在文化上是平等的,文化的流向是多向的,因此壮侗语和苗不属汉藏语系。多数中国学者,在分析汉语以及壮侗语、苗之间可能存在的关系时,重点研究这些语言受汉语的影响,而忽略了它们对汉语的影响。本尼迪克特所说的"东南亚",指的是史前时代长江以南的广大区域,包括现在的海南、四川、云南、广东、广西、湖南、贵州、江西、福建、浙江以及台湾、中南半岛等地。当时这些地方居住着数目繁多的民族群体,包括使用孟-高棉语的族群、使用南岛语的族群以及使用汉藏语(藏缅语)的族群。他们很早就和不同的民族进行文化和语言接触。澳泰语系假说引起了学术界的讨论,中心问题是:到底这些语系是仅仅属词汇引进的语言关系,还是具有系谱关系。这在求证二者的同源词上虽有不少弱点,但在揭示壮侗语与印尼语的深层关系上,开阔了人们的视野。

南岛语系　Austronesian　旧称马来-玻利尼西亚语系(Malayo-Polynesian),但20世纪60年代后,"马来-玻利尼西亚"一词只用来指南岛语系中的一个语族。包括约1200种语言,数量约占世界语言的五分之一。分布地域主要在岛屿上,东达复活节岛,西到东非洲外海的马达加斯加岛,南抵新西兰,北至夏威夷群岛。20世纪30年代之前,语族的划分主要以地域为依据,分为玻利尼西亚语族(Polynesian)、美拉尼西亚语族(Melanesian)、密克罗尼西亚语族(Micronesian)和印度尼西亚语族(Indonesian)。但地域为标准划分语族存在问题,很多亲缘关系明显的语言被划分在不同的语族,有些亲缘关系疏远的语言被划分在同一语族。在大量的对比研究基础上,德国语言学家 Otto Dempwolff(1871—1938)提出,波利尼西亚语族的语言与来自美拉尼西亚语族(Melanesian)和密克罗尼西亚语族(Micronesian)的绝大多数语言都起源于相同的原始南岛语言(Proto-Austronesian),因而构成一个原始美拉尼西亚语族(Proto-Melanesian)。此后,更多的学者倾向于将南岛语分为两大语族,分别是台湾原住民语族(Formosan)和马来-波利尼西亚语族(Malayo-Polynesian)。台湾原住民语族包括22种语言,可以再分成泰雅语支(Atayalic)、排湾语支(Paiwanic)和邹语支(Tsouic)三大语支。马来-波利尼西亚语族约有1180种语言,可以再分为西部马来-波利尼西亚语支(Western Malayo-Polynesian)和中东部马来-波利尼西亚语支(Central-Eastern Malayo-Polynesian),以及两种尚无法归类的语言。此外,美国学者本尼迪克特(Paul King Benedict,汉名白保罗)还试图把南岛语系和壮侗语系综合成为更大的语系,即澳泰语系(Austro-Thai)。南岛语系的语言属黏着型语言,主要通过在词根上添加附加成分和采取词根的重叠或部分重叠的方式进行构词。常用词大多为双音节,音节构造较简单。大多数词根能兼做名词和动词。人名、普通名词、方位名词分别用不同的冠词。动词有式、时、体、态的范畴。代词第一人称有"我们"和"咱们"的区别。数词有十进位、五进位和四进位。词序方面,往往随谓语的性质而变动,有的语言动词出现在主语之后,有的语言动词出现在句首。

南非荷兰语　Afrikaans　亦称阿非利堪斯语、南非语、布尔语。来自荷兰的布尔人(Boers)在南非以荷兰语为基础发展起来的一种克里奥耳语,属印欧语系日耳曼语族西支。南非荷兰语是南非的两种官方语言之一(另一是英语)。分布于南非和纳米比亚(西南非洲)。南非荷兰语使用人数约为620万,其中同时使用南非语和英语的双语人口为100万,大约占南非全部人口的15%,次于祖鲁语(Isi Zulu)(22.9%)和柯萨语(Isi Xhosa)(17.9%),是南非第三大语言。此外,南非荷兰语的使用人口在博茨瓦纳有2万,在纳米比亚有13万,还有一些使用人口分布在马拉维和赞比亚。在欧洲移民到达南非以后的200年间,南非荷兰语只有口语。19世纪中叶,标准书面语才逐渐形成。语音方面,以荷兰南部方言为基础,拼写规则和荷兰语基本相同,但稍简化。语法方面,名词没有性和格的变化;动词的时态和人称形式都已消失,用情态词表示时态和语气,用助动词构成现在完成时。词汇方面南非荷兰语和荷兰语相似,并从英语、马来-葡萄牙语、班图语、霍屯督语中借入大量词语。

南非语　Afrikaans　参见"南非荷兰语"。

南高加索语族　South Caucasian　亦称卡特维尔语族(Kartvelian)。属高加索语系,语言分布于高加索山脉主脉以南地区,语言使用者主要分布在格鲁吉亚共和国、俄罗斯和土耳其北部地区。该语族包括4种语言,分别为格鲁吉亚语(Georgian)、明格雷利亚语(Mingrelian)、拉兹语(Laz)和斯凡语(Svan),其中只有格鲁吉亚语具有文字书写系统。

南美洲语言　South American languages　美国梅逊-迪克逊(Mason-Dixon)分界线以南,西至得克萨斯州地域内的美国英语的方言变体。对南美洲语言的研究始于16世纪。迄今为止,南美洲语言的确切数目未知。在殖民化之前,南美洲语言数目从550到2000不等。约1100万人讲南美洲语言。

南亚语系　Austroasiatic　亦称澳斯特罗-亚细亚语系。世界主要语系之一。分布在中国广西壮族自治区、老挝、越南、柬埔寨、缅甸、马来西亚南部、泰国以及印度比哈尔邦和安达曼-尼科巴群岛等地区,使用人口约为4000万。南亚语系包括孟-高棉语族和蒙达语族。前者含孟语、柬埔寨语、德昂语、佤语、布朗语等140多种语言。后者包括蒙达里语、霍语、科尔库语、桑塔利语等20多种语言。语音方面,辅音系统比较整齐,塞音清浊的对立较为普遍,有独立的清音送气系列。孟-高棉语族的不少语言有内爆发音作为前声门化鼻音和流音的情况。元音系统比较丰富,分为高、前、中、后四级。南亚语系诸语言除越南语等少数语言有声调外,通常不是声调语言。语法方面,句子的一般语序为"主语-动词-宾语",但蒙达诸语言的语序为"主语-宾语-动词";句法中也使用被动结构,常用前置词而不用后置词;形容词通常跟在它所修饰的名词后面。词汇方面,词的结构通常是一个主要音节,有时前面加上一个次要音节。主要音节由"(辅音)-辅音-元音-辅音"构成;次要音节由"辅音-元音"或一个音节辅音构成。除蒙达诸语言和尼科巴诸语言外,前缀和中缀较普遍。蒙达诸语言的形态变化比较复杂。南亚语系诸语言常常从邻近的或有一定影响的大语种中吸收一些词汇,如高棉语和孟语从梵语和巴利语中借词。文字方面,高棉语和孟语的文字传统最古老,字母形状和书写原则都起源于印度文字。尚存的最古老的铭文、碑文使用较多的是6世纪的古孟语的文字,其次是7世纪前后古高棉语的文字。南亚语系其他大多数语言只是近百年来才有文字。

南亚诸语言　South Asian languages　分布在印度、尼泊尔、不丹等南亚地区的,约450种语言的统称。这些语言分别属印欧语系、大罗毗荼语系、南亚语系和汉藏语系。

南中部丁卡语　South Central Dinka　在苏丹南部、尼罗河以西等地使用的一种语言,属尼罗-撒哈拉语系东部苏丹语族,使用人口约25万。

瑙鲁语　Nauruan　波利尼西亚语言的一种,为瑙鲁官方语言,属南岛语系马来-波利尼西亚语族(Malayo-Polynesian)中东部语支。主要使用者分布于瑙鲁岛(Nauru Island)、普莱潜岛、基里巴斯地区(Kiribati)西部的珊瑚岛。目前瑙鲁语的使用者约有7000人,其中约50%分布在瑙鲁。大部分使用者都能兼用英语。瑙鲁语有16—17个辅音,12个元音。瑙鲁语书写体系遵循拉丁文,使用17个字母:a e i o u b d g j k m n p q r t w。

内兹佩尔塞语　Nez Perce　美国西北部印第安部落内兹佩尔赛人的语言,属北美印第安语群萨哈普什(Sahaptian)语系。尽管该部落正在采取语言复兴计划,但该语言正面临消亡的危险。根据1997年统计,使用者仅约为200人。

尼阿瓦基语　Nyawaygi　在澳大利亚东部沿海昆士兰东北部使用的一种澳大利亚土著语言,属澳大利亚语系帕马-恩永甘语族(Pama-Nyungan)。1981年,使用者仅为3人。2009年前,该语言已经消亡。

尼阿斯语　Nias　在苏门答腊西岸尼阿斯(Nias)和巴图(Batu)岛使用的一种语言,属南岛语系马来-波利尼西亚语族(Malayo-Polynesian)。根据2000统计,使用人口约为77万。主要包括北部、中部和南部三种方言。

尼阿图茹语　Nyaturu　参见"尼亚图鲁语"。

尼阿斡语　Nyaw　泰国的一种语言,属侗台语系。根据1990年统计,使用人口约5万。

尼昂噶语　Nyunga; Nyungar　分布在澳洲西南部的一种语言,现已消亡,属澳大利亚语系帕马-恩永甘语族(Pama-Nyungan)。现有约8000名尼昂噶语的后代使用一种英语和尼昂噶语混合的语言,称为新尼昂噶语(Neo-Nyunga)。

尼昂加语　Nyanja　主要在非洲马拉维中部和东南部使用的一种语言,属尼日尔-刚果语系(Niger-Congo)贝努-刚果语族(Benue-Congo)班图语支(Bantu)。使用该语言的地区还有博茨瓦纳、莫桑比克、赞比亚和津巴布韦。据2001年统计,马拉维有700万人使用该语言。

尼奥罗语　Nyoro　东非阿尔伯特湖南部和东南部地区布尼奥罗(Bunyoro)和托罗(Toro)省尼奥罗人使用的语言,属尼日尔-刚果语系(Niger-Congo)贝努-刚果语族(Benue-Congo)班图语支(Bantu)。据2002年统计,使用人口约67万。

尼奥语　Nyore　肯尼亚的一种语言,属尼日尔-刚果语系(Niger-Congo)贝努-刚果语族(Benue-Congo)班图语支(Bantu)。主要分别在卡维龙多(Kavirondo)海湾、卡卡梅加(Kakamega)区和该国西部的一些省份。据2009年统计,使用人口约有31万。尼奥语与乌干达的尼殴语(Nyole)在词汇方面有61%的相似性。

尼泊尔语　Nepali　尼泊尔的主要民族语言之一,尼泊尔的官方语言,属印欧语系印度-伊朗语族印度-雅利安语支。除分布于尼泊尔外,在印度、不丹和锡金也有数量不等的使用者。使用人口800多万。尼泊尔古代的文学语言形成于14世纪。随着18世纪廓尔喀族崛起,奠定了现代尼泊尔王国的基础,因此尼泊尔语有时也被称作廓尔喀语(Gorkhali)。尼泊尔语和克什米尔语及印度拉贾斯坦邦的地方语言具有相似之处,但尼泊尔语的语音仍保留着古代印度语言的某些重要特点。尼泊尔全国一半以上人口使用藏缅语言,因此藏缅语言对尼泊尔语尤其是在词汇方面影响很深。尼泊尔语采用梵文天城体文字。尼泊尔语有11个音位上独立的元音,包括6个口腔元音和5个鼻元音,口语中不区分元音长度,有29个辅音(见表40和表41)。

表40　尼泊尔语元音音素表

	前	中	后
闭	i, ī		u, ū
半闭	e, ē		o
半开			ʌ, Ā
开			a, ā

表41　尼泊尔语辅音音素表

	双唇音	齿音	齿龈音	卷舌音	硬腭音	软腭音	唇软腭音	声门音
鼻音	m		n			ŋ		
塞音	p b ph bɦ	t d th dɦ		ṭ ḍ ṭh ḍɦ		k g kh gɦ		
塞擦音			ts dz tsh dzɦ					
擦音			s					ɦ
闪音			r					
近音			l		j		w	

尼额姆巴语　Nyemba; Nhemba　属尼日尔-刚果语系(Niger-Congo)贝努-刚果语族(Benue-Congo)班图语支(Bantu)。通行于安哥拉中南部促赤(Cuchi)河区,已经纳米比亚和赞比亚等地。根据2001年统计,安哥拉有22.2万人使用该语言。

尼恩勾语　Nyengo; Nhengo　安哥拉东南部的一种语言,属尼日尔-刚果语系(Niger-Congo)贝努-刚果语族(Benue-Congo)班图语支(Bantu)。据2000年统计,约有9000人使用。

尼恩可哈语　Nyenkha　属汉藏语族藏缅语系藏语支。通行于不丹瑟普吉奥(Sephu Geo)地区的一种语言,据2010年统计,约有8700人使用。

尼鞈语　Nyeng　在尼日利亚卡杜纳省(Kaduna)阿杜村(Adu)使用的一种语言,属尼日尔-刚果语系(Niger-Congo)贝努-刚果语族(Benue-Congo)尼日尔语支(Niger)。据2003年统计,使用人口共约200。能说该语言的人也使用豪萨语(Hausa)。

尼夫赫语　Nivkh　亦称吉利亚克语。通行于今俄罗斯阿姆贡河(为黑龙江支流)、库页岛北部与黑龙江下游地区等地的一种语言,尚无确定的谱系归属。目前世界上仅有略多于1000人以此语为其第一语言。尼夫赫语可分为四种方言,分别为黑龙江方言、北库页方言、南库页方言和东库页方言。黑龙江地区的尼夫赫语与库页岛的尼夫赫语在发音与词汇方面差异之大。尼夫赫语的基本语序为SOV,并具有格的变化与其他语法词缀,但尼夫赫语没有性别变化。尼夫赫语的独特之处在于大量使用插入词素,例如表示空间关系的词素经常被插入与其关联的名词中;另外尼夫赫语的一个词可能包含名词、动词与词缀，以表达一些特殊含义。因此在尼夫赫语的句子中，几乎每个单一的词都有含义。苏联政府曾在1930年制定尼夫赫语罗马拼音系统，后来苏联当局改用西里尔字母拼注尼夫赫语。

尼哥罗英语　Negro-English　以英语为基础，混合了法、葡、西、荷等语，在圭亚那使用的一种克里奥耳语。美国英语的一种变体，即主要由非裔美国人使用的英语。正式名称为"非裔美国英语"。

尼罗-撒哈拉语系　Nilo-Saharan　亦称沙里－尼罗语系(Chari-Nile)分布于非洲的尼罗河沿岸，尼日尔河沿岸以及非洲中部的撒哈拉地区，包括了东苏丹语族、中苏丹语族、撒哈拉语族(Saharan)、马巴语族(Maban)、桑海语族(Songhai)、卡杜格利-可隆哥语族(Kadugli-Krongo)、考穆兹语族(Komuz)、富尔语族(Fur)、库纳马语族(Kunama)和贝尔塔语族(Berta)等语族，共有200多种语言。在尼罗-撒哈拉语系中，各语族的语言虽然各有特点，但名词基本都具有三种形式的数，分布为单数(singulative)、复数(plurative)和集合数(collective)，这一特点经常用来表明各语言来源于同样的原始语言，支持对尼罗-撒哈拉语系的认定。但也有部分学者对尼罗-撒哈拉语系存疑，认为内部语言之间没有明显的亲缘关系。

尼欧语　Nyole; Nyule　乌干达的一种语言，属尼日尔-刚果语系(Niger-Congo)贝努-刚果语族(Benue-Congo)班图语支(Bantu)。据2002年统计，使用人口约有34万。尼殴语在词汇方面与肯尼亚的尼奥语(Nyore)有61%的相似性。

尼日尔-科尔多凡语系　Niger-Kordofanian　参见"尼日尔-刚果语系"。

尼日尔-刚果语系　Niger-Congo　亦称尼日尔-科尔多凡语系(Niger-Kordofanian)。非洲最大的语系，分布地区从非洲西部的塞内加尔，穿过几内亚高原区到东部的肯尼亚，然后向南直到大陆南端的好望角，约有900种语言。使用人口有2亿多。这一划分由美国语言学家格林伯格(Joseph Harold Greenberg)于1963年提出。主要语族包括西大西洋语族(Atlantic)，有43种语言；芒代语族(Mande)，有26种语言；古尔语族(Gur，也称沃尔特 Voltaic)，有79种语言；克瓦语族(Kwa)，有73种语言；阿达马瓦-乌班吉语族(Adamawa-Ubangi)，有112种语言；贝努-刚果语族(Benue-Congo)，有557种语言；克鲁语族(Kru)，有39种语言；科尔多凡语族(Kordofanian)，有23种语言；艾角语族(Ijoid)，有10种语言。

尼苏语　Ne-su　彝语的一种南部方言，属汉藏语系藏缅语族彝语支。主要分布在云南省南部，使用人数达100万。分布范围北至晋宁县，东至开远市、蒙自县，西至双柏县、普洱市，南至江城县、金平县，还延伸到越南、老挝的邻近地区。彝语南部方言内部差别不大，可以分为三个土语：(1)东部土语，亦称石屏土语、石建土语、东尼苏语，分为个旧次土语和石屏次土语，有50万人使用；(2)西北部土语，亦称峨山土语、峨新土语、北尼苏语，有20多万人使用；(3)西南部土语，亦称元阳土语、元金土语，分为元阳次土语和墨江次土语(或分为南尼苏语和西南尼苏语)。不同土语之间能在一定程度上互相通话。尼苏语特点是：声母数量比北部方言和东部方言少，没有鼻冠浊辅音和清鼻辅音；松紧元音对应整齐。声母有35个。但是齿龈音和腭化齿龈音并不对立。韵母有14个，都是由一个单元音构成。有7个松元音，还有7个相应的紧元音。有三个声调：高平调、中平调和低降调，紧元音不能出现在高平调音节里。有传统文字，字形简练，笔画流畅。明清临安府(今建水县)实行过彝文会考制度，使用的正是这种彝文，过去汉族人称之为 Lolo。

尼温格卫语　Nyungwe　属尼日尔-刚果语系(Niger-Congo)贝努-刚果语族(Benue-Congo)班图语支(Bantu)。分布在非洲莫桑比克中部，赞比西河沿岸的一种语言。据1980年统计，使用人口约为26.2万。莫桑比克的唯一官方语言为葡萄牙语，尼温格卫语是其被广泛认可的民族语言之一。

尼屋尼屋语　Nyulnyul　属澳大利亚语系尼屋尼屋语族(Nyulnyulan)。分布在澳洲西部海岸金伯利地区(Kimberley)南部比格湾(Beagle)周围的一种语言。2001年人口普查时，只有1人能使用该语言。

尼亚姆韦西语　Nyamwesi　参见"尼扬韦齐语"。

尼亚图鲁语　Nyaturu　亦称"尼阿图茹语"。东非坦咯尼喀湖以东尼亚图鲁人的语言，属尼日尔-刚果语系(Niger-Congo)贝努-刚果语族(Benue-Congo)班图语支(Bantu)。主要分布在坦桑尼亚，根据2006年统计，使用者约为60万。

尼扬贾语　Nyanja　参见"尼昂加语"。

尼扬科勒语　Nyankore　属尼日尔-刚果语系(Niger-Congo)贝努-刚果语族(Benue-Congo)班图语支(Bantu)。乌干达的一种语言，主要通行于西部省份、安克乐区(Ankole)、爱德华湖(Edward)东部地区。根据2002年统计，使用人口约为233万。尼扬科勒语和基加语(Kiga)很相近，有84%～94%的词汇相似，因此有人认为它们是同一种语言的不同方言。

尼扬韦齐语　Nyamwezi; Nyamwesi　亦称

尼亚姆韦西语。坦桑尼亚的中部偏西北地区，维多利亚湖和卢克瓦间地区尼扬韦齐人的语言，属尼日尔-刚果语系（Niger-Congo）贝努-刚果语族（Benue-Congo）班图语支（Bantu）。根据2006年的统计，约有98万人使用。

尼伊给那语　Nyigina　西澳洲菲茨罗伊河（Fitzroy）下游地区的语言，属澳大利亚语系尼屋尼屋语族（Nyulnyulan）。2006年约有63人使用，已近乎消亡。

尼伊哈语　Nyiha　坦桑尼亚的一种语言，属尼日尔-刚果语系（Niger-Congo）贝努-刚果语族（Benue-Congo）班图语支（Bantu）。根据1987年人口普查，使用人口约为30.6万，主要分布在姆贝亚（Mbeya）地区，穆博兹区（Mbozi）、鲁夸湖（Rukwa）的南部和西部。赞比亚也有约1万人使用该语言。文字体系采用拉丁字母书写。

尼因德茹语　Nyindrou　属南岛语系马来-波利尼西亚语族（Malayo-Polynesian）中东部语支。通行于巴布亚新几内亚的马努斯省（Manus）和马努斯岛屿以及马努斯西海岸10个村落的一种语言。据1998年的人口统计，使用者约为4200人。该语言的基本语序为SVO。

尼因度语　Nyindu　属尼日尔-刚果语系（Niger-Congo）贝努-刚果语族（Benue-Congo）班图语支（Bantu）。刚果民主共和国的一种语言，分布在该国的基伍湖（Kivu）以西的苏奇乌省（Sud-Kivu）。据2002年统计，使用者约为8400人。

尼永语　Nyong　属尼日尔-刚果语系（Niger-Congo）阿达马瓦-乌班吉语族（Adamawa-Ubangi）。喀麦隆的一种语言，主要位于该国北部和西部各省，如恩冈-凯顿贾州（Ngo-Ketunjia），靠近巴里坤巴特（Balikumbat）的恩道普平原（Ndop）等。喀麦隆约有1.7万人使用该语言。

尼优语　Nyeu　属南亚语系（Austroasiatic）孟-高棉语族（Mon-Khmer）。泰国四色菊府地区（Sisaket）的一种语言。根据2001年统计，使用者约为200人。将该语言作为第一语言使用者的1%能读会写，作为第二语言的25%—50%的使用者能读会写。

尼赞卡拉语　Nzakara；N'sakara　属尼日尔-刚果语系（Niger-Congo）阿达马瓦-乌班吉语族（Adamawa-Ubangi）。通行于中非共和国的班加苏（Bangassou）、巴库马（Bakouma）以及甘波（Gambo）诸县的一种语言，刚果民主共和国也有人使用。根据1996年统计，中非共和国约有5万人使用。

尼赞卡姆拜语　Nzakambay；Nzakmbay　属尼日尔-刚果语系（Niger-Congo）阿达马瓦-乌班吉语族（Adamawa-Ubangi）。非洲乍得（Chad）的一种语言，主要分布在该国的东南部，东洛贡区（Logone Oriental）等地。根据2000年统计，使用人口共约3.2万。

尼赞伊语　Nzanyi　属亚非语系（Afro-Asiatic）乍得语族（Chadic）。主要分布在尼日利亚阿达马瓦州的一种语言，喀麦隆也有人使用。根据1993年统计，使用人口共约8.6万。

涅涅茨语　Nenets　亦称尤拉克语（Yurak）。属乌拉尔语系萨摩耶德语族（Samoyed）。涅涅茨语通行于西伯利亚西北部、从东北欧北德维纳河河口到亚洲叶尼塞河三角洲的苔原地带；部分使用者散落在科拉半岛。虽然冻土涅涅茨语和森林涅涅茨语被认为是涅涅茨语的两种方言，但两者区别很大，无法互通。冻土涅涅茨语的使用人数约3—4万，分布于卡宁半岛和叶尼塞河地区，而森林涅涅茨语使用者约为1000—1500人，分布于阿甘河（Аган）、普尔河和纳德姆河地区。冻土涅涅茨语受科米语和北汉特语影响，森林涅涅茨语受东汉特语影响，而两者均受俄语影响。冻土涅涅茨语的拼写文字可追溯至20世纪30年代，森林涅涅茨语的最早文字记录则在20世纪90年代。涅涅茨语书写体系为西里尔文。

涅兹玛语　Nzema　通行于加纳西南部及科特迪瓦的一种语言，属尼日尔-刚果语系（Niger-Congo）克瓦语族（Kwa）坡头-塔诺族语支（Potou-Tano）。根据2004年统计，使用人口共约33万。

纽埃语　Niuean　属南岛语系马来-波利尼西亚语族（Malayo-Polynesian）中东部语支。新西兰南太平洋中部、汤加群岛以东纽埃岛的居民使用的一种语言，还通行于库克岛、新西兰、汤加和美国等地，书写遵循拉丁语体系。

努比亚语　Nubian　非洲尼罗河流域努比亚人的语言，属尼罗-撒哈拉语系东苏丹语族东支。努比亚语于公元前300年古实王国时期开始逐渐形成，有着悠久的历史，几经变迁。6世纪时努比亚基督化，使用希腊字母来书写努比亚的当地语言；16世纪努比亚采用伊斯兰教，努比亚语与阿拉伯语同时被使用；今天努比亚语书写时使用的是阿拉伯字母。

怒语　Nu　通行于中国云南省怒江傈僳族自治州碧江、福贡、兰坪以及迪庆藏族自治州维西等县的一种语言，属汉藏语系藏缅语族。根据1982年统计，使用人口约为1.8万。此外，还分布于缅甸喀钦邦北部恩梅开江流域。语言特点（以碧江县知子罗话为代表）包括：(1)语音方面。有60个声母，包括

45个单辅音声母,塞擦音、塞音、鼻音分清浊,擦音有送气与不送气之分;有15个复辅音声母,如pI、fI、gI等;有85个韵母,含38个单元音韵母,47个复元音韵母。元音分松紧,有卷舌元音和鼻化元音,无辅音韵尾。有4个声调:55、53、35、31。(2)词汇方面。语法意义主要通过虚词和词序进行表达。在名词前加前加成分表示不同人称的人称领属,在指人的名词后加后加成分表示复数。动词有体、态、式、方向等语法范畴,分别用屈折变化、加附加成分及谓语助词等方式表达。助词有结构、谓语、语气3类,结构助词又分领属、施动、受动、从由、处所、性状、比较等。人称代词通过变换韵母可以表示主格和领格。第一人称双数和多数分为包括式和排除式,人称代词重叠表示反身,疑问代词重叠表示复数。汉语和傈僳语是其借词的主要来源。构词方式以复合为主,派生为辅。(3)句子基本语序为"主语-宾语-谓语"(SOV)。

挪威布克莫尔语　Bokmål　参见"博克马尔语"。

挪威语　Norwegian; Norsk　挪威的官方语言,属印欧语系日耳曼语族北支(亦称斯堪的纳维亚语支)。挪威境内使用人口约为420万,周边国家及北美移民中也有大量的挪威语使用者。1397至1523年,挪威、丹麦和瑞典曾是一个统一体,丹麦语一直是处于统治地位的语言,这种影响一直持续到19世纪初期。自17世纪起,摆脱丹麦语影响、建立独立的挪威书面语的呼声和努力就没有停止过。挪威方言学家伊瓦·奥森(Ivar Aasen,1813—1896)在大量研究挪威乡村用语的基础上,规范出"兰斯莫尔语"(Landsmål),意为"全国的语言"。后来,兰斯莫尔语被称为"耐诺斯克挪威语"(Nynorsk),意为"新的挪威语",以区别于通行的丹麦挪威语(Dano-Norwegian)。再后来,耐诺斯克挪威语又被称为"里克斯莫尔语"(Riksmål),意为"王国的语言"。最后,1885年以"博克马尔语"(Bokmål),亦称"书面挪威语"的名称得到官方认可。1892年起,获得用作学校教学语言的资格。1930年起,书面挪威语和丹麦挪威语享有同等的官方地位,都可以作为教学语言使用。事实上,大约85%的学校采用书面挪威语。

诺彬语　Nobiin　在埃及和苏丹使用的一种语言,属尼罗-撒哈拉语系。根据2006年统计,使用人口共约61万。

诺维阿尔语　Novial　参见"诺维亚语"。

诺维亚语　Novial　亦称诺维阿尔语。Novial即nov(新)+international(国际)+auxilary(辅助)+language(语言),因而其学名应为"新国际辅助语",由丹麦语言学家叶斯柏森(Otto Jespersen)于1927年创造。在结构上,诺维亚语处于比较自然外观的西方语和比较规则的世界语和伊多语(Ido)之间的中间位置。其语言特征主要是:(1)c和z这两个字母被取消了;(2)字母不加符号;(3)复杂的重音规则;(4)名词的属性用词位来区分:o-阳性,a-阴性,e-中性;(5)复数的结尾用-s;(6)属格用-n表示,即所谓撒克逊式属格;这样,世界语的"la laboro de viroj"(男人们的工作)在诺维亚语中就变成了"li homosen laboro";(7)在诺维亚语中还存在以-m结尾的任意的目的格,不定式有时只是词根形式,有时则在前面加一个小词tu,如lekte或tu lekte(读)以及其他分解的动词形式;(8)词汇大部分是由拉丁语和拉丁系的因素构成。例如:___ Es inherant in li nature de lingue, natural o artifisiali, ke lu exista nur e por homes, kel usa lu por tu komunika sen penses a altri persones.(在自然的或人造的语言本质中,重要的是:它仅赖以和为了那些用它来把自己的思想传达给别人的人而存在。)

欧洲葡萄牙语　European Portuguese　亦称卢西塔尼亚葡萄牙语(Lusitanian Portuguese)。在葡萄牙本土使用的葡萄牙语。欧洲葡萄牙语是葡萄牙、非洲葡萄牙语国家、东帝汶和澳门的标准语言发音参照语言,与巴西葡萄牙语(Brazilian Portuguese)相对而言。参见"巴西葡萄牙语"。

欧洲西班牙语　European Spanish　亦称半岛西班牙语(Peninsular Spanish)或伊比利亚西班牙语(Iberian Spanish),与拉美西班牙语(Hispanic American Spanish)和加那利西班牙语(Canarian Spanish)相对。指在欧洲本土伊比利亚半岛使用的西班牙语。其方言主要区分北部、中南部和南部三大分支,属于中部和北部分支的卡斯蒂利亚语(Castilian)地位最为显赫。欧洲西班牙语与拉美西班牙语的主要区别在于发音,其他语言特征无显著差别。位于大西洋、靠近非洲摩洛哥的西班牙海外自治区加那利群岛的西班牙语属于标准西班牙语的变体,语言特征更接近西班牙语南部方言分支安达卢西亚语。参见"西班牙语"。

P

帕固里雅语　Bhagoria　参见"比利语"。

帕劳语　Palauan; Belauan　帕劳安加尔的三种官方语言之一（其余两种是英语和日语），属南岛语系西马来亚-波利尼西亚语族。根据 2000 年统计，帕劳语的使用者占帕劳共和国人口的 65%。帕劳语在帕劳被日本占领之前只有口语，后来在日本和美国占领期间，使用日本假名和罗马字母才形成了文字系统。现在的帕劳语中含有大量的外来语，主要是日语和英语。在音乐和饮食方面，帕劳语中大量使用日语外来语。一般认为帕劳语的语序为"动词-宾语-主语（VOS）"。帕劳语是种代词脱落语，而其动词前的"人称"代词则是动词对主词的一致标记，而结尾的人称代词则是空缺的。例：Ak milenga er a ringngo (pro)。（意即"我吃了那苹果"）。在此例中，"pro"代表一个在实际句子中被空缺省略的东西。pro 所省略的，在此例中为主词"我"（第一人称代词），而开头的 ak 则被认为是标明第一人称单数主词的动词人称一致的词素。还有学者认为帕劳语语序为 SVO，他们拒绝代词脱落的假设，并将句首表主词人称的词素分析成代词，而非动词的一致标记。在前例中，认为帕劳语语序为 SVO 的，认为那个"pro"是不需要的，而 ak 就只是一个代表"我"的人称主词而已。一个潜在的问题是无法解释句子结尾的另外的第三人称"主词代词"，将该主词代词视为人称一致可规避此问题。

帕马-恩永甘语族　Pama-Nyungan　澳洲原住民语言中最大的一个语族，属澳大利亚语系。包括大约 300 种语言，包括阿兰达语 Aranda（亦称阿龙塔语 Arrernte）、玳伊语（Dayi/Dhay'yi/Dha'i）、德哈古语（Dhangu/Dhangu'mi）、德哈兰迪吉语（Dhalandji）、杜瓦勒语（Dhuwal）、尼昂噶语（Nyunga/Nyungar）等。语言的分布很广，几乎遍及整个澳洲。该语族语言语音系统简单，只有三个元音，没有摩擦音，也没有清浊之分。但词汇构成复杂，动词构成受时、体和制约等因素的限制，名词数的分类复杂。基本上属"作格语言（ergative language）"，有些语言的格句法特征明显，如词序的高度自由性，复杂的方位指示词等。帕马-恩永甘语族的语言大部分是由一些小种族人使用，这些小种族人口都不多，因而很多语言濒危，有些已经消失。

帕诺亚语支　Panoan　中南美印第安语群加勒比语系（Cariban）的一个分支，通行于亚马逊盆地西部、秘鲁东部，巴西西部和玻利维亚北部地区。包括 30 种语言，其中有些现在已消失，现存约有 20 种还在使用，但也面临消亡的危险。另外在巴西西部一些没有与外界接触的人群使用的语言也疑似属帕诺亚语言。目前，使用该语支语言的人口约为 4 万至 5 万。

帕帕戈皮马语　Papago-Pima　参见"奥哈姆语"。

排湾语　Paiwan　亦称百宛语。台湾排湾族的民族语言，属南岛语系（Austronesian）台湾原住民语族（Formosan）排湾语支（Paiwanic）。排湾语是南岛语系中最接近原始南岛语的语言，使用者分布在北起大武山地，南达恒春，西自隘寮，东到太麻里以南海岸的地区。根据 2002 年统计，使用人口约为 6.6 万。

派尤特语　Paiute　美国西南部大盆地土著居民北部和南部派尤特人的语言，属北美印第安语群乌托-阿兹台语系，北部派尤特人的语言被称为北部派尤特语（Northern Paiute），南部派尤特人的语言被称为科罗拉多河努米克语（Colorado River Numic）。这两种语言的接近程度不如它们与其他努米克语言之间的关系接近。根据 2007 年统计，北部派尤特语约有 700 人使用，其中 400 人使用不够流利；南部派尤特语约有 920 人使用。

旁遮普语　Panjabi　通行于印度的旁遮普邦（Punjab）和巴基斯坦的旁遮普省的一种语言，属印欧语系印度-伊朗语族印度-雅利安语支。旁遮普语是印度旁遮普邦的官方语言，也通行于邻近的印度哈里亚纳邦（Haryana）、喜马偕尔邦（Himachal）和德里。由于旁遮普人大量移居外地，旁遮普语是世界上很多地方常见的少数语言，如英国，美国、加拿大（为加拿大的第五大语言）和肯尼亚等地。使用者约 4500 万（分布于印度和巴基斯坦）。旁遮普语演化自梵语。旁遮普语又分为西旁遮普语和东旁遮普语。旁遮普语是声调语言，属黏着语。现代旁遮普语的词汇受到印地语、波斯语和英语等影响。海外的旁遮普人从荷兰语和西班牙语中吸收一些新的词汇。旁遮普语有几套书写系统，古木基文（Gurmukhi）和沙木基文（Shahmukhi）字母是旁遮普语最常用的两种书写字母，也往往被视为官方字母。古木基文在锡克教信徒中大量使用，天城文字母在其他省份的印度教信徒中使用广泛，沙木基文主要在旁遮普穆斯林中使用。

佩努蒂亚语系　Penutian　北美印第安语群的一个语系。包括十几种差异很大的语言，大多数语言的使用者都不超过 2000 人。其中使用人口最多的有加拿大英属哥伦比亚地区的次木珊语（Tsimshian），美国俄勒冈和纽约州的萨哈普庭语（Sahaptian）。佩努蒂亚语系还包括墨西哥湾和中美洲的一些语言。语言学家对其重构性尚有疑义。这一语系内语言的主要特征为：辅音系统完整，有一系列声门闭塞爆破音和内爆破音，要求元音和谐；格系统丰富，部分有作格；动词系统完备（有派生、语态、体、式和行为方式，一致关系不普遍），形态为屈折型（存在重叠构词和词根屈折)。有些语言的代词有双数形式,存在名词分类,语序较为自由。

皮拉罕语　Piraha　巴西亚马逊州的土著皮拉罕人的语言,属中南美印第安群穆拉语系(Mura)皮拉罕语支。其他穆拉语都已经在最近几百年里相继消亡。根据2009年统计,约有250—380人使用;但由于在皮拉罕社区中使用活跃,并且使用者均为单语者,因此尚无消亡的危险。

菩提亚语　Bhoti　参见"拉达克语"。

葡萄牙语　Portuguese　通行于葡萄牙、安哥拉、巴西、西班牙、莫桑比克、中国澳门和东帝汶的语言,属印欧语系的意大利语族(Italic)罗曼语支(Romance)。根据2013年统计,葡萄牙语使用人口约为2.3亿,在世界流行语种中排名第五,仅次于汉语、英语、西班牙语和印地语。葡萄牙语的使用者绝大部分居住在巴西,而葡萄牙只有1200万左右。以葡萄牙语为官方语言或者通用语言的国家和地区主要有葡萄牙、巴西、安哥拉、莫桑比克、佛得角、几内亚比绍、圣多美(Sao Tome)和普林西比(Principe)、东帝汶和中国澳门。在中国澳门葡萄牙语保持着和中文一样的官方地位。与其他拉丁语系语言相比,葡萄牙语的方言较少。葡萄牙语的发音和拼写以里斯本和科英布拉(Coimbra)两地使用的语言为基础。从历史上来看,葡萄牙语源自葡萄牙北部的加里西亚葡萄牙语(Galician Portuguese),其发源地位于现今的西班牙加里西亚(Spanish Galicia-Gallego)。巴西葡萄牙语发音与葡萄牙本地所使用的葡萄牙语发音有很多不同。葡萄牙语的特征包括:有较多的带鼻音的元音,如复合元音、三合元音(triphthongs);有两个音素/r/(齿音和软腭音);词汇的边界没有明显标记;有同化和连音的趋势;词法的屈折变化包括句法形态的过去完成时和变格不定式等。

普利莫图语　Pure Motu　参见"莫图语"。

普罗旺斯语　Provençal　参见"奥克西唐语"。

普什图语　Pashto　参见"阿富汗语"。

普提亚语　Bhutia　参见"锡金语"。

普西语　Phuthi　在莱索托南部和南非接壤地区使用的一种语言,属尼日尔-刚果语系贝努-刚果语族(Benue-Congo)班图语支(Bantu)。与之最为接近的是在斯威士兰和南非夸普兰加省使用的斯瓦蒂语(Swati或Siswati)。同时该语言深受索托语(Sotho)和科萨语(Xhosa)的影响。根据1999年统计,使用人口约为2万。

奇努克混合语　Chinook jargon　美洲土著语言,以奇努克语(Chinook)为基础而形成的皮钦语(pidgin)。通行于哥伦比亚河下游河谷以及华盛顿州和俄勒冈州附近的沿海地区,主要用于北美海岸贸易往来。

奇努克语　Chinook　居住于美国哥伦比亚河下游的奇努克族人的语言,属北美印第安群奇努克语系(Chinookan)。奇努克语的名词分阳性、阴性和中性。其语序为SVO或VSO。目前已濒临消亡。

契维语　Twi　参见"阿肯语"。

黔台语族　Kam-Tai　参见"壮侗语族"。

羌语　Qiang　通行于中国四川省阿坝藏族自治州茂汶羌族自治县及汶川、理县、黑水、松潘的一种语言,属汉藏语系藏缅语族羌语支。根据1982年统计,使用人口约13万。羌语分为南北两个方言,南部方言是声调语言,北部方言是非声调语言。羌语的语言特点(以南部方言桃坪话为例)包括:(1)有64个声母,含40个辅音声母,塞音、塞擦音都分清浊、送气和不送气之分。有24个复辅音声母,如:Xp、Xm、Xts、Xq、pz、bz等;(2)韵母44个,含10个单元音韵母,19个复元音韵母,15个带-n、-N韵尾的韵母;(3)有6个声调:55、31、51、13、33、241;(4)语法意义主要通过形态、助词和词序进行表达;(5)单数名词通过加上后加成分表示复数;(6)动词有人称、数、时间、体、态、式、趋向等语法范畴;(7)结构助词有表示限制、施动、受动、工具、处所等意义的区别;(8)人称代词分主格、领格和宾格,第一人称双数和复数分包括式和排除式;(9)量词重叠表示轮番、逐次的意思;(10)句子词序为"主语-宾语-动词";(11)名词、代词作名词的修饰语时在中心词前,形容词、数量词组作修饰语时在中心词后;(12)指示代词作定语时前后均可。

羌语支　Qiangic　属汉藏语系藏缅语族(Tibeto-Burman)。语言主要分布在中国境内,包括尔龚语(Ergong)、尔苏语(Ersu)、贵琼语(Guiqiong)、嘉绒语(Jiarong)、拉乌戎语(Lavrong)、木雅语(Muya)、纳木依语(Namuyi)、普米语(Pumi)、羌语(Qiang)、却隅语(Queyu)、史兴语(Shixing)等语言,还包括已消亡的西夏语(Xixia/Tangut)。

乔巴语　Joba　在刚果(金)南基伍省(South

Kivu)使用的一种语言,属尼日尔-刚果语系贝努-刚果语族(Benue-Congo)班图语支(Bantu)。根据1989年统计,使用人口约为1万。

乔克波尔玛塔基勒语　Jonkor Bourmataguil　通行于乍得萨拉马特等地的一种语言,属亚非语系乍得语族。根据1993年统计,使用人口约为1500。

乔克托语　Choctaw　属北美印第安语群摩斯科语系(Muskogean)。通行于美国俄克拉荷马州东南部、密西西比州东南部以及路易斯安那州和田纳西州部分地区,使用人口约9000,其中3/4居住在俄克拉荷马州东南部。乔克托语与奇克索语(Chickasaw)关系紧密。有证据表明,乔克托人源自奇克索人的一支。

乔拉-方尼语　Jola-Fonyi　在塞内加尔、冈比亚(Gambia)西南地区和几内亚比绍(The Republic of Guinea-Bissau)使用的一种语言,属尼日尔-刚果语系大西洋语族。根据2000年统计,在几内亚比绍约有6000人使用;根据2001年统计,在塞内加尔约有29.3万人使用;根据2002年统计,在冈比亚使用人口约为6万。

乔拉-卡萨语　Jola-Kasa;Jóola-Kasa　在塞内加尔和冈比亚(Gambia)使用的一种语言,属尼日尔-刚果语系大西洋语族。根据2007年统计,使用人口约为4.5万。

切罗基语　Cherokee　切罗基人的语言,属北美印第安语群易洛魁语系(Iroquoian)南支。通行于美国俄克拉荷马州东部和东北部、切罗基族印第安人保留地(Cherokee Indian Reservation)、美国大烟山区和北卡罗来纳州西部,使用人口共约1.5—2.3万。切罗基被认为是唯一尚在使用的南易洛魁语。切罗基语使用音节文字体系,包含85个音节符号,由美洲切罗基印第安人银匠塞阔雅(Sequoyah)发明(见表42)。切罗基语是一种很特别的语言,它只有一个双唇音/m/(即"浊双唇鼻音")。切罗基语也仅有一个双元音/aɪ/。例外情况是现代俄克拉荷马州使用的借词"automobil",含有英语的/ɒ/音素和/b/音素。切罗基语有发达的声调系统,声调规律精密而复杂地在音群之间变化,依照这些规律,声调的组合方式变化多端。虽然在很多地区声调系统正处在逐渐简化的过程中,但是声调还是保持着极重要的区别意义的作用,而且仍然被坚持应用,尤其是老一辈的用户。切罗基文音节文字并不正式标出声调,而在本地讲切罗基语的团体内,真正的意义差别是很罕见的。同样地,除了在词典中,转写切罗基文时也很少标出任何声调符号("osiyo""dohits"等)。

表42　切罗基语字母表

Ꭰ a	Ꭱ e	Ꭲ i	Ꭳ o	Ꭴ u	Ꭵ v
Ꭶ ga Ꭷ ka	Ꭸ ge	Ꭹ gi	Ꭺ go	Ꭻ gu	Ꭼ gv
Ꭽ ha	Ꭾ he	Ꭿ hi	Ꮀ ho	Ꮁ hu	Ꮂ hv
Ꮃ la	Ꮄ le	Ꮅ li	Ꮆ lo	Ꮇ lu	Ꮈ lv
Ꮉ ma	Ꮊ me	Ꮋ mi	Ꮌ mo	Ꮍ mu	
Ꮎ na Ꮏ hna Ꮐ nah	Ꮑ ne	Ꮒ ni	Ꮓ no	Ꮔ nu	Ꮕ nv
Ꮖ qua	Ꮗ que	Ꮘ qui	Ꮙ quo	Ꮚ quu	Ꮛ quv
Ꮜ s Ꮝ sa	Ꮞ se	Ꮟ si	Ꮠ so	Ꮡ su	Ꮢ sv
Ꮣ da Ꮤ ta	Ꮥ de Ꮦ te	Ꮧ di Ꮨ ti	Ꮩ do	Ꮪ du	Ꮫ dv
Ꮬ dla Ꮭ tla	Ꮮ tle	Ꮯ tli	Ꮰ tlo	Ꮱ tlu	Ꮲ tlv
Ꮳ tsa	Ꮴ tse	Ꮵ tsi	Ꮶ tso	Ꮷ tsu	Ꮸ tsv
Ꮹ wa	Ꮺ we	Ꮻ wi	Ꮼ wo	Ꮽ wu	Ꮾ wv
Ꮿ ya	Ᏸ ye	Ᏹ yi	Ᏺ yo	Ᏻ yu	Ᏼ yv

切延内语　Cheyenne　参见"夏延语"。

龟兹语　Kuchean　吐火罗语的两种方言之一,亦称吐火罗语乙(Tokharian B)或西吐火罗语(West Tokharian)。属印欧语系吐火罗语族,已消亡。

R

日耳曼语族　Germanic　印欧语系主要语族之一。现在主要使用于北欧、中欧和世界各地的英语国家和地区,总人口约为5亿。印欧语言内部曾发生"日耳曼语音变"(Germanic sound shift)。日耳曼语分为三支:(1)东日耳曼语支,包括哥特语(Gothic)、布根地语(Burgundian)等,16世纪消亡,其代表文献是四世纪的西哥特文圣经(Wulfila's Bible);(2)北日耳曼语支(亦称斯堪的纳维亚语支),包括冰岛语(Icelandic)、丹麦语、挪威语、瑞典语和法罗斯语等。其中冰岛语保留了许多北日耳曼语的特点。现代北欧各日耳曼语彼此很一致。例如,名词所有格加-s;形容词比较级加-r;最高级加-st等。其代表文献是公元3世纪的北欧古碑文(Scandinavian runic inscriptions);(3)西日耳曼语支,包括英语、德语、弗里西亚语(Frisian)、荷兰语(Dutch)等。其中德语是六世纪左右发生的"高地德语音变"的产物。日耳曼语单词重音多在第一个音节,句法上词序比较稳定,词汇比较相似。语法范畴性、数、格现在都有一定程度的简化。随着语言的发展,各日耳曼语支在语音、词汇、句法方面又有一些不同的变化。

日语　Japanese　日本国的官方语言,尚无确定的谱系归属。约1.25亿人使用,大部分人生活在日本,另外在琉球群岛、朝鲜半岛、台湾岛、美国和巴西也有人说日语。日语的标准语为东京话,有两大方言:本土方言和琉球方言。文字记载可追溯到公元八世纪。现代日语混合使用汉字和假名。日本汉字是汉语表意文字，用来表达词素，常用汉字约 2000 个。假名是简化汉字而成的文字，为音节符号，分平假名和片假名，各 46 个。前者标记语素和功能词，后者用于标记外来词。日语中还有罗马字拼写法，但不是主要文字。日语音韵结构单纯，音节构造简单，数目较少。音节具有等时性，长音与短音具有区别意义的作用。分高低声调，声调变化只发生于音节之间。日语是黏着型语言，动词、形容词等有词尾变化，其变化以后面的黏着成分为转移。日语的词序比较自由，一般是主语在前，谓语在最后，宾语、补语在谓语前面，修饰语一定在被修饰词前面。话题（topic）由后置 wa 标记，不必是动词的论元（argument），放在主语（subject）的前面。句子以谓语为主，主语等名词性句子成分省略较多（零形回指）。敬语用法十分发达而复杂，文体有简体和敬体之分。口语与书面语的差异、男女用语的差别比较大。

瑞典语　Swedish　通行于瑞典、芬兰（尤其是奥兰岛）的一种语言，属印欧语系日耳曼语族北支（亦称斯堪的纳维亚语支）。和其他北日耳曼语一样，瑞典语来源于古诺尔斯语。古诺尔斯语是维京时期斯堪的纳维亚地区通用语言。瑞典语共有 9 个元音，40 个辅音（见表 43 和表 44）。

表 43　瑞典语元音音素表

a	e	i	o	u
[ɑ:/a]	[e:/e/ə]	[i:/ɪ]	[u:/ʊ/o:/ɔ]	[ʉ:/θ/ɯ]
y	å	ä	ö	
[y:/Y]	[o:/ɔ]	[ɛ:/ɛ/æ]	[ø/œ]	
a:	e:	i:	u:	ɯ:
[ɑ:/a]	[e:/e/ə]	[i:/ɪ]	[u:/ʊ/o:/ɔ]	[ʉ:/θ/ɯ]
y:	o:	ɛ:	ø	
[y:/Y]	[o:/ɔ]	[ɛ:/ɛ/æ]	[ø/œ]	

表 44　瑞典语辅音音素表

b	c	d	f	g	h
[b]	[s/k]	[d]	[f]	[j/g]	[h]
j	k	l	m	n	p
[j/ʝ]	[ɕ/k/kʰ]	[l/r]	[m]	[n]	[p/pʰ]
r	s	t	v	x	z
[r/R]	[s]	[t/tʰ]	[v/ʋ]	[ks]	[s]
ch	dj	gj	gn	hj	kj	lg	lj
[ʃ/ʂ]	[j]	[j]	[ŋn]	[j]	[ɕ]	[lj]	[j]
ng	nk	rd	rg	rl	rn	rs
[ŋ]	[ŋk]	[ɖ/Rd]	[rj]	[l/Rl]	[ɳ/Rn]	[ʂ/Rs]
rt	sch	sj	sk	skj	stj	tj
[t/Rt]	[ʃ]	[ʃ]	[ɧ/sk]	[ɧ]	[ɧ]	[ɕ]
b	s/k	d	f	j/g	h	j/ʝ	ɕ/k/kʰ	l/r
[b]	[s/k]	[d]	[f]	[j/g]	[h]	[j/ʝ]	[ɕ/k/kʰ]	[l/r]
m	n	p/pʰ	r/R	s	t/tʰ	v/ʋ	ks	s
[m]	[n]	[p/pʰ]	[r/R]	[s]	[t/tʰ]	[v/ʋ]	[ks]	[s]
ʃ/ʂ	j	j	ŋn	j	ɕ	lj	j	ŋ
[ʃ/ʂ]	[j]	[j]	[ŋn]	[j]	[ɕ]	[lj]	[j]	[ŋ]
ŋk	ɖ/Rd	rj	l/Rl	ɳ/Rn	ʂ/Rs	t/Rt	ʃ	ʃ
[ŋk]	[ɖ/Rd]	[rj]	[l/Rl]	[ɳ/Rn]	[ʂ/Rs]	[t/Rt]	[ʃ]	[ʃ]
ɧ/sk	ɧ	ɧ	ɕ
[ɧ/sk]	[ɧ]	[ɧ]	[ɕ]

瑞典语中元音很多，其中 17 个是单音母。不少瑞典方言把连同"r"音的辅音同化成卷舌音，这种同化现象在全国的广播中很常见。除了在挪威语中，其他语言中不存在瑞典语中的一个"u"音。瑞典语还以一种变化复杂的辅音音位"清硬腭软腭擦音"而著称。元音有长短之分，有三个变元音，无复合元音。重音方面，分单重音词与双重音词，后者包括一个主重音和一个次重音。陈述句、祈使句、或疑问句一般均使用降调。在不同地区元音及部分辅音的发音差异很大。瑞典语的名词、形容词、动词均会变形。名词有性（中性、通性）和数的范畴，有不定式与肯定式。单、复数定冠词加在名词词尾。语序比较有规律：陈述句通常是 SVO（主语-动词-受语），疑问句是 VSO（动词-主语-受语）。有时为了强调某些词会更改语序，在非主语开始的句子中，主、谓语必须倒装，但从句一般不使用倒装语序。

瑞疆语　Rejang；Redjang　属南岛语系（Austronesian）马来-波利尼西亚语族（Malayo-Polynesian）。主要分布在印度尼西亚苏门答腊岛，还包括西南高地、北本库鲁省（North Bengkulu）等。语言包括勒崩语（Lebong）、穆斯语（Musi）、拉瓦斯语（Rawas）等方言。其中穆斯语（Musi）、拉瓦斯语（Rawas）方言与同名的马来语（Malay）变体不可混淆。根据 2000 年统计，使用人口数约 35 万人。瑞疆语采用西里尔字母拼写体系（见表 45）。

表 45　瑞疆语字母表

Аа	Бб	Вв	Гг	Дд	Ее	Ёё
Жж	Ээ	Ии	Йй	Кк	Лл	Мм
Нн	Оо	Ѳө	Пп	Лл	Сс	Тт
Уу	үҮ	фФ	Хх	Цц	Чч	Шш
Щщ	Ъъ	Ыы	ь	Ээ	Юю	Яя

瑞士德语　Swiss German　参见"阿勒曼尼语"。

瑞提克-罗曼语　Rhaeto-Romance；Rhaeto-Romanic　亦称雷蒂亚-罗曼语。通行于瑞士东部及意大利东北部的一系列互有亲缘关系的罗曼语言及方言，属意大利语族（Italic）罗曼语支（Romance）。包括瑞士南部的罗曼语，意大利北部和东北部以及意大利与斯洛文尼亚交界处的语言。各方言在词法和形态上有所差别，且受相邻语言和操方言者的多语现象影响较大。其中通行于瑞士和意大利北部的苏尔希勒旺语（Sursilian）和苏特希勒旺语（Sutsilian）均属瑞士的官方语言；拉汀语（Ladin）通行于意大利北部阿迪洁地区（Alto Adige）和多洛米蒂山地（Dolomites）；弗留利语（Friulian）通行于自威尼斯以北至奥地利边境及南斯拉夫边境地区。瑞士的雷蒂亚语方言似乎与法语的关系更为接近，而拉汀语和弗留利语则更接近意大利语。

瑞提克语　Rhaetic；Raetic　参见"里细亚语"。

S

撒拉语　Salar　撒拉族的本民族语言，属阿尔泰语系突厥语东南语支。主要分布在中华人民共和国青海省化隆回族自治县甘都镇、循化撒拉族自治县、海北藏族自治州、海西蒙古族藏族自治州、海南藏族自治州、西宁市、甘肃省临夏回族自治州临夏市积石山保安族东乡族撒拉族自治县、新疆维吾尔自治区伊犁哈萨克自治州伊宁县。据中华人民共和国第六次全国人口普查，撒拉族人口约13.1万，其中大多数居住在青海省东部的循化县和化隆县甘都镇，另有少数居住在甘肃和新疆。各地语言特征较一致。根据语音和词汇的差异，可分为孟达土语和街子土语。语音方面，有辅音音位b、p、m、f、v、d、t、n、l、r、s、z、ʣ、ʦ、ʂ、ɖʐ、ʈʂ、ʃ、j、g、k、ŋ、x、ɣ、q、χ、ʁ、h共29个，有单元音音位i、y、e、ø、ə、a、o、u八个，另有复合元音ia、ie、io、iu、iə、ua、ue、uo、ye九个，其中后五个复合元音仅用于汉语借词。有语音同化、弱化、减音、脱落现象。在固有词词汇当中，音节结构有V、VC、CV、CVC、CVV、CVVC六种，汉藏语借词分别按照各自原语言的音节规律。塞音、塞擦音都是清音，有分送气和不送气之分。舌根塞音和小舌塞音只出现在音节首，不出现在音节末。舌尖后塞擦音多用于拼读汉语借词。语法方面，名词的人称领属附加成分不分单、复数。陈述式动词不带人称附加成分，但有确定语气和非确定语气的区别。句子的基本语序是"主语-宾语-谓语"。词汇方面，构词的主要方式是派生法，但是由两个以上附加成分构成的派生词很少。汉语是撒拉语借词的主要来源，此外，撒拉语还从藏语、阿拉伯语、波斯语吸收了一些词语。撒拉族一般兼通汉语，有的还兼通藏语或维吾尔语，使用汉文。现代撒拉语采用拉丁字母书写，共有31个字母（见表46）。

表46　撒拉语字母表

A a	B b	C c	Ç ç	D d	E e	F f
G g	Ğ ğ	H h	I ı	İ i	K k	L l	M m
N n	Ñ ñ	O o	Ö ö	P p	Q q	R r	S s
Ş ş	T t	U u	Ü ü	V v	X x	Y y	Z z

萨贝里克语支　Sabellic　参见"奥斯坎-翁布里亚语支"。

萨比语　Sabir　主要以普罗旺斯语（Provençal）为基础、在地中海西海岸发展起来的一种贸易语言，其中也受到西班牙语、葡萄牙语和希腊语的影响。这是一种语言混合的结果，是通用语（lingua franca）的一种。"Sabir"一词来自普罗旺斯语，意为"知道"。

萨拉马坎语　Saamaka；Saramaccan　苏里南共和国通行的一种以英语为基础的克里奥耳语（Creole）。主要使用地区包括萨拉马坎沿岸以及苏里南河上游和帕拉马里博（苏里南首都），在法属圭亚那也有人使用。该语言是由50％的英语和35％的葡萄牙语以及5％的非洲语言构成，其中非洲语言来源于西非的尼日尔-刚果语系，例如丰语（Fon）、阿肯语（Akan）等。根据1995年统计，使用人口约为2.6万。

萨利希语系　Salishan　属北美印第安语群。通行于加拿大哥伦比亚·乔治地区（Columbia George）的三大语系之一，其他两大语系分别为萨哈普什语系（Sahaptian）和奇努克语系（Chinookan）。一般认为萨利希语始于弗雷泽河三角洲（Fraser River），即现在的英属哥伦比亚的温哥华地区，当地渔业资源丰富，盛产三文鱼。萨利希语系的语言在地域上覆盖从温哥华岛（Vancouver Island）北部到中部俄勒冈（Oregon）海岸的地区，又分两支，即沿海（Coastal）语支和内陆（Interior）语支。

萨米语族　Saami；Sami；Sámi　属乌拉尔语系（Uralic）的两个语族之一，另一语族为芬兰-乌戈尔语族（Finno-Ugric）。萨米语族可再分为东西两支，现存活语言九种，其中六种具有书面语形式，包括北萨米语（Norther Sami）、南萨米语（Southern Sami）、律勒萨米语（Lule Sami）、伊纳里萨米语（Inari Sami）、斯科尔特萨米语（Skolt Sami）和基尔丁萨米语（Kildin Sami）。语言使用者主要为北欧的萨米人，分布在芬兰、挪威、瑞典以及俄罗斯的西北部。

萨摩亚语　Samoan　萨摩亚群岛的一种语言，在萨摩亚独立国和美属萨摩亚都是除英语外的官方语言，属南岛语系马来-波利尼西亚语族（Malayo-Polynesian）中东部语支。据1999年统计，使用人口约为36万。萨摩语在正式和非正式用语之间存在音韵上的差别。

萨摩耶德语族　Samoyed；Samoyedic　属乌拉尔语系（Uralic）的两个语族之一，另一语族为萨米语族（Sami）。萨莫耶德语族包括4中语言，分别为涅涅茨语（Nenets）、塞尔库普语（Selkup）、牙纳桑语（Nganasan）和埃内茨语（Enets）。语言中句子的词序是：主语-宾语-主要动词-助动词。语言使用者主要分布在乌拉尔山区，人口约3万。在沙皇俄国时代，萨莫耶德语族的语言没有文字。1931年，苏联政府为涅涅茨语和塞尔库普语引进拉丁字母。1937—1940年之间，拉丁字母为西里尔字母所取代。

塞尔维亚-克罗地亚语　Serbo-Croatian　古斯拉夫语（即教堂斯拉夫语）的地方变体。塞尔维亚-克罗地亚语现存的最古文献见于12世纪。17世纪后称为斯拉夫-塞尔维亚语。19世纪中叶，塞尔维亚和克罗地亚两地的改革者签订协议，将它定名为塞尔维亚-克罗地亚语（或克罗地亚-塞尔维亚语）。塞尔维亚-克罗地亚语以两地通用的什托方言的依耶化次方言为基础，有30个音位，每个音位都有相应的字母，其中元音五个，辅音25个；有四种重音：长扬重音、短扬重音、长抑重音和短抑重音；元音无软化现象。塞尔维亚-克罗地亚语是屈折型语言，语法变化复杂。名词、代词和形容词有单、复数和阳、阴、中性之分，有七个格：主格、属格、与格、宾格、呼格、工具格和前置格。动词有七种时态：过去时、过去先行时、过去完成时、过去未完成的、现在时、将来时和将来先行时，有六种人称变化，有完成体和未完成体之分，有不定式、形动词、副动词、命令式、虚拟式等。塞尔维亚人和克罗地亚人都在大致相同的时间迁至巴尔干地区，前者信奉东正教，后者皈依罗马天主教。两个民族在长期相处中使用同一种语言，原称塞尔维亚语；但由于历史的原因，这种语言存在着"一语两文"的局面：塞尔维亚人用西里尔字母拼写，克罗地亚人用拉丁字母拼写。

塞尔维亚语　Serbian　通行于塞尔维亚、波黑、黑山及克罗地亚等国的一种语言，属印欧语系斯拉夫语族南支。塞尔维亚语和克罗地亚语在南斯拉夫社会主义联邦共和国时期被称为"塞尔维亚-克罗地亚语（Serbo-Croatian）"。南斯拉夫社会主义联邦共和国解体后，"塞尔维亚-克罗地亚语"分化成塞尔维亚语（Serbo）和克罗地亚语（Croatian）。塞尔维亚语与同为南斯拉夫语支（South Slavic）的马其顿语（Macedonian）十分接近，两者可互通。根据2006年统计，使用人口在原南斯拉夫境内约为870万，海外使用人口约为50—150万。

桑巴拉语　Sambaa; Shambala　非洲坦噶尼喀湖（Lake Tanganyika）以东桑巴拉人的语言，属尼日尔－刚果语系（Niger-Congo）贝努－刚果语族（Benue-Congo）班图语支。操此语者主要分布在坦桑尼亚的卢朔图（Lushoto）和穆赫匹（Muheza）桑巴拉语地区以及北部地区。坦桑尼亚西部和东部山区的方言有差异，使用人口约为66万。

森林涅涅茨语　Forest Nenets　俄罗斯阿甘河、普尔河和纳德姆河地区使用的一种濒临消亡的语言，属乌拉尔语系萨莫耶德语族（Samoyed）。与之接近的一种语言是冻土涅涅茨语（Tundra Nenets），两者均被视为涅涅茨语的方言。最早文字记录则在20世纪90年代。

僧伽罗语　Simhala; Sinhala; Sinhalese　斯里兰卡主体民族僧伽罗族的语言，是斯里兰卡民主社会主义共和国的主要官方语言，属印欧语系印度-伊朗语族印度-雅利安语支。僧伽罗语形成于公元前6世纪，在其发展过程中，受到各种外来语言（如梵语、葡萄牙语、英语、荷兰语等）的影响。7—8世纪形成现在的僧伽罗体。僧伽罗语共计54个字母，书写顺序从左向右。操僧迦罗语言者主要在斯里兰卡，在阿联酋、加拿大、马尔代夫、新加坡和泰国也有部分人说僧伽罗语。僧伽罗文学语言是厄鲁语（Elu），现代语言是僧伽罗语（Sinhala）。僧伽罗语共有16个元音，54个辅音（见表47和表48）。根据2007年统计，使用人口大约1700万。

表47　僧伽罗语元音音素表

表48　僧伽罗语辅音音素表

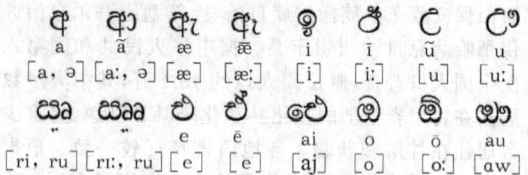

沙里-尼罗语系　Chari-Nile　参见"尼罗－撒哈拉语系"。

闪含语系　Semito-Hamitic　参见"亚非语系"。

掸语　Shan　缅甸北部掸邦人的本族语言，掸邦（Shan State）的官方语言之一，属汉藏语系壮侗语族（Tai-Kadai）壮傣语支（Kam-Tai）。主要通行于缅甸东北部山地和平原上，使用人口共约330万。中国和泰国也有部分人使用此类语言。说掸语的人自称大傣（Tai Yai 或 Tai Long）。"掸"是他称，可能是暹罗一词的讹传。掸语的文字非常接近缅文，在中国称为傣绷文。掸语的单词大多数为单音节，用声调区别词义。20世纪60年代之前使用的老掸文不能完整地记录掸语的语音。现行的掸文和语音对应良好。

上阿萨洛语　Upper Asaro　参见"达诺语"。

上大河谷达尼语　Upper Grand Valley Dani　通行于印度尼西亚巴布亚（Papua）中部高地、大巴列姆河谷和上峡的一种语言，属巴布亚语系（Papuan）

跨新几内亚语族。根据 1990 年—1996 年统计，使用人口约为 9 万。

尚加语　Shanga；Shangawa；Shonga；Shongawa　尼日利亚的一种语言，属尼日尔-刚果语系(Niger-Congo)芒代语族(Mande)。上加语分布在尼日尔河两岸，特别是北岸以及甘特(Gante)、拉弗固(Lafugu)、扎里亚(Zaria)、贝斯(Besse)、上加(Shanga)、都古拉哈(Dugu Raha)、都古措伏(Dugu Tsofo)、巴金图鲁(Bakin Turu)等地。根据 2010 年统计，使用人口共约 7000 人。

畲语　She；Huo Nte　畲族使用的客家话的变体，属汉藏语系。汉族人一般称之为"畲民话""畲话"或"畲客话"主要通行于福建、广东、浙江和江西。其书面语为汉语。畲语是"主-动-宾"(SVO)结构，修饰语在名词前。畲语中很多词汇是从客家话和广东话中借来的，音调有八个。

圣经阿拉米语　Biblical Aramaic　即阿拉米语，属于亚非语系闪语族阿拉米语支。因《圣经》中非西伯来语的部分都是由阿拉米语言写成，所以称为圣经阿拉米语。参见"阿拉米语"。

失纯阿拉米语　Dog-Aramaic　现存的古阿拉米文件和铭文上的一部分语言，因混杂着其他语言成分，或受其他语言形式严重影响，因而得名。

市场马来语　Bazaar Malay　南洋的城市和港口，中国人、印度人、阿拉伯人及其他外来民族在居民中占有相当重要的数量，由此而形成一种混杂语言，称为市场马来语或集市马来语。市场马来语所包含的语义非常贫乏，语法简单而杂乱，因此一般亦称为低级马来语(low Malay)。

书面挪威语　Bokmål　参见"博克马尔语"。

斯尔毛语　Sirmauri；Sirmouri　印度北部的一种方言，属印欧语系印度-伊朗语族(Indo-Iranian)印度雅利安语支(Indo-Aryan)。根据美国国际语言暑期学院(SIL International) 2005 年的统计数据，使用人口约为 40 万，分布在印度喜马偕尔邦(Himachal Pradesh)的斯尔毛地区(Sirmauri district)和西姆拉区(Shimla district)。

斯拉夫语族　Slavic；Slavonic　印欧语系的一个语族。所有斯拉夫语都从原斯拉夫语(Proto-Slavic)进化而来，而原斯拉夫语是大约公元前 2000 年从原始印欧语(Proto-Indo-European)分裂而来。在公元 10 世纪时，斯拉夫语作为独立语言出现。斯拉夫语可分为东斯拉夫语支、南斯拉夫语支及西斯拉夫语支。东斯拉夫语支的主要成员是俄罗斯语、大俄罗斯语、乌克兰语和白俄罗斯语。东斯拉夫语支及南斯拉夫语支使用西里尔字母，但塞尔维亚语和克罗地亚语原是同一种语言，由于宗教原因，塞尔维亚语用西里尔字母书写，克罗地亚语用拉丁字母书写，两种字母可以自由转写。西斯拉夫语支包括波兰语、索布语、捷克语和斯洛伐克语；使用人口大约 5600 万。属南斯拉夫语支的语言有保加利亚语、塞尔维亚语-克罗地亚语、马其顿语、斯洛文尼亚语等。主要分布在波兰、捷克共和国、斯洛伐克。斯拉夫语言主要在东欧使用。随着罗马帝国在公元四、五世纪的分崩离析，基督教会也分离成东方的东正教(Orthodox Church)和西方的天主教(Catholic Church)。在天主教的范围内人们仍然使用拉丁字母(Latin alphabet)，而在东正教地区人们使用西里尔字母(Cyrillic alphabet)。保加利亚语是斯拉夫诸语言里最古老的语种；当前国际地位最显赫的当属俄语。其他主要语种还有波兰语、捷克语、乌克兰语、斯洛伐克语等。由于斯拉夫语靠近巴尔干语，许多学者把巴尔干-斯拉夫语划为印欧语系的分支。当今在东欧和北亚说斯拉夫语，把斯拉夫语当作母语来说的总人数超过 300 万。大多数人居住在俄罗斯和乌克兰。

斯拉维语　Slavey；Slavi；Slave　加拿大西北地区土著人的一种语言，属北美印第安语群阿萨巴斯卡语系(Athabascan/Athabaskan)。根据 2011 年统计，约有 760 人使用。

斯洛伐克语　Slovak；Slovakian　斯洛伐克的官方语言，属印欧语系斯拉夫语族西斯拉夫语支，同捷克语、波兰语和索布语属同一支。使用人口约为 600 万，在斯洛伐克大约 486.5 万，主要分布在布拉迪斯拉发(Bratislava)附近。此外还分布在匈牙利、捷克、奥地利、波兰、罗马尼亚、塞尔维亚、美国和乌克兰等国。这些国家的部分移民也讲该语言。斯洛伐克是个山地国家，方言复杂。斯洛伐克语方言之间在音韵结构、词尾变化和词汇上存在显著差异，但在句法上的差异不大。据此，可以划分出东部、中部、和西部三个斯洛伐克语方言群。东部方言群主要分布在斯洛伐克东部的科希策地区(Kosice)跟普列索夫地区(斯洛伐克语：Prešovsk&yacute)，该方言群还可以再分为三个次方言群。该方言群的方言带有不少波兰语和东斯拉夫语族语言的特色。中部方言群主要分布在斯洛伐克中部的日利纳地区(Zilina)以及特连晋地区的东南部。该方言群还可以再分为两个次方言群。当前通用的标准斯洛伐克语就是建立在该方言群的方言之上。该方言的南部次方言群的方言含有不少南斯拉夫语族语言的特色。西部方言群主要分布在斯洛伐克西部的布拉迪斯拉发地区、特尔纳瓦地区(Trnava)、尼特拉地区(Nitra)以及大部分的特连晋地区。该方言群的方言同捷克语很相近。斯洛伐克语属典型的屈折语言，静词和动词有着丰富的变化,同其他有变格的斯拉夫语一样,词汇有丰富的格变化,名词的性从词尾上无法辨别,只能单独记忆。斯洛伐克语采用拉丁字母书写,共有 46 个字母(见表 49)。

表 49 斯洛伐克语字母表

Aa	Áá	Ää	Bb	Cc	Čč
á	dlhé á	a s dvomi bodkami	bé	cé	čé
[a]	[a:]	[æ,e]	[b]	[ts]	[tʃ]

Dd	Ďď	Dz dz	Dž dž	Ee	Éé
dé	ďé	dzé	džé	é	dlhé é
[d]	[ɟ]	[dz]	[ʤ]	[e]	[e:]

Ff	Gg	Hh	Ch ch	Ii	Íí
ef	gé	há	chá	í	dlhé í
[f]	[g]	[ɦ]	[x]	[i]	[i:]

Jj	Kk	Ll	Ĺĺ	Ľľ	Mm
jé	ká	el	dlhé el	mäkké el	em
[j]	[k]	[l]	[l:]	[ʎ]	[m]

Nn	Ňň	Oo	Óó	Ôô	Pp
en	eň	o	ó	o z vokáňom	pé
[n]	[ɲ]	[o]	[o:]	[ʊo]	[p]

Qq	Rr	Ŕŕ	Ss	Šš	
kvé	er	dlhé er	es	eš	
[kv]	[r]	[r:]	[s]	[ʃ]	

Tt	Ťť	Uu	Úú	Vv	Ww
té	mäkké té	ú	dlhé ú	vé	dvojité vé
[t]	[c]	[u]	[u:]	[v]	[v]

Xx	Yy	Ýý	Zz	Žž	
iks	ypsilon	dlhé ypsilon	zet	žet	
[ks]	[i]	[i:]	[z]	[ʒ]	

斯洛文尼亚语 Slovene; Slovenian, Slovenscina 斯洛文尼亚的官方语言之一(另两种是马其顿语和塞尔维亚-克罗地亚语),属印欧语系斯拉夫语族南支。广泛使用于匈牙利、奥地利和意大利、南斯拉夫西北部的斯洛文尼亚以及与南斯拉夫接壤的地区。使用人口约 200 万。斯洛文尼亚语起源于古斯拉夫语,最早文献见于 10 世纪。现代斯洛文尼亚标准语形成于 19 世纪初叶,是在以卢布尔雅那市(Ljubljana)为中心的中央方言基础上发展而来的。斯洛文尼亚语有 5 个元音,20 个辅音,采用 25 个拉丁字母作为相应的表音符号。标准语言的词重音有三种形式:长扬重音(ˊ)、长抑重音(⌒)、短重音(ˋ)。斯洛文尼亚语是屈折型语言。名词有 7 个格:主格、属格、与格、宾格、呼格、工具格、前置格;分单数、双数、复数。动词有过去时、过去先行时、现在时和将来时。斯洛文尼亚语共有 25 个字母(见表 50)。

表 50 斯洛文尼亚语字母表

Aa	Bb	Cc	Čč	Dd	Ee	Ff
a	be	ce	če	de	e	ef
[a]	[b]	[ts]	[tʃ]	[d]	[ɛ/e/a]	[f]

Gg	Hh	Ii	Jj	Kk	Ll
ge	ha	i	je	ka	el
[g]	[x]	[i]	[j]	[k]	[l/w]

Mm	Nn	Oo	Pp	Rr	Ss	Šš
em	en	o	pe	er	es	eš
[m]	[n]	[ɔ,o]	[p]	[r]	[s]	[ʃ]

Tt	Uu	Vv	Zz	Žž
te	u	ve	ze	že
[t]	[u]	[v]	[z]	[ʒ]

斯瓦希里语 Swahili 非洲使用人口最多的语言之一,与阿拉伯语及豪萨语(Hausa)并列为非洲三大语言,属尼日尔-刚果语系贝努-刚果语族班图语支。通行于坦桑尼亚、肯尼亚、乌干达、卢旺达、布隆迪、刚果民主共和国、索马里、科摩罗群岛(包含法国属地马约特)、莫桑比克、马拉维等地。根据 2012 年统计,使用人口共约 1500 万。斯瓦希里语传统上被认为是阿拉伯治下桑给巴尔(Zanzibar)的语言,理由是阿拉伯奴隶和其他商品贸易沿海岸传播。至于它最初是因为来自桑给巴尔以外的大陆当地人被作为奴隶贩卖而随之传到桑给巴尔的,还是桑给巴尔本地就有本地黑人居民,目前尚不知晓。无论如何,阿拉伯商人从至少 6 世纪就开始和沿海居民有密切的联系,伊斯兰教也在至少 9 世纪开始在东非海岸传播。目前已知最早的斯瓦希里文字记录是 1711 年在基尔瓦基斯瓦尼(Kilwa Kisiwani)用阿拉伯字母写成的。它们被送往葡萄牙所属的莫桑比克以及当地的同盟。这份信件的原件现在在印度的历史档案馆中。但是受到欧洲殖民力量的影响,拉丁字母后来成为标准。1886 年在德国控制了坦噶尼喀(现今坦桑尼亚的主要部分)后,殖民当局注意到斯瓦希里语的广泛分布,并很快制定斯瓦希里语为殖民地区域的官方行政语言。在临近的肯尼亚,英国殖民当局并没有这样做,但是也在朝着这个方向行动。德国、英国都需要在一个居民使用多种不同语言的殖民地上进行通知,因此殖民当局都需要选择一个单一的本地语言,并希望本地人能够接受。斯瓦希里语是这两处殖民地唯一合适的选择。由于德国在一战中战败,其在海外的领地被瓜分。坦噶尼喀(Tanganyika)落入英国的掌控中。英国当局在英国基督教传教士的帮助下,积极在东非殖民地(乌干达、坦噶尼喀、桑给巴尔和肯尼亚)推广斯瓦希里语,

用以进行初等教育和基础管理。斯瓦希里语在当时附属英语，大学教育、大部分中学教育以及较高层次的政府管理仍然使用英语。推广斯瓦希里语的关键一步是创造一个统一的书写语言。10世纪始用阿拉伯字母文字，19世纪后逐渐改用拉丁字母文字。

苏格兰盖尔语　Scottish Gaelic；Scots Gaelis　英国苏格兰地区凯尔特人（斯科特人）使用的语言，属印欧语系凯尔特语族（Celtic）戈伊德尔语支（Goidelic）。公元5世纪，斯科特人从爱尔兰迁入；他们在几百年的扩张中占领了大不列颠岛北部的一大片地方和赫布里底群岛（Hebrides）。根据2003年统计，使用人口为6.3万。现在只在西部沿海的零星地点和赫布里底群岛以盖尔语为主要语言的地方使用。语音系统中，元音分长短，辅音有软腭音质和硬腭音质的对立。有系统的"头音交替"现象。词形变化很复杂，名词和形容词也不例外。句法上动词常位于句首。例如：Tha taigh againn "是房子在我们"（我们有一所房子）。苏格兰盖尔语中有不少词早已进入了英语词汇，如 clann→clan（氏族），sluaghghairm→slogan（口号）。苏格兰盖尔语使用拉丁字母文字，拼写形式较为复杂。

苏格皮埃克语　Sugpiak　参见"阿鲁提伊克语"。

苏克语　Suk　参见"阿鲁提伊克语"。

苏鲁阿哈语　Zuruahá；Suruaha；Zuruaha　巴西亚马孙州（Amazonas）茹鲁阿河（Juruá）、尤它尔河（Jutaí）以及普鲁斯河（Purus）地带的一种土著语言，属中南美印第安语群阿拉瓦语系（Arauan）。根据2006年统计，约有140人使用。

苏皮克语　Supik　参见"阿鲁提伊克语"。

梭梭尼语　Shoshenean　参见"肖松尼语"。

索布-文德语　Sorbo-Wendic　参见"索布语"。

索布语　Sorbian　亦称索布-文德语（Sorbo-Wendic）或文德语（Wendish）。德国东南部少数民族索布人的语言，属印欧语系斯拉夫语族西斯拉夫语支。索布语分为两个方言群：上索布语，使用人口共约5.5万，多居住于德国萨克森州；下索布语，使用者约1.4万人，分布于德国勃兰登堡州。此外在美国得克萨斯州的李郡（Lee County）还有一个小规模的移民群体使用。德国的索布语历史始于6世纪的民族迁徙。12世纪起，从弗兰登、萨克森（Freistaat Sachsen）、图林根（Freistaat Thüringen）及法兰肯（Franken）来的移民和之前因为战争行为造成的破坏，使索布语渐渐衰退。《萨克森明镜》（Sachsenspiegel）里有明文规定，相对于德语来说，索布语在法律上居从属地位。此外，在很多地区的城市里同业工会规定，只能接收来自德语区背景的会员。历史上德国曾经对索布语的使用者采取同化或迫害态度，其中以第三帝国时期的迫害最为严重。在第二次世界大战之后，索布语被正式承认为德国的少数民族语言之一，两种索布语都受到官方承认和保护。该语言是分布于今德国东部地区的古代西斯拉夫民族语言的残留，语法上除单数和复数两种表达方式外，还有只用于表示两人或两件事物的双数表达方法。上索布语共有34个字母，下索布语共有36个字母（见表51和表52）。

表51　上索布语字母表

Aa	Bb	Cc	Čč	Ćć	Dd	Dź dź
Ee	Ěě	Ff	Gg	Hh	Ch ch	Ii	Jj
Kk	Łł	Ll	Mm	Nn	Ńń	Oo	Óó
Pp	Rr	Řř	Ss	Šš	Tt	Uu	
Ww	Yy	Zz	Žž				

表52　下索布语字母表

Aa	Bb	Cc	Čč	Ćć	Dd	Dź dź	
Ee	Ěě	Ff	Gg	Hh	Ch ch	Ii	Jj
Kk	Łł	Ll	Mm	Nn	Ńń	Dź dź	
Oo	Óó	Pp	Rr	Ŕŕ	Ss	Šš	Śś
Tt	Uu	Ww	Yy	Zz	Žž	Źź	

索卡斯语　Saukas；Shaukas　参见"达尔米亚语"。

索马里语　Somali　非洲东部国家索马里的官方语言，属亚非语系库施特语族（Cushitic）东库希特语支索马里分支。通行于埃塞俄比亚、吉布提（Djibouti）、芬兰、意大利、肯尼亚、阿曼、沙特阿拉伯、瑞典、阿拉伯联合酋长国、英国和也门等国。此语言的使用人口在索马里大约有778.4万。从1922年起，索马里语开始采用肯纳迪研创的奥斯曼亚字母（Osmanya script）来拼写，1960年，奥斯曼亚字母与拉丁字母两者并行使用。自1972年起，索马里语全面采用拉丁字母拼写，不过在一些私人及特殊场合也会用奥斯曼亚字母的书写法（见表53）。

表53　索马里语奥斯曼亚字母表

| ㄓ | ㄥ | ㄅ | ㄖ | ㄇ | ㄍ |
| b | t | j | d | g | h | kh |

| ㄜ | O | 7 | 3 | ㄡ | 4 |
| h | d | r | s | sh | c | f |

| ㄨ | ㄚ | ㄇ | ㄣ | ㄗ | ㄩ |
| q | k | l | m | n | w | y |

| ㄥ | ㄚ | ㄙ | ㄖ | ㄈ |
| a | i | u | o | e | aa | ii |

| ㄑ | ㄇ | U |
| uu | oo | ee |

索托语 Sotho; Suto; Suthu; Souto　莱索托王国的国语,南非 11 种官方语言之一,属尼日尔-刚果语系贝努-刚果语族(Benue-Congo)的班图语支。使用人口在莱索托大约有 177 万,博茨瓦纳和南非也说该语言。索托语是一种黏着语,用许多的词缀、派生词以及屈折变化来构成句子。这种语言有 39 个辅音和 9 个元音。

T

他加禄语 Tagalog　亦称他加洛语、塔加洛语和塔加路语。吕宋岛中部他加禄人的语言,属南岛语系马来-波利尼西亚语族(Malayo-Polynesian)西支。根据菲律宾政府 2000 年所进行的人口普查,约 2148.6 万菲律宾人以他加禄语为母语。此外,还有将近 5000 万其他菲律宾人以他加禄语为第二语言。他加禄语共有 33 个音素,其中辅音 19 个,元音 14 个,音节结构相对简单。他加禄语的发展过程中,吸收了不少来自其他语言的语汇。由于他加禄语是以马尼拉为中心的群岛贸易系统的共通语,因而在殖民时期受西班牙语影响较大。礼貌用语及比较严肃的名词来自西班牙语。此外,对他加禄语词汇的形成有重大影响的语言还包括福建话、英语、马来语、梵文(经由马来语)、阿拉伯语(经由马来语和西班牙语)以及在菲律宾吕宋岛所使用的"邦板牙语"(又译"卡片片甘语")。该语言呈现相当明晰的南岛语言特质,与马来语、印尼语、夏威夷语、帕劳语、乃至台湾南岛语言都有亲缘关系。其语法比印尼语、马来西亚的国语马来语复杂,但不像爪哇语分严格的社会等级用法。他加禄语采用贝贝因字母书写形式(见表 54)。

表 54　贝贝因字母表

A	E/I	O/U
Ba	Ka	Da/Ra	Ga	Ha	La	Ma
Na	Nga	Pa	Sa	Ta	Wa	Ya

塔巴萨兰语 Tabassaran　达吉斯坦共和国 14 种官方语言之一。属高加索语系东北高加索语族萨木尔语支(Samur)。在阿塞拜疆、哈萨克斯坦、土库曼斯坦和乌兹别克斯坦也有一些人使用。塔巴萨兰语是作格语言(ergative language),动词系统相对简单,动词与主语在数、人称等方面相一致。塔巴萨兰语分为南塔巴萨兰语和北塔巴萨兰语两种方言。20 世纪初到 1928 年,这种语言主要以阿拉伯字母书写。从 1928 年开始,塔巴萨兰语采用拉丁字母书写。从 1937 起,塔巴萨兰语开始正式采用西里尔字母书写。

塔胡尔语 Tahur　参见"达斡尔语"。

塔加洛语 Tagalog　参见"他加禄语"。

塔兰奇语 Taranchi　维吾尔语(Uyghur)的方言之一,属阿尔泰语系突厥语族东南支。使用者主要为居住在中国新疆伊犁地区的维吾尔族人。

塔马舍克语 Tamashek　亦称图阿列格语(Tuareg)。撒哈拉贝都因人(Bedouin)使用的语言,属亚非语系柏柏尔语族(Berber)。根据 2000 年统计,使用人口约为 28 万。

塔斯马尼亚诸语言 Tasmanian　澳大利亚塔斯马尼亚岛曾通行的一组语言,包括五种语言,但均已消亡。

塔塔尔语 Tatar　参见"鞑靼语"。

塔图嘎语 Tatoga　参见"达图嘎语"。

塔图格语 Tatog　参见"达图嘎语"。

塔图卢语 Taturu　参见"达图嘎语"。

塔希提语 Tahitian　太平洋波利尼西亚群岛中塔希提岛居民使用的语言,属南岛语系马来-波利尼西亚语族(Malayo-Polynesian)中东部语支。根据 2007 年统计,使用人口约为 6.8 万。

台-卡岱语族 Tai-Kadai　参见"壮侗语族"。

台湾原住民语族 Formosan　南岛语系的一个语族,与马来-波利尼西亚语族(Malayo-Polynesian)共同构成南岛语系。"Formosa"一词来自葡萄牙语,是 16 世纪欧洲航海家对中国台湾岛的称呼,意为"美丽岛"。台湾原住民语族的语言成员间虽有类型学方面的相似特点,但亲缘关系不如马来-波利尼西亚语族语言亲密。台湾原住民语族可以再分成泰雅语支(Atayalic)、排湾语支(Paiwanic)和邹语支(Tsouic)三大语支,包括 22 种语言,如阿美语(Ami)、布农语(Bunun)、排湾语(Paiwan)和沙阿鲁阿语(Saaroa)等。

泰国语 Thai; Siamese　参见"泰语"。

泰卢固语 Telugu　印度安得拉邦泰卢固人的语言,印度宪法承认的语言之一,属达罗毗荼语系(Dravidian)中南达罗毗荼语族。使用人口超过 4000 万,居同语系各语言之首。

泰米尔-坎纳达语支 Tamil-Kannada　印度南部斯里兰卡北部泰米尔人的语言,属达罗毗荼语系南部语族。含伊卢拉语(Irula)、坎纳达语(Kannada/Kanarese)、科达吉语(Kodagy)、科塔语(Kota)、马拉雅兰姆语(Malayalam)和泰米尔语(Tamil)等。

泰米尔语　Tamil　　印度南部斯里兰卡北部泰米尔人的语言。泰米尔语是泰米尔纳德邦和本地治里的官方语言,属达罗毗荼语系南达罗毗荼语族泰米尔-坎纳达语支。通行于印度南部、斯里兰卡东北部。生活在印度洋及南太平洋的大多印度裔居民也说泰米尔语,他们散布于毛里求斯、马达加斯加、斐济等地。泰米尔语这个名称来自梵文"Dravida"(达罗毗荼)的读音变化。泰米尔语的文学传统已有2000多年,且未曾中断过,古泰米尔文至今还在日常生活中被使用。例如,泰米尔小学生一直到现在还用1世纪的字母韵文 átticúdi 来学字母。泰米尔语具有独立的音节文字,从阿育王时期南部婆罗门教经文(Brahmi)发展而来,有许多语域特征代表使用者的社会地位。泰米尔语语音系统最值得注意的是有齿音、齿龈音和卷舌音鼻音的对立:ந、ன、ண。泰米尔语共有 12 个元音,18 个辅音(见表 55 和表 56)。

表 55　泰米尔语元音音素表

	短			长		
	前元音	央元音	后元音	前元音	央元音	后元音
闭元音	i இ		u உ	i: ஈ		u: ஊ
央元音	e எ		o ஒ	e: ஏ		o: ஓ
开元音	(aw)	a அ		(ai) ஐ	a: ஆ	ஔ

表 56　泰米尔语辅音音素表

	唇音	齿音	齿龈音	卷舌音	硬腭音	软腭音
塞音	p(b) ப	t̪(d̪) த		t(d) ட	tʃ(dʒ) ச	k(g) க
鼻音	m ம	n̪ ந	n ன	ɳ ண	ɲ ஞ	ŋ ங
闪音			ɾ ற			
颤音			r ர			
中央近音	ʋ வ			ɻ ழ	j ய	
边近音			l ல	ɭ ள		

泰语　Thai；Siamese；Central Tai　　泰国的官方语言,属汉藏语系壮侗语族壮傣语支。通行于老挝、泰国、缅甸北部、越南以及这些国家与中国、印度边界等地区,使用人口为 6000 万。泰语声母(辅音)根据拼读声调规律来分,可分成中辅音、高辅音和低辅音三类。泰语有 44 个辅音。不同类型的辅音与相同元音相拼读时,其拼读声调往往是不相同的,因此学习语音要特别注意区别辅音类型。泰语元音共有 28 个元音字母,按结构分为单元音、复合元音和特殊元音三类,这是传统的分类。泰语元音根据发音时间长短分为长元音和短元音。长元音、短元音与相同的辅音相拼读时,其拼读声调是不相同的。长元音与短元音在泰语中是区分含义的,与汉语不同。泰语中的特殊元音一般发音比较短,其拼读声调与长元音一致。泰语是声调语言,与汉语类似。泰语共有五个声调,但只有四个声调符号。声调在泰语中是区分含义的。现代泰语在音韵上比现代汉语更加丰富。泰语的元音有完整的长短对立,有 9 个音位:/a/、/i/、/ɯ/、/u/、/e/、/ɛ/、/o/、/ɔ/、/ɤ/。泰语字母的声调标示十分复杂,许多原因都可能影响到一个音节的声调。泰语的基本语序与汉语相同,都是"主-动-宾"(SVO)结构,但是与汉语最大的不同是修饰语在中心词之后,如副词放在动词之后,形容词应该放在名词之后。泰语语法更接近汉语,没有所有格、人称、数等词型的变化,表达不同含义,只需加减不同的词,或调整语序。例如:

ฉันรักเธอ　我爱你。
เธอรักฉัน　你爱我。
ฉันไม่รักเธอ　我不爱你。
เธอรักฉันไหม　你爱我吗?

唐古特语　Tangut　　参见"西夏语"。

特贝勒语　Sindebele；Tabele；Tebele　　属尼日尔-刚果语系(Niger-Congo)贝努-刚果语族(Benue-Congo)班图语支(Bantu)。非洲南部特贝勒人的一种语言,主要通行于津巴布韦。语言与祖鲁语(Zulu)有些相似的特点,因此也有学者认为是祖鲁语的方言。

特林吉特语　Tlingit　　属北美印第安语群阿萨巴斯卡语系(Athabascan/Athabaskan)。通行于美国阿拉斯加东南部及加拿大西部,已濒危。根据 2006—2010 年的统计,在美国约有 900—1400 人使用;根据 2011 年统计,在加拿大约有 130 人使用,现在的阿拉斯加当地政府正努力保存特林吉特语的语言及文化。

提马尔语　Dhimal　　通行于尼泊尔梅奇专区(Mechi)、廓什区等地和印度西孟加拉邦(West Bengal)的一种语言,属汉藏语系藏缅语族。根据2001年统计,使用人口约为1.8万。

通卡瓦语　Tonkawa　美国俄克拉荷马州、德克萨斯州和新墨西哥州的通卡瓦人的语言。是一种孤立语种,无谱系分类。已于1940年消亡,目前通卡瓦人使用英语。

图阿列格语　Tuareg　参见"塔马舍克语"。

图利莫图语　Ture Motu　参见"莫图语"。

图瓦卢语　Tuvalu　参见"埃利斯语"。

土耳其语　Turkish　使用最为广泛的一种突厥语,属阿尔泰语系突厥语族乌古斯语支(Oghuz)。主要通行于土耳其境内,在德国、保加利亚、马其顿、塞浦路斯北部、希腊和东欧、高加索和中亚也有部分使用者。根据2013年统计,作为母语使用的人口为8300万,作为第二语言使用的人口为1800万。土耳其语早期文献采用的书写体系不一,13世纪起采用阿拉伯字母书写体系。土耳其共和国成立后,总统穆斯塔法·凯末尔·阿塔土克(Mustafa Kemal Atatürk)推行西化改革,1928年立法以拉丁字母取代阿拉伯字母作为土耳其语的书写系统。

吐火罗语　Tocharian/Tokharian　亦称托卡里恩语。属印欧语系吐火罗语族,已消亡。该语种的语言残卷于20世纪初在新疆出土,经多方考释,确定为吐火罗语族唯一的语言。使用时间大约在公元6世纪到公元9世纪之间,主要通行于新疆地区。吐火罗语可以分为两种方言:阿格尼恩语(Agnean)和龟兹语(Kuchean)。阿格尼恩语亦称吐火罗语甲或东吐火罗语,龟兹语则亦称吐火罗语乙或西吐火罗语。

瓦尔皮里语　Warlpiri; Walbiri; Wailbri

澳大利亚土著人的一种语言,属澳大利亚语系帕马-恩永甘语族(Pama-Nyungan)。分布于澳大利亚北部尤埃杜木(Yuendumu)、爱丽斯泉(Alice Springs)、凯瑟琳、达尔文及拉伽马努(Lajamanu)一带。根据2006年统计,使用人口约为2500。瓦尔皮里语中所有单词词首不出现齿龈音,词尾均以元音结尾,以相对自由的词序为特色。

瓦卡希语系　Wakashan　北美印第安语群的一个语系,分为北支和南支,主要通行于加拿大西南部如英属哥伦比亚省、温哥华岛以及美国西部的华盛顿州。语言主要包括海斯拉语(Haisla)、黑尔促科语(Heiltsuk)、克沃丘特尔语(Kwakiutl)、麦加语(Makah)、努特卡语(Nootka)等,其中克沃丘特尔语和努特卡语为博厄斯(Franz Boas)、萨丕尔(Edward Sapir)之后的美国学者广泛引用。目前年轻一代基本不再说土著语言,因而瓦卡希语言面临即将灭绝的危险。然而,瓦卡希语言是语言学研究的珍贵资源,为语种之间相似性及差异性的研究提供丰富资料。如:瓦卡希语言大量使用后缀,且多达数百的后缀与其他语种的词根相当,有动词或名词性意义;从句法特征看,瓦卡希语大多词根既可用作谓词亦可用作主目词,因而词类间区别不大。

瓦龙语　Wallon　参见"瓦隆语"。

瓦隆语　Wallon; Walon　亦称瓦龙语、华隆语。比利时南部和法国东北部瓦隆人的语言,比利时境内的主要语言之一,属印欧语系意大利语族(Italic)罗曼语支(Romance)。卢森堡也有人讲瓦隆语。据1998年统计,使用人口共约112万,其中年轻人32万,另有122—192万年轻人能听懂瓦隆语。现在瓦隆语主要用于非正式语体。到20世纪中叶,法国北部地区的一些村庄及瓦隆地区有超过70%的人使用该语言。瓦隆语属奥依语的一个分支,与法语近似。从历史上来看,这一现象的形成与自公元980年开始的列日公国领土扩张有关。

瓦马加瑞语　Walmatjari; Walmajarri; Walmadjari; Walmatjiri; Walmajiri; Walmatjeri; Walmadjeri; Walmadyeri; Walmaharri　澳大利亚西部的一种土著语言,属澳大利亚语系帕马-恩永甘语族(Pama-Nyungan)。根据2006年统计,约有510人使用。

万尼克语　Vannic　一种已消亡的古亚洲语,语言系属分类不明。公元前900—前600年间,在中东亚拉腊地区(Ararat)地区使用。

汪达尔语　Vandal　公元4—5世纪时,来自波罗的海南岸的日耳曼部落的汪达尔人的语言,现已消亡,属印欧语系日耳曼语族东日耳曼语支。汪达尔人为古代日耳曼人部落的一支,曾在罗马帝国的末期入侵过罗马,并以迦太基(Carthage)为中心,在北非建立一系列的领地。汪达尔人的名字可能来源于西班牙的省份"安达卢西亚"(Andalucia),汪达尔人在入侵北非前曾在那里居住。

威尔士语　Cymraeg; Kymric; Welsh　英国威尔士的传统语言,属印欧语系凯尔特语族布立吞亚支。通行于威尔士、英格兰、苏格兰、加拿大、美国、澳大利亚及新西兰等地。根据2011年统计,使用人口共约72万人。威尔士人把他们的国家叫做Cymru,他们的语言叫做"Cymraeg"(日耳曼语中"外国人"的意思)。威尔士语与法国布列塔尼地区(Brittany)的语言及康沃尔地区(Cornwall)的方言关系密切。20世纪初,威尔士有一半的人口将威尔士语作为日常生活用语。但到20世纪末,威尔士语使用人口的比例下降到20%。英语和威尔士语是威尔士的官方语言。在威尔士根据相关规定,所有5至16岁的学生都必须将威尔士语作为第一或第二语言学习。目前,威尔士境内约有448所小学和53所中学以威尔士语教学。威尔士语的字母表中没有j、k、q、x和z,并且有若干个辅音的发音与英语不大相同。威尔士语中,字母w是元音,与put中的/u/发音相似,因此有bwyd(粮食)和gwr(人)这样的单词。字母f发成v音(nef:天空);f音用ff表示(ceffgl:马)。威尔士语的词法与其他海岛凯尔特语支语言有很多共同之处,例如它保留着凯尔特语族特征性的字首辅音变化和介词的屈折变化现象。威尔士语名词有阴阳两性,但不随格发生变化。名词复数以添加不同词尾的方法实现。在口语中,主要利用助动词实行动词变位,而动词保持原形,但在书面语中则需要对动词进行变位。威尔士语采用"谓-主-宾"语序,修饰语位于被修饰语之右。威尔士语采用拉丁字母书写,共有28个字母,包括8个二合字母:a, b, c, ch, d, dd, e, f, ff, g, ng, h, i, l, ll, m, n, o, p, ph, r, rh, s, t, th, u, w, y。<a>、<e>、<i>、<o>、<u>、<w>和<y>在威尔士语中都是元音字母。

威尼斯方言 **Venetian; Venetan** 亦称威尼西亚方言。属印欧语系意大利语族(Italic)罗曼语支(Romance)。意大利威尼托区(Veneto)的一种罗曼语方言。根据2002年统计,使用人口共约390万。

威尼西亚方言 **Venetian** 参见"威尼斯方言"。

威尼西亚语 **Venetic** 属印欧语系意大利语族(Italic)罗曼语支(Romance)。意大利东北部及亚德里亚海周围的一个古代民族——威尼西亚人使用的语言,载于公元前4—前2世纪的铭文,已消亡。

维利其语 **Veliche** 智利的维利其人的语言,属中南美印第安语群阿洛柯语系(Araucanian)。维利其语主要通行于马普切人居住的地区南部。1982年的统计表明,智利有2000个维利奇少数民族居民在使用。现在大多数维利其族人以西班牙语为第一语言,说维利其语的大多为老人,该语言正在逐渐消亡。

维普斯语 **Vepsian; Veps** 俄罗斯维普斯人的语言,属乌拉尔语系(Uralic)芬兰-乌戈尔语族(Finno-Ugric)芬兰语支(Finnic)。根据2010年统计,使用者共约3610人。维普斯语分为三个主要方言区:北方方言区,分布在奥涅加湖至彼得罗扎沃茨克南部;中部方言区,分布在圣彼得堡和沃洛格达地区;南方方言区,分布在圣彼得堡。

维斯提尼亚语 **Vestinian** 曾居住在意大利中东部的维斯提尼人的语言,属印欧语系意大利语族(Italic),已消亡。

维吾尔语 **Uighur; Uyghur** 中国维吾尔族的语言,属阿尔泰语系突厥语族察合台语支。主要分布在中国新疆维吾尔自治区以及哈萨克斯坦、乌兹别克斯坦、吉尔吉斯斯坦等国的一些地区。根据2005—2007年统计,使用人口约为800—1100万。中国境内的维吾尔语包括三个方言区,分别是中心地带的塔克拉玛干沙漠以北广大地区、罗布与和田。标准语以中心方言为基础,以伊犁-乌鲁木齐语音为标准音。词的重音一般在末尾音节上。有元音和谐律。元音部位和谐比较严整,唇状和谐比较松弛。构词和构形附加成分很丰富。名词有数、格、邻属关系等范畴。形容词有级的范畴。动词有人称、数、时、式、语态、肯定、否定等范畴。有动名词、形动词、副动词等形式。词组和句子的词序非常严格:限定语在中心词之前,主语在谓语之前。词汇方面,除了突厥语族诸语言的共同词外,还从汉语、俄语、波斯语、阿拉伯语和欧洲语言中吸收了大量词汇。现在使用以阿拉伯字母为基础的维吾尔文。

文达语 **Venda** 南非的一种官方语言,属尼日尔-刚果语系贝努-刚果语族班图语支。文达语的主要使用者分布在南非,不过另有一些使用者散布在津巴布韦。在南非种族隔离时期,所设立的文达班图斯坦地区也包括南非的文达语使用者。文达语使用拉丁字母,另附加有五个重音字符(见表57)。字母C、J及Q(使用括号)仅用于引用的外来语或名称。

表57 文达语字母表

Aa	Bb	(Cc)	Dd	Ḓḓ	Ee	Ff
Gg	Hh	Ii	(Jj)	Kk	Ll	Ḽḽ
Mm	Nn	Ṋṋ	Ṅṅ	Oo	Pp	(Qq)
Rr	Ss	Tt	Ṱṱ	Uu	Vv	Ww
Xx	Yy	Zz				

文德语 **Wendish** 参见"索布语"。

文图语 **Wintu** 美国加利福尼亚北部文图部落的语言,属北美印第安语群文图语系(Wintuan)。1997年的数据显示有5—6万人在用文图语,现已转用英语,文图语濒临灭绝。文图语因其语言特色常被引用作萨丕尔-沃尔夫假说的例子,例如,文图语中动词加不同的词缀分别表示该动作有实据可查、该动作为谣言及该动作经常发生,因此讲文图语的人得要时时注意所用动词的实据性,从而说明语言结构影响人们的世界观。

翁本杜语　Umbundu; Umbundo　非洲西南部安哥拉中部翁本杜人的语言,属尼日尔-刚果语系贝努-刚果语族(Benue-Congo)班图语支(Bantu)。根据 2012 年统计,使用人口约 600 万。

翁布里亚语　Umbrian　意大利中部翁布里亚省(Umbria)的古意大利的一种的方言,已消亡,属印欧语系意大利语族。

渥鲁夫语　Wolof　参见"沃洛夫语"。

沃洛夫语　Wolof　亦称渥鲁夫语。沃洛夫人的民族语,属尼日尔-刚果语系大西洋语族。主要分布在冈比亚、塞内加尔、毛里塔尼亚等地。与非洲大多数语言不同,沃洛夫语不是声调语言。沃洛夫语是塞内加尔使用最广的语言,不仅被沃洛夫人使用,也被其他塞内加尔人使用。根据 2006 年统计,使用人口约为 420 万。

沃恰克语　Votiak;Votyak　参见"乌德穆尔特语"。

乌班吉语支　Ubangi　非洲中部的一组黑人语言,属尼日尔-刚果语系阿达马瓦-乌班吉语族(Adamawa-Ubangi)。

乌德穆尔特语　Udmurt　亦称沃恰克语(Votiak/Votyak)。俄罗斯乌德穆尔特共和国乌德穆尔特人的母语,属乌拉尔语系芬兰-乌戈尔语族的芬兰语支。乌德穆尔特语与科米语(Komi)的主要方言科米兹梁语(Komi-Zyrian)和科米彼尔米亚克语(Komi-Permyak)近似。文字使用西里尔字母书写。在词汇中吸收了大量鞑靼语(Tatar)和俄语(Russian)词汇。根据 2010 年统计,使用人口约为 34 万。

乌尔都语　Urdu　巴基斯坦的官方语言,印度宪法承认的语言之一,属印欧语系印度-伊朗语族印度雅利安语支。分布于巴基斯坦和印度、孟加拉等国。根据 2007 年统计,使用人口共约 6500 万。8 世纪,穆斯林侵入南亚次大陆,带来了阿拉伯语、波斯语和土耳其语。这些语言和北印度的民间俗语萧尔斯尼语相结合,形成了早期的乌尔都语。11 世纪穆斯林建都德里时,近代乌尔都语已基本形成。乌尔都语有 12 个元音,42 个辅音。乌尔都语和印地语的语法基本相同。名词和部分形容词有性、数、形式的区别。动词有时、式、态的变化。代词也有数和某些形式的区别。形式分直接形式与间接形式,间接形式与后置词连用。基本词序为主语-宾语-动词(SOV)。乌尔都语从北印度的地方话、阿拉伯语、土耳其语以及波斯语中吸收了大量词汇。英国统治印度时期,乌尔都语大量吸收了英国词语。虽然乌尔都语和印地语各自的文学语言差异较大,但它们有共同的口语——印度斯坦语。甘地在争取印度独立时期曾提倡全国的正式通用语言为印度斯坦语。1947 年印巴分治后,印度斯坦语没有得到推广,印地语和乌尔都语的距离逐渐扩大。直到今天,受教育程度较高的穆斯林仍然以能用乌尔都语写诗为时尚。乌尔都文字是在波斯-阿拉伯字母的基础上改变而制定,其书写方式是自右向左横着写。

乌尔瓦语　Ulwa; Ulúa; Woolwa; Ulw　尼加拉瓜南大西洋自治区(Autonomous Region of the South Atlantic)卡拉瓦拉村(Karawala)使用的一种本土语言,属中南美印第安语群米苏马尔盘语系(Misumalpan)。濒临消亡。根据 2009 年统计,仅约有 350 人使用。

乌戈尔语支　Ugrian; Ugric　属乌拉尔语系芬兰-乌戈尔语族。主要语言包括匈牙利语(Hungarian)、奥斯恰克语(Khanty)和沃谷尔语(Mansi)等。

乌加里特语　Ugaritic　一种已消亡的语言,属亚非语系闪语族。从 1929 年在叙利亚乌加里特城(Ugarit)遗址,现沙姆拉角(Ras Shamrah),发现的黏土匾牌上的铭文得知。

乌克兰语　Ukrainian　乌克兰人的民族语言,属印欧语系斯拉夫语族东支。分布于乌克兰共和国境内,北美洲也有少数使用者。根据 2007 年统计,使用人口约为 3700 万,在斯拉夫诸语言中居第二位,仅次于俄语。大约 14 世纪时,乌克兰语从古俄语分化出来。14—15 世纪,乌克兰语在基辅罗斯书面语基础上,融汇当地方言特征,逐渐形成了标准语。17—18 世纪,用大众口语撰写的文学作品相继出现,至 19 世纪初在标准语中取得巩固地位。作家塔·格·谢甫琴科(Тарас Григорьевич Шевченко,1814—1861)、伊万·科特里亚列夫斯基(Иван Петрóвич Котляре́вский,1769—1838)等人的创作为现代规范的乌克兰语奠定了基础。乌克兰语现分三种方言:西南方言、东南方言和北部方言。标准语以东南方言区的基辅方言为基础,共有 38 个音位,其中元音 6 个,辅音 32 个。乌克兰语词的分类与俄语大致相同,但比俄语多一个呼格,这是由古斯拉夫语遗留下来的。句法组合形式则为"主语-动词-宾语"(SVO)型。文字采用斯拉夫字母。

乌拉尔阿尔泰语系　Ural-Altaic; Uralo-Altaic; Uraltaic　将芬兰-乌戈尔语系和阿尔泰语系作为

亚系,组合在一起构成一个更大的语系。这一分类法在19世纪早期得到匈牙利和芬兰的语言学家普遍承认,但此后被认为其泛民族主义情节多于语言研究的证据,因而自60年代基本废弃这种主张。进入19世纪90年代,一些学者再对阿尔泰语系、印欧语系和乌拉尔语系之间关系提出超级语系(super-family)的假说,但总体并无进展。

乌拉尔语系　Uralic　通行于从斯堪的纳维亚(Skandinavien)往东,越过乌拉尔山脉,直到亚洲西北部广大地区的一组语言。分为芬兰-乌戈尔语族(Finno-Ugric Branch)和萨摩耶德语族(Samoyed)。使用人口约2500万。芬兰-乌戈尔语族包括芬兰语支和乌戈尔语支,分布于欧亚大陆广大地区,共约15种语言。芬兰语支主要有芬兰语、拉普语和爱沙尼亚语。乌戈尔语支主要有匈牙利语、沃古尔语和奥斯恰克语。萨米语族分为东支和西支,包括北萨米语(Norther Sami)、南萨米语(Southern Sami)、律勒萨米语(Lule Sami)、伊纳里萨米语(Inari Sami)、斯科尔特萨米语(Skolt Sami)和基尔丁萨米语(Kildin Sami)等语言。萨莫耶德语族分南支和北支,有4种语言。南支的重要语言是塞尔库普语(Selkup),分布于稍靠南的西西伯利亚塔兹河(Taz River)两岸,使用人口约2000人。北支的重要语言是涅涅茨语(Nenets),分布于西起苏联阿尔汉格尔市,东到叶尼塞河河口之间的广大北部冻土地带,使用人口约2.5万。乌拉尔语系诸语言的音系系统差异很大:芬兰语的辅音少,已失去腭化齿龈音;匈牙利语辅音多,有清、浊的区别;有些语言元音有长短之分,如芬兰语的 tulen(火的)— tuulen(风的), tuleen(火中)— tuuleen(风中);有些语言有元音和谐现象;芬兰语、爱沙尼亚语和拉普语有辅音交替现象。

乌托-阿兹台语系　Uto-Aztecan　北美印第安语群的一个语系。从地理范围和语言数量而言,均堪称美洲语言体系最大和最完善的一个语言群落。阿兹特克语族的使用范围从美国西部,包括俄勒冈州、爱达荷州、蒙大拿州、犹他州、加利福尼亚州、内华达州和亚利桑那州的大盆地,穿过墨西哥西部、中部和南部,包括索诺拉州、奇娃娃地区(Chihuahua)、纳亚里特州(Nayarit)、杜兰戈州(Durango)、萨卡特卡斯州(Zacatecas)、哈利斯科州(Jalisco)、米却肯州(Michoacán)、格雷罗州(Guerrero)、圣刘易斯波托西州(San Luis Potosí)、伊达尔戈州(Hidalgo)、普埃布拉州(Puebla)、维拉克鲁斯州(Veracruz)、摩瑞罗斯省(Morelos)、墨西哥州和联邦地区,一直到中部美洲,包括萨尔瓦多的皮皮尔(Pipil)和危地马拉、洪都拉斯的明显语言变体。阿兹特克语族包括阿兹特克人的语言——古典纳瓦特尔语(Classical Nahuatl)及其现代亲属语言。

乌维语　Uvean;Wallisien　太平洋新喀里多尼亚(New Caledonia)乌维岛乌维人的语言,属马来-波利尼西亚语族(Malayo-Polynesian)中东部语支。

乌孜别克语　Uzbek　参见"乌兹别克语"。

乌兹别克语　Uzbek　乌兹别克族和中亚地区人的一种语言,乌兹别克斯坦的官方语言,属阿尔泰语系突厥语族维吾尔-察合台语支。根据2007年统计,使用人口约为2500万。乌兹别克语在中国新疆维吾尔自治区的乌鲁木齐、伊宁、喀什、莎车、叶城、木垒等地也有人使用,中国境内称乌孜别克语。乌兹别克语属黏着型语言,其语法范畴与突厥语族的其他语言,特别是与维吾尔语有许多相同或相似之处。名词有格、数、人称的语法范畴。格有6个,即主格、领属格、宾格、向格、时位格、从格;数分单、复数。人称分第一、二、三人称。形容词有级的语法范畴。动词有人称、数、时、语态、式等语法范畴。时分过去时、现在时、现在将来时。语态分主动态、自复态、被动态、使动态、交互共同态。式分陈述式、祈使式、条件式。表达语法意义的主要手段是形态变化,其次是词序、虚词和语调。一般情况下,主语在前,谓语在后,宾语在动词之前,修饰语在被修饰语之前。主要构词手段为派生法和合成法。此外,乌兹别克语有相当数量的阿拉伯、波斯、俄罗斯等语言的借词。突厥诸语言相互借用的现象在乌兹别克语中也很多。1927年以前乌兹别克语采用以阿拉伯字母为基础的文字,1927—1940年采用拉丁化的文字,1940年以后改用以俄文字母为基础的文字。

X

西阿拉米语言　Western Aramaic　属亚非语系闪语族阿拉米语支阿拉米语的方言。西阿拉米语言多已消亡,包括古阿拉米语(Old Aramaic)、圣经阿拉米语(Biblical Aramaic)、巴勒斯坦-犹太阿拉米语(Palestinian Judaeo-Aramaic)、基督巴勒斯坦阿拉米语(Christian Palestinian Aramaic)、撒马利亚语(Samaritan)等。目前仅存的活语言为西部现代阿拉米语(Western Neo-Aramaic),作为口语通行于黎巴嫩的一些偏远村庄。

西班牙语　Spanish　西班牙和19个拉美民族的官方语言,属印欧语系意大利语族(Italic)罗曼语支(Romance)。目前以西班牙语为官方语言的国家和地区有:阿根廷、玻利维亚、哥伦比亚、智利、哥斯达黎加、古巴、多米尼加共和国、萨尔瓦多、厄瓜多尔、赤道几内亚、洪都拉斯、危地马拉、墨西哥、尼加拉瓜、巴拉圭、巴拿马、波多黎各、秘鲁、西班牙、委内瑞拉和乌拉圭。美国联邦政府的网站及文件,商店及产品说明,公共场所等大多也会提供西班牙文。此外,西班牙语也在安道尔、加拿大、伯利兹、直布罗陀、以色列、摩洛哥、菲律宾、荷兰、多巴哥、特立尼达以及西撒哈拉使用。使用人口有 3 亿,仅次于汉语和英语,居世界第三,把西班牙当作第二语言的人口有 5000 万。西班牙语音的典型特征是辅音弱化与腭音化。西班牙语采用罗马字母表,增加了 ch、ll、ñ、rr 等符号。(～)是附加在西班牙语 n 字上的发音符号。当常规的重音规则不能遵循时,符号(')是用来标明需要重音的音节符号。这个符号还可以区分两个同音异义词,如 sé("I know")和 se("self")。西班牙语方言众多,由于卡斯蒂利亚地区(Castile)特定的政治地位,当地方言卡斯蒂利亚语(Castilian)在 13 世纪中期被当作标准语言。卡斯蒂利亚语和拉美西班牙语的主要方言在发音上有很大区别。前者在遇到 c 在 e 和 i 之前,z 在 a,o,u 之前时,发 th 的音,就同英语 think 中的 th [θ]一样;而后者则发 s 音,如同英语 see 中的 s。西班牙语是屈折语。西班牙语的陈述句通常是"主-动-宾"(SVO)语序。西班牙语的感叹句、疑问句分别要在前加上倒感叹号(¡)、倒问号(¿),后面加上感叹号、问号。西班牙语一个有趣的特点是动词"to be"有两个形式,estar 代表相对短暂的状态,而 ser 则代表相对长久的条件,用于谓语名词之前。西班牙语的反身动词和英语的被动动词起相同的作用。西班牙语词汇主要来源于拉丁语,还从阿拉伯语、法语、意大利语以及美国北部、中部和南部等借词。

西北部丁卡语 Northwestern Dinka; Ruweng 通行于苏丹南部、巴尔-加萨尔河以北和科尔多凡(Kordofan)南部等地的一种语言,属尼罗-撒哈拉语系东苏丹语族尼罗河流域语支。根据 1986 年统计,该语言使用人口约为 8 万。

西北高加索语族 Northwest Caucasian 亦称阿布哈兹-阿第盖语族(Abkhaz-Adyghian)。属高加索语系,语言主要通行于高加索山区的西北部俄罗斯境内的阿迪格共和国、卡巴尔达-巴尔卡里共和国、卡拉恰伊-切尔克斯,以及土耳其部分地区。该语族目前分为 3 支共 5 种语言:切尔克斯语支(Circassian)包括阿第盖语(Adyghe)和卡巴尔达语(Kabardian);阿布哈兹-阿巴兹语支(Abkhaz-Abaza)包括阿布哈兹语(Abkhaz)和阿巴兹语(Abaza);尤比克语支(Ubykh)只包括一种已消亡的尤比克语(Ubykh)。西北高加索语族语言的特点:在语音系统方面,元音音位贫乏,只有 2—3 个,而辅音音位丰富,多达 60－80 个;在形态方面,名词词尾变化形式简单,而动词词尾变化丰富;在句法结构方面,动词出现在句末,修饰语位于名词之前。

西伯利亚诸语言 Paleo-Siberian 亦称古西伯利亚诸语言、极北诸语言。参见"古亚细亚语系"。

西部达玛尔语 West Damar; North Damar 通行于印度尼西亚达玛岛北部、帝汶岛(Timor)东角北部和马鲁古(Maluku)南部的一种语言,属南岛语系马来-波利尼西亚语族(Malayo-Polynesian)。根据 1987 年统计,约有 800 人使用。

西部达尼语 Western Dani; Barat Dani; Ilaga Western Dani 通行于印度尼西亚巴布亚(Papua)中部高地和大巴列姆河谷西部等地的一种语言,属巴布亚语系(Papuan)跨新几内亚语族(Trans-New Guinea)。根据 1993 年统计,使用人口约为 18 万。

西大西洋诸语言 West Atlantic languages 参见"大西洋语族"。

西佛兰芒语 West-Flemish 在比利时西弗兰芒、荷兰和法国的一些城市使用的一种德语方言,属印欧语系日耳曼语族西支。根据 1998 年统计,使用人口约为 140 万。

西罗曼语支 West Romance 印欧语系意大利语族(Italic)罗曼语支(Romance)的分支,包括葡萄牙语,西班牙语,法语,北部意大利语等。这一语支具有两个共同特征:(1)保留拉丁语的结尾-s;(2)倾向于使拉丁语的元音间爆破音浊化或脱落。

西南部丁卡语 Southwestern Dinka 通行于苏丹南部、瓦乌(Wau)北部以及西北部地区的一种语言,属尼罗-撒哈拉语系(Nilo-Saharan)东苏丹语族(Eastern Sudanic)尼罗河流域语支(Nilotic)。根据 1982 年统计,该语言使用人口约为 45 万。

西切尔克斯语 West Circassian 参见"阿迪格语"。

西日耳曼语支 West Germanic 属印欧语系日耳曼语族。西日耳曼语支是日耳曼语族中最大的一支,主要包括德语、英语,还包括荷兰语、南非语、依地语和弗里西亚诸语言(the Frisian languages)等。除西日耳曼语支以外,日耳曼语族还包括东日耳曼语支和北日耳曼语支(亦称斯堪的纳维亚语支),前者已消亡。日耳曼语族的分类并不从某个单一的"原始西日耳曼语"分化演变下来,而是将地理上相近、相互之间有很多共同点的语言进行概括。

西撒克逊语 West Saxon 古英语的四种主

要方言之一，用于英格兰西南部与南部，起源于中古英语。西撒克逊语分早期与后期两个阶段，早期西撒克逊语是阿尔弗雷德大帝（King Alfred, 849—899）时期使用的语言，到11世纪该语言演化为后期西撒克逊语，并发展为早期"标准"书写语。著名的古英语史诗《贝奥武夫》（Beowulf）曾用西撒克逊语书面记录。1066年诺曼征服以后逐渐退出使用。古英语的其余三种方言分别是肯特方言（Kentish）、莫西亚方言（Mercian）和诺森伯兰郡方言（Northumbrian），后两种称为盎格鲁语（Anglian dialects）。

西塞尔语　Sicel　意大利和西西里的方言，属印欧语系意大利语族，已消亡。西塞尔人在希腊殖民者之前到达意大利，是当时的三个重要部落之一。西西里因而得名。

西闪语族　West Semitic　属闪含语系，占闪语族的绝大部分，包括埃塞俄比亚语、南部阿拉伯语、希伯来语、阿拉米语、乌加里特语等。

西斯拉夫语支　West Slavic　印欧语系斯拉夫语族一支，分布于斯拉夫语圈的西部。西斯拉夫语支包括波兰语、索布语、捷克语和斯洛伐克语等。东斯拉夫语支及南斯拉夫语支使用西里尔字母，西斯拉夫语支使用拉丁字母。

西吐火罗语　West Tokharian　参见"**龟兹语**"。

西西里语　Sicilian　意大利西西里岛讲的各种方言的统称，同标准意大利语相异。属意大利语族（Italic）罗曼语支（Romance）。亦指西西里方言作家较为标准的文学语言。

西夏语　Xixia; Hsi-Hsia; Mi-nia　亦称唐古特语（Tangut）。中国古代少数民族党项族王朝西夏国（1038年—1227年）官方语言，属汉藏语系藏缅语族羌语支，与汉语、藏语、缅甸语并称汉藏语系的四大古典语言，现已消亡。西夏语在藏文古文献中被称作"Mi-nyag"，汉语译作"弥药"。据可考的最早汉文文献记载，党项人被称作"党项羌"，在唐代鄂尔浑突厥鲁尼文碑铭中发现用"Tangghut"（即"唐兀"）指称"党项人"，唐古特语由此得名。西夏语使用独特的文字——西夏文，由西夏开国皇帝李元昊敕令其大臣野利仁荣效仿汉文和契丹文创制于1036年，共约6600字，编纂成12卷"国书"，尊为"国字"，在国内推广使用，并将多部汉语经典、梵文佛经和其他语言书籍翻译成西夏文。可考证的最晚用西夏文书写的文本是刻成于1502年的佛教陀罗尼经（Dhāraṇī）碑文，表明在西夏亡国近三百年后西夏文仍在使用。重新发现和认识西夏语以及对其加以解读和重构得益于《番汉合时掌中珠》《文海杂类》等古文献。

西夏语具有典型的羌语支语言特征，包括复杂的复辅音声母系统和元音（即韵母）系统，有平、升两个声调；可在动词词根上附加不同的前缀或后缀以表示动作的趋向不同。研究发现，西夏语为上古汉语有无-j-介音的问题提供了重要证言；为上古汉语幽部字与侯部字元音的构拟提供了重要线索；为原始藏缅语的构拟提供了重要资料。

西印地语　Western Hindi　现代印度标准语，属印欧语系印度-伊朗语族印度雅利安语支。印地语诸方言用于印度北部平原区，虽然各方言形成一个连续体，彼此之间并无明确界限，然而通常分为西印地语和东印地语。参见"**印地语**"。

希伯来语　Hebrew　具有古代犹太民族（以色列民族或希伯来民族）意识之现代人民的民族语言、也是犹太教的宗教语言，属闪含语系闪语族卡纳安尼蒂语支（Cannaanite）。希伯来语最早使用的书面语言可以追溯到公元前11或10世纪。大部分《旧约》用希伯来语写成。公元前586年，犹太人被巴比人（Babi）打败后，希伯来语逐渐不再以口语形式应用。阿拉米语是以色列犹太人的方言或土语，作为犹太人的宗教语言保留至今。自公元70年犹太人从巴勒斯坦分散至今，希伯来语一直是犹太人的宗教、学术研究以及文学用语。19世纪末兴起的犹太复国运动亦带来希伯来语作为犹太人口语的复兴，最终在1948年被指定为以色列官方语言。现代希伯来语有22个字母，书写自左向右，语音上包括三个被元音分隔的辅音，元音的改变和省略会改变词根的意义，词根附加的前缀与后缀亦改变词根意义。动词词尾和名词形式均有阴阳性变化。现代希伯来语在音位、句法、形态等方面都发生了改变。现代希伯来语字母表是从亚拉姆语字母表的基础上发展起来的（见表58）。

表58　现代希伯来语字母表

Alef	Bet	Gimel	Dalet	He	Vav	Zayin	Het	Tet	Yod	Kaf
א	ב	ג	ד	ה	ו	ז	ח	ט	י	כ ך

Lamed	Mem	Nun	Samekh	Aayin	Pe	Tsadi	Qof	Resh	Shin	Tav
ל	מ ם	נ ן	ס	ע	פ ף	צ ץ	ק	ר	ש	ת

希卡利亚纳语　Hixkaryana　巴西亚马逊河支流河恩哈芒达（Nhamundá）沿岸居民的语言，属加勒比语言。少数语序结构是"宾语-动词-主语"，其标志性特点是：间接宾语跟在主语之后，且非限定嵌入分句中的词序是SOV（主语-宾语-动词），主语和宾语的形式变化由动词附加的人称词缀来标示，这

些词缀在动词上的标示是颠倒的层次模式,即最高层级到最低层级依次是：第二、第一、第三人称。当及物动词的宾语超越了主语层级,就相应采用宾格缀格(O-prefix),反之则采用施动格(主格)词缀(A-prefix)。根据2006年统计,使用人数约为600。

希腊语　Greek　希腊和塞浦路斯(Cyprus)的官方语言,属印欧语系古希腊语族。希腊的使用者约有1000万,另有约50万使用者分别在塞浦路斯,以及阿尔巴尼亚和土耳其的部分地区。希腊语具有较早的历史,其字母是由腓尼基书写系统(Phoenician Writing System)发展而来。希腊语有两种标准变体：通俗希腊语(Demotic)和纯正希腊语(Katharevusa),前者是日常语言的使用变体,而后者是书面语言的使用变体,仍保留某些古希腊语形式。与古希腊语相比,通俗希腊语的元音系统已经简化,包括七个元音和17个辅音；格系统也已经从七个减少为五个；不再保留双数,只有单数和复数；不定式形式消失等。希腊语的书写使用希腊语字母,共24个字母。希腊语广泛应用于希腊、阿尔巴尼亚、保加利亚、土耳其等国家,大约有1.5万人在讲希腊语。在亚洲、欧洲等地区的众多语言里,有许多希腊语语素；许多英语词的前缀和后缀来自于希腊语。希腊语作为西方文明中一种伟大的语言,为许多文学和科学作品提供了词汇。

希里莫图语　Hiri Motu　亦称警察莫图语(Police Motu)、洋泾浜莫图语(Pidgin Motu)。以莫图语(Motu)为基础发展而来的一种洋泾浜语,分布于巴布亚新几内亚及其东南部的大部分地区。形成于20世纪初期,当时的使用者主要为巴布亚新几内亚的殖民者及警察,他们在与当地土著人的沟通中逐渐形成稳定的洋泾浜语。此后,语言逐渐向内陆种植园及商贸中心地带扩散。

希卢克语　Shilluk　南苏丹共和国境内希卢克人的语言,主要通行于苏丹南部、尼罗河西岸等地,属尼罗-撒哈拉语系东苏丹语族尼罗语支的卢奥下语支。使用人口共约17.5万。

希纳语　Shina; Sina　巴基斯坦的一种语言。在巴基斯坦的使用人口大约有30万,分布在北部区域。

锡达莫语　Sidamo; Sidaminya　埃塞尔比亚人的语言,属亚非语系库希特语族东库希特语支。主要分布在中南部、西达摩区、阿巴亚湖东北(Lake Abaya)和阿瓦萨湖东南(Lake Awasa)。

锡金语　Sikkimese　亦称锡金藏语(Sikkimese Tibetan)、普提亚语(Bhutia)、德伦琼科语(Drenjongke)或登琼卡语(Denjongka)。属汉藏语系藏缅语族藏语支南部分支,通行于锡金和尼泊尔东北部的菩提亚人居住区,与藏语和不丹的宗卡语有85%的互通性,其词汇与宗卡语有65%的相似度,与标准藏语有42%的相似度。根据2001年统计,使用人口约有7万人。锡金语采用藏文字母书写。

锡金藏语　Sikkimese Tibetan　参见"锡金语"。

喜马拉雅语支　Himalayish　属汉藏语系藏缅语族(Tibeto-Burman)。语言主要分布在喜马拉雅山西部的印度和尼泊尔等地,包括博多语(Bodo)、金瑙尔语(Kanauri)、基兰提语(Kiranti 或 Rai)、莱普语(Lepcha)、内瓦里语(Newari)、帕塔尼语(Pattani 或 Manchad)和藏语(Tibeti)等语言。其特点是大量使用前缀(prefix),很多词以辅音字母 s、r 和 l 结尾。

下大河谷达尼语　Lower Grand Valley Dani　通行于印度尼西亚巴布亚(Papua)中部高地、大巴列姆河谷和上峡的一种语言,属跨新几内亚语系西部语族。根据1996年统计,使用人口约为2万。

夏尔巴语　Sherpa　喜马拉雅山麓夏尔巴人的母语,主要分布在尼泊尔、锡金和中国西藏的夏尔巴人居住区。根据2001年统计,尼泊尔的使用人口有20万；另据调查,1997年锡金有2万人使用；1994年西藏有800人使用。夏尔巴语遵循"主-宾-动"(SOV)的语序,采用天城文或藏文书写。其语法特征主要包括：名词由形态定性,光杆名词可用作属格,名词短语也一样；名词也可由句法同现和处所依附来定性,在名词短语中优先置于指代词之后；指代词由句法定性,在名词短语中直接置于名词之前；表示数量概念时,数词在名词短语中后置,有定冠词时例外；在名词短语中,形容词置于名词之后,与名词一同构成属格时可附加词形标记；动词在表示完成、未完成和祈使时有不同的形态变化或异干替代词(suppletive root),出现于分句末尾,在副助词(verbal auxiliary)之前；副助词在分句中位于句末；后置词在后置式名词短语中位于末尾。

夏丘普语　Sharchop　亦称称仓洛语(Tshangla)或东部语。参见"不丹语❷"。

夏威夷语　Hawaiian　夏威夷土著居民语言,属南岛语系波利尼西亚语族。该语言接近于毛利语、斐济语、萨摩亚语、塔希提语等。1978年该语言与英语被定为夏威夷州的官方语言。最早为原波利尼西亚语,公元前1500—前1200流传于西波利尼西亚。夏威夷语与其他各种波利尼西亚语言相似,有五个长元音、五个短元音、八个辅音。但不同之处在于没有辅音/t/,早先的/t/变成/k/,这是其偏离原语言的一个特征。

夏延语　Cheyenne　亦称切延内语。通行于美国蒙大拿州和俄克拉荷马州的一种印第安语言,属阿尔冈昆语系(Algonquian)平原阿尔冈昆语支。其使用人口共约1700,主要为成年人。与阿尔冈昆语系所有的成员一样,夏延语属黏着语,如代词有三种基本的前缀,ná-代表第一人称、né-代表第二人称、é-代表第三人称。

暹罗语　Siamese；Thai　参见"泰语"。

现代埃及语　Modern Egyptian　参见"埃及阿拉伯语"。

现代波斯语　Farsi　参见"法尔西语"。

现代希腊语　Katharevousa；Katharevusa　20世纪70年代以前,希腊语有现代希腊语(Katharevoussa)和通俗希腊语(Demotic)两种方言。前者用于官方文件、广播和文学创作,后者用于日常会话。现代希腊语在"共通语"(Koine)的基础上形成;而雅典语,即古典希腊语是共通语的基础。现凡说起希腊语,不加特别说明,都是指现代希腊语。参见"希腊语"。

肖尼语　Shawnee　通行于美国俄克拉荷马州的一种北美印第安语,属北美印第安语群阿尔冈昆语系(Algonquian)。根据2002年统计,仅约有200人使用肖尼语,其中包括一百余位外居肖尼人(Absentee Shawnee)和12位守贞肖尼人(Loyal Shawnee),均居住在美国俄克拉荷马州。

肖松尼语　Shoshone　亦称梭梭尼语(Shoshonean)、肖肖尼语(Shoshenean)或休休语(Shoshenean)。北美洲的肖松尼人使用的语言,属北美印第安语群乌托-阿兹台语系(Uto-Aztecan)肖松尼语族。根据2000年统计,使用者仅有2743人。肖松尼语分为西肖肖尼语和北肖肖尼语。历史时期的肖松尼人大体上分成四个集团:西肖松尼人集中居住在内华达州;北肖松尼人居住在犹他州西北部及爱达荷州南部;风河肖松尼人居住在怀俄明州西部;科曼切人居住在德州西部。科曼切人从风河肖松尼人中间分离出来后往南迁移。目前约有1万肖松尼人,大多数居住在居留地。肖松尼语是一种黏着语;单词(尤其是动词)可以添加多个词缀。其方言连续体的元音系统由五个(单)元音构成。同时,肖松尼语有一个常用的双元音/ai/,该双元音常与/e/不加区分,尽管在特定的语素中只读成/ai/而另一些读成/e/。肖松尼语中爆破音、爆破摩擦音和鼻音在元音间都是浊音并产生辅音弱化现象;在鼻塞音中也都是浊音;在/h/后会产生辅音弱化现象(但仍是清音)。

肖肖尼语　Shoshenean　参见"肖松尼语"。

小亚细亚诸语言　Anatolian　参见"安纳托利亚语"。

辛德语　Sindhi　参见"信德语"。

新阿卡得语　New Akkadian　公元前650年前至公元前1世纪流行于美索不达米亚平原的一种语言,已消亡。

新埃及语　Neo-Egyptian　参见"科普特语"。

新几内亚语　New Guinea　属巴布亚语族。有些新几内亚语位于群岛从西到东的小岛上。西南太平洋西起新几内亚东至斐济的一组岛屿,组成了美拉尼西亚群岛(Melanesia)。

新加坡英语　Singapore English　新加坡人使用的英文。新加坡英语分为标准新加坡英语(Standard Singapore English；SSE)和新加坡式英语(Singlish)。标准新加坡英语对语法方面的要求与标准英语一致;而新加坡式英语有克里奥耳语(Creole)的特征,其语法则来自英语、潮州话、泰米尔语(Tamil)、福建话、广东话、普通话和马来语(Malay)等语言,发音很独特。新加坡教育英语与英式英语无异,但在生活中使用的新加坡英语是英文词汇加上混合语法后,再以中文为主体的语气和语调说出的一种英语形式。

信德语　Sindhi　亦称辛德语。巴基斯坦内信德省(Sindhi)的主要语言,印度宪法承认的语言之一,属印欧语系印度-伊朗语族的印度语支。通行于巴基斯坦的信德省、俾路支省东部和印度古吉拉特邦的卡奇区。阿拉伯酋长国、美国、菲律宾、英国、新加坡、印度和阿曼等国也有信德语使用者。巴基斯坦境内的信德语人都集中在信德省,此外也集中于俾路支省东部和印度古吉拉特邦的卡奇区,其他的就散布各地。1947年,印度脱离英国独立,信德省成了巴基斯坦的一部分,大量信德人移民到此。信德语由通俗梵语的一种方言演变而来。现在的信德语一般以印度天城体或扩充阿拉伯字体书写。

匈牙利语　Hungarian　亦称马扎尔语(Magyar)。通行于匈牙利、罗马尼亚、斯洛伐克、乌克兰、塞尔维亚、克罗地亚、奥地利、斯洛文尼亚等国的语言,属乌拉尔语系芬兰-乌戈尔语族乌戈尔语支,使用人口约1500万。匈牙利语包括若干种方言(如其他乌拉尔和阿尔泰语言)。匈牙利语有和谐元音,具有黏着语特征;词由一组词素构成,广泛使用词缀和介词;名词约有25种格,动词屈折度很高;有一个定冠词和一个不定冠词,语法无性变化;单词的首音节重读;最初该语言书写与古土耳其语相似,但在公元 1100 年罗马字母被引入。该语言词汇中有许多源于土耳其语、斯拉夫语、德语的借词。

休伦语　Huron　北美休伦人的语言,属易洛魁语系北部语族。休伦人最早居于美加之间圣劳伦斯河流域及加拿大安大略省,后扩展到美国中西部。北美有一个由四个土著群体组成的联盟使用怀亚安稻特语(Wyandot),他们自称该语为"Wendat","Huron"(休伦)是法国人的用法。

休休尼语　Shoshenean　参见"肖松尼语"。

修纳语　Shona; Swina　津巴布韦的一种语言,属尼日尔-刚果语系大西洋语族。居住在城市的人们讲标准修纳语。操此语言的人口在津巴布韦大约有 1066.3 万,分布在马绍岛。把修纳语当作第二外语和第三外语的人大约有 180 万。博茨瓦纳、马拉维和赞比亚等国也讲该语言。

叙利亚语　Syriac　公元 2 世纪后,中东地区基督教使用的一种语言,现已消亡,属亚非语系闪语族阿拉米语支。叙利亚语是把希腊文明传播到阿拉伯地区的重要媒介,也是罗马帝国东部仅次于希腊语的重要语言。叙利亚语在伊斯兰教兴起后便让位于阿拉伯语。古叙利亚语在 8 世纪以前用于礼拜仪式,如今,仍是中东若干教派的礼拜仪式语言。古叙利亚语的文献非常丰富,包括《圣经》译本、语法、哲学著作、科学和医药著作等。叙利亚语有 22 个辅音字母,8 世纪初设计出三种元音书写系统。叙利亚语文字由阿拉米文字草写体衍生而来,其书写形式为由右至左、自上而下。

牙买加克里奥耳语　Jamaican Creole English　牙买加的一种语言,基于英语的最典型的克里奥耳语(混合语)之一。2001 年,在牙买加的使用人口约 266.6 万,在加拿大、哥斯达黎加、多米尼加共和国、巴拿马、英国和美国也有居民使用这一语言。当克里奥耳语频繁地与作为它主体来源的上层语言接触时,就会出现由克里奥耳语向上层语言转化的现象,这一现象被语言学家称为克里奥耳语解体化(decreolization),牙买加的克里奥耳语就是一个很好的例子。

雅典城邦希腊语　Attic Greek　古希腊罗马时期(公元前 500-公元前 300)作为官方语言和普通交际语而传遍希腊及小亚细亚其余大部分地区的雅典方言。雅典城邦希腊语属印欧语系古希腊语族,在传播过程中经历了相当大的变化,形成了 κοωήδιαλεκτος / koinè diálektos /(共同方言)。《新约全书》就是用它写成。现代希腊语多半是这种共同方言在拜占廷时期(Byzantine)及其以后分裂的结果,而不是在那个时期基本上已消亡的其他古代方言的残存。

雅库特语　Yakut; Sakha　亦称萨哈语(Sakha)。俄罗斯联邦之萨哈共和国的官方语言之一,属阿尔泰语系突厥语族(Turkic)东北支(Siberian Turkic)。根据 1993 年统计,使用人口共约 36 万。书写系统使用西里尔字母。

雅利安诸语言　Aryan languages　亦称阿利安诸语言或亚利安诸语言。19 世纪末曾被用作印欧语系的别称,现在主要用于指印度-伊朗语族中的印度雅利安支(Indo-Aryan)。

雅伦卡语　Jalonke; Yalunka　几内亚的一种语言,属曼德语族(Mande)西曼德语支中部及西南部西曼德次语支的苏苏-雅伦卡语群(Susu-Yalunka)。使用人口约为 5.5 万。苏苏-雅伦卡语群有两种语言:苏苏语和雅伦卡语,都在几内亚。另外,毛里塔尼亚、加纳、尼日利亚和贝宁也有部分人说雅伦卡语。

雅美语　Yami　亦称达悟语(Tao)。台湾高山族"道(Tau)"人的语言,属南岛语系马来-波利尼西亚语族(Malay-Polynesia)。分布在台湾东南的兰屿岛。根据 2011 年统计,使用人口为 3956。雅美语是一种多音节的黏着性语言。语音方面包括 20 个辅音和 4 个元音,语法词类包括名词、代词、数词、形容词、动词、副词、连词、助词等八类,句子的基本语序是"动词-主语-宾语"(VSO)。

雅那语　Yana; Yanan　一种已经消失的孤立语。分布在加利福尼亚州沙斯塔(Shasta)与塔马(Tahama)两个县之间的印第安人。相对其他已经消失的美洲大陆土著语言而言,萨丕尔(Edward Sapir)等人类语言学家对雅那语的记录比较完整。

亚非语系　Afro-Asiatic　分布在北非和西南亚的语系,包括约 250 种语言,使用人口达 1 亿以上,包括以下几个语族:埃及语族(Egyptian)、柏柏尔语族(Berber)、库施特语族(Cushitic)、闪米特语族(Semitic)、乍得语族(Chadic)以及奥莫特语族(Omotic)等。语音方面,其语言的主要特点是阻塞音有三种发音方式,包括浊音、清音和标示加强语气的咽音和喉挤音;语法方面,其主要特点是名词有单双数的数体系,可分为阴性和阳性两种性系统,有简单的格系统,如主格、宾格、属格等;动词有人称前缀,静态动词还表现为人称变位。

亚卡语　Yaka；Iaca；Iyaka　通行于刚果共和国和安哥拉的一种语言,属尼日尔-刚果语系大西洋语族。根据 2000 年统计,使用人口约为 90 万。

亚利安诸语言　Aryan Languages　参见"雅利安诸语言"。

亚美尼亚语　Armenian　小亚细亚地区亚美尼亚人的一种语言,是亚美尼亚共和国和阿塞拜疆的纳戈尔诺-卡拉巴赫共和国(Nagorno-Karabakh Republic)的官方语言,属印欧语系亚美尼亚语族。在伊朗和土耳其也有人说亚美尼亚语。根据 2001 年的统计,使用人口约为 600 万。亚美尼亚语是印欧语系中最古老的有文字的语言之一,可分为三个发展时期:5—11 世纪为早期,11—17 世纪为中期,17 世纪后形成近代亚美尼亚语。该语基本属黏着型语言(agglutinative language),词有分析成分。亚美尼亚语有其特殊的书写字母。亚美尼亚字母于公元 405—406 年由古亚美尼亚王国神学家兼语言学家圣梅斯罗布(Saint Mesrop Mashtots,约 362—440)发明。

亚述巴比伦语　Assyro-Babylonian　阿卡得语(Akkadian)之旧称。参见"阿卡得语"。

亚述语　Assyrian　古阿卡得语的别称。参见"阿卡得语"和"古阿卡得语"。

亚维斯达语　Avestan　伊朗人用来写拜火教经典文献的一种古波斯语(Old Persian),属印欧语系印度-伊朗语族。该语言用来创造赞美诗和琐罗亚斯德教亚维斯达的教会法规。通行于亚维斯达的亚维斯达语分两种形式。其一是古老亚维斯达语(Old Avestan),其语言用来组成盖它语(Gathas)和其他更古老的部耶拿语(Yasna)。这种废弃的语言有复杂的语法,包括 8 个语法格和一个高度屈折的名词体系,非常接近吠陀梵语(Vedic Sanskrit)。亚维斯达语的具体使用年代说法不一,可能在公元前 1000 年左右。其二是早期亚维斯达语(Young Avestan),其语言区域包括大部分的亚维斯达、亚茨(Yashts)、维斯皮瑞德(Visperad)、温迪岱(Vendidad)和耶拿(Yasna)的一些地方。该语本身也有两种形式:原始小亚维斯达语和人造小亚维斯达语。前一种形式由古老亚维斯达语自然发展而成,作为口头语延续至公元前 8 世纪;人造小亚维斯达语不能算作真正的语言,是教会牧师为创作新文本而使用的语言。

亚细亚古语　Asianic　远古时代在美索不达米亚(Mesopotamia)和小亚细亚及其附近使用的一组语言,现已消亡,通常按地域名称命名,包括比提尼亚语(Bithynian)、卡帕多细亚语(Cappadocian)、西里西亚语(Cilician)、克里特语(Cretan)、塞浦路斯语(Cypriote)、埃兰语(Elamite)、伊特鲁里亚语(Etruscan)、利西亚语(Lycian)、吕底亚语(Lydian)、彼西底语(Pisidian)、庞蒂克语(Pontic)、苏美尔语(Sumerian)等。

亚洲语言　Asiatic languages　亚洲语言包括阿尔泰语(Altaic)、汉藏语(Sino-Tibetan)、南亚语(Austro-Asiatic)等语系的语言。

瑶语　Yao　属汉藏语系苗瑶语族。包括中国境内的勉语和海南省自称"金门"的苗族的语言以及越南、老挝、缅甸、泰国的瑶语。使用这个语支语言的民族主要分布在中国的广西、湖南、云南、贵州、广东、海南和江西六个省、自治区的部分山区,使用人口约 90 万。在国外,分布于越南、老挝、缅甸同中国毗邻的部分山区以及泰国的一些地方。在苗瑶语族中,瑶语支的几种语言,通称勉语,另外瑶族所用的语言亦包括属苗瑶语族苗语支的布努语和巴哼语与属壮侗语族侗水语支的拉珈语。由于各地瑶语相去甚远,往往需要改用汉语以便沟通。

伊比利亚-巴斯克语系　Ibero-Basque　一种假想的语系,包括现代巴斯克语(Basque)和已消亡并且几乎完全不清楚的伊比利亚语。巴斯克语是印欧语系的民族进入西欧以前若干语言中唯一留存下来的语言。有研究试图证明巴斯克语与现已消亡的伊比利亚语有关,但是缺乏有力的证据。

伊比利亚罗曼语　Ibero-Romance；Ibero-Romance languages　属印欧语系意大利语族罗曼语支西支。包括伊比利亚半岛(Iberian Peninsula)的西班牙语、葡萄牙语和加泰罗尼亚语。

伊比利亚西班牙语　Iberian Spanish　参见"欧洲西班牙语"。

伊比利亚语　Iberian　罗马帝国统治前的伊比利亚半岛的已消亡的语言(或语系)。分布于西班牙东部和南部的部分地区,尤其是埃布罗(Ebro)河附近地区,历史上更早的时期可能分布于包括西欧在内的更广区域。现今主要存于铭文和工艺品中,几乎不被现代人译解。其字母表有 28 个字母,显示出希腊语和腓尼基语字母表的影响。

伊博语　Ibo　亦称伊格柏语(Igbo)。非洲尼日利亚东南部伊博人使用的语言,属尼日尔-刚果语系贝努-刚果语族(Benue-Congo)尼日尔语支(Niger)。使用伊博语的人口约有 1600 万。伊博语与尼日利亚的约鲁巴语(Yoruba)和加纳的阿肯语(Akan)等一起被归为克瓦语(Kwa)。属音调语言,有下降声调(downstep)、丰富的元音系统和元音和谐;句法上属孤立语,伊博语的基本语序为"主语-动词-宾语(SVO)",介词多为前置词,名词领属者、形容词、指示词、数词、关系从句等皆置于其所修饰的名词后。伊博语的动词与"不可分代词"连用。此外,伊博语的一些词缀与词干有元音和谐的现象。伊博语的书写系统是一种基于拉丁字母的系统,被称为昂乌字母(Onwu /ˈɔŋwu/ Alphabet)。

伊多语　Ido　以世界语为基础,对其缺点加以改良的一种人造语言,由世界语(Esperanto)改革者波孚洛特(Louis de Beaufront)于 1907 年创造。使用人口主要分布于欧洲。伊多语的名字含意可以从两方面进行解读:(1)依照 ido 本身这个字的含意,即"(世界语的)后裔"("descendant of Esperanto");(2)依照它缩写的发音"I.D."可解释为"国际的代表"("International Delegation")。与世界语相似,为了达到语言的易学性,伊多语借用语法简化与一致,且从欧洲语言中吸收大量词汇。伊多语和世界语在很大程度上可以互通,但二者也存在着一定的差异。伊多语使用 26 个拉丁字母,外加两个二合字母"ch"(/tʃ/)和"sh"(/ʃ/)取代世界语的 ĉ 和 ŝ。其中 gu 也被用来取代世界语的 ĝv;同样地,qu /kw/(如英语的"quick")用来代替世界语的字母 kv。为了简化语法,伊多语没有采用语法类别与句子之间必须语法一致的规定。伊多语在句中宾格未跟主格的语义模糊情况下,保留宾格后缀的使用,在其他情况下则取消宾格后缀的使用。伊多语在一词由某种语义或词性改变词尾转换到另一种语义或词性时,使用一致性的规则,这有助于减轻词汇的记忆负担。伊多语尽可能采用最多语言共有的同源词为其词汇来源。

伊格柏语　Igbo　参见"伊博语"。

伊朗-雅利安语支　Irano-Aryan　参见"伊朗语支"。

伊朗语支　Iranian; Iranic　亦称伊朗-雅利安语支(Irano-Aryan)。通行于伊朗、伊朗高原及高加索部分地区的语言,属印欧语系印度-伊朗语族伊朗语支。伊朗族语含波斯语(Persian)、库尔德语(Kurdish)、阿富汗语(Afghan)、沃舍梯语(Ossetic)、俾路支语(Balochi)以及和阗语(Khotanese)、古萨基语(Old Sakian)等死语言。

伊利里亚语　Illyrian　南欧巴尔干半岛的古伊利里亚人的语言,已消亡,属印欧语系阿尔巴尼亚语族。伊利里亚语与梅萨皮亚语(Messapic)和维内蒂语(Venetic),可能还有瑞提克语(Rhaetic),有着亲缘关系。

伊利诺伊语　Illinois　北美印第安语语群阿尔冈昆语系(Algonquian)的语言。

伊洛干诺语　Illocano　菲律宾群岛伊洛干诺人的语言,属南岛语系(Astronesian)印度尼西亚语族(Indonesian)。在菲律宾有 80 多种本地语和方言。除了伊洛干诺语外,使用最广的还有他加禄语(Tagalog)、宿务语(Cebuano)等。

伊乔语　Ijo　尼日利亚伊乔人的语言,属苏丹-几内亚语系。

伊斯特里亚-罗马尼亚语　Istro-Romanian　通行于欧洲西南部伊斯特里亚半岛地区的一种罗马尼亚方言,属印欧语系意大利语族(Italic)罗曼语支(Romance)。其中混杂大量的意大利语和斯拉夫语词汇。根据 1994 年统计,以该语言为母语的人口约为 560。

依地语　Yiddish　亦称意第绪语、犹太语或犹太德语(Judeo-German)。主要通行于中欧和东欧的犹太人居住区的一种语言,在美国、南非和以色列也有少数犹太人使用,属印欧语系日耳曼语族西支。依地语最初是 9、10 世纪居住在德国西南部的犹太人使用的一种高地德语方言,具有大量希伯来语词。14 世纪,随着犹太人大批东迁,依地语受斯拉夫语影响逐渐发展成为一种独立的文学语言。依地语被认为是多种语言融合的产物。其语音系统基本与德语相同,仅增加一些斯拉夫语的咝音和腭化辅音;其词法也基本与德语相同,句法则基本与斯拉夫语相同。依地语采用希伯来语字母,自右至左书写。

彝缅-纳西语支　Lolo-Burmese-Naxi　亦称缅彝语支(Burmese-Lolo)或缅彝语支(Burmese-Yipho)。属汉藏语系藏缅语族(Tibeto-Burman)。代表性语言为缅甸语、彝语(Yi 或 Lolo)和纳西语(Naxi 或 Moso),主要分布在中国的四川、云南、广西,以及泰国和老挝的部分地区。该语支的语言属单音节语言,声调系统复杂。

彝语　Yi　中国彝族人的语言,属汉藏语系藏缅语族彝语支。主要分布在中国的四川、云南、贵州和广西等部分地区,在缅甸、泰国和越南境内也有分布。使用人口共约 800 万。彝语可以分为 6 个方言,20 多个土语。其中,北部方言,亦称诺苏语,使用人口约 180 万,主要分布在四川省西南部凉山彝族自治州和云南省北部;南部方言,亦称尼苏语,使用人口约 100 万,主要分布在云南省昆明以南;西部方言主要分布在云南西部洱海、哀牢山以西;中部方言主要分布在云南中部,使用人口约 50 万;东南部方言主要分布在云南东南部。彝语辅音分为清浊两类,清音和清塞擦音又分送气和不送气两类。在北部、东部、东南部方言的部分地区,浊塞音、浊塞擦音还有带与不带鼻冠音的区别。多数方言的元音有松紧对立。元音松紧与声调有一定的互相制约关系。多数方言的音节都只有开音节,韵母由单元音构成,没有鼻音和塞音韵尾。调型简单,多为平调和降调,没有曲折调。早期的彝文是表意文字。随着时间的推移,大量的表音节符号被加入到彝文中,成为表意为主、表音为辅的意音结合的意音文字,称为老彝文。老彝文并非规范统一的文字,不同地区的老彝文有很大的差异。彝族原有一种音节文字,中国语言学家在1956年设计拉丁字母形式的凉山彝族拼音文字方案,四川凉山彝族地区在1975年制订四川《彝文规范试行方案》,共确定819个规范彝字,1980年批准在四川彝区推行使用彝文。

易洛魁语　Iroquois　加拿大蒙特利尔区易洛魁印第安人的语言,属北美印第安语群易洛魁语系,有时也用来指整个语系。此名称由其所在的部落名称Iroquois而来。

易洛魁语系　Iroquoian　北美印第安语群的一个语系,通行于北美洲东部加拿大境内的印第安人居住区等地。现存语言有休伦语(Huron)、易洛魁语(Iroquois)、切罗基语(Cherokee)、途斯卡洛拉语(Tuscarora)、卡尤加语(Cayuga)、莫霍克语(Mohawk)、欧奈达语(Oneida)、奥内达加语(Onondaga)、塞内卡语(Seneca)等。语言的主要特征包括:(1)语音系统简单,但形态音位变化复杂;(2)有多元合成词、混合词和描写性词;(3)名词和动词的形式相同,词类区别指主要词汇与小品词之间的区别;(4)动词分为动态和静态两类,形态变化复杂,包括语态、体、反身形式等特征;(5)词性有阳性、阴性、动物性和中性四种。

意大利语　Italian　意大利、圣马力诺(San Marino)的官方语言,瑞士和梵蒂冈的官方语言之一,1934年前也是马耳他的官方语言之一,属印欧语系意大利语族(Italic)罗曼语支(Romance)。在意大利、瑞士、科西嘉岛、伊士特里亚半岛(Istria)、摩纳哥等地有数千万人口将其作为母语。意大利语由托斯卡纳语发展而来,与通俗拉丁语极为相似,都有丰富的屈折变化。其方言大致分为东部意大利方言、南部意大利方言、中部意大利方言三类。中部意大利方言是标准意大利书面语的基础。意大利语所特有的词语、表达式、语法结构或惯用法结构被称为意大利语风(Italicism)。意大利语与拉丁语一样,有长辅音。其他的拉丁语族语言如西班牙语、法语已无长辅音。

意大利语族　Italic group　印欧语系的语族之一。分为拉丁-法利希(Latino-Faliscan)、奥斯坎-翁布里亚(Osco-Umbrian)、塞贝里(Sabellian)等语支。意大利半岛上曾有许多意大利语族的方言,但目前均已灭绝。划分类属时假设的意大利诸语言和凯尔特诸语言的共同亲本语,被称为意大利-凯尔特语(Italo-Celtic)。

意第绪语　Yiddish　参见"依地语"。

因纽特语　Inuit　靠近北极地区的因纽特人的语言,属爱斯基摩-阿留申语系因纽特语族。通行于阿拉斯加北部、加拿大北部和格陵兰地区。使用人口共约3.5万。因纽特语包括两种互通的方言,与阿留申语有一定亲缘关系。这种语言有4个元音(a、i、u和e)、13—21个辅音;重音取决于音节的长度,与亚洲一些语言相似。因纽特语有大量的后缀,但没有前缀和复合词,从俄语、英语以及楚科奇语中吸收了许多借词。书写时通常使用与克里语相似的音节文字。

印地-乌尔都语　Hindi-Urdu　参见"印度斯坦语"。

印地语　Hindi　印度的官方语言之一(另一官方语言为英语),属印欧语系印度-伊朗语族印度-雅利安语支。印地语起源于德里地区的一种雅利安语方言,13世纪时随穆斯林影响的扩大而成为印度北部和中部地区的主要语言,16世纪穆斯林征服者莫卧儿统治印度期间,更是成为印度大部分地区的通用语,被称为印度斯坦语(Hindustani)。此后,印度斯坦语分化为两种形式:一种为乌尔都语(Urdu),为穆斯林所使用,采用阿拉伯字母书写体系,后来被巴基斯坦定为官方语言;另一种为印地语,为非穆斯林所使用,采用梵天城体(Devanagari)书写体系。两种语言除书写系统外,其实属于同一种语言,语音、语法、基本词汇几乎无异,只是印地语中梵语借词较多,乌尔都语中阿拉伯语和波斯语借词较多。印地语的方言主要有两个:西印地语和东印地语。后者主要用在文学中。在其他国家和地区(如斐济、圭亚那、苏里南、特立尼达和多巴哥、阿拉伯联合酋长国等),印地语为重要的少数民族语言。

印度尼西亚语　Indonesian; Bahasa-Indonesia　亦称马来-印尼语(Malay-Indonesian),简称印尼语。属南岛语系马来-波利尼西亚语族(Malayo-Polynesian)西部语支。印度尼西亚的官方语言,通行于印度尼西亚、马来西亚、菲律宾群岛、马达加斯加和其他许多太平洋岛屿。使用人口超过1亿,但大多数人都将其作为第二语言使用。语言系统简单,有名词和量词,通过词的重叠任意表达复数及其他类似情况,标志礼貌的方式很独特,有发达的主宾关系表现系统,有各种被动形式,名词和动词之间没有明确的词类区别,词序为主动宾,名词短语中有严格的后置修饰,有许多梵语和阿拉伯语的借词。

印度-日耳曼语系　Indo-Germanic　参见"印欧语系"。

印度斯坦语　Hindustani　亦称印地-乌尔都语。印度次大陆的若干通用语,包括印地语(Hindi)、乌尔都语(Urdu)、梵语等,属印度-伊朗语族。印地语和乌尔都语均由古印度语发展而来,两者语法和词汇基本相同。1947年印度独立和随后的印巴分治,印度共和国将印度斯坦语梵文化,命名为印地语,定为国语;巴基斯坦将其波斯化,命名为乌尔都语,定为国语。印地语的书写使用梵语字母,自左向右阅读,词汇构成与印度-伊朗语族相同。乌尔都语用波斯-阿拉伯文字母书写,包含许多从阿拉伯语和波斯语来源的外来语。对于居于印度次大陆特别是印、巴两国的民族来说,"印度斯坦语"一词饱含着复杂情感,不同国家的民族有不同感受。但现代社会,使用"印度斯坦语"替代印、巴两国各自称之为"印地语"或"乌尔都语"的官方语言,是很中性并均可为双方接受的对两国官方语言的称呼。

印度-雅利安语支　Indo-Aryan; Indic　属印度-伊朗语族的分支,属印欧语系的一部分。分布在印度、巴基斯坦、尼泊尔、斯里兰卡,是雅利安人在前20世纪带到南亚的语言。这个语族的语言有200多种,其中使用人数多于1000万的语言包括印地语、孟加拉语、马拉地语、西旁遮普语(Lahnda)、乌尔都语、古吉拉特语、奥里亚语、东旁遮普语、博杰普尔语、迈蒂利语、信德语、阿瓦德语、尼泊尔语、阿萨姆语、吉大港语(Chittagonian)、西莱基语(Siraiki)、僧伽罗语(Sinhalese)、哈里亚纳语(Haryanvi)、马尔瓦里语(Marwari)、摩揭陀语(Magadhi)、恰蒂斯加尔语(Chhattisgarhi)和塞海蒂语(Sylheti)等。现代的大部分雅利安语言源自梵语,只有克什米尔语和信德语保留少数比梵语还要原始的特征。现已证实,最古老的印度-雅利安语是梵语。中古印度-雅利安语由日常语言普拉克利特语(Prakrit)发展而来。参见"印度-伊朗语族"。

印度-伊朗语族　Indo-Iranian　属印欧语系。印度-伊朗语族的形成与原始印欧人的大迁徙密切相关。原始印欧人从欧亚之间的某个地区向东西两个方向移动,向东的一支在伊朗、阿富汗一带停留一段时期,以后又分两支,一支留原地,一支继续向东南方向迁徙,最后进入印度。本语族包括印度语支和伊朗语支。印度-伊朗语族包括30多种语言,使用人口共约6.5亿,部分语言的方言较多。其中,印地-乌尔都语(Hindi-Urdu)的使用人口超过2.2亿,分别为印度和巴基斯坦的官方语言;孟加拉语(Bengali)的使用人口约1.5亿,是孟加拉国的官方语言;旁遮普语(Panjabi)的使用人口约4500万;马拉蒂语(Marathi)的使用人口约5200万;比哈尔语(Bihari)的使用人口约3700万;古吉拉特语(Gujarati)的使用人口约3300万;拉贾斯坦语(Rajasthani)的使用人口约2500万;阿萨姆语(Assamese)的使用人口约1200万;信德语(Sindhi)的使用人口约1200万,分布在巴基斯坦;僧伽罗语(Singhalese)的使用人口约1100万,是斯里兰卡的官方语言;尼泊尔语(Nepali)的使用人口约950万,是尼泊尔的官方语言。

印度诸语言　Indian languages　印度次大陆语言,属印欧语系的印度-伊朗语族。包括:(1)古典梵语(classical Sanskrit);(2)中古印度语(Parkrit);(3)现代印度语包括兴都斯坦语(Hindustani)、孟加拉语、比哈尔语、马拉地语、旁遮普语、拉贾斯坦语、古吉拉特语(Gujarati)、奥里亚语(Oriya)、信德语(Sindhi)、帕哈里语(Pahari)、比尔语(Bhili)、坎德西语(Khandesi)、阿萨姆语(Assamese)、僧伽罗语、克什米尔语、尼泊尔语等。

印古什语　Ingush　属高加索语系东北高加索语族,与车臣语(Chechen)和巴茨语(Bats)共同构成纳克语支(Nakh)。根据2005年统计,使用人口共约41.5万。主要通行于印古什共和国、车臣共和国、乌兹别克斯坦,及俄罗斯等地。句法上,动词一般出现在句首第二个词的位置,名词词尾有八种格的形态变化,属于主格-受格语言(nominative-accusative language)。

印欧语系　Indo-European; Indo-Germanic　被认为具有共同始源语(即原始印欧语)的若干种语言构成的一个语系,旧称雅利安诸语言。19世纪对梵语和古典印欧语言的历史比较研究,揭示印欧语言间的对应关系,表明印欧诸语言具有共同的来源。语系分为日耳曼语族(Germanic)、意大利语族(Italic)、凯尔特语族(Celtic)、斯拉夫语族(Slavic)、波罗的语族(Baltic)和印度-伊朗语族(Indo-Iranian)等互有亲缘关系的语族。这一语系包括大多数欧洲语言,如英语、法语、德语、意大利语、西班牙语、丹麦语、荷兰语等,也包括一些亚洲语言,如梵语、印地语、乌尔都语、孟加拉语、僧伽罗语、法尔西语等。

英格列语　Ingrian　芬兰语的一种方言,属乌拉尔语系芬兰-乌戈尔语族芬兰语支东支。根据2010年统计,使用总人口共约120,且大部分为老年人。英格列语共有28个字母(见表59)。

表 59　英格列语字母表

A a	Ä ä	B b	V v	G g	D d	E e	Z z
Z z	I i	J j	K k	L l	M m	N n	O o
Ö ö	P p	R r	S s	T t	U u	F f	
H h	C c	Ç ç	Ş ş	Ƅ ƅ			

英印语　Anglo-Indian　英国在印度实施殖民统治期间，驻扎在印度的英国军官、士兵和侨民为了便于交流，利用英语和当地语言发展起来的一种混合语。

英语　English　属印欧语系日耳曼语族西部语支。英语的发展一般分为三个时期：(1)古英语(公元 5 世纪至 1050 年)：源自几种方言，在 5 世纪初由盎格鲁撒克逊人传入，这时的语言深受维京入侵者所讲的古老的斯堪的纳维亚的影响，以西萨克森(Wessex)的方言为"标准语"。(2)中古英语(1050—1500)：自诺曼底征服后，古英语发展为中古英语；诺曼底人统治英国期间(从 1066 年的黑斯廷斯战役到 14 世纪中叶)，法语进入英国上流社会，在英语中的影响主要表现在词汇中，这时期的英语从诺曼语中借鉴的大量的词汇以及拼写规则。(3)现代英语：始于 15 世纪时的元音大推移(the Great Vowel Shift)，经历了三个阶段近 1500 多年的演变，不断从许多外语中吸收词汇以及自创新词。英语中的许多词汇，尤其是术语，大多根据拉丁词根和古希腊语构成。由于与多种民族语言接触，英语词汇从一元变为多元，语法从"多屈折"变为"少屈折"。现代英语结构几乎没有屈折形式，语音也发生了规律性变化，形态也相应发生变化；语法关系一般通过相应的固定语序"主-动-宾"规则来表达。由于英帝国在 18、19 和 20 世纪以及美国在 20 世纪中期在政治、军事、经济、科学、文化等各方面的影响，英语成为世界上分布区域和使用范围最广的语言。自 17 世纪北美大陆的东海岸的成功殖民后，英语开始向其他大陆扩张。之后，英语从英国的直接殖民地和美国以及已经存在的殖民地传播，穿过北美，在澳大利亚、新西兰，南非等地方扎根发展，成为当地占绝对主流地位的语言。根据以英语作为母语的人数计算，英语可能是世界上第三大语言或第四大语言(1999 年统计为 3.8 亿人)，也是世界上使用最广泛的第二语言，是 20 多个国家(如南非)唯一的官方语言，是印度、巴基斯坦的通用语言，也是最重要的国际通用语。在历史上曾被英帝国以及美国占领的国家，英语被作为第二语言广泛使用，也是最多地被作为第二语言学习的语言。因此，英语是一种得到普遍承认的用途极广的交际媒介语和国际性语言。由于使用的广泛性，英语现在已经产生了不同的区域变体，如美国英语、印度英语、西非英语等。但自 20 世纪以来，国际上通行的英语越来越多的是美国英语。英语也是与计算机联系最密切的语言，大多数编程语言都以英语为基本工作语言，因而随着互联网的使用，英语得到更为广泛的普及。

尤比克语　Ubykh；Ubyx　曾经是土耳其尤比克人(Ubykh people)的母语，属高加索语系西北高加索语族尤比克语支唯一的语言。1992 年，最后一位尤比克语使用者去世，尤比克语随之消亡。尤比克语的语音系统独具特色，拥有 84 个辅音音位，却只有 2 个元音音位。尤比克语属黏着型做格语言，名词有三种形式的格标记，形容词直接黏着在被修饰名词词尾，动词有三种时态标记-过去时、现在时和将来时。

尤迪语　Udi　属高加索语系东北高加索语族萨木尔语支(Samur)。根据 1995 年统计，使用人口约为 8000，属国际教科文组织列出的濒危语言之一。

尤卡坦语　Yucatec　亦称尤卡坦玛雅系(Yucatec Maya)。属北美印第安语群玛雅语系(Mayan)。墨西哥尤卡坦半岛上玛雅人的语言，在伯利兹北部及危地马拉的部分地区也有使用者。尤卡坦语可追溯至 5000 年前古典玛雅语的尤卡坦方言。西班牙人征服尤卡坦带入拉丁字母，将其作为现在尤卡坦语的书写文字。使用旧式西班牙语拼字法。殖民时期，有一个倒"c"(ɔ)常用来代表现在拼成"dz"的音。与其他玛雅语系的许多语言一样，尤卡坦语中存在"喉音化辅音"：/p'/、/k'/，及 /t'/，即在发音之后会有一个喉塞音，因而发音时出现短暂的停顿或小阻塞。此音在书写时用一个在字母右边的略音符号表示，如 k'ux k'a k'al(It's hot out)。尤卡坦语是一种黏着语，在组合之下一个词可以变得很长，另外拥有大量的词根与词缀。

尤库布韦迪达语　Yocoboué Dida　科特迪瓦(The Republic of Ivory Coast)的一种语言，属尼日尔-刚果语系克鲁语族(Kru)。根据 1993 年统计，使用人口约为 20 万。

尤拉克语　Yurak　参见"涅涅茨语"。

尤乐基诺语　Youle Jinuo；Jino；Youle　中国云南南部的一种语言，属汉藏语系藏缅语族彝语支。根据 2000 年统计，使用人口约为 1.3 万。

尤斯潘提克语　Uspanteko；Uspanteco；Uspantec　危地马拉的一种语言，属北美印第安语群玛雅语系基切-马梅语族(K'ichean-Mamean)，与基切语(Chiquel/K'iche/Quiché)相近。根据 1998 年统计，约有 3000 人使用。

犹太-柏柏尔语 Judeo-Berber 旧称犹太-阿拉伯语(Judeo-Arabic)。以色列的一种语言,属亚非语系柏柏尔语族。根据1992年统计,约有2000人使用。

犹太德语 Judeo-German 参见"依地语"。

犹太-格鲁吉亚语 Judeo-Georgian 以色列和格鲁吉亚的一种语言,属高加索语系南高加索语族(亦称卡特维尔语族 Kartvelian)格鲁吉亚语支。根据2000年统计,在以色列约有6万人使用。根据1995年统计,在格鲁吉亚约有2万人使用。

犹太-克里米亚鞑靼语 Judeo-Crimean Tatar; Judeo-Crimean Turkish; Krimchak 通行于乌兹别克斯图(The Republic of Uzbekistan)、格鲁吉亚和卡萨克斯坦(Republic of Kazakhstan)的一种语言,属阿尔泰语系(Altaic)突厥语族(Turkic)西北支。根据2007年统计,有少数70岁以上人口能流利使用该语言。

犹太-塔吉克语 Judeo-Tat; Judeo-Tatic; Jewish Tat 通行于以色列斯德洛特(Sderot)、哈德拉和阿奇瓦、阿塞拜疆东北部和俄罗斯达吉斯坦等地的一种语言,属印欧语系印度-伊朗语族伊朗语支。根据1998年统计,在以色列约有7万人使用,在阿塞拜疆约为2.4万人使用;根据2010年统计,在俄罗斯约有2000人使用。

犹太-意大利语 Judeo-Italian; Italkian 意大利的一种语言,属印欧语系意大利语族罗曼语支。根据2007年统计,使用人口约为200,极少有人能够流利使用。

犹太语 Jewish 参见"依地语"。

约鲁巴语 Yoruba 西非约鲁巴族人的语言,属尼日尔-刚果语系贝努-刚果语族尼日尔语支。约鲁巴语通行于尼日利亚、贝宁、多哥、塞拉利昂以及拉丁美洲巴西、古巴等部分地区,使用人口约2500万。约鲁巴语是孤立型声调语言,有三种可能的音节:单独元音(V)、辅音+元音(CV)和元音化鼻音(N)。且每个音节都有三种声调:高(´)、中(ˉ)(一般可不标明)和低(`)。由"n̄ ò lọ"(意即"我不去")可知约鲁巴语的声调结构:

n̄ - ŋ̄——意即"我"
ò - /ó/——意即"不",此为否定词
lọ - /lɔ/——意即"去"

标准的约鲁巴语具有7个非鼻化元音及5个鼻化元音。约鲁巴语没有双元音,而多个并排的元音中,每个单独的元音都为独立音节,并以此发音。其他方言的元音数可能会有不同。约鲁巴语元音有11个(见图7)。

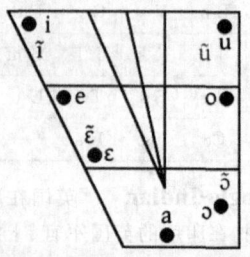

图7 约鲁巴语元音音素图

越南语 Vietnamese 越南的官方语言,属南亚语系孟-高棉语族(Mon-Khmer)。主要在越南沿海平原越族(也称京族)聚居地区使用。越南语使用人口约5000多万。约85%～90%的越南人将其作为母语,另外300万越侨以及中国广西的京族也使用越南语。越南语主要有北部方言、北中部方言、中部及南部方言。现代越南语的发音以河内腔(北方方言)为标准,其余三种方言语法结构差异不大,可以互通,只有部分语音、词汇上的差异。越南语语音包括单元音11个,辅音25个,构成162韵;辅音韵尾有-m、-n、-p、-t、-k等音。声调起区别词义的作用。标准语有平声(又叫横声)、玄声、锐声、问声、跌声、重声6个声调。语法方面,词既无性别与数的形式,也无格的变化,动词无变化,形容词也无需与被修饰的名词保持性、数、格上的一致。语法关系主要通过不变的根词的词序和虚词来表示。句子的主语在谓语之前,宾语和补语在动词之后,数词、量词修饰语在名词之前,但名词修饰语一般在名词之后。语义随着词序或虚词的改变而变化。越南语的基本语序结构是"主语-谓语-宾语(SVO)"。与多数东南亚语言(如泰语、老挝语、马来语等)一样,越南语也是形容词后置的语言。历史上,越南语曾经使用汉字与喃字标记(即汉喃文)(见图8),现代越南语以拉丁字母为基础,添加若干个新字母及声调符号的国语字为书写体系。越南语共有29个字母(见表60)。

表60 越南语字母表

爻 một (một) = 1	仚 hai = 2	巴 ba = 3	bằm = ?
羅 bốn = 4	醽 năm = 5	霪 lăm = as in 15	㛪 nhằm = after mươi as in 25, 35, 45...	sáu = 6
㗱 bảy = 7	忲 tám = 8	㐌 chín = 9	迸 mười = 10	mươi = 0 (十的倍数)
逮 OR 䢌 trăm = 100	檌 nghìn = 1000	𠦳 = 1,000,000 (此为汉字,非喃字)	兆 triệu = chục = 0 (十的倍数)

图8 喃字举例

Aa	Ăă	Ââ	Bb	Cc	Dd	Đđ	Ee	Êê
Gg	Hh	Ii	Kk	Ll	Mm	Nn	Oo	Ôô
O'o'	Pp	Qq	Rr	Ss	Tt	Uu	U'u'	Vv
Xx	Yy							

Z

赞德语　Zande　亦称阿赞德语（Azande）。通行于在刚果、中非共和国、南苏丹等地区的一种语言，属尼日尔-刚果语系阿达马瓦-乌班吉语族。阿赞德人亦称尼安人，属尼格罗人种。

藏缅语族　Tibeto-Burman　汉藏语系（Sino-Tibetan）中的两大语族之一，另一语族为汉语族（Sinitic）。语言主要分布在中国西藏，以及巴基斯坦、不丹、孟加拉国、缅甸、尼泊尔和印度等地，在东南亚和中国的甘肃、青海、四川、云南也有分布。藏缅语族共有400多种语言，使用人口达6000万。国内学界基本认同藏缅语族分为五个语支，包括藏语支、景颇语支、彝语支、缅语支，以及已消亡的西夏语支。国外学者对藏缅语族分支的提法分歧较大，但多比较认同分为四个语支，包括景颇-怒-卢伊语支 Jingpo-Nungish-Luish）、彝缅-纳西语支（Lolo-Burmese-Naxi）、羌语支（Qiangic）和迦摩缕波语支（Kamarupan），此外，还包括克伦语支（Kenren）和白语支（Baic）这两个归属存争议的语支。

藏语　Tibetan　属汉藏语系藏缅语族藏语支。在中国，藏语区分布在西藏自治区、青海、四川甘孜藏族自治州和阿坝藏族羌族自治州、甘肃南藏族自治州以及云南迪庆藏族自治州；在国外，不丹、印度、尼泊尔、巴基斯坦等国也有人说藏语。藏语主要分为三大方言：卫藏方言（即拉萨话）、康巴方言（德格话、昌都话）和安多方言（青海藏区）。不丹的宗卡语和克什米尔地区的拉达克语也属藏语方言，但通常被认为是独立的语种。各种方言之间差别不大，它们都使用同样的书写文字，纪录的是近古藏语（Classical Tibetan）语音，但如今发音、词汇和语法各有差异。

卫藏方言通常也叫中部藏语（Central Tibetan）或标准藏语（Standard Tibetan），是分布范围最广的藏语口语形式，是西藏自治区的官方语言之一。1990年的统计数据表明，使用人口约有120万。卫藏方言有三种语域：其一为通俗语，即普通民众的口头语；其二为正式敬体口语，以拉萨话为主体；其三为宗教用语，即基于近古藏语的语音和文字、用于记载文献和典籍的书面语。

康巴方言（Khams Tibetan）主要分布于西藏自治区东部、四川西部和云南西北部地区，据1994年统计，使用人口约有140万。在这些地区，康巴方言通常与卫藏方言、安多方言并行通用，但与其他藏语方言的互通性较差。康巴方言内部可再细分为五个小分支，其间的互通性也不高。云南香格里拉的东旺语（Dongwang Tibetan）和四川西部的嘉绒语（Jiarong；Gyalrong；Gyarung）也曾被认为是康巴方言的分支，前者约有6000人使用（2005年），后者约有8.3万人使用（1999年）。

安多方言（Amdo Tibetan）是青海和四川阿坝（Ngawa）、甘肃甘南等地大多数藏人使用的方言，根据2005年统计，使用人口约有180万。安多方言是几种藏语方言中唯一不用声调区分意义的变体，而且保留了许多卫藏方言已经消失的词首辅音簇（consonant cluster）。

藏语是一种作通格语言（ergative-absolutive language），有丰富的格变化，其及物动词的主词为作格（要加后缀-gi、-gyi、-kyi、-'i 或-yi，与藏文工具格所使用者相同），而不及物动词的主词和及物动词的受词（都不加后缀）的语法格为通格；其基本语序为SOV（主语-宾语-动词），语法形式相当丰富，动词区分四个时态，具有屈折变化，而且呈现诸多例外。自7世纪以来，藏语经历了中古、近古到现代的若干个重要发展阶段。现代藏语的主要特点包括：（1）浊辅音趋于清化；（2）复辅音趋于简化和消失，只在局部地区保留带前置辅音的二合复辅音；（3）单元音（尤其是鼻化元音）增多；（4）元音有长短之分，与声调形成互补关系；（5）有鼻化和非鼻化两类真性复元音；（6）辅音韵尾趋于简化，带辅音韵尾的元音也因而简化；（7）有较完整、稳定的声调系统；（8）谓语是后置表达系统，其语法意义由谓语之后的组分表示；（9）构语和构形的语素之间有丰富的减缩变化；（10）动词只保留简化的屈折变化，独立表达语法意义的功能已逐渐失去；（11）动词有丰富的体的范畴，无人称和方位范畴；（12）判断动词和存在动词有两种表示不同人称的词汇形式；（13）单一部分表示否定，即在所否定的词之前或之后加否定成分表示；（14）有丰富的助词，而且常有减缩和独立两种形式；（15）形容词和部分派生名词有构词后缀；（16）有敬语和非敬语的区别。

藏语自7世纪松赞干布王时开始有文字，据印度佛教史籍记载，是博学的吞弥·桑布扎去印度学习后创制，由30个辅音字母（"子音字"）和4个元音字母（"母音字"）组成（如表62）。这套书写系统基本上是一种元音附标文字，其字母代表的是古代藏语的发音，与现代的发音未必完全相契合。语言研究者也常用拉丁字母来转写藏语,国外较为通行的是美国学者、藏学家兼汉学家特瑞尔·威利(Turrell V. Wylie)设计的一套转写系统(见表61)。我国藏学家于道泉也曾设计了一个拼音方案,只使用26个拉丁字母,不用附加符号。

表61 藏语字母威利转写表

藏	威	IPA	藏	威	IPA	藏	威	IPA	藏	威	IPA
ཀ	ka	[ká]	ཁ	kha	[kʰá]	ག	ga	[gà/kʰà]	ང	nga	[ŋà]
ཅ	ca	[tɕá]	ཆ	cha	[tɕʰá]	ཇ	ja	[dzà/tɕʰà]	ཉ	nya	[ɲà]
ཏ	ta	[tá]	ཐ	tha	[tʰá]	ད	da	[dà/tʰà]	ན	na	[nà]
པ	pa	[pá]	ཕ	pha	[pʰá]	བ	ba	[bà/pʰà]	མ	ma	[mà]
ཙ	tsa	[tsá]	ཚ	tsha	[tsʰá]	ཛ	dza	[dzà/tsʰà]	ཝ	wa	[wà]
ཞ	zha	[ʑà/ɕà]	ཟ	za	[zà/sà]	འ	'a	[ɦà/ʔà]	ཡ	ya	[jà]
ར	ra	[rà]	ལ	la	[là]	ཤ	sha	[ɕá]	ས	sa	[sá]
ཧ	ha	[há]	ཨ	a	[ʔá]						

藏文的书写(如图9):每个音节有一个基字,以确定该音节的中心辅音,基字上方或下方可加元音符号表示不同的元音;基字上方有时有一个上加字,下方可有一至两个下加字,前侧有时有一个前加字,表示该音节的声母是复辅音;复辅音的连接顺序依次为前加字、上加字、基字、下加字;基字后侧可有一至两个后加字,表示该音节有一到两个辅音韵尾。

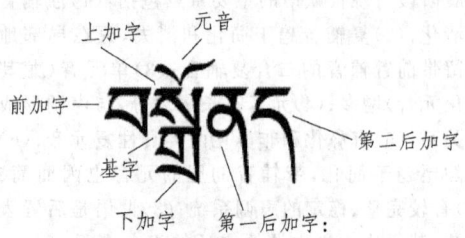

图9 藏文书写解析

藏语共有声母36个,其中包括28个单辅音(即辅音音位)、7个复辅音和1个零声母;有元音13个。藏文拼音系统以藏语的实际发音为基础,采用拉丁字母书写的文字方案。与将藏文字母一对一转写为拉丁字母的体系不同,拼音是根据实际发音拼写为拉丁字母。转写可以清楚地表示文字构成,而拼音则是表示发音构成;转写可以兼容不同地区的藏文,拼音则只能表示单独方言区的发音。

藏语群 Tibetan languages; Bodish languages
参见"博德语群"。

藏语支 Tibetic 指青藏高原和印度次大陆北部的巴尔蒂斯坦(Baltistan)、拉达克(Ladakh)、尼泊尔、锡金和不丹等中亚东部广大地区藏族人使用的语言。近古藏语是这一地区主要的文学语言,用于佛教文献。中部藏语(即包括以拉萨话为代表的卫藏方言)、康巴藏语和安多藏语使用同一文学语言,因而被认为是同一语言的方言,但宗卡语、锡金语、夏尔巴语和拉达克语通常被认为是独立的语种。

关于藏语支诸语言的归属分类,学界存在多种观点。藏学家戴维·布拉德利(David Bradley)区分为七大分支:(1)西部古体藏语,无声调,包括拉达克语、巴尔蒂语和布里克语(Burig; Burik);(2)安多藏语,包括卓尼话(Thewo-Chone; Choni),无声调;(3)康巴藏语,有声调;(4)西部创新藏语,包括拉胡尔-斯皮提语(Lahui-Spiti),有轻微声调;(5)中部藏语,有轻微声调;(6)北部藏语,有轻微声调;(7)南部藏语,有轻微声调,包括藏区的格洛玛语(Groma)、印度的锡金语、尼泊尔的夏尔巴语和几热尔语(Jirel)以及不丹的宗卡语、布洛喀语(Brokkat)、布洛克帕语(Brokpa)、卓坎加咖语(Chocangaca)、拉喀语(Lakha)、腊雅方言(Laya dialect)和鲁纳纳方言(Lunana dialect)等。法国语言学家尼古拉·图纳德尔(Nicholas Tournadre)则划分为八大分支:(1)中部藏语,即标准藏语及其在尼泊尔的变体;(2)康巴语(Khams);(3)安多语(Amdo);(4)宗卡-山南语(Dzongkha-Lhokä),包括宗卡语、锡金语、拉喀语、那阿帕语(Naapa)、腊雅方言、卓坎加咖语、布洛喀语、布洛克帕语以及格洛玛语;(5)拉达克-巴尔蒂语(Ladakhi-Balti),包括拉达克语、布里克语、赞斯卡利语(Zangskari)和巴尔蒂语;(6)拉胡尔-斯皮提语;(7)吉隆-卡噶特语(Kyirong-Kagate);(8)夏尔巴-几热尔语(Sherpa-Jirel),包括夏尔巴语和几热尔语。还有若干不能互通也难以归类的语种。

藏语支诸语言大多采用婆罗米系文字(Brahmic script; Indic script)书写,标准藏语等其他多数藏语方言都用藏文,印度和尼泊尔的藏语分支用天城文。巴基斯坦一些拉达克语和巴尔蒂语使用者也采用乌尔都文字。藏文准确地记录了中古藏语的语音。

泽尔托尔语 Tzeltal; Ts'eltal 亦称泽套语。墨西哥契亚帕斯省的一种语言,属北美印第安语群玛雅系。一些研究者认为泽尔托尔语的使用范围可以远达危地马拉的东南部。根据2000年统计,使用人口约为37万。

扎波特语族 Zapotecan 属北美印第安语群奥托-曼克语系(Oto-Manguean),是由中美洲墨西哥土著扎波特人的语言构成的一个语支。该语族包括约40种语言及方言,主要分布在墨西哥瓦哈卡州。现代扎波特人大多会讲西班牙语和扎波特语两种语言。由于部分扎波特人迁居美国,因此在美国的一些地区也有扎波特语的使用者。

爪哇语　Javanese　印度尼西亚爪哇族的语言，属南岛语系马来-波利尼西亚语族（Malayo-Polynesian）西部语支。分布于爪哇岛东部、中部以及印度尼西亚西部部分沿海地区，使用人口约为7550万。爪哇语的发展经历了三个时期：古爪哇语（12—13世纪）；中古爪哇语（14—17世纪）；现代爪哇语（17世纪–现在）。古代爪哇语深受梵语影响，伊斯兰教传入印度尼西亚之后，开始使用阿拉伯字母；印度尼西亚被荷兰人侵占后，改用拉丁字母。爪哇语是分析型语言，通过功能词和词序表示句法关系。句子的基本结构是"主语-动词-宾语（SVO）"。状语在动词之后，定语一般在名词之后。爪哇语有若干个地区方言，文体因社会地位的不同而有明显的区别，非正式体和恭敬体之间的区别最大；另外，还有中间体和不经常使用的高度恭敬体和宫廷体。爪哇语的文字记载可追溯至约公元750年。

图10　"爪哇"二字的爪哇文写法

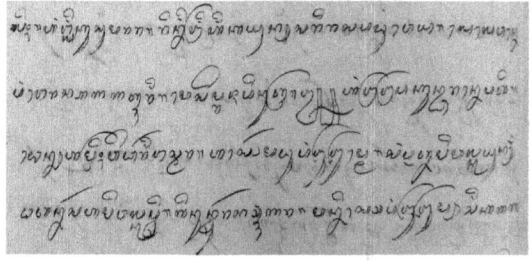

图11　爪哇语文本片段

智利西班牙语　Chilean Spanish　智利境内的几种西班牙语的变体。智利西班牙语在发音、语法、词汇以及俚语的使用方面与标准西班牙语有明显区别。

中部藏语　Central Tibetan　亦称卫藏（Ü-Tsang）方言。参见"藏语"。

中大河谷达尼语　Mid Grand Valley Dani；Central Grand Valley Dani　印度尼西亚巴布亚（Papua）巴列姆河谷的一种语言，属巴布亚语系跨新几内亚语族。根据1996年统计，使用人口约为9万。

中古藏语　Old Tibetan　指7世纪中叶吐蕃松赞干布王采用藏文开始到11世纪早期约400年间文献所记载的藏语。在音系方面，中古藏语的许多特征在近古藏语（Classical Tibetan）中已经消失。譬如，元音-i-和-e-前常用 my-音，而非 m-音；辅音簇 sts-在近古阶段简化为 s-。在格体系方面，名词有10个格——独格（absolutive）、属格（genitive）、施格（agentive）、方位格（locative）、向格（allative）、终止格（terminative）、随格（comitative）、离格（ablative）、出格（elative）和比较格（comparative），中古藏语的方位格、向格和终止格区分明显，但在近古藏语中已逐渐脱落；格变化的词素依附于整个名词短语，而不是单个词。在人称代词中，中古藏语第一人称单数和复数分别有三种形式；第二人称有两种单数形式和一种复数形式。

中美洲语言　Meso-American　中美洲土著语言。通行于南部墨西哥、危地马拉、伯利兹和洪都拉斯与萨尔瓦多的部分地区。中美洲地区由于几千年间受不同语系的长期不断交流融合，形成高度的语言扩散的特征，包括7个不同语系和几百种语言。中美洲语言联盟（Mesoamerican Sprachbund）一般指中美洲语言所覆盖的地区。在文字书写方面，中美洲诸语言也是属世界上最早进化的独立文字系统之一，最早的文字发现可追溯到公元前1000年左右。从16世纪西班牙人到来开始一直到19世纪，中美洲语言大都以拉丁文撰写。目前，许多中美洲语言濒临危境，有些已经灭绝，然而有一些中美洲语言诸如玛雅语（Mayan）、纳瓦特尔语（Nahuatl）、米斯特克语（Mixtec）和扎波特语（Zapotec）至今仍然保持活力，有数以万计的使用者。

朱昂语　Juang；Juango　通行于印度奥里萨（Orissa）和丹卡那尔区（Dhenkanal）等地的一种语言，属南亚语系蒙达语族。根据2001年统计，使用人口约为2.4万。

朱匋语　Ju|'hoan　通行于博茨瓦纳（Botswana）西北部区、纳米比亚和安哥拉交界地区，以及纳米比亚东北部，属科伊桑语系（Khoisan）南非语族。根据2006年统计，使用人口约为3.4万。

朱孔塔肯木语　Jukun Takum　通行于喀麦隆西部省北部和尼日利亚塔拉巴州（Taraba State）、塔坎姆和巴里等地的一种语言，属尼日尔-刚果语系贝努-刚果语族（Benue-Congo）尼日尔语支（Niger）。根据2000年统计，在喀麦隆有2438人使用；根据1979年统计，在尼日利亚将此作为第二语言的人口约为4万。

朱勒摩多语　Jur Modo　苏丹南部的一种语言，属尼罗-撒哈拉语系（Nilo-Saharan）中苏丹语族（Central Sudanic）。根据2004年统计，使用人口约为10万。

朱玛语　Júma；Yumá　巴西亚马逊的一种语言，属中南美印第安语群图皮语系（Tupian）。根据2006年统计，只有7人使用。

Z 朱 zhū　　（世界语言）

朱姆利语　Jumli; Jumeli; Jumla　尼泊尔卡尔纳利地区（Karnali）的一种语言，属印欧语系印度-伊朗语族印度雅利安语支。根据2001年统计，使用人口约为4万。

朱如纳语　Jurúna; Yurúna; Iuruna; Jaruna; Yudya　巴西兴古帕克的一种语言，属中南美印第安语群图皮语系（Tupian）朱如纳语支。根据2006年统计，仅约有280人使用。

朱芮语　Juray　印度奥里萨（Orissa）的一种语言，属南亚语系蒙达语族。根据2000年统计，使用人口约为80.1万。

朱特语　Jutish; Jutlandish　通行于德国和丹麦交界地区、丹麦境内南加特兰（South Jutland）和石勒苏益格（Schleswig）北部以及石勒苏益格-荷斯坦地区的一种语言，属印欧语系日耳曼语族北支。

朱瓦勒语　Juwal　巴布亚新几内亚东塞皮克省（East Sepik Province）的一种语言，属巴布亚语系（Papuan）托里切利语族（Torricelli）马林贝尔格语支（Marienberg）。根据2000年统计，仅有1444人使用。

朱语　Ju　尼日利亚包奇州的一种语言，属亚非语系乍得语族。根据1993年统计，仅约有900人使用。

壮侗语族　Zhuang-Dong Group　亦称台-卡岱语族、侗台语族或黔台语族。根据李方桂在1937年研究论文，该语族属汉藏语系，语言主要分布在中国南部和东南亚地区，可再分为壮傣语支（Kam-Tai）、侗水语支和黎语支等语支。语言均有相当于汉语平上去入的调类，语素一般为单音节，韵母的元音一般有长短之分，声母一般有清浊铺音的对立。语言包括侗语（Dong/Tung）、加茂语（Jiamao）、黎语（Li/Hlai）、布依语（Puyi/Chungchia）、傣语（Tai Nüa/Dai/Chinese Tai/Chinese Shan）、壮语（Zhuang）等。但以本尼迪克特（Paul King Benedict，汉名白保罗）为代表的西方学者对此有不同看法，认为这个语言群落与南岛语系的语言有密切关系，因此提出澳台语系（Austro-Tai）的分类方法。一般认为，现今的壮侗语族诸语言都是由古代百越民族的早期共同语——越语演化而来，发源于中国广东、广西一带，分化可追溯到距今2500年到3000年。黎语支和壮傣语支保存了古代的复辅音声母，侗水语支语言中有一系列清化鼻音，有很多带喉塞音的浊塞声母和鼻音声母。

兹梁语　Zyrian　参见"科米语"。

兹语　Ge'ez　亦称吉兹语、埃塞俄比亚语。曾通行于埃塞俄比亚北部地区以及非洲之角南部的厄立特里亚的一种语言，后来成为阿克苏姆王国和埃塞俄比亚宫廷使用的官方语言，属亚非语系闪语族埃塞俄比亚语支。现在，兹语仅仅是在埃塞俄比亚正统台瓦西多教会的礼拜仪式上，埃塞俄比亚正统台瓦西多教会、埃塞俄比亚的天主教堂以及以色列的犹太社区使用的语言。在北部省份泰格雷（Tigray）有400万说提格里尼亚语（Tigrinya），在首都亚的斯亚贝巴的西南部有300万人说吉拉格语（Gurage），在哈拉尔（Harar）市有5万人说哈拉里语（Harari）。所有这些隶属闪语族的语言均由埃塞俄比亚古典文学语言兹语繁衍而来。兹语存在于公元4—19世纪，是与阿姆哈拉语（Amharic）紧密相连的提格里尼亚语的早期形式。其独立的书写系统从早期的阿拉伯文字发展而来。

宗喀语　Dzongkha　参见"宗卡语"。

宗卡语　Dzongkha　亦称宗喀语或不丹语。不丹王国的国语，是藏语的一种地域性变体，属藏语南部方言，与锡金语关系密切。主要分布在不丹及其周边地区，是不丹国内使用人数最多的语种。1961年不丹宣布宗卡语为国语（一说为1986年），1989年政府颁布命令，规定所有不丹人在公共场合必须说宗卡语。根据2013年的统计，使用宗卡语的总人口约64万，其中17.1万将其用作母语。宗卡语采用藏文书写，包含30个辅音字母和4个元音字母。其辅音系统保留了古代藏语的浊音辅音，同时还有一套独特的"清音浊流"辅音；塞音存在清音与送气清音的对立、浊音与"清音浊流"音的对立、清音与浊音的对立以及清送气与浊送气的对立；舌尖后音带有轻微的擦音色彩；其元音区分长音和短音，声调只分高低两个。

祖鲁语　Zulu　南非第一大民族祖鲁族的语言，非洲最为流行的语言之一，属尼日尔-刚果语系贝努-刚果语族班图语支。目前使用人口共约900万。1994年祖鲁语成为南非11种官方语言之一。祖鲁语的标准语主要通行于南非的祖鲁兰（Zululand）和纳塔尔，其中祖鲁兰是中心。其方言包括拉拉语（Lala）、夸贝语（Qwabe）、恩戈尼语（Ngoni）、恩德贝雷语（Ndebele）等。在早期的班图人大迁徙中，科萨人来到了南非，吸收了大量本地早期居民的发音，形成了祖鲁语。祖鲁语一开始只存在口语形式，直到欧洲传教士来到南非后，才有了用拉丁字母书写的文字。祖鲁语的书面文本始于1883年的一本祖鲁语的《圣经》。在80年代初，南非广播公司建立了第一个祖鲁语电视台。祖鲁语是声调语言，区分标准体和城市体两种变体，标准祖鲁语用于学校教学，词汇和语法反映纯粹的祖鲁口语，新词通过词缀变化派生而成；城市祖鲁语大量使用借词，主要来自英语。然而，在全国高中教育中，只使用英语和南非语。在1994年之前，英语、南非语和荷兰语是南非政府的官方语言；但在科瓦祖鲁班图斯坦，祖鲁语仍被人们大量使用。1994年种族隔离制度覆灭后，祖鲁语获得了新生。

祖尼语 **Zuni** 美国新墨西哥州以西和亚利桑那州东部祖尼人的语言，尚无确定的谱系归属。根据2010年统计，约有9700人使用。

附 录
Appendixes

详细目录

国际音标符号全表 …………………………………………………………………… 1315
语言学惯用符号表 …………………………………………………………………… 1316
语言学大事记 ………………………………………………………………………… 1320
    第一部分　20世纪以前(含20世纪) ……………………………………………… 1320
    第二部分　21世纪 ………………………………………………………………… 1339
国内外语言学与应用语言学主要学术期刊名录 …………………………………… 1353
    (一) 国内部分 ……………………………………………………………………… 1353
    (二) 国际部分(SSCI) ……………………………………………………………… 1359
    (三) 其他国际期刊 ………………………………………………………………… 1366
国内外语言学学术机构名称及网站 ………………………………………………… 1369
    (一) 中文网站 ……………………………………………………………………… 1369
    (二) 外文网站 ……………………………………………………………………… 1370
    (三) 部分团体和机构简介 ………………………………………………………… 1376
主要参考文献 ………………………………………………………………………… 1381
    (一) 辞书类 ………………………………………………………………………… 1381
    (二) 论著类 ………………………………………………………………………… 1383
    (三) 论文类 ………………………………………………………………………… 1398
    (四) 译著类 ………………………………………………………………………… 1401
    (五) 网络资源 ……………………………………………………………………… 1402

国际音标符号全表

THE INTERNATIONAL PHONETIC ALPHABET (revised to 2015)

© 2015 IPA

CONSONANTS (PULMONIC)

	Bilabial	Labiodental	Dental	Alveolar	Postalveolar	Retroflex	Palatal	Velar	Uvular	Pharyngeal	Glottal
Plosive	p b			t d		ʈ ɖ	c ɟ	k ɡ	q ɢ		ʔ
Nasal	m	ɱ		n		ɳ	ɲ	ŋ	ɴ		
Trill	ʙ			r					ʀ		
Tap or Flap		ⱱ		ɾ		ɽ					
Fricative	ɸ β	f v	θ ð	s z	ʃ ʒ	ʂ ʐ	ç ʝ	x ɣ	χ ʁ	ħ ʕ	h ɦ
Lateral fricative				ɬ ɮ							
Approximant		ʋ		ɹ		ɻ	j	ɰ			
Lateral approximant				l		ɭ	ʎ	ʟ			

Symbols to the right in a cell are voiced, to the left are voiceless. Shaded areas denote articulations judged impossible.

CONSONANTS (NON-PULMONIC)

Clicks	Voiced implosives	Ejectives
ʘ Bilabial	ɓ Bilabial	ʼ Examples:
ǀ Dental	ɗ Dental/alveolar	pʼ Bilabial
ǃ (Post)alveolar	ʄ Palatal	tʼ Dental/alveolar
ǂ Palatoalveolar	ɠ Velar	kʼ Velar
ǁ Alveolar lateral	ʛ Uvular	sʼ Alveolar fricative

OTHER SYMBOLS

ʍ Voiceless labial-velar fricative   ɕ ʑ Alveolo-palatal fricatives
w Voiced labial-velar approximant   ɺ Voiced alveolar lateral flap
ɥ Voiced labial-palatal approximant   ɧ Simultaneous ʃ and x
ʜ Voiceless epiglottal fricative
ʢ Voiced epiglottal fricative   Affricates and double articulations can be represented by two symbols joined by a tie bar if necessary.   t͡s k͡p
ʡ Epiglottal plosive

VOWELS

```
            Front        Central        Back
Close       i • y ———————ɨ • ʉ ———————ɯ • u
                ɪ  ʏ              ʊ
Close-mid   e • ø ———————ɘ • ɵ ———————ɤ • o
                                ə
Open-mid    ɛ • œ ———————ɜ • ɞ ———————ʌ • ɔ
                     æ    ɐ
Open                    a • ɶ ———————ɑ • ɒ
```
Where symbols appear in pairs, the one to the right represents a rounded vowel.

SUPRASEGMENTALS

ˈ Primary stress   ˌfoʊnəˈtɪʃən
ˌ Secondary stress
ː Long   eː
ˑ Half-long   eˑ
˘ Extra-short   ĕ
| Minor (foot) group
‖ Major (intonation) group
. Syllable break   ɹi.ækt
‿ Linking (absence of a break)

TONES AND WORD ACCENTS

LEVEL		CONTOUR	
e̋ or ˥	Extra high	ě or ˩˥	Rising
é ˦	High	ê ˥˩	Falling
ē ˧	Mid	e᷄ ˦˥	High rising
è ˨	Low	e᷅ ˩˨	Low rising
ȅ ˩	Extra low	e᷈ ˧˦˨	Rising-falling
↓ Downstep		↗ Global rise	
↑ Upstep		↘ Global fall	

DIACRITICS

Some diacritics may be placed above a symbol with a descender, e.g. ŋ̊

̥ Voiceless	n̥ d̥	̈ Breathy voiced	b̈ ä	Dental	t̪ d̪
̬ Voiced	s̬ t̬	̰ Creaky voiced	b̰ ḁ	Apical	t̺ d̺
ʰ Aspirated	tʰ dʰ	̼ Linguolabial	t̼ d̼	Laminal	t̻ d̻
̹ More rounded	ɔ̹	ʷ Labialized	tʷ dʷ	Nasalized	ẽ
̜ Less rounded	ɔ̜	ʲ Palatalized	tʲ dʲ	Nasal release	dⁿ
̟ Advanced	u̟	ˠ Velarized	tˠ dˠ	Lateral release	dˡ
̠ Retracted	e̠	ˤ Pharyngealized	tˤ dˤ	No audible release	d̚
̈ Centralized	ë	̴ Velarized or pharyngealized	ɫ		
̽ Mid-centralized	e̽	̝ Raised	e̝ (ɹ̝ = voiced alveolar fricative)		
̩ Syllabic	n̩	̞ Lowered	e̞ (β̞ = voiced bilabial approximant)		
̯ Non-syllabic	e̯	̘ Advanced Tongue Root	e̘		
˞ Rhoticity	ɚ ɑ˞	̙ Retracted Tongue Root	e̙		

---

* 本表为国际语音学协会（IPA）发布的 2015 年最新版。版权分享声明如下：IPA Chart，http://www.internationalphoneticassociation.org/content/ipa-chart，available under a Creative Commons Attribution-Sharealike 3.0 Unported License. Copyright ©2015 International Phonetic Association.

语言学惯用符号表

符 号	名 称	用法及例证
-	❶音渡号	表示短暂停顿。
	❷连字号	与其他符号一起表示语音成分在词中的位置。例如,m-表示 m 出现在 man 中的词首位置;-a-表示 a 在中间位置,-n 表示 n 在词末位置。
	❸长音符	加在元音字母上面表示长元音,如拉丁语 pōpulus(白杨)。
+	❶音渡号	表示较长停顿。
	❷加音渡号	表示前后的音可以连读,如英语 an aim /an+eim/。
+ +	音渡号	表示延长停顿。
(1):	音渡号	表示约停顿 1 秒。
(2):	音渡号	表示约停顿 2 秒。
(3):	音渡号	表示约停顿 3 秒。
( )	圆括号	表示结构的可任意选择的成分
[ ]	方括号	❶表示语音成分或音素,严式转写。❷表示语音特征,如[+nasal]。❸表示支配关系,如[Art + NP]$_{NP}$表示 NP 支配 Art + N。
/ /	双斜线号	表示音位,宽式转写。
ː	长音符	语音学、音系学中表示长音。
ˑ	半长音符	表示介乎长音与短音之间的音长。
♯	❶双十字音渡号;下降音渡号	在标音时用下降箭头"↘"或双十字"♯"表示音调下降,如英语一句话(非疑问句)的末尾用下降音渡。美国语言学家区分的这种音渡又叫终端音渡(terminal juncture)或子句终端(clause terminal)。
	❷双十字号	表示词界。
/	❶单斜线号	用于表示或然义项的同现,或用于包含相同语言单位的缩写。例如,"He can/will go"是"He can go and he will go"的缩写。
	❷持续音渡;单杠音渡号	表示音调不变或稍上升。例如:英语 Mr. Smith, /the gardener/, is out. 在读其中用作同位语的词时,用了持续音渡。
{ }	大括号	❶表示语法形式,如英语名词的复数语素{-s}。❷表示音节结构,即音位的组合,如 /b/、/p/、/m/、/n/、/e/ 等音位间可以有{/b/+/e/+/n/}的组合,但其中/b/的位置允许{/b/、/p/、/m/、/n/}这组辅音中的任何一个替入。
:	冒号	❶表示元音的长度,国际音标采用标准的长音符,如[uː]。❷表示对立关系,如[t]:[d]。
⌣	连接符	语音学中表示连接,即无间隔出现。
•	音节分隔符	表示音节间隔,如外国人名译名"马克·吐温"。
…	停顿符	表示稍作停顿后再继续说,亦可表示停顿而不再往下说。
// //	界限符	表示声调群界限。

(续表)

符 号	名 称	用法及例证
1,2,3…		表示音高及声调的等级。
‖	双杠音渡号；上升音渡符	也可用上升箭头"↗",表示音调在停顿前上升,如英语列举项目或数数时,或问句"Are you going↗?（你去吗?）"的末尾。
↗	上升音渡符	表示声调和词重读调的整体上升。同双杠音渡号"‖"。
↘	下降音渡符	表示终端音渡。标音时使用,表示音调下降,如英语一句话（非疑问句）的末尾用终端音渡。同双十字号"#"。
	降调号	表示声调和词重读调的整体下降。
↑	升阶	表示声调与词重调前低后高。
↓	降阶	表示同声调的两个音节前高后低。
→	平调符	表示平语调。
∧	升降调符	表示语调先升后降。
∨	降升调符	表示语调先降后升。
* *	双星号	表示形态音位成分。
~	❶鼻化音附加符	表示元音的鼻化,如[ẽ]。
	❷对立符	表示音位上的对立,如[p]~[pʰ]。
	❸腭化音附加符	表示软腭化或咽化,如[ɫ]。
μ	音节单位符；韵素符	读作"莫拉"(mora / weight mora),表示音节延长度。指介于音段与音节之间的音系单位,是表示时间的韵律系统中最小的音节单位,其时间值相当于一个普通短音节。
—	破折号(dash)	在生成音系学中,与单斜线号(slash)"/"一起使用；单斜线号表示"在……语境中",破折号表示放在决定语音变化的一个切分或几个切分的前面或后面。例如:〔-CONSONANTAL〕→〔+NASAL〕/—〔+NASAL〕此规则读成:一个元音或滑音（即非辅音性切分）在一个鼻音切分前要鼻化。
´	❶闭音符	亦称尖音符。加在元音上方,如法语 présage（征兆）中的 é,表示 é 读闭口音[e]。
	❷主重音符号	同"ˈ",如[ˈteɪbl]。
`	开音符	亦称钝重音符加在元音上方,如法语 près（近）中的 è,表示 è 读开口音[ɛ]。
ˈ	主重音符号	同"´"。
ˌ	次重音符号	如[ˌmɪsaɪkləˈpiːdɪə]。
˘	短音符	加在元音字母上面表示短元音,即比被标示的元音更短,如[ĕ]。
ˇ	曲线声调符	变调(contour)中表示上升(rising),或用"ʌ"表示。
ˆ	音调符；长音符	❶在希腊文中作"⌢",表示一定程度的音高、音长、元音质等。❷在法语中,置于除 Y 之外的所有元音字母上,表示该元音字母读长音,如 tête [tɛːt]（头）。
¨	分音符	表示两个连续拼写的元音字母并非组合,需分别读出,如 naïve。
<		❶优选论中表示最优候选项。❷表示"来自……"。例如:英语 drench<日耳曼语 *drankjan。

1317

(续表)

符号	名称	用法及例证
⏜ ⏜⏜ ⏜⏜⏜	韵律符	表示暂停长度逐渐增加。
|	分界符	表示词群之间的分隔,也用以分隔小音步群。
‖	分界符	表示分句之间的分隔,也用以分隔大语调群。
‖‖	分界符	表示句子之间的分隔。
< >		表示文字符号,如字素<琵><琶>。
italics	斜体字	表示按习惯拼法书写的引文或书刊名称。
(( ))		表示被包容分句。
?	问号	表示其后的内容或成分是否符合语法或是否可以接受是有疑问的。
??	双问号	表示其后的内容或成分是否符合语法或是否可以接受的疑问极大。
*	星号	❶表示重建的形式。❷表示一个句子或一个形式不合乎语法。❸在短语结构规则中亦用来表示任何数量,如 NP→Det(Adj)*N。❹在优选论中表示(违反)限制条件。
+	加号	❶表示词或语素界,如 bed + room。❷句法学中表示把成分链在一起,如 S→NP + VP。
⇒	❶转换规则符	表示"转换成……"。
	❷参看符	表示参考词典中其他词目,如:⇒umlaut。
∅		❶句法学中表示零形式。❷国际音标中的舌面前半高圆唇元音。
∉		表示"不属于……"。
∈	小的正数号	表示类别成员。
{ A B }		表示选择 A 或 B。
{ A B C D }		表示选择 A 或 B,C 或 D。
→	箭头号	❶表示"重写成……"。❷表示"历时地发展成……"。❸表示指称相同。
≠	不等号	表示"不等于……"。
>		❶表示"大于……"。❷表示"成为……",如:日耳曼语 *drankjan>英语 drench。❸句法学中表示 C-command。
<		❶表示"少于……"。❷表示"来自……",如:英语 drench<日耳曼语 *drankjan。
=	等号	❶表示"等于……"。❷表示指称相同。
+	正号	❶表示两个变量的正值。❷表示语音的特征,如[+nasal]。❸表示语素界限,如英语 man+ly。
-	负号	❶表示两个变量的负值。❷表示没有某个语音特征,如[-nasal]。
+/-	正号/负号	在语义学中正号或负号也表示一个词是否具有某个语义特征。

(续表)

符 号	名 称	用法及例证
' '	单引号	表示语言中一个词语的意义。
" "	双引号	❶表示概念。❷用来阐明某个内容。❸加在引语两边。
∩	交集符号	表示"与……相交"。由所有属于集合 A 且属于集合 B 的元素组成的集合，叫作"A 与 B 的交集"，写作"A∩B"。
†	假设符号	表示由一个实际的形式通过转换推导出的假设形式。
⊂	内包号	表示"内包在……中"。
⊃	内包号	表示"包括……""内含……""隐含……"。
⊄	排除号	表示"不被包括在……内"。
⊅	排除号	表示"不包括"。
≡	等号	❶表示包括双边含义或恒等于。❷数学专用术语，表示与变量无关。
□	必然性算子	逻辑学、形式语义学符号。
◇	可能性算子	逻辑学、形式语义学符号。
∀	全称算子	逻辑学、形式语义学符号。
∧	全称算子(同上)	逻辑学、形式语义学符号。
∃	存在算子	逻辑学、形式语义学符号。
∨	存在算子(同上)	逻辑学、形式语义学符号。
∧	合取联接	逻辑学、形式语义学符号。
∨	析取联接	逻辑学、形式语义学符号。
¬	否定符	逻辑学、形式语义学符号。
→	实质性蕴含	逻辑学、形式语义学符号。
↔	等值	逻辑学、形式语义学符号。
⊢	逻辑/严格蕴含	逻辑学、形式语义学符号。
ι	ι算子	逻辑学、形式语义学符号。
λ	λ算子	逻辑学、形式语义学符号。
♀	性别符	表示女性。
♂	性别符	表示男性。
Δ	空元素符	表示不具备现有文本节点的元素。
Σ		初始语符列。
{ }	大括号；翼括号	表示语法形式，如复数语素{-s}，或音节结构；亦表示语素，如 took 的语素写法为{take}+{ed}；在转换生成语法中亦表示对两个短语结构规则的总括，即选择这个或那个规则。例如：$$NP \rightarrow \begin{Bmatrix} Det(Adj)^* N \\ pro \end{Bmatrix}$$

语言学大事记

第一部分 20 世纪以前
（含 20 世纪）

● **约公元前 1500 年**

古印度的婆罗门教圣典《吠陀》（*véda*）用古代梵文写成。其后对圣典的传授和解释，开启了人类语言研究的先河。由此逐步衍生出有关礼仪、天文、语音、语法、词源和诗律六种补充学问。

● **约公元前 14 世纪前后数百年**

中国商朝王室使用铭刻于龟甲和兽骨上面的文字，即甲骨文，记录和反映了商朝的政治和经济情况。这是汉字早期而成熟的形式。

西周时期的典籍《周礼·秋官司寇》和《国语·周语》中分别提及"象胥""舌人"等译述少数民族语言文字的专门职位。

● **公元前 770～前 221 年**

中国先秦时期及更早成书的《周易》《尚书》《春秋》《诗经》等为代表的典籍向语言研究提出了要求，也为语言研究准备了材料。

先秦诸子就"名实"问题展开争论，涉及语言的训诂、语源、语义、语法等问题。在《公羊传》和《谷梁传》中，有语料触及古代汉语的词序规律等语法问题。

● **约公元前 4 世纪**

古印度语文学家波尼尼（Pāṇini）写成梵语语法的核心部分《八章经》（*Aṣṭādhyāyī*，亦称《波尼尼经》），总结出 3959 条有关形态、句法和语义的语法规则，展现了当时语法描写和分析的成就所达到的罕见高度。《八章经》是迄今可考的最早语言学专著之一，标志着语言学史的肇始。

古希腊哲学家柏拉图著名的对话录《克拉底鲁篇》（*Cratylus*）中论及"自然派"与"惯例派"有关语言问题的"名实"之争。其后，斯多噶学派（Stoics）的很多人坚持"自然派"的观点，清楚地区分了对语言的逻辑研究与语法研究，使用的语法术语越来越精确；亚里士多德秉持"惯例派"主张，著《解释篇》《修辞学》《诗学》讨论语言问题，其基本思想成为以后若干个世纪语言学家的理论源泉。

● **约公元前 3 世纪**

古印度梵罗鲁基（Vararuki）为波尼尼的梵语语法作注，供上层人士使用；并把流行于民间的普拉克里特语（Prakrit）的一种整理出语法，称作摩诃罗什脱利文（Makārashtri），供婆罗门教徒使用；另一种由迦旃延（Kātyāyana）整理成巴利文（Pāli），供佛教徒使用。在《八章经注》和《摩诃罗什脱利》中已有历史比较法的萌芽。

古希腊泽诺多图斯（Zenodotus）和亚里斯塔克（Aristarchus of Samothrace）对语言进行较深入的分析，归纳各种范畴，分出各种词类，制订适当术语，最早按字母顺序编写词典，开辟了语言科学的新纪元。

中国《尔雅》成书，首创按义类编排词语的体例和多种释词方法，为辞书之祖、中国训诂的开山之作，疏通包括五经在内的上古文献中词语古文的重要工具书，对后代词书、类书、综合性辞书的发展以及训诂学、音韵学、词源学、方言学、古文字学方面都影响巨大。

● **约公元前 3 世纪～前 2 世纪**

古希腊出现"规则派"（analogists）与"异常派"（anomalists）之争，即以亚里士多德弟子为主的亚历山大学派与斯多噶学派传人为主的帕加马（Pergamum）学派之争，狄奥尼修斯·特拉克斯（Dionysius Thrax）著成现存世界上第一部希腊语法《语法科学》（*Tékhnē grammatiké*，亦译《读写技巧》）。

古罗马语法学家瓦罗（Marcus Varro）著成 25 卷本《论拉丁语》（*De Lingua Latina*），把语言研究分为词源学、形态学和句法学三大部分。

● **公元前 221 年**

秦始皇废除战国时期六国所用的形体各异的文字，统一以小篆为标准体。汉字统一对于中国的民族融合和国家统一发挥巨大作用。

● **公元前 53～公元 18 年**

西汉末扬雄著《方言》（全名《輶轩使者绝代语释别国方言》），是中国第一部比较方言词汇的专著，也是世界方言学史上的第一部不朽著作。

● 公元 100 年~121 年

东汉许慎著《说文解字》,是中国第一部系统地分析汉字字形和考究字源的字书,也是世界上最早的字典之一。共收 9353 字,重文(即异体字)1163 字,分为 540 部首。

● 公元 2 世纪

东汉经学家服虔注《汉书》称"惴,音章瑞反",标志着中国语言文字研究中出现反切注音法。反切用两个汉字相拼给一个字注音,切上字取声母,切下字取韵母和声调。三国时孙炎著《尔雅音义》,一般认为是反切的创始人。

汉末郑玄大量注释经籍。刘熙著《释名》,是中国古代第一部词源学著作。

科学语法学创始人、古希腊语法学家狄斯克洛斯(Apollonius Dyscolus)大量撰文论述词类和句法,其子赫罗狄安(Aelius Herodianus)撰语法论著 50 余种,对后世语法研究影响深远。10 世纪的 20 卷本语法与百科巨著《苏达辞书》(Suda)中有四卷为狄斯克洛斯所著,经后人辑录留存至今。

● 约公元 3 世纪初

三国魏时李登著《声类》十卷,以宫、商、角、徵、羽五声区别字音,尚未分立韵部,是中国古代的第一部韵书(即将同韵字编排在一起供写作韵文者查检的字典)。魏张揖著《广雅》,共收字 18150 个,仿照《尔雅》体裁编纂,是一部训诂学汇编,也是我国最早的一部百科词典。

● 约公元 4 世纪初

晋朝吕静著《韵集》,是早期韵书之一。吕忱著《字林》,是一部按汉字形体分部编排的字书,收字 12824 个,分部与《说文解字》一样。郭璞注《尔雅》《方言》等,以当时通行的方言名称解释古老的动、植物名称,辅以注音、图示,使《尔雅》成为历代研究本草的重要参考书。

● 约公元 4 世纪

古罗马语法学家多纳图斯(Aelius Donatus)著成《语法术》(Ars grammatica)一书,对后世拉丁语语法研究影响极大。

● 公元 6 世纪初

中国梁朝沈约等发现汉语中的平、上、去、入四声,并著《四声谱》,对音韵学研究与诗歌格律产生深刻影响。

● 公元 6 世纪

古罗马普利西安(Priscian)著 18 卷本《语法惯例》(Institutiones Grammaticae),利用特拉克斯(Dionysius Thrax)和狄斯克洛斯(Apollonius Dyscolus)的语法体系分析拉丁语法,成为整个中古时期语法理论界的经典。

● 543 年

中国梁朝顾野王著字书《玉篇》,以说明字义为主,收字 16917 个,分 542 部。

● 589 年之前

中国陈朝陆德明著《经典释文》30 卷,以考证古音为主,兼辨训义,是古人读经书时用的字典,引用《周易》《尚书》《尔雅》等十四部文献,保存了隋唐较早时期的音训资料。

● 601 年

中国隋朝陆法言著《切韵》,是现今可考的最早的韵书,共 5 卷,收 12158 字,共分 193 韵:平声 54 韵,上声 51 韵,去声 56 韵,入声 32 韵。唐代初年被定为官韵,原本已佚,残卷流落海外。

● 650 年之前

中国唐朝孔颖达等人奉敕撰《五经正义》,对《诗》《书》《礼》《易》《春秋》五经依据传、注又加以疏通解释,是一部典型的以疏解经的著作。吐蕃图弥三菩札写成《三十颂》《性入法》等文法书八种,是最早的西藏文法书。

● 706 年

中国唐朝王仁煦作《刊谬补缺切韵》,对《切韵》加以刊正,补注义训,对本字俗体等加以辨析,增收约 6000 余字,增立两韵,分 195 部,并注明与另外五家韵书分韵的异同,可供了解其分韵梗概和关系等。

● 742~751 年

唐朝孙愐作《唐韵》,为《切韵》增字加注。

● 774 年左右

唐朝颜元孙写成《干禄字书》,收录唐代俗文字,对于研究近代汉字有重要参考价值。

● 776 年

唐朝张参著《五经文字》,是一部辨证经传文字形体的书,收字 3235 个。

● 约 8 世纪

　　唐朝玄应著《一切经音义》25 卷,以对佛经中感到困惑之字词录出为词目,注音训于下,广引字书传说以证之,是一部解释字义的辞书。

　　唐朝慧琳著《一切经音义》100 卷,是一部集佛经音义之大成的辞书。

● 约 7 世纪～8 世纪

　　巴士拉学派（Basra school）,阿拉伯语法学的一个主要流派,8 世纪产生于当时的交通与商业中心巴士拉（今伊拉克境内）。学派创始人是海利勒（Al-Khalil ibn Ahmad al-Farahidi）,并由其学生西巴韦赫（Sibawayh）根据其语法大纲写成上千页两卷集第一部阿拉伯语法著作《书》,巴士拉学派为阿拉伯语法学奠定了坚实的基础。

　　库法学派（Kufa school）,阿拉伯语法学的另一个重要流派。8 世纪产生于库法城（今伊拉克境内）。创始人凯萨依（Al-Kisa'i）和卢阿西（Al-Ru'asi）。曾与巴士拉学派长期对峙,但在理论上、逻辑上有明显的局限性。

　　阿拉伯语言学家阿布尔·阿斯瓦德（Abul As-vad）和萨卡费（Sakafi）通过对《古兰经》的深入研究,初步奠定阿拉伯语的语法系统。凯萨依写成《阿拉伯语语法简明指南》。

● 约 10 世纪

　　阿拉伯学者伊本·古泰拜（Ibn Qutaybah）著《口语句法指南》。

　　中国五代南唐徐锴著《说文解字系传》与《说文解字篆韵谱》,前者八篇四十卷,纠正李阳冰的窜改臆说,是自汉魏以后最早一部有系统、较详密的《说文解字》的注解；后者取许慎原书,以四声部分,编次成书,凡小篆皆有音训,其无音训者,皆原书所附之重文。

● 977 年之前

　　中国宋朝郭忠恕著《佩觿》三卷,又著《汗简》七卷,皆为文字学著作。

● 997 年之前

　　辽僧行均著《龙龛手镜》（亦称《龙龛手鉴》）,是一部按部首和四声编排的字书,收字 26430 个。

● 1008 年

　　宋朝陈彭年、丘雍等重修《广韵》,正名为《大宋重修广韵》,韵分 206 部,是音韵学史上的重要著作。

● 1039 年

　　宋朝丁度等人撰《集韵》,较《广韵》收字更多,有 53525 字,注解也更广。

● 1066 年

　　宋朝司马光等编成文字学巨著《类篇》,收字 31319 个,并收录了唐宋间产生的字。

● 1074 年

　　中国维吾尔语文学家马合木德·喀什噶里编纂完成中国第一部用阿拉伯文标音注释的八卷本巨著《突厥语词典》,全书收词 7000 多条。

● 约 11 世纪～12 世纪

　　波斯人札马赫沙利（Al-Zamakhshari）著《阿拉伯－波斯语词典》,其中包含大量现已消亡的花剌子模语（Khwarezmian）词汇；伊本·西德（Ibn Sid）著 17 卷本《阿拉伯语词典》。

● 约 12 世纪

　　中国南宋吴棫著《毛诗叶韵补音》《楚辞释音》《韵补》等,开始将上古音作为专门的学科来进行研究,是中国古音学的萌芽。

● 1107～1118 年

　　张有著《复古编》二卷,根据《说文解字》,以辨俗体之讹。

● 1161 年

　　张麟之校正刊行成书于五代时期的等韵学要著《韵镜》（亦称《七音韵鉴》《指微韵镜》）,作者不详,是中国现行最早的韵图。

● 约 1162 年之前

　　南宋郑樵修订《七音韵鉴》而成《七音略》,与原本《韵镜》并称现存最早的两部等韵学著作,是研究汉语中古音系和等韵学的重要资料。

● 1186～1194 年

　　南宋卢宗迈著《卢宗迈切韵法》,由此知等韵学原称"切韵之学"。

● 1196 年左右

　　金代王与秘、韩孝彦著《篇海》,开字书音序检字法的先河。

● 13 世纪初

　　佚名《四声等子》和《切韵指掌图》成书,对中古韵书中的反切重新加以图解。

● 1208 年

金代韩道昭著《五音篇海》是对《篇海》加以改编,共收字 54595 个。

韩道昭《改并五音集韵》,按 36 字母和四等排列字,将 206 韵改并为 160 韵。

● 约 1229 年

金代王文郁写成《平水新刊韵略》,首次将《广韵》206 韵归并为 106 韵。

● 1252 年

刘渊著《壬子新刊礼部韵略》,把《集韵》206 韵合并为 107 韵。

● 约 1292 年前~1297 年

元朝黄公绍、熊忠著《古今韵会举要》。

● 约 14 世纪

元朝搠思吉斡节儿写成《蒙文启蒙》,为回鹘式蒙古文规范奠定了基础,常为后世称引;原书已亡佚。

● 14 世纪

利比亚学者伊本·曼殊尔(Ibn Man？@16Br)编成 20 卷本《阿拉伯语词典》。

● 1320 年

中国元朝戴侗《六书故》刊行,共 33 卷,通释一卷,重新解释象形、指事、会意、形声、转注、假借六书的意义,用六书理论分析汉字。

● 1324 年

周德清《中原音韵》成书,主要包括曲韵韵谱、"正语作词起例"和"作词十法"三个方面内容,是我国最早的一部北曲曲韵和北曲音乐论著,在中国音韵学史上具有划时代的意义。

卢以纬著成《语助》,也叫《助语》,是中国古代第一部研究文言虚字的专著。

● 1336 年

刘鉴著《经史正音切韵指南》,"以《指掌图》为粉本,而参用《四声等子》,增以格子门法,於出切、行韵、取字,乃始分明",是等韵学方面的重要作品。

● 1351 年

周伯琦著字书《六书正讹》,以阐述《说文》,记录古文,考辨俗字。

● 1375 年

乐韶凤、宋濂等人奉敕编撰《洪武正韵》,流传 76 韵本,另有 80 韵本。

● 1398 年

朱权编成《琼林雅韵》,分十九韵部,"入派三声",但平不分阴阳;收字八千多个,是一部为北曲押韵而作的论著。

● 1442 年

兰茂著《韵略易通》二卷,并平声为二十部,三声随而隶之。

● 1483 年

陈铎著《词林韵释》,又名《艹录斐轩词林要韵》,是一部北曲韵书,关于近代汉语语音的要著。

● 约 15 世纪

波斯人费鲁札巴底(Firuzabadi)编出一部 60 卷的词典,成为这一时期词典编纂史上前所未有的巨著,也是阿拉伯语文研究方面的巨著。

● 约 16 世纪初

中国明朝杨慎有《转注古音略》等关于古音学的论著。

● 1539 年

意大利安布罗西奥(Theseo Ambrosio)著《迦勒底语、叙利亚语、亚美尼亚语和其他十种语言的导论》(*Introductio in chaldaicam linguam, Syriacam, atque Armenicam, et decem alias linguae*)一书。

● 1540 年

中国明朝王应电著《声韵会通》《韵要粗释》,是吴方言韵书。

● 1548 年

瑞士东方学家、语言学家比布利安德(Theodore Bibliander)著《用一切语言文字注释的祈祷文》。

● 1554 年

法国学者若阿基姆·贝里翁(Joachim Périon)著《高卢语与希腊语同源谈》。

● 1555 年

瑞士博物学家康拉德·格斯纳(Conrad Gessner)

著《米特里达脱斯——语言大全》(*Mithridates de differentis linguis*),论及约 130 种语言,包括 22 种语言的主祷文。

● **1566~1572 年**

法国学者亨利·艾蒂安(Henri Estienne,又名斯特凡努斯[Henricus Stephanus])著《论法语与希腊语的一致性》;其四卷本《希腊语分类词典》(*Thesaurus graecae linguae*,后增补两卷)一直到 19 世纪都被奉为希腊语词典学的基准。

● **1581 年**

中国明朝桑绍良著《青郊杂著》,是方音性质的韵书。

● **1587 年**

中国明朝朱谋玮作《骈雅》;李登作《书文音义便考私编》,是江淮方言的韵书。

● **1592 年**

德国博学大师、语言学家兼历史学家梅吉瑟鲁斯(Hieronymus Megiserus)著《四十种语言和方言的样品》,次年又著《五十种语言的祈祷文》。

● **1599 年**

中国后金额尔德尼和噶盖奉努尔哈赤敕命创制满文,因其仿照蒙古文字母,没有圈点,故而亦称"无圈点满文",即"老满文"。

● **1602 年**

中国明末徐孝著《重订司马温公等韵图经》,是一部记录当时北京音的重要韵图。

● **1603 年**

袁子让著《字学元元》,既论等韵,也讨论六书。

● **1604 年**

陈第著《毛诗古音考》,是古音学的重要著作。为建立科学的古音系统制定了总原则。

● **1605 年**

叶秉敬著《韵表》,是一部按平水韵框架编排的等韵化同音字表。

● **1609 年前**

法国著名学者斯卡利杰(Joseph Justus Scaliger)著《欧洲语言论集》,批判了拉丁语由希腊语演变而来和一切语言源自希伯来语的谬论,首次挑战通天塔故事;把当时所知的语言划分为 11 个语系,其中四个大语系相当于现今的罗曼语族、希腊语族、日耳曼语族和斯拉夫语族。

● **1612 年**

中国明末无名氏著《韵法直图》(附于梅膺祚《字汇》后),李世泽著《韵法横图》,二书皆为等韵学史上重要的著作。

● **1613 年**

法国学者克劳德·杜雷(Claude Duret)著有《世界语言史库》一书。

● **1614 年**

陈第著《屈宋古音义》,是古音学的重要著作。

● **1615 年**

梅膺祚著《字汇》14 卷,收字 33179 个,分 214 部,按子、丑等地支分为 12 集;部首和各部中字,又按笔画寡众顺序排列,为明代至清初最为通行之字典。其编排体例,即偏旁分部检字法,长期为后世楷模。

● **1626 年**

法国传教士金尼阁(Nicolas Trigault)《西儒耳目资》出版,以利玛窦(Matteo Ricci)的前期工作为基础,首次提出一套汉语拉丁化系统。

● **1632 年**

中国清代达海(1595-1632)奉皇太极敕命对老满文进行了五个方面的改进,形成"新满文"。

● **1641 年**

中国明末方以智著《切韵声原》,反映"存雅求正"的普通话音系,后收于《通雅》卷五十。

● **1642 年**

毕拱辰著有《韵略汇通》,是《韵略易通》的汰繁归简之作,便于"童蒙入门"。

● **1644 年**

张自烈撰字书《正字通》,总 12 卷,按汉字形体分部编排;为增订《字汇》而作,但注释更为繁博,释义旁征博引,资料甚详。

● **1660 年**

法国阿尔诺(Antoine Arnauld)和朗斯洛(Claude Lancelot)著成《普遍唯理语法》,对语言与思维、语法与逻辑的关系作了比较深入的探索，发掘了一些语法与逻辑的共同之处，为研究语言普遍现象创造了条件。

● 1663 年

中国明末方以智著《通雅》，共 52 卷，分音义、读书、小学大略、诗说、文章、天文、地理、身体、称谓、姓名、官制、礼仪、乐曲、乐舞、器用、宫室、饮食、金石、算数、动植物、脉考等 24 门，是一部百科全书式的著作。

● 1664 年

清初河北邢台人樊腾凤著《五方元音》，用反切法，即用十二个韵母和二十个声母来拼音，是清代影响较大的北音韵书。

● 1673 年

清初顾炎武著《音学五书》，分音论、诗本音、易音、唐韵正、古音表五个部分。《音论》分上中下三卷，共 15 篇，论述古音和古音学上的重大问题，集中阐述作者对古音学的基本看法，从理论和实践上彻底否定了叶韵说，奠定了古音学的基础，开拓了音韵学研究的新领域。

● 1690 年

英国哲学家洛克（John Locke）在《人类悟性论》中认为人类区别于其他动物的内在力量在于人具有抽象能力，由此揭开了 18 世纪哲学家和科学家们关于语言起源问题讨论的序幕。

● 1685 年

中国清朝毛奇龄著《古今通韵》，创为五部、三声、两界、两合之说，反对顾炎武说。

● 1689 年

李因笃作《古今韵考》四卷，依顾炎武说分古音为 10 部；卷一为汉魏六朝唐人通用古韵，卷二汇录入声之古韵，卷三专辑唐人古诗通用之韵，卷四选录唐人常用之古韵。

● 1708 年前

潘耒作《类音》，"增三十六母为五十母，每母之字横播为开口、齐齿、合口、撮口四呼"，务穷后世之变，是等韵学的重要著作。

● 18 世纪前

德国数学家和哲学家莱布尼兹致力于世界语言标本的搜集，提出了历史语言学原则，为后来的历史比较研究提供了许多宝贵的资料。

● 1716 年

清朝张玉书、陈廷敬等集体编著《康熙字典》，收字 47035 个，分 214 部，分为十二集，以十二地支标识，每集又分为上、中、下三卷，并按韵母、声调以及音节分类排列韵母表及其对应汉字，是中国第一部以字典命名的汉字辞书。

● 1726 年

李光地、王兰生奉敕编纂《音韵阐微》，改良传统反切，是研究字音演变的重要参考资料。

● 1759 年前

江永著《音学辨微》，是一本研究宋元等韵学原理的普及读物；又著《古韵标准》，是古音学重要著作；又《四声切韵表》，以《广韵》音系为基础分 104 类，作为研究古今音变的枢纽。

● 1746 年

法国孔狄亚克（Condillac）著《人类认识起源论》，所提供理论在语言学上叫感叹说。

● 约 1765～1805 年

清代说文四大家之一桂馥历时 40 年著《说文解字义证》五十卷。

● 1772 年

德国赫尔德（Johann Gottfried Herder）著《论语言的起源》（*Treatise on the Origin of Language*），提出"摹声说"，奠定了比较语文学的基础。

● 1773 年

法国谢伯冷（Antoine Court de Gébelin）著《原始世界的分析与现代世界的比较》（*Monde primitif, analysé et comparé avec le monde moderne*），是搜集世界语言标本的著作。

● 1776 年

中国清朝段玉裁著《六书音均表》，按音理将古韵十七部分为六大类。

● 1777 年之前

戴震著《声韵考》，说明等韵学原理。著《声类表》，将古韵分为九类二十五部。

● 约 1776～1786 年之间

孔广森著《诗声类》《诗声分例》，提出阴阳对转的理论。

附 录

● **1784 年**

英国在印度加尔各答成立"亚洲学会",培植御用学者从事殖民地研究工作。

● **1787 年**

俄国的钦定词典《全球语言的比较词汇》在彼得堡出版。

● **1790 年**

奥地利基督教加尔默罗会士保利努斯(Paulinus of St. Bartholomew)在罗马编成第一部在欧洲出版的《梵语语法》,成为最早论及印度语言与欧洲语言密切关系的几位东方学家之一。

● **1791 年**

中国清朝王念孙著《广雅疏证》,是古汉语词义研究的名著。

● **1797 年**

王引之著《经义述闻》,从经学、小学和校勘学角度研究《周易》《尚书》《诗经》等中国古代经典,在训诂和校勘史上成就卓越。

● **1798 年**

王引之著《经传释词》,都是训诂学方面的重要著作。阮元等编《经籍纂诂》。

● **1799 年**

拿破仑部队的上尉皮耶－佛罕索瓦·布夏贺(Pierre-François Xavier Bouchard)在埃及港市罗塞塔(Rosetta,现称 el-Rashid)发现制作于公元前 196 年的罗塞塔石碑。碑上刻有三种语言铭文:古埃及象形文字、古埃及世俗语文字和希腊语,这使得近代考古学家得以有机会对照各语言版本的内容,解读尚已失传千余年的埃及象形文之意义与结构。为破解古埃及象形文字提供了一把钥匙,从而成为今日研究古埃及语言文字历史的重要里程碑。

● **约 1800 年**

钱大昕著《十驾斋养心录》,提出"古无轻唇音、古无舌头舌上之分"。

● **1800 年**

西班牙耶稣会士、语文学家赫瓦斯(Lorenzo Hervás y Panduro)的巨著《语言目录》出版。

● **1805 年**

中国清朝李汝珍著《李氏音鉴》,比照南北语音异同,"穷神索隐,心领神悟",是一部著名的代表时音的通俗韵书,为童蒙学习而作。

● **约 1805 年之后**

清朝刊成《五体清文鉴》,是满文、藏文、蒙古文、维吾尔文、汉文五种文字对照的按意义分类的词汇集,收词 17052 条,是清代官修辞书。

● **1806 年**

欧洲学者阿德隆(Johann Christoph Adelung)的巨著《语言大全或普通语言学》(*Mithridates, oder allgemeine Sprachenkunde*)出版,把主祷文用五百种语言和方言表达出来。

● **1808 年**

德国诗人施勒格尔(Friedrich von Schlegel)著成《论印度人的语言和智慧》(*Über die Sprache und Weisheit der Indier*),认为印度先人是欧洲初始文明的缔造者,对后来的历史比较研究影响巨大。

中国清朝段玉裁著成《说文解字注》,完整地保存了小篆和部分先秦古文字形体,反映了上古汉语词汇的面貌,集中了汉代训诂学的成就,还蕴涵着丰富的古代社会政治、经济、军事、法律、科技、方言、俗语方面的资料,具有很高的研究价值,为文字训诂之学的巨作。

● **1811 年**

丹麦语言学家拉斯克(Rasmus Rask)用丹麦语著成《冰岛语与古北欧语导论》,是该领域基于前人积累的印刷和手稿资料最完备的语法书。

● **1814 年**

拉斯克向丹麦科学院提交用丹麦语撰写的有奖征文《古北欧语或冰岛语起源研究》,论述确定语言亲属关系的手段,首次明确提出比较语言学的方法和原则,为历史上比较语言学的奠基之作。

● **1816 年**

德国语言学家弗朗茨·葆朴(Franz Bopp)著《论梵语动词变位系统,与希腊语、拉丁语、波斯语和日耳曼语的比较》一书,在历史比较语言学中有很大影响。

● **1819～1837 年**

德国雅各布·格林(Jacob Grimm)著成四卷本《德语语法》,系统论述了日耳曼语与其他印欧语之间的辅音一致性(correspondences)。这种特征后来被称作"格林定律"。

● 1829 年

中国清朝郝懿行著《尔雅义疏》《山海经笺疏》。

● 约 1832 年前

王念孙著《合韵谱》,分古韵为 22 部。

● 1833 年～1836 年

德国印欧语言学先驱奥古斯特·波特(August Friedrich Pott)著成《印度日耳曼系语言领域内的词源研究》一书,是历史比较语言学的重要作品。

● 1833 年～1848 年

中国清朝朱骏声著成《说文通训定声》。

● 1833～1849 年

德国语言学家弗朗茨·葆朴(Franz Bopp)出版《梵语、禅德语、阿美尼亚语、希腊语、拉丁语、立陶宛语、古斯拉夫语、峨特语和德语比较语法》一书。

● 1836～1840 年

德国外交官、语言学家威廉·洪堡特(Wilhelm von Humboldt)的巨著《论爪哇岛上的加维语》出版,所附绪论《论人类语言结构的差异及其对人类精神发展的影响》成为欧洲许多唯心主义语言学家的理论基础。

● 1836～1841 年

德国语言学家拉普(Karl Moritz Rapp)出版四卷本《语言生理学试探》(Versuch einer Physiologie der Sprache)。

● 1837 年

中国清朝王筠著成《说文释例》和《说文解字句读》。

● 1842 年

陈澧著《切韵考》六卷和《切韵考外篇》三卷,是清代今音学的代表作。

● 1848 年

德国语文学家和哲学家施泰因塔尔(Heymann Steinthal)著《洪堡特关于语言哲学的著作》一书,对洪堡特的语言学观念加以阐释。

● 1851 年前

中国清朝江有诰著《音学十书》,是古音学方面的重要著作。

德国施泰因塔尔著《语言的起源》。

● 1852 年

德国语文学家库恩(Franz Felix Adalbert Kuhn)主编的《比较语言学杂志》发刊,最初由库恩与奥弗列赫特(Theodor Aufrecht)共同主持,至今仍继续存在,是历史比较语言学的重要刊物。

● 1855 年

施泰因塔尔写成《语法、逻辑和心理学的原理及相互关系》,建立心理主义的语言学理论。

● 1856～1859 年

库恩与德国语言学家施莱歇尔(August Schleicher)合编《雅利安语、凯尔特语和斯拉夫语比较语言学资料丛刊》(1856～1876)。

德国语文学家库尔提乌斯(Georg Curtius)著成《希腊词源学入门》,其语文学理论影响甚广。

施莱歇尔著《论语言的形态学》,在语言学界形成很大影响。

● 1861 年

德裔语文学家和东方学家缪勒(Friedrich Max Müller)的《语言科学讲话》出版,阐述其语言学自然主义的观点。

● 1861～1862 年

施莱歇尔出版《印度日耳曼语言比较语法汇编》(Compendium der vergleichenden Grammatik der indogermanischen Sprachen),试图"重建"古印欧语,是其在历史比较语言学方面最重要的著作。

● 1864 年

巴黎语言学会(Société de Linguistique de Paris)成立。

● 1865 年

施莱歇尔著成《论语言对于人类自然历史的意义》,奠定了自然主义语言学派的基础。

● 1867 年

英国外交家和汉学家威妥玛(Thomas Francis Wade)著《语言自迩集》,是一部记录当时北京话的重要材料与汉语教材,也是第一部用英语写成的汉语课本。

● 1868 年

德国语文学家费克(August Fick)的《印欧语言

祖语词典》(Wörterbuch der indogermanischen Grundsprache)出版，着重于古印欧语的词的构拟和汇集，是历史比较语言学的巨著之一。

● 1868 年

《巴黎语言学会纪要》(Bulletin de la Société de Linguistique，简称 BSL)创刊。

● 约 1870 年以后

库尔提乌斯开始主编《希腊语和拉丁语语法研究》，为历史比较语言学作出了不少贡献。语言学中的"新语法学派"在德国莱比锡大学建立起来，主要代表人物有布鲁格曼(Karl Brugmann)、奥斯特霍夫(Hermann Osthoff)、莱斯金(August Leskien)、德尔布吕克(Berthold Delbrück)、保罗(Hermann Paul)等。

● 1870 年

意大利语言学家阿斯科里(Graziadio Isaia Ascoli)的主要著作《语言学教程》出版，在历史比较语言学史上是一个巨大的进步。

美国语言学家和词典学家惠特尼(William Dwight Whitney)《语言的生命与发展》出版，提出语言是符号，是约定俗成的，但又有系统。为普通语言学的创立作出了贡献。

● 1875 年

丹麦语言学家维尔纳(Karl Verner)撰《第一次语音变化的一个例外》一文，解决了"格林定律"的一些问题，提出了著名的"维尔纳定律"，促进了历史比较语言学的发展。

● 1877 年

英国语文学家、语音学家和语法学家亨利·斯威特(Henry Sweet)的《语音学手册》出版，对语音学研究有重要的指导作用。

● 1878 年

布鲁格曼和奥斯特霍夫在《形态学研究》第一期上登出的发刊词，是新语法学派的成立宣言，也是新语法学派的第一篇重要的文献。

瑞士索绪尔(Ferdinand de Saussure)撰文《印欧语的原始元音系统》，在语言学界引起极大反响。

● 1879 年

美国惠特尼《梵语语法》出版，因对波尼尼的《八章经》提出批评而引人注目。

● 19 世纪 70～80 年代：

喀山学派(Kazan school)在俄国喀山大学建立。创始人是波兰的博杜恩·德·库尔德内。

● 1880 年

新语法学派的理论家保罗出版《语言史原理》一书，是该学派的重要的文献之一。

● 19 世纪 80～90 年代

俄国莫斯科语言学学派(Moscow Linguistic Circle)在莫斯科大学形成，创始人是福尔图纳托夫(Filipp Fedorovich Fortunatov)。

● 1876～1883 年

奥地利语言学家弗里德里希·缪勒(Friedrich Müller)著《语言学纲要》，在历史比较语言学领域涉及范围较广。

● 1883 年

清朝吴大澂著成《说文古籀补》收有 3500 余字，是研究甲金文的代表作。

劳乃宣著成《等韵一得》，是清代最晚出的等韵学著作，也是清末唯一的一本等韵学著作。

● 1886 年

布鲁格曼与德尔布吕克开始出版五卷本《印度日耳曼诸语言比较语法纲要》(Grundriss der vergleichenden Grammatik der indogermanischen Sprachen)，是历史比较语言学的重要著作。

国际语音协会(简称 IPA)成立，会址伦敦。该协会先后几易其名，1886 年初创时称为"语音教师协会"，法国保罗·帕西(Paul Passy)是创建人；1889 年易名为"当代语言教师语音协会"，1897 年改为现名。其主要任务是促进语音学研究。创制和提倡使用国际音标是其一大功绩。

● 1887 年

波兰犹太人眼科医生柴门霍夫(Ludwik Lejzer Zamenhof)以 Dr. Esperanto 的笔名发表《第一本书》(Unua Libro)国际语新方案，1905 年举行第一次国际世界语大会予以确定，定名为 Esperanto。我国学界称之为"世界语"。

● 1889～1891 年

美国惠特尼主编的《世纪大典》(The Century Dictionary and Cyclopedia)出版，全书达 7046 页，木刻雕版插图约 1 万幅，是英语史上规模最大的百科词典之一。其条目编写的优质内容以及精美的版式、插图、排印和装帧令人倾慕，成为后来诸多大型词典效仿、引用的蓝本。

● **1890 年**

英国亨利·斯威特出版《语音学初阶》,是语音研究方面的重要著作。

王照撰成《官话合声字母》,是清末切音字运动后期一个主要的拼音文字方案,用汉字笔画作为拼音记号,强调以北京话为标准,强调拼写白话,采用双拼制,是汉字笔画式拼音方案的鼻祖。

● **1892 年**

中国卢戆章《一目了然初阶(中国切音新字厦腔)》出版。

● **1896 年**

德国东方学家盖格(Wilhelm Geiger)和库恩出版《伊朗语文学纲要》(Grundriß der iranischen Philologie)。

● **1897 年**

荷兰汉学家商克(Simon Hartwich Schaank,汉名史堪克)撰文《古代汉语音学》,发表于国际语言学杂志《通报》(T'oung Pao)第 8 卷第 1 期。

● **1898 年**

中国马建忠《马氏文通》出版,以古汉语为研究对象,把西方语法学引进中国,创立第一个完整的汉语语法体系,是中国第一部系统的汉语语法学著作,奠定中国现代语言学的第一块基石。

● **1899 年**

中国王懿荣发现"龙骨"刻辞,在河南安阳小屯村发现甲骨文,对文字学研究有重大意义。

● **19 世纪末 20 世纪初**

法兰西学派(French School)由格拉蒙(Maurice Grammont)和梅耶(Antoine Meillet)在法国建立,致力于说明:历史比较语言学的原则;语言是社会现象;语言演变有心理生理因素等。

中国章炳麟著《小学略说》《二十三部音准》和《文始》等书,发展了对古音学的研究。俞樾著《群经平议》《诸子平议》等书,是语义学研究的重要作品。李调元著《方言藻》,是方言研究的重要文献。俞樾著《古书疑义举例》,是语法研究的重要著作。孙诒让著《契文举例》《名原》,是研究甲金文的重要作品。

● **1901 年**

王照《官话合声字母》在日本东京出版。

● **1903 年**

法国语言学家梅耶著《印欧系语言比较研究导论》(Introduction à l'étude comparative des langues indo-européennes)。

● **1903 年**

刘鹗《铁云藏龟》由抱残守缺斋石印,是我国第一部甲骨文资料的选编。

● **1904 年**

德国语言学家浮士勒(Karl Vossler)的《语言学中的实证主义和唯心主义》(Positivismus und Idealismus in der Sprachwissenschaft)出版,提出了唯美主义的语言学观念。布鲁格曼出版《比较语法简编》。

● **1906 年**

法国保罗·帕西的《比较语音学概要》出版。

● **1906 年**

劳乃宣《增订合声简字谱》(宁音谱)和《重订合声简字谱》(吴音谱)在南京出版。

● **1907 年**

劳乃宣《简字全谱》《京音简字述略》《简字丛录》在南京出版。章士钊著《中等国文典》出版。

● **1908 年**

德尔布吕克出版《语言研究导论》,在理论和实践方面都较新语法学派其他人迈进了一步。

梅耶著《印欧语方言》出版。

● **1909 年**

以舒哈特(Hugo Schuchardt)为主要代表人物的"词与物"学派成立,并出版杂志《词与物》。

● **1910 年**

匈牙利乔玛《梵藏英词汇集成》和《藏文大藏经甘珠尔、丹珠尔解题目录》出版。

中国罗振玉著《殷虚书契简编》20 卷。章炳麟《国故论衡》初版本刊行于日本东京。

● **1911~1912 年**

美国博厄斯(Franz Boas)著《美洲印第安语手册》(Handbook of American Indian languages),成为美国描写语言学的理论基础和奠基之作。

● **1913 年**

中国教育部召开"读音统一会"。选举吴敬恒为会长,王照为副会长。会议审定 6500 多字的"法定国音",通过了拼切国音的字母,即注音字母,亦称国音字母。

● 约 1914 年之前

俄国福尔图纳托夫著《比较语言学教程》等书。

● 1914 年

美国语言学家伦纳德·布龙菲尔德(Leonard Bloomfield)受新语法学派影响写成《语言研究导论》(Introduction to the Study of Language)。

● 1915 年

中国《中华大字典》1914 年编成,1915 年出版。商务印书馆《辞源》初版,1931 年又出续编。罗振玉著《殷虚书契考释》石印出版。

● 1915~1919 年

瑞典汉学家高本汉(Bernhard Karlgren)的《中国音韵学研究》(Études sur la phonologie chinoise)在斯德哥尔摩出版。

● 1916 年

索绪尔的学生巴利(Charles Bally)和薛施蔼(Albert Sechehaye)将其讲稿整理成《普通语言学教程》一书出版。

中国罗振玉著《殷虚书契后编》两卷。

● 1916 年

中国各省教育界知名人士 86 人发起组织中华民国"国语研究会",并于 1917 年 2 月在北京召开成立大会。

● 1917 年

英国丹尼尔·琼斯(Daniel Jones)著《英语发音词典》(An English Pronouncing Dictionary),把国际音标的应用和英语"标准发音"带到全世界。

法国梅耶著《日耳曼族语的一般特征》。

● 1918 年

英国丹尼尔·琼斯著《英语语音学纲要》(An Outline of English Phonetics)出版,继承了斯威特对语音学的研究,并发扬光大。

中国教育部公布"注音字母"。钱玄同的讲义《文字学音篇》,由北京大学出版社印行。

● 1919 年

国语统一筹备会正式成立,由教育总长指定张一麐为会长,袁希涛、吴敬恒为副会长。

《国音字典》作为全国读音标准字典出版。章炳麟撰《新方言》。张煊的《求进步斋音论》,发表于《国故》第 1 期。

● 1920 年

法国马伯乐(Henri Maspéro)撰文《唐代长安的方音》,是外国学者研究汉语的重要论述。

中国杨树达著《高等国文法》。刘复著《中国文法通论》出版。黄侃著《音略》,分古韵为二十八部,后收入《黄侃论学杂著》。

● 1921 年

美国语言学家萨丕尔(Edward Sapir)著《语言论》出版,是其语言学思想的总结。

法国语言学家旺德里(Joseph Vendryes)出版《语言论》(Le langage)。

中国王国维《观堂集林》和胡适《国语文法概论》出版。

● 1922 年

"词与物"学派的论文集《简论》出版。

丹麦语言学家奥托·叶斯柏森(Otto Jespersen)《语言:其性质、发展及起源》出版。

中国陈承泽《国文法草创》、金兆梓《国文法之研究》出版。赵元任发表《国语罗马字的研究》,《国语月刊》第 1 卷第 7 期起连载。

● 1923 年

梅耶著《共同斯拉夫语》出版。

高本汉《中日分析字典》(Analytic Dictionary of Chinese and Sino-Japanese)出版。

俄国东方学家、汉学家、梵语学者钢和泰(Alexander von Stael-Holstein,1918 年后改入爱沙尼亚籍)的《音译梵书和中国古音》(胡适译),发表于《国学季刊》第 1 卷第 1 期。

中国商承祚的《殷虚文字类编》出版,是最早的甲骨文字典之一。汪荣宝发表《歌戈鱼虞模古读考》,引发了古音研究的一场大讨论。

● 1924 年

美国语言学会成立。1925 年创刊《语言》杂志。

叶斯柏森《语法哲学》出版。

中国黎锦熙著《新著国语文法》一书出版。刘复所著《四声实验录》在上海石印出版。林语堂《古有复辅音说》发表于《晨报》六周年纪念增刊。国语统一筹备会修订《国音字典》,决定以北京音作为国语标准音,即新国音。

● **1925 年**

梅耶《历史语言学中的比较方法》一书出版,是关于历史比较法的最好的著作。

意大利语言学家巴尔托利(Matteo Bartoli)的《新语言学导论》(Introduzione alla neolinguistica)出版。从中可见"新语言学学派"的原理和方法。

中国容庚《金文编》初版,1959 年印行校补本。1985 年又出新版,共收 2420 字,附录 1352 字。刘复《敦煌掇琐》刊行。

● **1926 年**

布拉格语言学会(Prague Linguistic Circle)成立。主要成员有特鲁别茨柯依(Nikolai Trubetzkoy)、马特西乌斯(Vilém Mathesius)、特拉恩卡(Bohumil Trnka)、雅柯布逊(Roman Jakobson)等,从事音位学、文学语言和语言修养等的研究。

● **1927 年**

德国汉学家西门华德(Walter Simon)发表《古汉语韵尾辅音之构拟》。

中国曾运乾《切韵五声五十一纽考》发表于《东北大学季刊》第 1 期。

● **1928 年**

国际语言学家大会(International Congress of Linguists;ICL)第一次会议在海牙召开。最初每三年举办一次,1957 年起每五年举办一次,由国际语言学家常设委员会(Comité International Permanent des Linguistes;CIPL)负责组织工作。

哥本哈根学派(Copenhagen School)的创始人和代表人物叶尔姆斯列夫(Louis Hjelmslev)著成《普通语法原理》。

中国杨树达著《词诠》。赵元任著《现代吴语的研究》,是中国第一部用现代语言学方法研究方言的重要著作。王力发表《两粤音说》。丁福保著《说文解字诂林》出版。

● **20 世纪 20 年代**

美国结构主义学派(American Structuralists)兴起,是美国学者在调查美洲印第安语的基础上逐渐形成的语言学学派。这一学派的先驱是弗朗兹·博厄斯和爱德华·萨丕尔;其核心人物是伦纳德·布龙菲尔德。

● **20 世纪 20 年代末**

布拉格学派(Prague School)是结构主义语言学的主要流派之一。活动中心是布拉格语言学会,形成于 20 世纪 20 年代末和 30 年代。创始人和学会首任主席是马特西乌斯。

● **1929 年**

《布拉格语言学会会报》出版,奠定了布拉格结构主义的基础。

德国学者冯·加班(Annemarie von Gabain)开始刊布《古代突厥语吐鲁番文献研究》,到 1958 年共刊布 10 册。

● **1929 年之前**

俄国博杜恩·德·库尔特内领导喀山学派对语言进行研究,创立了实验语音学和音位理论,强调采用心理学观点。

● **1930 年**

高本汉撰《藏语与汉语》(Tibetan and Chinese),发表于《通报》第 28 卷。

中国杨树达《高等国文法》、罗常培《厦门音系》出版。陶燠民《闽音研究》载《历史语言研究所集刊》第 1 本第 4 分,1956 年影印出单行本。张世禄著《中国声韵学概要》,商务印书馆出版。赵元任《方音调查表格》,中央研究院历史语言研究所。黄淬伯《慧琳一切经音义反切声类考》,发表于《中央研究院历史语言研究所集刊》第 1 本第 2 分册。

● **20 世纪 30 年代前后**

苏联语言学界占统治地位的是马尔(Mikolai Jakovlevich Marr)的所谓"雅弗学说",使语言学研究陷入混乱状态。

伦敦学派(London School)——现代语言学重要学派之一,创始人是英国语言学家弗斯(John Rupert Firth),自 20 世纪 30 年代起在伦敦大学与同事和门生一起创建。

● **1931 年**

哥本哈根语言学会的成立,标志着哥本哈根学派的诞生,该学派是结构主义语言学的主要流派之一。创始人是叶尔姆斯列夫。

第二届国际语言学家大会在日内瓦召开。

中国文字拉丁化第一次代表大会在海参崴开幕。

德国语言学家特里尔(Jost Trier)发表《知性的

意义领域中的德语词汇》(语义场理论)。

郭沫若著《甲骨文字研究》，是文字学方面的重要著作。白涤洲《广韵声纽韵类之统计》，发表于女师大《学术季刊》第2卷第1期。李方桂《切韵a的来源》，发表于《中央研究院历史语言研究所集刊》第3本第1分册。

● 1932 年

《国音常用字汇》出版，以新国音为读音标准。王静如著《西夏研究》共三辑。陈望道《修辞学发凡》、裴学海《古书虚字集释》出版。

● 1933 年

美国布龙菲尔德的巨著《语言论》出版，对后来语言学界的研究工作影响深远，后形成"布龙菲尔德学派"。

第三届国际语言学家大会在罗马举行。

黎锦熙著《比较文法》。罗常培著《唐五代西北方音》，纳入《国立中央研究院历史语言研究所单刊》甲种12。姜亮夫著《中国声韵学》由世界书局出版。罗振玉著《殷虚书契续编》6卷。郭沫若著《殷契余论》《卜辞通纂》。

● 1934 年

高本汉撰文《汉语词族》(Word Families in Chinese)，发表于瑞典远东古物馆杂志上。后由张世禄译作《汉语词类》。

中国孙海波《甲骨文编》石印出版，1965年修订新版，列为考古学专刊乙种第14号。朱起凤《辞通》出版。上海陈望道、胡愈之、叶圣陶、陈子展等发起，针对当时南京政府提出的"文言复兴运动"，要求白话文写得更接近大众口语的文体改革运动即大众语运动。

● 1935 年

刘复、罗常培、魏建功编纂《十韵汇编》出版。魏建功著《古音系研究》，国立北京大学出版组出版。唐兰著《古文字学导论》手写石印本出版。

国民政府教育部公布《第一批简体字表》。

● 1936 年

上海中华书局出版《辞海》。王力著《中国文法学初探》《中国音韵学》、赵元任著《钟祥方言记》、郭沫若著《两周金文辞大系考释》、赵荫棠《中原音韵研究》、丁文江著《爨文丛刻》等书出版。

● 1936 年

第四届国际语言学家大会在哥本哈根举行。

王力《南北朝诗人用韵考》，发表于《清华学报》第11卷第3期。

● 1937 年

胡朴安《中国文字学史》出版。张洵如编定、魏建功参校《北平音系十三辙》，国语推行委员会中国大词典编纂处出版。王力撰《上古韵母系统研究》，发表于《清华学报》第12卷第3期。

● 1938 年

郭沫若著《殷契粹编》。张世禄著《中国音韵学史》由商务印书馆出版。

日本语言学会创立。学会杂志《言语研究》1939年创刊。

● 1938～1943 年

陈望道、方光焘、傅东华、张世禄等《中国文法革新论丛》出版。

● 1939 年

哥本哈根语言学会出版《语言学学报》，成为结构主义的另一个活动中心。

第五届国际语言学家大会在布鲁塞尔举行。

特鲁别茨科依著《音位学纲要》出版。

胡朴安著《中国训诂学史》出版。陆志韦撰《证广韵五十一声类》，发表于《燕京学报》第25期。

● 1940 年

日内瓦语言学会创立，出版杂志《索绪尔札记》。

高本汉著《中日汉字形声论》(Grammata Serica)。

赵元任、李方桂、罗常培合译高本汉《中国音韵学研究》出版。罗常培著《临川音系》出版。李方桂《龙州土语》出版。

● 1940～1943 年

傅懋勣著《纳西么些语研究》。

● 1941 年

黄锡凌编著《粤音韵汇》由上海中华书局出版。

● 1942 年

何容著《中国文法论》。

● 1942～1944 年

吕叔湘著《中国文法要略》出版。

● **1943 年**

哥本哈根学派代表人物叶尔姆斯列夫著《语言理论纲要》出版。

纽约语言学会（Linguistic Circle of New York）成立，总部设在美国耶鲁大学。1969 年改名为国际语言学协会（International Linguistic Association，简称 ILA）。其任务是发表各种不同派别的语言学理论，传播语言学的新资料、新见解。

王力著《中国现代语法》出版。符定一《联绵字典》出版。

● **1944 年**

王力著《中国语法理论》出版。董同龢著《上古音韵表稿》，由四川李庄石印刊行。

● **1945 年**

沈兼士主编《广韵声系》出版。

纽约语言学会《词》（Word）杂志创刊。

● **1946 年**

苏联奥勃诺尔斯基的《古代俄罗斯文学语言史纲要》获斯大林奖金，以新的材料和结论丰富了苏联的语言科学。

王力在广州国立中山大学创建语言学系，岑麒祥为系主任。

王力著《中国语法纲要》出版。

● **1947 年**

陆志韦著《古音说略》。

● **1948 年**

第六届国际语言学家大会在巴黎召开。

高名凯著《汉语语法论》出版。董同龢著《华阳凉水井客家话记音》出版，又著《广韵重纽试释》，发表于《中央研究院历史语言研究所集刊》第 13 本。赵元任等编写的《湖北方言调查报告》出版，是中国的第一部有方言地图的著作，在方言学史上有极其重要的价值。傅懋勣著《丽江么些象形文〈古事记〉研究》出版。

● **1949 年**

美国人类学家门德尔鲍姆（David Goodman Mendelbaum）选编《萨丕尔有关语言、文化和人格的论文选集》，收集了所有萨丕尔重要的论文，对语言学史研究有重要的参考价值。

罗常培著《中国音韵学导论》（后改名《汉语音韵学导论》），国立北京大学出版部出版。

● **1950 年**

叶尔姆斯列夫著《语言学中的结构分析法》，是哥本哈根学派的重要著作。英国丹尼尔·琼斯出版《音位：它的性质和用途》（The Phoneme: Its Nature and Use），是音位学方面的重要著作。

中国科学院语言研究所在北京成立。

中国罗常培著《语言与文化》出版。

● **1951 年**

苏联语言学家马洛夫（Sergey Malov）的《古代突厥语文献》出版。美国哈里斯（Zellig S. Harris）《结构语言学的方法》出版。

吕叔湘、朱德熙在《人民日报》上连载《语法修辞讲话》。《人民日报》刊登中央人民政府出版总署发布的《标点符号用法》。陆志韦著《北京话单音词词汇》出版。马学良著《撒尼彝语研究》出版。

● **1952 年**

第七届国际语言学家大会在伦敦召开。

芬兰语言学家兰司铁（Gustav John Ramstedt）三卷本《阿尔泰语言学导论》开始出版，1966 年出齐。苏联语言学家马洛夫的《叶尼塞突厥语文献》出版。美国语言学家沃尔夫（Benjamin Lee Whorf）《纯理语言学论文集》出版。

中国文字改革研究委员会成立。《中国语文》7 月创刊。北京大学中文系设置语言专修科，招收首届学生。

杨树达著《积微居金文说》出版。李荣著《切韵音系》出版。

● **1953 年**

魏建功主编《新华字典》由新华辞书社出版。1957 年后改由商务印书馆出版。张相《诗词曲语词汇释》出版。

● **1954 年**

苏联语言学家尼古拉·波普（Nicholas N. Poppe）的《蒙古书面语语法》出版。

白涤洲遗稿（喻世长整理）《关中方音调查报告》在北京刊行。

中国文字改革研究委员会改组为中国文字改革委员会。中山大学语言学系并入北京大学中文系。

● 1955 年

中国科学院语言研究所编《方言调查字表》7月由科学出版社出版，以中央研究院历史语言研究所1930年编的《方言调查表格》为基础修订而成。新一版修订本1983年5月由商务印书馆出版。

吕叔湘《汉语语法论文集》出版。胡附、文炼著《现代汉语语法探索》。

● 1956 年

英国韩礼德《现代汉语的语法范畴》出版，并进一步写成了《语法理论的范畴》一书。

中国文字改革委员会公布"汉字简化方案（草案）"。中国国务院发布关于推广普通话的指示。在北京召开现代汉语规范问题学术会议。

中国科学院和中央民族事务委员会分别从全国有关高等院校、科研部门抽调七百多人，共同组成七个少数民族语言调查工作队，进行了前所未有的中国境内数十种少数民族语言普查。

陈梦家著《殷虚卜辞综述》作为"考古学专号"甲种第2号出版。

● 1956～1959 年

全国汉语方言普查工作基本完成。

● 1957 年

第八届国际语言学家大会在奥斯陆举行。

美国乔姆斯基发表《句法结构》，创建转换生成语言学派。

中国北京大学中文系《语言学论丛》第1辑出版。北京外国语学院外国语言研究所《外语教学与研究》创刊。

王力《汉语史稿》（上）、岑麒祥《普通语言学》、高名凯《语法理论》、罗常培、王均《普通语音学纲要》、赵荫棠《等韵源流》等书出版。郭沫若《两周金文辞大系图录考释》、《金文丛考》出版。李荣编著《汉语方言调查手册》。陆志韦等著《汉语构词法》。

● 1958 年

全国人大第一届五次会议通过"汉语拼音方案"。王力著《汉语诗律学》、岑麒祥著《语言学史概要》出版。

丹麦语言学家裴特生（Holger Pedersen）著、钱晋华译《十九世纪欧洲语言学史》。

● 1959 年

美国结构主义语言学家霍凯特（Charles Francis Hockett）《现代语言学教程》出版。法国语言学家泰尼埃（Lucien Tesnière）出版《结构句法基础》。苏联语言学家龙果夫（Alexander Dragunov）著、唐虞译《八思巴字与古官话》，科学出版社出版。

丁声树编录、李荣参订《古今字音对照手册》由科学出版社出版。罗常培、周祖谟《汉魏晋南北朝韵部演变研究》第一分册出版。董同龢著《四个闽南方言》在台湾出版。

● 1959～1962 年

中国台湾周法高《中国古代语法》称代编、造句编、构词编三册出版。

● 1960 年

苏联语言学家波普《阿尔泰语比较语法》第1卷出版。

吴玉章先生倡导创办《晋南拼音报》（现名《小学生拼音报》）。

中国科学院语言研究所、河北省昌黎县县志编纂委员会合编《昌黎方言志》，是汉语方言研究的重要成果。《江苏省和上海市方言概况》是全国汉语方言普查基础上各省市编写本地方言概况中第一部正式出版的。

袁家骅等著《汉语方言概要》、周祖谟著《广韵校本》出版。

● 1961 年

中国丁声树等著《现代汉语语法讲话》出版。

● 1961～1963 年

《中国语文》杂志先后开展关于《切韵》性质与《中原音韵》性质的讨论。

● 1962 年

中国北京大学中文系语言教研室编《汉语方音字汇》出版。

第九届国际语言学家大会在美国马萨诸塞州剑桥召开。

● 1962～1968 年

中国台湾林尹、高明主编的四十卷本《中文大词典》出版。

● 1963 年

中国科学院语言研究所编《罗常培语言学论文选集》出版。张弓著《现代汉语修辞学》、周殿福、吴宗济著《普通话发音图谱》出版。王力《中国语言学史》在《中国语文》连载(1963—1964)。

● 1964 年

布赖特(William Bright)主持召开美国社会科学研究理事会社会语言学委员会(Committee on Sociolinguistics of the Social Sciences Research Council)组织的首次社会语言学研讨会。

海姆斯(Dell Hathaway Hymes)编著《文化与社会中的语言：语言学与人类学读本》。英国韩礼德与人合写《语言科学和语言教学》，完成"阶和范畴语言学"的设想。

中国北京大学中文系语言教研室编《汉语方言词汇》出版。王力主编《古代汉语》(共四册)出齐。《简化字总表》出版。萨丕尔著、陆卓元译《语言论》出版。

● 1965 年

波普《阿尔泰语言学导论》出版。美国乔姆斯基发表《句法理论的若干问题》。

台湾方师铎著《五十年来中国国语运动史》、赵元任《中国话的文法》出版。

● 1966 年

欧洲语言学会(Societas Linguistica Europaea)创立，首任会长为法国语言学家安德烈·马蒂内(André Martinet)。

帕尔默(Frank R. Palmer)选编《弗斯 1951～54 年文选》在伦敦出版，收集了弗斯的许多重要著作，对语言学史的研究有比较重要的参考价值。美国社会语言学家拉博夫(William Labov)发表《纽约市英语的社会分化》。韩礼德《"深层"语法札记》将其所倡语法改称为"系统语法"。

周祖谟《问学集》出版。

● 1967 年

第十届国际语言学家大会在布加勒斯特举行。

● 1968 年

汉藏语构拟会(Conference on Sino-Tibetan Reconstruction)成立，在美国耶鲁大学举行首届会议。1974 年第 7 届改名为国际汉藏语言及语言学会议(International Conference on Sino-Tibetan Languages and Linguistics)。

乔姆斯基与哈勒(Morris Halle)出版《英语语音模式》，是生成音系学的重要著作。

赵元任著《汉语口语语法》在美国出版。赵元任《语言问题》出版。

● 1969 年

王士元发表"词汇扩散理论"。

● 1971 年

李方桂著《上古音研究》，在台湾《清华学报》发表。

● 1972 年

第 11 届国际语言学家大会在意大利博洛尼亚(Bologna)举行。

张洪年著《香港粤语语法研究》出版。

● 1973～1976 年

英国韩礼德写成《语言结构和语言功能》以及《语言功能的探索》二书，把对语言功能的研究提到了很高的地位，完成了其系统功能主义。

● 1973 年

中国社科院语言所词典编纂室编写的《现代汉语词典》(试用本)出版。

● 1974 年

英国语言学家利奇(Geoffrey Leech)著《语义学》(Semantics)出版。

中国杨时逢著《湖南方言调查报告》出版。中国台湾出版《董同龢先生语言学论文选集》、《许世瑛先生论文集》。

● 1975 年

旧大陆生成语言学家协会(GLOW)在荷兰成立。

韩礼德《功能语法导论》出版。

周法高著《金文诂林》由香港中文大学出版。丁邦新《魏晋音韵研究》(英文)，发表于《中研院史语所专刊》之六十五。

● 1976 年

国际功能语言学协会成立。

英国帕尔默著《语义学》出版。

中国内蒙古大学蒙古语文研究室编《蒙汉词典》出版，是蒙、汉两种语文对照的中型词典，收词 5 万条左右，有较高的学术水平和实用价值。

● 1977 年

第 12 届国际语言学家大会在维也纳举行。

英国语言学家莱昂斯(John Lyons)著两卷本《语

义学》(Semantics)出版。

李方桂《台语比较手册》出版,对侗台语的历史比较研究有着极其重要的学术价值。北京语言学院《语言教学与研究》2月创刊。

● **1978~1987 年**

《中国少数民族语言简志丛书》出版 57 种。

● **1978 年**

《中国语文》杂志复刊,发表王力《同源字论》。《现代汉语词典》正式由商务印书馆出版。

中国各省市陆续成立或筹备成立语言学会或语文学会。中国古文字研究会在长春成立。

汉字编码学术讨论会在青岛召开,会后出版《汉字编码方案汇编》。

● **1979 年**

中国《民族语文》创刊,是专门刊载研究少数民族语言文字的学术刊物。中国社会科学院语言所《方言》杂志创刊。

中国民族语言学会成立。中国蒙古语文学会成立。香港语文学会成立。中国少数民族双语教学研究会在南宁成立。

748 工程第一分系统——"计算机汉字编辑排版系统"主体工程在北京大学研制成功。

上海辞书出版社三卷本新版《辞海》出版。商务印书馆《辞源》(修订版)共四卷出版。周有光著《文字改革概论》、吕叔湘著《汉语语法分析问题》、于省吾著《甲骨文字释林》、邵荣芬著《汉语语音史讲话》、方孝岳著《汉语语音史概要》、丁邦新著《台湾语言源流》等出版。高名凯、石安石主编《语言学概论》,乔姆斯基著、邢公畹等译《句法结构》出版。

● **1979~1983 年**

郭沫若任主编、胡厚宣任总编辑、中国社科院历史所编纂的《甲骨文合集》1979 年 10 月由中华书局出版,至 1983 年 1 月全 13 册出齐。

● **1980 年**

中国语言学会成立,王力为名誉会长,吕叔湘为会长。中国音韵学研究会成立,严学宭为会长,王力、周祖谟为名誉会长。中国文字学研究会、中国修辞学会等学术团体成立。

高等院校文字改革研究会《语文现代化》(丛刊)第 1 期出版。山西省社科院语言研究室《语文研究》6 月创刊。中国社科院语言所语言学研究室《国外语言学》2月创刊。香港中国语文学会主办的刊物《语文建设(通讯)》创刊。

庆祝王力先生学术活动五十周年暨八十寿辰座谈会在全国政协举行,会后在香港、上海分别出版了学术纪念论文集。

布龙菲尔德著、袁家骅等译《语言论》出版。李方桂《上古音研究》出版。台湾出版《标准行书范本》。清格尔泰《现代蒙古语语法》、吕叔湘主编《现代汉语八百词》出版。

● **公元 1981 年**

乔姆斯基《支配和约束演讲集》出版。韩礼德《系统语言学论文集》出版。

中国中文信息研究会成立。中国训诂学会成立。方言学会成立。

王力《中国语言学史》、岑麒祥《历史比较语言学讲话》出版。傅懋勣《纳西族图画文字〈白蝙蝠取经记〉研究》(上册)在日本出版,1984 年出版下册。华中工学院中国语言研究所《语言研究》创刊号出版。叶蜚声、徐通锵著《语言学纲要》,詹伯慧著《现代汉语方言》,蒋礼鸿著《敦煌变文字义通释》等书出版。杨耐思《中原音韵音系》出版。

● **1982 年**

第 13 届国际语言学家大会在东京举行。

《修辞学习》创刊。《文字改革》复刊。《中国语言学报》第 1 期出版。

中国《民族语文研究文集》出版。朱德熙著《语法讲义》、季羡林著《印度古代语言论集》、王力著《同源字典》、邵荣芬著《切韵研究》、唐作藩著《上古音手册》出版。索绪尔著、高名凯等译《普通语言学教程》出版。

● **1983 年**

中国对外汉语教学学会成立。语言起源学会(LOS)成立。吕叔湘捐款设立"中国社会科学院青年语言学家奖金",2012 年起此奖项正式更名为"中社会科学院吕叔湘语言学奖"。

周祖谟《唐五代韵书集存》(上、下册)出版。瞿霭堂、谭克让《阿里藏语》出版。欧阳觉亚、郑贻青《黎语调查研究》出版。史金波、白滨、黄振华《文海研究》出版。道布《回鹘式蒙古文文献汇编》(蒙文版)出版。赵世开著《现代语言学》、陈原著《社会语言学》、李荣著《音韵存稿》、李新魁著《〈中原音韵〉音系研究》《汉语等韵学》等书出版。

● 1984 年

中国语言学会理事会换届改选,季羡林任会长,王力、吕叔湘任名誉会长。全国语言学学科规划小组会议在北京举行。语言文字应用研究所成立。

中国民族古文字研究会编《中国民族古文字研究》出版。

● 公元 1985 年

第 5 届国际语音学会议在奥地利举行。

中国文字改革委员会更名为国家语言文字工作委员会。纪念许慎学术讨论会在河南大学召开。王力捐献《王力文集》20 卷全部稿费设立"北京大学王力语言学奖金"。

中国清格尔泰、陈乃雄、刘凤翥、于宝林、邢复礼《契丹小字研究》出版。季羡林著《原始佛教的语言简论》,张怡荪著《藏汉大词典》、王力著《汉语语音史》,陆志韦著《陆志韦语言学著作集(一)》,吕叔湘著、江蓝生补《近代汉语指代词》,宁继福著《中原音韵表稿》,刘坚编著《近代汉语读本》,林焘、王理嘉等著《北京语音实验录》,冯志伟著《计量语言学》等出版。

中国台湾建立"中国文字资料库"。

● 1986 年

国际语用学学会成立。

乔姆斯基发表《语障》,提出"语障"理论。

《语文建设》2 月创刊,其前身是《文字改革》(1957)和《拼音》(1956)。重新发表《简化字总表》。

《现代汉语频率词典》出版。罗宾斯著、李振麟等译《普通语言学概论》,霍凯特著、索振羽等译《现代语言学教程》出版。李临定《现代汉语句型》、李思敬《汉语"儿"[?]音史研究》、薛凤生《北京音系解析》、雅洪托夫《汉语史论集》等书出版。

中国全国语言文字工作会议召开。

● 1987 年

第 14 届国际语言学家大会在柏林举行。

世界汉语教学学会在北京成立。《世界汉语教学》杂志创刊。

中国社会科学院语言研究所、民族研究所与澳大利亚人文科学院合作编著的《中国语言地图集》在香港出版。照那斯图、杨耐思《蒙古字韵校本》出版。高本汉著、聂鸿音译《中上古汉语音韵学纲要》,张琨著、张贤豹译《汉语音韵史论文集》,唐作藩著《音韵学教程》,陈复华、何九盈著《古韵通晓》,龚千炎著《中国语法学史稿》等书出版。

中国音韵学会与江西省有关单位举行"纪念周德清诞辰 710 周年学术讨论会"。

● 1988 年

《古汉语研究》创刊。

《中国大百科全书·语言文字》出版。《现代汉语常用字表》发布。北京图书馆编著的《汉字属性字典》出版。裘锡圭著《文字学概要》、胡明扬主编《西方语言学名著选读》出版。

中国音韵学研究会第三届理事会议召开,邵荣芬为会长。

● 1989 年

第 16 届国际系统语法大会在赫尔辛基举行。

朱德熙著《语法丛稿》,张斌、胡裕树著《汉语语法研究》,吴宗济、林茂灿主编《实验语音学纲要》等书出版。

● 1990 年

《汉语大字典》(共八卷)出齐。发布修订的《标点符号用法》。

孙竹主编《蒙古语族语言词典》,戴庆厦《藏缅语族语言研究》,宣德五、赵习、金淳培著《朝鲜语方言调查报告》,严学宭著《广韵导读》,鲍明炜著《唐代诗文韵部研究》出版。

中国音韵学研究会第四届理事会议在北京召开,唐作藩为会长。纪念王力先生九十诞辰学术研讨会在北京大学举行,会后出版了学术纪念论文集。

● 1990～1991 年

照那斯图《八思巴字和蒙古语文献》在日本出版。

● 1991 年

中国文字学会成立。

《王力文集》二十卷由山东教育出版社全部出齐。孙宏开等编《藏缅语语音和词汇》出版。马学良主编的《汉藏语概论》(上、下)出版。李荣主编《现代汉语方言大词典》开始编纂。徐通锵著《历史语言学》,薛凤生著《中原音韵音位系统》中译本,邵敬敏、方经民著《中国理论语言学史》,王理嘉著《音系学基础》出版。

● 1992 年

第 15 届国际语言学家大会在魁北克举行。第 19 届国际系统功能语言学大会在悉尼举行。

《中国语文》创刊四十周年纪念会在北京召开，会后出版了学术纪念论文集。中国辞书学会、中国语文报刊学会成立。《语言文字应用》创刊。

宁忌浮《校订五音集韵》、耿振生《明清等韵学通论》出版。

● 1993 年

第 20 届国际系统功能语法会议在加拿大举行。

《汉语大词典》12 卷本出齐。鲁国尧《卢宗迈切韵法述评》发表。余迺永著《互注校正宋本广韵》修订本出版。王力著《汉语词汇史》、石安石著《语义论》出版。

"著名中年语言学家自选集"由河南教育出版社陆续出版，入选的作者有徐通锵、邢福义、陆俭明、刘叔新、李新魁、裘锡圭、吕必松、鲁国尧、蒋绍愚、李临定。

《现代汉语词典》学术研讨会在宁波召开。中国少数民族语言学会北方片学术讨论会在呼和浩特市召开。黑龙江省阿泰学学会、黑龙江省满—通古斯语学会在哈尔滨举行成立大会暨第一次会员代表大会。内蒙古自治区新闻出版署、内蒙古自治区蒙古文字体工作委员会联合举办的"蒙古文照排字体会议"在呼和浩特召开。由中国社会科学院、新疆社会科学院和新疆科学界共同主办的《福乐智慧》国际学术讨论会在京举行。

《中国少数民族语言简志丛书》《中国语言地图集》《回鹘式蒙古文文献汇编》和《中国少数民族文字的使用和发展问题》获"中国社会科学院优秀科研成果奖"一等奖。

● 1994 年

第 3 届国际言语处理学术会议在日本举行。第 5 届国际语言与社会心理学会议在澳大利亚举行。首届国际中国先秦语法研讨会在瑞士苏黎世大学召开。第 27 届国际汉藏语言及语言学会议在法国巴黎举行。

中国语文现代化学会成立。中国社会科学院中国少数民族语言研究中心成立。下设描写语言学研究室、比较语言学研究室、社会语言学研究室、实验语音学和计算语言学研究室、理论语言学研究室和民族文它研究室。中心主任为道布研究员。

由国家机械电子工业部和四川省民语委提出，沙马拉毅、孙自强等研制起草的《信息交换用彝文编码字符集》《信息交换用彝文字符 15×16 点阵字模集及数据集》两项国家标准，在西昌经专家评审通过，国家技术监督局作为中华人民共和国国家标准颁布实施。

中国少数民族多文种混合字处理系统通过专家鉴定。该系统是中国社会科学民族研究所承担的国家社科基金项目，开发了蒙、满、锡伯、藏、西双版纳傣、德宏傣、傈僳、彝文等 8 种文字和混合处理系统。

新疆克孜尔千佛洞发现 60 余枚吐火罗语（B）木简。据法国巴黎大学吐火罗法专家皮诺特教授初步解读，这批木简记述了公元六世纪初期古龟兹王国社会经济生活方面的内容。

《语言文字百科全书》由中国大百科全书出版社出版。胡增益等编《新满汉大词典》，马学良著《藏缅语新论》，陆宗达、王宁著《训诂与训诂学》，苏培成著《现代汉字学纲要》，蒋绍愚《近代汉语研究概况》出版。王远新著《中国民族语言学论纲》、朱崇先著《彝族典籍文化》出版。

纪念吕叔湘先生九十华诞学术研讨会在北京举行，会后出版了学术纪念论文集。民族语地名国际学术交流会在云南省西双版纳举行。北京满学会召开首次学术年会。北京、云南、四川、贵族、广西四省五方彝文古籍整理出版工作暨贵州省彝学研究会在贵州省大方县召开。贵州省少数民族语言文字学会在贵阳召开第一次学术讨论会。内蒙古语言学会第一次学术讨论会在呼和浩特市举行。北京满学会在京召开《新满汉大词典》研讨会。

第二届中国民族图书奖评选揭晓。阿不力孜·牙合甫主编的《维吉语详解词典》（民族出版社出版）获一等奖。

● 1995 年

第 21 届国际系统功能语法会议在北京举行。第 13 届国际语音科学会议在斯德哥尔摩举行。第 7 届北美汉语言学会议暨第 4 次国际汉语言学会议在美国威斯康星大学召开。第 5 届国际语用学会议在墨西哥城召开。

何九盈著《中国古代语言学史》《中国现代语言学史》、徐烈炯著《语义学》出版。罗杰瑞著、张惠英译《汉语概说》出版。周振甫著《中国修辞学史》在台北出版。王远新著《突厥历史语言学研究》、恩和巴图著《满语口语研究》、胡振华《柯尔克孜语教程》、周耀文著《中国少数民族语使用研究》出版。

中国社会科学院民族研究所和加拿大拉瓦尔大学国际语言规划研究中心合作完成的《世界的书面语：使用程度和使用方式概况》第 4 卷"中国卷"由拉瓦尔大学出版社用汉文和英文两种文本出版。

首届全国语言文字应用学术研讨会召开。中国锡伯族双语研讨会在新疆察布查尔锡伯族自治县召开。第五届国际东西方跨文化交际大会在哈尔滨召开。首届西夏学国际学术讨论会在宁夏回族自治区首府银川市举行。由国家民委语言室、国家技术监督局、全国信息技术标准化委员会、内蒙古语委等部门共同组织的中蒙两国蒙古文编码联合提案国际研讨会在内蒙古呼和浩特市召开。

清格尔泰教授等合著的《契丹小字研究》荣获国家教委人文社会科学研究成果语言学一等奖；蒙古语言研究所《蒙古语族语言方言研究丛书》（共21本）获语言学二等奖。

中国社会科学院语言研究所在北京召开庆祝建所45周年大会。云南芒市举行景颇文创制100周年庆祝活动。内蒙古大学蒙古学研究院成立。

● **1996 年**

全国术语标准化技术委员会少数民族语特别分委员会朝鲜语工作委员会（简秒朝鲜语标准化工作委员会）成立会议在长春召开，会议通过了《朝鲜语术语标准化工作委员会章程》。中央民族大学哈尼学研究所成立，戴庆厦教授兼任所长。

由民族语文印刷字体工作委员会、新闻出版署技术发展司和全国印刷字体工作委员会主办的"傣文印刷字体审定会"在昆明召开。中国民族古文字研究会北方会议研讨会在河北省高碑店市召开。由中央民族大学中国少数民族语言文学学院主办、中国民族语言学会协办的"中国少数民族语言研究理论方法研讨会"在京召开。黑龙江省满通古斯语言学会第一届会员大会暨黑龙江省第二届满通古斯语言文化学术研讨会在哈尔滨隆重举行。

陈章太、李行健主编《普通话基础方言基本词汇集》，沈开木著《现代汉语话语言学》，范晓著《三个平面的语法观》，黄伯荣主编《汉语方言语法类编》，李经纬著《吐鲁番回鹘文社会经济文书研究》，查干哈达著《蒙古语科尔沁土语研究》等书出版。赵衍荪、徐琳编著《白汉词典》，蒙朝吉编著《汉瑶（布努语）词典》，曾晓渝、姚福祥编著《汉水词典》，高尔锵编著《塔吉克语词典》，瞿霭堂著《藏族语言和文字》，覃国生著《壮族方言概论》，陈保亚著《论语言接触和语言联盟》等书出版。白碧波、刘易斯共同编纂的《哈尼语—英语辞典》由英国伦敦 KPI 出版。

中央民族大学突厥语言文化系、中亚学研究所编写的《突厥语言与文化研究》、中央民族大学少数民族语言文学学院编写的《中国民族语言论丛（一）》出版。

● **1997 年**

第30届国际汉藏语及语言学会议在北京语言文化大学召开。

胡壮麟、方琰主编《功能语言学在中国的进展》，徐通锵著《语言论》，宁忌浮著《古今韵会举要及相关韵书》，靳洪刚著《语言获得理论研究》，江蓝生、曹广顺著《唐五代语言词典》，杨耐思著《近代汉语音论》等书出版。

● **1998 年**

第6届国际语用学会议在法国兰斯召开。

第3届国际古汉语语法研讨会在巴黎召开。

中国举办纪念《马氏文通》发表100周年系列学术研讨会。

李行健主编《现代汉语规范字典》出版。

● **1999 年**

第十一届北美汉语语言学学术研讨会在哈佛大学召开。

甲骨文发现一百周年纪念国际会议在法国举行。

国家技术监督局、国家民委、电子工业部在京联合发布藏文编码新成果。

李荣主编《现代汉语方言大词典》41个分卷由江苏教育出版社出齐。侯精一主编《现代汉语方言音库40种汉语方言音档》由上海教育出版社出齐。许宝华、宫田一郎主编的《汉语方言大词典》由中华书局出版。

民族语文杂志社召开《民族语文》出刊100期座谈会。原《国外语言学》正式易名《当代语言学》并举行首发式暨座谈会。

中央民族大学语言学系、电教中心和香港中国语文学会联合摄制的"中国少数民族语言音档"录制完成。

中国社会科学院语言研究所举办"新中国语言学50年"学术座谈会。亚洲辞书学会第一届年会在广州召开。首届汉语语言学国际研讨会在上海举行。哈萨克语言名词术语规范研讨会在乌鲁木齐市召开。由国家民委文宣司和新疆民语委主办的"维吾尔语名词术语规范化工作会议"在乌鲁木齐市召开。中央民族大学双语学研究中心召开成立大会，戴庆厦教授兼中心主任。

第二部分 21世纪

● **公元 2000 年**

2000年，欣顿（Geoffrey Hinton）等人提出一种

适合训练马尔可夫随机场模型(Markov Random Fields;MRF)新算法,称为对比散度比散度(contrastive divergence;CD)算法,其中受限玻尔兹曼机(restricted boltzmann machine;RBM)就是一种典型的马尔可夫随机场模型,这为深度学习的诞生奠定了基础。

2000年,夏尔马(Jitendra Sharma)在《自然》发表《在听觉皮层中视觉向导模型的感应》(Induction of visual orientation modules in auditory cortex)一文,证明了大脑具有普适性,即大脑中视觉和听觉的计算方法是通用的,随后发现的"声呐"技术也证明了大脑具有普适性。

2000年1月6—8日香港理工大学的中文及双语学系与中国语文教学中心联合举办语文测试与语文教学国际研讨会。此次会议研究的主题是:(1)语文测试的功能、实施与语文能力的评估;(2)语文教学与语文测试的关系。研讨会的范围是:(1)语文测试的基本问题;(2)书面汉语测试;(3)普通话/对外汉语测试;(4)教学与测试。

2000年4月首都师范大学语言研究中心《语言》杂志创刊。创刊时《语言》为年刊,拟定由首都师范大学出版社于每年4月公开出版发行。

2000年6月3日—4日,为纪念中国语法学先驱马建忠(1845—1900)逝世百年,中国社会科学院语言研究所、北京大学中文系和北京外国语大学外国语言研究所在外研社大厦联合举办首届"中国语言学史研讨会"。

2000年6月20日,中国社会科学院语言研究所建所50周年纪念会在北京中国社会科学院科研大楼举行。

2000年6月21—22日,由香港语言学学会和香港理工大学中文及双语学系主办的汉语主题与焦点国际研讨会在香港理工大学举行。40余位学者发表了有关汉语中的主题和焦点问题的最新研究报告。

2000年8月8日,为纪念王力先生100周年诞辰,中国社会科学院语言研究所、清华大学语言研究所和清华大学中文系在清华大学召开21世纪汉语语法及语法理论研究展望研讨会,40余位在京的语言学者出席了会议。

2000年8月14日,即已故北京大学教授王力先生诞辰一百周年纪念日(8月15日)前夕,北京大学中文系、北京大学汉语语言学研究中心、商务印书馆、山东教育出版社等单位在北京联合举行纪念王力先生一百周年诞辰语言学国际学术研讨会,并在研讨会上同时举行了第八届北京大学"王力语言学奖金"颁奖仪式。

2000年10月16—20日,第六届国际口语处理会议在北京召开。

2000年12月27—30日,第六届世界华语文教学研讨会于在台北市召开。本次研讨会由台湾世界华语文教育学会主办。来自日本、法国、美国、葡萄牙、澳大利亚、新加坡、马来西亚以及中国大陆、台湾、香港等24个国家和地区的380多位专家学者与会,研讨会上宣读的论文共有143篇。

● 公元 2001 年

2001年年初,浙江大学汉语史研究中心的主要刊物《中古近代汉语研究》创刊。

2001年2月1—3日,由香港城市大学中文、翻译及语言学系主办,香港大学中文系、香港大学语言学系、香港中国语文学会、香港语言学会、北京大学中文系、华东师范大学中文系合办的21世纪首届现代汉语语法国际研讨会(暨第七届现代汉语语法研讨会)在香港举行。

2001年3月24—25日,第二届国际吴方言学术研讨会在苏州大学召开。会议由上海市语文学会、香港中国语文学会和苏州大学(中文系、国际文化交流学院)联合举办。

2001年5月19—21日,北京语言文化大学出版社举办"海外著名语言学家讲习所"(第一期),邀请美国著名语言学家 William Labov 教授、Anthony Kroch 教授和 Gillian Sanko 教授做了社会语言学和历史句法、形式语法、接口句法方面的7场演讲。

2001年8月,许嘉璐主编《汉字标准字典》由辽宁大学出版社出版。

2001年8月10日北大中文系、北大古文献研究中心等单位在北京大学召开了"纪念魏建功先生一百周年诞辰暨《魏建功文集》出版学术研讨会"。

2001年8月23—25日,由南开大学文学院中国文字学研究中心主办、陈仿林学术研究基金会赞助的首届中国文字学国际学术研讨会(纪念许慎撰著《说文解字》一九〇〇周年)在天津南开大学召开,来自中国(包括港、台)、日本、韩国、马来西亚、加拿大、美国、意大利、法国的70多位中外学者参加了研讨会。

2001年10月15—17日,由中国社会科学院语言研究所和南开大学文学院共同主办的首届汉语语法化问题国际学术讨论会在天津南开大学召开。

2001年12月1—3日,"语文现代化与汉语拼音方案"国际学术研讨会,在北京友谊宾馆召开。会议经过教育部批准,由北京大学汉语语言学研究中心、北京大学中文系和中国语文现代化学会联合举办。

2001年12月14—23日，为了促进海内外中国语言学者的交流，进一步加快当代语言学研究与汉语研究的结合，由徐州师范大学语言研究所主办的首届海外中国语言学者论坛在徐州市举行。

● 公元 2002 年

2002年徐州师范大学语言研究所主办的《语言科学》创刊。

2002年1月1日，辽宁教育出版社出版《吕叔湘全集》（全19卷）。

2002年1月17—18日，商务印书馆在北京举行了语言学出版基金发布会暨中青年语言学者论坛。出版基金用于资助对汉语、汉字或中国境内其他语言文字的现状或历史进行调查研究有贡献的中国学者，聘请教育部语用所陈章太、中央民族大学戴庆厦、清华大学黄昌宁、北京大学蒋绍愚、南开大学刘叔新、鲁国尧（南京大学）、陆俭明（北京大学）、裘锡圭（北京大学）、中国社科院语言所沈家煊、北京师范大学王宁、华中师范大学邢福义、北京大学徐通锵等国内著名语言学家（按姓氏音序排列）担任基金评议委员。自20世纪80年代以来，已出版的高质量语言学著作包括《赵元任语言学论文集》《王力语言学论文集》《罗常培语言学论文集》《黎锦熙语言学论文集》《吴宗济语言学论文集》《周祖谟语言学论文集》《周有光语言学论文集》《林焘语言学论文集》《王均语言学论文集》《胡明扬语言学论文集》《廖序东语言学论文集》《吕叔湘文集》《朱德熙文集》等。

2002年2月1日，《中国语言学年鉴（1995～1998）》由语文出版社出版。

2002年3月11—14日，第一届中国语言文字国际学术研讨会在香港大学举行。研讨会由香港大学中文系主办，香港大学语言学系协办。研讨会旨在为中国语言文字各领域的学者提供一个交流、讨论和切磋的机会，研讨范围包括古文字、古代汉语、现代汉语、汉语方言等方面。

2002年8月20—22日，国际中国语言学协会第十一届年会在日本爱知县立大学召开。

2002年9月，北京语言大学与香港中文大学联合主办了首届中国社会语言学国际研讨会，互动社会语言学创始人约翰·甘柏兹应邀来北京作大会主题发言。

2002年11月7—10日，第35届汉藏语言暨语言学国际会议在美国亚利桑那州立大学举行。参加会议的共有来自美国、法国、英国、瑞典、澳大利亚、中国、日本等国以及中国香港、台湾等地区94人。

2002年12月27—29日，首届国际汉语方言语法学术研讨会在中国哈尔滨黑龙江大学举行。这次会议由全国汉语方言学会、华中师范大学语言与语言教育研究中心、黑龙江大学文学院联合主办。

● 公元 2003 年

2003年7月1日，武汉大学古文献所编纂的大型汉语工具书《故训汇纂》出版。

2003年9月13—14日，西洋汉语研究国际研讨会（暨第二届中国语言学史研讨会）在北京外国语大学召开。

2003年10月，《中国社会语言学》学术期刊创刊，由中国社会语言学会编辑出版，在创刊号中宣布了学会的宗旨："组织开展关于海内外华人、中国各民族厝言的社会语言学研究"。

2003年10月25日，北京大学中文系召开岑麒祥、袁家骅先生百年诞辰纪念会。

2003年11月21—23日，第二届中国社会语言学国际学术研讨会暨中国社会语言学会成立大会在澳门举行。本次会议由澳门语言学会、中国社会语言学会和澳门理工学院联合主办。

2003年11月27—29日，广西大学文化与传播学院与《民族语文》杂志社联合举办的"语言接触与语言比较"国际学术研讨会在广西南宁举行。

2003年12月26—30日，由浙江大学汉语史研究中心和中国社会科学院语言研究所联合主办的"新世纪汉语史发展与展望国际研讨会"在杭州举行。

● 公元 2004 年：

2004年4月23—25日，第三届全国认知语言学研讨会在西南师范大学举行。来自中国内地、中国香港、美国以及新加坡100余所高校的200多名专家学者出席了本次研讨会。

2004年5月，《中国现代语言学家传略》由河北教育出版社出版。

2004年6月22日，纪念吕叔湘先生百年诞辰国际学术研讨会在中国社会科学院隆重召开。

2004年6月26—28日，由中国语言学会和香港大学中文系联合主办、宁夏大学人文学院承办的中国语言学会第十二届学术年会暨第二届国际中国语文学术研讨会在银川市隆重召开。来自中国（包括香港、澳门、台湾）以及美国、日本、加拿大等国的160余位学者出席了会议。

2004年8月4日，中国社会科学院语言研究所、北京大学汉语语言学研究中心、北京师范大学民俗典籍文字研究中心、北京语言大学对外汉语研究中心、中国教育学会、中国语言学会、商务印书馆等7家学术文化机构在北京举行吕叔湘先生诞辰一百周年暨《现代汉语词典》发行30周年纪念大会。

2004年9月29日—10月3日,第37届国际汉藏语言及语言学会议在瑞典隆德大学举行。

2004年10月,《纪念岑麒祥袁家骅先生百年诞辰文集》由远帆世纪出版社(香港)有限公司出版。

2004年10月,第一届"话语与东西方文化发展"国际会议在杭州浙江大学召开。

2004年10月15—17日,中国训诂学研究会在广西桂林举行。

2004年11月6日下午至7日,日本中国语学会第五十四届全国大会在京都大学举行。

2004年11月26—28日,中国文字学会第二届学术年会暨进入21世纪的中国文字研究国际学术研讨会在上海华东师范大学举行。

2004年12月29日,商务印书馆2004年度语言学出版基金评选揭晓,李明《汉语助动词历史演变研究》、李晋霞《现代汉语动词直接做定语研究》、张国宪《现代汉语形容词研究》和张小艳《敦煌书仪语言研究》等四部著作入选。

● **公元 2005 年**

2005年1月6—9日,由黑龙江大学承办的首届中国人类语言学国际学术研讨会在哈尔滨市召开。

2005年3月13日,中国语言学会换届并在中国社会科学院语言研究所召开新一届在京理事会。

2005年3月18—19日,广西大学语言学研究中心举办的"二十一世纪中国语言学论坛"在广西南宁市举行。

2005年4月22—23日,二十一世纪汉语言文字学发展趋向高级研讨会在天津召开。

2005年4月25—29日,由《民族语文》杂志社和广东技术师范学院联合主办的"南方少数民族语言与文化研究"学术研讨会在广州召开。

2005年5月11—12日,全国语言文字标准化委员会分技术委员会工作会议在北京召开。

2005年6月9—11日,国际中国语言学协会第13届年会(IACL—13)在荷兰莱顿大学(Leiden University)举行。本届年会由莱顿大学语言学系、中文系、国际亚洲研究院共同主办。

2005年7月16—22日,第32届国际系统功能语法大会(ISFC 32)在悉尼大学举行。大会的主题是"希望的话语:和平、和解、学习、改变"。

2005年7月23—25日,世界汉语大会系列活动之一"第八届国际汉语教学讨论会"在外语研究与教学出版社国际会议中心隆重召开。

2005年7月26—30日,国际应用语言学大会(AILA 2005)在美国威斯康新举行,共有三千名学者出席。这是三年一次定期举行的国际应用语言学界最高层次的学术会议。

2005年8月23—24日,由北京大学汉语语言学研究中心主办的近代汉语官话音系国际学术研讨会在京召开。

2005年9月3—4日,陆宗达先生诞辰100周年纪念会暨中国语言文字学学术研讨会在北京师范大学举行。

2005年10月28日—11月1日,第38届国际汉藏语学术研讨会在厦门大学召开。会议由厦门大学汉语语言研究中心主办。

2005年11月4—7日,首届海峡两岸现代汉语问题学术研讨会在天津南开大学举行。此次大会由中国社会科学院语言研究所和南开大学联合主办,南开大学文学院承办,商务印书馆协办。

2005年12月28日,商务印书馆2005年度语言学出版基金评选揭晓,高永安《明清皖南方音研究》入选基金资助项目。

● **公元 2006 年**

2006年,计算机科学家欣顿(Geoffrey Hinton)、勒丘恩(Yann LeCun)和本齐奥(Yoshua Bengio)突破深度学习的技术瓶颈,提出一种新的深度神经网络模型—深信度网络DBN(deep belief net),比散度(contrastive divergence;CD)算法可以用来对其进行高效训练。在该模型中,一个DBN由若干个RBM堆叠起来,训练采用由低到高的逐层训练方法,由于单个RBM可以通过CD算法快速训练,因此整个框架的训练简化为多个RBM的训练问题,深度网络难以收敛的技术瓶颈最终被打破。DBN的主要技术突破在于以下几点:首先计算能力空前的增强;其次数据的积累;再次优化方法的改进。深信度网络模型也逐渐成为深度学习的主流框架,进而引领深度学习的浪潮。

2006年1月20—22日,欧洲汉语语言学协会第四届学术会议在匈牙利科学院语言研究所举行。本次会议由匈牙利布达佩斯罗兰大学东亚系主办。

2006年3月4—5日,第一届马来西亚汉语语言学国际学术会议在马来西亚首都吉隆坡的马来亚大学召开。

2006年4月8—10日,首届当代中国新话语国际学术会议在南开大学举行。本次会议由南开大学、天津商学院、英国东安格利亚大学与兰卡斯特大学联合举办。

2006年4月21—24日,首届认知语言学论坛在河南大学举行。论坛主要议题为认知语法理论和句法的认知研究。

2006年4月22—24日,由解放军外国语学院主办的汉语形式与功能问题国际研讨会在河南省郑州市召开,共有来自中国内地、香港及海外30多所高校及科研机构的70余位专家和学者参加了会议。

2006年5月2—5日,第三届国际言语韵律大会在德国德累斯顿科技大学(Dresden University of Technology)举行。本届会议的主题为话语韵律。

2006年5月25—29日,由台湾中研院语言学研究所主办的第十四届国际中国语言学协会年会暨第十届中国境内语言暨语言学国际研讨会在台北举行。

2006年5月29—30日,中国社会科学院语言研究所当代语言学研究室和浙江大学话语与多元文化研究所在杭州联合举办了中国话语研究发展策略研讨会。

2006年6月16—18日,当代语言学理论和汉语研究国际学术报告会在北京语言大学举行。

2006年7月15—23日,第21届国际计算语言学双年会(International Conference on Computational Linguistics;COLING)暨第44届计算语言学协会年会(Annual Meeting of the Association for Computational Linguistics;ACL)在澳大利亚悉尼举行联合会议(COLING-ACL 2006)。

2006年8月2日,中国外语界首届语言哲学研讨会在首都师范大学开幕。来自国内外近30所高校和学术机构的100余名学者与会。

2006年10月,德国第二届国际认知语言学大会在慕尼黑大学举行。

2006年10月14—16日,中国训诂学研究会2006年学术年会暨庆祝刘又辛教授从教60周年学术研讨会在重庆西南大学举行。

2006年12月16—17日,第一届国际认知语义学研讨会在湖南师范大学外国语学院举行。此次会议由中国认知语言学研究会和湖南师范大学外国语学院联合主办,中南林业科技大学外国语学院协办。本次研讨会的中心议题是"认知语义学的理论与应用"。

● **公元2007年**

2007年3月,第一届国际话语语言学研讨会在中南林业科技大学举行。

2007年4月14—15日,第一届中国语言及方言语言接触问题学术研讨会在福建省泉州市召开。

2007年6月2日,《外语教学与研究》创刊五十周年纪念座谈会暨首届外语教学与研究专家论坛在北京外研社大厦举行。

2007年7月,第八届国际法律语言学大会在美国华盛顿大学召开。

2007年7月15—20日,第十届国际认知语言学会议在波兰克拉科夫市(Krakow)举行。会议由雅盖隆大学(Jagiellonian University)主办,世界各地的400多位专家学者参会。

2007年9月20—21日,第二届当代中国新话语国际学术会议在英国兰卡斯特大学举行。

2007年9月26—29日,第40届国际汉藏语言暨语言学会议(ICSTLL—40)在中国哈尔滨市黑龙江大学召开。

2007年10月30日,黑猩猩"语言学家"瓦苏去世。瓦苏是世界上第一只能通过手语与人类交谈的雌性黑猩猩。

● **公元2008年**

2008年1月11—12日,西方语言哲学国际研讨会暨中西语言哲学研究会成立大会在广东外语外贸大学举行。

2008年2月9—12日,跨语言学手语研究第三届研讨会在英国中央兰开夏大学举行,约100名与会者分别来自30多个国家和地区。

2008年3月11—15日,第七届语言进化国际研讨会(EVOLANG 7)在西班牙巴塞罗那举行,来自世界各地的160名专家学者参会。

2008年4月12—13日,语言学与翻译专题学术研讨会在南京工业大学举行。

2008年5月9—11日,由华中师范大学、伦敦圣三一学院(Trinity College London)主办的2008年国际语言测试理论与实践研讨会在武汉华中师范大学召开。

2008年6月26—30日,第六届国际双语学研讨会在韩国大邱召开。本次研讨会由国际双语学学会、韩国言语科学会、韩国威德大学、中央民族大学四个单位联合主办,由韩国言语科学会、韩国威德大学、韩国庆北大学、韩国大邱加图利大学共同承办。

2008年6月26—30日,第六届国际双语学研讨会在韩国大邱召开。本次研讨会由国际双语学学会、韩国言语科学会、韩国威德大学、中央民族大学四个单位联合主办,由韩国言语科学会、韩国威德大学、韩国庆北大学、韩国大邱加图利大学共同承办。

2008年7月5—7日,首届海外汉语方言国际研讨会在广州暨南大学举行。

2008年7月14日,由德国语言研究院(Institut für Deutsche Sprache)和中国认知语言学研究会近两年的共同筹备的第一届中德认知语言学研讨会暨中国认知语言学研究会曼海姆常务理事会在德国曼海姆召开。

2008年7月15—16日,为纪念我国著名语言学家胡裕树先生诞辰90周年,"语言的描写与解释国际学术研讨会—纪念胡裕树先生诞辰90周年"于在上海举行。

2008年8月4—7日,由英国认知语言学协会(UK Cognitive Linguistics Association)主办的英国2008年认知语言学大会在英国布莱登大学(University of Brighton)举行。本次大会的主题是"语言、交际与认知",共有38个国家和地区的约400位学者注册作为与会者和旁听者。

2008年8月24—29日,第15届世界应用语言学大会(简称AILA 2008)在德国埃森(Essen)举行。会议围绕"多语制:挑战与机遇"主题进行了广泛的学术交流。

2008年10月18—20日,2008年国际小学英语教学研讨会在北京外研社国际会议中心举行。本届研讨会由全国基础外语教育研究培训中心(China BFLE)、国际英语外语教师协会(IATEFL)和英国大使馆文化教育处(Cultural and Education Section of the British Embassy)主办,由外语教学与研究出版社协办。

2008年10月23—25日,2008文体学国际研讨会暨第六届全国文体学研讨会在上海举行。会议的主题为"文体学研究:回顾、现状与展望"。

2008年10月24—26日,由中国训诂学研究会和武汉大学主办,武汉大学文学院承办,中国训诂学研究会2008年学术年会暨黄侃国际学术研讨会在武汉大学举行。

2008年11月1—2日,全国首届语用能力与发展高层专题论坛在华东师范大学中山北路校区隆重举行。

2008年11月7—8日,法律语言学国际学术研讨会暨中国法律语言学研究会年会在广东外语外贸大学举行。

2008年11月21—23日,首届全国外语教学与研究中青年学者论坛在长沙举行。

2008年11月22—25日,2008年商务英语国际研讨会在广东外语外贸大学举行。

2008年11月24—26日,由厦门大学汉语语言学研究中心、北京师范大学民俗典籍文字研究中心和香港中文大学中国文化研究所吴多泰中国语文研究中心联合主办的汉语与汉字关系国际学术研讨会在厦门大学举行。

● 公元 2009 年

2009年,普林斯顿大学计算机系的华人学者(第一作者为Jia Deng)发表论文《图像网络:一个大规模的立体图像数据库》(ImageNet: A large scale hierarchical image database),宣布建立第一个超大型图像数据库供计算机视觉研究者使用。建成这一数据库后,李飞飞及其团队利用深度学习方法,使得计算机通过监督学习方式识别包含各种物体的图像,而且能够用自然语言生成对每个图像中的物体关系的简单描述。这一成果进一步引发了学术界和科技界对深度学习的关注。2007年斯坦福大学的李飞飞和普林斯顿大学的李凯便开始合作开发 ImageNet 项目。

2009年3月21—22日,二语习得与语言迁移国际研讨会在上海举行。

2009年3月28—30日,由中国社会科学院语言研究所《方言》、香港科技大学中国语言学研究中心《中国语言学集刊》、上海高校比较语言学E-研究院《东方语言学》三个刊物联合主办,广东技术师范学院科研处承办的首届演化语言学研讨会暨2009音法学研讨会在广东省广州市举行。

2009年5月27—29日,法国认知语言学协会第三届国际会议在法国巴黎大学召开。

2009年7月2—4日,国际中国语言学协会(International Association of Chinese Linguistics)第十七届年会在巴黎举行,会议由法国国家科学院东亚语言研究所及法国高等社会科学院主办。

2009年7月6—9日,由国际法律语言学家协会举办的第九届双年度国际法律语言学大会在荷兰阿姆斯特丹自由大学召开。

2009年7月12—17日,第十一届国际语用学大会在澳大利亚墨尔本大学举行。这届大会共有来自不同国家和地区的 700 多名学者参会,共发表 500 多个报告、论文和展板(poster)。

2009 年 7 月 14—18 日,第 36 届国际系统功能语言学大会暨第 11 届全国功能语言学研讨会在北京举行。会议由清华大学和香港城市大学共同举办。大会的主题是"系统功能语言学在理论和实践上面临的挑战"。与会正式代表 300 多人,来自 22 个国家和地区,宣读论文 250 余篇,规模之大、覆盖面之广,为历届之最。

2009 年 7 月 20—23 日,第五届国际语料库语言学会议在英国利物浦大学召开。

2009 年 8 月 20—21 日,首届汉语韵律及语调学术研究讨论会在大连举行。

2009 年 8 月 29—30 日,由汉日对比语言学研究(协作)会主办、北京大学外国语学院日本语言文化系承办的汉日对比语言学研究(协作)会成立大会暨第一届汉日对比语言学研讨会在北京大学隆重召开。

2009 年 10 月 17—19 日,"句子功能"国际学术研讨会在华中师范大学召开。

2009 年 10 月 24—26 日,由中国社会科学院《当代语言学》编辑部主办,同济大学外国语学院承办的第三届当代语言学圆桌会议暨《当代语言学》易名十周年纪念会在同济大学举办。

2009 年 11 月 7—8 日,2009 年语言测试国际研讨会在北京召开。

2009 年 11 月 21 日,由中国社会科学院语言研究所、北京大学、复旦大学、南开大学、武汉大学和华中师范大学主办,华中师范大学语言与语言教育研究中心和武汉大学文学院共同承办的语言学学科建设研讨会在华中师范大学举行。

2009 年 12 月 26—27 日,由中国外语教育研究中心和外语教学与研究出版社主办的全国首届学习者语料库专题研讨会在北京召开。

2009 年 12 月 26—27 日,2009 语言学与逻辑学交叉研究研讨会在北京大学召开。本次研讨会由北京大学哲学系逻辑语言与认知研究中心、北京大学汉语语言学研究中心和北京大学教育部计算语言学重点实验室主办,中国社会科学院哲学所逻辑室协办。

● 公元 2010 年

2010 年,以 ImageNet 为基础的大型图像识别竞赛"2010 ImageNet 大型图像识别挑战赛"(ImageNet Large Scale Visual Recognition Challenge 2010;ILSVRC 2010)第一次举办。竞赛最初的规则是以被手工标识过的 1000 多个不同的类别 120 万个图像组成的数据库为训练样本,程序经过培训后,再对 5 万个测试图像进行评估,看看其对图像的分类是否准确。

2010 年 3 月 20—21 日,首届语言与国际商务跨学科论坛在对外经济贸易大学举办。

2010 年 4 月 9—11 日,全国首届语言教育研讨会暨中国语言教育研究会成立大会在四川外语学院召开。

2010 年 4 月 14—17 日,第八届语言演化国际研讨会(Evolang 8)在荷兰乌特列支大学召开。来自世界各地的 270 余名学者出席了大会。

2010 年 4 月 23—25 日,由中国第二语言习得研究专业委员会主办、苏州大学外国语学院承办的第四届中国第二语言习得研究学术研讨会在苏州大学举行。

2010 年 5 月 20—22 日,国际中国语言学协会第 18 次学术年会(IACL—18)暨北美汉语语言学第 22 次学术会议(NACCL—22)在美国哈佛大学举行。

2010 年 5 月 21—23 日,第三届国际认知语义学研讨会在北京第二外国语学院举行。本次研讨会的中心议题为"认知语义学:理论与实践"。

2010 年 5 月 28—30 日,音系学国际研讨会在上海外国语大学英语学院举行。本次会议的主题为"音调的口音"(Accent on Tone)。

2010 年 6 月 5—6 日,由上海外国语大学中国外语战略研究中心主办的 2010 年中国外语战略论坛在上海外国语大学举行。

2010 年 7 月 29—7 月 31 日,首届汉语中介语语料库建设与相关习得研究国际学术讨论会在南京召开。本届会议由北京语言大学、南京师范大学共同主办。

2010 年 8 月 12—14 日,第八届生成语言学国际会议于在北京语言大学举行。本次会议由北京语言大学主办,北京语言大学理论语言学研究中心承办,北京大学、香港理工大学、天津师范大学、广东外语外贸大学和清华大学等单位协办。

2010 年 8 月 15—16 日,第 6 届国际东亚理论语言学论坛(TEAL—6)在北京大学举行。

2010 年 8 月 17—18 日,纪念朱德熙教授诞辰 90 周年和陆俭明教授从教 50 周年学术研讨会在北京大学中文系举行。

2010年9月10—12日,中国首届语音教学前沿问题国际论坛(ISPTF2010)暨全国高校第二届英语语音教学与研究学术研讨会(EPTL2010)在江苏科技大学召开。

2010年9月16—20日,法国国家科研中心东亚语言研究所(CRLAO)主办的第七届国际古汉语语法研讨会(ISACG 7)在法国布列塔尼地区的罗斯可夫市召开。

2010年10月16—17日,首届中国语言生活学术研讨会在中国人民大学举行。

2010年10月23—25日,中国语文现代化第一届国际会议暨中国语文现代化学会第九次学术会议和2010年语言研究与信息处理国际研讨会在武汉大学召开。

2010年11月12—14日,国际语篇分析研讨会暨第12届全国语篇分析研讨会在上海同济大学举行。

2010年11月21—22日,首届中国地理语言学国际学术研讨会在北京举行。本次会议由中国北京语言大学和日本金泽大学联合主办,北京语言大学语言研究所承办。

2010年12月10—11日,首届全国外语教师教育与发展专题研讨会在华南师范大学外文学院举行。

● 公元2011年

2011年3月18—21日,第八届国际双语学研讨会在云南玉溪召开。

2011年3月26—29日,美国应用语言学协会2011年会在芝加哥召开。

2011年5月6—8日,由香港教育学院语言资讯科学研究中心主办的"汉语语料库及语料库语言学"圆桌会议于香港教育学院召开,来自美国、英国、法国、新加坡、日本等国以及中国内地、台湾和香港等地高校、科研院所的四十余名专家学者参加了会议。

2011年6月19—24日,计算语言学协会2011年峰会(ACL)在美国波特兰市举办。

2011年6月25—26日,由中国海洋大学、全国二语习得研究会和中国教育语言学研究会共同主办的首届中国二语习得研究高层论坛在中国海洋大学举行。

2011年6月30日,国际法律语言学会议在波兰波兹南召开。

2011年7月11—17日,第十一届国际认知语言学大学(ICLC 11)在西安外国语大学举行。本届大会由中国认知语言学学会和中国认知语言学国际论坛联合主办,西安外国语大学承办。本次大会的主题是语言、认知、语境。

2011年7月21—24日,由香港大学语言学系主办的中国语言类型学工作坊(Workshop on Typological Studies of Languages of China)和国际语言类型学会第9届双年会(ALT 9)相继在香港大学举行。

2011年7月25—29日,第38届国际系统功能语言学大会(ISFC－38)在葡萄牙里斯本大学举行。在本次大会上,中山大学黄国文教授当选为国际系统功能语言学会执行委员会主席(2011－2014)。国际系统功能语言学会于上世纪70年代在欧洲成立,迄今已连续举办了38届年会,是有较大影响的国际学术组织之一,本次是亚洲学者首次当选主席。

2011年8月23—28日,第16届世界应用语言学大会(AILA 2011)在北京外国语大学举行。世界应用语言学大会是国际应用语言学学会(AILA)每三年召开一次的应用语言学领域规模最大的学术盛会。本届大会的主题是"多样中的和谐:语言、文化、社会"(Harmony in Diversity: Language, culture, society)。

2011年9月16—18日,第二届遗传进化与语言进化国际会议暨第三届演化语言学会议在复旦大学召开。

2011年10月15—16日,"性别与语言工作坊"在北京大学举行。该工作坊由北京大学外国语学院外国语言学及应用语言学研究所、北京大学－香港理工大学汉语语言学研究中心联合主办,北京大学外国语学院外国语言学及应用语言学研究所承办。

2011年10月19—21日,首届语法接口国际研讨会(The International Joint Symposium on the Interfaces of Grammar, ISIG)在中国社会科学院召开。

2011年10月29—30日,"创新:2011认知语言学与外语教学国际学术论坛"在天津财经大学召开。本次论坛由天津财经大学、美国佐治亚州立大学和美国学者出版社联合主办。

2011年11月19—20日,2011中国语料库语言学大会在北京外国语大学举行。本届大会是中国语料库语言学研究会成立后的首届全国性学术研讨会。

2011年12月10—11日,第五届形式语言学国际研讨会在广东外语外贸大学举行。

2011年12月17—18日,首届中国心理学研讨会在广东外语外贸大学外国语言学及应用语言学研究中心召开。

2011年12月28—30日,2011年语言,文学和语言学国际会议(ICLLL 2011)在迪拜召开。

● 公元2012年

2012年1月8日,商务印书馆主办的"2012中青年语言学者沙龙"和"中国语言学书院揭牌仪式暨研讨会"在北京商务印书馆礼堂举行。

2012年4月19—22日,第一届中国外语界面研究学术研讨会暨中国外语界面研究学会成立大会在四川外语学院举行。

2012年4月20—22日,音系学国际研讨会在上海外国语大学虹口校区举行。

2012年4月27—28日,第三届国际汉语应用语言学研讨会在爱荷华大学召开。本次会议由美国爱荷华大学孔子学院(Confucius Institute at the University of Iowa)和中国华东师范大学(ECNU)联合主办。

2012年6月由斯坦福大学机器学习Ng教授(Andrew Ng)共同主导的Google Brain项目,将稀疏编码和自编码模型相结合,构建了由16 000个CPU Core组成的并行计算平台,训练名为"深度神经网络"(Deep Neural Network;DNN)的机器学习模型,该模型包含10亿个连接和9层神经网络,数据来自优酷上的1 000万张200×200未标记图片,在实施无监督的训练一周以后,该模型可以从众多不同的目标中自动识别出猫脸。

2012年6月28—30日,2012语料库技术及应用语言学国际会议在西交利物浦大学召开。

2012年7月16日,蒙古国第一届汉语言学暨国际汉语教学国际学术研讨会在乌兰巴托举行,本次会议由蒙古国立教育大学孔子课堂举办。

2012年9月21—23日,第八届中国社会语言学国际学术研讨会在天津商业大学召开。本次会议由中国社会语言学会和天津商业大学外国语学院联合主办。

2012年10月,哈佛大学的欣顿教授(Geoffrey Hinton)团队联合发表论文《深度神经网络在语音识别的声学模型中的应用:四个研究小组的共同观点》(Deep Neural Networks for Acoustic Modeling in Speech Recognition: The shared views of four research groups),成功推出了第一个应用于大词汇量语音识别系统的上下文相关的深层神经网络-隐马尔科夫模型(CD-DNN-HMM)。这是在语音识别领域颇具颠覆性的研究成果。哈佛大学的欣顿教授(Geoffrey Hinton)团队成功推出第一个应用于大词汇量语音识别系统的上下文相关的深层神经网络-隐马尔科夫模型,使用大量比音素小很多的被称作"senones"的单元直接对声音进行建模,利用深度神经网络来逐层抽取、发掘出连续多帧语音信号组成的高维特征。相较于之前最领先的CD-GMM-HMM模型,相对误差降低了超过16%,这是语音识别领域颇具颠覆性的成果。

2012年11月9—11日,2012年演化语言学国际研讨会在北京大学召开。

2012年12月17—21日,北京大学外国语学院外国语言学及应用语言学研究所举办"系统功能语言学/符号学高级研讨会"(Advanced Seminar in Systemic Functional Linguistics/ Semiotics)第三期。本次研讨会是系列研讨会的第三期,也是最后一期。此前,第一期研讨会于2012年4月在清华大学外文系举办。第二期于2012年9月在北京师范大学外文学院举办。

2012年12月22—23日,2012年语言的描写与解释学术研讨会在上海举办。

● 公元2013年

2013年3月28—30日 2013年语言教育政策国际学术研讨会在上海外国语大学举行。

2013年6月30—7月1日,首届全国"对比认知语言学"青年博士论坛在上海外国语大学虹口校区召开。本次论坛由上海外国语大学青年教师科研创新团队"对比认知语言学团队"发起并组织。

2013年8月17—19日,第五届演化语言学国际学术会议于香港中文大学举行。

2013年8月30—31日,第五届韩汉语言学国际学术会在杭州召开。本次会议由(韩国)中国语言文化学会、(日本)东欧亚大陆语言研究会和浙江大学汉语史研究中心联合主办,浙江大学汉语史研究中心承办。

2013年10月9—12日,中国中文信息学会2013年学术年会暨理事会、第十二届全国计算语言学学术会议暨第一届基于自然标注大数据的自然语言处理国际学术研讨会、第一届全国知识图谱研讨会在苏州大学举行。

2013年10月17日,"量词的语义、结构及语用"国际研讨会浙江大学西溪校区人文学院举行。本次会议由浙江大学语言与认知研究中心承办。

2013年10月20日,首届认知语言学与文学国际研讨会开幕式在燕山大学大学举行。此次研讨会由燕山大学外国语学院主办、河北省高等学校外语研究会协办。

2013年10月25—27日，福建省语言学会2013年会暨"语言与应用"国际学术研讨会在厦门大学龙岩学院召开。

2013年11月2—3日，当代中国语言学的回顾与展望学术研讨会在广西大学召开，此次会议由中国语言学会主办，广西大学承办。

2013年11月5日上午，首届中国(贵州)中医药国际研讨会在贵阳开幕。本次会议由贵州省人民政府、中国人权发展基金会、世界中医药学会联合会联合举办。

2013年11月15—16日，2013年TESOL中国研讨会于在广东外语外贸大学白云山校区举行。本次会议由世界英语教师协会(Teachers of English to Speakers of Other Languages International Association，简称 TESOL)主办、广东外语外贸大学承办。

2013年12月7—9日，广东省中国语言学会2012—2013年会暨语言历时与共时交叉研究国际研讨会在中山大学举行。

2013年12月15—16日，中国语言生活状况报告(2013)学术研讨会在京召开。

● 公元 2014 年

2014年《麻省理工学院技术评论》(MIT Technology Review)中将深度学习列为2013年十大突破性技术之首。

2014年4月25日，"第四届汉语应用语言学研讨会"在艾奥瓦大学召开。此研讨会由艾奥瓦大学孔子学院和华东师范大学对外汉语学院联合主办。

2014年5月2—5日，国际中国语言学协会(ICAL)第22届年会暨北美汉语语言学第26届年会(NACCL-26)在华盛顿附近的马里兰大学召开。会议以"汉语全球化"为主要研讨主题。

2014年5月10—11日，在浙江大学(西溪校区)召开了首届吴语语法研究研讨会，本次研讨会由浙江大学和复旦大学联合发起，由浙江大学汉语史中心和浙江大学中文系主办。

2014年5月24—25日首届商务英语语言学研讨会在对外经济贸易大学召开，本次研讨会由对外经济贸易大学英语学院主办，理论语言学研究所、商务认知创新团队承办，《商务外语研究》、高等教育出版社、北京大学出版社联合协办。该研讨会旨在构建商务英语学科的理论体系，探讨语言在国际商务中的使用特点和规律，适应我国对外开放的新形势，发挥语言在开放经济中的重要作用。

2014年6月5日，世界语言大会在苏州正式开幕。本次大会由教育部、国家语言文字工作委员会、中国联合国教科文组织全国委员会和江苏省人民政府主办，联合国教科文组织合作举办，由江苏省语言文字工作委员会、江苏省教育厅、苏州市人民政府和中央电视台联合承办。

2014年6月21—22日，"多元文化与教育"国际研讨会在新疆师范大学召开。

2014年7月22—26日，在北京语言大学举办了第12届国际语言学奥林匹克竞赛。中国代表队发挥出色，共夺得银牌4枚、铜牌1枚、荣誉提名奖2名、最佳解题奖1名。中国1队在所有28个参赛国家的39支队伍中中名列第3名。

2014年8月22—23日，2014方言类型研讨会在北京语言大学举行。本次研讨会由中国社会科学院语言研究所《方言》编辑部和北京语言大学语言科学院语言政策与标准研究所联合主办。

2014年8月27—29日，汉语作为第二语言研究国际研讨会在浙江大学紫金港西港大酒店隆重举行。本次国际学术盛会由美国纽约州立大学(奥尔巴尼)、浙江大学人文学部、浙江大学语言与认知研究中心联合主办，人文学部中国文化国际传播中心具体组织。该会议属于"汉语作为第二语言研究"(CASLAR)运动的一部分。第一届研讨会于2010年由浙江大学主办；第二届研讨会于2012年由台北的国立台湾师范大学主办。

2014年9月25—28日，2014年美国语料库语言学协会会议(AACL 2014)在美国北亚利桑那大学举办。本次会议由美国语料库语言学协会主办、北亚利桑那大学承办。

2014年10月11—12日，首届中国语言资源国际学术研讨会(The First International Conference on Chinese Language Resources)在北京语言大学举行。

2014年10月17日，第47届国际汉藏语暨语言学会议在云南师范大学呈贡校区召开。"国际汉藏语暨语言学会议"于1968年由国际著名汉藏语言学家、美国加利福尼亚大学伯克利分校的马提索夫教授发起，成立时会议名称定为"汉藏语构拟会议"，在美国耶鲁大学首次召开。会议每年召开一次，地点由组织委员会确定，迄今已经举办46届，其中国曾主办过五届。

2014年10月18—19日，第十三届全国计算语言学会议及第二届基于自然标注大数据的自然语言处理国际学术研讨会在华中师范大学举行。作为国内最大的自然语言处理专家学者的社团组织——中国中文信息学会（CIPS）的旗舰会议，全国计算语言学会议从1991年开始每两年举办一次，从2013年开始每年举办一次。

2014年10月18—19日，2014语料库语言学与ESP研究专题研讨会在西北工业大学友谊校区召开。

2014年11月7—8日，2014计算机辅助外语教学国际研讨会在北京举行。

2014年11月8—9日，第六届形式语言学国际研讨会暨语言习得、语言障碍及语言评估国际研讨会在清华大学举办。本次研讨会由清华大学外文系主办，清华大学海外学者邀请（聘请）支持计划、天津师范大学外语学院、香港中文大学语言与现代语言系、美国德克萨斯大学达拉斯分校行为与脑科学学院协办。

2014年11月14—15日，在韩山师范学院举行了2014"语言与国家"学术研讨会，本次研讨会由教育部语言文字信息管理司、教育部语言文字应用研究所、孔子学院总部、国家汉办联合主办，韩山师范学院承办。

2014年11月23日，"2014年汉语语言学日中学者学术研讨会——纪念方经民教授罹难十周年"在日本大阪举行。此次研讨会由大阪大学、华东师范大学与上海师范大学共同主办。

2014年11月25日，2014国际语料库语言学与机器翻译应用学术研讨会在北京举办。

● 公元 2015 年

2015年1月27日，全国语言文字工作会议在京召开。教育部副部长、国家语委主任李卫红出席会议并讲话。

2015年3月19日，中国英汉比较研究会理事会会议召开，会议批准成立形式语言学研究会。首届形式语言学会理事会由23位成员组成，理事会推选宁春岩教授为会长，秘书处设在天津师范大学。

2015年3月27—29日，形式与功能：语言学国际学术研讨会在苏州大学举行，来自中国大陆、台湾、香港以及英国、美国等18个国家和地区的130多名代表参加。

2015年4月3—5日，第二十七届北美汉语语言学会议（NACCL—27）在洛杉矶加州大学（UCLA）举行，来自世界十三个国家和地区的一百二十多位专家学者出席了会议并围绕汉语语法、语音、韵律、话语分析、会话分析、汉语第二语言习得与教学、社会语言学、语料库语言学等主题进行了深入的探讨。

2015年4月3—5日，由东南大学外国语学院、上海外国语大学中国外语战略研究中心、美国威斯康星大学麦迪逊分校国际语言教育政策研究会联合主办，东南大学外国语学院承办的第五届国际语言教育政策学术研讨会在东南大学举行。

2015年4月23—26日，第14届功能语言学研讨会暨系统功能语言学国际高端论坛在北京师范大学举行。本次研讨会和论坛适逢功能语言学学会成立20周年，会议期间将举行"韩礼德—韩茹凯语言学基金"成立仪式，并同时庆贺韩礼德教授九十华诞。

2015年4月24日，国际语言学协会第60届年会在美国召开。该会议由国际语言学协会主办，由哥伦比亚大学承办。

2015年4月25—27日，由中国教育语言学研究会主办、中国海洋大学外国语学院承办的中国教育语言学研究会第六届年会暨"应用技术教育与大学外语教学"研讨会在中国海洋大学召开。中国教育语言学研究会于2010年5月22日于上海成立，隶属于中国修辞学会。

2015年5月，谷歌宣布依靠循环神经网络（Recurrent neural networks；RNN）以及长短期记忆网络（Long/short term memory；LSTM）的相关技术，谷歌语音（Google Voice）的单词错误率降到了8%（正常人大约4%）。

2015年5月4—5日，第八届全国社会语言学学术研讨会在北京华文学院新校区召开。本次会议由教育部语言文字应用研究所与北京华文学院主办，商务印书馆、语文出版社、武汉大学中国语情与社会发展研究中心、北京语言大学中国语言文字规范标准研究中心协办，会议主题是"语言能力与语言政策研究"。

2015年5月9—10日，第一届"语言学与汉语教学国际论坛"（IFOLICE—1）在加州大学戴维斯分校举行，该论坛由加州大学戴维斯分校与哥伦比亚大学共同主办。

2015年5月23日，由《中国社会科学》编辑部、上海外国语大学语言研究院主办的第四届中国语言学研究方法与方法论问题学术讨论会在沪举行，与会专家学者就语言学研究进行了跨学科对话。中国社会科学院秘书长、党组成员，中国社会科学杂志社总编辑高翔出席会议并致辞。

2015年5月30—31日，2015年度国际语言学奥林匹克竞赛的中国区决赛在清华大学举行。

2015年6月12—14日,第七届演化语言学国际研讨会在南开大学举行,该研讨会由南开大学语言所主办。

2015年6月12至14日,第一届韵律研究国际研讨会(ICPS-1)在中国天津举行。会议由南开大学、天津师范大学、天津外国语大学、中国社会科学院《当代语言学》编辑部、中国社会科学院语言研究所语音与言语科学重点实验室共同组办。

2015年6月13—14日,第10届国际东亚语言学理论研讨会在日本东京举行,该研讨会由东京外国语大学主办。

2015年6月26—28日,语言政策及语言规划研讨会在北京外国语大学召开,该会议由北京外国语大学国家语言能力发展研究中心、中国外语教育研究中心主办,由北京语言大学中国语言政策与标准研究所协办。

2015年6月27—28日,2015全国心智哲学与认知语言学学术研讨会在广州举行,该研讨会由中国认知语言学研究会、广东外国语学会主办,由华南理工大学外国语学院承办。

2015年6月28日,语言政策与规划研究会成立大会于在北京外国语大学召开。该研究会获得中国语言学会的批准,成为中国语言学会的二级学会。北京语言大学党委书记李宇明教授担任会长,秘书处设在北京外国语大学。

2015年7月1—4日,第12届国际心理语言学研讨会(12th International Symposium of Psycholinguistics)在西班牙巴伦西亚大学举行。

2015年7月14—16日,第二届中国语言智能大会在北京召开。本次会议由中国人工智能学会主办,北京语言智能协同研究院、中国高校英语写作教学联盟等单位协办。来自全国近500位人工智能专家、语言教学专家、中学英语教研员和骨干教师共聚一堂,共同探讨语言智能技术在教学中的应用和见证大数据的力量。

2015年7月24—26日,2015东北亚语言学文学与教学国际论坛在延边大学举办,该论坛由东北亚语言文学与教学国际论坛筹委会主办,由东北师范大学外国语学院、延边大学外国语学院承办。

2015年7月24—26日,第四届东北亚语言、文学与翻译国际学术论坛在内蒙古民族大学举行。该论坛由东北亚语言文学与翻译国际论坛学术委员会、内蒙古民族大学主办,由内蒙古民族大学承办,由内蒙古大学外语研究会、北京外语教育与研究出版社、Jacksonville State University, USA American Scholars Press, USA协办。

2015年7月24—8月23日,第2届中英语料库语言学讲习班暨第2届中英语料库语言学论坛在上海交通大学外语学院举办。该活动由中国社会科学院语言研究所语料库暨计算语言学研究中心、英国兰卡斯特大学语料库与人文社会科学研究中心主办。

2015年7月27—31日,第22届语言学历史国际会议在意大利那不勒斯召开。

2015年8月10—13日,第十三届城市语言调查国际学术研讨会(Urban Language Seminar 13)在陕西省西安市召开。会议由陕西师范大学文学院、陕西师范大学学报编辑部与南京大学中国语言战略研究中心联合主办。

2015年8月21—23日,第48届汉藏语言和语言学国际会议在美国加州圣巴巴拉市举行。

2015年8月21—22日,第二届中国语言资源国际学术研讨会在黔南民族师范学院召开。本次会议由北京语言大学与黔南民族师范学院联合主办,北京语言大学中国语言资源保护研究中心、黔南民族师范学院科研处、中文系、贵州省三都水族自治县政府承办。2014年10月11—12日首届会议在北京召开。

2015年8月23—24日,"语言与语言教育国际研讨会"在四川成都召开。会议由中国西南交通大学外国语学院、美国哥伦比亚大学中文部联合主办。

2015年8月26—28日,国际中国语言学协会第23届年会(IACL-23)暨第1届韩汉语言学国际学术会议在韩国首尔举行,该次会议由国际中国语言学协会主办,由韩国汉阳大学和韩国中国语言学会承办。

2015年9月9—10日,第四届"华文作为第二语言之教与学"国际研讨会在新加坡义安理工学院会展中心举办。该会议由南洋理工大学新加坡华文教研中心主办,由义安理工学院人文学院中文系、新加坡国立教育学院、新跃大学人文与社会科学学院承办,由新加坡华文教师总会、新加坡中学华文教师会协办。

2015年9月11—12日,2015东北亚国际语言文化研究基地年会在吉林长春召开,该会议由东北亚国际语言文化研究基地、吉林大学东北亚国际语言文化研究中心、吉林大学外国语学院主办。

2015年9月24—26日,欧洲汉语语言学协会第九届研究会议(9th Conference of the European Association of Chinese Linguistics)在德国斯图加特召开。该会议由欧洲汉语语言学协会主办,由斯图加特大学承办。

2015年9月25—27日,第九届全国认知语言学学术研讨会在北京师范大学举行。该会议由中国认知语言学会主办,由北京师范大学承办。本届大会的主题为:中国认知语言学研究的本土化与国际化定位。

2015年10月11日,第五届中国模糊语言学术研讨会在湖北省黄石市召开,会议由湖北师范学院语言学研究中心主办。首届中国模糊语言学术研讨会于2008年11月7—9日在湖北省黄石市召开。

2015年10月16—18日,第九届全国语言文字应用学术研讨会在湖北师范学院举行。本届研讨会由教育部语言文字应用研究所、中国应用语言学会(筹)主办,湖北师范学院承办。1995年12月25日至28日,在纪念文字改革和现代汉语规范化40周年大会之际,首届全国语言文字应用学术研讨会在京举行,会议每年举行一次。

2015年10月16—20日,第二届语言类型学国际学术研讨会暨2015中国社会科学院社会科学论坛在南昌大学召开。该会议由中国社会科学院语言研究所、《中国语文》编辑部、南昌大学语言类型学研究所和上海外国语大学语言研究院联合主办。首届语言类型学国际学术研讨会曾于2013年11月30日—12月2日在常熟理工学院召开。

2015年10月25—27日,第十三届全国人机语音通讯学术会议(National Conference on Man-Machine Speech Communication,NCMMSC 2015)在天津召开。会议由中国中文信息学会语音信息专业委员会主办,中国声学学会语言、听觉和音乐声学分会,中国语言学会语音学分会联合协办。

2015年11月1日,第二届跨境语言研究国际论坛在玉溪师范学院召开。该论坛由教育部语言文字应用研究所、中国民族研究团体联合会、中国民族语言学会、玉溪师范学院、百色学院主办,由玉溪师范学院承办。

2015年11月6—7日,第三届中国周边语言文化论坛在北京中央民族大学召开。该论坛由北京语言大学、中央民族大学主办,由中央民族大学中国少数民族语言文学学院、北京语言大学中国周边语言文化协同创新中心承办。论坛主题为:"一带一路"沿线的跨境语言文化。首届论坛于2013年12月14—15日在京举办,该论坛精神为落实中央周边外交工作座谈会会议精神,积极促进我国与周边国家的人文交流,加强睦邻友好。该论坛每年举办一次。

2015年11月9—11日,第17届应用语言学国际会议在意大利威尼斯召开。

2015年11月13—14日,第三届中国心理语言学国际研讨会在南京师范大学外国语学院召开。此次研讨会由中国英汉语比较研究会心理语言学专业委员会主办,南京师范大学外国语学院承办。本届会议的主题为"语言能力发展与认知加工的心理语言学研究"。首届中国心理语言学研讨会暨中国英汉语对比研究会心理语言学专业委员会成立大会于2011年12月17—18日在广东外语外贸大学召开。

2015年11月28日,2015语言测试与评价国际研讨会在广东外语外贸大学举行。本次会议由广东外语外贸大学与教育部考试中心联合主办,教育部人文社科重点研究基地外国语言学及应用语言学研究中心承办。

2015年12月,百度AI实验室的埃莫迪(Dario Amodei)领衔发表论文《英语和汉语普通话的端对端的语音识别》(Deep speech: end-to-end speech recognition in English and Mandarin)。论文的模型使用的是LSTM的一个简化的变种,叫做"封闭循环单元"(gated recurrent unit)。百度的英文语音识别系统接受了将近12 000小时的语音训练,在16个GPU上完成训练需要3~5天。在名为WSJ Eval' 92的基准测试中,其单词错误率低至3.1%,已超过正常人的识别能力(5%)。在另外一个小型汉语基准测试中,机器的识别错误率只有3.7%,而一个五人小组的集体识别错误率则为4%。

2015年12月的ImageNet图像识别的竞赛中,来自微软亚洲研究院(Microsoft Research Asia; MSRA)的团队夺冠。MSRA团队尝试了一种称为"深度残余学习"(deep residual learning)的算法。该学习模型,使用深达152层的神经网络,头五个类别的识别错误率创造了3.57%的新低,这个数字已经低于一个正常人的大约5%的错误率。

2015年12月10—12日,2015汉语理论语言学及应用语言学国际研讨会在英国召开。该研讨会由纽卡斯尔大学主办。

2015年12月13日,台湾听力语言学会2015年度会员大会暨学术研讨会在台湾高雄召开,该会议由台湾听力语言学会主办。

2015年12月16—18日,2015年语料库语言学与语言科技发展国际会议在中国香港召开,该会议由香港教育学院语言学和现代语言学系主办。

2015年12月17—18日,第17届语言学,语文教学国际会议在泰国曼谷召开。会议由世界科学、工程和技术研究院(World Academy of Science, Engineering and Technology)主办。

2015年12月23—24日,第17届外语教学与应用语言学国际会议在阿拉伯联合酋长国召开。会议由世界科学、工程和技术研究院(World Academy of Science,Engineering and Technology)主办。

2015年12月25日,重庆市外文学会2015年理事会暨语言测试专业委员会成立大会在重庆邮电大学举行。重庆市外文学会语言测试专业委员会成立。

国内外语言学与应用语言学主要学术期刊名录

（一）国内部分

名　称	主办单位	周期	主要栏目/备注	投稿方式
北京第二外国语学院学报	北京第二外国语学院	双月刊	中国人文社会科学核心期刊。创刊于1979年。设有语言学研究、翻译理论与实践、外国文学评论、外语教学理论与实践等栏目，以及名家论坛、学术争鸣、青年学者论坛、学术前沿、优秀博士论文精要摘编、国家社科（教育部社科）基金重点和重大项目追踪、文化研究、国别研究、"一带一路"与国家语言战略规划、典籍翻译与中国文化走出去、书刊评介等机动栏目。	在线投稿：http://journal.bisu.edu.cn/CN/volumn/home.shtml
辞书研究	上海世纪出版股份有限公司 上海辞书出版社	双月刊	中国人文社会科学核心期刊。创刊于1979年，中国辞书学会会刊。国内唯一一本关于辞书编纂理论和实践的学术性、知识性、资料性刊物。设有通论、辞书史与辞书学史、专著评介、杂谈、释义探讨等栏目。	邮箱投稿：cishuyanjiu@163.com 在线投稿：www.cishu.cc
当代外语研究	上海交通大学《当代外语研究》编辑部	双月刊	创刊于1980年。设有语言哲学、语言本体和语言应用、翻译理论与实践、外国文学理论与批评、比较文学、外语战略与政策、外语教学与测试、中外语言与文化、书评、人物专访等栏目。	在线投稿：www.ddwyyj.com
当代修辞学	复旦大学	双月刊	中文社会科学引文索引（CSSCI）来源期刊、中国人文社会科学核心期刊、北大中文核心期刊。创刊于2009年。专注于修辞学理论建构与研究方法的创新和修辞现象的解释。设有修辞理论、国外修辞学、辞格研究、修辞与认知、修辞与文化、修辞与应用、流行语观察、修辞散论等栏目。	在线投稿：http://xcxx.cbpt.cnki.net 或：http://xcxx.chinajournal.net.cn
当代语言学	中国社会科学院语言研究所	季刊	中文社会科学引文索引（CSSCI）来源期刊、中国人文社会科学核心期刊、北大中文核心期刊。创刊于1962年。由《国外语言学》易名而来。主要刊登运用当代语言学理论和方法研究汉语和其他语言的论文以及有独立见地的书评，尤其欢迎对某一语言现象作深入考察并具有理论意义的文章，同时也刊登国际语言学前沿综述论文。设有研究性论文、当代语言学前沿、书刊评介等栏目。还不定期开设专题讨论与争鸣、术语译评等栏目。	在线投稿：http://www.ddyyx.com/
方言	中国社会科学院语言研究所	季刊	中文社会科学引文索引（CSSCI）来源期刊、中国人文社会科学核心期刊、北大中文核心期刊。创刊于1979年。登载方言调查和方言研究成果，包括专题论文、调查报告、调查表格，以及书评书目、资料介绍、情况报道等。	在线投稿：http://www.fyzazhi.org

(续表)

名 称	主办单位	周期	主要栏目/备注	投稿方式
古汉语研究	湖南师范大学	季刊	中文社会科学引文索引（CSSCI）来源期刊、中国人文社会科学核心期刊、北大中文核心期刊。创刊于1988年。设有古汉语文字、音韵、词汇、训诂、语法、修辞及古籍整理等专栏。	邮箱投稿：ghyyjbjb@126.com 在线投稿：http://118.145.16.212/Jwk_ghyyj/CN/volumn/home.shtml
广东外语外贸大学学报	广东外语外贸大学	双月刊	创刊于1990年。主要刊登人文社会科学研究的最新成果，所涉及的研究领域主要有外国语言文学、应用经济学、理论经济学、工商管理、法学、政治学、中国语言文学、新闻传播学、公共管理、教育学、社会学、文化研究、艺术研究等。	在线投稿：http://gdwy.cbpt.cnki.net/WKE/WebPublication/index.aspx?mid=GDWY
汉语学报	华中师范大学	季刊	中文社会科学引文索引（CSSCI）来源期刊、中国人文社会科学核心期刊、北大中文核心期刊。创刊于2004年。登载汉语研究论文和跟汉语相关的跨界性研究文章，适当登载论著评介、信息动态等方面的文稿。除了若干灵活性较大的栏目，设有专题讨论和青年论坛两个较为固定的专栏。	邮箱投稿，附打印稿。hanyuxuebao@163.com 邮寄地址：430079 华中师范大学语言与语言教育研究中心 在线投稿：http://hyxb10184.cnzazhi.net/index.html
汉语学习	延边大学	双月刊	中文社会科学引文索引（CSSCI）来源期刊、中国人文社会科学核心期刊、北大中文核心期刊。创刊于1980年。设有语言学与现代汉语研究、现代汉语研究述评、对比研究、语言·文化·社会、第二语言汉语教学、研究生论坛、书评、国外汉语学者评价、海外汉语教学等栏目。	邮箱投稿：hyxx@ybu.edu.cn
江苏外语教学研究	江苏省外语教学研究会；南京师范大学外国语学院	季刊	创刊于1993年。设有语言文化研究、语言学研究、外语教学、翻译研究、外国文学研究、书刊评介等栏目及与上述内容有关的书刊评介、札记、报道、访谈等。	邮箱投稿：jiangsuwaiyu@126.com 电话：025－83598181
解放军外国语学院学报	解放军外国语学院	双月刊	中文社会科学引文索引（CSSCI）来源期刊（扩展版）、中国人文社会科学核心期刊、北大中文核心期刊。常设栏目：语言与语言学研究、外语教学研究、翻译研究、外国文学研究等，涵盖所有外语语种和各个研究方向。	在线投稿：http://www.jfjw.china-journal.net.cn/WKD/WebPublication/index.aspx?mid=jfjw
民族语文	中国社会科学院民族学与人类学研究所	双月刊	中文社会科学引文索引（CSSCI）来源期刊、中国人文社会科学核心期刊、北大中文核心期刊。创刊于1979年。主要刊登以下板块论文：民族语文的使用、发展理论与实践问题研究；中国民族语言的描写研究；语言比较和语言系属研究；民族古文字古文献研究；实验语音学及有关交叉学科的研究；社会语言学和双语教学研究；民族语言著述评介、课题研究动态、民族语文工作动态等。	邮箱投稿：mingzywbjb@163.com 邮寄地址：100081 北京市海淀区中关村南大街27号6号楼《民族语文》编辑部 电话：010－68932381

（续表）

名 称	主办单位	周期	主要栏目/备注	投稿方式
日语学习与研究	对外经济贸易大学	双月刊	创刊于1979年。设有日语研究动态、翻译论文、日本古典与现代文学对译作品、经贸文章译注以及汉语和日语比较研究、日本文学欣赏、日本大众文化研究等栏目。	在线投稿：http://ryxxyyj.cbpt.cnki.net/WKC2/WebPublication/index.aspx?mid=RYXXYYJ
山东外语教学	山东师范大学	双月刊	创刊于1980年。设有语言研究、教学研究、外国文学研究、翻译研究、外国语言、中国语言文化和文化、书刊评介、高端论谈和学术动态等栏目。	在线投稿：http://www.wyjx.sdnu.edu.cn/
上海翻译	上海市翻译学会	双月刊	中国人文社会科学核心期刊、北大中文核心期刊。创刊于1986年。设有翻译理论、翻译技巧、应用翻译、翻译教学、口译、新词译述、译坛人物、译者论坛、他山之石、商榷与争鸣、译者与辞书、英汉互译等栏目。	在线投稿：http://shjot.shu.edu.cn
世界汉语教学	北京语言大学	季刊	中文社会科学引文索引（CSSCI）来源期刊、中国人文社会科学核心期刊、北大中文核心期刊。创刊于1987年。设有汉语研究、汉语教学研究、汉语学习研究、各地教学研究和学术评论等栏目。	邮箱投稿：sjhyjx@blcu.edu.cn 在线投稿：http://sjhy.cbpt.cnki.net/WKC2/WebPublication/index.aspx?mid=sjhy
天津外国语大学学报	天津外国语大学	双月刊	创刊于1993年。设有翻译研究、外语教学研究、英语语言及其语言学研究、文学研究、语言文化研究、学术综述、学术书评等栏目。	在线投稿：http://twdxb.cbpt.cnki.net/WKD/WebPublication/index.aspx?mid=tjwg
西安外国语大学学报	西安外国语大学	季刊	中文社会科学引文索引（CSSCI）来源期刊（扩展版）、中国人文社会科学期刊综合评价指标体系（AMI）来源期刊。创刊于1994年。设有汉外语言文化对比研究（全国高校社科期刊特色栏目）、语言哲学、语言学与语言研究、外语教育与外语教学、二语习得研究、外国文学研究、世界文学与比较文学、翻译理论与实践等栏目，以及丝绸之路与跨文化传播、区域国别研究、博士论坛等不定期专栏。	邮寄地址：710061陕西省西安市长安南路437号西安外国语大学雁塔校区62号信箱学报编辑部 邮箱投稿：xisuxb@163.com 在线投稿：http://xawx.cbpt.cnki.net/WKD/WebPublication/index.aspx?mid=xawx
现代外语	广东外语外贸大学外国语言学及应用语言学研究中心	双月刊	中文社会科学引文索引（CSSCI）来源刊、中国人文社会科学核心期刊、北大中文核心期刊。创刊于1978年。登载理论性、实证性、前沿性及综述性的研究论文。设有语言学、二语研究及其应用、前沿研究、书刊评介等栏目。	在线投稿http://xdwy.cbpt.cnki.net
语文研究	山西省社会科学院	季刊	中文社会科学引文索引（CSSCI）来源刊、中国人文社会科学核心期刊、北大中文核心期刊。创刊于1980年。主要刊登语言学理论及汉语语音、词汇、语法、文字、修辞等方面的研究成果，兼及对山西方言、晋语区方言的研究。	邮箱投稿：ywyjbjb@126.com 电话：0351-5691862

(续表)

名称	主办单位	周期	主要栏目/备注	投稿方式
语言教学与研究	北京语言大学	双月刊	中文社会科学引文索引（CSSCI）来源刊、中国人文社会科学核心期刊、北大中文核心期刊。创刊于1979年。设有对外汉语教学、汉语研究、语言与文化研究、语言对比、语言习得和语言测试研究等栏目。	在线投稿：http://yyjx.chinajournal.net.cn
语言科学	江苏师范大学语言所	双月刊	中文社会科学引文索引（CSSCI）来源刊、中国人文社会科学核心期刊、北大中文核心期刊。创刊于2002年。主要刊登语言科学领域内有理论意义和应用价值的基础研究、应用基础研究、应用研究的专论，以及基于共时或历时的具体语言事实且有理论深度或独创性见解和在交叉学科、新兴学科领域中有突破性进展的专题研究成果，包括理论语言学以及语言学各分支学科以及现代汉语研究、汉语史研究、中国境内各民族语言研究，也刊载严肃的学术评论和著述评论等方面的内容。	在线投稿：http://www.linsci.com/CN/volumn/current.shtml 邮箱投稿：yykx@vip.163.com
语言研究	华中科技大学中国语言研究所	季刊	中文社会科学引文索引（CSSCI）来源刊、中国人文社会科学核心期刊、北大中文核心期刊。创刊于1981年。刊载语言学理论方法的探索及新学说的评价；汉语和少数民族语言及方言的描写；亲属语言的历史比较研究；在语言研究中使用自然科学手段的理论和实践；语言的对比研究；用现代语言学理论研究传统的文字学、音韵学、训诂学；当前国内外重要语言学著作述评等。	邮箱投稿：yyyj@chinajournal.net.cn yyyjbjb@mail.hust.edu.cn 通讯地址：430074 湖北省武汉市武昌华中科技大学校内 电话：027－87549504。
语言与翻译	新疆维吾尔自治区民族语言文字工作委员会（翻译局）	季刊	中文社会科学引文索引（CSSCI）（扩展版）来源期刊、中国人文社会科学核心期刊。创刊于1985年。设有语言学、汉语、少数民族语言、翻译理论与实践双语教学与双语学习、对外汉语教学。	邮寄地址：830049 新疆乌鲁木齐市新华南路654号《语言与翻译》汉文编辑部 邮箱投稿：yyfy1985@sohu.com
语言文字应用	教育部语言文字应用研究所	季刊	中文社会科学引文索引（CSSCI）来源期刊、中国人文社会科学核心期刊、北大中文核心期刊。创刊于1992年。主要栏目有：语言文字规划、语言文字规范、推广普通话、社会语言学、语言教学、对外汉语教学、计算机多媒体辅助教学、计算语言学、面向中文信息处理的现代汉语基础研究，并追踪报道国内外有关语言文字应用的热点问题。文章形式包括学术论文、学术报告、笔谈、资料等。	邮箱投稿：yywzyy@126.com 邮寄地址：北京市朝内南小街51号《语言文字应用》编辑部 电话：010－65130351 010－65592940
外国语（上海外国语大学学报）	上海外国语大学	双月刊	中文社会科学引文索引（CSSCI）来源期刊、中国人文社会科学核心期刊、北大中文核心期刊。创刊于1978年。设有语言学及具体语言研究；翻译研究；外国文学理论研究；语言、翻译、外国文学类书籍评介及相关学术会议简讯等栏目。	在线投稿：http://jfl.shisu.edu.cn/CN/volumn/current.shtml

(续表)

名 称	主办单位	周期	主要栏目/备注	投稿方式
外国语文	四川外国语大学	双月刊	中文社会科学引文索引（CSSCI）来源期刊（扩展版）、中国人文社会科学核心期刊、北大中文核心期刊。创刊于1980年，前身为《四川外语学院学报》。设有外国语言文学与文本研究、外国语言研究、中国文化"走出去"专栏、翻译研究、外语教育与教学论坛、学术史研究等栏目。	在线投稿：http://scwy.cbpt.cnki.net
外国语言文学	福建师范大学	季刊	创刊于1984年，原名《福建外语》，1992年入选中文核心期刊要目总览。设有语言研究、教学法理论与研究、外国文学评论、翻译理论与研究、问题与商榷、书刊评介、学术动态等栏目。	邮箱投稿：fjwy@fjnu.edu.cn 邮寄地址：350007 福州市仓山区福建师范大学《外国语言文学》编辑部
外语电化教学	上海外国语大学	双月刊	中文社会科学引文索引（CSSCI）来源期刊、中国人文社会科学核心期刊、北大中文核心期刊。创刊于1979年。设有语言研究新视野，外语教育技术理论与实践，包括语言技术研究、数字技术与外语教育、数字语言实验室建设、外语视听说教学研究、网络与外语教学、外语多媒体教学研究、语料库教学与研究、英语测试学研究、网络教学课堂案例精选等栏目。	邮寄地址：200083 上海市大连西路550号366信箱《外语电化教学》编辑部 邮箱投稿：wydhjx204@163.com
外语教学	西安外国语大学	双月刊	中文社会科学引文索引（CSSCI）来源期刊、中国人文社会科学核心期刊、北大中文核心期刊。创刊于1979年。设有语言学与语言研究、外语教学与研究、外国文学评论、翻译研究、新书评介等栏目，以及英汉比较研究、语言政策与语言规划、翻译与中国文化走出去、MTI专题研究等不定期专栏。	邮寄地址：710061 西安市长安南路437号西安外国语大学雁塔校区62号信箱学报编辑部 邮箱投稿：xisuxb@163.com 在线投稿：http://teac.cbpt.cnki.net/WKD/WebPublication/index.aspx?mid=teac
外语教学理论与实践	华东师范大学	季刊	中文社会科学引文索引（CSSCI）来源期刊、中国人文社会科学核心期刊、北大中文核心期刊。创刊于1981年。原名《国外外语教学》，介绍国内外外语教学领域的新思想、新趋势、新方法和新经验，广泛反映世界各国外语教育的现状和动态。	在线投稿：http://202.120.85.34/Jweb_wyjx/CN/volumn/current.shtml
外语教学与研究	北京外国语大学	双月刊	中文社会科学引文索引（CSSCI）来源期刊、中国人文社会科学核心期刊、北大中文核心期刊。创刊于1957年。原名《西方语文》。我国外语界第一家学术期刊。设有语言学研究、语言研究、外语教育、翻译研究、外国文学研究和书刊评介等栏目。	在线投稿：http://www.fltr.ac.cn

(续表)

名 称	主办单位	周期	主要栏目/备注	投稿方式
外语界	上海外国语大学	双月刊	中文社会科学引文索引(CSSCI)来源期刊、中国人文社会科学核心期刊、北大中文核心期刊。创刊于1980年。专门反映以大学英语及英语专业为主的外语教学与科研最新成果和动态、探讨外语教学理论、交流外语教学与改革经验、评介外语教学与科研图书资料的综合性刊物，辟有外语教学、翻译教学、外语教师教育与发展、国外外语教学、教材编写研究、学术会议综述、书刊评介和信息之窗等栏目。	邮寄地址： 200083 上海市大连西路558号 电话：021—35051290 在线投稿： http://www. waiyujie. net/CN/volumn/home. shtml
外语学刊	黑龙江大学	双月刊	中文社会科学引文索引(CSSCI)来源期刊、中国人文社会科学核心期刊、北大中文核心期刊。创刊于1978年。设有语言哲学、语言学、外语教学、翻译研究、语言文化与国家战略、文学研究等栏目。	邮寄地址： 150080 哈尔滨市学府路74号黑龙江大学《外语学刊》编辑部 电话：0451—86608322 在线投稿： http://outl. cbpt. cnki. net
外语研究	南京解放军国际关系学院	双月刊	中文社会科学引文索引(CSSCI)来源期刊(扩展版)、中国人文社会科学核心期刊、北大中文核心期刊。创刊于1984年，原名《南外学报》。设有现代语言学研究、外语教学研究、翻译学研究、外国文学研究、词典学研究等栏目。	在线投稿： http://www. waiyuyanjiu.cn/ 邮箱投稿： waiyuyanjiubj@163.com
外语与翻译	中南大学	季刊	创刊于2000年。原名《长沙铁道学院学报》，2014年底更名。设有语言研究、翻译研究、外国文学研究、外语教育研究、书刊评介等栏目。	邮寄地址： 410083 湖南省长沙市岳麓区中南大学新校区外国语学院南楼325室 Email：wyfy09@126.com
外语与外语教学	大连外国语大学	双月刊	中文社会科学引文索引(CSSCI)来源期刊、中国人文社会科学核心期刊、北大中文核心期刊。创刊于1979年。设有语言学理论及语言问题研究、外语教学研究、文学与文论研究、翻译研究、书评等栏目。	Email附打印稿 邮箱：dwflatt@163.com 地址：大连市延安路94号 电话：0411—82563258
中国俄语教学	北京外国语大学	季刊	创刊于1981年。中国俄语教学研究会会刊，设有教学研究、翻译研究、语言及语言学研究、文学研究、俄汉翻译、俄汉语言对比、研究生论坛、书评等栏目。	邮箱投稿： kaprial@163.com
中国翻译	中国外文局对外传播研究中心，中国翻译工作者协会	双月刊	中文社会科学引文索引(CSSCI)来源期刊、中国人文社会科学核心期刊、北大中文核心期刊。创刊于1979年。设有译学研究、翻译理论与技巧、翻译评论、译著评析、翻译教学、科技翻译、经贸翻译、实用英语翻译、人物介绍、国外翻译界、当代国外翻译理论、翻译创作谈、翻译史话、译坛春秋、中外文化交流、国外翻译界动态、词汇翻译选登、读者论坛、争鸣与商榷、翻译自学之友等栏目。	邮箱投稿： zhongguofangyitougao@gmail.com 邮寄地址： 100037 北京市阜外百万庄大街24号《中国翻译》编辑部

（续表）

名称	主办单位	周期	主要栏目/备注	投稿方式
中国科技翻译	中国科学院科技翻译工作者协会	季刊	中国人文社会科学核心期刊、北大中文核心期刊。创刊于1988年。设有科技翻译理论探索、科技翻译研究、译名标准化、口译、译海论谈、科技译员修养、科技翻译自学、科学家谈翻译、翻译随笔、图书评介等栏目。	在线投稿：http://www.cntg.org.cn/cnki/html/4150.html 邮箱投稿：tg@cntg.org.cn
中国外语	高等教育出版社	双月刊	中文社会科学引文索引（CSSCI）来源期刊、中国人文社会科学核心期刊、北大中文核心期刊。创刊于2004年。设有改革论坛、学术探索、教学研究、文化视野、纵横论译、教师教育、科研方法、学者对话、书评、学界动态等栏目。	在线投稿 http://www.flcjournal.com
中国应用语言学	外语教学与研究出版社，英国使馆文化教育处	季刊	创刊于1994年。原名《中国英语教学》(Teaching English in China)，中国应用语言学研究会的会刊，刊登用英语写成的有关中国应用语言学（特别是英语教学理论与实践）研究论文。设有英语教学法、二语习得、语言测试与评估、语言政策、课程设计与教材评估、教师发展、跨文化交际与英语教学、专门用途英语教学、词典与英语教学、教学实践创新、翻译教学、语言学教学、文学教学、书评与文评等栏目。	在线投稿：http://teic.cbpt.cnki.net/WKD/WebPublication/index.aspx?mid=teic
中国语文	中国社会科学院语言研究所	双月刊	中文社会科学引文索引（CSSCI）来源期刊、中国人文社会科学核心期刊、北大中文核心期刊。创刊于1952。主要刊登汉语现状、历史以及应用、实验等的调查和研究，语言理论、语言政策的研究，汉语教学、汉外对比研究，语言学和其他学科交叉课题的研究，汉字现状、历史以及应用调查和研究，语言文字著作的评论文章等。	在线投稿：http://www.zgyw.org.cn
中国韵文学刊	中国韵文学会，湘潭大学	季刊	中国人文社会科学核心期刊。创刊于1987年。设有清词研究专栏、湖湘诗词与文化、现代旧体诗词研究、诗学专题、词学专题、赋学专题、曲学专题、专题考辨、书评、会议综述、问题讨论、时代新声、耆旧遗音等栏目。	投稿邮箱：yunwenxuekan@163.com 在线投稿：http://www.jxtu.net/xtdxzgywxk/ch/index.aspx

（二）国际部分(SSCI)

序号	刊名	中文译名	出版地
1	Across Languages and Cultures	跨语言文化	匈牙利
2	Acta Linguistica Hungarica	匈牙利语言学论丛	匈牙利
3	Africana Linguistica	非洲语言学	比利时
4	American Journal of Speech-Language Pathology	美国言语—语言病理学杂志	美国
5	American Speech	美国口语	美国

(续表)

序号	刊　名	中文译名	出版地
6	Annual Review of Applied Linguistics	应用语言学年度评论	英国
7	Annual Review of Linguistics	语言学年度评论	美国
8	Applied Linguistics	应用语言学	英国
9	Applied Linguistics Review	应用语言学评论	德国
10	Applied Psycholinguistics	应用心理语言学	英国
11	Argumentation	论辩	荷兰
12	Assessing Writing	写作评价	荷兰
13	Atlantis — Journal of the Spanish Association of Anglo-American Studies	亚特兰蒂斯——西班牙英美研究协会会刊	西班牙
14	Australian Journal of Linguistics	澳大利亚语言学杂志	英国
15	Babel — Revue International de la Traduction / International Journal of Translation	巴别塔——翻译学国际杂志	比利时
16	Bilingualism: Language and Cognition	双语：语言与认知	英国
17	Brain and Language	大脑与语言	美国
18	Child Language Teaching and Therapy	儿童语言教学与治疗	英国
19	Círculo de Lingüística Aplicada a la Comunicación	应用语言学交流	西班牙
20	Clinical Linguistics & Phonetics	临床语言学与语音学	英国
21	CognitiveLinguistics	认知语言学	德国
22	Child Language Teaching and Therapy	儿童语言教学与治疗	英国
23	Computational Linguistics	计算语言学	美国
24	Computer Assisted Language Learning	计算机辅助语言学习	英国
25	Corpus Linguistics and Linguistic Theory	语料库语言学与语言学理论	德国
26	Diachronica	历时语言学	荷兰
27	Dialectologia et Geolinguistica	方言学与地理语言学	德国
28	Digital Scholarship in the Humanities	数字人文	英国
29	ELT Journal	英语教学杂志	英国
30	English for Specific Purposes	专门用途英语	英国
31	English Language & Linguistics	英语语言与语言学	英国
32	English Teaching: Practice and Critique	英语教学：实践与评论	美国
33	English Today	今日英语	英国
34	English World-Wide: A journal of varieties of English	世界英语：英语语言变体研究期刊	荷兰

(续表)

序号	刊　　名	中文译名	出版地
35	*Estudios Filologicos*	语言学研究	西班牙
36	*European Journal of English Studies*	欧洲英语研究期刊	英国
37	*First Language*	第一语言	英国
38	*Folia Linguistica*	语言学报	比利时
39	*Folia Linguistica Historica*	历史语言学	德国
40	*Foreign Language Annals*	外语志	美国
41	*Functions of Language*	语言的功能	荷兰
42	*Gender and language*	性别与语言	英国
43	*Gesture*	手势	荷兰
44	*General Linguistics*	普通语言学	美国
45	*Glossa*	GLOSSA	荷兰
46	*Hispania — A Journal Devoted to the Teaching of Spanish and Portuguese*	伊斯帕尼亚——西班牙语与葡萄牙语教学杂志	美国
47	*Ibérica*	伊比利亚	西班牙
48	*Indogermanische Forschungen*	印欧语系研究	德国
49	*Interaction Studies*	交互研究	荷兰/美国
50	*Intercultural Pragmatics*	交互语用学	德国
51	*International Journal of American Linguistics*	美国语言学国际杂志	美国
52	*International Journal of Bilingual Education and Bilingualism*	双语教育与双语主义国际杂志	英国
53	*International Journal of Bilingualism*	双语现象国际杂志	英国
54	*International Journal of Corpus Linguistics*	语料库语言学国际杂志	荷兰/美国
55	*International Journal of Language & Communication Disorders*	语言与交流失调国际杂志	英国
56	*International Journal of Speech, Language & the Law*	言语、语言与法律国际杂志	英国
57	*International Journal of Speech-Language Pathology*	发音病理学国际杂志	英国
58	*Interpreter and Translator Trainer*	口笔译员培训	英国
59	*Interpreting*	口译学	荷兰/美国
60	*IRAL (International Review of Applied Linguistics in Language Teaching)*	应用语言学语言教学国际论丛	德国
61	*Journal of Adolescent & Adult Literacy*	青少年与成人读写杂志	美国

(续表)

序号	刊　名	中文译名	出版地
62	Journal of African Languages and Linguistics	非洲语言与语言学杂志	荷兰
63	Journal of Child Language	儿童语言杂志	英国
64	Journal of Chinese Linguistics	中国语言学报	美国
65	Journal of Communication Disorders	语言交流障碍杂志	美国
66	The Journal of Comparative Germanic Linguistics	日耳曼比较语言学杂志	荷兰
67	Journal of East Asian Linguistics	东亚语言学学报	荷兰
68	Journal of English for Academic Purposes	学术用途英语杂志	荷兰
69	Journal of English Linguistics	英语语言学杂志	美国
70	Journal of Fluency Disorders	语言流利障碍研究杂志	荷兰
71	Journal of French Language Studies	法语研究杂志	法国
72	Journal of Germanic Linguistics	日耳曼语言学杂志	英国
73	Journal of Historical Pragmatics	历史语用学杂志	荷兰/美国
74	Journal of Language and Social Psychology	语言与社会心理学杂志	英国
75	Journal of language Identity and Education	语言身份与教育杂志	美国
76	Journal of Linguistic Anthropology	语言人类学杂志	美国
77	Journal of Linguistics	语言学杂志	英国
78	Journal of Memory and Language	记忆与语言杂志	美国
79	Journal of Multilingual and Multicultural Development	多语与多元文化发展杂志	英国
80	Journal of Neurolinguistics	神经语言学杂志	荷兰
81	Journal of Phonetics	语音学杂志	英国
82	The Journal of Pidgin and Creole Languages	洋泾浜与克里奥尔语言杂志	荷兰/美国
83	Journal of Pragmatics	语用学杂志	荷兰
84	Journal of Psycholinguistic Research	心理语言学研究杂志	美国
85	Journal of Quantitative Linguistics	定量语言学杂志	荷兰
86	Journal of Second Language Writing	二语写作杂志	荷兰
87	Journal of Semantics	语义学杂志	荷兰
88	Journal of Sociolinguistics	社会语言学杂志	英国
89	Journal of Speech, Language and Hearing Research	言语、语言与听觉研究杂志	美国

(续表)

序号	刊　　名	中文译名	出版地
90	Journal of the International Phonetic Association	国际语音学协会会刊	英国
91	Laboratory Phonology	实验音系学	德国
92	Language (Linguistic Society of America)	语言（美国语言学学会会刊）	美国
93	Language Acquisition	语言习得	美国
94	Language & Communication	语言与交流	英国
95	Language and Cognitive Processes	语言与认知过程	英国
96	Language & History	语言与历史	英国
97	Language and Education	语言与教育	英国
98	Language and Intercultural Communication	语言与跨文化交际	英国
99	Language and Linguistics	语言与语言学	荷兰
100	Language and Literature（San Antonio，Tex.）	语言与文学	英国
101	Language and Speech	语言与口语	英国
102	Language Assessment Quarterly	语言评价季刊	英国
103	Language Awareness	语言意识研究	英国
104	Language in Society	社会中的语言	英国
105	Language Learning	语言学习杂志	英国
106	Language Learning and Technology	语言学习与技术	美国
107	Language Matters	语言问题	澳大利亚
108	Language Policy	语言政策	荷兰
109	Language Problems & Language Planning	语言问题与语言规划	荷兰
110	Language Sciences	语言科学	荷兰
111	Language Speech and Hearing Services in Schools	语言、言语与听力在校服务	美国
112	Language Teaching	语言教学	英国
113	Language Teaching Research	语言教学研究	美国
114	Language Testing	语言测试	美国
115	Language Variation and Change	语言变体与变化	英国
116	Lexikos	词典编纂	南非
117	Lingua: International review of general linguistics	语言：国际普通语言学论丛	荷兰
118	Linguistic Inquiry	语言学探索	美国

(续表)

序号	刊　　名	中文译名	出版地
119	The Linguistic Review	语言学评论	美国
120	Linguistic Typology	语言类型学	德国
121	Linguistic Antverpiensia New Series — Themes in Translation Studies	安特卫普语言学新系列——翻译研究主题	比利时
122	Linguistics	语言学	比利时
123	Linguistics and Education	语言学与教育	荷兰
124	Linguistics and Philosophy	语言学与哲学	荷兰
125	Literacy	读写能力	英国
126	Literary & Linguistic Computing	文学与语言计算	英国
127	Metaphor and Symbol	隐喻与象征	美国
128	Mind and Language	心智与语言	英国
129	Modern Language Journal	现代语言杂志	美国
130	Multilingual — Journal of Cross-Cultural and Interlanguage Communication	多语交流——跨文化与语言间交流	德国
131	Names — A Journal of Onomastics	名称——专有名词学杂志	英国
132	Narrative Inquiry	叙事研究	荷兰
133	Natural Language & Linguistic Theory	自然语言与语言理论	荷兰
134	Natural Language Engineering	自然语言工程	英国
135	Natural Language Semantics	自然语言语义学	英国
136	Nesprachliche Mitteilungen aus Wissenschaft und Praxis	现代语言学的科学与实践报告	德国
137	Nordic Journal of Linguistics	北欧语言学杂志	英国
138	Onomazein	名称研究	智利
139	Phonetica	语音学	瑞士
140	Phonology	音系学	英国
141	Poznan Studies in Contemporary Linguistics	当代语言学研究	德国
142	Pragmatics	语用学	比利时
143	Pragmatics & Cognition	语用与认知	荷兰
144	Pragmatics and Society	语用和社会	荷兰
145	Probus — Journal of name of Romance languages family	普罗布勒斯——罗曼语族研究	荷兰
146	RE-call Journal (European Association for Computer-Assisted Language Learning)	机辅语言学习续研（欧洲机辅语言学习协会会刊）	欧盟

（续表）

序号	刊　名	中文译名	出版地
147	Research on Language and Social Interaction	语言学与社会交互研究	英国
148	Review of Cognitive Linguistics	认知语言学评论	荷兰
149	Revista Espanola de Linguistica Aplicada	西班牙应用语言学杂志	荷兰
150	Revista Signos	语符研究	智利
151	Revue Francaise de Linguistique Appliquee	法国应用语言学杂志	法国
152	Revue Roumaine de Linguistique — Romanian Review of Linguistics	罗马尼亚语言学杂志	罗马尼亚
153	Second Language Research	第二语言研究	英国
154	Sintagma	句法学	西班牙
155	Southern African Linguistics and Applied Language Studies	南非语言学与应用语言研究	南非
156	Spanish in Context	语境中的西班牙语	荷兰
157	Studies in Language	语言研究	荷兰
158	Studies in Second Language Acquisition	第二语言习得研究	美国
159	Syntax and Semantics	句法与语义	英国
160	Syntax — A Journal of Theoretical Experimental and Interdisciplinary Research	句法学——理论实验与跨学科研究杂志	英国
161	System	系统	荷兰
162	Target — International Journal of Translation Studies	目标——翻译研究国际杂志	荷兰
163	Terminology	术语	荷兰
164	TESOL Quarterly	对外英语教学季刊	美国
165	Text and Talk: An Interdisciplinary Journal of Language, Discourse & Communication Studies	语篇与对话：跨学科语言、语篇与交流研究杂志	德国
166	Theoretical Linguistics	理论语言学	德国
167	Topics in Language Disorders	语言障碍研究	荷兰
168	Translation and Interpreting Studies	翻译与口译研究	荷兰
169	Translation Studies	翻译研究	英国
170	Translator	翻译家	英国
171	Vial — Vigo International Journal of Applied Linguistics	VIAL——比戈国际应用语言学杂志	西班牙
172	World Englishes: Journal of English as an International Language	世界英语：作为国际语言的英语杂志	英国
173	Zeitschrift für Dialektologie und Linguistik	方言学与语言学杂志	德国
174	Zeitschrift für Sprachwissenschaft	语言学杂志	德国

（三）其他国际期刊

序号	刊　名	中文译名	出版地
1	Anthropological Linguistics	人类语言学	美国
2	British Educational Research Journal	英国教育研究杂志	英国
3	Cahiers de l'institut de Linguistique de Louvain	卢万语言学会手册	比利时
4	Cognition	认知	荷兰
5	Cognitive Science	认知科学	美国
6	College English	大学英语	美国
7	Culture and Language Learning Newsletter	文化与语言学习通讯	美国
8	Deutsch als Fremdsprache	外国人学德语	德国
9	Deutsche Sprache	德语	德国
10	Discourse & Society	话语与社会	英国
11	Discourse Processes	话语过程	美国
12	Edinburgh Working Papers in Applied Linguistics	爱丁堡应用语言学论丛	英国
13	ELT Documents	英语教学论丛	英国
14	English in Education	教育英语	英国
15	English Journal	英语杂志	美国
16	English Studies	英文研究	荷兰
17	English Teaching Forum	英语教学论坛	美国
18	European Journal of Disorders of Communication	欧洲交流障碍杂志	英国
19	Faits de Langues	语言事实	法国
20	Histoire Epistémologie Langage	语言认识论历史	法国
21	Human Communication Research	人类传播研究	美国
22	International Journal of Applied Linguistics	应用语言学国际杂志	挪威
23	International Journal of Lexicography	词汇学国际杂志	英国
24	International Journal of the Sociology of Language	语言社会学国际杂志	荷兰
25	Journal of Indo-European Studies	印欧语研究杂志	美国
26	Journal of Language for International Business	国际商务语言杂志	美国
27	Journal of Literacy Research	读写能力研究杂志	美国
28	Journal of Literary Semantics	文学语义学杂志	德国

(续表)

序号	刊　名	中文译名	出版地
29	Journal of Research in Reading	阅读研究杂志	英国
30	Language Arts	语言艺术	美国
31	Language International	国际语言	荷兰
32	Language Learning: A journal of applied linguistics	语言学习：应用语言学杂志	美国
33	Le Français dans le monde	法语世界	法国
34	Le Français Moderne	当代法语	法国
35	Le Langage et L'homme	语言与人类	比利时
36	Lebende Sprachen	生动的语言	德国
37	Levende Talen	语言教学	荷兰
38	Lingue e Stile	语言与文体	意大利
39	Linguistische Berichte	语言学报告	德国
40	Lingvisticae Investigationes	语言学研究	荷兰
41	Machine Translation	机器翻译	荷兰
42	Memory and Cognition	记忆与认知	美国
43	Modern English Teacher	现代英语教师	英国
44	Modern Languages	现代语言	英国
45	Multilingua	多语杂志	澳大利亚
46	Muttersprache	本族语	德国
47	Reading	阅读	英国
48	Reading and Writing	读与写	荷兰
49	Reading in a Foreign Language	外语阅读	英国
50	RELC Journal	区域语言杂志	新加坡
51	Revue Quebecoise de Linguistique	魁北克语言学杂志	加拿大
52	Rivista Italiana di Dialettologia	意大利方言学杂志	意大利
53	Russian Linguistics	俄罗斯语言学	荷兰
54	Semiotica	语符学	德国
55	Sign Language Studies	符号语言研究	美国
56	Speech Communication	言语交流	荷兰
57	International Journal of Research Studies in Language Learning	语言学习研究国际杂志	菲律宾
58	Studies in the Linguistic Sciences	语言科学研究	美国
59	Style	文体	美国

(续表)

序号	刊名	中文译名	出版地
60	*Stylistyka*	修辞	波兰
61	*TESL Reporter*	对外英语教学通讯	美国
62	*The Canadian Modern Language Review*	加拿大现代语言评论	加拿大
63	*The French Review*	法语评论	美国
64	*The Linguist*	语言学家	英国
65	*The Use of English*	英语用法	英国
66	*Transactions of the Philological Society*	语文学动态	英国
67	*Virittäjä*	正音	芬兰
68	*Word (International Linguistic Association)*	语词	美国
69	*Written Communication*	书面交流	英国
70	*Волросы Языкознания*	语言学问题	俄罗斯
71	视聴覚教育(日文)	视听教育	日本

国内外语言学学术机构名称及网站

（一）中文网站

北大中文论坛
　　http://www.pkucn.com
北京市写作学会
　　http://www.beijingxiezuo.com/
北京市教育学会
　　http://www.edubj.org/
北京市高等教育学会
　　http://www.bjgjxh.org.cn/
北京市民族教育学会
　　http://bj.mzjyxh.cn/
北京大学中国语言学研究中心
　　http://ccl.pku.edu.cn
对外汉语研究中心
　　http://www.dwhyyjzx.com/
大学英语四、六级考试
　　http://www.cet.edu.cn
东方语言学
　　http://www.eastling.org
法律语言学研究网
　　http://www.flrchina.com
符号学论坛
　　http://www.semiotics.net.cn/index.asp
广东外语外贸大学外国语言学及应用语言学研究中心
　　http://clal.gdufs.edu.cn
　　http://www.clal.org.cn
国际汉语教学学会
　　http://www.isclp.org/
国际中国语言学学会（International Association of Chinese Linguistics）
　　http://www.iacling.org
国学复兴网
　　http://www.gxfxwh.com/portal.php
汉日对比语言学研究会
　　http://www.tyunichitaisyo.com
韩国中国语教育学会
　　http://www.kchinese.net/
美国中文教师学会
　　http://clta-us.org/
全国汉语方言学会（英文名称为 Chinese Dialect Society，简称 CDS）
　　http://ling.cass.cn/pbfiles/yys_xsst.htm

山东语言学网站
　　http://www.yyxx.sdu.edu.cn
上海市辞书学会
　　http://9806102.mmfj.com/
上海市世界语协会
　　http://177969.shanghai.8671.net/
上海市外文学会
　　http://shluwan01708.11467.com/
上海市写作学会
　　http://shxuhui05048.11467.com/
上海市语言文字工作者协会
　　http://shjingan02026.11467.com/
上海语言文字网
　　http://www.shyywz.com/jsp/index/index.jsp
世界汉语教学学会
　　http://www.shihan.org.cn/
世界汉语修辞学会
　　http://www.cxrlinguistics.com/news_info.asp?pro=ok&nid=477
台湾语言学学会
　　http://linguist.tw/index.asp
香港诗词学会
　　http://www.hkscxh.com/
香港语言学会
　　http://www.lshk.org/
新疆锡伯族语言学会
　　http://www.xjsibe.com/
虚拟图书馆：语言及语言学
　　http://vlib.org/Languages
英语专业四、八级考试（四、八级在线）
　　http://tem.sflep.com
语言文字网
　　http://www.yywzw.com
语言学博客
　　http://language.bokee.com/194497.html
语言与语言教育研究中心
　　http://ling.ccnu.edu.cn/
中国辞书学会
　　http://www.sinoss.net/2009/0427/12684.html
　　http://www.guoxue.com/yjjg/zgcsxh/zgcsxh.htm

中国翻译协会(2005年前名为"中国翻译工作者协会")
http://www.tac-online.org.cn
中国高校人文社会科学信息网
http://www.sinoss.net
中国教育语言学研究会
http://www.shcela.com
中国科学院科技翻译工作者协会
http://www.sttacas.org
中国民族语言学会
http://www.china-language.gov.cn/42/2007_6_22/1_42_2778_0_1182484673312.html
中国认知语言学研究会
http://www.ccla2006.com/index.asp
中国社会科学院语言研究所
http://ling.cass.cn
中国声学学会
http://www.aschina.org
心理语言学论坛
http://www.psycholingchina.com/new/cn/index.asp
中国修辞学会
http://www.yywzw.com/list.aspx?cid=155
中国音韵学研究会
http://www.china-language.gov.cn/42/2007_6_22/1_42_2774_0_1182484674046.html
中国英汉语比较研究会
http://www.cacsec.com/

中国英语教学研究会
http://www.celea.org.cn
中国英语写作教学研究会
http://sis.uibe.edu.cn/zhuanti/xzjx/index.html
中国语料库语言学研究会
http://www.corpuschina.org
中国语言文字网(国家语言文字工作委员会)
http://www.china-language.gov.cn
中国语言学会
http://ling.cass.cn/pbfiles/yys_xsst.htm
中国语言学会语音分会
http://www.phonetics.org.cn
中国语言与符号学会研究会
http://sfl.suda.edu.cn/chinasemiotics/xhxx_history.htm
中国语用学研究会 CPrA
http://www.cpra.com.cn/Index.asp
中华国粹网
http://www.zhgc.com
中西语言哲学研究会
http://capl.org.cn
中国中文信息学会
http://www.cipsc.org.cn/
中华全国世界语协会
http://www.espero.com.cn/old/epch/Cel/
中美教育研究协会
http://www.s-aera.com/

(二) 外文网站

A Collection of Word Oddities and Trivia
http://jeff560.tripod.com/words.html
AILA Research Network for CALL and the Learner
http://www.callandthelearner.info
AIS Special Interest Group on Semantic Web and Information Systems (SIG SEMIS)
http://www.sigsemis.org/
American Association for Artificial Intelligence
http://www.aaai.org/home.html
American Association for Applied Linguistics
http://www.aaal.org/
American Association of Teachers of Spanish and Portuguese (AATSP)
http://www.aatsp.org/
American Dialect Society
http://www.americandialect.org

American Educational Research Association (AERA)
http://www.aera.net/
American Psychological Association
http://www.apa.org
American Sign Language Teachers Association (ASLTA)
http://www.aslta.org/
American Translators Association
http://www.atanet.org
Applied Linguistics Association of Australia (ALAA)
http://www.alaa.org.au/
Applied Linguistics Association of New Zealand (ALANZ)
http://www.alanz.ac.nz/
Arbeitskreis Angewandte Gesprächsforschung
http://zarinaktmar.krovatka.su/

Asian Association of Computer Assisted Language Learning (ASIA CALL)
http://asiacall.org/network/

Asian Federation of Natural Language Processing
http://www.afnlp.org

Asia-Pacific Association for Machine Translation
http://www.aamt.info

Asociacion Espanola de LinguisticaAplicada (Spanish Association of Applied Linguistics)
http://www.aesla.uji.es

Asociación para el Estudio de la Adquisición del Lenguaje (AEAL, Association for the Study of Language Acquisition)
http://www.aeal.eu

Assembly for the Teaching of English Grammar (ATEG)
http://www.ateg.es/

Associação de Informação Terminológica
http://cvc.instituto-camoes.pt/olingua/01/lingua5.html

Association des chercheursen linguistique française
http://www.aclif.org.ro

Association for Computational Linguistics
http://www.aclweb.org

Association for Computational Linguistics, European Chapter
http://www.eacl.org

Association for French Language Studies
http://www.afls.net

Association for Learning Languages En Famille (ALLEF)
http://www.allef.org.uk

Association for Linguistic Typology
http://www.linguistic-typology.org/

Association Internationale d'Etudes Occitanes
http://www.aieo.org

Asociación de criollos de base léxica portuguesa y española (Association of Portuguese- and Spanish-based Creoles)
http://www.udc.gal/dep/lx/acblpe/

Association of Professors of English and Translation at Arab Universities (APETAU)
http://www.apetau.org

Association of Translators and Interpreters of Ontario
http://www.atio.on.ca

Association pour le développement des études finno-ougriennes
http://www.adefo.org

Association Semiosis
http://semiosis.eu

Associazione Italiana Traduttori e Interpreti
http://www.aiti.org

ATALA, Association pour le TraitementAutomatique des Langues
http://www.atala.org

ATR — Asociatia Traducatorilor din Romania
http://www.atr.org.ro

Austin Area Translators and Interpreters Association,
http://www.aatia.org

AUSTRALEX (Australasian Association for Lexicography)
http://www.australex.org

Australasian Language Technology Association (ALTA)
http://www.alta.asn.au/

Australian Linguistics Society
http://www.als.asn.au

Australian Speech Science Technology Association
http://www.assta.org

Austrian Association of University Teachers of English
http://www.univie.ac.at/aauteweb

Bastigiri Samajik Sansthan
http://www.bastigiri.org
http://www.aboutus.org/index.php?oldid=57687496&title=bastigiri.org

Belarusian Language Society
http://tbm-mova.by

Belgian Association of Anglicists in Higher Education
http://www.baahe.be

Berkeley Linguistics Society
http://linguistics.berkeley.edu/bls

Bilingual & Multilingual Children's Association
http://www.multilingualchildren.org

British Association of Applied Linguistics
http://www.baal.org.uk

Canadian Association for Japanese Language Education (CAJLE)
http://www.cajle.info/

Canadian Association of Applied Linguistics / Association canadienne de linguistique appliquie
http://www.aclacaal.org

Canadian Association of University Teachers of German
http://www.cautg.org

Canadian Linguistic Association
http://homes.chass.utoronto.ca/~cla-acl

Center for Applied Linguistics
http://www.cal.org

Centre for Language and Ecology
http://rankdirectory.org/site/www.ecoling.net/

Centre for Research on Language Change
http://crlc.anu.edu.au

Centre for the Study and Teaching of Lesser-used Languages (CeSTeaLuL)
http://www.fb10.uni-bremen.de/cestealul

CercleBelge de Linguistique — Belgische Kringvoor Linguïstiek — Linguistic Society of Belgium
http://www.bkl-cbl.be

Chamorro Linguistics International Network (CHIN)
http://www.fb10.uni-bremen.de/chin/location.aspx

Chartered Institute of Linguists
http://www.iol.org.uk

Chicago Linguistic Society
http://humanities.uchicago.edu/orgs/cls

Chinese Character Genealogy（中文字谱）
http://www.zhongwen.com

Chinese Language and Culture
http://www.chinese-forums.com

Chinese Language Related Information Page
http://www.chinasona.com/bamboo/chinese.html

Cognition and Semiotics
http://php.indiana.edu/~ccolon/Semiotics/home.html

Cognitive Science Society
http://cognitivesciencesociety.org/index.html

Columbia School Linguistic Society
http://condor.admin.ccny.cuny.edu/~jdavis/csls
http://csling.weebly.com/

Computational Linguistics Group at Oxford University
http://www.clg.ox.ac.uk

Confederation Francaise pour le Developpement de la Linguistique Appliquee (COFDELA) — French Applied Linguistics Confederation.
http://u2.u-strasbg.fr/dilanet/cofdela.htm

Deutsche Gesellschaft fur Sprachwissenschaft (German Linguistics Society)
https://dgfs.de/cgi-bin/dgfs.pl/main

Dictionary Society of North America
http://www.dictionarysociety.com/index.html

Discourse Analysis Online
http://extra.shu.ac.uk/daol

Edinburgh University Linguistics & English Language Society
http://langsoc.eusa.ed.ac.uk

Elvish Linguistic Fellowship
http://www.elvish.org

Endangered Language Fund (ELF)
http://www.endangeredlanguagefund.org/

ESL：Language Studies Abroad
http://www.esl-languages.com/en/home.htm

Esperantic Studies Foundation
http://esperantic.org/en

Ethnologue：Languages of the World
http://www.ethnologue.com/ll_docs/index/Classifier (LanguageLearning).asp
http://www.ethnologue.com/

Ethnorêma
http://www.ethnorema.it

European Association for Chinese Studies
http://www.chinesestudies.eu/

European Association for Computer Assisted Language Learning (EUROCALL, University of Hull, UK)
http://www.eurocall-languages.org

European Association for Lexicography (EURALEX)
http://www.euralex.org

European Association for Machine Translation (EAMT)
http://www.eamt.org/

European Language Resources Association (ELRA)
http://www.elra.info/

European Network of Amerindian Linguistics (ENAL)
http://www.fb10.uni-bremen.de/enal

European Society of Phraseology
http://www.europhras.org

European Society for the Study of English (ESSE)
http://www.essenglish.org/

Expert Advisory Group on Language Engineering Standards (EAGLES)
http://www.ilc.cnr.it/EAGLES/home.html

Fédération Internationale des Professeurs de Langues Vivantes (International Federation of Language Teacher Associations)
http://www.fiplv.org

Finno-Ugrian Society
http://www.sgr.fi

Florida Artificial Intelligence Research Society
http://www.flairs.com

Foreign Language and Culture
http://www.speakeasy.org/~dbrick/Hot/foreign.html

Forum mondial de la langue française：Lors
http://www.forumfrancophonie2012.org/le-forum/a-propos-du-forum

Front for the Identity of Endangered Languages (FILLA)
http://www.filla.info

Foundation for Endangered Languages
http://www.ogmios.org/
Generative Linguists in the Old World (GLOW)
http://www.glow-linguistics.org/index.php
Gesellschaftfuer deutsche Sprache
http://www.gfds.de
Gesellschaftfuer Interlinguistik e.V. (GIL)
http://www.interlinguistik-gil.de
Gesellschaftfür Angewandte Linguistik (GAL) e.V.
http://www.gal-ev.de/
Gesellschaftfür Aphasieforschung und Behandlung (GAB)
http://www.aphasiegesellschaft.de/
Gesellschaftfür Sprache und Sprachen e.V.
http://gesus-info.de
Google Directory: Linguistics: Professional Organizations
http://idioms.thefreedictionary.com/Linguistics%20Working%20Papers%20Directory
Greek Applied Linguistics Association
http://www.enl.auth.gr/gala
Grupo de Estudos Lingúísticos do Nordeste
http://www.gelne.org.br/Site
Henry Sweet Society for the History of Linguistic Ideas
http://www.henrysweet.org
High Desert Linguistic Society
http://linggraduate.unm.edu
Hungarian Society for the Study of English
http://husse-esse.hu/
HyperGrammar
http://www.uottawa.ca/academic/arts/writcent/hypergrammar
I Love Languages!
http://www.ilovelanguages.com
Icelandic Linguistic Society
http://xn--mlfri-xqa2b6e.is/index.php
Institut fur Internationale Kommunikation
http://www.iik-duesseldorf.de
Institute of Translation and Interpreting
http://www.iti.org.uk
Instituto de Investigação e Desenvolvimentoem Política Lingüística (IPOL)
http://www.ipol.org.br
Integrational Linguistics
http://userpage.fu-berlin.de/sackmann
International Association of Logopedics and Phoniatrics (IALP)
http://www.ialp.info/
International Association for the Study of Child Language
http://iascl.talkbank.org
http://www.rankinsider.com/iascl.talkbank.org
International Association of Applied Linguistics
http://www.aila.info
International Association of Conference Interpreters
http://aiic.net
International Association of Conference Translators
http://www.aitc.ch
International Association of Forensic Linguists
http://www.iafl.org/
International Association for Languages and Intercultural Communication (IALIC)
http://ialic.net/
International Association for the Study of Child Language (IASCL)
http://www.iascl.org/
International Clinical Phonetics & Linguistics Association
http://www.ucs.louisiana.edu/~mjb0372/ICPLA.html
International Cognitive Linguistics Association
http://www.cognitivelinguistics.org/
International Council of Onomastic Sciences
http://www.icosweb.net
Internationale Gesellschaft für Dialektologie des Deutschen (IGDD)
http://www.igdd.org/
International Language Testing Association
http://www.iltaonline.com/
International Lexical-Functional Grammar Association (ILFGA)
http://www.stanford.edu/~thking
International Linguistic Association
http://www.ilaword.org
International Phonetic Association
http://www.langsci.ucl.ac.uk/ipa
International Pragmatics Association
http://ipra.ua.ac.be/
International Society for Biosemiotic Studies (ISBS)
http://www.biosemiotics.org/
International Society for Gesture Studies (ISGS)
http://www.gesturestudies.com/
International Society on Infant Studies
http://www.isisweb.org/view/0/index.html
International Society of Iranian Studies
http://www.iranian-studies.com/
International Society for Language Studies
http://www.isls.co

International Society for the Linguistics of English (ISLE)
http://www.isle-linguistics.org
International Society of Phonetic Sciences
http://www.isphs.org
Israel Association for Theoretical Linguistics (IATL)
http://linguistics.huji.ac.il/IATL
Irish Association for Applied Linguistics (IRAAL)
http://www.iraal.ie/
JALT Bilingualism Special Interest Group
http://www.bsig.org
Japan Association for Language Teaching
http://www.jalt.org
Japan Second Language Association (J-SLA)
http://www.j-sla.org/
Korean Generative Grammar Circle
http://www.kggc.org
Kotikielen Seura (The Mother Tongue Society)
http://www.kotikielenseura.fi/english/index.html
Language and Knowledge
http://www2.gs.uni-heidelberg.de/sprache02/network/eng/index.html
International Association for Research and Applying Metaphor (RaAM)
http://www.raam.org.uk/Home.html
Languages and Linguistics Sites
http://langs.eserver.org
Latest Definition of Words on Oxford Dictionary
http://www.anvari.org/fun/Misc/Latest_Definition_of_Words_on_Oxford_Dictionary.html
Lexicon of Linguistics
http://www2.let.uu.nl/UiL-OTS/Lexicon
LingForum
http://www.lingforum.com/forum
Lingoo
http://www.lingoo.eu
Lingua: Student Linguistics Association
http://ling.uta.edu/~lingua
LINGUIST List
http://linguistlist.org
Linguistics Association of Great Britain
http://www.lagb.org.uk/
Linguistic Association of Finland
http://www.linguistics.fi/index.shtml
Linguistic Association of the Southwest (LASSO)
http://clas.ucdenver.edu/lasso
Linguistic Society of America
http://www.lsadc.org

Linguistic Society of Hong Kong
http://www.lshk.org
Linguistic Society of New Zealand
http://www.nzlingsoc.org
Linguistics and Script Specialty Sites
http://www.unicode.org/resources/scripts.html
Linguistics Association of Great Britain (LAGB)
http://www.lagb.org.uk
Linguistics at California State University, Fullerton
http://hss.fullerton.edu/linguistics
Linguistics Club
http://web.me.com/rentzb0711/Linguistics_Club/Home.html
Linguistics Society of Iran
http://lsi.ir
Linguistics Society of Iran
http://www.lsi.ir/en/Index.asp
Linguistics Society of Korea
http://www.linguistics.or.kr
Linguists Organization Network
http://www.linguistsfederation.com
LingvoSoft Online（免费翻译软件汇集）
http://www.lingvozone.com
Midwest Modern Language Association (M/MLA)
http://www.mla.org/
Minority Languages and Cultures Program (MLCP)
http://www.indiana.edu/~mlcp
http://www.iub.edu/~mlcp/index.php
Modern Language Association
http://www.mla.org
Modern Language Society (Helsinki)
http://www.helsinki.fi/jarj/ufy/
The Mother Tongue Society (Helsinki)
http://www.helsinki.fi/jarj/kks/
Morsmal Bilingual Teaching
http://www.morsmal.org
National Aphasia Association
http://www.aphasia.org/
National Council of Teachers of English (NCTE)
http://www.ncte.org/
North American Association for the History of the Language Sciences
http://naahols.org
Northeast Conference on the Teaching of Foreign Languages
http://www.nectfl.org
Odyssea: French Linguistic and Cultural Institute
http://www.institut-europeen.com

Omniglot, the Online Encyclopedia of Writing Systems & Languages
http://www.omniglot.com/index.htm
Pacific Ancient & Modern Language Association (PAMLA)
http://www.pamla.org/
Pan-Pacific Association of Applied Linguistics (PAAL)
http://www.paal.kr/
Persian Linguistics Association (PLA)
http://www.persiandirect.com
Philological Society
http://www.philsoc.org.uk
Plataforma Civicaen Defensa de sa Llengo Balear
http://www.ctv.es/USERS/fadice/may.htm
PNP, Plataforma Normes d' el Puig
http://www.normesdelpuig.org
Poetics and Linguistics Association
http://www.pala.ac.uk
Psycholinguistics Arena
http://www.psycholinguisticsarena.com
Psychonomic Society
http://www.psychonomic.org/Default.aspx
RACV, Royal Academy of Valencian Culture
http://www.racv.es
Rocky Mountain Modern Language Association (RMMLA)
http://www.rmmla.org/
Romania Minor
http://www.romaniaminor.net
Royal Academy of Valencian Culture (Language and Literature Section)
http://www.llenguavalenciana.com
Slavic Linguistics Society
http://www.slaviclinguistics.org/
Slovak Association for the Study of English (SASE)
http://www.skase.sk/
Slovenian Language Technology Society
http://www.sdjt.si/wp/
SGdS — Studienkreis 'Geschichte der Sprachwissenschaft'
http://elverdissen.dyndns.org/~nodus/index_sgds.htm
SIL (Summer Institute of Linguistics, Inc.) International
http://www.sil.org
SIL Bibliography
http://www.ethnologue.com/bibliography.asp
Singapore Association for Applied Linguistics
http://www.saal.org.sg/index.html
Singapore Tertiary English Teachers' Society
http://www.stets.org.sg/index.htm

Siraiki Sangat Rasoolpur
http://www.siraikisangat.20fr.com
Sociedad Chilena de Lingüística
http://www.sochil.cl
Société de Linguistique Romane
http://www.slir.org
Society for Caribbean Linguistics
http://www.scl-online.net//pages/sclhome.html
Society for Endangered Languages
http://www.uni-koeln.de/gbs/e_index.html
Society for Germanic Linguistics
http://german.lss.wisc.edu/~sgl
Society for Pidgin and Creole Linguistics (SPCL)
http://linguistlist.org/confservices/customhome.cfm?emeetingid=1402J8465876664A408040441
Society for the Study of the Indigenous Languages of the Americas
http://www.ssila.org
South Atlantic Modern Language Association (SAMLA)
http://www.samla.org/
South Central Modern Language Association (SCMLA)
http://www.southcentralmla.org/2014-executive-committee-candidate-statements/
Special Interest Group for Computational Phonology (SIGPHON)
http://salad.cs.swarthmore.edu/sigphon
http://arxiv.org/abs/cs.CL/0102022
Special Interest Group for linguistic data and corpus-based approaches to NLP (SIGDAT)
http://www.cs.jhu.edu/~yarowsky/sigdat.html
Special Interest Group on Artificial Intelligence (SIGART)
http://sigart.acm.org
Studies in Modern Grammar, Society of Modern Grammar
http://www.grammars.org
Swedish Association for Language and Cognition
http://www.salc-sssk.org
Terralingua: Unity in Biocultural Diversity
http://www.terralingua.org
TESOL Academic: Linking theory and practice
http://www.tesolacademic.org
TESOL Greece — Teachers of English to Speakers of Other Languages
http://tesolgreece.org/
TESOL International Association
http://www.tesol.org/
Texas Linguistics Society
http://uts.cc.utexas.edu/~tls/2006tls

Text Linguistics (Robert-Alain de Beaugrande)
http://www.beaugrande.com

The Cyprus Linguistics Society (CyLing)
http://cyling.org

The Endangered Language Fund
http://www.endangeredlanguagefund.org

The International Institute for Ethnomethodology and Conversation Analysis (IIEMCA)
http://www.iiemca.org

The International Society for Chomskyan Studies
http://www.chomsky.or.kr

The Japan Association of College English Teachers (JACET)
http://www.jacet.org

The Society for Indo-European Studies
http://www.indogermanistik.org

Unicode Resources
http://www.unicode.org/resources/index.html

Universal Esperanto-Asocio
http://www.uea.org/

Universal Networking Language
http://www.undl.org

Valencian Language Writer's Association (AELLVA)
http://www.aellva.org

WAP — Werkverband Amsterdamse Psycholinguisten
http://www.hetwap.nl

WebCorp: The Web as Corpus
http://www.webcorp.org.uk

Word Sources
http://www.wordsources.info

Word Origins
http://www.wordorigins.org/index.htm
http://www.wordorigins.org/

World Wide Words
http://www.worldwidewords.org

Yuen Ren Society
http://www.oocities.org/yuenrensociety/index.html

（三）部分团体和机构简介

国际辅助语协会　International Auxiliary Language Association; IALA　成立于1924年，初建的目的是选择、确定并推广最适合国际交流的辅助语言，在屡屡得不到满意的选项的情形下，推出协会自创的一套体系——国际语（Interlingua），继而不遗余力地出版用国际语书写或有关国际语研究的资料。1954年以后，协会的工作由美国科学服务会（Science Service，现名"科学与公众学会"Society for Science and the Public）的国际语分会接手。

国际计算语言学协会　The Association for Computational Linguistics; ACL　成立于1962年，原名机器翻译与计算语言学协会（AMTCL），1968年改为现名。会员为世界各地从事自然语言及其计算研究的专业人士。协会发行《国际计算语言学协会通报》（Transactions of the ACL），主办会刊《计算语言学》（Computational Linguistics），1988年起由麻省理工学院出版社出版；与剑桥大学出版社合作出版《自然语言处理研究丛书》（Studies in Natural Language Processing）。协会及其分会每年在世界各地组织国际性大会，年会轮流在本领域取得突出成就的城市举办。

国际现代语言文学联合会　International Federation for Modern Languages and Literatures; FILLM　前身为1928年成立于挪威奥斯陆的国际现代文学史委员会；1951年联合国教科文组织（UNESCO）组建后，经重组改为现名，并加盟UNESCO国际哲学与人文理事会（CIPSH），属于国际性非政府学术组织，会址在法国巴黎。联合会只吸纳团体会员，无个人会员，现有英联邦语言文学研究协会（ACLALS）、国际比较文学协会（AILC）、国际意大利语言文学研究协会（AISLLI）、拉美语言学与语文学协会（ALFAL）、南非修辞与传播协会（ARCSA）、澳大利亚大学语言文学协会（AULLA）、欧洲英语研究学会（ESSE）、全球修辞学会（GRS）、国际对话分析协会（IADA）、国际斯堪的纳维亚研究协会（IASS）、国际大学英语教授协会（IAUPE）、国际非洲口头文学学会（ISOLA）、现代语言协会（MLA）、西非现代语言协会（WAMLA）等18个成员；其宗旨是提倡和增进现代及中古语言文学领域学术研究的国际合作。联合会下设委员会管理日常事务，成员包括会长、财务主管、通讯主管、秘书长各一位，副会长两位，副秘书长最多七位，由三年一次的国际性大会选举产生；各成员单位可向委员会各派代表一名。每三年举办一次国际性大会后，出版大会文集一辑；与约翰·本杰明斯出版公司合作出版《FILLM现代语言文学研究丛书》。

国际修辞学史学会　International Society for

the History of Rhetoric　　1977年6月30日成立于瑞士苏黎世,创始人包括法国的马克·富马罗利(Marc Fumaroli)和阿兰·米歇尔(Alain Michel)、荷兰的安东·利曼(Anton D. Leeman)、美国的詹姆斯·墨菲(James J. Murphy)、德国的海因里希·普勒特(Heinrich Plett)和瑞士的布赖恩·威克斯(Brian Vickers,首任会长)。会员来自全球30个国家,每两年在欧洲或北美召开一次大会。其宗旨是促进任何时期、任何语言的修辞理论与实践研究,探讨修辞学与诗学、文学理论与批评、哲学、政治学、宗教学、法学以及其他文化语境的关系。学会会刊《修辞》(*Rhetorica*)为季刊。

国际应用语言学协会　**International Association of Applied Linguistics**　其简称AILA是法文名称Association Internationale de Linguistique Appliquée的缩写。协会经安托万·屈利奥里(Antoine Culioli)和居伊·卡佩勒(Guy Capelle)两位法国语言学家的精心筹备,于1964年在法国南锡大学成立,旨在承担各国应用语言学学术团体协调机构的职能。目前在全球有注册会员八千余人,分属34个会员单位:爱尔兰IRAAL、爱沙尼亚EAAL、奥地利VERBAL、澳大利亚ALAA、巴西ALAB、比利时ABLA、波黑AALBiH、德国GAL、俄罗斯NAAL、法国AFLA、菲律宾LSP、芬兰AFinLA、喀麦隆CAMAILA、韩国ALAK、荷兰ANELA、加拿大CAAL、马来西亚MAAL、美国AAAL、墨西哥AMLA、南非SAALA、挪威ANLA、日本JAAL、瑞典ASLA、瑞士VALS/ASLA、塞尔维亚与黑山YALA、斯洛文尼亚SALA、西班牙AEsLA、希腊GALA、新加坡SAAL、新西兰ALANZ、以色列ILASH、意大利AItLA、英国BAAL和中国CELEA(中国英语教学研究会)。

协会工作的主要目标是:(1)推动应用语言学领域的国际合作;(2)促进研究和教学;(3)传播应用语言学新理论。领导机构由执行委员会和国际委员会构成。执行委员会有11名成员,包括主席、前任主席、财务总管、秘书长、研究网络协调主管和出版协调主管等七个固定职位和四个由分支机构推选的不固定职位。执行委员会向国际委员会提交议案,由各国附属机构表决。其最高级别的学术活动是世界应用语言学大会(World Congress of Applied Linguistics),每三年举办一次。第16届世界应用语言学大会曾于2011年在中国北京举行。协会主编两份刊物,一份是时事通讯《国际应用语言学协会新闻》(*AILA News*),另一份是学术期刊暨协会会刊《国际应用语言学协会评论》(*AILA Review*);通讯一年出版三期,会刊一年一期,首期会刊出版于1963年,是协会筹备工作的成果之一。此外,协会还与英美两国的应用语言学协会联合牛津大学出版社编辑出版《应用语言学》(*Applied Linguistics*)期刊。

国际语言学家大会　**International Congress of Linguists; IPL**　其常设委员会(Comité International Permanent des Linguists,缩称IPL)设在瑞士,国际语言学家大会一般每五年举行一次。也有例外,如第一届国际语言学家大会于1928年4月在荷兰的海牙召开,此后1931年和1933年分别在瑞士的日内瓦和意大利的罗马举行了第二、第三届大会。最近一次(第19届)国际语言学家大会,于2013年7月21—27日纪念索绪尔逝世100周年之际,在其故乡日内瓦举行,以缅怀他对语言学界的伟大贡献。下一届大会将于2018年在南非举行。

国际语音科学会议　**International Congress of Phonetic Sciences**　语音学研究领域发表和讨论学术成果最重要的论坛。该会议每四年召开一次。其执行机构是常务理事会(来自不同国家,由每届会议推选)。会刊为每届会议的会议录。

国际语音学协会　**International Phonetic Association; IPA**　国际语音学协会的法语名称为L'Association Phonetique Internationale,简称API;其英语全称为"International Phonetic Association",简称IPA。国际语音学协会的前身为1886年创立于巴黎的语音学教师协会(The Phonetic Teachers Association),是世上最悠久的语音学家代表组织。其成立目标为促进语音学之研究。1888年该学会发表了国际音标,后经修改成为世界所有语言音标之标准。学会的会刊是《国际语音学协会杂志》(*Journal of the International Phonetic Association*)。国际音标的基本原则是对于每一个不同的发音都分别使用不同的字母来代表,音标以拉丁字母为基础,并发明一套变音符号(diacritics)附加在字母上作为补充,以标示那些仅靠字母符号本身所不能解决的微妙的语音差异。因此产生两套标示语音的方法:仅有字母符号使的宽式音标(broad transcription)以及字母符号和变音符号一起的严式音标(narrow transcription)。语文词典和教科书一般采用前者,语音学家在语音研究过程中往往采用后者。

国际中国语言学学会　**International Association of Chinese Linguistics; IACL**　由新加坡国立大学教授陈重瑜、美国康奈尔大学教授黄正德等人从1991年夏第三届北美中国语言学大会之后发起筹备,1992年6月25日在新加坡国立大学主办的首届国际中国语言学大会(ICCL-1)期间成立,其宗旨是致力于开展中国各种语言和方言的科学研究。大会有来自19个国家和地区的三百余位学者和嘉宾出席,选举王士元为首任会长,丁邦新为首任副会长。学会下设执行委员会和秘书处,执委会由会长、副会长和14位委员组成,经会员选举产生,负责会务决策;会长任期和轮替仿照美国语言学会,日常事务由秘书处负责。每年选址召开年会,1993年1月出版首期学会通讯(IACL Newsletter),现每年出版三期。

国家双语教育协会 National Association for Bilingual Education; NABE 指美国为双语学习者和双语教育专业人士提供服务的机构。其宗旨是服务于双语和英语学习者及其家庭,培育多语言、多文化社会。通过相关政策、项目、教学法、科研和专业发展,支持或促进学习者英语水平提升,倡导对母语的尊重以及语言和文化多样性发展。全美有25家分支结构,总计有20000多名会员。会员都与双语或英语学习者相关,包括政策倡导者和制定者、专业研究人员、教师以及非专职人员。该组织20世纪70年代中期建立,拥有《美国全国双语教育协会会刊》(NABE)和《美国双语教育协会通讯》(NABE News)两个专门刊物。中国于2004年5月正式成立了"中国双语教育研究会",并于同年入编中央教科所主编的《中国教育科研机构概览》。中国双语教育研究会在中国香港特区注册,在内地登记备案,以研究和推广汉英双语教育、促进教育事业发展为宗旨的民间性国际性教育科研机构。其宗旨是联合一切有志于汉英双语教育实践与研究的单位团体和个人,有效地开展汉英双语教育实践与研究,努力提高我国各级各类学校的英语教学、双语教育水平,积极培训国内和来华从事双语教育的教师,同时建设我国双语师资队伍,组织相关的教学方法研究、宣传和推广双语教育研究成果与经验,引进和推广双语教材,建设规范的双语教育实验学校,打造各级双语教育品牌,共同推动中国教育事业的发展。目前该研究会成员包括国家相关政策制定者、教师和社会人士。会报和会刊为《中国双语报》和《中国双语教育》。

美国修辞学会 Rhetoric Society of America; RSA 成立于1968年,早期领军人物为美国修辞学家爱德华·科比特(Edward P. J. Corbett)、文学批评家韦恩·布思(Wayne C. Booth)和英国作家理查德·休斯(Richard Hughes)。学会宗旨是倡导各相关领域的修辞学研究,识别研究新领域,鼓励修辞教学实践,促进专业合作并支持修辞学研究的学术出版。会员包括修辞学的学术史、理论、公共应用和教学方法论等各领域的学者,也吸收外籍会员。2008年被接纳为美国学术社团理事会(American Council of Learned Societies)第70个成员。学会定期出版会刊《修辞学会季刊》(Rhetoric Society Quarterly),设有查尔斯·纽珀优秀论文奖(Charles Kneupper Award)。

美国语言学会 Linguistic Society of America; LSA 1924年12月28日成立于纽约,现有注册会员3500人,不仅致力于语言学本身的研究,还关注双语教育和濒危语言保护的政策引导。学会定期出版《语言》和《语义学与语用学》两份学术期刊,每年冬季举行年会;自1928年起,每两年举办一次语言学暑期班(SIL International)。学会下设道德、公关、集资、社会政治政策、公共政策、学生事务等职能委员会以及濒危语言及其保护、语言学中的多元民族文化、学校语言课例、高等教育语言学等专业委员会。日常管理机构由主席、副主席、秘书兼财务和执行委员会组成。主席每届任期一年,期满由副主席晋升接替,不连任。学会还颁发"布龙菲尔德图书奖""最佳论文奖""社区语言学优秀奖""语言学服务奖"等多个奖项。

欧洲生成语言学学会 Generative Linguistics in the Old World; GLOW 指1977年成立于欧洲的一个生成语言学国际组织,总部在荷兰。其目标是通过组织年会、主办周期性的暑期培训、出版简讯(newsletter)或运用其他任何可以促进全世界生成语法实践者(practitioners)之间交流的手段来推动生成语法的研究。

英国语言学协会 Linguistics Association of Great Britain; LAGB 其前身为20世纪50年代末活跃于赫尔大学(Hull University)的语言学会,由日耳曼语学者杰弗里·埃利斯创立。1959年更名为英国语言学协会,10月30日至11月1日在伦敦大学亚非学院举办第一次大会。协会初建时,每年举办两次周末会议;2003年起改为每年一次,会期稍长,以提高出席率。协会会长原则上每三年换届改选,可连任。自1964年起,协会定期出版会刊《语言学杂志》(Journal of Linguistics)。英国认知语言学协会(The UK Cognitive Linguistics Association; UK-CLA)为其分会,下辖会刊《语言与认知》(Language & Cognition)。

中国辞书学会 The Lexicographical Society of China; LSOC 1982年7月15日,上海率先成立了上海市辞书学会,旨在研究辞书学理论和辞书编纂方法,举办学术会议,交流辞书编纂经验,开展辞书编纂人员培训以及其他辞书相关的活动。随后全国各省市纷纷成立辞书学会。1992年11月,中国辞书学会于湖北省武汉市湖北大学成立,现在北京设立秘书处,地址在商务印书馆;首任会长曹先擢,巢峰曾代理。

学会下设八个专业委员会:学术专业委员会、辞书编辑出版专业委员会、语文词典专业委员会、百科全书专业委员会、双语辞典专业委员会、专科词典专业委员会、辞典编纂现代化专业委员会、辞典理论与辞典史专业委员会。作为一个专门从事辞书学研究的全国性学术团体,中国辞书学会以国内高等院校、科研机关和出版部门从事辞书编纂、辞书学理论研究、教学和编辑工作的学者、专家为主,吸收社会各界有志于辞书事业的同仁自愿参加。学会秘书处编印《中国辞书学会通讯》,出版会刊《辞书研究》。

中国教育学会外语教学专业委员会 National Association of Foreign Language Education of the Chinese Society of Education;NAFLE

成立于1981年,是中国教育学会下属的研究基础教育外语教学的全国性、群众性学术机构和外语教师组织,简称"外专委"。主要任务包括研究中小学外语教学的理论和实践问题;组织、开展各种学术活动,交流外语教学和教研工作经验;与各地外语教学机构共同组织各类教学研究项目与教研活动,交流外语教育信息;组织国际学术交流活动;参与教育部领导的外语教学大纲、课程标准制订、教材编写和审订、教师培训工程和评价课题研究等工作。

中国逻辑学会 The Chinese Association of Logic

成立于1979年8月,是由全国逻辑工作者自愿结成的学术性、非营利性社会组织,首任会长是我国著名哲学家、逻辑学家金岳霖。其宗旨为组织逻辑工作者开展学术活动,提高逻辑学研究水平,推进我国逻辑研究和教学的现代化。学会定期发行通讯,与专业机构联合主办《逻辑学研究》等学术刊物,举办全国性和国际性学术研讨会。学会的领导机构为理事会,在全国各省市区有各级分会,总会下设辩证逻辑、法律逻辑、符号学、归纳逻辑、经济逻辑、科学逻辑、现代逻辑、形式逻辑、因明逻辑、应用逻辑、语言逻辑、中国逻辑史和语用学等专业委员会,其中符号学专业委员会又称"中国语言与符号学研究会"(The Chinese Association for Language and Semiotic Studies),1994年5月成立于苏州大学,首任会长是北京大学教授胡壮麟;语用学专业委员会又称"中国语用学研究会"(China Pragmatics Association;CPrA),2003年12月成立于广东外语外贸大学,首任会长为广外教授何自然。

中国文字学会 The Chinese Society of Writing Systems

成立于1991年10月,由20世纪50年代组建的中国文字改革协会更名而来,国家一级学会。学会首任会长为北京大学教授裘锡圭,现有会员180多名;设有理事会、常务理事会,现有理事35名,常务理事12名。下设秘书处和学术委员会,负责处理学会日常工作和学术事宜。其宗旨和任务主要是:促进国内外文字学界的学术交流,推动文字学研究的发展,并为国家制订语言文字方针政策提供咨询和论证。入会条件为硕士、中级职称以上,从事中国文字的研究、教学、管理、信息处理及相关工作。

中国修辞学会 The Rhetoric Society of China

1980年12月7日成立于武汉,设有理事会和秘书处,首任会长为张志公,首任秘书长王希杰。学会宗旨是关注修辞现象发展变化的最新动态与国内外修辞学研究的最新动向,探索修辞学术,交流研究成果,普及修辞知识,积极开展多角度、多层次、全方位的学术研究。

学会是在民政部登记的国家一级学会,下设华东、华北、东北、中南、西南以及天津市修辞语用学会等地方分会;挂靠的二级分会包括:中国话语研究会、中国学术英语教学研究会、国际汉语修辞教学研究会、阅读鉴赏研究会、全国文学语言研究会、中国对外汉语修辞研究会、中国法律语言研究会、中国语用学研究会、中国文体学研究会、中国教育语言学研究会等;筹建中的二级分会有全国大学古代汉语修辞教学研究会、全国大学现代汉语修辞教学研究会、全国中学修辞教学研究会、中国新媒体语言修辞研究会、中国小说修辞研究会、中国修辞哲学研究会、中国修辞心理学研究会、中国少数民族修辞研究会等。

学会创办期刊《修辞学习》(现名《当代修辞学》),与河南省语言学会合办《语文知识》月刊,编辑出版《修辞学论文集》十余辑,编著"修辞学丛书"以及《大学修辞学》等教材;新刊《修辞研究》第一辑于2016年9月发行。

中国英汉语比较研究会 China Association for Comparative Studies of English and Chinese;CACSEC

前身为1990年7月成立的"英汉比译学会",1991年6月经吕叔湘建议更名为"英汉语比较研究会",1993年9月国家有关部门批复同意成立"中国英汉语比较研究会",1994年12月3日,在中南工业大学召开成立大会,选举首届理事会,吕叔湘和柳无忌任名誉会长,刘重德任会长。

本会是由全国高校和科研机构从事英语、汉语、对外汉语、英汉语言和文化对比、英汉互译等教学与研究、具有讲师或相应职称以上的教育工作者与科研人员自愿组成的非营利性学术组织,为国家一级学会。下设二级分会包括:英汉语篇分析专业委员会、专门用途英语专业委员会、典籍英译专业委员会、功能语言学专业委员会、中西语言哲学专业委员会、外语教师教育与发展专业委员会、心理语言学专业委员会、语料库语言学专业委员会、外语界面研究专业委员会、形式语言学专业委员会、英语教学研究分会、高校外语学刊专业委员会等。学会定期出版《会员通讯》和《英汉语比较与翻译》《英汉对比与翻译》等系列论文集。

中国英语教学研究会　China English Language Education Association；CELEA　成立于1981年6月,属教育部高教司直接领导,并隶属于中国外语教学研究会(总会)。经近年的社团登记调整,现为中国英汉语比较研究会下属的英语教学研究分会。中国英语教学研究会的领导机构为常务理事会,下设秘书处;首任会长为王佐良,第二任会长为许国璋,现已换届至第四届;常务理事会成员主要由全国各地高校有英语专业博士点的英语院系学者组成。2001年经教育部和外交部批准,作为代表中国的单位会员加入国际应用语言学协会(AILA);2011年成为国际英语外语教师协会(IATEFL)会员单位。研究会每三年举办一次中国英语教学国际研讨会;自2005年起,每年召开一次年会。会刊《中国应用语言学》由德国德古意特出版社(de Gruyter)出版,全球发行;2015年,该刊被汤逊路透(Thomson Reuters)的科学网(Web of Science)收录到"新兴资源文献索引"(Emerging Sources Citation Index; ESCI)。

中国语文现代化学会　The Society on the Modernization of the Chinese Language　由国家语言文字工作委员会(即国家语委)王均等发起于1994年10月成立,国家一级学术团体。首任会长是张志公,历任名誉会长有吕叔湘、周有光、苏培成、马庆株等。其宗旨是致力于文字改革、普通话普及、简化汉字和汉语拼音推广的事业;具体工作包括宣传贯彻《中华人民共和国国家通用语言文字法》及国家语言文字方针政策和语言文字规范标准,协助国家语委组织语言文字方针政策和规范标准的宣传培训活动,组织学者进行语言文字规范化标准化的学术研究,促进国家通用语言文字的规范化、信息化和国际化,为提高全民族的语言文字素质并营造和谐的社会语文生活服务。

中国语言学会　Chinese Linguistics Society；CLS　1980年10月在武汉成立,提出的宗旨是:团结全国语言学工作者,努力发展和繁荣我国语言科学,为提高中华民族的科学文化水平,为加速实现四个现代化贡献力量。学会设有理事会、秘书处和学术委员会,现有会员500多名。第一届名誉会长为王力,会长为吕叔湘;第二届名誉会长为吕叔湘,会长为季羡林。学会原则上每两年举行一次学术讨论会,首届年会于1981年10月在成都举办,第十八届学术年会于2016年10月14—16日在上海交通大学举行。语言学会的会刊为《中国语言学报》和《中国语言学会通讯》。

中国中文信息学会　Chinese Information Processing Society of China；CIPSC　由钱伟长、甄健民、安其春等为主发起,成立于1981年6月,是具有独立社团法人资格的国家一级学会。其学术研究内容是利用计算机对汉语的音、形、义等语言文字信息进行的加工和操作,包括对字、词、短语、句、篇章的输入、输出、识别、转换、压缩、存储、检索、分析、理解和生成等各方面的处理技术;目的是推动中文信息处理这门在语言文字学、计算机应用技术、人工智能、认知心理学和数学等相关学科的基础上形成的新兴边缘学科的发展。学会下设汉字编码、民族语言文字信息、基础理论、汉字信息处理系统、汉字设备、自然语言处理、计算语言学、汉字字形信息、教育、速记、人工智能与教育、信息检索、社会媒体、语言与知识计算等专业委员会;日常事务由理事会、工作委员会、发展委员会和办公室负责,首任理事长为钱伟长。学会定期举办国际、国内学术研讨会和年会,会刊是与其挂靠单位中国科学院软件研究所联合主办的《中文信息学报》。

主要参考文献

（一）辞书类

编译组.(2000).《语音学和音系学词典》.北京：语文出版社.
布斯曼.(2003).《语言学词典》.陈慧瑛等(译).北京：商务印书馆.
曹焰、张奎武(编).(1992).《英汉百科翻译大词典(上、下卷)》.北京：人民日报出版社.
陈平原、米列娜.(2007).《近代中国的百科辞书》.北京：北京大学出版社.
辞源修订组、商务印书馆编辑部.(1980).《辞源》(修订本,1-4卷).北京：商务印书馆.
戴炜华.(2007).《新编英汉语言学词典》.上海：上海外语教育出版社.
杜若愚.(1986).《语言学名词辞典》.台北：名山出版社.
方梦之.(2004).《译学辞典》.上海：上海外语教育出版社.
冯春田、梁苑、杨淑敏(编).(1995).《王力语言学词典》.济南：山东教育出版社.
广外词典学研究中心、上海辞书学会、辞书研究编辑部.(2003).《二十世纪中国辞书学论文索引》.上海：上海辞书出版社.
哈特曼.(1981).《语言与语言学辞典》.上海：上海辞书出版社.
胡裕树等.(1992).《中国学术名著提要·语言文字卷》.上海：复旦大学出版社.
胡壮麟、刘世生(编).(2004).《西方文体学辞典》.北京：清华大学出版社.
贾卫国.(2000).《英汉对照描写辞典》.上海：上海交通大学出版社.
克里斯特尔(编).(2000).《现代语言学词典》.沈家煊(译).北京：商务印书馆.
劳允栋.(2004).《英汉语言学词典》.北京：商务印书馆.
理查兹等(编).(1993).《朗曼语言学词典》.刘润清等(译).太原：山西教育出版社.
理查兹等(编).(2000).《朗文语言教学及应用语言学辞典》.管燕红(译).北京：外语教学与研究出版社.
林煌天(编).(1997).《中国翻译词典》.武汉：湖北教育出版社.
林焘.(2002).《20世纪中国学术大典》(语言学).福州：福建教育出版社.
林骧华(编).(1989).《西方文学批评术语辞典》.上海：上海社会科学出版社.
罗竹风(编).(1986—1994).《汉语大词典》(1-13卷).上海：上海辞书出版社.
马祖毅等.(2006).《中国翻译通史·古代部分(全一卷)》.武汉：湖北教育出版社.
马祖毅等.(2006).《中国翻译通史·现当代部分(第1-4卷)》.武汉：湖北教育出版社.
戚雨村、董达武、许以理、陈光磊.(1993).《语言学百科词典》.上海：上海辞书出版社.
钱乃荣等.(2007).《上海话大词典》.上海：上海辞书出版社.
任宝祯.(2000).《新编简明中国辞书辞典》.济南：济南出版社.
陕西省翻译工作者协会.(1989).《翻译家辞典》.北京：中国文艺联合出版公司.
唐松波、黄建霖.(1989).《汉语修辞格大辞典》.北京：中国国际广播出版社.
唐作藩(编).(2007).《中国语言文字学大辞典》.北京：中国大百科全书出版社.
王德春、许宝华.(2003).《大辞海·语言学卷》.上海：上海辞书出版社.
王德春.(1987).《修辞学辞典》.杭州：浙江教育出版社.
王维贤.(1992).《语法学辞典》.杭州：浙江教育出版社.
王寅.(1993).《简明语义学辞典》.济南：山东人民出版社.
王宗炎(编).(1988).《英汉应用语言学词典》.长沙：湖南教育出版社.
威尔逊.(2000).《认知科学百科全书》.上海：上海外语教育出版社.
文军.(1992).《英语修辞格词典》.重庆：重庆大学出版社.
夏征农、陈至立.(2009).《辞海·第六版音序彩图本》(1-5卷).上海：上海辞书出版社.
向熹.(1988).《古代汉语知识辞典》成都：四川辞书出版社.
许嘉璐(编).(2010).《传统语言学辞典》.石家庄：河北教育出版社.
于光远(编).(1998).《中国小百科全书(4)·人类社会卷：语言》(电子书).青苹果数据中心.
于光远(编).(1998).《中国小百科全书(7)·思想与学术卷：语言学与语言研究》(电子书).青苹果数据中心.
张惠民(编).(1994).《语言逻辑辞典》.北京：世界图书出版公司.
章宜华.(2004).《计算词典学语新型词典》.上海：上海辞书出版社.
中国大百科全书出版社不列颠百科全书编辑部.(1999).《不列颠百科全书·国际中文版》(1-20卷).北京：中国大百科全

附 录

书出版社.
中国大百科全书总编辑委员会. (1994).《语言文字百科全书》. 北京：中国大百科全书出版社.
中国大百科全书委员会. (1988).《中国大百科全书·语言文字卷》. 北京：中国大百科全书出版社.
朱子南. (1988).《中国文体学辞典》. 长沙：湖南教育出版社.

Asher, R.E. (Eds.). (1994). *The encyclopedia of language and linguistics*. (Vol.1). Oxford: Pergamon Press.
Asher, R.E., & Simpson, L. M. Y. (Eds.). (1994). *The encyclopedia of language and linguistics*, 10 vols. Oxford: Pergamon.
Barber, A., & Stainton, R. J. (2010). *Concise encyclopedia of philosophy of language and linguistics*. Oxford, UK: Elsevier.
Bauer, L. (2007). *The linguistics student's handbook*. Edinburgh: Edinburgh University Press.
Berns, M. (2010). *Concise encyclopedia of applied linguistics*. Oxford, UK: Elsevier.
Brown, K. (2005). *Encyclopedia of language and linguistics* (2nd ed.). Cambridge: Cambridge University Press.
Brown, K. (2008). *Encyclopedia of language and linguistics* (2nd ed.) (Vols.1—14). Shanghai: Shanghai Foreign Language Education Press. (Original work published 2006 by Elsevier)
Brown, K., & Ogilvie, S. (2009). *Concise encyclopedia of languages of the world*. Oxford, UK: Elsevier.
Bussman, H. (1996). *Routledge dictionary of language and linguistics*. G. P. Trauth & K. Kazzazi (Trans. & Ed.). London: Routledge.
Byram, M. (2000). *Routledge encyclopedia of language teaching and learning*. London: Routledge.
Cenoz, J., Hufeisen, B., & Jessner, U. (2002). *The multilingual lexicon*. New York: Kluwer Academic Publishers.
Considine, J. (2008). *Dictionaries in early modern Europe: lexicography and the making of heritage*. Cambridge: Cambridge University Press.
Cowie, A. P. (2002). *English dictionaries for foreign learners: A history*. Beijing: Foreign Language Teaching & Research Press. (Original work published 1999)
Cowie, A. P. (Ed.). (2009). *The Oxford history of English lexicography* (Vol. 1: *General-Purpose Dictionaries*; Vol. II: *Specialized Dictionaries*). New York: Oxford University Press.
Crystal, D. (1980). *A first dictionary of linguistics and phonetics*. London: Deutsch.
Crystal, D. (1985). *A dictionary of linguistics and phonetics*. Oxford and New York: B. Blackwell in association with a Deutsch.
Crystal, D. (1987). *The Cambridge encyclopedia of language*. Cambridge: Cambridge University Press.
Crystal, D. (1991). *A dictionary of linguistics and phonetics* (3rd ed.). Oxford: Blackwell.
Crystal, D. (1992). *An encyclopedic dictionary of language and languages*. Oxford: Blackwell.
Crystal, D. (1995). *The Cambridge encyclopedia of language*. Cambridge: Cambridge University Press.
Crystal, D. (1997). *The Cambridge encyclopedia of language* (2nd ed.). Cambridge: Cambridge University Press.
Crystal, D. (2000). *The Cambridge encyclopedia of the English language*. Beijing: Foreign Language Teaching & Research Press. (Original work published 1997)
Davies, A., Brown, A., Elder, C., Hill, K., Lumley, T., & McNamara, T. (1999). *Dictionary of language testing*. Cambridge: Cambridge University Press.
Ducrot, O. (1979). *Dictionnarie encyclopedique des sciences du langage*. Baltimore: Johns Hopkins University Press.
Fabbro, F. (1999). *The concise encyclopedia of language pathology*. Oxford, UK: Elsevier.
Fuertes-Olivera, P. A. (2010). *Specialised dictionaries for learners*. Berlin: Walter de Gruyter GmbH & Co. KG.
Hartmann, R. R. K., Gregory J. (1998). *Dictionary of lexicography*. London: Routledge.
Hendrickson, R. (2008). *The facts on file encyclopedia of word and phrase origins* (4th ed.). New York: Facts On File. (An imprint of Infobase Publishing).
Hüllen, W. (1999). *English dictionaries 800—1700: the topical tradition*. New York: Oxford University Press.
Johnson, K., & Johnson, H. (1999). *Encyclopedic dictionary of applied linguistics: a handbook for language teaching*. London: Blackwell Publishing.
Lamarque, P. V. (1997). *Concise encyclopedia of philosophy of language*. Oxford, UK: Elsevier Science Ltd.
Leaney, C. (2007). *Dictionary activities*. Cambridge: Cambridge University Press.
Malmkjær, K. (2010). *The Routledge linguistics encyclopedia* (3rd ed.). London: Routledge.
May, S., & Hornberger, N. H. (2008). *Encyclopedia of language and education* (2nd ed.) (Vols. 1—10). New York: Springer Science+Business Media, LLC.
Meetham, A. R. (1969). *Encyclopedia of linguistics, information and control*. Oxford: Pergamon Press.

Mey, J. L. (2009). *Concise encyclopedia of pragmatics* (2nd ed.). Oxford, UK: Elsevier.

Moseley, C. (2007). *Encyclopedia of the world's endangered languages*. London: Routledge.

Richards, J., Platt, J., & Weber, H. (1985). *Longman dictionary of applied linguistics*. London: Longman Group Limited.

Robert, A. W., & Keil, F. C. (Eds.). (1999). *The MIT encyclopedia of the cognitive sciences. A Bradford book*. Cambridge, Massachusetts: The MIT Press.

Sawyer, F. A., & Simpson, J. M. Y. (2001). *Concise encyclopedia of language and religion*. Oxford, UK: Elsevier Science.

Spolsky, B. (1999). *Concise encyclopedia of educational linguistics*. Oxford, UK: Elsevier.

Strazny, P. (2005). *Encyclopedia of linguistics*. London: Fitzroy Dearborn.

Strazny, P. (2005). *Encyclopedia of linguistics*. New York: Fitzroy Dearborn, an imprint of Taylor & Francis Books.

Swann, J., Demeurt, A., Lillis, T., & Mesthrie, M. (2004). *A dictionary of sociolinguistics*. Alabama: The University of Alabama Press.

Trask, R. L. (1993). *A dictionary of grammatical terms in linguistics*. London and New York: Routledge.

Van Valin, R. D., Jr. (1996). Role and reference grammar. In K. Brown and J. Miller (eds.). *The concise encyclopedia of syntactic theories*. Oxford: Pergamon.

Whitaker, H. A. (2010). *Concise encyclopedia of brain and language*. Oxford, UK: Elsevier.

Withers, C. W. J. (2009). Language. In D. Gregory & D. M. Smith (eds.), *The dictionary of human geography* (pp.411–412) (5th ed.). Oxford, UK: Wiley-Blackwell.

Zgusta, L. (1971). *Manual of lexicography*. The Hague: Mouton.

（二）论著类

薄冰（编）.（1990）.《高级英语语法》. 北京：高等教育出版社.

岑麒祥.（1988）.《语言学史概要》. 北京：北京大学出版社.

陈炳迢.（1985）.《辞书概要》. 福州：福建人民出版社.

陈慰.（1998）.《英汉语言学词汇》. 北京：商务印书馆.

陈原.（1983）.《社会语言学》. 北京：学林出版社.

陈振寰.（1986）.《音韵学》. 长沙：湖南人民出版社.

陈忠华.（1990）.《科技英语教学的理论和实践》. 石家庄：河北科学技术出版社.

程工.（2000）.《语言共性论》. 上海：上海外语教育出版社.

程琪龙.（1994）.《系统功能语法导论》. 汕头：汕头大学出版社.

程琪龙.（2001）.《认知语言学概论——语言的神经认知基础》. 北京：外语教学与研究出版社.

程琪龙.（2002）.《逼近语言系统》. 南京：东南大学出版社.

程雨民.（1989）.《英语语体学》. 上海：上海外语教育出版社.

程雨民.（1998）.《语言系统及其运作》. 上海：上海外语教育出版社.

戴庆厦、顾阳.（2003）.《中国少数民族语言研究》. 北京：民族出版社.

戴炜栋、何兆熊（编）.（2002）.《新编简明英语语言学教程》. 上海：上海外语教育出版社.

戴炜栋、何兆熊、华钧.（1989）.《简明英语语言学》（修订版）. 上海：上海外语教育出版社.

戴炜栋.（2000）.《现代英语语言学概论》. 上海：上海外语教育出版社.

戴炜华、戴炜栋.（1988/1990）.《实用英语语言学》. 香港：香港商务印书馆.

邓思颖.（2003）.《汉语方言语法的参数理论》. 北京：北京大学出版社.

邓炎昌、刘润清.（1989）.《语言与文化》. 北京：外语教学与研究出版社.

丁尔苏.（2000）.《语言的符号性》. 北京：外语教学与研究出版社.

杜道流.（2008）.《西方语言学史概要》. 北京：北京交通大学出版社.

范仲英.（1994）.《实用翻译教程》. 北京：外语教学与研究出版社..

方立.（1997）.《数理语言学》. 北京：北京语言文化大学出版社.

方立.（2000）.《逻辑语义学》. 北京：北京语言文化大学出版社.

方梦之.（1989）.《科技英语实用文体》. 上海：上海翻译出版公司.

冯庆华.（2002）.《实用翻译教程》. 上海：上海外语教育出版社.

冯志伟.（1999）.《现代语言学流派》（修订本）. 西安：陕西人民出版社.

符淮青.（2004）.《词典学词汇学语义学文集》. 北京：商务印书馆.

高小方.（1998）.《中国语言文字学史料学》. 南京：南京大学出版社.

顾嘉祖、陆升. (1990).《语言与文化》. 上海：上海外语教育出版社.
顾嘉祖. (2000).《跨文化交际——外国语言文学中的隐蔽文化》. 南京：南京师范大学出版社.
桂灿昆. (1985).《美国英语应用语言学》. 上海：上海外语教育出版社.
桂诗春、宁春岩. (1997).《语言学方法论》. 北京：外语教学与研究出版社.
桂诗春. (1985).《心理语言学》. 上海：上海外语教育出版社.
桂诗春. (1988).《应用语言学》. 长沙：湖南教育出版社.
桂诗春. (1996).《实验心理语言学纲要》. 长沙：湖南教育出版社.
桂诗春. (2000).《新编心理语言学》. 上海：上海外语教育出版社.
郭成韬. (1998).《中国古代语言学名著选读》. 北京：中国人民大学出版社.
郭著章、李庆生. (1996).《英汉互译实用教程》. 武汉：武汉大学出版社.
韩玉国. (2005).《范畴语法与汉语非连续结构研究》. 博士学位论文. 北京语言文化大学.
何九盈. (1995/2000).《中国古代语言学史》. 广州：广东教育出版社.
何九盈. (1995/2000).《中国现代语言学史》. 广州：广东教育出版社.
何俊芳. (2005).《语言人类学教程》. 北京：中央人民大学出版社.
何兆熊（编）. (2000).《新编语用学概要》. 上海：上海外语教育出版社.
何兆熊、梅德明. (1999).《现代英语语言学》. 北京：外语教学与研究出版社.
何兆熊. (1989).《语用学概要》. 上海：上海外语教育出版社.
何自然. (1988).《语用学概论》. 长沙：湖南教育出版社.
何自然. (1997).《语用学与英语学习》. 上海：上海外语教育出版社.
洪诚. (1982).《中国历代语言文字学文选》. 南京：江苏人民出版社.
侯精一. (2002).《现代汉语方言概论》. 上海：上海教育出版社.
侯维瑞（编）. (1996).《英语语体》. 上海：上海外语教育出版社.
侯维瑞. (1988).《英语语体》. 上海：上海外语教育出版社.
胡明扬等. (1982).《词典学概论》. 北京：中国人民大学出版社.
胡曙中. (1993).《英汉修辞比较研究》. 上海：上海外语教育出版社.
胡曙中. (1999).《美国新修辞学研究》. 上海：上海外语教育出版社.
胡文仲. (1988).《跨文化交际与英语学习》. 上海：上海译文出版社.
胡文仲. (1989).《英语的教与学》. 北京：外语教学与研究出版社.
胡文仲. (1990).《跨文化交际学选读》. 长沙：湖南教育出版社.
胡裕树等. (1992).《中国学术名著提要·语言文字卷》. 上海：复旦大学出版社.
胡壮麟（编）. (1990).《语言系统与功能——1989年北京系统功能语法研讨会论文集》. 北京：北京大学出版社.
胡壮麟、姜望琪（编）. (2002).《语言学高级教程》. 北京：北京大学出版社.
胡壮麟、李战子（编）. (2004).《语言学简明教程》. 北京：北京大学出版社.
胡壮麟、刘润清、李延福. (1988).《语言学教程》. 北京：北京大学出版社.
胡壮麟、朱永生、张德禄. (1989).《系统功能语法概论》. 长沙：湖南教育出版社.
胡壮麟. (1994).《语篇的衔接与连贯》. 上海：上海外语教育出版社.
胡壮麟. (1995).《当代语言理论与应用》. 北京：北京大学出版社.
黄次栋. (1998).《英语语言学》. 上海：上海译文出版社.
黄国文. (1988).《语篇分析概要》. 长沙：湖南教育出版社.
黄国文. (1999).《英语语言问题研究》. 广州：中山大学出版社.
黄建华. (1987).《词典论》. 上海：上海辞书出版社.
黄任. (1996).《英语修辞与写作》. 上海：上海外语教育出版社.
贾彦德. (1986).《语义学导论》. 北京：北京大学出版社.
贾玉新. (1997).《跨文化交际学》. 上海：上海外语教育出版社.
蒋严、潘海华. (1998).《形式语义学导论》. 北京：中国社会科学出版社.
蒋严、潘海华. (1999).《形式语义学》. 北京：中国社会科学出版社.
柯平. (1991).《英汉与汉英翻译教程》. 北京：北京大学出版社.
乐国安. (1986).《论现代认知心理学》. 哈尔滨：黑龙江人民出版社.
乐嘉民、亢世勇. (2009).《辞书编纂现代化研究》. 上海：上海辞书出版社.
李冬、汪榕培. (1983).《实用英语词汇学》. 沈阳：辽宁大学出版社.
李尔钢. (2002).《现代辞典学导论》. 上海：汉语大词典出版社.
李福印. (2000).《语义学教程》. 上海：上海外语教育出版社.
李赋宁、陶洁、胡壮麟（编）. (1986).《英语学习指南》. 北京：高等教育出版社.

李国正.(1991).《生态汉语学》.长春:吉林教育出版社.
李惠民.(1995).《模糊语法》.长沙:湖南教育出版社.
李明、周敬华.(2001).《双语词典编纂》.上海:上海外语教育出版社.
李铭洲.(1989).《现代西方语言哲学》.成都:四川人民出版社.
李瑞华.(1997).《英汉语言文化对比研究》.上海:上海外语教育出版社.
李筱菊.(1997).《语言测试科学》,长沙:湖南教育出版社.
李鑫华.(2000).《英语修辞格详论》.上海:上海外语教育出版社.
李幼蒸.(1993).《理论符号学导论》.北京:中国社会科学出版社.
李战子.(2002).《话语的人际意义研究》.上海:上海外语教育出版社.
李振宇.(2008).《法律语言学史》.北京:中国经济出版社.
林大津.(1996).《跨文化交际研究》.福州:福建人民出版社.
林福美.(1985).《现代英语词汇学》.合肥:安徽教育出版社.
林杏光.(1993).《词汇语义和计算语言学》.北京:语文出版社.
林玉山.(1992).《中国辞书编纂史略》.郑州:中州古籍出版社.
刘辰诞.(1999).《教学篇章语言学》.上海:上海外语教育出版社.
刘润清.(1995).《西方语言学流派》.北京:外语教学与研究出版社.
刘润清.(1999).《语言测试和它的方法》.北京:外语教学与研究出版社.
刘世生.(1998).《西方文体学论纲》(英文版).济南:山东教育出版社.
刘叶秋.(1983).《中国字典史略》.北京:中华书局.
刘涌泉、乔毅.(1991).《应用语言学》.上海:上海外语教育出版社.
刘正光.(2011).《构式语法研究》.上海:上海外语教育出版社.
陆国强(编).(1997).《现代英语研究》.上海:复旦大学出版社.
陆国强.(1983).《现代英语词汇学》.上海:上海外语教育出版社.
罗思明.(2008).《词典学新论》.合肥:安徽教育出版社.
罗新璋.(1984).《英美语言哲学概论》.北京:人民出版社.
吕叔湘、朱德熙.(1979).《语法修辞讲话》.北京:中国青年出版社.
吕游.(2010).《网络语言研究》.硕士学位论文.四川师范大学.
马秋武.(2008).《优选论》.上海:上海教育出版社.
马文熙、张归壁(编).(1996).《古汉语知识详解辞典》.北京:中华书局.
马祖毅等.(2006).《中国翻译通史·古代部分(全一卷)》.武汉:湖北教育出版社.
马祖毅等.(2006).《中国翻译通史·现当代部分》(第1—4卷).武汉:湖北教育出版社.
梅德明.(2003).《现代语言学简明教程》.上海:上海外语教育出版社.
梅德明.(2008).《现代句法学》.上海:上海外语教育出版社.
穆雷.(1999).《中国翻译教学研究》.上海:上海外语教育出版社.
纳日碧力戈.(2001).《人类语言学入门》.北京:外语教学与研究出版社.
潘文国.(1997).《汉英语对比纲要》.北京:北京语言文化大学出版社.
裴文.(2003).《索绪尔:本真状态及其张力》.北京:商务印书馆.
骈宇骞、王铁柱(编).(1999).《语言文字词典》.北京:学苑出版社.
濮之珍.(2002).《中国语言学史》.上海:上海古籍出版社.
戚雨村.(1985).《语言学引论》.上海:上海外语教育出版社.
戚雨村.(1997).《现代语言学的特点和发展趋势》.上海:上海外语教育出版.
钱剑夫.(1986).《中国古代字典辞典概论》.北京:商务印书馆.
秦秀白.(1986).《英语文体学入门》.长沙:湖南教育出版社.
秦秀白.(2002).《英语语体和问题要略》.上海:上海外语教育出版社.
任绍曾、马博森.(1995).《语言·系统·结构》.杭州:杭州大学出版社.
商务印书馆辞书研究中心.(2003).《辞书的修订与创新》.北京:商务印书馆.
申丹.(2001).《叙述学与小说文体学研究》(第2版).北京:北京大学出版社.
申小龙.(2005).《普通语言学教程精读》.上海:复旦大学出版社.
沈家煊.(1998).二十世纪的中国话语语言学.见 刘坚(编)《二十世纪的中国语言学》(pp.743—774).北京:北京大学出版社.
沈家煊.(2002).《著名中年语言学家选集·沈家煊卷》.合肥:安徽教育出版社.
束定芳.(2000).《现代语义学》.上海:上海外语教育出版社.
束定芳.(2000).《隐喻学研究》.上海:上海外语教育出版社.

宋国明.(1997).《句法理论概要》.北京:中国社会科学出版社.
宋雷.(2010).《英汉对比法律语言学:法律英语翻译进阶》.北京:北京大学出版社.
孙宏开、胡增益、黄行.(2007).《中国的语言》.北京:商务印书馆.
谭载喜.(1984).《奈达论翻译》.北京:中国对外翻译出版公司.
唐兰.(2005).《中国文字学》.上海:上海古籍出版社.
涂纪亮.(1996).《现代西方语言哲学比较研究》.北京:中国社会科学出版社.
涂纪亮.(1998).《英美语言哲学概论》.北京:人民出版社.
汪榕培、卢晓娟.(1998).《英语词汇学教程》.上海:上海外语教育出版社.
汪榕培.(2000).《英语词汇学研究》.上海:上海外语教育出版社.
王得杏.(1998).《英语话语分析与跨文化交际》.北京:北京语言文化大学出版社.
王德春、吴本虎、王德林.(2001).《神经语言学》.上海:上海外语教育出版社.
王德春.(1983).《词汇学研究》.济南:山东教育出版社.
王德春.(1983).《现代语言学研究》.福州:福建人民出版社.
王德春.(1997).《神经语言学》.上海:上海外语教育出版社.
王德春.(2001).《多角度研究语言》.北京:清华大学出版社.
王福祥、吴汉樱.(1994).《语言与文化》.北京:外语教学与研究出版社.
王福祥.(1994).《话语语言学概论》.北京:外语教学与研究出版社.
王力.(1980).《龙虫并雕斋文集》.北京:中华书局.
王力.(1981).《中国语言学史》.太原:山西教育出版社.
王力.(2006).《中国语言学史》.上海:复旦大学出版社.
王立.(1984).《词类》.济南:上海教育出版社.
王铭玉.(2005).《符号语言学》.上海:上海外语教育出版社.
王甦、汪安圣.(1996).《认知心理学》.北京:北京大学出版社.
王远新.(1993).《中国民族语言学史》.北京:中央民族学院出版社.
王振昆、谢文庆.(1998).《语言学教程》.北京:外语教学与研究出版社.
王宗炎.(1985).《语言问题探索》.上海:上海外语教育出版社.
王宗炎.(2000).《语言学和语言的应用》.上海:上海外语教育出版社.
王佐良、丁往道.(1987).《英语文体学引论》.北京:外语教学与研究出版社.
王佐良.(1980).《英语文体学论文集》.北京:外语教学与研究出版社.
王佐良.(1989).《翻译:思考与笔记》.北京:外语教学与研究出版社.
网络与书编辑部.(2005).《词典的两个世界》.北京:现代出版社
温宾利.(2002).《当代句法学导论》.北京:外语教学与研究出版社.
文军.(2006).《英语词典学概论》.北京:北京大学出版社.
吴文祺、张世禄(编).(1986).《中国历代语言学论文选注》.上海:上海教育出版社。
伍谦光.(1988).《语义学导论》.长沙:湖南教育出版社.
伍铁平.(2000).《模糊语言学》.上海:上海外语教育出版社.
邢东田.(2004).《拯救辞书——规范辨证、质量管窥及学术道德考虑》.上海:学林出版社.
熊学亮、蔡基刚(编).(2005).《语言界面》.上海:复旦大学出版社.
熊学亮.(1999).《认知语用学概论》.上海:上海外语教育出版社.
徐烈炯.(1988).《生成语法理论》.上海:上海外语教育出版社.
徐烈炯.(1995).《语义学》(修订版).北京:语文出版社.
徐烈炯.(2009).《生成语法理论:标准理论到最简方案》.上海:上海教育出版社.
徐庆凯.(2008).《辞书思索集》.上海:复旦大学出版社.
徐庆凯等.(2006).《辞书编纂纪事》.北京:商务印书馆.
徐盛桓.(1994).《会话含义理论的新发展》.开封:河南大学出版社.
许国璋.(1991).《许国璋论语言》.北京:外语教学与研究出版社.
许余龙.(1990).《对比语言学概论》.上海:上海外语教育出版社.
许余龙.(2002).《对比语言学》.上海:上海外语教育出版社.
杨惠中.(2002).《语料库语言学导论》.上海:上海外语教育出版社。
杨祖希、徐庆凯.(1991).《专科辞典学》.成都:四川辞书出版社。
叶宝奎.(1992).《语言学概论》.厦门:厦门大学出版社.
叶蜚声、徐家枢.(2000).《语言学纲要》.北京:外语教学与研究出版社.
雍和明.(2003).《交际词典学》.上海:上海外语教育出版社.

雍和明.(2009).《中国辞典 3000 年》.上海:上海外语教育出版社.
俞如珍、金顺德.(1994).《当代西方语法理论》.上海:上海外语教育出版社.
袁家骅等.(2001).《汉语方言概要》(第二版).北京:语文出版社.
曾东京.(2003).《双语词典研究》.上海:上海外语教育出版社.
曾东京.(2008).《双语词典学及其教学研究》.上海:上海大学出版社.
曾东京.(2009).《双语语文词典批评研究》.上海:上海大学出版社.
詹伯慧.(1981).《现代汉语方言》.武汉:湖北人民出版社.
张斌、许汉威.(1993).《中国古代语言学资料汇编》.福州:福建人民出版社.
张伯江、方梅.(1996).《汉语功能语法》.南昌:江西教育出版社.
张道真.(1979).《实用英语语法》.北京:商务印书馆.
张德禄.(2003).《语篇衔接与连贯理论的发展及应用》.上海:上海外语教育出版社.
张辉.(2003).《熟语及其理解的认知语义学研究》.北京:军事谊文出版社.
张霖欣.(2001).《英语词典学》.郑州:大象出版社.
张明华.(1998).《中国字典词典史略》.北京:商务印书馆.
张兴权.(2012).《接触语言学》.北京:商务印书馆.
张韵斐(编).(1987).《现代英语词汇学概论》.北京:北京师范大学出版社.
章兼中(编).(1983).《国外外语教学法主要流派》.上海:华东师范大学出版社.
章兼中(编).(1991).《外语教育学》.杭州:浙江教育出版社.
章宜华、雍和明.(2007).《当代词典学》.北京:商务印书馆.
章振邦(编).(1983).《新编英语语法》.上海:上海译文出版社.
赵静.(1992).《广告英语》.北京:外语教学与研究出版社.
赵世开(编).(1990).《国外语言学概述》.北京:北京语言学院出版社.
赵世开.(1989).《美国语言学简史》.上海:上海外语教育出版社.
赵世开.(2000).《汉英对比语法论集》.上海:上海外语教育出版社.
赵彦春.(2003).《认知词典学探索》.上海:上海外语教育出版社.
赵艳芳.(2001).《认知语言学概论》.上海:上海外语教育出版社.
赵振铎.(2000).《中国语言学史》.石家庄:河北教育出版社.
赵振铎.(2001).《字典论》.上海:上海辞书出版社.
郑立信、顾嘉祖(编著).(1983/1988).《外国语与外国文化》丛书:《美国英语与美国文化》.长沙:湖南教育出版社.
周昌忠.(1992).《现代西方语言哲学》.上海:上海人民出版社.
周荐.(2004).《词汇学词典学研究》.北京:商务印书馆.
朱纯.(1994).《外语教学心理学》.上海:上海外语教育出版社.
朱德熙.(1982).《语法讲义》.北京:商务印书馆.
朱晓农.(2010).《语音学》.北京:商务印书馆.
朱永生.(1993).《语言·语篇·语境》.北京:清华大学出版社.
朱永生.(2001).《英汉语篇衔接手段对比研究》.上海:上海外语教育出版社.
朱永生.(2004).《功能语言学导论》.上海:上海外语教育出版社.
祝畹瑾.(1992).《社会语言学概论》.长沙:湖南教育出版社.
邹崇理.(1995).《逻辑、语言和蒙太古语法》.北京:社科文献出版社.
邹酆.(2004).《辞书学丛稿》.武汉:崇文书局.
邹申(编).(1998).《英语语言学测试——理论与操作》.上海:上海外语教育出版社.
邹申(编).(2005).《语言测试》.上海:上海外语教育出版社.

Ágel, V., Eichinger, L. M., Eroms, H. W., Hellwig, P., Heringer, H. J., & Lobin, H. (Eds.). (2003). *Dependenz und valenz: Eininternationales handbuch der zeitgenössischen forschung [Dependency and valency: An international handbook of contemporary research]*. Berlin: de Gruyter.

Ahlsén, E. (2006). *Introduction to neurolinguistics*. Amsterdam: John Benjamins Publishing Company.

Aijmer, K., & Altenberg, B. (Eds.). (1991). *English corpus linguistics*. London: Longman.

Aitchison, J. (1978). *Linguistics*. London: Hodder and Stoughton.

Aitchison, J. (1987). *Words in the mind*. Oxford: Basil Blackwell.

Aitchison, J. (2002). *The seeds of speech: Language origin and evolution*. Beijing: Foreign Language Teaching and Research Press.

Akmajian, A., & Heny, F. W. (1986). *An introduction to the principles of transformational syntax*. Cambridge, MA:

The MIT Press.

Akmajian, A., Demers, R. A., Farmer, A. K., & Harnish, R. M. (1991). *Linguistics: An introduction to language and communication*. Cambridge, MA: The MIT Press.

Alexander, R. (2009). *Framing discourse on the environment: A critical discourse approach*. New York: Routledge.

Alexiadou, A., & Hall, T. A. (Eds.). (2006). *Advances in the theory of the lexicon*. Berlin: Mouton de Gruyter.

Allen, J. B. (1995). *Natural language understanding* (2nd ed.). Redwood City, CA: Benjamin Cummings.

Allen, J. B., & Corder, S. P. (Eds.). (1978). Paper in applied linguistics. In *The Edinburgh course in applied linguistics* (Vol. 2). Oxford: Oxford University Press.

Allwood, J., Andersson, L.G., & Dahl, Ö. (1977). *Logic in linguistics*. Cambridge: Cambridge University Press.

Anderson, J. M. (1971). *The grammar of case: Towards a localistic theory*. London: Cambridge University Press.

Anderson, J. M. (1977). *On case grammar*. London: Croom Helm.

Anderson, S. (1976). On the notion of subject in ergative languages. In C. N. Li (ed.), *Subject and topic* (pp.1—24). New York: Academic Press.

Andrews, A. D. (1988). Lexical structure. In F. J. Newmeyer (ed.), *Linguistics: The Cambridge Survey: Vol. 1. Linguistic Theory: Foundations*. Cambridge: Cambridge University Press.

Aravind K. J., Vijay-Shanker, K., & Weir, D. (1991).The convergence of mildly context-sensitive grammatical formalisms. In P. Sells, S. Shieber & T. Wasow (eds.), *Foundational issues in natural language processing*. Cambridge, MA: The MIT Press.

Aravind, K. J., Levy, L. S., & Takahashi, M. (1975). Tree adjunct grammars. *Journal of Computer and System Sciences*, 10(1).

Armstrong, D. F., Stokoe, W. C., & Wilcox, S. E. (1995).*Gesture and the nature of language*. Cambridge: Cambridge University Press.

Aronoff, M., & Rees-Miller, J. (Eds.). (2001). *The handbook of linguistics*. Oxford: Blackwell Publishers.

Atkins, B. T. S., & Rundell, M. (2008). *The Oxford guide to practical lexicography*. Oxford: Oxford University Press.

Austin, J. L. (1962). *How to do things with words*. Oxford: Oxford University Press.

Bach, E. (1988). Categorial grammars as theories of language. In R. Oehrie (ed.), *Categorial grammars and natural language structures*. Dordrecht: Reidel.

Bachman, L. F. (1990). *Fundamental considerations in language testing*. Oxford: Oxford University Press.

Bachman, L. F. (2004). *Statistical analysis for language assessment*. Cambridge: Cambridge University Press.

Bachman, L. F., & Kunnan, A. J. (2005). *Statistical analysis for language assessment workbook*. Cambridge: Cambridge University Press.

Bachman, L. F., & Palmer, A. S. (1996). *Language testing in practice*. Oxford: Oxford University Press.

Bal, M. (1990). *Narratology: Introduction to the theory of narrative*. Toronto: University of Toronto Press.

Baldi, P. (Ed.). (1990). *Linguistic change and reconstruction methodology*. Berlin: Mouton de Gruyter.

Baldwin, J., & French, P. (1990). *Forensic phonetics*. London: Printer.

Barton, G. E., Berwick, R. C., & Ristad, E. S. (1987). *Computational complexity and natural language*. Cambridge, MA: The MIT Press.

Bastardas-Boada, A. (1996). *Ecology of languages. Context, contacts and sociolinguistic dynamics*. Barcelona: Proa.

Bauer, L. (2007). *The linguistics student's handbook*. Edinburgh: Edinburgh University Press.

Bell, R. T. (1981). *An introduction to applied linguistics: Approaches and methods in language teaching*. New York: St Martin's. rkbook.

Bell, R. T. (1991). *Translation and translating: Theory and practice*. London: Longman.

Berns, M. (2010). *Concise encyclopedia of applied linguistics*. Oxford: Elsevier.

Bernstein, B. (1971). *Class, codes and control* (Vol. 1). London: Routledge and Kegan Paul.

Berry, M. (1975). *An introduction to systemic linguistics: 1, Structures and systems*. London: Batsford.

Berry, M. (1976). *An introduction to systemic linguistics: 2, Levels and links*. London: Batsford.

Biber, D., Conrad, S., & Reppen, R. (1998). *Corpus linguistics: Investigating language structure and use*. Cambridge: Cambridge University Press.

Blommaert, J., & Verschueren, J. (Eds.). (1991). *The pragmatics of intercultural and international communication*. Amsterdam: John Benjamins.

Bloomfield, L. (1933). *Language*. New York: Holt, Rinehart, and Winston.

Boersma, Paul. (1998). *Functional phonology: Formalizing the interaction between articulatory and perceptual drivers*. The Hague: Holland Academic Graphics.

Bošković, Ž., & Lasnik, H. (2007). *Minimalist syntax: the essential readings*. Malden: The Blackwell Publishing.
Brazil, D. (1995). *A Grammar of speech*. Oxford: Oxford University Press.
Bresnan, J. (1978). A realistic transformational grammar. In M. Halle, J. Bresnan & G. A. Miller (eds.), *Linguistic theory and psychological reality*. Cambridge, MA: The MIT Press.
Bresnan, J. (Ed.). (1982). *The Mental representation of grammatical relations*. Cambridge, MA: The MIT Press.
Brown, G., & Yule, G. (1983). *Discourse analysis*. Cambridge: Cambridge University Press.
Brown, G., Malmkjær, K., Pollitt, A., & Willians, J. (1994). *Language and understanding*. Oxford: Oxford University Press.
Brown, J. (1972). *Aphasia, apraxia and agnosia: Clinical and theoretical aspects*. Springfield, IL: Thomas.
Brown, P., & Levinson, S. C. (1987). *Politeness: Some universals in language usage*. Cambridge: Cambridge University Press.
Burchfield, R. (2003). *The English language*. New York: Oxford University Press.
Butler, C. (1985). *Systemic linguistics: Theory and applications*. London: Batsford.
Cameron, L., & Low, G. (Eds.). (1999). *Researching and applying metaphor*. Cambridge: Cambridge University Press.
Canale, M. (1988). The measurement of communicative competence. In R. B. Kaplan et al (eds.) *Annual review of applied linguistics* (Vol. 8). New York: Cambridge University Press.
Cann, R. (1993). *Formal semantics: An Introduction*. Cambridge: Cambridge University Press.
Caplan, D. (1992). *Language: Structure, processing, and disorder*. Cambridge, MA: The MIT Press.
Carnie, A., Siddiqi, D., & Sato, Y. (2014). *The Routledge handbook of syntax*. Routledge.
Carroll, D. (1999). *Psychology of language*. Cambridge: Cambridge University Press.
Carston, R., & Uchida, S. (Eds.). (1998). *Relevance theory: Applications and implications*. Amsterdam: John Benjamins.
Cartford, J. C. (1965). *A linguistic theory of translation*. London: Oxford University Press.
Cartford, J. C. (1988). *A practical introduction to phonetics*. Oxford: Clarendon Press.
Celce-Murcia, M. (1980). *Contextual analysis and its application to teaching English as a second language*. In D. Larsen-Freeman (ed.), *Discourse analysis and second language research* (pp.41—55). Rowley, MA: Newbury House.
Chambers, J.K., & Trudgill, P. (1999). *Dialectology* (2nd ed.). Cambridge University Press.
Chomsky, N. (1957). *Syntactic structures*. The Hauge: Mouton.
Chomsky, N. (1964). *Current issues in linguistic theory*. The Hague: Mouton.
Chomsky, N. (1965). *Aspects of the theory of syntax*. Cambridge, MA: The MIT Press.
Chomsky, N. (1972). *Studies on semantics in generative grammar*. The Hague: Mouton.
Chomsky, N. (1980). *On binding*. Reprinted in F. Heny (ed.). *Binding and Filtering* (pp: 1—46). London: Croom Helm)
Chomsky, N. (1980). *Rules and representations*. New York: Columbia University Press.
Chomsky, N. (1981). *Lectures on government and binding*. Dordrecht: Foris.
Chomsky, N. (1985). *Barriers*. Cambridge, MA: The MIT Press.
Chomsky, N. (1985). *Knowledge of language: Its nature, origin and use*. New York: Praeger.
Chomsky, N. (1988). *Language and problems of knowledge: The Managua lectures*. Cambridge, MA: The MIT Press.
Chomsky, N. (1991). Linguistics and cognitive science: Problems and mysteries. In A. Kasher (ed.), *The Chomskyan turn* (pp.26—53). Oxford: Blackwell.
Chomsky, N. (1995). *The minimalist program*. Cambridge, MA: The MIT Press.
Chomsky, N., & Halle, M. (1968). *The sound pattern of English*. New York: Harper and Row.
Chomsky, N., & Lasnik, H. (1993). Principles and parameters theory. In J. Jacobs, A. von Stechow, W. Sternefeld & T. Vennemann (eds.), *Syntax: An international handbook of contemporary research* (pp.506—569). Berlin: De Gruyter.
Chomsky, N., & Morris H. (1968). *The sound pattern of English*. New York: Harper & Row.
Clark, H. H., & Clark, E. V. (1977). *Psychology and language*. New York: Harcourt, Brace, Jovanovich.
Coady, J., & Huckin, T. (1997). *Second language vocabulary acquisition: A rationale for pedagogy*. Cambridge: Cambridge University Press.
Cohen, A. (1990). *Language learning: Insights for learners, teachers, and researchers*. New York: Newbury House / Harper and Row.
Connor, U. (1997). *Contrastive rhetoric: Cross-cultural aspects of second-language writing*. Cambridge: Cambridge University Press.
Considine, J. (2008). *Dictionaries in early modern Europe: Lexicography and the making of heritage*. Cambridge: Cambridge University Press.

Cook, G. (1994). *Discourse and literature*. Oxford: Oxford University Press.
Cook, G., & Seidlhofer, B. (1995). *Principles and practice in applied linguistics*. Oxford: Oxford University Press.
Cook, V. J. (1988/1996). *Chomsky's universal grammar: An introduction*. Oxford: Blackwell Publishers.
Cook, V. J. (1997). *Inside language*. London: Edward Arnold.
Cook, W. A. (1978). *Introduction to tagmemic analysis*. Washington: Georgetown University Press.
Cooper, R. (1983). *Quantification and syntactic theory*. Dordrecht: Reidel.
Corder, S. P. (1973). *Introducing applied linguistics*. Harmondsworth: Penguin.
Coulmas, F. (Ed.). (1998). *The handbook of sociolinguistics*. Oxford: Blackwell.
Coulthard, M. (1977/1985). *An introduction to discourse analysis*. London: Longman.
Coulthard, M., & Montgomery, M. (1981). *Studies in discourse analysis*. London: Routledge & Kegan Paul.
Cowie, A. P. (2002). *English dictionaries for foreign learners: a history*. Beijing: Foreign Language Teaching & Research Press. (Original work published 1999)
Cowie, A. P. (Ed.). (2009). *The Oxford history of English lexicography* (Vol. I—II). New York: Oxford University Press.
Creese, A., Martin, P., & Hornberger, H. (Eds.). (2007). *Ecology of language* (2nd ed.). Shanghai: Shanghai Foreign Language Education Press.
Croft, W. (1990). *Typology and universals*. Cambridge: Cambridge University Press.
Croft, W., & Cruse, D. A. (2004). *Cognitive linguistics*. Cambridge: Cambridge University Press.
Cruse, D. A. (2000). *Meaning in language*. Oxford: Oxford University Press.
Crystal, D. (2000). *Language death*. Cambridge: Cambridge University Press.
Culler, J. (1976). *Ferdinand de Saussure*. Middlesex, England: Penguin Books.
Cummings, R., & Gillespie, S. (Eds.). (1991). *Translation and literature*. Edinburgh: Edinburgh University Press.
Currie, M. (1998). *Postmodern narrative theory*. New York: St. Martin's Press.
Davis, S. (Ed.). (1991). *Pragmatics: a reader*. Oxford: Oxford University Press.
Davis, W. A. (1998). *Implicature*. Cambridge: Cambridge University Press.
De Beaugrade, R., & Dressler, W. U. (1981). *Introduction to text linguistics*. London: Longman.
Dik, S. C. (1978). *Functional grammar*. Amsterdam: North-Holland.
Dik, S. C. (1989). *The theory of functional grammar* (Vol. 1). Dordrecht: Foris.
Dolezel, L. (1998). *Heterocosmica: Fiction and possible worlds*. Baltimore: Johns Hopkins University Press.
Dornyei, Z. (2005). *The psychology of the language learner: Individual differences in second language acquisition*. Mahwah, N. J.: Lawrence Erlbaum Associates.
Dowty, D., Wall, R., & Peters, S. (1981). *Introduction to montague semantics*. Dordrecht: Reidel.
Eco, U. (1978). *A theory of Semiotics*. Bloomington: University Press.
Edwards, D. (1997). *Discourse and cognition*. London: Sage.
Eggins, S. (1994). *An introduction to systemic functional linguistics*. London: Pinter.
Ellis, R. (1985). *Understanding second language acquisition*. Oxford: Oxford University Press.
Ellis, R. (1994). *The study of second language acquisition*. Oxford: Oxford University Press.
Ellis, R. (1997). *Second language acquisition*. Oxford: Oxford University Press.
Engel, U. (1994). *Syntax der deutschen Sprache* (3rd ed.). Berlin: Erich Schmidt Verlag.
Epstein, S. D., & Hornstein, N. (1999). *Working minimalism*. Cambridge, MA: The MIT Press.
Eroms, H-W. (2000). *Syntax der deutschen Sprache*. Berlin [u.a.]: de Gruyter. Retrieved 24 August 2012.
Evans Vyvyan. (2007). *A glossary of cognitive linguistics*. Edinburgh: Edinburgh University Press.
Faerch, C., & Kasper, G. (Eds.). (1983). *Strategies of interlanguage communication*. London: Longman.
Fairclough, N. (1995). *Critical discourse analysis: The critical study of language*. London: Longman.
Fasold, R. (1985). *The sociolinguistics of society*. Oxford: Basil Blackwell.
Fasold, R. (1990). *The sociolinguistics of language*. Oxford: Blackwell Publishers.
Fauconnier, G. (1985). *Mental spaces*. Cambridge: MIT.
Fauconnier, G. (1994). *Mental spaces* (2nd ed.). Cambridge: Cambridge University Press.
Fauconnier, G. (1994). *Mental spaces: Aspects of meaning construction in natural language*. Cambridge: Cambridge University Press.
Fauconnier, G. (1997). *Mappings in thought and language*. Cambridge: Cambridge University Press.
Fauconnier, G., & Turner, M. (2002). *The way we think*. New York: Basic Books.
Fill, A. (1993). *Ökolinguistik. Eine Einführung*. Tübingen: Gunter Narr.

Fill, A., & Mühlhäusler, P. (Eds.). (2001). *The Eco-linguistics reader: Language, ecology and environment*. London: Continuum.

Fillmore, C. J. (1968). The case for case. In E. Bach & Harms (eds.), *Universals in linguistic theory*. New York: Holt, Rinehart and Winston.

Fillmore, C. J. (1977). The case for case reopened. In R. W. Cole (ed.), (1979). *Syntax and semantics* (Vol. 8). New York: Academic Press.

Fillmore, C. J. (1982). Frame semantics. In Linguistic Society of Korea, ed. *Linguistics in the morning calm*, 111—138. Seoul: Hanshin.

Fillmore, C. J. (1990). *Construction grammar*. In *Course reader for linguistics*. Berkeley: University of California Press.

Finch, G. (2000). *Linguistic terms and concepts*. London: MaCmillan Press.

Finch, G. (2005). *Key concepts in language and linguistics* (2nd ed.). Basingstoke: Palgrave Macmillan.

Firth, J. (1957). *Papers in linguistics 1934—1951*. London: Oxford University Press.

Fishman, J. A. (1991). *Reversing language shift: Theoretical and empirical foundations of assistance to threatened languages*. Clevedon: Multilingual Matters.

Fodor, J. A. (1998). *Concepts: Where cognitive science went wrong*. Oxford: Clarendon Press.

Foley, W. A. (2001). *Anthropological linguistics: An introduction*. Beijing: Foreign Language Teaching and Research Press.

Fowler, H. W. (1965). *A dictionary of modern English usage*. Oxford: Oxford University Press.

Freeman, D. C. (Ed.). (1981). *Essays in modern stylistics*. London: Methuen.

Fromkin, V., & Rodman, R. (1988). *An introduction to language* (4th ed.). New York: Holt, Rinehart and Winston.

Fuertes-Olivera, P. A., & Arribas-Baño, A. (2008). *Pedagogical specialised lexicography: The representation of meaning in English and Spanish business dictionaries*. Amsterdam: John Benjamins B.V.

Garside, R., Leech, G. N., & Sampson, G. (1987). *The computational analysis of English: A corpus-based approach*. London: Longman.

Gazdar, G., & Pullum, G. K. (1981). Subcategorization, constituent order and the notion "head". In M. Moortgat, H. van der Hust & T. Hoekstra (eds.) *The scope of lexical rules*. Dordrecht: Foris.

Gazdar, G., Klein, E., Pullum, G., & Sag, I. (1985). *Generalized phrase structure grammar*. Oxford: Basil Blackwell.

Gee, J.P. (2000). *An introduction to discourse analysis: Theory and practice*. Beijing: Foreign Language Teaching and Research Press.

Genette, G. (1980). *Narrative discourse*. J. E. Lewin (Trans.). Oxford: Blackwell.

Gentzler, E. (1993). *Contemporary translation theories*. London: Routledge.

Giglioli, P.P. (1972). *Language and social context*. Harmondsworth: Penguin.

Givón, T. (1983). *Topic continuity in discourse*. Amsterdam: John Benjamins.

Givón, T. (1989). *Mind, code and context: Essays in pragmatics*. Hillsdale, NJ: Erlbaum.

Givón, T. (Ed.). (1979). *Syntax and semantics: Vol. 12. Discourse and syntax*. New York: Holt, Rinehart and Winston.

Gleason, H. A., Jr. (1961). *An introduction to descriptive linguistics*. New York: Holt, Rinehart and Winston.

Gleason, J. (1993). *The development of language* (3rd edition). New York: Macmillan.

Goatly, A. (2000). *Critical reading and writing: an introductory coursebook*. London: Routledge.

Goffman, E. (1976). *Replies and responses. Language in society*. Oxford: Blackwell.

Goffman, E. (1981). *Forms of talk*. Oxford: Basil Blackwell.

Goldberg, A. E. (1995). *Constructions: A construction grammar approach to argument structure*. Chicago: The University of Chicago Press.

Goldberg, A. E. (2006). *Constructions at work: The nature of generalization in language*. Oxford: Oxford University Press.

Goodluck, H. (1991). *Language acquisition: A linguistic Introduction*. Oxford: Blackwell.

Gottlieb, H., & Mogensen, J. E. (Eds.)(2007). *Dictionary visions, research, and practice: Selected papers from the 12th Int'l Symposium on Lexicography, Copenhagen, 2004*. Amsterdam: John Benjamins B.V.

Grice, H. P. (1975). Logic and conversation. In P. Cole & J. N. Morgan (eds.), *Syntax and semantics: Vol. 3. Speech Acts*. New York: Academic Press.

Gruber, J.S. (1965). *Studies in lexical relations*. Unpublished doctoral dissertation, MIT, Mass.

Gumperz, J. (1977). Sociocultural knowledge in conversational inference. In M. Saville-Troike (ed.), *Linguistics and anthropology*. Washington, D. C.: Georgetown University Press.

Gumperz, J., & Levinson, S. C. (Eds.) (1996). *Rethinking linguistic relativity*. Cambridge: Cambridge University Press.

Gunnarsson, B. L., Linell, P., & Nordberg, B. (Eds.). (1997). *The construction of professional discourse*. London: Longman.

Gutt, E. A. (1991). *Translation and relevance*. Oxford: Basil Blackwell.

Haegeman, L. (1991). *Introduction to government and binding Theory*. Oxford: Blackwell.

Halliday, M. A. K. (1970). Descriptive linguistics in literary studies. In D. C. Freeman (ed.), *Linguistics and literary style*. New York: Holt, Rinehart and Winson.

Halliday, M. A. K. (1978). *Language as a social semiotic: The social interpretation of language and meaning*. London: Edward Arnold.

Halliday, M. A. K. (1985/1994). *An introduction to functional grammar*. London: Edward Arnold.

Halliday, M. A. K., & Hasan, R. (1976). *Cohesion in English*. London: Longman.

Halliday, M. A. K., & Hasan, R. (1985). *Language, context and text: Aspects of language in a socio-semiotic perspective*. Geelong: Deakin University Press. (Republished, 1989, Oxford: Oxford University Press)

Halliday, M. A. K., & Martin, J. R. (Eds.). (1981). *Readings in systemic linguistics*. London: Edward Arnold.

Halliday, M. A. K., McIntosh, A., & Strevens, P. (1964). *The linguistic sciences and language teaching*. London: Longman.

Harré, R., Brockmeier, J., & Mühlhäusler, P. (1999). *Greenspeak: A study of environmental discourse*. London: Sage.

Harris, R. (1998). *Introduction to integrational linguistics*. Oxford: Pergamon.

Hartmann, R. R. K. (2005). *Teaching and researching lexicography*. Beijing: Foreign Language Teaching & Research Press.

Hatch, E. (1992/1996). *Discourse and language education*. Cambridge: Cambridge University Press.

Haugen, E. (1972). *The ecology of language*. Stanford: Stanford University Press.

Hays, D. (1960). *Grouping and dependency theories*. RAND Corporation.

Heringer, H. (1996). *Deutsche syntax dependentiell*. Tübingen: Stauffenburg.

Higgins, J., & Johns, T. (1984). *Computers in language learning*. London: Collins ELT.

Hinkel, E. (1999). *Culture in second language teaching and learning*. Cambridge: Cambridge Univrersity Press.

Hjelmslev, L. (1953). *Prolegomena to a theory of language*. J. W. Francis (Trans.). Madison: University of Wisconsin Press.

Hoffman, C. (1991). *An introduction to grammar of English*. Cambridge: Cambridge University Press.

Horn, L. (1984). Toward a new taxonomy for pragmatic inference: Q-based and R-based implicature. In D. Schiffrin (ed.), *Georgetown Round Table on Languages and Linguistics*. Washington, D.C.: Georgetown University Press. Reprinted in Asa Kasher (ed.). (1988). *Pragmatics: Critical concepts*, Vol. IV (Part VII: *Implicature*). London: Routledge)

Horn, L. (1989). *A natural history of negation*. Chicago: Chicago University Press.

Horrocks, G. (1987). *Generative grammar*. London: Longman.

Howatt, A. P. R. (1984). *A history of English language teaching*. Oxford: Oxford University Press.

Huddleston, R. (1986). *Introduction to the grammar of English*. Cambridge: Cambridge University Press.

Hudson, R. (1984). *Word grammar* (1st ed.). Oxford: B. Blackwell.

Hudson, R. (1990). *An English word grammar*. Oxford: Basil Blackwell.

Hudson, R. (2007). *Language networks: The new word grammar*. Oxford University Press.

Hudson, R. A. (1980). *Sociolinguistics*. Cambridge: Cambridge University Press.

Hudson, R. A. (1984). *Word grammar*. Oxford: Blackwell.

Hudson, R. A. (1990). *English word grammar*. Oxford: Blackwell.

Humboldt, W. von (1836/1999). *On language: On the diversity of human language construction and its influence on the mental development of the human species*. M. Losonsky (Ed.). P. Health (Trans.). Cambridge: Cambridge University Press.

Hurtford, J. R., & Heasley, B. (1983). *Semantics: A coursebook*. Cambridge: Cambridge University Press.

Hutchinson, T., & Waters, A. (1987/2001). *English for specific purposes: A learning-centered approach*. Cambridge: Cambridge University Press.

Hymes, D. (1972). On communicative competence. In J. B. Pride & J. Holmes (eds.), *Sociolinguistics*. Harmondsworth: Penguin.

Hymes, D. (1974). *Foundations in sociolinguistics: An ethnographic approach*. Philadelphia: University of Pennsylvania Press.

Jackendoff, R. (1983). *Semantics and cognition*. Cambridge, Massachusetts: The MIT Press.

Jackendoff, R. (1990). *Semantic structures*. Cambridge, Massachusetts: The MIT Press.

Jackendoff, R. (1997). *The architecture of the language faculty*. Cambridge, Massachusetts: The MIT Press.
Jacobson, R. (1958). *Typological studies and their contribution to historical comparative linguistics*. In E. Sivertsen, C. J. Borgstom, A. Gallis, A. Sommerfelt (eds.), *Proceedings of the eighth international congress of linguistics*. Oslo: Oslo University Press.
Jahn, M. (2002). *Poems, plays, and prose: A guide to the theory of literary genres*. Cologne: University of Cologne.
Jaszczolt, K. M. (1999). *Discourse, Beliefs, and Intention: Semantic Defaults and Propositional Attitude Ascription*. Oxford: Elsevier Science.
Jaszczolt, K. M. (2002). *Semantics and pragmatics: Meaning in language and discourse*. London: Pearson Education Limited.
Jaszczolt, K. M. (2005). *Default semantics: Foundations of a compositional theory of acts of communication*. Oxford: Oxford University Press.
Jeanneney, J. N. (2007). *Google and the myth of universal knowledge: A view from Europe*. T. L. Fagan (Trans.). Chicago: The University of Chicago Press. (Original work published 2005)
Jenkins, L. (2000). *Biolinguistics: Exploring the biology of language*. Cambridge University Press.
Jenkins, L. (2004). *Variation and universals in biolinguistics*. Elsevier
Jespersen, O. (1927). *A modern English grammar on historical principles* (Vol. 3). London: George Allen and Unwin.
Johnson Laird, P. N. (1983). *Mental models: Towards a cognitive science of language, inference and consciousness*. Cambridge: Cambridge University Press.
Johnson, D., & Postal, P. (1980). *Arc pair grammar*. Princeton: Princeton University.
Kager, R. (2001). *Optimality theory*. Beijing: Foreign Language Teaching and Research Press.
Kaplan, R. B. (Eds.). *The Oxford handbook of applied linguistics*. Oxford: Oxford University Press.
Katz, J. J. (1972). *Semantic theory*. New York: Harper & Row.
Katz, J. J., & P. Palul. (1964). *An integrated theory of linguistics description*. Cambridge, Massachusetts: The MIT Press.
Kearns, M. (1999). *Rhetorical nannatology*. Lincoln: University of Nebraska Press.
Kempson, R. (1988). *The relation between language, mind and reality*. In R. Kempson (eds.), *Mental representation: The interface between language and reality*. Cambridge: Cambridge University Press.
Kramsch, C. (1993). *Context and culture in language teaching*. Oxford: Oxford University Press.
Kramsch, C. (1998). *Language and culture*. Oxford: Oxford University Press.
Krashen, S. D. (1981). *Second language acquisition and second language learning*. Oxford: Pergamon.
Krashen, S. D. (1982). *Principles and practice in second language acquisition*. New York: Peargamon Press.
Krashen, S. D. (1985). *The input hypothesis: Issues and implications*. London: Longman.
Labov, W. (1975). *What is a linguistic fact?* Lisse: Peter de Ridder Press.
Labov, W. (1994). *Principles of linguistic change: Internal factors*. Oxford: Blackwell.
Ladd, D. R. (1996). *Intonational phonology*. Cambridge: Cambridge University Press.
Lado, R. (1957). *Linguistics across cultures*. Ann Arbor: University of Michigan Press.
Lakoff, G. (1971). *On generative semantics*. In D.D. Steinberg & L. A. Jokobovits (eds.), *Semantics* (1971). Cambridge: Cambridge University Press.
Lakoff, G. (1987). *Women, fire and dangerous things*. Chicago and London: The University of Chicago Press.
Lakoff, G., & M. Johnson. (1980). *Metaphors we live by*. Chicago, IL: Chicago University Press.
Lakoff, G., & M. Johnson. (1999). *Philosophy in the flesh: The embodied mind and its challenge to western thought*. New York: Basic Books.
Lamb, S. (1966). *Outline of stratificational grammar* (Rev. ed.). Washington D. C.: Georgetown University Press.
Lamb, S. (1999). *Pathways of the brain*. Netherlands: John Benjamins.
Lambrecht, Knud. (1994). *Information structure and sentence form*. Cambridge: Cambridge University Press.
Langacker, R. W. (1987). *Foundations of cognitive grammar. Vol. 1: Theoretical prerequisites*. Stanford, Cal: Stanford University Press.
Langacker, R. W. (1991). *Foundations of cognitive grammar. Vol. 2: Descriptive application*. Stanford, Cal: Stanford University Press.
Lanser, S. (1992). *Fictions of authority: Woman writers and narrative voice*. Ithaca: Cornell University Press.
Larsen-Freeman, D., & Cameron, L. (2008). *Complex systems and applied linguistics*. Oxford: Oxford University Press.
Larsen-Freeman, D., & Long, M. (1991). *An introduction to second language acquisition research*. London and New York: Longman.

Larsen-Freeman, D., & M. Johnson. (1999). *Philosophy in the flesh: The embodied mind and its challenge to western thought*. New York: Basic Books.

Leaney, C. (2007). *Dictionary activities*. Cambridge: Cambridge University Press.

Leech, G. N. (1981). *Semantics*. Harmondsworth: Penguin.

Leech, G. N. (1983). *Principles of pragmatics*. London: Longman.

Leech, G. N., & Thomas, J. (1988). *Pragmatics: The state of the art*. Lancaster University: Lancaster Papers in Linguistics.

Legendre, G., Jand G., & Sten V. (Eds.). (2001). *Optimality-theoretic syntax*. Cambridge (Mass.): The MIT Press.

Lenneberg, E. (1967). *Biological foundations of language*. New York: John Wiley & Sons.

Levinson, S. C. (1983). *Pragmatics*. Cambridge: Cambridge University Press.

Levinson, S. C. (1996). *Three levels of meaning*. In F. Palmer (eds.), *Grammar and meaning*. Cambridge: Cambridge University Press.

Lih, A. (2009). *The wikipedia revolution: How a bunch of nobodies created the world's greatest encyclopedia*. Hyperion eBook.

Lobin, H. (2003). *Koordinationssyntax als prozedurales Phänomen*. Tübingen: Gunter Narr-Verlag.

Lockwood, D. G. (1972). *Introduction to stratificational linguistics*. New York: Harcourt Brace Jovanovich.

Lockwood, D. G. (1982). Introduction to stratificational linguistics. *Supplementary materials*. Michigan: Michigan State University.

Lynch, B. K. (1996). *Language program evaluation: Theory and practice*. Cambridge: Cambridge University Press.

Lyons, J. (1968). *Introduction to theoretical linguistics*. Cambridge: Cambridge University Press.

Lyons, J. (1977). *Semantics 1*. Cambridge: Cambridge University Press.

Lyons, J. (1977). *Semantics 2*. Cambridge: Cambridge University Press.

Lyons, J. (1982). *Language and linguistics: An introduction*. Cambridge: Cambridge University Press.

Mackay, R. (1978). *Identifying the nature of the learner's needs*. In R. Mackay & A. J. Mountford (eds.), *English for specific purposes*. London: Longman.

Makkai, A. (1993). *Ecolinguistics: Toward a new paradigm for the science of language*. London: Pinter Publisher.

Malinowski, B. (1923). *The problem of meaning in primitive languages*. In C. K. Ogden & I. A. Richards (eds.), *The meaning of meaning*. London: Routledge & Kegan Taul.

Martin, J. (1992). *English text: Syntax and structure*. Philadelphia: John Benjamins.

Matthews, P. (1997). *The concise Oxford dictionary of linguistics*. Oxford and New York: Oxford University Press.

May, R. (1985). *Logical form: Its structure and derivation*. Cambridge, Massachusetts: The MIT Press.

McCarthy, John J. (2002). *A thematic guide to optimality theory*. Cambridge: Cambridge University Press.

McDonough, J. (1984). *ESP in Perspective: A practical guide*. London and Glasgow: Collins ELT.

McKay, S. L., & Hornberger, N. H. (1996). *Sociolinguistics and language teaching*. Cambridge University Press.

Mel'čuk, I. (1987). *Dependency syntax: theory and practice*. Albany: State University Press of New York.

Mey, J. (2001). *Pragmatics: An introduction* (2nd ed.). Oxford: Blackwell Publishers Ltd.

Monika, F. (1996). *Towards a "natural" narratology*. London: Routledge.

Montague, R. (1973). *The proper treatment of quantification in English*. In R. Thomason (eds.) (1974), *Formal philosophy*. New Haven: Yale University Press.

Muhlhausler, P. (1996). *Linguistic ecology: Language change and linguistic imperialism in the Pacific region*. New York: Routledge.

Munby, J. (1978). *Communicative syllabus design*. Cambridge: Cambridge University Press.

Nespor, M. & Vogel, I. 1986. *Prosodic Phonology*. Dordrecht: Foris.

Nespor, M. & Vogel, I. 2007. *Prosodic Phonology: With a new foreword*. Berlin: Mouton de Gruyter.

Newmark, P. (1988). *A textbook of translation*. New York: Prentice Hall.

Newmark, P. (1991). *About translation*. Clevedon: Multilingual Matters.

Nida, E. (1964). *Towards a science of translating*. Leiden: Brill.

Nida, E. (1975). *Exploring semantic structures*. Munich: Fink.

Nida, E. (1982). *Translating meaning*. California: English Language Institute.

Nida, E. (1993). *Language, culture, and translating*. Shanghai: Shanghai Foreign Language Education Press.

Nida, E., & Taber, C. R. (1969). *The theory and practice of translation*. Leiden: E. J. Brill.

Ninio, A. (2006). *Language and the learning curve: A new theory of syntactic development*. Oxford: Oxford University Press.

Nunan, D. (1988). *The learner-centred curriculum: A study in second language teaching*. Cambridge: Cambridge University Press.
O'Malley, J. M., & Chamot, A. U. (1990). *Learning strategies in second language acquisition*. Cambridge: Cambridge University Press.
O'Sullivan, D. (2009). *Wikipedia: A new community of practice?* Surrey, England: Ashgate.
Odlin, T. (1989). *Language transfer: cross-linguistic influence in language learning*. Cambridge: Cambridge University Press.
Olsson, J. (2004). *An introduction to language crime and the law*. London: Continuum International Publishing Group.
Olsson, J. (2008). *Forensic linguistics* (2nd ed.). London: Continuum.
Onega, S., & Landa, J. A. G. (1996). *Narratology*. London: Longman.
Ortony, A. (Ed.). (1982). *Metaphor and thought*. Cambridge: Cambridge University Press.
Palmer, F. R. (1981). *Semantics* (2nd ed.). Cambridge: Cambridge University Press.
Peirce, C. (1931—1935).*The collected papers of Charles Sanders Peirce*. Cambridge: Harvard University Press.
Peñalosa, F. (1981). *Introduction to the sociology of language*. Rowley, Massachusetts: Newbury House Publishers, Inc.
Perlmutter, D. (1980). *Relational grammar*. In Moravcsik & Wirth (eds.), *Syntax and Semantics (Vol. 13): Current approaches to syntax*. New York: Academic Press.
Perlmutter, D., & C. Rosen (Eds.). (1984). *Studies in relational grammar* 2. Chicago: University of Chicago Press.
Petyt, K. M. (1980). *The Study of dialect: An introduction to dialectology*. The language library. London: A. Deutsch.
Phelan, J. (1996). *Narrative as rhetoric: Technique, audiences, ethics, ideology*. Columbus: Ohio State University Press.
Piaget, J. (1923). *Le langage etla pensée chez l'Enfant*. Neufchâtel & Paris.
Pienemann, M. (1998). *Language processing and second language development: Processability theory*. Amsterdam: John Benjamins.
Pike, K. L. (1974). *Recent development in tagmemics*. In L. Heilman (ed.), *Proceedings of the Eleventh International Congress of Linguistics*. Bologra: Mulino.
Procter, P. (Eds.). (1995). *Cambridge international dictionary of English*. Cambridge: Cambridge University Press.
Quirk, R., Greenbaum, S., Leech, G., Svartvik, J. (1972). *A grammar of contemporary English*. London: Longman.
Quirk, R., Greenbaum, S., Leech, G. Svartvik, J. (1985). *A comprehensive grammar of the English language*. London and New York: Longman.
Radford, A. (1986).*Transformational syntax*. Cambridge: Cambridge University Press.
Radford, A. (1990). *Syntactic theory and the acquisition of English syntax*. Oxford: Blackwell.
Radford, A. (1997). *Syntactic theory and the structure of English: A minimalist approach*. Cambridge: Cambridge University Press.
Radford, A. (2004). *Minimalist syntax: Exploring the structure of English*. Cambridge: Cambridge University Press.
Reinhart, T. (1983). *Anaphora and semantic interpretation*. Chicago: University of Chicago Press.
René, D., & Verspoor, M. (1998). *Cognitive exploration of language and linguistics*. Amsterdam/Philadelphia: John Benjamins Publishing Company.
Roach, P. (1983). *English phonetics and phonology: A practical course*. Cambridge: Cambridge University Press.
Robinett, W., & Schachter, J. (Eds.). (1986). *Second language learning: Contrastive analysis, error analysis, and related aspects*. Ann Arbor: The University of Michigan Press.
Robins, R. H. (1964). *General linguistics: An introductory survey*. London: Longman.
Roca, I. (1994). *Generative phonology*. London: Longman.
Romaine, S. (1988). *Pidgin and creole languages*. London: Longman.
Romaine, S. (1995). *Bilingualism*.(2nd ed.). Oxford: Blackwell.
Ryan, M. L. (1991). *Possible words, artificial Intelligence and narrative theory*. Bloomington: Indiana University Press.
Sacks, H. (1992). *Lectures on conversation* (Vols. 1 and 2). Oxford: Blackwell.
Salkie, R. (1990). *The Chomsky update*. London. Unwin Hyman.
Salkie, R. (1995). *Text and discourse analysis*. London: Routledge.
Sandy, P. (1990). *Speech acts and literary theory*. London: Rourtledge.
Sapir, E. (1921). *Language*. New York: Harcourt, Brace, and Co.
Saussure, F. de. (1916). *Cours de linguistique générale*, ed. C. Bally, A. Sechehaye and A. Riedlinger. Lausanne: Payot. English translations by W. Baskin, *Course in general linguistics*. New York: McGraw-Hill, 1966.
Schank, R. C. (1979). *Some prerequisites for a computational pragmatics*. In J. L. Moy (ed.), *Pragmalinguistics*. The Hague: Mouton.

Schank, R. C., & Abelson, R. (1977). *Scripts, plans, goals, and understanding*. Hillsdale, New Jersey: Lawrence Erlbaum.
Schegloff, E. A. (1972). Sequencing in conversational openings. In J. J. Gumperz & D. Hymes (eds.), *Directions in Sociolinguistics*. New York: Holt, Rinehart, and Winston.
Schiffrin, D. (1987). *Discourse markers*. Cambridge: Cambridge University Press.
Schiffrin, D. (1994). *Approaches to discourse*. Oxford: Blackwell.
Scovel, T. (1998). *Psycholinguistics*. Oxford: Oxford University Press.
Searle, J. R. (1969). *Speech acts: An essay in the philosophy of language*. Cambridge: Cambridge University Press.
Searle, J. R. (1975). Indirect speech acts. In P. Cole & J. N. Morgan (eds.), *Syntax and semantics(Vol.3): Speech acts*. New York: Academic Press.
Searle, J. R. (1979). *Expression and meaning*. Cambridge: Cambridge University Press.
Searle, J. R. (1983). *Intentionality*. Cambridge: Cambridge University Press.
Seliger, H. W. and Shohamy, E. (1989). *Second language research methods*. Oxford: Oxford University Press.
Selinker, L. (1972). Interlanguage. In B. W. Robinett & J. Schachter (eds.), *Second language learning: Contrastive analysis, error analysis and related aspects*. Ann Arbor: The University of Michigan Press.
Selinker, L. (1992). *Rediscovering interlanguage*. London: Longman.
Selkirk, E. O. 1984. *Phonology and Syntax: The relation between sound and structure*. Cambridge, MA: The MIT Press.
Selvamony, N.& Rayson, A. (Eds.). (2007). *Essays in ecocritics*. New Delhi: OSLE.
Sgall, P., Hajičová, E., & Panevová, J. (1986). *The meaning of the sentence in its semantic and pragmatic aspects*. Dordrecht: D. Reidel Publishing Company.
Sinclair, J. (1991). *Corpus, concordance, collocation*. Oxford: Oxford University Press.
Skehan, P. (1998). *A cognitive approach to language learning*. Oxford: Oxford University Press.
Skinner, B. F. (1957). *Verbal behavior*. New York: Appleton-Century-Crofts.
Smolensky, P., & G. Legendre. (2006). *Harmonic mind: From neural computation to optimality-theoretic grammar*. Cambridge, Mass.: MIT Press.
Sperber, D. & Wilson, D. (1986). *Relevance: Communication and cognition*. Cambridge: Harvard University Press.
Spolsky, B. (1995). *Measured words*. Oxford: Oxford University Press.
Spolsky, B. (1998). *Sociolinguistics*. Oxford: Oxford University Press.
Spolsky, B., (1992). *Issues and Options in Language Teaching*. P. Allen & B. Harley (Eds.). Oxford: Oxford University Press.
Stanzel, F. K. (1984). *A theory of narrative*. Charlotte G. (Trans.). Cambridge: Cambridge University Press.
Starosta, S. (1988). *The case for lexicase*. London: Pinter Publishers.
Steger, S. A. (1913). *American dictionaries*. Baltimore: J. H. Furst Company.
Steinberg, D. (1982). *Psycholinguistics: language, mind and world*. London: Longman.
Stern, H. H. (1983). *Fundamental concepts of language teaching*. Oxford: Oxford University Press.
Stibbe, A. (2012). *Animals erased: Discourse, ecology and reconnection with the natural world*. Middletown, CT: Wesleyan University Press.
Stubbs, M. (1983). *Discourse analysis: The sociolinguistic analysis of natural language*. Chicago: The University of Chicago Press.
Stubbs, M. (1986). *Educational linguistics*. Oxford: Basil Blackwell.
Swales, J. M. (1990). *Genre analysis: English in academic and research settings*. Cambridge: Cambridge University Press.
Swales, J. M. (Eds.). (1985). *Episodes in ESP*. Pergamon.
Taylor, T. (1997). *Theorizing language: Analysis, normativity, rhetoric, history*. New York: Pergamon.
Taylor, T. (2003). Language constructing language: The implications of reflexivity for linguistic theory. in H. Davis & T. Taylor (eds.), *Rethinking linguistics*. London & New York: Routledge Curzon.
Tesnière, L. (1959). *Éléments de syntaxestructurale*. Paris: Klincksieck.
Thompson, G. (1996). *Introducing functional grammar*. London: Edward Arnold (Publishers).
Thornborrow, J., & Wareing, S. (1998). *Patterns in language: Stylistics for students of language and literature*. London: Routledge.
Todorov, T. (1969). *Grammaire du Décameron*. Mouton: The Hague.
Todorov, T. (1995). *The Cambridge encyclopedia of English language*. Cambridge: Cambridge University Press.
Todorov, T. (1999). *Key concepts in language and linguistics*. London: Routledge.
Traugott, E. C., & Pratt, M. L. (1990). *Linguistics for students of literature*. New York: Harcourt Brace Jovanovich.

Trimble, L. (1985). *English for science and technology: A discourse approach*. Cambridge: Cambridge University Press.
Trubetzkoy, N. S. (1939). *Principles of phonology*. M. Baltaxe (Trans.). Berkeley: University of California Press.
Trudgill, P. (1978). *Sociolinguistic patterns in British English*. London: Arnold.
Trudgill, P. (1980). *Sociolinguistics* (2nd ed.). Harmondsworth: Penguin.
Trudgill, P. (1983). *On dialect: social and geographical perspectives*. Oxford: Basil Blackwell; New York: New York University Press.
Underhill, J. W. (2011). *Creating worldviews*. Edinburgh: Edinburgh University Press.
Underhill, J. W. (2012). *Ethno-linguistics and cultural concepts: Love, truth, hate & war*. Cambridge: Cambridge University Press.
Ungerer, F., & Schmid, H. J. (1996). *An introduction to cognitive linguistics*. London: Addison Wesley Longman Limited.
Ungerer, F., & Schmid, H. J. (2001). *An introduction to cognitive linguistics*. Beijing: Foreign Language Teaching and Research Press.
Valin, V. R. (2001). *An introduction to syntax*. Cambridge: Cambridge University Press.
Van Dijk, T. A. (1977). *Text and context*. London: Longman.
Van Dijk, T. A. (1981). *Studies in the pragmatics of discourse*. Berlin: Mouton de Gruyter.
Van Dijk, T. A. (1997). *Discourse studies* (2 Vols.). London: Sage.
Van Sterkenburg, P. (2003). *A practical guide to lexicography*. Amsterdam: John Benjamins B.V.
Van Valin, R. D. Jr. (1993). A synopsis of role and reference grammar. In Van Valin (ed.), *Advances in Role and Reference Grammar* (pp.1—164). Amsterdam: Benjamins.
Van Valin, R. D. Jr. (2005). *Exploring the syntax-semantics interface*. Cambridge: Cambridge University Press.
Van Valin, R. D., Jr., & Lapolla, R. (1997). *Syntax: Form, meaning, and function*. Cambridge: Cambridge University Press.
Vendler, Z. (1967). Verbs and times. *Linguistics in philosophy*. Z. Vendler, 97—121. Ithaca, New York: Cornell University Press.
Venuti, L. (1992). *Rethinking translation*. London and New York: Routledge.
Verschueren, J. (1999). *Understanding Pragmatics*. London: Edward Arnold.
Warren, P. (2012). *Introducing psycholinguistics*. Cambridge: Cambridge University Press.
Waterman, J. T. (1970). *Perspectives in Linguistic* (2nd ed.). Chicago: The University of Chicago Press.
Weinrich, U. (1974). *Languages in contact*. The Hague: Mouton.
Whitaker, H. A. & Stemmer, B. (1997). *Handbook of neurolinguistics*. New York: Academic Press.
White, L. (1989). *Universal grammar and second language acquisition*. Amsterdam: John Benjamins.
Widdowson, H. G. (1978). *Teaching language as communication*. Oxford: Oxford University Press.
Widdowson, H. G. (1979). *Explorations in applied linguistics*. Oxford: Oxford University Press.
Widdowson, H. G. (1979). Rules and procedures in discourse analysis. In T. Myers (ed.), *The development of conversation and discourse*. Edinburgh: Edinburgh University Press.
Widdowsoy, H. G. (1983). *Learning purpose and language use*. Oxford: Oxford University Press.
Widdowson, H. G. (1990). *Aspects of language teaching*. Oxford: Oxford University Press.
Widdowson, H. G. (1992). *Practical stylistics*. Oxford: Oxford University Press.
Widdowson, H. G. (1998). *Linguistics*. Oxford: Oxford University Press.
Wierzbicka, A. (1988). *The semantics of grammar*. Amsterdam: John Benjamins.
Wierzbicka, A. (1997). *Understanding cultures through their key words*. Oxford: Oxford University Press.
Wierzbicka, A. (1999). *Emotions across languages and cultures*. Cambridge: Cambridge University Press.
Wilkins, D. A. (1972). *Linguistics in language teaching*. London: Edward Arnold.
Wilkins, D. A. (1976). *Notional syllabuses*. London: Oxford University Press.
Withers, C. W. J. (1984). *Gaelic in Scotland 1698—1981: The geographical history of a language*. Edinburgh: John Donald; Atlantic Highlands, NJ: Humanities Press.
Wood, M. M. (1993). *Categorial grammars*. London and NewYork: Routledge.
Woods, A., Fletcher, P., & Hughes, A. (1986). *Statistics in language studies*. Cambridge: Cambridge University Press.
Yule, G. (1985). *The study of language: An introduction*. Cambridge: Cambridge University Press.
Yule, G. (1996). *Pragmatics*. Oxford: Oxford University Press.
Zgusta, L. (1971). *Manual of lexicography*. The Hague: Mouton.

（三）论文类

蔡才宝. (1997). 百科辞典刍议. 《辞书研究》, 2, 13—21.
蔡基刚、廖雷朝. (2014). 国家外语能力需求与大学外语教育规划. 《云南师范大学学报(哲学社会科学版)》. 01, 15—21.
蔡永良. (2012). 关于"语言生态学". 《上海理工大学学报(社会科学版)》, 3, 211—217.
陈炳迢. (1991). 辞书学的研究对象和学科属性. 《辞书研究》, 4, 77—82.
陈庆武、林玉山. (2000). 20世纪的中国辞书研究. 《辞书研究》, 1, 42—49.
代天善. (2007). 生物学范式下的语言研究综述. 《现代外语》, 3, 301—307.
邓云华、石毓智. (2007). 论构式语法的进步与局限. 《外语教学与研究》, 5, 323—330+400.
范俊军. (2005). 生态语言学研究述评. 《外语教学与研究》, 2, 110—115.
方厚枢. (1979). 中国辞书史话(上). 《辞书研究》, 1, 217—228.
方厚枢. (1979). 中国辞书史话(下). 《辞书研究》, 2, 219—229.
方立. (2003). 范畴语法. 《外国语言文学》. 3, 19—28.
封宗信. (2005). 语言学的元语言及其研究现状. 《外语教学与研究》, 6, 403—410.
冯志伟. (2001). 范畴语法. 《语言文字应用》. 3, 100—110.
顾险峰. (2016). 人工智能的历史回顾和发展现状. 《自然杂志》38, 157—257.
桂诗春. (1993). 语言起源问题新探. 《国外语言学》, 1, 14—17.
黄国文. (2005). 电子语篇的特点. 《外语与外语教学》, 12, 1—5.
金常政. (1984). 词典、百科词典和百科全书. 见《辞书研究丛刊》. 上海：上海辞书出版社.
金常政. (1990). 论百科全书的评价标准. 《辞书研究》, 1, 5—14.
金常政. (2000). 百科全书20世纪行. 《辞书研究》, 2, 17—31.
雷永立. (1993). 中国近代辞书的发展及其历史背景. 《辞书研究》, 4, 100—111.
李尔钢. (1993). 再论辞书特性与质量标准——兼答林玉山先生. 《辞书研究》, 2, 1—10.
李宇明. (2011). 提升国家语言能力的若干思考. 《南开语言学刊》. 01, 1—8.
梁丹丹、顾介鑫. (2003). 神经语言学研究方法与展望. 《外语研究》, 1, 20—26.
林玉山. (1991). 语言学与词典学、辞典学、辞书学. 《辞书研究》, 1, 62—66.
林玉山. (1992). 关于辞书性质的思考. 《辞书研究》, 1, 45—55.
林玉山. (2001). 20世纪的中国辞书. 《辞书研究》, 1, 51—61.
刘宝俊. (1994). 民族语言学论纲. 《中南民族学院学报：哲社版》, 5, 109—114.
刘海涛. (1995). 国际语学和计划语言. 《现代外语》, 67, 13—20.
刘海涛、黄伟. (2012). 计量语言学的现状、理论与方法. 《浙江大学学报》(人文社会科学版) 2, 178—193.
刘一鸣、齐千里. (2014). 2013年中国符号学年度发展报告. 《符号与传媒》, 1, 163—171.
陆谷孙. (1987). 从《新英汉词典》到《英汉大词典》. 《外语教学与研究》, 4, 57—60.
陆嘉琦. (1991). 从辞书学的研究内容看它的学科地位. 《辞书研究》, 3, 66—73.
陆俭明. (1999). 新中国语言学50年. 《当代语言学》, 4, 1—13+61.
陆俭明. (2004). "构式语法"理论与汉语研究. 《中国语文》, 5, 412—416+479.
陆锡兴. (1990). 辞书学与语言学的关系论. 《辞书研究》, 4, 26—30.
罗益民. (2002). 从几种主要的日汉词典看我国日汉双语语文词典的编纂. 《辞书研究》, 6, 51—60+101.
罗竹风. (1981). 试论语文词典的编纂工作. 《辞书研究》, 2, 58—73.
马功兰. (1997). 中西传统百科全书比较. 《辞书研究》, 5, 82—88.
梅德明. (2014). 大数据时代语言生态研究. 《外语电化教学》, 1, 3—10.
倪传斌. (2013). 雅柯布逊对神经语言学的贡献. 《外国语文》, 6, 66—73.
倪海曙. (1984). 关于百科全书. 《辞书研究》, 4, 1—14.
彭宣维. (2001). 20世纪中国英语类双语词典发展史. 《辞书研究》, 2, 1—12.
钱剑夫. (1989). 中国古代辞典学试论(上). 《辞书研究》, 1, 72—83.
钱剑夫. (1989). 中国古代辞典学试论(下). 《辞书研究》, 2, 101—109.
乔国强. (2005). 叙事学与文学批评——申丹教授访谈录. 《外国文学研究》, 3, 5—10+169.
秦至. (1983). 建国以来出版的少数民族辞书一览. 《辞书研究》, 6, 49—53.
萨夫罗诺夫(著)、谢载福(译). (1988). 华俄词典编纂史. 《辞书研究》, 4, 102—108.
申丹、秦海鹰. (2003). 欧美文论研究. 《欧美文学论丛》(3). 北京：北京人民文学出版社.
申丹. (2002). 作者、文本与读者——评韦恩·C·布斯的小说修辞理论. 《英美文学研究论丛》(三), 16—25. 上海：上海外语教育出版社.

申丹.(2003).语境、规约、话语——评卡恩斯的修辞性叙事学.《外语与外语教学》,1,2—10.
沈家煊.(1989).神经语言学概说.《外语教学与研究》,4,23—28.
沈家煊.(1992).神经语言学对失语症中语言与脑关系的综观(上).《国外语言学》,3,10—12.
沈家煊.(1994).R. W. Langacker 的"认知语法".《国外语言学》,1,12—20.
沈家煊.(2002).如何处置"处置式"?——论"把"字句的主观性.《中国语文》,5,387—399+478.
沈家煊.(2004).动结式"追累"的语法和语义主观性.《语言科学》,6,3—15.
石毓智.(2004).汉英双宾结构差别的概念化原因.《外语教学与研究》,2,83—89+161.
苏正隆.(1991年1月25日).电子字典IQ点将录.《中国时报》.台北.
孙关龙.(2000).百科全书"一词何时在中国出现.《出版发行研究》,12,141—142..
孙宏开.(1997).论中国少数民族语言系列词典的编纂.《辞书研究》,4,76—85.
孙宏开.(1998).世纪中国民族语言学的回顾与展望.《语言与翻译》,4,13—21.
汪福祥.(2003).心理语言学的发展与未来展望.《北京第二外国语学院学报》,2,51—59.
汪耀楠.(1985).论词典分类.《辞书研究》,4,79—86.
汪耀楠.(1988).中国词典学的产生和发展.《辞书研究》,4,20—29.
汪耀楠.(1991).词典的依附性和词典学的独立性.《辞书研究》,2,78—87.
王德春.(1980).论词典的类型.《辞书研究》,1,94—106.
王德春.(1991).词典学是应用语言学的重要分科.《辞书研究》,1,46—54.
王铭玉.(2004).从符号学看语言符号学.《解放军外国语学院学报》,1,1—9.
王铭玉.(2007).谈语言符号学理论系统的构建.《外语学刊》,1,105—112.
王宁.(1992).辞书与辞书学散论.《辞书研究》,4,3—10.
王云五.(1939).编纂中山大辞典之经过.《东方杂志》.1.
魏世弟、李尔钢.(1990).论辞书特性与质量标准.《辞书研究》,2,63—71+82.
魏世弟.(1992).中国现代辞书学学派的生长.《辞书研究》,4,10—21.
吴光华.(1998).《现代英汉综合大辞典》编纂的回顾与展望.见《双语词典学专集》.成都:四川教育出版社.
吴建平.(2003).英国学生词典和美国大学词典的发展趋势.《外语教学与研究》,4,306—310.
吴莹.(1989).独立研编《英汉大词典》的艰苦道路.《辞书研究》,4,2—8.
徐成志.(2001).尊重前人 追踪时代——中国辞书百年回顾.《辞书研究》,3,1—12.
徐庆凯.(1989).论辞书学的独立性.《辞书研究》,2,49—54.
徐庆凯.(1989).新中国的专科词典事业.《辞书研究》,6,20—26.
徐庆凯.(1991).辞书学不再从属于语言学.《辞书研究》,1,55—61+8.
徐盛桓.(2007).相邻关系视角下的双及物句再研究.《外语教学与研究》,4,253—260+321.
徐松.(2002).中国的百科全书出版业.《辞书研究》,4,20—28+46.
严庆龙.(1984).新中国辞书事业三十五年.《辞书研究》,5,1—10.
杨文秀.(2003).二十世纪英汉学习词典回眸.《外语研究》,3,45—49.
杨祖希.(1984).辞书的类型和辞书学的结构体系.见《辞书研究丛书》.上海:上海辞书出版社.
杨祖希.(1989).十年来我国辞书学研究的发展.《辞书研究》,2,55—58.
杨祖希.(1991).专科辞典学刍论.《辞书研究》,4,1—11.
叶桂英.(1994).香港的电子词典.《河北图苑》,4,11—12.
雍和明、陈新仁.(2001).词典编纂:补足·创新·求精——编写《英语介词多用词典》的一些体会.《辞书研究》,6,117—124.
雍和明.(2001).词典交际论——关于词典本质问题的再探讨.《外国语》,4,38—43.
雍和明.(2002).罗伯特·莫里逊:其人其典.《辞书研究》,4,121—125.
雍和明.(2003).英汉双语词典与英语单语词典用户语言需求与信息检索的比较研究.《辞书研究》,6,123—133.
雍和明.(2004a).关于中国辞典史研究的思考.《辞书研究》,2,14—21.
雍和明.(2004b).语言·词典·词典学.《外语与外语教学》,1,48—51.
雍和明.(2004c).国外词典类型学理论综述.《辞书研究》,5,37—44.
詹德优、雷永立.(1992).试论辞书的宏观与微观评价标准.《辞书研究》,2,6—13.
张伯江.(1999).现代汉语的双及物结构式.《中国语文》,3,175—184.
张洪明.(2014).韵律音系学与汉语韵律研究中的若干问题.《当代语言学》第16卷第3期第303—327页.
张利伟.(1996).英语学习词典的起源、发展和影响.《外语教学与研究》,3,57—60.
赵毅衡.(2012).中国符号学六十年.《四川大学学报(哲学社会科学版)》,1,5—13.
赵振铎.(2006).《辞书学论文集》.北京:商务印书馆.
郑述谱.(1987).语义学与词典编纂.《辞书研究》,5,2—10.
琢行.(1994).双语词典四十年概况初描.见 张后尘(编).《双语词典学研究》.北京:高等教育出版社.

邹酆.(1991).中国现代词典学的初步形成.《辞书研究》,4,59—67.
邹酆.(1994).论我国辞书评论的现状、任务和改进途径.《辞书研究》,1,41—50.
邹酆.(1983).《字集》在词典编纂法上的创新.《辞书研究》,5,135—142.

Alexander, R. & Stibbe, A. (2014). From the analysis of ecological discourse to the ecological analysis of discourse. *Language Sciences*, 41, 104—110.

Barwise, L. & Cooper, R. (1981). Generalized quantifiers and natural language. *Linguistics and Philosophy*, 4, 150—219.

Bastardas-Boada, A. (2002). Biological and linguistic diversity: Transdisciplinary explorations for a socio-ecology of languages. *Diverscité Langues*, 7.

Bastardas-Boada, A. (2005). Linguistic sustainability and language ecology. *Language & Ecology*, 3, 8—14.

Belz, J. A., & Kinginger, C. (2002). The cross-linguistic development of address form in telecollaborative language learning. *Canadian Modern Language Review*, 5, 189—214.

Blanke, D. (2003). Interlinguistics and Esperanto studies: Paths to the scholarly literature. *Language Problems & Language Planning*. 28(2): 155—192.

Chang, L. (1988). *SHOULD and its periphrastic forms in American English usage. Master's thesis in Applied Linguistics*. University of California at Los Angles.

Chomsky, N. (1988). Language and the human mind. In C. P. Otero (ed.), *Language and Politics*, Montreal: Black Rose.

Crystal, D. (2002). Revitalizing languages. *Language Magazine*, October, 18—20.

Crystal, D. (2011). Back to the future. *The Linguist*, 1, 10—13.

Delgado de Carvalho, C. M. (1962). The geography of languages. In P. L. Wagner & M. W. Mikesell (eds.), *Readings in cultural geography* (pp.75—93). Chicago: University of Chicago Press.

Dornyei, Z. (2009). The L2 motivational self system. In Z. Dornyei & E. Ushioda (eds.), *Motivation, language identity and the L2 self*. Bristol: Multilingual Matters.

Dulay, H. C. & Burt, M. K. (1974). Errors and strategies in child second language acquisition. *TESOL Quarterly*, 8, 129—36.

Fillmore, C., & Atkins, B. (1992). Toward a frame-based lexicon: The semantics of RISK and its neighbors. In A. Lehrer & E. Kittay (eds.), *Frames, fields, and contrasts* (pp.75—102). Hillsdale/N.J.: Lawrence Erlbaum Associates.

Fillmore, Charles J., Paul Kay, and Catherine O'Connor. (1988). Regularity and idiomaticy in grammatical constructions: The Case of *Let Alone*. *Language* 64: 501—538.

Glausiusz, J. (1997). The ecology of language: link between rainfall and language diversity. *Discover*, (8), 18. Also in Fill & Mühlhäusler (eds.). 2001.

Goldberg, A. E. (2003). Construction: A new theoretical approach to language. *Journal of Foreign Languages*, 3, 1—11.

Gottlieb, H., & Mogensen, J. E. (Eds.)(2007). *Dictionary visions, research, and practice: selected papers from the 12th Int'l Symposium on Lexicography. Copenhagen*, 2004. Amsterdam: John Benjamins B.V.

Grice, H. P. (1957). Meaning. *Philosophical Review*, 66, 377—388.

Halliday, M. A. K. (1990). New ways of meaning: the challenge to applied linguistics. *Journal of Applied Linguistics*, (6). Reprinted in A. Fill & P. Mühlhäusler (eds.). (2001). *The ecolinguistics reader* (pp.175—202). London: Continuum.

Halliday, M. A. K. (1993). Towards a language-based theory of learning. *Linguistics and Education*, 5, 93—116.

Han, W., & D, Shi. (2014). The Evolution of hi^{23} $kā^{34}$ 'he says' in Shanghainese. *Language and Linguistics*, 15, 479—494.

Han, W., & D, Shi. (2015). Topic and left periphery in Shanghainese. *Journal of Chinese Linguistics*, (accepted).

Han, W., Arppe, A., & Newman, J. (2013). Topic marking in a Shanghainese corpus: From observation to prediction. *Corpus Linguistics and Linguistic Theory*, June, 1—29, doi: 10.1515/cllt—2013—0014.

Katz, J. J. (1971). Generative semantics in interpretive semantics. *In Linguistic Inquiry* 2, 313—31.

Lackstrom, L., Selinker, L. & Trimble, L. (1973). Technical rhetorical principles and grammatical choice. *In TESOL Quarterly* 7/2, 1973.

Lakoff, G. (1973). Hedges: A study in meaning criteria and the logic of fuzzy concepts. *JPL*, 2, 458—508.

Leben, William R. (1973). *Suprasemental phonology*. Unpublished doctorial dissertation. Massachusetts Institute of Technology.

Mel'čuk, I. (2003). Levels of dependency in linguistic description: Concepts and problems. In Ágel et al., 170—187.

Milroy, L. & Milroy, J. (1977). *Speech and context in an urban setting. Belfast Working Papers in Language and Linguistics*. 1, 1—44.

Muhlhausler, P. (2001). Linguistic and biological diversity: Babel revisited. In A. Fill & P. Muhlhausler (eds.), *The Ecolinguistics reader*. London: Continuum.

Osborne, T., Putnam, M., & Groß, T. (2011). Bare phrase structure, label-less trees, and specifier-less syntax: Is Minimalism becoming a dependency grammar? *The Linguistic Review*, 28, 315—364.

Osborne, T., Putnam, M., & Groß, T. (2012). Catenae: Introducing a novel unit of syntactic analysis. *Syntax* 15, 4, 354—396.

Oviedo, G. & Maffi, L. (2000). Indigenous and traditional peoples of the world and ecoregion conservation[A]. From http://www.terralingua.org.

Pienemann, M. (2003). Language processing capacity. In C. J. Doughty & M. H. Long (eds.), *The handbook of second language acquisition* (679—714). Oxford: Blackwell.

Pike, K. L. (1943). Taxemes and immediate constituents. *Language* 19, 65—82.

Pike, K. L. (1964). Discourse analysis and tagmemic matrics. *In Oceanic Linguistics* 3, 5—25. Reprinted in Ruth M. Brend (ed.) 1974. *Advances in Tagmemics*. Amsterdam: North-Holland.

Platt, E., & Brooks, F. B. (2002). Task engagement: A turning point in foreign language development. *Language Learning*, 52, 365—400.

Robinson, J. (1970). Dependency structures and transformational rules. *Language*, 46, 259—285.

Sacks, Schegloff, E. A., & Jefferson, G. 1974.A simplest systematics for the organization of turn-taking for conversation. *Language*, 50, 696—735.

Schegloff, E. A., & Sacks, H. (1973). Opening up closings. *Semiotics*, 8, 289—237.

Schegloff, E. A., Jefferson, G., & Sacks, H. (1977). The preference for self-correction in the organization of repair in conversation. *Language*, 53, 361—82.

Steger, S. A. (1913). *American dictionaries*. Unpublished doctorial dissertation. Baltimore: J. H. Furst Company.

Tarone, E. E. (1980). Communication strategies, foreigner talk, and repair in interlanguage. *Language Learning*. 30: 2, 417—31.

Thomas, J. (1983). Cross-Cultural Pragmatic Failure. *Applied Linguistics*. 4/2.

Trim, J. L. M. (1959) Historical, descriptive and dynamic linguistics. *Language and Speech*, 2, 9—25.

Trudgill, P. (1974). Linguistic change and diffusion: Description and explanation in sociolinguistic dialect geography. *Language in Society* 3, 215—246.

Trudgill, P. (1975). Linguistic geography and geographical linguistics. *Progress in Geography*, 7, 227—252

Van Valin, R. D., Jr. (1991). Functionalist linguistic theory and language acquisition. *First Language*, 11, 7—40.

Voegelin, C. F., Voegelin, F. M. & Schutz, N. W. Jr. (1967). The language situation in Arizona as part of the Southwest culture area. In D. Hymes & W. E. Bittle (eds.), *Studies in southwestern ethnolinguistics: Meaning and history in the languages of the American southwest* (pp.403—451). The Hague: Mouton.

Widdowson, H. G. (1984). The incentive value of theory in teacher education. *ELT*, 38, 86—90.

Widdowson, H. G. (1989). Knowledge of language and ability for use. *Applied Linguistics* 10/2.

Williams, C. H. (1980). Language contact and language change in Wales, 1901—1971: A study in historical geolinguistics. *Welsh History Review*, 10, 207—238.

Wilson, D.& Sperber, D. (1993). Linguistic form and relevance. *Lingua*, 90, 1—25.

（四）译著类

巴尔.(1995).《叙事学:叙事理论导论》.谭君强(译).北京:中国社会科学出版社.
布龙菲尔德.(1980).《语言论》.袁家骅、赵世开、甘世福(译).北京:商务印书馆.
弗里斯.(1964).《英语结构》.何乐士等(译).北京:商务印书馆.
哈特曼、斯托克(编).(1981).《语言与语言学词典》.黄长著、林书武、卫志强、周绍珩(译).上海:上海辞书出版社.
韩礼德.(1980).《语法理论的范畴》.叶蜚声(译).见《语言学译丛》(第二辑).北京:中国社会科学出版社.
赫尔曼(编).(2002).《新叙事学》(未名译库·新叙事理论译丛之一).马海良(译).北京:北京大学出版社.
洪堡特.(1997).《论人类语言结构的差异及其对人类精神发展的影响》.姚小平(译).北京:商务印书馆.
霍凯特.(1986—1987).《现代语言学教程》(上下两册).索振羽、叶蜚声(译).北京:北京大学出版社.
卡西尔.(2004).《人论》.甘阳(译).上海:上海译文出版社.
莱昂斯.(1981).《乔姆斯基评传》.陆锦林、李谷城(译).北京:华东师范大学出版社.
莱曼.(1986).《描写语言学理论》.金兆骧、陈秀珠(译).上海:上海外语教育出版社.
莱普斯基.(1986).《结构语言学通论》.朱一桂、周嘉桂(译).北京:中国社会科学出版社。

利奇、斯瓦特维克.(1983).《英语交际语法》.戴炜栋、李冬、何兆熊、吴家禄、邱懋如(译).上海:上海译文出版社.
利奇.(1987).《语义学》.李瑞华、王彤福、杨自俭、穆国豪(译).上海:上海外语教育出版社.
利奇.(1990).《文化与交流》.郭凡等(译).广东:中山大学出版社.
罗宾斯.(1997).《简明语言学史》.许德宝等(译).北京:中国社会科学出版社.
莫里斯.(1989).《指号、语言和行为》.周易(译).上海:上海人民出版社.
乔姆斯基.(1979).《句法结构》.邢公畹等(译).北京:中国社会科学出版社.
乔姆斯基.(1986).《句法理论的若干问题》.黄长著等(译).北京:中国社会科学出版社.
萨丕尔.(1985).《语言论》.陆卓元(译).北京:商务印书馆.
索绪尔.(1999).《普通语言学教程》.高明凯(译).北京:商务印书馆.
汤姆逊.(1960).《十九世纪末以前的语言学史》.黄振华(译).北京:科学出版社.
希利斯.(2002).《解读叙事》.申丹(译).北京:北京大学出版社.

(五) 网络资源

http://en.wikipedia.org
http://glottolog.org/
http://interlinguistik-gil.de/scholit.html
http://www.ethnologue.com
http://zh.wikipedia.org

汉英词目检索表
Entries Listed in Chinese Pinyin Order

语言学术语

A a

阿尔法	alpha
阿尔法移位	move α; alpha movement
阿尔哈米阿多文	Aljamiado
阿尔泰假说	Altaic hypothesis
阿拉伯字母	Arabic alphabet
埃及象形文字	Egyptian hieroglyphic writing
艾立夫	alif; aleph
艾特肯定律	Aitken's Law
爱称	hypocoristic form
爱称词	hypocoristic word
暗示法	suggestopaedia; suggestopedia; suggestopedy
暗箱分析	Black-Box-Analysis
暗箱模型	Black Box Model
暗音 l	dark l
暗元音	dark vowel
暗指	innuendo
盎格鲁美洲	Anglo-America
盎格鲁人	Angles
奥卡姆剃刀原则	Ockham's razor; Occam's razor
澳大利亚词典学	Australian lexicography
澳斯特里语系假说	Austric Hypothesis

B b

巴尔索罗梅定律	Bartholomae's Law
巴赫—彼得斯悖论	Bach-Peters paradox
巴赫—彼得斯句子	Bach-Peters sentence
巴赫概括	Bach's generalization
巴黎符号学学派	Paris School Semiotics
靶域	target domain
爸爸语	fatherese
白板说	tabula rasa
百分比符号	percent sign
百科信息	encyclopedic information
百科意义	encyclopaedic meaning
百科语义学	encyclopaedic semantics
百科知识	encyclopedic knowledge
柏拉图问题	Plato's problem
半词素	semi-morpheme
半韵	half rhyme; imperfect rhyme
半元音	semi-vowel
伴随	accompaniment
邦科姆之辞	bunkum; buncombe
包含	inclusion
包容式代词	inclusive pronoun
包容条件	inclusiveness condition
褒义后缀	ameliorative suffix; meliorative suffix
褒义化	amelioration
保护式教学	sheltered instruction
保护式英语	sheltered English
保留宾语	retained object
保姆式语言	caretaker speech
保全面子	face-saving
报道分	reported score
爆发	burst
爆破音	plosive; plosion
北极人语言	Hyperborean
备择假设	alternative hypothesis
背景[1]	ground
背景[2]	background
背景[3]	setting
背景化的	backgrounded
背景现象	backgrounding
背景信息	background information
背景知识	background knowledge
背诵	recitation
背心结构	exocentric
悖语义分析	asemantic analysis
被动词汇	passive vocabulary
被动发音器官	immovable vocal organ
被动分词	passive participle
被动化规则	passivization rule
被动技能	receptive skills
被动技能测试	receptive test
被动声腔	passive cavity
被动语言知识	passive language knowledge
被认同者	identified
被指引成分	directed element
本地语	vernacular
本国语	vernacular
本拉斯线	Benrath line
本能论	nativistic theory
本体	tenor
本体范畴	ontological category
本体规划	corpus planning
本体论	ontology
本体隐喻	ontological metaphor
本土化	indigenization
本土语言	indigenous language
本质主义	essentialism
本族词	native words
本族语	native language
本族语词汇	native language vocabulary
本族语化	nativized
本族语言领悟力	native speaker insight
本族语者	native speaker
崩溃	crash
鼻化音	nasal twang
鼻腔	nasal cavity
鼻塞音	nasal plosive
鼻咽部	nasal pharynx
鼻音	nasal
鼻音爆破	nasal plosion
鼻音除阻	nasal release
鼻音对口腔音	nasal vs. oral
鼻音化	nasalization
鼻音色彩	nasal colouring
鼻音同化	nasal assimilation

鼻语	rhinolalia	便利样本	convenience sample
鼻元音	nasal vowel	辨义成分	distinguisher
比较重建法	comparative reconstruction	辨音法	shibboleth
比较从句	comparative clause	辨音训练	ear-training
比较等级	degree of comparison	辩论术	forensics
比较对比法	comparison and contrast method	标记	markedness
比较法	comparative method	标记差异假设	markedness differential hypothesis
比较级	comparision; comparative degree		
比较句	comparative sentence	标记符	notation
比较式关联	comparative correlative	标记性	markedness
比较语言学	comparative linguistics	标句成分节点	COMP node
比例从句	proportional clause	标句词	complementizer; COMP
比例模式教学大纲	proportional syllabus	标句词层	complementizer layer
比邻原则	first-sister principle	标句词短语	complementizer phrase; CP
比率量表	ratio scale	标句词一致	complementizer agreement
比喻词	simile marker; indicator of resemblance	标示符号	indexical sign
		标示性原则	principle of indexicality
比喻误用	catachresis	标示语法	indexed grammar
比喻习语	figurative idiom	标题式语言	block language
比喻性语言	figurative language	标题语言	headline language
比喻义	figurative meaning	标音	transcription
笔迹测量学	graphometry	标音法	phonetic transcription
笔迹学	graphology; graphoanalysis	标引	indexing; index
必需语气	debitive	标引符	index
闭过渡	close transition	标志	mark
闭塞	occlusion; closure	标志语义学	Reference Semantics
闭塞音	occlusive	标志语中心语一致	spec-head agreement
闭音渡	close juncture; close transition	标注	tagging
闭音节	closed syllable	标准变体	standard variety
闭元音	close vowel	标准参照测验	criterion referenced test
闭元音	close vowel	标准测量误差	standard error of measurement
避忌言语类型	avoidance speech style	标准差	standard deviation
边界节点	bounding node	标准发音	Received Pronunciation; RP
边界效应	boundary effect	标准方言	standard dialect
边音	lateral	标准分数	standard score
边音爆破	lateral plosion	标准化	standardization
边音对非边音	lateral vs. non-lateral	标准化测验	standard test
边音化	lambdacism; lateralization	标准九分	standard nine; stanine
边缘成员	marginal member	标准理论	Standard Theory
边缘地区	marginal area	标准美国英语	Standard American English
边缘区域	peripheral area	标准误差	standard error
边缘特征	edge feature	标准相关效度	criterion-related validity
边缘语言	peripheral language	标准英国英语	Standard British English
边缘元音	peripheral vowel	标准英语	King's English; Queen's English; Standard English
编班测验	placement test		
编程语言	programming language	标准语	standard dialect; standard language
编辑系统	authoring system		
编码	coding	标准语言	H language
编码时间	coding time	标字	catchword; headword
编年史现在时	annalistic present	表层的	surface
贬义成分	pejorative	表层结构	surface structure
变格	declension	表层结构移情等级	surface structure empathy hierarchy; SSEH
变界分析	metanalysis		
变量	variable	表层语言	adstratum
变量设定	parameter-setting	表达功能	representational function
变时研究	metachrony	表达型言语行为	expressive
变体	variant	表面效度	face validity
变项	variable	表面字符	constrate
变项规则	variable rule	表情功能	emotive function
变异	variation	表缺词缀	privative affix
变异语言学	variational linguistics	表缺对立	privative opposition
变音标记	shift sign	表始动词	inchoative verb
变音符	cedilla	表述句	constative
变音符号[1]	umlaut	表现目标	performance objective
变音符号[2]	diacritic; accent mark	表现性意义	sensus designate
变语匹配法	matched guise technique	表信语	representative

表形符	hieroglyph
表形文字	hieroglyph
表型	phenotype
表意符号	ideograph
表意行为	rhetic act
表意文字	ideogram; ideograph; ideographic writing
表音文字	phonography; phonemic script
表语串联	nexus
表征	representation
表征层面	level of representation
表征经济性	economy of representation
表征论	representational theory
别处条件	elsewhere condition
蹩脚英语	broken English
宾格	objective case
宾格化	accusativization
宾语控制	object control
宾语提升	object raising
宾语一致	object agreement
宾语转移	object shift
濒危语言	endangered language
并存效度	concurrent validity
并连关系	parataxis
并联符号 &	ampersand &
并列复合词	dvandva compound; corpulative compound
并列结构孤岛	coordinate structure island
并列连接	conjoin
并列连接	conjoining
并列连接词	correlative conjunction
并列双语现象	coordinate bilingualism
并列下义词	co-hyponym
并列向心结构	co-ordinate endocentric construction
并列语	juxtaposing language
波尔—罗瓦雅尔语法	Port Royal Grammar
波浪模式	wave model
波浪说	wave theory
波形	waveform
泊定	docking
博思语言测试	Business Language Testing Service; BULATS
博弈论语义学	game-theoretical semantics
博弈论语用学	game-theoretical pragmatics
补偿策略	compensatory strategies
补偿性延音	compensatory lengthening
补偿性延长	compensatory lengthening
补充附加语	additive adjunct
补充关系	additive relation
补语	complement
补语成分	complementizer; COMP
补语从句	complementary clause
不变形词	invariable; invariant
不变重音	immovable stress
不充分赋值	underspecification
不充分赋值理论	underspecification theory
不带 r 音	non-rhotic
不等音节词	imparisyllabic word
不定冠词	indefinite article
不规则复数	irregular plural
不规则名词	heteroclite
不规则性	irregularity
不规则语言现象	anomaly
不合语法性	ungrammaticality
不和谐	disharmony
不和谐音	cacophony
不及物的	intransitive
不及物化规则	intransitivization rule
不恰当话语	improper speech
不可分离性	non-detachability
不可及说	no access hypothesis
不可接受性	unacceptability
不可解读	uninterpretable
不可数名词	uncountable noun
不连续性	discontinuity
不明确解读	non-specific reading
不确定表达式	indefinite expression
不实话语	prevarication
不送气	unaspirated
不透明	opacity
不透明元音	opaque vowel
不完全变化词	defective
不完全动词	defective verb
不完全句	incomplete sentence
不相容	incompatibility
不幸被动句	adversative passive
不专注行为	off-task behavior
布克维查字母	Bukvitsa
布拉格学派	Prague school
布莱叶盲文	Braille
布朗语料库	Brown Corpus
布鲁姆分类法	Bloom's taxonomy
布洛卡区	Broca's area
布洛卡失语症	Broca's aphasia
布洛卡失语症患者	Broca's aphasiac
部分否定	partial negation
部分格	partitive case
部分可及性	partial access
部分能产	partially productive
部分生格	partitive genitive
部分所有格	partitive genitive
部分同化	accommodation; partial assimilation
部分整体关系	meronymy; part-whole relation; partonymy relation
部首	radical

C c

擦音	fricative; spirant
擦音化	spirantisation
猜测参数	guessing parameter
裁剪词	clipping
裁切	bleeding
采访	interview
采用常规形式的倾向	bias toward normality
参加者	participant
参考性问题	referential question
参量语言学	parametric linguistics
参量语音学	parametric phonetics
参数	parameter
参数检验	parametric tests
参数设定	parameter-setting
参项设定	parameter-setting
参与角色	participant role
参与框架	participation framework
参与者结构	participant structure
参与者现场观察	participant observation
参照框架	reference frame
参照物	reference object
参照语义学	referential semantics

残余地区	residual zone
残余地域	relic area
残余听力	residual hearing
残余形式	relic form
操练	drill
操双方言者	ambidialectal
操双语者	ambilingual
操作词	operator
操作方法	operational procedure
操作行为	operant
操作行为主义	operant behaviorism
操作性定义	operational definition
操作性条件反射	operant conditioning
操作意义	operative sense
槽擦音	groove fricative
草拟	drafting
草写体	tachygraphy
侧画	profile
侧画决定词	profile determinant
侧面	profile
测试	test
测试项	test item
测听计	audiometer
测听术	audiometry
策略	strategy
策略性能力	strategic competence
策略训练	strategy training
策略准则	tact maxim
层次	level
层次分析	immediate constituent analysis
层次分析法	hierarchical analysis
层次结构	hierarchical structure
层次语法	Stratificational Grammar
层递式	climax; gradation
层级规则运用原则	principle of cyclic rule application
层级性	cyclicity
层级隐涵意义	scalar implicatures
层级原则	cyclic principle
层级转换	cyclic transformation
层进	climax
曾用义	purport
叉线符 ≠	harsh mark
插入¹	insertion
插入²	layering
插入句	inserted clause
插入式误读	insertion miscue
插入性动词	parenthetical verb
插入序列	inserted sequences
插声停顿	filled pause
插音 r	epenthesis
插音 r	intrusive r
差位体现	discrepant realization
差异系数	difference coefficient
蝉联	anadiplosis
阐释	interpret
阐释学	hermeneutics
阐述功能	representational function
阐述型言语行为	representatives
颤音	trill
长被动句	long passive
长距离反身代词	long-distance reflexive
长期记忆	long-term memory
常规公式	formulae; formulas
常规特征	stereotype
常规语法	regular grammar
常模	norm
常模参照考试	norm-referenced test
常识衍推话语	discourse in common sense entailment; DICE
常用话语语境	canonical situation of utterance
场	field
场独立	field independence
场依存	field dependence
绰号	nickname
超级提升	superraising
超级语法码	grammatical hypertag
超文本	hypertext
超音段	suprasegmental
超音段音位	suprasegmental phoneme
超音位	archiphoneme
超语法习语	extragrammatical idiom
超语言特征	extralinguistic feature
沉浸式教学法	immersion approach; immersion programme
沉浸式强化课程	immersion programme
沉默	silence
沉默法	silent way
沉默期	silent period
陈述	statement
陈述句	declarative sentence
陈述性知识	declarative knowledge; propositional knowledge
陈述音系学	declarative phonology
称号	appellative
称呼体系	address system
称呼语	address term
称呼语的代词形式	pronominal form of address
称名量表	nominal scale
称谓	appellation
称谓词	appellative
称谓性名称词	appellative name
成对联想学习法	paired-associate learning
成对语式	twin formula
成分分析法	componential analysis
成分分析法	componential analysis
成分结构	constituent structure
成分结构	constituent structure; C-structure
成分统制	constituent-command; C-command
成绩报告	reporting
成绩测试	achievement test
成绩登记	record keeping
成见效应	halo effect
成就策略	achievement strategies
成就动词	achievement verb
成就假设	resultative hypothesis
成人形态分析	adultomorphic analysis
成事动词	perlocutive verb
成熟假说	maturation hypothesis
成型中立语	Idiom Neutral
成语学	phraseology
成阳阶段	closing phase
诚意条件	sincerity condition
诚意原则	sincerity rule
承诺型言语行为	commisives
程度副词	adverb of degree
程序教学	programmmed instruction
程序教学法	procedural approach
程序性知识	procedural knowledge
痴呆症	dementia
驰音	lentis
迟发前置词	deferred preposition

汉英词目检索表

持续时间	durative time	传统重音	traditional stress
持续体	durative aspect	创新	innovation
持阻过程	holding	创造性构建	creative construction
齿间音	interdental	创造性结构假说	creative construction hypothesis
齿音	dental	垂悬分词结构	dangling particle
齿龈爆破音	alveolar plosive	锤子和铁砧	hammer and anvil
齿龈擦音	alveolar fricative	纯理功能	metafunction
齿龈脊	alveolar arch	纯音词	vocal
齿龈隆骨	alveolar ridge; alveolar arch	纯语用学	pure pragmatics
齿龈塞擦音	alveolar affricate	纯语主义	purism
齿龈塞音	alveolar stop	纯元音	pure vowel
齿龈吸气音	alveolar click	唇齿音	labiodental
齿龈音	alveolar; gingival	唇读法	lip-reading; speech reading
齿龈音语素	alveolar morpheme	唇音	labial
齿龈硬腭音	alveolo-palatal; lamino-palatal	词	word
冲击	impact	词本位教学法	whole-word method
充分诠释	full interpretation	词比较	word comparison
充分性	adequacy	词表	word list
充分性层次	level of adequacy	词串	lexical bundle
重叠¹	gemination	词的内部形式	inner form of a word
重叠²	reduplication	词的屈折后缀	termination
重叠分布	overlapping distribution	词典编纂学	lexicography
重叠复合词	iterative compound; repetitive compound; reduplicative compound	词典意义	dictionary meaning
		词对	doublet
重读	regression	词分布	word distribution; word range
重复¹	reduplication	词符	logogram; logograph; word sign
重复²	repetition	词符文字	logography
重复动词	frequentative verb	词符音节文字	logo-syllabic writing
重复复合词	repetitive compound	词干	stem
重复复数	generous plural	词干复合词	stem compound
重复话语	echo utterance	词干孤立语	stem-isolating language
重复阶段	repetition stage	词干屈折语	stem-inflected language
重复体	iterative aspect	词根	root; radical
重复同义词	tautological	词根创词	root creation
重构	reconstruction	词根反义词	root antonym
重构形式	reconstructed form	词根孤立语	root-isolating language; isolating language
重构连续体	restructuring continuum	词根名词	root noun
重建论	reconstructionism	词根屈折语	root-inflected language
重建式换码	recasting	词根语	radical language
重述	reiteration	词根重音的	rhyzotonic
重述操练	repetition drill	词汇¹	lexicon
重写	rewriting	词汇²	vocabulary
重新范畴化	recategorization	词汇变化	vocabulary change
重新分析	reanalysis; restructuring	词汇参数化假说	lexical parameterization hypothesis
重新合成	recomposition		
重新排序	reordering; re-ordering	词汇层	lexis
重言法	hendiadys	词汇场	lexical field
抽取移位域条件	condition on extraction domains; CED	词汇场理论	lexical field theory
		词汇重组	relexification
抽象词	abstracts	词汇重组假说	relexification hypothesis
抽象格	abstract case	词汇词	lexical word
抽象关联原则	principle of abstractive relevance	词汇单位	lexeme
抽象化	abstraction	词汇等级	lexical hierarchy
抽象性争论	abstractness controversy	词汇地图	word atlas
抽象域	abstract domain	词汇动词	lexical verb
出现	emergence	词汇范畴	lexical category
初始短语标记	initial phrase marker	词汇概念	lexical concept
初始结构	initial structure	词汇功能语法	lexical-functional grammar; LFG
初始双语现象	incipient bilingualism	词汇关系公式	dips
初始状态	initial state	词汇规则	lexical rule
除阻	release	词汇结构学	logotactics
触发条件	trigger	词汇空缺	lexical gap
传播	propagation	词汇扩散	diffusion
传导性失语症	conduction aphasia	词汇密度	lexical density
传统原则	traditional principle	词汇歧义	lexical ambiguity

词汇体	lexical aspect; aktionsart
词汇统计学	lexicostatistics
词汇完整性假设	lexical integrity hypothesis
词汇晚插入	late lexicon insertion
词汇系统	lexical system
词汇衔接	lexical cohesion
词汇形态学	lexical morphology
词汇选择	lexical selection
词汇学	lexicology
词汇学派	lexicalists
词汇意义	lexical meaning
词汇意义	significance
词汇音系学	lexical phonology
词汇语法	lexicogrammar
词汇—语法连续体	lexicon-grammar continuum
词汇语素	lexical morpheme
词汇语义学	lexical semantics
词汇主义	lexicalism
词基语素	base morpheme
词界	word boundary
词库	lexicon
词类	word class; part of speech
词类转化	transmutation; conversion
词聋	word deafness; auditory aphasia
词盲	word blindness; visual aphasia
词末增音	epithesis
词末重音	final accent
词内语音变位	anastrophe
词频	word frequency
词频统计	word frequency count
词品	rank
词群	word group
词首屈折	initial inflection
词素变体	allomorph
词素学	morphemics
词条	entry
词尾	ending
词尾变体	alloflex
词尾加音	paragogue; paragoge
词尾重复	epistrophe
词位	lexeme
词位结构学	lexotabtics
词文字	word writing
词项[1]	lexical entry
词项[2]	lexical item
词项插入规则	lexical insertion rule
词项和过程语法	Item and Process Grammar
词项与配列语法	Item and Arrangement Grammar
词项重读	lexical stress
词形	word form
词形变化[1]	declension; decline
词形变化[2]	accidence
词形变化[3]	conjugation
词形变化表	paradigm
词形变异	metaplasm
词形赋值形态学	paradigm function morphology
词形体	lexical aspect; aktionsart
词形形态学	paradigm morphology
词性	part of speech
词性赋码	part-of-speech tagging
词序变化	word-order change
词序变位	anastrophe
词序倒置	hyperbaton
词哑	word dumbness
词义	signification
词义变化	alteration
词义淡化	fading
词义恶化	deterioration
词义分化	semantic divergence
词义扩大	broadening
词义扩展[1]	radiation
词义扩展[2]	widening of meaning; extension of meaning
词义弱化	weakening of meaning
词义升格	elevation
词义缩小	reduction; restriction
词义退化	degeneration
词义学	lexical semantics
词义转褒	elevation
词义转贬	pejoration
词义转移	transference of meaning
词优势效应	word-superiority effect
词与物学派	word and thing school
词语法	word grammar
词语分割	word segmentation
词语联想	word association
词语联想测试	word association test
词源理据	etymological motivation
词源偏离	etymology deviation
词源形式	base
词源学	etymology
词中省音	syncope
词重音	word stress
词缀	affix; affixoid
词缀法	affixation
词缀略写	affix clipping
词缀下移	affix-lowering
词缀指数	affixing index
词组屈折语	group-inflected language
词组所有格	group genitive
次标准	substandard
次范畴	subcategory
次范畴化	subcategorization
次范畴化框架	sub-categorization frame
次间隙度	secondary aperture
次派生词	derived secondary word; secondary derivative
次数数词	iterative numeral
次谓语	secondary predicate
次要词类	minor word class
次要发音	secondary articulation
次重音	secondary stress
次语类化框架	sub-categorization frame
刺耳音	strident
刺激	stimulus
刺激充足论	richness of stimulus
刺激—反应理论	stimulus-response theory; S-R theory
刺激泛化	stimulus generalization
刺激贫乏论	poverty of the stimulus; POS
从格	elative
从句	clause
从属变量	dependent variable
从属词	subordinate
从属分句	subordinate clause; dependent claus
从属连词	subordinating conjunction; subordinate conjunction; subordinator
从属连接	subordination
从属性	subordinate
从属音系学	dependency phonology

从属语标注	dependent-marking	带 r 音	rhotic
粗喉音	burr	带语用功能习语	idiom with pragmatic function
粗俗词	vulgar	待选项	alternative
粗译文	rough translation	单边辅音	unilateral consonant
粗直语	dysphemism	单边音	unilateral
存在句	existential clause	单纯存在句	bare existential sentence
存在量词	existential quantifier	单词句	holophrase
存在量化	existential quantification	单词识别	word recognition
措辞	diction	单杠	single-bar
措辞矛盾	contradiction in terms	单杠连音	single-bar juncture
错别字	ghost form	单基转换	single-base
错读症	parallalia	单数	singular
错格句	anacoluthon; anapodoton; anantapodoton	单数形位	singulative
		单位	unit
错格现象	anacoluthon; anapodoton; anantapodoton	单位词	partitive
		单位名词	unit noun
错误分析	error analysis	单向共现	unidirectional co-occurrence
错误选项	distractor	单向性	unidirectionality
错误选项效率分析	distractor efficiency analysis	单一词化	univerbation
		单一转换	singulary transformation
D d		单义现象	monosemy
搭配	collocation	单音节	monosyllabic
搭配范围	collocation range; range of collocation	单音位词	monophonemic word
		单音位分类	monophonematic classification
搭配能力	collocational competence	单语素词	monomorphemic word
搭配限制	collocational restriction	单语现象	monolingualism; unilingualism; monoglottism
搭配重音	collocation accent		
达—达说	ta-ta theory	单语者	monolingual
达尔定律	Dahl's Law	单元音	monophthong
达意论	interpréter pour traduire	单源说	monogenesis theory
达因	dyne	当地化	nativization
答题效度	response validity	当时式	hodiernal
答题形式	response format	导出分数	derived score
答题要求	test rubric	导词	call-word
打油诗	doggerel	导向词	director
大代语	PRO	倒行干扰	retroactive inhibition
大纲设计	syllabus design	倒摄抑制	retroactive inhibition
大括弧	brace notation	倒数第二音节重读词	paroxytone
大脑侧化	lateralization	倒数第二音节重读语	paroxytonic language
大脑单侧偏利	cerebral dominance	倒数第三音节	antepenult; antepenultimate
大脑皮层	cerebral cortex	倒退连锁法	backchaining
大脑偏侧优势	cerebral lateralization	倒置	inversion
大舌头	lisping	倒置对立	inverse opposition
大写	capital	倒置法[1]	hyperbaton
大写 C 文化	large C culture	倒置法[2]	inversion method
大猩猩可可	Koko	倒置拼写	inverse spelling
大众传播学	mass communication	倒装	inversion
代表样本	representative sample	道义逻辑	deontic logic
代称比喻	kenning	道义情态	deontic modality
代词	pronoun	道义系统	deontic system
代词逆指	backward pronominalization	得体性	appropriateness
代词形式	pro-form; pronominal copy; substitute	德尔塔	delta
		等待时间	waiting time
代词性形容词	pronominal adjective	等级	grade
代词重叠	pronominal reduplication	等级对词	gradable pair
代达罗斯交互式课堂	Daedalus InterChange	等级反义词	gradable antonym
代动词	pro-verb	等级反义词对	gradable pair
代类名	antonomasia	等级互补词	gradable complementaries
代码	code	等级量表	rating scale
代码转换	encoding	等级数量含义	scalar quantity implicature
代码总和	repertory; repertoire	等级相关	rank correlation
代名化	pronominalize	等级形容词	gradable adjective
代纳语音合成器	dynavox	等级性	gradability
代数语言学	algebraic linguistics	等级修饰语	degree modifier
代语成分	pro-constituent;	等价作用原则	principle of equivalent effect
		等距量表	interval scale

等同动词	equi verb
等同结构	isochrony; isochronism
等同名词短语删除	equi-NP deletion
等音节词	parisyllabic word
等音节现象	isosyllabism
等音长	isochronisms
等语线	isoglottic line; isogloss
低等语体	low variety; L-variety
低势语	basilect
低位性	low
低语声	murmuring
低元音	low vowel
笛卡儿问题	Descartes's problem
笛卡儿语言学	Cartesian linguistics
底层	underlying
底层表征	underlying representation
底层短语标记	underlying phrase-markers
底层结构	underlying structure
地道材料	authentic materials
地点副词	adverb of place
地点指示语	place deixis
地方词汇	idiotism
地理方言	geographical dialect
地理分类	geographical classification
地理语言学	geographical linguistics
地名学	toponymy; toponomastics
地区变体	regional variation
地位	status
地位规划	status planning
地域变体	regional variation
地域层面	diatopic
地域的	areal
地域方言	regional dialect
地域分类法	areal classification
地域口音	regional accent
地域语言学	areal linguistics
地缘语言学	geolinguistics
帝王复数	plural of majesty
递归	recursion
递归规则	recursive rule
递归性	recursiveness
第二人称	second person
第二语言	second language; L2
第二语言习得	second language acquisition; SLA
第二语言习得课堂研究	classroom studies in SLA
第三反应	tertiary response
第三人称	third person
第三人称代词多余使用	illeism
第四人称	fourth person
第一不定式	first infinitive
第一次语音演变	first sound shift
第一分节	first articulation
第一级语言	first-order language
第一人称	first person
第一人称命令式	adhortative
第一语言	first language; L1
第一语言模式	First Linguistic Model
第一语言习得	first language acquisition
颠倒极性	reversed polarity
颠倒失误	reversal error; reversal miscue
颠倒式误读	reversal miscue
典礼演说	epideictic rhetoric
典型范畴	prototypical category
典型概念	stereotype
典型特征	characteristicfeature
典型效应	typicality effect
典型形式	canonical form
点阵式字符	dot-matrix characters
电报式话语	telegraphic speech
电动记波器	electrokymograph
电发音通道	electrical vocal tract
电子波形图	electrokymogram
电子腭动作记录图	electropalatogram
电子腭动作记录仪	electropalatograph; EPG
电子腭位观察仪	electropalatograph; EPG
电子肌动记录图	electromyogram
电子肌动记录仪	electromyograph; EMG
电子量气术	electroaerometry
掉音	haplology
调查表	questionnaire
调查合作人	informant
调符	tone graph
调幅低限	bottom of voice-range
调核	nucleus
调类	tone class
调群	tone group
调尾	tail
调位	toneme
调位学	tonetics
调值	tone value
叠叙法	polyptoton
叠音词	double-barrelled word; reduplicative word
叠用	reduplication
叮咚理论	ding-dong theory
顶真	anadiplosis
定冠词	definite article
定量表述法	quantificational representation
定量方法	quantitative method
定量研究	quantitative research; quantitative study
定时	timing
定式动词	finite verb
定式手势	holding
定位手势	location
定向接收	directional reception
定向结构	directive construction
定型词	fixation
定性数据	qualitative data
定性研究	qualitative research
定义词汇	defining vocabulary
定义法	definition method
定语	attribute
定语从句	relative clause
定语形容词	attributive adjective
定语性物主代词	attributive possessive
定指	definite reference
定指限定词	definite determiner
定指限制	definiteness restriction
定指效应	definiteness effect
动词补语从句	verb-complement clause
动词词尾	verb-final
动词短语	verb phrase
动词短语壳假说	VP-shell Hypothesis
动词短语内主语假说	VP-internal subject hypothesis
动词短语前置	VP preposing
动词短语省略	VP deletion
动词非谓语形式	verbid

汉	英	汉	英
动词非限定式	infinite verb form; non-finite verb form	独立学习	independent learning
		独立音变	independent sound change
动词复合词	verbal compound	独立指示词	depend demonstrative
动词核	verbal core	独立主格	absolute nominative; independent nominaitive
动词化	verbalization		
动词基本式	base verb	独特特征[1]	idiosyncratic feature
动词拷贝结构	verb copying construction	独值特征[2]	privative
动词提升	verb raising	读唇法	oral method
动词体	verbal aspect	读取	access
动词性词类	verbal	读入	reading
动词性名词	deverbal noun	读书报告	book report
动词迂回变位形式	periphrastic verb form	堵塞	blocking
动辅音	kinetic consonant	杜鹃论	Cuckoo theory
动副词组合	verb-adverb combination	短路假说	short circuit hypothesis
动机	motivation	短时记忆	short-term memory
动觉反馈	kinaesthetic feedback	短时体	delimitative aspect
动力情态	dynamic modality	短停顿	brief pause
动力重音	dynamic accent; dynamic stress	短语	phrase
动名词	gerund	短语变体	allophrase
动名词分句	gerundial clause	短语标记	phrase-marker; PM
动态动词	dynamic verb	短语动词	phrasal verb
动态对等	dynamic equivalence	短语结构	phrase structure
动态反对称	dynamic antisymmetry	短语结构成分	phrase structure component
动态规划算法	dynamic programming algorithm	短语结构规则	phrase structure rule
动态规律	dynamic laws	短语结构规则的递归性	recursiveness of phrase structure rules
动态语境	dynamic context		
动态语义学	dynamic semantics	短语结构语法	phrase-structure grammar
动物符号学	zoosemiotics	短语介词动词	phrasal prepositional verb
动物交际	animal communication	短语境测试法	short context technique
动物叫声拟声论	animal cry onomatopoeic	短语所有格	phrasal genitive
动物叫声说	animal cry theory	短语性复合词	phrasal compound
动物语言	animal language	短语语类	phrasal category
动形词	gerundive	短语重音	phrasal stress
动源介词	verbal preposition	短元音符	breve
动源名词	verbal noun	段落	paragraph
动源形容词	verbal adjective	断定代词	assertive pronoun
动源性习语	idiom verbal in nature	断句	sentence fragment
动转词	deverbal	断连	delinking
动转名词	deverbal noun; deverbative noun	断续闭合	intermittent closure
动作动词	action verb	断续形态学	discontinuous morphology
动作类别	Aktionsart〔德〕	断言	assertive
动作链	action chain	对半信度	split half reliability
动作名词	action noun	对比分析	contrastive analysis; CA
动作者	actor	对比焦点	contrastive focus
动作者—动作模型	actor-action model	对比联想	association by contrast
动作者—动作—目标	actor-action-goal	对比替换测试法	contrastive commutation test
冻结隐喻	frozen metaphor	对比替换法	contrastive substitution
逗号	comma	对比修辞学	contrastive rhetoric
独白	soliloquy	对比语调	contrastive intonation; contrastive tone
独词句	holophrase		
独词句话语	holophrastic speech; holophrastic language	对比重音	contrastive stress
		对唱诗	amoebaean verse
独词句现象	holophrasis	对称结构句	balanced sentence
独词句语言	holophrastic language	对等词	analogue, equivalent
独立变量	independent variable	对弧语法	Arc Pair Grammar
独立成分	independent element	对话	dialogue
独立动词	absolute verb	对话二人组	dyad
独立短语	absolute phrase	对话日志	dialogue journal
独立夺格结构	ablative absolute	对话者	interlocutor
独立分句	independent clause	对句	antithesis
独立结构	absolute construction	对立[1]	contrast
独立区域	isolated area	对立[2]	opposition
独立属格	independent genitive	对立词义	enantiosemy
独立物主代词	absolute possessive	对立反义词	contradictory antonym
独立形容词	individual adjective	对立假设	alternative hypothesis
独立型所有格代词	independent possessives	对偶	antithesis

对象格主语	objective subject
对象语言¹	object language
对象语言²	object language
对应	balance
对应词	analogue
对应结构	analogue
对应系统	diasystem
对应音	diaphone
对照组	control group
钝音符	grave accent
钝音与锐音	grave vs. acute
顿呼	apostrophe
顿绝	aposiopesis
多边对立	multidimensional opposition
多层级学习	hierarchical learning
多成分组合语	incorporating language
多重聚合词	aggregative compound; agglutinative compound
多次体	interactive aspect
多次性动词	frequentative verb
多方会话	polylogue
多方言的	polylectal
多分支结构	multiple-branching construction
多话期	loquacity
多连接结构	polysyndeton
多模态	multimodality
多模态交互	multimodal interaction
多式综合	polysynthesis
多式综合语	polysynthetic language
多系统主义	polysystemism
多样性	diversity
多义词	polysemic word; polysemous word
多义现象	polysemia
多音节词	polysyllable; polysyllabic word; multisyllable
多音位分类	polyphonemic classification
多语素词	polymorphemic word
多语现象	multilingualism
多语主义	multilingualism
多元文化主义	multiculturalism
多源说理论	polygenesis theory
夺格	ablative case
惰误	dord

E e

讹误语	cacology
讹写法	cacography
俄罗斯形式主义	Russian formalism
轭式修饰法	zeugma
恶俗语	dysphemism
腭	palate
腭化	palatalization
腭化音	palatalized
腭位观察术	palatography
腭位图	palatogram
腭位学	palatography
腭龈音	palato-alveolar
儿童语言	child language
儿童语言习得期	stages of child's language acquisition
耳听训练	ear-training
耳语	whisper
耳语元音	whispered vowel
二重介词	double prepositions
二分对立	binary opposition
二分法计分	dichotomous scoring
二分特征	binary feature
二合字母	digraph
二价动词	divalent
二听法	dichotic listening
二项分类	binary taxonomy
二项式	binominal
二选一原则	alternative principle
二语自然习得	naturalistic second language acquisition
二元的	binary
二元论	dualism
二元特征	binary feature
二元性	dualism

F f

发话人	addresser; addressor
发起者	initiator
发散思维	divergent thinking
发生认识论	genetic epistemology
发声	phonation
发声器官	sound organs; speech organs; vocal organs
发声器官操练	gymnastics of the vocal organs
发声生理学	sound physiology
发声失常	dysphonia
发现程序	discovery procedure
发现过程	discovery procedure
发现学习法	discovery learning
发音¹	diction
发音²	pronunciation
发音器	articulator
发音器官	articulator
发音部位	place of articulation
发音参数	articulatory parameter
发音点	point of articulation
发音定式	articulatory setting
发音动作	articulating act
发音动作基础	basic of articulation
发音方式	manner of articulation
发音行为	phatic act
发音机能失调	articulation disorder
发音识别接口	articulatory-perceptual interface
发音速度	rate of articulation
发音音系学	articulatory phonology
发音语音学	articulatory phonetics
发音自然性	ease of articulation
发展测试	developmental testing
发展阶段相互依存假说	developmental interdependence hypothesis
发展心理学	developmental psychology
发展性失语	developmental aphasia
发展性双语教育	developmental bilingual education; late-exit bilingual education
发展性特征	developmental feature
发展性言语失调	developmental disorder
发展性语误	developmental error
发展性语言失用症	developmental apraxia
发展序列	developmental sequence
发展语言学	developmental linguistics
法兰西学派	French School
法律语言学	forensic linguistics
法式英语	Franco-English; Frenglish

汉英词目检索表

法庭演说	forensic rhetoric	范式	paradigm
法位意义	tagmeme	梵文字母	Sanskrit letter
法英词	Franglais	方差	variance
法子	tagma	方差分析	analysis of variance; ANOVA
翻译	translation; translating	方块大写	block capital
翻译目的论	Skopos Theory; purpose-oriented translation	方括号	square bracket
		方式副词	adverb of manner
翻译器	interpreter	方式原则	M-principle
翻译中的干扰	interference in translation	方式指别	manner deixis
反拨效应	washback effect; backwash effect	方位参数	directionality parameter
反拨作用	washback	方位格	locative case
反常语调	abnormal tune	方位隐喻	orientational metaphor
反讽	irony	方向附加语	direction adjunct
反复[1]	iteration	方向性	directionality
反复[2]	repetition	方向性反义词	directional opposite
反复体	iterative; frequentative aspect	方向性假设	directional hypothesis
反馈	feedback	方言	dialect
反馈项	back channel item	方言地理学	dialect geography
反启发式	anti-heuristic	方言地图集	dialect atlas
反嵌入	backlooping	方言多样化	divergent dialect
反身代词	reflexive pronoun	方言混合说	dialect mixture hypothesis
反身动词	reflexive verb	方言计量学	dialectometry
反身化	reflexivization	方言界线	dialect boundary
反身性	reflexivity	方言连续体	dialect continuum
反事实动词	contrafactive verb	方言链	dialect chain
反事实条件句	counterfactual conditional sentence	方言调查	dialect survey
		方言调查字表	Questionnaire of Characters for Dialect Surveys
反输	back channel		
反思性教学	reflective teaching	方言习语词典	idioticon
反问句	rhetorical question	方言学	dialectology
反向性[1]	Polarity	方言整平	dialect leveling
反向性[2]	reversivity	仿拟	parody
反向性反义词	reversive	仿造词语	calque
反向造句法	backward build-up	仿造构词法	coinage
反心灵主义	anti-mentalism	仿真	simulation
反省	retrospection	访谈指引	interview guide
反叙实性动词	countrafactive	放射范畴	radial category
反义词	antonym	飞白	malapropism
反义词练习	antonymy drill	非鼻音	buccal
反义关系	antonymy	非必要重复	needless repetition
反义类推	antonymous analogy	非边音	non-lateral
反义联想	association by antonymy	非标准性	non-standard
反义疑问句	disjunctive question	非表音文字	analphabetic writing
反应	response	非宾格动词	unaccusative verb
反应启发	response elicitation	非宾格假说	unaccusative hypothesis
反应前置词	preposition of reaction	非参数检验	non-parametric tests
反应时间	reaction time	非常用句型	non-favourite sentence type
反映论	reflection theory	非成形语言	non-configurational language
反映形式	reflex	非持续体	non-continuous aspect
反映义	reflected meaning	非纯语言	impure language
反语	irony; enantiosis	非词源化	de-etymologisatio
反语法结构	antigrammatical construction	非刺耳音	non-strident
反转	reversing	非单调逻辑	non-monotonic logic
返后核对翻译法	back checking translation	非单一逻辑	non-monotonic logic
泛时	panchronic	非导向性访谈	nondirective interview
泛指	generic	非等价	non-equivalence
范本理论	exemplar theory	非地域的	non-areal
范畴表达式	categorematic expression	非定指效应	indefiniteness effect
范畴成分	categorial component	非短暂性	non-punctual
范畴符号	category symbol	非对比性变体	non-contrastive variant
范畴合一语法	category unification grammar; CUG	非腭化辅音	non-palatalized consonant
		非辅音的	non-consonantal
范畴化	categorization	非高位音	non-high
范畴界限	boundary of category	非功能变体	facultative variant
范畴累计	cumulation of categories	非规约涵义	non-conventional implicature
范畴语法	categorical grammar	非规则现象论	anomalism

非规则现象论者	anomalists	非洲裔美国人白话英语	Black English Vernacular; BEV
非过去时态	non-past	非洲语言学	African linguistics
非核心规则	non-core rule	非主动语态	inactive voice
非后位的	non-back	非自然意义	non-natural meaning
非互指	disjoint reference	非字母标音	analphabetic notation
非混合语化	decreolisation	非字母文字	analphabetic writing
非技术性语域	non-technical register	非字母音标	analphabetic phonetic symbols
非接口论	non-interface position	非作格动词	unergative verb
非句子	non-sentence	肺气流	pulmonic airflow
非口腔化的	debuccalized	肺气流测量仪	pneumotachograph
非离散性	non-discrete	肺气流的	pulmonic
非离散语法	non-discrete grammar	分班测试	placement test
非连续成分	discontinuous constituent; discontinuous element	分贝	decibel
非连续性	discontinuity	分辨性操作反应	discriminated operant
非链接动词形态学	Nonconcatenative Morphology	分布	distribution
非流畅性	dysfluency	分布分析	distributional analysis
非论元	non-argument	分布共性	distributional universal
非论元位置	A'-position	分布数词	distributional numeral
非论元移位	A'-movement	分布主义	distributionalism
非论元语链	A'-chain	分词	participle
非论元约束	A'-binding	分词独立结构	absolute construction
非能产性	non-productive	分词短语	participial phrase
非能动言语器官	immovable speech organ	分词结构	participial construction
非派生词干	underived stem	分隔间	booth
非强制性	optional	分隔中心	divided focus
非情态助动词	non-modal auxiliary	分化	differentiation
非区别性特征	non-distincitive feature	分化体现	diversification
非屈折语言	non-inflexional language	分级	gradation; grading
非人称结构	impersonal construction	分级读本	graded reader
非人称性	impersonality	分级目标	graded objective
非舌冠音	non-coronal	分解评分法	analytic scoring
非使役	non-causative	分解语义学	decompositional semantics
非双音化	degemination	分句	clause
非咝音	non-sibilant	分类	categorization
非特定先天论	non-specific nativism	分类法	taxonomic approach
非体质特征	inorganic feature	分类谓词	sortal predicate
非完全转换	approximate conversion	分类系统	category system
非位	etic	分类型语言	taxonomic language
非谓语形式	verbid	分类学	taxonomy
非先创语言	*a posterior* language	分类音位学	taxonomic phonemics
非现实情态	irrealis	分类语言学	taxonomic linguistics
非限定动词	non-finite verb	分离	disjoint
非限定分句	non-finite clause	分离代词	disjunctive pronoun
非限定性关系从句	non-defining relative clause; non-restrictive relative clause	分离对立	disjunctive opposition
		分离集合	disjoint set
非限定性修饰	non-restrictive modification	分裂	fission
非限制性结构	non-restrictive construction	分裂 CP 假说	split-CP hypothesis
非线性形态学	non-linear morphology	分裂不定式	split infinitive
非线性音系学	non-linear phonology	分裂不及物现象	split intransitivity
非响音	non-sonorant	分裂句	cleft sentence
非叙实动词	non-factive verb	分裂式话题	split topic
非延续体	non-durative aspect	分裂作格	split ergativity
非延续音	non-continuant	分配词	distributive word
非言语交际	non-verbal communication	分配数词	distributive numeral
非一致性	incongruity	分配体	distributive aspect
非龈前音	non-anterior	分歧效度	divergent validity; discriminate validity
非圆唇	non-rounded		
非圆唇元音	unrounded vowel	分数词	fractional numeral
非真实初学者	false beginner	分位数	percentile score; percentile rank
非正常元音	abnormal vowel	分析比较	analytic comparison
非正式评估	informal assessment	分析程序	parser
非正式英语	informal English	分析法	analytic approach
非正式语	informal language	分析风格	analytic style
非正式语体	informal style; familiar style	分析归纳	analytic induction
非周期波	aperiodic wave	分析句	analytic sentence

汉英词目检索表

分析命题	analytic proposition	辅音文字	consonantal writing
分析式	analytic form	辅音硬化	hardening
分析型教学大纲	analytic syllabus	辅助符号	auxiliary mark
分析语	analytic language	辅助式教学	adjunct instruction
分析哲学	analytic philosophy	辅助式教学模式	adjunct model
分译法	division	辅助语	auxiliary language
分音符	diaeresis; dieresis	辅助语言	paralanguage
分音位	diaphoneme	腐蚀	erosion
分支暗喻	branching metaphor	父亲用语	fatherese
分支程序	branching programme	负极项	negative polarity item
分支方向	branching direction	负面反馈	negative feedback
分支节点	branching node	负面礼貌策略	negative politeness strategy
分组	grouping	负面证据	negative evidence
分组表	grouping table	负迁移	negative transfer
分组教学	group instruction	负倾斜分布	negatively skewed distribution
芬兰—乌戈尔亚系语言学	Finno-Ugrian Linguistics	负相关	negative correlation
		附带现象	epiphenomenon
坟冢假说	Kurgan hypothesis	附带学习	incidental learning
风格	style	附加陈述句	tag statement
风格层面	diaphasic	附加从句	appended clause
风格要素	element of style	附加分句	additive clause
封闭反应项	close-ended response item	附加符号	diacritic mark
封闭路径	closed path	附加式副词	additive adverb
封闭性词类	closed class	附加性双语现象	additive bilingualism
蜂鸣式讨论	buzz group	附加姓名	beiname
讽刺准则	irony maxim	附加疑问句	tag question
讽喻	allegory	附加意义	concomitant meaning
否定	negation	附加音	appendix
否定变位	negative conjugation	附加语	adjunct
否定词	negative; negative particle	附属课程	adjunct course
否定词缀	negative affixes	附着分词	adherent participle
否定代词	negative pronoun	附着形容词	adherent adjective
否定的礼貌策略	negative politeness strategies	附着语	affixing language
否定后移	negative transportation	附着语素	clitic
否定极项词	negative polarity item; NPI	附着重叠	clitic-doubling
否定检验法	negation test	复本	alternate forms; equivalent forms; parallel forms
否定连词	negative conjunction		
否定前缀	alpha privativum	复本信度	alternate form reliability; equivalent form reliability; parallel form reliability
否定式	negative		
否定统一	constancy under negation		
否定推理规则	rule of negative inference	复合波	complex wave
否定性反馈	negative feedback	复合词	compound
否定疑问句	negative question	复合句	compound sentence
否定转移	negative raising; negative transportation	复合声调	compound tone
		复合双语现象	compound bilingualism
弗雷格意义原则	Frege's Meaning Principle	复合限定动词短语	complex finite verb phrase
弗雷格原则	Frege's Principle	复合音	complex tone
弗纳定律	Verner's law	复合音节核	complex nucleus
弗斯语言学	Firthian linguistics	复合隐喻	compound metaphor
浮游声调	floating tone	复合元音	diphthong
符号	sign	复合元音化	diphthongize
符号功能	sign function	复合重音	compound stress
符号关系	sign relation	复活形式	revival form
符号三角关系	semiotic triangle	复数	plural
符号体系	semiotic system	复述测验	repetition test
符号学	Semiotics	复数成分	plurative component
符号学史前史	prehistory of semiotics	复数名词	plural-only noun; plural tantum
符号学体系	semiotic system	复位	reversing
符合语法性	grammaticality	复现	reiteration; recurrence
符际翻译	intersemiotic translation	复现性	replicability
辅音	consonant	复用^1	iteration
辅音丛	consonant cluster	复用^2	reiteration
辅音和谐	consonant harmony	复原	restituting
辅音逆变	consonantal anticipation	复杂 NP 孤岛	complex NP island
辅音体系	consonant system	复杂句	complex sentence
辅音同化	consonant harmony	复杂声调	complex tone

复杂隐喻	complex metaphor	干预限制	intervention constraint
复杂语码	elaborated code	高标准变体	high variety
复指	resumption	高标准语言	high variety; H-variety
复指代词	resumptive pronoun	高的	high
复制	copy	高等语体	high variety; H-variety
副词	adverb	高地德语	High German
副词短语	adverbial phrase	高地德语语音变化	high German sound shift
副词化	adverbialization	高地日耳曼诸语言	High Germanic; High German languages; Hochdeutsch〔德〕
副词化形容词	adjectival adverb		
副词前置	adverb preposing	高化	raising
副词问句形式	adverbial question form	高级编程语言	high-level programming language
副词小品词	adverbial particle	高级变体	high variety
副词形式	adverb form	高级推理行为	high inferencing category; high inference behaviour
副词性表达式	adverbial expression		
副词性成语	adverbial idiom	高降调	high-falling
副介词	adprep	高频词	high frequency word
副语言	paralanguage	高舌位	bunching
副语言特征	paralinguistic feature	高升	plateauing
副语言学	paralinguistics	高势语	acrolect
赋格原则	case assignment principle	高雅词	elevated
赋值¹	assign	高元音	high vowel
赋值²	valuation	告诫性命令	admonitory command
傅立叶分析	Fourier analysis	告示语	placard; bill
富萨克字母	Futhark; Futhork; Futhorc	告知同意	informed consent
腹语	oesophageal speech	哥特体	Gothic script; Gothic minuscule
		歌唱论	Sing-song Theory
G g		格	case
		格环境	case frame
嘎裂声	creaky voice	格检验式	case filter
改述	paraphrase	格鉴别式	case filter
改写规则	rewrite rule	格交替	case shifting
概化理论	generalizability theory	格框架	case frame
概括	generalization	格拉哥里文字	Glagolitic script
概括语音	abstract sound	格拉斯曼定律	Grassmann's law
概率语法	probabilistic grammar	格里姆定律	Grimm's law
概念	concept	格邻接原则	case adjacency principle
概念功能	ideational function	格林定律	Grimm's law
概念合成理论	Conceptual Blending Theory	格罗沙语	Glosa
概念化	conceptualization	格律	poetic meter
概念结构	conceptual structure	格式塔	gestalt
概念投射	conceptual projection	格式塔风格	gestalt style
概念系统	conceptual system	格式塔理论	gestalt theory
概念—意向接口	conceptual-intentional interface	格式塔心理学	Gestalt Psychology
概念意义	conceptual meaning	格言	aphorism
概念隐喻	conceptual metaphor	格言句	aphoristic sentence
概念隐喻理论	conceptual metaphor theory	格言现在时	aphoristic present
概念语法	notional grammar	格语法	Case Grammar
概念域	conceptual domain	隔行对照译法	interlinear translation
概念整合	conceptual integration	个案研究	case study
概念整合理论	Conceptual Integration Theory	个人方音	idiophone
概念转喻	conceptual metonymy	个人功能	personal function
感情意义	emotive meaning	个人言语库	verbal repertoire
感染	contamination	个人语言	idiolect
感受	impression	个人语言特征	idiolect
感受者	experiencer	个人语言研究	ontogenesis
感叹词	interjection	个人语音	idiophone
感叹短语	interjectional phrase	个体层面谓词	individual-level predicate
感叹说	Interjectional Theory	个体化	individualization
感应影响	infection	个体化教学	individualized instruction
感知	perception	个体化学习	individualized learning
感知方言学	perceptual dialectology	个体量词	individual measure word
感知突显性	perceptual salience; salience	个体名词	individual noun
干扰	interference	个体语音	idiophone
干扰项	distractor	根本性差异假说	fundamental difference hypothesis
干扰项效率分析	distractor efficiency analysis		
干预条件	intervention condition	根标记理论	root-marker theory

汉英词目检索表

汉	英
根复合词	root compound
根节点	root node
根句	root clause
根句转换	root transformation
根情态	root modality
根限定词	root determinative
根与式	root and pattern
根转换	root transformation
耕牛书法	boustrophedon
更新	renewal
工具从句	instrumental clause; modal clause
工具动词	instrumentative verb
工具格	instrumental case
工具格主语	instrumental subject
工具功能	instrumental function
工具名词	instrumental noun
工具型动机	instrumental motivation
工具主义	instrumentalism
工作场所语言	workplace language
工作记忆	working memory
工作语言	working language
公理	axiom
公设	postulates
公式	formula
公式化话语	formulaic discourse
公式化语言	formulaic language; formulaic speech
公文体	officialese
公文体裁用法	bureaucratic usage
功能	function
功能不确定性	functional uncertainty
功能产出	functional yield
功能词	function word; function word
功能动词	function verb
功能动词结构	functional verb structure
功能范畴	functional category
功能范畴参数化假说	functional parameterization hypothesis
功能分类法	functional classification
功能分析法	functional analysis
功能符	functor
功能负荷	functional load
功能合一语法	Functional Unification Grammar; FUG
功能交际教学法	functional-communicative approach
功能角色	functional role
功能教学大纲	functional syllabus
功能教学法	functional approach
功能结构	functional structure; F-structure
功能结构理论	Functional and Structural Theory
功能句法	functional syntax
功能句子观	functional sentence perspective; FSP
功能空位	functional slot
功能体	functive
功能图式	functional schema
功能唯一性	functional uniqueness
功能性变化	functional change
功能性音变	functional change
功能性组合	functional composition
功能意念教学法	Functional-notional approach
功能意义	functional meaning
功能语法	functional grammar
功能语言学	functional linguistics
功能语言学派	functional school
功能制约	functional constraint
功能主义	functionalism
功能注释	functional annotation
共核	common core
共鸣	resonance
共鸣器	resonator
共鸣腔	resonance chamber
共鸣特征	resonance feature
共鸣音	resonant
共时效度	concurrent validity
共时语言学	synchronic linguistics
共时语义学	synchronic semantics
共通语	Koine
共同发音	co-articulation
共同核心部分	common core
共同学习法	collaborative learning
共同语	Koine
共享成分并列	shared constituent coordination
共享知识	shared knowledge
共有结构	apokoinou; apokoinou construction
共有知识	mutual knowledge
共振	resonance
共振峰	formant
沟槽音	groove fricative
沟通假定	bridging assumption
构成规则	formation rule
构词	formation
构词词缀	word formation affix
构词法	word formation
构拟	reconstruction; recomposition
构拟形式	reconstructed form
构拟造词法	coinage
构念效度	construct validity
构式	construction
构式侧画	constructional profiling
构式侧面	constructional profiling
构式多义现象	constructional polysemy
构式意义	constructional meaning
构式语法	construction grammars
构思	rehearsing; prewriting
构形	formation
构形成分	formant; formative
构音无能性失语	alalia
构音障碍	dysarthria
构音障碍	articulation disorder
孤岛	island
孤独成分[1]	foreign element; suppletive; forlorn element
孤立成分[2]	isolate
孤立词语识别	isolated word and phrase recognition
孤立对立	isolated opposition
孤立区	isolated area
孤立语	isolating language
孤立语言	language isolate
古词语	archaism
古典范畴理论	classical category theory
古典文献学	palaeography
古文书学	diplomatics
古文献学	archeography
古文字学	palaeography
古希腊共通语	Koine
古语化	archaisation
古冢文化	Kurgan culture

骨传导	bone conduction
骨架层	skeletal tier
鼓声语	drum language
鼓言	drum signaling
固定表达法	fixed expression; fixed word combination
固定词组	fixed word combination
固定反应题项	fixed response item
固定回答项	fixed response item
固定体	permansive aspect
固定形式	fixation
固定性	fixed
固定语序	fixed word order
固定重音	fixed accent; fixation accent; fixed stress
固化	entrenchment
固有特征	inherent feature
固有语义关系	inherent semantic relation
故事语法	story grammar
故抑其词	apophasis
关键词	key word
关键词索引	key word indexing
关键期假设	Critical Period Hypothesis
关联场	associative field
关联词群	association group
关联功能	relevance function
关联理论	Relevance Theory
关联准则	maxim of relevance
关涉话题	aboutness topic
关系	relation
关系表达式	relational expression
关系从句	relative clause
关系代词	relative pronoun
关系动词	relational verb
关系对立	relational opposition
关系反义词	relational opposite
关系副词	relative adverb
关系过程	relational process
关系类型法	relational typology
关系名词	relational noun
关系判断	relation judgment
关系小句	relative clause
关系形容词[1]	Bezugsadjektiv [德]
关系形容词[2]	relational adjective
关系意义	significance
关系语法	relational grammar
关系轴心从句	relator-axis clause
关系轴心短语	relator-axis phrase
关系轴心分句	relator-axis clause
观察	observation
观察充分性	observational adequacy
观察法	observational method
观察时间表	observation schedule
观察者悖论	observer's paradox
观察者偏差	observer's bias
观点体	viewpoint aspect
观念	ideology
官场用语	federalese
官方语言	official language
管辖	government
管辖粲数音系学	Government and Charm Phonology
管辖成分	governor
管辖理论	government theory
管辖音系学	Government Phonology
管辖与约束理论	Government and Binding Theory; GB Theory
管辖域	governing category
管约论	GB Theory
惯例	convention
惯例派	conventionalist
惯用法[1]	idiomatic usage
惯用法[2]	Usage
惯用法翻译	idiomatic translation
惯用法学	idiomatology
惯用套语	frozen expression
惯用性	idiomaticity
惯用虚拟语气	formulaic subjunctive
惯用语	formulaic language; formulaic speech; formulaic expression
光杆不定式	bare infinitive
光杆短语结构	bare phrase structure; BPS
光杆复数	bare plurality
广告	advertisement
广告语言	advertising language
广义短语结构语法	Generalized Phrase Structure Grammar; GPSG
广义量词	generalized quantifier
广义数量含义	generalized quantity implicature
广义转换	generalized transformation
归类法	classification method
归纳[1]	generalization
归纳[2]	induction
归纳式大纲	retrospective syllabus
归纳学习	learning by induction; inductive learning
归纳语言学习能力	inductive language learning
归属句	ascriptive sentence
归属性解读	attributive reading
归因理论	attribution theory
规定语法	prescriptive grammar
规定语言学	prescriptive linguistics
规定主义	prescriptivism
规范	norm
规范逻辑	deontic logic
规范性	well-formedness
规范语法	normative grammar
规范语言学	normative linguistics
规划语言	planned language
规划语言变化	planned language change
规约隐涵	conventional implicature
规则	rule
规则变化	rule change
规则丢失	rule loss
规则动词	regular verb
规则钝化	rule deactivation
规则复数	regular plural
规则复杂化	rule complication
规则化	regularization
规则激活	rule activation
规则简化	rule simplification; rule generalization
规则链	rule chain
规则论者	regularist
规则模式	regularity
规则模式原则	Regularity Principle
规则去活	rule deactivation
规则失活	rule deactivation
规则适用	rule application
规则双重性	duality of patterning
规则顺序重排	rule reordering

规则特征	rule feature
规则添加	rule addition
规则统一	rule regularization
规则图式	rule schema
规则细化	rule elaboration
规则性	regularity
规则性原则	Regularity Principle
规则有序	rule ordering
规则有序悖论	rule-ordering paradox
规则支配行为	rule-governed behavior
鬼字	ghost word
滚辅音	rolled consonant
滚音	roll; trill
国标交换码	Chinese national standard code for information interchange; CSCII
国标区位码	Chinese national standard code by section-position
国际词语	international word
国际第二语言水平测试	International Second Language Proficiency Ratings; ISLPR
国际辅助语	international auxiliary language
国际交流英语考试	Test of English for International Communication; TOEIC
国际普通话	Esperanto
国际性外来词	international foreign word
国际音标	International Phonetic Alphabet; IPA
国际音标标音	IPA transcription
国际印刷图形文字教育系统	International System of Typographic Picture Education; ISOTYPE
国际英语测试系统	International English Language Testing System; IELTS
国际语	Interlingua
国际语学	interlinguistique
国际语言	international language
国家外语能力	national foreign language capacity
国家英语教学大纲	National Curriculum in English
国王英语	King's English
国语	national language
国语罗马字	National Romanization
国语运动	National Language Movement
过程语义学	procedural semantics
过度	adoptive form
过度概括	overextension; overgeneralization
过度矫正	hypercorrection
过度纠正	overcorrection
过度类推	overgeneralization; over-extension; over-regularization
过度模仿	hyperurbanism
过度区分	overdifferentiation
过度外延	overextension; overgeneralization
过度用词	overwording
过渡	transition
过渡性双语教育	transitional bilingual education
过渡音	transitional sound
过滤	filter
过滤转换	filtering transformation
过去分词	past participle
过去将来时	future in the past
过去进行体	past progressive
过去时	past; past tense
过去式	preterite
过去完成时	past perfect
过去完成时	pluperfect
过去现在时	preterite-present
过头形式	hyperform

H h

孩子气的言语	infantile speech; pedolalia; baby talk; infantile perseveration; infantilism
海湾地区语法	Bay Area Grammar
海湾语言	Gulf Languages
海希尔区	Heschl area
含糊发音	slur
含蓄陈述	understatement
含蓄施事	implied agentive role
含蓄意义	intensional meaning
含义[1]	implication
含义[2]	sense
含义分析	implicational analysis
含义普遍现象	implicational universal
函数	function
涵盖面	coverage
涵义	implicature
韩礼德范式	Hallidayan Paradigm
韩礼德语言学	Hallidayan linguistics
寒暄功能	phatic function
寒暄性交谈	phatic communion
寒暄语	phatic communion
汉藏语语言学	Sino-Tibetan linguistics
汉字	Chinese character; Chinese writing
汉字编码方案	Chinese character coding scheme
汉字识别	Chinese character recognition
汉字信息处理	Chinese character information processing
汉字整理	regularization of Chinese characters
行话	jargon
行内韵	internal rhyme
行首外加音节	anacrusis
行业语	jargon
行业语言学	institutional linguistics
豪根范式	Haugenian Paradigm
合并	merge
合并词	portmanteau word
合并形素	portmandeau morph
合并优于移位假说	merge-over-movement hypothesis
合并原则	amalgamation rule
合成法	compounding
合成复合词	synthetic compound
合成空间	blended space
合成理论	Blending Theory
合理删词完形填空	rational cloze
合理选项法	acceptable alternative method
合取式顺序	conjunctive ordering
合适性	appropriateness
合适选词法	appropriate word method
合体语	incorporating language
合体字母	ligature; linker
合一型语法	unification-based grammars
合语法习语	grammatical idiom
合作交流	co-operative interaction
合作任务	co-operative projects
合作学习法	co-operative learning
合作研究	collaborative research
合作原则	cooperative principle
和谐	harmony

和谐音集	harmonic set
和谐音系学	harmonic phonology
河流名	hydronym
荷恩等级关系	Horn scale
荷恩会话含义两原则	Horn's Two Principles
核查	checking
核心	nexus
核心标记语言	head-marking languages
核心标注	head marking
核心否定	nexus negation
核心功能语类	core functional category; CFC
核心规则	core rule
核心句	kernal sentence
核心论元	core argument
核心实词	nexus substantive
核心语法	core grammar
盒图	box diagram
黑盒模型	Black Box Model
黑话	argot; cant
黑人伊斯兰教	Black Islam
黑人英语	Black English; African American English
黑人英语白话	Black English Vernacular; BEV
黑人语风	Negroism
黑色回教	Black Islam
黑体字	black-letter Character
黑箱分析	Black-Box Analysis
恒定	invariance
横断法	cross-sectional method
横断研究	cross-sectional study
横组合关系	syntagmatic relation
宏观结构	macro-structure
宏观社会语言学	macro-sociolinguistics
宏观言语行为	macro-speech act
宏观语言学	macrolinguistics
宏观语用学	macropragmatics
侯姆伯格定律	Holmberg's generalization
喉	larynx
喉化音	laryngealization
喉化浊音	laryngealised voicing
喉塞插音	intrusive glottal stop
喉塞音	glottal stop
喉塞音	Hamza
喉音	laryngeal
后……	post-
后布龙菲尔德语言学	Post-Bloomfieldian linguistics
后部音	back sound
后齿龈音	post-alveolar
后发生性	posteriority
后辅音	back consonant
后附着语素	enclisis
后结构主义	post-structuralism
后克里奥耳语连续体	post-creole continuum
后流	final-glide
后舌背软腭音	post-dorsal velar
后舌背音	post-dorsal
后思	afterthought
后所有格	post-genitive
后台认知	backstage cognition
后天性语言障碍	acquired language disorder
后通道	back channel
后通道行为	back channel behavior
后退同化	retrogressive assimilation
后修饰语	postmodification
后循环	post-cyclic
后验	a posteriori
后裔语言	descendant language
后元音	back vowel
后照应	backward anaphora
后指	cataphora; backward anaphora; back reference
后指关系	cataphora
后滞	perseveration
后置词	postposition
后置修饰	postmodification
后置修饰语	post-modifier
后缀	suffix
呼格	vocative case
呼气发音	breathy phonation
呼气音	breathy
呼吸道	respiratory tract; respiratory system
呼吸周期	respiratory cycle
呼吸状态	breath state
胡言乱语错语症	neologistic paraphrasia
互补反义词	complementary antonym
互补分布	complementary distribution
互动	interaction
互动分析	interaction analysis; interaction process analysis
互动假设	interaction hypothesis
互动论	interactionism
互动平行搜索	interactive parallel search
互动社会语言学	interactional sociolinguistics
互动性动词	interactive verbs
互联网中继聊天	Internet Relay Chat; IRC
互通性	interchangeability
互文性	intertextuality
互相可理解性	mutual intelligibility
互依关系	interdependence; interdependency
互用双语	reciprocal bilingualism
互知性	mutual knowledge
花园幽径句	garden path sentence
花园幽径现象	garden path phenomenon
划界法	delimitation
滑稽诗文	amphigory; amphigouri
滑降	downdrift
滑离音	off-glide
滑入音	on-glide
滑音	glide
滑音插入	glide insertion
滑音构成	glide formation
化古形式	fossilized form
话到嘴边现象	tip-of-the-tongue; TOT phenomenon
话段	talk
话轮	turn
话轮转换	turn-taking
话目	act
话题	topic
话题化	topicalization
话题教学大纲	topic syllabus
话题框架	topic framework
话题式模式	topic-based model
话题突出	topic prominent
话题优先	topic prominent
话题主位	topical theme
话语[1]	discourse
话语[2]	utterance
话语标记语	discourse marker
话语表征理论	discourse representation theory; DRT

话语层	discourse level
话语场	field of discourse
话语发生学	logogenesis
话语分析	discourse analysis; discourse study
话语附加	discourse attachment
话语概念结构化	discourse configurationality
话语结构	discourse structure; macro-structure; genre-scheme; rhetorical structure
话语连接词	discourse linker
话语联系语	discourse connective
话语模型	discourse model
话语能力	discourse competence
话语期	talking
话语社团	discourse community
话语实践	discourse practice
话语特征	discourse accent
话语填充测试	discourse completion test; DCT
话语填充问卷调查法	discourse completion questionnaire
话语文体学	discourse stylistics
话语项	discourse item
话语序列	sequence of discourse
话语选择理论	Utterance Selection Theory
话语隐喻	discourse metaphor
话语语义学	discourse semantics
话语域	discourse domain
话语运用	discourse management
话语韵律	discourse prosody
话语指示语	discourse deixis
话语中断	aposiopesis
话语主题	discourse topic
话语转换序列模式	Modes of Turn-taking
话语作为过程	discourse-as-process
怀疑式	dubitative mood
还原	restituting
环境	environment
环境 it	ambient it
幻觉字	phantom word
换称	antonomasia
换气	breathing; pause for breath
换位¹	metathesis
换位²	permutation
换音词	anagram
回避策略	avoidance strategy
回避类型	avoidance style
回波效应	backwash effect
回答¹	answer
回答²	response
回归分析	regression analysis
回归音	recursive
回滑现象	backsliding
回读	regression
回声词	echo word
回声句	echo
回文	palindrome
回译	back translation
回译测试法	back translation test
回指消解	anaphora resolution
回指语言孤岛	anaphoric island
回转	flip
回转颠倒	flip-flop
会话	polylogue
会话分析	conversational analysis
会话规则	conversational rules
会话含义	conversational implicature
会话互动	conversational interaction
会话修正	discourse repair
会话准则	maxim of conversation; conversational maxim
会厌	epiglottis
会意词	ideograph; virtue word
讳忌词	forbidden word
晦暗参数	opacity parameter
晦暗词	opaque word
晦暗性	opacity
混成语素	portmanteau morpheme
混合词¹	blend
混合词²	hybrid word
混合代码	code mixing
混合形式	amalgam
混合隐喻	mixed metaphor
混合语	mixed language; jargon
混借词	loan blend
混杂隐喻	mixed metaphor
混种词	hybrid word
活动	transaction
活动动词	activity verb
活用言语知识库	speech repertoire
活语言	living language
获得性诵读困难	acquired dyslexia
获得性语言障碍	acquired language disorder
霍布逊—乔布逊语典	*Hobson-Jobson*
霍桑效应	Hawthorn effect

J j

机器翻译	machine translation
机器辅助翻译	machine-aided translation; machine-assisted translation
机器学习	machine learning
机器语言	machine language
机械论	mechanism
机械识记	rote learning
机械式操练	mechanical drill
机械型强记能力	rote memorization ability
机械型学习	rote learning
机制	device
鸡尾酒会现象	cocktail-party phenomenon
积差相关	Pearson product-moment correlation
积极词汇	active vocabulary
积极技能	active skill
积极礼貌策略	positive politeness strategy
积极面子	positive face
积极声腔	active cavity
积矩相关	Pearson product-moment correlation
基本变式	basic alternant
基本层次	basic level
基本层次范畴	basic level category
基本陈述	basic statement
基本词	primary word
基本词汇	basic vocabulary
基本技能	basic skill
基本句	basic sentence
基本句法结构	basic syntactic sentence
基本人际交往能力	basic interpersonal communication skill; BICS
基本推导	bone conduction
基本形式	canonical form; basic form

基本颜色名	basic colour terms
基本因变量	basic dependent variable
基本英语	Basic English
基本语序	basic word order
基本语言	primary language
基本域	basic domain
基本元音	cardinal vowel
基本元音四边形	cardinal vowel quadrilateral
基础部分	base; base component
基础成分	base component
基础短语标记	base phrase-markers
基础法语词汇表	francais fondamental
基础方言	root dialect
基础复合词	primary compound
基础结构	base structure
基础生成结构	base-generated structure
基础写作	basic writing
基础形式	base form
基础语符列	underlying string
基础语言	substrate language; substratum language
基础语言影响	substratum influence; substratum interference
基尔会议	Kiel Convention
基频	fundamental frequency
基频声源特征	fundamental source feature
基数词	cardinal number
基体	base
基线数据	baseline data
基于背景的参照框架	ground-based reference frame
基于导杆的参照框架	guidepost-based reference frame
基于符号的构式语法	sign-based construction grammar; SBCG
基于使用的语法	usage-based grammar
基于体裁的方法	genre-based approach
基元	primitive; primacy
基准	benchmark
激活扩散	spreading activation
激进的不充分赋值理论	Radical Underspecification
激进构式语法	Radical Construction Grammar
及物动词	transitive verb
及物性	transitivity
及物虚词结构	transitive expletive construction
级[1]	grade
级[2]	rank
级阶	rank scale
级受限	rank-bound
级无限	rank-unbound
级序量表	ranking-scale
级转位	rank shift
极项	polarity item
极性对立	polarity
即时翻译	simultaneous interpretation
即时回忆	immediate recall
即时将来时	immediate future tense
即时性—非即时性划分	punctual — non-punctual distinction
即时语境	immediate context
集簇模型	cluster model
集合	set
集合合并	set merge
集合论	Set Theory
集合名词	collective noun
集团抽样	group sampling
集束模型	cluster model
集中功能	collecting function
集中趋势	central tendency
几何图	graph
几率	probability
挤喉音	ejective
挤喉音除阻	ejective release
挤气音	egressive
计量语言学	quantitative linguistics; glottometrics
计量语音学	phonometrics
计算机辅助翻译	computer-aided translation; computer-assisted translation; CAT
计算机辅助教学	computer assisted instruction; CAI
计算机辅助语言学习	computer assisted language learning; CALL
计算机情报检索	information retrieval by computer
计算机语言	computer language
计算系统	computational system
计算语言学	computational linguistics
记笔记	note-taking; note-making
记叙文	narrative writing
记忆	memory
记忆力	retention
记忆缺失	amnesia
技能	skill
技术翻译	technical translation
继承	inheritance
继发性内驱力	secondary drives
绩点平均分	grade point average; GPA
寄生缺位	parasitic gap
寄生元音	parasite vowel
加 n 字母	nunation
加标[1]	indexing
加标[2]	labeling
加标规则	indexing rule
加工	processing
加强代词	intensive pronoun
加强复合词	intensive compound
加强重音	intensified stress
加权	weighting
加音	anaptyxis
家庭—学校语言转换	home-school language switch
家族相似性	family resemblance
夹用外语	foreignism
假不及物的	pseudo-intransitive
假程序	pseudo-procedure
假定不知原则	principle of the presumption of ignorance
假定初学者	false beginner
假定已知原则	principle of the presumption of knowledge
假腭	false palate
假分裂句	pseudo-cleft sentence
假复合词	improper compound
假名	Kana
假名表	Kana Syllabary
假设	hypothesis
假设检验	hypothesis testing
假设形成	hypothesis formation
假设—演绎行为主义	hypothetico-deductive behaviorism
假声	falsetto

汉英词目检索表

假声带	false vocal cords; vernacular cords
假说推理	abduction
假同根词	false cognate
假位	dummy
假位承载素	dummy carrier
假位符号	dummy symbol
假位助动词	dummy auxiliary
假语素	pseudomorpheme; pseudoplerem
价	valence; valency
价值	value
价值判断	value judgment
架构功能	structuring function
嫁接	adjunction
尖角括号〈〉	angled brackets
间断的	discontinuity
间接被动句	indirect passive
间接宾语	indirect object
间接测试	indirect test
间接分句	oblique clause
间接格	oblique case
间接后照应	indirect anaphoric reference
间接话语	indirect discourse
间接可及	indirect access
间接可及说	indirect access hypothesis
间接命令	indirect command
间接问句	indirect question
间接学习策略	indirect learning strategy
间接言语行为	indirect speech act
间接疑问句	indirect interrogative clause
间接音位对立	indirect phonological opposition
间接引述	reported speech
间接引文	indirect quotation
间接引语	indirect speech
间接语境	indirect context
间隙度	aperture
监督	supervision
监控假设	Monitor Hypothesis
监控理论	Monitor Theory
监控模型	monitor model
兼容语	inclusive language
检测能力	detection
检索策略	retrieval strategy
减低负面暗示	desuggestion
减略策略	reduction strategy
减弱双元音	falling diphthong
简单词干词	simple stem
简单将来时	simple future tense
简单句	simple sentence
简单时态	simple tense
简单体现	simple realization
简单完成时	simple perfect tense
简单谓语	simple predicate
简单形式	simple form
简单音波	simple wave
简单元音	simple vowel
简单主动肯定陈述句	simple-active-affirmative-declarative; SAAD
简化	simplification
简化理论	simplification theory
简略表达法	brachylogie
简略定律	law of abbreviation
简略法	brachylogy
简略问句	abbreviated question
简易词汇	simplified vocabulary
简易读本	simplified reader
建构主义	constructivism
渐变群	cline
渐变性	gradience
渐除词尾	gradual ending
渐除组	gradual ending
渐次对立	gradual opposition
渐进系统	developing system
渐快	accelerando
渐慢	rallentando
渐弱音渡	fading juncture
鉴别力	discrimination power
鉴别效度	discriminant validity; divergent validity
鉴别指数	discrimination index
鉴别作用	discrimination
将来进行时	future progressive; future continuous tense
将来完成进行时	future perfect progressive tense
将来完成时	future perfect tense
僵化词项	fossilized lexical item
僵化结构	fossilized structure
僵化现象	fossilization; stabilization
讲话合题	speaking topically
降二合元音	descending diphthong
降格	downgrading
降格述谓结构	downgraded predication
降级	demotion
降级述谓结构	downgraded predication
降阶	downstep
降升语调	falling-rising
降调	falling; fall
降调成分	down-toner
降音	flat
降终音渡	falling terminal juncture
交叉表	cross tabulation
交错重音规则	Alternating Stress Rule
交股模型	cohort model
交互动词	reciprocal verb
交互式处理	interactive processing
交互式的	interactive
交互式听力	interactive listening
交互性阅读	interactive reading
交互作用论	interactionism
交换	interchange; exchange
交集	intersection
交际	communication
交际测试法	communicative testing
交际策略	communicative strategy
交际法	Communicative Approach
交际干扰	communicative interference
交际功能类	categories of communicative function
交际行为	act of communication
交际密度	density of communication
交际能力	communicative competence
交际性操练	communicative drill
交际语	lingua franca
交际语言教学法	communicative language teaching
交际障碍	barrier to communication
交流功能	interactional function
交融区域	blend area
交替	alternation
交替传译	consecutive interpretation
交替评估	alternative assessment
交替条件从句	alternative conditional clause
焦点	focus

焦点标记	focus marker	节奏	rhythm
焦点化	focalization	节奏单元	rhythm unit; intonational phrase
焦虑	anxiety	节奏规则	rhythm rule
矫饰言语	modified speech	结对练习	pair work; pair practice
矫正语法	remedial grammar	结构[1]	structure
教具	teaching aids	结构[2]	structuring
教师非言语行为	non-verbal teacher behavior	结构保存	structure preserving
教师语言	teacher talk	结构保存限制	Structure-preserving Constraint
教学大纲	syllabus	结构保存原则	structure preserving principle
教学法	teaching methodology	结构变化	structural change
教学计划	lesson plan	结构不同的反义表达法	antonymous expression different in structure
教学技巧	teaching technique		
教学决策	decision-making	结构成分	constituent
教学卡片	flashcard	结构成分测试	constituency test
教学框架	instructional framework	结构词	structural word
教学理论	teaching theory; teaching approach	结构二元性	duality of structure
		结构格	structural case
教学媒介语	medium of instruction	结构教学法	structural approach
教学目标	teaching objective; teaching aim	结构描写	structural description
教学内容知识	pedagogical content knowledge	结构派教学大纲	structural syllabus
教学语法	pedagogic grammar; pedagogical grammar	结构式反应题	structural response item
		结构式访问	structure interview
教学语言学	pedagogical linguistics	结构双层性	duality of patterning
教义宣言	doctrinal statements	结构双重性	duality of structure
教育方针	guiding principle for education	结构体	syntagm; syntagma
教育技术	educational technology	结构同音异义	constructional homonymity
教育目标	instructional objective	结构完整句	articulate sentence
教育心理学	educational psychology	结构相同的反义表达法	antonymous expression identical in structure
教育英语	English for Educational Purposes		
教育语言学	educational linguistics	结构效度	construct validity
阶标[1]	bar notation	结构型大纲	structural syllabus
阶标[2]	bar	结构依存关系	structure dependency
阶段	stage	结构依存原则	principle of structure dependency
阶段层面谓词	stage-level predicate	结构意义	structural meaning
阶和范畴语法	Scale and Category Grammar	结构隐喻	structural metaphor
阶级方言	class dialect	结构语言学	structural linguistics
阶梯螺旋教学法	ladder-spiral approach	结构语义学	structural semantics
接触	contact	结构整体法	structural global method
接触从句	contact clause	结构重构	restructuring
接触同化	contact assimilation	结构主义	structuralism
接触语	contact language; contact vernacular	结构主义语言学	structural linguistics; structuralist linguistics
接合	junction	结果宾语	object of result; effected object
接合表达式	telescoped expression	结果格	resultative case
接合词	telescoped word; telescope word	结果构式	resultative construction
接加层	adstratum	结果属性	resulting attribute
接加层干扰	adstratum interference	结果型动机	resultative motivation
接近联想	association by contiguity	结果语	resultative; resultant; resulting
接口	interface	结合并列	combinatory coordination
接纳	accommodation	结合词	bluebeard compound
接收时间	receiving time	结合连词	incorporating conjunction
接受性技能	receptive skill	结论分句	apodosis; consequence clause
接受性技能测试	receptive test	结束点	completion point
接受性解码技能	receptive decoding skill	结束谈话策略	conversational closings
接受性双语现象	receptive bilingualism	结束性	finality
接受性语言知识	receptive language knowledge	截短	truncation
接受者	recipient	截短法	clipping
接续口译	consecutive interpretation	截省	sluicing
节点	node	截头表音法	acrophony; acrology
节律树	metrical tree	姐妹关系	sister
节律音系学	Metrical Phonology	姐妹邻接	sister adjunction
节律栅	metrical grid	姐妹依存	sister dependency
节律障碍	dysrhythmia	姐妹语言	sister language
节缩分句	abbreviated clause; reduced clause	解读性	intelligibility
		解码	decoding
节缩手段	abbreviating device	解码时间	decodingtime

解释部分	interpretive component	近指	proximate
解释成分	interpretive component	禁忌语	taboo; linguistic taboo; taboo word; tabu
解释充分性	explanatory adequacy	禁用规则	proscriptive rule
解释规则	interpretive rule	禁语句	prohibitive; prohibitive sentence
解释社会学	interpretative sociology	经典测试理论	Classical Test Theory; CTT
解释项	interpretant	经典范畴	classical category
解释性	interpretiveness	经典范畴理论	classical category theory
解释语法	interpretative grammar; interpretive grammar	经典真分数测量理论	Classical True Score Measurement Theory
解释语义学	interpretive semantics; interpretational semantics	经济原则	economy
介词	preposition; adposition	经验效度	empirical validity
介词宾语	prepositional object	经验性教学大纲	a posteriori syllabus
介词补语	preposition complement	经验语用学	empirical pragmatics
介词词组	prepositional group	经验域	experiential domain
介词短语	prepositional phrase; PP	经验主义	empiricism
介词搁浅	preposition stranding	经验主义原则	empirical principle
介词所有格	prepositional genitive	精读	intensive reading
介词支配成分	regimen	精密度	delicacy
介系词	preposition; adposition	精致语码	elaborated code
界标[1]	boundary marker	警觉	alertness
界标[2]	landmark	警句	aphorism
界面语法	interface grammar	竞争模型	Competition Model
界限	boundary	敬语	honorific
界限标志	boundary marker	敬语代词同等词	honorific pronoun-equivalent
界限理论	bounding theory	静态语境	static context
界限特征	boundary feature	静态语言学	static linguistics
界限信号	boundary signal	镜像原则	mirror principle
界域扩展	Bereichserweilerung〔德〕	纠正	correction
借词	borrowed word; borrowing	居前	precedence
借词音变	loan shift	局部技能	part skills
借入	importation	局部理解原则	principle of local interpretation
借入成分	borrowed elements	局部性	locality
借译	loan translation	局部性原则	locality principle
借音	phonemic loan	局部语误	local error
借用[1]	appropriation	局限语码	restricted code
借用[2]	loan; borrowing	举名障碍	dysnomia
借用意义	borrowed meaning	巨称词	augmentative
借用字素	allogram	句法成分	syntactic constituent
金石学	epigraphy	句法反对称	the anti-symmetry of syntax
紧凑形容词	inordinated adjective	句法结构	syntactic structure
紧接反复	epizeuxis	句法借用	syntactic borrowing
紧连构式	intensive construction	句法框架	syntactic frame
紧连式	intensive	句法偏离	figure of syntax
紧密结构	intensive construction	句法偏离	figure of syntax
紧密联系动词	intensive verb	句法歧义	syntactic ambiguity
紧缩词	amalgam	句法学	syntax
紧缩词	telescoped word; portmanteau word	句法重构	syntactic reconstruction
紧音	tense	句法自主性	autonomy of syntax
紧密联系动词	intensive verb	句副词	adsentential
紧音性	tension	句号	full stop
紧元音	tense vowel	句间关系	inter-sentence relation
紧张性	tense	句块	sentoid
		句末中心	end-focus
进行被动式	progressive passive	句末重心	end-weight
进行体	progressive; continuative; continuous	句片	fragment
		句式	sentence pattern
近处格	adessive case	句式词	sentence word
近代英语	Early Modern English	句尾成分重复	epiphora
近似体系	approximative system	句尾附加句	tag question; tag statement
近似音	approximant	句尾附加问句	tag question; question tag
近似语	approximator	句尾音词重复	epiphora
近似语言系统	approximative system	句型	syntactic pattern
近义词	homoionym; near-synonym	句型操练	pattern drill; pattern practice
近音	open approximant; approximant	句子	sentence
近音词	paronym	句子成分	element of sentence

句子分析	parsing	开过渡	open transition
句子副词	sentential adverb	开孔度	aperture
句子话题	sentence topic	开始体	ingressive aspect
句子结构	sentence pattern	开音	open
句子结构场	topological fields	开音渡	open juncture; open transition
句子逻辑	sentence logic	开音节	open syllable
句子片断	sentence fragment	开元音	open vowel
句子演算	sentential calculus	凯尔特语言学	Celtic linguistics
具体化	realization; actualization; manifestation	坎兹	Kanzi
具体名词	concrete noun	考古学	archaeology
具体问题	specific question	考试余波影响	backwash; washback
距离带	distance zone	科尔曼报告	Coleman report
聚合关系	paradigmatic relationship; paradigmatic relations	科技英语	English for Science and Technology; EST
聚合关系语项	paradigm	可编码性	codability
聚合体	linguistic paradigm	可变词	variable word
聚合体形态学	paradigm morphology	可变性	variability
聚合型反应	paradigmatic response	可变中心教学法	variable focus approach
聚集复合词	aggregative compound; agglutinative compound	可读性[1]	readability
		可读性[2]	intelligibility
聚焦附从语	focusing subjunct	可分析性	analyzability
聚焦疑问句	focused interrogative	可复原性	recoverability
聚谈	polylogue	可及性	accessibility
卷面效度	face validity	可及性等级	accessibility hierarchy; accessibility scale
卷舌	retroflexion	可及性原理	accessibility principle
卷舌音	retroflex	可及主语	accessible subject
角色	role	可间断性	interruptability
角色扮演	role play	可见性条件	visibility condition
角色关系	role relationship	可教性	teachability
角色卡片	role card; cue card	可接受交替词	acceptable alternative; acceptable word
角色与参照语法	Role and Reference Grammar; RRG	可接受性	acceptability
绝对反义关系	absolute antonymy	可接受性测试	acceptability test
绝对格	absolute case	可接受性判断任务	acceptability judgement task
绝对共性	absolute universal	可接受选词法	acceptable word method; acceptable alternative method
绝对决定	absolute decision		
绝对年代学	absolute chronology	可解读性	interpretability
绝对时态	absolute tense	可靠评估	authentic assessment
绝对同义词	absolute synonym	可靠性	dependability
绝对形容词	absolute adjective	可理解性	intelligibility
绝对形式	absolute form	可理解性输入	comprehensible input
绝对音延值	absolute duration value	可能词汇	possible word
绝对真理	God's truth	可能世界	possible world
绝对中和	absolute neutralization	可能世界语义学	possible world semantics
绝对最高级	absolute superlative	可取消性	defeasibility
均变	uniformitarianism	可让渡领属结构	alienable possession
隽语	paradox	可数名词	countable noun
		可说明性	accountability
K k		可听度	audibility
卡茨—波斯特假说	Katz-Postal hypothesis	可听音段	audible segment
卡茨语义理论	semantic theory of Katz	可闻摩擦	audible friction
卡方 χ^2	chi-square test; chi-test	可选性	facultative
卡方检验	chi-square test; chi-test	可学性	learnability
开场白	gambit	可验证原则	empirical principle
开场策略	conversational opening	可移位性	positional mobility
开放集合	open set	可中立对立	neutralizable opposition
开放教育	open education	克拉申假说	Krashen hypothesis
开放式回答	open-ended response	克里奥耳语	creole
开放式回答项	open-ended response item	克里奥耳语化	creolization
开放式题目	open-ended question	刻板词语	frozen expression
开放式学习	open learning	客观测试题项	objective test item
开放项列	open list	客观识解	objective construal
开放性词	open-class word	客观性测试	objective test
开放性词类	open class	客观语义学	Objectivist Semantics
		课程规划	curriculum development

汉	英	汉	英
课程密度	course density	跨部门语言圆桌机构	Interagency Language Roundtable; ILR
课程设计	course design		
课程设置	curriculum	跨喉辅音和谐	translaryngeal harmony
课段	transaction	跨课程阅读	reading across the curriculum
课前组织教学	advance organizer	跨类翻译	transmutation
课堂观察	classroom observation	跨文化交际	cross-cultural communication
课堂管理	classroom management	跨文化语用学	Intercultural Pragmatics
课堂过程研究	classroom process research	跨学科写作	writing across curriculum
课堂话语	classroom discourse	跨语言情境	interlingual situation
课头	entry	跨语言研究	cross-linguistic studies
肯定陈述	assertion; allegation	跨语言影响	cross-linguistic influence
肯定陈述句	assertive sentence	跨域映射	cross-domain mapping
肯定极项词	positive polarity item	跨越	crossover
肯定礼貌策略	positive politeness strategies	崩斯庭得拉通用语	questione della lingua
肯定连词	affirmative conjunction	块状语言	block language
空	null	快速读音形式	allegro form
空档	empty slot	快速形式	allegro form
空间化隐喻	spatialization metaphor	快速言语	rapid speech
空间指示语	space deixis	快速阅读	rapid reading; speed reading
空节型移位结构	dislocation structure with empty node	宽二合元音	wide diphthong
空量化	vacuous quantification	宽辅音	broad consonant
空缺[1]	gap	宽容准则	Generosity Maxim
空缺[2]	gapping	宽式标音法	broad notation
空缺被动句	gapped passive	宽式罗密克音标	Broad Romic
空算子	null operator	宽域	wide scope
空位[1]	empty position	宽元音	broad vowel
空位[2]	slot	框架	frame
空语类	empty category	框架构建	frame construction; framing; brace construction
空语类原则	empty category principle; ECP		
空语子	empty morph	框架理论	frame theory
空元	empty unit	框架特征	frame feature
控制动词	control verb	框架语义学	frame semantics
控制功能	regulatory function	框式介词	circomposition
控制理论	control theory	奎森奈尔积木	Cuisenaire rods
控制练习法	controlled practice techniques	馈给	feeding; feed
控制一致原则	control agreement principle; CAP	馈给关系	feeding relationship
		馈给规则	feeding rule
控制组	control group	馈给次序	feeding order
口吃	stuttering	扩充	amplification
口内音	intrabucca	扩展投射原则	extended projection principle; EPP
口腔	oral cavity		
口腔气流机制	oral airstream mechanism	扩展	extension
口腔音	oral	扩展条件	extension condition
口头话语	oral discourse	括号悖论	bracketing paradox
口头文化	oral culture	括号标记法	bracketing; brackets
口头文学	oral literature	括号结构	brace construction
口头语言	spoken language		
口误	slip of the tongue; tongue-slip		**L l**
口译	interpretation	拉丁国际语	Latino sine flexione
口译员	interpreter	拉丁语语法	Latinate grammar
口音	accent	拉丁字母	Latin letter
口音歧视	accent discrimination	拉丁字母表	Latin alphabet
口音消除	accent reduction	拉链式音变	drag chain shift
口语能力	oracy; articulacy	拉平	leveling
口语水平面试	oral proficiency interview; OPI	拉森结构	Larsonian structure
口语体	colloquialism; colloquial style	拉西测量法	Rasch measurement
口语形式	oral form	拉西分析法	Rasch analysis
库藏	inventory	拉西模型	Rasch modeling
库德—理查德逊公式	Kuder-Richardson formula	莱比锡学派	Leipzig School
库尔干假说	Kurgan hypothesis	莱茵河扇状三角洲	Rhenish fan
库尔干文化	Kurgan culture	赖曼定律	Lyman's Law
库法体	Kufi	兰姆达算子	lambda; λ
酷儿语言学	queer linguistics	朗读	reading aloud
夸克语法	Quirk grammar	浪波计	kymograph
夸张	hyperbole	劳动号子说	Yo-Ne-Ho Theory

雷同假说	identity hypothesis
类别	class
类别词	classifier
类别内包关系	class inclusion
类分裂	class cleavage
类辅音	contoid
类空间	generic space
类裂现	class cleavage
类属词	generic term
类同关系	affinity
类推	analogy
类推变化	analogical change
类推创新	analogical creation
类推扩展	analogical extension
类推现象论者	analogist
类推形式	analogical form
类推原则	principle of analogy
类象符号	icon
类型	type
类型—标记比	type-token ratio
类型共性	typological universal
类型推理	case-based reasoning and analogy; CBR
类义子	classeme
类语重叠	annomination
类元音	vocoid
类指[1]	generic
类指[2]	generic reference
累计形式	cumulation of categories
离格	ablative case
离合诗	acrostic
离散无限性	discrete infinity
离散项目测试	discrete-point test
离散性	discrete; discreteness
离线任务	off-line task
离心结构	exocentric
离中趋势	dispersion
犁耕体	boustrophedon
礼貌式	honorific
礼貌套话	politeness formula
礼貌现象	politeness phenomena
礼貌形式	polite form
礼貌原则	politeness principle
礼仪性功能	ritualizing function
里德和凯洛格图解	Reed and Kellogg diagram
俚语	slang
理解教育法	comprehension approach
理解性语误	interpretive error
理据	motivation
理论	theory
理论论	the 'theory' theory
理论语言学	theoretical linguistics
理想成员	paragon
理想的说话人与听话人	ideal speaker-hearer
理想化	idealization
理想化认知模型	idealized cognitive model
理想化语言使用者	ideal speaker-hearer
理性主义	rationalism
理性主义观点	rationalist position
力动态理论	force dynamics
力动态系统	force-dynamics system
历时语言学	diachronic linguistics
历时语义学	diachronic semantics
历史比较语言学	historical and comparative linguistics
历史过去时	past historic
历史句法	historical syntax
历史同化	historical assimilation
历史现在时	historical present
历史音系学	Historical Phonology
历史语法	historical grammar
历史语言学	historical linguistics
历史语用学	historical pragmatics
立足点	footing
例行话语	formulaic speech
例子完美性排序	goodness-of-example rating
粒子音系学	particle phonology
连词	conjunction
连词叠用	polysyndeton
连带指示性	logophoricity
连动句	serial verb sentence
连动式	serial verb construction
连读音变	sandhi
连读浊化	rendaku
连贯	coherence
连贯标音	consecutive transcription
连接	conjunction
连接词	connective
连接副词	conjunctive adverb
连接性次序	conjunctive ordering
连接性副词	adverb as conjunct; conjunctive adverb
连接音 R	linking R
连接语素	linking morpheme
连诵	liaison
连锁	concatenation
连系动词	linking verb
连写句	run-on-sentence; fused sentence
连续层级移位	successive cyclic movement
连续成分	continuous constituent
连续过程	continuing process
连续实体	continuous entity
连续书写体	continuous script
连续体[1]	continuum
连续体[2]	continuative
连续文本	running text
连续文字	continuous writing
连续演变	concatenation
连音	concantenation
联邦英语	federal English
联邦政府的官样文章	federalese
联合语	union language
联加语	conjunct
联觉系列词	phonaesthetic series
联觉音位	phonaestheme
联觉音组	phon(a)esthemes
联接线	association line
联结主义	connectionism
联系项	relator
联系重现	renewal of connection
联想词[1]	associational word
联想词[2]	associative word
联想词源	associative etymology
联想搭配	association-collocation
联想关系	associative relation
联想记忆	associative memory
联想学习	associative learning
联想意义	associative meaning
联珠	anadiplosis
练习	rehearsal
链等级体系	chain-of-being hierarchy

汉	英	汉	英
链式音变	chain shift	领域参照测试	domain-referenced testing
链选择	chain and choice	领域特殊性	domain specificity
链状动词	catenative verb	另指代词	obviative
链状分析法	chain analysis	另指人称	obviative person
两耳分听	dichotic listening	浏览	skimming; skim-reading
两分对立组	contrastive pair	流变	drift
两分法	binarism; binarity	流畅模仿	facile imitation
两分量表	dichotomous scale	流畅性失语症	fluent aphasia
两极问题	polar question	流利(程度)	language fluency
两极形容词	bipolar adjective	流俗词源	popular etymology
两可从属连语	borderline subordinator	流行词	buzz word
亮元音	bright vowel	流行效应	fad proposition
量词	quantifier; numerative classifier; count word	流行语	catchphrase; buzzword
		流音	liquid
量词浮游	quantifier floating	六音步诗行	hexameter
量词搁浅	quantifier stranding	漏字	haplography
量词提升	quantifier raising	录波器	oscillograph
量词辖域	quantifier scope	录音日志	audio journal
量化	quantification	路标	landmark
量级小品词	scalar particle	路径	path
量敏感性	quantity sensitivity	路径分析	path analysis
量气术	aerometry	乱语	jargon
量限定名词	quantifiable noun; mass noun	伦敦学派	London School
量重音	quantitative accent; duration	伦敦英语	Cockney
量准则	quantity maxim	轮替运动	diadochokinesis; diaadochokinesia
量子区	quantum	论元分裂式话题	split argument topic
列联表	contingency table	论元结构	argument structure
列文森会话含义三原则	Levinson's Three Principles	论元位置	argument position
		论元约束	argument binding
邻接对	adjacency pairs	罗马文字化	Romanisation; Romanization
邻接条件	adjacency condition	罗马字母表	Roman alphabet
邻接同化	contiguous assimilation	罗曼语言学	Romance linguistics
邻接性	adjacency	罗曼语语言学	Romance linguistics
邻接异化	contiguous dissimilation	罗塞达碑	Rosetta Stone
邻接原则	adjacency principle	罗扎诺夫法	Lozanov method
邻体效用	neighbourhood effect	逻各斯中心主义	logocentrism
邻音影响	similitude	逻辑关系	logical relation
临床指导法	clinical supervision	逻辑理据	logical motivation
临时插入	ad hoc interpolation	逻辑实在论	logic realism
临时词	ephemeral word	逻辑实证主义	logical positivism
临时量词	temporary measure	逻辑式	logical form; LF
临时性造词	nonce; nonce word; nonce form; nonce formation	逻辑式表征	LF-representation
		逻辑一语义关系	logical semantic relation
临时语法	interim grammar	逻辑语义学	logical semantics
吝啬定律	Law of Parsimony	逻辑蕴涵	logic implication
零词缀	zero affix	逻辑值	logic value
零杆	zero-bar	逻辑主语	logical subject
零冠词	zero article	螺旋式教学	spiral approach; cyclical approach
零假设	null hypothesis		
零价动词	zero-valent	驴句	donkey sentence
零价谓词	zero-place predicate	驴句回指词	donkey anaphor
零前指	zero anaphora	略读	skimming; skim-reading
零式引用语	zero quotative		
零算子	zero operator	**M m**	
零替代	zero substitution		
零位派生法	zero derivation	妈妈语	motherese
零形式	zero form; zero	马尔可夫过程	Markov process
零形素	zero morph	马尔可夫模型	Markov model
零语素	zero morpheme; null morpheme	马尔学派	Marrism
零照应	zero reference	马格效应	McGurk effect
零主语参数	null subject parameter	马基雅弗利型动机	Machiavellian motivation
领会	uptake	玛雅文字	Maya writing
领属	subjacency	慢速形式	lento form
领属代词	possessive pronoun	矛盾修辞	oxymoron
领属条件	subjacency condition	冒险型	risk-taking
领域	domain	贸易语言	trade language

眉题	catchword; headword; overline; overscore; overbar
媒介语	intermediate language
媒介作用理论	Mediation Theory
美国风格	Americanism
美国国防部语言学能成套测试	Defence Language Aptitude Battery
美国结构主义	American Structuralism
美国手语	American Sign Language; ASL; Ameslan
美国信息交换标准代码	American Standard Code for Information Interchange; ASCII
美国英语	American English
美式英语	American English
美学功能	aesthetic function
美洲印第安语言学	Amerindian linguistics
门策拉—阿尔特曼定律	Menzerath-Altmann's law
蒙古症	Mongolism
蒙塔古语法	Montague Grammar
蜜蜂舞蹈语	bee dance
免费搭车	free ride
面部表情	facial expression
面对面互动交流	face to face interaction; face to face communication
面子理论	Face Theory
面子威胁行为	face threatening act; FTA
描述符	descriptor
描述功能	descriptive function
描述功能	representational function
描述统计法	descriptive statistics
描述统计学	descriptive statistics
描述性(言语)行为	representative
描述性研究	descriptive research
描写	description
描写充分性	descriptive adequacy
描写写作	description; descriptive writing
描写语法	descriptive grammar
描写语言学	descriptive linguistics
描写语用学	descriptive pragmatics
民间词源	folk etymology
民间词源学	folk etymology; associative etymology
民谣四行诗	ballad stanza
敏感期	sensitive period
名称学	onomasiology
名词	noun; N
名词词组	noun phrase; nominal phrase; nominal group
名词簇	noun cluster
名词短语	noun phrase; NP
名词短语可及性等级	Noun Phrase Accessibility Hierarchy; NPAH
名词短语首词	noun phrase initiator
名词短语移位	NP-movement
名词短语状语	bare-NP adverbial
名词化	nominalization
名词化形容词	adjectival noun
名词句	nominal sentence; noun sentence
名词类	noun class
名词同等词	noun equivalent
名词型功能	nounal function
名词性成分	nominal constituents; nominal; NOM
名词性词干	nominal stem
名词性词根	nominal root
名词性从句	nominal clause; noun clause
名词性短语	nominal phrase; NP
名词性关系小句	nominal relative clause
名词性句子	nominal sentence; noun sentence
名词性失语	anomic or nominal aphasia
名词性施事	nominal agents
名词性数词	noun numeral
名词性文体	nominal style
名词性习语	idiom nominal in nature
名词修饰语[1]	noun adjunct
名词修饰语[2]	adnominal; adnomianl modifier
名词语言	noun language
名目定义	nominal definition
名祖词	Eponym
明确解读	specific reading
明示定义	ostensive definition
明示推理交际	ostensive-inferential communication
明示推理模式	ostensive-inferential model
明喻	simile
冥想	meditation
铭文学	epigraphy
命令式	injunctive
命令疑问句	wh-imperative
命令转换	imperative transformation
命名	naming; onomathesia
命名词	naming word
命名理论	naming theory
命名实体抽取	named entity extraction
命名障碍	dysnomia; anomia
命题	proposition
命题逻辑	propositional logic
命题内容	propositional content
命题网络	propositional network
命题演算	propositional calculus
命题意义	propositional meaning
谬论	fallacy
谬误	solecism
摹仿	mimesis
摹拟	imitation
摹声说	onomatopoeic theory
摹状词	description
模仿	imitation
模仿词	imitative word
模仿记忆法	mim-mem method
模仿强化论	imitation-reinforcement theory
模糊[1]	gradience
模糊[2]	fuzzy; fuzziness
模糊边界	fuzzy boundary
模糊范畴	fuzzy category
模糊集	fuzzy sets
模糊类	fuzzy class
模糊限制词	linguistic hedge
模糊意义	fuzzy meaning
模糊语	hedge
模糊语法	fuzzy grammar
模糊语言学	fuzzy linguistics
模块	modularity
模块理论	modular theory
模拟	simulation
模拟词	echo word
模拟交际	analogue communication
模拟口语水平测试	simulated oral proficiency interview; SOPI
模式	model

模式匹配	pattern matching	内部连读音变	internal sandhi
模式系统	pattern system	内部屈折	internal inflexion
模态	modality	内部替换形素	replacive
模态词	modal word	内部效度	internal validity
模态逻辑	modal logic	内部形式	inner form
模态算子	modal operator	内部言语	inner speech
模型理论语义学	Model-theoretic Semantics	内部语言[1]	endoglossia
模型论	model-theory	内部语言[2]	internal language
模因论	Memetics	内部语言学	intralinguistics
摩擦	friction	内部元音连续	internal hiatus
摩擦音	fricative	内部照应	endophora
末端重量原则	principle of end-weight	内规范语言	endonormative
末尾重复	epiphora	内涵	intension
末尾重心	end-weight	内涵逻辑	intensional logic
末尾重心原则	end-weight principle	内涵性动词	intensional verb
末音节重读词	oxytone	内涵性语境	intensional context
末音前音调	properispomenon	内涵意义	connotation
莫尔斯电码	Morse code	内化	internalization
莫拉	mora	内化语言	internalized language; I-language
默读	silent reading	内破音	implosive
默认推理	default reasoning	内嵌	nesting
默认意义	default meaning	内驱力降低理论	drive reduction theory
默认语义学	default semantics	内圈英语	inner circle English
默音步	silent foot	内容词	content word
母节点	mother; mother node	内容分析	content analysis
母句	matrix sentence	内容普遍性	substantive universal
母亲用语	motherese	内容效度	content validity
母语干扰	mother tongue interference	内省	introspection
目标	target	内吸音	ingressive
目标格	goal case	内向结构	endocentric construction
目标设定	goal setting	内兄弟一致关系	brother-in-law agreement
目标题元角色	goal θ-role	内隐式学习	implicit learning
目标域	target domain	内在大纲	build-in syllabus
目的行为主义	purposive behaviorism	内在动机	intrinsic motivation
目的论	Skopos Theory	内在格	inherent case
目的体	telic	内在记忆	implicit memory
目的物	goal	内在顺序	intrinsic order
目的语	target language	内在效度	internal validity
		内在形式	inner form
		内在性	immanence
		内在序次	intrinsic ordering

N n

纳米句法	nanosyntax	内在知识	implicit knowledge; tacit knowledge; intuitive knowledge
南岛语言学	Austronesian linguistics		
难度参数	difficulty parameter		
难度顺序	difficulty order	能产性	productivity
难度系数	index of difficulty	能产性技能	productive skill
难解问题	conundrum	能产性语言知识	productive language knowledge
难语症	dyslogia	能力测试	proficiency test
囊包	encapsulation	能力—处理互动	aptitude-treatment interaction
脑半球	hemisphere	能力分组	ability grouping
脑优势	cerebral dominance	能指	signifier; significant
闹剧	farce	能指式	modl significandi
内包位置	included position	拟人	personification
内爆破音	injective	拟声	hey-nonny-nonny
内爆塞音	implosive stop	拟声词	onomatopoeic word
内爆音	implosive	拟声构词法	onomatopoeia; sound echoism
内部标点符号	internal punctuation marks	拟纵深研究	pseudo-longitudinal study
内部分布	internal distribution	昵称	nickname
内部分布类	internal distribution class	逆被动态	antipassive
内部构拟	internal reconstruction	逆变错误	anticipation error
内部合并	internal merge	逆干扰	retroactive inhibition
内部解释	internal explanation	逆构词	back-formation word
内部借用	internal borrowing	逆构法	back-formation
内部借用语	internal loan	逆级嵌入	backlooping
内部开音渡	internal open juncture	逆向干扰	retroactive inhibition
内部历史	internal history	逆向同化	regressive assimilation

逆向语音变化	reversal of sound change	旁价语	circonstant
逆行规则	recessive rule	旁听	auditing
逆行结构	regressive structure	旁支序列	side sequences
逆行重音	recessive accent; recessive stress	呸—呸理论	Pooh-pooh Theory
逆序法	hysteron proteron	陪音	overtone
逆译法	inversion method	配列模式	tactic pattern
逆转换	back transformation	配音	dubbing
年龄分段	apparent time	批评话语分析	Critical Discourse Analysis; CDA
黏结	agglutination; agglomeration	批评语言学	critical linguistics
黏聚性	cohesion	皮奥特洛夫斯基—阿尔特曼定律	Piotrowski-Altmann's law
黏着	bound		
黏着法	agglutination; agglomeration	皮尔逊积矩相关系数	Pearson product-moment correlation
黏着句¹	bound sentence		
黏着句²	run-on sentence	皮姆斯勒语言能力成套测试	Pimsleur Language Aptitude Battery; PLAB
黏着形式	bound form; bound morpheme		
黏着型语言	agglutinative language; agglutinating language; agglomerating language	皮姆斯勒语言学习系统	Pimsleur Language Learning System
		皮钦语	pidgin
黏着性	boundedness	皮亚杰认知发展阶段	piagetian developmental stages
黏着语	agglutinative language; agglutinating language; agglomerating language	疲劳度	fatigue
		偏差	deviance
		偏好规则系统	preference rule system
黏着语义学	glue semantics	偏离	deviance
黏着指数	agglutinative index	偏倚	bias; test bias
鸟类鸣叫	birdsong	偏远地区	remote area; isolated area
牛津英语大词典	*The Oxford English Dictionary*; OED	偏置	dislocation
		篇章	text; discourse
挪移	scrambling	篇章功能	textual function
女权主义语言学	feminine linguistics; feminist linguistics	篇章语义学	discourse semantics
		篇章指示语	discourse deixis
女王英语	Queen's English	片假名	katakana
女性语言	women's speech	漂浮成分	floating element
女韵	female rhyme; feminine rhyme	撇号	apostrophe
		拼读	Spell-out
O o		拼读法	phonetic method; phonics
偶发同化	accidental assimilation	拼图法	jigsaw
偶发音变	sporadic sound change	拼写	spelling
偶然空缺	accidental gap	拼写改革	spelling reform
偶然命题	contingent proposition	拼音文字	alphabetic writing
偶造语	nonce; nonce word; nonce form; nonce formation	拼音—音节文字	alphasyllabic writing; alphasyllabary
		拼缀词	amalgam
偶值特征	binary feature	拼缀法	blending
P p		频率	frequency
排比	parallelism; parallel construction; parallel structure	频率词表	frequency wordlist
		频率词典	word frequency dictionary
排除副词	adverb of exception	频率分析	frequency analysis
排练策略	rehearsal strategy	频率副词	adverb of frequency
排列	arrangement	频率统计	frequency count
派生	derivation	频谱	spectrum
派生词干	derivative stem	频谱分析	spectral analysis
派生词缀	derivational affix	频谱仪	sound spectrograph
派生次位词	derived secondary word	频谱仪图	spectrogram
派生短语标记	derived phrase-marker	频现动词	frequentative verb
派生反义词	derivative antonym	品级	rank
派生历程	derivational history	平行处理	parallel processing
派生行为名词	nomen actions	平行分布式处理	parallel distributed processing; PDP
派生环境	derived environment		
派生句	derived sentence	平行试卷	parallel forms; equivalent forms
派生名物化结构	derived nominals	平衡	balance
派生施事格名词	nomen agentis	平级重音	level stress
派生首位词	derived primary word	平假名	hiragana
派生意义	derivative meaning	平均话语长度	mean length of utterance; MLU; mean utterance length
判断句	assersive sentence		
		平均值	average

平铺结构	flat structure
平调	level tone; static tone; punctual tone; stepping tone; register tone
平音	plain
评分者	rater
评分者培训	rater training
评分者自身信度	intra-rater reliability; intra-scorer reliability
评估	assessment
评价方法	evaluation procedure
评价理论	Appraisal Theory
评价系统	appraisal system
评判员间信度	inter-rater reliability
评论分句	comment clause
评注性副词	evaluative adverb
迫不得已原则	last resort
破格	anomaly
破碎英语	broken English
破头	broken head
破折号	dash
普遍基础假设	universal base hypothesis
普遍天赋主义	general nativism
普遍唯理语法[1]	rational grammar
普遍唯理语法[2]	General and Rational Grammar
普遍语法	universal grammar
普遍语法可及性	accessibility of UG; availability of UG
普遍语言	universal language
普遍主义	universalism
普通名词	common noun
普通语言学	general linguistics
普通语义学	general semantics
谱系分类法	genealogical classification; genetic classification
谱系关系	affiliation
谱系树	family tree
谱系树理论	family tree theory; genetic tree theory
谱系说	pedigree theory
谱系语言学	genetic linguistics

Q q

七行诗	rhyme royal; rime royal
七音步诗行	Heptameter; septenary
齐普夫定律	Zipf's law
齐声重复	choral repetition; chorus repetition
歧义	ambiguity
歧义体	amphibology; amphiboly
祈求语气	optative mood
祈使句	imperative sentence
祈使意义	imperative meaning
祈使语	mand
祈使语气	imperative mood
启动器	initiator
启发	elicitation
启发功能	heuristic function
启发技巧	elicitation technique
启发式	heuristic
启发式教学法	heuristics
启发性评估	illuminative evaluation
启蒙教学字母	paedography; Initial Teaching Alphabet; ITA
起点	I-now-here-origo; I-now-here
起句失误	false start
起始符号	initial symbol
起始体	inceptive aspect; inchoative aspect
起始语符列	initial string
气流	airstream
气流辅音	breath consonant
气流机制	airstream mechanism
气流通道	air passage
气群	breath group
气室	air chamber
弃用	obsolescence
迁移	transfer
谦恭复数	plural of modesty
前鼻化	prenasalization
前测	pre-test
前词递接	anadiplosis
前词汇阶段	pre-lexical
前行连锁练习	forward chaining
前喉塞塞音	front implosive stop
前后倒置	hysteron proteron
前化	fronting
前景	foreground
前景化	foregrounding
前景信息	foreground information; foregrounded information
前舌背音	pre-dorsal
前提[1]	premise
前提[2]	prerequisites
前提[3]	presupposition
前提测试	presupposition test
前提分句	prolasis
前文字阶段	preliteracy
前限定词	predeterminer
前序列	pre-sequences
前移	fronting
前音	front
前语言学	prelinguistics
前元音	front vowel
前增音	prothesis
前黏着词	proclitic
前照应	anaphora; anaphoric reference; back-reference
前指省略	anaphoric ellipsis
前指照应	anaphora
前置	preposing; fronting
前置词	preposition
前置词补语	preposition complement
前置词词组	prepositional group
前置词短语	prepositional phrase; PP
前置词副词	preposition adverb
前置限定词	predeterminer
前置修饰语	premodifier
前置序列	pre-sequences
前缀	prefix
前缀法	prefixation
前缀语言	prefixing language
潜势	potential
浅层学习	shallow learning
欠格	abessive case
嵌入	insert
嵌入分句	embedded clause
嵌入句	embedded sentence
嵌入体验	situated embodiment
嵌套	embed; embedding; embedded; embedment

强调	emphasis
强调词	emphasizer
强调代词	emphatic pronoun
强调句	emphatic sentence
强调肯定词	emphatic affirmative
强调音	emphatic
强调重音	emphatic stress
强度修饰语	intensifier; intensive
强发音	forte articulation
强化	reinforcement
强跨越	strong crossover
强烈劝告语气	hortative mood
强式	strong form
强式动词	strong verb
强式最简命题	strong minimalist thesis; SMT
强势代词	intensive pronoun
强送气	rough breathing
强送气符	rough breathing symbol
强特征	strong feature
强制曲拱原则	obligatory contour principle
强制性成分	obligatory constituent
强制性转换	obligatory transformation
强制语气	obligative mood
乔姆斯基层级	Chomskyan hierarchy
乔姆斯基革命	Chomskyan revolution
乔姆斯基嫁接	Chomskyan adjunction
乔姆斯基语言学	Chomskyan linguistics
桥梁动词	bridge verb
桥梁课程	bridge course
桥音	bridge-sound; bridge phoneme
切口	slang
钦定《圣经》英译本	The Authorized Version
亲密感	intimacy
亲密交谈	intimate speech
亲昵语词	endearment; term of endearment
亲属关系词	family term; kinship terms
亲属关系术语学	kinship terminology
亲属语言	related language
青年语法学派	Young Grammarian; Junggramatiker
青蛙旋律论	Hey-Nonny-Nonny Theory
轻动词	light verb
轻名词	light noun
轻拍音	tap
倾斜	skewness
倾斜分布	skewed distribution
清辅音	voiceless consonant
清塞音	tenuis
清音的	unvoiced; voiceless
清音化	devoicing
清元音	voiceless vowel
情感	affect
情感变量	affective variable
情感过滤	affective filtering
情感过滤器假说	affective filter hypothesis
情感荷载词	charged words
情感领域	affective domain
情感目标	affective goal
情感诉求	pathos
情感意义	affective meaning; emotive meaning
情节记忆	episodic memory
情景	situation
情景法	situational method
情景分析	situation analysis; SWOT analysis; target situation analysis
情景框	frame
情景模型	situational model
情景体	situation aspect
情景型语码转换	situational code-switching
情景意义	situational meaning; contextual meaning
情景语境	situational context; context of situation
情景语言教学法	situational language teaching
情景语义学	situation semantics
情景照应	situational reference
情态	modality
情态从句	modal clause
情态动词	modal verb
情态动词四属性	NICE properties
情态助动词	modal; modal auxiliary; model verb
区别分析	differential analysis
区别词汇学	differential lexicology
区别性功能	distinctive function
区别性特征	distinctive features
区别性特征理论	distinctive feature theory
区分度指数	index of discrimination
区域	area
区域分类法	areal classification
区域性变异	regional variation
区域性方言	areal type
区域语言学	areal linguistics
屈折	inflection; inflexion; flection; flexion
屈折变化	inflection
屈折词层	inflectional layer
屈折词尾	inflectional suffix; flectional ending
屈折词缀	inflectional affix
屈折范畴	inflectional category
屈折构形成分	inflectional formative
屈折消失	deflexion
屈折形式	inflection; inflexion; INFL; I
屈折形态学	inflectional morphology
屈折语	inflexional language; flexional language
屈折中心语分裂假说	split-INFL hypothesis
趋同提问	convergent question
趋向共性	universal tendencies
趋异提问	divergent question
渠道	channel
渠道能力	channel capacity
曲音变化	umlaut; vowel mutation
曲折声调	contour tone
去鼻音化	denasal
去边界化	debounding
去腭化	depalatalisation
去嗯化	de-umming
去方言化	de-dialectalisation
去技能化	deskilling
去克里奥耳化	decreolisation
去歧义化	disambiguation
去石化	defossilization
去双音化	degemination
去习惯化	dishabituation
去语法化	degrammaticalization
去语境化	decontextualisation
去圆唇化	unrounding
权威差距	authority gap
权威评估	authoritative assessment

汉	英
全包教学	inclusion teaching
全部倒装	full inversion
全称量词	universal quantifier
全称量化	universal quantification
全称意义	generic meaning
全词法	whole-word method; word method
全国文字改革会议	National Conference on Language Reform
全国英语教学大纲	National Curriculum in English
全降	high-falling
全局性问题	global question
全局性语误	global error
全距	range
全面扩散移位	across-the-board movement
全盘扩散现象	across-the-board phenomena
全球性问题	global issue
全弱化元音	full weak vowel
全新实体	brand-new entity
全应规则	global rule
全韵	full rhyme; perfect rhyme
全自动高质量翻译	fully automatic high-quality translation; FAHQT
全字母短句	pangram
诠释理论	interpréter pour traduire
劝导行为	persuasive
劝服修辞	persuasive rhetoric
缺规	anomie; anomy
缺省推理	default reasoning
缺省语义学	default semantics
缺陷	defective
缺陷动词	defective verb
群内交际	intragroup communication
群体间交际	intergroup communication
群体语言学习法	community language learning
群体语言研究	phylogeny

R r

汉	英
让步从句	concessive clause
人本主义教学法	humanistic approach
人称	person
人称不定式	personal infinitive
人称词尾	personal ending
人称代词	personal pronoun
人称动词	personal verb
人称移情等级体系	Person Empathy Hierarchy
人称指示语	person deixis
人工神经网络	artificial neural network
人工语言	artificial language
人工智能	artificial intelligence; AI
人工智能法	AI-based approach
人机互助翻译	interactive machine translation
人际功能	interpersonal
人际交往	interpersonal communication
人际修辞	interpersonal rhetoric
人际意义	interpersonal meaning
人际隐喻	interpersonal metaphor
人际语境	interpersonal context
人类发音学	anthropophonics
人类符号学	anthroposemiotics
人类语言学	anthropological linguistics
人名	anthroponym; personal name
人名地名变体	allonym
人名学	anthroponymy; name study
人造语言	artificial language
认识词汇	recognition vocabulary
认识论	epistemology
认识逻辑	epistemic logic
认识情态	epistemic modality
认同关系过程	identifying relational process
认同者	identifier
认知	cognition
认知变元	cognitive variable
认知策略	cognitive strategy
认知承诺	cognitive commitment
认知发展	cognitive development
认知法	cognitive approach
认知范畴	cognitive categories
认知方式	cognitive style
认知符号法	cognitive code approach
认知经济性	cognitive economy
认知科学	cognitive science
认知类型	cognitive style
认知模型	cognitive model
认知学术语言能力	cognitive academic language proficiency; CALP
认知隐喻	cognitive metaphor
认知语法	cognitive grammar
认知语言学	cognitive linguistics
认知语义学	cognitive semantics
任务	task
任务内行为	on-task behavior
任务型教学大纲	task syllabus; task-based syllabus; procedural syllabus
任意性	arbitrariness
任指空语类 PRO	arbitrary PRO
日常语言学派	ordinary language school of philosophy
日常语言哲学	ordinary language philosophy
日耳曼语音变化	Germanic sound shift
日耳曼语语言学	Germanic linguistics
日记研究	diary study
日内瓦学派	Geneva School
日文汉字	kanji
溶合	fusion
溶合分词	fused participle
溶合复合词	fused compound
溶合句	fused sentence; run-on sentenc
溶合语	amalgamating language; inflected/inflecting language
融合[1]	fusion
融合[2]	integration
融合教学法	integrated approach
融入型动机	integrative motivation
冗文涩语	bafflegab; gobbledegook
冗余规则	redundant rule
冗余性	redundancy
冗语	pleonasm
如尼字母	rune; runic
辱骂性语言	abusive language
入格	illative case
入流音	on-glide
入门测试	admission test
软腭	soft palate; velum
软腭封闭	velic closure
软腭化	velarization
软腭化音	velarized
软腭气流	velaric air-stream
软腭气流机制	velaric air-stream mechanism
软腭清擦音	achlaut
软腭音	velar

软辅音	soft consonant
软件	software
软音	soft
软音符号	soft sign
软音化	softening
锐音	acute
锐音符	acute accent
瑞尼森框架	Rennison framework
若布伦黑话	Jobelyn; Jobelin
弱变化	weak change
弱等值关系	weak equivalence
弱辅音	lenis; weak consonant
弱化	lenition; reduction; weakening
弱化元音	lenis vowel; reduced vowel
弱接口论	weak interface position
弱跨越	weak crossover
弱祈使语气	apocopated mood; jussive
弱生成能力	weak generative capacity
弱式词汇论假说	weak lexicalist hypothesis
弱式读音	weak form
弱特征	weak features
弱央元音	shwa; schwa
弱意词	diminisher
弱重音	weak stress

S s

萨丕尔－沃尔夫假说	Sapir-Whorf hypothesis
塞擦	affrication
塞擦爆破音	affricated plosive
塞擦音	affricate
塞音	stop
三段论	syllogism
三数	trial
三元论	triadic theory
三字母一音	trigraph
散布音	distributed
散句	loose sentence
散音	diffused
嗓音	voiced
嗓音开始时间	voice onset time; VOT
扫读	scanning
色彩类推	analogy with regard to colours
僧侣文字字体	hieratic script; hieratic writing
山毛榉说	beech argument; Buchen-argument
删除	deletion
闪音	flap; flapped
商务英语	business English
商务语言测试	Business Language Testing Service; BULATS
商议性大纲	negotiated syllabus
上层语言	superstratum language
上行字母	ascender
上升次序	ascending order
上升级阶	ascending scale
上升双元音	rising diphthong
上位比较	superior comparison
上位层干扰	superstratum interference
上下文	co-text
上下文关键词索引	keyword in context
上下文增益	contextual amplification
上下义关系	hyponymy
上义词	superordinate
少数量	paucal
舌背音	dorsal
舌边	rim
舌的	lingual
舌高音	sharp
舌根	root; radix
舌根的	radical
舌根前伸	advanced tongue root; ATR
舌沟擦音	rill fricative; grooved fricative
舌冠化	coronalization
舌后部	back of the tounge
舌后辅音	backlingual consonant
舌尖	apex; tongue-tip
舌尖齿音	apico-dental
舌尖齿龈音	apico-alveolar
舌尖唇音	apico-labial
舌尖辅音	apical; apical consonants
舌尖后齿龈音	apico-post-alveolar
舌尖音	apex
舌面隆起	bunching
舌面前部摩擦音	blade spirant
舌面前音	alveolo-palatal
舌面中音	palatal
舌前音	frontal; frontal sound
舌位	placement of the tongue
舌位降低	lowering
舌位升高	raising
舌叶	blade; lamina
舌叶齿音	lamino-dental
舌叶齿龈音	lamino-alveolar
舌叶后齿龈音	lamino-post-alveolar
舌叶音	laminal
社会(情感)策略	social/affective strategies
社会变量	social variable
社会标记	social marker
社会表征	social representation
社会策略	social strategies
社会层面	diastratic
社会触动因素	sociological triggers
社会方言	social dialect; sociolect
社会方言变体	social dialectal variation; socialectal variation
社会分层	social stratification
社会符号学途径	sociosemiotic approach
社会化	socialization
社会环境	social context
社会建构主义	social constructionism
社会建构主义学习理论	socio-constructivist learning theory
社会教育模型	socio-educational model
社会距离	social distance
社会历史语言学	social-historical linguistics
社会情感过滤器	socio-affective filter
社会认知法	socio-cognitive approach
社会身份	social identity
社会双语现象	societal bilingualism
社会网络	social network
社会文化	social culture
社会文化理论	socio-cultural theory
社会文化能力	socio-cultural competence
社会心理语言学	socio-psychological linguistics
社会意识	social awareness
社会意义	social meaning
社会因素	social factor
社会音系学	sociophonology
社会语言标记	sociolinguistic marker
社会语言能力	sociolinguistic competence
社会语言迁移	sociolinguistic transfer

社会语言学	sociolinguistics	声门塞音[1]	glottal stop
社会语言学变项	sociolinguistic variable	声门塞音[2]	glottalic
社会语用失误	socio-pragmatic failure	声门塞音理论	Glottalic Theory
社会语用学	sociopragmatics	声门吸气音	injective
社交指示语	social deixis	声门音	glottal
社论式自称	editorial we	声母	initial (of a Chinese syllable); initial consonant
射体	trajector		
身势学	kinesics	声谱仪	sound spectrograph
身体摹仿	bodily mimesis	声腔	cavity
深层格	deep case	声强	intensity
深层格框	deep case frames	声学	Acoustics
深层结构	deep structure; D-structure	声学处理	acoustic treatment
深层语法	deep grammar	声学分析	acoustic analysis
深度访谈法	depth interview	声学过滤器	acoustic filter
深度假说	deep hypothesis	声学提示	acoustic cue
深度学习	deep learning; DL	声学语音学	acoustic phonetics
深元音	deep vowel	声音	sound
神经网络	neural network	声音过滤	acoustic filtering
神经语言规划	Neuro-linguistic Programming; NLP	声音节奏	sound-rhythm
		声域	register
神经语言学	neurolinguistics	声源	sound source
审议演说	deliberative rhetoric	声源过滤理论	source-filter theory
渗透	percolation	声源特征	source features
升格	promotion	省略	ellipsis; deletion
升喉嗓音	raised-larynx voice	省略参数	pro-drop parameter
升级	advancement	省略否定式	abbreviated negation
升降调	rising-falling tone	省略号	ellipsis
升调	rising tone; rise; rising	省略检验	reduction test
生成	generate	省略句	elliptical sentence
生成词库	generative lexicon	省略形式	elliptic form
生成方言学	Generative Dialectology	省音[1]	deletion
生成力	power	省音[2]	ecthlipsis
生成能力	generative capacity	省音[3]	elision
生成音系学	Generative Phonology	圣经	Bible; Holy Scriptures
生成语法	generative grammar	剩余成分	residue
生成语法理论	generative theory	失读症	dyslexia; dyslexic; alexia; word blindness
生成语义学	generative semantics		
生成转换语法	generative-transformational grammar	失范性	ill-formedness
		失认症	agnosia
生理语音学	physiological phonetics	失声	aphonia
生命度等级	animacy hierarchy	失效测试	retired test
生态批评话语分析	eco-critical discourse analysis	失写症	agraphia
生态语言学	Ecolinguistics	失音症	aphonia
生物程序假说	bio-program hypothesis	失语症	aphasia; dysphasia; aphemia
生物符号学	biosemiotics	诗歌	poetry
生物语言学	Biolinguistics	诗歌破格	poetic licence
声波	sound wave	诗行跨行	enjambement
声波图	sonogram	诗学[1]	Poetics; Aristotelous peri Poiētikēs
声带	vocal cords; vocal folds		
声道	vocal tract	诗学[2]	poetics
声调	tone	施事	agent
声调发生	tonogenesis	施事宾语	agentive object
声调反向性	tonal polarity	施事动词	agentive verb
声调弱化	tone reduction	施事格	agentive
声调下降	downstep	施事名词	agentive noun; agent noun
声调学	tonetics	施事式语言	agentive language
声调音位	tonic phoneme; toneme	施事约束	agent constraint
声调语言	tone language	施事主语	agentive subject
声调重音	tonic accent	施为动词	performative verb
声符	phonetic indicator	施为二律背反	performative antinomy
声律障碍	dysprosody	施为句	performative utterance
声门	glottis	施为句分析	performative analysis; performative hypothesis
声门闭合	glottal closure		
声门化	glottalization	施为矛盾	performative antinomy
声门气流机制	glottalic airstream mechanism	十三人规则	thirteen men rule
声门强化	glottal reinforcement		

十四行诗	sonnet
石化现象	fossilized; fossilization
时	tense
时标	timing
时标层	timing tier
时代错误	anachronism
时点动词	punctual; achievement verb
时间从句	temporal clause
时间副词	adverb of time
时间介词缺失	absence of preposition of time
时间连词	temporal conjunction
时间深度	time depth
时间顺序	chronological order
时间性方言	temporal dialect
时间指示语	time deixis
时态倒退	back-shift
时态逆移	back-shift
时态序列	sequences of tenses
识别	identification
识别焦点	identificational focus
识别试验	recognition test; perception test
识解	construal
识字读写能力	literacy
识字前阶段	preliteracy
实词	content word; full word
实地实习	field experience
实地调查	field research
实地语言学	field linguistics
实例化	instantiation
实例理论	exemplar theory
实时研究	real-time studies
实素	full morpheme
实体共性	substantive universal
实物教具	realia
实现分析	realization analysis
实现技能	enabling skills
实现性差异	realization difference
实验句法学	experimental syntax
实验音系学	Laboratory Phonology; Lab Phon
实验语用学	experimental pragmatics
实验组	experimental group
实义词	content word
实义动词	lexical verb
实用读写能力	functional literacy
实语素	full morpheme
实证效度	empirical validity
实证性研究	empirical investigation
实证主义	positivism
实质条件	material conditional
实质蕴涵	material implication; material conditional
食道音	oesophageal; esophageal
使动构式	caused motion construction
使役动词	factitive verb; causative verb
使役格	factitive case
使用频率	familiarity
始点动词	ingressive verb; inchoative verb
示波管	oscilloscope
示波器	oscillograph
示教实物	realia
示调仪	intonograph
示意量表编列法	implicational scaling
世界英语	world Englishes
世界语	Esperanto
世俗体文字	demotic script
似成体	apparitional aspect
势位	chereme
势系学	cherology
事件基本部分	grounding of events
事件结构	event structure
事件结构隐喻	event structure metaphor
事件类型	event type
事实功能条件	truth functional conditional
事实接受者	actual recipient
事实名词	factive noun
事实性理解	factual comprehension
事实性知识	factual knowledge
饰面工作	face work
试题鉴别度	item discrimination
试题库	item bank; item pool
试题难度	facility value; item facility
试题区分度	item discrimination
试题特征曲线	item characteristic curves
视点转换	shift of perspective
视读法	sight method
视角	perspective
视角系统	perspectival system
视觉词汇	sight vocabulary
视觉感知	visual perception
视说法	look-and-say method
视速仪	tachistoscope
视听法	audio-visual method
视听教具	audio-visual aids
视听言语加工	audio-visual speech processing
视停	fixation pause
是否问句	yes-or-no question
适切条件	felicity condition
适应术	art of adaptation
释义	paraphrase
释意派理论	interpréter pour traduire; theory of interpretational school
收敛	convergence
手势	gesture
手势构型	hand configuration
手势型用法	gestural usage
手势语最小单位	kineme
手势语最小单位表述	kine
手语	sign language
首词脱落	aphesis
首行缩进	indentation
首流	initial glide
首尾重复	epanalepsis
首位	initial
首位宾语	primary object; PO
首音互换	spoonerism
首音脱落	aphesis
首音最大原则	Maximal Onset Principle
首语重复	anaphora
首重音	initial stress
首字母缩略词	initialism; acronym
首字母脱落	apheresis; aphaeresis
受词异相标记	differential object marking; DOM
受定成分	determinatum
受格	object case; objective case
受格语言	accusative language
受话人	addressee
受话者设计	recipient design
受话者制约敬语	addressee-controlled honorifics
受惠体	accommodative aspect
受教英语	education English

受控处理	controlled processing	数理语言学	mathematical linguistics
受事	patient	数量系统	number system
受事宾语	affected object	数量语言学	quantitative linguistics
受事参与者	affected participant	数量原则	Q-principle
受事间接宾语	affected indirect object	数目	number; N
受事主语	affected subject	数一致	number concord
受限语言	restricted language	数字范畴	numerical category
受益格	benefactive case	数字化语言	digitalised speech
受益体	benefactive aspect	数字交际	digital communication
受益者	beneficiary; receiver	数字数据	digital data
受众	audience	双-ing 限制	double -ing constraint
受阻音节	checked syllable	双被动语态	double passive
受阻元音	checked vowel	双边对立	bilateral opposition
书本词	book word	双边辅音	bilateral consonant
书法	calligraphy	双宾结构	double-object construction
书法障碍	handwriting disorder	双叉分支假设	Binary Branching Hypothesis
书洪	book flood	双唇齿音	bilabiodental
书面文化	literary culture	双唇吸气音	kiss click; bilabial click
书面语	written language	双唇音	bilabial; labio-labial
书写词	graphic word	双方言	bidialectal
书写体系	writing system	双方言场合	bidialectal situation
书写系统	writing system	双方言教育	bidialectal education
书写学	graphonomy	双方言现象	bidialectalism; bidialectism
书写障碍	dysgraphia; agraphia	双峰分布	bimodal distribution
枢轴词	pivot words	双辅音	doubled consonants; long consonants
枢轴语法	pivot grammar		
输出策略	production strategy	双杠	double bar
输出假设	Output Hypothesis	双关语	pun; paronomasia
输入处理	input processing	双基转换	double base
输入假说	input hypothesis	双及物动词	ditransitive verb
输入空间	input space	双可及性假设	double access hypothesis
输入强化	input enhancement	双类属	dual class membership
熟称	familiar form	双名法	binomial nomenclature; binominal nomenclature; binary nomenclature
熟称形式	familiar form		
熟悉度	familiarity		
熟语学	phraseology	双母音化	diphthongize
属格	genitive case	双切分	Bisegmentalisierung〔德〕
属格符号	sapostrophe	双人称	double person
属格关系从句	genitive relative clause	双数	dual
属性	attribute	双填标补语过滤条件	Doubly Filled COMP Filter
属性句	ascriptive sentence	双完成时态	double perfect
属性同位语	attributive appositive	双唯一性	biuniqueness
属性形容词	attributive adjective	双文化者	bicultural
属有复合词	possessive compound	双向共现	bidirectional
术语	term; terminology	双项的	binary
术语词典学	terminography	双性	dual gender
术语汇编	glossary	双言制	diglossia
术语命名法	nomenclature	双义性	bisemy
术语学	terminology	双音	geminate
束	bundle	双音节的	disyllabic
述题	comment	双音位分类	biphonemic classification
述位	rheme	双语第一语言习得	bilingual first language acquisition
述谓补语	predicative complement		
述谓结构	predication	双语读写者	biliterate
树邻接语法	tree adjoining grammar; TAG	双语兼通者	balanced bilingual
树形图	tree; tree diagram; tree structure	双语教育	bilingual education
		双语句法测试	bilingual syntax measure
数	number	双语区域	bilingual area
数词	numeral	双语体现象	diglossia
数词类推	analogy with regard to numerals	双语通	ambi-bilingualism
数词转化	numerical metanalysis	双语同时现象	simultaneous bilingualism
数据分布	distribution	双语现象	bilingualism
数据库	data bank; database	双语语言学	dialinguistics
数据驱动加工	data-driven processing	双元音	diphthong
数据驱动模式	data-driven approach	双韵	female rhyme; feminine rhyme
数理逻辑	mathematical logic	双众数分布	bimodal distribution

双重被动	double passive	速度测验	speeded test; speed test
双重比较	double comparison	速度性	speededness
双重发音	double articulation	速记术	tachygraphy
双重分节	double articulation	速示器	tachistoscope
双重否定	double negative	速语症	tachylogia; lalorrhea; polylogia
双重构词法	parasynthesis	算法	algorithm
双重属格	double genitive	算式库	numeration
双重束缚理论	double-bind theory	随机抽样	random sampling
双重同化	double assimilation	随机存取	random access
双重性[1]	dualism	随机平行复本	random parallel forms
双重性[2]	duality	随机区组设计	randomized block design
双字母	dual alphabet	随机顺序规则应用	random sequential rule application
水平测试	proficiency test	随机误差	random error
水域名称学	hydronymy	随机音系学	stochastic phonology
顺行结构	progressive structure	随意变幻观	hocus-pocus
顺连锁法	chaining; forward chaining	随意变体	optional variant
顺同化	progressive assimilation	损耗语言	attriting language
顺向同化	perseverative assimilation; progressive assimilation	缩减	reduction
顺序量表	ordinal scale	缩减被动句	reduced passive
顺应变化	adaptation	缩减策略	reduction strategies
顺应理论	adaptation theory; theory of linguistic adaptation	缩减从句[1]	reduced clause
		缩减从句[2]	abridged clause
顺应性测试	adaptive testing	缩减关系从句	reduced relative clause
瞬间体	punctuality	缩略	abbreviation
瞬间性	punctuality	缩略法	shortening
瞬时除阻	instantaneous release	缩略规约	abbreviatory convention
瞬息新词	ephemeral word	缩略形式	contraction
瞬现词	ephemeral word	缩舌发音	retracted articulation
说	speaking	缩写	abbreviation
说话规则	rule of speaking	缩写定律	law of abbreviation
说话人识别	speaker recognition	缩写形式	contracted form
说话时间分配	floor apportionment	所有格	genitive case
说英语者	Anglophone	所有格符号	sapostrophe
司法语言学	forensic linguistics	所指[1]	designatum
私人语言	private language	所指[2]	signified
私自语	idioglossia; autonomous speech; cryptophais	所指[3]	referent
		所指表达	referring expression
咝声	hissing sound	所指等级	referential rank
咝音	sibilant	所指等级体系	referential hierarchy
思维适应性控制理论	adaptive control of thought	所指对象	denotatum
斯本内现象	spoonerism	所指反复	referent repetition
斯宾塞体	Spenserian stanza	所指关系	reference
斯拉夫语语言学	Slavic linguistics; Slavonic linguistics	所指晦暗	referentially opaque; referential opacity
斯皮尔曼—布朗预测公式	Spearman-Brown prophecy formula	所指结构	referential structure
		所指模糊	referential opacity
死海文书	Dead Sea Scrolls	所指前移	referent fronting
死语言	extinct language	所指意义	referential meaning
四步操练	four phase drill	所指制约敬语	referent-controlled honorific
四段练习	four phase drill	索引性	indexicality
四行诗	quatrain	索引性原则	principle of indexicality
四声	four tones		
四字母词	four-letter words		

T t

松弛性	lax
松连构式	extensive construction
松散同位语	loose apposition
松嗓音	slack voice; lax voice
松音	lax
送气	aspiration
送气的	aspirated
送气对立	aspiration contrast
送气辅音	aspirated consonant
送气塞音	aspirated stop
素	eme
素体诗	blank verse

他语者英语	English for Speakers of Other Languages; ESOL
他语者英语教学	Teaching English to Speakers of Other Languages; TESOL
他主语言	heteronomous language
塔尔斯基语义学	Tarskian Semantics
探测	probe
探测能力	detection
探针	probe
唐氏综合征	Down's syndrome
讨论法	discussion method

套话	routine; ready-made utterance
套语	formulaic language; formulaic speech; formulaic expression
特定问题	specific question
特殊变格名词	heteroclite
特殊会话隐涵	particularized conversational implicature
特殊先天论	special nativism
特殊言语损伤	specific language impairment; SLI
特殊用途英语	English for Special Purpose; ESP
特征	feature
特征方式	feature mode
特征复合	feature complex
特征共现限制	Feature Co-occurrence Restriction; FCR
特征函数	characteristic function
特征几何	feature geometry
特征几何理论	Feature Geometry Theory
特征架构理论	feature geometry
特征结构	feature structure
特征矩阵	feature matrix
特征扩展	feature spreading
特征束	feature bundle
特征删除规则	feature-deletion rule
特征说明默认规则	feature specification default
特征增加规则	feature-addition rule
特指	specific reference
提高性输入	comprehensible input
提供者	provider
提及次序	order of mention
提述次序	order of mention
提取	excerpting
提升	raising
提升动词	raising verb
提升形容词	raising adjective
提示	cue
提示效度	cue validity
提示性音调	referring tone
提问技巧	question technique
提喻	synecdoche
题内关键词索引	Keyword in Context; KWIC
题外关键词索引	Keyword out of Context; KWOC
题项	item
题项分析	item analysis
题项难易度	item difficulty; item facility
题型说明书	item specification
题元层级	thematic hierarchy
题元关系	thematic relation
题元化	thematization
题元角色	thematic role; theta role; θ role
题元理论	thematic theory
题元网格	theta grid
题元性	thematicity
题元指派一致性假说	Uniformity of Theta Assignment Hypothesis; UTAH
题元准则	theta criterion
体	aspect
体裁	genre
体裁法	genre approach
体裁分析	genre analysis
体裁格局	genre-scheme; genre structure
体裁结构	genre structure
体裁类型	genre-scheme
体对偶	aspectual pair
体假设	aspect hypothesis
体距学	proxemics
体时性	aspectual-temporal
体特征	aspectual character
体投射	aspectual projection
体验	embodiment
体验构式语法	Embodied Construction Grammar; ECG
体验认知	embodied cognition
体验哲学	embodied philosophy
体助动词	aspectual auxiliary
体转移	aspectual shift
替代	paraplasm; paraplastic form
替代理论	substitution theory
替代形素	replacive morph
替换	substitution
替换表	substitution table
替换操练	substitution drill
替换规则	alternation rule
替换框架	substitution frame
替换形素	replacive; replacive morph
天城体	Devanagari
天赋	innateness
天赋假说	innateness hypothesis
天气动词	weather verb
添加指大后缀	augmentative
田野试验	field testing; field trial
田野调查	field research
田野调查法	field research; field work
田野语言学	field linguistics
填补型移位结构	dislocation structure with filler element
填补虚词	expletive; dummy
填充词	filler
填充词缺位结构	filler-gap construction
填充虚词	expletive
条件反应	conditioned response
条件分句	conditional clause
条件语气	conditional
条目	entry
调节性规则	regulative rule
调适	accommodation
调音动作	regulation
调整模式	adjustment model
跳读	skimming; skim-reading
跳跃式接合	skip-connecting
铁砧	anvil
听话者推论	recipient's corollary
听觉辨音	auditory discrimination
听觉处理	auditory processing
听觉刺激	auditory stimulation
听觉反馈	auditory feedback
听觉反馈	auditory feedback
听觉分析系统	auditory analysis system
听觉感知	auditory perception
听觉共振理论	resonance theory of hearing
听觉鉴别	auditory discrimination
听觉理解	aural comprehension
听觉判断	auditory judgment
听觉区	auditory area
听觉输入词库	auditory input lexicon
听觉性失语症	auditory aphasia
听觉学	audiology
听觉训练	ear-training
听觉掩盖	auditory masking
听觉语言	auditory language; audible language
听觉语音学	auditory phonetics

听觉中心	auditory center
听力	listening
听力策略	listening strategy
听力辅导语言实验室	audio-tutorial laboratory
听力理解	listening comprehension
听力米表	audiometer
听力图	audiogram
听区	audible area
听说法技巧	A-L M technique
听说法原则	A-L M principle; Audio-Lingual Method Principle
听说积极参与	aural-oral active participation
听说教学法	audiolingual method; aural-oral approach
听说习惯理论	audiolingual habit theory
听说主义	audio-lingualism
听写	dictation
听写作文	dicto-comp
听众	audience
停顿	pause; pausing
停顿单位	pause-defined unit
停顿填充词语	pause-filler
停顿音	checked
通感	synaesthesia
通格	absolute case; absolutive
通名	generic term
通俗词	popular word
通俗词源学	popular etymology
通俗分类法	folk taxonomy
通俗拉丁语	vulgar Latin
通俗体文字	demotic script
通性	common gender
通性词	epicene
通用美国英语	General American English
通用书写符号	pasigraphy
通用英语	English for General Purposes; EGP
通用语	lingua franca
同……	iso-
同伴辅导	peer tutoring
同伴监控	peer monitoring
同伴教学	peer teaching
同伴评估	peer assessment
同伴评阅	peer review
同伴群体	peer group
同标	coindexation
同步翻译	simultaneous interpretation
同部位音素	homorganic phoneme
同部位音位	homorganic phoneme; homorganic sounds
同词异译法	diverse rendering of the identical word
同发音部位音	homorganic
同感实证	consensual validation; convalidation
同根词	paronym
同构	isomorphism
同化	assimilation
同化音	affection
同理心	empathy
同期效能	concurrent validity
同情准则	sympathy maxim
同声传译	simultaneous interpretation
同时效度	concurrent validity
同时性双语	simultaneous bilingualism
同位并列	appositional coordination
同位分句	apposed clause
同位关系	apposition
同位结构	appositive construction
同位属格	appositive genitive
同位素现象	isotopy
同位语	apposition
同位语从句	appositive clause
同现限制	co-occurrence restriction
同形异序词	anagram
同形异义词	homograph
同形异音异义词	heteronymy
同言线	isoglottic line; isograph
同言语	isolect
同一性	identity
同义词	synonym
同义反复	tautology
同义关系	synonymy
同义反复	tautophony
同音节形式	tautosyllabic form
同音同形异义词	homonym
同音形抵触	homonymic clash
同音异形词	heterograph
同音异义词	homophone
同音异义双关	homophonic pun
同语化	koineization
同源词	analogue; cognate
同源范畴	homologous category
同源格	paregmenon
同源语言演变史学	Glottochronology
同韵	identical rhyme
同指	coreference
同指原则	rule of coreference
统计共性	statistical universal
统计假设	statistical hypothesis
统计性研究	statistical research
统计语言学	statistical linguistics
头脑风暴	brainstorming
头韵	alliteration
投射	projection
投射规则	projection rule
投射假设	Projection Hypothesis
投射原则	projection principle
透明词	transparent word
透明性	transparency
透视域	perspective
凸显信息	salient information
凸显性	salience
突出	prominence; prominent
突出峰	peak of prominence; crest of sonority
突出性	salience
突发除阻	abrupt release
突发音	abrupt
突降	bathos
突降法	anti-climax; bathos
突生论	emergentism
图标	icon
图标字	iconograph
图画字	pictogram
图表法[1]	chart
图表法[2]	diagramming
图表分析	chart parser
图表重写	chart rewrite
图画文字	pictography
图解句子	diagramming sentence
图灵机	Turing machine

图片名词	picture noun	外来语复数	foreign plural
图式	schema	外围	periphery
图式化	schematization	外围成员	peripheral member
图式理论	schema theory	外围角色	circumstantial role
图式意义	schematic meaning	外围失调	peripheral disorder
图像符号	iconic sign	外围语法	peripheral grammar
图像文字	iconography	外显式学习	explicit learning
图像学	iconography	外显知识	explicit knowledge
图形	figure	外向气流	egressive air-flow
图形—背景结构	figure-ground organization	外延	denotation
图形字	pictogram; pictograph; picto	外延动词	extensional verb
徒劳量化	vacuous quantification	外延逻辑	extension logic
土腔方言	broad dialect	外延缩小	underextension
土语	patois	外延意义	denotative meaning; denotation
吐气音	egressive	外语	foreign language
吐气重音	expiratory accent	外语教学法	foreign language pedagogy
推导	derivation	外语教学心理学	foreign language teaching psychology
推导的经济性	economy of derivation; derivational economy	外语事务协会口头面试	Foreign Service Institute Oral Interview; FSI
推断	inferencing	外语语言能力	foreign language proficiency
推断统计方法	inferential statistics	外在效度	external validity
推断性理解	inferential comprehension	外展	abduction
推理	inference	外指性意义	sensus denotan
推理论	inference theory	外置	extraposition
推理语法	speculative grammar	完备语码	elaborated code
推理语义学	inferential semantics	完成	accomplishment
推链式音变	push chain shift	完成分词	perfect participle
推论格	illative case	完成进行时被动式	perfect progressive passive
推论统计	inferential statistics	完成时	perfect tense
推演分数	derived score	完成体	perfective aspect; perfective
退保值	surrender value	完成体分词	perfect participle
退化	degeneration	完美翻译	perfect translation
退位关系符	retirement R-sign	完全动词	full verb
退行	degeneration	完全短语范畴	full phrasal category
托福考试	TOEFL	完全解释原则	principle of full interpretation; FI
托业考试	TOEIC		
拖延原则	Procrastination Principle	完全句	full sentence
脱落	elision	完全可及说	full acces hypothesis
脱体法	disembodiment	完全可解释性	total accountability
脱字号	Caret	完全失语症	total aphasia
妥协词	compromiser	完全同音异义词	full homonym
		完全转换	complete conversion
W w		完全转类	full conversion
瓦格	wug	完形风格	gestalt style
瓦克纳格尔定律	Wackernagel's law	完形心理学	gestalt psychology
瓦克纳格尔位置	Wackernagel's position	完形填空比频评分法	clozentropy
瓦苏	Washoe	完形填空测验	cloze; cloze procedure
外部分布	external distribution	完整句	complete sentence
外部合并	external merge	玩具语法	toy grammar
外部连读音变	external sandhi	晚插入	late insertion
外部形式	outer form	万国新语	Esperanto
外部言语	external speech	汪汪论	Bow-wow Theory
外部语言	exoglossia	网络分析	network analysis
外部语言学	exolinguistics	网络强度等级	network strength scale; NSS
外部照应	exophora	网状群体	network
外封闭	outer closure	忘名性失语	anomia
外国腔	foreign flavor	忘名症	anomia
外国人话风	foreigner talk	威廉姆斯综合征	Williams syndrome
外国语	foreign language	微功能	microfunction
外化语言	externalized language	微观社会语言学	micro-sociolinguistics
外挤音	egressive	微观言语行为	micro-speech act
外加语	disjunct	微观语言学	microlinguistics
外借词	foreignism; foreign word	微观语用学	micropragmatics
外来词	alien word; peregrinism	微技能	micro-skills
外来混合词	loan blend	韦尼克中心	Wernicke's area

韦尼克失语症	Wernicke's aphasia
违反	flout
唯理语法	rational grammar
唯理主义	rationalism
唯名论	nominalism
唯位	emic
唯物主义语言理论	materialistic language theory
维持性双语教育	maintenance bilingual education
维尔纳定律	Verner's law
伪同源词	false cognate
尾部	final
尾词重复	epistrophe
尾句	tag
尾流	final-glide
尾音节非重读的词	baritone
尾音脱落	apocopation; apocope
尾重音词	oxytone
尾重音语言	oxytonic language
委婉语	euphemism
未归化外语词	foreign words not naturalized
未来先期行为	future anterior
未完成过去时	imperfect tense
未完成体[1]	imperfective aspect
未完成体[2]	infectum
未完成体分词	imperfective participle; present participle
位	eme
位移	displacement
位移言语	displaced speech
位移言语	displaced speech
位置	position
位置场	positional field
位置格	locative case
谓词逻辑	predicate logic
谓词演算	predicate calculus
谓体	predicator
谓语	predicate
谓语从句	predicate clause
谓语性成分	predicative
谓语性结构	predicative construction
谓语性名词	predicate nominal
谓语性形容词	predicative adjective
谓语性修饰语	predicative attribute
谓语性主格	predicate nominative
文档更新语义学	file change semantics
文化	culture
文化冲击	culture shock
文化传递性	cultural transmission
文化定势	cultural stereotype
文化公平	cultural fair
文化匮乏	cultural deprivation
文化模型	cultural model
文化贫乏	cultural disadvantage
文化缺陷	cultural deprivation
文化适应	acculturation
文化适应法	acculturation method
文化适应模式	acculturation model
文化相对论	cultural relativism
文化语言学	cultural linguistics
文盲	illiteracy; illiterate
文体	style
文体检验程式	style checker
文体学	stylistics
文献	literature
文献分析	document analysis; documentary analysis
文献分析法	document analysis
文献目录	bibliography
文献手迹	documentary hand
文学风格学	post-structuralism
文学作品	literature
文艺复兴时期语言学	Renaissance Linguistics
文语转换	text-to-speech
文字	script; character
文字实体	graphic substance
文字系统	writing system
文字学	grammatology
文字游戏	play on words
紊乱	disturbance
稳定化	stabilization
问号	question mark
问句	question
问卷	questionnaire
问题代名词化	problominalization
我向语言	egocentric speech
沃尔夫假说	Whorfian hypothesis
沃拉普克语	Volapük
沃特金法则	Wartkin's Law
无标记	unmarked
无标记成分	unmarked member
无擦延续音	frictionless continuant; frictionless
无擦音延续音	frictionless continuant
无词尾副词	flat adverb
无除阻的	unreleased
无词形变化	inflexiblilty; indecline
无定	indefiniteness
无定性	indefinite; indefiniteness
无动词句	verbless sentence
无缝形态学	seamless morphology
无格屈折名词	aptote
无喉塞辅音	unchecked consonant
无界名词	unbounded noun
无界移位	unbounded movement
无理据习语	demotivated idiom
无理据现象	non-motivation
无屈折拉丁语	Latino sine flexion
无人称被动式	impersonal passive
无人称动词	impersonal verb
无人称结构	impersonal construction
无人称谓语词	impersonal predicate word
无人称主语	impersonal subject
无生性	inanimacy
无生性名词	inanimate noun
无声停顿	silent pause
无声语言	endophasia; internal speech
无声阅读	subvocalization; subvocal reading
无施式	non-agentive
无实用读写能力	functional illiteracy
无条件音变	unconditional sound change; unconditioned sound change
无谓性	gratuitousness
无文字群体	non-literate
无效假设	null hypothesis
无形连接	asyndeton
无形连接现象	asyndetism
无形手理论	"invisible hand" theory
无形态语言	formless language
无意识记忆	implicit memory
无意识语言知识	unconscious knowledge
无意义词语	nonsense
无意义形式	nonsense form; meaningless

汉英词目检索表

无意义重复	battology	辖域歧义	scope ambiguity
无语用功能习语	idioms without pragmatic point	下标规则	indexing rule
无韵体诗	blank verse	下层方言	basilect
无择约束	unselective binding	下降次序	descending order
无证明断言	allegation	下降连音	fading juncture
无制约关系	unboundedness	下降音渡	falling juncture
无中心的	non-headed	下降音阶	falling scale; descending scale
无中心语关系从句	headless relative	下降语调	falling intonation; falling tone
无终体	atelic	下棋心理研究	chess psychology study
无主语参数	null subject parameter	下推自动机	push-down automaton; stack automaton
五只钟理论	five clocks		
舞台发音	Buhnenausprache〔德〕	下位比较	inferior comparison; downward comparison
舞台言语	theatrical speech		
物化[1]	reification	下位层干扰	substratum interference
物化[2]	reify	下位层语言	substrate language; substratum language
物理语境	physical context		
物体文字	object writing	下咽壁音	infer-pharyngeal
物性结构	qualia structure	下一言语者选择	next-speaker selection
物质名词	material noun; mass noun	下义词	hyponym
误差分析	error analysis	下指	cataphora
误读分析	miscue analysis	先标定	prespecify
		先创语言	a priori language
		先导测试	pilot testing; pilot experiment

X x

		先过去时	past anterior
西方语	Occidental; Interlingue	先进后出自动机	push-down stack automation
西塔角色	theta role	先天主义假说	nativist hypothesis
西韦斯—埃杰顿定律	Sievers-Edgerton's Law	先行词	antecedent
西韦斯定律	Sievers' Law	先行共同发音	anticipatory co-articulation
吸气	inhalation; inspiration	先行同化	anticipatory assimilation
吸气气流	ingressive air-flow	先行异化	anticipatory dissimilation
吸气塞音	ingressive stop	先行引导词	anticipatory word
吸收	intake	先行语管辖	antecedent-government
吸引变化	attraction	先行主语	anticipatory subject
希伯来语法	Hebraism	先行组织者	advance organizer
希求式	optative mood	先验	a priori
希望之语	language of hope	先验性教学大纲	a priori syllabus
析取关系	disjunction	先置	anticipation
析取式顺序	disjunctive ordering	衔接	cohesion
习得	acquisition	衔接模式	mode of cohesion
习得顺序	order of acquisition	显贵方言	prestige dialect
习得—学得区别假说	acquisition-learning hypothesis	显性	phenotype
习惯	habit	显性声望	overt prestige
习俗化场景	institutional setting	显性优势	overt prestige
习俗派	nómas	显性知识	explicit knowledge
习语[1]	idiom	显著口音	broad accent
习语[2]	idiomatics	现代语言学	modern linguistics
习语化	idiomatization	现实情态	realis
习语块	idiom chunk	现实语法	realistic grammar
习语理论	Idiom Theory	现实语法	realistic grammar
习语完整规则	idiom-complete rule	现实主义	realism
习语性	idiomaticity	现在分词	present participle
习语修辞手段	rhetorical devices of idiom	现在将来时	present future
习语学	phraseology	现在时	present tense
戏剧反讽	dramatic irony; irony of fate	限定成分	specifier
戏剧方言	dramatic dialect	限定词[1]	qualifier
戏剧性反语	dramatic irony	限定词[2]	Bestimmungswort
系动词	copula	限定词[3]	determiner
系列动作	action series	限定词短语	determiner phrase; DP
系列音	series	限定词短语	determiner phrase
系统法	system approach	限定词短语假说	DP Hypothesis; Determiner Phrase Hypothesis
系统性	systematicity		
系统语法	systematic grammar	限定词量化	Determiner-quantification
系统语言学	systemic linguistics	限定词漂移	qualifier floating
狭缝擦音	slit fricative	限定动词	finite verb; finite form
辖域	scope	限定符号	determinative
辖域	scope	限定复合词[1]	determinative compound

限定复合词[2]	tatpurusha
限定状态马尔可夫过程	finite state Markov process
限定状态转换器	finite state transducer; FST
限定状态自动机	finite state automaton; FSA
限制性代码	restricted code
限制性关系从句	restrictive relative clause; clause defining relative clause
限制性结构	restrictive
限制性修饰	restrictive modification
限制性语言	restricted language
限制性作文	controlled composition
线索	cue
线索词	call-word
线索有效性	cue validity
线性程序	linear programme
线性大纲	linear syllabus
线性对应公理	linear correspondence axiom; LCA
线性化	linearization
线性文字	linear script
线性音位	linear phoneme
羡余规则	redundancy rule
羡余特征	redundant feature; concomitant feature
羡余现象	redundancy
羡余性	redundancy
相	phase
相对共性	relative universal
相对年代学	relative chronology
相对同义词	relative synonyms
相对性	relativity
相对最高级	relative superlative
相对最小限度	relativized minimality
相关	correlation
相关成分	Bezugselement
相关特征	relevant feature
相关系数	correlation coefficient
相关性研究	correlation research
相互代词	reciprocal pronoun
相互动词	reciprocal verb
相互关系[1]	reciprocity
相互关系[2]	reference
相互可理解性	mutual intelligibility
相邻语对	adjacency pairs
相容	inclusion
相似联想	association by similarity
详论段落	amplifying paragraphs
响度	sonority
响度层级	sonority hierarchy
响度特征	sonority features
响音	sonorant
响音峰	peak of sonority; syllable peak
想象功能	imaginative function
向格	allative case
向前附着词	enclisis
向前附着否定词	enclitic negation
向前附着形式	enclitic
向上蕴涵	upward entailing
向下蕴涵	downward entailing
向心结构	endocentric construction
向心理论	centering theory
项	term
项目差异功能	differential item functioning; DIF
项目反映理论	item response theory; IRT; latent trait theory; latent trait models
项目区分度	item discrimination
项目与过程	item and process
项目与配列	item and arrangement; IA
象声词	mimetic word
象似符号	pictogram
象似性	iconicity
象似性原则	principle of iconicity
象形图	pictogram
象形文字	hieroglyphic writing
象形字	hieroglyph
象音词	ideophone
象征型用法	symbolic usage
象征性论点	symbolic thesis
象征性论断	symbolic thesis
象征性原则	principle of symbolicity
象征指示	symbolic deixis
消极词汇	passive vocabulary
消极礼貌策略	negative politeness strategy
消极面子	negative face
消解性双语现象	subtractive bilingualism
消去同一	identity erasure
消失	fading
消音处理	acoustic treatment
小代语	pro
小动词短语	small verbal phrase
小短语	small phrase
小分句	small clause
小副词短语	small adverbial phrase
小骨	ossicle
小名词性词组	small nominal phrase
小品词	particle; PRT
小品词移动	particle movement
小舌音	uvular
小体大写字母	small capitals
小写 c 文化	small c culture
小形容词短语	small adjectival phrase
小众化翻译	minoritizing translation
小组	group
小组活动	group work
小组讨论	group discussion
小组推动力	group dynamics
效度	validity
效度检验	validation
楔号	hacek
楔形文字	cuneiform
协方差分析	analysis of covariance
协商	negotiation
协商口吻	consultative key
协商性	negotiability
协商言语	consultative speech
协调障碍	dyspraxia; apraxia
协同发音效果	co-articulation effects
协同学习法	collaborative learning
协同作用	conspiracy
斜杠	slash
斜格	oblique case
谐波	harmonic; overtone
谐意双关	pun
写作档案袋	writing portfolios
写作过程	composing process
写作会议	writing conference
写作模式教学法	writing-modes approach
写作日志	writing log
写作系统	authoring system
写作艺术	art of writing
心理表征	mental representation

汉英词目检索表

心理测量学	psychometrics	信息性功能	informative function
心理词库	mental lexicon; internal lexicon	信息原则	I-principle
心理动词	psych verb	信息着陆	grounding of information
心理可及性	mental accessibility	信息组块	information chunking
心理空间	mental space	行动研究	action research
心理空间格框	mental spaces lattice	行事动词	performative verb
心理空间理论	Mental Spaces Theory	行事性语句	performative utterance
心理语言学	psycholinguistics	行为被动语态	actional passive
心理主语	psychological subject	行为词	action word
心灵哲学	philosophy of mind	行为动词	activity verb
心智理论	Theory of the Mind	行为方式	manner of action
心智语言	mentalese	行为规范	behavioral norm
心智主义	mentalism	行为过程	behavioral process
欣赏性理解	appreciative comprehension	行为结果名词	deverabal noun
新布龙菲尔德学派	Neo-Bloomfieldian	行为评估	performance-based assessment
新词	new word; neologism	行为型话语	behavitive
新戴维森分析法	Neo-Davidsonian	行为元素	behaviorem
新方言	*New Dialect*	行为蕴藏	behavioral potential
新弗斯学派	Neo-Firthians	行为者	behaver
新格赖斯会话含义理论	neo-Gricean conversational implicature theory	行为主义	behaviorism; behaviorist theory
		行为主义方法	behaviouristic approach
新格赖斯语用学	Neo-Gricean pragmatics	行为主义心理学	behaviourist psychology
新格赖斯语用学机制	neo-Gricean pragmatic apparatus	星号[*]	asterisk
新古典复合词	neoclassical compound	形变	modification
新行为主义	new behaviorism	形成性测验	formative test
新洪堡特学派	Neo-Humboldtians	形成性评价	formative evaluation
新—旧信息契约	given-new contract; known-new contract	形符	ceneme
		形名词	adnoun
新书简介	blurb	形容词	adjective
新索绪尔语言学	neo-Saussurean linguistics	形容词被动句	adjectival passive
新闻文体	journalese	形容词词组	adjective group
新闻语言	news language	形容词短语	adjective phrase
新信息	new information	形容词化	adjectivisation
新修辞学	new rhetoric	形容词式	adjective form
新语[1]	neologism	形容词式副词	adjectival adverb
新语[2]	newspeak	形容词式名词	adjectival noun
新语法学派	Neogrammarians	形容词性被动结构	adjectival passive
新语言点呈现	presentation of new language	形容词性成语	adjectival idiom
新语言学派	Neo-linguistics	形容词性从句	adjectival clause; adjective clause
信达雅	faithfulness, expressiveness and elegance	形容词性结构	adjectival
		形容词性数词	adjective numeral
信度	reliability	形声词语	onomatopoeia
信号	signal	形式	form
信号语音学	signal phonetics	形式词	form word
信念系统	belief system	形式的	formal
信息	information	形式对等	formal correspondence
信息差距	information gap	形式符	formator
信息处理	information processing	形式共性	formal universal
信息传递性	information transmitivity	形式合成	formal blend
信息传送	information transfer	形式化	formalization
信息单位	information unit	形式类	form class
信息等价性	information equivalency	形式逻辑	formal logic
信息基础	grounding of information	形式能力	formal competence
信息技术	Information Technology	形式普遍性	formal universal
信息检索	information retrieval	形式图式	formal schemata
信息交织	informational hybrids	形式习语	formal idiom
信息焦点	Information focus	形式意义	formal meaning
信息接收者	receiver	形式音位聚合体	phonotagm
信息结构	information structure	形式语法	formal grammar
信息句	informative	形式语言	formal language
信息科学	information science	形式语言理论	formal language theory
信息量	information content	形式语言学	formal linguistics
信息论	information theory; communication theory	形式语义学	formal semantics
		形式语用学	formal pragmatics
信息内容	information content	形式运作期	formal operational stage
信息性	informativity	形似词	paronym

形素	morph	需求评估	needs assessment
形态变化节点	INFL node; inflection node	需求特点	demand characteristics
形态分析法	morphological analysis	序次	order
形态格	morphological case	序列	sequence
形态化	morphologization	序列化	sequencing
形态句法学	morphosyntax	序偶合并	pair merge
形态类	form class	序数词	ordinal number
形态类型学	morphological typology	叙实性	factivity
形态理据	morphological motivation	叙实性动词	factive verb
形态融合	morphological fusion	叙实性谓词	factive predicator; factive predicate; factive
形态学	morphology		
形态学分析法	morphological analysis	叙实性预设	factive presupposition
形态音位学	morphophonemics	叙事	narrative
形态再分析	morphological reanalysis	叙事分析	narrative analysis
形式—功能关系	form-function relation	叙事功能	narrative function
型符	token	叙事结构	narrative structure
杏仁体	amygdala; amygdaloid body	叙事学	narratology
性别	gender	叙事语法	narrative grammar
性别名词	gender noun	叙述	narrative
性别歧视性语言	sexist language	叙述功能	narrative function
性别语言	genderlect	叙述式	narrative
性格变量	personality variables	宣告型话语	declaration
性状复合词	Bahuvrihi〔德〕	宣告性言语行为	declarative
胸搏	chest pulse	悬垂修饰语	dangling modifier; misplaced modifier
雄辩术	elocution		
休眠关系	Chômeur	悬挂主题	hanging topic
修辞格	figure of speech; rhetorical figure	选集	anthology
修辞结构	rhetorical structure	选择并列连词	alternative coordinator
修辞结构分析	rhetorical structure analysis	选择对照提问	alternative interrogation
修辞色彩	rhetorical colouring	选择规则	selectional rule
修辞性问句	rhetorical question	选择特征	selectional feature
修辞学	rhetoric	选择问句	alternative question
修改	revising; editing; postwriting	选择限制	selectional restriction
修饰	modification	选择性注意	selective attention
修饰词	modifier	学究辞藻	inkhorn term
修饰词漂移	modifier floating	学舌症	echolalia
修饰短语	adjunctival	学术词汇	academic vocabulary
修饰名词的分句	adnominal clause	学术语言	academic language
修饰性词语	attributive	学习便利化	facilitation
修饰性副词	adverb as adjunct; adjunctive adverb	学习策略	learning strategy
		学习风格	learning style
修饰性功能	attributive function	学习技巧	study skill
修饰性连词	qualifying conjunction; subordinator; subordinative conjunction	学习气氛	learning climate
		学习日志	learning log; learning journal
		学习者个体差异	individual learner difference
修饰性生格	attributive genitive	学者词汇	learned formation
修饰性属格	attributive genitive	训练迁移	transfer of training
修饰性向心结构	attributive endocentric construction	训喻	allocution

Y y

修饰性形容词	attributive adjective	丫权结构	chiasmus
修饰语	modifier	压制	coercion
修饰语量化	Adverbial-Quantification	押韵	rhyme
修正	repair	押韵俚语	rhyming slang
修正的交替条件	revised alternation condition	牙牙学语	babbling
修正的扩展标准理论	Revised Extended Standard Theory; REST	哑重音	silent stress
		雅思	International English Language Testing System; IELTS
虚词	empty word		
虚构字	vox nihili	亚历山大体诗	Alexandrine
虚幻语类	phantom category	亚美尼亚语字母表	Armenian alphabet
虚假设	null hypothesis	亚族	subgroup
虚论元	null argument	咽侧壁音	faucal
虚拟条件句	subjunctiveconditional	咽喉	fauces
虚拟语气	subjunctive mood	咽喉化	faucalization
虚语子	empty morph	咽腔	pharyngeal cavity; pharynx
需求等级	needs hierarchy		
需求分析	needs analysis		

汉英词目检索表

咽音	pharyngeal
咽音化	pharyngealization
延迟爆破	delayed explosion
延迟回忆	delayed recall
延迟原则	principle of procrastinate
延宕持续时	protracted duration
延缓听觉反馈器	delayed auditory feedback; DAF
延续体	durative
延续性	continuant
延续音	continuant
严格管辖	proper government
严式罗米克音标	narrow Romic
严式音标	narrow notation; narrow transcription
严式音核	narrow nuclei
言后行为	perlocutionary act
言内行为	locutionary act
言说意义	locutionary meaning
言说之力	locutionary force
言谈照应词	logophor
言外行为	illocutionary act
言外之的	illocutionary point
言外之力	illocutionary force
言有所述	constative
言有所为	performative
言语[1]	parole
言语[2]	speech
言语变体	speech variety
言语标记	speech marker
言语病理学	speech pathology
言语不清	glossolalia
言语产生	speech production
言语处理	speech processing
言语错误	speech error
言语岛	speech island
言语反馈示意	back channel cue
言语方式	manner of speech
言语感知	speech perception
言语感知运动理论	motor theory of speech perception
言语连续体	speech continuum
言语行为分类	speech act classification
言语行为规则	speech act rule
言语行为集	speech act set
言语行为理论	speech act theory
言语行为条件句	speech act conditional
言语行为移情等级	speech act empathy hierarchy; SAEH
言语行为因素	performance factor
言语合成	speech synthesis
言语合成器	speech synthesizer
言语机制	speech mechanism
言语矫治	speech therapy
言语教法	oralism
言语接受	speech reception
言语节奏	speech rhythm
言语库	repertoire
言语困难	dyslogia
言语理解	speech comprehension
言语连续体	continuum
言语门槛	gatekeeper
言语模仿症	echolalia
言语器官	speech organ
言语情景	speech situation
言语缺陷	speech defect; speech impediment
言语社团	speech community
言语社团正式成员	full member
言语识别	recognition of speech; speech recognition
言语事件	speech event
言语适应理论	accommodation theory; speech accommodation theory
言语输出词库	speech output lexicon
言语速度	rate of speech; speech rate; rate of utterance
言语特征学	characterology of speech
言语完善	speech improvement
言语学	glossology
言语延迟	delayed speech
言语延音器	speech stretcher
言语—语言病理学	speech-language pathology
言语韵律学	agogics of speech
言语障碍	dyslalia
言语中心	speech center
言语中心区	focal area
言语重复错误	perseveration error
岩符	petrograph
岩画	petrogram
岩刻	petroglyph
岩石雕刻	petroglyph
岩石记述学	petrography
岩石铭文	petrography
岩石艺术	rock art
岩石字画	petrogram
岩相学	petrography
岩艺	rock art; petrograph
研究	research
衍生	derivation
衍生基	derivational base
掩蔽式模式	sheltered model
眼动记录法	eye-tracking method
演变	drift
演化稳定策略	evolution stable strategy; ESS
演讲术	oratory
演说语	oratorical speech
演绎法	deduction
演绎学习法	learning by deduction; deductive learning
扬扬格	spondee
阳性	masculine
洋泾浜语	pidgin
洋泾浜语化	pidginization
洋泾浜语化假说	pidginization hypothesis
洋泾浜语化理论	pidginization theory
洋泾浜语言形式	pidginized form of a language
样本	sample
样本语料库	sample corpus
要略模式	Aspects Model
叶斯柏森周期	Jespersen's cycle
一般过去时	simple past tense
一般会话隐涵	general conversational implicature
一般将来时	simple future tense; future indefinite tense
一般性承诺	generalisation commitment
一般疑问句	yes-no question
一般意义	general meaning
一般语义学	general semantics
一般增强词	booster
一词单义	monosemy
一次体	semelfactive

一次性词语	hapax legomenon
一符多音	polyphony
一级汉字	first-level Chinese characters
一价动词	monovalent
一元论	monism
一致词	AGR
一致格	identic case
一致关系	agreement
一致性	solidarity
医患交互	doctor-patient interaction
依从	dependency
依存树	dependency tree
依存音系学	dependency phonology
依存音系学	Dependency Phonology
依存语法	dependency grammar
依附性	dependent
咿呀学语阶段	cooing
仪器语音学	instrumental phonetics; experimental phonetics
仪式语	ritual language
移动窗口技术	the moving-window technique
移后同化	lag
移觉	synaesthesia
移民本族语	immigrant language
移情	empathy
移情焦点不冲突原则	ban on conflicting empathy foci
移位 α	move α; alpha movement
移位复制理论	The Copy Theory of Movement
移位转换	movement transformation
移植词	domesticated word
遗传型	genotype
遗忘症	amnesia
疑问陈述句	queclarative
疑问词	interrogative word; question word
疑问代词	interrogative pronoun
疑问副词	interrogative adverb
疑问句	interrogative sentence
疑问形容词	interrogative adjective
疑问转换	interrogative transformation
已知信息	given information
已知—新信息	given-new information
以学生为中心的教学法	student-centered teaching method
以言行事	illocution
椅子博物馆	chair museum
义符	semon
义素	sememe
义素变体	alloseme
义素层	sememic stratum
义素分析法	sememe analysis
义位	glosseme
义位变体	alloseme
义位意义	noeme
义务逻辑	deontic logic
义子	seme
义子结构	sememic stratum
忆痕	engram
议会篇章	parliamentary discourse
议论文	argumentation; argumentative writing
异常变化成分	aberrant
异常值	outlier
异发音部位音	heterorganic phoneme
异干词	heteroclite
异干词	foreign element; suppletive; forlorn element
异干互补	suppletion
异化¹	alienation
异化²	dissimilation
异化翻译	foreignizng translation; foreignization
异相动词	deponent verb
异形同义表达式	heterogram
异源特点	heterological characteristic
异指	disjoint reference
抑扬格	iamb; iambic foot
抑扬格五音步四行诗节	Rubaiyat stanza
抑抑扬格	anapest; anapaest
抑抑扬格的	anapestic
抑音	remiss
译借词	loan translation
译前编辑	pre-editing
译者	translator
易度值	facility value
易联想性	availability
易位	dislocation
意大利"语言问题"大讨论	questione della lingua
意符	ideograph; ideogram
意符系统	ideography
意符学	ideography
意借词	semantic borrowing
意念	notion
意念法	Notional Approach
意念范畴	notional category
意念功能课程大纲	notional-functional syllabus
意念教学大纲	notional syllabus
意念语法	notional grammar
意念语法	philosophical grammar; notional grammar
意念语调	intellective intonation
意念语调	intellective intonation
意识形态翻译论	determinism of ideology; ideology-governed translation
意识增进法	consciousness raising
意释	rephrase
意图中的接受者	intended recipient
意向性	intentionalit
意象	imagery
意象图式	image schema
意象图式转换	image schema transformation
意义	meaning
意义单位	plereme
意义发生学	semogenesis
意义法位	episememe
意义公设	meaning postulate
意义关系	sense relations
意义类型	sense type
意义模糊	vagueness
意义牵连	implication
意义潜势	meaning potential
意义三元论	triadic theory of meaning
意义缩小	restriction of meaning
意义限制	restriction of meaning
意义协商	negotiation of meaning
意义演变	Bedeutungswandel〔德〕
意译	free translation
意元学	rhematics; rhematology
意愿	desiderative

意愿语气	desiderative	音位变体	allophone; allophonic variant
意指关系	signification	音位变体音变	allophonic change; sound change by allophones; phonetic sound change
因变量	dependent variable; criterion variable		
因果法	cause-and-effect method	音位标写法	phonography
因果副词	adverb as cause and result	音位表达	phonological representation
因素分析	factor analysis	音位层	phonemic stratum
因子分解	factorization	音位层	phonological level
阴性化	feminization	音位单位	phonemic unit
阴韵	female rhyme; feminine rhyme	音位等级体系	phonological hierarchy
音变	sound change	音位对立	phonemic contrast
音变汇合	converging sound development; phonetic convergence	音位法位	phonotagmeme
		音位反应缓冲机制	phoneme response buffer
音标	phonetic transcription	音位分布	distribution
音步	foot	音位分析	phoneme analysis; phonemic analysis
音步特征原则	foot feature principle		
音长	duration	音位符	ceneme
音长变体	allochrone	音位化	phonologization
音长特征	chroneme	音位结构	phonemic structure
音层	tier	音位结构学	phonotactics
音丛缩略	cluster reduction	音位库藏	phonemic inventory
音调	tone	音位类型学	phonological typology
音调的	tonic	音位内同化	allophonic assimilation
音调重音[1]	chromatic accent	音位配列法	phonotactics
音调重音[2]	pitch accent	音位亲疏关系	phoneme distance
音渡	juncture	音位实现	allophonic realization
音段	segment	音位体现	allophonic realization
音段抽取	abstraction from sound continuum	音位系统	phoneme system
		音位项	phonological item
音段音位	segmental phonemes	音位性语言错乱症	phonemic paraphasia
音段音系学	segmental phonology	音位学	phonemics; phonematics; phonemic theory
音符	phonogram		
音符组	phonogram	音位音变	phonological change; phonemic sound change
音高	pitch		
音高等级	pitch level	音位音变	phonemic sound change
音高上调	upstep	音位音标	phonemic transcription
音高下调	downstep	音位原理	phonemic principle
音高韵律	pitch movement	音位障碍	phonological disorder
音高重音	pitch accent; musical accent	音位制约的	phonologically conditioned
音谷	trough	音位重音	phonemic stress
音节	syllable	音位注音法	phonemic notation
音节重复[1]	dittology	音位总藏	phonemic inventory
音节重复[2]	echo	音位组合学	phonotactics
音节重组	resyllabification	音系表达	phonological representation
音节定时节奏	syllable-timed rhythm	音系层	phonological level
音节峰	peak of a syllable	音系成分	phonological component
音节核	nucleus	音系重组	rephonologization
音节坡	slope	音系等级体系	phonological hierarchy
音节首	onset	音系分析	phonological analysis
音节完整诗行	acatalectic	音系共性	phonological universals
音节尾	coda	音系规则	phonological rule
音节文字	syllabary	音系晦暗性	phonological opacity
音量	quantity	音系空间	phonological space
音量	volume	音系衔接	phonological cohesion
音量符号	quantity mark	音系学	Phonology
音律单位	phonematic unit	音系子系统	phonological subsystem
音区	register	音形结合编码法	phonological and calligraphical synthesizing coding
音色	timbre		
音势重音	intensity stress	音义联觉	phon(a)esthesia
音素	phone	音义内联观	intrinsic correspondence between sound and sense
音素标音	allophonic transcription		
音速	tempo (of speech); rate of articulation	音域[1]	pitch range
		音域[2]	register
音位	phoneme	音域[3]	voice register
音位编码能力	phonemic coding ability	音域声调语言	register tone language
音位变化	phonological change	音元	phone

音韵词组	phonological phrase	英语作为国际语言	English as an International Language
音韵分析	phonological analysis	英语作为外语	English as a Foreign Language; EFL
音障	blocker; barrier		
音质	voice quality	英语作为外语的教学	Teaching English as a Foreign language; TEFL
音子	phonon		
引导副词	introductory adverb; conjunctive adverb; adverbial conjunction	英语作为外语的考试	Test of English as a Foreign Language; TOEFL
引导副词	introductory adverb	婴儿语	babbling
引发程式	elicitation procedure	婴幼儿话语理论	baby talk theory
引发模仿	elicited imitation	鹦鹉学舌式的问句	parrot question
引发式	elicitation	影子练习法	shadowing
引号	quotation mark	应用	application
引申义	transferred meaning	应用性生成模型	applicational generative model
引文	citation	应用性语法	applicational grammar
引用语	quotative	应用语言学	applied linguistics
引喻	allusion	应用运算	application
隐藏与突出	hiding and highlighting	映射[1]	mapping
隐含行事句	implicit performative	映射[2]	mapping
隐含意义	connotative meaning	映射原则	mapping principle
隐形句法	covert syntax	映象意义	eidetic sense; operative sense
隐形移位	covert movement	硬腭	hard palate
隐性优势	covert prestige	硬腭音	palatal
隐性语境	opaque context	硬辅音	hard consonant
隐语	jargon	硬移位	tough movement
隐喻	metaphor	哟嘿呼说	Yo-He-Ho Theory
隐喻系统	metaphor system	永恒现在时	gnomic present tense
隐喻语	kenning	永恒真理时态	gnomic tense
印度日耳曼语言学	Indo-Germanic linguistics	涌现论	emergentism
印度语支语言学	indic linguistics	用典	allusion
印欧语喉塞音理论	Indo-European Glottalic Theory	用法标记	usage label
印欧语系语言学	Indo-European linguistics	用意	force
印刷体字母	block letters	用语失范现象	barbarismus〔德〕
印象标音法	impressionistic transcription	优势话语	dominant discourse
英国手语	British Sign Language; BSL	优势语言	dominant language
英国英语	British English; BrE	优位关系	primacy relation
英美	Anglo-American	优先出现权	privilege of occurrence
英美际误解	Anglo-American misunderstanding	优先效应	superiority effect
		优先选择	preference
英诗音步类型	foot types of English poetry	优选论	Optimality Theory; OT
英式英语	British English; Briticism	游戏	game
英印词	Anglo-Indian word	有标记	marked
英语非母语变体	non-native varieties of English	有定	definiteness
英语化形式	anglicized form	有界	boundedness
英语教学语言学校	English medium school	有界名词	bounded noun
英语口语水平测试包	speaking proficiency English assessment kit	有生名词	animate noun
		有生性	animacy
英语盲	non-English proficient	有声停顿	filled pause
英语媒介学校	English-medium school	有限相关性	Bedingte relevanz〔德〕
英语水平有限者	limited English speaker	有限英语水平者	limited English proficiency; LEP
英语语篇中的叙事	narrative in English discourse	有限语言	finite language
英语语言教学	English Language Teaching; ELT	有限状态语法	finite state grammar; finite state model
英语语言认证教学机构联合会	Association of Recognized English Language Schools; ARELS	有限自动机	finite automaton
		有效性	validity
英语语音模式	The Sound Pattern of English; SPE	有形连接	syndeton
		有序理论	ordering theory
英语语音模式	*The Sound Pattern of English*; SPE	有意识语言知识	conscious knowledge
		有意义	meaningfulness
英语作为第二方言	English as a Second Dialect; ESD	有意义形式	meaningful form
英语作为第二语言	English as a Second Language; ESL	右半球	right hemisphere
		右耳优势	right-ear advantage
英语作为第二语言课程	English as a second language program; ESL program	右分叉	right-branching
		右分枝语言	right-branching language
英语作为第二语言的教学	Teaching English as a Second language; TESL	右节点提升	right node raising
		右偏置	right dislocation

右弯钩	right-facing hook	语法敏感度	grammatical sensitivity
右位错	right dislocation	语法能力	grammatical competence
右线性语法	right-linear grammar	语法判断	grammaticality judgement
右向分支	right branching direction	语法偏离症	paragrammatism
右向移位	rightward movement	语法歧义	grammatical ambiguity
右易位	right dislocation	语法缺失症	dysgrammatism; agrammatism
右中心音步	right-headed foot	语法特征	grammatical feature
幼儿语	lallation	语法体	grammatical aspect
诱导程式	elicitation procedure	语法项	grammatical item
诱发模仿	elicited imitation	语法性别	grammatical gender
诱发式	elicitation	语法性等级	graded grammaticality
诱发性推理	invited inference	语法学家	grammarian
诱发性语误	induced error	语法意义	grammatical meaning
诱因	causation	语法隐喻	grammatical metaphor
迂说	kenning	语法语素	grammatical morpheme
迂说法	periphrasis	语法主语	grammatical subject
娱乐功能	recreational function	语符	glosseme
与格	dative case	语符学	glossematics
与格转换¹	dative alternation	语符学派	Glossematics
与格转换²	dative shift	语感	Sprachgefühl
语步变化	footing	语汇索引	concordance
语词变体	allolog	语际表征	interlingual representation
语词表达	verbalization	语际错误	interlingual error
语调	intonation	语际翻译	interlingual translation
语调单位	tone unit	语际识别	interlingual identification
语调段	intonational phrase	语际语言学	interlinguistics
语调共振峰	intonation formant	语迹	trace
语调列	paratone	语迹理论	trace theory
语调模式¹	intonation contour	语境¹	context
语调模式²	intonation pattern	语境²	co-text
语调曲线	intonational curve	语境得体法	contextually appropriate method
语调升降曲线	intonation contour	语境分析	contextual analysis
语调形位	intonation morpheme	语境化	contextualization
语调音节	tonic syllable; tonic	语境化提示	contextualization cues
语调音节起点	tonicity	语境基本要素	SPEAKING
语调语言	intonation language	语境论	contextualism
语段¹	phase	语境敏感规则	context sensitive rule
语段²	syntagm; syntagma	语境敏感语法	context sensitive grammar
语段无渗透条件	phase impenetrability condition; PIC	语境敏感语言	context sensitive language
		语境内语用	impractical use of language
语段制约	discourse constraint	语境配置	contextual configuration; CC
语法	grammar	语境冗余规则	contextual redundancy rule
语法悖理	solecism	语境特征	context feature
语法变化	grammatical change	语境效应	contextual effect
语法不通	grammatically ill-formed	语境因素	contextual factor
语法词	grammatical word	语境制约短语结构规则	context sensitive phrase structure rule
语法—词汇连续体	grammar-lexicon continuum		
语法丛	grammar clusters	语境自由	context free
语法错乱	paragrammatism	语境自由短语结构规则	context free phrase structure rule
语法单位	grammatical unit		
语法等级体系	grammatical hierarchy	语境自由规则	context-free rule
语法对等词	grammatical equivalents	语境自由语法	context free grammar
语法翻译法	Grammar-Translation Method	语境自由语言	context free language
语法范畴	grammatical category	语句间隔反复	epanalepsis
语法分析	grammatical analysis	语库	repertoire
语法干扰期	interference phase	语类特指规则	category-specific rules
语法格律学	grammetrics	语类中性规则	category-neutral rule
语法功能	grammatical function	语链	catena
语法构成成分	grammatical formative	语链统一原则	chain uniformity principle
语法关系	grammatical relation	语链线性化	linearization of chains
语法规则	grammatical rule	语料库语言学	corpus linguistics
语法化	grammaticalization	语流	flow of speech
语法检查程序	grammar checker	语码	code
语法交替	grammatical alteration	语码选择	code selection
语法码	grammatical tag	语码转换	code switching; CS
		语内错误	intralingual error

语内翻译	intralingual translation
语内语境	intralingual context; intralinguistic context
语篇¹	discourse
语篇²	text; discourse
语篇层	discourse level
语篇处理	discourse processing
语篇分析	discourse analysis
语篇结构	discourse structure
语篇历时分析模式	discourse-historical approach
语篇能力	discourse competence
语篇修正	discourse repair
语篇研究	discourse study
语篇语法	discourse grammar
语篇语言学	textlinguistics
语篇语旨	tenor of discourse
语篇照应	discourse anaphora
语气	mood
语气减弱语	downtoner
语素¹	lexeme
语素²	moneme
语素³	morpheme
语素变体	allomorph
语素词	morphemic word
语素结构规则	morpheme structure rule
语素配列学	morphotactics
语素学	morphemics
语素音系学	morphophonology
语速	rate; tempo
语态	voice
语体	genre
语体变异	stylistic variation
语体倒装	stylistic inversion
语图	sonogram
语外语境	extralingual context
语文学	philology
语文学方法	philological approach
语误分析	error analysis
语系	family of languages; language family
语项	item
语序	word order
语言¹	language
语言²	langue
语言保持	language maintenance
语言变化	language change
语言变体	variety in language; language variety
语言变体库	linguistic repertoire
语言变异	language variation
语言标准化	language standardization
语言不安全感	linguistic insecurity
语言测试	language testing
语言差异假说	language difference hypothesis
语言产出	language production
语言成就	language achievement
语言处理	language processing
语言处置	language treatment
语言串理论	linguistic string theory
语言错乱	paraphasia
语言代码	dez
语言单位	linguistic unit
语言的表达能力	expressive power of language
语言的发展性功能	developmental functions of language
语言的工具模型	organon model of language
语言的甄别性特征	design feature of language
语言地理学	linguistic geography
语言帝国主义	linguistic imperialism; language imperialism
语言对	language pair
语言发生学	glossogenetics
语言飞地	enclave
语言分工	division of linguistic labour
语言分化	language divergence
语言分析	linguistic analysis
语言风格	speech style
语言风格学	linguostylistics
语言符号	linguistic sign
语言复兴	revitalization
语言复兴方案	language revitalization programme
语言个体发生	ontogeny
语言个体发生再现语言群体发生	ontogeny recapitulating phylogeny
语言公理学	axiomatics of linguistics
语言孤岛	speech island
语言古生物学	linguistic paleontology
语言观哲学	linguistic philosophy
语言官能	language faculty
语言归纳能力	language induction ability
语言规范	linguistic norms
语言规划	language planning
语言合成	language synthesis
语言呼唤功能	appellative function of language; vocative function of language
语言互动处理功能	interactional and transactional functions of language
语言环境制约	environmental condition
语言混合	language mixing
语言基因	language gene
语言技能	language skills
语言加工的脑成像	brain imaging of language processing
语言家园	linguistic homeland
语言间接性	indirectness
语言僵化形式	fossil form
语言教学	language teaching
语言教学法¹	language didactic
语言教学法²	language pedagogy
语言教学阶段	presentation-practice-production; PPP
语言接触	language contact
语言结构	language structure
语言界线	language boundary
语言经济学	linguistic economics; economics of language
语言经验教学法	language experience approach
语言决定论	determinism; linguistic determinism; linguistic relativity
语言控制	language manipulation
语言口头形式	spoken language
语言类型学	language typology
语言类型学	linguistic typology
语言理解	language comprehension
语言历史	language history
语言隶属关系	affiliation
语言联盟	Sprachbund
语言劣势	linguistically disadvantaged
语言逻辑	logic of language

汉英词目检索表

语言磨蚀	language attrition
语言磨蚀者	attriter
语言内部特征	intralinguistic feature
语言能力	competence
语言能力量表	language proficiency scale
语言年代学	glottochronology
语言评估	language assessment; language testing
语言普遍性	language universal
语言起源	origin of language
语言迁移	language transfer
语言强化课程	intensive language programme
语言强记能力	rote learning ability
语言区域	language area
语言趋同	language convergence
语言趋异	language divergence
语言缺陷假说	deficit hypothesis; verbal deficit hypothesis
语言人类学	linguistic anthropology
语言丧失	language loss
语言熵	linguistic entropy
语言少数群体	language minority group
语言社会心理学	social psychology of language
语言社会学	sociology of language
语言社区	linguistic community
语言神经理论	Neural Theory of Language
语言生态学	ecology of language
语言失调	language disorder
语言失用症	apraxia
语言实验室	language laboratory
语言史前史	linguistic prehistory
语言输入	input
语言输入不足性	insufficiency of language input
语言水平	language proficiency; linguistic proficiency
语言死亡	language death; language obsolescence
语言损耗	language attrition
语言态度	language attitude
语言天赋论[1]	innatist hypothesis
语言天赋论[2]	nativism
语言填项	language filler
语言调查	language survey
语言维护	language maintenance
语言文化移入	linguistic acculturation
语言习得	language acquisition
语言习得机制	language acquisition device; LAD
语言系统	language system
语言系统研究	phylogeny
语言相对性	linguistic relativity
语言心理学	psychology of language
语言信息处理	language information processing
语言行为失误	performance error
语言学	linguistics
语言学定律	law in linguistics
语言学公理	axiomatics of linguistics
语言学教学法	linguistic method
语言学能	language aptitude; aptitude
语言学能测试	language aptitude test
语言学习	language learning
语言学哲学	philosophy of linguistics
语言演变内因	internal cause of linguistic change
语言演化途径	pathway of change
语言意识	language awareness
语言意识形态	language ideology; linguistic ideology
语言影响	linguistic influence
语言应用领域	domain
语言优势	language dominance
语言游戏	language game
语言语义学	linguistic semantics
语言语用失误	pragmalinguistic failure
语言运用	linguistic performance
语言运用分析	performance analysis; PA
语言运用语法	performance grammar
语言障碍	language barrier
语言哲学	philosophy of language
语言政策	language policy
语言政治学	glottopolitics
语言支架	scaffolding
语言知识库	language knowledge base
语言指示场	deictic field of language
语言指纹	linguistic fingerprinting
语言中立性	language neutral
语言忠诚	language loyalty
语言转换	language switching
语言转向	the Linguistic Turn
语言转用	language shift
语言自我	language ego
语言组合体	syntagm; syntagma
语言最低量	language minimum
语义悖论	semantic antinomy; semantic paradox
语义变化	semantic change; semantic shift
语义标记	semantic marker
语义标记	semantic marker
语义表征	semantic representation
语义部分	semantic component
语义层	semantic level
语义场	semantic field
语义场理论	field theory
语义成分	semantic component
语义词	semantic word
语义单位	semanteme
语义淡化	bleaching
语义短路	semantic short-circuiting
语义对立体	semantic oppositions
语义对子	semantic pair
语义泛化	bleaching
语义分裂	semantic split
语义分析	semantic analysis
语义关系	semantic relation
语义核心	semantic head
语义记忆	semantic memory
语义角色	semantic roles; thematic roles
语义结构	semantic structure
语义结构理论	semantic structure theory
语义结构学	semontactics
语义空间	semantic space
语义扩展[1]	irradiation
语义扩展[2]	semantic broadening
语义理据	semantic motivation
语义描写	semantic description
语义内包	semantic inclusion
语义前提	semantic presupposition
语义区分法	semantic differential
语义三角	semantic triangle
语义双边论	dualist theory of meaning; dyadic theory of meaning
语义特征	semantic feature
语义同义场	semantically synonymous field
语义图	semantic map

语义图连续假说理论	semantic map connectivity hypothesis
语义图示	semantic mapping
语义网络理论	semantic network
语义位移	semantic displacement
语义限定	semantic specification
语义学	semantics; semasiology; semiology
语义演变	semantic change; shift of meaning
语义异常	semantic anomaly
语义因子	semantic factors
语义音位聚合体	phonotagmeme
语义语法	semantic grammar
语义原素词	semantic primes
语义韵	semantic prosody
语义窄化	reduction; restriction; narrowing of meaning; semantic narrowing
语义甄别法	semantic differential method
语义值	semantic value
语义转贬	deterioration; pejoration
语义子	semon
语义组分	semantic component
语音变化	phonetic sound change
语音变体	phonetic variant
语音标记	phonetic symbol
语音表征	phonetic representation
语音层	phonetic level
语音词	phonological word
语音定律	phonetic law; sound law
语音定式	phonetic setting
语音发展非连续性假说	discontinuity hypothesis
语音发展连续性假说	continuity hypothesis
语音符号	phonetic sign
语音感知	phonetic perception
语音关系	phonetic relationship; phonetic similarity
语音规律	sound law
语音行为	phonetic act
语音合成器	voice synthesizer
语音环境	phonetic context
语音环路	articulatory loop
语音教学	pronunciation teaching
语音结合	phonetic blend
语音类别	sound class
语音类型	sound type
语音理据	phonetic motivation
语音量子理论	Quantal Theory of Speech
语音漏读	haplology
语音美学	phon(a)esthetics
语音拼写	phonetic spelling
语音拼写系统	phonetic spelling system
语音实体	phonic substance
语音式	phonetic form; PF
语音替代	sound substitution
语音同化失音	absorption
语音文字	phonetic script
语音稳固形式	phonetically consistent form; PCF
语音系统	sound system; phonological system
语音象征	sound symbolism
语音信息处理	phoneticinformation processing; speech information processing
语音形式成分	phonetic form componen
语音修辞学	phonostylistics
语音修饰特征	vocal qualifier; voice qualifier
语音学	phonetics
语音演变	sound change
语音一致形式	phonetically consistent form
语音移情	phonetic empathy
语音移位	metathesis
语音意识	phonological awareness
语音障碍	phonological impairment
语音注释	phonetic notation
语音转变	sound shift
语音转写	phonetic transcription
语音桌	carrel
语音字母表	phonetic alphabet
语用变体	diatype
语用功能习语	idioms with pragmatic point
语用行为	pragmatic act
语用力	pragmatic force
语用能力	pragmatic competence
语用强化	pragmatic strengthening
语用失误	pragmatic failure
语用学	pragmatics
语用移情	pragmatic empathy
语用映射	pragmatic mapping
语用语言学	pragmalinguistics
语用预设	pragmatic presupposition
语域	register
语域变异	register variation
语域分析	register analysis
语源语言学	glottogonic linguistics
语障	barriers
语支	branch
语轴	axis
预测效度	predicative validity
预定式教学大纲	a priori syllabus
预赋值	prespecification; prespecify
预期样本	a prospective sample
预设	presupposition; presuppose
预设测试	presupposition test
预示模式	prediction model
预示效度	predictive validity
预述法	prolepsis
预先测试	pilot testing
预先教学	pre-teaching
预先音变	anticipation
预先音变错误	anticipation error
预指	anticipatory anaphora
预制表达	formulaic expression
预制语	prefabricated language
预制语块	prefabricated lexical chunks
域	domain
域扩展	domain extension
域内论元	internal argument
域外论元	external argument
喻化	yodization; yoticization
喻体	vehicle
元规则	metarules
元交际	metacommunication
元认知策略	metacognitive strategy
元音	vowel
元音变换	ablaut
元音变音符	diaeresis; dieresis
元音丛	vowel cluster
元音大转移	great vowel shift
元音割裂	breaking

元音化	vocalization
元音间辅音浊化	intervocalic voicing
元音降变	Brechung〔德〕
元音交替	ablaut
元音裂变	vowel breaking; vowel fracture
元音长度	vowel length
元音组合	vowel cluster
元语法	metagrammar
元语篇	metadiscourse
元语言	metalanguage
元语言功能	metafunction
元语言学	metalinguistics
元语言知识	metalinguistic knowledge
元语用学	metapragmatics
原级	positive
原假设	null hypothesis
原始……	proto-
原始材料	protocol material
原始材料研究	protocol research
原始词	semantic primitives
原始分数	raw score
原始派生词	primary derivative
原始性内驱力	primary drives
原始意义成分	primitive meaning element
原始印欧语	proto-Indo-European
原始语	ancestor language; parent language; protolanguage
原始值	raw score
原文语言	source language; source
原形复合词	primary compound; base compound
原型	prototype
原型范畴理论	prototype category theory
原型理论	prototype theory
原型语义学	prototype semantics
原因从句	causal clause
原因链事件框架	causal-chain event-frame
原因推理	causal reasoning
原语	source language; source
原则	principle
原则与参数	principles and parameters
原则制约性	principle-governed
圆唇	rounding
圆唇化	labialization; lip rounding
圆唇软腭音	labiovelar
圆唇元音	round vowel
圆括号	round bracket
源点格	source case
源语	source language; source
源域	source domain
远程学习法	distance learning; distance education
远缘谱系关系	distant relationship
远指	distal
约定俗成	convention
约束变量	bound variable
约束理论	binding theory
乐音重音	chromatic accent
阅读	reading
阅读词汇	reading vocabulary
阅读法	reading approach; reading method
阅读理解	reading comprehension
阅读理解测试	reading comprehension test
阅读年龄	reading age
阅读视幅	reading span; visual span; eye span
阅读速度	reading speed; rate of reading
阅读准备状态	reading readiness
允准条件	licensing condition
运动性失语症	motor aphasia
运用标准	performance standard
运用测试	performance test
运用障碍	dyspraxia
韵律	prosody
韵律短语	prosodic phrase
韵律特征	prosodic feature
韵律学	prosodics; prosody
韵律音位	prosodeme
韵律音系学	prosodic phonology
韵母	final (of a Chinese syllable); simple or compound vowel
韵位	prosodeme
蕴含	implication
蕴含规律	implication rule
蕴含普遍性	implicational universal
蕴涵	entailment
蕴涵关系	implicational relation
蕴涵性动词	implicative verb

Z z

杂合语时期	jargon period
杂乱性失语症	jargon aphasia
载体	carrier
再产出语言	reproductive language
再调整规则	re-adjustment rule; re-adjustment component
再习得	reacquisition
再循环	recycling
再音系化	rephonemicization
在内格	inessive
在线任务	on-line tasks
赞同	approval
赞同准则	agreement maxim
赞扬准则	approbation maxim
增大词缀	augmentative
增加性修饰语	additive adjunct
增强	fortition
增强词	amplifying intensifier; amplifier
增强性构词	amplification
增义词	amplificative
增义附加词缀	augmentative
增益分数	gain score
增意转用网络语法	augmented transition network grammar; ATN grammar
增音	epenthesis
扎根理论	grounded theory
窄化意	narrowed meaning
窄化意义	narrowed meaning; specialized meaning
窄焦点	narrow focus
窄口音	flat
窄双元音	narrow diphthong; diphthong of narrow gliding
窄域	narrow scope
窄元音[1]	narrow vowel
窄元音[2]	slender vowel
展唇化	lip spreading
展示性问题	display question
展元音	spread vowel

展元音	unrounded vowel	正相关	positive correlation
占位成分	placeholder	正向强化	positive reinforcement
张力	tension	正音法	orthoepy
张音	fortis	正字法	orthography
障碍理论	barrieren theorie〔德〕	正字法分节	orthographic syllabification
照应孤岛	anaphoric island	支撑词	prop word
照应控制	anaphoric control	支撑句	supporting sentences
照应限定词	anaphoric determiner	支点语法	pivot grammar
照应语	anaphor	支配	dominance
照应约束	anaphoric binding	支配范围	domain
遮蔽性	non-covered	支气管	bronchus
折衷法	eclectic method	支吾	hesitation; pausing
折衷语	compromise language	知觉	perception
折衷主义	eclecticism	知识表征	knowledge representation
哲学语法	philosophical grammar; notional grammar	知识的社会建构	social construction of knowledge
		知识性学科	content area; content field
哲学语言	philosophical languages	知识性阅读	content reading
哲学语言学	philosophical linguistics	直观教具	realia
哲学语义学	philosophical semantics	直觉	intuition
真诚条件	sincerity conditions	直接被动句	direct passive
真概括条件	true generalization condition	直接宾语	direct object
真理现在时	truth present	直接宾语关系从句	direct object relative clause
真实材料	authentic materials	直接测试学	direct testing
真实定义	real definition	直接成分	immediate constituent; IC
真实性	authenticity	直接成分分析	immediate constituent analysis
真实性原则	reality principle	直接存取	direct access
真势情态	alethic modality	直接法	direct approach
真值	truth value	直接负面证据	direct negative evidence
真值表	truth table	直接格	direct case
真值条件语义学	truth-conditional semantics	直接后照应	direct anaphoric reference
诊断性测试	diagnostic test	直接教学	direct teaching
诊断性问卷	diagnostic questionnaire	直接教学法	direct teaching method
振动反馈	vibratory feedback	直接可及	direct access
振动音	vibrant	直接情景	immediate situation
振幅	amplitude	直接问句	direct question
整词教学法	whole-word method; word method; sight method	直接选择	direct selection
		直接学习策略	direct learning strategy
整合教学法	integrated approach	直接言语行为	direct speech act
整合性大纲	integrated syllabus	直接以言行事	direct illocution
整合语言学	integrational linguistics	直接引语	direct quotation; direct speech
整句	full sentence	直接语境	immediate context
整群抽样	cluster sampling	直接支配	immediate dominance
整体表象	global representation	直接支配规则	immediate dominance rule
整体表征	global representation	直指系统	deictic system
整体动机	global motivation	植物符号学	phytosemiotics
整体教学法	integrated approach	指称	designation; denotation
整体歧义	global ambiguity	指称标引	referential index; index
整体问题	global question	指称的连续性	referential continuity
整体学习	global learning	指称功能	referential function
整体语误	global error	指称关系	reference
整体语言教学法	whole language approach	指称晦暗性	referential opacity
正规教育	formal instruction	指称间距	referential distance
正规文法	regular grammar	指称可及性	referential accessibility
正极项	positive polarity item	指称理论	referential theory
正面礼貌策略	positive politeness strategies	指称连贯	referential coherence
正面证据	positive evidence	指称论	referential theory of meaning
正迁移	positive transfer	指称模糊	referential vagueness
正式交谈	formal speech	指称声调	referring tone
正式口气	formal key	指称依存	referential dependency
正式言语	formal speech	指称意义	referential meaning
正式英语	formal English	指称语	referring expression
正式语	formal language; formal style	指称语义学	reference semantics
正态分布	normal distribution	指称转移	reference transfer
正态化标准分数	normalized standard score	指代词	demonstrative
正文	body	指导型讨论	guided discussion
正弦波	sine wave	指导型写作	guided writing

指导型学习	guided learning	中介语假说	interlanguage hypothesis
指导型阅读	guided reading	中括号	bracket notation
指导性访谈	guided interview	中立性	neutral
指近代词	proximative	中立元音	indifferent vowel
指令型言语行为	directive	中世纪语言学	medieval linguistics
指派	assign	中式英语	Chinglish; Chinese English
指示变项	indicator	中位	mid
指示代词	demonstrative pronoun	中位数	median
指示功能	deictic function	中心内嵌	self-embedding
指示内容	significatum; signified	中心图式	central schema
指示特征	indexical feature	中心语	head
指示限定词	demonstrative determiner	中心语标记	head marking
指示性	indexicality	中心语参数	head parameter
指示意义	denotative meaning	中心语驱动短语结构语法	head-driven phrase-structure grammar; HPSG
指示语¹	deixis		
指示语²	specifier	中心语移位	head movement
指示语境	deictic context	中心语移位限制	head movement constraint; HMC
指数	index		
指谓赋值函项	denotation assignment function	中心语语法	Head Grammar
指向性原则	principle of directionality	中性	neuter
指小词缀	diminutive	中性词	neutral word
指小动词	diminutive verb	中性动词	neutral verb
指小后缀	diminutive suffix	中性句式特点	neustic
指引符号	index	中性期待回答	neutral expectation
指引格	instructive case	中性元音	neutral vowel; schwa
指引性信息	indexical information	中央失调	central disorder
指语	finger language	中指	medial
指语术	dactylology; finger spelling	中缀	infixing; infixaction
指远代词	obviative	忠实度	faithfulness; fidelity
制图理论	cartographic approach	忠实性制约	faithfulness constraint
制约关系	boundedness	终点动词	accomplishment verb
制约条件	constraint	终端	terminal
制约作用	conditioning	终端成分	ultimate constituent
质量保证	quality assurance	终端符号	terminal symbol
质量准则	quality maxim	终端合成器	terminal synthesizer
质重音	qualitative accent	终端音	termination
致使型词缀	causative affix	终端音渡	terminal juncture
智能模拟	intelligence analogy	终端语符列	terminal string
置换	displacement	终结性测试	summative test
中层方言	mesolect	终结性评价	summative evaluation
中插词缀	interfix	种属意义	generic meaning
中插元音	anaptyctic vowel	种系发生	phylogeny
中动词	middle verb	种族学	ethnography
中动结构	middle construction	重读	accent
中动语态	middle voice	重读后词	enclitic
中断	interruption	重读力	accentual force
中断音	interrupted	重块头名词短语转移	heavy NP shift
中古英语	Middle English; ME	重量	weight
中国盒	Chinese box	众数	mode
中国式英语	Chinglish; Chinese English	重心靠后原则	weight principle
中国文字学	The Science of Chinese Characters	重心名词短语	heavy NP
		重心名词短语转移	heavy NP shift
中国训诂学	Chinese Exegetics	重心在尾	end-weight
中国音韵学	Chinese Phonology	重音	stress
中国英语	China English	重音定时节奏	stress-timed rhythm
中国诸民族语言	languages of ethnic groups in China	重音法	accentuation
		重音格律诗	accentual verse
中和	neutralization	重音渐变	accentual gradation
中和对立	neutralizable opposition	重音节	heavy syllable
中间投射	intermediate projection	重音模式	accentual pattern; accentuation
中间位置	neutral position	重音系统	accentual system
中间语	interlanguage	重音学	accentology
中间语言法	interlingual approach	重音移位	stress shift
中间元音	intermediate	重音音位	accentual phoneme
中介量值	intermediate degree	重音转移	reverse stress; stress shift
中介语	interlanguage; IL	周期(的)	period(ic)

周期波	periodic
周期性	periodicity
逐步接近法	gradual approximation
逐词翻译	word-for-word translation
逐词阅读	word-by-word reading
主宾语不对称	subject-object asymmetry
主词	principal
主从关系	hypotaxis
主从向心结构	subordinate endocentric construction
主动宾语言	SVO language
主动词汇	active vocabulary
主动发音器官	active articulator
主动教学	active teaching
主动式被动语态	active passive voice
主动式语言	active language
主动态	active voice
主动语言知识	active language knowledge
主格¹	casus rectus
主格²	nominative; NOM; nominative case
主格岛条件	nominative island condition; NIC
主格性失语症	nominal aphasia; anomia; anomic aphasia
主格语言	nominative language
主观化	subjectivisation
主观识解	subjective construal
主观性	subjectivity
主观性测验	subjective test
主价语	actant
主句	matrix clause; matrix sentence
主句原则	penthouse principle
主题	topic; theme
主题访谈法	focused interview
主位	theme
主位同一型推进	parallel progression
主位推进模式	pattern of thematic progression
主要变形部分	principal parts
主要词类	major word class
主要单位	primary unit
主要动词	principal verb
主要音类特征	major class features
主音音节	tonic syllable
主语	subject
主语补语	subject complement
主语孤岛	subject island
主语控制	subject control
主语命令句	command with a subject
主语提升	subject raising
主语突出性语言	subject-prominent language
主语一致	subject agreement
主旨翻译	gisting
助词	auxiliary; AUX
助词移位	auxiliary movement; AUX movement
助动词	auxiliary verb; helper verb; accessory verb
注解	annotation
注解者	glossographer
注视停留	fixation pause
注释	gloss
注释词表	glossary
注释者	glossographer
注意观	attentional view
注意假设	noticing hypothesis
注意力焦点	focus of attention
注意力视窗	windowing of attention
注音	notation
注重形式	form-focus
专门术语	nomenclature
专门用途语言	language for special purposes; LSP
专名学	onomastics; onamatology
专心行为	on-task behavior
专业和语言评估委员会考试	PLAB Test
专业写作	writing in the content areas
专义	specialized meaning
专用语言	special languages
专有名称	proper name
专有名词	proper noun
专职人员助手	paraprofessional
专注行为	on-task behavior
转变格	factive case
转换	transformation
转换部分	transformational component
转换法	conversion
转换分析	transformational analysis
转换规则	transformational rule
转换假说	transformationalist hypothesis
转换句	transformed sentence
转换歧义	transformational ambiguity
转换生成语法	Transformational Generative Grammar
转换史	transformational history
转换推导	transformational derivation
转换形式	transform
转换循环	transformational cycle
转换语法	transformational grammars
转换制约	transformational constraint
转述	paraphrase
转述疑问句	reported question
转写	transliteration
转移网络语法	transition network grammar
转义	transfer
转音	ablaut
转喻	metonymy
转折从句	adversative clause
转折连词	adversative conjunction
转折语	adversative
庄重交谈	frozen speech
状态动词	stative verb
状词	adverbial; adverbial adjunct
状语宾格	adverbial accusative
状语从句	adverbial clause; adverb clause
状语分词	adverbial participle
状语分词分句	adverbial participle clause
状语孤岛	adjunct island
状语连词	adverbial conjunction
追溯性教学大纲	retrospective syllabus
赘代词	pleonastic pronoun
缀合词	blend
缀合句	syntactic blend; blend
赘言	tautology
准备词 it	preparatory it
准被动	quasi-passive
准备规则	preparatory rule
准类型的	quasi-typological
准论元	quasi-argument
准确顺序	accuracy order
准确性	accuracy
准人类文化学	quasi-ethnography

汉	英	汉	英
准系动词	quasi-copula	自然音变	autonomous sound change
浊辅音	voiced consonant	自然音系学	natural phonology
浊音的	vocalized; voiced	自然语言	natural language
浊音对清音	voiced vs. voiceless	自然语言处理	natural language processing
浊音符	nigori mark	自然语言分析	natural language analysis
浊音符号	nigori mark	自然语言界面	natural language interface
浊音化	voicing	自然语言理解	natural language understanding
资料提供人	informant	自然语言生成	natural language generation; NLG
资料性摘要	informative abstract		
姿态	setting	自然主义¹	naturalism
咨询式	advisory	自然主义²	naturalistic
子测验	subtest	自上而下过程	top-down process
子句对等词语	clause equivalent	自我导向学习	self-directed learning
子名	teknonymic	自我概念	self-concept
子项从属	daughter dependency	自我监控	self-monitor
子语类化	subcategorization	自我界定	ego boundary
子语言	daughter language	自我评定	self-rating; self-reporting
自闭症	autism	自我评估	self-evaluation
自动变体	automatic variant	自我评级	self-rating; self-reporting
自动处理程序	automatic processing	自我渗透性	ego permeability
自动翻译	automatic translation	自我修正	self-repair
自动化教学	auto-instruction	自我中心性	egocentrism
自动化语言学习	automated language learning	自我中心言语	egocentric speech
自动机	automaton	自我中心语言	egocentric language
自动机理论	automata theory; automaton theory; theory of automaton	自下而上	bottom-up
		自下而上处理	bottom-up processing
自动联想	autoassociative	自下而上法与自上而下法	Bottom-up vs. Top-down
自动联想记忆	autoassociative memory		
自动联想网络	autoassociation network	自下而上过程	bottom-up process
自动性	automaticity	自由变体	free variant; free variation
自动音变	spontaneous sound change; unconditioned sound change; sporadic sound change	自由变项	free variable
		自由变异说	free variation hypothesis
		自由词组	free word combination
自动装置	automaton	自由的	free
自读作品	writer-based prose; egocentric writing	自由反应题项	free response item
		自由反应项	free response item
自发学习	spontaneous learning	自由关系小句	free relative clause; free relative
自发音变	autonomous sound change	自由间接文体	free indirect style
自发噪音	spontaneous voicing	自由句	free sentence
自反关系	reflexive relation	自由联结	free adjunct
自反性	reflexivity; reflexiveness; reflectiveness	自由实践活动	free practice technique
		自由实践阶段	free practice stage
自利原则	Greed Principle	自由体诗	free verse
自律音位	autonomous phoneme	自由替换成分	free alternant, free variant, facultative variant
自嵌结构	self-embedding		
自然的学习环境	naturalistic learning environments	自由写作	free writing
		自由形式	free form
自然等值	natural equivalent	自由音节	free syllable; open syllable
自然度	naturalness	自由语素	free morpheme
自然法	Natural Approach; Natural Method	自由语序	free word order
		自由语言形式	free linguistic form
自然格	natural case	自由元音	free vowel
自然开始	natural beginning	自由重音	free stress; free accent; moveable stress
自然类	natural class		
自然类术语	natural kind terms	自由作文	free composition
自然派	naturalist	自指	self-reference
自然生成音系学	natural generative phonology; NGP	自主词	autonomous word
		自主的	autonomous
自然生成语法	natural generative grammar	自主句法	autonomous syntax
自然顺序假说	The Natural Order Hypothesis	自主性	autonomy
自然习得	natural acquisition	自主学习	autonomous learning
自然形态学	natural morphology	自主音变	autonomous sound change
自然性	naturalness	自主音段	autosegment
自然言语理解系统	natural speech understanding system	自主音段音系学	Autosegmental Phonology
		自主音位	autonomous phoneme
自然意义	natural meaning	自主音位学	autonomous phonemics

自主语言	autonomous language
自主语言学	autonomous linguistics
自助学习中心	self-access learning center
字	character
字法学	graphonomy
字符[1]	graph
字符[2]	plereme
字符的	pleremic
字汇	signary
字面意义	literal meaning
字母(音节)重复	dittography
字母[1]	Buchestabe〔德〕
字母[2]	letter
字母表	alphabet
字母离合诗	abecedarius
字母配列法	graphotactics
字母启蒙教学法	alphabetic method
字母文字	alphabetic writing
字母下伸部分	descender
字母学	alphabetology; alphabetography
字频	character frequency
字素	grapheme
字素变体	allograph
字位	grapheme
字位变体	allograph
字位学	graphemics; graphematics
字形学	graphetics
字系学	graphology; graphemics
字形编码法	calligraphical coding
字元	character element
综合分析论	analysis by synthesis
综合教学法	synthetic approach
综合句	synthetic sentence
综合能力测试	integrative test
综合式	synthetic form
综合型语言	synthetic language
综合语言学	integrational linguistics
总体	population
纵深研究	longitudinal study
奏效行为	operant
族际语言	international language
诅咒语	imprecative
阻断顺序	bleeding order
阻尼	damping
阻塞音	obstruent
组并	incorporation; incorporate
组合	plexus
组合测试	battery of tests
组合式	junction
组合形式	combining form
组合语素	combining morpheme
组合原则	Principle of Compositionality
最大节首辅音原则	Maximal Onset Principle
最大投射	maximal projection
最短距离原则	minimal distance principle; MDP
最短连接条件	minimal link condition; MLC
最短移位	shortest move
最高级	superlative
最佳年龄段假说	optimum age hypothesis
最简方案	Minimalist Program
最小对立体	minimal pair
最小对立体测试	minimal pair test
最小对立元	minimal pair
最小对立元测试	pair test
最小极限单位	minimal terminable unit
最小投射	minimal projection
最小自由形式	minimal free form
最终习得状态	ultimate attainment
左半球	left hemisphere
左耳优势	left-ear advantage; LEA
左分支	left branching
左分支条件	left branching condition
左向边界	left periphery
左向移位结构	left dislocation
左易位	left dislocation
作格	ergative case
作格动词	ergative verb
作格性	ergativity
作格语言	absolutive language; ergative language
作格语言	ergative language
作通格语言	ergative-absolutive language
作文	composition
作者身份识别	authorship identification

字母与符号起首

/a/音化	akanje; a-pronunciation
/l/音化	lateralization
/o/音化	okanje; o-pronunciation
's 复数式	apostrophe s
……化	-ise; -ize
A' 位置	A'- position
A' 移位	A'- movement
A' 语链	A'-chain
A' 约束	A'-binding
ABX 听辨测试	ABX discrimination test
ACT 认知模型	adaptive control of thought
at 型介词	at-type preposition
a-副词	a-adverb
A 冠 A 条件	A-over-A condition
A 冠 A 限制	A-over-A constraint
A 量化	A-Quantification
A 位置	A-position
a-形容词	a-adjective
A 约束	A-binding
BBC 英语	BBC English
be 型被动结构	be-passive structure
be 型虚拟语气	be-subjunctive mood
by 短语	by-phrase
CYK 算法	CYK algorithm; Cocke-Younger-Kasami algorithm
C 测试	C-test
C 结构	C-structure
C 统制	C-command
do 支持	do-support
D 结构	D-structure
D 量化	D-quantification
d 指数	d-index
ECG	Embodied Construction Grammar
en 形态	en form
fis 现象	fis phenomenon
F 结构	F-structure
G 理论	G-Theory
i+1 输入	i+1 input
IDC 统制	IDC-command
KK 音标	Kenyon and Knott system; KK system
K 类语言	Centum Languages
K 统制	K-command
M 统制	m-command
NP 移位	NP movement

汉英词目检索表

NP 语迹	NP-trace
N 单阶标	N'; N single bar
of 插入	*of*-insertion
OSV 语言	OSV language
OVS 语言	OVS language
PF 结构	PF-Structure
PLATO 系统	PLATO
PRO 定律	PRO theorem
P 标记	P-marker
P 型凯尔特语	*P*-Celtic
PROLOG 语言	PROLOG
Q 型凯尔特语	Q-Celtic
r-插入	*r*-insertion
R 词语	R-expression
R 符	R
r 类音	rhotic; rhotacized; retroflexed
r 色彩	r-colouring
r 音化	rhotacism
SARD	Security, Attention, Aggression, Retention, and Discrimination
SOV 语言	SOV language
语境基本要素	SPEAKING
SQ3R 方法	SQ3R method
S 类语言	Satem languages
that 语迹制约现象	*that*-trace constraint phenomenon
that 从句	that-clause
that 语迹过滤现象	*that*-trace filter phenomenon
that 语迹连用效应	*that*-trace effect
there 插入	*there*-insertion
T 标记	T-marker
T 形式	T form
U 型行为	U-shaped behavior
U 型习得	U-shaped acquisition
VSO 型语言	VSO language
wanna 式缩略	*wanna*-contraction
whiz 省略	*whiz*-deletion
wh 参数	*wh*-parameter
wh 岛	*wh*-island
wh 非移位疑问句	*wh*-in-situ question
wh 分裂句	*wh*-cleft
wh 孤岛	*wh*-island
wh 提升	*wh*-raising
wh 吸引	*wh*-attraction
wh 形式	*wh*-form; *wh*-item; *wh*-word; *wh*-phrase
wh 移位	*wh*-movement
wh 移位语言	*wh*-movement language
wh 疑问句	*wh*-question; *wh*-interrogative
wh 语迹	*wh*-trace
XYZ 构式	XYZ construction
X 光测量术	radiography
X 规约	X convention; iksokodo; iksa-sistemo
X 阶标理论	X-bar theory
X 音层	X-tier
Z 分数	Z score
α 标记	alpha notation
Φ 相关	*phi* correlation

语言学理论与流派

B

巴士拉学派	Basra School
病理语言学	Patholinguistics
布拉格学派	Prague School

C

层次语法	Stratificational Grammar
词汇功能语法	Lexical-Functional Grammar
词语法	Word Grammar

D

德国浪漫主义学派——新洪堡特学说	Romantic School of Thought in Germany — Neo-Humboldtism
德国唯美主义语言学派	The Aestheticist Linguistic School in Germany
德国新语法学派	The Neogrammarians in Germany
德国自然主义语言学派	The Naturalist Linguistic School in Germany
第二语言习得	Second language Acquisition; SLA
对比语言学	Contrastive Linguistics

F

法国功能语言学（法国学派）	Functional Linguistics in France
法兰西学派	French School
法位学	Tagmemics
范畴语法	Categorial Grammar; CG
方言学	Dialectology

G

哥本哈根学派	Copenhagen School
格式塔语言学	Gestalt Linguistics
格语法	Case Grammar
工程语言学	Engineering Linguistics
功能语篇语法	Functional Discourse Grammar
构式语法	Construction Grammar
古罗马的语言研究	Language Studies in Ancient Rome
古希腊的语言研究	Language Studies in Ancient Greece
古印度的语言研究	Language Studies in Ancient India
关系语法	Relational Grammar
广义短语结构语法	Generalized Phrase Structure Grammar

H

| 汉语音韵学 | Chinese Phonology |

J

计算语言学	Computational Linguistics
教育语言学	Educational Linguistics
接触语言学	Contact Linguistics
结构主义语言学	Structuralist Linguistics
角色与参照语法	Role and Reference Grammar

K

| 喀山语言学派 | Kazan Linguistic School |
| 库法学派 | Kufa School |

L

历史比较语言学	Historical Comparative Linguistics
临床语言学	Clinical Linguistics
伦敦学派	London School

M

美国描写语言学派	American Descriptivism
蒙塔古语法	Montague Grammar
模糊语言学	Fuzzy Linguistics
莫斯科语言学派	Moscow Linguistic School

O

| 欧洲中世纪的语言研究 | Language Studies in the Middle Ages in Europe |

P

配价语法	Valency Grammar
批评话语分析	Critical Discourse Analysis
普遍语法理论	Theory of Universal Grammar
普通语义学	General Semantics

Q

| 情报语言学 | Intelligence Linguistics |

R

人类文化语言学	Ethno-linguistics
人类语言学	Anthropological Linguistics
认知语言学	Cognitive Linguistics
日内瓦学派	Geneva School

S

少数民族语言学	Minority Linguistics
社会语言学	Sociolinguistics
神经语言学	Neurolinguistics
生成音系学	Generative Phonology
生成语法	Generative Grammar
生成语义学	Generative Semantics
生态语言学	Ecolinguistics
生物语言学	Biolinguistic
树邻接语法	Tree Adjoining Grammar
司法语言学	Forensic Linguistics

T

| 统计语言学 | Statistic Linguistics |

汉英词目检索表

W

| 文献记录语言学 | Documentary Linguistics |
| 文艺复兴至18世纪欧洲的语言研究 | Language Studies in Europe — From Renaissance to the 18th Century |

X

系统功能语言学	Systemic Functional Linguistics
心理语言学	Psycholinguistics
修辞学	Rhetoric
训诂学	Exegetics

Y

演化语言学	Evolutionary Linguistics; Evolingo
医学语言学	Medical Linguistics
依存语法	Dependency Grammar
意义文本理论	Meaning-Text Theory; MTT
优选论	Optimality Theory; OT
语料库语言学	Corpus Linguistics
语篇分析	Discourse Analysis
语篇语言学	Text Linguistics
语言测试学	Language Testing
语言发生学	Glossogenetics
语言符号学	Linguistic Semiotics
语言类型学	Linguistic Typology
元语言学	Metalinguistics

Z

中心词驱动的短语结构语法	Head-driven Phrase Structure Grammar; HPSG
综合语言学	Integrational Linguistics
中国文字学	Chinese Graphology

中国语言学者

B

八思巴洛哲坚赞
白涤洲
鲍鼎
鲍明炜
卞觉非

C

曹伯韩
岑麒祥
陈承泽
陈第
陈奂
陈澧
陈澧
陈立
陈梦家
陈乃雄
陈彭年
陈士元
陈廷敬
陈望道
陈新雄
陈原
陈鳣
程际盛
程邈
程瑶田

D

戴侗
戴震
丁度
丁福保
丁声树
董同龢
董作宾
杜林
杜台卿
杜预

段玉裁

F

樊腾凤
范继淹
方光焘
方立
方孝岳
方以智
冯桂芬
傅懋勣
傅子东

G

高华年
高名凯
高诱
戈载
顾蔼吉
顾炎武
顾野王
管燮初
桂馥
郭沫若
郭璞
郭绍虞
郭在贻
郭忠恕

H

韩道昭
杭世骏
郝懿行
何乐士
洪诚
洪亮吉
洪焱祖
胡厚宣
胡明扬
胡朴安
胡适

胡以鲁
胡裕树
黄淬伯
黄典诚
黄公绍
黄家教
黄侃
黄生
黄以周
惠栋
慧琳

J

季羡林
贾昌朝
江藩
江声
江式
江永
江有诰
江沅
姜亮夫
蒋礼鸿
蒋善国
焦循
金兆梓

K

孔广森
孔颖达

L

兰茂
劳乃宣
黎锦熙
李从周
李登
李方桂
李赋宁
李光地
李荣

李汝珍
李善
李树俨
李斯
李新魁
李亚农
李因笃
李舟
力捷三
梁僧宝
梁同书
梁玉绳
廖序东
林汉达
林焘
林杏光
林语堂
刘宝楠
刘殿爵
刘鹗
刘逢禄
刘复
刘鉴
刘淇
刘师培
刘世儒
刘台拱
刘熙
刘熙载
刘又辛
刘泽荣
卢戆章
卢文弨
卢以纬
陆德明
陆佃
陆法言
陆谷孙
陆志韦
陆宗达
罗常培

罗愿
罗振玉
吕忱
吕大临
吕静
吕坤
吕叔湘
吕维祺

M

马汉麟
马建忠
马瑞辰
马叙伦
马学良
马宗霍
毛亨
毛晃
毛居正
毛奇龄
毛先舒
梅膺祚
莫友芝

N

年希尧

P

潘耒
濮阳淶
戚学标
戚雨村
钱大昕
钱大昭
钱坫
钱东坦
钱玄同
钱绎
清格尔泰

R

容庚

阮元

S

商承祚
邵晋涵
邵长蘅
沈兼士
沈谦
沈学
史梦兰
释行均
守温
舒新城
孙经世
孙愐
孙星衍
孙炎
孙诒让

T

唐兰

W

汪荣宝
汪怡
王昶
王德春
王辅世
王构

王国维
王嘉龄
王静如
王均
王筠
王鹈
王兰生
王力
王念孙
王仁昫
王绍兰
王维贤
王文郁
王先谦
王奕清
王懿荣
王引之
王照
王洙
王宗炎
韦悫
韦昭
魏建功
吴承仕
吴大澂
吴为章
吴玉搢
吴玉章
吴棫

吴元满
吴宗济
伍铁平

X

夏炘
邢昺
邢公畹
熊忠
徐承庆
徐复
徐错
徐仁甫
徐世荣
徐通锵
徐孝
徐铉
徐仲华
许国璋
许瀚
许慎
许世瑛
薛尚功
荀况

Y

严可均
严学宭
阎若璩

颜师古
颜元孙
颜之推
扬雄
阳休之
杨伯峻
杨桓
杨慎
杨树达
杨伋
杨欣安
姚文田
姚孝遂
叶秉敬
叶蜚声
叶籁士
叶祥苓
叶玉森
殷焕先
于道泉
于省吾
俞樾
喻世长
袁家骅
袁子让

Z

曾运乾
翟灏

詹人凤
张成孙
张涤华
张弓
张行孚
张琨
张清常
张世禄
张寿康
张廷玉
张相
张揖
张有
张玉书
张志公
张自烈
章炳麟
章黼
赵世开
赵元任
照那斯图
郑樵
郑玄
周德清
周有光
周祖谟
朱德熙
朱骏声

外国语言学者

A

阿伯克龙比[英]	**Abercrombie**, David
阿德隆[德]	**Adelung**, Johann Christoph
阿尔科弗[西班牙]	**Alcover**, Antoni Maria
阿尔诺[法]	**Arnauld**, Antoine
阿尔托[芬兰]	**Aalto**, Pentti
阿尔瓦尔[西班牙]	**Alvar**, Manuel
阿格莱尔[瑞典]	**Agrell**, Sigurd
阿罕瓦德[俄裔澳籍]	**Aikhenvald**, Alexandra
阿拉科斯·洛拉什[西班牙]	**Alarcos Llorach**, Emilio
阿隆索[西班牙裔阿根廷籍]	**Alonso**, Amado
阿姆斯特朗(利利娅斯·伊芙琳·~)[英]	**Armstrong**, Lilias Eveline
阿姆斯特朗(罗伯特·盖尔斯顿·~)[美]	**Armstrong**, Robert Gelston
阿舍尔[英]	**Asher**, Ronald E
阿斯卡姆[英]	**Ascham**, Roger
阿斯科里[意籍犹太人]	**Ascoli**, Graziadio Isaia
阿瓦涅索夫[俄]	**Avanesov**, Ruban Ivanovi
埃尔芬斯顿[苏格兰]	**Elphinston**, James
埃尔弗里克[英]	**Ælfric**
埃利斯(弗朗西斯·怀特·~)[英]	**Ellis**, Francis Whyte
埃利斯(亚历山大·约翰·~)[英]	**Ellis**, Alexander John (né Sharpe)
埃蒙[法]	**Hemon**, Roparz
埃文斯[英]	**Evans**, Gareth
艾蒂安(亨利·~)	**Estienne**, Henri
艾蒂安(罗贝尔·~)	**Estienne**, Robert
艾尔[印度]	**Iyer**, L. Vishwanatha Ramaswami
艾吉顿[美]	**Edgerton**, Franklin
艾柯[意]	**Eco**, Umberto
艾默诺[美]	**Emeneau**, Murray Barnson
爱因斯坦[德裔美籍]	**Einstein**, Albert
安曼[瑞士]	**Amman**, Johann Konrad
安纳杜莱[印度]	**Annadurai**, Conjeevaram
安谢塔[西班牙]	**Anchieta**, José de
奥顿[英]	**Orton**, Harold
奥尔[英]	**Orr**, Boyd John
奥尔登多普[德]	**Oldendorp**, Christian George Andreas
奥尔胡斯*	**Aarhus**, Jacob **Madsen**
奥尔伍德[瑞典]	**Allwood**, Jens
奥格登[英]	**Ogden**, Charles Kay
奥拉希里[爱尔兰]	**O'Rahilly**, Thomas Francis
奥尼恩斯[英]	**Onions**, Charles Talbut
奥佩夫妇[英]	**Opie**, Peter and Iona
奥森[挪威]	**Aasen**, Ivar Andreas
奥斯特霍夫[德]	**Osthoff**, Hermann
奥斯特里茨[美]	**Austerlitz**, Robert Paul
奥斯汀[英]	**Austin**, John Langshaw
奥特弗里德[德]	**Otfried** von Weissenburg

B

巴彻勒[英]	**Batchelor**, John
巴达维[埃及]	**Badawi**, El-Said Muhamed
巴尔宾[捷克]	**Balbın**, Bohuslav
巴尔托利[意]	**Bartoli**, Matteo Giulio
巴尔-希勒尔[奥地利裔以色列籍]	**Bar-Hillel**, Yehoshua
巴赫金[俄]	**Bakhtin**, Mikhail Mikhailovich
巴克[美]	**Buck**, Carl Darling
巴姆波兹[尼日利亚]	**Bamgbose**, Ayo
巴泰勒米[法]	**Barthélemy**, Jean-Jacques
巴特[法]	**Barthes**, Roland Gérard
拜比[美]	**Bybee**, Joan
班达尔卡尔爵士[印度]	**Bhandarkar**, Ramakrishna Gopal, Sir
保茨马[荷兰]	**Poutsma**, Hendrik
保罗[德]	**Paul**, Hermann
葆朴[德]	**Bopp**, Franz
鲍培[俄裔美籍]	**Poppe**, Nikolai Nikolaevich
贝蒂[英]	**Beattie**, James
贝尔(亚历山大·格雷厄姆·~)[美]	**Bell**, Alexander Graham
贝尔(亚历山大·梅尔维尔·~)[英]	**Bell**, Alexander Melville
贝格斯兰[挪威]	**Bergsland**, Knut
贝哈格尔[德]	**Behaghel**, Otto
贝克尔[德]	**Becker**, Karl Ferdinand
贝洛(安德烈·~)[委内瑞拉]	**Bello**, Andrés
贝什[意]	**Beschi**, Constanzo Guiseppe
贝特森[英]	**Bateson**, Gregory
贝托尼[意]	**Bertoni**, Giulio
本菲[德]	**Benfey**, Theodor
本居春庭[日]	**Motoori**, Haruniwa
本居宣长[日]	**Motoori**, Norinaga
本维尼斯特[法]	**Benveniste**, Émile
本-耶胡达[俄裔犹太人]	**Ben-Yehuda**, Eliezer
比克顿[英]	**Bickerton**, Derek
比勒[德]	**Bühler**, Karl
彼得勒斯	**Petrus** Hispanus
波埃修斯[丹麦]	**Boethius** of Dacia
波颠阇利[印度]	**Patañjali**
波科尔尼[奥]	**Pokorny**, Julius
波拉德[美]	**Pollard**, Carl Jesse
波洛克[法]	**Pollock**, Jean-Yves
波尼尼[印度]	**Pāṇini**
波你尼	**Pāṇini**

---

* 未标注国籍的人名在正文中列作"参见型条目",其中的部分译名并不符合名主的实际姓氏格式,如**奥尔胡斯**,其英文原名是 Jacob **Madsen** Aarhus,姓氏应是"**马德森·奥尔胡斯**",相当于汉语的复姓。将"**奥尔胡斯**"作为目名,纯属为检索提供方便,而非认同这种译法。编者认为,应当尊重名主的姓氏文化习俗,避免类似的误译。

汉英词目检索表

波普[罗马尼亚]	Pop, Sever
波斯特尔(保罗·马丁·～)[美]	Postal, Paul Martin
波斯特尔(纪尧姆,～)[法]	Postel, Guillaume
波檀阇利	Patañjali
波特[德]	Pott, August
波铁布尼亚[乌克兰]	Potebnja, Alexander
伯格斯特罗姆[挪威]	Borgstrøm, Carl Hjalmar
伯内特(蒙博多勋爵)[英]	Burnett, James, Monboddo, Lord
伯特林克[德]	Böhtlingk, Otto Nikolaus
博杜恩·德·库尔特内[波兰]	Baudouin de Courtenay, Jan Niecisław Ignacy
博厄斯[美]	Boas, Franz
博金[爱尔兰]	Bergin, Osborn Joseph
博克斯霍恩[荷兰]	Boxhorn, Marcus Zuerius
博韦的拉尔夫	Radulfus Bellovacensis / Belvacensis
博泽[法]	Beauzée, Nicolas
布尔[英]	Boole, George
布尔齐奥[美]	Burzio, Luigi
布莱尔	Braille, Louis
布莱叶[法]	Braille, Louis
布朗[美]	Brown, Roger William
布雷亚尔[法]	Bréal, Michel Jules Alfred
布里斯南[美]	Bresnan, Joan Wanda
布列克[德]	Bleek, Wilhelm Heinrich Immanuel
布列兹托尔夫[丹麦]	Bredsdorff, Jakob Hornemann
布龙达尔[丹麦]	Brøndal, Rasmus Viggo
布龙菲尔德[美]	Bloomfield, Leonard
布鲁格曼[德]	Brugmann, Karl
布鲁默[美]	Blumer, Herbert
布鲁纳[美]	Bruner, Jerome Seymour
布鲁诺[法]	Brunot, Ferdinand
布罗克尔曼[德]	Brockelmann, Carl
布洛赫(朱尔斯·～)[法]	Bloch, Jules
布洛卡[英]	Bullokar, William
布洛克(伯纳德·～)[美]	Bloch, Bernard
布吕克[德]	Brücke, Ernst
布律诺[法]	Bruneau, Charles

C

查尔麦克[捷克]	Czermak, Johann Nepomuk
柴田武[日]	Sibata, Takesi
长田夏树[日]	Osada, Natsuki
川本茂雄[日]	Kawamoto, Shigeo
村山七郎[日]	Murayama Shichirô

D

达尔格奴斯	Dalgarnus, Georgius
达尔加多[印度]	Dalgado, Sebastião Rodolpho
达尔加诺[英]	Dalgarno, George
达梅特	Dummett, Michael Anthony Eardley
达米特[英]	Dummett, Michael Anthony Eardley
达奈什[捷克]	Daneš, František
达契亚的马丁	Martin of Dacia
大野晋[日]	Ohno, Susumu
戴维森[美]	Davidson, Donald
戴维斯	Davies, Anna Morpurgo
戴伊[法]	D'Ailly, Pierre
德尔布吕克[德]	Delbrück, Berthold
德拉特[法裔美籍]	Delattre, Pierre
德斯妮卡佳[俄]	Desnickaja, Agnia Vasil'evna
德沃托[意]	Devoto, Giacomo
狄奥尼修斯[古希腊]	Dionysius
狄奥尼修斯·特拉克斯	Dionysius Thrax
狄德罗[古希腊]	Diderot, Denis
迪布瓦[法]	Dubois, Jacques (Sylvius)
迪茨[德]	Diez, Friedrich
迪尔凯姆[法]	Durkheim, Emile
迪克松[英裔澳籍]	Dixon, Robert M. W.
迪孔日[法]	Du Cange, Charles du Fresne, sieur
笛卡尔[法]	Descartes, René
底克希多[印度]	Dīkṣita, Bhattoji
杜邦索[法裔美籍]	Duponceau, Pierre Étienne
杜登[德]	Duden, Konrad
杜尔哥[法]	Turgot, Anne Robert Jacques
杜克罗[法]	Ducrot, Oswald
渡部昇一[日]	Watanabe, Shoichi
多布罗夫斯基[捷克]	Dobrovský, Josef
多布森[澳]	Dobson, Eric John
多尔西[美]	Dorsey, James Owen
多克[英裔南非籍]	Doke, Clement Martyn
多利安[美]	Dorian, Nancy C.
多纳图斯[古罗马]	Donatus, Aelius
多扎[法]	Dauzat, Albert

F

伐致诃利	Bhartrhari
法尔丘安[法]	Fal'chun, François
范内姆[美]	Van Name, Addison
范特	Fant, Carl Gunnar Michael
范瓦林[美]	Van Valin, Robert, Jr.
梵依克[捷克]	Vachek, Josef
方特[瑞典]	Fant, Carl Gunnar Michael
房德里耶斯	Vendryes, Joseph
菲尔莫	Fillmore, Charles J.
菲尔墨	Fillmore, Charles J.
菲尔默[美]	Fillmore, Charles J.
菲舍尔[丹麦]	Fischer-Jørgensen, Eli
菲什曼[美]	Fishman, Joshua A.
费弗[德]	Pfeiffer, Rudolf
费克[德]	Fick, August Konrad Friedrich
费奇[美]	Fitch, W. Tecumseh
费斯波尔[荷兰]	Verspoor, Marjolijn
费歇尔—荣根森	Fischer-Jørgensen, Eli
芬克[德]	Finck, Franz Nikolaus
风间喜代三[日]	Kazama, Kiyozo
冯特[德]	Wundt, Wilhelm
弗格森[美]	Ferguson, Charles A.
弗拉齐热[波兰裔美籍]	Frajzyngier, Zygmunt
弗莱[英]	Fry, Dennis Butler
弗莱雷[巴西]	Freire, Paulo
弗赖	Fry, Dennis Butler
弗雷格[德]	Frege, Friedrich Ludwig Gottlob
弗里施[奥]	Frisch, Karl von
弗里斯[美]	Fries, Charles Carpenter
弗林斯[德]	Frings, Theodor
弗罗姆金[美]	Fromkin, Victoria
弗洛伊德[奥]	Freud, Sigmund
弗斯[英]	Firth, John Rupert
弗托	Fodor, Jerry

伏尔尼[法]	**Volney**, Constantin-François Chasseboeuf, Comte de	韩礼德[英]	**Halliday**, Michael A. K
服部四郎[日]	**Hattori**, Shiro	汉普[美]	**Hamp**, Eric Pratt
浮士勒[德]	**Vossler**, Karl	豪根[挪威裔美籍]	**Haugen**, Einar
福多[美]	**Fodor**, Jerry	豪瑟[美]	**Hauser**, Marc
福尔图纳托夫[俄]	**Fortunatov**, Filip Fedorovich	豪斯霍尔德[美]	**Householder**, Fred W., Jr.
福柯[法]	**Foucault**, Michel	河野六郎[日]	**Kono**, Rokuro
福柯涅[法籍旅美]	**Fauconnier**, Gilles	赫德森[英]	**Hudson**, Richard
福科尼耶	**Fauconnier**, Gilles	赫尔德[德]	**Herder**, Johann Gottfried
福勒(亨利·沃森·~)[英]	**Fowler**, Henry Watson	赫尔曼[德]	**Hermann**, Eduard
福勒(罗杰·~)[英]	**Fowler**, Roger	赫尔曼茨	**Hermansz**, Lambert ten Kate
福里欧[法]	**Fleuriot**, Léon	赫利亚斯[法]	**Helias**, Peter
富士谷成章[日]	**Fujitani**, Nariakira	赫姆霍兹[德]	**Helmholtz**, Hermann Ludwig Ferdinand von
		赫瑟林[荷兰]	**Hesseling**, Dirk Christiaan
G		赫瓦斯[西班牙]	**Hervás y Panduro**, Lorenzo
伽达默尔[德]	**Gadamer**, Hans-Georg	黑尔(霍雷肖·~)[美裔加籍]	**Hale**, Horatio
盖勒卜[波兰裔美籍]	**Gelb**, Ignace J.	黑尔(肯尼斯·~)[美]	**Hale**, Kenneth L.
盖士达[英]	**Gazdar**, Gerald	亨德森[英]	**Henderson**, Eugenie J. A.
盖兹达尔	**Gazdar**, Gerald	亨迪卡[芬兰]	**Hintikka**, Jaakko
甘柏兹[德裔美籍]	**Gumperz**, John Joseph	洪堡	**Humboldt**, Friedrich Wilhelm Christian Karl Ferdinand **von**
高本汉[瑞典]	**Karlgren**, Klas B. J.		
高津春繁[日]	**Kodzu**, Harushige		
戈德堡[美]	**Goldberg**, Adele E.	洪堡特[德]	**Humboldt**, Wilhelm Freiherr Von
戈尔杜[法]	**Coeurdoux**, Gaston-Laurent		
戈夫曼[加]	**Goffman**, Erving	侯姆伯格[挪威]	**Holmberg**, Anders
戈沙[瑞士]	**Gauchat**, Louis	胡塞尔[德]	**Husserl**, Edmund
格拉蒙[法]	**Grammont**, Maurice	黄正德[华裔美籍]	**Huang**, C. T. James
格拉斯曼[德]	**Grassmann**, Hermann Günther	惠特尼[美]	**Whitney**, William Dwight
		霍德[英]	**Holder**, William
格赖斯[英]	**Grice**, Herbert Paul	霍恩比[英]	**Hornby**, Albert Sidney
格里姆	**Grimm**, Jacob Ludwig Carl	霍尔[美]	**Hall**, Robert A., Jr.
格林(雅各布·~)[德]	**Grimm**, Jacob Ludwig Carl	霍尔科特[英]	**Holcot**, Robert
格林伯格[美]	**Greenberg**, Joseph H.	霍夫兰[美]	**Hovland**, Carl Ivnor
格罗斯[法]	**Gross**, Maurice	霍凯特[美]	**Hockett**, Charles Francis
格施温德[美]	**Geschwind**, Norman	霍拉切克[奥]	**Horacek**, Blanka
格泽纽斯	**Gesenius**, Wilhelm	霍莱茨基[捷克]	**Horecký**, Ján
葛瑞尔森[爱尔兰]	**Grierson**, George Abraham, Sir	霍曼斯[美]	**Homans**, George C.
		霍姆斯[新西兰]	**Holmes**, Janet
贡德特[德]	**Gundert**, Hermann	霍农[奥]	**Hornung**, Maria
古德格拉斯[美]	**Goodglass**, Harold	霍耶尔[瑞士裔美籍]	**Hoijer**, Harry
古特里[英]	**Guthrie**, Malcolm	霍兹马克[挪威]	**Holtsmark**, Anne
龟井孝[日]	**Kamei**, Takashi		
国广哲弥[日]	**Kunihiro**, Tetsuya	**J**	
		基尔[比利时裔荷兰籍]	**Kiel**, Cornelis van
H		基尔沃比[英]	**Kilwadby**, Robert
哈贝马斯[德]	**Habermas**, Jurgen	基利恩	**Kiliaan**, Cornelis
哈登贝格[德]	**Hardenberg**, Friedrich von	基利斯[西班牙]	**Quilis**, Antonio
哈恩[美]	**Hahn**, Emma Adelaide	基帕尔斯基[芬兰]	**Kiparsky**, René Paul Victor
哈夫朗内克[捷克]	**Havránek**, Bohuslav	基雅玛迪	**Gyarmathi**, Sámuel
哈勒[拉脱维亚犹太裔美籍]	**Halle**, Morris	吉冯[美]	**Givon**, Thomas (aka. Talmy Givón)
哈里斯(泽里格·~)[美]	**Harris**, Zellig S.		
哈里斯(詹姆斯·~)[英]	**Harris**, James	吉姆森[英]	**Gimson**, Alfred Charles
哈林顿[美]	**Harrington**, John Peabody	吉奇[英]	**Geach**, Peter Thomas
哈曼[德]	**Hamann**, Johann Georg	吉亚马斯[匈牙利]	**Gyarmathi**, Samuel
哈齐扎基斯[希腊]	**Hatzidakis**, Geōrgios N.	吉叶龙[瑞士裔法籍]	**Gillieron**, Jules
哈斯[美]	**Haas**, Mary Rosamond	吉约姆[法]	**Guillaume**, Gustave
哈特[英]	**Hart**, John	纪尧姆	**Guillaume**, Gustave
哈尤[摩洛哥]	**Hayyuj**, Judah	加贝伦茨[德]	**Gabelentz**, H. Georg Conon von der
海德格尔[德]	**Heidegger**, Martin		
海恩[德]	**Heine**, Bernd	加布伦兹	**Gabelentz**, H. Georg Conon van der
海曼[美]	**Hyman**, Larry		
海姆斯[美]	**Hymes**, Dell Hathaway	加达默尔	**Gadamer**, Hans-Georg
海斯[美]	**Hays**, David Glenn	加德纳[英]	**Gardiner**, Alan, Sir

1471

汉英词目检索表

迦多衍那	Kaccāna	库尔德内	Courtenay, Jan Niecisław Ignacy Baudouin de
迦旃延[印度]	Kātyāyana	库尔特内	Courtenay, Jan Niecisław Ignacy Baudouin de
贾德佳[印度]	Chatterji, Suniti Kumar		
杰克逊(肯尼思·赫尔斯通·~)[英]	Jackson, Kenneth Hurlstone	库尔提乌斯[德]	Curtius, Georg
杰肯道夫[美]	Jackendoff, Ray	库克[英]	Cook, Vivian James
杰森尼亚斯[德]	Gesenius, Wilhelm	库拉特[奥地利裔美籍]	Kurath, Hans
捷科[克罗地亚]	Jagić, Vatroslav	库里奥利[法]	Culioli, Antoine
金田一京助[日]	Kindaichi, Kyosuke	库里沃维奇[乌克兰]	Kuryłowicz, Jerzy
井上和子[日]	Inoue, Kazuko	库珀[英]	Cooper, Christopher
		库斯特诺布勒[法]	Coustenoble, Hélène Nathalie
		库特哈德[英]	Coulthard, Malcolm
K		夸克[英]	Quirk, Randolph
喀拉拉·波尼尼	Kērala Pāṇini	夸美纽斯[捷克]	Comenius, Johann(es) Amos (Jan Amos Komenský)
卡茨[美]	Katz, Jerrold J.		
卡尔纳普[德裔美籍]	Carnap, Rudolf	奎因	Quine, Willard Van Ormand
卡马拉	Câmara, Joaquim Mattoso	蒯因[美]	Quine, Willard van Ormand
卡普兰[美]	Kaplan, Ronald M.		
卡奇鲁(布拉吉·~)[印度裔美籍]	Kachru, Braj	**L**	
卡奇鲁(雅姆那·~)[印度裔美籍]	Kachru, Yamuna	拉波夫	Labov, William
		拉博夫[美]	Labov, William
卡斯特伦[芬兰]	Castrén, Matthias Alexander	拉迪福吉德[英]	Ladefoged, Peter
卡特[荷兰]	Kate Hermansz, Lambert ten	拉杜尔福斯[法]	Radulphus, Brito
卡特勒[印度]	Katre, Sumitra Mangesh	拉多[美]	Lado, Robert
凯(保罗·~)[美]	Kay, Paul	拉尔夫(博韦的~)[英裔法籍]	Ralph of Beauvais
凯(马丁·~)[英]	Kay, Martin		
凯恩[美]	Kayne, Richard S.	拉贾拉贾瓦尔玛[印度]	Rajarajavarma, A. R.
康德[德]	Kant, Immanuel	拉康[法]	Lacan, Jacques
康帕内拉[意]	Campanella, Thomaso	拉马特[意]	Ramat, Paolo
康提-罗西尼[意]	Conti-Rossini, Carlo	拉姆斯泰特[芬兰]	Ramstedt, Gustaf John
考德威尔[英]	Caldwell, Robert	拉穆斯[法]	Ramus, Petrus (aka. Pierre de la Ramée)
柯纳[波兰]	Koerner, E. F. Konrad		
柯伊伯[荷兰]	Kuiper, Franciscus Bernardus Jacobus	拉萨丁[俄罗斯]	Rassadin, Valentin Ivanovich
		拉森[美]	Larson, Richard K.
科埃略[葡萄牙]	Coelho, Francisco Adolpho	拉斯哥[丹麦]	Rask, Rasmus Christian
科贝特[英]	Cobbett, William	拉斯卡里斯[古罗马拜占庭]	Lascaris, Jean (aka. Janus Laskaris)
科尔德莫瓦[法]	Cordemoy, Géraud de		
科利茨[德]	Collitz, Hermann	拉斯尼克[美]	Lasnik, Howard
科姆里[英]	Comrie, Bernard	拉斯韦尔[美]	Lasswell, Harold Dwight
科塔尔宾斯基[波兰]	Kotarbiński, Tadeusz	拉塔斯[波兰裔德籍]	Latacz, Joachim
科谢留[罗马尼亚裔德籍]	Coşeriu, Eugenio	拉特克[德]	Ratke, Wolfgang
克拉岑施泰因[德裔丹麦籍]	Kratzenstein, Christian Gottlieb	拉希[德]	Lasch, Agathe
		莱昂斯[英]	Lyons, John, Sir
克拉克[美]	Clark, Herbert H.	莱布尼茨[德]	Leibniz, Gottfried Wilhelm
克拉普夫[德]	Krapf, Johann Ludwig	莱考夫	Lakoff, George P.
克拉特[美]	Klatt, Dennis H.	莱曼[美]	Lehmann, Winfred Philipp
克莱门茨[美]	Clements, Nick	莱斯金[德]	Leskien, August
克莱因[英]	Klein, Ewan	莱维-布吕尔[法]	Lévy-Bruhl, Lucien
克勒[德]	Kölle, Sigismund Wilhelm	莱维塔[德裔意籍]	Levita, Elijah
克雷奇默尔[德]	Kretschmer, Paul	莱文逊	Levinson, Stepen C.
克里斯特尔[英]	Crystal, David	莱辛巴赫[美籍犹太人]	Reichenbach, Hans
克里西波斯[古希腊]	Chrysippos (Χρύσιππος)	莱易斯特[爱沙尼亚裔美籍]	Lehiste, Ilse
克利普克[美]	Kripke, Saul		
克鲁伯	Kroeber, Alfred Louis	赖卡德[美]	Reichard, Gladys A.
克鲁谢夫斯基[波兰]	Kruszewski, Mikotag Habdank	赖内克[美]	Reinecke, John E.
		赖斯克[德]	Reiske, Johann Jacob
克罗伯[美]	Kroeber, Alfred Louis	赖特[英]	Wright, Joseph
克罗夫特[美]	Croft, William	赖西格[德]	Reisig, Karl
克罗齐[意]	Croce, Benedetto	兰艾克[美]	Langacker, Ronald W.
克罗瑟[尼日利亚]	Crowther, Samuel Ajayi	兰司铁	Ramstedt, Gustaf John
克诺罗佐夫[俄]	Knorosow, Yuri	朗热[法]	Ronjat, Jules
肯尼迪(本杰明·霍尔·~)[英]	Kennedy, Benjamin Hall	朗斯伯利	Lounsbury, Floyd Glenn
		朗斯洛[法]	Lancelot, Claude
肯佩伦[匈牙利]	Kempelen, Wolfgang von	劳恩斯伯里[美]	Lounsbury, Floyd Glenn
孔狄亚克[法]	Condillac, Etienne Bonnot de	劳默尔[德]	Raumer, Rudolf von

劳斯[英]	Lowth, Robert	马尔拜[法]	Marbais, Michel de
老普林尼[古罗马]	Pliny the Elder	马尔基尔[俄裔美籍]	Malkiel, Yakov
勒鲁[法]	Le Roux, Pierre	马尔姆贝格[瑞典]	Malmberg, Bertil
勒纳伯格[德裔美籍]	Lenneberg, Eric Heinz	马费伊[意]	Maffei, Angelus Francis Xavier
勒努[法]	Renou, Louis		
勒琼[法]	Lejeune, Michel	马卡斯特[英]	Mulcaster, Richard
雷考夫(洛玢·托尔马赫·~)[美]	Lakoff, Robin Tolmach	马林诺夫斯基[波兰]	Malinowski, Bronislaw
		马斯特兰德[挪威]	Marstrander, Carl J. S.
雷考夫(乔治·~)[美]	Lakoff, George P.	马斯特曼[英]	Masterman, Margaret
雷科夫	Lakoff, George P.	马泰休斯	Mathesius, Vilem
雷纳[匈牙利裔美籍]	Reiner, Erica	马特西乌斯[捷克]	Mathesius, Vilem
雷尼什[奥]	Reinisch, Simon Leo	马托雷[法]	Matoré, Georges
雷斯琴	Leskien, August	马托索·卡马拉[巴西]	Mattoso Câmara Júnior, Joaquim
累普济乌斯[德]	Lepsius, Carl Richard		
里德[德]	Wrede, Ferdinand	马耶诺娃[波兰]	Mayenowa, Maria Renata
里赫特[奥]	Richter, Elise	马兹维[丹麦]	Madvig, Johan Nicolai
里克福德[美]	Rickford, John	迈尔霍费尔[奥]	Mayrhofer, Manfred
里兹[意]	Rizzi, Luigi	迈农[奥]	Meinong, Alexius
理查兹[英]	Richards, Ivor Armstrong	迈耶尔[德]	Meyer, Kuno Edward
利伯曼[美]	Lieberman, Philip	迈耶—吕卜克[瑞士]	Meyer-Lübke, Wilhelm
利奇[英]	Leech, Geoffrey N.	迈因霍夫[德]	Meinhof, Carl Friedrich Michael
列昂捷夫[俄]	Leont'ev, Aleksei Alekseevich		
		麦卡锡(约翰·~)[美]	McCarthy, John
列维—斯特劳斯[比利时裔法籍]	Lévi-Strauss, Claude	麦考利[英]	McCawley, James David
		麦克戴维[美]	McDavid, Raven Ioor, Jr.
列文森[英]	Levinson, Stephen C.	麦克卢汉[加拿大]	McLuhan, Marshall
铃木腴[日]	Suzuki Akira	梅格莱特[法]	Meigret, Louis
刘易斯[英]	Lewis, Henry	梅兰希通[德]	Melanchthon, Philipp
卢尔[西班牙]	Llull, Ramon (Raymundus Lullus)	梅里丘克[俄裔加籍]	Mel'čuk, Igor Aleksandrovic
		梅嫩德斯·皮达尔[西班牙]	Menéndez Pidal, Ramón
卢卡斯[奥]	Lukas, Johannes		
卢利亚[俄]	Luria, Alexander Romanovich	梅乌森[比利时]	Meeussen, Achilles Emile
		梅耶[法]	Meillet, Antoine
卢曼/鲁曼[德]	Luhmann, Niklas	门肯[美]	Mencken, Henry Louis
卢赛洛[法]	Rousselot, Pierre Jean, Abbé	蒙塔古[美]	Montague, Richard
卢梭[法]	Rousseau, Jean-Jacques	蒙塔努斯[荷兰]	Montanus, Petrus
卢伊德[英]	Lhuyd, Edward	米德[美]	Mead, George Herbert
卢伊克[奥]	Luick, Karl	米尔	Mill, John Stuart
卢扎托[意]	Luzzatto, Samuel David	米克洛希奇[奥]	Miklosich, Franc
鲁曼	Luhmann, Niklas	米勒[美]	Miller, George Armitage
路德[德]	Luther, Martin	密尔	Mill, John Stuart
罗宾斯[英]	Robins, Robert Henry	缪勒[德裔英籍]	Müller, Friedrich Max
罗蒂[美]	Rorty, Richard	摩诃迦旃延	Mahākātyāyana
罗曼[美]	Romaine, Suzanne	莫普戈·戴维斯[意裔英籍]	Morpurgo Davies, Anna
罗蒙诺索夫[俄]	Lomonosov, Mikhail Vasilyevich		
		莫根斯蒂纳[挪威]	Morgenstierne, Georg
罗塞蒂[罗马尼亚]	Rosetti, Alexandru	莫里斯[美]	Morris, Charles W.
罗斯[美]	Ross, John Robert	莫罗[意]	De Mauro, Tullio
罗素[英]	Russell, Bertrand Arthur William	默勒[丹麦]	Möller, Hermann
		默里(林德利·~)[美]	Murray, Lindley
罗伊希林[德]	Reuchlin, Johann	默里(亚历山大·~)[苏格兰]	Murray, Alexander
罗兹瓦多夫斯基[波兰]	Rozwadowski, Jan Michał		
洛德威克[英]	Lodwick, Francis	默里(詹姆斯·~)[苏格兰]	Murray, James A. H.
洛克[英]	Locke, John		
洛拉什	Llorach, Emilio Alarcos	穆夫威恩[美]	Mufwene, Salikoko
洛特[法]	Loth, Joseph	穆卡洛夫斯基[捷克]	Mukařovský, Jan
		穆勒[英]	Mill, John Stuart
	M	穆南[法]	Mounin, Georges
马德森·奥尔胡斯[丹麦]	Madsen Aarhus, Jacob		
马蒂[瑞士]	Marty, Anton		**N**
马蒂内[法]	Martinet, André	纳德尔耶夫[俄]	Nadeljaev, Vladimir Mikhailovich
马丁(达契亚的~)[丹麦]	Martin of Dacia		
马丁(塞缪尔·埃尔莫·~)[美]	Martin, Samuel Elmo	纳瓦罗·托马斯[西班牙]	Navarro Tomás, Tomás
		娜波莉[美]	Napoli, Donna Jo
马尔[俄]	Marr, Mikolai Jakovlevich	奈达[美]	Nida, Eugene Albert

奈尔特[瑞典]	**Naert**, Pierre
南条文雄[日]	**Nanjio**, Bunyiu
内尔德克[德]	**Nöldeke**, Theodor
内夫里哈[西班牙]	**Nebrija**, Antonio de
内莫	**Némo**, Louis-Paul
尼古拉耶娃[俄]	**Nikolaeva**, T. M.
纽曼[美]	**Newman**, Paul
诺伦[瑞典]	**Noreen**, Adolf Gotthard
诺瓦利斯	**Novalis**

P

帕蒂[美]	**Partee**, Barbara H.
帕尔默[英]	**Palmer**, Harold Edward
帕尔穆特[美]	**Perlmutter**, David
帕尔斯顿[瑞典裔美籍]	**Paulston**, Christina Bratt
帕尔斯格雷夫[英]	**Palsgrave**, John
帕拉斯[德]	**Pallas**, Peter Simon
帕默	**Palmer**, Harold Edward
帕特里奇[新西兰]	**Partridge**, Eric Honeywood
帕特南[美]	**Putnam**, Hilary W.
帕西[法]	**Passy**, Paul Edouard
派克[美]	**Pike**, Kenneth Lee
庞德(路易丝·~)[美]	**Pound**, Louise
培尔[法]	**Bayle**, Pierre
培根(弗朗西斯·~)[英]	**Bacon**, Francis
培根(罗杰·~)[英]	**Bacon**, Roger
裴特生	**Pedersen**, Holger
佩德森[丹麦]	**Pedersen**, Holger
佩吉特[英]	**Paget**, Richard Arthur Surtees
佩特鲁斯[西班牙]	**Petrus** Hispanus (Peter of Spain)
佩伊[美]	**Pei**, Mario
皮达尔	**Pidal**, Ramón **Menéndez**
皮尔斯[美]	**Peirce**, Charles Sanders
皮特曼爵士[英]	**Pitman**, Isaac, Sir
皮亚杰[瑞士]	**Piaget**, Jean Paul
平山辉男[日]	**Hirayama**, Teruo
婆利睹梨诃利[印度]	**Bhartrihari**
珀尔斯	**Peirce**, Charles Sanders
普菲力欧斯[古希腊]	**Porphyrios**
普拉努得斯[土耳其]	**Planudes**, Maximus
普劳茨基[以色列]	**Polotsky**, Hans (Hayyim) Jakob
普勒姆[美]	**Pullum**, Geoffrey K.
普里斯特利[英]	**Priestley**, Joseph
普利西安[古罗马]	**Priscianus**, Caesariensis
普林斯[美]	**Prince**, Alan Sanford
普洛普[俄]	**Propp**, Vladimir Iakovlevich
普斯卡里奥[罗马尼亚]	**Puşcariu**, Sextil

Q

齐根保格[德]	**Ziegenbalg**, Bartholomaeus
齐普夫[美]	**Zipf**, George Kingsley
奇姆希[古罗马]	**Qimhi**, David
恰贝伊[阿尔巴尼亚]	**Çabej**, Eqrem
乔杰夫[保加利亚]	**Georgiev**, Vladimir Ivanov
乔姆斯基[美]	**Chomsky**, Avram Noam
桥本进吉[日]	**Shinkichi**, Hashimoto
琼森[英]	**Jonson**, Ben
琼斯(丹尼尔·~)[英]	**Jones**, Daniel
琼斯(斯派克·~)	**Jones**, Karen **Spärck**
琼斯(威廉·~爵士)[英]	**Jones**, William, Sir
屈尔佩[德]	**Külpe**, Oswald

S

萨阿迪亚[古巴比伦]	**Saadya**, Gaon (Sa'adiah ben Yosef Gaon)
萨格[美]	**Sag**, Ivan
萨克斯[美]	**Sacks**, Harvey
萨丕尔[德裔美籍]	**Sapir**, Edward
萨约诺维奇[匈牙利]	**Sajnovics**, János
塞尔[美]	**Searle**, John Rogers
塞克斯都[古希腊]	**Sextus** Empiricus
塞拉克斯	**Thrax**, Dionysius
塞里沃斯托娃[俄]	**Seliverstova**, Olga N.
塞梅雷尼伊[匈牙利]	**Szemerényi**, Oswald John Louis
塞斯[英]	**Sayce**, Archibald Henry
塞塔拉[芬兰]	**Setälä**, Eemil Nestor
赛义德·阿里[巴西]	**Said Ali**, Manuel Ida
赛因里恩斯[法]	**Sainliens**, Claude de
桑克蒂乌斯[西班牙]	**Sanctius**, Franciscus
桑普森[英]	**Sampson**, Geoffrey
桑奇斯·瓜内尔[西班牙]	**Sanchis Guarner**, Manuel
森[印度]	**Sen**, Sukumar
沙赫马托夫[俄]	**Shakhmatov**, Aleksey Aleksandrovich
山田孝雄[日]	**Yamada**, Yoshio
上田万年[日]	**Ueda**, Kazutoshi
尚克[美]	**Schank**, Roger C.
舍雷尔[奥]	**Scherer**, Wilhelm
什克洛夫斯基[俄]	**Shklovsky**, Viktor Borisovich
施莱格尔(奥古斯特·威廉·冯~)[德]	**Schlegel**, August Wilhelm von
施莱格尔(弗里德里希·冯~)[德]	**Schlegel**, Karl Wilhelm Friedrich von
施莱歇尔[德]	**Schleicher**, August
施勒格尔	**Schlegel**
施利本-兰格[德]	**Schlieben-Lange**, Brigitte
施梅勒[德]	**Schmeller**, Johann Andreas
施密特[德]	**Schmidt**, Johannes
施密特-韦根[德]	**Schmidt-Wiegand**, Ruth
施泰因塔尔[德]	**Steinthal**, Heymann
施特赖特贝格[德]	**Streitberg**, Wilhelm
时枝诚记[日]	**Tokieda**, Motoki
史密斯[美]	**Smith**, Henry Lee
舒茨[奥]	**Schütz**, Alfred
舒哈特[德裔奥地利籍]	**Schuchardt**, Hugo
舒乙[美]	**Shuy**, Roger
斯蒂尔[爱尔兰]	**Steele**, Joshua
斯多基[美]	**Stokoe**, William C.
斯加尔[捷克]	**Sgall**, Petr
斯金纳[美]	**Skinner**, Burrbus Frederick
斯卡利杰(裘利斯··凯撒·~)[意]	**Scaliger**, Julius Caesar
斯卡利杰(约瑟·尤斯图斯·~)[意]	**Scaliger**, Joseph Justus
斯库奇[德]	**Skutsch**, Franz
斯洛宾[俄裔美籍]	**Slobin**, Dan Isaac
斯密(亚当·~)[英]	**Smith**, Adam
斯莫伦斯基[美]	**Smolensky**, Paul
斯派克·琼斯	**Spärck** Jones, Karen
斯彭斯[英]	**Spence**, Thomas
斯皮策[奥]	**Spitzer**, Leo
斯唐[挪威]	**Stang**, Christian S.
斯特蒂文特[美]	**Sturtevant**, Edgar Howard
斯特凡努斯(昂里克斯·~)[法]	**Stephanus**, Henricus

斯特凡努斯（罗贝图斯·~）[法]	**Stephanus**, Robertus		**W**
斯特劳森[英]	**Strawson**, Peter Frederick	瓦尔玛（迪伦德拉·~）[印度]	**Varma**, Dhirendra
斯特罗恩[英]	**Strachan**, John	瓦尔玛（希德什瓦·~）[印度]	**Varma**, Siddeshwar
斯托克斯[爱尔兰]	**Stokes**, Whitley	瓦格纳（海因里希·~）[瑞士裔爱尔兰籍]	**Wagner**, Heinrich
斯托姆[挪威]	**Storm**, Johan		
斯威特[英]	**Sweet**, Henry	瓦格纳（马克斯·利奥波德·~）[德]	**Wagner**, Max Leopold
斯韦尔斯[英]	**Swales**, John		
斯沃德什[美]	**Swadesh**, Morris	瓦科霍夫[荷兰]	**Valkhoff**, Marius François
松本克巳[日]	**Matsumoto**, Katsumi	瓦克纳格尔[德]	**Wackernagel**, Wilhelm
松下大三郎[日]	**Matsushita** Daizaburo	瓦罗[古罗马意]	**Varro**, Marcus Terentius
索默费尔特[挪威]	**Sommerfelt**, Alf	瓦斯孔塞洛斯[德裔葡籍]	**Vasconcellos**, Carolina Michaëlis de
索南夏因[英]	**Sonnenschein**, Edward Adolf		
索绪尔[瑞士]	**Saussure**, Ferdinand de	瓦特伯格[瑞士]	**Wartburg**, Walther von
		旺德里[法]	**Vendryes**, Joseph
	T	威尔金斯[英]	**Wilkins**, John
塔达耶[喀麦隆]	**Tadadjeu**, Maurice	威尔克斯[英]	**Wilks**, Yorick
塔尔斯基[波兰裔美籍]	**Tarski**, Alfred	威尔姆斯[美]	**Welmers**, William E.
塔克[南非]	**Tucker**, Archibald Norman	威廉（孔什的~）	**William of Conches**
塔利亚维尼[意]	**Tagliavini**, Carlo	威廉（孔什的~）[法]	**William** of Conches
泰拉奇尼[意]	**Terracini**, Benvenuto Aronne	威廉姆森[英]	**Williamson**, Kay
泰尼埃[法]	**Tesniére**, Lucien Valerius	威斯曼[德]	**Wiesemann**, Ursula
泰尼耶尔	**Tesniére**, Lucien Valerius	韦伯（阿尔布雷希特·弗德里希·~）[德]	**Weber**, Albrecht Friedrich
坦嫩[美]	**Tannen**, Deborah		
汤姆森[丹麦]	**Thomsen**, Vilhelm Ludvig Peter	韦伯（马克斯·~）[德]	**Weber**, Max
		韦伯斯特[美]	**Webster**, Noah
汤普森[英裔美籍]	**Thompson**, Laurence Cassius	韦尔茨别希卡[波兰]	**Wierzbicka**, Anna
特拉恩卡[捷克]	**Trnka**, Bohumil	韦斯特法尔[南非]	**Westphal**, Ernst Oswald Johannes
特拉格[德裔美籍]	**Trager**, George Leonard		
特拉斯[古希腊]	**Thrax**, Dionysius	韦斯特曼[德]	**Westermann**, Diedrich Hermann
特里尔[德]	**Trier**, Jost		
特鲁别茨柯依[俄]	**Trubetzkoy**, Nikolay Sergeyevich	维尔纳[丹麦]	**Verner**, Karl Adolph
		维果茨基[俄]	**Vygotsky**, Lev Semyonovich
特纳（拉尔夫·利利·~爵士）[英]	**Turner**, Ralph Lilley, Sir	维索瓦（格奥尔格·~）	**Wissowa**, Georg Otto August
		维特[德]	**Viëtor**, Wilhelm
特纳（洛伦佐·道·~）[美]	**Turner**, Lorenzo Dow	维特根斯坦[奥]	**Wittgenstein**, Ludwig Josef Johann
特纳（马克·~）[美]	**Turner**, Mark	魏恩赖希[波兰裔美籍]	**Weinreich**, Uriel
特尼耶尔	**Tesniére**, Lucien Valerius	魏格纳[德]	**Wegener**, Philipp
特斯尼埃	**Tesniére**, Lucien Valerius	魏斯格贝尔[德]	**Weisgerber**, Leo
特瓦尔多夫斯基[奥地利裔波兰籍]	**Twardowski**, Kazimierz	温克尔[德]	**Wenker**, Georg
		温特勒[瑞士]	**Winteler**, Jost
特沃德尔[美]	**Twaddell**, William Freeman	文屈斯[英]	**Ventris**, Michael
滕卡特	**ten Kate Hermansz, Lambert**	沃达克[奥地利]	**Wodak**, Ruth
藤冈胜二[日]	**Fujioka**, Katsuji	沃德[英]	**Ward**, Ida Caroline
藤堂明保[日]	**Todo**, Akiyasu	沃尔夫（弗里德里希·奥古斯特·~）[德]	**Wolf**, Friedrich August
提里[澳裔德籍]	**Tilly**, William Henry		
廷贝亨[荷兰]	**Tinbergen**, Niko	沃尔夫（亦译 沃夫；本杰明·李·~）[美]	**Whorf**, Benjamin Lee
廷代尔[英]	**Tyndale**, William		
图尔内森[德]	**Thurneysen**, Rudolf	沃尔弗拉姆[美]	**Wolfram**, Walt
图克[英]	**Tooke**, John Horne	沃夫	**Whorf,** Benjamin Lee
图灵[英]	**Turing**, Alan Mathison	沃格林（查尔斯·费雷德里克·~）[美]	**Voegelin**, Charles Frederick
图姆[德]	**Thumb**, Albert		
涂尔干	**Durkheim**, Émile	沃格林（弗洛伦斯·玛丽·~）[美]	**Voegelin**, Florence Marie
托波罗夫[俄]	**Toporov**, Vladimir Nikolaevich		
		沃克[英]	**Walker**, John
托布勒[瑞士]	**Tobler**, Adolf	沃里斯[英]	**Wallis**, John
托马[法]	**Thomas**, John Jacob	沃洛希诺夫[俄]	**Voloshinov**, Valentin Nikolaevich
托马[匈牙利裔美籍]	**Toma**, Peter		
托马斯（埃尔福特的~）[德]	**Thomas** of Erfurt	乌尔达尔[丹麦]	**Uldall**, Hans-Jorgen
		乌尔菲拉斯[土耳其]	**Urphilas**
托瓦[西班牙]	**Tovar**, Antonio	乌尔曼[匈牙利]	**Ullmann**, Stephen
		乌夫里亚托娃[苏联]	**Ubriatova**, Elizaveta Ivanovna

1475

汉英词目检索表

乌伦贝克[荷兰]	**Uhlenbeck**, Christianus Cornelius
乌伦多夫[德裔英籍]	**Ullendorff**, Edward
乌斯拉尔[俄]	**Uslar**, Petr Karlovich

X

西巴韦赫[波斯]	**Sibawayh**
西比奥克[匈牙利裔美籍]	**Sebeok**, Thomas Albert
西伯维	**Sibawayh**
西尔韦斯特[法]	**Silvestre** de Sacy, Baron Antoine-Isaac
西弗斯[德]	**Sievers**, Eduard
西赫尔[法]	**Siger** de Courtrai
西田龙雄[日]	**Nishida**, Tatsuo
希尔(阿奇博尔德·安德森·～)[美]	**Hill**, Archibald Anderson
希尔(简·哈斯勒·～)[美]	**Hill**, Jane Hassler
希尔特[德]	**Hirt**, Hermann
希斯班努斯	**Hispanus**, Petrus
夏姆孙德尔达斯[印度]	**Shyamsundardas**
肖特琉斯[德]	**Schottelius**, Justus Georg
萧伯纳[爱尔兰裔英籍]	**Shaw**, George Bernard
小林英夫[日]	**Kobayashi**, Hideo
谢尔巴[俄]	**Shcherba**, Lev Vladimirovich
谢里丹[爱尔兰]	**Sheridan**, Thomas
辛克莱[英]	**Sinclair**, John
新村出[日]	**Shinmura**, Izuru

Y

雅贝格[德]	**Jaberg**, Karl
雅尔采娃[俄]	**Iartseva**, Victoria Nikolaevna
雅各布森[美籍犹太人]	**Jacobsen**, Lis
雅柯布逊[美]	**Jakobson**, Roman
雅科夫列夫[俄]	**Jakovlev**, Nikolaj Feofanovich
雅林[瑞典]	**Jarring**, Gunnar
雅沙特尔[伊朗]	**Yarshater**, Ehsan
亚伯拉罕[澳]	**Abraham**, Roy Clive
亚当切夫斯基[波兰裔法籍]	**Adamczewski**, Henri
扬(托马斯·～)[英]	**Young**, Thomas
叶尔姆斯列夫[丹麦]	**Hjelmslev**, Louis Trolle
叶斯柏森[丹麦]	**Jespersen**, Otto
伊本·埃兹拉[西班牙]	**Ibn Ezra**, Abraham
伊本·金尼[伊拉克]	**Ibn Jinni**
伊本·马登[西班牙]	**Ibn Madān** al-Qurtubi
伊本·乔纳[西班牙]	**Ibn Janah**, Jonah
伊本·西里[伊拉克]	**Ibn Sirry**, Abou Bakr Muhammad
伊本·西纳[伊朗]	**Ibn Sīnā**
伊尔[瑞典]	**Ihre**, Johan
伊根[荷兰]	**Inghen**, Marsilius von
英伽登[波兰]	**Ingarden**, Roman
约尔丹[罗马尼亚]	**Iordan**, Iorgu
约翰逊(大卫·～)[美]	**Johnson**, David E.
约翰逊(马克·～)[美]	**Johnson**, Mark L.
约翰逊(塞缪尔·～)[英]	**Johnson**, Samuel
约斯[美]	**Joos**, Martin

Z

赞波利[意]	**Zampolli**, Antonio
早川一会[日裔美籍]	**Hayakawa**, Samuel Ichiye
泽姆斯卡娅[俄罗斯]	**Zemskaja**, E. A.
扎布洛奇[波兰]	**Zabrocki**, Ludwig
扎恩克[德]	**Zarncke**, Friedrich
詹姆斯[美]	**James**, William
朱尼厄斯[法]	**Junius**, Franciscus
朱特[瑞士]	**Jud**, Jakob
兹维莱比尔[捷克裔德籍]	**Zvelebil**, Kamil V.
佐伊斯[德]	**Zeuss**, Johann Kaspar

世界主要语言

A

阿巴札语	Abaza
阿巴兹语	Abazin; Abazintsy
阿布哈兹语	Abkhaz; Abkhazian
阿昌语	Achang
阿迪格语	Adyghe
阿第盖语	Adyghe
阿尔巴尼亚语	Albanian
阿尔巴尼亚语族	Albanian
阿尔冈昆语系	Algonquian; Algonkian
阿尔贡金语	Algonquin
阿尔泰语	Altai
阿尔泰语系	Altaic
阿非利卡语	Afrikaans
阿非利堪斯语	Afrikaans
阿弗达巴勒语	Af-Dabarre
阿富汗语	Afghan
阿富汗波斯语	Afghan Persian
阿戈巴语	Argobba
阿格尼恩语	Agnean
阿古尔语	Aghul
阿合姆语	Ahom
阿基坦语	Aquitanian
阿卡得语	Accadian; Akkadian
阿克波索语	Akposo
阿肯语	Akan
阿拉伯语	Arabic
阿拉干—缅甸语支	Arakan-Burmese
阿拉干语	Arakanese
阿拉贡语	Aragonese
阿拉米语	Aramaean; Aramaic
阿拉帕霍语	Arapaho
阿拉瓦克语系	Arawakan
阿勒曼尼语	Alemannic
阿利安诸语言	Aryan languages
阿留申语	Aleut
阿卢尔语	Alur
阿鲁提伊克语	Alutiiq
阿洛柯语	Araucanian; Mapudungun
阿洛柯语系	Araucanian
阿眉斯语	Amis
阿美语	Ami
阿米纳语	Amina
阿莫里卡语	Armoric; Armorican
阿姆哈拉语	Amharic
阿帕布罗萨语	Apabhramsa
阿帕切—纳瓦霍语支	Apache-Navaho; Apache-Navajo
阿帕切语	Apache
阿其语	Achi
阿奇语	Archi
阿萨巴斯卡语	Athabaskan; Athabascan; Athapascan
阿萨巴斯卡语系	Athabaskan; Athabascan; Athapascan; Athapaskan
阿萨洛语	Asaro
阿萨姆语	Assamese
阿塞拜疆突厥语	Azerbaijani Turkic
阿塞拜疆语	Azerbaijani; Azerbaydzhani
阿塞里突厥语	Azeri Turkic
阿散蒂语	Ashante; Ashanti; Asante
阿舒瓦语	Ashuwa
阿斯图里亚语	Asturian; Astur-Leonese; Asturian-Leonese
阿瓦尔语	Avar
阿瓦罗—安迪语支	Avaro-Andi
阿瓦罗语	Avaro
阿希克萨哈巴语	Ashkharhabar
阿希克萨里克语	Ashksarhik
阿细彝语	Ashi
阿衣奴语	Ainu
阿依努语	Ainu
阿赞德语	Azande
阿扎利亚语	Azari
阿兹特克—塔诺语族	Azteco-Tanoan
阿兹特克语族	Aztecan
埃博拉语	Eblaite; Eblan
埃非克语	Efik
埃菲克语	Effik
埃弗利特语	Ivrit
埃及阿拉伯语	Egyptian Arabic; Modern Egyptian
埃及语	Egyptian
埃魁语	Aequian
埃拉米特语	Elamite
埃兰语	Elamite
埃利斯语	Ellice; Ellicean
埃塞俄比亚语	Ge'ez
埃索里亚语	Isaurian
艾尔锡语	Alsea
艾角语族	Ijoid
艾马拉语	Aymara
艾米利亚语	Emilian
艾奴语	Aino
艾努语	Ainu
爱奥尼亚语	Ionian
爱尔兰语	Irish
爱努语	Ainu
安达卢西亚语	Andalusian
安达曼语	Andamanese
安德里亚语	Andean
安迪语	Andi
安地语族	Andean
安第斯山语族	Andean
安多方言	Amdo Tibetan
安多藏语	Amdo Tibetan
安纳托利亚语	Anatolian
安南—芒语族	Annamese-Muong
安南语	Annamese
昂格语	Onge
盎格鲁法语	Anglo-French
盎格鲁弗里西亚语支	Anglo-Frisian

汉英词目检索表

盎格鲁诺曼语	Anglo-Norman	保加利亚语	Bulgarian
盎格鲁撒克逊语	Anglo-Saxon	卑路支语	Baluchi
盎格鲁语	Anglian	北阿拉伯语	North Arabic
盎格语	Anglic	北部派尤特语	Northern Paiute
奥布—乌戈尔语支	Ob-Ugrian	贝努—刚果语族	Benue-Congo
奥地利—巴伐利亚语	Austro-Bavarian	本巴语	Bemba
奥夫达廉语	Ovdalian	比哈尔语	Bihari
奥哈姆语	O'odham	比科尔语	Bicol; Bikol
奥吉布瓦语	Ojibwa	比利巴利语	Bhilbari
奥吉布维语	Ojibway	比利波利语	Bhilboli
奥克西唐语	Occitan	比利拉语	Bhilla
奥里亚语	Oriya	比利语	Bhili; Bhil
奥罗莫语	Oromo; Afaan-Oromoo	比林语	Bilin
奥内达语	Oneida	比撒语	Bisa; Bissa
奥农达伽语	Onondaga	比萨扬语	Bisayan
奥斯坎—翁布里亚语支	Osco-Umbrian	比斯拉马语	Bislama
奥斯坎语	Oscan	俾路支语	Balochic
奥斯恰克语	Ostyak	俾斯尼亚语	Bithynian
奥托—曼克语族	Oto-Manguean	标准藏语	Standard Tibetan
澳大利亚语系	Australian	宾夕法尼亚德语	Pennsylvania Dutch
澳大利亚诸语言	Australian languages	宾夕法尼亚荷兰语	Pennsylvania Dutch
澳斯特里克语系	Austric	冰岛语	Icelandic
澳斯特罗尼西亚语系	Austronesian	波基普里语	Bhojpuri
澳斯特罗—亚细亚语系	Austro-Asiatic	波兰语	Polish
澳台语系	Austro-Tai	波利尼西亚语族	Polynesian
澳语系	Austric	波罗的—斯拉夫亚语族	Balto-Slavic
		波罗的语族	Baltic
		波佩尔语	Bopal
B		波斯尼亚语	Bosnian
巴比伦尤地亚—阿拉米语	Babylonian Judaea Aramaic	波斯语	Persian
巴宾—维祖维特恩语	Babine-Witsuwit'en; Nadot'en-Wets'uwet'en	伯支达语	Bezhta
		勃艮第语	Burgundian
巴布亚语系	Papuan	勃兰登堡方言	Brandenburgisch
巴布亚诸语言	Papuan languages	博班吉语	Bobangi
巴茨语	Bats	博德语群	Bodish languages
巴达维马来语	Betawi Malay; Betawi	博多-噶罗语支	Bodo-Garo languages
巴尔蒂语	Balti	博多语	Bodo
巴尔干半岛诸语言	Balkan languages	博克马尔语	Bokmål
巴尔卡尔语	Balkar	补远基诺语	Jinuo Buyuan
巴尔马语	Barma	不丹语	Bhutanese
巴伐利亚语	Bavarian	布比语	Bubi
巴克摩挪威语	Bokmål	布杜赫语	Budukh
巴拉巴语	Baraba	布吉语	Buginese; Bugis; Bugi
巴拉瓦语	Barawa	布库苏语	Bukusu; Lubukusu
巴拉语	Bara	布拉灰语	Brahui
巴厘语	Balinese; Bari	布莱克福特语	Blackfoot
巴利语	Pali	布里亚特语	Buryat
巴姆穆语	Bamum; Bamoum; Bamoun	布立吞语支	Brittonic; Brythonic
巴萨语	Basaá; Basa; Bassa	布列塔尼语	Breton
巴什基尔语	Bashkir	布鲁沙斯克语	Burushaki
巴斯克语	Basque	布鲁语	Buru
巴塔克语	Batak	布洛语	Buro
巴西葡萄牙语	Brazilian Portuguese	布须黑人英语	Bush-Negro English; Jew-Tongo
白俄罗斯语	Belorussian; Byelorussian; White Russian		
百阿普语	Baiap	**C**	
柏柏尔语族	Berber	仓洛语	Tshangla
拜火教达利语	Zoroastrian Dari	查加泰语	Jagatai
班巴拉语	Bambala	察合台语	Chagatai
班达语	Banda	朝鲜语	Korean
班吉语	Bangui	车臣语	Chechen
班图语支	Bantu	楚科奇语	Chukchi; Chukchee
半岛西班牙语	Peninsular Spanish	楚梯亚语	Chutiya
邦查语	Pangcah	楚瓦什语	Chuvash
邦都语	Bontoc; Bontok	茨瓦纳语	Tswana; Setswana

D

达阿萨尼志语	Daasanach; Dasenech; Daasanech; Dathanaik; Dathanaic; Dathanik	达萨语	Daza; Dasa; Dazza
		达司语	Dass
		达特奇语	Dhatki; Dhati
		达图嘎语	Datooga
		达图格语	Datog
达奥达语	Daonda	达瓦纳语	Dawana
达奥语	Dao	达瓦瓦语	Dawawa
达巴勒语	Dabarre	达瓦文由语	Davawenyo; Davaoeño; Davaweño
达巴语	Daba; Dabba		
达迪比语	Dadibi	达瓦语	Dâw; Kamã; Kamã Makú
达迪亚语	Dadiya; Dadia; Daadiya	达瓦兹语	Darwazi
达尔达玖达侏语	Dar Daju Daju; Dadjo; Dadju; Dajou; Daju; Dajo; Daju Mongo	达韦拉—达韦洛尔语	Dawera-Daweloor
		达韦洛尔语	Davelor
		达斡尔语	Daur; Dagur; Daguor; Dawar; Dawo'er
达尔德语	Dardic		
达尔伏尔达侏语	Dar Fur Dagu; Daju Ferne	达悟语	Tao
达尔格瓦语	Dargwa	达伊索语	Dhaiso; Kidhaiso; Daiso; Daisu
达尔哈特语	Darkhat	鞑靼语	Tatar; Tatarça
达尔基语	Dargi	大西洋语族	Atlantic
达尔金斯基语	Dargintsy	大洋洲语言	Oceanic languages
达尔金语	Dargin	代盖马语	Degema
达尔马尔语	Dalmaal	代戈哈语	Degha
达尔马提亚语	Dalmacija	代戈如语	Degaru; Dhekaru
达尔曼尼语	Darmani	代戈语	Deg
达尔米亚语	Darmiya; Darimiya	代玛语	Dema
达尔斯加语	Dalska	代姆语	Dem; Lem; Ndem
达尔西拉达侏语	Dar Sila Daju; Sila; Sula; Daju; Dadjo; Dajou	代语	Day; Dai
		玳尔语	Dair; Daier
		玳伊语	Dayi; Dhay'yi; Dha'i
达戈阿尔语	Dagaari	玳语	Dai
达戈巴尼语	Dagbani; Dagbane	丹比语	Dambi
达戈巴语	Dagba	丹达利马尔瓦里语	Dhundari-Marwari
达戈班巴语	Dagbamba	丹达利语	Dhundari
达共巴语	Dagomba	丹达瓦语	Dandawa
达哈鲁语	Dahalo	丹戈里语	Dangri
达忽嘟语	Daho-Doo	丹戈玛语	Dangme; Adangme
达吉克语	Dagik; Dagig; Reikha	丹古语	Dangu
达吉斯坦语	Dagestani	丹卡语	Dhanka
达迦阿热语	Dagaare	丹麦语	Danish; Dansk; Dänisch
达迦尔语	Dagari	丹尼语	Deni; Dani
达迦拉语	Dagara	丹诺尔语	Deno
达迦提语	Dagati	丹帕尔语	Dampal
达迦语	Daga	丹佩勒拉撒语	Dampelasa
达卡卡语	Dakaka	丹佩勒斯语	Dampelas
达卡语	Dakka	丹奇语	Dhanki; Dangi
达科他语	Dakota	丹瓦尔语	Danuwar Rai; Dhanwar; Dhanvar; Danuwar; Denwar
达克帕克哈语	Dakpakha		
达劳玛图语	Daro-Matu	丹语	Dan
达勒卡里亚语	Dalecarlian	当加雷阿语	Dangaléat; Dangla
达雷语	Darai	德法卡语	Defaka
达利比语	Daribi	德哥辛顿语	Deg Xit'an; Degexit'an; Deg Hitan
达利语	Dari		
达利波斯语	Dari Persian	德格南语	Degenan
达龙语	Darlong; Dalong	德哈古语	Dhangu; Dhangu'mi
达罗毗荼语系	Dravidian family	德哈兰迪吉语	Dhalandji
达玛勒语	Damal	德迦提语	Degati
达芒语	Tamang	德克语	Dek
达芒语支	Tamangic	德拉—欧纳勒语	Dela-Oenale
达米阿语	Damia	德拉维达语系	Dravidian family
达摩迪语	Damedi	德拉语(尼日利亚)	Dera
达摩尔语	Damel	德拉语(印度尼西亚)	Dera
达摩里语	Dameli	德伦琼科语	Drenjongke
达纳鲁语	Danaru	德罗语	Delo
达瑙语	Danau; Danaw	德米瑟语	Demisa
达诺语	Dano; Asaro	德姆塔语	Demta
达萨嘎语	Dazaga	德内语族	Dene

汉英词目检索表

德萨纳语	Desâna; Desána
德萨诺语	Desano; Dessano
德瓦的语	Dghwede
德瓦里语	Dehwari; Deghwari
德万语	Dewoin; De; Dey; Dei; Dewoi
德语	German
登达让语	Darang Deng; Darang; Darang Dengyu
登迪语	Dendi
登戈布语	Dengebu
登吉斯语	Dengese; Ndengese
登咔语	Dengka
登琼卡语	Denjongka
登亚语	Denya
迪奥迪奥语	Diodio
迪奥里语	Deori
迪比亚索语	Dibiyaso; Dibiasu
迪波勒语	Dibole
迪波语	Dibo
迪德瓦语	Dedua
迪丁嘎语	Didinga; 'Di'dinga
迪多语	Dido; Didoi
迪尔巴尔语	Dyirbal
迪尔瑞语	Dieri
迪福语	Dehu; De'u
迪吉姆布韦林姆语	Dijim-Bwilim
迪加洛—米氏米语	Digaro-Mishmi
迪坎语	Deccan
迪克语	Digo
迪拉沙语	Dirasha; Diraasha
迪里库语	Gciriku; Diriku; Diriko
迪里姆语	Dirim; Dirin; Dirrim
迪里亚语	Dirya; Diriya
迪里语	Diri
迪林语	Dilling
迪马沙语	Dimasa
迪玛语（埃塞俄比亚）	Dima
迪玛语（巴布亚新几内亚）	Dima
迪米尔语	Dimir
迪姆迦语	Dimuga
迪姆里语	Dimli; Dimili
迪姆语	Dime
迪沙语	Disa
迪塔玛里语	Ditammari; Ditamari
迪乌拉语	Dyula; Dyoula; Diula
迪亚里语	Diyari
迪亚语	Dia
迪伊语	Dii
迪由韦语	Diuwe
迪兹富里语	Dezfuli; Dezhfili; Dizfuli
丁玻语	Dimbong
丁卡语	Dinka
丁语	Ding; Din
东阿尔冈昆语族	Eastern Algonquian
东北部丁卡语	Northeaster Dinka
东北高加索语族	North-East Caucasian
东部达玛尔语	East Damar
东部闪米特语支	East Semitic
东罗曼语支	East Romance
东切尔克斯语	East Circassian
东日耳曼语支	East Germanic
东斯拉夫语支	East(ern) Slavic
东苏丹语族	Eastern Sudanic
东吐火罗语	East Tokharian
东乡语	Dongxiang
冻土涅涅茨语	Tundra Nenets
侗台语族	Kam-Tai
杜瓦勒语	Dhuwal
杜亚拉语	Duala; Dualla
多迪亚语	Dhodia
多格拉语	Dogra
多格里语	Dogri
多贡语	Dogon
多利阿语	Doria

E

俄语	Russian
额尔齐斯语	Irtysh
厄尔夫达廉语	Elfdalian
厄鲁语	Elu
恩粗卡语	Ndaka; Ndaaka
恩大利语	Ndali
恩多洛语	Ndolo; Ndoolo
恩呷拉语	Ngala
恩古尼语支	Nguni
恩卡瑞语	Nkari

F

法尔西语	Farsi
法兰科—普罗旺斯语	Franco-Provencal
法兰科—威尼斯语	Franco-Venetian
法立斯肯语	Faliscan
法罗语	Faroese; Faeroese
法那加洛语	Fanagalo
法纳戈洛语	Fanakalo
法语	French
法语沃州方言	Vaudois
梵语	Sanskrit
方提方言	Fanti
芳蒂语	Fanti
非亚语系	Afro-Asiatic
非裔美国黑人英语	African American Vernacular English; AAVE
非洲诸语言	African languages
腓尼基语	Phoenician
斐济语	Fijian
斐语	Fi
吠陀梵语	Vedic
芬兰—乌戈尔语族	Finno-Ugric
芬兰语	Finnish
芬兰语支	Finnish languages
芬宁噶语	Fininga
芬诺—乌戈尔语族	Finno-Ugrian
丰语	Fon
佛拉芒语	Flemish
佛兰芒语	Flemish
佛兰西语	Francien; Francian
弗拉芒语	Flemish
弗里西亚语	Frisian
弗留利语	Friulian
伏尔特语族	Voltaic
福克斯语	Fox
福摩萨话族	Formosan
富拉语	Fula; Fulani

G

噶罗语	Garo
盖尔语	Gaelic
盖拉语	Galla
刚果语	Kongo; Congo

高地德语	High German
高地日耳曼诸语言	High Germanic; High German languages; Hochdeutsch
高加索语群	Caucasian
高卢罗曼语	Gallo-Romance
高卢语	Gaulish
高棉语	Khmer
戈兰语	Goran
哥特语	Gothic
格兰尼语	Gorani
格鲁吉亚语	Georgian
古阿卡得语	Old Akkadian; Accadian
古低弗兰科尼亚语	Old Low Franconian
古典拉丁语	Classical Latin
古尔语族	Gur
古荷兰语	Old Dutch
古教会斯拉夫语	Old Church Slavonic
古拉语	Gulla
古尼彦迪语	Gooniyandi
古诺尔斯语	Old Norse
古斯堪的纳维亚语	Old Scandinavian
古西伯利亚语诸语言	Paleo-Siberian
古希腊共通语	Koine
古希腊语	Hellenic; Greek
古亚细亚语系	Paleo-Asiatic
古亚细亚诸语言	Paleo-Siberian
古英语	Old English
瓜拉尼语	Guarani

H

哈尔魁梅林语	Halkomelem
哈卡莱语	Hakha Lai
哈卡钦语	Hakha Chin
哈拉米语	Hawrami; Horami
哈萨克语	Kazakh; Kazak
海湾语族	Gulf languages
韩语	Korean
汉泰亚系	Tai-Chinese
汉特语	Khanty; Khanti; Hanty
汉语	Chinese
汉语族	Sinitic
汉藏语系	Sino-Tibetan
汉志阿拉伯语	Hejazi Arabic
豪萨语	Hausa
郝雷罗语	Herero
河皮语	Hopi
荷兰语	Dutch
赫尔尼西亚语	Hernician
赫蒙—棉语族	Hmong-Mien
赫梯语	Hittite
黑脚语	Blackfoot
黑人英语	Black English; Black Vernacular; Black English Vernacular (BEV); Black Vernacular English (BVE)
黑森语	Hessian
胡利安语	Hurrian
湖帕语	Hupa
华隆语	Wallon
华人马来语	Chinese Malay
霍皮语	Hopi
霍齐语	Hozi

J

基奥瓦—塔诺安语族	Kiowa-Tanoan
基刚果语	Kikongo
基隆迪语	Kirundi
基切语	K'ichee'; Quiché; K'iche'
基—斯瓦希里语	Kiswahili
基西语	Kisii; Gusii; Guzii
吉巴语	Jiba; Jibe; Jibi
吉卜赛语	Gypsy
吉布语	Jibu; Jibanci; Jibawa
吉杜语	Jiiddu; Jiddu
吉尔布语	Jilbe
吉尔吉斯语	Kirghiz; Kirgiz; Kyrgyz
吉库尤语	Kikuyu; Gikuyu
吉利亚克语	Nivkh
吉林木语	Jilim
吉鲁语	Jiru; Zhiru
吉米语	Jimi
吉纳语	Jina
吉热尔语	Jirel; Jirial
吉塔语	Jita
吉韦拉—派佩沙语	Jwira-Pepesa
吉由语	Jju
吉语族	Gê; Gean; Jê; Jean; Ye
吉兹语	Ge'ez
极北诸语言	Paleo-Siberian
加拉提亚语	Galatian
加勒比语	Carib
加里西亚语	Galician
加茂语	Jiamao
加那利西班牙语	Canarian Spanish
加泰隆语	Catalan; Català; Catalonian
加泰罗尼亚语	Catalonian
迦拉太语	Galatian
迦勒底现代阿拉米语	Chaldean Neo-Aramaic
迦勒底语	Chaldean
迦摩缕波语支	Kamarupan
迦南语支	Canaanite
嘉莱语	Jarai
嘉涅拉语	Janela
嘉绒语	Jiarong; Jyarung; Gyarong; Gyarung; Chiarong; Jarong
贾胡特语	Jah Hut
贾姆贾姆语	Jumjum
柬埔寨语	Cambodian
角陀语	Jorto
角乌鲁语	Jowulu
教会斯拉夫语	Church Slavonic
捷克语	Czech
羯语	Ket
景颇—怒—卢伊语支	Jingpo-Nungish-Luish
景颇语	Chingpo; Jingpo; Kachin
警察莫图语	Police Motu

K

喀克其奎语	Kaqchikel; Kaqchiquel; Cakchiquel; Cakchiquiel
卡巴尔达语	Kabardian
卡巴尔迪语	Qabardi
卡累利阿语	Karelian; kariela
卡里迪安纳语	Karitiana
卡里穆伊语	Karimui
卡伦津语	Kalenjin
卡纳达语	Kanarese
卡普齐语	Kapucha
卡斯蒂利亚西班牙语	Castilian Spanish
卡斯蒂利亚语	Castilian

卡特维尔语族	Kartvelian
卡尤加语	Cayuga
凯尔特语族	Celtic
凯克奇语	Kekchi; Q'eqchi'; Cacche'; Ketchi
凯雷斯语	Keres
坎那达语	Kannada; Kanarese
康巴方言	Khams Tibetan
康巴藏语	Khams Tibetan
康沃尔语	Cornish; Kernowek; Kernewek; Curnoack
柯尔克孜语	Kirgiz
科尔多凡语族	Kordofanian
科米彼尔米亚克语	Komi-Permyak
科米语	Komi
科米兹梁语	Komi-Zyrian
科普特语	Coptic
科萨语	Xhosa
科西嘉语	Corsican
科伊桑语系	Khoisan
克里特希腊语	Cretan Greek
克里语	Cree
克伦语支	Karen languages
克罗地亚语	Croatian
克丘亚语	Quechua
克什米尔语	Kashmiri; Keshur; Kaschemiri; Cashmiri; Cashmeeree
克瓦语族	Kwa
客家语	Hakka
肯伊语	Kabiye; Kabye
孔卡尼语	Konkani
库尔德语	Kurdish
库库—吉米提尔语	Guguyimidjir; Guugu Yimithirr; Guugu Yimidhirr
库施特语族	Cushite

L

拉达克语	Ladakhi; La-dwags skad
拉丁罗曼语	Romanche
拉丁语	Latin
拉古萨语	Ragusan
拉贾邦士语	Rajbanshi; Rajbangsi; Rajbansi; Rajbongshi
拉贾斯坦语	Rajasthani
拉科塔迪达语	Lakota Dida
拉罗通加语	Rarotongan
拉美西班牙语	Hispanic American Spanish
拉萨维语	Rathawi
拉汀语	Ladin
拉托卡斯语	Ratokas
拉脱维亚语	Latvian
拉瓦斯语	Rawas
莱蒂语	Lettish
莱托—罗曼什语	Rhaeto-Romance
兰克尔语	Rankel
勒蒂语	Leti
雷蒂亚—罗曼语	Rhaeto-Romance
里克斯莫尔语	Riksmål; Riksmaal
里特万语	Ritwan
里细尔语	Raetian
立陶宛语	Lithuanian
利夫迪克森语	Dixon Reef
列支罗曼语	Rheto-Romance
留尼旺语	Reunionnais
龙加语	Ronga
隆达语	Ruund; Northern Lunda; Luunda
隆迪语	Rundi
卢迪亚语	Loodiya
卢斐济语	Rufiji
卢力语	Ruli
卢森尼亚语	Rusyn; Ruthene
卢旺达—隆迪语	Rwanda-Rundi
卢旺达语	Rwanda; Ruanda; Kinyarwanda; Ikinyarwanda; Orunyarwanda; Urunyaruanda
卢西塔尼亚葡萄牙语	Lusitanian Portuguese
鲁塞尼亚语	Ruthenian; Old Belarusian; Old Ukrainian
陆达雅克语	Land Dayak
罗德里格斯克里奥尔语	Rodriguan Creole
罗恩语	Ron
罗马尼亚语	Romanian; Roumanian; Rumanian
罗马尼语	Romani
罗曼列支语	Romanche
罗曼什语	Romansch
罗曼语支	Romance
罗姆语	Romany
罗森诺斯克语	Russenorsk
罗图马语	Rotuman; Rotunan; Rutuman; Fäeag Rotuma

M

马恩语	Manx; Manx Gaelic; Manks
马尔瓦里语	Marwari; Marvari; Marwadi
马拉加什语	Malagasy
马来-波利尼西亚语族	Malayo-Polynesian
马来西亚语	Malaysian; Bahasa Malaysia
马来语	Malay
马普切语	Mapudungun
马其顿语	Macedonian
马萨金达吉克语	Masakin Dagig
马萨金语	Masakin
马萨瓦语	Mazahua
马扎尔语	Magyar
玛雅语族	Mayan
迈蒂利语	Maithili
麦罗埃语	Meroitic
曼德语族	Mandé languages
曼迪语族	Mandé languages
曼丁语族	Mandé languages
曼尼沃语	Maniwo
毛利语	Maori
梅里纳语	Merina
美洲印第安语	Amerindian
美洲印第安语系	Amerind
美洲印第安语	American Indian languages; Amerindian
扪达语族	Munda
蒙达语族	Munda
蒙格里诺—罗马尼亚语	Megleno-Rumanian; Megleno-Romanian; Moglenite Vlach; Meglen Vlachs
孟—高棉语族	Mon-Khmer
孟加拉语	Bengali
孟语	Mon
米塞语	Mixe
米塞—佐基语族	Mixe-Zoque
米沙鄢语	Bisayan

米斯特克语支	Mixtecan languages	尼哥罗英语	Negro-English
米苏马尔盘语族	Misumalpan; Misumalpa; Misuluan	尼罗—撒哈拉语系	Nilo-Saharan; Chari-Nile
		尼欧语	Nyole; Nyule
米沃克—科斯塔诺语支	Miwok-Costanoan	尼日尔—刚果语系	Niger-Congo
缅甸语	Burmese	尼日尔—科尔多凡语系	Niger-Kordofanian family
缅彝语支	Burmese-Lolo; Burmese-Yipho	尼苏语	Ne-su
苗瑶语族	Miao-Yao	尼温格卫语	Nyungwe
摩哈维语	Mojave; Mohave	尼屋尼屋语	Nyulnyul
摩揭陀语	Magahi; Magadhi	尼亚姆韦西语	Nyamwesi
摩西诺语	Mocheno	尼亚图鲁语	Nyaturu
莫霍克语	Mohawk	尼扬贾语	Nyanja
莫拉勒语	Molala; Molale; Molalla	尼扬科勒语	Nyankore; Nyankole
莫图语	Motu	尼扬韦齐语	Nyamwezi; Nyamwesi
		尼伊给那语	Nyigina
N		尼伊哈语	Nyiha
		尼因德茹语	Nyindrou
那阿巴语	Naaba; Naapa; Naapaa	尼因度语	Nyindu
那巴克语	Nabak	尼永语	Nyong
那巴语	Naba	尼优语	Nyeu
那拉语	Nara	尼赞卡拉语	Nzakara; N'sakara
那西奥语	Naasioi; Nasioi	尼赞卡姆拜语	Nzakambay; Nzakmbay
那语	Na	尼赞伊语	Nzanyi
呐口语	Neko	涅涅茨语	Nenets
纳—达内语系	Na-Dené	涅兹玛语	Nzema
纳道语	Ndao	纽埃语	Niuean
纳—得内语系	Na-Dené	努比亚语	Nubian
纳—德内语系	Na-Dené	怒语	Nu
纳加语	Naga	挪威布克莫尔语	Bokmál
纳克—达吉斯坦语族	Nakho-Dagestanian	挪威语	Norwegian; Norsk
纳里涅里语	Narrinyeri	诺彬语	Nobiin
纳马语	Nama	诺维尔语	Novial
纳姆语	Nam	诺维亚语	Novial
纳瓦荷语	Navaho		
纳瓦霍语	Navaho; Navajo	**O**	
纳瓦特尔语	Nahuatl		
纳乌纳语	Nauna; Naune	欧洲葡萄牙语	European Portuguese
纳西语	Na-shi	欧洲西班牙语	European Spanish
奈基语	Naiki		
南阿拉伯语支	South Arabic	**P**	
南安布里姆语	South Ambrym		
南部达迦阿热语	Southern Dagaare	帕固里雅语	Bhagoria
南部派尤特语	Southern Paiute	帕劳语	Palauan; Belauan
南岛—泰语	Austro-Thai	帕马—恩永甘语族	Pama-Nyungan
南岛语系	Austronesian	帕诺亚语支	Panoan
南非荷兰语	Afrikaans	帕帕戈皮马语	Papago-Pima
南非语	Afrikaans	排湾语	Paiwan
南高加索语族	South Caucasian	派尤特语	Paiute
南美洲语言	South American languages	旁遮普语	Panjabi
南亚语系	Austro-Asiatic	佩努蒂亚语族	Penutian
南亚诸语言	South Asian languages	皮拉罕语	Piraha
南中部丁卡语	South Central Dinka	菩提亚语	Bhoti
瑙鲁语	Nauruan	葡萄牙语	Portuguese
内兹佩尔塞语	Nez Perce	普利莫图语	Pure Motu
尼阿冈基语	Nyawaygi	普罗旺斯语	Provençal
尼阿斯语	Nias	普什图语	Pashto
尼阿图茹语	Nyaturu	普提亚语	Bhutia
尼阿斡语	Nyaw	普西语	Phuthi
尼昂噶语	Nyunga; Nyungar		
尼昂加语	Nyanja	**Q**	
尼奥罗语	Nyoro		
尼奥语	Nyore	奇努克混合语	Chinook jargon
尼泊尔语	Nepali	奇努克语	Chinook
尼额姆巴语	Nyemba; Nhemba	契维语	Twi
尼恩勾语	Nyengo; Nhengo	黔台语支	Kam-Tai
尼恩可哈语	Nyenkha	羌语	Qiang
尼鞥语	Nyeng	羌语支	Qiangic
		乔巴语	Joba

汉英词目检索表

乔克波尔玛塔基勒语	Jonkor Bourmataguil
乔克托语	Choctaw
乔拉—方尼语	Jola-Fonyi
乔拉—卡萨语	Jola-Kasa; Jóola-Kasa
切罗基语	Cherokee
切延内语	Cheyenne
龟兹语	Kuchean

R

日耳曼语族	Germanic
日语	Japanese
瑞典语	Swedish
瑞疆语	Rejang; Redjang
瑞士德语	Swiss German
瑞提克—罗曼语	Rhaeto-Romance; Rhaeto-Romanic
瑞提克语	Rhaetic; Raetic

S

撒拉语	Salar
萨贝里克语支	Sabellic
萨比语	Sabir
萨拉马坎语	Saamaka; Saramaccan
萨利希语族	Salishan
萨米语族	Saami; Sami; Sámi
萨摩亚语	Samoan
萨摩耶德语族	Samoyed; Samoyedic
塞尔维亚—克罗地亚语	Serbo-Croatian
塞尔维亚语	Serbian
桑巴拉语	Sambaa; Shambala
森林涅涅茨语	Forest Nenets
僧伽罗语	Simhala; Sinhala; Sinhalese
沙里—尼罗语系	Chari-Nile
闪含语系	Semito-Hamitic
掸语	Shan
上阿萨洛语	Upper Asaro
上大河谷达尼语	Upper Grand Valley Dani
尚加语	Shanga; Shangawa; Shonga; Shongawa
畲语	She; Huo Nte
圣经阿拉米语	Biblical Aramaic
失纯阿拉米语	Dog-Aramaic
市场马来语	Bazaar Malay
书面挪威语	Bokmål
斯尔毛语	Sirmauri; Sirmouri
斯拉夫语族	Slavic; Slavonic
斯拉维语	Slavey; Slavi; Slave
斯洛伐克语	Slovak; Slovakian
斯洛文尼亚语	Slovene; Slovenian; Slovenscina
斯瓦希里语	Swahili
苏格兰盖尔语	Scottish Gaelic; Scots Gaelis
苏格皮埃克语	Sugpiak
苏克语	Suk
苏鲁阿哈语	Zuruahá; Suruaha; Zuruaha
苏皮克语	Supik
梭梭尼语	Shoshenean
索布—文德语	Sorbo-Wendic
索布语	Sorbian
索卡斯语	Saukas; Shaukas
索马里语	Somali
索托语	Sotho; Suto; Suthu; Souto

T

他加禄语	Tagalog
他加洛语	Tagalog
塔巴萨兰语	Tabassaran
塔胡尔语	Tahur
塔加洛语	Tagalog
塔兰奇语	Taranchi
塔马舍克语	Tamashek
塔斯马尼亚诸语言	Tasmanian
塔塔尔语	Tatar
塔图嘎语	Tatoga
塔图格语	Tatog
塔图卢语	Taturu
塔希提语	Tahitian
台—卡岱语	Tai-Kadai; Daic; Kadai; Kradai; Kra-Dai
台湾原住民语族	Formosan
泰国语	Thai; Siamese
泰卢固语	Telugu
泰米尔—坎纳达语支	Tamil-Kannada
泰米尔语	Tamil
泰语	Thai; Siamese
唐古特语	Tangut
特贝勒语	Tebele
特林吉特语	Tlingit
提马尔语	Dhimal
通卡瓦语	Tonkawa
图阿列格语	Tuareg
图利莫图语	Ture Motu
图瓦卢语	Tuvalu
土耳其语	Turkish
吐火罗语	Tocharian/Tokharian

W

瓦尔皮里语	Warlpiri; Walbiri; Wailbri
瓦卡希语族	Wakashan
瓦龙语	Wallon
瓦隆语	Wallon; Walon
瓦马加瑞语	Walmatjari; Walmajarri; Walmadjari; Walmatjiri; Walmajiri; Walmatjeri; Walmadjeri; Walmadyeri; Walmaharri
万尼克语	Vannic
汪达尔语	Vandal
威尔士语	Cymraeg; Kymric; Welsh
威尼斯方言	Venetian; Venetan
威尼西亚方言	Venetian; Venetan
威尼西亚语	Venetic
维利其语	Veliche
维普斯语	Vepsian; Veps
维斯提尼亚语	Vestinian
维吾尔语	Uigher; Uyghur
文达语	Venda
文德语	Wendish
文图语	Wintu
翁本杜语	Umbundu; Umbundo
翁布里亚语	Umbrian
渥鲁夫语	Wolof
沃洛夫语	Wolof
沃恰克语	Votiak; Votyak
乌班吉语支	Ubangi
乌德穆尔特语	Udmurt
乌尔都语	Urdu
乌尔瓦语	Ulwa; Ulúa; Woolwa; Ulw
乌戈尔语支	Ugrian; Ugric
乌加里特语	Ugaritic

乌克兰语	Ukrainian
乌拉尔—阿尔泰语系	Ural-Altaic; Uralo-Altaic; Uraltaic
乌拉尔语系	Uralic
乌托—阿兹台语族	Uto-Aztecan
乌维语	Uvean; Wallisien
乌孜别克语	Uzbek
乌兹别克语	Uzbek

X

西阿拉米语言	Western Aramaic
西班牙语	Spanish
西北部丁卡语	Northwestern Dinka; Ruweng
西北高加索语族	Northwest Caucasian
西伯利亚诸语言	Paleo-Siberian
西部达玛尔语	West Damar; North Damar
西部达尼语	Western Dani; Barat Dani; Ilaga Western Dani
西大西洋诸语言	West Atlantic languages
西佛兰芒语	West-Flemish
西罗曼语支	West Romance
西南部丁卡语	Southwestern Dinka
西切尔克斯语	West Circassian
西日耳曼语支	West Germanic
西撒克逊语	West Saxon
西塞尔语	Sicel
西闪语族	West Semitic
西斯拉夫语支	West Slavic
西吐火罗语	East
西西里语	Sicilian
西夏语	Xixia; Hsi-Hsia; Mi-nia
西印地语	Western Hindi
希伯来语	Hebrew
希卡利亚纳语	Hixkaryana
希腊语	Greek
希利莫图语	Hiri Motu
希卢克语	Shilluk
希纳语	Shina; Sina
锡达莫语	Sidamo; Sidaminya
锡金语	Sikkimese
锡金藏语	Sikkimese Tibetan
喜马拉雅语支	Himalayish
下大河谷达尼语	Lower Grand Valley Dani
夏尔巴语	Sherpa
夏丘普语	Sharchop
夏威夷语	Hawaiian
夏延语	Cheyenne
暹罗语	Siamese; Thai
现代埃及语	Modern Egyptian
现代波斯语	Farsi
现代希腊语	Katharevousa; Katharevusa
肖尼语	Shawnee
肖肖尼语	Shoshenean
小亚细亚诸语言	Anatolian
辛德语	Sindhi
新阿卡得语	New Akkadian
新埃及语	Neo-Egyptian
新几内亚语	New Guinea
新加坡英语	Singapore English
信德语	Sindhi
匈牙利语	Hungarian
休伦语	Huron
休休尼语	Shoshenean
修纳语	Shona; Swina
叙利亚语	Syriac

Y

牙买加克里奥尔语	Jamaican Creole English
雅典城邦希腊语	Attic Greek
雅库特语	Yakut; Sakha
雅利安诸语言	Aryan languages
雅伦卡语	Jalonke; Yalunka
雅美语	Yami
雅那语	Yana; Yanan
亚非语系	Afro-Asiatic
亚卡语	Yaka; Iaca; Iyaka
亚利安诸语言	Aryan Languages
亚美尼亚语	Armenian
亚述巴比伦语	Assyro-Babylonian
亚述语	Assyrian
亚维斯达语	Avestan
亚细亚古语	Asianic
亚洲语言	Asiatic languages
瑶语	Yao
伊比利亚—巴斯克语系	Ibero-Basque
伊比利亚—罗曼语	Ibero-Romance; Ibero-Romance languages
伊比利亚西班牙语	Iberian Spanish
伊比利亚语	Iberian
伊博语	Ibo
伊多语	Ido
伊格柏语	Igbo
伊朗—雅利安语支	Irano-Aryan
伊朗语支	Iranian; Iranic
伊利里亚语	Illyrian
伊利诺伊语	Illinois
伊洛干诺语	Illocano
伊乔语	Ijo
伊斯特里亚—罗马尼亚语	Istro-Romanian
依地语	Yiddish
彝缅—纳西语支	Lolo-Burmese-Naxi
彝语	Yi
易洛魁语	Iroquois
易洛魁语族	Iroquoian
意大利语	Italian
意大利语族	Italic group
意第绪语	Yiddish
因纽特语	Inuit
印地—乌尔都语	Hindi-Urdu
印地语	Hindi
印度尼西亚语	Indonesian; Bahasa-Indonesia
印度—日耳曼语系	Indo-Germanic
印度斯坦语	Hindustani
印度—雅利安语支	Indo-Aryan; Indic
印度—伊朗语族	Indo-Iranian
印度诸语言	Indian languages
印古什语	Ingush
印欧语系	Indo-European; Indo-Germanic
英格列语	Ingrian
英印语	Anglo-Indian
英语	English
尤比克语	Ubykh; Ubyx
尤迪语	Udi
尤卡坦语	Yucatec
尤库布韦迪达语	Yocoboué Dida
尤拉克语	Yurak
尤乐基诺语	Youle Jinuo; Jino; Youle
尤斯潘提克语	Uspanteko; Uspanteco; Uspantec
犹太—柏柏尔语	Judeo-Berber

汉英词目检索表

犹太德语	Judeo-German	中大河谷达尼语	Mid Grand Valley Dani; Central Grand Valley Dani
犹太—格鲁吉亚语	Judeo-Georgian		
犹太—克里米亚鞑靼语	Judeo-Crimean Tatar; Judeo-Crimean Turkish; Krimchak	中古藏语	Old Tibetan
		中美洲语言	Meso-American
犹太—塔吉克语	Judeo-Tat; Judeo-Tatic; Jewish Tat	朱昂语	Juang; Juango
		朱甸语	Ju|'hoan
犹太—意大利语	Judeo-Italian; Italkian	朱孔塔肯木语	Jukun Takum
犹太语	Jewish	朱勒摩多语	Jur Modo
约鲁巴语	Yoruba	朱玛	Júma; Yumá
越南语	Vietnamese	朱姆利语	Jumli; Jumeli; Jumla
		朱如纳语	Jurúna; Yurúna; Iuruna; Jaruna; Yudya

Z

赞德语	Zande	朱芮语	Juray
藏缅语族	Tibeto-Burman	朱特语	Jutish; Jutlandish
藏语	Tibetan	朱瓦勒语	Juwal
藏语群	Tibetan languages; Bodish languages	朱语	Ju
		壮侗语族	Tai-Kadai
藏语支	Tibetic	兹梁语	Zyrian
泽尔托尔语	Tzeltal; Ts'eltal	兹语	Ge'ez
扎波特语支	Zapotecan	宗喀语	Dzongkha
爪哇语	Javanese	宗卡语	Dzongkha
智利西班牙语	Chilean Spanish	祖鲁语	Zulu
中部藏语	Central Tibetan	祖尼语	Zuni

英汉词目检索表
Entries Listed in English Alphabetical Order

语言学术语

A a

a posterior language	非先创语言
a prospective sample	预期样本
A'- binding	非论元约束，A'约束
A'- movement	A'移位，非论元移位
A'- position	A'位置，非论元位置
A'-chain	A'语链，非论元语链
a-adjective	a-形容词
a-adverb	a-副词
abbreviated clause	节缩分句
abbreviated negation	省略否定式
abbreviated question	简略问句
abbreviating device	节缩手段
abbreviation	缩略；缩写
abbreviatory convention	缩略规约
abduction	假说推理；外展
abecedarius	字母离合诗
aberrant	异常变化成分
abessive case	欠格
ability grouping	能力分组
A-binding	A 约束，论元约束
ablative absolute	独立夺格结构
ablative case	夺格；离格
ablaut	元音变换，元音交替；转音*
abnormal tune	反常语调
abnormal vowel	非正常元音
aboutness topic	关涉话题
abridged clause	缩减从句[2]
abrupt	突发音
abrupt release	突发除阻
absence of preposition of time	时间介词缺失
absolute adjective	绝对形容词
absolute antonym	绝对反义词
absolute antonymy	绝对反义关系
absolute case	绝对格；通格
absolute chronology	绝对年代学
absolute comparative	绝对比较级
absolute construction	独立结构；分词独立结构
absolute decision	绝对决定
absolute duration value	绝对音延值
absolute form	绝对形式
absolute neutralization	绝对中和
absolute nominative	独立主格
absolute phrase	独立短语
absolute possessive	独立物主代词
absolute superlative	绝对最高级
absolute synonym	绝对同义词
absolute tense	绝对时态
absolute universal	绝对共性
absolute verb	独立动词
absolutive	通格
absolutive language	作格语言
absorption	语音同化失音
abstract case	抽象格
abstract domain	抽象域
abstract sound	概括语音
abstraction	抽象化
abstraction from sound continuum	音段抽取
abstractness controversy	抽象性争论
abstracts	抽象词
abusive language	辱骂性语言
ABX discrimination test	ABX 听辨测试
academic language	学术语言
academic vocabulary	学术词汇
acatalectic	音节完整诗行
accelerando	渐快
accent	口音；重读
accent discrimination	口音歧视
accent mark	变音符号[2]
accent reduction	口音消除
accentology	重音学
accentual force	重读力
accentual gradation	重音渐变
accentual pattern	重音模式
accentual phoneme	重音音位
accentual system	重音系统
accentual verse	重音格律诗
accentuation	重音模式；重音法
acceptability	可接受性
acceptability judgement task	可接受性判断任务
acceptability test	可接受性测试
acceptable alternative	可接受交替词
acceptable alternative method	合理选项法；可接受选词法
acceptable word	可接受交替词
acceptable word method	可接受选词法
access	读取
accessibility	可及性
accessibility hierarchy	可及性等级
accessibility of UG	普遍语法可及性
accessibility principle	可及性原理
accessibility scale	可及性等级
accessible subject	可及主语
accessory verb	助动词
accidence	词形变化[2]
accidental assimilation	偶发同化
accidental gap	偶然空缺
accommodation	接纳，调适；部分同化
accommodation theory	言语适应理论
accommodative aspect	受惠体
accompaniment	伴随
accomplishment	完成
accomplishment verb	终点动词
accountability	可说明性
acculturation	文化适应

---

* 汉语目名多项并列时，同一意思，用逗号分隔；不同领域或层级，用分号分隔。

acculturation method	文化适应法	additive bilingualism	附加性双语现象
acculturation model	文化适应模式	additive clause	附加分句
accuracy	准确性	additive relation	补充关系
accuracy order	准确顺序	address system	称呼体系
accusative language	受格语言	address term	称呼语
accusativization	宾格化	addressee	受话人
achievement strategies	成就策略	addressee-controlled honorifics	受话者制约敬语
achievement test	成绩测试		
achievement verb	成就动词；时点动词	addresser	发话人
achlaut	软腭清擦音	addressor	发话人
acoustic analysis	声学分析	adequacy	充分性
acoustic cue	声学提示	adessive case	近处格
acoustic filter	声学过滤器	adherent adjective	附着形容词
acoustic filtering	声音过滤	adherent participle	附着分词
acoustic phonetics	声学语音学	adhortative	第一人称命令式
acoustic treatment	声学处理；消音处理	adjacency	邻接性
acoustics	声学	adjacency condition	邻接条件
acquired dyslexia	获得性诵读困难	adjacency pairs	邻接对；相邻语对
acquired language disorder	后天性语言障碍；获得性语言障碍	adjacency principle	邻接原则
		adjectival	形容词性结构
acquisition	习得	adjectival adverb	副词化形容词；形容词式副词
acquisition-learning hypothesis	习得—学得区别假说		
		adjectival clause	形容词性从句
acrolect	高势语	adjectival idiom	形容词性成语
acrology	截头表音法	adjectival noun	名词化形容词；形容词式名词
acronym	首字母缩略词		
acrophony	截头表音法	adjectival passive	形容词被动句；形容词性被动结构
across-the-board movement	全面扩散移位		
across-the-board phenomena	全盘扩散现象	adjective	形容词
		adjective clause	形容词性从句
acrostic	离合诗	adjective form	形容词式
act	话目	adjective group	形容词词组
act of communication	交际行为	adjective numeral	形容词性数词
actant	主价语	adjective phrase	形容词短语
action chain	动作链	adjectivisation	形容词化
action noun	动作名词	adjunct	附加语
action research	行动研究	adjunct course	附属课程
action series	系列动作	adjunct instruction	辅助式教学
action verb	动作动词	adjunct island	状语孤岛
action word	行为词	adjunct model	辅助式教学模式
actional passive	行为被动语态	adjunction	嫁接
active articulator	主动发音器官	adjunctival	修饰短语
active cavity	积极声腔	adjunctive adverb	修饰性副词
active language	主动式语言	adjustment model	调整模式
active language knowledge	主动语言知识	admission test	入门测试
active passive voice	主动式被动语态	admonitory command	告诫性命令
active skill	积极技能	adnomianl modifier	名词修饰语[2]
active teaching	主动教学	adnominal	名词修饰语[2]
active vocabulary	积极词汇，主动词汇	adnominal clause	修饰名词的分句
active voice	主动态	adnoun	形名词
activity verb	活动动词；行为动词	adoptive form	过度
actor	动作者	adposition	介系词；介词
actor-action model	动作者—动作模型	adprep	副介词
actor-action-goal	动作者—动作—目标	adsentential	句副词
actual recipient	事实接受者	adstratum	表层语言；接加层
actualization	具体化	adstratum interference	接加层干扰
acute	锐音	adultomorphic analysis	成人形态分析
acute accent	锐音符	advance organizer	课前组织教学；先行组织者
ad hoc interpolation	临时插入		
adaptation	顺应变化	advanced tongue root	舌根前伸
adaptation theory	顺应理论	advancement	升级
adaptive control of thought	ACT 认知模型；思维适应性控制理论	adverb	副词
		adverb as adjunct	修饰性副词
adaptive testing	顺应性测试	adverb as cause and result	因果副词
additive adjunct	补充附加语，增加性修饰语	adverb as conjunct	连接性副词
additive adverb	附加式副词	adverb clause	状语从句

adverb form	副词形式	agentive subject	施事主语
adverb of degree	程度副词	agentive verb	施事动词
adverb of exception	排除副词	agglomerating language	黏着型语言，黏着语
adverb of frequency	频率副词	agglomeration	黏结；黏着法
adverb of manner	方式副词	agglutinating language	黏着型语言，黏着语
adverb of place	地点副词	agglutination	黏结；黏着法
adverb of time	时间副词	agglutinative compound	多重聚合词，聚集复合词
adverb preposing	副词前置	agglutinative index	黏着指数
adverbial	状语	agglutinative language	黏着型语言，黏着语
adverbial accusative	状语宾格	aggregative compound	多重聚合词，聚集复合词
adverbial adjunct	状语	agnosia	失认症
adverbial clause	状语从句	agogics of speech	言语韵律学
adverbial conjunction	状语连词；引导副词	AGR	一致词
adverbial expression	副词性表达式	agrammatism	语法缺失症
adverbial idiom	副词性成语	agraphia	失写症；书写障碍
adverbial participle	状语分词	agreement	一致关系
adverbial participle clause	状语分词分句	agreement maxim	赞同准则
adverbial particle	副词小品词	AI	人工智能
adverbial phrase	副词短语	AI-based approach	人工智能法
adverbial question form	副词问句形式	air chamber	气室
adverbialization	副词化	air passage	气流通道
Adverbial-Quantification	修饰语量化	airstream	气流
adversative	转折语	airstream mechanism	气流机制
adversative clause	转折从句	Aitken's Law	艾特肯定律
adversative conjunction	转折连词	akanje	/a/音化
adversative passive	不幸被动句	aktionsart	词汇体；词形体
advertisement	广告	Aktionsart[德]	动作类别
advertising language	广告语言	A-L M principle	听说法原则
advisory	咨询式	A-L M technique	听说法技巧
aerometry	量气术	alalia	构音无能性失语
aesthetic function	美学功能	aleph	艾立夫
affect	情感	alertness	警觉
affected indirect object	受事间接宾语	alethic modality	真势情态
affected object	受事宾语	Alexandrine	亚历山大体诗
affected participant	受事参与者	alexia	失读症
affected subject	受事主语	algebraic linguistics	代数语言学
affection	同化音	algorithm	算法
affective domain	情感领域	alien word	外来词
affective filter hypothesis	情感过滤器假说	alienable possession	可让渡领属结构
affective filtering	情感过滤	alienation	异化[1]
affective goal	情感目标	alif	艾立夫
affective meaning	情感意义	Aljamiado	阿尔哈米阿多文
affective variable	情感变量	allative case	向格
affiliation	谱系关系；语言隶属关系	allegation	无证明断言；肯定陈述
affinity	类同关系	allegory	讽喻
affirmative conjunction	肯定连词	allegro form	快速读音形式，快速形式
affix	词缀	alliteration	头韵
affix clipping	词缀略写	allochrone	音长变体
affixation	词缀法	allocution	训None
affixing index	词缀指数	alloflex	词尾变体
affixing language	附着语	allogram	借用字素
affix-lowering	词缀下移	allograph	字素变体；字位变体
affixoid	词缀	allolog	语词变体
affricate	塞擦音	allomorph	词素变体；语素变体
affricated plosive	塞擦爆破音	allonym	人名地名变体
affrication	塞擦	allophone	音位变体
African American English	黑人英语	allophonic assimilation	音位内同化
African linguistics	非洲语言学	allophonic change	音位变体音变
afterthought	后思	allophonic realization	音位实现,音位体现
agent	施事	allophonic transcription	音素标音
agent constraint	施事约束	allophonic variant	音位变体
agent noun	施事名词	allophrase	短语变体
agentive	施事格	alloseme	义变体；义位变体
agentive language	施事式语言	allusion	引喻；用典
agentive noun	施事名词	alpha	阿尔法
agentive object	施事宾语	alpha movement	阿尔法移位；移位 α

alpha notation	α 标记	amplitude	振幅
alpha privativum	否定前缀	amygdala	杏仁体
alphabet	字母表	amygdaloid body	杏仁体
alphabetic method	字母启蒙教学法	anachronism	时代错误
alphabetic writing	拼音文字；字母文字	anacoluthon	错格句；错格现象
alphabetography	字母学	anacrusis	行首外加音节
alphabetology	字母学	anadiplosis	蝉联；顶真；联珠；前词递接
alphasyllabary	拼音—音节文字		
alphasyllabic writing	拼音—音节文字	anagram	换词词；同形异序词
Altaic hypothesis	阿尔泰假说	analogical change	类推变化
alteration	词义变化	analogical creation	类推创新
alternate form reliability	复本信度	analogical extension	类推扩展
alternate forms	复本	analogical form	类推形式
Alternating Stress Rule	交错重音规则	analogist	类推现象论者
alternation	交替	analogue	对等词,对应词,对应结构；同源词
alternation rule	替换规则		
alternative	待选项	analogue communication	模拟交际
alternative assessment	交替评估	analogy with regard to colors	色彩类推
alternative conditional clause	交替条件从句		
alternative coordinator	选择并列连词	analogy with regard to numerals	数词类推
alternative hypothesis	备择假设,对立假设		
alternative interrogation	选择对照提问	analphabetic notation	非字母标音
alternative principle	二选一原则	analphabetic phonetic symbols	非字母音标
alternative question	选择问句		
alveolar	齿龈音	analphabetic writing	非表音文字；非字母文字
alveolar affricate	齿龈塞擦音	analysis by synthesis	综合分析论
alveolar arch	齿龈脊,齿龈隆骨	analysis of covariance	协方差分析
alveolar click	齿龈吸气音	analysis of variance	方差分析
alveolar fricative	齿龈擦音	analytic approach	分析法
alveolar morpheme	齿龈音语素	analytic comparison	分析比较
alveolar plosive	齿龈爆破音	analytic form	分析式
alveolar ridge	齿龈隆骨	analytic induction	分析归纳
alveolar stop	齿龈塞音	analytic language	分析语
alveolo-palatal	舌面前音,齿龈硬腭音	analytic philosophy	分析哲学
amalgam	混合形式；紧缩词,拼缀词	analytic proposition	分析命题
		analytic scoring	分解评分法
amalgamating language	溶合语	analytic sentence	分析句
amalgamation rule	合并原则	analytic style	分析风格
ambi-bilingualism	双语通	analytic syllabus	分析型教学大纲
ambidialectal	操双方言者	analyzability	可分析性
ambient it	环境 it	anantapodoton	错格句；错格现象
ambiguity	歧义	anapaest	抑抑扬格
ambilingual	操双语者	anapest	抑抑扬格
amelioration	褒义化	anapestic	抑抑扬格的
ameliorative suffix	褒义后缀	anaphor	照应语
American Descriptivism	美国描写语言学派	anaphora	前照应,前指照应；首语重复
American English	美国英语,美式英语		
American linguistics	美国语言学	anaphora resolution	回指消解
American Sign Language	美国手语	anaphoric binding	照应约束
American Standard Code for Information Interchange	美国信息交换标准代码	anaphoric control	照应控制
		anaphoric determiner	照应限定词
American Structuralism	美国结构主义	anaphoric ellipsis	前指省略
Americanism	美国风格	anaphoric island	回指语言孤岛；照应孤岛
Amerindian linguistics	美洲印第安语言学	anaphoric reference	前照应
Ameslan	美国手语	anapodoton	错格句；错格现象
amnesia	记忆缺失,遗忘症	anaptyctic vowel	中插元音
amoebaean verse	对唱诗	anaptyxis	加音
ampersand&	并联符号 &.	anastrophe	词内语音变位；词序变位
amphiboly	歧义体	ancestor language	原始语
amphigory	滑稽诗文	angled brackets	尖角括号〈〉
amphigouri	滑稽诗文	Angles	盎格鲁人
amplification	扩充；增强性构词	anglicized form	英语化形式
amplificative	增义词	Anglo-America	盎格鲁美洲
amplifier	增强词	Anglo-American	英美语
amplifying intensifier	增强词	Anglo-American misunderstanding	英美语际误解
amplifying paragraphs	详论段落		

Anglo-Indian word	英印词	aphesis	首词脱落,首音脱落
Anglophone	说英语者	aphonia	失声；失音症
animacy	有生性	aphorism	格言,警句
animacy hierarchy	生命度等级	aphoristic present	格言现在时
animal communication	动物交际	aphoristic sentence	格言句
animal cry onomatopoeic	动物叫声拟声论	apical	舌尖辅音
animal cry theory	动物叫声说	apical consonants	舌尖辅音
animal language	动物语言	apico-alveolar	舌尖齿龈音
animate noun	有生名词	apico-dental	舌尖齿音
annalistic present	编年史现在时	apico-labial	舌尖唇音
annomination	类语重叠	apico-post-alveolar	舌尖后齿龈音
annotation	注解	apocopated mood	弱祈使语气
anomalism	非规则现象论	apocopation	尾音脱落
anomalists	非规则现象论者	apocope	尾音脱落
anomaly	不规则语言现象；破格	apodosis	结论分句
anomia	主格性失语症；忘名性失语；忘名症；命名障碍	apokoinou	共有结构
		apokoinou construction	共有结构
anomic aphasia	主格性失语症	apophasis	故抑其词
anomic or nominal aphasia	名词性失语	aposiopesis	顿绝；话语中断
anomie	缺规	A-position	A 位置
anomy	缺规	aposteriori	后验
ANOVA	方差分析	aposteriori syllabus	经验性教学大纲
answer	回答[1]	apostrophe	顿呼；撇号
antecedent	先行词	apostrophe s	's 复数式
antecedent-government	先行语管辖	apparent time	年龄分段
antepenult	倒数第三音节	apparitional aspect	似成体
antepenultimate	倒数第三音节	appellation	称谓
anthology	选集	appellative	称谓词
anthropological linguistics	人类语言学	appellative function of language	语言呼唤功能
anthroponym	人名		
anthroponymy	人名学	appellative name	称谓性名称词
anthropophonics	人类发音学	appended clause	附加从句
anthroposemiotics	人类符号学	appendix	附加音
anticipation error	逆变错误；预先音变错误	application	应用；应用运算
anticipatory anaphora	预指	applicational generative model	应用性生成模型
anticipatory assimilation	先行同化		
anticipatory co-articulation	先行共同发音	applicational grammar	应用性语法
anticipatory dissimilation	先行异化	applied linguistics	应用语言学
anticipatory subject	先行主语	apposed clause	同位分句
anticipatory word	先行引导词	apposition	同位关系,同位语
anti-climax	突降法	appositional coordination	同位并列
antigrammatical construction	反语法结构	appositive clause	同位语从句
		appositive construction	同位结构
anti-heuristic	反启发式	appositive genitive	同位属格
anti-mentalism	反心灵主义	appraisal system	评价系统
antipassive	逆被动态	Appraisal Theory	评价理论
antithesis	对句,对偶	appreciative comprehension	欣赏性理解
antonomasia	代类名；换称	approbation maxim	赞扬准则
antonym	反义词	appropriate word method	合适选词法
antonymous analogy	反义类推	appropriateness	得体性,合适性
antonymous expression different in structure	结构不同的反义表达法	appropriation	借用[1]
		approval	赞同
antonymous expression identical in structure	结构相同的反义表达法	approximant	近似音,近音
		approximate conversion	非完全转换
antonymy	反义关系	approximative system	近似体系；近似语言系统
antonymy drill	反义词练习	approximator	近似语
anvil	铁砧	apraxia	语言失用症；协调障碍
anxiety	焦虑	apriori	先验
A-over-A condition	A 冠 A 条件,A 冠 A 限制	apriori language	先创语言
aperiodic wave	非周期波	a priori syllabus	先验性教学大纲；预定式教学大纲
aperture	间隙度；开孔度		
apex	舌尖音；舌尖	a-pronunciation	/a/ 音化
aphaeresis	首字母脱落	aptitude	语言学能
aphasia	失语症	aptitude-treatment interaction	能力-处理互动
aphemia	失语症		
apheresis	首字母脱落	aptote	无格屈折名词

A-Quantification	A 量化	assertive	断言
Arabic alphabet	阿拉伯字母	assertive pronoun	断定代词
arbitrariness	任意性	assertive sentence	肯定陈述句
arbitrary PRO	任指空语类 PRO	assessment	评估
Arc Pair Grammar	对弧语法	assign	赋值[1]；指派
archaeology	考古学	assimilation	同化
archaisation	古语化	association by antonymy	反义联想
archaism	古词语	association by contiguity	接近联想
archeography	古文献学	association by contrast	对比联想
archiphoneme	超音位	association by similarity	相似联想
area	区域	association group	关联词群
areal	地域的	association line	联接线
areal classification	地域分类法,区域分类法	Association of Recognized English Language Schools	英语语言认证教学机构联合会
areal linguistics	地域语言学,区域语言学		
areal type	区域性方言	associational word	联想词[1]
ARELS	英语语言认证教学机构联合会	association-collocation	联想搭配
		associative etymology	联想词源；民间词源学
argot	黑话	associative field	关联场
argument binding	论元约束	associative learning	联想学习
argument position	论元位置	associative meaning	联想意义
argument structure	论元结构	associative memory	联想记忆
argumentation	议论文	associative relation	联想关系
argumentative writing	议论文	associative word	联想词[2]
Aristotelous peri Poiētikēs	诗学[1]	asterisk	星号[＊]
Armenian alphabet	亚美尼亚语字母表	asyndetism	无形连接现象
arrangement	排列	asyndeton	无形连接
art of adaptation	适应术	atelic	无终体
art of writing	写作艺术	ATN grammar	增意转用网络语法
articulacy	口语能力	ATR	舌根前伸
articulate sentence	结构完整句	attentional view	注意观
articulating act	发音动作	attraction	吸引变化
articulation disorder	发音机能失调；构音障碍	attribute	定语；属性
articulator	发音器,发音器官	attribution theory	归因理论
articulatory loop	语音环路	attributive	修饰性词语
articulatory parameter	发音参数	attributive adjective	定语形容词,属性形容词,修饰性形容词
articulatory phonetics	发音语音学		
articulatory phonology	发音音系学	attributive appositive	属性同位语
articulatory setting	发音定式	attributive endocentric construction	修饰性向心结构
articulatory-perceptual interface	发音识别接口		
		attributive function	修饰性功能
artificial intelligence	人工智能	attributive genitive	修饰性生格,修饰性属格
artificial language	人造语言	attributive possessive	定语性物主代词
artificial neural network	人工神经网络	attributive reading	归属性解读
ascender	上行字母	attriter	语言磨蚀者
ascending order	上升次序	attriting language	损耗语言
ascending scale	上升级阶	at-type preposition	at 型介词
ASCII	美国信息交换标准代码	audibility	可听度
ascriptive sentence	归属句,属性句	audible area	听区
asemantic analysis	悖语义分析	audible friction	可闻摩擦
ASL	美国手语	audible language	听觉语言
aspect	体	audible segment	可听音段
aspect hypothesis	体假设	audience	受众,听众
Aspects Model	要略模式	audio journal	录音日志
aspectual auxiliary	体助动词	audiogram	听力图
aspectual character	体特征	audiolingual habit theory	听说习惯理论
aspectual pair	体对偶	audiolingual method	听说教学法
aspectual projection	体投射	Audio-Lingual Method Principle	听说法原则
aspectual shift	体转移		
aspectual-temporal	体时性	audio-lingualism	听说主义
aspirated	送气的	audiology	听觉学
aspirated consonant	送气辅音	audiometer	测听计；听力米表
aspirated stop	送气塞音	audiometry	测听术
aspiration	送气	audio-tutorial laboratory	听力辅导语言实验室
aspiration contrast	送气对立	audio-visual aids	视听教具
assersive sentence	判断句	audio-visual method	视听法
assertion	肯定陈述		

audio-visual speech processing	视听言语加工	auxiliary	助词
auditing	旁听	auxiliary language	辅助语
auditory analysis system	听觉分析系统	auxiliary mark	辅助符号
auditory aphasia	听觉性失语症；词聋	auxiliary movement	助词移位
auditory area	听觉区	auxiliary verb	助动词
auditory center	听觉中心	availability	易联想性
auditory discrimination	听觉辨音,听觉鉴别	availability of UG	普遍语法可及性
auditory feedback	听觉反馈	average	平均值
auditory input lexicon	听觉输入词库	avoidance speech style	避忌言语类型
auditory judgment	听觉判断	avoidance strategy	回避策略
auditory language	听觉语言	avoidance style	回避类型
auditory masking	听觉掩盖	axiom	公理
auditory perception	听觉感知	axiomatics of linguistics	语言公理学；语言学公理
auditory phonetics	听觉语音学	axis	语轴
auditory processing	听觉处理		
auditory stimulation	听觉刺激	**B b**	
augmentative	巨称词；添加指大后缀,增大词缀,增义附加词缀	babbling	牙牙学语；婴儿语
		baby talk	孩子气的言语
		baby talk theory	婴幼儿话语理论
augmented transition network grammar	增意转用网络语法	Bach-Peters paradox	巴赫-彼得斯悖论
		Bach-Peters sentence	巴赫-彼得斯句子
aural comprehension	听觉理解	Bach's generalization	巴赫概括
aural-oral active participation	听说积极参与	back channel	反输；后通道
		back channel behavior	后通道行为
aural-oral approach	听说教学法	back channel cue	言语反馈示意
Australian lexicography	澳大利亚词典学	back channel item	反馈项
Austric Hypothesis	澳斯特里语系假说	back checking translation	返后核对翻译法
Austronesian linguistics	南岛语言学	back consonant	后辅音
authentic assessment	可靠评估	back of the tounge	舌后部
authentic materials	地道材料,真实材料	back reference	后指
authenticity	真实性	back sound	后部音
authoring system	编辑系统,写作系统	back transformation	逆转换
authoritative assessment	权威评估	back translation	回译
authority gap	权威差距	back translation test	回译测试法
authorship identification	作者身份识别	back vowel	后元音
autism	自闭症	backchaining	倒退连锁法
autoassociation network	自动联想网络	back-formation	逆构法
autoassociative	自动联想	back-formation word	逆构词
autoassociative memory	自动联想记忆	background	背景[2]
auto-instruction	自动化教学	background information	背景信息
automata theory	自动机理论	background knowledge	背景知识
automated language learning	自动化语言学习	backgrounded	背景化的
automatic processing	自动处理程序	backgrounding	背景现象
automatic translation	自动翻译	backlingual consonant	舌后辅音
automatic variant	自动变体	backlooping	反嵌入,逆级嵌入
automaticity	自动性	back-reference	前照应
automaton	自动机,自动装置	back-shift	时态倒退,时态逆移
automaton theory	自动机理论	backsliding	回滑现象
autonomous	自主的	backstage cognition	后台认知
autonomous language	自主语言	backward anaphora	后照应；后指
autonomous learning	自主学习	backward build-up	反向造句法
autonomous linguistics	自主语言学	backward pronominalization	代词逆指
autonomous phoneme	自律音位,自主音位	backwash	考试余波影响
autonomous phonemics	自主音位学	backwash effect	回波效应；反拨效应
autonomous sound change	自然音变,自主音变,自发音变	bafflegab	冗文涩语
		Bahuvrihi〔德〕	性状复合词
autonomous speech	私自语	balance	对应；平衡
autonomous syntax	自主句法	balanced bilingual	双语兼通者
autonomous word	自主词	balanced sentence	对称结构句
autonomy	自主性	ballad stanza	民谣四行诗
autonomy of syntax	句法自主性	ban on conflicting empathy foci	移情焦点不冲突原则
autosegment	自主音段		
Autosegmental Phonology	自主音段音系学	banyan	区分语态的派生形式
AUX	助词	bar	阶标[2]
AUX movement	助词移位	bar notation	阶标[1]

barbarismus〔德〕	用语失范现象
bare existential sentence	单纯存在句
bare infinitive	光杆不定式
bare phrase structure	光杆短语结构
bare plurality	光杆复数
bare-NP adverbial	名词短语状语
baritone	尾音节非重读的词
barrier	音障
barrier to communication	交际障碍
barrieren theorie〔德〕	障碍理论
barriers	语障
Bartholomae's Law	巴尔索罗梅定律
base	词源形式；基体；基础部分
base component	基础成分；基础部分
base compound	原形复合词
base form	基础形式
base morpheme	词基语素
base phrase-markers	基础短语标记
base structure	基础结构
base verb	动词基本式
base-generated structure	基础生成结构
baseline data	基线数据
basic alternant	基本变式
basic colour terms	基本颜色名
basic dependent variable	基本因变量
basic domain	基本域
Basic English	基本英语
basic form	基本形式
basic interpersonal communication skill	基本人际交往能力
basic level	基本层次
basic level category	基本层次范畴
basic of articulation	发音动作基础
basic sentence	基本句
basic skill	基本技能
basic statement	基本陈述
basic syntactic sentence	基本句法结构
basic vocabulary	基本词汇
basic word order	基本语序
basic writing	基础写作
basilect	低势语；下层方言
bathos	突降法；突降
battery of tests	组合测试
battology	无意义重复
Bay Area Grammar	海湾地区语法
BBC English	BBC英语
Bedeutungswandel〔德〕	意义演变
Bedingte relevanz〔德〕	有限相关性
bee dance	蜜蜂舞蹈语
beech argument	山毛榉说
behaver	行为者
behavioral norm	行为规范
behavioral potential	行为蕴藏
behavioral process	行为过程
behaviorem	行为元素
behaviorism	行为主义
behaviorist theory	行为主义
behaviourist psychology	行为主义心理学
behaviouristic approach	行为主义方法
behavitive	行为型话语
beiname	附加姓名
belief system	信念系统
benchmark	基准
benefactive aspect	受益体
benefactive case	受益格
beneficiary	受益者
Benrath line	本拉斯线
be-passive structure	be 型被动结构
Bereichsweiterung〔德〕	界域扩展
Bestimmungswort	限定词[2]
be-subjunctive mood	be 型虚拟语气
BEV	非洲裔美国人白话英语；黑人英语白话
Bezugsadjektiv〔德〕	关系形容词[1]
Bezugselement	相关成分
bias	偏倚
bias toward normality	采用常规形式的倾向
Bible	圣经
bibliography	文献目录
BICS	基本人际交往能力
bicultural	双文化者
bidialectal	双方言
bidialectal education	双方言教育
bidialectal situation	双方言场合
bidialectalism	双方言现象
bidialectism	双方言现象
bidirectional	双向共现
bilabial	双唇音
bilabial click	双唇吸气音
bilabiodental	双唇齿音
bilateral consonant	双边辅音
bilateral opposition	双边对立
bilingual area	双语区域
bilingual education	双语教育
bilingual first language acquisition	双语第一语言习得
bilingual syntax measure	双语句法测试
bilingualism	双语现象
biliterate	双语读写者
bill	告示语
bimodal distribution	双峰分布，双众数分布
binarism	两分法
binarity	两分法
binary	二元的；双项的
Binary Branching Hypothesis	双叉分支假设
binary feature	二分特征，二元特征，偶值特征
binary nomenclature	双名法
binary opposition	二分对立
binary taxonomy	二项分类
binding theory	约束理论
binomial nomenclature	双名法
binominal	二项式
Biolinguistics	生物语言学
bio-program hypothesis	生物程序假说
biosemiotics	生物符号学
biphonemic classification	双音位分类
bipolar adjective	两极形容词
birdsong	鸟类鸣叫
Bisegmentalisierung〔德〕	双切分
bisemy	双义性
biuniqueness	双唯一性
Black Box Model	暗箱模型
Black English	黑人英语
Black English Vernacular	非洲裔美国人白话英语；黑人英语白话
Black Islam	黑色回教，黑人伊斯兰教
Black-Box Analysis	黑箱分析，暗箱分析
black-letter Character	黑体字
blade	舌叶

英汉词目检索表

blade spirant	舌面前部摩擦音	brainstorming	头脑风暴
blank verse	素体诗,无韵体诗	branch	语支
bleaching	语义淡化,语义泛化	branching direction	分支方向
bleeding	裁切	branching metaphor	分支暗喻
bleeding order	阻断顺序	branching node	分支节点
blend	混合词[1],缀合词;	branching programme	分支程序
blend area	交融区域	brand-new entity	全新实体
blended space	合成空间	BrE	英国英语
blending	拼缀法	breaking	元音割裂
Blending Theory	合成理论	breath consonant	气流辅音
block capital	方块大写	breath group	气群
block language	标题式语言;块状语言	breath state	呼吸状态
block letters	印刷体字母	breathing	换气
blocker	音障	breathy	呼气音
blocking	堵塞	breathy phonation	呼气发音
Bloom's taxonomy	布鲁姆分类法	Brechung〔德〕	元音降变
bluebeard compound	结合词	breve	短元音符
blurb	新书简介	bridge course	桥梁课程
bodily mimesis	身体摹仿	bridge phoneme	桥音
body	正文	bridge verb	桥梁动词
bone conduction	骨传导;基本推导	bridge-sound	桥音
book flood	书洪	bridging assumption	沟通假定
book report	读书报告	brief pause	短停顿
book word	书本词	bright vowel	亮元音
booster	一般增强词	Briticism	英式英语
booth	分隔间	British English	英国英语,英式英语
borderline subordinator	两可从属连语	British linguistics	英国语言学
borrowed elements	借入成分	British Sign Language	英国手语
borrowed meaning	借用意义	broad accent	显著口音
borrowed word	借词	broad consonant	宽辅音
borrowing	借词;借用[2]	broad dialect	土腔方言
bottom of voice-range	调幅低限	broad notation	宽式标音法
bottom-up	自下而上	Broad Romic	宽式罗密克音标
bottom-up process	自下而上过程	broad vowel	宽元音
bottom-up processing	自下而上处理	broadening	词义扩大
Bottom-up vs. Top-down	自下而上法与自上而下法	Broca's aphasia	布洛卡失语症
bound	黏着	Broca's aphasiac	布洛卡失语症患者
bound form	黏着形式	Broca's area	布洛卡区
bound morpheme	黏着形式	broken English	蹩脚英语;破碎英语
bound sentence	黏着句[1]	broken head	破头
bound variable	约束变量	bronchus	支气管
boundaries of category	范畴界限	brother-in-law agreement	内兄弟一致关系
boundary	界限	Brown Corpus	布朗语料库
boundary effect	边界效应	BSL	英国手语
boundary feature	界限特征	buccal	非鼻音
boundary marker	界标[1],界限标志	Buchen-argument	山毛榉说
boundary signal	界限信号	Buchestabe〔德〕	字母[1]
bounded noun	有界名词	Buhnenaussprache〔德〕	舞台发音
boundedness	有界;黏着性;制约关系	build-in syllabus	内在大纲
bounding node	边界节点	Bukvitsa	布克维查字母
bounding theory	界限理论	BULATS	博思语言测试;商务语言测试
boustrophedon	耕牛书法;犁耕体		
Bow-wow Theory	汪汪论	bunching	高舌位;舌面隆起
box diagram	盒图	buncombe	邦科姆之辞
BPS	光杆短语结构	bundle	束
brace construction	括号结构;框架构建	bunkum	邦科姆之辞
brace notation	大括弧	bureaucratic usage	公文体裁用法
brachylogie	简略表达法	burr	粗喉音
brachylogy	简略法	burst	爆发
bracket notation	中括号	business English	商务英语
bracketing	括号标记法	Business Language Testing Service	商务语言测试;博思语言测试
bracketing paradox	括号悖论		
brackets	括号标记法	buzz group	蜂鸣式讨论
Braille	布莱叶盲文	buzz word	流行词;流行语
brain imaging of language processing	语言加工的脑成像	*by*-phrase	by短语

C c

CA	对比分析	cavity	声腔
cacology	讹误语	CBR	类型推理
cacography	讹写法	CC	语境配置
cacophony	不和谐音	C-command	C统制；成分统制
CAI	计算机辅助教学	CDA	批评话语分析
CALL	计算机辅助语言学习	CED	抽取移位域条件
calligraphical coding	字形编码法	cedilla	变音符
calligraphy	书法	Celtic linguistics	凯尔特语言学
call-word	导词；线索词	cenematics	音符学
CALP	认知学术语言能力	ceneme	形符；音位符
calque	仿造词语	centering theory	向心理论
canonical form	典型形式；基本形式	central disorder	中央失调
canonical situation of utterance	常用话语语境	central schema	中心图式
		central tendency	集中趋势
		Centum Languages	K类语言
		cerebral cortex	大脑皮层
cant	黑话	cerebral dominance	大脑单侧偏利；脑优势
CAP	控制一致原则	cerebral lateralization	大脑偏侧优势
capital	大写	CFC	核心功能语类
cardinal number	基数词	chain analysis	链状分析法
cardinal vowel	基本元音	chain and choice	链选择
cardinal vowel quadrilateral	基本元音四边形	chain shift	链式音变
Caret	脱字号	chain uniformity principle	语链统一原则
caretaker speech	保姆式语言	chaining	顺连锁法
carrel	语音桌	chain-of-being hierarchy	链等级体系
carrier	载体	chair museum	椅子博物馆
Cartesian linguistics	笛卡儿语言学	channel	渠道
cartographic approach	制图理论	channel capacity	渠道能力
case	格	character	文字
case adjacency principle	格邻接原则	character element	字元
case assignment principle	赋格原则	character frequency	字频
case filter	格检验式，格鉴别式	characteristic feature	典型特征
case frame	格环境；格框架	characteristic function	特征函数
Case Grammar	格语法	characterology of speech	言语特征学
case shifting	格交替	charged words	情感荷载词
case study	个案研究	chart	图表法[1]
case-based reasoning and analogy	类型推理	chart parser	图表分析
		chart rewrite	图表重写
casus rectus	主格[1]	checked	停顿音
CAT	计算机辅助翻译	checked syllable	受阻音节
catachresis	比喻误用	checked vowel	受阻元音
cataphora	下指；后指关系，后指	checking	核查
catchphrase	流行语	chereme	势位
catchword	标字；眉题	cherology	势系学
categorematic expression	范畴表达式	chess psychology study	下棋心理研究
categorial component	范畴成分	chest pulse	胸搏
categorical grammar	范畴语法	chiasmus	丫杈结构
categories of communicative function	交际功能类	child language	儿童语言
		Chinese box	中国盒
categorization	范畴化；分类	Chinese character	汉字
category symbol	范畴符号	Chinese character coding scheme	汉字编码方案
category system	分类系统	Chinese character information processing	汉字信息处理
category-neutral rule	语类中性规则		
category-specific rules	语类特指规则	Chinese character recognition	汉字识别
category unification grammar	范畴合一语法		
catena	语链	Chinese English	中国式英语；中式英语
catenative verb	链状动词	Chinese Exegetics	中国训诂学
causal clause	原因从句	Chinese national standard code by section-position	国标区位码
causal reasoning	原因推理		
causal-chain event-frame	原因链事件框架	Chinese national standard code for information interchange	国标交换码
causation	诱因		
causative affix	致使型词缀		
causative verb	使役动词	Chinese Phonology	中国音韵学
cause-and-effect method	因果法	Chinese writing	汉字
caused motion construction	使动构式	Chinglish	中国式英语；中式英语

chi-square test	卡方 χ²；卡方检验
chi-test	卡方 χ²；卡方检验
Chômeur	休眠关系
Chomskyan adjunction	乔姆斯基嫁接
Chomskyan hierarchy	乔姆斯基层级
Chomskyan linguistics	乔姆斯基语言学
Chomskyan revolution	乔姆斯基革命
choral repetition	齐声重复
chorus repetition	齐声重复
chromatic accent	音调重音；乐音重音
chroneme	音长特征
chronological order	时间顺序
circomposition	框式介词
circonstant	旁价语
circumstantial role	外围角色
citation	引文
class	类别
class cleavage	类分裂，类裂现
class dialect	阶级方言
class inclusion	类别内包关系
classeme	类义子
classical category	经典范畴
classical category theory	经典范畴理论；古典范畴理论
Classical Test Theory	经典测试理论
Classical Theory	经典理论
Classical True Score Measurement Theory	经典真分数测量理论
classification method	归类法
classification of languages	语言分类
classifier	类别词
classroom discourse	课堂话语
classroom management	课堂管理
classroom observation	课堂观察
classroom process research	课堂过程研究
classroom studies in SLA	第二语言习得课堂研究
clause	从句，分句
clause defining relative clause	限制性关系从句
clause equivalent	子句对等词语
cleft sentence	分裂句
climax	层进，层递式
cline	渐变群
clinical supervision	临床指导法
clipping	裁剪词；截短法
clitic	附着语素
clitic-doubling	附着重叠
close juncture	闭过渡，闭音渡
close transition	闭过渡，闭音渡
close vowel	闭元音
closed class	封闭性词类
closed path	封闭路径
closed syllable	闭音节
close-ended response item	封闭反应项
closing phase	成阻阶段
closure	闭塞
cloze	完形填空测验
cloze procedure	完形填空测验
clozentropy	完形填空比频评分法
cluster model	集簇模型；集束模型
cluster reduction	音丛缩略
cluster sampling	整群抽样
co-articulation	共同发音
co-articulation effects	协同发音效果
Cocke-Younger-Kasami algorithm	CYK 算法
Cockney	伦敦英语
cocktail-party phenomenon	鸡尾酒会现象
coda	音节尾
codability	可编码性
code	代码；语码
code mixing	混合代码
code selection	语码选择
code switching	语码转换
coding	编码
coding time	编码时间
coefficient of determination	决定系数
coercion	压制
cognate	同源词
cognition	认知
cognitive academic language proficiency	认知学术语言能力
cognitive approach	认知法
cognitive categories	认知范畴
cognitive code approach	认知符号法
cognitive commitment	认知承诺
cognitive development	认知发展
cognitive economy	认知经济性
cognitive grammar	认知语法
cognitive linguistics	认知语言学
cognitive metaphor	认知隐喻
cognitive model	认知模型
cognitive science	认知科学
cognitive semantics	认知语义学
cognitive strategy	认知策略
cognitive style	认知方式；认知类型
cognitive variable	认知变元
coherence	连贯
cohesion	衔接；黏聚性
cohort model	交股模型
co-hyponym	并列下义词
coinage	仿造构词法，构拟造词法
coindexation	同标
Coleman report	科尔曼报告
collaborative learning	共同学习法，协同学习法
collaborative research	合作研究
collecting function	集中功能
collective noun	集合名词
collocation	搭配
collocation accent	搭配重音
collocation range	搭配范围
collocational competence	搭配能力
collocational restriction	搭配限制
colloquial style	口语体
colloquialism	口语体
combinatory coordination	结合并列
combining form	组合形式
combining morpheme	组合语素
comma	逗号
command with a subject	主语命令句
comment	述题
comment clause	评论分句
commisives	承诺型言语行为
common core	共核，共同核心部分
common gender	通性
common noun	普通名词
communication	交际
communication theory	信息论
Communicative Approach	交际法
communicative competence	交际能力
communicative drill	交际性操练
communicative interference	交际干扰

communicative language teaching	交际语言教学法	concatenation	连锁；连续演变
		concept	概念
communicative strategy	交际策略	Conceptual Blending Theory	概念合成理论
communicative testing	交际测试法	conceptual domain	概念域
community language learning	群体语言学习法	conceptual integration	概念整合
		Conceptual Integration Theory	概念整合理论
COMP	标句词；补语成分		
COMP node	标句成分节点	conceptual meaning	概念意义
comparative clause	比较从句	conceptual metaphor	概念隐喻
comparative correlative	比较式关联	conceptual metaphor theory	概念隐喻理论
comparative degree	比较级	conceptual metonymy	概念转喻
comparative linguistics	比较语言学	conceptual projection	概念投射
comparative method	比较法	conceptual structure	概念结构
comparative reconstruction	比较重建法	conceptual system	概念系统
comparative sentence	比较句	conceptual-intentional interface	概念—意向接口
comparision	比较级		
comparison and contrast method	比较对比法	conceptualization	概念化
		concessive clause	让步从句
compensatory lengthening	补偿性延音,补偿性延长	concomitant feature	羡余规则
compensatory strategies	补偿策略	concomitant meaning	附加意义
competence	语言能力	concordance	语汇索引
Competition Model	竞争模型	concrete noun	具体名词
complement	补语	concurrent validity	并存效度,共时效度；同期效能,同时效度
complementary antonym	互补反义词		
complementary clause	补语从句	condition on extraction domains	抽取移位域条件
complementary distribution	互补分布		
complementizer	标句词；补语成分	conditional	条件语气
complementizer agreement	标句词一致	conditional clause	条件分句
complementizer layer	标句词层	conditioned response	条件反应
complementizer phrase	标句词短语	conditioning	制约作用
complete conversion	完全转换	conduction aphasia	传导性失语症
complete sentence	完整句	conjoin	并列连接
completion point	结束点	conjoining	并列连接
complex finite verb phrase	复合限定动词短语	conjugation	词形变化[3]
complex metaphor	复杂隐喻	conjunct	联加语
complex NP island	复杂NP孤岛	conjunction	连词；连接
complex nucleus	复合音节核	conjunctive adverb	连接性副词,连接副词；引导副词
complex sentence	复杂句		
complex tone	复合音,复杂声调	conjunctive ordering	合取式顺序,连接性次序
complex wave	复合波	connectionism	联结主义
componential analysis	成分分析法	connective	连接词
composing process	写作过程	connotation	内涵意义
composition	作文	connotative meaning	隐含意义
compound	复合词	conscious knowledge	有意识语言知识
compound bilingualism	复合双语现象	consciousness raising	意识增进法
compound metaphor	复合隐喻	consecutive interpretation	交替传译,接续口译
compound sentence	复合句	consecutive transcription	连贯标音
compound stress	复合重音	consensual validation	同感实证
compound tone	复合声调	consequence clause	结论分句
compounding	合成法	consonant	辅音
comprehensible input	可理解性输入；提高性输入	consonant cluster	辅音丛
		consonant harmony	辅音和谐,辅音同化
comprehension approach	理解教育法	consonant system	辅音体系
compromise language	折衷语	consonantal anticipation	辅音逆变
compromiser	妥协词	consonantal writing	辅音文字
computational linguistics	计算语言学	conspiracy	协同作用
computational system	计算系统	constancy under negation	否定统一
computer assisted instruction	计算机辅助教学	constative	表述句；言有所述
		constituency test	结构成分测试
computer assisted language learning	计算机辅助语言学习	constituent	结构成分
		constituent structure	成分结构
computer language	计算机语言	constituent-command	成分统制
computer-aided translation	计算机辅助翻译	constraint	制约条件
computer-assisted translation	计算机辅助翻译	constrate	表面字符
		construal	识解
concantenation	连音	construct validity	构念效度,结构效度

construction	构式	contradictory antonym	对立反义词
construction grammars	构式语法	contrafactive verb	反事实动词
constructional homonymity	结构同音异义	contrast	对立[1]
constructional meaning	构式意义	contrastive analysis	对比分析
constructional polysemy	构式多义现象	contrastive commutation test	对比替换测试法
constructional profiling	构式侧画，构式侧面		
constructivism	建构主义	contrastive focus	对比焦点
consultative key	协商口吻	contrastive intonation	对比语调
consultative speech	协商言语	contrastive pair	两分对立组
contact	接触	contrastive rhetoric	对比修辞学
contact assimilation	接触同化	contrastive stress	对比重音
contact clause	接触从句	contrastive substitution	对比替换法
contact language	接触语	contrastive tone	对比语调
contact vernacular	接触语	control agreement principle	控制一致原则
contamination	感染	control group	对照组，控制组
content analysis	内容分析	control theory	控制理论
content area	知识性学科	control verb	控制动词
content field	知识性学科	controlled composition	限制性作文
content reading	知识性阅读	controlled practice techniques	控制练习法
content validity	内容效度		
content word	内容词；实义词，实词	controlled processing	受控处理
context	语境[1]	conundrum	难解问题
context feature	语境特征	convalidation	同感实证
context free	语境自由	convenience sample	便利样本
context free grammar	语境自由语法	convention	惯例；约定俗成
context free language	语境自由语言	conventional implicature	规约隐涵
context free phrase structure rule	语境自由短语结构规则	conventionalist	惯例派
		convergence	收敛
context of situation	情景语境	convergent question	趋同提问
context sensitive grammar	语境敏感语法	converging sound development	音变汇合
context sensitive language	语境敏感语言		
context sensitive phrase structure rule	语境制约短语结构规则	conversational analysis	会话分析
		conversational closings	结束谈话策略
context sensitive rule	语境敏感规则	conversational implicature	会话含义
context-free rule	语境自由规则	conversational interaction	会话互动
contextual amplification	上下文增益	conversational maxim	会话准则
contextual analysis	语境分析	conversational opening	开场策略
contextual configuration	语境配置	conversational rules	会话规则
contextual effect	语境效应	conversion	转换法；词类转化
contextual factor	语境因素	co-occurrence restriction	同现限制
contextual meaning	情景意义	cooing	咿呀学语阶段
contextual redundancy rule	语境冗余规则	co-operative interaction	合作交流
contextualism	语境论	co-operative learning	合作学习法
contextualization	语境化	cooperative principle	合作原则
contextualization cues	语境化提示	co-operative projects	合作任务
contextually appropriate method	语境得体法	coordinate bilingualism	并列双语现象
		co-ordinate endocentric construction	并列向心结构
contiguous assimilation	邻接同化		
contiguous dissimilation	邻接异化	coordinate structure island	并列结构孤岛
contingency table	列联表	copula	系动词
contingent proposition	偶然命题	copy	复制
continuant	延续性，延续音	core argument	核心论元
continuative	进行体；连续体[2]	core functional category	核心功能语类
continuing process	连续过程	core grammar	核心语法
continuity hypothesis	语音发展连续性假说	core rule	核心规则
continuous	进行体	coreference	同指
continuous constituent	连续成分	coronalization	舌冠化
continuous entity	连续实体	corpulative compound	并列复合词
continuous script	连续书写体	corpus linguistics	语料库语言学
continuous writing	连续文字	corpus planning	本体规划
continuum	言语连续体；连续体[1]	correction	纠正
contoid	类辅音	correlation	相关
contour tone	曲折声调	correlation coefficient	相关系数
contracted form	缩写形式	correlation research	相关性研究
contraction	缩略形式	correlative conjunction	并列连接词
contradiction in terms	措辞矛盾	co-text	上下文；语境[2]

count word	量词		
countable noun	可数名词		**D d**
counterfactual conditional sentence	反事实条件句	dactylology	指语术；手语法
countrafactive	反叙实性动词	Daedalus InterChange	代达罗斯交互式课堂
course density	课程密度	DAF	延缓听觉反馈器
course design	课程设计	Dahl's Law	达尔定律
coverage	涵盖面	damping	阻尼
covert movement	隐形移位	dangling modifier	悬垂修饰语
covert prestige	隐性优势	dangling particle	垂悬分词结构
covert syntax	隐形句法	dark l	暗音 l
CP	补语短语	dark vowel	暗元音
crash	崩溃	dash	破折号
creaky voice	嘎裂声	data bank	数据库
creative construction	创造性构建	database	数据库
creative construction hypothesis	创造性结构假说	data-driven approach	数据驱动模式
		data-driven processing	数据驱动加工
creole	克里奥耳语	dative alternation	与格转换[1]
creolization	克里奥耳语化	dative case	与格
crest of sonority	突出峰	dative shift	与格转换[2]
criterion referenced test	标准参照测验	daughter dependency	子项从属
criterion variable	因变数	daughter language	子语言
criterion-related validity	标准相关效度	DCT	话语填充测试
Critical Discourse Analysis	批评话语分析	Dead Sea Scrolls	死海文书
critical linguistics	批评语言学	debitive	必需语气
Critical Period Hypothesis	关键期假设	debounding	去边界化
cross tabulation	交叉表	debuccalized	非口腔化的
cross-cultural communication	跨文化交际	decibel	分贝
		decision-making	教学决策
cross-domain mapping	跨域映射	declaration	宣告型话语
cross-linguistic influence	跨语言影响	declarative	宣告性言语行为
cross-linguistic studies	跨语言研究	declarative knowledge	陈述性知识
crossover	跨越	declarative phonology	陈述音系学
cross-sectional method	横断法	declarative sentence	陈述句
cross-sectional study	横断研究	declension	变格；词形变化[1]
cryptophais	私自语	decline	词形变化[1]
CS	语码转换	decoding	解码
CSCII	国标交换码	decodingtime	解码时间
C-structure	成分结构；C 结构	decompositional semantics	分解语义学
C-test	C 测试	decontextualisation	去语境化
CTT	经典测试理论	decreolisation	非混合语化；去克里奥耳语化
Cuckoo theory	杜鹃论		
cue	提示；线索	de-dialectalisation	去方言化
cue card	角色卡片	deduction	演绎法
cue validity	提示效度；线索有效性	deductive learning	演绎学习法
CUG	范畴合一语法	deep case	深层格
Cuisenaire rods	奎森奈尔积木	deep case frames	深层格框
cultural deprivation	文化匮乏，文化缺陷	deep grammar	深层语法
cultural disadvantage	文化贫乏	deep hypothesis	深度假说
cultural fair	文化公平	deep learning	深度学习
cultural linguistics	文化语言学	deep structure	深层结构
cultural model	文化模型	deep vowel	深元音
cultural relativism	文化相对论	de-etymologisatio	非词源化
cultural stereotype	文化定势	default meaning	默认意义
cultural transmission	文化传递性	default reasoning	默认推理，缺省推理
culture	文化	default semantics	默认语义学
culture shock	文化冲击	defeasibility	可取消性
cumulation of categories	范畴累计；累计形式	defective	不完全变化词；缺陷
cuneiform	楔形文字	defective verb	不完全动词；缺陷动词
curriculum	课程设置	Defence Language Aptitude Battery	美国国防部语言学能成套测试
curriculum development	课程规划		
cyclic principle	层级原则	deferred preposition	迟发前置词
cyclic transformation	层级转换	deficit hypothesis	语言缺陷假说
cyclical approach	螺旋式教学	defining vocabulary	定义词汇
cyclicity	层级性	definite article	定冠词
CYK algorithm	CYK 算法	definite determiner	定指限定词

definite reference	定指	derivative antonym	派生反义词
definiteness	有定	derivative meaning	派生意义
definiteness effect	定指效应	derivative stem	派生词干
definiteness restriction	定指限制	derived environment	派生环境
definition method	定义法	derived nominals	派生名物化结构
deflexion	屈折消失	derived phrase-marker	派生短语标记
defossilization	去石化	derived primary word	派生首位词
degemination	去双音化	derived score	导出分数,推演分数
degeneration	词义退化;退化,退行	derived secondary word	派生次位词;次派生词
degrammaticalization	去语法化	derived sentence	派生句
degree modifier	等级修饰语	Descartes's problem	笛卡儿问题
degree of comparison	比较等级	descendant language	后裔语言
deictic context	指示语境	descender	字母下伸部分
deictic function	指示功能	descending diphthong	降二合元音
deixis	指示语	descending order	下降次序
delayed auditory feedback	延缓听觉反馈器	descending scale	下降音阶
delayed explosion	延迟爆破	description	描写;摹状词;描写写作
delayed oral practice	延缓口语练习	descriptive adequacy	描写充分性
delayed recall	延迟回忆	descriptive function	描述功能
delayed speech	言语延迟	descriptive grammar	描写语法
deletion	删除;省音[1];省略	descriptive linguistics	描写语言学
deliberative rhetoric	审议演说	descriptive pragmatics	描写语用学
delicacy	精密度	descriptive research	描述性研究
delimitation	划界法	descriptive statistics	描述统计法;描述统计学
delimitative aspect	短时体	descriptive writing	描写写作
delinking	断连	descriptor	描述符
delta	德尔塔	desiderative	意愿;意愿语气
demand characteristics	需求特点	design feature of language	语言的甄别性特征
dementia	痴呆症	designation	指称
demonstrative	指代词	designatum	所指[1]
demonstrative determiner	指示限定词	deskilling	去技能化
demonstrative pronoun	指示代词	desuggestion	减低负面暗示
demotic script	世俗体文字,通俗体文字	detection	检测能力,探测能力
demotion	降级	deterioration	词义恶化;语义转贬
demotivated idiom	无理据习语	determinant	决定因素
denasal	去鼻音化	determinative	限定符号
denotation	外延,外延意义;指称	determinative compound	限定复合词[1]
denotation assignment function	指谓赋值函项	determinatum	受定成分
		determiner	限定词[3]
denotative meaning	外延,指示意义	determiner phrase	限定词短语
denotatum	所指对象	Determiner Phrase Hypothesis	限定词短语假说
density of communication	交际密度		
dental	齿音	Determiner-quantification	限定词量化
deontic logic	道义逻辑,规范逻辑,义务逻辑	determinism	语言决定论
		determinism of ideology	意识形态翻译论
deontic modality	道义情态	de-umming	去嗯化
deontic system	道义系统	Devanagari	天城体
depalatalisation	去腭化	developing system	渐进系统
depend demonstrative	独立指示词	developmental aphasia	发展性失语
dependability	可靠性	developmental apraxia	发展性语言失用症
dependency	依从	developmental bilingual education	发展性双语教育
dependency grammar	依存语法		
dependency phonology	从属音系学;依存音系学	developmental disorder	发展性言语失调
Dependency Phonology	依存音系学	developmental error	发展性语误
dependency tree	依存树	developmental feature	发展性特征
dependent	依附性	developmental functions of language	语言的发展性功能
dependent clause	从属分句		
dependent variable	从属变量;因变量	developmental interdependence hypothesis	发展阶段相互依存假说
dependent-marking	从属语标注		
deponent verb	异相动词	developmental linguistics	发展语言学
depth interview	深度访谈法	developmental psychology	发展心理学
derivation	派生,衍生;推导	developmental sequence	发展序列
derivational affix	派生词缀	developmental testing	发展测试
derivational base	衍生基	deverabal noun	行为结果名词
derivational economy	推导的经济性	deverbal	动转词
derivational history	派生历程	deverbal noun	动词性名词;动转名词

deverbative noun	动转名词	diminutive verb	指小动词
deviance	偏差,偏离	d-index	d 指数
device	机制	ding-dong theory	叮咚理论
devoicing	清音化	diphthong	复合元音；双元音
dez	语言代码	diphthong of narrow gliding	窄双元音
diaadochokinesia	轮替运动	diphthongize	复合元音化；双母音化
diachronic linguistics	历时语言学	diplomatics	古文书学
diachronic semantics	历时语义学	dips	词汇关系公式
diacritic	变音符号[2]	direct access	直接存取,直接可及
diacritic mark	附加符号	direct anaphoric reference	直接后照应
diadochokinesis	轮替运动	direct approach	直接法
diaeresis	分音符；元音变音符	direct case	直接格
diagnostic questionnaire	诊断性问卷	direct illocution	直接以言行事
diagnostic test	诊断性测试	direct learning strategy	直接学习策略
diagramming	图表法[2]	direct negative evidence	直接负面证据
diagramming sentence	图解句子	direct object	直接宾语
dialect	方言	direct object relative clause	直接宾语关系从句
dialect atlas	方言地图集	direct passive	直接被动句
dialect boundary	方言界线	direct question	直接问句
dialect chain	方言链	direct quotation	直接引语
dialect continuum	方言连续体	direct selection	直接选择
dialect geography	方言地理学	direct speech	直接引语
dialect leveling	方言整平	direct speech act	直接言语行为
dialect mixture hypothesis	方言混合说	direct teaching	直接教学
dialect survey	方言调查	direct teaching method	直接教学法
dialectology	方言学	direct testing	直接测试学
dialectometry	方言计量学	directed element	被指引成分
dialinguistics	双语语言学	direction adjunct	方向附加语
dialogue	对话	directional hypothesis	方向性假设
dialogue journal	对话日志	directional opposite	方向性反义词
diaphasic	风格层面	directional reception	定向接收
diaphone	对应音	directionality	方向性
diaphoneme	分音位	directionality parameter	方位参数
diary study	日记研究	directive	指令型言语行为
diastratic	社会层面	directive construction	定向结构
diasystem	对应系统	director	导向词
diatopic	地域层面	disambiguation	去歧义化
diatype	语用变体	discontinuity	不连续性,非连续性；间断的
DICE	话语项		
dichotic listening	二听法；两耳分听	discontinuity hypothesis	语音发展非连续性假说
dichotomous scale	两分量表	discontinuous constituent	非连续成分
dichotomous scoring	二分法计分	discontinuous element	非连续成分
dictation	听写	discontinuous morphology	断续形态学
diction	措辞；发音[1]	discourse	篇章；语篇[2]；话语[1]
dictionary meaning	词典意义	discourse accent	话语特征
dicto-comp	听写作文	discourse analysis	语篇分析,话语分析
dieresis	分音符；元音变音符	discourse anaphora	语篇照应
DIF	项目差异功能	discourse attachment	话语附加
difference coefficient	差异系数	discourse community	话语社团
differential analysis	区别分析	discourse competence	话语能力,语篇能力
differential item functioning	项目差异功能	discourse completion questionnaire	话语填充问卷调查法
differential lexicology	区别形态学		
differential object marking	受词异相标记	discourse completion test	话语填充测试
differentiation	分化	discourse configurationality	话语概念结构化
difficulty order	难度顺序	discourse connective	话语联系语
difficulty parameter	难度参数	discourse constraint	语段制约
diffused	散音	discourse deixis	话语指示语,篇章指示语
diffusion	词汇扩散	discourse domain	话语域
digital communication	数字交际	discourse grammar	语篇语法
digital data	数字数据	discourse in common sense entailment	常识衍推话语
digitalised speech	数字化语言		
diglossia	双言制；双语体现象	discourse item	话语项
digraph	二合字母	discourse level	话语层,语篇层
diminisher	弱意词	discourse linker	话语连接词
diminutive	指小词缀	discourse management	话语运用
diminutive suffix	指小后缀	discourse marker	话语标记语

discourse metaphor	话语隐喻	distributional universal	分布共性
discourse model	话语模型	distributionalism	分布主义
discourse practice	话语实践	distributive aspect	分配体
discourse processing	语篇处理	distributive numeral	分配数词
discourse prosody	话语韵律	distributiveword	分配词
discourse repair	会话修正；语篇修正	disturbance	紊乱
discourse representation theory	话语表征理论	disyllabic	双音节的
		ditransitive verb	双及物动词
discourse semantics	话语语义学；篇章语义学	dittography	字母(音节)重复
discourse structure	语篇结构；话语结构	dittology	音节重复[1]
discourse study	话语分析；语篇研究	divalent	二价动词
discourse stylistics	话语文体学	divergent dialect	方言多样化
discourse topic	话语主题	divergent question	趋异提问
discourse-as-process	话语作为过程	divergent thinking	发散思维
discourse-historical approach	语篇历时分析模式	divergent validity	鉴别效度；分歧效度
discovery learning	发现学习法	diverse rendering of the identical word	同词异译法
discovery procedure	发现程序,发现过程		
discrepant realization	差位体现	diversification	分化体现
discrete	离散性	diversity	多样性
discrete infinity	离散无限性	divided focus	分隔中心
discreteness	离散性	division	分译法
discrete-point test	离散项目测试	division of linguistic labour	语言分工
discriminant validity	鉴别效度	DL	深度学习
discriminate validity	分歧效度	docking	泊定
discriminated operant	分辨性操作反应	doctor-patient interaction	医患交互
discrimination	鉴别作用	doctrinal statements	教义宣言
discrimination index	鉴别指数	document analysis	文献分析法；文献分析
discrimination power	鉴别力	documentary analysis	文献分析
discussion method	讨论法	documentary hand	文献手迹
disembodiment	脱体法	doggerel	打油诗
dishabituation	去习惯化	DOM	受词异相标记
disharmony	不和谐	domain	领域；语言应用领域；域；支配范围
disjoint	分离		
disjoint reference	非互指,异指	domain extension	域扩展
disjoint set	分离集合	domain specificity	领域特殊性
disjunct	外加语	domain-referenced testing	领域参照测试
disjunction	析取关系	domesticated word	移植词
disjunctive opposition	分离对立	dominance	支配
disjunctive ordering	析取式顺序	dominant discourse	优势话语
disjunctive pronoun	分离代词	dominant language	优势语言
disjunctive question	反义疑问句	donkey anaphor	驴句回指词
dislocation	偏置；易位	donkey sentence	驴句
dislocation structure with empty node	空节型移位结构	dord	惰误
		dorsal	舌背音
dislocation structure with filler element	填补型移位结构	do-support	do 支持
		dot-matrix characters	点阵式字符
dispersion	离中趋势	double access hypothesis	双可及性假设
displaced speech	位移言语	double articulation	双重发音,双重分节
displacement	位移；置换	double assimilation	双重同化
display question	展示性问题	double bar	双杠
dissimilation	异化[2]	double base	双基转换
distance education	远程学习法	double comparison	双重比较
distance learning	远程学习法	double genitive	双重属格
distance zone	距离带	double -ing constraint	双-ing 限制
distant relationship	远缘谱系关系	double negative	双重否定
distinctive feature theory	区别性特征理论	double passive	双被动语态；双重被动
distinctive features	区别性特征	double perfect	双完成时态
distinctive function	区别性功能	double person	双人称
distinguisher	辨义成分	double prepositions	二重介词
distractor	错误选项；干扰项	double-barrelled word	叠音词
distractor efficiency analysis	错误选项效率分析；干扰项效率分析	double-bind theory	双重束缚理论
		doubled consonants	双辅音
distributed	散布音	double-object construction	双宾结构
distribution	分布；数据分布；音位分布	doublet	词对
distributional analysis	分布分析	Doubly Filled COMP Filter	双填标补语过滤条件
distributional numeral	分布数词	Down's syndrome	唐氏综合征

downdrift	滑降	dysnomia	举名障碍,命名障碍
downgraded predication	降格述谓结构,降级述谓结构	dysphasia	失语症
		dysphemism	粗直语,恶俗语
downgrading	降格	dysphonia	发声失常
downstep	降阶;声调下降;音高下降	dyspraxia	运用障碍;协调障碍
downtoner	语气减弱语	dysprosody	声律障碍
down-toner	降调成分	dysrhythmia	节律障碍
downward comparison	下位比较		

E e

downward entailing	向下蕴涵	Early Modern English	近代英语
DP	限定词短语	ear-training	辨音训练;耳听训练,听觉训练
DP Hypothesis	限定词短语假说		
D-quantification	D 量化	ease of articulation	发音自然性
drafting	草拟	ECG	体验构式语法
drag chain shift	拉链式音变	ECG	体验构式语法
dramatic dialect	戏剧方言	echo	回声句;音节重复²
dramatic irony	戏剧性反语,戏剧反讽	echo utterance	重复话语
drift	流变;演变	echo word	回声词;模拟词
drill	操练	echolalia	学舌症;言语模仿症
drive reduction theory	内驱力降低理论	eclectic method	折衷法
DRT	话语表征理论	eclecticism	折衷主义
drum language	鼓声语	eco-critical discourse analysis	生态批评话语分析
drum signaling	鼓言		
D-structure	深层结构;D 结构	Ecolinguistics	生态语言学
dual	双数	ecology of language	语言生态学
dual alphabet	双字母	economics of language	语言经济学
dual class membership	双类属	economy	经济原则
dual gender	双性	economy of derivation	推导的经济性
dualism	二元论,二元性;双重性¹	economy of representation	表征经济性
dualist theory of meaning	语义双边论	ECP	空语类原则
duality	双重性²	ecthlipsis	省音²
duality of patterning	规则双重性;结构多层性	edge feature	边缘特征
duality of structure	结构二元性;结构双重性	editing	修改
dubbing	配音	editorial *we*	社论式自称
dubitative mood	怀疑式	education English	受教英语
dummy	假位;填补虚词	educational linguistics	教育语言学
dummy auxiliary	假位助动词	educational psychology	教育心理学
dummy carrier	假位承载素	educational technology	教育技术
dummy symbol	假位符号	effected object	结果宾语
duration	音长;量重音	EFL	英语作为外语
durative	延续体	ego boundary	自我界定
durative aspect	持续体	ego permeability	自我渗透性
durative time	持续时间	egocentric language	自我中心语言
dvandva compound	并列复合词	egocentric speech	我向语言;自我中心言语
dyad	对话二人组	egocentric writing	自读作品
dyadic theory of meaning	语义双边论	egocentrism	自我中心性
dynamic accent	动力重音	EGP	通用英语
dynamic antisymmetry	动态反对称	egressive	挤气音,吐气音,外挤音
dynamic context	动态语境	egressive air-flow	外向气流
dynamic equivalence	动态对等	Egyptian hieroglyphic writing	埃及象形文字
dynamic laws	动态规律		
dynamic modality	动力情态	eidetic sense	映象意义
dynamic programming algorithm	动态规划算法	ejective	挤喉音
		ejective release	挤喉音除阻
dynamic semantics	动态语义学	elaborated code	精致语码,复杂语码,完备语码
dynamic stress	动力重音		
dynamic verb	动态动词	elative	从格
dynavox	代纳语音合成器	electrical vocal tract	电发音通道
dyne	达因	electroaerometry	电子量气术
dysarthria	构音障碍	electrokymogram	电子波形图
dysfluency	非流畅性	electrokymograph	电动记波器
dysgrammatism	语法缺失症	electromyogram	电子肌动记录图
dysgraphia	书写障碍	electromyograph	电子肌动记录仪
dyslalia	言语障碍	electropalatogram	电子腭动作记录图
dyslexia	失读症	electropalatograph	电子腭动作记录仪;电子腭位观察仪
dyslexic	失读症		
dyslogia	言语困难;难语症		

element of sentence	句子成分	encyclopedic information	百科信息
element of style	风格要素	encyclopedic knowledge	百科知识
elevated	高雅词	endangered language	濒危语言
elevation	词义升格,词义转褒	endearment	亲昵语词
elicitation	启发;引发式,诱发式	end-focus	句末中心
elicitation procedure	引发程式,诱导程式	ending	词尾
elicitation technique	启发技巧	endocentric construction	内向结构,向心结构
elicited imitation	引发模仿,诱发模仿	endoglossia	内部语言[1]
elision	省音[3];脱落	endonormative	内规范语言
ellipsis	省略号;省略	endophasia	无声语言
elliptic form	省略形式	endophora	内部照应
elliptical sentence	省略句	end-weight	重心在尾,末尾重心,句末重心
elocution	雄辩术		
elsewhere condition	别处条件	end-weight principle	末尾重心原则
ELT	英语语言教学	English as a Foreign Language	英语作为外语
embed	嵌套		
embedded	嵌套	English as a Second Dialect	英语作为第二方言
embedded clause	嵌入分句	English as a Second Language	英语作为第二语言
embedded sentence	嵌入句		
embedding	嵌套	English as a second language program	英语作为第二语言课程
embedment	嵌套		
embodied cognition	体验认知	English as an International Language	英语作为国际语言
Embodied Construction Grammar	体验构式语法		
		English for Educational Purposes	教育英语
embodied philosophy	体验哲学		
embodiment	体验	English for General Purposes	通用英语
eme	位;素		
emergence	出现	English for Science and Technology	科技英语
emergentism	突生论;涌现论		
EMG	电子肌动记录仪	English for Speakers of Other Languages	他语者英语
emic	唯位		
emotive function	表情功能	English for Special Purpose	特殊用途英语
emotive meaning	情感意义,感情意义	English Language Teaching	英语语言教学
empathy	同理心;移情	English medium school	英语教学语言学校
emphasis	强调	English-medium school	英语媒介学校
emphasizer	强调词	engram	忆痕
emphatic	强调音	enjambement	诗行跨行
emphatic affirmative	强调肯定词	entailment	蕴涵
emphatic pronoun	强调代词	entrenchment	固化
emphatic sentence	强调句	entry	词条,条目;课头
emphatic stress	强调重音	environment	环境
empirical investigation	实证性研究	environmental condition	语言环境制约
empirical pragmatics	经验语用学	epanalepsis	首尾重复;语句间隔反复
empirical principle	经验主义原则;可验证原则	epenthesis	插音[1],增音
		EPG	电子腭动作记录仪;电子腭位观察仪
empirical validity	经验效度;实证效度		
empiricism	经验主义	ephemeral word	临时词;瞬息新词,瞬现词
empty category	空语类		
empty category principle	空语类原则	epicene	通性词
empty morph	虚语子,空语子	epideictic rhetoric	典礼演说
empty position	空位[1]	epiglottis	会厌
empty slot	空档	epigraphy	铭文学;金石学
empty unit	空元	epiphenomenon	附带现象
empty word	虚词	epiphora	句尾成分重复,句尾音词重复;末尾重复
en form	en 形态		
enabling skills	实现技能	episememe	意义法位
enantiosemy	对立词义	episodic memory	情节记忆
enantiosis	反语	epistemic logic	认识逻辑
encapsulation	囊包	epistemic modality	认识情态
enclave	语言飞地	epistemology	认识论
enclisis	后附着语素;向前附着语	epistrophe	词尾重复,尾词重复
enclitic	向前附着形式;重读后语	epithesis	词末增音
enclitic negation	向前附着否定词	epizeuxis	紧接反复
encoding	代码转换	eponym	名祖词
encyclopaedic meaning	百科意义	EPP	扩充的投射原则
encyclopaedic semantics	百科语义学	equi verb	等同动词

equi-NP deletion	等同名词短语删除	external argument	域外论元
equivalent	对等词	external distribution	外部分布
equivalent form reliability	复本信度	external merge	外部合并
equivalent forms	复本；平行试卷	external sandhi	外部连读音变
ergative case	作格	external speech	外部言语
ergative language	作格语言	external validity	外在效度
ergative verb	作格动词	externalized language	外化语言
ergative-absolutive language	作通格语言	extinct language	死语言
ergativity	作格性	extragrammatical idiom	超语法习语
erosion	腐蚀	extralingual context	语外语境
error analysis	错误分析；误差分析；语误分析	extralinguistic feature	超语言特征
		extraposition	外置
ESD	英语作为第二方言	eye span	阅读视幅
ESL	英语作为第二语言	eye-tracking method	眼动记录法
ESL program	英语作为第二方言课程		
ESOL	他语者英语	**F f**	
esophageal	食道音		
ESP	特殊用途英语	face threatening act	面子威胁行为
Esperanto	国际普通话；世界语；万国新语	face to face communication	面对面互动交流
		face to face interaction	面对面互动交流
ESS	演化稳定策略	face validity	卷面效度；表面效度
essentialism	本质主义	face work	饰面工作
EST	科技英语	face-saving	保全面子
ethnography	种族学	Face Theory	面子理论
etic	非位	facial expression	面部表情
etymological motivation	词源理据	facile imitation	流畅模仿
etymology	词源学	facilitation	学习便利化
etymology deviation	词源偏离	facility value	易度值；试题难度
euphemism	委婉语	factitive case	使役格；使役动词
evaluation procedure	评价方法	factive	叙实性谓词
evaluative adverb	评注性副词	factive case	转变格
event structure	事件结构	factive noun	事实名词
event structure metaphor	事件结构隐喻	factive predicate	叙实性谓词
event type	事件类型	factive predicator	叙实性谓词
evolution stable strategy	演化稳定策略	factive presupposition	叙实性预设
excerpting	提取	factive verb	叙实性动词
exchange	交换	factivity	叙实性
exemplar theory	范本理论；实例理论	factor analysis	因素分析
existential clause	存在句	factorization	因子分解
existential quantification	存在量化	factual comprehension	事实性理解
existential quantifier	存在量词	factual knowledge	事实性知识
exocentric	背心结构,离心结构	facultative	可选性
exoglossia	外部语言	facultative variant	非功能变体；自由替换成分
exolinguistics	外部语言学		
exophora	外部照应	fad proposition	流行效应
experiencer	感受者	fading	词义淡化；消失
experiential domain	经验域	fading juncture	渐弱音渡；下降连音
experimental group	实验组	FAHQT	全自动高质量翻译
experimental phonetics	仪器语音学	faithfulness	忠实度
experimental pragmatics	实验语用学	faithfulness constraint	忠实性制约
experimental syntax	实验句法学	faithfulness, expressiveness and elegance	信达雅
expiratory accent	吐气重音		
explanatory adequacy	解释充分性	fall	降调
expletive	填充虚词,填补虚词	fallacy	谬论
explicit knowledge	显性知识,外显知识	falling	降调
explicit learning	外显式学习	falling diphthong	减弱双元音
expressive	表达型言语行为	falling intonation	下降语调
expressive power of language	语言的表达能力	falling juncture	下降音渡
		falling scale	下降音阶
extended projection principle	扩展投射原则	falling terminal juncture	降终音渡
extension	扩展	falling tone	下降语调
extension condition	扩展条件	falling-rising	降升语调
extension logic	外延逻辑	false beginner	假定初学者,非真实初学者
extension of meaning	词义扩展²		
extensional verb	外延动词	false cognate	伪同源词；假同根词
extensive construction	松连构式	false palate	假腭

false start	起句失误	figure of syntax	句法偏离
false vocal cords	假声带	figure-ground organization	图形-背景结构
falsetto	假声	file change semantics	文档更新语义学
familiar form	熟称；熟称形式	filled pause	插声停顿；有声停顿
familiar style	非正式语体	filler	填充词
familiarity	使用频率；熟悉度	filler-gap construction	填充词缺位结构
family of languages	语系	filter	过滤
family resemblance	家族相似性	filtering transformation	过滤转换
family term	亲属关系词	final	尾部
family tree	谱系树	final (of a Chinese syllable)	韵母
family tree theory	谱系树理论	final accent	词末重音
farce	闹剧	final-glide	后流,尾流
fatherese	爸爸语；父亲用语	finality	结束性
fatigue	疲劳度	finger language	指语
faucal	咽侧壁音	finger spelling	指语术
faucalization	咽喉化	finite automaton	有限自动机
fauces	咽喉	finite form	限定动词
FCR	特征共现限制	finite language	有限语言
feature	特征	finite state automaton	限定状态自动机
feature bundle	特征束	finite state grammar	有限状态语法
feature complex	特征复合	finite state Markov process	限定状态马尔可夫过程
Feature Co-occurrence Restriction	特征共现限制	finite state model	有限状态语法
		finite state transducer	限定状态转换器
feature geometry	特征架构理论；特征几何	finite verb	定式动词；限定动词
Feature Geometry Theory	特征几何理论	Finno-Ugrian Linguistics	芬兰—乌戈尔亚系语言学
feature matrix	特征矩阵	first articulation	第一分节
feature mode	特征方式	first infinitive	第一不定式
feature specification default	特征说明默认规则	first language	第一语言
feature spreading	特征扩展	first language acquisition	第一语言习得
feature structure	特征结构	First Linguistic Model	第一语言模式
feature-addition rule	特征增加规则	first person	第一人称
feature-deletion rule	特征删除规则	first sound shift	第一次语音演变
federal English	联邦英语	first-level Chinese characters	一级汉字
federalese	官场用语；联邦政府的官样文章	first-order language	第一级语言
		first-sister principle	比邻原则
feed	馈给	Firthian linguistics	弗斯语言学
feedback	反馈	fis phenomenon	fis 现象
feeding	馈给	fission	分裂
feeding order	馈给序次	five clocks	五只钟理论
feeding relationship	馈给关系	fixation	定型词；固定形式
feeding rule	馈给规则	fixation accent	固定重音
felicity condition	适切条件	fixation pause	视停；注视停留
female rhyme	女韵,双韵,阴韵	fixed	固定性
feminine linguistics	女权主义语言学	fixed accent	固定重音
feminine rhyme	女韵,双韵,阴韵	fixed expression	固定表达法
feminist linguistics	女权主义语言学	fixed response item	固定回答项；固定反应题项
feminization	阴性化		
FI	完全解释原则	fixed stress	固定重音
fidelity	忠实度	fixed word combination	固定表达法；固定词组
field	场	fixed word order	固定语序
field dependence	场依存	flap	闪音
field experience	实地实习	flapped	闪音
field independence	场独立	flashcard	教学卡片
field linguistics	实地语言学；田野语言学	flat	降音；窄口音
field of discourse	话语场	flat adverb	无词尾副词
field research	实地调查,田野调查；田野调查法	flat structure	平铺结构
		flection	屈折
field testing	田野试验	flectional ending	屈折词尾
field theory	语义场理论	flexion	屈折
field trial	田野试验	flexional language	屈折语
field work	田野调查法	flip	回转
figurative idiom	比喻习语	flip-flop	回转颠倒
figurative language	比喻性语言	floating element	漂浮成分
figurative meaning	比喻义	floating tone	浮游声调
figure	图形	floor apportionment	说话时间分配
figure of speech	修辞格		

flout	违反	formal semantics	形式语义学
flow of speech	语流	formal speech	正式交谈,正式言语
fluent aphasia	流畅性失语症	formal style	正式语
focal area	言语中心区	formal universal	形式普遍性,形式共性
focalization	焦点化	formalization	形式化
focus	焦点	formant	共振峰;构形成分
focus marker	焦点标记	formation	构词,构形
focus of attention	注意力焦点	formation rule	构成规则
focused interrogative	聚焦疑问句	formative	构形成分
focused interview	主题访谈法	formative evaluation	形成性评价
focusing subjunct	聚焦附从语	formative test	形成性测验
folk etymology	民间词源;民间词源学	formator	形式符
folk taxonomy	通俗分类法	form-focus	注重形式
foot	音步	form-function relation	形式功能关系
foot feature principle	音步特征原则	formless language	无形态语言
foot types of English poetry	英诗音步类型	formula	公式
footing	立足点;语步变化	formulae	常规公式
forbidden word	讳忌词	formulaic discourse	公式化话语
force	用意	formulaic expression	惯用语;预制表达;套语
force dynamics	力动态理论	formulaic language	套语;惯用语;公式化语言
force-dynamics system	力动态系统		
foreground	前景	formulaic speech	套语;惯用语;公式化语言;例行话语
foreground information	前景信息		
foregrounded information	前景信息	formulaic subjunctive	惯用虚拟语气
foregrounding	前景化	formulas	常规公式
foreign element	孤独成分[1];异干词	forte articulation	强发音
foreign flavor	外国腔	fortis	张音
foreign language	外国语;外语	fortition	增强
foreign language pedagogy	外语教学法	forward chaining	顺连锁法;前行连锁练习
foreign language proficiency	外语语言能力	fossil form	语言僵化形式
foreign language teaching psychology	外语教学心理学	fossilization	僵化现象;石化现象
		fossilized	石化现象
foreign plural	外来语复数	fossilized form	化古形式
Foreign Service Institute Oral Interview	外语事务协会口头面试	fossilized lexical item	僵化词项
		fossilized structure	僵化结构
foreign word	外借词	four phase drill	四步操练;四段练习
foreign words not naturalized	未归化外语词	four tones	四声
		Fourier analysis	傅立叶分析
foreigner talk	外国人话风	four-letter words	四字母词
foreignism	夹用外语;外借词	fourth person	第四人称;另指人称
foreignization	异化翻译	fractional numeral	分数词
foreignizng translation	异化翻译	fragment	句片
forensic linguistics	法律语言学,司法语言学	frame	框架;情景框
forensic rhetoric	法庭演说	frame construction	框架构建
forensics	辩论术	frame feature	框架特征
forlorn element	孤独成分[1];异干词	frame semantics	框架语义学
form	形式	frame theory	框架理论
form class	形式类;形态类	framing	框架构建
form word	形式词	francais fondamental	基础法语词汇表
formal	形式的	Franco-English	法式英语
formal blend	形式合成	Franglais	法英词
formal competence	形式能力	free	自由的
formal correspondence	形式对等	free accent	自由重音
formal English	正式英语	free adjunct	自由联结
formal grammar	形式语法	free alternant	自由替换成分
formal idiom	形式习语	free composition	自由作文
formal instruction	正规教育	free form	自由形式
formal key	正式口气	free indirect style	自由间接文体
formal language	形式语言;正式语	free linguistic form	自由语言形式
formal language theory	形式语言理论	free morpheme	自由语素
formal linguistics	形式语言学	free practice stage	自由实践阶段
formal logic	形式逻辑	free practice technique	自由实践活动
formal meaning	形式意义	free relative	自由关系小句
formal operational stage	形式运作期	free relative clause	自由关系小句
formal pragmatics	形式语用学	free response item	自由反应项,自由反应题项
formal schemata	形式图式		

free ride	免费搭车	functional analysis	功能分析法
free sentence	自由句	Functional and Structural Theory	功能结构理论
free stress	自由重音		
free syllable	自由音节	functional annotation	功能注释
free translation	意译	functional approach	功能教学法
free variable	自由变项	functional category	功能范畴
free variant	自由替换成分；自由变体	functional change	功能性变化，功能性音变
free variation	自由变体	functional classification	功能分类法
free variation hypothesis	自由变异说	functional composition	功能性组合
free verse	自由体诗	functional constraint	功能制约
free vowel	自由元音	functional grammar	功能语法
free word combination	自由词组	functional illiteracy	无实用读写能力
free word order	自由语序	functional linguistics	功能语言学
free writing	自由写作	functional literacy	实用读写能力
Frege's Meaning Principle	弗雷格意义原则	functional load	功能负荷
Frege's Principle	弗雷格原则	functional meaning	功能意义
French School	法兰西学派	functional parameterization hypothesis	功能范畴参数化假说
Frenglish	法式英语		
frequency	频率	functional role	功能角色
frequency analysis	频率分析	functional schema	功能图式
frequency count	频率统计	functional school	功能语言学派
frequency wordlist	频率词表	functional sentence perspective	功能句子观
frequentative aspect	反复体		
frequentative verb	重复动词；多次性动词；频现动词	functional slot	功能空位
		functional structure	功能结构
fricative	摩擦音，擦音	functional syllabus	功能教学大纲
friction	摩擦	functional syntax	功能句法
frictionless	无擦延续音	functional uncertainty	功能不确定性
frictionless continuant	无擦音延续音，无擦延续音	Functional Unification Grammar	功能合一语法
front	前音	functional uniqueness	功能唯一性
front implosive stop	前喉塞塞音	functional verb structure	功能动词结构
front vowel	前元音	functional yield	功能产出
frontal	舌前音	functional-communicative approach	功能交际教学法
frontal sound	舌前音		
fronting	前化；前移，前置	functionalism	功能主义
frozen expression	惯用套语；刻板词语	Functional-notional approach	功能意念教学法
frozen metaphor	冻结隐喻		
frozen speech	庄重交谈	functive	功能体
FSA	限定状态自动机	functor	功能符
FSI	外语事务协会口头面试	fundamental difference hypothesis	根本性差异假说
FSP	功能句子前景		
FST	限定状态转换器	fundamental frequency	基频
F-structure	F结构	fundamental source feature	基频声源特征
F-structure	功能结构	fused compound	溶合复合词
FTA	面子威胁行为	fused participle	溶合分词
FUG	功能合一语法	fused sentence	溶合句；连写句
full access hypothesis	完全可及说	fusion	溶合，融合[1]
full conversion	完全转类	Futhark	富萨克字母
full homonym	完全同音异义词	Futhorc	富萨克字母
full interpretation	充分诠释	Futhork	富萨克字母
full inversion	全部倒装	future anterior	未来先期行为
full member	言语社团正式成员	future continuous tense	将来进行时
full morpheme	实素；实语素	future in the past	过去将来时
full phrasal category	完全短语范畴	future indefinite tense	一般将来时
full rhyme	全韵	future perfect progressive tense	将来完成进行时
full sentence	完全句，整句		
full stop	句号	future perfect tense	将来完成时
full verb	完全动词	future progressive	将来进行时
full weak vowel	全弱化元音	fuzziness	模糊[2]
full word	实词	fuzzy	模糊[2]
fully automatic high-quality translation	全自动高质量翻译	fuzzy boundary	模糊边界
		fuzzy category	模糊范畴
		fuzzy class	模糊类
function	函数；功能	fuzzy grammar	模糊语法
function verb	功能动词	fuzzy linguistics	模糊语言学
function word	功能词		

fuzzy meaning	模糊意义	genre	体裁；语体
fuzzy sets	模糊集	genre analysis	体裁分析

G g

		genre approach	体裁法
		genre structure	体裁结构；体裁格局
gain score	增益分数	genre-based approach	基于体裁的方法
gambit	开场白	genre-scheme	体裁类型；体裁格局；话语结构
game	游戏		
game-theoretical pragmatics	博弈论语用学	geographical classification	地理分类
game-theoretical semantics	博弈论语义学	geographical dialect	地理方言
gap	空缺[1]	geographical linguistics	地理语言学
gapped passive	空缺被动句	geolinguistics	地缘语言学
gapping	空缺[2]	Germanic linguistics	日耳曼语语言学
garden path phenomenon	花园幽径现象	Germanic sound shift	日耳曼语音变化
garden path sentence	花园幽径句	gerund	动名词
gatekeeper	言语门槛	gerundial clause	动名词分句
GB Theory	管辖与约束理论，管约论	gerundive	动形词
geminate	双音	gestalt	格式塔
gemination	重叠[1]	Gestalt Psychology	格式塔心理学
gender	性别	gestalt psychology	完形心理学
gender noun	性别名词	gestalt style	格式塔风格；完形风格
genderlect	性别语言	gestalt theory	格式塔理论
genealogical classification	谱系分类法	gestural usage	手势型用法
General American English	通用美国英语	gesture	手势
General and Rational Grammar	普遍唯理语法[2]	ghost form	错别字
		ghost word	鬼字
general conversational implicature	一般会话隐涵	gingival	齿龈音
		gisting	主旨翻译
general linguistics	普通语言学	given information	已知信息
general meaning	一般意义	given-new contract	新—旧信息契约
general semantics	普通语义学，一般语义学	given-new information	已知-新信息
generalisation commitment	一般性承诺	Glagolitic script	格拉哥里文字
generalizability theory	概化理论	glide	滑音
generalization	概括，归纳[1]	glide formation	滑音构成
Generalized Phrase Structure Grammar	广义短语结构语法	glide insertion	滑音插入
		global ambiguity	整体歧义
		global error	全局性语误，整体语误
generalized quantifier	广义量词	global issue	全球性问题
generalized quantity implicature	广义数量含义	global learning	整体学习
		global motivation	整体动机
generalized transformation	广义转换	global question	全局性问题，整体问题
generate	生成	global representation	整体表象；整体表征
generative capacity	生成能力	global rule	全应规则
Generative Dialectology	生成方言学	Glosa	格罗沙语
generative grammar	生成语法	gloss	注释
generative lexicon	生成词库	glossary	术语汇编；注释词表
Generative Phonology	生成音系学	glossematics	语符学
generative semantics	生成语义学	Glossematics	语符学派
generative theory	生成语法理论	glosseme	义位；语符
generative-transformational grammar	生成转换语法	glossogenetics	语言发生学
		glossographer	注解者，注释者
generic	泛指，类指[1]	glossolalia	言语不清
generic meaning	全称意义；种属意义	glossology	言语学
generic reference	类指[2]	glottal	声门音
generic space	类空间	glottal closure	声门闭合
generic term	类属词；通名	glottal reinforcement	声门强化
Generosity Maxim	宽容准则	glottal stop	喉塞音，声门塞音[1]
generous plural	重复复数	glottalic	声门塞音[2]
genetic epistemology	发生认识论	glottalic airstream mechanism	声门气流机制
genetic linguistics	谱系语言学		
genetic tree theory	谱系树理论	Glottalic Theory	声门塞音理论
genetic classification	谱系分类法	glottalization	声门化
Geneva School	日内瓦学派	glottis	声门
genitive case	属格，所有格	Glottochronology	同源语言演变史学
genitive relative clause	属格关系从句	glottochronology	语言年代学
genotype	遗传型	glottogonic linguistics	语源语言学

1511

英汉词目检索表

Glottometrics	计量语言学	grammatical metaphor	语法隐喻
glottopolitics	语言政治学	grammatical morpheme	语法语素
GLOW	欧洲生成语言学学会	grammatical relation	语法关系
glue semantics	黏着语义学	grammatical rule	语法规则
gnomic present tense	永恒现在时	grammatical sensitivity	语法敏感度
gnomic tense	永恒真理时态	grammatical subject	语法主语
goal	目的物	grammatical tag	语法码
goal case	目标格	grammatical unit	语法单位
goal setting	目标设定	grammatical word	语法词
goal θ-role	目标题元角色	grammaticality	符合语法性
gobbledegook	冗文涩语	grammaticality judgement	语法判断
God's truth	绝对真理	grammaticalization	语法化
goodness-of-example rating	例子完美性排序	grammatically ill-formed	语法不通
Gothic minuscule	哥特体	grammatology	文字学
Gothic script	哥特体	grammetrics	语法格律学
governing category	管辖域	graph	几何图；字符[1]
government	管辖	graphematics	字位学
Government and Binding Theory	管辖与约束理论	grapheme	字素；字位
		graphemics	字系学；字位学
Government and Charm Phonology	管辖粲数音系学	graphetics	字形学
		graphic substance	文字实体
Government Phonology	管辖音系学	graphic word	书写词
government theory	管辖理论	graphoanalysis	笔迹学
governor	管辖成分	graphology	字系学；笔迹学
GPA	绩点平均分	graphometry	笔迹测量学
GPSG	广义短语结构语法	graphonomy	字法学；书写学
gradability	等级性	graphotactics	字母配列法
gradable adjective	等级形容词	Grassmann's law	格拉斯曼定律
gradable antonym	等级反义词	gratuitousness	无谓性
gradable complementaries	等级互补词	grave accent	钝音符
gradable pair	等级对词,等级反义词对	grave vs. acute	钝音与锐音
gradation	层递式；分级	great vowel shift	元音大转移
grade	等级；级[1]	Greed Principle	自利原则
grade point average	绩点平均分	Grimm's law	格里姆定律,格林定律
graded grammaticality	语法性等级	groove fricative	槽擦音,沟槽音
graded objective	分级目标	grooved fricative	舌沟擦音
graded reader	分级读本	ground	背景[1]
gradience	渐变；模糊[1]	ground-based reference frame	基于背景的参照框架
grading	分级		
gradual approximation	逐步接近法	grounded theory	扎根理论
gradual ending	渐除词尾；渐除组	grounding of events	事件基本部分
gradual opposition	渐次对立	grounding of information	信息基础；信息着陆
grammar	语法	group	小组
grammar checker	语法检查程序	group discussion	小组讨论
grammar clusters	语法丛	group dynamics	小组推动力
grammarian	语法学家	group genitive	词组所有格
grammar-lexicon continuum	语法—词汇连续体	group instruction	分组教学
Grammar-Translation Method	语法翻译法	group sampling	集团抽样
		group work	小组活动
grammatical alteration	语法交替	group-inflected language	词组屈折语
grammatical ambiguity	语法歧义	grouping	分组
grammatical analysis	语法分析	grouping table	分组表
grammatical aspect	语法体	G-Theory	G 理论
grammatical category	语法范畴	guessing parameter	猜测参数
grammatical change	语法变化	guided discussion	指导型讨论
grammatical competence	语法能力	guided interview	指导性访谈
grammatical equivalents	语法对等词	guided learning	指导型学习
grammatical feature	语法特征	guided reading	指导型阅读
grammatical formative	语法构成成分	guided writing	指导型写作
grammatical function	语法功能	guidepost-based reference frame	基于导杆的参照框架
grammatical gender	语法性别		
grammatical hierarchy	语法等级体系	guiding principle for education	教育方针
grammatical hypertag	超级语法码		
grammatical idiom	合语法习语	Gulf Languages	海湾语言
grammatical item	语法项	gymnastics of the vocal organs	发声器官操练
grammatical meaning	语法意义		

H h

H language	标准语言	Hey-Nonny-Nonny Theory	青蛙旋律论
habit	习惯	hiding and highlighting	隐藏与突出
hacek	楔号	hierarchical analysis	层次分析法
half rhyme	半韵	hierarchical learning	多层级学习
Hallidayan linguistics	韩礼德语言学	hierarchical structure	层次结构
Hallidayan Paradigm	韩礼德范式	hieratic script	僧侣文字字体
halo effect	成见效应	hieratic writing	僧侣文字字体
hammer and anvil	锤子和铁砧	hieroglyph	象形字；表形符；表形文字
Hamza	喉塞音	hieroglyphic writing	象形文字
hand configuration	手势构型	high	高的
handwriting disorder	书法障碍	high frequency word	高频词
hanging topic	悬挂主题	High German	高地德语
hapax legomenon	一次性词语	High German languages	高地日耳曼诸语言
haplography	漏字	high German sound shift	高地德语语音变化
haplology	掉音；语音漏读	High Germanic	高地日耳曼诸语言
hard consonant	硬辅音	high inference behaviour	高级推理行为
hard palate	硬腭	high inferencing category	高级推理行为
hardening	辅音硬化	high variety	高标准变体，高级变体；高标准语言；高等语体
harmonic	谐波	high vowel	高元音
harmonic phonology	和谐音系学	high-falling	高降调；全降
harmonic set	和谐音集	high-level programming language	高级编程语言
harmony	和谐	hiragana	平假名
harsh mark	叉线符♯	hissing sound	咝声
Haugenian Paradigm	豪根范式	historical and comparative linguistics	历史比较语言学
Hawthorn effect	霍桑效应	historical assimilation	历史同化
head	中心语	historical grammar	历史语法
headword	标字；眉题	historical linguistics	历史语言学
Head Grammar	中心语语法	Historical Phonology	历史音系学
head marking	核心标注；中心语标记	historical pragmatics	历史语用学
head movement	中心语移位	historical present	历史现在时
head movement constraint	中心语移位限制	historical syntax	历史句法
head parameter	中心语参数	HMC	中心语移位限制
head-driven phrase-structure grammar	中心语驱动短语结构语法	Hobson-Jobson	霍布逊—乔布逊语典
headless relative	无中心语关系从句	Hochdeutsch	高地日耳曼诸语言
headline language	标题语言	hocus-pocus	随意变幻观
head-marking languages	核心标记语言	hodiernal	当时式
heavy NP	重心名词短语	holding	持阻过程；定式手势
heavy NP shift	重块头名词短语转移；重心名词短语转移	Holmberg's generalization	侯姆伯格定律
		holophrase	单词句,独词句；独词句现象
heavy syllable	重音节		
Hebraism	希伯来语法	holophrastic language	独词句语言；独词句话语
hedge	模糊语	holophrastic speech	独词句话语
helper verb	助动词	Holy Scriptures	圣经
hemisphere	脑半球	home-school language switch	家庭—学校语言转换
hendiadys	重言法		
Heptameter	七音步诗行	homograph	同形异义词
hermeneutics	阐释学	homoionym	近义词
Heschl area	海希尔区	homologous category	同源范畴
hesitation	支吾	homonymic clash	同音形抵触
heteroclite	不规则名词,特殊变格名词；异干词	homonym	同音同形异义词
		homophone	同音异义词；同音词
heterogram	异形同义表达式	homophonic pun	同音异义双关
heterograph	同音异形词	homorganic	同发音部位音
heterological characteristic	异源特点	homorganic phoneme	同部位音位；同部位音素
heteronomous language	他主语言	homorganic sounds	同部位音
heteronymy	同形异音异义词	honorific	敬语；礼貌式
heterorganic phoneme	异发音部位音	honorific pronoun-equivalent	敬语代词同等词
heuristic	启发式	Horn scale	荷恩等级关系
heuristic function	启发功能	Horn's Two Principles	荷恩会话含义两原则
heuristics	启发式教学法	hortative mood	强烈劝告语气
hexameter	六音步诗行	HPSG	中心语驱动短语结构语法
hey-nonny-nonny	拟声	humanistic approach	人本主义教学法

H-variety	高标准语言；高等语体	idiom nominal in nature	名词性习语
hybrid word	混种词；混合词²	Idiom Theory	习语理论
hydronym	河流名	idiom verbal in nature	动源性习语
hydronymy	水域名称学	idiom with pragmatic function	带语用功能习语
hyperbaton	词序倒置；倒置法¹	idiomatic translation	惯用法翻译
hyperbole	夸张	idiomatic usage	惯用法¹
Hyperborean	北极人语言	idiomaticity	惯用性，习语性
hypercorrection	过度矫正	idiomatics	习语²
hyperform	过头形式	idiomatization	习语化
hypertext	超文本	idiomatology	惯用法学
hyperurbanism	过度模仿	idiom-complete rule	习语完整规则
hypocoristic form	爱称	idioms with pragmatic point	语用功能习语
hypocoristic word	爱称词	idioms without pragmatic point	无语用功能习语
hyponym	下义词	idiophone	个人方音；个人语音，个体语音
hyponymy	上下义关系		
hypotaxis	主从关系	idiosyncratic feature	独特特征¹
hypothesis	假设	idioticon	方言习语词典
hypothesis formation	假设形成	idiotism	地方词汇
hypothesis testing	假设检验	IELTS	雅思
hypothetico-deductive behaviorism	假设—演绎行为主义	iksa-sistemo	X 规约
hysteron proteron	逆序法；前后倒置	iksokodo	X 规约
		IL	中介语

I i

I	屈折形式	I-language	内化语言
i+1 input	i+1 输入	illative case	入格；推论格
IA	项目与配列	illeism	第三人称代词多余使用
iamb	抑扬格	ill-formedness	失范性
iambic foot	抑扬格	illiteracy	文盲
IC	直接成分	illiterate	文盲
icon	类象符号；图标	illocution	以言行事
iconic sign	图像符号；象似符号	illocutionary act	言外行为
iconicity	象似性	illocutionary force	言外之力
iconograph	图标字；图形字	illocutionary point	言外之的
iconography	图像文字；图像学	illuminative evaluation	启发性评估
IDC-command	IDC 统制	ILR	跨部门语言圆桌机构
ideal speaker-hearer	理想的说话人与听话人，理想化语言使用者	image schema	意象图式
		image schema transformation	意象图式转换
idealization	理想化		
idealized cognitive model	理想化认知模型	imagery	意象
ideational function	概念功能	imaginative function	想象功能
identic case	一致格	imitation	摹拟，模仿
identical rhyme	识别	imitation-reinforcement theory	模仿强化论
identification			
identificational focus	识别焦点	imitative word	模仿词
identified	被认同者	immanence	内在性
identifier	认同者	immediate constituent	直接成分
identifying relational process	认同关系过程	immediate constituent analysis	层次分析；直接成分分析
identity	同一性		
identity erasure	消去同一	immediate context	即时语境，直接语境
identity hypothesis	雷同假说	immediate dominance	直接支配
ideogram	表意文字；意符	immediate dominance rule	直接支配规则
ideograph	表意符号；表意文字；会意词；意符	immediate future tense	即时将来时
		immediate recall	即时回忆
ideographic writing	表意文字	immediate situation	直接情景
ideography	意符系统；意符学	immersion approach	沉浸式教学法
ideology	观念	immersion programme	沉浸式强化课程；沉浸式教学法
ideology-governed translation	意识形态翻译论		
		immigrant language	移民本族语
ideophone	象音词	immovable speech organ	非能动言语器官
idioglossia	私自语	immovable stress	不变重音
idiolect	个人语言；个人语言特征	immovable vocal organ	被动发音器官
idiom	习语¹	impact	冲击
idiom chunk	习语块	imparisyllabic word	不等音节词
Idiom Neutral	成型中立语	imperative meaning	祈使意义
		imperative mood	祈使语气

imperative sentence	祈使句
imperative transformation	命令转换
imperfect rhyme	半韵
imperfect tense	未完成过去时
imperfective aspect	未完成体[1]
imperfective participle	未完成体分词
impersonal construction	无人称结构,非人称结构
impersonal passive	无人称被动式
impersonal predicate word	无人称谓语词
impersonal subject	无人称主语
impersonal verb	无人称动词
impersonality	非人称性
implication	意义牵连；含义[1]；蕴含
implication rule	蕴含规律
implicational analysis	含义分析
implicational relation	蕴涵关系
implicational scaling	示意量表编列法
implicational universal	含义普遍现象；蕴含普遍性
implicative verb	蕴涵性动词
implicature	涵义
implicit knowledge	内在知识
implicit learning	内隐式学习
implicit memory	无意识记忆；内在记忆
implicit performative	隐含行事句
implied agentive role	含蓄施事
implosive	内破音,内爆音
implosive stop	内爆塞音
importation	借入
impractical use of language	语境内语用
imprecative	诅咒语
impression	感受
impressionistic transcription	印象标音法
improper compound	假复合词
improper speech	不恰当话语
impure language	非纯语言
inactive voice	非主动语态
inanimacy	无生性
inanimate	无生命性
inanimate noun	无生命性名词
inceptive aspect	起始体
inchoative aspect	起始体
inchoative verb	表始动词；始点动词
incidental learning	附带学习
incipient bilingualism	初始双语现象
included position	内包位置
inclusion	包含；相容
inclusion teaching	全包教学
inclusive language	兼容语
inclusive pronoun	包容式代词
inclusiveness condition	包容条件
incompatibility	不相容
incomplete sentence	不完全句
incongruity	非一致性
incorporate	组并
incorporating conjunction	结合连词
incorporating language	多成分组合语；合体语
incorporation	组并
indecline	无词形变化
indefinite	无定性
indefinite article	不定冠词
indefinite expression	不确定表达式
indefiniteness	无定性；无定
indefiniteness effect	非定指效应
indentation	首行缩进
independent clause	独立分句
independent element	独立成分
independent genitive	独立属格
independent learning	独立学习
independent possessives	独立型所有格代词
independent sound change	独立音变
independent variable	独立变量
index	标引符,指引符号,指称标引；指数；标引
deictic field of language	语言指示场
index of difficulty	难度系数
index of discrimination	区分度指数
indexed grammar	标示语法
indexical feature	指示特征
indexical information	指引性信息
indexical sign	标示符号
indexicality	索引性
indexing	标引；加标[1]
indexing rule	加标规则,下标规则
indic linguistics	印度语支语言学
indicator	指示变项
indicator of resemblance	比喻词
indifferent vowel	中立元音
indigenization	本土化
indigenous language	本土语言
indirect access	间接可及
indirect access hypothesis	间接可及说
indirect anaphoric reference	间接后照应
indirect command	间接命令
indirect context	间接语境
indirect discourse	间接话语
indirect interrogative clause	间接疑问句
indirect learning strategy	间接学习策略
indirect object	间接宾语
indirect passive	间接被动句
indirect phonological opposition	间接音位对立
indirect question	间接问句
indirect quotation	间接引文
indirect speech	间接引语
indirect speech act	间接言语行为
indirect test	间接测试
indirectness	语言间接性
individual adjective	独立形容词
individual learner difference	学习者个体差异
individual measure word	个体量词
individual noun	个体名词
individualization	个体化
individualized instruction	个体化教学
individualized learning	个体化学习
individual-level predicate	个体层面谓词
Indo-European Glottalic Theory	印欧语喉塞音理论
Indo-European linguistics	印欧语系语言学
Indo-Germanic linguistics	印度日耳曼语言学
induced error	诱发性语误
induction	归纳[2]
inductive language learning	归纳语言学习能力
inductive learning	归纳学习
inessive	在内格
infantile perseveration	孩子气的言语
infantile speech	孩子气的言语
infantilism	孩子气的言语
infection	感应影响
infectum	未完成体[2]
inference	推理
inference theory	推理论

inferencing	推断	initial of a Chinese syllable	声母
inferential comprehension	推断性理解	initial phrase marker	初始短语标记
inferential semantics	推理语义学	initial state	初始状态
inferential statistics	推断统计方法；推论统计	initial stress	首重音
inferior comparison	下位比较	initial string	起始语符列
infer-pharyngeal	下咽壁音	initial structure	初始结构
infinite verb form	动词非限定式	initial symbol	起始符号
infixaction	中缀	Initial Teaching Alphabet	启蒙教学字母
infixing	中缀	initialism	首字母缩略词
INFL	屈折形式	initiator	启动器；发起者
INFL node	形态变化节点	injective	内爆破音
Inflected language	溶合语	injunctive	命令式
inflecting language	溶合语	inkhorn term	学究辞藻
inflection	屈折形式,屈折变化；屈折	innateness	天赋
		innateness hypothesis	天赋假说
inflection node	形态变化节点	innatist hypothesis	语言天赋论[1]
inflectional affix	屈折词缀	inner circle English	内圈英语
inflectional category	屈折范畴	inner form	内部形式,内在形式
inflectional formative	屈折构形成分	inner form of a word	词的内部形式
inflectional layer	屈折词层	inner speech	内部言语
inflectional morphology	屈折形态学	innovation	创新
inflectional suffix	屈折词尾	innuendo	暗指
inflexiblilty	无词形变化	inordinated adjective	紧凑形容词
inflexion	屈折；屈折形式	inorganic feature	非体质特征
inflexional language	屈折语	I-now-here	起点
informal assessment	非正式评估	I-now-here-origo	起点
informal English	非正式英语	input	语言输入
informal language	非正式语	input enhancement	输入强化
informal style	非正式语体	input hypothesis	输入假说
informant	调查合作人	input processing	输入处理
information	信息	input space	输入空间
information chunking	信息组块	insert	嵌入
information content	信息量,信息内容	inserted clause	插入句
information equivalency	信息等价性	inserted sequences	插入序列
Information focus	信息焦点	insertion	插入[1]
information gap	信息差距	insertion miscue	插入式误读
information processing	信息处理	inspiration	吸气
information retrieval	信息检索	instantaneous release	瞬时除阻
information retrieval by computer	计算机情报检索	instantiation	实例化
		institutional linguistics	行业语言学
information science	信息科学	institutional setting	习俗化场景
information structure	信息结构	instructional framework	教学框架
Information Technology	信息技术	instructional objective	教育目标
information theory	信息论	instructive case	指引格
information transfer	信息传送	instrumental case	工具格
information transmitivity	信息传递性	instrumental clause	工具从句
information unit	信息单位	instrumental function	工具功能
informational hybrids	信息交织	instrumental motivation	工具型动机
informative	信息句	instrumental noun	工具名词
informative abstract	资料性摘要	instrumental phonetics	仪器语音学
informative function	信息性功能	instrumental subject	工具格主语
informativity	信息性	instrumentalism	工具主义
informed consent	告知同意	instrumentative verb	工具动词
ingressive	内吸音	insufficiency of language input	语言输入不足性
ingressive air-flow	吸气气流		
ingressive aspect	开始体	intake	吸收
ingressive stop	吸气塞音	integrated approach	融合教学法,整合教学法,整体教学法
ingressive verb	始点动词		
inhalation	吸气	integrated syllabus	整合性大纲
inherent case	内在格	integration	融合[2]
inherent feature	固有特征	integrational linguistics	整合语言学,综合语言学
inherent semantic relation	固有语义关系	integrative motivation	融入型动机
inheritance	继承	integrative test	综合能力测试
initial	首位	intellective intonation	意念语调
initial glide	首流	intelligence analogy	智能模拟
initial inflection	词首屈折		

intelligibility	可理解性；解读性；可读性[2]	interlingual representation	语际表征
		interlingual situation	跨语言情境
intended recipient	意图中的接受者	interlingual translation	语际翻译
intensified stress	加强重音	Interlingue	西方语
intensifier	强度修饰语	interlinguistics	语际语言学
intension	内涵	interlinguistique	国际语学
intensional context	内涵性语境	interlocutor	对话者
intensional logic	内涵逻辑	intermediate	中间元音
intensional meaning	含蓄意义	intermediate degree	中介量值
intensional verb	内涵性动词	intermediate language	媒介语
intensity	声强	intermediate projection	中间投射
intensity stress	音势重音	intermittent closure	断续闭合
intensive	强度修饰语；紧连式	internal argument	域内论元
intensive compound	加强复合词	internal borrowing	内部借用
intensive construction	紧连构式；紧密结构	internal cause of linguistic change	语言演变内因
intensive language programme	语言强化课程	internal distribution	内部分布
intensive pronoun	加强代词,强势代词	internal distribution class	内部分布类
intensive reading	精读	internal explanation	内部解释
intensive verb	紧密联系动词	internal hiatus	内部元音连续
intentionality	意向性	internal history	内部历史
interaction	互动	internal inflexion	内部屈折
interaction analysis	互动分析	internal language	内部语言[2]
interaction hypothesis	互动假设	internal lexicon	心理词库
interaction process analysis	互动分析	internal loan	内部借用语
interactional and transactional functions of language	语言互动处理功能	internal merge	内部合并
		internal open juncture	内部开音渡
		internal punctuation marks	内部标点符号
interactional function	交流功能	internal reconstruction	内部构拟
interactional sociolinguistics	互动社会语言学	internal rhyme	行内韵
interactionism	互动论；交互作用论	internal sandhi	内部连读音变
interactive	交互式的	internal speech	无声语言
interactive aspect	多次体	internal validity	内部效度,内在效度
interactive listening	交互式听力	internalization	内化
interactive machine translation	人机互助翻译	internalized language	内化语言
		international auxiliary language	国际辅助语
interactive parallel search	互动平行搜索	International English Language Testing System	国际英语测试系统；雅思
interactive processing	交互式处理		
interactive reading	交互性阅读	international foreign word	国际性外来词
interactive verbs	互动性动词	international language	国际语言；族际语言
Interagency Language Roundtable	跨部门语言圆桌机构	International Phonetic Alphabet	国际音标
interchange	交换	International Second Language Proficiency Ratings	国际第二语言水平测试
interchangeability	互通性		
Intercultural Pragmatics	跨文化语用学		
interdental	齿间音	International System of Typographic Picture Education	国际印刷图形文字教育系统
interdependence	互依关系		
interdependency	互依关系		
interface	接口	international word	国际词语
interface grammar	界面语法	Internet Relay Chat	互联网中继聊天
interference	干扰	interpersonal	人际功能
interference in translation	翻译中的干扰	interpersonal communication	人际交往
interference phase	语法干扰期	interpersonal context	人际语境
interfix	中插词缀	interpersonal meaning	人际意义
intergroup communication	群体间交际	interpersonal metaphor	人际隐喻
interim grammar	临时语法	interpersonal rhetoric	人际修辞
interjection	感叹词	interpret	阐释
interjectional phrase	感叹短语	interpretability	可解读性
Interjectional Theory	感叹说	interpretant	解释项
interlanguage	中间语；中介语	interpretation	口译
interlanguage hypothesis	中介语假说	interpretational semantics	解释语义学
interlinear translation	隔行对照译法	interpretative grammar	解释语法
Interlingua	国际语	interpretative sociology	解释社会学
interlingual approach	中间语言法	interpreter	翻译器；口译员
interlingual error	语际错误		
interlingual identification	语际识别		

interpréter pour traduire	达意论；诠释理论；释意派理论	inventory	库藏
		inverse opposition	倒置对立
interpretive component	解释成分	inverse spelling	倒置拼写
interpretive error	理解性语误	inversion	倒置；倒装
interpretive grammar	解释语法	inversion method	逆译法；倒置法^2
interpretive rule	解释规则	*invisible hand* theory	无形手理论
interpretive semantics	解释语义学	invited inference	诱发性推理
interpretiveness	解释性	IPA	国际音标；国际语音学协会
inter-rater reliability	评判员间信度		
interrogative adjective	疑问形容词	IPA transcription	国际音标标音
interrogative adverb	疑问副词	I-principle	信息原则
interrogative pronoun	疑问代词	IRC	互联网中继聊天
interrogative sentence	疑问句	irony	反语；反讽
interrogative transformation	疑问转换	irony maxim	讽刺准则
interrogative word	疑问词	irony of fate	戏剧反讽
interruptability	可间断性	irradiation	语义扩展^1
interrupted	中断音	irrealis	非现实情态
interruption	中断	irregular plural	不规则复数
intersection	交集	irregularity	不规则性
intersemiotic translation	符际翻译	IRT	项目反映理论
inter-sentence relation	句间关系	-ise	……化
intertextuality	互文性	island	孤岛
interval scale	等距量表	ISLPR	国际第二语言水平测试
intervention condition	干预条件	iso-	同……
intervention constraint	干预限制	isochronism	等同结构
interview	采访	isochronisms	等音长
interview guide	访谈指引	isochrony	等同结构
intervocalic voicing	元音间辅音浊化	isogloss	等语线
intimacy	亲密感	isoglottic line	等语线,同言线
intimate speech	亲密交谈	isograph	同言线
intonation	语调	isolate	孤立成分^2
intonation contour	语调升降曲线；语调模式^1	isolated area	独立区域；孤立区；偏远地区
intonation formant	语调共振峰	isolated opposition	孤立对立
intonation language	语调语言	isolated word and phrase recognition	孤立词语识别
intonation morpheme	语调形位		
intonation pattern	语调模式^2	isolating language	孤立语；词根孤立语
intonational curve	语调曲线	isolect	同言语
intonational phrase	语调段；节奏单元	isomorphism	同构
intonograph	示调仪	isosyllabism	等音节现象
intrabucca	口内音	isotopy	同位素现象
intragroup communication	群体交际	ISOTYPE	国际印刷图形文字教育系统
intralingual context	语内语境		
intralingual error	语内错误	ITA	启蒙教学字母
intralingual translation	语内翻译	item	题项；语项
intralinguistic context	语内语境	item analysis	题项分析
intralinguistic feature	语言内部特征	item and arrangement	项目与配列
intralinguistics	内部语言学	Item and Arrangement Grammar	词项与配列语法
intransitive	不及物的		
intransitivization rule	不及物化规则	item and process	项目与过程
intra-rater reliability	评分者自身信度	Item and Process Grammar	词项和过程语法
intra-scorer reliability	评分者自身信度	item bank	试题库
intrinsic correspondence between sound and sense	音义内联观	item characteristic curves	试题特征曲线
		item difficulty	题项难易度
intrinsic motivation	内在动机	item discrimination	试题鉴别度,试题区分度；项目区分度
intrinsic order	内在顺序		
intrinsic ordering	内在序次	item facility	题项难易度；试题难度
introductory adverb	引导副词	item pool	试题库
introspection	内省	item response theory	项目反映理论
intrusive glottal stop	喉塞插音	item specification	题型说明书
intrusive r	插音 r	iteration	反复^1；复用^1
intuition	直觉	iterative	反复体
intuitive knowledge	内在知识	iterative aspect	重复体
invariable	不变形词	iterative compound	重叠复合词
invariance	恒定	iterative numeral	次数数词
invariant	不变形词	-ize	……化

J j

jargon	行话, 行业语；乱语；隐语；混合语
jargon aphasia	杂乱性失语症
jargon period	杂合语时期
Jespersen's cycle	叶斯柏森周期
jigsaw	拼图法
Jobelin	若布伦黑话
Jobelyn	若布伦黑话
journalese	新闻文体
junction	接合；组合式
juncture	音渡
Junggramatiker	青年语法学派
jussive	弱祈使语气
juxtaposing language	并列语

K k

Kana	假名
Kana Syllabary	假名表
kanji	日文汉字
Kanzi	坎兹
katakana	片假名
Katz-Postal hypothesis	卡茨—波斯特假说
K-command	K 统制
kenning	代称比喻；隐喻语；迂说
Kenyon and Knott system	KK 音标
kernal sentence	核心句
key word	关键词
key wordindexing	关键词索引
keyword in context	上下文关键词索引
Keyword in Context	题内关键词索引
Keyword out of Context	题外关键词索引
Kiel Convention	基尔会议
kinaesthetic feedback	动觉反馈
kine	手势语最小单位表述
kineme	手势语最小单位
kinesics	身势学
kinetic consonant	动辅音
King's English	标准英语；国王英语
kinship terminology	亲属关系术语学
kinship terms	亲属关系词
kiss click	双唇吸气音
KK system	KK 音标
knowledge representation	知识表征
known-new contract	新—旧信息契约
Koine	共通语, 古希腊共通语；共同语
koineization	同语化
Koko	大猩猩可可
Krashen hypothesis	克拉申假说
Kuder-Richardson formula	库德—理查德逊公式
Kufi	库法体
Kurgan culture	古冢文化；库尔干文化
Kurgan hypothesis	坟冢假说；库尔干假说
KWIC	题内关键词索引
KWOC	题外关键词索引
kymograph	浪波计

L l

L1	第一语言
L2	第二语言
Lab Phon	实验音系学
labeling	加标[2]
labial	唇音
labialization	圆唇化
labiodental	唇齿音
labio-labial	双唇音
labiovelar	圆唇软腭音
Laboratory Phonology	实验音系学
LAD	语言习得机制
ladder-spiral approach	阶梯螺旋教学法
lag	移后同化
LAGB	英国语言学协会
lallation	幼儿语
lalorrhea	速语症
lambda	兰姆达算子
lambdacism	边音化
lamina	舌叶
laminal	舌叶音
lamino-alveolar	舌叶齿龈音
lamino-dental	舌叶齿音
lamino-palatal	齿龈硬腭音
lamino-post-alveolar	舌叶后齿龈音
landmark	路标；界标[2]
language	语言[1]
language achievement	语言成就
language acquisition	语言习得
language acquisition device	语言习得机制
language aptitude	语言学能
language aptitude test	语言学能测试
language area	语言区域
language assessment	语言评估
language attitude	语言态度
language attrition	语言磨蚀, 语言损耗
language awareness	语言意识
language barrier	语言障碍
language boundary	语言界线
language change	语言变化
language classification	语言分类
language comprehension	语言理解
language contact	语言接触
language convergence	语言趋同
language death	语言死亡
language didactic	语言教学法[1]
language difference hypothesis	语言差异假说
language disorder	语言失调
language divergence	语言分化, 语言趋异
language dominance	语言优势
language ego	语言自我
language experience approach	语言经验教学法
language faculty	语言官能
language family	语系
language filler	语言填项
language fluency	流利(程度)
language for special purposes	专门用途语言
language game	语言游戏
language gene	语言基因
language history	语言历史
language ideology	语言意识形态
language imperialism	语言帝国主义
language induction ability	语言归纳能力
language information processing	语言信息处理
language isolate	孤立语言
language knowledge base	语言知识库
language laboratory	语言实验室

language learning	语言学习	lax voice	松嗓音
language loss	语言丧失	layering	插入²
language loyalty	语言忠诚	LCA	线性对应公理
language maintenance	语言保持，语言维护	LEA	左耳优势
language manipulation	语言控制	learnability	可学性
language minimum	语言最低量	learned formation	学者词汇
language minority group	语言少数群体	learning by deduction	演绎学习法
language mixing	语言混合	learning by induction	归纳学习
language neutral	语言中立性	learning climate	学习气氛
language obsolescence	语言死亡	learning journal	学习日志
language of hope	希望之语	learning log	学习日志
language pair	语言对	learning strategy	学习策略
language pedagogy	语言教学法²	learning style	学习风格
language planning	语言规划	left branching	左分支
language policy	语言政策	left branching condition	左分支条件
language processing	语言处理	left dislocation	左向移位结构；左易位
language production	语言产出	left hemisphere	左半球
language proficiency	语言水平	left periphery	左向边界
language proficiency scale	语言能力量表	left-ear advantage	左耳优势
language revitalization programme	语言复兴方案	Leipzig School	莱比锡学派
		lenis	弱辅音
language shift	语言转用	lenis vowel	弱化元音
language skills	语言技能	lenition	弱化
language standardization	语言标准化	lentis	驰音
language structure	语言结构	lento form	慢速形式
language survey	语言调查	LEP	有限英语水平者
language switching	语言转换	lesson plan	教学计划
language synthesis	语言合成	letter	字母²
language system	语言系统	level	层次
language teaching	语言教学	level of adequacy	充分性层次
language testing	语言评估；语言测试	level of representation	表征层面
language transfer	语言迁移	level stress	平级重音
language treatment	语言处置	level tone	平调
language typology	语言类型学	leveling	拉平
language universal	语言普遍性	Levinson's Three Principles	列文森会话含义三原则
language variation	语言变异	lexeme	词汇单位；词位；语素¹
language variety	语言变体	lexical ambiguity	词汇歧义
languages of ethnic groups in China	中国诸民族语言	lexical aspect	词汇体；词形体
		lexical bundle	词串
langue	语言²	lexical category	词汇范畴
large C culture	大写 C 文化	lexical cohesion	词汇衔接
Larsonian structure	拉森结构	lexical concept	词汇概念
laryngeal	喉音	lexical density	词汇密度
laryngealised voicing	喉化浊音	lexical entry	词项¹
laryngealization	喉化音	lexical field	词汇场
larynx	喉	lexical field theory	词汇场理论
last resort	迫不得已原则	lexical gap	词汇空缺
late insertion	晚插入	lexical hierarchy	词汇等级
late lexicon insertion	词汇晚插入	lexical insertion rule	词项插入规则
late-exit bilingual education	发展性双语教育	lexical integrity hypothesis	词汇完整性假设
latent trait models	项目反映理论	lexical item	词项²
latent trait theory	项目反映理论	lexical meaning	词汇意义
lateral	边音	lexical morpheme	词汇语素
lateral plosion	边音爆破	lexical morphology	词汇形态学
lateral vs. non-lateral	边音对非边音	lexical parameterization hypothesis	词汇参数化假说
lateralization	边音化，/l/音化；大脑侧化		
		lexical phonology	词汇音系学
Latin alphabet	拉丁字母表	lexical rule	词汇规则
Latin letter	拉丁字母	lexical selection	词汇选择
Latinate grammar	拉丁语语法	lexical semantics	词汇语义学；词义学
Latino sine flexione	拉丁国际语；无屈折拉丁语	lexical stress	词项重读
		lexical system	词项系统
law in linguistics	语言学定律	lexical verb	实义动词；词汇词；词汇动词
law of abbreviation	简略定律；缩写定律		
Law of Parsimony	吝啬定律	lexical-functional grammar	词汇功能语法
lax	松弛性；松音	lexicalism	词汇主义

lexicalists	词汇学派	lip rounding	圆唇化
lexicogrammar	词汇语法	lip spreading	展唇化
lexicography	词典编纂学	lip-reading	唇读法
lexicology	词汇学	liquid	流音
lexicon	词库；词汇[1]	lisping	大舌头
lexicon-grammar continuum	词汇—语法连续体	listening	听力
lexicostatistics	词汇统计学	listening comprehension	听力理解
lexis	词汇层	listening strategy	听力策略
lexotabtics	词位结构学	literacy	识字读写能力
LF	逻辑式	literal meaning	字面意义
LFG	词汇功能语法	literary culture	书面文化
LF-representation	逻辑式表征	literature	文献；文学作品
liaison	连诵	living language	活语言
licensing condition	允准条件	loan	借用[2]
ligature	合体字母	loan blend	混借词，外来混合词
light noun	轻名词	loan shift	借词音变
light verb	轻动词	loan translation	借译；译借词
limited English proficiency	有限英语水平者	local error	局部错误
limited English speaker	英语水平有限者	locality	局部性
linear correspondence axiom	线性对应公理	locality principle	局部性原则
linear phoneme	线性音位	location	定位手势
linear programme	线性程序	locative case	方位格；位置格
linear script	线性文字	locutionary act	言内行为
linear syllabus	线性大纲	locutionary force	言说之力
linearization	线性化	locutionary meaning	言说意义
linearization of chains	语链线性化	logic implication	逻辑蕴涵
lingua franca	交际语；通用语	logic of language	语言逻辑
lingual	舌的	logic realism	逻辑实在论
linguistic acculturation	语言文化移入	logic value	逻辑值
linguistic analysis	语言分析	logical form	逻辑式
linguistic anthropology	语言人类学	logical motivation	逻辑理据
linguistic community	语言社区	logical positivism	逻辑实证主义
linguistic determinism	语言决定论	logical relation	逻辑关系
linguistic economics	语言经济学	logical semantic relation	逻辑—语义关系
linguistic entropy	语言熵	logical semantics	逻辑语义学
linguistic fingerprinting	语言指纹	logical subject	逻辑主语
linguistic geography	语言地理学	logocentrism	逻各斯中心主义
linguistic hedge	模糊限制词	logogenesis	话语发生学
linguistic homeland	语言家园	logogram	词符
linguistic ideology	语言意识形态	logograph	词符
linguistic imperialism	语言帝国主义	logography	词符文字
linguistic influence	语言影响	logophor	言谈照应词
linguistic insecurity	语言不安全感	logophoricity	连带指示性
linguistic method	语言学教学法	logo-syllabic writing	词符音节文字
linguistic norms	语言规范	logotactics	词汇结构学
linguistic paleontology	语言古生物学	London School	伦敦学派
linguistic performance	语言运用	long consonants	双辅音
linguistic philosophy	语言观哲学	long passive	长被动句
linguistic prehistory	语言史前史	long-distance reflexive	长距离反身代词
linguistic proficiency	语言能力[1]	longitudinal study	纵深研究
linguistic relativity	语言相对论；语言相对性	long-term memory	长期记忆
linguistic repertoire	语言变体 库	look-and-say method	视说法
linguistic semantics	语言语义学	loose apposition	松散同位语
linguistic sign	语言符号	loose sentence	散句
linguistic string theory	语言串理论	loquacity	多话期
linguistic taboo	禁忌语	low	低位性
linguistic unit	语言单位	low variety	低等语体
linguistically disadvantaged	语言劣势	low vowel	低元音
linguistic paradigm	聚合体	lowering	舌位降低
linguistics	语言学	Lozanov method	罗扎诺夫法
linguistic typology	语言类型学	LSP	专门用途语言
linguostylistics	语言风格学	L-variety	低等语体
linker	合体字母	Lyman's Law	赖曼定律
linking morpheme	连接语素		
linking R	连接音 R		
linking verb	连系动词		

M n

		Machiavellian motivation	马基雅弗利型动机

machine language	机器语言	meaningless	无意义形式
machine learning	机器学习	mechanical drill	机械式操练
machine translation	机器翻译	mechanism	机械论
machine-aided translation	机器辅助翻译	median	中位数
machine-assisted translation	机器辅助翻译	medieval linguistics	中世纪语言学
macrolinguistics	宏观语言学	meditation	冥想
macropragmatics	宏观语用学	Mediation Theory	媒介作用理论
macro-sociolinguistics	宏观社会语言学	medium of instruction	教学媒介语
macro-speech act	宏观言语行为	meliorative suffix	褒义后缀
macro-structure	话语结构；宏观结构	Memetics	模因论
maintenance bilingual education	维持性双语教育	memory	记忆
		mental accessibility	心理可及性
major class features	主要音类特征	mental lexicon	心理词库
major word class	主要词类	mental representation	心理表征
malapropism	飞白	mental space	心理空间
mand	祈使语	mental space lattice	心理空间格框
manifestation	具体化	Mental Space Theory	心理空间理论
manner deixis	方式指别	mentalese	心智语言
manner of action	行为方式	mentalism	心智主义
manner of articulation	发音方式	Menzerath-Altmann's law	门策拉－阿尔特曼定律
manner of speech	言语方式	merge	合并
mapping	映射[2]	merge-over-movement hypothesis	合并优于移位假说
mapping principle	映射原则		
mappings	映射[1]	meronymy	部分整体关系
marginal area	边缘地区	mesolect	中层方言
marginal member	边缘成员	metachrony	变时研究
mark	标志	metacognitive strategy	元认知策略
marked	有标记	metacommunication	元交际
markedness	标记；标记性	metadiscourse	元语篇
markedness differential hypothesis	标记差异假设	metafunction	纯理功能；元语言功能
		metagrammar	元语法
Markov model	马尔可夫模型	metalanguage	元语言
Markov process	马尔可夫过程	metalinguistic knowledge	元语言知识
Marrism	马尔学派	metalinguistics	元语言学
masculine	阳性	metanalysis	变界分析
mass communication	大众传播学	metaphor	隐喻
mass noun	物质名词；量限定名词	metaphor system	隐喻系统
matched guise technique	变语匹配法	metaplasm	词形变异
material conditional	实质条件；实质蕴涵	metapragmatics	元语用学
material implication	实质蕴涵	metarules	元规则
material noun	物质名词	metathesis	语音移位；换位[1]
materialistic language theory	唯物主义语言理论	metonymy	转喻
		metrical grid	节律栅
mathematical linguistics	数理语言学	Metrical Phonology	节律音系学
mathematical logic	数理逻辑	metrical tree	节律树
matrix clause	主句	microfunction	微观功能
matrix sentence	主句；母句	microlinguistics	微观语言学
maturation hypothesis	成熟假说	micropragmatics	微观语用学
maxim of conversation	会话准则	micro-skills	微技能
maxim of relevance	关联准则	micro-sociolinguistics	微观社会语言学
Maximal Onset Principle	首音最大原则；最大节首辅音原则	micro-speech act	微观言语行为
		mid	中位
maximal projection	最大投射	middle construction	中动结构
Maya writing	玛雅文字	Middle English	中古英语
McGurk effect	马格效应	middle verb	中动词
m-command	M 统制	middle voice	中动语态
MDP	最短距离原则	mimesis	摹仿
ME	中古英语	mimetic word	象声词
mean length of utterance	平均话语长度	mim-mem method	模仿记忆法
mean utterance length	平均话语长度	minimal distance principle	最短距离原则
meaning	意义	minimal free form	最小自由形式
meaning postulate	意义公设	minimal link condition	最短连接条件
meaning potential	意义潜势	minimal pair	最小对立体；最小对立元
meaningful form	有意义形式	minimal pair test	最小对立体测试
meaningfulness	有意义	minimal projection	最小投射
		minimal terminable unit	最小极限单位

Minimalist Program	最简方案	morphologization	形态化
minor word class	次要词类	morphology	形态学
minoritizing translation	小众化翻译	morphophonemics	形态音位学
mirror principle	镜像原则	morphophonology	语素音系学
miscue analysis	误读分析	morphosyntax	形态句法学
misplaced modifier	悬垂修饰语	morphotactics	语素配列学
mixed language	混合语	Morse code	莫尔斯电码
mixed metaphor	混杂隐喻,混合隐喻	mother	母节点
MLC	最短连接条件	mother node	母节点
MLU	平均话语长度	mother tongue interference	母语干扰
modal	情态助动词	motherese	母亲用语；妈妈语
modal auxiliary	情态助动词	motivation	动机；理据
modal clause	工具从句；情态从句	motor aphasia	运动性失语症
modal logic	模态逻辑	motor theory of speech perception	言语感知运动理论
modal operator	模态算子		
modal verb	情态动词	move α	阿尔法移位；移位 α
modal word	模态词	moveable stress	自由重音
modality	情态；模态	movement transformation	移位转换
mode	众数	M-principle	方式原则
mode of cohesion	衔接模式	multiculturalism	多元文化主义
model	模式	multidimensional opposition	多边对立
model verb	情态助动词	multilingualism	多语现象；多语主义
Model-theoretic Semantics	模型理论语义学	multimodal interaction	多模态交互
model-theory	模型论	multimodality	多模态
modern linguistics	现代语言学	multiple-branching construction	多分支结构
Modes of Turn-taking	话语转换序列模式		
modification	形变；修饰	multisyllable	多音节词
modified speech	矫饰言语	murmuring	低语声
modifier	修饰词,修饰语	musical accent	音高重音
modifier floating	修饰词漂移	mutual intelligibility	互相可理解性,相互可理解性
modl significandi	能指式		
modular theory	模块理论	mutual knowledge	共有知识；互知性
modularity	模块		
moneme	语素²	**N n**	
Mongolism	蒙古症		
monism	一元论	N	名词；数目
Monitor Hypothesis	监控假设	N'	N 单阶标
monitor model	监控模型	N single bar	N 单阶标
Monitor Theory	监控理论	name study	人名学
monogenesis theory	单源说	named entity extraction	命名实体抽取
monoglottism	单语现象	naming	命名
monolingual	单语者	naming theory	命名理论
monolingualism	单语现象	naming word	命名词
monomorphemic word	单语素词	nanosyntax	纳米句法
monophonematic classification	单音位分类	narrative	叙事,叙述；叙述式
		narrative analysis	叙事分析
monophonemic word	单音位词	narrative function	叙事功能；叙述功能
monophthong	单元音	narrative grammar	叙事语法
monosemy	单义现象；一词单义	narrative in English discourse	英语语篇中的叙事
monosyllabic	单音节		
monovalent	一价动词	narrative structure	叙事结构
Montague Grammar	蒙塔古语法	narrative writing	记叙文
mood	语气	narratology	叙事学
mora	莫拉	narrow diphthong	窄双元音
morph	形素	narrow focus	窄焦点
morpheme	语素³	narrow notation	严式音标
morpheme structure rule	语素结构规则	narrow nuclei	严式音核
morphemic word	语素词	narrow Romic	严式罗米克音标
morphemics	词素学；语素学	narrow scope	窄域
morphological analysis	形态分析法；形态学分析法	narrow transcription	严式音标
		narrow vowel	窄元音¹
morphological case	形态格	narrowed meaning	窄化意,窄化意义
morphological fusion	形态融合	narrowing of meaning	语义窄化
morphological motivation	形态理据	nasal	鼻音
morphological reanalysis	形态再分析	nasal assimilation	鼻音同化
morphological typology	形态类型学	nasal cavity	鼻腔

nasal coloring	鼻音色彩	negation test	否定检验法
nasal pharynx	鼻咽部	negative	否定式；否定词
nasal plosion	鼻音爆破	negative affixes	否定词缀
nasal plosive	鼻塞音	negative conjugation	否定变位；否定连词
nasal release	鼻音除阻	negative correlation	负相关
nasal twang	鼻化音	negative evidence	负面证据
nasal vs. oral	鼻音对口腔音	negative face	消极面子
nasalization	鼻音化	negative feedback	否定性反馈；负面反馈
nasal vowel	鼻元音	negative particle	否定词
National Conference on Language Reform	全国文字改革会议	negative polarity item	负极；项否定极项词
National Curriculum in English	国家英语教学大纲	negative politeness strategies	否定的礼貌策略
		negative politeness strategy	负面礼貌策略；消极礼貌策略
national foreign language capacity	国家外语能力	negative pronoun	否定代词
		negative question	否定疑问句
national language	国语	negative raising	否定转移
National Language Movement	国语运动	negative transfer	负迁移
		negative transportation	否定转移；否定后移
National Romanization	国语罗马字	negatively skewed distribution	负倾斜分布
native language	本族语		
native language vocabulary	本族语词汇	negotiability	协商性
native speaker	本族语者	negotiated syllabus	商议性大纲
native speaker insight	本族语言领悟力	negotiation	协商
native words	本族词	negotiation of meaning	意义协商
nativism	语言天赋论[2]	Negroism	黑人语风
nativist hypothesis	先天主义假说	neighborhood effect	邻体效用
nativistic theory	本能论	Neo-Bloomfieldian	新布龙菲尔德学派
nativization	当地化	neoclassical compound	新古典复合词
nativized	本族语化	Neo-Davidsonian	新戴维森分析法
natural acquisition	自然习得	Neo-Firthians	新弗斯学派
Natural Approach	自然法	Neogrammarians	新语法学派
natural beginning	自然开始	neo-Gricean conversational implicature theory	新格赖斯会话含义理论
natural case	自然格		
natural class	自然类	neo-Gricean pragmatic apparatus	新格赖斯语用学机制
natural equivalent	自然等值		
natural generative grammar	自然生成语法	Neo-Gricean pragmatics	新格赖斯语用学
natural generative phonology	自然生成音系学	Neo-Humboldtians	新洪堡特学派
		Neo-linguistics	新语言学派
natural kind terms	自然类术语	neologism	新语
natural language	自然语言	neologistic paraphrasia	胡言乱语错语症
natural language analysis	自然语言分析	neo-Saussurean linguistics	新索绪尔语言学
natural language generation	自然语言生成	nesting	内嵌
natural language interface	自然语言界面	network	网状群体
natural language processing	自然语言处理	network analysis	网络分析
natural language understanding	自然语言理解	network strength scale	网络强度等级
		neural network	神经网络
natural meaning	自然意义	Neural Theory of Language	语言神经理论
Natural Method	自然法	Neuro-linguistic Programming	神经语言规划
natural morphology	自然形态学		
natural phonology	自然音系学	neurolinguistics	神经语言学
natural speech understanding system	自然语言语音理解系统	neustic	中性句式特点
		neuter	中性
naturalism	自然主义[1]	neutral	中立性
naturalist	自然派	neutral expectation	中性期待回答
naturalistic	自然主义[2]	neutral position	中间位置
naturalistic learning environments	自然的学习环境	neutral verb	中性动词
		neutral vowel	中性元音
naturalistic second language acquisition	二语自然习得	neutral word	中性词
		neutralizable opposition	中和对立；可中立对立
naturalness	自然度, 自然性	neutralization	中和
near-synonym	近义词	new behaviorism	新行为主义
needless repetition	非必要重复	*New Dialect*	新方言
needs analysis	需求分析	new information	新信息
needs assessment	需求评估	new rhetoric	新修辞学
needs hierarchy	需求等级	new word	新词
negation	否定	news language	新闻语言

newspeak	新语	non-distinctive feature	非区别性特征
next-speaker selection	下一言语者选择	non-durative aspect	非延续体
nexus	表语串联；核心	non-English proficient	英语盲
nexus negation	核心否定	non-equivalence	非等价
nexus substantive	核心实词	non-factive verb	非叙实动词
NIC	主格岛条件	non-favorite sentence type	非常用句型
NICE properties	情态动词四属性	non-finite clause	非限定分句
nickname	绰号，昵称	non-finite verb	非限定动词
nigori mark	浊音符，浊音符号	non-finite verb form	动词非限定式
NLG	自然语言生成	non-headed	无中心的
NLP	神经语言规划	non-high	非高位音
no access hypothesis	不可及说	non-inflexional language	非屈折语言
noa word	讳忌词	non-interface position	非接口论
node	节点	non-lateral	非边音
noeme	义位意义	non-linear morphology	非线性形态学
NOM	名词性成分；主格²	non-linear phonology	非线性音系学
nómas	习俗派	non-literate	无文字群体
nomen actions	派生行为名词	non-modal auxiliary	非情态助动词
nomen agentis	派生施事格名词	non-monotonic logic	非单调逻辑，非单一逻辑
nomenclature	术语命名法；专门术语	non-motivation	无理据现象
nominal	名词性成分	non-native varieties of English	英语非母语变体
nominal agents	名词性施事		
nominal aphasia	主格性失语症	non-natural meaning	非自然意义
nominal clause	名词性从句	non-palatalized consonant	非腭化辅音
nominal constituents	名词性成分	non-parametric tests	非参数测试
nominal definition	名目定义	non-past	非过去时态
nominal group	名词词组	non-productive	非能产性
nominal phrase	名词性短语；名词词组	non-punctual	非短暂性
nominal relative clause	名词性关系小句	non-restrictive construction	非限制性结构
nominal root	名词性词根	non-restrictive modification	非限定性修饰
nominal scale	称名量表	non-restrictive relative clause	非限定性关系从句
nominal sentence	名词句，名词性句子		
nominal stem	名词性词干	non-rhotic	不带 r 音
nominal style	名词性文体	non-rounded	非圆唇
nominalism	唯名论	nonsense	无意义词语
nominalization	名词化	nonsense form	无意义形式
nominative	主格²	non-sentence	非句子
nominative case	主格²	non-sibilant	非咝音
nominative island condition	主格岛条件	non-sonorant	非响音
nominative language	主格语言	non-specific nativism	非特定先天论
non-agentive	无施式	non-specific reading	不明确解读
non-anterior	非龈前音	non-standard	非标准性
non-areal	非地域的	non-strident	非刺耳音
non-argument	非论元	non-technical register	非技术性语域
non-back	非后位的	non-verbal communication	非言语交际
non-causative	非使役	non-verbal teacher behavior	教师非言语行为
nonce	临时性造词；偶造语	norm	常模；规范
nonce form	临时性造词；偶造语	normal distribution	正态分布
nonce formation	临时性造词；偶造语	normalized standard score	正态化标准分数
nonce word	临时性造词；偶造语	normative grammar	规范语法
Nonconcatenative Morphology	非链接动词形态学	normative linguistics	规范语言学
		norm-referenced test	常模参照考试
non-configurational language	非成形语言	notation	标记符；注音
non-consonantal	非辅音的	note-making	记笔记
non-continuous aspect	非持续体	note-taking	记笔记
non-contituant	非延续音	noticing hypothesis	注意假设
non-contrastive variant	非对比性变体	notion	意念
non-conventional implicature	非规约涵义	Notional Approach	意念法
non-core rule	非核心规则	notional category	意念范畴
non-coronal	非舌冠音	notional grammar	概念语法；意念语法；哲学语法
non-covered	遮蔽性		
non-defining relative clause	非限定性关系从句	notional syllabus	意念教学大纲
non-detachability	不可分离性	notional-functional syllabus	意念功能课程大纲
nondirective interview	非导向性访谈	noun	名词
non-discrete	非离散性	noun adjunct	名词修饰语¹
non-discrete grammar	非离散语法	noun class	名词类

noun clause	名词性从句	obviative	另指代词；远指代词
noun cluster	名词簇	Occam's razor	奥卡姆剃刀原则
noun equivalent	名词同等词	Occidental	西方语
noun language	名词语言	occlusion	闭塞
noun numeral	名词性数词	occlusive	闭塞音
noun phrase	名词词组；名词短语	Ockham's razor	奥卡姆剃刀原则
Noun Phrase Accessibility Hierarchy	名词短语可及性等级	OED	牛津英语大词典
		oesophageal	食道音
noun phrase initiator	名词短语首词	oesophageal speech	腹语
noun sentence	名词句,名词性句子	off-glide	滑离音
nounal function	名词型功能	official language	官方语言
NP	名词性短语,名词短语	officialese	公文体
NP movement	NP 移位	off-line task	离线任务
NPAH	名词短语可及性等级	off-task behavior	不专注行为
NPI	否定极项词	*of*-insertion	of 插入
NP-movement	名词短语移位	okanje	/o/音化
NP-trace	NP 语迹	onamatology	专名学
NSS	网络强度等级	on-glide	入流音，滑入音
nucleus	调核；音节核	on-line tasks	在线任务
null	空	onomasiology	名称学
null argument	虚论元	onomastics	专名学
null hypothesis	原假设，零假设,虚假设；无效假设	onomathesia	命名
		onomatopoeia	形声词语；拟声构词法
null morpheme	零语素	onomatopoeic theory	摹声说
null operator	空算子	onomatopoeic word	拟声词
null subject parameter	零主语参数；无主语参数	onset	音节首
number	数；数目	on-task behavior	专心行为,专注行为；任务内行为
number concord	数一致		
number system	数量系统	ontogenesis	个人语言研究
numeral	数词	ontogeny	语言个体发生
numeration	算式库	ontogeny recapitulating phylogeny	语言个体发生再现语言群体发生
numerative classifier	量词		
numerical category	数字范畴	ontological category	本体范畴
numerical metanalysis	数词转化	ontological metaphor	本体隐喻
nunation	加 n 字母	ontology	本体论
		opacity	不透明；晦暗性

O o

		opacity parameter	晦暗参数
object agreement	宾语一致	opaque context	隐性语境
object case	受格	opaque vowel	不透明元音
object control	宾语控制	opaque word	晦暗词
object language	对象语言[1]；对象语言[2]	open	开音
object of result	结果宾语	open approximant	近音
object raising	宾语提升	open class	开放性词类
object shift	宾语转移	open education	开放教育
object writing	物体文字	open juncture	开音渡
objective case	宾格；受格	open learning	开放式学习
objective construal	客观识解	open list	开放项列
objective subject	对象格主语	open set	开放集合
objective test	客观性测试	open syllable	自由音节；开音节
objective test item	客观测试题项	open transition	开音渡,开过渡
Objectivist Semantics	客观语义学	open vowel	开元音
obligative mood	强制语气	open-class word	开放性词
obligatory constituent	强制性成分	open-ended question	开放式题目
obligatory contour principle	强制曲拱原则	open-ended response	开放式回答
obligatory transformation	强制性转换	open-ended response item	开放式回答项
oblique case	间接格；斜格	operant	操作行为；奏效行为
oblique clause	间接分句	operant behaviorism	操作行为主义
observation	观察	operant conditioning	操作性条件反射
observation schedule	观察时间表	operational definition	操作性定义
observational adequacy	观察充分性	operational procedure	操作方法
observational method	观察法	operative sense	映象意义；操作意义
observer's bias	观察者偏差	operator	操作词
observer's paradox	观察者悖论	OPI	口语水平面试
obsolescence	弃用	opposition	对立[2]
obstruent	阻塞音	o-pronunciation	/o/音化
		optative mood	祈求语气；希求式

Optimality Theory	优选论		
optimum age hypothesis	最佳年龄段假说		**P p**
optional	非强制性	PA	语言运用分析
optional variant	随意变体	paedography	启蒙教学字母
oracy	口语能力	pair merge	序偶合并
oral	口腔音	pair practice	结对练习
oral airstream mechanism	口腔气流机制	pair test	最小对立元测试
oral cavity	口腔	pair work	结对练习
oral culture	口头文化	paired-associate learning	成对联想学习法
oral discourse	口头话语	palaeography	古典文献学；古文字学
oral form	口语形式	palatal	舌面中音；硬腭音
oral literature	口头文学	palatalization	腭化
oral method	读唇法	palatalized	腭化音
oral proficiency interview	口语水平面试	palate	腭
oralism	言语教法	palato-alveolar	腭龈音
oratorical speech	演说语	palatogram	腭位图
oratory	演讲术	palatography	腭位观察术；腭位学
order	序次	palindrome	回文
order of acquisition	习得顺序	panchronic	泛时
order of mention	提及次序；提述次序	pangram	全字母短句
ordering theory	有序理论	paradigm	词形变化表；范式；聚合关系语项
ordinal number	序数词		
ordinal scale	顺序量表	paradigm function morphology	词形赋值形态学
ordinary language philosophy	日常语言哲学	paradigm morphology	词形形态学；聚合体形态学
ordinary language school of philosophy	日常语言学派	paradigmatic relations	聚合关系
organon model of language	语言的工具模型	paradigmatic relationship	聚合关系
orientational metaphor	方位隐喻	paradigmatic response	聚合型反应
origin of language	语言起源	paradox	隽语
orthoepy	正音法	paragoge	词尾加音
orthographic syllabification	正字法分节	paragogue	词尾加音
orthography	正字法	paragon	理想成员
oscillograph	录波器,示波器	paragrammatism	语法错乱；语法偏离症
oscilloscope	示波管	paragraph	段落
ossicle	小骨	paralanguage	辅助语言；副语言
ostensive definition	明示定义	paralinguistic feature	副语言特征
ostensive-inferential communication	明示推理交际	paralinguistics	副语言学
ostensive-inferential model	明示推理模式	parallalia	错读症
OSV language	OSV 语言	parallel construction	排比
OT	优选论	parallel distributed processing	平行分布式处理
outer closure	外封闭	parallel form reliability	复本信度
outer form	外部形式	parallel forms	复本；平行试卷
outlier	异常值	parallel processing	平行处理
Output Hypothesis	输出假设	parallel progression	主位同一型推进
overbar	眉题	parallel structure	排比
overcorrection	过度纠正	parallelism	排比
overdifferentiation	过度区分	parameter	参数
overextension	过度概括,过度扩展,过度外延	parameter-setting	变量设定；参数设定,参项设定
over-extension	过度外延	parametric linguistics	参量语言学
overgeneralization	过度概括,过度扩展,过度外延,过度类推	parametric phonetics	参量语音学
		parametric tests	参数测试
overlapping distribution	重叠分布	paraphasia	语言错乱
overline	眉题	paraphrase	改述,转述；释义
over-regularization	过度类推	paraplasm	替代
overscore	眉题	paraplastic form	替代
overt prestige	显性声望；显性优势	paraprofessional	专职人员助手
overtone	谐波；陪音	parasite vowel	寄生元音
overwording	过度用词	parasitic gap	寄生缺位
OVS language	OVS 语言	parasynthesis	双重构词法
oxymoron	矛盾修辞	parataxis	并连关系
oxytone	末音节重读词；尾重音词	paratone	语调列
oxytonic language	尾重音语言	paregmenon	同源格

parent language	原始语	pause for breath	换气
parenthetical verb	插入性动词	pause-defined unit	停顿单位
Paris School Semiotics	巴黎符号学学派	pause-filler	停顿填充词语
parisyllabic word	等音节词	pausing	支吾；停顿
parliamentary discourse	议会篇章	P-Celtic	P 型凯尔特语
parody	仿拟	PCF	语音稳固形式
parole	言语[1]	PDP	平行分布处理
paronomasia	双关语	peak of prominence	突出峰
paronym	近音词；同根词；形似词	peak of sonority	响音峰
paroxytone	倒数第二音节重读词	peak of a syllable	音节峰
paroxytonic language	倒数第二音节重读语	Pearson product-moment correlation	积差相关；积矩相关；皮尔逊积矩相关系数
parrot question	鹦鹉学舌式的问句		
parser	分析程序	pedagogic grammar	教学语法
parsing	句子分析	pedagogical content knowledge	教学内容知识
part of speech	词性；词类		
part skills	局部技能	pedagogical grammar	教学语法
partial access	部分可及性	pedagogical linguistics	教学语言学
partial assimilation	部分同化	pedigree theory	谱系说
partial negation	部分否定	pedolalia	孩子气的言语
partially productive	部分能产	peer assessment	同伴评估
participant	参加者	peer editing	同伴群体
participant observation	参与者现场观察	peer monitoring	同伴监控
participant role	参与角色	peer review	同伴评阅
participant structure	参与者结构	peer teaching	同伴教学
participation framework	参与框架	peer tutoring	同伴辅导
participial construction	分词结构	pejoration	语义转贬；词义转贬
participial phrase	分词短语	pejorative	贬义成分
participle	分词	penthouse principle	主句原则
particle	小品词	percent sign	百分比符号
particle movement	小品词移动	percentile rank	分位数
particle phonology	粒子音系学	percentile score	分位数
particularized conversational implicature	特殊会话隐涵	perception	知觉；感知
		perception test	识别试验
partitive	单位词	perceptual dialectology	感知方言学
partitive case	部分格	perceptual salience	感知突显性
partitive genitive	部分生格,部分所有格	percolation	渗透
part-of-speech tagging	词性赋码	peregrinism	外来词
partonymy relation	部分整体关系	perfect participle	完成体分词；完成分词
part-whole relation	部分整体关系	perfect progressive passive	完成进行时被动式
pasigraphy	通用书写符号	perfect rhyme	全韵
passive cavity	被动声腔	perfect tense	完成时
passive language knowledge	被动语言知识	perfect translation	完美翻译
passive participle	被动分词	perfective	完成体
passive vocabulary	被动词汇,消极词汇	perfective aspect	完成体
passivization rule	被动化规则	performance analysis	语言运用分析
past	过去时	performance error	语言行为失误；言语行为失误
past anterior	先过去时		
past historic	历史过去时	performance factor	言语行为因素
past participle	过去分词	performance grammar	语言运用语法
past perfect	过去完成时	performance objective	表现目标
past progressive	过去进行体	performance standard	运用标准
past tense	过去时态	performance test	运用测试
path	路径	performance-based assessment	行为评估
path analysis	路径分析		
pathos	情感诉诸	performative	言有所为
pathway of change	语言演化途径	performative analysis	施为句分析
patient	受事	performative antinomy	施为矛盾；施为二律背反
patois	土语	performative hypothesis	施为句分析
pattern drill	句型操练	performative utterance	施为句；行事性语句
pattern matching	模式匹配	performative verb	施为动词；行事动词
pattern of thematic progression	主位推进模式	period(ic)	周期(的)
		periodic	周期波
pattern practice	句型操练	periodicity	周期性
pattern system	模式系统	peripheral area	边缘区域
paucal	少数量	peripheral disorder	外围失调
pause	停顿	peripheral grammar	外围语法

peripheral language	边缘语言	phonematics	音位学
peripheral member	外围成员	phoneme	音位
peripheral vowel	边缘元音	phoneme analysis	音位分析
periphery	外围	phoneme distance	音位亲疏关系
periphrasis	迂说法	phoneme response buffer	音位反应缓冲机制
periphrastic verb form	动词迂回变位形式	phoneme system	音位系统
perlocutionary act	言后行为	phonemic analysis	音位分析
perlocutive verb	成事动词	phonemic coding ability	音位编码能力
permansive aspect	固定体	phonemic contrast	音位对立
permutation	换位²	phonemic inventory	音位库藏；音位总藏
perseveration	后滞	phonemic loan	借音
perseveration error	言语重复错误	phonemic notation	音位注音法
perseverative assimilation	顺向同化	phonemic paraphasia	音位性语言错乱症
person	人称	phonemic principle	音位原理
person deixis	人称指示语	phonemic script	表音文字
Person Empathy Hierarchy	人称移情等级体系	phonemic sound change	音位音变
personal ending	人称词尾	phonemic stratum	音位层
personal function	个人功能；自指功能	phonemic stress	音位重音
personal infinitive	人称不定式	phonemic structure	音位结构
personal name	人名	phonemic theory	音位学
personal pronoun	人称代词	phonemic transcription	音位音标
personal verb	人称动词	phonemic unit	音位单位
personality variables	性格变量	phonemics	音位学
personification	拟人	phonetic act	语音行为
perspectival system	视角系统	phonetic alphabet	语音字母表
perspective	视角；透视域	phonetic blend	语音结合
persuasive	劝导行为	phonetic context	语音环境
persuasive rhetoric	劝服修辞	phonetic convergence	音变汇合
petroglyph	岩刻；岩石雕刻	phonetic empathy	语音移情
petrogram	岩画；岩石字画	phonetic form	语音式
petrograph	岩符；岩艺	phonetic form component	语音形式成分
petrography	岩石记述学；岩石铭文；岩相学	phonetic indicator	声符
		phonetic information processing	语音信息处理
PF	语音式		
PF-Structure	PF 结构	phonetic law	语音定律
phantom category	虚幻语类	phonetic level	语音层
phantom word	幻觉字	phonetic method	拼读法
pharyngeal	咽音	phonetic motivation	语音理据
pharyngeal cavity	咽腔	phonetic notation	语音注释
pharyngealization	咽音化	phonetic perception	语音感知
pharynx	咽腔	phonetic relationship	语音关系
phase	相；语段¹	phonetic representation	语音表征
phase impenetrability condition	语段无渗透条件	phonetic script	语音文字
		phonetic setting	语音定式
phatic act	发音行为	phonetic sign	语音符号
phatic communion	寒暄性交谈；寒暄语	phonetic similarity	语音关系
phatic function	寒暄功能	phonetic sound change	音位变体音变；语音变化
phenotype	表型；显性	phonetic spelling	语音拼写
phi correlation	Φ 相关	phonetic spelling system	语音拼写系统
philological approach	语文学方法	phonetic symbol	语音标记
philology	语文学	phonetic transcription	标音法；音标；语音转写
philosophical grammar	意念语法；哲学语法	phonetic variant	语音变体
philosophical languages	哲学语言	phonetically consistent form	语音一致形式；语音稳固形式
philosophical linguistics	哲学语言学		
philosophical semantics	哲学语义学	phonetics	语音学
philosophy of language	语言哲学	phonic substance	语音实体
philosophy of linguistics	语言学哲学	phonogram	音符；音符组
philosophy of mind	心灵哲学	phonography	音位标写法；表音文字
phon(a)esthemes	联觉音组	phonological analysis	音系分析；音韵分析
phon(a)esthesia	音义联觉	phonological and calligraphical synthesizing coding	音形结合编码法
phon(a)esthetics	语音美学		
phonaestheme	联觉音位		
phonaesthetic series	联觉系列词	phonological awareness	语音意识
phonation	发声	phonological change	音位变化，音位音变
phone	音素，音元	phonological cohesion	音系衔接
phonematic unit	音律单位	phonological component	音系成分

phonological disorder	音位障碍	Piotrowski-Altmann's law	皮奥特洛夫斯基—阿尔特曼定律
phonological hierarchy	音位等级体系		
phonological impairment	语音障碍	pitch	音高
phonological item	音位项	pitch accent	音调重音,音高重音
phonological level	音位层；音系层	pitch level	音高等级
phonological opacity	音系晦暗性	pitch movement	音高韵律
phonological phrase	音韵词组	pitch range	音域[1]
phonological representation	音位表达；音系表达	pivot grammar	枢轴语法；支点语法
phonological rule	音系规则	pivot words	枢轴词
phonological space	音系空间	PLAB	皮姆斯勒语言学能成套测试
phonological subsystem	音系子系统		
phonological system	语音系统	PLAB Test	专业和语言评估委员会考试
phonological typology	音位类型学		
phonological universals	音系共性	placard	告示语
phonological word	语音词	place deixis	地点指示语
phonologically conditioned	音位制约的	place of articulation	发音部位
phonologization	音位化	placeholder	占位成分
Phonology	音系学	placement of the tongue	舌位
phonometrics	计量语音学	placement test	编班测验；分班测试
phonon	音子	plain	平音
phonostylistics	语音修辞学	planned language	规划语言
phonotactics	音位配列学；音位组合学,音位结构学；语音配列	planned language change	规划语言变化
		plateauing	高升
		PLATO	PLATO系统
phonotagm	形式音位聚合体	Plato's problem	柏拉图问题
phonotagmeme	音位法位；语义音位聚合体	play on words	文字游戏
		pleonasm	冗语
phrasal category	短语语类	pleonastic pronoun	赘代词
phrasal compound	短语性复合词	plereme	意义单位；字符[2]
phrasal genitive	短语所有格	pleremic	字符的
phrasal prepositional verb	短语介词动词	plexus	组合
phrasal stress	短语重音	plosion	爆破音
phrasal verb	短语动词	plosive	爆破音
phrase	短语	pluperfect	过去完成时
phrase structure	短语结构	plural	复数
phrase structure component	短语结构成分	plural of majesty	帝王复数
phrase structure rule	短语结构规则	plural of modesty	谦恭复数
phrase-marker	短语标记	plural tantum	复数名词
phraseology	成语学,熟语学,习语学	plural-only noun	复数名词
phrase-structure grammar	短语结构语法	plurative component	复数成分
phylogeny	群体语言研究；语言系统研究；种系发生	PM	短语标记
		P-marker	P标记
physical context	物理语境	pneumotachograph	肺气流测量仪
physiological phonetics	生理语音学	PO	首位宾语
phytosemiotics	植物符号学	poetic licence	诗歌破格
piagetian developmental stages	皮亚杰认知发展阶段	poetic meter	格律
		poetics	诗学[2]
PIC	语段无渗透条件	Poetics	诗学[1]
picto	图形字	poetry	诗歌
pictogram	图画字；图形字；象似符号；象形图	point of articulation	发音点
		polar question	两极问题
		Polarity	反向性[1]
pictography	图画文字	polarity	极性对立
picture noun	图片名词	polarity item	极项
pidgin	皮钦语；洋泾浜语	polite form	礼貌形式
pidginization	洋泾浜语化	politeness formula	礼貌套话
pidginization hypothesis	洋泾浜语化假说	politeness phenomena	礼貌现象
pidginization theory	洋泾浜语化理论	politeness principle	礼貌原则
pidginized form of a language	洋泾浜语言形式	polygenesis theory	多源说理论
		polylectal	多方言的
pilot experiment	先导测试	polylogia	速语症
pilot testing	预先测试；先导测试	polylogue	多方会话,会话；聚谈
Pimsleur Language Aptitude Battery	皮姆斯勒语言学能成套测试	polymorphemic word	多语素词
		polyphonemic classification	多音位分类
Pimsleur Language Learning System	皮姆斯勒语言学习系统	polyphony	一符多音
		polyptoton	叠叙法

polysemia	多义现象
polysemic word	多义词
polysemous word	多义词
polysyllabic word	多音节词
polysyllable	多音节词
polysyndeton	多连接结构；连词叠用
polysynthesis	多式综合
polysynthetic language	多式综合语
polysystemism	多系统主义
Pooh-pooh Theory	呸—呸理论
popular etymology	流俗词源；通俗词源学
popular word	通俗词
population	总体
Port Royal Grammar	波尔—罗瓦雅尔语法
portmandeau morph	合并形素
portmanteau morpheme	混成语素
portmanteau word	合并词；紧缩词
POS	刺激贫乏论
position	位置
positional field	位置场
positional mobility	可移位性
positive	原级
positive correlation	正相关
positive evidence	正面证据
positive face	积极面子
positive polarity item	肯定极项词；正极项
positive politeness strategies	肯定礼貌策略，正面礼貌策略
positive politeness strategy	积极礼貌策略
positive reinforcement	正向强化
positive transfer	正迁移
positivism	实证主义
possessive compound	属有复合词
possessive pronoun	领属代词
possible word	可能词汇
possible world	可能世界
possible world semantics	可能世界语义学
post-	后……
post-alveolar	后齿龈音
Post-Bloomfieldian linguistics	后布龙菲尔德语言学
post-creole continuum	后克里奥耳语连续体
post-cyclic	后循环
post-dorsal	后舌背音
post-dorsal velar	后舌背软腭音
posteriority	后发生性
post-genitive	后所有格
postmodification	后修饰语，后置修饰
post-modifier	后置修饰语
postposition	后置词
post-structuralism	后结构主义；文学风格学
postulates	公设
postwriting	修改
potential	潜势
poverty of the stimulus	刺激贫乏论
power	生成力
PP	语言教学阶段
PPP	
pragmalinguistic failure	语言语用失误
pragmalinguistics	语用语言学
pragmatic act	语用行为
pragmatic competence	语用能力
pragmatic empathy	语用移情
pragmatic failure	语用失误
pragmatic force	语用力
pragmatic mapping	语用映射
pragmatic presupposition	语用预设
pragmatic strengthening	语用强化
pragmatics	语用学
Prague school	布拉格学派
precedence	居前
predeterminer	前限定词,前置限定词
predicate	谓语
predicate calculus	谓词演算
predicate clause	谓语从句
predicate logic	谓词逻辑
predicate nominal	谓语性名词
predicate nominative	谓语性主格
predication	述谓结构
predicative	谓语性成分
predicative adjective	谓语性形容词
predicative attribute	谓语性修饰语
predicative complement	述谓补语
predicative construction	谓语性结构
predicative validity	预测效度
predicator	谓体
prediction model	预示模式
predictive validity	预示效度
pre-dorsal	前舌背音
pre-editing	译前编辑
prefabricated language	预制语
prefabricated lexical chunks	预制语块
preference	优先选择
preference rule system	偏好规则系统
prefix	前缀
prefixation	前缀法
prefixing language	前缀语言
prehistory of semiotics	符号学史前史
pre-lexical	前词汇阶段
prelinguistics	前语言学
preliteracy	前文字阶段；识字前阶段
premise	前提[1]
premodifier	前置修饰语
prenasalization	前鼻化
preparatory *it*	准备词 it
preparatory rule	准备规则
preposing	前置
preposition	前置词；介系词；介词
preposition adverb	前置词副词
preposition complement	介词补语；前置词补语
preposition of reaction	反应前置词
preposition stranding	介词搁浅
prepositional genitive	介词所有格
prepositional group	介词词组；前置词词组
prepositional object	介词宾语
prepositional phrase	介词短语；前置词短语
prerequisites	前提[2]
prescriptive grammar	规定语法
prescriptive linguistics	规定语言学
prescriptivism	规定主义
present future	现在将来时
present participle	未完成体分词；现在分词
present tense	现在时
presentation of new language	新语言点呈现
presentation-practice-production	语言教学阶段
pre-sequences	前序列；前置序列
prespecification	预赋值
prespecify	预赋值；先标定
prestige dialect	显贵方言
presuppose	预设

presupposition	预设；前提[3]
presupposition test	前提测试；预设测试
pre-teaching	预先教学
preterite	过去式
preterite-present	过去现在时
pre-test	前测
prevarication	不实话语
prewriting	构思
primacy	基元
primacy relation	优位关系
primary compound	基础复合词；原形复合词
primary derivative	原始派生词
primary drives	原始性内驱力
primary language	基本语言
primary object	首位宾语
primary unit	主要单位
primary word	基本词
primitive	基元
primitive meaning element	原始意义成分
principal	主词
principal parts	主要变形部分
principal verb	主要动词
principle	原则
principle of abstractive relevance	抽象关联原则
principle of analogy	类推原则
Principle of Compositionality	组合原则
principle of cyclic rule application	层级规则运用原则
principle of directionality	指向性原则
principle of end-weight	末端重量原则
principle of equivalent effect	等价作用原则
principle of full interpretation	完全解释原则
principle of iconicity	象似性原则
principle of indexicality	索引性原则
principle of local interpretation	局部理解原则
principle of procrastinate	延迟原则
principle of structure dependency	结构依存原则
principle of symbolicity	象征性原则
principle of the presumption of ignorance	假定不知原则
principle of the presumption of knowledge	假定已知原则
principle-governed	原则制约性
principles and parameters	原则与参数
private language	私人语言
privative	独值特征[2]
privative affix	表缺词缀
privative opposition	表缺对立
privilege of occurrence	优先出现权
PRO	大代语
pro	小代语
PRO theorem	PRO定律
probabilistic grammar	概率语法
probability	几率
probe	探测；探针
problominalization	问题代名词化
procedural approach	程序教学法
procedural knowledge	程序性知识
procedural semantics	过程语义学
procedural syllabus	任务型教学大纲
off-task behavior	任务外行为
processing	加工
proclitic	前黏着词
pro-constituent	代语成分
Procrastination Principle	拖延原则
pro-drop parameter	省略参数
production strategy	输出策略
productive language knowledge	能产性语言知识
productive skill	能产性技能
productivity	能产性
proficiency test	能力测试，水平测试
profile	侧画；侧面
profile determinant	侧画决定词
pro-form	代词形式
programming language	编程语言
programmmed instruction	程序教学
progressive	进行体
progressive assimilation	顺同化；顺向同化
progressive passive	进行被动式
progressive structure	顺行结构
prohibitive	禁语句
prohibitive sentence	禁语句
projection	投射
Projection Hypothesis	投射假设
projection principle	投射原则
projection rule	投射规则
prolasis	前提分句
prolepsis	预述法
PROLOG	PROLOG语言
prominence	突出
prominent	突出
promotion	升格
pronominal adjective	代词性形容词
pronominal copy	代词形式
pronominal form of address	称呼语的代词形式
pronominal reduplication	代词重叠
pronominalize	代名化
pronoun	代词
pronunciation	发音[2]
pronunciation teaching	语音教学
prop word	支撑词
propagation	传播
proper government	严格管辖
proper name	专有名称
proper noun	专有名词
properispomenon	末音前音调
proportional clause	比例从句
proportional syllabus	比例模式教学大纲
proposition	命题
propositional calculus	命题演算
propositional content	命题内容
propositional knowledge	陈述性知识
propositional logic	命题逻辑
propositional meaning	命题意义
propositional network	命题网络
proscriptive rule	禁用规则
prosodeme	韵律音位；韵位
prosodic feature	韵律特征
prosodic phonology	韵律音系学
prosodic phrase	韵律短语
prosodics	韵律学
prosody	韵律；韵律学
prothesis	前增音
proto-	原始……
protocol material	原始材料
protocol research	原始材料研究

proto-Indo-European	原始印欧语	Quantitative Linguistics	计量语言学
protolanguage	原始语	quantitative linguistics	数量语言学
prototype	原型	quantitative method	定量方法
prototype category theory	原型范畴理论	quantitative research	定量研究
prototype semantics	原型语义学	quantitative study	定量研究
prototype theory	原型理论	quantity	音量
prototypical category	典型范畴	quantity mark	音量符号
protracted duration	延宕持续时	quantity maxim	量准则
pro-verb	代动词	quantity sensitivity	量敏感性
provider	提供者	quantum	量子区
proxemics	体距学	quasi-argument	准论元
proximate	近指代词	quasi-copula	准系动词
PRT	小品词	quasi-ethnography	准人类文化学
pseudo-cleft sentence	假分裂句	quasi-passive	准被动
pseudo-intransitive	假不及物的	quasi-typological	准类型的
pseudo-longitudinal study	拟纵深研究	quatrain	四行诗
pseudomorpheme	假语素	queclarative	疑问陈述句
pseudoplerem	假语素	Queen's English	标准英语；女王英语
pseudo-procedure	假程序	queer linguistics	酷儿语言学
psych verb	心理动词	question	问句
psycholinguistics	心理语言学	question mark	问号
psychological subject	心理主语	question tag	句尾附加问句；句尾附加句
psychology of language	语言心理学		
psychometrics	心理测量学	question technique	提问技巧
pulmonic	肺气流的	question word	疑问词
pulmonic airflow	肺气流	questione della lingua	意大利"语言问题"大讨论；蒯斯庭得拉通用语
pun	谐意双关；双关语		
punctual	时点动词	questionnaire	调查表；问卷
punctual — non-punctual distinction	即时性—非即时性划分	Questionnaire of Characters for Dialect Surveys	方言调查字表
punctual tone	平调	Quirk grammar	夸克语法
punctuality	瞬间性；瞬间体	quotation mark	引号
pure pragmatics	纯语用学	quotative	引用语
pure vowel	纯元音		
purism	纯语主义	**R r**	
purport	曾用义		
purpose-oriented translation	翻译目的论	R	R 符
purposive behaviorism	目的行为主义	R^2	决定系数
push chain shift	推链式音变	radial category	放射范畴
push-down automaton	下推自动机	radiation	词义扩展[1]
push-down stack automation	先进后出自动机	radical	词根；舌根的；部首
		Radical Construction Grammar	激进构式语法
Q q		radical language	词根语
Q-Celtic	Q 型凯尔特语	Radical Underspecification	激进的不充分赋值理论
Q-principle	数量原则	radiography	X 光测量术
qualia structure	物性结构	radix	舌根
qualifier	限定词[1]	raised-larynx voice	升喉嗓音
qualifier floating	限定词漂移	raising	高化；舌位升高；提升
qualifying conjunction	修饰性连词	raising adjective	提升形容词
qualitative accent	质重音	raising verb	提升动词
qualitative data	定性数据	rallentando	渐慢
qualitative research	定性研究	random access	随机存取
quality assurance	质量保证	random error	随机误差
quality maxim	质量准则	random parallel forms	随机平行复本
Quantal Theory of Speech	语音量子理论	random sampling	随机抽样
quantifiable noun	量限定名词	random sequential rule application	随机顺序规则应用
quantification	量化		
quantificational representation	定量表述法	randomized block design	随机区组设计
		range	全距
quantifier	量词	range of collocation	搭配范围
quantifier floating	量词浮游	rank	词品；品级；级[2]
quantifier raising	量词提升	rank correlation	等级相关
quantifier scope	量词辖域	rank scale	级阶
quantifier stranding	量词搁浅	rank shift	级转位
quantitative accent	量重音	rank-bound	级受限

ranking-scale	级序量表	receptive test	被动技能测试；接受性技能测试
rank-unbound	级无限		
rapid reading	快速阅读	recessive accent	逆行重音
rapid speech	快速言语	recessive rule	逆行规则
Rasch analysis	拉西分析法	recessive stress	逆行重音
Rasch measurement	拉西测量法	recipient	接受者
Rasch modeling	拉西模型	recipient design	受话者设计
rate	语速	recipient's corollary	听话者推论
rate of articulation	发音速度；音速	reciprocal bilingualism	互用双语
rate of reading	阅读速度	reciprocal pronoun	相互代词
rate of speech	言语速度	reciprocal verb	交互动词,相互动词
rate of utterance	言语速度	reciprocity	相互关系[1]
rater	评分者	recitation	背诵
rater training	评分者培训	recognition of speech	言语识别
rating scale	等级量表	recognition test	识别试验
ratio scale	比率量表	recognition vocabulary	认识词汇
rational cloze	合理删词完形填空	recomposition	构拟；重新合成
rational grammar	唯理语法；普遍唯理语法[1]	reconstructed form	重构形式；构拟形式
		reconstruction	重构；构拟
rationalism	理性主义；唯理主义	reconstructionism	重建论
rationalist position	理性主义观点	record keeping	成绩登记
raw score	原始分数；原始值	recoverability	可复原性
r-colouring	r色彩	recreational function	娱乐功能
reacquisition	再习得	recurrence	复现
reaction time	反应时间	recursion	递归
readability	可读性[1]	recursive	回归音
reading	读入；阅读	recursive rule	递归规则
reading across the curriculum	跨课程阅读	recursiveness	递归性
		recursiveness of phrase structure rules	短语结构规则的递归性
reading age	阅读年龄	recycling	再循环
reading aloud	朗读	reduced clause	节缩分句；缩减从句[1]
reading approach	阅读法	reduced relative clause	缩减关系从句
reading comprehension	阅读理解	reduced vowel	弱化元音
reading comprehension test	阅读理解测试	reduction	词义缩小；语义窄化；弱化；缩减
reading method	阅读法		
reading readiness	阅读准备状态	reduction strategies	缩减策略
reading span	阅读视幅	reduction strategy	减略策略
reading speed	阅读速度	reduction test	省略检验
reading vocabulary	阅读词汇	redundancy	冗余性；羡余现象,羡余性
re-adjustment component	再调整规则		
re-adjustment rule	再调整规则	redundancy rule	羡余规则
ready-made utterance	套话	redundant feature	羡余特征
real definition	真实定义	redundant rule	冗余规则
realia	实物教具,直观教具；示教实物；	reduplication	重叠[2]；重复[1]；叠用
		reduplicative compound	重叠复合词
realis	现实情态	reduplicative word	叠音词
realism	现实主义	Reed and Kellogg diagram	里德和凯洛格图解
realistic grammar	现实语法	reference	指称关系,所指关系；相互关系[2]
reality principle	真实性原则		
realization	具体化	reference frame	参照框架
realization analysis	实现分析	reference object	参照物
realization difference	实现性差异	Reference Semantics	标志语义学
real-time studies	实时研究	reference semantics	指称语义学
reanalysis	重新分析	reference transfer	指称转移
recasting	重建式换码	referent	所指[3]
recategorization	重新范畴化	referent fronting	所指前移
Received Pronunciation	标准发音	referent repetition	所指反复
receiver	信息接收者；受益者	referent-controlled honorific	所指制约敬语
receiving time	接收时间	referential accessibility	指称可及性
receptive bilingualism	接受性双语现象	referential coherence	指称连贯
receptive decoding skill	接受性解码技能	referential continuity	指称的连续性
receptive language knowledge	接受性语言知识	referential dependency	指称依存
		referential distance	指称间距
receptive skill	接受性技能	referential function	指称功能
receptive skills	被动技能	referential hierarchy	所指等级体系

referential index	指称标引	relational noun	关系名词
referential meaning	指称意义；所指意义	relational opposite	关系反词
referential opacity	所指晦暗,所指模糊；指称晦暗性	relational opposition	关系对立
		relational process	关系过程
referential question	参考性问题	relational typology	关系类型法
referential rank	所指等级	relational verb	关系动词
referential semantics	参照语义学	relative adverb	关系副词
referential structure	所指结构	relative chronology	相对年代学
referential theory	指称理论	relative clause	定语从句；关系从句,关系小句
referential theory of meaning	指称论		
		relative pronoun	关系代词
referential vagueness	指称模糊	relative superlative	相对最高级
referentially opaque	所指晦暗	relative synonyms	相对同义词
referring expression	所指表达；指称语	relative universal	相对共性
referring tone	提示性音调；指称声调	relativity	相对性
reflected meaning	反映义	relativized minimality	相对最小限度
reflection theory	反映论	relator	联系项
reflective teaching	反思性教学	relator-axis clause	关系轴心从句；关系轴心分句
reflectiveness	自反性		
reflex	反映形式	relator-axis phrase	关系轴心短语
reflexive pronoun	反身代词	release	除阻
reflexive relation	自反关系	relevance function	关联功能
reflexive verb	反身动词	Relevance Theory	关联理论
reflexiveness	自反性	relevant feature	相关特征
reflexivity	反身性；自反性	relexification	词汇重组
reflexivization	反身化	relexification hypothesis	词汇重组假说
regimen	介词支配成分	reliability	信度
regional accent	地域口音	relic area	残余地域
regional dialect	地域方言	relic form	残余形式
regional variation	地区变体,地域变体；区域性变异	remedial grammar	矫正语法
		remiss	抑音
register	声域；音区；音域²；语域	remote area	偏远地区
register analysis	语域分析	Renaissance Linguistics	文艺复兴时期语言学
register tone	平调	rendaku	连读浊化
register tone language	音域声调语言	renewal	更新
register variation	语域变异	renewal of connection	联系重现
regression	回读；重读	Rennison framework	瑞尼森框架
regression analysis	回归分析	reordering	重新排序
regressive assimilation	逆向同化	re-ordering	重新排序
regressive structure	逆向结构	repair	修正
regular grammar	正规文法	repertoire	言语库；语库；代码总和
regular plural	规则复数	repertory	代码总和
regular verb	规则动词	repetition	重复²；反复²
regularist	规则论者	repetition drill	重述操练
regularity	规则性；规则模式	repetition stage	重复阶段
Regularity Principle	规则模式原则；规则性原则	repetition test	复述测验
		repetitive compound	重叠复合词,重复复合词
regularization	规则化	rephonemicization	再音系化
regularization of Chinese characters	汉字整理	rephonologization	音系重组
		rephrase	意释
regulation	调音动作	replacive	内部替换形素；替换形素
regulative rule	调节性规则	replacive morph	替代形素,替换形素
regulatory function	控制功能	replicability	复现性
rehearsal	练习	reported question	转述疑问句
rehearsal strategy	排练策略	reported score	报道分
rehearsing	构思	reported speech	间接引述
reification	物化¹	reporting	成绩报告
reify	物化²	representation	表征
reinforcement	强化	representational function	表达功能,阐述功能,描述功能
reiteration	重述²；复用²,复现		
related language	亲属语言	representational theory	表征论
relation	关系	representative	表信语；描述性(言语)行为
relation judgment	关系判断		
relational adjective	关系形容词²	representative sample	代表样本
relational expression	关系表达式	representatives	阐述型言语行为
relational grammar	关系语法	reproductive language	再造性语言

research	研究	revitalization	语言复兴
residual hearing	残余听力	revival form	复活形式
residual zone	残余地区	rewrite rule	改写规则
residue	剩余成分	rewriting	重写
resonance	共鸣；共振	R-expression	R 词语
resonance chamber	共鸣腔	rhematics	意元学
resonance feature	共鸣特征	rhematology	意元学
resonance theory of hearing	听觉共振理论	rheme	述位
resonant	共鸣音	Rhenish fan	莱茵河扇状三角洲
resonator	共鸣器	rhetic act	表意行为
respiratory cycle	呼吸周期	rhetoric	修辞学
respiratory system	呼吸道	rhetorical coloring	修辞色彩
respiratory tract	呼吸道	rhetorical devices of idiom	习语修辞手段
response	反应；回答[2]	rhetorical figure	修辞格
response elicitation	反应启发	rhetorical question	反问句；修辞性问句
response format	答题形式	rhetorical structure	话语结构；修辞结构
response validity	答题效度	rhetorical structure analysis	修辞结构分析
REST	修正的扩展标准理论	rhinolalia	鼻语
restituting	复原，还原	rhotacism	r 音化
restricted code	局限语码；限制性代码	rhotacized	r 类音
restricted language	受限语言；限制性语言	rhotic	r 类音；带 r 音
restriction	词义缩小；语义窄化	rhyme	同韵；押韵
restriction of meaning	意义缩小，意义限制	rhyme royal	七行诗
restrictive	限制性结构	rhyming slang	押韵俚语
restrictive modification	限制性修饰	rhythm	节奏
restrictive relative clause	限制性关系从句	rhythm rule	节奏规则
restructuring	重新分析；结构重构	rhythm unit	节奏单元
restructuring continuum	重构连续体	rhyzotonic	词根重音的
resultant	结果语	richness of stimulus	刺激充足论
resultative	结果语	right branching direction	右向分支
resultative case	结果格	right dislocation	右向移位结构；右易位，右偏置，右位错
resultative construction	结果构式		
resultative hypothesis	成就假设	right hemisphere	右半球
resultative motivation	结果型动机	right node raising	右节点提升
resulting	结果语	right-branching	右分叉
resulting attribute	结果属性	right-branching language	右分枝语言
resumption	复述	right-ear advantage	右耳优势
resumptive pronoun	复指代词	right-facing hook	右弯钩
resyllabification	音节重组	right-headed foot	右中心音步
retained object	保留宾语	right-linear grammar	右线性语法
retention	记忆力	rightward movement	右向移位
retired test	失效测试	rill fricative	舌沟擦音
retirement R-sign	退位关系符	rim	舌边
retracted articulation	缩舌发音	rime royal	七行诗
retrieval strategy	检索策略	r-insertion	r-插入
retroactive inhibition	倒摄抑制；逆干扰，逆向干扰，倒行干扰	rise	升调
		rising	升调
retroflex	卷舌音	rising diphthong	上升双元音
retroflexed	r 类音	rising tone	升调
retroflexion	卷舌	rising-falling tone	升降调
retrogressive assimilation	后退同化	risk-taking	冒险型
retrospection	反省	ritual language	仪式语
retrospective syllabus	归纳式大纲；追溯性教学大纲	ritualizing function	礼仪性功能
		rock art	岩石艺术；岩艺
reversal error	颠倒失误	role	角色
reversal miscue	颠倒失误；颠倒式误读	Role and Reference Grammar	角色与参照语法
reversal of sound change	逆向语音变化		
reverse stress	重音转移	role card	角色卡片
reversed polarity	颠倒极性	role play	角色扮演
reversing	反转；复位	role relationship	角色关系
reversive	反向性反义词	roll	滚音
reversivity	反向性[2]	rolled consonant	滚辅音
revised alternation condition	修正的交替条件	Roman alphabet	罗马字母表
Revised Extended Standard Theory	修正的扩展标准理论	Romance linguistics	罗曼语言学，罗曼语语言学
revising	修改	Romanisation	罗马文字化

Romanization	罗马文字化	sample	样本
root	词根；舌根	sample corpus	样本语料库
root and pattern	根与式	sandhi	连读音变
root antonym	词根反义词	Sanskrit letter	梵文字母
root clause	根句	Sapir-Whorf hypothesis	萨丕尔—沃尔夫假说
root compound	根复合词	sapostrophe	属格符号'；所有格符号'
root creation	词根创词	Satem languages	S类语言
root determinative	根限定词	SBCG	基于符号的构式语法
root dialect	基础方言	scaffolding	语言支架
root modality	根情态	scalar implicatures	层级隐涵意义
root node	根节点	scalar particle	量级小品词
root noun	词根名词	scalar quantity implicature	等级数量含义
root transformation	根句转换；根转换	Scale and Category Grammar	阶和范畴语法
root-inflected language	词根屈折语	scanning	扫读
root-isolatinglanguage	词根孤立语	schema	图式
root-marker theory	根标记理论	schema theory	图式理论
Rosetta Stone	罗塞达碑	schematic meaning	图式意义
rote learning	机械识记；机械型学习	schematization	图式化
rote learning ability	语言强记能力	schwa	中性元音；弱央元音
rote memorization ability	机械型强记能力	scope	辖域
rough breathing	强送气；强送气符	scope ambiguity	辖域歧义
rough translation	粗译文	scrambling	挪移
round bracket	圆括号	script	文字
round vowel	圆唇元音	seamless morphology	无缝形态学
rounding	圆唇	second language	第二语言
routine	套话	second language acquisition	第二语言习得
RP	标准发音	second person	第二人称
RRG	角色与参照语法	secondary aperture	次间隙度
Rubaiyat stanza	抑扬格五音步四行诗节	secondary articulation	次要发音
rule	规则	secondary derivative	次派生词
rule activation	规则激活	secondary drives	继发性内驱力
rule addition	规则添加	secondary predicate	次谓语
rule application	规则适用	secondary stress	次重音
rule chain	规则链	Security, Attention, Aggression, Retention, and Discrimination	成功学习心理要素
rule change	规则变化		
rule complication	规则复杂化		
rule deactivation	规则钝化；规则去活，规则失活	segment	音段
		segmental phonemes	音段音位
rule elaboration	规则细化	segmental phonology	音段音系学
rule feature	规则特征	selectional feature	选择特征
rule generalization	规则简化	selectional restriction	选择限制
rule loss	规则丢失	selectional rule	选择规则
rule of coreference	同指原则	selective attention	选择性注意
rule of negative inference	否定推理规则	self-access learning center	自助学习中心
rule of speaking	说话规则	self-concept	自我概念
rule ordering	规则有序	self-directed learning	自我导向学习
rule regularization	规则统一	self-embedding	中心内嵌；自嵌结构
rule reordering	规则顺序重排	self-evaluation	自我评估
rule schema	规则图式	self-monitor	自我监控
rule simplification	规则简化	self-rating	自我评定；自我评级
rule-governed behavior	规则支配行为	self-reference	自指
rule-ordering paradox	规则有序悖论	self-repair	自我修正
rune	如尼字母	self-reporting	自我评定；自我评级
runic	如尼字母	sememe	语义单位
running text	连续文本	semantic analysis	语义分析
run-on sentence	溶合句；黏着句²；连写句	semantic anomaly	语义异常
		semantic antinomy	语义悖论
Russian formalism	俄罗斯形式主义	semantic borrowing	意借词
		semantic broadening	语义扩展²
S s		semantic change	语义演变；语义变化
SAAD	简单主动肯定陈述句	semantic component	语义部分；语义成分；语义组分
SAEH	言语行为移情等级		
salience	凸显性；突出性；感知突显性	semantic description	语义描写
		semantic differential	语义区分法
salient information	凸显信息	semantic differential method	语义甄别法

semantic displacement	语义位移	sentence pattern	句式；句子结构
semantic divergence	词义分化	sentence topic	句子话题
semantic factors	语义因子	sentence word	句式词
semantic feature	语义特征	sentential adverb	句子副词
semantic field	语义场	sentential calculus	句子演算
semantic grammar	语义语法	sentoid	句块
semantic head	语义核心	septenary	七音步诗行
semantic inclusion	语义内包	sequence	序列
semantic level	语义层	sequence of discourse	话语序列
semantic map	语义图	sequences of tenses	时态序列
semantic map connectivity hypothesis	语义图连续假说理论	sequencing	序列化
semantic mapping	语义图示	serial verb construction	连动式
semantic marker	语义标记	serial verb sentence	连动句
semantic memory	语义记忆	series	系列音
semantic motivation	语义理据	set	集合
semantic narrowing	语义窄化	Set Theory	集合论
semantic network	语义网络理论	setting	姿态；背景[3]
semantic oppositions	语义对立体	sexist language	性别歧视性语言
semantic pair	语义对子	shadowing	影子练习法
semantic paradox	语义悖论	shallow learning	浅层学习
semantic presupposition	语义前提	shared constituent coordination	共享成分并列
semantic primes	语义原素词	shared knowledge	共享知识
semantic primitives	原始词	sharp	舌高音
semantic prosody	语义韵	sheltered English	保护式英语
semantic relation	语义关系	sheltered instruction	保护式教学
semantic representation	语义表征	sheltered model	掩蔽式模式
semantic roles	语义角色	shibboleth	辨音法
semantic shift	语义变化	shift of meaning	语义演变
semantic short-circuiting	语义短路	shift of perspective	视点转换
semantic space	语义空间	shift sign	变音标记
semantic specification	语义限定	short circuit hypothesis	短路假说
semantic split	语义分裂	short context technique	短语境测试法
semantic structure	语义结构	shortening	缩略法
semantic structure theory	语义结构理论	shortest move	最短移位
semantic theory of Katz	卡茨语义理论	short-term memory	短时记忆
semantic triangle	语义三角	shwa	弱央元音
semantic value	语义值	sibilant	咝音
semantic word	语义词	side sequences	旁支序列
semantically synonymous field	语义同义场	Sievers' Law	西韦斯定律
semantics	语义学	Sievers-Edgerton's Law	西韦斯—埃杰顿定律
semasiology	语义学	sight method	视读法；整词教学法
seme	义子	sight vocabulary	视觉词汇
semelfactive	一次体	sign	符号
sememe	义素	sign function	符号功能
sememe analysis	义素分析法	sign language	手语
sememic stratum	义素层；义子结构	sign relation	符号关系
semi-morpheme	半词素	signal	信号
semiology	语义学	signal phonetics	信号语音学
semiotic system	符号体系；符号学体系	signary	字汇
semiotic triangle	符号三角关系	sign-based construction grammar	基于符号的构式语法
Semiotics	符号学	significance	词汇意义；关系意义
semi-vowel	半元音	significant	指示符号；能指
semogenesis	意义发生学	signification	词义；指意关系
semon	义符；语义子	significatum	指示内容
semontactics	语义结构学	signified	指示内容；所指[2]
sense	含义[2]	signifier	能指
sense relations	意义关系	silence	沉默
sense type	意义类型	silent foot	默音步
sensitive period	敏感期	silent pause	无声停顿
sensus denotan	外指性意义	silent period	沉默期
sensus designate	表现性意义	silent reading	默读
sentence	句子	silent stress	哑重音
sentence fragment	断句；句子片断	silent way	沉默法
sentence logic	句子逻辑	simile	明喻

simile marker	比喻词	slack voice	松嗓音
similitude	邻音影响	slang	俚语；切口
simple form	简单形式	slash	斜杠
simple future tense	简单将来时	Slavic linguistics	斯拉夫语语言学
simple or compound vowel	韵母	Slavonic linguistics	斯拉夫语语言学
simple perfect tense	简单完成时	slender vowel	窄元音^2
simple predicate	简单谓语	SLI	特殊言语损伤
simple realization	简单体现	slip of the tongue	口误
simple sentence	简单句	slit fricative	狭缝擦音
simple stem	简单词干词	slope	音节坡
simple tense	简单时态	slot	空位^2
simple vowel	简单元音	sluicing	截省
simple wave	简单音波	slur	含糊发音
simple future tense	一般将来时	small adjectival phrase	小形容词短语
simple past tense	一般过去时	small adverbial phrase	小副词短语
simple-active-affirmative-declarative	简单主动肯定陈述句	small c culture	小写 c 文化
		small capitals	小体大写字母
simplification	简化	small clause	小分句
simplification theory	简化理论	small nominal phrase	小名词性词组
simplified reader	简易读本	small phrase	小短语
simplified vocabulary	简易词汇	small verbal phrase	小动词短语
simulated oral proficiency interview	模拟口语水平测试	SMT	强式最简命题
		social awareness	社会意识
simulation	仿真；模拟	social construction of knowledge	知识的社会建构
simultaneous bilingualism	双语同时现象；同时性双语	social constructionism	社会建构主义
simultaneous interpretation	即时翻译,同步翻译；同声传译	social context	社会环境
		social culture	社会文化
sincerity condition	诚意条件	social deixis	社交指示语
sincerity conditions	真诚条件	social dialect	社会方言
sincerity rule	诚意原则	social dialectal variation	社会方言变体
sine wave	正弦波	social distance	社会距离
single-bar	单杠	social factor	社会因素
single-bar juncture	单杠连音	social identity	社会身份
single-base	单基转换	social marker	社会标记
Sing-song Theory	歌唱论	social meaning	社会意义
singular	单数	social network	社会网络
singulary transformation	单一转换	social psychology of language	语言社会心理学
singulative	单数形位		
Sino-Tibetan linguistics	汉藏语语言学	social representation	社会表征
sister	姐妹关系	social strategies	社会策略
sister adjunction	姐妹邻接	social stratification	社会分层
sister dependency	姐妹依存	social variable	社会变量
sister language	姐妹语言	social/affective strategies	社会(情感)策略
situated embodiment	嵌入体验	socialectal variation	社会方言变体
situation	情景	social-historical linguistics	社会历史语言学
situation analysis	情景分析	socialization	社会化
situation aspect	情景体	societal bilingualism	社会双语现象
situation semantics	情景语义学	socio-affective filter	社会情感过滤器
situational code-switching	情景型语码转换	socio-cognitive approach	社会认知法
situational context	情景语境	socio-constructivist learning theory	社会建构主义学习理论
situational language teaching	情景语言教学法	socio-cultural competence	社会文化能力
situational meaning	情景意义	socio-cultural theory	社会文化理论
situational method	情景法	socio-educational model	社会教育模型
situational model	情景模型	sociolect	社会方言
situational reference	情景照应	sociolinguistic competence	社会语言能力
skeletal tier	骨架层	sociolinguistic marker	社会语言标记
skewed distribution	倾斜分布	sociolinguistic transfer	社会语言迁移
skewness	倾斜	sociolinguistic variable	社会语言学变项
skill	技能	sociolinguistics	社会语言学
skimming	浏览；略读；跳读	sociological triggers	社会触发因素
skim-reading	略读；跳读；浏览	sociology of language	语言社会学
skip-connecting	跳跃式接合	sociophonology	社会音系学
Skopos Theory	目的论；翻译目的论	socio-pragmatic failure	社会语用失误
SLA	第二语言习得	sociopragmatics	社会语用学

socio-psychological linguistics	社会心理语言学	spectrum	频谱
sociosemiotic approach	社会符号学途径	speculative grammar	推理语法
soft	软音	speech	言语²
soft consonant	软辅音	speech accommodation theory	言语适应理论
soft palate	软腭	speech act classification	言语行为分类
soft sign	软音符号	speech act conditional	言语行为条件句
softening	软音化	speech act empathy hierarchy	言语行为移情等级
software	软件		
solecism	谬误;语法悖理	speech act rule	言语行为规则
solidarity	一致性	speech act set	言语行为集
soliloquy	独白	speech act theory	言语行为理论
sonnet	十四行诗	speech center	言语中心
sonogram	声波图;语图	speech community	言语社团
sonorant	响音	speech comprehension	言语理解
sonority	响度	speech continuum	言语连续体
sonority features	响度特征	speech defect	言语缺陷
sonority hierarchy	响度层级	speech error	言语错误
SOPI	模拟口语水平测试	speech event	言语事件
sortal predicate	分类谓词	speech impediment	言语缺陷
sound	声音	speech improvement	言语完善
sound change	音变;语音演变	speech information processing	语音信息处理
sound change by allophones	音位变体音变		
sound class	语音类别	speech island	语言孤岛;言语岛
sound echoism	拟声构词法	speech marker	言语标记
sound law	语音定律;语音规律	speech mechanism	言语机制
sound organs	发声器官	speech organ	言语器官
sound physiology	发声生理学	speech organs	发声器官
sound shift	语音转变	speech output lexicon	言语输出词库
sound source	声源	speech pathology	言语病理学
sound spectrograph	频谱仪;声谱仪	speech perception	言语感知
sound substitution	语音替代	speech processing	言语处理
sound symbolism	语音象征	speech production	言语产生
sound system	语音系统	speech rate	言语速度
sound type	语音类型	speech reading	唇读法
sound wave	声波	speech reception	言语接受
sound-rhythm	声音节奏	speech recognition	言语识别
source	原语;原文语言;源语	speech repertoire	活用言语知识库
source case	源点格	speech rhythm	言语节奏
source domain	源域	speech situation	言语情景
source features	声源特征	speech stretcher	言语延音器
source language	源语;原文语言;原语	speech style	语言风格
source-filter theory	声源过滤理论	speech synthesis	言语合成
SOV language	SOV语言	speech synthesizer	言语合成器
space deixis	空间指示语	speech therapy	言语矫治
spatialization metaphor	空间化隐喻	speech variety	言语变体
SPE	英语语音模式	speech-language pathology	言语—语言病理学
speaker recognition	说话人识别	speed reading	快速阅读
speaking	说	speed test	速度测验
SPEAKING	语境基本要素	speeded test	速度测验
speaking proficiency English assessment kit	英语口语水平测试包	speededness	速度性
		spelling	拼写
speaking topically	讲话合题	spelling reform	拼写改革
Spearman-Brown prophecy formula	斯皮尔曼—布朗预测公式	Spell-out	拼读
		Spenserian stanza	斯宾塞体
spec-head agreement	标志语中心语一致	spiral approach	螺旋式教学
special languages	专用语言	spirant	擦音
special nativism	特殊先天论	spirantisation	擦音化
specialized meaning	窄化意义;专义	split argument topic	论元分裂式话题
specific language impairment	特殊言语损伤	split ergativity	分裂作格
		split half reliability	对半信度
specific question	具体问题;特定问题	split infinitive	分裂不定式
specific reading	明确解读	split intransitivity	分裂不及物现象
specific reference	特指	split topic	分裂式话题
specifier	限定成分;指示语²	split-CP hypothesis	分裂CP假说
spectral analysis	频谱分析	split-INFL hypothesis	屈折中心语分裂假说
spectrogram	频谱仪图		

spoken language	口头语言；语言口头形式	stress-timed rhythm	重音定时节奏
spondee	扬扬格	strident	刺耳音
spontaneous learning	自发学习	strong crossover	强跨越
spontaneous sound change	自动音变	strong feature	强特征
spontaneous voicing	自发噪音	strong form	强式
spoonerism	首音互换；斯本内现象	strong minimalist thesis	强式最简命题
sporadic sound change	自动音变；偶发音变	strong verb	强式动词
Sprachbund	语言联盟	structural approach	结构教学法
Sprachgefühl	语感	structural case	结构格
spread vowel	展元音	structural change	结构变化
spreading activation	激活扩散	structural description	结构描写
SQ3R method	SQ3R 方法	structural global method	结构整体法
square bracket	方括号	structural linguistics	结构语言学；结构主义语言学
S-R theory	刺激—反应理论		
SSEH	表层结构移情等级	structural meaning	结构意义
stabilization	僵化现象；稳定化	structural metaphor	结构隐喻
stack automaton	下推自动机	structural response item	结构式反应题
stage	阶段	structural semantics	结构语义学
stage-level predicate	阶段层面谓词	structural syllabus	结构派教学大纲；结构型大纲
stages of child's language acquisition	儿童语言习得期		
		structural word	结构词
Standard American English	标准美国英语	structuralism	结构主义
Standard British English	标准英国英语	structuralist linguistics	结构主义语言学
standard deviation	标准差	structure	结构^1
standard dialect	标准方言；标准语	structure dependency	结构依存关系
Standard English	标准英语	structure interview	结构式访问
standard error	标准误差	structure preserving	结构保存
standard error of measurement	标准测量误差	structure preserving principle	结构保存原则
standard language	标准语	Structure-preserving Constraint	结构保存限制
standard nine	标准九分		
standard score	标准分数	structuring	结构^2
standard test	标准化测验	structuring function	架构功能
Standard Theory	标准理论	student-centered teaching method	以学生为中心的教学法
standard variety	标准变体		
standardization	标准化	study skill	学习技巧
stanine	标准九分	stuttering	口吃
statement	陈述	style	风格；文体
static context	静态语境	style checker	文体检验程序
static linguistics	静态语言学	stylistic inversion	语体倒装
static tone	平调	stylistic variation	语体变异
statistical hypothesis	统计假设	stylistics	文体学
statistical linguistics	统计语言学	subcategorization	次范畴化；子语类化
statistical research	统计性研究	sub-categorization frame	次范畴化框架；次语类化框架
statistical universal	统计共性		
stative verb	状态动词	subcategory	次范畴
status	地位	subgroup	亚族
status planning	地位规划	subjacency	领属
stem	词干	subjacency condition	领属条件
stem compound	词干复合词	subject	主语
stem-inflected language	词干屈折语	subject agreement	主语一致
stem-isolating language	词干孤立语	subject complement	主语补语
stepping tone	平调	subject control	主语控制
stereotype	常规特征；典型概念	subject island	主语孤岛
stimulus	刺激	subject raising	主语提升
stimulus generalization	刺激泛化	subjective construal	主观识解
stimulus-response theory	刺激—反应理论	subjective test	主观性测验
stochastic phonology	随机音系学	subjectivisation	主观化
stop	塞音	subjectivity	主观性
story grammar	故事语法	subject-object asymmetry	主宾语不对称
strategic competence	策略性能力	subject-prominent language	主语突出性语言
strategy	策略	subjunctive mood	虚拟语气
strategy training	策略训练	subjunctiveconditional	虚拟条件句
Stratificational Grammar	层次语法	subordinate	从属词；从属性
stress	重音	subordinate clause	从属分句
stress shift	重音转移，重音移位	subordinate conjunction	从属连词

1541

subordinate endocentric construction	主从向心结构
subordinating conjunction	从属连词
subordination	从属连接
subordinative conjunction	修饰性连词
subordinator	从属连词；修饰性连词
substandard	次标准
substantive universal	内容普遍性；实体共性
substitute	代词形式
substitution	替换
substitution drill	替换操练
substitution frame	替换框架
substitution table	替换表
substitution theory	替代理论
substrate language	基础语言；下位层语言
substratum influence	基础语言影响
substratum interference	下位层干扰；基础语言影响
substratum language	基础语言；下位层语言
subtest	子测验
subtractive bilingualism	消解性双语现象
subvocal reading	无声阅读
subvocalization	无声阅读
successive cyclic movement	连续层级移位
suffix	后缀
suggestopaedia	暗示法
suggestopedia	暗示法
suggestopedy	暗示法
summative evaluation	终结性评价
summative test	终结性测试
superior comparison	上位比较
superiority effect	优先效应
superlative	最高级
superordinate	上义词
superraising	超级提升
superstratum interference	上位层干扰
superstratum language	上层语言
supervision	监督
suppletion	异干互补
suppletive	异干词；孤独成分[1]
supporting sentences	支撑句
suprasegmental	超音段
suprasegmental phoneme	超音段音位
surface	表层的
surface structure	表层结构
surface structure empathy hierarchy	表层结构移情等级
surrender value	退保值
SVO language	主动宾语言
SWOT analysis	情景分析
syllabary	音节文字
syllable	音节
syllable peak	响音峰
syllable-timed rhythm	音节定时节奏
syllabus	教学大纲
syllabus design	大纲设计
syllogism	三段论
symbolic deixis	象征指示
symbolic thesis	象征性论点,象征性论断
symbolic usage	象征型用法,象征性用法
sympathy maxim	同情准则
synaesthesia	通感；移觉
synchronic linguistics	共时语言学
synchronic semantics	共时语义学
syncope	词中省音
syndeton	有形连接
synecdoche	提喻
synonym	同义词
synonymy	同义关系
syntactic ambiguity	句法歧义
syntactic blend	缀合句
syntactic borrowing	句法借用
syntactic constituent	句法成分
syntactic frame	句法框架
syntactic pattern	句型
syntactic reconstruction	句法重构
syntactic structure	句法结构
syntagm	结构体；语段[2]；语言组合体
syntagma	结构体；语段[2]；语言组合体
syntagmatic relation	横组合关系
syntax	句法学
synthetic approach	综合教学法
synthetic compound	合成复合词
synthetic form	综合式
synthetic language	综合型语言
synthetic sentence	综合句
system approach	系统法
systematic grammar	系统语法
systematicity	系统性
systemic linguistics	系统语言学

T t

T form	T 形式
taboo	禁忌语
taboo word	禁忌语
tabu	禁忌语
tabula rasa	白板说
tachistoscope	视速仪；速示器
tachygraphy	草写体；速记术
tachylogia	速语症
tacit knowledge	内在知识
tact maxim	策略准则
tactic pattern	配列模式
tag	尾句
TAG	树邻接语法
tag question	附加疑问句；句尾附加问句；句尾附加句
tag statement	附加陈述句；句尾附加句；句尾附加问句
tagging	标注
tagma	法子
tagmeme	法位意义
tail	调尾
talk	话段
talking	话语期
tap	轻拍音
target	目标
target domain	靶域；目标域
target language	目的语
target situation analysis	情景分析
task	任务
task syllabus	任务型教学大纲
task-based syllabus	任务型教学大纲
ta-ta theory	达—达说
tatpurusha	限定复合词[2]
tautological	重复同义词
tautology	同义反复；套套逻辑；永真式
tautophony	同音反复
tautosyllabic form	同音节形式

taxonomic approach	分类法	textual function	篇章功能
taxonomic language	分类型语言	that-clause	that 从句
taxonomic linguistics	分类语言学	*that*-trace constraint phenomenon	that 语迹制约现象
taxonomic phonemics	分类音位学		
taxonomy	分类学	*that*-trace effect	that 语迹连用效应
teachability	可教性	*that*-trace filter phenomenon	that 语迹过滤现象
teacher talk	教师语言	the 'theory' theory	理论论
teaching aids	教具	the anti-symmetry of syntax	句法反对称
teaching aim	教学目标	The Authorized Version	钦定《圣经》英译本
teaching approach	教学理论	The Copy Theory of Movement	移位复制理论
Teaching English as a Foreign language	英语作为外语的教学	the Linguistic Turn	语言转向
Teaching English as a Second language	英语作为第二语言的教学	the moving-window technique	移动窗口技术
Teaching English to Speakers of Other Languages	他语者英语教学	The Natural Order Hypothesis	自然顺序假说
		The Oxford English Dictionary	《牛津英语大词典》
teaching methodology	教学法	The Science of Chinese Characters	中国文字学
teaching objective	教学目标		
teaching technique	教学技巧	*The Sound Pattern of English*	《英语语音模式》
teaching theory	教学理论		
technical translation	技术翻译	theatrical speech	舞台言语
TEFL	英语作为外语的教学	thematic hierarchy	题元层级
teknonymic	子名	thematic relation	题元关系
telegraphic speech	电报式话语	thematic role	题元角色
telescope word	接合词	thematic roles	语义角色
telescoped expression	接合表达式	thematic theory	题元理论
telescoped word	紧缩词；接合词	thematicity	题元性
telic	目的体	thematization	题元化
tempo	语速	theme	主位；主题
tempo (of speech)	音速	theoretical linguistics	理论语言学
temporal clause	时间从句	theory	理论
temporal conjunction	时间连词	theory of automaton	自动机理论
temporal dialect	时间性方言	theory of interpretational school	释意派理论
temporary measure	临时量词		
tenor	本体	theory of linguistic adaptation	顺应理论
tenor of discourse	语篇语旨		
tense	紧音；紧张性；时	Theory of the Mind	心智理论
tense vowel	紧元音	*there*-insertion	there 插入
tension	紧音性；张力	theta criterion	题元准则
tenuis	清塞音	theta grid	题元网格
term	术语；项	theta role	θ 角色
term of endearment	亲昵语词	third person	第三人称
terminal	终端	thirteen men rule	十三人规则
terminal juncture	终端音渡	tier	音层
terminal string	终端语符列	timbre	音色
terminal symbol	终端符号	time deixis	时间指示语
terminal synthesizer	终端合成器	time depth	时间深度
termination	词的屈折后缀；终端音	timing	定时；时标
terminography	术语词典学	timing tier	时标层
terminology	术语	tip-of-the-tongue	话到嘴边现象
tertiary response	第三反应	T-marker	T 标记
TESL	英语作为第二语言的教学	TOEFL	托福考试
TESOL	他语者英语教学	TOEIC	托业考试
test	测试	token	型符
test bias	偏倚	tonal polarity	声调反向性
test item	测试项	tone	声调；音调
Test of English as a Foreign Language	英语作为外语的考试	tone class	调类
		tone graph	调符
Test of English for International Communication	国际交流英语考试	tone group	调群
		tone language	声调语言
		tone reduction	声调弱化
test rubric	答题要求	tone unit	语调单位
text	篇章；语篇²	tone value	调值
Text linguistics	语篇语言学	toneme	调位；声调音位
text-to-speech	文语转换		

tonetics	调位学；声调学
tongue-slip	口误
tongue-tip	舌尖
tonic	音调的；语调音节
tonic accent	声调重音
tonic phoneme	声调音位
tonic syllable	主音音节；语调音节
tonicity	语调音节起点
tonogenesis	声调发生
top-down process	自上而下过程
topic	话题；主题
topic framework	话题框架
topic prominent	话题突出，话题优先
topic syllabus	话题教学大纲
topical theme	话题主位
topicalization	话题化
topic-based model	话题式模式
topological fields	句子结构场
toponomastics	地名学
toponymy	地名学
TOT phenomenon	话到嘴边现象
total accountability	完全可解释性
total aphasia	完全失语症
tough movement	硬移位
toy grammar	玩具语法
trace	语迹
trace theory	语迹理论
trade language	贸易语言
traditional principle	传统原则
traditional stress	传统重音
trajector	射体
transaction	活动；课段
transcription	标音
transfer	迁移；转义
transfer of training	训练迁移
transference of meaning	词义转移
transferred meaning	引申义
transform	转换形式
transformation	转换
transformational ambiguity	转换歧义
transformational analysis	转换分析
transformational component	转换部分
transformational constraint	转换制约
transformational cycle	转换循环
transformational derivation	转换推导
Transformational Generative Grammar	转换生成语法
transformational grammars	转换语法
transformational history	转换史
transformational rule	转换规则
transformationalist hypothesis	转换假说
transformed sentence	转换句
transition	过渡
transition network grammar	转移网络语法
transitional bilingual education	过渡性双语教育
transitional sound	过渡音
transitive expletive construction	及物虚词结构
transitive verb	及物动词
transitivity	及物性
translaryngeal harmony	跨喉辅音和谐
translating	翻译
translation	翻译
translator	译者
transliteration	转写
transmutation	跨类翻译；词类转化
transparency	透明性
transparent word	透明词
tree	树形图
tree adjoining grammar	树邻接语法
tree diagram	树形图
tree structure	树形图
triadic theory	三元论
triadic theory of meaning	意义三元论
trial	三数
trigger	触发条件
trigraph	三字母一音
trill	滚音，颤音
trough	音谷
true generalization condition	真概括条件
truncation	截短
truth functional conditional	事实功能条件
truth present	真理现在时
truth table	真值表
truth value	真值
truth-conditional semantics	真值条件语义学
Turing machine	图灵机
turn	话轮
turn-taking	话轮转换
twin formula	成对语式
type	类型
type-token ratio	类型—标记比
typicality effect	典型效应
typological universal	类型共性

U u

ultimate attainment	最终习得状态
ultimate constituent	终端成分
umlaut	曲音变化；变音符号[1]
unacceptability	不可接受性
unaccusative hypothesis	非宾格假说
unaccusative verb	非宾格动词
unaspirated	不送气
unbounded movement	无界移位
unbounded noun	无界名词
unboundedness	无制约关系
unchecked consonant	无喉塞辅音
unconditional sound change	无条件音变
unconditioned sound change	自动音变；无条件音变
unconscious knowledge	无意识语言知识
uncountable noun	不可数名词
underextension	外延缩小
underived stem	非派生词干
underlying	底层
underlying phrase-markers	底层短语标记
underlying representation	底层表征
underlying string	基础语符列
underlying structure	底层结构
underspecification	不充分赋值
underspecification theory	不充分赋值理论
understatement	含蓄陈述
unergative verb	非作格动词
ungrammaticality	不合语法性
unidirectional co-occurrence	单向共现
unidirectionality	单向性
unification-based grammars	合一型语法
uniformitarianism	均变
Uniformity of Theta Assignment Hypothesis	题元指派一致性假说

unilateral	单边音	verb phrase	动词短语
unilateral consonant	单边辅音	verb raising	动词提升
unilingualism	单语现象	verb-adverb combination	动副词组合
uninterpretable	不可解读	verbal	动词性词类
union language	联合语	verbal adjective	动源形容词
unit	单位	verbal aspect	动词体
unit noun	单位名词	verbal compound	动词复合词
univerbation	单一词化	verbal core	动词核
universal base hypothesis	普遍基础假设	verbal deficit hypothesis	语言缺陷假说
universal grammar	普遍语法	verbal noun	动源名词
universal language	普遍语言	verbal preposition	动源介词
universal quantification	全称量化	verbal repertoire	个人言语库
universal quantifier	全称量词	verbalization	动词化；语词表达
universal tendencies	趋向共性	verb-complement clause	动词补语从句
universalism	普遍主义	verb-final	动词词尾
unmarked	无标记	verbid	动词非谓语形式；非谓语形式
unmarked member	无标记成分		
unreleased	无除阻的	verbless sentence	无动词句
unrounded vowel	非圆唇元音；展元音	vernacular	本地语；本国语
unrounding	去圆唇化	vernacular cords	假声带
unselective binding	无择约束	Verner's law	维尔纳定律，弗纳定律
unvoiced	清音的	vibrant	振动音
upstep	音高上调	vibratory feedback	振动反馈
uptake	领会	viewpoint aspect	观点体
upward entailing	向上蕴涵	virtue word	会意词
usage	惯用法²	visibility condition	可见性条件
usage label	用法标记	visual aphasia	词盲
usage-based grammar	基于使用的语法	visual perception	视觉感知
U-shaped acquisition	U 型习得	visual span	阅读视幅
U-shaped behavior	U 型行为	vocabulary	词汇²
UTAH	题元指派一致性假说	vocabulary change	词汇变化
utterance	话语²	vocal	纯音词
Utterance Selection Theory	话语选择理论	vocal cords	声带
uvular	小舌音	vocal folds	声带
		vocal organs	发声器官
V v		vocal qualifier	语音修饰特征
		vocal tract	声道
vacuous quantification	空量化；徒劳量化	vocalization	元音化
vagueness	意义模糊	vocalized	浊音的
valence	价	vocative case	呼格
valency	价	vocative function of language	语言呼唤功能
validation	效度检验		
validity	效度；有效性	vocoid	类元音
valuation	赋值²	voice	语态
value	价值	voice onset time	嗓音开始时间
value judgment	价值判断	voice qualifier	语音修饰特征
variability	可变性	voice quality	音质
variable	变量，变项	voice register	音域³
variable focus approach	可变中心教学法	voice synthesizer	语音合成器
variable rule	变项规则	voiced	浊音的；嗓音
variable word	可变词	voiced consonant	浊辅音
variance	方差	voiced vs. voiceless	浊音对清音
variant	变体	voiceless	清音的
variation	变异	voiceless consonant	清辅音
variational linguistics	变异语言学	voiceless vowel	清元音
variety in language	语言变体	voicing	浊音化
vehicle	喻体	Volapük	沃拉普克语
velar	软腭音	volume	音量
velaric air-stream	软腭气流	VOT	嗓音开始时间
velaric air-stream mechanism	软腭气流机制	vowel	元音
velarization	软腭化	vowel breaking	元音裂变
velarized	软腭化音	vowel cluster	元音丛；元音组合
velic closure	软腭封闭	vowel fracture	元音裂变
velum	软腭	vowel length	元音长度
verb copying construction	动词拷贝结构	vowel mutation	曲音变化
		vox nihili	虚构字

VP deletion	动词短语省略	widening of meaning	词义扩展[2]
VP preposing	动词短语前置	Williams syndrome	威廉姆斯综合征
VP-internal subject hypothesis	动词短语内主语假说	windowing of attention	注意力视窗
		women's speech	女性语言
VP-shell Hypothesis	动词短语壳假说	word	词
VSO language	VSO 型语言	word and thing school	词与物学派
vulgar	粗俗词	word association	词语联想
vulgar Latin	通俗拉丁语	word association test	词语联想测试
		word atlas	词汇地图

W w

		word blindness	失读症；词盲
Wackernagel's law	瓦克纳格尔定律	word boundary	词界
Wackernagel's position	瓦克纳格尔位置	word class	词类
waiting time	等待时间	word comparison	词比较
wanna-contraction	wanna 式缩略	word deafness	词聋
Wartkin's Law	沃特金法则	word distribution	词分布
washback	考试余波影响；反拨作用	word dumbness	词哑
washback effect	反拨效应	word form	词形
Washoe	瓦苏	word formation	构词法
wave model	波浪模式	word formation affix	构词词缀
wave theory	波浪说	word frequency	词频
waveform	波形	word frequency count	词频统计
weak change	弱变化	word frequency dictionary	频率词典
weak consonant	弱辅音	word grammar	词语法
weak crossover	弱跨越	word group	词群
weak equivalence	弱等值关系	word list	词表
weak features	弱特征	word method	全词法；整词教学法
weak form	弱式读音	word order	语序
weak generative capacity	弱生成能力	word range	词分布
weak interface position	弱接口论	word recognition	单词识别
weak lexicalist hypothesis	弱式词汇论假说	word segmentation	词语分割
weak stress	弱重音	word sign	词符
weakening	弱化	word stress	词重音
weakening of meaning	词义弱化	word writing	词文字
weather verb	天气动词	word-by-word reading	逐词阅读
weight	重量	word-for-word translation	逐词翻译
weight principle	重心靠后原则	word-order change	词序变化
weighting	加权	word-superiority effect	词优势效应
well-formedness	规范性	working language	工作语言
Wernicke's aphasia	韦尼克失语症	working memory	工作记忆
Wernicke's area	韦尼克区	workplace language	工作场所语言
wh-attraction	wh 吸引	world Englishes	世界英语
wh-cleft	wh 分裂句	writer-based prose	自读作品
wh-form	wh 形式	writing across curriculum	跨学科写作
wh-imperative	命令疑问句	writing conference	写作会议
wh-in-situ question	wh 非移位疑问句	writing in the content areas	专业写作
wh-interrogative	wh 疑问句	writing log	写作日志
wh-island	wh 岛；wh 孤岛	writing portfolios	写作档案袋
whisper	耳语	writing system	文字系统；书写体系；书写系统
whispered vowel	耳语元音		
wh-item	wh 形式	writing-modes approach	写作模式教学法
whiz-deletion	whiz 省略	written language	书面语
wh-movement	wh 移位	wug	瓦格
wh-movement language	wh 移位语言		
whole language approach	整体语言教学法		

X x

whole-word method	整词教学法；词本位教学法；全词法	X convention	X 规约
		X-bar theory	X 阶标理论
Whorfian hypothesis	沃尔夫假说	X-tier	X 音层
wh-parameter	wh 参数	XYZ construction	XYZ 构式
wh-phrase	wh 形式		
wh-question	wh 疑问句		

Y y

wh-raising	wh 提升	yes-no question	一般疑问句
wh-trace	wh 语迹	yes-or-no question	是否问句
wh-word	wh 形式	yodization	喻化
wide diphthong	宽二合元音	Yo-He-Ho Theory	哟嘿呼说
wide scope	宽域	Yo-Ne-Ho Theory	劳动号子说

yoticization	喻化	zero morpheme	零语素
Young Grammarian	青年语法学派	zero operator	零算子
		zero quotative	零式引用语

Z z

		zero reference	零照应
Z score	Z 分数	zero substitution	零替代
Zero	零形式	zero-bar	零杆
zero affix	零词缀	zero-place predicate	零价谓词
zero anaphora	零前指	zero-valent	零价动词
zero article	零冠词	Zeugma	轭式修饰法
zero derivation	零位派生法	Zipf's law	齐普夫定律
zero form	零形式	Zoosemiotics	动物符号学
zero morph	零形素	λ	兰姆达算子

语言学理论与流派

A
American Descriptivism 美国描写语言学派
Anthropological Linguistics 人类语言学

B
Basra School 巴士拉学派
Biolinguistics 生物语言学

C
Case Grammar 格语法
Categorial Grammar; CG 范畴语法
Chinese Graphology 中国文字学
Chinese Phonology 汉语音韵学
Clinical Linguistics 临床语言学
Cognitive Linguistics 认知语言学
Computational Linguistics 计算语言学
construction grammar 构式语法
Contact Linguistics 接触语言学
Contrastive Linguistics 对比语言学
Copenhagen School 哥本哈根学派
Corpus Linguistics 语料库语言学
Critical Discourse Analysis 批评话语分析

D
Dependency Grammar 依存语法
Dialectology 方言学
Discourse Analysis 语篇分析
Documentary Linguistics 文献记录语言学

E
Ecolinguistics 生态语言学
Educational Linguistics 教育语言学
Engineering Linguistics 工程语言学
Ethno-linguistics 人类文化语言学
Evolutionary Linguistics; Evolingo 演化语言学
Exegetics 训诂学

F
Forensic Linguistics 司法语言学
French School 法兰西学派
Functional Discourse Grammar 功能语篇语法
Functional Linguistics in France 法国功能语言学（法国学派）
Fuzzy Linguistics 模糊语言学

G
General Semantics 普通语义学
Generalized Phrase Structure Grammar 广义短语结构语法
Generative Grammar 生成语法
Generative Phonology 生成音系学
Generative Semantics 生成语义学
Geneva School 日内瓦学派
Gestalt Linguistics 格式塔语言学
Glossogenetics 语言发生学

H
Head-driven Phrase Structure Grammar 中心词驱动的短语结构语法
Historical Comparative Linguistics 历史比较语言学

I
Integrational Linguistics 综合语言学
Intelligence Linguistics 情报语言学

K
Kazan Linguistic School 喀山语言学派
Kufa School 库法学派

L
Language Studies in Ancient Greece 古希腊的语言研究
Language Studies in Ancient India 古印度的语言研究
Language Studies in Ancient Rome 古罗马的语言研究
Language Studies in Europe — From Renaissance to the 18th Century 文艺复兴至18世纪欧洲的语言研究
Language Studies in the Middle Ages in Europe 欧洲中世纪的语言研究
Language Testing 语言测试学
Lexical-Functional Grammar 词汇功能语法
Linguistic Semiotics 语言符号学
Linguistic Typology 语言类型学
London School 伦敦学派

M
Meaning-Text Theory; MTT 意义文本理论
Medical Linguistics 医学语言学
Metalinguistics 元语言学
Minority Linguistics 少数民族语言学
Montague Grammar 蒙塔古语法
Moscow Linguistic School 莫斯科语言学派

N
Neurolinguistics 神经语言学

O
Optimality Theory; OT 优选论

	P	Systemic Functional Linguistics	系统功能语言学
Patholinguistics	病理语言学		
Prague School	布拉格学派	**T**	
Psycholinguistics	心理语言学	Tagmemics	法位学
	R	Text Linguistics	语篇语言学
Relational Grammar	关系语法	The Aestheticist Linguistic School in Germany	德国唯美主义语言学派
Rhetoric	修辞学	The Naturalist Linguistic School in Germany	德国自然主义语言学派
Role and Reference Grammar	角色与参照语法	The Neogrammarians in Germany	德国新语法学派
Romantic School of Thought in Germany - Neo-Humboldtism	德国浪漫主义学派——新洪堡特学说	Theory of Universal Grammar	普遍语法理论
		Tree Adjoining Grammar	树邻接语法
	S	**V**	
Second language Acquisition; SLA	第二语言习得	Valency Grammar	配价语法
Sociolinguistics	社会语言学	**W**	
Statistic Linguistics	统计语言学		
Stratificational Grammar	层次语法	Word Grammar	词语法
Structuralist Linguistics	结构主义语言学		

外国语言学者

A

Aalto, Pentti	阿尔托
Aarhus, Jacob **Madsen**	奥尔胡斯
Aasen, Ivar Andreas	奥森
Abercrombie, David	阿伯克龙比
Abraham, Roy Clive	亚伯拉罕
Adamczewski, Henri	亚当切夫斯基
Adelung, Johann Christoph	阿德隆
Ælfric	埃尔弗里克
Agrell, Sigurd	阿格莱尔
Aikhenvald, Alexandra	阿罕瓦德
Alarcos Llorach, Emilio	阿拉科斯·洛拉什
Alcover, Antoni Maria	阿尔科弗
Allwood, Jens	奥尔伍德
Alonso, Amado	阿隆索
Alvar, Manuel	阿尔瓦尔
Amman, Johann Konrad	安曼
Anchieta, José de	安谢塔
Annadurai, Conjeevaram	安纳杜莱
Armstrong, Lilias Eveline	阿姆斯特朗（利利娅斯·伊芙琳·~）
Armstrong, Robert Gelston	阿姆斯特朗（罗伯特·盖尔斯顿·~）
Arnauld, Antoine	阿尔诺
Ascham, Roger	阿斯卡姆
Ascoli, Graziadio Isaia	阿斯科里
Asher, Ronald E	阿舍尔
Austerlitz, Robert Paul	奥斯特里茨
Austin, John Langshaw	奥斯汀
Avanesov, Ruban Ivanovi	阿瓦涅索夫

B

Bacon, Francis	培根（弗朗西斯·~）
Bacon, Roger	培根（罗杰·~）
Badawi, El-Said Muhamed	巴达维
Bakhtin, Mikhail Mikhailovich	巴赫金
Balbın, Bohuslav	巴尔宾
Bamgbose, Ayo	巴姆波兹
Bar-Hillel, Yehoshua	巴尔—希勒尔
Barthélemy, Jean-Jacques	巴泰勒米
Barthes, Roland Gérard	巴特
Bartoli, Matteo Giulio	巴尔托利
Batchelor, John	巴彻勒
Bateson, Gregory	贝特森
Baudouin de Courtenay, Jan Niecisław Ignacy	博杜恩·德·库尔特内
Bayle, Pierre	培尔
Beattie, James	贝蒂
Beauzée, Nicolas	博泽
Becker, Karl Ferdinand	贝克尔
Behaghel, Otto	贝哈格尔
Bell, Alexander Graham	贝尔（亚历山大·格雷厄姆·~）
Bell, Alexander Melville	贝尔（亚历山大·梅尔维尔·~）
Bello, Andrés	贝洛（安德烈·~）
Benfey, Theodor	本菲
Benveniste, Émile	本维尼斯特
Ben-Yehuda, Eliezer	本-耶胡达
Bergin, Osborn Joseph	博金
Bergsland, Knut	贝格斯兰
Bertoni, Giulio	贝托尼
Beschi, Constanzo Guiseppe	贝什
Bhandarkar, Ramakrishna Gopal, Sir	班达尔卡尔
Bhartrhari	婆利睹梨诃利；伐致诃利
Bickerton, Derek	比克顿
Bleek, Wilhelm Heinrich Immanuel	布列克
Bloch, Bernard	布洛克（伯纳德·~）
Bloch, Jules	布洛赫（朱尔斯·~）
Bloomfield, Leonard	布龙菲尔德
Blumer, Herbert	布鲁默
Boas, Franz	博厄斯
Boethius of Dacia	波埃修斯
Böhtlingk, Otto Nikolaus	伯特林克
Boole, George	布尔
Bopp, Franz	葆朴
Borgstrøm, Carl Hjalmar	伯格斯特罗姆
Boxhorn, Marcus Zuerius	博克斯霍恩
Braille, Louis	布莱叶；布莱尔
Bréal, Michel Jules Alfred	布雷亚尔
Bredsdorff, Jakob Hornemann	布列兹托尔夫
Bresnan, Joan Wanda	布里斯南
Brockelmann, Carl	布罗克尔曼
Brøndal, Rasmus Viggo	布龙达尔
Brown, Roger William	布朗
Brücke, Ernst	布吕克
Brugmann, Karl	布鲁格曼
Bruneau, Charles	布律诺
Bruner, Jerome Seymour	布鲁纳
Brunot, Ferdinand	布鲁诺
Buck, Carl Darling	巴克
Bühler, Karl	比勒
Bullokar, William	布洛卡
Burnett, James, Monboddo, Lord	伯内特（蒙博多勋爵）
Burzio, Luigi	布尔齐奥
Bybee, Joan	拜比

C

Çabej, Eqrem	恰贝伊
Caldwell, Robert	考德威尔
Câmara, Joaquim **Mattoso**	卡马拉 *
Campanella, Thomaso	康帕内拉
Carnap, Rudolf	卡尔纳普
Castrén, Matthias Alexander	卡斯特伦
Chatterji, Suniti Kumar	贾德佳
Chomsky, Avram Noam	乔姆斯基
Chrysippos (Χρύσιππος)	克里西波斯
Clark, Herbert H.	克拉克

Clements, Nick	克莱门茨	Einstein, Albert	爱因斯坦
Cobbett, William	科贝特	Ellis, Alexander John(né Sharpe)	埃利斯(亚历山大·约翰·~)
Coelho, Francisco Adolpho	科埃略		
Coeurdoux, Gaston-Laurent	戈尔杜	Ellis, Francis Whyte	埃利斯(弗朗西斯·怀特·~)
Collitz, Hermann	科利茨		
Comenius, Johann(es) Amos	夸美纽斯	Elphinston, James	埃尔芬斯顿
Comrie, Bernard	科姆里	Emeneau, Murray Barnson	艾默诺
Condillac, Etienne Bonnot de	孔狄亚克	Estienne, Henri	艾蒂安(亨利·~)
Conti Rossini, Carlo	康提·罗西尼	Estienne, Robert	艾蒂安(罗贝尔·~)
Cook, Vivian James	库克	Evans, Gareth	埃文斯
Cooper, Christopher	库珀		
Cordemoy, Géraud de	科尔德莫瓦	**F**	
Coșeriu, Eugenio	科谢留		
Coulthard, Malcolm	库特哈德	Fal'chun, François	法尔克安
Courtenay, Jan Niecisław Ignacy Baudouin de	库尔德内；库尔特内	Fant, Carl Gunnar Michael	方特；范特
		Fauconnier, Gilles	福柯涅；福科尼耶
Coustenoble, Hélène Nathalie	库斯特诺布勒	Ferguson, Charles A.	弗格森
Croce, Benedetto	克罗齐	Fick, August Konrad Friedrich	费克
Croft, William	克罗夫特	Fillmore, Charles J.	菲尔默；菲尔莫尔；菲尔墨
Crowther, Samuel Ajayi	克罗瑟	Finck, Franz Nikolaus	芬克
Crystal, David	克里斯特尔	Firth, John Rupert	弗斯
Culioli, Antoine	库里奥利	Fischer-Jørgensen, Eli	菲舍尔；费歇尔—荣根森
Curtius, Georg	库尔提乌斯	Fishman, Joshua A.	菲什曼
Czermak, Johann Nepomuk	查尔麦克	Fitch, W.Tecumseh	费奇
		Fleuriot, Léon	福里欧
D		Fodor, Jerry	福多；弗托
		Fortunatov, Filip Fedorovich	福尔图纳托夫
D'Ailly*, Pierre	戴伊	Foucault, Michel	福柯
Dalgado, Sebastião Rodolpho	达尔加多	Fowler, Henry Watson	福勒(亨利·沃森·~)
Dalgarno, George	达尔加诺；达尔格奴斯	Fowler, Roger	福勒(罗杰·~)
Dalgarnus, Georgius	达尔格奴斯	Frajzyngier, Zygmunt	弗拉齐热
Daneš, František	达奈什	Frege, Friedrich Ludwig Gottlob	弗雷格
Dauzat, Albert	多扎	Freire, Paulo	弗莱雷
Davidson, Donald	戴维森	Freud, Sigmund	弗洛伊德
Davies, Anna Morpurgo	戴维斯	Fries, Charles Carpenter	弗里斯
De Mauro**, Tullio	莫罗	Frings, Theodor	弗林斯
Delattre, Pierre	德拉特	Frisch, Karl von	弗里施
Delbrück, Berthold	德尔布吕克	Fromkin, Victoria	弗罗姆金
Descartes, René	笛卡儿	Fry, Dennis Butler	弗莱；弗赖
Desnickaja, Agnia Vasil'evna	德斯妮卡佳	Fujioka, Katsuji	藤冈胜二
Devoto, Giacomo	德沃托	Fujitani, Nariakira	富士谷成章
Diderot, Denis	狄德罗		
Diez, Friedrich	迪茨	**G**	
Dīkṣita, Bhattoji	底克希多		
Dionysius	狄奥尼修斯	Gabelentz, H. Georg Conon van der	加贝伦茨；加布伦兹
Dionysius Thrax	狄奥尼修斯·特拉克斯		
Dixon, Robert M. W.	迪克松	Gadamer, Hans-Georg	伽达默尔；加达默尔
Dobrovský, Josef	多布罗夫斯基	Gardiner, Alan, Sir	加德纳
Dobson, Eric John	多布森	Gauchat, Louis	戈沙
Doke, Clement Martyn	多克	Gazdar, Gerald	盖士达；盖兹达尔
Donatus, Aelius	多纳图斯	Geach, Peter Thomas	吉奇
Dorian, Nancy C.	多利安	Gelb, Ignace J.	盖勒卜
Dorsey, James Owen	多尔西	Georgiev, Vladmir Ivanov	乔杰夫
Du Cange***, Charles du Fresne, sieur	迪孔日	Geschwind, Norman	格施温德
		Gesenius, Wilhelm	杰森尼亚斯；格泽纽斯
Dubois, Jacques (Sylvius)	迪布瓦	Gillieron, Jules	吉叶龙
Ducrot, Oswald	杜克罗	Gimson, Alfred Charles	吉姆森
Duden, Konrad	杜登	Givon, Thomas (aka. Talmy Givón)	吉冯
Dummett, Michael Anthony Eardley	达米特；达梅特		
		Goffman, Erving	戈夫曼
Duponceau, Pierre Étienne	杜邦索	Goldberg, Adele E.	戈德堡
Durkheim, Émile	迪尔凯姆；涂尔干	Goodglass, Harold	古德格拉斯

E		
	*	非句首拼作 d'Ailly。
Eco, Umberto	艾柯	
	**	非句首拼作 de Mauro。
Edgerton, Franklin	艾吉顿	
	***	非句首拼作 du Cange。

Grammont, Maurice	格拉蒙	**Horacek**, Blanka	霍拉切克
Grassmann, Hermann Günther	格拉斯曼	**Horecký**, Ján	霍莱茨基
Greenberg, Joseph H.	格林伯格	**Hornby**, Albert Sidney	霍恩比
Grice, Herbert Paul	格赖斯	**Hornung**, Maria	霍农
Grierson, George Abraham, Sir	葛瑞尔森	**Householder**, Fred W., Jr.	豪斯霍尔德
Grimm, Jacob Ludwig Carl	格林；格里姆	**Hovland**, Carl Ivnor	霍夫兰
Gross, Maurice	格罗斯	**Huang**, C. T. James	黄正德
Guillaume, Gustave	吉约姆；纪尧姆	**Hudson**, Richard	赫德森
Gumperz, John Joseph	甘柏兹	**Humboldt**, Friedrich Wilhelm Christian Karl Ferdinand **von**	洪堡特；洪堡
Gundert, Hermann	贡德特		
Guthrie, Malcolm	古特里	**Husserl**, Edmund	胡塞尔
Gyarmathi, Sámuel	吉亚马斯；基雅玛迪	**Hyman**, Larry	海曼
		Hymes, Dell Hathaway	海姆斯

H

Haas, Mary Rosamond	哈斯		
Habermas, Jurgen	哈贝马斯	**Iartseva**, Victoria Nikolaevna	雅尔采娃
Hahn, Emma Adelaide	哈恩	**Ibn Ezra***, Abraham	伊本·埃兹拉
Hale, Horatio	黑尔(霍雷肖·～)	**Ibn Janah**, Jonah	伊本·乔纳
Hale, Kenneth L.	黑尔(肯尼斯·～)	**Ibn Jinni**	伊本·金尼
Hall, Robert A., Jr.	霍尔	**Ibn Maḍāṇ** al-Qurtubi	伊本·马登
Halle, Morris	哈勒	**Ibn Sīnā**	伊本·西纳
Halliday, Michael A. K	韩礼德	**Ibn Sirry**, Abou Bakr Muhammad	伊本·西里
Hamann, Johann Georg	哈曼		
Hamp, Eric Pratt	汉普	**Ihre**, Johan	伊尔
Hardenberg, Friedrich von	哈登贝格	**Ingarden**, Roman	英伽登
Harrington, John Peabody	哈林顿	**Inghen**, Marsilius von	伊根
Harris, James	哈里斯(詹姆斯·～)	**Inoue**, Kazuko	井上和子
Harris, Zellig S.	哈里斯(泽里格·～)	**Iordan**, Iorgu	约尔丹
Hart, John	哈特	**Iyer**, L. Vishwanatha Ramaswami	艾尔
Hattori, Shiro	服部四郎		
Hatzidakis, Geōrgios N.	哈齐扎基斯		
Haugen, Einar	豪根	### J	
Hauser, Marc	豪瑟	**Jaberg**, Karl	雅贝格
Havránek, Bohuslav	哈夫朗内克	**Jackendoff**, Ray	杰肯道夫
Hayakawa, Samuel Ichiye	早川一会	**Jackson**, Kenneth Hurlstone	杰克逊(肯尼思·赫尔斯通·～)
Hays, David Glenn	海斯		
Hayyuj, Judah	哈尤	**Jacobsen**, Lis	雅各布森
Heidegger, Martin	海德格尔	**Jagić**, Vatroslav	捷科
Heine, Bernd	海恩	**Jakobson**, Roman	雅柯布逊
Helias, Peter	赫利亚斯	**Jakovlev**, Nikolaj Feofanovič	雅科夫列夫
Helmholtz, Hermann Ludwig Ferdinand **von**	赫姆霍兹	**James**, William	詹姆斯
		Jarring, Gunnar	雅林
Hemon, Roparz	埃蒙	**Jespersen**, Otto	叶斯柏森
Henderson, Eugenie J. A.	亨德森	**Johnson**, David E.	约翰逊(大卫·～)
Herder, Johann Gottfried	赫尔德	**Johnson**, Mark L.	约翰逊(马克·～)
Hermann, Eduard	赫尔曼	**Johnson**, Samuel	约翰逊(塞缪尔·～)
Hermansz, Lambert ten Kate	赫尔曼茨	**Jones**, Daniel	琼斯(丹尼尔·～)
Hervás y Panduro, Lorenzo	赫瓦斯	**Jones**, Karen **Spärck**	琼斯(斯派克·～)
Hesseling, Dirk Christiaan	赫瑟林	**Jones**, William, Sir	琼斯(威廉·～爵士)
Hill, Archibald Anderson	希尔(阿奇博尔德·安德森·～)	**Jonson**, Ben	琼森
		Joos, Martin	约斯
Hill, Jane Hassler	希尔(简·哈斯勒·～)	**Jud**, Jakob	朱特
Hintikka, Jaakko	亨迪卡	**Junius**, Franciscus	朱尼厄斯
Hirayama, Teruo	平山辉男		
Hirt, Hermann	希尔特	### K	
Hispanus, Petrus	希斯班努斯	**Kaccāna**	迦多衍那
Hjelmslev, Louis Trolle	叶尔姆斯列夫	**Kachru**, Braj	卡奇鲁(布拉吉·～)
Hockett, Charles Francis	霍凯特	**Kachru**, Yamuna	卡奇鲁(雅姆那·～)
Hoijer, Harry	霍耶尔	**Kamei**, Takashi	龟井孝
Holcot, Robert	霍尔科特	**Kant**, Immanuel	康德
Holder, William	霍德	**Kaplan**, Ronald M.	卡普兰
Holmberg, Anders	侯姆伯格	**Karlgren**, Klas B. J.	高本汉
Holmes, Janet	霍姆斯		
Holtsmark, Anne	霍兹马克		
Homans, George C.	霍曼斯	* 非句首拼作 ibn Ezra。随后若干个 ibn 同理。

Kate Hermansz, Lambert ten	卡特·赫尔曼茨	Lepsius, Carl Richard	累普济乌斯
Katre, Sumitra Mangesh	卡特勒	Leskien, August	莱斯金；雷斯琴
Kātyāyana	迦旃延	Levinson, Stepen C.	列文森；莱文逊
Katz, Jerrold J.	卡茨	Lévi-Strauss, Claude	列维—施特劳斯
Kawamoto, Shigeo	川本茂雄	Levita, Elijah	莱维塔
Kay, Martin	凯（马丁·～）	Lévy-Bruhl, Lucien	莱维—布吕尔
Kay, Paul	凯（保罗·～）	Lewis, Henry	刘易斯
Kayne, Richard S.	凯恩	Lhuyd, Edward	卢伊德
Kazama, Kiyozo	风间喜代三	Lieberman, Philip	利伯曼
Kempelen, Wolfgang von	肯佩伦	Llorach, Emilio Alarcos	洛拉什
Kennedy, Benjamin Hall	肯尼迪（本杰明·霍尔·～）	Llull, Ramon (Raymundus Lullus)	卢尔
Kērala Pāṇini	喀拉拉·波尼尼	Locke, John	洛克
Kiel, Cornelis van	基尔	Lodwick, Francis	洛德威克
Kiliaan, Cornelis	基利恩	Lomonosov, Mikhail Vasilyevich	罗蒙诺索夫
Kilwadby, Robert	基尔沃比	Loth, Joseph	洛特
Kindaichi, Kyosuke	金田一京助	Lounsbury, Floyd Glenn	劳恩斯伯里；朗斯伯利
Kiparsky, René Paul Victor	基帕尔斯基	Lowth, Robert	劳斯
Klatt, Dennis H.	克拉特	Luhmann, Niklas	卢曼；鲁曼
Klein, Ewan	克莱因	Luick, Karl	卢伊克
Knorosow, Yuri	克诺罗佐夫	Lukas, Johannes	卢卡斯
Kobayashi, Hideo	小林英夫	Luria, Alexander Romanovich	卢利亚
Kodzu, Harushige	高津春繁	Luther, Martin	路德
Koerner, E. F. Konrad	柯纳	Luzzatto, Samuel David	卢扎托
Kölle, Sigismund Wilhelm	克勒	Lyons, John, Sir	莱昂斯
Kono, Rokuro	河野六郎		
Kotarbiński, Tadeusz	科塔尔宾斯基	**M**	
Krapf, Johann Ludwig	克拉普夫		
Kratzenstein, Christian Gottlieb	克拉岑施泰因	Madsen Aarhus, Jacob	马德森·奥尔胡斯
Kretschmer, Paul	克雷奇默	Madvig, Johan Nicolai	马兹维
Kripke, Saul	克利普克	Maffei, Angelus Francis Xavier	马费伊
Kroeber, Alfred Louis	克罗伯；克鲁伯	Mahakatyayana	摩诃迦旃延
Kruszewski, Mikotag Habdank	克鲁谢夫斯基	Malinowski, Bronislaw	马林诺夫斯基
Külpe, Oswald	屈尔佩	Malkiel, Yakov	马尔基尔
Kuiper, Franciscus Bernardus Jacobus	柯伊伯	Malmberg, Bertil	马尔姆贝格
Kunihiro, Tetsuya	国广哲弥	Marbais, Michel de	马尔拜
Kurath, Hans	库拉特	Marr, Mikolai Jakovlevich	马尔
Kuryłowicz, Jerzy	库里沃维奇	Marstrander, Carl J. S.	马斯特兰德
		Martin of Dacia	马丁（达契亚的·～）
L		Martin, Samuel Elmo	马丁（塞缪尔·埃尔莫·～）
		Martinet, André	马蒂内
Labov, William	拉博夫；拉波夫	Marty, Anton	马蒂
Lacan, Jacques	拉康	Masterman, Margaret	马斯特曼
Ladefoged, Peter	拉迪福吉德	Mathesius, Vilem	马特西乌斯；马泰休斯
Lado, Robert	拉多	Matoré, Georges	马托雷
Lakoff, George P.	雷考夫；莱考夫；雷科夫（乔治·～）	Matsumoto, Katsumi	松本克巳
Lakoff, Robin Tolmach	雷考夫（洛珍·托尔马赫·～）	Matsushita Daizaburo	松下大三郎
		Mattoso Câmara Júnior, Joaquim	马托索·卡马拉
Lancelot, Claude	朗斯洛	Mayenowa, Maria Renata	马耶诺娃
Langacker, Ronald W.	兰艾克	Mayrhofer, Manfred	迈尔霍费尔
Larson, Richard K.	拉森	McCarthy, John	麦卡锡（约翰·～）
Lascaris, Jean (aka. Janus Laskaris)	拉斯卡里斯	McCawley, James David	麦考利
		McDavid, Raven Ioor, Jr.	麦克戴维
Lasch, Agathe	拉希	McLuhan, Marshall	麦克卢汉
Lasnik, Howard	拉斯尼克	Mead, George Herbert	米德
Lasswell, Harold Dwight	拉斯韦尔	Meeussen, Achilles Emile	梅乌森
Latacz, Joachim	拉塔斯	Meigret, Louis	梅格莱特
Le Roux, Pierre	勒鲁	Meillet, Antoine	梅耶
Leech, Geoffrey N.	利奇	Meinhof, Carl Friedrich Michael	迈因霍夫
Lehiste, Ilse	莱易斯特	Meinong, Alexius	迈农
Lehmann, Winfred Philipp	莱曼	Mel'čuk, Igor Aleksandrovic	梅里丘克
Leibniz, Gottfried Wilhelm	莱布尼兹	Melanchthon, Philipp	梅兰希通
Lejeune, Michel	勒琼	Mencken, Henry Louis	门肯
Lenneberg, Eric Heinz	勒纳伯格	Menéndez Pidal, Ramón	梅嫩德斯·皮达尔
Leont'ev, Aleksei Alekseevich	列昂捷夫	Meyer, Kuno Edward	迈耶尔

Meyer-Lübke, Wilhelm	迈耶—吕卜克	**Paulston**, Christina Bratt	帕尔斯顿
Miklosich, Franc	米克洛希奇	**Pedersen**, Holger	佩德森；裴特生
Mill, John Stuart	穆勒；米尔；密尔	**Pei**, Mario	佩伊
Miller, George Armitage	米勒	**Peirce**, Charles Sanders	皮尔斯；珀尔斯
Möller, Hermann	默勒	**Perlmutter**, David	帕尔穆特
Montague, Richard	蒙塔古	**Petrus** Hispanus	佩特鲁斯；彼得勒斯
Montanus, Petrus	蒙塔努斯	**Pfeiffer**, Rudolf	费弗
Morgenstierne, Georg	莫根斯蒂纳	**Piaget**, Jean Paul	皮亚杰
Morpurgo Davies, Anna	莫尔普戈·戴维斯	**Pidal**, Ramón **Menéndez**	皮达尔
Morris, Charles W.	莫里斯	**Pike**, Kenneth Lee	派克
Motoori, Haruniwa	本居春庭	**Pitman**, Isaac, Sir	皮特曼
Motoori, Norinaga	本居宣长	**Planudes**, Maximus	普拉努得斯
Mounin, Georges	穆南	**Pliny** the Elder	老普林尼
Müller, Friedrich Max	缪勒	**Pokorny**, Julius	波科尔尼
Mufwene, Salikoko	穆夫威恩	**Pollard**, Carl Jesse	波拉德
Mukařovský, Jan	穆卡洛夫斯基	**Pollock**, Jean-Yves	波洛克
Mulcaster, Richard	马卡斯特	**Polotsky**, Hans (Hayyim) Jakob	普劳茨基
Murayama Shichirô	村山七郎	**Pop**, Sever	波普
Murray, Alexander	默里（亚历山大·～）	**Poppe**, Nikolai Nikolaevich	鲍培
Murray, James A. H.	默里（詹姆斯·～）	**Porphyrios**	普菲力欧斯
Murray, Lindley	默里（林德利·～）	**Postal**, Paul Martin	波斯特尔（保罗·马丁·～）
		Postel, Guillaume	波斯特尔（纪尧姆，～）
N		**Potebnja**, Alexander	波铁布尼亚
		Pott, August	波特
Nadeljaev, Vladimir Mikhailovich	纳德尔耶夫	**Pound**, Louise	庞德（路易丝·～）
Naert, Pierre	奈尔特	**Poutsma**, Hendrik	保茨马
Nanjio, Bunyiu	南条文雄	**Priestley**, Joseph	普里斯特利
Napoli, Donna Jo	娜波莉	**Prince**, Alan Sanford	普林斯
Navarro Tomás, Tomás	纳瓦罗·托马斯	**Priscianus**, Caesariensis	普利西安
Nebrija, Antonio de	内夫里哈	**Propp**, Vladimir Iakovlevich	普洛普
Némo, Louis-Paul	内莫	**Pullum**, Geoffrey K.	普勒姆
Newman, Paul	纽曼	**Puşcariu**, Sextil	普斯卡里奥
Nida, Eugene Albert	奈达	**Putnam**, Hilary W.	帕特南
Nikolaeva, T. M.	尼古拉耶娃		
Nishida, Tatsuo	西田龙雄	**Q**	
Nöldeke, Theodor	内尔德克		
Noreen, Adolf Gotthard	诺伦	**Qimhi**, David	奇姆希
Novalis	诺瓦利斯	**Quilis**, Antonio	基利斯
		Quine, Willard Van Ormand	蒯因；奎因
O		**Quirk**, Randolph	夸克
O'Rahilly, Thomas Francis	奥拉希里	**R**	
Ogden, Charles Kay	奥格登		
Ohno, Susumu	大野晋	**Radulfus** Bellovacensis / Belvacensis	博韦的拉尔夫
Oldendorp, Christian George Andreas	奥尔登多普	**Radulphus**, Brito	拉杜尔福斯
Onions, Charles Talbut	奥尼恩斯	**Rajarajavarma**, A. R.	拉贾拉贾瓦尔玛
Opie, Peter and Iona	奥佩夫妇	**Ralph** of Beauvais	拉尔夫（博韦的～）
Orr, Boyd John	奥尔	**Ramat**, Paolo	拉马特
Orton, Harold	奥顿	**Ramstedt**, Gustaf John	拉姆斯泰特；兰司铁
Osada, Natsuki	长田夏树	**Ramus**, Petrus	拉穆斯
Osthoff, Hermann	奥斯特霍夫	**Rask**, Rasmus Christian	拉斯哥
Otfried von Weissenburg	奥特弗里德	**Rassadin**, Valentin Ivanovich	拉萨丁
		Ratke, Wolfgang	拉特克
P		**Raumer**, Rudolf von	劳默尔
		Reichard, Gladys A.	赖卡德
Paget, Richard Arthur Surtees	佩吉特	**Reichenbach**, Hans	莱辛巴赫
Pallas, Peter Simon	帕拉斯	**Reinecke**, John E.	赖内克
Palmer, Harold Edward	帕尔默；帕默	**Reiner**, Erica	雷纳
Palsgrave, John	帕尔斯格雷夫	**Reinisch**, Simon Leo	雷尼什
Pāṇini	波你尼	**Reisig**, Karl	赖西格
Pāṇini	波尼尼	**Reiske**, Johann Jacob	赖斯克
Partee, Barbara H.	帕蒂	**Renou**, Louis	勒努
Partridge, Eric Honeywood	帕特里奇	**Reuchlin**, Johann	罗伊希林
Passy, Paul Edouard	帕西	**Richards**, Ivor Armstrong	理查兹
Patañjali(पतञ्जलि)	波颠阇利；波檀阇利	**Richter**, Elise	里赫特
Paul, Hermann	保罗	**Rickford**, John	里克福德

Rizzi, Luigi	里兹	**Siger** de Courtrai	西赫尔
Robins, Robert Henry	罗宾斯	**Silvestre** de Sacy, Baron Antoine-Isaac	西尔韦斯特
Romaine, Suzanne	罗曼	**Sinclair**, John	辛克莱
Ronjat, Jules	朗热	**Skinner**, Burrbus Frederick	斯金纳
Rorty, Richard	罗蒂	**Skutsch**, Franz	斯库奇
Rosetti, Alexandru	罗塞蒂	**Slobin**, Dan Isaac	斯洛宾
Ross, John Robert	罗斯	**Smith**, Adam	斯密(亚当·～)
Rousseau, Jean-Jacques	卢梭	**Smith**, Henry Lee	史密斯
Rousselot, Pierre Jean, Abbé	卢赛洛	**Smolensky**, Paul	斯莫伦斯基
Rozwadowski, Jan Michał	罗兹瓦多夫斯基	**Sommerfelt**, Alf	索默费尔特
Russell, Bertrand Arthur William	罗素	**Sonnenschein**, Edward Adolf	索南夏因

S

Saadya, Gaon (Sa'adiah ben Yosef Gaon)	萨阿迪亚	**Spärck Jones**, Karen	斯派克·琼斯
		Spence, Thomas	斯彭斯
Sacks, Harvey	萨克斯	**Spitzer**, Leo	斯皮策
Sag, Ivan	萨格	**Stang**, Christian S.	斯唐
Said Ali, Manuel Ida	赛义德·阿里	**Steele**, Joshua	斯蒂尔
Sainliens, Claude de	赛因里恩斯	**Steinthal**, Heymann	施泰因塔尔
Sajnovics, János	萨约诺维奇	**Stephanus**, Henricus	斯特凡努斯(昂里克·～)
Sampson, Geoffrey	桑普森	**Stephanus**, Robertus	斯特凡努斯(罗贝图斯·～)
Sanchis Guarner, Manuel	桑奇斯·瓜内尔		
Sanctius, Franciscus	桑克蒂乌斯	**Stokes**, Whitley	斯托克斯
Sapir, Edward	萨丕尔	**Stokoe**, William C.	斯多基
Saussure, Ferdinand de	索绪尔	**Storm**, Johan	斯托姆
Sayce, Archibald Henry	塞斯	**Strachan**, John	斯特罗恩
Scaliger, Joseph Justus	斯卡利杰(约瑟·尤斯图斯·～)	**Strawson**, Peter Frederick	斯特劳森
		Streitberg, Wilhelm	施特赖特贝格
Scaliger, Julius Caesar	斯卡利杰(裘利斯··凯撒·～)	**Sturtevant**, Edgar Howard	斯特蒂文特
		Suzuki Akira	铃木朗
Schank, Roger C.	尚克	**Swadesh**, Morris	斯沃德什
Scherer, Wilhelm	舍雷尔	**Swales**, John	斯韦尔斯
Schlegel	施勒格尔	**Sweet**, Henry	斯威特
Schlegel, August Wilhelm von	施莱格尔(奥古斯特·威廉·冯·～)	**Szemerényi**[ˈsɛmɛreːɲi], Oswald John Louis	塞梅雷尼伊
Schlegel, Karl Wilhelm Friedrich von	施莱格尔(弗里德里希·冯·～)	## T	
Schleicher, August	施莱歇尔	**Tadadjeu**, Maurice	塔达耶
Schlieben-Lange, Brigitte	施利本-兰格	**Tagliavini**, Carlo	塔利亚维尼
Schmeller, Johann Andreas	施梅勒	**Tannen**, Deborah	坦嫩
Schmidt, Johannes	施密特	**Tarski**, Alfred	塔尔斯基
Schmidt-Wiegand, Ruth	施密特—韦根	**ten Kate Hermansz**, Lambert	滕卡特
Schottelius, Justus Georg	肖特琉斯	**Terracini**, Benvenuto Aronne	泰拉奇尼
Schuchardt, Hugo	舒哈特	**Tesniére**, Lucien Valerius	泰尼埃；泰尼耶尔；特尼耶尔；特斯尼埃
Schütz, Alfred	舒茨		
Searle, John Rogers	塞尔	**Thomas** of Erfurt	托马斯(埃尔福特的～)
Sebeok, Thomas Albert	西比奥克	**Thomas**, John Jacob	托马
Seliverstova, Olga N.	塞里沃斯托娃	**Thompson**, Laurence Cassius	汤普森
Sen, Sukumar	森	**Thomsen**, Vilhelm Ludvig Peter	汤姆森
Setälä, Eemil Nestor	塞塔拉	**Thrax**, Dionysius	特拉克斯；塞拉克斯
Sextus Empiricus	塞克斯都	**Thumb**, Albert	图姆
Sgall, Petr	斯加尔	**Thurneysen**, Rudolf	图尔内森
Shakhmatov, Aleksey Aleksandrovich	沙赫马托夫	**Tilly**, William Henry	提里
		Tinbergen, Niko	廷贝亨
Shaw, George Bernard	萧伯纳	**Tobler**, Adolf	托布勒
Shcherba, Lev Vladimirovich	谢尔巴	**Todo**, Akiyasu	藤堂明保
Sheridan, Thomas	谢里丹	**Tokieda**, Motoki	时枝诚记
Shinkichi, Hashimoto	桥本进吉	**Toma**, Peter	托马
Shinmura, Izuru	新村出	**Tooke**, John Horne	图克
Shklovsky, Viktor Borisovich	什克洛夫斯基	**Toporov**, Vladimir Nikolaevich	托波罗夫
Shuy, Roger	舒乙	**Tovar**, Antonio	托瓦
Shyamsundardas	夏姆孙德尔达斯	**Trager**, George Leonard	特拉格
Sibata, Takesi	柴田武	**Trier**, Jost	特里尔
Sibawayh	西巴韦赫；西伯维	**Trnka**, Bohumil	特拉恩卡
Sievers, Eduard	西弗斯	**Trubetzkoy**, Nikolay Sergeyevich	特鲁别茨柯依

Tucker, Archibald Norman	塔克	**Wenker**, Georg	温克尔
Turgot, Anne Robert Jacques	杜尔哥	**Westermann**, Diedrich Hermann	韦斯特曼
Turing, Alan Mathison	图灵	**Westphal**, Ernst Oswald Johannes	韦斯特法尔
Turner, Lorenzo Dow	特纳(洛伦佐·道·~)		
Turner, Mark	特纳(马克·~)	**Whitney**, William Dwight	惠特尼
Turner, Ralph Lilley, Sir	特纳(拉尔夫·利利·~)	**Whorf**, Benjamin Lee	沃尔夫；沃夫(本杰明·李·~)
Twaddell, William Freeman	特沃德尔		
Twardowski, Kazimierz	特瓦尔多夫斯基	**Wierzbicka**, Anna	韦尔茨别希卡
Tyndale, William	廷代尔	**Wiesemann**, Ursula	威斯曼
		Wilkins, John	威尔金斯
		Wilks, Yorick	威尔克斯

U

		William of Conches	威廉(孔什的~)
Ubriatova, Elizaveta Ivanovna	乌夫里亚托娃	**Williamson**, Kay	威廉姆森
Ueda, Kazutoshi	上田万年	**Winteler**, Jost	温特勒
Uhlenbeck, Christianus Cornelius	乌伦贝克	**Wissowa**, Georg Otto August	维索瓦(格奥尔格·~)
Uldall, Hans-Jorgen	乌尔达尔	**Wittgenstein**, Ludwig Josef Johann	维特根斯坦
Ullendorff, Edward	乌伦多夫		
Ullmann, Stephen	乌尔曼	**Wodak**, Ruth	沃达克
Urphilas (Ulfila / Wulfila / Ulfilas)	乌尔菲拉斯	**Wolf**, Friedrich August	沃尔夫(弗里德里希·奥古斯特·~)
Uslar, Petr Karlovich	乌斯拉尔	**Wolfram**, Walt	沃尔弗拉姆
		Wrede, Ferdinand	里德
		Wright, Joseph	赖特

V

Vachek, Josef	梵依克	**Wundt**, Wilhelm	冯特
Valkhoff, Marius François	瓦科霍夫		
Van Name*, Addison	范内姆		

Y

Van Valin, Robert, Jr.	范瓦林		
Varma, Dhirendra	瓦尔玛(迪伦德拉·~)	**Yamada**, Yoshio	山田孝雄
Varma, Siddeshwar	瓦尔玛(希德什瓦·~)	**Yarshater**, Ehsan	雅沙特尔
Varro, Marcus Terentius	瓦罗	**Young**, Thomas	扬(托马斯·~)
Vasconcellos, Carolina Michaëlis de	瓦斯孔塞洛斯		

Z

Vendryes, Joseph	旺德里；房德里耶斯	**Zabrocki**, Ludwig	扎布洛奇
Ventris, Michael	文屈斯	**Zampolli**, Antonio	赞波利
Verner, Karl Adolph	维尔纳	**Zarncke**, Friedrich	扎恩克
Verspoor, Marjolijn	费斯波尔	**Zemskaja**, E. A.	泽姆斯卡娅
Viëtor, Wilhelm	维特	**Zeuss**, Johann Kaspar	佐伊斯
Voegelin, Charles Frederick	沃格林(查尔斯·费雷德里克·~)	**Ziegenbalg**, Bartholomaeus	齐根保格
Voegelin, Florence Marie	沃格林(弗洛伦斯·玛丽·~)	**Zipf**, George Kingsley	齐普夫
Volney, Constantin-François Chassebœuf, Comte de	伏尔尼	**Zvelebil**, Kamil V.	兹维莱比尔
Voloshinov, Valentin Nikolaevich	沃洛希诺夫		
Vossler, Karl	浮士勒		
Vygotsky, Lev Semyonovich	维果茨基		

W

Wackernagel, Wilhelm	瓦克纳格尔
Wagner, Heinrich	瓦格纳(海因里希·~)
Wagner, Max Leopold	瓦格纳(马克斯·利奥波德·~)
Walker, John	沃克
Wallis, John	沃里斯
Ward, Ida Caroline	沃德
Wartburg, Walther von	瓦特伯格
Watanabe, Shoichi	渡部昇一
Weber, Albrecht Friedrich	韦伯(阿尔布雷希特·弗里德里希·~)
Weber, Max	韦伯(马克斯·~)
Webster, Noah	韦伯斯特
Wegener, Philipp	魏格纳
Weinreich, Uriel	魏恩赖希
Weisgerber, Leo	魏斯格贝尔
Welmers, William E.	威尔姆斯

---

* 非句首拼作 van Name。下一条 van Valin 同理。

世界主要语言

A

AAVE	非裔美国黑人英语
Abaza	阿巴札语
Abazin	阿巴兹语
Abazintsy	阿巴兹语
Abkhaz	阿布哈兹语
Abkhazian	阿布哈兹语
Accadian	阿卡得语
Accadian	古阿卡得语
Achang	阿昌语
Achi	阿其语
Adangme	丹戈玛语
Adyghe	阿迪格语,阿第盖语
Aequian	埃魁语
Afaan-Oromoo	奥罗莫语
Af-Dabarre	阿弗达巴勒语
Afghan	阿富汗语
Afghan Persian	阿富汗波斯语
African American Vernacular English	非裔美国黑人英语
African languages	非洲诸语言
Afrikaans	南非荷兰语,南非语,阿非利堪斯语,阿非利卡语
Afro-Asiatic	亚非语系,非亚语系
Aghul	阿古尔语
Agnean	阿格尼恩语
Ahom	阿合姆语
Aino	艾奴语
Ainu	阿依努语,阿衣奴语,爱努语;艾努语
Akan	阿肯语
Akkadian	阿卡得语
Akposo	阿克波索语
Albanian	阿尔巴尼亚语;阿尔巴尼亚语族
Alemannic	阿勒曼尼语
Aleut	阿留申语
Algonkian	阿尔冈昆语系
Algonquian	阿尔冈昆语系
Algonquin	阿尔贡金语
Alsea	艾尔锡语
Altai	阿尔泰语
Altaic	阿尔泰语系
Alur	阿卢尔语
Alutiiq	阿鲁提伊克语
Amdo Tibetan	安多方言;安多藏语
American Indian languages	美洲印第安语
Amerind	美洲印第安语系
Amerindian	美洲印第安语
Amharic	阿姆哈拉语
Ami	阿美语
Amina	阿米纳语
Amis	阿眉斯语
Anatolian	安纳托利亚语,小亚细亚诸语言
Andalusian	安达卢西亚语
Andamanese	安达曼语
Andean	安地语族,安第斯山语族;安德里亚语
Andi	安迪语
Anglian	盎格鲁语
Anglic	盎格鲁语
Anglo-French	盎格鲁法语
Anglo-Frisian	盎格鲁弗里西亚语支
Anglo-Indian	英印语
Anglo-Norman	盎格鲁诺曼语
Anglo-Saxon	盎格鲁撒克逊语
Annamese	安南语
Annamese-Muong	安南—芒语族
Apabhramsa	阿帕布罗萨语
Apache(an)	阿帕切语
Apache-Navaho	阿帕切—纳瓦霍语支
Apache-Navajo	阿帕切—纳瓦霍语支
Aquitanian	阿基坦语
Arabic	阿拉伯语
Aragonese	阿拉贡语
Arakan-Burmese	阿拉干—缅甸语支
Arakanese	阿拉干语
Aramaean	阿拉米语
Aramaic	阿拉米语
Arapaho	阿拉帕霍语
Araucan	阿洛柯语族
Araucanian	阿洛柯语
Arawakan	阿洛柯语系
Archi	阿奇语
Argobba	阿戈巴语
Armenian	亚美尼亚语
Armoric	阿莫里卡语
Armorican	阿莫里卡语
Aryan languages	阿利安诸语言
Aryan languages	雅利安诸语言
Aryan Languages	亚利安诸语言
Asante	阿散蒂语
Asaro	阿萨洛语;达诺语
Ashante	阿散蒂语
Ashanti	阿散蒂语
Ashi	阿细彝语
Ashkharhabar	阿希克萨哈巴语
Ashksarhik	阿希克萨里克语
Ashuwa	阿舒瓦语
Asianic	亚细亚古语
Asiatic languages	亚洲语言
Assamese	阿萨姆语
Assyrian	亚述语
Assyro-Babylonian	亚述巴比伦语
Asturian	阿斯图里亚语
Asturian-Leonese	阿斯图里亚语
Astur-Leonese	阿斯图里亚语
Athabascan	阿萨巴斯卡语;阿萨巴斯卡语系

Athabaskan	阿萨巴斯卡语；阿萨巴斯卡语系	Batak	巴塔克语
Athapascan	阿萨巴斯卡语；阿萨巴斯卡语系	Bats	巴茨语
		Bavarian language	巴伐利亚语
Athapaskan	阿萨巴斯卡语系	Bazaar Malay	市场马来语
Atlantic languages	大西洋语族	Be-Kam-Tai	壮侗语族
Attic Greek	雅典城邦希腊语	Belauan	帕劳语
Australian	澳大利亚语系	Belorussian	白俄罗斯语
Australian languages	澳大利亚诸语言	Bemba	本巴语
Austric	澳语系，澳斯特里克语系	Bengali	孟加拉语
Austro-Asiatic	南亚语系，澳斯特罗—亚细亚语系	Benue-Congo	贝努—刚果语族
		Berber	柏柏尔语族
		Betawi	巴达维马来语
Austroasiatic languages	南亚语系诸语言	Betawi Malay	巴达维马来语
Austro-Bavarian	奥地利—巴伐利亚语	Bezhta	伯支达语
Austronesian	澳斯特罗尼西亚语系	Bhagoria	帕固里雅语
Austronesian	南岛语系	Bhil	比利语
Austro-Tai	澳台语系	Bhilbari	比利巴利语
Austro-Thai	南岛—泰语	Bhilboli	比利波利语
Avar	阿瓦尔语	Bhili	比利语
Avaro	阿瓦罗语	Bhilla	比利拉语
Avaro-Andi	阿瓦罗—安迪语支	Bhojpuri	波基普里语
Avestan	亚维斯达语	Bhoti	菩提亚语
Aymara	艾马拉语	Bhotian	普提亚语
Azande	阿赞德语	Bhutanese	不丹语
Azari	阿扎利亚语	Bhutia	普提亚语
Azerbaijani	阿塞拜疆语	Biblical Aramaic	圣经阿拉米语
Azerbaijani Turkic	阿塞拜疆突厥语	Bicol	比科尔语
Azerbaydzhani	阿塞拜疆语	Bihari	比哈尔语
Azeri Turkic	阿塞里突厥语	Bikol	比科尔语
Aztecan	阿兹特克语族	Bilin	比林语
Azteco-Tanoan	阿兹特克—塔诺语族	Bisa	比撒语
		Bisayan	比萨扬语
		Bisayan	米沙鄢语
B		Bislama	比斯拉马语
Babine-Witsuwit'en	巴宾—维祖维特恩语	Bissa	比撒语
Babylonian Judaea Aramaic	巴比伦尤地亚—阿拉米语	Bithynian	俾斯尼亚语
		Black English	黑人英语
Bado-Naga-Kachin	博多—那迦—克钦语支	Black English Vernacular（BEV）	黑人英语
Bahasa Malaysia	马来西亚语		
Bahasa-Indonesia	印度尼西亚语	Black Vernacular	黑人英语
Baiap	百阿普语	Black Vernacular English（BVE）	黑人英语
Balinese	巴厘语		
Balkan languages	巴尔干半岛诸语言	Blackfoot	布莱克福特语
Balkar	巴尔卡尔语	Blackfoot	黑脚语
Balochic	俾路支语	Bobangi	博班吉语
Balti	巴尔蒂语	Bodish languages	博德语群，藏语群
Baltic	波罗的语族	Bodo	博多语
Balto-Slavic	波罗的—斯拉夫亚语族	Bodo-Garo languages	博多—噶罗语支
Baluchi	卑路支语	Bokmål	书面挪威语，挪威布克莫尔语，巴克摩挪威语，博克马尔语
Bambala	班巴拉语		
Bamoum	巴姆穆语		
Bamoun	巴姆穆语	Bontoc	邦都语
Bamum	巴姆穆语	Bontok	邦都语
Banda	班达语	Bopal	波佩尔语
Bangui	班吉语	Bosnian	波斯尼亚语
Bantu	班图语支	Brahui	布拉灰语
Bara	巴拉语	Brandenburgisch	勃兰登堡方言
Baraba	巴拉巴语	Brazilian Portuguese	巴西葡萄牙语
Barawa	巴拉瓦语	Breton	布列塔尼语
Bari	巴厘语	Brittonic	布立吞语支
Barma	巴尔马语	Brythonic	布立吞语支
Basa	巴萨语	Bubi	布比语
Basaá	巴萨语	Budukh	布杜赫语
Bashkir	巴什基尔语	Bugi	布吉语
Basque	巴斯克语	Buginese	布吉语
Bassa	巴萨语	Bugis	布吉语

Bukusu	布库苏语	Cymraeg	威尔士语
Bulgarian	保加利亚语	Czech	捷克语
Burgundian	勃艮第语		
Burmese	缅甸语	**D**	
Burmese-Lolo;	缅彝语支		
Burmese-Yipho	缅彝语支	Daadiya	达迪亚语
Buro	布洛语	Daasanach	达阿萨尼志语
Buru	布鲁语	Daasanech	达阿萨尼志语
Burushaki	布鲁沙斯克语	Daba	达巴语
Buryat	布里亚特语	Dabarre	达巴勒语
Bush-Negro English	布须黑人英语	Dabba	达巴语
Byelorussian	白俄罗斯语	Dadia	达迪亚语
		Dadibi	达迪比语
C		Dadiya	达迪亚语
		Dadjo	达尔达玖达侏语
Cacche'	凯克奇语	Dadju	达尔达玖达侏语
Cakchiquel	喀克其奎语	Daga	达迦语
Cakchiquiel	喀克其奎语	Dagaare	达迦阿热语
Cambodian	柬埔寨语	Dagaari	达戈阿尔语
Canaanite	迦南语支	Dagara	达迦拉语
Canarian Spanish	加那利西班牙语	Dagari	达迦尔语
Carib	加勒比语	Dagati	达迦提语
Cashmeeree	克什米尔语	Dagba	达戈巴语
Cashmiri	克什米尔语	Dagbamba	达戈班巴语
Castilian	卡斯蒂利亚语	Dagbane	达戈巴尼语
Castilian Spanish	卡斯蒂利亚西班牙语	Dagbani	达戈巴尼语
Català	加泰隆语	Dagestani	达吉斯坦语
Catalan	加泰隆语	Dagig	达吉克语
Catalonian	加泰隆语,加泰罗尼亚语	Dagik	达吉克语
Caucasian	高加索语群	Dagomba	达共巴语
Cayuga	卡尤加语	Daguor	达斡尔语
Celtic	凯尔特语族	Dagur	达斡尔语
Central Grand Valley Dani	中大河谷达尼语	Dahalo	达哈鲁语
		Daho-Doo	达忽嘟语
Central Tibetan	中部藏语	Dai	代语,玳语
Chagatai	察合台语	Daic	台—卡岱语
Chaldean	迦勒底语	Daier	玳尔语
Chaldean Neo-Aramaic	迦勒底现代阿拉米语	Dair	玳尔语
Chari-Nile	尼罗—撒哈拉语系	Daiso	达伊索语
Chechen	车臣语	Daisu	达伊索语
Cherokee	切罗基语	Dajou	达尔达玖达侏语
Cheyenne	夏延语,切延内语	Daju	达尔达玖达侏语
Chiarong	嘉绒语	Daju Ferne	达尔伏尔达侏语
Chilean Spanish	智利西班牙语	Daju Mongo	达尔达玖达侏语
Chinese	汉语	Dakaka	达卡卡语
Chinese languages	汉语族	Dakka	达卡语
Chinese Malay	华人马来语	Dakota	达科他语
Chingpo	景颇语	Dakpakha	达克帕克哈语
Chinook	奇努克语	Dalecarlian	达勒卡里亚语
Chinook jargon	奇努克混合语	Dalmaal	达尔马尔语
Choctaw	乔克托语	Dalmacija	达尔马提亚语
Chukchee	楚科奇语	Dalong	达龙语
Chukchi	楚科奇语	Dalska	达尔斯加语
Church Slavonic	教会斯拉夫语	Damal	达玛勒语
Chutiya	楚梯亚语	Dambi	丹比语
Chuvash	楚瓦什语	Damedi	达摩迪语
Classical Latin	古典拉丁语	Damel	达摩尔语
Congo	刚果语	Dameli	达摩里语
Coptic	科普特语	Damia	达米阿语
Cornish	康沃尔语	Dampal	丹帕尔语
Corsican	科西嘉语	Dampelas	丹佩勒斯语
Cree	克里语	Dampelasa	丹佩勒拉撒语
Cretan Greek	克里特希腊语	Dan	丹语
Croatian	克罗地亚语	Danaru	达纳鲁语
Curnoack	康沃尔语	Danau	达瑙语
Cushite	库施特语族	Danaw	达瑙语

Dandawa	丹达瓦语	Defaka	德法卡语
Dangaléat	当加雷阿语	Deg	代戈语
Dangi	丹奇语	Deg Hitan	德哥辛顿语
Dangla	当加雷阿语	Deg Xit'an	德哥辛顿语
Dangme	丹戈玛语	Degaru	代戈如语
Dangri	丹戈里语	Degati	德迦提语
Dangu	丹古语	Degema	代盖马语
Dani	丹尼语	Degenan	德格南语
Daní Barat	西部达尼语	Degexit'an	德哥辛顿语
Dänisch	丹麦语	Degha	代戈哈语
Danish	丹麦语	Deghwari	德瓦里语
Dano	达诺语	Dehu	迪福语
Dansk	丹麦语	Dehwari	德瓦里语
Danuwar	丹瓦尔语	Dei	德万语
Danuwar Rai	丹瓦尔语	Dek	德克语
Dao	达奥语	Dela-Oenale	德拉—欧纳勒语
Daonda	达奥达语	Delo	德罗语
Dar Daju Daju	达尔达玖达侏语	Dem	代姆语
Dar Fur Dagu	达尔伏尔达侏语	Dema	代玛语
Dar Sila Daju	达尔西拉达侏语	Demisa	德米瑟语
Darai	达雷语	Demta	德姆塔语
Darang	登达让语	Dendi	登迪语
Darang Deng	登达让语	Dene	德内语族
Darang Dengyu	登达让语	Dengebu	登戈布语
Dardic languages	达尔德语	Dengese	登吉斯语
Dargi	达尔基语	Dengka	登咔语
Dargin	达尔金语	Dení	丹尼语
Dargintsy	达尔金斯基语	Denjongka	登琼卡语
Dargwa	达尔格瓦语	Deno	丹诺语
Dari	达利语	Denwar	丹瓦尔语
Dari Persian	达利波斯语	Denya	登亚语
Daribi	达利比语	Deori	迪奥里语
Darimiya	达尔米亚语	Dera	德拉语（尼日利亚）；德拉语（印度尼西亚）
Darkhat	达尔哈特语		
Darlong	达龙语	Desâna	德萨纳语
Darmani	达尔曼尼语	Desâna	德萨纳语
Darmiya	达尔米亚语	Desano	德萨诺语
Daro-Matu	达劳玛图语	Dessano	德萨诺语
Darwazi	达瓦兹语	De'u	迪福语
Dasa	达萨语	Dewoi	德万语
Dasenech	达阿萨尼志语	Dewoin	德万语
Dass	达司语	Dey	德万语
Dathanaic	达阿萨尼志语	Dezfuli	迪兹富里语
Dathanaik	达阿萨尼志语	Dezhfili	迪兹富里语
Dathanik	达阿萨尼志语	Dghwede	德瓦的语
Datog	达图格语	Dha'i	玳伊语
Datooga	达图嘎语	Dhaiso	达伊索语
Daur	达斡尔语	Dhalandji	德哈兰迪吉语
Davaoeño	达瓦文由语	Dhangu	德哈古语
Davaweño	达瓦文由语	Dhangu'mi	德哈古语
Davawenyo	达瓦文由语	Dhanka	丹卡语
Davelor	达韦洛尔语	Dhanki	丹奇语
Dâw	达瓦语	Dhanvar	丹瓦尔语
Dawana	达瓦纳语	Dhanwar	丹瓦尔语
Dawar	达斡尔语	Dhati	达特奇语
Dawawa	达瓦瓦语	Dhatki	达特奇语
Dawera-Daweloor	达韦拉—达韦洛尔语	Dhay'yi	玳伊语
Dawo'er	达斡尔语	Dhekaru	代戈如语
Day	代语	Dhimal	提马尔语
Dayi	玳伊语	Dhodia	多迪亚语
Daza	达萨语	Dhundari	丹达利语
Dazaga	达萨嘎语	Dhundari-Marwari	丹达利马尔瓦里语
Dazza	达萨语	Dhuwal	杜瓦勒语
De	德万语	Dia	迪亚语
Deccan	迪坎语	Dibiasu	迪比亚索语
Dedua	迪德瓦语	Dibiyaso	迪比亚索语

Dibo	迪波语	East Romance	东罗曼语支
Dibole	迪波勒语	East Semitic	东部闪米特语支
Didinga	迪丁嘎语	East Tokharian	东吐火罗语
'Di'dinga	迪丁嘎语	East(ern) Slavic	东部斯拉夫语支
Dido	迪多语	Eastern Algonquian	东阿尔冈昆语族
Didoi	迪多语	Eastern Sudanic	东苏丹语族
Dieri	迪尔瑞语	Eblaite	埃博拉语
Digaro-Mishmi	迪加洛—米氏米语	Eblan	埃博拉语
Digo	迪克语	Effik	埃菲克语
Dii	迪伊语	Efik	埃菲克语
Dijim-Bwilim	迪吉姆布韦林姆语	Egyptian	埃及语
Dilling	迪林语	Egyptian Arabic	埃及阿拉伯语
Dima	迪玛语（巴布亚新几内亚）；迪玛语（埃塞俄比亚）	Elamite	埃兰语，埃拉米特语
		Elfdalian	厄尔夫达廉语
Dimasa	迪马沙语	Ellice	埃利斯语
Dimbong	丁玻语	Ellicean	埃利斯语
Dime	迪姆语	Elu	厄鲁语
Dimili	迪姆里语	Emilian	艾米利亚语
Dimir	迪米尔语	English	英语
Dimli	迪姆里语	European Portuguese	欧洲葡萄牙语
Dimuga	迪姆迦语	European Spanish	欧洲西班牙语
Din	丁语		
Ding	丁语	**F**	
Dinka	丁卡语		
Diodio	迪奥迪奥语	Fäeag Rotuma	罗图马语
Diraasha	迪拉沙浴	Faeroese	法罗语
Dirasha	迪拉沙浴	faliscan	法立斯肯语
Diri	迪里语	Fanagalo	法那加洛语
Diriko	迪里库语	Fanakalo	法纳戈洛语
Diriku	迪里库语	Fanti	芳蒂语；方提方言
Dirim	迪里姆语	Faroese	法罗语
Dirin	迪里姆语	Farsi	法尔西语，现代波斯语
Diriya	迪里亚语	Fi	斐语
Dirrim	迪里姆语	Fijian	斐济语
Dirya	迪里亚语	Fininga	芬宁噶语
Disa	迪沙语	Finnish	芬兰语
Ditamari	迪塔玛里语	Finnish languages	芬兰语支
Ditammari	迪塔玛里语	Finnish-Lapponic	芬兰—拉普语族
Diula	迪乌拉语	Finno-Ugrian	芬诺—乌戈尔语族
Diuwe	迪由韦语	Finno-Ugric	芬兰—乌戈尔语族
Dixon Reef	利夫迪克森语	Flemish language	佛兰芒语，佛拉芒语，弗拉芒语
Diyari	迪亚里语	Fon	丰语
Dizfuli	迪兹富里语	Forest Nenets	森林涅涅茨语
Dog-Aramaic	失纯阿拉米语	Formosan	台湾原住民语族，福摩萨语族
Dogon	多贡语	Fox	福克斯语
Dogra	多格拉语	Francian	佛兰西语
Dogri	多格里语	Francien	佛兰西语
Dongxiang	东乡语	Franco-Provencal	法兰科—普罗旺斯语
Doria	多利阿语	Franco-Venetian	法兰科—威尼斯语
Dravidian	达罗毗荼语	French	法语
Dravidian family	达罗毗荼语系，德拉维达语系	Frisian	弗里西亚语
		Friulian	弗留利语
Drenjongke	德伦琼科语	Fula	富拉语
Duala	杜亚拉语	Fulani	富拉语
Dualla	杜亚拉语		
Dutch	荷兰语	**G**	
Dyirbal	迪尔巴尔语		
Dyoula	迪乌拉语	Gaelic	盖尔语
Dyula	迪乌拉语	Galatian	加拉提亚语
Dzongkha	宗喀语，宗卡语	Galatian	迦拉太语
		Galician	加里西亚语
E		Galla	盖拉语
		Gallo-Romance	高卢罗曼语
East Circassian	东切尔克斯语	Garo	噶罗语
East Damar	东部达玛尔语	Gaulish	高卢语
East Germanic	东日耳曼语支	Gciriku	迪里库语
		Gē	吉语族

1561

Gean	吉语族	Iberian	伊比利亚语
Ge'ez	埃塞俄比亚语,吉兹语,兹语	Iberian Spanish	伊比利亚西班牙语
Georgian	格鲁吉亚语	Ibero-Basque	伊比利亚—巴斯克语系
German	德语	Ibero-Romance	伊比利亚—罗曼语
Germanic	日耳曼语族	Ibo	伊博语
Gikuyu	吉库尤语	Icelandic	冰岛语
Gooniyandi	古尼彦迪语	Ido	伊多语
Goran	戈兰语	Igbo	伊格柏语
Gorani	格兰尼语	Ijo	伊乔语
Gothic	哥特语	Ijoid	艾角语族
Greek	希腊语	Ikinyarwanda	卢旺达语
Guarani	瓜拉尼语	Ilaga Western Dani	西部达尼语
Guguyimidjir	库库—吉米提尔语	Illinois	伊利诺伊语
Gulf Languages	海湾语族	Illocano	伊洛干诺语
Gulla	古拉语	Illyrian	伊利里亚语
Gur	古尔语(系)	Indian languages	印度诸语言
Gusii	基西语	Indic	印度—雅利安支
Guugu Yimidhirr	库库—吉米提尔语	Indo-Aryan	印度—雅利安支
Guugu Yimithirr	库库—吉米提尔语	Indo-European	印欧语系
Guzii	基西语	Indo-Germanic	印欧语系,印度—日耳曼语系
Gyarong	嘉绒语	Indo-Iranian	印度—伊朗语族
Gyarung	嘉绒语	Indonesian	印度尼西亚语
Gypsy	吉卜赛语	Ingrian	英格列语
		Ingush	印古什语
		Inuit	因纽特语

H

		Ionian	爱奥尼亚语
Hakha Chin	哈卡钦语	Iranian	伊朗语支
Hakha Lai	哈卡莱语	Iranic	伊朗语支
Hakka	客家语	Irano-Aryan	伊朗—雅利安语支
Halkomelem	哈尔魁梅林语	Irish	爱尔兰语
Hanty	汉特语	Iroquoian	易洛魁语系
Hausa	豪萨语	Iroquois	易洛魁语
Hawaiian	夏威夷语	Irtysh	额尔齐斯语
Hawrami	哈拉米语	Isaurian	埃索里亚语
Hebrew	希伯来语	Istro-Romanian	伊斯特里亚—罗马尼亚语
Hejazi Arabic	汉志阿拉伯语	Italian	意大利语
Hellenic	古希腊语	Italic group	意大利语族
Herero	郝雷罗语	Italkian	犹太—意大利语
Hernician	赫尔尼西亚语	Iuruna	朱如纳语
Hessian	黑森语	Ivrit	埃弗利特语
High German	高地德语	Iyaka	亚卡语
High German languages	高地日耳曼诸语言		
High Germanic	高地日耳曼诸语言		
Himalayish	喜马拉雅语支		
Hindi	印地语		

J

Hindi-Urdu	印地—乌尔都语	Jagatai	查加泰语
Hindustani	印度斯坦语	Jah Hut	贾胡特语
Hiri Motu	希里莫图语	Jalonke	雅伦卡语
Hispanic American Spanish	拉美西班牙语	Jamaican Creole English	牙买加克里奥尔语
		Janela	嘉涅拉语
Hittite	赫梯语	Japanese	日语
Hixkaryana	希卡利亚纳语	Jarai	嘉莱语
Hmong-Mien languages	赫蒙—棉语族	Jarong	嘉绒语
Hochdeutsch	高地日耳曼诸语言	Jaruna	朱如纳语
Hopi	霍皮语,河皮语	Javanese	爪哇语
Horami	哈拉米语	Jê	吉语族
Hozi	霍齐语	Jean	吉语族
Hsi-Hsia	西夏语	Jewish	犹太语
Hungarian	匈牙利语	Jewish Tat	犹太—塔吉克语
Huo Nte	畲语	Jew-Tongo	布须黑人英语
Hupa	湖帕语	Jiamao	加茂语
Huron	休伦语	Jiarong	嘉绒语
Hurrian	胡利安语	Jiba	吉巴语
		Jibanci	吉布语

I

		Jibawa	吉布语
		Jibe	吉巴语
Iaca	亚卡语	Jibi	吉巴语

Jibu	吉布语	Karelian	卡累利阿语
Jiddu	吉杜语	Karen languages	克伦语支
Jiiddu	吉杜语	Kariela	卡累利阿语
Jilbe	吉尔布语	Karimui	卡里穆伊语
Jilim	吉林木语	Karitiana	卡里迪安纳语
Jimi	吉米语	Kartvelian	卡特维尔语族
Jina	吉纳语	Kaschemiri	克什米尔语
Jingpo	景颇语	Kashmiri	克什米尔语
Jingpo-Nungish-Luish	景颇—怒—卢伊语支	Katharevousa	现代希腊语
Jinuo Buyuan	补远基诺语	Katharevusa	现代希腊语
Jirel	吉热尔语	Kazak	哈萨克语
Jirial	吉热尔语	Kazakh	哈萨克语
Jiru	吉鲁语	Kekchi	凯克奇语
Jita	吉塔语	Keres	凯雷斯语
Jju	吉由语	Kernewek	康沃尔语
Joba	乔巴语	Kernowek	康沃尔语
Jola-Fonyi	乔拉—方尼语	Keshur	克什米尔语
Jola-Kasa	乔拉—卡萨语	Ket	羯语
Jonkor Bourmataguil	乔克波尔玛塔基勒语	Ketchi	凯克奇语
Jóola-Kasa	乔拉—卡萨语	Khams Tibetan	康巴方言,康巴藏语
Jorto	角陀语	Khanti	汉特语
Jowulu	角乌鲁语	Khanty	汉特语
Ju	朱语	Khmer	高棉语
Juǀ'hoan	朱訇语	Khoisan	科伊桑语系
Juang	朱昂语	K'iche'	基切语
Juango	朱昂语	K'ichee'	基切语
Judeo-Berber	犹太—柏柏尔语	Kidhaiso	达伊索语
Judeo-Crimean Tatar	犹太—克里米亚鞑靼语	Kikongo	基刚果语
Judeo-Crimean Turkish	犹太—克里米亚鞑靼语	Kikuyu	吉库尤语
Judeo-Georgian	犹太—格鲁吉亚语	Kinyarwanda	卢旺达语
Judeo-German	犹太德语	Kiowa-Tanoan	基奥瓦—塔诺安语族
Judeo-Italian	犹太—意大利语	Kirghiz	吉尔吉斯语
Judeo-Tat	犹太—塔吉克语	Kirgiz	吉尔吉斯语;柯尔克孜语
Judeo-Tatic	犹太—塔吉克语	Kirundi	基隆迪语
Jukun Takum	朱孔塔肯木语	Kisii	基西语
Júma	朱玛	Kiswahili	基—斯瓦希里语
Jumeli	朱姆利语	Koine	古希腊共通语
Jumjum	贾姆贾姆语	Komi	科米语
Jumla	朱姆利语	Komi-Permyak	科米彼尔米亚克语
Jumli	朱姆利语	Komi-Zyrian	科米兹梁语
Jur Modo	朱勒摩多语	Kongo	刚果语
Juray	朱芮语	Konkani	孔卡尼语
Jurúna	朱如纳语	Kordofanian	科尔多凡语族
Jutish	朱特语	Korean	朝鲜语,韩语,韩国语
Jutlandish	朱特语	Kradai	台—卡岱语
Juwal	朱瓦勒语	Kra-Dai	台—卡岱语
Jwira-Pepesa	吉韦拉—派佩沙语	Krimchak	犹太—克里米亚鞑靼语
Jyarung	嘉绒语	Kuchean	龟兹语
		Kurdish	库尔德语
K		Kwa	克瓦语族
		Kymric	威尔士语
Kabardian	卡巴尔达语	Kyrgyz	吉尔吉斯语
Kabiye	肯伊语		
Kabye	肯伊语	**L**	
Kachin	景颇语		
Kadai	台—卡岱语	Ladakhi	拉达克语
Kalenjin	卡伦津语	Ladin	拉汀语
Kamā	达瓦语	La-dwags skad	拉达克语
Kamā Makú	达瓦语	Lakota Dida	拉科塔迪纳达语
Kamarupan	迦摩缕波语支	Land Dayak	陆地达雅克语
Kam-Tai	壮侗语族,侗台语族,黔台语族	Latin	拉丁语
Kanarese	坎那达语,卡纳达语	Latin group	拉丁语族
Kannada	坎那达语	Latvian	拉脱维亚语
Kapucha	卡普齐语	Lem	代姆语
Kaqchikel	喀克其奎语	Leti	勒蒂语
Kaqchiquel	喀克其奎语	Lettish	莱蒂语

Lithuanian	立陶宛语
Lolo-Burmese-Naxi	彝缅—纳西语支
Loodiya	卢迪亚语
Lower Grand Valley Dani	下大河谷达尼语
Lubukusu	布库苏语
Lusitanian Portuguese	卢西塔尼亚葡萄牙语
Luunda	隆达语

M

Macedonian	马其顿语
Magadhi	摩揭陀语
Magahi	摩揭陀语
Magyar	马扎尔语
Maithili	迈蒂利语
Malagasy	马尔加什语
Malay	马来语
Malayo-Polynesian	马来—波利尼西亚语族
Malaysian	马来西亚语
Mandé languages	曼德语族,曼迪语族,曼丁语族
Maniwo	曼尼沃语
Manks	马恩岛语
Manx	马恩岛语
Manx Gaelic	马恩岛语
Maori	毛利语
Mapudungun	马普切语
Marvari	马尔瓦里语
Marwadi	马尔瓦里语
Marwari	马尔瓦里语
Masakin	马萨金语
Masakin Dagig	马萨金达吉克语
Mayan	玛雅语族
Mazahua	马萨瓦语
Meglen Vlachs	蒙格里诺—罗马尼亚语
Megleno-Romanian	蒙格里诺—罗马尼亚语
Megleno-Rumanian	蒙格里诺—罗马尼亚语
Merina	梅里纳语
Meroitic	麦罗埃语
Meso-American	中美洲语言
Miao-Yao	苗瑶语族
Mid Grand Valley Dani	中大河谷达尼语
Misuluan	米苏马尔盘语族
Misumalpa	米苏马尔盘语族
Misumalpan	米苏马尔盘语族
Miwok-Costanoan	米沃克—科斯塔诺支
Mixe	米塞语
Mixe-Zoque	米塞—佐基语系
Mixtecan languages	米斯特克语支
Mocheno	摩西诺语
Modern Egyptian	埃及阿拉伯语；现代埃及语
Moglenite Vlach	蒙格里诺—罗马尼亚语
Mohave	摩哈维语
Mohawk	莫霍克语
Mojave	摩哈维语
Molala	莫拉勒语
Molale	莫拉勒语
Molalla	莫拉勒语
Mon	孟语
Mon-Khmer	孟—高棉语族
Motu	莫图语
Munda	扪达语族,蒙达语族

N

Na	那语
Naaba	那阿巴语
Naapa	那阿巴语
Naapaa	那阿巴语
Naasioi	那西奥语
Naba	那巴语
Nabak	那巴克语
Na-Dené	纳—达内语系；纳—得内语系,纳—德内语系
Nadot'en-Wets'uwet'en	巴宾—维祖维特恩语
Naga	纳加语
Naga-Kuki	纳加—库基语
Nahuatl	纳瓦特尔语
Naiki	奈基语
Nakho-Dagestanian	纳克—达吉斯坦语族
Nam	纳姆语
Nama	纳马语
Nara	那拉语
Narrinyeri	纳里涅里语
Na-shi	纳西语
Nasioi	那西奥语
Nauna	纳乌纳语
Naune	纳乌纳语
Nauruan	瑙鲁语
Navaho	纳瓦霍语,纳瓦荷语
Navajo	纳瓦霍语
Ndaaka	恩鲲卡语
Ndaka	恩鲲卡语
Ndali	恩大利语
Ndao	纳道语
Ndem	代姆语
Ndengese	登吉斯语
Ndolo	恩多洛语
Ndoolo	恩多洛语
Negro-English	尼哥罗英语
Neko	呐口语
Nenets	涅涅茨语
Neo-Egyptian	新埃及语
Nepali	尼泊尔语
Ne-su	尼苏语
New Akkadian	新阿卡得语
New Guinea	新几内亚语
Nez Perce	内兹佩尔塞语
Ngala	恩呷拉语
Nguni	恩古尼语支
Nhemba	尼额姆巴语
Nhengo	尼恩勾语
Nias	尼阿斯语
Niger-Congo	尼日尔—刚果语系
Niger-Kordofanian family	尼日尔—科尔多凡语系
Nilo-Saharan	尼罗—撒哈拉语系
Nilo-Saharan family	尼罗—撒哈拉语系
Niuean	纽埃语
Nivkh	尼夫赫语,吉利亚克语
Nkari	恩卡瑞语
Nkole	恩科勒语
Nkore	恩科勒语
Nobiin	诺彬语
Norsk	挪威语
North Arabic	北阿拉伯语
North Sámi	北方萨米语
North-East Caucasian	东北高加索语族
Northeastern Dinka	东北部丁卡语
Northern Lunda	隆达语
Northern Paiute	北部派尤特语
North-West Caucasian	西北高加索语族

Northwestern Dinka	西北部丁卡语	Ostyak	奥斯恰克语
Norwegian	挪威语	Oto-Mangue	奥托—曼克语族
Novial	诺维亚语,诺维阿尔语	Ovdalian	奥夫达廉语
N'sakara	尼赞卡拉语		
Nu	怒语	**P**	
Nubian	努比亚语		
Nyamwesi	尼扬韦齐语,尼亚姆韦西语	Paiute	派尤特语
Nyamwezi	尼扬韦齐语	Paiwan	排湾语
Nyanja	尼扬贾语,尼昂加语	Palauan	帕劳语
Nyankole	尼扬科勒语	Paleo-Siberian	古西伯利亚语系;古亚细亚诸语言,极北诸语言,西伯利亚诸语言
Nyankore	尼扬科勒语		
Nyaturu	尼阿图茹语,尼亚图鲁语		
Nyaw	尼阿斡语	Pali	巴利语
Nyawaygi	尼阿呙基语	Pama-Nyungan	帕马—恩永甘语族
Nyemba	尼额姆巴语	Pangcah	邦查语
Nyeng	尼鞥语	Panjabi	旁遮普语
Nyengo	尼恩勾语	Panoan	帕诺亚语支
Nyenkha	尼恩可哈语	Papago-Pima	帕帕戈皮马语
Nyeu	尼优语	Papuan	巴布亚语系
Nyigina	尼伊给那语	Pashto	普什图语
Nyiha	尼伊哈语	Peninsular Spanish	半岛西班牙语
Nyindrou	尼因德茹语	Pennsylvania Dutch	宾夕法尼亚德语
Nyindu	尼因度语	Pennsylvania Dutch	宾夕法尼亚荷兰语
Nyole	尼欧语	Penutian	佩努蒂亚语族
Nyong	尼永语	Persian	波斯语
Nyore	尼奥语	Phoenician	腓尼基语
Nyoro	尼奥罗语	Phuthi	普西语
Nyule	尼欧语	Piraha	皮拉罕语
Nyulnyul	尼屋尼屋语	Police Motu	警察莫图语
Nyunga	尼昂噶语	Polish	波兰语
Nyungar	尼昂噶语	Polynesian	波利尼西亚语族
Nyungwe	尼温格卫语	Portuguese	葡萄牙语
Nzakambay	尼赞卡姆拜语	Provençal	普罗旺斯语
Nzakara	尼赞卡拉语	Pure Motu	普利莫图语
Nzakmbay	尼赞卡姆拜语		
Nzanyi	尼赞伊语	**Q**	
Nzema	涅兹玛语		
		Qabardi	卡巴尔迪语
O		Qaputsi	卡普齐语
		Q'eqchi'	凯克奇语
		Qiang	羌语
Ob-Ugrian	奥布—乌戈尔语支	Qiangic	羌语支
Occitan	奥克西唐语	Quechua	克丘亚语
Oceanic languages	大洋洲语言	Quiché	基切语
Ojibwa	奥吉布瓦语		
Ojibway	奥吉布维语	**R**	
Old Akkadian	古阿卡得语		
Old Belarusian	鲁塞尼亚语	Raetian	里细亚语
Old Church Slavonic	古教会斯拉夫语	Raetic	瑞提克语
Old Dutch	古荷兰语	Ragusan	拉古萨语
Old English	古英语	Rajasthani	拉贾斯坦语
Old Low Franconian	古低弗兰科尼亚语	Rajbangsi	拉贾邦士语
Old Norse	古诺尔斯语	Rajbanshi	拉贾邦士语
Old Scandinavian	古斯堪的纳维亚语	Rajbansi	拉贾邦士语
Old Tibetan	中古藏语	Rajbongshi	拉贾邦士语
Old Ukrainian	鲁塞尼亚语	Rankel	兰克尔语
Oneida	奥内达语	Rarotongan	拉罗通加语
Onge	昂格语	Rathawi	拉萨维语
Onondaga	奥农达伽语	Ratokas	拉托卡斯语
O'odham	奥哈姆语	Rawas	拉瓦斯语
Oriya	奥里亚语	Redjang	瑞疆语
Oromo	奥罗莫语	Reikha	达吉克语
Orunyankole	欧伦扬科勒语	Rejang	瑞疆语
Orunyankore	欧伦扬科勒语	Reunionnais	留尼旺语
Orunyarwanda	卢旺达语	Rhaetic	瑞提克语
Oscan	奥斯坎语	Rhaeto-Romance	莱托—罗曼什语,雷蒂亚—罗曼语,瑞提克—罗曼语
Osco-Umbrian	奥斯坎—翁布里亚语支		

Rhaeto-Romanic	瑞提克—罗曼语	She	畲语
Rheto-Romance	列支罗曼语	Sherpa	夏尔巴语
Riksmaal	里克斯莫尔语	Shilluk	希卢克语
Riksmål	里克斯莫尔语	Shina	希纳语
Ritwan	里特万语	Shona	修纳语
Rodriguan Creole	罗德里格斯克里奥尔语	Shonga	尚加语
Romance	罗曼语支	Shongawa	尚加语
Romanche	拉丁罗曼语,罗曼列支语	Shoshenean	肖肖尼语,休休尼语,梭梭尼语
Romani	罗马尼语		
Romanian	罗马尼亚语	Siamese	暹罗语,泰语,泰国语
Romansch	罗曼什语	Sicel	西塞尔语
Romany	罗姆语	Sicilian	西西里语
Ron	罗恩语	Sidaminya	锡达莫语
Ronga	龙加语	Sidamo	锡达莫语
Rotuman	罗图马语	Sikkimese	锡金语
Rotunan	罗图马语	Sikkimese Tibetan	锡金藏语
Roumanian	罗马尼亚语	Sila	达尔西拉达侏语
Ruanda	卢旺达语	Simhala	僧伽罗语
Rufiji	卢斐济语	Sina	希纳语
Ruli	卢力语	Sindhi	信德语,辛德语
Rumanian	罗马尼亚语	Singapore English	新加坡英语
Rundi	隆迪语	Sinhala	僧伽罗语
Runyankole	如恩扬科勒语	Sinhalese	僧伽罗语
Runyankore	如恩扬科勒语	Sinitic	汉语族
Russenorsk	罗森诺斯克语	Sino-Tibetan	汉藏语系
Russian	俄语	Sirmauri	斯尔毛语
Rusyn	卢森尼亚语	Sirmouri	斯尔毛语
Ruthene	卢森尼亚语	Slave	斯拉维语
Ruthenian	鲁塞尼亚语	Slavey	斯拉维语
Rutuman	罗图马语	Slavi	斯拉维语
Ruund	隆达语	Slavic	斯拉夫语族
Ruweng	西北部丁卡语	Slavonic	斯拉夫语族
Rwanda	卢旺达语	Slovak	斯洛伐克语
Rwanda-Rundi	卢旺达—隆迪语	Slovakian	斯洛伐克语
		Slovene	斯洛文尼亚语

S

		Slovenian	斯洛文尼亚语
Saamaka	萨拉马坎语	Slovenscina	斯洛文尼亚语
Saami	萨米语族	Somali	索马里语
Sabellic	萨贝里克语支	Sorbian	索布语
Sabir	萨比语	Sorbo-Wendic	索布—文德语
Sakha	萨哈语,雅库特语	Sotho	索托语
Salar	撒拉语	South Ambrym	南安布里姆语
Salishan	萨利希语族	South American languages	南美洲语言
Sambaa	桑巴拉语		
Sami	萨米语族	South Arabic	南阿拉伯语支
Sámi	萨米语族	South Asian languages	南亚诸语言
Samoan	萨摩亚语	South Caucasian	南高加索语族
Samoyed;	萨摩耶德语族	South Central Dinka	南中部丁卡语
Samoyedic	萨摩耶德语族	Southern Burun	南部布伦语
Sanskrit	梵语	Southern Dagaare	南部达迦阿热语
Saramaccan	萨拉马坎语	Southern Paiute	南部派尤特语
Saukas	索卡斯语	Southern Turkic	南部土耳其语言
Scots Gaelis	苏格兰盖尔语	Southern West Semitic	南部西闪语言
Scottish Gaelic	苏格兰盖尔语	Southwestern Dinka	西南部丁卡语
Semito-Hamitic	闪含语系	Souto	索托语
Serbian	塞尔维亚语	Spanish	西班牙语
Serbo-Croatian	塞尔维亚—克罗地亚语	Sranan	斯拉南语
Setswana	茨瓦纳语	Sranan Tongo	斯拉南语
Shambala	桑巴拉语	Sranantongo	斯拉南语
Shan	掸语	Standard Tibetan	标准藏语
Shanga	尚加语	Sugpiak	苏格皮埃克语
Shangawa	尚加语	Suk	苏克语
Sharchop	夏丘普语	Sula	达尔西拉达侏语
Shaukas	索卡斯语	Supik	苏皮克语
Shawnee	肖尼语	Suruaha	苏鲁阿哈语
		Suthu	索托语

Suto	索托语	Ukrainian	乌克兰语
Swahili	斯瓦希里语	Ulúa	乌尔瓦语
Swedish	瑞典语	Ulw	乌尔瓦语
Swina	修纳语	Ulwa	乌尔瓦语
Swiss German	瑞士德语	Umbrian	翁布里亚语
Syriac	叙利亚语	Umbondo	翁本杜语
		Umbundu	翁本杜语
T		Upper Asaro	上阿萨洛语
Tabassaran	塔巴萨兰语	Upper Grand Valley Dani	上大河谷达尼语
Tagalog	他加禄语,他加洛语,塔加洛语	Ural-Altaic	乌拉尔—阿尔泰语系
		Uralic	乌拉尔语系
Tagvy	塔格维语	Uralo-Altaic	乌拉尔—阿尔泰语系
Tahitian	塔希提语	Uraltaic	乌拉尔—阿尔泰语系
Tahur	塔胡尔语	Urdu	乌尔都语
Tai	壮傣语支	Urunyaruanda	卢旺达语
Tai-Chinese	汉泰亚系	Uspantec	尤斯潘提克语
Tai-Kadai	壮侗语族;台—卡岱语	Uspanteco	尤斯潘提克语
Taluche	塔卢切语	Uspanteko	尤斯潘提克语
Tamang	达芒语	Uto-Aztecan	乌托—阿兹台语族,犹他—阿兹特克语族
Tamangic	达芒语支		
Tamashek	塔马舍克语	Uvean	乌维语
Tamil	泰米尔语	Uyghur	维吾尔语
Tamil-Kannada	泰米尔—坎纳达语支	Uzbek	乌兹别克语;乌孜别克语
Tangut	唐古特语		
Tao	达悟语	**V**	
Taranchi	塔兰奇语	Vandal	汪达尔语
Tasmanian	塔斯马尼亚诸语言	Vannic	万尼克语
Tatar	鞑靼语	Vaudois	法语沃州方言
Tatar	塔塔尔语	Vedic	吠陀梵语
Tatarça	鞑靼语	Veliche	维利其语
Tatog	塔图格语	Venda	文达语
Tatoga	塔图嘎语	Venetan	威尼斯方言,威尼西亚诸方言
Taturu	塔图卢语		
Tebele	特贝勒语	Venetian	威尼斯方言,威尼西亚诸方言
Telugu	泰卢固语		
Thai	泰语,泰国语,暹罗语	Venetic	威尼西亚语
Tibetan	藏语	Veps	维普斯语
Tibetan languages	藏语群	Vepsian	维普斯语
Tibetic	藏语支	Vestinian	维斯提尼亚语
Tibeto-Burman	藏缅语族	Vietnamese	越南语
Tlingit	特林吉特语	Voltaic	伏尔特语族
Tocharian	吐火罗语	Votiak	沃恰克语
Tokharian	吐火罗语	Votyak	沃恰克语
Tonkawa	通卡瓦语		
Ts'eltal	泽尔托尔语	**W**	
Tshangla	仓洛语	Wailbri	瓦尔皮里语
Tswana	茨瓦纳语	Wakashan	瓦卡希语族
Tuareg	图阿列格语	Walbiri	瓦尔皮里语
Tundra Nenets	冻土涅涅茨语	Wallisien	乌维语
Ture Motu	图利莫图语	Wallon	华隆语
Turkish	土耳其语	Wallon	瓦龙语
Tuvalu	图瓦卢语	Wallon	瓦隆语
Twi	契维语	Walmadjari	瓦马加瑞语
Tzeltal	泽尔托尔语	Walmadjeri	瓦马加瑞语
		Walmadyeri	瓦马加瑞语
U		Walmaharri	瓦马加瑞语
Ubangi	乌班吉语支	Walmajarri	瓦马加瑞语
Ubykh	尤比克语	Walmajiri	瓦马加瑞语
Ubyx	尤比克语	Walmatjari	瓦马加瑞语
Udi	尤迪语	Walmatjeri	瓦马加瑞语
Udmurt	乌德穆尔特语	Walmatjiri	瓦马加瑞语
Ugaritic	乌加里特语	Walon	瓦隆语
Ugrian	乌戈尔语支	Warlpiri	瓦尔皮里语
Ugric	乌戈尔语支	Welsh	威尔士语
Uigher	维吾尔语	Wendish	文德语

West Atlantic languages	西大西洋诸语言	Yana	雅那语
West Circassian	西切尔克斯语	Yanan	雅那语
West Damar	西部达玛尔语	Yao	瑶语
West Germanic	西日耳曼语支	Ye	吉语族
West Romance	西罗曼语支	Yi	彝语
West Saxon	西撒克逊语	Yiddish	依地语
West Semitic	西闪语族	Yiddish	意第绪语
West Slavic	西斯拉夫语支	Yocoboué Dida	尤库布韦迪达语
West Tokharian	西吐火罗语；龟兹语	Yoruba	约鲁巴语
Western Aramaic	西阿拉米语言	Youle Jino	尤乐基诺语
Western Dani	西部达尼语	Youle Jinuo	尤乐基诺语
Western Dinka	西南部丁卡语	Yucatec	尤卡坦语
Western Hindi	西印地语	Yudya	朱如纳语
Western Turkic	西土耳其语支	Yumá	朱玛
West-Flemish	西佛兰芒语	Yurak	尤拉克语
White Russian	白俄罗斯语	Yurúna	朱如纳语
Wintu	文图语		
Wolof	沃洛夫语；渥鲁夫语	**Z**	
Woolwa	乌尔瓦语		
		Zande	赞德语
X		Zapotecan	扎波特语支
		Zhiru	吉鲁语
Xhosa	科萨语	Zhuang-Dong	壮侗语族
Xixia	西夏语	Zhuang-Tai	壮傣语支
		Zoroastrian Dari	拜火教达利语
Y		Zulu	祖鲁语
		Zuni	祖尼语
Yaka	亚卡语	Zuruaha	苏鲁阿哈语
Yakut	雅库特语	Zuruahá	苏鲁阿哈语
Yalunka	雅伦卡语	Zyrian	兹梁语
Yami	雅美语		